beck-online
DIE DATENBANK

D1917238

# Personalbuch 2020 – online-Version

Sehr geehrte Personalbuch-Leserin,
sehr geehrter Personalbuch-Leser,

mit dem Kauf der diesjährigen Ausgabe des Personalbuchs, dem *Personalbuch 2020*, erhalten Sie wieder einen kostenfreien Zugang auf die online-Version des *Personalbuchs 2020* in beck-online.DIE DATENBANK. Damit haben Sie unabhängig vom gedruckten Buch über das Internet jederzeit einen orts- und zeitunabhängigen Zugriff auf den kompletten Datenbestand des *Personalbuchs 2020*.

Die online-Version enthält neben dem kompletten Werk die in den einzelnen Stichwortbeiträgen zitierte Rechtsprechung in den drei behandelten Rechtsgebieten Arbeitsrecht, Lohnsteuerrecht und Sozialversicherungsrecht im Volltext, sämtliche zitierten Gesetze, Verordnungen und Verwaltungsanweisungen. Alles einfach per Mausklick direkt aufrufbar!

Und noch viel mehr:

**Nur** in der online-Version enthalten sind unterjährige Aktualisierungen der einzelnen Stichworte in Form von Anmerkungen jeweils zum 1.7., 1.10. sowie 1.1., mit denen die online-Version von den Autoren des Personalbuchs auf dem aktuellen Rechtsstand gehalten wird. Damit sind Sie immer up to date.

**Nur** in der online-Version verfügbar sind **Musterformulare** zum Personalrecht wie Arbeitsverträge, Abfindungsvereinbarungen, Sozialplan u.a.

Nutzen Sie das Angebot. Gehen Sie online!

**Und so geht's:**

1. Rufen Sie die Internetadresse www.freischaltung.beck.de auf.
2. Geben Sie Ihre persönliche Freischaltnummer (steht unten auf dieser Seite) ein und folgen Sie den Anweisungen auf dem Bildschirm.
3. Zur Bestätigung Ihrer Anmeldung erhalten Sie umgehend Ihre Zugangsdaten per E-Mail, mit denen Sie sich auf der Homepage www.beck-online.de anmelden und sofort auf die online-Version des *Personalbuchs 2020* zugreifen können.

Ihr Freischaltcode: KUE-D-EXXUY-5579N-6A7AD

Ihren Freischaltcode können Sie bis zum 31.5.2021 uneingeschränkt nutzen.
Dann erscheint das neue Personalbuch 2021 mit neuem Freischaltcode.

PERSONALBUCH
2020

# Personalbuch 2020

## Arbeitsrecht · Lohnsteuerrecht
## Sozialversicherungsrecht

Herausgegeben von

**Jürgen Röller**
Fachanwalt für Arbeitsrecht in Köln

Bearbeitet von
*Dr. Hans Eisemann,* Präsident des Landesarbeitsgerichts Brandenburg a. D.;
*Dr. Thomas Griese,* Staatssekretär im Ministerium für Umwelt, Energie, Ernährung und Forsten Rheinland-Pfalz;
*Prof. Dr. Thomas Kania,* Fachanwalt für Arbeitsrecht in Köln;
*Dr. Jochen Kreitner,* Vorsitzender Richter am Landesarbeitsgericht Köln;
*Dr. Sabine Poeche,* Richterin am Arbeitsgericht Bonn;
*Jürgen Röller,* Fachanwalt für Arbeitsrecht in Köln;
*Dr. Michael Ruppelt,* Präsident des Landessozialgerichts Hamburg a. D.;
*Prof. Dr. Rainer Schlegel,* Präsident des Bundessozialgerichts;
*Kristina Schmidt,* Richterin am Bundesarbeitsgericht;
*Dr. Ralf Seidel,* Vorsitzender Richter am Finanzgericht München;
*Michael Ingo Thomas,* Rechtsanwalt, Richter am Bundesfinanzhof a. D.;
*Prof. Dr. Thomas Voelzke,* Vizepräsident des Bundessozialgerichts;
*Barbara Weil,* Richterin am Finanzgericht München



Begründet von
Dr. Wolfdieter Küttner, Fachanwalt für Arbeitsrecht und Steuerrecht in Köln

Ausgeschiedene Autoren:
Dr. Dietmar Bauer † (1.–9.A.)
Ulrich Huber (1.–16.A.)
Dr. Wolfdieter Küttner (1.–16.A.)
Dr. Ludwig Macher (1.–19.A.)
Birgit Reinecke † (1.–20.A.)
*Petra Windsheimer,* Vorsitzende Richterin am Finanzgericht München (19.–26.A.)

27., vollständig neubearbeitete Auflage 2020

C.H.BECK

Zitiervorschlag:

*Küttner/Verfasser,* Personalbuch 2020 *Stichwort,* Rn …



**www.beck.de**

ISSN 0946–5944

ISBN 978 3406 74000 8


Wilhelmstraße 9, 80801 München
Satz, Druck und Bindung: Druckerei C. H.Beck Nördlingen
(Adresse wie Verlag)
Umschlaggestaltung: Druckerei C. H.Beck Nördlingen

$CO_2$ neutral
chbeck.de/nachhaltig

Gedruckt auf säurefreiem, alterungsbeständigem Papier)
(hergestellt aus chlorfrei gebleichtem Zellstoff)

## Vorwort zur 27. Auflage 2020

Die 27. Auflage des Personalbuchs, das *Personalbuch 2020,* bringt die Stichworte zum Personalrecht in den drei Rechtsgebieten Arbeitsrecht, Lohnsteuerrecht und Sozialversicherungsrecht auf den Stand 1. Januar 2020. Rechtsprechung, Schrifttum, aktuelle Gesetzesänderungen und neue Verwaltungsanweisen wurden ebenso ausgewertet und in den einschlägigen Stichworten eingearbeitet wie die einschlägige Literatur. Die Stichworte *A1-Bescheinigung, Agiles Arbeiten, Dienstfahrrad und Einwanderung* wurden neu aufgenommen.

Im **Arbeitsrecht** führte die neuere Rechtsprechung des BAG zum Befristungsrecht und Urlaubsrecht, zur Ausschlussfrist und zum Mindestlohn sowie zur Vergütungspflicht von Reisezeiten, zu einem erheblichen Anpassungsbedarf bei einzelnen Stichworten. Zu erwähnen ist auch die Entscheidung des BAG zur Unwirksamkeit eines Aufhebungsvertrags wegen Verstoßes gegen das Gebot fairen Verhandelns. Die Entscheidungen des EuGH zur Diskriminierung wegen der Religion führen zu einer neuen Sichtweise auf das „kirchliche" Arbeitsrecht. An wichtigen Gesetzesänderungen sind u.a. das Berufsbildungsmodernisierungsgesetz, das Fachkräfteeinwanderungsgesetz sowie die neue EU-RL zum Schutz von Whistleblowern zu nennen.

Im **Sozialversicherungsrecht** hat bei den Überarbeitungen die neue Rechtsprechung des BSG zur Versicherungspflicht von Honorarärzten in Krankenhäusern und Honorarpflegekräften in Pflegeheimen Berücksichtigung gefunden. Ferner ist auf die Entscheidung des BSG zur Bemessung des Arbeitslosengeldes bei unwiderruflichen Freistellungen durch Aufhebungsvertrag hinzuweisen. Schließlich ist auch die Rechtsprechung des BVerfG zu den Sanktionen im SGB II eingearbeitet worden. Von den zahlreichen gesetzlichen Änderungen des Sozialversicherungsrechts seien lediglich beispielhaft das Zweite Datenschutz-Anpassungsgesetz EU und weitere Maßnahmen des Qualifizierungschancengesetzes erwähnt.

Im **Lohnsteuerrecht** wurde die Entscheidung des BVerfG zur Verfassungskonformität des teilweisen Ausschlusses von Werbungskosten bei der Erstausbildung eingearbeitet und die umfangreiche Rechtsprechung des BFH, insbesondere zur Neujustierung des „Zusätzlichkeitserfordernisses" und die ersten Urteile zu der 2014 eingeführten „Ersten Tätigkeitsstätte" eingearbeitet. Angepasst wurden u.a. die neuen Pauschalen für Jobtickets, Gruppenunfallversicherung, Verpflegungsmehraufwand, Auslandsreisen, Berufskraftfahrer, unentgeltliche Mahlzeiten und Kaufkraftzuschläge sowie die erhöhte Steuerbefreiung für die betriebliche Gesundheitsförderung. Berufliche Fort- und Weiterbildungskosten werden rückwirkend ab 2019 steuerfrei wenn diese überwiegend im betrieblichen Interesse des Arbeitgebers vorgenommen werden. Im neuen Stichwort *Dienstfahrrad* werden die neuen Möglichkeiten des Arbeitgebers zur Überlassung von Dienstfahrrädern aufgezeigt. Zur Förderung der Elektromobilität hat der Gesetzgeber die Dienstwagenbesteuerung für Elektro-Fahrzeuge bis 40.000 Euro von 0,5 Prozent auf 0,25 Prozent halbiert und die Halbierung der Bemessungsgrundlage für Elektro- und Hybridfahrzeuge bis 2030 verlängert. Seit Jahresbeginn sind Zuschüsse des Arbeitsgebers für Tickets im Linien- und Personennahverkehr oder mit öffentlichen Verkehrsmitteln zwischen Wohnung und erster Tätigkeitsstätte steuerfrei - auch für private Fahrten.

Die **elektronische Ausgabe** des *Personalbuchs 2020,* zu der alle Nutzer einen kostenfreien Online-Zugang zu Beck-Online. DIE DATENBANK erhalten, enthält neben dem kompletten Werk die in den einzelnen Stichwortbeiträgen zitierte Rechtsprechung im Volltext sowie sämtliche zitierten Gesetze, Verordnungen und Verwaltungsanweisungen. *Musterformulare* zum Personalrecht wie Arbeitsverträge, Aufhebungsvereinbarungen, Sozialplan etc. sind nur in der Online-Version verfügbar, ebenso die Up-Dates zu den einzelnen Stichworten zum 1. Juli, 1. Oktober und 1. Januar. Mit diesen Up-Dates werden die Stichworte auf den jeweils aktuellen Rechtsstand gebracht. Wir empfehlen Ihnen, dieses Zusatzangebot zu nutzen.

Verlag und Herausgeber danken den Autoren für ihre Arbeit. Anregungen und Kritik nehmen wir wie immer gerne entgegen.

Köln, im Februar 2020 *Jürgen Röller*

## Vorwort zur Erstauflage

Arbeitsrecht, Lohnsteuerrecht und Sozialversicherungsrecht sind drei Rechtsgebiete, die trotz ihrer gegenseitigen Abhängigkeiten in der Fachliteratur weitgehend isoliert dargestellt werden. Auch die Rechtsprechung der drei Fachgerichtsbarkeiten lässt häufig die zwingenden Bezüge der drei Rechtsgebiete zueinander vermissen.

Das *Personalbuch* geht hier konsequent einen neuen Weg. Die einzelnen Stichworte bringen eine vernetzte und ergebnisorientierte Darstellung der drei Rechtsgebiete, wobei die Probleme stichwortbezogen jeweils in der Reihenfolge Arbeitsrecht, Lohnsteuerrecht und Sozialversicherungsrecht dargestellt und gelöst werden. Verweisungen zwischen den drei Rechtsgebieten und zwischen den einzelnen Stichworten zeigen die Bezüge zu benachbarten Problemfeldern auf. Dadurch soll der Benutzer vor punktuellen Lösungen bewahrt werden, die in der Praxis häufig zu personalpolitisch und wirtschaftlich unerwünschten Ergebnissen führen.

Das *Personalbuch* beschränkt sich bewusst auf die Darstellung der arbeitsrechtlichen, lohnsteuerrechtlichen und sozialversicherungsrechtlichen Probleme *privater* Arbeitgeber. Problemstellungen aus dem Dienstrecht öffentlicher Arbeitgeber wurden (mit Ausnahme der Kirchen) nur behandelt, soweit sich aus ihnen Entwicklungstrends für das private Arbeitsrecht ergeben; im Betriebsverfassungsrecht wurde von einer Darstellung der betriebsverfassungsrechtlichen Organisation abgesehen, da es hierzu umfassende und qualitativ gute Fachliteratur in Fülle gibt. Die steuerrechtlichen Beiträge sind auf das vom Arbeitgeber zu beachtende Lohnsteuerrecht konzentriert und verzichten deshalb auf Erörterungen des übrigen Steuerrechts, soweit dies nicht für die Erschließung der lohnsteuerrechtlichen Problematik erforderlich ist. Die Ausführungen zum Sozialversicherungsrecht beschränken sich entsprechend der Zielsetzung des Werks gleichfalls auf die Aspekte, die aus der Sicht des aktiven Arbeitsverhältnisses und seiner Beendigung für den Praktiker erforderlich sind.

Das *Personalbuch 1994* gibt den Gesetzes- und Rechtsstand 1. Januar 1994 wieder. Rechtsprechung und Literatur – regelmäßig zitiert nach den Zeitschriften, die den Praktikern am leichtesten zugänglich sind – wurden weitgehend bis Ende November 1993 berücksichtigt und geben dem Benutzer je nach seinen Erfordernissen Gelegenheit zur vertiefenden Befassung mit seinem speziellen Problem. Die Straffung der Darstellung auf das Wesentliche, das konsequente Herausarbeiten der jeweiligen Rechtsprobleme sowie das Aufzeigen von Lösungsansätzen bei noch strittigen oder noch nicht ausdiskutierten Problemen geben dem Benutzer des Werks einen sicheren und schnellen Zugriff zur Lösung seiner Fragestellungen an die Hand. Dieser Zielsetzung dient auch das ausführliche und umfangreiche Sachverzeichnis, durch das das *Personalbuch* über die einzelnen Hauptstichworte hinaus in seiner ganzen Breite und Fülle von Informationen zusätzlich erschlossen wird.

Verlag, Herausgeber und Autoren beabsichtigen, das *Personalbuch* künftig jährlich mit dem jeweiligen Rechtsstand 1. Januar des Erscheinungsjahres erscheinen zu lassen. Auf diese Weise wird dem Benutzer nicht nur ein hochaktuelles Werk mit dem jeweiligen Rechtsstand 1. Januar des Erscheinungsjahres an die Hand gegeben, er braucht dann auch nur noch die Entwicklungen des laufenden Kalenderjahres im Auge zu behalten und hat den zusätzlichen Vorteil, bei langjährigen Rechtsstreitigkeiten auf die Rechtslage früherer Jahre zurückgreifen zu können.

Das *Personalbuch* wendet sich an die Verantwortlichen der Personalabteilungen, deren Partner (Betriebsräte) und Berater (Rechtsanwälte, Steuerberater) sowie an die Gerichtsbarkeiten der drei abgehandelten Rechtsgebiete.

Herzlicher Dank geht an die Autoren für ihren neben der beruflichen Belastung erbrachten zeit- und kräftezehrenden Einsatz. Höchste Anerkennung verdient ihre Fähigkeit, die vielschichtigen Probleme der drei Rechtsgebiete in einer Weise darzustellen, dass sie auch dem juristisch nicht geschulten, mit Personalangelegenheiten befassten Praktiker verständlich sind.

Dank gebührt ferner Albert Buchholz und Hans Josef Hunold vom Steuerrechtlichen Lektorat des Verlages, von denen die Anregung für dieses Werk ausging und die mit großem

Engagement dazu beigetragen haben, die Konzeption und Verwirklichung des Werks zu ermöglichen. Frau Rechtsreferendarin Annette Schwirten hat unermüdlich an der Vereinheitlichung der Manuskripte mitgewirkt.

Herausgeber, Autoren und Verlag sind für Kritik und Anregungen dankbar, um für zukünftige Auflagen den Benutzungswert des *Personalbuchs* zusätzlich zu erhöhen und zu verbessern.

Köln, im Januar 1994 *Wolfdieter Küttner*

## Stichwortübersicht
## Küttner, Personalbuch 2020

*Ein ausführliches Sachverzeichnis befindet sich am Ende des Werkes.*

## Stichwortübersicht

## Stichwortübersicht

# Verzeichnis der Abkürzungen und der abgekürzt zitierten Literatur

*Zeitschriften werden, soweit nicht anders angegeben, nach Jahr und Seite zitiert.*

| | |
|---|---|
| aA | anderer Ansicht/Auffassung |
| AAG | Gesetz über den Ausgleich der Arbeitgeberaufwendungen für Entgeltfortzahlung (Aufwendungsausgleichsgesetz) vom 22.12.2005 (BGBl I 05, 3686), zuletzt geändert durch Art 5 Terminservice- und VersorgungsG vom 6.5.2019 (BGBl I 19, 646) |
| AbfG | Gesetz zur Vermeidung, Verwertung und Beseitigung von Abfällen vom 27.9.1994 (BGBl I 94, 2705), zuletzt geändert durch Art 10 RechtsbereinigungsG Umwelt vom 11.8.2009 (BGBl I 09, 2723) |
| Abk | Abkommen |
| ABlEG | Amtsblatt der Europäischen Gemeinschaften (Ausg C Mitteilungen und Bekanntmachungen; Ausg L Rechtsvorschriften) |
| ABlEU | Amtsblatt der Europäischen Union (Ausg C Mitteilungen und Bekanntmachungen; Ausg L Rechtsvorschriften) |
| ABM | Allgemeine Maßnahmen zur Arbeitsbeschaffung aus Mitteln der Bundesagentur für Arbeit |
| Abs | Absatz |
| Abschn | Abschnitt |
| AcP | Archiv für die civilistische Praxis (Zeitschrift) |
| AdV | Aussetzung der Vollziehung |
| aE | am Ende |
| AltEinkG | Gesetz zur Neuordnung der einkommensteuerrechtlichen Behandlung von Altersvorsorgeaufwendungen und Altersbezügen (Alterseinkünftegesetz – AltEinkG) vom 5.7.2004 (BGBl I 04, 1427) |
| ÄndG | Änderungsgesetz |
| AE | Arbeitsrechtliche Entscheidungen (Informationsdienst der Arbeitsgemeinschaft Fachanwälte für Arbeitsrecht) |
| AEAO | Anwendungserlass zur AO, herausgegeben vom BMF |
| AEntG | Gesetz über zwingende Arbeitsbedingungen für grenzüberschreitend entsandte und für regelmäßig im Inland beschäftigte Arbeitnehmer und Arbeitnehmerinnen (Arbeitnehmer-Entsendegesetz – AEntG) vom 20.4.2009 (BGBl I 09, 799), zuletzt geändert durch Art 1 PflegelöhneverbesserungsG vom 22.11.2019 (BGBl I 19, 1756) |
| AEUV | Vertrag über die Arbeitsweise der Europäischen Union (verabschiedet mit dem Vertrag von Lissabon (EUV)) vom 9.5.2008 (ABl Nr C 115, 47), zuletzt geändert durch Art 2 ÄndBeschl 2012/419/EU vom 11.7.2012 (ABl Nr L 204, 131) |
| aF | alte Fassung |
| AfA | Absetzungen für Abnutzung |
| AFG | Arbeitsförderungsgesetz vom 25.6.1969 (BGBI I 69, 582), aufgehoben mWv 1.1.1998 bzw 1.1.1999 durch Art 82 Abs 1 Nr 1, Abs 2 iVm Art 83 Abs 1 Arbeitsförderungs-ReformG v 24.3.1997 (BGBl I 1997, 594) sowie durch Art 8 Nr 2 iVm Art 32 Abs 1 Erstes SGB III-ÄndG v 16.12.1997 (BGBl I 97, 2390) |

## Abkürzungsverzeichnis

AFBG ......................... Gesetz zur Förderung der beruflichen Aufstiegsfortbildung (Aufstiegsfortbildungsförderungsgesetz) idF der Bekanntmachung vom 15.6.2016 (BGBl I 16, 1450), zuletzt geändert durch Art 39 Zweites Datenschutz-Anpassungs- und UmsetzungsG EU vom 20.11.2019 (BGBl I 19, 1626)

AFRG......................... Gesetz zur Reform der Arbeitsförderung (Arbeitsförderungs-Reformgesetz) vom 24.3.1997 (BGBl I 97, 594), zuletzt geändert durch Art 9 Erstes SGB III-ÄndG vom 16.12.1997 (BGBl I 97, 2970)

AG ............................ Aktiengesellschaft

AGB-DDR ................. Arbeitsgesetzbuch der Deutschen Demokratischen Republik

AGB-Gesetz ................ Gesetz zur Regelung des Rechts der Allgemeinen Geschäftsbedingungen idF vom 29.6.2000 (BGBl I 2000, 946); aufgehoben mWv 1.1.2002 durch Art 6 Nr 4 Schuldrechtsmodernisierungsgesetz vom 26.11.2001 (BGBl I 01, 3138)

AGG.......................... Allgemeines Gleichbehandlungsgesetz vom 14.8.2006 (BGBl I 06, 1897), zuletzt geändert durch Art 8 SEPA-BegleitG vom 3.4.2013 (BGBl I 13, 610)

AiB............................ Arbeitsrecht im Betrieb (Zeitschrift)

*Aichberger*...................... *Aichberger,* Sozialgesetzbuch RVO (Loseblatt)

AktG.......................... Aktiengesetz vom 6.9.1965 (BGBl I 65, 1089), zuletzt geändert durch Art 1 G zur Umsetzung der zweiten AktionärsrechteRL vom 12.12.2019 (BGBl I 19, 2637)

ALG .......................... Gesetz über die Alterssicherung der Landwirte (ALG) vom 29.7.1994 (BGBl I 94, 1890), zuletzt geändert durch Art 54 G zur Regelung des Sozialen Entschädigungsrechts vom 12.12.2019 (BGBl I 19, 2652)

AlGeld........................ Arbeitslosengeld

AlHilfe ....................... Arbeitslosenhilfe

AltZertG...................... Gesetz über die Zertifizierung von Altersvorsorge- und Basisrentenverträgen (Altersvorsorgeverträge-Zertifizierungsgesetz – AltZertG) vom 26.6.2001 (BGBl I 01, 1310), zuletzt geändert durch Art 13 Drittes BürokratieentlastungsG vom 22.11.2019 (BGBl I 19, 1746)

AltTZG 1996............... Altersteilzeitgesetz vom 23.7.1996 (BGBl I 96, 1078), zuletzt geändert durch Art 22 G zur Regelung des Sozialen Entschädigungsrechts vom 12.12.2019 (BGBl I 19, 2652)

ANBA........................ Amtliche Nachrichten der Bundesagentur für Arbeit

AngKSchG.................. Gesetz über die Fristen für die Kündigung von Angestellten (Angestellten-Kündigungsschutzgesetz) vom 9.7.1926 (RGBl I S 399), aufgehoben durch Art 7 des Gesetzes zur Anpassung des EWR-Ausführungsgesetzes vom 27.9.1993 (BGBl I 93, 1666)

AngV ......................... Angestelltenversicherung

AngVers...................... Die Angestelltenversicherung (Zeitschrift)

Anh ........................... Anhang

Anm .......................... Anmerkung

AnwK-BGB/*Bearbeiter*.... AnwaltKommentar Bürgerliches Gesetzbuch: BGB, hrsg von *Dauner-Lieb/Heidel/Ring,* 2010–2019

*Anzinger/Koberski*........... *Anzinger/Koberski,* Kommentar zum Arbeitszeitgesetz, 4. Aufl 2014

AO ............................ Abgabenordnung 1977 idF vom 1.10.2002 (BGBl I 02, 3866; ber BGBl I 03, 61), zuletzt geändert durch Art 1 G zur Einführung einer Pflicht zur Mitteilung grenzüberschreitender Steuergestaltungen vom 21.12.2019 (BGBl I 19, 2875)

AO-Hdbuch................ Amtliches AO-Handbuch, herausgegeben vom BMF

| | |
|---|---|
| AOK | Allgemeine Ortskrankenkasse |
| AP | Arbeitsrechtliche Praxis (Nachschlagewerk des Bundesarbeitsgerichts) |
| *APS/Bearbeiter* | Großkommentar zum Kündigungsrecht, hrsg von *Ascheid/Preis/Schmidt,* 5. Aufl 2017 |
| ArbBeschFG | Arbeitsrechtliches Gesetz zur Förderung von Wachstum und Beschäftigung (Arbeitsrechtliches Beschäftigungsförderungsgesetz) vom 25.9.1996 (BGBl I 96, 1476) |
| ArbG | Arbeitsgericht |
| ArbGeb | Arbeitgeber |
| ArbGG | Arbeitsgerichtsgesetz idF vom 2.7.1979 (BGBl I 79, 853; ber 1036), zuletzt geändert durch Art 8 G zur Regelung der Wertgrenze für die Nichtzulassungsbeschwerde in Zivilsachen, zum Ausbau der Spezialisierung bei den Gerichten sowie zur Änd weiterer prozessrechtl Vorschriften vom 12.12.2019 (BGBl I 19, 2633) |
| AR-Blattei | *Oehmann/Dieterich,* Arbeitsrecht-Blattei (Loseblatt) |
| ArblV | Arbeitslosenversicherung |
| ArbN | Arbeitnehmer/in |
| ArbNErfG | Gesetz über Arbeitnehmererfindungen vom 25.7.1957 (BGBl I 57, 756) idF des BGBl III, Gliederungsnummer 422–1, zuletzt geändert mWv 1.10.2009 durch Art 7 des G zur Vereinfachung und Modernisierung des Patentrechts vom 31.7.2009 (BGBl I 09, 2521) |
| ArbPlSchG | Gesetz über den Schutz des Arbeitsplatzes bei Einberufung zum Wehrdienst (ArbPlSchG) in der ab 18.6.2009 geltenden Fassung vom 16.7.2009 (BGBl I 09, 2055), zuletzt geändert durch Art 17 Bundeswehr-Einsatzbereitschaftsstärkungsgesetz vom 4.8.2019 (BGBl I 19, 1147) |
| ArbSchG | Gesetz über die Durchführung von Maßnahmen des Arbeitsschutzes zur Verbesserung der Sicherheit und des Gesundheitsschutzes der Beschäftigten bei der Arbeit (Arbeitsschutzgesetz) vom 7.8.1996 (BGBl I 96, 1246), zuletzt geändert durch Art 113 Zweites Datenschutz-Anpassungs- und UmsetzungsG EU vom 20.11.2019 (BGBl I 19, 1626) |
| ArbStättV | Verordnung über Arbeitsstätten (Arbeitsstättenverordnung) vom 12.8.2004 (BGBl I 04, 2179), zuletzt geändert durch Art 5 Abs 1 VO zur Änd der Gesundheitsschutz-Bergverordnung sowie weiterer berg- und arbeitsschutzrechtlicher Verordnungen vom 18.10.2017 (BGBl I 17, 3584) |
| ArbuR | Arbeit und Recht (Zeitschrift) |
| ArbZG | Arbeitszeitgesetz vom 6.6.1994 (BGBl I 94, 1170), zuletzt geändert durch Art 12a 6. SGB IV-ÄndG vom 11.11.2016 (BGBl I 16, 2500) |
| ArEV | Verordnung über die Bestimmung des Arbeitsentgelts in der Sozialversicherung (Arbeitsentgeltverordnung) idF vom 18.12.1984 (BGBl I 84, 1642), aufgehoben mWv 1.1.2007 durch Art 4 Satz 2 der Verordnung zur Neuordnung der Regelungen über die sozialversicherungsrechtliche Beurteilung von Zuwendungen des Arbeitgebers als Arbeitsentgelt vom 21.12.2006 (BGBl I 06, 3385) |
| ARGE | Arbeitsgemeinschaft |
| ArGV | Verordnung über die Arbeitsgenehmigung für ausländische Arbeitnehmer (Arbeitsgenehmigungsverordnung) vom 17.9.1998 (BGBl I 98, 2899), aufgehoben mWv 1.7.2015 durch Art 9 G v 21.12.2015 (BGBl I 15, 2557). |

ARS ........................... Arbeitsrechts-Sammlung, Entscheidungen des Reichsarbeitsgerichtes und des Reichsehrengerichtshofes, der Landesarbeitsgerichte, Arbeitsgerichte und Ehrengerichte
ARSt .......................... Arbeitsrecht in Stichworten (Zeitschrift)
Art............................. Artikel
ASiG........................... Gesetz über Betriebsärzte, Sicherheitsingenieure und andere Fachkräfte für Arbeitssicherheit vom 12.12.1973 (BGBl I 73, 1885), zuletzt geändert durch Art 3 Abs 5 G zur Umsetzung des Seearbeitsübereinkommens 2006 der Internationalen Arbeitsorganisation vom 20.4.2013 (BGBl I 13, 868)
AStG........................... Gesetz über die Besteuerung bei Auslandsbeziehungen (Außensteuergesetz) vom 8.9.1972 (BGBl I 72, 1713), zuletzt geändert durch Art 4 G über die steuerliche und weitere Begleitregelungen zum Austritt des Vereinigten Königreichs Großbritannien und Nordirland aus der Europäischen Union (Brexit-Steuerbegleitgesetz – Brexit-StBG) vom 25.3.2019 (BGBl I 19, 357)
AsylbLG ...................... Asylbewerberleistungsgesetz idF vom 5.8.1997 (BGBl I 97, 2022), zuletzt geändert durch Art 4 G zur Regelung des Sozialen Entschädigungsrechts vom 12.12.2019 (BGBl I 19, 2652)
AsylG.......................... Asylgesetz idF vom 2.9.2008 (BGBl I 08, 1798), zuletzt geändert durch Art 48 Zweites Datenschutz-Anpassungs- und UmsetzungsG EU vom 20.11.2019 (BGBl I 19, 1626)
ATE............................ Auslandstätigkeitserlass (betr Steuerliche Behandlung von Arbeitnehmereinkünften bei Auslandstätigkeit) vom 31.10.1983 (BStBl I 83, 470), zuletzt geändert durch BMF vom 14.3.2017 (BStBl I 17, 473)
AU ............................. Arbeitsunfähigkeit
AuA............................ Arbeit und Arbeitsrecht (Zeitschrift)
AuB............................ Arbeit und Beruf (Zeitschrift)
AufenthG..................... Gesetz über den Aufenthalt, die Erwerbstätigkeit und die Integration von Ausländern im Bundesgebiet (Aufenthaltsgesetz) idF vom 25.2.2008 (BGBl I 08, 162), zuletzt geändert durch Art 49 Zweites Datenschutz-Anpassungs- und UmsetzungsG EU vom 20.11.2019 (BGBl I 19, 1626)
Aufl ............................ Auflage
AÜG........................... Gesetz zur Regelung der Arbeitnehmerüberlassung (Arbeitnehmerüberlassungsgesetz – AÜG) vom 3.2.1995 (BGBl I 95, 158), zuletzt geändert durch Art 48 FachkräfteeinwanderungsG vom 15.8.2019 (BGBl I 19, 1307)
AuslG.......................... Gesetz über die Einreise und den Aufenthalt von Ausländern im Bundesgebiet (Ausländergesetz) vom 9.7.1990 (BGBl I 90, 1354), aufgehoben durch Art 13 des Gesetzes zur Steuerung und Begrenzung der Zuwanderung und zur Regelung des Aufenthalts und der Integration von Unionsbürgern und Ausländern (Zuwanderungsgesetz) mWv 1.1.2005 vom 30.7.2004, (BGBl I 04, 1950 zuletzt geändert durch BVerfG-Entscheidung – 2 BvR 524/01 – vom 25.10.2005 (BGBl I 05, 3620)
AVG ........................... Angestelltenversicherungsgesetz vom 28.5.1924 (RGBl I 24, 563), aufgehoben mWv 31.12.1991 durch Art 83 des Gesetzes zur Reform der gesetzlichen Rentenversicherung (Rentenreformgesetz 1992) vom 18.12.1989 (BGBl I 89, 2261)
AVmEG....................... Gesetz zur Ergänzung des Gesetzes zur Reform der gesetzlichen Rentenversicherung und zur Förderung eines kapitalgedeckten Altersvorsorgevermögens (Altersvermögensergänzungsgesetz – AVmEG) vom 21.3.2001 (BGBl I 01, 403),

| | |
|---|---|
| | zuletzt geändert durch Art 1 des Gesetzes zur Verbesserung des Hinterbliebenenrentenrechts vom 17.7.2001 (BGBl I 01, 1598) |
| AVmG ........................ | Gesetz zur Reform der gesetzlichen Rentenversicherung und zur Förderung eines kapitalgedeckten Altersvorsorgevermögens (Altersvermögensgesetz) vom 26.6.2001 (BGBl I 01, 1310), zuletzt geändert durch Art 7 des Gesetzes zur Fortentwicklung des Unternehmenssteuerrechts (Unternehmenssteuerfortentwicklungsgesetz – UntStFG) vom 20.12.2001 (BGBl I 01, 3858) |
| AWbG NRW ............... | Gesetz zur Freistellung von Arbeitnehmern zum Zwecke der beruflichen und privaten Weiterbildung (Arbeitnehmer-Weiterbildungsgesetz Nordrhein-Westfalen) vom 6.11.1984 (GV NW 84, 678), zuletzt geändert durch Art 1 Drittes ÄndG vom 9.12.2014 (GV NRW 14, 887) |
| Az ............................ | Aktenzeichen |
| BA ............................ | Bundesagentur für Arbeit |
| BAföG ........................ | Bundesgesetz über individuelle Förderung der Ausbildung (Bundesausbildungsförderungsgesetz – BAföG) in der Fassung der Bekanntmachung vom 7.12.2010, zuletzt geändert durch Art 13 MDK-Reformgesetz vom 14.12.2019 (BGBl I 19, 2789) |
| BAföGÄndG ................ | Fünfundzwanzigstes Gesetz zur Änderung des Bundesausbildungsförderungsgesetzes (25. BAföGÄndG) vom 23. Dezember 2014 (BGBl I 14, 2475), geändert durch Art 7 Nr 1 G zur Änd des Zwölften Buches Sozialgesetzbuch und weiterer Vorschriften vom 21.12.2015 (BGBl I 15, 2557) |
| BAG ........................... | Bundesarbeitsgericht |
| BAGE ......................... | Entscheidungssammlung des Bundesarbeitsgerichts |
| BAnz .......................... | Bundesanzeiger |
| BArbBl ........................ | Bundesarbeitsblatt |
| *Bartenbach/Volz* ............ | Arbeitnehmererfindungsgesetz, Kommentar, 6. Aufl 2019 |
| BAT ............................ | Bundesangestelltentarif/-vertrag |
| *Bauer/Krieger/Günther* ...... | *Bauer/Krieger/Günther,* Allgemeines Gleichbehandlungsgesetz und Entgelttransparenzgesetz, Kommentar, 5. Aufl 2018 |
| *Baumbach/Hopt* ............ | *Baumbach/Hopt,* Handelsgesetzbuch, Kommentar, 38. Aufl 2018 |
| BaWü .......................... | Baden-Württemberg |
| Bay ............................. | Bayern |
| BayLfSt ........................ | Bayerisches Landesamt für Steuern (bis 31.7.2005 OFD München und OFD Nürnberg) |
| BB .............................. | Betriebs-Berater (Zeitschrift) |
| Bbg ............................ | Brandenburg |
| BBG ........................... | Bundesbeamtengesetz (BBG) idF vom 5.2.2009 (BGBl I 09, 160), zuletzt geändert durch Art 11 Zweites Datenschutz-Anpassungs- und UmsetzungsG EU vom 20.11.2019 (BGBl I 19, 1626) |
| BBiG ........................... | Berufsbildungsgesetz (BBiG) vom 23.3.2005 (BGBl I 05, 931), zuletzt geändert durch Art 1 G zur Modernisierung und Stärkung der beruflichen Bildungs vom 12.12.2019 (BGBl I 19, 2522) |
| Bd .............................. | Band |
| BdF ............................ | Bundesminister der Finanzen |
| BDA ........................... | Bundesvereinigung der deutschen Arbeitgeberverbände |
| BDSG .......................... | Bundesdatenschutzgesetz (BDSG) vom 30.6.2017 (BGBl I 17, 2097); siehe bis zum 25.5.2018 das Bundesdatenschutzgesetz |

| | |
|---|---|
| | idF der Bekanntmachung vom 14.1.2003 (BGBl I 2003, 66); zuletzt geändert durch Art 12 Zweites Datenschutz-Anpassungs- und UmsetzungsG EU vom 20.11.2019 (BGBl I 19, 1626) |
| BeckPersHB/Bd | Beck'sches Personalhandbuch, Bände I und II (Loseblatt) |
| BeckRS | Beck Rechtsprechung Nr (Rechtsprechung in beck-online) |
| BeckVerw | Beck Verwaltung Nr (Erlasse in beck-online) |
| beE | betriebsorganisatorisch eigenständige Einheit |
| BEEG | Gesetz zum Elterngeld und zur Elternzeit (Bundeselterngeld- und Elternzeitgesetz – BEEG) in der Fassung der Bekanntmachung vom 27. Januar 2015 (BGBl I 15, 33), zuletzt geändert durch Art 35 und 36 G zur steuerl Förderung der Elektromobilität und zur Änd weiterer steuerl Vorschriften vom 12.12.2019 (BGBl I 19, 2451) |
| BEG | Bundesgesetz zur Entschädigung für Opfer der nationalsozialistischen Verfolgung (Bundesentschädigungsgesetz) in der Fassung der Bekanntmachung vom 29.6.1956 (BGBl I 56, 559), zuletzt geändert durch Art 10 G zur Regelung des Sozialen Entschädigungsrechts vom 12.12.2019 (BGBl I 19, 2652) |
| BEM | Betriebliches Eingliederungsmanagement |
| BerBiFG | Berufsbildungsförderungsgesetz (BerBiFG) idF vom 12.1.1994 (BGBl I 94, 78), aufgehoben mWv 31.3.2005 durch Art 8 des Gesetzes zur Reform der beruflichen Bildung (Berufsbildungsreformgesetz) vom 23.3.2005 (BGBl I 05, 931) |
| BerBiRefG | Gesetz zur Reform der beruflichen Bildung (Berufsbildungsreformgesetz) vom 23.3.2005 (BGBl I 05, 931) |
| BErzGG | Gesetz zum Erziehungsgeld und zur Elternzeit (Bundeserziehungsgeldgesetz) idF vom 9.2.2004 (BGBl I 04, 206), aufgehoben mWv 31.12.2008 durch Art 3 des Gesetzes zur Einführung des Elterngeldes vom 5.12.2006 (BGBl I 06, 2748), zuletzt geändert durch Beschl des BVerfG – 1 BvL 2/10, 1 BvL 3/10, 1 BvL 4/10, 1 BvL 3/11 – vom 10.7.2012 (BGBl I 13, 1898) |
| BeschFG | Gesetz über arbeitsrechtliche Vorschriften zur Beschäftigungsförderung (Beschäftigungsförderungsgesetz 1985) vom 26.4.1985 (BGBl I 85, 710), außer Kraft durch Art 3 des TzBfG vom 21.12.2000 (BGBl I 2000, 1966) |
| BeschSchG | siehe BSchuG |
| BeschV | Verordnung über die Beschäftigung von Ausländerinnen und Ausländern (Beschäftigungsverordnung – BeschV) vom 6.6.2013 (BGBl I 2013,1499), zuletzt geändert durch Art 1 und 2 Fünfte ÄndVO vom 26.11.2019 (BGBl I 19, 1865) |
| betr | betreffen, betrifft, betreffend |
| BetrAVG | Gesetz zur Verbesserung der betrieblichen Altersversorgung vom 19.12.1974 (BGBl I 74, 3610), zuletzt geändert durch Art 6 G zur Umsetzung der RL (EU) 2016/2341 des Europäischen Parlaments und des Rates vom 14.12.2016 über die Tätigkeiten und die Beaufsichtigung von Einrichtungen der betrieblichen Altersversorgung vom 19.12.2018, BGBl I 18, 2672 |
| BetriebsrentenstärkungsG | Gesetz zur Stärkung der betrieblichen Altersversorgung und zur Änderung anderer Gesetze (Betriebsrentenstärkungsgesetz) vom 17.8.2017 (BGBl I 17, 3214) |
| BetrSichV | Verordnung über Sicherheit und Gesundheitsschutz bei der Verwendung von Arbeitsmitteln (Betriebssicherheitsverordnung – BetrSichV) vom 3.2.2015 (BGBl I 15, 49), zuletzt |

| | |
|---|---|
| | geändert durch Art 1 VO zur Änd von Arbeitschutzverordnungen und zur Aufh der FeuerzeugVO vom 30.4.2019 (BGBl I 19, 554) |
| BetrVerf-Reformgesetz.... | Gesetz zur Reform des Betriebsverfassungsgesetzes vom 23.7.2001 (BGBl I 01, 1852) |
| BetrVG ........................ | Betriebsverfassungsgesetz idF der Bekanntmachung vom 25.9.2001 (BGBl I 01, 2518), zuletzt geändert durch Art 4e QualifizierungschancenG vom 18.12.2018 (BGBl I 2018, 2651) |
| BewG........................... | Bewertungsgesetz idF vom 1.2.1991 (BGBl I 91, 230), zuletzt geändert durch Art 25 G zur weiteren steuerl Förderung der Elektromobilität und zur Änd weiterer steuerlicher Vorschriften vom 12.12.2019 (BGBl I 19, 2451) |
| BfA ............................. | Bundesversicherungsanstalt für Angestellte |
| BFH............................. | Bundesfinanzhof |
| BFHE.......................... | Sammlung der Entscheidungen und Gutachten des Bundesfinanzhofes |
| BFHEntlG.................... | Gesetz zur Entlastung des Bundesfinanzhofs (BFH-Entlastungsgesetz) vom 8.7.1975 (BGBl I 75, 1861), aufgehoben durch Art 36 Erstes Gesetz über die Bereinigung von Bundesrecht im Zuständigkeitsbereich des Bundesministeriums der Justiz vom 19.4.2006 (BGBl I 06, 866) |
| BFH/NV ..................... | Sammlung amtlich nicht veröffentlichter Entscheidungen des BFH (Zeitschrift) |
| BG.............................. | Berufsgenossenschaft/Die Berufsgenossenschaft (Zeitschrift) |
| BGA............................ | Bundesgesundheitsamt |
| BGB............................ | Bürgerliches Gesetzbuch vom 18.8.1896 (RGBl S 195) idF vom 2.1.2002 (BGBl I 02, 42; ber 2909 und BGBl I 03, 738), zuletzt geändert durch Art 1 G zur Verlängerung des Betrachtungszeitraums für die ortsübliche Vergleichsmiete vom 21.12.2019 (BGBl I 19, 2911) |
| BGBl........................... | Bundesgesetzblatt (zitiert nach Teil, Jahrgang und Seite) |
| BGG ........................... | Gesetz zur Gleichstellung von Menschen mit Behinderung (Behindertengleichstellungsgesetz – BGG) vom 27.4.2002 (BGBl I 02, 1468), zuletzt geändert durch Art 3 G zur Verlängerung befristeter Regelungen im Arbeitsförderungsrecht und zur Umsetzung der RL (EU) 2016/2102 über den barrierefreien Zugang zu den Websites und mobilen Anwendungen öffentlicher Stellen vom 10.7.2018 (BGBl I 18, 1117) |
| BGH............................ | Bundesgerichtshof |
| BGHZ.......................... | Amtliche Sammlung von Entscheidungen des Bundesgerichtshofs in Zivilsachen |
| BGleiG ........................ | Gesetz zur Gleichstellung von Frauen und Männern in der Bundesverwaltung und in den Unternehmen und Gerichten des Bundes (Bundesgleichstellungsgesetz) vom 24.4.2015 (BGBl I 15, 642, 643), geändert durch Art 3 Drittes Pflegestärkungsgesetz vom 23.12.2016 (BGBl I 16, 3191) |
| BG-Vorschrift............... | Berufsgenossenschaftliche Vorschrift |
| BildScharbV................. | Verordnung über Sicherheit und Gesundheitsschutz bei der Arbeit an Bildschirmgeräten (Bildschirmarbeitsverordnung) vom 4.12.1996 (BGBl I 96, 1841), aufgehoben mit Ablauf des 2.12.2016 durch Art 3 Satz 2 VO vom 30.11.2016 (BGBl I 16, 2681) |
| BImSchG ..................... | Gesetz zum Schutz vor schädlichen Umwelteinwirkungen durch Luftverunreinigungen, Geräusche, Erschütterungen und ähnliche Vorgänge (Bundes-Immissionsschutzgesetz – |

| | |
|---|---|
| | BImSchG), in der Fassung der Bekanntmachung vom 17.5.2013 (BGBl I 13, 1274), zuletzt geändert durch Art 1 13. ÄndG vom 8.4.2019 (BGBl I 19, 432) |
| 32. BImSchV | 32. Verordnung zur Durchführung des Bundes-Immissionsschutzgesetzes (Geräte- und Maschinenlärmschutzverordnung) vom 29.8.2002 (BGBl I 02, 3478), zuletzt geändert durch Art 83 Zehnte ZuständigkeitsanpassungsVO vom 31.8.2015 (BGBl I 15, 1474) |
| BioStoffV | Verordnung über Sicherheit und Gesundheitsschutz bei Tätigkeiten mit Biologischen Arbeitsstoffen (Biostoffverordnung – BioStoffV) vom 15.7.2013 (BGBl I 13, 2514), geändert durch Art 146 G zum Abbau verzichtbarer Anordnungen der Schriftform im Verwaltungsrecht des Bundes vom 29.3.2017 (BGBl I 17, 626) |
| BioStoffV1999 | Verordnung über Sicherheit und Gesundheitsschutz bei Tätigkeiten mit biologischen Arbeitsstoffen (Biostoffverordnung) vom 27.1.1999 (BGBl I 99, 50), außer Kraft mWv 23.7.2013 durch Art 3 Satz 2 VO vom 15.7.2013 (BGBl I S 2514) |
| BKGG | Bundeskindergeldgesetz idF vom 28.1.2009 (BGBl I 09, 142; ber 3177), zuletzt geändert durch Art 33 und 34 G zur weiteren steuerl Förderung der Elektromobilität und zur Änd weiterer steuerl Vorschriften vom 12.12.2019 (BGBl I 19, 2451) |
| BKK | Betriebskrankenkasse; Die Betriebskrankenkasse (Zeitschrift) |
| BKV | Berufskrankheiten-Verordnung vom 31.10.1997 (BGBl I 97, 2623), zuletzt geändert durch Art 1 Vierte ÄndVO vom 10.7.2017 (BGBl I 17, 2299) |
| *Blomeyer/Rolfs/Otto* | *Blomeyer/Rolfs/Otto,* Betriebsrentengesetz, Kommentar, 7. Aufl 2018 |
| Bln | Berlin |
| BlStSozArbR | Blätter für Steuerrecht, Sozialversicherung und Arbeitsrecht (Zeitschrift) |
| *Blümich/Bearbeiter* | *Blümich,* Kommentar zu EStG, KStG, GewStG und Nebengesetze (Loseblatt) |
| BMA | Bundesminister(ium) für Arbeit und Sozialordnung |
| BMAS | Bundesminister(ium) für Arbeit und Soziales |
| BMF | Bundesministerium für Finanzen |
| BMT-G II | Bundesmanteltarif für Arbeiter gemeindlicher Verwaltungen und Betriebe |
| BNichtrSchG | Gesetz zur Einführung eines Rauchverbotes in Einrichtungen des Bundes und öffentlichen Verkehrsmitteln (Bundesnichtraucherschutzgesetz – BNichtrSchG) mWv 1.9.2007 vom 20.7.2007 (BGBl I 07, 1595) |
| BochKomm | Bochumer Kommentar zum Sozialgesetzbuch |
| *Boecken* | *Boecken,* Unternehmensumwandlungen und Arbeitsrecht, 1996 |
| b+p | Betrieb + Personal (Zeitschrift) |
| BPersVG | Bundespersonalvertretungsgesetz vom 15.3.1974 (BGBl I 74, 693), zuletzt geändert durch Art 7 PflegeberufereformG vom 17.7.2017 (BGBl I 17, 2581) |
| BPflV | Verordnung zur Regelung der Krankenhauspflegesätze (Bundespflegesatzverordnung) vom 26.9.1994 (BGBl I 94, 2750), zuletzt geändert durch Art 6 MDK-ReformG vom 14.12.2019 (BGBl I 19, 2789) |
| BpO | Allgemeine Verwaltungsvorschrift für die Betriebsprüfung (Betriebsprüfungsordnung) vom 17.12.1987 (BStBl I 87, 802), außer Kraft mit Ablauf des 31.12.1999 |

| | |
|---|---|
| BpO 2000 | Betriebsprüfungsordnung vom 15.3.2000 (BStBl I 2000, 368; ber 480), geändert durch Allgemeine Verwaltungsvorschrift v 11.12.2001 (BStBl I 01, 984), v 22.1.2008 (BStBl I 08, 274 und v 20.7.2011 (BStBl I 11, 710) |
| *Brackmann* | *Brackmann,* Handbuch der Sozialversicherung (Loseblatt) |
| BRAGO | Bundesgebührenordnung für Rechtsanwälte vom 26.7.1957 (BGBl I 57, 907), aufgehoben mWv 1.7.2004 durch Art 6 Nr 4 des Gesetzes zur Modernisierung des Kostenrechts (Kostenrechtsmodernisierungsgesetz) vom 5.5.2004 (BGBl I 04, 718) |
| *Brand* | *Brand,* Sozialgesetzbuch – Arbeitsförderung SGB III, Kommentar, 8. Aufl 2018 |
| BRat | Betriebsrat |
| BRD | Bundesrepublik Deutschland |
| BR-Drs | Bundesratsdrucksache |
| *Brecht* | *Brecht,* Heimarbeitsgesetz (Kommentar), 1977 |
| *Breithaupt* | *Breithaupt,* Sammlung von Entscheidungen aus dem Sozialrecht (zitiert nach Jahrgang und Seite) |
| Brem | Bremen |
| BRRG | Rahmengesetz zur Vereinheitlichung des Beamtenrechts (Beamtenrechtsrahmengesetz) idF vom 31.3.1999 (BGBl I 99, 654), zuletzt geändert durch Art 6 Abs 1 G zur Neuregelung des Mutterschutzrechts vom 23.5.2017 (BGBl I 17, 1228) |
| BSchuG | Gesetz zum Schutz der Beschäftigten vor sexueller Belästigung am Arbeitsplatz (Beschäftigtenschutzgesetz) vom 24.6.1994 (BGBl I 94, 1406), aufgehoben durch Art 4 des Gesetzes zur Umsetzung europäischer Richtlinien zur Verwirklichung des Grundsatzes der Gleichbehandlung mWv 18.8.2006 vom 14.8.2006 (BGBl I 06, 1897) |
| BSeuchG | Gesetz zur Verhütung und Bekämpfung übertragbarer Krankheiten beim Menschen (Bundes-Seuchengesetz) idF vom 18.12.1979 (BGBl I 79, 2262; ber BGBl I 80, 151), außer Kraft mWv 1.1.2001 durch Art 5 Abs 1 Satz 2 Nr 1 des Seuchenrechtsneuordnungsgesetzes vom 20.7.2000 (BGBl I 2000, 1045) |
| BSG | Bundessozialgericht |
| BSGE | Entscheidungen des Bundessozialgerichts (Band, Seite); Amtliche Sammlung |
| BSHG | Bundessozialhilfegesetz idF vom 23.3.1994 (BGBl I 94, 646; ber 2975), aufgehoben mWv 1.1.2005 durch Art 68 des Gesetzes zur Einordnung des Sozialhilferechts in das Sozialgesetzbuch vom 27.12.2003 (BGBl I 03, 3022); Ausnahmen: § 101a tritt am 1.7.2005, § 100 Abs 1 am 1.1.2007 außer Kraft |
| bspw | beispielsweise |
| BStBl | Bundessteuerblatt (zitiert nach Teil I bzw II, Jahrgang und Seite) |
| BT-Drs | Bundestagsdrucksache |
| *Buchholz* | *Buchholz,* Sammel- und Nachschlagewerk der Rechtsprechung des Bundesverwaltungsgerichts |
| BÜVO | Verordnung über die Durchführung der Beitragsüberwachung und die Auskunfts- und Vorlagepflichten (Beitragsüberwachungsverordnung) idF vom 28.7.1997 (BGBl I 97, 1930), aufgehoben mWv 1.7.2006 durch § 15 Satz 2 BeitragsverfahrensVO v 3.5.2006 (BGBl I 06, 1138) |
| BundesteilhabeG/BTHG | BundesteilhabeG vom 23.12.2016 (BGBl I 16, 3234), geändert durch Art 2 Nr 1 und 2 G zur Änd des Neunten und des |

| | |
|---|---|
| | Zwölften Buches Sozialgesetzbuch und anderer Rechtsvorschriften vom 30.11.2019 (BGBl I 19, 1948) |
| BUKG | Gesetz über die Umzugskostenvergütung für die Bundesbeamten, Richter im Bundesdienst und Soldaten (Bundesumzugskostengesetz) idF vom 11.12.1990 (BGBl I 90, 2682), zuletzt geändert durch Art 7 BesoldungsstrukturenmodernisierungsG vom 9.12.2019 (BGBl I 19, 2053) |
| BUrlG | Mindesturlaubsgesetz für Arbeitnehmer (Bundesurlaubsgesetz) vom 8.1.1963 (BGBl I 63, 2), zuletzt geändert durch Art 3 Abs 3 G zur Umsetzung des Seearbeitsübereinkommens 2006 der Internationalen Arbeitsorganisation vom 20.4.2013 (BGBl I 13, 868) |
| BVA | Bundesversicherungsamt |
| BVerfG | Bundesverfassungsgericht |
| BVerfGE | Amtliche Sammlung der Entscheidungen des Bundesverfassungsgerichts |
| BVerfGG | Gesetz über das Bundesverfassungsgericht idF vom 11.8.1993 (BGBl I 93, 1473), zuletzt geändert durch Art 4 G zur Umsetzung der RL (EU) 2016/680 im Strafverfahren sowie zur Anpassung datenschutzrechtl Bestimmungen an die VO (EU) 2016/679 vom 20.11.2019 (BGBl I 19, 1724) |
| BVerwG | Bundesverwaltungsgericht |
| BVFG | Gesetz über die Angelegenheiten der Vertriebenen und Flüchtlinge (Bundesvertriebenengesetz) idF vom 10.8.2007 (BGBl I 07, 1902), zuletzt geändert durch Art 3 Terminservice- und VersorgungsG vom 6.5.2019 (BGBl I 19, 646) |
| BVG | Gesetz über die Versorgung der Opfer des Krieges (Bundesversorgungsgesetz) idF vom 22.1.1982 (BGBl I 82, 21), zuletzt geändert durch Art 2, 58 Nr 2 G zur Regelung des Sozialen Entschädigungsrechts vom 12.12.2019 (BGBl I 2019, 2652) |
| BVV | Verordnung über die Berechnung, Zahlung, Weiterleitung, Abrechnung und Prüfung des Gesamtsozialversicherungsbeitrages (Beitragsverfahrensverordnung – BVV) vom 3.5.2006 (BGBl I 06, 1138), zuletzt geändert durch Art 57 Abs 24 G zur Regelung des Sozialen Entschädigungsrechts vom 12.12.2019 (BGBl I 19, 2652) |
| bzgl | bezüglich |
| BZRG | Gesetz über das Zentralregister und das Erziehungsregister (Bundeszentralregistergesetz) idF vom 21.9.1984 (BGBl I 84, 1229, ber 85, 195), zuletzt geändert durch Art 7 G zur Änd des UmweltauditG, des AtomG, des StandortauswahlG, der EndlagervorausleistungsVO und anderer G und VO vom 12.12.2019 (BGBl I 19, 2510) |
| BZSt | Bundeszentralamt für Steuern; bis 31.12.2005 Bundesamt für Finanzen (BfF) |
| bzw | beziehungsweise |
| ChemG | Gesetz zum Schutz vor gefährlichen Stoffen (Chemikaliengesetz – ChemG) idF vom 2.7.2008 (BGBl I 08, 1146), zuletzt geändert durch Art 1, 2 G zur Änd des ChemikalienG und zur Änd weiterer chemikalienrechtlicher Vorschriften vom 18.7.2017 (BGBl I 17, 2774) |
| cic | Culpa in contrahendo |
| *Cramer* | *Cramer,* Schwerbehindertengesetz, 6. Aufl 2011 |
| ContStifG | Gesetz über die Conterganstiftung für behinderte Menschen (Conterganstiftungsgesetz – ContStifG) idF vom 25.6.2009 |

| | |
|---|---|
| | (BGBl I 09, 1537), zuletzt geändert durch Art 1 Viertes ÄndG vom 21.2.2017 (BGBl I 17, 263) |
| *Däubler/Bearbeiter* | *Däubler* (Hrsg), Tarifvertragsgesetz, Kommentar, 4. Aufl 2016 |
| DA-KG 2016 | Schreiben betr Familienleistungsausgleich; Neufassung der Dienstanweisung zum Kindergeld nach dem Einkommensteuergesetz (DA-KG) vom 22.8.2016 (BStBl I 16, 826, ber 1078) |
| DAngVers | Deutsche Angestellten-Versicherung (Zeitschrift) |
| DB | Der Betrieb (Zeitschrift) |
| DBA | Doppelbesteuerungsabkommen |
| DDR | Deutsche Demokratische Republik |
| DEÜV | Verordnung über die Erfassung und Übermittlung von Daten für die Träger der Sozialversicherung (Datenerfassungs- und -übermittlungsverordnung) idF vom 23.1.2006 (BGBl I 05, 152), zuletzt geändert durch Art 57 Abs 23 G zur Regelung des Sozialen Entschädigungsrechts vom 12.12.2019 (BGBl I 19, 2652) |
| DGB | Deutscher Gewerkschaftsbund |
| DGUV | Deutsche Gesetzliche Unfallversicherung, Spitzenverband der gewerblichen Berufsgenossenschaften und der Unfallversicherungsträger der öffentlichen Hand |
| dgl | dergleichen/desgleichen |
| dh | das heißt |
| Die Beiträge | Die Beiträge zur Sozial- und Arbeitslosenversicherung (Zeitschrift) |
| DIN | Deutsche Industrienorm |
| *DKK/Bearbeiter* | *Däubler/Kittner/Klebe/Wedde* (Hrsg), Betriebsverfassungsgesetz, Kommentar, 16. Aufl 2018 |
| *DLW/Bearbeiter* | *Dörner / Luczak / Wildschütz / Baeck / Hoß* (Hrsg), Handbuch des Fachanwalts Arbeitsrecht, 15. Aufl 2019 |
| DOK | Die Ortskrankenkasse (Zeitschrift) |
| DRV | Deutsche Rentenversicherung (Zeitschrift) |
| DRVB | Deutsche Rentenversicherung Bund |
| DSAnpUG-EU | Datenschutz-Anpassungs- und Umsetzungsgesetz EU vom 30.6.2017, BGBl I 17, 2097 |
| DSGVO | Verordnung (EU) 2016/679 des Europäischen Parlaments und des Rates vom 27. April 2016 zum Schutz natürlicher Personen bei der Verarbeitung personenbezogener Daten, zum freien Datenverkehr und zur Aufhebung der Richtlinie 95/46/EG, (Datenschutz-Grundverordnung), ABl Nr L 119 S 1, ber Nr L 314 S 72 |
| DStJG, Bd | Deutsche Steuerjuristische Gesellschaft e. V., Band |
| DStR | Deutsches Steuerrecht (Zeitschrift) |
| DStRE | DStR-Entscheidungsdienst (Beilage zur Zeitschrift DStR) |
| DStRK | DStR kurzgefasst (Beilage zur Zeitschrift DStR) |
| DStZ | Deutsche Steuerzeitschrift (Zeitschrift) |
| DV | Durchführungsverordnung |
| EBRat | Europäischer Betriebsrat |
| EBRG | Gesetz über Europäische Betriebsräte (Europäische Betriebsräte-Gesetz) idF vom 7.12.2011 (BGBl I 11, 2650), geändert durch Art 5 EM-LeistungsverbesserungsG vom 17.7.2017 (BGBl I 17, 2509) |
| EDV | Elektronische Datenverarbeitung |
| EFG | Entscheidungen der Finanzgerichte (Zeitschrift) |
| EFZG | Gesetz über die Zahlung des Arbeitsentgelts an Feiertagen und im Krankheitsfall (Entgeltfortzahlungsgesetz) vom 26.5.1994 |

| | |
|---|---|
| | (BGBl I 94, 1065), zuletzt geändert durch Art 9 Drittes BürokratieentlastungsG vom 22.11.2019 (BGBl I 19, 1746) |
| EG | Europäische Gemeinschaft(en) |
| EGAHiG | Gesetz zur Durchführung der EG-Richtlinie über die gegenseitige Amtshilfe im Bereich der direkten Steuern, bestimmter Verbrauchsteuern und der Steuern auf Versicherungsprämien (EG-Amtshilfe-Gesetz) vom 19.12.1985 (BGBl I 85, 2441; ber 93, 169), aufgehoben mWv 1.1.2013 durch Art 31 Abs 9 G v 26.6.2013 (BGBl I 13, 1809), ersetzt durch EU-Amtshilfegesetz – EUAHiG, zuletzt geändert durch Art 31 Abs 9 Gesetz zur Umsetzung der Amtshilferichtlinie sowie zur Änderung steuerlicher Vorschriften (Amtshilferichtlinie-Umsetzungsgesetz – AmtshilfeRLUmsG) vom 26.6.2013 (BGBl I 13, 1809) |
| EGBGB | Einführungsgesetz zum Bürgerlichen Gesetzbuch idF vom 21.9.1994 (BGBl I 94, 2494), zuletzt geändert durch Art 3 G zur Verlängerung des Betrachtungszeitraums für die ortsübliche Vergleichsmiete vom 21.12.2019 (BGBl I 19, 2911) |
| EGHGB | Einführungsgesetz zum Handelsgesetzbuch vom 10.5.1897 (RGBl S 437), zuletzt geändert durch Art 4 G zur Umsetzung der zweiten AktionärsrechteRL (ARUG II) vom 12.12.2019 (BGBl I 19, 2637) |
| EGInsO | Einführungsgesetz zur Insolvenzordnung vom 5.10.1994 (BGBl I 94, 2911), zuletzt geändert durch Art 3 G zur Durchführung der VO (EU) 2015/848 über Insolvenzverfahren vom 5.6.2017 (BGBl I 17, 1476) |
| EGMR | Europäischer Gerichtshof für Menschenrechte |
| EGV | Vertrag zur Gründung der Europäischen Gemeinschaft idF bis 30.11.2009 vom 25.3.1957, zuletzt geändert durch Art 2 des Vertrages von Lissabon vom 13.12.2007 (ABl Nr C 306, 1) |
| *EHR* | *Eicher/Haase/Rauschenbach*, Die Rentenversicherung der Arbeiter und der Angestellten (Loseblatt) |
| EhrenAmtVO | Verordnung über die ehrenamtliche Betätigung von Arbeitslosen vom 24.5.2002 (BGBl I 02, 1783), zuletzt geändert durch Art 11 EhrenamtsstärkungsG vom 21.3.2013 (BGBl I 13, 556) |
| EigZulG | Eigenheimzulagengesetz idF vom 26.3.1997 (BGBl I 97, 734), zuletzt geändert durch Art 8 G zur Anpassung steuerlicher Regelungen an die Rechtsprechung des Bundesverfassungsgerichts vom 18.7.2014 (BGBl I 14, 1042) |
| Einmalzahlungs-NeuregelungsG | Gesetz zur Neuregelung der sozialversicherungsrechtlichen Behandlung von einmalig gezahltem Arbeitsentgelt (Einmalzahlungs-Neuregelungsgesetz) vom 21.12.2000 (BGBl I 2000, 1971) |
| ELStAM | Elektronische Lohnsteuerabzugsmerkmale |
| EntgTranspG | Gesetz zur Förderung der Entgelttransparenz zwischen Frauen und Männern (Entgelttransparenzgesetz – EntgTranspG) vom 30. Juni 2017 (BGBl I 17, 2152) |
| entspr | entsprechend |
| EPersR | Personalrecht, Grundsatzentscheidungen mit Erläuterungen (Entscheidungssammlung) |
| ErfK/*Bearbeiter* | Erfurter Kommentar zum Arbeitsrecht, hrsg von *Dieterich/Hanau/Schaub*, 20. Aufl 2020 |
| *Erman/Bearbeiter* | *Erman*, Handkommentar zum Bürgerlichen Gesetzbuch, 15. Aufl 2017 |

Ersatzkasse .................... Ersatzkasse (Zeitschrift)
ESt.............................. Einkommensteuer
EStDV .......................... Einkommensteuer-Durchführungsverordnung 2000 vom 10.5.2000 (BGBl I 2000, 717), zuletzt geändert durch Art 4 Gesetz zum Ausschluss verfassungsfeindlicher Parteien von der Parteienfinanzierung vom 18.7.2017 (BGBl I 17, 2730)
EStG ............................ Einkommensteuergesetz idF vom 8.10.2009 (BGBl I 09, 3366; ber 3862), zuletzt geändert durch Art 1 und 2 G zur Umsetzung des Klimaschutzprogramms 2030 im Steuerrecht vom 21.12.2019 (BGBl I 19, 2886)
EStH ............................ Einkommensteuerhinweise 2016 im Amtlichen Einkommensteuer-Handbuch 2016, hrsg vom BMF
EStR ............................ Einkommensteuer-Richtlinien 2012 vom 16.12.2005 in der Fassung der EStÄR 2012 v 25.3.2013 (BStBl I 13, 276)
etc............................... et cetera
EU .............................. Europäische Union
EuGH........................... Europäischer Gerichtshof
EUAHiG........................ Gesetz über die Durchführung der gegenseitigen Amtshilfe in Steuersachen zwischen den Mitgliedstaaten der Europäischen Union (EU-Amtshilfegesetz – EUAHiG) vom 26. Juni 2013, (BGBl I 13, 1809), zuletzt geändert durch Art 4 Gesetz zur Einführung einer Pflicht zur Mitteilung grenzüberschreitender Steuergestaltungen vom 21.12.2019 (BGBl I 19, 2875)
EuroAS ......................... Informationsdienst europäisches Arbeits- und Sozialrecht
1. EuroEG ..................... Gesetz zur Einführung des Euro vom 9.6.1998 (BGBl I 98, 1242)
2. EuroEG ..................... Zweites Gesetz zur Einführung des Euro vom 24.3.1999 (BGBl I 99, 385)
3. EuroEG ..................... Gesetz über die Änderung währungsrechtlicher Vorschriften infolge der Einführung des Euro-Bargeldes (Drittes Euro-Einführungsgesetz) vom 16.12.1999 (BGBl I 99, 2402)
4. EuroEG ..................... Gesetz zur Einführung des Euro im Sozial- und Arbeitsrecht sowie zur Änderung anderer Vorschriften (Viertes Euro-Einführungsgesetz) vom 21.12.2000 (BGBl I 2000, 1983), zuletzt geändert durch Art 3 Nr 1 des Gesetzes zur Änderung des Gaststättengesetzes und anderer Gewerbeordnungen vom 13.12.2001 (BGBl I 01, 3584)
5. EuroEG ..................... Gesetz zur Umstellung von Vorschriften im land- und forstwirtschaftlichen Bereich auf Euro (Fünftes Euro-Einführungsgesetz) vom 25.6.2001 (BGBl I 2001, 1215)
EUV............................. Vertrag über die Europäische Union (Vertrag von Lissabon)
EUVerf.......................... Vertrag über eine Verfassung für Europa vom 29.10.2004 (ABl EU C 04, 310), geändert durch Art 13, 14, 15 des Protokolls über die Bedingungen und Einzelheiten der Aufnahme der Republik Bulgarien und Rumäniens in die Europäische Union mWv 1.1.2007 vom 25.4.2005 (ABl Nr L 157 S 29), außer Kraft mWv 1.11.2006
EV .............................. Vertrag zwischen der Bundesrepublik Deutschland und der Deutschen Demokratischen Republik über die Herstellung der Einheit Deutschlands – Einigungsvertrag – vom 31.8.1990 (BGBl II 90, 889), zuletzt geändert durch Art 188 Zweites G über die weitere Bereinigung von Bundesrecht vom vom 8.7.2016 (BGBl I 16, 1594)
evtl.............................. eventuell
EWG............................ Europäische Wirtschaftsgemeinschaft
EWR ............................ Europäischer Wirtschaftsraum

EzA .......................... Entscheidungssammlung zum Arbeitsrecht
EzA-SD ...................... Entscheidungssammlung zum Arbeitsrecht-Schnelldienst (Zeitschrift)
EzAÜG ...................... *Becker,* Entscheidungssammlung zum Arbeitnehmerüberlassungsgesetz und zum sonstigen drittbezogenen Personaleinsatz (Loseblatt)

FA ............................ Finanzamt
FA Arbeitsrecht ............ Fachanwalt Arbeitsrecht (Zeitschrift)
FamRZ ...................... Zeitschrift für das gesamte Familienrecht
FD-ArbR...................... Fachdienst Arbeitsrecht
FD-StR ....................... Fachdienst Steuerrecht
ff .............................. folgende
FG ............................ Finanzgericht
FGO .......................... Finanzgerichtsordnung idF vom 28.3.2001 (BGBl I 01, 443), zuletzt geändert durch Art 7 G zur Regelung der Wertgrenze für die Nichtzulassungsbeschwerde in Zivilsachen, zum Ausbau der Spezialisierung bei den Gerichten sowie zur Änd weiterer prozessrechtlicher Vorschriften vom 12.12.2019 (BGBl I 19, 2633)
FinBeh ....................... Finanzbehörde
FinMin ....................... Finanzminister(ium)
*Fitting* ......................... *Fitting/Engels/Schmidt/Trebinger/Linsenmaier,* Betriebsverfassungsgesetz, Kommentar, 29. Aufl 2018
FK-InsO/*Bearbeiter*........ Frankfurter Kommentar zur Insolvenzordnung, hrsg von *Klaus Wimmer,* 9. Aufl 2018
FlexirentenG............... Gesetz zur Flexibilisierung des Übergangs vom Erwerbsleben in den Ruhestand und zur Stärkung von Prävention und Rehabilitation im Erwerbsleben (Flexirentengesetz), vom 8.12.2016 (BGBl I 16, 2838)
FMBl ......................... Amtsblatt des Bayerischen Staatsministeriums der Finanzen
FöJG .......................... Gesetz zur Förderung eines freiwilligen ökologischen Jahres idF vom 15.7.2002 (BGBl I 02, 2600), aufgehoben mWv 31.5.2008 durch Art 3 des Gesetzes zur Förderung von Jugendfreiwilligendiensten vom 16.5.2008 (BGBl I 08, 842)
FördG ........................ Gesetz über Sonderabschreibungen und Abzugsbeträge im Fördergebiet (Fördergebietsgesetz) idF vom 23.9.1993 (BGBl I 93, 1654), aufgehoben mit Ablauf des 14.7.2016 durch Art 68 G v 8.7.2016 (BGBl I 16, 1594)
FPersG ....................... Gesetz über das Fahrpersonal von Kraftfahrzeugen und Straßenbahnen (Fahrpersonalgesetz) idF vom 19.2.1987 (BGBl I 87, 640), zuletzt geändert durch Art 138 Zweiten Datenschutz-Anpassungs- und Umsetzungsgesetz EU vom 20.11.2019 (BGBl I 19, 1626)
FPfZG......................... Gesetz über die Familienpflegezeit (Familienpflegezeitgesetz – FPfZG) vom 6.12.2011 (BGBl I 11, 2564) zuletzt geändert durch Art 1 G zur besseren Vereinbarkeit von Familie, Pflege und Beruf vom 23.12.2014 (BGBl I 14, 2462)
FR............................. Finanz-Rundschau (Zeitschrift)
FRG .......................... Fremdrentengesetz vom 25.2.1960 (BGBl I 60, 93), zuletzt geändert durch Art 7 6. SGB IV-ÄndG vom 11.11.2016 (BGBl I 16, 2500)
FS Küttner .................. Personal im Wandel. Festschrift für Wolfdieter Küttner zum 70. Geburtstag, hrsg von *Hanau/Röller/Macher/Schlegel,* München 2006
FVG........................... Gesetz über die Finanzverwaltung idF vom 4.4.2006 mWv 1.1.2006 (BGBl I 06, 846), zuletzt geändert durch Art 3 G zur

| | |
|---|---|
| | Einführung einer Pflicht zur Mitteilung grenzüberschreitender Steuergestaltungen vom 21.12.2019 (BGBl I 19, 2875) |
| *Gagel/Bearbeiter* | *Gagel,* Sozialgesetzbuch III – Arbeitsförderung, Kommentar (Loseblatt) |
| *Gamillscheg* | *Gamillscheg,* Kollektives Arbeitsrecht, 1997 (Band I), 2008 (Band II) |
| GBl | Gesetzblatt |
| GbR | Gesellschaft bürgerlichen Rechts |
| GBRat | Gesamtbetriebsrat |
| GdB | Grad der Behinderung |
| GefStoffV | Verordnung zum Schutz vor Gefahrstoffen (Gefahrstoffverordnung) vom 26.11.2010 (BGBl I 10, 1643), zuletzt geändert durch Art 148 G zum Abbau verzichtbarer Anordnungen der Schriftform im Verwaltungsrecht des Bundes vom 29.3.2017 (BGBl I 17, 626) |
| gem | gemäß |
| GenDG | Gesetz über genetische Untersuchungen bei Menschen (Gendiagnostikgesetz – GenDG) mWv 1.2.2010 vom 31.7.2009 (BGBl I 09, 2529; ber 3672), zuletzt geändert durch Art 23 Zweites Datenschutz-Anpassungs- und Umsetzungsgesetz EU vom 20.11.2019 (BGBl I 19, 1626) |
| GenG | Gesetz betreffend die Erwerbs- und Wirtschaftsgenossenschaften (Genossenschaftsgesetz – GenG) idF vom 16.10.2006 mWv 18.8.2006 (BGBl I 06, 2230), zuletzt geändert durch Art 8 G zur Änd des BundesversorgungsG und anderer Vorschriften vom 17.7.2017 (BGBl I 17, 2541) |
| *Germelmann / Matthes / Prütting* | *Germelmann / Matthes / Prütting,* Arbeitsgerichtsgesetz, Kommentar, 9. Aufl 2017 |
| GesamtKomm/*Bearbeiter* | *Bley/Gitter/Gagel/Heinze/Kopp/Müller/Schneider-Dannwitz/Schroeter/Schwerdtfeger,* Gesamtkommentar Sozialgesetzbuch – Sozialversicherung (Loseblatt) |
| GewO | Gewerbeordnung idF vom 22.2.1999 (BGBl I 99, 202), zuletzt geändert durch Art 15 Drittes Bürokratieentlastungsgesetz vom 22.11.2019 (BGBl I 19, 1746) |
| GewStG | Gewerbesteuergesetz idF vom 15.10.2002 (BGBl I 02, 4167), zuletzt geändert durch Art 8 und 9 Gesetz zur weiteren steuerlichen Förderung der Elektromobilität und zur Änderung weiterer steuerlicher Vorschriften vom 12.12.2019 (BGBl I 19, 2451) |
| GewStR | Gewerbesteuer-Richtlinien 2009 (GewStR 2009) vom 28. April 2010 (BStBl I 2010 Sondernummer 1 S. 2) |
| GG | Grundgesetz für die Bundesrepublik Deutschland vom 23.5.1949 (BGBl I 49, 1), zuletzt geändert durch Art 1 ÄndG (Art 72, 105, 125b) vom 15.11.2019 (BGBl I 19, 1546) |
| ggf | gegebenenfalls |
| GK | Gemeinschafts-Kommentar |
| GK-BetrVG/*Bearbeiter* | Gemeinschaftskommentar zum Betriebsverfassungsgesetz, von *Wiese / Kreutz / Oetker / Raab / Weber / Franzen / Gutzeit / Jacobs,* 11. Aufl 2018 |
| GKG | Gerichtskostengesetz in der Fassung der Bekanntmachung vom 27. Februar 2014 (BGBl I 14, 154), zuletzt geändert durch Art 4 G zur Stärkung der Verfahrensrechte von Beschuldigten im Jugendstrafverfahren vom 9.12.2019 (BGBl I 19, 2146) |

GK-HGB/*Bearbeiter* ....... Gemeinschaftskommentar zum Handelsgesetzbuch, von *Ensthaler,* 8. Aufl 2015

GK-SGB I/*Bearbeiter* ...... Gemeinschaftskommentar zum Sozialgesetzbuch – Allgemeiner Teil, von *Kretschmer/von Maydell/Schellhorn,* 3. Aufl 1996

GKV-Gesundheitsreformgesetz 2000.................. Gesetz zur Reform der gesetzlichen Krankenversicherung ab dem Jahr 2000 vom 22.12.1999 (BGBl I 99, 2626), geändert durch Art 3 des Arzneimittelausgaben-Begrenzungsgesetzes vom 15.2.2002 (BGBl I 02, 684)

GKV-Wettbewerbsstärkungsgesetz .................. Gesetz zur Stärkung des Wettbewerbs in der Gesetzlichen Krankenversicherung (GKV-Wettbewerbsstärkungsgesetz – GKV-WSG) vom 26.3.2007 (BGBl I 07, 378), zuletzt geändert durch Art 4 des Gesetzes zur Änderung des Infektionsschutzgesetzes und weiterer Gesetze vom 28.7.2011 (BGBl I 11, 1622)

*GL* ............................ *Löwisch/Kaiser,* Kommentar zum Betriebsverfassungsgesetz, 7. Aufl 2017

GmbH......................... Gesellschaft mit beschränkter Haftung

GmbHG ....................... Gesetz betreffend die Gesellschaften mit beschränkter Haftung idF vom 20.5.1898 (RGBl II 1898, 846), zuletzt geändert durch Art 10 G zur Umsetzung der Zweiten ZahlungsdiensteRL vom 17.7.2017 (BGBl I 17, 2446)

GmbHR ....................... GmbH-Rundschau (Zeitschrift)

GmbH-Steuerpraxis ....... Zeitschrift

grds............................ grundsätzlich

GRG .......................... Gesetz zur Strukturreform im Gesundheitswesen (Gesundheits-Reformgesetz) vom 20.12.1988 (BGBl I 88, 2477), zuletzt geändert durch Beschluss des BVerfG – 1 BvL 16/96 vom 15.3.2000 (BGBl I 2000, 1300)

*Gröninger/Gehring*.......... *Gröninger/Gehring,* Jugendarbeitsschutzgesetz, Kommentar (Loseblatt)

*Gröninger/Thomas* SchwbG...................... *Gröninger/Thomas,* Schwerbehindertengesetz, Kommentar (Loseblatt)

*Gröninger/Thomas* MuSchG....................... *Gröninger/Thomas,* Mutterschutzgesetz, Kommentar (Loseblatt)

*Grüner* ........................ *Grüner,* Sozialgesetzbuch, Kommentar (Loseblatt)

GRUR.......................... Gewerblicher Rechtsschutz und Urheberrecht (Zeitschrift)

GS.............................. Großer Senat

GSNRW....................... Gesetzessammlung Nordrhein-Westfalen

GVBl .......................... Gesetz- und Verordnungsblatt

GVG........................... Gerichtsverfassungsgesetz idF vom 9.5.1975 (BGBl I 75, 1077), zuletzt geändert durch Art 3 G zur Regelung der Wertgrenze für die Nichtzulassungsbeschwerde in Zivilsachen, zum Ausbau der Spezialisierung bei den Gerichten sowie zur Änd weiterer prozessrechtlicher Vorschriften vom 12.12.2019 (BGBl I 19, 2633)

hA ............................. herrschende Ansicht

HAG........................... Heimarbeitsgesetz vom 14.3.1951 (BGBl I 51, 191), zuletzt geändert durch Art 112 Zweites Datenschutz-Anpassungs- und UmsetzungsG EU vom 20.11.2019 (BGBl I 19, 1626)

HaKo-BetrVG/*Bearbeiter* .................... Betriebsverfassungsgesetz Handkommentar, hrsg von *Düwell,* 5. Aufl 2018

| | |
|---|---|
| HandwO | Gesetz zur Ordnung des Handwerks (Handwerksordnung) idF vom 24.9.1998 (BGBl I 98, 3074; ber 160, BGBl I 06, 2095), zuletzt geändert durch Art 2 G zur Modernisierung und Stärkung der beruflichen Bildung vom 12.12.2019 (BGBl I 19, 2522) |
| *Hauck/Noftz/Bearbeiter* | *Hauck/Noftz,* Kommentar zum SGB (Loseblatt) |
| Hbg | Hamburg |
| *H/B/N/B* | *Hartmann/Böttcher/Nissen/Bordewin,* Kommentar zum Einkommensteuergesetz (Loseblatt) |
| *Hennig/Bearbeiter* | *Hennig,* SGB III, Kommentar mit Nebenrecht (Loseblatt) |
| *Herkert* | *Herkert,* Berufsbildungsgesetz mit Nebenbestimmungen, Kommentar (Loseblatt) |
| Hess | Hessen |
| *Heuermann/Wagner* | *Heuermann/Wagner,* Das gesamte Lohnsteuerrecht (Loseblatt) |
| HFR | Höchstrichterliche Finanzrechtsprechung, Entscheidungssammlung |
| HGB | Handelsgesetzbuch vom 10.5.1897 (RGBl I 1897, 219; ber BGBl I 99, 42) idF vom BGBl Teil III, Gliederungsnummer 4100–1, zuletzt geändert durch Art 3 G zur Umsetzung der zweiten AktionärsrechteRL vom 12.12.2019 (BGBl I 19, 2637) |
| HHG | Gesetz über Hilfsmaßnahmen für Personen, die aus politischen Gründen in Gebieten außerhalb der Bundesrepublik Deutschland in Gewahrsam genommen wurden (Häftlingshilfegesetz – HHG) idF vom 2.6.1993 (BGBl I 93, 838), zuletzt geändert durch Art 9 G zur Regelung des Sozialen Entschädigungsrechts vom 12.12.2019 (BGBl I 19, 2652) |
| *HHR* | *Herrmann/Heuer/Raupach,* Kommentar zur Einkommensteuer und Körperschaftsteuer (Loseblatt) |
| *HHS* | *Hübschmann/Hepp/Spitaler,* Kommentar zur Abgabenordnung und Finanzgerichtsordnung (Loseblatt) |
| HK-AGG/*Bearbeiter* | *Däubler/Bertzbach,* Allgemeines Gleichbehandlungsgesetz, 4. Aufl 2018 |
| hM | herrschende Meinung |
| *HMW*/Stichwort | *Hartz/Meeßen/Wolf,* ABC-Führer Lohnsteuer (Loseblatt) |
| *Höfer* | *Höfer,* Gesetz zur Verbesserung der betrieblichen Altersversorgung (Loseblatt-Kommentar), Bd I: 21. Aufl 2017; Bd II: 16. Aufl 2016 |
| *von Hoyningen-Huene* | *von Hoyningen-Huene/Linck,* Kündigungsschutzgesetz, Kommentar, 15. Aufl 2013 |
| *Link/Krause/Bayreuther* | *Link/Krause/Bayreuther,* Kündigungsschutzgesetz: KSchG, Kommentar, 16. Aufl 2019 |
| HRG | Hochschulrahmengesetz idF vom 19.1.1999 (BGBl I 99, 18), zuletzt geändert durch Art 1 Achtes ÄndG vom 15.11.2019 (BGBl I 19, 1622) |
| *Hromadka/Sieg* | *Hromadka/Sieg,* Sprecherausschussgesetz, Kommentar, 4. Aufl 2017 |
| Hs | Halbsatz |
| HSR/*Bearbeiter* | Sozialrechtshandbuch, hrsg von *Ruland/Becker/Axer,* 6. Aufl 2018 |
| *Huber* | *Huber,* Handbuch des Ausländer- und Asylrechts (Loseblatt) |
| HVBG-Info | Informationsblatt des Hauptverbandes der gewerblichen Berufsgenossenschaften |
| HVGBG AID | Hauptverband der gewerblichen Berufsgenossenschaften, Aktueller Informationsdienst für die berufsgenossenschaftliche Sachbearbeitung |

*H/W/G/N/R/H*.......... *Hess/Worzalla/Glock/Nicolai/Rose/Huke* BetrVG – Kommentar zum Betriebsverfassungsgesetz, 10. Aufl 2018
HWK/*Bearbeiter* .......... *Henssler/Willemsen/Kalb,* Arbeitsrecht, Kommentar, 8. Aufl 2018
HzA.......................... *Stahlhacke,* Handbuch zum Arbeitsrecht (Loseblatt)
HZvG........................ Gesetz zur Neuregelung der Hüttenknappschaftlichen Zusatzversicherung im Saarland (Hüttenknappschaftliches Zusatzversicherungs-Gesetz) vom 21.6.2002 (BGBl I 02, 2167), zuletzt geändert durch Art 6 FlexirentenG vom 8.12.2016 (BGBl I 16, 2838)
HZvNG...................... Gesetz zur Einführung einer kapitalgedeckten Hüttenknappschaftlichen Zusatzversicherung und zur Änderung anderer Gesetze (Hüttenknappschaftliches Zusatzversicherungs-Neuregelungsgesetz – HZvNG) vom 21.6.2002 (BGBl I 02, 2167)

idF.......................... in der Fassung
idR.......................... in der Regel
IfSG......................... Gesetz zur Verhütung und Bekämpfung von Infektionskrankheiten beim Menschen (Infektionsschutzgesetz – IfSG) vom 20.7.2000 (BGBl I 2000, 1045), zuletzt geändert durch Art 46 G zur Regelung des Sozialen Entschädigungsrechts vom 12.12.2019 (BGBl I 19, 2652)
IHK.......................... Industrie- und Handelskammer
iH (d)/(v).................. in Höhe (des/der)/(von)
IKK.......................... Innungskrankenkasse
Inf........................... Die Information über Steuer und Wirtschaft (Zeitschrift)
info also.................... Informationen zum Arbeitslosenrecht und Sozialhilferecht (Zeitschrift)
insbes....................... insbesondere
InsO......................... Insolvenzordnung vom 5.10.1994 (BGBl I 94, 2866), zuletzt geändert durch Art 24 Abs 3 Zweites FinanzmarktnovellierungsG vom 23.6.2017 (BGBl I 17, 1693)

InvZul....................... Investitionszulage
InvZulG 2005............. Investitionszulagengesetz 2005 idF vom 30.9.2005 (BGBl I 05, 2961)
InvZulG 2007............. Investitionszulagengesetz 2007 idF vom 23.2.2007 (BGBl I 07, 282), zuletzt geändert durch Art 2 des Gesetzes zur Schaffung einer Nachfolgeregelung und Änderung des Investitionszulagengesetzes 2007 vom 7.12.2008 (BGBl I 08, 2350)
InvZulG 2010............. Investitionszulagengesetz 2010 (InvZulG 2010) vom 7.12.2008 (BGBl I 08, 2350), zuletzt geändert durch Art 10 des Gesetzes zur Beschleunigung des Wirtschaftswachstums (Wachstumsbeschleunigungsgesetz) vom 22.12.2009 (BGBl I 09, 3950)
iS(d)/(v).................... im Sinne (des/der)/(von)
IStR......................... Internationales Steuerrecht (Zeitschrift)
iVm.......................... in Verbindung mit
IWB (F)..................... Internationale Wirtschaftsbriefe (Zeitschrift), Fach
iwS.......................... im weiteren Sinne

JAE.......................... Jahresarbeitsentgelt
JAEGrenze................. Jahresarbeitsentgeltgrenze
JArbSchG.................. Gesetz zum Schutze der arbeitenden Jugend (Jugendarbeitsschutzgesetz) vom 12.4.1976 (BGBl I 76, 965), zuletzt geändert durch Art 3 G zur Modernisierung und Stärkung der beruflichen Bildung vom 12.12.2019 (BGBl I 19, 2522)

| | |
|---|---|
| JAV | Jahresarbeitsverdienst |
| JAV | Jugend- und Auszubildendenvertretung |
| JAVGrenze | Jahresarbeitsverdienstgrenze |
| Jg | Jahrgang |
| Job-AQTIV-Gesetz | Gesetz zur Reform der arbeitsmarktpolitischen Instrumente vom 10.12.2001 (BGBl I 01, 3443), zuletzt geändert durch Art 103 des Dritten Gesetzes für moderne Dienstleistungen am Arbeitsmarkt vom 23.12.2003 (BGBl I 03, 2848) |
| JStG 2007 | Jahressteuergesetz 2007 vom 13.12.2006 (BGBl I 06, 2878) |
| JStG 2008 | Jahressteuergesetz 2008 vom 20.12.2007 (BGBl I 07, 3150) |
| JStG 2009 | Jahressteuergesetz 2009 vom 19.12.2008 (BGBl I 08, 2794) |
| JStG 2010 | Jahressteuergesetz 2010 vom 8.12.2010 (BGBl I 10, 1768) |
| JStG 2016 | Jahressteuergesetz 2016 vom 29.11.2019 (BGBl I 19, 2451) |
| JStG 2018 | Jahressteuergesetz 2018 vom 23.11.2018 (BGBl I 18, 2338) |
| JStG 2019 | Jahressteuergesetz 2019 vom 29.11.2019 (BGBl I 19, 2451) |
| JZ | Juristen-Zeitung (Zeitschrift) |
| KAGBefrVO | Verordnung über die Bezugsdauer für das Kurzarbeitergeld vom 7.12.2012 (BGBl I S 2570), zuletzt geändert durch Art 1 Zweite ÄndVO vom 13.11.2014 (BGBl I S 1749) |
| KAGBefrVO 2008 | Verordnung über die Bezugsfrist für das Kurzarbeitergeld vom 26.11.2008 (BGBl I 08, 2332), aufgehoben durch § 2 Satz 2 der Verordnung über die Bezugsdauer für das Kurzarbeitergeld vom 7.12.2012 (BGBl I 12, 2570) |
| Kap | Kapitel |
| KassHB/*Bearbeiter* | Kasseler Handbuch zum Arbeitsrecht in zwei Bänden, hrsg von *Leinemann*, 2. Aufl 2000 |
| KassKomm/*Bearbeiter* | Kasseler Kommentar zum Sozialversicherungsrecht (Loseblatt) |
| KassenSichV | Verordnung zur Bestimmung der technischen Anforderungen an elektronische Aufzeichnungs- und Sicherungssysteme im Geschäftsverkehr (Kassensicherungsverordnung – KassenSichV) vom 26. September 2017 (BGBl I 17, 3515) |
| KAUG | Konkursausgleichsgeld |
| KBRat | Konzernbetriebsrat |
| *Kempen/Zachert* | *Kempen/Zachert,* Tarifvertragsgesetz, 5. Aufl 2014 |
| KFR/F | Kommentierte Finanzrechtsprechung (Fach) |
| Kfz | Kraftfahrzeug |
| KG | Kommanditgesellschaft |
| KGaA | Kommanditgesellschaft auf Aktien |
| KHEntgG | Gesetz über die Entgelte für voll- und teilstationäre Krankenhausleistungen (Krankenhausentgeltgesetz – KHEntgG) vom 23.4.2002 (BGBl I 02, 1412), zuletzt geändert durch Art 4 und 5 MDK-ReformG vom 14.12.2019 (BGBl I 19, 2789) |
| KHV | Verordnung zur Verwendung von Gebärdensprache und anderen Kommunikationshilfen im Verwaltungsverfahren nach dem Behindertengleichstellungsgesetz (Kommunikationshilfenverordnung) vom 17.7.2002 (BGBl I 02, 2650), zuletzt geändert durch 2. VO über die Schlichtungsstelle nach § 16 des BehindertengleichstellungsG und ihr Verfahren und zur Änderung weiterer Verordnungen vom 25.11.2016 (BGBl I 16, 2659) |
| KiLSt | Kirchenlohnsteuer |
| KindArbSchV | Verordnung über den Kinderarbeitsschutz (Kinderarbeitsschutzverordnung) vom 23.6.1998 (BGBl I 98, 1508) |
| *Kittner/Däubler/Zwanziger* | *Kittner/Däubler/Zwanziger,* Kündigungsschutzrecht, Kommentar, 10. Aufl 2017 |
| KiSt | Kirchensteuer |

| | |
|---|---|
| Kj | Kalenderjahr |
| *Klein* | *Klein,* Abgabenordnung, 14. Aufl 2018 |
| km | Kilometer |
| KO | Konkursordnung idF vom 20.5.1898 (RGBl II 1898, 612), zuletzt geändert durch Art 5 des Gesetzes zur Haftungsbeschränkung in der Binnenschifffahrt vom 25.8.1998 (BGBl I 98, 2489), aufgehoben zum 1.1.1999 durch Art 2 Nr 4 des Einführungsgesetzes zur Insolvenzordnung (EGInsO) vom 5.10.1994 (BGBl I 94, 2911) |
| *Koberski/Asshoff/Hold* | *Koberski/Asshoff/Hold,* Arbeitnehmer-Entsendegesetz, 3. Aufl 2011 |
| KÖSDI | Kölner Steuerdialog (Zeitschrift) |
| *Ko/Ha* | *Koch/Hartmann/Kaltenbach/Maier,* Die Rentenversicherung im Sozialgesetzbuch, Loseblattsammlung, bearbeitet von *Harthun-Kindl/Hennies/Kaltenbach/Maier/Wagner* |
| KR/*Bearbeiter* | *Ezel/Bader/Fischermeier/Friedrich/Griebeling/Lipke/Pfeiffer/Rost/Spilger/Vogt/Weigand/Wolff,* Gemeinschaftskommentar zum Kündigungsschutzgesetz, 12. Aufl 2019 |
| *Krauskopf* | *Krauskopf/Schroeder-Printzen,* Soziale Krankenversicherung (Loseblatt) |
| KrPflG | Gesetz über die Berufe in der Krankenpflege (Krankenpflegegesetz) vom 16.7.2003 (BGBl I 03, 1442), zuletzt geändert durch Art 12 FachkräfteeinwanderungsG vom 15.8.2019 (BGBl I 19, 1307) |
| KrW-/AbfG | Gesetz zur Förderung der Kreislaufwirtschaft und Sicherung der umweltverträglichen Beseitigung von Abfällen (Kreislaufwirtschafts- und Abfallgesetz) vom 27.9.1994 (BGBl I 94, 2705), aufgehoben mWv 31.5.2012 durch Art 6 Abs 1 Satz 2 des Gesetzes zur Neuordnung des Kreislaufwirtschafts- und Abfallrechts vom 24.2.2012 (BGBl I 12, 212) |
| KrWG | Gesetz zur Förderung der Kreislaufwirtschaft und Sicherung der umweltverträglichen Bewirtschaftung von Abfällen (Kreislaufwirtschaftsgesetz – KrWG) mWv 1.6.2012 vom 24.2.2012 (BGBl I 12, 212), zuletzt geändert durch Art 2 Abs 9 G zur Modernisierung des Rechts der Umweltverträglichkeitsprüfung vom 20.7.2017 (BGBl I 17, 2808) |
| *K/S* | *Kirchhof/Söhn,* Einkommensteuergesetz, Kommentar in 12 Bänden (Loseblatt) |
| KSchG | Kündigungsschutzgesetz vom 25.8.1969 (BGBl I 69, 1317), zuletzt geändert durch Art 4 EM-LeistungsverbesserungsG vom 17.7.2017 (BGBl I 17, 2509) |
| KSSA | Gesetz zu Korrekturen in der Sozialversicherung und zur Sicherung der Arbeitnehmerrechte vom 19.12.1998 (BGBl I 98, 3843), geändert durch Art 23 des Gesetzes zur Reform der Renten wegen verminderter Erwerbsfähigkeit vom 20.12.2000 (BGBl I 2000, 1827) |
| KStG | Körperschaftsteuergesetz idF vom 15.10.2002 (BGBl I 02, 4144), zuletzt geändert durch Art 6 Gesetz zur Einführung einer Pflicht zur Mitteilung grenzüberschreitender Steuergestaltungen vom 21.12.2019 (BGBl I 19, 2875) |
| KSVG | Gesetz über die Sozialversicherung der selbständigen Künstler und Publizisten (Künstlersozialversicherungsgesetz) vom 27.7.1981 (BGBl I 81, 705), zuletzt geändert durch Art 57 Abs 10 G zur Regelung des Sozialen Entschädigungsrechts vom 12.12.2019 (BGBl I 19, 2652) |

KV ............................ Krankenversicherung
KVdR .......................... Krankenversicherung der Rentner
KVLG .......................... Gesetz zur Weiterentwicklung des Rechts der gesetzlichen Krankenversicherung (Gesetz über die Krankenversicherung der Landwirte) vom 10.8.1972 (BGBl I 72, 1433), aufgehoben durch Art 8 des Gesetzes zur Neuausrichtung der Pflegeversicherung (Pflege-Neuausrichtungs-Gesetz – PNG) vom 23.10.2012 (BGBl I 12, 2246)
KVRS .......................... Die Krankenversicherung in Rechtsprechung und Schrifttum (Zeitschrift)
KWG .......................... Gesetz über das Kreditwesen (Kreditwesengesetz) idF vom 9.9.1998 (BGBl I 98, 2776), zuletzt geändert durch Art 10 G zur Umsetzung der zweiten AktionärsrechteRL vom 12.12.2019 (BGBl I 19, 2637)
LadSchlG ...................... Gesetz über den Ladenschluss idF vom 2.6.2003 (BGBl I 03, 744), zuletzt geändert durch Art 430 Zehnte ZuständigkeitsanpassungsVO vom 31.8.2015 (BGBl I 15, 1474)
LAG ........................... Landesarbeitsgericht
LAGE .......................... Landesarbeitsgerichtsentscheidungen
*Lakies/Malottke* ............. *Lakies/Malottke,* BBiG Berufsbildungsgesetz, 6. Aufl 2018
lfd ............................ laufend
LfS ............................ Landesamt für Steuern
LFZG .......................... Gesetz über die Fortzahlung des Arbeitsentgelts im Krankheitsfalle (Lohnfortzahlungsgesetz) vom 27.7.1969 (BGBl I 69, 946), aufgehoben zum 31.12.2005 durch Art 4 des Gesetzes über den Ausgleich von Arbeitgeberaufwendungen und zur Änderung weiterer Gesetze vom 22.12.2005 (BGBl I 05, 3686)
LG ............................ Landgericht
*Littmann* ..................... *Littmann/Bitz/Meinicke,* Das Einkommensteuerrecht (Loseblatt)
Lkw ........................... Lastkraftwagen
*Löwisch* ...................... *Löwisch/Spinner,* Kommentar zum Kündigungsschutzgesetz, 11. Aufl 2018
LPartG ........................ Gesetz über die Eingetragene Lebenspartnerschaft (Lebenspartnerschaftsgesetz) vom 16.2.2001 (BGBl I 01, 266), zuletzt geändert durch Art 3 G zur Umsetzung des G zur Einführung des Rechts auf Eheschließung für Personen gleichen Geschlechts vom 18.12.2018 (BGBl I 18, 2639)
LPersVG ....................... Landespersonalvertretungsgesetz Rheinland-Pfalz (LPersVG) in der Fassung vom 24.11.2000 (GVBl, 530), zuletzt geändert durch Art 3 LandesG zur Änd datenschutzrechtlicher Bestimmungen und anderer Vorschriften vom 19.12.2018 (GVBl 18, 448)
LPVG .......................... Personalvertretungsgesetz für das Land Nordrhein-Westfalen (Landespersonalvertretungsgesetz) vom 3.12.1974 (GV NRW S 1514), zuletzt geändert durch Art 1 Drittes ÄndG vom 26.2.2019 (GV NRW S 134)
LS ............................ Leitsatz
*L/S/B* ........................ *Lademann/Söffing/Brockhoff,* Kommentar zum Einkommensteuergesetz (Loseblatt)
LSG ........................... Landessozialgericht
LSt ........................... Lohnsteuer
LStDV ......................... Lohnsteuer-Durchführungsverordnung idF vom 10.10.1989 (BGBl I 89, 1848), zuletzt geändert durch Art 4 Gesetz zur

| | |
|---|---|
| | Vermeidung von Umsatzsteuerausfällen beim Handel mit Waren im Internet und zur Änderung weiterer steuerlicher Vorschriften vom 11.12.2018 (BGBl I 18, 2338) |
| LStH | Lohnsteuerhinweise 2018 im Amtlichen Lohnsteuerhandbuch 2017, hrsg vom BMF |
| LStR | Lohnsteuer-Richtlinien 2015 (LStR 2015) vom 10.12.2007 (BStBl I 07, Sondernummer 1/2007) idF LStÄR 2011 vom 23.11.2010 (BStBl I 2010, 1325), der LStÄR 2013 vom 8. Juli 2013 (BStBl I S 851) und der LStÄR 2015 vom 22. Oktober 2014 (BStBl I S 1344), mit den Lohnsteuer-Hinweisen 2019 |
| LuftBO | Betriebsordnung für Luftfahrtgerät vom 4.3.1970 (BGBl I 70, 262; ber 2669), zuletzt geändert durch Art 3 VO zur Anpassung nationaler Regelungen an die DurchführungsVO (EU) Nr 923/2012 vom 26. September 2012 zur Festlegung gemeinsamer Luftverkehrsregeln und Betriebsvorschriften für Dienste und Verfahren der Flugsicherung und zur Änd anderer VO vom 29.10.2015 (BGBl I 15, 1894) |
| Lutter/*Bearbeiter* | *Lutter/Winter,* Umwandlungsgesetz, 6. Aufl 2019 |
| LVA | Landesversicherungsanstalt |
| LW | *Lauterbach,* Unfallversicherung (Loseblatt), Kommentar zum Dritten und zum Fünften Buch der RVO (vormals Lauterbach/Watermann) |
| *Marienhagen* | *Marienhagen,* Lohnfortzahlungsgesetz, Kommentar (Loseblatt) |
| *Marienhagen/Pulte* | *Marienhagen/Pulte,* Arbeitszeitgesetz, Kommentar (Loseblatt) |
| MdE | Minderung der Erwerbsfähigkeit |
| MDR | Monatsschrift für Deutsches Recht (Zeitschrift) |
| mE | meines Erachtens |
| *Meisel/Sowka* | *Meisel/Sowka,* Mutterschutz und Erziehungsurlaub, 5. Aufl 1999 |
| MERL | Richtlinie 98/59/EG des Rates vom 20.7.1998 zur Angleichung der Rechtsvorschriften der Mitgliedstaaten über Massenentlassungen, (ABl Nr L 225,16), geändert durch Art 4 ÄndRL (EU) 2015/1794 vom 6.10.2015 (ABl Nr L 263, 1) |
| MeVo | Mecklenburg-Vorpommern |
| *Meyer-Ladewig* | *Meyer-Ladewig / Keller / Leitherer / Schmidt,* Sozialgerichtsgesetz, Kommentar, 12. Aufl 2017 |
| MHbeG | Gesetz zur Beschränkung der Haftung Minderjähriger (Minderjährigenhaftungsbeschränkungsgesetz) vom 25.8.1998 (BGBl I 98, 2487), aufgehoben durch Art 126 des Ersten Gesetzes über die Bereinigung von Bundesrecht im Zuständigkeitsbereich des Bundesministeriums der Justiz vom 24.4.2006 (BGBl I 06, 866) |
| MiArbG | Gesetz über die Festsetzung von Mindestarbeitsbedingungen vom 11.1.1952 (BGBl I 52, 17), aufgehoben mWv 16.8.2014 durch Art 14 G v 11.8.2014 (BGBl I 14, 1348); siehe ab diesem Zeitpunkt das Mindestlohngesetz, zuletzt geändert durch Art 14 Tarifautonomiestärkungsgesetz vom 11.8.2014 (BGBl I 14, 1348) |
| MindNettoBetrV 2005 | Verordnung über die Mindestnettobeträge nach dem Altersteilzeitgesetz für das Jahr 2005 (Mindestnettobetrags-Verordnung 2005) vom 15.12.2004 (BGBl I 04, 3470), aufgehoben mWv 31.12.2007 durch § 2 Satz 2 der Verordnung über die Mindestnettobeträge nach dem Altersteilzeitgesetz (Mindestnettobetrags-Verordnung) vom 19.12.2007 (BGBl I 07, 3040) |

| | |
|---|---|
| MindNettoBetrV | Verordnung über die Mindestnettobeträge nach dem Altersteilzeitgesetz (Mindestnettobetrags-Verordnung) vom 19.12.2007 (BGBl I 07, 3040), aufgehoben m Ablauf des 31.12.2019 durch Art 4 Abs 3 Satz 2 G v 18.7.2016 (BGBl I 16, 1710) |
| MitbestG | Gesetz über die Mitbestimmung der Arbeitnehmer (Mitbestimmungsgesetz) vom 4.5.1976 (BGBl I 76, 1153), zuletzt geändert durch Art 7 G für die gleichberechtigte Teilhabe von Frauen und Männern an Führungspositionen in der Privatwirtschaft und im öffentlichen Dienst vom 24.4.2015 (BGBl I 15, 642) |
| MMR | MultiMedia und Recht (Zeitschrift) |
| *Mrozynski* | *Mrozynski,* Sozialgesetzbuch, Allgemeiner Teil, Kommentar, 6. Aufl 2019 |
| MTArb | Manteltarifvertrag für Arbeiterinnen und Arbeiter des Bundes der Länder vom 6.1.1995, aufgehoben durch TV vom 1.9.2009 (StAnz 09, 2977) |
| MTB-II | Manteltarifvertrag für Arbeiter des Bundes |
| MTL-II | Manteltarifvertrag für Arbeiter der Länder |
| MTV | Manteltarifvertrag |
| MüKo/*Bearbeiter* | Münchener Kommentar zum Bürgerlichen Gesetzbuch in 12 Bänden, hrsg von *Rebmann/Säcker,* Gesamtreihe: 7. Aufl 2015–2017 |
| MünchArbR/*Bearbeiter* | Münchener Handbuch zum Arbeitsrecht in zwei Bänden, hrsg von *Richardi/Wlotzke/Wißmann/Oetker,* 5. Aufl 2019 |
| MuSchArbV | Verordnung zum Schutze der Mütter am Arbeitsplatz vom 15.4.1997 (BGBl I 97, 782), aufgehoben durch Art 10 Abs 3 G zur Neuregelung des Mutterschutzrechts vom 23.5.2017 (BGBl I 17, 1228) |
| MuSchG | Gesetz zum Schutz von Müttern bei der Arbeit, in der Ausbildung und im Studium (Mutterschutzgesetz – MuSchG) vom 23. Mai 2017, (BGBl I 17, 1228), zuletzt geändert durch Ar 57 Abs 8 G zur Regelung des Sozialen Entschädigungsrechts vom 12.12.2019 (BGBl I 19, 2652) |
| MuSchRiV | Verordnung zur ergänzenden Umsetzung der EG-Mutterschutz-Richtlinie (Mutterschutzrichtlinienverordnung) vom 15.4.1997 (BGBl I 97, 782) |
| MV | Verordnung über Mitteilungen an die Finanzbehörden durch andere Behörden und öffentlich-rechtliche Rundfunkanstalten (Mitteilungsverordnung) vom 7.9.1993 (BStBl I 93, 1554), zuletzt geändert durch Art 58 des Dritten Gesetzes für moderne Dienstleistungen am Arbeitsmarkt vom 23.12.2003 (BGBl I 03, 2848) |
| mwN | mit weiteren Nachweisen |
| mWv | mit Wirkung vom |
| NachwG | Gesetz über den Nachweis der für ein Arbeitsverhältnis geltenden wesentlichen Bedingungen (Nachweisgesetz) vom 20.7.1995 (BGBl I 95, 946), zuletzt geändert durch Art 3a Tarifautonomiestärkungsgesetz vom 11.8.2014 (BGBl I 14, 1348) |
| NdS | Niedersachsen |
| *Neumann/Biebl* | *Neumann/Biebl,* Arbeitszeitgesetz, Kommentar, 16. Aufl 2012 |
| *Neumann/Pahlen* | *Neumann/Pahlen/Winkler/Jabben,* Sozialgesetzbuch IX, Kommentar, 13. Aufl 2018 |
| nF | neue(re) Fassung |
| *Niesel* | *Niesel,* Sozialgesetzbuch, Arbeitsförderung, Kommentar, 7. Aufl 2015 |

| | |
|---|---|
| NJW | Neue Juristische Wochenschrift (Zeitschrift) |
| NJW-RR | Neue Juristische Wochenschrift, Rechtsprechungs-Report Zivilrecht (Zeitschrift) |
| nrkr | nicht rechtskräftig |
| Nr(n) | Nummer(n) |
| NRW | Nordrhein-Westfalen |
| nv | nicht veröffentlicht |
| NWB (F) | Neue Wirtschaftsbriefe (Fach), Loseblattsammlung |
| NZA | Neue Zeitschrift für Arbeitsrecht |
| NZA-RR | NZA-Rechtsprechungs-Report Arbeitsrecht (Zeitschrift) |
| NZB | Nichtzulassungsbeschwerde |
| NZFam | Neue Zeitschrift für Familienrecht |
| NZG | Neue Zeitschrift für Gesellschaftsrecht (Zeitschrift) |
| NZS | Neue Zeitschrift für Sozialrecht |
| oa | oder andere(s), oben angegeben |
| oÄ | oder Ähnliche(s) |
| OECD | Organisation for Economic Cooperation and Development |
| öAT | Zeitschrift für das öffentliche Arbeits- und Tarifrecht |
| ÖkoStRefG | Gesetz zum Einstieg in die ökologische Steuerreform vom 24.3.1999 (BGBl I 99, 378) |
| OFD | Oberfinanzdirektion |
| og | oben genannt |
| OHG | Offene Handelsgesellschaft |
| OLG | Oberlandesgericht |
| OLGZ | Entscheidungen der Oberlandesgerichte in Zivilsachen, Amtliche Entscheidungssammlung |
| OT-Mitgliedschaft | Mitgliedschaft im Arbeitgeberverband „ohne Tarifbindung" (OT) |
| *Otten* | *Otten,* Heim- und Telearbeit, Kommentar zum HAG und heimarbeitsrelevanten Normen sowie Erläuterungen zur Telearbeit, 1996 |
| OVG | Oberverwaltungsgericht |
| OWiG | Gesetz über Ordnungswidrigkeiten idF vom 19.2.1987 (BGBl I 87, 602; ber BGBl I 99, 1237), zuletzt geändert durch Art 5 G 3 G zur Stärkung der Verfahrensrecht von Beschuldigten im Jugendstrafverfahren vom 9.12.2019 (BGBl I 19, 2146) |
| *Palandt/Bearbeiter* | *Palandt,* BGB, Kommentar, 79. Aufl 2020 |
| PassG | Passgesetz vom 19.4.1986 (BGBl I 86, 537), zuletzt geändert durch Art 4 G zur Einführung einer Karte für Unionsbürger und Angehörige des Europäischen Wirtschaftsraums mit Funktion zum elektronischen Identitätsnachweis sowie zur Änd des PersonalausweisG und weiterer Vorschriften vom 21.6.2019 (BGBl I 19, 846) |
| PatG | Patentgesetz idF vom 16.12.1980 (BGBl I 81, 1), zuletzt geändert durch Art 4 G über die Erweiterung der Medienöffentlichkeit in Gerichtsverfahren vom 8.10.2017 (BGBl I 17, 3546) |
| Personal | Personal-Zeitschrift für Human Resource Management (Zeitschrift) |
| Personal-Profi | Zeitschrift im Beck Wirtschaftsverlag |
| PersR | Personalrecht (Zeitschrift) |
| PersVG | siehe BPersVG |
| *Peters* Hdb | *Peters,* Handbuch der Krankenversicherung (Loseblatt) |
| *Peters* SGB I | *Peters,* Sozialgesetzbuch – Allgemeiner Teil (Loseblatt) |

| | |
|---|---|
| *Peters* SGB IV | *Peters,* Sozialgesetzbuch, Gemeinsame Vorschriften für die Sozialversicherung (Loseblatt) |
| PflegeArbbV | Verordnung über zwingende Arbeitsbedingungen für die Pflegebranche (Pflegearbeitsbedingungenverordnung – PflegeArbbV) vom 15.7.2010 (BAnz, 2571), außer Kraft mit Ablauf des 31.12.2014 |
| PflegeV | Pflegeversicherung |
| PflegeVG | Gesetz zur sozialen Absicherung des Risikos der Pflegebedürftigkeit (Pflege-Versicherungsgesetz) vom 26.5.1994 (BGBl I 94, 1014), zuletzt geändert durch Art 57 Abs 33 G zur Regelung des Sozialen Entschädigungsrechts vom 12.12.2019 (BGBl I 19, 2652) |
| PflegeZG | Gesetz über die Pflegezeit (Pflegezeitgesetz) mWv 1.7.2008 vom 28.5.2008 (BGBl I 08, 874, 896) zuletzt geändert durch Art 7 Zweites PflegestärkungsG vom 21.12.2015 (BGBl I 15, 2424) |
| PflVersG | Gesetz über die Pflichtversicherung für Kraftfahrzeughalter (Pflichtversicherungsgesetz) idF vom 5.4.1965 (BGBl I 65, 213), zuletzt geändert durch Art 1 VO zur Anpassung der Mindestversicherungssummen des PflichtversicherungsG vom 6.2.2017 (BGBl I 17, 147) |
| Pkw | Personenkraftwagen |
| PM | Pressemitteilung |
| *Podzun* | *Podzun,* Der Unfallsachbearbeiter (Loseblatt) |
| privKV | Private Krankenversicherung |
| ProdSG | Gesetz über die Bereitstellung von Produkten auf dem Markt (Produktsicherheitsgesetz – ProdSG) vom 8.11.2011 (BGBl I 11, 2178) zuletzt geändert durch Art 435 Zehnte ZuständigkeitsanpassungsVO vom 31.8.2015 (BGBl I 15, 1474) |
| ProstG | Gesetz zur Regelung der Rechtsverhältnisse der Prostituierten (Prostitutionsgesetz) vom 20.12.2001 (BGBl I 01, 3983), geändert durch Art 2 G zur Regulierung des Prostitutionsgewerbes vom 21.10.2016 (BGBl I 16, 2372) |
| PSV | Pensionssicherungsverein |
| *PSW* | *Peters/Sautter/Wolff,* Kommentar zur Sozialgerichtsbarkeit (Loseblatt) |
| RAG | Reichsarbeitsgericht |
| RAG ARS | Reichsarbeitsgericht-Arbeitsrechtssammlung |
| RAnpG | Rentenanpassungsgesetz |
| RAM | Reichsarbeitsminister |
| RdA | Recht der Arbeit (Zeitschrift) |
| RdV | Recht der Datenverarbeitung (Zeitschrift) |
| Reha | Rehabilitation |
| RFH | Reichsfinanzhof |
| RG | Reichsgericht |
| RGZ | Amtliche Sammlung von Entscheidungen des Reichsgerichtshofs in Zivilsachen |
| RGBl | Reichsgesetzblatt |
| RGRK/*Bearbeiter* | Das Bürgerliche Gesetzbuch, Kommentar, hrsg von Mitgliedern des Bundesgerichtshofes, 12. Aufl 1975–1999 |
| RhPf | Rheinland-Pfalz |
| *Richardi/Bearbeiter* | *Richardi,* Betriebsverfassungsgesetz mit Wahlordnung, Kommentar, 16. Aufl 2018 |
| *Rittweger* | *Rittweger/Petri/Schweikert,* Altersteilzeit, Kommentar, 2. Aufl 2002 |

RIW ........................... Recht der Internationalen Wirtschaft (Zeitschrift)
Rn.............................. Randnummer
RöV ............................ Verordnung über den Schutz vor Schäden durch Röntgenstrahlen (Röntgenverordnung) idF vom 30.4.2003 (BGBl I 03, 605), aufgehoben mit Ablauf des 30.12.2018 durch Art 20 Abs 1 Satz 2 VO vom 29.11.2018
*Rohlfing/Bearbeiter* .......... Kündigungsschutzgesetz, Kommentar (Loseblatt)
*Rowedder/Schmidt-Leithoff/*
*Bearbeiter* ...................... *Rowedder/Schmidt-Leithoff,* GmbHG, Kommentar, 6. Aufl 2017
RPauschVO ................. Verordnung über die Pauschalierung und Zahlung des Ausgleichsbetrags der Bundesagentur für Arbeit an die Träger der gesetzlichen Rentenversicherung für arbeitsmarktbedingte Rente wegen voller Erwerbsminderung vom 27.9.2002 (BGBl I 02, 3961), zuletzt geändert durch Art 57 Abs 32 G zur Regelung des Sozialen Entschädigungsrechts vom 12.12.2019 (BGBl I 19, 2652)
RRG........................... Gesetz zur Reform der gesetzlichen Rentenversicherung (Rentenreformgesetz 1999) vom 16.12.1997 (BGBl I 97, 2998), zuletzt geändert durch Art 22 des Gesetzes zur Reform der Renten wegen verminderter Erwerbsfähigkeit vom 20.12.2000 (BGBl I 01, 1827)
Rspr............................ Rechtsprechung
RStBl........................... Reichssteuerblatt
RTV ............................ Rahmentarifvertrag
RV............................... Rentenversicherung
RVA EuM.................... Reichsversicherungsamt, Entscheidungen und Mitteilungen, hrsg von Mitgliedern des Reichsversicherungsamtes
RV-BZV...................... Verordnung über die Zahlung von Beiträgen zur gesetzlichen Rentenversicherung vom 30.10.1991 (BGBl I 91, 2057), zuletzt geändert durch Art 21 6. SGB IV-ÄndG vom 11.11.2016 (BGBl I 16, 2500)
RVG ............................ Gesetz über die Vergütung der Rechtsanwältinnen und Rechtsanwälte (Rechtsanwaltsvergütungsgesetz) vom 5.5.2004 (BGBl I 04, 718), zuletzt geändert durch Art 7 G zur Neuregelung des Rechts der notwendigen Verteidigung vom 10.12.2019 (BGBl I 19, 2128)
RVO ............................ Reichsversicherungsordnung vom 15.12.1924 (RGBl I 1924, 509) idF des BGBl III, Gliederungsnummer 820–1, zuletzt geändert durch Art 7 Pflege-Neuausrichtungs-Gesetz vom 23.10.2012 (BGBl I 12, 2246)
RVTräger .................... Rentenversicherungsträger
Rz .............................. Randziffer

S ................................. Satz/Seite
s .................................. siehe
Saarl............................ Saarland
SachBezV.................... Verordnung über den Wert der Sachbezüge in der Sozialversicherung (Sachbezugsverordnung 1997) vom 19.12.1994 (BGBl I 94, 3849), aufgehoben durch Art 4 Satz 2 der Verordnung zur Neuordnung der Regelungen über die sozialversicherungsrechtliche Beurteilung von Zuwendungen des Arbeitgebers als Arbeitsentgelt mWv 31.12.2006 vom 21.12.2006 (BGBl I 06, 3385), siehe jetzt die Sozialversicherungsentgeltverordnung
Sachs .......................... Sachsen
SachsAnh .................... Sachsen-Anhalt

SAE .......................... Sammlung arbeitsrechtlicher Entscheidungen (Zeitschrift)
*Sandmann/Marschall* ......... *Sandmann/Marschall,* Arbeitnehmerüberlassungsgesetz (Loseblatt)
*Schaub/Bearbeiter* ............ *Schaub/Koch/Linck/Vogelsang,* Arbeitsrechts-Handbuch, 18. Aufl 2019
*Schlegel/Voelzke/Bearbeiter.* *Schlegel/Voelzke,* Praxiskommentar SGB: Allgemeiner Teil – SGB I, Herausgeber Voelzke, 2. Aufl 2012; Grundsicherung für Arbeitsuchende – SGB II, Herausgeber Radüge, 4. Aufl 2015; Gemeinsame Vorschriften für die Sozialversicherung – SGB IV, Herausgeber Schlegel, 2. Aufl 2011; Gesetzliche Krankenversicherung – SGB V, Herausgeber Schlegel/Engelmann, 3. Aufl 2016; Gesetzliche Rentenversicherung – SGB VI, Herausgeber Winkler/Skipka, 2. Aufl 2013; Gesetzliche Unfallversicherung – SGB VII, Herausgeber Brandenburg, 2. Aufl 2014; Kinder- und Jugendhilfe – SGB VIII, Herausgeber Schlegel/Voelzke 2014; Rehabilitation und Teilhabe behinderter Menschen – SGB IX, Herausgeber Kreitner/Luthe, 2. Aufl 2015; Soziale Pflegeversicherung SGB XI, 2013, Herausgeber Hauck; Sozialhilfe – SGB XII, Herausgeber Coseriu/Eicher, 2. Aufl 2014
*Schleusener/Suckow/Voigt* ... *Schleusener/Suckow/Voigt,* Allgemeines Gleichbehandlungsgesetz, 5. Aufl 2019
SchlHol ...................... Schleswig-Holstein
*Schmidt* ...................... *Schmidt/Koberski/Tiemann/Wascher,* Heimarbeitsgesetz, Kommentar, 4. Aufl 1998
*Schmidt/Bearbeiter* ........... *Schmidt,* Einkommensteuergesetz, Kommentar, 38. Aufl 2019
*Schmitt/Schubel/Engelbrecht* *Schmitt,* Entgeltfortzahlungsgesetz und Aufwendungsausgleichsgesetz, Kommentar, 8. Aufl 2018
*Schüren/Hamann* ............. *Schüren/Hamann,* Arbeitnehmerüberlassungsgesetz, Kommentar, 5. Aufl 2018
*Schulin* Bd./*Bearbeiter* ....... *Schulin,* Handbuch des Sozialversicherungsrechts in 4 Bänden; Band 1 „Krankenversicherungsrecht", München 1994; Band 2 „Unfallversicherungsrecht", München 1996; Band 3 „Rentenversicherungsrecht", München 1999; Band 4 „Pflegeversicherungsrecht", München 1997
*Schwab* ArbNErf ............ *Schwab,* Arbeitnehmererfindungsrecht, Handkommentar, 4. Aufl 2018
SchwArbG .................... Gesetz zur Bekämpfung der Schwarzarbeit (Schwarzarbeitergesetz) idF vom 6.2.1995 (BGBl I 95, 165), aufgehoben durch Art 26 des Gesetzes zur Intensivierung der Bekämpfung der Schwarzarbeit und damit zusammenhängender Steuerhinterziehung mWv 31.7.2004 vom 21.7.2004 (BGBl I 04, 1842)
SchwarzArbG ............... Gesetz zur Bekämpfung der Schwarzarbeit und illegalen Beschäftigung (Schwarzarbeitsbekämpfungsgesetz) vom 23.7.2004 (BGBl I 04, 1842), zuletzt geändert durch Art 32 G zur weiteren steuerl Förderung der Elektromobilität und zur Änd weiterer steuerl Vorschriften vom 12.12.2019 (BGBl I 19, 2451)
SchwbAV ..................... Zweite Verordnung zur Durchführung des SchwbG (Schwerbehinderten-Ausgleichsabgabeverordnung) vom 28.3.1988 (BGBl I 88, 484), zuletzt geändert durch Art 7 Angehörigen-EntlastungsG vom 10.12.2019 (BGBl I 19, 2135)
SchwbAwV .................. Schwerbehindertenausweisverordnung idF vom 25.7.1991 (BGBl I 91, 1739), zuletzt geändert durch Art 42 G zur Regelung des Sozialen Entschädigungsrechts vom 12.12.2019 (BGBl I 19, 2652)

SchwbG........................ Gesetz zur Sicherung der Eingliederung Schwerbehinderter in Arbeit, Beruf und Gesellschaft (Schwerbehindertengesetz) idF vom 26.8.1986 (BGBl I 86, 1421, 1550), aufgehoben durch Art 63 des SGB IX vom 19.6.2001 (BGBl I 01, 1046)

SchwbWV .................. siehe WVO

SchwHilfeG................. Gesetz zur Hilfe für Frauen bei Schwangerschaftsabbrüchen in besonderen Fällen (Schwangerenhilfegesetz) vom 21.8.1995 (BGBl I 95, 1050), aufgehoben durch Art 37 des Gesetzes über die weitere Bereinigung von Bundesrecht vom 8.12.2010 (BGBl I 10, 1864)

SeeArbG...................... Seearbeitsgesetz (SeeArbG) vom 20. April 2013 (BGBl I 13, 868), zuletzt geändert durch Art 151 Zweites Datenschutz-Anpassungs- und Umsetzungsgesetz EU vom 20.11.2019 (BGBl I 19, 1626)

SeeArbzNV ................ Verordnung betreffend die Übersicht über die Arbeitsorganisation und die Arbeitszeitnachweise in der Seeschifffahrt (See-Arbeitszeitnachweisverordnung – See-ArbZNV) vom 25.7.2013, (BGBl I 13, 2795), geändert durch Art 11 Abs 46 elDAS-DurchführungsG vom 18.7.2017 (BGBl I 17, 2745)

SeemG ........................ Seemannsgesetz vom 26.7.1957 (BGBl II 57, 713), zuletzt geändert durch Art 7 Abs 4 G zur Umsetzung des Seearbeitsübereinkommens 2006 der Internationalen Arbeitsorganisation vom 20.4.2013 (BGBl I, 868), aufgehoben mWv 1.8.2013 durch Art 7 Abs 4 G v 20.4.2013 (BGBl I 13, 868); siehe ab diesem Zeitpunkt das Seearbeitsgesetz (SeeArbG)

SEStEG ...................... Gesetz über steuerliche Begleitmaßnahmen zur Einführung der Europäischen Gesellschaft und zur Änderung weiterer steuerrechtlicher Vorschriften vom 7.12.2006 (BGBl I 06, 2782; ber I 07, 68)

SFHÄndG..................... Schwangeren- und Familienhilfeänderungsgesetz vom 21.8.1995 (BGBl I 95, 1050)

SG.............................. Sozialgericht

SGb ............................ Die Sozialgerichtsbarkeit (Zeitschrift)

SGB............................ Sozialgesetzbuch

SGB I.......................... Sozialgesetzbuch (1. Buch), Allgemeiner Teil, vom 11.12.1975 (BGBl I 75, 3015), zuletzt geändert durch Art 28 G zur Regelung des Sozialen Entschädigungsrechts vom 12.12.2019 (BGBl I 19, 2652)

SGB II......................... Sozialgesetzbuch (2. Buch), Grundsicherung für Arbeitsuchende, idF vom 13.5.2011 (BGBl I 11, 850, ber 2094), zuletzt geändert durch Art 7 MDK-ReformG vom 14.12.2019 (BGBl I 19, 2789)

SGB III ........................ Sozialgesetzbuch (3. Buch), Arbeitsförderung, vom 24.3.1997 (BGBl I 97, 594), zuletzt geändert durch Art 30 G zur Regelung des Sozialen Entschädigungsrechts vom 12.12.2019 (BGBl I 19, 2652)

SGB IV ....................... Sozialgesetzbuch (4. Buch), Gemeinsame Vorschriften für die Sozialversicherung, idF vom 12.11.2009 (BGBl I 09, 3710, ber 3973), zuletzt geändert durch Art 7a MDK-ReformsG vom 14.12.2019 (BGBl I 19, 2789)

4. SGB IV-ÄndG.......... Viertes Gesetz zur Änderung des Vierten Buches Sozialgesetzbuch und anderer Gesetze vom 22.12.2011 (BGBl I 11, 3057), zuletzt geändert durch Art 13 Abs 17 des Gesetzes zur Neuordnung der Organisation der landwirtschaftlichen Sozialversicherung vom 12.4.2012 (BGBl I 12, 579)

| | |
|---|---|
| 5. SGB IV-ÄndG | Fünftes Gesetz zur Änderung des Vierten Buches Sozialgesetzbuch und anderer Gesetze (5. SGB IV-ÄndG) vom 15. April 2015 (BGBl I 15, 583, ber 1008) |
| 6. SGB IV-ÄndG | Sechstes Gesetz zur Änderung des Vierten Buches Sozialgesetzbuch und anderer Gesetze (6. SGB IV-ÄndG) vom 11. November 2016 (BGBl I 16, 2500) |
| SGB V | Sozialgesetzbuch (5. Buch), Gesetzliche Krankenversicherung, vom 20.12.1988 (BGBl I 88, 2477), zuletzt geändert durch Art 1 GKV-BetriebsrentenfreibetragsG vom 21.12.2019 (BGBl I 19, 2913) |
| SGB VI | Sozialgesetzbuch (6. Buch), Gesetzliche Rentenversicherung, idF vom 19.2.2002 (BGBl I 02, 754; ber 1404, 3384), zuletzt geändert durch § 1 Abs 3, §§ 3 und 5 Sozialversicherungs-Rechengrößenverordnung 2020 vom 17.12.2019 (BGBl I 2019, 2848) |
| SGB VII | Sozialgesetzbuch (7. Buch), Gesetzliche Unfallversicherung, vom 7.8.1996 (BGBl I 96, 1254), zuletzt geändert durch Art 35 G zur Regelung des Sozialen Entschädigungsrechts vom 12.12.2019 (BGBl I 19, 2019) |
| SGB VIII | Sozialgesetzbuch (8. Buch), Kinder- und Jugendhilfe, idF der Bekanntmachung vom 11.9.2012 (BGBl I 12, 2022) mWv 1.1.2012, zuletzt geändert durch Art 36 G zur Regelung des Sozialen Entschädigungsrechts vom 12.12.2019 (BGBl I 19, 2652) |
| SGB IX | Sozialgesetzbuch (9. Buch), Rehabilitation und Teilhabe behinderter Menschen vom 23.12.2016 (BGBl I 16, 3234), zuletzt geändert durch Art 8 MDK-ReformG vom 14.12.2019 (BGBl I 19, 2789) |
| SGB X | Sozialgesetzbuch (10. Buch), Sozialverwaltungsverfahren und Sozialdatenschutz, idF vom 18.1.2001 (BGBl I 01, 130), zuletzt geändert durch Art 9 MDK-ReformG vom 14.12.2019 (BGBl I 19, 2789) |
| SGB XI | Sozialgesetzbuch (11. Buch), Soziale Pflegeversicherung, vom 26.5.1994 (BGBl I 94, 1014), zuletzt geändert durch Art 2 GKV-Betriebsrentenfreibetragsgesetz vom 21.12.2019 (BGBl I 19, 2913) |
| SGB XII | Sozialgesetzbuch (12. Buch), Sozialhilfe mWv 1.1.2005 vom 27.12.2003 (BGBl I 03, 3022), zuletzt geändert durch Art 11 MDK-ReformG vom 14.12.2019 (BGBl I 19, 2789) |
| SGG | Sozialgerichtsgesetz idF vom 23.9.1975 (BGBl I 75, 2535), zuletzt geändert durch Art 16 G zur Regelung des Sozialen Entschädigungsrechts vom 12.12.2019 (BGBl 10, 2652) |
| Slg | Sammlung der Rechtsprechung des Gerichtshofes der Europäischen Gemeinschaften |
| *SMV* | *Schönberger/Mehrtens/Valentin,* Arbeitsunfall und Berufskrankheit, 9. Aufl 2016 |
| *Soergel/Bearbeiter* | *Soergel/Siebert,* Bürgerliches Gesetzbuch, Kommentar, 13. Aufl 2000 ff |
| sog | sogenannt(e) |
| SolZ | Solidaritätszuschlag |
| SolZG | Solidaritätszuschlaggesetz 1995 (SolzG 1995) idF vom 15.10.2002 (BGBl I 02, 4130), zuletzt geändert durch Art 1 G zur Rückführung des Solidaritätszuschlags 1995 vom 10.12.2019 (BGBl I 19, 2115) |
| SozG | Sozialgericht |

SozR ........................ Sozialrecht, Entscheidungssammlung, bearbeitet von den Richtern des BSG
SozR 3 ........................ Sozialrecht, 3. Folge (ab 1.1.1990)
SozSich........................ Soziale Sicherheit (Zeitschrift)
SozV ........................ Sozialversicherung
SozVers........................ Die Sozialversicherung (Zeitschrift)
SPA ........................ Schnellbrief für Personalwirtschaft und Arbeitsrecht (Zeitschrift)
SprAuG ........................ Gesetz über Sprecherausschüsse der leitenden Angestellten (Sprecherausschußgesetz) vom 20.12.1988 (BGBl I 88, 2312), zuletzt geändert durch Art 222 der Neunten Zuständigkeitsanpassungsverordnung vom 31.10.2006 (BGBl I 06, 2407; ber BGBl I 07, 2149)
SpTrUG........................ Gesetz über die Spaltung der von der Treuhandanstalt verwalteten Unternehmen vom 5.4.1991 (BGBl I 91, 854), zuletzt geändert durch Art 8 des Gesetzes zur Einführung internationaler Rechnungslegungsstandards und zur Sicherung der Qualität der Abschlussprüfung (Bilanzrechtsreformgesetz) vom 4.12.2004 (BGBl I 04, 3166)
SpURT ........................ Sport und Recht (Zeitschrift)
StÄndG ........................ Steueränderungsgesetz
*Stahlhacke/Preis/Vossen* .... *Stahlhacke/Preis/Vossen,* Kündigung und Kündigungsschutz im Arbeitsverhältnis, 11. Aufl 2015
*Staub/Bearbeiter*............. *Staub,* Handelsgesetzbuch, Großkommentar zum HGB, 5. Aufl 2009 ff
*Staudinger/Bearbeiter*........ *Staudinger,* BGB, Kommentar, 15. Aufl 2015 ff
StbJb ........................ Steuerberater-Jahrbuch
StBP ........................ Die steuerliche Betriebsprüfung (Zeitschrift)
StEK ........................ Steuererlasse in Karteiform, hrsg von *Felix/Carlé*
StGB........................ Strafgesetzbuch idF vom 13.11.1998 (BGBl I 98, 3322), zuletzt geändert durch Art 62 Zweites Datenschutz-Anpassungs- und Umsetzungsgesetz EU vom 20.11.2019 (BGBl I 19, 1626)
Stpfl/stpfl ........................ Steuerpflichtiger/steuerpflichtig
StRK........................ Steuerrechtskartei
StromStG........................ Stromsteuergesetz (StromStG) vom 24.3.1999 (BGBl I 99, 378, I 2000, 147), zuletzt geändert durch Art 1 G zur Neuregelung von Stromsteuerbefreiungen sowie zur Änd energiesteuerrechtlicher Vorschriften vom 22.6.2019 (BGBl I 19, 856 iVm Bek v 1.7.2019, BGBl I 19, 908)
StuB........................ Steuer- und Bilanzpraxis (Zeitschrift)
StuW ........................ Steuer und Wirtschaft (Zeitschrift)
StVG........................ Straßenverkehrsgesetz idF vom 5.3.2003 (BGBl I 03, 310), zuletzt geändert durch Art 1 G zur Änd des StraßenverkehrsG und weiterer straßenverkehrsrechtl Vorschriften vom 5.12.2019 (BGBl I 19, 2008)
StVj ........................ Steuerliche Vierteljahresschrift (Zeitschrift)
StVollzG ........................ Gesetz über den Vollzug der Freiheitsstrafe und der freiheitsentziehenden Maßregeln der Besserung und Sicherung (Strafvollzugsgesetz) vom 16.3.1976 (BGBl I 76, 581; ber 1999, 1096; BGBl I 77, 436), zuletzt geändert durch Art 7 G zur Stärkung der Verfahrensrechte von Beschuldigten im Jugendstrafverfahren vom 9.12.2019 (BGBl I 19, 2146)
StVZO ........................ Straßenverkehrs-Zulassungs-Ordnung idF vom 26.4.2012 (BGBl I 12, 679), zuletzt geändert durch Art 1 Dritte ÄndVO vom 26.11.2019 (BGBl I 19, 2015)

SvEV ........................ Verordnung über die sozialversicherungsrechtliche Beurteilung von Zuwendungen des Arbeitgebers als Arbeitsentgelt (Sozialversicherungsentgeltverordnung) vom 21.12.2006 (BGBl I 06, 3385), zuletzt geändert durch Art 1 Elfte ÄndVO vom 29.11.2019 (BGBl I 19, 1997)

SV-ReGrV 2012 ........... Verordnung über maßgebende Rechengrößen der Sozialversicherung für 2012 (Sozialversicherungs-Rechengrößenverordnung 2012) vom 2.12.2011 (BGBl I 11, 2421)

SV-ReGrV 2013 ........... Verordnung über maßgebende Rechengrößen der Sozialversicherung für 2013 (Sozialversicherungs-Rechengrößenverordnung 2013) vom 26.11.2012 (BGBl I 12, 2361)

SV-ReGrV 2014 ........... Verordnung über maßgebende Rechengrößen der Sozialversicherung für 2014 (Sozialversicherungs-Rechengrößenverordnung 2014) vom 2.12.2013 (BGBl I 13, 4038)

SV-ReGrV 2015 ........... Verordnung über maßgebende Rechengrößen der Sozialversicherung für 2015 (Sozialversicherungs-Rechengrößenverordnung 2015) vom 1.12.2014 (BGBl I 14, 1957)

SV-ReGrV 2016 ........... Verordnung über maßgebende Rechengrößen der Sozialversicherung für 2016 (Sozialversicherungs-Rechengrößenverordnung 2016) vom 30.11.2015 (BGBl I 15, 2137)

SV-ReGrV 2017 ........... Verordnung über maßgebende Rechengrößen der Sozialversicherung für 2017 (Sozialversicherungs-Rechengrößenverordnung 2017) vom 28.11.2016 (BGBl I 16, 2665)

SV-ReGrV 2018 ........... Verordnung über maßgebende Rechengrößen der Sozialversicherung für 2018 (Sozialversicherungs-Rechengrößenverordnung 2018) vom 16.11.2017 (BGBl I 17, 3778)

SV-ReGrV 2019 ........... Verordnung über maßgebende Rechengrößen der Sozialversicherung für 2019 (Sozialversicherungs-Rechengrößenverordnung 2019) vom 27.11.2018 (BGBl I 18, 2024)

*SW* ............................ *Stege/Weinspach/Schiefer,* Betriebsverfassungsgesetz, Kommentar, 9. Aufl 2002

Thür ............................ Thüringen

*Thüsing* ........................ *Thüsing,* Arbeitsrechtlicher Diskriminierungsschutz, 2. Aufl 2013

*Thüsing/Bearbeiter* .......... *Thüsing,* Fünftes Vermögensbildungsgesetz, Kommentar, 1992

*T/K* ............................ *Tipke/Kruse,* Kommentar zur Abgabenordnung/Finanzgerichtsordnung (Loseblatt)

TRAS ........................... Technische Regeln für Anlagensicherheit

TRGS ........................... Technische Regeln für Gefahrstoffe

TSG ............................. Gesetz über die Änderung der Vornamen und die Feststellung der Geschlechtszugehörigkeit in besonderen Fällen (Transsexuellengesetz) vom 10.9.1980 (BGBl I 80, 1654), zuletzt geändert durch Art 2 Abs 3 G zur Einführung des Rechts auf Eheschließung für Personen gleichen Geschlechts vom 20.7.2017 (BGBl I 17, 2787)

TV .............................. Tarifvertrag

TVAng .......................... Tarifvertrag für die Angestellten der Deutschen Bundespost

TVArb .......................... Tarifvertrag für Arbeiter der Deutschen Bundespost

TVG ............................ Tarifvertragsgesetz idF vom 25.8.1969 (BGBl I 69, 1323), zuletzt geändert durch Art 4f QualifizierungschancenG vom 18.12.2018 (BGBl I 18, 2651)

TVöD ........................... Tarifvertrag für den öffentlichen Dienst

Tz ............................... Teilziffer(n)

TzBfG .......................... Gesetz über Teilzeitarbeit und befristete Arbeitsverträge (Teilzeit- und Befristungsgesetz) vom 21.12.2000 (BGBl I 2000,

| | |
|---|---|
| | 1966), zuletzt geändert durch Art 10 Drittes BürokratieentlastungsG vom 22.11.2019 (BGBl I 19, 1746) |
| ua | unter anderem |
| uÄ | und Ähnliche(s) |
| *Ulber* | *Ulber,* Arbeitnehmerüberlassungsgesetz, 5. Aufl 2017 |
| *Ulmer/Habersack/Henssler* | *Ulmer/Habersack/Henssler,* Mitbestimmungsrecht, 4. Aufl 2018 |
| UmwG | Umwandlungsgesetz vom 28.10.1994 (BGBl I 94, 3210; BGBl I 95, 428), zuletzt geändert durch Art 1 Viertes ÄndG vom 19.12.2018 (BGBl I 18, 2694) |
| UrhG | Gesetz über Urheberrecht und verwandte Schutzrechte (Urheberrechtsgesetz) vom 9.9.1965 (BGBl I 65, 1273), zuletzt geändert durch Art 1 G zur Umsetzung der Marrakesch-RL über einen verbesserten Zugang zu urheberrechtlich geschützten Werken zugunsten von Menschen mit einer Seh- oder Lesebehinderung vom 28.11.2018 (BGBl I 18, 2014) |
| Urt | Urteil |
| USG | Gesetz über die Sicherung des Unterhalts der zum Wehrdienst einberufenen Wehrpflichtigen und ihrer Angehörigen (Unterhaltssicherungsgesetz) idF vom 26.8.2008 (BGBl I 08, 1774), zuletzt geändert durch Art 1 und Art 5 Abs 2 G zur Neuregelung der Unterhaltssicherung sowie zur Änd soldatenrechtlicher Vorschriften vom 29.6.2015 (BGBl I 15, 1061), aufgehoben mWv 1.11.2015 durch Art 5 Abs 2 G v 29.6.2015 (BGBl I 15, 1061); siehe ab diesem Zeitpunkt das Unterhaltssicherungsgesetz 2015 (USG 2015) |
| USG 2015 | Gesetz über die Leistungen an Reservistendienst Leistende und zur Sicherung des Unterhalts der Angehörigen von freiwilligen Wehrdienst Leistenden vom 29. Juni 2015 (BGBl I 15, 1061, 1062), aufgehoben mit Ablauf des 31.12.2019 durch Art 34 Abs 7 Nr 4 Bundeswehr-Einsatzbereitschaftsstärkungsgesetz v 4.8.2019 (BGBl I 19, 1147) |
| USG 2019 | Gesetz über die Leistungen zur Sicherung des Unterhalts von Reservistendienst Leistenden vom 4.8.2019 (BGBl I 19, 1147), in Kraft seit 1.1.2020 |
| USK | Urteilssammlung für die gesetzlichen Krankenkassen |
| USt | Umsatzsteuer |
| UStG | Umsatzsteuergesetz idF vom 21.2.2005 mWv 1.1.2005 (BGBl I 05, 386), zuletzt geändert durch Art 3 G zur Umsetzung des Klimaschutzprogramms 2020 im Steuerrecht vom 21.12.2019 (BGBl I 19, 2886) |
| uU | unter Umständen |
| UV | Unfallversicherung |
| UVAV 2002 | Verordnung über die Anzeige von Versicherungsfällen in der gesetzlichen Unfallversicherung (Unfallversicherungs-Anzeigeverordnung – UVAV) vom 23.1.2002 (BGBl I 02, 554), zuletzt geändert durch Art 1 Unfallversicherungs-Anzeigeverordnung-ÄndVO vom 22.12.2016 (BGBl I 16, 3097) |
| UVEG | Gesetz zur Einordnung des Rechts der gesetzlichen Unfallversicherung in das Sozialgesetzbuch (Unfallversicherungs-Einordnungsgesetz) vom 7.8.1996 (BGBl I 96, 1254), zuletzt geändert durch Art 9 des 3. Wahlrechtsverbesserungsgesetzes vom 29.4.1997 (BGBl I 97, 968) |
| UVMG | Unfallversicherungsmodernisierungsgesetz vom 30.10.2008 (BGBl I 08, 2130), zuletzt geändert durch Art 5 Fünftes G zur |

| | |
|---|---|
| | Änd des Vierten Buches Sozialgesetzbuch und anderer G vom 15.4.2015 (BGBl I 15, 583) |
| UVTräger | Unfallversicherungsträger |
| UVV | Unfallverhütungsvorschriften = BG-Vorschrift |
| UWG | Gesetz gegen den unlauteren Wettbewerb (UWG) mWv 4.8.2009 vom 3.3.2010 (BGBl I 10, 254), zuletzt geändert durch Art 5 G zur Umsetzung der RL (EU) 2016/943 zum Schutz von Geschäftsgeheimnissen vor rechtswidrigem Erwerb sowie rechtswidriger Nutzung und Offenlegung vom 18.4.2019 (BGBl I 19, 466) |
| vAw | von Amts wegen |
| VBL | Versorgungsanstalt des Bundes und der Länder |
| VDR | Verband Deutscher Rentenversicherungsträger |
| VerbKomm | Kommentar zur RVO des Verbandes Deutscher Rentenversicherungsträger (Loseblatt) |
| VermBDV | Verordnung zur Durchführung des Fünften Vermögensbildungsgesetzes vom 20.12.1994 (BGBl I 94, 3904), zuletzt geändert durch Art 10 Vierte Verordnung zur Änderung steuerlicher Verordnungen vom 12.7.2017 (BGBl I 17, 2360) |
| VermBG | Fünftes Gesetz zur Förderung der Vermögensbildung der Arbeitnehmer idF vom 4.3.1994 (BGBl I 94, 406), zuletzt geändert durch Art 111 Zweites Datenschutz-Anpassungs- und Umsetzungsgesetz EU vom 20.11.2019 (BGBl I 19, 11626) |
| VermLG | Gesetz über vermögenswirksame Leistungen für Beamte, Richter, Berufssoldaten und Soldaten auf Zeit idF vom 16.5.2002 (BGBl I 02, 1778), geändert durch Art 39 G zum Abbau verzichtbarer Anordnungen der Schriftform im Verwaltungsrecht des Bundes vom 29.3.2017 (BGBl I 17, 626) |
| VermVergVO | Verordnung über die Zulässigkeit der Vereinbarung von Vergütungen von privaten Vermittlern mit Angehörigen bestimmter Berufe und Personengruppen (Vermittler-Vergütungsverordnung) vom 27.6.2002 (BGBl I 02, 2439) |
| VersR | Versicherungsrecht (Zeitschrift) |
| VG | Verwaltungsgericht |
| VGH | Verwaltungsgerichtshof |
| vgl | vergleiche |
| vH | vom Hundert |
| VO | Verordnung |
| *Volmer/Gaul* | *Volmer/Gaul,* Arbeitnehmererfindungsgesetz, Kommentar, 2. Aufl 1983 |
| VRG | Gesetz zur Förderung von Vorruhestandsleistungen (Vorruhestandsgesetz) vom 13.4.1984 (BGBl I 84, 601), zuletzt geändert durch Art 2 des Gesetzes über den Ausgleich von Arbeitgeberaufwendungen und zur Änderung weiterer Gesetze vom 22.12.2005 (BGBl I 05, 3686) |
| VSSR | Vierteljahresschrift für Sozialrecht, hrsg von *W. Boecken* und *R. Pitschas* |
| VuV | Vermietung und Verpachtung |
| VVaG | Versicherungsverein auf Gegenseitigkeit |
| VVG | Gesetz über den Versicherungsvertrag vom 23.11.2007 (BGBl I 07, 2631), zuletzt geändert durch Art 2 G zur Änd von Vorschriften über die außergerichtl Streitbeilegung in Verbrauchersachen und zur Änd weiterer Gesetze vom 30.11.2019 (BGBl I 19, 1942) |

VwGO ........................ Verwaltungsgerichtsordnung idF vom 19.3.1991 (BGBl I 91, 686), zuletzt geändert durch Art 56 G zur Regelung des Sozialen Entschädigungsrechts vom 12.12.2019 (BGBl I 19, 2652)

VwVG........................ Verwaltungs-Vollstreckungsgesetz vom 27.4.1953 (BGBl I 53, 157), zuletzt geändert durch Art 1 G zur Verbesserung der Sachaufklärung in der Verwaltungsvollstreckung vom 30.6.2017 (BGBl I 17, 2094)

WahlO ........................ Wahlordnung

*Wannagat*........................ *Wannagat,* Sozialgesetzbuch, Kommentar (Loseblatt)

WFG ........................ Gesetz zur Umsetzung des Programms für mehr Wachstum und Beschäftigung in den Bereichen der Rentenversicherung und Arbeitsförderung (Wachstums- und Beschäftigungsförderungsgesetz) vom 25.9.1996 (BGBl I 96, 1461; ber 1806), Gesetz aufgeh mWv 1.1.2001 durch G v 21.12.2000 (BGBl I 2000, 1966)

WHG........................ Gesetz zur Ordnung des Wasserhaushalts (Wasserhaushaltsgesetz – WHG) idF vom 31.7.2009 (BGBl I 09, 2585), zuletzt geändert durch Art 2 G zur Beschränkung des marinen Geo-Engineerings vom 4.12.2018 (BGBl I 18, 2254)

WiB........................ Wirtschaftsrechtliche Beratung (Zeitschrift)

*Wiedemann/Bearbeiter* ...... *Wiedemann,* Tarifvertragsgesetz, Kommentar, 8. Aufl 2019

*Wiegand/Bearbeiter*......... *Wiegand/Gouder/Haus/Hohlmann/Dennhardt,* Kommentar zum Schwerbehindertengesetz (Loseblatt)

*Wissing/Bearbeiter* .......... *Wissing/Mutschler/Bartz/Schmidt-De Caluwe,* SGB III, Arbeitsförderung (Loseblatt)

WissZeitVG........................ Gesetz über befristete Arbeitsverträge in der Wissenschaft (Wissenschaftszeitvertragsgesetz – WissZeitVG) vom 12.4.2007 (BGBl I 2007, 506), zuletzt geändert durch Art 6 Abs 4 G zur Neuregelung des Mutterschutzrechts vom 23.5.2017 (BGBl I 17, 1228)

*Wlotzke/Preis* ........................ *Wlotzke/Preis,* Betriebsverfassungsgesetz, Kommentar, 4. Aufl 2009

WM........................ Wertpapiermitteilungen (Zeitschrift)

WoGG ........................ Wohngeldgesetz (WoGG) idF vom 24.9.2008 (BGBl I 08, 1856), zuletzt geändert durch Art 55 G zur Regelung des Sozialen Entschädigungsrechts vom 12.12.2019 (BGBl I 19, 2652)

WoPDV........................ Verordnung zur Durchführung des Wohnungsbau-Prämiengesetzes (WoPDV 1996) idF vom 30.10.1997 (BGBl I 97, 2684), zuletzt geändert durch Art 6 des Gesetzes zur verbesserten Einbeziehung der selbstgenutzten Wohnimmobilie in die geförderte Altersvorsorge (Eigenheimrentengesetz – EigRentG) vom 29.7.2008 (BGBl I 08, 1509)

WoPG........................ Wohnungsbau-Prämiengesetz (WoPG 1996) idF vom 30.10.1997 (BGBl I 97, 2678), zuletzt geändert durch Art 26, 27 G zur weiteren steuerlichen Förderung der Elektromobilität und zur Änd weiterer steuerlicher Vorschriften vom 12.12.19 (BGBl I 19, 2451)

WPflG........................ Wehrpflichtgesetz (WPflG) idF der Bekanntmachung vom 15.8.2011 (BGBl I 11, 1730) mWv 1.7.2011, zuletzt geändert durch Art 4 Bundeswehr-Einsatzbereitschaftsstärkungsgesetz vom 4.8.2019 (BGBl I 19, 1147)

WRP ........................ Wettbewerb in Recht und Praxis (Zeitschrift)

WSI-Mitteilungen ........ Monatszeitschrift des Wirtschafts- und Sozialwissenschaftlichen Instituts in der Hans-Böckler-Stiftung

| | |
|---|---|
| *Wulffen* | *von Wulffen,* SGB X, Kommentar, 8. Aufl 2014 |
| WVO | Werkstättenverordnung vom 13.8.1980 (BGBl I 80, 1365) zum Schwerbehindertengesetz, zuletzt geändert durch Art 10 G zur Änd des Neunten und Zwölften Buches Sozialgesetzbuch und anderer Rechtsvorschriften vom 30.11.2019 (BGBl I 19, 1948) |
| WzS | Wege zur Sozialversicherung (Zeitschrift) |
| zB | zum Beispiel |
| ZDG | Gesetz über den Zivildienst der Kriegsdienstverweigerer (Zivildienstgesetz) idF vom 17.5.2005 (BGBl I 05, 1346; ber 2301) mWv 30.4.2005, zuletzt geändert durch Art 7 G zur Regelung des Sozialen Entschädigungsrechts vom 12.12.2019 (BGBl I 19, 2652) |
| ZESAR | Zeitschrift für Europäisches Sozial- und Arbeitsrecht |
| ZfA | Zeitschrift für Arbeitsrecht |
| ZfS | Zentralblatt für Sozialversicherung |
| ZfSH | Zeitschrift für Sozialhilfe |
| ZfSH/SGB | Zeitschrift für Sozialhilfe und Sozialgesetzbuch |
| ZGR | Zeitschrift für Unternehmens- und Gesellschaftsrecht |
| ZIAS | Zeitschrift für ausländisches und internationales Arbeits- und Sozialrecht |
| Ziff | Ziffer |
| ZInsO | Zeitschrift für das gesamte Insolvenzrecht |
| ZIP | Zeitschrift für Wirtschaftsrecht |
| *Zöller/Bearbeiter* | *Zöller,* Zivilprozessordnung, Kommentar, 33. Aufl 2020 |
| *Zöllner/Loritz* | *Zöllner/Loritz/Hergenröder,* Arbeitsrecht, 7. Aufl 2015 |
| ZPO | Zivilprozessordnung idF vom 5.12.2005 (BGBl I 05, 3202) berichtigt BGBl I 06, 431 und BGBl I 07, 1781, mWv 21.10.2005, zuletzt geändert durch Art 2 G zur Regelung der Wertgrenze für die Nichtzulassungsbeschwerde in Zivilsachen, zum Ausbau der Spezialisierung bei den Gerichten sowie zur Änd weiterer prozessrechtlicher Vorschriften vom 12.12.2019 (BGBl I 19, 2633) |
| ZRP | Zeitschrift für Rechtspolitik |
| ZSB | *Zweng/Scheerer/Buschmann,* Handbuch der Rentenversicherung, Kommentar (Loseblatt) |
| zT | zum Teil |
| Zweites BürokratieentlastungsG | Zweites Gesetz zur Entlastung insbesondere der mittelständischen Wirtschaft von Bürokratie vom 30. Juni 2017 (BGBl I 17, 2143) |
| zvE | zu versteuerndes Einkommen |
| zz/zZ | zurzeit/zur Zeit |
| zzgl | zuzüglich |

## Verzeichnis der Musterformulare in der online-Version

Die hier aufgelisteten Musterformulare finden Sie ausschließlich in der online-Version des Personalbuchs 2020 in beck-online.DIE DATENBANK.

# A1-Bescheinigung

## A. Arbeitsrecht

*Kreitner*

**1. Begriff und Rechtsnatur.** Bei der A1-Bescheinigung handelt es sich um eine sozialrechtliche Bescheinigung für zeitweilige Erwerbstätigkeiten (von ArbN und Selbstständigen) im EU-Ausland, den EWR-Staaten Island, Liechtenstein und Norwegen sowie der Schweiz (Art 19 Abs 2 der VO (EG) 987/2009 zur Festlegung der Modalitäten für die Durchführung der VO (EG) 883/2004, ABl 2009, L 284, S 1; vgl zu den rechtlichen Grundlagen einer Entsendung → *Auslandstätigkeit* Rn 5 f). Sie dokumentiert und belegt, dass der ArbN bereits im Entsendestaat sozialversichert ist und gehört damit zu den sozialrechtlichen Arbeitspapieren (Einzelheiten → Rn 16 f). Dabei ist sie nicht nur für den Träger des Mitgliedsstaats, in dem die Tätigkeit ausgeübt wird, sondern auch für die Gerichte dieses Mitgliedsstaats verbindlich (EuGH 6.9.18 – C-527/16, NZA 18, 1253 – Alpenrind II). 1

**2. Aushändigungspflicht.** Je nach Art des Arbeitspapiers verbleibt dieses während des laufenden Arbeitsverhältnisses beim ArbGeb oder ist von diesem mit Beginn des Arbeitsverhältnisses an den ArbN auszuhändigen (Näheres → *Arbeitspapiere* Rn 2). Ausgehend vom oben dargestellten Zweck der A1-Bescheinigung ist sie dem ArbN mit Entsendung auszuhändigen, damit dieser sie im Ausland auf entsprechende Nachfrage der dortigen Behörden vorlegen kann. Soweit die Bescheinigung zum Zeitpunkt der Entsendung noch nicht vorliegt empfiehlt es sich, dem ArbN zum vorläufigen Nachweis jedenfalls eine Kopie der Antragstellung auszuhändigen. Verbleibt die Bescheinigung demgegenüber im Entsendungsfall in der Personalabteilung des deutschen Stammbetriebs, haftet der ArbGeb für deren Vorlage im Einzelfall und hat ggf entstehende weitere Kosten zu tragen. Kommt der ArbN im anderen Fall seiner Verwahrungspflicht nicht nach, gelten die allgemeinen Grundsätze der ArbNHaftung (Näheres → *Arbeitnehmerhaftung* Rn 10 ff). 2

**3. Unterbliebene Beantragung.** Wie unten im Einzelnen ausgeführt (→ Rn 20) ist unklar, ob die Bescheinigung in jedem Fall einer zeitweiligen Auslandstätigkeit zu beantragen ist, oder ob im Einzelfall Ausnahmen gelten. Unterlässt der ArbGeb (entgegen dem unten genannten Ratschlag) eine Beantragung der A1-Bescheinigung und verlangen die ausländischen Behörden gleichwohl einen entsprechenden Sozialversicherungsnachweis, hat dies auf die Rechtswirksamkeit des Arbeitsverhältnisses keinen Einfluss. Allerdings obliegt es dem ArbGeb, die bestehende Sozialversicherung nachzuweisen und ggf eine A1-Bescheinigung nachträglich zu beantragen, um sie dann den ausländischen Behörden vorlegen zu können (vgl zur Zulässigkeit der nachträglichen Beantragung EuGH 6.9.18 – C-527/16, NZA 18, 1253 – Alpenrind II mit Anm von *Klopstock/Rittweger* NZA 18, 1247). Hierdurch ggf entstehende zusätzliche Kosten sowie mögliche Bußgelder trägt der ArbGeb. Gleiches gilt für sonstige hierdurch entstehenden Komplikationen im Ausland, wie bspw Arbeitsstopp, Zutrittsverweigerung zu Baustellen, Heranziehung zu ausländischen Sozialversicherungsabgaben etc. 3

**4. Mitbestimmungsrechte des Betriebsrats.** Die Beantragung einer A1-Bescheinigung im konkreten Einzelfall ist mitbestimmungsfrei. Das gilt auch, wenn mehrere ArbN gleichzeitig entsandt werden. Allein eine allgemein geltende Regelung des Beantragungsverfahrens dürfte der Mitbestimmung nach § 87 Abs 1 Nr 1 BetrVG unterliegen. Mitbestimmungsrechte sind ebenfalls tangiert soweit es um die Entsendungsmaßnahme selbst geht. Hier kommt insbes die personelle Mitbestimmung der §§ 99 ff BetrVG zum Tragen (Näheres → *Auslandstätigkeit* Rn 20). 4

## B. Lohnsteuerrecht

*Weil*

Die **A1-Bescheinigung** weist nach, in welchem Land ein ArbN, der beispielsweise in einen anderen Mitgliedstaat der EU, des EWR oder die Schweiz entsendet wird, sozialversichert ist und die Versicherungsbeiträge abgeführt werden. Für die Lohnsteuer hat die A1-Bescheinigung keine Bedeutung. Im Lohnsteuerabzugsverfahren ist der inländische 10

ArbGeb von der Verpflichtung, die Lohnsteuer einzubehalten, befreit, wenn ihm eine sog **Freistellungsbescheinigung** vorliegt. Steht nach einer DBA-Regelung dem ausländischen Tätigkeitsstaat die Steuer für den gezahlten Lohn zu, hat das inländische Betriebsstättenfinanzamt auf Antrag des ArbN oder des ArbGeb eine Freistellungsbescheinigung auszustellen und zu bescheinigen, dass der Arbeitslohn im Inland nicht der Lohnsteuer unterliegt. Die Mitteilung gehört zu den Lohnsteuerabzugsmerkmalen (§ 39 Abs 4 Nr 5 EStG). Zu den Einzelheiten der Freistellungsbescheinigung siehe → *Auslandstätigkeit* Rn 43. Zur Steuerfreistellung nach dem Auslandstätigkeiterlass siehe → *Auslandstätigkeit* Rn 57.

## C. Sozialversicherungsrecht

*Schlegel*

15 **1. Fortbestehen der Versicherungspflicht bei vorübergehender Entsendung ins EU-Ausland bzw in den Europäischen Wirtschaftsraum (EWR).** Ein ArbN, der im Gebiet eines Mitgliedstaates der EU (zB Deutschland) in einem Beschäftigungsverhältnis steht und sich zur Ausführung einer Arbeit für Rechnung seines ArbGeb, der im Gebiet dieses (ersten) Mitgliedsstaates gewöhnlich Personal beschäftigt, in das Gebiet eines anderen Mitgliedsstaates begibt (zB Spanien), unterliegt im Hinblick auf seine **sozialrechtliche Absicherung** nach Art 12 VO (EG) 883/2004 weiterhin den Rechtsvorschriften des ersten Mitgliedsstaates/Entsendestaates (im Bsp Deutschland), sofern die voraussichtliche Dauer dieser Arbeit **24 Monate** nicht überschreitet und sie nicht eine andere Person ablöst, für welche die Entsendungszeit abgelaufen ist (Art 12 Abs 1 VO 883/04). Dh in Entsendefällen gilt ausnahmsweise nicht das Beschäftigungsstaatsprinzip, dh es gilt nicht das Recht des EU-Staates, in welchem die Arbeitsleistung tatschlich erbracht wird, sondern weiterhin das Recht des „Entsendestaates". Einzelheiten zur Entsendung vgl → *Auslandstätigkeit* Rn 117–133.

16 **2. A1-Bescheinigung.** Zum **Nachweis**, dass ausnahmsweise nicht das Beschäftigungsstaatsprinzip gilt, sondern ein anderer Mitgliedstaat für den Bereich der sozialen Sicherheit zuständig ist, dient die sog Bescheinigung A1 (früher E 101). Sie ist grundsätzlich („wann immer möglich") bei jeder Erwerbstätigkeit im **EU-Ausland**, den EWR-Staaten **Island, Liechtenstein** und **Norwegen** sowie der **Schweiz** vor Beginn der Tätigkeit zu beantragen und kann bei Kontrollen von den zuständigen Behörden verlangt werden.

17 Die A1-Bescheinigung wird für jede Entsendung einzeln beantragt und ausgestellt, kann aber bei einer Mehrfachbeschäftigung nach Art 13 VO (EG) 883/2004 auch für einen längeren Zeitraum gelten. Eine **Mehrfachbeschäftigung** kann auch schon bei **regelmäßigen Geschäftsreisen** in konkrete andere EU-Mitgliedstaaten, andere EWR-Staaten oder die Schweiz vorliegen.

18 **3. Verfahren.** Das **Antragsverfahren und Bescheinigung** erfolgen seit 1.7.2019 elektronisch (§ 106 SGB IV). Diese Anträge sind an die jeweils zuständige Stelle (gesetzliche Krankenkasse, Rentenversicherungsträger, Arbeitsgemeinschaft berufsständischer Versorgungseinrichtungen) zu senden. Für die Antragstellung stehen zwei Wege zur Verfügung:

1. Antragstellung mittels systemgeprüfter Abrechnungsprogramme
   Wenn der ArbGeb ein systemgeprüftes Abrechnungsprogramm einsetzen und sein Softwarehersteller die Übermittlungsmöglichkeit bereits implementiert hat, kann der ArbGeb den Antrag auf Ausstellung einer A1-Bescheinigung für entsandte ArbN hierüber direkt online stellen.
2. Die Antragstellung mittels einer maschinellen Ausfüllhilfe erfolgt dann, wenn der ArbGeb kein systemgeprüftes Abrechnungsprogramm besitzt. Die Ausfüllhilfe der Informationstechnischen Servicestelle der Gesetzlichen Krankenversicherung GmbH (ITSG) erreicht man unter http://www.itsg.de/oeffentliche-services/sv-net/.

19 Auskünfte im Zusammenhang mit A1-Bescheinigungen erteilt die Deutsche Verbindungsstelle Krankenversicherung Ausland (DVKA), erreichbar unter www.dvka.de.

20 Die A 1-Bescheinigung ist grundsätzlich beim zuständigen Träger im Voraus zu beantragen. Bei nicht-regelmäßigen kurzfristig anberaumten und/oder **kurzzeitigen Geschäftsreisen** und bei anderen sehr **kurzen Entsendezeiträumen** bis zu einer Woche kann es nach Auskunft des BMAS zweckmäßig sein, auf einen Antrag auf Ausstellung der Bescheinigung A1 zu verzichten. Dieses Ermessen ergibt sich lt BMAS aus der VO (EG) 987/2009,

wonach der Arbeitgeber einer Person, die ihre Tätigkeit in einem anderen Mitgliedstaat ausübt, den zuständigen Träger im Entsendestaat im Voraus unterrichtet, *„wann immer dies möglich ist“*, vgl Art 15 Abs 1 VO (EG) 987/2009. Im Praktischen Leitfaden der Verwaltungskommission heißt es zum Verfahren (Ziffer 11, S 14): Ein Unternehmen, das einen Arbeitnehmer in einen anderen Mitgliedstaat entsendet, muss sich an den zuständigen Träger im Entsendestaat wenden. Dies sollte ***wenn irgendwie möglich*** **vor der Entsendung** geschehen. Ein Arbeitnehmer oder Selbständiger, dessen Entsendung in einen anderen Mitgliedstaat geplant ist, oder sein Arbeitgeber erhält eine Bescheinigung A1 (früher Vordruck E 101) vom zuständigen Träger. Damit wird bescheinigt, dass für die betreffende Person bis zu einem bestimmten Datum die Sonderregelung für Entsandte gilt.

Andererseits ist eine vorläufige Einigung zwischen EU-Parlament und Rat auf einen Vorschlag der Kommission, auf eine A1-Bescheinigung bei **Dienst- und Geschäftsreise** ins EU-Ausland zu verzichten, (Pressemeldung der EU-Kommission vom 20.3.2019) bislang nicht Gesetz geworden. Es ist daher ratsam, auch für kurzzeitige Dienst- und Geschäftsreisen eine Bescheinigung zu beantragen. 21

Der Europäische Gerichtshof hat bestätigt, dass eine solche Erklärung auch wenn sie besser vor Beginn des betreffenden Zeitraums erfolgt, auch während dieses Zeitraums und sogar nach dessen Ablauf abgegeben werden kann und gegebenenfalls Rückwirkung entfaltet (EuGH 30.3.2000 – C-178/97, Banks, Ziffer 49–57, zuletzt auch für die aktuellen Koordinierungsverordnungen bestätigt in EuGH 8.9.2018, Rs C-527/16 Alpenrind Ziffer 70–72, BeckRS 2018, 20532). 22

Die zuständigen Träger können die Bescheinigung nachträglich und rückwirkend ausstellen, ohne dass hierfür eine zeitliche Grenze bestimmt ist. 23

**4. Mitführung und Vorlage der A1-Bescheinigung.** Das BMAS ist der Ansicht, dass auf der Grundlage des europäischen Rechts nicht von einer „Mitführungspflicht“ der Bescheinigung A1 gesprochen werden kann, weil dies als Zugangshindernis ua mit der Dienstleistungsfreiheit und der Arbeitnehmer-Freizügigkeit kaum vereinbar wäre. Trotzdem haben offenbar einige EU-Mitgliedstaaten ihre nationalen Vorschriften zur Bekämpfung von Sozialdumping und Schwarzarbeit in letzter Zeit verschärft und schreiben aufgrund dieser nationalen Bestimmungen die Beantragung einer Bescheinigung A1 vor Beginn einer entsandten Tätigkeit in diesen Ländern zwingend vor (insbes **Frankreich** und **Österreich**; Informationen dazu unter www.entsendeplattform.at; Informationen zu Frankreich: www.urssaf.fr/portail/home/lesrisques-du-travail-dissimule/les-risques-du-travail-dissimule/le-recours-a-un-cocontractantso/les-entreprises-etrangeres-inter.html). Soweit eine Pflicht zur Beantragung einer Bescheinigung A1 nach nationalem Recht im Zielstaat besteht, rät das BMAS von einem Verzicht der vorherigen Antragstellung auch in Ausnahmefällen ab. 24

Das Vorliegen einer Entsendung auf Verlangen der prüfenden Stelle in anderen Mitgliedstaaten ist im Einzelfall durch eine nachträglich zu beantragende Bescheinigung A1 nachzuweisen. Auch kann bei einem Arbeitsunfall in bestimmten Ländern (insbes in Italien und der Schweiz) eine besondere Sachleistungsaushilfe iRd gesetzlichen Unfallversicherung nur in Anspruch genommen werden, wenn neben der Europäischen Krankenversicherungskarte auch eine Bescheinigung A1 vorgelegt wird. 25

**5. Bindungswirkung und Vertrauensschutz der A1-Bescheinigung. Der im Entsendestaat** zuständige Träger der SozVers stellt eine **Entsendebescheinigung A1 (früher E 101)** aus, wenn er vom Vorliegen der Voraussetzungen einer wirksamen Entsendung in einen Mitgliedstaat der EU bzw des EWR/Schweiz ausgeht. Diese Entsendebescheinigung ist im Grundsatz auch für ArbGeb und Behörden im Zielstaat (Staat, in den entsandt wird) verbindlich. Nach der früheren Rspr des EuGH waren die nationalen Behörden des Gastlandes und dessen Gerichte an die bescheinigte Anwendbarkeit des Sozialversicherungsrechtes des Herkunftslandes strikt gebunden (EuGH 10.2.2000 – C-202/97 Rs „Fitzwilliam“, NZS 2000, 291 = BeckRS 9998, 172973; EuGH 30.3.2000 – C-178/97 Banks, BeckRS 2004, 74712; EuGH 26.1.2006 – C-2/05 Herbosch Kiere, DVBV 2006, 390). 2018 hat der EuGH diese **strikte Bindungswirkung gelockert**. Das EU-Recht (Art 14 Abs 1a VO 1408/71 bzw Art 12 Abs 1 VO 883/04) ist nach EuGH nunmehr dahin auszulegen, dass A1-Bescheinigungen dann nicht binden, wenn sie betrügerisch erlangt worden 26 sind. Voraussetzung ist, dass der Träger des Zielstaates den ausstellenden Träger des Entsendestaates mit einem Antrag auf erneute Prüfung und Widerruf der A1-Bescheinigung unter Berücksichtigung der festgestellten Verdachtsmomente befasst hat (EuGH 6.2.18 – C-359/17, BeckRS 2018, 782). Andererseits besteht nach EuGH die Möglichkeit einer **nachträglichen A1-Bescheinigung** (EuGH 6.9.2018 – C-527/16 Apenrind, BeckRS 2018, 20532).

27 Zur Bindungswirkung der Bescheinigung A1 auch bei **Betrug- und Missbrauchsfällen** und zur Pflicht zur Einleitung eines **Konsultationsverfahrens** der beteiligten Mitgliedstaaten nach Art 5 VO 987/2009 vgl EuGH 6.2.2018 – Rs C-359/16 Altun, BeckRS 2018, 782; EuGH 11.7.2018 – Rs C356/15 Kommission gegen Belgien, BeckRS 2018, 34508; *Bokeloh* ZESAR 2019, 233 ff; zur Rechtsstellung Drittstaatsangehöriger im europäischen Sozialrecht *Bokeloh* ZESAR 2016, 69; *Hennecke/Andorfer* ZESAR 2019, 111 ff.

28 Kommt es zu **Meinungsverschiedenheiten über die Richtigkeit einer A1-Bescheinigung**, setzt sich der Träger des zuständigen Mitgliedstaats oder des Wohnmitgliedstaats der betreffenden Person mit dem Träger des anderen betroffenen Mitgliedstaats nach Art 76 Abs 6 VO Nr 883/2004 in Verbindung (zum Verfahren Art 5 Abs 1 VO Nr 987/2009). Wird binnen einer angemessenen Frist keine Lösung gefunden, so können die betreffenden Behörden die Verwaltungskommission befassen. Ein Mitgliedsstaat würde gegen diese für Konflikte vorgesehenen Verfahrensvorschriften verstoßen, wenn er (einseitig) Rechtsvorschriften erließe, mit denen seine Träger ermächtigt werden, sich unliateral nicht an die Angaben in der Bescheinigung gebunden zu sehen und die Arbeitnehmer ihrem eigenen System der sozialen Sicherheit zu unterstellen (vgl EuGH 11.7.2018 – C-356/15, Zustimmende Anmerkung *Bokeloh* ZESAR 2019, 233).

# Abfindung

## A. Arbeitsrecht

*Schmidt*

**Übersicht**



1 **1. Arten der Abfindungen.** Abfindungen für den Verlust des Arbeitsplatzes kennt das Gesetz im *Sozialplan,* beim *Nachteilsausgleich* und im KSchG. Sie können auch vereinbart werden.

**a) Vereinbarte Abfindung.** Durch einzelvertraglich vereinbarte Abfindungen werden Ansprüche aus einem **Sozialplan** nach § 77 Abs 4 S 2 BetrVG in ihrem Bestand nicht berührt. Ob und inwieweit der eine Anspruch auf den anderen angerechnet werden kann, ist eine Frage der Auslegung der getroffenen Vereinbarungen (BAG 27.4.95 – 6 AZR 902/94, NZA 96, 150). Sozialplanansprüche können jedenfalls nicht in der Form unterschritten werden, dass ArbN gegen Zahlung einer Abfindung auf die höheren Ansprüche aus einem Sozialplan verzichten, das folgt aus § 77 Abs 4 Satz 2 BetrVG. Die in einem Prozessvergleich vereinbarte Abgeltung sämtlicher Ansprüche aus einem Arbeitsverhältnis erstreckt sich daher nicht auf Ansprüche des ArbN aus einem Sozialplan: Das gilt nicht, wenn es sich um einen sog. „Tatsachenvergleich“ handelt (BAG 25.4.17 – 1 AZR 714/15, BB 17, 2035). Die einzelvertragliche Vereinbarung von Nachzahlungen aus einem künftigen und möglicherweise günstigeren Sozialplan sichern auch für die ArbN Zahlungen aus dem Sozialplan, die von seinem Geltungsbereich nicht erfasst werden (BAG 6.8.97 – 10 AZR 66/97, NZA 98,

155). Verrechenbar sind allerdings Ansprüche auf Zahlung einer Abfindung aus einem Sozialplan nach § 112 Abs 1 S 2 BetrVG und einem Nachteilsausgleich nach § 113 Abs 3 iVm Abs 1 BetrVG (BAG 12.2.19 – 1 AZR 279/17, NZA 19, 719).

Vereinbarte Abfindungen müssen sich am **Gleichbehandlungsgrundsatz** ausrichten. 2
Eine Gruppenbildung erfordert daher einen nach dem Zweck der Leistung gerechtfertigten Sachgrund und darf vor allem nicht diskriminieren. Die Höhe der Abfindung darf daher nicht auf das **Lebensalter** bei Beginn einer Altersteilzeit abstellen (BAG 18.9.07 – 9 AZR 788/06, BB 08, 395). Die Zahlung der vereinbarten Abfindung darf davon abhängig gemacht werden, dass der ArbN **keine Klage** gegen die Beendigung des Arbeitsverhältnisses erhebt (BAG 15.2.05 – 9 AZR 116/04, NZA 05, 1117). Weder der Gleichbehandlungsgrundsatz noch das Maßregelungsverbot des § 612a BGB werden damit verletzt. Die Gruppenbildung ist sachgerecht. Wer Kündigungsschutzklage erhebt, wird nicht gemaßregelt. Er erhält nur die für den Verzicht auf Klage versprochene Gegenleistung nicht. Die Unwirksamkeit einer entsprechenden Regelung im Sozialplan folgt aus seinem Zweck (BAG 31.5.05 – 1 AZR 254/04, NZA 05, 997; → *Sozialplan* Rn 20), der hier keine Rolle spielt. Es stellt keine unzulässige Benachteiligung nach § 4 Abs 1 Satz 2 TzBfG dar, wenn der ArbGeb **Teilzeitbeschäftigten** nur eine Abfindung „pro rata temporis" anbietet (BAG 13.2.07 – 9 AZR 729/05, NZA 07, 860).

Wird eine Abfindung **„brutto = netto"** vereinbart, bedeutet dies allein nicht, dass der 3
ArbGeb die Steuern und Sozialabgaben trägt. Dies kann sich nur aus den Begleitumständen bei Abschluss der Vereinbarung ergeben (BAG 21.11.85 – 2 AZR 6/85, BeckRS 1985, 30715305). Es empfiehlt sich daher, eine von der gesetzlichen Regelung abweichende Verteilung der Abgabenlast im Vertragstext selbst unmissverständlich zu regeln. Ruht der Anspruch auf Zahlung von AlGeld nach § 158 Abs 3 SGB III, weil das Arbeitsverhältnis vorzeitig gegen Zahlung einer Abfindung (Entlassungsentschädigung) ohne Einhaltung der Kündigungsfrist beendet wurde (→ Rn 57 ff), geht der Anspruch des ArbN auf Zahlung einer Abfindung in Höhe des im Ruhenszeitraum bezogenen AlGeldes nach § 115 Abs 1 SGB X auf die BA über. Wollen ArbN und ArbGeb im Innenverhältnis davon abweichen, müssen sie das vereinbaren. Eine allgemeine Ausgleichsklausel reicht hierfür nicht aus (BAG 9.10.96 – 5 AZR 246/95, NZA 97, 376). Ohne eine solche Vereinbarung darf der ArbGeb die Abfindung um den von ihm an die BA iHd AlGeldes geleisteten Betrag kürzen (zu anderen Fällen der Anrechnung von Abfindungen auf Leistungen der BA → Rn 53 ff). Der ArbGeb darf mit Gegenansprüchen gegenüber dem Abfindungsanspruch **aufrechnen,** soweit der ArbN nicht den Pfändungsschutzantrag nach § 850i ZPO gestellt hat (BAG 27.10.05 – 8 AZR 546/03, NZA 06, 259). Die Anrechnung einer im Aufhebungsvertrag enthaltenen Abfindung nach den §§ 9, 10 KSchG auf künftige **Betriebsrentenansprüche** lässt sich nicht wirksam vereinbaren (BAG 24.3.98 – 3 AZR 800/96, NZA 98, 1280). Nach Eintritt des Versorgungsfalls endet das Abfindungsverbot in § 3 BetrAVG. Die Ansprüche dürfen jetzt kapitalisiert und abgefunden werden (BAG 21.3.00 – 3 AZR 127/99, NZA 01, 1308). Soll die vereinbarte Abfindung mit einer möglicherweise schon vor Vollendung des 60. Lebensjahres entstehenden betrieblichen Invalidenrente verrechnet werden, ist die darin enthaltene aufschiebend bedingte Tilgungsbestimmung nach § 3 Abs 1 BetrAVG unwirksam (BAG 17.10.00 – 3 AZR 7/00, NZA 01, 963). Zahlt ein ArbGeb nach Schließen seines Betriebes **freiwillig Abfindungen,** sind die Leistungen nach dem von ihm bestimmten Verteilungsschlüssel am **Gleichbehandlungsgrundsatz** zu messen. Dabei kann es gerechtfertigt sein, ArbN von Zahlungen auszunehmen, die das Arbeitsverhältnis vorzeitig durch Aufhebungsvertrag aufgelöst (BAG 25.11.93 – 2 AZR 324/92, NZA 94, 788) oder selbst gekündigt haben (BAG 8.3.95 – 5 AZR 869/93, NZA 95, 675). Ob der Anspruch auf die in einem **Aufhebungsvertrag** vereinbarte Abfindung entsteht, wenn der ArbN vor der vereinbarten Beendigung des Arbeitsverhältnisses stirbt, hängt vom Inhalt der Vereinbarung ab (BAG 16.5.00 – 9 AZR 277/99, NZA 00, 1236). Ein **Abfindungsvergleich** kann dem Wiedereinstellungsanspruch entgegenstehen (BAG 28.6.00 – 7 AZR 904/98, NZA 00, 1097). Bei **Führungskräften** finden sich Vereinbarungen über die Zahlung einer Abfindung bei (auch einseitiger) Beendigung des Beschäftigungsverhältnisses nicht selten bereits im **Arbeitsvertrag.** Sie nehmen ihnen nicht den Kündigungsschutz, auf den sie selbst gegen Bezahlung nicht vorab verzichten können (→ *Verzicht* Rn 2). Für **leitende Angestellte** bedeutet die vertraglich vereinbarte Abfindung vor dem Hintergrund des § 14 Abs 2 Satz 2

KSchG jedenfalls de facto den Verlust von Kündigungsschutz, wenn sie die Höchstsätze des § 10 KSchG übersteigt.

4 **b) Abfindung bei betriebsbedingter Kündigung.** Nach § **1a Abs 1 KSchG** kann der ArbGeb im Geltungsbereich dieses Gesetzes (ErfK/*Oetker* KSchG § 1a Rn 3) dem ArbN bei einer **betriebsbedingten Kündigung** seinen Arbeitsplatz nach festen Sätzen „abkaufen". Mit der seit dem 1.1.04 geltenden Regelung wollte der Gesetzgeber eine „einfach zu handhabende, moderne und unbürokratische Alternative zum Kündigungsschutzprozess" schaffen (BAG 19.7.16 – 2 AZR 536/15, NZA 17, 121). Dies gilt ebenso für eine aus betrieblichen Gründen ausgesprochene **Änderungskündigung,** soweit sie wegen Nichtannahme oder vorbehaltloser Ablehnung des Änderungsangebots zur Beendigung des Arbeitsverhältnisses führt (BAG 13.12.07 – 2 AZR 663/06, NZA 08, 528). Die Vorschrift ist wegen der vergleichbaren Interessenlage ebenso anzuwenden, wenn der ArbGeb unkündbare ArbN mit dem Hinweis nach § 1a KSchG außerordentlich betriebsbedingt kündigt (ErfK/*Oetker* KSchG § 1a R 5). Der ArbGeb muss die Kündigung mit dem **Hinweis** verbinden, dass er sie auf dringende betriebliche Erfordernisse stützt und dass der ArbN eine Abfindung beanspruchen kann, wenn er die Klagefrist für eine Kündigungsschutzklage nach § 4 KSchG verstreichen lässt. Ein Hinweis auf die abstrakte oder konkrete Höhe der Abfindung ist ebenso wenig erforderlich, wie der ausdrückliche Hinweis auf § 1a Abs 2 KSchG (BAG 13.12.07 – 2 AZR 807/06, NZA 08, 904). Der Anspruch entsteht selbst dann im gesetzlichen Umfang, wenn der ArbGeb mit dem Hinweis auf § 1a KSchG die Angabe eines zu niedrigen Betrags verbindet, aber zugleich zu verstehen gibt, er wolle eine Abfindung in der gesetzlichen Höhe zahlen (BAG 19.6.07 – 1 AZR 340/06, NZA 07, 1357). Zwar schließt die Vorschrift des § 1a KSchG nicht aus, dass der Arbeitgeber eine Abfindung auf anderer Grundlage verspricht oder sich darauf beschränkt, im Kündigungsschreiben rein deklaratorisch auf kollektivrechtliche Bestimmungen zu verweisen, aus denen ein Abfindungsanspruch bei Verlust des Arbeitsplatzes folgt. Der Wille des Arbeitgebers, ein von der gesetzlichen Vorgabe abweichendes Angebot unterbreiten zu wollen, muss sich aber aus dem Kündigungsschreiben eindeutig und unmissverständlich ergeben. Enthält dieses einen vollständigen Hinweis nach § 1a Abs 1 S 2 KSchG, spricht dies für einen Anspruch des Arbeitnehmers nach § 1a Abs 2 KSchG (BAG 19.7.16 – 2 AZR 536/15, NZA 17, 121).

Wie der Wortlaut zeigt, führt **nur** der **schriftliche Hinweis** nach Abs 1 zum Anspruch auf Abfindung (ErfK/*Oetker* KSchG § 1a Rn 9). Er muss „in der Kündigungserklärung" enthalten sein, die ihrerseits nach § 623 BGB für ihre Wirksamkeit die **Schriftform** voraussetzt. Er kann aus dem gleichen Grund ebenso wenig vorab erteilt oder nachgeholt werden. Im letzteren Fall würde der ArbGeb im Übrigen die Überlegungsfrist des ArbN, die sich aus der Dauer der Klagefrist nach § 4 KSchG ergibt, unzulässig verkürzen. Bei form- und fristgerechtem Hinweis steht dem nicht klagenden ArbN eine Abfindung zu. Der erfolgreiche Hinweis soll dem ArbG einen Kündigungsschutzprozess ersparen. Der Anspruch auf die Abfindung entfällt daher, wenn der ArbN **verspätet Kündigungsschutzklage** erhebt oder sich auf andere Weise vor oder nach Ablauf der Frist des § 4 KSchG gerichtlich gegen die Kündigung zur Wehr setzt (BAG 20.8.09 – 2 AZR 267/08, NZA 09, 1197; BAG 13.12.07 – 2 AZR 971/06, NZA 08, 696), selbst wenn er mit einer **Klagerücknahme** den Prozess beendet (BAG 13.12.07 – 2 AZR 971/06, NZA 08, 696). Der Betroffene hat die Klagefrist für die Kündigungsschutzklage nicht „verstreichen" lassen unabhängig davon, dass die Klage prozessual nach § 263 Abs 3 ZPO nicht anhängig geworden ist. Die prozessuale Rechtsfolge schlägt nicht auf den materiellen Anspruch durch.

5 Die Abfindung ist mit dem Ablauf der Kündigungsfrist **fällig.** Tarifliche Kündigungsfristen können nach § 622 Abs 4 BGB kürzer sein als die dreiwöchige Klagefrist des § 4 KSchG. In diesem Fall tritt die Fälligkeit bei Ablauf der Klagefrist ein, weil der Anspruch vorher nicht entstehen kann. Kündigt der ArbGeb mit zu kurzer Kündigungsfrist, ist der Anspruch erst mit Ablauf der zutreffenden Frist fällig (Schaub/*Linck* § 134 Rn 66). Nach Auffassung des BAG (10.5.07 – 2 AZR 45/06, NZA 07, 1043) **entsteht** der Anspruch auch erst nach Ablauf der Kündigungsfrist. Endet das Arbeitsverhältnis vorher durch Tod des ArbN, kann der Anspruch deshalb nicht nach § 1922 BGB auf dessen Erben übergehen. Die **Höhe** der Abfindung beträgt nach § 1a Abs 2 KSchG 0,5 Monatsverdienste für jedes Jahr des Bestehens des Arbeitsverhältnisses. Dabei sind Zeiträume von mehr als sechs

Monaten auf ein Jahr aufzurunden. Als Monatsverdienst gilt wie bei der Auflösungsabfindung nach § 10 Abs 3 KSchG der Monatsbruttobezug im letzten Monat des Arbeitsverhältnisses (Einzelheiten → Rn 33). Anders als dort fehlt bei der betriebsbedingten Abfindung die absolute Höchstbegrenzung. Die Abfindung wird daher bei einer Beschäftigung von mehr als 24 Jahren auch dann höher als 12 Bruttomonatsverdienste sein, wenn der ArbN das 50. Lebensjahr noch nicht vollendet hat.

Der Anspruch entsteht ebenso, wenn der ArbGeb gegenüber **besonders geschützten Personen** – BRat, Schwangere, Mitarbeiter in Elternzeit, schwerbehinderte Menschen – die betriebsbedingte Kündigung mit dem Hinweis nach § 1a KSchG verbindet, ohne die jeweiligen „Vorverfahren" eingehalten zu haben. Es geht nicht um die (sichere) Unwirksamkeit dieser Kündigungen, sondern um die Entstehung eines Abfindungsanspruchs. Kündigt der AG betriebsbedingt und zugleich personen- und/oder verhaltensbedingt, greift § 1a ein, wenn der ArbGeb eine Erklärung nach § 1a Abs 1 S 2 KSchG abgegeben hat und der ArbN keine Kündigungsschutzklage erhebt (ErfK/*Oetker* KSchG § 1a Rz 4). Hat der ArbGeb das Arbeitsverhältnis ausdrücklich allein aus betriebsbedingten Gründen gekündigt ist er ebenso verpflichtet, die Abfindung zu zahlen, wenn der ArbN auf den Hinweis hin keine Klage erhoben hat und betriebsbedingte Gründe bei Ausspruch der Kündigung in Wahrheit fehlten (APS/*Hesse* KSchG § 1a Rn 4). Anspruchsbegründend ist allein der angegebene Kündigungsgrund zusammen mit dem Hinweis des ArbGeb im Kündigungsschreiben. Der Hinweis nach § 1a KSchG hindert den ArbGeb jedoch nicht, die Kündigung im **Prozess** auch oder ausschließlich auf andere Gründe zu stützen. Die Vorschrift löst kein Verwertungsverbot für andere Kündigungsgründe aus. Sie regelt die Voraussetzungen für das Entstehen eines Abfindungsanspruchs. Sie ändert weder das Kündigungsrecht noch das Prozessrecht im Übrigen. Begrenzungen der Möglichkeiten des ArbGeb, Kündigungsgründe auszuwechseln ergeben sich daher auch nach Einführung des § 1a KSchG allein aus den Mitbestimmungsvorschriften und dem Prozessrecht (→ *Kündigung, allgemein* Rn 71 ff). Die **Anfechtung** des Hinweises nach Abs 1 oder einer im Nichterheben einer Kündigungsschutzklage liegenden konkludenten „Annahme des Angebotes" sind ausgeschlossen. Die Abfindung kommt nicht durch Vereinbarung zustande. Es handelt sich um einen gesetzlichen Anspruch, der weder ein Angebot, noch seine Annahme voraussetzt (HWK/*Quecke* KSchG § 1a Rn 5 mwN; offen gelassen in BAG 10.5.07 – 2 AZR 45/06, NZA 07, 1043; aA ErfK/*Oetker* KSchG § 1a Rn 8; Schaub/*Linck* § 134 Rn 64). Der ArbGeb weist nur auf eine Rechtslage hin, die sich unmittelbar aus dem Gesetz ergibt. Der ArbN nimmt kein Angebot an, er schafft nur durch Nichterheben der Klage die tatsächlichen Voraussetzungen für den Abfindungsanspruch. So kann der ArbN keine „Annahmeerklärung" anfechten, wenn sich später die Zahlungsunfähigkeit des ArbGeb herausstellt oder betriebsbedingte Gründe für die Kündigung in Wahrheit fehlten. Im Einzelfall kann dies aber die nachträgliche Zulassung einer Kündigungsschutzklage rechtfertigen (APS/*Hesse* KSchG § 1a Rn 9a). 6

Eine **Anrechnung** betriebsbedingter Abfindungen auf Abfindungen aus einem Sozialplan findet von Gesetzes wegen nicht statt (BAG 19.7.16 – 2 AZR 536/15, NZA 17, 121). Hier handelt es sich um einen individuellen Anspruch aus dem KSchG, dort um einen betriebsverfassungsrechtlichen, der gerade nicht daran geknüpft werden darf, dass der ArbN auf die Klage verzichtet (→ *Sozialplan* Rn 21). Die Anrechnung darf aber im Sozialplan selbst geregelt werden (BAG 19.7.16 – 2 AZR 536/15, NZA 17, 121). Tarifvertragsparteien können vereinbaren, dass ein Anspruch auf Abfindung nach § 1a KSchG tarifliche Abfindungsansprüche ausschließt (BAG 16.12.10 – 6 AZR 423/09, NZA-RR 11, 421). 7

Die **Vereinbarung von Abfindungen** bleibt von der gesetzlichen Regelung unberührt. Dem ArbGeb bleibt unbenommen, entsprechende Angebote mit höheren oder geringeren Abfindungen zu machen (BAG 10.7.08 – 2 AZR 209/07, NJW 09, 319; BAG 13.12.07 – 2 AZR 807/06, NZA 08, 904). Dann handelt es sich jedoch nicht um eine „betriebsbedingte Abfindung" nach § 1a KSchG, sondern um das Angebot auf Abschluss eines Aufhebungsvertrages, dessen Wirksamkeit sich nach den allgemeinen Regeln richtet. Das Angebot des ArbGeb muss daher vom ArbN zumindest konkludent angenommen werden, soweit nicht der ArbGeb nach § 151 BGB hierauf verzichtet hat oder eine Annahmeerklärung nach der Verkehrssitte nicht zu erwarten ist. Ob ein ArbGeb das Verfahren nach § 1a KSchG einleitet oder ein Angebot auf Abschluss eines Aufhebungsvertrages macht, hängt von der **Auslegung** aller in diesem Zusammenhang von ihm abgegebenen Erklärungen und den Umständen des Einzelfalles ab (BAG 10.7.08 – 2 AZR 209/07, NJW 09, 319; BAG 13.12.07 – 2 AZR 807/06, NZA 08, 904). Dabei darf nicht vorschnell auf ein Angebot auf Abschluss einer von § 1a KSchG losgelösten Vereinbarung geschlossen werden. Dieser Wille muss sich vielmehr eindeutig und unmissverständlich aus dem Kündigungsschreiben ergeben. Enthält das Kündigungsschreiben einen vollständigen Hinweis nach § 1a KSchG, spricht dies für einen Anspruch nach dieser Vorschrift (BAG 19.7.16 – 2 AZR 536/15, NZA 17, 121).

8 Ob der in § 1a KSchG normierte Verzicht auf eine Kündigungsschutzklage eine **Sperrzeit** nach § 159 Abs 1 Satz 2 Nr 1 SGB III auslöst, lässt sich dem Gesetzeswortlaut nicht mit Sicherheit entnehmen. Das BSG hat zum Aufhebungsvertrag entschieden, dass keine Sperrzeit zu verhängen ist, wenn dem ArbN eine rechtmäßige Kündigung aus nicht verhaltensbedingten Gründen droht und zugleich deutlich gemacht, dass es auf eine ausnahmslose Prüfung der Rechtmäßigkeit der Kündigung verzichtet, wenn die Abfindungshöhe nicht die in § 1a Abs 2 vorgesehene Höhe übersteigt (BSG 2.5.12 – B 11 AL 6/11 R, NZS 12, 874). Im Übrigen löst das passive Verhalten des ArbN – das Hinnehmen einer Kündigung – grundsätzlich keine Sperrzeit aus. Dies lässt darauf schließen, dass auch im Fall des § 1a KSchG keine Sperrzeit anfällt (Einzelheiten → *Sperrzeit* Rn 11).

9 **c) Auflösungsabfindung.** Das **Kündigungsschutzgesetz** dient in erster Linie dem Schutz der Arbeitsplätze. Bei sozial ungerechtfertigter Kündigung soll die Klage zum Fortbestand des Arbeitsverhältnisses führen. Dieser Grundsatz wird auch durch §§ 9, 13, 14 KSchG durchbrochen. Danach kann das Arbeitsverhältnis bei Unwirksamkeit der Kündigung auf Antrag gegen Zahlung einer Abfindung aufgelöst werden. Das KSchG bietet jedoch – sieht man von § 1a KSchG ab – kein beliebiges Wahlrecht zwischen Abfindung und Bestandsschutz. Die **Auflösung** gegen Abfindungszahlung **durch Urteil** des ArbG ist nur in bestimmten Fällen möglich. In der Praxis hat sich freilich diese Form der Beendigung eines Kündigungsschutzprozesses im Weg über den (gerichtlichen) Vergleich weitgehend durchgesetzt.

10 **2. Auflösungsabfindung im Einzelnen.** Stellt ein ArbG fest, dass ein Arbeitsverhältnis aus Gründen, die im KSchG liegen, nicht durch eine zuvor vom ArbGeb ausgesprochene Kündigung beendet ist, hat es nach § 9 KSchG auf Antrag dieses Arbeitsverhältnis aufzulösen. Der **Antrag des Arbeitnehmers** ist begründet, wenn ihm die Fortsetzung des Arbeitsverhältnisses nicht mehr zugemutet werden kann; der **Antrag des Arbeitgebers,** wenn Gründe vorliegen, die eine den Betriebszwecken dienliche weitere Zusammenarbeit nicht erwarten lassen. In beiden Fällen erfolgt die Auflösung gegen Zahlung einer Abfindung, deren Höhe in § 10 KSchG geregelt ist. Der Auflösungsantrag kann nach außerordentlicher Kündigung nur vom ArbN gestellt werden (§ 13 Abs 1 KSchG). Wurden Geschäftsführer, Betriebsleiter oÄ leitende Angestellte gekündigt, braucht der ArbGeb seinen Auflösungsantrag nach § 14 Abs 2 KSchG nicht zu begründen. Im einheitlichen Arbeitsverhältnis mit mehreren ArbGeb kann die Auflösung durch Urteil (§ 9 KSchG) grds nur insgesamt erfolgen. Ausreichend ist im Regelfall ein Auflösungsgrund, der für oder gegen einen der ArbGeb vorliegt (BAG 19.4.12 – 2 AZR 186/11, NZA 13, 27).

Die Auflösung des Arbeitsverhältnisses auf Antrag des ArbGeb bedeutet für den betroffenen ArbN den Verlust des Arbeitsplatzes trotz sozial ungerechtfertigter Kündigung. Für den ArbGeb wird damit neben der Kündigung eine weitere Möglichkeit der Beendigung von Arbeitsverhältnissen geschaffen. Die **Sozialwidrigkeit** der zuvor ausgesprochenen Kündigung macht es erforderlich, an die Voraussetzungen des vom ArbGeb gestellten Auflösungsantrages strenge Anforderungen zu stellen. Soweit der ArbN den Auflösungsantrag stellt, geht es letzten Endes darum, Bestandsschutz zu kapitalisieren. Bei der Bemessung der Abfindungszahlung darf daher nicht übersehen werden, dass der die Abfindung rechtfertigende Grund in erster Linie in der Sozialwidrigkeit der Kündigung liegt.

11 Die gerichtliche Auflösung des Arbeitsverhältnisses nach § 9 KSchG kann nur im **Kündigungsprozess** erfolgen. Ohne vorangegangene arbeitgeberseitige Kündigung und den vom ArbN anhängig gemachten Kündigungsschutzprozess besteht keine Möglichkeit, das Arbeitsverhältnis durch Urteil auflösen zu lassen. Der entsprechende Antrag wäre unzulässig (BAG 29.5.59 – 2 AZR 450/58, NJW 59, 1942). Schon der zulässige – wenn auch

unbegründete – Auflösungsantrag des ArbGeb soll dem ArbN den Anspruch auf Beschäftigung (→ *Weiterbeschäftigungsanspruch* Rn 11 ff) für die Dauer des Kündigungsschutzprozesses nehmen (BAG 16.11.95 – 8 AZR 864/93, NZA 96, 589).

Werden ArbN in **Kleinbetrieben** mit regelmäßig nicht mehr als zehn Beschäftigten (§ 23 Abs 1 KSchG) oder nicht länger als sechs Monate beschäftigte ArbN (§ 1 Abs 1 KSchG) gekündigt, können keine Auflösungsanträge gestellt werden. Der Auflösungsantrag setzt voraus, dass die Klage innerhalb der **Dreiwochenfrist** des § 4 KSchG erhoben oder trotz Verspätung nach § 5 KSchG zugelassen wurde, wie die §§ 1, 4, 9, 13 KSchG zeigen. **12**

Das **Berufsausbildungsverhältnis** kann nach Kündigung nicht gegen Zahlung einer Abfindung durch Urteil aufgelöst werden. Der Grund liegt im Zweck der Berufsausbildung, die verstärkten Bestandsschutz genießt (BAG 29.11.84, DB 85, 2515).

Unbenommen bleibt in jedem Fall, Arbeits- oder Ausbildungsverhältnisse auch ohne Vorliegen der gesetzlichen Voraussetzungen durch Aufhebungsvertrag (→ *Aufhebungsvertrag* Rn 1 ff) – ggf gegen Zahlung einer Abfindung – zu beenden.

**a) Sozialwidrigkeit.** Die Auflösung des Arbeitsverhältnisses nach § 9 KSchG setzt voraus, dass im Kündigungsschutzprozess die Sozialwidrigkeit der Kündigung des ArbGeb durch Urteil ausgesprochen wird. Wird die Klage abgewiesen, weil die Kündigung sozial gerechtfertigt ist, kann der Auflösungsantrag nicht zuerkannt werden. Das Arbeitsverhältnis wurde schon durch Kündigung aufgelöst. Dasselbe gilt, wenn die Kündigung nach § 7 KSchG als wirksam gilt, weil der ArbN zu spät Klage erhoben hat (→ *Kündigungsschutz* Rn 104 ff). **13**

Ist die Kündigung **nur aus anderen Gründen** als denen des KSchG (einschließlich des § 13 Abs 1 und 2 KSchG) unwirksam – zB wegen fehlender Anhörung des BRates – kann nach § 13 Abs 3 KSchG ein Auflösungsantrag nicht erfolgreich gestellt werden (BAG 26.8.93 – 2 AZR 159/93, NZA 94, 70). Ist die angegriffene Kündigung **nicht nur sozial ungerechtfertigt,** sondern **auch aus anderen Gründen** unwirksam, obsiegt der **Arbeitnehmer** mit seinem begründeten Auflösungsantrag, wenn das Gericht auch die Sozialwidrigkeit feststellt (BAG 29.1.81 – 2 AZR 1055/78, NJW 82, 1118). Der Auflösungsantrag des **Arbeitgeber** ist dagegen nur zulässig, wenn der von ihm geltend gemachte Kündigungssachverhalt lediglich nach § 1 KSchG wegen Sozialwidrigkeit zur Unwirksamkeit der Kündigung führt (BAG 22.9.16 – 2 AZR 700/15, NZA 17, 304), es sei denn, die Unwirksamkeit aus anderen Gründen beruht auf einer Norm, die nicht den ArbN schützen will, sondern den Interessen Dritter dient (BAG 24.11.11 – 2 AZR 429/10, NZA 12, 61). Für die Auffassung des BAG spricht, dass es beim KSchG in erster Linie um den Bestandsschutz des Arbeitsverhältnisses geht. Das KSchG ist kein Abfindungsgesetz. Die Privilegierung, sich trotz unwirksamer Kündigung gegen den Willen des Betroffenen aus einem Arbeitsverhältnis „herauskaufen" zu dürfen, muss auf die Fälle beschränkt bleiben, wo das Arbeitsverhältnis allein aus Gründen des KSchG beendet ist. **14**

Im Prozess um die Wirksamkeit einer **Änderungskündigung** kann der Auflösungsantrag nicht gestellt werden, wenn der Vorbehalt erklärt wurde; er kann gestellt werden, wenn der Vorbehalt nicht erklärt wurde (BAG 24.10.13 – 2 AZR 320/13, NZA 14, 486; → *Änderungskündigung* Rn 38). **15**

Soll das Arbeitsverhältnis nach **außerordentlicher oder sittenwidriger Kündigung** aufgelöst werden, kommt es für den Auflösungsantrag nicht auf die Sozialwidrigkeit der Kündigung, sondern auf ihre Unwirksamkeit nach § 626 Abs 1 BGB bzw nach § 138 BGB an. **16**

**b) Antrag des Arbeitnehmers.** Das Arbeitsverhältnis wird nicht „von Amts wegen", sondern nur auf Antrag aufgelöst. Der ArbN kann die Auflösung des Arbeitsverhältnisses verlangen, wenn ihm seine Fortsetzung nicht mehr zuzumuten ist. Der Begriff der **Unzumutbarkeit** deckt sich nicht mit dem in § 626 Abs 1 BGB. Der Antrag setzt also nicht voraus, dass der ArbN einen „wichtigen Grund" vorträgt. Es reicht vielmehr aus, dass die Fortsetzung des Arbeitsverhältnisses für den ArbN zu unerträglichen Bedingungen führen würde (BAG 26.11.81 – 2 AZR 509/79, NJW 82, 2015). Das Gericht prüft im Rahmen von § 9 KSchG – anders als bei der außerordentlichen Kündigung (→ *Kündigung, außerordentliche* Rn 30) – ob die Fortsetzung des Arbeitsverhältnisses auf unbestimmte Dauer zumutbar ist. Das rechtfertigt den unterschiedlichen Bewertungsmaßstab. **17**

18 Maßgeblicher **Zeitpunkt** für die Prüfung der Unzumutbarkeit ist der Zeitpunkt der Entscheidung über den Auflösungsantrag (BAG 8.10.09 – 2 AZR 682/08, BB 10, 308). Damit hat das Gericht in seine Überlegungen auch Geschehnisse einzubeziehen, die erst **nach Ausspruch der Kündigung** bis zum Zeitpunkt der letzten mündlichen Verhandlung vor dem LAG aufgetreten sind. Darin liegt der wesentliche Unterschied zur Prüfung der Sozialwidrigkeit.

19 Zur **Begründung** seines Auflösungsantrags kann sich der ArbN nicht allein darauf berufen, dass ein Kündigungsschutzprozess geführt wird. Ein Auflösungsgrund iSd § 9 Abs 1 S 1 KSchG liegt auch nicht vor, wenn die einer Weiterarbeit entgegenstehenden Tatsachen im Einfluss- oder Risikobereich des ArbN liegen. Davon ist auszugehen, wenn der ArbN infolge einer sozial ungerechtfertigten Kündigung erkrankt oder durch sie eine schon bestehende Erkrankung sich verschlimmert, aber der ArbGeb die Krankheit weder zielgerichtet herbeigeführt, noch mit einer offensichtlich unbegründeten Kündigung oder etwa ehrverletzenden Äußerungen die Verschlechterung des Gesundheitszustands des ArbN als möglich angesehen und bewusst in Kauf genommen hat (BAG 11.7.13 – 2 AZR 241/12, NZA 13, 1259). Das Arbeitsverhältnis kann aber aufzulösen sein, weil ein Kündigungsschutzverfahren über eine offensichtlich sozialwidrige Kündigung seitens des ArbG mit einer solchen Schärfe geführt worden ist, dass der ArbN mit einem schikanösen Verhalten des ArbGeb und anderer Mitarbeiter rechnen muss, wenn er in den Betrieb zurückkehrt. Und es soll aufzulösen sein, wenn feststeht, dass sich der ArbGeb ungeachtet der im Kündigungsschutzprozess vertretenen Rechtsauffassung des Gerichts auf jeden Fall von dem ArbN trennen will und offensichtlich beabsichtigt, mit derselben oder einer beliebigen anderen Begründung solange Kündigungen auszusprechen, bis er sein Ziel erreicht hat (BAG 11.7.13 – 2 AZR 241/12, NZA 13, 1259). Hat der ArbN eine neue Arbeitsstelle gefunden oder sich vorsorglich auf § 12 KSchG berufen, hindert ihn dies nicht daran, den Auflösungsantrag zu stellen (BAG 19.10.72 – 2 AZR 150/72, AP KSchG 1969 § 12 Nr 1).

20 Als Auflösungsgründe kommen nur Umstände in Betracht, die in einem **inneren Zusammenhang** mit der Kündigung stehen oder im Laufe des Kündigungsstreites entstanden sind. Ist dies nicht der Fall, kann der ArbN nur seinerseits kündigen (BAG 24.9.92 – 8 AZR 557/91, NZA 93, 362). Die Unzumutbarkeit kann sich aus dem Verhalten des ArbGeb im Prozess oder außerhalb des Prozesses (zB durch Erklärungen gegenüber Dritten) ergeben. Das Verhalten Dritter reicht aus, wenn es vom ArbGeb veranlasst, zumindest gebilligt wurde (BAG 14.5.87 – 2 AZR 294/86, NZA 88, 16). Dabei kann es sich auch um Prozessbevollmächtigte handeln (BAG 30.6.59 – 3 AZR 111/58, AP Nr 56 zu § 1 KSchG).

21 Der ArbN kann sich **nicht** auf Auflösungsgründe berufen, die er selbst herbeigeführt hat (BAG 23.10.08 – 2 AZR 483/07, NZA-RR 09, 362). Er kann sich aber auch dann auf Gründe im Verhalten des ArbGeb berufen, wenn er zu den Spannungen beigetragen hat, es sei denn, seine Anteile überwiegen oder haben die Auflösungsgründe geradezu provoziert (BAG 11.7.13 – 2 AZR 994/12, NZA 14, 250 zum Auflösungsantrag des ArbGeb).

22 Stellt das Gericht fest, dass eine **außerordentliche Kündigung** unbegründet oder eine ordentliche Kündigung sittenwidrig und damit unwirksam ist, muss es nach § 13 KSchG das Arbeitsverhältnis auf Antrag des ArbN ebenso auflösen, wenn ihm seine Fortsetzung nicht zugemutet werden kann und er rechtzeitig Klage erhoben hat. Kommt die **Umdeutung** einer fristlosen in eine ordentliche Kündigung in Betracht, kann der ArbN den Auflösungsantrag bezogen auf die fristlose Kündigung oder auf die umgedeutete (unwirksame) ordentliche Kündigung stellen (BAG 26.8.93, DB 94, 432). Endet ein Arbeitsverhältnis möglicherweise wegen einer weiteren Kündigung alsbald nach dem Auflösungszeitpunkt, macht dies eine Entscheidung über den Auflösungsantrag nicht obsolet, sondern beeinflusst unter Umständen ihr Ergebnis. Steht nicht mit Gewissheit fest, ob das Arbeitsverhältnis durch die weitere Kündigung aufgelöst wird, muss das zur Entscheidung über einen Auflösungsantrag berufene Gericht eine Prognose über die Wahrscheinlichkeit der Beendigung des Arbeitsverhältnisses treffen (BAG 11.7.13 – 2 AZR 241/11, NZA 13, 1259).

23 **c) Antrag des Arbeitgebers.** Ein Auflösungsantrag des ArbGeb kommt nur in Betracht, wenn eine Kündigung „lediglich“ sozial ungerechtfertigt und nicht (auch) aus anderen Gründen rechtsunwirksam ist (BAG 22.9.16 – 2 AZR 700/15, NZA 17, 304; → Rn 14). Der ArbGeb kann die Auflösung des Arbeitsverhältnisses verlangen, wenn Gründe vorliegen, die **eine den Betriebszwecken dienliche weitere Zusammenarbeit** zwischen ArbGeb

und ArbN **nicht erwarten lassen.** Den Antrag kann auch der ArbGeb stellen, der vor einem Betriebsübergang gekündigt hat und seine ArbGebStellung vor dem Auflösungsantrag an den Betriebserwerber verloren hat, wenn der Auflösungszeitpunkt vor dem Betriebsübergang liegt (BAG 24.5.05 – 8 AZR 246/04, NZA 05, 1178). An den Auflösungsantrag des ArbGeb sind strenge Anforderungen zu stellen, um den durch das KSchG gewährten Bestandsschutz zu sichern (BVerfG 22.10.04 – 1 BvR 1944/01, NZA 05, 41; BAG 23.10.08 – 2 AZR 483/07, NZA-RR 09, 362). Dennoch sind nicht Gründe erforderlich, die auch eine außerordentliche Kündigung rechtfertigen können. Dann brauchte der ArbGeb in den meisten Fällen keine Auflösungsmöglichkeit gegen Abfindungszahlung (BAG 14.5.87 – 2 AZR 294/86, NZA 88, 16). Der Auflösungsantrag erfordert im Vergleich mit der gescheiterten Kündigung jedoch eine zusätzliche Begründung. Es ist verfassungsrechtlich nicht vertretbar, dass Gründe, die für die Kündigung des Arbeitsverhältnisses nicht ausreichen, als erheblich genug angesehen werden, die Auflösung des Arbeitsverhältnisses nach § 9 KSchG zu rechtfertigen (BVerfG 15.12.08 – 1 BvR 347/08, BVerfGK 14, 507). Das KSchG ist nach seiner Konzeption ein Bestandsschutz- und kein Abfindungsgesetz (BAG 24.11.11 – 2 AZR 429/10, NZA 12, 610). So kann das Arbeitsverhältnis nur aufgelöst werden, wenn der ArbGeb zusätzlich greifbare Tatsachen vorträgt, die erkennen lassen, warum der Kündigungssachverhalt eine weitere gedeihliche Zusammenarbeit nicht erwarten lässt, obwohl er die Kündigung selbst nicht rechtfertigt (BVerfG 22.10.04 – 1 BvR 1944/01, NZA 05, 41; BAG 24.5.18 – 2 AZR 73/18, NZA 18, 1131). Die Kündigungsgründe können dabei geeignet sein, den sonstigen Auflösungsgründen besonderes Gewicht zu verleihen (BAG 23.6.05 – 2 AZR 256/04, NZA 06, 363). Hat das Gericht eine verhaltensbedingte Kündigung allein deshalb für unwirksam erklärt, weil eine erforderliche Abmahnung fehlt, kann der Auflösungsantrag begründet sein, wenn eine durch objektive Tatsachen begründete Gefahr feststellbar ist, der Arbeitnehmer könne ein pflichtwidriges Verhalten (mit erheblichem Schadenspotenzial) trotz Abmahnung wiederholen (BAG 24.5.18 – 2 AZR 73/18, NZA 18, 1131). Der zulässige, wenn auch unbegründete, Auflösungsantrag des ArbGeb soll ihn von der Pflicht befreien, den ArbN für die Dauer des Kündigungsschutzprozesses auf der Grundlage des allgemeinen Beschäftigungsanspruchs zu beschäftigen (BAG 16.11.95 – 8 AZR 864/93, NZA 96, 589).

Maßgeblicher **Zeitpunkt** für die Entscheidung des Gerichts über einen Auflösungsantrag **24** des ArbGeb ist die letzte mündliche Verhandlung in der Tatsacheninstanz (BAG 19.11.15 – 2 AZR 217/15, NZA 16, 540). Wie beim Auflösungsantrag des ArbN können daher auch Tatbestände herangezogen werden, die erst **nach Kündigung** entstanden sind, wie etwa der zwischenzeitliche Wechsel eines Vorgesetzten (BAG 10.7.08 – 2 AZR 1111/06, NZA 09, 312) oder während des Kündigungsschutzprozesses auftretende Spannungen, welche eine Fortsetzung des Arbeitsverhältnisses sinnlos erscheinen lassen (BAG 9.9.10 – 2 AZR 482/09, NJW 2010, 3798). Vom ArbGeb vorgebrachte Auflösungsgründe sind nicht deshalb ausgeschlossen, weil sie bereits zum Zeitpunkt der letzten mündlichen Verhandlung vor dem Arbeitsgericht vorlagen und er die Auflösung des Arbeitsverhältnisses erst in der Berufungsinstanz beantragt hat. Weit zurückliegende Vorfälle können aber ihre Aussagekraft für die zukünftige Entwicklung verlieren (BAG 19.11.15 – 2 AZR 217/15, NZA 16, 540).

Als **Auflösungsgründe** kommen nur Umstände in Betracht, die das persönliche Ver- **25** hältnis zum ArbGeb, die Wertung der Persönlichkeit des ArbN, seine Leistung oder seine Eignung für die gestellten Aufgaben und sein Verhältnis zu den übrigen Mitarbeitern betreffen. Die Gründe, die der Erwartung einer den Betriebszwecken dienlichen weiteren Zusammenarbeit entgegenstehen, müssen nicht im Verhalten, insbes nicht im schuldhaften Verhalten des ArbN liegen. Entscheidend ist, ob die objektive Lage bei Schluss der mündlichen Verhandlung in der Tatsacheninstanz die Besorgnis rechtfertigt, dass die weitere gedeihliche Zusammenarbeit gefährdet ist (BAG 19.11.15 – 2 AZR 217/15, NZA 16, 540). Der ArbG kann sich hierbei auch dann auf Gründe im Verhalten des ArbN berufen, wenn er zu den Spannungen beigetragen hat, es sei denn, seine Anteile überwiegen oder haben die Auflösungsgründe geradezu provoziert (BAG 11.7.13 – 2 AZR 994/12, NZA 14, 250). Spannungen zwischen dem ArbN und seinen Kollegen darf er nicht ohne Rücksicht darauf lösen, wer sie (überwiegend) verursacht hat. Daher kann die bloße Weigerung von Kollegen, mit einem ArbN zusammenzuarbeiten den Auflösungsantrag des ArbGeb nicht begründen (BAG 2.6.05 – 2 AZR 234/04, NZA 05, 1208). Störungen des Betriebsfriedens, welche durch die Weitergabe des Inhalts vertraulicher Kollegengespräche eingetreten sind, können regelmäßig den Auflösungsantrag des ArbGeb nicht begründen. Dies widerspräche der auf der Vertraulichkeit des Gesprächs beruhenden kündigungsrechtlichen Wertung (BAG 10.12.09 – 2 AZR 534/08, NZA 2010, 698). Rein wirtschaftliche oder betriebliche Gründe reichen grds nicht für die Begründung des Auflösungsantrags aus (BAG 9.12.55 – 1 AZR 531/54 – AP KSchG § 7 Nr 2; *Schaub* § 141 Rz 37). Bei dem antragsbegründenden Verhalten des ArbN (zB Beleidigung des ArbGeb) kann es sich um sein Verhalten inner- oder außerhalb des Prozesses handeln. Dabei ist zu berücksichtigen, dass Erklärungen im laufenden Kündigungsschutzprozess durch ein berechtigtes Interesse des ArbN gedeckt sein können. Ein berechtigtes Interesse des ArbN, im Prozess leichtfertig Tatsachenbehauptungen aufstellen, deren Unhaltbarkeit ohne Weiteres auf der Hand liegt, besteht nicht (BAG 24.3.11 – 2 AZR 674/09, NZA-RR 12, 243). Bewusst wahrheitswidriger Prozessvortrag ist geeignet, eine Auflösung des ArbGeb zu rechtfertigen. Dabei spielt es keine Rolle, ob dieser Vortrag für das Gericht entscheidungserheblich ist. Ausreichend ist, dass er es hätte sein können (BAG 24.5.18 – 2 AZR 73/18, NZA 18, 1131). ArbN dürfen auch starke, eindringliche Ausdrücke und sinnfällige Schlagworte benutzen, um die eigene Rechtsposition zu verstärken, selbst wenn man sie auch vorsichtiger hätte formulieren können (BAG 10.12.09 – 2 AZR 534/08, NZA 2010, 698). Dies gilt insbes für unzutreffende Rechtsausführungen (BAG 2.6.05 – 2 AZR 234/04, NZA 05, 1208). Im **Tendenzbetrieb** kann ein verstärktes Interesse des ArbGeb an einer Vertragsauflösung vorliegen. Dies kann dazu führen, dass dort Sachverhalte für einen Auflösungsantrag des ArbGeb ausreichen, die woanders nicht hinreichend wären (BAG 23.10.08 – 2 AZR 483/07, NZA-RR 09, 362).

26 Das **Verhalten Dritter** kann ausreichen, wenn der ArbN es veranlasst oder es sich zu eigen gemacht hat und sich nachträglich nicht davon distanziert. Dabei kann es sich auch um seinen Prozessbevollmächtigten handeln (BAG 9.9.10 – 2 AZR 482/09, NJW 10, 3798). Der Auflösungsantrag des ArbGeb kann auch auf Gründe gestützt werden, die ihm bei Ausspruch der Kündigung bekannt waren und – etwa wegen Nichtanhörung des BRat – zu ihrer Begründung im Prozess nicht verwertet werden dürfen (BAG 10.10.02 – 2 AZR 240/01, AP KSchG 1969 § 9 Nr 45). Der ArbGeb muss den BRat lediglich die „Gründe für die Kündigung" mitteilen, nicht aber Gründe für eine anderweitige Beendigung des Arbeitsverhältnisses. Der ArbGeb kann den Antrag nicht auf Tatsachen stützen, die er selbst oder Personen, für die er nach § 278 BGB einzustehen haben, provoziert haben (BAG 2.6.05 – 2 AZR 234/04, NZA 05, 1208).

27 Nach unwirksamer **außerordentlicher Kündigung** kann der ArbGeb keinen Auflösungsantrag stellen, wie § 13 Abs 1 KSchG zeigt, der dieses Recht nur dem ArbN zugesteht. Man will den in der unberechtigten außerordentlichen Kündigung liegenden besonders schweren Verstoß nicht mit der Möglichkeit eines Auflösungsantrages „prämieren" (BAG 26.10.79 – 7 AZR 752/77, NJW 80, 1484). Dies gilt auch, wenn der ArbGeb außerordentlich mit sozialer Auslauffrist kündigt (BAG 26.3.09 – 2 AZR 879/07, NZA 09, 679). Hat der ArbGeb vorsorglich auch fristgerecht gekündigt oder wird die außerordentliche Kündigung umgedeutet, soll der Auflösungsantrag gestellt werden dürfen (BAG 26.10.79 – 7 AZR 752/77, NJW 80, 1484).

28 Der im Kündigungsschutzprozess des **leitenden Angestellten,** Geschäftsführers oder Betriebsleiters vom ArbGeb gestellte Auflösungsantrag braucht nach § 14 Abs 2 Satz 2 KSchG wegen der besonderen Vertrauensstellung dieses Personenkreises nicht begründet werden. Hierzu gehören nur ArbN, bei denen die im Gesetz genannten notwendigen Befugnisse den wesentlichen Teil ihrer Tätigkeit ausmachen, im Innen- und Außenverhältnis bestehen, eine bedeutende Anzahl von ArbN oder zumindest einen qualitativ bedeutsamen Personenkreis erfassen und ihre Stellung prägen (BAG 18.10.2000 – 2 AZR 465/99, NZA 01, 437; 27.9.01 – 2 AZR 176/00, NZA 02, 1277). Das Gericht muss dann auf Antrag das Arbeitsverhältnis trotz sozialwidriger Kündigung auch auflösen, wenn keine Störung des Vertrauensverhältnisses erkennbar ist (→ *Leitende Angestellte* Rn 14–19). Ist ein ArbN in einem einheitlichen Arbeitsverhältnis mit mehreren ArbGeb nur im Verhältnis zu einem von ihnen leitender Angestellter nach § 14 Abs 2 KSchG und stellt dieser den Auflösungsantrag, schlägt dies wegen der vereinbarten Einheitlichkeit des Arbeitsverhältnisses auf die Beziehung zu den anderen ArbGeb durch. Eine Fortsetzung des einheitlichen

Arbeitsverhältnisses ist der Arbeitgeberseite dann in der Regel insgesamt unzumutbar (BAG 19.4.2012 – 2 AZR 186/11, NZA 13, 27).

Das Arbeitsverhältnis von **Mandatsträgern** lässt sich grds nicht über den Auflösungsantrag des ArbGeb beenden. Nach fristloser Kündigung kann er schon nach § 13 Abs 1 KSchG nicht gestellt werden. Im Übrigen sind die Bestimmungen über den besonderen Kündigungsschutz dieser Personengruppe wohl als lex specialis gegenüber § 9 KSchG anzusehen (ErfK/*Kiel* KSchG § 9 Rn 20). Der Auflösungsantrag kann aber im Prozess mit **besonders geschützten Personen** (Mutterschutz, Schwerbehinderung, Elternzeit) gestellt werden. Dem gegenüber schwerbehinderten Menschen gestellten Antrag muss das Integrationsamt nicht zustimmen (ErfK/*Kiel* KSchG § 9 Rn 21). Die Behinderung muss aber bei der Auflösungsentscheidung berücksichtigt werden (BAG 7.3.02 – 2 AZR 158/01, NZA 03, 261). 29

**d) Beiderseitiger Antrag.** Stellen beide Seiten den Auflösungsantrag, muss das Gericht dennoch die gesetzlichen Voraussetzungen prüfen und notfalls beide Anträge abweisen (offen gelassen BAG 23.6.93 – 2 AZR 53/93, NZA 94, 264). Dies gilt jedenfalls für die Prüfung der Sozialwidrigkeit (Schaub/*Linck* § 141 Rn 24). Die Auflösung eines Arbeitsverhältnisses nach den §§ 9, 10 KSchG bei wirksamer Kündigung ist schon gedanklich ausgeschlossen. Das Gericht muss darüber hinaus nachprüfen, ob zumindest einer der Auflösungsanträge begründet ist (offen gelassen BAG 23.6.93 – 2 AZR 56/93, NZA 94, 264; aA ErfK/*Kiel* KSchG § 9 Rn 24). Das KSchG dient dem Bestandsschutz. Es steht ihnen im Übrigen frei, sich – wie sonst auch – vergleichsweise zu einigen, nach Anerkenntnis ein Anerkenntnisurteil zu beantragen oder den für eine Auflösung ausreichenden Sachvortrag der Gegenseite nicht zu bestreiten. Aufgabe des Gesetzes ist es nicht, den nur noch isolierten Streit um die Höhe einer Abfindung zu entscheiden, wie schon der Wortlaut des § 9 KSchG zeigt. Der Wille beider Parteien, das Arbeitsverhältnis aufzulösen, ersetzt nicht die gesetzlichen Voraussetzungen für den Erlass eines Auflösungsurteils. 30

**e) Auflösungszeitpunkt.** Nach § 9 KSchG muss das Gericht das Arbeitsverhältnis zu dem **Zeitpunkt** auflösen, an dem es bei gerechtfertigter Kündigung geendet hätte (BAG 21.5.08 – 8 AZR 623/07, NZA-RR 09, 75). Bei einer ordentlichen Kündigung ist dies der Zeitpunkt, zu dem die maßgebliche Kündigungsfrist abgelaufen wäre. Dies gilt auch dann, wenn der ArbGeb sie nicht eingehalten hat. Es kommt nicht darauf an, ob der ArbN dies im Rechtsstreit gerügt hat (BAG 21.6.12 – 2 AZR 694/11, NZA 13, 199). Der Antrag kann nicht mehr gestellt werden, wenn das Arbeitsverhältnis im Auflösungszeitpunkt bereits aus anderen Gründen beendet war – etwa dem Tod des ArbN (BAG 23.2.10 – 2 AZR 554/08, NZA 10, 1123). Hat das Arbeitsverhältnis erst nach dem Auflösungszeitpunkt, aber vor Erlass des Auflösungsurteils geendet (etwa durch Renteneintritt), steht dies seiner gerichtlichen Auflösung nicht im Weg (BAG 23.2.10 – 2 AZR 554/08, NZA 10, 1123). Endet ein Arbeitsverhältnis möglicherweise wegen einer weiteren Kündigung alsbald nach dem Auflösungszeitpunkt und steht nicht mit Gewissheit fest, ob das Arbeitsverhältnis durch die weitere Kündigung aufgelöst wird, muss das zur Entscheidung über einen Auflösungsantrag berufene Gericht eine Prognose über die Wahrscheinlichkeit der Beendigung des Arbeitsverhältnisses treffen (BAG 11.7.13 – 2 AZR 241/11, NZA 13, 1259). Bei **ordentlicher Kündigung** ist Auflösungszeitpunkt der letzte Tag der für das Arbeitsverhältnis einschlägigen Kündigungsfrist. Dies kann dazu führen, dass ein Arbeitsverhältnis zum Ablauf der Kündigungsfrist aufgelöst wird, obwohl der Grund für die Auflösung erst lange Zeit später gelegt wurde. Der Verzugslohnanspruch kann höher sein als die von § 10 KSchG in der Höhe begrenzte Abfindung. Dies soll der Gesetzgeber in Kauf genommen haben (BAG 16.5.84 – 7 AZR 280/82, NZA 85, 60). Zu einem ähnlich unbefriedigenden Ergebnis kann es kommen, wenn der Auflösungsantrag – zulässigerweise (BAG 19.11.15 – 2 AZR 217/15, NZA 16, 540) – erst in der Berufungsinstanz gestellt wird, obwohl die Auflösungsgründe schon vor Beendigung der ersten Instanz vorlagen. 31

Beantragt der ArbN nach **fristloser Kündigung** die Auflösung des Arbeitsverhältnisses, hat das Gericht nach § 13 Abs 1 S 4 KSchG für die Auflösung des Arbeitsverhältnisses den Zeitpunkt festzulegen, zu dem die außerordentliche Kündigung ausgesprochen wurde. Dies ist problematisch. So prämiert man den ArbGeb, der im Prozess einen erheblichen Auflösungsgrund setzt, welcher dem ArbN keine Wahl lässt, als den Auflösungsantrag zu stellen. Denn die Abfindung kann nicht immer den Verlust des Verzugslohns ausgleichen. Kommt 32 die Umdeutung einer außerordentlichen in eine ordentliche Kündigung in Betracht, kann der ArbN wählen, ob er Auflösung bezogen auf die eine oder die andere Kündigung beantragt (BAG 21.5.08 – 8 AZR 623/07, NZA-RR 09, 75) und so selbst bestimmen, zu welchem Zeitpunkt das Arbeitsverhältnis aufgelöst wird.

33 **f) Abfindungshöhe.** Bei der Abfindung handelt es sich um eine vom Gericht nach pflichtgemäßem Ermessen festzusetzende **Entschädigung** für den Verlust des sozialen Besitzstandes (BAG 12.6.03 – 8 AZR 341/02, BB 03, 2747). Sie soll dem ArbN einen **pauschalen Ausgleich** für die Vermögens- und Nichtvermögensschäden gewähren, die sich aus dem Verlust des Arbeitsplatzes ergeben. Sie schließt daher weitere Schadensersatzansprüche aus, die sich als unmittelbare Folge des Arbeitsplatzverlustes ergeben, wie zB den Ersatz des Schadens, der auf dem mit der Beendigung des Arbeitsverhältnisses einhergehenden Verlust einer Ruhegeldanwartschaft vor Eintritt der Unverfallbarkeit beruht (BAG 12.6.03 – 8 AZR 341/02, BB 03, 2747). Unbenommen bleibt es dem ArbN Schäden geltend zu machen, die lediglich mittelbar durch die Auflösung des Arbeitsverhältnisses verursacht werden wie die Behinderung bei der Stellensuche durch verspätete Herausgabe von Arbeitspapieren oder die Erteilung eines unrichtigen Zeugnisses.

34 Die **Höhe** der Abfindung ist in § 10 KSchG für die gerichtliche Auflösung **begrenzt.** Es ist ein Betrag bis zu 12 Monatsverdiensten festzusetzen; er kann auf 15 oder 18 Monatsverdienste festgesetzt werden, wenn das Arbeitsverhältnis mindestens 15 bzw 20 Jahre bestand und der ArbN mindestens das 50. bzw das 55. Lebensjahr vollendet hat. Entscheidend ist der Zeitpunkt, zu dem das Arbeitsverhältnis aufgelöst wird. Die Erhöhung ist nach § 10 Abs 2 Satz 2 KSchG ausgeschlossen, wenn der ArbN im Auflösungszeitpunkt das nach SGB VI maßgebliche Lebensalter für die Regelaltersgrenze erreicht hat. Die Abfindung kann geringer sein, wenn der ArbN in absehbarer Zeit die Regelaltersgrenze erreicht (ähnlich APS/*Biebl* KSchG § 10 Rn 22). Mit der gesetzlichen Regelung werden ArbN schlechter gestellt, die zwar die erforderlichen Betriebszugehörigkeitszeiten aufweisen, aber nicht das nach dem Gesetz erforderliche Alter. Das könnte eine **Diskriminierung wegen des Lebensalters** darstellen. § 10 Nr 6 AGG lässt die Berücksichtigung des Alters wegen der davon abhängenden Chancen auf dem Arbeitsmarkt für die Sozialplanabfindungen zu. Dies spricht für die Wirksamkeit der altersabhängigen Regelungen in § 10 Abs 2 KSchG.

35 Bemessungsgrundlage (*„Monatsverdienst“* iSd § 10 Abs 3 KSchG) sind die Bezüge, die dem Arbeitnehmer aus dem Arbeitsverhältnis insgesamt zustehen (BAG 19.4.12 – 2 AZR 186/11, NZA 13, 27. Dabei ist vom Bruttoverdienst auszugehen (ErfK/*Kiel* KSchG § 10 Rn 3). Gehaltssteigerungen im Monat des Ausscheidens sind mit dem erhöhten Betrag zu berücksichtigen (Schaub/*Linck* § 141 Rn 47). Es kommt nicht darauf an, ob dieser Monat mehr oder weniger Arbeitstage aufweist (ErfK/*Kiel* KSchG § 10 Rn 2). Überstunden werden nur berücksichtigt, wenn sie zur regelmäßigen Arbeitszeit geworden sind, Kurzarbeit ist nicht zu berücksichtigen (APS/*Biebl* KSchG § 10 Rn 14). Unerheblich ist, ob der ArbN zuletzt tatsächlich beschäftigt wurde. Ohne Einfluss sind daher AU, Erholungsurlaub, unbezahlter Urlaub. Sachbezüge sind mit dem wahren Wert einzubringen (Schaub/*Linck* § 141 Rn 47). Zuwendungen, die für längere Zeiträume geleistet werden – Tantiemen, 13. und 14. Monatsgehalt – sind anteilig zu berücksichtigen (BAG 19.6.07 – 1 AZR 340/06, NZA 07, 1357). Die „echte“ Weihnachtsgratifikation soll nicht mit einzubeziehen sein (Schaub/*Linck* § 141 Rn 47). Zusätzliches Urlaubsgeld ist zu berücksichtigen, wenn es auf einem einzel- oder kollektivrechtlichen Anspruch beruht (ErfK/*Kiel* KSchG § 10 Rn 3).

36 Nach § 9 Abs 1 S 1 KSchG ist der ArbGeb im Auflösungsurteil zu einer **„angemessenen Abfindung“** zu verurteilen. Dabei ist das Gericht bei der **Festlegung** der Höhe einer Abfindung nicht an die Anträge der Parteien gebunden (ErfK/*Kiel* KSchG § 10 Rn 5). Es entscheidet im Rahmen der gesetzlichen Höchstgrenzen nach pflichtgemäßem **Ermessen** (BAG 21.6.12 – 2 AZR 694/11, NZA 13, 199). Es hat dabei alle Umstände zu berücksichtigen, die eine Erhöhung oder Ermäßigung der Abfindung als billig erscheinen lassen (BAG 12.6.03 – 8 AZR 341/02, BB 03, 2747). Dazu gehören vor allem der Grad der Sozialwidrigkeit einer Kündigung (BAG 24.5.18 – 2 AZR 73/18, NZA 18, 1131).Zu berücksichtigen sind ebenso die Dauer der Betriebszugehörigkeit, Alter, Familienstand und die wirtschaftliche Lage des ArbGeb (BAG 25.11.82 – 2 AZR 21/81, DB 84, 833), nicht die wirtschaftliche Lage des ArbN (BT-Drs V/3913, 9), wohl aber der Umstand, ob er eine neue Arbeit gefunden hat (BAG 21.6.12 – 2 AZR 694/11, NZA 13, 199). In der Praxis hat

sich als erste „Auffanggröße“ die Formel durchgesetzt, je Beschäftigungsjahr ein halbes Bruttomonatsgehalt anzusetzen. Es ist jedenfalls nicht zu beanstanden, wenn ein Gericht diesen Wert auch unter Berücksichtigung der konkreten Umstände des Streitfalls als angemessen erachtet (BAG 21.6.12 – 2 AZR 694/11, NZA 2013, 199). Der gerichtliche **Vergleichsvorschlag** wird vor allem auch am jeweiligen **Prozessrisiko** ausgerichtet sein.

**g) Sonstiges.** Die Abfindung kann **abgetreten** werden; auch die Vorausabtretung ist zulässig (ErfK/*Kiel* KSchG § 10 Rn 14). Sie ist als Arbeitseinkommen **pfändbar**. Da es sich um eine nicht wiederkehrende zahlbare Vergütung handelt (BAG 12.9.79 – 4 AZR 420/77, DB 80, 358), kann der Antrag nach § 850i ZPO gestellt werden (OLG Düsseldorf 28.8.79, BB 80, 44) und Teile der Abfindung der Pfändung entzogen werden. Soweit sie pfändbar ist, kann der ArbGeb gegen den Anspruch auf Abfindung mit eigenen Ansprüchen **aufrechnen** (BAG 20.8.96 – 9 AZR 964/94, NZA 97, 563). Das Arbeitsverhältnis wird erst mit Rechtskraft der Entscheidung aufgelöst (BAG 3.4.08 – 2 AZR 720/06, NZA 08, 1258). Die Verpflichtung zur Zahlung der Abfindung ist jedoch nach § 62 Abs 1 ArbGG vorläufig vollstreckbar (BAG 9.12.87 – 4 AZR 561/87, NZA 88, 843). Die im Vergleich vereinbarte Abfindung entsteht mit seinem Abschluss. Ihre **Fälligkeit** kann sich nach § 271 Abs 1 BGB aus den Umständen ergeben. Wird der Vergleich vor dem vereinbarten Ende des Arbeitsverhältnisses geschlossen und soll die Abfindung entsprechend den §§ 9, 10 KSchG gezahlt werden, liegen hierin Umstände, aus denen sich als Fälligkeitszeitpunkt der Tag der Beendigung des Arbeitsverhältnisses ergibt (BAG 15.7.04 – 2 AZR 630/03, NZA 05, 292), der bei langen Kündigungsfristen Monate später liegen kann. Ein etwaiges Insolvenzrisiko trägt damit der ArbN. Der ArbN kann die Abfindung nicht vor ihrer Fälligkeit verlangen, der ArbGeb kann jedoch vorher leisten. § 271 Abs 1 BGB legt nur den spätesten Zeitpunkt der Leistungszeit fest. Ein ArbN, der aus steuerlichen Gründen eine Abfindung erst zu einem bestimmten Zeitpunkt entgegennehmen möchte, muss dies mit dem Arbeitgeber verbindlich vereinbaren (BAG 23.6.2016 – 8 AZR 757/14, NZA 16, 1459). 37

Die rechtskräftig zugesprochene Abfindung ist **vererblich.** Stirbt der ArbN nach der letzten mündlichen Verhandlung in der Tatsacheninstanz und wird das Auflösungsurteil rechtskräftig, geht der Abfindungsanspruch ebenso auf seine Erben über. Dies gilt – anders als beim Aufhebungsvertrag (→ Rn 2) – auch, wenn der ArbGeb verstirbt, bevor der im Urteil festgesetzte Aufhebungszeitpunkt eingetreten ist (BAG 25.6.87 – 2 AZR 504/86, NZA 88, 466). Falls nicht vereinbart wurde, dass der ArbN den vereinbarten Beendigungszeitpunkt erleben muss, geht ein in einem Prozessvergleich vereinbarter Abfindungsanspruch auf die Erben über, wenn der ArbN vor dem im Abfindungsvergleich festgelegten Auflösungszeitpunkt verstirbt (BAG 22.5.03 – 2 AZR 250/02 AP Nr 8 zu § 767 ZPO). Das Recht, den **Auflösungsantrag** zu stellen, ist höchstpersönlich und damit nicht vererblich. Hat der verstorbene ArbN den Auflösungsantrag schon gestellt, können seine Erben ihn weiterbetreiben. 38

**Ausschlussfristen** erfassen nicht die Abfindung nach den §§ 9, 10 KSchG (BAG 13.1.82 – 5 AZR 546/79, DB 1982, 1013). Dies gilt auch, wenn die Abfindung in einem außergerichtlichen (BAG 22.1.87 – 2 AZR 98/86 – nv) oder gerichtlichen Vergleich vereinbart wurde (BAG 13.1.82 – 5 AZR 546/79, DB 1982, 1013). Wird nach der Eröffnung des **Insolvenzverfahrens** ein Kündigungsschutzprozess gegen den Insolvenzverwalter fortgesetzt und schließen die Parteien einen Abfindungsvergleich, handelt es sich bei dem Abfindungsanspruch idR um eine Masseverbindlichkeit (BAG 12.6.02 – 10 AZR 180/01, NZA 02, 974).

**3. Verfahrensfragen.** Über **Auflösungsanträge** kann nur entschieden werden, wenn das Gericht der Kündigungsschutzklage stattgibt, das Arbeitsverhältnis also weiter fortbesteht. Beim **Auflösungsantrag des ArbGeb** handelt es sich daher um einen **echten Hilfsantrag,** beim Auflösungsantrag des **ArbN** um einen **unechten Eventualantrag** (BAG 23.6.93 – 2 AZR 56/93, NZA 94, 264). Bei **beiderseitigem Auflösungsantrag** entscheidet das Gericht erst über den Antrag des ArbN als unechtem Hilfsantrag. Erweist er sich als unbegründet, wird der Antrag des ArbGeb als echter Hilfsantrag geprüft (KR/*Spilger* KSchG § 9 Rn 81; → Rn 30). Auf unterschiedliche Kündigungen bezogene Auflösungsanträge haben eigene Streitgegenstände. Werden mehrere Kündigungen angegriffen, muss das Gericht – auch durch Auslegung – ermitteln, auf welche Kündigung sich der Auf- 39 lösungsantrag bezieht (BAG 28.5.09 – 2 AZR 282/08, NZA 09, 966). Der Auflösungsantrag muss nicht die Höhe der Abfindung enthalten (ErfK/*Kiel* KSchG § 9 Rn 27). Er kann nach § 9 Abs 1 Satz 3 KSchG bis zur letzten mündlichen Verhandlung vor dem LAG gestellt werden unabhängig davon, wann die Auflösungsgründe entstanden sind (19.11.15 – 2 AZR 217/15, NZA 16, 540). Er kann bis zu diesem Zeitpunkt – auch ohne Einwilligung des Gegners – zurückgenommen werden (BAG 26.10.79 – 7 AZR 752/77, BB 80, 315). Wird die Kündigung vom ArbGeb nach Anhängigkeit der Kündigungsschutzklage zurückgenommen, kann danach noch der Auflösungsantrag gestellt werden (BAG 19.8.82 – 2 AZR 230/80, AP KSchG 1969 § 9 Nr 9). Hat der ArbN den Auflösungsantrag bereits vor Rücknahme der Kündigung gestellt, kann er daran festhalten (BAG 29.1.81 – 2 AZR 1055/78, DB 83, 663). Hat das Gericht über den Kündigungsschutzantrag und die Auflösung entschieden, kann die Berufung auf den Auflösungsantrag beschränkt werden (BAG 27.9.01 – 2 AZR 389/00, NZA 02, 1171). Hat das Gericht das Arbeitsverhältnis auf Antrag des Klägers aufgelöst, kann dieser jedoch nicht allein mit dem Ziel Berufung einlegen, den Auflösungsantrag zurückzunehmen; umgekehrt kann er ebenso wenig Berufung einlegen mit dem ausschließlichen Ziel, vor dem LAG den Auflösungsantrag zu stellen, wenn er ihn vor dem ArbG nicht gestellt hat (BAG 3.4.08 – 2 AZR 720/06, NZA 08, 1258). Löst das Gericht ein Arbeitsverhältnis nach beiderseitigem Antrag auf, ist der ArbN, welcher die Höhe der Abfindung nicht angreift, durch dieses Urteil auch dann nicht beschwert und seine Berufung unzulässig, wenn die Auflösung auf den Antrag des ArbGeb gestützt wurde (BAG 23.6.93 – 2 AZR 56/93, NZA 94, 264). Eine Wiederaufnahmeklage des ArbN kann auf die auf Antrag des ArbGeb erfolgte Auflösung des Arbeitsverhältnisses gegen Abfindung beschränkt werden (BAG 2.12.99 – 2 AZR 843/98, NZA 2000, 733). Legt der ArbN gegen ein vom ArbGeb erwirktes Auflösungsurteil Berufung ein, muss dieser den Auflösungsantrag in der Berufungsinstanz nicht erneut stellen (BAG 25.10.89 – 2 AZR 633/88, NZA 90, 561). Der durch ein erstinstanzliches Urteil nicht beschwerte ArbGeb oder ArbN kann den Auflösungsantrag nach § 9 Abs 1 Satz 3 KSchG im Berufungsverfahren bis zum Schluss der mündlichen Verhandlung nur im Wege der Anschlussberufung stellen. Eine ausdrückliche Bezeichnung als Anschlussberufung ist dabei nicht erforderlich (BAG 11.7.13 – 2 AZR 241/12, NZA 13, 1259). Nimmt der im Kündigungsschutzprozess in erster Instanz unterlegene ArbGeb die von ihm eingelegte Berufung in der Berufungsverhandlung zurück, wird damit der vom ArbN erstmals durch Anschlussberufung verfolgte Auflösungsantrag unzulässig (BAG 3.4.08 – 2 AZR 720/06, NZA 08, 1258). Wird der Betrieb nach Rechtshängigkeit der Kündigungsschutzklage und innerhalb der Kündigungsfrist veräußert, ist der bis dahin nicht gestellte Auflösungsantrag gegen den Betriebserwerber zu stellen (BAG 20.3.97 – 8 AZR 769/95, NZA 97, 937). Der ArbN in der **Verbraucherinsolvenz** behält die Verfügungsbefugnis über den Bestand seines Arbeitsverhältnisses. Er ist daher berechtigt, ohne Zustimmung des Insolvenzverwalters oder Treuhänders im Kündigungsschutzprozess einen Abfindungsvergleich abzuschließen. Der Anspruch auf Abfindung unterfällt als Neuerwerb nach § 35 Abs 1 Alt 2 InsO dem Insolvenzbeschlag (BAG 12.8.14 – 10 AZR 8/14, NZA 14, 1155).

40 **4. Muster.** S Online-Musterformulare *„M1 Abfindung“* u *„M43.2 Sozialplanabfindung“*.

**B. Lohnsteuerrecht** *Seidel*

41 **I. Allgemeines.** Eine Steuerbegünstigung von Abfindungen ist bei Vorliegen der Voraussetzungen nur mehr als steuerbegünstigte Entschädigung nach § 24 Nr 1 iVm § 34 Abs 1 und 2 Nr 2 EStG oder steuerbegünstigte Vergütung für eine mehrjährige Tätigkeit (§ 34 Abs 1 und 2 Nr 4 EStG) möglich (→ *Außerordentliche Einkünfte* Rn 2 ff). Zur Zuordnung des Besteuerungsrechts bei Abfindungen an ArbN im Verhältnis BRD/Niederlande und BRD/Belgien s BFH 2.9.03 – I R 90/08, DStRE 09, 1377; im Verhältnis BRD/Schweiz s BFH 2.9.09 – I R 111/08, DStR 09, 2235; im Verhältnis BRD/Großbritannien und Nordirland s BMF 2.12.11, DStR 11, 2460; im Verhältnis BRD/Frankreich s BFH 24.7.13 – I R 8/13, DStR 14, 1588; → *Auslandstätigkeit* Rn 43. Entlassungsabfindungen beschränkt stpfl ArbN sind nach § 49 Abs 1 Nr 4d EStG stpfl (BFH 27.8.08 – I R 81/07, BStBl II 09, 632). Zur Besteuerung von Abfindungszahlungen aus Anlass der Auflösung des Arbeits-

verhältnisses bei Bestehen einer Konsultationsvereinbarung mit einem anderen DBA-Staat s BMF 31.3.16, BStBl I 16, 474.

**II. Sonderfälle. Weitere Abfindungen des Arbeitgebers** stellen **Kapitalabfindungen** und **Ausgleichszahlungen** nach §§ 21, 48 BeamtenversorgungsG oder entsprechendem Landesrecht und nach §§ 28–35, 38 Abs 1 und 43 SoldatenversorgungsG dar. Sie sind gem § 3 Nr 3a und 3d EStG steuerfrei. Abfindungen der ArbGeb an ihre ArbN für **vertragliche Versorgungsansprüche** sind grds Arbeitslohn, unabhängig davon, ob der ArbN bereits eine Versorgung erhält oder nicht, es sei denn sie beruhen ganz oder teilweise auf früheren Beitragsleistungen des ArbN. Werden **Arbeitnehmerbeiträge für eine künftige Altersversorgung** wegen vorzeitigen Ausscheidens aus dem Betrieb ausgeschüttet, unterliegen sie nicht der LSt, wenn sie bereits bei der Einbehaltung als Lohnteil versteuert wurden (*HMW*/Zukunftssicherung von Arbeitnehmern Rz 141, 143). Zu den Einschränkungen der Abfindungsmöglichkeiten von Rentenanwartschaften durch das AltEinkG s → *Betriebliche Altersversorgung* Rn 43, 69 ff. Abfindungen wegen vorzeitiger Räumung einer Dienst- bzw Werkswohnung sind stpfl Arbeitslohn und stellen keine Entschädigung dar, wenn das Arbeitsverhältnis fortgesetzt wird (BFH 25.8.93, BStBl II 94, 185). Zu Zahlungen im Rahmen von ArbNErfindungen → *Arbeitnehmererfindung* Rn 31. 42

**III. Abfindungen von dritter Seite,** die beim ArbN steuerfrei sind, sind die **Kapitalabfindungen** der **gesetzlichen Unfallversicherung** (§ 3 Nr 1a EStG), die Kapitalabfindungen aufgrund **der gesetzlichen Rentenversicherung** oder **berufsständischen Versorgungseinrichtungen,** die diesen entsprechen (§ 3 Nr 3c EStG), und die **Leistungen aus öffentlichen Mitteln** an ArbN des Steinkohlen-, Pechkohlen- und Erzbergbaus, des Braunkohlenbergbaus und der Eisen- und Stahlindustrie aus Anlass von Stilllegungs-, Einschränkungs-, Umstellungs- oder Rationalisierungsmaßnahmen (§ 3 Nr 60 EStG). Zu Abfindungen des **Pensionssicherungsvereins** s → *Außerordentliche Einkünfte* Rn 8. 43

## C. Sozialversicherungsrecht

*Voelzke*

**Übersicht**



**I. Einführung.** Für Abfindungszahlungen wegen der Beendigung des Arbeitsverhältnisses sind in der SozV keine Pflichtbeiträge zu entrichten. Im Leistungsrecht der ArblV führen Abfindungen nach § 158 SGB III zum Ruhen des Anspruchs auf AlGeld, wenn das Arbeitsverhältnis ohne Einhaltung einer der ordentlichen Kündigungsfrist des ArbGeb entsprechenden Frist beendet worden ist. Einer besonderen Betrachtung bedürfen die Auswirkungen des Abfindungsanspruchs nach § 1a KSchG auf die Leistungsansprüche nach dem SGB III. Regelungen über die Abfindung von Leistungen der SozV finden sich in der UV und der RV. 51

**II. Beitragspflicht. 1. Echte Abfindung.** Zum Arbeitsentgelt, für das SozVBeiträge abzuführen sind, gehören nach § 14 SGB IV alle laufenden und einmaligen Einnahmen aus einer versicherungspflichtigen Beschäftigung. Zur beitragsrechtlichen Behandlung von Abfindungen für den Verlust des Arbeitsplatzes hat das BSG mit der grundlegenden Entscheidung vom 21.2.90 (– 12 RK 20/88, BB 90, 1520) entschieden, dass es sich **nicht um beitragspflichtiges Arbeitsentgelt** handelt (ebenso zuvor schon BAG 9.11.88 – 4 AZR 433/88, DB 89, 327). Es liegt insoweit kein Arbeitsentgelt iSd für die SozV und ArblV maßgebenden Vorschrift des § 14 Abs 1 SGB IV vor (→ *Arbeitsentgelt* Rn 85 ff), weil sich die „echte" Abfindung zeitlich nicht der versicherungspflichtigen Beschäftigung zuordnen 52 lässt, sondern als Entschädigung für den Wegfall künftiger Verdienstmöglichkeiten gezahlt wird. Nach der Entscheidung des BSG sind daher die Grundsätze des Steuerrechts zur Steuerpflicht von „Bezügen und Vorteilen aus früheren Dienstleistungen" auf den Begriff des Arbeitsentgelts in der SozV nicht übertragbar. Für die Beitragsfreiheit ist unerheblich, ob die Zahlung der Abfindung auf Arbeitsvertrag, Betriebsvereinbarung, Tarifvertrag oder gesetzlichen Regelungen beruht. Nicht der Beitragspflicht unterliegen deshalb Zahlungen zur Abgeltung eines Anspruchs auf Zusatzversorgungsleistungen für Zeiten nach Beendigung des Beschäftigungsverhältnisses (BSG 7.3.07 – B 12 KR 4/06 R, SGb 07, 285; LSG BaWü 24.3.15 – L 11 R 1130/14, BeckRS 2015, 69793). Beitragsrechtliche Relevanz kann die Zahlung einer Abfindung allerdings teilweise erlangen, wenn der ArbN sich nach Beendigung des Beschäftigungsverhältnisses freiwillig in der KV weiterversichert (hierzu BSG 23.2.88 – 12 RK 34/86, BB 88, 1966). Renten der betrieblichen Altersversorgung sind als Versorgungsbezüge auch dann beitragspflichtig, wenn sie auf einem Sozialplan beruhen, der Leistungen für den Fall des vorzeitigen Ausscheidens aus dem Betrieb vorsieht (BSG 26.3.96 – 12 RK 44/94, NZA 96, 1064 zu einer Ausgleichszahlung).

53 **2. Scheinabfindung.** Eine lediglich als Abfindung bezeichnete Zahlung von **rückständigem Arbeitsentgelt** anlässlich einer einvernehmlichen Beendigung des Arbeitsverhältnisses oder seiner gerichtlichen Auflösung im Kündigungsschutzprozess unterliegt hingegen der Beitragspflicht in der SozV (BSG 21.2.90 – 12 RK 65/87, BB 90, 1704). Ebenso ist ein „Abfindungsvergleich" zu beurteilen, wenn die „Abfindung" in Wirklichkeit nur nachgezahltes Arbeitsentgelt umfasst. Bei einem derartigen Abfindungsvergleich kommt es für die Beitragspflicht entscheidend darauf an, ob die vergleichsweise geregelte Zahlung für den Verlust des Arbeitsplatzes oder wegen des hohen Prozessrisikos gezahlt wird. Lassen sich die Zahlungen zeitlich der versicherungspflichtigen Beschäftigung zuordnen, so handelt es sich um beitragspflichtiges Arbeitsentgelt. In Abfindungsbeträgen enthaltene Lohnrückstände sind den Zeiten der versicherungspflichtigen Beschäftigung und damit den beitragspflichtigen Einnahmen zuzurechnen (*Schlegel/Voelzke/Werner* SGB IV § 14 Rz 92). Der Wille der Parteien, die Belastung mit SozVBeiträgen zu vermeiden, ist nach § 32 SGB I unbeachtlich. Anhaltspunkte für das Vorliegen von in der Abfindung verborgenem Arbeitsentgelt sind gegeben, wenn mit der Vereinbarung der Abfindung auf Ansprüche auf Arbeitsentgelt verzichtet wird, bei einer Vorverlegung des Endes des Arbeitsverhältnisses auf einen Zeitpunkt vor Beendigung der tatsächlichen Beschäftigung und uU auch, wenn für die Zeit zwischen der tatsächlichen Beendigung der Beschäftigung und dem Ende des sozialversicherungsrechtlichen Beschäftigungsverhältnisses iSd § 7 SGB IV (→ *Arbeitnehmer (Begriff)* Rn 59) kein Arbeitsentgelt zugebilligt wird (BSG 21.2.90 – 12 RK 65/87, BB 90, 1704; *Gagel* BB 89, 430).

54 Ebenfalls nicht als echte Abfindung im vorstehenden Sinne sind Zahlungen anzusehen, die anlässlich der Schließung von **Unterstützungskassen** von Unternehmen an ArbN geleistet werden. Zu derartigen „Abfindungszahlungen" kommt es, wenn die beschäftigten ArbN bzw Mitglieder zum Zeitpunkt der Schließung der Unterstützungskasse zur Abgeltung künftiger Versorgungsansprüche eine einmalige Zahlung erhalten. Hierbei wird die Zahlung der Abfindung nicht an den Erlebensfall des ursprünglichen Beginns der Versorgungsbezüge gekoppelt. Es handelt sich um Arbeitsentgelt iSv § 14 SGB IV, das als einmalig gezahltes Arbeitsentgelt zu verbeitragen ist. Hingegen handelt es sich bei einer Zahlung zur Abgeltung eines Anspruchs auf Zusatzversorgungsleistungen für Zeiten nach Beendigung des Arbeitsverhältnisses nicht um Arbeitsentgelt (BSG 7.3.07 – B 12 KR 4/06 R, SozR 4–2400 § 14 Nr 8).

55 Ggf unterliegt das von der echten Abfindung abzutrennende **getarnte Arbeitsentgelt** der Beitragspflicht. Zu beachten ist, dass im Rahmen der Begrenzung des § 28g SGB IV der ArbGeb bei verspätetem Beitragsabzug auch den ArbNAnteil tragen muss. Da der Anspruch auf den ArbNAnteil vom GesamtSozVBeitrag nur durch Abzug vom Arbeitsentgelt realisiert werden kann, hat der ArbGeb diesen Anteil nach einer Beendigung des Beschäftigungsverhältnisses auch wirtschaftlich zu tragen. Etwas anderes gilt nach § 28g Satz 4 SGB IV nur, wenn der ArbN die für die Durchführung des Meldeverfahrens und die Beitragszahlung erforderlichen Angaben nicht gemacht hat.

**3. Weiterbestehendes Arbeitsverhältnis.** Werden Abfindungszahlungen als Ausgleich für eine Änderung der Vertragsbeziehungen bei ansonsten weiterbestehendem Arbeitsverhältnis vereinbart, so handelt es sich um beitragspflichtiges Arbeitsentgelt iSd § 14 SGB IV. Abfindungen sind Arbeitsentgelt, wenn sie bei **Fortsetzung** des versicherungspflichtigen Beschäftigungsverhältnisses nach einer Änderungskündigung oder nach einer einvernehmlichen Änderung des Arbeitsvertrages als Gegenleistung für die Verschlechterung der Arbeitsbedingungen gezahlt werden. Dies hat das BSG für eine Abfindungszahlung wegen einer Rückführung der Entlohnung auf die tarifliche Einstufung (BSG 28.1.99 – B 12 KR 6/98 R, SozR 3–2400 § 14 Nr 16) sowie wegen Verringerung der wöchentlichen Arbeitszeit (BSG 28.1.99 – B 12 KR 14/98 R, SozR 3–2400 § 14 Nr 17) entschieden. Beitragsrechtlich unterliegt eine derartige Abfindungszahlung als einmalig gezahltes Arbeitsentgelt der Beitragspflicht. 56

**III. Ruhen des Anspruchs auf Arbeitslosengeld. 1. Allgemeines.** Der Anspruch auf eine Abfindung kann bei einer sich an die Beendigung des Beschäftigungsverhältnisses anschließenden Zeit der Arbeitslosigkeit zum Ruhen des Leistungsanspruchs auf AlGeld führen (§ 158 SGB III). § 158 SGB III greift nur ein, wenn bei einer Beendigung des Arbeitsverhältnisses die für den ArbGeb geltende Kündigungsfrist nicht eingehalten wurde. 57

Die Ruhensregelung für Entlassungsentschädigungen findet keine Anwendung, wenn die Abfindung iRd Beendigung des Arbeitsverhältnisses nach **§ 1a KSchG** gezahlt wird (BSG 8.12.16 – B 11 AL 5/15 R, NZS 17, 310, zu dieser Entscheidung *Valgolio* jM 17, 419; zu den sperrzeitrechtlichen Folgen → Rn 88). Eine Berücksichtigung der Abfindung nach § 1a KSchG unterbleibt, weil es an dem notwendigen Ursachenzusammenhang zwischen der Beendigung des Arbeitsverhältnisses und der Entstehung des Abfindungsanspruchs fehlt. Die Ausnahme greift jedoch nur, wenn die in § 1a KSchG geregelte Höhe der Abfindung nicht überschritten wird. 58

Die Ruhensregelung beim Zusammentreffen von AlGeld mit Abfindungen aus dem Arbeitsverhältnis (§ 158 SGB III) unterstreicht den Charakter der ArblV als einer Schadensversicherung. Die Regelung beruht auf dem Grundgedanken, dass Abfindungen, die dem Zeitraum nach Beendigung des Beschäftigungsverhältnisses zuzurechnen sind, auch Arbeitsentgeltansprüche abdecken, soweit der Zeitraum vor Ablauf der Kündigungsfrist des ArbGeb betroffen ist (*Hauck/Noftz/Valgolio,* SGB III, § 158 Rz 14). 59

**2. Ruhen nach § 158 SGB III.** Nach § 158 Abs 1 S 1 SGB III führt die Zahlung einer Abfindung, Entschädigung oder ähnlichen Leistung, die für die Zeit nach dem Ende des Arbeitsverhältnisses wegen dessen Beendigung gezahlt wird, zum Ruhen des Anspruches auf AlGeld, wenn die für den ArbGeb geltende ordentliche Kündigungsfrist nicht eingehalten wurde. Die Regelung verfolgt typisierend den Zweck, den Doppelbezug von Arbeitsentgelt und AlGeld zu verhindern (BSG 5.2.98 – B 11 AL 65/97 R, SozR 3–4100 § 117 Nr 15). Sie beruht auf der unwiderlegbaren Vermutung, dass Abfindungszahlungen bei einer Beendigung des Arbeitsverhältnisses ohne Einhaltung der ordentlichen Kündigungsfrist nicht allein als Entschädigung für den Verlust des sozialen Besitzstandes anzusehen sind, sondern auch **Arbeitsentgeltansprüche** enthalten. Die typisierende Wertung des § 158 SGB III, jede Abfindung enthalte in einem pauschalierten Umfang eine Entschädigung für ausgefallenes Arbeitsentgelt, kann auch nicht dadurch widerlegt werden, dass dem Arbeitslosen aufgrund fortdauernder AU kein Arbeitsentgelt zustehen konnte (BSG 20.1.2000 – B 7 AL 48/99 R, SozR 3–4100 § 117 Nr 20). Gleichgestellt sind nach § 158 Abs 3 SGB III Vereinbarungen über eine Abfindung bei einem Fortbestehen des Arbeitsverhältnisses ohne Lohnansprüche, wenn die zu beachtenden Fristen nicht eingehalten werden. 60

Das **rechtliche Ende des Arbeitsverhältnisses** grenzt den Anwendungsbereich des § 157 Abs 1 SGB III und des § 158 SGB III gegeneinander ab. Nach § 157 Abs 1 SGB III ruht der Anspruch auf Arbeitsentgelt während der Zeit, für die der Arbeitslose Arbeitsentgelt erhält oder zu beanspruchen hat (→ *Arbeitslosengeld* Rn 50). Der Ruhenstatbestand des § 157 Abs 1 SGB III erfasst Ansprüche auf Arbeitsentgelt, die im Zeitraum zwischen der Beendigung des Beschäftigungsverhältnisses im leistungsrechtlichen Sinn und dem Ende des Arbeitsverhältnisses begründet werden. Dagegen greift die Ruhenswirkung bei Entlassungsentschädigungen nach § 158 SGB III nur bei Ansprüchen aus dem Arbeitsverhältnis, die der 61

Zeit nach der rechtlichen Beendigung des Arbeitsverhältnisses zuzurechnen sind (BSG 23.6.81 – 7 RAr 29/80, SozR 4100 § 117 Nr 7).

62 **a) Vorzeitige Beendigung.** Zum Ruhen des Anspruchs auf AlGeld kommt es nur, wenn das Arbeitsverhältnis ohne Einhaltung einer der ordentlichen Kündigungsfrist des ArbGeb entsprechenden Frist beendet worden ist oder die fiktiven Kündigungsfristen des § 158 Abs 1 Satz 3 und 4 SGB III nicht eingehalten worden sind. Der beiderseitige Irrtum über die Dauer der Kündigungsfrist des ArbGeb ist unbeachtlich (*Hauck/Noftz/Valgolio*, SGB III, § 158 Rz 54). Die Vorschrift findet auch auf die vorzeitige Beendigung befristeter Arbeitsverhältnisse Anwendung (KassHB SGB III/*Voelzke*). Auch die **Art und Weise der Beendigung** des Arbeitsverhältnisses ist für die Anwendung des § 158 Abs 1 SGB III ohne Bedeutung.

63 **aa) Ordentliche Kündigungsfrist.** Maßgebend ist grds die ordentliche Kündigungsfrist des ArbGeb. Unerheblich ist, ob dem ArbN eine kürzere Kündigungsfrist zusteht (BSG 29.8.91 – 7 RAr 130/90, NZA 92, 387). Bei einem Betriebsübergang ist die Kündigungsfrist maßgebend, die für den bisherigen ArbGeb galt (BSG 29.8.91 – 7 RAr 68/90, SozR 3–4100 § 117 Nr 5). Eine etwaige kürzere Kündigungsfrist des ArbN bleibt in jedem Falle unbeachtlich, denn § 158 SGB III unterscheidet nicht danach, aus welchem Grund das Arbeitsverhältnis aufgelöst wurde und wer gekündigt hat. Dies gilt sogar dann, wenn dem ArbN ein Recht zur fristlosen Kündigung zustand (BSG 29.8.91 – 7 RAr 130/90, SozR 3–4100 § 117 Nr 6).

64 Das Arbeitsverhältnis wird auch ohne Einhaltung der ordentlichen Kündigungsfrist des ArbGeb beendet, wenn das Arbeitsgericht das Arbeitsverhältnis **nach einer unbegründeten außerordentlichen Kündigung** des ArbGeb zum Zeitpunkt der Kündigung gegen Zahlung einer Abfindung auflöst (BSG 8.12.87 – 7 RAr 48/86, SozR 4100 § 117 Nr 21). § 158 SGB III nimmt im Ergebnis nur diejenigen Fälle vom Ruhen des Anspruchs aus, in denen dem ArbGeb berechtigterweise ein Grund zur außerordentlichen Kündigung zustand. Löst das Gericht das Arbeitsverhältnis zu dem Zeitpunkt auf, zu dem es bei begründeter außerordentlicher Kündigung geendet hätte (§ 13 Abs 1 KSchG), so folgt daraus, dass in der festzusetzenden Abfindung regelmäßig auch das dem ArbN entgangene Arbeitsentgelt enthalten ist.

65 **bb) Fiktive Fristen.** Für ArbN, die nicht mehr ordentlich gekündigt werden können oder nur noch eingeschränkt kündbar sind, fingiert das Gesetz Fristen, die eingehalten werden müssen, wenn Auswirkungen auf den AlGeldanspruch vermieden werden sollen (§ 158 Abs 1 Satz 3 und 4 SGB III). Die fiktiven Fristen kommen nicht zur Anwendung, wenn der ArbN grundsätzlich ordentlich kündbar war und die ordentliche Kündigungsfrist eingehalten wurde (BSG 21.6.18 – B 11 AL 13/17 R, BeckRS 2018, 21642). Die Dauer der fiktiven Fristen ist nach der Intensität des Kündigungsschutzes abgestuft.

66 Bei einem zeitlich unbegrenzten **Ausschluss der ordentlichen Kündigung** des ArbGeb muss nach § 158 Abs 1 Satz 3 Nr 1 SGB III eine Beendigungsfrist von 18 Monaten eingehalten werden. Diese Norm kommt nicht zur Anwendung, wenn die Voraussetzungen für eine auf betriebliche Gründe gestützte außerordentliche Kündigung aus wichtigem Grund (§ 626 BGB) vorliegen (BSG 17.12.13 – B 11 AL 13/12 R, NZA-RR 2014, 327). Hingegen genügt es für die Nichtanwendung nicht, wenn dem ArbN lediglich durch eine Betriebsvereinbarung die Möglichkeit eingeräumt wird, durch Aufhebungsvertrag gegen eine Abfindung aus dem Arbeitsverhältnis auszuscheiden (BSG 30.8.18 – B 11 AL 16/17 R, BeckRS 2018, 31086). Ob ein Ausschluss auf Dauer tatsächlich vorliegt, ist anhand der konkreten arbeits- oder tarifvertraglichen Bestimmungen unter Einschluss der regelmäßigen Lebensarbeitszeit festzustellen. Entscheidend dafür, ob das ordentliche Kündigungsrecht dauernd ausgeschlossen ist, ist die Rechtslage im Zeitpunkt der Kündigung bzw der Beendigungsvereinbarung. Ist bezogen auf die Person des ArbN und seine Arbeitsstelle eine Kündigungsmöglichkeit nach dem einschlägigen Arbeits- oder Tarifvertrag konkret eröffnet (zB durch eine tarifliche Öffnungsklausel), so gilt die im Einzelfall maßgebliche ordentliche Kündigungsfrist bzw die Jahresfrist des § 158 Abs 1 Satz 4 SGB III.

67 Bei ArbN, deren ordentliche Kündigung zeitlich begrenzt ausgeschlossen ist (zB für BRat, Schwangere; → *Kündigungsschutz* Rn 145) muss als fiktive Frist die ordentliche Kündigungsfrist eingehalten werden, die für den ArbGeb gelten würde, wenn die ordentliche Kündigung nicht ausgeschlossen wäre (§ 158 Abs 1 Satz 3 Nr 2 1. Alternative SGB III). Auch bei einem

**befristeten Arbeitsvertrag** kann ein zeitlich begrenzter Ausschluss der Kündigung greifen, denn nach § 15 Abs 3 TzBfG unterliegt ein befristetes Arbeitsverhältnis nur dann der ordentlichen Kündigung, wenn dies einzelvertraglich oder im anwendbaren Tarifvertrag vereinbart ist. Ist diese Möglichkeit nicht vereinbart worden, so ist eine vorzeitige Beendigung nur im Wege der außerordentlichen Kündigung möglich. Der Ruhenszeitraum ist nach § 158 Abs 2 Satz 2 Nr 2 SGB III jedenfalls auf den Zeitraum bis zum Ablauf der Befristung beschränkt. Die Regelung gilt nicht nur bei in der Person bzw Funktion des ArbN begründeten vorübergehenden Kündigungsausschlüssen, sondern grds **bei allen zeitlich begrenzten Ausschlüssen** der ordentlichen Kündigung. § 158 Abs 1 Satz 3 Nr 2 Alt 1 SGB III – und nicht die Jahresfrist des § 158 Abs 1 Satz 4 SGB III – kommt deshalb auch bei einem zeitlich begrenzten Ausschluss der betriebsbedingten Kündigung durch Tarifvertrag zur Anwendung (BSG 15.12.99 – B 11 AL 29/99 R, AiB 2000, 185).

Die ordentliche Kündigungsfrist gilt nach § 158 Abs 1 Nr 2 2. Alternative SGB III 68 ebenfalls als fiktive Kündigungsfrist, wenn der ArbN unkündbar ist, jedoch die Voraussetzungen für eine **fristgebundene Kündigung aus wichtigem Grund** vorliegen. Durch diese Vorschrift wird die Kündigung von ArbN erfasst, deren ordentliche Kündigung zwar zeitlich unbegrenzt ausgeschlossen ist, denen aber nach der Rspr des BAG unter Einhaltung einer Frist außerordentlich gekündigt werden kann, wenn der ArbGeb den ArbN nicht mehr beschäftigen kann und die Weiterzahlung des Arbeitsentgelts zu einer unzumutbaren Belastung des ArbGeb führen würde.

Die fiktive Kündigungsfrist beträgt **ein Jahr,** wenn dem ArbN nur bei Zahlung einer 69 Abfindung, Entschädigung oder ähnlichen Leistung ordentlich gekündigt werden kann (§ 158 Abs 1 Satz 4 SGB III). Von § 158 Abs 1 Satz 4 SGB III werden auch Kündigungen erfasst, die durch einen **Sozialplan** ermöglicht werden (KassHB SGB III/*Voelzke* § 12 Rz 226; kritisch *Gagel* NZS 2000, 327; *Hauck/Noftz/Valgolio* SGB III § 158 Rz 77). Die Vorschrift geht von dem Grundgedanken aus, dass die Rechtsstellung der betroffenen ArbN stärker als die ordentlich kündbarer ArbN, jedoch schwächer als die unkündbarer ArbN ist. Insoweit ist es interessengerecht, die fiktive Kündigungsfrist von einem Jahr auch dann anzuwenden, wenn die Entlassung eines tarifvertraglich geschützten ArbN nur mit Zustimmung der Tarifvertragsparteien erfolgen kann (BSG 5.2.98 – B 11 AL 65/97 R, NZS 98, 538; aA *Köster* NZS 2000, 537). Die einjährige Kündigungsfrist ist auf die Dauer der ordentlichen Kündigungsfrist des ArbGeb zu reduzieren, wenn ohne die Möglichkeit der ordentlichen Kündigung wegen des Sozialplans zugleich die Voraussetzungen für eine fristgebundene Kündigung aus wichtigem Grund vorgelegen hätten (BSG 29.1.01 – B 7 AL 62/99 R, SozR 3-4100 § 117 Nr 22). Das Ruhen des Anspruchs auf AlGeld auf der Grundlage der Jahresfrist tritt auch ein, wenn ein ArbN nur noch für den Fall ordentlich kündbar ist, dass ein für ihn geltender Sozialplan vorliegt und der Sozialplan für ihn eine Abfindung vorsieht (BSG 29.1.02 – B 7a AL 62/99 R, NZS 01, 552). Gleichgestellt ist der Fall, dass einem ArbN aufgrund einer tarifvertraglichen Regelung nur noch bei einer Betriebsänderung ordentlich gekündigt werden kann und aufgrund der konkreten Verhältnisse in dem betroffenen Betrieb bei einer Betriebsänderung die Aufstellung eines Sozialplans erforderlich ist (BSG 9.2.06 – B 7a AL 44/05 R, NZA-RR 06, 663). Wird bereits im Arbeitsvertrag eine Abfindungszahlung bei ordentlicher Kündigung durch den ArbGeb vereinbart, so findet die Vorschrift keine Anwendung, weil in diesen Fällen entgegen dem Grundgedanken des Abs 1 Satz 4 die Abfindung nicht gezahlt wird, um die sonst nicht mögliche ordentliche Kündigung zu erreichen.

**cc) Berechnung der Kündigungsfristen.** Für den Beginn der Kündigungsfristen des 70 Abs 1 ist vom **Tag der Kündigung** bzw bei Fehlen einer Kündigung von dem Tag auszugehen, an dem der **Aufhebungsvertrag** geschlossen worden ist (§ 158 Abs 1 Satz 2 SGB III). Die Regelung zur Bestimmung des Beginns der Kündigungsfrist gilt für die ordentliche Kündigungsfrist des ArbGeb nach Satz 1 und für die fiktiven Fristen nach Satz 3 und 4. Die Kündigungsfrist beginnt mit der Kündigung, die der Beendigung des Arbeitsverhältnisses vorausgegangen ist. Dies ist der Fall, wenn die Kündigungserklärung als einseitig empfangsbedürftige Willenserklärung mit dem Zugang beim ArbN wirksam geworden ist (§ 130 BGB). Die von § 623 BGB geforderte Schriftform muss gewahrt werden, weil ansonsten mangels Vorliegens einer wirksamen Kündigungserklärung die Einhaltung der maßgebenden Kündigungsfrist nicht möglich ist.

71 Die Frist ist auch dann von der Kündigungserklärung aus zu berechnen, wenn eine Aufhebungsvereinbarung oder eine Auflösung nach §§ 9, 10 KSchG der Kündigung nachfolgt und diese ersetzt. Der Lauf der Kündigungsfrist bestimmt sich, selbst wenn das Arbeitsverhältnis später durch einen Aufhebungsvertrag oder durch ein Gestaltungsurteil beendet wird, nach dem ersten Ausspruch der Kündigung. Es genügt, wenn die Kündigung als auslösender Tatbestand einer Entwicklung anzusehen ist, die letztlich die Beendigung des Arbeitsverhältnisses herbeigeführt hat. Erforderlich ist allerdings, dass die Kündigung Anlass für die Beendigung war und insoweit auch ein **ursächlicher Zusammenhang** gegeben ist (BSG 8.6.89 – 7 RAr 128/87, SozR 4100 § 117 Nr 25). Von einem ursächlichen Zusammenhang zwischen der Kündigung und der Beendigung des Arbeitsverhältnisses kann auch dann ausgegangen werden, wenn der ArbN eine offensichtlich rechtswidrige Kündigung hinnimmt. Der ursächliche Zusammenhang wird hingegen unterbrochen, wenn der ArbN nach Ausspruch der Kündigung ein Angebot des ArbGeb zur Weiterarbeit annimmt oder er die Kündigung erfolgreich anficht. In einem derartigen Fall ist von der erneuten Kündigungserklärung auszugehen.

72 **b) Entlassungsentschädigung** (Abfindung, Entschädigung oder ähnliche Leistung) iSd § 158 Abs 1 SGB III ist jede Zahlung des ArbGeb, die sich als Entschädigung für die vorzeitige Beendigung des Arbeitsverhältnisses darstellt. Ausreichend ist, dass zwischen der Beendigung des Arbeitsverhältnisses und der Entlassungsentschädigung ein ursächlicher Zusammenhang besteht. Unerheblich ist demgegenüber, wie die Zuwendung bezeichnet wird, nach welchen Rechtsgrundlagen sie gewährt wird und ob sie in Raten oder einer Summe gezahlt wird. Entlassungsentschädigung ist deshalb auch die auf Vereinbarung im **Arbeitsvertrag** oder auf einer tariflichen oder betrieblichen Regelung beruhende Leistung, die in einem Auflösungsurteil nach §§ 9, 10 KSchG festgelegte Abfindung (BSG 8.12.87 – 7 RAr 48/86, BB 88, 1827), der Schadensersatzanspruch nach § 628 Abs 2 BGB (BSG 13.3.90 – 11 RAr 69/89, NZA 90, 906), die tarifliche Abfindung aufgrund eines Optionsrechts des ArbN (BSG 21.9.95 – 11 RAr 23/95, BB 96, 1335) und die Zahlung einer Sozialplanabfindung (BSG 29.8.91 – 7 RAr 130/90, NZA 92, 387). Als eine zum Ruhen des AlGeldes führende Leistung gilt auch die Gewährung eines im Zusammenhang mit dem Ausscheiden aus dem Arbeitsverhältnis an den ArbN von einer Hilfskasse gewährten Darlehens, das zu einem späteren Zeitpunkt vom ArbGeb an die Hilfskasse zurückgezahlt wird (BSG 3.3.93 – 11 RAr 57/92, NZS 93, 462). Das Gesetz erfordert keinen ursächlichen Zusammenhang zwischen der **vorzeitigen** Beendigung und der Entlassungsentschädigung. Es können deshalb auch nicht die Fälle ausgenommen werden, bei denen die Abfindung auch am Ende der ordentlichen Kündigungsfrist zu zahlen gewesen wäre.

73 Nicht als Entlassungsentschädigung iSd § 158 SGB III sind Zahlungen zu berücksichtigen, die der Beschäftigte bei Beendigung des Beschäftigungsverhältnisses ohnehin hätte beanspruchen können (zB Provisionen, Gewinnbeteiligungen). Entscheidend ist, ob die Beendigung des Arbeitsverhältnisses lediglich als **Anlass für die Zahlung** angesehen werden muss, weil der Anspruch bereits während des Arbeitsverhältnisses erdient war und sie deshalb nicht kausal wegen der Beendigung des Arbeitsverhältnisses gezahlt wird (*Schlegel/Voelzke/Schmitz* SGB III, § 158 Rz 22). Praktisch bedeutsam ist es deshalb, Zahlungen auf erdiente Ansprüche aus dem Arbeitsverhältnis neben der Abfindungszahlung gesondert auszuweisen. Wird in einem Vergleich zwischen den Arbeitsvertragsparteien als Ende des Arbeitsverhältnisses ein Zeitpunkt festgesetzt, der später als das Ende der tatsächlichen Beschäftigung liegt und eine Abfindung gezahlt, so geht das BSG davon aus, dass es sich in erster Linie um **Restlohn** handelt, der nach § 158 Abs 1 SGB III in voller Höhe auf das AlGeld anzurechnen ist (BSG 23.6.81 – 7 RAr 29/80, SozR 4100 § 117 Nr 7; s hierzu auch *Gagel* NZA 85, 273).

74 Enthält eine Gesamtzahlung bei Beendigung des Arbeitsverhältnisses mehrere **Teilbeträge,** die aus unterschiedlichen Rechtsgründen zu zahlen sind, so ist jeder Teilbetrag rechtlich gesondert zu würdigen. Besteht jedoch wegen der Beendigung des Arbeitsverhältnisses Anspruch auf verschiedene Zahlungen des ArbGeb, die alle dem Begriff der Entlassungsentschädigung iSd § 158 SGB III unterfallen, so werden diese zu einer einheitlichen Abfindung zusammengerechnet (BSG 13.3.90 – 11 RAr 69/89, NZA 90, 906). Aus der Gesamtabfindung ist der Teil zu ermitteln, der zum Ruhen des AlGeldes führt.

Das sog **Rentenprivileg** begünstigt ArbGebLeistungen, die nach § 187a Abs 1 SGB VI zum Ausgleich von Rentenminderungen bei vorzeitigem Bezug einer gesetzlichen Rente wegen Alters unmittelbar an den RVTräger gezahlt werden, wenn der ArbN frühestens mit Vollendung des 55. Lebensjahres aus dem Arbeitsverhältnis ausscheidet. Diese Leistungen werden nicht als Entlassungsentschädigungen berücksichtigt (§ 158 Abs 1 Satz 6 SGB III; zur Vereinbarung von Ausgleichsleistungen in Aufhebungsverträgen *Schrader* NZA 03, 593); das Gleiche gilt für ArbGebBeiträge, die zum Ausgleich von Versorgungseinbußen an berufsständische Versorgungseinrichtungen gezahlt werden. Dem Privileg unterfallen Zahlungen nicht, die unmittelbar dem ArbN zufließen, selbst wenn damit der Zweck des Ausgleiches von Renteneinbußen verfolgt wird. 75

**c) Ruhenszeitraum.** Liegen die Voraussetzungen des § 158 Abs 1 SGB III vor, so tritt als **Rechtsfolge** das Ruhen des Anspruchs ein. Unerheblich ist, zu welchem Zeitpunkt der Arbeitslose den Anspruch auf AlGeld erhebt. Eine Minderung der Dauer des Anspruchs auf AlGeld infolge von Ruhenszeiten nach § 158 SGB III sieht § 148 SGB III nicht vor. Es wird lediglich der Beginn der Leistung um den Ruhenszeitraum auf einen späteren Zeitpunkt hinausgeschoben. Der Ruhenszeitrum nach § 158 SGB III läuft auch zeitgleich zu einer Zeit, in der der Leistungsanspruch wegen einer Sperrzeit ruht (zu Konkurrenzen mit anderen Ruhenstatbeständen s KassHB SGB III/*Voelzke* § 12 Rz 47). Erhält der ArbN eine Urlaubsabgeltung oder hat er eine solche zu beanspruchen, so verlängert sich der Ruhenszeitraum wegen der Entlassungsentschädigung um die Zeit des abgegoltenen Urlaubs (§ 158 Abs 1 Satz 5 SGB III). 76

Der Ruhenszeitraum nach § 158 SGB III ist **kalendermäßig zu bestimmen.** § 158 Abs 1 Satz 1 SGB III sieht vor, dass das Ruhen wegen der Abfindung am Tage nach der Beendigung des Arbeitsverhältnisses beginnt. Maßgebend ist das rechtliche Ende des Arbeitsverhältnisses, wie es sich aus der Kündigung, dem Aufhebungsvertrag oder einem nachfolgenden Urteil oder Vergleich ergibt. Die Ruhenswirkung tritt unabhängig davon ein, ob die Abfindung bereits fällig ist und ob sie dem ArbN demzufolge zur Verfügung steht. Der Arbeitslose erhält ggf AlGeld im Wege der Gleichwohlgewährung (§ 158 Abs 4 SGB III). Der Anspruch auf die Entlassungsentschädigung geht dann gem § 115 SGB X in gleicher Höhe auf die BA über (→ *Erstattungsanspruch der Agentur für Arbeit* Rn 20). 77

Für den Beginn des Ruhenszeitraums ist das Ende des Arbeitsverhältnisses maßgebend, wegen dessen Beendigung die Abfindung gewährt wird und nach dessen Bedingungen sich Eintritt und Dauer des Ruhens bestimmen (BSG 15.2.2000 – B 11 AL 45/99 R, SozR 3–4100 § 117 Nr 21 zu einem Anschlussarbeitsverhältnis). Als Kriterien für die Bestimmung der Dauer des Ruhenszeitraums nennt das Gesetz: 78

- den Ablauf der ordentlichen Kündigungsfrist (§ 158 Abs 1 Satz 1 SGB III),
- die fiktiven Kündigungsfristen nach § 158 Abs 1 Satz 3 und 4 SGB III,
- die Jahresfrist (§ 158 Abs 2 Satz 1 SGB III),
- den Zeitpunkt, zu dem bei einer Befristung das Arbeitsverhältnis ohnehin geendet hätte (§ 158 Abs 2 Satz 2 Nr 2 SGB III),
- den Zeitpunkt, zu dem der ArbGeb zur Kündigung des Arbeitsverhältnisses aus wichtigem Grund ohne Einhaltung einer Kündigungsfrist berechtigt ist (§ 158 Abs 2 Satz 2 Nr 3 SGB III),
- die Berechnung des Zeitraumes anhand des zuletzt verdienten Arbeitsentgelts (je nach Betriebszugehörigkeit und Lebensalter zwischen 25 und 60 %, § 158 Abs 2 Satz 2 Nr 1 und Satz 3 SGB III).

§ 158 Abs 2 SGB III enthält neben der ordentlichen Kündigungsfrist des ArbGeb (→ Rn 63) und den fiktiven Kündigungsfristen (→ Rn 65) vier Regelungen, die das Ruhen zusätzlich zeitlich begrenzen können. Maßgebend ist die für den Arbeitslosen **günstigste Alternative.** Auch hier wird die Kündigungsfrist von der ersten Erklärung an berechnet, die die Beendigung des Arbeitsverhältnisses herbeiführen sollte. Dies gilt auch, wenn nicht die Kündigung, sondern eine danach getroffene Vereinbarung zur Beendigung des Arbeitsverhältnisses geführt hat und insoweit ein ursächlicher Zusammenhang besteht (BSG 8.6.89 – 7 RAr 128/87, SozR 4100 § 117 Nr 25). Die Jahresfrist des § 158 Abs 2 Satz 1 SGB III läuft hingegen erst mit der Beendigung des Beschäftigungsverhältnisses. 79

**aa) Begrenzung auf ein Jahr.** Nach § 158 Abs 2 Satz 1 SGB III ruht der Anspruch auf AlGeld, beginnend mit dem Eintritt des Ruhens, für höchstens ein Jahr. Die Jahresfrist läuft 80 kalendermäßig ab (BSG 29.10.86 – 7 RAr 48/85, SozR 4100 § 117 Nr 17). Die Jahresfrist macht die fiktive Kündigungsfrist von 18 Monaten nicht gegenstandslos, da der Lauf der Kündigungsfristen bereits mit dem Ausspruch der Kündigung beginnt.

81 **bb) Begrenzung durch Befristung.** § 158 SGB III ist auch auf befristete Arbeitsverhältnisse grds anzuwenden (BSG 12.12.84 – 7 RAr 87/83, SozR 4100 § 117 Nr 13). Wird ein befristetes Arbeitsverhältnis auf andere Weise vorzeitig beendet, so ist ein Ruhen nach § 158 Abs 2 Satz 2 Nr 2 SGB III höchstens bis zu dem Zeitpunkt vorgesehen, in dem das Arbeitsverhältnis wegen der Befristung geendet hätte. Voraussetzung ist allerdings, dass die Befristung unabhängig von der Vereinbarung über die Beendigung des Arbeitsverhältnisses bestanden hat. Auf die arbeitsrechtliche Wirksamkeit der Befristung kommt es nicht an, wenn unstreitig eine Befristung vereinbart wurde und diese von den Arbeitsvertragsparteien nicht in Frage gestellt wird (*Hauck/Noftz/Valgolio* SGB III, § 158 Rz 127). Nimmt der ArbN die Beendigung mit Fristablauf hin, so ist dies auch im Rahmen der Ruhensregelung zu akzeptieren. Ohne Bedeutung ist in diesem Zusammenhang, ob die ArbN die Möglichkeit gehabt hätte, eine Fortsetzung des Arbeitsverhältnisses zu verlangen.

82 **cc) Begrenzung durch Recht zur fristlosen Kündigung.** Der Leistungsanspruch ruht nach § 158 Abs 2 Satz 2 Nr 3 SGB III nicht über den Tag hinaus, zu dem der ArbGeb das Arbeitsverhältnis fristlos hätte kündigen können. Unbeachtlich ist, ob der ArbN fristlos hätte kündigen können (BSG 29.8.91 – 7 RAr 130/90, NZA 92, 387; LSG Hess 22.5.13 – L 6 AL 5/10, BeckRS 2013, 69937 zum Mobbing des ArbN). Der Grundgedanke der Begrenzung ist, dass bei Vorliegen eines Grundes zur fristlosen Kündigung die gezahlte Leistung keine Abfindung von Arbeitsentgeltansprüchen für die Zeit nach dem Zeitpunkt der fristlosen Kündigung beinhaltet. Folglich können nur Gründe für eine fristlose Kündigung berücksichtigt werden, die vor dem Abschluss der Vereinbarung über die Zahlung einer Entlassungsentschädigung lagen. Für die Begrenzung des Ruhenszeitraums nach dieser Regelung ist es ausreichend, dass eine fristlose Kündigung des ArbGeb möglich war, ohne dass die Kündigung tatsächlich ausgesprochen werden muss. Das Recht zur fristlosen Kündigung ist dann ggf von den Sozialgerichten nachzuprüfen (BSG 17.2.81 – 7 RAr 94/79, DB 81, 1983). Sonstige formelle Wirksamkeitsvoraussetzungen für die Ausübung des außerordentlichen Kündigungsrechts sind für die Anwendung der Norm unerheblich.

83 **dd) Prozentgrenze.** Ausgangspunkt für die Begrenzung des Ruhenszeitraums nach § 158 Abs 2 Satz 2 Nr 1 und Satz 3 SGB III ist das während der letzten Beschäftigung kalendertäglich verdiente Bruttoarbeitsentgelt; die Berechnung des kalendertäglichen Arbeitsentgelts folgt im Wesentlichen der Berechnung des Bemessungsentgelts beim AlGeld (iE *Hauck/Noftz/Valgolio* SGB III § 158 Rz 119 ff). Zudem ist der Prozentsatz des Teils der Entlassungsentschädigung zu ermitteln, der zum Ruhen führt. Er beträgt höchstens 60 vH und vermindert sich sowohl für je fünf Jahre des Arbeitsverhältnisses als auch für je fünf Lebensjahre nach Vollendung des 35. Lebensjahres um je fünf vH Es sind auch Zeiten der Betriebszugehörigkeit vor Vollendung des 35. Lebensjahres zu berücksichtigen (*Schlegel/Voelzke/Schmitz* SGB III § 158 Rn 50). Die Umrechnung des berücksichtigungsfähigen Teils der Abfindung auf den Ruhenszeitraum wird in der Weise vorgenommen, dass das AlGeld bis zu dem Tag ruht, an dem der Arbeitslose bei Fortbestand des Arbeitsverhältnisses den entsprechenden Betrag verdient hätte. Da AlGeld nach § 154 SGB III kalendertäglich geleistet wird, ist der zum Ruhen führende Teil der Abfindung auf Kalendertage umzurechnen. Die Frist beginnt an dem Tag, der auf die Beendigung des Arbeitsverhältnisses folgt und läuft kalendermäßig ab. Der anzurechnende Teil der Abfindung darf 25 vH nicht unter-
84 schreiten:

| | Lebensalter am Ende des Arbeitsverhältnisses | | | | | |
|---|---|---|---|---|---|---|
| Betriebs- oder Unternehmens-zugehörigkeit | unter 40 Jahre vH | ab 40 Jahre vH | ab 45 Jahre vH | ab 50 Jahre vH | ab 55 Jahre vH | ab 60 Jahre vH |
| weniger als 5 Jahre | 60 | 55 | 50 | 45 | 40 | 35 |
| 5 und mehr Jahre | 55 | 50 | 45 | 40 | 35 | 30 |
| 10 und mehr Jahre | 50 | 45 | 40 | 35 | 30 | 25 |

| Betriebs- oder Unternehmens-zugehörigkeit | Lebensalter am Ende des Arbeitsverhältnisses | | | | | |
|---|---|---|---|---|---|---|
| | unter 40 Jahre vH | ab 40 Jahre vH | ab 45 Jahre vH | ab 50 Jahre vH | ab 55 Jahre vH | ab 60 Jahre vH |
| 15 und mehr Jahre | 45 | 40 | 35 | 30 | 25 | 25 |
| 20 und mehr Jahre | 40 | 35 | 30 | 25 | 25 | 25 |
| 25 und mehr Jahre | 35 | 30 | 25 | 25 | 25 | 25 |
| 30 und mehr Jahre | | 25 | 25 | 25 | 25 | 25 |
| 35 und mehr Jahre | | | 25 | 25 | 25 | 25 |

**Berechnungsbeispiel** für das Ruhen nach § 158 SGB III bei Nichteinhaltung der Kündigungsfrist um 90 Tage: Kalendertägliches Bruttoentgelt 100 €; ArbN 53 Jahre; 14 Jahre Betriebszugehörigkeit; Abfindung 24 000 €. 85

1. Schritt: Maßgebender Prozentsatz der Abfindung unter Berücksichtigung von Lebensalter und Betriebszugehörigkeit = 35 %
2. Schritt: Zu berücksichtigender Teil der Abfindungssumme = 8400 €
3. Schritt: Ruhenszeitraum entspricht Kalendertagen, in denen zu berücksichtigender Abfindungsbetrag verdient worden wäre = 84 Kalendertage

**Ergebnis:** Nach § 158 Abs 1 Satz 1 und 2 SGB III ruht der Anspruch für 90 Kalendertage; maßgebend ist deshalb die günstigere Berechnung nach § 158 Abs 2 Satz 2 Nr 1 und Satz 3 SGB III, so dass der Anspruch längstens für 84 Kalendertage ruht.

**3. Sozialversicherungsschutz.** Während der Dauer des Ruhenszeitraums wegen der Zahlung einer Entlassungsentschädigung besteht für den ArbN grds kein Schutz der gesetzlichen **Krankenversicherung.** Eine Vorschrift, die wie bei der Sperrzeit bzw bei der Urlaubsabgeltung Versicherungsschutz auch ohne Leistungsbezug sichert, existiert nicht. Eine begrenzte Absicherung wird insoweit erreicht, als § 19 Abs 2 SGB V den Versicherungsschutz Versicherungspflichtiger noch auf einen Monat nach dem Ende der Pflichtmitgliedschaft erstreckt. Eine weitergehende Absicherung in der KV und PflegeV genießen nach § 10 SGB V bzw § 25 SGB XI Familienversicherte; allerdings erhalten Familienversicherte kein Krankengeld (§ 44 Abs 1 Satz 2 SGB V). Greift keine der geschilderten Möglichkeiten ein, empfiehlt sich während der Ruhenszeit der Beitritt zur freiwilligen Versicherung (§ 9 SGB V). 86

In der **Rentenversicherung** besteht während des Ruhenszeitraums nach § 158 SGB III keine Versicherungspflicht. Allerdings kann der Ruhenszeitraum rentenrechtlich nach § 58 Abs 1 Nr 3 SGB VI als Anrechnungszeit berücksichtigt werden, wenn der Arbeitslose wegen der Arbeitslosigkeit bei einer deutschen Agentur für Arbeit als Arbeitsuchender arbeitslos gemeldet war. Keine Anrechnungszeit wird begründet, soweit gleichzeitig eine Sperrzeit eingetreten ist (vgl aber KassKomm/*Gürtner* § 58 SGB VI Rz 30). 87

**IV. Auswirkungen des § 1a Kündigungsschutzgesetz:** Der Gesetzgeber hat die arbeitsförderungsrechtlichen Folgen einer Beendigung des Arbeitsverhältnisses nach § 1a KSchG nicht eindeutig geklärt. Hinsichtlich des Ruhens wegen der bei einem Vorgehen nach § 1a KSchG vom ArbN zu beanspruchenden Abfindung hat das BSG entschieden, dass es sich insoweit nicht um eine Entlassungsentschädigung handelt, die den Anspruch auf AlGeld zum Ruhen bringt (BSG 8.12.16 – B 11 AL 5/15 R, NZS 17, 310; s schon → Rn 58). Es stellt sich bei einer Kündigung des ArbGeb und der Ankündigung einer Abfindungszahlung nach § 1a KSchG ferner die Frage, ob der ArbN im Hinblick auf die Hinnahme der Kündigung und die Entgegennahme der Abfindung den Eintritt einer **Sperrzeit** wegen Arbeitsaufgabe befürchten muss (zu den Voraussetzungen iE → *Sperrzeit* Rn 9 ff). Die Frage ist mit dem Urt des BSG vom 25.4.02 – B 11 AL 89/01 R (= NZS 03, 221) zu verneinen, denn in diesem Urt hat das BSG ausgesprochen, dass dem ArbN nur bei einem aktiven Verhalten im Zusammenhang mit der Beendigung des Arbeitsverhältnisses eine Sperrzeit droht. Hingegen bleibt die Hinnahme einer (rechtswidrigen) Kündigung sanktionslos. Überträgt man diese Grundsätze auf ein Vorgehen nach § 1a KSchG, so kann 88 gegen den ArbN ein Vorwurf wegen einer Verletzung seiner arbeitsförderungsrechtlichen Obliegenheiten nicht erhoben werden. Eine Sperrzeit tritt folglich nicht ein (ebenso *Besgen* FA 04, 174; *Giesen/Besgen* NJW 04, 189; *Hanau* ZIP 04, 1177; *Rolfs* ZIP 04, 341). Aus dem Urt des BSG zu den sperrzeitrechtlichen Folgen des Abwicklungsvertrages (BSG 18.12.03 – B 11 AL 35/03 R, NZA 04, 661) ergibt sich insoweit nichts anderes. Zudem würde eine andere Beurteilung die Absicht des Gesetzgebers konterkarieren, den ArbGeb durch § 1a KSchG die Beendigung von Arbeitsverhältnissen zu erleichtern. Es ist deshalb davon auszugehen, dass eine Sperrzeit wegen eines wichtigen Grundes nicht eintritt, wenn die in § 1a KSchG vorgesehene Abfindungshöhe nicht überschritten wird. Wird bei der Beendigung des Arbeitsverhältnisses die in § 1a KSchG geregelte Abfindungshöhe eingehalten, so dürfte zudem unerheblich sein, ob das Arbeitsverhältnis durch Kündigung des ArbGeb oder durch Aufhebungsvertrag beendet worden ist (BSG 12.7.06 – B 11a AL 47/05 R, NJW 06, 3514; BSG 2.5.12 – B 11 AL 6/11 R, NZS 12, 874; → *Aufhebungsvertrag* Rn 34).

89 **V. Arbeitslosengeld II.** Das *Arbeitslosengeld II* wird als steuerfinanzierte Leistung nur gezahlt, wenn der Berechtigte hilfebedürftig ist. Der Anspruchsberechtigung steht es entgegen, wenn das zu berücksichtigende Einkommen den Bedarf übersteigt (→ *Arbeitslosengeld II* Rn 14). Abfindungszahlungen, die nach Stellung des Antrags auf AlGeld II im Bedarfszeitraum zufließen, sind als berücksichtigungsfähiges **Einkommen** und nicht als Vermögen zu behandeln (BSG 3.3.09 – B 4 AS 47/08 R, NJW 09, 3323). Es handelt sich nicht um Einnahmen, die wegen ihrer Zweckbestimmung unberücksichtigt bleiben (§ 11a Abs 3 SGB II). Die Abfindung ist nach § 11 Abs 3 Satz 3 SGB II auf einen Zeitraum von 6 Monaten aufzuteilen und monatlich mit einem entsprechenden Teilbetrag zu berücksichtigen, wenn der Leistungsanspruch durch die Berücksichtigung in einem Monat entfällt. Eine für den ArbN regelmäßig günstigere Berücksichtigung als Vermögen kommt nur in Betracht, wenn der Zufluss der Abfindung vor Antragstellung erfolgt ist.

90 **VI. Abfindung von Leistungen.** Soweit gesetzliche Regelungen dies ausnahmsweise bestimmen, können Leistungen der SozV abgefunden werden. Vorgesehen ist eine Abfindung für Verletztenrenten (§§ 75 ff SGB VII; zu einer wirtschaftlichen Bewertung der Abfindung von kleinen Verletztenrenten s *Kranig* NZS 18, 967), für Witwen- und Witwerrenten (§ 80 SGB VII) in der gesetzlichen UV sowie für Witwen- und Witwerrenten bei Wiederheirat in der gesetzlichen RV (§ 107 SGB VI).

# Abmahnung

## A. Arbeitsrecht

*Schmidt*

### Übersicht



1 **1. Grundsätze.** Regelmäßig vom Vertragspartner hingenommene Verstöße gegen vertragliche Pflichten können zu einer inhaltlichen Änderung eines Vertrages führen. Wer dies verhindern will, muss klarstellen, dass er solch ein Verhalten nicht duldet. Er muss **rügen.** Wer Vertragsverstöße darüber hinaus zum Anlass nehmen will, den Vertrag einseitig zu lösen, muss dem Schuldner zuvor die Folgen seines vertragswidrigen Verhaltens vor Augen führen und deutlich machen, dass die vertraglichen Beziehungen im Wiederholungsfall beendet werden. Er muss **warnen.** Die **Abmahnung** verbindet beides. Mit ihr rügt man konkretes Fehlverhalten und warnt mit der Kündigungsandrohung vor weiteren Verstößen (BAG 19.7.12 – 2 AZR 782/11, NZA 13, 91).

2 Eine verhaltensbedingte Kündigung ist nicht verhältnismäßig und ungerechtfertigt, wenn es mildere Mittel gibt, eine Vertragsstörung für die Zukunft zu verhindern, wie auch § 314

Abs 2 BGB zeigt (BAG 24.3.11 – 2 AZR 282/10, NZA 11, 1029). Die erforderliche Abmahnung ist daher **Wirksamkeitsvoraussetzung** für eine auf vertragswidriges Verhalten gestützte einseitige Auflösung (Beendigungskündigung) oder Abänderung (Änderungskündigung) von Arbeitsverhältnissen (BAG 23.10.14 – 2 AZR 865/13, NZA 15, 353). Verhaltensbedingte Kündigungen dienen im Übrigen nicht der Sanktion für vergangenes Fehlverhalten. Das Arbeitsverhältnis soll nur aufgelöst werden, wenn auch in Zukunft erhebliche Vertragspflichtverletzungen zu erwarten sind. Wie bei jeder Kündigung gilt auch hier das Prognoseprinzip (BAG 23.6.09 – 2 AZR 283/08, NZA 09, 1168). Die Prognose ist negativ, wenn aus der konkreten Pflichtverletzung geschlossen werden kann, der ArbN werde in Zukunft den Arbeitsvertrag auch nach einer Kündigungsdrohung erneut in gleicher oder ähnlicher Weise verletzen. Er muss sich als „rügeresistent" erwiesen haben. Auch deshalb setzt die verhaltensbedingte Kündigung eine Abmahnung voraus. Sie dient der **Objektivierung** der negativen Prognose (BAG 23.6.09 – 2 AZR 283/08, NZA 09, 1168).

Die „Pflicht zur Abmahnung" gilt bei einer Kündigung durch den ArbN nur, soweit das 3
Beschäftigungsverhältnis ohne Einhaltung von Kündigungsfristen gelöst werden soll. Es gibt keinen Kündigungsschutz für ArbGeb gegen fristgerechte Kündigungen seitens des ArbN.

Für die Abmahnung ist es unerheblich, ob das beanstandete Verhalten **subjektiv** vorwerf- 4
bar ist. Es reicht aus, wenn der ArbGeb einen **objektiven Verstoß** gegen arbeitsvertragliche Pflichten rügt (BAG 11.12.01 – 9 AZR 464/00, NZA 02, 965). Die Abmahnung soll nur klarstellen, dass der ArbN vertragswidrig handelt, und ihm deutlich machen, dass er in Zukunft bei derartigen Verstößen auch mit einer Kündigung rechnen muss.

**2. Abgrenzung.** Der (kollegiale) Ratschlag, die Belehrung, Vorhaltungen, Ermahnun- 5
gen, Verwarnungen, Verweis sind **Vorstufen der Abmahnung.** Sie enthalten – anders als die Abmahnung – keine Kündigungsandrohung und sind deshalb kündigungsrechtlich ohne entscheidende Bedeutung.

Auch bei der **Betriebsbuße** handelt es sich nicht um eine Abmahnung. Mit ihr wird eine 6
**kollektivrechtlich begründete** betriebliche Ordnungsstrafe verhängt. Sie kommt nur bei gemeinschaftswidrigem Verhalten, bei Verstößen gegen die kollektive betriebliche Ordnung, in Betracht und setzt voraus, dass eine von den Betriebspartnern vereinbarte Bußordnung besteht (BAG 17.10.89 – 1 ABR 100/88, NZA 90, 193).

Die **Bindung** des ArbGeb an eine Abmahnung bedeutet, dass er nicht allein wegen des 7
von ihm gerügten Verhaltens eine Kündigung aussprechen kann (BAG 13.12.07 – 6 AZR 145/07, NZA 08, 403). Er hat mit der Abmahnung auf sein Kündigungsrecht verzichtet (BAG 13.5.15 – 2 AZR 531/14, NZA 15, 1408). Auf die Motive hierfür kommt es nicht an (BAG 26.11.09 – 2 AZR 751/08, NZA 10, 823). Dies gilt selbst dann, wenn eine Abmahnung nicht erforderlich ist, weil es sich zB um eine ordentliche Kündigung vor Ablauf der Wartezeit handelt (BAG 13.12.07 – 6 AZR 145/07, NZA 08, 403), soll aber anders sein, wenn der Abmahnung selbst oder den Umständen zu entnehmen ist, dass der ArbGeb die Angelegenheit mit der Abmahnung nicht als „erledigt" ansieht (BAG 19.11.15 – 2 AZR 217/15, NZA 16, 540). Der abgemahnte Pflichtverstoß ist als Kündigungsgrund nicht generell verbraucht. Er darf nach einem erneuten Verstoß zur Begründung der Kündigung herangezogen werden (BAG 26.11.09 – 2 AZR 751/08, NZA 10, 823). Die verhaltensbedingte Kündigung erfordert eine **vergebliche Abmahnung** (BAG 6.3.03 – 2 AZR 128/02, NZA 03, 1388). Mit der Abmahnung verzichtet der ArbGeb jedoch nur hinsichtlich der im Zeitpunkt ihres Ausspruchs vorliegenden und bekannten Gründe auf das Kündigungsrecht.

Treten weitere Gründe hinzu oder werden sie erst nach der Abmahnung bekannt, kann er 8
ohne erneuten Pflichtverstoß kündigen und dabei unterstützend auf die abgemahnten Gründe zurückgreifen, sofern und soweit sie auch ohne Abmahnung oder aufgrund einer früheren Abmahnung, die die Warnfunktion erfüllt, erheblich sind (so wohl BAG 26.11.09 – 2 AZR 751/08, NZA 10, 823). Das bedeutet nicht nur, dass der ArbGeb die Kündigung des ArbN nach einer vergeblichen Abmahnung – also nach erneutem Vertragsverstoß – zusätzlich auf Gründe stützen kann, die bei der Abmahnung vorlagen, aber nicht bekannt waren. Er kann selbst dann kündigen, wenn es nach der Abmahnung nicht zu einem weiteren Vertragsverstoß gekommen ist. Voraussetzung ist in diesem Fall jedoch, dass neue Vertragsverstöße aus der Zeit vor der Abmahnung bekannt werden, die ihm das Recht

gegeben hätten, auch ohne Abmahnung zu kündigen oder zwar vor der letzten aber nach einer weiteren zuvor schon ausgesprochenen Abmahnung begangen wurden.

9 **3. Erforderlichkeit.** Die **Pflicht zur Abmahnung** folgt auch nach Einführung des § 314 Abs 2 BGB aus dem Grundsatz der Verhältnismäßigkeit und damit aus **arbeitsrechtlichen Grundsätzen** (BAG 23.10.08 – 2 AZR 483/07, NZA-RR 09, 362). Beruht die Vertragspflichtverletzung auf einem steuerbaren Verhalten des ArbN, ist grds davon auszugehen, dass sein künftiges Verhalten schon durch die Androhung von Folgen für den Bestand des Arbeitsverhältnisses positiv beeinflusst werden kann. Ordentliche und außerordentliche (Änderung-)Kündigung wegen einer Vertragspflichtverletzung setzen deshalb regelmäßig eine Abmahnung voraus (BAG 29.6.17 – 2 AZR 302/16, NZA 17, 1121). Die Abmahnung ist damit **Wirksamkeitsvoraussetzung** für die auf vertragswidriges Verhalten gestützte einseitige Auflösung oder Abänderung von Arbeitsverhältnissen (BAG 23.10.14 – 2 AZR 865/13, NZA 15, 353). Selbst bei Straftaten gegen das Vermögen oder Eigentum des ArbGeb muss geprüft werden, ob nicht die Prognose gerechtfertigt ist, der ArbN werde sich nach seiner Abmahnung in Zukunft vertragstreu verhalten (BAG 9.6.11 – 2 AZR 381/10, NZA 11, 1027). Aus der Warnfunktion der Abmahnung folgt, dass sie andererseits nicht erforderlich ist, wenn das Arbeitsverhältnis einverständlich abgeändert oder aufgehoben wird.

10 In der **Wartezeit** (keine sechs Monate der Beschäftigung) und im **Kleinbetrieb** (regelmäßig nicht mehr als fünf bzw zehn ArbN) ist die vergebliche Abmahnung nur vor Ausspruch einer **außerordentlichen Kündigung** erforderlich, soweit die Rspr sie auch sonst verlangt. Dies gilt unabhängig davon, ob sich der ArbN in einem Probe- oder in einem Aushilfsarbeitsverhältnis befindet. Vor Ausspruch einer **fristgerechten Kündigung** ist hier eine Abmahnung entbehrlich, solange sich der ArbGeb mit der Kündigung nicht in Widerspruch zu seinem vorangegangenen Verhalten setzt (BAG 21.2.01 – 2 AZR 579/99, NZA 01, 951). Wer noch keinen Kündigungsschutz hat, braucht nicht abgemahnt zu werden. Mahnt der ArbGeb dennoch ab, verzichtet er damit auf die Kündigung wegen der abgemahnten Pflichtwidrigkeit. Kündigt er dann ohne einen neuen Pflichtverstoß des ArbN im unmittelbaren zeitlichen Zusammenhang mit der Abmahnung, spricht dies dafür, dass die Kündigung wegen der abgemahnten Pflichtverletzung erfolgt und in der Folge unwirksam ist. Zu ihrer Wirksamkeit muss der ArbGeb daher darlegen, welche anderen Gründe ihn zur Kündigung bewogen haben (BAG 13.12.07 – 2 AZR 145/07, NZA 08, 403).

11 Bei **besonderem Kündigungsschutz** – zB während der Schwangerschaft – müssen ArbN auch im Kleinbetrieb oder vor Ablauf der Wartezeit vor einer verhaltensbedingten Kündigung vergeblich abgemahnt worden sein.

12 Bei Pflichtverletzungen im **Verhaltens- und Leistungsbereich** ist eine vergebliche Abmahnung vor Ausspruch der Kündigung grds **erforderlich** (BAG 17.2.94 – 2 AZR 616/93, NZA 94, 656). Zu diesem Bereich gehören als Hauptpflichten die Arbeits- und Vergütungspflicht, der sog Betriebsbereich sowie die Nebenpflichten, soweit sie den Leistungsbereich berühren. Zu typischen Störungen im Bereich der Hauptpflichten zählen Arbeitsbummelei (BAG 27.1.88 – 5 AZR 604/86, ZTR 88, 309), verspätete Arbeitsaufnahme (BAG 17.3.88 – 2 AZR 576/87, NZA 89, 261), Überziehen von Pausen, fehlerhaftes Arbeiten (BAG 7.9.88 – 5 AZR 625/87, NZA 89, 272), Nichtbefolgen von Arbeitsanweisungen (BAG 15.1.86 – 5 AZR 70/84, NZA 86, 421); zu den Störungen im Bereich der Nebenpflichten gehört die ständig verspätete Krankmeldung. Bei Störungen im Betriebsbereich handelt es sich zB um Verstöße gegen Rauch- oder Alkoholverbote (BAG 22.7.82 – 2 AZR 30/81, NJW 83, 700) und Beeinträchtigungen des Betriebsfriedens, also etwa Tätlichkeiten gegenüber Mitarbeitern (BAG 12.7.84 – 2 AZR 320/83, NZA 85, 96).

13 Im **Vertrauensbereich** ist oftmals eine Abmahnung nicht erforderlich. Dazu gehören vor allem unerlaubte Handlungen wie Diebstahl (BAG 21.6.12 – 2 AZR 153/11, NZA 12, 1025), Unterschlagung, Betrug – zB unkorrekte Dokumentation der Arbeitszeit (BAG 9.6.11 – 2 AZR 381/10, NZA 11, 1027), Annahme von Schmiergeldern (LAG Köln 4.1.84, DB 84, 1101), Erschleichen oder Abändern von Arbeitsunfähigkeitsbescheinigungen (LAG Brem 15.2.85, BB 85, 1129), Tätlichkeiten gegenüber dem ArbGeb, grobe Beleidigungen von Vorgesetzten oder ArbGeb, unsittliches Verhalten gegenüber Mitarbeitern oder Auszubildenden (BAG 9.1.86 – 2 ABR 24/85, NZA 86, 467), Stalking (BAG 19.4.12 – 2 AZR

258/11, NZA-RR 12, 567), Verrat von Betriebsgeheimnissen, schwere Verstöße gegen das Wettbewerbsverbot.

Aber auch hier gibt es Fälle, in denen eine vergebliche Abmahnung vor Ausspruch der Kündigung erforderlich ist (BAG 9.6.11 – 2 AZR 381/10, NZA 11, 1027). Dabei kommt es insbes auf die Intensität der Pflichtverletzung und deren Folgen, auf eine Wiederholungsgefahr, den Grad des Verschuldens und darauf an, ob es sich bei der Pflichtverletzung um ein Verhalten handelt, das insgesamt auf Heimlichkeit angelegt ist (BAG 21.6.12 – 2 AZR 153/11, NZA 12, 1025; BAG 19.4.12 – 2 AZR 258/11, NZA-RR 12, 567). Eine Abmahnung ist im Vertrauensbereich jedenfalls erforderlich, wenn die (ordentliche oder außerordentliche) Kündigung angesichts der Umstände des Einzelfalles eine unverhältnismäßige Reaktion des ArbGeb darstellt (BAG 9.6.11 – 2 AZR 381/10, NZA 11, 1027; → *Kündigung, außerordentliche* Rn 32, → *Kündigung, verhaltensbedingte* Rn 7). Eine Abmahnung ist in diesem Bereich ebenso erforderlich, wenn vertragswidriges Verhalten des ArbN vom ArbGeb geduldet wurde (BAG 9.1.86 – 2 ABR 24/85, NZA 86, 467); typisches Beispiel ist das Dulden unerlaubter privater Telefongespräche vom Dienstapparat, die der ArbN nicht bezahlt oder die nur geduldete Nutzung von Betriebsmitteln zu privaten Zwecken. 14

**Außerdienstliches Verhalten**, das eine Kündigung rechtfertigen kann, setzt ebenso eine vergebliche Abmahnung voraus. Anderes kann aufgrund besonderer Einzelfallumstände nur ausnahmsweise angenommen werden. 15

Für die außerordentliche **arbeitnehmerseitige Kündigung** gelten die gleichen Grundsätze. Typische Fälle solcher Kündigungen mit Abmahnungsverpflichtung sind die unregelmäßige verspätete Zahlung der Arbeitsvergütung und die Arbeit unter unzumutbaren Arbeitsbedingungen (BAG 26.7.07 – 8 AZR 796/06, NZA 07, 1419). 16

Bei **personenbedingten Störungen** kommt eine Abmahnung nicht in Frage. Sie sind nicht vom Willen des ArbN abhängig. Gemeint sind krankheits- oder altersbedingte, auf Alkohol- oder Drogenabhängigkeit beruhende Leistungsminderungen. Die Abgrenzung zwischen verhaltens- oder personenbedingter Störung ist nicht immer einfach. Die Erforderlichkeit der Abmahnung richtet sich in diesen Fällen danach, aus welchem Bereich die Störung kommt, welcher Bereich ihr das Gepräge gibt (BAG 21.11.85 – 2 AZR 21/85, NZA 86, 713). Die Verdachtskündigung ist stets eine personenbedingte Kündigung (BAG 31.1.19 – 2 AZR 426/18, NZA 19, 893). 17

Die Abmahnung ist **entbehrlich,** wenn bereits von vornherein erkennbar ist, dass eine Verhaltensänderung in Zukunft auch nach Abmahnung nicht zu erwarten ist (BAG 29.6.17 – 2 AZR 302/16, NZA 17, 1121), etwa weil der ArbN etwa zu erkennen gibt, dass ihn nur eine Kündigung von einem bestimmten Verhalten abbringen kann (BAG 24.3.11 – 2 AZR 282/10, NZA 11, 1029). Sie ist bei besonders schwerwiegenden Pflichtverletzungen entbehrlich, bei denen selbst die erstmalige Hinnahme dem ArbGeb nach objektiven Maßstäben unzumutbar und damit offensichtlich – auch für den ArbN erkennbar – ausgeschlossen ist (BAG 29.6.17 – 2 AZR 302/16, NZA 17, 1121); so zB schon beim einmaligen eigenmächtigen Urlaubsantritt trotz Hinweis des ArbGeb auf arbeitsrechtliche Konsequenzen (BAG 22.1.98 – 2 ABR 19/97, NZA 98, 708). Sie ist auch bei einer Versetzung entbehrlich, weil sie den ArbN stärker belastet als die vom ArbGeb getroffene Maßnahme (BAG 24.4.96 – 5 AZR 1031/94, NZA 96, 1088). 18

Ob die **„vorweggenommene Abmahnung"** eine Abmahnung entbehrlich macht, wird nicht einheitlich beantwortet (LAG Hamm 16.12.82, BB 83, 1601 einerseits und Schaub/*Linck* § 132 Rn 18 andererseits). Dabei handelt es sich um Fälle, in denen der ArbGeb – etwa durch Anschlag am schwarzen Brett – allgemein bestimmte Kündigungstatbestände vorankündigt, wie zB Alkohol- und Drogenkonsum im Betrieb. Eine (personalisierte) Abmahnung dürfte auch in diesen Fällen grds angeraten sein; so fehlt es etwa beim Anschlag am schwarzen Brett an der für den ArbN notwendige Eindeutigkeit der Abmahnung (LAG Hamm 17.3.11, LAGE BGB 2002 § 626 Nr 33). 19

Nur bei **gleichartigen Wiederholungsfällen** ist eine erneute Abmahnung vor Ausspruch der Kündigung entbehrlich. Pflichtverletzungen sind gleichartig, wenn sie in einem inneren Bezug zu der der Kündigung zugrunde liegenden negativen Zukunftseinschätzung stehen (BAG 16.9.04 – 2 AZR 406/03, NZA 05, 459). Abmahnung und Kündigungsgründe müssen in einem inneren Zusammenhang stehen (BAG 9.6.11 – 2 AZR 323/10, NZA 11, 1342). Dabei darf der Sinn dieser Rspr nicht aus dem Auge verloren werden. Hat 20 eine Abmahnung „gewirkt" und der ArbN sein Verhalten geändert, kann es geboten sein, bei einem erneuten Vertragsverstoß, der mit den abgemahnten Verstößen in keinem Zusammenhang steht, erneut abzumahnen und nicht zu kündigen. Der Kreis gleichartiger Vertragsverstöße darf aber auch nicht zu eng gezogen werden. Das BAG hat zB ständige Unpünktlichkeit und Verstöße gegen die Anzeigepflicht als Ausdruck einer „spezifischen Unzuverlässigkeit" gewertet und keine erneute Abmahnung gefordert (BAG 16.9.04 – 2 AZR 406/03, NZA 05, 459).

21 Die Gleichartigkeit von Vertragsverstößen lässt sich nicht immer sicher bestimmen. In der großen Mehrzahl der Fälle ist die Abmahnung zugleich Ausdruck einer allgemeinen Unzufriedenheit mit dem Leistungs- oder Ordnungsverhalten des Mitarbeiters. Entscheidend ist, ob der ArbN auf Grund der Abmahnung erkennen konnte, der ArbGeb werde weiteres Fehlverhalten nicht hinnehmen, sondern mit einer Kündigung reagieren (BAG 9.6.11 – 2 AZR 323/10, NZA 11, 1342).

22 **Zahlreiche Abmahnungen** wegen gleichartiger Pflichtverletzungen schwächen ggf die Warnfunktion der Abmahnung ab, wenn sie der ArbN wegen ihrer Häufigkeit sie für „leere" Drohungen halten darf (BAG 27.9.12 – 2 AZR 955/11, NZA 13, 425). Der ArbGeb muss in diesen Fällen die letzte Abmahnung vor Ausspruch einer Kündigung besonders eindringlich gestalten, um dem ArbN klar zu machen, dass weitere Pflichtverletzungen nunmehr zum Ausspruch einer Kündigung führen werden (BAG 15.11.01 – 2 AZR 609/00, NZA 02, 968). Angesichts einer im Arbeitsleben angeblich verbreiteten Praxis, bei als leichter empfundenen Vertragsverstößen einer Kündigung mehrere – häufig drei – Abmahnungen vorausgehen zu lassen, soll die Beurteilung im konkreten Fall zeigen, ob schon eine dritte Abmahnung als „entwertet" angesehen werden kann (BAG 27.9.12 – 2 AZR 955/11, NZA 13, 425).

23 Die **unwirksame Kündigung** kann die Abmahnung ersetzen. Ist die auf einen unstreitigen Sachverhalt gestützte verhaltensbedingte Kündigung aus formellen Gründen – zB Nichtanhörung des BRat – unwirksam oder reichen die Vertragsverstöße für eine Kündigung nicht aus, stellt diese Kündigung zugleich eine Abmahnung dar (BAG 19.2.09 – 2 AZR 603/07, NZA 09, 894). Der ArbGeb darf daneben den ArbN zur Klarstellung in diesen Fällen auch ausdrücklich mit den Kündigungsgründen abmahnen (BAG 7.9.88 – 5 AZR 625/87, NZA 89, 272).

24 **4. Voraussetzungen.** Die Abmahnung ist **formfrei**. Sie kann daher auch mündlich ausgesprochen werden. Tarifverträge können etwas anderes vorsehen. Aus Beweisgründen sollte die Abmahnung allerdings stets schriftlich erteilt werden. Sie muss nicht als „Abmahnung" bezeichnet sein, aber deren inhaltlichen Anforderungen genügen.

25 Der **Inhalt** einer Abmahnung folgt aus ihrer Funktion. Neben einer Rüge des genau bezeichneten Fehlverhaltens – **Rügefunktion** – muss sie einen Hinweis enthalten, wonach im Wiederholungsfall Bestand oder Inhalt des Arbeitsverhältnisses gefährdet sind – kündigungsrechtliche **Warnfunktion** (BAG 19.4.12 – 2 AZR 258/11, NZA-RR 12, 567). Der ArbGeb kann frei darüber entscheiden, ob und ggf welches Fehlverhalten des ArbN er missbilligt und ob er deswegen eine mündliche oder schriftliche Abmahnung erteilt. Er kann dabei gleichartiges Fehlverhalten oder auch verschiedene Arten von Fehlverhalten zusammenfassen. Geht es um ein Verhalten, das sich über einen längeren Zeitraum erstreckt, ist es ihm überlassen, ob und ggf hinsichtlich welcher Zeitabschnitte er abmahnen will (BAG 14.12.94 – 5 AZR 137/94, NZA 95, 676). Der Betroffene muss der Abmahnung aber hinreichend deutlich entnehmen können, was ihm vorgeworfen wird, wie er sein Verhalten in Zukunft einzurichten hat, welche Sanktionen ihm drohen, wenn er sich nicht entsprechend verhält (BAG 19.4.12 – 2 AZR 258/11, NZA-RR 12, 567). Schlagworte wie „Störung des Betriebsfriedens", „Unzuverlässigkeit", „mangelnde Arbeitsbereitschaft" reichen nicht aus (BAG 27.11.08 – 2 AZR 675/07, NZA 09, 842). Der ArbGeb muss mit anderen Worten die gerügten Vorfälle genau bezeichnen (BAG 19.4.12 – 2 AZR 258/11, NZA-RR 12, 567), er muss sie konkret mit Datum und ggf Uhrzeit schildern. Denn nur so kann sich der ArbN gegen unberechtigte Vorwürfe substantiiert zur Wehr setzen. Dabei orientieren sich die Anforderungen an die Konkretisierung an dem, was der ArbGeb wissen kann. Bei der quantitativen Minderleistung sind dies die Arbeitsergebnisse und deren erhebliches Zurückbleiben hinter den Leistungen vergleichbarer ArbN, verbunden mit der

Rüge des ArbGeb, dass aus seiner Sicht der ArbN seine Leistungsfähigkeit pflichtwidrig nicht ausschöpft. Ob dies tatsächlich der Fall ist oder nicht, ist dann ggf im Abmahnungsprozess nach den Grundsätzen zu klären, die das BAG für Kündigungen wegen Minderleistungen aufgestellt hat (BAG 27.11.08 – 2 AZR 675/07, NZA 09, 842). Bei der Androhung muss das Wort „Kündigung" nicht fallen. Es reicht aus, wenn der ArbGeb deutlich darauf hinweist, dass im Wiederholungsfalle der Inhalt oder der Bestand des Arbeitsverhältnisses gefährdet ist. Dabei kann er sich grds darauf beschränken, mit „arbeitsrechtlichen Konsequenzen" zu drohen, weil schon damit ausgedrückt wird, dass der ArbN im Wiederholungsfall auch mit einer Beendigung des Arbeitsverhältnisses rechnen muss (BAG 19.4.12 – 2 AZR 258/11, NZA-RR 12, 567). Wer sich für den Fall eines erneuten Vertragsverstoßes zur (Änderungs-)Kündigung entschlossen hat, sollte dies jedoch im eigenen Interesse unmissverständlich – dh ausdrücklich – klarstellen.

**Abmahnungsberechtigt** ist jeder, der dem Betroffenen gegenüber weisungsbefugt ist. 26
Dies kann neben dem **Dienstvorgesetzten** auch der unmittelbare **Fachvorgesetzte** sein. Abmahnungsberechtigt ist auch der vom ArbGeb hierzu bevollmächtigte **Rechtsanwalt** (BAG 15.7.92 – 7 AZR 466/91, NZA 93, 220).

Für den **Zugang** der Abmahnung gelten die allgemeinen Regeln zum Zugang von 27
Willenserklärungen, zB der Kündigung (BAG 9.4.84 – 2 AZR 400/83, NZA 85, 124; → *Kündigung, allgemein* Rn 50–57). Dies bedeutet ua, dass dem der deutschen Sprache nicht mächtigen ausländischen Mitarbeiter die Abmahnung übersetzt werden muss. Im Einzelfall kann aber es gegen Treu und Glauben verstoßen, sich auf Sprachunkenntnis zu berufen (BAG 9.8.84 – 2 AZR 400/83, NZA 85, 124; → *Ausländer* Rn 12).

Die Abmahnung muss **verhältnismäßig** sein. Eine unverhältnismäßige Abmahnung ist 28
unwirksam (BAG 23.6.09 – 2 AZR 606/08, NZA 09, 1011). Zwar entscheidet der ArbGeb zunächst selbst, ob er ein Fehlverhalten des ArbN missbilligen und deswegen eine Abmahnung erteilen will, er darf dabei jedoch nicht gegen das Übermaßverbot verstoßen und „mit Kanonen auf Spatzen schießen" (BAG 13.11.92 – 5 AZR 74/91, NZA 92, 690). Allgemein gilt: Geringfügige Rechtsverstöße dürfen nicht zu schwerwiegenden Maßnahmen führen, wenn andere weniger einschneidende Maßnahmen möglich sind, die den Interessen des ArbG ebenso gut dienen. Abmahnungen belasten das Arbeitsverhältnis erheblich, weil nicht nur ein Fehlverhalten gerügt, sondern auch mit der Auflösung des Arbeitsverhältnisses gedroht wird. Selbst eine Strafversetzung beschwert ein Arbeitsverhältnis weniger, sodass sie auch ohne Abmahnung möglich ist (BAG 24.4.96 – 5 AZR 1031/94, NZA 96, 1088). Zwar ist unerheblich, ob das abgemahnte Verhalten im Wiederholungsfall eine Kündigung rechtfertigen könnte (BAG 30.5.96 – 6 AZR 537/95, NZA 97, 145). Dennoch können einzelne Bagatellverstöße nicht abgemahnt werden, weil dies gegen das Übermaßverbot verstoßen würde. Die Verhältnismäßigkeit kann aber aus einer Häufung geringfügiger Verstöße folgen. Eine Abmahnung ist jedenfalls verhältnismäßig, wenn ein besonnener ArbGeb die Pflichtverstöße nach Art und Gewicht für kündigungsrechtlich erheblich halten durfte, weil der ArbN seinen Arbeitspflichten „in nicht ganz unerheblichem Umfang" nicht nachgekommen ist (BAG 31.8.94 – 7 AZR 893/93, NZA 95, 225).

Das Erfordernis der **Anhörung** des ArbN vor der Aufnahme einer Abmahnung in seine 29
Personalakte ist umstr; zT wird vertreten, dass sich aus § 241 Abs 2 BGB eine entspr Verpflichtung des ArbGeb ergibt, weil es die Rücksicht auf die Interessen des ArbN erfordert, dass er Gelegenheit erhält, zu Vorwürfen Stellung zu nehmen. Tarifvertragliche Regelungen – etwa § 3 Abs 6 S 4 TV-L im öffentlichen Dienst der Bundesländer – sehen vor, dass Beschäftigten über Beschwerden und Behauptungen tatsächlicher Art, die für sie ungünstig sind oder ihnen nachteilig werden können, vor Aufnahme in die Personalakten gehört werden müssen. Ihre Äußerung ist zu den Personalakten zu nehmen. Das Fehlen einer Anhörung hat keine kündigungsrechtliche Relevanz, weil eine inhaltlich zutreffende und nur wegen fehlender Anhörung formell unwirksame Abmahnung für die Kündigung ausreicht. Sie hat ihre Warnfunktion nicht verloren (BAG 28.6.18 – 2 AZR 436/17, NZA 18, 1259). Die Anhörung ist also keine Wirksamkeitsvoraussetzung für eine Abmahnung.

Der **Betriebsrat** muss vor der Abmahnung weder angehört noch unterrichtet werden. 30
Die Abmahnung unterliegt nicht der Mitbestimmung (BAG 17.9.13 – 1 ABR 26/12, NZA 14, 269). Der BRat hat auch keinen aus § 78 Satz 1 BetrVG folgenden Anspruch auf Entfernung einer Abmahnung aus der Personalakte eines BRatMitglieds (BAG 4.12.13 – 7

ABR 7/12, NZA 14, 803) und keinen Anspruch darauf, dass ihm alle ab einem bestimmten Zeitpunkt erteilten Abmahnungen in anonymisierter Form vorgelegt werden (BAG 17.9.13 – 1 ABR 26/12, NZA 14, 269). Ebenso wenig kann er von sich aus Abmahnungen von ArbN in deren Personalakten einsehen, wie § 83 BetrVG zeigt. In einigen Personalvertretungsgesetzen ist die Beteiligung des Personalrates vor der Abmahnung vorgesehen. Wird der BRat zur nachfolgenden Kündigung nach § 102 BetrVG angehört, müssen ihm auch die Abmahnung und die Reaktionen des ArbN mitgeteilt werden (BAG 30.8.89 – 2 AZR 453/88, DB 90, 1928).

31 **5. Zeitablauf.** Eine **„Regelausschlussfrist"**, innerhalb der eine Abmahnung erklärt werden muss, besteht nicht (BAG 14.12.94 – 5 AZR 137/94, NZA 95, 676). Insbes müssen Pflichtverletzungen, die eine außerordentliche Kündigung begründen könnten, nicht innerhalb der zweiwöchigen Ausschlussfrist des § 626 Abs 2 BGB abgemahnt werden. Bei Bagatellverstößen, die jeder für sich mangels Verhältnismäßigkeit keine Abmahnung rechtfertigen können und erst durch ständige Wiederholung das Gewicht eines abmahnungsfähigen Verhaltens gewinnen, wird deutlich, dass die Abmahnung grds nicht an Zeitvorgaben gebunden ist. Zur zeitnahen Dokumentation bieten sich Ermahnung, Verweis uÄ an.

32 Das Recht **auf Abmahnung** kann **verwirken,** wenn der ArbN sich nach einer Verfehlung längere Zeit vertragstreu verhalten hat – **Zeitmoment** – und aus den Umständen des Einzelfalles folgt, dass auf seine alten Verfehlungen nicht mehr zurückgegriffen werden darf – **Umstandsmoment** (BAG 14.12.94 – 5 AZR 137/94, NZA 95, 676). Dies kann der Fall sein, wenn der ArbGeb durch sein Verhalten zu erkennen gibt, dass er die Angelegenheit „begraben" hat und von seinem Abmahnungsrecht keinen Gebrauch machen will, oder wenn er zB den ArbN befördert hat. Für die Dauer des erforderlichen Zeitraums ist die Art und Schwere des vorangegangenen Verstoßes ausschlaggebend. Entscheidend ist immer der Einzelfall.

33 Das Recht **aus Abmahnung** kann **verwirken,** wenn sich der Mitarbeiter nach einer Abmahnung längere Zeit vertragstreu verhält oder der ArbGeb weitere Pflichtverletzungen unbeanstandet hinnimmt und der ArbN sich deshalb auf den Fortbestand des Arbeitsverhältnisses eingerichtet hat. Ist das Recht aus der Abmahnung verwirkt, bedarf eine verhaltensbedingte Kündigung einer erneuten vorangegangenen vergeblichen Abmahnung (BAG 19.7.12 – 2 AZR 782/11, NZA 13, 91). Die ältere Abmahnung bleibt aber bedeutsam für die abschließende Interessenabwägung im Kündigungsschutzprozess (BAG 10.6.10 – 2 AZR 541/09, NZA 10, 1227). Dabei sind auch ungleichartige Abmahnungen heranzuziehen, weil es in diesem Zusammenhang um das Gesamtverhalten des ArbN und nicht um die Notwendigkeit einer weiteren Abmahnung geht (Schaub/*Linck* § 132 Rn 16).

34 **6. Mandatsträger. Betriebsratsmitglieder** und **Auszubildendenvertreter** dürfen wegen der Verletzung arbeitsvertraglicher Pflichten wie jeder andere ArbN abgemahnt werden (BAG 15.7.92 – 7 AZR 466/91, NZA 93, 220); so bei unbefugtem Verlassen des Arbeitsplatzes zur Wahrnehmung nicht erforderlicher Amtstätigkeit (Teilnahme an Gerichtsterminen einzelner ArbN), soweit erkennbar ist, dass es sich nicht um eine BRatTätigkeit handelt (BAG 31.8.94 – 7 AZR 893/93, NZA 95, 225), unberechtigter Inanspruchnahme von Freistellungen (BAG 19.7.83 – 1 AZR 307/81, AP BetrVG 1972 § 87 Betriebsbuße Nr 5), Besuch nicht erforderlicher Schulungen (BAG 10.11.93 – 7 AZR 62/92, NZA 94, 500), verbotswidriger parteipolitischer Betätigung im Betrieb (BAG 12.6.86 – 6 AZR 559/84, NZA 87, 153), Verteilung gewerkschaftlichen Werbematerials während der Arbeitszeit (BAG 13.11.91 – 5 AZR 74/91, NZA 92, 690), unterlassener Abmeldung beim ArbGeb vor Aufnahme von BRatTätigkeiten (BAG 15.7.92 – 7 AZR 466/91, NZA 93, 220). Verletzt der Mandatsträger lediglich seine **Amtspflichten,** scheidet eine Abmahnung aus. Hier bleibt nur der Weg des Ausschlussverfahrens nach § 23 Abs 1 BetrVG. Gegen eine dennoch vom ArbGeb erteilte Abmahnung kann das BRatMitglied im arbeitsgerichtlichen Beschlussverfahren vorgehen, nicht aber der BRat als Gremium (BAG 9.9.15 – 7 ABR 69/13, NZA 16, 57). Stellt die Amtspflichtverletzung zugleich einen Verstoß gegen arbeitsvertragliche Pflichten dar, kann insoweit abgemahnt werden (BAG 10.11.93 – 7 AZR 682/92, NZA 94, 500; → *Amtspflichtverletzung (Betriebsrat)* Rn 2).

35 **Gewerkschaftliche Vertrauensleute** genießen keinen besonderen Schutz. Sie können wie jeder andere ArbN abgemahnt werden.

**7. Gegenrechte.** Der ArbN muss gegen eine ungerechtfertigte Abmahnung nicht vorgehen. Der ArbGeb kann daraus weder herleiten, die Abmahnung sei zu Recht erfolgt, noch spricht im Prozess ein Anscheinsbeweis für deren Richtigkeit (BAG 13.3.87 – 7 AZR 601/85, NZA 87, 518). Der ArbN kann eine **Gegendarstellung** auch gegenüber der berechtigten Abmahnung zu den Personalakten geben. Für den mitbestimmten Betrieb ist dies in § 83 Abs 2 BetrVG geregelt. Für alle anderen Betriebe folgt die entsprechende Verpflichtung des ArbGeb aus Treu und Glauben. Die Gegendarstellung darf erst mit der Abmahnung aus der Personalakte entfernt werden. Grenzen für die Gegendarstellung ergeben sich aus Rechtsmissbrauchsgrundsätzen. Sie muss sachlich sein und sich auf die Punkte beziehen, welche Gegenstand der Abmahnung sind (Schaub/*Link* § 132 Rn 38). **36**

Macht der ArbN von seinem **Beschwerderecht** Gebrauch, kann der BRat nicht die Einigungsstelle nach § 85 Abs 2 BetrVG anrufen, soweit der ArbN mit seiner Beschwerde den Widerruf der Abmahnung bzw ihre Entfernung aus der Personalakte bezweckt. Er macht damit einen Rechtsanspruch geltend. Insoweit ist der Weg in die Einigungsstelle verschlossen (BAG 22.11.05 – 1 ABR 50/04, NZA 05, 803). Dies hindert den BRat nicht, eine gütliche Einigung mit dem ArbGeb anzustreben. **37**

Der ArbN kann **Beseitigung** und **Rücknahme** einer **ungerechtfertigten** Abmahnung verlangen. Befindet sie sich in der Personalakte, ist sie daraus zu entfernen (BAG 9.9.15 – 7 ABR 69/13, NZA 16, 57). Sie verliert damit ihre Wirkung (BAG 5.8.92 – 5 AZR 531/91, NZA 93, 838). Die Rspr begründet dies mit Treu und Glauben, dem Persönlichkeitsrecht des ArbN und einem aus § 1004 Abs 1 S 1 BGB hergeleiteten Rechtsgedanken, der jedermann die Verpflichtung auferlegen soll, Störungen der Rechtsstellung Dritter zu unterlassen (BAG 2.11.16 – 10 AZR 596/15, NZA 17, 183). Deshalb kann der ArbN die Beseitigung dieser Beeinträchtigung verlangen, wenn a) die Abmahnung formell nicht ordnungsgemäß zustande gekommen ist, b) unrichtige Tatsachenbehauptungen enthält, c) auf einer unzutreffenden rechtlichen Bewertung des Verhaltens des ArbN beruht, d) den Grundsatz der Verhältnismäßigkeit verletzt, e) kein schutzwürdiges Interesse des ArbGeb am Verbleib der Abmahnung in der Personalakte mehr besteht oder f) wenn sie statt eines konkret bezeichneten Fehlverhaltens nur pauschale Vorwürfe enthält (BAG 2.11.16 – 10 AZR 596/15, NZA 17, 183; BAG 20.1.2015 – 9 AZR 860/13, NZA 15, 805). Enthält die Abmahnung ehrverletzende Äußerungen, ist sie gleichzeitig zu widerrufen; das kann auch noch nach der Entfernung einer Abmahnung aus der Personalakte verlangt werden (BAG 15.4.99 – 7 AZR 716/97, NZA 99, 1037). **38**

Die Entfernung einer **zu Recht** erteilten Abmahnung aus seiner Personalakte kann ein ArbN nur verlangen, wenn es kein schutzwürdiges Interesse des ArbGeb mehr an dem Verbleib in der Personalakte besteht (BAG 2.11.16 – 10 AZR 596/15, NZA 17, 183). Dieses Interesse besteht solange eine zu Recht erteilte Abmahnung etwa für eine zukünftige Entscheidung über eine Versetzung oder Beförderung und die entsprechende Eignung des ArbN, für die spätere Beurteilung von Führung und Leistung in einem Zeugnis oder für die im Zusammenhang mit einer möglichen späteren Kündigung erforderlich werdende Interessenabwägung von Bedeutung sein kann. Darüber hinaus kann es im berechtigten Interesse des ArbGeb liegen, die Erteilung einer Rüge iSe Klarstellung der arbeitsvertraglichen Pflichten weiterhin dokumentieren zu können. Auch wenn sich eine Abmahnung noch in der Personalakte befindet, ist im Rahmen eines möglichen Kündigungsrechtsstreits aber stets zu prüfen, ob ihr noch eine hinreichende Warnfunktion zukam (BAG 19.7.12 – 2 AZR 782/11, NZA 13, 91). **39**

Wird eine Abmahnung auf **mehrere Vertragsverstöße** gestützt, von denen einige zu Unrecht erhoben werden oder ist sie aus formalen Gründen unwirksam, muss sie insgesamt aus der Personalakte entfernt werden, behält aber ihre Wirkung als mündliche Abmahnung, soweit die Vorwürfe zutreffen (BAG 19.2.09 – 2 AZR 603/07, NZA 09, 894). Es bleibt dem ArbGeb überlassen, eine formgerechte oder auf die zutreffenden bzw nachgewiesenen Pflichtverletzungen beschränkte Abmahnung auszusprechen (BAG 13.3.91 – 5 AZR 133/90, NZA 91, 768). Auf die gesonderte „Einzelabmahnung" jedes Vertragsverstoßes kann er nur ausweichen, soweit die Abmahnungen dadurch nicht unverhältnismäßig erscheinen und deshalb unwirksam sind (→ Rn 28). **40**

Tarifliche oder vertragliche allgemeine **Ausschlussfristen** erfassen nicht den Anspruch auf Beseitigung oder Rücknahme einer Abmahnung (BAG 14.12.94 – 5 AZR 137/94, **41**

NZA 95, 676). Er beruht ua auf dem Persönlichkeitsrecht. Derartige Ansprüche unterliegen grds nicht allgemeinen Ausschlussfristen (→ *Ausschlussfristen* Rn 10). Das Recht, die Beseitigung einer Abmahnung gerichtlich zu verlangen, kann aber **verwirken** (BAG 13.3.87 – 7 AZR 601/85, NZA 87, 518). Nach **Beendigung des Arbeitsverhältnisses** kann der ArbN nur dann die Entfernung einer Abmahnung aus der Personalakte verlangen, wenn es objektive Anhaltspunkte dafür gibt, dass sie ihm noch schaden kann (BAG 17.11.16 – 2 AZR 730/15, NZA 17, 394). Dies ist jedenfalls der Fall, wenn die Abmahnung zu Unrecht erfolgte (LAG Berlin-Brandenburg 18.7.11 – 10 Ta 1325/1, RdV 11, 250). Der Anspruch auf Entfernung dieser Abmahnung folgt auch aus der in § 241 Abs 2 BGB enthaltenen Pflicht des ArbGeb, keine unrichtigen Daten über den ArbN aufzubewahren (BAG 16.11.10 – 9 AZR 573/09, NZA 11, 453).

42 **8. Streitigkeiten.** Die Wirksamkeit eines Rechtsgeschäfts ist kein zulässiger Gegenstand einer Feststellungsklage. Der ArbN kann daher nicht die Unwirksamkeit einer Abmahnung feststellen lassen (BAG 24.2.16 – 7 ABR 23/14, NZA 16, 567), er kann nur ihre Beseitigung verlangen (BAG 20.1.15 – 9 AZR 860/13, NZA 15, 805; → Rn 38). Dabei trifft die **Darlegungs- und Beweislast** zur Rechtfertigung der Abmahnung im arbeitsgerichtlichen Prozess den ArbGeb (BAG 13.3.87 – 7 AZR 601/85, NZA 87, 518). Hat der ArbN davon abgesehen, die Berechtigung einer Abmahnung gerichtlich überprüfen zu lassen, ist er nicht daran gehindert, die Richtigkeit der abgemahnten Pflichtwidrigkeiten im nachfolgenden Kündigungsschutzprozess zu bestreiten (BAG 13.3.87 – 7 AZR 601/85, NZA 87, 518).

43 Schließen die Parteien einen **Prozessvergleich,** wonach die Abmahnung nach Ablauf einer bestimmten Zeit aus der Personalakte zu entfernen ist, soll darin allein keine Anerkennung der Berechtigung dieser Abmahnung durch den ArbN liegen (LAG Hamm 5.2.90, DB 90, 691). Wird die Klage auf Beseitigung einer Abmahnung rechtskräftig abgewiesen, soll das Gericht im Kündigungsschutzprozess an den Inhalt dieser Abmahnung gebunden sein (ArbG Wetzlar 12.4.90, DB 90, 2480). Im Streit um die Entfernung eines Abmahnungsschreibens aus der Personalakte darf das Gericht den ArbGeb ohne entsprechenden Antrag nicht für berechtigt erklären, erneut schriftlich abzumahnen (BAG 14.12.94 – 5 AZR 696/93, NZA 95, 461).

44 Das **Nachschieben von Abmahnungsgründen** im Beseitigungsprozess ist unzulässig (Schaub/*Linck* § 132 Rn 41). Das folgt schon aus der Warnfunktion einer Abmahnung und der Pflicht, die Abmahnungsgründe zu konkretisieren. Es bleibt dem ArbGeb unbenommen, eine neue Abmahnung auszusprechen.

45 Der **Streitwert** einer Beseitigungsklage ist mit einem Bruttomonatsverdienst anzusetzen.

46 **9. Muster.** S Online-Musterformular *„M3.1 Abmahnung"*.

### B. Lohnsteuerrecht *Seidel*

47 Für das LStRecht hat die Abmahnung keine Bedeutung. Zur lohnsteuerlichen Behandlung einer Betriebsbuße (→ Rn 7) → *Betriebsbuße* Rn 11, 12.

### C. Sozialversicherungsrecht *Ruppelt*

48 Die arbeitsrechtliche Abmahnung hat keine sozialversicherungsrechtlichen Auswirkungen oder Folgen. Vgl → *Betriebsbuße* Rn 13.

## Abwerbung

### A. Arbeitsrecht *Röller*

1 **1. Begriff.** Abwerbung ist das mittelbare oder unmittelbare ernsthafte und beharrliche Einwirken auf einen arbeitsvertraglich gebundenen ArbN mit dem Ziel, diesen zur Begründung eines neuen Arbeitsverhältnisses mit dem Abwerbenden oder einem Dritten zu veranlassen (BAG 19.12.18 – 10 AZR 233/18, NZA 19, 571; *MüKoBGB/Henssler* § 626 Rn 163 APS/*Vossen,* § 626 BGB Rn 293).

**2. Abwerbung von Arbeitskollegen.** Im **bestehenden Arbeitsverhältnis** ist der ArbN aufgrund der ihm obliegenden **Treuepflicht** nicht berechtigt, andere Mitarbeiter seines ArbGeb abzuwerben. Sie ist deshalb grds **unzulässig** (BAG 19.12.18 – 10 AZR 233/18, NZA 19, 571; ErfK/*Niemann* § 626 BGB Rn 62). Dies gilt auch während einer **Freistellung** des ArbN. 2

Die zweck- und zielgerichtete und mit einer gewissen Beharrlichkeit und Ernsthaftigkeit betriebene Abwerbung stellt einen wichtigen Grund für eine **außerordentliche Kündigung** dar (BAG 26.6.08 – 2 AZR 190/07, NZA 08, 1415; LAG RhPf 6.3.12 – 3 Sa 612/11, BeckRS 2012, 68307). Der wichtige Grund erfordert keine Abwerbung mit unlauteren Mitteln oder in verwerflicher Weise (ErfK/*Niemann* § 626 BGB Rn 62).

Abzugrenzen ist die unerlaubte Abwerbung von der zulässigen Vorbereitung einer selbstständigen (Wettbewerbs-)Tätigkeit für die Zeit nach dem Ausscheiden (BAG 26.6.08, NZA 08, 1415; LAG Köln 7.2.17 – 12 Sa 745/16, NZA-RR 17, 353). **Erlaubt** sind **Mitteilungen an andere Mitarbeiter,** er werde den ArbGeb verlassen, sich selbstständig machen oder ein neues Arbeitsverhältnis mit einem anderen ArbGeb eingehen. Mehrere ArbN können auch während eines bestehenden Arbeitsverhältnisses aufgrund einer **gemeinsamen Initiative** verabreden, gemeinsam in die Dienste eines neuen ArbGeb zu treten, sich gemeinsam selbstständig zu machen oder gemeinsam aus dem bestehenden Arbeitsverhältnis auszuscheiden (LAG BaWü 21.2.02 – 6 Sa 83/01, BeckRS 2002, 31011259; LAG RhPf 7.2.92 – 6 Sa 528/91, DB 92, 789; APS/*Dörner/Vossen,* § 626 BGB Rn 294). 3

**Nach Beendigung des Arbeitsverhältnisses** ist eine Abwerbung von früheren Arbeitskollegen zulässig, da die Treuepflichten gegenüber dem ArbGeb mit Beendigung des Arbeitsverhältnisses geendet haben (*Vogt/Oltmanns* ArbRAktuell 11, 604; *Schmiedl* BB 03, 1120). Die Art und Weise der Abmahnung darf jedoch nicht gegen das UWG verstoßen.

**3. Abwerbung von Arbeitnehmern durch Dritte.** Diese ist als Teil des freien Wettbewerbs grds erlaubt. Sie ist nur dann sittenwidrig gem §§ 3, 4 Nr 10 UWG, wenn wettbewerbsrechtlich unlautere Begleitumstände hinzukommen, insbes unlautere Mittel eingesetzt oder unlautere Zwecke verfolgt werden (BAG 26.9.12 – 10 AZR 370/10, NZA 13, 152; BGH 9.2.06 – I ZR 73/02, NZA 06, 500). Unzulässig sind zB täuschende und irreführende Angaben, die die Entscheidung des umworbenen ArbN beeinflussen, herabsetzende Äußerungen über den bisherigen ArbGeb, unsachliche Abwerbemethoden wie Eindringen in den räumlichen Betriebsbereich des Konkurrenten, das Aussetzen von „Kopfprämien" für gelungene Abwerbung oder das Aufsuchen geschäftsungewandter ArbN in der Privatwohnung sowie die Leistung unerbetener Kündigungshilfe (*Hefermehl/Köhler/Bornkamm* § 4 Rn 10104 ff). **Verboten** ist insbes die **Abwerbung unter Verleitung zum Bruch des Arbeitsvertrages,** zB durch Beendigung ohne Einhaltung der vereinbarten oder gesetzlichen Kündigungsfrist sowie einer vereinbarten Befristung (OLG Bbg 6.3.07 – 6 U 34/06, NZA-RR 08, 79; OLG Düsseldorf 30.4.02 – 20 U 15/02, NJW-RR 03, 104). Weitere Bsp s *Benecke/Pils* NZA 05, 561. Demgegenüber ist das bloße Ausnutzen eines fremden Vertragsbruchs zulässig, wenn keine besonderen Umstände hinzutreten (BGH 17.2.56 – I ZR 57/54, NJW 1956, 909; *Klaas* NZA 84, 313). Nicht wettbewerbswidrig ist es, wenn ein ArbN von einem **Personalberater** am Arbeitsplatz in einem ersten zur Kontaktaufnahme geführten Telefongespräch nach seinem Interesse an einer neuen Stelle befragt und diese kurz beschrieben wird. Wettbewerbswidrig handelt der im Auftrag eines Wettbewerbers anrufende Personalberater jedoch dann, wenn er sich bei einem solchen Gespräch darüber hinwegsetzt, dass der ArbN kein Interesse hat, das Gespräch über eine knappe Stellenbeschreibung hinaus ausdehnt (BGH 4.3.04 – I ZR 221/01, NZA 04, 795), oder wenn er dem ArbN Daten zu dessen Lebenslauf und bisherigen Tätigkeiten vorhält (BGH 22.11.07 – I ZR 183/04, NZA 08, 177). Werden dienstliche Telefoneinrichtungen zur Direktansprache am Arbeitsplatz benutzt, ist nicht danach zu unterscheiden, ob Festnetz- oder Mobiltelefone benutzt werden (BGH 9.2.06 – I ZR 73/02, NZA 06, 500). Zur **Abwerbung von LeihArbN** am Arbeitsplatz s *Bissels/Ziegelmayer* DB 15, 1659; zum Recruiting über soziale Netzwerke s *Koops/Göpfert* ArbRAktuell 17, 185. 4

**4. Sanktionen gegen den Abwerbenden. a) Unterlassung der Beschäftigung.** Bei wettbewerbswidrigem Handeln des Abwerbenden kann von diesem gem § 8 UWG Unterlassung der Beschäftigung des abgeworbenen ArbN verlangt werden, wenn und soweit er 5 sich durch die Beschäftigung einen Wettbewerbsvorsprung verschafft hat (BGH 19.2.71 – I ZR 97/69, DB 71, 826). Das Verbot der Beschäftigung des Abgeworbenen kann im Wege der **einstweiligen Verfügung** durchgesetzt werden (LG Saarbrücken 27.10.72, NJW 73, 373; aA OLG Celle 7.2.60, RdA 60, 440 (L)). Die dadurch möglicherweise entstehende gewisse Vorwegnahme der endgültigen Entscheidung ist nicht zu vermeiden.

6 **b) Schadensersatzansprüche.** Gegen den rechtswidrig Abwerbenden bestehen Schadensersatzansprüche gem §§ 280, 823, 826 BGB. Der Schaden kann in einer Gewinnminderung, den Kosten für Ersatzkräfte bzw Überstundenzuschläge für verbleibende ArbN liegen. Ob ein Schaden entstanden und wie hoch er ist, entscheidet der Tatrichter nach § 287 Abs 1 ZPO. Eine Schätzung muss jedoch unterbleiben, wenn sie mangels konkreter Anhaltspunkte völlig in der Luft hinge und daher willkürlich wäre (BAG 19.12.18 – 10 AZR 233/18, NZA 19, 571; 26.9.12 – 10 AZR 370/10, NZA 13, 152). Zur Anwendbarkeit des § 311 Abs 2 Nr 3 BGB s *Benecke/Pils* NZA 05, 561. Vertragliche und deliktische Ansprüche des ArbGeb aus Wettbewerbsverstößen des ArbN sowie die Ansprüche aus § 60 Abs 1 iVm § 61 Abs 1 HGB unterliegen der dreimonatigen Verjährungsfrist des § 61 Abs 2 HGB (BAG 30.5.18 – 10 AZR 780/16, NZA 18, 1425). Bei Verstößen gegen das UWG bestehen Ansprüche auf Schadensersatz und Gewinnabschöpfung (§§ 9, 10 UWG). Diese Ansprüche unterliegen einer kurzen Verjährungsfrist von 6 Monaten (§ 11 UWG).

7 **c) Strafrechtliche Folgen.** Dem Abwerbenden drohen Risiken unter dem Gesichtspunkt der Teilnahme des Verrats von Geschäfts- und Betriebsgeheimnissen (§§ 26, 27 StGB, § 19 UWG) oder einer Untreue des Mitarbeiters (§§ 26, 27, 266 StGB). Einzelheiten s *Bott/Hiéramente* CCZ 17, 125.

8 **5. Sanktionen gegen den Abgeworbenen. a) Unterlassungsanspruch.** Die hM verneint im Grundsatz einen einklagbaren Anspruch des ArbGeb auf Unterlassen einer anderweitigen Tätigkeit. Eine Ausnahme macht sie für den Fall, dass der ArbGeb ein berechtigtes Interesse am Unterbleiben einer Arbeitsleistung gerade bei dem betreffenden Unternehmen hat, bspw Tätigkeit eines vertragsbrüchigen ArbN für einen Wettbewerber (BAG 17.10.69 – 3 AZR 442/68, AP § 611 BGB Treuepflicht Nr 7; *Benecke/Pils* NZA 05, 561).

9 **b) Schadensersatzansprüche.** Erfüllt der abgeworbene ArbN seine Arbeitsvertragspflicht vertragswidrig nicht, kommen Schadensersatzansprüche gem § 280 BGB in Betracht. Im Einzelnen s *Benecke/Pils* NZA 05, 561.

10 **c) Auswirkungen auf den neuen Arbeitsvertrag.** Die wettbewerbswidrige Abwerbung hat nicht automatisch die Nichtigkeit des Arbeitsvertrages zur Folge. Diese kann sich jedoch aus einer Verletzung von Strafnormen (§§ 201 ff, 263 StGB) oder berufsständischen Regeln sowie aus § 138 BGB ergeben. Die Grenze zur Sittenwidrigkeit ist überschritten, wenn beide Parteien kollusiv die Schädigung des früheren ArbGeb beabsichtigen. Dem abgeworbenen ArbN können für den Fall der Nichtigkeit des neuen Arbeitsvertrages Ansprüche gem §§ 311a Abs 2 Satz 1, 280 Abs 1, 311 Abs 1, 241 Abs 2 (cic) gegen den Abwerbenden zustehen (*Benecke/Pils* NZA 05, 561).

11 **6. Rückwerben abgeworbener Arbeitnehmer.** Sind ArbN **in wettbewerbswidriger Weise abgeworben** worden, richtet sich die Beurteilung einer Rückwerbung nach den gleichen Erwägungen wie sie für die Abwerbung gelten. Jedoch sind mildere Maßstäbe anzulegen, wenn sie der Abwehr einer unzulässigen Abwerbung dient (BGH 21.12.66 – I b ZR 146/64, NJW 67, 873).

12 **7. Abwerbeverbote.** In der Praxis werden häufig Abwerbeverbote zwischen ArbGeb oder zwischen ArbGeb und ArbN vereinbart. Übersehen wird dabei § 75 f HGB. Abwerbeverbote zwischen ArbGeb sind danach zwar nicht nichtig, aber nicht durchsetzbar. Etwas anderes gilt, wenn die Abwerbeverbote nur Nebenbestimmungen der Vereinbarung sind und einem besonderen Vertrauensverhältnis der Parteien oder einer besonderen Schutzbedürftigkeit einer der beiden Seiten Rechnung tragen (BGH 30.4.14 – I ZR 245/12, NZA 15, 111). S *Glöckner* JuS 18, 1130; *Schloßer* BB 03, 1382.

13 **8. Rechtsweg.** Zuständig für Streitigkeiten **zwischen Arbeitgeber und Arbeitnehmer** ist das **Arbeitsgericht,** wenn um Ansprüche wegen unzulässiger Abwerbung, zB **Schadensersatz- oder Unterlassungsansprüche,** gestritten wird (§ 2 Abs 1 Nr 3a und d ArbGG; *Fischer* DB 98, 1182). Die Zuständigkeit des ArbG kann auch gegeben sein, wenn sich der Kläger ausschließlich auf wettbewerbsrechtliche Anspruchsgrundlagen stützt, der

beanstandete Wettbewerbsverstoß jedoch in einer inneren Beziehung zum (früheren) Arbeitsverhältnis steht (OLG Frankfurt 23.9.10 – 6 W 123/10, BeckRS 2010, 29284).

Streitigkeiten zwischen ArbGeb und einem **Dritten,** zB einem „Headhunter" oder einem abwerbenden Unternehmen, werden von den **ordentlichen Gerichten** entschieden.

### B. Lohnsteuerrecht

*Seidel*

**1. Kopfprämien.** Zahlungen von Kopfprämien des abwerbenden ArbGeb an **Mitarbeiter** seines Unternehmens für die Anwerbung fremder ArbN stellen als sonstiger Bezug der LSt unterliegender stpfl Arbeitslohn des ArbN dar (*Schmidt/Krüger* § 19 Rz 100: Belohnung; → *Sonstige Bezüge* Rn 2 ff). Die zivilrechtliche Zulässigkeit dieser Maßnahme ist nach § 40 AO steuerrechtlich unerheblich. 15

Bei der Zahlung von Prämien an **„Headhunter"** (→ Rn 4) ist lohnsteuerlich nichts veranlasst. Für den zahlenden ArbGeb sind dies Betriebsausgaben, für den (selbstständigen) Headhunter Betriebseinnahmen. Werden für den Headhunter (zB Unternehmensberatung) andere Personen tätig, ist nach allgemeinen Kriterien zu entscheiden, ob diese dessen ArbN sind oder selbstständig (zB sog Searchers) handeln (→ *Arbeitnehmer (Begriff)* Rn 30 ff). Ist der Prämienempfänger ArbN des früheren ArbGeb des Abgeworbenen, kommt mE keine Lohnzahlung durch Dritte (→ *Lohnabzugsverfahren* Rn 15) in Betracht, sondern eine Besteuerung beim ArbN als sonstige Leistung gem § 22 Nr 3 EStG (*Schmidt/Weber-Grellet* § 22 Rz 150: Belohnungen und → *Schmiergeld* Rn 9). 16

**2. Schadensersatz. a) Gegen den Abwerbenden.** Schadensersatzleistungen des abwerbenden ArbGeb an den früheren ArbGeb des Abgeworbenen (→ Rn 6) stellen jeweils Betriebsausgaben bzw Betriebseinnahmen dar, sind jedoch lohnsteuerrechtlich unbeachtlich. Schadensersatzleistungen eines ArbN des abwerbenden Unternehmens, sind Werbungskosten (→ *Werbungskosten* Rn 2 ff) bei seinen Einkünften aus nichtselbstständiger Arbeit (→ Rn 15). 17

Hat ein ArbN des früheren ArbGeb des Abgeworbenen Schadensersatz zu leisten, liegen Werbungskosten im Rahmen seiner sonstigen Einkünfte gem § 22 Nr 3 EStG vor (→ Rn 16). Hat er keine Belohnung für die Abwerbung erhalten, kann er die Schadensersatzzahlungen mE nicht als Werbungskosten bei seinen Einkünften aus nichtselbstständiger Arbeit abziehen (→ *Arbeitnehmerhaftung* Rn 27).

**b) Gegen den Abgeworbenen.** Bei Schadensersatzzahlungen des abgeworbenen ArbN an den früheren ArbGeb handelt es sich mE um vorweggenommene Werbungskosten (→ *Werbungskosten* Rn 9) im Rahmen der Einkünfte aus nichtselbstständiger Arbeit aus dem neuen Arbeitsverhältnis. 18

**c) Gegen den Headhunter.** Schadensersatzleistungen, etwa wegen Überschreitung der Grenze einer zulässigen Abwerbung eines ArbN im Betrieb des bisherigen ArbGeb (per Telefon, E-Mail, persönlichen Besuch; BGH 4.3.04 – I ZR 221/01, NJW 04, 2080; BB 04, 1464; → Rn 4, 6), sind bei ihm Betriebsausgaben und beim – bisherigen – ArbGeb Betriebseinnahmen. 19

### C. Sozialversicherungsrecht

*Voelzke*

Ob ein Beschäftigungsverhältnis iSd § 7 SGB IV durch Abwerbung des ArbN von einem anderen ArbGeb begründet wird, ist für die sozialversicherungsrechtlichen Folgen der Beschäftigung ohne Belang. 20

## Ältere Arbeitnehmer (50+)

### A. Arbeitsrecht

*Kania*

**1. Allgemeines.** Auch ältere ArbN sind „normale" ArbN. Eine besondere Berücksichtigung finden sie im Recht deshalb, weil sie in stärkerem Maße von Arbeitslosigkeit betroffen sind. Die Staaten der europäischen Union hatten sich 2000/2001 das Ziel gesetzt, bis zum 1

Jahre 2010 einen Anteil von 50% bei der Erwerbstätigkeit von 55- bis 64-Jährigen zu erreichen. Der deutsche Gesetzgeber hat mit Maßnahmen zur Vermeidung und Bekämpfung der Arbeitslosigkeit älterer ArbN mit dem sog Job-AQTIV-Gesetz vom 10.12.2001 begonnen. Die verschiedenen Förderelemente, die sich aus gesetzlichen Förderansprüchen und zusätzlichen Förderprogrammen zusammensetzen, waren mit dem Gesetz zur Verbesserung der Beschäftigungschancen älterer ArbN vom 19.4.2007 (BGBl I 2007, 538) ausgebaut und mit dem Gesetz zur Verbesserung der Eingliederungschancen am Arbeitsmarkt vom 20.12.11 wieder eingeschränkt worden.

2 **2. Gesetzliche Sonderregelungen.** Als einzige rein arbeitsrechtliche Sonderregelung zur Förderung der Beschäftigung älterer ArbN ist § 14 Abs 3 TzBfG zu nennen, der zum 1.5.2007 die vom EuGH mit der Mangold-Entscheidung (EuGH 22.11.05 – C 144/04, NZA 05, 1345) für europarechtswidrig erklärte Vorgängerregelung abgelöst hat (→ *Befristetes Arbeitsverhältnis* Rn 16). Die übrigen Fördermaßnahmen sind im SGB III geregelt und sehen finanzielle Zuschüsse seitens der BA vor (→ Rn 11 f). Zum Verbot der Benachteiligung wegen des Alters nach dem AGG → *Diskriminierung* Rn 83 ff.

3 **3. Sonstige Förderprogramme.** Zusätzliche Förderprogramme, mit denen Arbeitslosigkeit älterer ArbN bekämpft werden sollte, sind inzwischen bedingt durch Arbeitsmarktentwicklung und demografischen Wandel auf dem Rückzug. So ist das Programm „Perspektive 50plus – Beschäftigungspakte für Ältere in den Regionen" 2015 endgültig eingestellt worden. Weiter besteht die Initiative Neue Qualität der Arbeit (INQA). Mit dieser Initiative werden Betriebe und Verwaltungen dabei unterstützt, ihre Arbeitsbedingungen modern und altersgerecht zu gestalten (Näheres www.inqa.de).

## B. Lohnsteuerrecht

*Weil*

6 **1. Steuerliche Besonderheiten** für ältere ArbN bestehen in nur eingeschränktem Umfang (→ *Altersgrenze* Rn 15 ff; → *Altersentlastungsbetrag* Rn 6 ff). Der **Eingliederungszuschuss** für ArbGeb (→ Rn 13, 14) ist für diese zunächst als Betriebseinnahme zu erfassen und bei der Lohnzahlung als Betriebsausgabe zu behandeln (→ *Arbeitsförderung* Rn 8; → *Lohnkostenzuschuss* Rn 5 ff). Auch die Rückzahlung des Eingliederungszuschusses (§ 92 SGB III) ist Betriebsausgabe. Für die LSt aus dem Arbeitsentgelt an den ArbN 50+ bestehen keine Besonderheiten (→ *Lohnsteuerberechnung* Rn 2 ff).

7 **2. Leistungen zur Förderung der beruflichen Weiterbildung** an den ArbN (→ Rn 12) sind ebenfalls steuerfrei (§ 3 Nr 2a EStG); → *Weiterbildung* Rn 7.

## C. Sozialversicherungsrecht

*Voelzke*

11 **1. Allgemeines.** Die spezifischen Eingliederungsleistungen zur **gezielten Erhöhung der Erwerbsbeteiligung** älterer ArbN sind überwiegend ausgelaufen. Die aktuellen Instrumente des SGB II und SGB III begünstigen ältere ArbN nur noch insoweit, als zB in § 16i SGB II (Teilhabe am Arbeitsmarkt) eine bestimmte Dauer des vorhergehenden Leistungsbezugs vorausgesetzt wird.

12 **2. Eingliederungszuschuss.** Die (auslaufende) Regelung über die Besonderheiten beim Eingliederungszuschuss für ältere ArbN knüpft systematisch an die Regelungen über die allgemeinen Eingliederungszuschüsse (→ *Lohnkostenzuschuss* Rn 12) an. Die Voraussetzungen hierfür sind erfüllt, wenn sämtliche Voraussetzungen des § 88 SGB III erfüllt sind und der mittelbar begünstigte ArbN das **50. Lebensjahr vollendet** hat. Maßgebend ist insoweit der Zeitpunkt der tatsächlichen Beschäftigungsaufnahme (BSG 6.4.06 – B 7a AL 20/05 R, NZA RR 06, 605).

13 Hinsichtlich des Förderungsumfangs ordnet § 88 Satz 3 SGB III eine gegenüber dem allgemeinen Eingliederungszuschuss erweiterte **Förderdauer von 36 Monaten** an. Bei der Ermessensentscheidung über die Festlegung der Förderdauer sind die jeweiligen Eingliederungserfordernisse des Einzelfalls der entscheidende Maßstab (*Hauck/Noftz/Voelzke* SGB III § 89 Rz 27). Für die Förderhöhe gelten die ansonsten für Eingliederungszuschüsse nach §§ 89 ff SGB III geltenden Maßstäbe (→ *Lohnkostenzuschuss* Rn 20).

Die besondere Förderung für ältere ArbN wird durch § 89 Satz 3 SGB III in der Weise begrenzt, dass die Förderung bis zum **31.12.2019** begonnen haben musste.

# Änderungskündigung

## A. Arbeitsrecht

*Eisemann*

**Übersicht**



**1. Grundlagen.** In den durch den **Arbeitsvertrag** abgesteckten Grenzen lassen sich Arbeitsbedingungen durch einfache **Weisung** des ArbGeb ändern (→ *Weisungsrecht* Rn 2 ff). Sollen diese Grenzen überschritten werden und kommt es nicht zu einer einvernehmlichen Neuregelung des Arbeitsverhältnisses, kann der ArbGeb eine **Änderungskündigung** aussprechen. Ist diese wirksam, führt sie – je nach Reaktion des ArbN – zur einseitigen Abänderung des Arbeitsvertrages oder zur Beendigung des Arbeitsverhältnisses. 1

Die **gesetzliche Regelung** der Änderungskündigung in § 2 KSchG brachte den ArbN einen erheblichen Vorteil. Bisher konnten sie gegen die Änderungskündigung nur mit der Kündigungsschutzklage vorgehen. Der verlorene Prozess führte zum Verlust des Arbeitsplatzes. Jetzt können sie ohne Arbeitsplatzrisiko isoliert die Zulässigkeit der Änderung ihrer Arbeitsbedingungen gerichtlich überprüfen zu lassen, nachdem sie den „Vorbehalt" erklärt haben. Ihr Preis für diese Regelung besteht darin, dass sie nach Ablauf der Kündigungsfrist bis zur rechtskräftiger Entscheidung dieses Prozesses erst einmal zu den geänderten Bedingungen arbeiten müssen. 2

Bei der Änderungskündigung handelt es sich um ein aus zwei Willenserklärungen **zusammengesetztes Rechtsgeschäft** (BAG 21.5.19 – 2 AZR 26/19, NZA 19, 1143). Zur Beendigung des Arbeitsverhältnisses muss als zweites Element das Angebot zu seiner Fortsetzung unter geänderten Bedingungen hinzukommen. Die **einseitige Änderung** des Inhalts von Arbeitsverträgen durch Änderungskündigung erhält der ArbGeb nur um den Preis der Beendigung des Arbeitsverhältnisses, die er mit dem Abschluss eines neuen Arbeitsvertrages zu den geänderten Bedingungen verbindet. Diese **notwendige Beendigung** des Arbeitsverhältnisses zur Abänderung des Inhalts des Arbeitsvertrages unterscheidet die Änderungskündigung von der unzulässigen Teilkündigung (→ *Kündigung, allgemein* Rn 6). Die Änderungskündigung bedarf zu ihrer Wirksamkeit nach § 623 BGB der **Schriftform** (→ *Kündigung, allgemein* Rn 28 ff). Dies gilt nicht nur für die in ihr enthaltene Beendigungskündigung, sondern auch für das mit ihr verbundene Änderungsangebot (BAG 21.5.19 – 2 AZR 26/19, NZA 19, 1143). Es ist Bestandteil des Rechtsgeschäfts. Der Vorbehalt des gekündigten ArbN und seine Annahme des Änderungsangebots werden jedoch von § 623 BGB nicht erfasst (ErfK/*Müller-Glöge* § 623 BGB Rz 16). 3

Da der ArbN von Gesetzes wegen innerhalb einer kurzen Frist auf das **Vertragsangebot** eines ArbGeb reagieren und sich entscheiden muss, ob er die geänderten Arbeitsbedingungen ablehnt oder mit oder ohne Vorbehalt annimmt, ist erforderlich, dass schon mit dem Änderungsangebot – und nicht erst durch spätere Erläuterungen – zweifelsfrei klargestellt wird, zu welchen neuen Arbeitsbedingungen das Arbeitsverhältnis nach dem Willen des ArbGeb fortbestehen (BAG 21.5.19 – 2 AZR 26/19, NZA 19, 1143) und zu welchem 4

Zeitpunkt die Änderung eintreten soll (BAG 29.9.12 – 2 AZR 523/10, NZA 12, 628). Das mit der Kündigung unterbreitete Änderungsangebot muss konkret gefasst, dh **eindeutig bestimmt** bzw **zumindest bestimmbar** sein. Wie sonst auch können zu seinem Verständnis zusätzlich außerhalb des Kündigungsschreibens liegende Umstände herangezogen werden, soweit sie in dem schriftlichen Angebot ausreichend Anklang gefunden haben Der ArbN muss ihm am Ende entnehmen können, an welche Grenzen sich der ArbGeb bei der Ausübung seines Weisungsrechts in Zukunft halten muss und welche Vertragbedingungen gelten sollen. Dazu muss zumindest das künftige Berufsbild und die geschuldete Tätigkeit zu erkennen sein. (BAG 21.5.19 – 2 AZR 26/19, NZA 19, 1143). Fehlt diese Klarheit und Verständlichkeit ist die Änderungskündigung insgesamt unwirksam (BAG 21.5.19 – 2 AZR 26/19, NZA 19, 1143). So ist ein Änderungsangebot für eine Tätigkeit als „Servicemitarbeiter“ nicht hinreichend bestimmt, wenn es bei dem ArbGeb verschiedene Arten von Servicemitarbeitern gibt (BAG 21.5.19 – 2 AZR 26/19, NZA 19, 1143). Mehrere alternative Angebote in nur einer Änderungskündigung führen grundsätzlich zu deren Unwirksamkeit (BAG 20.6.13 – 2 AZR 396/12, NZA 13, 1409). Ist jedoch im Einzelfall schwierig zu bestimmen, welches von mehreren möglichen Angeboten sich weniger weit vom bisherigen Vertragsinhalt entfernt (→ Rn 18), darf der Arbeitgeber ausnahmsweise die in Betracht kommenden Änderungen alternativ anbieten. Der ArbN hat dann die Wahl, eines der Angebote vorbehaltlos oder unter Vorbehalt anzunehmen (→ Rn 30 ff) oder sämtliche Änderungsangebote abzulehnen (BAG 10.4.14 – 2 AZR 812/12, NZA 14, 653). Spricht der ArbGeb zur selben Zeit mehrere Änderungskündigungen aus, die jede für sich ein Angebot zur Fortsetzung des Arbeitsverhältnisses unter Änderung lediglich einer bestimmten jeweils anderen Vertragsbedingung und den Hinweis enthalten, der ArbN erhalte zugleich weitere Änderungskündigungen, sind alle diese Änderungskündigungen unwirksam (BAG 10.12.09 – 2 AZR 534/08, NZA 2010, 698). Kündigt der Arbeitgeber jedoch das Arbeitsverhältnis zu einem ersten, hilfsweise bzw äußerts hilfsweise zu einem und weiteren späteren Terminen und bietet dem Arbeitnehmer die Fortsetzung des Arbeitsverhältnisses ab dem Tag nach dem jeweiligen Termin zu geänderten aber jeweils identischen Vertragsbedingungen an, handelt es sich um mehrere Änderungskündigungen, nämlich um eine unbedingte Änderungskündigung zu dem ersten und weitere in zulässiger Weise nach § 158 Abs 2 BGB auflösend bedingte Änderungskündigungen zu den späteren Terminen (BAG 18.10.2018 – 2 AZR 374/18, NZA 19, 246). Der Arbeitnehmer kann in diesem Fall in Bezug auf jede der Kündigungen entscheiden, ob er das mit ihr verbundene Vertragsangebot ablehnen oder mit bzw. ohne Vorbehalt annehmen will. Ein Angebot ist nicht bestimmt genug, wonach die Fortsetzung des Arbeitsverhältnisses zu den in einem Tarifvertrag geregelten Bedingungen erfolgen soll, der im Zeitpunkt des Zugangs der Änderungskündigung noch nicht wirksam zustande gekommen ist oder danach abgeschlossen rückwirkend zu einem Zeitpunkt vor Kündigungszugang Geltung erlangen soll. Der maßgebliche Zeitpunkt für die Wirksamkeit der Kündigung als Ausübung eines Gestaltungsrechts durch einseitige empfangsbedürftige Willenserklärung ist nicht tarifdispositiv (BAG 17.2.16 – 2 AZR 613/14, AP KSchG 1969 § 2 Nr 168).

5 Die Änderungskündigung hat **Vorrang** vor der Beendigungskündigung. Darin liegt ihre große praktische Bedeutung. Lässt sich eine Beendigungskündigung durch Ausspruch einer Änderungskündigung vermeiden, muss der ArbGeb von diesem milderen Mittel Gebrauch machen. Tut er es nicht, ist allein deshalb die Beendigungskündigung unwirksam (BAG 21.4.05 – 2 AZR 132/04, NZA 05, 1289). Er ist jedoch grundsätzlich nicht verpflichtet, dem ArbN seine weitere Beschäftigung auf Arbeitsplätzen in einem im Ausland gelegenen Betrieb oder Betriebsteil des Unternehmens anzubieten; ein Vorrang der Änderungskündigung besteht insoweit nicht (BAG 24.9.15 – 2 AZR 3/14, NZA 15, 1457). Möchte er sofort eine Beendigungskündigung aussprechen, muss er dem ArbN das Änderungsangebot mit dem deutlichen Hinweis unterbreiten, dass der Bestand des Arbeitsverhältnisses auf dem Spiel steht, wenn das Angebot nicht angenommen wird. Dies Angebot kann allenfalls in Extremfällen – zB zukünftiger offensichtlich völlig unterwertiger Beschäftigung – unterbleiben (BAG 21.4.05 – 2 AZR 132/04, NZA 05, 1289). Nach einem Änderungsangebot ist die Beendigungskündigung nur zulässig, wenn der ArbN unmissverständlich zum Ausdruck gebracht hat, er werde die geänderten Arbeitsbedingungen bei Ausspruch einer Änderungskündigung nicht, auch nicht unter dem Vorbehalt ihrer sozialen Rechtfertigung annehmen.

Er kann daher den ArbGeb im Kündigungsschutzprozess nicht mehr auf die Möglichkeit einer Änderungskündigung verweisen (BAG 21.4.05 – 2 AZR 132/04, NZA 05, 1289).

Die Änderungskündigung hat **Nachrang** gegenüber der Ausübung des Direktionsrechtes. 6
Sie ist „überflüssig", wenn die angestrebte Änderung der Arbeitsbedingungen keine Vertragsänderung benötigt, weil sie schon durch einfache Weisung herbeigeführt werden kann (BAG 26.1.12 – 2 AZR 102/11, NZA 12, 856) oder die Änderung auf andere Weise – etwa durch eine Betriebsvereinbarung (BAG 24.8.04 – 1 AZR 419/03, NZA 05, 51) – herbeigeführt wurde. Sie ist unverhältnismäßig und wegen der mit ihr verbundenen Bestandsgefährdung jedenfalls unwirksam, wenn der ArbN sie nicht unter Vorbehalt annimmt (BAG 22.9.16 – 2 AZR 509/15, NZA 16, 1461; Einzelheiten → Rn 37).

Bei der Änderungskündigung handelt es sich um eine **echte Kündigung,** die deshalb 7
den für die Beendigungskündigung geltenden allgemeinen Grundsätzen unterliegt. Der ArbGeb muss die Kündigungsfristen und gesetzlichen **Kündigungsbeschränkungen** beachten. Im Anwendungsbereich des KSchG ist sie unwirksam, wenn die Änderung der bestehenden Vertragsbedingungen nicht aus personen-, verhaltens- oder betriebsbedingten Gründen sozial gerechtfertigt ist (BAG 20.1.2015 – 9 AZR 860/13, NZA 15, 805). Werdende und junge Mütter, Schwerbehinderte, Mandatsträger, Wehr- oder Zivildienstleistende sind – wie sonst – gegen die Kündigung besonders geschützt. Tariflicher oder einzelvertraglicher Ausschluss von Kündigungen erfasst auch die Änderungskündigung, weil dies dem allgemeinen Sprachgebrauch entspricht (BAG 22.4.10 – 2 AZR 80/09, NZA-RR 11, 75).

Der **Massenentlassungsschutz** gilt auch bei Änderungskündigungen. Sie sind „Entlas- 8
sungen" iSv § 17 KSchG. Das gilt unabhängig davon, ob der Arbeitnehmer das ihm mit der Kündigung unterbreitete Änderungsangebot ablehnt oder – und sei es ohne Vorbehalt – annimmt (BAG 20.2.12 – 2 AZR 326/12, NZA 14, 1069). Jede Änderungskündigung schließt die Absicht ein, das Arbeitsverhältnis zu beenden. Auch wenn die Änderungskündigung im Ergebnis lediglich auf eine Änderung der Vertragsbedingungen zielt, handelt es sich bei ihr doch – wegen der mit ihr verbundenen Kündigungserklärung – um eine „echte" Kündigung. § 17 KSchG ist nicht zu entnehmen, dass die Erklärung einer Kündigung nur dann als „Entlassung" iSd jeweiligen Vorschriften zu verstehen ist, wenn sie tatsächlich zum Ausscheiden des ArbN aus dem Betrieb führt.

§ 2 KSchG verlangt, dass der ArbGeb dem ArbN im **Zusammenhang** mit der Kündi- 9
gung die Fortsetzung des Arbeitsverhältnisses zu geänderten Bedingungen anbietet. Dieser Zusammenhang besteht, wenn sich aus den Gesamtumständen zweifelsfrei ergibt, dass der ArbGeb vorrangig die Durchsetzung veränderter Arbeitsbedingungen und nicht die Beendigung des Arbeitsverhältnisses anstrebt. Bei der Änderungskündigung geht es um ein zusammengesetztes Rechtsgeschäft. Die **Verknüpfung** von Kündigung und Änderungsangebot kann **auf verschiedene Weise** vorgenommen werden.

Der ArbGeb kann eine **unbedingte Kündigung** aussprechen und mit ihr die Fortset- 10
zung des Arbeitsverhältnisses zu geänderten Bedingungen anbieten: „Hiermit kündigen wir das Arbeitsverhältnis zum Ablauf des … Gleichzeitig bieten wir Ihnen an, das Arbeitsverhältnis ab dem … zu folgenden geänderten Bedingungen fortzusetzen …". Der ArbGeb kann eine **bedingte Kündigung** aussprechen, die gelten soll, falls der ArbN das Vertragsangebot nicht annimmt: „Wir kündigen Ihnen zum … unter der Bedingung, dass sie unser Angebot zur Fortsetzung des Arbeitsverhältnisses mit folgenden Änderungen nicht bis zum … annehmen." Denkbar ist auch, dass der ArbGeb in dem Kündigungsschreiben, mit dem er eine bedingte oder unbedingte Kündigung ausspricht, nur ein **Angebot aufrechterhält,** das er zuvor schon vergeblich gemacht hat: „Wir kündigen Ihnen … (oder „unter der Bedingung zum …"). Das Ihnen am … gemachte Angebot zur Änderung des Arbeitsvertrages erhalten wir aufrecht."

Das Vertragsangebot kann der Kündigung **nicht nachfolgen** (BAG 17.5.01 – 2 AZR 11
460/00, NZA 02, 54), weil so die dem ArbN im Gesetz eingeräumte Überlegungsfrist verkürzt würde und bei der Bewertung der Änderungskündigung Umstände herangezogen würden, die bei ihrem Zugang noch nicht vorlagen.

**2. Arten.** Die Änderungskündigung kann als ordentliche oder außerordentliche Kündi- 12
gung ausgesprochen werden.

13 Zu dem vom ArbGeb zu tragenden Risiko gehört auch die Einhaltung der ordentlichen Kündigungsfrist (BAG 2.3.06 – 2 AZR 64/05, NZA 06, 985). Eine **außerordentliche Änderungskündigung** wird daher in der Regel nur dann in Betracht kommen, wenn die ordentliche Änderungskündigung durch Gesetz – zB § 15 KSchG –, Tarifvertrag oder Einzelarbeitsvertrag ausgeschlossen worden ist (BAG 1.3.07 – 2 AZR 580/05, NZA 07, 1445 – Tarifvertrag; BAG 2.3.06 – 2 AZR 64/05, NZA 06, 985 – Arbeitsvertrag). Dieser Ausschluss ordentlicher Kündigungen führt jedoch nicht zur Herabsetzung der an die außerordentliche Kündigung zu stellenden Aufforderungen (BAG 2.3.06 – 2 AZR 64/05, NZA 06, 985; BAG 1.3.07 – 2 AZR 580/05, NZA 07, 1445). Weil eine gesonderte gesetzliche Bestimmung fehlt, sind auf die außerordentliche Änderungskündigung im Übrigen die Regeln aus § 2 KSchG anzuwenden (BAG 1.3.07 – 2 AZR 580/05, NZA 07, 1445).

14 Besteht das Änderungsbedürfnis schon für einen Zeitpunkt vor Ablauf der Kündigungsfrist und reichen ihre Gründe für eine außerordentliche Änderungskündigung nicht aus, darf der ArbGeb nach Ausspruch einer ordentlichen Änderungskündigung nicht einseitig die Arbeitsbedingungen de facto durch eine (de iure rechtswidrige) Weisung ändern und damit den Kündigungsschutz aushebeln. Die Änderungskündigung wirkt erst zum Ablauf der ordentlichen Kündigungsfrist. Auch das Änderungsangebot des ArbGeb nach § 2 KSchG muss sich daran orientieren. Der ArbGeb darf daher auch mit einer ordentlichen Änderungskündigung nicht die Änderung der Arbeitsbedingungen schon vor Ablauf der ordentlichen Kündigungsfrist anbieten. Dies führt zur Unwirksamkeit der Änderungskündigung (BAG 29.9.11 – 2 AZR 523/10, NZA 12, 628; BAG 21.9.06 – 2 AZR 120/06, NZA 07, 435).

15 **3. Kündigungsgründe.** Da es bei der Änderungskündigung nicht nur um die Beendigung eines Arbeitsverhältnisses, sondern darum geht, ob es zu geänderten Bedingungen fortgesetzt wird, gilt hier ein **anderer Maßstab** bei der Beurteilung ihrer Wirksamkeit.

16 **a) Außerordentliche Änderungskündigung.** Diese muss nach **§ 626 Absatz 2 BGB** – wie die außerordentliche Beendigungskündigung – innerhalb von zwei Wochen nach Kenntnis der Kündigungsgründe zugegangen sein (BAG 25.3.76 – 2 AZR 127/75, AP BGB § 626 Ausschlussfrist Nr 10) und setzt voraus, dass die sofortige Änderung der Arbeitsbedingungen **unabweisbar** notwendig ist (BAG 21.6.95 – 2 ABR 28/94, NZA 95, 1157). Dem **ArbGeb** muss die Fortsetzung des Arbeitsverhältnisses mit den bisherigen Arbeitsbedingungen – schon für die Dauer der Kündigungsfrist – **unzumutbar** und (kumulativ!) dem **ArbN** müssen die geänderten Arbeitsbedingungen **zumutbar** sein (BAG 6.3.86 – 2 ABR 15/85, NZA 87, 102). Bei einem **Ausschluss der ordentlichen Kündigung** durch Gesetz, Tarifvertrag oder Arbeitsvertrag sind extreme Ausnahmefälle denkbar, in denen eine außerordentliche Kündigung mit sozialer Auslauffrist in Frage kommt. So ist eine **außerordentliche personenbedingte Änderungskündigung** zwar nicht generell ausgeschlossen. Grundsätzlich ist es dem ArbGeb aber zuzumuten, die geltende Kündigungsfrist einzuhalten. Für eine außerordentliche Kündigung aufgrund krankheitsbedingter Leistungsminderung bedarf es eines gravierenden Missverhältnisses zwischen Leistung und Gegenleistung, das über das für eine ordentliche Kündigung erforderliche Maß deutlich hinausgeht. Ist das Arbeitsverhältnis nur aus wichtigem Grund kündbar, ist es dem ArbGeb regelmäßig zuzumuten, eine krankheitsbedingte Leistungsminderung des ArbN durch entsprechende Maßnahmen, etwa eine dies berücksichtigende Aufgabenverteilung (BAG 20.3.14 – 2 AZR 825/12, NZA 14, 1089), nach Auffassung des BAG im Einzelfall sogar durch Kündigung eines anderen ArbN (BAG 28.10.10 – 2 AZR 688/09, NZA-RR 11, 167) auszugleichen. Auch die Anforderungen an die Wirksamkeit einer **außerordentlichen betriebsbedingten Änderungskündigung** sind erheblich. Der ArbGeb trägt das Betriebsrisiko. Deshalb kann nicht jede mit dem Festhalten am Vertragsinhalt verbundene Last einen wichtigen Grund zur außerordentlichen Änderungskündigung bilden (BAG 2.3.06 – 2 AZR 64/05, NZA 06, 985). Dies gilt unabhängig davon, ob der Ausschluss einer ordentlichen Kündigung im Arbeitsvertrag (BAG 2.3.06 – 2 AZR 64/05, NZA 64/05), in AVR (BAG 22.4.10 – 2 AZR 80/09, NZA-RR 11, 75) oder Tarifvertrag (BAG 1.3.07 – 2 AZR 580/05, NZA 07, 1445) vereinbart wurde. In allen Fällen sind die ArbGeb bewusst ein hohes Risiko eingegangen und haben den ArbN einen besonders gesicherten Status verliehen. Für eine betriebsbedingte außerordentliche Änderungskündigung ist entscheidender Gesichtspunkt, ob ein geändertes unternehmerisches Konzept die vorgeschlagenen

Änderungen erzwingt, ob diese unabweisbar notwendig und dem ArbN zumutbar sind oder ob es im Wesentlichen auch ohne oder mit weniger einschneidenden Änderungen durchsetzbar bleibt (BAG 28.5.09 – 2 AZR 844/07, NZA 09, 954). Wird ein Arbeitsverhältnis jedoch sinnentleert, weil eine Arbeitsleistung nicht mehr erbracht werden kann – „Heizer auf der E-Lock" – und deshalb auf unzumutbar lange Zeit Vergütung ohne Gegenleistung gezahlt werden müsste, ist eine außerordentliche Änderungskündigung mit notwendiger Auslauffrist möglich (BAG 18.3.10 – 2 AZR 337/08, NZA-RR 11, 18; BAG 1.3.07 – 2 AZR 580/05, NZA 07, 1445). So kann gegenüber sog „unkündbaren" ArbN eine außerordentliche Änderungskündigung mit Auslauffrist bei einer Verlegung des Betriebssitzes gerechtfertigt sein, um den im Arbeitsvertrag festgeschriebenen Arbeitsort neu festzulegen (BAG 28.5.09 – 2 AZR 844/07, NZA 09, 954). Der wichtige Grund fehlt aber, wenn die Änderungskündigung auf die Versetzung eines ArbN zielt, die nicht auf einer Betriebsverlegung beruht, und der ArbGeb zuvor nicht alles Zumutbare unternommen hat, um sie zu vermeiden (BAG 2.3.06 – 2 AZR 64/05, NZA 06, 985). Ein wichtiger Grund für eine außerordentliche Änderungskündigung mit notwendiger Auslauffrist zur **Reduzierung des Entgelts** eines ordentlich unkündbaren ArbN kann gegeben sein, wenn nur so der konkreten Gefahr einer Betriebsschließung wegen Insolvenz begegnet werden kann (BAG 20.10.17 – 2 AZR 783/16 (F), NZA 18, 440). Im Geltungsbereich des **TVöD** kann der ArbGeb eine außerordentliche betriebsbedingte Änderungskündigung aussprechen, mit der ArbN auch um mehr als eine Gehaltsgruppe herabgruppiert werden (BAG 27.11.08 – 2 AZR 757/07, NZA 09, 481).

**b) Ordentliche Änderungskündigung.** Maßstab für die Prüfung der **Sozialwidrigkeit** einer ordentlichen Änderungskündigung ist nicht die Beendigung des Arbeitsverhältnisses, sondern allein die soziale Rechtfertigung der Änderung von Arbeitsbedingungen Dies gilt auch, wenn der ArbN das Änderungsangebot abgelehnt hat und man deshalb um die Beendigung des Arbeitsverhältnisses streitet (BAG 10.4.14 – 2 AZR 812/12, NZA 14, 653; BAG 10.9.09 – 2 AZR 822/07, NZA 10, 333). Der Grund liegt darin, dass der ArbGeb in beiden Fällen mit der Änderungskündigung nicht die Weiterbeschäftigung als solche in Frage stellt, sondern allein den Inhalt des Arbeitsvertrages. 17

Die **Prüfung** der Sozialwidrigkeit erfolgt in **zwei Stufen.** Das Gericht muss klären, ob Gründe in der Person, dem Verhalten oder dringende betriebliche Erfordernisse das Änderungsangebot bedingen und ob die vorgeschlagene Änderung des Arbeitsvertrages gesetzeskonform (BAG 24.4.97 – 2 AZR 352/96, NZA 97, 1047) bzw tarifkonform (BAG 18.12.97 – 2 AZR 709/96, NZA 98, 304) und vom ArbN billigerweise hinzunehmen ist (BAG 10.4.14 – 2 AZR 812/12, NZA 14, 653). Dabei muss der ArbN nur solche Änderungen billigerweise hinnehmen, die dem Grundsatz der **Verhältnismäßigkeit** entsprechen. Die Änderungen müssen geeignet und erforderlich sein, um den Inhalt des Arbeitsvertrages den geänderten Beschäftigungsmöglichkeiten anzupassen (BAG 10.4.14 – 2 AZR 812/12, NZA 14, 653; BAG 10.9.09 – 2 AZR 822/07, NZA 10, 333). Diese Voraussetzungen müssen für alle vorgesehenen Änderungen vorliegen. Ausgangspunkt ist die bisherige vertragliche Regelung. Die angebotenen Änderungen dürfen sich von deren Inhalt nicht weiter entfernen, als zur Erreichung des angestrebten Ziels erforderlich ist (10.4.14 – 2 AZR 812/12, NZA 14, 653). Stehen mehrere Möglichkeiten der Änderung von Arbeitsbedingungen zur Verfügung, muss der ArbGeb dem ArbN die auch ihm zumutbare Änderung anbieten, welche diesen am wenigsten belastet (BAG 17.3.05 – 2 ABR 2/04, NZA 05, 949). So kann auch eine Änderungskündigung gerechtfertigt sein, mit welcher der ArbGeb dem ArbN nur seine **befristete Weiterbeschäftigung** zu veränderten Bedingungen anbietet (BAG 25.4.96 – 2 AZR 609/95, NZA 96, 1197). Ist im Einzelfall schwer zu bestimmen, welches von mehreren möglichen Angeboten weniger weit vom bisherigen Vertragsinhalt entfernt und für den ArbN weniger belastend ist, steht es dem ArbGeb ausnahmsweise frei, die in Betracht kommenden Änderungen der Arbeitsbedingungen alternativ anzubieten (BAG 10.4.14 – 2 AZR 812/12, NZA 14, 653). 18

**c) Gründe in der Person. Personenbedingte Änderungskündigungen** kommen aus Umständen in Betracht, die auf den persönlichen Verhältnissen oder Eigenschaften des Arbeitnehmers beruhen. Meist geht es dabei um eine krankheits- oder altersbedingt nachlassender Leistungsfähigkeit des ArbN. Eine hierauf gestützte Änderungskündigung kann sozial gerechtfertigt sein, wenn die bisherigen und nach der Prognose zu erwartenden 19

Auswirkungen der eingeschränkten Leistungsfähigkeit des ArbN zu einer erheblichen Beeinträchtigung betrieblicher Interessen führen. Liegen diese im wirtschaftlichen Bereich, kommt es darauf an, ob die Arbeitsleistung des ArbN die berechtigten Erwartungen des ArbG von der Gleichwertigkeit der beiderseitigen Leistungen in einem Maße unterschreitet, dass ihm das Festhalten am bisherigen Arbeitsvertrag unzumutbar wird; eine lediglich geringfügige – qualitative oder quantitative – Minderleistung reicht dafür nicht aus.(BAG 22.10.15 – 2 AZR 550/14, NZA-RR 16, 243). Die Änderungskündigung setzt weiter voraus, dass ein anderer freier, gleichwertiger oder schlechterer Arbeitsplatz vorhanden ist oder durch Ausüben des Weisungsrechts geschaffen werden kann, an dem sich die verminderte Leistungsfähigkeit des ArbN nur noch so auswirkt, dass künftig nicht mehr mit erheblichen betrieblichen Beeinträchtigungen des ArbGeb zu rechnen ist (BAG 22.9.05 – 2 AZR 519/04, NZA 06, 486). Dabei ist auch eine Verminderung der Arbeitsmenge bei gleichzeitiger Kürzung der Bezüge denkbar. Eine isolierte Herabsetzung der Vergütung ohne Änderung der Tätigkeit ist jedoch unzulässig, weil der ArbN keinen bestimmten Leistungserfolg schuldet (Schaub/*Linck* § 137 Rz 40). Im Übrigen stehen die Kündigungsgründe für eine personenbedingte Änderungskündigung zur Verfügung, die auch eine Beendigungskündigung rechtfertigen könnten (→ *Kündigung, personenbedingte* Rn 31 ff).

20 **d) Gründe im Verhalten. Verhaltensbedingte Änderungskündigungen** sind – wie die Beendigungskündigung – grds nur nach vorangegangener vergeblicher Abmahnung (→ *Abmahnung* Rn 8) möglich (BAG 23.6.09 – 2 AZR 283/08, NZA 09, 1168). Der ArbGeb muss – etwa bei Streitigkeiten – prüfen, ob die Beschäftigung an einem anderen Arbeitsplatz möglich ist, an dem das beanstandete Verhalten wegfällt oder den Betriebsablauf nicht mehr erheblich stört (BAG 22.7.82 – 2 AZR 30/81, NJW 83, 700).

21 **e) Betriebsbedingte Gründe.** Die **betriebsbedingte Änderungskündigung** steht in der betrieblichen Praxis deutlich im Vordergrund. Sie ist sozial gerechtfertigt iSd § 1 Abs 2 S 1 iVm § 2 KSchG, wenn das Beschäftigungsbedürfnis für den ArbN zu den bisherigen Vertragsbedingungen entfallen ist und der ArbGeb sich darauf beschränkt hat, solche Änderungen vorzuschlagen, die der ArbN billigerweise hinnehmen muss. Ob der ArbN diese Änderung billigerweise hinnehmen muss, ist nach dem Verhältnismäßigkeitsgrundsatz zu ermitteln. Sie muss geeignet und erforderlich sein, um den Inhalt des Arbeitsvertrags an die verbliebenen Beschäftigungsmöglichkeiten anzupassen und darf sich nicht weiter vom bisherigen Inhalt des Arbeitsverhältnisses entfernen, als dies zur Erreichung des angestrebten Ziels erforderlich ist (BAG 18.5.17 – 2 AZR 606/16, ArbR 17, 413). Dieser Maßstab gilt unabhängig davon, ob der ArbN das Angebot ablehnt oder unter Vorbehalt annimmt (BAG 20.1.15 – 9 AZR 860/13, NZA 15, 805; BAG 10.9.09 – 2 AZR 822/07, NZA 10, 333). Betriebliche Erfordernisse können auf einer nur der Missbrauchskontrolle unterliegenden unternehmerischen Entscheidung zur Umstrukturierung des Betriebs beruhen (BAG 3.4.08 – 2 AZR 500/06, NJW 08, 812; BAG 23.6.05 – 2 AZR 642/04; NZA 06, 92). Zu den weiteren betriebsbedingten Anlässen für die Änderungskündigung kann auf die Beendigungskündigung hingewiesen werden (→ *Kündigung, betriebsbedingte* Rn 2 ff). Die Zumutbarkeit der neuen Arbeitsbedingungen rechtfertigt für sich allein genauso wenig eine Änderungskündigung, wie der Wunsch des ArbGeb, über die Änderungskündigung zu einer einheitlichen Umsetzung eines Sanierungskonzepts oder allgemein zu einer Vereinheitlichung der Arbeitsbedingungen zu kommen (BAG 29.9.11 – 2 AZR 523/10, NZA 12, 628; BAG 1.3.07 – 2 AZR 580/05, NZA 07, 1445). Und eine Änderungskündigung ist auch unwirksam, wenn der ArbGeb sie ausspricht, um die Teilzeitbeschäftigung einer ArbN zu beenden, die er ihr zugestehen musste, weil er ihr Verlangen nicht in der Frist des § 8 Abs 5 Satz 3 TzBfG abgelehnt hatte (BAG 20.1.15 – 9 AZR 860/13, NZA 15, 805) oder wenn er den Arbeitsvertrag – etwa durch ein doppelte Schriftformklausel – erweitert, ohne dass hierfür Gründe nach § 2 KSchG gegeben sind (BAG 29.9.11 – 2 AZR 523/10, NZA 12, 628).

22 Die Entscheidung des ArbGeb, den Betrieb **ohne Reduzierung des Arbeitsvolumens** als Ganzes so **umzuorganisieren,** dass dies zu einer Herabsetzung und anderen Lage der Arbeitszeit für ArbN führt, ist wirksam, solange betriebliche Gründe dies bedingen (BAG 22.4.04 – 2 AZR 385/03, NZA 04, 1158). Hierzu soll allein der Entschluss des ArbGeb ausreichen, einen vom Umfang her konkretisierten Dienstleistungsbedarf nur mit Volltags- oder teilweise auch mit Halbtagsbeschäftigungen abzudecken. Diese Entscheidung soll daher

nicht auf ihre Zweckmäßigkeit, sondern lediglich zur Vermeidung von Missbrauch auf offene Unvernunft oder Willkür zu überprüfen sein (BAG 22.4.04 – 2 AZR 385/03, NZA 04, 1158). Eine **Arbeitszeitreduzierung** kann als dringendes betriebliches Erfordernis für eine Änderungskündigung nur in Betracht kommen, wenn der ArbGeb sich infolge eines **Rückgangs des im Betrieb vorhandenen Arbeitsvolumens** dazu entschließt, die Arbeitszeit der bei ihm beschäftigten ArbN zu reduzieren und neu zu verteilen. Dabei kann er weitgehend frei die Entscheidung treffen, ob das noch verbleibende Arbeitsvolumen durch weniger Vollzeitkräfte oder durch alle beschäftigten ArbN in Teilzeit erledigt wird (BAG 26.11.09 – 2 AZR 658/08, NZA-RR 10, 448).

Soll durch das Änderungsangebot neben der Tätigkeit auch die Vergütung geändert 23
werden, sind beide Elemente des Änderungsangebots am Verhältnismäßigkeitsgrundsatz zu messen. Eine gesonderte Rechtfertigung der Vergütungsänderung ist nur dann entbehrlich, wenn sich die geänderte Vergütung aus einem im Betrieb angewandten Vergütungssystem ergibt – **„Tarifautomatik“** (BAG 3.4.08 – 2 AZR 500/06, NZA 08, 812). Wird die Tätigkeit eines **AT-Angestellten** nach Neufassung des tariflichen Gehaltssystems von den Merkmalen einer tariflichen Vergütungsgruppe erfasst, ergibt sich allein daraus kein dringendes betriebliches Erfordernis für eine Änderungskündigung zur Anpassung der vertraglichen Gehaltsabreden an die Tarifbestimmungen (BAG 10.9.2009 – 2 AZR 822/07, NZA 10, 334). Ergibt sich bei einer Änderungskündigung die Höhe der Vergütung für die geänderte Tätigkeit nicht automatisch etwa aus einem Tarifvertrag oder einer vom ArbGeb aufgestellten Vergütungsordnung, sondern hat der ArbGeb die Gehälter aller vergleichbaren ArbN **frei ausgehandelt,** so ist nach den Grundsätzen der abgestuften Darlegungs- und Beweislast zu prüfen, ob die dem ArbN konkret angebotene Vergütung dessen Änderungsschutz hinreichend berücksichtigt. Der ArbGeb ist nicht verpflichtet, dem betroffenen ArbN im Wege der Änderungskündigung die höchste für vergleichbare Tätigkeiten gezahlte Vergütung anzubieten. Er muss ihn vielmehr nur unter Berücksichtigung seines Änderungsschutzes in das frei ausgehandelte Vergütungsgefüge einordnen. Bietet er dem ArbN eine Vergütung an, die die durchschnittlich gezahlte Vergütung merklich unterschreitet, so muss er darlegen, welche weiteren Gesichtspunkte ihn zu dieser niedrigen Vergütungsfestsetzung bewogen haben und inwiefern dabei der bestehende Änderungsschutz hinreichend berücksichtigt ist. Bewegt sich demgegenüber die angebotene Vergütung verglichen mit der der anderen ArbN im oberen Bereich, so spricht zunächst eine Vermutung dafür, dass die angebotene Vergütung vom ArbN billigerweise hinzunehmen ist. Dann muss der ArbN im Rahmen der abgestuften Darlegungslast weitere Gesichtspunkte vortragen, die es gerade bei ihm unter Berücksichtigung seines Änderungsschutzes erfordern, dass seine geänderte Tätigkeit noch höher vergütet wird (BAG 3.4.08 – 2 AZR 500/06, NZA 08, 812). Wenn der ArbGeb von einer „Rückgruppierung“ in der für den Arbeitnehmer erkennbaren Annahme absieht, sie sei wegen Zeitablaufs unzulässig, verzichtet er damit nicht auf das Recht, eine entsprechende Änderungskündigung zu erklären (BAG 24.9.15 – 2 AZR 680/14, AP KSchG 1969 § 2 Nr 165).

Eine Änderungskündigung zur **Entgeltsenkung** ist nicht allein deshalb gerechtfertigt, 24
weil eine gesetzliche Regelung die Möglichkeit vorsieht, durch Parteivereinbarung einen geringeren (tariflichen) Lohn festzulegen, als er dem ArbN bisher gesetzlich oder vertraglich zustand (BAG 12.1.06 – 2 AZR 126/05, NZA 06, 587). Grds sind einmal geschlossene Verträge einzuhalten. Es ist allgemein anerkannt, dass Geldmangel den Schuldner nicht entlastet. Der schwerwiegende Eingriff in das Leistungs-/Lohngefüge wegen **schlechter Ertragslage,** wie es die Änderungskündigung zur Durchsetzung einer erheblichen Lohnsenkung darstellt, ist deshalb nur dann begründet, wenn durch das Senken der Personalkosten die Stilllegung des Betriebes oder eine deutliche Reduzierung der Belegschaft verhindert werden kann. Regelmäßig setzt deshalb eine solche Situation einen umfassenden Sanierungsplan voraus, der alle gegenüber der beabsichtigten Änderungskündigung milderen Mittel ausschöpft. Der ArbGeb darf dabei dem ArbN nur die Vertragsbedingungen anbieten, die den Vorgaben des Sanierungsplans entsprechen (BAG 20.10.17 – 2 AZR 763/16 (F), NZA 18, 440). Im Prozess muss der ArbGeb dazu die Finanzlage des Betriebs, den Anteil der Personalkosten, die Auswirkungen der erstrebten Kostensenkung für den Betrieb und für die ArbN darlegen und verdeutlichen, warum andere Maßnahmen nicht in Betracht kommen (BAG 20.6.13 – 2 AZR 396/12, NZA 13, 1409). Bei nur

vorübergehenden wirtschaftlichen Verlusten müssen ArbN keine Entgeltsenkung auf Dauer hinnehmen (BAG 1.3.07 – 2 AZR 580/05, NZA 07, 1445). Die fehlende Rentabilität einer unselbstständigen Betriebsabteilung stellt nur dann ein betriebliches Erfordernis dar, wenn sie auf das wirtschaftliche Ergebnis des Gesamtbetriebs durchschlägt (BAG 12.11.98 – 2 AZR 91/98, NZA 99, 471). Hat der ArbGeb mit einzelnen ArbN eine höhere Vergütung vereinbart, als sie dem betrieblichen Niveau entspricht, kann er sie nicht unter Berufung auf den Gleichheitssatz anpassen (BAG 1.7.99 – 2 AZR 826/98, NZA 99, 1336). Hat der ArbGeb mit anderen ArbN eine Entgeltsenkung vereinbart, reicht allein sein Bestreben, die Löhne zu vereinheitlichen, für eine Änderungskündigung nicht aus (BAG 12.1.06 – 2 AZR 126/05, NZA 06, 587). Die Änderungskündigung kann aber gerechtfertigt sein, wenn es um **Nebenleistungen** geht, deren Gewährung an Umstände anknüpft, die nicht notwendig während der gesamten Dauer des Arbeitsverhältnisses vorliegen (BAG 20.6.13 – 2 AZR 396/12, NZA 13, 1409). So kann ein Mietzuschuss, der ursprünglich die Preisdifferenz zwischen einer billigen Werkwohnung und einer Wohnung auf dem freien Markt ausgleichen sollte, wegen veränderter Umstände sachlich ungerechtfertigt werden. Der ArbGeb ist endlich nicht verpflichtet, die mit Kostensenkung begründeten Änderungskündigungen mehrerer ArbN durch die Beendigung der Arbeitsverhältnisse von weniger schutzbedürftigen ArbN zu vermeiden (BAG 19.5.93 – 2 AZR 584/92, NZA 93, 1075). Enthält der Arbeitsvertrag des mit einem Betriebsübergang auf den Betriebserwerber übergegangenen Arbeitsverhältnisses eine **dynamische Bezugnahme** auf einen Tarifvertrag, soll sich der Erwerber von der nach § 613a Abs 1 Satz 1 BGB hieran bestehenden Bindung grundsätzlich mit einer sozial gerechtfertigten Änderungskündigung lösen können (BAG 23.11.17 – 6 AZR 683/16, NZA 18, 311; BAG 30.8.17 – 4 AZR 95/14, NZA 18, 255). Das BAG hat bisher unter Hinweis auf ihre notwendige „Erforderlichkeit" im Übrigen offen gelassen, wann eine solche Änderungskündigung sozial gerechtfertigt sein kann. Auch wenn es dem ArbGeb (nur) darum geht, das bisher in seinem Unternehmen geltende Entgeltniveau aufrecht zu erhalten, bedeutet die Lösung von der Tarifdynamik für die von der Änderungskündigung betroffenen ArbN eine Entgeltabsenkung (aA BAG 30.8.17 – 4 AZR 95/14, NZA 18, 255). Die soziale Rechtfertigung einer Lösung von der Tarifdynamik muss daher der Rechtfertigung einer Entgeltabsenkung zumindest sehr nahe kommen.

**25** **Übertarifliche Bezahlung** kann nicht allein unter Berufung auf den Gleichbehandlungsgrundsatz abgebaut werden (BAG 1.7.99 – 2 AZR 826/98, NZA 99, 1336; BAG 20.1.2000 – 2 ABR 40/99, NZA 00, 592); tariflich gesicherte Leistungen lassen sich mit einer Änderungskündigung nicht abbauen (BAG 10.2.99 – 2 AZR 422/98, NZA 99, 657). Wirkt ein Tarifvertrag nach § 4 Abs 5 TVG nur noch nach, kann eine Änderungskündigung sozial gerechtfertigt sein (BAG 27.9.01 – 2 AZR 236/00, NZA 02, 750). Die innere Zwangslage der Bewilligung einer Lohnzulage (Festhalten von Arbeitskräften) begründet für sich keine spätere Änderungskündigung (LAG Düsseldorf 21.5.71 – 5 Sa 174/71, DB 72, 100). Wird eine übertarifliche Zulage auf Weisung der Aufsichtsbehörde gestrichen (Hausbrand), kann dies eine Änderungskündigung rechtfertigen (LAG Saarbrücken 19.9.62, DB 62, 1343).

**26** Ein Leiter der Lohnabrechnung kann bei **Wegfall seines Arbeitsplatzes** durch Einführung von EDV über eine Änderungskündigung zum Sachbearbeiter in der Lohnbuchhaltung gemacht werden (LAG Düsseldorf 21.1.83 – 2 Sa 1657/82, DB 83, 1931). Das mit der Änderungskündigung verbundene Angebot an einen Angestellten in mittlerer Position, bei deutlicher Minderung der Bezüge als ungelernter Arbeiter weiter zu arbeiten, ist regelmäßig unzumutbar (LAG RhPf 24.1.86 – 6 Sa 1008/85, DB 86, 1728). Ein Änderungsangebot zur Lage der Arbeitszeit einer teilzeitbeschäftigten ArbN, das gegen § 2 BeschFG – jetzt § 4 Abs 1 S 1 TzBfG – verstößt, führt zur Sozialwidrigkeit der entsprechenden Änderungskündigung (BAG 24.4.97 – 2 AZR 352/96, NZA 97, 1047). Scheidet eine Führungskraft aus, kann dessen Sekretärin nicht ohne weiteres über eine Änderungskündigung abgelöst werden (LAG BaWü 29.1.73, DB 73, 2454). Der sog **„Ferienüberhang"** kann bei Musikschullehrern durch Änderungskündigung beseitigt werden, indem die vertraglich vereinbarte Arbeitszeit und damit die Vergütung abgesenkt (BAG 26.1.95 – 2 AZR 428/94, NZA 95, 628) oder die Stundenzahl außerhalb der Ferien entsprechend angehoben wird (BAG 26.1.95 – 2 AZR 371/94, NZA 95, 626).

**f) Soziale Auswahl.** Das Gebot der sozialen Auswahl gilt auch für betriebsbedingte Änderungskündigungen (BAG 18.5.17 – 2 AZR 606/16, ArbR 17, 413; 29.1.15 – 2 AZR 164/14, NZA 15, 426). Dies betrifft zwei Konstellationen. Eine soziale Auswahl ist nach § 1 Abs 3 KSchG vorzunehmen, wenn es schlicht darum geht, welcher von mehreren ArbN sich eine für ihn ungünstige Änderung seines Arbeitsvertrages gefallen lassen muss. Daneben stellt sich die Frage nach einer sozialen Auswahl bei der **Weiterbeschäftigung** nach § 1 Abs 2 KSchG. Sind von einer Organisationsmaßnahme des ArbGeb mehrere ArbN betroffen und stehen für die Weiterbeschäftigung im Betrieb oder Unternehmen nur eine bestimmte Anzahl von Arbeitsplätzen zur Verfügung, konkurrieren im Einzelfall mehrere ArbN um eine geringere Zahl von Arbeitsplätzen und darum, wer die davon günstigeren erhält. Dass es dabei nicht nur um das „Ob" einer Kündigung, sondern auch um das „Wie" der Änderungen der Arbeitsbedingungen geht, entbindet den ArbGeb nicht von einer analog zu § 1 Abs 3 KSchG vorzunehmenden sozialen Auswahl (BAG 24.5.12 – 2 AZR 163/11, NZA-RR 13, 74; BAG 12.8.2010 – 2 AZR 945/08, NZA 11, 460). Der **Maßstab** ist bei einer Änderungskündigung **abgewandelt.** Während bei der Beendigungskündigung darauf abgestellt wird, ob ArbN, gemessen an dem bisher eingenommenen Arbeitsplatz, vergleichbar sind (→ *Kündigung, betriebsbedingte* Rn 31–33), bezieht sich ihre Austauschbarkeit bei der Änderungskündigung auch auf den angebotenen neuen Arbeitsplatz. Vergleichbar sind ArbN, die zusätzlich auch für die Tätigkeit, die Gegenstand des Änderungsangebotes ist, wenigstens – ggf nach einer angemessenen Einarbeitungszeit – annähernd gleich geeignet sind (BAG 18.5.17 – 2 AZR 606/16, ArbR 17, 413). Dies kann zu einer Verengung des in die Sozialauswahl einzubeziehenden Kreises von ArbN führen. 27

Bei der **sozialen Betroffenheit** ist nicht danach zu fragen, welchen ArbN der Verlust des Arbeitsplatzes, sondern danach, welchen ArbN die Änderung der Vertragsbedingungen am härtesten trifft, welchem ArbN eine Umstellung auf die neue Tätigkeit eher zumutbar ist und wie sich die vorgeschlagene Änderung auf den sozialen Status vergleichbarer ArbN auswirkt (BAG 29.1.15 – 2 AZR 164/14, NZA 15, 426; BAG 18.1.07 – 2 AZR 796/05, NZA 08, 1208). Auch hier sind allein die Kriterien Betriebszugehörigkeit, Unterhaltspflichten, Lebensalter und Schwerbehinderung maßgebend. Zwar sind diese für die besondere Situation einer Änderungskündigung oft nicht aussagekräftig genug. Auf eine Heranziehung zusätzlicher Faktoren und Kriterien muss aber wegen der klaren gesetzlichen Regelung verzichtet werden. Es kommt allenfalls eine Ergänzung im Rahmen der Gewichtung der Grunddaten aus § 1 Abs 3 KSchG in Betracht, soweit die ergänzenden Faktoren einen unmittelbaren Bezug zu diesen Grunddaten haben (BAG 29.1.15 – 2 AZR 164/14, NZA 15, 426; BAG 12.8.10 – 2 AZR 945/08, NZA 11, 460). So kann zB die Umsetzung in die Schichtarbeit einen nur kurze Zeit beschäftigten Elternteil mit schulpflichtigen Kindern besonders hart treffen. Der längere Zeit tätige kinderlose Mitarbeiter wird deshalb eher mit einer Änderungskündigung rechnen müssen. 28

Auch bei einer Änderungskündigung verfügt der ArbGeb bei der Sozialauswahl über einen **Beurteilungsspielraum** (BAG 18.1.07 – 2 AZR 796/05, NZA 08, 1208; → *Kündigung, betriebsbedingte* Rn 37). Er muss soziale Kriterien nur „ausreichend", nicht „richtig", berücksichtigen. Er kann – wie sonst auch – nach § 1 Abs 3 S 2 KSchG von diesen Grundsätzen abweichen (APS/*Künzl* KSchG § 2 Rz 292), soweit die unveränderte Weiterbeschäftigung bestimmter ArbN im berechtigten betrieblichen Interesse liegt, die deshalb nicht in die soziale Auswahl einbezogen werden müssen (→ *Kündigung, betriebsbedingte* Rn 38 f). Für Änderungskündigungen können Auswahlrichtlinien nach § 1 Abs 4 KSchG vereinbart (BAG 12.8.10 – 2 AZR 945/08, NZA 11, 460) und Namenslisten nach § 1 Abs 5 KSchG aufgestellt werden (BAG 19.6.07 – 2 AZR 304/06, NZA 08, 103). 29

**4. Reaktionen.** Nach Ausspruch der Änderungskündigung hat der ArbN **drei Möglichkeiten:** Annahme, Annahme unter Vorbehalt und Ablehnung des Änderungsangebotes. 30

**a) Annahme.** Nimmt der ArbN das Angebot der geänderten Vertragsbedingungen an, wird das Arbeitsverhältnis zu diesen neuen Bedingungen von dem Zeitpunkt an **fortgeführt,** zu dem die Kündigung wirksam geworden wäre. Die Annahme kann **formfrei** und durch **schlüssiges Verhalten** erfolgen. Die stillschweigende Annahme kann darin liegen, dass der ArbN nach Ablauf der Kündigungsfrist widerspruchslos zu neuen Bedingungen weiterarbeitet (BAG 19.6.86 – 2 AZR 565/85, NZA 87, 94). Nur die Annahme des in der Änderungskündigung liegenden Änderungsangebots *unter* Vorbehalt ist an die Frist des § 2 Satz 2 KSchG gebunden. Die Annahme *ohne* Vorbehalt kann auch danach erklärt werden, wenn der ArbGeb hierfür nicht nach § 148 BGB eine Frist gesetzt hat (BAG 6.2.03 – 2 AZR 674/01, NZA 03, 659). Allerdings gilt die gesetzliche Frist in diesem Fall als Mindestfrist für die vom ArbGeb gesetzte Frist. Bestimmt er eine kürzere Frist, ist die Kündigung nicht allein deshalb unwirksam, sie setzt nur die gesetzliche Frist des § 2 Satz 2 KSchG in Lauf (BAG 18.10.2018 – 2 AZR 374/18, NZA 19, 246; BAG 18.5.06 – 2 AZR 230/05, NZA 06, 1092). Wie spät die Erklärung ohne Fristsetzung sein darf, entscheidet der Einzelfall (BAG 6.2.03 – 2 AZR 674/01, NZA 03, 659). Nach fristloser Änderungskündigung erklärt der ArbN durch seine (sofortige) Weiterarbeit zunächst nur, dass er das Angebot annimmt. Er kann dann innerhalb der Frist des § 2 Satz 2 KSchG noch erklären, ob er mit Vorbehalt oder außerhalb der Frist, aber ohne Vorbehalt annehmen will (BAG 6.2.03 – 2 AZR 674/01, NZA 03, 659).

31 **b) Ablehnung.** Nach Ablehnung des Änderungsangebotes wird aus der Änderungskündigung eine Beendigungskündigung, gegen die der ArbN wie sonst auch nach § 4 Satz 1 KSchG vorgehen kann (BAG 10.4.14 – 2 AZR 812/12, NZA 14, 653). Dabei kann schon in einer Kündigungsschutzklage nach § 4 Satz 1 KSchG konkludent die Ablehnung des Änderungsangebots liegen, wenn der ArbN nicht zuvor den Vorbehalt erklärt hat (BAG 21.5.19 – 2 AZR 26/19, NZA 19, 1143).

32 **c) Vorbehalt.** Der ArbN kann nach § 2 KSchG das Angebot des ArbGeb „unter dem Vorbehalt annehmen, dass die Änderung der Arbeitsbedingungen nicht sozial ungerechtfertigt ist". Seit der Neufassung des § 4 Satz 2 KSchG bezieht sich der Vorbehalt – anders als es der Wortlaut des § 2 Satz 1 KSchG vorgibt – auf alle Unwirksamkeitsgründe (ErfK/*Oetker* KSchG § 2 Rn 33; APS/*Künzel* KSchG § 2 Rn 207). Der ArbN stellt damit klar, dass er die Änderung der Arbeitsbedingungen vorerst nur zeitweise, bis zur gerichtlichen Entscheidung über die Wirksamkeit der Änderungskündigung, akzeptiert. Diese Erklärung ist nicht formgebunden, sie kann mündlich erfolgen (ErfK/*Oetker* KSchG § 2 Rz 37). Sie muss nach § 2 Satz 2 KSchG innerhalb der Kündigungsfrist, spätestens innerhalb von drei Wochen nach Zugang der Kündigung erfolgen. Solange der ArbN den Vorbehalt noch erklären kann, ist seine widerspruchslose Weiterarbeit auf dem neuen Arbeitsplatz nicht als vorbehaltlose Annahme des Angebots anzusehen (BAG 6.2.03 – 2 AZR 674/01, NZA 03, 659). Die Frist ist nur durch Eingang beim ArbGeb, nicht durch Eingang der Erklärung beim ArbG, gewahrt. § 167 ZPO ist unanwendbar (BAG 17.6.98 – 2 AZR 336/97, NZA 98, 1225). Bei einer außerordentlichen Änderungskündigung muss der ArbN den Vorbehalt nicht sofort, sondern nur unverzüglich erklären (BAG 27.3.87 – 7 AZR 790/85, NZA 88, 737). So bleibt ihm auch hier eine Überlegungsfrist.

33 **5. Verfahren.** Hat der ArbN den Vorbehalt nicht erklärt und Kündigungsschutzklage erhoben, ist Streitgegenstand die Beendigung des Arbeitsverhältnisses durch die Änderungskündigung. Hat der ArbN das Änderungsangebot des ArbGeb unter Vorbehalt angenommen und Änderungsschutzklage nach § 4 Satz 2 KSchG erhoben, ist Streitgegenstand der Inhalt der für das Arbeitsverhältnis geltenden Vertragsbedingungen (BAG 26.1.12 – 2 AZR 102/11, NZA 12, 856).

34 **a) Konstellationen.** Hat der ArbN das Änderungsangebot **angenommen,** ist die Kündigung auch ohne Klage gegenstandslos. Eine dennoch erhobene Klage müsste abgewiesen werden.

Hat der ArbN das Änderungsangebot **endgültig abgelehnt** oder **nicht rechtzeitig den Vorbehalt erklärt,** kann er eine allgemeine Kündigungsschutzklage erheben, mit dem Antrag, festzustellen, dass das Arbeitsverhältnis nicht durch die Kündigung vom … aufgelöst wurde. Streitgegenstand ist die Beendigung des Arbeitsverhältnisses durch Änderungskündigung (BAG 10.4.14 – 2 AZR 812/12, NZA 14, 653). Verliert der ArbN den Prozess, ist das Arbeitsverhältnis beendet. Auf die vom ArbGeb angebotene Änderung der Arbeitsbedingungen kann er in diesem Verfahren nicht mehr zurückgreifen (BAG 10.4.14 – 2 AZR 812/12, NZA 14, 653). Die Unwirksamkeit der Änderungskündigung muss wie die einer Beendigungskündigung nach § 4 Satz 2 KSchG binnen drei Wochen nach Zugang der Kündigung gerichtlich geltend gemacht werden (Einzelheiten → *Kündigungsschutz* Rn 104–118). Vereinbaren ArbGeb und BRat einen Interessenausgleich mit **Namensliste,** gilt für die dort aufgeführten ArbN auch nach einer Änderungskündigung **§ 1 Abs 5 KSchG.** Zu Gunsten des ArbGeb wird jedenfalls vermutet, dass der Betroffene nicht mehr benötigt wird und eine anderweitige Beschäftigungsmöglichkeit im Betrieb fehlt. Diese Vermutung erstreckt sich auch auf die fehlende Beschäftigungsmöglichkeit in einem anderen Betrieb des Unternehmens, wenn die Namensliste mit dem GBRat vereinbart wurde. Die Anwendung des § 1 Abs 5 KSchG sagt allerdings nichts darüber, ob die vorgeschlagene Änderung vom ArbN billigerweise hingenommen werden muss. Eine Verschiebung der Darlegungs- und Beweislast kommt insoweit allenfalls in Frage, wenn der Interessenausgleich konkrete Vorgaben zur Änderung der Arbeitsbedingungen enthält. Wie sonst auch, wird die Sozialwahl nach Namensliste nur noch auf grobe Fehlerhaftigkeit überprüft (BAG 19.6.07 – 2 AZR 304/06, NZA 08, 103; Einzelheiten → *Interessenausgleich* Rn 7 und → *Kündigung, betriebsbedingte* Rn 60). § 1 Abs 5 KSchG gilt nicht für die außerordentliche Änderungskündigung (BAG 28.5.09 – 2 AZR 844/07, NZA 09, 754). **§ 1a KSchG** ist auch auf die betriebsbedingte Änderungskündigung anwendbar, soweit der Vorbehalt nicht erklärt wurde (BAG 13.12.07 – 2 AZR 663/06, NZA 08, 528; Einzelheiten → *Abfindung* Rn 3–8).

Hat der ArbN **rechtzeitig den Vorbehalt** erklärt, steht fest, dass das Arbeitsverhältnis **35**
weiterhin fortbestehen wird. Ob zu den alten oder zu den neuen Bedingungen hängt davon ab, ob der ArbN gegen die Änderungskündigung klagt und vom Ausgang dieses Verfahrens. Klagt er nicht, gilt die Änderungskündigung nach § 7 KSchG als von Anfang an rechtswirksam. Der Vorbehalt erlischt. Die neuen Arbeitsbedingungen sind endgültig festgeschrieben.

Klagt der ArbN, ist Streitgegenstand des gerichtlichen Verfahrens nach rechtzeitig erklärtem Vorbehalt allein, ob für das Arbeitsverhältnis die vertraglichen Bedingungen gelten, die mit der Änderungskündigung angeboten wurden, oder ob der ArbN zu den alten Bedingungen weiterarbeiten kann (BAG 26.1.12 – 2 AZR 102/11, NZA 12, 856). Diese Änderungsschutzklage kann er nach § 4 Satz 2 KSchG alle Unwirksamkeitsgründe stützen. § 6 KSchG ist entsprechend anwendbar (→ *Kündigungsschutz* Rn 116). Gewinnt der ArbN den Prozess, gilt die Änderungskündigung nach § 8 KSchG von Anfang an als rechtsunwirksam. Er arbeitet zu den alten Bedingungen weiter. Soweit er unter Vorbehalt zu einer geringeren Vergütung gearbeitet hat, muss der ArbGeb nachzahlen. Verliert der ArbN den Prozess, setzt sich das Arbeitsverhältnis zu den neuen Bedingungen fort.

**b) Prozess.** Hat der ArbN den Vorbehalt erklärt, sieht § 4 Satz 2 KSchG als **Prozess- 36**
**antrag** vor: „Festzustellen, dass die Änderung der Arbeitsbedingungen sozial ungerechtfertigt oder aus anderen Gründen rechtsunwirksam ist". Um die Rechtsfolgen des § 7 KSchG zu vermeiden reicht aus, wenn der ArbN innerhalb der Klagefrist Kündigungsschutzklage nach § 4 Satz 1 KSchG erhebt und den Antrag später entsprechend § 4 Satz 2 KSchG fasst (BAG 21.5.19 – 2 AZR 26/19, NZA 19, 1143). Bei diesem Antrag kann das Gericht über alle denkbaren Gründe für eine Unwirksamkeit der Änderungskündigung entscheiden. Will der ArbN geltend machen, der ArbGeb habe bei der Beurteilung, welchem ArbN er die Weiterbeschäftigung zu objektiv schlechteren Bedingungen anbietet, soziale Gesichtspunkte nicht hinreichend beachtet, muss er dies – wie in den Fällen der Beendigungskündigung – konkret rügen. Andernfalls braucht der ArbGeb die soziale Rechtfertigung der getroffenen Auswahlentscheidung mit Blick auf § 1 Abs 3 KSchG nicht näher zu begründen (BAG 24.5.2012 – 2 AZR 163/11, NZA-RR 13, 74). Kündigt der Arbeitgeber das Arbeitsverhältnis mit einem Schreiben schriftlich zu einem ersten, hilfsweise zu einem späteren Termin, äußerst hilfsweise zum nächstmöglichen Termin und bietet dem Arbeitnehmer die Fortsetzung des Arbeitsverhältnisses ab dem Tag nach dem jeweiligen Termin zu jeweils inhaltsgleichen geänderten Vertragsbedingungen an, kann der ArbN sich darauf beschränken, den Antrag zu stellen „festzustellen, dass die Änderung der Arbeitsbedingungen durch die Änderungskündigung vom … unwirksam ist". Das Gericht muss seinen Antrag so auslegen, dass er damit sämtliche Kündigungen angreift, die beiden hilfsweise erklärten allerdings nur dann, wenn nicht schon die jeweils „vorgehende" die Arbeitsvertragsbedingungen geändert haben sollte. Die sich durch Auslegung des Klageantrags ergebenden weiteren Änderungsschutzanträge stellen unechte Hilfsanträge dar. Sie sind zwar mit Klageerhebung rechtshängig geworden und würden damit die Frist des § 4 S 1 KSchG wahren. Ihre Rechtshängigkeit ist aber auflösend bedingt durch den Misserfolg des jeweiligen „Vorantrags". Hat dieser Erfolg, sind sie bei Gericht nicht angefallen (BAG 18.10.2018 – 2 AZR 374/18, NZA 19, 246).

37 Vom ArbGeb erstrebte Änderungen, die sich schon durch die Ausübung des **Weisungsrechts** gem § 106 S 1 GewO durchsetzen lassen, halten sich im Rahmen der vertraglichen Vereinbarungen und sind keine „Änderung der Arbeitsbedingungen" iSv § 2 S 1, § 4 S 2 KSchG. Eine dennoch ausgesprochene **Änderungskündigung** ist **„überflüssig".** Das BAG hat seine ursprüngliche Rechtsprechung zu den sich daran anschließenden Fragen schon nach kurzer Zeit weitgehend abgeändert. Anfangs sollte die gegen eine „überflüssige" Änderungskündigung gerichtete Klage unbegründet sein unabhängig davon, ob der ArbGeb sein Direktionsrecht tatsächlich schon ausgeübt hat, weil der bestehende Vertragsinhalt durch die Änderungskündigung nicht abgeändert wird (BAG 19.7.2012 – 2 AZR 25/11, NZA 12, 1038; BAG 26.1.2012 – 2 AZR 102/11, NZA 12, 856; dagegen *Preis* NZA 15, 1). Dagegen spricht schon, dass sich die Wirksamkeit einer Änderungskündigung nach den Verhältnissen zum Zeitpunkt ihres Zugangs und nicht nach der Reaktion des ArbN (Vorbehalt oder nicht) beurteilt. Unabhängig davon, ob das Weisungsrecht ausgereicht hätte und ob der Vorbehalt erklärt wurde ist die Änderungskündigung nach neuer Rechtsprechung unwirksam und die dagegen gerichtete Klage erfolgreich, wenn die Änderungskündigung aus anderen Gründen als ihrer Sozialwidrigkeit unwirksam ist – zB Mangel in der Kündigungserklärung, nicht oder nicht ordnungsgemäße Anhörung des BRat (BAG 22.10.2015 – 2 AZR 124/14, NZA 16, 225). Ob das Weisungsrecht ausgereicht hätte, die angegriffene Änderung der Arbeitsbedingungen herbeizuführen und die Änderungskündigung damit tatsächlich überflüssig war, entscheidet das Gericht idR nicht mehr, weil dies auf ein Rechtsgutachten hinauslaufen soll. Hat der ArbN den Vorbehalt *nicht* erklärt, ist eine Änderungskündigung jetzt wegen der mit ihr verbundenen Bestandsgefährdung unverhältnismäßig und damit unwirksam, wenn die Änderung der Beschäftigungsbedingungen durch Ausübung des Weisungsrechts des ArbGeb schon nach § 106 GewO möglich ist. Der mögliche Wegfall des Beschäftigungsbedarfs zu den bisherigen Bedingungen „bedingt" in diesem Fall nicht iSv § 2 S 1, § 1 Abs 2 S 1 KSchG eine (Änderungs-)Kündigung. Das Gericht stellt auf den Antrag nach § 4 KSchG hin fest, dass das Arbeitsverhältnis durch die Kündigung nicht aufgelöst ist (BAG 22.9.2016 – 2 AZR 509/15, NZA 16, 1461). Hat der ArbGeb die Änderungskündigung nur vorsorglich für den Fall der Unwirksamkeit seiner entsprechenden Weisung erklärt, kann der ArbN im Prozess neben einem Hauptantrag auf Beschäftigung zu unveränderten Arbeitsbedingungen den Änderungsschutzantrag nach § 4 Satz 2 KSchG hilfsweise unter die Bedingung stellen, dass über diesen nur befunden wird, wenn es nach Auffassung des Gerichts für die streitgegenständliche Maßnahme einer Vertragsänderung bedarf. Stellt das Gericht fest, dass die Klage abzuweisen ist, weil die Änderung der Arbeitsbedingungen schon durch einfache Weisung erfolgt ist, befindet es nicht mehr über den Hilfsantrag, für den daher auch keine Kosten anfallen (BAG 17.12.15 – 2 AZR 304/15, NZA 16, 568). Es bleibt abzuwarten, ob das BAG auch den „letzten Schritt" geht und die „überflüssige" Änderungskündigung für unwirksam erklärt, wenn es allein um ihre Sozialwidrigkeit geht und der Vorbehalt erklärt wurde (offen gelassen in BAG 22.9.2016 – 2 AZR 509/15, NZA 16, 1461).

38 **c) Auflösungsantrag.** Der Auflösungsantrag nach § 9 KSchG kann gestellt werden, wenn der ArbN den Vorbehalt nicht erklärt hat (BAG 27.9.2001 – 2 AZR 176/00, NZA 02, 1277). Er kann nicht gestellt werden, nachdem der Vorbehalt erklärt wurde (BAG 24.10.13 – 2 AZR 320/13, NZA 14, 486). Der Auflösungsantrag setzt voraus, dass ein Arbeitsverhältnis durch Kündigung beendet werden sollte. § 9 KSchG betrifft seinem Wortlaut nach nur die Beendigungskündigung. § 8 KSchG nimmt nicht auf diese Vorschrift Bezug. Wer mit der Erklärung des Vorbehaltes zu erkennen gibt, dass er in jedem Fall weiterarbeiten will, sei es zu den alten Bedingungen nach gewonnenem oder zu den neuen nach verlorenem Prozess, lässt damit idR erkennen, dass es ihm nicht um die Beendigung des Arbeitsverhältnisses geht.

39 **d) Weiterbeschäftigung.** Hat der ArbN den **Vorbehalt nicht erklärt,** gelten die allgemeinen Grundsätze zur Weiterbeschäftigung während des Kündigungsschutzprozesses (→ *Weiterbeschäftigungsanspruch* Rn 11–17). Der Streitgegenstand ist – wie sonst auch – in diesem Fall die Beendigung des Arbeitsverhältnisses oder seine Fortsetzung zu den alten Bedingungen. Erklärt das ArbG die beendigende Änderungskündigung für unwirksam, muss es daher auf Antrag den ArbGeb verurteilen, den ArbN zu den bisherigen Bedingungen für die Dauer des Prozesses weiter zu beschäftigen, solange nicht die Interessen des ArbGeb

überwiegen, für diese Zeit von der Beschäftigungspflicht entbunden zu werden (BAG GS 27.2.85 – GS 1/84, NZA 85, 702).

Hat der ArbN den **Vorbehalt erklärt,** schließt er damit einen auflösend bedingten Vertrag, der für ihn bis zur Entscheidung über die soziale Rechtfertigung der Änderungskündigung verbindlich ist (BAG 18.10.17 – 10 AZR 330/16, NZA 17, 1452). Er muss nach Ablauf der Kündigungsfrist bis zur rechtskräftigen Entscheidung des Kündigungsschutzprozesses zu den geänderten Arbeitsbedingungen weiterarbeiten. Ein Antrag auf Weiterbeschäftigung zu den alten Arbeitsbedingungen wäre unbegründet (BAG 28.5.09 – 2 AZR 844/07, NZA 09, 954). Die Verpflichtung, während des Prozesses zu den neuen Bedingungen zu arbeiten, ist der Preis für den gesetzlichen Ausschluss des Risikos, den Arbeitsplatz endgültig zu verlieren. Wer dieses Risiko mit der Erklärung ausschließt, er sei bereit, erst einmal zu veränderten Arbeitsbedingungen weiter zu arbeiten, kann sich mit dieser Erklärung nicht in Widerspruch setzen, indem er vor Gericht das Gegenteil beantragt. Dies gilt grds auch bei einem Anspruch auf behinderungsgerechte Beschäftigung aus § 81 Abs 4 SGB IX (BAG 28.5.09 – 2 AZR 844/07, NZA 09, 954). 40

**6. Mitbestimmung.** Der **Betriebsrat** ist nach § 102 BetrVG und bei Versetzung oder Umgruppierung daneben nach § 99 BetrVG zu beteiligen, weil es nicht nur um die Beendigung eines Arbeitsverhältnisses, sondern auch um seine Änderung geht (BAG 27.9.01 – 2 AZR 236/00, NZA 02, 750; Einzelheiten → *Mitbestimmung, personelle Angelegenheiten* Rn 8 ff, 17; → *Versetzung* Rn 29). Solange er diesen Maßnahmen nicht zustimmt oder seine Zustimmung durch gerichtliche Entscheidung rechtskräftig ersetzt ist, bleibt die Änderungskündigung als solche zwar wirksam (BAG 22.10.15 – 2 AZR 550/14, NZA-RR 16, 243), ihre Ausführung ist bis dahin jedoch unmöglich und der ArbN ist daher auch nach Ablauf der Kündigungsfrist auf dem alten Arbeitsplatz zu beschäftigen (BAG 22.4.10 – 2 AZR 491/09, NZA 10, 1235). Durch die rechtskräftige Abweisung eines Antrags auf Ersetzung der vom BRat verweigerten Zustimmung wird die Ausführung der mit der Änderungskündigung beabsichtigten Vertragsänderung nicht dauernd unmöglich. Der ArbGeb kann jederzeit erneut die Zustimmung des BRats zur beabsichtigten Vertragsänderung beantragen und – falls dieser seine Zustimmung erneut verweigert – ihre gerichtliche Ersetzung beantragen (BAG 22.4.10 – 2 AZR 491/09, NZA 10, 1235). 41

**7. Muster.** S Online-Musterformulare *„M31.6 Änderungskündigung, allgemein"*, u *„M31.7 Klage gegen eine Änderungskündigung nach Vorbehalt"*. 42

## B. Lohnsteuerrecht *Seidel*

**1. Weiterbeschäftigung.** Zahlungen anlässlich einer Änderungskündigung oder einer Änderungsvereinbarung (zB Abfindung bei niedriger entlohntem Arbeitsplatz) sind als Einmalzahlungen zu versteuern (→ *Einmalzahlungen* Rn 31). Solche Leistungen des ArbGeb können jedoch nach § 24 Nr 1a iVm § 34 Abs 1 und 2 Nr 2 EStG als Entschädigung unter bestimmten Voraussetzungen steuerbegünstigt sein, wenn die Änderungskündigung oder die Änderungsvereinbarung vom ArbGeb veranlasst ist, was regelmäßig der Fall sein wird (s aber BFH 28.11.91 – XI R 7/90, BFH/NV 92, 305: Änderungskündigung ArbN und BFH 10.11.04 – XI R 64/03, BStBl II 05, 181 zur Veranlassung der Auflösung des Dienstverhältnisses; → *Abfindung* Rn 41 ff und → *Außerordentliche Einkünfte* Rn 6 f). 43

**2. Auflösung des Arbeitsverhältnisses.** Bei Abfindungen wegen Auflösung des Arbeitsverhältnisses ist eine Steuerbegünstigung als Entschädigung möglich (→ Rn 43; → *Abfindung* Rn 41). 44

## C. Sozialversicherungsrecht *Voelzke*

**1. Abfindungen anlässlich einer Änderungskündigung.** Wird eine Änderungskündigung ausgesprochen und nimmt der ArbN die angebotenen Bedingungen an, die auf dem neuen Arbeitsplatz zu einem geringeren Arbeitsentgelt des ArbN führen, sind Abfindungen anlässlich dieser Änderungskündigung nicht nach § 14 SGB IV iVm §§ 1 ArEV, 3 Nr 9 EStG beitragsfrei, da es an der Auflösung des Dienstverhältnisses/Beschäftigungsverhältnisses fehlt. Letzteres wird nicht aufgelöst, sondern unter modifizierten Bedingungen umgestaltet und fortgesetzt (BSG 28.1.99 – B 12 KR 14/98 R, SozR 3–2400 § 14 Nr 17; BSG 28.1.99 45

– B 12 KR 6/98 R, SozR 3–2400 § 14 Nr 16). Akzeptiert der ArbN die neuen Bedingungen nicht und scheidet er aus dem Arbeitsverhältnis/Beschäftigungsverhältnis aus, liegt ein Fall beitragsfreier Abfindungen vor, es sei denn, die Abfindung stellt in Wahrheit eine Zahlung rückständigen Entgelts aus der Zeit dar, als das Beschäftigungsverhältnis noch bestand (*Abfindung*).

46 **2. Entgeltsicherung.** Zur Entgeltsicherung durch Transferkurzarbeitergeld bei betrieblicher Restrukturierung, vgl § 111 SGB III und → *Beschäftigungsgesellschaft* Rn 15.

## Änderungsvorbehalte

### A. Arbeitsrecht

*Kania*

1 **I. Allgemeines.** Entschließt sich der ArbGeb, zusätzlich zum Tarif- oder Fixgehalt weitergehende Leistungen zu gewähren, ergibt sich vielfach das Bedürfnis, diese Vergütungsbestandteile möglichst flexibel zu gestalten und insbes eine langfristige Bindung zu vermeiden bzw beenden zu können. Dies gilt nicht allein für Jahressonderleistungen wie zB das Weihnachtsgeld, sondern auch für Bestandteile der fortlaufend gezahlten Vergütung, die wie etwa Provisionen von der Leistung und dem Erfolg des ArbN abhängig sind. Zudem kann das Bedürfnis bestehen, besondere Aufgaben, Beförderungsstellen oder sonstige Rahmenbedingungen der zu leistenden Arbeit nicht „für immer" festzuschreiben.

2 **Ohne entsprechende vertragliche Vorsorgeregelung** besteht grds keine Möglichkeit, eine einmal gewährte Leistung einzustellen oder zu reduzieren, ohne den Bestand des Arbeitsverhältnisses insgesamt in Frage zu stellen (BAG 14.6.95, DB 95, 2273). Die einseitige Veränderung einzelner Arbeitsbedingungen stellt eine sog **Teilkündigung** dar. Diese ist nach der Rspr des BAG unzulässig, weil sie zu einer Veränderung des Verhältnisses von Leistung und Gegenleistung führen würde; keinem Vertragspartner soll es möglich sein, sich zum Teil der Bindung aus dem Arbeitsvertrag zu entziehen, ohne zugleich den anderen Partner daraus zu entlassen (BAG 7.10.82, DB 83, 1368; BAG 23.8.89, DB 90, 740; kritisch *Stahlhacke/Preis/Vossen* Rz 139). Dem ArbGeb bleibt freilich die Möglichkeit, mit seinem ArbN einen Änderungsvertrag zu schließen. Hierzu bedarf es allerdings grds der ausdrücklichen Annahme eines entsprechenden Angebots seitens des ArbGeb. Das bloße Schweigen des ArbN auf einen Aushang des ArbGeb, wonach eine Jahressonderleistung aus wirtschaftlichen Gründen nicht gezahlt werde, genügt nicht (BAG 14.8.96, NZA 96, 1323). Gelingt eine Einigung nicht, kommt theoretisch der Ausspruch einer Änderungskündigung (→ *Änderungskündigung* Rn 22 ff) und in noch enger begrenzten Ausnahmefällen eine Berufung auf die Lehre vom Wegfall der Geschäftsgrundlage in Betracht (BAG 25.2.88, NZA 88, 769 zur Anpassung des Arbeitsvertrages eines Krankenhausarztes wegen der gesetzlichen Neuregelung der Kostenerstattungspflicht bei Privatliquidation).

3 **Vertragliche Regelungen,** die eine „ewige Bindung" an einmal gewährte außertarifliche Leistungen verhindern sollen, sind idealtypisch Widerrufsvorbehalt, Freiwilligkeitsvorbehalt und Teilbefristung. In ihren Wirkungen unterscheiden sich diese eng miteinander verwandten Rechtsinstitute wie folgt: Der **Freiwilligkeitsvorbehalt** soll von vornherein die Entstehung eines Anspruchs auf die jeweilige Leistung für die Zukunft unterbinden. Die **Teilbefristung** bewirkt, dass der Zeitraum, in dem ein Anspruch auf die jeweilige Leistung bestehen soll, von vornherein verbindlich festgelegt wird. Beim **Widerrufsvorbehalt** wird eine Leistung zunächst unbefristet zugesagt, aber dem ArbGeb die Möglichkeit eingeräumt, durch Ausübung des Widerrufsrechts die Weitergewährung der Leistung zu beenden. Bezogen auf eine Flexibilisierung von Art und Ort der Tätigkeit ist in erster Linie an **Versetzungsvorbehalte** auf der Grundlage des § 106 GewO zu denken (→ *Versetzung* Rn 2). Aber immer dann, wenn die Zuweisung einer Tätigkeit zugleich zu einer Veränderung der Vergütungsstruktur führt, sind (auch) die Maßstäbe der nachfolgend dargestellten Flexibilisierungsvorbehalte zu beachten. Zur besonderen Problematik der Auswirkungen von Tariferhöhungen auf Vergütungsbestandteile → *Anrechnung übertariflicher Entgelte* Rn 1 ff. Zu den Besonderheiten der Beendigung und des Widerrufs von Versorgungszusagen → *Betriebliche Altersversorgung* Rn 36 ff.

**II. Widerrufsvorbehalt. 1. Inhaltskontrolle. a) Formularverträge.** Die Rspr unterzieht Widerrufsvorbehalte einer zweistufigen Überprüfung: Auf der ersten Stufe ist zu fragen, ob der vertraglich vereinbarte Widerrufsvorbehalt überhaupt rechtswirksam ist. Der Prüfungsmaßstab für vorformulierte Widerrufsvorbehalte ergibt sich aus § 307 BGB sowie insbes § 308 Nr 4 BGB. Das BAG (12.1.05 – 5 AZR 364/04, NZA 05, 465) leitet aus diesen Vorschriften **zwei Wirksamkeitsvoraussetzungen für Widerrufsvorbehalte** ab: 4

Der **Umfang** der variablen Ausgestaltung der Vergütung muss für den ArbN „zumutbar" iSd § 308 Nr 4 BGB sein und darf insbes nicht zu einer übermäßigen Einschränkung der vertraglichen Rechte iSd § 307 Abs 2 Nr 1 BGB führen. Die Grenze zieht das BAG, wenn der **widerrufliche Anteil am Gesamtverdienst unter 25–30 %** liegt und der Tariflohn nicht unterschritten wird (BAG 24.1.17 – 1 AZR 774/14, NZA 17, 777; BAG 12.1.05 – 5 AZR 364/04, NZA 05, 465). Damit bleibt das BAG trotz seines Anschlusses an die frühere „Kernbereichs-Rspr" inhaltlich hinter dieser zurück. Dort war jedenfalls bei Spitzenverdiensten auch die Vereinbarung eines höheren variablen Anteils möglich (BAG 28.5.97 – 5 AZR 126/96, DB 97, 2620 zur „Entwicklungsklausel" eines Chefarztes). Zudem scheint das BAG dahin zu tendieren, eine Flexibilisierung unterhalb des Tariflohns für unzulässig zu erachten und damit den Tariflohn als verbindliche Untergrenze anzusehen (BAG 18.3.09 – 10 AZR 289/08, NZA 09, 535; BAG 7.7.11 – 6 AZR 151/10, NJOZ 12, 413). Dies erscheint mehr als zweifelhaft für nicht tarifgebundene Unternehmen. Der Tariflohn wird damit zu einer Art „Normallohn", wofür sich im Gesetz kein Anhaltspunkt findet. Mit Urteilen vom 24.1.17 hat das BAG nun beiläufig angemerkt, dass diese Anforderung nicht die materielle Inhaltskontrolle, sondern die nachgelagerte Ausübungskontrolle betrifft (BAG 24.1.17 – 1 AZR 772/14, NZA 17, 931 und 1 AZR 774/14, NZA 17, 777; *Stoffels* NZA 17, 1217). Eine weitergehende Klarstellung bleibt abzuwarten. Die Vorgaben der Rspr können auch nicht dadurch umgangen werden, dass in Bezug auf Vergütungs- und andere materielle Arbeitsbedingungen auf ergänzende „Arbeitsordnungen" oder „Policies" verwiesen wird, die dann ihrerseits einschränkungslos einseitig vom ArbGeb änderbar sind (BAG 11.2.09 – 10 AZR 222/08, NZA 09, 428). 5

**Formelle Anforderungen** ergeben sich nach Auffassung des BAG insbes aus dem **Transparenzgebot** gem § 307 Abs 1 S 2 BGB. Daraus ergebe sich, dass eine Bestimmung nicht nur klar und verständlich sein, sondern auch die Angemessenheit und Zumutbarkeit erkennen lassen müsse. Insoweit habe der Maßstab der §§ 307, 308 Nr 4 BGB im Text der Klausel zum Ausdruck zu kommen (BAG 24.1.17 – 1 AZR 772/14, NZA 17, 931). Unzulässig sind danach Widerrufsvorbehalte, die das Widerrufsrecht nach „freiem Ermessen" oder „jederzeit und ohne Angaben von Gründen" erlauben. Aus den in der Klausel zu nennenden Widerrufsgründen müsse sich zumindest die Richtung erkennen lassen, aus der der Widerruf möglich sein soll (wirtschaftliche Gründe, Leistung oder Verhalten des ArbN, Umgestaltung des Entgeltsystems). Allerdings wurde der in einen Dienstwagenüberlassungsvertrag aufgenommene allgemeine Vorbehalt des Widerrufs aus wirtschaftlichen Gründen als zu weitgehend eingestuft (BAG 13.4.10 – 9 AZR 113/09, NZA-RR 10, 457). Die Rspr stellt zunehmend gesteigerte Anforderungen an die Vorgaben des AGB-Verwenders und verlangt, dass dieser den **Grad der Störung näher konkretisiert** (LAG NdS 28.3.18 – 13 Sa 304/17, BeckRS 2018, 9570; krit *Pfrogner* BB 19, 2228). Als klar genug umrissen wurde der Widerruf einer Sonderzahlung für den „Fall der wirtschaftlichen Notlage" erachtet, da er eindeutig auf Ausnahmesituationen begrenzt sei (BAG 24.1.17 – 1 AZR 774/14, NZA 17, 777; hierzu *Stoffels* NZA 17, 1217). Das soll auch für ein negatives wirtschaftliches Ergebnis der Betriebsabteilung, das Nichterreichen der erwarteten wirtschaftlichen Entwicklung, die unterdurchschnittliche Leistung des ArbN oder eine schwerwiegende Pflichtverletzung gelten (BAG 12.1.05 – 5 AZR 364/04 NZA 05, 465). Zudem ist zu beachten, dass je unbestimmter ein Widerrufsgrund im Vertrag formuliert ist, sich desto stärker die gerichtliche Kontrolle auf die konkrete Rechtsausübung verlagert. Will der ArbGeb die hiermit verbundenen Unwägbarkeiten verringern, muss er die Widerrufsgründe präzisieren. 6

**b) Altverträge.** Da die maßgeblichen Regelungen der §§ 307 ff BGB seit dem 1.1.03 auch auf Altverträge, die vor dem Inkrafttreten der Schuldrechtsreform am 1.1.02 begründet wurden, Anwendung finden, sind grds auch nicht hinreichend konkretisierte Widerrufsvorbehalte in Altverträgen unwirksam. Das BAG versucht jedoch dem Umstand, dass sich insofern die Unwirksamkeit aus formellen Anforderungen ergibt, die zum damaligen Zeit- 7 punkt überhaupt nicht erkennbar waren, Rechnung zu tragen: Unverhältnismäßig sei insofern der ersatzlose Wegfall des Widerrufsvorbehalts gem § 306 Abs 2 BGB. Stattdessen sei die entstehende Vertragslücke im Wege der **ergänzenden Vertragsauslegung** zu schließen. Insofern liege es nahe, dass die Parteien bei Kenntnis der neuen gesetzlichen Anforderungen die Widerrufsmöglichkeit zumindest bei wirtschaftlichen Verlusten, ggf auch bei sonstigen wirtschaftlichen Gründen vereinbart hätten (BAG 12.1.05 – 5 AZR 364/04, NZA 05, 465; BAG 20.4.11 – 5 AZR 191/10, NZA 11, 796). Im Ergebnis werden also Widerrufsvorbehalte in Alt-Verträgen grds so angesehen, als wäre der Widerruf aus wirtschaftlichen Gründen vereinbart worden.

8 **c) Individualvereinbarungen.** Konsequenz der Geltung der §§ 307 ff BGB ist die Freistellung echter Individualvereinbarungen von der Inhaltskontrolle. Ein Rückgriff auf die mit der angeblichen „strukturellen Unterlegenheit des ArbN" begründete Inhaltskontrolle von Individualvereinbarungen gem § 242 BGB ist mit der gesetzgeberischen Geltungsanordnung der AGB-Vorschriften in § 310 Abs 4 BGB nicht zu vereinbaren (ErfK/*Preis* §§ 305–310 BGB Rn 27; BAG 25.5.05 – 5 AZR 572/04, NZA 05, 1111; aA *Maschmann* RdA 05, 212; *Hanau/Hromadka* NZA 05, 73). Allerdings werden echte Individualvereinbarungen im Arbeitsvertrag die Ausnahme sein. Wenn sich nämlich herausstellt, dass kein wirkliches Aushandeln vorliegt, weil der ArbGeb den gesetzesfremden Kern der Klausel nicht ernsthaft zur Disposition des ArbN gestellt hat, liegt eben keine echte Individualvereinbarung vor, was wiederum zur Anwendung der §§ 305 ff BGB führt (*Preis/Bender* NZA-RR 05, 337).

9 **2. Ausübungskontrolle.** Die zweite Stufe der Rechtmäßigkeitsprüfung betrifft die konkrete Ausübung des wirksam vereinbarten Widerrufsrechts. Nach der Rspr des BAG muss der Widerruf im Einzelfall **billigem Ermessen** iSd § 315 BGB entsprechen, was der vollen gerichtlichen Kontrolle unterliegt. Die Ausübungskontrolle findet – anders als die Inhaltskontrolle gem §§ 305 ff BGB – auch auf in Betriebsvereinbarungen enthaltene Widerrufsvorbehalte Anwendung (BAG 1.2.06 – 5 AZR 187/05, NZA 06, 563). Maßgeblicher Beurteilungszeitpunkt ist derjenige der Widerrufsausübung (BAG 24.1.17 – 1 AZR 772/14, NZA 17, 931). Dabei prüft das Gericht die folgenden Punkte: Zunächst einmal müssen die im Vorbehalt angegebenen **tatbestandlichen Voraussetzungen** für den Widerruf auch tatsächlich vorliegen. Weiter muss der ArbGeb die wesentlichen Umstände des konkreten Falls abgewogen und die beiderseitige **Interessenlage angemessen berücksichtigt** haben. Schließlich muss der ArbGeb bei der Ausübung des Widerrufs den **Gleichbehandlungsgrundsatz** beachten. Dies gilt in zwei Richtungen: Der Widerruf kann der Herbeiführung der Gleichbehandlung dienen, etwa wenn eine bestimmte ArbNGruppe bislang eine Zulage erhielt, um eine im Vergleich zu anderen ArbN angemessene Vergütung zu erhalten, und nach einer Tariferhöhung für diese Gruppe die Beibehaltung der Zulage zu einer ungerechtfertigten Besserstellung führen würde (BAG 30.8.72, DB 73, 480). Der Gleichbehandlungsgrundsatz kann aber auch einem Widerruf entgegenstehen, zB wenn aus wirtschaftlichen Gründen nur die Gratifikation einer ArbNGruppe gestrichen werden soll und dieser damit ein „Sonderopfer" zugemutet wird. Allerdings kann der ArbGeb Altverträge ohne Widerrufsvorbehalt – mangels Vergleichbarkeit der Gruppen – auch unangetastet lassen, ohne gegen den Gleichbehandlungsgrundsatz zu verstoßen (BAG 24.1.17 – 1 AZR 774/14, NZA 17, 777).

10 **3. Hinweise zur Vertragsgestaltung.** Die Vorgaben der §§ 307, 308 Nr 4 BGB in der Interpretation des BAG sind zu beachten. Vom **Umfang** her sollte allenfalls ein Vergütungsbestandteil von 25 % der Gesamtvergütung unter Widerrufsvorbehalt gestellt werden. Im Hinblick auf die Ausführungen des BAG im Urt vom 12.1.05 ist auch nicht tarifgebundenen ArbGeb zu raten, sich an den einschlägigen Tarifverträgen zu orientieren und nach Möglichkeit nur übertarifliche Vergütungsbestandteile variabel auszugestalten. **Widerrufsgründe** sind in der Vertragsklausel so konkret wie möglich anzugeben. Als Mindestregelung muss in die Klausel aufgenommen werden, ob der Widerruf aus wirtschaftlichen, leistungs- und/oder verhaltensbedingten Gründen möglich sein soll. Zudem muss der Grad der Störung konkretisiert werden (BAG 24.1.17 – 1 AZR 774/14, NZA 17, 777; BAG 12.1.05 – 5 AZR 364/04, NZA 05, 465). Das spricht sehr deutlich dafür, möglichst klare und einfache Vorgaben in die Vertragsklausel aufzunehmen, etwa bei wirtschaftlichen Gründen auf das Erreichen konkreter Eckdaten („keine Verluste", „Gewinn von ...%") abzustellen

(BAG 20.1.10 – 10 AZR 914/08, NZA 10, 445). Die Bezeichnung einer Leistung sowohl als freiwillig als auch als widerruflich führt wegen Verstoß gegen das Transparenzgebot gem § 307 Abs 1 Satz 2 BGB sogar zur Unwirksamkeit des Vorbehalts, denn der Freiwilligkeitsvorbehalt soll die Entstehung eines Anspruchs verhindern (→ Rn 11 ff), der Widerspruchsvorbehalt setzt dagegen einen entstandenen Anspruch voraus. Auch eine Teilbarkeit der Klausel und ihre teilweise Aufrechterhaltung kommt dann nicht in Betracht (BAG 14.9.11 – 10 AZR 526/10, NZA 12, 81; BAG 8.12.10 – 10 AZR 671/09, NZA 11, 628).

**III. Freiwilligkeitsvorbehalt. 1. Zulässigkeit.** Freiwilligkeitsvorbehalte haben ihren 11
Ursprung im Gratifikationsrecht und sollen dem Ausschluss ungewollter Rechtsbindung für die Zukunft dienen und so eine betriebliche Übung verhindern. Dabei ist der Anwendungsbereich der Freiwilligkeitsvorbehalte auf **Sonderleistungen** beschränkt. Laufendes Arbeitsentgelt wird nicht erfasst, da im Gegenseitigkeitsverhältnis stehende Leistungen nicht disponibel gestellt werden können. Der Ausschluss jeden Rechtsanspruchs auf das laufende Arbeitsentgelt im Interesse des ArbGeb an einer Flexibilisierung seiner Leistungspflichten würde nämlich die synallagmatische Verknüpfung der Leistungen beider Vertragsparteien lösen (BAG 25.4.07 – 5 AZR 627/06, NJW 07, 853). Während das BAG früher bei der Zusage von Gratifikationen und ähnlichen Jahressonderleistungen den Vorbehalt der Freiwilligkeit **in Formulararbeitsverträgen** für zulässig hielt, hat es seit der Erstreckung des **AGB-Rechts** auf Arbeitsverträge den Anwendungsbereich solcher Vorbehalte zunehmend begrenzt und hohe Anforderungen an die **Klauselformulierungen** gestellt: Zunächst einmal ist ein Freiwilligkeitsvorbehalt nur statthaft, wenn die Sonderleistung **nicht zuvor konkret versprochen** wurde. Eine im Arbeitsvertrag vorformulierte Regelung, mit der der ArbGeb zB jedes Jahr die Zahlung eines konkret bezifferten Weihnachtsgeldes in Aussicht stellt, ist bereits ein Leistungsversprechen iSv § 308 Nr 4 BGB. Insoweit ist es widersprüchlich, einerseits eine Zusatzleistung in bestimmter Höhe zuzusagen und sie andererseits entgegen diesem Versprechen an einen Freiwilligkeitsvorbehalt zu binden (s Formulierungsbeispiele → Rn 13). Solche **widersprüchlichen Klauseln** sind wegen Verstoßes gegen das Transparenzgebot gem § 307 Abs 1 Satz 2 BGB unwirksam (BAG 10.12.08 – 10 AZR 1/08, DB 09, 684). Gleichermaßen hat das BAG in der **Kombination eines Freiwilligkeitsvorbehalts mit einem Widerrufsvorbehalt** eine ebensolche **intransparente Klausel** gesehen, da sich beide Vorbehalte ausschließen (→ Rn 10).

Mit seiner Leitentscheidung vom 14.9.11 hat das BAG die Anforderungen an die Formu- 12
lierung der Klausel weiter verschärft (BAG 14.9.11 – 10 AZR 526/10, NZA 12, 81): Danach ist eine **Klausel unwirksam,** die **sonstige, im Vertrag nicht vereinbarte Leistungen** erfasst. Würden alle zukünftigen Leistungen unabhängig von ihrer Art und ihrem Entstehungsgrund der Freiwilligkeit unterstellt, werde der ArbN gem § 307 Abs 1 Satz 1, Abs 2 Nr 1 und 2 BGB regelmäßig unangemessen benachteiligt. Ein solcher **Pauschalvorbehalt** beziehe nämlich unzulässigerweise laufende Leistungen und sogar – entgegen dem Vorrang der Individualabrede aus § 305b BGB – künftige ausdrückliche vertragliche Einzelabreden mit ein und erfasse auch solche Abreden, die durch späteres konkludentes Verhalten des ArbGeb (zB aufgrund Gesamtzusage) Bestandteil des Arbeitsvertrages werden. Auch nimmt das BAG nun eine synallagmatische Verknüpfung bei **jedweder zusätzlichen Abgeltung der Arbeitsleistung** in Form von **Zulagen** oder sonstigen laufenden Leistungen an, während zuvor eine leistungsorientierte Sonderzahlung, die „zusätzlich" zum laufenden Arbeitsentgelt gewährte wurde, ohne Berücksichtigung ihres Leistungszwecks (Honorierung erbrachter oder künftiger Betriebstreue und/oder die zusätzliche Vergütung der im Bezugszeitraum geleisteten Arbeit) unter Freiwilligkeitsvorbehalt gestellt werden konnte (so noch BAG 30.7.08 – 10 AZR 606/07, NZA 08, 1173).Damit kann ein **leistungs- und erfolgsabhängiger Bonus** nicht wirksam unter Freiwilligkeitsvorbehalt gestellt werden; der ArbGeb darf nicht einerseits die verhaltenssteuernde Wirkung des vertraglichen Versprechens für die Zukunft in Anspruch nehmen und sich andererseits die Entscheidung über den Eintritt der Bedingung vorbehalten. Sind Boni oder vergleichbare Leistungen von **Zielvereinbarungen** abhängig und werden daher als versprochene Gegenleistung für die Arbeitsleistung geschuldet, kann sich der ArbGeb durch Freiwilligkeitsvorbehalt nicht die Streichung der Zahlung trotz erreichter Ziele vorbehalten (BAG 12.4.11 – 1 AZR 412/09, NZA 11, 989; zur Leistungsprämie, die mit dem Unternehmenserfolg

zugleich die erbrachte Arbeitsleistung honoriert: LAG Köln 17.9.12 – 2 Sa 877/11, BeckRS 2013, 66854; zu Stichtagsregelungen bei Sonderzuwendungen mit Mischcharakter: BAG 18.1.12 – 10 AZR 612/10, NZA 12, 561). Nach alledem kann die Freiwilligkeit einer Sonderzuwendung nicht mehr rechtssicher erklärt werden, sobald sie zum üblichen Vergütungssystem zwischen den Parteien gehört (ErfK/*Preis* § 310 BGB Rn 73). Damit beschränkt sich die Möglichkeit eines zulässigen Freiwilligkeitsvorbehaltes in AGBs auf echte Gratifikationen, für die der ArbGeb keine konkrete Gegenleistung erwartet (zB Jubiläums-, Geburtstagsgelder, Urlaubs- und Weihnachtsgelder, arbeitsfreier Tag). Eine eindeutige und rechtssichere Abgrenzung ist jedoch problematisch (vgl auch Kritik zur BAG-Rspr: *Bauer/von Medem* NZA 12, 894; *Preis/Sagan* NZA 12, 697). Insgesamt reduziert sich der Anwendungsbereich der Freiwilligkeitsvorbehalte somit auf zwei Wirkungsweisen: Zum einen sind sie im Wesentlichen auf die Vermeidung von Rechtsansprüchen aus betrieblicher Übung beschränkt. Zum anderen erfassen sie lediglich Gratifikationen, die nicht gleichzeitig die Arbeitsleistung abgelten sollen, egal ob es sich um laufende Leistungen oder um Einmalzahlungen handelt. Ohne Beachtung der vorgenannten Grundsätze kann der ArbGeb – soweit die Leistung bislang keine vertragliche Grundlage hat – die **jeweilige Zahlung mit der Erklärung verbinden**, dass sie einmalig sei und keine künftigen Ansprüche des ArbN begründe (zB im Begleitschreiben); dann erschöpft sich die rechtsgeschäftliche Bindung in der konkreten **Einzelleistung**.

13 Um Sonderzahlungen auch weiterhin flexibel ausgestalten zu können, werden als Alternative zum Freiwilligkeitsvorbehalt zunehmend sog **Ermessensvergütungen oder -gratifikationen** vereinbart. Dabei behält sich der ArbGeb vertraglich vor, über das „ob" und „wie" eines Bonusanspruchs später zu entscheiden. Solche Klauseln halten nach der BAG-Rspr grds der Inhaltskontrolle stand. Auch wenn aus der Klausel weder Leistungshöhe noch Leistungskriterien ersichtlich seien, werde der ArbN nicht unangemessen benachteiligt; der ArbGeb dürfe sich bei der **Festlegung von Bonusvolumen und -kriterien** eine Entscheidung nach billigem Ermessen gem § 315 BGB vorbehalten (BAG 16.1.13 – 10 AZR 26/12, NZA 13, 1013). Das gilt auch dann, wenn der Bonus sowohl von dem **Unternehmensergebnis als auch von der individuellen Leistung** des ArbN abhängt, selbst wenn diese wiederum aufgrund einer Zielvereinbarung zu beurteilen sind. Damit ist der formularmäßige Vorbehalt der einseitigen Leistungsbestimmung für den ArbGeb zwar rechtssicherer als der Freiwilligkeitsvorbehalt. Allerdings ist zu beachten, dass sich der ArbGeb **vertraglich bindet** und hinsichtlich der **Ausübung der Leistungsbestimmung** der gerichtlichen Kontrolle unterliegt. Eine Reduzierung des Bonus auf „Null" sieht das BAG prinzipiell nur in absoluten Ausnahmefällen als zulässig an. Überzieht der ArbGeb, setzt das Gericht den Bonus selbst fest (BAG 19.3.14 – 10 AZR 622/13, NZA 14, 595; BAG 3.8.16 – 10 AZR 710/14, NZA 16, 1334). Allerdings führt die gleichbleibende Ausübung der Leistungsbestimmung durch den ArbGeb über einen längeren Zeitraum hinweg nicht bereits zu dessen Ermessensbindung (BAG 23.8.17 – 10 AZR 376/16, NZA 17, 1595; zu Ermessensregelungen bei Gratifikation und Vergütung: *Lingemann/Pfister/Otte* NZA 15, 65). Im Übrigen sind die für Widerrufsvorbehalte geltenden Flexibilisierungshöchstgrenzen (→ Rn 5) auf Freiwilligkeitsvorbehalte nicht anwendbar (BAG 18.3.09 – 10 AZR 289/08, NZA 09, 539).

14 **2. Hinweise für die Vertragsgestaltung.** Nach den vom BAG eng gesteckten Voraussetzungen kann ein herkömmlicher Freiwilligkeitsvorbehalt im Arbeitsvertrag kaum noch wirksam vereinbart werden. Um der AGB-Kontrolle zu genügen, muss sich aus der Klausel die künftige Leistung und ihr Entstehungsgrund zweifelfrei ergeben; für „vorsorgliche" Vorbehalte ist hingegen kein Raum. Bei der **Formulierung** ist zu beachten, dass ein Freiwilligkeitsvorbehalt von vornherein ausscheidet, wenn gleichzeitig ein Entgeltanspruch begründet wird. Das ist insbes dann der Fall, wenn die Voraussetzungen, die Leistungshöhe und die Berechnungsweise in den Vertrag aufgenommen werden. **Unwirksam** ist etwa folgende Klausel: „Als Sonderleistung zahlt das Unternehmen als Urlaubsgeld zum 1.7. und als Weihnachtsgeld zum 1.12. eines jeden Jahres jeweils 50% des vereinbarten Brutto-Monatsverdiensts. Hierbei handelt es sich um eine freiwillige Leistung, die keinen Rechtsanspruch begründet". Ebenso sieht das BAG in den Formulierungen, „die Zahlung kann anteilig als Urlaubs- und Weihnachtsgeld gewährt werden" (BAG

17.4.13 – 10 AZR 281/12, NZA 13, 787) oder „zurzeit wird Urlaubsgeld iHv … € gewährt" (BAG 20.2.13 – 10 AZR 177/12, NJW 13, 2844), bereits ein konkretes Leistungsversprechen. Eine Zahlung darf allenfalls unverbindlich in Aussicht gestellt werden, wobei nicht schon die bloße Bezeichnung der Leistung als „freiwillig" ausreicht (BAG 17.4.13 – 10 AZR 281/12, NZA 13, 787). Zudem muss klargestellt werden, dass laufende Leistungen und individuelle Vertragsabreden vom Vorbehalt nicht erfasst werden. Eine mögliche Formulierung könnte so aussehen: „Sonstige, in diesem Vertrag nicht vereinbarte Leistungen, die der ArbGeb an den ArbN zusätzlich zum laufenden Entgelt erbringt, sind freiwillig und werden mit der Maßgabe erbracht, dass auch bei wiederholter Zahlung kein Rechtsanspruch für die Zukunft begründet wird. Das gilt nicht für Sonderzahlungen, für die künftig mit dem ArbN Abweichendes vereinbart wird." Eine rechtssichere Formulierung erscheint jedoch nach alledem zweifelhaft (so *Preis/Sagan* NZA 12, 697).

Möglich ist der Vorbehalt einer späteren **Entscheidung nach billigem Ermessen**: „Als freiwillige Leistung – ohne jeden Rechtsanspruch – wird in Abhängigkeit von der Geschäftslage im November festgelegt, ob und in welcher Höhe dem ArbN ein Weihnachtsgeld gezahlt wird" oder „Über die Gewährung einer Weihnachtsgratifikation wird jedes Jahr neu entschieden, mit der Maßgabe, dass auch mit einer wiederholten Zahlung kein Rechtsanspruch für die Zukunft begründet wird". Für konkretere Anspruchszusagen bleibt nur die Möglichkeit der Vereinbarung eines Widerrufsvorbehalts bzw einer Teilbefristung (→ Rn 4, 14) im jeweils zulässigen Rahmen. Ganz auf der sicheren Seite ist der ArbGeb, wenn er – ungeachtet der damit in der Praxis verbundenen Schwierigkeiten – eine Leistung erst gar nicht in Aussicht stellt, sondern einfach (zB am Jahresende das Weihnachtsgeld) auszahlt und zugleich bei jeder tatsächlichen Gewährung der Sonderleistung oder im Zusammenhang mit der konkreten Zahlungsankündigung den Vorbehalt wiederholt. **15**

**IV. Teilbefristung.** Das BAG hat die Möglichkeit der Befristung einzelner Arbeitsbedingungen sowie der befristeten Gewährung einzelner Vergütungsbestandteile im Grundsatz stets anerkannt. Schon vor der Erstreckung des AGB-Rechts auf Arbeitsverhältnisse suchte das Gericht den Anschluss an seine „Kernbereichs-Rspr" zu Widerrufsvorbehalten. Danach sollte ein sachlicher Grund für die Befristung einzelner Arbeitsbedingungen zu verlangen sein, wenn ein **Eingriff in den Kernbereich** des Arbeitsverhältnisses vorliege (BAG 15.4.99 – 7 AZR 734/97, DB 99, 1963; BAG 14.1.04 – 7 AZR 213/03, NZA 04, 719; Personalbuch 2009, Änderungsvorbehalte Rn 13). **16**

Mit der Geltung des **AGB-Rechts im Arbeitsverhältnis** ist Prüfungsmaßstab für entspr Vertragsklauseln nun § 307 BGB. Es ist also zu fragen, ob die vorformulierte Befristung der Arbeitsbedingungen den ArbN iSd § 307 Abs 1 BGB unangemessen benachteiligt. Das ist zu bejahen, wenn die Teilbefristung unter Berücksichtigung der rechtlich anerkannten Interessen des ArbN nicht durch **begründete, billigenswerte Interessen des Arbeitgebers** gerechtfertigt sei oder durch gleichwertige Vorteile ausgeglichen werde (BAG 23.3.16 – 7 AZR 828/13, NZA 16, 881). Unter Berücksichtigung dieses Prüfungsmaßstabs behalten dann auch der Kernbereich des Arbeitsverhältnisses und die Wertungen der früheren Rspr ihre Bedeutung (vgl zu Widerrufsvorbehalten BAG 12.1.05 – 5 AZR 364/04, NZA 05, 465). Je näher die Befristung einer Arbeitsbedingung an den Kernbereich des Arbeitsverhältnisses heranreicht, desto stärker ist die Gefahr einer unangemessenen Benachteiligung des ArbN; und je weiter die Befristung vom Kernbereich entfernt ist, desto geringer ist die Gefahr. Abstrakt bedeutet dies, dass für jede Teilbefristung ein Rechtfertigungsgrund erforderlich ist, dessen Anforderungen mit der Nähe zum Kernbereich des Arbeitsverhältnisses steigen. Besteht insoweit ein **angemessener Grund** für die Befristung, liegt grds keine unangemessene Benachteiligung **iSd § 307** BGB vor (*Preis/Bender* NZA-RR 05, 337 ff). Das BAG betont zwar, dass die Inhaltskontrolle nicht den Vorgaben des TzBfG unterliege, so dass für die Teilbefristung auch andere nachvollziehbare sachliche Gründe in Frage kämen. Jedoch stellt das BAG in jüngeren Entscheidungen vermehrt auf die im TzBfG zum Ausdruck kommenden Wertungsmaßstäbe ab. So sei bei der Interessenabwägung zu Gunsten des ArbGeb zu berücksichtigen, wenn ein gem § 14 Abs 1 TzBfG vorliegender Sachgrund die Befristung rechtfertigen könne (BAG 24.2.16 – 7 AZR 253/14, NZA 16, 814). **17**

18 Das bedeutet **im Einzelnen:** Die zeitweise **Übertragung einer höherwertigen Tätigkeit** (mit höherer Vergütung) zum Zweck der Vertretung oder zur Erprobung wird vom BAG grds anerkannt (BAG 7.10.15 – 7 AZR 945/13, NZA 16, 441). Allerdings müssen, auch soweit hierin eine Begünstigung des ArbN liegt, dessen rechtlich anzuerkennende Interessen ausreichend berücksichtigt werden, ggf auch dessen Interesse an einer unbefristeten Übertragung der Tätigkeit. Zur Vermeidung einer Umgehung der Wertungen des TzBfG muss die Befristungsdauer zum Übertragungszweck in einem angemessenen Verhältnis stehen (BAG 24.2.16 – 7 AZR 253/14, NZA 16, 814). Ebenso steigen bei Kettenbefristungen, also bei der wiederholten befristeten Übertragung einer höherwertigen Tätigkeit, die Anforderungen an den Befristungsgrund (LAG Düsseldorf 28.9.06 – 11 Sa 828/06, NZA-RR 07, 238; *Preis/Bender* NZA-RR 05, 337). Die befristete **Erhöhung der regelmäßigen Arbeitszeit** unterliegt regelmäßig den vorgenannten Prüfungsmaßstäben. Allerdings ist bei einer Arbeitszeiterhöhung in erheblichem Umfang ein strengerer Prüfungsmaßstab zugrundezulegen; das wird bei einem Aufstockungsvolumen von 25 % eines Vollzeitarbeitsverhältnisses bejaht. Dann muss die Befristung auf Umständen beruhen, die die Befristung des gesamten Arbeitsvertrags nach § 14 Abs 1 TzBfG sachlich rechtfertigen könnten. Zu berücksichtigen sei ua das Interesse des ArbN an einem dauerhaften und der Existenzsicherung dienenden Einkommen (BAG 23.3.16 – 7 AZR 828/13, NZA 16, 881; 15.12.11 – 7 AZR 394/10, NZA 12, 674). Hier böten die Wertungsmaßstäbe aus §§ 9, 12 Abs 1 S 3 TzBfG allgemeine Angemessenheitsvorgaben hinsichtlich der Dauer und Anzahl der Erhöhungen (BAG 23.3.16 – 7 AZR 828/13, NZA 16, 881; BAG 2.9.09 – 7 AZR 233/08, NZA 09, 1253). Allein die Ungewissheit des künftigen Arbeitskräftebedarfs reicht als Grund für die bloß befristete Erhöhung der regelmäßigen Arbeitszeit nicht aus (BAG 27.7.05 – 7 AZR 486/04, NZA 06, 40). Wenn es um die **Befristung von Vergütungsbestandteilen** geht, kann nichts anderes gelten als für Widerrufsvorbehalte: Die Befristung von mehr als 25–30 % der Vergütung und/oder von Vergütungsbestandteilen unterhalb des Tarifniveaus dürften unzulässig sein (zu Widerrufsvorbehalten → Rn 5); die Befristung von Vergütungsbestandteilen oberhalb des Tarifniveaus und innerhalb der genannten Schwankungsbreite ist aus wirtschaftlichen, leistungs- oder verhaltensbedingten Gründen möglich (weitergehend *Willemsen/Jansen* RdA 10, 1). Für Vergütungsleistungen, die nicht im Gegenseitigkeitsverhältnis zur Arbeitsleistung stehen, wie echte Gratifikationen, dürften deutlich erleichterte Anforderungen an die sachliche Rechtfertigung gelten. Die bloße Unsicherheit der weiteren Entwicklung dürfte ausreichen.

19 Wie Widerrufsvorbehalte unterliegt auch die Befristung einzelner Arbeitsbedingungen dem **Transparenzgebot** gem § 307 Abs 1 S 2 BGB. Fraglich ist, ob daraus auch die Verpflichtung folgt, wie bei Widerrufsvorbehalten (→ Rn 6) in einer formularmäßigen Abrede den Befristungsgrund schriftlich zu vereinbaren oder zumindest stichwortartig zu umschreiben (*Preis/Bender* NZA-RR 05, 337). Das BAG verneint eine solche Verpflichtung (BAG 24.2.16 – 7 AZR 253/14, NZA 16, 814; BAG 2.9.09 – 7 AZR 233/08, NZA 09, 1253). Dem Transparenzgebot sei bei der kalendermäßigen Befristung allein durch die Angabe des Beendigungszeitpunkts genüge getan. Insofern bestehe keine mit Widerrufsvorbehalten vergleichbare Ungewissheit. Dem ArbN sei unmissverständlich klar, dass die vereinbarte Regelung mit Fristablauf ohne weitere Handlungen des ArbGeb ende. Eine besondere Form für die Befristungsabrede ist nicht vorgeschrieben. Das Schriftformerfordernis gem § 14 Abs 4 TzBfG findet keine Anwendung (BAG 24.2.16 – 7 AZR 253/14, NZA 16, 814; BAG 3.9.03 – 7 AZR 106/03, NZA 04, 255). Die Befristungsabrede kann also auch per Telefax oder E-Mail erfolgen. Will der ArbN die Unwirksamkeit der Befristung der einzelnen Vertragsbedingungen gerichtlich geltend machen, gilt hierfür nicht die Klagefrist gem § 17 TzBfG (BAG 4.6.03 – 7 AZR 406/02, BB 03, 1683).

20 **V. Mitbestimmung des Betriebsrats.** Das Mitbestimmungsrecht des BRat gem § 87 Abs 1 Nr 10 BetrVG erstreckt sich bei freiwilligen Leistungen des ArbGeb nur auf die gerechte Ausgestaltung der zusätzlichen Leistung in dem vom ArbGeb vorgegebenen finanziellen Rahmen. Es dient nicht dazu, ursprünglich freiwillige Leistungen in zwingende Leistungen umzuwandeln. Demzufolge ist der **vollständige Widerruf** einer außertariflichen Leistung mitbestimmungsfrei, sofern die endgültige Einstellung der Leistung beabsichtigt ist (BAG 13.1.87, DB 87, 1096). Dasselbe gilt auch für die Einstellung einer unter

Freiwilligkeitsvorbehalt gewährten oder nur befristet zugesagten Leistung. Gibt es allerdings **mehrere nicht tariflich geregelte Leistungen** im Betrieb (zB Weihnachtsgeld und Urlaubsgeld), besteht nach der neueren Rspr des BAG das Risiko, dass das Mitbestimmungsrecht nur dann entfällt, wenn alle nicht tariflich geregelten Leistungen vollständig widerrufen werden (vgl ausführlich ErfK/*Kania* § 77 Rz 110 ff). Dies liegt daran, dass das BAG nun grds alle nicht tariflichen Leistungen als einheitlichen „Vergütungstopf" betrachtet (BAG 23.6.09 – 1 AZR 214/08, NZA 09, 1159). Die Konsequenzen dieser Rspr hat das BAG durch eine neuerliche Korrektur eingedämmt: Wenn eine Leistung alleiniger Gegenstand einer Betriebsvereinbarung sei und der ArbGeb die komplette Einstellung der Leistung entweder gegenüber dem BRat oder gegenüber den ArbN eindeutig erkläre, ende diese Betriebsvereinbarung ohne Nachwirkung mit Zugang der Erklärung (BAG 5.10.10 – 1 ABR 20/09, NZA 10, 598). Ein Mitbestimmungsrecht entsteht somit in erster Linie beim **teilweisen Widerruf.**

Dennoch kann auch beim **gänzlichen Widerruf** einer Zulage ein Mitbestimmungsrecht 21
bestehen, wenn diese **im Zusammenhang mit** einer vom ArbGeb **geplanten Neuverteilung** eines uU gekürzten Zulagenvolumens steht (BAG 17.1.1995 – 1 ABR 19/94, NZA 95, 792). Dabei unterliegt zwar der Widerruf als solcher auch im Zusammenhang mit der geplanten Kürzung oder Neuverteilung einer außertariflichen Leistung nicht der Mitbestimmung; dagegen ist die Neuverteilung des verbleibenden (gekürzten) Zulagenvolumens grds mitbestimmungspflichtig. Das hat der GS der BAG in seinem Beschluss vom 3.12.91 geklärt, um Umgehungsversuchen entgegenzuwirken und stellt hierfür auf den unmittelbaren Zusammenhang zwischen der Einstellung und der Neugewährung der Zulage ab (BAG 3.12.91 – GS 2/90, NZA 92, 749). Ein solcher Zusammenhang liegt vor, wenn der ArbGeb schon bei der Einstellung der übertariflichen Leistung plant, hierdurch eingesparte Mittel als neue übertarifliche Leistung an die ArbN auszuschütten. Dabei braucht der ArbGeb noch nicht genaue Vorstellungen über den Kreis der zu begünstigenden ArbN und die Art der Zulage entwickelt zu haben. Dagegen erzeugt die bloße Möglichkeit einer späteren Wiederaufnahme der übertariflichen Leistung noch keine Mitbestimmungspflicht (BAG 3.5.94 – 1 ABR 24/93, NZA 95, 40; BAG 17.1.1995 – 1 ABR 19/94, NUA 95, 792).

Auch im Falle einer Kürzung oder geplanten Neuverteilung bestehen **Gegenausnahmen,** 22
die das Mitbestimmungsrecht entfallen lassen: Das ist einmal möglich, wenn der Widerruf **nicht zu einer Änderung der Verteilungsgrundsätze** der freiwilligen Leistungen führt, also im Regelfall bei einer Kürzung der außertariflichen Leistung gegenüber allen ArbN zum gleichen Prozentsatz (BAG 3.12.91 – GS 2/90, NZA 92, 749, NZA 92, 749; BAG 26.8.08 – 1 AZR 354/07, NZA 08, 1426). Allerdings führt bei der in der Praxis üblichen differenzierten Zulagengestaltung selbst eine summenmäßig oder prozentual gleichmäßige Kürzung regelmäßig zu einer Verschiebung des Verhältnisses der Zulagen verschiedener ArbN zueinander und damit zu einer Änderung des Verteilungsschlüssels (BAG 14.2.95 – 1 ABR 41/94, NZA 95, 795). Zum anderen kann ein Mitbestimmungsrecht ausscheiden, wenn bei einer Kürzung der Zulagen **kein Regelungsspielraum** für eine anderweitige Anrechnung bzw Kürzung durch den ArbGeb mehr verbleibt. Das ist der Fall, wenn der ArbGeb eine Tariflohnerhöhung vollständig auf alle Zulagen anrechnet, auch wenn hierdurch eine Änderung der Verteilungsgrundsätze bewirkt wird (BAG 22.9.92 – 1 AZR 235/90, NZA 93, 232).

**Missachtet** der ArbGeb ein danach bestehendes Mitbestimmungsrecht des BRat in 23
Bezug auf die Änderung der Verteilungsgrundsätze, soll der – an sich nicht mitbestimmte – Widerruf gegenüber dem einzelnen ArbN unwirksam sein, mit der Folge, dass bis zur Einigung mit dem BRat ein Anspruch auf die Zulage in bisheriger Höhe erhalten bleibt (BAG 3.12.91, NZA 92, 749). Allerdings besteht die Möglichkeit, durch eine Betriebsvereinbarung die Neuverteilung der Zulage rückwirkend auf den Zeitpunkt der Ausübung des Widerrufsrechts zu regeln (BAG 19.9.95, DB 96, 1576). Der Missachtung des Mitbestimmungsrechts soll es nach dem Grundsatz vertrauensvoller Zusammenarbeit (§ 2 Abs 1 BetrVG) gleichstehen, wenn der ArbGeb eigene neue Verteilungsgrundsätze vorgibt, über die er keine Verhandlungen zulässt, sondern für den Fall abweichender Vorstellungen des BRat eine (mitbestimmungsfreie) Einstellung der Leistung vorsieht (BAG 26.5.98 – 1 AZR 704/97, NZA 98, 1292).

### 7 Änderungsvorbehalte

24 **Kein Mitbestimmungsrecht** besteht von vornherein, wenn die Ausübung des Widerrufs durch die besonderen Umstände des einzelnen **individuellen Arbeitsverhältnisses** bedingt ist (BAG 3.12.91, NZA 92, 749). Bei der Annahme eines solchen Tatbestandes ist die Rspr allerdings sehr zurückhaltend. So bejahte das BAG einen für das Eingreifen der Mitbestimmung notwendigen kollektiven Tatbestand auch dann, wenn eine übertarifliche Leistung gegenüber einzelnen ArbN aus Leistungsgründen oder wegen Krankheit gekürzt wurde, weil bei beiden Gesichtspunkten die Leistung der einzelnen ArbN notwendigerweise zueinander in ein Verhältnis gesetzt werden müsse (BAG 22.9.92, NZA 93, 566; ausführlich dazu *Wiese* RdA 95, 355). Näheres zur diesbezüglichen Mitbestimmung → *Anrechnung übertariflicher Entgelte* Rn 3 ff.

## B. Lohnsteuerrecht

*Weil*

26 Die LSt richtet sich unabhängig von Zahlungsvereinbarungen nach dem *Lohnzufluss*. Bewirkt der Widerruf eine Rückzahlung empfangener Leistungen, richtet sich die steuerliche Behandlung nach den Grundsätzen der *Entgeltrückzahlung*. Der ArbGeb kann in der nächstfolgenden Lohnzahlung die bisher erhobene LSt erstatten (§ 41c EStG). Die Erstattung ist dem Betrag zu entnehmen, die der ArbGeb für seine ArbN an LSt im Anmeldezeitraum einbehalten oder übernommen hat (§ 41c Abs 2 Satz 1 EStG). Kann die Erstattung daraus nicht gedeckt werden, wird der fehlende Betrag auf Antrag vom Betriebsstätten-FA ersetzt (§ 41c Abs 2 Satz 2 EStG). Der ArbN kann selbst die Erstattung beantragen, wenn der ArbGeb diese nicht geltend macht (R 41c.1 Abs 5 S 3 LStR).

## C. Sozialversicherungsrecht

*Schlegel*

31 **1. Änderungsvorbehalte bzgl Arbeitsentgelt.** Änderungsvorbehalte gewinnen in der SozVers beitragsrechtliche Relevanz, soweit aus geschuldetem Arbeitsentgelt SozVersBeiträge zu zahlen sind. Ob die Vergütungspflicht besteht, ist eine Frage des Arbeitsrechts. Beiträge auf laufendes Arbeitsentgelt bzw dessen Komponenten (Grundlohn, Zuschläge etc) entstehen in dem Augenblick, in dem der arbeitsrechtliche Vergütungsanspruch entsteht. Davon zu unterscheiden ist die Frage wann die Beiträge fällig werden, vgl dazu → *Sozialversicherungsbeiträge* Rn 24 ff. Gem § 22 Abs 1 SGB IV entsteht der Beitragsanspruch bei einmalig gezahltem Arbeitsentgelt erst, wenn das Arbeitsentgelt auch ausgezahlt ist (§ 22 Abs 1 Satz 2 SGB IV), vorher ist auch der hierauf zu zahlende SozVersBeitrag nicht fällig.

32 **2. Änderungen bei den Voraussetzungen für Sozialleistungen.** Leistungsrechtlich gibt es eine Art Änderungsvorbehalt in der UV bei der **Entschädigung von Arbeitsunfällen.** Bei der erstmaligen Feststellung einer Verletztenrente in der UV kann abweichend von § 48 SGB X nach der vorläufigen Entschädigung der Vomhundertsatz der MdE auch dann abweichend von der vorläufigen Entschädigung festgestellt werden, wenn sich die Verhältnisse nicht geändert haben (§ 62 Abs 2 Satz 2 SGB VII, sog Änderungsvorbehalt). Die Rente wird jedoch spätestens mit Ablauf von drei Jahren nach dem Versicherungsfall kraft Gesetzes nicht mehr als „vorläufige Entschädigung", sondern als „Rente auf unbestimmte Zeit" geleistet, sodass der „Vorläufigkeitsvorbehalt" in dem den Rentenanspruch feststellenden Verwaltungsakt gesetzesunmittelbar entfällt (vgl dazu BSG 16.3.10 – B 2 U 2/09 R, BeckRS 2010, 69710; BSG 19.12.13 – B 2 U 1/13 R, SozR 4–2700 § 62 Nr 2).

**Vorschüsse auf Sozialleistungen** sind nach pflichtgemäßem Ermessen zu zahlen, wenn zwar feststeht, dass Anspruch auf eine Geldleistung besteht, aber die Feststellung der Höhe weitere Ermittlungen erforderlich macht, die längere Zeit in Anspruch nehmen (§ 42 SGB I). Spezialgesetzliche Regelungen finden sich zB in § 8 Abs 3 BEEG, wenn es für die Berechnung des Elterngeldes auf das vor Geburt des Kindes erzielte Einkommen ankommt, dieses aber bei Beginn des Elterngeldes nicht exakt zu ermitteln ist (BSG 26.3.2014 – B 10 EG 13/13 R, Rz 34).

# Agiles Arbeiten

## A. Arbeitsrecht *Kania*

**1. Allgemeines. a) Begriff.** Agilität im Arbeitsleben bezeichnet iwS die **Flexibilisierung von Arbeitsweisen.** Der Begriff hat seinen Ursprung in der Software-Entwicklung, wo in aufgabenbezogenen Projektteams gearbeitet wird. Mit der zunehmenden Digitalisierung verändern sich die Arbeitsprozesse spartenübergreifend. Immer kürzere Innovations- und Produktzyklen erfordern schnelle und flexible Reaktionen im Unternehmen. Daher wird die klassisch hierarchische Aufbauorganisation in Form der Linien- oder Pyramidenorganisation in der Unternehmenspraxis zunehmend als zu starr empfunden, um effizient auf Veränderungen zu reagieren. Vor allem aus ökonomischer Sicht werden **agile Organisationsstrukturen und Arbeitsprozesse** verlangt, die hierarchische Berichtslinien und feststehende Fachabteilungen ersetzen und sich insoweit von festen Arbeitsplätzen, -zeiten oder -abläufen lösen. Je nach Aufgabe oder Projekt werden interdisziplinäre Teams, **sog „Squads"**, zusammengestellt, die sich selbst organisieren und die Arbeit untereinander verteilen. An die Stelle des Abarbeitens vorgegebener Aufgaben tritt eine sich vorantastende, in kleine Schritte unterteilte „atmende" Teamarbeit, die Raum für eine ständige Überprüfung der eigenen Ergebnisse und deren Verbesserung nach dem Prinzip „try and error" lässt. 1

Weit verbreitet ist die agile **Arbeitsmethode „Scrum"**, für die sich inzwischen entspr Rollen und Begrifflichkeiten herausgebildet haben, zB „Project-Owner" (Steuerung des Entwicklungsteams), „Scrum-Master" (als Moderator zwischen Auftraggeber und Team), „Sprint" (Zeit- oder Inhaltseinheiten). Entspr wandelt sich die Rolle von Führungskräften vom „Weisungsgeber" zum Moderator, Organisator, Projekt- und Budgetverantwortlichen. Der Verzicht auf Weisungen und die Einräumung weitreichender Teamautonomie entsprechen indes nicht dem Grundkonzept des Arbeitsrechts, das eher auf das klassische Normalarbeitsverhältnis ausgerichtet ist (§ 106 GewO, § 611a Abs 1 S 2 BGB). Hier setzt die bestehende Arbeitsrechtsordnung der Schaffung passender organisatorischer Rahmenbedingungen, insbes großer zeitlicher und örtlicher Flexibilität, Grenzen. 2

**b) Arbeitnehmerstatus agiler Teammitglieder.** Die Einordnung von Mitgliedern agiler Teams anhand des herkömmlichen ArbNBegriffs bereitet Schwierigkeiten, denn infolge der fehlenden Weisungsgebundenheit verschwimmen häufig die **Grenzen zwischen selbständiger und abhängiger Tätigkeit.** Während die hierarchielose Organisation autonomes und selbstverantwortliches Handeln der ArbN ermöglichen soll, definiert sich das klassische Arbeitsverhältnis gerade durch die Leistung weisungsgebundener fremdbestimmter Dienste (§ 611a Abs 1 S 1 BGB). Das **Kriterium der Weisungsgebundenheit** ist wesentliches Merkmal der ArbNEigenschaft. Das bringt auch § 106 GewO zum Ausdruck, wonach Inhalt, Ort und Zeit der Arbeitsleistung vom ArbGeb einseitig festgelegt werden können. Diese Vorschrift statuiert aber weder eine grds Pflicht des ArbGeb, von seinem Weisungsrecht Gebrauch zu machen, noch geht die ArbNEigenschaft durch einen entspr Verzicht verloren (BAG 25.1.07 – 5 AZB 49/06, NZA 07, 580). Ordnen ArbGeb oder Vorgesetzte den Mitarbeiter einem bestimmten Projekt zu, spricht das allein bereits für die ArbNEigenschaft. 3

**c) Gemischte Teams.** Umgekehrt kann bei **Fremdkräften,** die als freie Mitarbeiter oder als ArbN externer Dienstleister (zB IT-Dienstleister, Beratungsunternehmen) gemeinsam mit den ArbN im Team dieselben Tätigkeiten ausführen, eine Einbindung in den Arbeitsprozess und damit eine Eingliederung in den Betrieb stattfinden. Gerade wenn die Arbeitsaufgaben während des Projektprozesses laufend nachjustiert und neu bestimmt werden, kommt ein Werkvertrag als Rechtsgrundlage kaum in Betracht. Im Grundsatz unschädliche fachliche Weisungen umfassen zudem nicht selten auch disziplinarische Weisungen, etwa zeitliche Vorgaben, oder es ist insoweit ein Mindestmaß an Weisungen für den Projekterfolg notwendig. Dann besteht das Risiko einer Scheinselbständigkeit oder verdeckten ArbNÜberlassung (*Günther/Böglmüller* NZA 19, 417). Agile Prozesse wie die „Scrum-Methode" sind aber geeignet, eine zu tiefe Eingliederung in die Organisation des Auftrag- 4 gebers zu vermeiden, da mithilfe der Person des „Scrum Masters" als Moderator auf steuernde Weisungen des Auftraggebers verzichtet werden kann (*Litschen/Yacoubi* NZA 17, 484; ähnlich *Heise* NZA Beilage 2/19, 100).

5 **2. Individualrechtliche Rahmenbedingungen agiler Arbeit. a) Zuweisung agiler Arbeit.** Werden bei Einführung einer agilen Organisation die Mitarbeiter aus den bestehenden Hierarchieebenen oder Fachbereichen ausgegliedert und in Projekten zusammengefasst, ist zweifelhaft, ob die konkrete Zuweisung neuer agiler Funktionen kraft Direktionsrecht zulässig ist. Das kann nur dann bejaht werden, wenn die Zuweisung eine nähere Bestimmung der **arbeitsvertraglich geschuldeten Tätigkeit** darstellt, denn der ArbGeb ist nicht befugt, die arbeitsvertraglichen Pflichten einseitig abzuändern. Vom Direktionsrecht gedeckt ist regelmäßig nur die Zuweisung gleichwertiger Tätigkeiten. Dies ist dann nicht der Fall, wenn mit der Zuweisung einer agilen Tätigkeit eine Einschränkung von Führungsverantwortung oder Entscheidungsbefugnissen in Sach- und Personalfragen oder die Verringerung der Zahl unterstellter Mitarbeiter oder von Vertretungsbefugnissen verbunden ist. Werden die Grenzen des Direktionsrechts überschritten, muss eine neue Vereinbarung über die geänderten Arbeitsinhalte getroffen oder notfalls mittels Änderungskündigung nach § 2 KSchG durchgesetzt werden (*Eufinger/Burbach* DB 19, 1147). Um das zu vermeiden, kann bei **Neueinstellungen** der Tätigkeitsbereich weit gefasst und auf starre Positionsbeschreibungen verzichtet werden, um einen möglichst flexiblen Einsatz des ArbN zu ermöglichen. Zu bedenken ist aber, dass hierdurch im Falle einer betriebsbedingten Kündigung ein größerer ArbNKreis in die Sozialauswahl einzubeziehen ist (→ Rn 11).

6 Die für agile Arbeit charakteristische Eigenverantwortung und Entscheidungsfreiheit der Teammitglieder bedingt einen zumindest vorübergehenden Verzicht des ArbGeb auf sein Direktionsrecht nach § 106 GewO. Ein faktischer **Verzicht auf fachliche Weisungen** ist rechtlich unbedenklich, da der ArbGeb insoweit von seiner unternehmerischen Freiheit Gebrauch macht (*Günther/Böglmüller* NZA 19, 273). Ein solcher Verzicht schafft noch keinen Vertrauenstatbestand dahingehend, dass auch künftig unter Verzicht auf die Ausübung des Direktionsrechts nur noch in agilen Teams gearbeitet werden solle (BAG 17.8.11 – 10 AZR 202/10, NZA 12, 265). Ein Verzicht auf **disziplinarische Weisungsrechte** ist aber nur bedingt möglich: Auch in hierarchielosen Strukturen ist der ArbGeb regelmäßig gezwungen, personelle Maßnahmen zu ergreifen, wie zB Abmahnungen oder Kündigungen. Andere Bereiche lassen sich dagegen autonom durch das Team regeln, etwa die Festlegung von Urlaub oder die Vereinbarung von vergütungswirksamen Performance-Zielen (*Günther/Böglmüller* NZA 19, 273).

7 **b) Arbeitsort.** Will der ArbGeb ein neues Büroraumkonzept einführen, etwa **Desksharing** oder „Open Desk", ist fraglich, ob der einzelne ArbN Anspruch auf einen bestimmten Arbeitsplatz hat. Ein solcher individualrechtlicher Anspruch wird von der hM verneint. Soweit hier arbeitsschutz- und mitbestimmungsrechtliche Vorschriften beachtet werden, kann der ArbGeb das Arbeitsumfeld den flexiblen Anforderungen anpassen (*Oltmanns/Fuhlrott* NZA 18, 1225; *Günther/Böglmüller* NZA 19, 278). Zunehmend wird die vertragliche Arbeitsleistung auch an **„agilen Arbeitsorten"** außerhalb der Betriebsstätte, zB im Homeoffice oder Mobile Office, erbracht. Eine einseitige Zuweisung des Arbeitsplatzes im Homeoffice ist jedoch nicht vom Direktionsrecht gedeckt (LAG Berlin-Bb 10.10.18 – 17 Sa 562/18, BeckRS 2018, 34001).

8 **c) Arbeitszeit.** Für eine **agile zeitliche Gestaltung** bietet dagegen das geltende Arbeitszeitrecht kaum passende Lösungen. Bei **Projektarbeit** kann es gerade in der Endphase von Projekten zu kurzfristigen Arbeitsspitzen kommen, die durch die vorübergehende Höchstarbeitszeit von maximal zehn Stunden täglich und eine elfstündige Ruhezeit nicht abgedeckt werden. Auch flexible Arbeitszeitmodelle, Arbeitszeitkonten und Vertrauensarbeit können hier regelmäßig keine weitergehende Flexibilität gewährleisten.

9 Umgekehrt führen die vorhandenen technischen Möglichkeiten rein tatsächlich zu einer sog **Entgrenzung der Arbeit.** So erlauben Mobile Devices jederzeit von unterwegs oder von Zuhause aus, am Arbeitsprozess teilzunehmen. Es werden kurzfristig Telefonate geführt und Emails beantwortet, wobei diese auch außerhalb der üblichen Arbeitszeit liegen. Grds ist auch hier die gesetzliche Ruhezeit von 11 Stunden gem § 5 ArbZG einzuhalten. Teilweise wird die Ruhezeit in TV für mobiles Arbeiten auf 9 Stunden verkürzt, zT enthalten

TV Öffnungsklauseln zugunsten der Betriebsparteien. Diese können bestimmte Tätigkeiten **als unerheblich einstufen,** so dass sie dann grds nicht als Unterbrechung der Ruhezeit gelten. Auch jenseits kollektiver Regelungen spricht vieles dafür, geringfügige Unterbrechungen der Ruhezeiten, wie das kurze Checken von Emails, als unschädlich zu erachten und damit der Lebenswirklichkeit Rechnung zu tragen (*Hanau* NJW 16, 2613 mwN; zum Meinungsstand → *Mobiles Arbeiten* Rn 6 ff).

Gerade bei **Remote-Teams** ist fraglich, wie der ArbGeb die Einhaltung der Arbeitszeit kontrollieren bzw diese Pflicht delegieren kann. Dahingehende Aufzeichnungspflichten bestehen gem § 16 Abs 2 ArbZG bislang nur für solche Arbeitszeiten, die über die gesetzliche Arbeitszeit hinausgehen. Allerdings werden nach dem EuGH-Urteil zur Arbeitszeiterfassung (EuGH 14.5.19 – C-55/18, NZA 19, 683) künftig gesteigerte Anforderungen an die Dokumentation der Arbeitszeit gelten. So werden die Mitgliedstaaten angehalten, die ArbGeb zu verpflichten, die tatsächlich geleistete Arbeitszeit zu ermitteln und die Einhaltung der vorgeschriebenen Ruhezeiten und Ausgleichszeiträume sicherzustellen. 10

**d) Beendigung des Arbeitsverhältnisses.** Flache Hierarchien in agilen Organisationen bereiten bei der **betriebsbedingten Beendigung des Arbeitsverhältnisses** erhebliche Probleme. Da die Stellenprofile gerade auf den flexiblen Einsatz innerhalb eines ständig variierenden Aufgabenspektrums zugeschnitten sind, kann der ArbGeb im Zweifel nicht beweisen, dass eine vergleichbare oder zumutbare Weiterbeschäftigung nicht möglich ist. Die Vergleichbarkeit und Austauschbarkeit der Tätigkeit vergrößert zudem den in die Sozialauswahl einzubeziehenden Personenkreis. Umgekehrt sind ArbN, die bislang noch klassisch hierarchisch gearbeitet haben, im Zweifel nicht mehr mit Mitgliedern agiler Teams vergleichbar, auch wenn sie fachlich über vergleichbare Qualifikationen verfügen. 11

**e) Projektbefristung.** Die temporäre Beschäftigung in agilen Teams muss auch dann den **Anforderungen des Befristungsrechts** genügen, wenn das Projekt als solches zeitlich begrenzt ist. Als Sachgrund iSd § 14 Abs 1 S 1 TzBfG kommt die Projektbefristung in Betracht, wenn es um die Erledigung von Zusatzaufgaben geht, die nur für eine begrenzte Zeit anfallen und keinen auf längere Zeit planbaren Personalbedarf mit sich bringen. Diese Befristungsmöglichkeit gilt daher nicht bei Daueraufgaben des ArbGeb. In diesem Zusammenhang hat das BAG jetzt praxisrelevant entschieden, dass auch einem Unternehmen, das im Wesentlichen mit der Durchführung von Projekten befasst ist, dieser Befristungsgrund nicht von vornherein abgeschnitten ist. Jedoch dürfen im Bereich der Daueraufgaben nicht dadurch Befristungsmöglichkeiten geschaffen werden, dass die Aufgaben künstlich in „Projekte" zergliedert werden (BAG 21.11.18 – 7 AZR 234/17, NZA 19, 611). Will ein ArbGeb Führungspositionen zur Vermeidung von Innovationsstaus nur befristet vergeben, kann er dies mit der Eigenart der Arbeitsleistung gem § 14 Abs 1 S 2 Nr 4 TzBfG nur dann begründen, wenn er sich auf eine besonders geschützte – idR grundrechtliche – Position berufen kann (LAG Berlin-Bbg 23.8.11 – 11 Sa 1047/11, BeckRS 2012, 65781). 12

**3. Kollektivrechtliche Rahmenbedingungen. a) Betriebsratsfähige Organisationseinheiten.** Die Bestimmung betriebsratsfähiger Einheiten ist erschwert, wenn mobil und standortübergreifend in **virtuellen Arbeitsorganisationen** zusammengearbeitet wird (zB im Bereich der Produktentwicklung oder im Kundenservice). Denn hierdurch wird der räumliche, zeitliche und organisatorische Bezug zu einem bestimmten Betrieb gelockert oder sogar ganz aufgelöst (iE → *Matrixorganisation* Rn 13 ff). Soweit Unternehmen nach produkt- oder projektbezogenen Sparten organisiert sind, ermöglicht hier § 3 Abs 1 Nr 3 BetrVG den Tarif- oder Betriebspartnern, abweichende betriebsverfassungsrechtliche Strukturen zu schaffen (vgl → *Betrieb (Begriff)* Rn 4). 13

**b) Einführung agiler Arbeitsorganisation.** Die Etablierung agiler Organisationsstrukturen kann **Beteiligungsrechte des zuständigen BR** auslösen. Der ArbGeb hat den BR allgemein gem § 80 Abs 2 BetrVG sowie im Besonderen über die Planung von Arbeitsverfahren und Arbeitsabläufen gem § 90 Abs 1 S 3 BetrVG zu unterrichten. Grds unterliegen **Einführung und Beendigung agiler Arbeit** als solche nicht der zwingenden Mitbestimmung. Es handelt sich hierbei auch nicht um einen Fall des § 87 Abs 1 Nr 1 BetrVG, da durch den Verzicht auf Weisungen die Erfüllung der arbeitsvertraglichen Hauptleistungspflicht betroffen ist und nicht das Ordnungsverhalten (ErfK/*Kania* § 87 BetrVG Rn 21a). Lediglich dann, wenn sich die Maßnahme in erheblichem Maße auf den Betriebsablauf, die 14

Arbeitsweise und Arbeitsbedingungen auswirkt (etwa beim Abbau ganzer Hierarchiestufen) und insoweit eine **grundlegende Änderung der Betriebsorganisation** iSd § 111 S 3 Nr 4 BetrVG vorliegt, handelt es sich um eine mitbestimmungspflichtige Betriebsänderung nach §§ 111 ff BetrVG.

15 Im Übrigen können je nach Einzelfall unterschiedliche **Mitbestimmungstatbestände nach § 87 Abs 1 BetrVG** ausgelöst werden (vgl Überblick *Günther/Böglmüller* NZA 19, 417; *Eufinger/Burbach* DB 19, 1147): Häufig werden die Lage und Verteilung der Arbeitszeit gem § 87 Abs 1 Nr 2 BetrVG betroffen sein, insbes dann, wenn **neue Arbeitszeitmodelle** (zB Vertrauensarbeit) implementiert werden. Ebenso werden regelmäßig spezielle Softwarelösungen und Kommunikationsplattformen genutzt, um standortübergreifend an Projekten arbeiten zu können; entspr kann § 87 Abs 1 Nr 6 BetrVG greifen. Neue **Bürokonzepte,** wie zB Open Space-Office und Desk Sharing, betreffen idR auch Angelegenheiten des Gesundheitsschutzes iSd § 87 Abs 1 Nr 7 BetrVG.

16 Die Reorganisation der Hierarchiestufen erfordert häufig die Schaffung neuer Stellenprofile, womit zugleich die Frage der **Lohngestaltung** betroffen sein kann (§ 87 Abs 1 Nr 10). Betriebliche Eingruppierungssysteme sollten auf agile Rollen wie Scrum Master und Product Owner zugeschnitten sein und berücksichtigen, dass Rollenwechsel in agilen Organisationen zu ständig neuen Eingruppierungen führen können. Entspr sollten konkrete Mechanismen zur Zuordnung von ArbN, etwa die Beurteilung nach dem Schwerpunkt der Tätigkeit in einem bestimmten Zeitraum, vorgesehen sein (*Günther/Böglmüller* NZA 19, 417). Variable Vergütungssysteme bedürfen hier regelmäßig einer Revision, da der Fokus auf dem Gruppenergebnis liegt, wogegen die Leistung des Einzelnen in den Hintergrund tritt.

17 Zudem kann Projektarbeit im Einzelfall als **Gruppenarbeit** iSd § 87 Abs 1 Nr 13 BetrVG (vgl insbes Legaldefinition im 2. Hs) zu qualifizieren sein. Die Mitbestimmung soll einem übermäßigen Gruppendruck und möglicher Selbstausbeutung der Gruppenmitglieder entgegenwirken (*Fitting* § 87 BetrVG Rn 564). Ausschlaggebend ist, ob eine **abgeschlossene Gesamtaufgabe zur eigenverantwortlichen Erfüllung** für eine gewisse Dauer übertragen wird. Das bedeutet, dass entspr Vorgesetztenkompetenzen, wie Delegationsbefugnisse und die autonome Entscheidung über die zu erbringende Arbeitsleistung, auf die Gruppe übertragen werden. Dagegen reichen einzelne agile Elemente, wie zB Teamarbeit, in einem ansonsten hierarchisch organisierten System nicht für die Einordung als Gruppenarbeit iSd Nr 13. Das Mitbestimmungsrecht umfasst nur die Grundsätze zur Durchführung der Gruppenarbeit, zB Gruppengröße, Prozess der Meinungsbildung und Konfliktlösung, nicht jedoch die Einführung als solche (ErfK/*Kania* § 87 BetrVG Rn 134 f; *Richardi/Richardi* § 87 BetrVG Rn 980 ff).

18 **c) Personelle Maßnahmen. aa) Versetzung.** Auch in dem Fall, dass die Zuweisung einer agilen Tätigkeit vom Direktionsrecht des ArbGeb umfasst ist, kann gleichwohl eine Versetzung iSd § 95 Abs 3 S 1 BetrVG vorliegen, so dass die Zustimmung des BRat gem § 99 BetrVG einzuholen ist. Werden ArbN einer hierarchielosen Arbeitseinheit zugewiesen, kann dies eine **erhebliche Änderung der Arbeitsumstände** darstellen. Denn regelmäßig verändern sich Inhalt der Tätigkeit sowie Kompetenzzuweisungen und Verantwortlichkeiten. In der Praxis wird jedoch ein **Wechsel zwischen agiler und klassischer Arbeit,** je nach Aufgabe und Projekt, die Regel sein. Hier wird man nicht in jedem einzelnen Wechsel eine Versetzung gem § 95 Abs 3 S 1 BetrVG sehen müssen. Jedenfalls dann, wenn der ArbN nach der Eigenart des Arbeitsverhältnisses üblicherweise an unterschiedlichen Arbeitsplätzen beschäftigt wird, gilt dies gem der Rückausnahme aus § 95 Abs 3 S 2 BetrVG nicht als Versetzung, zB bei IT-Spezialisten oder Monteuren (ErfK/*Kania* § 99 BetrVG Rn 17; LAG Hessen 13.2.07 – 4 TaBV 200/06, BeckRS 2007, 44563). Es spricht vieles dafür, die Rückausnahme nicht auf die Fälle einer Änderung des Arbeitsortes zu beschränken, sondern den Begriff „Arbeitsplatz" weit iS eines inhaltlichen Arbeitsbereiches zu verstehen (*Günther/Böglmüller* NZA 19, 273).

19 **bb) Qualifizierung und Weiterbildung.** Bei der Einführung agiler Arbeitsmethoden kann ein entspr Qualifizierungsbedarf der ArbN bestehen. Gem § 97 Abs 2 BetrVG hat der BR ein erzwingbares Mitbestimmungsrecht bei der Durchführung von Weiterbildungsmaßnahmen.

## B. Lohnsteuerrecht

*Weil*

**Agiles Arbeiten und Arbeitnehmerstatus.** Die lohnsteuerliche Bedeutung der Abgrenzung zwischen selbständiger und abhängiger Tätigkeit agiler Teammitglieder liegt darin, dass der Arbeitgeber bei einer abhängigen Tätigkeit des ArbN die LSt einzubehalten, anzumelden und abzuführen hat (→ *Lohnsteueranmeldung* Rn 2 ff, → *Lohnsteuerabführung* Rn 2 ff). Bei einer abhängigen Tätigkeit erzielt das **agile Teammitglied als Arbeitnehmer** Einkünfte aus nichtselbständiger Arbeit iSd § 19 EStG. § 1 LStDV bestimmt einen eigenständigen (lohnsteuerlichen) Arbeitnehmerbegriff. **Arbeitnehmer** sind nach § 1 Abs 1 Satz 1 LStDV Personen, die in öffentlichem oder privatem Dienst angestellt oder beschäftigt sind oder waren und die aus diesem Dienstverhältnis oder einem früheren Dienstverhältnis Arbeitslohn beziehen. **Ein Dienstverhältnis** liegt gem § 1 Abs 2 Satz 1 LStDV vor, wenn das (agile) Teammitglied dem Arbeitgeber seine Arbeitskraft schuldet. Dies ist nach § 1 Abs 2 Satz 2 LStDV der Fall, wenn die tätige Person in der Betätigung ihres geschäftlichen Willens unter der Leitung des Arbeitgebers steht oder im geschäftlichen Organismus des Arbeitgebers dessen Weisungen zu folgen verpflichtet ist. Der steuerliche Begriff des Dienstverhältnisses ist aufgrund dieser lohnsteuerlichen Definition nicht notwendigerweise mit dem identisch, was als Dienst- oder Arbeitsverhältnis nach den arbeits- oder sozialversicherungsrechtlichen Bestimmungen gilt. Zum Arbeitnehmerbegriff iE wird auf Ausführungen zum (lohnsteuerlichen) → *Arbeitnehmer (Begriff)* Rn 29 ff Bezug genommen. Sofern **Fremdkräfte in gemischten Teams** eingesetzt werden, ist jeweils abzugrenzen, ob die Fremdkräfte lohnsteuerlich als Arbeitnehmer zu qualifizieren sind. Es gelten insoweit die gleichen Kriterien nach § 1 LStDV. Zur **Scheinselbständigkeit** wird auf → *Scheinselbständigkeit* Rn 3 ff verwiesen. Zur Frage der (verdeckten) **Arbeitnehmerüberlassung** siehe → *Arbeitnehmerüberlassung/Zeitarbeit* Rn 71 ff. 25

## C. Sozialversicherungsrecht

*Schlegel*

**Abhängige Beschäftigung oder selbständige Tätigkeit.** Agiles Arbeiten wird in der SozVers oft die Frage aufwerfen, ob eine bestimmte Tätigkeit in Form abhängiger Beschäftigung oder selbständiger Tätigkeit ausgeübt wird. Prüfungsmaßstab ist insoweit § 7 Abs 1 SGB IV, der als „Anhaltspunkte" für abhängige Beschäftigung auf **Weisungen** bzgl Art, Zeit und Orte der Tätigkeit bzw auf eine **Eingliederung** in die Arbeitsorganisation des Weisungsgebers abstellt. Je höher die Qualifikation des Auftragnehmers ist, desto geringer sind idR die fachlichen Weisungen, die ihm zur Erfüllung der ihm gestellten Aufgaben erteilt werden (vgl BSG vom 4.6.19 – B 12 R 11/18 R, DStR 19, 2429). Oft wird es sogar an der Erteilung konkreter Aufträge fehlen, weil es Aufgabe des Beauftragten ist, eigenständig Unternehmenskonzepte oder IT-Konzepte zu entwickeln und Aufgaben für sich und andere zu definieren. Das BSG spricht in diesem Zusammenhang davon, dass das Weisungsrecht des ArbGeb bei sog Diensten höherer Art auch eingeschränkt und „zur **dienenden Teilhabe am Arbeitsprozess**" verfeinert sein kann. Abhängige Beschäftigung manifestiert sich dann in der Eingliederung des Versicherten in den Betrieb (BSG Urteile vom 4.6.19 – B 12 R 11/18 R, BeckRS 2019, 12883; BSG 9.12.81 – 12 RK 4/81, SozR2200 § 2 Nr 19). 30

Für **Projektarbeit mit Fremdpersonaleinsatz** gilt für die **Statusfeststellung** folgendes: Entsendet ein Unternehmen mehrere seiner ArbN zur Erfüllung einer vertraglichen Verpflichtung in den Betrieb eines anderen Unternehmers, stellt sich ggf die Frage, ob es sich bei diesen „entsandten" ArbN um Erfüllungsgehilfen im Rahmen eines **Werk- oder Dienstleistungsvertrages** handelt, oder ob diese ArbN dem Weisungsrecht des Auftraggebers unterstellt werden, so dass ggf verdeckte Arbeitnehmerüberlassung vorliegt. In solchen Fällen stellt sich weniger die Frage, ob diese Personen ArbN bzw sie abhängig Beschäftigte und damit zB nach § 1 Satz 1 Nr 1 in der RV versicherungspflichtig sind. Im Vordergrund steht vielmehr die Frage, wer ArbGeb ist (vgl § 9 Abs 1 Nr 1a, § 10 Abs 1 AÜG). Hier besteht ein unabweisbares Bedürfnis sowohl des Auftraggebers als auch des Auftragnehmers, diese Frage ggf von der Einzugsstelle, im Rahmen einer Betriebsprüfung oder in einem Anfrageverfahren nach § 7a SGB IV verbindlich klären zu lassen. Das **Rechtsschutzinteresse** für entsprechende Entscheidungen der Einzugsstellen oder der DRV Bund (§ 28h Abs 2, § 28p Abs 1 Satz 5 SGB IV), liegt vor, weil die Beitragspflicht im 31

Fall möglicherweise verdeckter Arbeitnehmerüberlassung sowohl den Verleiher (§ 10 Abs 3 AÜG) als auch den Entleiher trifft (§ 10 Abs 1 AÜG). Zur Prüfung dieser Fragen in einem **Anfrageverfahren nach § 7a SGB IV** vgl BSG 14.3.18 – B 12 KR 12/17 R, BeckRS 2018, 14960 Rn 33); zur Prüfung in einer **Betriebsprüfung** vgl BSG 19.9.2019 (B 12 R 25/18 R, vgl auch → *Außenprüfung* Rn 37).

# Aktienoptionen

## A. Arbeitsrecht

*Röller*

1 **1. Begriff und Funktionsweise.** Mit der Gewährung von Aktienoptionen durch den ArbGeb wird dem ArbN das Recht auf Bezug von Aktien des Unternehmens nach Ablauf einer Wartefrist und bei Erreichen vorab definierter Erfolgsziele gewährt. Der Aktienoptionsplan muss mindestens ein rechtliches (iSe aufschiebenden Bedingung) oder wirtschaftliches Erfolgsziel vorsehen, § 193 Abs 2 Nr 4 AktG. Die Erfolgsziele werden in der Praxis nicht einheitlich gesetzt. Die Optionen können unmittelbar an die positive Entwicklung des eigenen Aktienkurses gebunden sein; zum Teil findet eine Orientierung an einem Aktienindex (zB dem DAX) statt oder es wird die Entwicklung des Aktienkurses im Verhältnis zum Branchendurchschnitt als maßgebliche Größe herangezogen.

Die Ausübung der Optionen und der Erwerb der Aktien ist nur innerhalb eines vorab festgelegten Ausübungszeitraums möglich. Für die Ausübung der Optionen müssen die Mitarbeiter einen Ausübungspreis zahlen. Der Gewinn ist die Differenz zwischen Kauf- und Verkaufspreis der Aktien. Dieser Gewinn muss versteuert werden. Liegt der Aktienkurs zum Ausübungszeitpunkt unter dem Ausübungspreis, verfallen die Optionen.

In der Praxis weit verbreitet sind auch virtuelle Aktienoptionsprogramme (LAG BaWü 17.1.12 – 22 Sa 77/11, BeckRS 2012, 68072, *Schniepp/Giesecke* NZG 17, 128). Bei ihnen erhält der Inhaber der Optionen keine Aktien, sondern eine Zahlung, deren Höhe sich nach der Wertsteigerung einer fiktiven Option nach Maßgabe der Bezugsgrößen richtet.

2 **2. Aktienrechtliche Voraussetzungen. a) Beschluss der Hauptversammlung.** Aktienoptionspläne basieren in Deutschland überwiegend auf der Ausgabe von Bezugsrechten an Mitarbeiter und Mitglieder des Vorstandes, für deren Ausübung Aktien durch eine bedingte Kapitalerhöhung bereitgestellt werden. Hierfür ist ein Beschluss der Hauptversammlung erforderlich (§ 192 Abs 2 Nr 3 AktG), durch den die wesentlichen Bedingungen des Aktienoptionsrogramms, insbes die Wartefrist für die erstmalige Ausübung der Optionen und das Erfolgsziel festgelegt werden. Bei dem Beschluss der Hauptversammlung handelt es sich um eine reine Innenmaßnahme der Gesellschaft. Von ihm geht noch keine begünstigende Wirkung zu Gunsten der teilnahmeberechtigten Mitarbeiter aus. Neben Aktienoptionsplänen mittels einer bedingten Kapitalerhöhung besteht die Möglichkeit zum Erwerb eigener Aktien durch das Unternehmen gem § 71 Abs 1 AktG, um sie an Inhaber von Aktienoptionen auszugeben.

3 **b) Aktienoptionsplan.** In ihm werden von dem Unternehmen die näheren Voraussetzungen für die Teilnahme festgelegt. Erst durch den Aktienoptionsplan geht eine begünstigende Wirkung für die Mitarbeiter aus. Darüber hinaus enthält er Konkretisierungen der allgemeinen Rahmenbedingungen für die Ausübung der Optionen, also der Wartefrist, des Erfolgsziels und der Ausübungszeiträume sowie üblicherweise Verfallklauseln für den Fall des Ausscheidens des Mitarbeiters aus dem Arbeitsverhältnis. Aufgestellt wird der Aktienoptionsplan vom Vorstand des Unternehmens, das die Aktienoptionen ausgibt.

4 **c) Optionsvertrag.** Der Optionsvertrag – auch Gewährungsvertrag genannt – berechtigt den ArbN unter der Bedingung des Ablaufs der Wartefrist und des Erreichens des Erfolgsziels zum Erwerb von Aktien der Gesellschaft zu einem zuvor festgelegten Preis, dem sog Ausübungs- oder Basispreis. Die Rechtsnatur des Optionsvertrages ist nicht abschließend geklärt; Einvernehmen besteht darüber, dass er wesentlich durch kaufrechtliche Elemente geprägt ist (*Willemsen/Müller-Bonanni* ZIP 03, 1177; *Bauer/Göpfert/v Steinau-Steinrück* ZIP 01, 1129; *Lembke* BB 01, 1469). Die eigentliche Option, dh der Anspruch auf einen bei Erfolg des Programms verbilligten Kauf von Aktien, ist Bestandteil des Optionsvertrages.

Parteien des Optionsvertrages sind regelmäßig der ArbN und diejenige Gesellschaft, auf deren Aktien die Optionen lauten.

Mit dem Abschluss des Optionsvertrages erfüllt die Gesellschaft den Anspruch des Mitarbeiters aus dem Aktienoptionsplan, den Anspruch auf Gewährung von Aktienoptionen (*Willemsen/Müller-Bonanni* ZIP 03, 1177; *Bauer/Göpfert/v Steinau-Steinrück* ZIP 01, 1129).

**3. Aktienoptionen als Bestandteil der Vergütung. a) Gewährung durch den Vertragsarbeitgeber.** Die Gewährung von Aktienoptionen ist Bestandteil der arbeitsvertraglichen Vergütungsregelung und damit arbeitsrechtlich als Arbeitsentgelt zu qualifizieren. Dies gilt unabhängig davon, ob das Bezugsrecht im Arbeitsvertrag oder später vereinbart wird. Im Gegensatz zu anderen Sondervergütungen haben Aktienoptionen ungleich größeren spekulativen Charakter. Sie stellen weniger Gegenleistung für erbrachte Leistungen, sondern vielmehr Gewinnchance und Anreiz für zukünftigen Einsatz dar (BAG 28.5.08 – 10 AZR 351/07, NZA 08, 1066). 5

**b) Gewährung durch Konzernmuttergesellschaft.** Schließt der ArbN den Optionsvertrag über die Gewährung der Optionen nicht mit seinem ArbGeb, sondern mit der Konzernmuttergesellschaft ab, können Ansprüche aus dieser Vereinbarung nur gegenüber der vertragsschließenden Konzernmuttergesellschaft geltend gemacht werden. Der Optionsvertrag wird nicht Bestandteil des Arbeitsverhältnisses mit dem VertragsArbGeb. Er steht rechtlich selbstständig neben diesem Arbeitsvertrag (BAG 16.1.08 – 7 AZR 887/06, NZA 08, 836; 12.2.03 – 10 AZR 299/02, NZA 03, 487; *Lingemann/Diller/Mengel* NZA 2000, 1191; *Willemsen/Müller-Bonanni* ZIP 03, 1177; aA *Lipinski/Melms* BB 03, 150). Dies bedeutet nicht, dass der VertragsArbGeb unter keinen Umständen selbst Verpflichteter aus einem von der Konzernmuttergesellschaft aufgelegten Aktienoptionsplan sein kann. Voraussetzung hierfür ist jedoch, dass aus dem Arbeitsvertrag mit dem VertragsArbGeb ein entsprechender Rechtsbindungswille hergeleitet werden kann. Eine eigene Verpflichtung des VertragsArbGeb kann bspw dann bestehen, wenn der ArbN diesem gegenüber auf eine höhere Barvergütung im Hinblick darauf verzichtet, dass er Aktienoptionen von der Konzernmuttergesellschaft erhält (*Annuß/Lembke* BB 03, 2230; *Willemsen/Müller-Bonanni* ZIP 03, 1177). Zur Berücksichtigung der durch die Konzernmuttergesellschaft gewährten Optionen bei der Berechnung des Vergleichsentgelts gem § 5 Abs 1 EntgTranspG s *Müller* BB 17, 2101. 6

**c) Aufteilung der Gesamtvergütung.** Ungeklärt ist bislang die Frage, wie die Gesamtvergütung zulässigerweise zwischen Festvergütung und Aktienoptionen aufgeteilt werden kann. Aktienoptionen sind als Sachbezug zu betrachten, so dass § 107 Abs 2 GewO diesen auf einen nicht vorher definierten Teil des Arbeitsentgelts beschränkt. Nach Auffassung des LAG Dü verstößt eine Regelung, wonach ein erheblicher Teil der Vergütung durch die Gewährung von Aktienoptionen gewährt wird, gegen § 107 Abs 2 GewO mit der Folge, dass der ArbGeb zur Zahlung der vereinbarten Vergütung verpflichtet bleibt (30.10.08 – 5 Sa 977/08, NZG 09, 280). Ein Anteil von bis zu 50 % der Gesamtvergütung wird in der Lit als noch zulässig angesehen (*Röder/Göpfert* BB 01, 2002). 7

**d) Begünstigter Personenkreis.** Der Vorstand bestimmt idR, welchen ArbNGruppen in welchem Umfang Aktienoptionen gewährt werden. Diese Entscheidung muss sich am arbeitsrechtlichen **Gleichbehandlungsgrundsatz** messen lassen. Zulässig ist es, den Kreis der Bezugsberechtigten auf **bestimmte Hierachieebenen** zu beschränken. Die Gruppe der Bezugsberechtigten muss sich jedoch klar von der vom Bezugsrecht Ausgenommenen abgrenzen lassen, damit eine willkürliche Auswahl ausgeschlossen ist (BAG 20.3.18 – 1 ABR 15/17, NZA 18, 1017; 21.10.09 – 10 AZR 664/08, NZA 10, 632; *Lembke* BB 01, 1469; *Lingemann/Diller/Mengel* NZA 2000, 1191). Teilzeitbeschäftigte dürfen von der Gewährung der Aktienoptionen nicht ausgenommen werden (*Legerlotz/Laber* ArbRE 01, 58; aA *Baeck/Diller* DB 98, 1405). ArbN, die unter Verletzung des Gleichbehandlungsgrundsatzes von der Gewährung von Aktienoptionen ausgenommen werden, haben einen Auskunftsanspruch bzgl der Bedingungen des Aktienoptionsplans, um den ihnen zustehenden Schadensersatzanspruch gegen den ArbGeb geltend machen zu können (BAG 21.10.09, NZA 10, 632). 8

**4. AGB-Kontrolle.** Die Regelungen in den Aktienoptionsplänen und Optionsverträgen stellen AGB iSv § 305 Abs 1 BGB dar. § 310 Abs 4 BGB findet keine Anwendung. Sie unterliegen folglich in vollem Umfang der AGB-Kontrolle. (BAG 28.5.08 – 10 AZR 351/07, NZA 08, 1066; *Schniepp/Giesecke* NZG 17, 128). Zum Begriff der AGB → *Arbeitsvertrag* Rn 24. 9

**a) Transparenzgebot (§ 307 BGB).** Dieses gilt über § 307 Abs 3 Satz 2 BGB auch für vertragliche Hauptleistungen mit der Folge, dass auch die Vereinbarungen über die für die Gewährung von Aktienoptionen zu erfüllenden Voraussetzungen und ihre Höhe unter dem Gesichtspunkt der Transparenz überprüfbar sind. Die Regelungen in Aktienoptionsplänen und Optionsverträgen müssen deshalb klar und verständlich formuliert sein. Der ArbN muss erkennen können, unter welchen Voraussetzungen und in welcher Höhe ein Anspruch auf die Option bestehen soll. Besonderes Augenmerk ist dabei auf in der Praxis übliche Regelungen zu richten, durch die sich die Gesellschaft das Recht vorbehält, die Optionsbedingungen unter bestimmten Voraussetzungen anzupassen.

10 **b) Halte-/Wartefristen.** Haltefristen sehen vor, dass der Optionsbegünstigte auf der Grundlage einer Aktienoption bereits erhaltene Aktien für einen gewissen Zeitraum nach dem Erwerb nicht veräußern darf. Sichergestellt werden soll damit, dass das Interesse des Optionsbegünstigten am Unternehmenserfolg auch zukünftig anhält. Solche Klauseln sind zulässig (*Mechlem/Melms* DB 2000, 1614; *Lingemann/Diller/Mengel* NZA 2000, 1191). Gem § 193 Abs 2 Nr 4 AktG muss die Wartefrist **mindestens 4 Jahre** betragen.

11 **c) Verfallklauseln.** Klauseln, die für die Ausübung der Aktienoptionen nach Ablauf der Wartefrist an das Bestehen eines ungekündigten Arbeitsverhältnisses knüpfen, sind zulässig, und zwar auch für den Fall einer betriebsbedingten Kündigung. Die für bestimmte Sonderzahlungen, insb Gratifikationen, vom BAG entwickelten Grundsätze können wegen des spekulativen Charakters von Aktienoptionen nicht herangezogen werden (BAG 28.5.08, NZA 08, 1066; *Pulz* BB 04, 1107; *Mechlem/Melms* DB 2000, 1614; *Bauer/Göpfert/v Steinau-Steinrück* ZIP 01, 1129; *Reim* ZIP 06, 1075). Dies gilt auch bei schuldrechtlichen Nachbildungen von Aktienoptionen wie zB Phantom Stocks, SARs etc (BAG 28.5.08, NZA 08, 1066). Zur Wirksamkeit von good leaver-/bad leaver-Klauseln s Hornung DB 19, 1566.

12 **5. Auswirkungen von Betriebsübergang, Verschmelzung und Squeeze-Out auf Aktienoptionen. a) Betriebsübergang.** Strittig ist, ob die ArbN im Falle des Betriebsübergangs ihre bereits erhaltenen oder zugesagten Optionen verlieren, dh ob die Bezugsrechte erlöschen oder ob der Erwerber in die Verpflichtungen aus dem Optionsvertrag eintritt. Teilweise wird in der Lit die Auffassung vertreten, die Optionsrechte verfallen ersatzlos, weil sie den stillschweigenden Vorbehalt enthielten, dass das Arbeitsverhältnis mit dem gewährenden Unternehmen zumindest bis zum Ablauf der Wartezeit und dem Erreichen des Erfolgsziels bestehen müsse (*Bauer/Göpfert/v Steinau-Steinrück* ZIP 01, 1129). Nach aA geht der Anspruch des ArbN aus dem Optionsvertrag gem § 613a BGB auf den Erwerber über. Weil dem Erwerber die Gewährung der Option idR rechtlich unmöglich (§ 275 Abs 1 BGB) sei, sei der Optionsvertrag nach § 313 BGB wegen Störung der Geschäftsgrundlage dergestalt anzupassen, dass dem ArbN eine angemessene Entschädigung gegen den Erwerber zustehen soll (*Tappert* NZA 02, 1188; *Lembke* BB 01, 1469; *Nehls/Sudmeyer* ZIP 02, 201). ME ist bei der Lösung an der Trennung von Arbeitsvertrag und Optionsvertrag anzusetzen. Bereits **ausübungsreife Optionen** sind **keine übergangsfähigen Rechte iSd § 613a BGB,** da lediglich noch ein kauf- bzw aktienrechtliches Rechtsverhältnis zwischen ArbGeb und ArbN besteht. Die ausübungsreifen Optionen kann der ArbN auch nach dem Betriebsübergang noch gegenüber dem Veräußerer ausüben. Die Ansprüche aus **noch nicht ausübungsreifen Optionen** sowie auf die zukünftige Gewährung von Optionen gehen demgegenüber mit dem Arbeitsverhältnis nach § 613a BGB über. Da der Erwerber idR nicht in der Lage sein wird, die Pflichten aus dem Optionsvertrag zu erfüllen, erlöschen diese (§ 275 Abs 1 BGB). Gem § 313 BGB steht dem ArbN ein **wertgleicher Ersatzanspruch** (Geldanspruch, Teilnahme an einem vergleichbaren Mitarbeiterprogramm) gegen den Erwerber zu. Dies gilt unabhängig davon, ob es sich bei den Aktienoptionen um einen wesentlichen oder unwesentlichen Teil des Gesamteinkommens handelt (so auch, teilweise jedoch differenzierend *Willemsen/Müller-Bonanni* ZIP 03, 1177; *Schnitker/Grau* DB 02, 2497; *Balze/Rebel/Schuck* Rn 1079).

13 Bei **Gewährung der Aktienoptionen durch die Konzermuttergesellschaft** gehen die Ansprüche wegen der Trennung von Optionsvertrag und Arbeitsvertrag nicht gem § 613a BGB über (BAG 3.5.06 – 10 AZR 310/05, NZA 06, 1296).

14 **b) Verschmelzung.** Liegt dem Betriebsinhaberwechsel eine umwandlungsrechtliche Verschmelzung zu Grunde, ist zu beachten, dass mit dem Wirksamwerden der Verschmel-

zung gem § 20 Nr 2 UmwG der übertragende Rechtsträger erlischt. Gem § 23 UmwG ist deshalb der übernehmende Rechtsträger verpflichtet, den Inhabern von stimmrechtslosen Sonderrechten im übertragenden Rechtsträger – zu denen auch die Inhaber von Aktienoptionen zählen – gleichwertige Rechte im übernehmenden Rechtsträger einzuräumen (*Willemsen/Müller-Bonanni* ZIP 03, 1177; *Lutter/Grunewald* § 23 Rz 10).

**c) Squeeze-Out.** Gem §§ 327a ff AktG hat der Mehrheitsaktionär, sofern er mindestens 95 % der Aktien an einer Gesellschaft hält, die Möglichkeit, die verbliebenen Minderheitsaktionäre auszuschließen. Mit Eintragung des Beschlusses der Hauptversammlung ins Handelsregister gehen die Aktien der Minderheitsaktionäre auf den Hauptaktionär über. Als Ausgleich für den Ausschluss haben die Minderheitsaktionäre Anspruch auf Zahlung einer Barabfindung, deren Höhe gem § 327b AktG vom Hauptaktionär festzulegen ist. Der Squeeze-Out, dh die Eintragung des Hauptversammlungsbeschlusses in das Handelsregister hat bezogen auf die Inhaber von Aktienoptionen zur Folge, dass sie ihren Anspruch auf Verschaffung von Aktien verlieren. Anstelle dieses Anspruchs tritt der Anspruch auf Zahlung einer Barabfindung. Dies folgt daraus, dass die Stellung der Inhaber von Aktienoptionen nicht stärker sein kann als die der Aktionäre, aber auch nicht schlechter sein darf (*Wilsing/Kruse* ZIP 02, 1469). Der Optionsinhaber ist deshalb wirtschaftlich so zu behandeln wie der Aktieninhaber. Dies kann dergestalt erfolgen, dass die Inhaber von Aktienoptionen die auch den Minderheitsaktionären zustehende volle Barabfindung erhalten (*Vossius* ZIP 02, 511) oder indem man ihnen nur den Anspruch auf eine Barabfindung einräumt, die dem Wert ihrer Optionsrechte entspricht und die nach anerkannten Bewertungsverfahren zu ermitteln ist (*Wilsing/Kruse* ZIP 02, 1465; *Adams* ZIP 02, 1325). 15

**6. Karenzentschädigung.** Ob der Wert von gewährten Aktienoptionen bei der Berechnung der Karenzentschädigung zu berücksichtigen ist, hängt davon ab, ob sie Arbeitsentgelt im eigentlichen Sinne sind, dh Gegenleistung für die Arbeitsleistung oder ob es sich lediglich um Leistungen handelt, die nur anlässlich des Arbeitsvertrages gewährt wurden (→ Rn 5). Wurden die Aktienoptionen zur Förderung der allgemeinen Mitarbeitermotivation oder -identifikation gewährt oder sollen sie lediglich einen Anreiz für den Verbleib des ArbN im Unternehmen schaffen, handelt es sich um ArbGebLeistungen, die außerhalb des Synallagmas stehen und die deshalb bei der Berechnung der Karenzentschädigung nicht zu berücksichtigen sind. Dies gilt auch dann, wenn die Aktienoptionen durch die Konzernmuttergesellschaft gewährt wurden (aA Hess LAG 31.5.17 – 18 Sa 768/16, BeckRS 2017, 123014; *Bauer/Diller* Rn 139a; *Buch* BB 2000, 1294). Zur Berechnung des Wertes für den Fall der Berücksichtigung der Aktienoptionen s *Bauer/Diller* Rn 254. 16

**7. Mitbestimmungsrechte des Betriebsrats.** Bei der Einräumung von Aktienoptionen für Mitarbeiter steht dem BRat nach § 87 Abs 1 Nr 10 BetrVG ein Mitbestimmungsrecht zu, da es sich um eine Einführung und Anwendung neuer Entlohnungsmethoden handelt (*Bauer/Herzberg* NZA 11, 713; *Baeck/Diller* DB 98, 1405; kritisch *Kau/Kukat* DB 99, 2505). Werden die Aktienoptionen durch die ausländische Muttergesellschaft gewährt, steht dem BRat kein Auskunftsanspruch gem § 80 Abs 2 BetrVG zu, um den arbeitsrechtlichen Gleichbehandlungsgrundsatz oder die Frage zu prüfen, ob ein Beteiligungsrecht gem § 75 Abs 1 BetrVG besteht. Der arbeitsrechtliche Gleichbehandlungsgrundsatz bezieht sich auf Maßnahmen und Entscheidungen des ArbGeb, nicht hingegen auf die Durchführung von Vertragsverhältnissen zwischen seinen ArbN und einem Dritten (BAG 20.3.18 – 1 ABR 15/17, NZA 18, 1027; aA LAG BaWü 17.1.17 – 19 TaBV 3/16, BeckRS 2017, 103514; LAG Nürnberg 22.1.02 – 6 TaBV 19/01, NZA-RR 02, 247). 17

**8. Zuständigkeit der Arbeitsgerichte.** Streitigkeiten zwischen ArbN und ArbGeb aus einem Aktienoptionsplan oder dem sich anschließenden Optionsvertrag sind vor den Arbeitsgerichten auszutragen, § 2 Abs 1 Nr 4a ArbGG. Werden die Aktienoptionen durch die Konzernmuttergesellschaft gewährt, besteht keine Zuständigkeit des Arbeitsgerichts. § 2 Abs 1 Nr 3a ArbGG ist idR nicht einschlägig, da kein Rechtsstreit aus einem Arbeitsverhältnis vorliegt. Auch Nr 4a ist nicht einschlägig, da keine Rechtsstreitigkeit zwischen ArbN und ArbGeb über Ansprüche vorliegt, die mit dem Arbeitsverhältnis in rechtlichem oder unmittelbarem wirtschaftlichen Zusammenhang stehen. Die Konzernmuttergesellschaft ist nicht ArbGeb iS dieser Bestimmung. 18

## B. Lohnsteuerrecht

*Thomas*

Übersicht



21 **1. Lohncharakter.** Erhält der ArbN von seinem ArbGeb Aktien unmittelbar oder im Rahmen eines eingeräumten Optionsrechts unter dem Verkehrswert (§ 8 Abs 2 Satz 1 EStG), so wird im Regelfall davon ausgegangen werden können, dass der Preisnachlass als Vorteil „für eine Beschäftigung“ (§ 19 Abs 1 Nr 1 EStG) gewährt worden ist, also Arbeitslohn darstellt (BFH 21.12.06 – VI B 24/06, BFH/NV 07, 699). Werden Aktien ohne vorgeschaltete Option unter dem Verkehrswert überlassen (vgl dazu auch den nächsten Abs), kann unter den Voraussetzungen des § 3 Nr 39 EStG (BMF 8.12.09, BStBl I 09, 1513) eine Steuerbefreiung bis 360 € je Kj eingreifen. Ob ein Optionsrecht für eine Beschäftigung oder als zusätzliches Entgelt im Rahmen einer Anteilsveräußerung gewährt wurde, ist Tatfrage, die nicht allein nach der äußeren Erscheinungsform, sondern danach zu beurteilen ist, was wirtschaftlich gewollt und bewirkt worden ist (BFH 30.6.11 – VI R 80/10, DStR 11, 1757). Die Beantwortung der Frage, ob die Verzinsung von Genussrechten für eine Beschäftigung gewährt wird, also Arbeitslohn darstellt, obliegt in erster Linie der tatrichterlichen Würdigung durch das FG. Der BFH ist an sie gebunden, wenn sie möglich und in sich schlüssig ist und nicht gegen Denkgesetze oder Erfahrungssätze oder gesetzliche Auslegungsregeln verstößt (BFH 21.10.14 – VIII R 44/11, DStRE 15, 138). Weniger naheliegend als zu einem gegenwärtigen ist ein Veranlassungszusammenhang zu einem künftigen Dienstverhältnis, insbes wenn die verbilligte Überlassung nach den Umständen des Falles auch auf einer gesellschaftsrechtlichen Veranlassung beruhen kann (BFH 20.5.10 – VI R 12/08, DStR 10, 1888), obwohl Lohn generell vorliegen kann, wenn eine Zuwendung Entgelt für eine Leistung ist, die der ArbN im Rahmen eines Dienstverhältnisses erbringt, erbracht hat oder erbringen soll (BFH 26.6.14 – VI R 94/13, DStR 14, 1713). Ertrag der Arbeit kann auch anzunehmen sein, wenn eine solche Vergünstigung durch einen Mitgesellschafter des ArbGeb erfolgt (BFH 19.6.08 – VI R 4/05, DStR 08, 1632; BFH 15.3.18 – VI R 8/16, DStRE 18, 900 auch zur Vorteilsbewertung). Ein geldwerter Vorteil wird ebenfalls erzielt, wenn der ArbN überlassene Aktien auf Grund einer Option bei gesunkenem Kurs dem ArbGeb wieder zum Ausgabewert zurückgeben darf (BFH 9.4.13 – VIII R 19/11, DStR 13, 1658). Die zu einem Aufsichtsratmitglied, also zu Einkünften aus selbstständiger Arbeit (§ 18 Abs 1 Nr 3 EStG) ergangene Entscheidung ist auf ArbN übertragbar, wenn der ArbGeb durch Übernahme des Kursrisikos Vorteile verschafft. Stammen Aktien aus einer Kapitalerhöhung erfolgt der Zufluss zum Zeitpunkt der Eintragung der Kapitalerhöhung, weil beim zeichnenden ArbN die neuen Mitgliedschaftsrechte zu diesen Zeitpunkt Kraft Gesetzes (§ 189 AktG) entstehen, ohne dass es eines besonderen weiteren Aktes bedarf (BFH 29.7.10 – VI R 30/07, DStR 10, 2231; dort auch zur Bewertung der Aktie nach § 11 Abs 2 BewG; ebenso BFH 29.7.10 – VI R 53/08, BFH/NV 11, 18; ähnlich FG Hbg 18.11.09 – 6 K 127/07, DStRE 10, 722 = EFG 10, 492 mit Anm *Neu*). Stehen einem ArbN aus Genussrechten Zinsansprüche zu, die nicht durch das Dienstverhältnis veranlasst sind und werden diese Zinsrechte abgefunden, liegt eine nach § 24 Nr. 1 Buchst a EStG stpfl Entschädigung vor und nicht ein nach § 23 EStG steuerfreier Veräußerungsgewinn (BFH 11.2.15 – VIII R 4/12, DStRE 15, 853). Termingeschäfte außerhalb eines Dienstverhältnisses führen zu Einkünften aus Kapitalvermögen. Dort können Werbungskosten in den Grenzen des § 20 Abs 6 EStG auch dann abgezogen werden, wenn der Stpfl die Option bei Fälligkeit verfallen lässt (BFH 12.1.16 – IX R 48/14, DStR 16, 527).

22 Überlässt der ArbGeb dem ArbN **ohne vorgeschaltete Option** Aktien unter dem Verkehrswert soll zwar für den Zufluss nach wie vor der Zeitpunkt der Aktienverschaffung

maßgebend sein. Dagegen soll für die Frage, ob überhaupt ein Vorteil entstanden ist und nicht nur eine marktkonforme Veräußerung wie unter Fremden stattgefunden hat, der Zeitpunkt des Abschlusses des Kaufvertrages maßgebend sein. Denn Wertveränderungen zwischen Verpflichtungs- und Erfüllungsgeschäft würden nicht vom ArbGeb vermittelt, sondern fielen in der nicht steuerbaren Vermögenssphäre an (BFH 7.5.14 – VI R 73/12, DStR 14, 1328). Das erstaunt, da der ArbN vor Verschaffung der Aktien weder zivilrechtlicher, noch wirtschaftlicher Eigentümer ist, also in seiner Vermögenssphäre insofern keine Wertveränderungen stattgefunden haben können. Umgekehrt trägt zivilrechtlich der Verkäufer bis zum Erfüllungszeitpunkt das Risko von Wertveränderungen, insbes, wenn er sich den verkauften Gegenstand erst beschaffen muss. Der Verkäufer vermittelt also sehr wohl den Wert der konkreten Einnahme. Das ist bei Optionen offensichtlich, bei denen der Reiz ja gerade darin liegt, dass der ArbGeb für die Laufzeit der Option das Kursrisiko trägt. Dagegen ist schwer zu verstehen, warum Zufluss- und Bewertungszeitpunkt auseinander fallen, wenn Gegenstand der Besteuerung die Einnahme ist, also das, was zufließt (§ 8 Abs 1 EStG) und nicht das, was bei anderer oder früherer Erfüllung hätte zufließen können (*Thomas* DStR 15, 263, 266). Das wird bei Dauerschuldverhältnissen besonders deutlich, bei denen die Vorteilsbewertung auch nicht auf den Zeitpunkt des Vertragsabschlusses zurückverlegt wird. Vermietet bspw der ArbGeb dem ArbN eine Wohnung zu Marktpreisen, kann gleichwohl später ein geldwerter Vorteil entstehen, wenn bei gestiegenen Mieten eine rechtlich zulässige Mietanpassung mit Rücksicht auf das Dienstverhältnis unterbleibt. Nachdem der BFH jetzt wieder das Zuflussprinzip betont (BFH 1.9.16 – VI R 16/15, DStR 16, 2901; die Entscheidung ist noch unter der Geltung des § 19a EStG ergangen, der 2009 durch § 3 Nr 39 EStG abgelöst worden ist), ist fraglich ob er an der abweichenden Entscheidung VI R 73/12 festhalten wird.

**2. Lohnzufluss. a) Grundsätze.** Die Lohnbesteuerung knüpft an den Zufluss (§ 11 Abs 1 Satz 1 EStG) von Arbeitslohn an (§ 38 Abs 2 Satz 2 EStG). Anders als im Sozialrecht (BFH 29.5.08 – VI R 57/05, DStRE 08, 1050) und anders als beim Betriebsvermögensvergleich kommt es bei den Überschusseinkünften nicht auf die Begründung von Ansprüchen an, sondern auf deren Erfüllung (BFH 22.2.18 – VI R 17/16, DStR 18, 1159 zur Gutschrift auf einem Wertguthabenkonto). Nach dem die LSt beherrschenden **Realisierungsprinzip** ist nicht das Verpflichtungs- sondern das Erfüllungsgeschäft maßgebend. Das gilt sogar, wenn der ArbGeb interne Maßnahmen trifft, mittels deren ein dem ArbN eingeräumter Anspruch finanziell abgesichert wird (BFH 27.5.93 – VI R 19/92, BStBl II 94, 246). Anders ist es nur, wenn dem ArbN **Ansprüche gegen Dritte** – also am Markt – und nicht nur gegenüber dem ArbGeb, eingeräumt werden, bspw wenn an der Börse gehandelte Optionsscheine übertragen werden (FG Münster 15.7.08 – 1 K 4029/06 E, DStRE 09, 589; *Portner* DStR 10, 1316). Wird eine Bank zur Abwicklung eingeschaltet, ist sie nicht Dritter im obigen Sinn, sondern nur Zahlstelle des ArbGeb, wenn Letzterer im Innenverhältnis den dem ArbN zugewendeten Vorteil trägt (BFH 23.6.05 – VI R 10/03, DStRE 05, 991). 23

**b) Zufluss bei Optionen.** Nach den obigen Grundsätzen sind Ansprüche des ArbN auf künftige Leistungen des ArbGeb aus Optionsrechten, Anwartschaften uÄ noch kein Arbeitslohn. Bei einer Aktienoption fließt Arbeitslohn erst zu, wenn die Option ausgeübt wird und der Kurswert bei Verschaffung der Aktie den Übernahmepreis übersteigt (BFH 24.1.01 – I R 100/98, BStBl II 01, 509 und I R 119/98, BStBl II 01, 512; BFH 20.11.08 – VI R 25/05, BStBl II 09, 382). Nach dem BMF-Schreiben vom 10.3.03 (BStBl I 03, 234) ist für den Zufluss der Tag der Ausbuchung der Aktie aus dem Depot des Überlassenden maßgebend. Fällt dieser nicht mit dem Tag der Einbuchung im Depot des ArbN zusammen, dürfte letzterer maßgebend sein (BFH 12.10.06 – VI B 12/06, BFH/NV 07, 40), weil der Verschaffungsanspruch erst damit erfüllt ist. Erwirbt der ArbN ein Aktienpaket seines ArbGeb zum Börsenkurs, das später zum Bezug von Gratisaktien berechtigt, wenn das Aktienpaket noch gehalten wird und das Arbeitsverhältnis fortbesteht, ändert die Erwerbschance nichts daran, dass das Aktienpaket insgesamt entgeltlich erworben worden ist. Ein geldwerter Vorteil fließt erst mit der jeweiligen Gratisaktie zu (BFH 15.1.15 – VI R 16/12, BFH/NV 15, 672). 24

Kann der ArbN die verschafften Aktien veräußern, steht einem Lohnzufluss nicht entgegen, dass er hinsichtlich der Verwendung des Veräußerungserlöses gebunden ist (BFH 25

1.2.07 – VI R 73/04, BFH/NV 07, 896). Auch sog **Sperr-** bzw **Haltefristen** oder ein bedingt vereinbartes Rückerwerbsrecht (BFH 26.6.14 – VI R 94/13, DStR 14, 1713) stehen einem Zufluss nicht entgegen. Das ist aber anders, wenn der ArbN die Verfügungsmacht aus rechtlichen Gründen noch nicht erlangen kann (BFH 30.6.11 – VI R 37/09, DStRE 11, 1247 zu „restricted shares"; *Heurung/Hilbert/Enge* DStR 11, 2436; *Käshammer/Ramirez* DStR 14, 1419). Kommt es zur Ausübung der Option nicht mehr, weil der Kurswert unter den Übernahmepreis gesunken ist, führt eine früher gezahlte Optionsprämie im Verfallsjahr zu (vergeblichen) Erwerbsaufwendungen. Zwar ist die Optionsprämie in einem Vorjahr abgeflossen. Der endgültige Verlust ist aber erst jetzt eingetreten (BFH 3.5.07 – VI R 36/05, DStR 07, 1158; vgl aber BFH 19.12.07 – IX R 11/06, BStBl II 08, 519 zum Verfallen einer Option außerhalb eines Dienstverhältnisses; BFH 13.2.08 – IX R 68/07, BStBl II 08, 522 zum Barausgleich bei einer Kaufoption und BFH 4.10.07 – VI B 137/06, BFH/NV 08, 66 zur betroffenen Einkunftsart bei Kosten einer Optionsausübung). Können aufgrund einer **Verfallsklausel** Aktien, die im Rahmen eines Optionsprogramms gewährt wurden, zurückgefordert werden, führt dies zu negativen Einnahmen. Diese sollen entsprechend dem zuvor erzielten geldwerten Vorteil zu bewerten sein (BFH 17.9.09 – VI R 17/08, DStR 09, 2529). Näher dürfte liegen, sich am Wert der Aktien zum Zeitpunkt der Rückgabe zu orientieren, weshalb die negativen Einnahmen je nach zwischenzeitlicher Entwicklung der Aktien den ursprünglichen Vorteil über- oder unterschreiten können (*Thomas* DStR 15, 263, 266 unter 5). Verzichtet der ArbGeb auf die Rückforderung, führt der Verzicht zu Arbeitslohn, der aber mit den negativen Einnahmen aus zurückgegebenen Aktien kompensiert wird (BFH 30.9.08 – VI R 67/05, DStRE 09, 150). Während der Laufzeit der Option kann der Basispreis noch lohnneutral herabgesetzt werden (zur aktienrechtlichen Zulässigkeit *Ackermann/Suchan* BB 02, 1497); zu Negativ-Tantiemen statt Aktienoptionen bei fallenden Kursen vgl *Niehues* DB 02, 2395. Ist das Optionsrecht mit einer **Ausübungssperre** versehen, kommt es ebenfalls nicht auf den Zeitpunkt der erstmaligen Ausübbarkeit an, sondern auf den des tatsächlichen Aktienbezugs (BFH 20.6.01 – VI R 105/99, DStR 01, 1341 mit Anm *MIT*). Entsprechendes gilt, wenn einem Geschäftsführer versprochen wird, dass er einen GmbH-Anteil zu einem bestimmten Preis erwerben kann. Dann liegt bei Übertragung des GmbH-Anteils ein geldwerter Vorteil in der Höhe vor, in der das Entgelt unter dem Marktwert zu diesem Zeitpunkt liegt. Der Zufluss einer stillen Beteiligung erfolgt bereits durch Gutschrift auf dem Beteiligungskonto (BFH 11.2.10 – VI R 47/08, DStRE 10, 790); zur Erfüllung durch Abfindung einer Option vgl → Rn 27.

26 **c) Optionen Dritter.** Aus dem Realisierungsprinzip folgt aber nicht, dass Optionen, die dem ArbN von einem mit dem ArbGeb verbundenen Unternehmen oder einem anderen Dritten als Ertrag der Arbeit eingeräumt werden, grds anders zu beurteilen wären. Denn auch bei Lohnzahlungen Dritter liegt ein Zufluss erst bei der tatsächlichen Leistung des Dritten vor. Kauft der ArbGeb dagegen marktgängige Optionsrechte bei Dritten ein und überträgt er sie ganz oder teilweise unentgeltlich auf seine ArbN, wendet er bereits damit den diesbezüglichen Vorteil als Arbeitslohn zu, weshalb Wertsteigerungen bis zur Ausübung der Option nicht mehr als Arbeitslohn erfasst werden können, zumal der Dritte seine Leistung außerhalb des Dienstverhältnisses erbringt. Dabei ist zweifelhaft ob Marktgängigkeit die uneingeschränkte Veräußerbarkeit der Option an einem vorhandenen und für alle offenen Markt (so OFD Bln v 25.3.99 – St 423 – S 2347 – 1/99, DB 99, 1241) voraussetzt (*Thomas* DStZ 99, 710, 713; *Haas/Pötschan* DStR 2000, 2018; *Hoffmann* DStR 01, 1789; nach FG Münster 9.5.03 – 11 K 6754/01 L, EFG 03, 1172 kommt es auf die Handelbarkeit nicht an). Allerdings gehen bei diesem Modell die Vorteile der herkömmlichen Aktienoptionspläne (*Bredow* DStR 98, 380 mit vertraglicher Mustervereinbarung) verloren. Inwieweit die Weiterübertragung von Fremdoptionen bei Einschaltung nahe stehender Unternehmen und Aufnahme von Verfall- und Bindungsklauseln (→ Rn 3 ff) gem § 42 AO zu einem Missbrauch von Gestaltungsmöglichkeiten (BFH 25.11.93 – VI R 115/92, BStBl II 94, 424 mwN) führt, bedarf einer Einzelfallwürdigung.

27 **d) Übertragbarkeit.** Teilweise wird in der Literatur vertreten, dass jedenfalls bei übertragbaren Optionen Lohnzufluss bereits bei Einräumung des Optionsrechts und nicht erst bei dessen Ausübung anzunehmen sei, weshalb zwischenzeitliche Kursgewinne unberücksichtigt blieben (*von Einem* in *Haarmann Hemmelrath & Partner* Gestaltung und Analyse in der Rechts-, Wirtschafts- und Steuerberatung von Unternehmen, 1998, S 389; *Haas/Pötschen*

DB 98, 2138; *Kau/Leverenz* BB 98, 2269; *Herzig* DB 99, 1; *Jäger* DStR 99, 28). Dem ist nicht zu folgen, weil die Übertragbarkeit eines Anspruchs noch nicht seine Erfüllung bewirkt und damit noch keinen Zufluss (BFH 15.11.07 – VI R 66/03, DStR 08, 241). Deshalb ändert die bloße Übertragbarkeit – ungeachtet dessen, ob sie durch Sondervereinbarungen (zB Vorkaufs-, Kündigungsrecht des ArbGeb, Mitteilungspflicht, Erfordernis der Zustimmung zur Abtretung usw) erschwert worden ist – nichts daran, dass mit der Einräumung einer übertragbaren Option noch kein Lohnzufluss erfolgt (BFH 20.11.08 – VI R 25/05, BStBl II 09, 382 = DStRE 09, 207 mit Anm *Busch* DStR 09, 898). Ebenso wie bei anderen Gehaltsansprüchen vor ihrer Erfüllung ein Zufluss nicht schon deswegen angenommen werden kann, weil sie vererbt, übertragen oder gepfändet werden können (→ *Entgeltabtretung* Rn 13 ff; → *Pfändung* Rn 38 ff), führt auch bei Optionen die Übertragbarkeit noch nicht zum Lohnzufluss.

Allerdings stellt die vom ArbGeb gezahlte **Entschädigung für den Verzicht** des ArbN auf eine ihm eingeräumte Erwerbsoption eine anderweitige Erfüllung des Anspruchs durch den ArbGeb und damit einen Lohnzufluss dar (BFH 18.12.01 – IX R 24/98, BFH/NV 02, 904; ebenso zur Abstandszahlung für den Verzicht auf ein Andienungs- und Vorkaufsrecht BFH 19.6.08 – VI R 4/05, DStR 08, 1632 und zur Abfindung einer Versorgungszusage BFH 12.4.07 – VI R 6/02, DStR 07, 894 mit Anm *Heeg/Schramm* DStR 07, 1706; bzw zur Novation BFH 22.7.97 – VIII R 57/95, BStBl II 97, 755). Entsprechendes gilt für andere Erfüllungssurrogate, bei denen weitere Erfüllungsansprüche gegen den ArbGeb nicht mehr bestehen (BFH 23.6.05 – VI R 10/03, BStBl II 05, 770, 775). 28

**e) Drittverwertung.** Räumt der ArbGeb seinem ArbN eine Aktienoption ein und überträgt letzterer sie entgeltlich auf eine ihm gehörende GmbH, nimmt der BFH einen Lohnzufluss zum Zeitpunkt der Übertragung der Option auf die GmbH an und nicht zu dem späteren Zeitpunkt der Verschaffung der Aktien durch den ArbGeb (BFH 18.9.12 – VI R 90/10, DStR 13, 245; *Geserich* Beihefter zu DStR Heft 23/2014, 53 unter 2.2.2; *Geserich* DStR 14, 1330). Allerdings widerspricht dies der übrigen Rspr der Ertragsteuersenate des BFH, wonach bei einer Aktienoption sowohl der Zeitpunkt als auch die Höhe des Lohnzuflusses von der Erfüllungshandlung des ArbGeb (bei Lohnzahlungen Dritter: des Dritten) abhängt (→ Rn 23 ff). Zum Zeitpunkt der Übertragung der Option auf den Dritten hat der ArbGeb noch nichts erfüllt. Das Entgelt, das der ArbN vom Dritten erhält ist nicht Lohn (Ertrag der Arbeit) sondern Einnahme aus einem privaten Veräußerungsgeschäft. (vgl dazu iE *Thomas* DStR 15, 263, 264 ff). Das wird besonders deutlich, wenn die Option verfällt, weil am Ende der Optionsfrist der vereinbarte Kaufpreis den Wert der Aktie übersteigt. Dann hat die Option nie zu einem Lohnzufluss geführt, unabhängig davon ob sie zwischenzeitlich außerhalb des Beschäftigungsverhältnisses veräußert worden ist. Wäre dem BFH zu folgen, könnte der vom ArbGeb tatsächlich verschaffte geldwerte Vorteil dadurch der Besteuerung entzogen werden, dass die Optionen sogleich an einen nahen Angehörigen zu einem Preis abgetreten werden, der sich am Wert der Aktie zum Zeitpunkt der Abtretung orientiert. Anschließend bis zur Ausübung der Option eingetretene Wertsteigerungen, die der ArbGeb als Ertrag der Arbeit verschafft, blieben nicht steuerbar (so aber FG Hbg 5.4.16 – 6 K 81/15, DStRE 17, 395). 29

Richtigerweise findet die Abtretung künftig fälliger Lohnansprüche an Dritte außerhalb des Dienstverhältnisses, also in der privaten Vermögenssphäre statt. Insbes tritt das Abtretungsentgelt nicht an Erfüllungsstatt (§ 364 Abs 1 BGB) an die Stelle der Ansprüche aus den eingeräumten Optionen. Diese Ansprüche entfallen durch die Abtretung nicht, sondern werden vom ArbGeb nach wie vor erfüllt. Folglich nimmt der ArbN vom ArbGeb nicht eine andere als die geschuldete Leistung als Ersatz an. 30

Ebenso wie das Abtretungsentgelt fällt auch ein Veräußerungsgewinn des ArbN aus einer Beteiligung an seinem ArbGeb nicht bei den Einkünften aus nichtselbständiger Arbeit an, selbst wenn die Beteiligung vom ArbGeb als wünschenswert angesehen wurde (BFH 17.6.09 – VI R 69/06, DStR 09, 2092; zum Veräußerungsverlust BFH 2.3.05 – VI R 36/01, DStRE 05, 1440 sowie → *Arbeitnehmerdarlehen* Rn 11). Nichts anderes gilt, wenn der Abschluss des Anstellungsvertrages davon abhängig gemacht wird, dass sich der ArbN am ArbGeb beteiligt. Zwar berührt die Anschaffung im Rahmen eines solchen **Managementbeteiligungsprogramms** sowohl das Dienst- als auch das Beteiligungsverhältnis. Der engere und wirtschaftlich vorrangige Veranlassungszusammenhang besteht hier regelmäßig zu den Einkünften aus Kapitalvermögen (BFH 4.10.16 – IX R 43/15, DStR 17, 247 mit Anm *Korff* FR 17, 639; BFH 17.5.17 – VI R 1/16, DStR 17, 1981). Deshalb führen Erträge aus der Beteiligung nicht zu Lohn und Verluste hieraus nicht zur Werbungskosten des Dienstverhältnisses. Wie auch sonst bei Sonderrechtsbeziehungen zwischen ArbN und ArbGeb haben diese Vorrang und werden nur ausnahmsweise (zB bei nicht marktkonformen Bedingungen) durch das Dienstverhältnis überlagert. Das kann bspw der Fall sein, wenn der ArbN nach einer Mindesthaltezeit der Anteile Bonusaktien erhält, wenn diese nicht allgemein sondern nur der Belegschaft angeboten werden, um sie an den Betrieb zu binden (aA *Grohmann/Reinhold* Beihefter zu DStR Heftr 23/2014, 61 unter 1.2.1). Zu Rechtsfolgen und Gestaltungsempfehlungen, je nachdem ob eine Mitarbeiterbeteiligung der Erwerbssphäre (ggf Lohn) oder der privaten Vermögenssphäre (ggfalls Kapitaleinkünfte mit gedeckeltem Abgeltungssteuersatz) zuzuordnen ist vgl *Büttner* DB 19 Heft 38, M 18).

31 **3. Wandlungsgenussschein.** Die Option kann dadurch eingeräumt werden, dass sie derart an eine Wandelschuldverschreibung (→ Rn 2; *Hamacher* DB 2000, 2396; *Delp* BB 01, 1438; *Holle/Tschatsch* FR 18, 884) oder ein ArbNDarlehen (BFH 20.5.10 – VI R 12/08, DStR 10, 1888 sowie → *Arbeitnehmerdarlehen* Rn 8 ff) gebunden wird, dass innerhalb der Optionsfrist dafür eine bestimmte Anzahl von Aktien zu einem zuvor festgelegten Preis verlangt werden kann. Dabei ist zu unterscheiden ob die Wandelschuldverschreibung bzw das Wandeldarlehen lediglich der Kapitalbeschaffung oder der Zuwendung von Lohn dient. Ersteres ist anzunehmen, wenn es sich um ein marktübliches Geschäft handelt. Dann agieren ArbGeb und ArbN wie fremde Dritte und der Vorteil eines späteren günstigen Aktienbezugs stellt nicht Lohn, sondern Kapitaleinnahme dar. Wird auf den Finanzierungsbeitrag des ArbN bei sonst marktüblichen Konditionen noch ein Rabatt eingeräumt, ist dieser bereits zum Zeitpunkt der Darlehenshingabe Arbeitslohn. Stellt die Option dagegen Ertrag der Arbeit dar, was sich insbesondere aus dem Kreis der Begünstigten und den Bezugskonditionen ergibt, kommt es wie bei normalen ArbN-Aktienoptionen zur Endbesteuerung, dh Arbeitslohn fließt erst bei Gewährung der verbilligten Aktien zu. Dabei besteht nur die Besonderheit, dass das eingesetzte Darlehen als Anschaffungskosten des Aktienerwerbs den geldwerten Vorteil mindert (BFH 23.6.05 – VI R 124/99, BStBl II 05, 766 mit Anm *Ackert* BB 05, 1778, *Lochmann* DB 05, 1721, *Bergkemper* FR 05, 1049; BFH 23.6.05 – VI R 10/03, BStBl II 05, 770 mit Anm *Schultz* DB 05, 1882). Die **Erlangung** der Wandelschuldverschreibung bzw die Erbringung des ArbNDarlehens kann durch Lohnverrechnung, durch sonstige Mittel des ArbN oder eine zusätzliche Zuwendung des ArbGeb finanziert sein. Nur im letztgenannten Fall liegt zusätzlicher Arbeitslohn vor. Die Zinsen stellen bei allen drei Fallgestaltungen, sofern sie marktgerecht sind, nicht Lohn, sondern Einnahmen aus Kapitalvermögen dar. Stammt der später vorgesehene Eigenbeitrag des ArbN aus einem Vermögensbildungsmodell, bei dem lediglich eine nicht verzinsliche Gutschrift in den Büchern des ArbGeb mit Verfügungssperre vorgenommen wird, kann ein Zufluss noch zu verneinen sein (BFH 14.5.82 – VI R 124/77, BStBl II 82, 469 mit kritischer Anm *Wagner* BB Beilage 11 zu Heft 41/98). Dann werden die Aktien unter Verwendung der Gutschrift nicht mit Mitteln des ArbN, sondern des ArbGeb verschafft, weshalb sich der geldwerte Vorteil des verbilligten Aktienerwerbs insofern erhöht. Zum Anschaffungszeitpunkt iSv § 23 Abs 1 Nr 2 EStG beim Umtausch von Wandelschuldverschreibungen in Aktien vgl BFH 1.10.14 – IX R 55/13, DStR 15, 225.

32 Bei **Geschäften unter Fremden** sieht der BFH (BFH 30.11.99 – IX R 70/96, BStBl II 2000, 262) bei Schuldverschreibungen mit variablem Zins, die in solche mit festem Zins umgetauscht werden können, die Ausübung des Umtauschrechts nicht als einen neuen Anschaffungsvorgang an. Fraglich ist ob Gleiches gilt, wenn neben den Verzinsungsvarianten zusätzlich eine Option auf Aktien gewährt wird (verneinend *Harenberg* NWB F 3, 11005 f). Der BMF (BMF 24.5.2000, DStR 2000, 1227; vgl dazu *Schumacher* DStR 2000, 1218; *Harenberg* NWB F 3, 11317) nimmt bei Umtauschanleihen mit Aktienwahlrecht bei Ausübung dieses Rechts an, dass die Differenz zwischen dem Zahlungsbetrag und dem höheren Wert der Aktien als zusätzliche Zinsen Einnahmen aus Kapitalvermögen darstellen.

33 **4. Bewertung. a) Gegenstand** der Bewertung ist, wenn die Verschaffung der Aktien vom ArbGeb geschuldet ist, nicht der Wert des Optionsrechts, sondern der Wert der verschafften Aktien zum Zeitpunkt ihrer Übertragung, ggf abzüglich eines eigenen finan-

ziellen Beitrags des ArbN. Dabei kommt es weder darauf an, ob dieser Vorteil bei einer späteren Veräußerung tatsächlich erzielt werden konnte (BFH 27.7.11 – VI B 160/10, BFH/NV 11, 1869), noch, auf welche Weise der ArbGeb die Aktien seinerseits erworben hat und ob ihm dabei überhaupt Kosten entstanden sind (aA *Portner* DStR 98, 1535 unter 4. für den Fall der Kapitalerhöhung; dazu BFH 25.8.10 – I R 103/09, DStR 10, 2453 mit Anm *Buciek* FR 11, 234 und *Prinz* FR 11, 234) bzw ob der ArbGeb die Aktien zu einem früheren Zeitpunkt oder aufgrund günstiger Einkaufskonditionen billiger hatte erwerben können. Denn Sachbezüge, zu denen auch verbilligt abgegebene Aktien gehören, sind gem § 8 Abs 2 Satz 1 EStG mit dem üblichen Endpreis am Abgabeort anzusetzen. Dieser muss mit den beim ArbGeb abziehbaren Betriebsausgaben weder der Höhe nach, noch nach dem Abzugszeitpunkt korrespondieren (→ *Sachbezug* Rn 16).

Ebenfalls irrelevant ist, ob der ArbGeb eigene (BFH 11.7.86 – VI R 163/82, BStBl II 87, 34
300) oder fremde Aktien verbilligt zuwendet, da für die Sachbezugsbewertung nach § 8 Abs 2 Satz 1 EStG (zur Sonderbewertung nach § 8 Abs 3 EStG → Rn 36) weder die Herkunft noch der bisherige Eigentümer des verbilligt überlassenen Gegenstandes von Bedeutung ist. Danach bemisst sich der geldwerte Vorteil nach dem Preis, den der ArbN am Abgabeort für die erhaltenen Aktien üblicherweise selbst hätte entrichten müssen abzüglich seines eigenen Erwerbsbeitrages. Dabei rechtfertigt eine befristete Veräußerungssperre regelmäßig keinen Bewertungsabschlag (BFH 7.4.89 – VI R 47/88, BStBl II 89, 608). Die Sachbezugsfreigrenze von 44 € (→ *Sachbezug* Rn 8) greift bei Aktien, die dem ArbN verbilligt überlassen werden unabhängig davon ein, ob die Sachbezüge auch unter § 19a EStG fallen (BFH 15.1.15 – VI R 16/12, BFH/NV 15, 672).

Diese Grundsätze gelten regelmäßig ebenfalls, wenn eine – inländische oder auslän- 35
dische – Muttergesellschaft des ArbGeb dem ArbN im Rahmen ihres Aktienoptionsplanes verbilligte Aktien zuwendet. Dass die Muttergesellschaft dabei eigene Interessen verfolgen kann, hindert noch nicht die Annahme von Lohnzahlungen Dritter (aA *Portner* DStR 97, 1876), wenn der Vorteil dem Betreffenden gerade in Hinblick auf seine Tätigkeit als ArbN, also als zusätzlicher Ertrag seiner Arbeit gewährt wird. Dabei kann die Beurteilung als Arbeitslohn nicht von einer bestimmten Mindestbeteiligung am ArbGeb abhängig gemacht werden, weil Lohnzahlungen Dritter in Einzelfällen auch von Geschäftspartnern des ArbGeb ohne jegliche gegenseitige Beteiligung möglich sind.

**b) Rabattbesteuerung.** Gem § 8 Abs 3 EStG werden Preisnachlässe, die der ArbGeb 36
auf Gegenstände seiner eigenen Produktpalette seinen ArbN gewährt, dadurch begünstigt, dass die Gegenstände mit einem Abschlag von 4 vH auf den üblichen Angebotspreis bewertet werden und die danach verbleibenden geldwerten Vorteile bis zu 1080 € jährlich je betroffenem ArbN steuerfrei sind. Dabei gehören nur die Leistungen zur begünstigten Produktpalette, die vom ArbGeb nicht überwiegend für den Bedarf seiner ArbN erbracht, also mindestens zur Hälfte am Markt angeboten werden. Da Gegenstand der Bewertung der Preisnachlass auf Aktien ist, müssen die verbilligt zugewendeten Aktien vom ArbGeb sonst wenigstens zur Hälfte am Markt vertrieben werden. Das bedeutet, dass die Vorteile des § 8 Abs 3 EStG vor allem ArbN des Bankgewerbes zugute kommen und im Übrigen nur, wenn der ArbGeb mindestens so viele Aktien dieser Art an fremde Dritte vertreibt, wie er verbilligt an seine ArbN weitergibt. Bei virtuellen Aktienoptionsprogrammen (*Schmidbauer* DStR 2000, 1487) greift die Rabattbesteuerung ebenfalls nicht ein. Denn wenn dem ArbN nicht Aktien verschafft werden, sondern zum Ausübungszeitpunkt die Differenz zwischen Basispreis und Kurswert ausbezahlt wird, liegt kein Sachbezug, sondern eine Barlohnzahlung vor, für die die Bewertung des § 8 Abs 3 EStG nicht anwendbar ist (BFH 23.8.07 – VI R 44/05, DStR 07, 2107).

**5. Erdienenszeitraum.** Vorteile aus Aktienoptionen sind regelmäßig „Anreizlohn", also 37
eine Vergütung für die gesamte Laufzeit der Option (BFH 24.1.01 – I R 100/98, BStBl II 01, 509), folglich Vergütung für mehrjährige Tätigkeiten iSv § 34 Abs 2 Nr 4 EStG. Sie können aber ausnahmsweise Entlohnung für eine zurückliegende Zeit sein, zB wenn der ArbN die Optionszusage für einen konkreten Arbeitserfolg erhält. Die nachträgliche Verlängerung der Ausübungsfrist über das Ende des Arbeitsverhältnisses hinaus hat nicht zur Folge, dass der geldwerte Vorteil als Entschädigung für den Verlust des Arbeitsplatzes anzusehen wäre (FG Hbg 30.4.08 – 3 K 108/07, DStRE 09, 912). Sofern eine Entlohnung

für mehrere Jahre vorliegt (was ungeachtet der Laufzeit der Option eine Beschäftigung von mehr als zwölf Monaten voraussetzt), greift die Fünftelungsregelung des § 34 Abs 1 Satz 2 EStG ein. Danach ist im Jahr des Zuflusses die auf die begünstigten Einkünfte entfallende ESt derart zu ermitteln, dass die auf ein Fünftel dieser Einkünfte anfallende ESt verfünffacht wird. Das gilt auch, wenn der ArbGeb jedes Jahr ein neues Optionsmodell mit mehrjähriger Laufzeit auflegt, wenn die jeweils gewährte Option nicht in vollem Umfang einheitlich ausgeübt wird (BFH 19.12.06 – VI R 136/01, DStR 07, 234 mit Anm *Ackert* BB 07, 363; *Strnad* DB 07, 499) und wenn die Bezugsberechtigung von einer Leistungsbeurteilung des jeweiligen Vorgesetzten abhängt (BFH 19.12.06 – VI R 24/01, BFH/NV 07, 881). Hieran hat sich nichts durch die redaktionelle Neufassung des § 34 Abs 2 Nr 4 EStG geändert (BFH 18.12.07 – VI R 62/05, DStRE 08, 275).

**38** Sofern der ArbN nicht während der ganzen Laufzeit der Option im Inland tätig war, ist derjenige Teil des im Zuflussjahr zu erfassenden Arbeitslohns, der auf die Inlandstätigkeit entfällt einzubeziehen und zwar auch dann, wenn der ArbN zum Ausübungszeitpunkt im Ausland wohnt und deswegen nicht unbeschränkt stpfl ist (BFH 24.1.01 – I R 119/98, BStBl II 01, 512); zur Aufteilung nach Abkommensrecht vgl iE BMF 3.5.18, BeckVerw 434820 und *Ziesecke/Muscheites/Bergerhoff* DStR 18, 1889, 1895. Arbeitslohn aus der Option, der auf ausländische Tätigkeitszeiten entfällt und im Rahmen eines DBA steuerfrei ist, unterliegt nach § 32b Abs 1 Nr 3 EStG lediglich dem Progressionsvorbehalt (BFH 24.1.01 – I R 100/98, BStBl II 01, 509). Hierbei können sich dadurch Schwierigkeiten ergeben, dass in einigen Ländern nicht wie im Inland Endbesteuerung (bei Optionsausübung), sondern Anfangsbesteuerung (bei Einräumung der Option) gilt (*Gosch* DStR 01, 939). Diese Schwierigkeiten müssen ggf im Verständigungsverfahren gelöst werden.

**39** **6. Lohnsteuerabzug.** Der mit der Ausübung der Option verbundene geldwerte Vorteil ist, wenn er vom ArbGeb zugewendet wird, als sonstiger Bezug (Einzelheiten → *Sonstige Bezüge* Rn 2 ff) zu erfassen. Ist der ArbN ausgeschieden und kann deshalb die auf die verbilligten Aktien entfallenden LSt nicht aus dem laufenden Lohn gedeckt werden, kann der ArbGeb dies dem FA mit befreiender Wirkung mitteilen (§ 38 Abs 4 EStG; zur Haftung bei unterlassener Mitteilung BFH 9.10.02 – VI R 112/99, DStR 02, 2167 mit Anm *MIT*). Dann muss die LSt beim ArbN nachgefordert werden (FG München 11.1.99 – 8 V 3484/98, DStRE 99, 429). Handelt es sich um eine Lohnzahlung Dritter, etwa bei Zuwendung durch ein verbundenes Unternehmen, unterliegen solche Zuflüsse dem LStAbzug, wenn sie der ArbGeb kennt oder erkennen kann, was insbes anzunehmen ist, wenn ArbGeb und Dritter verbundene Unternehmen iS von § 15 AktG sind (§ 38 Abs 1 Satz 2 EStG). Der ArbN hat solche Drittzahlungen dem ArbGeb anzugeben (§ 38 Abs 4 Satz 3 EStG; vgl im Übrigen BFH 10.5.06 – IX R 82/98, DStR 06, 1268).

## C. Sozialversicherungsrecht

*Schlegel*

**51** **1. Beitragsrecht: Die Sozialversicherungsträger** berücksichtigen den geldwerten Vorteil einer Aktienoption erst bei Ausübung der Option (Besprechungsergebnis vom 26./27.5.99, Die Beiträge 99, 249). Die Spitzenverbände der SozVTräger haben sich auch hinsichtlich des Zuflusszeitpunkts dem BMF angeschlossen (BMF 31.10.03, Die Beiträge 03, 119 ff). Danach soll als Zuflusszeitpunkt des geldwerten Vorteils aus der Ausübung des Optionsrechts der Tag der Ausbuchung aus dem Depot gelten, unabhängig davon, ob die Kurse zwischen der Optionsausübung und der Ausbuchung gestiegen oder gefallen sind. Hat das Beschäftigungsverhältnis bereits im Vorjahr geendet, soll der geldwerte Vorteil nur dann der Beitragspflicht unterliegen, wenn er im 1. Quartal des Kj anfällt. Ein aufgrund einer Aktienoption nach dem 31.3. eines Kj zufließender geldwerter Vorteil soll überhaupt nicht beitragspflichtig sein.

**52** **2. Leistungsrecht.** Soweit die Einräumung von Aktienoptionen als beitragspflichtiges Arbeitsentgelt anzusehen ist und kein Fall von Einmalzahlungen vorliegt, finden die Aktienoptionen als Bestandteil des Arbeitsentgelts Eingang in die Bemessung von Lohnersatzleistungen (zB Krankengeld, AlGeld).

# Altersentlastungsbetrag

## A. Arbeitsrecht

*Griese*

**1. Begriff.** Der **Altersentlastungsbetrag** ist ein im Steuerrecht verankerter Begriff, der steuerliche Entlastungen bei der Lohn- und Einkommenssteuer für ältere ArbN vorsieht. 1

Der steuerliche Altersentlastungsbetrag bewirkt in problematischer Weise eine Schlechterstellung von jüngeren gegenüber älteren ArbN, weil bei identischem Bruttoverdienst der jüngere ArbN eine niedrigere Nettovergütung erhält, so dass eine **altersbezogene Diskriminierung** in Rede steht (zur generellen Problematik EuGH 22.11.05 – C-144/04, DB 05, 2638).

Die Abschmelzung des Altersentlastungsbetrages durch das AltEinkG (BGBl I 04, 1427) baut diese **Ungleichbehandlung auf längere Sicht ab**.

Der Begriff hat arbeitsrechtlich idR keine unmittelbaren Auswirkungen, weil es die zwischen den Arbeitsvertragsparteien geltende **Bruttovergütungsregelung grds unberührt lässt.**

**2. Arbeitsrechtliche Konsequenzen bei der Bruttovergütung.** Mittelbar ist der Altersentlastungsbetrag für den ArbGeb von Bedeutung. Denn bei der Bruttovergütung (→ *Bruttolohnvereinbarung* Rn 2; BAG 16.6.04 – 5 AZR 521/03, NZA 04, 1274) ist der ArbGeb kraft seiner Fürsorgepflicht **verpflichtet, die Steuerabzüge vom Entgelt des Arbeitnehmers unter korrekter Anwendung von Freibeträgen und damit auch des Altersentlastungsbetrages richtig zu ermitteln und abzuführen.** Der ArbGeb haftet nach § 280 BGB auf Schadensersatz, wenn er bei der Berechnung und Abführung schuldhaft, – dh schon durch leichte Fahrlässigkeit – Fehler macht (BAG 30.4.08 – 5 AZR 725/07, NZA 08, 884). Die Fehleranfälligkeit wird durch den jährlichen Abschmelzungsprozess (→ Rn 4 f) erhöht. In Zweifelsfällen besteht die Möglichkeit, eine Auskunft des FA einzuholen (→ *Anrufungsauskunft* Rn 5). Zu den arbeitsrechtlichen Konsequenzen fehlerhafter Berechnung und Abführung → *Bruttolohnvereinbarung* Rn 5. 2

**3. Arbeitsrechtliche Konsequenzen bei der Nettolohnvereinbarung.** Ist ausnahmsweise eine Nettovergütung vereinbart (→ *Nettolohnvereinbarung* Rn 1 ff; BAG 21.7.09 – 1 AZR 167/08, NZA 09, 1213), bleibt bei Änderungen der Besteuerungsgrundlagen, also auch bei Wirksamwerden oder Veränderungen eines Altersentlastungsbetrages, der **Nettoanspruch des Arbeitnehmers unverändert,** die Bruttovergütung kann hingegen bei erstmaligem Eingreifen eines Altersentlastungsbetrages sinken (→ *Steuerfreie Einnahmen* Rn 3). 3

## B. Lohnsteuerrecht

*Weil*

**1. Allgemeines.** Der Altersentlastungsbetrag soll bei der Besteuerung der Einkünfte, die nicht begünstigt sind, einen Ausgleich schaffen (§ 24a EStG). Mit dem Übergang zur nachgelagerten Besteuerung der Alterseinkünfte ab dem 1.1.2005 wird auch d Altersentlastungsbetrag allmählich abgeschmolzen. Er wird ab dem VZ 2040 ganz entfallen (vgl § 24a S 1 und S 5 EStG). 6

**2. Voraussetzungen.** Anspruchsberechtigt ist der Stpfl, der vor Beginn des Kalenderjahres, in dem er die zu versteuernden Einkünfte bezogen hat, sein 64. Lebensjahr vollendet hat. Der Altersentlastungsbetrag wird auch bei beschränkt Stpfl angewendet (§ 50 Abs 1 S 3 EStG). Für die Bemessung des individuellen Entlastungsbetrags ist das Kalenderjahr maßgebend, das auf den 64. Geburtstag folgt. In die Bemessungsgrundlage wird der (steuerpflichtige) Bruttoarbeitslohn sowie die positive Summe sämtlicher Einkünfte (§ 24a S 2 EStG) **außer** Versorgungsbezügen (§ 19 Abs 2 EStG) und Leibrenten (§ 22 Nr 1 S 3 Buchst a EStG), weil diese durch den Versorgungsfreibetrag bzw. durch die Besteuerung mit dem Ertragsanteil begünstigt werden. Ausgenommen sind auch die Leistungen eines Pensionsfonds (§ 22 Nr 5 S 1 EStG, vgl § 22 Nr 5 S 11 EStG Versorgungsfreibetrag) und sonstige Einkünfte nach § 22 Nr 5 S 2 EStG (Ertragsanteilbesteuerung). Außer Betracht bleiben grds 7

Einkünfte aus Kapitalvermögen, wenn sie der Abgeltungssteuer unterlegen haben (§ 2 Abs 5b EStG); BFH 25.4.17 – III B 51/16, BeckRS 2017, 115200, R 24a EStR. Die so im auf die Vollendung des 64. Lebensjahrs ermittelte Einkünfte sind Bemessungsgrundlage für den nach der Tabelle des § 24a Satz 5 EStG zu berechnenden Altersentlastungsbetrag. Der in dem auf die Vollendung des 64. Lebensjahrs folgende Kalenderjahr anzuwendende Prozentsatz und der Höchstbetrag bleiben für die Folgejahre unverändert.

8 **Beispiel:** Ein 65-jähriger StPfl hat im Jahr 2019 folgende Einkünfte:

| | |
|---|---|
| aus nichtselbständiger Arbeit | 28 000 € |
| darin enthaltene Versorgungsbezüge | 12 000 € |
| aus Kapitalvermögen, die der Abgeltungssteuer unterliegen | 1000 € |
| aus Vermietung und Verpachtung | – 3000 € |

Der Altersentlastungsbetrag beträgt 17,6% aus 16 000 € (nichtselbständige Einkünfte ohne Versorgungsbezüge) = 2816€, höchstens 836 €. Die Einkünfte aus Kapitalvermögen bleiben außer Betracht, weil der Abgeltungssteuer unterliegend (§ 2 Abs 5b EStG), die Einkünfte aus VuV bleiben außer Betracht, weil negativ.

9 Bei **zusammenveranlagten Ehegatten** ist der Altersentlastungsbetrag jedem Ehegatten in gesondert zu berechnender Höhe zu gewähren, der die altersmäßigen Voraussetzungen erfüllt und entsprechend aktive Einkünfte bezieht (§ 24a Satz 4 EStG).

10 **3. Lohnsteuerabzug.** Der ArbGeb hat den Altersentlastungsbetrag zu ermitteln und vom Jahresarbeitslohn abzuziehen (§ 39b Abs 2 S 3 EStG).Beim laufenden Arbeitslohn darf sich der Altersentlastungsbetrag nur zeitanteilig auswirken vgl § 39b Abs 2 S 9 EStG bei Monatslohn 1/12 Höchstbetrags). Werden sonstige Bezüge (zB 13. Monatsgehalt, Urlaubsgeld, → *Sonstige Bezüge* Rn 2 ff) gezahlt, darf ein Altersentlastungsbetrag nur abgezogen werden, soweit er nicht bei der Steuerberechnung für den maßgebenden Jahresarbeitslohn berücksichtigt worden ist (§ 39b Abs 3 S 6 EStG, R 39b.4 Abs 2 S 1 bis 3 LStR). Von Arbeitslohn, von dem die Lohnsteuer nach §§ 40 bis 40b EStG mit Pauschsteuersätzen erhoben wird, darf der Altersentlastungbetrag nicht abgezogen werden (R 39b.4 Abs 2 Satz 4 LStR).

11 **4. Veranlagung zur Einkommensteuer.** Bei der Veranlagung wird die Summe der Einkünfte um den Altersentlastungsbetrag gemindert (§ 2 Abs 3 EStG). Bei **zusammenveranlagten Ehegatten** ist der Altersentlastungsbetrag jedem Ehegatten in gesondert zu berechnender Höhe zu gewähren, der die altersmäßigen Voraussetzungen erfüllt und entsprechend aktive Einkünfte bezieht (§ 24a Satz 4 EStG).

## C. Sozialversicherungsrecht

*Voelzke*

16 **1. Arbeitslosenversicherung.** Nach § 418 SGB III wird ein ArbGeb, der ein Beschäftigungsverhältnis mit einem Arbeitslosen begründet, der das 55. Lebensjahr vollendet hat, von der Tragung seines Anteils der **Beiträge zur Arbeitsförderung** befreit. Die Vorschrift sollte ArbGeb einen Anreiz bieten, verstärkt ältere ArbN einzustellen (BT-Drs 15/25 S 36). Voraussetzung für die Befreiung vom ArbGebBeitragsanteil war, dass (1.) der ArbN das 55. Lebensjahr vollendet hatte, (2.) der ArbN vor der Einstellung arbeitslos gewesen war und (3.) das Beschäftigungsverhältnis erstmals mit diesem ArbGeb begründet wurde. Die Erfüllung der genannten Voraussetzungen führte auch bei der Beschäftigung von ArbN, die zuvor AlGeld II bezogen haben, zu einer Beitragsentlastung beim ArbGeb. Eine Beschäftigung, die vollständig vor dem 7.11.02 lag, blieb für die Befreiung von der Beitragszahlung unbeachtlich. Die Beitragsfreiheit trat bei Vorliegen der Voraussetzungen hierfür kraft Gesetzes ein (*Hauck/Noftz/Voelzke* SGB III, § 418 Rz 17). Sie setzte insbesondere keinen Antrag bei der Krankenkasse oder bei der Agentur für Arbeit voraus. Bei Vorliegen der genannten Voraussetzungen des § 418 SGB III trägt der ArbGeb seinen Beitragsanteil nicht. Der versicherungspflichtige Beschäftigte trägt die Hälfte des Beitrages, der ohne die Regelung zu zahlen wäre. Die Inanspruchnahme der Beitragsentlastung ist zeitlich nicht begrenzt. Sie galt nach § 418 Abs 2 SGB III letztmals für Beschäftigungsverhältnisse, die **vor dem 1.1.08 begründet** worden waren.

Für ältere ArbN tritt eine Entlastung dadurch ein, dass eine Beschäftigung nach Erreichen der Regelaltersgrenze nur in eingeschränktem Umfang der Versicherungs- bzw Beitragspflicht unterliegt. In der Arbeitslosenversicherung sind ArbN, die das für den Anspruch auf **Regelaltersrente maßgebende Lebensjahr** vollendet haben, ausnahmslos von der Versicherungspflicht freigestellt (§ 28 Abs 1 Nr 1 SGB III). Unerheblich ist für diesen Befreiungstatbestand, ob der ArbN eine Rente bezieht. Die Versicherungsfreiheit betrifft nur den ArbN, während der ArbGeb nach § 346 Abs 3 SGB III hinsichtlich seines Anteils beitragspflichtig bleibt. 17

**2. Rentenversicherung.** Versicherungsfreiheit in der gesetzlichen Rentenversicherung besteht für Personen, soweit diese nicht ohnehin wegen des Bezuges einer **Vollrente wegen Alters** versicherungsfrei sind, wenn sie bis zum Erreichen der Regelaltersgrenze nicht versichert waren oder nach Erreichen der Regelaltersgrenze eine Beitragserstattung aus ihrer Versicherung erhalten (§ 5 Abs 4 Nr 3 SGB VI). Übt eine gem § 5 Abs 4 Nr 3 SGB VI versicherungsfreie Person eine abhängige Beschäftigung aus, so hat der ArbGeb die Hälfte des Beitrages zu zahlen, der im Falle der Versicherungspflicht zu zahlen wäre (§ 172 Abs 1 Satz 1 Nr 3 und 4 SGB VI). Zusätzliche Voraussetzung der Verpflichtung des ArbGeb zur Beitragszahlung ist, dass der ArbN ohne Berücksichtigung des Befreiungstatbestandes versicherungspflichtig wäre. 18

**3. Krankenversicherung.** In der Krankenversicherung und in der sozialen Pflegeversicherung besteht keine unmittelbar an das Lebensalter anknüpfende Möglichkeit zur Befreiung von der Versicherungspflicht. 19

# Altersgrenze

## A. Arbeitsrecht *Kreitner*

**1. Allgemeines.** Seit Inkrafttreten des AGG im Jahr 2006 ist das Alter als arbeitsrechtliches Differenzierungskriterium in vielfacher Hinsicht in Frage gestellt (→ *Diskriminierung* Rn 85 ff). Altersgrenzen sind hiervon sowohl zu Beginn des Arbeitsverhältnisses als auch als Beendigungstatbestand betroffen. So hat das BAG zB die von der Lufthansa als **Einstellungsvoraussetzung** für extern ausgebildete Piloten tariflich vorgeschriebene Höchstaltersgrenze von 32 Jahren für unwirksam erachtet (BAG 8.12.10 – 7 ABR 98/09, NZA 11, 751; anders noch früher bei Lehrern BAG 11.4.06 – 9 AZR 528/05, NZA 06, 1217; vgl auch OVG NW 27.7.10 – 6 A 282/08, BeckRS 2010, 51406). Ebenfalls unwirksam sind Mindestaltersgrenzen für den Einstieg in bestimmte Beamtenlaufbahnen (BVerwG 26.9.12 – 2 C 74.10, BeckRS 2012, 60251). Demgegenüber hat der EuGH auf eine spanische Vorlage zuletzt bei der Einstellung von Polizeibeamten, die für die Wahrnehmung von Einsatz- und Vollzugsaufgaben vorgesehen waren, eine Höchstaltersgrenze von 35 Jahren für europarechtskonform erachtet (EuGH 15.11.16 – C-258/15, BeckRS 2016, 82679 – Salberria Sorondo). Keinesfalls schließt eine wirksame Altersgrenzenregelung die Bewerbung und erstmalige Begründung eines Arbeitsverhältnisses mit einem Rentner aus (LAG NdS 1.8.18 – 17 Sa 1302/17, BeckRS 2018, 20440; → *Ausschreibung* Rn 5) Vorgaben bei der **Beendigung** des Arbeitsverhältnisses macht § 41 SGB VI. Diese Vorschrift ist in der Vergangenheit mehrfach geändert worden (vgl hierzu die ausführliche Darstellung im Personalbuch 2002 Altersgrenze Rz 2, 5), grundlegend zuletzt mWv 1.1.08 durch das RV-Altersgrenzenanpassungsgesetz (BGBl I 07, 554) im Hinblick auf die Anhebung der gesetzlichen Regelaltersgrenze (→ *Betriebliche Altersversorgung* Rn 35, → *Altersrente* Rn 4) sowie mWv 1.7.14 durch Ergänzung um § 41 Satz 3 SGB VI (BGBl I 14, 787). Die rechtliche Behandlung von Altersgrenzen war auch Gegenstand der arbeitsrechtlichen Abteilung des 67. Deutschen Juristentages 2008 (Näheres s das Gutachten von *Preis* Band I Gutachten Teil B; vgl hierzu auch *Waltermann* NJW 08, 2529). 1

**2. Kündigung.** Nach **§ 41 Satz 1 SGB VI** ist der Umstand, dass ein ArbN Anspruch auf eine Rente wegen Alters hat, nicht als ein Grund anzusehen, der die Kündigung des Arbeitsverhältnisses durch den ArbGeb nach dem KSchG bedingen kann. Der Anspruch auf Altersrente vor Erreichen der Regelaltersgrenze darf bei einer **betriebsbedingten Kündi-** 2

**gung** auch nicht bei der Sozialauswahl berücksichtigt werden. Das folgt bereits unmittelbar aus § 1 Abs 3 Satz 1 KSchG.

Ebenfalls unberührt von § 41 Satz 1 SGB VI bleibt die Möglichkeit des ArbGeb unter Beachtung der allgemeinen rechtlichen Voraussetzungen wegen altersbedingter Verminderung der Leistungsfähigkeit des ArbN aus **personenbezogenen Gründen** eine Änderungs- oder Beendigungskündigung auszusprechen (→ *Kündigung, personenbedingte* Rn 29 ff).

3 **3. Aufhebungsvereinbarungen.** Von den mehrfachen Gesetzesänderungen in den letzten Jahren ist insbes die Regelung der Aufhebungsvereinbarungen betroffen gewesen (Näheres s Personalbuch 2002 Altersgrenze Rz 5, 10). Dabei ist die Kenntnis der früheren Rechtslage in Einzelfällen auch weiterhin von Bedeutung, da es nach der ständigen Rspr des BAG für die rechtliche Beurteilung auf den Zeitpunkt der Vereinbarung ankommt (BAG 22.5.12 – 9 AZR 453/10, BeckRS 2012, 70999; 20.2.02 – 7 AZR 748/00, NZA 02, 789). Generelle Vereinbarungen, die eine Beendigung von Arbeitsverhältnissen bei möglichem Rentenbezug vorsehen, können sowohl einzelvertraglich (im Arbeitsvertrag oder einer späteren Sondervereinbarung) als auch kollektivrechtlich (durch Tarifvertrag oder Betriebsvereinbarung) erfolgen (BAG 31.7.02 – 7 AZR 118/01, NZA 03, 620). Bestimmt eine Betriebsvereinbarung als Beendigungszeitpunkt das Erreichen des gesetzlichen Rentenalters, ist hierfür das Geburtsdatum des ArbN maßgebend, das er erstmals gegenüber einem Sozialleistungsträger angegeben hat (BAG 14.8.02 – 7 AZR 469/01, NZA 03, 1397).

4 **a) Einzelvertragliche Altersgrenzen.** Nach **§ 41 Satz 2 SGB VI,** der gem § 10 Satz 3 Nr 5 AGG von den Vorschriften des AGG unberührt bleibt, gilt eine Vereinbarung, die die Beendigung eines Arbeitsverhältnisses zu einem Zeitpunkt vorsieht, in dem der ArbN vor Erreichen der Regelaltersgrenze eine Rente wegen Alters beantragen kann, dem ArbN gegenüber als auf das Erreichen der Regelaltersgrenze abgeschlossen, es sei denn, dass die Vereinbarung innerhalb der letzten drei Jahre vor diesem Zeitpunkt abgeschlossen oder von dem ArbN bestätigt worden ist. § 41 SGB VI dient damit nur dazu, dem ArbN trotz gegenteiliger Vereinbarung die Entscheidungsfreiheit über sein Ausscheiden zu gewährleisten. Konkrete mit dem Ausscheiden verbundene Leistungen lassen sich aus dieser Vorschrift nicht begründen (BAG 18.2.03 – 9 AZR 136/02, NJW 03, 3005). Nach seinem Normzweck, der insbes in der Entstehungsgeschichte zum Ausdruck kommt, erfasst § 41 Satz 2 SGB VI ausschließlich **einzelvertragliche Altersgrenzenregelungen** (BAG 4.11.15 – 7 AZR 851/13, NZA 16, 634). Dies verdeutlicht nicht zuletzt auch die Bestätigungsoption, die nur für individuelle Vereinbarungen sinnvoll erscheint. Für den Bereich der Altersteilzeit gilt im Anwendungsbereich des AltTZG die Sonderbestimmung des § 8 Abs 3 AltTZG (BAG 22.5.12 – 9 AZR 453/10, BeckRS 2012, 70999; → *Altersteilzeit* Rn 8). Außerdem gilt das Schriftformerfordernis des § 14 Abs 4 TzBfG (BAG 25.10.17 – 7 AZR 632/15, NZA 18, 507; *Lingemann* NZA 18, 889).

5 Demgemäß geht das **BAG** bislang in ständiger Rspr von der rechtlichen Zulässigkeit einzelvertraglicher Altersgrenzenregelungen innerhalb der allgemeinen gesetzlichen Schranken aus (grundlegend BAG GS 7.11.89 – GS 3/85, NZA 90, 819). Nach den RsprGrundsätzen zur Befristungskontrolle von Arbeitsverhältnissen bedarf es danach eines **sachlichen Grundes,** da mit der Altersgrenzenvereinbarung eine funktionswidrige Verwendung des befristeten Arbeitsvertrages und damit eine objektive Umgehung zwingenden Kündigungsschutzrechts verbunden sein kann (BAG 20.2.02 – 7 AZR 748/00, NZA 02, 789; 19.11.03 – 7 AZR 296/03, NZA 04, 1336; vgl auch § 14 Abs 1 Satz 2 Nr 6 TzBfG). Unter dem Gesichtspunkt der Altersdiskriminierung sind im Schrifttum insoweit mehrfach europarechtliche Bedenken geltend gemacht worden (*Kamanabrou* NZA 06 Beilage 3, 138), die allerdings der **EuGH** weitestgehend ausgeräumt haben dürfte (→ Rn 9). Zwar betrafen diese Entscheidungen tarifliche Altersgrenzenregelungen. Die dort angenommene arbeitsmarktbezogene Rechtfertigung wird aber von arbeitsvertraglichen Altersgrenzen letztlich gleichermaßen bewirkt (*Bauer/von Medem* NZA 12, 945; *Temming* NZA 07, 1193).

6 Bei Abwägung des Fortsetzungsinteresses des ArbN mit dem Beendigungsinteresse des ArbGeb hat bei einer auf das **Erreichen der Regelaltersgrenze** abstellenden Beendigung **regelmäßig** das Bedürfnis des ArbGeb Vorrang, wenn der ArbN durch den Bezug einer gesetzlichen Altersrente oder im gleichen Maße im Wege der privaten Altersvorsorge durch

Abschluss einer sog befreienden Lebensversicherung wirtschaftlich abgesichert ist (BAG 27.7.05 – 7 AZR 443/04, NZA 06, 37). Die Anbindung an eine rentenrechtliche Versorgung ist damit Bestandteil des Sachgrunds der Befristung und kann nicht durch eine Ausgleichszahlung des ArbGeb oder durch eine betriebliche Altersversorgung ausgeglichen werden (BAG 25.10.17 – 7 AZR 632/15, NZA 18, 507; 18.1.17 – 7 AZR 236/15, NZA 17, 849). Altersgrenzenregelungen auf das 65. Lebensjahr in Formulararbeitsverträgen sind dabei regelmäßig dahingehend auszulegen, dass eine Beendigung des Arbeitsverhältnisses erst mit Erreichen des für den Bezug der Regelaltersrente maßgeblichen Lebensalters erfolgen soll (BAG 9.12.15 – 7 AZR 68/14, NZA 16, 695). Soweit die Rspr zunächst auch **frühere Beendigungstermine** für wirksam gehalten hat (BAG 19.11.03 – 7 AZR 296/03, NZA 04, 1336: 63. Lebensjahr; 20.2.02 – 7 AZR 738/00, NZA 02, 789: 60. Lebensjahr bei Piloten), dürfte dies nach der neueren Rspr von EuGH und BAG zu entsprechenden tariflichen Altersgrenzen nicht mehr haltbar sein (→ Rn 10; aA *Walker* NZA 17, 1417). Zu beachten ist in derartigen Fällen einer früheren Beendigung, dass die Unwirksamkeit der Altersgrenzenregelung die Rechtswirksamkeit einer vom ArbGeb gleichzeitig zugesagten (meist tariflichen) Übergangsversorgung unberührt lässt (BAG 23.2.16 – 9 AZR 398/14, BeckRS 2016, 68735).

Dabei ist § 41 Satz 2 SGB VI **nicht einschränkungslos** auf jede einzelvertragliche 7
Altersgrenzenvereinbarung anzuwenden, die ein vorzeitiges Ausscheiden vor Erreichen der Regelaltersgrenze vorsieht. Die Vorschrift unterstützt als flankierende arbeitsrechtliche Regelung die Anhebung der für den Rentenanspruch maßgeblichen Lebensarbeitszeit und dient damit der Konsolidierung der Rentenfinanzen. Dementsprechend erfasst sie nur die Fälle, die mit dem Anspruch auf gesetzliche Altersrente zusammenhängen. Aus diesem Grund hat das BAG die Altersgrenzenvereinbarung eines ArbN, der eine befreiende, vom ArbGeb bezuschusste Lebensversicherung abgeschlossen hatte, nicht an § 41 Abs 4 Satz 3 SGB VI in der damals geltenden Fassung gemessen (BAG 14.10.97 – 7 AZR 660/96, NZA 98, 652).

**b) Kollektivrechtliche Altersgrenzen.** Unabhängig von § 41 Satz 2 SGB VI sind nach 8
der ständigen Rspr des **BAG** aber auch generelle **kollektivrechtliche** – also durch Tarifvertrag (BAG 25.2.98 – 7 AZR 641/96, NZA 98, 715; 11.3.98 – 7 AZR 700/96, NZA 98, 716) oder Betriebsvereinbarung (BAG GS 7.11.89 – GS 3/85, NZA 90, 816; BAG 5.3.13 – 1 AZR 417/12, NZA 13, 916 mit Anm *Waltermann* SAE 13, 94) erfolgende – **Altersgrenzenregelungen** zulässig. Für beide verlangt das BAG ebenfalls das Vorliegen eines sachlichen Grundes, wobei es tarifvertragliche Altersgrenzen, die den Anforderungen der arbeitsgerichtlichen Befristungskontrolle genügen, regelmäßig als mit Art 12 GG vereinbar ansieht (BAG 21.9.11 – 7 AZR 134/10, NZA 12, 271). Daher hat das BAG eine tarifliche Altersgrenze, die die Beendigung des Arbeitsverhältnisses für den Zeitpunkt des Erreichens der sozialversicherungsrechtlichen **Regelaltersgrenze** vorsieht, für zulässig erachtet und hierin insbes keine unzulässige Altersdiskriminierung gesehen (BAG 8.12.10 – 7 AZR 438/09, NZA 11, 586; 12.6.13 – 7 AZR 917/11, NZA 13, 1428). Dem folgt grds die InstanzRspr (LAG Hamm 11.11.09 – 5 Sa 893/09, NZA-RR 10, 249: tarifliche Altersgrenze „65 Jahre" bei Stationierungsstreitkräften; LAG Hbg 22.2.11 – 4 Sa 76/10, BeckRS 2011, 72311: tarifliche Altersgrenze „gesetzliche Regelaltersgrenze" bei Hamburger Hochbahn; aA ArbG Hbg 25.1.11 – 21 Ca 235/08, BeckRS 2011, 67703: tarifliche Altersgrenze „65 Jahre" im Tarifvertrag Gebäudereinigung; allgemein zur Auslegung des Tarifbegriffs „Altersgrenze" BAG 19.6.18 – 9 AZR 564/17, NZA 19, 113; insgesamt kritisch *Adam* ArbuR 14, 140). Demgegenüber werden Tarifregelungen, die eine vorzeitige Beendigung des Arbeitsverhältnisses vor Erreichen der Regelaltersgrenze vorsehen, von der InstanzRspr für unwirksam erachtet (LAG Hamm 22.1.15 – 11 Sa 1252/14, BeckRS 2015, 66615; LAG BaWü 3.12.14 – 4 Sa 48/14, BeckRS 2015, 65165).

Diese Rspr des BAG ist im Grundsatz durch den **EuGH** zuletzt für **tarifvertragliche** 9
**Altersgrenzen,** die auf die **Regelaltersgrenze** des Rentenrechts abstellen, mehrfach bestätigt worden. Solche sind danach zulässig, sofern die Maßnahme objektiv und angemessen ist und im Rahmen des nationalen Rechts durch ein Ziel, das in Beziehung zur Beschäftigungspolitik und zum Arbeitsmarkt steht, gerechtfertigt ist und schließlich die Mittel, die zur Erreichung dieses im Allgemeininteresse liegenden Ziels eingesetzt werden, nicht als dafür unangemessen und nicht erforderlich erscheinen (EuGH 16.10.07 – C-411/

05, NZA 07, 1219 – Palacios, mit Anm von *Kocher* RdA 08, 238; EuGH 12.10.10 – C-45/09, NZA 10, 1167 – Rosenbladt mit Anm von *Preis* NZA 10, 1323; EuGH 5.7.12 – C-141/11, NZA 12, 785 – Hörnfeldt mit Anm von *Wachter* ZESAR 13, 129; *Joussen* ZESAR 11, 201; *Bayreuther* NJW 11, 19). Prüfungsmaßstab ist also nicht die Unverhältnismäßigkeit im Einzelfall, sondern ausreichend für eine Rechtswirksamkeit der Altersgrenzenregelung ist deren generell abstrakte Eignung, in verhältnismäßiger Weise zur Erfüllung eines arbeitsmarkt- und beschäftigungspolitischen Ziels beizutragen (vgl hierzu EuGH 5.3.09 – C-388/07, NZA 09, 305 – Age Concern England mit Anm *Wank* SAE 10, 123). Gesetzgeber und Tarifvertragsparteien haben damit einen weiten Ermessensspielraum. Bei **früheren Beendigungsterminen** stellt der EuGH strenge Anforderungen an die Verhältnismäßigkeit und hat bspw die generelle tarifliche Altersgrenze von 60 Jahren für Piloten für europarechtswidrig erklärt (EuGH 13.9.11 – C-447/09, NZA 11, 1039 – Prigge). Diese Altersgrenze bedeute eine unverhältnismäßige Anforderung iSv Art 4 Abs 1 und die Flugsicherheit stelle kein legitimes Ziel iSv Art 6 Abs 1 der Richtlinie 2000/78/EG dar. Dem folgt mittlerweile das BAG unter Aufgabe seiner früheren Rspr (BAG 15.2.12 – 7 AZR 946/07, NZA 12, 866; 18.1.12 – 7 AZR 112/08, NZA 12, 575). Das Gleiche gilt für die gleichlautende Altersgrenze für Flugingenieure (BAG 15.2.12 – 7 AZR 904/08, BeckRS 2012, 69922) sowie für das Kabinenpersonal (BAG 15.2.12 – 7 AZR 756/09, BeckRS 2012, 69921; 19.10.11 – 7 AZR 253/07, BeckRS 2012, 68565). Mit Urteil vom 7.11.19 hat der EuGH auf eine italienische Vorlage die vorgenannte Rspr im konkreten Einzelfall allerdings wieder aufgeweicht (EuGH 7.11.19 – C-396/18, NZA 19, 1555 – Cafaro). Ebenfalls unwirksam ist die tarifliche Altersgrenze von 55 Jahren für Fluglotsen (LAG Düsseldorf 9.3.11 – 12 TaBV 81/10, NZA-RR 11, 474). Die Altersgrenze von 65 Jahren hat der EuGH auch für Piloten im gewerblichen Luftverkehr zuletzt auf Vorlage des BAG bestätigt (EuGH 5.7.17 – C-190/16, NZA 17, 897 – Fries).

In anderem Zusammenhang hat sich der EuGH mit der Höchstaltersgrenze von 68 Jahren für die Ausübung des Berufs des Vertragszahnarztes beschäftigt. Er hat dabei die Wirksamkeit der Altersgrenze von dem konkreten Regelungsziel abhängig gemacht und die Verteilung der Berufschancen zwischen den Generationen innerhalb der Berufsgruppe der Vertragszahnärzte als legitimes Ziel ausreichen lassen. Ein mögliches Nachlassen der persönlichen Leistungsfähigkeit des Zahnarztes genügt dem EuGH nicht (EuGH 12.1.10 – C-341/08, NZA 10, 155). Auf eine Vorlage aus Österreich hat der EuGH auch eine **Altersuntergrenzenregelung** als nicht angemessen iSv Art 6 Abs 1 der Richtlinie 2000/78 angesehen (EuGH 18.6.09 – C-88/08, NZA 09, 891 – Hütter). Im deutschen Recht stellt sich diese Problematik insbes bei § 622 Abs 2 BGB (→ *Kündigungsfristen* Rn 2).

10 Bei der erstmaligen Einführung einer Altersgrenze durch **Betriebsvereinbarungen** bedürfen die Interessen der bei Inkrafttreten der Regelung rentennahen ArbN besonderer Rücksichtnahme und es müssen aus Gründen des Vertrauensschutzes für diese ArbNGruppe Übergangsregelungen vereinbart werden (BAG 21.2.17 – 1 AZR 292/15, NZA 17, 738; *Hampe* DB 18, 1465). Im Übrigen gelten zusätzlich die allgemeinen Schranken des Tarifvorrangs nach § 87 Abs 1 BetrVG und der Tarifüblichkeit iSd § 77 Abs 3 BetrVG. Eine Inhaltskontrolle derartiger Betriebsvereinbarungen am Maßstab der §§ 305 ff BGB findet gem § 310 Abs 4 Satz 1 BGB nicht statt (BAG 13.10.15 – 1 AZR 853/13, NZA 16, 54). Bei sämtlichen kollektivrechtlichen Altersregelungen ist im Verhältnis zum Einzelarbeitsvertrag immer das **Günstigkeitsprinzip** zu beachten. Günstiger ist dabei regelmäßig die Bestimmung, die dem ArbN eine längere Wahlmöglichkeit belässt (→ *Günstigkeitsprinzip* Rn 5).

11 **4. Bestätigung einer Aufhebungsvereinbarung.** Der ArbGeb kann den ArbN bei einer einzelvertraglichen Altersgrenzenvereinbarung, die auf einen vor Erreichen der Regelaltersgrenze liegenden Zeitpunkt datiert, innerhalb der letzten drei Jahre des Arbeitsverhältnisses ersuchen, diese Vereinbarung zu bestätigen. Maßgeblich für die Berechnung des Dreijahreszeitraums ist dabei der vereinbarte Zeitpunkt des Ausscheidens des ArbN und nicht der erreichten Regelaltersgrenze (BAG 17.4.02 – 7 AZR 40/01, AP Nr 14 zu § 41 SGB VI). Bestätigt der ArbN die Vereinbarung, so endet bei Vorliegen der sonstigen Rechtmäßigkeitsvoraussetzungen das Arbeitsverhältnis zu dem früheren Zeitpunkt. Handelt der ArbN nicht, kann er sich auf die Fiktion des § 41 Satz 2 SGB VI berufen. Sie gewährleistet

die Entscheidungsfreiheit des ArbN über sein Ausscheiden, wenn er die befristete Bestätigungsmöglichkeit versäumt hat. Eine Verpflichtung des ArbN zur Mitwirkung an der Aufrechterhaltung der regelmäßig bereits bei der Eingehung des Arbeitsverhältnisses vereinbarten Altersgrenzenklausel besteht nicht.

**5. Weiterbeschäftigungsvereinbarung.** Gem § 41 Satz 3 SGB VI können die Arbeitsvertragsparteien bei einem auf das Erreichen der Regelaltersgrenze befristeten Arbeitsverhältnis den Beendigungszeitpunkt **während des Arbeitsverhältnisses** (ggf auch mehrfach) hinausschieben. Diese flexibilisierte Möglichkeit einer Weiterbeschäftigung nach Erreichen der Regelaltersgrenze erscheint grds sinnvoll und ist auch europarechtskonform (EuGH 28.2.18 – C-46/17, NZA 18, 355 – John; BAG 19.12.18 – 7 AZR 70/17, NZA 19, 523). Ob im Rahmen einer solchen Verlängerung auch eine Änderung der Arbeitsbedingungen zulässig ist, ist umstritten (dafür: *Bauer* NZA-RR 18, 234; dagegen: *Bader* NZA 14, 749; von BAG offengelassen in BAG 19.12.18 – 7 AZR 70/17, NZA 19, 523). Bis zur höchstrichterlichen Klärung ist jedenfalls von einer derartigen Änderung der Arbeitsbedingungen abzuraten (ebenso *Arnold/Zeh* NZA 19, 1017). Daneben kann eine Weiterbeschäftigung auch **nach einer** durch einzelvertraglich vereinbarte Altersgrenze **erfolgten Beendigung des Arbeitsverhältnisses** vereinbart werden. Hier liegt eine Einstellung vor, die nach § 99 BetrVG der Zustimmung des BRat bedarf (BAG 23.6.09 – 1 ABR 30/08, NZA 09, 1162; aA VGH Mannheim 10.11.16 – PL 15 S 2083/15, BeckRS 2016, 56084; *Worobjow* NZA 19, 1023). Eine Betriebsvereinbarung mit einer Altersgrenzenregelung steht einer solchen Weiterbeschäftigung nicht grds entgegen, da sie kein Beschäftigungsverbot über den Beendigungszeitpunkt hinaus begründet (BAG 10.3.92 – 1 ABR 67/91, NZA 92, 992). Die Gewährung einer Zulage an derart weiterbeschäftigte ArbN stellt keine Altersdiskriminierung der „regulär" beschäftigten ArbN dar (LAG Düsseldorf 12.4.12 – 11 Sa 1362/11, NZA-RR 12, 511). Auch in diesem Fall kann eine befristete Fortsetzung des Arbeitsverhältnisses nach § 14 Abs 1 Nr 6 TzBfG sachlich gerechtfertigt sein, wenn der ArbN Altersrente aus der gesetzlichen RV bezieht und die befristete Fortsetzung einer konkreten, im Zeitpunkt der Befristungsabrede bestehenden Personalplanung des ArbGeb dient (BAG 11.2.15 – 7 AZR 17/13, NZA 15, 1066; *Bauer/von Medem* NZA 12, 945). Nach Geschlecht differenzierte Fortführungsmöglichkeiten über die Regelaltersgrenze hinaus sind demgegenüber grds europarechtswidrig (EuGH 7.2.18 – C-142/17, NZA 18, 291 – Maturi). 12

**6. Betriebliche Altersversorgung.** Für die betriebliche Altersversorgung besteht gesetzlich keine bestimmte Altersgrenze. Allerdings geht § 2 Abs 1 BetrAVG davon aus, dass ein Arbeitsverhältnis grds bis zum Erreichen der Regelaltersgrenze dauert. Ist in einer Versorgungsordnung geregelt, dass das Arbeitsverhältnis mit Erreichen dieses Zeitpunkts in das Altersrentenverhältnis übergeht, so stellt dies eine zulässige Altersgrenzenregelung dar. Eine solche Klausel ist nicht überraschend iSv § 305c BGB (BAG 6.8.03 – 7 AZR 9/03, NZA 04, 96). Es liegt auch keine Altersdiskriminierung vor; § 10 Satz 3 Nr 4 AGG. Zu beachten ist, dass diese Vorschrift die Zulässigkeit von Altersgrenzen in Systemen der betrieblichen Altersversorgung nicht abschließend regelt, sondern auch eine Rechtfertigung nach § 10 S 1 und 2 AGG in Betracht kommt (BAG 26.4.18 – 3 AZR 19/17, NZA 18, 1006) Allerdings geht § 10 AGG in seinen Anforderungen an die Zulässigkeit von Altersgrenzen in diesem Bereich über das hinaus, was nach Art 6 Abs 2 der Richtlinie 2000/78/EG erforderlich ist (BAG 26.9.17 – 3 AZR 72/16, NZA 18, 315). Auch die Festlegung einer **Mindestbetriebszugehörigkeit** von 15 Jahren bis zum Erreichen der Regelaltersgrenze in einer betrieblichen Versorgungsordnung ist rechtswirksam (BAG 12.2.13 – 3 AZR 100/11, NZA 13, 733). Das Gleiche gilt für die Bestimmung in einer Pensionsordnung, nach der ein Anspruch auf eine Invalidenrente bei Berufsunfähigkeit nur besteht, wenn der ArbN bei Eintritt des Versorgungsfalls mindestens das 50. Lebensjahr vollendet hat (BAG 10.12.13 – 3 AZR 796/11, NZA 15, 50). Eine **Höchstaltersgrenze** (hier: 50 Lebensjahr bei Eintritt in das Arbeitsverhältnis) kann im Leistungsplan einer Unterstützungskasse wirksam vereinbart werden (BAG 12.11.13 – 3 AZR 356/12, NZA 14, 848). Eine solche Höchstaltersgrenze muss jedoch angemessen und erforderlich sein (*Natzel* RdA 14, 365). Das ist bei der Klausel in einer Versorgungsordnung, nach der eine betriebliche Altersrente nicht besteht, wenn der ArbN bei Erfüllung der nach der Versorgungsordnung vorgesehenen zehnjährigen Wartezeit das 55. Lebensjahr vollendet hat, nicht der Fall, da 13 man auf diese Weise ArbN, die noch mindestens 20 Jahre betriebstreu sein können, von der Versorgung grds ausschließen würde (BAG 18.3.14 – 3 AZR 69/12, NZA 14, 606). Demgegenüber genügt die Regelung in einer Betriebsvereinbarung, die ArbN von der Überleitung in ein geändertes System der betrieblichen Altersversorgung ausschließt, die bei Inkrafttreten der Änderung bereits das 63. Lebensjahr vollendet haben, den Anforderungen des § 10 Satz 3 Nr 4 AGG (BAG 17.9.13 – 3 AZR 686/11, NZA 14, 33). Auch die Regelung in einer Versorgungsordnung, dass nach Vollendung des 60. Lebensjahres erbrachte Beschäftigungszeiten nicht berücksichtigungsfähig sind, kann angemessen sein (BAG 17.10.17 – 3 AZR 199/16, NZA 18, 376). Scheidet ein ArbN vor Eintritt des Versorgungsfalls aus dem Unternehmen des ArbGeb aus und ist seine **Versorgungsanwartschaft** nach § 1b BetrAVG unverfallbar, wird sie nach § 2 BetrAVG ratierlich gekürzt, soweit die jeweilige Versorgungsordnung keine für den ArbN günstigere Berechnungsmethode vorsieht (vgl BAG 19.7.11 – 3 AZR 434/09, NZA 12, 155; → *Betriebliche Altersversorgung* Rn 40). Zulässig ist eine Gestaltung der betrieblichen Altersversorgung, nach der das Interesse des ArbN an einer Weiterbeschäftigung über eine Altersgrenze hinaus dadurch vermindert wird, dass Beschäftigungszeiten nach vollendeter Altersgrenze zu keinen Rentensteigerungen führen. Ob bereits bestehende Anwartschaften in dieser Weise nachträglich eingeschränkt werden können, erscheint unter Vertrauensschutzgesichtspunkten fraglich.

**B. Lohnsteuerrecht** *Weil*

26 Die Stellenausschreibung hat für das LStRecht keine Bedeutung. Zu Aufwendungen des ArbN in diesem Zusammenhang → *Bewerbung* Rn 16 ff.

**C. Sozialversicherungsrecht** *Ruppelt*

31 **1. Begriff.** Die Renten wegen Alters der gesetzlichen RV können nach dem Erreichen der für die Rentenart jeweils geltenden Altersgrenze in Anspruch genommen werden. Diese Altersgrenzen, die zum Teil aus übergangsrechtlichen Vertrauensschutzgründen in Abhängigkeit vom Geburtsjahrgang des Versicherten dynamisch ausgestaltet sind, werden bei den Altersrenten im Einzelnen dargestellt (→ *Altersrente* Rn 42 ff).

32 **2. Anhebung der Altersgrenzen.** Bereits die Rentenreform 1992 verfolgte das Ziel, das zahlenmäßige Verhältnis zwischen Beitragszahlern und Rentnern zu verbessern, um die damit in Zusammenhang stehenden Belastungen der RV zu mindern. Ziel war die Leistungsentlastung der gesetzlichen RV durch Verlängerung der Lebensarbeitszeit vermittels Anhebung der Altersgrenzen. (Personalbuch 2012 Altersgrenze Rz 32).

33 Durch das RV-Altersgrenzenanpassungsgesetz vom 20.4.07 (BGBl I 07, 554) wird die Altersgrenze zur Inanspruchnahme der **Regelaltersrente** (Regelaltersgrenze) zwischen 2012 und 2029 schrittweise von 65 auf 67 Jahre angehoben. Auch das Renteneintrittsalter der vorgezogenen Altersrenten wird entsprechend erhöht.

34 **3. Vorzeitige Inanspruchnahme.** Die vorgezogenen Renten (nicht die Regelaltersrente und die Altersrente für besonders langjährig Versicherte) können auch vorzeitig innerhalb bestimmter – während einer Übergangsphase vom Geburtsjahrgang abhängigen – Altersgrenzen in Anspruch genommen werden. Zu den für die einzelnen Renten geltenden Zugangsmöglichkeiten für die vorzeitige Inanspruchnahme → *Altersrente* Rn 41 ff. Um die verlängerte Rentenbezugsdauer auszugleichen, verringert sich der Zugangsfaktor für jeden Kalendermonat, für den die Renten vorzeitig in Anspruch genommen werden, nach § 77 Abs 2 Satz 1 Nr 2a SGB VI um 0,003, was zu einer Rentenminderung von 0,3 vH für jeden Monat führt, den die Rente vorzeitig in Anspruch genommen wird. Wird die Rente also ein Jahr vor der regelmäßigen Altersgrenze dieser Rente in Anspruch genommen, beträgt die Rentenkürzung 3,6 vH. Die höchstmögliche Kürzung beträgt 10,8 vH.

35 Zur Vermeidung von Nachteilen räumt § 187a Abs 1 Satz 1 SGB VI den Versicherten das Recht ein, bis zum Erreichen der Regelaltersgrenze Beiträge auf das Rentenkonto einzuzahlen, um die durch die vorzeitige Inanspruchnahme der Rente bedingten Rentenminderungen bei Erreichen der Regelaltersgrenze auszugleichen. Um die Rentenminderung und die durch die Ausgleichsbeiträge entstehende finanzielle Belastung absehen zu können, haben Versicherte gegen den RV-Träger einen entsprechenden Auskunftanspruch

nach Maßgabe von § 109 SGB VI (→ *Rentenauskunft* Rn 13 ff; → *Rentnerbeschäftigung* Rn 11 ff).

**4. Rente mit 63.** Durch das am 1.7.2014 in Kraft getretene RV-Leistungsverbesserungsgesetz vom 23.6.2014 (BGBl I 2014, 787) ist die Altersgrenze für die abschlagsfreie **Altersrente für besonders langjährig Versicherte** nach § 38 SGB VI (→ *Altersrente* Rn 46) **für eine Übergangszeit** vorgezogen (§ 236b SGB VI) worden. Nur für die Geburtsjahrgänge bis einschließlich 1952 besteht die Möglichkeit, diese Rente ab der Vollendung des 63. Lebensjahres in Anspruch zu nehmen. Für Versicherte der Geburtsjahrgänge 1953–1963 steigt der Zeitpunkt der frühesten Inanspruchnahme dieser Rente nach Maßgabe der Tabelle des § 236b Abs 2 SGB VI schrittweise bis zum 65. Lebensjahr und damit wieder auf die bis 30.6.2014 geltende Altersgrenze. Vom 1.1.1964 an Geborene werden von der Absenkung der Altersgrenze durch das RV-Leistungsverbesserungsgesetz nicht mehr begünstigt (→ *Rente mit 63* Rn 15 ff). 36

**5. Flexirente.** Zu den rentenrechtlichen Auswirkungen einer Beschäftigung über die Altersgrenzen hinaus s → *Flexirente* Rn 20 ff; → *Rentnerbeschäftigung* Rn 11 ff. 37

# Altersrente

## A. Arbeitsrecht

*Kreitner*

**1. Allgemeines.** In § 6 BetrAVG wird die Berechtigung des ArbN zum Bezug von Leistungen der betrieblichen Altersversorgung unter bestimmten Voraussetzungen an Altersleistungen aus der gesetzlichen RV gekoppelt. Macht der ArbN von der Möglichkeit einer vorzeitigen Inanspruchnahme der gesetzlichen RV Gebrauch, hat dies nach § 6 BetrAVG einen gleichzeitigen **Anspruch auf Leistungen aus der betrieblichen Altersversorgung** zur Folge. Dies gilt als zwingende gesetzliche Rechtsfolge, unabhängig davon, ob die Versorgungsordnung eine entsprechende Regelung enthält. Mit dem RV-Altersgrenzenanpassungsgesetz (BGBl I 07, 554) ist die gesetzliche Altersgrenze stufenweise angehoben und sind § 2 Abs 1 sowie § 6 BetrAVG mWz 1.1.08 entsprechend angepasst worden (→ Rn 4). 1

Die **Höhe des vorzeitigen Ruhegelds** richtet sich primär nach den Bestimmungen der jeweiligen Versorgungsordnung, soweit diese mit den allgemeinen Grundsätzen des Betriebsrentenrechts übereinstimmen (BAG 10.12.13 – 3 AZR 832/11, NZA-RR 14, 375; BAG 21.8.01 – 3 AZR 649/00, NZA 02, 1395). Danach kann der ArbGeb bei dem bis zur Inanspruchnahme der vorgezogenen Betriebsrente **betriebstreuen Arbeitnehmer** eine zweifache Kürzung der Vollrenten vornehmen. 2

Die **erste Kürzung** erfolgt gem § 2 Abs 1 BetrAVG **zeitratierlich** wegen der Beendigung des Arbeitsverhältnisses vor Erreichen der Regelaltersgrenze (Quotient aus tatsächlicher und möglicher Betriebszugehörigkeit). Sie kann bei entsprechender Ausgestaltung der Versorgungszusage auch durch die Addition von Rentenbausteinen pro Beschäftigungsjahr erfolgen (BAG 29.7.97 – 3 AZR 114/96, NZA 98, 543). Allerdings führt eine solche aufsteigende Berechnung allein noch nicht zum Ausschluss der ersten Kürzung nach § 2 Abs 1 BetrAVG, sondern um eine eigenständige Regelung zu begründen muss die Versorgungsordnung weitere darauf hinweisende Umstände enthalten (BAG 10.12.13 – 3 AZR 726/11, NZA-RR 14, 654).

Die **zweite Kürzung** kann wegen der früheren Inanspruchnahme und dem daraus folgenden längeren Bezug der Betriebsrente vorgenommen werden. Sie ist nach der ständigen Rspr des BAG als **versicherungsmathematischer Abschlag** in einer Größenordnung von 0,3 bis 0,6 % pro Monat der vorgezogenen Inanspruchnahme angemessen (BAG 29.4.08 – 3 AZR 266/06, NZA 08, 1417; 30.9.14 – 3 AZR 998/12, NZA 15, 750) und stellt auch für schwerbehinderte ArbN grds keine unerlaubte Benachteiligung wegen einer Behinderung dar (BAG 13.10.16 – 3 AZR 439/15, BeckRS 2016, 110282). Höhere Abschläge sind nichtig und werden vom BAG im Wege der ergänzenden Auslegung auf das zulässige Höchstmaß reduziert (BAG 28.5.02 – 3 AZR 358/01, AP Nr 29 zu § 6 BetrAVG). Sieht die Versorgungsordnung lediglich eine „versicherungsmathematische Herabsetzung" vor, ohne deren Höhe anzugeben, ist nach der Rspr des BAG eine monatliche Kürzung von 0,5 % möglich (BAG 29.9.10 – 3 AZR 557/08, NZA 11, 206; 8.3.11 – 3 AZR 666/09, NZA-RR 11, 591). Das erscheint bei Vornahme der Klauselkontrolle nach § 307 Abs 2 BGB bedenklich.

Regelt die Versorgungsordnung einen solchen versicherungsmathematischen Abschlag nicht, kann er als zweite zeitratierliche Kürzung (**sog unechter** oder **untechnischer Abschlag**) vorgenommen werden. Diese weitere ratierliche Kürzung folgt nach der ständigen Rspr des BAG aus den allgemeinen Grundsätzen des Betriebsrentenrechts (BAG 25.6.13 – 3 AZR 219/11, NZA 13, 1421; 15.11.11 – 3 AZR 778/09, BeckRS 2012, 65916; instruktiv auch *Bepler* in Festschrift für Förster 01, 237). Sie besteht auch bei schwerbehinderten ArbN trotz vorzeitigen ungekürzten Rentenbezugs in der SozV (LAG Köln 19.7.10 – 2 Sa 249/10, BeckRS 2010, 72871). Sie gilt auch bei Gesamtversorgungszusagen (BAG 19.6.12 – 3 AZR 289/10, BeckRS 2012, 73015).

Enthält die Versorgungsordnung allerdings Anhaltspunkte, die gegen solche Abschläge sprechen, scheidet eine zweite Kürzung insgesamt aus (BAG 24.1.17 – 3 AZR 376/15, BeckRS 2017, 104127; 23.1.01 – 3 AZR 164/00, NZA 02, 93). Seine frühere Rspr, wonach auch neben einem in der Versorgungszusage enthaltenen versicherungsmathematischen Abschlag immer eine doppelte zeitratierliche Kürzung vorzunehmen war, hat das BAG mit der vorgenannten Entscheidung ausdrücklich aufgegeben (bestätigt durch BAG 19.4.11 – 3 AZR 318/09, BeckRS 2011, 73551; 12.12.06 – 3 AZR 716/05, NZA-RR 07, 434).

Das Gleiche gilt grds für den bereits vor Inanspruchnahme der vorgezogenen Betriebsrente ausgeschiedenen **Versorgungsanwärter** (BAG 31.5.11 – 3 AZR 406/09, NZA-RR 12, 205; 19.5.16 – 3 AZR 131/15, BeckRS 2016, 71100). Allerdings fallen bei ihm bei einem fehlenden versicherungsmathematischen Abschlag die beiden zeitratierlichen Kürzungen auseinander. Die erste unmittelbare Anwendung des § 2 Abs 1 BetrAVG besteht wiederum aus dem nunmehr größeren Quotient von tatsächlicher zur möglichen Betriebszugehörigkeit. Der unechte Abschlag ist der Quotient aus hypothetischer Betriebszugehörigkeit bis zur vorzeitigen Inanspruchnahme und möglicher Betriebszugehörigkeit bis zum Erreichen der Regelaltersgrenze und entspricht damit dem des betriebstreuen ArbN.

Auf **tarifliche Versorgungsregelungen** finden diese Grundsätze keine Anwendung, da § 2 BetrAVG gem § 17 Abs 3 BetrAVG tarifdispositiv ist (BAG 24.7.01 – 3 AZR 681/00, NZA 02, 1291; 18.11.03 – 3 AZR 517/02, AP Nr 26 zu § 1 BetrAVG Berechnung).

3 Ältere Versorgungsordnungen differenzieren in Anlehnung an die **unterschiedlichen Altersgrenzen für Männer und Frauen** in der gesetzlichen RV meist gleichermaßen geschlechtsspezifisch und verstoßen damit gegen Art 157 AEUV (grundlegend EuGH 17.5.90 – C-262/88, NZA 90, 775-Barber zu Art 141 EGV). Dementsprechend ist auch ein niedrigerer versicherungsmathematischer Abschlag für Frauen oder sogar ein auf Männer beschränkter, versicherungsmathematischer Abschlag für die vorzeitige Renteninanspruchnahme nur wirksam, soweit er Beschäftigungszeiten vor dem 17.5.90 betrifft (BAG 29.9.10 – 3 AZR 564/09, AP Nr 62 zu § 2 BetrAVG; 23.9.03 – 3 AZR 304/02, AP Nr 14 zu § 1 BetrAVG Gleichberechtigung). Eine Vereinheitlichung der Altersgrenzen von Männern und Frauen dahingehend, dass die feste Altersgrenze für Frauen auf die für Männer bereits zuvor geltende Altersgrenze angehoben wird, ist regelmäßig durch sachlich-proportionale Gründe gerechtfertigt (BAG 30.9.14 – 3 AZR 998/12, NZA 15, 750). Zur konkreten Rentenberechnung eines nach Vollendung des 60. Lebensjahres aber vor Erreichen der Regelaltersgrenze ausscheidenden Mannes: BAG 17.9.08 – 3 AZR 1061/06, AP Nr 59 zu § 2 BetrAVG.

4 **2. Regelaltersgrenze.** Seit dem 1.1.08 gelten die mit dem RV-Altersgrenzenanpassungsgesetz stufenweise angehobenen neuen Regelaltersgrenzen (§§ 35, 235 SGB VI) auch in § 6 BetrAVG als Bezugspunkt für den vorgezogenen Betriebsrentenbezug. Gleichwohl bleibt für Beginn und Höhe der vorgezogenen Betriebsrente primär die Versorgungszusage maßgeblich. Sieht diese eine feste Altersgrenze „65. Lebensjahr" vor, ist dies regelmäßig als Inbezugnahme der gesetzlichen Regelaltersgrenze auszulegen, so dass nunmehr die neue gesetzliche Regelaltersgrenze gilt (BAG 15.5.12 – 3 AZR 11/10, NZA-RR 12, 433; 13.10.15 – 1 AZR 853/13, NZA 16, 54; *Zwanziger* DB 12, 2632; *Schumacher* DB 13, 2331;

*Walldörfer/Wilhelm* BB 12, 3137; kritisch *Diller/Beck* DB 12, 2398). Andere feste Altersgrenzen wird man ohne zusätzliche Anhaltspunkte regelmäßig als konstitutive Bestimmung auslegen müssen, so dass die Anhebung der gesetzlichen Regelaltersgrenze ohne Einfluss bleibt. Scheidet der ArbN dann erst nach Erreichen dieser Grenze (ggf erst mit 67 Jahren) aus dem Arbeitsverhältnis aus, dürften die weiteren Beschäftigungsmonate grds rentensteigernd zu berücksichtigen sein (*Rolfs* NZA 11, 540). Eine arbeitgeberseitige Änderung/Anpassung der Versorgungsregelung an die neue Gesetzeslage ist nach der Dreistufentheorie (→ *Betriebliche Altersversorgung* Rn 71) wegen der allein vorliegenden sachlichen Gründe grds nur auf der dritten Stufe möglich (*Höfer* BB 07, 1445; allgemein zur nachträglichen Heraufsetzung der Altersgrenze LAG Köln 14.6.07 – 10 Sa 766/06, NZA-RR 08, 267). Etwas anders ist dies bei einer **Gesamtversorgung.** Hier ist die Anbindung an die gesetzliche Rente deutlich enger, da sich jede Absenkung des gesetzlichen Rentenniveaus unmittelbar erhöhend auf die Betriebsrente auswirkt (BAG 13.1.15 – 3 AZR 894/12, BeckRS 2015, 65938). Allerdings wird man auch hier allein aufgrund der angehobenen Regelaltersgrenze noch nicht von einer beachtlichen Störung der Geschäftsgrundlage ausgehen können. Bei neuen Versorgungszusagen nach dem 1.1.08 sollte schließlich auf die gesetzlichen Regelaltersgrenzen Bezug genommen werden.

**3. Ruhen.** Die vorzeitige betriebliche Altersleistung **ruht,** wenn der ArbN wegen des Überschreitens der Hinzuverdienstgrenzen (→ Rn 52) seinen Anspruch auf Leistungen der gesetzlichen RV verliert. Dies ergibt sich aus § 6 Satz 2 BetrAVG und ist die konsequente Folge der engen Koppelung beider Versorgungssysteme. Gleichermaßen entfällt nach der gesetzlichen Regelung der Anspruch auf vorzeitige betriebliche Altersrente bei Inanspruchnahme einer Teilrente (→ Rn 53). Der Gesetzgeber wollte damit die komplizierte Berechnung von Teilrenten im Bereich der betrieblichen Altersversorgung vermeiden (*Höfer* § 6 Rz 2574). 5

Das Ruhen der betrieblichen Altersversorgung hängt letztlich von der Entscheidung des ArbGeb ab, da nach § 6 Satz 2 BetrAVG der ArbGeb lediglich berechtigt, nicht jedoch verpflichtet ist, die Zahlungen aus dem betrieblichen Versorgungssystem einzustellen. Hierbei ist insbes der arbeitsrechtliche Gleichbehandlungsgrundsatz zu beachten. Entfallen zu einem späteren Zeitpunkt die Ruhensvoraussetzungen, so **lebt** der ursprüngliche Anspruch auf Leistungen aus der betrieblichen Altersversorgung **wieder auf.**

**4. Anzeigepflicht.** Wegen der Auswirkungen des Überschreitens der gesetzlichen Hinzuverdienstgrenzen ist der ArbN gem § 6 Satz 3 BetrAVG zur unverzüglichen **Anzeige** derartiger Beschäftigungen gegenüber dem ehemaligen ArbGeb verpflichtet. Trotz der eindeutigen gesetzlichen Regelung erscheint ein nochmaliger Hinweis des ArbGeb auf diese Anzeigepflicht gegenüber dem ArbN im Rahmen der Versorgungszusage bzw bei der Gewährung von Leistungen aus der betrieblichen Altersversorgung empfehlenswert, um Rechtsstreitigkeiten um Rückforderungen zu vermeiden. 6

Die Anzeigepflicht gilt auch, wenn ein ArbN in einem Großunternehmen nach Aufgabe seines alten Arbeitsplatzes eine neue *Rentnerbeschäftigung* aufnimmt und dabei die Hinzuverdienstgrenzen überschreitet. Der Begriff des „ausgeschiedenen" ArbN, wie ihn § 6 BetrAVG verwendet, ist nach Sinn und Zweck der Vorschrift weit auszulegen.

Kommt der ArbN der gesetzlichen Anzeigepflicht nicht nach und erhält er auf diese Weise unberechtigt Leistungen aus der betrieblichen Altersversorgung, ist er gem § 812 BGB zur Rückzahlung verpflichtet. Bei schuldhafter Verletzung der Anzeigepflicht (zB bei vorherigem Hinweis des ArbGeb), bestehen darüber hinaus Schadensersatzansprüche des ArbGeb aus § 280 BGB und § 823 Abs 2 BGB iVm § 6 BetrAVG. Schließlich können strafrechtliche Sanktionen (§ 263 StGB) in Betracht kommen.

**5. Teilrente.** Macht der ArbN von der Möglichkeit Gebrauch, nach § 42 Abs 1 SGB VI eine Teilrente zu beantragen (→ Rn 53), kann er bei mehr als sechsmonatiger Beschäftigungsdauer in einem Unternehmen mit mehr als 15 ArbN nach § 8 Abs 1 TzBfG vom ArbGeb eine entsprechende Verringerung der vertraglich vereinbarten Arbeitszeit verlangen. Außerhalb des Anwendungsbereichs des TzBfG gewährt § 42 Abs 3 SGB VI lediglich einen Erörterungsanspruch gegenüber dem ArbGeb. 7

## B. Lohnsteuerrecht

*Weil*

**Übersicht**



### I. Rechtslage ab 2005. 
(Zur Rechtslage bis 2004 s Vorauflagen.)

8 **1. Übersicht.**

**Schema**

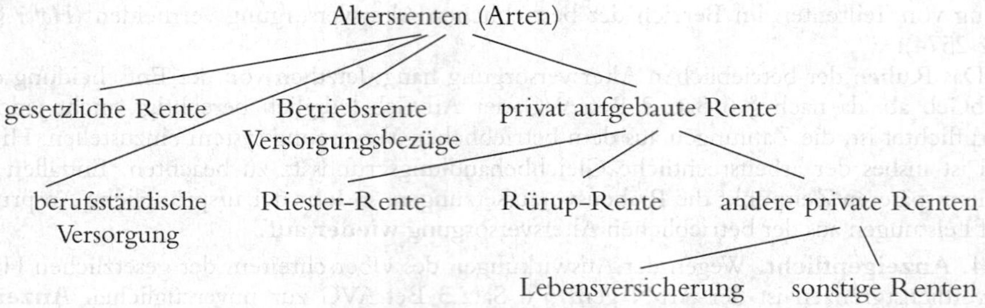


Grds gilt für alle Rentenarten die **nachgelagerte Besteuerung:**
- § 22 Nr 1 Satz 3 Buchst a) aa) EStG: gesetzliche Renten, Rürup-Rente, berufsständische Versorgung
- § 22 Nr 5 EStG: Betriebsrenten und Riester-Rente
- § 19 Abs 2 Satz 2 EStG: Versorgungsbezüge (Beamtenpensionen, Leistungen aus Unterstützungskassen und Pensionszusagen).
- **Ausnahme:** § 22 Nr 1 Satz 3 Buchst a) bb) EStG: andere privat finanzierte Renten werden mit dem Ertragsanteil besteuert.

a) Unter dem Stichwort *Altersrente* werden hier abgehandelt:
- Renten aus der gesetzlichen Rentenversicherung
- Rürup-Rente
- andere private Renten.

b) Unter den Stichwörtern *Rentenanpassung* und *Rentenbeginn* werden die bezeichneten Sonderprobleme zur gesetzlichen *Rentenversicherung* angesprochen.

c) Unter den Stichwörtern *Rentenversicherungsbeiträge* und *Sonderausgaben* wird die Beitragsphase der Rentenversicherung behandelt.

d) Unter dem Stichwort *Betriebliche Altersversorgung* werden die Arten der Betriebsrente abgehandelt:
- Direktversicherung
- Pensionskasse
- Pensionsfonds
- Pensionszusage
- Unterstützungskasse

e) Unter dem Stichwort *Altersgrenze* werden abgehandelt:
– die Versorgungsbezüge
f) Unter dem Stichwort *Altersvorsorgevermögen* wird abgehandelt:
– Riester-Rente.
g) Unter dem Stichwort *Berufsständische Versorgung* werden abgehandelt:
Leistungen aus berufsständischen Versorgungseinrichtungen.

**2. Einführung. Seit dem 1.1.2005** AltEinkG (5.7.04, BGBl I 04, 1427) gilt aufgrund von BVerfG (6.3.02 – 2 BvL 17/99, BVerfGE 105, 73 ff = BStBl II 02, 618) für die drei Säulen der Altersversorgung (gesetzliche RV, Betriebsrente und Privatrente, → *Betriebliche Altersversorgung* Rn 101 ff, → *Altersvorsorgevermögen* Rn 6 ff) die **nachgelagerte Besteuerung.** Nachgelagerte Besteuerung bedeutet: die Leistungsphase, dh der Zufluss der Rente, wird in voller Höhe besteuert. Als Korrelat hierzu wird die Beitragsphase steuerlich verschont (→ *Sonderausgaben* Rn 5 ff). Bei den Sozialversicherungsrenten wird die volle Wirkung der nachgelagerten Besteuerung durch eine Übergangsregelung bis 2040 abgefedert (§ 22 Nr 1 Satz 3 EStG), bei weitgehender steuerlicher Verschonung der Beitragsleistungen (§ 10 Abs 1 bis Abs 4a EStG; s iE hierzu → *Sonderausgaben* Rn 5 ff). 9

**II. Rente aus der gesetzlichen Rentenversicherung. 1. Kennzeichen.** Das Charakteristikum der Sozialversicherungsrente iSd § 22 Nr 1 Satz 3 Buchst a) aa) EStG ist, dass sie der sog **Basisversorgung** dient. Zu den wesentlichen Merkmalen der Basisversorgung gehört, dass die Rente erst bei Erreichen einer bestimmten Altersgrenze bzw bei Erwerbsunfähigkeit gezahlt wird und als Entgeltersatzleistung der Lebensunterhaltssicherung dient (BFH 14.7.10 – X R 37/08, BStBl II 11, 628). Zu den Renten der Basisversorgung gehören sämtliche in § 33 SGB VI aufgezählten Rentenarten, die durch die gesetzliche Rentenversicherung gewährt werden. Dies sind neben den Renten wegen Alters (§ 33 Abs 2 § 35 SGB VI) und verminderter Erwerbsfähigkeit (§ 33 Abs 3, § 43 SGBVI) auch die wegen Todes (§ 33 Abs 4, § 46 SGB VI). Auch einmalig Leistungen aus der Basisversicherung (zB Sterbegeld) unterliegen der nachgelagerten Besteuerung. Maßgebend ist, dass die Leistung auf den Beiträgen beruht, die der Stpfl in die gesetzliche Rentenversicherung eingezahlt hat. 10

**2. Besteuerung der Renten (§ 22 Nr 1 Satz 3 Buchst a) aa) EStG**). Bemessungsgrundlage für den der Besteuerung unterliegenden Anteil der Renten und anderen Leistungen ist der Jahresbetrag der Rente (dh die Summe der ausgezahlten Renten einschließlich der einbehaltenen Beitragsanteile zur Kranken- und Pflegeversicherung). Der Besteuerungsanteil ist der Tabelle in § 22 Nr 1 S 3 Buchst a) aa) S 3 EStG zu entnehmen. Der Unterschiedsbetrag zwischen dem Jahresbetrag der Rente und dem der Besteuerung unterliegenden Anteil der Rente ist der steuerfreie Teil der Rente, der sog **Rentenfreibetrag** (§ 22 Nr 1 S 3 Buchst a) aa) S 4 EStG). Dieser gilt ab dem Jahr, das dem Jahr des Rentenbeginns folgt, für die gesamte Laufzeit des Rentenbezugs (§ 22 Nr 1 S 3 Buchst a) aa) S 5 EStG). Es kommt auch dann stets auf die Verhältnisse des zweiten Rentenbezugsjahrs an, wenn bereits das erste Rentenbezugsjahr einen Zeitraum von vollen zwölf Monaten umfasst hat (BFH 17.11.15 – X R 53/13, BFH/NV 16, 549). 11

**Beispiel:** Ein ArbN geht ab 1.1.2018 in Rente. Seine monatliche Rente beträgt 1000 €. Die Rente wird zum 1.7.2018 und zum 1.7.2019 um je 1 % erhöht. Die Rente beträgt also ab 1.7.2018: 1010 €, ab 1.7.2019: 1020,10 €. 12

| | Besteuerung in 2018: | Besteuerung in 2019: |
|---|---|---|
| Rente Januar bis Juni | 6000,00 € | 6060,00 € |
| Rente Juli bis Dezember | 6060,00 € | 6120,60 € |
| Rentenjahresbetrag: | 12 060,00 € | 12 180,60 € |
| stpfl lt Tabelle 76 % | 9165,60 € | 9257,25 € |
| steuerfrei 24 % | 2894,40 € | 2923,34 € |

Steuerfreier Teil der Rente ab 2018 bis Rentenende: 2923,34 €.

Nachfolgende regelmäßige Rentenanpassungen führen nicht zur Erhöhung des Rentenfreibetrags (§ 22 Nr 1 S 3 Buchst a) aa) S 7 EStG). Diese werden deshalb unbeschränkt der Besteuerung unterworfen. Ändert sich der Jahresbetrag der Rente aus anderen Gründen (zB Wechsel zwischen Teil- und Vollrente, nachträgliche Gewährung der Mütterrente) ist eine entsprechende **Neuberechnung** des steuerfreien Teils der Rente vorzunehmen (§ 22 Nr 1 S 3 Buchst a) aa) S 6 EStG, vgl BMF BStBl I 2013, 1087 Rz 232 mit weiteren Beispielen). 13

Zur Besteuerung der **Folgerenten** aus derselben Versicherung siehe BMF BStBl I 2013, 1087 Rz 224 ff. Bei einem **Rentenbeginn bis 31.12.2005** beträgt der Besteuerungsanteil 50 %. Die Regelung gilt damit auch für alle Bestandsrenten.

**Beispiel:** Der Stpfl bezieht seit 2004 eine monatliche Rente iHv 1000 €.
Besteuerung 2005 und folgende Jahre, solange keine Neuberechnung zu erfolgen hat::

| | |
|---|---|
| Steuerpflichtig (50 %) | 6000 € |
| ./. Werbungskosten, ggf Pauschbetrag (§ 9a Nr 3 EStG) | 102 € |
| Sonstige Einkünfte | 5898 € |

14 **3. Besteuerungsverfahren** (§ 22a EStG). Die leistungsverpflichteten RVTräger haben der Zentralen Stelle für Altersvermögen (ZfA) bis zum 1. März des Folgejahres eine Rentenbezugsmitteilung zu übersenden (§ 22a Abs 1 Nr 1 EStG iVm § 93c AO). Die ZfA ist eine Abteilung der Deutschen Rentenversicherung (§ 81 EStG) und stellt die Schnittstelle zwischen den mitteilungspflichtigen Stellen und der jeweiligen Landesfinanzverwaltung dar. Einzelheiten zum Rentenbezugsmitteilungsverfahren nach§ 22a EStG BMF 7.12.11, BStBl I 2011, 1223. Bei nicht fristgerechter Meldung ist ein Verspätungsgeld iHv 10 € für jeden angefangenen Monat der Verspätung der ausstehenden Rentenbezugsmitteilung festzusetzen (§ 22a Abs 5 EStG). Die mitteilungspflichtige Stelle hat den Leistungsempfänger über die Mitteilung an die ZfA zu informieren. Das FA prüft, ob der Rentenempfänger mit seiner Rente und ggf anderen Einkünften stpfl ist und wird ihn ggf zur Abgabe einer ESt-Erklärung auffordern (→ *Antragsveranlagung* Rn 7 ff). Rentner sind auch dann zur Abgabe einer ESt-Erklärung verpflichtet, wenn ihnen das FA vor 2005 mitgeteilt hatte, dass sie nicht mehr zur Abgabe einer ESt-Erklärung verpflichtet seien (FG RhPF 24.7.13 – 4 V 1522/13, BeckRS 2013, 95965).

15 **4. Jahresveranlagung.** Im Rahmen der ESt-Veranlagung sind die Renteneinnahmen abzüglich Werbungskosten, ggf Pauschbetrag (§ 9a Nr 3 EStG: 102 €) als Sonstige Einkünfte anzusetzen (§ 22 Nr 1 Satz 3 Buchst a) aa) EStG). Als den Pauschbetrag übersteigende **Werbungskosten** kommen in Betracht: Rechtsberatungs- und Prozesskosten zur Erlangung der Rente, Schuldzinsen für Kredit zwecks Nachentrichtung freiwilliger Beiträge, sonstige Kreditkosten, Gewerkschaftsbeiträge. Werbungskosten sind in voller Höhe abziehbar, nicht nur in Höhe des Besteuerungsanteils. Die Beiträge zur Erlangung der Rente sind nur beschränkt als Sonderausgaben, nicht als vorab entstandene Werbungskosten, abzugsfähig (Einzelheiten hierzu → *Rentenversicherungsbeiträge* Rn 2; → *Sonderausgaben* Rn 9). Dies gilt auch für einpendelnde Grenzgänger, deren Rente im Wohnsitzland der vollen Besteuerung unterliegt (BFH 24.6.09 – X R 57/06, DStR 09, 1799; → *EU-Recht* Rn 28 und → *Grenzgänger* Rn 8). Das Gleiche gilt bei einem unbeschränkt stpfl ausländischen ArbN, dessen freiwillige Altersvorsorgeleistungen des inländischen ArbGeb an ein ausländisches Versicherungsunternehmen nicht steuerfrei nach § 3 Nr 62 EStG zu behandeln sind, während die spätere Rente hieraus im Ausland nachgelagert voll besteuert wird (BFH 28.5.2009 – VI R 27/06, DStR 2009, 1845). Der Versorgungsfreibetrag (§ 19 Abs 2 EStG; → *Altersgrenze* Rn 18) greift nicht ein (BFH 18.10.06 – XI R 45/05, BFH/NV 07, 880). Zahlungen im Rahmen des Versorgungsausgleichs zugunsten des geschiedenen Ehegatten sind Sonderausgaben (§ 10 Abs 1 Nr 1b EStG; s im Gegensatz hierzu bei den Versorgungsbezügen → *Altersgrenze* Rn 22). Zinszahlungen auf Grund von Rentennachzahlungen sind stpfl Kapitaleinkünfte (BFH 9.6.15 – VIII R 18/12, DStR 15, 2276).

16 **5. Sonderfragen.** Sachleistungen und der Kinderzuschuss aus der gesetzlichen RV sind steuerfrei (§ 3 Nr 1b EStG), ebenso die Zuschüsse der RVTräger zu den KV- und PflegeVBeiträgen der Rentner (§ 3 Nr 14 EStG). Steuerfrei sind auch Zahlungen des ArbGeb zur Übernahme der Beiträge iSd § 187a SGB VI, soweit diese 50 % der Beiträge nicht übersteigen (§ 3 Nr 28 EStG). Hierunter fallen ua Beiträge für die vorzeitige Inanspruchnahme der Altersrente wegen **Arbeitslosigkeit,** um eine Rentenminderung zu vermeiden. Zum rückwirkenden Wegfall des Krankengeldes wegen **rückwirkender Gewährung einer Rente** s → *Lohnersatzleistungen* Rn 20.

17 **6. Steuerliche Auswirkung.** Einzelheiten zur maximalen Höhe einer steuerunbelasteten Jahresbruttorente vgl www.bundesfinanzministerium.de „Übersicht zur Rentenbesteuerung".

**7. Rentenzahlungen ins Ausland.** Hat der Rentenempfänger seinen inländischen Wohnsitz aufgegeben (→ *Auslandstätigkeit* Rn 37 ff), unterliegt er mit seinen Renteneinkünften der beschränkten Steuerpflicht (§ 49 Abs 1 Nr 7 EStG; → *Ausländer* Rn 42). Ist nach dem DBA dem Wohnsitzstaat das Besteuerungsrecht für die Rente zugewiesen (Art 18 OECD-MA: Besteuerung der Ruhegehälter im Ansässigkeitsstaat), unterliegen die Renteneinkünfte nicht der inländischen Besteuerung (FG BaWü 9.10.09 – 10 K 3312/08, IStR 10, 257; FG MeVo 13.1.16 – 1 K 4/15, DStRE 16, 1290). Ist nach dem DBA dem Rente zahlenden Staat das Besteuerungsrecht zugewiesen (Quellenbesteuerung), darf die Steuer nicht höher sein als bei einem Inländer (EuGH 9.11.06 – C-520/04, IStR 06, 821). Dies gilt auch für die nachgelagerte Besteuerung, anderenfalls würde eine unzulässige Diskriminierung vorliegen (BFH 24.6.09 – X R 57/06, BStBl II 09, 1000 unter II. 2. b. bb; → *Grenzgänger* Rn 23). Zur Frage der Sicherung der Besteuerung der Rente nach Wegzug ins Ausland *Wernsmann/Nippert* DStR 05, 1123; OFD Hannover 15.12.06 – S 2369 – 24 – StO 211, IStR 07, 76. Der Rentenempfänger kann die inländische Besteuerung beantragen (§ 1 Abs 3 EStG; → *Ausländer* Rn 38). Die örtliche Zuständigkeit bei einer inländischen Veranlagung liegt zentral beim FA Neubrandenburg (§ 19 Abs 6 AO iVm EStZuStVO, BGBl I 09, 3). 18

**8. Rentenzahlungen aus dem Ausland.** Zahlt ein ausländischer SozVTräger die Rente, zB bei Grenzgängern, so steht das Besteuerungsrecht grds dem Staat zu, in dem der Bezugsberechtigte ansässig ist (Art 18 OECD-MA; → Rn 18; Art 14 Abs 2 Nr 1 DBA Frankreich; BFH 25.3.10 – X B 142/09, IStR 10, 458; Decker/Looser IStR 09, 652; zu Leistungen aus dem schweizerischen Altersvorsorgesystem s BMF 27.7.16, BStBl I 16, 759). Wechselkursschwankungen beeinflussen den steuerfreien Teil der Rente (§ 22 Nr 1 Satz 3 Buchst a) Doppelbuchst aa) Satz 6 EStG; BayLfSt 4.5.09 – S 2225.1.1–3/2 St 32/St 33, IStR 09, 704). Ausländische Währungen sind anhand der von der Europäischen Zentralbank veröffentlichten monatlichen Durchschnittsreferenzkurse umzurechnen (BFH 3.12.09 – VI R 4/08, DStR 10, 479). Zu Schweizer Grenzgängern s → *Grenzgänger* Rn 23. Pensionen der Europäischen Organisation für Kernforschung (Cern) mit Sitz in Genf und der Bank für Internationalen Zahlungsausgleich (BIZ) mit Sitz in Bern sind mit einer gesetzlichen RV vergleichbar und daher bei Ansässigkeit des Rentenberechtigten im Inland auch im Inland nachgelagert zu versteuern, gleiches gilt für Renten der Vereinten Nationen (OFD Münster 15.5.2009, BeckVerw 159531; BFH 5.4.17 – X R 50/14, BFH/NV 17, 1101). Steht das Besteuerungsrecht der Rente gem DBA dem ausländischen Staat als früherem Tätigkeitsstaat zu (sog Quellenstaat, so zB Art 18 Abs 2 DBA DK), so unterliegt diese bei Vergleichbarkeit mit der Rente der inländischen RV dem Progressionsvorbehalt (§ 32b Abs 1 Nr 3 EStG; BFH 14.7.10 – X R 37/08, IStR 10, 809; → *Lohnersatzleistungen* Rn 5). 19

**III. Betriebsrente** → *Betriebliche Altersversorgung* Rn 101 ff. 20

**IV. Riester-Rente** → *Altersvorsorgevermögen* Rn 6 ff. 21

**V. Rürup-Rente. 1. Anwendungsbereich.** Bei der Rürup-Rente handelt es sich um eine freiwillige zusätzliche Altersvorsorgemaßnahme, die durch privaten Kapitalaufwand erwirtschaftet wird. Man spricht von eigener kapitalgedeckter Altersversorgung (§ 10 Abs 1 Nr 2.b) EStG). Abgeschlossen wird hierzu eine private Leibrentenversicherung, deren Bedingungen mit denen der gesetzlichen RV vergleichbar sind. Die Rürup-Rente (auch **Basis-Rente** genannt) ist vor allem für Selbstständige gedacht, die ansonsten für ihre Beitragszahlungen in die Altersvorsorge keine Steuererleichterung erwarten könnten. Aber auch besserverdienende ArbN profitieren von der Rürup-Rente. Die Rürup-Rente wird in der Ansparphase durch den Abzug der Beiträge als Sonderausgaben gefördert (§ 10 Abs 1 Nr 2 Buchst b/aa und Abs 3 EStG) Auch Beiträge für einen Vertrag, der ausschließlich der Absicherung der Erwerbsminderung und Berufsunfähigkeit dient, werden steuerlich gefördert (§ 10 Abs 1 Nr 2.b)bb) EStG (→ *Sonderausgaben* Rn 7 ff). 22

**2. Beitragsphase und Voraussetzungen der Steuerbegünstigung** s → *Sonderausgaben* Rn 8. 23

**3. Leistungsphase** (§ 22 Nr 1 Satz 3a) aa) EStG). Es gelten die Ausführungen zur gesetzlichen Rente entsprechend, dh nachgelagerte Besteuerung mit Übergangsphase bis 24 zum Jahr 2040. Dies gilt auch für Berufsunfähigkeits-, Erwerbsminderungs- oder Hinterbliebenenrenten aus diesen Verträgen.

25 **VI. Andere privat finanzierte Renten. 1. Rentenarten** (§ 22 Nr 1 Satz 3 Buchst. a) bb) EStG). Renten, die nicht unter § 22 Nr 1 Satz 3 Buchst a) aa) EStG fallen, werden weiterhin mit dem Ertragsanteil besteuert (hierzu *v Oertzen/Stein* DStR 09, 1117). Dies sind in erster Linie Rentenleistungen, die auf versteuerten Beiträgen beruhen, so zB Veräußerungsrenten, Renten aus Kapitallebensversicherungen mit Rentenwahlrecht, Renten aus Direktversicherungen, zu denen die Beiträge pauschal versteuert wurden (→ *Lohnsteuerpauschalierung* Rn 44, 45). Hierunter fallen aber auch Renten, soweit diese auf bis zum 31.12.2004 geleisteten Beiträgen beruhen, welche oberhalb des Betrags des Höchstbeitrags zur gesetzlichen RV gezahlt wurden. Der Stpfl muss für die letztgenannte Ertragsanteilbesteuerung einen Antrag stellen und nachweisen, dass Beiträge oberhalb der jeweiligen Höchstbeträge (West) der gesetzlichen RV mindestens 10 Jahre gezahlt wurden (§ 22 Nr 1 Satz 3 Buchst a) bb) Satz 2 EStG; sog **Öffnungsklausel.** Einzelheiten hierzu BMF 19.8.13, BStBl I 13, 1087, Rz 238 ff. Es kommt auf die tatsächlich geleisteten Beträge an, nicht auf Anwartschaften (BFH 19.1.10 – X R 53/08, DStRE 10, 537; BFH 18.5.10 – X R 29/09, BFH/NV 10, 1719). Entscheidend ist, in welchem Jahr und für welche Jahre die Beiträge geleistet wurden (BFH 18.5.10 – X R 1/09, BeckRS 2010, 25016353). Verträge innerhalb der EG sind anzuerkennen (EuGH 30.1.07 – C-150/04 IStR 07, 214). Zur Besteuerung von Kapitallebensversicherungen bei Einmalauszahlung (§ 20 Abs 1 Nr 6 EStG) BMF 1.10.09, BStBl I 09, 1172 und 1188. Zur steuerlichen Anerkennung von Renten- und Lebensversicherungen gegen Einmalbetrag BFH 15.12.99 – X R 23/95, DStR 2000, 515; OFD Münster 25.8.09, BeckVerw 229014.

26 **2. Ertragsanteil.** Der Ertragsanteil wird einmalig zum Zeitpunkt des Beginns der jeweiligen Rente ermitelt und in den Folgejahren unverändert bis zum Ende der Zahlungen fortgeführt.Der der Besteuerung zu Grunde zu legende Ertragsanteil der Rente ergibt sich aus der Tabelle in § 22 Nr 1 Satz 3 Buchst a Doppelbuchst bb Satz 4 EStG.

27 **3. Besteuerung.** Der Bruttobetrag der Rente ist mit dem Ertragsanteil zu erfassen. Als Werbungskosten kommen insbes Schuldzinsen für die Refinanzierung in Betracht (BFH 25.6.08 – X R 36/05, DStR 08, 2204), wobei die Überschusserzielungsabsicht geprüft wird (BFH 20.6.06 – X R 3/06, BStBl II 06, 870). Ein weiterer Abzug, Freibetrag oÄ kommt nicht in Betracht (BVerfG 22.9.09 – 2 BvL 3/02, DStRE 09, 1292).

28 **Literaturhinweise:** BMF 19.8.13, BStBl I 13, 1087 zur einkommensteuerrechtlichen Behandlung von Vorsorgeaufwendungen und Altersbezügen; zu steuerlichen Aspekten grenzüberschreitender Basisversorgung im Alter *Förster* IStR 17, 461 ff.

## C. Sozialversicherungsrecht *Ruppelt*

41 **1. Allgemeines.** Das SGB VI bezeichnet die Rentenarten, die das Erreichen einer bestimmten Altersgrenze voraussetzen, als Renten wegen Alters (§ 33 Abs 2 SGB VI). Das SGB VI regelt sieben Renten wegen Alters mit unterschiedlichen Anspruchsvoraussetzungen. Davon sind zwei Rentenarten für Neurentner ausgelaufen (Altersrente wegen Arbeitslosigkeit oder nach Altersteilzeitarbeit und Altersrente für Frauen). Diese Renten konnten nur noch Versicherte beanspruchen, die vor dem 1.1.52 geboren sind. Ein Wechsel zu einer anderen Altersrentenart ist möglich, wenn erstmals die Voraussetzungen der anderen Rente erfüllt werden. Die Renten wegen Alters werden nach § 115 Abs 1 SGB VI grds nur auf Antrag gewährt. Sie werden vom Ersten des Kalendermonats an geleistet, zu dessen Beginn die Anspruchsvoraussetzungen erfüllt sind, wenn der Antrag bis zum Ende des dritten Kalendermonats nach Ablauf des Monats gestellt wird, in dem die Anspruchsvoraussetzungen erfüllt sind. Ansonsten beginnt die Rente ab dem Antragsmonat (§ 99 Abs 1 SGB VI; → *Rentenbeginn* Rn 16).

42 **2. Anhebung der Altersgrenzen.** Nachdem bereits in der Vergangenheit die Altersgrenzen für die vor der Regelaltersgrenze gewährten Altersrenten kontinuierlich angehoben worden sind, wurden durch das RV-Altersgrenzenanpassungsgesetzes vom 20.4.07 (BGBl I 07, 554) auch die **Regelaltersgrenze** von 65 auf 67 Jahre angehoben. Die Anhebung erfolgt stufenweise für Versicherte ab dem Geburtsjahrgang 1947 und ist mit Rentenbeginn

im Jahre 2029 abgeschlossen (→ Rn 44). Entsprechend der Anhebung der Regelaltersgrenze werden auch die Altersgrenzen der vorgezogenen Altersrenten weiter angehoben. Vgl → *Altersgrenze* Rn 32.

**3. Vorzeitige Inanspruchnahme.** Die **vorgezogenen** Altersrenten – das sind die Renten, die vor der Regelaltersgrenze bezogen werden – können nach Maßgabe im Einzelnen geregelter Altersgrenzen bei Erfüllung der Voraussetzungen im Übrigen vorzeitig, dh vor Erreichen des jeweiligen Zugangsalters, in Anspruch genommen werden. Für jeden Monat der vorzeitigen Inanspruchnahme mindert sich jedoch der Rentenzahlbetrag um 0,3 vH (§ 77 Abs 2 SGB VI). Die Minderung ist auf höchstens 10,8 vH begrenzt. Der vorzeitigen Inanspruchnahme einer vorgezogenen Rente steht also ein Rentenabschlag gegenüber. Zur Vermeidung von Nachteilen, die bei vorzeitiger Inanspruchnahme einer vorgezogenen Rente entstehen, weil durch Beitragsausfall die ab Regelaltersgrenze zu zahlende Regelaltersrente gemindert ist, räumt § 187a SGB VI die Möglichkeit ein, eigene Ausgleichsbeträge zu entrichten (→ *Altersgrenze* Rn 34). Die **Regelaltersrente** und die **Altersrente für besonders langjährig Versicherte** (→ Rn 46) können nicht vorzeitig in Anspruch genommen werden. 43

**4. Regelaltersrente.** Versicherte haben nach § 35 SGB VI Anspruch auf Regelaltersrente, wenn sie die **Regelaltersgrenze** erreicht und die **allgemeine Wartezeit** erfüllt haben. Die Regelaltersgrenze wird nach Maßgabe des § 235 SGB VI stufenweise auf 67 Jahre angehoben. Für Versicherte der Jahrgänge 1947 bis 1958 erfolgt die Anhebung um je einen Monat pro Jahrgang, sodass mit dem Jahrgang 1958 die Regelaltersgrenze von 66 Jahren erreicht ist. Ab dem Jahrgang 1959 erfolgt die Anhebung um je zwei Monate pro Jahrgang und ist mit dem Jahrgang 1964 abgeschlossen. Eine **Vertrauensschutzregelung** normiert § 235 Abs 2 Satz 3 SGB VI für Versicherte bis zum Jahrgang 1954, die vor dem 1.1.07 Altersteilzeit (→ *Altersteilzeit* Rn 38 ff) vereinbart haben und für Versicherte (ohne Jahrgangsbegrenzung), die Anpassungsgeld für entlassene ArbN des Bergbaus bezogen haben. Für diese Versicherten wird die Altersgrenze von 65 Jahren nicht angehoben. Die **allgemeine Wartezeit** (dh die Mindestversicherungszeit für das Entstehen eines Rentenanspruchs) beträgt **fünf Jahre** (§ 50 Abs 1 SGB VI). Insoweit sind Beitragszeiten (§ 55 SGB VI) einschließlich Kindererziehungszeiten und Zeiten anrechenbar, die sich aus einem durchgeführten Versorgungsausgleich ergeben (§ 52 SGB VI). Unter den Voraussetzungen des § 53 SGB VI kann eine vorzeitige Wartezeiterfüllung gegeben sein (etwa bei verminderter Erwerbsfähigkeit nach Arbeitsunfall). Der Beginn der Altersrente kann über die Regelaltersgrenze hinausgeschoben werden, um den Rentenanspruch zu erhöhen (§§ 63 Abs 5, 77 Abs 2 Satz 1 Nr 2 Buchst b SGB VI; → *Rentenbeginn* Rn 16; → *Rentnerbeschäftigung* Rn 26). 44

**5. Altersrente für langjährige Versicherte.** Versicherte haben künftig Anspruch auf ungekürzte Altersrente für langjährige Versicherte erst dann, wenn sie das 67. Lebensjahr vollendet und die **Wartezeit von 35 Jahren** zurückgelegt haben (§ 36 SGB VI). Allerdings sieht § 236 Abs 1 SGB VI eine Übergangsregelung für die Geburtsjahrgänge 1949 bis 1963 vor: Für diese Jahrgänge wird die Altersgrenze von 65 Jahren sukzessive nach Maßgabe der Tabelle nach § 236 Abs 2 SGB VI auf 67 Jahren angehoben. Versicherte der Geburtsjahrgänge ab 1964 können eine abschlagsfreie Altersrente für langjährige Versicherte erst ab dem 67. Lebensjahr erhalten. Wegen der künftig identischen Altersgrenze der Regelaltersrente kommt der Altersrente für langjährig Versicherte in Zukunft Bedeutung nur noch wegen der Möglichkeit der **vorzeitigen Inanspruchnahme** ab dem 63. Lebensjahr unter Inkaufnahme der Abschläge nach § 77 Abs 2 Satz 1 Nr 2 Buchst a SGB VI zu. Eine **Vertrauensschutzregelung** findet sich in § 236 Abs 2 Satz 3 SGB VI für Versicherte bis zum Jahrgang 1954, die vor dem 1.1.07 Altersteilzeitarbeit (→ *Altersteilzeit* Rn 38 ff) vereinbart haben, und für Versicherte (ohne Jahrgangsbegrenzung), die Anpassungsgeld für entlassene ArbN des Bergbaus bezogen haben. Für diese Versicherten wird die Altersgrenze von 65 Jahren für den abschlagfreien Bezug der Rente nicht angehoben. Auf die **Wartezeit von 35 Jahren** werden alle rentenrechtlichen Zeiten nach § 54 SGB VI einschließlich der Berücksichtigungszeiten angerechnet (§ 51 Abs 3 SGB VI). Für entlassene ArbN des Bergbaus, die Anpassungsgeld bezogen haben, ist die vorzeitige Inanspruchnahme dieser Rente bei Erfüllung der sonstigen Voraussetzungen bis zum Jahrgang 1963 möglich. 45

46 **6. Altersrente für besonders langjährige Versicherte (vulgo: Rente mit 63).** Diese Rente kann – abweichend von der Grundnorm des § 38 SGB VI – in einem Übergangszeitraum ab 63 Jahren in Anspruch genommen werden. Versicherte, die vor dem 1.1.1953 geboren sind, können die Altersrente ab 63 Jahren beziehen. Diese Altersgrenze wird stufenweise für Versicherte angehoben, die nach dem 31.12.1952 geboren sind. Die Anhebungsschritte erfolgen jeweils in Zweimonatsschritten je Jahrgang. Für alle nach 1963 Geborenen gilt (wieder) die Altersgrenze von 65 Jahren. Die **vorzeitige Inanspruchnahme** dieser Rente ist **nicht** möglich. S iE → *Rente mit 63* Rn 15 ff.

47 **7. Altersrente für schwerbehinderte Menschen.** Diese Rente erhalten nach § 37 SGB VI auf Antrag Versicherte, wenn sie das 65. Lebensjahr vollendet haben, bei Beginn der Altersrente als schwerbehindert nach § 2 Abs 2 SGB IX anerkannt sind (GdB mindestens 50 vH) und die **Wartezeit von 35 Jahren** erfüllt haben. Eine vorzeitige Inanspruchnahme dieser Rente ist nach Vollendung des 62. Lebensjahres unter Inkaufnahme des verminderten Zugangsfaktors nach § 77 Abs 2 Satz 1 Nr 2 Buchst a SGB VI möglich. Allerdings sieht § 236a SGB VI für vor 1964 geborene Versicherte Sonderregelungen vor, die einen Rentenzugang bereits vor dem 62. bzw 65. Lebensjahr ermöglichen:

**a)** Versicherte, die vor dem 1.1.55 geboren sind und bereits vor dem 1.1.07 Altersteilzeit verbindlich vereinbart oder (ohne Jahrgangsbegrenzung) Anpassungsgeld für entlassene ArbN des Bergbaus bezogen haben, können die abschlagsfreie Rente ab dem 63. Lebensjahr und unter Inkaufnahme des verminderten Zugangsfaktors ab dem 60. Lebensjahr beziehen, wenn sie bei Rentenbeginn schwerbehindert sind und die Wartezeit erfüllen (§ 236a Abs 2 Satz 3 SGB VI).

**b)** Für Versicherte, die nach dem 31.12.51 geboren sind, werden die nach altem Recht geltenden Altersgrenzen von 60 Jahren (verminderter Zugangsfaktor) und 63 Jahren (abschlagsfreie Rente) **stufenweise** auf 62 bzw 65 Jahre nach Maßgabe der Tabelle in § 236a Abs 2 Satz 2 SGB VI angehoben. Für nach 1963 geborene Versicherte gilt dann die Altersgrenze des § 37 SGB VI von 65 Jahren (bzw von 62 Jahren für die vorzeitige Inanspruchnahme).

Die weiteren Sonderregelungen für rentennahe Jahrgänge haben wegen Zeitablaufs keine praktische Bedeutung mehr (vgl Personalbuch 2016, Altersrente Rn 47).

48 **8. Altersrente wegen Arbeitslosigkeit oder nach Altersteilzeit.** Diese (vorzeitige) Rente konnten nach § 237 SGB VI nur Versicherte in Anspruch nehmen, die vor dem 1.1.1952 geboren wurden. Da diese Jahrgänge mittlerweile die Regelaltersgrenze erreicht haben, ist diese Rentenart ausgelaufen.

49 **9. Altersrente für Frauen.** Auch diese Rente konnten nach § 237a SGB VI nur Versicherte beanspruchen, die vor dem 1.1.1952 geboren wurden (→ Rn 48).

50 **10. Altersrente für langjährig unter Tage beschäftigte Bergleute** erhalten nach § 40 SGB VI auf Antrag Versicherte, die das 62. Lebensjahr vollendet und die Wartezeit von 25 Jahren erfüllt haben. Auf diese Wartezeit werden nach §§ 51 Abs 2, 238 SGB VI grds nur Beitragszeiten auf Grund einer Beschäftigung mit ständigen Arbeiten unter Tage § 61 SGB VI) angerechnet. Durch die Übergangsregelung in § 238 Abs 2 Satz 2 SGB VI verbleibt es für Versicherte, die Anpassungsgeld für entlassene ArbN des Bergbaus oder Knappschaftsausgleichsleistung bezogen haben, bei der Altersgrenze von 60 Jahren für den abschlagsfreien Bezug der Rente. Für Bergleute ab dem Geburtsjahrgang 1952 wird die Altersgrenze nach Maßgabe der Tabelle in § 238 Abs 2 SGB VI schrittweise angehoben, bis die Altersgrenze für nach dem 31.12.63 geborene Bergleute bei 62 Jahren liegt. Versicherte, die vor dem 1.1.1964 geboren sind, können die Rente nach § 238 Abs 1 SGB VI vorzeitig bei Erfüllung der Voraussetzungen im Übrigen ab dem 60. Lebensjahr unter Inkaufnahme von Abschlägen beanspruchen.

51 **11. Hinzuverdienstgrenzen.** Die Altersrenten vor Erreichen der Regelaltersgrenze werden nicht oder nicht in vollem Umfang geleistet, wenn die Hinzuverdienstgrenzen des § 34 SGB VI idF des **Flexirentengesetzes vom 8.12.16** (BGBl I 2016, 2838) durch Arbeitsentgelt oder Arbeitseinkommen des Rentners überschritten werden (→ *Rentnerbeschäftigung* Rn 11 ff).

**12. Teilrente.** Die Altersrenten können entweder in voller Höhe oder als Teilrente in Anspruch genommen werden (§ 42 Abs 1 iVm § 34 Abs 3 SGB VI). Der Versicherte kann unter den Teilrenten frei wählen, wenn die entsprechenden Hinzuverdienstgrenzen eingehalten werden, die abgestuft umso höher sind, je niedriger der Anteil der Teilrente an der Vollrente ist. Ausführlich zu Teilrente und Hinzuverdienst nach dem Flexirentengesetz → *Rentnerbeschäftigung* Rn 11 ff und *Rolfs* Die neue Flexirente, NZS 17, 164. 52

**13. Grundsicherung.** Personen, die die allgemeine Altersgrenze erreicht oder das 18. Lebensjahr vollendet haben und dauerhaft voll erwerbsgemindert sind, können neben den beitragsabhängigen Rentenleistungen der gesetzlichen RV Leistungen der **beitragsunabhängigen, bedarfsorientierten Grundsicherung** in Anspruch nehmen (§ 19 Abs 2 SGB XII). Die Altersgrenze entspricht derjenigen für die Regelaltersrente und wird für Geburtsjahrgänge ab 1947 sukzessive bis zum Jahrgang 1964 auf 67 Jahre angehoben (→ Rn 44). Die Leistungsvoraussetzungen ergeben sich aus §§ 41 ff SGB XII und sind bedarfsabhängig. Einkommen und Vermögen des nicht getrennt lebenden Ehepartners oder Lebenspartners sowie des Partners einer eheähnlichen Gemeinschaft des Grundsicherungsberechtigten werden bei der Bedürftigkeitsprüfung berücksichtigt (§ 43 Abs 1 SGB XII). Unterhaltsansprüche gegen Kinder und Eltern bleiben unberücksichtigt, sofern deren jährliches Gesamteinkommen iSd § 16 SGB IV unter einem Betrag von 100 000 € liegt (§ 43 Abs 3 Satz 1 SGB XII). Ein Anspruch auf Grundsicherung scheidet wegen der Leistungsfähigkeit unterhaltspflichtiger Eltern oder Kinder nicht schon aus, wenn beide Eltern oder die Kinder zusammen über ein jährliches Gesamteinkommen von 100.000 Euro verfügen, sondern erst, wenn dies für mindestens einen Elternteil oder ein Kind zutrifft (BSG 24.4.13 – B 850 21/11 R, SozR 4–3500 § 43 Nr 3). Die Leistungen entsprechen den allgemeinen Leistungen nach dem SGB XII (Sozialhilfe) nach Maßgabe des § 42 SGB XII. 53

Die Grundsicherung hat nichts mit der von der Großen Koalition geplanten **Grundrente** (Stand: 31.12.19) zu tun, wonach Geringverdiener mit 35 Beitragsjahren, die weniger als 80 vH der durchschnittlichen Rentenhöhe erreichen, eine vermögensunabhängige Zusatzleistung erhalten sollen, die ihren Rentenanspruch knapp verdoppelt. Das Prinzip der Beitragsabhängigkeit der Rentenleistung wird dadurch (weiter) verwässert.

# Altersteilzeit

## A. Arbeitsrecht

*Kreitner*

### Übersicht



**1. Allgemeines.** Das AltTZG 1996 bezweckt einen vereinfachten, vorzeitigen, gleitenden Übergang in den Ruhestand, den es urspr für beide Vertragsparteien durch Subventionierung seitens der BA attraktiv machen wollte. Nach Ablauf der Förderung durch die BA zum 31.12.09 (→ Rn 39) gewinnen mittlerweile andere allgemeine Arbeitszeitmodelle (Langzeitkonten) an Bedeutung (*Hanau* NZA 09, 225; → *Arbeitszeitmodelle* Rn 1 ff). 1

**2. Tarifvertragliche Flankierung.** In fast allen bedeutenderen Wirtschaftszweigen existieren **Tarifverträge** zur Umsetzung der gesetzlichen Regelung (BAG 18.9.01 – 9 AZR 397/00, NZA 02, 1161; 30.9.03 – 9 AZR 590/02, AP Nr 17 zu § 1 TVG Tarifverträge: Chemie; 12.8.08 – 9 AZR 620/07, NZA-RR 09, 430: Anspruch auf Abschluss eines Altersteilzeitvertrages für die Chemische Industrie; BAG 18.11.03 – 9 AZR 122/03, NZA 2

04, 545: Anspruch auf Abschluss eines Altersteilzeitvertrages; 29.7.03 – 9 AZR 450/02, AP Nr 8 zu § 3 ATG: Berechnung des Aufstockungsbetrags; LAG Köln 28.2.02 – 10 Sa 1146/01, NZA-RR 03, 204: Berechnung des Aufstockungsbetrags für die Metall- und Elektroindustrie; BAG 27.2.18 – 9 AZR 430/17, BeckRS 2018, 9250: Abfindungsregelung nach TV ATZ Chemie; BAG 12.12.17 – 9 AZR 45/17, BeckRS 2017, 140720: Abfindungsregelung nach TV ATZ AOK; LAG BlnBbg 5.6.18 – 7 Sa 425/18, BeckRS 2018, 22289: Abfindungsregelung nach TV ATZ EKD). Im **öffentlichen Dienst** gilt der Tarifvertrag zur Regelung der Altersteilzeitarbeit vom 5.5.98, der zwischenzeitlich mehrfach aktualisiert worden ist (BAG 17.8.10 – 9 AZR 401/09, NZA 11, 161: kein genereller Ausschluss des Blockmodells; 15.11.11 – 9 AZR 387/10, NZA 12, 218: Handhabung der Überlastquote; 1.10.02 – 9 AZR 278/02, NZA 03, 1341: Berechnung der Arbeitszeit; 14.8.07 – 9 AZR 18/07, NZA 08, 1194: Berechnung der Arbeitszeit bei vereinbartem Leistungsbestimmungsrecht des ArbGeb; 12.4.11 – 9 AZR 19/10, NZA 11, 1044: kein Anspruch des ArbN auf individuelle Verteilung der Arbeitszeit; 15.10.13 – 9 AZR 256/12, BeckRS 2014, 67555; 17.9.13 – 9 AZR 9/12, NZA-RR 14, 271; 19.2.13 – 9 AZR 452/11, NZA-RR 13, 494; 19.1.10 – 9 AZR 51/09, AP Nr 3 zu § 4 ATG; 18.11.03 – 9 AZR 270/03, AP Nr 1 zu § 12 ATG: Berechnung des Aufstockungsbetrags; 27.4.04 – 9 AZR 18/03, NZA 05, 821: vorzeitige Beendigung des Altersteilzeitvertrages wegen Anspruch auf Altersrente; 11.4.06 – 9 AZR 369/05 NZA 06, 926: Reduzierung auf die Hälfte der bisherigen wöchentlichen Arbeitszeit als zwingende Voraussetzung gem § 2 Abs 1 Nr 2 AltTZG; 10.2.15 – 9 AZR 115/14, BeckRS 2015, 69786; 21.2.12 – 9 AZR 479/10, NZA-RR 12, 444; 23.1.07 – 9 AZR 393/06, NZA 07, 1236; LAG SachsAnh 22.3.18 – 2 Sa 182/16, BeckRS 2018, 8970: Anspruch auf Abschluss eines Altersteilzeitvertrags; 15.9.09 – 9 AZR 608/08, NZA 10, 32: Abschluss des Altersteilzeitvertrags frühestens ein Jahr vor Beginn der Altersteilzeit; 12.11.13 – 9 AZR 484/12, BeckRS 2014, 67023: unterschiedliche Dauer der Freistellungsphase bei schwerbehinderten und nicht schwerbehinderten ArbN; 22.5.12 – 9 AZR 423/10, BeckRS 2012, 70998: Höhe der Teilzeitvergütung in der Freistellungsphase; 20.3.12 – 9 AZR 489/10, NZA 12, 1169: Ortszuschlag in der Freistellungsphase; 14.11.12 – 10 AZR 903/11, NZA 13, 634: Tarifliche Sonderzahlung bei rückwirkender Vertragsänderung in einen Altersteilzeitvertrag; LAG Köln 20.6.08 – 11 Sa 499/08, BeckRS 2009, 50577: Höhe der Sonderzuwendung in Freistellungsphase; vgl zur BA: BAG 14.10.03 – 9 AZR 146/03, NZA 04, 860).

3 **3. Altersteilzeitverhältnis. a) Rechtsnatur und Ausgestaltung.** Das Altersteilzeitverhältnis ist ein **vollwertiges Arbeitsverhältnis.** Es kann als normales Teilzeitarbeitsverhältnis ausgestaltet sein (→ *Teilzeitbeschäftigung* Rn 4). Denkbar ist auch ein Job-Sharing oder ein Abrufarbeitsverhältnis (→ *Teilzeitbeschäftigung* Rn 66 ff, 70 ff). Als solches unterliegt es insbesondere auch den allgemeinen und besonderen gesetzlichen Kündigungsschutzbestimmungen. Gleiches gilt zB für gesetzliche Arbeitsschutzbestimmungen, Arbeitszeitvorschriften sowie Mitwirkungsrechte des BRat (*Rombach* RdA 99, 194; → Rn 9). Bei der Auslegung einer Altersteilzeitvereinbarung war bis zum 31.12.09 grds davon auszugehen, dass die Vertragsparteien idR eine öffentlich-rechtliche Förderung sicherstellen wollen (BAG 11.6.13 – 9 AZR 758/11, BeckRS 2013, 71741: zum Begriff der wöchentlichen Arbeitszeit in § 6 Abs 2 AltTZG; BAG 18.8.09 – 9 AZR 482/08, NZA 10, 503; 15.12.09 – 9 AZR 46/09, NZA 10, 452: zur befristeten Arbeitszeitverlängerung oder -verkürzung vor Übergang in die Altersteilzeit; zur Vertragsauslegung im Einzelfall s LAG Bln 20.2.04 – 13 Sa 2465/03, NZA-RR 04, 398; LAG Düsseldorf 17.12.03 – 17 Sa 1042/03, NZA-RR 04, 404). Bei einem nach Abschluss des Altersteilzeitvertrages erfolgenden Betriebsübergang findet § 613a BGB uneingeschränkt – auch in der Freistellungsphase – Anwendung (BAG 30.10.08 – 8 AZR 54/07, NZA 09, 432; → *Betriebsübergang* Rn 1 ff). Nach § 7 Abs 1a SGB IV und § 14 Abs 4 TzBfG bedarf der Altersteilzeitvertrag der **Schriftform.** Er muss zwingend vor Beginn der Altersteilzeit abgeschlossen werden. Der Antrag des ArbN, das Arbeitsverhältnis als Altersteilzeitarbeitsverhältnis fortzuführen, ist ein Angebot auf Abschluss eines Änderungsvertrages. Ein solches Angebot muss so konkret sein, dass es mit einem einfachen „Ja" angenommen werden kann (BAG 14.5.13 – 9 AZR 664/11, BeckRS 2013, 70485). Hat der ArbN den Antrag rechtzeitig vor dem gewünschten Beginn der Altersteilzeit gestellt, so kann der ArbGeb verurteilt werden, diesem auch rückwirkend zuzustimmen

(BAG 23.1.07 – 9 AZR 393/06, NZA 07, 1236). Dies ist abzugrenzen vom unzulässigen rückwirkenden Vertragsschluss durch Rückdatierung des Änderungsvertrages (BAG 15.9.09 – 9 AZR 608/08, NZA 10, 32; 4.5.10 – 9 AZR 155/09, NZA 10, 1063).

4 Schließlich gilt für das Altersteilzeitverhältnis auch das **Gleichbehandlungsgebot.** Eine Tarifregelung, die wegen des früheren Rentenbezugs Frauen mittelbar von Teilzeitvereinbarungen ausschließt, ist daher europarechtswidrig (EuGH 20.3.03 – Rs C-187/00, NZA 03, 506 – Kutz-Bauer). Das Gleiche gilt grds auch für eine unterschiedliche Behandlung von behinderten Menschen. Zu prüfen bleibt aber immer, ob die Ungleichbehandlung sachlich gerechtfertigt ist (BAG 18.11.03 – 9 AZR 122/03, NZA 04, 545; 27.4.04 – 9 AZR 18/03, NZA 05, 821). Dementsprechend besteht für eine Stichtagsregelung in einer Betriebsvereinbarung über die Gewährung von Altersteilzeit ein breiter Ermessensspielraum (LAG Köln 24.3.05 – 6 Sa 1305/04, BeckRS 2005, 42365). In einem Interessenausgleich angebotene Altersteilzeitverträge dürfen besondere Anreize enthalten (BAG 15.4.08 – 9 AZR 26/07, NZA-RR 08, 580). Ohne Sachgrund ist demgegenüber der Ausschluss von Lehrern in Altersteilzeit von einer ansonsten geltenden Pflichtstundenermäßigung für ältere Lehrkräfte (BAG 13.6.06 – 9 AZR 588/05, NZA-RR 07, 41) sowie die Anrechnung von Erschwerniszuschlägen auf Aufstockungsbeträge (BAG 4.5.10 – 9 AZR 181/09, BeckRS 2010, 72933). Auch von einer kraft Gesamtzusage allen übrigen ArbN gewährten Leistungsprämie darf der ArbGeb AltersteilzeitArbN nicht ohne Grund ausnehmen (BAG 24.10.06 – 9 AZR 681/05, AP Nr 263 zu § 611 BGB Gratifikation). Bei der Gewährung von Abfindungen wegen vorzeitiger Beendigung des Arbeitsverhältnisses kann die Dauer des Altersteilzeitverhältnisses ein Kriterium für die Abfindungshöhe darstellen, sofern ein angemessenes Verhältnis zwischen Abfindungshöhe und ersparten Aufwendungen besteht (BAG 18.9.07 – 9 AZR 788/06, AP Nr 29 zu § 307 BGB). Sieht eine Anpassungsklausel in einem vorformulierten Altersteilzeitvertrag eines AT-Angestellten die Teilhabe an der allgemeinen tariflichen Entwicklung vor, nehmen die bislang außertariflich vereinbarten Bezüge an den künftigen tariflichen Gehaltserhöhungen teil (BAG 15.3.05 – 9 AZR 97/04, AP Nr 33 zu § 157 BGB). Ob sich die Altersteilzeit auf die Berechnung der **Betriebsrente** auswirkt, richtet sich nach den Regelungen in der jeweiligen Versorgungsordnung (BAG 17.4.12 – 3 AZR 280/10, NZA-RR 12, 489).

5 Ein Altersteilzeitverhältnis iSd AltTZG setzt ua voraus, dass das Vertragsverhältnis zumindest so lange dauert, bis Altersrente (ggf mit Abschlägen) in Anspruch genommen werden kann. Dabei kann die Arbeitszeit während der gesamten Zeit gleichmäßig auf die Hälfte reduziert oder eine ungleichmäßige Arbeitszeitverteilung vereinbart werden. Das letztgenannte aus Arbeitsphase und Freistellungsphase bestehende sog **Blockmodell** stellt entgegen dem Grundgedanken des Gesetzgebers das in der Praxis ganz überwiegend gewählte Altersteilzeitverhältnis dar. Gem § 2 Abs 2 AltTZG bedarf es hierfür grds einer tariflichen Regelung, wobei entsprechende Öffnungsklauseln für Betriebsvereinbarungen möglich sind und die tarifliche Regelung durch nicht tarifgebundene Arbeitsvertragsparteien im Geltungsbereich des Tarifvertrages übernommen werden kann.

6 **b) Anspruch.** Die Eingehung eines Altersteilzeitvertrages kann weder vom ArbN noch vom ArbGeb erzwungen werden. Ein Anspruch auf Abschluss eines solchen Vertrages ergibt sich auch nicht aus § 8 TzBfG (*Zwanziger* RdA 05, 226). Das AltTZG hat insoweit spezialgesetzlichen Charakter, wie ua die zusätzliche Belastung des ArbGeb mit den Aufstockungsbeträgen nach § 3 Abs 1 Nr 1 AltTZG verdeutlicht. Ausnahmsweise kann der ArbGeb verpflichtet sein, den Antrag des ArbN innerhalb einer bestimmten Frist zu bescheiden (BAG 27.1.11 – 8 AZR 280/09, BeckRS 2011, 70206). Einen Kontrahierungszwang verhindert auch die sog **Überforderungsklausel** in § 3 Abs 1 Nr 3 AltTZG. Nach dieser Vorschrift, die gesetzessystematisch an versteckter Stelle im Rahmen der Anspruchsvoraussetzungen für eine Bezuschussung durch die BA in das Gesetz eingestellt worden ist, soll eine zu weitgehende Inanspruchnahme eines ArbGeb durch bestehende kollektivrechtliche Anspruchsnormen (Betriebsvereinbarung oder Tarifvertrag) verhindert werden (vgl zB zur tariflichen Regelung in der chemischen Industrie BAG 18.9.01 – 9 AZR 397/00, NZA 02, 1161; 12.8.08 – 9 AZR 620/07, NZA-RR 09, 430 sowie im öffentlichen Dienst BAG 10.2.15 – 9 AZR 115/14, BeckRS 2015, 69786; LAG SachsAnh 26.9.18 – 5 Sa 280/17, BeckRS 2018, 26656). Es ist daher rechtlich unbedenklich, wenn ein grds gewährter tariflicher Anspruch im Sinn der gesetzlichen Überforderungsklausel im Tarifvertrag selbst

eingeschränkt wird (BAG 30.9.03 – 9 AZR 590/02, AP Nr 17 zu § 1 TVG Tarifverträge: Chemie mit möglichen Rechtsmissbrauchsbeispielen). Die Bedeutung der Überforderungsquote für die Auslegung des Altersteilzeittarifvertrages im öffentlichen Dienst ist streitig (LAG München 30.6.10 – 2 Sa 261/10 sowie LAG BaWü 9.2.10 – 14 Sa 26/09, BeckRS 2010, 67938). Demgegenüber ist die vom ArbGeb praktizierte Handhabung, Altersteilzeitverträge frühestens ein Jahr vor Beginn der Altersteilzeit abzuschließen (BAG 15.9.09 – 9 AZR 608/08, NZA 10, 32) unproblematisch. Die gängige tarifliche Formulierung, wonach die Arbeitszeit entweder im Block- oder im Teilzeitmodell verteilt werden kann, gibt dem ArbN nur einen Anspruch auf den Abschluss eines Altersteilzeitvertrages. Trifft der ArbGeb freiwillig mit über 5 % seiner Belegschaft Altersteilzeitvereinbarungen, ist er an den arbeitsrechtlichen Gleichbehandlungsgrundsatz gebunden (BAG 15.11.11 – 9 AZR 387/10, NZA 12, 218; 15.4.08 – 9 AZR 111/07, NZA-RR 08, 547). Bei Vorliegen besonderer Umstände, die darauf schließen lassen, der ArbGeb werde sich dauerhaft nicht auf die Überlastquote berufen, kann ein dahingehendes Recht des ArbGeb verwirken (BAG 18.10.11 – 9 AZR 225/10, BeckRS 2012, 65541).

Wegen der Ausgestaltung hat der ArbGeb ein **Leistungsbestimmungsrecht,** das nach § 315 BGB auszuüben ist (BAG 12.12.2000 – 9 AZR 706/99, NZA 01, 1209; 26.6.01 – 9 AZR 244/00, NZA 02, 44; 3.12.02 – 9 AZR 457/01, NZA-RR 03, 613). Dabei sind grds alle sachlichen Gründe berücksichtigungsfähig, die sich aus dem Wechsel des ArbN in die Altersteilzeit ergeben (BAG 14.10.08 – 9 AZR 511/07, AP Nr 41 zu § 1 TVG Altersteilzeit; 15.9.09 – 9 AZR 643/08, NZA-RR 10, 551; 17.8.10 – 9 AZR 414/09, BeckRS 2010, 73740; 12.4.11 – 9 AZR 19/10, NZA 11, 1044). Ein genereller Ausschluss des Blockmodells ist danach unzulässig (BAG 17.8.10 – 9 AZR 401/09, NZA 11, 161). Anders ist dies im Altersteilzeit-Tarifvertrag in der chemischen Industrie geregelt. Dort kann ein ArbN den Abschluss eines Altersteilzeitvertrags im Blockmodell verlangen (BAG 12.8.08 – 9 AZR 620/07, NZA-RR 09, 430). Maßgeblicher Zeitpunkt für die Überprüfung der Billigkeit ist derjenige der ArbGebEntscheidung (LAG SchlHol 22.6.10 – 5 Sa 415/09, BeckRS 2010, 72714; LAG RhPf 28.5.10 – 9 Sa 753/09, BeckRS 2010, 71281; LAG Düsseldorf 3.2.10 – 12 Sa 1346/09, BeckRS 2010, 67729).

7 **c) Sonderschutz.** Gem § 8 Abs 1 AltTZG rechtfertigt die Möglichkeit eines ArbN Altersteilzeit in Anspruch zu nehmen, keine **Kündigung** iSv § 1 Abs 2 Satz 1 KSchG und kann auch nicht bei der Sozialauswahl nach § 1 Abs 3 KSchG nachteilig berücksichtigt werden. Letzteres ergibt sich aufgrund der enumerativ genannten Sozialauswahlkriterien bereits unmittelbar aus § 1 Abs 3 KSchG.

§ 8 Abs 2 AltTZG stellt sicher, dass der ArbGeb das **Wiederbesetzungsrisiko** bezüglich der freigemachten Stelle nicht durch eine Koppelung an die Aufstockungsbeträge auf den ArbN in Altersteilzeit **verlagert.** Typische Problemfälle sind die von vornherein unterbliebene Nachbesetzung sowie die vorzeitige Beendigung des neu eingegangenen Arbeitsverhältnisses mit dem bislang arbeitslosen ArbN, sei es aufgrund schlechter Arbeitsleistung, schlechter wirtschaftlicher Situation des Unternehmens oder gar durch eine Eigenkündigung des ArbN. Ist eine betriebsbedingte Kündigung erforderlich, wird diese regelmäßig den neu eingestellten ArbN aufgrund seiner vergleichsweise schlechten Sozialdaten treffen. Der Erhalt der Erstattungsleistungen der BA stellt für den ArbGeb kein wirtschaftliches Bedürfnis iSv § 1 Abs 3 Satz 2 KSchG dar, das der Sozialauswahl entgegenstünde (aA *Stück* NZA 2000, 749). **Jegliche** den ArbN einschränkende **Bedingung** ist in der Altersteilzeitvereinbarung **ausgeschlossen,** wenn ein tariflicher oder in einer Betriebsvereinbarung geregelter unbedingter Anspruch des ArbN auf den Abschluss eines Altersteilzeitvertrages existiert (§ 4 Abs 1 TVG, § 77 Abs 4 BetrVG). Die Vereinbarung einer Erstattungspflicht bereits erhaltener Aufstockungsbeiträge im Fall einer vorzeitigen Beendigung des Altersteilzeitverhältnisses durch arbeitnehmer- oder arbeitgeberseitige Kündigung wird hiervon nicht tangiert.

8 **d) Beendigung.** Das Altersteilzeitverhältnis endet regelmäßig durch **Befristung** mit dem Zeitpunkt, in dem der ArbN Anspruch auf die gesetzliche Altersrente hat. Das kann gem § 8 Abs 3 AltTZG in der Altersteilzeitvereinbarung festgelegt werden. Diese Regelung ist damit eine Spezialvorschrift zu § 41 Satz 2 SGB VI (BAG 22.5.12 – 9 AZR 453/10, BeckRS 2012, 70999). § 8 Abs 3 AltTZG ist auf Zweckbefristungen entsprechend anwendbar (BAG 27.4.04 – 9 AZR 18/03, NZA 05, 821). Bei derartigen Befristungen sind die

§§ 305 ff BGB zu beachten. So kann eine auflösende Bedingung, wonach das Arbeitsverhältnis mit Ablauf des Kalendermonats endet, in dem der ArbN zum Bezug der frühestmöglichen gesetzlichen Altersrente berechtigt ist, bei gegenteiligem Verlauf der Vertragsverhandlungen als Überraschungsklausel anzusehen sein (BAG 8.8.07 – 7 AZR 605/06, AP Nr 4 zu § 21 TzBfG). Die Befristung eines Altersteilzeitverhältnisses mit einem von der gesetzlichen RVPflicht befreiten ArbN ist sachlich gerechtfertigt, wenn ein Beendigungszeitpunkt gewählt wird, der nach der Auszahlung der befreienden Lebensversicherung liegt (BAG 16.11.05 – 7 AZR 86/05, NZA 06, 535). Da das Altersteilzeitverhältnis ein befristetes Arbeitsverhältnis darstellt, ist es grds nur außerordentlich kündbar. Die Möglichkeit einer ordentlichen **Kündigung** muss gem § 15 Abs 3 TzBfG ausdrücklich vereinbart werden. Ist dies der Fall, bleibt eine verhaltens-, personen- oder betriebsbedingte Kündigung uneingeschränkt möglich. Durch die Anhebung der gesetzlichen Regelaltersgrenze mWv 1.1.08 und den nach § 237 SGB VI unveränderten Stichtagsbezug (1.1.52) für die Gewährung einer Altersrente nach Altersteilzeit ergeben sich zusätzliche Abstimmungsprobleme. ArbN, die vor dem 1.1.52 geboren sind, müssen Rentenabschläge hinnehmen. Für nach dem Stichtag Geborene muss zunächst insbes das Datum des gesetzlichen Rentenbezugs geklärt werden (*Birk* NZA 07, 244; *Schreiner* NZA 07, 846; *Hanau* NZA 07, 848). Zu Sonderproblemen bei der vorzeitigen Beendigung eines Altersteilzeitverhältnisses im Blockmodell → Rn 14.

**e) Betriebsverfassungsrecht.** Eine Betriebsvereinbarung über die Begründung und Ausgestaltung von Altersteilzeitarbeitsverhältnissen unterliegt hinsichtlich der Verteilung der vom ArbGeb für Aufstockungsleistungen vorgesehenen finanziellen Leistungen dem Mitbestimmungsrecht aus § 87 Abs 1 Nr 10 BetrVG. Sie wirkt nach § 77 Abs 6 BetrVG auch nach; es sei denn, der ArbGeb stellt nach Ablauf der Kündigungsfrist keine Mittel mehr für Aufstockungsleistungen zur Verfügung (BAG 10.12.13 – 1 ABR 39/12, NZA 14, 1040; → *Betriebsvereinbarung* Rn 33). Derartige Betriebsvereinbarungen treten insbes im AT-Bereich oftmals an die Stelle der ansonsten häufig bestehenden tariflichen Flankierung (vgl zur Auslegung einer derartigen Gesamtbetriebsvereinbarung BAG 18.2.14 – 9 AZR 821/12, NZA 14, 1036). Erforderlich ist dabei immer, dass das Altersteilzeitarbeitsverhältnis noch innerhalb der Geltungsdauer der Betriebsvereinbarung beginnt und die Umwandlung des Arbeitsverhältnisses in das Altersteilzeitarbeitsverhältnis innerhalb der Laufzeit der Betriebsvereinbarung bewirkt wird (BAG 29.4.15 – 9 AZR 999/13, NZA 15, 1204). Daneben kann auch das Mitbestimmungsrecht des BRat aus § 87 Abs 1 Nr 2 BetrVG eingreifen, da mit der Altersteilzeit eine Veränderung von Lage und Verteilung der Arbeitszeit verbunden ist (LAG Köln 16.12.05 – 11 TaBV 48/05, BeckRS 2005, 19817). Allerdings wird es idR an dem für die Mitbestimmung erforderlichen kollektiven Tatbestand fehlen. 9

Der Wechsel in ein Altersteilzeitverhältnis ist auch keine mitbestimmungspflichtige Einstellung iSv § 99 Abs 1 BetrVG (BVerwG 12.6.01 – 6 P 11/00, NZA 01, 1091; ErfK/*Rolfs* § 8 ATG Rz 23). Schließlich ist der AltersteilzeitArbN grds auch aktiv und passiv wahlberechtigt zum BRat (zu Besonderheiten beim Blockmodell → Rn 17). 10

**4. Tarifliche Probleme.** Ein wesentlicher Gegenstand der Altersteilzeittarifverträge in den verschiedenen Branchen ist die teilweise Gewährung eines unterschiedlich ausgestalteten **Anspruchs** der ArbN auf den Abschluss eines Altersteilzeitvertrages (→ Rn 6). 11

Daneben geht es in den Tarifverträgen um die Höhe und die Ausgestaltung der **Aufstockungsbeträge.** Da sich der Aufstockungsbetrag regelmäßig nach der Höhe des Nettobetrags im bisherigen Arbeitsverhältnis bestimmt, hat die vom ArbN gewählte LStKlasse Auswirkung auf die Höhe des Aufstockungsbetrags. Wechselt der ArbN die LStKlasse nur, um einen höheren Aufstockungsbetrag zu erzielen, so stellt dies ein rechtsmissbräuchliches Verhalten dar, das der ArbGeb unberücksichtigt lassen kann. Rechtsmissbrauch ist dabei zu vermuten, wenn der **Wechsel der Steuerklasse** offensichtlich steuerrechtlich nachteilig ist (BAG 9.9.03 – 9 AZR 554/02, AP Nr 2 zu § 4 ATG). Die Wahl der LStKlassenkombination IV/IV ist regelmäßig nicht missbräuchlich (BAG 13.6.06 – 9 AZR 423/05, NZA 07, 275). Eine Beratungspflicht des ArbGeb über die Wahl der günstigsten Steuerklasse besteht nicht (LAG Köln 18.12.08 – 7 Sa 816/08, NZA-RR 09, 677). Ohne besondere Vereinbarung im Altersteilzeitvertrag ist der ArbGeb auch nicht zur Erstattung der finanziellen Mehrbelastung des ArbN verpflichtet, die durch den **Progressionsvorbehalt** (→ Rn 27) 12 entstehen kann (BAG 25.6.02 – 9 AZR 155/01, NZA 03, 860; 1.10.02 – 9 AZR 298/01, BeckRS 2010, 71476). Nach dem im öffentlichen Dienst geltenden Tarifvertrag hat der ArbN bei einer vorzeitigen Beendigung des Arbeitsverhältnisses Anspruch auf Ausgleichsleistungen, die als Differenz zwischen den erhaltenen Bezügen inklusive Aufstockungsbeträgen und der Vergütung berechnet werden, die er für den Zeitraum ohne Eintritt in die Altersteilzeit erhalten hätte. Dabei kann der ArbGeb die **Aufstockungsbeträge anrechnen** (BAG 14.10.03 – 9 AZR 146/03, NZA 04, 860 zur BA; kritisch *Rolfs* RdA 04, 370), nicht jedoch die von ihm nach der tariflichen Regelung allein zu tragenden Beiträge zur gesetzlichen RV (BAG 18.11.03 – 9 AZR 270/03, NZA 04, 1223). Im Geltungsbereich eines Tarifvertrages kann der ArbGeb den tariflichen Aufstockungsbetrag nicht unter Bezugnahme auf das AltTZG einseitig unterschreiten (BAG 20.1.09 – 9 AZR 677/07, NZA 10, 295). Bei der Bemessung des Aufstockungsbetrags dürfen die Tarifparteien eine typisierende Betrachtung zugrunde legen. Daher hat das BAG den im Tarifvertrag der Eisen-, Metall- und Elektroindustrie NRW enthaltenen Abzug der gesetzlich gewöhnlich anfallenden Abzüge für wirksam erachtet, und hiervon auch bei einem ArbN, der keiner kirchensteuererhebenden Religionsgemeinschaft angehört, die **Kirchensteuer** als umfasst angesehen und in Abzug gebracht (BAG 29.7.03 – 9 AZR 450/02, NZA 05, 308). Nach dem im öffentlichen Dienst geltenden Tarifvertrag ist insoweit ein besonderes altersteilzeitspezifisches Teilzeitnettoentgelt zugrunde zu legen, das ohne Freibeträge berechnet wird (BAG 17.1.06 – 9 AZR 558/04, NZA 06, 1001; zur Ermittlung des Aufstockungsbetrags nach dem Altersteilzeittarifvertrag der Deutschen Post vgl LAG Köln 8.8.06 – 9 Sa 403/06, nv). Schließlich löst allein die weitere Fortführung eines Teilzeitarbeitsverhältnisses durch einen älteren ArbN **ohne** Abschluss einer **Altersteilzeitvereinbarung** regelmäßig keinen Anspruch auf einen solchen Aufstockungsbetrag aus (BAG 20.8.02 – 9 AZR 710/00, NZA 03, 510).

13 **5. Sonderprobleme des Blockmodells. a) Abwicklung.** Bei **Krankheit** des ArbN in der Arbeitsphase ist der ArbGeb im Rahmen der Entgeltfortzahlung zur Fortzahlung der Altersteilzeitvergütung verpflichtet. In der Freistellungsphase besteht der Vergütungsanspruch unabhängig von der aktuellen Arbeitsfähigkeit des ArbN (LAG Köln 11.5.01 – 11 Sa 228/01, NZA-RR 02, 580; zum Anspruch auf Krankengeld → Rn 84). Bei **Urlaub** in der Arbeitsphase bestehen ebenfalls keine Besonderheiten. In der Arbeitsphase nicht genommener Urlaub verfällt regelmäßig, da der Beginn der Freistellungsphase wegen der fehlenden Beendigung des Arbeitsverhältnisses keinen Abgeltungstatbestand iSd § 7 Abs 4 BUrlG darstellt und der Übertragungszeitraum am Ende der Freistellungsphase idR abgelaufen sein wird (BAG 15.3.05 – 9 AZR 143/04, NZA 05, 995). Mit der Freistellung bringt der ArbGeb regelmäßig sowohl den gesetzlichen als auch ggf existierenden weiteren tariflichen Urlaub zum Erlöschen (BAG 16.10.12 – 9 AZR 234/11, NZA 13, 575). Etwas anderes gilt nur dann, wenn der ArbN den Urlaub in der Arbeitsphase rechtzeitig beantragt hat und dieser Urlaub ihm vom ArbGeb nicht gewährt worden ist. Dann gelten die allgemeinen Grundsätze zum Ersatzurlaubsanspruch (→ *Urlaubsanspruch* Rn 23), lediglich mit der Maßgabe, dass wegen der Freizeitphase allein nach Beendigung des Arbeitsverhältnisses eine Abgeltung möglich ist (BAG 16.5.17 – 9 AZR 572/16, NZA 17, 1056). Ein bei Beginn des Urlaubsjahres feststehender Wechsel von der Arbeits- in die Freistellungsphase berechtigt nicht zu einer Umrechnung des gesetzlichen Urlaubsanspruchs auf der Grundlage von § 3 Abs 1 BUrlG, soweit dadurch die Anzahl der während der Arbeitsphase bereits erworbenen Urlaubstage gemindert würde (LAG NdS 18.1.17 – 13 Sa 126/16, NZA-RR 17, 288). Ob durch Tarifvertrag eine Quotelung des gesetzlichen Urlaubsanspruchs möglich ist, ist in der InstanzRspr umstritten (dafür: LAG Saarland 22.7.15 – 1 Sa 39/15, BeckRS 2015, 72674; LAG Hess 27.5.13 – 17 Sa 93/13, BeckRS 2013, 72569; *Heilmann/Koch* NZA-RR 18, 8; dagegen: LAG NdS 18.1.17 – 13 Sa 126/16, NZA-RR 2017, 288; *Heither/Witkowski* NZA 18, 909 ). Mittlerweile höchstrichterlich geklärt ist dagegen die Frage, ob in der Freistellungsphase Urlaubsansprüche entstehen. Dies hat das BAG in einer neuen Grundsatzentscheidung verneint (BAG 24.9.19 – 9 AZR 481/18, Pressemitteilung Nr 30/19; ebenso LAG Köln 13.12.18 – 7 Sa 269/18, BeckRS 2018, 44360 – nicht rkr, Az beim BAG: 9 AZR 33/19; *Thüsing/Denzer/Beden* DB 19, 1445; aA *Heither/Witkowski* NZA 18, 909; *Hamann* RdA 19, 137). Beim **Leistungsentgelt** werden monatlich zu zahlende Bezüge, die

der ArbN in der Arbeitsphase angespart hat, zeitversetzt in dem entsprechenden Monat der Freistellungsphase fällig. Bezüge, die auf das Jahr bezogene Zahlungen beinhalten, sind in dem Monat der Freistellungsphase zu zahlen, der durch seine kalendermäßige Benennung dem Monat der Arbeitsphase entspricht (BAG 21.1.11 – 9 AZR 870/09, NZA 11, 593). Wird eine **Zulage** am Ende der Arbeitsphase bzw in der Freistellungsphase widerrufen, ist sie gleichwohl regelmäßig weiter zu gewähren, da der ArbN die gesamte Arbeitsleistung hierfür bereits in der Arbeitsphase erbracht hat (BAG 24.6.03 – 9 AZR 353/02, AP Nr 1 zu § 4 ATG; *Weishaupt* ZTR 03, 435; aA *Langenbrinck* ZTR 04, 222). Hat ein ausgeschiedener ArbN Anspruch auf **Beihilfeleistungen** des ArbGeb, ist er bei der Berechnung der Beihilfe weiterhin mit einem vollzeitbeschäftigten ArbN gleichzubehandeln, wenn er vor der Altersteilzeit ständig vollzeitbeschäftigt war (BAG 24.5.18 – 6 AZR 215/17, BeckRS 2018, 16411). Bei einer arbeitsvertraglich vereinbarten Privatnutzung eines **Dienstwagens** (ohne Widerrufsvorbehalt oder anderweitig geregelte Rücknahmemöglichkeiten) gilt die Dienstwagenvereinbarung regelmäßig auch in der Freistellungsphase der Altersteilzeit (LAG RhPf 12.3.15 – 5 Sa 565/14, NZA-RR 15, 291). Allerdings sind einzelfallbezogen anderweitige Vereinbarungen möglich (LAG BaWü 5.12.18 – 4 Sa 32/18, NZA-RR 19, 298). Eine **Tariferhöhung** wirkt grds auch während der Freistellungsphase (BAG 17.11.15 – 9 AZR 509/14, BeckRS 2016, 66948; BAG 22.7.14 – 9 AZR 946/12, BeckRS 2014, 73282). Allerdings können AltersteilzeitArbN auch von Tariferhöhungen tarifvertraglich ausgeschlossen werden, die nach dem ersten Monat der Freistellungsphase wirksam werden (BAG 19.1.16 – 9 AZR 564/14, BeckRS 2016, 68639). Ein **tariflicher Bewährungsaufstieg** kommt mangels tatsächlicher Arbeitsleistung während der Freistellungsphase nicht in Betracht (BAG 4.5.10 – 9 AZR 184/09, NZA 11, 644). Tarifliche **Höhergruppierungen** sind nach dem Altersteilzeittarifvertrag der Deutschen Rentenversicherung auch in der Freistellungsphase vorzunehmen (BAG 18.9.18 – 9 AZR 199/18, BeckRS 2018, 32168; BAG 25.6.19 – 9 AZR 401/18, BeckRS 2019, 23233). Eine **Herabgruppierung** während der Altersteilzeit reduziert demgegenüber nicht automatisch insgesamt die in der Freistellungsphase zu zahlende Vergütung. Vielmehr entspricht diese spiegelbildlich der in der Arbeitsphase angesparten Vergütung (BAG 4.10.05 – 9 AZR 449/04, NZA 06, 506). Das gilt auch für den **Ortszuschlag** im öffentlichen Dienst bei einer Änderung der persönlichen Verhältnisse in der Freistellungsphase (BAG 20.3.12 – 9 AZR 489/10, NZA 12, 1169). Für die Berechnung der in der Altersteilzeit geschuldeten **Arbeitszeit** ist der Zeitpunkt des Übergangs in die Altersteilzeit maßgeblich. Eine Durchschnittsberechnung ist nicht anzustellen (BAG 17.7.07 – 9 AZR 1113/06, NZA-RR 08, 162; 14.8.07 – 9 AZR 18/07, NZA 08, 1194; 19.5.09 – 9 AZR 145/08, NZA 10, 176). Vereinbaren ArbN und ArbGeb im Blockmodell bereits für die Arbeitsphase eine unwiderrufliche **Freistellung** des ArbN, liegen die sozialrechtliche Voraussetzungen für den vorzeitigen Bezug von Altersrente nach Altersteilzeit nicht vor (BAG 10.2.04 – 9 AZR 401/02, NZA 04, 606; *Oberthür* NZA 05, 377; *Rittweger* NZA 04, 590 mit Umgehungsbeispielen aus der Praxis). Endet das Altersteilzeitverhältnis vorzeitig durch den **Tod** des ArbN, hängt die Abwicklung von den tariflichen, betrieblichen oder einzelvertraglichen Regelungen ab. Stirbt der ArbN in der aktiven Phase, haben seine Erben jedenfalls bei einer entsprechenden tariflichen Regelung Anspruch auf die vom Erblasser erbrachte, noch nicht vergütete Arbeitsleistung. Eine Anrechnung der Aufstockungsbeträge durch den ArbGeb bedarf einer besonderen Rechtsgrundlage (LAG NdS 25.6.03 – 2 Sa 1556/02, NZA-RR 04, 254).

**b) Vorzeitige Beendigung.** Die vorzeitige Beendigung des Altersteilzeitverhältnisses ist 14
auch im Blockmodell nicht grds ausgeschlossen. Die teilweise vertretene Gegenmeinung (*Reichling/Wolf* NZA 97, 422), die einen Kündigungsausschluss gestützt auf § 242 BGB annimmt, überzeugt nicht. Allerdings ergeben sich Besonderheiten. Eine **betriebsbedingte Kündigung** kommt regelmäßig nur in der Arbeitsphase in Betracht, da nur tatsächlich vorhandener Beschäftigungsbedarf wegfallen kann (LAG Düsseldorf 27.5.03 – 16 Sa 1439/02, NZA-RR 03, 635). Das gilt selbst dann, wenn sich der ArbN am Ende der Arbeitsphase befindet (BAG 16.6.05 – 6 AZR 476/04, NZA 06, 270). Jedoch kann in einem solchen Fall die grds auch bei betriebsbedingten Kündigungen vorzunehmende Interessenabwägung ausnahmsweise relevant werden. Die vorgenannten Grundsätze gelten auch im Insolvenzfall (BAG 5.12.02 – 2 AZR 571/01, NZA 03, 789; 16.6.05 – 6 AZR 476/04, NZA 06, 270; kritisch *Schweig/Eisenreich* BB 03, 1434). Problematisch ist auch die Sozialauswahl im Hin-

blick auf die Zuordnung der AltersteilzeitArbN zu den Vollzeit- oder Teilzeitbeschäftigten. Wegen des Vollzeitcharakters der Tätigkeit in der Arbeitsphase erscheint dabei trotz des rechtlich insgesamt bestehenden Teilzeitarbeitsverhältnisses eine Vergleichsbetrachtung mit den Vollzeitbeschäftigten sachgerecht (*Stück* NZA 2000, 749). Ein Rückgriff auf die allgemeinen Grundsätze des Kündigungsrechts und der danach maßgebenden Organisationsentscheidung des ArbGeb ist nicht möglich (aA ErfK/*Rolfs* § 8 ATG Rz 18). Eine **verhaltensbedingte Kündigung** wird in der Freistellungsphase nur in außergewöhnlichen Fällen in Betracht kommen, in denen trotz nicht zu erbringender Arbeitsleistung ein Vertrauensverlust die Fortsetzung des Arbeitsverhältnisses unzumutbar macht (zB LAG SchlHol 18.1.05 – 2 Sa 413/04, NZA-RR 05, 367; LAG SchlHol 20.5.14 – 2 Sa 410/13, BeckRS 2014, 70692; LAG NdS 6.8.14 – 17 Sa 893/13, nv).

Darüber hinaus kann die vorzeitige Beendigung aufgrund der eingetretenen Vertragsstörung **weitere Abwicklungsprobleme** verursachen. Grds sind die bereits erbrachten, aber noch nicht vergüteten Arbeitsleistungen wie entstandene, aber noch nicht fällige Entgeltansprüche im gewöhnlichen Arbeitsverhältnis zu behandeln. Die in der Freistellungsphase zu leistenden Zahlungen sind eine in der Fälligkeit hinausgeschobene Vergütung für bereits geleistete Tätigkeit (BAG 19.10.04 – 9 AZR 645/03, NZA 05, 408). Vgl zur Abwicklung eines sog Störfalls einer Altersteilzeit mit einem **kirchlichen Arbeitgeber** zuletzt LAG RhPf 6.3.18 – 8 Sa 452/17, BeckRS 2018, 7771.

15 **c) Insolvenz.** Das Hauptproblem der Vergütungsansprüche im gestörten Blockmodell lag früher im Insolvenzrisiko und der fehlenden gesetzlichen **Insolvenzsicherung** (Personalbuch 2003 Altersteilzeit Rz 8). Insoweit greift seit dem 1.7.04 die Insolvenzsicherungspflicht nach § 8a AltTZG. **Voraussetzung** ist danach, dass eine Altersteilzeitvereinbarung nach § 2 Abs 2 AltTZG zu einem Wertguthaben führt, das den Betrag des Dreifachen des Regelarbeitsentgelts nach § 6 Abs 1 AltTZG einschließlich des darauf entfallenden ArbGebAnteils am GesamtSozVBeitrag übersteigt. Dieses Wertguthaben darf nicht mit bereits gezahlten Aufstockungsbeiträgen verrechnet werden. Anderes gilt nur bei der vorzeitigen Beendigung des Arbeitsverhältnisses (LAG Hamm 12.12.07 – 3 Sa 1468/07, NZA-RR 08, 462). Ohne die konkret möglichen **Sicherungsmittel** abschließend zu benennen, werden in § 8a Abs 1 Satz 2 AltTZG lediglich bestimmte untaugliche Mittel (bilanzierte Rückstellungen und Einstandspflichten zwischen Konzernunternehmen) ausgeschlossen (zum Sonderfall der Besicherung nach § 303 AktG s OLG Zweibrücken 8.1.04 – 4 U 70/03, NZA-RR 04, 428). Die Insolvenzsicherung **beginnt** mit der ersten Gutschrift, also am Ende des ersten Monats der Arbeitsphase. Sie **umfasst** nur das Wertguthaben einschließlich des SozVAnteils, nicht jedoch die Aufstockungsbeträge sowie den zusätzlichen RVBeitrag auf das Wertguthaben. Derartige Wertguthaben gehen bei einem zwischenzeitlichen Betriebsübergang gem § 613a Abs 1 BGB auf den Erwerber über. Wird zur Absicherung eines Altersteilzeitguthabens eine sog Doppeltreuhand vereinbart, ist die zugunsten des ArbN vereinbarte Sicherungstreuhand idR insolvenzfest und begründet in der Insolvenz des ArbGeb (Treugebers) ein Absonderungsrecht an dem Sicherungsgegenstand. Die Verwertung des Treuguts richtet sich nach §§ 166–173 InsO (BAG 18.7.13 – 6 AZR 47/12, BeckRS 2013, 72734). Gem § 8a Abs 3 AltTZG muss der ArbGeb dem ArbN beginnend mit der ersten Gutschrift in halbjährlichem Abstand die von ihm zur Sicherung des Wertguthabens ergriffenen Maßnahmen in Textform (§ 126b BGB) **nachweisen.** Zur verwaltungsmäßigen Entlastung des ArbGeb können die Betriebsparteien eine andere gleichwertige Nachweisform vereinbaren. **Sanktioniert** wird ein Verstoß des ArbGeb gem § 8a Abs 4 AltTZG durch den dann eingreifenden Anspruch des ArbN auf Sicherheitsleistung durch Stellung eines tauglichen Bürgen oder Hinterlegung von Geld oder Wertpapieren nach Wahl des ArbN. Eine weitergehende persönliche deliktische Haftung der GmbH-Geschäftsführer scheitert am eingeschränkten Schutzgesetzcharakter des § 8a AltTZG (BAG 23.2.16 – 9 AZR 293/15, NZA 16, 703; 23.2.10 – 9 AZR 44/09, NZA 10, 1418). Der Anspruch auf Insolvenzsicherung ist auf die Zeit vor Eröffnung des Insolvenzverfahrens beschränkt (BAG 15.1.13 – 9 AZR 448/11, NZA-RR 13, 303). Die Insolvenzsicherung ist gem § 8a Abs 5 AltTZG **zwingend.** Abweichende Vereinbarungen sind zum Nachteil der ArbN nicht möglich. Das gilt auch für Tarifverträge und Betriebsvereinbarungen. Ausgenommen von der Insolvenzsicherungsverpflichtung sind Bund, Länder, Gemeinden und die übrigen öffentlichen ArbGeb, über deren Vermögen die Eröffnung eines Insolvenzverfahrens nicht zulässig ist.

Lediglich für die bis zum 30.6.04 tatsächlich begonnenen **Altverträge** bleibt es bei der Insolvenzproblematik und der Frage nach der insolvenzrechtlichen Qualität der Forderungen. (Näheres hierzu in Personalbuch 2016 Altersteilzeit Rn 16 mit umfassenden Nachweisen aus der Rspr). 16

**d) Betriebsverfassungsgesetz.** In betriebsverfassungsrechtlicher Hinsicht stellt sich beim sog Blockmodell die Frage nach der Betriebszugehörigkeit des AltersteilzeitArbN während der Freistellungsphase. Die **Betriebszugehörigkeit** entscheidet insbes über das aktive und passive Wahlrecht zum BRat und ist immer dann bedeutsam, wenn das Gesetz bestimmte Betriebsgrößen verlangt (zB §§ 1, 9 ff, 38, 99, 106, 111 BetrVG). Sie setzt neben dem Bestehen eines Arbeitsverhältnisses regelmäßig einen Einsatz des ArbN zur Erfüllung des Betriebszwecks, also die Zuweisung eines Arbeitsbereichs innerhalb der Betriebsorganisation voraus (BAG 29.1.92 – 7 ABR 27/91, NZA 92, 894). Eine solche fortbestehende Eingliederung fehlt beim AltersteilzeitArbN in der Freistellungsphase, so dass er nicht als ArbN des Betriebs im betriebsverfassungsrechtlichen Sinn anzusehen ist (BAG 16.4.03 – 7 ABR 53/02, NZA 03, 1345; LAG RhPf 25.6.19 – 6 TaBV 4/19, BeckRS 2019, 18036). Dies gilt unabhängig von der Dauer des Freistellungsblocks. Entscheidend ist allein, dass die Ausgliederung des ArbN wegen des bevorstehenden Ruhestands dauerhaft und endgültig ist (ebenso für die Zugehörigkeit zum Aufsichtsrat: BAG 25.10.2000 – 7 ABR 18/00, NZA 01, 461; LAG Nbg 16.2.06 – 2 TaBV 9/06, NZA-RR 06, 358). 17

**6. Erörterungsanspruch.** Außerhalb des AltTZG sieht § 42 Abs 3 SGB VI einen Anspruch des ArbN gegen den ArbGeb auf Erörterung von Altersteilzeitmöglichkeiten vor. Nach dieser Vorschrift kann ein ArbN, der wegen der Inanspruchnahme einer Teilrente seine Arbeitsleistung einschränken will, von seinem ArbGeb verlangen, die Möglichkeiten einer solchen Einschränkung mit ihm zu erörtern. Macht der ArbN aus seinem Arbeitsbereich Vorschläge, so ist der ArbGeb zur Stellungnahme verpflichtet. Besonders sanktioniert wird ein gegenteiliges Verhalten des ArbGeb allerdings nicht. 18

**7. Streitigkeiten.** Für sämtliche Forderungen des ArbN gegen den ArbGeb aus dem Altersteilzeit-Arbeitsverhältnis ist das **Arbeitsgericht** sachlich **zuständig** (zur örtlichen Zuständigkeit in der Freistellungsphase ArbG Dortmund 21.5.02 – 9 Ca 2490/02, NZA 02, 1359). Macht der ArbN einen Anspruch auf Abschluss eines Altersteilzeitvertrages gerichtlich geltend, geschieht dies im Hauptsacheverfahren. Eine einstweilige Verfügung scheidet in aller Regel wegen unzulässiger Vorwegnahme der Hauptsache aus (LAG Köln 12.5.04 – 8 Sa 1192/02, BeckRS 2004, 17673). 19

**8. Muster.** S Online-Musterformulare *„M5 Altersteilzeit"*. 20

## B. Lohnsteuerrecht *Seidel*

**1. Allgemeines.** Neben dem dem üblichen LStAbzug unterliegenden, Arbeitslohn zusätzlich gezahlte Leistungen an den ArbN nach dem AltTZG sind gem § 3 Nr 28 EStG grds steuerfrei und führen nicht zu einer Kürzung der **Werbungskosten** nach § 3c EStG (OFD Magdeburg 12.8.08, BeckVerw 127261 und OFD Hannover 20.3.08, BeckVerw 117889). Zur Rückzahlung zu Unrecht gezahlter Beträge → *Arbeitnehmerhaftung* Rn 29. Zur Teilrente → Rn 30. Die Absicherung der Ansprüche der ArbN (→ Rn 15, 16, 58) für den Fall der Insolvenz, führt nicht zu geldwerten Vorteilen der ArbN (BMF 13.2.98, FR 98, 395). Zu Abfindungen im Zusammenhang mit Altersteilzeitmodellen → *Außerordentliche Einkünfte* Rn 7. Ein fiktiver Abzug der LSt bei der Bestimmung der Bemessungsgrundlage im Rahmen der Berechnung des Aufstockungsbetrags widerspricht bei im Wohnsitzstaat besteuerten **Grenzarbeitnehmern** den europarechtlichen Regelungen zur ArbN-Freizügigkeit (EuGH 28.6.12 – C-172/11, IStR 12, 585). 26

**2. Leistungen. a) Aufstockungsbeträge** nach § 3 Abs 1 Nr 1a AltTZG sind steuerfrei, auch soweit sie über die im Gesetz genannten Mindestbeträge (20 % des Arbeitsentgelts) hinausgehen und zusammen mit dem während der Altersteilzeit bezogenen Nettoarbeitslohn monatlich 100 % des maßgebenden Arbeitslohns (üblicher Nettoarbeitslohn ohne Altersteilzeit) nicht übersteigen (Näheres hierzu LStR 3.28 Abs 3; Berechnungsbeispiel s LStH 3.28), selbst wenn der frei gewordene Voll- oder Teilzeitarbeitsplatz entgegen § 3 Abs 1 Nr 2 AltTZG nicht wieder besetzt wird. Jedoch müssen die persönlichen Voraus- 27 setzungen des § 2 AltTZG, zB Verringerung der wöchentlichen Arbeitszeit auf die Hälfte, vorliegen (FG NdS 14.6.07 – 11 K 541/06, EFG 07, 1410). Die Steuerfreiheit der Aufstockungsbeträge entfällt daher, wenn der ArbN vertraglich von der Arbeitsleistung freigestellt ist und tatsächlich keine Arbeitsleistung erbringt (HessFG 3.12.07 – 11 K 2422/06, EFG 08, 781). Bei **vorzeitiger Beendigung** bleibt sie bis zu diesem Zeitpunkt erhalten. Allerdings sind Arbeitslohnnachzahlungen bei vorzeitiger Beendigung als nach dem Zuflussprinzip (§ 11 EStG) zu erfassende **Sonstige Bezüge** stpfl (→ *Sonstige Bezüge* Rn 2 ff und LStR 39b.2 Abs 2 Nr 9; BFH 15.12.11 – VI R 26/11, BStBl II 12, 415 zum **Blockmodell**). Die in der Freistellungsphase nach dem Blockmodell erzielten Einkünfte stellen regelmäßig keine Versorgungsbezüge dar, sondern Lohn, so dass der Versorgungsfreibetrag (§ 19 Abs 2 Satz 2 Nr 1a EStG) nicht anzuwenden ist (BFH 21.3.13 – VI R 5/12, BStBl II 13, 611). Ggf kommt eine Steuerermäßigung für Vergütungen für mehrjährige Tätigkeit in Betracht (→ *Außerordentliche Einkünfte* Rn 17 ff).

Steuerfreiheit der Aufstockungsbeträge liegt dagegen **nicht** vor, wenn das Altersteilzeitarbeitsverhältnis über die in § 5 Abs 1 AltTZG genannten Altersgrenzen hinaus fortgesetzt wird (LStR 3.28 Abs 1). Die Aufstockungsbeträge sind während des gesamten höchstmöglichen Verteilzeitraums, also bis zu 6 Jahren (§ 2 Abs 2 Nr 1 AltTZG), steuerfrei.

Zu den steuerfreien Aufstockungsbeträgen gehören unter bestimmten Voraussetzungen auch **Sachbezüge**, zB Firmenwagen (LStR 3.28 Abs 3 Satz 5). Für die Steuerfreiheit kommt es nicht darauf an, dass die Altersteilzeit vor dem 1.1.10 begonnen wurde und durch die BA nach § 4 AltTZG gefördert wird (§ 1 Abs 3 AltTZG; LStR 3.28 Abs 2 Satz 2). Allerdings unterliegen die Aufstockungsbeträge gem § 32b Abs 1 Nr 1g EStG dem **Progressionsvorbehalt,** dh die übrigen stpfl Einkünfte werden dem Steuersatz unterworfen, der sich ergäbe, wenn die Aufstockungsbeträge stpfl wären (→ *Lohnersatzleistungen* Rn 17). Die Berücksichtigung erfolgt durch das FA im Wege der – deswegen – obligatorisch durchzuführenden EStVeranlagung (§ 46 Abs 2 Nr 1 EStG; → *Antragsveranlagung* Rn 7). Da der Progressionsvorbehalt erst iRd EStVeranlagung angewandt wird, kann dies zu EStNachzahlungen führen.

Der ArbGeb hat die Aufstockungsbeträge im **Lohnkonto** (→ *Lohnkonto* Rn 5; § 41 Abs 1 Satz 5 EStG) und in der **Lohnsteuerbescheinigung** (→ *Lohnsteuerbescheinigung* Rn 19; § 41b Abs 1 Nr 5 EStG) einzutragen. Einen LStJahresausgleich (→ *Lohnsteuerjahresausgleich* Rn 5) darf er in diesem Fall nicht durchführen (§ 42b Abs 1 Nr 4 EStG).

Zu angesparten Arbeitsentgelten → *Arbeitszeitmodelle* Rn 17. Zu **Gehaltsumwandlungen** von Wertguthaben auf Arbeitszeitkonten zugunsten einer betrieblichen Altersversorgung, die beim Blockmodell während der Arbeits- und Freistellungsphase möglich ist, s BMF 13.1.14, BStBl I 14, geändert durch BMF 13.3.14, BStBl I 14, 554 Rn 292 ff sowie → *Wertguthaben/Zeitguthaben* Rn 7. Zur Frage der **Insolvenzsicherung** und der Pflicht des ArbGeb zur Absicherung etwaiger Ansprüche beim Aufbau eines Wertguthabens s § 8a AltTZG.

28 **b) Beiträge zur Rentenversicherung** des ArbN in der gesetzlichen RV durch den ArbGeb nach § 3 Abs 1 Nr 1b AltTZG (→ Rn 62) sind ebenfalls steuerfrei, auch wenn sie über die Mindestbeträge hinausgehen oder der freigewordene Teilzeitarbeitsplatz nicht wieder besetzt wird (LStR 3.28 Abs 2). Die persönlichen Voraussetzungen des § 2 AltTZG müssen erfüllt sein. Die Beiträge unterliegen aber – anders als die Aufstockungsbeträge – nicht dem Progressionsvorbehalt und der Aufzeichnungspflicht (*Frotscher* EStG Kommentar § 3 Rz 177e sowie *HMW*/Altersteilzeit Rz 28). Freiwillig vom ArbGeb übernommene Beiträge, mit denen Rentenminderungen aufgrund einer vorzeitigen Inanspruchnahme von Renten vermieden werden sollen (§ 187a SGB VI), sind iHv 50% der RVBeiträge steuerfrei (§ 3 Nr 28 EStG; → *Steuerfreie Einnahmen* Rn 21: Rentenversicherungsbeiträge). Der verbleibende stpfl Teil der zusätzlichen RVBeiträge einschließlich ggf vom ArbGeb getragener Steuerabzugsbeträge sind Teil der Entschädigung im Zusammenhang mit der Auflösung eines Dienstverhältnisses. Leistet der ArbGeb die Beiträge in Teilbeträgen, ist dies für die Frage der Zusammenballung unerheblich. Die dem ArbN darüber hinaus zugeflossene Entschädigung (Einmalbetrag) kann daher aus Billigkeitsgründen auf Antrag unter den übrigen Voraussetzungen begünstigt besteuert wurden (BMF 1.11.13, BStBl I 13, 1326, geändert durch BMF 4.3.16, BStBl I 16, 277 Tz 21; → *Außerordentliche Einkünfte* Rn 5 ff).

**c) Aufwendungen des Arbeitgebers im Sinne des § 4 Absatz 2 AltTZG** (→ Rn 73) für von der Versicherungspflicht befreite ArbN, bei denen ein Beitrag zur RV nicht in Betracht kommt, sind ebenfalls steuerfrei. Für sie gilt im Übrigen dasselbe wie für die Beiträge zur RV. 29

**3. Teilrente** (→ Rn 93). Zur steuerlichen Behandlung der Rentenleistungen aus der gesetzlichen RV (sonstige Einkünfte) → *Altersrente* Rn 8 ff und für Versorgungsbezüge → *Altersgrenze* Rn 17 ff. Zur lohnsteuerlichen Behandlung des Hinzuverdienstes → *Rentnerbeschäftigung* Rn 4–6. 30

**C. Sozialversicherungsrecht** *Schlegel*

Altersteilzeitarbeit nach dem Gesetz zur Förderung eines gleitenden Übergangs in den Ruhestand vom 23.7.1996 (BGBl I 96, 1078; im Folgenden **AltTZG 1996**). 38

**1. Bedeutung des Altersteilzeitgesetzes für steuerliche Förderung.** Das AltTZG 1996 hatte Vorbilder im früheren Vorruhestandsgesetz (VRG) und im AltTZG vom 20.12.88 (BGBI I 88, 2343). Nach **Auslaufen der Förderung** durch die BA Ende 2009 hat das AltTZG 1996 nur noch insoweit Bedeutung, als es um die steuerliche Begünstigung von Aufstockungsbeträgen und höhere RVBeiträge nach § 3 Nr 28 EStG geht; insoweit kommt es nicht darauf an, dass die Altersteilzeit vor dem 1.1.10 begonnen hat und durch die BA nach § 4 AltTZG gefördert wird (§ 1 Abs 3 AltTZG). 39

Der subventionsrechtliche Teil des AltTZG war bis zum 31.12.2009 befristet. Nach § 16 AltTZG wurden Altersteilzeitmodelle durch die BA (nur noch) gefördert, wenn sie vor dem 1.1.2010 begonnen haben. Dazu iE Personalbuch 2010, Altersteilzeit. 40

**Gesetzliches Leitbild** des AltTZG ist eine kontinuierliche Reduzierung der ArbeitszeitIn der Praxis durchgesetzt hat sich indessen das sog **Blockmodell.** Dieses wird vom Gesetz anerkannt, jedoch nur für den Fall, dass insoweit besondere gesetzliche Voraussetzungen erfüllt sind; denn die gesetzlich erforderlichen Voraussetzungen der für die Altersteilzeit prägenden Arbeitszeitreduzierung sind im Blockmodell nun unter den in § 2 Abs 2 Satz 2 AltTZG genannten besonderen Voraussetzungen erfüllt. Im Blockmodell gehen ArbGeb und ArbN regelmäßig davon aus, dass sich an das **Ende der Freistellungsphase der Beginn der Rente** unmittelbar anschließt.

Kommt es hierbei zu einem **Störfall** und wird der ArbN noch vor Rentenbeginn arbeitslos, gilt Folgendes: Vereinbart ein ArbN mit seinem ArbGeb Altersteilzeit im Blockmodell unter Umwandlung eines unbefristeten Arbeitsverhältnisses in ein befristetes, liegt darin die Lösung eines Beschäftigungsverhältnisses vor, die eine **Sperrzeit** für das ArblGeld auslösen kann. Ein **wichtiger Grund** für die Lösung des Beschäftigungsverhältnisses, der den Eintritt einer Sperrzeit verhindert, liegt aber vor, wenn der ArbN bei Abschluss der Vereinbarung beabsichtigt, aus dem Arbeitsleben auszuscheiden und eine entsprechende Annahme prognostisch gerechtfertigt ist (BSG 21.7.09 – B 7 AL 6/08 R, BSGE 104, 90). 41

Eine Sperrzeit tritt dann nicht ein, wenn ein ArbN am Ende der Altersteilzeit entgegen seiner ursprünglichen Planung nicht sofort Altersrente in Anspruch nimmt, sondern zunächst ArblGeld beantragt, weil er – bedingt durch eine **Gesetzesänderung** (Einführung der abschlagsfreien Rente mit 63 für besonders langjährig Versicherte) – zu einem späteren Zeitpunkt abschlagsfrei in Rente gehen kann (BSG 12.9.17 – B 11 AL 25/16 R, FD-SozVR 2017, 394529).

**2. Beitrags- und Versicherungspflicht.** TeilzeitArbN sind in der gesetzlichen KV, RV, PflegeV und ArblV versicherungs- und beitragspflichtig. Dies ist dadurch gewährleistet, dass der TeilzeitArbN gem § 2 Abs 1 Nr 2 AltTZG mehr als geringfügig iSv § 8 SGB IV beschäftigt sein muss. Beitragspflichtig ist jedoch nur das Altersteilzeit-Arbeitsentgelt ohne den Aufstockungsbetrag; der Aufstockungsbetrag selbst ist gem § 1 SvEV im Hinblick auf dessen Steuerfreiheit nicht dem Arbeitsentgelt zuzurechnen und damit beitragsfrei. 42

Die **Gleitzonenregelung** (→ *Minijob* Rn 16) gilt auch für Arbeitsentgelte, die sich auf Grund einer Altersteilzeitvereinbarung auf einen Betrag innerhalb der Gleitzone verringert haben (BSG 15.8.18 – B 12 R 4/18 R, BeckRS 2018, 27897).

# Altersvorsorgevermögen

## A. Arbeitsrecht

*Kreitner*

1 Der Begriff des Altersvorsorgevermögens stellt einen wesentlichen Aspekt des im Jahr 2001 novellierten Rentenrechts dar. Er findet sich insbes in dem Gesetz zur Reform der gesetzlichen RV und zur Förderung eines kapitalgedeckten Altersvorsorgevermögens (AVmG) vom 26.6.01 (BGBl I 01, 1310). Mit diesem Artikelgesetz sind eine Vielzahl insbesondere sozial- und steuerrechtlicher Vorschriften modifiziert worden. In arbeitsrechtlicher Hinsicht ist durch Art 9 dieses Gesetzes ausschließlich das BetrAVG betroffen, das in wesentlichen Punkten geändert worden ist. Gem Art 35 AVmG sind diese Änderungen zu verschiedenen Zeitpunkten (1.1.01, 27.6.01 und 1.1.02) in Kraft getreten. Wegen der Einzelheiten wird auf die Ausführungen zum Stichwort → *Betriebliche Altersversorgung* Rn 1 verwiesen.

## B. Lohnsteuerrecht

*Weil*

**Übersicht**



6 **I. Allgemeines.** Die Altersvorsorge ist gesetzlich auf dreierlei Arten geregelt:
- die gesetzliche Altersvorsorge über die gesetzliche Rentenversicherung (→ *Altersrente* Rn 8; → *Rentenversicherungspflicht* Rn 2);
- die betriebliche Altersversorgung über die Betriebsrente (→ *Betriebliche Altersversorgung* Rn 101 ff);
- die **private Altersvorsorge** unter der Bezeichnung Altersvorsorgevermögen.

Mit dem Begriff Altersvorsorgevermögen ist der kapitalmäßige Aufbau einer Altersversorgung auf Rentenbasis mittels Kapitaldeckung umschrieben, die wegen der demographischen Entwicklung und damit einhergehend mit der angenommenen Minderung der gesetzlichen Altersversorgung eine zusätzliche Absicherung der finanziellen Ausstattung im Alter bewirken soll. Der Aufbau dieser zusätzlichen Altersversorgung namens **Riester-Rente** durch den Stpfl ist nicht verpflichtend. Anreiz hierfür sind die Altersvorsorgezulage (§§ 79 ff EStG) und der Sonderausgabenabzug nach § 10a EStG, die gewährt werden, wenn der Stpfl im Rahmen eines **zertifizierten Altersvorsorgevertrags** eigene Sparbeiträge erbringt (daher die Bezeichnung Kapitaldeckungsverfahren im Gegensatz zum Umlageverfahren bei der gesetzlichen Rentenversicherung). Die Besteuerung dieser kapitalgedeckten Rente richtet sich nach § 22 Nr 5 EStG (nachgelagerte Besteuerung der Versorgungsleistungen). Wesentliches Merkmal der Riester-Rente ist deshalb die staatliche Förderung in der Ansparphase und die nachgelagerte Besteuerung in der Leistungsphase. Das geförderte Kapital kann auch für die selbstgenutzte Wohnimmobilie genutzt werden.

7 **II. Begünstigter Personenkreis** (§ 10a EStG). Bezogen auf das Arbeitsverhältnis sind in erster Linie Pflichtversicherte in der inländischen gesetzlichen RV (→ *Rentenversicherungspflicht* Rn 3 ff; BFH 24.8.16 – X R 11/15, BeckRS 2017, 94019) und Angehörige des

Öffentlichen Dienstes begünstigt. Dazu gehören auch beschränkt Stpfl, die durch ein **inländisches Alterssicherungssystem** abgesichert sind, also Grenzgänger ins Inland. Unbeschränkt Stpfl, die in einer ausländischen gesetzlichen Rentenversicherung pflichtversichert sind, also Grenzgänger ins Ausland, gehören nur noch dann zum begünstigten Personenkreis, wenn die ausländische Pflichtmitgliedschaft vor dem 1.1.2010 begründet wurde (§ 52 Abs 24c Satz 2 EStG). **Unmittelbar begünstigt** sind aber auch Empfänger von AlGeld II, auch wenn sie in der RV nicht mehr pflichtversichert sind (§ 10a Abs 1 Satz 3 HS 2 Nr 1 EStG), Bezieher einer Rente wegen Erwerbsunfähigkeit bzw -minderung bis zum 67. Lebensjahr und entsprechend Versorgungsempfänger wegen Dienstunfähigkeit, Kindererziehende während der rentenrechtlich zu berücksichtigenden Zeiten (→ *Rentenversicherungsrechtliche Zeiten* Rn 14), s iE die Auflistung in § 10a Abs 1 EStG und in BMF 21.12.2017, BStBl I 18, 93 Rz 1–29. Wenn nur ein Ehegatte (§ 26 Abs 1 EStG) zum unmittelbar begünstigten Personenkreis gehört, ist der andere Ehegatte **mittelbar zulagenberechtigt**, wenn ein auf seinen Namen lautender Altersvorsorgevertrag besteht, auf den er mindestens 60 € pro Jahr einzahlt (ab 2012) (§§ 10a Abs 3, Abs 4 Satz 3, 79 Satz 2 EStG, BFH 21.7.09 – X R 33/07, DStR 09, 2000; Übergangsregelung § 52 Abs 63a und 63b EStG). Nach § 2 Abs 8 EStG gehören nunmehr auch Lebenspartner zu den mittelbar zulagenberechtigten Personen iSv § 79 Satz 2 EStG. Wer nicht unter den begünstigten Personenkreis fällt (zB geringfügig Beschäftigte, soweit sie nicht eigene Beiträge zur RV leisten, freiwillig Versicherte der gesetzlichen RV), kann eine steuerlich begünstigte Altersversorgung mittels der **Rürup-Rente** aufbauen (→ *Altersrente* Rn 22 ff).

**III. Altersvorsorgevertrag. 1. Inhalt.** Altersvorsorgezulage (§ 79 EStG) und Sonderausgabenabzug (§ 10a EStG) setzen einen nach dem Altersvorsorgeverträge-Zertifizierungsgesetz geschlossenen Vertrag voraus, den die Versicherungswirtschaft anbietet. Hiernach darf die Auszahlung nicht vor Beginn des 60. Lebensjahres, bei Abschluss des Vertrags nach dem 31.12.2011 des 62. Lebensjahres, erfolgen (BMF 6.3.12, BStBl I 2012, 238), wobei eine Absicherung gegen Erwerbsunfähigkeit und eine Hinterbliebenenversorgung zulässig ist (§ 82 Abs 3 EStG). Weiterhin muss die Auszahlung der eingezahlten Beträge (Eigenbeiträge plus Zulagen) garantiert sein, wobei eine Minderung um bis zu 20 % bei Erwerbsminderung und Hinterbliebenenversorgung zulässig ist. Es dürfen nach Rentenbeginn nur **monatliche Auszahlungen** mit der Möglichkeit der Auszahlung von 30 % zum Rentenbeginn oder ein Auszahlungsplan mit anschließender Teilkapitalverrentung vorgesehen sein. Die Monatsleistungen dürfen in einer Jahreszahlung erfolgen. Nur Kleinbetragsrenten dürfen mit einer Einmalzahlung abgefunden werden. Der Anleger kann ab 2018 wählen, ob er die Abfindung zu Beginn der Auszahlungsphase erhalten möchte oder zum 1. Januar des darauffolgenden Jahres (§ 93 Abs 3 EStG). Die Abschluss- und Vertriebskosten müssen über einen Zeitraum von mindestens fünf Jahren verteilt werden. Schließlich muss für den Anleger die Möglichkeit bestehen, den Vertrag ruhen zu lassen, zu kündigen, zu wechseln sowie zum Wohnungsbau zu verwenden. 8

**2. Art des Vertrages.** Der Anleger kann den Altersvorsorgevertrag in seinem Namen als Privatmann abschließen (§ 82 Abs 1 EStG) oder als ArbN im Rahmen der betrieblichen Altersversorgung durch einen Pensionsfonds, eine Pensionskasse oder eine Direktversicherung (§ 82 Abs 2 EStG). Möglich sind also eine RV oder Banksparpläne oder Fondssparpläne. Bei diesen Anlageformen ist auch eine **Barlohnumwandlung** möglich. 9

Die Zertifizierung des Altersvorsorgevertrags, dass der Vertrag nach § 10a EStG steuerlich förderungsfähig ist, ist ein Grundlagenbescheid (§ 82 Abs 1 Satz 2 EStG). Die FinBeh hat insoweit keine eigene Prüfungskompetenz. Ab 1.7.2010 ist für die Zertifizierung der Altersvorsorgeverträge das BZSt zuständig. Die bis dahin von der bisher zuständigen Bundesanstalt für Finanzdienstleistungsaufsicht (BaFin) und dem zuvor zuständigen Bundesaufsichtsamt für das Versicherungswesen erteilten Zertifikate bleiben gültig.

**IV. Altersvorsorgebeiträge.** Geförderte Altersvorsorgebeiträge sind Beiträge und Tilgungsleistungen, die der Zulagenberechtigte bis zum Beginn der Auszahlungsphase zugunsten eines auf seinen Namen lautenden zertifizierten Altersvorsorgevertrags (→ Rn 8 und 9) leistet (§ 82 EStG; s iE BMF 21.12.2017, BStBl I 18, 93 Rz 30–45). Die dem Vertrag gutgeschriebenen oder zur Tilgung eingesetzten Zulagen stellen keine Altersvorsorgebeiträge dar und sind selbst nicht zulagefähig. Gleiches gilt für Zinsen und Erträge des Vor- 10 sorgevermögens (BFH 8.7.2015 – X R 41/13, BeckRS 2015, 95771) Die Zinsen und sonstigen Vorteile sind steuerfrei. Sie unterliegen auch nicht der Abgeltungssteuer. Zahlungen Dritter können dem Anleger zugerechnet werden. Das hat insbes Bedeutung bei Ehegatten, wenn der begünstigte Ehegatte für den nicht begünstigten Ehegatten Beiträge auf dessen Vorsorgevertrag bezahlt, damit auch dieser die Zulage erhält.

Bei Verträgen, die vor dem 1.1.2012 abgeschlossen worden sind, bewirkt eine Erhöhung der Beiträge keine höhere Leistung (BMF 26.7.11, DStR 11, 2001).

11 **V. Zulagen** (§§ 84, 85 EStG). Gewährt werden auf Antrag jährlich eine **Grundzulage** (§ 84 EStG) und eine **Kinderzulage** (§ 85 EStG), abhängig vom Kindergeld.

| | |
|---|---|
| Grundzulage ab dem Beitragsjahr 2018 | 175 € |
| Kinderzulage ab 2008 pro Kind, für das Kindergeld gezahlt wird, | 185 € |
| bei Geburt nach dem 31.12.2007 | 300 € |

Ab 2008 erhalten Berufseinsteiger bis zur Vollendung des 25. Lebensjahres einmalig eine um 200 € erhöhte Grundzulage (§ 84 Satz 2 EStG). Die Zulage ist antragsabhängig bis zum Ablauf des zweiten Kj nach Beitragszahlung (§ 89 EStG). Antragsformular BMF 25.9.14, BStBl I 14, 1279.

In voller Höhe werden die Zulagen nur gezahlt, wenn der Anleger den jährlichen **Mindesteigenbeitrag** erbringt (§ 86 Abs 1 Satz 1 EStG). Dieser beträgt ab 2008 4 % der seit Vertragsschluss im Vorjahr bezogenen beitragspflichtigen Einnahmen iSd SGB VI, **höchstens** aber den Betrag, der in § 10a Abs 1 EStG als Höchstbetrag genannt ist, ab 2008 2100 € jährlich, abzüglich des Zulagenanspruchs (§ 86 Abs 1 EStG). Der Anleger muss **mindestens** 60 € pro Jahr leisten (Sockelbetrag, § 86 Abs 1 Satz 4 EStG), auch wenn der Sockelbetrag höher sein sollte als der errechnete Mindesteigenbeitrag (§ 86 Abs 1 Satz 5 EStG). Bei der Berechnung des Mindesteigenbeitrags werden die Zulagen abgezogen. Bei geringerem Eigenbeitrag sind die Zulagen nach dem Verhältnis der geleisteten Beiträge zum erforderlichen Mindestbeitrag zu kürzen.

**Beispiel:** Der ledige rentenversicherungspflichtige A in Düsseldorf hatte im Jahr 2017 beitragspflichtige Einnahmen iHv 53 000 €. Im Jahr 2018 zahlt er in seinen Altersvorsorgevertrag 1925 € ein.

Mindesteigenbeitrag: 4 % aus 53 000 € = 2120 €, höchstens 2100 € ./. 175 € = 1925 €. Die Zulage wird in voller Höhe gewährt. Der über dem Höchstbetrag von 2100 € liegende Betrag wird nicht gefördert.

**Fortsetzung des Beispiels:** A hat zwei im Jahr 1995 und 1997 geborene Kinder, die ihm zugeordnet werden. Mindesteigenbeitrag 2100 € abzüglich (175 € + 2 × 185 € =) 545 € = 1555 €.

Sind beide **Ehegatten** unmittelbar begünstigt, ist der Mindesteigenbeitrag für jeden getrennt zu berechnen. Die Kinderzulage wird bei verheirateten und nicht getrennt lebenden Eheleuten der Mutter zugeordnet, auf Antrag beider Eltern dem Vater (§ 85 Abs 2 EStG). Ist nur ein Ehegatte unmittelbar begünstigt, hat der andere Anspruch auf eine ungekürzte Zulage, wenn der unmittelbar begünstigte seinen Mindesteigenbeitrag unter Berücksichtigung der den Ehegatten insgesamt zustehenden Zulagen erbracht hat (§ 86 Abs 2 EStG). Der nur mittelbar begünstigte Ehegatte muss jedoch mindestens 60 € jährlich auf seinen Altersvorsorgevertrag einzahlen (§§ 79 Satz 2, 86 Abs 2 Satz 1 EStG).

**Beispiel:** A, verheiratet und zwei im Jahr 1995 und 1997 geborene Kinder, hat ein sozvpfl Einkommen von 30 000 €. Die Ehefrau ist nicht berufstätig. A zahlt in je einen Altersvorsorgevertrag der Ehegatten ein. Die Zulagen betragen (2 × 175 € für A und Ehefrau + 2 × 185 € für die Kinder =) 720 €. Erforderlicher Mindesteigenbeitrag (4 % aus 30 000 € = 1200 € ./. 720 € =) 480 €. Die Ehefrau muss eigenen Mindesteigenbeitrag von mindestens 60 € leisten.

12 **VI. Sonderausgabenabzug** (§ 10a EStG). **1. Grundsatz.** Der begünstigte Anleger kann auf Antrag im Rahmen der Jahresveranlagung seine Beiträge seit 2008 zzgl der Zulagen bis 2100 € als Sonderausgaben abziehen, wenn er in die Übermittlung seiner Daten an die zentrale Stelle (§ 81 EStG) eingewilligt hat (§ 10a Abs 2a EStG), wobei der Antrag auf die Riester-Rente als Einwilligung fingiert wird (§ 10a Abs 5 Satz 5 EStG). Die Höhe der vom Anleger geleisteten Beiträge ist durch eine Bescheinigung des Anbieters nachzuweisen (§ 10a Abs 5 Satz 4 ff EStG).

**Beispiel:** A als begünstigter rentenversicherungspflichtiger ArbN hat 40 000 € Einnahmen. Sein Mindesteigenbeitrag beträgt (4 % aus 40 000 € =) 1600 €. Die Höchstgrenze von 2100 € ist nicht erreicht, so dass von 1600 € auszugehen ist. Der Mindesteigenbeitrag beträgt (1600 ./. Zulage 175 € =) 1425 €. Leistet A diesen Beitrag, beträgt der Sonderausgabenabzug (1425 € + Zulage 175 € =) 1600 €.

**2. Bei Ehegatten/Lebenspartnern** nach § 26 EStG findet keine Verdoppelung der 13
Beträge statt, vielmehr ist auf die persönlichen Verhältnisse des einzelnen Ehegatten/Lebenspartner abzustellen. Bei je eigenem Vertrag der Ehegatten/Lebenspartner kann jeder Ehegatte/Lebenspartner die Höchstbeträge für sich in Anspruch nehmen. Ist ein Ehegatte/Lebenspartner unmittelbar und der andere mittelbar zulagenberechtigt, erhöht sich der Betrag iHv 2100 € (→ Rn 12) um 60 € (§ 10a Abs 3 Satz 3 und 4 EStG).

**VII. Mehrere Altersvorsorgeverträge** (§ 87 Abs 1 EStG). Die Zulagen sind auf höchs- 14
tens zwei Verträge beschränkt. Der begünstige Anleger kann jedes Jahr neu bestimmen, auf welche(n) Vertrag/Verträge die Zulage gewährt werden soll. Seit 2011 ist die Übertragung von bisher gebildetem Altersvorsorgevermögen auf einen anderen Vorsorgevertrag, der auf den Namen des Stpfl bzw bei dessen Tod auf den Namen des Ehegatten/Lebenspartner lautet, gesetzlich steuerbefreit (§ 3 Nr 55c EStG). Die FinVerw hat dies bisher schon so gehandhabt. § 22 Nr 5 Satz 2 EStG stellt eine einheitliche Besteuerung der späteren Auszahlung sicher. Das gleiche gilt für die Übertragung von Anrechten aus einem nach § 5a AltZertG zertifizierten Vertrag (§ 3 Nr 55d EStG). Beim Sonderausgabenabzug besteht eine derartige Beschränkung nicht.

**VIII. Schädliche Verwendung** (§§ 93, 94 EStG). Wird das angesparte Kapital ein- 15
schließlich Zulagen nicht zweckentsprechend verwendet, sind die Zulagen zurückzugewähren und der Sonderausgabenabzug wird rückgängig gemacht. Eine schädliche Verwendung liegt zB vor, wenn vor Fälligkeit der Rente eine (Teil-)Kapitalauszahlung erfolgt oder wenn nach Beginn der Auszahlungsphase im Fall des Todes des Anlegers die Rente vorbehaltlich einer vereinbarten Hinterbliebenenrente an die Erben weitergezahlt wird. Bei Ehegatten/Lebenspartner nach § 26 Abs 1 EStG kann das geförderte Altersvorsorgevermögen im Fall des Todes des zulagenberechtigten Ehegatten/Lebenspartners auf einen eigenen Altersvorsorgevertrag des überlebenden Ehegatten/Lebenspartner übertragen werden, ohne dass dies eine schädliche Verwendung darstellt. Keine schädliche Verwendung liegt bei Wegzug aus dem Inland vor.

**Beispiel:** Eine ausländische Kapitalanlagegesellschaft hat mit dem seinerzeit unbeschränkt StPfl einen im Inland geförderten Basisrentenvertrag nach § 10 Abs 1 Nr 2 Buchst b EStG abgeschlossen. Bei Beendigung der unbeschränkten Steuerpflicht und mit dem Beginn der beschränkten Steuerpflicht (Umzug ins EU-Ausland) darf die Riester-Zulage nicht zurückgefordert werden (EuGH 10.9.09 – C 269/07, DStR 09, 1954 zu § 95 EStG; → Rn 7).

Eine schädliche Verwendung hat der Anbieter der zentralen Stelle mitzuteilen. Bei schädlicher Verwendung ist das ausgezahlte Altersvorsorgevermögen abzüglich der Eigenbeiträge als Leistung nach § 22 Nr 5 Satz 3 EStG zu versteuern.

Einzelheiten BMF 21.12.2017, BStBl I 18, 93.

**IX. Nachgelagerte Besteuerung** (§ 22 Nr 5 EStG). Während der Ansparphase fallen 16
keine Steuern an, weder Abgeltungssteuer noch Kapitalertragsteuer. Die Rente ist mit ihrer Auszahlung insoweit in voller Höhe zu versteuern, als für die Altersvorsorgebeiträge die Zulagen und/oder der Sonderausgabenabzug in Anspruch genommen worden sind. Für die Einmalzahlung zur Abfindung der Kleinbetragsrente (→ Rn 8) gilt ab 2018 die Tarifermäßigung nach § 34 EStG (§ 22 Nr 5 EStG). Sind in der Ansparphase die staatlichen Vergünstigungen nur teilweise in Anspruch genommen worden, sind die Leistungen entsprechend aufzuteilen. Für die Frage des Aufteilungsmaßstabes gilt BMF 21.12.2017, BStBl I 18, 93. Die nicht geförderten Beiträge sind nach § 22 Nr 5 Satz 2 Buchst a), b), c), EStG je nach Art der Leistung zu versteuern, die geförderten Beiträge nach § 22 Nr 5 Satz 1 EStG. Der Anbieter hat dem Stpfl beim erstmaligen Bezug und bei Änderung der Leistungen die jeweiligen Leistungen zu bescheinigen (§ 22 Nr 5 Satz 7 EStG; BMF 10.4.2018, BStBl I 18, 616 mit einer detaillierten Aufstellung der Besteuerung nach § 22 Nr 5 EStG). Der Stpfl reicht diese Bescheinigung im Rahmen seiner ESt-Erklärung mit ein. Zusätzlich sind die Erträge aus den Eigensparbeiträgen zu versteuern. Von den so ermittelten Einnahmen sind

die Werbungskosten, ggf der Werbungskostenpauschbetrag (§ 9a Nr 3 EStG) abzuziehen. Der Versorgungsfreibetrag (§ 19 Abs 2 EStG; → *Altersgrenze* Rn 17) greift nicht ein. Zu Verträgen, die vor dem 1.1.2005 abgeschlossen worden sind und zu sonstigen Übergangsproblemen s Personalbuch 2008 Altersvorsorgevermögen Rz 5. Leistungen **ausländischer** Zahlstellen unterliegen bei beschränkter Steuerpflicht (→ *Ausländer* Rn 42) der inländischen Besteuerung (§ 49 Abs 1 Nr 10 EStG). Zur Aufnahme eines gesonderten Merkmals, für Verträge auf denen gefördertes Altersvorsorgevermögen gebildet wurde ab 1.1.17 s § 22a Nr 7 EStG.

17 **X. Pfändungsschutz** (§ 97 EStG). Das durch Zulagen oder Sonderausgabenabzug geförderte Altersvorsorgevermögen einschließlich Zinsen und Wertzuwächsen ist nicht übertragbar und damit während der Ansparphase auch nicht pfändbar (§ 851 Abs 1 ZPO; LAG Rh-Pf 3.11.06 – 3 Sa 414/06, BeckRS 2007, 40442). Für die Auszahlungsphase gelten keine Besonderheiten, also zB § 850 ZPO, wonach Arbeitseinkommen, worunter die Riester-Rente fällt, bis 985,15 € monatlich Pfändungsschutz genießt. Auch bei Bezug von Grundsicherungsleistungen nach SGB V oder SGB XII bleiben das angesammelte Kapital und die laufenden Beiträge vor Anrechnung geschützt.

18 **XI. Verfahrensfragen. 1. Antragserfordernis** (§ 89 EStG). **a) Zulagen.** Die Zulagen werden nur gewährt, wenn der Anleger beim Anbieter einen entsprechenden **Antrag** nach vorgeschriebenem Vordruck innerhalb einer Zwei-Jahresfrist seit dem Beitragsjahr stellt. Antragsvordruck: BMF 20.10.09, BStBl I 09, 1267. Ein entsprechender Dauerauftrag beim Anbieter ist zulässig. Der Anbieter leitet den Antrag an die zentrale Stelle (§ 81 EStG) weiter, die nach Überprüfung der Voraussetzungen die Zulage an den Anbieter auszahlt, der die Zulage dem Altersvorsorgevertrag gutschreibt (§ 90 EStG). Das Verfahren zur Überprüfung der **Rückforderung der Zulage**, zB weil der Anleger nicht zum begünstigten Personenkreis gehört, muss bis zum Ende des zweiten auf die Ermittlung der Zulage folgenden Jahres abgeschlossen sein. Die Rückforderung muss dann innerhalb eines Jahres nach Kenntnis der Rückforderungsgründe erfolgen (§ 90 Abs 3 EStG).

19 **b) Sonderausgabenabzug** (§ 10a EStG). Der entsprechende Antrag ist im Rahmen der jährlichen EStErklärung zu stellen. Die Höhe der Beiträge ist vom Anbieter der Riester-Verträge durch Datenfernübertragung an die zentrale Stelle bis 28. Februar des Folgejahres der Beitragszahlung zu übermitteln (§ 10a Abs 5 S 4 ff EStG; Einzelheiten BMF 18.8.11, BeckVerw 2011, 252417).

20 **c) Günstigerprüfung (§ 10a Abs 2 EStG).** Im Rahmen der Jahresveranlagung wird vAw überprüft, ob der Sonderausgabenabzug günstiger ist als die Zulagen (§ 10a Abs 2 Satz 3 EStG). Ist der Sonderausgabenabzug günstiger, wird iRd Steuerfestsetzung die tarifliche ESt um den Anspruch auf Zulage erhöht (§ 10a Abs 2 Satz 1 EStG). Das FA stellt dann die über den Zulagenanspruch hinausgehende Steuerermäßigung gesondert fest (§ 10a Abs 4 Satz 1 EStG) und teilt sie der zentralen Stelle (§ 81 EStG) mit. Die zentrale Stelle überprüft die Zulagenberechnung und den Sonderausgabenabzug. Ergibt die Überprüfung eine Abweichung von dem in der Steuerfestsetzung bzw in der gesonderten Feststellung berücksichtigten Sonderausgabenabzug ist dies der FinBeh mitzuteilen und die Steuerfestsetzung zu ändern (§ 91 Abs 1 Satz 4 EStG; so FG Hamburg 5.12.18 – 1 K 326/16, EFG 2019, 435 zur Bindung der FinBeh an die Mitteilung, dagegen Revision beim BFH X R 2/19; aA FG Düsseldorf 21.3.2019 – 11 K 311/16E, EFG 2019, 892, dagegen Revision beim BFH X R 16/19).

21 **2. Bescheinigungspflicht** (§ 22 Abs 5 Satz 7 und § 92 EStG). Der Anbieter hat dem Zulageberechtigten jährlich eine Bescheinigung über seine Einzahlungen und über den Stand des Kontos auszustellen. Die Bescheinigungspflicht erstreckt sich auch auf die Auszahlungsphase (BMF 10.4.18, BStBl I 18, 616).

**Literaturhinweis** zur Riester-Rente: BMF 21.12.2017, BStBl I 18, 93; *Emser/Roth* NWB 17, 2490 zum BetriebsrentenstärkungsG.

22 **XII. Selbstgenutzte Wohnimmobilie** (§ 92a EStG **Wohn-Riester**).

**1. Ansparphase.** Für die Ansparphase gelten im Grundsatz die obigen Regelungen entsprechend. Das Sparkapital wird einem **Wohnförderkonto** zugeschrieben, das bei einem Anbieter, auch einer Bausparkasse, geführt wird. Hierfür erhält der Anleger die Zulagen.

Gefördert werden die Anschaffung oder Herstellung einer Wohnung im Inland und im EU/EWR-Ausland, die als Hauptwohnsitz genutzt wird (§ 92a Abs 1 EStG). Die Förderung kann auch für Umbaumaßnahmen zur Reduzierung von Barrieren in oder an der Wohnung in Anspruch genommen werden (§ 92a Abs 1 Satz 1 Nr 3 EStG). Nicht begünstigt ist die Verwendung von Altersvorsorgekapital für die Erweiterung einer bereits bestehenden Wohnung (BFH 20.3.2019 – X R 4/18, DStR 2019, 1298). Der Anleger kann angespartes Kapital für eine begünstigte Wohnung dem Wohnförderkonto entnehmen (Mindestentnahme- und Mindestrestbetrag betragen jeweils 3000 € (§ 92a Abs 1 Nr 1 EStG).

Alternative: Erbringt der Anleger für ein Wohnbaudarlehen Tilgungsleistungen von mindestens 4% der maßgebenden Einnahmen, höchstens 2100 € abzüglich Zulage, werden dem Anleger die Zulagen wie oben dargestellt als weitere Tilgungsleistungen gewährt, die die Darlehensschuld entsprechend mindern,

Auf Antrag des Zulagebegünstigten wird auch die Günstigerprüfung Zulage/Sonderausgabe durchgeführt. Die für Förderberechtigte bis zur Vollendung des 25. Lebensjahres einmalige Erhöhung der Grundzulage um 200 € (§ 84 Satz 2 EStG) wird bei der Berechnung der Günstigerprüfung zwischen Zulagenanspruch und Sonderausgabenabzug zugunsten des Stpfl nicht berücksichtigt.

**2. Nachgelagerte Besteuerung.** Im Wohnförderkonto werden nach dessen Inanspruch- 23
nahme die gewährten Zulagen, die geförderten Tilgungsbeträge sowie der entnommene Altersvorsorge-Eigenheimbetrag erfasst (§ 92a Abs 2 Satz 1 EStG). Der Saldo der geförderten Beträge des Wohnförderkontos wird auf Antrag entweder als Einmalbetrag mit 30% Abschlag (§ 22 Nr 5 Satz 5 iVm § 92a Abs 2 Satz 6 EStG) oder verteilt bis zum 85. Lebensjahr besteuert (§ 22 Nr 5 Satz 4 iVm § 92a Abs 2 Satz 4 Nr 2 und Satz 5 EStG).

**3. Schädliche Verwendung.** Die Aufgabe der Selbstnutzung führt zur unmittelbaren 24
Besteuerung des Stands des Wohnförderkontos (§ 22 Nr 5 Satz 4 iVm § 92a Abs 3 Satz 5 EStG). Die Übertragung des Altersvorsorgevertrages im Fall des Todes des bisher begünstigten Ehegatten auf den im EU-Ausland überlebenden Ehegatten ist unschädlich.

**4. Verfahren.** (§ 92b EStG). Die Zulagen werden auf Antrag bei der Zulagenstelle 25
gewährt. Zugleich ist dem Zulagenberechtigten mitzuteilen, welche Beträge er förderunschädlich entnehmen kann. Der Anbieter erteilt bis 2009 die für den Sonderausgabenabzug erforderliche Bescheinigung (§ 10a Abs 5 EStG). Ab 2010 kommt es zur Datenfernübertragung (→ Rn 20). Zur Mitteilung nach § 22 Nr 5 Satz 7 EStG → Rn 17. Der Anbieter hat auch das Wohnförderkonto zu führen und die erforderlichen Daten der zentralen Stelle mitzuteilen (§ 22a EStG).

**Literaturhinweis zum „Wohn-Riester“:** BMF 21.12.2017, BStBl I 18, 93; *Myßen/Fischer* NWB 13, 1977.

### C. Sozialversicherungsrecht *Ruppelt*

Der Begriff **Altersvorsorgevermögen** bezeichnet die dritte Säule der Altersvorsorge 31
neben der **gesetzlichen Rentenversicherung** und der **betrieblichen Altersversorgung.** Der freiwillige und zulagengeförderte Aufbau eines kapitalgedeckten Rentenanspruchs **(Riester/Rürup-Rente)** soll es den Berechtigten ermöglichen, die Absenkung des Nettorentenniveaus der gesetzlichen RV in Folge der demografischen Entwicklung abzufedern. S iE → Rn 6 ff; → *Altersrente* Rn 22.

## Amtspflichtverletzung (Betriebsrat)

### A. Arbeitsrecht *Kreitner*

**1. Begriff.** Eine Amtspflichtverletzung durch ein BRatMitglied setzt einen Verstoß des 1
BRatMitglieds gegen seine betriebsverfassungsrechtlichen Pflichten voraus. Deutlich zu unterscheiden ist hiervon die Verletzung arbeitsvertraglicher Pflichten (zB Schlechtleistung, Verspätung etc), die für ein BRatMitglied die gleichen arbeitsvertraglichen Konsequenzen (Abmahnung, Kündigung, Entgeltkürzung etc) hat wie für sonstige ArbN. Denkbar sind

allerdings Überschneidungen, wenn die Amtspflichtverletzung gleichzeitig einen Arbeitsvertragsverstoß darstellt. Der ArbGeb kann dann wählen, ob er nur die kollektiv- oder individualrechtliche Pflichtverletzung sanktioniert oder ob er beide Verfahren gleichzeitig betreibt (LAG BaWü 23.11.07 – 7 Sa 118/06, BeckRS 2010, 67397). Schließlich kann eine Pflichtverletzung des gesamten BRat vorliegen (→ Rn 11).

2 **2. Abmahnung.** Amtspflichtverletzungen können nach bislang herrschender Ansicht in Rspr und Schrifttum nicht Gegenstand einer Abmahnung sein. Insofern ist allein die Sanktionierung nach § 23 Abs 1 BetrVG möglich (aA *Kania* NZA 96, 970; *Schleusener* NZA 01, 640, *Freckmann/Koller-van Delden* BB 06, 490, die für eine „betriebsverfassungsrechtliche Abmahnung“ als milderes Sanktionsmittel plädieren). Diese Rspr hat das BAG mehrfach bestätigt und eine derartige Abmahnung bereits wegen der in ihr enthaltenen kündigungsrechtlichen Sanktionsandrohung für unwirksam erachtet. Gleichzeitig hat es klargestellt, dass eine gleichwohl vom ArbGeb erteilte Abmahnung eines BRatMitglieds wegen eines Verstoßes gegen seine betriebsverfassungsrechtlichen Pflichten vom BRatMitglied im arbeitsgerichtlichen Beschlussverfahren überprüft werden kann (BAG 4.12.13 – 7 ABR 7/12, NZA 14, 803; 9.9.15 – 7 ABR 69/13, NZA 16, 57). Unabhängig von der Frage ihrer Zulässigkeit dürfen betriebsverfassungsrechtliche Abmahnungen jedenfalls nicht in die Personalakten von BRatMitgliedern aufgenommen werden (ArbG Stuttgart 30.4.19 – 4 BV 251/18, BeckRS 2019, 10979). Betrifft die Abmahnung demgegenüber die Verletzung arbeitsvertraglicher Pflichten, ist das BRatMitglied wie jeder sonstige ArbN tangiert und die Abmahnung ist im arbeitsgerichtlichen Urteilsverfahren zu überprüfen (LAG NdS 26.1.16 – 2 Ta 1/16, NZA-RR 16, 301). Ansprüche des gesamten BRat bestehen in beiden Fällen nicht. Amtspflichtverletzungen können auch nicht zur Verhängung einer *Betriebsbuße* führen, da dies gem § 87 Abs 1 Nr 1 BetrVG nur bei Verstößen gegen die betriebliche, nicht die betriebsverfassungsrechtliche Ordnung möglich ist.

3 **3. Schadensersatz/Strafe.** Die Verletzung von Amtspflichten kann eine Schadensersatzpflicht der BRatMitglieder nach §§ 823, 826 BGB auslösen, soweit dem ArbGeb ein nachweisbarer Schaden entstanden ist und die strengen tatbestandlichen Voraussetzungen dieser Vorschriften im Einzelfall vorliegen. Bei Verstößen gegen die Geheimhaltungspflicht in Bezug auf Betriebs- und Geschäftsgeheimnisse gilt die besondere Strafvorschrift des § 120 BetrVG.

4 **4. Ausschluss aus dem Betriebsrat.** Die schärfste arbeitsrechtliche Sanktion gegenüber einem BRatMitglied stellt dessen Ausschluss aus dem BRat dar. Das Verfahren ist in § 23 Abs 1 BetrVG geregelt.

**a) Antragsberechtigt** sind gem § 23 Abs 1 Satz 1 BetrVG mindestens ein Viertel der wahlberechtigten ArbN, der ArbGeb sowie jede im Betrieb vertretene Gewerkschaft. Die Mindestzahl von einem Viertel der wahlberechtigten ArbN ist nicht auf die einzelne ArbNGruppe (Arbeiter, Angestellte) bezogen, der das auszuschließende BRatMitglied angehört, sondern auf den gesamten Betrieb. Sie muss während des gesamten Verfahrens, also auch in der Rechtsmittelinstanz, erfüllt sein (BAG 14.2.78 – 1 ABR 46/77, AP Nr 7 zu § 19 BetrVG 1972). Soweit antragstellende ArbN während des Verfahrens aus dem Betrieb ausscheiden, können sie durch neueingestellte ArbN ersetzt werden, da auch für sie die geschehene Amtspflichtverletzung einen Vertrauensverlust hinsichtlich des ausgeschlossenen BRatMitglieds bewirkt. Einzelne BRatMitglieder sind nicht antragsbefugt (LAG München 5.2.09 – 3 TaBV 107/08, BeckRS 2009, 67451).

5 **b) Grobe Pflichtverletzung.** § 23 Abs 1 BetrVG verlangt eine grobe Verletzung der gesetzlichen Pflichten durch das BRatMitglied. Zu den gesetzlichen Pflichten gehören sämtliche Pflichten, die den Einzelnen als BRatMitglied betreffen, unabhängig davon, ob sie sich unmittelbar aus dem Gesetz ergeben oder in Tarifverträgen oder Betriebsvereinbarungen näher konkretisiert sind. Eine grobe Pflichtverletzung liegt nach der Rspr des BAG vor, wenn sie objektiv erheblich und offensichtlich schwerwiegend ist. Letztlich muss unter Berücksichtigung aller Umstände des Einzelfalls eine weitere Ausübung des BRatAmtes untragbar erscheinen (BAG 22.6.93 – 1 ABR 62/92, NZA 94, 184; LAG Hamm 20.3.09 – 10 TaBV 149/08, BeckRS 2009, 72938; LAG RhPf 17.12.09 – 5 TaBV 16/09, BeckRS 2010, 68272). Dabei kann ein einmaliger Pflichtverstoß ausreichen, sofern er die vorgenannte Voraussetzung erfüllt. Mehrere leichtere Verstöße können ebenfalls ein entsprechendes

Gewicht erlangen, insbesondere wenn der ArbGeb zuvor auf diese Pflichtverletzungen hingewiesen hat und sie sich durch eine gewisse Beharrlichkeit auszeichnen. Auch Pflichtverletzungen, die sich erst im Verlauf des Amtsenthebungsverfahrens ergeben, können bei der Gesamtwürdigung einbezogen werden (LAG MeVo 31.3.05 – 1 TaBV 15/04, BeckRS 2005, 30983615). Erforderlich ist ferner schuldhaftes Verhalten des BRatMitglied (LAG MeVo 11.7.17 – 5 TaBV 13/16, BeckRS 2017, 121384). Daher kann eine grobe Pflichtverletzung ausscheiden, wenn sich das BRatMitglied bemüht, die eingetretene Störung des Betriebsfriedens durch eine im Ergebnis jedenfalls vertretbare Erklärung seines Verhaltens zu bereinigen (LAG Bln 17.3.88, BB 88, 1045) oder sich bei den Betroffenen entschuldigt (ArbG Marburg 28.5.99 – 2 BV 4/99, NZA-RR 01, 94). Auch vorheriges provokatives Verhalten des ArbGeb ist in der Gesamtabwägung zu berücksichtigen und führt idR zum Fehlen einer groben Pflichtverletzung auf BRatSeite (LAG Hamm 6.2.09 – 13 TaBV 138/08, BeckRS 2009, 62379; ArbG Marburg 28.5.99 – 2 BV 3/99, NZA-RR 01, 91).

In folgenden **Fällen** hat die Rspr einen **groben Pflichtverstoß** iSv § 23 Abs 1 BetrVG angenommen: 6

- **Parteipolitische Betätigung** im Betrieb, die zu ernstlicher Gefährdung des Betriebsfriedens führt (BAG 21.2.78, DB 78, 1547: Agitation; LAG Düsseldorf/Köln 23.6.77, DB 77, 2191: in Betriebsversammlung; LAG NdS 19.5.78 – 9 TaBV 10/77: Flugblätter). Nach seiner neueren Rspr legt das BAG allerdings einen engeren Begriff der parteipolitischen Betätigung zugrunde (BAG 17.3.10 – 7 ABR 95/08, NZA 10, 1133; → *Betriebsrat* Rn 54).
- **Gewerkschaftswerbung** durch Druckausübung (LAG Köln 15.12.2000 – 11 TaBV 63/00, NZA-RR 01, 371; ArbG München 19.7.79, EzA Nr 8 zu § 23 BetrVG).
- **wilder Streik** (ArbG Hagen 6.10.11 – 4 BV 39/10: Aufruf; LAG BaWü 24.6.74 – 1 TaBV 3/74: Teilnahme; LAG Hamm 6.11.75, DB 76, 343: Aufruf zu Werksbesetzung).
- **erhebliche Funktionsbeeinträchtigungen** innerhalb des BRat (BAG 5.9.67, BB 67, 1335: grundsätzliche Ablehnung der Zusammenarbeit durch BRatMehrheit sowie ständiges Fernbleiben von BRatSitzungen; LAG Hess 23.5.13 – 9 TaBV 17/13, BeckRS 2013, 70451: Diffamierung des BRatVorsitzenden durch Hitlervergleich „33 hat sich auch schon so einer an die Macht gesetzt mit solchen Methoden"; BAG 18.5.16 – 7 ABR 81/13, NZA-RR 16, 582: gezielte Nichtinformation der BRatMinderheit hinsichtlich gewichtiger BRatAngelegenheiten).
- **Vertraulichkeit** (LAG Düsseldorf 9.1.13 – 12 TaBV 93/12, BeckRS 2013, 71924: Zitat aus Bewerbungsschreiben eines Mitarbeiters in Betriebsversammlung; LAG BlnBbg 12.11.12 – 17 TaBV 1318/12, NZA-RR 13, 293: unberechtigte Einblicknahme in elektronisch geführte Personalakten; LAG München 15.11.77, DB 78, 894: Weitergabe vertraulicher Informationen an ArbGeb; ArbG Marburg 28.5.99 – 2 BV 4/99, NZA-RR 01, 94: Weitergabe von persönlichen ArbNDaten an andere ArbN; ArbG Wesel 16.10.08 – 5 BV 34/08, NZA-RR 09, 21: Gewährung der Einsichtnahme in Bewerbungsunterlagen, die dem BRat nach § 99 BetrVG vorgelegt worden waren, für drittes Unternehmen).
- **Annahme von Vorteilen** zum Zweck der Beeinflussung der BRatTätigkeit (LAG München 15.11.77, DB 78, 894).
- **Spesenbetrug** durch unrichtige Abrechnung von Reisekosten im Zusammenhang mit einer BRatSitzung (LAG Hamm 23.4.08 – 10 TaBv 117/07, BeckRS 2008, 55449).
- **unterlassene Überwachung der Grundsätze des § 75 Abs 1 BetrVG** durch aktive Einflussnahme auf die ArbN unter Kündigungsandrohung in Anwesenheit der Geschäftsleitung, über deren Sanierungskonzept per Handzeichen abzustimmen (ArbG Freiburg 15.10.97 – 6 BV 2/97, AiB 98, 402).
- **beharrliche Weigerung, Betriebsversammlungen einzuberufen** ua mit dem Ziel, eine gewerkschaftliche Einflussnahme zu verhindern (ArbG Stuttgart 24.7.13 – 22 BV 13/13, NZA 13, 6).
- **Handeln ohne Beschluss des Betriebsrats** oder Abgabe von Erklärungen, die einem Beschluss des BRat widersprechen (LAG Hess 23.2.17 – 9 TaBV 140/16, BeckRS 2017, 114084).
- **Androhung, anstehende Betriebsratsaufgaben** (hier: Verhandlung einer Betriebsvereinbarung) **erst nach Regelung seiner privaten Angelegenheiten** (hier: Forderung

nach einer persönlichen Zulage) **zu erledigen** (LAG München 17.1.17 – 6 TaBV 97/16, BeckRS 2017, 103159).
- **Diffamierung des ArbGeb gegenüber Dritten** (ArbG Marburg 28.5.99 – 2 BV 3/99, NZA-RR 01, 91: Vorwurf der „Faustrechtsausübung" und des „dreisten Versteckens der Wahrheit" durch ArbGeb gegenüber der Agentur für Arbeit; LAG NdS 25.10.04 – 5 TaBV 96/03, NZA-RR 05, 530: Beleidigung von Vorgesetzten als „Arschlöcher" und Ankündigung „so richtig auf den Putz zu hauen" und „der Firma zu zeigen, wo es langgeht"; LAG MeVo 11.7.17 – 5 TaBV 13/16, BeckRS 2017, 121384: Bezeichnung des Chefarztes einer Klinik in einer ua an alle ArbN versandten EMail als „sozialinkompetentes Arschloch, das sich nur über die neuesten Jaguarmodelle den Kopf zerbricht …").
- **sexuelle Belästigung von Mitarbeitern** unter Ausnützung des BRatAmtes (LAG Hess 11.12.08 – 9 TaBV 141/08, BeckRS 2011, 71710).

7 **c) Rechtsfolge.** Wegen der gestaltenden Wirkung des Ausschließungsantrags erlischt das BRatAmt nach § 24 Nr 5 BetrVG erst mit Rechtskraft der gerichtlichen Entscheidung. Dementsprechend können bis zur letzten Anhörung beim LAG Gründe nachgeschoben werden (LAG Hess 19.9.13 – 9 TaBV 225/12, BeckRS 2014, 70937). Mit dem rechtskräftigen gerichtlichen Ausschluss endet die Mitgliedschaft im BRat sowie ggf im GBRat (§ 49 BetrVG) bzw KBRat (§ 57 BetrVG). Gleichzeitig endet der besondere Kündigungsschutz gem §§ 15 KSchG, 103 BetrVG. Ein nachwirkender Kündigungsschutz besteht gem § 15 Abs 1 Satz 2 KSchG nicht. Mangels entgegenstehender gesetzlicher Regelungen behält das ausgeschlossene BRatMitglied die Rechte aus § 37 Abs 4 und 5 sowie aus § 38 Abs 4 BetrVG.

8 **d) Verfahren.** Zur Einleitung des Verfahrens bedarf es eines förmlichen Antrags eines Antragsberechtigten beim örtlich zuständigen ArbG. Das Verfahren ist als Beschlussverfahren gem §§ 2a, 80 ff ArbGG zulässig, solange die Amtsperiode des auszuschließenden BRat-Mitglied andauert (→ Rn 5). Mit Ablauf der Amtszeit des BRat wird der Antrag wegen fehlenden Rechtsschutzinteresses unzulässig (BAG 18.5.16 – 7 ABR 81/13, NZA-RR 16, 582). Das Gleiche gilt, wenn das BRatMitglied sein Amt niederlegt. Wird das betreffende BRatMitglied im laufenden Verfahren erneut in den nächsten BRat gewählt, muss der Ausschlussantrag entsprechend geändert werden. Das ist grds nur in den ersten beiden Tatsacheninstanzen möglich (BAG 18.5.16 – 7 ABR 81/13, NZA-RR 16, 582). Dann bedarf es jedoch auch einer weiteren Amtspflichtverletzung in der neuen Amtsperiode. Allein wegen der in der abgelaufenen Amtsperiode begangenen Pflichtverletzung kann das BRatMitglied nicht aus dem neugewählten BRat ausgeschlossen werden (BAG 27.7.16 – 7 ABR 14/15, NZA 17, 136). Der ArbGeb ist an dem gerichtlichen Verfahren zu beteiligen.

9 Es besteht die Möglichkeit des **einstweiligen Rechtsschutzes.** Eine derartige einstweilige Verfügung setzt allerdings über den groben Verstoß nach § 23 Abs 1 BetrVG hinaus einen Sachverhalt voraus, der dem ArbGeb, dem BRatGremium und/oder der Belegschaft die weitere Amtsausübung des BRatMitglieds bis zur rechtskräftigen Entscheidung im Amtsenthebungsverfahren unzumutbar macht (LAG Hess 6.10.16 – 9 TaBVGa 201/16, BeckRS 2016, 116556). Dementsprechend kann dem BRatMitglied im Wege der einstweiligen Verfügung auch nur die weitere Ausübung der Amtstätigkeit bis zur Entscheidung in der Hauptsache im ordentlichen Beschlussverfahren untersagt werden (BAG 29.4.69, DB 69, 1560; LAG Hamm 18.9.75, BB 75, 1302; *Korinth* ArbRB 07, 189).

10 Die **Kosten** des Verfahrens trägt nach § 40 Abs 1 BetrVG der ArbGeb, es sei denn, die Verteidigung gegenüber dem Ausschlussantrag ist von vornherein offensichtlich aussichtslos (BAG 19.4.89 – 7 ABR 6/88, NZA 90, 233; → *Betriebsratskosten* Rn 12).

11 **5. Auflösung des gesamten Betriebsrats.** Hat nicht nur ein BRatMitglied eine grobe Amtspflichtverletzung begangen, sondern liegt ein grober Pflichtverstoß des gesamten BRatGremiums vor, kann das ArbG auf Antrag (→ Rn 8) den gesamten BRat auflösen und gem § 23 Abs 2 BetrVG unverzüglich einen Wahlvorstand für die Neuwahl einsetzen (LAG BlnBbg 4.2.16 – 10 TaBV 2078/15, BeckRS 2016, 68009). Das pflichtwidrige Verhalten des BRat kann auf einem Mehrheitsbeschluss beruhen; Einstimmigkeit ist insoweit nicht erforderlich. In jedem Fall muss aber die Amtsausübung bei zukunftsgerichteter

Betrachtung unzumutbar sein (LAG BlnBbg 1.10.15 – 5 TaBV 876/15, BeckRS 2016, 66142).

**Beispiele** für einen derartigen kollektiven Pflichtverstoß:
– **Schwerwiegende Verletzung von Geschäftsführungspflichten** (Unterlassen der Wahl eines BRatVorsitzenden; ArbG Wetzlar 22.9.92, BB 92, 2216: Unterlassen der Einberufung von Betriebsversammlungen und der Erstellung von Tätigkeitsberichten; LAG BaWü 13.3.14 – 6 TaBV 5/13, BeckRS 2014, 69674: Verhinderung der Durchführung von Betriebsversammlungen; ArbG Krefeld 6.2.95, NZA 95, 803: wahrheitswidrige Sachinformation der Belegschaft).
– **Verhältnis zum Arbeitgeber** (ständige Verweigerung der Zustimmung bei mitbestimmungspflichtigen Maßnahmen aus unsachlichen Gründen; Verstöße gegen Friedenspflicht des § 74 Abs 2 BetrVG; ArbG Krefeld 6.2.95, NZA 95, 803: Strafanzeige gegen Geschäftsführer).
– **Vertraulichkeit** (LAG Bln 26.6.86, BeckRs 1986, 30455515: Aushang von Sitzungsprotokollen mit Gehaltsangaben einzelner ArbN am Schwarzen Brett).
– **Verstoß gegen den Grundsatz der vertrauensvolle Zusammenarbeit** (LAG BlnBbg 8.9.16 – 5 TaBV 780/15, BeckRS 2016, 111587: falsche und böswillig entstellende Darstellung des Verhaltens des ArbGeb, öffentliche wahrheitswidrige Beschuldigungen und Unterstellungen gegenüber einem leitenden Mitarbeiter des ArbGeb, sachlich falsche, böswillig abwertende Behauptungen über den Betriebspartner).

Anders als die Amtsniederlegung eines BRatMitglied führt der **Rücktritt des gesamten Betriebsrats** nicht zum Wegfall des Rechtsschutzinteresses für das Ausschlussverfahren, da der BRat gem § 22 BetrVG bis zur Neukonstituierung geschäftsführend tätig bleibt. Lediglich nach Ablauf der Amtsperiode entfällt auch hier das Rechtsschutzinteresse. 12

**6.** Für den **Sprecherausschuss** der leitenden Angestellten gelten gem § 9 Abs 1 SprAuG die gleichen Grundsätze. 13

## B. Lohnsteuerrecht *Weil*

Schadensersatzleistungen des BRatMitglieds an den ArbG (→ Rn 3) können Werbungskosten (§ 9 EStG) bei seinen Einkünften aus nichtselbständiger Arbeit sein (§ 19 EStG) sein. In einem Strafverfahren festgesetzte Geldstrafen (§ 12 Nr 4 EStG) sowie von einem Gericht oder einer Behörde festgesetzte Geldbußen, Ordnungsgelder oder Verwarnungsgelder (§ 9 Abs 5 iVm § 4 Abs 5 Nr 8 EStG) sind vom Werbungskostenabzug ausgeschlossen. → *Betriebsbuße* Rn 11. 14

## C. Sozialversicherungsrecht *Schlegel*

Amtspflichtverletzungen des BRat haben sozialversicherungsrechtlich keine Auswirkungen. 15

# Annahmeverzug

## A. Arbeitsrecht *Griese*

**1. Begriff.** Kennzeichnend für den Annahmeverzug (Gläubigerverzug) ist, dass der ArbGeb bei fortdauerndem **Arbeitsverhältnis die Arbeitsleistung des Arbeitnehmers nicht annimmt oder annehmen kann, obwohl der Arbeitnehmer leistungsbereit und leistungswillig ist.** Die zentrale Norm des Arbeitsrechts für den Annahmeverzug ist **§ 615 BGB.** Für den Fall, dass der ArbN arbeiten will, der ArbGeb den ArbN jedoch nicht beschäftigen kann oder will, ordnet § 615 BGB an, dass der ArbN die Vergütung verlangen kann, **ohne zur Nachleistung der dadurch ausgefallenen Arbeit verpflichtet zu sein.** Die infolge der vom ArbGeb verursachten Nichtbeschäftigung ausfallende Zeit ist deshalb gleichwohl zu entgelten. 1

§ 615 BGB ist damit einer der gesetzlich geregelten Fälle, in denen Anspruch auf Vergütung ohne Arbeitsleistung bestehen bleibt. Er ist kein eigenständiger Anspruch, sondern **hält den ursprünglichen Erfüllungsanspruch aufrecht** (BAG 27.1.16 – 5 AZR 9/15, NZA 16, 691).

Bei Nichtbefolgung der Beschäftigungspflicht kann der ArbN den entgangenen Verdienst nicht als Schadensersatz, sondern allein aus § 615 BGB verlangen (BAG 24.6.15 – 5 AZR 462/14, NZA 16, 108).

2 **2. Hauptanwendungsfälle.** Hauptanwendungsfall des Annahmeverzugs sind:
– die Nichtbeschäftigung des ArbN nach Ausspruch einer **arbeitgeberseitigen** Kündigung, die sich im Nachhinein als **rechtsunwirksam** erweist,
– die **Suspendierung** oder **Freistellung** des ArbN von der Arbeitspflicht im laufenden Arbeitsverhältnis,
– der Ausfall der Arbeit aus wirtschaftlichen oder produktionstechnischen Gründen gem § 615 S 3 BGB – **Betriebsrisiko** des ArbGeb (zB Arbeitsausfall aus Witterungsgründen BAG 9.7.08 – 5 AZR 810/07, NZA 08, 1407; Brand im Betrieb LAG Köln 26.7.10 – 5 Sa 485/10, BeckRS 2010, 74303),
– die rechtswidrige Zuweisung von nicht geschuldeter Arbeit unter **Überschreitung des *Weisungsrechts,***
– die **rechtswidrige Aussperrung** (nicht der rechtmäßige Streik, BAG 17.7.12 – 1 AZR 563/11, NJW 12, 3676; → *Arbeitskampf (Vergütung)* Rn 16); zum Anspruch bei mittelbarer Aussperrungsbetroffenheit s *Griese* Das Arbeitsrecht der Gegenwart, Bd 33, 1996, 542),
– die Vergabe von Arbeiten an ein Fremdunternehmen (BAG 15.12.98 – 1 AZR 289/98, AP Nr 154 zu Art 9 GG Arbeitskampf mit Anm *von Otto*).

3 **3. Voraussetzungen.** Der Annahmeverzug hat folgende **Voraussetzungen:**
**a) Fortbestehen des Arbeitsverhältnisses.** Er muss in den Zeitraum eines fortbestehenden Arbeitsverhältnisses fallen. Im Fall einer ArbGebSeitigen Kündigung bzw nach Ablauf der Kündigungsfrist ist dies nur gegeben, wenn nachträglich die Rechtsunwirksamkeit der Kündigung festgestellt wird. Wird ein **Arbeitsverhältnis rückwirkend begründet, kann für den Rückwirkungszeitraum kein Annahmeverzugsanspruch entstehen** (BAG 27.1.16 – 5 AZR 9/15, NZA 16, 691; BAG 19.8.15 – 5 AZR 975/13, BB 15, 3002).

4 **b) Angebot der Arbeitsleistung.** Weitere Voraussetzung ist, dass der ArbN seine Arbeitsleistung gem §§ 293 ff BGB angeboten hat.
**aa) Tatsächliches Angebot.** Im laufenden Arbeitsverhältnis ist gem § 294 BGB grds ein **tatsächliches** Arbeitsangebot erforderlich (BAG 30.4.08 – 5 AZR 502/07, NZA-RR 08, 551). Das bedeutet, dass der ArbN den Arbeitsort in Arbeitskleidung aufsuchen muss und dort tatsächlich für die Erbringung der geschuldeten Arbeitsleistung zur Verfügung steht (BAG 28.6.17 – 5 AZR 263/16, NZA 17, 1528).

5 **bb) Wörtliches Angebot.** Dieses reicht gem § 295 BGB aus, wenn der ArbGeb erklärt hat, er werde die Arbeitsleistung nicht annehmen, oder wenn zur Erbringung der Arbeitsleistung eine Mitwirkungshandlung des ArbGeb erforderlich ist. Dabei muss der ArbGeb nicht ausdrücklich erklären, er werde die Arbeitsleistung des ArbN nicht mehr annehmen. Es reicht, wenn sich dies mittelbar oder konkludent aus den Handlungen oder Erklärungen des ArbGeb ergibt, etwa durch
– der Ausspruch einer Kündigung,
– die Verweigerung des Zutritts,
– der Entzug von Schlüsseln,
– die Sperrung von Zugangssystemen,
– die Vorenthaltung von notwendigen Arbeitsmitteln (zB Sperrung von Dienst-PC oder Diensthandy),
– den Entzug des Firmen-Pkw.

Im Unterschied zum tatsächlichen Angebot muss sich der ArbN beim wörtlichen Angebot nicht zum Arbeitsplatz begeben; für ein wörtliches Angebot reicht eine, auch konkludente Willenserklärung des ArbN aus, aus der sich ergibt, dass er weiter arbeiten will. Auch wenn Streit über den Umfang und die Lage der Arbeitszeit, ist zumindest ein wörtliches Angebot gem § 295 BGB notwendig (BAG 25.4.07 – 5 AZR 504/06, NZA 07, 801). Angeboten werden muss die arbeitsvertraglich geschuldete Arbeitsleistung; ein Angebot zur Beschäftigung in einem Wiedereingliederungsverhältnis reicht nicht aus (BAG 6.12.17 – 5 AZR 815/16, NZA 18, 439)

**cc) Entbehrliches Angebot.** Nach § 296 S 1 BGB ist ein **Angebot** des ArbN **überflüssig,** wenn der ArbGeb zur Erbringung der Arbeitsleistung eine Mitwirkungshandlung vorzunehmen hat, die kalendermäßig bestimmt ist. Diese Norm ist anzuwenden auf die häufigste Konstellation des Annahmeverzuges, in der der ArbGeb die Arbeitsleistung des ArbN aufgrund einer ArbeitGebSeitigen Kündigung zurückweist, die sich im Nachhinein als rechtsunwirksam herausstellt (BAG 14.12.17 – 2 AZR 86/17, NZA 18, 644). Für diesen Fall ist ein tatsächliches oder wörtliches Angebot gem § 296 BGB entbehrlich, da dem ArbGeb die nach dem Kalender bestimmte Mitwirkungshandlung obliegt, dem ArbN **für jeden Tag** einen funktionsfähigen Arbeitsplatz zur Verfügung zu stellen und den Arbeitseinsatz des ArbN fortlaufend zu planen und durch Weisungen zu konkretisieren (BAG 19.1.16 – 2 AZR 449/15, NZA 16, 1144). 6

Dies gilt nicht, wenn der ArbGeb bei Ausspruch einer ordentlichen Kündigung die Kündigungsfrist unrichtig bemessen hat und die Kündigung in eine solche zum richtigen Kündigungsfristtermin umgedeutet werden kann (BAG 15.5.13 – 5 AZR 130/12, NZA 13, 1076). Hat der ArbGeb vor Ablauf der Kündigungsfrist im Kündigungsschutzprozess den Kündigungsschutzantrag des ArbN vorbehaltlos anerkannt und damit unmissverständlich klargestellt, dass er zu Unrecht gekündigt hat, tritt kein Annahmeverzug ein (BAG 14.12.17 – 2 AZR 86/17, NZA 18, 644). 7

Ist der ArbGeb vertraglich zu flexibler Arbeitsanforderung, etwa bei **Arbeit auf Abruf**, berechtigt, kommt er ohne weiteres Angebot des ArbN in Annahmeverzug, wenn die vertraglich festgelegte Mindeststundenzahl nicht erreicht wird, weil in der zeitlich ausreichenden Arbeitsanforderung die geschuldete Mitwirkungshandlung des ArbGeb liegt (BAG 24.9.14 – 5 AZR 1024/12, NZA 14, 1328). § 296 BGB ist ferner einschlägig, wenn **unberechtigt,** zB unter Verstoß gegen § 106 GewO **über die gesetzlichen Pausen des § 4 ArbZG unbezahlte Zwangspausen** und -unterbrechungen angeordnet werden (BAG 25.2.15 – 5 AZR 886/12, NZA 15, 494).

Die unterlassene Mitwirkung des ArbGeb kann ferner darin liegen, dass er dem ArbN nicht die Möglichkeit gibt, sich in **Schichtpläne** einzutragen (BAG 12.6.96 – 5 AZR 960/94, NJW 97, 962, 965), ihn von anfallenden Überstunden ausschließt (BAG 7.11.02 – 2 AZR 742/00, NZA 03, 1139) oder – noch drastischer – bereits einen Nachfolger eingestellt hat (für den GmbH-Geschäftsführer BGH 9.10.2000 – II ZR 75/99, NZA 01, 36). Überflüssig ist ein Angebot des ArbN auch dann, wenn der ArbN bei Ausspruch der Kündigung arbeitsunfähig krank war oder später während der Annahmeverzugsperiode erkrankt. **Eine Pflicht zur Gesundmeldung besteht insoweit nicht,** wenn der ArbN durch Erhebung einer Kündigungsschutzklage oder sonstigen Widerspruch gegen die Kündigung seine weitere Leistungsbereitschaft deutlich gemacht hat (ErfK/*Preis* BGB § 615 Rn 51–54).

Ein Arbeitsangebot ist hingegen nicht überflüssig, wenn eine eigene **Kündigung des Arbeitnehmers,** ein Aufhebungsvertrag (BAG 7.12.05 – 5 AZR 19/05, NZA 06, 435) oder die Befristung des Arbeitsverhältnisses vorliegen, die der ArbN jeweils gerichtlich erfolgreich angegriffen hat. Hier ist ein tatsächliches, ggf auch ein wörtliches Angebot des ArbN gem § 295 BGB erforderlich. 8

**c) Leistungsfähigkeit.** Für den Annahmeverzug ist weiterhin Voraussetzung, dass der ArbN gem § 297 BGB leistungsfähig ist. Ein den Annahmeverzug ausschließendes Unvermögen liegt nicht vor, wenn ein Auftraggeber des ArbGeb die Beschäftigung eines ArbN nicht zulassen will (BAG 21.10.15 – 5 AZR 843/14, NJW 16, 1977). Anders ist es, wenn ein Fehlverhalten des ArbN zu einem **Hausverbot beim Kunden** führt (BAG 28.9.16 – 5 AZR 224/16, NZA 17, 124). 9

An der **Leistungsfähigkeit** gem § 297 BGB mangelt es insbes dann, wenn der ArbN während des Annahmeverzugszeitraums gesundheitsbedingt nicht leistungsfähig ist, wofür der ArbGeb die Beweislast trägt (BAG 22.8.18 – 5 AZR 592/17, NJW 19, 171). Für Krankheitszeiten innerhalb des Annahmeverzugszeitraums besteht lediglich ein Entgeltfortzahlungsanspruch (*Entgeltfortzahlung*), nicht jedoch ein Anspruch auf Annahmeverzugslohn. Ist ein **Schwerbehinderter** aus gesundheitlichen Gründen außerstande, seine arbeitsvertraglich geschuldete Leistung zu erbringen, so entsteht ebenfalls kein Anspruch auf Annahmeverzugslohn (BAG 23.1.01 – 9 AZR 287/99, NZA 01, 1020). Auch eine Neuausübung des Direktionsrechts kann nicht verlangt werden (BAG 19.5.10 – 5 AZR 162/09,

NZA 10, 1119). Bietet der ArbN die vom ArbGeb durch Direktionsrecht zugewiesene Arbeit an, kann der ArbGeb sich nicht nachträglich auf krankheitsbedingte Leistungsunfähigkeit des ArbN berufen (BAG 28.6.17 – 5 AZR 263/16, NZA 17, 1528).

Ferner kann sich der ArbGeb dann schadenersatzpflichtig gem § 280 BGB machen, wenn er es unterlässt, den Arbeitsplatz mit erforderlichen technischen Arbeitshilfen auszustatten (BAG 23.1.01 – 9 AZR 287/99, NZA 01, 1020) oder den Schwerbehinderten auf einen leidensgerechten freien Arbeitsplatz zu versetzen (BAG 19.5.10 – 5 AZR 162/09, NZA 10, 1119).

Kann der ArbN gesundheitsbedingt nur einen Teil der am Arbeitsplatz anfallenden Arbeiten verrichten, kann Schadensersatzpflicht eintreten, wenn der ArbGeb es unterlässt, eine zumutbare, vertrags- und leidensgerechte Tätigkeit zuzuweisen. Der ArbN muss im Bestreitensfall beweisen, dass er für diese Tätigkeit arbeitsfähig gewesen wäre (BAG 22.8.18 – 5 AZR 592/17, NJW 19, 171).

10 Ist zwischen ArbN und ArbGeb streitig, ob eine die Leistungsfähigkeit ausschließende AU des ArbN vorliegt, so ist entscheidend, ob der ArbN, ggf nach sachverständiger medizinischer Begutachtung, **objektiv arbeitsunfähig** war. Macht der ArbGeb geltend, der ArbN sei während der Freistellungsphase nicht leistungsfähig gewesen (§ 297 BGB), hat er als Gläubiger die **Beweislast für die fehlende Leistungsfähigkeit** des ArbN (BAG 23.1.08 – 5 AZR 393/07, NZA 08, 595).

Legt ein ArbN ein ärztliches Attest vor, das einen Arbeitsplatzwechsel empfiehlt, kann daraus noch keine fehlende Leistungsfähigkeit geschlossen werden, solange der ArbN zur Weiterarbeit auf dem bisherigen Arbeitsplatz bereit ist (BAG 17.2.98 – 9 AZR 130/97, NZA 1999, 33). Der ArbGeb muss ausreichende Indiztatsachen für die AU vortragen und unter Beweis stellen. Dabei kann es reichen darzulegen, dass der ArbN vor und nach dem Annahmeverzugszeitraum **durchgehend arbeitsunfähig krank** war, und sich auf ärztliches Sachverständigengutachten inklusive Entbindung von der ärztlichen Schweigepflicht zu berufen (BAG 5.11.03 – 5 AZR 562/02, BeckRS 2004, 40157).

Solange der ArbN tatsächlich arbeitet kann, auch wenn ärztliche Gutachten anderes indizieren, nicht von krankheitsbedingt fehlender Leistungsfähigkeit ausgegangen werden (LAG Köln 10.5.10 – 5 Sa 1528/09, BeckRS 2010, 72984).

**Sonstige Leistungshindernisse** stehen dem Annahmeverzug ebenfalls entgegen, so etwa

– der Entzug der Fahrerlaubnis bei einem Kraftfahrer, der nicht anderweitig eingesetzt werden kann (BAG 18.12.86 – 2 AZR 34/86, NJW 87, 2837),
– die fehlende Approbation des Arztes (BAG 6.3.74, EzA § 615 BGB Nr 21),
– die rechtmäßig entzogene Befugnis zum Umgang mit Verschlusssachen beim Bundesamt für Verfassungsschutz (BAG 27.5.15 – 5 AZR 88/14, NZA 15, 1053),
– ein öffentlich-rechtliches Beschäftigungsverbot (BAG 15.6.04 – 9 AZR 483/03, NZA 05, 462),
– der Entzug einer vorgeschriebenen Einsatzgenehmigung nach Nichtteilnahme an einem generell für die Beschäftigten vorgesehenen Drogentest (BAG 23.9.15 – 5 AZR 146/14, NZA 16, 293),
– der Zeitraum einer Streikteilnahme (BAG 17.7.12 – 1 AZR 563/11, NJW 12, 3676),
– die in **§ 4 ArbZG vorgesehenen und rechtswirksam festgesetzten Mindestpausen** (BAG 25.2.15 – 5 AZR 886/12, NZA 15, 494),
– eine **unterlassene Fortbildung,** vorausgesetzt, die Fortbildung ist durch eindeutige Rechtsnorm vorgeschrieben und die Beschäftigung nicht aus anderen Gründen unterblieben (BAG 18.3.09 – 5 AZR 192/08, NZA 09, 611),
– **Partielle Tätigkeitseinschränkungen** dann, wenn der ArbGeb die eingeschränkte Leistung nicht entgegennehmen muss (BAG 9.4.14 – 10 AZR 637/13, NJW 14, 2302 – **Nachtdienstuntauglichkeit).**

11 **d) Keine Leistungsunwilligkeit.** Die **subjektive Leistungsunwilligkeit** schließt den Annahmeverzug aus (BAG 19.5.04 – 5 AZR 434/03, NZA 04, 1064). Aus der Aufnahme einer anderweitigen Tätigkeit während des Kündigungsschutzprozesses kann regelmäßig nicht auf mangelnde Leistungswilligkeit geschlossen werden, da der ArbN nach gewonnenem Kündigungsschutzprozess das Wahlrecht zwischen dem alten und dem neuen Arbeitsplatz hat (§ 12 KSchG). Anders ist es, wenn der ArbN von sich aus erklärt, das Arbeits-

verhältnis sei völlig zerrüttet und er werde sich eine neue Arbeitsstelle suchen (BAG 24.9.03 – 5 AZR 591/02, NZA 03, 1387).

Mangelnde Leistungswilligkeit kann sich aus der Ablehnung einer zumutbaren vertragsgerechten **Prozessbeschäftigung** ergeben (BAG 13.7.05 – 5 AZR 578/04, NZA 05, 1348), soweit der ArbN kein Zurückbehaltungsrecht wegen noch ausstehender Vergütungsansprüche geltend machen kann.

**e) Nichtannahme der geschuldeten Arbeitsleistung.** Voraussetzung für den Annahmeverzug ist die Nichtannahme der geschuldeten Arbeitsleistung. Dabei liegt Nichtannahme nicht nur dann vor, wenn der ArbGeb die Arbeitsleistung des ArbN überhaupt nicht annimmt, sondern auch dann, wenn er ihm eine andere als die geschuldete Tätigkeit zuweisen will, zB wenn sich eine zu diesem Zweck ausgesprochene Änderungskündigung als rechtsunwirksam erweist (ErfK/*Preis* § 615 BGB Rz 59). 12

Nach § 298 BGB liegt Nichtannahme ferner vor, wenn der ArbGeb zwar die Arbeitsleistung des ArbN annehmen, die **geschuldete Gegenleistung,** das Arbeitsentgelt, jedoch **nicht erbringen will.** Ebenso verhält es sich, wenn der ArbGeb das rückständige Entgelt für den bereits abgelaufenen Annahmeverzugszeitraum nicht nachzahlen will, da dem ArbN hinsichtlich dieser **rückständigen Entgeltansprüche ein Zurückbehaltungsrecht** zusteht (BAG 8.5.14 – 6 AZR 246/12, NZA 14, 860). Dem Zurückbehaltungsrecht kann der ArbGeb nicht entgegenhalten, der ArbN müsse zunächst Krankengeld in Anspruch nehmen (LAG Köln 20.1.10 – 9 Sa 991/09, BeckRS 2010, 67155).

**f) Kein Verschulden des Arbeitgebers erforderlich.** Ein **Verschulden** ist für den Annahmeverzug nicht Voraussetzung. So gerät der ArbGeb auch dann in Annahmeverzug, wenn er zB schuldlos von der Rechtswirksamkeit seiner Kündigung, seiner Weisung oder der Rechtswirksamkeit einer durchgeführten Aussperrung ausgeht. 13

**g) Kein Annahmeverzug bei Unzumutbarkeit der Annahme. Ganz ausnahmsweise tritt bei besonders groben Pflichtverstößen des Arbeitnehmers** wegen der Unzumutbarkeit der Annahme kein Annahmeverzug ein. Hierzu reicht nicht jedes Verhalten aus, das zur fristlosen Kündigung aus wichtigem Grund berechtigt. Erforderlich ist vielmehr ein **besonders grober, auch strafrechtlich relevanter Vertragsverstoß und die unmittelbare Gefährdung von Rechtsgütern des Arbeitgebers, seiner Familienangehörigen oder anderer Arbeitnehmer,** deren Schutz Vorrang vor dem Interesse des ArbN an der Erhaltung seines Verdienstes hat und der dem ArGeb nach Treu und Glauben das Recht gibt, die Arbeitsleistung abzulehnen, zB, fortgesetzte Untreue zu Lasten des ArbGeb (BAG 16.4.14 – 5 AZR 739/11, NZA 14, 1082) oder massive Gewalttätigkeit gegen den ArbGeb oder dessen Familienangehörige (ErfK/*Preis* BGB § 615 Rn 63). Ein solcher Unzumutbarkeitsfall liegt auch vor, wenn bei einem Erzieher einer Kindertagesstätte ein **dringender Verdacht des sexuellen Missbrauchs von Kleinkindern** vorliegt (LAG Bln 27.11.95 – 9 Sa 85/95, ArbuR 96, 229).

**4. Rechtliche Konsequenzen des Annahmeverzugs.** Rechtsfolge des Annahmeverzuges ist, dass die Vergütung für die Dauer des Annahmeverzuges nachgezahlt werden muss, ohne dass der ArbN zur Nachleistung der Arbeit verpflichtet wäre. 14

**a) Berechnung des nachzuzahlenden Entgelts.** Für die Berechnung des nachzuzahlenden Entgelts gilt grds das Entgeltausfallprinzip. Der ArbN hat also Anspruch auf diejenige Vergütung, die er erhalten hätte, wenn er tatsächlich gearbeitet hätte. Bei Zeitlohnvergütung ist die regelmäßige Stunden-, Tage- oder Monatsvergütung einschließlich zwischenzeitlich eingetretener Verdiensterhöhung nachzuzahlen. Bei einem **Arbeitszeitkonto** richtet sich der Umfang nach der arbeitsvertraglichen Vereinbarung, so dass bis zum Ende des festgelegten Ausgleichszeitraums eine Verschiebung der zu leistenden Stunden erfolgen kann (*Hanau/Hoff* NZA 15, 1169). Das Arbeitszeitkonto darf, zumal bei der **Leiharbeit,** aber nicht dazu eingesetzt werden, das vom ArbGeb (Verleiher) gem § 615 S 3 BGB zu tragende Betriebsrisiko auf den ArbN zu verlagern (BAG 16.4.14 – 5 AZR 483/12, NZA 14, 1262).

Sind regelmäßig Überstunden geleistet worden und wären sie auch im Annahmeverzugszeitraum angefallen, ist auf dieser Basis abzurechnen (BAG 18.9.01 – 9 AZR 307/00, NZA 02, 268). Entsteht der Annahmeverzug bei vereinbarter Arbeit auf Abruf durch unterlassenen Abruf, wird mindestens der in § 12 Abs 1 S 3 u 4 TzBfG festgelegte Beschäftigungsumfang geschuldet (BAG 24.9.14 – 5 AZR 1024/12, NZA 14, 1328). Ist bei einer Arbeit auf Abruf die wöchentliche Arbeitszeit nicht vertraglich festgelegt worden, gilt eine wöchentliche Arbeitszeit von 20 Stunden gem § 12 Abs 1 Satz 3 TzBfG als vereinbart, die der Berechnung der Annahmevertragsvergütung als Mindestbetrag zugrunde zu legen ist.

15 **Gratifikationen** und **Zulagen,** die im Fall der tatsächlichen Arbeitsleistung gezahlt worden wären, gehören zum nachzuzahlenden Arbeitsentgelt. Bei *leistungsorientierter Vergütung* (s *Leistungsorientierte Vergütung;* etwa **Akkord, Prämien, Provision**) ist eine Berechnung unter Zugrundelegung des leistungsbezogenen Verdienstes eines vergleichbaren ArbN durchzuführen. Falls ein solcher nicht zur Verfügung steht, ist eine Durchschnittsberechnung auf der Grundlage der in der Vergangenheit erzielten leistungsabhängigen Vergütung vorzunehmen, wobei als angemessene Vergleichsperiode die letzten drei Monate, in denen der ArbN noch gearbeitet hat, ausreicht (ErfK/*Preis* § 615 BGB Rn 77). Während des Annahmeverzugs vorenthaltene **Sachleistungen,** zB Pkw-Nutzung (→ *Dienstwagen* Rn 10), Gewährung von Wohnung und Verpflegung oder verbilligter Warenbezug sind abzugelten, ggf nach der SvEV.

16 **b) Anrechnung von anderweitigen Bezügen. aa) Erzielter Zwischenverdienst.** Anzurechnen ist der **erzielte Zwischenverdienst** (§ 615 S 2, 2. Alt BGB, § 11 Nr 1 KSchG), also derjenige, den der ArbN durch anderweitige Arbeit während des Annahmeverzugszeitraums verdient hat, zB durch vorübergehende oder dauerhafte Tätigkeit bei einem anderen ArbGeb. Im Prozess muss der ArbGeb darlegen, dass der ArbN anderweitig gearbeitet und dadurch Verdienst erzielt hat. Alsdann ist es Sache des ArbN, Auskunft über die Höhe des erzielten Verdienstes zu geben (BAG 19.7.78 – 5 AZR 748/77, NJW 79, 285). Der ArbGeb hat darüber hinaus einen **selbstständig einklagbaren Auskunftsanspruch** und ein *Zurückbehaltungsrecht* (BAG 19.2.97 – 5 AZR 379/94, BeckRS 1997, 30767166).

Bei der Anrechnung ist eine Gesamtberechnung für den gesamten geltend gemachten Annahmeverzugszeitraum vorzunehmen. Hat der ArbN im anzurechnenden Arbeitsverhältnis eine längere Arbeitszeit, ist eine proportionale Kürzung des Anrechnungsverdienstes auf die bisherige Arbeitszeit vorzunehmen (BAG 24.2.16 – 5 AZR 425/15, NJW 16, 1674). Die vollständige Anrechnung des gesamten anderweitigen Verdienstes setzt die Beendigung des Annahmeverzuges im Zeitpunkt der gerichtlichen Entscheidung voraus; vorher besteht nur ein Recht auf teilabschnittsbezogene Auskunft und ggf Anrechnung (BAG 24.8.99 – 9 AZR 804/98, NZA 2000, 818).

Ein teilzeitbeschäftigter ArbN muss sich nicht jeden im Annahmeverzugszeitraum durch eine weitere Teilzeitbeschäftigung erzielten Verdienst anrechnen lassen, sondern nur einen solchen, der kausal durch das Freiwerden der Arbeitskraft ermöglicht worden ist. Eine Anrechnung ist nur möglich, wenn sich entweder aus objektiven oder aus subjektiven Umständen ergibt, dass der ArbN nicht beide **Teilzeitbeschäftigungen** nebeneinander ausgeübt hätte (BAG 6.9.90 – 2 AZR 165/90, NZA 91, 221). Eine Anrechnung bei Teilzeitbeschäftigten scheidet daher regelmäßig aus, wenn keine Kollision der Arbeitszeiten zwischen Teilzeittätigkeit und Zwischenverdiensttätigkeit besteht (LAG Köln 10.12.07 – 14 Sa 1148/07, BeckRS 2008, 52734).

Von dem anrechenbaren Zwischenverdienst sind die Aufwendungen abzuziehen, die für die Erzielung des Zwischenerwerbs notwendig waren (BAG 2.10.18 – 5 AZR 376/17, NZA 18, 1544).

Haben ArbN und ArbGeb sich auf eine bezahlte Freistellung, etwa bis zum Ablauf der Kündigungsfrist geeinigt, findet mangels anderweitiger Vereinbarung keine Anrechnung statt (BAG 19.3.02 – 9 AZR 16/01, NZA 02, 1055).

17 Nimmt der ArbN als Zwischentätigkeit eine selbstständige Tätigkeit auf, ist für die Höhe des anzurechnenden Verdienstes der jeweilige Steuerbescheid maßgebend.

**bb) Böswillig unterlassener Zwischenverdienst.** Anzurechnen ist weiterhin der böswillig unterlassene Zwischenverdienst (§ 615 S 2, 3. Alt BGB, § 11 Nr 2 KSchG). Böswilligkeit ist gegeben, wenn der ArbN **trotz Kenntnis eine zumutbare Arbeitsmöglichkeit vorsätzlich nicht wahrnimmt.** Dabei ist der ArbN **nicht verpflichtet, sich auf eine dauerhafte verschlechternde Änderung** seines Arbeitsvertrages einzulassen (BAG 11.1.06 – 5 AZR 98/05, BB 06, 835), wohl aber auf eine **vorübergehend schlechteres Vergütungsangebot eines Betriebserwerbers, das unter den Vorbehalt der gerichtlichen Nachprüfung gestellt wird** (BAG 22.3.17 – 5 AZR 337/16, NZA 17, 988).

Anders stellt sich die Situation dar, wenn die **bisherige Tätigkeit vorübergehend oder dauerhaft unmöglich geworden ist.** Dies kann bei einem betrieblichem Notfall (zB Brand im Betrieb) gegeben sein, so dass dann die Verpflichtung besteht, ohne Entgeltminderung **zumindest vorübergehend** vertraglich nicht geschuldete Tätigkeiten auszuüben. Exemplarisch steht hierfür der Fall, dass der einzige Lkw des Betriebes gestohlen wird und der als Lkw-Fahrer beschäftigte ArbN anderweitig beschäftigt werden soll (BAG 7.2.07 – 5 AZR 422/06, NZA 07, 561). Hat im **Fall eines Betriebsübergangs der ArbN sein Widerspruchsrecht ausgeübt,** der bisherige ArbGeb aber überhaupt keine Beschäftigungsmöglichkeit mehr, entsteht für den ArbN die Obliegenheit, dieselbe Tätigkeit beim Betriebserwerber **zumindest vorübergehend** auszuüben, wenn hiergegen keine konkreten Unzumutbarkeitsgründe angeführt werden können (BAG 19.3.98 – 8 AZR 139/97, DB 98, 1416).

**Die Nichtannahme einer Änderungskündigung unter Vorbehalt kann ein böswilliges Unterlassen iSd § 615 S 2, 3. Alternative BGB darstellen** (BAG 26.9.07 – 5 AZR 870/06, NZA 08, 1063). Keine Böswilligkeit ist gegeben, wenn der ArbN sich während der Annahmeverzugsperiode auf einen anderen Beruf vorbereitet, Weiterbildungsmaßnahmen besucht oder ein Studium aufnimmt. Bei der Zumutbarkeit ist zu berücksichtigen, dass der ArbN keine besonderen Anstrengungen schuldet, da der ArbGeb ihn in diese Lage gebracht hat. So ist es für den ArbN regelmäßig nicht zumutbar, im Fall einer unrechtmäßigen Kündigung ein neues Dauerarbeitsverhältnis einzugehen, da damit die Rückkehr auf den alten Arbeitsplatz gefährdet ist. Eine Meldung als Arbeitssuchender bei der Agentur für Arbeit kann nicht verlangt werden, da keine Obliegenheit besteht, zugunsten des ArbGeb, der für den vertragswidrigen Zustand verantwortlich ist, die Vermittlungsdienste der BA in Anspruch zu nehmen (BAG 16.5.2000 – 9 AZR 203/99, NZA 01, 26). Dies gilt auch nach Verschärfung der Meldepflichten für den AlGeldBezug in §§ 37b, 140 SGB III (*Ricken* NZA 05, 327). Im Fall des Betriebsübergangs wird man es dem ArbN nicht als böswillig unterlassenen Zwischenverdienst anrechnen können, wenn er von seinem nach § 613a BGB bestehenden Widerspruchsrecht Gebrauch macht und deshalb eine dauerhafte Tätigkeit beim Betriebsübernehmer ablehnt. Ansonsten würde das gesetzliche Widerspruchsrecht leerlaufen.

Für die Frage der Zumutbarkeit einer Arbeit nach § 11 S 1 Nr 2 KSchG kann auch der Zeitpunkt eines Arbeitsangebots von Bedeutung sein. Der ArbN muss eine deutliche Verschlechterung seiner Arbeitsbedingungen nicht akzeptieren, solange er berechtigte Aussichten hat, rechtzeitig eine günstigere Arbeit zu finden (BAG 11.10.06 – 5 AZR 754/05, NJW 07, 2060).

**cc) Leistungen der Sozialversicherungsträger.** Anrechnen lassen muss sich der ArbN Leistungen der Sozialversicherungsträger und der öffentlichen Hand, die er **infolge** der beschäftigungslosen Zeit erhalten hat (§ 11 Nr 3 KSchG). Hierzu gehören insbes Leistungen der ArblV, Krankengeld und Leistungen der Sozialhilfeträger, nicht aber Berufsunfähigkeitsrente (BAG 24.9.03 – 5 AZR 282/02, NZA 03, 1332). Bei Zusammentreffen von böswillig unterlassenem Zwischenverdienst und AlGeldBezug hat eine proportionale Zuordnung zu erfolgen (BAG 11.1.06 – 5 AZR 125/05, BB 06, 722). 18

Im Annahmeverzugslohnprozess muss der ArbN diese Leistungen beziffern. Der ArbGeb hat diese Beträge derjenigen Stelle zu erstatten, die sie an den ArbN geleistet hat (§ 11 KSchG). In Höhe des **gewährten AlGeldes** sind die Annahmeverzugslohnansprüche nach § 115 SGB X auf die Agentur für Arbeit übergegangen und führen zu einem **gegen den Arbeitgeber gerichteten Erstattungsanspruch** (→ *Erstattungsanspruch der Agentur für Arbeit* Rn 53 ff). Der Anspruchsübergang ist beim Arbeitslosengeld II darauf beschränkt, was der ArbN selbst erhält. Lebt der ArbN in einer **Bedarfsgemeinschaft,** etwa mit Lebensgefährte, Ehepartner oder Kindern, geht der Anspruch nur in Höhe der Leistungen über, **die für den Arbeitnehmer persönlich gezahlt werden,** nicht aber bezüglich der Beträge, die er für Lebensunterhalt, Wohnung und Heizung für die weiteren Mitglieder der Bedarfsgemeinschaft erhält (LAG Köln 16.10.10 – 7 Sa 385/09, BeckRS 2011, 68977; zustimmend *Kohte/Beetz*, jurisPR-ArbR 17/2011 Anm 6, teilweise abweichend BAG 21.3.12 – 5 AZR 61/11, NZA 12, 729).

Hinsichtlich des übergegangenen Vergütungsanspruchs kann der ArbN gegen den ArbGeb im Wege der gewillkürten Prozessstandschaft auf Zahlung an die BA klagen (BAG

19.3.08 – 5 AZR 432/07, NJW 08, 2204). Die BA kann dem ArbN auch nach Klageerhebung mit rückwirkender Kraft die Ermächtigung zur Prozessführung einräumen (BAG 23.9.09 – 5 AZR 518/09, NZA 10, 781).

19 **dd) Ersparte Aufwendungen.** Anders als § 11 KSchG sieht § 615 Satz 2, 1. Alternative BGB die Anrechnung von ersparten Aufwendungen vor. Bei einem **Annahmeverzug im Anwendungsbereich des KSchG (§ 23 Abs 1 KSchG) geht § 11 KSchG vor** und es findet keine Anrechnung ersparter Aufwendungen statt (HWK/*Krause* § 615 BGB Rn 87); anders ist es bei nicht unter das KSchG fallenden Kleinbetrieben. Die Ausnahme für Kleinbetriebe ist verfassungsrechtlich nach der Entscheidung des BVerfG (Beschl v 24.6.10 – 1 BvL 5/10, NZA 10, 1004) haltbar.

Gem § 615 S 2, 1. Alternative BGB muss sich der ArbN anrechnen lassen, was er **infolge des Unterbleibens der Arbeitsleistung erspart hat**. Nicht erstattungspflichtig sind deshalb Leistungen, die auf konkretem Aufwand des ArbN beruhen, der wegen Nichtarbeit nicht anfällt, zB Fahrtkostenzuschüsse, Schmutzzulagen, Reinigungskosten für Berufskleidung, Aufwendungs- und Spesenersatz.

20 **5. Ende des Annahmeverzugs.** Die Beendigung des Annahmeverzugs, die nur für die Zukunft Wirkungen entfalten kann, setzt ein, wenn sich der ArbGeb bereit erklärt, die Arbeitsleistung des ArbN wieder vertragsgemäß annehmen zu wollen. Der ArbGeb muss den ArbN daher zur Arbeitsleistung auffordern, um den Annahmeverzug für die Zukunft zu beenden. Nach einem obsiegenden **Urteil im Kündigungsschutzprozess** darf der ArbN ebenfalls abwarten, bis er vom ArbGeb zur Arbeitsleistung aufgefordert wird (BAG 19.1.16 – 2 AZR 449/15, NZA 16, 1144).

21 Bietet der ArbGeb dem ArbN eine vorläufige **befristete Weiterbeschäftigung** für die Dauer des Kündigungsschutzprozesses **(Prozessbeschäftigung)** an, so beendet dies den Annahmeverzug noch nicht. Die Ablehnung dieses Angebots kann sich jedoch als böswilliges Unterlassen eines Zwischenverdienstes iSd § 615 S 2, 3. Alt BGB darstellen (BAG 22.2.2000 – 9 AZR 194/99, NZA 2000, 817). Ob dies so ist, hängt von den Umständen des Einzelfalls ab. Bei betriebsbedingten Gründen und auch bei personenbedingten Gründen dürfte es dem ArbN idR zumutbar sein, bis zur endgültigen Entscheidung im Kündigungsschutzprozess die Arbeit wieder zu verrichten. Dies gilt insbes dann, wenn er einen **Weiterbeschäftigungsantrag** gestellt und damit selbst zum Ausdruck gebracht hat, dass er eine Weiterbeschäftigung während des Kündigungsschutzprozesses für zumutbar hält. Andererseits wird bei verhaltensbedingten und insbes bei fristlosen Kündigungen idR die Unzumutbarkeit der vorläufigen Weiterarbeit gegeben sein. Anders ist es, wenn der ArbN selbst einen **gerichtlichen Weiterbeschäftigungsantrag** gestellt hat, erst recht, wenn er damit in erster Instanz obsiegt (BAG 24.9.03 – 5 AZR 500/02, NZA 04, 90). Böswilligkeit kann aber nicht allein daraus hergeleitet werden, dass ein erstrittenes Weiterbeschäftigungsurteil nicht vollstreckt wird (BAG 22.2.2000 – 9 AZR 194/99, NZA 2000, 817), solange kein Angebot des ArbGeb vorliegt.

Wird eine Weiterbeschäftigung zu denselben Arbeitsbedingungen, aber veränderter Gehaltsstruktur und verringertem Gehalt angeboten, schließt dies böswilliges Unterlassen nicht von vorneherein aus. Die Zumutbarkeitskriterien aus der Arbeitsförderung in § 121 SGB III können aber nicht angewandt werden (BAG 16.6.04 – 5 AZR 508/03, NZA 04, 1155). Der ArbN darf nicht zur Bedingung der Prozessbeschäftigung machen, dass der ArbGeb auf die Wirkungen der Kündigung endgültig verzichtet (BAG 13.7.05 – 5 AZR 578/04, NZA 05, 1348).

22 **6. Unabdingbarkeit.** Die Rechtsfolgen des § 615 S 1 BGB sind nach richtiger Auffassung durch einzelvertragliche Abrede im Voraus **nicht abdingbar**, da es sich um eine ArbNSchutzvorschrift handelt, bei deren vollständiger Abbedingung der Kündigungsschutz umgangen würde (*Otto* Einführung in das Arbeitsrecht, 2. Aufl S 181, Fn 12). Eine Abbedingung in Formulararbeitsverträgen scheitert bereits an **dem Verbot unangemessener Benachteiligung gem § 307 BGB** (für LeihArbN s ausdrücklich § 11 Abs 4 S 2 AÜG). Wegen § 307 BGB ist es auch nicht möglich, § 615 BGB dadurch abzubedingen, dass der ArbGeb mit dem ArbN Arbeit auf Abruf allein nach den Erfordernissen des Betriebes und ohne ein Mindestdeputat und ein angemessenes Verhältnis von festen und variablen Arbeitsbedingungen vereinbart (BAG 9.7.08 – 5 AZR 810/07, NZA 08, 1407).

Nachträgliche Abbedingung oder ein nachträglicher Verzicht sind jedoch möglich, ebenso eine Abbedingung durch Kollektivnormen (Betriebsvereinbarung oder Tarifvertrag, s dazu *Hanau/Hoff* NZA 15, 1169). Für den **Bereich der Leiharbeit** legt § 11 Abs 4 S 2 AÜG fest, dass Annahmeverzugslohnansprüche generell nicht ausgeschlossen werden dürfen.

Bei Insolvenz des ArbGeb sind Annahmeverzugslohnansprüche bis zum ersten Termin, zu dem der Insolvenzverwalter nach Anzeige der Masseunzulänglichkeit kündigen kann, Altmasseverbindlichkeiten, hingegen für die Zeit danach Neumasseverbindlichkeiten (BAG 22.2.18 – 6 AZR 868/16, NZA 18, 666).

**7. Verjährung und Verfall.** Die Annahmeverzugslohnansprüche werden fällig, wie wenn die Dienste geleistet worden wären. Es gilt die dreijährige **Regelverjährungsfrist** zum Ende des Kj gem § 195 BGB. Eine **Verjährungshemmung** bezüglich der Zahlungsansprüche gem § 204 Abs 1 Nr 1 BGB durch die Erhebung der Kündigungsschutzklage tritt nicht ein (BAG 24.6.15 – 5 AZR 509/13, NZA 15, 1256). Die Beantragung eines Mahnbescheides zur Zahlung von Annahmeverzugslohn – auch beim unzuständigen Gericht – unterbricht die Verjährung (BAG 11.10.17 – 5 AZR 694/16, NZA 18, 390). 23

Die tariflichen **Verfallfristen** sind zu beachten. Verlangt eine tarifliche Verfallklausel die schriftliche Geltendmachung innerhalb einer bestimmten Frist, so reicht bei Annahmeverzugslohnansprüchen wegen rechtsunwirksamer Kündigung eine Kündigungsschutzklage oder das schriftliche Weiterbeschäftigungsverlangen eines Jugend- und Auszubildendenvertreters aus (BAG 19.8.15 – 5 AZR 1000/13, NZA 15, 1465).

Bei einer sog zweistufigen **vertraglichen** Ausschlussfrist, die zunächst schriftliche und danach **gerichtliche** Geltendmachung verlangt, wird die zweite Stufe, die gerichtliche Geltendmachung, ebenfalls durch die Kündigungsschutzklage gewahrt, soweit die Annahmeverzugslohnansprüche von der Wirksamkeit der Kündigung abhängen (BAG 19.3.08 – 5 AZR 429/07, NZA 08, 757). Ebenso ist es bei einer zweistufigen **tariflichen** Ausschlussfrist (BAG 19.9.12 – 5 AZR 627/11, NZA 13, 101 unter Aufgabe der früheren Rspr).

**8. Verzinsung.** Der Anspruch auf Annahmeverzugsvergütung ist gem § 286 BGB zu **verzinsen.** Als kalenderbestimmte, idR monatsweise fällig werdende Leistung bedarf es wegen § 286 Abs 2 Nr 1 BGB keiner Mahnung. Die Höhe des Zinssatzes liegt gem § 288 Abs 1 BGB fünf Prozentpunkte oberhalb des Basiszinssatzes (→ *Entgeltnachzahlung* Rn 3, 5). Die Verzinsung hängt vom Verschulden ab, das der ArbGeb im Einzelfall gem § 286 Abs 4 BGB widerlegen kann (BAG 13.6.02 – 2 AZR 391/01, NZA 03, 44). Ab Rechtshängigkeit folgt die Zinspflicht aus § 291 BGB, auf Verzug und Verschulden kommt es dann nicht mehr an. 24

## B. Lohnsteuerrecht *Seidel*

**1.** Der LSt ist der **tatsächlich geleistete Bruttoarbeitslohn** zu unterwerfen. Wird daher der Lohn für den Zeitraum des Annahmeverzugs nachgezahlt, ist er als laufender Arbeitslohn in dem Lohnzahlungszeitraum (→ *Lohnsteuerberechnung* Rn 6) zu versteuern, in dem er geleistet wurde. Zur Berechnung der LSt → *Entgeltnachzahlung* Rn 6. Bezieht sich der Gesamtbetrag oder ein Teilbetrag auf Lohnzahlungszeiträume, die in einem anderen Jahr als dem der Zahlung enden, ist er als sonstiger Bezug zu behandeln (*HMW*/Nachzahlung von Arbeitslohn Rz 4; → *Sonstige Bezüge* Rn 2 ff und → *Entgeltnachzahlung* Rn 8). Bei einer Nachzahlung für mehrere Kj und zum Verfahren, wenn der ArbN bereits ausgeschieden ist, → *Sonstige Bezüge* Rn 10, 11 und *HMW*/Nachzahlung von Arbeitslohn Rz 5. 25

**2.** Bei **Anrechnung anderer Beträge** auf den nachzuzahlenden Arbeitslohn (Leistungen der SozVTräger bzw der öffentlichen Hand – zB AlGeld –, Zwischenverdienst oder böswillig unterlassener Zwischenverdienst), hat der ArbGeb nur den von ihm geleisteten Bruttolohn der LSt zu unterwerfen. Dazu gehört mE auch die vom ArbGeb gem § 11 Nr 3 KSchG direkt an die leistende Stelle zurückgezahlte öffentliche Leistung (→ Rn 18), da der vom ArbGeb geschuldete Arbeitslohn nur zur Abkürzung des Zahlungsweges auf den ArbN und die leistende Stelle aufgeteilt wird. Enthält der wegen Annahmeverzug geleistete Nachzahlungsbetrag auch **fiktive Zuschläge** für Sonntags-, Feiertags- oder Nachtarbeit, sind diese nicht im Rahmen des § 3b EStG steuerfrei (→ *Sonn- und Feiertagsarbeit* Rn 17 ff), da die Steuerfreiheit nur bei tatsächlich geleisteter Arbeit zu diesen Zeiten gilt (BFH 26.10.84 – 26

VI R 199/80, BStBl II 85, 57 bei Fortzahlung der Zuschläge im Krankheitsfall oder bei Mutterschutz). Zur steuerlichen Behandlung der SozVBeiträge, des AlGeldes und des Krankengeldes (→ Rn 30–33) → *Sozialversicherungsbeiträge* Rn 14 ff, → *Arbeitslosengeld* Rn 4 ff, → *Krankengeld* Rn 6 ff.

## C. Sozialversicherungsrecht *Schlegel*

27 **1. Versicherungsschutz in der Renten-, Kranken-, Pflege- und Arbeitslosenversicherung. a) Fortbestehen des Beschäftigungsverhältnisses.** Das Recht der SozV und der ArblV knüpft für die Versicherungs- und Beitragspflicht nicht an den Begriff des Arbeitsverhältnisses, sondern an den Begriff des Beschäftigungsverhältnisses an. Beschäftigung ist nach § 7 Abs 1 SGB IV „die nichtselbstständige Arbeit, insbes in einem Arbeitsverhältnis". Wird Arbeit als der zweckgerichtete Einsatz der eigenen körperlichen und geistigen Kräfte und Fähigkeiten zu einem durch den Arbeitsvertrag vereinbarten Zweck verstanden, könnte die Definition des § 7 Abs 1 SGB IV den Schluss nahelegen, dass der Schutz der SozV und ArblV ausnahmslos eine **tatsächlich erbrachte Arbeitsleistung** voraussetzt und dieser Schutz entfällt, wenn die Arbeit – wie im Falle des Annahmeverzuges – tatsächlich nicht erbracht wird. Dem ist jedoch nicht so, da es andernfalls der ArbGeb in der Hand hätte, durch einen einseitigen Akt – etwa eine (ggf unberechtigte) fristlose Kündigung – den Versicherungsschutz des ArbN mit uU schwerwiegenden Folgen für seinen Versicherungsschutz zu beenden, selbst wenn die Voraussetzungen für eine fristlose Kündigung des Arbeitsverhältnisses nicht vorliegen. Versicherungsschutz in der RV, KV, PflegeV und ArblV besteht im Hinblick auf das soziale Schutzbedürfnis des ArbN auch in Fällen des Annahmeverzugs des ArbGeb (zu den Voraussetzungen des Annahmeverzuges → Rn 3 ff), solange das Arbeitsverhältnis rechtlichen Bestand hat und der ArbN nicht ein anderweitiges Beschäftigungsverhältnis eingeht (BSG 5.5.88 – 12 RK 43/86, SozR 2400 § 2 Nr 25 mwN; zur Anrechnung anderweitigen Verdienstes während des Annahmeverzuges vgl BSG 17.3.93 – 10 RAr 7/91, SozR 3–4100 § 141b Nr 6).

28 **b) Hauptanwendungsfälle.** Für ArbN, deren Arbeitsverhältnis nach **Eröffnung des Insolvenzverfahrens** fristgemäß gekündigt worden ist, endet die Versicherungs- und Beitragspflicht nicht schon mit der sofortigen Freistellung von der Arbeit (BSG 26.11.85 – 12 RK 51/83, SozR 4100 § 168 Nr 19). Ebenso wurde entschieden, wenn der ArbGeb nach einer (unwirksamen) **Kündigung** den ArbN nicht mehr beschäftigt hat, der ArbN aber dienstbereit geblieben war. Selbst dort wurden noch Beschäftigungsverhältnisse als mit entsprechender Versicherungs- und Beitragspflicht entstanden angenommen, wo der ArbGeb den Arbeitsvertrag bereits vor der Arbeitsaufnahme fristgemäß gekündigt, auf die Arbeitsleistung verzichtet, sich jedoch zur Lohnzahlung verpflichtet hatte (BSG 18.9.73 – 12 RK 15/72, SozR Nr 73 zu § 165 RVO); das BSG führte aus, dass eine versicherungspflichtige Beschäftigung zwar nicht bereits mit dem Abschluss eines Arbeitsvertrages vorliege, sondern hierfür zusätzlich das schuldrechtliche Arbeitsverhältnis durch die „Einstellung" des ArbN in den Erfüllungszustand übergehen muss. Hierfür sei aber nicht erforderlich, dass die Arbeit tatsächlich aufgenommen wird. Es genüge vielmehr, dass der ArbN sich der Verfügungsgewalt (Dispositionsbefugnis) des neuen ArbGeb unterstelle, die dieser auch dadurch ausübe, dass er den ArbN von der Arbeit freistelle. Entsprechendes gilt für den Annahmeverzug während eines **Kündigungsschutzprozesses;** hier besteht wegen Annahmeverzugs des ArbGeb das Beschäftigungsverhältnis bis zu dem im Prozess festgestellten Ende des Beschäftigungsverhältnisses fort; allerdings werden im Falle des Kündigungsschutzprozesses die für die Dauer des Verfahrens anfallenden GesamtSozVBeiträge erst mit der rechtskräftigen Beendigung des Prozesses fällig, sofern die Beiträge nicht ausnahmsweise bereits vorher von der Einzugsstelle berechtigt angefordert werden (BSG 25.9.81 – 12 RK 58/80, SozR 2200 § 405 Nr 10). Auch können in der Zeit der Freistellung bei fortbestehendem Arbeitsverhältnis trotz faktischer Arbeitslosigkeit – wie im regulären Beschäftigungsverhältnis – weiterhin **versicherungsrechtlich beachtliche Zeiten** zurückgelegt und zB die für das AlGeld erforderlichen Anwartschaftszeiten erworben werden (BSG 3.6.04 – B 11 AL 70/03 R, SozR 4–4300 § 123 Nr 2; zur Versicherungs- und Beitragspflicht bei Freistellung BSG 24.9.2008 – B 12 KR 22/07 R, SozR 4–2400 § 7 Nr 9).

**2. Versicherungsschutz in der gesetzlichen Unfallversicherung.** In der gesetzlichen UV endet das Beschäftigungsverhältnis von ArbN, deren Arbeitsverhältnis fristgerecht gekündigt wird (zB wegen Konkurseröffnung) bereits mit dem Beginn der **Freistellung** von der Arbeit. Für die Zeit der Freistellung bis zum Ende des Arbeitsverhältnisses sind in der UV deshalb auch keine Umlage-Beiträge an die BG zu leisten. Zwar gilt auch für den Bereich der gesetzlichen UV derselbe Begriff des Beschäftigungsverhältnisses wie in den anderen Versicherungszweigen, doch bestehen im Bereich der UV insoweit erhebliche Unterschiede, als das Risiko eines Arbeitsunfalls mit der Freistellung von der Arbeit im Wesentlichen entfällt (BSG 30.7.81 – 8/8a RU 48/80, SozR 2200 § 723 Nr 5; 26.11.85 – 12 RK 51/83, SozR 4100 § 168 Nr 9). 29

**3. Beiträge zur Kranken-, Pflege-, Renten- und Arbeitslosenversicherung** sind für die Zeit des Annahmeverzugs aus demjenigen Arbeitsentgelt zu entrichten, das der ArbN erhalten hätte, wenn tatsächlich gearbeitet worden wäre. Erfolgt die Zahlung des Arbeitsentgelts für den Zeitraum des Annahmeverzugs in Form einer Nachzahlung, ist die Nachzahlung denjenigen Entgeltabrechnungszeiträumen zuzuordnen, für die sie gewährt wird. **Fiktive Zuschläge** für Sonntags-, Feiertags- und Nachtarbeit, die in der Nachzahlung enthalten sind, unterliegen voll der Beitragspflicht; beitragsfrei gem § 1 ArEV iVm § 3b EStG sind derartige Zuschläge nämlich nur dann, wenn sie für tatsächlich geleistete Sonn-, Feiertags- und Nachtarbeit geleistet werden; dies ist beim Annahmeverzug nicht der Fall. 30

**4. Sozialleistungen während der Zeit des Annahmeverzuges** sind nicht ausgeschlossen. Der formale Fortbestand des Arbeits- und Beschäftigungsverhältnisses steht dem nicht entgegen. 31

**a) Krankengeld** kann der ArbN beanspruchen, wenn eine während des Annahmeverzuges bestehende Krankheit zur AU führt, die (nicht erfüllte) Lohnfortzahlungsansprüche auslöst. Der Krankengeldanspruch des ArbN gegen die Krankenkasse ruht gem § 49 Abs 1 Nr 1 SGB V nämlich nur, wenn und solange der ArbGeb tatsächlich Arbeitsentgelt – und sei es in Form einer Lohnfortzahlung – gewährt. In diesem Fall geht der Anspruch des ArbN auf Lohnfortzahlung gem § 115 SGB X auf die Krankenkasse über. 32

**b) Arbeitslosengeld.** Gewährung von AlGeld kommt in Betracht, wenn das Arbeitsverhältnis zB wegen Eröffnung des Insolvenzverfahrens fristgemäß gekündigt, der ArbN aber mit sofortiger Wirkung von der Arbeit freigestellt wird. Hierdurch endet das versicherungs- und beitragspflichtige Beschäftigungsverhältnis nicht, so dass an sich auch keine Arbeitslosigkeit vorliegt und der Anspruch auf AlGeld gem § 157 Abs 1 SGB III im Hinblick darauf ruhen würde, dass der „Arbeitslose" Arbeitsentgelt zu beanspruchen hat. Das SGB III geht jedoch davon aus, dass der formale Fortbestand des Arbeitsverhältnisses der Arbeitslosmeldung nicht entgegensteht, so dass AlGeld trotz des noch bestehenden Beschäftigungsverhältnisses „gleichwohl" gewährt wird, wenn der ArbN das ihm zustehende Arbeitsentgelt nicht erhält (sog **Gleichwohlgewährung;** § 157 Abs 3 SGB III). In Höhe des gezahlten AlGeld geht dann der Anspruch des ArbN gegen den ArbGeb auf die BA über (§ 115 Abs 1 SGB X). Der **Forderungsübergang** erstreckt sich auch auf die von der BA für die Zeit des Annahmeverzuges an andere Versicherungsträger entrichteten SozVBeiträge. Das AlGeld ersetzt hier ausnahmsweise also nicht den wegen Arbeitslosigkeit ausgefallenen Lohn, sondern den Lohn, der ungeachtet eines bestehenden Beschäftigungsverhältnisses nicht gezahlt wird; insoweit tritt die BA in Vorleistung (BSG 26.11.85 – 12 RK 51/83, SozR 4100 § 168 Nr 19). Gerät der ArbGeb in Insolvenz, kann auch der Verzugslohn iSd §§ 611, 615 BGB insolvenzgeschützt sein und einen Anspruch auf **Insolvenzgeld** auslösen (LSG BaWü 10.4.13 – L 3 AL 1014/11, BeckRS 2013, 72044). 33

**5. Kein Kurzarbeitergeld in Zeitarbeitsunternehmen.** Ob für LeihArbN Kurzarbeitergeld überhaupt wirksam vereinbart werden kann, wird vom BSG angezweifelt. Jedenfalls verneint das BSG für **Leiharbeitnehmer** Ansprüche auf Kurzarbeitergeld. Gem § 11 Abs 4 Satz 2 AÜG ist es zum Schutz des LeihArbN untersagt, den Vergütungsanspruch bei Annahmeverzug vertraglich zu beschränken oder gar aufzuheben. Schutzzweck der Vorschrift ist es, den LeihArbN vor der Verlagerung des ArbGebRisikos in Zeiten einer fehlenden Einsatzmöglichkeit zu schützen. Der Arbeitsausfall in **Zeitarbeitsunternehmen** ist grds branchenüblich; er gilt deshalb regelmäßig als vermeidbar, so dass kein Kurzarbeitergeld gezahlt werden kann (BSG 21.7.09 – B 7 AL 3/08 R, BSGE 104, 83). 34

## Anrechnung anderweitigen Einkommens

### A. Arbeitsrecht *Griese*

1 Die Anrechnung anderweitigen Einkommens findet in einer Reihe von gesetzlich geregelten Fällen statt. Sie **bedeutet** arbeitsrechtlich, dass der ArbN Leistungen verschiedener ArbGeb oder eines ArbGeb und eines Sozialleistungsträgers nicht oder **nicht vollständig kumulativ** beziehen darf, sondern aufeinander anrechnen lassen muss.

2 **Wichtige Anwendungsfälle sind**

die Anrechnung von erzieltem oder böswillig unterlassenem Zwischenverdienst während des Annahmeverzugs (→ *Annahmeverzug* Rn 17) gem § 615 Satz 2 und Satz 3 BGB bzw § 11 Nr 1 u 2 KSchG,

die **Anrechnung von Sozialleistungen im Annahmeverzugszeitraum nach § 11 Nr 3 KSchG** (→ *Annahmeverzug* Rn 18 und → *Arbeitslosengeld* Rn 49).

die Anrechnungspflicht gem § 74c HGB, wonach sich derjenige, der aufgrund eines vertraglich vereinbarten Wettbewerbsverbots **Karenzentschädigung** zu beanspruchen hat, anderweitige Einkünfte in gewissem Umfang auf seinen Anspruch anrechnen lassen muss (→ *Wettbewerbsverbot* Rn 33).

die **teilweise Anrechnung von Einkommen auf Rentenleistungen** bei der Beschäftigung von Rentnern (Einzelheiten → *Rentnerbeschäftigung* Rn 14 ff).

3 Die jeweils einschlägige Anrechnungsnorm bestimmt Gegenstand, Voraussetzungen und Umfang der Anrechnungspflicht.

### B. Lohnsteuerrecht *Seidel*

4 Der LSt unterliegt nur der tatsächlich gezahlte (ggf gekürzte) stpfl Bruttoarbeitslohn des ArbGeb an den ArbN (→ *Arbeitsentgelt* Rn 30 ff). Die LStPflicht der anzurechnenden Leistungen (zB erzielter Zwischenverdienst bzw AlGeld) richtet sich nach den für diese Leistungen geltenden Regelungen (zB Arbeitslohneigenschaft des Zwischenverdienstes oder Steuerfreiheit des AlGeldes, § 3 Nr 2 EStG). Soweit eine Anrechnung des böswillig unterlassenen Zwischenverdienstes erfolgt (→ Rn 2), verbleibt es bei der Besteuerung des tatsächlich gezahlten Lohnes. Hat allerdings der ArbGeb nach § 11 Nr 3 KSchG im Rahmen der Lohnnachzahlung bei Annahmeverzug vom ArbN während der Zeit des Annahmeverzugs bezogene Leistungen (zB AlGeld) wegen der Anrechnung auf die Lohnnachzahlung direkt an die leistende Stelle zurückzuzahlen, gehört mE auch diese Zahlung zum stpfl Bruttoarbeitslohn (→ *Annahmeverzug* Rn 26).

### C. Sozialversicherungsrecht *Voelzke*

46 Zur sozialversicherungsrechtlichen Bedeutung der Tätigkeit von BRatMitgliedern → *Betriebsrat* Rn 71.

## Anrechnung übertariflicher Entgelte

### A. Arbeitsrecht *Kreitner*

1 **1. Allgemeines.** Die Frage einer Anrechnung über- oder außertariflicher Entgelte kann sich in unterschiedlichen Fallkonstellationen stellen (zur Abgrenzung über- und außertariflicher Zulagen BAG 7.2.07 – 5 AZR 41/06, NZA 07, 934). So hat das BAG bspw die Anrechenbarkeit von ArbGebLeistungen, die auf der Grundlage eines Haustarifvertrages gezahlt wurden, auf den Mindestlohnanspruch aus dem allgemeinverbindlichen Verbandstarifvertrag nach zweckbezogenen Kriterien beurteilt (BAG 18.4.12 – 4 AZR 168/10 (A), NZA 13, 386; BAG 18.4.12 – 4 AZR 139/10, NZA 13, 392). Das ist nach Auffassung des EuGH europarechtskonform, sofern das Verhältnis zwischen der Leistung des ArbN und der Gegenleistung des ArbGeb hierdurch nicht verändert wird (EuGH 7.11.13 – C-522/12,

NZA 13, 1359 – Isbir). Hieran anknüpfend hat das BAG zwar vom ArbGeb geleistete Spätschichtzuschläge, nicht jedoch ebenfalls vom ArbGeb gezahlte Nachtarbeitszuschläge und vermögenswirksame Leistungen auf den tariflichen Mindestlohn angerechnet (BAG 16.4.14 – 4 AZR 802/11, NZA 14, 1277). Meist geht es jedoch in der Praxis entweder um die Anrechnung aus Anlass einer Tariflohnerhöhung oder um Anrechnungen bzw Verrechnungen, die unabhängig von allgemeinen Lohn- bzw Gehaltserhöhungen durch den Widerruf von Zulagen oder sonstigen zusätzlichen Leistungen des ArbGeb (→ *Änderungsvorbehalte* Rn 1 ff) erfolgen. Für die Beurteilung des rechtlichen Gestaltungsspielraums des ArbGeb muss zwischen individual- und kollektivrechtlichem Bereich unterschieden werden.

**2. Individualrechtlich** ist eine Anrechnung von übertariflichen Zulagen aus Anlass einer Tariflohnerhöhung **grundsätzlich zulässig.** Im Zweifel ist davon auszugehen, dass die Arbeitsvertragsparteien die Anrechnung von außertariflichen Zulagen zulassen wollten (BAG 9.12.97 – 1 AZR 330/97, NZA 98, 609; 3.6.98 – 5 AZR 616/97, NZA 99, 208). Selbst eine in der Vergangenheit jahrelang geübte entgegengesetzte Praxis kann nach der Rspr des BAG aus Anlass einer Tariflohnerhöhung ohne weiteres aufgegeben und eine Anrechnung vorgenommen (BAG 22.9.92 – 1 AZR 235/90, NZA 93, 232) werden, denn allein in der tatsächlichen Zahlung liegt keine vertragliche Abrede, die Zulage solle auch nach einer Tariflohnerhöhung als selbstständiger Lohnbestandteil neben dem jeweiligen Tariflohn gezahlt werden (BAG 16.5.12 – 10 AZR 252/11, BeckRS 2012, 71267). Das gilt grds gleichermaßen hinsichtlich pauschalierter Einmalzahlungen für die bei Tarifabschluss zurückliegenden Monate (BAG 25.6.02 – 3 AZR 167/01, NZA 02, 1216; 16.4.02 – 1 AZR 363/01, NZA 03, 224; 1.3.06 – 5 AZR 540/05, NZA 06, 688; BAG 9.11.05 – 5 AZR 105/05, AP Nr 196 zu § 1 TVG Tarifverträge: Metallindustrie zur sog ERA-Strukturkomponente). Allerdings hat das BAG zuletzt bei einer mehrjährigen Steigerung einer übertariflichen Zulage um tarifliche Entgelterhöhungen im zu entscheidenden Fall das Bestehen einer betrieblichen Übung bejaht, ohne die Frage der Anrechenbarkeit zu thematisieren (BAG 19.9.18 – 5 AZR 439/17, NZA 19, 106). Vor diesem Hintergrund erscheint fraglich, ob das BAG an seiner bisherigen Rspr zum Anrechnungsvorbehalt unverändert festhalten möchte (kritisch auch *Bayreuther* NZA 19, 517). Hiervon unabhängig entscheidet über Möglichkeit und Umfang der Anrechnung zunächst in jedem Fall die Formulierung der vertraglichen Vergütungsabrede bzw der konkreten Anrechnungsklausel (BAG 19.4.12 – 6 AZR 691/10, NZA-RR 12, 525; 23.9.09 – 5 AZR 973/08, DB 09, 2787). Ist der Anrechnungsvorbehalt auf kommende Lohnerhöhungen bezogen, muss das Anrechnungsrecht bis zur erstmöglichen Umsetzung der Lohnerhöhung ausgeübt werden (BAG 17.9.03 – 4 AZR 533/02, NZA 04, 437). Derartige Anrechnungsklauseln sind auch in Formulararbeitsverträgen zulässig und verstoßen weder gegen § 308 Nr 4 BGB noch gegen § 307 Abs 1 Satz 2 BGB (BAG 1.3.06 – 5 AZR 363/05, NZA 06, 746; 27.8.08 – 5 AZR 820/07, NZA 09, 49). Im Übrigen gelten die allgemeinen Grundsätze, ua der Gleichbehandlungsgrundsatz. Bei einer Aufschlüsselung des Gesamtentgelts in ein „Tarifentgelt“ und eine „übertarifliche Zulage“ in der Gehaltsmitteilung des ArbGeb ist die Zulage regelmäßig nicht als selbstständiger Entgeltbestandteil zugesagt (BAG 3.9.14 – 5 AZR 109/13, BeckRS 2014, 74404). 2

Etwas anderes gilt nur dann, wenn der individuelle Arbeitsvertrag ein **Anrechnungsverbot** enthält. Dies kann zB dergestalt geschehen, dass eine Zulage als „tariffest“ oder „nicht anrechenbar“ bezeichnet wird. Hier kann individualrechtlich eine Anrechnung, also eine Verringerung der Zulage, nur im Wege einer Änderungskündigung erfolgen. Das Gleiche gilt im Zweifel für **zweckbestimmte Zulagen** (zB Leistungs- oder Erschwerniszulagen), da die Zweckbestimmung als konkludentes Anrechnungsverbot zu verstehen ist (BAG 23.3.93, NZA 93, 806; 14.8.01 – 1 AZR 744/00, NZA 02, 342) sowie für die Anrechnung eines Lohnausgleichs der Arbeitszeitverkürzung (BAG 3.6.98 – 5 AZR 616/97, NZA 99, 208; 15.3.2000 – 5 AZR 557/98, NZA 01, 105). Hierdurch bedingte Vergütungsänderungen sind keine Tariflohnerhöhungen im vorgenannten Sinn. Wegen der individualrechtlichen Möglichkeit, unabhängig von Tariflohnerhöhungen bislang gewährte Zulagen auf ein niedrigeres Niveau zurückführen zu können, wird auf die Ausführungen zum Stichwort → *Änderungsvorbehalte* Rn 4 ff verwiesen. 3

**3. Kollektivrechtlich** ist bei der Anrechnung über- bzw außertariflicher Zulagen grds das Mitbestimmungsrecht des BRat gem **§ 87 Abs 1 Nr 10 BetrVG** betroffen. Danach 4 besteht ein erzwingbares Mitbestimmungsrecht des BRat in sämtlichen Fragen der betrieblichen Lohngestaltung, das den ArbN vor einer einseitig an den Interessen des ArbGeb orientierten oder sogar willkürlichen Lohngestaltung schützen und die Angemessenheit und Durchsichtigkeit des innerbetrieblichen Lohngefüges und die Wahrung der innerbetrieblichen Lohngerechtigkeit sichern soll (BAG 18.3.14 – 1 ABR 75/12, NZA 14, 984). Ausgehend von diesem Normzweck ist die Reichweite des Mitbestimmungsrechts und damit die vom BRat erzwingbare Einflussnahme zu beurteilen. Nach einem langjährigen Meinungsstreit hat der **Große Senat des BAG** in seiner Entscheidung vom 3.12.91 (GS 2/90, NZA 92, 749) hierzu **folgende Grundsätze** aufgestellt, die das BAG seither konsequent anwendet und fortführt:

5 **(1) Weder** der **Tarifvorbehalt** nach § 77 Abs 3 BetrVG **noch** der **Tarifvorrang** des § 87 Abs 1 Eingangssatz BetrVG **stehen** grds einem **Mitbestimmungsrecht entgegen.** § 87 Abs 1 Eingangssatz BetrVG kann lediglich in Ausnahmefällen zu einem Ausschluss der Mitbestimmung führen, wenn im Tarifvertrag selbst eine inhaltlich einschlägige und abschließende Regelung über den Mitbestimmungstatbestand enthalten ist. Üblicherweise legt der Tarifvertrag jedoch nur ein Mindestentgelt fest, so dass eine Sperrwirkung für die betriebliche Mitbestimmung nicht eintreten kann. § 77 Abs 3 BetrVG hindert lediglich Regelungen der Betriebsparteien über die Weitergabe von Tariflohnerhöhungen (BAG 30.5.06 – 1 AZR 111/05, NZA 06, 1170).

6 **(2) Ein Mitbestimmungsrecht greift ein,** wenn sich durch die Anrechnung bzw den Widerruf von Zulagen die Verteilungsgrundsätze ändern und darüber hinaus für eine anderweitige Anrechnung bzw Kürzung ein Regelungsspielraum verbleibt (BAG 10.3.09 – 1 AZR 55/08, NZA 09, 684). Dabei ist unerheblich, ob die Anrechnung durch gestaltende Erklärung erfolgt oder sich automatisch vollzieht.

7 **(3) Mitbestimmungsfrei** ist der Anrechnungsvorgang bzw der Zulagenwiderruf, wenn dadurch das Zulagenvolumen völlig aufgezehrt wird oder die Tariflohnerhöhung vollständig und gleichmäßig auf die über-/außertariflichen Zulagen angerechnet wird (BAG 1.3.06 – 5 AZR 363/05, NZA 06, 746; 22.5.12 – 1 AZR 94/11, NZA 12, 1234; 24.10.17 – 1 AZR 346/16, NZA 18, 957). Dies gilt auch im Fall einer geplanten vollständigen Anrechnung, die irrtümlich nur zT durchgeführt wird. Hier trägt allerdings der ArbGeb die Darlegungs- und Beweislast für die fehlerhafte Umsetzung der Anrechnungsentscheidung (BAG 31.10.95, DB 96, 1189). Oftmals vereinbaren die Tarifvertragsparteien bei einer prozentualen Tariferhöhung eine Einmalzahlung für die vor dem Tarifabschluss liegenden Monate. In einem solchen Fall löst bereits die ungekürzte Weitergabe der Einmalzahlung bei ansonsten vollständiger Anrechnung das Mitbestimmungsrecht des BRat aus (BAG 21.9.99 – 1 ABR 59/98, NZA 2000, 898). Soweit keine vollständige Anrechnung erfolgt (BAG 25.6.02 – 3 AZR 167/01, NZA 02, 1216) muss der ArbGeb sie daher von der Anrechnung ausnehmen, um mitbestimmungsfrei agieren zu können (BAG 14.8.01 – 1 AZR 744/00, NZA 02, 342; 16.4.02 – 1 AZR 363/01, NZA 03, 224).

8 Im Einzelnen sind folgende **Prüfungsschritte** zu beachten:

Damit ein Mitbestimmungsrecht nach § 87 Abs 1 Nr 10 BetrVG überhaupt eingreifen kann, muss zunächst ein **kollektiver Tatbestand** vorliegen. Die individuelle Lohngestaltung des einzelnen Arbeitsverhältnisses unterfällt nicht der Mitbestimmung des BRat (BAG 22.9.92 – 1 AZR 459/90, NZA 93, 566). Nicht entscheidend ist insoweit, wie viele ArbN von der Maßnahme betroffen sind. Denn selbst wenn eine größere Anzahl von ArbN Zulagenkürzungen hinnehmen muss, hat dies nicht zwangsläufig den kollektiven Charakter der Maßnahme zur Folge. Es sind andererseits generelle Regelungsfragen vorstellbar, die vorübergehend nur einen ArbN betreffen, auch können individuelle Sonderregelungen auf Wunsch der betroffenen ArbN gehäuft auftreten (BAG 22.9.92 – 1 AZR 235/90, NZA 93, 232).

9 Eine Orientierungshilfe bieten mehrere auf der Grundlage der Rspr des GS ergangene spätere **Einzelfallentscheidungen** des BAG. Ist zB – wie bei Kürzungen aus Leistungsgründen – notwendigerweise ein Vergleich mit anderen ArbN vorzunehmen, ist der kollektive Bezug stets vorhanden (BAG 22.9.92 – 1 AZR 459/90, NZA 93, 566; 3.5.94, DB 94, 2450). Das Gleiche gilt, wenn der ArbGeb bei einem Teil der ArbN eine Anrechnung vornimmt, weil sie hohe krankheitsbedingte Fehlzeiten aufweisen (BAG 22.9.92 – 1 AZR 460/90, NZA 93, 568). Ebenfalls kollektiven Charakter hat eine Anrechnung, die bei einer

Mehrzahl von ArbN vorgenommen wird, deren Tätigkeit nicht mehr der Eingruppierung entspricht (BAG 23.3.93, DB 93, 1931) oder wenn ein bestehendes Gehaltssystem für AT-Angestellte nach abstrakt generellen Kriterien aus Anlass einer Tariferhöhung geändert wird (BAG 28.9.94 – 1 AZR 870/93, DB 95, 678). Gleiches gilt, wenn der ArbGeb Steigerungen des Tarifgehalts aufgrund von Alterssprüngen, Höhergruppierungen oder Erhöhungen der tariflichen Leistungszulage anrechnet (BAG 22.4.97, DB 97, 2081). Entscheidend ist letztlich, ob es um die Strukturformen des Entgelts einschließlich ihrer näheren Vollzugsformen geht (BAG 9.7.96 – 1 AZR 690/95, NZA 97, 277). Letzteres ist bei einer Änderung der Verteilungsgrundsätze (der zweiten Grundvoraussetzung einer Mitbestimmungspflicht) für über-/außertarifliche Zulagen immer der Fall.

Demgegenüber **fehlt es an einem kollektiven Tatbestand,** wenn der ArbGeb eine Anrechnung nur bei einem einzelnen ArbN vornimmt, weil dieser trotz einer Umsetzung auf einen tariflich niedriger bewerteten Arbeitsplatz unverändert die bisherige Vergütung erhält (BAG 22.9.92 – 1 AZR 461/90, NZA 93, 569; LAG BaWü 10.12.96, NZA 97, 1125), oder wenn die Anrechnung auf Wunsch eines ArbN zur Vermeidung steuerlicher Nachteile vorgenommen wird (BAG 27.10.92, DB 93, 1143). 10

Die als weitere Mitbestimmungsvoraussetzung erforderliche **Änderung der Verteilungsgrundsätze,** liegt immer dann vor, wenn sich aufgrund der Anrechnung das Verhältnis der Zulagen verschiedener ArbN zueinander verändert (BAG 26.5.98 – 1 AZR 704/97, NZA 98, 1292; 8.6.04 – 1 AZR 308/03, NZA 05, 67). Dies ist aufgrund der üblicherweise differenzierten Zulagengestaltung bei einer Anrechnung regelmäßig der Fall. Selbst bei einer summenmäßig oder prozentual gleichen Anrechnung führt allein eine bislang unterschiedliche Zulagenhöhe bei einzelnen ArbN zu einer Änderung des Verteilungsschlüssels im Verhältnis der Zulagen untereinander (BAG 14.2.95, DB 95, 1917). 11

**Unverändert** bleiben die Verteilungsgrundsätze nur dann, wenn der ArbGeb bislang eine für alle ArbN prozentual zum jeweiligen Tariflohn gleiche Zulage gezahlt hat und diese nunmehr in gleichem prozentualem Umfang angerechnet bzw gekürzt wird. Der GS des BAG führt folgendes Zahlenbeispiel an: 12

Ein ArbGeb zahlt allen ArbN eine übertarifliche Zulage von 10 % (zB A: 2000 € + 200 €, B: 3000 € + 300 €, C: 5000 € + 500 €). Anlässlich einer Tariflohnerhöhung um 6 % rechnet er 4 % an: Die Zulage verringert sich damit um den gleichen Prozentsatz auf 6 % vom bisherigen Tariflohn (im Beispielsfall A: 120 €, B: 180 €, C: 300 €). Das Verhältnis der Zulagen zueinander (im Beispielsfall 2 : 3 : 5) bleibt unverändert.

Zu einer Änderung der Verteilungsgrundsätze kann es ausnahmsweise dennoch kommen, wenn nach der bisher geltenden Regelung alle ArbN einen bestimmten **Sockelbetrag** erhalten sollen, die prozentual gleichmäßige Anrechnung aber dazu führt, dass dieser Betrag bei einzelnen ArbN unterschritten wird. 13

Des Weiteren muss trotz der Anrechnung bzw Kürzung der Zulage ein **Regelungsspielraum** verbleiben. Dem können **Hinderungsgründe** tatsächlicher oder rechtlicher Natur entgegenstehen.

**In tatsächlicher Hinsicht** scheidet ein Mitbestimmungsrecht aus, wenn die Anrechnung so weitgehend ist, dass sie insgesamt zum Wegfall der Zulage führt. Ohne verbleibendes Zulagenvolumen scheidet eine Verteilung und damit gleichzeitig jede dahingehende Mitwirkungshandlung des BRat aus. 14

**In rechtlicher Hinsicht** sind nach der Rspr des GS die Mitbestimmungsgrenzen dann erreicht, wenn der ArbGeb eine Tariflohnerhöhung vollständig auf alle Zulagen anrechnet, unabhängig davon, ob hierdurch eine Änderung der Verteilungsgrundsätze bewirkt wird (BAG 22.9.92 – 1 AZR 405/90, BB 93, 135; 27.10.92, DB 93, 1143; 3.3.93, DB 93, 1930). Die individualrechtlichen Vorgaben schränken den Handlungsspielraum des ArbGeb ein und verhindern eine andere Verteilungsalternative (BAG 22.9.92 – 1 AZR 235/90, NZA 93, 232). Das Gleiche gilt, wenn aufgrund individualrechtlicher Vorgaben (→ Rn 2) ausnahmsweise eine Anrechnung ausgeschlossen ist. Nimmt der ArbGeb in einem solchen Fall dennoch eine Anrechnung vor, so ergibt sich aus diesem vertragswidrigen Verhalten kein Mitbestimmungsrecht des BRat (BAG 7.2.96, DB 96, 1630). 15

Zu Recht sieht demgegenüber das BAG einen **weiteren rechtlichen Hinderungsgrund** bei einer bestehenden mitbestimmten Zulagenregelung (BAG 9.12.97 – 1 AZR 16

319/97, NZA 98, 661). Beachtet der ArbGeb diese bei der Zulagenänderung und vollzieht er damit letztlich nur diese Kollektivvereinbarung, so scheiden weitere Mitbestimmungsrechte aus. Der bloße Vollzug einer mitbestimmten Regelung kann kein neues Mitbestimmungsrecht auslösen (BAG 22.9.92 – 1 AZR 405/90, BB 93, 135; BAG 14.2.95, DB 95, 1917).

17 **Im Regelfall** wird jedoch ein solcher Regelungsspielraum existieren. Es genügt bereits, dass der ArbGeb einen oder einzelne ArbN von der Anrechnung ausschließt (BAG 22.9.92, DB 93, 385). Erst recht greift das Mitbestimmungsrecht des BRat ein, wenn der ArbGeb bestimmte Gruppen von ArbN von der Anrechnung ausnehmen will. Gleiches gilt, wenn der ArbGeb im Zusammenhang mit der vollständigen Anrechnung die übertariflichen Zulagen neu festsetzen und hierdurch die Anrechnung zum Teil kompensieren will (BAG 3.5.94, DB 94, 2450) oder bei mehreren **zeitlich versetzten Entgelterhöhungen** (BAG 10.3.09 – 1 AZR 55/08, NZA 09, 684), sofern dem eine **einheitliche Konzeption** zugrunde liegt (BAG 17.1.95, NZA 95, 792; 14.2.95, NZA 96, 328; LAG Bln Bbg 11.1.17 – 23 Sa 1484/16, BeckRS 2017, 104822). Das setzt voraus, dass der ArbGeb bei der Entscheidung über die Anrechnung der ersten Stufe bereits sein Verhalten bei der zweiten Stufe geplant hat (BAG 24.1.17 – 1 ABR 6/15, NZA 17, 661).

18 Das Mitbestimmungsrecht greift auch ein, wenn die außertariflichen Angestellten von einer Anrechnung ganz oder teilweise ausgenommen werden sollen (BAG 27.10.92, BB 93, 1589), oder wenn bei der Anrechnung zwischen Arbeitern und Angestellten differenziert wird (LAG Hamm 18.1.94, NZA 95, 93). Es bezieht sich auf die **Verteilung des übertariflichen Zulagenvolumens** und die diesbezüglichen Verteilungsgrundsätze und erfasst nicht die Frage, ob und in welchem Umfang Mittel für eine übertarifliche Vergütung bereitgestellt werden müssen. Ob die übertarifliche Vergütung bei den ArbN arbeitsvertraglich bzw abrechnungsmäßig getrennt ausgewiesen wird, ist unerheblich. Entscheidend ist, dass sich rechnerisch ermitteln lässt in welchem Umfang und mit welcher Verteilungsmasse übertariflich vergütet wird (BAG 22.9.92 – 1 AZR 405/90, BB 93, 135).

19 Etwas anderes gilt allerdings dann, wenn innerhalb eines Betriebes **verschiedenartige Entgeltsysteme** bestehen, die durch Unterschiede in den Tätigkeiten sachlich bedingt sind. Hier erstreckt sich das Mitbestimmungsrecht aus § 87 Abs 1 Nr 10 BetrVG nicht auf das Verhältnis der einzelnen Entgeltsysteme zueinander. Daher kann ein ArbGeb mitbestimmungsfrei in einem Entgeltsystem eine vollständige Anrechnung vornehmen und das andere Entgeltsystem hiervon unberührt lassen (BAG 19.9.95 – 1 ABR 20/95, NZA 96, 484).

20 Diese Mitbestimmungsgrundsätze gelten gleichermaßen für Anrechnungen aus Anlass einer Tariflohnerhöhung wie für Zulagenkürzungen aus sonstigen Gründen bei individualrechtlich vorbehaltenem Widerruf (BAG 3.12.91 – GS 2/90, NZA 92, 749; BAG 10.11.92, DB 93, 439). Im Übrigen kann der BRat jederzeit von seinem **Initiativrecht** Gebrauch machen, sofern er eine Änderung des vorhandenen Zulagensystems erreichen will. Bei einer bestehenden Zulagenregelung auf der Grundlage einer oder mehrerer Betriebsvereinbarungen müssen diese allerdings zunächst gekündigt werden.

21 **4. Rechtsfolge** einer unterlassenen, aber im konkreten Fall erforderlichen Wahrung der Mitbestimmungsrechte des BRat ist die **Unwirksamkeit** der Anrechnungsmaßnahmen (BAG 25.7.96 – 6 AZR 179/95, NZA 97, 620; 22.5.12 – 1 AZR 94/11, NZA 12, 1234), denn die ordnungsgemäße Beteiligung des BRat ist nach der ständigen Rspr des BAG Wirksamkeitsvoraussetzung einer jeden Maßnahme, die für den ArbN nachteilig ist (BAG 10.3.09 – 1 AZR 55/08, NZA 09, 684; 3.12.91 – GS 2/90, NZA 92, 749). Steht demgegenüber aufgrund eines vorherigen arbeitsgerichtlichen Beschlussverfahrens rechtskräftig fest, dass ein Mitbestimmungsrecht des BRat im konkreten Fall nicht besteht, scheidet ein Anspruch des ArbN auch dann aus, wenn er an diesem Beschlussverfahren nicht beteiligt war (BAG 23.2.16 – 1 AZR 73/14, NZA 16, 906).

22 Die Verletzung des Mitbestimmungsrechts selbst kann **keine zusätzlichen Ansprüche** begründen, die bislang nicht bestanden (BAG 3.9.14 – 5 AZR 109/13, BeckRS 2014, 74404). Insbesondere kann der BRat im Rahmen der Geltendmachung seines Mitbestimmungsrechts keinen Einfluss auf das Zulagenvolumen nehmen (LAG Frankfurt 12.9.91, NZA 92, 565 für die gleichbehandlungswidrige Einführung einer Zulage; aA DKK/*Klebe* § 87 Rz 260). Derartige Ansprüche können sich allenfalls individualrechtlich aus dem

Gleichbehandlungsgebot ergeben (BAG 20.8.91, DB 92, 687). Ist der ArbGeb wegen Verletzung des Mitbestimmungsrechts verpflichtet, die übertarifliche Leistung im bisherigen Umfang fortzuführen, so kann er die weiteren Zahlungen unter dem Vorbehalt einer späteren Änderung (unter Mitwirkung des BRat) leisten und kann dann bei einer entsprechenden Einigung mit dem BRat später zu viel gezahlte Beträge zurückfordern.

**5. Muster.** S Online-Musterformular *„M9.9 Arbeitsvertragliche Anrechnungsklausel"*. 23

### B. Lohnsteuerrecht

*Weil*

Auch die über- oder außertariflichen Entgelte gehören grds zum stpfl Arbeitslohn. 25
Werden übertarifliche Entgelte auf die vom ArbGeb geschuldete Vergütung angerechnet, ist für den LStabzug (§ 38 Abs 1 EStG) die Höhe der tatsächlichen Lohnzahlung maßgebend. Dabei ist eine Lohnzahlung erfolgt, wenn dem ArbN der Lohn zugeflossen ist, er also über das Entgelt wirtschaftlich verfügen kann (§ 38 Abs 2 Satz 2 EStG).

### C. Sozialversicherungsrecht

*Voelzke*

Für die SozV hat die Frage der Wirksamkeit einer Anrechnung übertariflicher Entgelte 26
keine unmittelbare Bedeutung.

# Anrufungsauskunft

### A. Arbeitsrecht

*Poeche*

**1. Interessenlage.** Der ArbGeb hat die LSt für Rechnung des ArbN vom Lohn ein- 1
zubehalten (§ 38 Abs 3 Satz 1 EStG) und an das FA abzuführen. Er haftet dem FA gegenüber auf Nachzahlung, falls er die LSt falsch berechnet und deshalb zu wenig abgeführt hat. Er hat dann gegen den ArbN Anspruch auf Erstattung der nachentrichteten LSt (BAG 14.11.18 – 5 AZR 301/17, NZA 19, 250; 16.6.04 – 5 AZR 521/03, NZA 04,1274). Die Realisierung des Erstattungsanspruchs ist typischerweise mit Risiken behaftet, wenn eine Aufrechnung gegen Entgeltansprüche des ArbN wegen der Pfändungsgrenzen (→ *Aufrechnung* Rn 7; → *Pfändung* Rn 23) oder wegen der Beendigung des Arbeitsverhältnisses ausscheidet und ein gerichtlicher Titel erwirkt und vollstreckt werden muss. Gegenläufig ist der ArbN daran interessiert, dass der ArbGeb nicht zu viel LSt abführt und ihm das FA zu viel gezahlte LSt erst aufgrund der *Antragsveranlagung* erstattet. § 42e EStG ermöglicht beiden Arbeitsvertragsparteien, die Steuerpflichtigkeit von ArbGebLeistungen durch eine Anrufungsauskunft des BetriebsstättenFA verbindlich zu klären (*Gamp* AuR 18, 87).

**2. Einholung der Auskunft durch den Arbeitgeber. a) Risikoentlastung.** Die Ver- 2
letzung der auf öffentlichem Recht beruhenden Verpflichtung des ArbGeb zur ordnungsgemäßen Berechnung und Abführung von Steuern schließt Ersatzansprüche des ArbN bei fehlerhafter Handhabung nicht aus.

Einzustehen hat der ArbGeb für die verkehrsübliche Sorgfalt (§ 276 BGB). Bei **unklarer Rechtslage** hat er sich deshalb durch eine Anrufungsauskunft über die Steuerpflichtigkeit der gewährten Geld- oder Sachleistungen zu unterrichten (BAG 30.4.08 – 5 AZR 725/07, NZA 08, 884). Die Auskunft des FA schließt **Schadensersatzansprüche** des ArbN mangels Verschuldens des ArbGeb auch dann aus, wenn sie inhaltlich unrichtig ist, vorausgesetzt, der ArbGeb hat den steuerrelevanten Sachverhalt ordnungsgemäß dargestellt. Darauf soll es dann nicht ankommen, wenn der ArbN auf seine getrennte Anfrage hin dieselbe, unrichtige Auskunft erhalten hat (BAG 11.10.89 – 5 AZR 585/88, NZA 90, 309).

**b) Anspruch des Arbeitnehmers.** Der ArbN hat gegen den ArbGeb **keinen An-** 3
**spruch** auf Einholung einer Anrufungsauskunft (offen gelassen in LAG Hamm 6.12.2000 – 14 Sa 1615/00, BeckRS 2000, 30788455). Der Weg, den der ArbGeb einschlägt, um die LSt zutreffend zu ermitteln, ist ihm überlassen. Grund und Höhe des **Schadensersatzanspruchs** bei fehlerhafter Anwendung des Steuerrechts durch den ArbGeb richten sich nach allgemeinen Grundsätzen: Bei zu viel entrichteter LSt wird es wegen der Erstattungsmöglichkeit im Wege der *Antragsveranlagung* regelmäßig um einen Zinsschaden gehen. Bei

zu geringer Abführung der LSt kommen Kreditkosten in Betracht, falls der ArbN keine Steuerstundung erhält und die nunmehr nachzuzahlende Steuer zuzüglich etwaiger Kosten finanzieren muss.

4 **3. Einholung der Auskunft durch den Arbeitnehmer.** Zur Bindungswirkung der dem ArbN erteilten Auskunft im Veranlagungsverfahren → Rn 12.

**B. Lohnsteuerrecht** *Seidel*

5 **1. Allgemeines. a) Auskünfte.** Im Steuerrecht lassen sich mehrere Arten von verbindlichen Auskünften des FA unterscheiden:

– gebührenpflichtige Auskünfte nach § 89 Abs 2 AO (allgemein verbindliche Auskünfte; § 89 Abs 3–5 AO) als gesetzliche Umsetzung der bisher von der Rspr entwickelten Regelung gem den Grundsätzen von Treu und Glauben. Näheres enthält die RechtsVO zu § 89 Abs 2 AO (SteuerauskunftsVO vom 30.11.07, BGBl I 07, 2783). Zur Zuständigkeit des FA oder des BZSt und zur Festsetzung und Erhebung von Gebühren nach § 89 Abs 3–5 AO s BMF 31.1.14, BStBl I 14, 290. Die Gebührenpflicht ist nicht verfassungswidrig (BFH 30.3.11 – I R 61/10, BStBl II 11, 536);
– Verbindliche Zusagen im Anschluss an eine Außenprüfung (→ *Außenprüfung* Rn 8; §§ 204 ff AO; *Heuermann/Wagner* Teil K Rz 55 ff) und
– die Anrufungsauskunft (§ 42e EStG) s iE BMF 12.12.17, DStR 17, 2734.

Normale Auskünfte, zB die künftige steuerliche Behandlung bestimmter Ausgaben und die Anrufungsauskunft sind weiterhin gebührenfrei (LStR 42e).

**b) Zweck.** Das BetriebsstättenFA (→ Rn 6; → *Betriebsstätte* Rn 4 ff) hat auf Anfrage eines Beteiligten darüber Auskunft zu geben, ob und inwieweit im einzelnen Fall die Vorschriften über die LSt anzuwenden sind (§ 42e EStG). Da der ArbGeb hinsichtlich des LStAbzugsverfahrens (→ *Lohnabzugsverfahren* Rn 2 ff) öffentlich-rechtliche Pflichten zu erfüllen hat, dient die Möglichkeit der verbindlichen Auskunft über seine lohnsteuerlichen Pflichten im Einzelfall der Verminderung seines Haftungsrisikos (→ *Lohnsteuerhaftung* Rn 4 ff). Die Anrufungsauskunft bedingt weder ein besonderes rechtliches Interesse des Anfragenden noch ist sie auf Zweifelsfälle beschränkt (*HMW*/Auskünfte und Zusagen des Finanzamts Rz 14).

6 **2. Beteiligte.** Auskunftsberechtigt sind der ArbGeb, der ArbN als Steuerschuldner (BFH 9.10.92 – VI R 97/90, BStBl II 93, 166) und Personen, die Auskunft über ihre ArbGebEigenschaft wünschen sowie alle Personen, die darüber hinaus als Haftende in Anspruch genommen werden können (zB gesetzliche Vertreter, Vermögensverwalter und Verfügungsberechtigte iSd §§ 34, 35 AO – → *Lohnsteuerhaftung* Rn 29 ff – sowie Gesamtrechtsnachfolger, § 45 AO). ArbGebVerbände oder Gewerkschaften sind nicht auskunftsberechtigt, der BRat nur bei Bevollmächtigung durch den ArbGeb oder ArbN (*HMW*/Auskünfte und Zusagen des Finanzamts Rz 19).

7 **3. Zuständigkeit.** Die Auskunft kann intern zwar nur von einem **zuständigen Beamten** des BetriebsstättenFA (regelmäßig Amtsleiter, LStSachgebietsleiter und zeichnungsberechtigter Beamte des ArbGebBezirks) erteilt werden. Die Bindungswirkung knüpft allerdings an die mit der Verwaltungsaktsqualität (→ Rn 10) verbundene Außenwirkung der Regelung an (*Heuermann/Wagner* Teil K Rz 22,), weshalb die – von der sachlichen Zuständigkeit zu unterscheidende – interne Zuständigkeit keine weitere Bedeutung hat. Bei **mehreren lohnsteuerrechtlichen Betriebsstätten** wird die Auskunft nur vom FA, in dessen Bezirk sich die Geschäftsleitung befindet, erteilt. Ist dieses FA kein BetriebsstättenFA, ist das FA zuständig, in dessen Bezirk sich die Betriebsstätte mit den meisten ArbN befindet (§ 42e Sätze 2 und 3 EStG). Bei **Konzernunternehmen** kommt – insbes auf Antrag – bei einem Fall von einigem Gewicht, wenn erkennbar ist, dass die Auskunft auch für andere ArbGeb des Konzerns von Bedeutung ist, eine Abstimmung unter den betroffenen FA in Betracht. Befindet sich die Konzernzentrale im Ausland, koordiniert das FA die Abstimmung, das als erstes mit der Angelegenheit betraut war (LStR 42e Abs 3). In Fällen der **Lohnzahlung durch Dritte**, in denen der Dritte ArbGebPflichten trägt (→ *Lohnabzugsverfahren* Rn 16, 17), ist dessen BetriebsstättenFA auch dann zuständig, wenn der Dritte Arbeitslöhne aus mehreren Dienstverhältnissen zusammenfasst (LStR 42e Abs 4). Die **Aus-**

**kunft des LStAußenprüfers** stellt **keine Anrufungsauskunft** dar, kann jedoch ebenso wie eine im vorhergehenden Prüfungsbericht ausdrücklich unbeanstandete strittige Handhabung bei der Haftungsinanspruchnahme im Rahmen der Ermessensausübung zu berücksichtigen sein (→ *Lohnsteueraußenprüfung* Rn 17; *Schmidt/Krüger* § 42e Rz 3; *HMW*/Auskünfte und Zusagen des Finanzamts Rz 46).

**4.** Eine **Form** ist zwar weder für die Anfrage noch für die Auskunft vorgeschrieben. Zur Vermeidung von Unklarheiten und Beweisschwierigkeiten, die zulasten dessen gehen, der sich auf die Auskunft beruft, sollte der Auskunftsberechtigte allerdings eine schriftliche Auskunft verlangen. Damit korrespondiert im Rahmen einer pflichtgemäßen Ermessensausübung das Verlangen des FA nach einer schriftlichen Anfrage (LStR 42e Abs 1 Satz 3: „soll" und *Schmidt/Drenseck* § 42e Rz 4). Mündliche oder telefonische Auskünfte sollte der ArbGeb dem FA zur Beweissicherung bestätigen (*HMW*/Auskünfte und Zusagen des Finanzamts Rz 44). 8

**5. Anwendungsbereich.** Gegenstand der Anfrage ist die Anwendung der **Vorschriften über die LSt** (EStG, EStDV, EStR, LStDV, LStR und sonstige Verwaltungsanweisungen) auf einen konkreten betrieblichen Vorgang. Sie kann sich auf alle Vorgänge beziehen, die mit der Einbehaltung und Abführung der LSt einschließlich des LStJahresausgleichs durch den ArbGeb sowie seiner Haftung zusammenhängen. Der betreffende Sachverhalt ist in allen wesentlichen Punkten darzulegen und zu verwirklichen. Geschieht das in einem für die Entscheidung wesentlichen Punkt nicht, entfällt die **Bindungswirkung** (*HMW*/Auskünfte und Zusagen des Finanzamts Rz 24; FG München 17.2.12 – 8 K 3916/08, EFG 12, 2313 und inzident BFH 5.6.14 – VI R 90/13, BStBl II 15, 48 Rz 11). Die Bindung (an eine verbindliche Zusage) kann auch entfallen, wenn offensichtlich ist, dass der Stpfl die Rechtswidrigkeit erkannt hat oder hätte erkennen können (BFH 16.7.02 – IX R 28/98, BStBl II 02, 714, inzident bestätigt BFH 17.9.2015 – III R 49/13, BStBl II 17, 37 Rz 67). **Nicht** Gegenstand der Auskunft sind Fragen, die nicht mit der Einbehaltung und Abführung der LSt zusammenhängen, zB ob bestimmte Aufwendungen des ArbN Werbungskosten, Sonderausgaben oder außergewöhnliche Belastungen sind. Diese Entscheidung wird allein vom WohnsitzFA des ArbN bei dessen Besteuerung getroffen (*Schmidt/Krüger* § 42e Rz 6). 9

Besondere Bedeutung kann die Anrufungsauskunft zB im Zusammenhang mit der Einräumung von Mitarbeiter- und Managementbeteiligungsprogrammen (→ *Mitarbeiterbeteiligung* Rn 21 ff) haben. S dazu iE *Prusko* DB 18, 1044.

**6. Wesen.** Bei der Anrufungsauskunft handelt es sich um einen feststellenden Verwaltungsakt (BFH 30.4.09 – VI R 54/07, BStBl II 10, 996) *Schmidt/Krüger* § 42e Rz 7 mwN; *Heuermann/Wagner* Teil K Rz 27). Zur Drittwirkung → Rn 11 ff. Weicht der ArbGeb von einer erteilten Anrufungsauskunft ab, kann er nicht dadurch einen Haftungsausschluss (→ *Lohnsteuerhaftung* Rn 15) bewirken, dass er die Abweichung, die Differenzbeträge und die steuerlichen Daten der ArbN dem BetriebsstättenFA gem § 41c Abs 4 EStG anzeigt (BFH 4.6.1993, VI R 95/92, BStBl II 93, 687; → *Anzeigepflichten Arbeitgeber* Rn 9 und → *Lohnsteuerberechnung* Rn 25). 10

**7. Wirkungen. a) Bindung im Lohnsteuerabzugsverfahren. aa) Auskunft gegenüber dem Arbeitgeber** bindet das BetriebsstättenFA und schließt eine Haftung des ArbGeb selbst dann aus, wenn das FA eine unklare oder falsche Auskunft gegeben hat und die zu wenig erhobene LSt beim ArbN nicht hereinzuholen ist. Der **Vertrauensschutz** gilt **nur** dann, wenn dem FA alle rechtlich bedeutsamen Tatsachen mitgeteilt worden sind. Die Bindung setzt keine entsprechenden Dispositionen der Beteiligten voraus. Sie besteht auch ohne ausdrücklichen Widerruf nicht mehr, wenn die gesetzliche Grundlage, auf der die Auskunft beruht, sich ändert oder entfällt (s auch FG Düsseldorf 8.5.03 – 15 K 1455/00 H (L), EFG 03, 1105; DStRE 03, 961; Rev VI R 34/03 zurückgenommen). Ändert sich lediglich die Verwaltungsauffassung oder die BFH-Rspr, hat das FA aber die Möglichkeit, die Auskunft für die Zukunft zu widerrufen (*HMW*/Auskünfte und Zusagen des Finanzamts Rz 32). Die Bindungswirkung erstreckt sich auch auf Nachforderungsbescheide nach § 40 Abs 1 Satz 1 Nr 2 EStG bei Pauschalierung der LSt s → *Lohnsteuerpauschalierung* Rn 19. Der ArbGeb ist beim Steuerabzug an die Auskunft nicht gebunden, setzt sich allerdings bei Nichtbeachtung dem Haftungsrisiko aus (*HMW*/Auskünfte und Zusagen des Finanzamts Rz 28; *Schmidt/Krüger* § 42e Rz 8). Entgegen dem Urteil des FG Düsseldorf 15.4.08 – 10 K 11

3840/04 AO (EFG 08, 1290), wonach das BetriebsstättenFA dem ArbN gegenüber durch die dem ArbGeb erteilte (unrichtige) Auskunft nicht gehindert ist, die LSt von ihm zu verlangen, ist aufgrund der BFH-Rspr auch eine Bindungswirkung gegenüber dem ArbN im LStAbzugsverfahren anzunehmen (Verwaltungsakt mit Drittwirkung, *Schmidt/Krüger* § 42e Rz 8). Das VeranlagungsFA muss sich Kenntnisse der Oberbehörde bzw der zentralen Außenprüfungsstelle über eine ihm nicht bekannte Tatsache nicht zurechnen lassen (BFH 13.1.11 – VI R 63/09, BFH/NV 11, 743 und VI R 61/09, DStR 11, 521).

12 **bb) Auskunft gegenüber dem Arbeitnehmer.** Erhält der ArbN eine für ihn günstige Auskunft, so hat er einen zivilrechtlichen Anspruch gegen den ArbGeb, entsprechend zu verfahren, es sei denn die Auskunft ist offensichtlich unrichtig (→ Rn 9). Der ArbGeb hat aufgrund der Bindung des BetriebsstättenFA kein Haftungsrisiko (Verwaltungsakt mit Drittwirkung). Bei einer für den ArbN ungünstigen Auskunft wird er den ArbGeb wegen dessen Haftungsrisikos kaum zu einer anderen Handhabung veranlassen können (*Schmidt/Krüger* § 42e Rz 9).

13 b) Eine **Bindung im Veranlagungsverfahren des Arbeitnehmers.** Eine dem ArbGeb oder dem ArbN im LStAbzugsverfahren erteilte Anrufungsauskunft löst keine derartige Bindung aus. Das LStAbzugsverfahren ist das Vorauszahlungsverfahren des ArbN, das wegen der Einschaltung des ArbGeb durch die Anrufungsauskunft ergänzt wurde. Dessen Besonderheiten und Regelungen wirken daher nicht in das Veranlagungsverfahren hinein (BFH 13.1.11 – VI R 61/09, DStR 11, 521). Von daher ist eine Begrenzung der Bindungswirkung – wie bei einem normalen Vorauszahlungsverfahren – gerechtfertigt. Hinzu kommt, dass für Entscheidungen im LStAbzugsverfahren nur das BetriebsstättenFA zuständig ist. Nicht einmal die Eintragung eines Freibetrags nach § 39a EStG, die vom WohnsitzFA vorgenommen wird, bindet dieses bei der Veranlagung, da es sich um unabhängige Besteuerungsverfahren handelt (→ *Lohnsteuerermäßigung* Rn 13).

Die vom BFH vertretene Auffassung führt auch zu einer Gleichstellung der ArbN mit den übrigen Stpfl, bei denen die ESt zunächst im Vorauszahlungsverfahren erhoben wird. Unabhängig von § 42e EStG kann sich ausnahmsweise aber eine Bindung nach den allgemeinen Grundsätzen von Treu und Glauben ergeben, wenn der ArbN im Vertrauen auf die für ihn günstige Auskunft wirtschaftlich disponiert hat (*HMW*/Auskünfte und Zusagen des Finanzamts Rz 39; *Schmidt/Krüger* § 42e Rz 13).

14 **c) Dauer.** Da nach der Rspr des BFH die Erteilung wie die Aufhebung der Anrufungsauskunft einen Verwaltungsakt darstellen, ist eine Rücknahme bzw ein Widerruf jedenfalls unter den Voraussetzungen der §§ 130 ff AO möglich. Der BFH hat nunmehr entschieden, dass die FinBeh eine Anrufungsauskunft mit Wirkung für die Zukunft analog § 207 Abs 2 AO aufheben oder ändern kann (BFH 2.9.10 – VI R 3/09, BStBl II 11, 233; *Schmidt/Krüger* § 42e Rz 12). Die Auskunft kann auch bereits bei Erteilung befristet werden (LStR 42e Abs 1 Satz 4). Das BMF hat sich mit Schreiben vom 18.2.11 (BStBl I 11, 213) der Auffassung des BFH angeschlossen.

15 **8. Rechtsbehelfe.** Die Vorschrift des § 42e EStG gibt dem **Arbeitgeber** nicht nur ein Recht auf förmliche Bescheidung seines Antrags, sondern vermittelt ihm zudem einen Anspruch auf eine inhaltlich richtige Anrufungsauskunft und berechtigt ihn daher, eine ihm erteilte Anrufungsauskunft erforderlichenfalls im Klagewege inhaltlich überprüfen zu lassen, wobei das FG nur prüfen darf, ob der Sachverhalt zutreffend erfasst und die rechtliche Beurteilung nicht evident fehlerhaft ist (BFH 27.2.14 – VI R 23/13, BFH/NV 14, 1141, FG NdS 21.2.17 – 14 K 211/15, EFG 17, 1751; FG Bln-Bbg – 4 K 4277/15, EFG 18, 1996). Der **Arbeitnehmer** kann jedenfalls die entsprechende LStAnmeldung anfechten (→ *Lohnsteueranmeldung* Rn 15) und anschließend einen Erstattungsantrag gem § 37 Abs 2 AO stellen, bzw nach Ablauf des Kj die entsprechenden Einwendungen bei der EStVeranlagung geltend machen (BFH 12.10.95, BStBl II 96, 87; bei einem Streit über das Bestehen einer beschränkten Steuerpflicht oder Steuerfreiheit aufgrund von DBA s BFH 12.6.97, BStBl II 97, 660 und 16.2.96, IStR 96, 293; *Schmidt/Krüger* § 42e Rz 14).

16 **9. Muster.** S Online-Musterformular *„M33.1 Anrufungsauskunft nach § 42e EStG"*; FG München 17.2.12 – 8 K 3916/08, EFG 12, 2313.

## C. Sozialversicherungsrecht *Schlegel*

**1. Allgemeines – Verbindliche Auskünfte und Vertrauensschutz im Sozialrecht.** 18
Das Sozialrecht kennt keine der Anrufungsauskunft iSv § 42e EStG unmittelbar vergleichbare Vorschrift. Ähnliche Funktionen nehmen jedoch die Ansprüche der Versicherten und ihrer ArbGeb auf Aufklärung, Beratung und Auskunft ein. Vertrauensschutz wird im Sozialrecht im Wesentlichen durch den richterrechtlichen Herstellungsanspruch und die Möglichkeit gewährt, verwaltungsverfahrensrechtliche Zweifelsfragen der Versicherungs- und Beitragspflicht durch Verwaltungsakt klären zu lassen. Das gilt auch für das unter 3. dargestellte Anfrageverfahren nach § 7a SGB IV zur Beurteilung der Frage, ob eine Beschäftigung iSd SozV vorliegt.

**2. Feststellung der Versicherungs- und Beitragspflicht durch die Einzugsstelle.** 19
Bestehen seitens des ArbN (Auftragnehmers) oder des ArbGeb (Auftraggebers) Zweifel hinsichtlich der rechtlichen Behandlung eines Einzelfalles (zB über das Bestehen der Versicherungs- und Beitragspflicht; über das Vorliegen von Versicherungsfreiheit wegen geringfügiger Beschäftigung oder über die Beitragshöhe) kann auf ihren Antrag eine Entscheidung der Einzugsstelle herbeigeführt werden (§ 28h Abs 2 S 1 SGB IV). Die Einzugsstelle hat hierüber einen Verwaltungsakt zu erlassen, der mit Widerspruch und Klage angefochten werden kann; diese haben keine aufschiebende Wirkung. Diese Entscheidungen der Einzugsstelle ergehen idR personenbezogen, dh die Feststellungen sind für jeden einzelnen ArbN gesondert zu treffen; ein sog Summenbescheid ist nur ausnahmsweise zulässig (§ 28h Abs 2 S 2 SGB IV; zum Beitragssummenbescheid → *Lohnkonto* Rn 21). Wird dieser Verwaltungsakt bestandskräftig, ist seine Aufhebung bzw Rücknahme nur noch unter engen Voraussetzungen möglich. Es tritt insoweit ein verwaltungsverfahrensrechtlich bewirkter Schutz des Adressaten des Verwaltungsaktes ein. Für die Rücknahme oder Aufhebung der Entscheidung gelten die §§ 44 ff SGB X. War ein begünstigender Verwaltungsakt von Anfang an rechtswidrig, beurteilt sich die Rücknahme nach § 45 SGB X; wurde er später durch eine wesentliche Änderung der rechtlichen oder tatsächlichen Verhältnisse rechtswidrig, richtet sich die Aufhebung nach § 48 SGB X (BSG 27.1.00 – B 12 KR 10/99 R, SozR 3–2400 § 28h Nr 11).

Entsendet ein ArbGeb seine ArbN im Rahmen eines **Werk- oder Dienstleistungs-** 20
**vertrages** zur Vertragserfüllung in den Betrieb eines anderen Unternehmers (=Auftragnehmer), und ist nicht völlig zweifelsfrei, dass die „entsandten" ArbN weiterhin allein seinem Direktionsrecht unterstehen und **verdeckte Arbeitnehmerüberlassung** ausgeschlossen ist, haben sowohl der ArbGeb als auch sein Vertragspartner (Auftragnehmer) das Recht, den Status der entsandten ArbN und dabei insbesondere klären zu lassen, ob allein der ArbGeb oder auch sein Auftragnehmer ggf wegen verdeckter Arbeitnehmerüberlassung für Gesamtsozialversicherungsbeiträge in Anspruch genommen werden können. Dies ergibt sich aus der Indienstnahme des ArbGeb für Zwecke der Sozialversicherung, dem damit verbundenen Grundrechtseingriff und der daraus für die Träger der SozVers folgenden Obliegenheit, vermeidbare Haftungsrisiken der ArbGeb in zumutbarer Weise zu begrenzen, um den Grundrechtseingriff möglichst verhältnismäßig zu gestalten. Das **Risiko ordnungsgemäßer Vertragstypenzuordung** kann durch eine Entscheidung der Einzugsstelle verringert werden und ist von Wortlaut des § 28h SGB IV jedenfalls bei grundrechtskonformer Auslegung gedeckt,

Treten Zweifelsfragen über die Versicherungspflicht und das Beitragsrecht im Rahmen 21
einer **Betriebsprüfung** auf, werden Verwaltungsakte einschließlich der Widerspruchsbescheide über die Versicherungspflicht und Beitragshöhe abweichend von § 28h Abs 2 SGB IV nicht von den Einzugsstellen, sondern den **Trägern der RV** als zuständiger Prüfbehörde erlassen (§ 28p Abs 1 S 5 SGB IV). Für die Betriebsprüfungsstelle gilt hinsichtlich des Gebots, das Risiko ordnungsgemäßer Vertragstypenzuordung beim ArbGeb zu reduzieren, nichts anderes als für die Einzugsstelle. Mit Urteil vom 19.9.2019 (B 12 R 25/18 R, BeckRS 2019, 22527) hat das BSG entschieden, dass Betriebsprüfungen immer durch einen konkreten Verwaltungsakt abgeschlossen werden müssen; es hat weiter anerkannt, dass Betriebsprüfungen insoweit auch **Schutzwirkung für Arbeitgeber** zukommt, als von den Betriebsprüfungsstellen konkrete Sachverhalte geprüft worden sind. Da nach § 28 Abs 1

Satz 2 SGB IV die Betriebsprüfung auf Antrag des ArbGeb in kürzerem als 4-jährigem Turnus stattfinden soll, anerkennt auch das Gesetz implizit das Interesse des ArbGeb an, konkrete Sachverhalts zur Herstellung von Rechtssicherheit und Rechtsklarheit verbindlich klären zu lassen. Dies dürfte insbes auch in Fällen von Bedeutung sein, die unter **„agiles Arbeiten" fallen**. Dem ArbGeb ist zu empfehlen, im Rahmen von Betriebsprüfungen **Antrag auf Überprüfung konkreter Sachverhalte** zu stellen.

22 **3. Feststellung abhängiger Beschäftigung im Statusfeststellungsverfahren.** § 7a SGB IV sieht darüber hinaus ein eigenständiges Anfrageverfahren vor, in dem die Frage geklärt wird, ob eine bestimmte Arbeitsleistung als Beschäftigung iSd SozV anzusehen ist. Hierfür ist die Deutsche Rentenversicherung Bund (DRVB) zuständig. Einzelheiten dazu → *Arbeitnehmer(Begriff)* Rn 151 f.

23 Die Besonderheit des Anfrageverfahrens liegt ua darin, dass Widerspruch und Klage gegen die Entscheidung der DRVB aufschiebende Wirkung haben (§ 7a Abs 7 S 1 SGB IV) und die Fälligkeit des Gesamtsozialversicherungsbeitrags hinausgeschoben werden kann, wenn der Anfrageantrag innerhalb eines Monats nach Aufnahme der Beschäftigung gestellt wird; der Beitrag wird dann erst fällig, wenn die Entscheidung über das Vorliegen einer versicherungspflichtigen Beschäftigung unanfechtbar geworden ist (§ 7a Abs 6 Satz 2 SGB IV). Hierdurch kann es jedoch zu erheblichen Beitragsnachzahlungen kommen.

24 **4. Allgemeine Auskunfts- und Beratungsansprüche. a) Auskünfte.** Die Träger der SozV sowie die nach Landesrecht hierfür für zuständig erklärten Auskunfts- und Beratungsstellen haben Auskünfte über alle sozialen Angelegenheiten nach dem SGB zu erteilen (§ 15 SGB I); die Auskunftspflicht erstreckt sich primär auf die Benennung der für die Sozialleistung zuständigen Leistungsträger **(„Wegweiserfunktion")** sowie auf alle Sach- und Rechtsfragen, die für die Auskunftssuchenden von Bedeutung sein können und zu deren Beantwortung die Auskunftsstelle imstande ist (§ 15 Abs 2 SGB I).

25 **b) Beratung.** § 14 SGB I räumt jedermann einen Anspruch auf Beratung „über seine Rechte und Pflichten" nach dem SGB ein. Die Beratung erfolgt durch die sachlich zuständigen Leistungsträger. Die Beratung ist nicht auf einzelne Fragen des Beitragsrechts bzw die Anwendbarkeit einzelner beitragsrechtlicher Vorschriften beschränkt, sondern betrifft alle sozialen Angelegenheiten nach dem SGB. Andererseits tritt bei der Auskunftserteilung und Beratung nach §§ 14, 15 SGB I keine der Anrufungsauskunft vergleichbare unmittelbare Bindungswirkung ein. Eine solche kann nur mittels einer Zusicherung nach § 34 SGB X, nicht aber mittels einfachen Auskunftsersuchens bzw Beratungsersuchens erreicht werden. Zu einem ähnlichen Schutz wie die Anrufungsauskunft kann jedoch der sozialrechtliche Herstellungsanspruch führen.

26 **c) Sozialrechtlicher Herstellungsanspruch.** Dieser ist ein vom BSG entwickeltes Rechtsinstitut, das tatbestandlich an die Verletzung behördlicher Auskunfts-, Beratungs- und Betreuungspflichten im Sozialrechtsverhältnis anknüpft (zu Beratungspflichten vgl § 14 SGB I). Er soll „als Institut des Verwaltungsrechts eine Lücke im Schadensersatzrecht schließen", ist aber nicht auf die Gewährung von Schadensersatz iS einer Kompensationsleistung gerichtet. Sein Tatbestand setzt auf Seiten des Versicherungsträgers deshalb auch kein Verschulden bei der Verletzung behördlicher (Neben-)Pflichten voraus (BSG 25.1.94 – 7 RAr 50/93, SozR 3–4100 § 249e Nr 4; BVerwG 18.4.97 – C-38/95 NJW 97, 2966, 2967; BGH 11.2.88 – III ZR 221/86, BGHZ 103, 242, 246). Der sozialrechtliche Herstellungsanspruch ist seiner Rechtsfolge nach auf Naturalrestitution gerichtet, dh auf Vornahme einer Handlung zur Herstellung einer sozialrechtlichen Position im Sinne desjenigen Zustandes, der bestehen würde, wenn der Sozialleistungsträger die ihm aus dem Sozialrechtsverhältnis erwachsenen Nebenpflichten ordnungsgemäß wahrgenommen hätte (BSG 22.3.89 – 7 RAr 80/87, SozR 4100 § 137 Nr 12). Die begehrte Amtshandlung muss ihrer Art nach zulässig sein (zB Ausübung von Gestaltungsrechten), wobei nicht alle Voraussetzungen gesetzlich geregelter Amtshandlungen vorliegen müssen; andernfalls bedürfte es des Herstellungsanspruchs nicht (BSG 27.1.2000 – B 12 KR 10/99 R, SozR 3–2400 § 28h Nr 11). Der Anspruch ist mangels einer Regelungslücke nicht gegeben, wenn die Rechtsfolgen einer Verletzung von Nebenpflichten des Sozialleistungsträgers in Richtung auf einen sozialrechtlichen Anspruch des Betroffenen gesetzlich ausdrücklich geregelt sind (BSG 23.7.86 – 1 RA 31/85, SozR 1300 § 44 Nr 23).

27 **5. Spezielle Auskunfts- und Beratungspflichten im Beitragsrecht** obliegen den Einzugsstellen kraft ihrer Fürsorgepflicht gegenüber den in Dienst genommenen ArbGeb. Insbes haben die Einzugsstellen durch geeignete Maßnahmen sicherzustellen, dass die ArbGeb ihre Verpflichtungen sachgerecht erfüllen können. Geschieht dies nicht, kann dies bewirken, dass Beiträge nicht mehr in der vom Gesetz vorgesehenen Weise erhoben werden können und dadurch den ArbGeb unzumutbare Lasten aufgebürdet werden. Das bedeutet allerdings nicht, dass in allen Fällen, in denen eine unklare Rechtslage besteht, der ArbGeb das Risiko eines Rechtsirrtums über die Abführung von SozVBeiträgen, solange er keine Entscheidung der Einzugsstelle eingeholt hat, von sich abwälzen kann. In diesen Fällen kann vom ArbGeb verlangt werden, dass er sich mit einem **konkreten Beratungsersuchen** an die Einzugsstelle wendet und den Erlass eines Verwaltungsaktes herbeiführt (BSG 27.1.2000 – B 12 KR 10/99, SozR 3–2400 § 28h Nr 11). Es ist jedoch nicht vertretbar, dem ArbGeb das aus einer ungeklärten Rechtslage resultierende Risiko anzulasten, insbes dann nicht, wenn eine rückwirkende Beitragserhebung zu unverhältnismäßigen verwaltungsmäßigen Schwierigkeiten führen würde, ohne dass seitens der betroffenen ArbN nennenswerte Vorteile gegenüberstünden, wie dies etwa bei der nachträglichen Zulassung der Pauschalbesteuerung durch das FA erforderlich werden könnte (BSG 27.9.83 – 12 RK 10/82, SozR 5375 § 2 Nr 1).

28 Zur Pflicht der Einzugsstelle gehört es insbes, ArbGeb auf **geänderte Rechtsprechung zu Fragen des Beitragsrecht** rechtzeitig hinzuweisen (BSG 18.11.80 – 12 RK 59/79, SozR 2200 § 1399 Nr 13). Die konkrete Art und Weise der Beratung ist den Leistungsträgern nicht im Einzelnen vorgeschrieben. Jedoch muss, da der Versicherte/ArbGeb einen Anspruch auf individuelle Beratung hat, diese nach Inhalt und Form dem besonderen Bedarf angepasst sein, der die Beratungspflicht ausgelöst hat.

29 Zur Erfüllung ihrer Beratungspflicht dürfen sich Leistungsträger grds auch der Übersendung von **Merkblättern** bedienen. Dies ist jedoch nicht als ausreichende Beratung anzusehen, wenn der Versicherte in schwierigen Fragen um Beratung gebeten und seine Unsicherheit deutlich gemacht hat. Ebenso wird idR die Übersendung von meist allgemein gehaltenen Merkblättern nicht ausreichen, wenn zwar kein Beratungsbegehren geäußert worden ist, sich jedoch ein besonderer Beratungsbedarf anderweitig ergeben hat, etwa für den Leistungsträger erkennbar ist, dass der Verlust erheblicher Rechtspositionen auf dem Spiel steht (BSG 7.11.91 – 12 RK 22/91, SozR 3–1200 § 14 Nr 5). Merkblätter können insbes dazu dienen, die **allgemeine Aufklärungspflicht** der Leistungsträger und ihrer Verbände nach § 13 SGB I zu erfüllen. Bei der Aufklärung nach § 13 SGB I handelt es sich um eine allgemeine Aufklärung der Bevölkerung über Rechte und Pflichten nach dem Sozialgesetzbuch, Informationen, die insbesondere durch Merkblätter, Broschüren und Veranstaltungen, wie etwa Fernsehsendungen, in Betracht kommen. Pflichtverletzungen nach § 13 SGB I können indessen nicht zur individuellen Rechtsposition des einzelnen Bürgers über den sozialrechtlichen Herstellungsanspruch führen (BSG 21.6.90 – 12 RK 27/88, SozR 3–1200 § 13 Nr 1; 24.7.03 – B 4 RA 13/03 R, SozR 4–1200 § 46 Nr 1).

30 In der **gesetzlichen Rentenversicherung** erfolgt durch einen **Vormerkungsbescheid** (§ 149 Abs 5 Satz 1 SGB VI) die verbindliche Feststellung der im Versicherungsverlauf enthaltenen Daten zum Vorliegen oder Nichtvorliegen der für einen späteren Rentenanspruch möglicherweise bedeutsamen rentenrelevanten Tatbestände, dh insbes zur Zurücklegung rentenrechtlicher Zeiten iS der §§ 54–61 SGB VI durch den Versicherten. Demgegenüber sind **Renteninformationen und Rentenauskünfte** iSv § 109 Abs 1 und 4 SGB VI über die Höhe der zu erwartenden Rente nicht rechtsverbindlich (BSG 25.2.10 – B 13 R 41/09 R, BeckRS 2010, 69532).

# Antragsveranlagung

## A. Arbeitsrecht

*Griese*

1 Durch die Antragsveranlagung werden unmittelbar nur die Beziehungen zwischen ArbN und FA berührt, denn es handelt sich um ein **Verfahren des Arbnehmers gegenüber dem Finanzamt.** Die für die Antragsveranlagung erforderliche LStBescheinigung hat der

ArbGeb als Teil seiner **Abrechnungspflicht gem § 108 Gewerbeordnung** nach Ende des Kj ordnungsgemäß zu erstellen und dem ArbN zur Verfügung zu stellen (→ *Lohnsteuerbescheinigung* Rn 1 ff).

Schuldhafte, dh auch fahrlässige Verstöße des ArbGeb hiergegen, sei es die Nichterfüllung, oder die unvollständige oder falsche Ausfüllung oder die verspätete Erfüllung, können zu einem Schadensersatzanspruch des ArbN gegen den ArbGeb aus § 280 BGB bzw § 286 BGB führen (→ *Arbeitspapiere* Rn 12). Der Schaden kann ua in einer entgangenen oder verspätet erhaltenen Steuererstattung liegen (BAG 20.6.02 – 8 AZR 488/01, NZA 03,268).

Soweit es um einen Streit um die richtige Ausfüllung einer LStBescheinigung geht, ist regelmäßig der Finanzrechtsweg gegeben (BAG 7.5.13 – 10 AZB 8/13, NZA 13, 862). Zur Abführung von Steuern und SozVBeiträgen s BAG 30.4.08 – 5 AZR 725/07, NZA 08, 884. Danach haftet der ArbGeb gem § 280 BGB dem ArbN auf Schadensersatz, wenn er bei der Einbehaltung und Abführung von LSt und SozVBeiträgen schuldhaft Nebenpflichten verletzt und dadurch Schäden des ArbN verursacht. Dabei hat der ArbGeb für die verkehrsübliche Sorgfalt einzustehen (§ 276 BGB). Dies zieht bei unklarer Rechtslage regelmäßig die Notwendigkeit nach sich, eine **Anrufungsauskunft** (→ *Anrufungsauskunft* Rn 1 ff) beim BetriebsstättenFA einzuholen.

## B. Lohnsteuerrecht *Seidel*

2 **1. Allgemeines.** Der ArbN kann zur Anrechnung der LSt auf die ESt eine Veranlagung beantragen (§ 46 Abs 2 Nr 8 EStG; EStR 46.2), sofern keine Veranlagung zur ESt vAw nach § 46 EStG erfolgt (→ Rn 7 ff). Der Antrag ist unabhängig von dem vom ArbGeb durchgeführten LStJahresausgleich (→ *Lohnsteuerjahresausgleich* Rn 2 ff), beim Wohnsitz-FA zu stellen. Daneben kann eine EStVeranlagung auch noch zur Berücksichtigung von Verlustabzügen nach § 10d EStG (Vor- und Rückträge bei der Ermittlung des Gesamtbetrags der Einkünfte nicht ausgeglichener Verluste) beantragt werden (→ *Lohnsteuerermäßigung* Rn 9). Zur Veranlagung der auf Antrag als unbeschränkt stpfl zu behandelnden Personen (§ 1 Abs 3 EStG; → *Ausländer* Rn 38) sowie EU- und EWR-Staatsangehöriger (§ 1a EStG; → *Ausländer* Rn 39) s → Rn 14 und → *Grenzgänger* Rn 16, 17. Ferner können auch beschränkt Stpfl, die Staatsangehörige eines EU- oder EWR-Staates sind und in einem dieser Staaten wohnen (→ *Grenzgänger* Rn 17), die Veranlagung zur ESt beantragen, auch wenn die ESt durch Steuerabzug erhoben worden ist (§ 50 Abs 2 Nr 4b, 5 iVm § 50a Abs 1, 2 und 4 sowie iVm § 46 Abs 2 Nr 8 EStG). Besteht während eines Kj sowohl unbeschränkte als auch beschränkte EStPflicht, sind die während der beschränkten EStPflicht erzielten inländischen Einkünfte in eine Veranlagung zur unbeschränkten EStPflicht einzubeziehen (§ 2 Abs 7 Satz 3 EStG). Zu den Tatbeständen für eine EStVeranlagung vAw → Rn 7 ff. Stpfl, die **auch Gewinneinkünfte** erzielen, sind ab 1.1.18 verpflichtet, ihre ESt-Erklärung sowie die Anlage EÜR per Internet übermitteln (§ 25 Abs 4 iVm § 52 Abs 39 EStG).

3 **2. Verfahren. a) Der Antrag** wird durch die Abgabe einer EStErklärung auf amtlich vorgeschriebenem Vordruck beim WohnsitzFA des ArbN gestellt (§ 46 Abs 2 Nr 8 Satz 2 EStG; § 19 AO; s auch BFH 22.5.06 – VI R 02/02, BStBl II 07, 2 bei einseitig bedrucktem Formular sowie FG Bbg 14.6.06 – 3 K 956/05, EFG 06, 1521: nur Mantelbogen; Hauptsacheerledigung der Rev VI R 52/06). Bei beschränkt Stpfl (→ Rn 2 sowie → *Lohnsteuerberechnung* Rn 18, 22) ist grds das BetriebsstättenFA zuständig (§ 50 Abs 2 Satz 3 EStG; bei Steuerklasse VI s § 50 Abs 2 Satz 4 EStG). Ein Fristverlängerungsantrag zur Abgabe der EStErklärung beinhaltet keinen Antrag auf Veranlagung (weiterhin BFH 3.6.86, BStBl II 87, 421). Der Pfändungsgläubiger eines LStErstattungsanspruchs ist nicht berechtigt, für den Vollstreckungsschuldner die EStVeranlagung zu beantragen (BFH 18.8.98 – VII R 114/97, BStBl II 99, 84; BFH 29.2.2000 – VII R 109/98, BFH/NV 2000, 901; DStR 2000, 874 bzgl Ehegattenveranlagung). Nach § 87a iVm § 150 Abs 1 Satz 2 AO kann die Erklärung auch in elektronischer Form übermittelt werden (DStR 02, 1333, 1334 und ELSTER-Verfahren, s dazu www.bundesfinanzministerium.de/Steuern). Damit entfällt die bisher erforderliche Übersendung eines Ausdrucks mit Unterschrift an das FA (Näheres https://www.elster.de/eportal). Zur elektronischen Übernahme von Steuerdaten s auch SteuerdatenübermittlungsVO lt BMF 15.1.07, BStBl I 07, 95. Bei einer per Telefax übersandten

EStErklärung fehlt die gem § 25 Abs 3 Satz 4 EStG erforderliche eigenhändige Unterschrift (FG Sachs-Anh 22.6.06 – 1 K 948/04, EFG 07, 1518; BFH 20.6.08 – VI R 9/07: Hauptsacheerledigung, da 2-Jahresfrist aufgehoben wurde). Für ArbN, die nur bestimmte Werbungskosten, Sonderausgaben und außergewöhnliche Belastungen geltend machen, stellen die meisten Bundesländer eine zweiseitige **vereinfachte Steuererklärung** zur Verfügung (die Vordrucke und das Infoblatt hierzu sind bei dem FA oder auf den Internetseiten des jeweiligen Finanzministeriums bzw OFD – Bayern: Landesamt für Steuern – erhältlich). Bei Anträgen, Erklärungen oder Mitteilungen gegenüber den FinBeh ist stets die gem §§ 139a–d AO erstellte 11-stellige **Identifikationsnummer** anzugeben. S iE → *Lohnsteuerabzugsmerkmale* Rn 14.

**b) Antragsfristen.** Der Antrag kann bis zum Ablauf der allgemeinen Festsetzungsfrist 4
von **4 Jahren** gestellt werden (→ *Verjährung* Rn 33 ff). Die zusätzliche dreijährige Anlaufhemmung nach § 170 Abs 2 Satz 1 Nr 1 AO greift nicht (BFH 14.4.11 – VI R 53/10, BStBl II 11, 746 und 18.10.12 – VI R 16/11, BFH/NV 13, 340; ebenso BFH 23.2.12 – VI B 118/11, BFH/NV 12, 919, Verfassungsbeschwerde wurde nicht angenommen BVerfG 18.9.13 – 1 BvR 924/12, BFH/NV 14, 142). Fällt das **Ende der Festsetzungsfrist** allerdings auf einen **Sonntag,** einen gesetzlichen **Feiertag oder** einen **Sonnabend,** endet sie erst mit dem Ablauf des nächsten folgenden Werktags, zB am 2. Januar des Folgejahres (§ 108 Abs 3 AO). Unabhängig davon läuft die Frist nicht ab, bis über den rechtzeitig gestellten Antrag entschieden ist, da es sich bei dem Antrag nach § 46 Abs 2 Nr 8 EStG um einen **Antrag iSd § 171 Abs 3 AO** handelt (BFH 20.1.16 – VI R 14/15, BStBl II 16, 380). Der Antrag muss mindestens die erforderlichen Personalangaben enthalten und eigenhändig unterschrieben sein (EStH 46.2: Rechtswirksamer Antrag). Ausnahmsweise kann ein Bevollmächtigter unter Offenlegung des Vertretungsverhältnisses die ESt-Erklärung unterzeichnen, wenn ein ausländischer ArbN auf Dauer in sein Heimatland zurückgekehrt ist (BFH 10.4.02 – VI R 66/98, BStBl II 02, 455). Bei elektronischer LStBescheinigung ist die Angabe des Bruttolohns und der einbehaltenen LSt nicht mehr erforderlich, sondern seit 2010 nur noch die Angabe der e-Tin bzw der ID-Nummer (BMF 30.7.15, BStBl I 15, 614; → *Lohnsteuerbescheinigung* Rn 13).

**c) Antragsrücknahme.** Da es bei einer EStVeranlagung auch zu Steuernachforderun- 5
gen des FA kommen kann, kann der ArbN zur Vermeidung dieser Folge den Antrag zurücknehmen. Die FÄ weisen in Fällen der Antragsveranlagung bei einer Nachforderung durch einen Erläuterungstext auf die Möglichkeit der Antragsrücknahme hin (s zB OFD München 16.4.92 – S 2380). Die Rücknahme ist wohl so lange möglich, wie und soweit der Bescheid materiell noch geändert werden kann (Anfechtung, Vorläufigkeit, Änderung aus anderen Gründen). Durch die Antragsrücknahme kann der ArbN aber nicht generell einer LStNachforderung ausweichen (Schmidt/*Kulosa* § 46 Rz 31). Eine Nachforderung kann dann erfolgen, wenn sie ohne Antragsveranlagung möglich ist, zB Durchführung einer Veranlagung vAw bei Vorliegen der anderen Tatbestände des § 46 EStG (zB andere Einkünfte von mehr als 410 € oder Anwendung des Progressionsvorbehalts bei Bezug von AlGeld, § 46 Abs 2 Nr 1 EStG; → Rn 7 ff) oder im Rahmen des vom Veranlagungsverfahren unabhängigen LStAbzugsverfahrens (→ *Lohnabzugsverfahren* Rn 2 ff), wenn der ArbGeb die LSt unzutreffend einbehalten hat (§ 42d Abs 3 Nr 1 EStG; → *Lohnsteuernachforderung* Rn 10).

**d) Für verheiratete Arbeitnehmer** gelten dieselben Grundsätze wie bei einer Ver- 6
anlagung vAw, dh für nicht dauernd getrennt lebende Ehegatten (EStR 26 Abs 1) besteht ein **Wahlrecht** zwischen einer Zusammenveranlagung oder einer getrennten Veranlagung (§§ 26, 26a, 26b EStG). Bei getrennter Veranlagung nach § 26a EStG ist entgegen der bisherigen Rechtslage eine freie Zuordnung verschiedener Kosten nicht mehr möglich (§ 26a Abs 2 EStG; vgl dazu iE OFD Frankfurt 20.8.12 – S 2262 A – 10 – St 216, DStR 12, 2282). Zur Zustimmungspflicht des Ehegatten zum Antrag auf Zusammenveranlagung s BGH 12.6.02 – XII ZR 28/00, DStRE 02, 1121, 25.6.03 – XII ZR 161/01, BFH/NV Beilage 04, 95 (bei Ehegatteninnengesellschaft); BGH 13.11.04 – XII ZR 128/02 – HFR 05, 267 und BGH 23.5.07 – XII ZR 250/04, DStR 07, 1408 (Zustimmung im Trennungsjahr). Das FA und die FG haben außer bei erkennbar willkürlicher Verweigerung der Zustimmung die zivilrechtliche Zustimmungspflicht nur zu beachten, wenn sie zivilrechtlich festgestellt ist (FG Köln 19.1.05 – 15 V 6203/04, EFG 05, 703). Eine Zusammenver-

anlagung ist nicht davon abhängig, dass beide Ehegatten Einkünfte (aus nichtselbstständiger Arbeit) haben.

Die bei **Abgabe der Steuererklärung** getroffene Wahl der Veranlagung ist grds **bindend** und kann nach Eintritt der Unanfechtbarkeit nur unter bestimmten kumulativen Voraussetzungen geändert werden (§ 26 Abs 2 Satz 2 und 4 EStG). Ist der Bescheid dem anderen Ehegatten gegenüber bereits bestandskräftig, kann dieser nach § 175 Abs 1 Nr 2 AO geändert werden (BFH 3.3.05 – III R 22/02, BStBl II 05, 690; s auch BFH 28.7.05 – III R 48/03, BStBl II 05, 865). Beantragt nur ein Ehegatte die getrennte Veranlagung, ist auch der andere Ehegatte zwingend getrennt zu veranlagen (BFH 21.9.06 – VI R 80/04, BStBl II 07, 11). Das Wahlrecht zugunsten der Zusammenveranlagung kann nach dem Tod des Ehegatten nur mit Zustimmung des Erben ausgeübt werden. Bis zur Ermittlung des Erben ist daher getrennt zu veranlagen (BFH 21.6.07 – III R 59/06, BStBl II 07, 770). Bei **dauernd getrennt lebenden Ehegatten** findet ab dem dem Trennungsjahr folgenden Kj eine Einzelveranlagung wie bei Einzelpersonen statt (§ 25 EStG; vgl hierzu Schmidt/*Seeger* § 26 Rz 10 ff, 36). Zur Erstattung überzahlter ESt bei zusammenveranlagten Ehegatten s OFD München 1.12.03 – S 0160 – 2 St 312, DStR 04, 139 und BFH 30.9.08 – VII R 18/08, BStBl II 09, 38: Erstattung vorausbezahlter ESt bei Insolvenz eines Ehegatten. Da Ehegatten Gesamtschulder der festgesetzten Steuer sind, kann jeder Ehegatte die **Aufteilung der Steuerschuld** gem §§ 268 ff AO beantragen. Dies gilt auch für den Ehegatten, der Gesamtrechtsnachfolger seines verstorbenen Ehegatten ist (BFH 17.1.08 – VI R 45/04, BStBl II 08, 418).

Auch Partner einer **eingetragenen Lebenspartnerschaft** haben Anspruch auf Durchführung einer Zusammenveranlagung unter Anwendung der Splittingtabelle (§ 2 Abs 8 EStG). Auf verschiedengeschlechtliche Partner einer nichtehelichen Lebensgemeinschaft findet § 2 Abs 8 EStG jedoch keine Anwendung (BFH 26.4.17 – III B 100/16, BStBl II 17, 903).

7 **3. Veranlagung von Amts wegen.** Bei Vorliegen bestimmter Tatbestände ist eine ESt-Veranlagung auch bei Einkommen, die ganz oder teilweise aus Einkünften aus nichtselbstständiger Arbeit bestehen vAw durchzuführen (§ 46 Abs 2 Nr 1–7 EStG). Gibt der Stpfl die erforderliche EStErklärung (§ 149 Abs 1 AO iVm §§ 25, 46 EStG) nicht ab, führt das FA eine Schätzung (§ 162 AO) durch. Eine Anrechnung von LSt kommt nur bei entsprechendem Nachweis in Betracht, eine Schätzung der LSt nur ausnahmsweise (OFD Frankfurt/Main 12.6.03 – S 0335 A – 2 – St II 44, DStZ 03, 590). Ferner kann das FA Verspätungszuschläge festsetzen (§ 152 AO). Die „Summe der Einkünfte" ist der Saldo nach horizontaler und vertikaler Verrechnung, vgl im Einzelnen BFH 26.3.13 – VI R 22/11, BStBl II 13, 631.

Veranlagungstatbestände liegen vor, wenn

8 **(1)** die positive Summe der einkommensteuerpflichtigen Einkünfte, die nicht dem LStAbzug zu unterwerfen waren, mehr als 410 € beträgt (§ 46 Abs 2 Nr 1 EStG; s aber auch § 46 Abs 5 EStG: Härteregelung EStH 46.3 und Beispiel → *Altersentlastungsbetrag* Rn 9), oder

9 **(2)** die Summe der Leistungen und Einkünfte, die dem Progressionsvorbehalt (§ 32b EStG, zB bestimmte ausländische Einkünfte und → *Lohnersatzleistungen* Rn 5 ff) unterliegen, mehr als 410 € beträgt (§ 46 Abs 2 Nr 1 EStG), oder

10 **(3)** der Stpfl nebeneinander von mehreren ArbGeb Arbeitslohn bezogen hat, der nicht nach § 38 Abs 3a Satz 7 EStG (→ *Lohnabzugsverfahren* Rn 17) für den LStAbzug zusammengerechnet worden ist (§ 46 Abs 2 Nr 2 EStG), oder

11 **(4)** beim Stpfl die Summe der beim LStAbzug im Rahmen der Vorsorgepauschale berücksichtigten Teilbeträge für die gesetzliche und private KV und PflegeV (→ *Lohnsteuertabellen* Rn 8–19) größer ist als die als Sonderausgaben nach § 10 Abs 1 Nr 3 und 3a, Abs 4 EStG abziehbaren Beträge und der im Kj insgesamt erzielte Arbeitslohn 11900 € (bei Zusammenveranlagung 22600 €) übersteigt (§ 46 Abs 2 Nr 3 EStG), oder

12 **(5)** bei zusammen zu veranlagenden Ehegatten beide Arbeitslohn bezogen haben und einer für den Veranlagungszeitraum ganz oder teilweise nach Steuerklasse V oder VI (→ *Lohnsteuerklassen* Rn 10, 11) besteuert oder bei Steuerklasse IV der Faktor (§ 39 f EStG) eingetragen worden ist (§ 46 Abs 2 Nr 3a EStG), oder

**(6)** für den Stpfl ein Freibetrag im Rahmen der LStErmäßigung (→ *Lohnsteuerermäßigung* Rn 3), ausgenommen der Behinderten- und Hinterbliebenenpauschbetrag (→ *Behinderte* Rn 71–75), ermittelt wurde (§ 46 Abs 2 Nr 4 iVm § 39a Abs 1 Nr 1–3, 5 oder 6 EStG) und der im Kj erzielte Arbeitslohn 11900 Euro (Ehegatten 22600 Euro) übersteigt, oder diese Freibeträge auf einer Bescheinigung für den LStAbzug (§ 39 Abs 3 Satz 1 EStG; → *Lohnsteuerabzugsmerkmale* Rn 26 und → *Lohnsteuerberechnung* Rn 17 ff) eingetragen sind, oder 13

**(7)** bei einem Elternpaar, das dauernd getrennt lebt oder nicht miteinander verheiratet ist, für jeden Teil, der Einkünfte aus nichtselbständiger Arbeit bezieht, wenn 14

**(a)** das Elternpaar gemeinsam eine Aufteilung des Ausbildungsfreibetrages in einem anderen Verhältnis als je zur Hälfte beantragt (§ 46 Abs 2 Nr 4d) EStG; → *Ausbildungsfreibetrag* Rn 12, oder

**(b)** das Elternpaar gemeinsam eine Aufteilung des dem gemeinsamen Kind zustehenden Pauschbetrags für Körperbehinderte oder Hinterbliebene in einem anderen Verhältnis als je zur Hälfte beantragt (§ 46 Abs 2 Nr 4e) EStG; → *Behinderte* Rn 75), oder

**(8)** die LSt für einen sonstigen Bezug iSd § 34 Abs 1 und Abs 2 Nrn 2, 4 EStG nach § 39b Abs 3 Satz 9 EStG oder für einen sonstigen Bezug nach § 39c Abs 3 EStG ermittelt wurde (§ 46 Abs 2 Nr 5 EStG; → *Außerordentliche Einkünfte* Rn 18, 19 und → *Lohnabzugsverfahren* Rn 16), oder 15

**(9)** der ArbGeb die LSt von einem sonstigen Bezug berechnet hat und dabei der Arbeitslohn aus früheren Dienstverhältnissen des Kj außer Betracht geblieben ist (§§ 46 Abs 2 Nr 5a, 39b Abs 3 Satz 2, 41 Abs 1 Satz 7 EStG, Großbuchstabe S, → *Sonstige Bezüge* Rn 5 ff), oder 16

**(10)** die Ehe des ArbN im Veranlagungszeitraum durch Tod, Scheidung oder Aufhebung aufgelöst worden ist oder sein Ehegatte der aufgelösten Ehe im Veranlagungszeitraum wieder geheiratet hat (§ 46 Abs 2 Nr 6 EStG), oder 17

**(11)** für einen unbeschränkt Stpfl iSd § 1 Abs 1 EStG (→ *Lohnsteuerberechnung* Rn 7) bei der Bildung der LStAbzugsmerkmale (§ 39 EStG; → *Lohnsteuerabzugsmerkmale* Rn 8 ff) ein in einem EU- oder EWR-Staat lebender Ehegatte (§ 1a Abs 1 Nr 2 EStG) berücksichtigt worden ist (§ 46 Abs 2 Nr 7a EStG), oder 18

**(12)** das BetriebsstättenFA für einen auf Antrag als unbeschränkt stpfl zu Behandelnden (§§ 1 Abs 3 und/oder 1a EStG) LStAbzugsmerkmale gebildet hat (§ 39 Abs 2 Sätze 2 bis 4, § 46 Abs 2 Nr 7b EStG; → *Lohnsteuerabzugsmerkmale* Rn 8 ff und → *Lohnsteuerberechnung* Rn 20 sowie → *Grenzgänger* Rn 15).

**4. Vorläufigkeit.** In bestimmten Fällen werden die EStVeranlagungen von den FA im Hinblick auf anhängige Musterverfahren vor dem BFH oder dem BVerfG hinsichtlich einzelner Besteuerungstatbestände (punktuell) vorläufig durchgeführt, dh sie sind nach Ergehen der Musterentscheidung in diesem Punkt ohne Weiteres abänderbar (iE zuletzt BMF 10.1.19, BStBl I 19, 2). 19

### C. Sozialversicherungsrecht *Voelzke*

Für die SozV hat die Antragsveranlagung keine unmittelbare Bedeutung. 27

# Anwesenheitsprämie

### A. Arbeitsrecht *Griese*

**Übersicht**

# 21 Anwesenheitsprämie



1 **1. Begriff und Erscheinungsformen.** Die Anwesenheitsprämie ist ein besonderer Entgeltbestandteil. Sie wird vom ArbGeb zugesagt, um die Anwesenheit am Arbeitsplatz zu honorieren. Der ArbN erhält die Anwesenheitsprämie zusätzlich zu seiner normalen Vergütung. Sozialpolitische Bedenken entzünden sich daran, dass die Anwesenheitsprämie nicht nur bei unentschuldigtem Fehlen, sondern auch bei entschuldigten Fehlzeiten, etwa Krankheit, wegfallen soll. Dies könne bewirken, trotz Krankheit zu arbeiten und dadurch die Gesundheit zu gefährden. Auf der anderen Seite besteht das Interesse des ArbGeb, die anwesenden Mitarbeiter und deren erbrachte Leistung zu belohnen und Missbräuche bei der Entgeltfortzahlung zurückzudrängen.

Rechtlich muss die Frage beantwortet werden, ob und unter welchen Voraussetzungen Abwesende Anspruch auf sie haben.

2 Die Anwesenheitsprämie kommt in zwei Erscheinungsformen vor, und zwar als

**a) Laufende Anwesenheitsprämie.** In diesen Fällen wird die Anwesenheitsprämie als Aufschlag zur laufenden Vergütung gewährt, etwa als Zulage pro Anwesenheitsstunde oder als monatliche Zulage bei einer vom ArbGeb festgesetzten Mindestanwesenheitszeit.

3 **b) Einmalige jährliche Anwesenheitsprämie.** Häufigster Anwendungsfall dieser einmaligen Anwesenheitsprämie ist die Staffelung einer **jährlichen *Einmalzahlung* nach Anwesenheitszeiten**.

4 **2. Rechtsgrundlage.** Die Rechtsgrundlage der Anwesenheitsprämie ist meistens eine individualvertragliche Zusage des ArbGeb. Als Anspruchsgrundlage in Betracht kommen auch eine Gesamtzusage des ArbGeb, eine arbeitsvertragliche Einheitsregelung oder eine betriebliche Übung, ferner der arbeitsrechtliche Gleichbehandlungsgrundsatz. Möglich ist schließlich, dass eine Betriebsvereinbarung (unter Beachtung der Beschränkungen nach § 77 Abs 3 BetrVG und § 87 Abs 1 Satz 1 BetrVG) oder ein Tarifvertrag die Rechtsgrundlage bilden. Bei der Zusage einer Anwesenheitsprämie ist der ArbGeb an den **Gleichbehandlungsgrundsatz und die Diskriminierungsverbote des AGG** gebunden. Die Differenzierung muss dem Leistungszweck entsprechen. Gestaltet der ArbGeb die Weihnachtsgratifikation als Anwesenheitsprämie aus, um leichtfertigen Krankmeldungen vorzubeugen, verletzt der ArbGeb den arbeitsrechtlichen Gleichbehandlungsgrundsatz, wenn er ArbN, die einer Arbeitszeitverlängerung nicht zugestimmt haben, von der Zahlung ausnehmen will (BAG 26.9.07 – 10 AZR 569/06, NZA 07, 1424).

5 **3. Laufende Anwesenheitsprämie als Teil des laufenden Entgelts.** Das EFZG unterscheidet zwischen laufender und damit fortzuzahlender Vergütung (§§ 3, 4 EFZG) und Sondervergütung (§ 4a EFZG). Aus diesen Vorschriften ergibt sich, dass eine Anwesenheitsprämie, sofern sie zum laufenden Entgelt gehört, je nach Verhinderungsgrund auch krankheitsbedingt abwesenden ArbN gezahlt werden muss. Die Differenzierung hat ferner Auswirkungen auf die Anrechenbarkeit einer gezahlten Anwesenheitsvergütung auf den *Mindestlohn* (s dort). Eine laufend gezahlte Anwesenheitsprämie ist anders als eine einmalig gezahlte Anwesenheitsprämie auf den gesetzlichen Mindestlohnanspruch anzurechnen (BAG 6.12.17 – 5 AZR 864/16, NZA 18, 525).

Durch Auslegung ist zu ermitteln, ob es sich um laufendes Entgelt oder eine Sonderzuwendung handelt. Wird die Anwesenheitsprämie **im Rhythmus des sonstigen laufenden Entgelts gezahlt**, bspw monatlich, spricht dies dafür, dass sie auch zum laufenden Entgelt gehört (BAG 21.1.09 – 10 AZR 216/08, NZA – RR 09,385; LAG RLP 14.10.14 – 7 Sa 85/14, BeckRS 2014, 74103).

6 **a) Fehlzeiten wegen Krankheit.** Die Anwesenheitsprämie ist Teil des fortzuzahlenden Entgelts, das der ArbN erhalten hätte, wenn er gearbeitet hätte. Nach §§ 3, 4 Abs 1 EFZG muss daher die Anwesenheitsprämie als Teil des fortzuzahlenden Entgelts weiter gezahlt werden, wenn der ArbN arbeitsunfähig krank ist. Zulässig ist es aber, aufgrund tarifvertraglicher Regelung nur die Zeiten zu berücksichtigen, in denen betriebsüblich gearbeitet

worden wäre, nicht aber die darüber hinausgehenden Stunden; insoweit liegt kein Verstoß gegen die in § 12 EFZG angeordnete **Unabdingbarkeit** der Entgeltfortzahlungsbestimmungen vor (BAG 16.7.14 – 10 AZR 242/13, DB 14, 2176).

Bestehen Entgeltfortzahlungsansprüche aus anderen Gründen nicht, etwa wegen groben Eigenverschuldens gem § 3 Abs 1 Satz 1 EFZG (→ *Entgeltfortzahlung* Rn 11 ff) an der Krankheit oder enden sie, etwa wegen **Überschreitung des sechswöchigen Entgeltfortzahlungszeitraums**, entfällt bzw endet damit auch der Anspruch auf die Anwesenheitsprämie.

**b) Berechtigte Abwesenheit mit Entgeltanspruch.** Die Anwesenheitsprämie muss 7
ferner den abwesenden ArbN bezahlt werden, wenn diese während der Abwesenheit einen zwingend vorgeschriebenen Entgeltanspruch haben. Dies trifft auf die **Mutterschutzfristen,** idR 6 Wochen vor und 8 Wochen nach der Geburt (§ 3 Abs 2 und § 6 Abs 1 MuSchG), ebenso zu wie auf **Urlaubsabwesenheit** (§ 11 BUrlG).

**c) Berechtigte Abwesenheit ohne Entgeltanspruch.** Fehlt der ArbN berechtigt, 8
ohne in dieser Zeit Entgeltansprüche zu haben, entsteht kein Anspruch auf eine Anwesenheitsprämie. Fallbeispiele hierfür sind die **Elternzeit (§ 15 BEEG),** die **Pflegezeit** (s dort) nach § 3 PflegeZG oder die Vereinbarung zusätzlichen **unbezahlten Urlaubs.**

**d) Unberechtigte Fehlzeiten.** Liegt unberechtigtes Fehlen vor, kann die laufende 9
Anwesenheitsprämie nicht beansprucht werden. Insoweit ist auch eine **überproportionale Kürzungsregelung** möglich, etwa dergestalt, dass eine monatlich gewährte Anwesenheitsprämie bereits dann nicht gezahlt wird, wenn nur ein unberechtigter Fehltag vorliegt.

Eine Verrechnung der laufenden Anwesenheitsprämie mit einer vertraglichen Grundvergütung, die den gesetzlichen Mindestlohn erreicht oder übersteigt, ist nicht möglich (BAG 11.10.17 – 5 AZR 621/16, NZA 17, 1598).

**4. Einmalige Anwesenheitsprämien als Sonderzahlungen iSd § 4a EFZG.** Bei 10
einmaligen, insbes jährlichen Anwesenheitsprämien ist wiederum nach der Art der Fehlzeit zu differenzieren.

**a) Fehlzeiten wegen Krankheit.** Nachdem die Linie der Rspr lange Zeit nicht ein- 11
heitlich war (s dazu Personalbuch 2012 Anwesenheitsprämie Rz 11–14), begrenzt **§ 4a EFZG das Kürzungsrecht.** Eine Vereinbarung über die Kürzungen von Leistungen, die der ArbGeb zusätzlich zum laufenden Arbeitsentgelt erbringt für Zeiten der AU infolge Krankheit ist gem § 4a Satz 1 EFZG zulässig, darf aber für jeden Tag der AU infolge Krankheit gem § 4a S 2 EFZG ein Viertel des Arbeitsentgelts, das im Jahresdurchschnitt auf einen Arbeitstag entfällt, nicht überschreiten. Das Paradoxe der gesetzlichen Regelung ist, dass die Kürzung sich umso geringer auswirkt, je höher die Sonderzuwendung ist. Beträgt die Sonderzuwendung zB zwei Monatsentgelte, entfällt sie vollständig erst bei rd 168 AUTagen (bei unterstellten 21 Arbeitstagen pro Monat), während eine Sonderzahlung in Höhe einer Monatsvergütung schon nach rd 84 AUTagen entfallen würde.

Konsequenter wäre ein proportionales Kürzungsvereinbarungsrecht, nämlich eine Kür- 12
zung im Verhältnis Zahl der krankheitsbedingten Fehltage zur Gesamtzahl der Arbeitstage im Kj (*Griese* NZA 96, 803).

Die **Begrenzung der Kürzungsmöglichkeit in § 4a EFZG** findet auch Anwendung 13
auf eine **quartalsweise** gewährte Anwesenheitsprämie und steht damit einer Regelung entgegen, die einen Wegfall einer vierteljährlich gewährten Anwesenheitsprämie schon bei einem Krankheitstag vorsieht. Gewährt ein ArbGeb eine Weihnachtszuwendung ohne Rechtsbindung als freiwillige Leistung für die Zukunft, kann für ArbN mit Fehlzeiten eine Kürzung in den Grenzen des § 4a Satz 2 EFZG erfolgen (BAG 7.8.02 – 10 AZR 709/01, NZA 02, 1284). Die Kürzungsbegrenzung durch § 4a EFZG greift ebenfalls, wenn in Abhängigkeit von den Fehlzeiten nicht Entgeltansprüche gekürzt, sondern der oberhalb des gesetzlichen Mindesturlaubs zugesagte vertragliche Zusatzurlaub gekürzt werden soll (LAG Rh-Pf 1.3.2012 – 11 Sa 647/11, BeckRS 2012, 68203).

**b) Berechtigte Fehlzeiten mit Entgeltanspruch.** Eine vertraglich vereinbarte Kür- 14
zung einer einmaligen, jährlichen Anwesenheitsprämie aufgrund sonstiger berechtigter Fehlzeiten mit Entgeltanspruch ist hingegen problematisch. Dieses Problem stellt sich insbes hinsichtlich der Inanspruchnahme der **Mutterschutzfristen.** Diesbezüglich spricht mehr für die Entscheidung des BAG 8.10.86 (5 AZR 582/85, DB 87, 795), wonach es mit dem

Schutzzweck des MuSchG nicht vereinbar ist, jährliche Sonderzahlungen wegen Fehlzeiten in der Mutterschutzfrist anspruchsmindernd zu berücksichtigen (ebenso *Hanau/Vossen* DB 92, 221 und BAG 12.5.93 – 10 AZR 528/91, DB 93, 2339; anders dagegen BAG 12.7.95 – 10 AZR 511/94, NZA 95, 1165; EuGH 21.10.99 – Rs C-333/97, NZA 99, 1325). Freilich steht den Tarifvertragsparteien die Möglichkeit abweichender Regelung offen.

15 **c) Berechtigte Fehlzeiten ohne Entgeltanspruch.** Ist der ArbN ohne Entgeltanspruch berechtigt abwesend (Elternzeit, Pflegezeit, unbezahlter Sonderurlaub) kann dies bei einer jährlichen Anwesenheitsprämie anspruchsmindernd berücksichtigt werden. Wenn der Leistungszweck ausschließlich in der Belohnung der Arbeitsleistung und nicht auch in der Honorierung der Betriebstreue liegt, ergibt sich das **Kürzungsrecht bereits aus dem Leistungszweck**, ansonsten bedarf es auch hier einer **Kürzungsvereinbarung** (Näheres s *Einmalzahlung*).

16 **d) Unberechtigte Fehlzeiten.** Ebenso wie bei laufenden Anwesenheitsprämien hat ein ArbN auch bei einmalig gezahlten Anwesenheitsprämien keinen Zahlungsanspruch, soweit er unberechtigt gefehlt hat. Ein proportionales Kürzungsrecht ($^{1}/_{220}$ pro unberechtigten Fehltag bei 220 Arbeitstagen pro Jahr) wird insoweit schon aus dem Leistungszweck zu folgern sein, ohne dass es einer vertraglichen Vereinbarung bedarf.

17 **5. Mitbestimmung des Betriebsrats.** Ob Anwesenheitsprämien gezahlt werden und welche Bedingungen, insbes Kürzungsvereinbarungen gelten sollen, ist eine Frage der betrieblichen Lohngestaltung. Der BRat hat daher im Rahmen des § 87 Abs 1 Nr 10 BetrVG ein Mitbestimmungsrecht (→ *Einmalzahlung* Rn 9 ff), soweit nicht eine tarifliche Regelung besteht.

### B. Lohnsteuerrecht *Thomas*

18 Anwesenheitsprämien insbes Weihnachtsgeld sind Arbeitslohn. Sie unterliegen im Zeitpunkt des Lohnzuflusses (→ *Lohnzufluss* Rn 2 ff) dem LStAbzug. Zu Streikbruchprämien → *Arbeitskampf (Streik)* Rn 15, 24.

### C. Sozialversicherungsrecht *Schlegel*

19 **Beitragspflichtiges Arbeitsentgelt.** Anwesenheitsprämien sind Arbeitsentgelt iSd § 14 Abs 1 Satz 1 SGB IV und damit im Grundsatz beitragspflichtig. Unerheblich ist, dass die Gewährung einer Anwesenheitsprämie unmittelbar weder von einem bestimmten Arbeitsergebnis noch von irgendeinem wirtschaftlichen Erfolg, sondern allein von der tatsächlichen Anwesenheit des einzelnen ArbN an seinem Arbeitsplatz abhängt. Sie honoriert ein positives Betriebsverhalten des ArbN, indem sie für generalisierte Verhaltens- und Leistungsmerkmale gezahlt wird, die über die gewöhnlichen Anforderungen des Zeit- und Leistungslohnes noch hinausgehen.

20 Beitragsrechtlich sind Anwesenheitsprämien demjenigen Entgeltabrechnungszeitraum zuzuordnen, für den sie gezahlt werden (zur Behandlung laufend gezahlter Anwesenheitsprämien bei Auszahlung in Form einer Nachzahlung vgl BSG 27.10.89 – 12 RK 9/88, SozR 220 § 385 Nr 22 den vergleichbaren Fall einer Montagebeteiligung).

## Anzeigepflichten Arbeitgeber

### A. Arbeitsrecht *Poeche*

1 **1. Allgemeines.** Die Begriffe Anzeige- und Meldepflicht werden im allgemeinen Sprachgebrauch synonym verwendet. In der Sache geht es jeweils um die Verpflichtung, einem Dritten (Behörde oder Vertragspartner) von einem Zustand oder einem Vorgang unaufgefordert Mitteilung zu machen. Rechtstechnisch wird in der Gesetzessprache im Steuerrecht der den hoheitlichen Charakter stärker betonende Begriff „Anzeigepflicht", im Sozialrecht der der „Meldepflicht" gebraucht. Eine einheitliche Handhabung lässt sich allerdings nicht feststellen.

**2. Arbeitsvertragsrecht.** Im unmittelbaren Verhältnis vom ArbGeb zum ArbN spielen Anzeigepflichten eine untergeordnete Rolle. Die Verpflichtung des ArbGeb, den ArbN von sich aus über einen Sachverhalt zu informieren, der für diesen persönlich oder seine Rechtsstellung bedeutsam ist, wird vielmehr durch Begriffe wie Aufklärungs-, Belehrungs- oder Hinweispflicht gekennzeichnet (→ *Aufhebungsvertrag* Rn 13–15; → *Auskunftspflichten Arbeitgeber* Rn 2–10; → *Fürsorgepflicht* Rn 14–18; → *Personalauswahl* Rn 24). Im Bereich des **Betriebsverfassungsgesetzes** geht es um Unterrichtung, Anhörung und Mitteilung (§§ 81, 99, 102, 111 BetrVG). Anzeigepflichten kommen zum Tragen, wenn der ArbGeb öffentlich-rechtlichen Verpflichtungen schuldhaft nicht nachkommt oder er anspruchserhaltende Anzeigen nicht erstattet. Soweit die öffentlichen Normen Gegenstand der arbeitsvertraglichen Vereinbarung sein können, kann der ArbN ihre Beachtung auch arbeitsvertraglich verlangen. Folge einer unterlassenen Anzeige können daher **Schadensersatzansprüche** des ArbN sein. 2

**3. Zusatzversorgung.** Hat ein ArbGeb durch unrichtige Entgeltmitteilungen an eine Versorgungskasse für den ArbN eine ungünstige Versorgungslage geschaffen, muss er der Kasse auch noch nach Beendigung des Arbeitsverhältnisses berichtigte Meldungen erstatten (BAG 14.10.98 – 3 AZR 377/97, NZA 99, 876). 3

**4. Arbeitsschutz.** Anzeigepflichten des ArbGeb finden sich vor allem im **technischen und sozialen Arbeitsschutz.** Sie dienen der Kontrolle über die Einhaltung der Schutzvorschriften und sollen der **Aufsichtsbehörde und den Berufsgenossenschaften** ermöglichen, die ihnen übertragenen Aufgaben zu erfüllen (zB Pflicht zur Anzeige eines Versicherungsfalls, § 193 SGB VII). Im technischen Bereich sind überwachungsbedürftige Anlagen erlaubnispflichtig, ihr Betrieb mithin anzuzeigen (§ 18 BetrSichV). Jeder Unfall, bei dem ein Mensch getötet oder verletzt worden ist, und jeder Schadensfall, bei dem Bauteile oder sicherheitstechnische Einrichtungen versagt haben oder beschädigt worden sind, sind der zuständigen Aufsichtsbehörde nach § 19 BetrSichV anzuzeigen. Im Bereich der *Heimarbeit* sind bei Eingreifen besonderer Gefahrvorschriften Namen und Arbeitsstätten der HeimArbN mitzuteilen (§ 15 HAG). Für den sozialen Arbeitsschutz ist beispielhaft hinzuweisen auf die Anzeige statistischer Daten wie die Zahl der Arbeitsplätze und ihre Besetzung mit behinderten Menschen (§ 163 SGB IX; nun zur Verpflichtung des ArbGeb, eine Kopie dieser Anzeigen dem BRat vorzulegen: BAG 20.3.18 – 1 ABR 11/17, NZA 18, 1420), die Einstellung auf Probe und die Beendigung von Arbeitsverhältnissen schwerbehinderter Menschen (§ 173 Abs 4 SGB IX), die Veränderungen auf Seiten des Verleihers im Bereich der ArbNÜberlassung (§ 7 Abs 1 AÜG), die Anzeige der erlaubnisfreien ArbN-Überlassung (§ 1a AÜG) und die Benachrichtigung von der Mitteilung einer Frau über ihre Schwangerschaft oder das Stillen ihres Kindes (§ 27 MuSchG, vgl hierzu BAG 19.8.82 – 2 AZR 116/81, NJW 83, 1391). Arbeitsunfälle sind anzeigepflichtig gegenüber dem Träger der UV (§ 193 SGB VII). Die **Verletzung** von Anzeigepflichten ist regelmäßig mit **Bußgeld** bewehrt. 4

**5. Entlassungsschutz.** § 17 KSchG verpflichtet den ArbGeb, unter den dort im Einzelnen genannten Voraussetzungen die **Entlassung** von ArbN vorher der Agentur für Arbeit **anzuzeigen.** Die Arbeitsverwaltung soll in die Lage versetzt werden, sich rechtzeitig auf zu erwartende Entlassungen größeren Umfangs einzustellen und Vorsorgemaßnahmen zu treffen. Anzeigepflichtige **Massenentlassungen** werden nach § 18 Abs 1 KSchG nur mit Zustimmung der Agentur für Arbeit wirksam. Näheres → *Massenentlassung* Rn 21–25. 5

## B. Lohnsteuerrecht *Seidel*

**1. Allgemeines.** Das Vorliegen einer Anzeigepflicht erfordert das Tätigwerden der damit belasteten Person von sich aus, während Auskunftspflichten erst aufgrund einer besonderen Aufforderung durch das FA bestehen. Sinn der Anzeigepflichten ist es, unbekannte Steuerfälle aufzudecken und/oder die richtige Besteuerung zu gewährleisten. Nach § 33 Abs 1 AO ist der ArbGeb auch insoweit Stpfl, als er durch die Steuergesetze auferlegte Anzeigepflichten zu erfüllen hat. Diese öffentlich-rechtliche Pflicht haben, wenn der ArbGeb keine natürliche Person ist, bei juristischen Personen (zB GmbH, AG) die gesetzlichen Vertreter, 6 bei nichtrechtsfähigen Personenvereinigungen (zB OHG, KG, GbR) und Vermögensmassen die Geschäftsführer zu erfüllen.

7 Soweit **nichtrechtsfähige Personenvereinigungen** ohne Geschäftsführer sind, trifft die Verpflichtung die Mitglieder oder Gesellschafter, bei nichtrechtsfähigen Vermögensmassen diejenigen, denen das Vermögen zusteht. Liegt die Vermögensverwaltung nicht bei den Eigentümern des Vermögens oder deren gesetzlichen Vertretern, haben die Vermögensverwalter (zB Insolvenzverwalter, Liquidator, Testamentsvollstrecker) die steuerlichen Pflichten zu erfüllen (§ 34 AO; *T/K* § 34 Rz 9). Die betriebsinterne Zuständigkeit ist grds unerheblich; dem FA gegenüber sind die genannten Personen verantwortlich (→ *Lohnsteuerhaftung* Rn 30 ff), auch dann, wenn es sich um eine Lohnzahlung durch Dritte handelt, bei der der ArbGeb oder der Dritte verpflichtet ist, die LSt einzubehalten (→ *Lohnabzugsverfahren* Rn 14 ff).

8 **2. Lohnsteuerabzugsverfahren** (→ *Lohnabzugsverfahren* Rn 2 ff). **a) Lohnsteuereinbehaltung.** Der ArbGeb hat dem BetriebsstättenFA gegenüber eine unverzügliche und unabhängig vom Erreichen des Mindestbetrags (§ 41c Abs 4 Satz 1 Nr 3 EStG: 10 €; LStR 41c.2 Abs 1) bestehende Anzeigepflicht im Fall fehlender Barmittel (s dazu § 38 Abs 4 Sätze 1 und 2 EStG und → *Lohnabzugsverfahren* Rn 26) sowie bei fehlenden oder erkennbar unrichtigen Angaben des ArbN zu ihm von Dritten gewährtem Arbeitslohn (zB Rabatt; s dazu § 38 Abs 4 Satz 3 EStG und → *Lohnabzugsverfahren* Rn 15). Zu den Anzeigepflichten des ArbGeb im Rahmen der Bildung und Anwendung der ELStAM → *Lohnsteuerabzugsmerkmale* Rn 21.

9 **b) Änderung des Lohnsteuerabzugs.** Der ArbGeb hat dem BetriebsstättenFA auch unverzüglich anzuzeigen, wenn er die Änderung des LStAbzugs trotz ihm rückwirkend zur Verfügung gestellter elektronischer LStAbzugsmerkmale oder der ihm vom ArbN vorgelegten Bescheinigung für den LStAbzug unterlässt (§ 41c Abs 1 Nr 1 EStG) oder die LSt nachträglich nicht einbehalten kann, weil der ArbN vom ArbGeb keinen Arbeitslohn mehr bezieht oder der ArbGeb nach Ablauf des Kj die LStBescheinigung bereits übermittelt oder ausgeschrieben hat (§ 41c Abs 4 Satz 1 Nr 1 und 2 EStG; → *Lohnsteuerberechnung* Rn 26). Dies gilt auch, wenn der ArbGeb erkennt, dass er die LSt nicht vorschriftsmäßig einbehalten hat (§ 41c Abs 1 Nr 2, Abs 4 EStG). Zur Korrekturberechtigung einer von einem Angestellten des ArbGeb vorsätzlich falsch abgegebenen LSt-Anmeldung s BFH 21.4.10 – VI R 29/08, BStBl II 10, 833.

10 **3. Form und Inhalt der Anzeige.** In der schriftlich zu erstattenden Anzeige, die sich ggf auf die letzten vier Kj zu erstrecken hat, sind Name und Anschrift des ArbN, der Anzeigegrund und die für die Berechnung der LStNachforderung erforderlichen Mitteilungen über Höhe und Art des Arbeitslohns, zB Auszug aus dem Lohnkonto, anzugeben (LStR 41c.2 Abs 2).

11 **4. Wirkungen.** Das Betriebsstätten- bzw das WohnstättenFA fordert die zu wenig einbehaltene LSt vom ArbN nach (§§ 38 Abs 4 Satz 3; 41c Abs 4 Satz 2 EStG; LStR 41c.2 Abs 3, LStR 41c.3 und → *Lohnsteuernachforderung* Rn 9, 14). Die **Bagatellgrenze** von 10 € **gilt nicht** bei Nachforderungen wegen nicht ausreichenden Barlohns (→ Rn 8).

12 **5. Verletzung der Anzeigepflicht.** Der ArbGeb kann durch die Anzeige seine Haftungsinanspruchnahme vermeiden (§ 42d Abs 2 EStG ausdrücklich für § 38 Abs 4 Satz 2, § 41c Abs 4 EStG). Neben oder anstelle des ArbGeb können aber bei Nichterfüllung der Anzeigepflicht auch die unter → Rn 6 und 7 genannten Personen persönlich haften, soweit Steueransprüche infolge vorsätzlicher oder grob fahrlässiger Verletzung der ihnen auferlegten Pflichten nicht oder nicht rechtzeitig festgesetzt oder erfüllt oder Steuererstattungen ohne rechtlichen Grund gezahlt werden (§ 69 AO; → *Lohnsteuerhaftung* Rn 30 ff).

Hinzu kommt die Gefahr einer Bestrafung wegen **Steuerhinterziehung,** denn hierfür genügt, dass die FinBeh pflichtwidrig über steuerlich erhebliche Tatsachen in Unkenntnis gelassen werden, wenn dadurch Steuern verkürzt oder – auch für einen anderen – ungerechtfertigte Steuervorteile erlangt werden (§ 370 Abs 1 Nr 2 AO). Eine Steuerverkürzung kann schon dann vorliegen, wenn die Steuer nicht rechtzeitig festgesetzt wird (§ 370 Abs 4 Satz 1 AO). Wird die Tat nur leichtfertig begangen, kommt eine Geldbuße in Betracht (§ 378 AO, Ordnungswidrigkeit). Durch eine **Selbstanzeige** (§ 371 AO), zB durch spätere

Nachholung der unterlassenen Anzeige, kann eine Bestrafung oder Geldbuße vermieden werden.

**6. Vermögensbildung.** Zu den Anzeigepflichten bei der Gewährung vermögenswirksamer Leistungen → *Vermögenswirksame Leistungen* Rn 58, 61, 62. 13

**7. Betriebliche Altersversorgung.** Nach § 5 Abs 2 LStDV hat der ArbGeb der Versorgungseinrichtung (Pensionsfonds, Pensionskasse, Direktversicherung), die für ihn die kapitalgedeckte betriebliche Altersversorgung durchführt, spätestens 2 Monate nach Ablauf des Kj oder nach Beendigung des Dienstverhältnisses im Laufe des Kj die für den ArbN geleisteten und nach § 3 Nr 56 und 63 EStG steuerfrei belassenen, nach § 40b EStG (in der am 31.12.04 geltenden Fassung) pauschal besteuerten und die individuell besteuerten Beiträge mitzuteilen. Dies gilt auch für die nach § 3 Nr 66 EStG steuerfrei belassenen Leistungen (→ *Betriebliche Altersversorgung* Rn 125 ff, 138 ff). Eine Mitteilung des ArbGeb kann nur unterbleiben, wenn die Versorgungseinrichtung die steuerliche Behandlung der Beitragsleistungen bereits kennt oder aus den bei ihr vorhandenen Daten feststellen kann und dies dem ArbGeb mitgeteilt hat (§ 5 Abs 3 LStDV). 14

**8. Allgemeine Anzeigepflicht.** Auf die generelle Verpflichtung, der Gemeinde oder dem FA die Eröffnung, Verlegung oder Aufgabe eines land- und forstwirtschaftlichen oder eines gewerblichen Betriebes bzw einer Betriebsstätte (→ *Betriebsstätte* Rn 2 ff) mitzuteilen, wird hingewiesen. Das Gleiche gilt für eine freiberufliche Tätigkeit (§ 138 Abs 1 AO; *T/K* § 138 Rz 1). 15

### C. Sozialversicherungsrecht *Schlegel*

Das Sozialrecht kennt eine Reihe von Vorschriften, die den ArbGeb zur Anzeige und Meldung sozialrechtlich relevanter Umstände verpflichten. Eine begrifflich exakte Abgrenzung zwischen Anzeigepflichten einerseits und Meldepflichten andererseits ist nicht möglich, obgleich der Begriff Meldepflichten üblicherweise für Mitteilungspflichten des ArbGeb im Beitragsrecht verwendet wird. Tatbestände, für die der ArbGeb anzeige- bzw meldepflichtig ist, werden deshalb dargestellt unter dem Stichwort *Meldepflichten Arbeitgeber.* 16

## Anzeigepflichten Arbeitnehmer

### A. Arbeitsrecht *Poeche*

**1. Allgemeines.** Begrifflich geht es bei Anzeigepflichten des ArbN um die Verpflichtung, dem ArbGeb unaufgefordert einen Sachverhalt mitzuteilen, dessen Kenntnis für den ArbGeb und seine Vermögensinteressen von Bedeutung ist. Synonym werden die Begriffe Mitteilungspflicht (§ 18 ArbNErfG) und Meldepflicht (§ 5 ArbNErfG) verwandt. Im Zusammenhang mit den vom ArbN bei Einstellungsverhandlungen mitzuteilenden Umständen haben sich die Begriffe Auskunfts- und Offenbarungspflicht eingebürgert (→ *Auskunftspflichten Arbeitnehmer* Rn 4–12; → *Personalauswahl* Rn 11 f). **Grundlage** von Anzeigepflichten des ArbN sind die arbeitsrechtlichen Bestimmungen (Gesetz, Tarifvertrag, Betriebsvereinbarung und Arbeitsvertrag). Sie können als Haupt- oder Nebenpflicht bestehen. Ihre Verletzung kann Schadensersatzansprüche des ArbGeb begründen und zur Abmahnung oder Kündigung führen. Normiert ist zB die Pflicht des ArbN, eine Arbeitsunfähigkeit oder die Bewilligung einer Kur unverzüglich (§§ 5, 9 EFZG; → *Arbeitsunfähigkeit* Rn 5–8; → *Rehabilitation, medizinische* Rn 6); die Inanspruchnahme der kurzzeitigen Arbeitsverhinderung iSv § 2 PflegeZG (→ *Pflegezeit* Rn 13–15), eine Beschäftigung oder Erwerbstätigkeit bei der Inanspruchnahme einer vorzeitigen Altersrente gem § 6 S 3 BetrAVG anzuzeigen. Grund und Dauer einer Arbeitsverhinderung iSd § 616 BGB sind dem ArbGeb ebenfalls rechtzeitig anzuzeigen (*Joussen* BeckOK-Arbeitsrecht § 616 BGB Rn 50). Aus der aus § 241 Abs 2 BGB abgeleitete Rücksichtnahmepflicht des ArbN folgt auch die allgemeine Pflicht, den ArbGeb im Rahmen des Zumutbaren unaufgefordert und rechtzeitig über Umstände zu informieren, die einer Erfüllung der Arbeitspflicht entgegenstehen (zB U-Haft, BAG 26.3.15 – 2 AZR 517/14, NZA 15, 1180). 1

Zur Anzeigepflicht von Erfindungen der an einer Hochschule Beschäftigten nach § 42 ArbNErfG → *Arbeitnehmererfindung* Rn 5. Vgl auch → *Meldepflichten Arbeitnehmer* Rn 1.

2 **2. Anzeigepflicht zur Schadensabwehr.** Jeder ArbN hat dem ArbGeb Störungen und Schäden in seinem Arbeitsbereich anzuzeigen. Das gilt insbes für alle Vorkommnisse, die ihn an seiner Arbeitsleistung hindern und die er nicht selbst beseitigen kann (zB Ausbleiben von Material auf der Baustelle, Maschinenstillstand, Computerausfall uä). Er kann hiervon absehen, wenn die Störung oder der Schaden unerheblich oder dem ArbGeb bereits bekannt ist. ArbN mit **Aufsichts- und Kontrollfunktionen** wie etwa Innenrevision, Werkschutz, Hausdetektei, sind zur umfassenden Unterrichtung über alle Besonderheiten und Unregelmäßigkeiten im kontrollierten Aufgabenbereich verpflichtet. Auffällige ArbN sind namentlich zu benennen. Gleiches gilt, wenn den ArbN eine sog **aktualisierte Überwachungs- und Kontrollpflicht** trifft. So, wenn er dienstlich in seinem Aufgabenbereich mit einem Dritten zusammenarbeitet, von dem er vermutet, dass dieser Unterschlagungen begeht und Wiederholungsgefahr besteht (BAG 18.6.70 – 1 AZR 520/69, DB 70, 1598; LAG Hamm 29.7.94 – 18 [2] Sa 2016/93, BB 94, 2352; LAG MeVo 8.7.16 – 2 Sa 190/15, BeckRS 2016, 73741). Jeder ArbN ist darüber hinaus aufgrund arbeitsvertraglicher Nebenpflicht (§ 241 Abs 2 BGB, → *Treuepflicht* Rn 1) gehalten, die Interessen des ArbGeb zu wahren, alles zu unterlassen, was diesen schädigen kann und ihm drohende Gefahren abzuwenden. Die Verpflichtung zur Schadensabwehr schließt die Anzeige eingetretener oder drohender Schäden ein (BAG 1.6.95 – 6 AZR 912/94, NZA 96, 135). Dieser Grundsatz gilt nicht uneingeschränkt. Geht die Gefahr von einem anderen ArbN außerhalb des Arbeitsbereichs des ArbN aus, muss dieser nur dann namentlich genannt werden, wenn Personenschaden droht oder ein sonstiger erheblicher Schaden im Raum steht. Denunziantentum ist vorzubeugen (aA wohl LAG Bln 9.1.89 – 9 Sa 93/89, BB 89, 630; wie hier MüKo/*Müller-Glöge* § 611 Rz 1082). In keinem Fall besteht eine Verpflichtung zur Selbstbezichtigung; diese ist unzumutbar (BGH 23.2.89 – IX ZR 236/86, DB 89, 1464).

3 Anzeigepflichten können sich ferner aus einem möglichen **Interessenkonflikt** ergeben. Jedenfalls ArbN in leitender Position müssen verwandtschaftliche Beziehungen zu einem Dritten offenbaren, mit dem der ArbGeb über den Abschluss eines bedeutenden Geschäfts verhandelt, dessen spätere Abwicklung in den Verantwortungsbereich des ArbN fällt. Das Unterlassen der Anzeige kann eine fristlose Kündigung rechtfertigen (LAG Nbg 5.9.90 – 3 Sa 346/89, DB 90, 2330). **Abwerbungsversuche** durch Headhunter sind nicht anzeigepflichtig. Eine entsprechende Vertragsklausel erscheint bedenklich (aA *Busch/Dendorfer* BB 02, 301). Dagegen sind **Bestechungsversuche** nicht nur im öffentlichen Dienst (s hierzu zB § 3 Abs 2 S 3 TVöD), sondern auch in der Privatwirtschaft grds anzeigepflichtig. Betroffen ist die unmittelbare Rechtsbeziehung des ArbGeb zum Kunden/Lieferanten. Auf die Gefahr, dass auch andere ArbN angesprochen werden, kommt es nicht an (so *HWK/Thüsing* § 611 Rz 367).

4 **3. Gesundheitsschutz.** Schwere Erkrankungen, die wegen ihrer Ansteckungsgefahr Gesundheit oder Leben Dritter gefährden, sind vom ArbN zu offenbaren. Zu den besonderen Unterstützungspflichten der Beschäftigten im Bereich des **Arbeitsschutzes** → *Arbeitssicherheit/Arbeitsschutz* Rn 15; → *Meldepflichten Arbeitnehmer* Rn 2. Eine ArbN, die dem ArbGeb das Bestehen einer Schwangerschaft mitgeteilt hat, hat den ArbGeb unverzüglich zu unterrichten, wenn die **Schwangerschaft** vorzeitig **endet** (BAG 18.1.2000 – 9 AZR 932/98, NZA 2000, 1157; 13.11.02 – 9 AZR 590/99, EzA-SD 02 Nr 15 [red LS]).

5 **4. Privatsphäre.** Umstände aus dem persönlichen Bereich sind anzuzeigen, wenn sie die Höhe des dem ArbN zu zahlenden Entgelts beeinflussen. Kommt es infolge der Nichtanzeige zu einer Überzahlung, ist der ArbGeb bei schuldhafter Nichtanzeige der Veränderung der persönlichen Verhältnisse des ArbN nicht auf Ansprüche aus ungerechtfertigter Bereicherung (§§ 812 ff BGB) beschränkt. Vielmehr erwächst ihm auch ein Schadensersatzanspruch, dessen Höhe durch sein mitwirkendes Verschulden gemindert sein kann (LAG BaWü 11.1.89 – 9 Sa 36/88, ZTR 89, 192; LAG Bln 15.12.95 – 6 Sa 94/95, BB 96, 1335). Diese Anzeigepflicht besteht über das **Ende des Arbeitsverhältnisses** hinaus, wenn der ArbN vom ArbGeb ein Ruhegeld erhält, auf das anderweitig bezogene Renten anzurechnen sind (BAG 27.3.90 – 3 AZR 187/88, NZA 90, 776). Zur Frage, ob der ArbN dem ArbGeb einen Antrag auf Gewährung einer sog Rente mit 63 anzuzeigen hat: *Weis* NZA 16, 1116.

**5. Gehaltsüberzahlung.** Der ArbN ist grds nicht verpflichtet, aus Anlass der Gehalts- oder Lohnüberweisung die ihm erteilte Entgeltabrechnung zu überprüfen und den ArbGeb auf mögliche Fehler hinzuweisen. Anderes gilt aber dann, wenn er eine ungewöhnlich hohe Zahlung erhält, für die kein Grund ersichtlich ist. In einem solchen Fall muss er den ArbGeb unterrichten, damit dieser die Angelegenheit klären und ggf seinen Rückzahlungsanspruch geltend machen kann (BAG 1.6.95 – 6 AZR 912/94, NZA 96, 135). 6

Eine **tarifliche Ausschlussfrist,** die an die Fälligkeit des Anspruchs anknüpft, beginnt bei vermeidbaren Abrechnungsfehlern idR schon im **Zeitpunkt der Überzahlung** (BAG 16.11.89 – 6 AZR 114/88, DB 90, 1194). Anderes gilt, wenn es dem ArbGeb praktisch unmöglich ist, den Rückforderungsanspruch mit seinem Entstehen (§ 271 BGB) geltend zu machen. Das wird angenommen, wenn der ArbN ihn nicht vom Wegfall anspruchsbegründender Tatsachen informiert und der ArbGeb nicht schuldhaft versäumt hat, sich vom Bestehen des Anspruchs Kenntnis zu verschaffen. Die Ausschlussfrist beginnt dann erst mit der Kenntnis von der Zuvielzahlung (BAG 19.2.04 – 6 AZR 664/02, ZTR 04, 539). Teils wird angenommen, auch in diesem Fall beginne die Ausschlussfrist im Zeitpunkt der Überzahlung. Der an sich gegebene Verfall des Rückzahlungsanspruchs bleibt dann nach den Grundsätzen von Treu und Glauben für den ArbGeb ohne Folgen. Dem Forderungsverfall steht die Einwendung der **unzulässigen Rechtsausübung** entgegen (BAG 23.5.01 – 5 AZR 374/99, ZTR 02, 84). Allerdings darf der ArbGeb nicht tatenlos bleiben. Die Einwendung entfällt, wenn der ArbGeb von anderer Seite Umstände erfährt, die den wirklichen Sachverhalt erkennen lassen oder die ihn jedenfalls zu Nachforschungen hätten veranlassen müssen und er trotzdem über einen längeren Zeitraum untätig bleibt (BAG 13.10.10 – 5 AZR 648/09, NZA 11, 219; BAG 10.3.05 – 6 AZR 217/04, NZA 05, 812). Das LAG Nürnberg (9.6.11 – 7 Sa 28/11, nv) will den Rückzahlungsanspruch des ArbGeb quoteln, wenn diesem ein „Mitverursachensanteil" anzulasten ist – ein im Rahmen des Bereicherungsrechts ungewöhnlicher Weg. Zeigt der ArbN über einen längeren Zeitraum eine offenkundige Überzahlung nicht an und beruft er sich anschließend auf den Wegfall der Bereicherung, so kommt eine ordentliche **Kündigung** des ArbN auch ohne vorherige Abmahnung in Betracht (LAG Köln 9.12.04 – 6 Sa 943/04, BeckRS 2005, 40938).

**6. Weitere Beschäftigungsverhältnisse.** Die Aufnahme eines weiteren Beschäftigungsverhältnisses ist ohne gesonderte vertragliche Vereinbarung dem ArbGeb anzuzeigen, soweit dadurch dessen Interessen betroffen sind (BAG 18.1.96 – 6 AZR 314/95, NZA 97, 41), zB wenn durch sie die Grenze der geringfügigen Beschäftigung überschritten wird und Melde- und Abführungspflichten des ArbGeb ausgelöst werden. Zum Umfang des Schadensersatzanspruchs des ArbGeb bei Verletzung dieser Nebenpflicht und Verschweigen einer bereits bestehenden Beschäftigung bei Aufnahme der Tätigkeit s BAG 27.4.95 – 8 AZR 382/94, NZA 95, 935 und → *Mehrfachbeschäftigung* Rn 5 f. Näheres zur Anzeigepflicht bei dem Bezug von → *Altersrente* Rn 6. Unterlässt der ArbN die Anzeige einer **genehmigungspflichtigen Nebentätigkeit** und ist er wegen der Inanspruchnahme von Einrichtungen und Material des ArbGeb zur Zahlung eines Nutzungsentgeltes verpflichtet, beginnen tarifliche Verfallfristen wegen des Nutzungsentgelts idR erst mit Erteilung einer Abrechnung über die erzielten Nebeneinnahmen durch den ArbN (BAG 16.11.89 – 6 AZR 168/89, BB 90, 711). § 3 Abs 3 TVöD sieht die Verpflichtung zur Anzeige entgeltlicher Nebentätigkeit vor (hierzu *Müller* öAT 13, 205). S auch → *Nebentätigkeit* Rn 3, 4. 7

**7. Umzug.** Der ArbN sollte im eigenen Interesse dem ArbGeb jede Änderung seiner Wohnanschrift mitteilen und so dafür sorgen, dass er postalisch erreichbar ist. Andernfalls kann es ihm nach Treu und Glauben verwehrt sein, sich auf den verspäteten Zugang einer schriftlichen Kündigung zu berufen (BAG 22.9.05 – 2 AZR 366/04, NZA 06, 204). Der Einwand greift nicht, wenn die neue Anschrift auf einer AUBescheinigung vermerkt war (BAG 18.2.77 – 2 AZR 770/75, DB 77, 1194; → *Kündigung, allgemein* Rn 52). Diese Anzeigepflicht kann auch im gekündigten Arbeitsverhältnis bestehen, wenn der ArbN weiterhin – etwa wegen der Durchführung einer Kündigungsschutzklage – mit dem Zugang rechtserheblicher Erklärungen rechnen muss (LAG Düsseldorf 15.8.17 – 3 Sa 348/17, BeckRS 2017, 142683). 8

**8. Whistleblowing.** Nicht um eine Anzeigepflicht, sondern um ein **Anzeigerecht** geht es bei dem sog Whistleblowing („Alarm schlagen"; Whistleblower = „Pfeifenbläser" = 9 jemanden verpfeifen), s auch *Whistleblowing*. Das deutsche Arbeitsrecht regelt bisher nicht ausdrücklich, ob der ArbN berechtigt ist, die Strafverfolgungs- und Aufsichtsbehörden über im Betrieb festgestellte ungesetzliche Praktiken zu informieren (hierzu *Reinhard* ArbRB 15, 375). Auch im Übrigen gibt es keine allgemein verbindlichen Regelungen zum Umgang mit unlauteren oder ethisch zweifelhaften Praktiken. „Whistleblowing" wird im Kündigungsrecht problematisiert (→ *Kündigung, verhaltensbedingte* Rn 21) und betrifft außerdem die Mitbestimmung des BRat (→ *Weisungsrecht* Rn 12).

Zunehmend diskutiert wird die Frage, ob und mit welchem Inhalt die Verpflichtung des ArbN zur Anzeige von Fehlverhalten Dritter als Compliance-Bestandteil in sog **Whistleblower-Klauseln** aufgenommen werden kann (→ *Compliance* Rn 6; *Hoffmann/Schulte* in BeckOK GewO § 106 Rz 71; *Schulz* BB 11, 629; *Hohmuth* BB 14, 3061). S → *Whistleblowing* Rn 12.

## B. Lohnsteuerrecht *Seidel*

10 **1. Allgemeines** s zunächst → *Anzeigepflichten Arbeitgeber* Rn 6. Minderjährige oder beschränkt geschäftsfähige ArbN haben die Anzeigepflichten aufgrund ihrer zivilrechtlich im Regelfall bestehenden partiellen Geschäftsfähigkeit (§ 113 BGB) selbst zu erfüllen (§ 79 Abs 1 Nr 2 AO; → *Minderjährige* Rn 32–35).

11 **2. Allgemeine Anzeigepflicht.** Erkennt der ArbN als Stpfl nachträglich, dass eine von ihm oder für ihn gegenüber dem FA abgegebene Erklärung unrichtig oder unvollständig ist und es dadurch zu einer Verkürzung von Steuern kommen kann oder bereits gekommen ist, muss er dies dem FA unverzüglich anzuzeigen und das Erklärte richtig stellen (§ 153 Abs 1 AO). War ihm die Unrichtigkeit bereits bei der Abgabe der Erklärung bekannt, dh wird die Erklärung von vornherein unrichtig oder unvollständig abgegeben, trifft § 153 Abs 1 AO nicht zu, sondern es kommt **Steuerhinterziehung** in Betracht (§ 370 AO). Eine Pflicht zur Selbstbezichtigung besteht dann nicht, der ArbN hat aber die Möglichkeit der strafbefreienden **Selbstanzeige** (§ 371 AO). Fallen die Voraussetzungen für eine Steuerbefreiung, Steuerermäßigung oder sonstige Steuervergünstigung nachträglich ganz oder teilweise weg, so besteht – außer bei der LStErmäßigung (§ 39a Abs 4 Satz 4 EStG) – eine Anzeigepflicht gem § 153 Abs 2 AO.

12 **3. Besondere Anzeigepflichten. a) Gespeicherte Lohnsteuerabzugsmerkmale. Keine Anzeigepflicht** besteht idR bei Änderung der Steuerklasse bzw der Zahl der Kinderfreibeträge, da diese aufgrund der Mitteilungen der Meldebehörden über den geänderten Familienstand (§ 39e Abs 2 Satz 2 EStG) regelmäßig automatisch geändert werden (§ 39 Abs 5 Sätze 1 und 3 EStG; → *Lohnsteuerabzugsmerkmale* Rn 17).

13 Eine **Anzeigepflicht** gegenüber dem FA besteht hingegen bei Wegfall der Voraussetzungen für den Entlastungsbetrag für Alleinerziehende (§ 24b EStG; § 39 Abs 5 Satz 2 EStG) sowie bei Wechsel des ArbN von der unbeschränkten in die beschränkte EStPflicht (§ 39 Abs 7 Satz 1 EStG; s zur beschränkten Steuerpflicht → *Lohnsteuerberechnung* Rn 9–11).

14 **b) Lebensversicherungsvertrag.** Der ArbN hat seinem WohnsitzFA unverzüglich die Abtretung und Beleihung von Versicherungsverträgen, deren Laufzeit vor dem 1.1.05 begonnen hat, zum Zwecke der Nachversteuerung anzuzeigen, wenn die Darlehen den Betrag von 25 565 € übersteigen (§ 29 iVm § 30 EStDV).

15 **c) Keine Anzeigepflicht** gegenüber dem FA hat der ArbN, wenn er erkennt, dass der ArbGeb die LSt nicht vorschriftsmäßig vom Arbeitslohn einbehalten hat (→ *Lohnabzugsverfahren* Rn 19 ff) oder weiß, dass der ArbGeb die einbehaltene LSt nicht vorschriftsmäßig angemeldet hat. Er kann **jedoch** eine **Inanspruchnahme** für zu wenig einbehaltene oder nicht abgeführte LSt im Rahmen der Gesamtschuldnerschaft **vermeiden**, wenn er dies dem FA unverzüglich mitgeteilt hat (§ 42d Abs 3 Satz 4 EStG; → *Lohnsteuerhaftung* Rn 19, 20).

16 **d) Verletzung der Anzeigepflichten** wegen unzutreffend gespeicherter ELStAM (→ Rn 12) durch den ArbN führt zu seiner Inanspruchnahme für die zu wenig einbehaltene LSt durch das FA, wenn diese 10 € übersteigt (§ 39 Abs 4 Satz 4, Abs 5a Satz 4 EStG; → *Lohnsteuernachforderung* Rn 3 ff). Ggf kann die Verletzung der Anzeigepflichten auch zu einer Bestrafung wegen **Steuerhinterziehung** führen. Hierfür genügt es, wenn die FinBeh

pflichtwidrig über steuerlich erhebliche Tatsachen in Unkenntnis gelassen wird, wenn dadurch Steuern verkürzt oder ungerechtfertigte Steuervorteile erlangt werden (§ 370 Abs 1 Nr 2 AO). Auch eine nicht rechtzeitige Steuerfestsetzung kann schon eine Steuerverkürzung darstellen (§ 370 Abs 4 Satz 1 AO). Eine Geldbuße im Rahmen einer Ordnungswidrigkeit kommt in Betracht, wenn die Tat lediglich leichtfertig begangen wird (§ 370 AO). Durch eine **Selbstanzeige** (§ 371 AO), zB bei späterer Nachholung der unterlassenen Anzeige, kann eine Bestrafung oder Geldbuße vermieden werden.

**e) Lohnzahlung durch Dritte,** zB Rabatte, hat der ArbN dem ArbGeb am Ende des jeweiligen Lohnzahlungszeitraums (idR mtl) anzugeben (§ 38 Abs 4 Satz 3 EStG; s hierzu → *Lohnabzugsverfahren* Rn 16). 17

### C. Sozialversicherungsrecht *Schlegel*

Das Sozialrecht sieht in einer Reihe von Vorschriften Pflichten des ArbN zur Meldung beitragsrechtlich oder leistungsrechtlich relevanter Umstände vor. Insbes im Beitragsrecht ist hierfür der Begriff der **Meldepflichten** gebräuchlich, ohne dass sich jedoch hinreichende Abgrenzungskriterien zu sonstigen Anzeigepflichten des ArbN ergeben würden. Schlussfolgerungen aus dem Begriff der Anzeigepflichten einerseits und dem Begriff der Meldepflichten andererseits ergeben sich nicht. Zu den Pflichten, die den ArbN gegenüber dem ArbGeb oder SozVTrägern hinsichtlich der Anzeige beitrags- oder leistungsrechtlich relevanter Umstände treffen, → *Meldepflichten Arbeitnehmer* Rn 3 ff. 18

## Arbeitgeber

### A. Arbeitsrecht *Röller*

**1. Begriff.** ArbGeb ist, wer die **Arbeitsleistung** des ArbN **kraft Arbeitsvertrages fordern** kann und dessen Arbeitsentgelt schuldet (BAG 24.4.18 – 9 AZB 62/17, BeckRS 2018, 9248; 27.9.12 – 2 AZR 838/11, BeckRS 2013, 67238). Wie der ArbNBegriff wird auch der Begriff des ArbGeb vom Gesetzgeber stillschweigend vorausgesetzt. Er wird mittelbar über den ArbNBegriff definiert. ArbGeb ist, wer mindestens eine Person beschäftigt (BAG 31.1.18 – 10 AZR 279/16, NZA 18, 867; 15.3.11 – 10 AZB 49/10, NZA 11, 563). 1

Die ArbGebStellung kann sich auch **kraft gesetzlicher Fiktion** ergeben. Einen solchen Fall regelt § 10 Abs 1 iVm § 9 Nr 1 AÜG. Danach wird der Entleiher ArbGeb des bei ihm eingesetzten LeihArbN, wenn der Verleiher nicht über die nach § 1 AÜG erforderliche Erlaubnis zur gewerbsmäßigen ArbNÜberlassung verfügt. Einen weiteren Fall regelt § 164 Abs 2 BGB. Gibt ein Angestellter bei Verhandlungen über einen Arbeitsvertrag nicht zu erkennen, dass er nur Vertreter des „richtigen" ArbGeb ist, kann er selbst als ArbGeb in Anspruch genommen werden. 2

Nur wenn der ArbGeb in Ausübung seiner gewerblichen oder selbstständigen Berufstätigkeit handelt, ist er zugleich Unternehmer iSd § 14 BGB und damit Adressat des Verbraucherschutzrechts. 3

**2. Rechtsform.** ArbGeb kann eine **natürliche Person** oder eine **juristische Person** des privaten oder des öffentlichen Rechts sein. Die rechtliche Organisationsform ist für den ArbGebBegriff nicht von Bedeutung. Bei Personengesellschaften wie der GbR ist diese und nicht der einzelne Gesellschafter als ArbGeb anzusehen (BAG 30.10.08 – 8 AZR 397/07, NZA 09, 485; 1.12.04 – 5 AZR 597/03, NZA 05, 318). 4

**3. Mehrheit von Arbeitgebern.** Bei einem **einheitlichen Arbeitsverhältnis** können auf ArbGebSeite mehrere natürliche oder juristische Personen beteiligt sein. Für die Annahme eines einheitlichen Arbeitsverhältnisses ist nicht Voraussetzung, dass die ArbGeb zueinander in einem bestimmten – insbes gesellschaftsrechtlichen – Rechtsverhältnis stehen, einen gemeinsamen Betrieb führen oder den Arbeitsvertrag gemeinsam abschließen (BAG 27.3.81, DB 82, 1569; kritisch *Schwerdtner* ZIP 82, 900). Die Annahme eines einheitlichen Arbeitsverhältnisses hat zur Konsequenz, dass alle ArbGeb Gesamtschuldner hinsichtlich der Beschäftigungs- und Vergütungspflicht des ArbN sind. Eine Kündigung des ArbN kann mangels ausdrücklich abweichender Vereinbarung nur insgesamt, von und gegenüber allen 5 auf einer Seite Beteiligten erfolgen. Mehrere ArbGeb hat ein **Arbeitnehmer innerhalb eines Konzerns,** der ein aktives Vertragsverhältnis mit der aufnehmenden Gesellschaft begründet und es bei einem passiven/ruhenden Vertragsverhältnis mit der entsendenden Gesellschaft belässt. Bilden die beteiligten Unternehmen zur einheitlichen Leitung eines **gemeinsamen Betriebes** eine BGB-Gesellschaft, werden allein hierdurch die Unternehmen nicht ArbGeb der im gemeinsamen Betrieb beschäftigten ArbN (BAG 29.9.04 – 1 AZR 473/03, NZA-RR 05, 616 LS; 5.3.87 – 2 AZR 623/85, NZA 88, 32). Ansprüche sind deshalb gegen den eigenen VertragsArbGeb geltend zu machen. Gründen mehrere juristische Personen zu einem bestimmten Zweck eine GmbH und weisen zur Erfüllung ihrer Aufgaben ArbN zur Dienstleistung zu, ohne ihr gegenüber den ArbN über das fachliche Weisungsrecht hinausgehende Kompetenzen in personellen und sozialen Angelegenheiten einzuräumen, liegt ein Gemeinschaftsunternehmen, aber kein gemeinsamer Betrieb vor (BAG 9.6.11 – 6 AZR 132/10, BeckRS 2011, 74719).

6 **4. Aufspaltung der Arbeitgeberfunktionen.** Eine solche ist kraft Delegation oder kraft rechtstatsächlicher Gegebenheiten im Arbeitsleben häufig anzutreffen. Sie tritt immer dann ein, wenn der ArbGeb nicht selbst ArbN beschäftigt, sondern diese beschäftigen lässt. Die Delegation von ArbGeb Funktionen ist bei Sonderformen des Arbeitsverhältnisses anzutreffen, so zB bei der ArbNÜberlassung (*Arbeitnehmerüberlassung/Zeitarbeit*), bei der Beschäftigung von deutschen ArbN bei den ausländischen Streitkräften (Art 56 Zusatzabkommen zum NATO-Truppenstatut; BAG 14.1.93 – 2 AZR 387/92, NZA 93, 981), beim Gesamthafenarbeitsverhältnis (BAG 2.11.93 – 1 ABR 36/93, DB 94, 985), beim Gruppenarbeitsverhältnis (als Unterform des mittelbaren Arbeitsverhältnisses), bei der Bauarbeitsgemeinschaft (§ 9 BRTV) und im Konzern (BAG 9.9.82 – 2 AZR 253/80, DB 83, 1715 s *Konzernarbeitsverhältnis*).

7 **5. Mittelbares Arbeitsverhältnis.** Ein solches liegt vor, wenn ein ArbN einen anderen ArbN einstellt, um ihn zur Erfüllung der eigenen Arbeitspflicht im Betrieb seines ArbGeb mit dessen Wissen zu beschäftigen. Die praktische Bedeutung ist gering. Beispiele sind der in einem Arbeitsverhältnis zum Rundfunk stehende Orchesterleiter, der unmittelbarer ArbGeb einzelner Musiker ist (BAG 22.7.82 – 2 AZR 57/81, BeckRS 1982, 04947) oder die Anstellung von Reinigungskräften durch den Hausmeister einer Schule (BAG 20.7.82 – 3 AZR 446/80, NJW 83, 645). Den Mittelsmann treffen die sich aus dem Arbeitsvertrag ergebenden Pflichten. Er ist insbes zur Vergütung des ArbN verpflichtet. Bei Nichtleistung kann der mittelbare ArbGeb nur in Anspruch genommen werden, wenn dieser selbst einen Schuldgrund geschaffen hat (MüKoBGB/*Müller-Glöge* § 611 BGB Rn 1282). Der Mittelsmann hat als VertragsArbGeb die Kündigung auszusprechen und ist ebenso Adressat einer Kündigung (BAG 9.4.57 – 3 AZR 435/54, NJW 57, 1165).

8 **6. Prozessrechtliche Bedeutung.** Dem ArbGebBegriff kommt im Prozessrecht besondere Bedeutung zu. Insbes bei fristgebundenen Klagen (zB §§ 4, 7 KSchG) muss der ArbN innerhalb der gesetzlichen Frist die richtige Partei verklagen. Ist der ArbGeb eine juristische Person, ist diese zu verklagen.

Die **GbR** besitzt die aktive und passive Prozessfähigkeit. Klagen sind gegen die GbR und nicht gegen die einzelnen Gesellschafter zu richten (BAG 1.3.07 – 2 AZR 525/05, NJW 07, 2877).

9 Die **OHG** und die **KG** sind als solche ArbGeb und unter ihrer Firma zu verklagen (§§ 124 Abs 1, 161 Abs 2 HGB). Für Lohnforderungen und die Zahlung einer Abfindung gem § 9 KSchG haften neben der Gesellschaft auch die persönlich haftenden Gesellschafter (§§ 128, 161, 171 Satz 1 HGB). Sie sind neben der KG ArbGeb iSd § 2 Abs 1 Nr 3 ArbGG (BAG 28.2.06 – 5 AS 19/05, NZA 06453; zur Haftung eines ausgeschiedenen Komplementärs für Lohnforderungen s BAG 21.7.77 – 3 AZR 189/76, DB 78, 303).

10 Der **Kommanditist einer KG** ist nicht ArbGeb. Die Einstandspflicht nach § 171 HGB begründet keine ArbGebÄhnliche Stellung; für Klagen aus diesem Rechtsgrund sind deshalb die ArbG nicht zuständig (BAG 23.6.92 – 9 AZR 308/91, NZA 93, 862).

11 Bei der **GmbH & Co KG** kann zweifelhaft sein, ob ArbGeb die KG, die GmbH oder der Geschäftsführer der GmbH persönlich ist. IdR handelt der Geschäftsführer der GmbH für die GmbH & Co KG. Diese ist deshalb zu verklagen; eine Klage lediglich gegen die GmbH als persönlich haftende Gesellschafterin reicht nicht aus (LAG Bln 18.1.82 – 9 Sa

98/81, BB 82, 679). Eine GmbH & Co KG verliert ebenso wie die GmbH nicht ihre Parteifähigkeit, wenn sie im Handelsregister gelöscht und kein verteilbares Vermögen mehr vorhanden ist (BAG 9.7.81, DB 82, 182; aA BGH 5.4.79, BGHZ 74, 212).

Eine **Vor-GmbH** ist entsprechend § 50 Abs 2 ZPO passiv parteifähig und kann daher als ArbGeb verklagt werden. Dies gilt auch nach Aufgabe der Eintragungsabsicht (BGH 31.3.08 – II ZR 308/06, BB 08, 1249). Die Gesellschafter einer Vor-GmbH haften für alle Verbindlichkeiten der Vor-Gesellschaft entsprechend ihrer Beteiligung am Gesellschaftsvermögen. Es besteht eine einheitliche Gründerhaftung in Form einer bis zur Eintragung der Gesellschaft andauernden Verlustdeckungshaftung, die nicht auf die Höhe des Einlageversprechens beschränkt ist. Es handelt sich jedoch um eine Innenhaftung gegenüber der Vor-Gesellschaft selbst, nicht um eine unmittelbare Haftung gegenüber den Gesellschaftsgläubigern. Diese müssen sich vielmehr an die Vor-GmbH halten und können sich ggf deren Ausgleichsansprüche gegen die Gesellschafter pfänden und zur Einziehung überweisen lassen (BAG 25.1.06 – 10 AZR 238/05, BB 06, 1916). Etwas anderes gilt dann, wenn die Vor-GmbH vermögenslos ist, sie insbes keinen Geschäftsführer mehr hat oder weitere Gläubiger nicht vorhanden sind, ebenso wenn es sich um eine Ein-Mann-Vor-GmbH handelt. In diesen Fällen hält die Rechtsprechung ausnahmsweise den unmittelbaren Durchgriff auf die Gründungsgesellschafter für zulässig. Diese haften anteilig entsprechend dem Verhältnis ihrer Beteiligung am Gesellschaftsvermögen (BAG 25.1.06, BB 06, 1916). 12

Bei einem innerhalb eines Konzerns beschäftigten ArbN ist ArbGeb nicht der **Konzern,** sondern die Gesellschaft, mit welcher der ArbN einen Arbeitsvertrag geschlossen hat. Der Konzern ist kein Rechtssubjekt (*Windbichler* Arbeitsrechtliche Vertragsgestaltung im Konzern, 1989, S 2; *Staudinger/Richardi* Vorbem zu §§ 611 ff; → *Konzernarbeitsverhältnis* Rn 1). 13

Der **nicht rechtsfähige Verein** ist als solcher zu verklagen (§ 50 Abs 2 ZPO). 14

**7. Arbeitgeber und Betriebverfassung.** Der ArbGebBegriff wird im BetrVG in zweifacher Weise gebraucht: Zum einen ist der ArbGeb Vertragspartner des ArbN und zum anderen Organ der Betriebsverfassung (*Fitting* § 1 Rn 236). ArbGeb iSd Betriebsverfassung ist die Person, die die maßgeblichen Entscheidungen trifft. Dies ist abhängig von der Struktur des Betriebs, der Maßnahme und dem in Betracht kommenden betriebsverfassungsrechtlichen Recht des BRat oder auch des ArbN. Die Begriffe Unternehmen und ArbGeb in den Vorschriften der §§ 111–113 BetrVG sind deckungsgleich und bezeichnen lediglich unterschiedliche Funktionen, Tätigkeiten und Rechtsbeziehungen derselben Person (BAG 15.1.91 – 1 AZR 94/90, DB 91, 1472). Sie fallen aber nicht zusammen. Probleme bei der „Suche nach dem ArbGeb" in der Betriebsverfassung behandelt *Wißmann* NZA 01, 409. 15

Als Organ der Betriebsverfassung muss der **Arbeitgeber vor Ort** präsent sein. Ein ausländischer ArbGeb, dessen Geschäftsleitung im Ausland sitzt, hat als Konkretisierung des Gebots zur vertrauensvollen Zusammenarbeit mit dem BRat sicherzustellen, dass er die ihm zustehenden betriebsverfassungsrechtlichen Rechte und Pflichten ausüben bzw erfüllen kann. Dabei kann er sich nur durch betriebsangehörige Personen vertreten lassen, nicht jedoch durch betriebsfremde (*Fitting* § 1 Rn 240). Weigert sich der ausländische ArbGeb, die hinreichende Präsenz eines entscheidungsbefugten Ansprechpartners für den BRat vor Ort sicherzustellen, kann ihm dies durch das ArbG auf Antrag des BRat gem § 23 Abs 3 BetrVG aufgegeben werden. 16

**8. Tariffähigkeit.** Gem § 2 Abs 1 TVG ist der einzelne ArbGeb tariffähig. Der Zweck der Beschäftigung von ArbN spielt für die ArbGebEigenschaft und die Tariffähigkeit eines einzelnen ArbGeb keine Rolle; tariffähig sind auch nicht gewerbliche ArbGeb, Unternehmen im Belegschaftsbesitz, Beschäftigungsgesellschaften, Gewerkschaften (BAG 17.2.98 – 1 AZR 364/97, NZA 98, 754) und karitative Organisationen (LAG Bbg 24.2.94, DB 94, 1245). 17

**9. Arbeitsgerichtsbarkeit.** Gem §§ 16 Abs 1 (ArbG), 35 Abs 1 (LAG), § 41 Abs 1 (BAG) ArbGG stellen ArbGeb die Hälfte der ehrenamtlichen Richter in allen Rechtszügen der Arbeitsgerichtsbarkeit. Zu ehrenamtlichen Richtern aus Kreisen der ArbGeb können auch ArbN berufen werden: Geschäftsführer, Betriebsleiter oder Personalleiter, soweit sie zur Einstellung von ArbN im Betrieb berechtigt sind, sowie Personen, denen Prokura oder Generalvollmacht erteilt ist (§ 22 Abs 2 ArbGG). 18

**B. Lohnsteuerrecht** *Seidel*

19 **1. Allgemeines.** Die lohnsteuerrechtliche Bedeutung der ArbGebEigenschaft liegt darin, dass der ArbGeb im Rahmen des LStAbzugsverfahrens (→ *Lohnabzugsverfahren* Rn 2 ff) eine Reihe von **steuerlichen Pflichten** zu erfüllen hat (§§ 38 ff EStG; → *Lohnsteuerabführung* Rn 2 ff, → *Lohnsteueranmeldung* Rn 2 ff), die auch zu einer nachträglichen **Inanspruchnahme** führen können (→ *Lohnsteuerhaftung* Rn 4 ff und → *Lohnsteuernachforderung* Rn 16). Grds treffen die Pflichten nur inländische ArbGeb, ausnahmsweise ausländische ArbNVerleiher (→ *Arbeitnehmerüberlassung/Zeitarbeit* Rn 71). Inländischer ArbGeb ist dabei in den Fällen der ArbNEntsendung (→ *Arbeitnehmerentsendung* Rn 1 ff) auch das in Deutschland ansässige aufnehmende Unternehmen, das den Arbeitslohn wirtschaftlich trägt; eine Auszahlung an den ArbN im eigenen Namen und für eigene Rechnung ist nicht erforderlich (§ 38 Abs 1 Satz 2 EStG; → *Arbeitnehmerüberlassung/Zeitarbeit* Rn 73 und → *Arbeitnehmerentsendung* Rn 15 f). Zu den ArbGebPflichten eines **Dritten** → *Lohnabzugsverfahren* Rn 16, 17. Zum wirtschaftlichen ArbGebBegriff iSd Abkommensrechts (DBA) hat der BFH entschieden, dass die ausländische Tochtergesellschaft nicht grds schon dann ArbGeb des von der inländischen Muttergesellschaft entsandten ArbN wird, wenn sie dieser den Teil des Arbeitslohnes, der auf die Tätigkeit im Ausland entfällt, erstattet, sondern erst, wenn der Einsatz des ArbN im Interesse der Tochtergesellschaft erfolgt und dieser in deren Arbeitsablauf eingebunden ist (BFH 23.2.05 – I R 46/03, BStBl II 05, 547; → *Arbeitnehmerentsendung* Rn 15 und BMF 14.9.06, BStBl I 06, 532 Rz 64 ff). Bei der Besetzung der ehrenamtlichen Richter an den FG spielt die ArbGebEigenschaft im Gegensatz zu den ArbG (→ Rn 18) und SG (→ Rn 25) keine Rolle. Zur ArbGebEigenschaft bei Matrixstrukturen → *Matrixorganisation* Rn 6 ff.

20 **2. Definition.** Der steuerrechtlich eigenständige Begriff des ArbGeb wird vom EStG nicht definiert. In Umkehrung des Begriffs des ArbN (→ *Arbeitnehmer (Begriff)* Rn 28 ff) aus § 1 Abs 2 LStDV ergibt sich aber, dass ArbGeb derjenige ist, dem der ArbN die Arbeitskraft schuldet, unter dessen Leitung er tätig wird oder dessen Weisungen er zu folgen hat. Dies ist regelmäßig der Vertragspartner aus dem Dienstvertrag (BFH 17.2.95 – VI R 41/92, BStBl II 95, 390). ArbGeb ist auch, wer Arbeitslohn aus einem früheren Dienstverhältnis an einen ehemaligen ArbN oder dessen Rechtsnachfolger zahlt. In Grenzfällen ist aber nicht entscheidend, wer nach bürgerlichem Recht Vertragspartner ist oder wer den Lohn auszahlt, weil ArbGeb und Lohnauszahler verschiedene Personen sein können (§ 38 Abs 1 Satz 3 EStG; LStR 38.4).

21 Ausschlaggebend ist das **Gesamtbild der tatsächlichen Verhältnisse** (→ *Arbeitnehmer (Begriff)* Rn 38). Danach ist ArbGeb, wer aufgrund seiner tatsächlichen Machtstellung ArbN einstellen, entlassen und über deren Arbeitskraft verfügen kann (*Thürmer* § 19 EStG Rz 130). Dies können alle natürlichen und juristischen Personen des privaten und des öffentlichen Rechts (bei Letzteren hat die öffentliche Kasse, die den Arbeitslohn auszahlt, die ArbGebPflichten zu erfüllen, § 38 Abs 3 Satz 2 EStG), aber auch Personenzusammenschlüsse ohne eigene Rechtspersönlichkeit sein (zB OHG, KG).

22 Auch eine **BGB-Gesellschaft** als zivilrechtlich nicht rechtsfähige Personenvereinigung kann ArbGeb sein (BFH 17.2.95, BStBl II 95, 390, ebenso BAG für das Arbeitsrecht → Rn 8). Die Literatur schließt sich dem überwiegend an (*Blümich/Thürmer* § 19 Rz 131; *HMW*/Arbeitgeber Rz 5; *Heuermann/Wagner* Teil C Rz 65). Im Steuerrecht ist die GbR auch sonst steuerrechtsfähig und damit als Beteiligte eines Steuerrechtsverhältnisses Träger steuerlicher Rechte und Pflichten (*T/K* § 33 AO Rz 56, 60, 70).

23 Dafür spricht auch § 34 Abs 1 AO, nach dem die **Geschäftsführer** nichtrechtsfähiger Personenvereinigungen deren steuerliche Pflichten zu erfüllen haben. Diese und die weiteren in den §§ 34, 35 AO genannten Personen (zB gesetzliche Vertreter natürlicher und juristischer Personen, Geschäftsführer von Vermögensmassen bzw an deren Stelle Tretende gem § 34 Abs 2 AO sowie Vermögensverwalter und Verfügungsberechtigte) sind keine ArbGeb, da sie für andere handeln. Zu den Vermögensverwaltern iSd § 34 Abs 3 AO zählen auch der Insolvenzverwalter und der Testamentsvollstrecker (*T/K* § 34 AO Rz 9). Sie sind als Parteien kraft Amtes jedoch ArbGeb, wenn sie nach Insolvenzeröffnung bzw Tod des ArbGeb ArbN weiter beschäftigen (*K/S* § 19 Rz B 124). Dieser Personenkreis kann aber

bei zumindest grob fahrlässiger Verletzung seiner Pflichten – neben oder anstelle des ArbGeb – für die LSt, die KiSt und den SolZ haften (§§ 34, 35, 69, 71 AO; → *Lohnsteuerhaftung* Rn 30 ff). Auch ein **ArbN** kann **gleichzeitig ArbGeb** sein (zB Hauspersonal, Chefarzt; s aber auch FG Düsseldorf 29.4.02 – 17 K 2860/99 E, EFG 02, 971). Zu Unterarbeitsverhältnissen zwischen Ehegatten/Lebenspartnern → *Familiäre Mitarbeit* Rn 30. Zur ArbGebStellung beim mittelbaren Arbeitsverhältnis → *Mittelbares Arbeitsverhältnis* Rn 21, 22 bei einer Organschaft → *Konzernarbeitsverhältnis* Rn 21 ff und bei der ArbNÜberlassung → *Arbeitnehmerüberlassung/Zeitarbeit* Rn 71, 73.

**3. Arbeitgeber kraft gesetzlicher Fiktion** sind – für die Erhebung der LSt – die Pensionskasse oder das Unternehmen der Lebensversicherung für die in § 3 Nr 65 EStG genannten Leistungen (§ 3 Nr 65 Satz 5 EStG). Zur gesetzlichen Fiktion nach § 10 Abs 1 iVm § 9 Nr 1 AÜG (→ Rn 2) vgl → *Arbeitnehmerüberlassung/Zeitarbeit* Rn 73. 24

## C. Sozialversicherungsrecht *Voelzke*

**1. Allgemeines.** Im SozVRecht wird der ArbGeb im Rahmen eines **öffentlich-sozialversicherungsrechtlichen Pflichtverhältnisses** zur Beitragsberechnung und -abführung herangezogen (kritisch zum Umfang der Inanspruchnahme der ArbGeb in der SozV *Schlegel* in FS 50 Jahre BSG, 265 ff). Es handelt sich bei den hiermit zusammenhängenden Aufgaben um eine gesetzliche „Indienstnahme als Privater", die eine eigene Entscheidungsbefugnis iSd Delegation öffentlicher Aufgaben nicht enthält (BSG 27.11.84 – 12 RK 31/82, NZA 85, 468). Im Recht der ArblV sind dem ArbGeb zusätzliche Pflichten auferlegt (zB Erteilung der Arbeitsbescheinigung, Erstattungsansprüche der BA). Vergleichbare Verpflichtungen – insbes zur Auskunftserteilung – existieren bei der Beschäftigung von Leistungsberechtigten nach dem SGB II (zur Verneinung einer Kostenerstattung bei Auskunftserteilung BSG 4.6.14 – B 14 AS 38/13 R, NZS 14, 711). Die ArblV und die Grundsicherung für Arbeitsuchende halten auch Leistungen für ArbGeb bereit. 25

In der gesetzlichen UV ist jeder **Unternehmer** Mitglied der sachlich und örtlich zuständigen Berufsgenossenschaft. Unternehmer ist in der UV derjenige, dem das Ergebnis des Unternehmens unmittelbar zum Vor- oder Nachteil gereicht (§ 136 Abs 3 Nr 1 SGB VII). Der Begriff des Unternehmers in der UV ist mit dem Begriff des ArbGeb im Beitragsrecht weitgehend identisch. Unternehmer ist danach, wer das unmittelbare wirtschaftliche Wagnis trägt und weitgehende Einwirkung auf die Führung, zumindest aber maßgeblichen Einfluss auf die kaufmännische Leitung des Unternehmens hat (*Schlegel/Voelzke/Quabach* SGB VII § 136 Rz 37).

In allen Zweigen der SozV sind die ArbGeb im Rahmen der Selbstverwaltung in den **Selbstverwaltungsorganen** vertreten (§ 29 Abs 2 SGB IV). Bei der Besetzung der Kammern und Senate für Angelegenheiten der SozV und der ArblV in allen Instanzen der Sozialgerichtsbarkeit gehört je ein ehrenamtlicher Richter dem Kreis der Versicherten und der ArbGeb an (§§ 12 Abs 2, 33, 46 Abs 1 SGG). Da die SozV historisch nur auf die Absicherung der ArbN abzielt, besteht eine Versicherungspflicht oder Versicherungsberechtigung für ArbGeb im Regelfall nicht (zur Einbeziehung von „abhängigen Selbstständigen" → *Arbeitnehmerähnliche Selbstständige* Rn 5; zum sozialen Schutz von Selbständigen *Kreßel* DB 19, 2744).

**2. Beitragsrecht.** Obwohl den ArbGeb ua die Meldepflichten gegenüber der Einzugsstelle (§ 28a SGB IV) und die Zahlungspflichten hinsichtlich des GesamtSozVBeitrages (§ 28e SGB IV) treffen, ist eine Legaldefinition des sozialversicherungsrechtlichen Begriffs des ArbGeb unterblieben. Wie im LStRecht wird auch im SozVRecht der ArbGebBegriff mittelbar aus dem Begriff des Beschäftigten (§ 7 SGB IV) abgeleitet. ArbGeb ist danach derjenige, der einen anderen beschäftigt, zu dem also der Beschäftigte in persönlicher Abhängigkeit steht (BSG 31.3.15 – B 12 R 1/13 R, BeckRS 2015, 70953). Als ArbGeb kommen insbes **natürliche und juristische Personen** sowie **Personenvereinigungen** in Betracht. In Zweifelsfällen stellt die Rspr auf die Tragung des Unternehmerrisikos, das Innehaben eines Weisungsrechts und die Verpflichtung zur Lohn- oder Gehaltszahlung ab (BSG 26.1.78 – 2 RU 90/77, DB 78, 1359). Unerheblich ist, wer das Weisungsrecht tatsächlich ausübt. ArbGeb ist auch, wer den Betrieb in eigenem Namen aber auf fremde 26

Rechnung führt, da nur er dem ArbN gegenüber als Inhaber der Rechte und Pflichten aus dem Arbeitsvertrag in Erscheinung tritt.

27 **a) Kapitalgesellschaften** sind in ihrer Eigenschaft als juristische Personen ArbGeb, deren ArbGebPflichten von ihren gesetzlichen oder hierzu bestellten Vertretern wahrgenommen werden. Stellt sich die Berufung des Gesellschafter-Geschäftsführers einer Einmann-GmbH auf die Selbstständigkeit der Gesellschaft als rechtsmissbräuchlich dar, so kann er ausnahmsweise für Beitragsschulden in Anspruch genommen werden (→ *Geschäftsführer* Rn 67).

28 **b) Personengesellschaften** sind als solche ArbGeb der zu ihnen in einem Beschäftigungsverhältnis stehenden ArbN. Als ArbGeb kann neben den Personengesellschaften des HGB auch die BGB-Gesellschaft auftreten (so zur Anwaltssozietät: BSG 16.2.83 – 12 RK 30/82, SozR 5486 Art 4 § 2 Nr 3). Soweit das Zivilrecht eine persönliche Haftung von Gesellschaftern für Verbindlichkeiten der Gesellschaft vorsieht, gilt das auch für die beitragsrechtlichen Verbindlichkeiten. Werden Gesellschafter für Beitragsrückstände haftbar gemacht, so sind sie durch Verwaltungsakt geltend zu machen (zur Haftung eines Kommanditisten BSG 26.6.75 – 3/12 RK 1/74, SozR 2200 § 393 Nr 2).

29 **c) Beschäftigungsgesellschaften.** Unter dem Begriff der Beschäftigungsgesellschaft werden Gesellschaften erfasst, die ehemalige Mitarbeiter von Firmen beschäftigen, die ihr bisheriges Beschäftigungsverhältnis aus **strukturbedingten Gründen** beendet haben (→ *Beschäftigungsgesellschaft* Rn 13).

30 **d) Einzelfälle.** Für die Dauer der Fortführung des Insolvenzverfahrens hat der **Insolvenzverwalter** die ArbGebPflichten der für die Masse tätigen ArbN wahrzunehmen. Die Weiterführung eines zum Nachlass gehörenden Handelsgeschäfts durch den **Testamentsvollstrecker** begründet dessen ArbGebEigenschaft lediglich dann, wenn er im eigenen Namen als Inhaber des Handelsgeschäfts auftritt (BSG 17.12.85 – 12 RK 35/84, SozR 2200 § 393 Nr 12). Eine Sonderregelung ist in § 28e Abs 2 SGB IV für die ArbGeb von LeihArbN geschaffen (*Arbeitnehmerüberlassung/Zeitarbeit*). Als ArbGeb von Heimarbeitern und Hausgewerbetreibenden gilt nach § 12 Abs 3 SGB IV derjenige, der die Arbeit unmittelbar an sie vergibt. ArbGeb von Referendaren ist auch während der Stationsausbildung bei Rechtsanwälten das ausbildende Bundesland, so dass zusätzlich gezahlte Arbeitsentgelte beitragspflichtiges Arbeitsentgelt des Vorbereitungsdienstes sind (BSG 31.3.15 – B 12 R 1/13 R, BeckRS 2015, 70953). Bei Mitgliedern der Vertretungsorgane der Studentenschaft ist die verfasste Studentenschaft Arbeitgeberin (BSG 27.7.11 – B 12 KR 10/09 R, SozR 4–2400 § 28e Nr 4).

31 **3. Versicherungspflicht oder -berechtigung.** In der KV und ArblV sind selbstständig Tätige, unabhängig davon, ob sie auch als ArbGeb auftreten, grds nicht versicherungspflichtig. Eine Ausnahme hiervon bilden in der KV Künstler und Publizisten nach Maßgabe des KSVG. Zur Vermeidung des Erschleichens von KVSchutz entfällt die Versicherungspflicht aus einer Nebenbeschäftigung nach § 5 Abs 5 SGB V, wenn hauptberuflich eine selbstständige Tätigkeit ausgeübt wird (KassKomm/*Peters* § 5 SGB V Rn 152 ff). In der ArblV besteht die Möglichkeit, dass sich ua selbstständig Tätige, die eine Tätigkeit von mindestens 15 Stunden wöchentlich aufnehmen und ausüben, auf Antrag ein Versicherungspflichtverhältnis begründen (§ 28a Abs 1 Satz 1 Nr 2 SGB III; Näheres: *Arbeitslosenversicherungspflicht*).

32 In der RV sind bestimmte Gruppen von Selbstständigen gem § 2 SGB VI versicherungspflichtig (Lehrer und Erzieher, die keine ArbN beschäftigen; Pflegepersonen, die keine ArbN beschäftigen; Hebammen und Entbindungspfleger; Seelotsen; Künstler und Publizisten nach Maßgabe des KSVG; Hausgewerbetreibende; Küstenschiffer und Küstenfischer, die regelmäßig nicht mehr als vier ArbN beschäftigen; Handwerker, die in die Handwerksrolle eingetragen sind). Ferner unterliegen nach § 2 Satz 1 Nr 9 SGB VI auch sog ArbNÄhnliche Selbstständige der RVPflicht (*Arbeitnehmerähnliche Selbstständige*). Nicht nur vorübergehend **selbstständig Tätige,** die nicht nach § 2 SGB VI versicherungspflichtig sind, können von der Möglichkeit der Versicherungspflicht auf Antrag Gebrauch machen, wenn sie die Versicherungspflicht innerhalb von fünf Jahren nach Aufnahme der selbstständigen Tätigkeit oder dem Ende der Versicherungspflicht aufgrund dieser Tätigkeit beantragen (§ 4 Abs 2 SGB VI). Schließlich eröffnet § 7 SGB VI selbstständig Erwerbstätigen, die nicht versicherungspflichtig sind, das Recht der freiwilligen Versicherung.

In der UV sind gem § 2 SGB VII selbstständig Tätige in erheblichem Umfang in den versicherten Personenkreis einbezogen (Zwischenmeister und Hausgewerbetreibende; Schausteller; landwirtschaftliche Unternehmer, soweit sie Mitglied einer landwirtschaftlichen Berufsgenossenschaft sind; Küstenschiffer und Küstenfischer, die höchstens vier ArbN gegen Entgelt beschäftigen; im Gesundheits- oder Veterinärwesen oder in der Wohlfahrtspflege Tätige, soweit sie nicht nach § 4 Abs 3 SGB VII als selbstständig tätige Ärzte, Zahnärzte, Tierärzte, Heilpraktiker oder Apotheker versicherungsfrei sind). Nach § 3 Abs 1 SGB VII kann die Versicherung durch Satzung des Trägers der UV auf **Unternehmer** erstreckt werden, die nicht schon kraft Gesetzes versichert sind. Geschäftsführer einer GmbH, die wegen ihrer beherrschenden Stellung als Gesellschafter keine ArbN sind, können nicht durch Satzung in die Versicherung einbezogen werden (BSG 25.10.89 – 2 RU 12/89, BG 90, 357). Sowohl Unternehmer als auch Personen, die in Kapital- oder Handelsgesellschaften regelmäßig wie ein Unternehmer selbstständig tätig sind, können der UV gem § 6 SGB VII freiwillig beitreten, soweit sie nicht bereits kraft Gesetzes oder Satzung versichert sind. 33

**4. Leistungen der Arbeitsförderung.** Die Agenturen für Arbeit können an ArbGeb die Eingliederungszuschüsse (Näheres: *Lohnkostenzuschuss*) sowie Zuschüsse im Rahmen der *Berufsausbildungsförderung* und der Teilhabeleistungen (Näheres: *Teilhabe und Inklusion*) erbringen. Hinzu kommt die Arbeitsmarktberatung (§ 34 SGB III) und die Ausbildungs- und Arbeitsvermittlung (§§ 35 ff SGB III; Näheres: *Stellensuche*). ArbGeb iSd Arbeitsförderungsrechts sind natürliche oder juristische Personen, die künftig einen ArbN in einem Arbeitsverhältnis beschäftigen wollen oder sich in einer Entscheidungssituation befinden, die dies möglich erscheinen lässt (BT-Drs 13/4941 S 153). Damit geht der ArbGebBegriff des SGB III aufgrund von Sinn und Zweck der Arbeitsförderung über den allgemeinen Begriff des ArbGeb im Versicherungs- und Beitragsrecht hinaus. Fallen das Recht zur Entgegennahme der Arbeitsleistung und die Verpflichtung zur Zahlung des Arbeitsentgelts auseinander, so ist ein Lohnkostenzuschuss demjenigen zu gewähren, der zur Zahlung des Arbeitsentgelts verpflichtet ist. Die ArbGebLeistungen des Arbeitsförderungsrechts für ArbGeb werden nach Maßgabe des § 16 SGB II auch für die Beschäftigung von erwerbsfähigen Leistungsberechtigten gewährt (→ *Arbeitslosengeld II* Rn 23). 34

**5. Leistungen der Grundsicherung für Arbeitsuchende.** Neben den Eingliederungszuschüssen (§ 16 Abs 1 Satz 2 Nr 5 SGB II iVm §§ 88 ff SGB III) sieht das SGB II-Leistungsrecht mit der Eingliederung von Langzeitarbeitslosen (§ 16e SGB II) und der Teilhabe am Arbeitsmarkt (§ 16i SGB II) weitere Lohnkostenzuschüsse zur Eingliederung von erwerbsfähigen Leistungsberechtigten vor (Näheres: *Arbeitslosengeld II*). Es gilt jeweils ein **weiter Arbeitgeberbegriff,** so dass sowohl private als auch öffentliche ArbGeb Lohnkostenzuschüsse erlangen können. 35

# Arbeitgeberdarlehen

## A. Arbeitsrecht

*Griese*

**1. Begriff.** Ein ArbGebDarlehen liegt vor, wenn der ArbGeb dem ArbN über die Entgeltzahlung hinaus einen Betrag zur Verfügung stellt, der mit den normalen Bezügen nicht oder nicht sofort erreicht werden kann und zu dessen Erlangung auch sonst üblicherweise Kreditmittel in Anspruch genommen werden. Abzugrenzen sind ArbGebDarlehen von Vorschüssen und Abschlagszahlungen, die sich beide auf das Entgelt des ArbN beziehen. **Abschlagszahlungen** sind Leistungen des ArbGeb auf das bereits verdiente, aber noch nicht abgerechnete Entgelt, **Vorschüsse** sind Leistungen auf das zukünftig zu verdienende Entgelt. Demgegenüber ist für ArbGebDarlehen charakteristisch, dass die Zahlung **kreditweise** und losgelöst von erdienten oder zukünftig zu verdienenden Entgeltansprüchen erfolgt. Bei der Vergabe und den Konditionen gilt der *Gleichbehandlungsgrundsatz*. So dürfen zB Teilzeitkräfte von der Vergabe von vergünstigten ArbGebDarlehen nicht ausgeschlossen werden (BAG 27.7.94 – 10 AZR 538/93, NZA 94, 1130). 1

2 **2. Gewährung des Arbeitgeberdarlehens.** Für das Zustandekommen eines Darlehensvertrages gelten die Bestimmungen der §§ 488 ff BGB. Der Darlehensvertrag setzt die **Einigung** darüber voraus, dass der geleistete Betrag **darlehensweise gewährt wird,** der ArbN also zur Rückzahlung verpflichtet ist. Von einer arbeitsvertraglichen Schriftformklausel wird die Vereinbarung eines ArbGebDarlehens idR nicht erfasst (LAG Köln Urt vom 27.4.01 – 11 Sa 1315/00, NZA-RR 02, 369). Die Regelung der Modalitäten der Rückzahlung obliegt der Vereinbarung der Parteien. Es empfiehlt sich daher, die Einzelheiten der Rückzahlung, insbes die Fälligkeit und die Höhe von Rückzahlungsraten im Darlehensvertrag festzulegen. Sollen Rückzahlungsraten durch Verrechnung (rechtlich: Aufrechnung) mit dem laufenden Entgeltanspruch erbracht werden, sind gem § 394 BGB die **Pfändungsgrenzen,** insbes diejenigen, die aus § 850c ZPO folgen, zu beachten (→ *Aufrechnung* Rn 7 f und → *Pfändung* Rn 20 ff). Dies bedeutet, dass dem ArbN unter Berücksichtigung seiner Unterhaltspflichten nach Abzug der Darlehensraten der **unpfändbare Teil seines Entgelts verbleiben muss.** Bei der Verteilung des pfändbaren Betrages gehen **Vorpfändungen und zeitlich früher erfolgte Entgeltabtretungen** vor. Eine Sicherung der Rückzahlung durch eine Entgeltabtretung in Höhe der monatlichen, unter Beachtung der Pfändungsgrenzen zulässigen Rückzahlungsrate ist möglich. Diesen Zweck erfüllt nach §§ 392, 406 BGB auch eine **Aufrechnungsvereinbarung,** in der festgelegt ist, dass die konkret festgelegten monatlichen Rückzahlungsraten jeweils am Fälligkeitstag der Entgeltzahlung mit dieser verrechnet werden dürfen. Ist keine Regelung der Rückzahlungsmodalitäten getroffen worden, kann der ArbGeb nicht von sich aus einseitig Rückzahlungsraten oder einen Rückzahlungstermin festsetzen. Er muss vielmehr nach § 488 Abs 3 BGB das Darlehen unter Einhaltung der regelmäßig dreimonatigen Kündigungsfrist kündigen.

3 **a) Verbot der Kreditierung eigener Waren.** Der gewährte und mit dem Entgelt ratenweise zu tilgende Kredit darf nicht daran gebunden sein, Waren des ArbGeb auf Kredit zu erwerben. Dies verstößt gegen das in § 107 Abs 2 Satz 2 u 3 GewO festgelegte Kreditierungsverbot (→ *Entgeltzahlungsformen* Rn 5).

4 **b) Regelungen über Allgemeine Geschäftsbedingungen.** Die zum Schutz der Verbraucher geltenden Regelungen über allgemeine Geschäftsbedingungen gelten nach § 310 Abs 4 Satz 2 BGB auch für ArbGebDarlehen (BAG 28.9.18 – 8 AZR 67/15, NZA 18, 589). Bereits der Arbeitsvertrag ist ein Verbrauchervertrag nach § 310 Abs 3 BGB (BAG 25.5.05 – 5 AZR 572/04, NZA 05, 1111). Der ArbN ist Verbraucher iSd § 13 BGB (BVerfG 23.11.06 – 1 BvR 1909/06, NZA 07, 85). Demzufolge ist bei vorformulierten Kreditverträgen die Inhaltskontrolle nach §§ 305 ff BGB vorzunehmen (BAG 12.12.13 – 8 AZR 829/12, NJW 14, 2138).

Deshalb sind Bestimmungen des Kreditvertrages gem § 307 BGB darauf hin zu überprüfen, ob sie eine **unangemessene Benachteiligung des Kreditnehmers** darstellen. Dies gilt auch für Sicherungsverträge, die zur Sicherung eines ArbGebDarlehen geschlossen werden. Eine Bürgschaft, die die Mutter eines Verkaufsfahrers zur Sicherung aller Ansprüche aus dem Arbeitsverhältnis übernimmt, ist deshalb rechtsunwirksam, weil kein anerkennungswertes Interesse des ArbGeb besteht, alle künftigen Forderungen aus dem Beschäftigungsverhältnis absichern zu lassen (BAG 27.4.2000 – 8 AZR 286/99, NZA 2000, 940).

Die Inhaltskontrolle greift ebenso ein, wenn ArbGebDarlehen zur Finanzierung von **Mitarbeiterbeteiligungen** gewährt werden; dabei sind Klauseln in arbeitsvertraglichen Vereinbarungen, die auf kollektivrechtlich ausgehandelte Vertragsbedingungen Bezug nehmen oder inhaltlich mit ihnen übereinstimmen, nach denselben Maßstäben auszulegen wie einseitig vom ArbGeb vorformulierte Klauseln (BAG 19.3.09 – 6 AZR 557/07, NZA 09, 896).

**Die zusätzlichen Verbraucherkreditschutzregelungen** der §§ 492–498 BGB, insbes das Widerrufsrecht nach § 495 BGB **finden keine Anwendung gem § 491 Abs 2 Nr 2 BGB, soweit Zinsen unterhalb des Marktniveaus vereinbart werden** (zur Widerrufsbelehrung *Bülow* NJW 10, 1713).

5 **3. Verzinsung des Arbeitgeberdarlehens.** Ein Zinsanspruch des ArbGeb besteht nach § 488 Abs 2 BGB nur, wenn dieser **ausdrücklich vereinbart** worden ist. Ohne Zinsvereinbarung wird nicht etwa der gesetzliche Zinssatz geschuldet, es handelt sich vielmehr dann um ein zinsloses Darlehen. Werden für eine Mehrzahl von ArbN in ArbGebDarlehens-

verträgen gegenüber dem aktuellen Kapitalmarkt **günstigere Zinsen** vereinbart, so handelt es sich um eine Vergünstigung, auf die auch andere ArbN unter dem Gesichtspunkt des Gleichbehandlungsgrundsatzes Anspruch erheben können. Es ist daher unzulässig, Teilzeitkräfte von dem Bezug zinsgünstiger Darlehen auszuschließen (BAG 27.7.94 – 10 AZR 538/93, NZA 94, 1130). Zusätzlich ist zu beachten, dass **die Vergabe zinsgünstiger Darlehen** eine Frage der betrieblichen Lohngestaltung und damit nach § 87 Abs 1 Nr 10 BetrVG **mitbestimmungspflichtig** ist (BAG 9.12.80 – 1 ABR 80/77, NJW 82, 253).

Kommt der ArbN mit der Rückzahlung des ArbGebDarlehens in Verzug, bestimmt sich der gesetzliche Zinssatz für den Verzugsschaden nach § 288 Abs 1 BGB und liegt fünf Prozentpunkte oberhalb des Basiszinssatzes.

**4. Rückzahlung bei Ausscheiden des Arbeitnehmers.** Scheidet der ArbN aus dem Arbeitsverhältnis aus, wird die Rückzahlung des Darlehens **nicht automatisch** fällig. Es kann nicht ohne weiteres angenommen werden, dass der weitere Fortbestand des Arbeitsverhältnisses Geschäftsgrundlage des Darlehensvertrages ist. Dies schon deshalb nicht, weil der Verwendungszweck des Darlehens (zB Immobilienerwerb, Finanzierung von Anschaffungen) mit dem Arbeitsverhältnis in keinem unmittelbaren Zusammenhang steht. Ohne besondere Vereinbarung läuft daher der Darlehensvertrag zu den vorherigen Konditionen weiter, auch wenn das Arbeitsverhältnis endet (BAG 12.12.13 – 8 AZR 829/12, NJW 2014, 2138). Ist das ArbGebDarlehen zur Finanzierung von Unternehmensaktien, die anlässlich eines Börsengangs entstehen, gewährt worden, muss der ArbGeb über die besonderen Risiken, die hierin liegen, aufklären; andernfalls macht sich der ArbGeb schadensersatzpflichtig und der ArbN kann gegen den Darlehensrückzahlungsanspruch mit diesem Schadensersatzanspruch aufrechnen (BAG 4.10.05 – 9 AZR 598/04, NZA 06, 545). Eine allgemeine Rechtsberatung über die Folgen des Scheiterns eines Börsengangs ist nicht geschuldet (BAG 28.9.06 – 8 AZR 568/05, NJW 07, 2348). 6

Sind **Rückzahlungsmodalitäten** oder ein Rückzahlungstermin **nicht vereinbart,** kann das Darlehen nach § 488 Abs 3 BGB unter Beachtung der Kündigungsfrist gekündigt werden. Ist die ratenweise Rückzahlung oder ein fester Rückzahlungstermin vereinbart, bleibt es im Fall der Beendigung des Arbeitsverhältnisses bei diesen Bestimmungen, dh der ArbN ist verpflichtet die Raten weiterhin zu erbringen bzw zum Rückzahlungstermin zurückzuzahlen. Für den Fall des Zahlungsverzuges bei zwei aufeinander folgenden Kreditraten kann entsprechend § 498 BGB die Gesamtfälligkeit des Darlehensrestes vereinbart werden. 7

Eine vertragliche Bestimmung, die die **sofortige Rückzahlung** des Darlehens bei Beendigung des Arbeitsverhältnisses vorsieht, wird nur in sehr engen Grenzen zulässig sein. Sie kann nicht getroffen werden für betriebsbedingte ArbGebKündigungen und für ArbNKündigungen, für die der ArbGeb einen wichtigen Grund gesetzt hat, weil insoweit der ArbGeb, die Bedingung, die zur Gesamtfälligkeit geführt hat, selbst herbeigeführt hat (§ 162 BGB) Eine solche Gesamtfälligkeitsklausel verstößt gegen § 307 Abs 1 S 1 BGB (BAG 28.9.18 – 8 AZR 67/15, NZA 18, 589). Eine solche **formularvertragliche Vereinbarung eines Kündigungsrechts des ArbGeb** für den Fall der Beendigung des Arbeitsverhältnisses ohne Differenzierung hinsichtlich des Beendigungsgrundes hält wegen § 307 Abs 1 Satz 1 BGB der Inhaltskontrolle nicht Stand, weil darin **eine unangemessene Benachteiligung liegt; eine geltungserhaltende Reduktion einer solchen Klausel ist nicht möglich** (BAG 12.12.13 – 8 AZR 829/12, NJW 2014, 2138). 8

Hinsichtlich sonstiger ArbNKündigungen wird eine solche Bestimmung immer unter dem Gesichtspunkt der nach **Art 12 Abs 1 GG unzulässigen Kündigungserschwerung** zu prüfen sein. Die Gesamtfälligkeitsregelung kann die grundgesetzlich garantierte Freiheit, jederzeit unter Beachtung der Kündigungsfristen den Arbeitsplatz zu wechseln, in unzulässiger Weise beeinträchtigen. Dies gilt insbes, wenn das zurückzuzahlende Darlehen das monatliche Entgelt des ArbN erheblich übersteigt und dem ArbN die sofortige Rückzahlung des gesamten noch ausstehenden Darlehens aus diesem Grund wirtschaftlich nicht möglich ist (zB Darlehen für größere Anschaffungen oder Immobilienerwerb) oder wenn eine langfristige Tilgungsvereinbarung getroffen wurde. Zulässig wird hingegen eine Gesamtfälligkeitsregelung sein, die für den Fall einer vom ArbN verursachten und verschuldeten außerordentlichen ArbGebKündigung getroffen wird. 9

10 Denkbar ist schließlich für den Fall einer ordentlichen ArbNKündigung zu vereinbaren, die **Zinsvergünstigungen** ab Beendigung des Arbeitsverhältnisses **entfallen zu lassen** und die Darlehensbedingungen an den aktuellen Kapitalmarkt anzupassen (BAG 23.2.99 – 9 AZR 737/97, NZA 99, 1212). Ein **rückwirkender Wegfall** von Zinsvergünstigungen wird hingegen regelmäßig der gerichtlichen AGB-Kontrolle nicht standhalten (BAG 16.10.91 – 5 AZR 35/91, NZA 92, 793). Der Wegfall der Zinsvergünstigung kann erst ab dem rechtlichen Ende des Beschäftigungsverhältnisses eintreten. **Die Rückzahlungsforderung kann, soweit dies nicht vertraglich ausgeschlossen ist, abgetreten werden; dies verstößt nicht gegen datenschutzrechtliche Bestimmungen** (BVerfG 11.7.07 – 1 BvR 1025/07, ZIP 07, 2348).

Ob eine tarifliche Verfallklausel, die sich auf alle Ansprüche aus dem Arbeitsverhältnis bezieht, auch Ansprüche auf Rückzahlung von ArbGebDarlehen erfasst, hängt von der konkreten Ausgestaltung des Darlehensvertrags ab, insbes davon, wie eng das Arbeitgeberdarlehen mit dem Arbeitsverhältnis verknüpft ist (BAG 21.1.10 – 6 AZR 556/07, DB 10, 675).

Eine in einem Abwicklungsvertrag enthaltene Klausel, dass „mit Erfüllung dieser Vereinbarung alle gegenseitigen Ansprüche, gleich welchen Rechtsgrundes, seien sie bekannt oder unbekannt, abgegolten und erledigt sind“, erfasst auch eventuelle Darlehensrückzahlungsansprüche des ArbGeb (LAG Köln 19.9.07 – 7 Sa 410/07, ZIP 08, 1499; BAG 19.3.09 – 6 AZR 557/07, NZA 09, 896).

## B. Lohnsteuerrecht *Thomas*

12 **1. Begriff.** Ein ArbGebDarlehen liegt vor, wenn der ArbGeb dem ArbN das Darlehen gewährt. Zum umgekehrten Fall vgl *Arbeitnehmerdarlehen*. Nicht als Darlehen werden angesehen Reisekostenvorschüsse, vorschlüssiger Auslagenersatz, Lohnabschläge und Lohnvorschüsse, wenn es sich hierbei um eine abweichende Vereinbarung über die Bedingungen der Lohnzahlung handelt (BMF 19.5.15, DStR 15, 1180 Tz 2; *Plenker* DB 15, 1310).

13 **2. Steuerliche Einordnung.** Der Darlehenszufluss als durchlaufender Posten begründet keine zu versteuernde Einnahmen. Jedoch liegt Arbeitslohn vor, wenn bzw soweit der ArbGeb auf seinen Rückzahlungsanspruch aus dem Darlehen verzichtet (BFH 27.3.92 – VI R 145/89, BStBl II 92, 837). Zur Frage, wann bei noch nicht ausgezahltem Lohnanspruch ein Vereinbarungsdarlehen, und damit ein Lohnzufluss anzunehmen ist, vgl → *Arbeitsentgelt* Rn 77 und → *Lohnzufluss* Rn 10 „Gutschrift“. Die vom ArbN entrichteten Zinsen können je nach Verwendung des Darlehens Werbungskosten sein, zB bei den Einkünften aus Vermietung und Verpachtung (auch der Nutzungsvorteil eines zinsfreien Darlehens führt zu Werbungskosten; BFH 4.6.96 – IX R 70/94, BFH/NV 97, 20) oder aus nichtselbstständiger Arbeit, wenn mit dem Darlehen ein Arbeitsmittel (→ *Arbeitsmittel* Rn 11) erworben worden ist.

14 **3. Arbeitslohn. a) Zinsvorteile.** Gewährt der ArbGeb ein Darlehen zu günstigeren als marktüblichen Konditionen, so sind die diesbezüglichen Zinsvorteile unabhängig von der Verwendung des Darlehens Arbeitslohn. Ein Zinsvorteil wird aber nur erfasst, wenn die Summe der noch nicht getilgten Darlehen am Ende des Lohnzahlungszeitraums 2600 € übersteigt (BMF 19.5.15, DStR 15, 1180 Tz 4). Sinkt bspw die Darlehensschuld durch eine Tilgung im Mai 2017 auf 2590 €, muss der Zinsvorteil für Mai 2017 nicht mehr erfasst werden. Gewährt der ArbGeb zu Darlehen Dritter Zinszuschüsse, leistet er Barlohn (BFH 4.5.06 – VI R 67/03, DStRE 06, 1174). Zu Überzinsen, die der ArbGeb dem ArbN gewährt (zB eine Bank ihren Mitarbeitern), → *Arbeitnehmerdarlehen* Rn 10.

15 **b) Bewertung.** Ob ein Zinsvorteil vorliegt bemisst sich nicht nach einem für alle Darlehensarten gleichen Referenzzins, sondern nach dem Marktzins vergleichbarer Darlehen (BFH 4.5.06 – VI R 28/05, DStR 06, 1594). Vergleichbar sind Darlehen, die hinsichtlich Kreditart, Laufzeit und Zinsbindung einander im Wesentlichen entsprechen (vgl aber BFH 30.5.01 – VI R 123/00, DStR 01, 1656). Dabei wird offenbar die Bonität des Darlehensschuldners vernachlässigt. Bei Darlehen, die üblicherweise nur gegen Sicherheit (zB Grundschuldbestellung) eingeräumt werden, stellt der Verzicht des ArbGeb auf eine derartige Sicherheit einen geldwerten Vorteil dar, der sich nach den üblichen Kosten (zB für

Notar- und Grundbuchamt) bemisst (BMF 19.5.15, DStR 15, 1180 Tz 29). Maßgebender Zeitpunkt ist die Vergabe bzw bei Änderung der Konditionen, zB bei Prolongation, der Zeitpunkt der veränderten Bedingungen (BMF 19.5.15, DStR 15, 1180 Tz 9).

**c) Wahlrecht.** Die Verwaltung folgt dem BFH, dass zwischen den Bewertungen nach § 8 Abs 2 und Abs 3 EStG ein Wahlrecht bestehe, was zweifelhaft ist (→ *Sachbezug* Rn 36). Da § 8 Abs 3 EStG nur zum Zuge kommt, wenn die Hingabe vergleichbarer Darlehen zur Produktpalette des ArbGeb gehört, dürfte das Wahlrecht hier keine große Rolle spielen. Der ArbN ist im Veranlagungsverfahren nicht an die beim LStAbzug vorgenommene Bewertungsart gebunden (BMF 19.5.15, DStR 15, 1180 Tz 6). **16**

**aa) Bewertung nach § 8 Abs 2 EStG.** Während bei der Frage, ob überhaupt ein geldwerter Vorteil vorliegt zum Vergleich das günstige Angebot am Markt herangezogen wird, unterscheidet die Verwaltung bei der Bewertung des Vorteils zwischen einem Maßstabszinssatz und dem günstigsten Zins am Markt. Bei ersterem darf auch bei der Bewertung nach § 8 Abs 2 EStG ein pauschaler Abschlag von 4 % vorgenommen werden, bei letzterem nicht. Da in § 8 Abs 2 EStG (anders als in Abs 3) ein solcher Abschlag nicht vorgesehen ist, handelt es sich hier um eine Vereinfachungsregelung, die die schwierigere Ermittlung des günstigsten Zinses erübrigen soll (→ *Pauschbeträge* Rn 24). Unter dem Maßstabszinsatz ist ein marktüblicher Zinssatz zu verstehen, für den die gewichteten Durchschnittszinssätze herangezogen werden dürfen, die von der Deutschen Bundesbank veröffentlicht werden (BMF 19.5.15, DStR 15, 1180 Tz 12).

**bb) Bewertung nach § 8 Abs 3 EStG.** Liegen dessen Voraussetzungen vor wie zB bei einem zinsverbilligten Darlehen einer Bank an ihre ArbN, ist die Differenz zum marktüblichen Zins als Arbeitslohn zu erfassen. Dabei ist vom Angebotspreis lt Preisaushang bzw Preisverzeichnis ein Bewertungsabschlag von 4 % vorzunehmen und ein noch nicht verbrauchter Rabattfreibetrag abzuziehen. Statt des Preises lt Preisaushang darf auch von den am Ende von Verhandlungen durchschnittlich gewährten Preisnachlässen ausgegangen werden (BMF 19.5.15, DStR 15, 1180 Tz 16). Wenn die Darlehensgewährung nicht zum Geschäftsgegenstand des ArbGeb gehört, greift § 8 Abs 3 EStG nicht ein (BFH 18.9.02 – VI R 134/99, BStBl II 03, 371). Das kann sogar bei einer Spezialbank der Fall sein, wenn sie keine Kredite an Jedermann vergibt (BFH 9.10.02 – VI R 164/01, DStRE 02, 1481 mit Anm *MIT*). Ein dem ArbGebDarlehen vergleichbares Geschäft liegt auch nicht vor, wenn der ArbGeb Gelder auf einem Festgeldkonto bei einer Bank anlegt (BFH 9.10.02 – VI R 54/01, DStRE 03, 1) oder wenn er beim Verkauf von Waren den Kunden Zahlungsziele einräumt.

Wenn eine Bank Baufinanzierungen über ihre Bankfiliale oder (günstiger) über ein Internetportal anbietet, ist zu unterscheiden, ob im Rahmen des „Wahlrechts" die Bewertung nach § 8 Abs 2 oder Abs 3 EStG vorgenommen wird. Bei Bewertung nach Abs 2 kann (ohne Abschlag von 4 %) vom günstigsten Angebot eines Internetportals für ein vergleichbares Angebot ausgegangen werden, während bei der Bewertung nach Abs 3 (mit Abschlag von 4 % und Rabattfreibetrag) ein Gesamtdurchschnittswert zu bilden ist aus den „Standardkonditionen" (Abschluss in der Bankfiliale) und den über Vermittlungsportale tatsächlich an fremde Dritte gewährten vergleichbaren Darlehen (BayLfSt 7.7.15, DStR 15, 2020). Kann ein Bewertungsabschlag von 4 % vorgenommen werden, gilt das auch für die Beurteilung, ob die Sachbezugsfreigrenze von 44 € monatlich (→ *Sachbezug* Rn 8) eingehalten ist.

## C. Sozialversicherungsrecht *Schlegel*

**1. Verzicht auf Darlehensrückzahlung.** Verzichtet der ArbGeb ganz oder teilweise darauf, dass der ArbN ein ihm gewährtes Darlehen zurückzahlt, hat dies seinen Grund regelmäßig in der Arbeitsleistung des ArbN, zumindest hängt der Verzicht mit dem Arbeitsverhältnis zusammen. Der im Verzicht zu sehende geldwerte Vorteil ist dann als **Arbeitsentgelt** iSv § 14 Abs 1 Satz 1 SGB IV anzusehen. **17**

Dabei wird es sich regelmäßig um einen den Einmalzahlungen iSd § 23a SGB IV gleichzustellenden Vorteil handeln. Zu dessen beitragsrechtlicher Behandlung s *Einmalzahlungen*. **18**

**2. Zinszuschuss.** Gewährt der ArbGeb seinem ArbN einen Zinszuschuss zu einem vom ArbN bei einem Dritten aufgenommenen Darlehen, handelt es sich – je nach Zahlungsweise – ebenfalls um laufendes oder einmalig gezahltes Arbeitsentgelt. **19**

20 **3. Zinsvorteile. a) Allgemeines.** Bei einem verbilligten Darlehen ist zu unterscheiden, ob es sich beim ArbGeb um eine Bank handelt oder ob der ArbGeb Darlehen nicht geschäftsmäßig vergibt.

21 **b) Bank als Arbeitgeber.** Sofern ArbN von Banken ein verbilligtes Darlehen erhalten, handelt es sich bei der Differenz zwischen dem marktüblichen Zins und dem tatsächlich zu zahlenden Zins um einen geldwerten Vorteil, der als Arbeitsentgelt iSv § 14 SGB IV anzusehen ist (§ 3 Abs 2 SvEV iVm § 8 Abs 2 EStG).

22 Derartige geldwerte Vorteile sind als zusätzlich zum Arbeitsentgelt gewährte sog **Personalrabatte** steuerfrei, soweit sie aus dem Dienstverhältnis im Kj den Freibetrag des § 8 Abs 3 EStG nicht übersteigen. Da die Zinsverbilligung regelmäßig zusätzlich zum Arbeitslohn und nicht an dessen Stelle gewährt wird, fällt der Vorteil unter § 1 SvEV. Das bedeutet: Der geldwerte Vorteil ist nicht dem Arbeitsentgelt zuzurechnen und damit auch beitragsfrei, soweit er steuerfrei ist. Zinsvergünstigungen an ArbN einer Bank sind beitrags- und leistungsrechtlich also dann relevant, wenn und soweit sie den Personalrabatt übersteigen.

23 **c) Sonstige Arbeitgeber.** Bei Zinsverbilligung eines Darlehens sonstiger ArbGeb entfällt das Privileg der Steuerfreiheit nach § 8 Abs 3 Satz 1 EStG. Der geldwerte Vorteil ist damit im Prinzip in voller Höhe und ohne Freibetrag als beitragspflichtiges Arbeitsentgelt anzusehen. Gesetzlich angeordnete Steuerfreiheit iSv § 1 Abs 1 SvEV liegt an sich nicht vor.

24 Werden von der **Finanzverwaltung** aber auch diese Vorteile aus Vereinfachungsgründen (→ Rn 15) nur unter bestimmten Voraussetzungen als stpfl angesehen, sollte dies in SozVersRecht aus Gründen der Praktikabilität ebenso gehandhabt werden.

## Arbeitgeberhaftung

### A. Arbeitsrecht

*Griese*

1 **1. Begriff und Bedeutung.** Der Begriff umschreibt die Haftung des ArbGeb gegenüber den bei ihm tätigen ArbN. Die Haftung des ArbGeb gegenüber dem ArbN unterscheidet sich von der zivilrechtlichen Haftung aus dem BGB in mehrfacher Hinsicht. Hervorzuheben ist der **weitgehende Ausschluss der Haftung für Personenschäden** einerseits, und die **partielle Erweiterung der Haftung auf unverschuldete Sachschäden** andererseits. Infolge der unterschiedlichen Ausgestaltung der Haftung für Personen- und Sachschäden müssen in jedem Schadensfall die Ansprüche getrennt nach Personen- und Sachschaden geprüft werden. Die Haftung des ArbGeb für die ordnungsgemäße Abführung von LSt und SozVAbgaben wird unten ab → Rn 22 sowie bei → *Bruttolohnvereinbarung* Rn 5–11 und → *Sozialversicherungsbeiträge* Rn 1 ff behandelt. Zur Frage, **wer** als ArbGeb für die ArbGeb-Pflichten haftet, → *Arbeitgeber* Rn 1 ff.

2 **2. Haftung für Personenschäden von Arbeitnehmern bei betrieblicher Tätigkeit.** Personenschäden sind die Schäden, die aus der Verletzung oder Tötung eines ArbN resultieren. Nach § 823 BGB würde der ArbGeb für jeden Personenschaden seiner ArbN, den er vorsätzlich oder fahrlässig verursacht, voll haften. Tatsächlich entfällt die Haftung infolge gesetzlichen Haftungsausschlusses weitgehend und wird auf die gesetzliche UV verlagert.

3 **a) Haftungsausschluss gem § 104 Abs 1 S 1 SGB VII.** § 104 Abs 1 S 1 SGB VII hat die Funktion des § 636 RVO (*Rolfs* NJW 96, 3177) übernommen. Nach dieser Bestimmung ist die Haftung des ArbGeb ausgeschlossen, wenn der Personenschaden auf einem **Versicherungsfall** (§ 7 SGB VII: Arbeitsunfälle oder Berufskrankheiten) beruht, **der ArbGeb den Unfall nicht vorsätzlich herbeigeführt hat und der Unfall nicht auf dem versicherten Weg eingetreten ist.** Statt des ArbGeb kann die gesetzliche UV in Anspruch genommen werden. Der weitgehende Ausschluss der Haftung des ArbGeb beruht auf dem Grundgedanken, dass der Verunglückte durch die Leistungen der gesetzlichen UV einen gleichwertigen Ausgleich für seine Schadensersatzansprüche erhält. Die gesetzliche UV haftet zudem nicht nur für verschuldete, sondern auch für **unverschuldete Arbeitsunfälle.** § 254 BGB gilt nicht, so dass die UV auch bei Eigenverschulden des ArbN oder verbotswidrigem Handeln (§ 7 Abs 2 SGB VII) voll eintritt. Ferner hat die Haftungsverlagerung auf die gesetzliche UV für die ArbN den Vorteil, dass sie stets einen solventen Haftungs-

schuldner haben und nicht Gefahr laufen, ihre Haftungsansprüche infolge einer Insolvenz des ArbGeb nicht realisieren zu können. Da die ArbGeb allein die Beiträge an die BG als Träger der gesetzlichen UV erbringen, rechtfertigt sich **die gesetzlich vorgenommene Haftungsverlagerung.**

**b) Voraussetzungen des Haftungsausschlusses. aa) Betriebliche Tätigkeit.** Der Haftungsausschluss setzt zunächst voraus, dass der Personenschaden aufgrund eines Versicherungsfalls der gesetzlichen UV (Einzelheiten → *Arbeitsunfall* Rn 28) eingetreten ist. Ein Arbeitsunfall setzt eine **betriebliche Tätigkeit** des ArbN voraus. Das Verlassen der Arbeitsstelle einschließlich des Weges auf dem Werksgelände bis zum Werkstor gehört noch zur betrieblichen Tätigkeit (BAG 14.12.2000 – 8 AZR 92/00, NZA 01, 549). Der Haftungsausschluss greift somit nicht ein, soweit der ArbGeb im außerbetrieblichen, privaten Bereich eine Schädigung des ArbN verursacht. 4

Zur betrieblichen Tätigkeit gehören jedoch nicht nur die arbeitsvertraglich geschuldete Arbeitsleistung, sondern auch alle damit in Zusammenhang stehenden Maßnahmen. Hierher gehören zB auch vorbeugende ärztliche Untersuchungen, die der ArbGeb im Hinblick auf besondere Gesundheitsgefahren der betrieblichen Tätigkeit angeordnet hat, so dass die unmittelbare Haftung des ArbGeb für durch die Untersuchung verursachten Schäden ausgeschlossen ist (BAG 18.10.90 – 8 AZR 344/89, NZA 91, 275). 5

Voraussetzung des Haftungsausschlusses ist nicht, dass ein wirksamer Arbeitsvertrag zwischen ArbGeb und ArbN vorliegt. Auch der **rechtswidrig beschäftigte Arbeitnehmer** (§ 7 Abs 2 SGB VII) oder der mithelfende ArbN eines anderen ArbGeb können die Leistungen der gesetzlichen UV beanspruchen, müssen jedoch andererseits den Haftungsausschluss hinnehmen. Denn gegen Arbeitsunfall versichert sind nicht nur die ArbN, sondern auch solche Personen, die wie ArbN im Betrieb tätig geworden sind. Entscheidend ist mithin die tatsächliche **Eingliederung** in den Betrieb (BAG 19.2.09 – 8 AZR 188/08, NZA-RR 10, 123). Deshalb kann auch die kurzzeitige spontane Hilfeleistung eines fremden ArbN für den Betrieb unter den gesetzlichen UVSchutz fallen und somit die Haftung des ArbGeb ausschließen (BAG 28.2.91 – 8 AZR 521/89, BB 91, 1193). Arbeiten mehrere ArbGeb auf einer (vorübergehend) gemeinsamen Betriebsstätte (zB mehrere Unternehmen auf einer Baustelle, freiberuflicher Tierarzt auf landwirtschaftlichem Betrieb) kann einem ArbGeb der Haftungsausschluss gem § 106 Abs 3 SGB VII auch dann zugute kommen, wenn er einen anderen ArbGeb oder die ArbN eines anderen ArbGeb schädigt. Voraussetzung ist, dass der ArbGeb persönlich auf der gemeinsamen Betriebsstätte gearbeitet hat oder verantwortlich war (BGH 3.7.01 – VI ZR 284/00, NZA 01, 1143). Eine gemeinsame Betriebsstätte liegt nur vor, wenn aufeinander bezogene Arbeiten ausgeführt werden; ein zufälliges Zusammentreffen reicht nicht aus (BGH 14.9.04 – VI ZR 32/04, NZA 05, 643). Eine gemeinsame Betriebsstätte ist auch beim Einsatz eines **LeihArbN im Entleiherbetrieb** gegeben (BGH 18.11.14 – VI ZR 47/13, NZA 15, 689). Die Haftungsfreistellung kann auch bei ausländischen ArbGeb, die **aus dem Ausland Arbeitnehmer entsenden,** in Betracht kommen (BGH 7.11.06 – VI ZR 211/05, NJW 07, 1754). Die Haftungsprivilegierung gilt auch gegenüber einem anderen geschädigten ArbGeb, der freiwillig oder kraft Satzung versichert ist (BAG 17.6.08 – VI ZR 257/06, NZV 08, 504). Der Nothelfer gem § 2 Abs 1 Nr 13a SGB VII wird vom Haftungsausschluss nicht erfasst (BGH 24.1.06 – VI ZR 290/04, NZV 06, 367). 6

**bb) Kein Vorsatz.** Weitere Voraussetzung für den Haftungsausschluss ist, dass der ArbGeb **nicht vorsätzlich** gehandelt hat. Dies setzt zumindest bedingten Vorsatz bzgl Verletzungshandlung und Verletzungserfolg voraus (so BAG 10.10.02 – 8 AZR 103/02, NZA 03, 436; ebenso *Rolfs* NJW 96, 3177, 3179; aA *Waltermann* NJW 97, 3401, 3402). Vorsatz kann zB vorliegen, wenn ein ArbGeb einen ArbN in Kenntnis der Gefahr auf einer Baustelle einsetzt, auf der dieser Asbest einatmen muss; der Vorsatz eines Erfüllungsgehilfen wird dabei gem § 278 Satz 1 BGB wie eigener Vorsatz gewertet (BAG 28.4.11 – 8 AZR 769/09, BeckRS 2011, 75828). Es gibt keinen allgemeinen Erfahrungssatz, dass derjenige, der vorsätzlich eine zu Gunsten des ArbN bestehende Schutzvorschrift missachtet, eine Schädigung oder eine Berufskrankheit des ArbN nicht billigend in Kauf nimmt. **Bedingter Vorsatz in Bezug auf den Verletzungserfolg liegt bereits vor, wenn der Schädiger sein Vorhaben trotz starker Gefährdung der betroffenen Arbeitnehmer durchführt, ohne auf einen glücklichen Ausgang vertrauen zu können, und es dem Zufall überlässt,** 7

**ob sich die von ihm erkannte Gefahr verwirklicht oder nicht** (BAG 20.6.13 – 8 AZR 471/12, DB 2013, 2216 – unterlassene Anweisung zur Anlegung von Schutzkleidung trotz bekannter Asbestgefahr; LAG Nürnberg 9.6.17 – 7 Sa 231/16, NZA-RR 17, 522 – trotz bekannter Hepatitis C-Erkrankung unterlassene Bereitstellung der vorgeschriebenen Sicherheitskanüle; *Knickrehm/Kreikebohm/Waltermann/von Koppenfeld-Spies* § 104 SGB VII Rn 7a).

Der Haftungsausschluss gilt nur für fahrlässig verursachte Schäden, allerdings auch für grobe Fahrlässigkeit des ArbGeb. In letzterem Fall kann die BG als Träger der gesetzlichen UV gem §§ 110, 111 SGB VII **Regress** beim ArbGeb für die von ihr erbrachten Aufwendungen nehmen. Ein direkter Anspruchsübergang des Schadensersatzanspruchs gegen den ArbGeb auf die gesetzliche UV ist gem § 104 Abs 1 S 2 SGB IV ausgeschlossen.

**cc) Kein Haftungsausschluss auf dem versicherten Weg. Nach § 104 Abs 1 S 1 SGB VII greift kein Haftungsausschluss ein, wenn der Unfall auf dem versicherten Weg eingetreten ist** (*Rolfs* NJW 96, 3179). Das BAG (Urt vom 19.8.04 – 8 AZR 349/03, ArbuR 04, 350; Urt vom 24.6.04 – 8 AZR 292/03, ArbuR 04, 272; ebenso BGH 9.3.04 – VI ZR 439/02, NZA 04, 1165) will zum versicherten Weg entgegen dem Wortlaut von § 8 Abs 2 Nr 1 SGB VII jedoch nur den **privat organisierten Weg von der Wohnung zur Arbeitsstelle** zählen, nicht dagegen Betriebswege, zB den Rücktransport von einer auswärtigen Baustelle zur Wohnung des ArbN. Damit soll der Haftungsausschluss selbst dann greifen, wenn ein ArbN auf einem Rücktransport von einer Messe zu seiner Wohnung als Beifahrer wegen eines funktionsunfähigen Sicherheitsgurtes zu Schaden kommt, obwohl der ArbGeb den Sicherheitsmangel kannte (BAG 19.8.04 – 8 AZR 349/03, ArbuR 04, 350). Damit wird entgegen der gesetzgeberischen Intention die bis zum 31.12.96 geltende Gesetzeslage des § 636 RVO perpetuiert, wonach Voraussetzung für den Haftungsausschluss war, dass der Unfall **nicht bei Teilnahme am allgemeinen Verkehr** stattfand. Die dadurch vorgegebene Unterscheidung zwischen allgemeinem Straßenverkehr und betriebsbedingten Straßenverkehr ist ab durch § 104 Abs 1 S 1 iVm § 8 Abs 2 Nr 1 SGB VII zum 1.1.97 entfallen (*Rolfs* NJW 96, 3179), wird aber de facto von der Rspr ungerechtfertigt aufrechterhalten (kritisch (ErfK/*Rolfs* § 104 SGB VII Rz 13; *Krasney* NZS 04,7 unter ausführlicher Darlegung der Gesetzgebungsgeschichte). Rechtlich geboten ist ein solch weitreichender Haftungsausschluss nicht. Es gibt auch keinen praktischen Anlass dafür, da **für die Schäden die Kfz-Haftpflichtversicherung aufkommen würde** (*Griese* in FS Küttner, S 165 ff).

Von einem Unfall auf einem Betriebsweg ist jedenfalls nur dann auszugehen, wenn die gemeinsame Fahrt der Arbeitskollegen selbst als Teil des innerbetrieblichen Organisations- und Funktionsbereiches erscheint; der Umstand, dass der ArbGeb eine gemeinsame Fahrt mehrerer ArbN angeregt hat, reicht dafür nicht aus (OLG Dresden 19.3.08 – 7 U 1753/07, NZV 09, 87). Kein Haftungsausschluss ist ferner gegeben, wenn der Transport in einem **Werksbus** von einem beauftragten Unternehmen durchgeführt wird (BGH 30.4.13 – VI ZR 155/12, NJW 2013, 2031).

8 **c) Reichweite des Haftungsausschlusses.** Soweit ein Haftungsausschluss gegeben ist, erfasst er sämtliche Ansprüche gegen den ArbGeb. Dies bedeutet, dass nicht nur die Haftung für eigenes Verschulden des ArbGeb bis hin zur groben Fahrlässigkeit ausgeschlossen ist; es bedeutet auch, dass die Haftung für fremdes Verschulden, für das der ArbGeb nach zivilrechtlichen Vorschriften einstehen müsste, zB § 278 BGB oder § 831 BGB, entfällt. Am einschneidensten ist die von der Rspr gezogene und durch das UVEG nicht veränderte Konsequenz, wonach mit dem Haftungsausschluss auch Ansprüche auf **Schmerzensgeld** (§ 253 Abs 2 BGB) ausgeschlossen sind. Das BVerfG bejaht die Vereinbarkeit dieses Ergebnisses mit der Verfassung (BVerfG 8.2.95 – 1 BvR 753/94, NJW 95, 1607). Misslich für die betroffenen ArbN ist hieran, dass die gesetzliche UV zwar den materiellen Personenschaden ausgleicht, nicht jedoch den zum immateriellen Bereich zählenden Schmerzensgeldanspruch.

9 **d) Kritik.** Das Ergebnis ist rechtlich, mehr aber noch rechtspolitisch äußerst fragwürdig (ErfK/*Rolfs* § 104 SGB VII Rz 2–3; *Richardi* NZA 02, 1009; *Fuhlrott* NZS 07, 237; *Griese* in FS Küttner, S 165 ff). Bedenkenswert ist bereits, ob unter dem Begriff „Ersatz des Personenschadens", den § 104 SGB VII für den Haftungsausschluss übernommen hat, nicht nur der materielle Personenschaden verstanden werden muss. Es erscheint zudem verfassungsrechtlich nicht gerechtfertigt, den betroffenen ArbN im Gegensatz zu anderen Geschä-

digten den Schmerzensgeldanspruch zu entziehen, ohne dies durch eine Ersatzleistung der gesetzlichen UV für die immateriellen Schäden auszugleichen. Besonders widersprüchlich ist, dass der UVTräger im Rahmen des Regresses gegen den ArbGeb, der grob fahrlässig gehandelt hat, ein fiktives Schmerzensgeld verlangen darf, dieses an den geschädigten ArbN aber nicht weitergeben muss (BGH 27.6.06 – VI ZR 143/05, NJW 06, 3563). Dies steht zudem in deutlichem Kontrast zu der ansonsten in der zivilrechtlichen Judikatur zu Tage getretenen Tendenz, Schmerzensgeldansprüche über den von § 253 BGB bestimmten und durch die Schuldrechtsmodernisierung erweiterten Rahmen hinaus zuzulassen, etwa im Bereich der schweren Persönlichkeitsrechtsverletzung. Noch deutlicher ist der Kontrast, wenn gesetzliche Regelungen zum Ersatz immaterieller Schäden berücksichtigt werden, etwa im Reisevertragsrecht (§ 651 f Abs 2 BGB) oder im Datenschutzrecht (§ 8 Abs 2 BDSG). So hat ein ArbN zwar Anspruch auf immateriellen Schadensersatz, wenn er nutzlos Urlaubszeit aufwendet oder eine öffentliche Stelle infolge rechtswidriger Datenverarbeitung eine schwere Persönlichkeitsrechtsverletzung verursacht, nicht jedoch wenn er von einer – ungleich schwerer wiegenden – Verletzung mit Dauerfolgen aufgrund eines vom ArbGeb verschuldeten Arbeitsunfalls betroffen ist. Es ist nicht zu vermitteln, dass zB ein ArbN, der in einem Betriebsfahrzeug wegen eines funktionsunfähigen Sicherheitsgurtes gravierend zu Schaden kommt, keinen Schmerzensgeldanspruch hat, obwohl der ArbGeb den Sicherheitsmangel kannte (so aber BAG 19.8.04 – 8 AZR 349/03, ArbuR 04, 350). Das Argument, es gehe darum, innerbetriebliche Rechtsauseinandersetzungen zu vermeiden, überzeugt nicht. Denn eine **strafrechtliche Auseinandersetzung** zB wegen fahrlässiger Körperverletzung (Anklage, Privatklage, Nebenklage) wird durch den Haftungsausschluss nicht ausgeschlossen und führt über § 153a StPO ggf doch faktisch zu einem Schmerzensgeld. Zudem wird das Argument der Vermeidung innerbetrieblicher Streitigkeiten ohnehin nicht konsequent durchgehalten, wie die innerbetrieblichen Schadensersatzansprüche zB wegen *Mobbing* zeigen.

Vorzuziehen ist es daher, den Schmerzensgeldanspruch zuzulassen und auf das strafrechtliche Instrumentarium jedenfalls bei **leichter** Fahrlässigkeit zu verzichten. Letztlich führt der gegenwärtige Rechtszustand zu einem Missverhältnis zwischen dem Ersatz von Personen- und Sachschäden. Während die Personenschadenhaftung des ArbGeb beschränkt ist, wird die Sachschadenhaftung des ArbGeb über die Verschuldenshaftung des BGB hinaus ausgedehnt (→ Rn 14 und → *Aufwendungsersatz* Rn 6 ff). Durch § 11 S 2 StVG (eingeführt mit Wirkung vom 1.8.02) wurde das Missverhältnis noch vergrößert, da Geschädigte im Straßenverkehr auch bei verschuldensunabhängiger Haftung Schmerzensgeldansprüche haben, ArbN aber nicht einmal bei grober Fahrlässigkeit des ArbGeb. Schließlich spricht der Präventivgedanke dafür, den zugunsten des ArbGeb geltenden Haftungsausschluss nicht auf Schmerzensgeldansprüche zu erstrecken.

**e) Gesundheitsschäden,** die durch eine **Verletzung von Aufklärungspflichten** des ArbGeb entstehen, etwa unterlassene Hinweise auf Gesundheitsgefahren bei der Arbeit, werden vom Haftungsausschluss nicht erfasst. Sie können gem §§ 618 Abs 3 iVm 280 Abs 1 BGB schadensersatzpflichtig sein. Die aus § 618 Abs 1 BGB folgenden Aufklärungspflichten werden durch §§ 14, 12 ArbSchG konkretisiert. Der Haftungsanspruch schließt einen Schmerzensgeldanspruch ein (BAG 14.12.06 – 8 AZR 628/05, NZA 07, 262). 10

Schafft der ArbGeb eine Gefahrenlage, muss er die notwendigen Vorsorgemaßnahmen ergreifen. Bietet der ArbGeb eine freiwillige Grippeschutzimpfung an, ist er nicht verpflichtet, die behandelnden Ärzte bei der Ausführung der Grippeschutzimpfung zu überwachen (BAG 21.12.17 – 8 AZR 853/16, NZA 18, 708).

**f) Immaterielle Schäden von nahen Angehörigen.** Der Haftungsausschluss gem § 105 I SGB VII erfasst nicht Schmerzensgeldansprüche von Angehörigen oder Hinterbliebenen eines Versicherten auf Grund sog **Schockschäden** infolge eines Arbeitsunfalles des Versicherten (BGH 6.2.07 – VI ZR 55/06, NJW-RR 07, 1395). Gleiches muss für das 2017 durch § 844 Abs 3 BGB eingeführte **Hinterbliebenengeld** gelten (aA *Wagner* NJW 17, 2641). Mit dieser Regelung wird bei Todesfällen Hinterbliebenen ein immaterieller Ausgleich für den Verlust eines nahen Angehörigen eingeräumt. Ebenso wie bei dem Ersatz der Schockschäden handelt es sich nicht um einen Anspruch des Betriebsangehörigen selbst, sondern um einen originären Anspruch von betriebsfremden Dritten. Anders als die unfallbedingten Unterhaltsansprüche des § 844 Abs 2 BGB, die durch die Leistungen der UV (s 11

*Hinterbliebenenrente)* abgedeckt werden, bestehen für diese immateriellen Ansprüche keine Leistungsansprüche gegen die UV. Auch der häufig zitierte Zweck des Haftungsausschlusses, den Betriebsfrieden zu wahren und innerbetrieblichen Streit zwischen ArbGeb und ArbN zu verhindern, lässt sich in dieser Konstellation nicht anführen, da es um Ansprüche von außen stehenden Dritten gegen den ArbGeb geht. Die gegenteilige Auffassung würde zudem nahe Angehörige von ArbN gegenüber den Hinterbliebenen in anderen Schadensfällen ungerechtfertigt benachteiligen und lediglich der Schonung der hinter dem ArbGeb stehenden Haftpflichtversicherungen (Betriebshaftpflichtversicherung, Kfz-Versicherung etc) dienen.

12 **3. Sachschäden.** Für den Ersatz von Sachschäden sind die Deliktsrechtsbestimmungen des BGB unbeschränkt maßgebend, insbes §§ 280, 278, 823, 831, BGB. Die dort vorgesehene Verschuldenshaftung wird jedoch ergänzt durch verschuldensunabhängige Haftungstatbestände.

13 **a) Verschuldenshaftung.** Nach § 823 BGB haftet der ArbGeb für schuldhaft verursachte **Eigentumsverletzungen.** Dazu bedarf es einer konkreten schuldhaften Pflichtverletzung. So kann ein Verstoß gegen Fürsorge-, Obhuts- und Verwahrungspflichten eine Haftung auslösen (→ *Fürsorgepflicht* Rn 11 ff).

Nach § 831 BGB haftet der ArbGeb weiterhin, wenn er Verrichtungsgehilfen, also zB **andere Arbeitnehmer** des Betriebes, nicht ordnungsgemäß ausgewählt oder überwacht hat und hierdurch der ArbN einen Sachschaden erleidet. Ebenso haftet der ArbGeb für das Verschulden von Erfüllungsgehilfen nach § 278 BGB. Ein Mitverschulden mindert den Haftungsanspruch je nach dem Grad des Mitverschuldens bis hin zum völligen Ausschluss des Anspruchs, etwa bei grober Nachlässigkeit im Umgang mit den eigenen Sachen oder bei Mitnahme von besonders wertvollen, nicht arbeitsnotwendigen Gegenständen in den Betrieb.

14 **b) Haftung ohne Verschulden.** Ohne Verschulden haftet der ArbGeb unter dem Gesichtspunkt des Aufwendungsersatzes (Einzelheiten → *Aufwendungsersatz* Rn 6 ff) für Sach- und Vermögensschäden nach § 670 BGB, soweit sich dabei ein besonderes, vom ArbGeb zu tragendes und nicht abgegoltenes Risiko verwirklicht hat.

15 **4. Verletzung sonstiger absoluter Rechte.** Die **schuldhafte** Verletzung sonstiger absoluter Rechte des ArbN führt zur deliktischen Verschuldenshaftung nach § 823 Abs 1 BGB. Als solches ist das **allgemeine Persönlichkeitsrecht** anerkannt (BAG 16.5.07 – 8 AZR 709/06, NZA 07, 1155; *Palandt/Thomas* § 823 Rz 175 mwN; zu Ansprüchen bei *Mobbing* s dort u BAG 25.10.07 – 8 AZR 593/06, NZA 08, 223), so dass Persönlichkeitsrechtsverletzungen zu Ansprüchen auf Unterlassung und Beseitigung und in schweren Fällen auch zum **Schmerzensgeldanspruch** des ArbN führen (→ *Persönlichkeitsrecht* Rn 14).

Schwere Ehrverletzungen, zB die Bezeichnung einer ArbN durch den ArbGeb in einer Presseveröffentlichung als „faulste Mitarbeiterin Deutschlands“, als „schräg und unehrlich“ und die Behauptung, „die ArbN wisse wohl nicht, von wem sie schwanger sei“, können auch nicht durch die Pressefreiheit (Art 5 Abs 1 Satz 2 GG) gerechtfertigt werden und führen zu Unterlassungs-, Schadensersatz- und Schmerzensgeldansprüchen (BAG 18.2.99 – 8 AZR 735/97, NZA 99, 645). Zum Schmerzensgeldanspruch des ArbN gegen den ArbGeb führt auch die **Observation und heimliche Videoüberwachung** durch einen vom ArbGeb beauftragten Detektiv ohne konkreten, auf Tatsachen beruhenden Tatverdacht, denn sie ist rechtswidrig (BAG 19.2.15 – 8 AZR 1007/13, NJW 15, 2749 mit Anm von *Sixtus* jurisPR – ArbR 38/2015 Anm 2).

Die Rspr lässt offen, ob zu den absoluten Rechten, deren Verletzung entschädigungspflichtig ist, auch das Recht am Arbeitsplatz gehört (BAG 4.4.98 – 8 AZR 786/96, NJW 99, 164: Verletzung durch Druckkündigung; zum sog **Auflösungsverschulden** → *Kündigung, außerordentliche* Rn 83–85). Eine rechtsunwirksame Kündigung ist ohne Hinzutreten besonderer Umstände keine Persönlichkeitsverletzung, so dass der ArbGeb für einen später verübten Selbstmord des ArbN nicht haftbar gemacht werden kann, wenn nicht erkennbare Anhaltspunkte für eine Suizidgefährdung vorlagen (BAG 24.4.07 – 8 AZR 347/07, DB 07, 2086).

16 **5. Vermögensschäden.** Soweit der ArbN ohne Verletzung eines absoluten Rechts einen **Vermögensschaden** erleidet, kann ein Schadensersatzanspruch aus einer schuldhaften Ver-

letzung von Vertrags- oder Vertragsnebenpflichten (§§ 280, 282 BGB), etwa **Hinweis- und Belehrungspflichten** des ArbGeb (→ *Fürsorgepflicht* Rn 14 ff u BAG 4.8.15 – 3 AZR 508/13, NZA-RR 16,30). **Auskunftspflichten bestehen nur, wenn der Arbeitgeber ausdrücklich gefragt wird oder von sich aus eine Vertragsänderung initiiert** (BAG 15.12.16 – 6 AZR 578/15, NZA 17, 528).

Die schuldhafte Vereitelung von gesetzlichen Ansprüchen kann ebenfalls eine Haftung auslösen, so wenn der ArbGeb einen iSd § 9 Abs 1 TzBfG freien Arbeitsplatz besetzt und dadurch den Aufstockungsanspruch eines teilzeitbeschäftigten ArbN schuldhaft unmöglich macht (BAG 27.2.18 – 9 AZR 167/17, NZA 18, 1075).

Eine Haftung kann aus dem schuldhaften Verstoß gegen Schutzgesetze nach § 823 Abs 2 BGB folgen. Die Haftung kann auch gegen einen **Insolvenzverwalter** persönlich nach § 823 Abs 2 BGB iVm § 263 StGB zum Tragen kommen, wenn er im Rahmen einer Betriebsstilllegung vorsätzlich falsche Angaben macht (LAG Köln 10.12.07 – 14 Sa 1108/07, BeckRS 2008, 52733).

Bei Vertragsanbahnung können Aufklärungspflichten über die Situation des Unternehmens bestehen (BAG 14.7.05 – 8 AZR 300/04, NZA 05, 1298). Auch eine fehlerhafte Auskunft des ArbGeb über Versorgungsansprüche kann zur Haftung führen (BAG 4.8.15 – 3 AZR 508/13, NZA-RR 16,30). Für die Haftung gegenüber **Bewerbern** im Hinblick auf **diskriminierungsfreien** Umgang ist § 15 AGG (→ *Ausschreibung* Rn 3) maßgebend; danach ist ua Voraussetzung, dass die Bewerbung bei der Entscheidung über die Stellenbesetzung schon vorlag. Bewirbt sich ein schwerbehinderter ArbN auf eine zeitlich überholte Internet-Stellenanzeige, deren Löschung nach Besetzung der Stelle versäumt wurde, und geht die Bewerbung deshalb erst nach Abschluss des Stellenbesetzungsverfahrens ein, liegt keine Benachteiligung vor, so dass kein Schadensersatzanspruch gegeben ist (BAG 19.8.10 – 8 AZR 370/09; s ferner BAG 23.8.12 – 8 AZR 285/11 zu Altersdiskriminierung u BAG 16.5.19 – 8 AZR 315/18, NZA 19, 1419 zur Darlegungslast). Bei diskriminierender Kündigung einer Schwangeren entsteht ein Haftungsanspruch nach § 15 AGG (BAG 12.12.13 – 8 AZR 838/12, NJW 2014, 2061, s zum Ganzen → *Diskriminierung* Rn 119).

Der ArbGeb haftet ferner, wenn er es unterlässt, einen geschädigten ArbN auf das Bestehen einer betrieblichen Unfallversicherung hinzuweisen (BAG 26.7.07 – 8 AZR 707/06, NJOZ 08, 3171). Zu den Vertragspflichten, für die nach § 280 BGB gehaftet wird, gehört auch die richtige Berechnung und Abführung von SozVBeiträgen (→ *Sozialversicherungsbeiträge* Rn 3 u → *Schwarzarbeit* Rn 1 ff).

Die Haftung für Vorsatz kann wegen § 276 Abs 3 BGB nicht vertraglich im Voraus ausgeschlossen werden, ebenso wenig wegen § 202 Abs 1 BGB die Verjährung entsprechender Ansprüche verkürzt werden, so dass arbeitsvertragliche Verfallklauseln diesbezüglich keine Wirkung entfalten können (BAG 20.6.13 – 8 AZR 280/12, NJW 13, 3741).

**6. Haftungsausgleich und Regress** vgl → *Arbeitsunfall* Rn 18 ff. **17**

**7. Einwirkungsmöglichkeiten des BRat.** Zur Vermeidung von Unfällen mit Personenschäden hat der BRat das Mitbestimmungsrecht des § 87 Abs 1 Nr 7 BetrVG. Als Präventivinstrument dient dabei insbes die ***Gefährdungsbeurteilung*** (s dort u *Kohte* jurisPR-ArbR 12/2019 Anm 3), die durch die Arbeitsstätten – VO und die BetriebssicherheitsVO konkretisiert werden. Verstöße hiergegen können für den ArbGeb erhebliche haftungsrechtliche Folgen haben, da zumindest die Stufe der groben Fahrlässigkeit schnell erreicht ist und damit Regressansprüche der BG entstehen. **18**

Der BRat hat darüber hinaus Auskunftsansprüche über Arbeitsunfälle der im Betrieb eingesetzten LeihArbN, denn aus Arbeitsunfällen von Fremdpersonal können sich arbeitsschutzrelevante Erkenntnisse für die betriebszugehörigen Mitarbeiter ergeben (BAG 12.3.19 – 1 ABR 48/17, NZA 19, 850).

## B. Lohnsteuerrecht

*Seidel*

**1. Allgemeines.** Im Steuerrecht wird der Begriff Haftung nur in Bezug auf das „Einstehenmüssen" für eine fremde Schuld gebraucht. Wenn dort von der Haftung des ArbGeb die Rede ist, ist damit die Haftung des ArbGeb für die nach den allgemeinen Vorschriften **erhobene LSt und KiSt** gemeint (im Gegensatz zur LStPauschalierung, → *Lohnsteuerpau-* **20**

*schalierung* Rn 5), die Steuerschulden des ArbN darstellen (§ 38 Abs 2 EStG). Diese Haftung des ArbGeb für die LSt, KiSt und den SolZ ist unter dem Stichwort → *Lohnsteuerhaftung* Rn 4 ff dargestellt. Die folgenden Ausführungen (→ Rn 19–21) betreffen daher die lohnsteuerliche Behandlung der Schadensersatzleistungen des ArbGeb, die sich aus der arbeitsrechtlichen ArbGebHaftung (→ Rn 1 ff) ergeben.

21 2. Die **Leistungen aus der gesetzlichen Unfallversicherung** sind sowohl in Kapital- als auch in Rentenform steuerfrei (§ 3 Nr 1a EStG; → *Unfallrente* Rn 8). Zu Leistungen einer freiwilligen betrieblichen UV des ArbGeb zugunsten des ArbN s BMF 28.10.09, BStBl I 09, 1275) und → *Unfallrente* Rn 12 ff.

22 **3. Schadensersatz** stellt grds keinen steuerbaren Vorgang dar. Dies gilt auch für Leistungen des ArbGeb an den ArbN. Allerdings hält sich das Steuerrecht an diesen Grundsatz nur, soweit der Schadensersatz auf einer **gesetzlichen Verpflichtung** des ArbGeb beruht. Dies trifft auf Ansprüche des ArbN aus unerlaubter Handlung (§§ 823 ff BGB), Gefährdungshaftung oder aus der schuldhaften **Verletzung einer Vertragspflicht,** zB der Fürsorgepflicht (→ *Fürsorgepflicht* Rn 24) zu, soweit hier ein zivilrechtlicher Schadensersatzanspruch besteht (LStH 19.3: Schadensersatzleistungen). Darüber hinausgehende Beträge sind aber Arbeitslohn, so dass auch ein (Mit-)Verschulden des ArbN zu prüfen ist (→ *Arbeitsentgelt* Rn 54 ff). Bei Anspruchskonkurrenz (zB mit unerlaubter Handlung) gehen die vertraglichen Ansprüche vor. Bewirkt zB eine fehlerhafte LStBescheinigung durch den ArbGeb, dass der ArbN zu einer überhöhten ESt veranlagt wird, so kann dem ArbN gegen den ArbGeb ein Schadensersatzanspruch zustehen, dessen Erfüllung durch den ArbGeb nicht zu Lohnzufluss führt (BFH 20.9.96, BStBl II 97, 144). Zur Mehrbedarfsrente nach § 843 Abs 1 BGB vgl BFH 25.10.94 (BStBl II 95, 121); zu weiteren Schadensersatzrenten s BMF 15.7.09 (BStBl I 09, 836) sowie BFH 26.11.08 – X R 31/07, BStBl II 09, 651: Schadensersatzrente nach § 844 Abs 2 BGB).

23 Schadensersatz als **Ersatz für entgangenen oder entgehenden Arbeitslohn** oder für die Aufgabe oder Nichtausübung einer Tätigkeit ist als Arbeitslohn stpfl (→ *Arbeitsentgelt* Rn 54 ff; § 2 Abs 2 Nr 4 LStDV; § 24 Nr 1 EStG; → *Außerordentliche Einkünfte* Rn 4 ff und BFH 6.7.05 – XI R 46/04, BStBl II 06, 55: Schadensersatz wegen schuldhaft verweigerter Wiedereinstellung; zu Leistungen im Zusammenhang mit UV des ArbGeb zugunsten des ArbN s BMF 28.10.09, BStBl I 09, 1275 Tz 2.1.5). Das gilt auch dann, wenn ein anderer als der ArbGeb den Lohnersatz zahlt (Schmidt/*Krüger* § 19 Rz 100: Schadensersatz). Ggf muss im Schätzungswege eine **Aufteilung** auf stpfl Lohnersatz, steuerfreies Schmerzensgeld und Sachschaden (ggf stpfl, → Rn 19) vorgenommen werden. Zahlt ein **Dritter,** zB der Unfallverursacher, so ist das LStAbzugsverfahren nicht durchführbar, da der Schädiger nicht ArbGeb ist. Der ArbGeb ist nicht zum Abzug verpflichtet, weil der Dritte nicht für ihn bezahlt. In diesen Fällen ist daher eine EStVeranlagung (→ *Antragsveranlagung* Rn 7 ff) durchzuführen (*HMW*/Schadensersatz Rz 16).

24 Zur lohnsteuerlichen Behandlung des Aufwendungsersatzes durch den ArbGeb (→ Rn 13) → *Aufwendungsersatz* Rn 23 ff. Zum Ersatz von Schäden auf einer Dienstreise → *Dienstreise* Rn 55–57. Schadensersatzleistungen des ArbGeb an die **Bundesagentur für Arbeit** (→ Rn 33) sind lohnsteuerlich unbeachtlich, jedoch vom ArbGeb als Betriebsausgaben abziehbar (s aber auch → *Erstattungsanspruch der Agentur für Arbeit* Rn 12 ff). Wird der Hauptunternehmer im Baugewerbe als Haftender für die Beitragsschulden des Nachunternehmers in Anspruch genommen (→ Rn 26 ff) ist der Haftungsbetrag als Betriebsausgabe abzugsfähig. Lohnsteuerlich ist für ihn nichts veranlasst. Hinsichtlich der lohnsteuerlichen Behandlung der SozVBeiträge beim ArbGeb (→ Rn 22–24) und beim ArbN → *Sozialversicherungsbeiträge* Rn 14 ff.

## C. Sozialversicherungsrecht

*Schlegel*

30 **I. Haftung für Sozialversicherungsbeiträge. 1. Grundsätzliche alleinige Haftung des Arbeitgebers.** Schuldner der Beiträge im Verhältnis zu Einzugsstelle ist allein der ArbGeb (§ 253 SGB V, § 60 Abs 1 Satz 2 SGB XI, § 174 Abs 1 SGB VI, § 348 Abs 2 SGB III jeweils iVm § 28e Abs 1 Satz 1 SGB IV). Der ArbN hat den GesamtSozVBeitrag ausnahmsweise nur dann zu zahlen, wenn ArbGeb ein ausländischer Staat oder eine interna-

tionale oder zwischenstaatliche Organisation ist (§ 28m SGB IV). Der Quellenabzug gilt auch für den kassenindividuellen Zusatzbeitrag nach § 242 SGB V (→ *Krankenversicherungsbeiträge* Rn 33 f).

Für **nicht abgeführte Sozialversicherungsbeiträge** haftet allein der ArbGeb. Der ArbN ist im Arbeitsverhältnis lediglich verpflichtet, den Abzug der ArbNAnteile vom Bruttolohn nach Maßgabe des § 28g SGB IV zu dulden. Die Einzugsstelle kann sich hinsichtlich nicht abgeführter Beiträge nur an den ArbGeb halten, der für die Erfüllung der Beitragsschuld mit seinem Vermögen haftet. Dies gilt selbst dann, wenn ein ArbGeb im Einvernehmen mit seinem ArbN von dem ausgezahlten Lohn keine Beiträge und Steuern abführt. Wird dieses später entdeckt, so sind Beiträge wie bei einer Nettolohnvereinbarung zu zahlen (§ 14 Abs 2 Satz 2 SGB IV, *Schwarzarbeit, Nettolohnvereinbarung*). Soweit der ArbN die Hälfte des Beitrags zu tragen hat, bezieht sich das rechtlich nur auf sein Verhältnis zum ArbGeb. Zieht der ArbGeb den ArbNAnteil nicht vom Lohn ab und darf er den Abzug auch nicht mehr nachholen (§ 28g Abs 1 Satz 3 SGB IV, dazu *Lohnabzugsverfahren*), geht die Beitragslast hinsichtlich des ArbNAnteils kraft Gesetzes auf den ArbGeb über, so dass er nunmehr auch wirtschaftlich die gesamte Beitragslast allein zu tragen hat (BSG 22.9.88 – 12 RK 36/86, SozR 2100 § 14 Nr 22). 31

**2. Gesamtschuldnerische Haftung des Reeders und des Arbeitgebers.** Für die Zahlungspflicht des ArbGeb, der in § 28e, § 13 Abs 1 Satz 2 SGB IV genannten Seeleute, haften der ArbGeb und der Reeder als Gesamtschuldner (§ 28e Abs 3 SGB IV). Bei der Einführung des **gesetzlichen Mindestlohnes** ab 1.1.2015 hat der Gesetzgeber zwar eine Haftung des Unternehmers für die Zahlung des Mindestlohnes in nachfolgenden Subunternehmerketten angeordnet (§ 14 MoLoG iVm § 14 AEntG). Danach haftet ein Unternehmer, der einen anderen Unternehmer mit der Erbringung von Werk- oder Dienstleistungen beauftragt, zwar für die Verpflichtungen dieses Unternehmers, eines Nachunternehmers oder eines von dem Unternehmer oder einem Nachunternehmer beauftragten Verleihers zur Zahlung des Mindestentgelts an ArbN oder zur Zahlung von Beiträgen an eine gemeinsame Einrichtung der Tarifvertragsparteien nach § 8 AEntG (Urlaubskasse des Baugewerbes etc) wie ein selbstschuldnerischer Bürge. Das in die Bürgenhaftung einbezogene Mindestentgelt umfasst aber nur den Betrag, der nach Abzug der Steuern und der Beiträge zur SozVers und zur Arbeitsförderung oder entsprechender Aufwendungen zur sozialen Sicherung an ArbN auszuzahlen ist (Nettoentgelt), es erfasst nicht die Sozialversicherungsbeiträge selbst. Es gibt also – vorbehaltlich der nachfolgend dargestellten Spezialvorschriften – iRd MiLoG bei Einschaltung von Subunternehmen **keine allgemeine Haftung für Beitragsschulden** auf den von „fremden" ArbGeb nach dem MiLoG zu zahlenden gesetzlichen Mindestlohn. 32

**3. Quasi-Bürgenhaftung des Entleihers von Arbeitnehmern.** Im Falle erlaubter **Arbeitnehmerüberlassung** haftet für die Erfüllung der Zahlungspflicht des ArbGeb zusätzlich auch der Entleiher wie ein selbstschuldnerischer Bürge. Der Entleiher kann die Zahlung allerdings verweigern, solange der ArbGeb (Verleiher) von der Einzugstelle nicht gemahnt worden ist (§ 28e Abs 2 SGB IV). Aus einem Vergleich mit § 28e Abs 3b SGB IV ergibt sich, dass diese Haftung verschuldensunabhängig ist. 33

**4. Quasi-Bürgenhaftung im Baugewerbe für Beitragsschulden des Nachunternehmers. a) Allgemeines.** Beitragshaftung für Beitragsschuld von Subunternehmern haften im Zusammenhang mit SozVBeiträgen der ArbN ihrer Nachunternehmer (Subunternehmer) wie selbstschuldnerische Bürgen (§ 28e Abs 3a SGB IV). Der in Anspruch genommene Bauunternehmer kann die Zahlung allerdings verweigern, solange der ArbGeb (Nach-/Subunternehmer) von der Einzugsstelle nicht gemahnt worden ist (§ 28e Abs 3a Satz 3 iVm Abs 2 SGB IV). **Zweck** dieser Haftung ist es, die Bauunternehmer zu veranlassen, bei der Auswahl ihrer Nachunternehmer zu prüfen, ob diese sich illegaler Praktiken bedienen, anstatt wie bisher oftmals trotz eindeutiger Indizien für das Vorliegen von illegaler Beschäftigung, zB wegen unrealistischer Preiskalkulation, die Augen zu verschließen (so die Gesetzesbegründung BT-Drs 14/8221 S 11). Das für Gesamtsozialversicherungsbeiträge geltende Haftungssystem im Baugewerbe nach § 28e Abs 3a–3f SGB 4 findet auch für die Beitragshaftung in der gesetzlichen UV entsprechende Anwendung (BSG 27.5.08 – B 2 U 11/07 R, BSGE 100, 243; zum Ganzen *Langner/Hübsch* BB 08, 2127). 34

35 **b) Verschuldensabhängige Haftung.** Die Haftung des Hauptunternehmers tritt nicht ein, wenn er nachweist, dass er ohne eigenes Verschulden davon ausgehen konnte, dass der Nachunternehmer oder ein von ihm beauftragter Verleiher seine Zahlungspflicht erfüllt (§ 28e Abs 3b SGB IV). Diesen Nachweis wird der Bauunternehmer idR dadurch führen können, dass er sich in regelmäßigen Abständen eine entsprechende vom Nachunternehmer beigebrachte Bescheinigung der Einzugsstelle über die Zahlung der SozVBeiträge für die auf einer bestimmten Baustelle eingesetzten ArbN vorlegen lässt. Zu einer „baustellenspezifischen" Führung der Lohnunterlagen sind Bauunternehmer durch § 28 f Abs 1a SGB IV verpflichtet. Danach hat der Unternehmer bei Ausführung eines Dienst- oder Werkvertrages im Baugewerbe die Lohnunterlagen und die Beitragsabrechnung so zu gestalten, dass eine Zuordnung der ArbN, des Arbeitsentgelts und des darauf entfallenden GesamtSozVBeitrages zu dem jeweiligen Dienst- oder Werkvertrag möglich ist. Weiter kommt zum Nachweis der erforderlichen Sorgfalt in Betracht, dass der Hauptunternehmer das Angebot des Subunternehmers auch darauf hin überprüft, ob in der **Kalkulation** die Zahlung von SozVBeiträgen in einer realistischen Höhe veranschlagt ist. Weiter kann sich der Hauptunternehmer **Freistellungsbescheinigungen** der Finanzbehörden über die Erfüllung der Steuerpflicht des Nach-/Subunternehmers nach dem Gesetz zur Eindämmung der illegalen Beschäftigung vorlegen lassen.

36 **c) Voraussetzungen der Haftung.** Die Haftung ist nur für Unternehmer des **Baugewerbes** angeordnet (§ 28e Abs 3a S 1 SGB IV). Unternehmen, die selbst keine Bauunternehmen sind, sondern nur **„Bauherren"**, die als Letztbesteller eines Werkes auftreten, werden von der Haftungsregelung nicht erfasst (BT-Drs 14/8221 S 15). Um zu verhindern, dass die Haftung des Hauptunternehmers durch die Bildung von **Bauträgergesellschaften** oder vergleichbaren Konstruktionen umgangenen wird, beschränkt sich die Haftung nicht nur auf diejenigen Unternehmen, die selbst von einem Auftraggeber einen Bauauftrag bekommen haben, sondern bezieht auch gewerbliche Auftraggeber ein (§ 28e Abs 3e SGB IV).

Die Haftung greift nur dann ein, wenn der geschätzte **Gesamtwert** aller für ein Bauwerk in Auftrag gegebenen Bauleistungen mindestens **275 000 €** beträgt. Für die Schätzung gilt § 3 der VergabeVO (§ 28e Abs 3d SGB IV). Für das Überschreiten dieses Grenzwertes kommt es nicht allein auf den Wert des Auftragsvolumens zwischen Hauptunternehmer und den konkret ausgefallenen Nachunternehmern an (BSG 27.5.08 – B 2 U 11/07 R, NZS 2009, 396). **Anknüpfungspunkt** ist der (Gesamt-)Wert der Bauleistungen, die ein Bauunternehmer bezogen auf die Erstellung des vom Bauherrn in Auftrag gegebenen Bauwerks an (alle) Nachunternehmer vergeben hat. Das „Bauwerk" wird durch die Vertragsbeziehung zwischen Bauherrn und Hauptunternehmer bestimmt (BSG 20.7.10 – B 2 U 7/10 R, NZS 2011, 515). Macht der Wert der durch den Hauptunternehmer an Nachunternehmer vergebenen Bauleistungen nur einen Bruchteil der gesamten Wertes des Auftrages an den Hauptunternehmer aus (zB Hauptunternehmer errichtet Rohbau im Wesentlichen selbst und vergibt nur ca 2% für Decken an einen Subunternehmer), muss der an den/die Subunternehmer vergebene Teil den Grenzwert überschreiten (BSG 26.10.17 – B 2 U 1/15 R, NZS 2018, 700). § 28e Abs 3d SGB IV will einerseits **Hauptunternehmer** dazu veranlassen, dafür Sorge zu tragen, dass **Nachunternehmer** ihren sozialversicherungsrechtlichen Zahlungspflichten nachkommen (BT-Drs 14/8221 S 15). Andererseits soll zum Schutz mittelständischer Bauunternehmen und Handwerksbetriebe die Haftung erst ab einem bestimmten Volumen der risikobegründenden Fremdaufträge beginnen. Anders kann dies sein, wenn ein komplettes Werk an einen **Generalunternehmer** vergeben wird und der Wert des sich aus dem Inhalt der Vertragsbeziehung zwischen dem Bauherrn und dem Generalunternehmer ergebenden Bauwerks mit dem maßgebenden Wert der an Nachunternehmer vergebenen Fremdleistungen praktisch identisch ist, der Generalunternehmer also im Wesentlichen nicht selbst „baut", sondern andere bauen lässt.

37 Die Haftung erstreckt sich auf Beitragsschulden bzgl derjenigen ArbN, die bei dem von ihm bestellten Bauprojekt eingesetzt werden. Insoweit ist die Haftung **projekt- oder baustellenbezogen.** Dabei spielt es keine Rolle, ob die Beitragsschulden für „eigene" ArbN des beauftragten Nach-/Subunternehmers entstehen, oder für vom Nachunternehmern entliehene ArbN. Dh, die Haftung des Hauptunternehmers greift auch dann ein, wenn der beauftragte Nach-/Subunternehmer zur Ausführung des Auftrages seinerseits

einen **Arbeitnehmer-Verleiher** einschaltet; der Hauptunternehmer haftet auch für die gegenüber dem Verleiher aufgrund der Arbeit am Bauprojekt entstehenden Beitragsschulden (§ 28e Abs 3a SGB IV). Dagegen gilt die Haftung nicht für **weitere Nachunternehmer,** die vom beauftragten Nachunternehmer als **Sub-Sub-Unternehmer** eingeschaltet werden. Die im ursprünglichen Gesetzentwurf auch insoweit vorgesehene Haftung des Hauptunternehmers für die Beitragsschulden von Nach-Nach bzw Sub-Sub-Unternehmern ist nicht Gesetz geworden. Dies ist sachgerecht, da es kaum Möglichkeiten des Hauptunternehmers gibt, die Erfüllung der Zahlungspflichten der weiteren Nachunternehmer festzustellen.

**4. Fleischwirtschaft.** Das **Gesetz zur Sicherung von Arbeitnehmerrechten in der Fleischwirtschaft** (Art 30 des Gesetzes vom 17.7.17, BGBl I 2541) hat nach dem Vorbild in der Baubranche eine **Quasi-Bürgenhaftung für Unternehmen der Fleischwirtschaft** angeordnet, die andere Unternehmen mit der Tätigkeit des Schlachtens oder der Fleischverarbeitung beauftragen. Nach § 3 GSA Fleisch gelten die § 28e Abs 3a, Abs 3b Satz 1, Abs 3c Satz 1, Abs 3e, Abs 3f Satz 1 und 2 und Abs 4 SGB IV sowie § 150 Abs 3 SGB VII für die genannten Unternehmen. Diese werden in § 6 Abs 10 Satz 2 bis 4 Arbeitnehmer-EntsendeG definiert werden. Ziel des GSA Fleisch sind die Sicherung der Rechte und Ansprüche der ArbN sowie die Verhinderung von Umgehungen der Pflicht zur Zahlung von SozVersBeiträgen durch die Beauftragung von Nachunternehmern in der Fleischwirtschaft. 38

**5. KEP-Branche.** Durch das Paketboten-Schutz-Gesetz vom 15.11.19 (BGBl I 102) ist nach dem Vorbild der Bau- und Fleischbranche eine Nachunternehmerhaftung und erweiterte Aufzeichnungspflicht auch für die KEP-Branche (KEP = **Kurier-, Express- und Paketdienste**) eingeführt worden (vgl § 28e Abs 3g, § 28f Abs 1a SGB IV). Danach haftet der Generalunternehmer (= große Paketdienstleister) für von seinen Nachunternehmern abzuführende Versicherungsbeiträge gesamtschuldnerisch. Erfasst werden Paketbotendienste, sofern die Pakete bis zu 32 kg wiegen (vgl § 28e Abs 3g Satz 3 SGB IV). 39

Die **Nachunternehmerhaftung entfällt,** wenn der Unternehmer nachweist, dass er ohne eigenes Verschulden davon ausgehen konnte, dass der Nachunternehmer oder ein von ihm beauftragter Verleiher seine Zahlungspflicht erfüllt. Die Nachunternehmerhaftung entfällt außerdem, wenn der Hauptunternehmer Fachkunde, Zuverlässigkeit und Leistungsfähigkeit des Nachunternehmers durch eine Präqualifikation nachweist, dh durch eine wettbewerbliche Eignungsprüfung, bei der potenzielle Auftragnehmer nach speziellen Vorgaben unabhängig von einer konkreten Ausschreibung ihre Fachkunde und Leistungsfähigkeit vorab nachweisen müssen. Da es sich nicht um Unternehmen der Baubranche handelt, kann nicht auf die Eignungsvoraussetzungen nach der Vergabe- und Vertragsordnung für Bauleistungen Bezug genommen werden. Nach § 28e Abs 3g Satz 1 SGB IV kann der Unternehmer entsprechend Abs 3f Satz 1 und 2 den Nachweis anstelle durch Präqualifikation auch durch **Vorlage einer Unbedenklichkeitsbescheinigung der zuständigen Einzugsstelle** für den Nachunternehmer oder den von diesem beauftragten Verleiher erbringen (vgl zum Ganzen BT-Drucks 19/13958 S 9 ff). 40

Die Haftung des Unternehmens erstreckt sich auf das von dem Nachunternehmer beauftragte nächste Unternehmen, wenn die Beauftragung des unmittelbaren Nachunternehmers bei verständiger Würdigung der Gesamtumstände als ein Rechtsgeschäft anzusehen ist, dessen Ziel vor allem die Auflösung der Haftung nach § 28e Abs 3a SGB IV ist. 41

**6. Umfang der Haftung.** In sämtlichen Fällen (Haftung des ArbGeb, Entleihers und des Bauunternehmers bzw Unternehmers der Fleischwirtschaft) erstreckt sich die Haftung neben den Beiträgen auch auf Säumniszuschläge sowie die Zinsen für gestundete Beiträge (§ 28e Abs 4 SGB IV). 42

**II. Schadensersatzrechtliche Einstandspflichten des Arbeitgebers** sind im Wesentlichen in folgenden Fällen vorgesehen. 43

**1. Ausfüllen unzutreffender Bescheinigungen.** Füllt der ArbGeb die bei Beendigung eines Beschäftigungsverhältnisses auszufüllende Arbeitsbescheinigung (§ 312 SGB III), eine Nebeneinkommensbescheinigung (§ 313 SGB III) oder eine Insolvenzgeldbescheinigung (§ 314 SGB III) nicht, nicht richtig oder nicht vollständig aus, hat er der BA den daraus entstehenden Schaden zu ersetzen (§ 321 SGB III). Einzelheiten s *Arbeitsbescheinigung.* 44

45 **2. Kurzarbeitergeld, Winterausfallgeld, Wintergeld.** Erfüllt der ArbGeb vorsätzlich oder fahrlässig seine Verpflichtungen zur oder bei der Beantragung, Errechnung und Auszahlung dieser Leistungen nicht, ist er der BA zum Ersatz des daraus entstandenen Schadens verpflichtet (§§ 321, 320 SGB III).

46 **III. Beitrags- und leistungsrechtliche Behandlung von Schadensersatz.** Gem § 14 SGB IV gehören zum Arbeitsentgelt nur laufende oder einmalige Einnahmen aus einer Beschäftigung, unabhängig davon, ob ein Rechtsanspruch auf die Einnahmen besteht, unter welcher Bezeichnung oder in welcher Form sie geleistet werden und ob sie unmittelbar aus der Beschäftigung oder im Zusammenhang mit ihr erzielt werden. Stehen dem ArbN Ansprüche aus unerlaubter Handlung (§§ 823 ff BGB) oder aus Gefährdungshaftung gegen seinen ArbGeb zu und stehen diese Ansprüche mit einer Schädigung des ArbN im Arbeits- oder Dienstverhältnis im Zusammenhang, liegt gleichwohl kein Arbeitsentgelt vor. Die Einnahme beruht hier auf gesetzlicher Rechtsgrundlage und nicht, wie § 14 SGB IV verlangt, auf Rechtsbeziehungen aus dem Beschäftigungsverhältnis. Schadensersatzansprüche sind deshalb weder bei der Beitragsbemessung noch bei der Leistungsbemessung zu berücksichtigen.

## Arbeitgeberzuschuss

### A. Arbeitsrecht *Griese*

1 **1. Allgemeines.** ArbGebZuschuss bildet den Oberbegriff für Zuschussleistungen, die der ArbGeb an den ArbN erbringt. Es kann sich um Zuschüsse zu Aufwendungen des ArbN handeln, die zu dessen persönlichen Lebensbedarf gehören und die der ArbGeb aus sozialen Gründen bezuschusst, obwohl hierzu keine gesetzliche Verpflichtung besteht. Beispiele hierfür sind der ***Essenszuschuss*** und der ***Fahrtkostenzuschuss*** für die zur privaten Lebensführung gehörenden Fahrten zwischen Wohnung (BAG 14.6.16 – 9 AZR 409/15, ZTR 16, 569) und Arbeitsstätte. Es kann sich ferner um Zuschüsse handeln, die zusätzlich zu *Lohnersatzleistungen* der SozVTräger in bestimmten sozialen Situationen gewährt werden. Beispiele hierfür sind der Zuschuss zum Krankengeld (→ *Krankengeldzuschuss* Rn 1) im Fall der über 6 Wochen hinaus andauernden AU und der Zuschuss zum Verletztengeld (§ 45 SGB VII) beim Arbeitsunfall nach Ablauf des Entgeltfortzahlungszeitraumes sowie der Zuschuss zum Kurzarbeitergeld (§ 95 SGB III; BAG 28.5.96 – 3 AZR 752/95, NZA 97, 101). Schließlich werden auf gesetzlicher Grundlage Zuschüsse geschuldet, so nach § 14 MuSchG der Zuschuss zum *Mutterschaftsgeld* (→ *Mutterschutz* Rn 33).

2 **2. Rechtsgrundlage.** Ist der Zuschussanspruch nicht gesetzlich geregelt, kann er sich nur aus Tarifvertrag, Betriebsvereinbarung oder gesamt- oder einzelvertraglicher Grundlage (Betriebliche Übung, Gesamtzusage, arbeitsvertragliche Einheitsregelung, Arbeitsvertrag) ergeben. Eine Ungleichbehandlung verschiedener ArbNGruppen ohne sachlichen Grund ist unzulässig (BAG 26.4.16 – 1 AZR 435/14, NZA 16, 1160).

In der Rechtsgrundlage kann zugleich festgelegt werden, dass der Zuschussanspruch unter bestimmten Voraussetzungen entfällt oder angerechnet wird (BAG 14.9.11 – 10 AZR 198/10, NZA-RR 12). Eine anteilige Kürzung bei Teilzeitarbeit ist nur begrenzt möglich und kann zB nicht aus dem Übergang in Altersteilzeit hergeleitet werden (BAG 24.5.18 – 6 AZR 215/17, NZA 18, 1735). Zuschüsse können in der Form vereinbart werden, dass aus der **Bruttogrundleistung und dem Aufstockungsbetrag ein Mindestnettobetrag resultiert** (BAG 11.8.15 – 9 AZR 952/13, AP Nr 66 zu § 1 TVG Altersteilzeit). Da das Kurzarbeitergeld gem § 106 SGB III als Nettoentgeltdifferenz zu zahlen ist, wird ein darüber hinausgehender ArbGebZuschuss **auf Grund der gleichgerichteten Funktion von Transferkurzarbeitergeld und Aufstockungsleistung regelmäßig nur als Zuschuss zum Nettoentgelt zu erbringen sein** (BAG 16.12.15 – 5 AZR 567/14, NZA 16,438). Für Klagen von freiwillig in der gesetzlichen KV Versicherte auf ArbGebZuschuss zur Kranken- und PflegeV gem § 257 SGB V sind die Sozialgerichte, nicht die Arbeitsgerichte zuständig, ebenso für die Rückforderung zu Unrecht geleisteter Zuschüsse (BAG 19.8.08 – 5 AZB 75/08, NZA 08, 1313).

**3. Mitbestimmungspflichtigkeit.** Ist eine gesetzliche oder tarifliche Anspruchsgrundlage nicht gegeben, greift für die Zuschussgewährung das Mitbestimmungsrecht des BRat nach § 87 Abs 1 Nr 10 BetrVG ein, da die Gewährung von Zuschüssen eine Form der **betrieblichen Lohngestaltung** ist. Der ArbGeb ist zwar frei in seiner Entscheidung, ob und in welchem Umfang (Dotierungsrahmen) er Mittel für Zuschüsse zu bestimmten Zwecken zur Verfügung stellen will. Bei der Verteilung dieser Zuschüsse, insbes bei den Verteilungskriterien hat der BRat jedoch ein erzwingbares Mitbestimmungsrecht und kann auch von seinem Initiativrecht Gebrauch machen. 3

### B. Lohnsteuerrecht

*Thomas*

**1. Grundsätze.** Die steuerliche Beurteilung eines ArbGebZuschusses richtet sich nach dem Verwendungszweck des Zuschusses. In aller Regel stellt der Zuschuss Arbeitslohn dar, und zwar nicht nur für den Fall, dass private Kosten des ArbN bestritten werden, sondern auch bei Werbungskostenersatz. Hier verbleibt dem ArbN der Werbungskostenabzug, weil er die Aufwendungen insofern aus versteuertem Einkommen, also mit eigenen Mitteln bewirkt. Ob das Nutzungsentgelt für eine Garage oder ein Arbeitszimmer Arbeitslohn oder Mietzahlung darstellt, hängt davon ab, ob der ArbN dem ArbGeb Räumlichkeiten für dessen Zwecke (bzw in dessen vorrangigem Interesse, BMF 18.4.19 DStR 19, 1042) überlässt oder ob der ArbGeb lediglich einen Kostenzuschuss für die Nutzung durch den ArbN gewährt (BFH 2.10.08 – VI B 102/07, BFH/NV 09, 148). Bei Gewerbetreibenden werden Einnahmen aus der Vermietung eines häuslichen Arbeitszimmers an den Hauptauftraggeber als gewerbliche Einnahmen und nicht als solche aus VuV behandelt, wenn die Vermietung ohne Gewerbebetrieb nicht denkbar wäre (BFH 13.12.16 – X R 18/12, DStR 17, 715). Die abweichende Behandlung gegenüber einem ArbN, bei dem Sonderrechtsbeziehungen mit seinem ArbGeb grds anerkannt werden beruht darauf, dass der ArbN seinen Arbeitsplatz typischerweise vom ArbGeb gestellt bekommt, während der Gewerbetreibende regelmäßig für seinen Arbeitsplatz selbst verantwortlich ist. Zum Werbungskostenabzug, wenn der ArbN seine Einliegerwohnung dem ArbGeb als Homeoffice vermietet vgl → *Arbeitsentgelt* Rn 63. Kein Arbeitslohn ist gegeben, wenn der Zuschuss im überwiegend eigenbetrieblichen Interesse (→ *Arbeitsentgelt* Rn 48) des ArbGeb geleistet wird oder Auslagenersatz vorliegt (BFH 7.6.02 – VI R 1/00, DStRE 03, 1 mit Anm *MIT*). Steuerlich geläufiger als ArbGebZuschuss ist der Begriff **Beihilfe.** Einzelne Zuschüsse bzw Beihilfen sind steuerbefreit (→ *Beihilfeleistungen* Rn 3 ff). 4

**2. Zusätzlichkeitserfordernis.** Teilweise hängt eine Steuerbefreiung bzw eine Pauschalierungsmöglichkeit davon ab, dass der Zuschuss zusätzlich zum ohnehin geschuldeten Arbeitslohn gewährt wird, zB in § 3 Nr 15 EStG (Job-Ticket), § 3 Nr 33 EStG (Kinderbetreuung), § 3 Nr 34 EStG (Gesundheitsförderung), § 3 Nr 34a EStG (Angehörigenbetreuung), § 3 Nr 37 EStG (Dienstfahrrad), § 37b Abs 2 EStG (bestimmte Sachzuwendungen an ArbN), § 40 Abs 2 Nr 1 EStG (Essenszuschuss), § 40 Abs 2 Nr 5 (Personalcomputer, Internetzugang), § 40 Abs 2 Satz 2 EStG (Fahrtkostenzuschuss). Da ohnehin „geschuldet" nur der Lohn ist, auf den ein einklagbarer arbeitsrechtlicher Anspruch besteht, entfällt die Steuerfreiheit bzw Pauschalierbarkeit in den obigen Fällen nicht, wenn der Zuschuss mit einer **freiwilligen** regelbesteuerten Sonderzahlung verrechnet wird (BFH 1.10.09 – VI R 41/07, DStR 10, 156, ein nach § 40 Abs 2 Satz 2 EStG pauschal versteuerter Fahrtkostenzuschuss statt freiwilligem Weihnachtsgeld). Dem ist die Verwaltung unter Aufgabe ihrer bisher abweichenden Auffassung gefolgt (R 3.33 Abs 5 Satz 3 LStR), nicht jedoch für den Fall einer Barlohnumwandlung (→ Rn 11). 5

**a) Änderung der Lohnformen.** Hier ist die echte Barlohnumwandlung von der Lohnverwendungsabrede zu unterscheiden. Bei der echten Barlohnumwandlung wird der bisher geschuldeter Barlohn arbeitsvertraglich wirksam herabgesetzt und statt dessen ganz oder teilweise eine andere – ggf begünstigte – Lohnform vereinbart. Demgegenüber bleibt bei der Lohnverwendungsabrede der arbeitsrechtlich geschuldete Barlohn unverändert; er kann aber im Wege der Ersetzungsbefugnis anderweit erfüllt werden. 6

Bei der **Lohnverwendungsabrede** ist das Zusätzlichkeitserfordernis nicht erfüllt, weil die arbeitsrechtliche Verpflichtung mit ohnehin geschuldetem und nicht mit zusätzlichem Lohn beglichen wird. Der Anspruch auf den nach wie vor arbeitsrechtlich geschuldeten 7

Lohn wird nur anderweit (an Erfüllungsstatt) befriedigt und erlischt damit (BFH 6.3.08 – VI R 6/05, DStR 08, 861, Warengutscheine statt Urlaubsgeld; BFH 10.6.08 – VI B 113/07, BFH/NV 08, 1482, Deputate statt Weihnachtsgeld; vgl auch BFH 15.5.98 – VI R 127/97, DStR 98, 1126 mit Anm *MIT* zur Verrechnung von Weihnachtsgeld mit einer Gratifikation; BFH 12.3.93 – VI R 71/92, BStBl II 93, 521, Lohntausch aufgrund einer tarifvertraglichen Öffnungsklausel). Die eigentliche Bedeutung des Ausschlusses sog „Gehaltsumwandlungen" liegt in einem Anrechnungsverbot auf den unverändert bestehenden Lohnanspruch (BFH 1.8.19 – VI R 32/18, DStR 19, 2247 unter Rz 26; *Geserich* DStRK 19, 308).

8 **b) Der ohnehin geschuldete Lohn.** Bei der Auslegung des Merkmals „geschuldet" sind zwei Rechtsfragen zu klären, nämlich erstens, auf welchen Lohngegenstand und zweitens, auf welchen Beurteilungszeitpunkt sich „geschuldet" bezieht.

9 **aa) Beurteilungsgegenstand.** Das Merkmal „geschuldet" bezieht sich nur auf den regelbesteuerten Lohn (Ohnehinlohn) und nicht auch auf den begünstigten Zusatzlohn. Deshalb muss der Lohn für die begünstigten Zwecke nicht unter Freiwilligkeitsvorbehalt gewährt werden, sondern darf auch seinerseits arbeitsrechtlich geschuldet sein, ohne die Begünstigung deswegen zu verlieren. Hiervon ging jahrzehntelang jedermann in Rspr, Verwaltung und Literatur stillschweigend aus, bis der BFH überraschend das Kriterium der Zusätzlichkeit durch das der Freiwilligkeit ersetzte (BFH 19.9.12 – VI R 54/11, DStR 12, 2427). Nachdem dieser Auslegung sogar die Verwaltung nicht gefolgt ist (BMF 22.5.13 DStR 13, 1133, einer der seltenen Nichtanwendungserlasse zugunsten der StPfl), korrigierte der BFH nunmehr seine Rspr in diesem Punkt (BFH 1.8.19 – VI R 32/18, DStR 19, 2247 unter Rz 16 ff) zu Recht (vgl iE *Thomas* DStR 18, 1342). Das erleichtert die Gestaltungspraxis, da der zuvor geforderte Freiwilligkeitsvorbehalt arbeitsrechtlich angesichts der dortigen Regeln zur betrieblichen Übung und zum Gleichbehandlungsgrundsatz nur schwer zu verwirklichen ist.

10 **bb) Beurteilungszeitpunkt.** Hinsichtlich der Frage, was regelbesteuert geschuldet ist und was dementsprechend zum ohnehin geschuldeten Lohn zusätzlich begünstigt gewährt wird, ist auf den Zeitpunkt der Lohnzahlung abzustellen. Daher wird das Zusätzlichkeitserfordernis erfüllt, wenn bei einem arbeitsvertraglich vereinbarten Lohnformenwechsel der ohnehin geschuldete (regelbesteuerte) Arbeitslohn für künftige Lohnzeiträume wirksam herabgesetzt und durch verwendungsgebundene Zusatzleistungen steuerbegünstigt ausgeglichen wird. Das wurde nunmehr in Übereinstimmung mit der bisherigen höchstrichterlichen Rspr bestätigt (BFH 1.8.19 – VI R 32/18, DStR 19, 2247; BFH 1.8.19 – VI R 21/17, BFH/NV 19, 1399 und BFH 1.8.19 – VI R 40/17, BFH/NV 19, 1341).

11 Die hiervon abweichende Auffassung der Verwaltung, dass eine Lohnumwandlung schädlich sei (R 3.33 Abs 5 Satz 2, zweite Alternative LStR) beruht auf der Fiktion, dass der vor der Lohnumwandlung geschuldete Lohn trotz dessen wirksamer Herabsetzung weiterhin geschuldet sei. Damit werden Rechtsfolgen nicht an den jetzt, sondern an einen früher verwirklichten Sachverhalt geknüpft. Die Fiktion „geschuldet ist was geschuldet war" bewirkt eine Auslegung sowohl gegen den Wortlaut als auch gegen Sinn und Zweck der Vorschrift und führt zu zufälligen und damit gleichheitswidrigen Ergebnissen, je nachdem ob der Gesamtlohn von Anfang an oder nachträglich in begünstigten und regelbesteuerten Lohn aufgeteilt worden ist (*Thomas* DStR 18, 1342 unter 3.3). Sie widerspricht dem Zuflussprinzip und dem Grundsatz der Privatautonomie. Dem gegenüber ist die Auslegung des BFH in sich schlüssig (*Briese* DStR 19, 2438) und deckt sich mit der sozialversicherungsrechtlichen Beurteilung (zB BSG 2.3.10 – B 12 R 5/09, BeckRS 2010, 72501 Rz 17 ff mwN). Es kann deswegen kaum davon ausgegangen werden, dass die Verwaltung auf ihrem bisherigen Standpunkt beharren wird. Sofern in der Praxis in offenen Fällen noch nach der Anweisung in R 3.33 Abs 5 Satz 2 LStR verfahren wird, empfiehlt es sich, Rechtsmittel einzulegen.

12 **3. Unbeanstandete Lohnformenwechsel.** Wird Barlohn in Sachlohn umgewandelt, um eine günstigere Bewertung zu erlangen, ist dies zulässig, wenn keine ausdrückliche gesetzliche Einschränkung besteht (zB Überlassung eines Dienstwagens bei gleichzeitiger Lohnkürzung, BFH 20.8.97 – VI B 83/97, DStR 97, 1642; Umwandlung von Barlohn in steuerfreien Reisekostenersatz, BFH 27.4.01 – VI R 2/98, DStR 01, 1479 und Umwand-

lung Barlohn in ArbNFinanzierte betriebliche Altersversorgung, BMF 4.2.2000 DStR 2000, 327; BFH 29.7.10 – VI R 39/09, BFH/NV 10, 2296).

## C. Sozialversicherungsrecht *Ruppelt*

**1. Beitragszuschuss zur Krankenversicherung.** Vorbemerkung: Hinsichtlich der Voraussetzungen des Beitragszuschusses ist zwischen dem Zuschuss zur **freiwilligen Versicherung** in der gesetzlichen KV (§ 257 Abs 1 SGB V) und dem Zuschuss zu einer **privaten Krankenversicherung** zu unterscheiden (§ 257 Abs 2 SGB V). 16

**a) Freiwillige Versicherung in der gesetzlichen Krankenversicherung.** Wegen Überschreitens der JAEGrenze nach § 6 Abs 1 Nr 1 SGB V (→ *Beitragsbemessungsgrenzen* Rn 5 ff) versicherungsfreie Beschäftigte (keine sonstigen Gründe) haben nach § 257 Abs 1 Satz 1 SGB V gegen ihren ArbGeb einen Anspruch auf **Beitragszuschuss** zur **freiwilligen** KV nach § 9 SGB V. Anspruchsberechtigt sind seit 2019 auch freiwillig versicherte ehemalige Soldaten auf Zeit (§ 257 Abs 1 Satz 2 SGB V). Als **Zuschuss** ist dem in der gesetzlichen KV freiwillig versicherten Beschäftigten der Betrag zu zahlen, den der ArbGeb bei Versicherungspflicht des Beschäftigten zu tragen hätte. Bestehen mehrere Beschäftigungsverhältnisse, haben die ArbG den Zuschuss anteilig zu tragen (§ 257 Abs 1 Satz 2 SGB V). → *Krankenversicherungsbeiträge* Rn 34.

**b) Private Krankenversicherung.** Beschäftigte, die wegen Überschreitens der JAE-Grenze oder auf Grund von § 6 Abs 3a SGB V (Versicherungsfreiheit wegen Überschreitens des 55.Lebensjahres) versicherungsfrei oder die von der KVPflicht befreit sind (→ *Befreiung von der Versicherungspflicht* Rn 18 ff) und mit Familienabsicherung von einem privaten KVUnternehmen vertragliche KVLeistungen in Anspruch nehmen können, haben nach § 257 Abs 2 Satz 1 SGB V gegen ihren ArbGeb Anspruch auf Beitragszuschuss. Der Zuschuss zur privaten KV kann nur beansprucht werden, wenn das Versicherungsunternehmen 17

– diese KV nach Art der Lebensversicherung betreibt,
– einen Basistarif iSd § 152 Abs 1 des Versicherungsaufsichtsgesetzes anbietet und sich verpflichtet, den Interessenten ein amtliches Informationsblatt gem § 146 Abs 1 Nr 6 des Versicherungsaufsichtsgesetzes auszuhändigen, das ohne Zweifel auf brennendes Interesse der Interessenten stoßen wird,
– soweit es über versicherte Personen im brancheneinheitlichen Standardtarif iSv § 257 Abs 2a SGB V in der bis zum 31.12.08 geltenden Fassung verfügt, sich verpflichtet, die in § 257 Abs 2a SGB V in der bis zum 31.12.08 geltenden Fassung in Bezug auf den Standardtarif genannten Pflichten einzuhalten (Personalbuch 2006 Arbeitgeberzuschuss Rz 8),
– sich verpflichtet, den überwiegenden Teil der Überschüsse, die sich aus dem selbst abgeschlossenen Versicherungsgeschäft ergeben, zugunsten der Versicherten zu verwenden,
– vertraglich auf das ordentliche Kündigungsrecht verzichtet,
– die KV nicht zusammen mit anderen Versicherungssparten betreibt, wenn das Versicherungsunternehmen seinen Sitz im Geltungsbereich des SGB V hat.

Der Versicherungsnehmer hat dem ArbGeb jeweils nach Ablauf von drei Jahren eine **Bescheinigung** des Versicherungsunternehmens darüber vorzulegen, dass die Aufsichtsbehörde dem Versicherungsunternehmen bestätigt hat, dass es die Versicherung, die Grundlage des Versicherungsvertrages ist, nach den genannten Voraussetzungen betreibt.

Die **Höhe des Zuschusses** beläuft sich auf die Hälfte des Betrags, der sich unter Berücksichtigung des allgemeinen Beitragssatzes der Krankenkassen und der bei Versicherungspflicht zugrunde zu legenden beitragspflichtigen Einnahmen als Beitrag ergibt, höchstens jedoch die Hälfte des Betrages, den der Beschäftigte an seine private KV zu zahlen hat; für die Berechnung gilt der um den durchschnittlichen Zusatzbeitragssatz nach § 242a SGB V erhöhte allgemeine Beitragssatz nach § 241 SGB V (→ *Krankenversicherungsbeiträge* Rn 21 ff). Prämien für Familienangehörige sind grds mitzurechnen, wenn diese im Falle der Versicherungspflicht im Rahmen der *Familienversicherung* (→ *Familienversicherung* Rn 5 ff) mitversichert wären. Für **Klagen** auf Zahlung des ArbGebZuschusses nach § 257 SGB V ist der Rechtsweg zu den Sozialgerichten gegeben (BAG 1.6.99 – 5 AZB 34/98, NJW 2000, 1811; Gem Senat der obersten Gerichtshöfe des Bundes 4.6.74 – GmS-OGB 2/73, NJW 74, 2087).

18 **c) Die gesetzlichen Regelungen** über den Beitragszuschuss sind nicht zu Ungunsten des ArbN abdingbar. Bestehen innerhalb desselben Zeitraums mehrere Beschäftigungsverhältnisse, sind die beteiligten ArbGeb anteilig nach dem Verhältnis der Höhe der jeweiligen Arbeitsentgelte zur Zuschusszahlung verpflichtet (§ 257 Abs 1 Satz 2 SGB V).

19 **d) Sonderregelungen** gelten für Bezieher von Kurzarbeitergeld oder Vorruhestandsgeld sowie für Versicherte ohne Anspruch auf Krankengeld (§ 257 Abs 2 Satz 3–5, Abs 3, 4 SGB V).

20 **2. Pflegeversicherung.** Für den Beitragszuschuss des ArbGeb zur sozialen oder privaten PflegeV gilt eine dem KVRecht entsprechende Regelung (iE → *Pflegeversicherungsbeiträge* Rn 34).

21 **3. Zuschüsse zum Krankengeld und andere Zuschüsse** des ArbGeb aufgrund Tarifvertrags oder sonstiger Vereinbarung finden ihre Grundlage im Arbeitsvertragsrecht. Neben dem Zuschuss zu den Beiträgen der **privaten Krankenversicherung** kann zB auch eine Bezuschussung des Eigenanteils des versicherten ArbN erfolgen (→ Rn 1). Zur Anrechnungsfreiheit auf das Krankengeld und zur Beitragsfreiheit der Zuschüsse nach § 23c SGB IV → *Krankengeldzuschuss* Rn 3 ff.

22 **4. Mutterschaftsgeld.** Zum ArbGebZuschuss zum Mutterschaftsgeld nach § 20 Abs 1 Satz 1 MuSchG → *Mutterschutz* Rn 30 ff.

23 **5. Berufsständische Versorgungseinrichtung.** Von der RVPflicht befreite Mitglieder berufsständischer Versorgungseinrichtungen erhalten nach Maßgabe von § 172a SGB VI hierzu vom ArbGeb einen Beitragszuschuss in Höhe der Hälfte des Beitrags zu der berufsständischen Versorgungseinrichtung (→ *Berufsständische Versorgung* Rn 20 ff), höchstens aber die Hälfte des Beitrags, der zu zahlen wäre, wenn die Beschäftigten nicht von der Versicherungspflicht in der gesetzlichen RV befreit worden wären.

24 **Literaturhinweis:** *Hessler* Der Zuschuss des Arbeitgebers für privat Krankenversicherte und freiwillig in der gesetzlichen Krankenversicherung Versicherte – Systematik und Tücken des § 257 SGB V, BB 16, 2613.

# Arbeitnehmer (Begriff)

## A. Arbeitsrecht

*Röller*

### Übersicht

**1. Begriff.** Zentraler Anknüpfungspunkt für die Anwendbarkeit arbeitsrechtlicher Regelungen ist der Begriff des ArbN. Bis zum Inkrafttreten des § 611a BGB zum 1.4.17 durch das Gesetz zur Änderung des AÜG und anderer Gesetze (BT-Drs 18/9957) gab es keine gesetzliche Definition des ArbNBegriffs. Mit der Regelung wird der Begriff des Arbeitsvertrages und zugleich der Begriff des ArbN definiert. Nach der Gesetzesbegründung soll es sich um die durch die Rspr festgeschriebene und bekannte Definition des ArbNBegriffs und des Arbeitsvertragsbegriffs handeln (BT-Drs 18/10064, 4). Dem folgen weite Teile der Lit (*Henssler* RdA 17, 83; ArbR/*Däubler* Vorb zu BGB §§ 611, 611a Rn 2; BeckOKArbR/*Jousson* § 611a BGB Einl; *Hromadka* NZA Editorial 12/2017); kritisch dagegen *Richardi* NZA 17, 36; *Wank* RdA 17, 140. Zur gesetzlichen Neuregelung s auch *Richardi* NZA 18, 974; *Preis* NZA 18, 817. 1

Die Rspr versteht § 611a BGB deshalb als Grundlage zur unveränderten Fortsetzung ihrer bisherigen Rspr. Danach ist ArbN, wer aufgrund eines privatrechtlichen Vertrages (s *Arbeitsvertrag*) im Dienste eines Anderen zur Leistung weisungsgebundener, fremdbestimmter Arbeit in persönlicher Abhängigkeit verpflichtet ist (BAG 21.5.19 – 9 AZR 295/18, NZA 19, 1411; 21.1.19 – 9 AZB 23/18, NZA 19, 490; 8.5.18 – 9 AZR 531/17, BeckRS 2018, 19287; 21.11.17 – 9 AZR 117/17, NZA 18, 448; 21.2.17 – 1 ABR 62/12, NZA 17, 662).

**a) Privatrechtlicher Vertrag als Ausgangspunkt.** Ein Arbeitsverhältnis kann idR nur durch einen privatrechtlichen Vertrag begründet werden, nicht hingegen durch einen Verwaltungsakt (BAG 8.5.18 – 9 AZR 531/17, BeckRS 2018, 19287). Haben die Vertragsparteien ausdrücklich ein Arbeitsverhältnis vereinbart, ist der zur Dienstleistung Verpflichtete kraft privatautonomer Entscheidung als ArbN mit allen Rechten und Pflichten anzusehen. Es erfolgt in diesem Fall keine objektive, korrigierende Prüfung, ob das Vertragsverhältnis nicht auch als freier Dienstvertrag hätte ausgestaltet werden können (BAG 21.4.05 – 2 AZR 125/04, BeckRS 2005, 42775). Die privatrechtliche Gültigkeit des Arbeitsvertrages ist nicht Voraussetzung für die Bejahung der ArbNEigenschaft. Auch der Arbeitende, der aufgrund eines rechtsunwirksamen Arbeitsvertrages tätig wurde (→ *Faktisches Arbeitsverhältnis* Rn 3), ist ArbN iSd Arbeitsrechts. Ausnahmsweise können Arbeitsverhältnisse auch kraft gesetzlicher Anordnung oder kraft gesetzlicher Fiktion begründet werden (zB § 78a BetrVG, § 24 BBiG, § 613a BGB, §§ 9, 10 AÜG). 2

Der ArbN ist zur Dienstleistung verpflichtet (§ 611 BGB). Anders als beim Werkvertrag (§ 631 BGB) wird kein Erfolg geschuldet. Auch wenn der Arbeitsvertrag eine erfolgsabhängige Vergütung beinhaltet, liegt kein Werkvertrag vor.

**b) Persönliche Abhängigkeit (Weisungsgebundenheit).** Ob ein Arbeitsverhältnis oder ein freies Dienstverhältnis vorliegt, macht die Rspr davon abhängig, ob eine persönliche Abhängigkeit, dh Weisungsgebundenheit vorliegt. Sie stützt sich dabei auf § 84 Abs 1 Satz 2 HGB (BAG 21.11.17 – 9 AZR 117/17, NZA 18, 448; 27.6.17 – 9 AZR 851/16, BeckRS 2017, 124459). Danach ist ArbN derjenige Mitarbeiter, der nicht im Wesentlichen frei seine Tätigkeit gestalten und seine Arbeitszeit bestimmen kann, dh fremdbestimmt tätig wird. 3

Neben der Weisungsbindung war nach der früheren Rspr die **Eingliederung in eine fremde Arbeitsorganisation** der wesentliche Gesichtspunkt zur Begründung persönlicher Abhängigkeit (BAG 30.9.98 – 5 AZR 563/97, NZA 99, 374; 6.5.98 – 5 AZR 347/97, NZA 98, 873). Die Eingliederung wird in § 611a BGB nicht mehr genannt. Hieraus wird in der Lit tw abgeleitet, dass dieses Kriterium für die Bestimmung der ArbNEigenschaft nicht mehr von Bedeutung ist, sondern es allein auf die Weisungsbefugnis des ArbGeb/die Weisungsunterworfenheit des ArbN ankommt (*Stindt* NZS 18, 481; *Hromadka* NZA Editorial 12/2017; zweifelnd *Preis* NZA 18, 817). § 611a Abs 1 Satz 4 BGB hält daran fest, dass der Grad der persönlichen Abhängigkeit von der **Eigenart der jeweiligen Tätigkeit** abhängt. Zu berücksichtigen sind damit Besonderheiten oder Eigenarten einer Tätigkeit in Branchen oder Bereichen, die Spezifika aufgrund grundrechtlich geschützter Werte aufweisen, zB aufgrund der Rundfunk-, Presse- oder Kunstfreiheit (BT-Drs 18/10064, 28). Dies kann aber nicht dazu führen, dass Merkmale in den ArbNBegriff einbezogen werden können, die die maßgeblichen Kriterien außer Kraft setzen (*Preis* NZA 18,817; *Wank* RdA 17, 140).

Zu Abgrenzungsmerkmalen iE → *Freie Mitarbeit* Rn 4 ff; ErfK/*Preis* § 611a BGB Rn 32 ff.

**c) Gesamtbetrachtung.** § 611a Abs 1 Satz 5 BGB hält daran fest, dass für die Feststellung, ob ein Arbeitsvertrag und damit eine ArbNEigenschaft vorliegt, eine Gesamtbetrachtung aller Umstände vorzunehmen ist. Die wirtschaftliche Abhängigkeit ist nicht zu berücksichtigen, weil diese kein spezifisches Merkmal eines Arbeitsvertrages ist (*Preis* NZA 18, 817).

4 **d) Vertragsbezeichnung und -durchführung.** Es kommt nicht darauf an, wie die Parteien das Vertragsverhältnis bezeichnen. Der Status des Beschäftigten richtet sich nicht nach den Wünschen und Vorstellungen der Vertragspartner, sondern danach, wie die Vertragsbeziehung nach ihrem Geschäftsinhalt objektiv einzuordnen ist. Durch Privatrechtsvereinbarungen kann die Bewertung eine Rechtsbeziehung als Arbeitsverhältnis nicht abbedungen und der Geltungsbereich des ArbNSchutzrechts nicht eingeschränkt werden. Der wirkliche Geschäftsinhalt ist den getroffenen Vereinbarungen und der praktischen Durchführung des Vertrages zu entnehmen. § 611a Abs 1 Satz 6 BGB bestimmt deshalb in Übereinstimmung mit der Rspr, dass für den Fall, dass der Vertrag abweichend von den ausdrücklichen Vereinbarungen vollzogen wird, die tatsächliche Durchführung maßgebend ist (BAG 21.11.17 – 9 AZR 117/17, NZA 18, 448; 27.6.17 – 9 AZR 851/16, BeckRS 2017, 124459). Einzelne Vorgänge sind zur Feststellung eines vom Vertragswortlaut abweichenden Vertragsinhalts nur dann maßgebend, wenn es sich nicht um untypische Einzelfälle, sondern um beispielhafte Erscheinungsformen einer durchgehend geübten Vertragspraxis handelt (BAG 11.8.15 – 9 AZR 98/14, NZA-RR 16, 288).

5 **2. Einzelne Gruppen von Arbeitnehmern. a) Arbeiter und Angestellte.** Die **Unterscheidung** zwischen Arbeitern und Angestellten hat eine lange Tradition, in der Praxis jedoch **nur noch geringe Bedeutung.** Ursprünglich wurde als Angestelltentätigkeit die überwiegend geistige Tätigkeit angesehen und dem Begriff des Arbeiters die überwiegend körperliche Tätigkeit zugeordnet.

6 **b) Leitende Angestellte.** Einen einheitlichen Begriff gibt es nicht. Das BetrVG definiert den Leitenden Angestellten in § 5 Abs 3, 4 BetrVG nur für seinen Anwendungsbereich. Kennzeichnend für den Leitenden Angestellten ist, dass er für das Unternehmen oder einen Betrieb des Unternehmens unter eigener Verantwortung typische Unternehmerfunktionen mit einem eigenen erheblichen Entscheidungsspielraum wahrnimmt (BAG 11.1.95 – 7 ABR 33/94, NZA 95, 747). Einzelheiten s *Leitende Angestellte.*

7 **c) Außertarifliche Angestellte.** Kennzeichnend ist, dass sie kraft ihrer Tätigkeitsmerkmale und/oder ihrer Vergütung nicht mehr unter den persönlichen Geltungsbereich der Tarifverträge fallen. Einzelheiten s *AT-Angestellte.*

8 **d) Arbeitnehmerähnliche Personen.** Von den ArbN abzugrenzen sind die ArbNÄhnlichen Personen. Im Gegensatz zu ArbN fehlt es bei ihnen an der persönlichen Abhängigkeit. Eine ArbNÄhnliche Person kann für mehrere Auftraggeber tätig sein. Kennzeichnend ist, dass die Beschäftigung für einen Auftraggeber wesentlich ist und die daraus fließende Vergütung die entscheidende Existenzgrundlage darstellt. Einzelheiten s *Arbeitnehmerähnliche Personen.*

9 **3. Sonderregelungen für bestimmte Arbeitnehmergruppen. a) Arbeiternehmer des öffentlichen Dienstes.** Die Mitarbeiter des öffentlichen Dienstes sind ArbN, deren Arbeitsverhältnisse durch Tarifvertrag geregelt werden (§ 191 BBG). Bund, Länder und Kommunen haben sich auf eine Modernisierung des Tarifrechts verständigt, die im TVöD bzw TVL niedergelegt ist. Die Verwaltung, Körperschaft oder Anstalt des öffentlichen Rechts steht dem Unternehmen gleich; der Begriff des Betriebs wird regelmäßig durch den Begriff Dienststelle ersetzt. Die Tarifverträge für den öffentlichen Dienst enthalten zahlreiche Sonderregelungen, die dem Umstand Rechnung tragen, dass diese Personen mit Beamten zusammenarbeiten, vielfach die gleichen Funktionen erfüllen und ihre Arbeit für einen dem Haushaltsrecht unterliegenden Dienstherrn erbringen. Für den öffentlichen Dienst gilt nicht das Betriebsverfassungsgesetz, sondern ein besonderes Personalvertretungsrecht des Bundes und der Länder.

10 **b) Kirchliche Mitarbeiter.** Für die bei den Kirchen beschäftigten ArbN gilt das allgemeine Arbeitsrecht, soweit sich die Kirchen wie jedermann der Privatautonomie zur Begründung von Arbeitsverhältnissen bedienen. Jedoch ergeben sich aus der verfassungsrechtlichen Sonderstellung der Kirchen Besonderheiten, die nicht nur für die Kirchen selbst,

sondern auch für die karitativen und erzieherischen Einrichtungen gelten, mit deren Hilfe die Kirchen ihre erzieherischen und sozialen Aufgaben erfüllen. Der Abschluss eines Dienstvertrages mit einem Kirchenbeamten führt deshalb nicht zu einem privatrechtlichen Arbeitsverhältnis (LAG RhPf 6.3.08 – 2 Sa 647/07, BeckRS 2008, 54814). Näheres s *Kirchenarbeitsrecht*.

**c) Dienstordnungs-Angestellte.** Bei diesem Personenkreis handelt es sich um die 11
Beschäftigten der Sozialversicherung und ihrer Verbände, die keine Beamten ernennen können. Dienstordnungs(DO)-Angestellte werden nach § 354 RVO durch privatrechtlichen Anstellungsvertrag eingestellt. Das Dienstordnungsrecht ist weitgehend dem Beamtenrecht angeglichen. Die als öffentlich-rechtliche Satzung erlassene Dienstordnung (§§ 350 ff RVO), die der Genehmigung der Aufsichtsbehörde bedarf, wirkt auf das Anstellungsverhältnis maßgebend ein. Der Anstellungsvertrag eines DO-Angestellten kann nicht wirksam durch Abberufung bzw. Abbestellung beendet werden, auch wenn diese Möglichkeit vertraglich vorgesehen ist, sondern nur durch eine sozial gerechtfertigte Kündigung (BAG 9.2.06 – 6 AZR 47/05, NZA 2006, 1046). Die Bedeutung der DO-Angestellten wird sinken, da § 358 RVO für die Krankenkassen neue Vertragsabschlüsse auf dieser Basis ausschließt. Für die Verbände gilt die Möglichkeit nach § 414b RVO fort. Im Bereich der Unfallversicherungsträger sind Dienstordnungsverhältnisse weiterhin fakultativ möglich (§ 144 SGB VII).

**d) Schiffsbesatzungen.** Das Arbeitsrecht der Schiffsbesatzungen unterliegt, sofern 12
Deutsches Recht Anwendung findet, einem Sonderrecht. Für Kapitäne, Schiffsoffiziere, sonstige Angestellte und „Schiffsmänner" gilt das SeemannsG v 26.7.57 (BGBl I 57, 713). Das Arbeitsverhältnis wird als „Heuerverhältnis" bezeichnet (§§ 23 ff SeemannsG). Zu beachten ist ferner das BinnenschifffahrtsG v 15.6.1895 iVm der Bek v 10.6.02 (BGBl I 02, 1944).

**e) Land- und Forstwirtschaft.** Es gelten die Vorschriften der §§ 611 ff BGB. Zu 13
beachten sind einzelne Sonderregelungen (§§ 7 Abs 2 Nr 2, 10 Abs 1 Nr 12 ArbZG; §§ 8 Abs 3, 14 Abs 2 Nr 3, 17 Abs 2 Nr 2 JArbSchG).

**f) Künstler, Medienmitarbeiter.** Künstlerische Leistungen können sowohl im Rahmen 14
eines Dienstvertrages als auch im Rahmen eines Arbeitsvertrages erbracht werden. Bei Vorliegen eines Arbeitsverhältnisses finden die Bestimmungen der §§ 611 ff BGB Anwendung. Bei Bühnenkünstlern ist im Regelfall vom Vorliegen eines Arbeitsverhältnisses auszugehen (LAG Bln 29.12.89 – 9 Sa 83/89, AP Nr 50 zu § 611 BGB Abhängigkeit). Im Bereich der Bühnenkünstler besteht eine besondere Tarifstruktur und -kultur (*Vogel*/AR-Blattei SD 1030.2).

Im Bereich Rundfunk/Fernsehen ist zwischen **programmgestaltenden Mitarbeitern** (Regisseuren, Kommentatoren, Moderatoren) und nichtprogrammgestaltenden, **rundfunktypischen Mitarbeitern** (Mitarbeiter in der Verwaltung, rein mechanische Tätigkeiten wie Rundfunksprecher, Fernsehansager und betriebstechnisches Personal) zu unterscheiden. Im Hinblick auf die durch Art 5 GG verfassungsrechtlich garantierte Rundfunkfreiheit lässt die Rspr bei programmgestaltenden Mitarbeitern unter bestimmten Voraussetzungen freie Mitarbeiterverträge zu (BVerfG 18.2.2000 – 1 BvR 491/93, NZA 2000, 653; BAG 20.5.09 – 5 AZR 31/08, BeckRS 2009, 67309). Bei nicht programmgestaltenden Mitarbeitern ist die ArbNEigenschaft anhand der allgemeinen Kriterien für die Abgrenzung zwischen einem Arbeitsverhältnis und einem freien Dienstvertrag zu prüfen. Sie werden häufiger die Kriterien eines ArbN erfüllen, als es bei programmgestaltenden Mitarbeitern zu erwarten ist (BAG 17.4.13 – 10 AZR 272/12, NZA 13, 903). Einzelheiten s ErfK/*Preis* § 611a BGB Rn 70 ff; APS/*Backhaus* § 14 TzBfG Rn 274 ff.

**g) Sportler.** Berufssportler sind ArbN, wenn sie ihre Leistungen in einem persönlichen 15
Abhängigkeitsverhältnis erbringen, das über das durch die Vereinsmitgliedschaft begründete Weisungsrecht hinausgeht (BAG 10.5.90 – 2 AZR 607/89, AP BGB § 611 BGB Abhängigkeit Nr 51). Auch der Lizenzspieler der 1. Fußball-Bundesliga ist ArbN. Wegen der Eigenart der Arbeitsleistung ist eine Befristung des Arbeitsverhältnisses gem § 14 Abs 1 Satz 2 Nr 4 TzBfG zulässig (BAG 16.1.18 – 7 AZR 312/16, NZA 18, 703).

**4. Beschäftigungsverhältnisse außerhalb des Geltungsbereichs des Arbeitsrechts.** 16

**a) Beamten, Richter, Soldaten, Zivildienstleistende.** Bei diesem Personenkreis handelt es sich nicht um ArbN. Es liegen durch Verwaltungsakt begründete öffentlich-rechtliche

Dienstverhältnisse vor, die jeweils durch Sondergesetze (BBG, DRRG, die Beamtengesetze der Länder, DRiG, SoldG, ZDG) geregelt sind. Ausnahmen sind möglich bei einer Beurlaubung (BAG 27.6.01 – 5 AZR 424/99, NZA 02, 83).

17 **b) Strafgefangene, Fürsorgezöglinge, Sicherungsverwahrung** genommene und in einer **Heil- und Pflegeanstalt** Untergebrachte sind keine ArbN (BAG 3.10.78 – 6 ABR 46/78, AP-Nr 18 zu § 5 BetrVG 1972). Anders ist dies bei Strafgefangenen, die als „Freigänger" (§ 39 StVollzG) einen Arbeitsvertrag außerhalb der Anstalt eingehen (LAG BaWü 15.9.88 – 4b Sa 41/88, NZA 89, 886).

18 **c) Pflichtarbeiter bei Sozialhilfe.** Diese Personen sind idR keine ArbN. Erhalten sie nach § 19 Abs 2 BSHG für ihre Tätigkeit Hilfe zum Lebensunterhalt, besteht zwischen ihnen und dem Träger der Sozialhilfe ein öffentlich-rechtliches Verhältnis (§ 19 Abs 3 BSHG). Wird hingegen vom Träger der Sozialhilfe der übliche Lohn gezahlt, liegt ein echtes Arbeitsverhältnis vor. **Teilnehmer an Arbeitsbeschaffungsmaßnahmen (ABM)** sind ArbN (§ 260 Abs 1 SGB III), auch wenn das Direktionsrecht aufgrund des zweckgebundenen Einsatzes stark eingeschränkt ist. **Umschüler** iSd BBiG sind keine ArbN (BAG 19.1.06 – 6 AZR 638/04, NJW 06, 2796), ebenso nicht Hilfsbedürftige im Rahmen sog **Ein-Euro-Jobs** (BAG 26.9.07 – 5 AZR 857/06, NZA 07, 1422).

19 **d) Familiäre Mitarbeit.** Diese beruht nicht auf einem privatrechtlichen Vertrag, sondern auf den Vorschriften des Familienrechts (§§ 1356, 1619 BGB). Daneben ist der Abschluss eines Arbeitsvertrages möglich (s *Familiäre Mitarbeit*).

20 **e) Mitgliedschaft in einem Verein.** Diese kommt als Rechtsgrundlage für die Leistung von Diensten in persönlicher Abhängigkeit in Betracht. Der Mitgliedsbeitrag (§ 58 Nr 2 BGB) kann in der Leistung von Diensten bestehen (BAG 26.9.02 – 5 AZB 19/01, NZA 02, 1412). Die Begründung vereinsrechtlicher Arbeitspflichten darf nicht zur Umgehung zwingender arbeitsrechtlicher Schutzbestimmungen führen (BAG 26.9.02, NZA 02, 1412). Eine solche Umgehung liegt vor, wenn dem zur Leistung abhängiger Arbeit verpflichteten Vereinsmitglied keine Mitgliedschaftsrechte zustehen, die ihm eine Einflussnahme ermöglichen, und wenn ihm weder ein Anspruch auf angemessene Vergütung noch ein Anspruch auf Versorgung eingeräumt wird. Bei Vereinen mit wirtschaftlicher Zwecksetzung kommt die Begründung einer vereinsrechtlichen Verpflichtung zur Leistung von Arbeit und persönlicher Abhängigkeit in aller Regel nicht in Betracht. Unter Anwendung dieser Grundsätze hat das BAG hauptamtliche, aktiv tätige außerordentliche Mitglieder der **Scientology-Sekte** nicht als ArbN angesehen. **Rote-Kreuz-Schwestern** erbringen die Arbeitsleistung nicht aufgrund eines privatrechtlichen Vertrages, sondern idR aufgrund ihrer vereinsrechtlichen Mitgliedschaft in der Schwesternschaft (BAG 17.3.15 – 1 ABR 62/12 (A), NZA 15, 1144). Sie sind jedoch ArbN iSd § 1 Abs 1 AÜG (BAG 21.2.17 – 1 ABR 62/12, NZA 17, 662; EuGH 17.11.16 – C-216/15, NZA 17, 41). Eine **ehrenamtliche Tätigkeit** begründet kein Arbeitsverhältnis. Mit einem Arbeitsverhältnis ist nämlich typischerweise die berechtigte Erwartung einer angemessenen Gegenleistung für die versprochenen Dienste verbunden (BAG 29.8.12 – 10 AZR 499/11, BeckRS 2012, 72568).

21 **f) Organmitglieder juristischer Personen.** Sie zählen im nationalen Arbeitsrecht nicht zu den ArbN. Bei ihnen fehlt es nicht nur an der persönlichen Abhängigkeit, sie repräsentieren vielmehr die juristische Person unmittelbar als ArbGeb (BGH 26.3.19 – II ZR 244/17, NZA 19, 706; BAG 21.1.19 – 9 AZB 23/18, NZA 19, 490; 21.9.17 – 2 AZR 865/16, NZA 18, 358; 24.11.05 – 2 AZR 614/04, NZA 06, 366). Dies gilt nicht nur für den Vorstand einer AG (§ 76 Abs 1 AktG), sondern auch für den GmbH-Geschäftsführer (§ 35 GmbHG), der als Fremdgeschäftsführer oder Minderheitsgesellschafter – Geschäftsführer tätig ist. Lediglich in extremen Ausnahmefällen kann nach Auffassung des BAG das Anstellungsverhältnis eines Geschäftsführers ein Arbeitsverhältnis sein, wenn über die gesellschaftsrechtlichen Weisungsverhältnisse hinaus die Gesellschaft typische arbeitsrechtliche, dh arbeitsbegleitende und die konkrete Leistungserbringung steuernden Weisungen erteilt (BAG 21.1.19 – 9 AZB 23/18, NZA 19, 490; 24.11.05, NZA 06, 366). Der designierte Geschäftsführer wird nicht dadurch ArbN, weil seine Bestellung unterbleibt (BAG 25.6.97 – 5 AZB 41/96, NZA 97, 1363).

Hinsichtlich der Rechtsverhältnisse von GmbH-Geschäftsführern ist zu unterschieden zwischen der Bestellung zum Organ der Gesellschaft und dem schuldrechtlichen Vertragsverhältnis, das der Bestellung zugrunde liegt. Der schuldrechtliche Vertrag muss dabei nicht mit der juristischen Person geschlossen werden, zu deren Organvertreter der Geschäftsführer bestellt werden soll. Wird ein bei einer Konzernobergesellschaft beschäftigter ArbN zum Geschäftsführer einer konzernabhängigen Gesellschaft bestellt, kann der mit der Konzernobergesellschaft bestehende Arbeitsvertrag auch die Rechtsgrundlage für die Geschäftsführerbestellung bei der Tochtergesellschaft sein (BAG 27.11.08 – 2 AZR 193/07, NZA 09, 671; 25.10.07 – 6 AZR 1045/08, NZA 08, 168).

Der Geschäftsführer einer Komplementär-GmbH einer GmbH & Co KG ist kein ArbN der KG. Er ist kraft Gesetzes zur Vertretung der Personengesamtheit gem §§ 161 Abs 2, 125, 170 HGB iVm § 35 Abs 1 GmbHG berufen (BAG 24.11.05, NZA 06, 366; 20.8.03 – 5 ARB 79/02, NZA 03, 1108). Der Geschäftsführer einer Vor-GmbH (BAG 13.5.96 – 5 AZB 27/95, NZA 96, 952) ist ebenfalls kein ArbN. Der besondere Vertreter eines Vereins (§ 30 BGB) ist dann nicht als ArbN einzustufen, wenn seine Vertretungsmacht auf der Satzung beruht, was nur dann der Fall ist, wenn die Satzung die Bestellung ausdrücklich zulässt (BAG 5.5.97 – 5 AZB 35/96, DB 97, 1984). Der Geschäftsführer eines Verbands bzw. eines Vereins ist ArbN, wenn er den Weisungen des Vorstands Folge leisten muss (BAG 8.9.15 – 9 AZB 21/15, NZA 15, 1342). 22

Wird ein ArbN zum Geschäftsführer bestellt und ein neuer Dienstvertrag abgeschlossen, durch den sein Dienstverhältnis als Vertretungsorgan neu geregelt wird, endet das bisherige Arbeitsverhältnis; es ruht nicht lediglich (BAG 3.2.09 – 5 AZB 100/08, NZA 09, 669; 5.6.08 – 2 AZR 754/06, NZA 08, 1002). Dies gilt jedoch nur, wenn die Parteien des Geschäftsführerdienstvertrags auch die Parteien des Arbeitsvertrages sind (BAG 24.10.13 – 2 AZR 1078/13, NZA 14, 540). Das Schriftformerfordernis des § 623 BGB wird durch den schriftlichen Geschäftsführerdienstvertrag gewahrt (BAG 19.7.07 – 6 AZR 774/06, NZA 07, 1095). Wird der ArbN durch formlose Abrede zum Geschäftsführer bestellt, bleibt der Arbeitsvertrag bestehen. Dieser ist damit auch Grundlage der Geschäftsführertätigkeit. Solange die Bestellung zum Geschäftsführer besteht, können Ansprüche aus dem Arbeitsvertrag wegen der Fiktionswirkung des § 5 Abs 1 Satz 3 ArbGG nicht vor dem ArbG geltend gemacht werden (BAG 8.9.15 – 9 AZB 21/15, BeckRS 2015, 72138; 22.10.14 – 10 AZB 46/14, NZA 15, 60).

Der Verlust der Organstellung durch Abberufung führt nicht zwangsläufig zur Begründung eines Arbeitsverhältnisses (BAG 21.1.19 – 9 AZB 23/18, NZA 19, 490; 31.7.14 – 2 AZR 422/13, NZA 15, 101; BGH 8.1.07 – II ZR 267/05, DStR 07, 1090). Ein Arbeitsverhältnis entsteht nur dann, wenn eine Einigung besteht, dass das Vertragsverhältnis unter den geänderten Bedingungen fortgesetzt werden soll, das ehemalige Organmitglied also zukünftig als ArbN tätig werden soll. In diesem Fall greift auch das KSchG ein, und zwar auch dann, wenn die Kündigung auf Vorfälle während der Amtszeit als Organmitglied gestützt wird (BAG 22.2.74 – 2 AZR 289/73, DB 74, 1243; *Bauer* DB 92, 1413). Die Beschäftigungszeit als Geschäftsführer ist auf das neu begründete Arbeitsverhältnis anzurechnen, wenn die Weiterbeschäftigung ohne wesentliche Änderung der Arbeitsaufgaben erfolgt (BAG 24.11.05, NZA 06, 366). Es stellt jedoch einen Verstoß gegen § 84 Abs 1 AktG dar, wenn der Anstellungsvertrag des Vorstands einer AG für den Fall der Beendigung der Organstellung die unveränderte Weiterführung des Ausstellungsverhältnisses als Arbeitsverhältnis über die Fristen des § 84 Abs 1 AktG versieht. Ein Arbeitsverhältnis kommt nicht zustande (BAG 26.8.09 – 5 AZR 522/08, NZA 09, 1205).

Der Fremd-Geschäftsführer ist keine ArbNÄhnliche, sondern eine ArbGebÄhnliche Person (BAG 21.1.19 – 9 AZB 23/18, NZA 19, 490; LAG Hamm 23.5.18 – 2 Ta 657/18, BeckRS 2018, 11518; aA LAG BaWü 15.5.18 – 9 Ta 16/17, BeckRS 2018, 18591; GMP-*Müller-Glöge* § 5 Rn 35).

**g) Gesellschafter.** Ein Gesellschafter, dem mehr als 50 Prozent der Stimmen zustehen, kann nicht ArbN der Gesellschaft sein, auch wenn er nicht vertretungsberechtigtes Organ ist (BAG 17.9.14 – 10 AZR 43/14, NZA 14, 1293; 6.5.98 – 5 AZB 612/97, NZA 98, 939; LAG Bln-Bbg 22.2.13 – 8 Sa 2232/12, BeckRS 2013, 67519). Auch der Minderheitsgesellschafter mit Sperrminorität ist im Regelfall kein ArbN (BAG 17.1.17 – 9 AZR 76/16, NZA 17, 572). 23

**h) Soloselbständige.** Das Arbeitsrecht kennt zwei Typen von Beschäftigten, den ArbN und den Selbstständigen. Problematisch ist die Abgrenzung bei Personen, die als **„Ein-Mann-Unternehmen"** ihre Tätigkeit erbringen. Dieser Form der Tätigkeit kommt in der 24 betrieblichen Praxis immer mehr Bedeutung zu, nicht nur in der digitalen Wirtschaft, sondern auch bei „klassischen" Tätigkeiten wie zB bei Honorarärtzten, Paketzustellern etc. Intensiv und strittig wird dabei insbes die Frage diskutiert, ob eine abhängige Beschäftigung iSv § 7 Abs IV SGB IV vorliegt. S hierzu *Stindt* NZA 18, 481; *Reill-Ruppe* AuR 18, 173, *Reiserer* BB 18, 1588; *Schlegel* NZA-Beil 2016, 13.

25 **5. Feststellung der Arbeitnehmereigenschaft.** Sie kann durch Erhebung einer entsprechenden Klage beim örtlich zuständigen ArbG erfolgen. In allen Fällen, in denen die Klage nur dann Erfolg haben kann, wenn der Kläger ArbN ist (sog sic-non-Fall), reicht die bloße Rechtsansicht des Klägers, er sei ArbN, zur Bejahung der arbeitsgerichtlichen Zuständigkeit aus (BAG 11.6.03 – 5 AZB 43/02, NZA 2003, 1163). Der Klageantrag kann zulässigerweise auf die Statusfrage beschränkt werden (BAG 20.7.94, NZA 95, 190), wenn ein Rechtsschutzbedürfnis besteht (zu den Voraussetzungen und zum fehlenden Rechtsschutzbedürfnis bei in der Vergangenheit bereits beendeten Rechtsverhältnissen s BAG 9.7.03 – 5 AZR 595/02, NZA-RR 04, 9; 21.6.2000 – 5 AZR 782/98, NZA 02, 164). Die Geltendmachung der ArbNStellung kann nur für bestimmte Zeiträume erfolgen, dh der Mitarbeiter muss sich abschließend erklären, für welche Zeit er von dem Bestehen eines Arbeitsverhältnisses ausgeht. Mit dieser Festlegung ist der Verzicht auf eine Geltendmachung der ArbNEigenschaft für weiter zurückliegende Zeiträume verbunden. Nur bis zu dem von ihm festgelegten Zeitpunkt braucht der Mitarbeiter mit einer Rückabwicklung des Vertragsverhältnisses zu rechnen (BAG 8.11.06 – 5 AZR 706/05, NZA 07, 321). Ist der Kläger nicht ArbN, so ist die Klage als unbegründet abzuweisen. Eine Verweisung des Rechtsstreits an das Gericht eines anderen Rechtsweges kommt in diesem Fall nicht in Betracht (BAG 24.4.96, DB 96, 1578).

Klagt ein Kläger hingegen auf Zahlung des vereinbarten Entgelts für geleistete Tätigkeit aus einem Rechtsverhältnis, das er für ein Arbeitsverhältnis, die beklagte Partei dagegen für ein – nicht ArbNÄhnliches – Freies Mitarbeiterverhältnis hält (sog aut-aut-Fall), ist offen, ob ein hierzu angerufenes ArbG wegen der möglicherweise auch in Betracht kommenden Zuständigkeit der ordentlichen Gerichte seine sachliche Zuständigkeit nur aufgrund einer einseitigen Schlüssigkeitsprüfung annehmen darf oder ob es ggf über die Frage des Bestehens eines Arbeitsverhältnisses Beweis erheben muss (BAG 10.12.96 – 5 AZB 20/96, NZA 97, 674). Bei der Rechtswegezuständigkeit ist eine **Wahlfeststellung** zulässig, wenn der Kläger entweder ArbN oder ArbNÄhnliche Person ist (BAG 14.1.97, DB 97, 684; 8.9.97 – 5 AZB 3/07; *Schliemann* FA Arbeitsrecht 98, 173).

**Rechtsmissbräuchlich** ist die Berufung auf den ArbNStatus, wenn zunächst ein Urteil erstritten wird, aus dem sich die ArbNEigenschaft ergibt, der Kläger dann mit dem ArbGeb auf eigenen Wunsch einen Vertrag als freier Mitarbeiter abschließt und er sich dann wieder auf das Vorliegen eines Arbeitverhältnisses beruft (BAG 11.12.96 – 5 AZR 855/95, NZA 97, 817). Ebenso ist es missbräuchlich, wenn sich jemand auf die ArbNEigenschaft beruft, obwohl er selbst als freier Mitarbeiter tätig sein wollte und sich jahrelang Versuchen seines ArbGeb widersetzt hat, einen Arbeitsvertrag abzuschließen (BAG 11.12.96 – 5 AZR 708/95, NZA 97, 818). Nimmt ein freier Mitarbeiter eine Klage auf Feststellung der ArbNEigenschaft zurück, so stellt es idR eine unzulässige Rechtsausübung dar, wenn er sich später zur Begründung der Voraussetzungen tariflicher Unkündbarkeit darauf beruft, er sei durchgehend ArbN gewesen (BAG 12.8.99 – 2 AZR 632/98, NZA 2000, 106).

26 **6. Folgen fehlerhafter Vertragstypenzuordnung.** Die fehlerhafte Einordnung eines als freies Mitarbeiterverhältnis bezeichneten Vertragsverhältnisses hat erhebliche arbeits- und sozialversicherungsrechtliche Konsequenzen. Liegt in Wahrheit ein Arbeitsverhältnis und damit sozialversicherungsrechtlich ein Beschäftigungsverhältnis iSd § 7 Abs 1 SGB IV vor, entsteht rückwirkend die Sozialversicherungspflicht. Die Beitragspflicht trifft idR den ArbGeb allein, da er Schuldner der Gesamtsozialversicherungsbeiträge ist (§ 28e SGB IV). Ein Rückgriff auf den ArbN ist nur in den Grenzen des § 28g SGB IV möglich (→ *Sozialversicherungsbeiträge* Rn 5).

Arbeitsrechtlich hat die Verkennung des ArbNStatus zur Folge, dass der zu Unrecht als NichtArbN Behandelte rückwirkend wie ein ArbN zu behandeln ist. Ein Recht des ArbGeb, sich einseitig vom Arbeitsverhältnis zu lösen, besteht nicht.

Problematisch ist die Frage, auf welches **Entgelt** der ArbN Anspruch hat, dessen ArbNEigenschaft gerichtlich festgestellt wurde. Im Regelfall ist davon auszugehen, dass die für die freie Mitarbeit individuell getroffene Vergütungsvereinbarung nicht zugleich für eine Beschäftigung im Arbeitsverhältnis als maßgeblich angesehen werden kann. Für eine solche Annahme bedarf es besonderer – vom ArbN darzulegender – Anhaltspunkte. Fehlt es daran, richtet sich die Vergütung nach § 612 Abs 2 BGB (BAG 26.6.19 – 5 AZR 178/18, NZA 19, 1558). Dagegen ist anzunehmen, die jeweilige Parteivereinbarung solle gem § 611 Abs 1 BGB maßgebend bleiben, wenn der ArbGeb Tagespauschalen nur der Höhe nach abhängig von der rechtlichen Behandlung als Selbstständiger oder ArbN zahlt (BAG 12.1.05 – 5 AZR 144/04, NZA 05, 1432). Hat der ArbN nur Anspruch auf die übliche Vergütung und ist diese geringer als das an ihn gezahlte Honorar, muss er die Differenz nach den Grundsätzen der ungerechtfertigten Bereicherung zurückerstatten. Etwaige Rückforderungsansprüche des ArbGeb werden im Sinne einer tarifvertraglichen Ausschlussfrist erst fällig, wenn feststeht, dass ein Arbeitsverhältnis bestand (BAG 9.2.05 – 5 AZR 175/04, NZA 05, 814; 29.5.02 – 5 AZR 680/00, NZA 02, 1328). Soweit daher die Vergütung des freien Mitarbeiters wesentlich höher ist als die zu erwartende als ArbN, sollte genau überlegt werden, für welche Zeiträume die ArbNEigenschaft geltend gemacht wird (*Reinecke* DB 98, 1282). Zu sozialversicherungsrechtlichen Problemen vgl *Hanau/Peters-Lange* NZA 98, 785. Zur weiteren Abwicklung des nachträglich festgestellten Arbeitsverhältnisses s *Hohmeister* NZA 99, 1009; *Hochrathner* NZA 2000, 1083 und NZA 99, 1016; → *Freie Mitarbeit* Rn 19 ff, 41.

**7. Arbeitnehmer als Verbraucher.** Der ArbN ist Verbraucher iSv § 13 BGB (BAG 25.5.05 – 5 AZR 572/04, NZA 05, 111; 9.2.05 – 5 AZR 175/04, NZA 05, 814). Denn Verbraucher ist jede natürliche Person, die ein Rechtsgeschäft zu einem Zwecke abschließt, der weder ihrer gewerblichen noch ihrer selbstständigen beruflichen Tätigkeit zugerechnet werden kann. 27

Als Verbraucher kann der ArbN Verzugszinsen iHv fünf Prozentpunkten über dem Basiszinssatz verlangen (§ 288 Abs 1 BGB).

**8. Unionsrechtlicher Arbeitnehmerbegriff.** Weiter als der durch die Rspr des BAG entwickelte ArbNBegriff ist der unionsrechtliche, wie er sich aus Art 45 EGV und Art 7 VO/EWG Nr 1612/68 ergibt. ArbN ist danach jede Person, die eine tatsächliche und echte Tätigkeit ausübt, wobei Tätigkeiten außer Betracht bleiben, die einen so geringen Umfang haben, dass sie sich als völlig untergeordnet und unwesentlich darstellen. Das wesentliche Merkmal des Arbeitsverhältnisses besteht nach der Rspr des EuGH darin, dass jemand während einer bestimmten Zeit für einen anderen nach dessen Weisungen Leistungen erbringt, für die er als Gegenleistung eine Vergütung erhält (EuGH 4.12.14 – C-413/13, NZA 15, 55; 17.7.08 – C-94/07, NZA 08, 995; sa Reinfelder RdA 16, 87). Für die ArbNEigenschaft iSd Unionsrechts ist ohne Bedeutung, dass das Beschäftigungsverhältnis nach nationalem Recht ein freies Dienstverhältnis ist. Fremdgeschäftsführer einer GmbH und Mitglieder des Vorstands einer AG können deshalb ArbN iSd Unionsrechts sein (EuGH 10.9.15 – C-47/14, NZA 16, 183; 9.7.15 – C-229/14, NZA 15, 861; 11.11.10 – C-232/09, NZA 11, 143). Dies führt zur Anwendung arbeitsrechtlicher Schutzvorschriften, die auf Unionsrecht beruhen, zB der Bestimmungen des AGG (BGH 26.3.19 – II ZR 244/19, NZA 19, 706). Sa *Oberthür* RdA 18, 286; *Boemke* RdA 18, 1; *Commandeur/Kleinebrink* NZA-RR 17, 449; *Lunk* NZA 15, 917. Zum ArbNBegriff im Kontext von Leiharbeit s EuGH 17.11.16 – C-216/15, NZA 17, 41; zum ArbNBegriff iSv Art 8 Rom I-VO s BAG 15.12.16 – 6 AZR 430/15, NZA 17, 502. 28

## B. Lohnsteuerrecht *Seidel*

**1. Die lohnsteuerrechtliche Bedeutung** des ArbNBegriffs liegt darin, dass der ArbGeb vom Arbeitslohn des ArbN die LSt einzubehalten, anzumelden und abzuführen hat (→ *Lohnsteueranmeldung* Rn 2 ff, → *Lohnsteuerabführung* Rn 2 ff). Trotz dieses Verfahrens bleibt der ArbN Steuerschuldner. Der ArbGeb ist nur dann Schuldner der LSt, wenn die LSt in bestimmten Fällen pauschal vom ArbGeb getragen wird (→ *Lohnsteuerpauschalierung* Rn 5 ff). Der ArbNBegriff ist gesetzlich nicht festgelegt. Das EStG spricht in § 19 von Einkünften aus nichtselbstständiger Arbeit als einer der 7 Einkunftsarten des EStG (§ 2 29

Abs 1). Die Einkünfte ergeben sich, wenn man von den Einnahmen eines ArbN die Werbungskosten abzieht. Zur Bestimmung dieser Einkünfte dienen die Begriffe Dienstverhältnis, ArbGeb (→ *Arbeitgeber* Rn 20 ff), ArbN und Arbeitslohn (→ *Arbeitsentgelt* Rn 30 ff), wobei sich die Begriffe ArbN und ArbGeb aus dem Begriff des Dienstverhältnisses ableiten. Sie sind die am Dienstverhältnis beteiligten Personen. § 1 Abs 1 LStDV bestimmt in zutreffender Auslegung des Gesetzes einen **eigenständigen Arbeitnehmerbegriff,** der nicht mit dem arbeits- oder sozialversicherungsrechtlichen ArbNBegriff übereinstimmen muss und umgekehrt (BFH 2.12.98 – X R 83/96, BStBl II 99, 534; Schmidt/*Krüger* § 19 Rz 21). So kann im Einzelfall arbeitsrechtlich ein Arbeitsvertrag vorliegen, ohne dass steuerrechtlich ein Dienstverhältnis gegeben ist (*HHR* § 19 Anm 61). Zu Matrixstrukturen → *Matrixorganisation* Rn 3 ff.

30 **Steuerrechtlich** sind ArbN Personen, die **Einnahmen aus nichtselbstständiger Arbeit** beziehen. § 19 Abs 1 EStG führt folgende Einnahmen als nichtselbstständig auf: Gehälter, Löhne, Gratifikationen, Tantiemen und andere Bezüge und Vorteile, die für eine Beschäftigung im öffentlichen oder privaten Dienst gewährt werden; ferner Wartegelder, Ruhegelder, Witwen- und Waisengelder und andere Bezüge und Vorteile aus früheren Dienstverhältnissen, unabhängig davon, ob es sich um laufende oder einmalige Bezüge handelt und ob ein Rechtsanspruch auf sie besteht. Diese Einnahmen erhalten sie aus einem gegenwärtigen oder früheren Dienstverhältnis (§ 1 Abs 1 Satz 1 LStDV). Außerdem gehören auch laufende Beiträge und Zuwendungen des ArbGeb aus einem bestehenden Dienstverhältnis an einen Pensionsfonds, eine Pensionskasse oder für eine Direktversicherung für eine betriebliche Altersversorgung dazu (→ *Betriebliche Altersversorgung* Rn 120 ff) einschließlich der Sonderzahlungen, die neben den laufenden Beiträgen und Zuwendungen an eine Versorgungseinrichtung geleistet werden (§ 19 Abs 1 Nr 3 EStG; zur Versteuerung der Sonderzahlungen → *Lohnsteuerpauschalierung* Rn 56). Aber auch wer als **Rechtsnachfolger** einer dieser Personen Arbeitslohn aus deren früherem Dienstverhältnis bezieht, ist ArbN (§ 1 Abs 1 Satz 2 LStDV). Dies trifft insbes auf Bezieher von Witwen- und Waisengeldern zu. Zum ArbNBegriff im VermBG → *Vermögenswirksame Leistungen* Rn 25. Zu steuerrechtlichen Fragen bei Dienstordnungsangestellten wird auf die Ausführungen unter → *Arbeitsentgelt* Rn 66 verwiesen.

31 **2. Das Vorliegen eines Dienstverhältnisses** ist entscheidend für die Annahme der ArbNEigenschaft. Nach der steuerrechtliche Begriffsdefinition in § 1 Abs 2 LStDV liegt ein Dienstverhältnis vor, wenn der Angestellte (Beschäftigte) dem ArbGeb (öffentliche Körperschaft, Unternehmen, Haushaltsvorstand) seine Arbeitskraft schuldet, dh die tätige Person in der Betätigung ihres geschäftlichen Willens unter der Leitung des ArbGeb steht oder im geschäftlichen Organismus des ArbGeb dessen Weisungen zu folgen verpflichtet ist (Satz 2). Im Gegensatz zum Arbeitsrecht sind daher auch Beamte und Richter (obwohl letzterer nicht weisungsgebunden ist) steuerrechtlich ArbN. Negativ abgegrenzt wird der ArbNBegriff in § 1 Abs 3 LStDV. Danach ist nicht ArbN, wer Lieferungen und sonstige Leistungen innerhalb der von ihm selbstständig ausgeübten gewerblichen oder beruflichen Tätigkeit gegen Entgelt erbringt. Daraus ergeben sich die wesentlichen **Kriterien** eines steuerrechtlichen Dienstverhältnisses (bzw Arbeitsverhältnisses s BFH 7.4.72, BStBl II 72, 643): das Schulden der Arbeitskraft, die persönliche Weisungsgebundenheit, die organisatorische Eingliederung und das fehlende Unternehmerrisiko (BFH 20.2.79, BStBl II 79, 414). Zu den Begriffen Dienstverhältnis und Arbeitsverhältnis vgl auch BFH 10.8.94, BStBl II 95, 250. Da es sich um einen tatsächlichen Zustand handelt, der nicht rückwirkend hergestellt werden kann, lässt eine wegen fehlgeschlagener Vergütungserwartung (Hofübergabe) vom ArbG ersatzweise zugesprochener Vergütungsanspruch (§ 612 Abs 2 BGB) nicht ohne Weiteres den Schluss auf ein Dienstverhältnis im steuerlichen Sinne zu (BFH 8.5.08 – VI R 50/05, DStR 08, 1425; BFH/NV 08, 1589).

32 **a) Das Schulden der Arbeitskraft** als Merkmal für das Vorliegen eines Dienstverhältnisses steht im Gegensatz zum Schulden des Arbeitserfolges, wie zB beim Werkvertrag gem § 631 BGB (BFH 14.6.85, BStBl II 85, 661). Da es aber auch bei einem ArbN auf einen gewissen Erfolg der Tätigkeit ankommt, andererseits ein selbstständig Tätiger nur seine Dienste, nicht aber den Erfolg schulden kann (zB Arzt, Rechtsanwalt), reicht das Vorliegen dieses Merkmals allein nicht aus. Hinzukommen muss noch das Schulden der Arbeitskraft **in**

**abhängiger Stellung.** Zur näheren Bestimmung des Dienstverhältnisses dienen daher noch das Vorliegen der persönlichen Weisungsgebundenheit und der organisatorischen Eingliederung (*HMW*/Arbeitnehmer Rz 18 ff).

**b) Persönliche Weisungsgebundenheit.** Sie ergibt sich aus dem Direktionsrecht des ArbGeb, indem er Art und Weise, Ort, Zeit und Umfang der zu erbringenden Arbeit bestimmen kann. Bei im öffentlichen Dienst Beschäftigten folgt sie aus dem dort bestehenden besonderen Gewaltverhältnis. Je einfacher die Tätigkeit, desto eher liegt Weisungsgebundenheit vor. Bei gehobenen Tätigkeiten, insbes wenn der Beschäftigte weitgehend eigenverantwortlich handeln oder seine Tätigkeit in erheblichem Maße selbst gestalten kann und demzufolge die persönliche Weisungsgebundenheit sehr locker ist, muss in Grenzfällen geprüft werden, ob nach der Gestaltung im Innenverhältnis der Beauftragte einer Weisung des Geschäftsherrn bei der Art und Weise der geschuldeten Leistung zu folgen verpflichtet ist oder ob ein derartiges Weisungsrecht nicht besteht (BFH 15.7.87, BStBl II 87, 746 und *HMW*/Arbeitnehmer Rz 20). Die wirtschaftliche Abhängigkeit ist kein Merkmal für ein steuerrechtliches Dienstverhältnis (BFH 28.4.72, BStBl II 72, 617). 33

**c) Die organisatorische Eingliederung** bedeutet Eingliederung in den Betrieb eines anderen. Sie hängt nicht von der Dauer der Tätigkeit ab. Bei kurzfristiger zeitlicher Berührung mit dem Betrieb des Auftraggebers ist dieses Merkmal aber besonders sorgfältig zu prüfen (BFH 14.6.85, BStBl II 85, 661). Die persönliche Weisungsgebundenheit und die organisatorische Eingliederung bilden trotz der Fassung in § 1 Abs 2 LStDV „oder" zwei sich ergänzende Merkmale,die unterschiedlich stark ausgeprägt sein können. So wird bei kurzfristiger Beschäftigung der Weisungsgebundenheit größere Bedeutung zukommen als der Eingliederung. Das gilt umgekehrt für eine gehobenere Tätigkeit, zB den gesetzlichen Vertreter einer Kapitalgesellschaft (*HMW*/Arbeitnehmer Rz 20). Maßgeblich ist eine **Gesamtwürdigung** (→ Rn 38). Zur Frage der sog **ersten Tätigkeitsstätte** s → *Dienstreise* Rn 18 ff. 34

**d) Fehlendes Unternehmerrisiko** ist ein weiteres Merkmal für das Vorliegen eines Dienstverhältnisses und damit die ArbNStellung. Daher kann ArbN nicht sein, wer auf eigene Rechnung und Gefahr arbeitet und die Höhe der Einnahmen wesentlich durch Steigerung seiner Arbeitsleistung oder durch die Herbeiführung eines besonderen Erfolges beeinflussen kann, zB auch durch die Anstellung selbst bezahlter Mitarbeiter (BFH 10.12.87, BStBl II 88, 273). 35

**Indiz** für eine **Selbstständigkeit** ist auch, wenn jemand eine eigene Geschäftseinrichtung hat, seine Arbeitsweise selbstständig bestimmt, die Arbeit nicht in eigener Person zu leisten braucht, sondern auch andere ausführen lassen kann, oder nicht ständig der Aufsicht des Geschäftsherrn untersteht. Die Eintragung im Handelsregister ist idR ein weiterer Anhaltspunkt (*HMW*/Arbeitnehmer Rz 42).

Häufig wird auch zu prüfen sein, ob ein Beschäftigter nicht ArbN, sondern **Mitunternehmer** in einem Betrieb ist (§ 15 Abs 1 Nr 2 EStG), wobei der steuerrechtliche Mitunternehmerbegriff sich nicht auf Beteiligungen an Kapitalgesellschaften erstreckt (→ *Mitarbeiterbeteiligung* Rn 21). Mitunternehmer ist, wer Unternehmerinitiative entfalten kann und ein Unternehmerrisiko trägt. Er muss daher sowohl an den unternehmerischen Entscheidungen als auch am Erfolg oder Misserfolg einer geschäftlichen Tätigkeit durch unmittelbare Beteiligung am Gewinn und Verlust sowie an den stillen Reserven des Anlagevermögens beteiligt sein (*HMW*/Arbeitnehmer Rz 44; Näheres s EStH 15.8: (1): Allgemeines; → *Unternehmen* Rn 17–19 und → *Geschäftsführer* Rn 35, 36). Ein ArbN, der als typischer stiller Gesellschafter zwar am Gewinn beteiligt ist, aber keine Mitwirkungs- und Kontrollrechte hat, ist kein Mitunternehmer (*Schmidt/Wacker* § 15 Rz 341; *Schmidt/Weber-Grellet* § 20 Rz 77). 36

Die Vereinbarung einer **erfolgsbezogenen Vergütung** kann ein Unternehmerrisiko darstellen, wenn der Beauftragte die Geschäftskosten selbst tragen muss und es von seiner Initiative abhängt, ob er einen Überschuss erwirtschaftet (BFH 14.12.78, BStBl II 79, 188). Wenn die erfolgsbezogene Vergütung nur ein ArbNRisiko besonderer Art darstellt, liegt darin kein Unternehmerrisiko (BFH 10.2.05 – IX B 183/03, BFH/NV 05, 1058). So kann die Zahlung einer **gewinnabhängigen Tantieme** an ArbN allein **nicht** zu einer Mitunternehmerschaft führen (BFH 8.7.92, BFH/NV 93, 14). Liegt eine Mitunternehmerschaft vor, sind die gesamten Bezüge steuerrechtlich kein Arbeitslohn (Einkünfte aus nichtselbst- 37 ständiger Arbeit), sondern Einkünfte aus selbstständiger Arbeit. Dies gilt unabhängig von der Höhe der Beteiligung (BFH 12.2.92, BFH/NV 93, 156 für ArbNKommanditisten und BFH 15.12.98 – VIII R 62/97, BFH/NV 99, 777; DStRE 99, 465 für atypisch stillen Gesellschafter als Geschäftsführer).

38 **e) Gesamtbild der Verhältnisse.** Zur **Abgrenzung** der ArbNTätigkeit von anderen Tätigkeiten bzw von anderen Einkunftsarten im Steuerrecht, insbes von den selbstständig Tätigen, kommt es nach der Rspr des BFH auf das Gesamtbild der Verhältnisse im Einzelfall an. Das bedeutet, dass die für und gegen die Annahme der ArbNEigenschaft sprechenden Merkmale festgestellt, gegeneinander abgewogen und gewichtet werden müssen (BFH 14.6.85, BStBl II 85, 661). Nach der Rspr des BFH können noch weitere **Merkmale** für die ArbNEigenschaft sprechen, die im Rahmen der Gesamtwürdigung eine Rolle spielen können: feste Arbeitszeit, feste Bezüge, Urlaubsanspruch, Anspruch auf sonstige Sozialleistungen, Fortzahlung der Bezüge im Krankheitsfall, Überstundenvergütung, keine Pflicht zur Beschaffung von Arbeitsmitteln (BFH 14.6.85, BStBl II 85, 661 und BFH 18.6.15 – VI R 77/12, BStBl II 15, 903 zum Telefoninterviewer).

**Gegen** eine ArbNEigenschaft können dagegen folgende Merkmale sprechen: Stellung eigener Arbeitsgeräte, Unterhalten eines eigenen Büros, mehrere Auftraggeber (*Schmidt/Krüger* § 19 Rz 8 mwN). Es kann im Rahmen der Gesamtwürdigung auch zu berücksichtigen sein, ob Beiträge zur SozV abgeführt werden oder ob der Beschäftigte an der BRats- oder Personalratswahl teilnimmt (*HMW*/Arbeitnehmer Rz 51). Zum Einsatz „selbstständiger" ausländischer Handwerker s auch FG Düsseldorf 21.10.09 – 7 K 3109/09 H(L), BeckRS 2009, 26029623.

39 **f) Parteiwille.** Die von den Beteiligten gewählte Bezeichnung und Vertragsform ist **unerheblich.** Es ist auf die tatsächlichen Gegebenheiten abzustellen (BFH 20.4.88, BStBl II 88, 804). Der Wille der Parteien kann allerdings in Grenzfällen als Indiz herangezogen werden, wenn er tatsächlich durchgeführt worden ist (BFH 14.6.85, BStBl II 85, 661). Da ein steuerrechtliches Dienstverhältnis auch durch tatsächliches Verhalten begründet werden kann (→ *Faktisches Arbeitsverhältnis* Rn 11), kommt es auf den wirksamen Abschluss einer schriftlichen oder mündlichen Vereinbarung nicht an, weshalb es für die ArbNEigenschaft einer Person – nur natürliche Personen können ArbN sein – auch unerheblich ist, ob sie geschäftsfähig ist (Schmidt/*Krüger* § 19 Rz 23; → *Minderjährige* Rn 32–35).

40 **g) Freiwilligkeit.** Ob das freiwillige Eingehen der Verpflichtung zur Arbeitsleistung Voraussetzung für das Vorliegen eines Dienstverhältnisses ist, ist umstritten. Bedeutung hat dies für die Tätigkeit **Strafgefangener** oder Wehrpflichtiger. Nach *HMW*/Arbeitnehmer Rz 26 und *HHR* (§ 19 Anm 73) liegt in diesen Fällen kein Dienstverhältnis und damit keine ArbNStellung vor, denn die Einnahmen beruhten insbes auf sozialen Erwägungen. Nach der Gegenmeinung kommt es aber für die ArbNEigenschaft auf die Freiwilligkeit nicht an. Sie stellt darauf ab, dass auch der zwangsverpflichtete Personenkreis in abhängiger Stellung tätig ist und durch Einsatz seiner Arbeitskraft Einnahmen erzielt (*Schmidt/Krüger* § 19 Rz 13; *Littmann/Barein* § 19 Rz 80; *Thürmer* § 19 EStG Rz 59). ME ist das Merkmal der Freiwilligkeit kein Kriterium für das Vorliegen eines Dienstverhältnisses, denn dass ein Entgelt auch aus sozialen Motiven gewährt wird, schließt die Annahme von Arbeitslohn nicht aus (*Thürmer* § 19 EStG Rz 59). Die Geld- und Sachbezüge **Wehrpflichtiger** sowie **Ersatzdienst- und Freiwilligendienstleistender** sind gem § 3 Nr 5 EStG steuerfrei, so dass es bei dieser Personengruppe letztendlich auf deren Einordnung als ArbN nicht ankommt. Die Finanzverwaltung sieht Strafgefangene nicht als ArbN an (*Littmann/Barein* § 19 Rz 80 und LSt-Kartei By § 19 EStG, Fach 2 Karte 12).

41 **h) Ausbildungsdienstverhältnissen.** Bei diesen liegt ein steuerrechtliches Dienstverhältnis vor. Hier stellt der Auszubildende dem privaten oder öffentlich-rechtlichen Dienstherrn seine Dienste zum Zwecke der Ausbildung zur Verfügung und unterwirft sich dessen Weisungen (BFH 24.9.85, BStBl II 86, 184).

42 **3. Nebentätigkeit, Hilfstätigkeit.** Bei Ausübung mehrerer Tätigkeiten nebeneinander ist jede für sich nach ihren Merkmalen zu beurteilen. Dies bereitet insbesondere dann Schwierigkeiten, wenn ein ArbN neben seiner Haupttätigkeit noch weitere Leistungen gegen Entgelt **für seinen ArbGeb** erbringt. Die weitere Tätigkeit ist jedenfalls dann als nichtselbstständig mit der Folge des LStAbzugs durch den ArbGeb anzusehen, wenn sie mit

der Haupttätigkeit unmittelbar zusammenhängt, zB bei Gleichartigkeit der Tätigkeit und unter gleichen organisatorischen Bedingungen (BFH 22.11.96 – VI R 59/96, BStBl II 97, 254). Dabei genügt es, dass sie – ohne im Arbeitsvertrag vereinbart zu sein – vom ArbGeb als Nebenpflicht erwartet werden kann oder freiwillig als Nebentätigkeit erbracht wird, auch wenn sie gesondert entlohnt wird und gewissermaßen als Hilfstätigkeit erscheint (BFH 25.11.71, BStBl II 72, 212 und 11.11.71, BStBl II 72, 213).

Liegt weder eine Nebenpflicht noch eine Hilfstätigkeit vor, ist die zusätzliche Tätigkeit 43 unabhängig von der Haupttätigkeit als selbstständig oder nichtselbstständig zu beurteilen. Dabei ist es für die Beurteilung als selbstständig unschädlich, wenn der ArbGeb dem ArbN lediglich die Möglichkeit bietet, die während der nichtselbstständigen Tätigkeit erworbenen oder dieser dienenden Fähigkeiten außerhalb der vereinbarten Dienstzeit ohne aus dem Arbeitsvertrag sich ergebender Weisungen und Kontrollbefugnisse des ArbGeb zu verwerten (Schmidt/*Krüger* § 19 Rz 29; *HMW*/Arbeitnehmer Rz 57, jeweils mwN; → *Nebentätigkeit* Rn 20–22).

**4. Leiharbeitnehmer. a) Begriff.** LeihArbN sind ArbN die ein Unternehmer (Verleiher) einem anderen Unternehmer (Auftraggeber/Entleiher) auf Zeit gegen Entgelt zur Verfügung stellt (→ *Arbeitnehmerentsendung* Rn 1 ff). In dem Dreiecksverhältnis (Verleiher-Entleiher-Entliehener) gilt die Besonderheit, dass sich das Weisungsrecht des Verleihers (ArbGeb) idR in der Entsendung erschöpft. Das mit der ArbGebStellung verbundene Direktionsrecht übt dagegen der Entleiher aus. Der ArbN unterwirft sich aufgrund der Rechtsbeziehungen zum Verleiher, von dem er für die Tätigkeit beim Entleiher entlohnt wird, den Weisungen des Entleihers. Ob eine ArbNÜberlassung vorliegt, bestimmt sich nach dem Zivil- bzw Arbeitsrecht (→ *Arbeitnehmerüberlassung/Zeitarbeit* Rn 3 ff; zur erforderlichen Erlaubnis der gewerbsmäßigen Überlassung → *Arbeitnehmerüberlassung/Zeitarbeit* Rn 2, 14 ff). Die Finanzverwaltung wird sich regelmäßig der Auffassung der Arbeitsverwaltung anschließen (LStR 42d.2 Abs 3 Sätze 4 und 5), obwohl grds keine Bindung an deren Entscheidungen besteht (*HMW*/Arbeitnehmerüberlassung Rz 32). LeihArbN können über eine **regelmäßige Arbeitsstätte** verfügen. Die Rev gegen das Urteil des FG Münster 11.10.2011 – 13 K 456/10, Az des BFH VI R 63/11, wurde zwar zurückgenommen. Der BFH hat in einem gleichgelagerten Fall allerdings eine regelmäßige Arbeitsstätte angenommen (Urt v 15.5.13 – VI R 18/12, DStR 13, 1877). Seit **2014** wurde der Begriff der regelmäßigen Arbeitsstätte durch denjenigen der **„ersten Tätigkeitsstätte"** ersetzt. Letztere erfordert nun nicht mehr, dass es sich um eine ortsfeste Einrichtung des lohnsteuerlichen ArbGeb handelt. Es genügt eine betriebliche Einrichtung eines verbundenen Unternehmens iSv § 15 AktG oder vom ArbGeb bestimmten Dritten (Schmidt/*Loschelder* § 9 Rz 254). Ausschlaggebend ist die dauerhafte Zuordnung, die sich nach den dienst- und arbeitsrechtlichen Regelungen bestimmt. Maßgeblich ist die dienstliche Einrichtung, an der der ArbN typischerweise arbeitstäglich, mindestens aber an zwei vollen Arbeitstagen je Arbeitswoche oder mindestens einem Drittel der vereinbarten regelmäßigen Arbeitszeit tätig werden soll (§ 9 Abs 4 Satz 4 EStG). S auch BFH 10.3.15 – VI R 87/13, BFH/NV 15, 1084 und 22.10.14 – X R 19/12, BFH/NV 15, 482 und Schmidt/*Loschelder* § 9 Rz 204 zur **großräumigen Arbeitsstätte** bzw **weiträumigen Tätigkeitsgebiet** nach § 9 Abs 1 Satz 3 Nr 4a Sätze 3 und 4 EStG). Hinsichtlich der **Verpflegungsmehraufwendungen** gilt allerdings auch für Leiharbeitnehmer die Dreimonatsfrist (§ 4 Abs 5 Satz 1 Nr 5 Satz 5 EStG; BFH 15.5.13 – VI R 41/12, BStBl II 13, 704; → *Verpflegungsmehraufwendungen* Rn 5 ff).

Zur Frage der Vermeidung der Doppelbesteuerung bei LeihArbN mit Wohnsitz in Deutschland und Arbeitsort in einem anderen Staat s LFSt Bayern 28.5.2013, IStR 13, 476.

**b) Vorliegen eines Leiharbeitsverhältnisses.** Hier gelten hinsichtlich der Abgrenzung 45 der LeihArbN von der Überlassung selbstständiger Kräfte für die lohnsteuerrechtliche Beurteilung die in den → Rn 30–40 genannten Kriterien, ergänzt um die im BFH-Urteil v 18.1.91 – VI R 122/87, BStBl II 91, 409 genannten **Besonderheiten:** Eingliederung in die Betriebsorganisation des Entleihers ähnlich den Stammarbeitskräften, Berechtigung des Entleihers, bestimmte Qualifikationen der LeihArbN zu verlangen bzw bestimmte Mitarbeiter zurückzuweisen, Vergütung der Leistungen nach Zeiteinheiten, besondere Vergütung für geleistete Überstunden, Haftung des Verleihers gegenüber dem Entleiher für etwaiges Verschulden bei der Auswahl der eingesetzten Kräfte, Pflicht des Entleihers, die vereinbarte Vergütung unabhängig von dem Ergebnis der von den eingesetzten Kräften erbrachten Leistungen zu entrichten. Für ArbNÜberlassung spricht daher der (weitgehende) Ausschluss der Haftung für mangelhafte Leistungen (s hierzu auch LStR 42d.2 Abs 3 Satz 3).

Zur Frage, ob LeihArbN typischerweise eine **Einsatzwechseltätigkeit** ausüben → *Einsatzwechseltätigkeit* Rn 5 ff. Zutreffend zB wohl bei Überlassung von Bürokräften an wechselnde Entleiher.

Zur Frage der ArbGebEigenschaft, der LStAbzugsverpflichtung, auch in den Fällen der **internationalen Arbeitnehmerentsendung** und der Haftung des Ver- bzw Entleihers für nicht einbehaltene und abgeführte LSt → *Lohnabzugsverfahren* Rn 12 und → *Arbeitnehmerüberlassung/Zeitarbeit* Rn 34 ff und 71 ff).

46 **5. Dienstverhältnis zwischen nahen Angehörigen.** Zur Anerkennung von Dienstverhältnissen zwischen nahen Angehörigen → *Familiäre Mitarbeit* Rn 29 ff.

**6. Einzelbeispiele. Arbeitnehmer-ABC** → Rn 84.

## C. Sozialversicherungsrecht

*Schlegel*

### Übersicht

**1. Versicherungsschutz abhängig Beschäftigter. a) Wege zur Herbeiführung von Arbeitserfolgen mit Hilfe Dritter.** Unternehmen können ihre wirtschaftlichen Ziele auf unterschiedlichste Weise erreichen, jedoch zeichnen sich einige Hauptpfade ab, die miteinander kombiniert oder hintereinandergeschaltet sein können: Unternehmen können mit eigenem **Stammpersonal** arbeiten, mit der Folge, dass abhängige Beschäftigungsverhältnisse unmittelbar zwischen dem Unternehmen und dem einzelnen ArbN bestehen. Für den Unternehmer gilt als ArbGeb das „volle Programm" des Arbeits- und Sozialversicherungsrechts. Die ArbN sind in allen Zweigen der SozV der Versicherungspflicht unterworfen. Oder Unternehmen können sich bei einem Leiharbeitsunternehmen (Verleiher) Personal ausleihen; auch im Falle erlaubter **Arbeitnehmerüberlassung** sind die **Leiharbeitnehmer** beim Verleiher versicherungspflichtig Beschäftigte. Unternehmen können Werkverträge schließen; hier wird die Herstellung oder Veränderung einer Sache oder „ein anderer durch Arbeit oder Dienstleistung herbeizuführender Erfolg" (§ 531 Abs 2 BGB) mit dem Personal des Werkunternehmers geschuldet; die ArbN des Werkunternehmers sind ebenfalls versicherungspflichtig. In diesem Fall treffen den Unternehmer gegenüber seinem Vertragspartner (Werkunternehmer) oder dessen ArbN keinerlei ArbGebPflichten. Unternehmen können Arbeit schließlich durch selbständig tätige Einzelpersonen erbringen lassen („Soloselbständige"), die ihrerseits als selbständige Unternehmer agieren und nur ausnahmsweise der Versicherungspflicht unterliegen (zB § 2 Satz 1 Nr 8 und 9 SGB VI). 50

**Missbrauch** an sich zulässiger Vertragsgestaltung liegt vor, wenn zB unter der Bezeichnung „Werkvertrag" die selbständige Tätigkeit einer Person vorgetäuscht bzw ihre abhängige Beschäftigung verschleiert wird (sog Scheinselbständige). Personen, die bei Betrachtung der tatsächlichen Gesamtumstände ihrer Arbeitserbringung in Wahrheit ArbN sind, werden „auf dem Papier" als „Soloselbständige" oder „Werkunternehmer" geführt und so um ihre ArbNRechte sowie den Schutz der SozV gebracht. Die betreffenden Personen sind sich dessen oft bewusst, spielen aber mit, weil sie auf das Geld angewiesen sind, jedoch keinen Arbeitsvertrag erhalten. Nachdem die Geschäftsbeziehung aufgenommen wurde, könnten 51 sie – so jedenfalls die Theorie – die ihnen zustehenden ArbNRechte einfordern und vor den Arbeits- und Sozialgerichten durchsetzen. In der Praxis geschieht dies selten, weil dann regelmäßig auch diese Einkommensquelle versiegt. Vor die Gerichte kommen solche Fälle aber oft im Zuge von Betriebsprüfungen oder wenn sich die Parteien überworfen haben und dann ohne Rücksichtnahme auf die Geschäftsbeziehung über die „wahre Natur" des Rechtsverhältnisses streiten.

52 **b) Anordnung von Versicherungspflicht.** In allen Zweigen der SozVers besteht Versicherungspflicht für Personen, die gegen Arbeitsentgelt abhängig beschäftigt sind; nur in der UV kommt Versicherungsschutz auch dann zustande, wenn kein Arbeitsentgelt geschuldet wird.

53 Die **Terminologie** ist, soweit es um Beschäftigte geht, in den einzelnen Versicherungszweigen nicht einheitlich: so ordnen § 1 Satz 1 Nr 1 SGB VI und § 25 Abs 1 SGB III die Versicherungspflicht an für „Personen, die gegen Arbeitsentgelt oder zu ihrer Berufsausübung beschäftigt sind"; § 5 Abs 1 Nr 1 SGB V und § 20 Abs 1 Nr 1 SGB XI schreibt Versicherungspflicht für „Arbeiter und Angestellte und die zu ihrer Ausbildung Beschäftigte" vor; § 2 Abs 1 Nr 1 SGB VII schließlich greift auf den Ausdruck „Beschäftigte" zurück

54 Die genannten Personen sind (mit Ausnahme in der UV) versicherungspflichtig, wenn sie „gegen Arbeitsentgelt" beschäftigt sind (Ausnahme: UV, vgl BSG 6.9.18 – B 2 U 18/17 R, zur Beschäftigung kraft Rechtsbindungswillens, obwohl nur eine Aufwandsentschädigung gewährt wurde). Maßgeblich ist in der RV, KV, ArblV und PflegeV ob ein **Anspruch auf laufendes Arbeitsentgelt** besteht; hingegen kommt es nicht darauf an, dass und wann (laufend zu zahlendes) Arbeitsentgelt dem ArbN tatsächlich zufließt (→ *Lohnzufluß* Rn 20 f). Denn der soziale Schutz des ArbN verbietet es, allein auf das zugeflossene Arbeitsentgelt abzustellen. Der ArbGeb soll nicht dadurch über das Bestehen oder Nichtbestehen der Versicherungspflicht seiner ArbN entscheiden können, dass und in welcher Höhe er das vereinbarte Arbeitsentgelt tatsächlich auszahlt. Ebenso wenig soll er sich dadurch beitragsrechtliche Vorteile verschaffen können, dass er geschuldetes laufendes Arbeitsentgelt bei Fälligkeit nicht zahlt. Etwas anderes gilt, wenn und soweit es für die Begründung der Versicherungspflicht (und ggf der Beitragshöhe) auf die Gewährung von Einmalzahlungen ankommt. Zum Zuflussprinzip bei Einmalzahlungen → *Arbeitsentgelt* Rn 96 f.

55 Hieran fehlt es bei ehrenamtlich Tätigen. **Ehrenamtliche Tätigkeit** unterscheidet sich durch ihr Gepräge grundlegend von erwerbsorientierten Beschäftigungsverhältnissen (zur fehlenden Beschäftigteneigenschaft bei ehrenamtlich Tätigen vgl BSG 16.8.17 – B 12 KR 14/16 R, NZS 18, 572: Kreishandwerksmeister und → *Ehrenamtliche Tätigkeit* Rn 31 ff).

56 Zum **Personenkreis der Beschäftigten** gehören unstreitig alle Personen, die nach arbeitsrechtlichen Grundsätzen in einem Arbeitsverhältnis stehen (vgl Wortlaut des § 7 Abs 1 S 1 SGB IV „ … insbesondere in einem Arbeitsverhältnis". In der Praxis bereitet es in der ganz überwiegenden Zahl der Fälle keine Schwierigkeiten, das Vorliegen eines Arbeitsvertrages und damit die Beschäftigteneigenschaft festzustellen oder zu verneinen. Gewisse Unsicherheiten bestehen darüber, inwieweit der Begriff des Beschäftigten darüber hinausgeht und weitere Personenkreise erfasst. Abgrenzungsprobleme bereiten dabei sowohl im Arbeitsrecht als auch im Recht der SozV die – aufs Ganze gesehen – relativ wenige Fälle, in denen die Arbeitsleistung in den Übergangsbereichen von abhängiger Beschäftigung und selbständiger Tätigkeit oder **Arbeitsleistung auf sonstiger Rechtsgrundlage** erbracht wird, zB aufgrund eines Gesellschaftsvertrages, aufgrund familiärer Verbundenheit oder einer Vereinsmitgliedschaft; dazu näher unten.

57 **c) Rechtfertigung des Grundrechtseingriffs – Zwecke der Sozialversicherung.** Die Anordnung des Versicherungszwanges ist ein **Grundrechtseingriff** iSv Art 2 Abs 1 GG (BVerfGE 97, 271, 286). Dieser Eingriff ist bei der generalisierend in die SozV einbezogenen Gruppe der abhängig Beschäftigten durch die Zwecke der SozV gerechtfertigt. Beschäftigte sind durch die Anordnung der Versicherungspflicht gehalten, eine an sich selbstverständliche Vorsorge für Zeiten zu schaffen, in denen das Erwerbseinkommen ausfällt, weil die Arbeitskraft aufgrund bestimmter Tatbestände (Krankheit, Arbeitslosigkeit, Alter, Invalidität etc) nicht mehr verwertet werden kann (**Individualschutz,** vgl für den Fall der Erwerbsunfähigkeit zB BVerfGE 29, 221 = SozR Nr 7 zu Art 2 GG). Weil die Versicherungspflicht an eine Beschäftigung gegen Arbeitsentgelt anknüpft und die Höhe der Beiträge vom Arbeitsentgelt abhängt, ist der Einzelne im Grundsatz auch in der Lage, den

Versicherungsschutz zu finanzieren. Der Beschäftigte erwirbt durch seine Versicherung Rechte gegen die Versichertengemeinschaft. Er kann damit seinen Unterhaltsbedarf bei Ausfall seiner Einnahmen aus Erwerbstätigkeit jedenfalls teilweise decken. Gleichzeitig schützt sich die Allgemeinheit durch die Anordnung des Versicherungszwanges davor, dass der Einzelne Sozialhilfe oder Grundsicherung in Anspruch nehmen muss, was bei mangelnder Eigenvorsorge des Einzelnen zu befürchten wäre (**Schutz der Allgemeinheit** vor mangelnder Eigenvorsorge des Einzelnen, BSG 10.8.00 – B 12 KR 21/98 R, BeckRS 2000, 41327; 16.8.17 – B 12 KR 14/16 R, NZS 18, 572: Kreishandwerksmeister; zum Funktionswandel der Sozialversicherung vgl auch *Schlegel* NZS 2000, 421, 427 f mwN).

Darauf, ob der Einzelne aufgrund seiner **individuellen sonstigen Einkommens- und Vermögensverhältnisse** individuell schutzbedürftig ist, kommt es bei den generalisierenden und typisierenden Regelungen der SozV nicht an (BSG 12.10.00 – B 12 RA 2/99 R, BeckRS 2001, 40138; BSG 15.7.2009 – B 12 KR 14/08 R, NZA-RR 2010, 381, Rn 19 zur Versicherungspflicht der zu ihrer Berufsausbildung Beschäftigten). Gleiches gilt für eine wirtschaftliche Abhängigkeit dessen, der für einen anderen Arbeit leistet (BSG 21.1.01 – B 12 KR 17/00 R, BeckRS 2001, 40486: Rechtsanwalt; BSG 24.10.78 – 12 RK 58/76, AP BGB § 611 Abhängigkeit Nr 30).

Auf Grund des Eingriffscharakters verbietet sich die Begründung von Versicherungspflicht **58**
im Wege der **Analogie.** Die Versicherungspflicht muss klar geregelt und im Voraus hinreichend erkennbar sein (vgl andeutungsweise BSG 26.5.04 – B 12 AL 4/03 R, BeckRS 2004, 41078; vgl auch BSG 19.1.05 – B 11a/11 AL 17/04 R, BeckRS 2005, 41051), so dass bei **Zweifeln (non-liquet),** ob die Voraussetzungen zB des § 7 Abs 1 SGB IV vorliegen, im konkreten Einzelfall das Vorliegen abhängiger Beschäftigung abzulehnen ist.

**2. Abhängige Beschäftigung im Arbeitsverhältnis. a) Arbeitsvertrag.** § 7 SGB IV **59**
soll als „vor die Klammer gezogene" gemeinsame Vorschrift eine „Begriffsabgrenzung vornehmen, ohne damit zugleich die Versicherungspflicht regeln zu wollen (vgl BT-Drs 7/4122 S 31). § 7 Abs 1 SGB IV lautet: „Beschäftigung ist die nichtselbständige Arbeit, insbes in einem Arbeitsverhältnis. Anhaltspunkte für eine Beschäftigung sind eine Tätigkeit nach Weisung und eine Eingliederung in die Arbeitsorganisation des Weisungsgebers".

Der **klassische Fall des Beschäftigungsverhältnisses** ist das Arbeitsverhältnis. Dies bestätigt die Gesetzesbegründung; zu § 7 SGB IV wurde ausgeführt: „Die Vorschrift stellt zunächst klar, dass eine Beschäftigung dann vorliegt, wenn eine Arbeit unselbständig, dh mit dem Weisungsrecht eines ArbGeb ausgeübt wird. Darüber hinaus bestimmt sie, dass eine Beschäftigung stets dann anzunehmen ist, wenn nach arbeitsrechtlichen Grundsätzen ein Arbeitsverhältnis besteht; dabei kommt es nicht darauf an, ob ein wirksamer Arbeitsvertrag geschlossen worden ist oder ob es sich um ein sogenanntes faktisches Arbeitsverhältnis handelt. Wie nach geltendem Recht ist jedoch das Vorliegen eines Arbeitsverhältnisses mit dem Beschäftigungsverhältnis nicht vollkommen identisch; eine Beschäftigung im Sinne der SozVers kann auch bei ArbNähnlichen Tätigkeiten vorliegen" (BT-Drs 7/4122 S 3)". Als Beispiele für ArbN-ähnliche Tätigkeiten verweist die Gesetzesbegründung auf § 7 Abs 2 SGB IV, wonach als Beschäftigung auch der Erwerb beruflicher Kenntnisse, Fertigkeiten oder Erfahrungen im Rahmen betrieblicher Berufsausübung gilt, und auf § 12 Abs 2 SGB IV, der den Begriff des Heimarbeiters umschreibt.

**b) Fehlerhafter Arbeitsvertrag.** Der frühere dogmatische Gegensatz zwischen der **60**
Eingliederungstheorie in der SozV einerseits und der Vertragstheorie im Arbeitsrecht andererseits hat seine Bedeutung verloren, seit das Arbeitsrecht auch bei Arbeitsleistungen auf fehlerhafter Vertragsgrundlage den Schutz arbeitsrechtlicher Vorschriften nicht grds versagt (→ *Faktisches Arbeitsverhältnis* Rn 1 f zur Eingliederungs- und Vertragstheorie *Seiter*, VSSR 1976, 179, 185 ff; *Krejci*, VSSR 1977, 301, 311 ff).

§ 7 SGB IV knüpft im Regelfall zwar an ein wirksames Arbeitsverhältnis an, setzt das **61**
Vorliegen eines Arbeitsvertrages oder dessen Wirksamkeit aber nicht zwingend voraus. Die zivilrechtliche **Unwirksamkeit des Rechtsgeschäfts** (Arbeits- oder Dienstvertrag usw), das der Arbeitsleistung zu Grunde liegt, steht der Begründung eines wirksamen versicherungs- und beitragspflichtigen Beschäftigungsverhältnisses iSv § 7 SGB IV nicht entgegen. Dabei spielt es nach dem Schutzzweck der SozVers grds keine Rolle, aus welchen Gründen der Arbeitsvertrag unwirksam ist. In Betracht kommt Nichtigkeit wegen Geschäftsunfähig-

keit eines Vertragspartners (§ 105 Abs 1 BGB), Irrtumsanfechtung (§§ 119, 142 BGB), Formmangel (§ 125 Satz 1 BGB) oder Verstoß gegen ein gesetzliches Verbot (§ 134 BGB, zB Nachtarbeitsverbot, Verbot der Beschäftigung Schwangerer oder von Kindern, Schwarzarbeit, illegale Beschäftigung von Ausländern, Verstoß gegen ArbeitszeitVO oder ArbN-ÜberlassungsG etc).

62 Der Schutzzweck der genannten Normen würde in sein Gegenteil verkehrt, wenn dem betreffenden Rechtsgeschäft nicht nur die zivilrechtliche Wirksamkeit, sondern zB dem Minderjährigen, illegal Beschäftigten etc darüber hinaus auch der durch Arbeit regelmäßig vermittelte Versicherungsschutz versagt würde (BSG 10.8.2000 – B 12 KR 21/98 R, BeckRS 2000, 41327). Das SozVRecht ist insoweit wertneutral. Eine **äußerste Grenze** bildet der Verstoß gegen gesetzliche Verbote durch Berufsverbrecher, bei denen die „Arbeitsleistung" als solche (zB ein Auftragsmord, Pornographie mit Kindern zum Zwecke medialer Verwertung etc) unter Strafe steht; hier fehlt es bereits daran, dass Arbeit erbracht wird.

63 Bei **zivilrechtlich sittenwidrigen Rechtsgeschäften,** nimmt das BSG eine Beschäftigung jedenfalls dann an, wenn der Sittenverstoß zu einem faktischen Arbeitsverhältnis führt (zB Telefonsex BSG 10.8.00 – B 12 KR 21/98 R, BeckRS 2000, 41327). Gravierendere Fälle der Sittenwidrigkeit sind nicht anders zu behandeln (zB Peepshow, Geschlechtsverkehr auf der Bühne oder Prostitution; gleichwohl ist die BA nicht verpflichtet, Bordellbetreibern Prostituierte als ArbN zu vermitteln, vgl BSG 6.5.2009 – B 11 AL 11/08 R, NZS 2010, 414). Auch wenn § 138 Abs 1 BGB einem sittenwidrigen Rechtsgeschäft die zivilrechtliche Bindungswirkung versagt, verlangt der Grundsatz der Einheit der Rechtsordnung nicht, dies auf das Sozialrecht durchschlagen zu lassen. § 138 BGB will verhindern, dass jemand rechtlich zu unsittlichen Handlungen verpflichtet ist (zum Zwang vgl § 888 ZPO). Ein solcher, in die Zukunft gerichteter Zwang wird durch die Anerkennung von Versicherungspflicht jedoch nicht ausgeübt. Mit dem Prostitutionsgesetz hat der Gesetzgeber im Ergebnis klarstellen wollen, dass abhängig beschäftige Prostituierte der Sozialversicherungspflicht unterliegen (BT-Drucks 14/5958 und 14/7174; vgl dazu auch BSG 6.5.09 – B 11 AL 11/08 R, NZS 2010, 414).

64 **c) Vermutung abhängiger Beschäftigung bei illegal beschäftigten Ausländern.** § 7 Abs 4 SGB IV stellt zur Umsetzung der sog **Sanktionsrichtlinie** RL 2009/52 EG vom 18.6.2009 eine singuläre Vermutungsregelung auf. Danach wird vermutet, dass ein Beschäftigungsverhältnis für den Zeitraum von drei Monaten bestanden hat, wenn ein ArbGeb einen Ausländer ohne die nach § 284 Abs 1 SGB III erforderliche Genehmigung oder ohne die nach § 4 Abs 3 AufenthG erforderliche Berechtigung zur Erwerbstätigkeit beschäftigt (BT-Drucks 17/6764 S 17 zu Art 1 Nr 2). Die in § 98a Aufenthaltsgesetz geregelten Vermutungen sind widerlegbar (s § 292 ZPO). Nichts anderes kann für § 7 Abs 4 SGB IV gelten (Begründung BT-Drucks 17/6764, zu Artikel 1, zu Nummer 2, S 17).

65 **d) Fehlende tatsächliche Arbeitsleistung/Freistellung.** Auch wenn in der SozVers grundsätzlich die tatsächlichen Verhältnisse maßgeblich sind, darf daraus nicht der Schluss gezogen werden, die Begründung der Versicherungs- und Beitragspflicht oder deren Aufrechterhaltung komme immer dann, aber auch nur dann in Betracht, wenn und solange tatsächlich Arbeit geleistet wird. Vielmehr hat die Rspr im Hinblick auf den sozialen Schutzzweck der SozVers hiervon in verschiedenen Fallgruppen abgesehen. Das BSG hat entschieden, dass vorübergehende Unterbrechungen der tatsächlichen Arbeitsleistung den Bestand des Beschäftigungsverhältnisses unberührt lassen, wenn „das Arbeitsverhältnis fortbesteht und ArbGeb und ArbN den Willen haben, das Beschäftigungsverhältnis fortzusetzen" (BSG 11.12.73 – GS 1/73, BSGE 37; BSG 28.9.1993 – 11 RAr 69/92, BeckRS 1993, 30420968; BSG 24.9.08 – B 12 KR 22/07 R, NZA-RR 2009, 272). Dies gilt ua in Fällen der Freistellung von der Arbeit → *Freistellung von der Arbeit* Rn 36 f).

66 **e) Scheinverträge und missglückter Arbeitsversuch.** Das BSG hat seine frühere Rspr zum missglückten Arbeitsversuch aufgegeben (BSG 4.12.97 – 12 RK 3/97, NZS 1998, 234, BSG 29.9.98 – B 1 KR 10/96 R, NZA 1999, 860, BSG 28.2.08 – B 1 KR 17/07 R, NZA-RR 2009, 30). **Missbrauchsabwehr** findet allerdings weiterhin statt: Ein Beschäftigungsverhältnis, das nur zum Schein begründet wird und „nur auf dem Papier steht", um in den Genuss von Leistungen der SozVers zu gelangen, ist nichtig (§ 117 BGB) und führt auch nicht zur Versicherungspflicht.

**f) Freiwilligkeit der Arbeitsleistung.** Die Begründung eines Beschäftigungsverhältnisses setzt den freien Austausch von Lohn und Arbeit voraus (BSG 31.10.67 – 3 RK 84/65, NJW 1968, 1158). Ein freies Austauschverhältnis liegt bei **Freigängern** außerhalb des Strafvollzugs vor (BSG 16.10.90 – 11 RAr 3/90, NZA 1991, 282, zur „Freigängererlaubnis" vgl BSG 21.11.02 – B 11 AL 9/02 R, BeckRS 2003, 40390). Dagegen fehlt es, wenn die Arbeitsleistung öffentlich-rechtlich angeordnet, also unfreiwillig ist. Das BSG hat daher abhängige Beschäftigung im **Maßregelvollzug** verneint, selbst wenn als Bestandteil der Arbeitstherapie eine Arbeitsbelohnung gewährt wird (BSG 6.11.97 – 11 RAr 33/97, NStZ-RR 1998, 218: Belastungserprobung; BSG 4.9.18 – B 12 KR 18/17 R, BeckRS 2018, 33324). Gleiches gilt für Arbeiten im **Strafvollzug,** jedoch ist in diesem speziellen Fall in der ArblV ausnahmsweise Versicherungspflicht nach § 26 Abs 1 Nr 4 SGB III angeordnet (vgl dazu BVerfG 11.3.98 – 2 BvR 441/90 ua, BVerfGE 98, 169 ff). 67

Nicht an der Freiwilligkeit, wohl aber am erforderlichen Austauschverhältnis von Arbeit und Lohn fehlt es außerhalb öffentlich-rechtlicher Zwangsmaßnahmen, wenn der „Lohn" nicht Gegenleistung, sondern **Arbeit Bestandteil einer Therapie** ist (BSG 22.9.88 – 7 RAr 13/87, BeckRS 1988, 31038463: Arbeiten im Rahmen eines vom Bewährungshilfeverein durchgeführten „Lebenstrainings"). Gleiches gilt für die Teilnahme an einer Maßnahme zur beruflichen Rehabilitation; die betreffenden Personen (Leistungsempfänger) werden nach § 36 Satz 1 SGB IX nicht in den Betrieb eingegliedert, womit ihre ArbNEigenschaft ausgeschlossen werden soll. Wird objektiv Arbeit verrichtet, steht der Arbeitsleistung nicht entgegen, wenn der Beschäftigte die betreffende Tätigkeiten „aus Leidenschaft" und als eigenes **Hobby** verrichtet (BSG 6.9.1018 – B 2 U 18/17 R, Rz 12 zur Beschäftigung als „Stöberhundeführer" einer Person bei einer von einem Dritten veranstalteten Treibjagt; derartige Fälle werden wohl nur in der UV relevant, wo es nicht auf die Gegenleistung Arbeitsentgelt ankommt. 68

Im Übrigen ist darauf abzustellen, ob es nach dem Schutzzweck der SozV angezeigt ist, bei einer zwangsweise (körperliche Gewalt, Drohung) erbrachten Arbeitsleistung gleichwohl Versicherungsschutz zu gewähren. Zu denken ist etwa an Fälle, in denen jemand von Privaten durch Gewalt oder Androhung von Gewalt gezwungen wird, eine bestimmte Arbeitsleistung zu erbringen **(„moderne Sklaverei")**. Ist dies der Fall, steht die Unfreiwilligkeit der Arbeitsleistung der abhängigen Beschäftigung mE nicht entgegen. 69

**g) Geförderte Arbeit und Ein-Euro-Jobs.** § 16d Abs 7 Satz 2 SGB II ordnet ausdrücklich an, dass Arbeiten, bei denen eine Mehraufwandsentschädigung gewährt wird, kein Arbeitsverhältnis im Sinne des Arbeitsrechts sind und kein Beschäftigungsverhältnis begründen. Die Einbeziehung eines (privaten) Dritten als Maßnahmeträger führt nicht dazu, dass das Rechtsverhältnis zwischen dem Hilfebedürftigen und dem Dritten privatrechtlich gestaltet ist. 70

Ein privatrechtliches Rechtsverhältnis entsteht auch dann nicht, wenn bei der Verschaffung der Arbeitsgelegenheit die gesetzlichen **Zulässigkeitsschranken** für Arbeitsgelegenheiten mit Mehraufwandsentschädigung nicht eingehalten werden. Eine Missachtung der gesetzlichen Grenzen führt allenfalls zur Rechtswidrigkeit der Durchführung der **Arbeitsgelegenheit,** aber nicht zu deren Nichtigkeit und auch nicht zu einem privatrechtlichen Vertragsverhältnis zwischen den Parteien (BAG 26.9.07 – 5 AZR 857/06, NZA 2007, 1422; BAG 20.2.08 – 5 AZR 290/07, NZA-RR 2008, 401). 71

Fehlt es bei einer Arbeitsgelegenheit gegen Mehraufwandsentschädigung (sog Ein-Euro-Job) am Merkmal der **Zusätzlichkeit,** ist die Leistung rechtsgrundlos erbracht (zu Ansprüchen des „Arbeitenden" vgl BSG 13.4.11 – B 14 AS 98/10 R, BeckRS 2011, 76634). Daraus folgt, ohne dass dies im Urteil thematisiert wird, dass das BSG in solchen Fällen nicht davon ausgeht, dass das fehlerhafte öffentlich-rechtliche Leistungsverhältnis zum fehlerhaften Arbeitsverhältnis mit entsprechender Versicherungspflicht werden könnte. 72

**h) Nichtselbständige Arbeit – Persönliche Abhängigkeit.** Die Eingliederung in einen Betrieb zur **Erbringung „nichtselbständiger Arbeit"** (vgl Wortlaut des § 7 Abs 1 Satz 1 SGB IV) äußert sich in der Regel in der Verfügungsmöglichkeit des Weisungsgebers über den Beschäftigten mit einem mehr oder weniger stark ausgeprägtem **Weisungsrecht des Auftraggebers, bezogen auf Zeit, Ort, Dauer, Inhalt und Gestaltung der Tätigkeit.** Liegt arbeitsrechtlich ein Arbeitsverhältnis iSv § 611a BGB vor, ergibt sich die persönliche Abhängigkeit bereits aus dem vertraglich vereinbarten Weisungsrecht des ArbGeb. 73

Ist das Vertragsverhältnis kein Arbeitsverhältnis, liegt abhängige Beschäftigung vor, wenn dem **Direktionsrecht** qualitativ gleichwertige Weisungsrechte eines Weisungsgebers gegenüber demjenigen bestehen, der eine Arbeitsleistung erbringt. Wer die Möglichkeit/Macht hat, dass sich jemand in eine bestimmte Organisation einzugliedern hat, um die geschuldete Leistung zu erbringen, hat idR auch ein Weisungsrecht. Bei der Annahme abhängiger Beschäftigung bei sog Honorarärzten und Honorarpflegekräften hat das BSG herausgestellt, dass das **rechtliche und tatsächliche Umfeld** der Tätigkeit eine gewichtige Rolle spielt. So bringen etwa der **Versorgungsauftrag von Krankenhäusern,** Vorschriften zur Qualitätssicherung im Krankenhaus und zum Patientenschutz sowie das Abrechnungswesen für Krankenhäuser im Regelfall die Eingliederung ärztlichen Krankenhauspersonals in die Organisations- und Weisungsstruktur des Krankenhauses mit sich (Urteile vom 4.6.19 – B 12 R 11/18 R, BeckRS 2019, 12883 **Honorararzt;** 7.6.19 – B 12 R 6/18 R, BeckRS 2019, 12884: **Honorar-Pflegekraft**).

74 Das Direktionsrecht im Rahmen der Leistung fremdnütziger Arbeit ist abzugrenzen von **Anweisungen innerhalb anderer Zielsetzungen** (zB bei Unterrichts-, Lehr- und Übungsveranstaltungen oder wenn vorrangiger Zweck eines Rechtsverhältnisses Re-Integration bzw Fort- und Weiterbildung sowie Qualifizierung sind, vgl BSG 29.1.2008 – B 7/7a AL 70/06 R, BeckRS 2008, 52817). Fehlt es hieran, kommt als zweite Alternative noch die Beschäftigung zur Berufsausbildung iS von § 7 Abs 2 SGB IV in Betracht (zur Gleichstellung der Teilnehmer an dualen Studiengängen vgl BT-Drucks 17/6764 S 19 zu Art 2 Nr 2).

75 **3. Abgrenzungsfragen. a) Regelungstechnik – Typus und Normsetzung durch die Gerichte.** Die Versicherungspflichttatbestände und auch § 7 Abs 1 SGB IV enthalten **keine Legaldefinition** der versicherungspflichtigen Beschäftigung iS exakt bestimmbarer Tatbestandsmerkmale. Vielmehr verwendet die Vorschrift die Rechtsfigur des Typus, der wiederum durch zahlreiche, von der Rspr aufgestellte abstrakte Obersätze konkretisiert wird.

Zur Konkretisierung des „Begriffs" der abhängigen Beschäftigungen hat das BSG im Laufe der Zeit zahlreiche Indizien genannt, die für oder gegen abhängige Beschäftigung sprechen. Es hat Fallgruppen gebildet und den Begriff durch zahlreiche, immer wieder in Nuancen variierte Formulierungen näher zu erläutern versucht. Der Sache nach bildet das BSG damit zur **Konkretisierung des Tatbestandsmerkmals „abhängige Beschäftigung"** selbst generell **abstrakte Obersätze.** Dieses Verfahren wiederholt das BSG auf verschiedenen Stufen und für verschiedene Fallgruppen, indem es seine eigenen Obersätze (zB: „Abhängige Beschäftigung ist die Eingliederung in einen fremden Betrieb") für besondere Situationen weiter konkretisiert und variiert (zB: „Bei Diensten höherer Art setzt die Eingliederung in einen fremden Betrieb lediglich die funktionsgerecht dienende Teilhabe am Arbeitsprozess voraus"; zur Kritik hieran vgl *Rüthers,* Rechtstheorie, § 23 III; anders BVerfG 17.11.1992 – 1 BvL 8/87, NZS 1993, 72 zur „nichtehelichen Lebensgemeinschaft", mwN).

76 In einem Kammerbeschluss aus dem Jahr 1995 hat das BVerfG darauf hingewiesen, dass die Regelungstechnik des § 7 SGB IV nicht gegen das **Bestimmtheitsgebot (Rechtsstaatsprinzip)** verstößt. Das BVerfG hat dabei auch ausdrücklich anerkannt, dass der Typus ständiger Konkretisierung und Beschreibung anhand der in Rspr und Literatur entwickelten **Typus bildenden Kriterien** bedarf (BVerfG 20.5.96 – 1 BvR 21/96, SozR 3–2400 § 7 Nr 11; *Schlegel* in Schulin, Handbuch des Sozialversicherungsrechts, Band 2, § 13 Rdnr 4 ff). Auch bei der rechtssatzähnlichen Konkretisierung eines Typus durch die Gerichte muss allerdings gewährleistet sein, dass die Betroffenen die Rechtslage erkennen und ihr Verhalten danach einrichten können. Dem Gebot der Rechtsklarheit und Rechtssicherheit kann zB durch eine klare Fallgruppenbildung Rechnung getragen werden, wie dies etwa bei GmbH-Geschäftsführern der Fall ist. Obersätze dürfen nicht wahllos variiert und ohne erkennbaren Grund stets neu formuliert werden.

77 **b) Übereinstimmung/Diskrepanz zwischen den tatsächlichem Verhältnissen und rechtlichen Vorgaben.** Für die Frage, ob in einer konkreten Situation abhängige Beschäftigung vorliegt, ist das **Gesamtbild** der tatsächlichen Verhältnisse maßgeblich, soweit sie rechtlich relevant sind. Ob eine „Beschäftigung" vorliegt, ergibt sich aus dem Vertragsverhältnis der Beteiligten, so wie es im **Rahmen des rechtlich Zulässigen** tatsächlich vollzogen worden ist (BSG 30.4.13 – B 12 KR 19/11, BeckRS 2013, 73365).

**Ausgangspunkt** ist in einem ersten Schritt zunächst das **Vertragsverhältnis der Beteiligten,** wie es sich aus den getroffenen Vereinbarungen (Vertrag, zB Arbeitsvertrag, freier Dienstvertrag, Werkvertrag etc) ergibt oder sich aus ihrer gelebten Beziehung erschließen lässt. Liegt die Tätigkeit im Rahmen eines **Rahmenvertrages** vor und sieht der Rahmenvertrag vor, dass die Hauptleistungspflichten jeweils erst mit Übernahme der Einzeltätigkeit entstehen, kommt es für die Abgrenzung abhängiger Beschäftigung von selbständiger Tätigkeit auf die Verhältnisse während der **Durchführung der jeweiligen Einzeltätigkeiten** an (BSG 18.11.15 – B 12 KR 16/13 R, BSGE 120, 99; anders vgl BSG 20.3.13 – B 12 R 13/10 R, BeckRS 2013, 72269, zur Beurteilung von Einzeleinsätzen – zB Auftritte von Künstlern –, wenn zwischen diesen eine Verpflichtung zur Dienstbereitschaft besteht). 78

In einem zweiten Schritt sind **Vereinbarung und die reale Vertragsabwicklung** auf ihre Übereinstimmung hin zu überprüfen. Keine Probleme gibt es, wenn der Vertrag tatsächlich gelebt wird, „wie er auf dem Papier" steht; dann liegt zB abhängige Beschäftigung vor, wenn die Beteiligten einen Arbeitsvertrag geschlossen haben. Gibt es einen **Widerspruch** zwischen den tatsächlichen Verhältnissen und der ursprünglich getroffenen Vereinbarung (wird zB tatsächlich abhängige Arbeit geleistet, nicht aber ein vereinbartes Werk erbracht), geht die Beurteilung der tatsächlichen Verhältnisse vor: Nicht die Bezeichnung und Qualifizierung des Vertragsverhältnisses durch die Beteiligten entscheidet, sondern die „wahre rechtliche" Natur der gelebten Verhältnisse. 79

Letztes gilt allerdings nur, wenn und soweit die Beteiligten die von ihnen formell getroffene Vereinbarung (zB notariell geschlossenen Gesellschaftsvertrag) formlos abbedingen/abändern können. Können vereinbarte Rechte nicht formlos abgeändert oder aufgehoben werden, bleiben sie wirksam, auch wenn sie nicht gelebt und praktiziert werden: Das **formell Vereinbarte** gibt und behält den Ausschlag. Deshalb spielt etwa die Nichtausübung eines (formell vereinbarten) Rechts für die Beurteilung des Vertragsverhältnisses so lange keine Rolle, solange es nicht förmlich abbedungen ist; dh, dass zB ein im Betrieb frei agierender (angestellter) Fremdgeschäftsführer als abhängig Beschäftigter einer GmbH anzusehen ist, solange seine Ehefrau die Mehrheit der Gesellschaftsanteile hält, auch wenn sie von ihrem Weisungsrecht keinen Gebrauch macht (BSG 30.4.13 – B 12 KR 19/11 R, BeckRS 2013, 73365, zur Mitarbeit eines Mannes in der allein seiner Mutter gehörenden Gaststätte = Familienbetrieb). Mit Urteil vom 19.9.19 – B 12 R 25/18 R, BeckRS 2019, 22527 hat der Beitragssenat der sog **Kopf-und-Seele-Rspr** eine klare Absage erteilt. 80

Eine gewisse Rolle können auch die **sonstigen rechtlichen Rahmenbedingungen** spielen, wie etwa das **Zulassungsrecht im Rahmen der GKV** (dazu BSG 24.3.16 – B 12 KR 20/14 R, BeckRS 2016, 71461, Rn 26 f für Heilmittelerbringer; BSG 4.9.18 – B 12 KR 11/17 R Fachärztin für Kinderpsychiatrie), das **Kinder- und Jugendhilferecht** (dazu BSG 25.4.12 – B 12 KR 24/10 R, BeckRS 2012, 74834, Rn 18 f: Familienhelfer), der **Versorgungsauftrag von Krankenhäusern,** Vorschriften zur Qualitätssicherung im Krankenhaus und zum Patientenschutz sowie das Abrechnungswesen für Krankenhäuser (Urteile vom 4.6.19 – B 12 R 11/18 R, BeckRS 2019, 12883: **Honorararzt;** vom 7.6.19 – B 12 R 6/18 R, BeckRS 2019, 12884: **Honorar-Pflegekraft**). 81

**c) Wille der Beteiligten.** Lassen die tatsächlichen Verhältnisse sowohl die Wertung zu, dass abhängige Beschäftigung vorliegt, als auch, dass eine solche nicht vorliegt, sprechen also etwa genauso viele Gesichtspunkte (zu den Indizien sogleich) für wie gegen abhängige Beschäftigung, sollte dem Willen der Beteiligten Rechnung getragen werden und danach gefragt werden, ob sie ein Verhältnis abhängiger Beschäftigung eingehen wollen oder ob dies nicht der Fall ist (vgl BSG 13.7.78 – 12 RK 14/78, AP BGB § 611 Abhängigkeit Nr. 29). Einem im Vertrag dokumentierten Willen der Vertragsparteien, kein sozialversicherungspflichtiges Beschäftigungsverhältnis begründen zu wollen, kommt jedenfalls dann **indizielle Bedeutung** zu, wenn dieser den festgestellten sonstigen tatsächlichen Verhältnissen nicht offensichtlich widerspricht und er durch weitere Aspekte gestützt wird (BSG 14.3.18 – B 12 R 3/17 R, Rz 14, BeckRS 2018, 7706 „gewichtige Rolle" der Vereinbarung: selbständiger Musikschullehrer). Gehen die Ansichten darüber auseinander, ist abhängige Beschäftigung wegen des Eingriffscharakters der Versicherungspflicht bei einem **non-liquet** zu verneinen. 82

Abzulehnen dagegen ist das Ergebnis von BSG 28.5.08 – B 12 KR 13/07 R, BeckRS 2008, 54573 zur Vereinbarungen zwischen **als Freelancern firmierenden Piloten** und einem Luftfahrtunternehmen: hier einen selbständigen Dienstvertrag über freie Mitarbeit eines Flugzeugführers im Flugbetrieb eines Luftfahrtunternehmens anzunehmen, widerspricht allen anderen Kriterien; die Piloten sind zwingend in den Flugbetrieb eingegliedert, und können auch Ort, Zeit und Art der Tätigkeit nicht selbst bestimmen; sie sind zwar hochqualifiziert, aber zwingend auf die Zusammenarbeit mit dem übrigen Bord- und Bodenpersonal angewiesen; auch tragen selbst keinerlei unternehmerisches Risiko). Sollten sie für mehre Luftgesellschaften fliegen, ist die Situation nicht anders als bei sonstigen unständig Beschäftigten.

83 **d) Weisungsrechte bezüglich Art, Zeit und Ort der Arbeit.** Das Kriterium, auf Weisungsrechte des Auftraggebers bzgl Art, Zeit und Ort der Arbeit abzustellen, kann sich auf **§ 84 HGB,** § 611a BGB stützen. Es ist beim typischen Industriearbeiter und beim typischen Büroangestellten regelmäßig erfüllt. Es versagt aber idR dort, wo die Arbeit der Sache nach sowohl von einem ArbN als auch von einem Selbständigen erbracht werden kann, beide die Arbeit nur in den Räumen des Auftraggebers und nur zu bestimmten Zeiten verrichten können und sich beide nach den Plänen und inhaltlichen Vorgaben des Auftraggebers richten müssen. Dies kann zB auf ständig wiederkehrende Schreinerarbeiten zutreffen, bei denen ein Schreiner außerhalb der Ladenöffnungszeiten in einer Vielzahl von Filialen einer Kaufhauskette nach den Vorstellungen des Kaufhauses Umbaumaßnahmen an bestimmten Einrichtungsgegenständen vornehmen muss. Ein solcher Schreiner kann beim Kaufhaus abhängig beschäftigt sein: Es kann sich aber auch um einen selbständigen Schreiner mit eigenem Betrieb handeln.

84 **e) Auflösungstendenzen beim Weisungsrecht – virtuelle Betriebe.** In virtuellen Betrieben insbesondere der **Informationstechnologie** bedürfen die herkömmlichen Argumentationstopoi (Weisungsrecht bzgl Arbeitsort, Arbeitszeit etc) zumindest einer Fortentwicklung. Grauzonenfälle sind dort zum Massenphänomen geworden, weil sich die Arbeitswelt rasant im Sinne einer Intellektualisierung und Entmaterialisierung des Betriebsbegriffs verändert. In einem entmaterialisierten, im Wesentlichen nur noch virtuellen Betrieb fehlt es in aller Regel an einem physischen Arbeitsplatz innerhalb eines räumlichen Gebildes. Das Know-how hochqualifizierter Mitarbeiter ist das wichtigste und oft auch einzige Betriebskapital. Die versprochene Arbeit kann zu jeder Zeit und an jedem Ort der Welt erbracht, ihr Ergebnis in Sekunden per Datenträger vorgelegt werden.

85 In einem **entmaterialisierten Betrieb** spielen Weisungsrechte des ArbGeb bzgl Zeit, Ort und Art der Tätigkeit eine zunehmend geringere Rolle. An deren Stelle können aber zB die **Einbindung in das Informations- und Datennetz** des Auftraggebers, die Abhängigkeit von dessen Datenorganisation und die Überwachung mittels Datenschatten treten (*Linnenkohl* BB 1998, 45, 48; *Bieback*, Sozialer Fortschritt 1999, 166). Aufgabe von Rspr und Literatur ist es, die herkömmlichen Kriterien entsprechend der Entwicklungen der Arbeitswelt teleologisch weiterzuentwickeln oder das Schwergewicht auf andere Kriterien wie das Vergütungsrisiko bei erfolglosen Bemühungen oder in Zeiten der Krankheit oder bei Urlaub zu legen.

86 **f) „Dienste höherer Art" – Eingliederung in eine fremde Betriebsordnung.** Je höher die Qualifikation des Auftragnehmers ist, desto geringer sind idR die fachlichen Weisungen, die ihm zur Erfüllung der ihm gestellten Aufgaben erteilt werden (zB angestellte Krankenhausärzte vgl BSG vom 4.6.19 – B 12 R 11/18 R, DStR 19, 2429: Honorararzt, IT-Spezialisten oder Rechtsanwälte). Oft wird es sogar an der Erteilung konkreter Aufträge fehlen, weil es Aufgabe des Beauftragten ist, eigenständig Unternehmenskonzepte oder IT-Konzepte zu entwickeln und Aufgaben für sich und andere zu definieren. Das BSG spricht in diesem Zusammenhang davon, dass das Weisungsrecht des ArbGeb bei sog Diensten höherer Art auch eingeschränkt und „zur **dienenden Teilhabe am Arbeitsprozess**" verfeinert sein kann. Abhängige Beschäftigung manifestiert sich dann in der Eingliederung des Versicherten in den Betrieb (BSG 9.12.81 – 12 RK 4/81, SozR2200 § 2 Nr 19). Für **Projektarbeit mit Fremdpersonaleinsatz** gilt folgendes: Entsendet ein Unternehmen mehrere seiner ArbN zur Erfüllung einer vertraglichen Verpflichtung in den Betrieb eines anderen Unternehmers, stellt sich ggf die Frage, ob es sich bei diesen „entsandten" ArbN um Erfüllungsgehilfen im Rahmen eines **Werk- oder Dienstleistungsvertrages** handelt, oder ob diese ArbN dem Weisungsrecht des Auftraggebers unterstellt werden, so dass ggf. verdeckte Arbeitnehmerüberlassung vorliegt. Diese Abgrenzung ist insbes dann schwierig, wenn die „entsandten" ArbN zur Erfüllung des Auftrages mit ArbN des Auftraggebers

zusammenarbeiten müssen und sie sich zur Vertragserfüllung im Betrieb des Auftraggeber aufhalten/bewegen und sich in dessen Abläufe einfinden müssen, um sie ggf als Teil des Auftrags zu verändern. In solchen Fällen stellt sich weniger die Frage, ob diese Personen ArbN/abhängig Beschäftigte und damit zB nach § 1 S 1 Nr 1 in der RV versicherungspflichtig sind. Im Vordergrund steht vielmehr die Frage, wer ArbGeb ist (vgl § 9 Abs 1 Nr 1a, § 10 Abs 1 AÜG). Hier besteht ein unabweisbares Bedürfnis sowohl des Auftraggebers als auch des Auftragnehmers, diese Frage ggf von der Einzugsstelle oder im Rahmen einer Betriebsprüfung verbindlich klären zu lassen. Das **Rechtsschutzinteresse** für entsprechende Entscheidungen der Einzugsstellen oder der DRV Bund (§ 28h Abs 2, § 28p Abs 1 Satz 5 SGB IV), liegt vor, weil die Beitragspflicht im Fall möglicherweise verdeckter Arbeitnehmerüberlassung sowohl den Verleiher (§ 10 Abs 3 AÜG) als auch den Entleiher trifft (§ 10 Abs 1 AÜG).

Als **Betrieb** ist jede organisatorische Einheit zu verstehen, innerhalb der mit Hilfe **87**
sächlicher oder sonstiger Mittel ein bestimmter arbeitstechnischer Zweck fortgesetzt verfolgt wird (BSG 4.6.98 – B 12 KR 5/97 R, BeckRS 1998, 30015470). Höhere Dienste werden im Rahmen abhängiger Beschäftigung geleistet, wenn sie fremdbestimmt bleiben, sie in einer von anderer Seite vorgegebenen Ordnung des Betriebes aufgehen (BSG 24.9.92 – 7 RAr 12/92, NZA 1993, 430, BSG 3.2.94 – 12 RK 84/92, BeckRS 1994, 30747750). Diese in der Rspr geläufigen Obersätze werden insbesondere in den Fällen verwandt, in denen der betreffende Mitarbeiter aus Erfahrung, kraft seiner Ausbildung usw von sich aus weiß, wie er einen bestimmten Auftrag zu erledigen und auszuführen hat, wenn es also nicht darum geht, „ihm die Hand zu führen"(zB Chefarzt eines Krankenhauses).

**Dienende Teilhabe am Arbeitsprozess** iS abhängiger Beschäftigung liegt idR vor, **88**
wenn das Arbeitsziel und die Mittel zu seiner Bewältigung (Personal, Räumlichkeiten etc), also der betriebliche Rahmen, vom Auftraggeber gestellt werden oder auf seine Rechnung organisiert werden können. Sie kann selbst dann noch gegeben sein, wenn lediglich der Geschäfts- oder Betriebszweck vorgegeben wird und es dem Beschäftigten (zB einem Geschäftsführer, leitenden Angestellten) überlassen wird, welche Mittel er zur Erreichung der Ziele einsetzt.

Letztlich kommt es darauf an, ob die betreffende Person nicht nur organisatorisch auf der ArbGeb- oder „Unternehmerseite" steht, sie die Geschicke einer Gesellschaft oder eines Unternehmens im Wesentlichen eigenständig lenkt, sondern ob sie hierfür auch eigenes Kapital (Arbeit, Geld oder sonstige Vermögenswerte) mit dem Risiko ihres Verlustes (unentgeltliche Arbeit!) einsetzt, ob sie mithin selbst das Unternehmerrisiko zumindest mit trägt.

Die Rspr hat unter Bezugnahme auf das Argumentationsmuster **„Dienste höherer Art"** **89**
und „Eingliederung in einen fremden Betrieb" abhängige Beschäftigung vor allem bei Organen juristischer Personen oder Verbänden angenommen oder zumindest in Erwägung gezogen (BSG 30.11.78 – 12 RK 33/76, BeckRS 1978, 30705481: Vorstandsvorsitzender eines Wasser- und Bodenverbandes; BSG 21.2.90 – 12 RK 47/87, NZA 1990, 950: Vorstandsmitglieder einer Genossenschaft; BSG 3.2.94 – 12 RK 84/92, BeckRS 1994, 30747750: Vorstandsmitglied einer öffentlichen Sparkasse). Entsprechendes gilt zB für Prediger einer Freikirche (BSG 29.3.62 – 3 RK 74/57, BSGE 16, 289), Lehrbeauftragte an einer Universität (BSG 25.9.91 – 12 RK 5/80, AP BGB § 611 Lehrer, Dozenten Nr. 23), Betriebsärzte (BSG 9.12.81 – 12 RK 19/81, BeckRS 1981, 30708536).

**g) Indizienkatalog für abhängige Beschäftigung.** Für das Vorliegen abhängiger Be- **90**
schäftigung können folgende Kriterien sprechen

**aa) Vertragsbezeichnung Arbeitsvertrag/Beschäftigter.** Durch den Abschluss eines als „Arbeitsvertrag" bezeichneten Vertrages wird regelmäßig der Wille verlautbart, ein abhängiges Beschäftigungsverhältnis begründen zu wollen. Diese Verlautbarung ist beachtlich, wenn die Vertragsparteien sich wie vereinbart verhalten, Rechtsgeschäft und Wirklichkeit also deckungsgleich sind und sich die Zuordnung nicht aus sonstigen Kriterien ergibt (BSG 24.10.78 – 12 RK 58/76, AP BGB § 611 Abhängigkeit Nr. 30). In der Praxis sind die schriftlichen Vertragsvereinbarungen auch regelmäßig der Ausgangspunkt der Ermittlungen (§ 20 SGB X, § 103 SGG) von Behörden und Gerichten. Die **regulatorischen Rahmenbedingungen** eines Betriebes (zB Krankenhaus, Alten- oder Pflegeheim) bringen im Regelfall die Eingliederung ärztlichen Krankenhauspersonals in die Organisations- und Weisungsstruktur des Krankenhauses mit sich (BSG 4.6.2019 – B 12 R 11/18 R, BeckRS

2019, 12883: Honorarärzte, BSG 6.7.2019 – B 12 R 6/18 R, BeckRS 2019, 12884: Pflegekraft).

91 **bb) Arbeiten „Hand in Hand"** mit anderen Beschäftigten des Auftraggebers und angewiesen sein auf deren Mitarbeit und Mitwirken.

92 **cc) Arbeitsplatz in den Räumen des Auftraggebers.** Muss in den Räumen des ArbGeb gearbeitet werden, spricht dies nur dann nicht für abhängige Beschäftigung, wenn auch eine selbständige Tätigkeit notwendig in den Räumen des Auftraggebers stattfinden muss (zB diejenige eines – selbständigen – Betriebsarztes, BSG 9.12.1981 – SozR 2400 § 2 Nr 19 S 30).

93 **dd) Betriebsmittel/Fahr- und Werkzeuge** werden vom Auftraggeber gestellt (BSG 24.9.81 – 12 RK 43/79, BeckRS 1981, 30708358: Bereitstellung des gesamten Büro- und Arbeitsmaterials, vollständige Auslagenerstattung). Gleiches gilt, wenn der Auftraggeber Computer, Software oder den Zugang zum Internet stellt. Allerdings reicht allein die festgestellte Nutzung eines eigenen Fahrzeuges für eine Bewertung des Vorliegens einer selbständigen Tätigkeit nicht aus. Vielmehr bedarf es Feststellungen zur Art des Transportfahrzeuges und insbes zur Ausgestaltung der Tätigkeit und der Art und Weise der Vergütung (BSG 11.3.09 – B 12 KR 21/07 R, BeckRS 2009, 69002).

94 **ee) Bezahlter Urlaub** iSd Gewährung von Urlaubsentgelt (BSG 2.3.1973 – 12/3 RK 80/71, BeckRS 1973, 31130671, BSG 18.12.01 – B 12 KR 8/01 R, BeckRS 2003, 04180: Übungsleiterin in Sportverein).

95 **ff) Bisheriger Status.** Lassen sonstige, vorrangig zu prüfende Kriterien eine eindeutige Zuordnung der Tätigkeit zu abhängiger Beschäftigung oder selbständiger Tätigkeit nicht zu, soll es nach der Rspr des BSG als ultima ratio darauf ankommen, von welcher der beiden Arten von Erwerbstätigkeit das Berufsleben des Betroffenen bisher maßgeblich geprägt war (BSG 24.10.78 – 12 RK 58/76, AP BGB § 611 Abhängigkeit Nr 30).

96 **gg) Feste, gleichbleibende Vergütung,** die ohne Rücksicht auf den Arbeitserfolg gezahlt wird, spricht für abhängige Beschäftigung (BSG 18.11.80 – 12 RK 76/79, BeckRS 1980, 30707394: Fixum für Hausverwaltung). Im Beschäftigungsverhältnis sind ausschließlich ergebnis- oder umsatzorientierte Vergütungsbestandteile unüblich.

97 **hh) Allein umsatzorientierte Bezahlung** spricht ausnahmsweise dann nicht gegen abhängige Beschäftigung, wenn der Einsatz der Arbeitskraft durch den Arbeitsanfall praktisch vorgegeben und ein positives Ergebnis sicher, die Arbeitsleistung also jedenfalls nicht mit einem nennenswerten Verlustrisiko (Unternehmerrisiko) verbunden ist (BSG 24.9.81 – 12 RK 43/79, BeckRS 1981, 30708358: Verwalter von Zweigstellen einer Sparkasse; BSG 17.5.73 – 12 RK 9/72, BeckRS 1973, 00245). Andererseits spricht eine feste Vergütung dann nicht für abhängige Beschäftigung, wenn der Dienstverpflichtete bei eigener Erkrankung die Kosten einer Ersatzkraft ersetzen muss, ihm die zugesagte Vergütung also nicht risikofrei zusteht (BSG 9.12.81 – 12 RK 4/81, FHArbSozR 29 Nr. 4765: Betriebsarzt).

98 **ii) Geschäftliches Auftreten** im Namen des Auftraggebers (BSG 18.11.80 – 12 RK 76/79, BeckRS 1980, 30707394: Verwaltungsarbeiten nicht unter eigenem Briefkopf, sondern demjenigen des Auftraggebers).

99 **jj) Höchstpersönlichkeit der Arbeitsleistung.** Bei abhängiger Beschäftigung ist die Arbeitsleistung in aller Regel höchstpersönlich zu erbringen und die Einschaltung Dritter (Erfüllungs- und Verrichtungsgehilfen) nicht vorgesehen. Im Falle der Arbeitsverhinderung ist es Sache des Geschäftsherrn, für eine Vertretung zu sorgen, nicht dagegen ist dies Sache des Beschäftigten (zu einer für abhängige Beschäftigung unschädlichen ausnahmsweisen „Urlaubsvertretung" vgl BSG 22.6.05 – B 12 KR 28/03 R, BeckRS 2005, 42507). Zwar liegt in der **Delegationsmöglichkeit** der eigenen Arbeitsleistung allein kein entscheidendes Merkmal für das Vorliegen einer selbständigen Tätigkeit, wenn ein Transportfahrer diese Möglichkeit tatsächlich nur selten nutzt, regelmäßig keinen versicherungspflichtigen ArbN beschäftigt und damit die persönliche Arbeitsleistung die Regel ist (so BSG 11.3.09 – B 12 KR 21/07 R, BeckRS 2009, 69002). Indessen ändert dies mE nichts daran, dass die Delegationsmöglichkeit dem Arbeitsverhältnis fremd ist und stark gegen eine abhängige Beschäftigung spricht, auch wenn von der rechtlichen Möglichkeit hierzu praktisch kein Gebrauch gemacht wird (BSG 18.11.15 – B 12 KR 16/13 R, NJW 2016, 666, Rn 34: Delegationsbefugnis ist nur dann Indiz für selbständige Tätigkeit, wenn von ihr realistischer Weise Gebrauch gemacht werden könnte).

**kk) Die Höhe der Vergütung.** Liegt das vereinbarte Honorar deutlich über dem Arbeitseinkommen eines sozialversicherungspflichtig Beschäftigten und lässt es dadurch **Eigenvorsorge** zu, ist dies ein gewichtiges Indiz für selbständige Tätigkeit (BSG 30.3.17 – B 12 R 7/15 R, NZS 2017, 664, selbständiger Erziehungshelfer auf Honorarbasis), jedoch sind auch insoweit die Gesamtumstände maßgeblich. So kann im umgekehrten Fall ein Honorar, das deutlich unter den Tariflöhnen für vergleichbare Arbeitsleistung liegt, allein nicht zur Annahme abhänggier Beschäftigung, führen, wenn es weitgehend an Weisungsrechten oder einer Eingliederung in den fremden Betrieb fehlt. 100

**Urlaubsgeld, Weihnachtsgeld** oder 13. Monatsgehälter sind „klassische" Vergütungsbestandteile, die ArbN, nicht aber einem selbständigen Vertragspartner gezahlt werden. Werden Honorare oder Personalkosten als **Betriebsausgaben** verbucht, Lohnsteuer und SozVersBeiträge entrichtet, das Entgelt auf ein privates Konto des Vertragspartners überwiesen, spricht dies für abhängige Beschäftigung (BSG 30.4.13 – B 12 KR 19/11 R, BeckRS 2013, 73365), desgl die Vereinbarung über die Anwendbarkeit eines Tarifvertrages oder einer sonst für ArbN typischen Vereinbarung von Arbeitsbedingungen. 101

**h) Indizien gegen abhängige Beschäftigung. aa) Eigenes Unternehmerrisiko.** Maßgeblich hierfür ist, ob eigenes Kapital oder die eigene Arbeitskraft auch mit der Gefahr eines Verlustes eingesetzt wird, der Erfolg des Einsatzes der sächlichen oder persönlichen Mittel also ungewiss ist. Hierfür kann bei geistigen Tätigkeiten sprechen, dass eine Vergütung nicht bereits bei Arbeitsbereitschaft oder Anerbieten der Leistung, sondern erst dann zu gewähren ist, wenn die Leistung tatsächlich erbracht wird (BSG 27.3.80 – 12 RK 26/79, BeckRS 1980, 03130: Vergütung für das Abhalten von Vorlesungen). 102

**bb) Haftung für schuldhaftes Verhalten** allein begründet noch kein Unternehmerrisiko (BSG 18.11.80 – 12 RK 76/79, SozR 2200 § 165 Nr 61 S 74: Hausverwalter; BSG 15.12.83 – 12 RK 57/82, BeckRS 1983, 30710753: Haftung des Vorstands oder Geschäftsführers), ebenso wenig die Vereinbarung einer Leistungs- und Akkordentlohnung, da diese typischerweise auch im Arbeitsverhältnis vorkommt (BSG 4.6.98 – B 12 KR 5/97 R, BeckRS 1998, 30015470: Stücklohn einer Ausbeinerkolonne). 103

**cc) Vergütungsrisiko.** Selbständige werden regelmäßig nur bezahlt, wenn der versprochene Erfolg eintritt oder die zugesagte Dienstleistung erbracht wird. Ein Vergütungsrisiko trägt auch derjenige, dem zwar eine feste Vergütung zugesagt ist, der aber die Kosten einer Ersatzkraft ersetzen muss, wenn er seine Arbeitsleistung (zB wegen Erkrankung) nicht erbringen kann (BSG 9.12.81 – 12 RK 4/81, FHArbSozR 29 Nr 4765: Betriebsarzt). 104

**dd) Vereinbarung einer Vertragsstrafe** kann ein Indiz für eine selbständige Tätigkeit sein (BSG 28.5.2008 – B 12 KR 13/07 R, USK 2008–45 = BeckRS 2008, 54573; BSG 11.3.2009 – B 12 KR 21/07 R, BeckRS 2009, 69002). 105

**ee) Werbemaßnahmen und eigenständiges Auftreten am Markt.** Wer selbst stets von Neuem dafür sorgen muss, dass er Arbeitsaufträge erhält und dazu außerhalb einer Dauerrechtsbeziehung Dritte oder die Öffentlichkeit anspricht oder seine Arbeitsleistung bzw deren Ergebnis anbietet (zB durch Zeitungsanzeigen, Telefonbucheintragungen, „Gelbe Seiten", eigene website mit Geschäftsinhalten usw), wird jedenfalls seinem äußeren Erscheinungsbild nach wie ein Unternehmer tätig. 106

**ff) Vorhaltung eigener Betriebsmittel/Fahrzeuge.** Im Arbeitsverhältnis werden Werkzeuge und Arbeitsmittel dem ArbN regelmäßig vom ArbGeb gestellt, so dass das Fehlen eigener, zur Arbeitsleistung jedoch erforderlicher Betriebsmittel auf abhängige Beschäftigung hindeutet (LSG Berlin 14.8.96 – L 14 Kr 16/95, NZB dagegen zurückgewiesen, vgl BSG 11.3.97 – B 12 BK 46/96, nv). Hat sich der „Auftragnehmer" Betriebsmittel und Werkzeuge auf eigene Kosten zu beschaffen, deutet dies dagegen idR auf selbständige Tätigkeit hin. So kann insbes die Benutzung eines eigenen Kraftfahrzeugs und die damit einhergehende Lastentragung in Verbindung mit anderen Gesichtspunkten für eine selbständige Tätigkeit sprechen (BSG 19.8.2003 – B 2 U 38/02 R, BeckRS 2003, 41711; BSG 22.6.05 – B 12 KR 28/03 R, BeckRS 2005, 42507, Rn 28). Allerdings kann abhängige Beschäftigung vorliegen, wenn der „Auftragnehmer" zwar **Werkzeuge und Fahrzeuge** selbst beschaffen muss, ihm insoweit aber vom Auftraggeber genaue Vorgaben zB über Fahrzeugtyp, Farbe und Gestaltung (zB Werbeaufdrucke) gemacht und Kredite zur Finanzierung dieser Betriebsmittel zur Verfügung gestellt werden (zu solchen Fällen vgl LSG 107

Berlin 17.8.1994 – L 9 Kr 8/94 Ausgangsfall der Entscheidung des BVerfG 20.5.96 – 1 BvR 21/96, NZS 96, 522).

108 **gg) Transportgewerbe.** Für das Transportgewerbe hat das BSG erkennen lassen, es neige (anders als das BAG 19.11.1997 – 5 AZR 653/96, BAGE 87, 129 = AP Nr 90 zu § 911) dazu, die einen Frachtführer iSd § 407 HGB treffenden gesetzlichen Verpflichtungen, sich Weisungen des Spediteurs, des Absenders und des Empfängers zu unterwerfen und entsprechende Kontrollen des Spediteurs zu dulden, für die Begründung eines abhängigen Beschäftigungsverhältnisses ausreichen zu lassen, und dass es zu dessen Annahme einer weitergehenden Einengung des Gestaltungsfreiraums des Transportfahrers nicht bedürfe. Jedenfalls liegt ein abhängiges Beschäftigungsverhältnis auch bei Benutzung eines eigenen Fahrzeugs jedenfalls dann vor, wenn dem Frachtführer Start- und Endpunkt seiner täglich gleichbleibenden „vollschichtigen" Tour sowie die Abholungs- und Anlieferungszeitpunkte bei den Kunden vom Auftraggeber vorgegeben werden und der Frachtführer allenfalls noch theoretisch, nicht aber faktisch die Möglichkeit hat, für weitere eigene Kunden Frachtfahrten durchzuführen (BSG 22.6.05 – B 12 KR 28/03 R, BeckRS 2005, 42507 Rn 26; zur Erforderlichkeit, Feststellungen zur Art des Transportfahrzeuges und insbes zur Ausgestaltung der Tätigkeit und der Art und Weise der Vergütung von Transporteuren zu treffen, vgl BSG 11.3.09 – B 12 KR 21/07 R, BeckRS 2009, 69002, Rn 20).

109 **hh) Ordnungsgemäße Buchführung und laufende Entrichtung von Umsatzsteuer aus den Einnahmen.** Eine Bindung der Träger der SozV an die rechtliche Beurteilung der Finanzbehörden besteht nicht (BSG 30.11.78 – 12 RK 33/76, BeckRS 1978, 30705481; BSG 24.1.07 – B 12 KR 31/06 R, NZS 2007, 648 zur Versteuerung der Einnahmen einer ArbNin, die zugleich stille Gesellschafterin war, als Einnahmen aus Gewerbebetrieb). Werden allerdings Einnahmen aufgrund einer Arbeitsleistung sowohl auf der Auftraggeber- als auch auf der Auftragnehmerseite ordnungsgemäß als Umsätze verbucht bzw versteuert und vom Auftragnehmer bei der Einkommensteuer als Einnahmen aus selbständiger Arbeit versteuert, ist dies ein gewichtiges Indiz für selbständige Tätigkeit. In solchen Fällen dürfte abhängige Beschäftigung regelmäßig selbst dann ausscheiden, wenn zB bei einer selbständigen Dienstleistung aus Gründen der Praktikabilität **„nach Stunden abgerechnet"** wird. Hiervon zu unterscheiden ist die bloße Vereinbarung zwischen Auftragnehmer und Auftraggeber, dass auf die Zahlungen Umsatz- oder Mehrwertsteuer zu zahlen sei (vgl dazu BSG 25.1.01 – B 12 KR 17/00 R, BeckRS 2001, 40486); solche Vereinbarungen sollten vielmehr „aufhorchen" lassen, zumal Auftraggeber im normalen Geschäftsgebaren ihren Auftragnehmern idR nicht zu sagen pflegen, welche steuerlichen Pflichten Letztere treffen.

110 **ii) Beschäftigung und Bezahlung eigenen Personals.** Personen, die im Zusammenhang mit ihren Tätigkeiten regelmäßig einen oder gar mehrere versicherungspflichtige ArbN mehr als geringfügig beschäftigen, sind idR ebenfalls selbständig tätig. Für die Durchbrechung des Grundsatzes, dass abhängige Beschäftigung regelmäßig die höchstpersönliche Arbeitsleistung voraussetzt, spielt es keine Rolle, ob man sich durch einen oder mehrere geringfügig oder versicherungspflichtig Beschäftigte in der Arbeitsleistung vertreten lässt.

111 **jj) Haftung für Mangel- und Mangelfolgeschäden.** Werkvertragsunternehmer haften für die Ordnungsmäßigkeit ihres Werkes; sie können die Vergütung erst bei Ablieferung des mangelfreien Werkes verlangen. Außerdem sind sie bereits bei leichter Fahrlässigkeit zum Ersatz des aus Mängeln resultierenden Schadens verpflichtet. Demgegenüber haften ArbN für Sach- und Vermögensschäden bei leichter Fahrlässigkeit überhaupt nicht, bei mittlerer Fahrlässigkeit anteilig und nur bei grober Fahrlässigkeit und bei Vorsatz auf den vollen Schaden.

112 **kk) Gewerbeanmeldung, Beantragung einer Betriebsnummer.** Wer selbständig tätig ist, hat sein Gewerbe anzumelden. Bei Beschäftigung von ArbN ist außerdem eine Betriebsnummer zu beantragen. Wird im „Auftrag" vereinbart, der „Auftragnehmer" habe ein Gewerbe anzumelden, empfiehlt es sich zu prüfen, wann das Gewerbe angemeldet wurde (Anlass) und ob das angemeldete Gewerbe tatsächlich ausgeübt wird; hieran bestehen Zweifel, wenn Dutzende von „Auftragnehmern" zur gleichen Zeit zB das Gewerbe des „Regalaufstellers" anmelden und diese für denselben „Auftraggeber" tätig werden, es aber gar keine Regale aufzustellen gilt. Die Gewerbeanmeldung ist hingegen ein wichtiges Indiz für selbständige Tätigkeit, wenn das angemeldete Gewerbe tatsächlich durch sächliche Betriebsmittel und eine Organisation des Betriebes Substanz hat, und die „Anmeldung" nicht nur „auf dem Papier steht".

**4. Organschaftliches Tätigwerden. a) Organstellung und Anstellungsverhältnis – Allgemeines.** Juristische Personen werden durch ihren Geschäftsführer bzw ihre Vorstände gerichtlich und außergerichtlich vertreten (§ 35 Abs 1 GmbHG; § 78 AktG; § 26 Abs 2 BGB). Erschöpft sich die Tätigkeit des Vorstandes oder Geschäftsführers in seiner Organstellung und damit in der Mitwirkung bei der Willensbildung des Vorstandes sowie der gesetzlichen Außenvertretung und ist die Erledigung der laufenden Geschäfte (zB kaufmännische und technische Leitung) leitenden Angestellten übertragen, ist Versicherungspflicht regelmäßig zu verneinen: Arbeit wird in solchen Fällen nicht aufgrund eines Arbeitsvertrages, aufgrund abhängiger Beschäftigung geleistet; sie ist vielmehr **Ausfluss der gesellschaftsrechtlichen Organstellung** (BSG 22.8.73 – 12 RK 27/72, BeckRS 1973, 00244; grundlegend zur Bedeutung des Gesellschaftsvertragsrechts für die Sozialversicherung vgl *Bernsdorff* DB 2014, 1551 ff). 113

**Organe juristischer Personen** können zur juristischen Person neben der gesellschaftsrechtlichen Verbindung jedoch in einer **weiteren (zusätzlichen) rechtlichen Beziehung** bestehen. Nur wenn und soweit eine solche weitere rechtliche Verbindung zur juristischen Person besteht, kommt neben der für sich betrachtete nicht zur Versicherungspflicht führenden Organschaft, die Ausübung einer selbständigen Tätigkeit oder abhängigen Beschäftigung in Betracht (BSG 4.6.09 – B 12 KR 3/08 R, NJW 2010, 1836, für eine alleinige Gesellschafterin und auch alleinvertretungsberechtigte Geschäftsführerin ohne weitere Rechtsbeziehung zur GmbH). Dies ist etwa der Fall, wenn den organschaftlichen Vorständen und Geschäftsführern auch die **Erledigung der laufenden Geschäfte,** insbes die kaufmännische oder technische Leitung der juristischen Person, übertragen ist; dann liegt neben dem gesellschaftsrechtlichen Bestellungsakt regelmäßig auch ein Arbeits- oder Dienstvertrag zwischen dem Vorstand/Geschäftsführer und der juristischen Person vor (zB ein „Geschäftsführervertrag“, vgl BSG 30.11.78 – 12 RK 33/76, BeckRS 1978, 30705481: Verbandsvorsteher eines Wasserverbandes; BSG 27.3.1980 – 12 RK 56/78, BeckRS 1980, 30706746: ehrenamtlicher Bürgermeister; BSG 15.12.83 – 12 RK 57/82, BeckRS 1983, 30710753: Vorstandsmitglied eines Vereins). In solchen Fällen ist danach zu fragen, ob die Aufgaben der laufenden Verwaltung in gleicher Weise auch durch angestelltes Personal verrichtet werden könnten und in anderen Gesellschaften oder Einrichtungen üblicherweise durch Fremdpersonal verrichtet werden. 114

Gleiches gilt für Vorsitzende bzw Vorstandsmitglieder einer **Genossenschaft** (BSG 20.12.61 – 2 RU 146/56, BSGE 16, 73; BSG 21.2.90 – 12 RK 47/87, NZA 1990, 950; vgl danach *Bösche* NZS 2004, 466) sowie die **Vorstände öffentlich-rechtlicher Körperschaften** (BSG 30.11.78 – 12 RK 33/76, BeckRS 1978, 30705481: Wasser- und Bodenverband; BSG 21.1.69 – 3 RK 81/67, BeckRS 1969, 00337; BSG 27.3.80 – 12 RK 56/78, BeckRS 1980, 30706746: ehrenamtlicher Bürgermeister mit Verwaltungsfunktionen; BSG 3.2.94 – 12 RK 84/92, BeckRS 1994, 30747750: Vorstandsmitglieder einer öffentlichen Sparkasse). Schließen sich **mittelständische Genossenschaften** zu einem **Prüfverband eV** zusammen, dem das Prüfungsrecht nach dem GenG verliehen ist, und bietet der eV seinen Mitgliedern Prüfungs- und Beratungsleistungen an, die er durch einen zum Vorstand bestellten Wirtschaftsprüfer und Steuerberater erbringen lässt, liegt insoweit unabhängig von der Bezeichnung des Verhältnisses zwischen dem Prüfverband eV und dem Steuerberater als „Geschäftsbesorgungsvertrag“ gem § 55 GenG regelmäßig abhängige Beschäftigung des Steuerberaters vor (BSG Beschl v 4.4.18 – B 12 KR 51/17 B, BeckRS 2018, 11583). Für die Vorstandsmitglieder einer Aktiengesellschaft gilt kraft ausdrücklicher Ausnahmevorschrift, dass sie in einer Beschäftigung für die **Aktiengesellschaft** gemäß § 27 Abs 1 Nr 5 versicherungsfrei sind. 115

**b) Ehrenamt.** Für ehrenamtliches Engagement, sei es als Organ eines Vereins oder außerhalb einer mitgliedschaftlichen Struktur, gilt folgendes: Liegt **überobligatorisches Engagement** vor, kann zusätzlich und neben dem nicht zu abhängiger Beschäftigung führenden (ggf vereinsrechtlichen, organschaftlichen, ehrenamtlichen) Tun ein Rechtsverhältnis vorliegen, das – je nach Lage der Dinge – als abhängige Beschäftigung, idR als Arbeitsverhältnis oder Dienstvertrag, qualifiziert werden kann. 116

Ein solches Beschäftigungsverhältnis entsteht dann zB zusätzlich zum Ehrenamt, steht neben diesem und ändert nichts an der sozialversicherungsrechtlichen Beurteilung der ehrenamtlichen Betätigung sowie hierfür ggf. gewährter Aufwandsentschädigung und Auf- 117 wendungsersatz (BSG 16.8.17 – B 12 KR 14/16 R, NZS 2018, 572: Kreishandwerkermeister; hierzu auch BSG 4.6.2009 – B 12 KR 3/08 R, NJW 2010, 1836). So können Vorstandsmitglieder von **bürgerlich-rechtlichen Vereinen,** die – im Rahmen eines neben der Organstellung bestehenden Dienstleistungsvertrages – für den Verein gegen Arbeitsentgelt tätig sind, als Beschäftigte der Versicherungspflicht in der RV und der ArblV unterliegen; die Vorschriften über die **Versicherungsfreiheit von Vorständen einer Aktiengesellschaft** sind auf sie nicht entsprechend anzuwenden (BSG 19.6.01 – B 12 KR 44/00 R, NZS 2002, 199; BSG 15.12.83 – 12 RK 57/82, BeckRS 1983, 30710753.

118 **c) Leitende Angestellte mit Arbeitgeberfunktion.** Die Frage, ob der Anstellungsvertrag eines nicht am Kapital beteiligten **GmbH-Geschäftsführers** auch ein Arbeitsvertrag ist, der Geschäftsführer also ArbN sein kann, wird von BAG (vgl zB BAG 26.5.99 – 5 AZR 664/98, AP Nr 10 zu § 35 GmbHG; *Henssler* RdA 1992, 289, 292) und BSG bejaht; das BSG nimmt im Versicherungs- und Beitragsrecht der SozVers bei Fremdgeschäftsführern einer GmbH regelmäßig abhängige Beschäftigung an (BSG 14.3.2018 – B 12 KR 13/17 R, NJW 2018, 2662).

119 Die Regelung des **§ 5 Abs 1 Satz 3 ArbGG,** dass ua die gesetzlichen Vertreter einer juristischen Person nicht als deren ArbN gelten, beschränkt sich auf das ArbGG und hat keine Bedeutung für die SozVers (BSG 14.3.18 – B 12 KR 13/17 R, Rz 19, NJW 2018, 2662). Der Zugehörigkeit der Geschäftsführer und Vorstände zu den leitenden Angestellten der GmbH oder des Vereins steht auch nicht entgegen, dass sie im Verhältnis zu den sonstigen ArbN ArbGebFunktionen wahrnehmen und gegenüber den übrigen Beschäftigten das Weisungsrecht ausüben (BSG 24.6.82 – 12 RK 45/80, BeckRS 1982, 30709079; BSG 8.12.87 – 7 RAr 25/86, BeckRS 1987, 30724061; BSG 19.6.01 – B 12 KR 44/00 R, NZS 2002, 199). Zur Organschaft in Kapitalgesellschaften ausländischen Rechts vgl BSG 27.2.08 – B 12 KR 23/06 R, BSGE 100, 62, Rn 16: Mitglieder des Boards of Directors einer irischen Private Limited Company.

120 **d) Fremdgeschäftsführer einer GmbH: grundsätzliche Versicherungspflicht.** Der Geschäftsführer einer GmbH, der am Stammkapital nicht beteiligt ist (Fremdgeschäftsführer), ist grundsätzlich abhängig Beschäftigter der GmbH und versicherungspflichtig (BSG 14.3.18 – B 12 KR 13/17 R, Rz 20, NJW 2018, 2662). Unerheblich ist, dass die Gesellschafter idR keinen direkten Einfluss auf die Arbeit des Geschäftsführers nehmen und sie keine konkreten Anweisungen bzgl Art, Ort und Umfang seiner Tätigkeit erteilen, sie sich insbes nicht ins „Tagesgeschäft" einmischen.

121 Nach früherer Ansicht des BSG sollte bei **Fremdgeschäftsführern im Familiengesellschaften** keine Beschäftigung vorliegen, wenn die Gesellschafter das ihnen rechtlich zustehende Direktionsrecht gegenüber dem Geschäftsführer tatsächlich nicht ausüben (BSG 23.9.82 – 10 RAr 10/81, ZIP 1983, 103; BSG 29.10.86 – 7 RAr 43/85, BeckRS 1986, 30719016), sie ihm vollkommen freie Hand lassen. Dies kann in der Praxis vor allem bei sog Familiengesellschaften vorkommen (BSG 8.12.87 – 7 RAr 25/86, BeckRS 1987, 30724061; BSG 30.1.90 – 11 RAr 47/88, NZA 1990, 950). Entsprechend hatte das BSG argumentiert, wenn der Geschäftsführer kraft Fachkunde und Erfahrung und von der Gesellschafterversammlung sowie der übrigen Geschäftsführung geduldet in der GmbH „das Sagen hat" (BSG 15.12.71 – 3 RK 67/68, BeckRS 1971, 0029) oder er aufgrund familiärer Bindungen, Fachkunde und Erfahrung „Kopf und Seele" des Unternehmens ist (BSG 23.9.82 – 10 RAr 10/81, ZIP 1983, 103).

122 Der 12. Senat des BSG hat klargestellt, dass diese **„Kopf- und Seele-Rspr"** im Versicherungs- und Beitragsrecht keine Rolle spielt und es allein auf die Rechtsmacht ankommt (BSG 19.9.19 – B 12 R 25/18 R, BeckRS 2019, 22527). Die **Rechtsmacht der Gesellschafter** gegenüber dem Geschäftsführer mag zwar in „ruhigen Zeiten" durch familiäre Bindungen überlagert sein, so dass von ihr faktisch kein Gebrauch gemacht wird. Sie entfällt jedoch nicht dadurch, dass rechtliche Vereinbarungen zunächst „nur auf dem Papier stehen" und sie ihre Bedeutung oft erst im Konfliktfall erlangen, zB, wenn es zu einer familiären Trennung kommt und die familiären Rücksichtnahmen ein Ende haben.

123 **e) Gesellschafter-Geschäftsführer einer GmbH.** Verfügt der Geschäftsführer aufgrund seiner gesellschaftsrechtlichen Stellung über die Rechtsmacht, ihm nicht genehme Weisungen der Gesellschafterversammlung zu verhindern, scheidet abhängige Beschäftigung aus. Eine derartige beherrschende Stellung liegt regelmäßig vor, wenn der Gesellschafter-

Geschäftsführer **mindestens 50 vH der Anteile am Stammkapital** hält oder ihm bei geringerer Kapitalbeteiligung nach dem Gesellschaftsvertrag eine „echte"/qualifizierte Sperrminorität eingeräumt ist (BSG 14.3.18 – B 12 KR 13/17 R, Rz 21, NJW 2018, 2662; BSG 19.9.19 – B 12 R 25/18 R, BeckRS 2019, 22527: Absage an Kopf- und Seele-Rspr). Dies gilt selbst dann, wenn außergewöhnliche Geschäfte der GmbH mit einem von der Gesellschafterversammlung eingesetzten Beirat abgestimmt werden müssen (BSG 24.6.82 – 12 RK 43/81, BeckRS 1982, 30709061). Eine **„echte"/qualifizierte Sperrminorität** setzt voraus, dass sie nicht auf bestimmte Angelegenheiten der Gesellschaft begrenzt ist, sondern uneingeschränkt die gesamte Unternehmenstätigkeit umfasst (BSG 14.3.18 – B 12 KR 13/17 R, Rz 21, NJW 2018, 2662). Das einem Minderheitsgesellschafter im Rahmen seines Anstellungsvertrages als GmbH-Geschäftsführers, jedoch außerhalb des Gesellschaftsvertrages eingeräumte **Vetorecht** steht einer qualifizierten Sperrminorität nicht gleich (BSG 11.11.15 – B 12 KR 10/14 R, DStR 2016, 1275 Rn 26 f: das Vetorecht sei nicht „kündigungsfest", weil es das rechtliche Schicksal des Anstellungsvertrages teile).

Abhängige Beschäftigung liegt auch dann nicht vor, wenn der geschäftsführende Alleingesellschafter der GmbH nur **Strohmann ist** (anders BSG 18.4.91 – 7 RAr 32/90, NZA 1991, 869) oder er aufgrund eines schuldrechtlichen Treuhandvertrages an der Ausübung der im formal zustehenden Rechte als Gesellschafter gehindert (anders BSG 8.12.1994 – 11 RAr 49/94, NZS 1995, 373); denn auch insoweit ist allein auf die kraft Gesellschaftsvertrag bestehende formal bestehende Rechtsmacht abzustellen. – Zum **stillen Gesellschafter** vgl BSG 24.1.07 – B 12 KR 31/06 R, NZS 2007, 648.

Außerhalb des Gesellschaftsvertrages (Satzung) zustande gekommene, das **Stimmverhalten regelnde Vereinbarungen** sind bei der Bewertung der Rechtsmachtverhältnisse nicht zu berücksichtigen (BSG 14.3.18 – B 12 KR 13/17 R, Rz 22, NJW 2018, 2662). **124**

**Minderheitsgesellschafter,** die weder über die Mehrheit der Gesellschaftsanteile noch über eine qualifizierte Sperrminorität verfügen, sind immer abhängig Beschäftigte. Die Rspr will dies teilweise davon abhängig machen, ob sie bei ihrer Tätigkeit der Kontrolle durch die Gesellschafter unterliegen und die Gesellschafter ihre Gesellschafterrechte tatsächlich ausüben; damit könnte – so der 11. Senat des BSG – abhängige Beschäftigung verneint werden, wenn besondere Umstände den Schluss zulassen, es liege keine Weisungsgebundenheit vor (BSG 6.3.03 – B 11 AL 25/02 R, BeckRS 2003, 40917: Kapitalbeteiligung 25 vH). Aus Gründen der Vorhersehbarkeit und Rechtssicherheit ist auch in diesen Fällen auf die Rechtsmacht der Gesellschaft abzustellen, dem Minderheitsgesellschafter – bei Bedarf und je nach Lage – Weisungen erteilen zu können. **125**

Weisungsgebundenheit im Sinne der Rspr des BSG und damit abhängige Beschäftigung liegt auch dann vor, wenn **mehrere gleichberechtigte Gesellschafter-Geschäftsführer** ihre Entscheidungsfindung einvernehmlich regeln (BSG 6.3.03 – B 11 AL 25/02 R, BeckRS 2003, 40917; BSG 4.7.07 – B 11a AL 5/06 R, BeckRS 2007, 47898 zur ArbNSchaft eines Gesellschafter-Geschäftsführers in einer aus drei zu gleichen Teilen beteiligten Gesellschaftern bestehenden GmbH, die die Bereiche Produktion, kaufmännischer und technischer Bereich unter sich aufgeteilt haben). **126**

**f) GmbH-Gesellschafter, die nicht Geschäftsführer sind.** Ein GmbH-Gesellschafter, der in der GmbH angestellt, aber nicht zum Geschäftsführer bestellt ist, besitzt allein aufgrund seiner gesetzlichen Gesellschafterrechte nicht die Rechtsmacht, seine Weisungsgebundenheit als Angestellter der Gesellschaft aufzuheben oder abzuschwächen. Vorbehaltlich anderweitiger Bestimmungen im Gesellschaftsvertrag ist die Dienstaufsicht und das Weisungsrecht über die Angestellten der GmbH nämlich Sache der laufenden Geschäftsführung und nicht der Gesellschafterversammlung (BSG 23.6.94 – 12 RK 72/92, NJW 1994, 2974). **127**

Diese rechtlich bestehende Abhängigkeit des Gesellschafters von Weisungen der Geschäftsführung in seiner Eigenschaft als Angestellter kann aber durch die tatsächlichen Verhältnisse so überlagert sein, dass eine Beschäftigung im sozialversicherungsrechtlichen Sinn dennoch ausscheidet. Dies kann nur anhand einer Abwägung sämtlicher Umstände des Einzelfalles festgestellt werden (BSG 23.6.94 – 12 RK 72/92, NJW 1994, 2974). **128**

Ist der Minderheitsgesellschafter leitender Angestellter der GmbH, verfügt er trotz einer auf ihn erfolgten **rechtsgeschäftlichen Übertragung der Mehrheitsstimmrechte (Stimmrechtsübertragung)** nicht über eine Stellung in der GmbH, die ihn statusrechtlich **129** zum Selbständigen macht (BSG 11.11.15 – B 12 R 2/14 R, BeckRS 2016, 67680 Rn 30 f, BSG 11.11.15 – B 12 KR 13/14 R, BeckRS 2016, 66640 zu einem Stimmbindungsvertrag); ähnlich BSG 14.3.18 – B 12 KR 13/17 R, NJW 2018, 2662.

130 **g) Familiengesellschaften.** Sonstige tatsächliche Umstände, die eine rechtliche Bindung an das Weisungsrecht der Geschäftsführung überlagern können, sind familiäre Beziehungen zwischen dem Beschäftigten und den geschäftsführenden Gesellschaftern (BSG 5.2.98 – B 11 AL 71/97 R, NZS 1998, 492). „Mildere Formen der Ausübung des Weisungsrechts gegenüber Familiengehörigen" und „größere Freiheiten" Familienangehöriger schließen das Vorliegen abhängiger Beschäftigung aber nicht von vornherein aus (BSG 16.12.60 – 3 RK 47/56, BeckRS 1960, 30807411). Zur Unbeachtlichkeit der sog Kopf-und-Seele-Rspr vgl BSG 19.9.19 – B 12 R 25/18 R, BeckRS 2019, 22527.

131 **h) Einzelunternehmen.** Die für juristische Personen geltenden Grundsätze gelten sinngemäß auch dann, wenn Träger eines Unternehmens eine natürliche Person ist. So hat das BSG zB die abhängige Beschäftigung eines Mannes angenommen, der in dem seiner Mutter gehörenden Unternehmen (Gaststätte) arbeitete, und eine faktische Mitunternehmerschaft und Selbständigkeit allein wegen der familiären Bindungen oder der bloßen Möglichkeit zur Einflussnahme auf die Geschicke des Unternehmens der Mutter abgelehnt (BSG 30.4.13 – B 12 KR 19/11 R, BeckRS 2013, 73365). Zur stillen Gesellschaft vgl BSG 24.1.07 – B 12 KR 31/06 R, NZS 2007, 648).

132 **5. Familiäre Mitarbeit. a) Beschäftigungsverhältnisse unter Ehegatten und nahen Angehörigen.** Die Vorschrift des § 175 RVO aF, nach der die Beschäftigung eines Ehegatten durch den anderen keine Versicherungspflicht in der gesetzlichen KV begründete, hat das BVerfG teilweise für mit Art 3 6 GG unvereinbar erklärt (Beschluss vom 26.11.1964 – 1 BvL 14/62, NJW 1965, 195). Auch wenn ein solches Arbeitsverhältnis durch die eheliche Gemeinschaft modifiziert wird, bleibt es nach Ansicht des BVerfG ein echtes Arbeitsverhältnis mit allen sonst daran anknüpfenden Folgen, auch solchen sozialrechtlicher Art. Allerdings dürften an den Nachweis eines solchen Beschäftigungsverhältnisses strenge Anforderungen gestellt werden.

133 **b) Abgrenzung zur familiären Mithilfe.** Im Einzelnen geht es darum, ein Beschäftigungsverhältnis mit Entgeltzahlung von der bloßen familienhaften Mithilfe, zu der Ehegatten einander und Kinder ihren Eltern nach den Vorschriften des bürgerlichen Rechts verpflichtet sein können, abzugrenzen. Diese Abgrenzung hängt nach der Rspr des BSG von den gesamten Umständen des Einzelfalles ab (hierzu BSG 23.6.94 – 12 RK 50/93, NZS 1995, 31). Entscheidend ist auch insoweit die Rechtsmacht; so würde zB abhängige Beschäftigung eines im allein seiner Mutter gehörenden Familienunternehmen auf Grund eines Arbeitsvertrages tätigen Sohnes selbst dann nicht ausgeschlossen, wenn der Sohn in diesem Einzelunternehmen weitreichende Entscheidungsbefugnisse hat, jedoch nur ein geringes Entgelt erzielt (BSG 30.4.13 – B 12 KR 19/11 R, BeckRS 2013, 73365) näheres vgl → *Familiäre Mitarbeit* Rn 47 ff.

134 **6. Mitgliedschaftliche Betätigung und ehrenamtliches Engagement. a) Tätigkeit im Rahmen mitgliedschaftlicher Gepflogenheiten.** Ist eine Tätigkeit (Beschäftigung) Ausfluss einer Verpflichtung aufgrund einer Vereinsmitgliedschaft, kann sie nicht zugleich im Rahmen eines Beschäftigungsverhältnisses oder „aufgrund eines Arbeits-, Dienst- oder Ausbildungsverhältnisses" verrichtet werden. Deshalb sind Repräsentanten eines Vereins in Erfüllung allein mitgliedschaftlicher Vereinsaufgaben (zB Teilnahme an Organsitzungen, Tagungen und ähnlichen Veranstaltungen), bei denen sie sich der Willensbildung und der Zielsetzung des Vereins widmen, nicht versicherungspflichtig beschäftigt. Der **Maßstab** ist dabei nicht für alle Vereinsmitglieder gleich; Vereinsfunktionäre (zB Vorstand, Ausschussmitglieder, Abteilungsleiter usw) haben idR qualitativ und quantitativ andere Mitgliedspflichten als einfache Vereinsmitglieder.

135 Allerdings schließt die Mitgliedschaft in einem Verein die Begründung eines – neben der Vereinsmitgliedschaft bestehenden – Beschäftigungsverhältnisses nicht aus, so dass zB ein beim Verein hauptamtlich angestellter Geschäftsführer oder teilzeitbeschäftigter Trainer eines Sportvereins im Rahmen seines **überobligatorischen Engagements** (Maßstab: Vereinssatzung, Verkehrsanschauung) durchaus versicherungspflichtig sein kann. Voraussetzung hierfür ist, dass die betreffende Person für ihre Arbeit ein Entgelt erhält. Erledigen Vereins-

mitglieder (auch Funktionäre) umfangreiche Arbeiten, die von Dritten nur gegen Zahlung eines angemessenen Entgelts erwartet werden könnten, und erhalten sie auch „als Vereinsmitglied" über nachgewiesene oder plausible pauschal erstattete Aufwände hinaus eine gleiche oder nur unwesentlich geringere Vergütung für ihr „Engagement", sind sie wie nichtvereinsangehörige Dritte zu behandeln. Denn es würde den Zwecken der SozV widersprechen, es über die **Satzungsautonomie** in die Hand der Vereine usw zu legen, von ihnen geleitete und wirtschaftlich ins Gewicht fallende Arbeiten allein dadurch dem Schutz der SozVers zu entziehen, dass der Verein diese Arbeiten als den Vereinszwecken dienend ansieht.

Anders als in der UV, wo der Versicherungsschutz nicht die Zahlung eines Entgelts **136** voraussetzt und sich demgemäß Abgrenzungsfragen zwischen abhängiger Beschäftigung und bloßer vereinsmitgliedschaftlicher Betätigung häufen, wird die Problematik in der ArblV wie auch in der RV und KV weitgehend dadurch entschärft, dass der Versicherungsschutz eine Arbeitsleitung gegen Entgelt voraussetzt; werden nur geringe **finanzielle Zuwendungen** gewährt, beschränken sich die Abgrenzungsprobleme idR auf die Frage, ob zB als Aufwandentschädigung (dazu → *Aufwandsentschädigung* Rn 18 ff) bezeichnete finanzielle Zuwendungen als Arbeitsentgelt anzusehen ist. Handelt es sich dabei um steuerfreie Einnahmen nach § 3 Nr 26 EStG, gelten diese insoweit nicht als Arbeitsentgelt, so dass es kraft dieser Fiktion an der Entgeltlichkeit der Beschäftigung fehlt und ein Versicherungsschutz in der ArblV ebenfalls nicht begründet wird.

**b) Ehrenamt.** Ehrenamtliche Tätigkeit, sei es als Vereinsmitglied oder außerhalb fester **137** Organisationen, unterscheidet sich durch ihr Gepräge grundlegend von erwerbsorientierten Beschäftigungsverhältnissen. Eine Gegenleistung für geleistete Arbeit wird bei ehrenamtlichem Engagement nicht erbracht und regelmäßig auch nicht erwartet. Die Unentgeltlichkeit ehrenamtlichen Engagements ist Ausdruck dafür, dass die **Tätigkeit ohne Erwerbsabsicht** ausgeübt wird. Die Unentgeltlichkeit zeigt sich darin, dass für das ehrenamtliche Engagement keine Gegenleistung erbracht und erwartet, sondern allenfalls eine Aufwandsentschädigung gewährt wird, die Aufwände konkret oder pauschal abdeckt (zur fehlenden Beschäftigteneigenschaft bei ehrenamtlich Tätigen vgl BSG 16.8.17 – B 12 KR 14/16 R, NZS 2018, 572 Kreishandwerksmeister).

Die Ausübung einer ehrenamtlichen Tätigkeit schließt es allerdings nicht aus, dass bei **138** einem die Grenzen der Organstellung überschreitenden, **überobligatorischen Engagement** zusätzlich und neben dem nicht zu abhängiger Beschäftigung und damit zur Versicherungspflicht führenden Ehrenamt ein Rechtsverhältnis vorliegt, das **als abhängige Beschäftigung,** idR als Arbeitsverhältnis oder Dienstvertrag, qualifiziert werden kann (BSG 16.8.17 – B 12 KR 14/16 R, NZS 2018, 572, 393918; BSG 4.6.09 – B 12 KR 3/08 R, NJW 2010, 1836) und ändert nichts an der sozialversicherungsrechtlichen Beurteilung der ehrenamtlichen Betätigung sowie hierfür ggf gewährter Aufwandsentschädigung und Aufwendungsersatz.

Besonderheiten bestehen nach der Rspr für **Ehrenbeamte** (zB ehrenamtliche Bürger- **139** meister). Sie stehen dem Grunde nach in einem abhängigen Beschäftigungsverhältnis gemäß § 7 Abs 1 SGB IV, wenn sie dem allgemeinen Erwerbsleben zugängliche Verwaltungsaufgaben wahrnehmen und hierfür eine den tatsächlichen Aufwand übersteigende pauschale Aufwandsentschädigung erhalten (BSG 22.2.96 – 12 RK 6/95, NZS 1996, 531; BSG 23.7.98 – B 11 AL 3/98 R, NZS 1999, 151; BSG 15.7.09 – B 12 KR 1/09 R, BeckRS 2010, 65438, Rdnr 17 ff; zur Tätigkeit der Kreisbrandinspektoren und Kreisbrandmeister nach bayerischem Feuerwehrrecht: BSG 27.1.10 – B 12 KR 3/09 R, NZS 2011, 28; zur Tätigkeit auf Grund eines kommunalen Wahlamts ehrenamtlich beschäftigten stellvertretenden Landrats in Bayern: BSG 27.1.2010 – B 12 KR 3/09 R, NZS 2011, 28). Allerdings ordnet § 27 Abs 3 Nr 4 SGB III Versicherungsfreiheit an, wenn eine Beschäftigung als Bürgermeister oder beigeordneter ehrenamtlich ausgeübt wird (zum Zusammentreffen von Aufwandsentschädigung/Hinzuverdienst und Rente → *Aufwandsentschädigung* Rn 22.

**7. Verfahrensrecht – Feststellung der Versicherungspflicht. a) Normalfall: kein** **140** **Statusbescheid.** In der Masse der Fälle, im tatsächlichen Normalfall, findet keine förmliche Entscheidung über die Versicherungspflicht statt. Der Auftrag- oder ArbGeb prüft bei Aufnahme der Arbeit/Beschäftigung selbständig, ob die Arbeit in der Form abhängiger Beschäftigung erbracht wird. Kommt er zu der Überzeugung, dass dies der Fall ist, meldet er den betreffenden ArbN bei der Beitragseinzugsstelle (= Krankenkasse, vgl § 28h, § 28i SGB IV) zur SozVers an (vgl § 28a SGB IV), weist für ihn Beiträge nach, führt diese an die Beitragseinzugsstelle ab (§ 28 f SGB IV) und dokumentiert die gezahlten Beiträge etc in den Lohnunterlagen des ArbN. Die auf den ArbN entfallenden ArbNAnteile zum GesamtSozVers-Beitrag darf der ArbGeb vom Lohn einbehalten (zum sog Lohnabzugsverfahren vgl § 28g SGB IV → *Lohnabzugsverfahren* Rn 31 ff). Ermittlungen der VersTräger (§ 20 SGB X) über das Vorliegen von Versicherungspflicht finden in diesen Fällen idR nicht statt. Eine Feststellung der Versicherungs- und Beitragspflicht durch Verwaltungsakt (§ 31 SGB X) ergeht regelmäßig nicht.

**141** Wird eine bestimmte Person als abhängig beschäftigt und als versicherungspflichtig angesehen und werden für sie Beiträge zur SozVers entrichtet, begründet dies allein noch keinen Vertrauenstatbestand, auch leistungsrechtlich wie ein Versicherungspflichtiger behandelt zu werden. Sie sind zB nach Eintritt von Arbeitslosigkeit berechtigt, Leistungen mit der Begründung zu versagen, der Arbeitslose sei in der Vergangenheit nicht versicherungspflichtig gewesen. Sie kann Leistungen selbst dann noch verweigern, wenn die Beitragszahlung im Rahmen einer Betriebsprüfung unbeanstandet geblieben oder die Beitragspflicht gar förmlich durch Verwaltungsakt festgestellt worden ist (BSG 6.2.92 – 7 RAr 134/90, NZA 1992, 1003; Zum Beitragserstattungsanspruch in solchen Fällen vgl BSG 29.7.03 – B 12 AL 1/02 R, BeckRS 2003, 41703, BSG 30.10.13 – B 12 AL 2/11 R, BeckRS 2014, 66872).

**142** Eine **begrenzte leistungsrechtliche Bindung der BA** kann nur über § 336 SGB III hergestellt werden, soweit im Rahmen eines Statusfeststellungsverfahrens nach § 7a SGB II Entscheidungen über die Versicherungspflicht zu treffen sind. Andererseits ist die Gewährung von Leistungen nicht von vornherein deshalb ausgeschlossen, weil Arbeitslose vor Eintritt der Arbeitslosigkeit (zu Unrecht) nicht als versicherungspflichtig angesehen wurden und der ArbGeb für sie keine Beiträge entrichtet hat.

**143** **b) Einzugsstellenverfahren – Feststellung durch Einzugsstelle § 28h SGB IV.** Bestehen Zweifel, ob eine bestimmte Person abhängig beschäftigt ist, können sowohl der Auftraggeber und potentielle ArbGeb als auch der Auftragnehmer/ArbN eine Feststellung der Einzugsstelle beantragen. Soweit es um die Versicherungspflicht wegen (möglicherweise bestehender) abhängiger Beschäftigung geht, besteht eine ausschließliche Zuständigkeit der Einzugsstellen, und zwar auch dann, wenn zB über die Versicherungspflicht oder Versicherungsfreiheit in nur einem Versicherungszweig, zB der ArblV- oder der RV, gestritten wird (BSG 23.9.03 – B 12 RA 3/02 R, BeckRS 2003, 41944). Nur wenn es um sonstige Versicherungspflichttatbestände geht, entscheidet derjenige Träger, zu dem möglicherweise Versicherungspflicht besteht, die BA also zB über die Versicherungspflicht in der ArblV aufgrund der Tatbestände des § 26 SGB III (BSG 22.3.01 – B 12 P 3/00 R, BeckRS 2001, 40708 zur vergleichbaren Situation der Versicherungspflicht in der RV).

**144** Einzugsstellen sind die jeweils zuständigen Krankenkassen (§ 28h Abs 1 Satz 1, § 28i Satz 1 SGB IV), bei Streit um Geringfügigkeit der Beschäftigung ausnahmsweise die DRV Knappschaft-Bahn-See (§ 28i Satz 5 SGB IV). Diese Stellen entscheiden in einer Art „gesetzlicher Prozessstandschaft“ (BSG 1.7.99 – B 12 KR 2/99 R, BeckRS 1999, 30065483) über die Versicherungspflicht und Beitragshöhe in der KV, RV, PflegeV sowie ArblV (§ 28h Abs 1 Satz 2 SGB IV).

**145** Die Einzugsstellen sind, wenn sie bereits von sich aus Zweifel haben, vAw verpflichtet, die konkreten **Umstände des Einzelfalles** zu ermitteln und eine Entscheidung über das Vorliegen von Versicherungspflicht zu treffen (§ 20 SGB X, für das gerichtliche Verfahren: § 103 SGG). Zur Ermittlung der maßgeblichen Tatsachen kann die Einzugsstelle insbes die Beteiligten befragen, die Vertragsunterlagen („Arbeitsvertrag“, „Honorarvertrag“, „Mitarbeitervertrag“ etc) beiziehen, und prüfen, ob sich die Vertragspartner an den Vertrag halten (BSG 24.10.78 – 12 RK 58/76, AP BGB § 611 Abhängigkeit Nr. 30). Es besteht **keine Bindung an Entscheidungen von Strafgerichten**. Ebenso wenig dürfen Einzugsstellen und DRV Bund im Anfrageverfahren nach § 7a SGB IV **Einschätzung der Staatsanwaltschaften** oder Strafgerichte zum Vorliegen einer abhängigen Beschäftigung vorschnell übernehmen oder im Hinblick auf ergangene Strafurteile von einer eigenen Beweiserhebung und Beweiswürdigung absehen (BSG 23.5.17 – B 12 KR 9/16 R, BeckRS 2017, 120910 Rn 26). Als **Erkenntnismittel** kommen zB Auskünfte der potenziellen Versicherten (§ 206

SGB V, § 196 Abs 1 SGB V), die Vernehmung von Arbeitskollegen oder sonstiger Zeugen über die tatsächliche Ausgestaltung der Arbeitsleistung in Betracht. Dieses Verfahren wird durch einen feststellenden Verwaltungsakt über das Vorliegen oder Nichtvorliegen von Versicherungspflicht abgeschlossen.

Der Ausgang des Feststellungsverfahrens hat Rechtswirkungen auch für die ArblV und RV sowie für den ArbGeb, ohne dass es einer vorherigen Beteiligung im Verwaltungsverfahren bedarf. Nach § 12 Abs 2 Satz 1 SGB X steht es im Ermessen der Behörde (hier: der Einzugsstelle), diejenigen, deren rechtliche Interessen durch den Ausgang des Verfahrens berührt werden können, förmlich als Beteiligte hinzuziehen (vgl zum Wortlaut: die Behörde „kann …" hinzuziehen). Hat der Ausgang des Verfahrens rechtsgestaltende Wirkung für einen Dritten, besteht die Pflicht zur **Hinzuziehung zB des Arbeitgebers (förmlichen Beteiligung),** sofern der Dritte einen entsprechenden Antrag stellt (§ 12 Abs 2 Satz 2 Halbsatz 1 SGB X). Um diesen Antrag stellen zu können, hat die Behörde eine Pflicht zur Benachrichtigung, wenn der Ausgang des Verfahrens rechtsgestaltende Wirkung auch für sie hat (§ 12 Abs 2 Satz 2 Halbsatz 2 SGB X). Ist diese Benachrichtigung unterblieben, muss das Verwaltungsverfahren wiederholt werden, es sei denn, der zu benachrichtigende Dritte verzichtet hierauf nachträglich; Letzteres kann auch noch im Revisionsverfahren geschehen (BSG 29.1.98 – B 12 KR 35/95 R, NZS 1998, 482; BSG 1.7.99 – B 12 KR 2/99 R, BeckRS 1999, 30065483). **146**

Die Einzugsstelle hat außerdem die Pflicht zur Bekanntgabe der von ihr getroffenen Entscheidung gegenüber den übrigen Beteiligten nach § 36 SGB X. Die **Anfechtungsfristen** laufen für jeden Beteiligten – ArbGeb, ArbN und andere Versicherungsträger – gesondert von der Bekanntgabe des Bescheides bzw der Zustellung des Widerspruchsbescheides an. Die Entscheidungskonzentration über Versicherungs- und Beitragspflicht gemäß § 28h Abs 2 SGB IV bei der Einzugsstelle schließt es nicht aus, dass die übrigen Versicherungsträger eine andere Ansicht vertreten und gegen die Entscheidung vorgehen (BSG 1.7.99 – B 12 KR 2/99 R, BeckRS 1999, 30065483). **147**

Für das **gerichtliche Verfahren** gilt Folgendes: In Statusfeststellungsverfahren, Verfahren über die Beitragspflicht und Höhe des GesamtSozVersBeitrags können sowohl der potentielle Beschäftigte und sein ArbGeb, die Pflegekasse, die BA und der Träger der RV die Entscheidung der Einzugsstelle anfechten. Zum Rechtsstreit einer der genannten Beteiligten (zB Klage des ArbN) sind die übrigen Beteiligten notwendig beizuladen, da die Entscheidung auch ihnen gegenüber nur einheitlich ergehen kann (§ 75 Abs 2 SGG). Hat allerdings zunächst eine unzuständige Stelle entschieden (zB BA über Versicherungspflicht zur ArblV aufgrund abhängiger Beschäftigung), kann in einem Prozess gegen den insoweit unzuständigen Träger trotz Beiladung der übrigen Träger eine Sachentscheidung zur Versicherungspflicht (oder -freiheit) und zur Beitragshöhe auch nicht in entsprechender Anwendung von § 75 SGG gegenüber dem beigeladenen zuständigen Träger ergehen (BSG 23.9.03 – B 12 RA 3/02 R, BeckRS 2003, 41944; BSG 25.3.04 – B 12 AL 5/03 R, NZS 2005, 324 zum Nachweis der Leistungshöhe Arbeitsloser gegenüber dem Träger der RV). **148**

Das Einzugsstellenverfahren nach § 28h SGB IV, das Betriebsprüfungsverfahren nach § 28p SGB IV und das Anfrageverfahren nach § 7a SGB IV sehen **keine Ermächtigung zur Elementenfeststellung des Vorliegens abhängiger Beschäftigung** vor (BSG 11.3.09 – B 12 R 11/06 R, NZS 2010, 30 Rn 16, 23). Erst die Versicherungspflicht begründet ein Rechtsverhältnis iSv § 51 Abs 1 Nr 1 SGG, das im Grundsatz die Feststellungsklage zulässt. In der Praxis ist die Feststellung der Versicherungspflicht oft mit einer Beitragsnachforderung gegenüber dem ArbGeb verbunden; diese kann mit Widerspruch und Anfechtungsklage (§ 54 Abs 1 Satz 1 SGG) angefochten werden. Wird ein Beitragsbescheid erlassen, handelt es sich bei der Feststellung, ob Versicherungs- und Beitragspflicht vorliegt, um eine Vorfrage. § 7a SGB IV verpflichtet zur **Feststellung der Versicherungspflicht.** Das Gesetz kennt eine reduzierte Feststellung der „Versicherungspflicht dem Grunde nach" ebenso wenig wie die isolierte Feststellung, dass eine unselbstständige Tätigkeit vorliegt. Das Vorliegen einer abhängigen Beschäftigung ist, neben der Entgeltlichkeit, lediglich eine von mehreren Voraussetzungen für Versicherungspflicht (BSG 26.2.2019 – B 12 R 8/18 R, Rz 21) **149**

**c) Betriebsprüfung – Feststellung durch prüfenden Rentenversicherungsträger § 28p SGB IV.** Zu Entscheidungen über die Versicherungspflicht kann es außerdem im **150**

Rahmen sog Außenprüfungen der RVTräger beim ArbGeb kommen (zur Betriebsprüfung § 28p SGB IV). Die Träger der RV prüfen mindestens alle vier Jahre, ob die ArbGeb ihren Meldepflichten und insbes den Beitragspflichten ordnungsgemäß nachkommen. Hierbei handelt es sich um stichprobenartige Routinekontrollen, bei denen sich ebenfalls die Frage stellen kann, ob bestimmte Personen versicherungspflichtig beschäftigt sind. Ist dies der Fall, erlässt der prüfende Träger der RV den Bescheid über die Versicherungspflicht und ggf die konkrete Beitragshöhe. Kommt es zum Widerspruch, erlässt der Träger der RV auch den Widerspruchsbescheid (§ 28 Abs 1 SGB IV, → *Außenprüfung* Rn 31 ff). Für Betriebsprüfung gilt folgendes: Auch eine **beanstandungsfrei durchgeführte Betriebsprüfung** muss durch einen Verwaltungsakt beendet werden, der den Bestimmtheitsanforderungen genügt und Gegenstand sowie Ergebnis der Prüfung angibt. Die Betriebsprüfung erstreckt sich zwingend auf die im Betrieb tätigen Ehegatten, Lebenspartner, Abkömmlinge des ArbGeb sowie geschäftsführende GmbH-Gesellschafter, sofern ihr sozialversicherungsrechtlicher Status nicht bereits durch Verwaltungsakt festgestellt ist (BSG 19.09.19 – B 12 R 25/18 R, BeckRS 2019, 22527). Weitere Einzelheiten vgl → *Außenprüfung* Rn 31 ff.

Zum Rechtsstreit sind auch in diesem Fall die beteiligten KK, ihre Pflegekassen, die BA und die für die ArbN zuständigen sonstigen Träger der RV (sog Fremdversicherungsträger) iS des § 75 Abs 2 SGG notwendig beizuladen (BSG 7.2.02 – B 12 KR 12/01 R, NZS 2002, 593).

151 **d) Fakultatives Anfrageverfahren nach § 7a SGB IV bei der DRV Bund.** § 7a SGB IV sieht ein spezielles Anfrageverfahren vor. Danach können die Beteiligten – Arbeit-/Auftraggeber – Arbeit-/Auftragnehmer – bei der DRV Bund schriftlich die Entscheidung beantragen, ob eine **abhängige Beschäftigung** vorliegt. Auch insoweit ist eine **Elementenfeststellung unzulässig** (BSG 11.3.09 – B 12 R 11/06 R, NZS 2010, 30 Rn 16, 23). Die **zu betrachtenden Umstände** sind aber nicht zwingend auf das Verhältnis zwischen Auftraggeber und Auftragnehmer beschränkt; wird eine vermeintlich selbständige Tätigkeit im Rahmen weiterer Vertragsbeziehungen zwischen Auftraggeber und Dritten erbracht, sind im Rahmen des Statusverfahrens auch diese Vertragsbeziehungen zu berücksichtigen und zB zu prüfen, ob Arbeitnehmerverleih vorliegt (BSG 14.3.18 – B 12 KR 12/17 R, Rz 33 f, BeckRS 2018, 14960).

Für das **Verhältnis zwischen Statusfeststellungsverfahren und einem anderweitigen Verfahren** (Betriebsprüfung bzw Feststellungs- oder Beitragsverfahren der Einzugsstelle) gilt folgendes: Eine Entscheidung der DRV Bund über den Antrag nach § 7a Abs 1 S 1 SGB IV kann nicht ergehen, wenn bereits ein anderes Verfahren zur Feststellung einer Beschäftigung eingeleitet war. Hierüber ist der Antragsteller zu unterrichten und der Ausgang des Verfahrens abzuwarten. Wird im anderweitigen Verfahren eine Entscheidung auch über den § 7a SGB IV-Antragsgegenstand getroffen, ist das Statusfeststellungsverfahren von der DRV Bund durch einen Einstellungsbescheid zu beenden, sofern der Antragsteller seinen Antrag nicht zurücknimmt bzw für erledigt erklärt. Wird in dem anderweitigen Verfahren zur Feststellung einer Beschäftigung (zB Betriebsprüfung) keine Entscheidung über den Antragsgegenstand getroffen, hat die DRV Bund den § 7a SGB IV-Antrag nach Abschluss des anderweitigen Verfahrens wieder aufzugreifen und das Statusfeststellungsverfahren durchzuführen. Denn die Prüfbehörden sind bei Arbeitgeberprüfungen nach § 28p SGB IV nicht zu einer vollständigen Überprüfung der versicherungsrechtlichen Verhältnisse aller Versicherten verpflichtet und dürfen sich grds auf Stichproben beschränken. Wenn nach Einleitung einer Betriebsprüfung Statusfeststellungsanträge gestellt werden, ist der Träger der RV grundsätzlich gehalten, seine Prüfung auf diese Verfahrensgegenstände zu erstrecken und über sie eine Entscheidung zu treffen (BSG 4.9.18 – B 12 KR 11/17 R, BeckRS 2018, 14960).

Ein **obligatorisches Clearingstellenverfahren** geht einem Statusverfahren der Einzugsstelle stets vor. Das obligatorische Clearingstellenverfahren ist auch dann ohne „Antrag" der Einzugsstelle durchzuführen, wenn diese auf andere Weise als aus einer förmlichen Meldung des Arbeitgebers über den Beschäftigungsbeginn oder den Krankenkassenwechsel Kenntnis davon erlangt hat, dass der Beschäftigte Ehegatte, Lebenspartner oder Abkömmling des Arbeitgebers oder geschäftsführender Gesellschafter einer GmbH ist, sofern der Arbeitgeber der Einzugsstelle gegenüber aufgrund objektiver Umstände seine Annahme einer versicherungspflichtigen Beschäftigung zum Ausdruck gebracht hat. Sobald die Tatbestandsvoraussetzungen des obligatorischen Statusfeststellungsverfahrens erfüllt sind, hat die DRV Bund als Clearingstelle ein **„wehrfähiges" Zuständigkeitsrecht** mit der Folge, dass ausschließlich sie Statusentscheidungen treffen darf und ihr gegen kompetenzwidrige Statusentscheidungen der Einzugsstelle die Drittanfechtungsklage hinsichtlich aller betroffenen Zweige der Sozialversicherung zusteht (BSG 16.7.19 – B 12 KR 6/18 R, BeckRS 2019, 18192).

Wird der Antrag auf Statusfeststellung innerhalb eines Monats nach Aufnahme der Tätigkeit gestellt und stellt die DRV Bund ein versicherungspflichtiges Beschäftigungsverhältnis fest, tritt der **Beginn der Versicherungspflicht erst mit Bekanntgabe der Entscheidung** ein; maßgeblich ist insoweit der Ausgangsbescheid (BSG 24.3.14 – B 12 R 3/14 R, BeckRS 2016, 70632). **Voraussetzung für den Aufschub des Beginns der Versicherungspflicht** sind 1. die Zustimmung des Beschäftigten; er kann seine Zustimmungserklärung auch noch nach Zugang der Entscheidung der DRV Bund widerrufen (vgl BSG 24.3.16 – B 12 R 12/14 R, BeckRS 2016, 70631), und 2. dass der Beschäftigte für den Zeitraum zwischen Aufnahme der Beschäftigung und der Entscheidung eine Absicherung gegen das finanzielle Risiko von Krankheit und zur Altersvorsorge vorgenommen hat, die der Art nach den Leistungen der KV und der RV entspricht. Der Aufschub setzt bzgl **KV-Schutz** allerdings keinen Krankengeldanspruch oder Krankentagegeldanspruch voraus. Entscheidend ist, dass die anderweitige (private) Absicherung iSv § 7a Abs 6 S 1 SGB IV Leistungen vorsehen muss, die mindestens dem für die allgemeine Krankenversicherungspflicht in Deutschland geregelten Mindestschutzniveau in der privaten Krankenversicherung (§ 193 Abs 3 S 1 VVG) entsprechen, diese setzt eine Absicherung gegen Entgeltausfall wegen Arbeitsunfähigkeit nicht voraus (BSG 7.6.18 – B 12 KR 17/17 R, BeckRS 2018, 20812). Soweit es um einen ausreichenden Schutz zur **Altersvorsorge** geht, ist erforderlich, dass die betreffende Person mindestens Prämien in Höhe des Mindestbeitrags in der freiwilligen Rentenversicherung aufwendet (BSG 5.12.2017 – B 12 R 6/15 R, BeckRS 2017, 145977). 152

**Fälligkeit des Gesamtsozialversicherungsbeitrags** tritt erst zum Zeitpunkt der Entscheidung, dass eine Beschäftigung vorliegt, ein (§ 7a Abs 6 Satz 2 SGB IV). Die DRV Bund kann über die Frage der SozVersPflicht im Rahmen des Anfrageverfahrens nach § 7a SGB IV auch noch nach Beendigung der Beschäftigung entscheiden (BSG 4.6.09 – B 12 KR 31/07 R, NZA-RR 2010, 435). Eine weitere Besonderheit liegt darin, dass Widerspruch und Klage gegen die Entscheidung, dass eine Beschäftigung vorliegt, **aufschiebende Wirkung** haben (§ 7a Abs 7 SGB IV). 153

**e) Obligatorisches Anfrageverfahren bei Anstellung von Geschäftsführern und Ehegatten.** Die Meldepflicht des ArbGeb gegenüber der Einzugsstelle nach § 28a SGB IV muss auch die Angabe enthalten, ob der Beschäftigte zum ArbGeb in einer Beziehung als Ehegatte, Lebenspartner oder Abkömmling steht (§ 28a Abs 3 SGB IV). Außerdem ist in der ArbGebMeldung für den Beschäftigten anzugeben, ob er als geschäftsführender Gesellschafter einer GmbH tätig ist (§ 28a Abs 3 SGB IV). In diesen Fällen findet zwingend ein Anfrageverfahren nach § 7a SGB IV statt: Fällt diese Meldung positiv aus, muss die **Einzugsstelle** als Adressat der Meldung bei der DRV Bund ein Statusfeststellungsverfahren nach § 7a SGB IV beantragen (§ 7a Abs 1 Satz 2 SGB IV). Das obligatorische Clearingstellenverfahren ist auch dann ohne „Antrag" der Einzugsstelle durchzuführen, wenn diese auf andere Weise Kenntnis davon erlangt hat, dass der Beschäftigte Ehegatte, Lebenspartner oder Abkömmling des Arbeitgebers oder geschäftsführender Gesellschafter einer GmbH ist, sofern der Arbeitgeber der Einzugsstelle gegenüber aufgrund objektiver Umstände seine Annahme einer versicherungspflichtigen Beschäftigung zum Ausdruck gebracht hat (BSG 16.7.19 – B 12 KR 6/18 R, BeckRS 2019, 18192). 154

Kommt die für das Anfrageverfahren zuständige DRV Bund im Anfrageverfahren zu dem Ergebnis, dass Versicherungspflicht vorliegt, ist die BA hieran leistungsrechtlich gebunden, solange der die Versicherungspflicht feststellende Verwaltungsakt wirksam ist (§ 336 SGB III). 155

Sachliche Gründe dafür, die **leistungsrechtliche Bindung der BA** nur im Rahmen eines Anfrageverfahrens nach § 7a SGB IV und damit im Wesentlichen nur noch für mitarbeitende Familienangehörige oder GmbH-Geschäftsführer zuzulassen, sind nicht erkennbar. Solche Gründe, welche die **Ungleichbehandlung** zwischen mitarbeitenden Familienangehörigen und geschäftsführenden GmbH-Gesellschaftern einerseits und sonstigen, „nor- 156 malen“ ArbN andererseits rechtfertigen könnten, werden auch in der Begründung des Gesetzentwurfs nicht genannt (vgl BT-Drucks 15/1749 S 34 zu Art 3 Nr 29a – § 336 und S 35 zu Art 4 Nr 3 – § 7a). Es ist nach allem anzunehmen, dass dem Gesetzgeber nicht vor Augen stand, welche nachteiligen Wirkungen seine im Hinblick auf mitarbeitende Familienangehörige und GmbH-Geschäftsführer „gut gemeinten“ Rechtsänderungen zu Gunsten „normaler“ ArbN haben können. Ebenso wäre auch zu erwägen, bei jahrelanger unbeanstandeter Annahme von Versicherungspflicht und Beitragszahlung das Vorliegen abhängiger Beschäftigung auch mit leistungsrechtlicher Wirkung unwiderlegbar zu vermuten, was zusätzlich den Vorteil der Verwaltungspraktikabilität für sich hätte.

157 **f) Beweiswürdigung und Rechtsausführungen.** Zu einer ordnungsgemäßen Beweisgründung (§ 128 SGG) und damit zur „revisionsfesten“ Feststellung von Tatsachen iSv § 163 SGG genügt es nicht, wenn das Gericht den Tatsachenvortrag der Beteiligten oder eines Zeugen nur inhaltlich referiert (zB durch kommentarlose wörtliche Wiedergabe einer Zeugenaussage oder des Beteiligtenvorbringens), ohne dass das Gericht die Aussagen bewertet und mitteilt, inwiefern es sie für zutreffend erachtet, sie sich zu eigen macht und daher seiner rechtlichen Überzeugungsbildung zu Grunde legt (BSG 14.3.18 – B 12 KR 12/17 R, Rz 27 f, BeckRS 2018, 14160; BSG 26.10.04 – B 2 U 16/04 R, BeckRS 2005, 40530; ebenso BSG 22.6.05 – B 12 RA 14/04 R, BeckRS 2005, 42714).

158 **8. Gleichstellung des Erwerbsberuflicher Kenntnis mit Beschäftigung. a) Erwerb beruflicher Kenntnisse.** Als Beschäftigung gilt nach § 7 Abs 2 SGB IV auch der Erwerb beruflicher Kenntnisse, Fertigkeiten oder Erfahrungen im Rahmen betrieblicher Berufsbildung. In der RV und ArblV ist insoweit die Versicherungspflicht für zu ihrer Berufsausbildung Beschäftigte angeordnet, auch wenn sie hierfür kein Arbeitsentgelt bzw keine Ausbildungsvergütung erhalten (§ 2 Abs 2 Nr 1 SGB IV). Die Vorschrift über die Versicherungsfreiheit bei geringfügiger Beschäftigung ist insoweit nicht anzuwenden. Das BSG hält sowohl den Nichteintritt der Versicherungsfreiheit als auch die Nichtanwendbarkeit der Gleitzonenregelung bei den zu ihrer Berufsausbildung Beschäftigten für verfassungsgemäß (BSG 15.7.09 – B 12 KR 14/08 R, NZA-RR 2010, 381); zum Ganzen vgl → *Betriebliche Berufsbildung* Rn 24 ff.

159 Was unter **beruflicher Ausbildung** zu verstehen ist, richtet sich nach dem **Berufsbildungsgesetz.** Berufsbildung iS des BBiG sind die Berufsausbildung, die berufliche Fortbildung und die berufliche Umschulung. Die Berufsausbildung hat eine breit angelegte berufliche Grundbildung und die für die Ausübung einer qualifizierten beruflichen Tätigkeit notwendigen fachlichen Fertigkeiten und Kenntnisse in einem geordneten Ausbildungsgang zu vermitteln. Sie hat ferner den Erwerb der erforderlichen Berufserfahrungen zu ermöglichen (§ 1 Abs 3 BBiG)

160 Auf die Höhe der **Ausbildungsvergütung** kommt es nicht an. Selbst wenn entgegen den Vorschriften des BBiG (§ 17 BBiG) keine Ausbildungsvergütung gezahlt wird, ist der Auszubildende versicherungspflichtig. Beitragsbemessungsgrundlage ist die Ausbildungsvergütung, mindestens jedoch 1 vH der monatlichen Bezugsgröße (vgl zB § 342 SGB III).

161 Das Durchlaufen einer Berufsausbildung allein begründet noch keine Versicherungspflicht; der Auszubildende muss dabei im Grundsatz auch „beschäftigt“ sein (so BSG 12.10.00 – B 12 KR 7/00 R, SozR 3–2600 § 1 Nr 7). Der Auszubildende, Umschüler und Fortzubildende muss im Grundsatz „beschäftigt“ sein, also in persönlicher Abhängigkeit vom ArbGeb (Ausbildungsbetrieb) stehen. Die Eingliederung in eine fremdbestimmte betriebliche Ordnung und das Weisungsrecht des ArbGeb in Bezug auf Zeit, Ort und Art der Arbeitsausführung sind allerdings modifiziert: Im Vordergrund steht weniger die Erbringung produktiver Arbeit als vielmehr die Vermittlung beruflicher Kenntnisse, Fertigkeiten und Erfahrung. Eine solche Beschäftigung liegt unzweifelhaft vor, wenn der Auszubildende zum Erwerb von praktischen Kenntnissen und Fertigkeiten in den Produktions- oder Dienstleistungsprozess eingegliedert ist. Auch partielle Ausgliederung der Ausbildung in inner- oder überbetriebliche Ausbildungsstätten (Lehrwerkstätten, Ausbildungszentren) beseitigt die Beschäftigung nicht. Diese Voraussetzungen liegen bei betrieblicher Ausbildung regelmäßig vor.

162 An einer Beschäftigung zur Berufsausbildung iSv § 7 Abs 2 SGB IV durch Eingliederung in den Produktions- und Dienstleistungsprozess eines Betriebes fehlt es, wenn der alleinige

Betriebszweck eines – durch staatliche Zuschüsse – geförderten Maßnahmeträgers in der Organisation und **Durchführung von Qualifizierungs- und Bildungsmaßnahmen** besteht (BSG 29.1.08 – B 7/7a AL 70/06 R, BeckRS 2008, 52817, Rdnr 16, 17). An einer Beschäftigung dürfte es weiter fehlen, wenn die Ausbildung ohne Verbindung zu einem Produktions- oder Dienstleistungsunternehmen zB in Werkstätten für Behinderte oder sonstigen zB rein schulischen Einrichtungen erfolgt, deren alleiniger Betriebszweck und Gegenstand die Vermittlung von Ausbildungen ist (so BSG 29.1.2008 – B 7/7a AL 70/06 R, BeckRS 2008, 52817). Als Reaktion hierauf hat der Gesetzgeber **außerbetriebliche Ausbildungen,** die im Rahmen eines Berufsausbildungsverhältnisses durchgeführt werden, gleichgestellt (§ 25 Abs 1 Satz 2 SGB III, § 5 Abs 4a Satz 1 SGB V, § 1 Satz 1 Nr 3a SGB VI).

Versicherungspflicht besteht außerdem während der gesamten Dauer eines **dualen Studienganges**. Die Teilnehmer an dualen Studiengängen sind den Beschäftigten ebenfalls gleichgestellt. (BT-Drucks 17/6764 S 19 zu Art 2 Nr 2, nicht mehr relevant daher BSG 1.12.09 – B 12 R 4/08 R, BeckRS 2010, 66709). 163

**b) Fortbildung und Umschulung.** Von beruflicher Ausbildung zu unterscheiden ist die **berufliche Fortbildung**; diese soll es ermöglichen, die beruflichen Kenntnisse und Fertigkeiten zu erhalten, zu erweitern, der technischen Entwicklung anzupassen oder beruflich aufzusteigen (§ 1 Abs 4, §§ 53 ff BBiG). 164

Die **berufliche Umschulung** soll zu einer anderen beruflichen Tätigkeit befähigen (§ 1 Abs 5, §§ 58 ff BBiG). Berufsbildung wird nach § 2 Abs 5 BBiG („Lernorte der Berufsbildung") durchgeführt in Betrieben der Wirtschaft, in vergleichbaren Einrichtungen außerhalb der Wirtschaft, insbesondere des öffentlichen Dienstes, der Angehörigen freier Berufe und in Haushalten (betriebliche Berufsbildung) sowie in berufsbildenden Schulen und sonstigen Berufsbildungseinrichtungen außerhalb der schulischen und betrieblichen Berufsbildung. 165

Eine Umschulung ist nach der Rspr dann Berufsausbildung iS von § 2 Abs 2 Nr 1 SGB IV, wenn sie für einen anerkannten Ausbildungsberuf nach den Vorschriften des § 1 Abs 5 und § 58 BBiG erfolgt (BSG 26.6.85 – 12 RK 12/84, BeckRS 1985 30416529: Berufsausbildung eines ehemaligen Zeitsoldaten; BSG 12.10.2000 – B 12 KR 7/00 R, BeckRS 2001, 40136). Nach dem Zweck der SozV kann nichts anderes gelten, wenn es sich um eine **berufliche Fortbildung** iS des § 1 Abs 4, § 53 BBiG handelt. 166

Der Versicherungspflicht steht nicht entgegen, dass eine Ausbildung von Trägern der SozV, insbes der BA, getragen, durchgeführt oder zumindest finanziert wird, sofern es sich um eine Berufsausbildung, berufliche Umschulung oder berufliche Fortbildung handelt, die unter die Vorschriften des BBiG fällt. Allerdings ist dann stets zu prüfen, ob der Tatbestand der Beschäftigung erfüllt ist bzw ausnahmsweise nicht sein muss (dazu sogleich). 167

**c) Sonstige Ausbildungen.** Weiterbildungsmaßnahmen die nicht unter das BBiG fallen, sind keine berufliche Ausbildung iSd § 7 Abs 2 SGB IV (BT-Drucks 14/6944 S 30 zu Nr 9 – § 25, zustimmend BSG 29.1.08 – B 7/7a AL 70/06 R, BeckRS 2008, 52817 Rdnr 18, bei einer durch Zuschüsse geförderten Maßnahme, deren vorrangiger Zweck Reintegration bzw Fort- und Weiterbildung sowie Qualifizierung, jedoch nicht der Erwerb eines bestimmten Berufsabschlusses war). 168

**Praktika**, die aufgrund einer von der Hochschule erlassenen Studienordnung absolviert werden und von der Hochschule inhaltlich bestimmt und geleitet werden, gehören ebenfalls nicht zur beruflichen Bildung iS von § 7 Abs 2 SGB IV. 169

**9. Fiktion abhänggier Beschäftigung bei Heimarbeitern.** Heimarbeiter gelten nach § 12 Abs 2 SGB IV als abhängig Beschäftigte. Heimarbeiter sind Personen, die in eigener Arbeitsstätte im Auftrag und für Rechnung von Gewerbetreibenden, gemeinnützigen Unternehmen oder öffentlich-rechtlichen Körperschaften erwerbsmäßig arbeiten, auch wenn sie Roh- oder Hilfsstoffe selbst beschaffen, zum Ganzen → *Heimarbeit* Rn 53 f. 170

**Anhang zum Stichwort: Arbeitnehmer (Begriff)** *Röller*

**Arbeitnehmer-ABC: Fundstellen – Übersicht zur Arbeitnehmereigenschaft.** 180

Arbeitsrecht, LStRecht und SozVRecht enthalten weder einen einheitlichen Begriff des ArbN noch werden in den drei Rechtsgebieten gleiche Begriffe verwendet. Arbeitsrecht und LStRecht verwenden unabhängig voneinander den Begriff des ArbN. Für die lohnsteuerrechtliche Behandlung ist entscheidend, ob es sich bei den Einkünften um Einkünfte aus nichtselbstständiger Arbeit handelt (→ Rn 29 ff). Im SozVRecht wird der Begriff der nichtselbstständigen Arbeit verwendet (→ *Arbeitnehmer* Rn 46, 63 ff), der mit dem ArbNBegriff nicht deckungsgleich ist.

Gleiche Tätigkeiten können arbeitsrechtlich von ArbN, freien Mitarbeitern oder arbeitnehmerähnlichen Personen, lohnsteuerrechtlich von nichtselbstständig Tätigen oder von selbstständig Tätigen ausgeführt werden. Sozialversicherungsrechtlich können gleiche Tätigkeiten von Beschäftigten und Selbstständigen ausgeübt werden. Maßgeblich ist jeweils die Vertragsgestaltung und die tatsächliche Handhabung zwischen den Beteiligten.

Mit der Abgrenzung zwischen ArbN, arbeitnehmerähnlichen Personen, freien Mitarbeitern, selbstständig Tätigen, nichtselbstständig Tätigen, Beschäftigten und Selbstständigen haben sich Rspr, Finanzverwaltung und Schrifttum in einer Fülle von Gerichtsentscheidungen, Erlässen und Abgrenzungsversuchen befasst.

Nachstehend wird ein Überblick nach den ausgeübten Funktionen gegeben, wobei jeweils mit *(ja)* gekennzeichnet wird, dass die Tätigkeit arbeitsrechtlich als ArbN, lohnsteuerrechtlich als nichtselbstständige Tätigkeit und sozialversicherungsrechtlich als Beschäftigter ausgeübt wird. Mit *(nein)* wird gekennzeichnet, dass die Tätigkeit arbeitsrechtlich als freier Mitarbeiter, lohnsteuerrechtlich als selbstständige Tätigkeit und sozialversicherungsrechtlich als Selbstständiger aufgeführt wird. Mit *(offen gelassen)* werden Gerichtsentscheidungen gekennzeichnet, die die Abgrenzungsfrage nicht beantworten, im Allgemeinen aber wertvolle Erwägungen für die Vertragsgestaltung enthalten. Das angesprochene Rechtsgebiet ist jeweils aus der Angabe der Fachgerichtsbarkeit ersichtlich.

Die Rspr bietet keinen zuverlässigen Überblick. Sie ist eher zufällig und einzelfallbezogen. Vor ihrer Übertragung in die Praxis muss gewarnt werden. Entscheidend ist im jeweiligen Einzelfall vor allem die Vertragsgestaltung und die Vertragshandhabung. Gleichwohl gibt die nachstehende Übersicht dem Benutzer **Anhaltspunkte,** die für die Lösung des konkreten Problems hilfreich sein können.

**Abgeordnete** OFD Hannover 24.2.94, FR 94, 376 – Vorstandsmitglied *(nein),* Parlamentarischer Geschäftsführer, Vorsitzender Arbeitskreis (bei verwaltenden Tätigkeiten: *ja*).

**ABM-Kräfte** BAG 12.6.87, DB 87, 1068 (ja); BFH 17.4.08 – III R 9/07, BFH/NV 08, 1618 *(ja).*

**Ärztepropagandist** s unten Propagandist.

**Ärztlicher Gutachter** BAG 21.7.15 – 9 AZR 484/14, NZA-RR 16, 344 *(nein).*

**Angehörige** s *Familiäre Mitarbeit.*

**Anzeigenwerber** BFH 28.7.77, DB 77, 2170 *(offen gelassen);* BSG 31.7.58 – 3 RK 46/55, SozR Nr 8 zu § 165 RVO *(offen gelassen).*

**Apotheker** BAG 14.9.1994 – 4 AZR 761/93, NZA 95, 537 *(ja);* BAG 19.3.1998 – 8 AZR 139/97, NZA 98, 750 *(ja);* BFH 20.2.79, BStBl II 79, 414 *(ja);* LSG NRW 20.4.67 – L 16 Kr 96/65 – Die Beiträge 67, 141 *(nein).*

**Artist** BAG 20.10.66, DB 67, 386 *(ja);* BFH 16.3.51, BStBl III 51, 97 *(offen gelassen);* s auch BMF 5.10.90, BStBl I 90, 638.

**Arzt** BAG 27.6.61, AP Nr 24 zu § 611 Ärzte, Gehaltsansprüche – Chefarzt – *(ja);* ArbG Ludwigshafen 7.4.98 – 1 Ca 2751/07, NZA 99, 154 – Justizvollzugsanstalt – *(nein);* OLG Koblenz 25.8.89, NJW 90, 1534 *(nein);* BFH 27.2.64, HFR 65, 45 – Krankenhausarzt, verbeamteter Arzt – (grds *ja,* bzgl Privatpatienten *nein);* BFH 8.11.84, BStBl II 85, 286 – Chefarzt – *(nein);* BFH 30.11.66, BStBl III 67, 331 – Vertrauensarzt – *(nein),* s für *Betriebsarzt* dort; BSG 22.3.73 – RU 110/71, AP Nr 9 zu § 539 RVO – Bereitschaftsarzt Blutproben – *(nein);* BSG 23.10.70, SozR Nr 10 zu § 550 RVO – Chefarzt – *(offen gelassen).*

**Assessor in Anwaltskanzlei** LAG Hamm 20.7.89, DB 90, 691 – Halbtagsbeschäftigung – *(ja);* BFH 12.9.68, BStBl II 68, 811 – amtlich bestellter Vertreter RA oder Notar – *(nein);* BSG 30.11.78 – 12 RK 32/77, SozR 2200, § 168 Nr 3 *(ja).*

**Assistenten von Bundestags- oder Europaabgeordneten** OFD Münster, FR 85, 215 *(ja).*

**Asta-Mitglied** BFH 22.7.08 – VI R 51/05, DStR 08, 1923 *(ja).*

**Asylbewerber** OFD Erfurt 15.3.99 – S 2331 A-08-St 332, NZA 99, 1150 *(nein).*

**Aufsichtsratmitglied** s *Aufsichtsratsvergütung.*

**Au pair** FG Hbg 17.5.82, EFG 83, 21 *(nein);* ArbG Bamberg 27.10.03, AuR 04, 116 *(ja).*

**Aushilfstätigkeit** s *Aushilfskräfte.*

**Aushilfstaxifahrer** BAG 29.5.91, DB 92, 46 *(offen gelassen);* LAG Köln 9.11.2005 – 3 (7) Sa 396/05, NZA-RR 06, 311 *(ja);* FG SchlHol 26.1.94, EFG 94, 540 *(ja).*

**Auszubildender** s *Ausbildungsverhältnis.*

**Autor für Rundfunk- und Fernsehanstalten** BAG 23.4.80, DB 80, 1996 (LS) = AP Nr 34 zu § 611 BGB Abhängigkeit *(nein).*

**Bardame** FG Köln 30.1.85, EFG 85, 524 *(ja);* FG RhPf 27.1.86, EFG 86, 299 *(nein);* FG RhPf 13.12.82, EFG 83, 505 *(offen gelassen).*

**Barpianist** LAG Bln 6.8.97 – 17 TA 6/97, FA Arbeitsrecht 98, 91 *(nein).*

**Bauhandwerker** LAG Hess 20.3.2000, BB 2000, 2206 *(ja).*

**Bauleiter** LAG Hamm 14.5.12 – 2 Oa 668/11, BeckRS 2012, 70593 *(ja);* BFH 17.11.81, BStBl II 82, 492 *(offen gelassen).*

**Bausparkassenvertreter** BAG 15.12.99 – 5 AZR 770/98, BB 2000, 939 *(nein);* FG Düsseldorf 12.10.2001 – 18 K 2524/97, DStRE 02, 420 *(nein).*

**Beamtenanwärter** BFH 21.1.72, BStBl II 72, 261 *(ja).*

**Begleitperson** BSG 18.5.83 – 12 RK 41/81, DB 84, 1198 *(ja).*

**Beraterin und Cutterin für Fernsehunternehmen** SG Köln 17.11.69 – 19 Kr 142/68, SGb 70, 534 *(ja).*

**Berufsboxer** LAG HH 7.9.05 – 4 Sa 33/05 *(nein).*

**Beschäftigungsgesellschaft** LAG Hbg 7.9.05, NZA-RR 05, 658 *(offen gelassen).*

**Besonderer Vertreter des Vereins** nach § 30 BGB; BAG 5.5.97, DB 97, 1984 *(ja).*

**Bezirksleiter, Bezirksstellenleiter, Zweigstellenleiter, Filialleiter, Hauptstellenleiter** BAG 15.12.99 – 5 AZR 3/99, ZiP 2000, 808 *(nein);* BAG 29.1.81, AP Nr 4 zu § 92 HGB – Bezirksleiter Bausparkasse – *(nein);* BFH 14.9.67, BStBl II 68, 193 *(nein);* BSG 17.5.73 – 12 RK 8/72 – USK 7358 *(ja);* BSG 31.10.72 – 2 RU 186/69 – USK 72216 – Hauptstellenleiter Lotto- und Totogesellschaft – *(ja);* BSG 29.1.81 – 12 RK 63/79, BB 81, 2074 *(nein);* BSG 13.7.78 – 12 RK 14/78, SozR 2200 § 1227 Nr 17 *(offen gelassen);* BSG 1.12.77 – 12/3/12 RK 39/74, BB 78, 966 – Bezirksstellenleiter Lotto-, Totogesellschaft – *(offen gelassen).*

**Betriebswirt in Rechtsanwaltskanzlei** OLG Köln 15.9.93, BB 94, 145 *(offen gelassen).*

**Bildberichterstatter** BAG 29.1.92, BB 92, 1490 *(nein);* BFH 25.11.70, BStBl II 71, 267 *(nein);* BSG 18.10.84 – 2 RU 51/83 – *Breithaupt* 87, 924 *(nein).*

**Bildhauer** BAG 15.2.65, DB 65, 787 – Lehrauftrag Kunsthochschule – *(nein);* BFH 16.8.56, StRK, UStG § 4 Ziff 17 Rechtsspruch 9 *(nein).*

**Buchhalter** BAG 9.2.67, BB 67, 628 – Stundenbuchhalter – *(ja,* bei Nebentätigkeit *nein);* BFH 2.10.68, BB 69, 434 *(ja);* BSG 22.6.66 – 3 RK 103/63, SozR Nr 4 zu § 2 AVG *(nein).*

**Büffetier** LAG Hamm 20.10.99 – 2 Sa 248/99, BB 2000, 775 *(ja);* BFH 31.1.63, BStBl III 63, 230 *(ja);* LSG NRW 13.11.56 – LS I KV 79/65 – KVRS 1000/10 *(ja).*

**Bühnen- und Szenenbildner** BAG 3.10.75, DB 76, 392 *(ja).*

**Bürgermeister** BFH 5.2.71, BStBl II 71, 353 – Bay – *(ja);* BFH 3.12.87, BStBl II 88, 266 – NRW – *(nein);* BSG 13.6.84 – 11 RA 34/83, SozR 2200 § 1248 Nr 41 *(ja);* BSG 27.3.80 – 12 RK 56/78, SozR 2200 § 165 Nr 44 *(ja).*

**Bürogehilfin** LAG Hess 27.10.98 – 9 Sa 1068/98 – *(ja).*

**Chefarzt** BAG 9.1.1980 – 5 AZR 71/78, AP Nr 6 zu § 611 BGB Arzt-Krankenhaus-Vertrag, NJW 80, 1912 *(ja);* BFH 5.10.05 – VI R 152/01, BStBl II 06, 94 *(ja,* auch hinsichtlich der gesondert berechenbaren wahlärztlichen Leistungen); s auch Senator für Finanzen Brem 17.7.07, DB 07, 2287.

**Co-Pilot** BAG 16.3.94, ArbuR 94, 344 *(ja).*

**Croupier** BAG 30.6.66, RdA 66, 396 *(ja);* SG Speyer 29.11.57, RdA 59, 359 (LS) = AP Nr 5 zu § 1 AVG aF *(ja).*

**Cutter** LAG Bln Bbg 2.6.15 – 11 Sa 89/15, BeckRS 2015, 71356 *(ja)*

**Datenschutzbeauftragter** LAG Frankfurt 28.2.89, AiB 90, 38 *(nein).*

**Designer** BFH 14.12.76, BStBl II 77, 474 *(nein);* FG BaWü 2.12.69, EFG 70, 168 – Industriedesigner – *(nein).*

**Detektiv** BGH 22.5.90, BB 90, 1793 *(ja)*; LSG RhPf 30.6.77 – LSK 58/76, Die Beiträge 78, 170 *(ja)*.

**Diakonisse** ArbG Brem 31.5.56, AP Nr 4 zu § 5 ArbGG 1953 *(nein)*; FG BaWü 4.2.75, EFG 75, 210 *(ja)*.

**Dienstleister im Verein (Kirche)** BAG 26.9.02 – 5 AZB 19/01, DB 03, 47 *(nein)*.

**Diplominformatiker/Systemanalytiker** BFH 4.8.83, BStBl II 83, 677 *(nein)*; BFH 19.7.85, BStBl II 86, 15 *(nein)*.

**Diplom-Handelslehrer** BAG 7.2.90, EzA Nr 31 zu § 611 BGB Arbeitnehmerbegriff *(nein)*.

**Disk-Jockey** ArbG Regensburg 8.2.74, ARSt 74, 191 *(ja)*.

**Doktorand** BAG 14.3.67, DB 67, 604, 911 *(ja)*; BFH 7.8.87, BStBl II 87, 780 *(ja)*; BFH 9.10.92, BStBl II 93, 115 *(nein)*; BFH 27.3.91, BStBl II 91, 637 *(nein)*.

**Dolmetscher** LSG Saarl 26.6.86 – L 1 K 13/83 – *Breithaupt* 87, 261 *(nein)*.

**Dozent an Berufsakademie** LAG BaWü 4.7.96, BB 97, 683 mit Anm *Kühn (ja)*.

**Dozent an Fachhochschule** BFH 4.10.84, BStBl II 85, 51 *(nein)*.

**Dozent in beruflicher Bildung** BAG 19.11.97 – 5 AZR 21/97, NZA 98, 595 *(ja)*.

**Dozent/Lehrer an Volkshochschule** LAG NdS 28.1.03 – 13 Sa 1381/02, NZA 04, 550 *(ja)*; LAG Köln 13.1.94, ZTR 94, 303 *(ja)*; BAG 14.1.82, BAGE 37, 305 *(ja)*; BAG 13.11.91, NZA 92, 1125 *(nein)*; BAG 30.10.91, DB 92, 742 *(nein)*; BAG 25.8.82, 899 (LS) = AP Nr 32 zu § 611 BGB Lehrer/Dozent *(nein)*; BAG 26.1.77, DB 77, 1323 *(nein)*; BAG 12.9.96, DB 96, 2083 *(ja)*; BAG 26.7.95, ZTR 96, 79 = DB 96, 381 *(ja)*; BAG 29.5.02 – 5 AZR 161/01, NZA 02, 1232 *(nein)*; BSG 19.12.79 – 12 RK 52/78, SozR 2200 § 166 Nr 5 *(nein)*.

**Dozent eines Wirtschaftsinstitutes** BSG 28.2.80 – 8a RU 88/78, BB 80, 1800 *(nein)*.

**DRK-Kreisgeschäftsführer** LAG Sachs 5.9.96, AE 96, 65 *(nein)*.

**DRK-Schwester** BAG 18.3.15 – 7 ABR 42/15, NZA 15, 1144 *(nein)*.

**EDV-Berater** OLG Frankfurt 12.7.89, BB 90, 778 *(nein)*; BFH 11.12.85, BStBl II 86, 484 *(nein)*.

**Ehegatten** s *Familiäre Mitarbeit*.

**Ehrenamt** BAG 29.8.12 – 10 AZR 499/11, BeckRS 2012, 72568 *(nein)*; BFH 4.8.94, BStBl II 94, 944 – Rotkreuzhelfer – *(ja)*; BFH 28.2.75, BStBl II 76, 134 *(ja)*; BFH 25.10.57, BStBl III 58, 15 *(ja)*; FG SchlHol 12.8.80, EFG 81, 96 *(ja)*; BSG 21.10.58 – 2 RU 172/56, BSGE 8, 170 *(nein)*; BSG 29.5.62 – 2 RU 283/58, SozR Nr 29 zu § 537 RVO aF *(nein)*.

**Ein-Euro-Job** BAG 20.2.08 – 5 AZR 290/07, NZA 08, 1152 *(nein)*.

**Einleger von Zeitungswerbungen** LAG Düsseldorf 19.3.80, DB 80, 1222 *(ja)*.

**Elektroanlagenplaner** BFH 31.7.80, BStBl II 81, 121 *(nein)*.

**Eltern** s *Familiäre Mitarbeit*.

**Entwicklungshelfer** BAG 27.4.77, BB 77, 1304 *(ja)*.

**Erfinder** BAG 8.2.62, DB 62, 843 *(ja)*; BFH 14.3.85, BStBl II 85, 424 *(nein)*.

**Fachberater** LSG Hess 10.3.65 – L 3 Kr 15/61, Die Beiträge 65, 382 *(ja)*.

**Fahrlehrer** BAG 20.4.61, DB 61, 882 *(ja)*; BFH 27.9.56, BStBl III 56, 334 *(nein)*; LSG RhPf 8.11.63 – L 3 U 172/62 – *Breithaupt* 64, 479 *(ja)*; LSG NdS 27.2.62 – L 4 Kr 63/59 – *Breithaupt* 62, 577 *(ja)*.

**Familienhelferin** BAG 6.5.98 – 5 AZR 347/97, NZA 98, 873 *(ja)*; LAG Köln 11.9.15 – 4 Ta 181/15, BeckRS 2015, 72539 *(nein)*; LAG Köln 22.9.2000 – 4 Sa 848/00 – *(ja)*.

**Filialleiter** BAG 17.4.56, AP Nr 8 zu § 626 BGB *(ja)*; BSG 1.3.72 – 12 RK 43/69, AngVers 72, 211 – Warenverkauf – *(ja)*; BSG 10.2.65 – 3 RK 14/61, SozR Nr 18 zu § 3 AVG – Großwäscherei – *(ja)*; BSG 28.1.60 – 3 RK 49/56, BSGE 11, 257 – Heiratsvermittlung – *(ja)*. S auch unten Reinigung.

**Filmschaffende** BAG 22.6.77, DB 77, 2460 *(ja)*; LAG Saarbrücken 22.9.65, RdA 66, 439 *(ja)*; BAG 13.1.83, DB 83, 2042 (LS) = AP Nr 42 zu § 611 BGB Abhängigkeit *(offen gelassen)*; BFH 2.12.80, BStBl II 81, 170 – Filmproduzent – *(nein)*; FG München 25.5.71, EFG 71, 538 – Hersteller Dokumentarfilm – *(nein)*; FG Hess 28.10.83, EFG 84, 296 – Hersteller pornographischer Filme – *(nein)*.

**Fleischbeschauer/Fleischbeschautierarzt** BAG 16.12.65, DB 66, 467 *(ja)*; RFH 5.1.38, RStBl 38, 429 *(nein)*; BSG 24.11.67 – 3 RK 3/65, SozR Nr 55 zu § 165 RVO *(ja)*; BSG 21.1.58 – 10 RV 695/55, BSGE 6, 271 *(ja)*.

**Flugzeugprüfer (Testpilot)** LSG Hess 13.10.65 – L 3/U 5/65 – *Breithaupt* 66, 828 *(ja);* LSG Brem 25.5.78 – L 2 U 29/77 – *Breithaupt* 79, 413 *(ja).*

**Forscher** EuGH 16.7.08, NZA 08, 995 *(nein).*

**Fotograf** BFH 7.10.71, BStBl II 72, 335 *(nein);* BFH 14.12.76, BStBl II 77, 474 *(nein);* FG Bbg 11.12.95, BB 96, 469 *(nein);* SG Wiesbaden 17.5.61 – S 4/Kr 44/59, AngVers 61, 294 *(nein);* bei Zeitungsredaktion BAG 16.6.98 – 5 AZR 191/97, NZA 98, 839 *(ja).*

**Fotomodell** OLG Düsseldorf 18.9.87, NZA 88, 59 *(ja);* BFH 14.6.2007 – VI R 5/06, IStR 07, 672 *(nein);* BSG 12.12.90 – 11 RAr 73/90, NZA 91, 907 *(ja).*

**Frachtführer** LAG Köln 24.8.99 – 11 Ta 240/99 – *(ja);* LAG NdS 26.1.99 – 7 Sa 1192/98, NZA 2000, 320 *(ja);* BAG 30.9.98 – 5 AZR 563/97, DB 99, 436 *(nein);* LAG Düsseldorf 28.8.95, BB 95, 2275 *(ja);* LAG Düsseldorf 4.9.96, ArbuR 97, 166 *(ja);* LAG NdS 26.1.99 – 7 Sa 1192/98 – *(ja);* BAG 19.11.97, NZA 98, 364 *(ja);* BGH 21.10.98 – VIII ZB 54/97, ZIP 98, 2176 *(nein).*

**Franchisenehmer** LAG Nbg 13.5.02 – 2 Sa 1191/01, AE 03, 35 *(ja);* BAG 21.2.90, EzA § 611 BGB Arbeitnehmerbegriff Nr 32 *(nein);* BAG 12.7.96, BB 97, 1591 *(ja);* BGH 4.11.98 – VIII ZB 12/98, AuA 99, 377 *(ja);* OLG Düsseldorf 30.1.98, NJW 98, 2978 *(ja);* BAG 16.7.97 – 5 AZB 29/96, NZA 97, 1126 *(ja).*

**Freie Mitarbeiter** s dort.

**Fußballtrainer** eines kleineren Vereins im Nebenberuf s unten Übungsleiter.

**Gästebegleiter** BAG 29.11.95 – 5 AZR 422/94 *(nein).*

**Geistliche** s *Kirchenarbeitsrecht.*

**Gelegenheitsarbeiter** s *Aushilfskräfte.*

**GEMA-Außendienst** OFD Hann 21.2.2000 – S 2331 – 135 StH 212/S 2331 – 114 – StO 211, DStZ 2000, 426; DB 2000, 549 *(ja).*

**Gesellschafter Kapitalgesellschaft** BAG 28.4.94, DB 94, 1730 – GmbH – *(ja);* BAG 10.4.91, DB 91, 2595 – GmbH – *(nein);* BAG 8.1.70, DB 70, 592 – KG – *(nein);* BAG 6.5.98 – 5 AZR 612/97, NZA 97, 939 *(nein);* LAG Köln 29.9.03, NZA-RR 04, 553 – GmbH – *(ja);* BFH 26.7.72, BStBl II 72, 949 *(offen gelassen);* BFH 27.1.71, BStBl II 71, 352 *(offen gelassen);* BSG 30.4.67 – 8 RU 78/75, DB 76, 1728 – GmbH – *(nein);* BSG 15.12.71 – 3 RK 67/68, SozR Nr 68 zu § 165 RVO – GmbH – *(nein);* BSG 31.7.74 – 12 RK 26/72, SozR 4600 § 56 Nr 1 – GmbH – *(nein).*

**Gesellschafter Personengesellschaft** LAG Hess 20.3.2000 – 18 Sa 591/99, BB 2000, 2206 *(ja);* LAG Hess 7.8.01 – 2 Sa 106/01, BB 02, 207 *(nein);* BSG 26.5.66 – 2 RU 178/64, SozR Nr 43 zu § 537 RVO aF *(offen gelassen);* BSG 20.7.88 – 12 RK 23/87, SozR 7610 § 705 Nr 3 *(offen gelassen);* BSG 27.6.74 – 2 RU 23/73, VersR 75, 322 *(offen gelassen).*

**Gesetzliche Vertreter von Kapitalgesellschaften** BAG 12.11.05 – 2 AZR 614/05, NZA 06, 366 (GmbH; *nein*); BFH 2.12.98 – X R 83/96, BStBl II 99, 534 *(ja);* BSG 8.8.90 – 11 RAr 77/89, SozR 3–4100 § 7 Nr 4 (GmbH *nein*, wenn er mindestens die Hälfte des Stammkapitals hält; → *Geschäftsführer* Rn 44 ff).

**Gewahrsamshelfer im Polizeivollzug** BAG 7.11.84, RdA 85, 64 (LS) = AP Nr 59 zu § 1 LohnFG *(ja).*

**Golflehrer** LAG Köln 18.5.09 – 4 Ta 72/09 *(nein);* BSG 29.8.63 – 3 RK 86/59, SozR Nr 41 zu § 165 RVO *(ja);* LSG NRW 24.6.2004 – AL 5180/01, SpuRt 05, 120 *(nein).*

**Handballspielerin** LAG SachsAnh 30.9.97 – 4 TA 167/97, ArbuR 98, 489 *(ja).*

**Handelsagent** BAG 20.4.64, DB 64, 995 *(ja);* BAG 21.2.90, EzA Nr 32 zu § 611 BGB Arbeitnehmerbegriff *(nein).*

**Handelsvertreter** s dort.

**Hausaufgabenbetreuung** LAG Dü 18.3.13 – 9 Sa 1746/12, BeckRS 2013, 69036 *(nein).*

**Hausgewerbetreibender** → *Heimarbeit* Rn 5, 48–51.

**Haushälterin** BFH 24.10.84, BStBl II 85, 137 *(offen gelassen);* LSG Hbg 15.5.56 – RK Bf 1/55, KVRS 1000/25 *(ja).*

**Haushaltshilfe** BFH 6.10.61, BStBl III 61, 549 *(ja);* FG Bln 20.10.70, EFG 71, 252 *(nein);* BFH 19.1.79, BStBl II 79, 326 *(offen gelassen);* FG Thür 27.8.98 – II 227/97, EFG 99, 235 *(nein).*

**Hausmeister** BAG 1.9.82, AP Nr 65 zu §§ 22, 23 BAT 1975 *(ja).* S zu nebenberuflich tätigen Hauswarten StRK EStG § 19 Abs 1 Ziff 1 R 404.

**Hausverwalter** BAG 13.8.80, AP Nr 37 zu § 611 BGB Abhängigkeit *(nein);* BFH 5.11.70, BStBl II 71, 239 *(nein);* BSG 18.11.80 – 3 RK 42/79, SozR 2200 § 165 Nr 51 *(ja).*

**Hebamme** BAG 21.2.07 – 5 AZR 52/06, NZA 07, 699 *(nein);* BFH 23.8.66, BStBl III 66, 677 *(nein);* BSG 24.2.71 – 3 RK 35/68, SozR Nr 2 zu § 376a RVO aF *(nein).*

**Heimarbeiter** s *Heimarbeit* Rz 48–51.

**Helfer in Gemeindesachen** BFH 2.2.68, BStBl II 68, 430 betr Bay *(nein).*

**Helfer in Wohlfahrtsverbänden** BFH 28.2.75, BStBl II 76, 134 *(ja);* im Übrigen s oben Ehrenamt.

**Hostess** LSG SchlHol 27.11.87 – S 4 AR 448/84, NZA 88, 751 *(nein).*

**Insolvenzverwalter (Konkurs- und Vergleichsverwalter)** BFH 5.7.73, BStBl II 73, 730 *(nein).*

**Journalist** BAG 22.4.98 – 5 AZR 191/97, NZA 98, 1275 *(nein);* BAG 20.7.94 – 5 AZR 627/93 – *(ja);* BAG 13.1.83, BB 83, 1855 *(offen gelassen);* LAG SchlHol 13.6.03 – 2 Ta 35/03, AE 04, 135 *(nein);* LAG Köln 13.8.98 – 5 (4) Sa 161/98 – nv *(ja);* BMF 5.10.90, BStBl I 90, 638 *(offen gelassen).*

**Jugendbetreuer in Jugendfreizeitstätte** BAG 20.10.93, ZTR 94, 255 *(nein);* BAG 9.5.84, DB 84, 2203 – nebenberuflich – *(nein).*

**Kameraassistent** BAG 22.4.98 – 5 AZR 2/97 – BB 98, 2320 *(ja).*

**Kameramann** BAG 8.6.67, DB 67, 1374 *(nein);* BFH 7.3.74, BStBl II 74, 383 *(nein);* BFH 17.12.64, BStBl III 65, 143 *(nein).*

**Kantinenwirt** BAG 13.8.80, AP Nr 37 zu § 611 BGB Abhängigkeit *(nein);* BSG 30.4.68 – 3 RK 5/66 – Die Beiträge 68, 249 *(ja).*

**Kassierer** BAG 6.12.72, BB 74, 90 (LS) = AP Nr 23 zu § 59 HGB – Selbstbedienungsladen – *(ja);* BFH 24.11.61, BStBl III 62, 125 – Ersatzkasse, Gewerkschaft – *(nein);* BFH 25.10.57, BStBl III 58, 15 – Sportverein – *(offen gelassen);* LSG NdS 20.12.67 – L 4 Kr 27/67 – Die Beiträge 68, 81 – Freibad – *(ja).*

**Kommissionär** BAG 8.9.97 – 5 AZB 3/97, NJW 98, 701 (offen gelassen, ob ArbN oder ArbNÄhnliche Person).

**Kraftfahrer** ArbG Düsseldorf 20.5.88 – 4 Ca 5858/87 – Kurierdienstfahrer *(ja);* LAG Hbg 18.4.88 – 4 Sa 3/88 – *(nein).*

**Kraftfahrzeugsachverständiger** BFH 18.6.80, BStBl II 81, 118 – Ingenieur – *(nein).*

**Krankengymnast** BSG 14.9.89 – 12 RK 64/87, SozR 2200 § 165 Nr 99 *(nein).*

**Krankenpfleger** BFH 5.6.97, BStBl II 97, 681 *(ja);* BFH 22.1.04 – IV R 51/01, BStBl II 04, 509; DStRE 04, 671 *(nein);* LSG Bln 26.11.86 – L 9 Kr 8/85 – *Breithaupt* 87, 345 *(ja).*

**Küchenchef** ArbG Bamberg 18.10.74, ARSt 76, 14 *(ja).*

**Künstler** LAG Bln 29.12.89, AP Nr 50 zu § 611 BGB Abhängigkeit – Bühnenkünstler Tourneetheater – *(ja);* BAG 20.10.66, DB 67, 386 *(ja);* BGH 28.10.1982, AP Nr 1 zu § 611 BGB Künstlerbetreuer *(ja);* BAG 6.12.74, RdA 75, 152 – Betriebsfest – *(nein);* BFH 6.11.70, BStBl II 71, 22, – Sängerin – *(ja);* BFH 24.5.73, BStBl II 73, 636 – Opernsänger – *(nein);* BFH 30.5.96, BStBl II 96, 493 – gastspielverpflichtete Opernsängerin – *(nein);* BFH 14.12.95, BStBl II 96, 386, DB 96, 866 – Chorsängerin, *(nein);* s aber Nichtanwendungserlass FinMin Sachs 5.3.97, DStR 97, 539; s auch BMF 5.10.90, BStBl I 90, 638. Zu Einzelheiten der Anwendung des sog Künstlererlasses (Anh 10 LStH) vgl Senatsverwaltung für Finanzen Bln 27.3.09 – III B – 2332 – 7/2008 (BeckVerw 159349). S oben Artisten, s unten Schauspieler.

**Kundenberater** BAG 6.5.98 – 5 AZR 247/97, DB 98, 2609 *(ja).*

**Kunsthandwerker** BFH 29.9.68, BStBl II 69, 70 *(nein).*

**Kunstsachverständiger** BFH 22.6.71, BStBl II 71, 749 *(nein).*

**Kurierfahrer** BAG 27.6.01 – 5 AZR 561/99, NJW 02, 2125 *(nein);* BAG 19.11.97 – 5 AZR 653/96, DB 97, 2437 *(ja);* LAG MeVo 13.7.15 – 3 Ta 6/15, NZA-RR 15, 605 *(ja);* LAG Nbg 28.5.02 – 6 (2) Sa 347/01, AE 02, 98.

**Lehrlinge** s *Auszubildende.*

**Lehrtätigkeit** BAG 8.5.18 – 9 AZR 531/17 – Lehrbeauftragter *(nein);* BAG 15.2.12 – 10 AZR 301/10, NZA 12, 731 – Lehrer in Justizvollzugsanstalt – *(ja);* BAG 20.1.10 – 5 AZR 106/09, NZA 10, 840 *(ja);* BAG 12.9.96 – 5 AZR 104/95, AP Nr 122 zu § 611 BGB

Lehrer/Dozenten – zweiter Bildungsweg – *(ja);* BAG 14.1.82, DB 82, 1775 *(ja);* BAG 16.3.72, AP Nr 10 zu § 611 Lehrer, Dozenten *(ja);* BAG 28.11.90 – 7 ABR 51/89 – Sprachlehrerin – *(nein);* BAG 26.6.96 – 7 ABR 52/95 – *(nein);* BAG 7.2.90, EzA Nr 31 zu § 611 BGB ArbNBegriff – Dipl. Handelslehrer – *(nein);* BAG 27.6.84, AP Nr 42 zu § 611 BGB Lehrer/Dozenten *(nein);* BAG 15.4.82, DB 82, 2707 *(nein);* BFH 4.12.75, BStBl II 76, 292 – Ingenieur – *(ja);* BFH 4.5.72, BStBl II 72, 618 – Abendschule – *(ja);* BFH 4.12.75, BStBl II 76, 291 – Grund- und Hauptschule – *(ja);* BFH 4.10.84, BStBl II 85, 51 – Hochschule – *(nein);* BFH 7.2.80, BStBl II 80, 321 – Referendararbeitsgemeinschaften – *(nein);* BFH 13.8.75, BStBl II 76, 3 *(nein);* BSG 30.4.68 – 3 RK 96/65, DOK 68, 441 – Sprachlehrer – *(ja);* BSG 27.3.80 – 12 RK 26/79, SozR 2200 § 165 Nr 45 – Hochschule – *(nein);* BSG 25.9.81 – 12 RK 5/80, SozR 2200 § 165 Nr 61 – Hochschule – *(nein).* S auch oben Dozent/Lehrer an Fachhochschule, Dozent/Lehrer an Volkshochschule.

**Leiharbeitsverhältnis** s *Arbeitnehmerüberlassung/Zeitarbeit.*

**Leitende Angestellte** s dort.

**Lektor** BAG 27.3.91, DB 91, 2668 *(nein);* BAG 12.10.2004 – 3 AZR 571/03, NZA 05, 1127 *(ja);* BMF 5.10.90, BStBl I 90, 638 – Funk und Fernsehen – *(nein).*

**Lizenzfußballspieler** BAG 17.1.79, DB 79, 2281 *(ja);* BAG 24.2.72, DB 72, 832, 1832 *(ja);* BAG 16.1.71, DB 71, 1580 *(ja);* BSG 20.12.61 – 3 RK 65/57, BSGE 16, 98 *(ja).*

**LKW-Fahrer** LAG RPf 24.2.14 – 3 Sa 446/13, BeckRS 2014, 69421 *(ja).*

**Makler** LAG Köln 18.12.2000 – 7 Ta 184/00 – *(ja).*

**Mannequin** FG Düsseldorf 13.5.64, EFG 64, 555 *(nein);* BFH 2.10.68, BStBl II 69, 71 *(offen gelassen);* LSG Bay 13.5.64 – L 4/Kr 58/60 – *Breithaupt* 65, 179 *(ja).*

**Marktforscher** FG München 7.7.70, EFG 71, 25 *(nein);* FG Hbg 15.4.70, EFG 70, 389 *(nein).*

**Masseur** BFH 26.11.70, BStBl II 71, 249 *(nein);* BSG 19.6.59 – 3 Rf 95/56, RdA 60, 118 (LS) = AP Nr 1 zu § 3 AVG nF *(ja);* BSG 8.3.79 – 12 RK 30/77, Die Beiträge 79, 149 *(nein).*

**Masseuse** FG Düsseldorf 28.6.78, EFG 79, 31 *(ja);* FG Düsseldorf 9.11.78, EFG 79, 239 *(ja);* FG Bln 24.1.75, EFG 75, 317 *(ja).*

**Moderator** LAG SachsAnh 10.1.13 – 3 Sa 224/11 *(nein).*

**Modeschöpfer** BFH 2.10.68, BStBl II 69, 138 *(nein).*

**Motorrad-Rennfahrerin** BAG 17.6.99 – 5 AZB 23/98, NZA 99, 1175 *(arbeitnehmerähnlich);* BAG 7.3.02 – 2 AZR 173/01, NZA 02, 963 *(ja).*

**Musikbearbeiter einer Rundfunkanstalt** BAG 21.9.77, DB 78, 596 *(nein).*

**Musiker** BAG 7.5.80, DB 80, 1996 *(ja);* BAG 3.10.75, DB 76, 299 *(ja);* BAG 26.11.75, DB 76, 346 *(nein);* BAG 10.12.68, SozSich 69, 111 *(nein);* BAG 14.2.74, DB 74, 1487 *(offen gelassen);* BFH 16.4.71, BStBl II 71, 656 *(ja);* BFH 25.11.71, BStBl II 72, 212 *(nein);* FG Köln 21.7.81, EFG 82, 345 *(nein);* BFH 10.9.76, BStBl II 77, 178 *(offen gelassen);* BFH 9.8.74, BStBl II 74, 720 *(offen gelassen);* → *Nebentätigkeit* Rn 19; BSG 27.10.76 – 2 RU 1/75, SozR 2200 § 539 Nr 28 *(offen gelassen).* S *Gruppenarbeitsverhältnis.*

**Musiklehrer** BAG 21.11.17 – 9 AZR 117/17, NZA 18, 448 – Musikschullehrer *(nein);* BAG 7.5.86 – 5 AZR 591/83 – *(nein);* BAG 24.6.92, AP Nr 61 zu § 611 BGB Abhängigkeit – Musikschullehrer – *(offen gelassen);* LAG Sachs 29.1.98 – 6 Sa 1201/97 *(ja);* BFH 4.10.1984, USK 84, 157 *(nein);* LSG Hess 5.12.62 – 6 Kr 21/61 – *Breithaupt* 63, 373 – Lehrbeauftragter staatliches Musikinstitut – *(ja);* BSG 28.10.60 – 3 RK 31/56 – *Breithaupt* 61, 295 *(nein).*

**Nachhilfestunden** s unten Privatunterricht.

**Nachrichtenreporter für tägliche Sendung** BAG 9.3.77, BB 77, 1150 *(ja).*

**Nachrichtensprecher** s unten Rundfunksprecher.

**Nebentätigkeit** s dort; s *Arbeitnehmer (Begriff);* sowie oben Lehrtätigkeit und unten Prüfungstätigkeit.

**Notenkopist** LAG Köln 14.5.03 – 7 Sa 863/02, AE 04, 104 *(nein).*

**Notarvertreter** s oben Assessor.

**Orchestermusiker** s oben Musiker.

**Ordensangehörige** LAG Hamm 9.9.71, DB 72, 295 – Lehrtätigkeit – *(nein);* BFH 11.5.62, BStBl III 62, 310 – ArbN Dritter – *(ja);* s auch *Kirchenarbeitsrecht;* BSG 20.6.60 – 7 RAr 53/59, RdA 61, 260 (LS) = BSGE 13, 76 – Lehrtätigkeit – *(ja).*

**Ordnertätigkeit von Mitgliedern politischer Parteien** BSG 29.1.86 – 9b RU 68/84, SozR 2200 § 539 Nr 14 *(nein)*.

**Organisator und Dirigent eines Kulturorchesters** BAG 20.1.10 – 5 AZR 99/09, DB 10, 788 *(nein)*.

**Patentberichterstatter** BFH 2.12.70, BStBl II 71, 233 *(nein);* BFH 19.1.56, BStBl III 56, 89 *(nein)*.

**Peep-Show-Modelle** FG BaWü 15.1.98, EFG 98, 821 *(ja;* auch bzgl Sonderleistungen).

**Pfarrer** s *Kirchenarbeitsrecht.*

**Pharmaberater im Außendienst** LAG Hamm 13.10.89, DB 90, 2028 *(ja);* LAG Hamm 5.10.89, DB 90, 2027 (LS) = LAGE § 611 ArbNBegriff Nr 13 *(ja);* ArbG München 29.5.90, DB 90, 2028 *(nein);* BSG 25.2.58 – 3 RK 73/74, SozR Nr 6 zu § 165 RVO *(offen gelassen)*.

**Pharma-Cosmetologe** FG NdS 25.2.77, EFG 78, 50 *(nein)*.

**Plakatanschläger, Plakatkleber,** BAG 25.6.96 – 1 ABR 6/96 – *(nein);* LSG Hess 18.5.77 – L 8 Kr 755/74, DOK 77, 839 *(ja)*.

**Portier, Türsteher uÄ** LAG Brem 19.8.60, DB 60, 1506 *(ja);* LSG Brem 11.12.58 – L An 5/58, AngVers 59, 244 *(ja)*.

**Postagent** OLG Karlsruhe 22.7.98 – 19 W 55/99, NZA-RR 98, 463 *(nein)*.

**Praktikant** s dort.

**Propagandist/Werbedame** BGH 11.3.82, DB 82, 1771 *(nein);* LAG Köln 30.6.95, ZTR 96, 80 *(ja);* BFH 14.6.85, BStBl II 85, 661 *(offen gelassen);* BFH 27.4.61; BStBl III 61, 315 – Ärztepropagandist – *(offen gelassen);* LSG Hbg 19.6.83 – I KRBf 35/83, AiB 88, 117 *(ja);* LSG SchlHol 19.10.61 – L 2 Kr 11/60 – KVRS 1000/77 *(ja);* BSG 24.10.78 – 12 RK 58/76, SozR 2200 § 1227 Nr 19 *(offen gelassen)*.

**Prostituierte** BGH 18.7.80, AP Nr 35 zu § 138 BGB *(nein);* BGH 1.8.84, HFR 85, 41 und 6.10.89, HFR 90, 582 *(ja);* LAG Hess 12.8.97, BB 98, 54 *(ja);* FG München 14.12.07 – 8 K 849/05, EFG 08, 687; s auch oben Masseuse.

**Prüfungstätigkeit** FG Düsseldorf 31.10.69, EFG 70, 70 – Prüfungsausschuss Ortskrankenkassen – *(ja);* BFH 14.3.58, BStBl III 58, 255 – Landesjustizprüfungsamt – *(nein);* BFH 8.2.72, BStBl II 72, 460 – Schätzungskommission Landesbrandkasse – *(nein)*.

**Psychologe** BAG 9.9.81, DB 81, 2500 – Behindertenfürsorge – *(nein);* BMF 29.12.80, BStBl I 81, 29 *(nein)*.

**Putzfrau** s oben Haushaltshilfe.

**Rechtsanwalt** BAG 3.6.98 – 5 AZR 656/97, NZA 98, 1165 *(nein);* BAG 3.7.85 – 5 AZR 69/84 – Sozietätszusage: *(nein)*; Hess LAG 20.2.12 – 13 Ta 468/11, BeckRS 2012, 70263 *(nein);* LAG Köln 6.5.05 – 4 Ta 40/05 – *(nein);* LAG Frankfurt 16.3.90, BB 90, 249 *(ja);* LAG Bln 16.12.86, NZA 87, 488 *(ja);* LAG BaWü 14.3.85, BB 85, 1534 *(ja);* LAG Thür 28.3.96, AuR 96, 276 *(ja);* LAG Hess 1.6.95, NZA-RR 96, 64 (arbeitnehmerähnliche Person); LAG Thür 6.2.98, NZA-RR 98, 296 *(ja);* LAG Düsseldorf – 16 Sa 162/02, NZA-RR 02, 567 *(ja);* FG Nbg 14.12.93, EFG 94, 544 *(ja);* BSG 28.4.64, BSGE 21, 57 – Anwaltsassessor – *(ja);* BSG 14.5.81 – 12 RK 11/80, BB 81, 1581 *(offen gelassen);* BSG 17.10.69 – 3 RK 67/66 – USK 6977 *(offen gelassen);* SG Münster 20.10.98 – S 6 Rj 127/97 – nv *(ja)*. S auch oben Assessor.

**Rechtspraktikant der einstufigen Juristenausbildung** BFH 19.4.85, BStBl II 85, 465 *(ja);* BFH 24.9.85, BStBl II 86, 184 *(ja);* BSG 21.2.90 – 12 RK 12/87, NZA 90, 872 *(ja)*.

**Redakteur** s oben Journalist.

**Referendar** ArbG Bln 16.9.66, BB 67, 538 – Nebenbeschäftigung – *(ja);* BFH 12.8.83, BStBl II 83, 718 *(ja);* BFH 22.3.68, BStBl II 68, 455 *(nein);* BSG 31.5.78 – 3 RK 25/77, SozR 1229 Nr 8 mwN *(offen gelassen)*. S auch oben Rechtsanwalt.

**Regisseur** BAG 23.4.80, AP Nr 34 zu § 611 BGB Abhängigkeit *(ja);* BAG 15.3.78, DB 78, 1035 *(ja),* BAG 13.1.83, AP Nr 43 zu § 611 BGB Abhängigkeit; LAG Saarbrücken 8.11.67, BB 68, 41 *(nein);* FG Bln 28.6.72, EFG 72, 614 *(ja);* s auch BMF 5.10.90, BStBl I 90, 638; BSG 24.6.81 – 12 RK 35/80, SozR 2200 § 1227 Nr 34 *(nein)*.

**Rehabilitand** BAG 26.1.94, BB 94, 1371 *(nein);* BAG 22.2.96 – 5 AZB 9/95 – *(offen gelassen)*.

**Reiseleiter** FG Hbg 24.9.87, EFG 88, 120 *(ja);* FG Nbg 24.5.62, EFG 63, 63 *(nein);* FG Bln 29.7.76, EFG 77, 316 – Informationsfahrtbegleiter – *(nein);* BSG 26.5.82 – 2 RU 67/80

– USK 8266 *(ja);* BSG 23.4.87 – 2 RU 45/85 – USK 8736 *(nein);* BSG 17.5.73 – 12 RK 23/72, SozR Nr 72 zu § 165 RVO *(nein).*

**Rentner** s *Rentnerbeschäftigung.*

**Repetitor** LAG Hamm 22.8.89, AP Nr 7 zu § 5 ArbGG 79 *(ja).*

**Reporter** s oben Journalist.

**Rundfunkermittler** BAG 30.8.2000 – 5 AZB 12/00, DB 01, 824 *(arbeitnehmerähnlich);* BAG 26.5.99 – 5 AZR 469/98, NZA 99, 983 *(nein);* BFH 2.12.98 – X R 83/96, BStBl II 99, 534 = DStR 99, 711 *(nein);* BFH 14.12.78, BStBl II 79, 188 *(nein);* BFH 9.10.02 – VR 73/01, DB 03, 22; BSG 21.10.58 – 2 RU 196/57, SozR Nr 8 zu § 537 RVO aF *(ja).*

**Rundfunkmitarbeiter** BAG 19.1.2000, NZA 2000, 1102 *(nein);* BAG 20.7.94, NZA 95, 161 *(ja);* BAG 16.2.94, NZA 95, 21 *(ja);* BAG 30.11.94, NZA 95, 622 *(ja);* BAG 16.2.94, MDR 94, 1129 *(ja);* BAG 9.6.93, DB 94, 787 *(offen gelassen);* BAG 3.10.75, DB 76, 393 und BAG 11.3.98 – 5 AZR 522/96, DB 98, 2276 – fremdsprachlicher Dienst – *(ja).*

**Rundfunkkorrespondent** BAG 7.5.80, DB 80, 1996 (LS) = AP Nr 35 zu § 611 BGB Abhängigkeit *(ja).*

**Rundfunksprecher** BAG 11.3.98 – 5 AZR 522/96, AP Nr 23 zu § 611 BGB Rundfunk *(ja);* BFH 14.10.76, BStBl II 77, 50 *(ja);* FG RhPf 27.6.88, EFG 89, 22 *(ja);* BSG 22.11.73 – 12/3 RK 83/71, AP Nr 11 zu § 611 BGB Abhängigkeit *(ja).*

**Sachverständiger** LAG BaWü 13.12.01 – 13 Sa 54/01, AE 03, 3 *(nein);* BFH 22.6.71, BStBl II 71, 749 *(nein);* BFH 5.11.70, BStBl II 71, 319 – Schiffssachverständiger – *(nein);* BFH 24.1.57, BStBl III 57, 106 *(nein);* BFH 4.2.54, BStBl III 54, 147 – Architekt – *(nein).*

**Sänger** BAG 13.3.84, NJW 85, 2133 – Schlagersänger – *(nein);* BFH 6.11.70, BStBl II 71, 22 *(ja);* BFH 24.5.73, BStBl II 73, 636 – Opernsänger – *(nein).* S auch oben Künstler.

**Sargträger** LAG Düsseldorf 9.9.97, NZA-RR 98, 193 *(ja);* FG Saarl 8.11.95, EFG 96, 98 *(nein).*

**Schank- und Pausenbewirtung in Festhalle** BAG 12.12.01 – 5 AZR 253/00, NZA 02, 787 *(nein).*

**Schauspieler** LAG Brem 25.10.89, BB 90, 780 *(ja);* LAG Saarbrücken 22.9.65, RdA 66, 439 (LS) = AP Nr 10 zu § 611 BGB Abhängigkeit; BFH 30.11.66, BStBl III 67, 400 *(ja);* BFH 10.4.70, BStBl II 70, 716 *(ja);* BFH 6.10.71, BStBl II 72, 88 *(ja);* BFH 20.1.72, BStBl II 72, 214 – Film und Fernsehen – *(ja);* BFH 6.11.70, BStBl II 71, 22 – Theater – *(ja);* BFH 9.9.70, BStBl II 70, 867 – Filmschauspieler – *(ja);* BFH 27.11.62, BStBl III 63, 95 *(ja);* s auch BMF 5.10.90, BStBl I 90, 638; BFH 24.5.73, BStBl II 73, 636 – Theater – *(nein);* BFH 25.10.63, BStBl III 63, 598 – Werbesprecher – *(nein).*

**Schlachter** BSG 15.10.70 – 11/12 Rf 412/67, SozR Nr 15 zu § 1227 RVO – Lohnschlachter – *(ja);* BFH 14.1.65, BStBl III 65, 185 – Kopfschlachter – *(nein);* BSG 12.12.70 – 7/2 RU 51/67, USK 7016 – Hausschlachter – *(nein);* LG Oldenburg 17.3.95, BB 95, 1697 – Ausbeiner – *(ja).*

**Schriftleiter** s oben Journalist.

**Schwarzarbeiter** s *Schwarzarbeit.*

**Scientologie-Gemeinschaft** BAG 26.9.02 – 5 AZB 19/01, NZA 02, 1412 *(nein).*

**Servicekräfte eines Warenhauses** BFH 20.11.08 – VI R 4/06, BStBl II 09, 374 *(ja).*

**Sportler** BAG 5.2.2004 – 8 AZR 639/02, NJW-Spezial 04, 179 *(nein);* BFH 29.11.78, BStBl II 79, 182 – Catcher – *(ja);* FG BaWü 3.7.91, EFG 92, 44 – Amateursportler – *(nein);* FG Köln 1.4.87, EFG 87, 524 – Amateursportler – *(nein);* BFH 22.1.64, BStBl III 64, 207 – Berufsboxer – *(nein);* BFH 23.10.92, BStBl II 93, 303 – Amateursportler – *(offen gelassen);* BFH 29.11.78, BStBl II 79, 182 – Berufssportler – *(offen gelassen);* BFH 16.3.51, BStBl III 51, 97 – Berufsringer – *(offen gelassen);* FG Saarl 11.3.94, EFG 94, 751 – Berufssportler als ArbN des Werbepartners – *(ja;* s auch BMF 25.8.95, DStR 95, 1508: idR: ja); BSG 23.6.59 – 2 RU 83/57, BSGE 10, 94 – Jockey – *(ja);* SG Hannover 17.1.64 – 20 U 44/63, VersR 64, 940 – Jockey – *(ja);* BSG 20.12.61 – 3 RK 65/57, SozR Nr 29 zu § 165 RVO – Vertragsfußballer – *(ja);* BSG 29.8.63 – 3 RK 86/59, SozR Nr 41 zu § 165 RVO – Sportlehrer – *(ja);* BSG 29.2.72 – 2 RU 194/68, SozR Nr 27 zu § 539 RVO – Sportlehrer und Trainer – *(ja).*

**Steuerberater** LAG Köln 24.8.99 – 11 Ta 221/99, ArbuR 2000, 275 *(ja).*

**Steuerbevollmächtigter** BSG 27.9.72 – 12/3 RK 31/71, SozR Nr 7 zu § 2 AVG *(ja).*

**Steuergehilfen** LAG Köln 23.3.88, DB 88, 1403 *(nein);* LAG Bln 29.5.89, DB 89, 2541 (LS) *(nein).*

**Strafgefangener** BMF 25.2.72, DB 72, 1141 *(nein);* FinMin Bay 31.7.79, StEK EStG § 19 Nr 79 *(nein);* BSG 6.4.60 – 2 RU 40/58, SozR Nr 18 zu § 537 RVO *(ja);* s auch *Arbeitnehmer (Begriff).*

**Stripteasetänzerin** BAG 7.6.72, BB 73, 291 *(ja);* BGH 1.8.84, NJW 85, 208 *(ja);* LAG Düsseldorf 25.11.71, AuR 72, 254 *(ja).*

**Strom-, Wasser-, Gasableser** BFH 24.7.92, BStBl II 93, 155 *(ja);* FG Bbg 22.10.03 – 2 K 1792/02, EFG 04, 34 *(nein);* FG München 18.2.04 – 10 K 4566/02, EFG 04, 1050 *(ja);* BSG 4.12.57 – 1 RA 118/55, BB 58, 414 *(ja).*

**Subunternehmer** ArbG Wetzlar 31.10.95, BB 96, 700 *(ja);* FG NdS 14.1.80, EFG 80, 349 *(nein).*

**Synchronsprecher** BFH 12.10.78, BStBl II 81, 706 *(nein);* BFH 3.8.78, BStBl II 79, 131 *(nein);* BFH 27.11.62, BStBl III 63, 95 *(nein);* s auch BMF 5.10.90, BStBl I 90, 638.

**Tagesmutter** FinMin NdS 10.5.77, FR 77, 299 *(nein).*

**Tankstellenverwalter** ArbG Mönchengladbach 19.1.2000, BB 2000, 828 *(nein);* BSG 11.8.66 – 3 RK 57/63, DB 66, 1524 *(nein).*

**Telefoninterviewer** BFH 29.5.08 – VI R 11/07, DStR 08, 1526, BStBl II 08, 933 *(ja);* Hessisches FG 29.11.2017 – 4 K 1709/15, EFG 2018.

**Telefonist** LAG München 22.1.04 – 3 Ta 440/03, NZA-RR 04, 365 *(nein);* BAG 7.11.58, DB 59, 59 *(ja);* BAG 29.11.58, DB 59, 290 *(ja);* BAG 20.5.69, DB 69, 1414 *(ja);* FG Köln 19.1.07 – 10 K 2841/05, EFG 07, 1032 – Callcenter Telefonsex *(ja).*

**Theaterintendant bei nebenberuflicher Tätigkeit** BAG 17.12.68, DB 69, 1420 *(ja);* BAG 16.8.77, RdA 77, 391 *(nein).*

**Trainer** s unten Übungsleiter.

**Transporteur** mit eigenem Fahrzeug BAG 19.11.97, NZA 98, 364 *(ja).*

**Tutor** FG Nbg 19.12.75, EFG 76, 169 *(ja);* FinMin NRW 2.11.81, StEK EStG § 19 Nr 118 *(ja);* BFH 21.7.72, BStBl II 72, 738 *(nein);* FinMin Bay 22.5.82, StEK § 22 Nr 58 (*offen gelassen,* nichtselbstständige Tätigkeit und sonstige Einkünfte gem § 22 Nr 1b EStG); BSG 12.11.81 – 7 Ar 69/80, Die Beiträge 82, 112 *(ja).*

**Übungsleiter** LAG Düsseldorf 26.3.92, LAGE § 611 ArbNBegriff Nr 25 – Amateurverein – *(nein);* LAG Frankfurt 27.10.64, RdA 67, 40 (LS) = AP Nr 4 zu § 611 BGB Abhängigkeit – Fußballtrainer Sportverein – *(nein);* RFH 13.8.41, RStBl 41, 678 *(nein);* FG Hess 9.7.93, EFG 94, 396 – Fußballtrainer Sportverein – *(nein);* ArbG Kempten 5.11.97, BB 98, 1007 – Tennistrainer – *(nein);* → *Nebentätigkeit* Rn 20.

**Unterfrachtführer** LSG Bln 27.10.93, NZA 95, 139 *(ja).*

**Unternehmensberater** LAG Köln 26.6.98 – 11 Sa 1665/97 – *(nein);* FG Düsseldorf 26.4.73, EFG 73, 492 *(nein);* LSG NRW 20.1.82 – L 11 KR 36/80, Die Beiträge 82, 366 *(ja).*

**Urlaubsvertreter** BFH 20.2.79, BStBl II 79, 484 – Apotheker – *(ja);* BFH 11.11.71, BStBl II 72, 213 *(ja);* BFH 10.4.53, BStBl III 53, 142 – Arztvertreter – *(nein).* S auch oben Assessor und Arzt.

**Vereinsgeschäftführer** LAG Nbg 5.3.2000 – 1 Ta 47/01 – *(offen gelassen).* LAG NdS 4.2.02 – 17 Ta 429/01, NZA-RR 02, 491 *(nein).*

**Verkaufsstellenleiter** BAG 19.12.2000 – 5 AZB 16/00, NJW 01, 1373 *(arbeitnehmerähnlich);* BAG 17.1.01 – 5 AZB 18/00, NJW 01, 1374 *(offen gelassen).*

**Vermittlung von Finanzprodukten** LAG Köln 26.6.12 – 11 Sa 95/11, BeckRS 2012, 75965 *(ja).*

**Versicherungsvertreter** BAG 20.9.2000 – 5 AZR 271/99, DB 01, 280 *(nein);* BAG 15.12.99 – 5 AZR 566/98, DB 2000, 723 *(nein);* BAG 25.10.67, DB 68, 489 *(ja);* LAG Nbg 25.2.98, NZA-RR 98, 250 *(ja);* LAG Köln 7.7.98 – 11 Ta 322/97 – nv *(ja);* LAG Nbg 26.1.99 – 7 Sa 658/98, ArbuR 99, 380 *(nein);* LG Osnabrück 14.6.99 – 1 AR 3/99, BB 99, 1926 *(nein);* LSG NRW 9.7.59 – LS I KV 9/56, KVRS 1000/20 *(ja);* BSG 28.10.60 – 3 RK 13/56, SozR Nr 20 zu § 165 RVO *(ja).* Bei Angestellten im Innendienst s oben Vermittlungstätigkeit, im Übrigen s *Handelsvertreter.*

**Vertragsamateur des Deutschen Fußballbundes** BAG 10.5.90, BB 90, 2051 *(ja);* LAG Hamm 30.8.89, NZA 90, 228 *(ja);* LAG RhPf 3.4.89, 966 *(ja);* ArbG Bocholt 7.12.88, DB 89, 1423 *(ja).*

**Verwalter** BSG 18.11.80 – 12 RK 76/79, SozR 2200 § 165 Nr 51 – Miethaus, Gestüt – *(ja)*.

**Volontär** s *Praktikant*.

**Vorstandsmitglied** s oben Gesetzliche Vertreter von Kapitalgesellschaften.

**Werbeaußendienstmitarbeiter** s unten Werber.

**Werbedame** s oben Propagandist.

**Werber** LAG NdS 7.9.90, LAGE § 611 BGB ArbNBegriff Nr 24 – Werbeaußendienstmitarbeiter – *(ja)*; BSG 31.7.58 – 3 RK 46/55, SozR Nr 8 zu § 165 RVO *(ja)*.

**Werkleiter** BGH 23.2.89, BB 89, 649 *(ja)*.

**Werkstudent** BAG 1.12.67, DB 68, 622 *(ja)*; LAG Düsseldorf 17.4.56, BB 57, 41 *(ja)*; LAG Düsseldorf 5.12.88, DB 89, 1343 *(ja)*; BGH 1.2.63, DB 63, 484 *(nein)*.

**Zeitungsausträger** BAG 29.3.74, DB 74, 1342 *(ja)*; BAG 16.7.97, DB 97, 2437 *(nein)*; LG Darmstadt 9.3.2000 – 5 T 1294/99, NZA-RR 01, 631 *(nein)*; LAG Hamm 8.9.77, DB 78, 798 *(ja)*; LAG Düsseldorf 5.3.96, DB 96, 1285 *(ja)*; ArbG Oldenburg 7.6.96, DB 96, 2446 *(ja)*; BFH 2.10.68, BStBl II 69, 103 *(ja)*; BFH 24.7.92, BStBl II 93, 155 – Anzeigenblatt, Wurfsendung – *(ja)*; BFH 22.11.96, BStBl II 97, 254 – Abonnentenwerbung – *(nein)*; FG Nbg 13.2.03 – IV 434/98, EFG 03, 1782; NZB VI B 58/03: Zeitschriftenwerber *(ja)*; FG SchlHol 22.5.80, EFG 80, 497 und NdS FG 17.4.96, EFG 96, 822 – Abonnentenwerbung *(nein)*; FG Düsseldorf 22.7.80, EFG 81, 176 – Abonnentenwerbung *(nein)*; FG Münster 23.5.01 – 8 K 158/98 L, EFG 01, 1200 *(nein)*; Koordinierter Ländererlass, FinMin NdS 10.11.87, FR 87, 588 *(nein)*; → *Nebentätigkeit* Rn 20; BSG 15.2.89 – 12 RK 34/87, AP Nr 1 zu § 611 BGB Zeitungsträger *(ja)*; BSG 27.11.80 – 8a RU 26/80, Die Beiträge 81, 112 – Ringtourenfahrer – *(nein)*; BSG 16.2.61 – 3 RK 70/58, RdA 63, 356 *(nein)*; LSG München 16.1.57 – Kr 25/54 – *Breithaupt* 57, 585.

**Zeitungskorrespondent** LAG Mannheim 26.5.54, BB 54, 686 *(ja)*; ArbG Brem 30.3.54, BB 54, 686 *(ja)*.

**Zeitungsredakteur** BAG 19.6.70, DB 780, 1742 *(ja)*.

**Zeltplatzbewacher einer Gemeinde** LSG RhPf 2.2.68 – L 3 U 27/67 – *Breithaupt* 68, 820 *(ja)*.

**Zirkusartisten** BAG 11.8.15 – 9 AZR 98/14, NZA-RR 16, 288 *(nein)*.

**Zwangsarbeiter** BAG – 5 AZB 32/99; 5 AZB 58/99; 5 AZB 59/99; 5 AZB 68/99; 5 AZB 71/99; 5 AZB 72/99, 16.2.2000, BB 2000, 468 *(nein)*.

**Zwangsverwalter** BFH 23.5.84, BStBl II 84, 823 *(nein)*.

**Zweigstellenverwalter** BSG 24.9.81 – 12 RK 43/79, SozR 2200 § 165 Nr 62 *(ja)*.

**Zwischenmeister** s *Heimarbeit*.

## Arbeitnehmerähnliche Personen

### A. Arbeitsrecht

*Röller*

**1. Begriff.** ArbNÄhnliche Personen sind Selbstständige. Im Gegensatz zu ArbN fehlt es bei ihnen an der persönlichen Abhängigkeit. An ihrer Stelle tritt die wirtschaftliche Abhängigkeit, die dann gegeben ist, wenn der Betroffene auf die Verwertung seiner Arbeitskraft und die Einkünfte aus der Dienstleistung zur Sicherung seiner Existenzgrundlage angewiesen ist. Vorausgesetzt wird eine gewisse Dauerbeziehung. Der Beschäftigte muss außerdem seiner gesamten sozialen Stellung nach einem ArbN vergleichbar schutzbedürftig sein. Dies ist dann der Fall, wenn das Maß der Abhängigkeit nach der Verkehrsanschauung einen solchen Grad erreicht, wie er im Allgemeinen nur in einem Arbeitsverhältnis vorkommt und die geleisteten Dienste nach ihrer soziologischen Typik mit denen eines ArbN vergleichbar sind. Maßgebend ist eine Gesamtwürdigung aller Umstände des Einzelfalls (BAG 21.1.19 – 9 AZB 23/18, NZA 19, 490; 21.12.10 – 10 AZB 14/10, NZA 11, 309; 21.2.07 – 5 AZB 52/06, NZA 07, 699; 17.1.06 – 9 AZR 61/05, BeckRS 2006, 42231). § 12a TVG enthält keine gesetzliche Definition für alle arbeitsrechtlichen Vorschriften, die auf das Rechtsverhältnis einer ArbNÄhnlichen Person anzuwenden ist. Dies schließt nicht aus, die in § 12a Abs 1 Ziff 1 TVG genannten Zeit- und Verdienstrelationen iRd Gesamtwürdigung heranzuziehen (BAG 17.1.06 – 9 AZR 61/05, BeckRS 2006, 42231). 1

2 **Wirtschaftliche Abhängigkeit** liegt vor, wenn der Beschäftigte auf die Verwertung seiner Arbeitskraft und die Einkünfte aus der Tätigkeit für den Vertragspartner zur Sicherung seiner Existenzgrundlage angewiesen ist. Die Schutzbedürftigkeit folgt aus der Höhe der vertraglich eingeräumten Vergütung. Dies setzt Leistungen für den Vertragspartner voraus. Die Vergütung kann auch in einer Beteiligung an Umsätzen und Gewinnen bestehen. Die bloße Gewährung einer Verdienstmöglichkeit nach einer Gebühren- oder Vergütungsordnung begründet keine wirtschaftliche Abhängigkeit. Die wirtschaftliche Existenz eines Vertragspartners bestimmt sich in diesem Fall nicht nach der vertraglichen Gegenleistung (BAG 21.2.07 – 5 AZB 52/06, NZA 07, 699). Bei der Ermittlung der Schutzbedürftigkeit ist nicht auf die Umsätze, sondern auf den nach Abzug aller Kosten verbleibenden Gewinn vor Steuern und privaten Versicherungen abzustellen (BAG 21.6.11 – 9 AZR 820/09, NZA-RR 12, 365). Der Bezug eines Gründungszuschusses gem § 93 SGB III steht der wirtschaftlichen Abhängigkeit nicht entgegen (BAG 21.12.10, NZA 11, 309). Eine ArbNÄhnliche Person kann für mehrere Auftraggeber tätig sein, wenn die Beschäftigung für einen von ihnen überwiegt und die daraus fließende Vergütung die entscheidende Existenzgrundlage darstellt.

3 § 12a TVG konkretisiert das Merkmal der wirtschaftlichen Abhängigkeit dahingehend, dass ArbNÄhnliche Personen überwiegend für eine Person tätig sind oder ihnen von einer Person im Durchschnitt mehr als die Hälfte des Entgelts zusteht, das ihnen für die Erwerbstätigkeit insgesamt zusteht; ist dies nicht voraussehbar, so sind für die Berechnungen, soweit im Tarifvertrag nichts anderes vereinbart ist, jeweils die letzten 6 Monate, bei kürzerer Dauer der Tätigkeit dieser Zeitraum, maßgebend. Es reicht danach aus, wenn die ArbNÄhnliche Person überwiegend für einen Auftraggeber tätig wird oder mit einem Auftraggeber im Durchschnitt mehr als die Hälfte ihres Einkommens aus ihrer gesamten Erwerbstätigkeit erzielt. Dabei gelten gem § 12a Abs 2 TVG mehrere Personen, für die ArbNÄhnliche Personen tätig sind, als eine Person, wenn diese mehrere Personen nach der Art eines Konzerns (§ 18 AktG) zusammengefasst oder zu einer zwischen ihnen bestehenden Organisationsgemeinschaft oder einer nicht nur vorübergehenden Arbeitsgemeinschaft gehören. Für freie Mitarbeiter der Medien enthält § 12a Abs 3 TVG eine Sondergruppenregelung. Das TVG findet auf diesen Personenkreis bereits dann Anwendung, wenn sie mindestens ein Drittel ihres Einkommens von einer Person im Durchschnitt beziehen. Feststehende Entgeltgrenzen fehlen in § 12a TVG. Der Begriff der ArbNÄhnlichen Person kann nur dann in Frage gestellt sein, wenn der anderweitige Verdienst den Tätigen unabhängig macht (BAG 2.10.90 – 4 AZR 106/90, NZA 91, 239).

4 **2. Vertragstypen.** Grundlage der Tätigkeit von ArbNÄhnlichen Personen können sein: Dienst- oder Werkverträge, Werklieferungsverträge, Pachtverträge und Geschäftsbesorgungsverträge (ErfK/*Franzen* § 12a TVG Rn 6).

5 Nach § 12a TVG können für die unter diese Vorschrift fallenden ArbNÄhnliche Personen die Beschäftigungsbedingungen durch Tarifvertrag geregelt werden. Den Tarifvertragsparteien wird dabei durch den Gesetzgeber ein Gestaltungsspielraum eingeräumt. Sie sind befugt, den Geltungsbereich von Tarifverträgen für ArbNÄhnliche Personen selbst zu bestimmen, solange sie sich am Leitbild des § 12a TVG orientieren (BAG 15.2.05 – 9 AZR 51/04, NZA 06, 223). Auf Handelsvertreter iSd § 84 HGB findet § 12a TVG keine Anwendung (§ 12 Abs 4 TVG).

6 **3. Kreis der arbeitnehmerähnlichen Personen.** Hierzu zählen die Heimarbeiter, Hausgewerbetreibende und ihnen Gleichgestellte (§§ 1, 2 HAG); für sie gilt als spezialgesetzliche Regelung das HAG (ausführlich s *Heimarbeit*). Behinderte Menschen im Arbeitsbereich anerkannter Werkstätten stehen, wenn sie nicht ArbN sind, zu den Werkstätten in einem ArbNÄhnlichen Rechtsverhältnis (§ 138 SGB IX). Weiterhin können dazugehören Handelsvertreter, vornehmlich Einfirmenvertreter mit geringem Einkommen, Künstler, Schriftsteller, Mitarbeiter im Medienbereich sowie ganz allgemein freie Mitarbeiter.

7 **Rechtsprechung Einzelfälle.** Als ArbNÄhnliche Personen wurden angesehen: **Berufssänger** (LAG Köln 3.5.02 – 10 Ta 16/02, MDR 02, 1196 LS) – **Bühnenbildnerin** im Medienbereich (LAG Bln 16.8.83, EzA Nr 29 zu § 611 BGB ArbNBegriff) – **Call-Centeragentin** (LAG Berlin 6.5.03 – 13 Ta 726/03, BeckRS 2003, 41031) – **Dozent am Weiterbildungsinstitut** (BAG 11.4.97 – 5 AZB 33/96, NZA 98, 499) – **EDV-Fach-**

**kräfte** (OLG Karlsruhe 24.10.01, BeckRS 2001, 30214066) – **Frachtführer** (LAG MeVo 13.7.15 – 3 Ta 6/15, BeckRS 2015, 70761; LAG Köln 29.5.06 – 14(5) Sa 1343/05, BB 06, 2312 (LS) – **Franchisenehmer** (BAG 16.7.97 – 5 AZB 29/90, WiB 97, 1197; OLG Saarbrücken 11.4.11 – 5 W 71/11, BeckRS 2011, 08611) – **Freie Mitarbeiter von Rundfunk- und Fernsehanstalten** (BAG 17.10.90, NZA 01, 402; 23.9.92, BB 93, 76 [LS]) – **Abberufener Fremd-Geschäftsführer einer GmbH** (LAG BaWü 15.5.18 – 9 TaBV 16/17, BeckRS 2018, 18591) – **Fremdgeschäftsführer einer GbR** (LAG Hamm 14.4.10 – 2 Ta 817/09, BeckRS 2010, 69527) – **Geschäftsführer einer BKK** (BAG 25.7.96 – 5 AZB 5/96, NZA 97, 63) – **Gesellschafter-Arbeitnehmer** (LAG RhPf 10.12.09 – 5 Ta 203/09, BeckRS 2010, 67550) – **Kameramann** (Freier Mitarbeiter) (BAG 8.6.67, 7.1.71, AP Nr 6 und 8 zu § 611 BGB Abhängigkeit) – **Kommissionär** (BAG 8.9.97, 5 AZB 3/97, NZA 97, 1302) – **Lehrbeauftragter an Hochschule** (BAG 16.12.57, AP Nr 3 zu § 611 BGB) – **Lehrer, Dozenten, Nachrichtensprecher** (BAG 28.6.73, AR-Blattei, Nr 5 zu ArbNÄhnliche Person; zum Dozenten für ein gewerbliches Weiterbildungsinstitut s BAG 11.4.97 – 5 AZB 33/96, NZA 98, 499) – **Rechtsanwalt** (Scheinsozius) (LAG Hess 1.6.95, DB 96, 100 [LS] = NZA-RR 96, 64); LAG Köln 6.5.05 – 4 Ta 40/05, AnwBl 05, 719, wenn er tatsächlich sein gesamtes Einkommen von einer Kanzlei bezieht und sich den vorgegebenen Kanzleiabläufen unterordnen muss – **Redakteur** (BAG 23.9.92 – 4 AZR 566/91, NZA 93, 1008) – **Reporter** (Freier Mitarbeiter) (BAG 30.6.75, AR-Blattei Nr 7 zu D ArbNÄhnliche Personen) – **Rundfunkgebührenbeauftragter** (BAG 30.8.00 – 5 AZB 12/00, NZA 00, 1359) – **Theaterintendant** (BAG 17.12.68, AP Nr 17 zu § 5 ArbGG 1953) – **Trainer** (in einer Sportschule; LAG BaWü 21.6.95 – 5 Ta 7/95) – **Umschüler** (soweit das Rechtsverhältnis auf einem privatrechtlichen Vertrag beruht; BAG 21.5.97 – 5 ARB 30/96, NZA 97, 1013) – **Volkshochschuldozent** (BAG 17.1.06 – 9 AZR 61/05, NAZ-RR 06, 616) – **Wirtschaftsberater** (LAG Hess 19.1.93 – 7 Sa 893/93) – **Zeitungsträgerin** (ArbG Augsburg, 7.7.59, BB 1960, 362 (vgl zu den Fallbeispielen: KR/*Rost*/ArbNÄhnliche Personen Rn 28).

Nicht als ArbNÄhnliche Personen werden angesehen: 8

**Beleghebamme** (BAG 21.2.07 – 5 AZB 52/06, NZA 07, 699) – **Rechtsanwalt,** der Partner einer Anwaltsozietät ist, auch wenn er von der Sozietät wirtschaftlich abhängig ist (BAG 15.4.93 – 2 AZB 32/92, DB 93, 1622) – **Rechtsanwalt,** auch bei monatlich in gleicher Höhe gezahlten Honoraren (LAG Köln 3.2.11 – 6 TaBV 409/10, NZA-RR 11, 211) **Rechtsanwalt** (LAG Dü 21.8.18 – 3 TaBV 288/18, BeckRS 2018, 20616) – **Rote-Kreuz-Schwestern** (BAG 6.7.95, AP ArbGG 1979 § 5 Nr 22) – **nebenberuflich tätiger Theaterintendant** (BAG 16.8.77, AP BGB § 611 Abhängigkeit Nr 23) – **einmalig tätiger Künstler** (BAG 6.12.74, AP BGB § 611 Abhängigkeit Nr 14) – **selbstständiger Frachtführer** (BGH 21.10.98 – VIII ZB 54/97, NZA 1999, 110) – **Golftrainer** (LAG Köln 18.5.09 – 4 Ta 72/09, BeckRS 2009, 66810) – **Subunternehmer** (LAG Köln 19.7.10 – 6 Ta 189/10, BeckRS 2010, 73964) – **Erbringung von ärztlichem Bereitschaftsdienst durch niedergelassenen Arzt** (LAG RhPf 3.5.10 – 11 Ta 163/09, BeckRS 2010, 70230) – **Versicherungsagent** (LAG RhPf 4.8.11 – 3 Ta 96/11, BeckRS 2011, 76431) – **Vertriebspartner** (LAG RhPf 14.11.11 – 10 Ta 203/11, BeckRS 2012, 65648) **– Fremdgeschäftsführer** (BAG 21.1.19 – 9 AZB 23/18, NZA 19, 490; LAG Hamm 23.5.18. – 2 TaBV 657/17, BeckRS 2018, 11518) – **Freiwillige nach dem BFDG** (BAG 9.4.19 – 9 AZB 2/19, BeckRS 2019, 16355).

**4. Zuständigkeit der Arbeitsgerichte.** Rechtsfolge der Einordnung als ArtbNÄhnliche Person ist die Zuständigkeit der ArbG (§ 5 Abs 1 Ziff 2 ArbGG). Sie sind zuständig für Rechtsstreitigkeiten aus Vertragsverhältnissen mit ArbNÄhnlichen Personen (BAG 17.10.90 – 5 AZR 639/89, NZA 91, 402) Eine zulässige Wahlfeststellung bezüglich der Rechtswegzuständigkeit liegt vor, wenn nicht feststeht, ob der Kläger ArbN oder ArbNÄhnliche Person ist (BAG 14.1.97 – 5 AZB 22/96, DB 97, 684). Für ArbNÄhnliche Handelsvertreter gilt die Zuständigkeit der ArbG nur, wenn ihnen die Vermittlung von Geschäften nur für ein Unternehmen gestattet ist und sie während den letzten 6 Monaten des Vertragsverhältnisses im Durchschnitt nicht mehr als 1000 € als Vergüten bezogen haben (§ 5 Abs 3 ArbGG iVm § 92a HGB). Diese Grenze gilt auch dann, wenn der Handelsvertreter in diesen Monaten nicht arbeitet und nichts verdient (BAG 15.2.05 – 5 AZB 13/04, DB 05, 728). 9

10 **5. Nichtanwendbarkeit des Arbeitsrechts.** Da ArbNÄhnliche Personen Selbstständige sind, finden auf sie arbeitsrechtliche Vorschriften, soweit nicht eine spezielle gesetzliche Regelung eingreift, keine Anwendung. Ein wesentlicher Vertragsschutz wird durch die **Inhaltskontrolle gem §§ 305 ff BGB** gewährleistet (ErfK/*Preis* §§ 305–310 BGB Rn 10). Teilweise wird eine vorsichtige **Analogie zu einzelnen arbeitsrechtlichen Vorschriften** bejaht (KR/*Rost* ArbNÄhnliche Personen Rn 31 ff). **Nicht anwendbar** sind das KSchG (BAG 20.1.04 – 9 AZR 291/02, DB 04, 1995), das **TzBfG** (KR/*Rost* ArbNÄhnliche Personen Rn 41), das **NachwG** (ErfK/*Preis* § 1 NachwG Rn 5), die **Sonderkündigungsschutzbestimmungen** (§§ 9 MuSchG, 85 ff SGB IV, 2 ArbPlSchG), **§ 613a BGB** (BAG 3.7.80, BB 81, 1466), sowie das **Maßregelungsverbot** des § 612a BGB (BAG 14.12.04 – 9 AZR 23/04, NZA 05, 637).

11 **6. Anwendung arbeitsschutzrechtlicher Bestimmungen.** Obwohl ArbNÄhnliche Personen Selbstständige sind, werden folgende arbeitsschutzrechtlichen Bestimmungen ausdrücklich auch auf diesen Personenkreis erstreckt.

12 **a) Bundesurlaubsgesetz.** ArbNÄhnliche Personen haben gem § 2 Satz 2 BUrlG Anspruch auf bezahlten Erholungsurlaub für mindestens 24 Werktage. Bei Beendigung des Beschäftigungsverhältnisses ist der Urlaub abzugelten (BAG 17.1.06 – 9 AZR 61/05, NZA-RR 06, 616; 15.11.05 – 9 AZR 626/04, NZA 07, 1320).

13 **b) Bildungsurlaub.** ZT finden Bildungsurlaubsgesetze der Länder auf ArbNÄhnliche Personen Anwendung (§ 2 AWbG NW; § 1 AWbG Berlin; § 1 AWbG Hessen; § 2 AWbG Bremen).

14 **c) Pflegezeit.** ArbNÄhnliche Personen fallen unter den persönlichen Anwendungsbereich des PflegeZG (§ 7 Abs 1 Nr 3). Sie genießen deshalb von der Ankündigung bis zur Beendigung der kurzfristigen Arbeitsverhinderung oder der Pflegezeit den Kündigungsschutz nach § 5 PflegeZG.

15 **d) Betriebliche Altersversorgung.** Für ArbNÄhnliche Personen gelten die §§ 1–16 BetrAVG entsprechend, wenn ihnen Leistungen der Alters-, Invaliditäts- oder Hinterbliebenenversorgung aus Anlass ihrer Tätigkeit für ein Unternehmen zugesagt worden sind (§ 17 Abs 1 S 2 BetrAVG).

16 **e) Arbeitsschutz.** ArbNÄhnliche Personen iSd § 5 Abs 1 ArbGG, ausgenommen die in Heimarbeit Beschäftigten und die ihnen Gleichgestellten, sind Beschäftigte iSd Arbeitsschutzgesetzes (§ 2 Abs 2 Ziff 3 ArbSchG).

17 **f) Schutz vor Benachteiligung.** Personen, die wegen ihrer wirtschaftlichen Unselbstständigkeit als ArbNÄhnliche Personen anzusehen sind, gehören zu den Beschäftigten iSd AGG. Zu diesen gehören auch die in Heimarbeit Beschäftigten und die ihnen Gleichgestellten (§ 6 Abs 1 Ziff 3 AGG).

18 **g) Arbeitnehmerhaftung.** Ob die privilegierte ArbNHaftung auch für ArbNÄhnliche Personen gilt, ist noch nicht abschließend geklärt (bejahend Hess LAG 2.4.13 – 13 Sa 857/12, BeckRS 2013, 70404; verneinend ErfK/*Preis* § 619a BGB Rn 19).

**h) Mutterschutz.** Seit 1.1.18 findet das MuSchG auf ArbNÄhnliche Personen Anwendung, § 1 Abs 2 Nr 7 MuSchG.

19 **7. Beendigung der Rechtsverhältnisse arbeitnehmerähnlicher Personen. a) Dienstvertrag.** Ist das Dienstverhältnis befristet, endet es mit dem Ablauf der Zeit, für die es eingegangen ist (§ 620 Abs 1 BGB). Das TzBfG findet auf ArbNÄhnliche Personen keine Anwendung (KR/*Rost* ArbNÄhnliche Personen Rn 40 f). Ist das Dienstverhältnis nicht befristet, kann es nach Maßgabe des § 621 BGB von jeder Vertragspartei gekündigt werden (§ 620 Abs 2 BGB). Die Kündigungsfristen für ArbN nach § 622 BGB und für Heimarbeiter nach § 29 Abs 3 und Abs 4 HAG sind weder unmittelbar noch entsprechend anzuwenden (BAG 8.5.07 – 9 AZR 777/06, BB 07, 2298; aA KR/*Rost*/ArbNÄhnliche Personen Rn 67). Die Kündigung bedarf keiner Schriftform. § 623 BGB ist nur auf Arbeitsverträge anwendbar.

Die Tarifverträge der Rundfunkanstalten beinhalten für ArbNÄhnliche Personen, die über einen längeren Zeitraum mit befristeten Verträgen beschäftigt werden, Ankündigungsfristen, die einzuhalten sind, wenn die Rundfunkanstalt keine neuen befristeten Aufträge mehr erteilen will. Den Tarifvertragsparteien steht es frei, die Beendigung der Rechtsverhältnisse in dieser Form zu regeln. Auf eine solche Beendigungsmitteilung finden Bestandsschutzvorschriften, die vor einer Kündigung schützen, keine Anwendung (BAG 20.1.04, DB 04, 1995). Sie ist jedoch sittenwidrig (§ 138 BGB), wenn sie allein deshalb erfolgt, weil die ArbNÄhnliche Person die ihr zustehenden Ansprüche geltend macht (BAG 14.12.04, NZA 05, 637).

Unberührt bleibt die Möglichkeit, das Dienstverhältnis einer ArbNÄhnlichen Person nach Maßgabe des § 626 BGB fristlos zu kündigen.

**b) Beendigung bei Werkvertrag.** Für die Beendigung ArbNÄhnlicher Rechtsverhältnisse, denen ein Werkvertrag zugrunde liegt, gelten zunächst die einschlägigen Bestimmungen der §§ 631 ff BGB. Entwickelt sich eine Dauerbeziehung zwischen den Beteiligten, wird von der Rspr nach einem Jahr eine Ankündigungsfrist von zwei Wochen für notwendig erachtet, wenn der Besteller keine weiteren Aufträge mehr vergeben will (BAG 8.6.67, DB 67, 1374; 7.1.71, DB 71, 1625). Auch hier wird im Weiteren eine analoge Anwendung des § 29 HAG in der Literatur befürwortet (KR/*Rost*/ArbNÄhnliche Personen Rn 67). 20

## B. Lohnsteuerrecht

*Seidel*

Der Begriff ist steuerrechtlich unerheblich (BFH 2.12.98 – X R 83/96, BStBl II 99, 534). Für den LStAbzug kommt es darauf an, ob jemand nach den im Steuerrecht geltenden Kriterien selbstständig oder als ArbN nichtselbstständig tätig ist (→ *Arbeitnehmer (Begriff)* Rn 30 ff). Die wirtschaftliche Abhängigkeit ist für die im Arbeitsrecht als ArbNÄhnlich bezeichneten Personen kennzeichnend (→ Rn 1–3; § 5 Abs 1 Satz 2 ArbGG). Im Steuerrecht ist die wirtschaftliche Abhängigkeit kein Merkmal der ArbNEigenschaft. Maßgebend ist die persönliche Abhängigkeit (Weisungsgebundenheit und Eingliederung → *Arbeitnehmer (Begriff)* Rn 32, 33). Ob eine arbeitsrechtlich als ArbNÄhnlich bezeichnete Person steuerrechtlich als ArbN zu behandeln ist, richtet sich daher nach den für ArbN geltenden Merkmalen (→ *Freie Mitarbeit* Rn 32; → *Handelsvertreter* Rn 7 ff; → *Heimarbeit* Rn 50 ff). 26

## C. Sozialversicherungsrecht

*Voelzke*

**1. Beschäftigung.** Für den sozialversicherungsrechtlichen Begriff der Beschäftigung (§ 7 SGB IV), der **Hauptanknüpfungspunkt für die Versicherungspflicht** und die daraus herzuleitenden sozialen Rechte ist, ist es unerheblich, ob eine Person arbeitsrechtlich als ArbNÄhnlich bezeichnet wird. Entscheidend ist, ob die Merkmale der Legaldefinition des § 7 SGB IV erfüllt sind (→ *Arbeitnehmer (Begriff)* Rn 75 ff). Obwohl wirtschaftliche Abhängigkeit und soziale Schutzbedürftigkeit kein geeignetes Abgrenzungskriterium für die erforderliche persönliche Abhängigkeit sind, kann das Vorliegen eines abhängigen Beschäftigungsverhältnisses im Einzelfall unter dem Gesichtspunkt der tatsächlichen Eingliederung in den Betrieb auch bei ArbNÄhnlichen Personen iSd Arbeitsrechts bejaht werden. **Heimarbeiter** gelten nach § 12 Abs 2 SGB IV bereits kraft Gesetzes als Beschäftigte. 27

**2. Unfallversicherung.** Dem Schutz der gesetzlichen UV unterfallen nach der gegenüber den übrigen Zweigen der SozV weiteren Regelung des § 2 Abs 2 Satz 1 SGB VII Personen, die, ohne selbst ArbN zu sein, wie ein nach § 2 Abs 1 Nr 1 SGB VII Versicherter tätig werden (sog „Wie"-Beschäftigte). Der Zweck dieser Regelung liegt darin, Personen in der gesetzlichen UV zu schützen, die fremdnützig für ein anderes Unternehmen handeln, ohne Beschäftigte zu sein (*Schlegel/Voelzke/Bieresborn* SGB VII, § 2 Rz 379). Die Vorschrift greift nur ein, wenn die **helfende Tätigkeit** nicht bereits nach einer anderen Regelung versichert ist. Häufigkeit und Dauer des Tätigwerdens, das bereits bei einem einmaligen Handeln bejaht werden kann, sind ohne Bedeutung. Ebenso bleiben die wirtschaftliche und gesellschaftliche Stellung des Tätigwerdenden, der seinerseits Unternehmer sein kann (BSG 24.7.85 – 9b RU 6/85, NZA 86, 406), und die Beweggründe für sein Handeln unbeachtlich. Zuständiger UVTräger ist der des unterstützten Unternehmens. Erforderlich für die Bejahung des Versicherungsschutzes ist nach ständiger Rspr des BSG das Vorliegen der nachstehenden Voraussetzungen: 28

**a) Dienende Tätigkeit für fremdes Unternehmen.** Durch dieses Merkmal werden Tätigkeiten ausgeschlossen, die zum Aufgabenkreis des eigenen Unternehmens gehören (BSG 28.6.84 – 2 RU 63/83, SozR 2200 § 539 Nr 100). Maßgeblich für den Versicherungsschutz ist es, ob eine dem unterstützten Unternehmen ernsthaft dienende, wirtschaft- 29 lich als Arbeit anzusehende Tätigkeit vorliegt. Es muss sich um eine Tätigkeit mit wirtschaftlichem Wert handeln (bejaht für die anderweitig vollschichtig beschäftigte Ehefrau für Hilfstätigkeiten in der Gaststätte ihres Ehemanns BSG 19.6.18 – B 2 U 32/17 R, SGb 19, 302 mit Anm *Keller*). Ein solches Handeln kann zB vorliegen, wenn die Ehefrau des ArbN diesen nach einer geschäftlichen Besprechung mit einem firmeneigenen Pkw in die Wohnung abholt, soweit sie dabei im Interesse und im Auftrag des Beschäftigungsunternehmens handelt (BSG 26.4.77 – 8 RU 14/77, SozR 2200 § 539 Nr 33). Entscheidend für die Beurteilung ist nicht allein die einzelne, zum Unfall führende Verrichtung, sondern das Gesamtbild des ausgeführten und beabsichtigten Vorhabens (BSG 24.1.91 – 2 RU 44/90, SozR 3–2200 § 539 Nr 8). Es genügt, dass die Tätigkeit nach der vertretbaren Vorstellung des Handelnden dem unterstützten Unternehmen nützt. Nicht ausreichend ist demgegenüber, dass die unfallbringende Tätigkeit einer anderen Person oder einem anderen Unternehmen objektiv nützlich ist (BSG 5.7.05 – B 2 U 22/04 R, SozR 4–2700 § 2 Nr 6).

30 **b) Wirklicher Wille des Unternehmers.** Unversichert sind Tätigkeiten, die dem verlautbarten Willen des Unternehmers oder seines Vertreters widersprechen. Noch nicht versichert ist derjenige, der seine Unterstützung anbietet oder anbieten will (BSG 8.5.80 – 8a RU 86/79, SozR 2200 § 539 Nr 67). Die sich aus den Umständen ergebende Billigung genügt. Dieses Merkmal ist zu verneinen, wenn sich der Handelnde bei verständiger Würdigung sagen muss oder hätte sagen müssen, dass sein Handeln vom Unternehmer nicht gebilligt würde (BSG 30.4.79 – 8a RU 48/78, SozR 2200 § 539 Nr 58).

31 **c) Arbeitnehmer.** Die fragliche Tätigkeit muss ihrer Art nach von Personen verrichtet werden können, die in einem dem allgemeinen Arbeitsmarkt zuzurechnenden Beschäftigungsverhältnis stehen (zum Kriterium des allgemeinen Arbeitsmarkts *Spellbrink* NZS 19, 281). Dieser Anforderung wird bereits genügt, wenn die Tätigkeit theoretisch ArbN zugänglich ist, ohne dass sie im unterstützten Unternehmen ansonsten von abhängig Beschäftigten ausgeübt werden müsste (BSG 21.2.79 – RU 65/78, SozR 2200 § 539 Nr 55. Das Merkmal ist zu verneinen, wenn die fragliche Handlung idR ehrenamtlich verrichtet wird (zB Ordnungsdienst als Mitglied einer politischen Partei: BSG 29.1.86 – 9b RU 68/84, SozR 2200 § 539 Nr 114; Aufgaben einer ehrenamtlichen Gewerkschaftsfunktionärin: BSG 29.9.92 – 2 RU 38/91, SozR 3–2200 § 539 Nr 18). Der Versicherungsschutz greift ebenfalls nicht ein, wenn die Tätigkeit nach ihrem Gesamtbild als unternehmerähnlich anzusehen ist (BSG 20.3.18 – B 2 U 16/16 R BeckRS 2018, 19222). Es gelten grds die gleichen Kriterien wie für die Abgrenzung zwischen Beschäftigten und Unternehmern (BSG 31.5.05 – B 2 U 35/04 R, SozR 4–2700 § 2 Nr 5) Versicherungsschutz wie ein ArbN besteht nicht, wenn Verrichtungen im Rahmen des eigenen Unternehmens getätigt werden, selbst wenn sie zugleich im Interesse eines fremden Unternehmens erfolgen (BSG 10.3.94 – 2 RU 20/93, SozR 3–2200 § 539 Nr 28).

32 **d) Umstände der Beschäftigung.** Die fragliche Tätigkeit muss schließlich unter solchen Umständen geleistet werden, dass sie einer Tätigkeit aufgrund eines Beschäftigungsverhältnisses ähnlich ist. Gemeint ist hiermit nicht die persönliche Abhängigkeit vom unterstützten Unternehmer, sondern das Vorhandensein einer **Arbeitnehmerähnlichkeit** nach dem gesamten rechtlichen und tatsächlichen Erscheinungsbild. Für die Arbeitnehmerähnlichkeit spricht die Fremdbestimmtheit der Tätigkeit im Hinblick auf Zeit und Art der Ausführung in Anlehnung an für Beschäftigungsverhältnisse typische Weisungsrechte, ohne dass es einer Eingliederung in den Betrieb bedarf (BSG 20.3.18 – B 2 U 16/16 R, SGb 19, 46 mit Anm *Krasney*). Ist die genannte Voraussetzung zu bejahen, so können wie bei sonstigen ArbNHandlungen, die in einem inneren Zusammenhang mit der eigentlichen Tätigkeit stehen, Tätigkeiten dem versicherten Bereich zuzuordnen sein (zu der Dankveranstaltung einer Kirchengemeinde für unbezahlte Helfer bei umfangreichen Bauarbeiten s BSG 19.3.91 – 2 RU 64/90, SozR 3–2200 § 539 Nr 9). Auch die Teilnahme an einer vom AStA einer Universität durchgeführten Sportveranstaltung kann als Wie-Beschäftigter erfolgen (BSG 4.12.14 – B 2 U 14/13 R, SozR 4–2700 § 2 Nr 30).

33 Ausgeschlossen sind **Gefälligkeiten,** wie sie aufgrund verwandtschaftlicher oder sonstiger persönlicher Beziehungen nach Art und Umfang üblich sind (BSG 20.4.93 – 2 RU 38/92, SozR 3–2200 § 539 Nr 25). Bei einer Eltern-Kind-Beziehung können selbst **Pflegeleistungen** von erheblichem Umfang dem privaten familiären Lebensbereich zuzuordnen sein (BSG 25.10.89 – 2 RU 4/89, NJW 90, 1558; s aber auch BSG 29.11.90 – 2 RU 18/90,

SozR 3–2200 § 539 Nr 6). Dient jedoch zB die tägliche Betreuung eines Enkelkindes der Ermöglichung der Berufstätigkeit der Mutter und erstreckt sie sich über viele Jahre, so steht die Betreuung als ArbNÄhnliche Tätigkeit unter UVSchutz (BSG 5.7.94 – 2 RU 24/93, SozR 3–2200 § 548 Nr 20). Die ArbNÄhnlichkeit ist zu verneinen, wenn sie hinsichtlich ihrer Art und ihres Umfangs nicht über das hinausgeht, was Satzung, Beschlüsse der Vereinsorgane oder allgemeine Vereinsübung **Vereinsmitgliedern** an Arbeitsleistungen abverlangen, selbst wenn die Ausübung der Arbeiten gefährlich ist und besondere Sachkunde verlangt (BSG 5.8.87 – 9b RU 18/86, SozR–2200 § 539 Nr 123).

**3. Rentenversicherung.** Nach § 2 Nr 9 SGB VI unterliegen selbstständig tätige Per- 34
sonen der Versicherungspflicht in der gesetzlichen RV, wenn sie im Zusammenhang mit ihrer selbstständigen Tätigkeit regelmäßig keinen versicherungspflichtigen ArbN beschäftigen und auf Dauer und im Wesentlichen nur für einen Auftraggeber tätig sind (Näheres: *Arbeitnehmerähnliche Selbstständige*).

# Arbeitnehmerähnliche Selbstständige

## A. Arbeitsrecht *Röller*

Im Arbeitsrecht hat der Begriff keine eigenständige Bedeutung. ArbNÄhnliche Selbst- 1
ständige sind wie Selbstständige zu behandeln.

## B. Lohnsteuerrecht *Seidel*

Der Begriff des arbeitnehmerähnlich Selbstständigen (§ 2 Nr 9 SGB VI; → Rn 5 ff) ist 3
steuerrechtlich grds unerheblich. Die rentenversicherungsrechtliche Einstufung führt nicht dazu, dass steuerrechtlich ohne weiteres von Selbstständigkeit iSd §§ 15 Abs 2 bzw 18 Abs 1 EStG auszugehen ist. Dem arbeits- bzw sozialversicherungsrechtlichen ArbNBegriff (→ *Arbeitnehmer (Begriff)* Rn 28) bzw der dort vorgenommenen Einstufung kommt steuerrechtlich keine Bindungs- wohl aber eine Indizwirkung zu. Ob jemand steuerrechtlich selbstständig oder ArbN ist, bestimmt sich allein nach den im Steuerrecht geltenden Kriterien (→ *Arbeitnehmer (Begriff)* Rn 30 ff). Auf die Ausführungen bei → *Arbeitnehmerähnliche Personen* Rn 26 und → *Scheinselbstständigkeit* Rn 3 wird verwiesen. Die Finanzverwaltung sieht allerdings ArbNÄhnliche Selbstständige iSd § 2 Nr 9 SGB VI regelmäßig auch als steuerlich selbstständig an (EStR 15.1 Abs 3; *Bergmann* Inf 04, 30).

Die von den ArbNÄhnlich Selbstständigen getragenen Beiträge zur gesetzlichen RV sind 4
bei deren ESt-Veranlagungen als Sonderausgaben abzugsfähig (§ 10 Abs 1 Nr 2a EStG; → *Sonderausgaben* Rn 11).

## C. Sozialversicherungsrecht *Voelzke*

**1. Allgemeines.** Der ursprünglich für die abhängig Beschäftigten konzipierte Schutz der 5
gesetzlichen RV ist schrittweise auch auf bestimmte selbstständig Tätige erstreckt worden (→ *Rentenversicherungspflicht* Rn 7 ff; *Schulin* Bd 3/*Voelzke* § 16 Rz 126 ff). Die zahlenmäßig bedeutendste Gruppe der von § 2 SGB VI erfassten selbstständig Tätigen bilden neben den Handwerkern sowie den Künstlern und Publizisten (→ *Künstlersozialversicherung* Rn 11 ff) die sog arbeitnehmerähnlichen Selbständigen (§ 2 Satz 1 Nr 9 SGB VI). Die Einbeziehung dieses Personenkreises erfolgte mit dem Ziel, der zunehmenden Erosion des in der RV versicherten Personenkreises durch die wachsende Überführung von Beschäftigungsverhältnissen in ArbNÄhnliche selbstständige Tätigkeiten entgegenzuwirken (BT-Drs 14/45 S 20; zur Weiterentwicklung *Waltermann* SGB 17, 425).

Die Versicherungspflicht für die nach § 2 Satz 1 Nr 9 SGB VI Versicherten hat aus- 6
schließlich für die RV Gültigkeit; die arbeitnehmerähnlichen Selbstständigen sind nicht kraft Gesetzes in der ArblV, KV und sozialen PflegeV versichert. Insoweit unterscheiden sie sich von denjenigen Erwerbstätigen, die als **Beschäftigte** in die SozV einbezogen werden. Bei einem Verfahren zur Klärung der Frage der Versicherungspflicht als Beschäftigter ist es verfahrensfehlerhaft, die Frage nach dem Status unter Hinweis darauf offen zu lassen, dass

jedenfalls auch eine Rentenversicherungspflicht als arbeitnehmerähnlicher Selbstständiger bestehe (BSG 4.9.13 – B 12 KR 87/12 B, SozR 4–2400 § 7 Nr 20).

7 **2. Begriff.** Während ursprünglich lediglich bestimmte Berufsgruppen der selbstständig Tätigen in die RVPflicht einbezogen wurden, stellt der Gesetzgeber bei der neuen Versichertengruppe der arbeitnehmerähnlichen Selbstständigen auf typische **Tätigkeitsmerkmale** und Eigenschaften ab, die auf eine den ansonsten nach § 2 SGB VI versicherten selbstständig Tätigen vergleichbare soziale Schutzbedürftigkeit hinweisen sollen. Es ist deshalb für die Eigenschaft als ArbNÄhnlicher Selbstständiger unerheblich, welcher Art die Erwerbstätigkeit ist.

8 **a) Selbstständige Tätigkeit.** Wie für den Begriff der Beschäftigung ist auch für die versicherungspflichtige selbstständige Tätigkeit die tatsächliche Ausübung einer Berufstätigkeit konstitutiv, während die bloße Verwertung von Vermögen hierfür nicht ausreicht. Ob eine Arbeitsleistung selbstständig ausgeübt wird, kann mangels einer gesetzlichen Begriffsbestimmung im SozVRecht nur im Umkehrschluss zum Begriff der Beschäftigung, der in § 7 SGB IV legaldefiniert ist (→ *Arbeitnehmer (Begriff)* Rn 50 ff), festgestellt werden. Entscheidendes Merkmal für die Ausübung einer selbstständigen Tätigkeit ist hiernach, ob der Erwerbstätige über eine **eigene Verfügungsmacht** hinsichtlich des Einsatzes seiner Arbeitskraft verfügt und ob ihm die Gestaltung seiner Arbeit im Einzelnen obliegt. Im Übrigen wird der Begriff der selbstständigen Tätigkeit ganz wesentlich durch das Vorliegen eines Unternehmerrisikos geprägt, das der Selbstständige auch iSv größeren Freiheiten und Verdienstmöglichkeiten nutzen können muss (BSG 12.12.90 – 11 RAr 73/90, SozR 3–4100 § 4 Nr 1). Die Höhe des Honorars kann ein gewichtiges Indiz für die Selbstständigkeit sein (BSG 31.3.17 – B 12 R 7/15 R, NZS 17, 664). Ob die selbstständige Tätigkeit wegen Geringfügigkeit versicherungsfrei ist, ist im Wege vorausschauender Betrachtung zu entscheiden (BSG 27.7.11 – B 12 R 15/09 R, SozR 4–2600 § 5 Nr 6).

9 **b) Arbeitnehmerbeschäftigung.** Die Versicherungspflicht tritt nach § 2 Satz 1 Nr 9 Buchst a SGB VI nicht ein, wenn der selbstständig Tätige im Zusammenhang mit seiner selbstständigen Tätigkeit regelmäßig einen **versicherungspflichtigen Arbeitnehmer** beschäftigt, dessen Arbeitsentgelt aus diesem Beschäftigungsverhältnis regelmäßig 450 € übersteigt. Keine RVPflicht tritt auch dann ein, wenn bei der Beschäftigung mehrerer ArbN deren Arbeitsentgelte nur zusammengerechnet den Grenzbetrag übersteigen (BSG 23.11.05 – B 12 RA 15/04 R, SozR 4–2600 § 2 Nr 5). Der RVPflicht steht es nur entgegen, wenn der ArbNÄhnliche Selbstständige versicherungspflichtige ArbN beschäftigt, nicht wenn es sich um selbstständige Hilfskräfte handelt, die ihm als Untervertreter zugeordnet sind (BSG 10.5.06 – B 12 RA 2/05 R, SozR 4–2600 § 2 Nr 8). Bei selbstständig mitarbeitenden Gesellschaftern reicht es nach Auffassung der Versicherungsträger aus, wenn die Gesellschaft einen ArbN beschäftigt und dessen Verdienst so hoch ist, dass auf jeden der Gesellschafter rechnerisch über 400 € entfallen (*Buczko* DAngVers 2000, 136).

10 Ein **mittelbarer Zusammenhang** von ArbNBeschäftigung und selbstständiger Tätigkeit kann nicht als ausreichend angesehen werden, so dass zB die Beschäftigung eines versicherungspflichtigen ArbN im Haushalt oder zur Betreuung der Kinder nicht zur Versicherungsfreiheit führt. Der erforderliche Zusammenhang ist gewahrt, wenn der beschäftigte ArbN unmittelbar die „berufsbezogene" Tätigkeit des Selbstständigen zumindest teilweise unterstützt (*Schlegel/Voelzke/Pietrek* SGB VI, § 2 Rz 185).

11 Klarstellend bestimmt § 2 Satz 2 Nr 1 SGB VI, dass als ArbN auch Personen gelten, die berufliche Kenntnisse, Fertigkeiten oder Erfahrungen im Rahmen beruflicher Bildung erwerben. Hiernach werden auch **Auszubildende** generell als ArbN berücksichtigt, soweit die Entgeltvoraussetzungen des § 2 Satz 1 Nr 9 Buchst a SGB VI erfüllt werden (BT-Drs 14/1855 S 9). Andererseits tritt die Versicherungspflicht des selbstständig Tätigen nicht ein, wenn er einen versicherungspflichtigen ArbN beschäftigt, für den aus anderen Gründen Rentenversicherungsfreiheit (zB wegen der Zugehörigkeit zu einem berufsständischen Versorgungswerk) besteht.

12 Die zunächst geltende Ausnahmeregelung, wonach bestimmte **Familienangehörige** nicht als ArbN berücksichtigt wurden, ist ersatzlos entfallen. Hierdurch wurde den verfassungsrechtlichen Bedenken gegen die Sonderstellung der Familienangehörigen (vgl nur *Buchner* DB 99, 147) zutreffend Rechnung getragen.

**c) Auftraggeber.** Das Eintreten der Versicherungspflicht eines selbstständig Tätigen erfordert nach § 2 Satz 1 Nr 9 Buchst b SGB VI zusätzlich, dass der selbstständig Tätige **auf Dauer und im Wesentlichen** nur für einen Auftraggeber tätig ist. Bei der Anwendung der Regelung soll in erster Linie auf wirtschaftliche Kriterien und branchenspezifische Besonderheiten abgestellt werden. Entscheidend ist, ob der Auftragnehmer nach seinem Unternehmenskonzept die Zusammenarbeit mit mehreren Auftraggebern anstrebt und dies nach den tatsächlichen und rechtlichen Gegebenheiten Erfolg verspricht (BT-Drs 14/1855 S 7). Für einen Auftraggeber ist der Selbstständige auch dann tätig, wenn verbundene Unternehmen, zu denen er vertragliche Beziehungen unterhält, einen Konzern iSd § 18 AktG bilden (BSG 9.11.11 – B 12 R 1/10 R, SozR 4–2600 § 2 Nr 15). Nicht ausreichend ist demgegenüber, wenn der Auftragnehmer zwar prinzipiell für mehrere Auftraggeber tätig sein darf, dies aber praktisch ausgeschlossen ist. Übt der ArbN zusätzlich eine selbstständige Tätigkeit aus, so ist der ArbGeb der Beschäftigung nicht weiterer Auftraggeber (BSG 4.11.09 – B 12 R 7/08 R, NZS 2010, 569). 13

Eine **dauerhafte Tätigkeit** für einen Auftraggeber liegt nicht vor, wenn der Selbstständige nach seinem längerfristigen Unternehmenskonzept die Tätigkeit für verschiedene Auftraggeber anstrebt und die Realisierung des Konzepts nach den rechtlichen und tatsächlichen Gegebenheiten auch erwartet werden kann (BT-Drs S 14/1855 S 11). Es kann deshalb nicht allein aus einer projektbezogenen Tätigkeit (bis zu einem Jahr) ohne begründete Aussicht auf Verlängerung auf die Bindung an nur einen Auftraggeber geschlossen werden (*Hanau/Eltzschig* NZS 02, 284). Hingegen führt die absehbare Wiederholung von zeitlich begrenzten Beschäftigungsverhältnissen zur Dauerhaftigkeit der Tätigkeit. 14

**Im Wesentlichen** nur für einen **Auftraggeber** tätig ist der selbstständig Tätige nach Auffassung der SozVTräger, wenn er mindestens fünf Sechstel seiner gesamten Einkünfte aus selbstständigen Tätigkeiten allein aus dieser Tätigkeit erzielt. Es handelt sich hierbei zwar um eine Bewertung anhand einer gegriffenen Größe, jedoch ist dies im Hinblick auf die Verwaltungspraktikabilität hinzunehmen. Problematisch erscheint allerdings die Auffassung der Spitzenorganisationen, Einkünfte aus abhängiger Beschäftigung müssten bei der Beurteilung gänzlich unberücksichtigt bleiben (*Buczko* DAngVers 2000, 136), denn auch das Bestehen eines „Hauptberufes" lässt die Schutzbedürftigkeit des Betroffenen entfallen. Die bloße Berechtigung, auch für andere Auftraggeber tätig zu sein, lässt das Merkmal nicht entfallen. Bei selbstständig tätigen Franchise-Nehmern, die in einer vertikalen Vertriebskette stehen, ist einziger Auftraggeber der Franchise-Geber (BSG 4.11.09 – B 12 R 3/08 R, NJW 10, 2539). 15

Für die versicherungsrechtliche Beurteilung von **GmbH-Geschäftsführern** ist ausdrücklich geregelt, dass als Auftraggeber die Auftraggeber der Gesellschaft gelten. Zudem wurde in § 2 Satz 2 Nr 3 SGB VI klargestellt, dass auch die ArbN der Gesellschaft zu berücksichtigen sind (vgl zu dieser Regelung auch *Matern* RVaktuell 06, 261).

**3. Befreiung von der Versicherungspflicht.** § 6 Abs 1a SGB VI enthält zwei Tatbestände der Befreiung von der Versicherungspflicht für nach § 2 Satz 1 Nr 9 SGB VI der Versicherungspflicht unterliegende Personen. Die Befreiung wirkt vom Vorliegen der Befreiungsvoraussetzungen an, wenn sie innerhalb von drei Monaten beantragt wird, sonst vom Eingang des Antrags an (§ 6 Abs 4 SGB VI). Auf die subjektive Kenntnis der Versicherungspflicht kommt es für den Beginn der Antragsfrist nicht an (BSG 24.11.05 – B 12 RA 9/03 R, SozR 4–2600 § 6 Nr 5). 16

Die Befreiung ist bei entsprechender Antragsstellung nach § 6 Abs 1a Satz 1 Nr 1 SGB VI für einen **Zeitraum von drei Jahren** nach erstmaliger Aufnahme einer selbstständigen Tätigkeit, die die Merkmale des § 2 Satz 1 Nr 9 SGB VI erfüllt, auszusprechen. Hierdurch soll es Existenzgründern ermöglicht werden, sich zeitlich begrenzt von der Versicherungspflicht befreien zu lassen, um die finanziellen Mittel auf den Aufbau des Betriebes zu konzentrieren (BT-Drs 14/1855 S 9). Ferner wird zutreffend berücksichtigt, dass viele Existenzgründer innerhalb des fraglichen Zeitraums der Versicherungspflicht „entwachsen". Wird der Zeitraum von drei Jahren (zB bei einer Saisontätigkeit) unterbrochen, so beginnt die Berechnung mit dem Wiederbeginn nicht erneut (*Schlegel/Voelzke/Dankelmann* SGB VI, § 6 Rz 142). Das Befreiungsrecht kann auch (wiederholt) für die Aufnahme einer zweiten selbstständigen Tätigkeit in Anspruch genommen werden, wenn 17 nicht die bestehende Tätigkeit lediglich umbenannt oder deren Geschäftszweck nicht wesentlich verändert wird (§ 6 Abs 1a Sätze 2 und 3 SGB VI).

18 § 6 Abs 1a Satz 1 Nr 2 SGB VI sieht eine Befreiungsmöglichkeit für Personen **nach Vollendung des 58. Lebensjahres** vor, wenn sie nach einer zuvor ausgeübten selbstständigen Tätigkeit erstmals nach § 2 Satz 1 Nr 9 SGB VI versicherungspflichtig werden. Die Befreiungsmöglichkeit ist vor dem Hintergrund eines altersbedingten Übergangs aus einer selbstständigen Tätigkeit in die Nichterwerbstätigkeit zu sehen (BT-Drs 14/1855 S 9). Eine individuelle Prüfung der Absicherung ist nicht erforderlich.

19 **4. Beitragspflicht.** Die an den RVTräger zu entrichtenden Beiträge hat der selbstständig Tätige selbst zu tragen (§ 169 Nr 1 SGB VI). Als beitragspflichtige Einnahme gilt bei selbstständig Tätigen ein Arbeitseinkommen in Höhe der Bezugsgröße (s zum aktuellen Wert → *Sozialversicherungsbeiträge* Rn 71), bei Nachweis eines niedrigeren oder höheren Einkommens jedoch dieses Arbeitseinkommen, mindestens aber 450 € (§ 165 Abs 1 Satz 1 Nr 1 SGB VI). Will der ArbNÄhnliche Selbstständige nicht den sich aus dieser Regelung ergebenden **Regelbeitrag** zahlen, so hat er den geforderten Nachweis des von der Bezugsgröße abweichenden Arbeitseinkommens durch Vorlage des letzten EStBescheides über die Einkünfte für das zeitnächste Kj zu führen (§ 165 Abs 1 Satz 3 SGB VI).

20 Für selbstständig Tätige, die sich noch in der Phase der Existenzgründung befinden, gilt die Sonderregelung in § 165 Abs 1 Satz 2 SGB VI. Für diese **Berufsanfänger** kann auf Antrag bis zum Ablauf von drei Kj nach dem Jahr der Aufnahme der selbstständigen Tätigkeit ohne Einkommensnachweis ein Arbeitseinkommen in Höhe von nur 50 vH der Bezugsgröße bei der Beitragszahlung berücksichtigt werden.

Es obliegt dem ArbNÄhnlichen Selbstständigen nach § 190a Abs 1 Satz 1 SGB VI, sich innerhalb von drei Monaten nach der Aufnahme der selbstständigen Tätigkeit beim zuständigen RVTräger zu melden. Eine Meldepflicht des Auftraggebers besteht nicht.

# Arbeitnehmerbeförderung

## A. Arbeitsrecht

*Griese*

1 **1. Rechtsgrundlage.** Die Fahrt von der Wohnung zur Arbeitsstelle und zurück gehört zum privaten Lebensbereich des ArbN, die hieraus resultierenden Kosten fallen grds dem ArbN zur Last, weil die Wohnsitzwahl Sache des ArbN ist (BAG 14.6.16 – 9 AZR 409/15, ZTR 16, 569). Übernimmt der ArbGeb die **Arbeitnehmerbeförderung** zwischen Wohnung und Arbeitsstätte, bedarf dies einer besonderen Rechtsgrundlage. Dies kann ein Tarifvertrag, eine Betriebsvereinbarung oder der Arbeitsvertrag sein. Möglich ist aber auch, dass der ArbGeb die ArbNBeförderung als zusätzliche freiwillige Leistung erbringt (*Fahrtkostenzuschuss*). Geschieht dies vorbehaltlos über längere Zeit hinweg, kann eine **betriebliche Übung** entstehen, an die der ArbGeb gebunden bleibt. Ein aus betrieblicher Übung entstandener Fahrtkostenzuschuss kann durch einen späteren Firmentarifvertrag abgelöst werden (BAG 20.10.15 – 9 AZR 655/14, NJOZ 16, 1054).

Der ArbNBeförderung mit öffentlichen Verkehrsmitteln dient das **Job-Ticket.** Der ArbGeb kann sich durch Zuschuss an den Kosten beteiligen; er kann ferner die Vergabe von Firmenparkplätzen von der Beteiligung des ArbN am Job-Ticket abhängig machen. Dabei ist er an den Gleichbehandlungsgrundsatz gebunden, darf aber nach sachlichen Gründen differenzieren, etwa zwischen ArbN, die in der Hauptverwaltung arbeiten, und solchen, die in räumlich entfernten Außenstellen arbeiten (BAG 11.8.98 – 9 AZR 39/97, NZA 99, 474). Basis einer solchen Verpflichtung kann auch ein Konzerntarifvertrag oder eine (Gesamt-)Betriebsvereinbarung sein (BAG 22.3.18 – 6 AZR 29/17, NZA 18, 722).

2 **2. Haftung.** Gem § 8 Abs 2 Nr 1 iVm § 104 Abs 1 Satz 1 SGB VII – **Versicherungsfall auf dem versichertem Weg – gilt kein Haftungsausschluss, so dass im Straßenverkehr die gesetzliche Gefährdungs- und Verschuldenshaftung gegen Fahrer und Halter des Beförderungs-Kfz eingreifen würde,** die von der Kfz-Haftpflichtversicherung abgedeckt wird. Entgegen dem Gesetzeswortlaut in § 8 Abs 2 SGB VII hat das BAG (30.10.03 – 8 AZR 548/02, ArbuR 03, 466) unter Rückgriff auf die vor 1997 geltende

Gesetzeslage bei Sammeltransporten von der Wohnung zur Baustelle den betrieblich organisierten Weg nicht als versicherten Weg angesehen und damit den Haftungsausschluss aufrechterhalten. Dieses entspricht weder Wortlaut noch Sinn und Zweck des Gesetzes (§ 8 SGB VII eingeführt durch das UVEG), das gerade darauf gerichtet war, die bis 1997 geltende Rechtslage für die ArbN zu verbessern. Für den ArbGeb ist dieses Haftungsrisiko ohnehin durch die Kfz-Haftpflichtversicherung abgesichert (→ *Arbeitgeberhaftung* Rn 8, 10), so dass es für eine über den Gesetzeswortlaut hinausgehende Haftungsprivilegierung des ArbGeb keinen Anlass gibt (*Griese* in FS Küttner, S 165 ff).

Beauftragt der ArbGeb mit der ArbNBeförderung ein Busunternehmen, kommt eine **Haftungsprivilegierung nicht in Betracht,** weil das Busunternehmen nicht Teil des Beschäftigungsbetriebes ist, sondern im eigenen unternehmerischen Interesse tätig wird (BGH 30.4.13 – VI ZR 155/12, NZA 13, 1218).

**3. Arbeitszeit.** Die Zeit der ArbNBeförderung zwischen Wohnung und Arbeitsstätte ist **keine Arbeitszeit,** sie zählt ebenso wie bei den ArbN, die mit eigenen Fahrzeugen oder mit öffentlichen Verkehrsmitteln den Weg von der Wohnung zur Arbeitsstätte und zurück absolvieren, nicht als vergütungspflichtiger Zeitraum. Dies erweist sich auch, wenn sich die ArbNBeförderung durch nicht vom ArbGeb verschuldete Umstände, zB Hochwasser verzögert und hierdurch Arbeitszeit ausfällt: Für die ausgefallene Arbeitszeit kann der ArbN keine Annahmeverzugslohnansprüche nach § 615 BGB stellen (BAG 8.12.82, DB 83, 395: Kein Annahmeverzug, wenn der Werksbus wegen Glatteis zu spät oder gar nicht fährt). Anders wird zu entscheiden sein, wenn der ArbGeb die Verzögerung oder den Ausfall zu vertreten hat. Dies kommt in Betracht bei Benutzung eines mängelbehafteten Fahrzeugs oder als Haftung für das Verschulden von Erfüllungsgehilfen gem § 278 BGB, etwa für pflichtwidriges Verhalten des Fahrers. 3

Die ArbNBeförderung zählt zur **Arbeitszeit,** wenn es sich nicht um den Transport von der Wohnung zur Arbeitsstätte, sondern um den Transport von der Betriebsstätte zu **auswärtigen Arbeitsstellen oder zwischen verschiedenen Tätigkeitsorten** handelt, zB von der Betriebsstätte zu auswärtigen Einsatzstellen (BAG 22.4.09 – 5 AZR 292/08, NZA-RR 10,231; s *Dienstreise*) Bei ArbN ohne festen oder gewöhnlichen Arbeitsort ist auch die Fahrt zwischen Wohnort und dem Ort des ersten und es letzten vom ArbGeb bestimmten Kunden als Arbeitszeit anzurechnen (EuGH 10.9.15 – C-266/14, NZA 15,1177). 4

**4. Einstellung der Arbeitnehmerbeförderung.** Die Beendigung der ArbNBeförderung ist nicht ohne weiteres möglich und hängt von ihrer Rechtsgrundlage ab. Geschieht sie aufgrund eines Tarifvertrages, ist eine Beendigung erst nach Außerkrafttreten des Tarifvertrages unter Beachtung der Nachwirkung möglich. Liegt eine Betriebsvereinbarung zugrunde, bedarf es deren Kündigung nach § 77 Abs 5 BetrVG oder einer Aufhebung durch die Betriebsparteien (BAG 18.9.02 – 1 AZR 477/01, NZA 03, 337). Ist die ArbNBeförderung arbeitsvertraglich vereinbart oder durch Betriebliche Übung ohne Widerrufsvorbehalt Inhalt des Arbeitsvertrages geworden, kann sie nicht einfach eingestellt werden. Dies setzt vielmehr eine **wirksame Änderungskündigung** voraus, an die weniger strenge Maßstäbe angelegt werden (BAG 27.3.03 – 2 AZR 74/02, NZA 03, 1029). Im letzteren Fall ist aber auch eine Ablösung durch TV (BAG 20.10.15 – 9 AZR 655/14, NJOZ 16, 1054) oder durch umstrukturierende Betriebsvereinbarung (→ *Betriebsvereinbarung* Rn 15) denkbar. Ist ein **Widerrufsvorbehalt** vereinbart, ist der Widerruf leichter möglich als bei unmittelbaren Entgeltbestandteilen (BAG 12.1.05 – 5 AZR 364/04, NZA 05, 465). Beruht die vergünstigte Arbeitnehmerbeförderung auf einer Gesamtzusage, kann sie durch eine nachfolgende BV abgelöst und verschlechtert werden, da eine Gesamtzusage in Form allgemeiner Geschäftsbedingungen regelmäßig betriebsvereinbarungsoffen ist (BAG 30.1.19 – 5 AZR 450/17, NZA 19, 1065). 5

Die **kostenlose oder verbilligte Arbeitnehmerbeförderung** zwischen Wohnung und Arbeitsstätte ist ein *Geldwerter Vorteil,* so dass die betriebliche Lohngestaltung betroffen ist und deshalb Mitbestimmungsrechte des BRat nach § 87 Abs 1 Nr 10 BetrVG bestehen. Handelt es sich dabei um eine freiwillige, unter Vorbehalt gewährte Leistung, kann der ArbGeb allerdings mitbestimmungsfrei eine Entscheidung darüber treffen, ob er die Leistung weiterhin erbringen oder vollständig einstellen will. 6

7 **1. Einordnung.** Finanziert der ArbGeb Mobilitätskosten des ArbN, ist entscheidend, ob sie dem Weg zur Arbeit oder Wegen in der Arbeit dienen. Zur Abgrenzung der Wege zur/ in der Arbeit wird auf → *Fahrten zwischen Wohnung und Arbeitsstätte* Rn 5 ff verwiesen.

8 **a) Weg zur Arbeit.** Hier ist die Kostenübernahme Lohn, weil der Weg zur Arbeit in den Verantwortungsbereich des ArbN fällt (→ Rn 1). Die Art der Finanzierung ist nur für die Bewertung der Lohnzuwendung von Bedeutung. Deswegen liegt Lohn bspw vor, wenn der ArbGeb die Beförderung selbst bewirkt, das Beförderungsmittel stellt (→ *Dienstwagen* Rn 12 ff; → *Dienstfahrrad* Rn 6 ff) oder einen Zuschuss an den ArbN oder an Dritte (zB für eine Monatskarte) leistet. Der Lohn kann abgeltend pauschal besteuert werden (→ Rn 10) und ist bei Sammelbeförderung (→ Rn 12) und beim Job-Ticket (→ Rn 13) steuerbefreit. Pauschalierungsbefugnis und Steuerbefreiungen bestätigen den Lohncharakter, da sie sich andernfalls erübrigten.

9 **b) Wege in der Arbeit (Reisekosten)** fallen in den Verantwortungsbereich des ArbGeb. Deswegen stellt hier Kostenersatz keinen Ertrag der Arbeit dar. Wird das Beförderungsmittel vom ArbGeb gestellt, sind beim ArbN nur noch zusätzliche eigene Aufwendungen Werbungskosten. Dagegen kann er nicht die pauschalen km-Sätze des § 9 Abs 1 Nr 4a Satz 2 EStG ansetzen (NdsFG 14.10.09 – 3 K 12356/06, EFG 10, 232 mit Anm *Wüllenkemper*). Selbst wenn der ArbN das Flug- oder Bahnticket im eigenen Namen kauft, ist diesbezüglicher Ersatz des ArbGeb nach § 3 Nr 50 EStG nicht steuerbar. Benutzt der ArbN für die Dienstreise sein eigenes Kfz, ist die Kostenerstattung durch den ArbGeb nach § 3 Nr 13 bzw 16 EStG steuerfrei (BFH 8.11.91 – VI R 191/87, DStR 92, 213). Wenn der ArbN die Dienstreise mit einem selbst gesteuerten eigenen Flugzeugs unternimmt, kann ein Unangemessenheitsabzug vorzunehmen sein. Dann ist der abziehbare bzw erstattungsfähige angemessene Teil zu schätzen. Maßgebend sind die durchschnittlichn Reisekosten einschließlich Nebenkosten, die ein ordentlicher und gewissenhafter ArbN in derselben Situation wie der Stpfl auf sich nehmen würde (BFH 19.1.17 – VI R 37/15, DStR 2017, 928).

10 **2. Steuererleichterungen. a) Pauschalierungsbefugnis.** Nach § 40 Abs 2 Satz 2 EStG kann der ArbGeb nicht steuerbefreiten Arbeitslohn, der aus der Übernahme der Kosten für den Weg zur Arbeit resultiert, bis zur Höhe der für diesen Weg sonst abziehbaren Werbungskosten mit einem abgeltenden Steuersatz von 15 vH dem LStAbzug unterwerfen. Das gilt vorbehaltlos nur, wenn die Kostenübernahme mittels Sachlohn (zB Jobticket, Dienstwagen) erfolgt, während bei Zuschüssen zu den Aufwendungen des ArbN (Barlohn) hinzukommen muss, dass sie zusätzlich zum ohnehin geschuldeten Arbeitslohn (vgl dazu → *Arbeitgeberzuschuss* Rn 5 ff) gewährt werden. Der Sinn dieser unterschiedlichen Behandlung ist ebenso schwer einzusehen, wie die für den Pauschalierungsumfang maßgebende Differenzierung zwischen dem unmittelbaren (§ 9 Abs 1 Nr 4 Satz 1 EStG) und dem mittelbaren (§ 9 Abs 1 Nr 4a Satz 3 EStG) Anwendungsbereich der Entfernungspauschale. Dass nur ersterer zur Pauschalierbarkeit führt, ergibt sich aus dem Wortlaut des § 40 Abs 2 Satz EStG, wo nur Fahrten zwischen Wohnung und erster Tätigkeitsstätte erwähnt sind, nicht aber – wie zB in § 8 Abs 2 Satz 3 EStG – Fahrten iSv § 9 Abs 1 Nr 4a Satz 3 EStG.

11 Die pauschal besteuerte ArbGebLeistung ist auf der LStKarte zu bescheinigen (§ 41b Abs 1 Nr 7 EStG). Sie führt zu einer Kürzung der Werbungskosten für den Weg zur Arbeit (§ 40 Abs 2 Satz 3 EStG), ebenso wie die vom ArbGeb übernommenen Wegekosten, die durch die Sachbezugsfreigrenze des § 8 Abs 2 Satz 11 EStG bzw die Freifahrtberechtigung nach § 8 Abs 3 EStG steuerfrei zugewendet wurden (§ 9 Abs 1 Nr 4 Satz 5 EStG). Da der ArbGeb die übernommenen Mobilitätskosten nur bis zu dem sonst zulässigen Werbungskostenabzug pauschalieren darf, muss er die Entfernungen feststellen, die für den Werbungskostenabzug des einzelnen ArbN maßgebend sind. Übersteigt die Kostenübernahme des ArbGeb den abgeltend pauschalierbaren Betrag, ist der überschießende Lohn dem LStRegelabzug zu unterwerfen. Es fragt sich, welche Daseinsberechtigung eine Pauschalierung hat, die nicht nur überaus kompliziert ist, sondern bei der es auch im freien Ermessen des ArbGeb liegt, ob er überhaupt pauschaliert und ob er bejahendenfalls noch die pauschale Steuer übernimmt oder sich vom ArbN ersetzen lässt.

**b) Sammelbeförderung** (§ 3 Nr 32 EStG) ist die Beförderung von mindestens zwei ArbN mit einem vom ArbGeb gestellten Kfz (auch eines Dritten), soweit sie für den betrieblichen Einsatz notwendig ist. Eine Sammelbeförderung liegt nicht schon vor, wenn ein ArbN in dem ihm überlassenen Dienstwagen einen anderen Mitarbeiter mitnimmt (BFH 29.1.09 – VI R 56/07, BFH/NV 09, 917). Die Beschränkung auf das vom ArbGeb gestellte Kfz schließt – sofern man nicht extensiv auslegt – die Begünstigung von Fahrgemeinschaften aus. Die betriebliche Einsatznotwendigkeit der Sammelfahrt verkompliziert die Vorschrift zusätzlich. Das mögliche Bestreben, das Abholen und Zurückbringen leitender Angestellter nicht zu begünstigen hätte auch aus dem Begriff „Sammel"-Beförderung durch Auslegung abgeleitet werden können, zumal hierzu andere Zuwendungsformen zur Verfügung stehen (→ *Dienstwagen* Rn 17 ff). Ob die für die betriebliche Einsatznotwendigkeit in R 3.32 LStR gegebenen Beispiele schlüssig sind, ist zweifelhaft (*Thomas* StbJb 90/91, 199). 12

**c) Job-Ticket.** Leistungen des ArbGeb auf Wegekosten des ArbN, für die die Entfernungspauschale anwendbar ist, sind nach § 3 Nr 15 EStG nF steuerbefreit, wenn sie für die Nutzung öffentlicher Verkehrsmittel im Linienverkehr erfolgen. Damit wird ab 2019 die 2004 entfallene Befreiung des § 3 Nr 34 EStG aF in ähnlicher Form weitergeführt (zu Einzelheiten BMF 15.8.19, BStB I 19, 875; *Plenker* DB 19, 2092). Begünstigt sind Barzuschüsse oder zur Verfügung gestellte Fahrausweise, auch wenn der ArbGeb an deren Finanzierung nur mittels eines Rahmenabkommens beteiligt ist. Zum Befreiungsumfang gehören weder Taxis noch der Luftverkehr, aber auch Privatnutzungen im öffentlichen Personennahverkehr (zu dessen Umfang vgl *Niermann* DB 18, 2894). 13

Die Privatnutzung einer Fahrberechtigung für den Personenfernverkehr ist nicht begünstigt. Aus Vereinfachungsgründen wird jedoch davon ausgegangen, dass eine solche Fahrtberechtigung nur auf Fahrten zur Arbeit entfällt und damit steuerfrei ist, wenn sie ausschließlich zur Nutzung dieser Strecke berechtigt. Beim ÖPNV ist die private Nutzbarkeit für ein Gebiet über den Weg zur Arbeit hinaus dagegen generell unschädlich. Die Steuerbefreiung für ArbGebfinanzierte Reisekosten (§ 3 Nr 13 bzw 16 EStG) geht der für das Job-Ticket vor. Stellt der ArbGeb beispielsweise einem Außendienstmitarbeiter eine BahnCard 100, so führt deren private Mitnutzung nicht zu einem geldwerten Vorteil, wenn bei Dienstreisen die vermutlich für den Nutzungszeitraum der BahnCard ersparten Kosten für Einzelfahrscheine nicht billiger wären (prognostizierte Vollamortisation). 14

Die Befreiung des § 3 Nr 15 EStG steht unter Zusätzlichkeitsvorbehalt (→ *Arbeitgeberzuschuss* Rn 5 ff). Sie ist auf die Höhe der diesbezüglichen Aufwendungen des ArbN begrenzt und wird auf die Entfernungspauschale angerechnet (*Ortmann-Babel/Bolik* DB 18, 2891). 15

## C. Sozialversicherungsrecht *Schlegel*

**1. Fahrtkostenerstattung als geldwerter Vorteil. a) Finanzierung von Fahrten zwischen Wohnung und Arbeitsstätte.** Die Fahrten zwischen Wohnung und Arbeitsstätte sind grds Sache des ArbN. Sie gehören zu dessen persönlichem Lebensbereich. Übernimmt der ArbGeb die Kosten des ArbN für Fahrten zwischen der Wohnung und der Arbeitsstätte ganz oder teilweise, wendet er dem ArbN dadurch einen **geldwerten Vorteil** zu. Dieser hat seine Grundlage im weiteren Sinne im Arbeitsverhältnis und ist daher Arbeitsentgelt iSv § 14 SGB IV. Der geldwerte Vorteil unterliegt im Grundsatz der Beitragspflicht in der SozV. Er ist Teil der Beitragsbemessungsgrundlage. Soweit der ArbGeb insoweit allerdings eine Pauschalbesteuerung nach § 40 Abs 2 EStG durchführt, gilt der geldwerte Vorteil gem § 1 Abs 1 Nr 3 SvEV nicht als Arbeitsentgelt. Er unterliegt dann insoweit auch nicht der Beitragspflicht. 16

**b) Beitragsfreiheit bei Pauschalbesteuerung.** Der geldwerte Vorteil ist nur insoweit nicht dem Arbeitsentgelt zuzurechnen, als die Pauschalbesteuerung zulässig durchgeführt wird. Zulässig ist die Pauschalbesteuerung bis zu demjenigen Betrag, den der ArbN nach § 9 Abs 1 Nr 4 und § 9 Abs 2 EStG selbst als Werbungskosten geltend machen könnte, wenn die Bezüge (hier: Fahrtkostenersatz) nicht pauschal besteuert würden (§ 40 Abs 2 Satz 2 EStG). Soweit der ArbN von seinem ArbGeb eine über die **Werbungskostensätze** hinausgehende Kostenerstattung erhält, ist diese (beitragspflichtiges) Arbeitsentgelt. 17

**c) Aufwendungsersatz für sonstige Fahrten des Arbeitnehmers.** § 40 Abs 2 EStG bezieht sich nur auf Fahrten zwischen Wohnung und Arbeitsstätte, Fahrten also, für die der 18

ArbN grds selbst aufzukommen hat. Macht der ArbN dagegen Aufwendungen für sonstige Fahrten, zu denen er bereits arbeitsvertraglich verpflichtet ist (zB Dienstreisen, Reisen zwischen ständig wechselnden Arbeitsstätten) und erhält er hierfür Ersatz, der den tatsächlichen Aufwand nicht erheblich überschreitet, liegen durchlaufende Gelder oder Auslagenersatz vor. In diesem Falle sind die Erstattungen des ArbGeb nach § 3 Nr 50 EStG steuerfrei; selbst wenn man derartige Zahlungen als aus dem Beschäftigungsverhältnis erlangte Zuwendungen erachten wollte, was mE unzulässig ist, wären sie jedenfalls in entsprechender Anwendung des § 1 Abs 1 Nr 1 SvEV angesichts ihrer Steuerfreiheit nicht dem Arbeitsentgelt zuzurechnen. Nur dann, wenn der tatsächliche Aufwand deutlich und erkennbar überschritten wird, liegt eine zusätzliche Vergütung des ArbGeb vor, die ihre Rechtfertigung im Beschäftigungsverhältnis findet und damit als Arbeitsentgelt anzusehen ist.

19 **d) Sammelbeförderung,** die durch den ArbGeb verbilligt oder unentgeltlich durchgeführt wird (zum Begriff → Rn 14), ist nach § 3 Nr 32 EStG steuerfrei. Sofern man in der Sammelbeförderung einen geldwerten Vorteil sieht, den der ArbG dem ArbN zusätzlich zum Lohn oder Gehalt gewährt, obgleich es an sich Sache des ArbN ist, von sich aus an die Arbeitsstätte zu gelangen, ist der Vorteil gem § 1 Abs 1 Nr 1 SvEV angesichts der Steuerfreiheit nicht dem Arbeitsentgelt iSd § 14 SGB IV zuzurechnen; der in der Sammelbeförderung zu sehende geldwerte Vorteil bleibt damit bei der Beitrags- und Leistungsbemessung unberücksichtigt.

20 **2. Unfallversicherungsschutz** besteht sowohl bei Fahrten, die der ArbN selbst zu verantworten hat, als auch bei solchen, die der ArbGeb übernimmt oder organisiert; wer die Kosten für die Fahrten zwischen Wohnung und Arbeitsstätte letztlich trägt, ist für den Versicherungsschutz unerheblich. Zu den Voraussetzungen des Versicherungsschutzes auf Fahrten zwischen Wohnung und Arbeitsstätte iE → *Wegeunfall* Rn 14.

## Arbeitnehmerdarlehen

### A. Arbeitsrecht

*Griese*

1 **1. Begriff.** Das ArbNDarlehen ist dadurch gekennzeichnet, dass der ArbN dem ArbGeb Kapital zur vorübergehenden Nutzung überlässt. Es kommt vor allem dann vor, wenn der ArbN zur Überwindung wirtschaftlicher Schwierigkeiten des ArbGeb und damit zur Erhaltung des eigenen Arbeitsplatzes dem ArbGeb Teile seines Arbeitsentgelts darlehensweise vorübergehend überlässt. Abzugrenzen ist das ArbNDarlehen von der **Stundung.** Was vorliegt, hängt von dem Parteiwillen ab. Die Vereinbarung eines Zinsanspruchs ist ein Indiz für ein Darlehen. Im Zweifel dürfte nur eine Stundung gewollt sein, da mangels ausdrücklicher Vereinbarung nicht davon ausgegangen werden kann, dass die Arbeitsvertragsparteien sich den Vorschriften über die Darlehenskündigung nach § 488 Abs 3 BGB unterwerfen wollen. Als **stille Gesellschaft** kann eine Kapitalbereitstellung durch den ArbN nur bewertet werden, wenn hierfür eindeutige Anhaltspunkte vorliegen, zB ein erfolgsbezogener Zinssatz, eine Verlustbeteiligung oder die Einräumung von Mitsprache- und Kontrollrechten zugunsten des ArbN.

2 **2. Anwendbare Bestimmungen.** Auf ArbNDarlehensverträge ist die gesetzliche Regelung über Allgemeine Geschäftsbedingungen (§§ 305–310 BGB; s auch BAG 28.9.18 – 8 AZR 67/15, NZA 18, 589) anwendbar. Bereits der Arbeitsvertrag selbst ist Verbrauchervertrag nach § 310 Abs 3 BGB (BAG 25.5.05 – 5 AZR 572/04, NZA 05, 1111). Der ArbN ist Verbraucher iSd § 13 BGB (BVerfG 23.11.06 – 1 BvR 1909/06, NZA 07, 85). Demzufolge sind ArbNDarlehensverträge an diesem Maßstab inhaltlich zu messen, insbes im Hinblick auf – unwirksame – überraschende Klauseln nach § 305c BGB und auf eine unangemessene Beteiligung entgegen den Geboten von Treu und Glauben nach § 307 BGB.

3 Die Verbraucherkreditschutzregelungen der §§ 491 ff BGB finden keine Anwendung, weil der ArbGeb als Darlehensnehmer kein Verbraucher ist.

4 Eine im Vorhinein getroffene Vereinbarung, dass das Arbeitsentgelt oder Teile davon als ArbNDarlehen gewertet werden, dürfte gem § 307 BGB unzulässig sein. Denn nach **§ 107 Abs 1 GewO** ist das Arbeitsentgelt in Euro zu berechnen und auszuzahlen, so dass der

ArbN die **ungeschmälerte Nettovergütung** beanspruchen kann. Die Abgeltung durch Sachleistungen ist nach § 107 Abs 2 Satz 1 GewO nur insoweit möglich, als es **dem Interesse des Arbeitnehmers oder der Eigenart des Arbeitsverhältnisses entspricht und dies vereinbart ist** (*Sachbezug*). Die im Vorhinein getroffene Verwendungsabrede für andere Zwecke, auch für ArbNDarlehen, ist nicht vorgesehen, so dass es nicht zulässig sein dürfte, bei Abschluss des Arbeitsvertrages im Arbeitsvertrag vorzusehen, dass der ArbGeb Teile der laufenden Entgeltzahlung durch eine Darlehensnahme zu seinen Gunsten und nach seinen wirtschaftlichen Zweckmäßigkeitsüberlegungen ersetzen kann.

Zulässig bleibt hingegen, neben dem laufenden Arbeitsvertrag auch einen ArbNDarlehensvertrag abzuschließen, auch wenn er sich aus dem Arbeitsverhältnis resultierende Vergütungs- und Zahlungsansprüche bezieht, zB indem der ArbN die fällig gewordene oder fällig werdende Gratifikation per Darlehensvertrag dem ArbGeb als Darlehen zur Verfügung stellt, um bei der Überwindung einer wirtschaftlichen Krisensituation mitzuhelfen und seinen Arbeitsplatz zu sichern. Anwendbar sind dabei die §§ 488 ff BGB, insbes § 488 Abs 2 BGB hinsichtlich vereinbarter Zinsen und § 488 Abs 3 BGB hinsichtlich der Darlehenskündigung.

Ein ArbNDarlehen begründet kein Unternehmerrisiko und kann deshalb keine ausschlaggebende Rolle bei der SozVPflicht spielen (BSG 19.8.15 – B 12KR 9/14 R, BeckRS 2015, 73498; *Ricken* NZA 16, 624).

**3. Beendigung des Arbeitsverhältnisses.** Ist im ArbNDarlehensvertrag keine Bestimmung über das Schicksal des Darlehens bei Beendigung des Arbeitsverhältnisses getroffen worden, kann wegen § 488 Abs 3 BGB idR nicht angenommen werden, dass das Darlehen von dem ArbN bei Beendigung des Arbeitsverhältnisses sofort zurückgefordert werden kann. Insofern gilt das Gleiche wie umgekehrt beim *Arbeitgeberdarlehen.* Vor allem, wenn für das Darlehen der marktübliche oder sogar ein darüber liegender Zinssatz vereinbart ist, kann nicht davon ausgegangen werden, dass die Beendigung des Arbeitsverhältnisses zu einem Wegfall der Geschäftsgrundlage oder zu einer Vertragslücke führt, die im Wege der ergänzenden Vertragsauslegung zu schließen wäre (BAG 23.9.92 – 5 AZR 569/91, BB 93, 1439). Eine sofortige Rückzahlung kommt aber in Betracht, wenn das ArbNDarlehen allein zu dem Zweck der Erhaltung des Arbeitsplatzes entweder zinslos oder zu unter dem Marktzins liegenden Bedingungen dem ArbGeb zur Verfügung gestellt wurde. Hier kann je nach Vertragsgestaltung eine ergänzende Vertragsauslegung oder eine Vertragsanpassung wegen Wegfalls der Geschäftsgrundlage gem § 313 BGB in Betracht kommen, wobei als Rechtsfolge neben der Beendigung des Darlehensvertrages auch eine Anpassung der Darlehensbedingungen an das Marktniveau in Erwägung zu ziehen ist. 5

Im Hinblick auf diese Unsicherheiten erscheint es deshalb empfehlenswert, das Schicksal des ArbNDarlehens bei Beendigung des Arbeitsverhältnisses ausdrücklich vertraglich zu regeln. Grds Bedenken gegen eine Vertragsbestimmung, die die Beendigung des Darlehensvertrages bei Beendigung des Arbeitsverhältnisses vorsieht, bestehen nicht. Bedenklicher erscheint dagegen die umgekehrte Vertragsgestaltung, dass eine lange Laufzeit des Darlehens unabhängig von einer zwischenzeitlichen Beendigung des Arbeitsverhältnisses vereinbart wird. (recht großzügig BAG 23.9.92 – 5 AZR 569/91, BB 93, 1438). Gerät der ArbGeb mit der Rückzahlung des ArbNDarlehens in Verzug, folgt der gesetzliche Zinsanspruch als Mindestschaden aus § 288 Abs 1 BGB und beträgt fünf Prozentpunkte über dem Basiszinssatz (*Däubler* NZA 01, 1329). 6

**4. Mitbestimmung des Betriebsrats.** Ein Mitbestimmungsrecht des BRat hinsichtlich der Darlehensbedingungen besteht nicht, und zwar auch dann nicht, wenn den ArbN für die Kapitalüberlassung über dem Marktzins liegende Zinsen gewährt werden sollen. Auch ein solcher Zinsvorteil stellt keinen Arbeitslohn iSd § 87 Abs 1 Nr 10 BetrVG dar, da es sich regelmäßig nicht um eine Vergünstigung handelt, die mit Rücksicht auf die Arbeitsleistung des ArbN gewährt wird. Vielmehr liegt der Grund für die Zahlung eines höheren Zinssatzes gewöhnlich darin, dem ArbN überhaupt einen Anreiz dafür zu geben, seinem ArbGeb Kapital zur Verfügung zu stellen. Gestützt wird diese Einschätzung durch die lohnsteuerrechtliche Bewertung. Der BFH stuft nämlich Zinsen aus ArbNDarlehen nicht als Arbeitslohn, sondern als Einnahmen aus Kapitalvermögen ein (BFH 19.12.82, BStBl II 83, 295). 7

8 **1. Begriff.** Ein ArbNDarlehen liegt vor, wenn der ArbN dem ArbGeb das Darlehen gewährt (vgl im Übrigen → Rn 1).

9 **2. Steuerliche Einordnung.** Leistungen zwischen ArbN und ArbGeb, die nicht auf dem Dienstverhältnis, sondern auf Sonderrechtsbeziehungen beruhen, wie zB Kauf, Miete, Bürgschaft usw sind grds Letzteren zuzuordnen (→ *Arbeitsentgelt* Rn 63). Dementsprechend ist ein Darlehen zwischen ArbN und ArbGeb im Normalfall wie ein solches zwischen fremden Dritten zu behandeln. Daher liegen bei **Verzinsung** nicht Lohnzahlungen, sondern Einnahmen aus Kapitalvermögen vor (BFH 13.11.07 – VIII R 36/05, DStRE 08, 612; BFH 20.2.08 – VIII B 53/07, BFH/NV 08, 971). Das Gleiche gilt bei der Verzinsung rückständigen Arbeitslohns (*Offerhaus* BB 82, 1064; anders zur Verzinsung von Arbeitszeitguthaben auf kollektivrechtlicher Basis FG Köln 16.12.03 – 13 K 2681/03, EFG 04, 654; allgemein zu Verzugszinsen BFH 29.9.81 – VIII R 39/79, BStBl II 82, 113). Zu den Rechtsfolgen, wenn der ArbN statt der Rückzahlung des Darlehens mit dem Nennbetrag vom ArbGeb Aktien verlangen kann vgl → *Aktienoptionen* Rn 31.

10 Räumt eine Bank ihren ArbN höhere Zinsen ein, als vergleichbaren fremden Dritten **(Überzinsen),** so stellen die marktüblichen Zinsen Einnahmen aus Kapitalvermögen und der Überzins Arbeitslohn dar. Nach BMF 2.3.90, BStBl I 90, 141 (dazu *Offerhaus* BB 90, 2018, Fn 25) braucht der Überzins nur dann dem LStAbzug unterworfen zu werden, wenn (nicht soweit) der Zinsunterschied mindestens 1 vH beträgt. Andernfalls unterliegt der Gesamtzins unaufgeteilt dem Kapitalertragsteuerabzug. Ist der ArbN als Gesellschafter-Geschäftsführer am ArbGeb beteiligt, kann ein Überzins statt Arbeitslohn eine verdeckte Gewinnausschüttung darstellen (BFH 5.10.94 – I R 50/94, BStBl II 95, 549; *Thomas* DStR 96, 1678 unter 5.).

11 **3. Werbungskosten. a) Arbeitsplatzsicherung.** Wird ein privat vergebenes Darlehen notleidend, weil der Darlehensschuldner zahlungsunfähig wird, wirkt sich das, wie allgemein Verluste bei Gegenständen des Privatvermögens, steuerlich nicht aus (BFH 29.4.09 – VI B 126/08, BFH/NV 09, 1267; zum partiarischen Darlehen eines ArbN FG RhPf 11.8.97, EFG 97, 1384). Dagegen liegen beim Darlehensverlust (oder beim Verlust einer stillen Beteiligung FG Nds 23.2.11 – 9 K 45/08, DStRE 12, 729) aber dann Werbungskosten vor, wenn das Darlehen, quasi wie ein Arbeitsmittel, vom ArbN bewusst als Risikokapital zur Arbeitsplatzsicherung und damit zur Sicherung weiterer Lohnzahlungen eingesetzt wird (BFH 24.7.02 – VI B 155/99, BFH/NV 02, 1572). Da die diesbezügliche Verbindung zu den Einkünften aus nichtselbstständiger Arbeit durch das subjektive Moment der beabsichtigten Einkünftesicherung hergestellt wird, sind Feststellungen erforderlich, die auf diese Absicht schließen lassen. Indizien hierfür sind, dass dem betreffenden ArbN die wirtschaftlichen Schwierigkeiten des Unternehmens – zB die mangelnde Bonität gegenüber Kreditinstituten (BFH 8.7.93 – VI R 28/93, BFH/NV 94, 165) – offen gelegt worden sind bzw dass die Darlehenshingabe im Rahmen einer gemeinschaftlichen Rettungsaktion der Belegschaft erfolgt. Gegen eine beabsichtigte Arbeitsplatzsicherung spricht, dass bei verhältnismäßig geringem Lohn ein verhältnismäßig hohes Darlehen begeben wird. In einem solchen Fall führt ein Darlehensverlust auch dann nicht zu Werbungskosten, wenn keine Anhaltspunkte für konkrete private Motive für die Darlehenshingabe festgestellt werden (BFH 7.2.97 – VI R 33/96, DStR 97, 1159; BFH 2.5.07 – VI B 109/06, DStRE 07, 1006). Die Vergabe des Darlehens nicht an den ArbGeb, sondern an dessen Inhaber schließt deren berufliche Veranlassung nicht generell aus, kann aber als Indiz für eine private Veranlassung zu werten sein (BFH 7.2.08 – VI R 75/06, DStRE 08, 467 mit Anm *Bode* FR 08, 777). Aufwendungen für die Bereinigung von Schulden aus einem Engagement für eine insolvente GmbH sind nicht schon deswegen durch das Dienstverhältnis veranlasst, weil die Bereinigung Einstellungsvoraussetzung ist (BFH 2.3.05 – VI R 36/01, DStRE 05, 1440); ähnlich zum Darlehensverlust eines kündbaren Darlehens, das später zum Erwerb einer Kommanditbeteiligung verwendet werden sollte (BFH 22.9.04 – III R 38/03, BFH/NV 05, 202). Zweifelhaft ist ob der Verlust eines Darlehens, das vor der Krise gewährt und in der Krise bewusst stehen gelassen wurde, zu Werbungskosten führt und ggf ob mit dem Nennbetrag oder dem niedrigeren Wert zur Zeit des Stehenlassens (*Meyer-Scharenberg* DStR 94, 1450).

Da die Sicherung des eigenen Arbeitsplatzes regelmäßig die Sicherung aller Arbeitsplätze, also des ganzen Unternehmens erfordert, kann auch der Geeignetheit des Darlehens als Sicherungsinstrument indizielle Bedeutung zukommen. Angesichts der Tatsache, dass ein ArbN am Betriebsrisiko grds nicht beteiligt werden kann (BAG 10.10.90 – 5 AZR 404/89, BB 91, 413), obliegt der Nachweis der ausnahmsweise freiwilligen Risikoübernahme dem ArbN. Gelingt dieser Nachweis, steht dem Werbungskostenabzug bei Darlehensverlust nicht entgegen, dass das Darlehen verzinslich vereinbart war (BFH 7.5.93 – VI R 38/91, BStBl II 93, 663). 12

Maßgebender Zeitpunkt für den Werbungskostenabzug ist das Jahr, in welchem das Darlehen notleidend und damit der Rückzahlungsanspruch wertlos geworden ist (BFH 2.9.71 – IV 342/65, BStBl II 72, 334). Dagegen kommt es für die Frage, ob das Darlehen als bewusstes Risikokapital zur Arbeitsplatzsicherung hingegeben worden ist, nicht auf diesen Zeitpunkt, sondern den der Darlehensvereinbarung an (BFH 24.4.97 – IV R 42/96, BFH/NV 97, 837; zweifelhaft BFH 17.7.92 – VI R 125/88, BStBl II 93, 111). Denn die Umstände bei Vereinbarung des Darlehens entscheiden, ob bei seiner Hingabe ausnahmsweise die Arbeitsplatzsicherung ganz im Vordergrund gestanden hat. Soll ein wie unter fremden Dritten begebenes Darlehen später nur zur Arbeitsplatzsicherung stehen gelassen werden, sind Feststellungen erforderlich, die Schlüsse auf den Zweckaustausch, den hierfür maßgeblichen Zeitpunkt und den noch verbliebenen Wert des Darlehens (→ Rn 11) zulassen. 13

Einem Darlehensverlust gleich behandelt wird die Inanspruchnahme des ArbN aus einer Bürgschaft (BFH 14.5.91 – VI R 48/88, BStBl II 91, 758 mit Anm *Degen* DStR 96, 1749; vgl auch zur Bürgschaft eines Freiberuflers BFH 24.8.89 – IV R 80/88, BStBl II 90, 17 sowie BVerfG 7.1.88 – 1 BvR 1187/87, HFR 89, 215) bzw einer Kaution (BFH 13.1.89 – VI R 51/85, BStBl II 89, 382). Finanzierungskosten für den Erwerb von Anteilen führen noch nicht deshalb zu Werbungskosten, weil mit dem Erwerb die besondere Verbundenheit mit dem ArbGeb dokumentiert werden soll (→ *Aktienoptionen* Rn 30). 14

**b) Gesellschafter-Geschäftsführer.** Anders als der Verlust eines Darlehens führt der Verlust einer Beteiligung selbst dann nicht zu Werbungskosten aus nichtselbstständiger Arbeit, wenn die Übernahme der Beteiligung Voraussetzung für die Übertragung der Geschäftsführertätigkeit war (BFH 22.2.07 – VI B 99/06, BFH/NV 07, 1297). Der Verlust aus der Veräußerung einer Beteiligung am eigenen ArbGeb ist nicht schon deshalb beruflich veranlasst, weil er wegen der Beendigung des Arbeitsverhältnisses erfolgt (BFH 17.9.09 – VI R 24/08, DStR 09, 2526). Der Übernahme oder Aufstockung einer Beteiligung steht in aller Regel ein verlorener Zuschuss des beteiligten ArbN gleich (BFH 26.11.93 – VI R 3/92, BStBl II 94, 242). Regelmäßig keine Werbungskosten aus nichtselbstständiger Arbeit entstehen bei Inanspruchnahme wegen einer Bürgschaft zugunsten der eigenen GmbH (BFH 28.6.07 – VI B 44/07, BFH/NV 07, 1655) es sei denn, die Beteiligung ist sehr gering (BFH 16.2.17 – VI B 65/16, BFH NV 17, 734). Ob bei einer im Hinblick auf eine beabsichtigte GmbH-Beteiligung eingegangenen Bürgschaft etwas anderes gilt, wenn es zu der Beteiligung nicht mehr kommt (so BFH 16.11.11 – VI R 97/10, DStR 12, 127) ist zweifelhaft, weil der Verwendungszweck bei Bestellung der Bürgschaft maßgebend ist. Keine Werbungskosten aus nichtselbstständiger Arbeit entstehen aus einer Bürgschaft zugunsten eines Geschäftsfreundes (BFH 11.2.93 – VI R 4/91, BFH/NV 93, 645) oder zugunsten der Beteiligung des Ehegatten (BFH 30.11.05 – VI B 156/04, BFH/NV 06, 542); zur Bürgschaft eines nicht unbedeutend beteiligten ArbN BFH 5.10.04 – VIII R 64/02, BFH/NV 05, 54 und BFH 10.2.05 – IX B 169/03, BFH/NV 05, 1057. Wurde ein Darlehen aus im Gesellschaftsverhältnis liegenden Gründen gewährt, kann der spätere Darlehensverzicht ausnahmsweise auf dem Dienstverhältnis beruhen, wenn der Darlehensverzicht im Zusammenhang mit der Übertragung einer geringfügigen Beteiligung (1,64 %) zum Nennbetrag steht und bei vergleichsweise hohem Geschäftsführergehalt (ca 250 000 DM) unter erheblichem Druck erfolgte. Werbungskosten fallen dann nur noch in der Höhe an, in der das Darlehen noch werthaltig war (BFH 25.11.10 – VI R 34/08, DStR 11, 305). 15

## C. Sozialversicherungsrecht

*Schlegel*

Überlässt der ArbN dem ArbGeb zB zur Überwindung wirtschaftlicher Schwierigkeiten einen Teil des ihm zustehenden Arbeitsentgelts, kann dies je nach Lage des Falles als 16

Stundung oder auch als Darlehen anzusehen sein. In beiden Fällen entsteht der Beitragsanspruch mit dem Anspruch auf das Arbeitsentgelt, unabhängig davon, ob überhaupt und ggf wann dem ArbN das Geld zufließt (zur Maßgeblichkeit der sog **Entstehungstheorie** vgl → *Lohnzufluss* Rn 19 ff). Die **Fälligkeit** des GesamtSozVBeitrags tritt nicht erst bei Rückzahlung des Darlehens ein, sondern spätestens zum 15. des Folgemonats nach dem Monat, in dem der Anspruch auf das Arbeitsentgelt entstanden ist (§ 23 SGB IV). ME unterliegen weder der für eine Stundung noch eine aus einem Darlehen gewährte **Zins** der Beitragspflicht, da diese Zuwendungen nicht aus dem Arbeitsverhältnis und nicht für geleistete Arbeit, sondern als Entschädigung für den Wegfall eigener Anlagemöglichkeit des ArbN (Zinsverlust) gewährt werden.

## Arbeitnehmerentsendung

### A. Arbeitsrecht

*Röller*

1 **1. Begriff.** Entsendung ist die aufgrund gesonderter Vereinbarung beruhende Weisung des ArbGeb an den ArbN, für ihn auf der Grundlage des bestehenden Arbeitsvertrages zur Erfüllung eines Dienst- oder Werkvertrages oder im Wege der ArbNÜberlassung vorübergehend in einem fremden Staat und/oder Unternehmen tätig zu werden.

2 **2. Erscheinungsformen** der Entsendung sind ua: Einsatz zur Erfüllung eines Dienst- oder Werkvertrages (*Werkvertrag*); ArbNÜberlassung (*Arbeitnehmerüberlassung/Zeitarbeit*); Freistellung zu einer ARGE (*Arbeitsgemeinschaft*); Einsatz inländischer ArbN im Ausland (*Auslandstätigkeit*) und Einsatz ausländischer ArbN im Inland.

3 **3. Entsendung nach dem Gesetz über zwingende Arbeitsbedingungen für grenzüberschreitend entsandte und für regelmäßig im Inland beschäftigte Arbeitnehmer und Arbeitnehmerinnen (AEntG). a) Allgemeines.** Mit dem AEntG v 26.2.96 (BGBl I 96, 227) wurde die unionsrechtliche EntsendeRL (96/71/EG) umgesetzt. Das AEntG bezweckt die **Schaffung und Durchsetzung angemessener Mindestarbeitsbedingungen** nicht mehr nur für Fälle der Entsendung, dh für grenzüberschreitend ins Inland entsandte ArbN, sondern auch für regelmäßig im Inland beschäftigte ArbN, was sich auch in der geänderten Gesetzesbezeichnung widerspiegelt. Als weitere Gesetzesziele formuliert § 1 AEntG die **Gewährleistung fairer und funktionierender Wettbewerbsbedingungen,** den **Erhalt sozialversicherungspflichtiger Beschäftigung** sowie die **Wahrung der Ordnungs- und Befriedungsfunktion der Tarifautonomie.** Das AEntG erfasst Branchen, welche idR eine Tarifbindung von über 50 Prozent aufweisen, während das ebenfalls neu gefasste MiArbG auf Wirtschaftszweige mit einer Tarifbindung von unter 50 Prozent zugeschnitten ist.

Das EU-Parlament hat am 25.5.18 eine Reform der EntsendeRL (RL 18/957/EU) beschlossen, die von den Mitgliedsstaaten bis 30.7.20 umzusetzen ist. Kernpunkt der Novellierung ist die vollständige Entgeltgleichstellung entsandter und einheimischer ArbN. Die durch Rechts- oder Verwaltungsvorschriften und/oder durch allgemeinverbindliche Tarifverträge geltenden Regelungen für entsandte ArbN sollen künftig für alle Wirtschaftszweige verbindlich sein. Die ArbGeb sollen zukünftig verpflichtet sein, Reise-, Verpflegungs- und Unterbringungskosten zu tragen. Die Regelungen der EntsendeRL sollen nur noch auf Entsendungen mit einer Dauer von 12 Mon, max 18 Mon anwendbar sein. Anschließend sollen für den entsandten ArbN sämtliche Arbeitsbedingungen des Staates gelten, in dem der ArbN entsandt ist. S hierzu *Franzen* EuZA 19, 4; *Sura* BB 18, 2743; *Boysen* DB 18, 1668; *Mävers* ArbRAktuell 18, 463.

4 **b) Zwingend geltende allgemeine Arbeitsbedingungen.** Gem § 2 AEntG gelten nicht nur bei grenzüberschreitender Beschäftigung in den in § 4 AEntG aufgeführten Branchen **Mindestarbeitsbedingungen,** sondern **in jedem Wirtschaftsbereich.** Die Bestimmung ist nicht nur auf ArbGeb mit Sitz im Ausland anzuwenden, die ArbN in Deutschland beschäftigen, sondern auch, wenn der ausländische ArbGeb Ortskräfte in Deutschland anwirbt. Die in § 2 AEntG genannten Arbeits- und Beschäftigungsbedingungen sind Eingriffsnormen gem Art 9 Rom I VO, die bei einem Arbeitsort in Deutschland

unabhängig davon anwendbar sind, ob das Arbeitsverhältnis deutschem Recht unterliegt (BAG 17.4.13 – 10 AZR 185/12, BeckRS 2013, 70163). Rechtsfolge ist, dass das Arbeitsverhältnis entsandter ArbN einem Mischrecht aus dem IPR-rechtlich maßgeblichen Recht und den durch §§ 7, 7a AEntG für international zwingend erklärten deutschen Normen unterliegt (ErfK/*Schlachter* § 7 AEntG Rn 4).

Für die im Inland beschäftigten ArbN gelten über das zwingende öffentliche Recht hinaus die in Rechts- und Verwaltungsvorschriften enthaltenen Regelungen über die Mindestentgeltsätze (zB Festlegungen nach dem MiLoG) einschließlich der Überstundensätze, den bezahlten Mindestjahresurlaub (§§ 3, 11 BUrlG, § 208 SGB IX), die Höchstarbeitszeiten (Regelungen im ArbZG, FahrpersonalG, SeemG) und Mindestruhezeiten, die Bedingungen über die Überlassung von Arbeitskräften (Regelungen im AÜG), insbes durch Leiharbeitsunternehmen, die Sicherheit, den Gesundheitsschutz und die Hygiene am Arbeitsplatz (zB ArbSchG, ASiG, BImSchG), die Schutzmaßnahmen im Zusammenhang mit den Arbeits- und Beschäftigungsbedingungen von Schwangeren und Wöchnerinnen, Kindern und Jugendlichen (zB MuSchG, JArbSchG, KindArbSchV) und die Gleichbehandlung von Männern und Frauen (AGG) sowie andere Nichtdiskriminierungsbestimmungen.

**c) Anwendung tarifvertraglicher Arbeitsbedingungen. aa) Allgemeines.** Die Anwendbarkeit nationaler Normen auf von einem ausländischen ArbGeb ins Inland entsandte ArbN über die in § 2 AEntG genannten Rechts- und Verwaltungsvorschriften hinaus wird durch § 3 AEntG erweitert. Die Vorschrift bewirkt, dass ArbGeb mit Sitz im Ausland bestimmte tarifvertragliche Arbeitsbedingungen einhalten müssen, wenn sie ArbN in Deutschland beschäftigen. Voraussetzung ist gem Satz 1, dass für die in § 4 Abs 1 AEntG aufgeführten Branchen ein **bundesweiter Tarifvertrag für allgemeinverbindlich erklärt** ist oder eine **RechtsVO** vorliegt, durch die die Rechtsnormen eines Tarifvertrages auf alle unter seinen Geltungsbereich fallenden und nicht an ihn gebundenen ArbGeb und ArbN erstreckt werden (§§ 7, 7a AEntG). Damit sollen diejenigen Tarifvertragsbedingungen, die im Inland ansässige ArbGeb ihren Beschäftigten mindestens gewähren müssen, auch von im Ausland ansässigen ArbGeb ihren im Inland beschäftigten ArbN gewährt werden. Eine Allgemeinverbindlichkeitserklärung nach § 5 TVG bleibt in der Praxis den Tarifverträgen der Baubranche vorbehalten. Für andere Branchen nutzt das AEntG die Erstreckung durch RechtsVO. Für die Arbeitsbedingungen gem § 5 Nr 2, 3 AEntG genügt es, wenn die bundesweit flächendeckende Gestaltung durch mehrere parallele Tarifverträge erreicht wird. 5

Alle Arbeitsbedingungen, die in für das AEntG bedeutsame Tarifnormen geregelt werden können, sind in § 5 AEntG zusammengefasst. § 6 AEntG regelt für die Branchen, die in § 4 Abs 1 AEntG aufgeführt sind, die dort geltenden Besonderheiten.

**bb) Branchen.** Die Branchen, in denen Tarifverträge geschlossen werden können, die für eine Erstreckung in Betracht kommen, sind in § 4 Abs 1 AEntG benannt. Das AEntG war zunächst beschränkt auf das Bauhaupt- und Baunebengewerbe. Im Jahr 2007 wurde der Geltungsbereich des Gesetzes auf die **Gebäudereinigung** (Gesetz v 25.4.07, BGBl I 07, 756) und auf die **Briefdienstleistung** (Gesetz v 21.12.07, BGBl I 07, 3140) ausgedehnt. Mit Gesetz v 23.4.09 (BGBl I 09, 799) wurde das AEntG überarbeitet. Weitere Branchen wurden in das AEntG aufgenommen (§ 4 AEntG): **Sicherheitsdienstleistungen, Bergbauspezialarbeiten, Wäschereidienstleistungen im Objektkundengeschäft, Abfallwirtschaft** einschließlich der Straßenreinigung und des Winterdienstes, **Aus- und Weiterbildungsdienstleistungen nach dem SGB II und III** und der **Pflegebereich,** für den jedoch weitreichende Sonderregelungen bestehen (§§ 10–13 AEntG). Durch Gesetz v 24.5.14 (BGBl I 14, 538) wurde die Schlacht- und Fleischverarbeitungsbranche in das AEntG aufgenommen. 6

**cc) Tarifnormerstreckung durch Allgemeinverbindlichkeitserklärung.** Die Arbeitsbedingungen, die durch für allgemeinverbindlich erklärte Tarifverträge geregelt werden können, werden in § 5 AEntG aufgezählt (**Mindestentgelt** einschließlich Überstundensätze, **Dauer des Erholungsurlaubs, Urlaubsentgelt, zusätzliches Urlaubsgeld, Beitragspflichten zu gemeinsamen Urlaubskassen**). Die Mindestentgeltsätze können nach Art der Tätigkeit, Qualifikation und Region differenzieren, so dass die Tarifvertragsparteien unterschiedliche Entgeltsätze in Bezug auf die ausgeübte Tätigkeit (zB Dachdecker, Maler und Lackierer), das Qualifikationsniveau (zB gelernt/ungelernt) oder regionale Besonder- 7 heiten vereinbaren können. Einzelheiten s ErfK/*Schlachter* § 5 Rn 2 ff; *Thüsing/Bayreuther* § 5 Rn 2.

Der Betrieb oder eine selbstständige Betriebsabteilung muss vom Anwendungsbereich des AEntG bzw des erfassten Tarifvertrages erfasst werden. Dies hängt nach § 6 AEntG von der überwiegend erbrachten Tätigkeit ab. Zurückgegriffen werden kann insoweit auf die Rspr des BAG zu § 101 Abs 2 SGB III. Entscheidend ist, ob bezogen auf die Gesamtarbeitszeit der ArbN im jeweiligen Kj überwiegend die genannte Tätigkeit erbracht wurde. Wirtschaftliche Kriterien, wie zB der Anteil der baulichen Leistungen am Verdienst oder Umsatz, sowie handels- oder gewerberechtliche Kriterien sind irrelevant (BAG 25.1.05 – 9 AZR 146/04, NZA 06, 171; 24.8.94 – 10 AZR 980/93, NZA 95, 1116; ErfK/*Schlachter* § 6 AEntG Rn 3).

8 **dd) Tarifnormerstreckung durch Rechtsverordnung.** Das BMAS kann auf gemeinsamen Antrag der Tarifvertragsparteien gem § 7 Abs 1 AEntG, § 7a AEntG Tarifverträge über bestimmte Mindestarbeitsbedingungen per RechtsVO für allgemein zwingend erklären, wenn dies im öffentlichen Interesse geboten erscheint, um die in § 1 AEntG genannten Gesetzesziele zu erreichen.

Der Erlass der RechtsVO ist nicht davon abhängig, dass die Voraussetzungen für eine Allgemeinverbindlichkeitserklärung nach § 5 Abs 1 Satz 1 Nr 1 TVG erfüllt sind. Daraus folgt, dass nicht erforderlich ist, dass die ArbGeb der Branche mehr als 50 Prozent der unter den Geltungsbereich des Tarifvertrages fallenden ArbN beschäftigen müssen (*Thüsing/Bayreuther* § 7 Rn 10). Neben den in § 1 AEntG genannten Gesetzeszielen soll die Repräsentativität der jeweiligen Tarifverträge berücksichtigt werden, dh auch die Anzahl der unter den Geltungsbereich des Tarifvertrages fallenden ArbN sowie die Anzahl der von den ArbGeb beschäftigten tarifgebundenen ArbN (zum Kriterium der Repräsentativität s ErfK/Schlachter § 7 AEntG Rn 6; *Thüsing/Bayreuther* § 7 Rn 29 ff). Sonderregelungen bestehen für den Fall des Vorhandenseins mehrerer Tarifverträge (§ 7 Abs 2 und 3 AEntG). Zu Einzelheiten des Verfahrens s *Bayreuther* DB 09, 678; *Sittard* NZA 09, 346. Für die durch das TarifautonomiestärkungsG eingeführten, in § 4 Abs 2 AEntG genannten Fälle enthält der ebenfalls neu eingefügte § 7a AEntG Sonderregelungen für den Erlass einer RechtsVO.

Von der Verordnungsermächtigung nach § 7 AEntG wird regelmäßig Gebrauch gemacht. In folgenden Wirtschaftszweigen gibt es derzeit tarifliche Mindestlöhne, die für allgemeinverbindlich erklärt wurden: Abfallwirtschaft einschl Straßenreinigung und Winterdienst, Aus- und Weiterbildungsdienstleistungen, Baugewerbe, Dachdeckerhandwerk, Elektrohandwerk, Gebäudereinigung, Gerüstbauer, Steinmetz- und Steinbildhauerhandwerk, Maler- und Lackiererhandwerk, Pflegedienste, Sicherheitsdienstleistungen, Wäschereidienstleistungen im Objektkundengeschäft und die Zeitarbeitsbranche. Übersicht in BeckOK ArbR/*Gussen* § 7 AEntG Rn 6.

9 **d) Wirkungen der Tarifnormerstreckung.** Die erfassten ArbGeb mit Sitz im In- oder Ausland müssen gem § 8 Abs 1 AEntG den ArbN zumindest die per Allgemeinverbindlichkeitserklärung oder RechtsVO erstreckten Arbeitsbedingungen gewähren. Wird ein LeihArbN vom Entleiher mit Tätigkeiten beschäftigt, die in den Geltungsbereich eines für allgemeinverbindlich erklärten oder durch RechtsVO erstreckten Tarifvertrages nach den §§ 4 Abs 1 Nr 1, 5 und 6 Abs 2 AEntG fallen, hat der Verleiher zumindest die in diesem Tarifvertrag oder in dieser RechtsVO vorgeschriebenen Arbeitsbedingungen zu gewähren sowie die einer gemeinsamen Einrichtung zustehenden Beiträge zu leisten.

Die Regelung des § 8 Abs 2 AEntG führt dazu, dass ArbGeb die Arbeitsbedingungen auch dann einhalten müssen, wenn sie anderweitig organisiert, dh an einen anderen Tarifvertrag gebunden sind. Der arbeitsrechtliche Spezialitätsgrundsatz findet im Geltungsbereich des AEntG keine Anwendung. Die Regelung ist deshalb im Schrifttum massiv angegriffen worden, weil sie den Tarifvertragsparteien die Geltung „ihres" Tarifvertrages nehmen würde. Zum Meinungsstand s ErfK/*Schlachter* § 8 AEntG Rz 3; *Thüsing/Bayreuther* § 8 Rz 19 ff; *Sittard* NZA 09, 346; *Willemsen/Sagan* NZA 08, 1216; *Sodan/Zimmermann* NJW 09, 2001; *Zwanziger* DB 08, 294.

Rechtsnormen eines Tarifvertrags, der kraft RechtsVO erstreckt wurde, wirken nicht nach (BAG 20.4.11 – 4 AZR 467/09, NZA 11, 1105; sa *Sittard* NZA 12, 299).

§ 8 Abs 2 AEntG stellt klar, dass die Pflichten gem Abs 1 auch alle ArbGeb, die an einen abweichenden Tarifvertrag gebunden sind, in derselben Weisen treffen wie nicht organisierte

ArbGeb. Dadurch soll eine ausnahmslose Bindung der inländischen ArbGeb an das AEntG sichergestellt werden. Für LeihArbN stellt § 8 Abs 3 AEntG sicher, dass für jeden einschließlich der aus dem Ausland entliehenen ArbN die Mindestentgelte (einschließlich der Fälligkeitsregelungen), Urlaubsregelungen und Sozialkassenverfahren des Entleiherbetriebs gewährt werden müssen, wenn sie in einem vom AEntG erfassten Betrieb eingesetzt werden. Die LeihArbN müssen deshalb nicht im Verleiherbetrieb beschäftigt sein, der dem betrieblichen Geltungsbereich des erstreckten Tarifvertrags unterfällt. Auch der Entleiherbetrieb muss nicht diesem Geltungsbereich zwingend unterfallen. Vielmehr kommt es auf die Erbringung von Tätigkeiten an, die als solche den tariflichen Regelungen entsprechen. Damit soll eine Umgehung der Mindestbedingungen des AEntG durch Einsatz von Leiharbeit erschwert werden (BAG 21.10.09 – 5 AZR 951/08, NZA 10, 230). Auch in branchenfremden Betrieben mit fachlich einschlägigen Tätigkeiten beschäftigte LeihArbN werden gem § 8 Abs 3 Satz 1 2. HS AEntG erfasst.

Die Lohnuntergrenze gem § 3a AÜG darf auch in Entsendefällen durch einen abweichenden Tarifvertrag nicht unterschritten werden (ErfK/*Schlachter* § 8 AEntG Rn 5).

**e) Sonderregelungen für den Pflegebereich.** §§ 10–13 AEntG enthalten Regelungen 10
zu den Arbeitsbedingungen in der Pflegebranche (die ambulante, teilstationäre oder stationäre Pflege mit Ausnahme der Krankenhäuser). Für die Arbeitsbedingungen Entgelt, Erholungsurlaub, Urlaubsentgelt und zusätzliches Urlaubsgeld ist gem § 11 AEntG eine 1. RechtsVO mit Mindestarbeitsbedingungen erlassen worden, die am 1.8.10 in Kraft trat (PflegeArbbV BAnz 10, 2571). Bis 30.4.20 gilt die 3. RechtsVO (BAnZ AT 11.8.17 V1). Die RechtsVO steht nach § 13 AEntG den erstreckten Tarifverträgen nach §§ 3 ff AEntG gleich.

**f) Verzicht, Vergleich, Ausschlussfristen.** Ein Verzicht auf das tarifliche Mindestent- 11
gelt ist nur durch gerichtlichen Vergleich möglich (§ 9 Satz 1 AEntG). Der Anspruch auf Zahlung des Mindestentgelts kann nicht verwirkt werden (§ 9 Satz 2 AEntG). Ausschlussfristen für die Geltendmachung des Anspruchs auf Mindestentgelt können nur in dem für allgemeinverbindlich erklärten Tarifvertrag oder dem der RechtsVO zugrunde liegenden Tarifvertrag geregelt werden. Die Frist muss jedoch mindestens sechs Monate betragen. Diese Bestimmung ist gegenüber § 4 Abs 4 Satz 3 TVG vorrangig, dh sie gilt auch, wenn die Arbeitsvertragsparteien bereits nach §§ 3, 4 bzw 5 Abs 4 TVG tarifgebunden sind. Alle anderen Arbeitsbedingungen unterliegen, auch wenn sie unter den Geltungsbereich des AEntG fallen, der allgemeinen Vorschrift des § 4 Abs 4 TVG. Zu Einzelheiten s *Bayreuther* DB 09, 678. Eine arbeitsvertragliche Ausschlussfrist, die auch den Anspruch auf das Mindestentgelt nach § 2 PflegeArbbV erfasst, verstößt im Anwendungsbereich dieser VO gegen § 9 Satz 3 AEntG iVm § 13 AEntG. Für andere Ansprüche kann die Ausschlussfrist nicht aufrechterhalten werden, weil dem das Transparenzgebot entgegensteht (BAG 24.8.16 – 5 AZR 703/15, NZA 16, 1539).

**g) Bürgenhaftung.** § 14 AEntG begründet eine verfassungsgemäße (BVerfG 20.3.07 – 12
I BvR 1047/05, NZA 07, 609 zur Vorgängernorm des § 1a AEntG aF) verschuldensunabhängige Generalunternehmerhaftung. Nicht jeder Unternehmer, der bei einem anderen Unternehmen eine Leistung in Auftrag gibt, wird vom Geltungsbereich des § 14 AEntG erfasst, sondern nur derjenige, der sich zu einer Dienst- oder Werkleistung verpflichtet hat und den Auftrag nicht mit eigenen Arbeitskräften erledigt, sondern sich zur Erfüllung eines oder mehrerer Subunternehmer bedient (BAG 28.3.07 – 10 AZR 76/06, NZA, 613). Auch ein Bauträger ist Unternehmer iSv § 14 AEntG (BAG 16.10.19 – 5 AZR 241/18, ArbRAktuell 19, 533; 16.5.12 – 10 AZR 190/11, NZA 12, 980). Der Auftraggeber haftet für die Verpflichtungen des Unternehmers, eines Nachunternehmers oder eines von dem Unternehmer oder einem Nachunternehmer beauftragten Verleihers zur Zahlung des Mindestentgelts an ArbN oder zur Zahlung von Beiträgen an eine gemeinsame Einrichtung der Tarifvertragsparteien nach § 8 AEntG wie ein Bürge, der auf die Einrede der Vorausklage verzichtet hat (§§ 773 Abs 1 Nr 1, 349 BGB). Das Mindestentgelt iSd § 14 Satz 1 AEntG erfasst nach Satz 2 nur das Nettoentgelt. Die Rechtskraft einer dem Gläubiger ungünstigen Entscheidung gegen den Hauptschuldner wirkt zwar zugunsten des Bürgen, die Rechtskraft einer dem Gläubiger günstigen Entscheidung wirkt aber nicht zu Lasten des Bürgen (BAG 2.8.06 – 10 AZR 688/05, NZA-RR 07, 646 zu § 1a AEntG aF). Die Bürgenhaftung des § 14 AEntG ist mit der durch Art 56 GG gewährten Dienstleistungsfreiheit vereinbar (BAG 12.1.05 – 5 AZR 617/01, NZA 05, 627 zu § 1a AEntG aF).

13 **h) Kontrolle und Durchsetzung durch staatliche Behörden.** Kontrollorgane bzgl der Einhaltung nach dem AEntG zwingenden Arbeitsbedingungen sind die Behörden der Zollverwaltung (§ 16 AEntG). Diesen steht ein uneingeschränktes Prüfungsrecht zu; zahlreiche Bestimmungen des SchwarzArbG finden entsprechend Anwendung (§ 17 AEntG). **Mitwirkungspflichten des Arbeitgebers** (Meldepflichten, Pflicht zum Erstellen und Bereithalten von Dokumenten) ergeben sich aus §§ 18 ff AEntG. **Sanktionen** bei Zuwiderhandlungen gegen gesetzliche Bestimmungen regelt § 23 AEntG. Wer vorsätzlich oder fahrlässig gegen einzelne Bestimmungen des AEntG verstößt, kann mit erheblichen Geldbußen belegt werden. Ordnungswidrig handelt nach § 23 Abs 2 AEntG auch, wer Werk- oder Dienstleistungen in erheblichem Umfang ausführen lässt, indem er als Unternehmer einen anderen Unternehmer beauftragt, von dem er weiß oder fahrlässig nicht weiß, dass dieser bei der Erfüllung des Auftrags die Mindestarbeitsbedingungen nicht einhält oder einen Nachunternehmer einsetzt oder zulässt, dass ein Nachunternehmer tätig wird, der dies nicht tut. Die Bestimmung ist Schutzgesetz iSd § 823 Abs 2 BGB (*Hanau* NJW 96, 1369), mit der Folge, dass der im Inland tätige ArbN eines ausländischen ArbGeb von dem Hauptunternehmer Schadensersatz iHd Differenz zwischen dem von seinem ArbGeb gezahlten Lohn und dem Mindestentgelt verlangen kann (§ 823 Abs 2 BGB iVm § 23 Abs 2 AEntG), wenn von dem ausländischen ArbGeb nichts zu erlangen ist.

14 **i) Gerichtsstand.** ArbN, die in den Geltungsbereich des AEntG entsandt sind oder waren, können eine auf den Zeitraum der Entsendung bezogene Klage auf Erfüllung der Verpflichtungen nach den §§ 2, 8 oder 14 AEntG auch vor einem deutschen Gericht für Arbeitssachen erheben (§ 15 AEntG). Diese Klagemöglichkeit besteht auch für eine gemeinsame Einrichtung der Tarifvertragsparteien nach § 5 Nr 3 AEntG in Bezug auf die ihr zustehenden Beiträge. Örtlich zuständig ist im Zweifel das ArbG, in dessen Zuständigkeitsbereich der entsandte ArbN zuletzt schwerpunktmäßig tätig geworden ist. Die Möglichkeit, die Ansprüche ggf auch bei einem zuständigen Gericht im Ausland geltend zu machen, bleibt unberührt (ErfK/*Schlachter* § 15 AEntG Rn 2).

## B. Lohnsteuerrecht *Weil*

16 Die **lohnsteuerlichen Pflichten** hängen davon ab, in welcher Erscheinungsform die Entsendung stattfindet. Es handelt sich idR um Angestellte oder Arbeiter, die bei deutschen Arbeitgebern beschäftigt sind und von ihnen ins Ausland entsandt wurden. Hierbei ist zu prüfen, ob das Arbeitsentgelt im Inland versteuert werden muss oder ob eine Freistellung nach einem DBA oder auf Grund des Auslandstätigkeitserlasses (früher Montageerlass) Anwendung findet. Bei der **Entsendung innerhalb des Inlands** ist entscheidend, wer ArbGeb des entsandten ArbN ist (→ *Arbeitnehmerüberlassung/Zeitarbeit* Rn 71 ff; → *Arbeitsgemeinschaft (ARGE)* Rn 17). Bei **Entsendung ins Ausland** handelt es sich idR um Angestellte oder Arbeiter, die bei deutschen Arbeitgebern beschäftigt sind und von ihnen ins Ausland entsandt werden. Grundsätzlich besteht inländische LStPflicht, wenn der Arbeitslohn von einem inländischen ArbGeb gezahlt wird. Dies richtet sich nach § 38 Abs 1 Satz 1 Nr 1 EStG (→ *Lohnabzugsverfahren* Rn 12). Entscheidend ist, ob der **inländische ArbGeb die Gehaltszahlung wirtschaftlich trägt,** dh ob dem inländischen Unternehmen die Gehaltszahlung weiterbelastet wird (R 38.3 Abs 5 LStR). Liegt dies vor, besteht inländische LStPflicht (BFH 22.2.06 – I R 14/05, DStRE 06, 1127). Hiervon nicht ausgenommen sind Sonderzahlungen, die dann nicht nach § 34 EStG steuerbegünstigt sind (BFH 12.4.00 – XI R 1/99, BFH/NV 2000, 1195). Bei einer Arbeitnehmerentsendung zwischen verbundenen Unternehmen von nicht mehr als drei Monaten spricht eine widerlegbare Anscheinsvermutung dafür, dass das aufnehmende Unternehmen mangels Einbindung des Arbeitnehmers nicht als wirtschaftlicher Arbeitgeber anzusehen ist. Die Anscheinsvermutung kann im Einzelfall entkräftet werden. Folglich sind stets die tatsächlichen Verhältnisse des Einzelfalls maßgeblich. Ergibt sich nach den tatsächlich feststellbaren Verhältnissen eine Eingliederung in das aufnehmende Unternehmen, ist dieses auch bei Tätigkeiten von bis zu drei Monaten als wirtschaftlicher Arbeitgeber iSd DBA anzusehen (BMF 3.5.18, BStBl I 18, 643, Tz 4.3.3.2). Wird der Arbeitsvertrag ruhend gestellt, indem der entsandte ArbN für seine Auslandstätigkeit einen neuen aktiven Arbeitsvertrag von einem nicht inländischen ArbGeb

erhält, besteht keine inländische LStPflicht (→ *Auslandstätigkei* Rn 38; zum steuerfreien Kaufkraftausgleich → *Auslandstätigkeit* Rn 60).

Besteht inländische LStPflicht, kann **nach DBA oder ATE Befreiung von der LSt** in Betracht kommen (→ *Ausländer* Rn 41; → *Antragsveranlagung* Rn 2). Auch ein im Ausland ansässiger Arbeitgeber, der im Inland eine Betriebsstätte *Betriebsstätte; Lohnabzugsverfahren*) oder einen ständigen Vertreter (§ 13 AO) hat, ist inländischer Arbeitgeber (§ 38 Abs 1 Satz 1 Nr 1 EStG, vgl H 38.3 LStR; → *Betriebsstätte* Rn 2 ff; → *Lohnabzugsverfahren* Rn 12, 13).

Dient eine ArbN-Entsendung ausschließlich oder fast ausschließlich dazu, die deutsche Besteuerung zu vermeiden, ist im Einzelfall zu prüfen, ob ein Missbrauch rechtlicher Gestaltungsmöglichkeiten nach § 42 AO vorliegt.

**Beispiel** (nach BMF 3.5.18, BStBl I 18, 643 Rz 153): Ein in der Schweiz ansässiger Gesellschafter-Geschäftsführer einer inländischen Kapitalgesellschaft unterlag in der Vergangenheit der inländischen Besteuerung nach Art 15 Abs 4 DBA-Schweiz. Die Grenzgängereigenschaft des Art 15a DBA-Schweiz war bei ihm nicht gegeben. Er legt diese Beteiligung in eine Schweizer AG ein, an der er ebenfalls als Gesellschafter-Geschäftsführer wesentlich beteiligt ist. Dieser Ertrag ist nach Art 13 Abs 3 iVm Abs 4 DBA-Schweiz in Deutschland steuerfrei. Sein inländischer Anstellungsvertrag wird aufgelöst, er wird ab der Umstrukturierung als ArbN der neuen Muttergesellschaft im Rahmen eines Managementverleihvertrags für die deutsche Tochtergesellschaft tätig.

Bei **Entsendung vom Ausland ins Inland** gilt: Ist der entsandte ArbN Grenzgänger, richtet sich die Besteuerung hiernach (→ *Grenzgänger* Rn 2 ff). Ansonsten ist das im Inland ansässige aufnehmende Unternehmen, das den Arbeitslohn für die ihm geleistete Arbeit wirtschaftlich trägt, zum LStAbzug verpflichtet (§ 38 Abs 1 Satz 2 EStG). Hierfür ist es nicht erforderlich, dass das inländische Unternehmen den Arbeitslohn im eigenen Namen und für eigene Rechnung auszahlt (R 38.3 Abs 5 LStR). Die LStPflicht entscheidet sich nicht nach dem arbeitsrechtlichen ArbGeb, sondern nach dem wirtschaftlichen ArbGeb iSd DBA. ArbGeb ist derjenige, der einen ArbN in seinen Geschäftsbetrieb integriert, weisungsbefugt ist und die Vergütung wirtschaftlich trägt, sei es dass er die Vergütung unmittelbar dem ArbN auszahlt oder dass ein anderes Unternehmen für ihn mit dem Arbeitslohn in Vorlage tritt (BMF 27.1.04, BStBl I 04, 173 unter III). 17

**Beispiel:** In der BRD (GmbH) und in den Niederlanden (B. V.) sind zwei Schwestergesellschaften tätig. Die GmbH erhält einen Großauftrag, den sie mit ihrem derzeitigen Personal nicht erfüllen kann. Die GmbH schließt daher mit der B. V. einen Vertrag, auf dessen Grundlage Fachkräfte der B. V. auf Anforderung der GmbH für diese im Inland tätig werden. Die ArbN erhalten ihr Gehalt für den gesamten Zeitraum weiter von der niederländischen Gesellschaft.

Da das entsendende Unternehmen **wirtschaftlich als Arbeitgeber** iSd DBA-Regelung anzusehen ist, hat das Besteuerungsrecht demnach – unabhängig von der Aufenthaltsdauer der ArbN – der ausländische Staat (BFH 24.3.99 – I R 64/98, BStBl II 2000, 41).

Auch wenn die gezahlte Vergütung dem inländischen Unternehmen weiterbelastet wird, besteht inländische LStPflicht. Der inländische ArbGeb hat hierzu die Höhe des Arbeitslohns zu ermitteln. Einzelheiten → *Arbeitnehmerüberlassung/Zeitarbeit* Rn 71 ff; → *Ausländer* Rn 46. Bei Zweifeln oder Streit über die inländische LStPflicht kommt ein Freistellungsantrag in Betracht (FG Hess 18.2.08 – 10 K 2317/07, EFG 08, 1306; → *Lohnabzugsverfahren* Rn 22). Für ins Inland entsandte **Geschäftsführer** von im Ausland ansässigen Gesellschaften gelten grds. die allgemeinen Vorschriften des Art 15 OECD-MA, es sei denn es existieren Sondervorschriften in den einzelnen DBA zu Geschäftsführern wie zB Art 16 DBA-Österreich, Art 15 DBA-Schweiz (BMF 3.5.18, BStBl I 18, 643 Rz 147 ff). Im Rahmen einer **Organschaft** ist die inländische Organgesellschaft zum LStAbzug verpflichtet (§ 38 Abs 1 Satz 2 EStG). Zur Sicherung der Besteuerung besteht zwischen den Finanzbehörden innerhalb der EU ein **Auskunftsaustausch** (→ *Ausländer* Rn 40; → *EU-Recht* Rn 30). Zum Progressionsvorbehalt bei nach DBA im Inland steuerfreiem Lohn, zB bei Angehörigen eines ausländischen öffentlichen Dienstes (§ 32b Abs 1 Nr 2, 3 EStG; → *Ausländer* Rn 41). 18

**Literaturhinweis:** BMF 3.5.18, BStBl I 18, 643; BMF 9.11.01, BStBl I 01, 796.

**C. Sozialversicherungsrecht** *Voelzke*

20 **1. Arbeitnehmer-Entsendegesetz.** Die **Durchsetzung und Kontrolle** der Mindestentgelte des AEntG erfolgt nach § 16 AEntG durch die Behörden der Zollverwaltung. ArbGeb mit Sitz im Ausland, die ArbN im Inland beschäftigen, sind verpflichtet, vor Beginn jeder Werk- oder Dienstleistung eine schriftliche Anmeldung in deutscher Sprache vorzulegen, soweit die Rechtsnormen eines für allgemeinverbindlich erklärten Tarifvertrages nach den Vorschriften des AEntG oder einer Rechtsverordnung nach § 7 oder § 7a AEntG, soweit sie Arbeitsbedingungen nach § 5 Satz 1 Nr 1–3 AEntG vorschreibt, auf das Arbeitsverhältnis Anwendung finden (§ 18 Abs 1 AEntG). Den ArbGeb treffen zudem die in § 19 AEntG aufgeführten Pflichten zur Erstellung und Bereithaltung von Dokumenten, die eine effiziente Kontrolle der Einhaltung der Mindestarbeitsentgelte ermöglichen soll. Der Bußgeldrahmen bei Verstößen beträgt bis zu 500 000 € bzw 30 000 € (§ 23 AEntG).

21 **2. Versicherungspflicht.** Im SozVRecht kommt dem Begriff der Entsendung eine eigenständige Bedeutung zu. Der sozialversicherungsrechtliche Begriff der Entsendung kommt zur Anwendung, soweit Beschäftigungen im Ausland dem deutschen SozVRecht unterstellt werden (**Ausstrahlung** nach § 4 SGB IV; → *Auslandstätigkeit* Rn 116 ff) oder soweit vorübergehende Beschäftigungen im Inland nicht der Versicherungspflicht der deutschen SozV unterstehen (**Einstrahlung** nach § 5 SGB IV; → *Ausländer* Rn 67 ff).

# Arbeitnehmererfindung

**A. Arbeitsrecht** *Poeche*

**Übersicht**



1 **1. Einführung.** Das Patentrecht schützt den Erfinder als geistigen Urheber einer technischen Neuerung und weist ihm die Nutzungsrechte zu; arbeitsrechtlich stehen grds alle Arbeitsergebnisse des ArbN entschädigungslos dem ArbGeb zu. Ziel des ArbNErfG ist die Lösung dieses Widerspruchs: Es begründet für den ArbGeb ein umfassendes Aneignungs- und Verwertungsrecht (Monopol) an der Erfindung, während der ArbNErfinder als Ausgleich für seine besondere technische Leistung und zugleich als Anreiz für künftige Kreativität zwingend einen Anspruch auf angemessene Vergütung erwirbt. Form- und fristgebundene Melde- und Mitteilungspflichten dienen der Rechtsklarheit und der möglichst raschen Zuordnung der Erfindung zum ArbGeb oder ArbN. Die oft sehr hohen im Streit befindlichen Beträge, die leicht die Millionengrenze überschreiten, erfordern Sorgfalt bei Beach-

tung der Förmlichkeiten und deren Dokumentation. Solange Vergütungsansprüche des ArbN in Betracht kommen, sind deshalb betriebliche Unterlagen, die ihre Höhe bestimmen, aufzubewahren (BGH 13.11.97 – X ZR 132/95, NJW 98, 3492). Die ArbNErfindung steht unter dem Eigentumsschutz nach Art 14 GG. Die Zuordnung der Erfindung zum ArbGeb ist wegen des zwingenden Vergütungsanspruchs des ArbN verfassungsrechtlich unbedenklich (BVerfG 24.4.98 – 1 BvR 587/88, NJW 98, 3704).

Das ArbNErfG ist durch Art 7 des PatentrechtsmodernisierungsG v 31.7.09 (BGBl I 2521, 2526) mit Wirkung zum 1.10.09 **nachhaltig geändert** worden (s hierzu *Bayreuther* NZA 09, 1123; *Raif* ArbRAktuell 10, 441; *Gärtner/Simon* BB 11, 1909). Es gilt für die ab diesem Stichtag gemeldeten Erfindungen (§ 43 Abs 3 ArbNErfG; BGH 14.2.17 – X ZR 64/15, BeckRS 2017, 103552). Die neuen Regelungen sollen das ArbNErfRecht vereinfachen. Kennzeichen der Reform sind: Die **Inanspruchnahme** der Erfindung durch den ArbGeb wird bei nicht rechtzeitiger Freigabe **fingiert.** An die Stelle der bisher vorgeschriebenen Schriftform tritt für alle von ArbGeb und ArbN abzugebenden Erklärungen die **Textform** (§ 126b BGB); damit steht das gesamte Spektrum der elektronischen Übermittlung (Diskette, CD-Rom, USB, E-Mail, Computerfax) neben der herkömmlichen Papierform zur Verfügung. **Ersatzlos aufgehoben** wurden die Bestimmungen zur unpraktikablen beschränkten Inanspruchnahme und zum Erfinderberater (bisher § 21). Entgegen früherer Planungen sind die Vergütungsregelungen unverändert. 2

**2. Geltungsbereich. a) Räumlich.** Das ArbNErfG erstreckt sich auf das Gebiet der BRD. Für Auslandsarbeitsverträge ist die Anwendbarkeit deutschen Arbeitsrechts maßgeblich (→ *Auslandstätigkeit* Rn 7 ff). 3

**b) Persönlich.** Erfasst werden alle ArbN im privaten und öffentlichen Dienst sowie Beamte und Soldaten (§ 1 ArbNErfG). Soweit für Beschäftigte im öffentlichen Dienst nach §§ 40 ff ArbNErfG besondere Regelungen eingreifen, bestimmt sich die Abgrenzung zum privaten Dienst nach der formellen Rechtsform des ArbGeb. ArbN ist im allgemein arbeitsrechtlichen Sinn zu verstehen. Das ArbNErfinderrecht ist damit auf alle ArbNGruppen einschließlich der Auszubildenden und der leitenden Angestellten anzuwenden, auch auf Gesellschafter, soweit sie auf gesonderter arbeitsvertraglicher Grundlage beschäftigt werden. **Nicht erfasst** werden **Ruheständler,** wenn die Erfindung erst nach Beendigung des Arbeitsverhältnisses fertig gestellt wird. Der Bezug einer Betriebsrente ist unschädlich. Ausgenommen sind **Handelsvertreter, Heimarbeiter und freie Mitarbeiter.** Das gilt auch dann, wenn sie wegen ihrer wirtschaftlichen Abhängigkeit als *Arbeitnehmerähnliche Personen* teilweise in den Schutz des Arbeitsrechts einbezogen werden. Die Nichtanwendbarkeit des ArbNErfG ist für sie regelmäßig vorteilhaft, da sie die freie Verfügung über ihre Erfindungen behalten (aA *Bartenbach/Volz* § 1 Rz 2 ff; *Schwab* ArbNErf § 1 Rz 2; *Volmer/Gaul* § 1 Rz 59 ff). Es fehlt für diese Personengruppe die Bindung des Arbeitsvertrags, der das Zugriffsrecht des Dienstberechtigten am Arbeitsergebnis begründet. Ggf empfiehlt sich eine einzelvertragliche Vereinbarung des ArbNErfG. **Organmitglieder** unterliegen als Nicht-ArbN ebenfalls nicht dem ArbNErfG (→ *Geschäftsführer* Rn 17, 21). Ein Anspruch auf Erfindervergütung kommt im Einzelfall in Betracht; etwa wenn das Organ verpflichtet ist, der Gesellschaft seine Erfindungen anzubieten (BGH 11.4.2000 – X ZR 185/97, NZA-RR 2000, 486; 26.9.06 – X ZR 181/03, NJW-RR 07, 103). 4

**c) Hochschule.** Besondere Bestimmungen gelten wegen des grundgesetzlichen Schutzes der Freiheit von Lehre und Forschung (Art 5 Abs 3 GG) für Erfindungen der an einer Hochschule Beschäftigten. Nach § 42 ArbNErfG ist Hochschullehrern, Dozenten und wissenschaftlichen Angestellten überlassen, ob sie eine Erfindung offenlegen. Für die Dauer der Geheimhaltung sind sie an einer Verwertung gehindert. Die Absicht, die Erfindung zu publizieren (dazu gehört auch deren Vorstellung in einer Vorlesung), ist dem Dienstherrn mit einer Regelfrist von **zwei Monaten** anzuzeigen/zu melden. Bei (uU fingierter) Inanspruchnahme der Erfindung durch den Dienstherrn verbleibt dem Wissenschaftler ein nicht ausschließliches Recht zu ihrer **Benutzung** im Rahmen seiner **Lehr- und Forschungstätigkeit.** Die Erfindervergütung beträgt 30 vH der vom Dienstherrn erzielten Einnahmen. Die 2002 erfolgte Abschaffung des sog **Hochschullehrerprivilegs** (bis dahin: alleinige Verfügungsbefugnis über Diensterfindungen) ist verfassungsgemäß (BGH 18.9.07 – X ZR 167/05, GRUR 08, 150). 5

6 **d) Arbeitgeber.** Die Rechte und Pflichten aus dem ArbNErfG treffen den ArbGeb als Vertragspartner des ArbN. Wird dieser zu einer *Arbeitsgemeinschaft (ARGE)* oder im Konzernbereich abgestellt, bleiben die Rechte aus dem ArbNErfG bei dem eigentlichen ArbGeb. Abweichend hiervon ordnet im Bereich der **Leiharbeit** § 11 Abs 7 AÜG Erfindungen der LeihArbN dem Entleiher zu. Bei einer **Betriebsnachfolge** iSv § 613a BGB gelten idR keine Besonderheiten (Einzelheiten *Bartenbach/Volz* § 1 Rz 48 ff, 92 ff; *Kästle/Schmoll* BB 18, 820; zum Betriebsübergang in der Insolvenz *Oster* GRUR 12, 467).

7 **e) Sachlich. aa) Erfindungen.** Dem ArbNErfG unterliegen Erfindungen und technische Verbesserungsvorschläge (§ 1 ArbNErfG). Erfindungen iSd Gesetzes sind nur solche, die patent- oder gebrauchsmusterfähig sind (§ 2 ArbNErfG). Unter Verzicht auf eine eigenständige Begriffsbestimmung knüpft das ArbNErfG damit an das deutsche **Patent- und Gebrauchsmusterrecht** an. Auf die Schutzrechtsfähigkeit nach ausländischem Recht kommt es nicht an. Eine nur im Ausland schutzrechtsfähige Erfindung begründet daher nur unter den Voraussetzungen der §§ 3, 20 ArbNErfG als technischer Verbesserungsvorschlag einen zwingenden Vergütungsanspruch des ArbN. **Patentfähig** sind Erfindungen, die eine neue, schöpferische Lehre zum technischen Handeln geben, auf einer erfinderischen Tätigkeit beruhen und gewerblich anwendbar sind (§§ 1 ff PatG). Ausgenommen sind zB Entdeckungen, wissenschaftliche Theorien und mathematische Methoden, regelmäßig auch Programme für Datenverarbeitungsanlagen (dazu *Bayreuther* GRUR 03, 570; *Besgen* B+P 2017, 739), Heilmethoden, Züchtungen und Entwicklungen auf anderen Gebieten, wie etwa im Pflanzen- oder Tierbereich. **Gebrauchsmusterfähig** sind Erfindungen auf einer geringeren Erfindungshöhe. Vorausgesetzt wird eine Bereicherung der Technik in einem gewissen Ausmaß (§ 1 Gebrauchsmustergesetz). Maßgeblich ist die **Schutzrechtsfähigkeit** der Erfindung, die für das Eingreifen der Rechte und Pflichten aus dem ArbNErfG als Arbeitshypothese unterstellt wird. Anderes gilt nur, wenn eine Schutzrechtserteilung offensichtlich nicht in Betracht kommt.

8 **bb) Technische Verbesserungsvorschläge.** Das sind Vorschläge, die dem ArbGeb eine ähnliche Vorzugsstellung einräumen wie ein Schutzrecht (Näheres zum sog qualifizierten Verbesserungsvorschlag → *Verbesserungsvorschläge* Rn 2–4).

9 **cc) Gewerbliche Schutzrechte.** Marken und durch das DesignG geschützte Designs werden vom ArbNErfG nicht erfasst. Zu Fragen des ArbNUrheber *Urheberrecht.*

10 **3. Gebundene Erfindung (Diensterfindung). a) Begriff.** Das ArbNErfG weist die Rechte an einer Erfindung dem ArbGeb zwingend lediglich bei den gebundenen Erfindungen (Diensterfindungen) zu. Nach § 4 Abs 2 ArbNErfG wird vorausgesetzt, dass der ArbN eine **Erfindung gemacht** hat, dh die Erfindung muss fertig gestellt sein. Die ihr zugrunde liegende Lehre muss technisch ausführbar sein. Ein Durchschnittsfachmann muss mit ihr nach den Angaben des Erfinders erfolgreich arbeiten können. Maßgeblich ist eine objektive Sicht. Volle Funktionsfähigkeit wird nicht verlangt; noch laufende Versuche zur Erprobung der bereits gefundenen Lösung sind unschädlich (BGH 10.11.70 – X ZR 54/67, BB 71, 11). Der ArbN muss außerdem die Erfindung **während der Dauer des Arbeitsverhältnisses** gemacht haben. Das betrifft den rechtlichen Bestand des Arbeitsverhältnisses, der durch Schlussurlaub des ArbN, Suspendierung oder Ruhen der Hauptpflichten (→ *Ruhen des Arbeitsverhältnisses* Rn 1) nicht beeinträchtigt wird. Das ArbNErfG greift daher nicht ein, wenn die Erfindung bereits vor Begründung des Arbeitsverhältnisses fertiggestellt wurde und im bestehenden Arbeitsverhältnis lediglich das Schutzrechtsanmeldeverfahren durchgeführt wird (OLG Jena 7.12.11 – 2 U 137/11, NZA-RR 12, 371). Die Grundsätze des faktischen Arbeitsverhältnisses sind anzuwenden (→ *Faktisches Arbeitsverhältnis* Rn 3). Bei einer **Weiterbeschäftigung** des ArbN nach **Kündigung** ist zu unterscheiden: Erfolgt die Weiterbeschäftigung auf Grund Widerspruchs des BRat nach § 102 Abs 5 BetrVG, besteht das ursprüngliche Arbeitsverhältnis unverändert fort, auflösend bedingt durch die rechtskräftige Abweisung der Kündigungsschutzklage (→ *Weiterbeschäftigungsanspruch* Rn 7). In dieser Zeit fertig gestellte Erfindungen unterliegen dem ArbNErfG. Bei einer vereinbarten Prozessbeschäftigung kommt es auf den Inhalt der Absprache der Parteien an, ob der ArbGeb Zugriff auf in dieser Zeit gemachte Erfindungen haben soll (zur Auslegung einer solchen Vereinbarung → *Weiterbeschäftigung* Rn 19). Bei sog erzwungener Weiterbeschäftigung (→ *Weiterbeschäftigung* Rn 20) soll der ArbN nach Treu und Glauben verpflichtet sein,

dem ArbGeb in dieser Zeit gemachte Erfindungen anzubieten (*Bartenbach/Volz* § 1 Rz 5 sowie umfassend zur ArbNErfindung während der Weiterbeschäftigung: *Konertz* NZA 19, 746).

**b) Betriebliche Veranlassung.** Die Zuordnung einer Erfindung zum ArbGeb rechtfertigt sich nur aus dem Arbeitsvertrag und seinem Recht am Arbeitsergebnis. Verlangt wird deshalb ein betrieblicher Beitrag an der Erfindung. Diensterfindungen sind nur solche, die entweder (1) aus der dem ArbN im Betrieb oder in der öffentlichen Verwaltung obliegenden Tätigkeit entstanden sind oder (2) maßgeblich auf Erfahrungen oder Arbeiten des Betriebs oder der öffentlichen Verwaltung beruhen (§ 4 Abs 2 ArbNErfG). Eine **Auftrags-, Obliegenheits- oder Aufgabenerfindung** (Nr 1) liegt vor, wenn der Gegenstand der Erfindung bei natürlicher Betrachtungsweise mit der Tätigkeit des ArbN im inneren Zusammenhang steht. Unerheblich ist, ob er sie innerhalb oder außerhalb seiner regelmäßigen Arbeitszeit gemacht hat. Von einer **Erfahrungserfindung** (Nr 2) spricht man, wenn die technische Lehre auf dem **betrieblichen Geschehen** beruht (zB Vorarbeiten, Maschinenausstattung, Produktionsunterlagen). Dagegen genügt nicht, wenn die betrieblichen Erfahrungen oder Arbeiten den ArbN lediglich zu seiner Erfindung angeregt haben, ohne dass der Stand der betrieblichen Technik kausal geworden ist. Eine solche **Anregungserfindung** unterliegt als sonstige Erfindung den Bestimmungen über die freie Erfindung (dazu → Rn 24). 11

**c) Meldepflicht.** Der ArbN hat dem ArbGeb die Diensterfindung unverzüglich (ohne schuldhaftes Zögern iSv § 121 BGB) nach Fertigstellung „gesondert" zu melden und kenntlich zu machen, dass es sich um eine **Erfindungsmeldung** handelt (§ 5 Abs 1 S 1 ArbNErfG). Sie dient der **Wissensvermittlung,** ist daher keine Willenserklärung (BGH 19.5.05 – X ZR 152/01, NZA 05, 1246). Der ArbGeb soll in die Lage versetzt werden, den Erfindungscharakter zu erkennen und sachgerecht über die Inanspruchnahme oder Freigabe, den möglichen Inhalt einer Schutzrechtsanmeldung sowie über die Erfindervergütung zu entscheiden. Mehrere Erfinder können die Meldung gemeinsam abgeben. Zur Sicherung der Feststellung, ob die Erfindung Priorität gegenüber möglichen anderen Meldungen genießt, hat der ArbGeb den **Zeitpunkt des Eingangs** unverzüglich in Textform zu bestätigen (§ 5 Abs 1 Satz 2 ArbNErfG). 12

Der **Inhalt der Meldung** ist gesetzlich vorgegeben. Die technische Aufgabe, ihre Lösung und das Zustandekommen der Diensterfindung sind zu beschreiben. Vorhandene Aufzeichnungen sollen beigefügt werden, soweit sie zum Verständnis der Erfindung erforderlich sind. Dienstlich erteilte Weisungen oder Richtlinien, die benutzten betrieblichen Erfahrungen oder Arbeiten sind anzugeben. Bei einer Beteiligung mehrerer ArbN sind diese namentlich zu benennen und Art und Umfang ihrer Mitarbeit mitzuteilen. Der meldende ArbN soll seinen eigenen Anteil hervorheben (§ 5 Abs 2 ArbNErfG). Der ArbN sollte seine Meldung im eigenen Interesse sorgfältig formulieren, insbesondere auf **Vollständigkeit** achten. Denn Grundlage der Erfindervergütung ist die Schutzfähigkeit der gemeldeten Erfindung und nicht der Umfang der späteren Schutzrechtsanmeldung (BGH 29.11.88 – X ZR 63/87, NJW 89, 1358). Die Meldung kann in **Textform** (§ 126b BGB) abgegeben werden (→ Rn 2). 13

Eine Meldung, die nicht den gesetzlichen Anforderungen entspricht, gilt nach § 5 Abs 3 Satz 1 als ordnungsgemäß, wenn der ArbGeb nicht innerhalb von **zwei Monaten** erklärt, dass und in welcher Hinsicht die Meldung ergänzungsbedürftig ist. Soweit erforderlich, hat er den ArbN bei der **Ergänzung** zu unterstützen. Zu den Folgen einer verspäteten Meldung: *Schütt/Böhnke* GRUR 13, 789. 14

**d) Inanspruchnahme. aa) Entscheidung des Arbeitgebers.** Der ArbGeb kann die Erfindung in Anspruch nehmen oder sie frei geben. Die Inanspruchnahme gilt als erklärt, wenn der ArbGeb die Diensterfindung nicht bis zum Ablauf von vier Monaten nach Eingang der ordnungsgemäßen Meldung (§ 5 Abs 2 Satz 1 und Satz 3 ArbNErfG) gegenüber dem ArbN in Textform freigibt (§ 6 Abs 2 ArbNErfG). Die zum 1.10.09 eingeführte **Fiktion** trägt den praktischen Erfordernissen Rechnung. Nach **bisherigem Recht** wurde eine Diensterfindung frei, wenn der ArbGeb diese nicht innerhalb von vier Monaten nach Zugang der schriftlichen Erfindungsmeldung durch schriftliche Erklärung gegenüber dem ArbN ausdrücklich in Anspruch nahm (§ 6 Abs 2 iVm § 7 Abs 1 ArbNErfG aF). Die Verknüpfung der förmlichen Inanspruchnahme mit der förmlichen Erfindungsmeldung führte oft zu Meinungsverschiedenheiten, weil Fristen versäumt und Formerfordernisse 15 nicht beachtet wurden (BT-Drs 16/11339 S 50f; vgl zB OLG München 16.7.08 – 6 U 2499/07, GRUR-RR 09, 219). Nach der Rspr konnte eine Diensterfindung ausnahmsweise auch ohne schriftliche Erfindungsmeldung des ArbN die Inanspruchnahmefrist in Gang setzen. Das wurde angenommen, wenn der ArbGeb, insbes durch eine Patentanmeldung und die Benennung des ArbN als Erfinder dokumentiert, dass es keiner Erfindungsmeldung mehr bedarf, weil er bereits über die Erkenntnisse verfügt, die ihm die Meldung des ArbN verschaffen soll (BAG 12.4.11 – X ZR 72/01, NZA-RR 11, 479 m Anm *Ulrici* GRUR-Praxis 11, 269). Hatte der ArbGeb die Erfindung nicht ausdrücklich form- und fristgerecht in Anspruch genommen, wurde die Erfindung frei, dh sie konnte in vollem Umfang vom ArbN verwertet werden (BGH 19.5.05 – X ZR 152/01, NZA 05, 1246 [„Haftetiketten"]). Von diesem **Risiko des ungewollten Verlustes** der Rechte an der Diensterfindung wird der ArbGeb befreit. Aufgrund der **Fiktion** ist die Inanspruchnahme nunmehr die Regel und die Freigabe die Ausnahme (*Bayreuther* NZA 09, 1123).

16 **bb) Rechtsfolgen.** Mit der (fingierten) Inanspruchnahme gehen alle vermögenswerten Rechte an der Diensterfindung auf den ArbGeb über (§ 7 Abs 1 ArbNErfG). Verfügungen, die der ArbN vor der Inanspruchnahme über die Diensterfindung getroffen hat, sind dem ArbGeb gegenüber unwirksam, soweit seine Rechte beeinträchtigt werden (§ 7 Abs 2 ArbNErfG).

17 (1) Schutzrechtsanmeldung im Inland. Der unbeschränkte Rechtserwerb an der Erfindung verpflichtet den ArbGeb zur unverzüglichen Anmeldung eines Schutzrechts im Inland (§ 13 Abs 1 ArbNErfG). Patentfähige Diensterfindungen sind zum **Patent** anzumelden, sofern nicht die Erwirkung des Gebrauchsmusterschutzes zweckdienlicher erscheint. Die Verpflichtung zur Anmeldung entfällt, wenn die Diensterfindung frei geworden ist nach § 8 Abs 1 ArbNErfG, bei Einverständnis des ArbN mit der Nichtanmeldung sowie dann, wenn berechtigte Belange des Betriebes dem Bekanntwerden der Erfindung entgegenstehen und der ArbGeb dem ArbN gegenüber gleichzeitig die Schutzfähigkeit der Erfindung anerkennt (§ 17 ArbNErfG) oder er bei Streit über die Schutzrechtsfähigkeit die Schiedsstelle anruft. Unterlässt der ArbGeb die gebotene Schutzrechtsanmeldung, kann der ArbN sie ggf im Wege der einstweiligen Verfügung nach §§ 935, 940 ZPO erzwingen. Der ArbN kann ferner die Anmeldung der Diensterfindung für den ArbGeb auf dessen Namen und Kosten bewirken, wenn er ihm zur Anmeldung eine angemessene Nachfrist gesetzt hat (§ 13 Abs 3 ArbNErfG).

Der ArbGeb behält die **Entscheidungsfreiheit über weitere Nutzung** der Erfindung. Will er die Anmeldung des Schutzrechtes nicht weiter betreiben oder ein bereits erworbenes Schutzrecht aufgeben, hat er dies dem ArbN mitzuteilen und auf dessen Verlangen und auf dessen Kosten das Recht zu übertragen und alle Unterlagen auszuhändigen. Äußert sich der ArbN nicht innerhalb von drei Monaten nach Zugang einer entsprechenden Absichtserklärung des ArbGeb, kann dieser das Recht aufgeben, wobei er sich ein Nutzungsrecht vorbehalten kann (§ 16 ArbNErfG).

18 (2) Schutzrechtsanmeldung im Ausland. Der ArbGeb ist zur einer Schutzrechtsanmeldung im Ausland berechtigt, aber nicht verpflichtet (§ 14 Abs 1 ArbNErfG). Ist ein Rechtserwerb im Ausland nicht beabsichtigt, hat der ArbGeb dem ArbN die Diensterfindung insoweit freizugeben und ihm auf sein Verlangen der Erwerb von Auslandsschutzrechten zu ermöglichen. Die Freigabe soll so rechtzeitig vorgenommen werden, dass der ArbN die Prioritätsfristen der zwischenstaatlichen Verträge auf dem Gebiet des gewerblichen Rechtsschutzes ausnutzen kann (§ 14 Abs 2 ArbNErfG). Wegen der wirtschaftlichen Bedeutung einer Auslandsfreigabe muss der ArbGeb für eine sichere Übermittlung seiner Erklärung an den ArbN sorgen (BGH 31.1.78 – X ZR 55/75, DB 78, 2361). Mit der Freigabe kann sich der ArbGeb ein nicht ausschließliches Recht zur Benutzung der Diensterfindung in den betreffenden ausländischen Staaten gegen angemessene Vergütung vorbehalten (§ 12 Abs 3 ArbNErfG).

Das sog **EU-Einheitspatent** kann noch nicht beantragt werden, da gegen die deutschen Ratifizierungsgesetze am 31.3.17 Verfassungsbeschwerden beim BVerfG eingereicht und die Gesetze daraufhin nicht ausgefertigt wurden.

19 (3) Weitere Pflichten. Mit der Anmeldung der Diensterfindung zur Erteilung eines Schutzrechts hat der ArbGeb dem ArbN Abschriften der Anmeldeunterlagen zu geben, über den Fortgang des Verfahrens zu unterrichten und auf Verlangen Einsicht in den Schrift-

wechsel zu geben. Gegenläufig ist der ArbN verpflichtet, den ArbGeb beim Erwerb von Schutzrechten zu unterstützen und die erforderlichen Erklärungen abzugeben (§ 12 ArbNErfG). Beide Vertragsparteien sowie Dritte, die auf Grund des ArbNErfG von einer Erfindung Kenntnis erlangt haben, unterliegen einer speziellen **Geheimhaltungspflicht** (§ 24 ArbNErfG).

**e) Vergütungsanspruch. aa) Entstehung.** Mit der Inanspruchnahme der Erfindung 20
entsteht der Anspruch des ArbN auf angemessene Vergütung. Die Entstehung ist unabhängig von der tatsächlichen Nutzung und der Schutzrechtsanmeldung. Ein Vergütungsanspruch kommt auch in Betracht, wenn sich bei der tatsächlichen Verwertung herausstellt, dass ein Element wirtschaftliche Bedeutung erlangt, das auf Grund des Beitrags einer weiteren Person der Patentanmeldung hinzugefügt worden ist und nicht bereits Gegenstand der Erfindermeldung war (BGH 22.11.11 – X ZR 35/09, NZA-RR 12, 266). Eine etwaige Nutzung der Erfindung vor Inanspruchnahme ist vom ArbN wegen der für den ArbGeb kostenaufwändigen Schutzrechtsanmeldung entschädigungslos hinzunehmen.

**bb) Fälligkeit.** Die Fälligkeit des Vergütungsanspruchs ist wegen der oft tatsächlichen Schwierigkeiten bei der Durchsetzung gewerblicher Schutzrechte hinausgeschoben: Art und Höhe sollen von den Arbeitsvertragsparteien innerhalb angemessener Frist nach der Inanspruchnahme vereinbart werden (§ 12 Abs 1 ArbNErfG). Kommt es zu keiner Einigung, hat der ArbGeb die Vergütung durch begründete Erklärung in Textform festzusetzen und in entsprechender Höhe zu leisten (§ 12 Abs 3 ArbNErfG). Die Festsetzung hat spätestens bis zum Ablauf von drei Monaten nach Erteilung des Schutzrechts zu erfolgen. Sie wird für beide Teile verbindlich, wenn der ArbN ihr nicht innerhalb von zwei Monaten nach ihrem Zugang in Textform widerspricht (§ 12 Abs 4 ArbNErfG). Sind mehrere ArbN an der Erfindung beteiligt, so wird die Festsetzung bereits dann nicht verbindlich, wenn einer von ihnen widerspricht (§ 12 Abs 5 ArbNErfG). Verändern sich die für die Bemessung der Vergütung maßgeblichen Umstände, können ArbGeb und ArbN eine neue Vereinbarung verlangen (§ 12 Abs 6 ArbNErfG).

**cc) Höhe und Dauer.** Für die **Höhe der Vergütung** gibt § 9 Abs 2 ArbNErfG 21
Rahmenbedingungen vor: Wirtschaftliche Verwertbarkeit der Erfindung, Aufgaben und Stellung des ArbN im Betrieb, Anteil des Betriebs am Zustandekommen. Einzelheiten ergeben sich aus den gem § 11 ArbNErfG vom BMAS erlassenen Vergütungsrichtlinien für den privaten und öffentlichen Dienst. IdR bemisst sie sich im Wege der **Lizenzanalogie,** also danach, was ein freier Erfinder durch die Verwertung seiner Erfindung erhalten würde (vgl ausführlich zu Sinn und Zweck der Lizenzanalogie BGH 6.3.12 – X ZR 104/09, GRUR 12, 605). Das gilt auch, wenn sich zB bei einem weitverzweigten international operierenden Konzern die für die Bemessung der Vergütung maßgebenden Parameter nur schwer ermitteln lassen (BGH 17.11.09 – X ZR 137/07 [„Türinnenverstärkung"], GRUR 10, 223) oder bei einer „Übertragung" der Erfindung auf ein anderes Konzernunternehmen gegen Zahlung eines „Abgabepreises". Auch hier gilt grds die Methode der Lizenzanalogie (OLG Frankfurt 7.12.17 – 6 U 204/16, BeckRS 2017, 138234). Die **Dauer des Vergütungsanspruchs** bemisst sich regelmäßig nach der Dauer des Schutzrechts. Die Vergütungsvereinbarung ist nach allgemeinem Recht anfechtbar. Eine Täuschungsanfechtung kommt in Betracht, wenn es der ArbN bei der Meldung der Erfindung unterlassen hat, den ArbGeb über die Mitwirkung anderer ArbN an der Erfindung zu unterrichten (BGH 18.3.03 – X ZR 19/01, GRUR 03, 702). Bestreitet der ArbGeb im Prozess die Alleinerfinderschaft des ArbN, muss er zur Substantiierung zumindest Namen und Beiträge angeblicher Miterfinder nennen (OLG Karlsruhe 13.4.18 – 6 U 161/16, BeckRS 2018, 17899).

**dd) Auskunft und Rechnungslegung.** Steht fest, dass ein Anspruch auf Erfinderver- 22
gütung in Betracht kommt, hat der ArbGeb dem ArbN im Rahmen des Zumutbaren die Angaben zu machen, nach denen der ArbNErfinder ermitteln kann, ob und ggf in welchem Umfang er tatsächlich Zahlung verlangen kann (hierzu *Jesgarzewski* BB 11, 2933). Die Auskunft ist nicht bereits deshalb unzumutbar, weil der (ausgeschiedene) ArbN nunmehr konkurrierend tätig ist. Unzumutbar ist eine mit der Auskunft verbundene Preisgabe von Geschäfts- oder Betriebsgeheimnissen erst, wenn sie erkennbar zu Wettbewerbszwecken missbraucht werden soll (LG Düsseldorf 12.7.11 – 4a O 52/1, BeckRS 2011, 18593). Der Umfang des Auskunftsanspruchs ist sorgfältig zu prüfen. Geschuldet werden grds alle

Informationen, die der ArbN zur Bezifferung seines Vergütungsanspruchs benötigt (ständige Rspr vgl BGH 16.4.02 – X ZR 127/99, NZA-RR 02, 594; 29.4.03 – X ZR 156/01, NJW-RR 03, 1710). Dazu gehören bei Anwendung der Lizenzanalogie nach neuer Rspr des BGH idR nicht der **Gewinn** oder gewinnbezogene Daten wie zB Entstehungs- und Vertriebskosten (BGH 17.11.09.– XZR 137/07 [„Türinnenverstärkung"], GRUR 10, 223; dazu ausführlich *Volz* GRUR 10, 865 und *Jesgarzewski* BB 11, 2933).

23 **ee) Fristen für die Geltendmachung.** Der Anspruch auf Festsetzung der noch nicht konkretisierten Vergütung verjährt ebenso wie konkretisierte Vergütungsansprüche nach § 195 BGB in 3 Jahren. Tarifvertragliche Ausschlussfristen gelten idR für Erfindungsvergütungsansprüche nicht (BAG 21.6.79 – 3 AZR 855/78, DB 79, 2187). Anderes gilt für Prämien, die für einen betrieblichen Verbesserungsvorschlag zu zahlen sind (LAG RhPf 22.9.04 – 10 Sa 126/04, AR-Blattei ES 1760 Nr 9). Die Verwirkung von Vergütungsansprüchen bemisst sich nach allgemeinen Grundsätzen (BGH 10.9.02 – X ZR 199/01, NZA-RR 03, 253).

24 **f) Bereicherungsrechtlicher Herausgabeanspruch.** Bereicherungsrechtliche Ansprüche des ArbNErfinders kommen in Betracht, wenn der ArbGeb die gemeldete Diensterfindung zum Patent anmeldet und/oder hierüber ein Patent erwirbt und sich später herausstellt, dass sie nicht schutzrechtsfähig ist (Eingriffskondiktion nach § 812 Abs 1 Satz 1 Alt 2 BGB). Das Patentrecht weist dem Erfinder das **Recht an der Erfindung** (Vorzugsstellung) unabhängig von der Schutzrechtsfähigkeit zu (§ 6 PatG). In diese einem absoluten Recht vergleichbare Position greift der ArbGeb (rechtmäßig) ein. Verschuldensunabhängig hat er dem ArbN das Erlangte herauszugeben (zB vereinnahmte Lizenzgebühren) und bei eigener tatsächlicher Nutzung Wertersatz (§ 818 Abs 3 BGB) zu leisten (BGH 18.5.10 – X ZR 79/07 [„Steuervorrichtung"], GRUR 10, 817 zust *Schweyer* GRUR-Praxis 10, 344).

25 **4. Freie Erfindung.** Freie Erfindungen sind unverzüglich in Textform mitzuteilen, wobei über die Erfindung und, wenn dies erforderlich ist, auch über die Entstehung so viel mitzuteilen ist, dass der ArbGeb beurteilen kann, ob es sich tatsächlich um eine freie Erfindung handelt (§ 18 Abs 1 ArbNErfG). Bestreitet der ArbGeb nicht innerhalb von drei Monaten nach Zugang der Mitteilung, dass die ihm mitgeteilte Erfindung frei sei, kann er die Erfindung nicht mehr als Diensterfindung in Anspruch nehmen (§ 18 Abs 2 ArbNErfG). Eine Verpflichtung zur Mitteilung freier Erfindungen besteht von vornherein nicht, wenn die Erfindung offensichtlich im Arbeitsbereich des Betriebes des ArbGeb nicht verwendbar ist (§ 8 Abs 3 ArbNErfG). Vor **anderweitiger Verwertung** einer freien Erfindung muss der ArbN während der Dauer des Arbeitsverhältnisses dem ArbGeb mindestens ein nicht ausschließliches Recht zur Benutzung zu angemessenen Bedingungen anbieten (§ 19 Abs 1 ArbNErfG). Das Vorrecht erlischt, wenn der ArbGeb das Angebot nicht innerhalb von drei Monaten annimmt (§ 19 Abs 2 ArbNErfG). Beabsichtigt der ArbGeb den Rechtserwerb, hält er jedoch die vom ArbN angebotenen Bedingungen nicht für angemessen, wird die Höhe der Vergütung durch das Gericht festgesetzt (§ 19 Abs 3 ArbNErfG). **Freigewordene Erfindungen** (§§ 8, 16 ArbNErfG) braucht der ArbN weder gesondert mitzuteilen noch anzubieten.

26 **5. Sonstiges.** Das ArbNErfG hat als Schutzgesetz des ArbN weitgehend einseitig **zwingenden Charakter.** Zulässig sind für den ArbN günstigere Regelungen sowie Vereinbarungen nach ihrer Meldung iSv § 5 oder ihrer Mitteilung iSv § 18 (§ 22 ArbNErfG; *Gärtner/Simon* BB 11, 1909). Derartige Absprachen sind unwirksam, wenn sie im erheblichen Maß unbillig sind. Die Unbilligkeit ist spätestens bis zum Ablauf von sechs Monaten nach Beendigung des Arbeitsverhältnisses geltend zu machen (§ 23). § 22 ArbNErfG steht auch der Vereinbarung von Vergütungsregelungen in Arbeitsverträgen etwa zur Einführung sog Incentive-Systeme für ArbNErfindungen entgegen (vgl hierzu *Hohagen/Burghart* ArbRAktuell 14, 429). Die Vergütung für eine Diensterfindung (§ 4 Abs 2 ArbNErfG) unterliegt als Arbeitseinkommen den **Pfändungsbeschränkungen** nach § 850 ZPO. Kein Arbeitseinkommen sind dagegen die Einkünfte aus der Verwertung einer freien Erfindung (BAG 30.7.08 – 10 AZR 459/07, NJW 09, 167). Im Fall der Insolvenz gilt § 27 ArbNErfG (dazu *Paul* ZInsO 09, 1839; *Oster* GRUR 12, 467). Noch ungeklärt ist, was im Falle eines Betriebsübergangs nach § 613a BGB gilt (hierzu *Schwab* NZA-RR 14, 281). Schuldhafte Verletzung der sich aus dem ArbNErfG ergebenden Pflichten begründen **Schadensersatz-**

**ansprüche** nach allgemeinem Recht (vgl schon BGH 21.10.80 – X ZR 56/78, NJW 81, 345).

**6. Prozessuales. a) Rechtsweg.** Für Rechtsstreitigkeiten über Erfindungen sind die für Patentsachen zuständigen LG ausschließlich zuständig (§ 39 ArbNErfG, § 143 PatentG). Das sind alle Rechtsstreitigkeiten, die mit der freien oder gebundenen Erfindung verknüpft sind. Erfasst werden auch Streitigkeiten über die Patentfähigkeit der technischen Neuerung (BAG 9.7.97 – 9 AZB 14/97, NZA 97, 1181) oder über Schadensersatzansprüche des ArbN wegen unterlassener Patentanmeldung oder deren Weiterverfolgung (LAG Hess 2.8.10 – 7 Ta 203/10, BeckRS 2010, 73270). Das ArbG ist nach § 39 Abs 2 ArbNErfG zuständig, wenn es um Ansprüche auf Leistung einer bereits festgestellten oder festgesetzten Vergütung geht (BAG 31.5.16 – 9 AZB 3/16, NZA-RR 16, 548). Die Zuständigkeit bleibt auch nach Beendigung des Arbeitsverhältnisses bestehen. Eine Feststellungsvereinbarung nach § 12 ArbnErfG muss die für beide Parteien verbindliche Konkretisierung des Vergütungsanspruchs enthalten, dh alle für die Bestimmung der Vergütung relevanten Berechnungsfaktoren müssen vereinbart sein. Die Zuständigkeit ist auch dann gegeben, wenn erst eine Auslegung der Vereinbarung, ggf auch unter Beantwortung patentrechtlicher Fragen, notwendig ist (BAG 31.5.16 – 9 AZB 3/16, NZA-RR 16, 548). Vorgeschaltet ist regelmäßig das Verfahren vor der Schiedsstelle, die beim Patentamt in München und der Außenstelle in Berlin gebildet ist. Die Schiedsstelle soll eine gütliche Einigung der Parteien versuchen. Zur Besetzung der Schiedsstelle s § 30 ArbNErfG, zum Verfahren § 31 ArbNErfG. Die Anrufung der Schiedsstelle hemmt die Verjährung für den Vergütungsanspruch des ArbN nach § 204 Abs 1 Nr 4 BGB analog (BGH 26.11.13 – X ZR 3/13, GRUR 14, 357). 27

**b) Darlegungs- und Beweislast** für alle tatsächlichen Voraussetzungen einer Diensterfindung liegen beim ArbGeb. Beweiserleichternd können die Grundsätze des Anscheinsbeweises eingreifen, zB der ArbN meldet unmittelbar nach Beendigung des Arbeitsverhältnisses eine Erfindung an oder eine Erfindung wird von ihm bekannt (BGH 10.11.70 – X ZR 54/67, BB 71, 11). Für das Vorliegen einer **Erfahrungserfindung** spricht eine tatsächliche Vermutung, wenn die Erfindung den betrieblichen Tätigkeitsbereich des ArbN in starkem Maß berührt. Er kann die Vermutung nur widerlegen, wenn er darlegt, durch welche außerbetrieblichen Umstände er mit dem Gegenstand der Erfindung konfrontiert worden ist und weshalb die Problemlösung hierauf zurückzuführen ist (OLG Frankfurt 22.1.09 – 6 U 151/06, GRUR 09, 291). Eine **Schätzung der Höhe** der Erfindervergütung kommt nach § 287 Abs 2 ZPO in Betracht (OLG München 31.1.08 – 6 U 2464/97, GRUR-RR 08, 332). 28

**7. Betriebsverfassungsrecht.** Mitbestimmungsrechte des BRat bestehen im Recht der ArbNErfindung nicht. § 87 Abs 1 Nr 12 BetrVG erfasst lediglich das betriebliche Vorschlagswesen (→ *Verbesserungsvorschläge* Rn 6–9). Dem BRat verbleiben die allgemeinen Informations- und Kontrollrechte. Er kann die Bestellung eines **Erfinderberaters** beantragen (§ 80 Abs 1 Nr 2 BetrVG). 29

**8. Muster.** S Online-Musterformulare *„M25 Erfindungen und qualifizierte technische Verbesserungsvorschläge"*. 30

**B. Lohnsteuerrecht** *Seidel*

Vom ArbGeb dem ArbN gezahlte Erfindervergütungen unterliegen der LSt gem § 39b Abs 3 EStG (→ *Sonstige Bezüge* Rn 2 ff). Die Vergütung nach § 9 Abs 1 ArbNErfG (→ Rn 19) stellt keine Vergütung für eine mehrjährige Tätigkeit iSd § 34 Abs 2 Nr 4 EStG (§ 34 Abs 3 EStG aF) dar, wenn sie nach dem Lizenzanalogieverfahren (→ Rn 21) bemessen wird (BFH 26.1.05 – VI R 43/00, DStRE 05, 572; BFH/NV 05, 888 mit Anm *MIT*; so auch FG Münster 27.4.13 12 K 1625/12E, EFG 13, 1222; → *Verbesserungsvorschläge* Rn 12). Auch soweit eine Vergütung nach § 9 ArbEG nach Ausscheiden aus dem Dienstverhältnis gezahlt wird, handelt es sich um einen aus einem früheren Arbeitsverhältnis herrührenden Arbeitslohn (BFH 21.10.09 – I R 70/08, DStRE 10, 139). 31

Wird die ArbNErfindung mit einem **Einmalbetrag** abgefunden und geschieht dies aus ArbNSicht unfreiwillig, dh unter einem nicht unerheblichen tatsächlichen, wirtschaftlichen oder rechtlichen Druck, so kommt eine Steuerermäßigung nach § 34 Abs 1 und Abs 2 Nr 2 iVm § 24 Nr 1a EStG als Entschädigung in Betracht (→ *Außerordentliche Einkünfte* Rn 5 ff, 85; BFH 29.2.12 – IX R 28/11, BStBl II 12, 569; FG München 10.12.02 – 2 K 4442/01, EFG 03, 544 rkr). Im LStAbzugsverfahren ist die LSt insoweit gem § 39b Abs 3 Satz 9 EStG im Fünftelungsverfahren einzubehalten (→ *Sonstige Bezüge* Rn 10 und → *Verbesserungsvorschläge* Rn 12). Zur Einräumung von Nutzungsrechten durch den ArbN → *Urheberrecht* Rn 12. Zu den steuerrechtlichen Folgen einer gelegentlichen Erfindung durch einen Einzelerfinder (steuerbar?) s *List* DB 06, 1291 mwN. Zur Behandlung einer nach Beendigung des Arbeitsverhältnisses ausgezahlten Erfindervergütung bei Eingreifen des DBA-USA s BMF 25.6.12, BStBl I 12, 692).

## C. Sozialversicherungsrecht *Schlegel*

32 **1. Einkünfte aus Arbeitnehmererfindungen als beitragspflichtiges Arbeitsentgelt.** Nimmt der ArbGeb eine Erfindung (Diensterfindung) seines ArbN in Anspruch, führt dies zum Übergang der vermögenswerten Rechte des ArbN an der Erfindung auf den ArbGeb. Damit wird dem ArbN-Erfinder die Befugnis zur freien Verfügung und Verwertung entzogen. An die Stelle der übergegangenen Rechte an der Erfindung tritt der Anspruch auf angemessene Vergütung, der kraft Gesetzes entsteht (zur Angemessenheit des Vergütungsanspruchs vgl BVerfG 24.4.98 – 1 BvR 587/88, NJW 88, 3704). Diese Einkünfte aus ArbNErfindungen werden regelmäßig zusätzlich zum Arbeitsentgelt gezahlt. Dies wirft die Frage auf, ob es sich bei diesen Einnahmen um zur Versicherungs- und Beitragspflicht führendes Arbeitsentgelt iSv § 14 SGB IV oder um Einkünfte aus selbstständiger Tätigkeit (§ 15 SGB IV), handelt bei der der ArbN ggf die gesamte Beitragslast selbst zu tragen hat.

33 **a) Einheitliches Beschäftigungsverhältnis.** Das BSG qualifiziert Einkünfte aus ArbNErfindungen wie solche für Verbesserungsvorschläge (→ *Verbesserungsvorschläge* Rn 13 ff) als Arbeitsentgelt iSv § 14 SGB IV, sofern diese „im Zusammenhang" mit der (Haupt-) Beschäftigung iSe sog einheitlichen Beschäftigungsverhältnisses erzielt werden. Ein solches liegt vor, wenn eine selbstständige Tätigkeit mit einer abhängigen Beschäftigung derart verbunden ist, dass sie nur aufgrund der abhängigen Beschäftigung ausgeübt werden kann und insgesamt wie ein Teil der abhängigen Beschäftigung erscheint. Wann dies der Fall ist, lässt sich nicht abstrakt für alle selbstständigen Tätigkeiten bestimmen, sondern ist Wertungsfrage des jeweiligen Einzelfalles (BSG 26.3.98 – B 12 KR 17/97 R, SozR 3–2400 § 14 Nr 15, *Schlegel/Voelzke* SGB IV, § 24 Rn 80).

Die Tätigkeit bei ArbNErfindungen oder Verbesserungsvorschlägen braucht nach Ansicht des BSG nicht weitergehend mit der abhängigen Beschäftigung verbunden sein, etwa der Art, dass sie in diese zeitlich, örtlich, organisatorisch und inhaltlich eingebunden ist, um ein einheitliches Beschäftigungsverhältnis anzunehmen. Die aus der Beschäftigung im Betrieb gewonnene Kenntnis für die Erfindung und der Nutzen des Betriebes aus ihr sind hinreichend, um die (selbstständige) Tätigkeit des Erfindens und das abhängige Beschäftigungsverhältnis insgesamt als einheitliches Beschäftigungsverhältnis zu werten (BSG 26.3.98 – B 12 KR 17/97 R, SozR 3–2400 § 14 Nr 15).

34 **b) Beitragspflichtige Einnahme.** Seit 1.1.88 sind die Prämien, soweit sie Arbeitsentgelt darstellen, in vollem Umfang beitragspflichtig. Die steuerliche Vergünstigung für Erfindereinkünfte ist wie diejenige für Prämien bei Verbesserungsvorschlägen mW ab 1.1.89 entfallen.

35 **c) Einmalig gezahltes Arbeitsentgelt** liegt dann vor, wenn der ArbGeb bei bestehendem Beschäftigungsverhältnis die Erfindung nicht durch eine regelmäßige wiederkehrende Zahlung, sondern durch Gewähren einer Gesamtentschädigung abgilt; dh in diesem Fall ist die Erfindervergütung beitragsrechtlich bis zur anteiligen Beitragsbemessungsgrenze zu berücksichtigen; andererseits findet die Vergütung bei der Bemessung von Lohnersatzleistungen keine Berücksichtigung.

36 **2. Arbeitnehmererfindung als Arbeitseinkommen im Sinne von § 15 SGB IV.** Arbeitseinkommen iSd § 15 SGB IV liegt dagegen vor, wenn der ArbN die Erfindung als freie Erfindung außerhalb des Unternehmens, in dem er arbeitet, verwertet und hierfür von Dritten, die nicht sein ArbGeb sind, Einnahmen erzielt.

**3. Beitragssätze und Beitragsbemessungsgrenze** sind den allgemeinen Regeln zu entnehmen; anders als im Steuerrecht gelten für ArbNEinkünfte keine besonderen Beitragssätze, und zwar unabhängig davon, ob die Erfindereinkünfte im konkreten Einzelfall Arbeitsentgelt oder Arbeitseinkommen darstellen. 37

# Arbeitnehmerhaftung

## A. Arbeitsrecht

*Griese*

### Übersicht



**1. Begriff.** Die ArbNHaftung betrifft die Pflichtverletzungen von ArbN im Rahmen der arbeitsvertraglichen Tätigkeit. Sie ist gekennzeichnet durch zwei wesentliche Abweichungen gegenüber der üblichen zivilrechtlichen Haftung: Zum einen wird der ArbN bei Personenschäden, die er zu Lasten anderer ArbN des Betriebes oder des ArbGeb verschuldet hat, von der Haftung weitgehend befreit; die Haftung wird auf die gesetzliche Unfallversicherung verlagert. Zum anderen wird die Haftung für Sach- und Vermögensschäden durch Rechtsfortbildung der höchstrichterlichen Rspr gemildert. 1

**2. Haftungsverlagerung von Personenschäden der Betriebsangehörigen auf die gesetzliche Unfallversicherung. a) Grundgedanke der gesetzlichen Regelung des § 105 SGB VII.** Wenn betriebsangehörige ArbN oder der ArbGeb einen Personenschaden durch eine Pflichtverletzung des ArbN erleiden, wird die Haftung gem § 105 SGB VII auf die gesetzliche UV verlagert und der schädigende ArbN von der unmittelbaren Haftung freigestellt. Maßgebend für diese gesetzliche Haftungsverlagerung ist, dass der Geschädigte gerade bei schweren Personenschäden einen sicheren und solventen Haftungsschuldner hat, der ggf. auch lebenslang bleibende Schäden durch Rentenzahlungen ausgleichen kann. Des Weiteren soll mit der Haftungsverlagerung der Betriebsfrieden gesichert und verhindert werden, dass Schadensersatzprozesse zwischen den ArbN geführt werden. 2

**b) Voraussetzungen des Haftungsausschlusses.** Der – vollständige – Haftungsausschluss tritt dann ein, wenn ein Arbeitskollege oder der ArbGeb bei betrieblicher Tätigkeit aufgrund eines Arbeitsunfalls (§ 8 SGB VII) geschädigt wird, den der ArbN nicht vorsätzlich verursacht hat und der auch nicht auf dem nach § 8 Abs 2 Nr 1–4 SGB VII versicherten Weg eingetreten ist. 3

4 **aa) Versicherte ArbN desselben Betriebs oder ArbGeb als Geschädigte.** Die Haftungsfreistellung setzt voraus, dass ArbN desselben Betriebes oder der ArbGeb geschädigt worden sind. Dabei wird ein sehr weiter Betriebsbegriff zugrunde gelegt. Der Unfallverursacher und der geschädigte ArbN müssen nicht in demselben Betrieb tätig geworden sein. Entscheidend wird auf die Eingliederung in eine gemeinsame betriebliche Tätigkeit abgestellt; es reicht die Tätigkeit „wie ein Beschäftigter", wie aus § 2 Abs 2 SGB VII hervorgeht (BAG 19.2.09 – 8 AZR 188/08, NZA-RR 10, 123; ErfK/*Preis* § 105 SGB VII Rn 2). Unter „Betrieb" ist hier die rechtliche Einheit, die Mitglied der UV ist, zu verstehen (*Preis* RdA 2000, 274).

Es reicht die auch kurzfristige Tätigkeit für den Betrieb, so dass die spontane Hilfeleistung einer betriebsfremden Person zur Eingliederung und damit zum Haftungsausschluss führen kann (BAG 28.2.91 – 8 AZR 521/89, BB 91, 1193). Die – wenn auch kurzfristige – Eingliederung einer betriebsfremden Person muss darin zum Ausdruck kommen, dass diese wenigstens kurzzeitig wie ein ArbN für den Betrieb tätig wird. Dies ist auch beim Einsatz eines Leiharbeitnehmer im Entleiherbetrieb gegeben (BGH 18.11.14 – VI ZR 47/13, NZA 15, 689).

5 Andererseits ist es nicht ausreichend, wenn die betriebsfremde Person lediglich in Arbeitsvorgänge eingeschaltet oder mit ihnen in Berührung gekommen ist (BGH 10.5.83 – IV a ZR 74/81, NJW 83, 2883: Kunde einer Kfz-Reparaturwerkstatt, der bei der Reparatur behilflich ist, indem er den Motor seines Kfz startet). Zur betrieblichen Tätigkeit gehört der Weg zwischen Arbeitsplatz und Werkstor (BAG 14.12.2000 – 8 AZR 92/00, NZA 01, 549).

Aufgrund der Regelung in § 105 Abs 2 SGB VII kommt der Haftungsausschluss dem ArbN auch zugute, wenn er einen Personenschaden des ArbGeb verschuldet hat, unabhängig davon, ob der ArbGeb in der gesetzlichen UV versichert ist (*Waltermann* NJW 97, 3403). Der Haftungsausschluss nach § 105 SGB VII findet nach § 106 Abs 3 SGB VII ebenfalls Anwendung, wenn der ArbN betriebsfremde ArbN oder ArbGeb auf einer vorübergehend gemeinsamen Betriebsstätte (zB Baustelle mit mehreren Unternehmen) schädigt (vgl BGH 3.7.01 – VI ZR 284/00, NZA 01, 1143; BAG 12.12.02 – 8 AZR 94/02, NZA 03, 968). Die Haftungsprivilegierung gilt ebenso gegenüber freiwillig oder kraft Satzung versicherten Unternehmern (BGH 17.6.08 – VI ZR 257/06, NZV 08, 504). Die Haftungsfreistellung kann auch bei aus dem Ausland entsandten Arbeitnehmern in Betracht kommen (BGH 7.11.06 – VI ZR 211/05, NJW 07, 1754).

6 **bb) Schaden bei betrieblicher Tätigkeit.** Voraussetzung für den Haftungsausschluss ist eine betriebliche Tätigkeit, so dass privat-persönliche Streitigkeiten, zB Schlägerei am Arbeitsplatz aus privatem Anlass nicht unter den Haftungsausschluss fallen (BAG 19.3.15 – 8 AZR 67/14 BB 15, 2041 – schwere Verletzung eines *ArbN* durch Werfen mit einem ca. 10 kg schweren Wuchtgewicht für Autoreifen; s dazu ferner Fischer, jurisPR-ArbR 2/2014 Anm 2 zu LAG Hessen 20.8.13 – 13 Sa 269/13, BB 13,2584).

**cc) Kein Vorsatz.** Der Haftungsausschluss entfällt nach § 105 Abs 1 Satz 1 SGB VII, wenn Vorsatz vorliegt. Dies setzt Vorsatz bzgl Verletzungshandlung und Verletzungserfolg voraus (BAG 10.10.02 – 8 AZR 103/02, NZA 03, 436). Bedingter Vorsatz ist ausreichend und liegt in Bezug auf den Verletzungserfolg bereits vor, wenn der Schädiger sein Vorhaben trotz starker Gefährdung der betroffenen ArbN durchführt, ohne auf einen glücklichen Ausgang vertrauen zu können, und es dem Zufall überlässt, ob sich die von ihm erkannte Gefahr verwirklicht oder nicht (BAG 20.6.13 – 8 AZR 471/12, DB 2013, 2216).

7 **dd) Kein Schaden auf dem versicherten Weg.** Nach § 105 Abs 1 Satz 1 SGB VII greift der Haftungsausschluss nicht ein, wenn die Schädigung auf einem nach § 8 Abs 2 Nr 1 bis 4 SGB VII versicherten Weg herbeigeführt worden ist. Zu den versicherten wegen gehören ua alle mit der versicherten Tätigkeit zusammenhängenden Wege nach und von dem Ort der Tätigkeit, die mit anderen Berufstätigen gemeinsame Fahrzeugnutzung sowie die Fahrten von und zu einer berufsbedingten auswärtigen Unterkunft zur Familienwohnstätte. Sinn dieser seit dem 1.1.1997 durch das UVEG eingeführten Neuregelung war es, in diesen Fällen auf den Haftungsausschluss zu verzichten, da das Haftungsrisiko für den ArbN jeweils durch die Kfz-Haftpflichtversicherung abgedeckt ist. Die nach altem Recht (§ 637 RVO) notwendige Unterscheidung zwischen allgemeinem

Verkehr und Werkverkehr sollte auf diese Weise gegenstandslos werden (*Krasney* NZS 04,7; *Rolfs* NJW 96, 3180). Die Rspr hat diese gewollte Abänderung der vorherigen Rechtslage aber nicht nachvollzogen, sondern eine neue, im Gesetz nicht vorgesehene Differenzierung zwischen versichertem Weg und Betriebsweg eingeführt und den Betriebsweg nicht als versicherten Weg iSd § 8 Abs 1 SGB VII interpretiert, obwohl der sog Betriebsweg natürlich in der gesetzlichen UV versichert ist (so BAG 30.10.03 – 8 AZR 548/02, ArbuR 03, 466; zur grundlegenden Kritik daran s *Griese* in FS Küttner, S 165 ff; *Hollo* in Schlegel/Voelzke, jurisPK-SGB VII, 2. Aufl § 104 SGB VII Rn 35; s eingehend → *Arbeitgeberhaftung* Rn 8). Zum Betriebsweg soll zB die Fahrt zur auswärtigen Baustelle gehören, so dass insoweit das Haftungsprivileg zur Anwendung kommen soll (BGH 9.3.04 – VI ZR 439/02, NZA 04, 1165; s ferner BGH 25.10.05 – VI ZR 334/04, DB 06, 168), obwohl auch dieser Weg ein in der UV versicherter Weg ist und die Kfz-Versicherung Haftungsrisiko und Schaden abdeckt.

**c) Rechtsfolgen des Haftungsausschlusses. aa) Schadensersatz durch die BG als** 8
**Trägerin der gesetzlichen UV.** Liegen die Voraussetzungen des § 105 SGB VII vor, ist der ArbN gegenüber dem geschädigten Arbeitskollegen von der Haftung für den Personenschaden frei. Dafür haben die Geschädigten bzw deren Hinterbliebene Anspruch auf die Leistungen der gesetzlichen Unfallversicherung, insbesondere auf Heilbehandlungskosten und ggf Rentenzahlungen.

**bb) Kein Anspruch auf Schmerzensgeld.** Rechtsfolge des Haftungsauschlusses ist, dass die Geschädigten keinerlei Ansprüche auf Schmerzensgeld haben. Vom Schädiger kann wegen des Haftungsausschlusses kein Schmerzensgeld verlangt werden, von der gesetzlichen UV ebenfalls nicht, weil Schmerzensgeld nicht in den gesetzlichen Leistungskatalog der gesetzlichen UV aufgenommen worden ist. Das Ergebnis ist nicht haltbar und bedarf der Korrektur (zur Kritik im einzelnen mwN → *Arbeitgeberhaftung* Rn 7 f)

**cc) Regressanspruch der BG gegen den Schädiger bei mindestens grober Fahr-** 9
**lässigkeit.** Die UV ihrerseits kann gegen den schadensverursachenden ArbN nach § 110 SGB VII Regress nehmen, wenn das zur Schädigung des Arbeitskollegen führende Verhalten des ArbN mindestens grob fahrlässig war, hat hierbei jedoch auf die wirtschaftlichen Verhältnisse des ArbN Rücksicht zu nehmen (§ 110 Abs 2 SGB VII; *Deinert* RdA 13, 146). Ein direkter Anspruchsübergang des Schadensersatzanspruchs gegen den ArbN auf die gesetzliche UV ist gem §§ 105 Abs 1 Satz 3 iVm 104 Abs 1 Satz 2 SGB IV ausgeschlossen.

**3. Haftungsmilderungen bei Sach- und Vermögensschäden. a) Gesetzliche Aus-** 10
**gangslage.** Von der gesetzlichen Ausgangslage her gelten für die Haftung des ArbN die zivilrechtlichen Regelungen des BGB. Danach würde der ArbN gem § 280 BGB schon bei leichter Fahrlässigkeit unbeschränkt haften, wenn er eine Pflicht aus dem Arbeitsverhältnis verletzt und hierdurch einen Schaden des ArbGeb verursacht. In ähnlicher Weise würde sich aus § 823 BGB eine Schadensersatzpflicht des ArbN ergeben, wenn der ArbN vorsätzlich oder fahrlässig absolute Rechte des ArbGeb oder von Dritten (insbes Gesundheit und Eigentum, aber ggf auch allgemeines Persönlichkeitsrecht zB durch *Mobbing*, s dort u BAG 25.10.07 – 8 AZR 593/06, DB 08, 529; zur Haftung von ArbN für Unternehmensgeldbußen s Bayreuther NZA 15, 1239) widerrechtlich verletzt. Dabei bedeutet Fahrlässigkeit jede Art von Fahrlässigkeit, so dass der ArbN auch für leichteste Fahrlässigkeit haften würde.

**b) Gründe für eine Haftungsmilderung.** Die daraus resultierende strenge Haftung 11
wird allgemein mit Recht als zu streng empfunden, so dass die Rspr frühzeitig Haftungserleichterungen entwickelt hat (eingehend *Otto/Schwarze/Krause*, Die Haftung des Arbeitnehmers, 4. Aufl 2014). Dies ist gerechtfertigt, weil und soweit es die Eigenart der vom ArbN zu leistenden Dienstes mit großer Wahrscheinlichkeit mit sich bringt, dass auch dem sorgfältigen ArbN Fehler unterlaufen, die zwar für sich genommen fahrlässig sind, mit denen aber aufgrund der menschlichen Unzulänglichkeit gerechnet werden muss. Neben diesem Gesichtspunkt der Gefahrträchtigkeit spricht für die Begrenzung der ArbNHaftung das durch den ArbGeb geschaffene betriebliche Risikopotenzial. Die Risikofaktoren legt der ArbGeb durch sein Weisungsrecht fest (teure Maschinen, Arbeitstempo, Organisation der Arbeit). Der ArbN hat keine Möglichkeit, dem auszuweichen oder sich dagegen zu ver-

sichern. Es kommt hinzu, dass die volle Überwälzung des Haftungsrisikos auf den ArbN für diesen die wirtschaftliche Existenzvernichtung bedeuten kann. Angesichts der fehlenden Äquivalenz zwischen Verdienst und Haftungsrisiko hat sich daher eine allgemeine Rechtsüberzeugung dahingehend gebildet, die Haftung des ArbN abzumildern.

12 **c) Grundsätze des innerbetrieblichen Schadensausgleichs.** Durch richterliche Rechtsfortbildung sind die Voraussetzungen und Grenzen der Haftungsmilderung festgelegt worden. Eine explizite gesetzliche Grundlage besteht nach wie vor nicht. Die Rspr zur Reichweite der Haftungsmilderungen hat im Laufe der Jahrzehnte erheblich geschwankt und dadurch erhebliche Kritik auf sich gezogen. Eine klare gesetzliche Regelung wäre notwendig (dazu im Einzelnen *Griese* FS Wlotzke [1996], S 3 ff, 10 ff).

Durchgesetzt hat sich in der Rspr die Auffassung, die Haftungsmilderung bei jeder Art von Tätigkeit und nicht nur bei gefahrgeneigter Tätigkeit anzuwenden (Gemeinsamer Senats der Obersten Gerichtshöfe 16.12.93 – GmS-OBG 1/93 – BB 94, 431; BGH 21.9.93 – GmS-OBG 1/93, NZA 94, 270; Gemeinsamer Senat des BAG 27.9.94 – GS 1/89 (A, DB 94, 2237). Damit steht fest, dass Haftungsmilderungen für jede Art von Tätigkeit unabhängig von ihrer Gefahrneigung eingreifen können (*Otto* ArbuR 95, 72; *Gamillscheg* ArbuR 94, 100; ebenso BGH 11.3.96 – II ZR 230/94, NJW 96,1532 mit Anm *Krause* in ArbuR 96, 418).

13 Die Grundsätze der Haftungsmilderung gelten nicht nur für ArbN sondern auch für arbeitnehmerähnliche Personen (*Hanau* ZfA 18, 67). Sie können aber nicht angewandt werden, wenn spezialgesetzliche Regelungen für die Haftung bestehen, etwa bei Lotsentätigkeit (BGH 26.7.16 – VI ZR 322/15, NJW-RR 17, 146). Eine Haftungsmilderung kommt nur bei betrieblicher Tätigkeit in Betracht (BAG 22.3.18 – 8 AZR 779/16, NZA 18, 1216). Handelt es sich um einen Schaden des ArbGeb durch ausschließlich privat motivierte Betätigung des ArbN, zB verbotswidrige Benutzung von Firmeneigentum (Elektronische Geräte, Fahrzeuge etc) ausschließlich zu privaten Zwecken, greift keine Haftungsmilderung ein. Bei mitwirkender privater Veranlassung ergibt sich eine haftungssteigernde Wirkung (*Schwarze* NJW 18, 65).

14 Die Rspr des BAG (BAG 15.11.12 – 8 AZR 705/11, DB 13,705; BAG 15.9.16 – 8 AZR 187/15, AP BGB § 611 Haftung des Arbeitnehmers Nr 143 Rn 53–56) wendet das vierstufige Haftungsmodell an. Danach ist der innerbetriebliche Schadensausgleich wie folgt vorzunehmen:

- keine Haftung bei leichtester Fahrlässigkeit
- anteilige Haftung bei mittlerer Fahrlässigkeit
- idR volle Haftung bei grober Fahrlässigkeit
- volle Haftung bei Vorsatz.

Demgegenüber wird in der Literatur überwiegend ein dreistufiges Haftungsmodell vertreten (*Otto/Schwarze/Krause*, Die Haftung des Arbeitnehmers, 4. Aufl 2014, 580), nämlich:

- keine Haftung bei normaler Fahrlässigkeit
- idR volle Haftung bei grober Fahrlässigkeit
- volle Haftung bei Vorsatz.

15 **d) Einzelheiten der Verschuldensstufen. aa) Leichteste Fahrlässigkeit.** Sie liegt vor, wenn es sich um geringfügige und leicht entschuldbare Pflichtwidrigkeiten handelt, die jedem ArbN unterlaufen können.

**bb) Mittlere Fahrlässigkeit.** Bei der mittleren Fahrlässigkeit ist der Haftungsanteil des ArbN unter Berücksichtigung aller Umstände zu bestimmen, insbes auch nach der Versicherbarkeit durch den ArbGeb, nach der Höhe des Verdienstes, dem Vorverhalten des ArbN und seinen sozialen Verhältnissen (BAG 24.11.87, DB 88, 1603; *Schwab* NZA-RR 06, 449), so dass anteilige Haftung keineswegs automatisch hälftige Haftung bedeutet, sondern meistens erheblich weniger. Die vom BAG (GS 27.9.94 – GS 1/89 (A), DB 94, 2237) gewollte Einbeziehung aller Umstände macht das Ergebnis eines Haftungsprozesses idR unvorhersehbar (*Otto* ArbuR 95, 72) und führt zu großer Rechtsunsicherheit.

16 **cc) Grobe Fahrlässigkeit.** Sie ist anzunehmen, wenn eine besonders schwerwiegende und auch subjektiv unentschuldbare Pflichtverletzung vorliegt (BGH 26.7.16 – VI ZR 322/15, NJW-RR 2017, 146), wenn nämlich der ArbN diejenige Sorgfalt außer Acht gelassen hat, die jedem eingeleuchtet hätte. Ein Augenblicksversagen stellt noch keine grobe Fahrlässigkeit dar (BGH 26.7.16 – VI ZR 322/15, NZV 2017, 132).

Beispiele für grob fahrlässiges Verhalten:
- Ein Restaurantleiter im Zug handelt grob fahrlässig, wenn er die mit den Einnahmen gefüllte Kellnerbrieftasche unverschlossen im Restaurantwagen zurücklässt, um zu telefonieren (BAG 15.11.01 – 8 AZR 95/01, NZA 02, 612)
- Fahren im alkoholisierten Zustand (BAG 15.11.12 – 8 AZR 705/11, DB 13,705)
- Unfallverursachung durch Handy-Telefonat während der Fahrt (BAG 12.11.98 – 8 AZR 221/97, NZA 99, 263)
- Überfahren einer Ampel, die Rotlicht zeigt (LAG Köln 9.11.05 – 3 (7) Sa 369/05, NZA-RR 06, 311)
- Todesfall durch Vertauschen von Blutkonserven (Schadensersatzanspruch gegen den Arzt/die Ärztin iHv über 110 000 € führen (BAG 25.9.97 – 8 AZR 288/96, NZA 98, 310)
- Schiffsunfall durch beharrliches Fortsetzung eines falschen Kurses trotz dringlicher Warnhinweise des Navigators (BGH 26.7.16 – VI ZR 322/15, NJW-RR 17, 146 m Anm v *Jaegers,* PR-TranspR 5/2015 Anm 4).

Auch bei gröbster Fahrlässigkeit ist eine Haftungserleichterung nicht ausgeschlossen. Sie kommt bei deutlichem Missverhältnis zwischen Verdienst und Höhe des Schadens in Betracht, wenn die Existenz des ArbN bei voller Inanspruchnahme bedroht ist (BAG 28.10.10 – 8 AZR 418/09, NZA 11, 345). Dabei stellt das BAG (ebenso *Krause* NZA 03, 583) zu Recht darauf ab, dass mit zunehmender Technisierung und dem damit verbundenen Umgang mit wertvollen Maschinen das Missverhältnis zwischen Verdienst und Schadensrisiko erheblich steigt. Bei einem Aushilfstaxifahrer, der 165 € im Monat verdient, kann eine Haftungsbegrenzung auf 2000 € angemessen sein (LAG Köln 9.11.05 – 3 (7) Sa 369/05, NZA-RR 06, 311). Liegt der Gesamtschaden nur wenig über dem Monatsgehalt, besteht bei grob fahrlässiger Schadensverursachung für eine Haftungsbegrenzung keine Veranlassung (BAG 12.11.98 – 8 AZR 221/97, NJW 99, 966). Eine am Monatsverdienst orientierte Haftungshöchstgrenze, zB dreifacher Monatsverdienst oder auch eine summenmäßige Begrenzung wird von der Rspr mit dem Argument einer fehlenden gesetzlichen Regelung abgelehnt (BAG 15.11.12 – 8 AZR 705/11, DB 13, 705), ebenso eine summenmäßige Begrenzung ist gesetzlich nicht vorgesehen. Das ist deshalb erstaunlich, weil auch alle übrigen Haftungserleichterungen bisher keine gesetzliche Basis haben (dazu *Hanau/Rolfs* NJW 94, 1439 ff, 1442; *Griese* NZA 96, 803 ff, 808 f). 17

Als abzuwägender Umstand kann allerdings herangezogen werden, dass dem ArbN zur Haftungsentlastung auch die Restschuldbefreiung nach §§ 286 ff InsO zur Verfügung stehen kann (*Fischinger/Hofer* NZA 17, 349).

**dd) Vorsatz.** Vorsatz setzt das Wissen und Wollen des Schadens voraus. Klassischer Anwendungsfall sind vorsätzliche Straftaten zu Lasten des ArbGeb oder anderer ArbN. Der Schadensersatzanspruch kann auch aus der entsprechenden Anwendung von § 667 BGB folgen (BAG 21.8.14 – 8 AZR 655/13, NJW 2015. 429 – Wegnahme von Zahngold durch Krematoriumsmitarbeiter). 18

Nicht ausreichend ist der vorsätzliche Verstoß gegen Weisungen, solange nicht zusätzlich Vorsatz hinsichtlich des Schadens gegeben ist (BAG 18.4.02 – 8 AZR 348/01, NZA 03, 37; anders *Otto/Schwarze/Krause*, Die Haftung des Arbeitnehmers, 4. Aufl 2014, 578 f). Vorsätzlich begangene Verletzungen des Allgemeinen Persönlichkeitsrechts zB Mobbing von Arbeitskollegen, lösen ebenfalls die volle Haftung aus (→ *Mobbing* Rn 4). Bei vorsätzlicher Vertragsverletzung kann zum zu leistenden Schadensersatz auch die Erstattung von Detektivkosten gehören (BAG 26.9.13 – 8 AZR 1026/12, NJW 14, 877).

**e) Weitere Haftungsbegrenzungen. aa) Mitverschulden.** Der Umfang der Haftung kann durch ein Mitverschulden des ArbGeb (§ 254 BGB) begrenzt oder ausgeschlossen sein. Ein Mitverschulden des ArbGeb iSd § 254 I BGB kann auch in einem sog Organisationsverschulden (BAG 18.1.07 – 8 AZR 250/06, NZA 07, 1230) oder in unterlassenen Kontrollmaßnahmen (BAG 21.5.15 – 8 AZR 116/14, NZA 15, 1517) bestehen. Haben der ArbGeb oder einer seiner verfassungsgemäß berufenen Vertreter (§ 31 BGB) vorsätzlich an der Entstehung des Schadens mitgewirkt, entfällt die Haftung des grob fahrlässig handelnden ArbN (BAG 19.2.98 – 8 AZR 645/96, NZA 98, 1051). Die Haftung kann entfallen, wenn der ArbGeb es versäumt hat, den ArbN auf die Gefahr eines besonders hohen Schadens, mit dem der ArbN nicht rechnen konnte, hinzuweisen (LAG Hess 15.1.98 – 14 Sa 156/97, ArbuR 98, 459 – Folgekosten bei Verlust eines Generalschlüssels). 19

**bb) Abdeckung der Schäden durch Versicherungen.** Die Versicherbarkeit des eingetretenen Schadens hat große Bedeutung für die Bestimmung des Haftungsumfangs. Beste- 20 hende Versicherungen, zB Betriebshaftpflichtversicherung, Feuerversicherung muss der ArbGeb vorrangig in Anspruch nehmen (BAG 15.9.16 – 8 AZR 187/15, AP BGB 611 Haftung des Arbeitnehmers Nr 143). Darüber hinaus muss er sich so behandeln lassen, als habe er solche zumutbaren und üblichen Versicherungen abgeschlossen (*Otto* Einführung in das Arbeitsrecht, 2. Aufl, 218 f). Von Relevanz ist eine abgeschlossene oder abzuschließende Versicherung aber nur dann, wenn durch sie ein Schutz des ArbN erreicht wird. Decken Versicherungen das eingetretene Haftungsrisiko entweder nicht oder nicht mit der Folge ab, dass der ArbN von diesen nicht in Regress genommen werden könnte, können sie bei der Beurteilung des Haftungsumfangs nicht berücksichtigt werden (BAG 18.1.07 – 8 AZR 250/06, BB 07, 1008).

Die Obliegenheit zum Abschluss von Versicherungen wird insbes bei Fahrzeugschäden wirksam. Denn insoweit wird der Abschluss einer Vollkaskoversicherung regelmäßig als zumutbar angesehen, so dass sich die anteilige Haftung des ArbN auf die übliche Selbstbeteiligung reduziert (BAG 24.11.87 – 8 AZR 66/82, DB 88, 1606). Soweit der ArbGeb eine gesetzliche Pflichtversicherung für betriebliche Risiken abschließen muss, kann vom ArbN im Schadensfall keine Selbstbeteiligung gefordert werden (BAG 13.12.12 – 8 AZR 432/11, NZA 13, 622).

Eine Haftungsmilderung scheidet nicht deshalb aus, weil der ArbN gegen die Folgen grober Fahrlässigkeit freiwillig eine Berufshaftpflichtversicherung abgeschlossen hat. Nur wenn zugunsten des ArbN eine gesetzlich vorgeschriebene Pflichtversicherung eingreift oder arbeitsvertraglich die Verpflichtung zu einer solchen Versicherung – gegen Zusatzvergütung – vereinbart wurde, kann der ArbGeb vom ArbN die Inanspruchnahme der Versicherung verlangen (BAG 28.10.10 – 8 AZR 418/09, NZA 11, 345).

21 **f) Schadensberechnung.** Bei der Berechnung des Schadens muss sich der ArbGeb erzielte Steuervorteile anrechnen lassen. Soweit der ArbGeb vorsteuerabzugsberechtigt ist, darf er die gesetzliche USt nicht als Schadensersatzposition berechnen. Bei vorsätzlicher vertragswidriger Handlung kann sich der Anspruch des ArbGeb auf die zum Nachweis notwendigen Detektivkosten erstrecken (BAG 28.10.10 – 8 AZR 547/09, DB 11, 305; zur Geltendmachung im gerichtlichen Kostenfestsetzungsverfahren s BAG 28.5.09 – 8 AZR 226/08, NZA 09, 1300).

22 **g) Beweislast.** Die Beweislast für die Voraussetzungen eines Schadensersatzanspruchs trägt gem § 619a BGB der ArbGeb. Er muss daher objektive Pflichtwidrigkeit, Rechtsgutsverletzung, haftungsbegründende und haftungsausfüllende Kausalität, den Schaden und das zur Haftung führende Verschulden nachweisen. Anspruchminderndes Mitverschulden muss der Schädiger darlegen und beweisen; allerdings muss der Geschädigte insbes bei in seiner Sphäre liegenden Umständen mitwirken (BAG 21.5.15 – 8 AZR 116/14, NZA 15, 1517).

23 **4. Realisierung des Schadensersatzanspruchs.** Bei der Durchsetzung von Schadensersatzansprüchen sind tarifvertragliche und einzelvertragliche Ausschlussfristen zu beachten (BAG 7.6.18 – 8 AZR 96/17, BB 18, 2675 mAnm v *Klocke* juris PR-ArbR 47/2018 Anm 1). Bezieht sich die Ausschussklausel nur auf vertragliche Ansprüche aus dem Arbeitsverhältnis, ergreift sie nicht Ansprüche aus unerlaubten oder strafbaren Handlungen (BAG 21.4.16 – 8 AZR 753/14, NZA 16, 1271).

Ist der Schaden durch einen Dritten verursacht worden und der ArbN lediglich fahrlässig mitverantwortlich, ist der ArbGeb gehalten, zunächst den Dritten in Anspruch zu nehmen, wenn dies rechtlich und tatsächlich leicht zu realisieren ist (BAG 7.6.18 – 8 AZR 96/17, NZA 19, 44).

Eine Realisierung durch Aufrechnung gegen Vergütungsforderungen ist bei fahrlässiger Begehungsweise nur unter Beachtung der Pfändungsfreigrenzen zulässig. Bei vorsätzlicher Schädigung kann hingegen in vollem Umfang aufgerechnet werden (→ *Aufrechnung* Rn 9). Ein Schuldanerkenntnis basierend auf dem Verdacht einer strafbaren Handlung kann die Realisierung erleichtern, wenn der ArbGeb den anerkannten Wiedergutmachungsschaden aufgrund der Angaben des ArbN für berechtigt halten, eingeschränkt bei vorformulierten Anerkenntnissen (BAG 15.3.05 – 9 AZR 502/03, NZA 05, 683). Eine Drohung mit einer Strafanzeige ist nicht widerrechtlich, wenn sie allein dazu dient, Wiedergutmachung für den eingetretenen Schaden zu erlangen (BAG 22.7.10 – 8 AZR 144/09, NZA 11, 743).

Da das Arbeitsvertragsrecht im Gegensatz zum Werkvertragsrecht keine Gewährleistungsvorschriften kennt und der ArbN nur seine Dienste, nicht einen konkreten Erfolg schuldet, ist der ArbGeb nicht berechtigt, wegen schadensverursachender Schlechtleistung eine Entgeltminderung vorzunehmen (BAG 18.7.07 – 5 AZN 610/07, BB 07, 1903); er kann jedoch nach Abmahnung zur Kündigung berechtigt sein.

**5. Haftung für Drittschäden.** Die schuldhafte Schädigung von außenstehenden Dritten (zB Kunden, Patienten, Mandanten) bei der Arbeitsleistung verpflichtet den ArbN im Außenverhältnis zum Schadensersatz. Soweit der ArbN allerdings im Innenverhältnis zum ArbGeb nach den Grundsätzen des innerbetrieblichen Schadensausgleich nicht haften würde, hat er einen **Freistellungsanspruch gegen den ArbGeb** (BAG 15.9.16 – 8 AZR 187/15, AP BGB 611 Haftung des Arbeitnehmers Nr 143). Schädigt der ArbN bspw das Eigentum eines Kunden durch leichteste Fahrlässigkeit, kann der ArbN vom ArbGeb Freistellung von der Schadensersatzforderung des Kunden verlangen. Die Haftungsmilderung wirkt sich daher über den Freistellungsanspruch auch im Verhältnis zum außenstehenden Dritten aus. Dem ArbN kommen Haftungsbegrenzungen und -ausschlüsse, die der ArbGeb mit dem außenstehenden Dritten vereinbart hat, unmittelbar zugute. Insbes kann sich der ArbN auf Haftungsausschlüsse berufen, die sein ArbGeb in allgemeinen Geschäftsbedingungen mit dem Dritten vereinbart hat. Als solche zählen auch die „Allgemeinen Beförderungsbedingungen für den gewerblichen Güternahverkehr mit Kfz (AGNB)". Dementsprechend kann sich der ArbN eines Frachtführers auf die Haftungsobergrenze nach § 17 Nr 2a AGNB berufen (BGH 21.12.93 – VI ZR 103/93, DB 94, 634). Vertraglich vereinbarte Haftungsbegrenzungen und -einschränkungen erfassen auch die deliktische Außenhaftung des ArbN (*Baumann* BB 94, 1300 ff, 1303). 24

Besonders bei geleasten Produktionsmitteln (zB Fahrzeuge oder Maschinen) ist zu prüfen, ob nicht im Wege der ergänzenden Auslegung des Vertrages zwischen Leasinggeber und Leasingnehmer (= ArbGeb) eine unmittelbare Haftungsbegrenzung zugunsten der ArbN des Leasingnehmers anzunehmen ist (BGH 19.9.89 – VI ZR 349/88, NZA 90, 100). Entgegen dem vorzitierten Urt des BGH (ablehnend auch *Otto* ArbuR 95, 76) ist jedoch immer zu prüfen, ob der Leasinggeber selbst unter dem Gesichtspunkt des § 254 BGB verpflichtet gewesen wäre, für eine ausreichende Sachversicherung des Leasinggutes zu sorgen. Eine solche Obliegenheit ist gerade dann anzunehmen, wenn, wie bei geleasten Fahrzeugen, dem Leasinggeber bewusst sein muss, dass eine Beschädigung nicht unwahrscheinlich ist und zum normalen Benutzungsrisiko gehört. Da dann ein Mitverschulden des außenstehenden Dritten vorliegt, entfällt die Außenhaftung des ArbN bis auf den üblichen Selbstbehalt. Für Streitigkeiten mit dem Leasingunternehmen oder dessen Versicherung sind die ordentlichen Gerichte, nicht die Arbeitsgerichte zuständig (BAG 7.7.09 – 5 AZB 8/09, NZA 09, 919).

**6. Unabdingbarkeit.** Die Grundsätze der Rspr zur ArbNHaftung sind zwingendes Arbeitnehmerschutzrecht und können daher nicht abbedungen werden. Auch kollektivvertraglich kann nicht zu Lasten des ArbN abgewichen werden, weshalb es unzulässig ist, dem ArbN bis zu einem Selbstbehalt auch für leichteste Fahrlässigkeit bei der Beschädigung eines Dienstwagens die Haftung vertraglich aufbürden zu wollen (BAG 5.2.04 – 8 AZR 91/03, NJW 04,2469). Zur Haftung des Ausbilders → *Ausbilder* Rn 6–8, zur Haftung des ArbN für Fehlbestände an Geld oder Waren → *Fehlgeldentschädigung* Rn 7 ff. 25

**B. Lohnsteuerrecht** *Seidel*

**1. Steuerrechtliche Haftung.** Da im Steuerrecht Haftung das Einstehenmüssen für eine fremde Schuld bedeutet, der ArbN hinsichtlich der LSt jedoch Steuerschuldner ist, kann er dafür nicht Haftender im steuerrechtlichen Sinne sein. Dagegen haftet der ArbGeb in bestimmten Fällen für die LSt des ArbN. Bei der Pauschalierung der LSt ist jedoch der ArbGeb der Steuerschuldner. In welchen Fällen der ArbN bzw der ArbGeb als Steuerschuldner mit Nachforderungs- bzw Pauschalierungsbescheid und der ArbGeb als Haftender mit Haftungsbescheid herangezogen werden können, ist unter den Stichworten → *Lohnsteuerpauschalierung* Rn 63 ff, → *Lohnsteuernachforderung* Rn 3 ff und → *Lohnsteuerhaftung* Rn 4 ff dargestellt. Im Folgenden handelt es sich daher um die lohnsteuerrechtliche Behandlung der arbeitsrechtlichen ArbNHaftung (→ Rn 1). 26

27 **2. Schadensersatz. a) Werbungskosten.** Hat der ArbN aufgrund seiner beruflichen Tätigkeit dem ArbGeb im Rahmen der bürgerlich-rechtlichen Haftung für Vorsatz und Fahrlässigkeit Schadensersatz zu leisten, können die Aufwendungen des ArbN hierfür Werbungskosten darstellen (zB Beschädigung einer Maschine oder Unfall auf einer Betriebsfahrt), es sei denn das schadensstiftende Ereignis ist in nicht unbedeutendem Maße auch **von privaten Gründen (mit-)veranlasst** (zB Begünstigung von Familienangehörigen). In diesem Fall scheidet der Werbungskostenabzug aus, insbes bei deliktischem Verhalten (zB Unterschlagung, Betrug, vorsätzliche Beschädigung); s im Einzelnen hierzu Schmidt/*Krüger* § 19 Rz 110: Schadensersatz; *HMW*/Schadensersatz Rz 18. Die gleichen Grundsätze sind auch anzuwenden, wenn der ArbN im Rahmen seiner beruflichen Tätigkeit Arbeitskollegen oder außenstehende Dritte schädigt (vgl zB auch BFH 6.4.84 – VI R 103/79, BStBl II 84, 434 sowie BFH 24.5.07 – VI R 73/05, BStBl II 07, 766 zur Folge eines vorsätzlichen oder grob fahrlässigen Verhaltens für den Werbungskostenabzug).

28 **b) Arbeitslohn.** Verzichtet der ArbGeb auf eine ihm zustehende Schadensersatzforderung, kann darin ein geldwerter Vorteil des ArbN liegen (*Schroer/Starke* FR 07, 781 Tz 2), der dem ArbN in dem Zeitpunkt zufließt, in dem der ArbGeb zu erkennen gibt, dass er keinen Rückgriff nehmen wird (BFH 27.3.92, BStBl II 92, 837; → *Lohnzufluss* Rn 8: Forderung; → *Verzicht* Rn 15 und → *Arbeitsentgelt* Rn 56 ff). Das hat zur Folge, dass dieser geldwerte Vorteil dem LStAbzug durch den ArbGeb unterliegt. Allerdings kann dies im Rahmen der EStVeranlagung (→ *Antragsveranlagung* Rn 2 ff) des ArbN nur dann zu einer Steuererhöhung führen, wenn und soweit die Begleichung der Schadensersatzforderung ihn nicht zum Werbungskostenabzug berechtigt (zB alkoholbedingter Unfall mit einem – auch zur privaten Nutzung überlassenen – Firmenfahrzeug, BFH 24.5.07 – VI R 73/05, BStBl II 07, 766). Verzichtet der ArbGeb auf einen Schadensersatzanspruch aus **unerlaubter Handlung,** liegt darin für den ArbN nur dann Arbeitslohn, wenn der ArbN durch die unerlaubte Handlung bereichert ist, zB bei einer Unterschlagung, da durch den Schulderlass der ArbN das unterschlagene Geld (als Arbeitslohn) behalten darf (*K/S* § 19 B 261).

29 **c) Altersteilzeitgesetz.** Soweit der ArbN wegen seines pflichtwidrigen Verhaltens der BA oder dem ArbGeb zu Unrecht gezahlte Leistungen nach dem AltTZG zu ersetzen hat (→ *Altersteilzeit* Rn 91), kommt mE eine steuerliche Berücksichtigung beim ArbN nicht in Betracht, da die dem ArbN zuvor – zu Unrecht – gewährten Leistungen gem § 3 Nr 28 EStG steuerfrei waren (→ *Altersteilzeit* Rn 27, 28; → *Entgeltrückzahlung* Rn 17). Erfolgt die Zahlung des ArbN an die BA jedoch noch im selben Kj wie der Bezug der zu Unrecht bezogenen Aufstockungsbeträge, entfällt in Höhe des Rückzahlungsbetrages die Anwendung des Progressionsvorbehalts des § 32b Abs 1 Nr 1g EStG (→ *Altersteilzeit* Rn 27). Zum negativen Progressionsvorbehalt, wenn die Rückzahlung in einem späteren Jahr erfolgt → *Lohnersatzleistungen* Rn 13.

## C. Sozialversicherungsrecht *Schlegel*

30 **1. Unfallversicherung.** Die Haftungsersetzung durch UVSchutz greift bei Arbeitsunfällen sowohl im Verhältnis des ArbGeb zu seinem ArbN (§ 105 Abs 1 SGB VII) als auch in den Fällen, in denen der Arbeitsunfall durch einen Arbeitskollegen verursacht wird (§ 105 Abs 1 SGB VII), also der Schädiger ebenfalls ArbN ist (→ Rn 3 ff). Darüber hinaus ist ein ArbN nach § 105 Abs 2 Satz 1 SGB VII auch gegenüber einem nicht versicherten Unternehmer (zB seinem ArbGeb) nicht schadensersatzpflichtig. Um den Geschädigten nicht ohne jegliche Ansprüche zu lassen, werden die Unternehmer in diesen Fällen „wie Versicherte" behandelt, die einen Versicherungsfall erlitten haben, es sei denn, eine Ersatzpflicht des Schädigers gegenüber dem Unternehmers ist zivilrechtlich ausgeschlossen. Das BSG wendet insoweit die vom BAG entwickelten Grundsätze der Haftungsmilderung bei Schadensersatzansprüchen des ArbGeb gegenüber seinem ArbN an; ist danach eine Haftung des Schädigers (ArbN) ausgeschlossen, stehen dem Unternehmer Ansprüche aus der gesetzlichen UV nicht zu (BSG 24.6.03 – B 2 U 39/02 R, SozR 4–2700 § 105 Nr 1).

31 **2. Beitragsrechtliche Unbeachtlichkeit der Schadensersatzpflicht.** Hat der ArbN dem ArbGeb im Rahmen der bürgerlich-rechtlichen Haftung Schadensersatz zu leisten, können die Aufwendungen des ArbN hierfür bei der Bemessung der zu entrichtenden SozVBeiträge vom Arbeitsentgelt nicht abgezogen werden; insoweit unterscheidet sich das

Sozialrecht maßgeblich vom Steuerrecht, das hierfür den Abzug von Werbungskosten zulässt (→ Rn 27). Andererseits hat der ArbN den Vorteil, dass das für die Bemessung von Lohnersatzleistungen maßgebliche Arbeitsentgelt ebenfalls nicht durch die Schadensersatzforderung reduziert ist, mithin die Schadensersatzforderung keinen (insoweit negativen) Einfluss auf die Höhe des Arbeitsentgelts hat.

**3. Sozialrechtlicher Begriff der Arbeitnehmerhaftung.** Im Sozialrecht wird unter 32
dem Begriff der ArbNHaftung insbes die – nur ausnahmsweise den ArbN treffende – Pflicht zur Tragung der SozVBeiträge aus dem Arbeitsentgelt verstanden. Anders als im Steuerrecht ist der ArbN für die auf das Arbeitsentgelt aus seiner versicherungs- und beitragspflichtigen Beschäftigung entfallenden GesamtSozVBeiträge (§ 28d SGB IV) nur ausnahmsweise Beitragsschuldner. Der ArbN hat den GesamtSozVBeitrag nur dann zu zahlen, wenn ArbGeb ein ausländischer Staat oder eine internationale oder zwischenstaatliche Organisation ist (§ 28 m SGB IV).

# Arbeitnehmerüberlassung/Zeitarbeit

## A. Arbeitsrecht

*Röller*

### Übersicht

1 **I. Allgemeines. 1. Rechtliche Grundlagen.** Rechtsgrundlage für die ArbNÜberlassung ist das **AÜG** vom 7.8.72 (BGBl I 72, 1393). Weitreichende Änderungen im Recht der ArbNÜberlassung traten durch das Job-AQTIV-Gesetz v 10.12.01 (BGBl I 01, 3443), das Erste Gesetz für moderne Dienstleistungen am Arbeitsmarkt vom 23.12.02 (BGBl I 02, 4607) und das Erste Gesetz zur Änderung des AÜG – Verhinderung von Missbrauch der ArbNÜberlassung vom 24.3.11 (BGBl I 11, 642) in Kraft. Letzteres diente nicht nur der Verhinderung von Missbrauch der ArbNÜberlassung, sondern auch der Umsetzung der RL 2008/104/EG über Leiharbeit des Europäischen Parlaments und des Rates v 19.11.08. Ein Teil der neuen Bestimmungen (Lohnuntergrenze § 3a AÜG; Drehtürklausel §§ 3 Abs 1 Nr 3 Satz 4, 9 Nr 3 AÜG) trat am 30.4.11 in Kraft, die übrigen Bestimmungen am 1.12.11, um Verleihern und Entleihern ausreichend Zeit einzuräumen, sich auf die neue Rechtslage vorzubereiten. Ergänzt wird die Neuregelung durch das vom 30.7.11 in Kraft getretene Gesetz zur Änderung des AÜG und des SchwarzArbG v 20.7.11 (BGBl I 11, 1506). S hierzu *Düwell* DB 11, 1520; *Leuchten* NZA 11, 604; *Böhm* DB 11, 473; *Lembke* DB 11, 414; *Schüren/Wank* RdA 11, 1. Weitere Änderungen sind durch das TarifautonomiestärkungsG v. 11.8.14 (BGBl I 14, 1348) in Kraft getreten. Der Koalitionsvertrag zwischen CDU/CSU und SPD v 16.12.13 sah eine Neuregulierung der ArbNÜberlassung vor. Nach langen politischen Diskussionen und zahlreichen Korrekturen des Referenten- und Gesetzesentwurf ist am 1.4.17 das Gesetz zur Änderung des AÜG und anderer Gesetze (BGBl I 2017,

258) in Kraft getreten. Mit dem Gesetz soll die ArbNÜberlassung auf ihre Kernfunktion beschränkt und dem Missbrauch von Werkvertragsgestaltungen entgegengewirkt werden. S *Seiwerth* NZA 17, 479; *Talkenberg* NZA 17, 473; *Krieger/Ampatziadis* NJW 17, 593; *Wank* RdA 17, 100; *Henssler* RdA 17, 94; *Deinert* RdA 17,65; *Löwisch* DB 17, 1449; *Aszomans/Hemberg/Gerum* DB 17, 726; *Lembke* NZA 17, 1. Zu ersten Erfahrungen mit dem neuen AÜG *Kuhlmann/Haus* BB 19, 1781; s *Scharff* BB 18, 1140; *Lembke* NZA 18, 393; zur Frage der Übereinstimmung mit der RL 2008/104/EG s *Wank* BB 18, 1909. Gemeinsam mit dem reformierten AÜG sind zum 1.4.17 die FW AÜG der BA in Kraft getreten, die wichtige Anhaltspunkte für die Auslegung und Handhabung des reformierten AÜG enthalten, die zum 1.8.19 überarbeitet wurden.

**Gewerberechtliche Spezialregelungen** finden sich im Personenbeförderungsgesetz (BGBl I 61, 241), im Güterkraftverkehrsgesetz (BGBl I 10, 1057), in der VO über das Bewachungsgewerbe (BGBl I 79, 1986) und im Gesetz zur Errichtung des Gesamthafenbetriebs (BGBl I 50, 352). Bei genauer Betrachtung besteht zwischen diesen gewerberechtlichen Regelungen und dem AÜG jedoch keine Kollisionslage, da das AÜG oftmals tatbestandlich nicht eingreift.

**2. Verbot mit Erlaubnisvorbehalt.** ZeitArbGeb bedürfen zur ArbNÜberlassung im 2
Rahmen ihrer wirtschaftlichen Tätigkeit einer besonderen Erlaubnis der BA, die gegen Gebühr erteilt wird (§§ 1 Abs 1, 2a AÜG). Die Erlaubnis oder ihre Verlängerung kann unter den in § 3 AÜG genannten Voraussetzungen versagt oder mit Auflagen versehen werden.

ArbNÜberlassung **in Betriebe des Baugewerbes** für Arbeiten, die üblicherweise von Arbeitern verrichtet werden, ist **unzulässig** (§ 1b Abs 1 Satz 1 AÜG). Betriebe des Baugewerbes sind solche, die gewerblich überwiegend Bauleistungen erbringen. Bauleistungen sind alle Leistungen, die der Herstellung, Instandhaltung, Änderung oder Beseitigung von Bauwerken dienen (§ 101 Abs 2 SGB III). **Zwischen Betrieben des Baugewerbes und anderen Betrieben** ist die ArbNÜberlassung gestattet, wenn sie durch einen diese Betriebe erfassenden Tarifvertrag erlaubt ist (§ 1b Satz 2 lit a) AÜG). Die ArbNÜberlassung ist gem § 1b Satz 2 lit b) AÜG zulässig, wenn der Verleiher seit mindestens 3 Jahren demselben Tarifbereich angehört. Die Tarifbindung muss nur auf Seiten des ArbGeb bestehen, nicht auch auf Seiten des ArbN. Der Verleiher benötigt eine Verleihererlaubnis. Soweit ArbN von Baubetrieben verliehen werden, die ihren Sitz im EWR haben, ist die Geltung derselben Rahmen- und Sozialkassentarifverträge oder deren Allgemeinverbindlichkeit nicht erforderlich. Hier genügt es, wenn die Verleiher seit mindesten 3 Jahren überwiegend Tätigkeiten ausüben, die vom Geltungsbereich dieser Tarifverträge erfasst werden (§ 1b Satz 3 AÜG). Mit dieser Regelung hat der Gesetzgeber ein Urteil des EuGH umgesetzt (EuGH 25.10.01 – 49/98, NZA 01, 1299). Eine gegen § 1b AÜG erfolgende Verleihung von ArbN führt zur Nichtigkeit des zwischen Verleiher und Entleiher geschlossenen Überlassungsvertrages gem § 134 BGB. Der Vertrag zwischen Verleiher und dem ArbN bleibt wirksam. Ein Verstoß gegen § 1b AÜG hat kein fingiertes Arbeitsverhältnis zur Folge (BAG 13.12.06 – 10 AZR 674/05, NZA 07, 751).

**3. Räumlicher Geltungsbereich.** Das AÜG folgt dem **Territorialitätsprinzip** und 3
gilt damit immer dann, wenn die ArbNÜberlassung einen Bezug zum Staatsgebiet der BRD aufweist (*Schüren/Hamann/Brors* Einl Rn 626 f). Erfasst wird vom AÜG der Verleih in Deutschland nach Deutschland und nach Deutschland hinein. Für die Überlassung von ArbN aus einem EU-/EWR-Staat nach Deutschland benötigt ein im Ausland ansässiges Unternehmen daher auch dann eine deutsche Erlaubnis, wenn es in seinem Heimatstaat über eine solche Erlaubnis nicht verfügt oder dort gar keiner Erlaubnis bedarf. ArbNÜberlassung aus einem Staat außerhalb der EU und des EWR-Wirtschaftsraumes nach Deutschland ist unzulässig (*Thüsing/Thüsing* Einl Rn 45 ff). Auch deutschen und EU- oder EWR-Staatsangehörigen ist die ArbNÜberlassung aus dem Nicht-EU/EWR-Ausland untersagt (*Thüsing/Kock* § 3 Rn 77 f). Wird jedoch ein Ausländer von einem ausländischen ArbGeb zur Arbeit in Deutschland überlassen, ist das AÜG nach herrschender Meinung nicht anwendbar (*Thüsing/Thüsing* Einl Rn 25; FW AÜG Ziff 1 Nr 3.2).

**II. Begriff. 1. Legaldefinition, § 1 Abs 1 Satz 1 AÜG.** Mit der zum 1.4.17 in Kraft 4
getretenen AÜG-Reform enthält das AÜG in § 1 Abs 1 Satz 1 AÜG erstmals eine gesetzli-

che Definition des Begriffs der ArbNÜberlassung. Diese liegt vor, wenn ArbGeb bei ihnen beschäftigte ArbN im Rahmen ihrer wirtschaftlichen Tätigkeit als Verleiher bei ihnen beschäftigte ArbN einem Dritten zur Arbeitsleistung überlassen (Satz 1). Eine Überlassung liegt gem Satz 2 dann vor, wenn die ArbN in die Arbeitsorganisation des Entleihers eingegliedert sind und ihren Weisungen unterliegen. Das BAG definierte ArbNÜberlassung bislang ähnlich. Es musste jedoch eine vollständige Eingliederung des ArbN in den Betrieb des Entleihers vorliegen und der ArbN musste vollständig den Weisungen des Entleihers unterliegen (BAG 27.6.17 – 9 AZR 133/16, BeckRS 2017, 145967; 18.1.12 – 7 AZR 723/10, NZA-RR 12, 455). Im Gesetz finden sich diese Einschränkungen nicht. Dies könnte deshalb zu einer Erweiterung der ArbNÜberlassung führen und das AÜG könnte auch Fallkonstellationen erfassen, bei denen in der Vergangenheit ArbNÜberlassung verneint wurde, zB wenn Vorarbeiter des ArbGeb den Arbeitseinsatz im Betrieb des Dritten organisieren oder im Falle des Gemeinschaftsbetriebs. S *Wank* RdA 17, 100; *Henssler* RdA 17, 83; *Tuengethal/Andorfer* BB 16, 1909; *Obbertz/Groth* GWR 16, 371; *Thüsing* DB 16, 2663.

5 **2. Beteiligte.** ArbNÜberlassung ist eine Drei-Personen-Beziehung. Beteiligt sind der Verleiher, der Entleiher und der LeihArbN. Als Verleiher und Entleiher kommt jede natürliche oder juristische Person des privaten und öffentlichen Rechts in Betracht (*Schüren/Hamann/Hamann* § 1 Rn 64 ff). Eine ArbNÜberlassung iSd § 1 Abs 1 Satz 1 AÜG setzt voraus, dass es sich bei der überlassenen Person um einen ArbN des Verleihers handelt (BAG 9.11.94 – 7 AZR 217/94, NZA 95, 572). Die Bestimmung ist unionsrechtskonform auszulegen. Die LeiharbeitsRL erfasst jede Person, die eine Arbeitsleistung erbringt, für die sie als Gegenleistung eine Vergütung erhalt und die aufgrund dieser Arbeitsleistung in dem betreffenden Mitgliedsstaat geschützt ist (EuGH 17.11.16 – C-216/15, NZA 17, 41). ArbN-Überlassung liegt deshalb auch dann vor, wenn ein Verein im Rahmen seiner wirtschaftlichen Tätigkeit auf Grundlage eines Gestaltungsvertrages seine Mitglieder an ein anderes Unternehmen überlässt, damit sie bei diesem weisungsabhängig gegen Zahlung eines Entgelts tätig werden und damit aufgrund der Arbeitsleistung ähnlich einem ArbN geschützt werden. Die gegen Entgelt weisungsabhängig beschäftigten Mitglieder der **DRK-Schwesternschaft** sind deshalb ArbN iSd § 1 Abs 1 Satz 1 AÜG (BAG 21.2.17 – 1 ABR 62/12, NZA 17, 662). Mit dem mit Wirkung ab 25.7.17 eingeführten DRG-Gesetz (BGBl I 17, 2575) wurde klargestellt, dass für die Gestellung von DRK-Schwestern durch DRK-Schwesterschaften an Dritte das AÜG mit allen Schutzvorschriften gilt (§ 2 Abs 4 DRKG). Die Überlassung eines **Alleingesellschafters** und **alleinigen Geschäftsführers** einer Verleiher-GmbH unterliegt hingegen nicht dem Anwendungsbereich des AÜG (BAG 17.1.17 – 9 AZR 76/16, NZA 17, 572). Fremdgeschäftsführer können jedoch unter den ArbNBegriff fallen, wenn sie eine weisungsgebundene Tätigkeit für einen Dritten gegen Vergütung erbringen (*Schüren/Hamann/Hamann* § 1 Rn 60).

Die **Überlassung von Selbstständigen** fällt nicht unter das AÜG. Noch nicht abschließend geklärt ist, ob es für die Abgrenzung gegenüber der ArbNÜberlassung auf das Verhältnis Entleiher – überlassener Mitarbeiter (entleiherbezogener Ansatz) oder auf das Verhältnis Verleiher – überlassener Mitarbeiter (verleiherbezogener Ansatz) ankommt. Das deutsche Recht geht mE von einem verleiherbezogenen Anatz aus (so auch *Lemke* NZA 18, 393; *Niklas* ArbRB 18, 54; *Ulfmann* NZA 18, 265; aA FW AÜG Ziff 1 Nr 1.1.2 Abs 9).

6 **III. Abgrenzung zur Arbeitsvermittlung und zu anderen Formen drittbezogenen Personaleinsatzes. 1. Abgrenzung zur Arbeitsvermittlung.** Nach der Legaldefinition des § 35 Abs 1 Satz 2 SGB III erfasst die Arbeitsvermittlung alle Tätigkeiten, die darauf gerichtet sind, Ausbildungs- und Arbeitssuchende mit ArbGeb zur Begründung eines Beschäftigungsverhältnisses zusammenzuführen (Einzelheiten → *Arbeitsvermittlung*). Nach § 1 Abs 2 AÜG wird vermutet, dass der Überlassende Arbeitsvermittlung betreibt, wenn ArbN Dritten zur Arbeitsleistung überlassen werden und der Überlassende nicht die üblichen ArbGebPflichten oder das ArbGebRisiko (§ 3 Abs 1 Nr 1–3 AÜG) übernimmt. Die Widerlegung der Vermutung kann dadurch erfolgen, dass der Verleiher zB beweist, dass er seine LeihArbN an verschiedene Entleiher verleiht. Misslingen wird deshalb der Entlastungsbeweis idR dann, wenn das Beschäftigungsverhältnis des LeihArbN speziell auf einen Entleiher zugeschnitten ist (*Schüren/Hamann/Hamann* § 1 Rn 409 ff). Ist Arbeitsvermittlung zu vermuten, folgt daraus nicht, dass ein Arbeitsverhältnis zwischen Entleiher und LeihArbN

zustandekommt. Das gilt jedenfalls für die Zeit bis 30.11.11 (BAG 15.5.13 – 7 AZR 494/11, BeckRS 2013, 71935; 2.6.10 – 7 AZR 946/08, NZA 11, 351). Das zum 1.4.17 in Kraft getretene Gesetz zur Änderung des AÜG und anderer Gesetze enthält ebenfalls keine Sanktionsregelung bei zu vermutender Arbeitsvermittlung.

**2. Abgrenzung zum Werk- und Dienstvertrag.** Beim Dienst- und Werkvertrag organisiert der Unternehmer (ArbGeb) die zur Erreichung eines wirtschaftlichen Erfolges notwendigen Handlungen selbst und bedient sich dabei seiner ArbN als Erfüllungsgehilfen. Die ArbN des Dienst- oder Werkunternehmers bleiben auch bei ihrer Tätigkeit in einem fremden Betrieb in dessen Organisation eingegliedert und nur dessen Weisung unterstellt (BAG 27.6.17 – 9 AZR 133/16, BeckRS 2017, 145967; 21.3.17 – 7 AZR 207/15, BeckRS 2017, 119476; 20.9.16 – 9 AZR 735/15 NZA 17, 49; 18.1.12 – 7 AZR 723/10, NZA-RR 12, 455). Dagegen liegt ArbNÜberlassung vor, wenn der ArbGeb dem Dritten geeignete Arbeitskräfte überlässt, die der Dritte nach eigenen betrieblichen Erfordernissen in seinem Betrieb nach seinen Weisungen einsetzt (BAG 6.8.03 – 7 AZR 180/03, BB 04, 669). Einzelheiten → *Werkvertrag* Rn 2 ff, *Henssler* RdA 17, 83; *Deinert* RdA 17, 65; *Böhm* NZA 17, 494; *Kainer/Schweipert* NZA 17, 13. 7

**3. Abgrenzung zum Geschäftsbesorgungsvertrag.** Der Geschäftsbesorgungsvertrag gem §§ 611, 631, 675 BGB ist ein Dienst- oder Werkvertrag, der eine Geschäftsbesorgung zum Inhalt hat. Hierunter ist eine selbstständige Tätigkeit wirtschaftlicher Art zu verstehen. Im Hinblick auf die Abgrenzung gegenüber dem ArbNÜberlassungsvertrag kann auf obige Ausführungen zum Werk- oder Dienstvertrag verwiesen werden.

**4. Abgrenzung zum Dienstverschaffungsvertrag.** Dieser ist im BGB nicht geregelt, aber eine allgemein anerkannte besondere Vertragsform. In dem Verschaffungsvertrag verpflichtet sich eine Partei, der anderen Vertragspartei die Dienste eines Dritten zu verschaffen. Dabei können diese Dienste entweder von Selbstständigen oder abhängig Beschäftigten geleistet werden. Werden Dienste eines abhängig Beschäftigten dem Dritten verschafft, liegt entweder ArbNÜberlassung – wenn der Dienstverschaffer selbst ein Arbeitsverhältnis mit dem ArbN eingeht – oder Arbeitsvermittlung – wenn der Dienstverschaffer einem anderen ArbGeb eine Arbeitskraft mitsamt Arbeitsverhältnis verschafft – vor (ErfK/*Wank* § 1 AÜG Rn 35; *Schüren/Hamann/Hamann* § 1 Rn 215 ff). 8

**5. Abgrenzung zu Mischverträgen.** Diese verbinden Elemente von Miet-, Kauf- oder Leasingverträgen mit einer Dienstverschaffung. Besondere Bedeutung in der Praxis hat das **Überlassen von Maschinen mit Bedienungspersonal** (s hierzu *Grimm/Linden* ArbRB 14, 115). Keine ArbNÜberlassung liegt vor, wenn die Überlassung des Geräts im Vordergrund steht und die Personalgestellung überhaupt erst den Einsatz der Geräte ermöglicht (BAG 2.8.06 – 10 AZR 756/05, NJOZ 06, 4714; 17.2.93 – 7 AZR 167/92, NZA 93, 1125). 9

**6. Gemeinschaftsbetrieb mehrerer Unternehmen.** Die am Gemeinschaftsbetrieb beteiligten Unternehmen werden idR nicht VertragsArbGeb aller im Betrieb beschäftigten ArbN, sondern bleiben dies nur im Verhältnis zu ihrem bisherigen ArbN, weil die Schaffung eines einheitlichen Leitungsapparates durch die beteiligten Unternehmen nicht zu einem ArbGebWechsel im Verhältnis zu ihrem ArbN führt (BAG 29.9.04 – 1 AZR 473/03, NZA-RR 05, 616; 24.1.96 – 7 ABR 10/95, DB 96, 2131). Auch ein fachliches Weisungsrecht des anderen am Gemeinschaftsbetrieb beteiligten Unternehmens und die Zusammenarbeit der ArbN mit dessen ArbN begründete bis 30.4.17 keine ArbNÜberlassung iSd AÜG (BAG 25.10.2000 – 7 AZR 487/99, NZA 01, 259; LAG MeVo 13.6.17 – 5 Sa 209/16, BeckRS 2017, 116271). Der Gemeinschaftsbetrieb wird deshalb auch nach dem 1.4.17 als zulässige Alternative zur ArbNÜberlassung angesehen (*Lembke* NZA 18, 393; *Scharff* BB 18, 1140; *Panzer-Heermeier/Schwipper* DB 17, 1584). Ungeklärt ist die Frage, ob der LeihArbN im Gemeinschaftsbetrieb zunächst für die Überlassungshöchstdauer von 18 Monaten an den einen Entleiher und danach an den anderen Entleiher verliehen werden kann. Stellt man formal auf den Begriff des Entleihers ab, dürfte diese sog **Entleihkette** zulässig sein (*Henssler* RdA 17, 83; *Bissels/Falter* ArbR Aktuell 17, 4; kritsch *Scharff* BB 18, 1140). 10

**IV. Wirtschaftliche Tätigkeit.** Gem § 1 Abs 1 Satz 1 AÜG besteht für jede Form der ArbNÜberlassung im Rahmen einer wirtschaftlichen Tätigkeit eine Erlaubnispflicht, un- 11 abhängig davon, ob die Überlassung gewerbsmäßig geschieht. Mit der Bestimmung wurden die Vorgaben der EU-Richtlinie zur Leiharbeit umgesetzt, die für alle Formen der ArbN-Überlassung gilt, und zwar unabhängig davon, ob die Leiharbeitsunternehmen oder entleihenden Unternehmen Erwerbszwecke verfolgen oder nicht. Unter wirtschaftlicher Tätigkeit ist jede Tätigkeit zu verstehen, die darin besteht, Güter oder Dienstleistungen auf einem bestimmten Markt anzubieten (BAG 20.1.16 – 7 AZR 535/13, BeckRS 2016, 69503; EuGH 17.11.16 – C-216/15, NZA 17, 41; 10.1.06 – C-224/04, BeckRS 2006, 70028). Eine Gewinnerzielungsabsicht ist damit nicht erforderlich. Vom Geltungsbereich des Gesetzes erfasst werden damit auch gemeinnützige Einrichtungen sowie konzerninterne Verleihunternehmen, die ArbN zum „Selbstkostenpreis" überlassen (BAG 23.7.14 – 7 AZR 853/12, NZA 15, 46; LAG Bremen 12.7.16 – 1 Sa 70/15, BeckRS 2016, 133837; *Thüsing/Thieken* DB 12, 347; *Böhm* DB 12, 918; *Lembke* DB 11, 414; *Leuchten* NZA 11, 608; aA *Hamann* NZA 11, 70).

12 In der **bis zum 30.11.11** geltenden Fassung bestand für Entleiher eine Pflicht zur Einholung einer Erlaubnis zur ArbNÜberlassung nur dann, wenn sie ihre ArbN dem Entleiher gewerbsmäßig zur Arbeitsleistung überließen. Nur die **gewerbsmäßige Arbeitnehmerüberlassung,** nicht jedoch die nicht gewerbsmäßige, bedurfte einer Erlaubnis der BA (§§ 1, 17 AÜG aF). Unter gewerbsmäßiger Tätigkeit war jede nicht nur gelegentliche, sondern auf eine gewisse Dauer angelegte und auf die Erzielung unmittelbarer oder mittelbarer wirtschaftlicher Vorteile ausgerichtete selbstständige Tätigkeit zu verstehen (BAG 18.7.12 – 7 AZR 451/11, BeckRS 2012, 74792). Entscheidendes Kriterium für die Gewerbsmäßigkeit war die Gewinnerzielungsabsicht. Diese wurde dann angenommen, wenn der Verleiher das Entgelt für die Überlassung des LeihArbN so bemaß, dass es die Kosten überstieg. Deckte das Überlassungsentgelt hingegen nur die Selbstkosten des ArbGeb, lag keine Gewinnerzielungsabsicht vor (BAG 20.4.05, NZA 05, 1006). Die für die Gewerbsmäßigkeit erforderliche Gewinnerzielungsabsicht fehlte damit auch, wenn mit der Überlassung von ArbN gemeinnützige Zwecke verfolgt wurden (BAG 2.6.10 – 7 AZR 946/08, NZA 11, 351). War eine Überlassung bis 30.11.11 erlaubnisfrei, dann aufgrund der gesetzlichen Änderung erlaubnispflichtig und hat das Unternehmen keine Möglichkeit, eine entsprechende Erlaubnis zu erlangen, geht das BAG von einer Fiktion einer ArbNÜberlassungserlaubnis aus (BAG 23.7.14 – 7 AZR 853/12, BeckRS 2014, 73848).

13 **V. Vorliegen eines Arbeitsverhältnisses zwischen Verleiher und Leiharbeitnehmer.** In § 1 Abs 1 Satz 3 AÜG wird nunmehr ausdrücklich definiert, dass ArbNÜberlassung nur zulässig ist, wenn zwischen Verleiher und LeihArbN ein Arbeitsverhältnis besteht. Die Vorschrift beinhaltet zugleich ein **Verbot der Kettenüberlassung,** mit welchen sämtliche Formen der Weiter- und Zwischenüberlassung unterbunden werden sollen. Bestätigt wird mit dieser Regelung die bislang bestehende – umstrittene – Rechtsauffassung der BA. Die bloße Tatsache des Kettenverleihs stellt keine unerlaubte ArbNÜberlassung dar, wenn der Entleiher (Weiterverleiher) eine Verleiherlaubnis besitzt. §§ 9, 10 AÜG sind nicht anwendbar. Besitzt der Entleiher (Weiterverleiher) hingegen keine Erlaubnis, führt dies zu den Rechtsfolgen der §§ 9, 10 AÜG, wie § 10a AÜG deklaratorisch anordnet. Das Arbeitsverhältnis des LeihArbN zum Erstverleiher ist unwirksam. Es wird ein Arbeitsverhältnis zum EinsatzArbGeb fingiert. Der LeihArbN kann eine Festhaltungserklärung gem § 9 Abs 1 Nr 1, Abs 2, Abs 3 AÜG abgeben. In diesem Fall bleibt sein Arbeitsverhältnis zum Erstverleiher bestehen. Verstößt der Entleiher (Weiterverleiher) gegen das Offenlegungsverbot nach § 1 Abs 5 und Satz 6 AÜG (kumulativer Verstoß) oder gegen die Höchstüberlassungsdauer nach § 1b AÜG gelten wie beim Verleih ohne Erlaubnis die Rechtsfolgen der §§ 9, 10 AÜG. Ein Verstoß gegen § 1 Abs 1 Satz 3 AÜG kann gem § 16 Abs 1 Nr 3, Abs 2 AÜG mit einer Geldbuße bis 30.000 EUR geahndet werden.

14 **VI. Vorübergehende Überlassung. 1. Rechtslage bis 31.3.17.** Nach § 1 Abs 1 Satz 2 AÜG aF durfte jede Überlassung nur **vorübergehend** erfolgen. Strittig war lange Zeit, ob die gesetzliche Regelung nur einen unverbindlichen Programmsatz enthält (LAG Nds 14.11.12 – 12 TaBV 62/12, BeckRS 2013, 66478; *Thüsing/Stiebert* DB 12, 632; *Lembke* BB 12, 2497) oder ein Verbotsgesetz darstellt, das die dauerhafte ArbNÜberlassung untersagt (LAG Nds 9.9.12 – 17 TaBV 124/11, BeckRS 2012, 74786; *Hermann* RdA 11, 322; *Böhm* DB 12, 918; *Düwell* ZESAR 11, 449). Das BAG entschied durch Urteil vom 10.7.13, dass

§ 1 Abs 1 Satz 2 AÜG ein Verbotsgesetz darstellt, das dem Schutz des LeihArbN diene und die dauerhafte Aufspaltung der Belegschaft des Entleiherbetriebs in eine Stammbelegschaft und eine entliehene Belegschaft verhindern soll (BAG 10.7.13 – 7 ABR 91/11, NZA 13, 1296). Der BRat des Entleiherbetriebs hat deshalb bei der dauerhaften ArbNÜberlassung ein Zustimmungsverweigerungsrecht nach § 99 Abs 2 Nr 1 BetrVG.

Ungeklärt blieb, was unter einem vorübergehenden Einsatz zu verstehen ist. Teilw wurde auf die Wertungen des TzBfG zurückgegriffen (*Teusch/Verstege* NZA 12, 1326), teilw an einen aus dem Konzernprivileg stammenden Fünfjahreszeitraum angeknüpft (*Gaul* AktuellAR 11, 344) oder die Auffassung vertreten, der Begriff „vorübergehend" sei als flexible Zeitkomponente zu verstehen; es sei deshalb nicht erforderlich, dass der Einsatz des LeihArbN von vornherein zeitlich befristet sei (LAG Dü 2.10.12 – 17 TaBV 48/12, BeckRS 2012, 73769; *Giesen* FA 12, 66). Geklärt ist lediglich, dass ein Einsatz ohne jegliche zeitliche Begrenzung nicht mehr vorübergehend war (BAG 10.7.13 – 7 ABR 91/11, BeckRS 2013, 70579). Hinweise zur Zulässigkeit erhoffte man sich aus einem Urteil des EuGH v 17.3.15. Der EuGH äußerte sich zu dieser Frage jedoch nicht (EuGH 17.3.15 – C-533/13, NZA 15, 423). S auch *Hamann* NZA 15, 904; *Zimmermann* NZA 15, 528. Ungeklärt blieb weiterhin, ob der vorübergehende Einsatz von LeihArbN auf Dauerarbeitsplätzen ausgeschlossen, dh ob der Anknüpfungspunkt personen- oder arbeitsplatzbezogen war. S hierzu LAG SchlHol 6.7.16 – 3 TaBV 9/16, BeckRS 2016, 74244; LAG Bln-Bbg 22.5.14 – 14 TaBV 184/14, BeckRS 2014, 72456; LAG HH 4.9.13 – 5 TaBV 6/13, BeckRS 2013, 75020; LAG Saarl 18.12.13 – 2 TaBV 2/13, BeckRS 2014, 66531.

**2. Rechtslage ab 1.4.17.** § 1 Abs 1 Satz 4, Abs 1b AÜG sieht eine **Überlassungshöchstdauer von 18 Monaten** vor. Die Überlassungshöchstdauer wird in der Lit europarechtlich überwiegend für zulässig erachtet (*Wank* RdA 17, 100; *Deinert* RdA 17, 65; Hamann NZA 15, 904; kritisch *Franzen* RdA 15, 150). Eine vorherige Überlassung durch denselben oder einen anderen Verleiher an denselben Entleiher ist vollständig anzurechnen, wenn zwischen den Einsätzen jeweils nicht mehr als 3 Monate liegen. Die Vorschrift schafft Klarheit, dass die Überlassungshöchstdauer nunmehr arbeitnehmerbezogen und nicht arbeitsplatzbezogen ist (*Scharff* BB 18, 1140; *Henssler* RdA 17, 83; Wank RdA 17, 100; *Hamann/Klengel* EuZA 17, 194). Derselbe LeihArbN darf für max 18 aufeinanderfolgende Monate an denselben Verleiher überlassen werden. Kontrovers diskutiert wird die Frage, ob von einem Unternehmensbezug (*Scharff* BB 18, 1140; *Lembke* NZA 17, 1; Bayreuther NZA 17, 18; *Hamann/Rudnik* NZA 17, 210) oder von einem Betriebsbezug (*Talkenberg* NZA 17, 473, *Bissels/Falter* ArbRAktuell 17, 4) auszugehen ist. Der Wortlaut spricht für einen Unternehmensbezug; so auch FW AÜG Ziff 1 Nr 1.2.1 Abs 1. Die Möglichkeit zur Rotation des LeihArbN zwischen verschiedenen Entleihern bleibt möglich, nicht jedoch ein Verleiherrondell, bei dem der LeihArbN von verschiedenen Verleihern an denselben Entleiher überlassen wird. 15

Bei der Ermittlung der Höchstüberlassungsdauer werden gem dem Wortlaut („überlassen", „tätig werden") nur die tatsächlichen Einsatzzeiten gezählt. Gem FW AÜG, Ziff 1 Nr 1.2.1 Abs 2 soll für die Bestimmung der Überlassungsdauer hingegen die vertragliche Vereinbarung der Überlassung zwischen Verleiher und Entleiher entscheidend sein. Unterbrechungen der Einsatzzeiten von weniger als drei Monaten werden damit auf die Höchstüberlassungsdauer nicht angerechnet. Diese verlängert sich um die nicht „ausgeschöpfte Zeit". Für die Berechnung der Unterbrechungen der Einsatzzeiten kann auf §§ 187, 188 BGB zurückgegriffen werden (Einzelheiten s *Scharff* BB 18, 1140; *Henssler* RdA 17, 100; *Talkenberg* NZA 17, 473). Ohne Bedeutung für die Berechnung der Höchstüberlassungsdauer ist es, ob der LeihArbN an allen oder nur an einzelnen Tagen eines Monats arbeitet und ob er an diesen Tagen in Voll- oder Teilzeit tätig ist (*Scharff* BB 18, 1140; FW AÜG Ziff 1 Nr 1.2.1 Abs 2). Für die Berechnung der Überlassungszeiten werden Zeiten vor dem 1.4.17 gem § 19 Abs 2 AÜG nicht berücksichtigt, so dass die max 18 Monate frühestens zum 30.9.18 erreicht wurden.

Verkürzungen oder Ausdehnungen der Höchstüberlassungsdauer können gem § 1 Abs 1b Satz 3 AÜG in einem Tarifvertrag der jeweiligen Einsatzbranche geregelt werden. In Betracht kommen nicht nur Verbands-, sondern auch Haustarifverträge (*Löwisch* DB 17, 1449). In der Lit werden verfassungsrechtliche Bedenken gegen die Bestimmung geäußert, 16 weil sie gegen die Koalitionsfreiheit und Tarifautonomie verstoßen soll (*Henssler* RdA 17, 83; kritisch auch *Schüren/Fasholz* NZA 15, 1473; aA *Hamann/Klengel* EuZA 17, 194; *Hamann* NZA 15, 904; zu den Gestaltungsmöglichkeiten der Tarifvertragsparteien s *Seiwerth* NZA 17, 479). § 1 Abs 1b Satz 3 AÜG sieht keine Obergrenze der tariflichen Ausdehnung der Höchstüberlassungsdauer vor. Bei Befristung von Arbeitsverhältnissen hält das BAG eine Verlängerung der sachgrundlosen Befristung durch Tarifvertrag bis zur Dauer von 6 Jahren für zulässig (BAG 26.10.16 – 7 AZR 140/15, NZA 17, 463). In der Lit wird deshalb eine Beschränkung der Höchstüberlassungsdauer um das Dreifache, dh auf 54 Monate diskutiert (*Löwisch* DB 17, 1449; *Seiwerth* NZA 17, 479). In der Praxis gibt es Tarifverträge mit einer Höchstüberlassungsdauer von 10 Jahren (Übersicht in BT-Drs 19, 12700). Durch Betriebsvereinbarung ist die Verlängerung der Höchstüberlassungsdauer bei einer Öffnungsklausel in einem Tarifvertrag der Einsatzbranche möglich (Satz 4, Satz 5). Im TV LeihZ der Metall- und Elektroindustrie wurde eine Überlassungshöchstdauer von 48 Monaten vereinbart, die es den Betriebsparteien in tarifgebundenen Betrieben ermöglicht, die Überlassungshöchstdauer über die Frist von 18 Monaten hinaus zu verlängern. In Betrieben eines nichttarifgebundenen ArbGeb kann die Höchstüberlassungsdauer durch Betriebsvereinbarung ausgedehnt werden, allerdings nur auf max 24 Monate (Satz 6). Kritisch zu dieser Beschränkung *Löwisch* DB 17, 1449.

Die Höchstüberlassungsdauer von 18 Monaten gilt gem § 1 Abs 4 DRK-Gesetz, in Kraft getreten durch das Gesetz über den Abschluss der Rentenüberleitung v 17.7.17 (BGBl I, S. 2575), nicht für die Gestellung von Mitgliedern einer DRK-Schwesternschaft. Gem § 1 Abs 1b Satz 8 AÜG können Kirchen und öffentlich-rechtliche Religionsgemeinschaften abweichende Höchstüberlassungsdauern vereinbaren. Tw werden Zweifel an der Übereinstimmung dieser Regelung mit EU-Recht geäußert (*Oberthür* ArbRB 17, 315; *Wank* RdA 17, 100).

17 **3. Folgen einer nicht mehr vorübergehenden Überlassung. a) Rechtslage bis 31.3.17.** Strittig diskutiert wurde die Frage, welche Sanktionen den entleihenden ArbGeb bei einer nicht nur vorübergehenden Überlassung treffen. Das AÜG enthält keine Regelung, dass in diesem Fall ein Arbeitsverhältnis zwischen Entleiher und LeihArbN begründet wird. Deshalb wurde überwiegend die Auffassung vertreten, dass es keine Möglichkeit gebe, eine solche Sanktion auszusprechen (LAG Dü 21.6.13 – 10 Sa 1747/12, BeckRS 2013, 71617; LAG Bln-Bbg 16.10.12 – 7 Sa 1182/12, BeckRS 2012, 74944; LAG Nds 14.11.12 – 12 TaBV 62/12, BeckRS 2013, 66478). Nach aA sollte § 10 Abs 1 Satz 1 AÜG analog anzuwenden sein (LAG BaWü 31.7.13 – 4 Sa 18/13, BeckRS 2013, 71078; LAG Bln-Bbg 9.1.13 – 15 Sa 1635/12, NZA-RR 13, 234; LAG BaWü 22.11.12 – 11 Sa 84/12, BeckRS 2013, 67254). Das BAG hat diese Frage durch Urteil v 10.12.13 entschieden (BAG 10.12.13 – 9 AZR 51/13, NZA 14, 196; bestätigt durch Urteil v 3.6.14 – 9 AZR 111/13, BeckRS 2014, 71241 und v 29.4.15 – 9 AZR 883/13, BeckRS 2015, 69635). Für eine analoge Anwendung von § 10 Abs 1 Satz 1 AÜG fehlte es an einer planwidrigen Regelungslücke. Zwischen LeihArbN und Entleiher kommt deshalb kein Arbeitsverhältnis zustande. Sa *Steinmeyer* DB 13, 2740; *Thüsing* NZA 13, 1248; *Böhm* DB 12, 918, 632; *Leuchter* NZA 11, 608; *Zimmer* AuR 12, 89; *Ebert* ArbRB 13, 276.

18 **b) Rechtslage ab 1.4.17.** Das Überschreiten der Überlassungshöchstdauer führt gem § 9 Abs 1 Nr 1b AÜG zur Unwirksamkeit des Arbeitsvertrages zwischen Verleiher und LeihArbN und damit zur Fiktion eines Arbeitsverhältnisses zwischen Entleiher und LeihArbN (§ 10 Abs 1 Satz 1 AÜG). Der Leiharbeitsvertrag wird ab der Überschreitung unwirksam. Die Fiktion tritt gem § 9 Abs 1 Nr 1b AÜG jedoch nicht ein, wenn der LeihArbN von seinem Widerspruchsrecht Gebrauch macht. Einzelheiten → Rn 50. Erhebliche Verstöße führen zur Untersagung (§ 3 Abs 1 Nr 1 AÜG) oder zur Rücknahme oder zum Widerruf der Erlaubnis (§§ 4, 5 AÜG). Die Überschreitung der Höchstüberlassungsdauer führt nicht dazu, dass der Überlassungsvertrag zwischen Entleiher und Verleiher unwirksam wird (*Wank* RdA 17, 100). Es liegt nur eine Ordnungswidrigkeit des Verleihers vor (§ 16 Abs 1 Nr 1e AÜG).

19 **VII. Ausnahmen von der Erlaubnispflicht. 1. Abordnung zu einer Arbeitsgemeinschaft, § 1 Abs 1 Satz 2 und Satz 3 AÜG.** Bei Abordnung von ArbN zu einer zur Herstellung eines Werkes gebildeten Arbeitsgemeinschaft liegt keine erlaubnispflichtige

ArbNÜberlassung vor, wenn der ArbGeb Mitglied der Arbeitsgemeinschaft ist, für alle Mitglieder der Arbeitsgemeinschaft Tarifverträge desselben Wirtschaftszweiges gelten und alle Mitglieder aufgrund des Arbeitsgemeinschaftsvertrages zur selbständigen Erbringung von Vertragsleistungen verpflichtet sind. ArbNÜberlassung liegt deshalb dann vor, wenn ein Mitglied keine Vertragsleistungen zur Arbeitsgemeinschaft erbringt. Der Begriff „Werk" ist iSv § 631 BGB zu verstehen. Damit sind Arbeitsgemeinschaften ausgeschlossen, deren Zweck auf die Erfüllung einer Dienstleistung gerichtet ist (*Schüren/Hamann/Hamann* § 1 Rn 320; ErfK/*Wank* § 1 AÜG Rn 39). Werksarbeitsgemeinschaften kommen vor allem im Baugewerbe vor. Die Tarifverträge desselben Wirtschaftszweiges müssen für alle Mitglieder der Arbeitsgemeinschaft gelten. Diese Geltung kann dadurch eintreten, dass der ArbGeb Mitglied des vertragsschließenden ArbGebVerbandes ist (§ 3 TVG) oder dass der Tarifvertrag für allgemein verbindlich erklärt worden ist (§ 5 TVG). Möglich ist auch, dass ein nicht tarifgebundener ArbGeb die Geltung eines Tarifvertrages über das Arbeitsverhältnis mit einem zu einer Arbeitsgemeinschaft abgeordneten ArbN vereinbart, da der Zweck der Regelung, die Zusammenarbeit zu erleichtern und den sozialen Schutz der ArbN zu gewährleisten, auch in diesen Fällen erreicht wird (ErfK/*Wank* § 1 AÜG Rn 41). Abzugrenzen ist die Abordnung zu einer Arbeitsgemeinschaft von der Freistellung nach den Bautarifverträgen (Einzelheiten *Arbeitsgemeinschaft*).

**2. Arbeitnehmerüberlassung zur Vermeidung von Kurzarbeit und Entlassungen, § 1 Absatz 3 Nr 1 AÜG.** Ausgenommen vom Geltungsbereich des AÜG ist die ArbN-Überlassung zur Vermeindung von Kurzarbeit oder Entlassungen für ArbGeb desselben Wirtschaftszweiges, wenn ein für den Verleiher und Entleiher geltender Tarifvertrag gilt. Es muss sich um denselben Tarifvertrag handeln. Es genügt nicht, wenn für Verleiher und Entleiher verschiedene Tarifverträge gelten (ErfK/*Wank* § 1 AÜG Rn 53; *Boemke/Lembke* § 1 Rz 184; aA *Schüren/Hamann/Hamann* § 1 Rn 464 ff). Möglich ist, dass ein nicht tarifgebundener ArbGeb die Geltung des Tarifvertrages individualrechtlich vereinbart (ErfK/*Wank* § 1 AÜG Rn 53; *Schüren/Hamann/Hamann* § 1 Rn 474). 20

**3. Konzerninterne Arbeitnehmerüberlassung, § 1 Abs 3 Nr 2 AÜG.** Die Erlaubnispflicht gilt seit 1.12.11 nicht für Konzernunternehmen iSd § 18 AÜG, wenn der ArbN nicht zum Zwecke der Überlassung eingestellt und beschäftigt wird. Die Verweisung auf § 18 AÜG ist rechtsformenneutral. Auf die Rechtsform der Unternehmen kommt es folglich nicht an (*Thüsing/Waas* § 1 Rn 232). Der Arbeitseinsatz muss zwischen den Konzernunternehmen erfolgen. Ohne Bedeutung sind Anlass und Zweck der Überlassung. Das Konzernprivileg ist beschränkt auf die Überlassung von ArbN, die nicht zum Zwecke der Überlassung eingestellt und beschäftigt werden. Es gilt daher nicht für konzernangehörige Personalführungs-/überlassungsgesellschaften, unabhängig davon ob mit der Überlassung an andere Konzerngesellschaften ein Gewinn erzielt wurde. Zur Rechtslage bis 30.11.11 s Personalbuch 2016 Arbeitnehmerüberlassung/Zeitarbeit Rn 16. 21

**4. Gelegentliche Überlassung, § 1 Abs 3 Nr 2a AÜG.** Nicht konzernrechtlich verbundene Unternehmen dürfen ArbN außerhalb des Geltungsbereiches des Gesetzes anderen Unternehmen überlassen, wenn die Überlassung gelegentlich erfolgt und der ArbN nicht zum Zwecke der Überlassung eingestellt und beschäftigt wird. Nach der Gesetzesbegründung sollen nur spontane Überlassungsfälle ausgeklammert werden, zB der Fremdeinsatz aufgrund eines kurzfristigen Spitzenbedarfes eines anderen Unternehmens (BT-Drs 17/4808, S 8). Eine lediglich gelegentliche ArbNÜberlassung kann deshalb nur dann vorliegen, wenn das überlassende Unternehmen den ArbN nur ausnahmsweise und nicht wiederholt demselben Entleiher zur Arbeitsleistung überlässt (*Leuchten* NZA 11, 608; *Raif/Weidnauer* GWR 11, 303; weitergehend Evermann, der auch eine fehlende Gewinnerzielungsabsicht fordert; sa BAG 18.7.12 – 7 AZR 451/11, BeckRS 2012, 74792). Fraglich ist, ob die gesetzliche Neuregelung mit der EU-Richtlinie vereinbar ist, da diese auch für gelegentliche Aushilfen keinen Ausnahmetatbestand vorsieht (dagegen *Wank* BB 18, 1909; *Lembke* NZA 11, 319). 22

**5. Personalgestellung im öffentlichen Dienst und bei öffentlich-rechtlichen Religionsgesellschaften, § 1 Abs 3 Nr 2c AÜG.** Umstritten war, ob die im öffentlichen Dienst verbreitete Personalgestellung ArbNÜberlassung darstellt (so LAG BaWü 17.4.13 – 4 TaBV 7/12, BeckRS 2013, 69374; aA OVG NRW 19.9.14 – 20 A 281/13. PVB, BeckRS 23

2014, 57502). Seit 1.4.17 enthält § 1 Abs 3 Nr 2c AÜG eine Bereichsausnahme für die Personalgestellung im öffentlichen Dienst und die Überlassung zwischen ArbGeb, wenn diese juristische Personen des öffentlichen Rechts sind und Regelungen der öffentlich-rechtlichen Religionsgemeinschaften anwenden. Zur Bereichsausnahme s *Hamann/Klengel* EuZA 17, 485; *Bredemeier* öAT 17, 199.

24 **6. Überlassung ins Ausland, § 1 Abs 3 Nr 3 AÜG.** Die Vorschrift betrifft die Entsendung eines oder mehrerer ArbN durch ein im Inland ansässiges Unternehmen in ein Land außerhalb der EU sowie des EWR, nicht jedoch den umgekehrten Fall. Voraussetzung für die Ausnahme vom AÜG ist, dass der Verleih an ein deutsch-ausländisches Gemeinschaftsunternehmen erfolgt, das auf der Grundlage zwischenstaatlicher Vereinbarungen gegründet worden ist. Der Verleiher muss an diesem Gemeinschaftsunternehmen beteiligt sein. Die Größe des Anteils ist unerheblich. Eine Scheinbeteiligung reicht nicht aus (*Thüsing/Waas* § 1 Rn 257). Strittig ist, ob sich auch Verleihunternehmen an einem deutsch-ausländischen Unternehmen beteiligen können (verneinend *Schüren/Hamann/Hamann* § 1 Rn 534; bejahend *Boemke/Lembke/Lembke* § 1 Rn 247).

25 **7. Arbeitgeber mit weniger als 50 Beschäftigten bei Überlassung zur Vermeidung von Kurzarbeit, § 1a AÜG.** Keiner Erlaubnis bedarf der ArbGeb mit weniger als 50 ArbN gem § 1a Abs 1 AÜG, wenn der ArbN nicht zum Zwecke der Überlassung eingestellt und beschäftigt wird. Die Bestimmungen des § 1 Abs 1a, Abs 3 AÜG gehen der Regelung des § 1a AÜG vor. Die ArbNÜberlassung muss zur Vermeidung von Kurzarbeit oder Entlassungen erfolgen. Die zulässige Überlassungsdauer beträgt 12 Monate. Die zeitgleiche oder zeitlich gestaffelte Überlassung meherer ArbN ist zulässig (*Thüsing/Waas* § 1 Rn 24). Die Überlassung ist vorher schriftlich der BA anzuzeigen. Der notwendige Inhalt der Anzeige ergibt sich aus § 1a Abs 2 AÜG.

26 **VIII. Rechtsverhältnis Verleiher – Entleiher. 1. Überlassungsvertrag.** Der Verleiher schuldet dem Entleiher gem § 1 Abs 1 AÜG die entgeltliche Überlassung von Arbeitskräften. Er ist nur verpflichtet, einen oder mehrere ArbN auszuwählen und zur Verfügung zu stellen. Die Erbringung einer eigenen Arbeitsleistung schuldet der Verleiher nicht (BAG 5.5.92 – 1 AZR 78/91, NZA 92, 1044).

27 **a) Schriftform.** Der ArbNÜberlassungsvertrag bedarf gem § 12 Abs 1 Satz 1 AÜG zu seiner Wirksamkeit der **Schriftform.** Die an die Schriftform zu stellenden Anforderungen richten sich nach § 126 BGB. Das Schriftformerfordernis bezieht sich auch auf Rahmenverträge und Einzelverträge zu deren Ausfüllung (*Scharff* BB 18, 1140; *Thüsing/Thüsing* § 12 Rn 10) und gilt auch für Vertragsänderungen und Vertragsverlängerungen. Die Nichtwahrung des Schriftformerfordernisses führt gem § 125 Satz 1 BGB zur Nichtigkeit des ArbN-Überlassungsvertrags. Eine Heilung des Formmangels durch Vertragsdurchführung ist nicht möglich, da dies im Gesetz nicht vorgesehen ist. Ein formnichtiger ArbNÜberlassungsvertrag begründet keine Leistungspflichten. Die Rückabwicklung bereits erbrachter Leistungen richtet sich nach den §§ 812 ff BGB. Die Grundsätze des faktischen oder fehlerhaften Arbeitsvertrages sind auf das Verhältnis zwischen Verleiher und Entleiher nicht übertragbar (*Schüren/Hamann/Brors* § 12 Rn 15; *Thüsing/Thüsing* § 12 Rn 14).

28 **b) Unterrichtungs- und Hinweispflichten.** Der Verleiher hat gem § 12 Abs 2 AÜG mitzuteilen, ob er die Erlaubnis nach § 1 AÜG besitzt. Er hat anzugeben, welche besonderen Merkmale die für den LeihArbN vorgesehene Tätigkeit hat und welche berufliche Qualifikation dafür erforderlich ist sowie welche im Betrieb des Entleihers für einen vergleichbaren ArbN des Entleihers wesentlichen Arbeitsbedingungen einschließlich des Arbeitsentgelts gelten (§ 12 Abs 1 Sätze 2, 3 AÜG). Die Auskunftsverpflichtung besteht nicht, soweit die Voraussetzungen einer der in §§ 3 Abs 1 Nr 3, 9 Nr 2 AÜG genannten Ausnahmen vom Schlechterstellungsverbot vorliegen. Bei diesen Ausnahmen handelt es sich um die Fälle, dass ein zuvor arbeitsloser LeihArbN zu bestimmten Mindestkonditionen beschäftigt wird oder in denen ein Tarifvertrag abweichende Bedingungen zulässt. Der Verleiher hat gem § 12 Abs 2 AÜG den Entleiher ferner unverzüglich über den Zeitpunkt des Wegfalls der Erlaubnis zu unterrichten sowie über die Nichtverlängerung, die Rücknahme oder den Widerruf der erteilten Erlaubnis.

29 **c) Offenlegungs- und Konkretisierungspflicht.** Verleiher und Entleiher haben gem § 1 Abs 1 Satz 5, Satz 6 AÜG seit 1.4.17 die Überlassung von LeihArbN ausdrücklich als

ArbNÜberlassung zu bezeichnen und die Person des LeihArbN zu konkretisieren. Dies muss geschehen, bevor sie den LeihArbN überlassen bzw tätig werden lassen. Die Offenlegungspflicht unterfällt dem Schriftformerfordernis der §§ 12 Abs 1 AÜG, 126 Abs 1 BGB und gilt nach Auffassung der BA auch für vor dem 1.4.17 abgeschlossene Verträge (FW AÜG Ziff 1.1.6.7 Abs 3). Anders als die Offenlegungspflicht unterliegt die Konkretisierungspflicht nicht dem Schriftformerfordernis der §§ 12 Abs 1, 126 Abs 1 BGB (*Scharff* BB 18, 1140; *Thüsing/Thüsing* § 12 Rn 10a; aA *Zimmermann* BB 16, 53). Die BA ist der Auffassung, dass die Konkretisierung nur dann nicht der Schriftform bedarf, wenn diese nach Abschluss des Überlassungsvertrages unter Bezugnahme auf diesen erfolgt (FW AÜG Ziff 1.1.6.7 Abs 2). Zur Konkretisierung muss der LeihArbN individualisiert werden. Im Regelfall reichen hierfür Name und Vorname aus. Weitere Daten wie Geburtsdatum, Sozialversicherungsnummer sind nur bei Unklarheiten über die Person notwendig (*Thüsing/Maly* BB 17, 821).

Ein Verstoß gegen die **Offenlegungs- und Konkretisierungspflicht** führt gem § 9 Abs 1 Nr 1a AÜG zur Unwirksamkeit des Vertrages mit der Folge der Fiktion eines Arbeitsverhältnisses zwischen Entleiher und LeihArbN (§ 10 Abs 1 Satz 1 AÜG). In der Lit wird ein kummulativer Verstoß gegen die Offenlegungs- und Konkretisierungspflicht gefordert (*Bissels* NZA 17, 214; *Lembke* NZA 17, 1). **Verdeckte ArbNÜberlassung** ist damit seit 1.4.17 **nicht mehr möglich.** Sa → Rn 49. Das Offenlegungsgebot wird ergänzt durch die Pflicht des Verleihers, den LeihArbN vor Beginn jeder Überlassung darüber zu informieren, dass er beim Entleiher als LeihArbN tätig wird (§ 11 Abs 2 Satz 4 AÜG).

**2. Hauptleistungspflichten.** Als Dienstvorschaffungsvertrag besteht die Hauptleistungs- 30
pflicht in der Auswahl und dem Zurverfügungstellen eines den vertraglichen Anforderungen entsprechender ArbN. Es handelt sich idR um eine Gattungsschuld. Der Verleiher ist nicht verpflichtet, einen bestimmten ArbN zur Verfügung zu stellen (*Thüsing/Thüsing* § 12 Rn 23). Der Entleiher ist verpflichtet, die vereinbarte Vergütung für die ArbNÜberlassung zu zahlen. Kann er die ihm vom Entleiher zur Verfügung gestellten ArbN nicht beschäftigen, trägt er das Verwendungsrisiko. Von seiner Pflicht zur Zahlung der Vergütung wird er nicht befreit. Im Falle der Insolvenz des Entleihers kann der Verleiher die ihm zustehende Vergütung nur nach den §§ 103 ff Abs 2 InsO fordern (ErfK/*Wank* AÜG Einl Rn 16), sofern der Insolvenzverwalter nicht gem §§ 103 Abs 1, 80 InsO Erfüllung verlangt oder aber die Erfüllung des Vertrages ablehnt. In diesen Fällen ist die Vergütung Masseverbindlichkeit nach § 55 Abs 1 Nr 2 InsO.

**3. Leistungsstörungen.** Verletzt der Verleiher seine Pflicht zur Überlassung der geschul- 31
deten ArbN, haftet er, wenn die Leistung nicht nachholbar ist, nach §§ 280 Abs 1, 3, 283 BGB. Ist die Leistung des Verleihers nachholbar, haftet er nach §§ 280 Abs 1, 2, 286 BGB. Wählt der Verleiher ungeeignete ArbN zur Überlassung an den Entleiher aus, haftet er bei Verschulden wegen Schlechterfüllung des ArbNÜberlassungsvertrages nach §§ 280 Abs 1, 241 Abs 2 BGB. Umstritten ist, ob der ArbN bei der Erbringung seiner Leistung Erfüllungsgehilfe des Verleihers gem § 831 BGB ist. Überwiegend wird dies bejaht (BGH 26.1.95 – VII ZR 240/93, NJW-RR 95, 659; *Boemke/Lembke/Boemke* § 12 Rn 49; ErfK/*Wank* AÜG Einl Rn 20). Verletzt der Entleiher seine Verpflichtung zur Zahlung der Vergütung, kann er in Verzug kommen. Fügt er dem LeihArbN einen Personen- oder Sachschaden zu, haftet er diesem gegenüber selbst aus unerlaubter Handlung und zum anderen dem Verleiher gegenüber aus Schlechterfüllung des ArbNÜberlassungsvertrages (§§ 280 Abs 1, 241 Abs 2 BGB). Umfassend zur Haftung im Verhältnis Verleiher – Entleiher *Brors* WuV 96, 229.

**4. Unwirksamkeit von Abwerbungs- und Einstellungsverboten, Vermittlungs- 32
gebühr.** Vereinbarungen in ArbNÜberlassungsverträgen, nach denen der Entleiher die ihm vom Verleiher überlassenen LeihArbN nicht abwerben und/oder einstellen darf, sind unwirksam (§ 9 Abs 1 Nr 3 AÜG). Der Entleiher darf dem LeihArbN deshalb den Abschluss eines Arbeitsvertrages für die Zeit nach der ordentlichen Beendigung des Leiharbeitsverhältnisses anbieten. Nicht erlaubt ist jedoch die Aufforderung zum „sofortigen Wechsel“, da in diesem Fall eine Anstiftung zum Vertragsbruch vorliegt (ErfK/*Wank* § 9 AÜG Rn 8; *Schüren/Hamann/Schüren* § 9 Rn 176). Im ArbNÜberlassungsvertrag kann jedoch wirksam die Zahlung einer angemessenen Vermittlungsgebühr für den Fall vereinbart werden, dass der Entleiher mit dem LeihArbN während oder innerhalb eines Monats nach Ende der Überlassung einen Arbeitsvertrag abschließt (§ 9 Nr 3 AÜG; BGH 7.12.06 – III ZR 82/06,

NZA 07/571; *Böhm* DB 04, 1150). Zur Angemessenheit s BGH 10.11.11 – III ZR 77/11, DB 11, 2852; *Schüren/Hamann/Schüren* § 9 Rn 18 ff.

33 **5. Haftung für Sozialversicherungsbeiträge.** Bei legaler ArbNÜberlassung ist der Verleiher alleiniger ArbGeb. Ihn treffen deshalb die üblichen ArbGebPflichten in Richtung der SV. Der Verleiher hat den Gesamtsozialversicherungsbeitrag für alle Versicherungszweige abzuführen (§ 28e Abs 1 SGB IV) und die Beiträge zur gesetzlichen Unfallversicherung zu zahlen (§ 150 SGB VII). Der Entleiher haftet für die Zahlung des Gesamtsozialversicherungsbeitrags und des Betrags zur Unfallversicherung gem § 28e Abs 2 Satz 1 SGB IV und § 150 Abs 3 SGB VII wie ein selbstschuldnerischer Bürge. Die Haftung nach § 28e Abs 2 SGB IV umfasst jede Form der ArbNÜberlassung, auch die nichtgewerbsmäßige (*Bissels/Fuchs* ArbRAktuell 19, 214; *Zieglmeier* NZS 17, 321). Fehlendes Verschulden des Entleihers schließt dessen Haftung nicht aus. Die Bürgenhaftung des Entleihers bei Nichtabführung durch den Entleiher umfasst den sich auf den auf den jeweiligen Überlassungszeitraum des LeihArbN entfallenden Anteil (§ 28e Abs 2 Satz 1 SGB IV).

34 **IX. Rechtsverhältnis Verleiher – Leiharbeitnehmer. 1. Aufspaltung der Arbeitgeberfunktion.** Beim Leiharbeitsvertrag zwischen Verleiher und Entleiher handelt es sich um einen Arbeitsvertrag iSv § 611a BGB. Die Besonderheit besteht darin, dass der LeihArbN sich verpflichtet, seiner Arbeitsleistung ganz oder teilweise nicht nur bei seinem VertragsArbGeb zu erbringen, sondern auch bei einem Dritten (Entleiher). Hierfür bedarf es gem § 613 Satz 2 BGB der Zustimmung des LeihAbrN. Die ArbGebBefugnisse und -Pflichten, insbes das Direktions- oder Weisungsrecht sowie die Schutz- und Fürsorgepflichten des ArbGeb, sind dadurch zwischen Verleiher und Entleiher aufgespalten. Nur im Falle des unwirksamen Arbeitsverhältnisses nach § 9 Nr 1 AÜG sowie beim Scheindienst-/Scheinwerkvertrag wird gem § 10 Abs 1 Satz 1 AÜG ein Arbeitsverhältnis zwischen ArbN und Entleiher fingiert. Den Verleiher treffen die üblichen ArbGebPflichten, so zB die Entgeltfortzahlung, die Verpflichtung zur Gewährung von Urlaub. Die Bestimmungen des Mutterschutzes, insb die Beschäftigungsverbote nach §§ 4, 8 MuSchG muss der Verleiher neben dem Entleiher beachten (ErfK/*Wank* AÜG Einl Rn 25). Im Übrigen trifft den Verleiher die allgemeine arbeitsrechtliche Fürsorgepflicht.

35 **2. Vergütung des Leiharbeitnehmers. a) Allgemeines.** Der Verleiher schuldet dem LeihArbN die vertraglich vereinbarte Vergütung. Dies gilt auch für die sog **Nichteinsatzzeiten zwischen Überlassungen** an Entleiher. § 11 Abs 4 Satz 2 AÜG untersagt, den Vergütungsanspruch bei Annahmeverzug vertraglich aufzuheben oder einzuschränken. Entgegenstehende Vereinbarungen sind gem § 134 BGB nichtig (*Schüren/Hamann/Schüren* § 11 Rn 114). Es besteht jedoch die Möglichkeit, arbeitsvertraglich die Vergütung für Nichtarbeitszeiten abweichend festzulegen, weil für diese Zeiten der Gleichbehandlungsgrundsatz nicht greift (*Schüren/Hamann/Schüren* § 11 Rn 117). Eine gem § 3a AÜG festgesetzte Lohnuntergrenze ist jedoch ebenso verbindlich wie der gesetzliche Mindestlohn. Tarifvertragliche Regelungen können durch Bezugnahme im Arbeitsvertrag zum Inhalt des Arbeitsverhältnisses gemacht werden. Zulässig ist die Zahlung eines einsatzbezogenen Zuschlags. Ein solcher Zuschlag enthält keine gem § 11 Abs 4 Satz 2 AÜG unzulässige Beschränkung des Rechts des LeihArbN auf Vergütung bei Annahmeverzug gem § 615 Satz 1 BGB (LAG Dü 22.2.17 – 4 Sa 563/16, BeckRS 2017, 113942; *Schüren/Hamann/Schüren* § 11 Rn 111 f). In fast allen bedeutenden Industriebranchen gelten **Branchenzuschlagstarifverträge.** Sie sind verleiherbezogen gestaltet, binden also nur den Verleiher. Inhaltlich verpflichten sie den Entleiher zur Zahlung eines Zuschlags zum Grundlohn des LeihArbN. Die Branchenzuschlagstarifverträge müssen seit 1.4.17 ein mit dem tarifvertraglichen Entgelt vergleichbarer ArbN in der Einsatzbranche vergleichbares Entgelt festlegen. Dieses vergleichbare Entgelt muss spätestens nach 15 Monaten einer Überlassung an einen Entleiher erreicht sein (§ 8 Abs 4 Satz 1 Nr 1 AÜG). Einzelheiten s *Scharff* BB 18, 1140; *Bissels/Falter* DB 17, 1968; *Bayreuther* BB 14, 1973.

36 **b) Mindestlohn/Lohnuntergrenze.** Der LeihArbN hat Anspruch auf den gesetzlichen Mindestlohn gem § 1 Abs 2 MiloG. Gem § 1 Abs 3 MiloG gehen die Regelungen des AÜG und der auf seiner Grundlage erlassenen RVO dem MiloG jedoch vor, soweit die Höhe der durch RVO festgesetzten Branchenmindestlöhne die Höhe des gesetzlichen Mindestlohns nicht unterschreitet. Das BMAS hatte mit der 1. VO und 2. VO über eine

Lohnuntergrenze in der ArbNÜberlassung gem § 3a Abs 2 AÜG (BAnz 11, 4608; BAnz AT 26.3.14 V 1) Mindestentgelte für die Leiharbeit ab Januar 2012 bis 31. Dezember 2016 festgesetzt. Die durch die VO festgesetzten Mindeststundenentgelte durften gem § 3 Abs 1 Nr 3 Satz 2 AÜG und § 9 Abs 2 AÜG durch einen vom Equal-pay-Gebot abweichenden Tarifvertrag nicht unterschritten werden. Jedem LeihArbN musste gem § 10 Abs 5 AÜG mindestens das in der VO festgesetzte Mindestentgelt für Einsatzzeiten und verleihfreie Zeiten gezahlt werden. Sah ein vom Equal-pay-Gebot abweichender Tarifvertrag eine unterhalb der Lohnuntergrenze liegende Vergütung vor, hatte der LeihArbN Anspruch auf equal-pay gem § 10 Abs 4 Satz 3 AÜG aF. Die verordnete Lohnuntergrenze galt dann nicht (*Düwell* DB 13, 756). Ab dem 1.1.17 gilt das MiLoG auch für die ArbNÜberlassung uneingeschränkt. Zu beachten ist ferner der **Gleichstellungsgrundsatz nach § 8 AEntG.** Wird ein LeihArbN in einem Entleiherbetrieb mit Tätigkeiten beschäftigt, die in den Geltungsbereich eines nach § 7 AEntG durch RVO für allgemeinverbindlich erklärten Tarifvertrag fallen, hat der Verleiher dem LeihArbN gem § 8 Abs 3 AEntG die in § 5 Abs 1 Nr 1 bis 3 AEntG aufgeführten Arbeitsbedingungen, dh auch das genannte Mindestentgelt zu gewähren. Einzelheiten s ErfK/Schlachter § 8 AEntG Rn 5; *Düwell* DB 13, 756.

**c) Equal-pay-Gebot.** Für die Zeit der Überlassung schuldet der Verleiher dem LeihArbN die im Betrieb des Entleihers für einen vergleichbaren ArbN des Entleihers geltenden wesentlichen Arbeitsbedingungen einschließlich des Arbeitsentgelts (§ 8 Abs 1 Satz 1 AÜG). Einzelheiten *Equal-pay*.

**3. Nachweis- und Auskunftspflichten.** Der Verleiher ist gegenüber dem LeihArbN verpflichtet, die wesentlichen Arbeitsbedingungen entsprechend § 2 Abs 1 NachwG mitzuteilen. In die Niederschrift mit aufzunehmen sind die genaue Bezeichnung des Verleihers, Ort und Datum der Erteilung der Erlaubnis nach § 1 AÜG und Art und Höhe der Leistungen für Zeiten, in denen der LeihArbN nicht verliehen ist. Eine Pflicht des Verleihers, die wesentlichen Bedingungen des Entleiherbetriebs nachzuweisen, besteht nicht (BAG 25.3.15 – 5 AZR 368/13, NZA 15, 877). Die Urkunde oder eine entsprechende schriftliche Vereinbarung ist dem LeihArbN vor Beginn der Beschäftigung, bei einer Auslandstätigkeit spätestens vor der Abreise, auszuhändigen (§ 11 Abs 1 AÜG). Der Verleiher ist ferner verpflichtet, dem LeihArbN bei Vertragsschluss ein Merkblatt der Erlaubnisbehörde über den wesentlichen Inhalt des AÜG auszuhändigen. Nichtdeutsche LeihArbN erhalten das Merkblatt auf Verlangen in ihrer Muttersprache. 37

**4. Befristung des Arbeitsvertrages.** Es gelten die allgemeinen Befristungsregelungen der §§ 14 ff TzBfG. Die Befristung des Leiharbeitsverhältnisses ohne sachlichen Grund ist bis zur Höchstdauer von 2 Jahren (bei dreimaliger Verlängerungsmöglichkeit innerhalb dieser Höchstfrist) zulässig (§ 14 Abs 2 TzBfG). Eine derartige Befristung ist allerdings nicht möglich, wenn mit demselben ArbN bereits zuvor ein befristetes oder unbefristetes Arbeitsverhältnis bestanden hat, es sei denn, Tarifverträge enthalten abweichende Regelungen (§ 14 Abs 2 Satz 2 und 3 TzBfG). Die Überlassung eines ArbN an seinen vormaligen ArbGeb, bei dem er zuvor zwei Jahre sachgrundlos befristet beschäftigt war, führt nicht zur Unwirksamkeit einer anschließend mit dem Verleiher iSd § 1 AÜG nach § 14 Abs 2 TzBfG vereinbarten sachgrundlosen Befristung (BAG 18.10.06 – 7 AZR 145/06, NZA 07, 443). Für die Befristung mit Sachgrund nach § 14 Abs 1 TzBfG sind die Befristungsgründe Nr 1 (vorübergehender Bedarf) und Nr 5 (Erprobung) sowie Nr 6 (Gründe des ArbN) von Bedeutung. Nicht einschlägig ist hingegen der Befristungsgrund Vertretung gem § 14 Abs 1 Satz 2 Nr 3 TzBfG, da insoweit auf den Vertretungsbedarf beim Verleiher abzustellen ist. Wegen der Natur des Leiharbeitsverhältnisses mit ihrer Austauschbarkeit der Personen ist Vertretungsbedarf grds schwer vorstellbar. Der typische Befristungsgrund eines nur vorübergehenden Bedarfs beim Entleiher rechtfertigt zwar die Befristung des Überlassungsverhältnisses zwischen Verleiher und Entleiher. Als Befristungsgrund des § 14 Abs 1 Satz 2 Nr 1 TzBfG ist er für das Verhältnis Verleiher – LeihArbN aber idR nicht tauglich. Ein LeihArbN wird idR nacheinander an verschiedene Entleiher zur Deckung des jeweils dort bestehenden, meist zeitlich begrenzten Bedarfs ausgeliehen. Wird er nur für einen bestimmten Entleiher eingestellt, initiiert dies mit besonderem Gewicht gem § 1 Abs 2 AÜG Arbeitsvermittlung. Zur befristeten Leiharbeit s im Übrigen *Düwell/Dahl* NZA 07, 889, *Werthebach* NZA 05, 1044 und *Befristetes Arbeitsverhältnis*. 38

39 **5. Leistungsstörungen.** Kommt der Verleiher seiner Hauptpflicht zur Zahlung der Vergütung nicht nach, kann der LeihArbN seine Arbeitsleistung nach § 320 BGB zurückhalten. Erleidet der LeihArbN beim Verleiher oder beim Entleiher einen Körperschaden, haften der Verleiher und der Entleiher nur für Vorsatz (§ 104 SGB VII). Für Sachschäden des LeihArbN haftet der Verleiher gem §§ 280 Abs 1, 241 Abs 2 BGB. Strittig ist, ob der Verleiher auch für Sachschäden haftet, die der LeihArbN auf Grund von schuldhaften Pflichtverletzungen des Entleihers erleidet (s hierzu *Schüren/Hamann/Brors* Einl Rn 478 ff). Die Haftung des LeihArbN ist, wie allgemein die ArbNHaftung, nach den Grundsätzen des innerbetrieblichen Schadensausgleiches eingeschränkt (*Arbeitnehmerhaftung*).

40 **6. Beendigung des Leiharbeitsverhältnisses.** Eine Kündigung ist als außerordentliche nach § 626 BGB oder als ordentliche Kündigung möglich. Für die ordentliche Kündigung gelten die Fristen des § 622 BGB bzw die arbeitsvertraglich oder in Bezug genommenen tarifvertraglichen Kündigungsfristen. § 622 Abs 5 Nr 1 BGB gilt für die ArbNÜberlassung nicht (§ 11 Abs 4 AÜG). Im Geltungsbereich des KSchG bedarf die Kündigung eines personen-, verhaltens- oder betriebsbedingten Grundes (§ 1 Abs 2 KSchG). Eine Kündigung aus verhaltensbedingten Gründen kommt in Betracht, wenn sich der LeihArbN im Entleiherbetrieb Pflichtwidrigkeiten (zB Schlechtleistung) zu Schulden kommen lässt, die sich auch nach einer Abmahnung wiederholen, und deshalb der Entleiher berechtigte Gründe hat, vom Verleiher den Abzug des LeihArbN zu verlangen. Eine betriebsbedingte Kündigung des LeihArbN kommt in Betracht, wenn der Verleiher den ArbN mangels Überlassungsaufträge nicht beschäftigen kann. Der Verleiher muss an Hand der Auftrags- und Personalplanung darstellen, dass es sich um einen dauerhaften und nicht nur um einen kurzfristigen Auftragsrückgang handelt. Kurze Auftragslücken gehören zum typischen Auftragsrisiko eines Verleihers und sind nicht geeignet, eine betriebsbedingte Kündigung sozial zu rechtfertigen (BAG 18.5.06 – 2 AZR 412/05, DB 06, 1962; LAG Bln Bbg 20.1.17 – 2 Sa 1188/16, BeckRS 2017, 126709). Zur betriebsbedingten Kündigung eines Leiharbeitsverhältnisses s auch *Bayreuther* NZA 16, 1304; *Dahl* DB 03, 1626.

41 **X. Rechtsverhältnis zwischen Entleiher und Leiharbeitnehmer. 1. Allgemeines.** Ein Arbeitsverhältnis besteht nur zwischen dem Verleiher und dem LeihArbN. Andererseits haben Entleiher und LeihArbN wechselseitige Rechte und Pflichten. Wie angesichts dessen die Rechtsbeziehung zwischen Entleiher und LeihArbN einzuordnen ist, ist streitig. Übersicht bei *Schüren/Hamann/Schüren* Einl Rn 124 ff.

42 **2. Leistungsstörungen.** Der LeihArbN haftet im Falle der Nichterfüllung dem Entleiher nach §§ 280 Abs 1, 3, 283 BGB, bei Schlechterfüllung gem § 280 BGB. Die Haftung ist jedoch nach den Grundsätzen des innerbetrieblichen Schadensausgleichs beschränkt. Einzelheiten *Arbeitnehmerhaftung.*

43 **3. Ansprüche des Leiharbeitnehmers gegen den Entleiher. a) Arbeitsschutzvorschriften.** Die Tätigkeit des LeihArbN bei dem Entleiher unterliegt den für den Betrieb des Entleihers geltenden öffentlich-rechtlichen Vorschriften des **Arbeitsschutzrechts.** Die sich hieraus für den ArbGeb ergebenden Pflichten obliegen dem Entleiher unbeschadet der Pflichten des Verleihers (§ 11 Abs 6 AÜG).

**b) Arbeitnehmererfindungen und technische Verbesserungsvorschläge.** Hat der LeihArbN während der Dauer der Tätigkeit eine Erfindung oder einen technischen Verbesserungsvorschlag gemacht, fingiert § 11 Abs 7 AÜG den Entleiher als ArbGeb iSd ArbNErfG. Der LeihArbN kann eine Klage gegen den Entleiher auf Auskunft und Zahlung einer Prämie nach den Regelungen einer im Entleiherbetrieb gültigen Betriebsvereinbarung über das betriebliche Vorschlagwesen erheben.

**c) Auskunftspflichten.** Um dem LeihArbN die Überprüfung der Arbeitsbedingungen zu ermöglichen, gibt § 13 AÜG ihm einen Auskunftsanspruch gegenüber dem Entleiher über die in dessen Betrieb für einen vergleichbaren ArbN geltenden wesentlichen Arbeitsbedingungen einschließlich des Arbeitsentgelts. Die Auskunft muss auch eine Aussage über die Vergleichbarkeit der Tätigkeit des LeihArbN mit derjenigen der verglichenen StammArbN enthalten (BAG 19.9.07 – 4 AZR 656/06, NZA-RR 08, 231). Gibt es beim Entleiher keine vergleichbaren StammArbN, muss er dem LeihArbN Auskunft darüber erteilen, welche Arbeitsbedingungen für ihn gälten, wenn er für die gleiche Tätigkeit bei ihm eingestellt worden wäre (BAG 19.2.14 – 5 ARZ 1047/12, BeckRS 2014, 68934). Der

Auskunftsanspruch ist ein gesetzlicher, kein vertraglicher Anspruch. Er fällt unter § 194 BGB und unterliegt der regelmäßigen Verjährungsfrist von 3 Jahren nach § 195 BGB (BAG 24.4.14 – 8 AZR 1081/12, NZA 14, 968).

**d) Informationspflicht über freie Arbeitsplätze.** Den Entleiher trifft gem § 13a AÜG eine Informationspflicht gegenüber dem LeihArbN über im Betrieb oder im Unternehmen zu besetzende Arbeitsplätze. Diese Verpflichtung besteht unabhängig von einem Verlangen des LeihArbN oder des BRat gem § 93 BetrVG und unabhängig davon, ob diese für den LeihArbN geeignet erscheinen (*Lembke* BB 12, 2497; *Hamann* RdA 11, 321). Verstöße begründen Schadensersatzansprüche des LeihArbN gem § 280 BGB iVm § 311 Abs 2, 241 Abs 2 BGB und stellen eine Ordnungswidrigkeit gem § 16 Abs 1 Nr 9 AÜG dar. Es dürfte auch ein Zustimmungsverweigerungsrecht des BRat bei Einstellung eines externen oder Versetzung eines internen Bewerbers gem § 99 Abs 2 Nr 1 und 3 BetrVG bestehen. Vereinbarungen über den Ausschluss oder die Einschränkung der Informationspflicht sind unwirksam (§ 134 BGB). Einzelheiten s *Lembke* NZA 11, 319. 44

**e) Zugangsrechte für Leiharbeitnehmer.** § 13b AÜG gewährt dem LeihArbN einen einklagbaren Anspruch auf Zugang zu Gemeinschaftseinrichtungen und Gemeinschaftsdiensten des Entleihers wie vergleichbaren ArbN im Betrieb. Der Anspruch ist nicht tarifdispositiv und kann auch nicht durch Vereinbarung ausgeschlossen werden (§ 9 Abs 1 Nr 2a AÜG). Was unter Gemeinschaftseinrichtungen und -diensten zu verstehen ist, definiert das Gesetz nicht. Die Begriffe dürften iSv Art 6 der EU-Richtlinie auszulegen sein. Nicht erfasst werden deshalb vom Entleiher an seine ArbN gewährte Geldleistungen (Essens-, Fahrtkosten- u Mietzuschüsse) oder Geldsurrogate (Essens-, Tankgutscheine; s hierzu Hess LAG 9.9.16 – 10 Sa 474/16, NZA-RR 17, 236). Hingegen fallen Erholungsheime, Sportanlagen, Werkmietwohnungen, Parkplätze oder Einrichtungen zum verbilligten Personaleinkauf unter § 13b AÜG (*Lembke* NZA 11, 319; sa *Vielmeier* NZA 12, 535; *Koch* BB 12, 323). Bei einem Verstoß stehen dem LeihArbN Schadensersatzansprüche gegen den Entleiher gem § 280 Abs 1 BGB bzw § 823 Abs 2 iVm § 13b AÜG zu. Der Entleiher begeht eine Ordnungswidrigkeit (§ 16 Abs 1 Nr 10 AÜG). 45

**4. Verbot des Einsatzes von Leiharbeitnehmern als Streikbrecher.** Bis 31.3.17 war in § 11 Abs 5 AÜG geregelt, dass LeihArbN nicht in einem Betrieb tätig werden mussten, der unmittelbar von einem Streik betroffen war. Dieses Recht wurde in § 11 Abs 5 AÜG nF in ein generelles Beschäftigungsverbot von LeihArbN bei unmittelbar von einem Arbeitskampf betroffenen Betrieben abgeändert. Das Verbot bezieht sich sowohl auf den Einsatz von sog Streikbrechern als auch auf den Einsatz von LeihArbN, die bereits vor dem Arbeitskampf im Betrieb des Entleihers tätig waren. Die Zulässigkeit dieses Verbots ist umstritten. Ein Antrag, das Streikbrecherverbot außer Kraft zu setzen, wurde vom BVerfG zurückgewiesen (BVerfG 25.2.19 – 1 BvR 842/17, NZA 19, 415). S auch *Deinert* RdA 17, 65; *Lembke* NZA 17, 1; *Bauer/Haußmann* NZA 16, 803. 46

**XI. Folgen unerlaubter Arbeitnehmerüberlassung. 1. Unwirksamkeit des Vertrages zwischen Verleiher und Entleiher.** Besitzt der Verleiher nicht die nach § 1 Abs 1 AÜG erforderliche Erlaubnis, ist der ArbNÜberlassungsvertrag zwischen Verleiher und Entleiher nach § 9 Abs Nr 1 Var 1 AÜG unwirksam. Dies gilt unabhängig davon, ob die Erlaubnis von Anfang an fehlte oder ob sie erst später wegfiel (zB durch Rücknahme oder Widerruf §§ 4, 5 AÜG). Die Unwirksamkeit tritt mit dem Wegfall der Erlaubnis ein, nicht rückwirkend (*Schüren/Hamann/Schüren* § 9 Rn 41 f). Wird die Erlaubnis nachträglich erteilt, führt dies zu keiner rückwirkenden Heilung des Überlassungsvertrags. Ein fehlerhaftes ArbNÜberlassungsverhältnis gibt es nicht (*Schüren/Hamann/Schüren* § 9 Rn 54 ff). 47

Der unwirksame ArbNÜberlassungsvertrag begründet zwischen den Vertragsparteien, dem Verleiher und Entleiher keine Leistungspflichten. Wurden Leistungen in Erfüllung des unwirksamen Überlassungsvertrages gleichwohl erbracht, sind diese nach den Grundsätzen des Bereicherungsrechts (§§ 8, 12 ff BGB) zurückzugewähren (BGH 18.7.2000 – X ZR 62/98, NJW 2000, 3492; *Schüren/Hamann/Schüren* § 9 Rn 60 ff). Bei vorsätzlich betriebener illegaler ArbNÜberlassung ist § 817 BGB zu beachten. Eine von ihm an den Verleiher bereits gezahlte Vergütung kann der Entleiher nur dann zurückfordern, wenn er von der Illegalität der Überlassung keine Kenntnis hatte (BGH 29.4.68 – VII ZR 9/66, NJW 68, 1329; *Schüren/Hamann/Schüren* § 9 Rn 67).

48 **2. Unwirksames Arbeitsverhältnis im Verhältnis Verleiher-Leiharbeitnehmer.** Der Vertrag zwischen Verleiher und LeihArbN wird unwirksam, wenn der Verleiher nicht die gem § 1 Abs 1 AÜG erforderliche Erlaubnis verfügt (§ 9 Abs 1 Nr 1 Var 2 AÜG). Diese Rechtsfolge greift nur ein, wenn die Erlaubnis fehlt und die illegale Überlassung in Vollzug gesetzt wurde (*Schüren/Hamann/Schüren* § 9 Rn 39; *Thüsing/Mengel* § 9 Rn 12). Fällt die Erlaubnis erst nach Vertragsabschluss weg, wird das Arbeitsverhältnis erst ab diesem Zeitpunkt unwirksam. Entsprechendes gilt bei Nichtverlängerung, Rücknahme und Widerruf der Verleiherlaubnis. Wird die Verleiherlaubnis erst nachträglich erteilt, führt dies zu keiner rückwirkenden Heilung des laufenden Leiharbeitsverhältnisses (LAG Bremen 12.7.16 – 1 Sa 70/15, BeckRS 2016, 133837; 2 AG SlH 19.7.12 – 5 Sa 474/11, BeckRS 2012, 72509). Unwirksam wird der Arbeitsvertrag des Weiteren bei einem Überschreiten der Überlassungshöchstdauer nach § 1 Abs 1b AÜG (§ 9 Abs 1 Nr 1b AÜG), sowie bei einem Verstoß gegen die in § 1 Abs 1 Satz 5 und Satz 6 AÜG normierten Offenlegungspflichten (§ 9 Abs 1 Nr 1a AÜG). Gesetzlich nicht geregelt sind die Folgen, wenn das Arbeitsverhältnis zwischen Verleiher und LeihArbN trotz Unwirksamkeit vollzogen wird. Der Schutzzweck spricht in diesem Fall dafür, für die Zeit des Vollzugs ein sog fehlerhaftes Arbeitsverhältnis anzunehmen (*Schüren/Hamann/Schüren* § 10 Rn 161 ff; ErfK/*Wank* § 9 AÜG Rn 5; aA BGH 18.7.2000, NJW 2000, 3492). Soweit die illegale ArbNÜberlassung aus einem Mischbetrieb heraus erfolgte, führt die fehlende bzw weggefallene Überlassungserlaubnis nicht zur Unwirksamkeit des gesamten Arbeitsvertrages; es tritt lediglich eine Teilnichtigkeit (§ 139 BGB) ein, die nur die Verpflichtung zur Leistung von Leiharbeit erfasst. Der übrige Arbeitsvertrag im Verhältnis zum Verleiher bleibt, soweit er die Arbeit im Stammbetrieb gestaltet, wirksam (*Schüren/Hamann/Schüren* § 10 Rn 181 ff).

49 **3. Schadensersatzanspruch des Leiharbeitnehmers.** Der LeihArbN hat gem § 10 Abs 2 Satz 1 AÜG gegen den Verleiher einen Anspruch auf Ersatz der Schäden, die er dadurch erlitten hat, dass er auf die Gültigkeit seines Arbeitsvertrages vertraute. Seit 1.4.17 findet die Regelung auch auf die Unwirksamkeit des Vertrages wegen verdeckter ArbN-Überlassung gem § 9 Abs 1 Nr 1a AÜG und wegen Überschreitung der Überlassungshöchstdauer gem § 9 Abs 1 Nr 1b Anwendung. Die Unwirksamkeit muss auf den Regelungen des § 9 Nr 1 Nr. 1a und Nr 1b AÜG beruhen (ErfK/*Wank* § 10 AÜG Rn 39; *Schüren/Hamann/Schüren* § 10 Rn 204). Mit der Regelung wollte der Gesetzgeber dem Umstand Rechnung tragen, dass nicht das in Aussicht genommene, sondern stattdessen ein völlig neues Arbeitsverhältnis mit teilw stark abweichenden Bedingungen entsteht. Deshalb wird der Umfang des Schadensersatzes nicht, wie bei §§ 122, 179 BGB auf das negative Interesse begrenzt. Erfasst werden die Schäden, die der LeihArN dadurch erleidet, dass der Entleiher seinen bestehenden Verpflichtungen nicht nachkommt. Der Schadensersatzanspruch setzt kein Verschulden voraus. Der Verleiher haftet auch im Falle der Insolvenz des Entleihers, wenn es der LeihArbN in Unkenntnis der Fiktion des § 10 Abs 1 AÜG unterlassen hat, Ansprüche auf Insolvenzgeld rechtzeitig geltend zu machen (ErfK/*Wank* § 10 AÜG Rn 25). Wird der Verleiher insolvent, so hat der LeihArbN einen Anspruch nach § 183 SGB III, sofern das Arbeitsverhältnis durchgeführt wurde. Der Vergütungsanspruch gegen den Verleiher auf Grund des fehlerhaften Arbeitsverhältnisses ist als Anspruch auf Arbeitsentgelt iSd § 183 Abs 1 SGB III anzusehen (ErfK/*Wank* § 10 AÜG Rn 42). Einzelheiten s Ridder. Der Schadensersatzanspruch des LeihArbN gegen den Verleiher gemäß § 10 II AÜG, 2016.

50 **4. Fingiertes Arbeitsverhältnis zwischen Entleiher und Leiharbeitnehmer. a) Allgemeines.** Ist der zwischen dem Verleiher und dem LeihArbN abgeschlossene Vertrag gem § 9 AÜG unwirksam, gilt gem § 10 Abs 1 Satz 1 AÜG ein Arbeitsverhältnis zwischen Entleiher und LeihArbN zu dem zwischen dem Entleiher und dem Verleiher für den Beginn der Tätigkeit vorgesehenen Zeitpunkt als zustande gekommen. Maßgeblich ist damit nicht die tatsächliche Arbeitsaufnahme beim Entleiher (*Thüsing/Mengel* § 10 Rn 10; ErfK/*Wank* § 10 AÜG Rn 4; aA *Schüren/Hamann/Schüren* § 10 Rn 46). Nach Auffassung des BAG knüpfen die Rechtsfolgen des § 10 Abs 1 Satz 1 AÜG vor dem 1.4.17 an die tatsächliche Überlassung des ArbN an den Entleiher und damit an die Erbringung von Arbeitsleistungen für den Entleiher an (BAG 20.1.16 – 7 AZR 535/13, BeckRS 2016, 69503). Das neue Arbeitsverhältnis entsteht **kraft Gesetzes.** Eine vertragliche Vereinbarung zwischen Entleiher und LeihArbN ist nicht erforderlich. Die Wirkung der Fiktion tritt **unabhängig vom**

**Willen** und von der **Kenntnis** der Beteiligten ein (*Thüsing/Mengel* § 10 Rn 12; ErfK/*Wank* § 10 AÜG Rn 5). Treten die Unwirksamkeitsgründe erst nach Vertragsschluss ein und nachdem der LeihArbN seine Tätigkeit beim Verleiher begonnen hat, wird das Arbeitsverhältnis mit dem Entleiher gem § 10 Abs 1 Satz 1 Hs 4 AÜG frühestens ab dem Zeitpunkt fingiert, in dem die Unwirksamkeit der Verträge gem § 9 Abs 1 Nr 1 AÜG eintritt. In den besonderen Fällen der Rücknahme, des Widerrufs oder der Nichtverlängerung der Verleiherlaubnis tritt die Unwirksamkeit der Verträge nicht sofort mit dem Wegfall der Erlaubnis ein, sondern erst nach der zwölfmonatigen Abwicklungsfrist des § 2 Abs 4 Satz 4 AÜG. Entsprechend verschiebt sich auch der Beginn des fingierten Arbeitsverhältnisses (*Thüsing/Mengel* § 10 Rn 14; ErfK/*Wank* § 10 AÜG Rn 8).

§ 10 Abs 1 Satz 1 AÜG erfasst auch die Fälle illegaler ArbNÜberlassung in Form von Scheindienst-/Scheinwerkverträgen (BAG 25.9.13 – 10 AZR 282/12, NZA 13, 1348; ErfK/*Wank* § 10 AÜG Rn 1). Auf die nichtgewerbsmäßige ArbNÜberlassung war § 10 Abs 1 Satz 1 AÜG bis 30.11.11 nicht anwendbar (BAG 2.6.10 – 7 AZR 946/08, NZA 11, 351). Eine nach § 1b Satz 1 AÜG unzulässige ArbÜberlassung in Betrieben des Baugewerbes führt nicht zu einem Arbeitsverhältnis zwischen Entleiher und LeihArbN. §§ 10 Abs 1, 9 Nr 1 AÜG sind nicht analog anwendbar (BAG 13.12.06 – 10 AZR 674/05, NZA 07, 751).

**b) Verdeckte Arbeitnehmerüberlassung.** Bis 31.3.17 war lange Zeit strittig, ob eine **verdeckte Arbeitnehmerüberlassung** aufgrund eines Scheinwerkvertrages auch dann zur Begründung eines Arbeitsverhältnisses zwischen dem überlassenen ArbN und dem Entleiher führt, wenn der ArbGeb die Erlaubnis zur ArbNÜberlassung besitzt. Das BAG hat durch Urteil v 12.7.16 festgestellt, dass diese Frage zu verneinen ist, da die Rechtsfolge des § 10 Abs 1 AÜG nur dann eintreten kann, wenn der Arbeitsvertrag gem § 9 Nr 1 AÜG nichtig ist (BAG 12.7.16 – 9 AZR 352/15, BeckRS 2016, 72463; so auch LAG RPf 28.5.15 – 2 Sa 689/14, BeckRS 2015, 72254, LAG BaWü 7.5.15 – 6 Sa 78/14, NZA-RR 15, 520; LAG BaWü 18.12.14 – 3 Sa 33/14, BeckRS 2015, 66007; *Ulrici* BB 15, 1209; *Giese/Scheuer* BB 15, 1461; aA LAG BaWü 3.12.14 – 4 Sa 41/14, NZA-RR 15, 177; *Brose* DB 14, 1739). 51

§ 1 Abs 1 Satz 5, Satz 6 AÜG bestimmen nunmehr, dass Verleiher und Entleiher die Überlassung von ArbN in ihrem Vertrag ausdrücklich als ArbNÜberlassung zu bezeichnen und den jeweiligen LeihArbN im Vertrag zu konkretisieren haben. Ein **Verstoß gegen die Offenlegungs- und Konkretisierungspflichten** führt gem § 9 Abs 1 Nr 1a AÜG zur Unwirksamkeit des Vertrages und damit gem § 10 Abs 1 AÜG zur **Fiktion eines Arbeitsverhältnisses zwischen Entleiher und LeihArbN** (*Kainer/Schweipert* NZA 17, 13; *Schüren/Pütz* NZA 17, 483; aA *Bissels* NZA 17, 214). Gegen das Verbot der verdeckten ArbN-Überlassung werden in der Lit tw verfassungsrechtliche Bedenken geäußert (*Lembke* NZA 18, 393). Zur Frage, ob die Vorratserlaubnis bei Abschluss eines Werk-/Dienstvertrages weiterhin genutzt werden kann s *Greiner* NZA 18, 745.

**c) Widerspruchsrecht des Leiharbeitnehmers.** Die gesetzliche Fiktion des § 10 Abs 1 AÜG konnte bis 31.3.17 vom ArbN nicht durch einen Widerspruch verhindert werden (BAG 19.3.03 – 7 AZR 267/02, DB 03, 2793). Sie trat auch unabhängig vom Willen oder von Kenntnis der Beteiligten ein, dh auch dann, wenn die Beteiligten die Auffassung vertreten, es handele sich um einen Werk- oder Dienstvertrag und nicht um unerlaubte ArbNÜberlassung (BAG 18.2.03 – 3 AZR 160/02, DB 03, 2181). Seit 1.4.17 kann der LeihArbN nach § 9 Abs 1 Nr 1a und Nr 1b AÜG den dort geregelten Fällen erklären, dass er an dem Arbeitsvertrag mit dem Verleiher festhalten will. Diese Festhaltenserklärung des LeihArbN ist gem § 9 Abs 2 AÜG nur wirksam, wenn sie schriftlich erfolgt (§ 126 BGB) und **innerhalb eines Monats ab dem Unwirksamkeitszeitpunkt** abgegeben wird. Vor der Abgabe muss der LeihArbN die Erklärung persönlich der BA vorlegen, welche die Erklärung mit dem Datum des Tages der Vorlage datiert und dem Hinweis versieht, dass sie die Identität des LeihArbN festgestellt hat. Die Erklärung muss spätestens am dritten Tag nach der Vorlage bei der BA dem Ver- oder Entleiher zugehen. Damit soll ausgeschlossen werden, dass die Erklärung nicht auf Vorrat abgegeben wird. Eine solche Vorratserklärung ist gem § 9 Abs 3 Satz 1 AÜG unwirksam. Für die Berechnung der Frist gelten die allg Regeln gem §§ 187 Abs 1, 188 Abs 2 BGB. Eine Fristverlängerung sieht das Gesetz nicht vor. Bei Nichteinhaltung der Frist kann der LeihArbN jedoch eine erneute Festhaltungserklärung abgeben, solange er die Monatsfrist des § 9 Abs 1 Nr 1, Nr 1b AÜG einhält. 52

53 Die Festhaltenserklärung wendet die Unwirksamkeitsfolge gem § 9 Abs 1 Nr 1 bis 1b AÜG ab und hat folglich gestaltende Wirkung. Sie wirkt **ex nunc,** nicht ex tunc. Das Arbeitsverhältnis mit dem Entleiher bleibt durchgehend wirksam; zum Entleiher wird kein Arbeitsverhältnis begründet. Wird die Überlassung des LeihArbN nach der Festhaltenserklärung fortgeführt, tritt die erneute Unwirksamkeitsfolge ein (§ 9 Abs 3 Satz 2 AÜG). Die Fortsetzung der Überlassung führt ex nunc zu einer Unwirksamkeit des Arbeitsverhältnisses zwischen Verleiher und LeihArbN. Im Falle erneuter Unwirksamkeit kann der LeihArbN nicht erneut eine Festhaltenserklärung abgeben (§ 9 Abs 3 Satz 3 AÜG). Wird der LeihArbN nach Abgabe der Festhaltenserklärung an einen anderen Entleiher überlassen, liegt keine fortgesetzte Überlassung vor. Es entsteht ggf ein erneutes Recht des LeihArbN auf die Festhaltenserklärung. Ein Verzicht auf die Festhaltenserklärung ist erst möglich, wenn die Festhaltenserklärung abgegeben werden könnte, dh **vorsorgliche Verzichtserklärungen** im Leiharbeitsvertrag sind **unwirksam.** § 28e Abs 2 Satz 4 SGB IV gilt unbeschadet der Festhaltenserklärung (§ 9 Abs 2 Satz 3 AÜG; sa *Zieglmeier* NZS 17, 321). Zum Widerspruchsrecht nach neuem Recht s *Hamann/Rudnik* NZA 17, 22; *Ulrici* NZA 16, 1317; *Hennecke* NZA 16, 1309.

54 **d) Inhalt des fingierten Arbeitsverhältnisses.** Das fingierte Arbeitsverhältnis entspricht einem normalen Arbeitsverhältnis, dh es gilt das gesamte Arbeitsrecht. Der Inhalt des fingierten Arbeitsverhältnisses wird gem den Bestimmungen des § 10 Abs 1 Satz 3 bis 5 AÜG näher geregelt. Entleiher und LeihArbN sind jedoch berechtigt, einzelne Arbeitsvertragsbedingungen zu ändern, das Arbeitsverhältnis durch Abschluss eines neuen Arbeitsvertrages insgesamt neu zu regeln oder es durch Abschluss eines Aufhebungsvertrages zu beenden. Nach § 10 Abs 1 Satz 3 AÜG gilt die zwischen Verleiher und Entleiher vorgesehene Arbeitszeit auch für das fingierte Arbeitsverhältnis zwischen Entleiher und LeihArbN. Der LeihArbN, der sich auf eine bestimmte Arbeitszeit eingestellt hat, soll hierdurch vor unvorhersehbaren Änderungen geschützt werden. Im Übrigen bestimmen sich Inhalt und Dauer des fingierten Arbeitsverhältnisses, insbes die Höhe des Arbeitsentgelts, nach den für den Betrieb des Entleihers geltenden Vorschriften und sonstigen Regelungen (§ 10 Abs 1 Satz 4 AÜG). Der LeihArbN hat allerdings gegen den Entleiher mindestens Anspruch auf das mit dem Verleiher vereinbarte Arbeitsentgelt (§ 10 Abs 1 Satz 5 AÜG). Der Begriff **Arbeitsentgelt** ist weit zu verstehen. Darunter fallen Gehalt, Lohn, Kindergeld, Familienzulagen, Trennungszulage, Urlaubsgeld, Provision und Auslösung sowie Sachleistungen (ErfK/*Wank* § 10 AÜG Rn 13; *Schüren/Hamann/Schüren* § 10 Rn 114). Der LeihArbN nimmt auch an einem beim Entleiher durch Betriebsvereinbarung begründeten betrieblichen Versorgungswerk teil (BAG 18.2.03, DB 03, 2181). Die für den Entleiherbetrieb geltenden tariflichen Entgeltregelungen sind anzuwenden, wenn LeihArbN und Entleiher tarifgebunden sind, § 4 Abs 1 Satz 1 TVG. Ohne eine kollektivvertragliche Regelung bemisst sich das Gehalt nach dem, was ein StammArbN mit vergleichbarer Tätigkeit im Betrieb erhält; ansonsten nach dem Arbeitsentgelt von StammArbN in vergleichbaren Betrieben. Hinsichtlich der **sonstigen Arbeitsbedingungen** sind die im Entleiherbetrieb geltenden Vorschriften und sonstigen Regelungen anzuwenden. Erfasst werden von dem Begriff der sonstigen Arbeitsbedingungen die jeweils einschlägigen arbeitsrechtlichen Gesetze und Verordnungen, Betriebsvereinbarungen (§ 77 Abs 4 Satz 1 BetrVG) und die betriebliche Übung im Entleiherbetrieb (BAG 18.2.03, DB 03, 2181).

55 **e) Dauer des Arbeitsverhältnisses.** Die Dauer des Arbeitsverhältnisses bestimmt sich grds nach den für den Entleiherbetrieb geltenden Vorschriften und sonstigen Regelungen. Eine Ausnahme hiervon bildet die Fiktion des § 10 AÜG Abs 1 Satz 2 AÜG, nach der das fingierte Arbeitsverhältnis als befristet gilt, wenn die Tätigkeit bei dem Entleiher nur befristet vorgesehen war und für das Arbeitsverhältnis ein die Befristung sachlich rechtfertigender Grund vorliegt. Der sachliche Grund richtet sich nach § 14 TzBfG. Die Unwirksamkeit der Befristung ist innerhalb von drei Wochen nach Fristablauf beim ArbG geltend zu machen (§ 17 TzBfG). Dies gilt auch im Falle illegaler ArbNÜberlassung in der Form von Scheindienst- und Scheinwerkverträgen. Ist ein unbefristetes Arbeitsverhältnis zustande gekommen, kann dieses nur durch wirksame Kündigung oder durch Abschluss eines Aufhebungsvertrages beendet werden. Für das Eingreifen des Kündigungsschutzes nach dem KSchG muss die Wartezeit erfüllt sein. Zeiten als LeihArbN vor Eintritt der Fiktion sind nicht anzurechnen (BAG 20.4.14 – 2 AZR 859/11, NZA 14, 1083). Pro-

blematisch ist, wie sich die **tatsächliche Beendigung des Fremdfirmeneinsatzes** auf das fingierte Arbeitsverhältnis auswirkt. Eine Auslegung als Kündigung oder Aufhebungsvertrag scheidet idR aus, weil die Beteiligten vom Bestand des Arbeitsverhältnisses keine Kenntnis haben und § 623 BGB entgegensteht. Dies hat zur Konsequenz, dass das fingierte Arbeitsverhältnis fortbesteht und der Entleiher sich nur auf die **Verjährung** von Ansprüchen berufen kann. Zweifelhaft ist hingegen, ob das Recht sich auf den Fortbestand eines gem § 10 Abs 1 Satz 1 AÜG iVm § 9 Nr 1 AÜG zustande gekommene Arbeitsverhältnisses zu berufen, verwirken kann (offengelassen BAG 20.3.18 – 9 AZR 508/17, NZA 18, 931). Für die Zeit der Nichtbeschäftigung besteht kein Anspruch auf Vergütung, da § 10 Abs 4 AÜG den ArbN des fingierten Arbeitsverhältnisses nicht davor befreit, seine Arbeitsleistung anbieten zu müssen.

**5. Gesamtschuldnerische Haftung von Verleiher und Entleiher.** Erhält der LeihArbN vom Verleiher trotz Unwirksamkeit des Leiharbeitsvertrages gem § 9 Abs 1 Nr 1 bis Nr. 1b AÜG die Vergütung ganz oder teilweise, haftet er auch für SozVBeiträge und LSt (§ 10 Abs 3 Satz 1 AÜG). Zur Abführung der LSt ist der Verleiher bereits durch § 42d Abs 6 EStG verpflichtet. Verleiher und Entleiher haften als Gesamtschuldner für die Beiträge zur Sozialversicherung (§ 28e Abs 2 Satz 4 SGB IV; § 10 Abs 3 Satz 2 AÜG). Gleiches gilt für die Beitragspflicht zur gesetzlichen Unfallversicherung (§ 150 Abs 3 SGB VII iVm § 28e Abs 2 Satz 4 SGB IV). Der deutsche Entleiher haftet auch bei illegaler Überlassung durch einen ausländischen Verleiher (BSG 29.6.16 – B 12 R 8/14 R, NZS 17, 237). Nach Eröffnung des Insolvenzverfahrens über das Vermögen des Verleihers kann sich der Entleiher nicht mehr auf dessen fehlende Mahnung berufen (BSG 7.3.07 – B 12 KR 11/06 R, DB 07, 1870). 56

**XII. Betriebsverfassungsrechtliche Besonderheiten des Leiharbeitsverhältnisses.** 57
**1. Zuordnung zum Verleiher- und Entleiherbetrieb.** Nach § 14 Abs 1 AÜG bleiben LeihArbN auch während der Zeit ihrer Arbeitsleistung beim Entleiher Angehörige des entsendenden Betriebs des Verleihers. Sie sind dort nach §§ 7 Satz 1, 8 Abs 1 Satz 1 BetrVG aktiv und passiv wahlberechtigt (BAG 20.4.05 – 7 ABR 20/04, NZA 05, 1006). Nach § 7 Satz 2 BetrVG iVm§ 14 Abs 1 Satz 2 AÜG sind LeihArbN, sofern sie länger als 3 Monate im Betrieb des Entleihers eingesetzt werden, bei der Wahl der ArbNVertreter in den Aufsichtsrat im Entleiherunternehmen sowie der betriebsverfassungsrechtlichen ArbNVertretungen **im Entleiherbetrieb wahlberechtigt, aber nicht wählbar.** Dies galt bis 30.11.11 auch bei nicht gewerbsmäßiger ArbNÜberlassung (BAG 17.2.10 – 7 ABR 51/08, NZA 10, 832).

**2. Rechte des Leiharbeitnehmers im Entleiherbetrieb.** Nach § 14 Abs 2 Satz 2 AÜG sind die LeihArbN berechtigt, die Sprechstunden der ArbNVertretungen aufzusuchen und an den Betriebs- und Jugendversammlungen im Entleiherbetrieb teilzunehmen. Darüber hinaus stehen ihnen die Rechte nach §§ 81, 82 Abs 1, 84–86 BetrVG zu. Da die Aufzählung der betriebsverfassungsrechtlichen Rechte in § 14 Abs 2 Satz 2 AÜG nicht abschließend ist, geltend für die LeihArbN auch weitere Bestimmungen des BetrVG, insbes § 75 BetrVG, nach dem alle im Betrieb tätigen Personen nach dem Grundsatz von Recht und Billigkeit zu behandeln sind (ErfK/*Wank* § 14 AÜG Rn 13). 58

**3. Rechte des Betriebsrats im Verleiher- und Entleiherbetrieb.** LeihArbN sind nach § 14 Abs 1 AÜG grds Teil der Belegschaft des Verleiherbetriebs und bleiben in die dortige Betriebsorganisation eingegliedert. Daraus folgt jedoch nicht die Zuständigkeit des BRat des Verleiherbetriebs in allen die LeihArbN betreffenden sozialen, personellen und wirtschaftlichen Angelegenheiten, da die LeihArbN für die Dauer der Überlassung in die Organisation des Entleihers eingegliedert sind und dem Weisungsrecht des Entleihers unterstehen. Die Zuständigkeit für die Wahrnehmung von Mitbestimmungsrechten in Bezug auf LeihArbN bestimmt sich damit nach dem Gegenstand des geltend gemachten Mitbestimmungsrechts und der darauf bezogenen Entscheidungsmacht des Verleihers oder des Einsatzbetriebs (BAG 24.8.16 – 7 ABR 2/15, NZA 17, 269). 59

**a) Mitbestimmungsrechte des Betriebsrats im Entleiherbetrieb. aa) Allgemeines.** Der EntleiherBRat ist gem § 14 AÜG zuständig, soweit die Wahrnehmung von Betriebsverfassungsrechten an die Eingliederung in den Entleiherbetrieb anknüpft, die Art und Weise der Arbeit im Entleiherbetrieb betrifft oder wenn es um die dort einzuhaltende 60

Betriebsordnung geht. Mitbestimmung besteht bsw bei Fragen der Arbeitszeit (BAG 18.7.17 – 1 ABR 15/16, BeckRS 2017, 124456), beim Arbeitsschutz (BAG 7.6.16 – 1 ABR 25/14, NZA 16, 1420) und bei der Unfallverhütung (BAG 12.3.19 – 1 ABR 48/17, NZA 19, 850).

§ 14 Abs 3 AÜG erfasst zunächst die erlaubte ArbNÜberlassung, dh auch die nichtgewerbsmäßе, sofern die ArbNÜberlassung im Rahmen einer wirtschaftlichen Tätigkeit erfolgt. Strittig ist, ob § 14 AÜG auch auf andere Formen drittbezogenen Personaleinsatzes, so bei illegaler Überlassung und bei Abordnung zu einer ARGE Anwendung findet. Tw wird eine entsprechende Anwendung befürwortet (BAG 28.9.88 – 1 ABR 85/87, NZA 89, 358; aA *Schüren/Hamann/Hamann* § 14 Rn 14; *Thüsing/Thüsing* Rn 8). Bei einem Einsatz von ArbN auf Grundlage echter Dienst- oder Werkverträge findet § 14 Abs 3 AÜG hingegen keine Anwendung (BAG 18.10.94 – 1 ABR 9/94, NZA 95, 281: *Thüsing/Thüsing* § 14 Rn 10). Auch § 99 BetrVG ist in diesen Fällen nicht anwendbar, weil es an der für die Eingliederung des ArbN in den Fremdbetrieb notwendigen Personalhoheit, dh des Direktionsrechts des Inhabers des Entleiherbetriebs fehlt (BAG 5.5.92 – 1 ABR 78/91, NZA 92, 1044). Die Mitbestimmungsrechte des § 87 Abs 1 BetrVG stehen dem im Betrieb des Verleihers gebildeten BRat zu, nicht dem BRat des Entleihers (BAG 25.1.16 – 1 ABR 68/13, NZA 16, 498; kritisch *Hamann/Rudnik* NZA 16, 1368). Es bestehen jedoch die Unterrichtungsrechte gem § 80 Abs 2 BetrVG. → Rn 62.

61 **bb) Beteiligung bei der Übernahme von Leiharbeitnehmern.** Das Mitbestimmungsrecht wird durch jegliche **Übernahme** ausgelöst. Unter Übernahme ist die Eingliederung, dh die tatsächliche Beschäftigung des LeihArbN im Entleiherbetrieb zu verstehen (BAG 23.1.08 – 1 ABR 74/06, NZA 08, 603). Auf die zeitliche Dauer der geplanten Überlassung kommt es nicht an. Der Entleiher muss dem BRat alle Informationen geben, die für eine Zustimmungsverweigerung nach § 99 Abs 2 BetrVG relevant sein können, ua Anzahl der LeihArbN und Dauer des Einsatzes, vorgesehener Arbeitsplatz, Art der Tätigkeit, Qualifikation, Person des LeihArbN (BAG 9.3.11 – 7 ABR 137/09, NZA 11, 871). Ein Mitbestimmungsrecht zur Eingruppierung besteht hingegen nicht (BAG 17.6.08 – 1 ABR 39/07, NZA 09, 112).

Der BRat im Entleiherbetrieb kann der Übernahme nach § 99 Abs 2 Nr 1 BetrVG widersprechen, wenn die Überlassung nicht mehr vorübergehend iSv § 1 Abs 1 Satz 2 AÜG ist. Diese Regelung stellt ein Verbotsgesetz dar (BAG 21.2.17 – 1 ABR 62/12, NZA 17, 662; 30.9.14 – 1 ABR 79/12, NZA 15, 240; 10.7.13 – 7 ABR 91/11, NZA 13, 1296). Ein Zustimmungsverweigerungsrecht wegen Verstoßes gegen den Equal-pay-Grundsatz steht dem BRat nicht zu (BAG 1.6.11 – 7 ABR 117/09, BeckRS 2011, 76301). Dies galt bis 30.11.11 sowohl für die gewerbsmäßige als auch für die nicht gewerbsmäßige ArbN-Überlassung (BAG 21.7.09 – 1 ABR 35/08, NZA 09, 1156; *Schüren/Hamann/Hamann* § 14 Rn 143 ff). Der BRat kann verlangen, dass Arbeitsplätze, die vorübergehend mit LeihArbN besetzt werden sollen, innerbetrieblich vorher ausgeschrieben werden (BAG 7.6.16 – 1 ABR 33/14, NZA 16, 214; 1.2.11 – 1 ABR 79/09, NZA 11, 703).

62 **cc) Unterrichtungsrechte des Betriebsrats.** Mit der Neufassung des § 80 Abs 2 BetrVG sind die Rechte des BRat erweitert worden. Das Unterrichtungsrecht besteht auch bezüglich Personen, die nicht in einem Arbeitsverhältnis zum Betriebsinhaber bestehen, also insb LeihArbN. Der Entleiher hat auf Verlangen des BRat Angaben über deren Arbeitsorte, deren Einsatzdauer und die Arbeitsaufgaben zu machen. Die Verträge betreffend die Beschäftigung sind vorzulegen. Zum Unterrichtungsanspruch über Arbeitsunfälle s BAG 12.3.19 – 1 ABR 48/17, NZA 19, 850. Das Unterrichtungsrecht des BRat über die Personalplanung des ArbGeb nach § 92 BetrVG erfasst künftig auch Personen, die nicht in einem Arbeitsverhältnis zum ArbGeb stehen.

63 **b) Zuständigkeit des Verleiherbetriebsrats.** Sie ist gerichtet auf die Mitwirkung bei den Entscheidungen des Verleihers in den den LeihArbN betreffenden Angelegenheiten. Der VerleiherBRat hat gem § 99 BetrVG mitzubestimmen, soweit es um die Einstellung und Eingruppierung geht. Um die richtige Eingruppierung des LeihArbN im Hinblick auf § 10 Abs 4 AÜG überprüfen zu können, hat der BRat gem § 99 Abs 1 Satz 1 BetrVG gegen den Verleiher einen Auskunftsanspruch hinsichtlich der für die korrekte Einstufung der Tätigkeit in das Vergütungssystem des Entleihers erforderlichen Unterlagen (zB Tarifverträge, Betriebsvereinbarungen). Fehlt beim Entleiher ein kollektives Vergütungssystem, bedarf es keiner Eingruppierung des LeihArbN. Ein Mitbestimmungsrecht des BRat besteht

in diesem Fall nicht, auch kein Mitbeurteilungsrecht (*Hamann* NZA 03, 526). Dem LeihArbN bleibt die Vergütungsklage gegen den Verleiher gem § 10 Abs 4 AÜG. Der Entleiher ist nicht verpflichtet, dem VerleiherBRat jederzeit und unabhängig von einem konkreten Anlass Zutritt zu seinem Betrieb zu gewähren (BAG 15.10.14 – 7 ABR 74/12, NZA 15, 560). Dem BRat des Verleiherbetrieb steht kein Mitbestimmungsrecht gem § 87 Abs 1 Nr 7 BetrVG bei der Frage der Auswahl und Bereitstellung nach öffentlich-rechtlichen Schutzbestimmungen erforderlicher Schutzkleidung für das Tätigwerden im Entleiherbetrieb zu, weil nach § 11 Abs 4 AÜG die öffentlich-rechtlichen Vorschriften des Arbeitsschutzes dem Entleiher obliegen (BAG 7.6.16 – 1 ABR 25/14, NZA 16, 1420).

**XIII. Berücksichtigung von Leiharbeitern bei den Schwellenwerten im BetrVG, KSchG und der Unternehmensmitbestimmung. 1. Betriebsverfassung.** In der Vergangenheit vertrat die Rspr die Auffassung, dass LeihArbN zwar „wählen, aber nicht zählen“ (BAG 14.4.03 – 7 ABR 53/02, NZA 03, 1345). Das BAG verfolgt diesen Grundsatz nicht mehr und zählt die LeihArbN bei den Schwellenwerten von § 9 BetrVG (BAG 13.3.13 – 7 ABR 69/11, NZA 13, 789), § 111 BetrVG (BAG 18.10.11 – 1 AZR 335/10, NZA 12, 221) und § 38 BetrVG (BAG 2.8.17 – 7 ABR 51/15, BeckRS 2017, 126348) im Entleiherbetrieb mit (sa *Zimmermann* DB 14, 2591). Seit 1.4.17 ist die Berücksichtigung der LeihArbN bei den Schwellenwerten in der betrieblichen Mitbestimmung gesetzlich geregelt (§ 14 Abs 2 Satz 4 AÜG). Ausgenommen ist die Mitbestimmung nur beim Schwellenwert des § 112a BetrVG. 64

**2. Kündigungsschutz.** LeihArbN sind beim Schwellenwert des § 23 KSchG zu berücksichtigen (BAG 24.1.13 – 2 AZR 140/12, NZA 13, 726). Bei der Massenentlassungsanzeige nach § 17 KSchG hält das BAG es für nicht ausgeschlossen, dass die LeihArbN (nur) bei der Bestimmung der regelmäßig im Entleiherbetrieb beschäftigten ArbN zu berücksichtigen sind. Es hat dem EuGH die Frage zur Entscheidung vorgelegt (BAG 16.11.17 – 2 AZR 90/17, NZA 18, 245; sa *Zimmermann* BB 18, 1154).

**3. Unternehmensmitbestimmung.** Strittig war bis 31.3.17, ob LeihArbN bei den Schwellenwerten der Unternehmensmitbestimmung zu berücksichtigen sind. Durch Beschluß v 4.11.15 hat das BAG diese Frage für den Schwellenwert des § 9 Abs 1, Abs 2 MitbestG bejaht (BAG 4.11.15 – 7 ABR 42/13, NZA 16, 559; ebenso LAG Hess 11.4.13 – 9 TaBV 308/12, BeckRS 2013, 70446). S auch *Schubert/Giese* NZA 16, 1297; *Künzel/Schmid* NZA 16, 531; *Zimmermann* BB 15, 1205; *Hay/Grüneberg* NZM 14, 814; *Lambrich/Reinhard* NJW 14, 2229. 65

Seit 1.4.17 regelt § 14 Abs 2 Satz 5 AÜG, dass LeihArbN bei den unternehmensmitbestimmungsrechtlichen Schwellenwerten, insbes im MitbestG, DrittelbG, MontanMitbestG zu berücksichtigen sind, sofern diese eine bestimmte Anzahl oder einen bestimmten Anteil von ArbN voraussetzen. Gem § 14 Abs 2 Satz 6 AÜG zählen LeihArbN nur, wenn die Einsatzdauer sechs Monate übersteigt. Bei der Wahl der ArbNVertreter in den Aufsichtsrat im Entleihbetrieb sind LeihArbN gem § 14 Abs 2 Satz 1 AÜG nicht wählbar. Strittig ist die Frage, ob § 14 Abs 2 Satz 6 AÜG arbeitsplatzbezogener (wie viele Arbeitsplätze sind regelmäßig über sechs Monate hinaus mit – auch wechselnder – LeihArbN besetzt?) oder arbeitnehmerbezogen (ist der einzelne LeihArbN – tatsächlich oder prognostisch – über sechs Monate im Entleiherbetrieb tätig?) auszulegen ist. Für die arbeitsplatzbezogene Auslegung OLG Celle 7.9.18 – 9 W 31/17, BeckRS 2018, 21536; *Schüren/Hamann/Hamann* § 14 Rn 141; für die arbeitnehmerbezogene Auslegung ErfK/*Oetker* § 1 MitBestG Rn 7b; BeckOKArbR/*Motz* § 14 AÜG Rn 26. Der BGH hat durch Beschluss v 25.6.19 entschieden, dass § 14 Abs 2 Satz 6 AÜG arbeitsplatzbezogen ist (BGH 25.6.19 – II ZB 21/18, BeckRS 2019, 18562). S auch *Düwell* BB 19, 2615; *Brugger* NZA 19, 1261; *Baeck/Winzer/Launer* NZA 19, 1217; *Oetker* NZA 17, 29; *Löwisch/Wegmann* BB 17, 373.

**XIV. Überwachung, Straftaten und Ordnungswidrigkeiten. 1. Kontrolle.** Durch das Gesetz zur Änderung des AÜG und des SchwarzArbG wurden aus dem Bereich des AEntG bekannte Kontroll- und Sanktionsmechanismen in das AÜG übertragen. Es obliegt nunmehr den Behörden der Zollverwaltung, die Prüfung der Zahlung des Mindeststundenentgelts zu überprüfen (§ 17 Abs 2 AÜG). Für sonstige Verstöße bleibt die BA zuständig, insb für die Erteilung der ArbNÜberlassungserlaubnis. Die Behörden der Zollverwaltung werden gem § 17a AÜG mit umfangreichen Prüfrechten ausgestattet. Um diese ausüben zu 66 können, werden die Verleiher verpflichtet, die für die Kontrolle der MindestlohnVO erforderlichen Unterlagen für die gesamte Dauer der tatsächlichen Beschäftigung des LeihArbN in deutscher Sprache für 2 Jahre bereit zu halten (§ 17c Abs 2 AÜG). Die Duldungs- und Mitwirkungspflichten nach § 5 SchwarzArbG werden auf die Verleihunternehmen erweitert. Die Entleiher müssen beim grenzüberschreitenden Einsatz vor Beginn ihrer Überlassung der Zollverwaltung eine schriftliche Anmeldung in deutscher Sprache mit bestimmten Inhalten zuleiten (§ 17b Abs 1). Es soll eine Versicherung des Verleihers beigefügt werden, dass dieser die Lohnuntergrenze einhält (§ 17b Abs 2 AÜG). Der Entleiher ist verpflichtet, Beginn, Ende und Dauer der täglichen Arbeitszeit des LeihArbN aufzuzeichnen und diese Aufzeichnungen mindestens 2 Jahre aufzubewahren, wenn die MindestlohnVO Anwendung findet (§ 17c Abs 1 AÜG).

67 **2. Straftaten und Ordnungswidrigkeiten.** Strafbar macht sich gem §§ 15, 15a AÜG, wer einen Ausländer ohne die erforderliche Genehmigung beschäftigt. § 15 AÜG betrifft die Strafbarkeit des Verleihers, § 15a AÜG die des Entleihers. Ein Verstoß gegen die Tatbestände kann mit Freiheitsstrafe bis 3 Jahre, in einem besonders schweren Fall bis 5 Jahre bestraft werden.

Ordnungswidrig handelt, wer gegen die Tatbestände des § 16 Abs 1 AÜG verstößt. Nach § 16 Abs 1 Nr 7a AÜG handelt ordnungswidrig, wer entgegen § 8 Abs 1, Abs 2 AÜG nF vergleichbare Arbeitsbedingungen nicht gewährt. Damit besteht auf vergleichbare Arbeitsbedingungen nicht nur ein einzelvertraglicher Anspruch des LeihArbN, sondern die Nichtgewährung stellt auch einen Versagungsgrund nach § 3 Abs 1 Nr 3 AÜG dar. Die Nichtgewährung kann mit einem Bußgeld in Höhe von bis zu € 500 000 geahndet werden. Ein Verstoß gegen die Informations- und Zugangspflichten kann nach § 16 Abs 1 Nr 9, Nr 10 AÜG mit einem Bußgeld in Höhe von bis zu € 2500 geahndet werden.

68 **XV. Muster.** S Online-Musterformular *„M9.7 Leiharbeitsvertrag mit Bezugnahme auf den Tarifvertrag BZA/DGB"*.

## B. Lohnsteuerrecht *Seidel*

71 **1. Verleiher. a) Arbeitgebereigenschaft.** Der Verleiher ist regelmäßig ArbGeb mit den sich daraus ergebenden Pflichten (→ *Arbeitgeber* Rn 19 ff). Er bleibt bei der erlaubten (bei der unerlaubten → Rn 73 f) ArbNÜberlassung ArbGeb, auch wenn der Entleiher den Arbeitslohn direkt an den ArbN des Verleihers ausbezahlt (§ 38 Abs 1 Satz 3 EStG; Lohnzahlung durch Dritte; → *Lohnabzugsverfahren* Rn 16). Zu den **Besonderheiten** bei der Abgrenzung von **Leiharbeitsverhältnissen** zur selbstständigen Betätigung s → *Arbeitnehmer (Begriff)* Rn 44 unter Hinweis auf BFH 18.1.91, BStBl II 91, 409; LStR 42d.2 Abs 3 und → Rn 5 ff. Auch ein **ausländischer** Verleiher hat die lohnsteuerlichen Pflichten des ArbGeb im Inland zu erfüllen, wenn er gewerbsmäßig ArbN einem Dritten zur Arbeitsleistung im Inland überlässt (§ 38 Abs 1 Satz 1 Nr 2 EStG; s auch FG BaWü 16.8.96, EFG 97, 82, BFH 12.6.97 – I R 72/96, BStBl II 97, 660). Die Pflicht zur Einbehaltung der LSt gilt unabhängig vom Wohnsitz der ArbN. Von der Einbehaltungspflicht für im **Ausland** ansässige ArbN, bei denen möglicherweise aufgrund von DBA dem deutschen Fiskus das Besteuerungsrecht nicht zusteht (→ *Arbeitnehmerentsendung* Rn 15 und BMF 3.5.18, BStBl I 18, 643 Rn 80 ff), wird der ArbGeb erst durch eine vom BetriebsstättenFA (§ 41 Abs 2 EStG; → *Betriebsstätte* Rn 4–7) erteilte Freistellungsbescheinigung (→ *Lohnabzugsverfahren* Rn 22) befreit (Schmidt/*Krüger* § 38 Rz 4; Auslandstätigkeitserlass neu BMF 14.3.17, BStBl I 17, 473 → *Auslandstätigkeit* Rn 57). Dabei ist wirtschaftlicher ArbGeb iSd Abkommensrechts bei Einschaltung eines ausländischen ArbNVerleihers grds der Verleiher (BFH 18.12.02 – I R 96/01, DStRE 03, 983; → *Ausländer* Rn 46). Gem § 38 Abs 1 Satz 2 EStG in den Fällen, in denen international tätige Unternehmen ArbN nach Deutschland entsenden, **auch** das im Inland ansässige Unternehmen, das den Arbeitslohn wirtschaftlich trägt ArbGeb, wobei es nicht darauf ankommt, dass dieses den Arbeitslohn im eigenen Namen und für eigene Rechnung auszahlt (LStR 38.3 Abs 5 sowie BMF 3.5.18, BStBl I 18, 643 Rz 128 ff, 158 ff und → *Arbeitnehmerentsendung* Rn 16). Zur ArbGebStellung bei Entsendung von ArbN ausländischer Muttergesellschaften an eine deutsche Tochtergesellschaft vor der Gesetzesänderung s BFH 24.3.99 – I R 64/98, BStBl II

2000, 41. Zur Entsendung inländischer ArbN an eine ausländische Tochtergesellschaft s BFH 23.2.05 – I R 46/03, BStBl II 05, 547 sowie → *Arbeitgeber* Rn 19 und → *Arbeitnehmerentsendung* Rn 16). Zur ArbGebEigenschaft bei Matrixstrukturen → *Matrixorganisation* Rn 6 ff. Zur ArbGebEigenschaft eines Landkreises, der zu 40 % an einer öffentliche Aufgaben erfüllenden GmbH beteiligt ist, s FG BaWü 8.3.10 – 6 K 68/07, EFG 10, 1037).

Zu den lstlichen Pflichten des ArbGeb im Rahmen der Erfassung von geldwerten Vorteilen im Hinblick auf die Verpflichtung des Entleihers nach **§ 13b AÜG** (→ Rn 57) vgl *Eismann* DStR 11, 2381. LStlich ergibt sich trotz der Verpflichtung des Entleihers nach § 13b AÜG eine Ungleichbehandlung zwischen den LeihArbN und der Stammbelegschaft bei der Bewertung von Sachbezügen (zB Gemeinschaftsverpflegung, § 8 Abs 2 EStG) oder Personalrabatten (§ 8 Abs 3 EStG), da es im Verhältnis Entleiher–LeihArbN an dem iRd § 8 EStG erforderlichen Arbeitsverhältnis fehlt.

**b) Haftung.** Als ArbGeb haftet der Verleiher für nicht einbehaltene und abgeführte LSt (§ 42d Abs 1 EStG; → *Lohnsteuerhaftung* Rn 4 ff) oder ist in den Fällen der §§ 40–40b EStG Steuerschuldner (→ *Lohnsteuerpauschalierung* Rn 5). Ferner haftet der Verleiher, ohne ArbGeb zu sein, wenn der Entleiher als ArbGeb anzusehen ist (→ Rn 73), wie ein Entleiher (§ 42d Abs 7 EStG) gesamtschuldnerisch neben diesem und dem ArbN. 72

**2. Entleiher. a) Arbeitgebereigenschaft.** Der Entleiher ist dann steuerrechtlich ArbGeb, wenn er im Rahmen einer (unerlaubten) ArbNÜberlassung im eigenen Namen und für eigene Rechnung den gesamten Arbeitslohn an die LeihArbN zahlt (s auch BFH 24.3.99 – I R 64/98, BStBl II 2000, 41: ArbNÜberlassung im Konzern). Im Falle der Entsendung aus dem Ausland gilt § 38 Abs 1 Satz 2 EStG (→ Rn 71). Die arbeitsrechtliche Fiktion des § 10 Abs 1 Satz 1 AÜG, dass der Entleiher im Fall der unerlaubten ArbNÜberlassung grds als ArbGeb anzusehen ist, kann nicht auf das Steuerrecht ausgedehnt werden (BFH 2.4.82, BStBl II 82, 502; aA *Crezelius* DStJG Bd 9 S 97 ff). 73

**b) Haftung.** Als ArbGeb haftet der Entleiher wie jeder ArbGeb für nicht einbehaltene und abgeführte LSt (→ *Lohnsteuerhaftung* Rn 4 ff). Jedoch haftet der Entleiher, auch ohne ArbGeb zu sein, weitgehend für die LSt der ihm überlassenen ArbN. Voraussetzung für die Haftung ist seit dem 1.1.13 nicht mehr die gewerbsmäßige ArbNÜberlassung, sondern nur noch eine ArbNÜberlassung nach § 1 Abs 1 Satz 1 AÜG, die eine Steuerschuld (bei LStPauschalierung) oder Haftungsschuld des Verleihers als ArbGeb zur Folge hat. Denn mit der ab 1.1.11 geltenden Fassung wurde der Anwendungsbereich der Leiharbeitsrichtlinie erweitert, der seitdem alle natürlichen und juristischen Personen, die eine wirtschaftliche Tätigkeit ausüben, unabhängig davon erfasst, ob sie Erwerbszwecke verfolgen. Unerheblich ist weiterhin, ob eine erlaubte oder unerlaubte ArbNÜberlassung vorliegt. Keine Haftung besteht in den Fällen des § 1 Abs 3 AÜG (§ 42d Abs 6 Satz 1; → Rn 15 ff). 74

**Haftungsausschluss** tritt bei erlaubter ArbNÜberlassung ein, wenn der Entleiher nachweisen kann, dass er die vorgesehenen Mitwirkungspflichten des § 51 Abs 1 Nr 2d EStG bei im Inland tätigen, aber im Ausland ansässigen ArbN erfüllt hat (§ 42d Abs 6 Satz 2 EStG). Derzeit fehlt es noch an der entsprechenden RechtsVO (Schmidt/*Krüger* § 42d Rz 70). 75

Sowohl bei erlaubter als auch bei unerlaubter ArbNÜberlassung haftet der Entleiher nicht, wenn er über das Vorliegen einer ArbNÜberlassung ohne Verschulden irrte (§ 42d Abs 6 Satz 3 EStG). Für das Verschulden reicht jedoch leichte Fahrlässigkeit aus. Ein schuldhafter Irrtum liegt sowohl im Unterlassen einer gebotenen Erkundigung beim FA oder der Agentur für Arbeit als auch bei Zweifeln über die Auslegung des Vertrages vor (Schmidt/*Krüger* § 42d Rz 71). 76

**3. Gesamtschuldnerische Haftung** des Verleihers, des Entleihers und der ArbN sieht das Gesetz vor (§ 42d Abs 6 Satz 5 EStG). Die Zahlungsinanspruchnahme des Entleihers ist gegenüber dem Verleiher als ArbGeb subsidiär (§ 42d Abs 6 Satz 6 EStG iVm § 219 Satz 2 AO). Dies gilt auch umgekehrt, wenn der Verleiher wie ein Entleiher haftet, weil der Entleiher als ArbGeb anzusehen ist. Der Haftungsbescheid darf jedoch bereits vorher ergehen (zur Unterscheidung von Haftungsbescheid und Zahlungsinanspruchnahme → *Lohnsteuerhaftung* Rn 67). Keine Subsidiarität besteht im Verhältnis zum ArbN als Steuerschuldner (*HMW*/Arbeitnehmerüberlassung Rz 97). 77

78 4. Der **Haftungsumfang** erstreckt sich auf die LSt für die Zeit, die vom Verleiher anteilig für den Zeitraum der Überlassung an den Entleiher einzubehalten war (§ 42d Abs 6 Satz 4 EStG). Dies gilt auch für die Krankheits- und Urlaubstage (*HMW*/Arbeitnehmerüberlassung Rz 77; aA Schmidt/*Krüger* § 42d Rz 72). Mit *HMW* ist jedenfalls dann davon auszugehen, wenn der Entleiher für derartige Unterbrechungen das Entgelt an den Verleiher nicht kürzen darf. Lässt sich die LSt aus tatsächlichen Gründen schwer ermitteln, zB bei unerlaubter ArbNÜberlassung, wenn die Besteuerungsmerkmale nicht mehr festgestellt werden können, kann die LSt mit 15% des zwischen Verleiher und Entleiher vereinbarten Entgelts (ohne USt) geschätzt werden, wobei der Entleiher eine niedrigere LSt glaubhaft machen kann (§ 42d Abs 6 Satz 7 EStG). Die Haftung erstreckt sich auch auf andere Abzugssteuern, zB KiSt und SolZ.

79 **5. Verfahren. a) Zuständiges Finanzamt** ist grds das BetriebsstättenFA des Verleihers (§ 42d Abs 6 Satz 9 EStG). Bei ausländischen Verleihern ist zuständiges FA das BetriebsstättenFA des Entleihers (§ 41 Abs 2 Satz 2 2. Hs EStG). Das FA erlässt bei Inanspruchnahme des Verleihers oder Entleihers einen Haftungsbescheid (LStR 42d.2 Abs 9; → *Lohnsteuerhaftung* Rn 47 ff). Ist die überlassene Person – wie meistens – allerdings im **Baugewerbe** eingesetzt, gelten zentrale FAZuständigkeiten, je nach dem Land, in dem der ausländische Verleiher seinen Sitz hat (§§ 20a Abs 2, 21 Abs 1 AO; § 1 USt-ZuständigkeitsVO; → *Schwarzarbeit* Rn 9).

80 **b)** Zur **Sicherung** des Steueranspruchs kann (Ermessen, § 5 AO) das FA – auch mündlich – anordnen, dass der Entleiher einen bestimmten Teil des mit dem Verleiher vereinbarten Entgelts einzubehalten und abzuführen hat. Eine Begründung für die Höhe des Betrages ist nicht erforderlich, wenn der unter → Rn 41 genannte Prozentsatz (15) nicht überschritten wird (§ 42d Abs 8 Satz 3 EStG). Der Entleiher kann die **Sicherungsanordnung**, die als Verwaltungsakt mit Drittwirkung von Entleiher und Verleiher mit dem Einspruch angefochten werden kann (Schmidt/*Krüger* § 42d Rz 74), zur Verminderung seines Haftungsrisikos auch anregen, denn mit der Abführung des einbehaltenen Entgelts durch den Entleiher an das FA erlischt seine Verbindlichkeit gegenüber dem Verleiher. Im Verhältnis Verleiher – FA hat der abgeführte Betrag nur Sicherungscharakter (*HMW*/Arbeitnehmerüberlassung Rz 107).

Zur Einbehaltungspflicht von 15% der vereinbarten Gegenleistung durch Auftraggeber von Bauleistungen für die Steueransprüche des Fiskus gegen den Auftragnehmer, um die illegale Beschäftigung im Baugewerbe einzudämmen (§§ 48–48d EStG) → *Schwarzarbeit* Rn 9.

81 **6. Mitteilungen des Finanzamts.** Zur Bekämpfung von illegaler Beschäftigung, Schwarzarbeit und Beitragshinterziehung ist das FA verpflichtet, den Trägern der gesetzlichen SozV (idR AOK), der BA und der Künstlersozialkasse die zur Feststellung der Versicherungspflicht oder die zur Festsetzung von Beiträgen erforderlichen Angaben mitzuteilen (§ 31 Abs 2 AO). Ferner darf es den zuständigen Stellen sowohl Anhaltspunkte für eine illegale Beschäftigung mitteilen als auch Tatsachen, die zur Erteilung, Rücknahme oder zum Widerruf einer Erlaubnis zur ArbNÜberlassung nach dem AÜG (→ Rn 86 ff) führen können (§ 31a Abs 2 iVm Abs 1 AO), wie zB das Nichteinbehalten und -abführen von LSt für die LeihArbN oder die Beschäftigung nichtdeutscher ArbN ohne Erlaubnis (AEAO zu § 31a Tz 3 und *HMW*/Arbeitnehmerüberlassung Rz 5). Zu Mitteilungen bei Schwarzarbeitern → *Schwarzarbeit* Rn 6. Hinsichtlich der Mitteilungen des FA an die BA im Einzelnen sowie die Mitteilungen der BA an das FA wird auf die Ergänzung des AEAO zu § 31a (Mitteilungen zur Bekämpfung der illegalen Beschäftigung und des Leistungsmissbrauchs) durch das BMF-Schreiben vom 31.1.14, BStBl I 14, 290 idF v 24.1.18, BStBl I 18, 258, zuletzt geändert am 19.6.18, BStBl I 18, 706, verwiesen.

82 7. Die **Personalserviceagenturen** (→ Rn 1 und → Rn 93–95) sind im Rahmen des Vorstehenden als Verleiher anzusehen und haben dementsprechend grds die (lohnsteuerlichen) ArbGebPflichten für die angestellten Arbeitslosen zu erfüllen. Die Mitarbeiter sind ArbN der Personalserviceagenturen. Diese schließen mit dem Entleiher ArbNÜberlassungsverträge ab (*Bauer/Krebs* NJW 03, 537, Tz II 2).

## C. Sozialversicherungsrecht

*Voelzke*

**1. Allgemeines.** ArbGeb, die gewerbsmäßig Dritten ArbN zur Arbeitsleistung überlassen, bedürfen hierfür idR einer besonderen Erlaubnis durch die BA, die gegen Gebühr erteilt wird. Beitragsrechtlich besteht eine Subsidiärhaftung des Entleihers für die ordnungsgemäße Abführung der SozVBeiträge (§ 28e Abs 2 SGB IV). ArbNÜberlassung liegt nach der Rspr des BSG nur vor, wenn die bei dem Dritten auszuübende Tätigkeit sich als abhängige und unselbstständige Arbeitsleistung darstellt und der ArbN in den Herrschaftsbereich eines ArbGeb eingegliedert ist. Die Versicherungspflicht des LeihArbN knüpft an ein Beschäftigungsverhältnis an, das bei der legalen ArbNÜberlassung zum Verleiher begründet wird. 86

**2. Erlaubnisverfahren.** Das Erlaubnisverfahren richtet sich nach den Vorschriften des AÜG. Für das Antrags- und Erlaubnisverfahren sind die Agenturen für Arbeit zuständig (zur Neufassung der als Verwaltungsrichtlinien erlassenen Fachlichen Weisungen der BA s *Bissels/Kalter* DB 09, 2128). Liegen die Voraussetzungen einer gewerbsmäßigen ArbNÜberlassung, die der Erlaubnispflicht durch die BA unterliegt, vor, so hat der LeihArbGeb nach § 2 Abs 1 AÜG einen schriftlichen Antrag auf Erteilung der Erlaubnis bei der Regionaldirektion zu stellen, bei dem er seinen Geschäftssitz, bei mehreren Niederlassungen seinen Hauptsitz hat (zur praktischen Handhabung der grenzüberschreitenden ArbNÜberlassung *Brors* DB 13, 2087). Die Erlaubnis ist an die Person des Firmeninhabers gebunden und kann nicht übertragen werden. Mit der Liquidation einer KG erlischt die der KG und die dem Komplementär erteilte Erlaubnis (BSG 12.12.91 – 7 RAr 56/90, SozR 3–7815 Art 1 § 3 Nr 2). Die Erlaubnis wird mit der Bekanntgabe beim Antragsteller wirksam. Sie kann mit **Nebenbestimmungen** in Form einer Bedingung, Auflage (BSG 19.3.92 – 7 RAr 34/91, SozR 3–7815 Art 1 § 2 Nr 1; BSG 12.10.16 – B 11 AL 6/15 R, NZS 17, 306; *Bender* NZS 17, 196) oder einem **Widerrufsvorbehalt** erteilt werden. Durch eine Auflage kann eine gesetzliche Verpflichtung des Verleihers, deren Umfang umstritten ist, konkretisiert werden. 87

Wird dem Betroffenen nur ein Verhalten „im Regelfall" aufgegeben, so ist die **Auflage** nicht ausreichend bestimmt (BSG 6.4.2000 – B 11/7 AL 10/99 R, NZA-RR 2000, 453). Die Aufnahme, Änderung oder Ergänzung von Auflagen ist auch noch nach einer unbefristeten Verlängerung der Erlaubnis zur ArbNÜberlassung zulässig (BSG 29.7.92 – 11 RAr 51/91, DB 93, 1477). Die Erlaubnis wird nur dann unbefristet erteilt, wenn der Verleiher in drei aufeinander folgenden Jahren erlaubt ArbNÜberlassung betrieben hat; in den übrigen Fällen ist die Erlaubnis zur ArbNÜberlassung auf ein Jahr zu befristen.

Der Antrag auf **Verlängerung** der Erlaubnis muss spätestens drei Monate vor Ablauf der Befristung gestellt werden. Sie verlängert sich, wenn die Regionaldirektion die Erlaubnis bis zum Ablauf des Jahres nicht ablehnt, um ein weiteres Jahr. Lehnt die BA die Verlängerung der Erlaubnis ab, so gilt die Erlaubnis zur Abwicklung der erlaubt abgeschlossenen ArbN-Überlassungsverträge bis zur Dauer von zwölf Monaten fort. Die unbefristete Erlaubnis erlischt nach § 2 Abs 5 Satz 2 AÜG erst, wenn der Verleiher von der Erlaubnis mehr als drei Jahre keinen Gebrauch gemacht hat. Zweckmäßigerweise ist für die schriftliche Antragstellung der von der BA herausgegebene Vordruck zu benutzen. Die BA erhebt für die Bearbeitung der Anträge auf Erteilung oder Verlängerung einer Erlaubnis Gebühren (§ 2a Abs 1 AÜG). 88

**Keiner Erlaubnis** bedarf nach § 1a Abs 1 AÜG ein ArbGeb mit weniger als 50 Beschäftigten, der zur Vermeidung von Kurzarbeit oder Entlassungen an einen ArbGeb einen ArbN bis zur Dauer von zwölf Monaten überlässt (sog **Kollegenhilfe**). Hat ein ArbGeb mehrere Betriebe, so sind die Beschäftigten aller Betriebe zusammenzuzählen. Es handelt sich nur dann um eine erlaubnisfreie Überlassung, wenn der ArbGeb dem für seinen Geschäftssitz zuständigen Landesarbeitsamt vorher eine schriftliche **Anzeige** erstattet hat. Die Anzeige muss nach § 1a Abs 2 AÜG Angaben zur Person des LeihArbN, zur Art der vom LeihArbN zu leistenden Tätigkeit und eine etwaige Pflicht zur auswärtigen Leistung, zu Beginn und Dauer der Überlassung und zur Firma und Anschrift des Entleihers enthalten. 89

Die Erteilung der Erlaubnis ist bei Vorliegen der in § 3 AÜG genannten Gründe zu **versagen.** Nach § 3 Abs 1 Nr 3 AÜG ist die Erlaubnis oder ihre Verlängerung zu versagen, 90 wenn Tatsachen die Annahme rechtfertigen, dass dem LeihArbN **die nach § 8 AÜG zustehenden Arbeitsbedingungen** einschließlich des Arbeitsentgelts nicht gewährt werden.

91 War die Erteilung der Erlaubnis rechtswidrig, kann eine **Rücknahme** der Erlaubnis nach § 4 AÜG erfolgen. Die Entscheidung über die Rücknahme steht im Ermessen der BA und kann nur mit Wirkung für die Zukunft getroffen werden. Für den Verleiher, dessen Vertrauen auf den Bestand der Erlaubnis schutzwürdig ist, begründet § 4 Abs 2 AÜG einen Ausgleichsanspruch. Das Recht zur Rücknahme erlischt binnen eines Jahres nach Kenntnis der Voraussetzungen für die Rücknahme.

Ein **Widerruf** der Erlaubnis kommt nur bei Vorliegen der in § 5 AÜG genannten Gründe in Betracht. Der Widerruf ist nur innerhalb eines Jahres seit dem Zeitpunkt zulässig, in dem die Erlaubnisbehörde Kenntnis von den maßgebenden Tatsachen erhalten hat (§ 5 Abs 4 AÜG).

Die Erlaubnis, Versagung, Rücknahme und der Widerruf sind **Verwaltungsakte,** gegen die nach Durchführung des Widerspruchsverfahrens bei den Sozialgerichten Klage erhoben werden kann.

92 Den Verleiher treffen gegenüber der BA die in § 7 AÜG genannten **Mitwirkungspflichten.** Der LeihArbGeb hat die Verlegung, Schließung oder Errichtung von Betrieben, Betriebsteilen oder Nebenbetrieben, die die Ausübung der ArbNÜberlassung zum Gegenstand haben, unaufgefordert vorher anzuzeigen; alle Auskünfte zu erteilen, die zur Durchführung des Gesetzes erforderlich sind; Bediensteten der BA in begründeten Ausnahmefällen das Betreten der Geschäftsräume zu gestatten (s zu den Voraussetzungen des Betretungs- und Prüfungsrechts der Erlaubnisbehörde BSG 29.7.92 – 11 RAr 57/91, NZA 93, 524). Das Verlangen der Erlaubnisbehörde an den Verleiher, Auskünfte zu erteilen, kann als Verwaltungsakt ergehen, der mit den Mitteln der Verwaltungsvollstreckung durchsetzbar ist (BSG 12.7.89 – 7 RAr 46/88, NZA 90, 157).

93 **3. Beitragsrecht.** Bei erlaubter ArbNÜberlassung treffen grds den Verleiher die ArbGebPflichten des SozVRechts. Etwas anderes gilt bei einem nach § 10 Abs 1 AÜG zwischen dem Entleiher und dem ArbN fingierten Arbeitsverhältnis (vgl zur Beitragshaftung bei Fremdpersonaleinsatz *Zieglmeier* NZS 17, 321). Zu den beitragsrechtlichen Folgen des sog Equal-Pay-Grundsatzes s BSG 16.12.2015 – B 12 R 11/14 R, SozR 4–2400 § 28p Nr 6; s hierzu *Equal-pay.*

94 **a) Erlaubte Arbeitnehmerüberlassung** begründet sozialversicherungsrechtlich die ArbGebEigenschaft des **Verleihers,** der gem § 28e Abs 1 SGB IV den GesamtSozVBeitrag sowie die Beiträge zur BG zu zahlen hat. Eine legale ArbNÜberlassung liegt vor, wenn der Verleiher über eine Erlaubnis der BA verfügt, die Höchstüberlassungsgrenzen eingehalten sind und der Fremdpersonaleinsatz nach § 1 Abs 1 Satz 5 und 6 AÜG als ArbNÜberlassung gekennzeichnet ist. Unerheblich ist hierbei, ob es sich um gewerbsmäßige oder nicht gewerbsmäßige ArbNÜberlassung handelt. Die Verpflichtung erstreckt sich auch auf Zahlungen, die der Entleiher ohne sein Wissen vertragswidrig getätigt hat, denn die Zahlungspflicht aus § 28e Abs 1 Satz 1 besteht verschuldungsunabhängig (*Schlegel/Voelzke/Werner* SGB IV § 28e Rn 27). Der Verleiher ist gem § 28f SGB IV zur Führung der Lohnunterlagen über seine ArbN verpflichtet, die die Ermittlung der Beiträge ermöglichen.

95 Falls der **Entleiher** mit dem Verleiher eine Vergütung für die Überlassung des ArbN vereinbart hat, haftet er wie ein selbstschuldnerischer Bürge für die Erfüllung der Zahlungspflicht des Verleihers (§ 28e Abs 2 Satz 1 SGB IV). Gegen die Inanspruchnahme des Entleihers als Bürgen ist der Rechtsweg zu den Gerichten der Sozialgerichtsbarkeit gegeben, da es sich um eine gesetzliche (öffentlich-rechtliche) Bürgschaft handelt. Für die Haftung des Entleihers ist es nicht erforderlich, dass der Verleiher zahlungsunwillig oder zahlungsunfähig ist. Auch das fehlende Verschulden des Entleihers schließt seine subsidiäre Haftung nicht aus (*Bissels/Fuchs* ArbRAktuell 19, 214). Nicht erforderlich für die Auslösung der Haftung ist es ferner, dass die Überlassung gewerbsmäßig erfolgt oder dass die Vergütung zu einem Gewinn führt (*Schlegel/Voelzke/Werner* SGB IV § 28e Rn 65). Da das Leiharbeitsverhältnis dem SozVRecht des Entsendestaates unterliegt, haftet der inländische Entleiher nicht subsidiär gem § 28e Abs 2 Satz 1 SGB IV für SozVBeiträge, die ein ausländischer Verleiher an den dortigen SozVTräger abzuführen hat (*Schüren/Diebold* NZS 94, 245).

Nach § 28e Abs 2 Satz 2 SGB IV kann der Entleiher die Zahlung verweigern, solange die Einzugsstelle den Verleiher (ArbGeb) nicht mit Fristsetzung gemahnt hat und die Frist nicht verstrichen ist. Einer **Mahnung** bedarf es nach Eröffnung des Insolvenzverfahrens über das Vermögen des Verleihers ausnahmsweise nicht mehr. Die Haftung des Entleihers wird nicht durch die Eröffnung des Insolvenzverfahrens über das Vermögen des Verleihers ausgeschlossen (BSG 7.3.07 – B 12 KR 11/06 R, DB 07, 1870).

Die Haftung des Entleihers ist auf den **Zeitraum** beschränkt, für den dem Entleiher der ArbN tatsächlich überlassen wurde.

Die **Haftung** umfasst nach § 28e Abs 4 SGB IV die Beiträge, die Säumniszuschläge sowie die Zinsen für die gestundeten Beiträge. Die Haftung des Entleihers ist auf die Höhe der Hauptforderung gegen den Verleiher begrenzt. Der Entleiher kann die dem Verleiher zustehenden Einreden gegen die Beitragsschuld geltend machen (*Hauck/Noftz/Sehnert* § 28e SGB IV Rn 8).

Den Verleiher treffen auch die **Meldepflichten** des § 28a Abs 1–3 SGB IV. **96**

**b) Unerlaubte Arbeitnehmerüberlassung** führt entsprechend der Fiktion des § 10 Abs 1 Satz 1 AÜG zur ArbGebEigenschaft des **Entleihers,** der auch gem § 28e Abs 1 SGB IV den GesamtSozVBeitrag zu zahlen hat (so schon BSG vom 25.10.88 – 12 RK 21/87, SozR 2100 § 5 Nr 3). Die Beitragspflicht ist jeweils auf die überlassenen LeihArbN und auf den Entleihzeitraum beschränkt. Es wird ein vollwertiges Arbeitsverhältnis mit dem Entleiher fingiert. Im Fall der illegalen ArbNÜberlassung besteht die Haftung des deutschen Entleihers auch dann, wenn der ausländische Verleiher bereits das Arbeitsentgelt gezahlt und die hierauf entfallenden SozVBeiträge an einen ausländischen SozVTräger abgeführt hat (BSG 29.6.16 – B 12 R 8/14, BB 17, 382; *Pietrek* jurisPR-SozR 13/2017 Anm 1). **97**

Unerlaubte ArbNÜberlassung wird auch durch einen **Verstoß gegen die Kennzeichungspflicht** bzw die mangelnde Konkretisierung des ArbN nach § 1 Abs 1 Satz 5 und 6 AÜG begründet (*Zieglmeier* NZS 17, 324). Eine unerlaubte ArbNÜberlassung liegt ferner auch vor, wenn eine befristete Erlaubnis ausgelaufen ist.

Dem ArbN wurde durch das AÜG 2017 die Möglichkeit der **Festhaltenserklärung** an dem Arbeitsverhältnis mit dem Verleiher eingeräumt. Hierdurch wird zwar die arbeitsrechtliche Fiktion eines Arbeitsverhältnisses mit dem Entleiher beseitigt, nicht jedoch die gesamtschuldnerische Beitragshaftung von Verleiher und Entleiher.

Werden zur Feststellung der unerlaubten ArbNÜberlassung nur **ungenügende Angaben** gemacht, so führt dies nach den Grundsätzen der Beweisvereitelung zur Umkehr der Feststellungslast (BSG 25.10.90 – 12 RK 10/90, SozR 3–2200 § 1399 Nr 1). Die Nachforderung von GesamtSozVBeiträgen durch einen Summenbescheid verstößt nicht gegen das Gegenleistungs- und Äquivalenzprinzip (LSG BaWü 20.4.10 – L 11 R 5269/08, BeckRS 2010, 70295). Die Zahlungspflicht besteht auch bei unerlaubter ArbNÜberlassung ausländischer ArbN von Firmen mit Sitz im Ausland, da das nach § 10 Abs 1 AÜG fingierte Beschäftigungsverhältnis durch die Einstrahlungsregelung des § 5 SGB IV nicht berührt wird (BSG 25.10.88 – 12 RK 21/87, SozR 2100 § 5 Nr 3; vgl aber zu den Folgen einer illegalen ArbNÜberlassung aus dem Ausland mit A-1 Bescheinigung *Wilde* NZS 16, 48).

Zahlt der illegale **Verleiher** das vereinbarte Arbeitsentgelt ganz oder teilweise an den LeihArbN, obwohl der Arbeitsvertrag zwischen ihm und dem LeihArbN unwirksam ist, so gilt er in Hinsicht auf seine Zahlungspflicht neben dem Entleiher als ArbGeb und ist ebenfalls zur Beitragszahlung verpflichtet (BSG 18.3.87 – 9b RU 16/85, NZA 87, 500). Es genügt, wenn der Entleiher das Arbeitsentgelt auf Rechnung des Verleihers zahlt (*Schlegel/Voelzke/Werner* SGB IV § 28e Rn 73). Verleiher und Entleiher haften in diesen Fällen als Gesamtschuldner (§ 28e Abs 2 Satz 3 und 4 SGB IV). Die Regelung des § 28e Abs 2 SGB IV gilt auch für die Beiträge zur BG. Eine Mahnung ist, anders als bei der erlaubten ArbNÜberlassung, nicht vorgesehen. Für Zeiträume, in denen der ArbN nicht entliehen ist, ist der Verleiher als ArbGeb iSd § 28e Abs 1 SGB IV anzusehen (KassKomm/*Wehrhahn* § 28e SGB IV Rn 22; weitergehend *Diebold/Schüren* NZS 94, 297, die den illegal tätigen Verleiher solange als ArbGeb iSd SozVRechts ansehen, wie er das unwirksame Leiharbeitsverhältnis durchführt). Zur Zahlung von SozVBeiträgen durch den Verleiher bei illegaler ArbNÜberlassung im Ausland (LG Mainz 8.5.14 – L 4 R 148/13, ZESAR 15, 436 mit Anm *Ulmer*). **98**

99 **4. Beschäftigungsverhältnis.** Die Versicherungspflicht des legal verliehenen LeihArbN in der KV, RV, sozialen PflegeV und ArblV knüpft regelmäßig an ein abhängiges Beschäftigungsverhältnis zum **Verleiher** an. Das Verleihunternehmen ist auch für die gesetzliche UV der LeihArbN umlagepflichtig. Damit ist das Leiharbeitsverhältnis sozialversicherungsrechtlich eine besondere Form des abhängigen Beschäftigungsverhältnisses, das dadurch gekennzeichnet ist, dass die ArbGebPflichten des SozVRechts idR dem Verleiher obliegen und den Entleiher eine subsidiäre Haftung für nicht abgeführte SozVBeiträge trifft. Auch im Bereich der ArbNÜberlassung wird die erforderliche Abhängigkeit des ArbN von einem ArbGeb danach beurteilt, ob der ArbN in den Herrschaftsbereich eines ArbGeb eingegliedert ist. Ausgeübt wird das arbeitsbezogene Direktionsrecht vom Entleiher, der aber nicht ArbGeb des LeihArbN ist. Ist der Überlassene kein ArbN, der aufgrund einer arbeitsvertraglichen Verpflichtung für den ArbGeb tätig wird, so liegt auch keine ArbNÜberlassung vor.

100 Wird ein LeihArbN in einem **anderen Mitgliedstaat** der EU tätig, so hängt die Beantwortung der Frage, welches SozVRecht für ihn maßgebend ist, davon ab, ob die Voraussetzungen für eine Ausstrahlung des zunächst maßgebenden Rechts vorliegen (*Kienle/Koch* DB 01, 26). Hierbei setzt eine wirksame Entsendung bei Zeitarbeitsunternehmen voraus, dass das Unternehmen im fraglichen Mitgliedstaat überhaupt gewöhnlich eine nennenswerte Geschäftstätigkeit ausübt (EuGH 10.2.2000 – C-202/97, NZS 2000, 291). Die von einem zuständigen Träger eines Mitgliedstaates ausgestellte E 101-Bescheinigung entfaltet Bindungswirkung, soweit sie bescheinigt, dass von einem Zeitarbeitsunternehmen entsandte ArbN dem System der sozialen Sicherheit angehören, in dem das Unternehmen seine Betriebsstätte hat. Nur wenn die Unrichtigkeit der Bescheinigung geltend gemacht wird, ist eine Überprüfung und Korrektur durch den zuständigen Träger angezeigt (EuGH 10.2.2000 – C-202/97, NZS 2000, 291).

101 Abgrenzungsprobleme treten zwischen dem (zulässigen) Einsatz von externen **Werkvertragskräften** und der sog verdeckten ArbNÜberlassung auf (hierzu: *Becker* DB 15, 2267; *Giese/Scheuer* BB 15, 1461; *Hamann/Rudnik* NZA 15, 449; → *Werkvertrag* Rn 20 ff).

102 **5. Haftungsausschluss.** Die Voraussetzungen für die Beschränkung der **Schadensersatzpflicht** für Personenschäden gegenüber Versicherten bei Vorliegen eines Arbeitsunfalls tritt bei inländischer ArbNÜberlassung zugunsten des Verleihers und des Entleihers einheitlich nach § 104 Abs 1 SGB VII ein. Zur Haftungsprivilegierung bei Überlassung von LeihArbN aus dem Ausland s *Schüren/Diebold* NZS 94, 244.

103 **6. Leistungsrecht.** Als Beschäftigter erwirbt der LeihArbN Leistungsansprüche in allen Zweigen der SozV. Hinsichtlich der Ansprüche auf **Kurzarbeitergeld** (Näheres: *Kurzarbeit*) hat die BA ihre Auffassung, für LeihArbN könne kein Kurzarbeitergeld gewährt werden, aufgegeben. Nach zutreffender Auffassung kann Kurzarbeitergeld für LeihArbN gewährt werden, wenn eine nicht nur kurzfristige Auftragsschwankung vorliegt, bei der auch in absehbarer Zeit kein Folgeauftrag zu erwarten ist.

# Arbeitsbereitschaft

## A. Arbeitsrecht

*Poeche*

1 **1. Begriff.** Arbeitsbereitschaft gehört neben der sog Vollarbeit und dem *Bereitschaftsdienst* zur Arbeitszeit iSd ArbZG. Sie liegt vor, wenn der ArbN während seiner regelmäßigen Arbeitszeit keine volle Tätigkeit zu verrichten hat und wird umschrieben als die „Zeit wacher Aufmerksamkeit im Zustande der Entspannung" (so schon BAG 30.1.85 – 7 AZR 446/82, DB 86, 232; BVerwG 19.1.88 – 1 C 11/85, NZA 88, 881; BAG 19.11.14 – 5 AZR 1101/12, BeckRS 2014, 74316; allgemein für Bereitschaftszeiten nun: BAG 29.6.16 – 5 AZR 716/15, BeckRS 2016, 73397). Sie unterscheidet sich vom *Bereitschaftsdienst* dadurch, dass sich der ArbN bei ihr zur Arbeit bereithalten muss, um erforderlichenfalls von sich aus tätig zu werden, während beim *Bereitschaftsdienst* der ArbN „auf Anforderung" den Dienst aufnehmen muss (BAG 19.11.14 – 5 AZR 1101/12, BeckRS 2014, 74316; 12.12.12 – 5 AZR 918/11, BeckRS 2013, 68694, wo die Arbeitsbereitschaft zudem als Form der Vollarbeit bezeichnet wird). Wie stets im Arbeitszeitrecht ist zwischen öffentlichem und pri-

vatem Recht zu unterscheiden. Denn Arbeitsbereitschaft ist nicht nur arbeitsschutzrechtlich Arbeitszeit iSd ArbZG (BAG 20.11.18 – 9 AZR 327/18, NZA 19, 535), sondern auch vergütungspflichtige Arbeit iSd § 611 Abs 1 BGB (BAG 19.11.14 – 5 AZR 1101/12, BeckRS 2014, 74316). § 7 Abs 1a ArbZG gestattet dem ArbGeb die **Verlängerung** der höchstzulässigen werktäglichen Arbeitszeit unter den dort genannten Voraussetzungen über täglich zehn Stunden hinaus. Insoweit bestimmt sich die Abgrenzung zur Vollarbeit nach dem **Grad der Beanspruchung** des ArbN (BAG 28.1.81 – 4 AZR 892/78, DB 81, 1195). Geht es darum, ob ein ArbGeb zu Recht von der tarifvertraglichen Möglichkeit Gebrauch gemacht hat, die Arbeitszeit des ArbN bei Arbeitsbereitschaft über die regelmäßige wöchentliche Arbeitszeit hinaus zu verlängern, kommt es dagegen auf die **vertraglich geschuldete Arbeitsleistung** an. Ihr gegenüber stellt Arbeitsbereitschaft eine mindere Leistung dar, weil sie den ArbN erheblich weniger als die volle Arbeit beansprucht (BAG 9.3.05 – 5 AZR 385/02, NZA 05, 1016 (Ls) zu § 14 TV-DRK).

Typisch für Arbeitsbereitschaft ist der idR nicht im Voraus festgelegte/festlegbare **Wechsel** zwischen Vollarbeit und Arbeitsbereitschaft, damit das **Warten am Arbeitsplatz,** um bei Bedarf sofort tätig werden zu können. Zeiten der Arbeitsbereitschaft sind **keine Pausen** iSv § 4 ArbZG (Näheres *Pause*). „Splitterzeiten" oder „Verschnaufpausen" von wenigen Minuten sind aber auch keine Arbeitsbereitschaft. Sie ermöglichen keine ins Gewicht fallende Entspannung und stellen keine gegenüber der Vollarbeit mindere Leistung dar (BAG 9.3.05 – 5 AZR 385/02, NZA 05, 1016 (LS); 11.7.06 – 9 AZR 519/05, NZA 07, 155 zu Wegezeiten einer Dienstreise). 2

**Beispiele:** Taxifahrer (LAG Bln-Bbg 7.2.14 – 2 Sa 25/14, BeckRS 2014, 69766), Telefonisten, soweit sie nicht Gespräche vermitteln und von anderen Aufgaben freigestellt sind, Pförtner, die das verschlossene Werkstor nur auf akustisches oder optisches Signal zu öffnen haben, Wachpersonal, das sich zur Abschreckung ohne weitere Kontrollaufgaben im Wachraum aufhält, Schulhausmeister, Rettungssanitäter. **Vollarbeit** erbringen Maschinenführer, die anhand von Schalttafeln oder auch unmittelbar den Maschinenlauf überwachen, Wachpersonal, das über Bildschirm vom Wachraum aus Räume und Zugänge kontrolliert, Pförtner, die ein geöffnetes Werkstor im Auge behalten müssen.

**2. Öffentliches Arbeitszeitrecht. a) Kollektivrechtlich zulässige Abweichungen.** 3
Wegen der geringeren Beanspruchung des ArbN sind Abweichungen vom Zeitregime des ArbZG durch Tarifvertrag oder aufgrund eines Tarifvertrags zulässig (→ *Arbeitszeit* Rn 16 ff). Die **werktägliche Arbeitszeit** kann abweichend von § 3 und § 6 Abs 2 ArbZG über zehn Stunden verlängert werden, wenn in die Arbeitszeit regelmäßig und in erheblichem Umfang Arbeitsbereitschaft fällt (§ 7 Abs 1 Nr 1 und Nr 4 ArbZG)

„Regelmäßig" bezieht sich auf die Gleichförmigkeit des Arbeitsablaufs. Nach der betrieblichen Erfahrung muss feststehen, dass nicht durchgehend Vollarbeit zu leisten ist. „Erheblich" betrifft den zeitlichen Umfang. Starre Grenzen können insoweit nicht aufgestellt werden. Der Anteil von Arbeitsbereitschaft muss jedenfalls so deutlich hervortreten, dass eine Verlängerung der Arbeitszeit gesundheitlich unbedenklich ist (*Anzinger/Koberski* § 7 Rz 23). Die **wöchentliche Arbeitszeit** von 48 Stunden darf in diesen Fällen im Durchschnitt von zwölf Kalendermonaten nicht überschritten werden (§ 7 Abs 8 ArbZG).

Weitergehend gestattet § 7 Abs 2a ArbZG kollektivrechtliche Verlängerungen der werktäglichen Arbeitszeit über acht Stunden hinaus bei regelmäßiger und erheblicher Arbeitsbereitschaft oder Bereitschaft **ohne Ausgleich,** wenn zusätzlich durch besondere Regelungen sichergestellt ist, dass die Gesundheit der ArbN nicht gefährdet ist. Die durchschnittliche Wochenarbeitszeit kann mithin 48 Stunden überschreiten (BAG 23.6.10 – 10 AZR 543/09, NZA 10, 1081). Gesetzliche Vorgaben, wie der Gesundheitsschutz der ArbN zu gewährleisten ist, fehlen. Zu denken ist an verlängerte Ruhezeiten, spezielle arbeitsmedizinische Untersuchungen, die Beschränkung auf bestimmte Personen und die Festlegung von Höchstarbeitszeiten (ErfK/*Wank* ArbZG § 7 Rz 18). Die sich aus dem Arbeitsschutzrecht ergebenden allgemeinen Handlungspflichten des ArbGeb wie etwa die Erstellung einer Gefährdungsanalyse genügen nicht (BAG 23.6.10 – 10 AZR 543/09, NZA 10, 1081; *Gefährdungsbeurteilung;* → *Arbeitssicherheit/Arbeitsschutz* Rn 10). Das BAG hat offen gelassen, ob der Gesetzgeber Art 22 der Richtlinie 2003/88/EG des Europäischen Parlaments und des Rates vom 4.11.03 durch § 7 Abs 2a ArbZG korrekt umgesetzt hat, obwohl die Vorschrift die Ausgestaltung des Gesundheitsschutzes den Tarifvertragsparteien/Betriebspart- 4 nern überlässt. Die auf der Grundlage von § 7 Abs 2a ArbZG geschlossenen kollektivrechtlichen Vereinbarungen sind jedenfalls zwischen Privaten anwendbar. Zum Ausgleichsanspruch im öffentlichen Dienst → *Bereitschaftsdienst* Rn 3.

5 **b) Individualrechtliche Voraussetzungen.** Überschreitungen der Arbeitszeit iSv § 7 Abs 2a ArbZG sind an die **schriftliche Einwilligung** des ArbN gebunden (§ 7 Abs 7 ArbZG). Der ArbN kann die Einwilligung mit einer Frist von sechs Monaten schriftlich widerrufen. Der ArbGeb darf einen ArbN nicht benachteiligen, weil dieser nicht in die Verlängerung der Arbeitszeit einwilligt oder seine Einwilligung widerruft. Der ArbGeb hat die ArbN, die sich mit einer Verlängerung der Arbeitszeit einverstanden erklären, aufzuzeichnen (§ 16 Abs 2 ArbZG).

6 **3. Arbeitsvertragsrecht.** Arbeitsbereitschaft ist als tatsächlich geleistete Arbeit zu vergüten (BAG 19.11.14 – 5 AZR 1101/12, BeckRS 2014, 74316). Die Höhe des Entgelts bestimmt sich nach der arbeitsvertraglichen Vereinbarung. Dabei ist nicht zwingend die volle Vergütung zu zahlen. Angesichts der geringeren Beanspruchung können Zeiten der Arbeitsbereitschaft geringer vergütet werden als Zeiten der Vollarbeit (BAG 12.3.08 – 4 AZR 616/06, BeckRS 2008, 56367). Streitig war, ob für Zeiten der Arbeitsbereitschaft auch der gesetzliche Mindestlohn nach dem MiLoG zu zahlen ist (s hierzu *Bayreuther* NZA 15, 385; *Lakies* ArbRAktuell 15, 389; BeckOK ArbR/*Greiner* MiLoG § 1 Rn 73; *Lembke* NZA 15, 70; *Natzel* BB 15, 2938). Das BAG (19.11.14 – 5 AZR 1101/12, BeckRS 2014, 74316) hat zunächst für das Mindestentgelt nach der PflegeArbbV entschieden, dass dieses jedenfalls auch für Zeiten der Arbeitsbereitschaft zu zahlen ist, da der Verordnungsgeber von der Möglichkeit, hierfür ein geringeres Entgelt vorzusehen, keinen Gebrauch gemacht hat. Entsprechendes hat das BAG nun auch für Bereitschaftszeiten und Ansprüche nach dem MiLoG entschieden. Diese sind mit dem gesetzlichen Mindestlohn zu vergüten (BAG 11.10.17 – 5 AZR 591/16, NZA 18, 32; 29.6.16 – 5 AZR 716/15, BeckRS 2016, 73397). Denn das MiLoG unterscheidet nicht nach dem Grad der tatsächlichen Inanspruchnahme und enthält keine entsprechende Staffelung. Bei Streit über die Frage, ob die Arbeitszeit rechtswirksam iSd tariflichen/betrieblichen Regelung verlängert worden ist, hat der ArbGeb die tatbestandlichen Voraussetzungen darzulegen und ggf zu beweisen (BAG 9.3.05 – 5 AZR 385/02, NZA 05, 1016 [LS]). Gelingt ihm das nicht, kommen Ansprüche des ArbN auf **Überstundenvergütung** in Betracht. Zu den besonderen Anforderungen an eine substantiierte Darlegung → *Überstunden* Rn 15. Wird in **vorformulierten Vertragsbedingungen** eine Pauschalvergütung für Sonderformen der Arbeit wie Arbeitsbereitschaft, Bereitschaftsdienst und Rufbereitschaft vorgesehen, ist diese unwirksam, wenn sich aus dem Arbeitsvertrag nicht ergibt, welche Arbeitsleistung in welchem zeitlichen Umfang von ihr erfasst werden soll (BAG 18.11.15 – 5 AZR 751/13, NZA 16, 487).

Ohne gesonderte Vereinbarung bestehen regelmäßig keine zusätzlichen **Vergütungsansprüche,** wenn der ArbN über die gesetzlichen Höchstgrenzen des ArbZG hinaus beschäftigt wird; sie ergeben sich nicht aus §§ 612, 823 Abs 2 oder § 812 BGB (BAG 28.1.04 – 5 AZR 530/02, NZA 04, 656).

7 **4. Mitbestimmungsrechte** des BRat bestehen bei der Anordnung von Arbeitsbereitschaft nicht, da es nicht um die Lage der Arbeitszeit geht, sondern um die Dauer der vertraglich geschuldeten Arbeitszeit (BAG 22.7.03 – 1 ABR 28/02, NZA 04, 507).

## B. Lohnsteuerrecht *Seidel*

8 Da hierfür idR keine gesonderte Vergütung gewährt wird (→ Rn 6), ergeben sich keine lohnsteuerlichen Besonderheiten. Soweit jedoch Zuschläge gezahlt werden, wird auf → *Bereitschaftsdienst* Rn 16 verwiesen.

## C. Sozialversicherungsrecht *Voelzke*

9 **Versicherungspflicht.** Da die Arbeitsbereitschaft im Gegensatz zum Bereitschaftsdienst (→ *Bereitschaftsdienst* Rn 1) keine Zeiten enthält, in denen der ArbN über sich selbst verfügen kann, ist sie im SozVRecht der Vollarbeit **gleichzustellen** (vgl zur Abgrenzung von Arbeitsbereitschaft und Bereitschaftsdienst BSG 29.11.90 – 7 RAr 34/90, BB 91, 766). Hinsichtlich der Feststellung der Versicherungspflicht und im Beitragsrecht bestehen keine

Besonderheiten gegenüber der Vollarbeit. Die Arbeitsbereitschaft gehört in der gesetzlichen UV zu den versicherten Tätigkeiten.

## Arbeitsbescheinigung

### A. Arbeitsrecht

*Kreitner*

**1. Allgemeines.** Gem § 312 SGB III ist der ArbGeb bei Beendigung des Beschäftigungsverhältnisses verpflichtet, eine sog Arbeitsbescheinigung auszustellen. Sie zählt zu den Arbeitspapieren (→ *Arbeitspapiere* Rn 6). Sinn dieser Bescheinigung ist die für den ArbN wichtige, möglichst zeitnahe Feststellung der für den Bezug von AlGeld oder AlHilfe maßgeblichen Daten (Sicherungs- und Beschleunigungsfunktion). Die Arbeitsbescheinigung stellt keine Kündigung dar (LAG SchlHol 5.8.08 – 2 Sa 74/08). 1

**2. Anspruchsvoraussetzungen. a) Rechtsnatur.** § 312 Abs 1 Satz 1 SGB III begründet eine öffentlich-rechtliche Verpflichtung des ArbGeb gegenüber der BA zur Erteilung der Arbeitsbescheinigung (BSG 12.12.90 – 11 RAr 43/88, NZA 91, 696) sowie in § 312 Abs 1 Satz 2 SGB III zur Herausgabe an den ArbN. Aus dieser öffentlich-rechtlichen Indienstnahme des ArbGeb durch die BA kann der ArbN keine unmittelbaren Ansprüche gegen den ArbGeb herleiten. Gleichwohl besteht aber auch ein privatrechtlicher Erteilungs- bzw Herausgabeanspruch des ArbN, denn den ArbGeb trifft dieselbe Verpflichtung aufgrund der arbeitsvertraglichen Fürsorgepflicht (BAG 15.1.92 – 5 AZR 15/91, NZA 92, 996; 30.8.2000 – 5 AZB 12/00, NZA 2000, 1359). 2

**b) Antrag.** Die Pflicht des ArbGeb zur Ausstellung der Arbeitsbescheinigung entsteht mit Beendigung des Beschäftigungsverhältnisses. Ein Antrag des ArbN ist **nicht erforderlich.** Auch sonstige Mitwirkungspflichten des ArbN bestehen nicht. Er muss lediglich die vom ArbGeb ausgefüllte Bescheinigung entgegennehmen. 3

**c) Fällig** ist die Bescheinigung unmittelbar mit Beendigung des Beschäftigungsverhältnisses. Der sozialrechtliche Begriff des Beschäftigungsverhältnisses ist weiter als der arbeitsrechtliche Begriff des Arbeitsverhältnisses und stellt ausschließlich auf die tatsächlichen Verhältnisse ab (→ *Arbeitslosengeld* Rn 16). Von daher kann auch bei rechtlichem Fortbestand des Arbeitsverhältnisses ein Anspruch auf Erteilung einer Arbeitsbescheinigung bestehen (typischer Fall: Antrag auf AlGeld nach lang andauernder AU und Aussteuerung). Jedenfalls aber ist die Bescheinigung bei Beendigung des Arbeitsverhältnisses zu erteilen, ohne dass es auf die Art der Beendigung ankommt. Dabei genügt die Übersendung einer Kopie des unterschriebenen Originals an den ArbN (LAG Nbg 27.9.18 – 2 Ta 107/18, BeckRS 2018, 24223). Auch wenn um die Rechtmäßigkeit der Vertragsauflösung selbst oder nur hinsichtlich des Beendigungszeitpunkts Streit besteht, muss die Arbeitsbescheinigung sofort ausgestellt werden. Insbes steht dem ArbGeb **kein Zurückbehaltungsrecht** wegen evtl anderweitiger Gegenforderungen zu. 4

**d) Personenkreis.** Die Arbeitsbescheinigung ist für sämtliche ausscheidenden ArbN auszustellen, unabhängig davon, ob das Arbeitsverhältnis der Beitragspflicht zur ArblV unterliegt. 5

**3. Inhalt. a) Allgemeines.** Für Arbeitsbescheinigungen iSd § 312 SGB III sind amtliche Vordrucke der BA zu verwenden. Der ArbGeb muss die dort verlangten Tatsachenangaben machen; rechtliche Beurteilungen soll er nicht abgeben (BSG 28.6.91 – 11 RAr 117/90, NZA 92, 330). Mögliche Fehlerquellen bestehen hauptsächlich bei Angaben bezüglich Art der Tätigkeit, Beschäftigungsdauer, Beendigungsgrund und Arbeitsentgelt. 6

**b) Tätigkeitsart.** Die Tätigkeit des ArbN ist möglichst genau zu beschreiben, wobei entsprechend aussagekräftige Berufsbezeichnungen genügen (zB Verkäufer, Dreher, Bauhelfer, Polier). Nicht ausreichend sind pauschale Bezeichnungen wie zB kaufmännischer Angestellter oder Maschinenarbeiter. 7

**c) Tätigkeitsdauer.** Maßgeblich sind die Daten der tatsächlichen Beschäftigung, wobei Lohnfortzahlungszeiträume wegen Krankheit oder Urlaub nicht als Unterbrechungszeiten gelten. 8

**d) Beendigungsgrund.** Die Mitteilung des Beendigungsgrundes ist von grundlegender Bedeutung für die Entscheidung der Agentur für Arbeit hinsichtlich der möglichen Ver- 9 hängung einer Sperrzeit für den Bezug von AlGeld (→ *Sperrzeit* Rn 8 ff). Er muss deshalb möglichst genau bezeichnet werden; pauschale Angaben wie zB „Unfähigkeit" oder „Vertragsbruch" genügen nicht.

10 **e) Arbeitsentgelt.** Zu bescheinigen ist schließlich das zuletzt gezahlte Arbeitsentgelt, da sich hiernach der Bezug von Leistungen der BA richtet. Abfindungen, Entschädigungen, oä Leistungen, die im Zusammenhang mit der Beendigung des Arbeitsverhältnisses gezahlt wurden, sind gesondert aufzuführen.

11 **4. Rechtsfolgen.** Handelt der ArbGeb seiner Pflicht zur Erteilung einer ordnungsgemäßen Arbeitsbescheinigung zuwider, so kann dies in mehrfacher Hinsicht Rechtsfolgen nach sich ziehen.

**a) Schadensersatz.** Der ArbGeb kann bei unrichtiger oder verspäteter Erteilung der Arbeitsbescheinigung **gegenüber dem Arbeitnehmer** zum Schadensersatz verpflichtet sein. Der Anspruch des ArbN beruht auf §§ 280, 286 BGB und setzt ein schuldhaftes Verhalten des ArbGeb voraus. Ein Schaden in Höhe des nicht gezahlten AlGeldes entsteht aber immer erst dann, wenn endgültig feststeht, dass eine Zahlung durch die Arbeitsverwaltung nicht erfolgt (LAG NdS 28.3.03 – 16 Sa 19/03, NZA-RR 04, 46). Verhängt die BA in der Sache zu Recht eine Sperrfrist, scheiden Schadensersatzansprüche des ArbN von vornherein aus (LAG Hess 17.7.12 – 13 Sa 1053/11, BeckRS 2012, 75674). Bedient sich der ArbGeb zur Erfüllung seiner Verpflichtungen Dritter, so haftet er für diese gem § 278 BGB. Zu beachten ist, dass sich der ArbN gem § 38 SGB III unverzüglich arbeitslos melden muss und er im Übrigen unter Schadensminderungsgesichtspunkten (§ 254 BGB) verpflichtet ist, sich auch ohne Arbeitspapiere um einen neuen Arbeitsplatz zu bemühen (*Zieglmeier* DB 04, 1830). Die Beweislast für die anspruchsbegründenden Tatsachen der positiven Forderungsverletzung bzw des Verzuges trägt der ArbN. Für die Richtigkeit der erteilten Bescheinigung ist demgegenüber der ArbGeb im Streitfall beweispflichtig. Gegenüber der **Bundesagentur für Arbeit** haftet der ArbGeb bei unrichtiger Ausfüllung der Arbeitsbescheinigung gem § 321 Nr 1 SGB III auf Schadensersatz (Einzelheiten → Rn 23).

12 **b) Ordnungswidrigkeit.** Gem § 404 Abs 2 Nr 19 SGB III kann ferner bei Erteilung einer fehlerhaften Arbeitsbescheinigung sowie bei unterbliebener bzw verspäteter Erteilung gegen den ArbGeb eine Geldbuße bis höchstens 2000 € verhängt werden (Einzelheiten → Rn 21).

13 **5. Rechtsweg. a) Erteilung der Arbeitsbescheinigung.** Verzögert der ArbGeb unberechtigterweise die Erteilung der Arbeitsbescheinigung, so ist für die Herausgabeklage des ArbN das **Arbeitsgericht** gem § 2 Abs 1 Nr 3e ArbGG zuständig (BAG 30.8.2000 – 5 AZB 12/00, NZA 2000, 1359). Dabei bejaht das BAG entgegen der Rspr des BSG (12.12.90 – 11 RAr 43/88, NZA 91, 696) zu Recht das Vorliegen eines Rechtsschutzinteresses des ArbN unabhängig davon, ob gleichzeitig ein Verwaltungsverfahren schwebt, denn der arbeitsgerichtliche Herausgabetitel ist für den ArbN oftmals leichter und schneller zu erlangen als eine Entscheidung im Verwaltungsverfahren. Gleiches gilt für die Erteilung einer Insolvenzgeldbescheinigung durch den Insolvenzverwalter gem § 314 SGB III (LAG Brem 16.6.95, DB 95, 1770 zu § 141h AFG aF). Die Zwangsvollstreckung erfolgt gem § 888 ZPO (LAG RhPf 3.8.11 – 8 Ta 157/11, BeckRS 2011, 76840; LAG Nbg 9.6.11 – 7 Ta 15/11, BeckRS 2011, 73470). Nur wenn die Bescheinigung bereits ausgefüllt ist und es allein um deren Herausgabe geht, ist § 883 ZPO einschlägig (LAG Hess 19.6.17 – 10 Ta 172/17, BeckRS 2017, 115904).

14 **b) Berichtigung der Arbeitsbescheinigung.** Ist demgegenüber der Inhalt der Arbeitsbescheinigung unzutreffend, so ist für die Berichtigungsklage der Rechtsweg zum **Sozialgericht** gegeben (BAG 15.1.92, NZA 92, 996; LAG SchlHol 22.10.15 – 6 Ta 173/15; LSG BlnBbg 14.1.08 – L 16 B 426/07 AL, BeckRS 2008, 50768). Das Gleiche gilt für (ergänzende) mündliche oder fernmündliche Angaben des ArbGeb gegenüber der Agentur für Arbeit (LAG Köln 8.11.89, DB 90, 486 [LS]). Vgl auch → Rn 21.

## B. Lohnsteuerrecht

*Seidel*

15 **1. Bedeutung.** Die Arbeitsbescheinigung nach § 312 SGB III spielt im Steuerrecht keine Rolle. Die für die Besteuerung benötigten Angaben zum Arbeitslohn, zur Dauer des

Dienstverhältnisses, zur einbehaltenen LSt und KiSt uÄ sind der LStBescheinigung (→ *Lohnsteuerbescheinigung* Rn 11 ff) zu entnehmen.

**2. Schadensersatzleistungen des Arbeitgebers** an den ArbN wegen unrichtiger oder verspäteter Erteilung der Arbeitsbescheinigung (→ Rn 11) können stpfl Arbeitslohn darstellen (→ *Arbeitgeberhaftung* Rn 19, 20). Hat der ArbGeb an die BA gem § 321 Nr 1 SGB III Schadensersatz zu leisten (→ Rn 23), so berührt dies nicht das Verhältnis ArbGeb–ArbN. Lohnsteuerlich ist hier nichts veranlasst (s aber auch → *Erstattungsanspruch der Agentur für Arbeit* Rn 11 ff). 16

### C. Sozialversicherungsrecht

*Voelzke*

**1. Allgemeines.** Die nach § 312 SGB III vom ArbGeb zu erstellende Arbeitsbescheinigung dient der **Sicherung und Beschleunigung des Leistungsverfahrens** bei der Bewilligung der Leistungen AlGeld und Übergangsgeld. Eine Pflicht zur Erstellung einer Arbeitsbescheinigung besteht nur, wenn ArbN oder BA dies verlangen. Eine Arbeitsbescheinigung ist deshalb insbes in den Fällen einer unmittelbaren Anschlussbeschäftigung häufig nicht mehr zu erstellen. Auch nach der geltenden Rechtslage kann der ArbN jedoch unabhängig vom Eintritt der Arbeitslosigkeit die Ausstellung einer Arbeitsbescheinigung vom ArbGeb verlangen (*Hauck/Noftz/Voelzke* § 312 SGB III Rz 35). Das zugrunde liegende Rechtsverhältnis zwischen ArbGeb und BA ist öffentlich-rechtlicher Natur (BSG 4.6.14 – B 14 AS 38/13 R, NZS 14, 711). Die Verpflichtung zur Erstellung der Arbeitsbescheinigung trifft nach § 312 Abs 3 SGB III Zwischenmeister und andere Auftraggeber von Heimarbeitern sowie Leistungsträger und Unternehmen, deren Leistungen die Beitragspflicht zur BA begründen, entsprechend. 17

Von der Bescheinigung nach § 312 SGB III bei Beendigung des Arbeitsverhältnisses ist die Bescheinigungspflicht bei der Beschäftigung von ArbN, die Leistungen beantragt haben oder Leistungen beziehen, zu unterscheiden. Eine derartige Verpflichtung des ArbGeb besteht beim Bezug von laufenden Leistungen hinsichtlich Art und Dauer der Beschäftigung sowie Höhe des Arbeitsentgelts (sog **Nebeneinkommensbescheinigung** nach § 313 SGB III). Die Nebeneinkommensbescheinigung dient dem Zweck, der Agentur für Arbeit die Prüfung zu ermöglichen, ob die Einkünfte aus einer Nebentätigkeit während des laufenden Leistungsbezugs auf das AlGeld anzurechnen sind. In dem hierfür von der BA vorgesehenen Vordruck sind Art und Dauer der Beschäftigung oder der selbstständigen Tätigkeit sowie die Höhe des Arbeitsentgelts oder der Vergütung zu bescheinigen. Die Bescheinigungspflicht entsteht kraft Gesetzes ohne besondere Aufforderung durch die Agentur für Arbeit. Dies gilt auch für die Bescheinigungspflicht nach § 58 Abs 1 SGB II, die mit der Antragstellung auf eine laufende Geldleistung nach dem SGB II einsetzt (*Schlegel/Voelzke/Stachnow-Meyerhoff/Becker* SGB II, § 58 Rz 17). 18

Die Bescheinigungen sind auf dem von der BA hierfür vorgesehenen Vordruck zu erteilen. Darüber hinaus enthält das Gesetz eine gesetzliche Grundlage für ArbGeb dafür, die Bescheinigungen nach den §§ 312, 312a, 313 SGB III in **elektronischer Form** an die BA zu übermitteln. Hierbei müssen die Voraussetzungen des § 23c Abs 2a SGB IV erfüllt werden. Dem ArbN steht insoweit ein Widerspruchsrecht zu. Der ArbGeb muss den ArbN zuvor über sein Widerspruchsrecht schriftlich unterrichten. Die BA ist verpflichtet, dem ArbN unverzüglich einen Ausdruck der übermittelten Daten zuzuleiten.

**2. Inhalt.** Vgl zunächst → Rn 6–10. In der Arbeitsbescheinigung darf die BA vom ArbGeb grds keine Angaben fordern, die eine eigene rechtliche Wertung verlangen, wenn es sich nicht um einfache Rechtsbegriffe des Arbeitslebens handelt (BSG 11.1.89 – 7 RAr 88/87, NZA 89, 535). Der ArbGeb bestätigt durch seine Unterschrift in der Arbeitsbescheinigung auch, dass die Erläuterungen der BA zum Ausfüllen der Arbeitsbescheinigung ihm bekannt und von ihm beachtet worden sind. 19

**3. Wirkung.** Eine **Bindung** der BA an den Inhalt der Arbeitsbescheinigung besteht bei der Feststellung der Leistungsansprüche des ArbN nicht (BSG 12.12.90 – 11 RAr 43/88, SozR 3–4100 § 133 Nr 1). Tauchen Zweifel am Inhalt der Bescheinigung auf, so muss die BA im Rahmen des Leistungsverfahrens den Beweiswert der Bescheinigung prüfen und Zweifeln ggf durch zusätzliche Ermittlungen nachgehen. 20

21 **4. Die Durchsetzung** der Verpflichtung zur Erteilung und ordnungsgemäßen Ausfüllung der Arbeitsbescheinigung richtet sich im Verhältnis von BA und ArbGeb nach öffentlichem Recht. Die Agentur für Arbeit ist berechtigt, die Verpflichtung des ArbGeb zur Ausstellung und Herausgabe der Arbeitsbescheinigung durch einen vollstreckungsfähigen Verwaltungsakt zu konkretisieren (*Hauck/Noftz/Voelzke* SGB III, § 312 Rz 28; BSG 4.6.14 – B 14 AS 38/13 R, NZS 14, 711). Die vorsätzliche oder fahrlässige Verletzung der Pflicht kann nach § 404 Abs 2 Nr 19 SGB III als Ordnungswidrigkeit geahndet werden. Die Arbeitsbescheinigung ist auch dann nicht richtig iSd § 404 Abs 2 Nr 19 SGB III ausgefüllt, wenn sie mit einem Vorbehalt hinsichtlich der Richtigkeit ihres Inhalts versehen ist oder wenn wahrheitswidrig das Bestehen eines Beschäftigungsverhältnisses bestätigt wird.

22 Ein Anspruch des ArbN auf klageweise **Berichtigung** der Arbeitsbescheinigung ist zu verneinen, da der ArbGeb nicht zur Abgabe einer bestimmten Wissenserklärung verurteilt werden kann. Ein solches Vorgehen erscheint auch entbehrlich, da eine Bindung der BA an den Inhalt der Arbeitsbescheinigung nicht besteht und der ArbGeb zu den erforderlichen Angaben im Verwaltungsverfahren oder sozialgerichtlichen Verfahren als Zeuge gehört werden kann. Etwas anderes kann ausnahmsweise im Hinblick auf den Sicherungszweck der Arbeitsbescheinigung angenommen werden, wenn Anhaltspunkte dafür vorliegen, dass die Tatsachen zu einem späteren Zeitpunkt nicht mehr nachweisbar sind. Das BSG hat diese streitige Frage bisher offen gelassen, ein Rechtsschutzinteresse jedoch für den Fall verneint, dass bereits ein Verwaltungsverfahren über den AlGeldAnspruch des ArbN läuft (BSG 12.12.90 – 11 RAr 43/88, SozR 3–4100 § 133 Nr 1). Nach dieser Entscheidung ist für eine Klage auf Berichtigung einer zu erteilenden Arbeitsbescheinigung der Rechtsweg zu den Gerichten der Sozialgerichtsbarkeit gegeben (→ Rn 14). Für die BA besteht kein Rechtsschutzbedürfnis für eine Klage gegen den ArbGeb.

23 **5. Schadensersatz.** Verletzt der ArbGeb vorsätzlich oder fahrlässig die Verpflichtung zur richtigen oder vollständigen Ausfüllung der Arbeitsbescheinigung, so ist er der BA bzw dem Jobcenter zum Schadensersatz verpflichtet (§ 321 Nr 1 SGB III; § 62 Nr 1 SGB II; vgl zu den Rechtsfolgen einer unrichtigen Bescheinigung *Lindemann/Polzer* DB 15, 2935). Eine den Schadensersatzanspruch auslösende Unrichtigkeit der Ausfüllung wird vom BSG nur bei eindeutiger Fragestellung bejaht (BSG 30.1.90 – 11 RAr 11/89, NZA 90, 790). Entspricht eine Frage der Arbeitsbescheinigung nicht dem § 312 SGB III, so löst dies die Schadensersatzpflicht des ArbGeb auch dann nicht aus, wenn er die Frage fahrlässig unrichtig beantwortet (BSG 11.1.89 – 7 RAr 88/87, NZA 89, 535). Allerdings kann bei der Beantwortung von Fragen unter Verwendung einfacher Rechtsbegriffe die Verpflichtung des ArbGeb zu bejahen sein, auf Zweifel hinzuweisen (BSG 16.10.91 – 11 RAr 119/90, NZA 93, 46). Überträgt der ArbGeb die Ausstellung auf andere Personen (zB Personalsachbearbeiter, Steuerberater), so haftet er für Fehler ohne die Exkulpationsmöglichkeit des § 831 BGB im Rahmen des § 278 BGB für einfache Fahrlässigkeit (BSG 20.10.83 – 7 RAr 41/82, DB 84, 938).

Ein **Mitverschulden** von Bediensteten der Agentur für Arbeit ist im Rahmen des § 254 BGB zu berücksichtigen (BSG 20.10.83 – 7 RAr 41/82, DB 84, 938). Ein den Schadensersatzanspruch minderndes oder ausschließendes Verhalten wird man insbes annehmen können, wenn sich dem Bediensteten Zweifel an der bescheinigten Angabe (insbes des Verdienstes) aufdrängen mussten. Andererseits besteht keine Verpflichtung des BA, die Bescheinigungen jeweils im Einzelnen zu prüfen. Es gehört aber zur Schadensersatzminderungspflicht der BA bzw der Jobcenter, einen Erfolg versprechenden Rückzahlungsanspruch gegenüber dem Leistungsempfänger geltend zu machen (*Hauck/Noftz/Voelzke* SGB II, § 62 Rz 20).

24 Der Schadensersatzanspruch kann von der BA durch **Verwaltungsakt** festgestellt werden (vgl BSG 28.6.91 – 11 RAr 117/90, NZA 92, 330). Der Anspruch umfasst von der BA zu Unrecht gewährte Leistungen und gezahlte SozVBeiträge, die ursächlich auf die Verletzung der Verpflichtung nach § 312 SGB III, § 62 Nr 1 SGB II zurückzuführen sind. Für die Geltendmachung von Zinsansprüchen fehlt eine Rechtsgrundlage im öffentlichen Recht.

25 **6. Kostenersatz.** Der ArbGeb ist zur nach öffentlichem Recht zur Bescheinigung verpflichtet; ein Anspruch auf Kostenersatz **besteht mangels Anspruchsgrundlage** im öffentlichen Recht nicht. ArbGeb haben auch keinen Kostenerstattungsanspruch für Aus-

künfte, die sie Jobcentern auf deren rechtmäßige Auskunftsverlangen hin erteilen (BSG 4.6.14 – B 14 AS 38/13 R, NZS 14, 711).

# Arbeitsentgelt

## A. Arbeitsrecht

*Griese*

### Übersicht



1 **1. Allgemeines.** Die Entgeltzahlung des ArbGeb ist Hauptleistungspflicht, sie steht im Synallagma zur Arbeitspflicht des ArbN. Die Entlohnung des ArbN kann sich in verschiedenen Formen vollziehen, sie kann sich insbes aus verschiedenen Komponenten zusammensetzen. Die Entlohnung ist grds gem § 107 Abs 1 GewO in Geld, und zwar in Euro vorzunehmen, jedoch sind auch Naturalbezüge und geldwerte Leistungen gem § 107 Abs 2 GewO möglich (*Entgeltzahlungsformen, Entgelttransparenz, Sachbezug* und *Geldwerter Vorteil*). Die Festsetzung der Vergütung ist Teil der **Vertragsfreiheit** im Arbeitsrecht.

2 **2. Anspruchsgrundlagen.** Anspruchsgrundlage ist zunächst der Arbeitsvertrag. Maßgebend ist darüber hinaus ein einschlägiger Tarifvertrag, soweit Tarifbindung besteht oder die vertragliche Einbeziehung erfolgt ist (s *Tarifvertrag*). Der Arbeitsentgeltanspruch kann sich ferner aus einer Betriebsvereinbarung ergeben. Eine solche ist nur zulässig, soweit ein Mitbestimmungsrecht nach § 87 Abs 1 Nr 10 oder 11 BetrVG besteht, gem § 87 Abs 1 Eingangssatz BetrVG keine tarifliche Regelung vorhanden ist und **die Regelungssperre der Tarifüblichkeit** aus § 77 Abs 3 BetrVG (BAG 26.1.17 – 2 AZR 405/16, NZA 17, 522) nicht entgegensteht. Betriebsvereinbarungen gelten nach § 77 Abs 4 BetrVG unmittelbar und zwingend. Eine Unterschreitung des in der Betriebsvereinbarung vorgesehenen Entgelts ist daher nur möglich, wenn die Betriebsvereinbarung selbst dies zulässt. Gleiches gilt nach § 4 Abs 3 TVG für die tarifliche Vergütung, soweit beiderseitige Tarifbindung vorliegt. Anspruchsgrundlage kann des Weiteren eine arbeitsvertragliche Einheitsregelung, eine Gesamtzusage oder eine *Betriebliche Übung* (BAG 24.2.16 – 4 AZR 990/13, NZA 16, 557) sein. In der Praxis setzt sich die Vergütung oft aus Einzelbestandteilen zusammen, die auf unterschiedlichen Anspruchsgrundlagen beruhen.

Der Arbeitsentgeltanspruch kann sich aus gesetzlichen Vorschriften ergeben zB aus § 1 MiloG (*Mindestlohn*) oder aus § 6 Abs 5 ArbZG (angemessener Nachtarbeitszuschlag, s dazu BAG 9.12.15 – 10 AZR 423/14, NZA 16, 426).

Ein Anspruch auf **Erhöhung des Arbeitsentgelts** oder Elementen davon setzt ebenfalls eine Anspruchsgrundlage voraus (Gesetz, TV, Arbeitsvertrag etc). Die fehlende Tarifgebundenheit des ArbGeb macht dem ArbN hinreichend deutlich, dass der ArbGeb keine Erhöhungsautomatik praktizieren will. Auf eine *betriebliche Übung* kann ein Erhöhungsverlangen daher regelmäßig nicht gestützt werden (BAG 24.2.16 – 4 AZR 990/13, NZA 16, 557). Nur wenn jahrzehntelang gleichwohl eine solche Erhöhungsautomatik praktiziert worden ist, kann eine *betriebliche Übung* in Betracht kommen (BAG 19.9.18 – 5 AZR 439/17, NZA 19, 106). Bei AT-Angestellten reicht eine jahrzehntelange Übung allein nicht aus (BAG 27.2.19 – 5 AZR 354/18, NZA 19, 989). Ist durch eine Bezugnahmeklausel eine dynamische Verweisung verabredet, muss der spätere Verzicht auf Entgeltsteigerungen ausreichend transparent vereinbart sein (BAG 21.6.18 – 6 AZR 38, 17, NZA 18, 1413).

Zur Fortgeltung der Entgeltansprüche bei *Betriebsübergang* s dort u BAG 23.11.17 – 6 AZR 683/16, NZA 18, 311.

Eine zentrale Rolle als Anspruchsgrundlage hat der Gleichbehandlungsgrundsatz (zB BAG 15.7.09 – 5 AZR 486/08, NZA 09, 1202; BAG 2.8.06 – 10 AZR 572/05, DB 06, 2244). **§ 7 Abs 2 AGG untersagt Vereinbarungen, die gegen ein Benachteiligungsverbot verstoßen.** Dazu gehört auch gem § 2 Abs 1 Nr 2 AGG die Benachteiligung von Behinderten beim Entgelt. **Ein Arbeitgeber kann daher nicht mit einem neu eingestellten behinderten Arbeitnehmer nur noch eine auf 80 % herabgesenkte Vergütung gemäß der Richtlinien für Arbeitsverträge in den Einrichtungen des Deutschen Caritasverbandes (AVR – juris: DCVArbVtrRL) vereinbaren, während im Gegensatz dazu nicht behinderte neu eingestellte Arbeitnehmer Anspruch auf 100 % der AVR-Vergütung haben sollen.** Denn eine solche Vergütungsvereinbarung benachteiligt den behinderten ArbN unmittelbar allein wegen seiner Behinderung, verstößt gegen § 7 Abs 2 AGG und ist deswegen unwirksam. Auch der Umstand, dass es sich um einen Integrationsbetrieb handelt, rechtfertigt die Ungleichbehandlung nicht, weil der Wert der Arbeitsleistung nicht per se davon abhängt, ob sie ein behinderter oder nicht behinderter ArbN erbringt. Für die Berücksichtigung tatsächlicher Leistungsunterschiede steht die tarifliche Eingruppierung als Instrument zur Verfügung (BAG 21.6.11 – 9 AZR 226/10, BeckRS 2011, 77831; *Griese* in Schlegel/Voelzke juris PK-SGB IX 3. Aufl 2018, § 206 Rn 12 u § 215 Rn 29). Kein Verstoß gegen den Gleichbehandlungsgrundsatz liegt vor, wenn ArbN in der Freistellungsphase der Altersteilzeit von jährlichen Entgelterhöhungen ausgenommen werden (BAG 19.1.16 – 9 AZR 564/14, NZA 16,776).

3 **3. Entgeltformen.** Die Vergütungsformen können im Wesentlichen in zwei große Gruppen unterteilt werden, nämlich in **Zeitvergütungsformen** und **Leistungsvergütungsformen** (zu Leistungsvergütung *Leistungsorientierte Vergütung*). Die Vergütung kann sich entsprechend der rechtlichen Anspruchsgrundlage(n) aus der Kombination von zeit- und leistungsbezogenen Vergütungsanteilen zusammensetzen. Da der ArbGeb das Wirtschaftsrisiko nicht auf den ArbN abwälzen darf, ergeben sich hieraus Grenzen für das Verhältnis zwischen zeit- und leistungsbezogenen Vergütungsbestandteilen (→ *Provision* Rn 3 und BAG 20.6.89 – 3 AZR 504/87, NZA 89, 843).

4 **a) Zeitvergütung.** Die Zeitvergütung ist dadurch gekennzeichnet, dass die Vergütung für eine bestimmte Zeit der Dienstleistung gezahlt wird. Hierunter fallen die Monatsvergütung ebenso wie der Stundenlohn, der Schichtlohn, der Wochenlohn oder eine monatliche Grundvergütung (Fixum). Auch **leistungsunabhängige,** zeitbezogene Zulagen gehören hierzu, etwa übertarifliche Stundenzuschläge, monatliche Zulagen, Überstundenzuschläge (→ *Überstunden* Rn 11), Erschwerniszulagen, Funktionszulagen oder Sozialzulagen (→ *Kindervergünstigungen* Rn 2). Charakteristisch für alle Zeitvergütungsformen ist, dass sie jeweils beansprucht werden können, wenn die Arbeitsleistung für den entsprechenden Zeitraum erbracht worden ist. Auf einen mit der Arbeitsleistung bezweckten Erfolg oder eine bezweckte besondere Leistung des ArbN kommt es nicht an. Zur Anrechnung von leistungsunabhängigen Zulagen auf eine Tariflohnerhöhung → *Anrechnung übertariflicher Entgelte* Rn 1 ff, zur Kürzung und zum Widerruf von Zulagen → *Entgeltzuschläge* Rn 6.

**Wege- und Umkleidezeiten,** die darauf beruhen, dass der ArbGeb eine bestimmte Arbeitskleidung vorschreibt, sind vorbehaltlich abweichender tariflicher Regelung **vergütungspflichtige Arbeitszeit** (BAG 12.12.18 – 5 AZR 124/18, NZA 19, 549), ebenso Reisezeiten zu auswärtigen Arbeits- oder Einsatzstellen (BAG 25.4.18 – 5 AZR 424/17, NZA 18, 1211).

5 **b) Sonstige Vergütungsformen.** Neben den vorgenannten zeit- und leistungsabhängigen Vergütungsformen gibt es solche, die sich keiner der beiden Kategorien eindeutig zuordnen lassen. Hierzu zählen *Einmalzahlungen,* 13. Monatsgehalt und Weihnachtsgeld, *Anwesenheitsprämien,* Erfolgs-/Gewinnbeteiligung (→ *Mitarbeiterbeteiligung* Rn 1 ff), *Vermögenswirksame Leistungen,* verbilligte Einkaufsmöglichkeiten, Personalrabatte sowie Vorteile aus Kundenbindungsprogrammen, wie zB Freiflüge für Vielflieger (→ *Geldwerter Vorteil* Rn 1 ff), verbilligte *Arbeitgeberdarlehen, Beihilfeleistungen* und Zuschüsse (s zB *Essenszuschuss* und *Lohnersatzleistungen*). Auch Aktienoptionen (BAG 21.10.09 – 10 AZR 664/08, BB 10, 252) gehören hierzu. Die für bestimmte Einmalzahlungen, insbes Gratifikationen, ent-

wickelten Rechtsgrundsätze können bzgl der Zulässigkeit von Bindungsfristen und Verfallklauseln aber nicht uneingeschränkt auf Aktienoptionen übertragen werden (BAG 28.5.08 – 10 AZR 351/07, NZA 08, 1066).

**4. Mitbestimmung des Betriebsrates.** Mitbestimmungspflichtig sind nach § 87 Abs 1 Nr 10 BetrVG Fragen der betrieblichen Lohngestaltung, insbes die Aufstellung von Entlohnungsgrundsätzen und die Einführung und Anwendung von neuen Entlohnungsmethoden und deren Änderung. **Nicht mitbestimmungspflichtig, sondern durch die Regelungssperre des § 77 Abs 3 BetrVG den Tarifvertragsparteien zur Gewährleitung der Tarifautonomie vorbehalten, sind hingegen die konkrete Entgelthöhe wie auch die Festlegungen von zB jährlichen Lohnerhöhungen.** 6

Zu den Entlohnungsgrundsätzen gehört vor allem die **Wahl der jeweiligen Entgeltform.** Der BRat hat also mitzubestimmen, ob die ArbN zB im Akkord- oder Prämienlohn oder im Zeitlohn vergütet werden, ob Provisionen gezahlt werden und in welchem Verhältnis sie zum Grundgehalt stehen (BAG 6.12.88 – 1 ABR 44/87, NZA 89, 479) und welche Zulagen nach welchen Verteilungskriterien gezahlt werden. Mitbestimmungspflichtig ist auch der Wechsel von Vergütungselementen (BAG 14.1.14 – 1 ABR 57/12, NZA 14, 922 – Ersetzung eines Gewinnbeteiligungsanspruchs durch eine fixe Einmalzahlung).

Soweit auf Vergütungsbestandteile kein Rechtsanspruch der ArbN besteht, kann der ArbGeb allerdings den **Dotierungsrahmen** mitbestimmungsfrei vorgeben. Gewährt ein ArbGeb einer Mehrzahl von ArbN einheitlich eine übertarifliche Vergütung in Höhe der halben Differenz zwischen der maßgebenden und der nächsthöheren Vergütung, kann hierin die mitbestimmungspflichtige Aufstellung eines Entlohnungsgrundsatzes liegen (BAG 18.10.94 – 1 ABR 17/94, DB 95, 832), ebenso bei der Streichung von Zulagen für neu eingestellte ArbN (BAG 28.2.06 – 1 ABR 4/05, NZA 06, 1426). Das Mitbestimmungsrecht erstreckt sich auf die außertariflichen Angestellten (BAG 27.10.92 – 1 ABR 17/92, BB 93, 1589), nicht aber auf die leitenden Angestellten. Besteht die Notwendigkeit einer überbetrieblichen Regelung, ist der GBRat zuständig. Dies gilt auch, wenn es um die Vergütungsregelung für Gewerkschaftsbeschäftigte geht (BAG 14.12.99 – 1 ABR 27/98, NZA 2000, 783).

§ 87 Abs 1 Nr 11 BetrVG erweitert das Mitbestimmungsrecht auf die Festsetzung von Akkord- und Prämiensätzen sowie vergleichbarer leistungsbezogener Entgelte einschließlich der Geldfaktoren (*Leistungsorientierte Vergütung*).

**Soweit eine tarifliche Regelung besteht und diese abschließend ist (Tarifvorbehalt), entfällt gem § 87 Abs 1 Eingangssatz BetrVG ein etwaiges Mitbestimmungsrecht des BRat nach § 87 Abs 1 Nr 10 und 11 BetrVG** (BAG 20.2.18 – 1 ABR 53/16, NZA 18, 954). 7

Wenn eine Betriebsvereinbarung die Grenzen der Tarifüblichkeit gem § 77 Abs 3 BetrVG (Tarifsperre) überschreitet, ist sie rechtsunwirksam (BAG 26.1.17 – 2 AZR 405/16, NZA 17, 522). Die Tarifsperre hindert zudem Betriebsvereinbarungen, mit denen nicht tarifgebundene ArbGeb inhaltsgleiche Regelungen aus Tarifverträgen übernehmen (BAG 15.5.18 – 1 ABR 75/16, NZA 18, 1150). Sieht eine tarifliche Regelung als mögliche Lohnarten Zeit-, Akkord- und Prämienlohn gleichberechtigt nebeneinander vor, ist durch diese Bestimmung eine Betriebsvereinbarung über den Wechsel aus der einen in eine andere Lohnart nicht nach § 77 Abs 3 BetrVG gesperrt (BAG 26.8.08 – 1 AZR 353/07, NZA-RR 09, 300).

Die Verletzung des Mitbestimmungsrechts nach § 87 Abs 1 Nr 10 BetrVG kann dazu führen, dass die vorher geltenden Entlohnungsgrundsätze in Kraft bleiben, denn die Einhaltung des Mitbestimmungsrechts ist Wirksamkeitsvoraussetzung für eine Änderung der Entlohnungsgrundsätze (BAG 5.5.15 – 1 AZR 435/13, NZA 15, 1207; BAG 22.6.10 – 1 AZR 853/08, NZA 2010, 1243).

**5. Ansprüche bei fehlender Vergütungsabsprache.** Fehlt jegliche Vergütungsabsprache, kommt § 612 BGB zum Zuge. Nach § 612 Abs 1 BGB ist eine Vergütung als stillschweigend vereinbart anzusehen, wenn die Dienstleistung den Umständen nach nur gegen Vergütung zu erwarten ist. Das trifft auf Arbeitsleistungen idR zu, es sei denn, es handelt sich um kurzfristige Gefälligkeiten, um ehrenamtliche Tätigkeit oder familiäre Mitarbeit. 8

Zum Sonderfall der Strafgefangenenarbeit s BVerfG 1.7.98 – 2 BvR 441/90, NJW 98, 3337. § 612 BGB kann auch dann anwendbar sein, wenn für Sonderleistungen über die reguläre Tätigkeit hinaus keine Vergütungsvereinbarung getroffen wurde (BAG 29.1.03 – 5 AZR 703/01, NZA 03, 1168).

Eine Vergütungsabsprache kann auch fehlen, weil der zugrunde liegende Arbeitsvertrag nichtig ist, oder die Vergütungsabrede gegen ein Gesetz, zB § 17 Abs 1 Satz 1 BBiG (Anspruch auf angemessene Ausbildungsvergütung) verstößt (BAG 17.3.15 – 9 AZR 932/13, DB 15, 1727). Schließen die Vertragsparteien zB keinen Berufsausbildungsvertrag, sondern begründen ein anderes Vertragsverhältnis nach § 26 BBiG auf der Grundlage eines „Anlernvertrags", ist dieser nach § 4 Abs 2 BBiG iVm § 134 BGB nichtig. Auf das Rechtsverhältnis sind dann die Regeln über das fehlerhafte (faktische) Arbeitsverhältnis anzuwenden, so dass das für ArbN übliche Arbeitsentgelt zu zahlen ist, wozu die jeweiligen Tarifverträge heranzuziehen sind (BAG 29.4.15 – 9 AZR 108/14, BeckRS 2015, 72037 für Auszubildende).

9 Bei Fehlen einer (wirksamen) Vergütungsregelung über **Mehrarbeit** verpflichtet § 612 Abs 1 BGB den ArbGeb, geleistete Mehrarbeit zusätzlich zu vergüten, wenn diese den Umständen nach nur gegen eine Vergütung zu erwarten ist. Eine entsprechende objektive Vergütungserwartung ist regelmäßig gegeben, wenn der ArbN kein herausgehobenes Entgelt bekommt (BAG 22.2.12 – 5 AZR 765/10, DB 12, 1932). § 162 Abs 1 BGB findet ferner Anwendung, wenn ein ArbN auf Veranlassung des ArbGeb eine qualitativ höherwertige Tätigkeit erbringt (BAG 25.4.15 – 5 AZR 874/12, NZA 15, 1408). Der pauschale vertragliche Ausschluss von Ansprüchen auf Mehrarbeitsvergütung und Rufbereitschaft hält der Inhaltskontrolle gem § 307 Abs 1 S 2 BGB nicht stand und führt über § 612 Abs 2 BGB zu zusätzlichen Entgeltansprüchen (BAG 18.11.15 – 5 AZR 751/13, NZA 16,487).

10 Regelmäßig werden Arbeitsleistungen mangels besonderer Anhaltspunkte nicht unentgeltlich erbracht, so dass **nach § 612 Abs 1 BGB die stillschweigende Vereinbarung einer Vergütungspflicht zu vermuten ist.** § 612 Abs 1 BGB kommt indessen nicht zur Anwendung, wenn der ArbN Arbeitsleistung ohne Wissen oder gegen den Willen des ArbGeb erbringt. Solche aufgedrängten Arbeitsleistungen, die als aufgedrängte Bereicherung zu verstehen sind, lösen keine Vergütungspflicht aus.

11 Ist nach § 612 Abs 1 BGB von einer stillschweigend vereinbarten Entgeltpflicht auszugehen, bestimmt § 612 Abs 2 BGB, dass die Höhe der Vergütung, falls sie vertraglich nicht bestimmt ist, sich nach der taxmäßigen Vergütung, in Ermangelung einer Taxe nach der üblichen Vergütung bestimmt. Da es Taxen, dh gesetzlich oder behördlich festgelegte Vergütungssätze im Arbeitsrecht nicht gibt, führt § 612 Abs 2 BGB zur üblichen Vergütung. Die übliche Vergütung iS dieser Vorschrift ist grds die **tarifliche Vergütung** (BAG 29.4.15 – 9 AZR 108/14, NZA 15, 1384). Ist eine tarifliche Vergütung nicht vorhanden, weil kein entsprechender Tarifvertrag existiert, muss die Vergütung eruiert werden, die vergleichbare ArbN am selben Ort oder in derselben Region erzielen. Die Untergrenze der Vergütung ergibt sich aus dem gesetzlichen *Mindestlohn* (s dort)

12 § 612 Abs 1 und Abs 2 BGB finden auch Anwendung auf die Fälle der **fehlgeschlagenen Vergütungserwartung.** Diese sind gegeben, wenn Personen Arbeitsleistungen unentgeltlich oder erheblich unterbezahlt im Vertrauen darauf erbringen, dass sie vom Begünstigten eine testamentarische Zuwendung oder sonstige Vermögenswerte erhalten und das insoweit schutzwürdige Vertrauen enttäuscht wird. Dazu muss vom Empfänger der Arbeitsleistung eine entsprechende Erwartung geweckt worden sein, die unmittelbar mit der fehlenden oder unterwertigen Vergütung zusammenhängt (ErfK/*Schlachter* § 612 BGB Rn 23).

13 Dies wurde etwa angenommen, wenn eine Verlobte für den Betrieb der Eltern des Verlobten Arbeitsleistungen unentgeltlich in der Erwartung der späteren Betriebsübernahme durch die Verlobten erbringt (BAG 15.3.60, AP Nr 13 zu § 612 BGB = DB 60, 644). Gleiches gilt, wenn ein ArbN in berechtigter Erwartung künftiger Erbeinsetzung langjährig unentgeltlich arbeitet (BAG 5.8.63, DB 63, 1433; BAG 18.1.64, DB 64, 845).

14 **6. Ansprüche bei unwirksamer Vergütungsabsprache.** § 612 Abs 2 BGB ergibt schließlich dann den Anspruch auf die übliche Vergütung, wenn die zwischen den Parteien

getroffene Entgeltvereinbarung wegen **Lohnwuchers** nach § 138 BGB nichtig ist. Nach § 138 Abs 2 BGB liegt Lohnwucher vor, wenn Arbeitsleistung und Verdienst in einem auffallenden Missverhältnis stehen und die Vergütungsvereinbarung unter Ausnutzung einer Zwangslage, der Unerfahrenheit, des Mangels an Urteilsvermögen oder einer erheblichen Willensschwäche zustande gekommen ist.

Ein besonders krasses Missverhältnis zwischen Arbeitsleistung und Entgelt kann zur Annahme eines sittenwidrigen Lohnwuchers nach § 138 Abs 1 BGB führen. Lohnwucher nach § 138 Abs 1 BGB liegt noch nicht vor, soweit mangels Tarifbindung **untertariflich** bezahlt wird, wohl aber, wenn **weniger als zwei Drittel des Tariflohns bzw des üblichen Lohns gezahlt wird** (BAG 19.8.15 – 5 AZR 500/14, NZA 16, 183; s *Mindestlohn*).

Unerheblich ist, ob die vereinbarte Entgelthöhe unter dem Sozialhilfesatz liegt (BAG 24.3.04 – 5 AZR 303/03, NZA 04, 971).

§ 612 Abs 2 BGB bildet auch dann die Anspruchsgrundlage, wenn sich die getroffene Vergütungsvereinbarung wegen Verstoßes gegen das Benachteiligungsverbotes für Teilzeitkräfte in § 2 BeschFG als rechtsunwirksam erweist (BAG 12.6.96 – 5 AZR 960/94, NZA 97, 191). Zu Arbeitsentgeltansprüchen von aus dem Ausland entsandten ArbN → *Arbeitnehmerentsendung* Rn 5 ff. 15

**7. Mindestlohn.** Ein einheitlicher **gesetzlicher** Mindestlohn ist durch das MiLoG zum 1.1.2015 in Deutschland eingeführt. s dazu ausführlich *Mindestlohn*. 16

**8. Fälligkeit.** Der ArbN ist im Arbeitsverhältnis grds vorleistungspflichtig, die Fälligkeit tritt nach Ablauf der einzelnen Zeitabschnitte gem § 614 BGB ein (s auch *Entgeltzahlungsformen* und *Vorschuss*). Der ArbGeb kommt auch ohne Mahnung des ArbN gem § 286 Abs 2 Nr 1 BGB in Verzug und schuldet damit den Zinssatz gem § 288 Abs 1 S 2 BGB (zu Einzelheiten, ua der Verzugspauschale nach § 288 Abs 5 BGB → *Entgeltnachzahlung* Rn 5). 17

**9. Reduzierung der Vergütung.** Der ArbGeb ist nicht berechtigt, die Vergütung einseitig zu reduzieren oder sie nach Ende des Arbeitsverhältnisses zu kürzen (BAG 17.10.12 – 5 AZR 409/12, BeckRS 2013, 65804). Auch Schlechtleistungen oder der mit der Arbeitsleistung bezweckte und nicht eingetretene Erfolg berechtigen nicht zur Entgeltkürzung, denn der ArbN schuldet nur die Arbeitsleistung, nicht einen darauf beruhenden Erfolg. Auch gibt es in der gesetzlichen Regelung des Dienstvertrages im BGB keine Mängelgewährleistung und kein Minderungsrecht bei Schlechtleistung. Der ArbGeb bleibt darauf beschränkt, mit etwaigen **Schadensersatzansprüchen** aufzurechnen (BAG 18.7.07 – 5 AZN 610/07, BB 07, 1903) und ggf nach Abmahnung bei fortgesetzter Schlechtleistung zu kündigen. 18

Zu **gesetzlicher Entgeltkürzung** durch die Anwendung griechischer Spargesetze auf von der Republik Griechenland in Deutschland beschäftigten Lehrern s BAG 25.2.15 – 5 AZR 962/13 (A), NZA 15, 542. 19

Eine Reduzierung des Arbeitsentgelts ist allerdings möglich aufgrund entsprechender Vereinbarung oder aufgrund einer *Änderungskündigung*. Eine vorformulierte Vereinbarung über das Recht des ArbGeb, die Arbeitszeit und damit die Vergütung zu reduzieren, darf maximal 25 % der Arbeitszeit erfassen (BAG 7.12.05 – 5 AZR 535/04, NZA 06, 423) Die wegen § 307 BGB notwendige Begrenzung der Schwankungsbreite der Arbeitszeit bei der Arbeit auf Abruf auf maximal 25 % der Arbeitszeit ist verfassungsgemäß (BVerfG 23.11.06 – 1 BvR 1909/06, NZA 07, 85). Eine Änderungskündigung zur Gehaltsreduzierung ist allerdings nur sozial gerechtfertigt, wenn der ArbGeb dartun kann, dass bei Fortzahlung der ursprünglichen Vergütung die wirtschaftliche Existenz des Betriebes bedroht ist (Insolvenzgefahr) oder Arbeitsplätze gefährdet sind und das wirtschaftliche Überleben durch die Entgeltreduzierungen gesichert wird. Da eine Entgeltreduzierung einen schwerwiegenden Eingriff in geschlossene Verträge bedeutet, ist Voraussetzung ein Sanierungsplan, der von den ArbN zumutbare und verhältnismäßige Sanierungsbeiträge verlangt (10 % Gehaltsreduzierung und Verzicht auf Sonderzahlungen können gerechtfertigt sein: BAG 20.10.17 – 2 AZR 783/16, NZA 18, 440). 20

Dabei ist auf die wirtschaftliche Situation des Gesamtbetriebs und nicht auf die einer unrentablen Betriebsabteilung abzustellen (BAG 12.11.98 – 2 AZR 91/98, NZA 99, 471).

21 Eine **Änderungskündigung zur Entgeltabsenkung** ist nicht bereits deshalb gerechtfertigt, weil eine neue gesetzliche Regelung die Möglichkeit vorsieht, einen geringeren (tariflichen) Lohn zu vereinbaren (BAG 12.1.06 – 2 AZR 126/05, BB 06, 1115). Hat ein ArbGeb **einzelvertraglich** eine höhere übertarifliche Vergütung zugesagt, ist es ihm verwehrt, unter Berufung auf den Gleichbehandlungsgrundsatz eine Änderungskündigung zwecks Reduzierung auf das Tarifniveau auszusprechen (BAG 1.7.99 – 2 AZR 826/98, NZA 99, 1336). Ist eine Entgeltkürzung mittels Änderungskündigung durch dringende betriebliche Erfordernisse unabweisbar gerechtfertigt (s dazu BAG 10.9.09 – 2 AZR 822/07, NZA 10, 333), muss eine gleichmäßige Reduzierung bei allen ArbN erfolgen. Zudem rechtfertigen vorübergehende wirtschaftliche Verluste jedenfalls keine Entgeltsenkung auf Dauer (BAG 20.8.98 – 2 AZR 84/98, NZA 99, 255). Eine Vereinbarung der Arbeitsvertragsparteien, wonach der ArbGeb einseitig Vergütungsbestandteile widerrufen kann und dadurch mehr als 25 % der Gesamtvergütung erfasst werden, ist nach § 308 Nr 4 BGB rechtsunwirksam (BAG 11.10.06 – 5 AZR 721/05, NZA 07, 87). Eine Umgehung des gesetzlichen Inhaltsschutzes des Arbeitsverhältnisses nach § 2 KSchG ist nicht gegeben, wenn der ArbGeb von der vertraglichen Möglichkeit Gebrauch machen will, eine Provision entfallen zu lassen, die neben das Tarifgehalt tritt und lediglich 15 % der Gesamtvergütung ausmacht (BAG 21.4.93 – 7 AZR 297/92, BB 94, 432). Sieht ein vom ArbGeb vorformulierter Arbeitsvertrag eine monatlich zu zahlende Leistungszulage unter Ausschluss jeden Rechtsanspruchs vor, benachteiligt dies den ArbN unangemessen; die Klausel ist unwirksam (BAG 25.4.07 – 5 AZR 627/06, NZA 07, 853).

22 Zur gesetzlichen Anpassungsbefugnis der Liquidationsbeteiligung für leitende Ärzte im Krankenhaus s BAG 20.1.98 – 9 AZR 547/98, ArbuR 98, 248; 22.1.97 – 5 AZR 441/95, NJW 98, 847.

23 **10. Verjährung und Verfall.** Hinsichtlich Verjährung → *Verjährung* Rn 1 ff, hinsichtlich Verfall → *Ausschlussfrist* Rn 1 ff.

24 **11. Abrechnung.** Gesetzlich ist eine Pflicht zur schriftlichen Abrechnung über das Arbeitsentgelt in § 108 GewO normiert. Es ist ein Informationsanspruch, der dem ArbN ermöglichen soll, die Elemente seines Entgelts nachzuvollziehen (BAG 12.7.06 – 5 AZR 646/05, ArbuR 06, 373). Für die Provision folgt sie zudem weitergehend aus § 87c Abs 1–4 HGB. Wenn eine Abrechnung erteilt wird, muss sie verständlich und nachvollziehbar sein, andernfalls ist sie neu zu erteilen (LAG RhPf 23.1.01 – 2 Ta 5/01, ArbuR 01, 197). Hat ein ArbGeb einen Anspruch in der Entgeltabrechnung vorbehaltlos ausgewiesen, braucht der ArbN diesen Anspruch nicht mehr geltend zu machen, um eine Ausschlussfrist zu wahren (BAG 21.4.93 – 5 AZR 399/92, NZA 93, 1091). Die Pflicht zur Entgeltabrechnung wird als unvertretbare Handlung gem § 888 ZPO vollstreckt. Ist das Zwangsgeld nicht beizutreiben, kann Zwangshaft angeordnet werden (BAG 7.9.09 – 3 AZB 19/09, NZA 10, 61). Eine Geheimhaltungspflicht über die Entgelthöhe besteht nicht. Eine Klausel, die den ArbN zur **Verschwiegenheit verpflichten soll, ist unwirksam** (LAG MeVo 21.10.09 – 2 Sa 237/09, BB 10, 2628).

Die **Beweislast** für das Arbeitsentgelt trägt der ArbN. Ihm kommen allerdings, insbesondere wenn der ArbGeb dem ArbN entgegen dem NachwG keinen schriftlichen Nachweis über das Arbeitsverhältnis ausgehändigt hat , Beweiserleichterungen (LAG Köln 18.1.10 – 5 SaGa 23/09, BeckRS 2010, 67154; *Preis* NZA 97, 13; *Etzel* NJW 99, 545; → *Arbeitsvertrag* Rn 51) und ggf Schadensersatzansprüche (BAG 5.11.03 – 5 AZR 676/02, NZA 05, 64) zugute. Soweit der ArbN Ansprüche auf den Gleichbehandlungsanspruch stützen will, kann er auch Auskunft verlangen (BAG 1.12.04 – 5 AZR 664/03, NZA 05, 289). Hat der ArbGeb abgerechnet, trägt er die Beweislast, wenn er sich später darauf berufen will, die Abrechnung sei fehlerhaft zugunsten des ArbN ausgefallen.

Hinsichtlich der gerichtlichen Geltendmachung von Arbeitsentgeltansprüchen ist zu beachten, dass Streitgegenstand einer Vergütungsklage stets der in der Vergütung enthaltene gesetzliche Mindestlohn ist. Eine erhobene Vergütungsklage kann daher auch im späteren Verfahren oder in einer höheren Instanz zusätzlich hierauf gestützt werden, ohne dass dies eine Klageerweiterung wäre (BAG 30.1.19 – 5 AZR 43/18, NZA 19, 768).

## B. Lohnsteuerrecht

*Thomas*

### Übersicht



**I. Begriff.** Steuerrechtlich wird regelmäßig nicht von Arbeitsentgelt, sondern von **Arbeitslohn** gesprochen. 30

**1. Keine Legaldefinition.** Arbeitslohn sind Bezüge und Vorteile, die jemand aus nichtselbstständiger Arbeit, also in seiner Eigenschaft als ArbN, erhält. Was Einkünfte aus nichtselbstständiger Arbeit und damit Arbeitslohn sind, definiert das Gesetz nicht, sondern gibt nur Beispiele (§ 19 Abs 1 EStG; § 2 LStDV). Auch die verfahrensrechtlichen Vorschriften, die für Arbeitslohn den LStAbzug vorschreiben (§ 38 Abs 1 EStG), definieren den Begriff nicht, sondern verwenden ihn als vorgegeben. Liegt Arbeitslohn vor, unterliegt er damit grds (Ausnahmen bei Lohnzahlungen Dritter) auch dem LStAbzug. 31

**2. Merkmale.** Arbeitslohn liegt vor, wenn Einnahmen (Geld oder geldwerte Vorteile) als Ertrag der Arbeit zufließen. Maßgebend ist, dass die Einnahmen Verwendungszwecken des ArbN dienen; zu Verwendungszwecken des ArbGeb → Rn 46. 32

**a) Arten.** Wie den gesetzlichen Beispielsfällen in § 19 Abs 1 Nr 1 EStG – Gehälter, Löhne, Gratifikationen, Tantiemen und andere Bezüge und Vorteile – entnommen werden kann, ist die Art der Zuwendung (Bar- oder Sachlohn) für sich gesehen ebenso wenig entscheidend wie die arbeitsrechtlichen Entlohnungskriterien. Eine erfolgsabhängige Vergütung kann aber gegen Nichtselbstständigkeit sprechen (→ *Arbeitnehmer (Begriff)* Rn 37). Steuerbarer Lohn ist mangels ausdrücklicher Befreiungsvorschriften auch stpfl. Bspw sind Gefahrenzulagen nicht von Verfassungswegen Zuschlägen für Sonntags-, Feiertags- oder Nachtarbeit gleich zu stellen (BFH 15.9.11 – VI R 6/09, DStRE 12, 3). Umgekehrt sind Vorteile, die im Inland nicht der Besteuerung unterliegen, auch nicht nach § 37b EStG pauschalierungsfähig, weil diese Vorschrift keinen eigenen Einkünftetatbestand schafft, sondern Steuerbarkeit voraussetzt (BFH 16.10.13 – VI R 57/11, DStR 14, 87; BFH 12.12.13 – VI R 47/12, DStR 14, 320; BMF 19.5.15, DStR 15, 1184; *Niermann* DB 15, 1242; *v Wolfersdorff/Hey* DB 15, 153; *Geserich* DStR 14, 561; *Kanzler* FR 14, 343; *Strohner* DB 14, 387). 33

Eine Lohnfiktion enthalten § 40 Abs 1 Satz 2 EStG und § 40 Abs 3 Satz 2, Hs 2 EStG insofern, als angeordnet wird, dass die **Übernahme pauschaler LSt** durch den ArbGeb als Zuwendung an den ArbN anzusehen ist bzw die auf den ArbN abgewälzte pauschale LSt als Arbeitslohn gilt (*Thomas* in FS Küttner 2006, 242). Bei der Pauschalierung mit festem Pauschsteuersatz (zB nach § 40 Abs 2 EStG) bewirkt die Übernahme der Pauschsteuer durch den ArbGeb keinen weiteren geldwerten Vorteil. Allerdings ist die Übernahme der pauschalen ESt nach § 37b EStG für ein Geschenk ergänzender Bestandteil des Geschenks. Wird damit die 35 €-Grenze des § 4 Abs 5 Nr 1 EStG überschritten, ist der Gesamtbetrag als nicht abzugsfähige Betriebsausgabe dem Gewinn hinzuzurechnen (BFH 30.3.17 – IV R 13/14, DStR 17, 1255 mit Anm *Niermann* DB 17, 868 und *v Woltersdorff* DB 17, 2127).

Beim LStAbzug nach der LStKarte wendet der ArbGeb bei einer **Nettolohnvereinbarung** mit der Übernahme der LSt (anstelle des Einbehaltens der LSt vom Bruttolohn) zusätzlichen Lohn zu, weshalb auf einen Nettosteuersatz hochzurechnen ist (→ *Nettolohnvereinbarung* Rn 10 ff). Das ist aber beim Haftungsbescheid nicht zulässig, weil ein in einem Regressverzicht liegender möglicher Lohnzufluss frühestens mit der rückgriffsfreien Bezahlung der Haftungsschuld eintreten kann (BFH 29.10.93 – VI R 26/92, DStR 94, 170). Der unterlassene Rückgriff beim ArbN führt aber nur dann zu Lohn, wenn er auf dem Forderungsverzicht des ArbGeb und nicht darauf beruht, dass ein Rückgriff aus tatsächlichen oder rechtlichen Gründen nicht möglich ist (BFH 5.3.07 – VI B 41/06, DStRE 07, 691; → *Sozialversicherungsbeiträge* Rn 19). Werden bei einer Nettolohnvereinbarung etwaige EStErstattungsansprüche des ArbN an den ArbGeb abgetreten, liegen zum Zeitpunkt der Überweisung des Erstattungsbetrags an den ArbGeb beim ArbN negative Einnahmen vor, die beim LStAbzug mit positiven Einnahmen dieses ArbN verrechnet werden können (BFH 30.7.09 – VI R 29/06, DStR 09, 2140). Zahlt der ArbGeb aufgrund einer Nettolohnvereinbarung ESt nach, liegt Bruttolohn vor, der nicht wie beim Nettosteuersatz hochzurechnen ist (BFH 3.9.15 – VI R 1/14, DStR 15, 2599). Wegen der Anrechnungswirkung des § 36 Abs 2 Nr 2 EStG führt vom ArbGeb abgeführte LSt, die nicht vom ArbN einbehalten wurde, auch dann zu Lohn, wenn keine Abführungspflicht bestanden hat (BFH 29.11.2000 – I R 102/99, BStBl II 01, 195; BFH 17.6.09 – VI R 46/07, DStR 09, 2043; zur Anrechnung bescheinigter, aber nicht abgeführter LSt auf die EStSchuld vgl FG Münster 24.4.12 – 6 K 1498/11 AO, DStRE 14, 74, Rev VII R 28/12; zu Fehlern beim LStAbzug → Rn 55). Anders als beim Haftungsbescheid (§ 42d Abs 3 Satz 2 EStG) ist die Nachforderung nicht einbehaltener und abgeführter LSt durch den EStÄnderungsbescheid keine Ermessensentscheidung (BFH 11.7.16 – VI B 14/16, BFH/NV 16, 1540).

34 **b) Rechtsanspruch.** Gem § 19 Abs 1 Satz 2 EStG ist es gleichgültig, ob es sich um laufende oder um einmalige Bezüge handelt und ob ein Rechtsanspruch auf sie besteht. Bspw sind vor Arbeitsvertragsabschluss als Anreiz für den Stellenwechsel geleistete Handgelder oder Antrittsprämien (sog signing bonus) Arbeitslohn (BFH 11.4.18 – I R 5/16, DStR 18, 2193). Gleiches gilt für freiwillige Sonderzuwendungen des ArbGeb, auf die arbeitsrechtlich kein Anspruch besteht (BFH 20.7.10 – IX R 23/09, DStR 10, 1934 Zuzahlungen zum Kurzarbeitergeld). Umgekehrt begründen Ansprüche als solche noch keinen Arbeitslohn (BFH 18.8.16 – VI R 18/13, DStR 16, 2635), da ein Zufluss erst bei dessen Erfüllung vorliegt (zu Anwartschaften oder Optionen → *Aktienoptionen* Rn 12). Anders verhält es sich, wenn der ArbGeb dem ArbN Ansprüche gegen Dritte verschafft und hierauf Leistungen erbringt, zB zugunsten des ArbN Versicherungsbeiträge bezahlt. Dann ist die Beitragszahlung bereits Erfüllungshandlung, weil der ArbGeb dem ArbN Versicherungsschutz am Markt verschafft. Demgemäß stellen die Beitragszahlungen Lohn dar, während spätere Versicherungsleistungen nicht mehr auf dem Dienstverhältnis beruhen (iE → Rn 65 ff).

Da es im Übrigen nicht auf die Einklagbarkeit von Ansprüchen ankommt, können auch **unerlaubte Tätigkeiten** (§§ 40, 41 AO sowie → *Schwarzarbeit* Rn 3, 7) zu Arbeitslohn führen. Des Weiteren kann Arbeitslohn bei **versehentlichen Zahlungen** angenommen werden (BFH 4.5.06 – VI R 17/03, DStRE 06, 1182). Wird die versehentliche Zahlung in einem späteren Kj zurückgefordert, bleibt das Zuflussjahr unverändert und es sind im Jahr der Rückgewähr negative Einnahmen anzusetzen (BFH 26.1.2000 – IX R 87/95, BStBl II 2000, 396; BFH 4.5.06 – VI R 19/03, DStRE 06, 909; das gilt auch für Rückzahlungen eines beherrschenden Gesellschafters – Geschäftsführers BFH 14.4.16 – VI R 13/14, DStR 16, 1744; vgl aber zu widersprüchlichem Verhalten bei Rückzahlung von Arbeitslohn BFH 29.1.09 – VI R 12/06, BFH/NV 09, 1105). Kein Arbeitslohn sind dagegen Vermögenseinbußen, die **gegen den Willen** des ArbGeb erfolgen, zB beim Griff des ArbN in die Portokasse. Deshalb führt die bewusste verbotswidrige Anweisung nicht zustehender Gehälter – anders als versehentliche Zahlungen – nicht zu Lohn (BFH 13.11.12 – VI R 38/11,

DStR 13, 303) und die bei Aufdeckung der Untreue erfolgte Erstattung nicht zu negativen Einnahmen. Werden Einnahmen außerhalb des Dienstverhältnisses erzielt, gilt Entsprechendes für damit zusammenhängende Aufwendungen (→ *Schmiergeld* Rn 9).

**c) Konkrete Gegenleistung.** Die Zuordenbarkeit des Entgelts zu bestimmten konkreten Arbeitsleistungen ist nicht erforderlich und im Regelfall auch nicht möglich. Es genügt, dass sich die Zuwendung im Ergebnis als Ertrag einer Arbeitsleistung erweist (BFH 7.12.84 – VI R 164/79, BStBl II 85, 164, 167). Dies ergibt sich mittelbar auch daraus, dass sogar Entlohnungen für künftige Dienstleistungen (§ 2 Abs 2 Nr 1 LStDV) und für frühere Dienstleistungen (Wartegelder, Ruhegelder, Witwen- und Waisengelder, § 19 Abs 1 Nr 2 EStG) Arbeitslohn darstellen, wobei auch andere Personen als der ArbN Leistungsempfänger sein können (vgl im Übrigen zur Lohnzahlung an Dritte → Rn 76). Außerdem muss der Arbeitslohn mit dem Betriebsausgabenabzug des ArbGeb weder der Höhe nach, noch nach dem Abzugszeitpunkt korrespondieren (→ Rn 41). Ebenfalls unbeachtlich ist, ob die Pflichten des ArbN, für die er bezahlt wird, iE genau festgelegt sind (BFH 21.1.99 – IV R 15/98, DStRE 99, 457). **35**

**II. Einnahmen** sind gem § 8 Abs 1 EStG alle Güter in Geld oder Geldeswert, die dem ArbN im Rahmen des Dienstverhältnisses zufließen. **36**

**1. Freie Verfügbarkeit** über Zuwendungen des ArbGeb an einen ArbN indiziert regelmäßig Arbeitslohn. Das gilt insbes, wenn die Zuwendung in Geld erfolgt. Deshalb werden nicht steuerbare Aufmerksamkeiten nur bei Sachzuwendungen angenommen. Bei **Barzuwendungen** kann der Arbeitslohncharakter ausnahmsweise verneint werden, wenn sie funktionsgebunden hingegeben werden und die funktionsgerechte Verwendung sichergestellt ist (→ *Aufwendungsersatz* Rn 27; → *Betriebsveranstaltung* Rn 7). Das wurde bei Zuschüssen zu sog Kirchweiheinladungen verneint (BFH 19.1.76 – VI R 227/72, BStBl II 76, 231; zum Kundschaftsessen *Kottke* BB 98, 613). Ein regelmäßiges freies Mittagessen stellt auch dann einen stpfl Sachbezug dar, wenn es nur in der Betriebskantine eingenommen werden kann. Sofern der Rspr (BFH 21.1.10 – VI R 51/08, DStR 10, 640: Verpflegung an Bord; Nds FG 19.2.09 – 11 K 384/07, DStRE 10, 1162: Verpflegung im Kindergarten; FG SchlHol 23.1.12 – 5 K 64/11, DStRE 12, 918: Verpflegung in Heim mit Problemkindern; FG Hbg 17.9.15 – 2 K 54/15, DStRE 16, 1031: Verpflegung auf Offshore-Plattform) zu entnehmen wäre, dass laufende unentgeltliche Verpflegung durch den ArbGeb schon immer dann keinen Lohn bewirkt, wenn sich die Belegschaft aus tatsächlichen Gründen nicht jeweils individuell ernähren kann (zB an Bord von Schiffen oder Plattformen, bei Soldaten im Einsatzgebiet oder in Kasernen, bei Arbeit an entlegenen Arbeitsstätten usw), kann dem nicht gefolgt werden. Denn anders als bei sog **Arbeitsessen** (BFH 5.5.94 – VI R 55–56/92, DStR 94, 1309; BFH 4.8.94 – VI R 61/92, DStR 94, 1732) ist zwar die einheitliche Zubereitung der Verpflegung für alle Betroffenen, nicht aber deren Unentgeltlichkeit notwendige Begleiterscheinung der Arbeit. Da der Wert der Verpflegung in den genannten Fällen regelmäßig mit Sachbezugswerten anzusetzen ist, die bei Gewährung von Verpflegungspauschalen unter dem steuerfrei zuwendbaren Betrag bleiben können (→ *Dienstreise* Rn 36, 40) ergibt sich eine Nachforderung insofern nur, wenn keine Anrechnung erfolgt (BFH 24.3.11 – VI R 11/10, DStR 11, 863, wo die unentgeltliche Gemeinschaftsverpflegung in der Kaserne zutreffend als Sachbezug angesehen wurde). **37**

Die **Marktgängigkeit** iS einer Umsetzbarkeit des gewährten Vorteils in Geld ist kein notwendiges Merkmal für Arbeitslohn. Allerdings kann die Funktionsgebundenheit des Vorteils (→ Rn 46) in Einzelfällen zur Folge haben, dass der Entlohnungscharakter und deshalb Arbeitslohn zu verneinen ist. **38**

**2. Geringe Vorteile** können ebenfalls zu Arbeitslohn führen. Die Höhe des Vorteils ist an sich irrelevant. Vielmehr kommt es auf den Verwendungszweck an. Liegt dieser in der finanziellen Entlastung des ArbN für Aufwendungen, die er regelmäßig aus eigenem versteuertem Einkommen bestreiten muss, ist Arbeitslohn anzunehmen. Werden dagegen ausschließlich die Entlohnung nicht berührende betriebsfunktionale Zwecke verfolgt, begründen auch hohe Zuwendungen, zB ein größerer Geldbetrag für eine abzurechnende Auslandsdienstreise, keinen Arbeitslohn (BFH 17.9.82 – VI R 75/79, BStBl II 83, 39: Vorsorgeuntersuchung; vgl dazu aber → *Gesundheitsvorsorge* Rn 14). Ungeachtet dieser Grundsätze neigen Verwaltung und Rspr bei betragsmäßig geringen Vorteilen eher dazu, **39**

Arbeitslohn zu verneinen, wie dies bspw bei der Telefonbenutzung für private Ortsgespräche geschieht (→ *Internet-/Telefonnutzung* Rn 25). Aus ähnlichen Erwägungen hat der BFH bei kostenloser Überlassung von ec-Karten und ec-Formularen (ersparter Aufwand 7,10 DM jährlich) keinen Arbeitslohn angenommen (BFH 21.9.90 – VI R 97/86, BStBl II 91, 262; Nichtanwendungserlass BMF 13.3.91, BStBl I 91, 388). Gar keine Einkünfte liegen vor, wenn nur eine pauschale Aufwandsentschädigung (→ *Aufwandsentschädigung* Rn 3) bezahlt wird, die lediglich in etwa die Selbstkosten deckt.

40 **3. Ersparte Aufwendungen** sind keine Aufwendungen und damit keine Werbungskosten, etwa wenn ein ArbN die Fahrtkosten spart, weil ihn ein Arbeitskollege bei einer Dienstreise unentgeltlich mitnimmt. Ebenfalls keine Aufwendungen sind entgangene Einnahmen (BFH 19.4.12 – VI R 25/10, DStR 12, 1593 zum Mietausfall). Vom ArbGeb übernommene Aufwendungen, die üblicherweise vom ArbN getragen werden müssen, stellen dagegen Arbeitslohn dar (→ *Arbeitnehmerbeförderung* Rn 8). Dessen Höhe bestimmt sich nach der Art und Weise, wie die Übernahme im konkreten Fall erfolgt ist. Wird die Kostenübernahme als Arbeitslohn erfasst, dann werden diese Kosten aus versteuertem Einkommen des ArbN finanziert, weshalb ihm – wenn die Anwendungen beruflich veranlasst waren – der Werbungskostenabzug zusteht. Ob der ArbN auf eigene Kosten vergleichbare Aufwendungen getätigt hätte, ist demgegenüber nicht entscheidend (BFH 2.10.68 – VI R 64/68, BStBl II 69, 73, nach den persönlichen Bedürfnissen zu große Wohnung; BFH 9.3.90 – VI R 48/87, BStBl II 90, 711; → *Incentivereisen* Rn 13). Übernommene Aufwendungen können auch vorliegen, wenn der ArbGeb auf die Realisierung eines ihm gegen den ArbN zustehenden Schadensersatzanspruchs verzichtet (BFH 24.5.07 – VI R 73/05, DStR 07, 1159). Im Übrigen kann die Inanspruchnahme von Leistungen, für die üblicherweise bezahlt werden muss, auch dann zu Arbeitslohn führen, wenn dies für den ArbGeb nicht mit zusätzlichem Aufwand verbunden ist (Telefonieren durch ArbN eines Netzbetreibers, BFH 22.10.76 – VI R 26/74, BStBl II 77, 99; Freifahrt durch Bahnbediensteten, BFH 25.9.70 – VI R 85/68, BStBl II 71, 55).

41 Ein **Korrespondenz-** oder **Korrelationsprinzip** des Inhalts, dass die Einnahmen des ArbN den Aufwendungen des ArbGeb entsprechen müssten, besteht für den Arbeitslohn nicht (BFH 9.4.97 – I R 20/96, BStBl II 97, 539; *Thomas* DStR 96, 1680 unter 6). Denn Arbeitslohn bemisst sich bei Sachbezügen grds nicht nach den Aufwendungen des ArbGeb, sondern nach den üblichen Preisen am Abgabeort (§ 8 Abs 2 EStG), obwohl aus Vereinfachungsgründen häufig die Aufwendungen des ArbGeb zum Maßstab genommen werden (BFH 23.10.92 – VI R 1/92, BStBl II 93, 195, private Kfz-Nutzung; BFH 25.5.92 – VI R 91/89, BStBl II 92, 856 = DStR 92, 1236 mit Anm *MIT*; Zuwendungen bei Betriebsveranstaltungen). Dem liegt die Vorstellung zugrunde, dass der ArbN den Vorteil am Markt regelmäßig nicht günstiger als der ArbGeb erlangen werde. Ebenso wenig muss der Erfassung als Arbeitslohn beim ArbN die Abziehbarkeit der diesbezüglichen Aufwendungen beim ArbGeb entsprechen. Das gilt auch bei Lohnzahlungen durch Dritte (BFH 5.7.96 – VI R 10/96, BStBl II 96, 545 = DStR 96, 1402 mit Anm *MIT*).

42 **4. Aufgedrängte Vorteile** sind dann kein Arbeitslohn, wenn sich der ArbN ihnen nicht entziehen kann, ohne aus dem Dienstverhältnis Nachteile in Kauf nehmen zu müssen (BFH 15.5.92 – VI R 106/88, BStBl II 93, 840 bei Übernahme von Mitgliedsbeiträgen für Privatclubs verneint; BFH 17.7.14 – VI R 69/13, DStR 14, 2059 Beitragsvericht eines Golfclubs für ehemalige Vorstandsmitglieder eines verbundenen Unternehmens). Die Verpflichtung, überlassene Markenkleidung aus Repräsentationsgründen zu tragen, steht der Annahme von Arbeitslohn nicht entgegen (BFH 11.4.06 – VI R 60/02, DStRE 06, 1052) zumal befürchtete Nachteile plausibel sein müssen. Ob ein vom ArbGeb eingeräumter Vorteil schon deshalb unberücksichtigt bleiben kann, weil ihn der ArbN etwa wegen bestehendem Versicherungsschutzes auch anderweitig auf fremde Kosten hätte erlangen können (so BFH 5.11.93 – VI R 56/93, BFH/NV 94, 313) ist zweifelhaft. Kein Arbeitslohn sind jedenfalls Vorteile, die notwendige Begleiterscheinungen des Erbringens der Arbeitsleistung sind (Polizeieinsatz bei Fußballspiel, Bereitschaftsarzt bei Theateraufführung, Reisebegleiter bei Urlaubsgruppe usw; dazu → Rn 51).

43 **5. Subjektive Vorstellungen.** Ob Arbeitslohn vorliegt, ist grds objektiv zu bestimmen. Deswegen formuliert der BFH bewusst passiv, dass sich der Vorteil als Ertrag der Arbeit

erweisen muss (BFH 25.5.92 – VI R 18/90, DStR 92, 1647: verbilligtes Grundstück bei weitergegebener Subvention; BFH 30.6.11 – VI R 80/10, DStR 11, 1757; Veräußerung von GmbH-Anteilen). Während früher die Sicht des ArbN als Zuwendungsempfänger als maßgebend angesehen wurde (BFH 24.2.81 – VIII R 109/76, BStBl II 81, 707, 708: Sonderzuwendung an Vorstandsmitglied), wird diese nunmehr nur noch als abrundendes Argument dafür verwendet, dass auch der ArbN die Zuwendung als Ertrag der Arbeit verstanden hat (BFH 23.10.92 – VI R 62/88, BStBl II 93, 117; BFH 5.7.96 – VI R 10/96, BStBl II 96, 545 = DStR 96, 1402 mit Anm *MIT* mwN). Nach BFH 30.6.11 – VI R 80/10 (DStR 11, 1757) hat das für die Einzelfallwürdigung zuständige Tatsachengericht dabei die Vorstellungen des ArbN und „insbesondere" des ArbGeb in den Blick zu nehmen. Zuwendungen des ArbGeb, die dem ArbN mit Rücksicht auf private Beziehungen gewährt werden, sind beim ArbN kein Arbeitslohn, beim ArbGeb dann aber auch keine Betriebsausgaben (BFH 23.9.98 – XI R 1/98, DStRE 99, 162: Kfz-Überlassung unter Angehörigen; FG Münster 20.12.18 – 5 K 2661/16 E, DStRE 19, 1117: Verlust eines Freundschaftsdarlehens; zu Schenkungen → Rn 64). Das kann der Fall sein, wenn der ArbGeb für sich persönlich (nicht für den Betrieb) günstig eingekauft hat und auch einen ArbN an dem Rabatt teilhaben lässt oder wenn auch fremde Dritte begünstigt werden (BFH 20.5.10 – VI R 41/09, DStRE 10, 1002). Eine aus freundschaftlicher Verbundenheit erbrachte Leistung kann aber bei nachträglicher Entlohnung nach § 22 Nr 3 EStG steuerpflichtig werden (BFH 21.9.04 – IX R 13/02, BStBl II 05, 44), was auch für Leistungen gilt, die zunächst auf familiärer Grundlage erbracht wurden, aber wegen fehlgeschlagener Vergütungserwartung (Hofübergabe) nachträglich bezahlt werden müssen (BFH 8.5.08 – VI R 50/05, DStR 08, 1425).

Fehlen derartige Besonderheiten, indiziert das Beschäftigungsverhältnis regelmäßig, dass 44
ein objektiv eingeräumter Vorteil auch „für" eine Beschäftigung gewährt wurde. Der ArbGeb muss sich nicht auch über die Höhe des Vorteils bewusst gewesen sein (BFH 18.10.74 – VI R 249/71, BStBl II 75, 182: Grundstücksüberlassung unter dem Verkehrswert). Ergeben aber die Umstände, dass ein Vertrag wie unter fremden Dritten ausgehandelt wurde, begründet allein die Tatsache, dass das für den ArbN sehr vorteilhaft geschehen ist, noch keinen Arbeitslohn. Dabei sind aus der Sicht eines neutralen Beobachters alle Umstände zu würdigen. Zu solchen Umständen kann auch gehören, dass der ArbGeb einen Vorteil zuwenden wollte. In diesem Fall liegt Arbeitslohn auch dann vor, wenn der ArbN die Vorteilhaftigkeit zunächst noch nicht erkannt hat.

**III. Entlohnung. 1. Ertrag der Arbeit.** Vorteile die der ArbGeb dem ArbN gewährt 45
sind Lohn, wenn sie Finanzierungszwecken des ArbN und nicht eigenbetrieblichen Interessen des ArbGeb (dazu unten) dienen. Die früher als Abgrenzungshilfen benutzten Merkmale Gelegenheitsgeschenk und Annehmlichkeiten wurden aufgegeben.

**2. Eigenbetriebliches Interesse. a) Begriff.** Seit der Grundsatzentscheidung zur Kos- 46
tenübernahme bei Vorsorgeuntersuchungen (BFH 17.9.82 – VI R 75/79, BStBl II 83, 39) verneint die Rspr Arbeitslohn bei Zuwendungen, die im ganz überwiegend eigenbetrieblichen Interesse des ArbGeb erfolgen. Der Begriff ist eine bildhafte Umschreibung des Wertungsergebnisses, dass das Tatbestandsmerkmal „für" eine Beschäftigung in § 19 Abs 1 Nr 1 EStG nicht erfüllt ist. Dabei kommt mit den Worten „ganz überwiegend" zum Ausdruck, dass die nicht in Entlohnungszwecken liegende betriebliche Zielsetzung ganz im Vordergrund stehen muss, so dass ein damit einhergehendes eigenes Interesse des ArbN, den betreffenden Vorteil zu erlangen, deshalb vernachlässigt werden kann. Das ist der Fall, wenn sich ein dem ArbN zugewendeter Vorteil bei objektiver Würdigung aller Umstände nicht als Entlohnung, sondern lediglich als notwendige Begleiterscheinung betriebsfunktionaler Zielsetzungen erweist.

**b) Merkmale.** Welche Zielsetzung bei objektiver Betrachtung ganz im Vordergrund steht, muss sich aus den Begleitumständen wie Anlass, Art und Höhe des Vorteils, Auswahl der Begünstigten, freie oder nur gebundene Verfügbarkeit, Freiwilligkeit oder Zwang zur Annahme des Vorteils und seiner besonderen Geeignetheit für den verfolgten betrieblichen Zweck ergeben. Dabei kann auch eine Rolle spielen, wie bedeutsam der verfolgte Zweck für das Unternehmen ist und ob es für die Zweckverfolgung nahe liegende Alternativen gegeben hat. Da eine Gesamtbeurteilung vorzunehmen ist, kommt es auf die jeweiligen

Umstände des Einzelfalles an. Die lstliche Wertung, dass ein Vorteil nicht als Ertrag der Arbeit sondern im eigenbetrieblichen Interesse gewährt wird, kann mit der ustlichen Würdigung korrespondieren, die in vergleichbaren Fällen einen tauschähnlichen Umsatz bzw eine Entnahme verneint (*Heuermann* DStR 19, 2145 Anm zu BFH 6.6.19 – V R 18/18. DStR 19, 2142 zu übernommenen Maklerkosten im Rahmen einer konzerninternen Funktionsverlagerung).

47 **c) Einzelfälle.** Obwohl über die Kriterien des eigenbetrieblichen Interesses allgemein Einigkeit herrscht (*Heger* DB 14, 1277; *Krüger* DStR 13, 2029; *Strohner* DStR 14, 731) können Wertungsergebnisse zu Einzelfragen unterschiedlich ausfallen. Dies zeigt die geänderte Rspr zur Übernahme von Bußgeldern durch den ArbGeb, die gegen den ArbN verhängt wurden (BFH 14.11.13 – VI R 36/12, DStR 14, 136 Verstöße gegen Lenk- und Ruhezeiten; dazu kritisch *Bergkemper* FR 14, 282; *Fellmeth* FR 12, 1064; Abweichung von BFH 7.7.04 – VI R 29/00, DStR 05, 417 aber Fortführung von BFH 22.7.08 – VI R 47/06, DStR 08, 2310 Geldbußen wegen Verstoß gegen lebensmittelrechtliche Bestimmungen; *Lohse/Zanzinger* DStR 15, 1081, 1082 f). Werden im Paketzustelldienst Verwarnungsgelder wegen Falschparkens festgesetzt, wird Arbeitslohn verneint, wenn der ArbGeb auf eine eigene Schuld zahlt, weil das Verwarnungsgeld gegen ihn als Halter und nicht gegen den ArbN als Fahrer ergangen ist (FG Düsseldorf 4.11.16 – 1 K 2470/14L, EFG 17, 315 Rev VI R 1/17) Im Übrigen ist zur Bejahung des eigenbetrieblichen Interesses eine Würdigung der Besonderheiten des Einzelfalles erforderlich (BFH 4.6.93 – VI R 95/92, BStBl II 93, 687; BFH 25.5.2000 – VI R 195/98, BStBl II 2000, 690 zur Kfz-Gestellung bei Rufbereitschaft; BFH 26.6.03 – VI R 112/98, DStRE 03, 1263 zum Polizeiführerschein).

48 Ein überwiegend eigenbetriebliches Interesse wird verneint bei Übernahme von Kurkosten (BFH 11.3.10 – VI R 7/08, DStRE 10, 789 trotz arbeitsrechtlichen Anspruchs auf regelmäßige Kuren), von Steuerberatungskosten (BFH 21.1.10 – VI R 2/08, DStR 10, 595; BFH 4.2.10 – X R 10/08, DStR 10, 739; anders aber, wenn die Beratung nur dem ArbGeb zugute kommt, wenn im Rahmen einer Nettolohnvereinbarung Erstattungsansprüche des ArbN dem ArbGeb abgetreten werden BFH 9.5.19 – VI R 28/17, DStR 19, 1742; *Geserich* DStR K 19, 254; *Krüger* DB 19, 2045). Eine weitere steuerliche Entlastung dieser Kosten ist auch im Hinblick auf die Kompliziertheit des Steuerrechts verfassungsrechtlich nicht geboten (BFH 16.2.11 – X R 10/10, BFH/NV 11, 977), von Kammerbeiträgen (BFH 12.2.09 – VI R 32/08, DStRE 09, 541), von Beiträgen für eine Berufshaftpflichtversicherung (BFH 26.7.07 – VI R 64/06, BStBl II 07, 892) – anders aber bei Mitversicherung von eigenem Fachpersonal durch ein Krankenhaus (BFH 19.11.15 – VI R 47/14, DStRE 16, 331), durch eine RechtsanwaltGmbH (BFH 19.11.15 – VI R 74/14, DStR 16, 298) oder eine Rechtsanwalt-GbR (BFH 10.3.16 – VI R 58/14, DStR 16, 1256; *Geserich* DStR 16, 441; SenFin Bln 3.5.16 DStR 16, 1266) – von Beratungshonoraren für Berufssportler (BFH 2.9.10 – VI B 42/10, BFH/NV 10, 2066), bei Meeting und Bewirtung durch ein international tätiges Beratungsunternehmen zur besseren Vernetzung seiner Führungskräfte (BFH 15.1.09 – VI R 22/06, DStR 09, 629; anders, wenn die Mannschaft eines Kreuzfahrtschiffes an Bord unentgeltlich verpflegt wird → Rn 37), wenn exklusive Kleidung aus Repräsentationsgründen an leitende Angestellte überlassen wird (BFH 11.4.06 – VI R 60/02, DStRE 06, 1052) oder wenn der ArbGeb die Kosten von Sicherungseinbauten auf dem Einfamilienhaus des Vorstands einer Bank mit allenfalls abstrakter Gefährdung übernimmt (BFH 5.4.06 – IX R 109/00, DStR 06, 1034), während bei Gestellung einheitlicher bürgerlicher Kleidung an Filialleiter reichen soll, dass sie in gewisser Weise uniformähnlich ist und insofern einem einheitlichen Erscheinungsbild dient (BFH 22.6.06 – VI R 21/05, DStR 06, 1795). Zur Beitragsübernahme für Golfclub → *Betriebssport* Rn 6. Verschafft der ArbGeb seinen ArbN freien Eintritt zu einem Fußballspiel einschließlich VIP-Logennutzung, steht der Erlebniswert auch dann im Vordergrund, wenn der ArbGeb auch Repräsentations- und Werbezwecke verfolgt, weshalb Lohn anzunehmen ist (FG Brem 21.9.17 – 1 K 20/17, DStRE 18, 1242). Als im eigenbetrieblichen Interesse liegend hat der BFH auch Maßnahmen des ArbGeb zur Vorbeugung berufsbedingter Gesundheitsbeeinträchtigungen (→ *Gesundheitsvorsorge* Rn 11 ff) gesehen.

Demgegenüber ist die Übernahme von privaten KVBeiträgen ausländischer ArbN durch den ArbGeb selbst dann Arbeitslohn, wenn der Versicherungsschutz Voraussetzung für das Einreisevisum ist (BFH 16.4.99 – VI R 66/97, BStBl II 2000, 408 mit Bedenken aber BFH

14.4.11 – VI R 24/10, DStR 11, 1221). Der Versicherungsschutz ist nicht notwendige Begleiterscheinung der inländischen Arbeit, weil die Krankheitskosten mit der Arbeitserbringung als solcher nichts zu tun haben (→ Rn 55 und → *Krankenversicherungsbeiträge* Rn 7). Beitragsleistungen des ArbGeb an Versorgungseinrichtungen können – selbst wenn die Einrichtung dem ArbN eigene Ansprüche einräumt – ausnahmsweise dann kein Arbeitslohn sein, wenn die Beiträge nicht Ertrag der Arbeit sind, sondern aus anderen als Entlohnungsgründen geleistet werden (BFH 30.5.01 – VI R 159/99, BStBl II 01, 815, Bundeszuschuss zur Bahnversicherungsanstalt und BFH 12.9.01 – VI R 154/99, BStBl II 02, 22 zur Solvabilitätsspanne). Finanzierungsbeiträge des ArbGeb zur Erfüllung von Solvabilitätsvorschriften sind aber dann Lohn, wenn sie zur Absenkung des Beitrags führen oder durch Absenkung des Beitrags ausgelöst wurden (§ 19 Abs 1 Nr 3 Satz 2 EStG; *Paintner* DStR 15, 1 ff, 10). Soweit der BFH Arbeitslohn verneint, wenn dem ArbGeb für Zukunftssicherungsleistungen zugunsten seiner ArbN zusätzliche Kosten entstehen beim Wechsel des Versorgungsträgers (BFH 14.9.05 – VI R 148/98, DStRE 05, 1447 mit Anm *Heger* BB 06, 1598), beim Übergang vom Umlage- zum Kapitaldeckungsverfahren (BFH 14.9.05 – VI R 32/04, DStRE 05, 1390 mit Anm *Seeger* DB 05, 2771; BMF 30.5.06, BStBl I 06, 415) und beim Ausscheiden aus der VBL (BFH 15.2.06 – VI R 92/04, DStRE 06, 464) wird dieser Rspr mit Änderung des § 19 EStG durch das JStG 2007 teilweise die Grundlage entzogen (*Köhler/Brockmann* NWB F 2, 9191, 9201; *Hartmann* Inf 07, 20).

Da die obige Rspr zweifelhaft ist (*Thomas* BetrAV 5/2008, 490 ff), kann der gesetzlichen **49**
Bestätigung des Lohncharakters nicht entgegengehalten werden, sie sei verfassungswidrig, weil sie dem Grundsatz der Besteuerung nach der Leistungsfähigkeit widerspreche (Nds FG 21.2.17 – 14 K 155/15, EFG 17, 866 aA *Glaser* BB 06, 2217). Nunmehr bejaht der BFH bei Sonderzahlungen an die VBL die Lohneigenschaft, hat die Sache aber dem BVerfG vorgelegt, da der ArbGeb durch § 40b Abs 4 EStG verfassungswidrig zu einer Pauschalierung auf eigene Kosten gezwungen wird, während sonst LStPauschalierungen nur wahlweise statt des LStRegelabzugs vorgesehen sind (BFH 14.11.13 – VI R 49/12, DStRE 14, 385; – VI R 50/12, DStRE 14, 394 mit Anm *Bergkemper* FR 14, 384; *Hick* FR 14, 385; *Schneider* BFH/PR 14, 113). Anders als in den obigen Fällen zusätzlicher nachträglicher Finanzierungsbeiträge hat der BFH im Übrigen Umlagezahlungen an die Versorgungseinrichtung zu Recht unabhängig davon als Arbeitslohn angesehen, welche Leistungen der ArbN letztlich erhält bzw ob er den Versicherungsfall überhaupt erlebt (BFH 7.5.09 – VI R 8/07, DStR 09, 1522; aA *Hölzer* FR 10, 501; → Rn 62).

**d) Aufmerksamkeiten.** Eine Typisierung (zur Typisierungsbefugnis → *Pauschbeträge* **50**
Rn 17) hat die Verwaltung in R 19.6 LStR bei Sachzuwendungen (zB Blumen, Buch, Tonträger; nicht Geld) bis zu einem Wert von 60 € vorgenommen. Es handelt sich um einen Anwendungsfall des ganz überwiegend eigenbetrieblichen Interesses, wobei **Absatz 1** die früher als Gelegenheitsgeschenke bezeichneten Aufmerksamkeiten aus Anlass einer Geburtstagsfeier oder eines vergleichbaren anderen persönlichen Ereignisses (Hochzeit, Geburt eines Kindes) regelt. Eine derartige aus Gründen der Klimapflege vorgenommene Geste stellt keinen Arbeitslohn dar. Problematischer erscheint, ob bei den zur Ausgestaltung des Arbeitsplatzes im weitesten Sinne zählenden Bewirtungsaufwendungen (→ *Bewirtungsaufwendungen* Rn 7 ff, sowie → *Essenszuschuss* Rn 7 ff) nach **Absatz 2** Arbeitslohn verneint werden kann. Das geschieht jetzt hinsichtlich unentgeltlich überlassener Backwaren nebst Heißgetränk (BFH 3.7.19 – VI R 36/17, DStR 19, 1961). Zwar führen unentgeltlich oder verbilligt zur Verfügung gestellte Speisen und Getränke weiterhin grundsätzlich zu Lohn. Das gilt aber nicht für die genannten Waren, wenn sie nur zum sofortigen Verzehr im Betrieb bereitgestellt und allen ArbN ohne Unterschied – auch außerhalb echter Pausen – gewährt werden. Sie sind insofern mit anderen Aufwendungen zur Schaffung günstiger Arbeitsbedingungen vergleichbar, denen keine Entlohnungsfunktion zukommt.

**3. Ausgestaltung des Arbeitsplatzes. a) Arbeitsbedingungen.** Kein Arbeitslohn **51**
liegt vor, wenn der ArbN seine reguläre Arbeit auf Veranstaltungen verrichtet, für die Dritte Eintritt bezahlen müssen, zB Ordner, Berufssportler, Musiker, Sicherheitspersonal, medizinische Betreuer usw. Das gilt, sofern die Anwesenheit bezahlt wird, auch hinsichtlich dienstlicher Nebenpflichten (zu Werbungskosten FG Saarl 19.3.91, EFG 91, 377: Tennis als Dienstsport eines Polizeibeamten). Werden Eintrittskarten für Veranstaltungen der Art, wie

sie auch beruflich betreut werden, daneben für einen Besuch außerhalb der Dienstzeit überlassen, liegt regelmäßig Arbeitslohn vor (FG Hbg 30.5.91, EFG 92, 129, Konzert- und Theaterkarten an Rundfunkangestellte), es sei denn, es besteht ein so enger beruflicher Bezug, dass der private Unterhaltungsaspekt vernachlässigt werden kann. Das BMF-Schreiben zu Aufwendungen für VIP-Logen in Sportstätten sieht eine abgeltende Besteuerung mit einem Pauschsteuersatz von 30 vH für den Anteil vor, der auf eigene ArbN entfällt (BMF 22.8.05, DStR 05, 1492 Rz 18 iVm Rz 14). Ungeachtet dessen wird der dem eigenen ArbN oder einem Geschäftsfreund unentgeltlich ermöglichte Besuch eines Fußballspiels einschließlich VIP-Logennutzung als Lohn bzw Betriebseinnahme angesehen (FG Brem 21.9.17 – 1 K 20/17, DStRE 18, 1242; FG BlnBbg 19.6.19 – 7 K 7250/15, EFG 19, 1565). Kein Arbeitslohn liegt vor, wenn der ArbGeb auf seine Kosten dem ArbN statt eines sonst erforderlichen auswärtigen Arbeitsplatzes einen solchen in der Wohnung des ArbN einrichtet (BFH 19.10.01 – VI R 131/00, BStBl II 02, 300), nicht aber, wenn der ArbGeb neben dem gestellten Arbeitsplatz die Kosten eines häuslichen Arbeitszimmers oder der Garage des ArbN ganz oder teilweise trägt (→ Rn 63 und → *Aufwendungsersatz* Rn 28). Die Überlassung eines Parkplatzes durch den ArbGeb ist nur ausnahmsweise ein geldwerter Vorteil (FG Köln 15.3.06 – 11 K 5680/04, DStRE 06, 1053 = EFG 06, 1516; Nichtanwendungserlass OFD Münster 25.6.07, DStR 07, 1677).

52 Eine für Geschäftspartner oder andere ArbN stpfl Bezüge auslösende Incentivereise führt bei solchen ArbN nicht zu Arbeitslohn, für die die Reise wie ein normaler Arbeitstag mit dienstlichen Verpflichtungen ausgefüllt ist (BFH 27.8.02 – VI R 22/01, BStBl II 03, 369; zu Reisen von ArbN einer Gemeinde im Rahmen einer Städtepartnerschaft FG Hess 13.1.2000 – 10 K 2685/98, EFG 2000, 625; möglicherweise zu weit FG Hbg 15.1.87, EFG 87, 286: Teilnahme am Presseball und FG Köln 5.11.98 – 3 K 110/97, EFG 99, 287: Teilnahme am Apothekerball; vgl im Übrigen → *Incentivreisen* Rn 4 ff). Arbeitslohn liegt auch vor, wenn der ArbGeb Beiträge für die Mitgliedschaft in privaten Klubs deswegen übernimmt, weil der ArbN auch während seiner dortigen Freizeitgestaltung Interessen des ArbGeb wahrnehmen soll (BFH 15.5.92 – VI R 106/88, BStBl II 93, 840; dazu kritisch *Lück* DStZ 93, 81; BFH 21.3.13 – VI R 31/10, DStR 13, 1421: Mitgliedsbeitrag für Golfclub).

53 **b) Sozialleistungen.** Zu den nicht steuerbaren Arbeitsbedingungen gehören auch die besonders freundliche Ausgestaltung des Arbeitsplatzes, das Zurverfügungstellen von Arbeitsmitteln zur Arbeitsverrichtung, das Stellen von Sozialräumen und ähnliches. Dagegen bewirkt die Übernahme privater Kosten des ArbN durch den ArbGeb, auch wenn sie aus sozialen Erwägungen erfolgt, regelmäßig Arbeitslohn (→ *Beihilfeleistungen* Rn 3 ff). Im Einzelnen wird auf die Stichworte *Sozialeinrichtungen; Betriebliche Berufsbildung; Betriebskindergarten; Betriebssport; Essenszuschuss; Gesundheitsvorsorge* und *Kur* verwiesen.

54 **4. Schadensersatz. a) Grundsatz.** Echte Schadensersatzleistungen für Schäden an Rechtsgütern des ArbN sind kein Arbeitslohn (BFH 18.6.98 – IV R 61/97, DStRE 98, 738; BFH 26.11.08 – X R 31/07, DStRE 09, 205; BMF 15.7.09, DStR 09, 1646). Demensprechend sind echte Schadensersatzleistungen auch keine Erwerbsaufwendungen (BFH 20.10.16 – VI R 27/15, DStRE 17, 207 zu strafbaren Handlungen, die nicht im Rahemn sondern nur bei Gelegenheit beruflicher Aufgabenerfüllung erfolgt sind). Ob ein Schadensersatzanspruch nach Grund und Höhe – auch unter Berücksichtigung eines etwaigen Mitverschuldens – vorliegt, beurteilt sich nach zivilrechtlichen Grundsätzen (→ *Arbeitgeberhaftung* Rn 1 ff). Da der ArbGeb für **Personenschäden** anlässlich eines Arbeitsunfalls nur ausnahmsweise haftet (Haftungsausschluss durch §§ 104 ff SGB VII; → *Unfallversicherung* Rn 21), wird eine gleichwohl erfolgte Leistung des ArbGeb regelmäßig nicht (steuerfreier) Schadensersatz sondern (steuerpflichtige) Schadensübernahme (→ Rn 56) sein. Das gilt auch für immaterielle Schäden wie **Schmerzensgeld** und Ersatz für Verletzung des Persönlichkeitsrechts (BFH 29.10.63 – VI 290/62 U, BStBl III 64, 12, sofern nicht in Wirklichkeit arbeitsrechtliche Abfindungsansprüche abgegolten werden). Wird im Rahmen einer Kündigungsschutzklage aufgrund eines Vergleichs eine Abfindung gezahlt, soll diese schon deshalb steuerfrei sein, weil sie im Vergleich als Entschädigung gemäß Antidiskriminierungsgesetz und nicht als Abfindung für den Verlust des Arbeitsplatzes bezeichnet wurde (FG RhPf 21.3.17 – 5 K 1594/14, BeckRS 2017, 108236). Es wird gewarnt, ein ArbGeb könnte, wenn er im Kündigungsverfahren Gefälligkeitserklärungen abgibt, Beihilfe zur

Steuerhinterziehung leisten, er könnte wegen zugegebener Diskriminierung seinem Ruf schaden und bedenkliche Präzedenzfälle schaffen (*Eckert* DStR 17, 1830, 1835). Die Erfüllung eines Anspruchs auf Urlaubsabgeltung ist keine Schadensersatz- sondern eine Lohnleistung (FG Hbg 19.3.19 – 6 K 80/18, DStRE 19, 1071; *Geißler* DStRK 19, 255). Gleiches gilt für unfallbedingte Versicherungsleistungen, die einen Verdienstausfall (anders aber für persönliche und Haushaltsbetreuung) abdecken (FG RhPf 3.1.19 – 3 K 1497/18, DStRE 19, 1123 Rev IX R 15/19). Entschädigungen, die für rechtswidrig geleistete Mehrarbeit (von Feuerwehrleuten) gezahlt werden sind ebenfalls Lohn und nicht echter Schadensersatz (BFH 14.6.16 – IX R 2/16, DStR 16, 2159). Zahlungen des ArbGeb an den ArbN für das Einstellen eines Zivilverfahrens gegen einen Dritten zur Vermeidung eines Imageverlustes sind keine Schadensersatzleistungen. Sie erfolgen auch nicht im ganz überwiegend eigenbetrieblichen Interesse des ArbGeb, wenn das Bekanntwerden des Verfahrens auch zu einem Ansehensverlust des ArbN führen kann (BFH 24.11.10 – VI B 32/10, BFH/NV 11, 591). Nach FG BaWü 22.2.99 – 4 K 123/96 (DStRE 2000, 123) sollen Zahlungen des ArbGeb wegen rufschädigenden Verhaltens Arbeitslohn sein (zu Diskriminierungen am Arbeitsplatz → *Compliance* Rn 32). Leistet der ArbGeb auf eine eigene Schadensersatzverpflichtung für **Sachschäden** Ersatz, wird dies in aller Regel nicht eine Entlohnung für Arbeit darstellen, zumal keine zusätzliche Bereicherung eingetreten ist (grds: *Spindler/Kullmann/Römer/Breitkreuz* Schadensersatz und Steuern, Repräsentantenhaftung, Deutscher Anwaltverlag, 1992).

Ein Schadensersatzanspruch kann auch durch **Fehler im Zusammenhang mit dem** 55
**Lohnsteuerabzug** entstehen, wenn trotz zutreffendem LStEinbehalt, also trotz ordnungsgemäßer Erfüllung des Lohnanspruchs, durch Eintragungsfehler auf der LStKarte (zB Ausweis eines zu hohen Bruttolohns oder von geringeren als den abgeführten LStAbzugsbeträgen) bei der Veranlagung des ArbN eine zu hohe ESt festgesetzt bzw zu wenig LSt angerechnet wird. Nicht steuerbarer Schadensersatz kann auch vorliegen, wenn dem ArbN der Schaden ersetzt wird, den der ArbGeb dadurch verursacht hat, dass er Versicherungsbeiträge, die ordnungsgemäß mit einem Pauschalsteuersatz erfasst worden waren, versehentlich zusätzlich dem LStRegelabzug unterworfen hat, was per Saldo zu einer höheren ESt geführt hat (BFH 20.9.96 – VI R 57/95, DStR 97, 18; kritisch *Biebelheimer* BB 97, 1446). Leistungen der Haftpflichtversicherung des ArbGeb wegen eines vermeintlichen Schadensersatzanspruchs des ArbN sind nur dann kein Arbeitslohn, wenn zivilrechtlich tatsächlich ein Schadensersatzanspruch bestand, wofür der ArbN die Beweislast trägt (BFH 25.4.18 – VI R 34/16, DStR 18, 1706 zur Frage ob der ArbGeb dafür aufzukommen hat, dass beim ArbN noch Steuern anfallen, weil für seinen Dienstwagen kein ordnungsgemäßes Fahrtenbuch geführt worden war).

Im übrigen ist die zivilrechtliche Rspr der Ansicht, dass der ArbGeb mit Abzug und Abführung ua von LSt und ArbNanteilen zur SozV seine Zahlungspflicht gegenüber dem ArbN nur dann nicht erfüllt, wenn beim Abzug eindeutig erkennbar war, dass keine Abzugsverpflichtung bestand. Darüber hinaus soll der ArbGeb nur nach Amtshaftungsregeln ersatzpflichtig sein (BAG 30.4.08 – 5 AZR 725/07, BeckRS 2008, 53843, vgl auch BAG 17.9.14 – 10 AZB 4/14, BeckRS 2014, 73313 und LAG BlnBdg 4.6.15 – 26 Sa 2257/14, BeckRS 2015, 71766). Dem hat sich der BFH insoweit angeschlossen, als er Abzugsbeträge, die der ArbGeb auf Zinsen aus einem Wertguthaben einbehalten und abgeführt hat, als Erfüllung des Lohnanspruchs angesehen hat (BFH 20.4.16 – II R 50/14, DStRE 16, 819) obwohl Zinsen nach ständiger Rspr (→ Rn 64) keinen Lohncharakter haben. Offenbar soll der ArbN nicht nur verpflichtet sein, den im Rahmen der jeweiligen Abzugsvorschriften vorgesehenen Einbehalt zu dulden (*Thomas* in FS Küttner 2006, 253), sondern einen höheren, wenn der Fehler nicht „eindeutig erkennbar" ist. Es fragt sich, warum – anders als sonst, bei vorgreiflichen Rechtsfragen – abzugsrechtliche Bestimmungen nur kursorisch und nicht abschließend geklärt werden müssen, wenn es um die Tilgung des Lohnanspruchs geht.

**b) Schadensübernahme** durch den ArbGeb für Schäden, die an sich den ArbN treffen, 56
bewirken dagegen Arbeitslohn. Betreffen sie aber den Risikobereich des ArbGeb, so dass dieser verpflichtet ist, Aufwendungsersatz zu leisten (→ *Aufwendungsersatz* Rn 31), ist die Schadensübernahme nicht steuerbar, jedenfalls aber als Auslagenersatz steuerbefreit (§ 3 Nr 50 EStG). Wird ohne derartigen Aufwendungsersatzanspruch freiwillig gezahlt, kann der darin liegende Arbeitslohn beim ArbN Werbungskosten zur Folge haben, wenn sich mit

dem Schaden ein berufliches Risiko realisiert hat (BFH 19.3.82 – VI R 25/80, BStBl II 82, 442). Zur D&O-Versicherung → *Compliance* Rn 34. Werden vom ArbGeb bestrittene Ansprüche aus einem nicht beruflichen Schadensfall (Überfall in einem Restaurant, in dem auch eine dienstliche Rede vorbereitet wurde und dienstliche Telefonate erfolgten) beglichen, liegt Arbeitslohn auch dann vor, wenn die Zahlung als Schadensersatz deklariert wurde (FG RhPf 22.1.16 – 4 K 2086/14, EFG 17, 36 Rev IX R 34/16).

**57** Die Übernahme von Schäden an Wirtschaftsgütern des ArbN durch den ArbGeb führt grds auch dann zu Arbeitslohn, wenn der Schaden beruflich veranlasst ist, also ein Werbungskostenabzug korrespondiert. Solcher Lohn ist aber steuerfrei, wenn – wie zB für Reisekosten (§ 3 Nr 16 EStG) – das Gesetz eine Befreiungsvorschrift ausdrücklich vorsieht (BFH 30.11.93 – VI R 21/92, DStR 94, 316; wegen der hohen Beweisanforderungen und der Beschränkung auf den noch nicht abgeschriebenen Teil kann die Gewährung von Versicherungsschutz vorzuziehen sein, *Thomas* DStR 91, 1369; im Übrigen vgl → *Dienstreise* Rn 56 ff).

**58** Die Übernahme von Vermögenseinbußen aus Anlass von beruflichen Veränderungen stellt ebenfalls regelmäßig Arbeitslohn dar (BFH 24.5.2000 – VI R 17/96, BStBl II 2000, 584; zu Werbungskosten vgl BFH 24.5.2000 – VI R 28/97, DStR 2000, 1469; BFH 24.5.2000 – VI R 147/99, DStR 2000, 1468 und BFH 24.5.2000 – VI R 188/97, DStR 2000, 1726; zweifelhaft FG Hess 7.9.2000 – 11 K 1357/98, DStRE 01, 302 zu Schuldzinsen für Darlehen zur Finanzierung von Arbeitnehmeraktien). Allerdings sind entgegen BFH 28.2.75 – VI R 29/72, BStBl II 75, 520 nicht schon alle Schadensersatzleistungen, die ihre Grundlage im Dienstverhältnis haben, Arbeitslohn (insofern zutreffende Aufgabe durch BFH 20.9.96 – VI R 57/95, BStBl II 97, 144). Ebenfalls nicht maßgebend ist, ob der ArbGeb sich ersatzpflichtig fühlt, sondern ob bei objektiver Betrachtung ein Schadensersatzanspruch oder ein arbeitsvertraglicher Anspruch auf Schadensübernahme vorliegt. Letzterer führt zu Arbeitslohn, ersterer nicht. Mit einem Arbeitsplatzwechsel verbundene Vermögensnachteile beruhen im Regelfall nicht auf zum Schadensersatz verpflichtenden Handlungen des ArbGeb. Ist dieser gleichwohl bereit, einen diesbezüglichen Ausgleich zu zahlen, wendet er Arbeitslohn zu und zwar unabhängig davon, ob er sich hierzu von vornherein arbeitsvertraglich verpflichtet hat oder ob die Leistung nachträglich freiwillig erbracht wird. Ein Fall stpfl Verlustübernahme liegt auch vor, wenn der ArbGeb gegen den ArbN einen Schadensersatzanspruch besitzt und auf dessen Realisierung verzichtet (BFH 24.5.07 – VI R 73/05, DStR 07, 1159 mit Anm *Bergkemper* FR 07, 892, *Urban* FR 07, 873; BFH 27.3.92 – VI R 145/89, BStBl II 92, 837; kritisch *Schmidt* DB 93, 957). Dabei kommt es nicht darauf an, ob der Ersatzanspruch einer dienstlichen Betätigung entsprungen ist. Ebenfalls Lohn ist anzunehmen, wenn der ArbGeb auf Rückzahlung eines dem ArbN gewährten Darlehns verzichtet (BFH 19.2.04 – VI B 146/02, DStRE 04, 560).

**59** **5. Sachzusammenhang.** Einnahmen sind nicht schon deshalb Arbeitslohn, weil dem ArbN durch das Dienstverhältnis die Gelegenheit geboten wurde, sie zu erzielen (zu Werbeeinnahmen prominenter ArbN, zB Sportler, → Rn 68). Deshalb wird kein Arbeitslohn bezogen, wenn die *Aufsichtsratsvergütung* des ArbNVertreters aufgrund einer entsprechenden Zusage vor der Wahl an die Arbeitskollegen weitergegeben wird (BFH 7.8.87 – VI R 53/84, BStBl II 87, 822). Ebenfalls liegt regelmäßig kein Arbeitslohn vor, wenn Leistungsschutzrechte von Orchestermitgliedern abgegolten werden (BFH 26.7.06 – VI R 49/02, DStRE 06, 1448); zu Werbeprämien eines Zeitungszustellers s BFH 22.11.96 – VI R 59/96, DStR 97, 196 sowie → *Nebentätigkeiten* Rn 68. Insbes sind gegen den Willen oder die Interessen des ArbGeb erlangte Vorteile kein Arbeitslohn (→ *Schmiergeld* Rn 9). Zu versehentlichen Lohnzahlungen → Rn 34.

**60** Dagegen liegt Arbeitslohn vor, wenn der ArbGeb von strafbaren Handlungen des ArbN erfährt und auf zustehende Ersatzansprüche verzichtet (nicht schon bei fehlender Realisierbarkeit). Ein bewusstes Dulden führt jedenfalls dann zu Arbeitslohn, wenn dem ArbGeb der Zugriff zustände, wie zB bei Fund von Geld in den Geschäftsräumen (FG RhPf 22.3.90, DStZ 92, 54 mit ablehnender Anm *Gräfe;* verneint bei Pfandverwertung von Colaflaschen BFH 6.6.73 – I R 203/71, BStBl II 73, 727). Bei bewussten Zuwendungen durch den ArbGeb entfällt umgekehrt Arbeitslohn nicht deswegen, weil – wie bei Losgewinnen (→ *Wettbewerb* Rn 20 mit weiteren Beispielen) – ein Zufälligkeitselement zwischengeschaltet wird. Der Gewinn aus der Veräußerung einer Beteiligung am Kapital des ArbGeb beruht nicht auf dem Dienstverhältnis (BFH 17.6.09 – VI R 69/06, DStR 09, 2092), weshalb ein dementsprechender Veräußerungsverlust auch nicht zu Werbungskosten führt (BFH 17.9.09 – VI R 24/08, DStR 09, 2526). Die Veräußerung von Arbeitsmitteln führt nicht zu Arbeitslohn, ungeachtet der Tatsache, dass sich die diesbezüglichen Aufwendungen als Werbungskosten ausgewirkt haben (BFH 15.5.81 – VI R 66/78, BStBl II 81, 735). Veräußert der ArbGeb dem ArbN einen Pkw mit Rabatt, kann der darin liegende geldwerte Vorteil neben dem Kaufpreis auch dann zu den Anschaffungskosten des Pkw gehören, wenn der Rabatt steuerlich nicht erfasst worden war (BFH 9.11.2000 – IV R 45/99, BStBl II 01, 190).

**IV. Sonstige Rechtsbeziehungen.** Für den Fall, dass neben die arbeitsrechtliche Ver- 61
pflichtung oder – wie beim Trinkgeld – an ihre Stelle ein anderer Rechtsgrund tritt, ist maßgebend, ob die Einnahme des ArbN als Ertrag seiner Arbeit anzusehen ist.

**1. Anderer Rechtsgrund. a) Öffentlich-rechtliche Verpflichtung.** Die Tatsache, 62
dass der ArbGeb zu einer Zahlung kraft öffentlichen Rechts verpflichtet ist, schließt nicht aus, dass er damit Arbeitslohn zuwendet, wie die Lohnzahlungen an Beamte oder Richter belegen. Das gilt auch für die öffentlich-rechtliche Verpflichtung des ArbGeb zur Abführung von SozVBeiträgen (→ *Sozialversicherungsbeiträge* Rn 17 ff; zu Zahlungen an einen französischen SozVTräger BFH 18.5.04 – VI R 11/01, DStRE 04, 888 mit Anm *MIT;* BFH 1.3.05 – IX B 235/02, BFH/NV 05, 1332), die den ArbGeb im Verhältnis zum Versicherungsträger auch hinsichtlich des ArbNAnteils allein trifft (BFH 16.1.07 – IX R 69/04, DStRE 07, 948; BFH 30.8.07 – IV R 14/06, DStR 07, 1902). Entgegen BFH 5.9.06 – VI R 38/04 (DStRE 06, 1381 mit Anm *MIT; Thomas* Inf 06, 887; *Bergkemper* HFR 06, 1222; Nichtanwendungserlass BMF 13.2.07, DStR 07, 394) ist die Übernahme freiwilliger SozVBeiträge durch den ArbGeb auch dann Lohn, wenn die Leistungen aus der RV auf eine Pensionszusage angerechnet werden. Es handelt sich um einander ergänzende Lohnformen für eine Gesamtabsicherung, die jeweils getrennt zu beurteilen sind. Dem ist der BFH nunmehr ebenfalls gefolgt, in dem er ein ausbezahltes Wertguthaben neben bisherigen Umlagezahlungen als Arbeitslohn ansah, die zusammen eine aufgrund einer Direktzusage geschuldete Gesamtversorgung sicherstellen sollten (BFH 7.5.09 – VI R 16/07, DStR 09, 1526). Lohn sind auch Zukunftssicherungsleistungen des ArbGeb an die Versorgungsanstalt des deutschen Kulturorchester (FG Bln 5.5.98 – 5305/96, EFG 98, 1570; bestätigt durch BFH 14.11.2000 – VI R 149/98 nach Art 1 Nr 7 BFHEntlG ohne Gründe), die aber nach § 3 Nr 62 EStG befreit sind (BFH 27.6.06 – IX R 77/01, BFH/NV 06, 2242). Dagegen liegt kein Arbeitslohn vor, wenn der ArbGeb lediglich aufgrund gesetzlicher Verpflichtung öffentliche Mittel weitergibt, da solche Zahlungen nicht der Entlohnung des ArbN, sondern öffentlichen Subventionszwecken dienen (BFH 25.5.92 – VI R 18/90, BStBl II 93, 45: mit Kohleabgabe gefördertes Bergarbeiterwohnheim; BFH 14.4.05 – VI R 134/01, BStBl II 05, 569 mit Anm *Bergkemper* FR 05, 899; *MIT* DStRE 05, 693: Sozialleistungen bei Stilllegung landwirtschaftlicher Betriebe). Das kann aber nicht dahingehend verallgemeinert werden, dass Lohnzahlungen, die ganz oder teilweise durch Zuschüsse der öffentlichen Hand finanziert werden, insoweit nicht zu versteuern wären (BFH 15.12.95 – VI R 50/95, BStBl II 96, 169; BFH 9.10.96 – XI R 35/96, BStBl II 97, 125; BFH 19.7.96 – VI R 19/96, DStRE 97, 99 sowie BFH 14.10.03 – IX R 60/02, BStBl II 04, 14 zu öffentlichen Mitteln zur Förderung von Mietwohnraum als Einnahmen).

**b) Privatrechtliche Verpflichtung.** Erfolgt zwischen ArbN und ArbGeb ein Leistungs- 63
austausch aufgrund Sonderrechtsbeziehungen, zB Kauf, Miete, Darlehen usw, so sind die betreffenden Leistungen grds ausschließlich diesem Rechtsverhältnis zuzuordnen. Ob ein Leistungsaustausch auf dem Dienstverhältnis oder Sonderrechtsbeziehungen beruht, ist nach dem wirtschaftlichen Gehalt und nicht nach der äußeren Erscheinungsform des Sachverhalts zu würdigen (BFH 30.6.11 – VI R 80/10, DStR 11, 1757). Etwas anderes gilt aber, wenn mit Rücksicht auf das Dienstverhältnis keine marktüblichen Konditionen vereinbart werden, also vom ArbN teurer bzw vom ArbGeb billiger verkauft, vermietet usw wird. Im Übrigen sind Zuwendungen des ArbGeb an den ArbN dann als Nutzungsentgelte (Mieteinnahmen) und nicht als Ertrag der Arbeit (Arbeitslohn) anzusehen, wenn das Zurverfügungstellen der betreffenden Räumlichkeiten in den Aufgabenbereich des ArbGeb fällt (iE BMF 18.4.19, DStR 19, 1042). Finanziert der ArbGeb nicht wie üblich ein externes Büro, sondern richtet

er es in der Wohnung des ArbN ein, ist das für den Raum gezahlte Entgelt Miete und nicht Arbeitslohn und daher auch nicht sozialpflichtig (BFH 19.10.01 – VI R 131/00, BStBl II 02, 300 mit Anm *Kanzler* FR 02, 87; BFH 16.9.04 – VI R 25/02, DStR 05, 59 mit Anm *Bergkemper* FR 05, 264; BFH 9.6.05 – IX R 4/05, BFH/NV 05, 2180). Vermietet ein ArbN seine Einliegerwohnung an seinen ArbGeb als Homeoffice ist im Einzelfall festzustellen, ob der ArbN beabsichtigt, auf die voraussichtliche Dauer der Nutzung einen Überschuss der Einnahmen über die Werbungskosten zu erzielen. Während bei der Vermietung zu Wohnzwecken die Einkünfteerzielungsabsicht typisierend unterstellt wird, gilt dies nicht wenn – wie hier – zu Gewerbezwecken vermietet wird (BFH 17.4.18 – IX R 9/17, DStR 18, 1758). Der Lohnsteuersenat hat dem unter Aufgabe seiner abweichenden Auffassung (in BFH 20.3.03 – VI R 147/00, DStR 03, 827; BFH 16.9.04 – VI R 25/02, DStR 05, 59) zugestimmt. Die Verwaltung beanstandet nicht, wenn bei vor 2019 abgeschlossenen Mietverträgen die Einkunftserzielungsabsicht typisierend unterstellt wird (BMF 18.4.19, DStR 19, 1042 f aE).

Demgegenüber ist das Unterhalten eines häuslichen Arbeitszimmers Sache des ArbN und ein diesbezüglicher Zuschuss des ArbGeb dann regelmäßig Arbeitslohn (BFH 8.3.06 – IX R 76/01, BFH/NV 06, 1810; BFH 2.10.08 – VI B 102/07, BFH/NV 09, 148). Erhält der ArbN ein Nutzungsentgelt für das Unterstellen eines Dienstwagens in seiner Garage, liegt ebenfalls kein Arbeitlohn vor (BFH 7.6.02 – VI R 145/99, DStR 02, 1567 mit Anm *MIT; Kanzler* FR 02, 1129). Zweifelhaft ist, ob dann nach § 3 Nr 50 EStG steuerfreier Auslagenersatz vorliegt, wenn der ArbN die Garage seinerseits von einem Dritten angemietet hatte (so aber BFH 7.6.02 – VI R 1/00, DStRE 03, 1 mit Anm *MIT; Thomas* DB 06 Beilage 6 zu Heft 39, 62). Demgegenüber ist ein Garagengeld des ArbGeb Arbeitslohn, wenn in der Garage das eigene Kfz des ArbN untergestellt ist. Die Vereinbarung eines Nutzungsentgelts je privat gefahrenen km bei einem überlassenen Dienstwagen sieht der BFH nicht als auf einer Sonderrechtsbeziehung beruhend an (BFH 7.11.06 – VI R 95/04, DStR 07, 104 mit Anm *Bergkemper* FR 07, 501; *Paus* DStZ 07, 149; *Thomas* Inf 07, 86). Ungeachtet dessen nicht anerkannt wird eine im Rahmen eines Ehegatten-Arbeitsverhältnisses vereinbarte, auf Gestaltungsmissbrauch beruhende Pkw-Überlassung (BFH 13.12.95 – X R 261/93, BStBl II 96, 180); ebenso beim geringfügigen Beschäftigungsverhältnis unter Ehegatten (BFH 10.10.18 – X R 44–45/17, DStR 19, 430; *Förster* BFH PR, 19, 89; *Staschewski* DStRK 19, 94).

64 **c) Berührung mehrerer Einkunftsarten.** Erhält der ArbN rückständigen Arbeitslohn verzinst, erzielt er insofern Einnahmen aus Kapitalvermögen (BFH 9.5.89 – VIII R 184/82, BFH/NV 90, 283; BFH 20.2.08 – VIII B 53/07, BFH/NV 08, 971). Gleiches gilt für Zinsen im Zusammenhang mit Rentennachzahlungen (BFH 9.6.15 – VIII R 18/12, DStR 15, 2276). Genussrechtsausschüttungen können aber ausnahmsweise als Lohn und nicht als Kapitaleinkünfte anzusehen sein (FG Köln 21.9.11 – 12 K 2152/09, DStRE 12, 788 Rev VIII R 44/11). Auch bei einem zur Sicherung des Arbeitsplatzes hingegebenen Darlehen (→ *Arbeitnehmerdarlehen* Rn 8 ff) stellen Zinseinnahmen nicht wegen des besonderen Hingabezwecks des Darlehns Arbeitslohn, sondern weiterhin Einnahmen nach § 20 Abs 1 Nr 7 EStG dar (BFH 19.10.82 – VIII R 97/79, BStBl II 83, 295; BFH 31.10.89 – VIII R 210/83, BStBl II 90, 532). Ob eine **Schenkung** bzw ein Vermächtnis oder nachträglicher Arbeitslohn als Belohnung früherer Dienste anzunehmen ist, bedarf einer Einzelfallwürdigung (Allgemein zum Verhältnis Erbschafts- zur ESt vgl *Fritz* DStR 15, 2409). Jedenfalls schließen sich die (doppelte) Erfassung von Lohn und freigebige Zuwendung gegenseitig aus (BFH 6.12.13 – VI B 89/13, BFH/NV 14, 511). Bestand dem Grunde nach eine Versorgungsverpflichtung, die durch eine letztwillige Verfügung nur konkretisiert wurde, liegt Arbeitslohn vor (BFH 24.10.84 – II R 103/83, BStBl II 85, 137), nicht jedoch, wenn das Vermächtnis einziger Rechtsgrund für die Zahlung ist (BFH 15.5.86 – IV R 119/84, BStBl II 86, 609, kritisch *Kapp* DStR 87, 80; sowie BFH 15.7.98 – II R 80/96, BFH/NV 99, 311; BFH 16.12.98 – II R 38/97, BFH/NV 99, 931; BFH 19.8.04 – VI R 33/97, DStR 04, 1825 zur Überlassung einer Wohnung). Wird wegen fehlgeschlagener Erwartung auf Übertragung des elterlichen Betriebs vor dem ArbG mit Erfolg eine Vergütung erstritten, liegt nicht Arbeitslohn (§ 19 EStG), sondern Einkünfte aus Leistungen (§ 22 Nr 3 EStG) vor (BFH 8.5.08 – VI R 50/05, DStR 08, 1425). Ob eine in einem arbeitsgerichtlichen Prozess vereinbarte Spende des ArbGeb Lohnverwendung des ArbN darstellt ist Tatfrage (BFH 23.9.98 – XI R 18/98, BStBl II 99, 98; vgl aber FG Hess 23.11.98 – 4 K

6322/97, EFG 99, 459). Zur ausnahmsweisen Veranlassung freiberuflicher Verluste durch das Dienstverhältnis vgl BFH 22.7.93 – VI R 122/92, BStBl II 94, 510 sowie BFH 6.3.03 – XI R 46/01, BStBl II 03, 602. Bei einem Gesellschafter-Geschäftsführer einer GmbH können vertraglich nicht zustehende bzw einem Drittvergleich nicht standhaltende Vorteile auf dem Dienstverhältnis oder auf dem Gesellschaftsverhältnis beruhen, also Arbeitslohn oder wegen **verdeckter Gewinnausschüttung** Einnahmen aus Kapitalvermögen darstellen. Bei gegebenem Veranlassungszusammenhang zu zwei Einkunftsarten ist entscheidend, welche im Vordergrund steht (BFH 30.7.10 – VI B 109/09, BFH/NV 10, 2100, Zahlungen für zugesagte aber nicht erfolgte Beteiligung). Zur Zuordnung der Beteiligung des ArbN am eigenen ArbGeb → *Aktienoptionen* Rn 30. Regelmäßig wird, wenn die Leistung keine arbeitsvertragliche Grundlage hat, der Zusammenhang zum Gesellschaftsverhältnis der speziellere sein (BFH 19.2.99 – I R 105–107/97, BStBl II 99, 321). Zu Überstundenvergütungen an GmbH-Geschäftsführer vgl einerseits BFH 19.3.97 – I R 75/96, BStBl II 97, 577 mit Anm *Gosch* StBP 98, 53; *Pezzer* FR 97, 684; HFR 97, 688 und *-sch* DStR 97, 1161; BFH 27.3.01 – I R 40/00, BFH/NV 01, 1351 = DStR 01, 1343 sowie BFH 14.7.04 – I R 111/03, DStR 04, 1785 und andererseits BFH 20.2.97 – VI B 153/96, BFH/NV 97, 515 sowie BFH 27.6.97 – VI R 12/97, DStR 97, 1481 mit Anm *MIT*. Bei der vertraglich nicht geregelten Privatnutzung eines Dienstwagens durch den Gesellschafter-Geschäftsführer liegt verdeckte Gewinnausschüttung vor (BFH 23.1.08 – I R 8/06, DStR 08, 865 mit Anm *Pezzer* FR 08, 964). Seine abweichende Auffassung (BFH 19.12.03 – VI B 281/01, BFH/NV 04, 488) hat der VI. Senat aufgegeben, distanziert sich hiervon neuerdings aber vorsichtig (BFH 23.4.09 – VI R 81/06, DStR 09, 1355 und BFH 23.4.09 – VI B 118/08, DStRE 09, 779). Zu Schadensersatzansprüchen einer GmbH an ihren Gesellschafter-Geschäftsführer BFH 14.7.98 – VIII B 38/98, DStR 98, 1547 mit Anm *Gosch*.

**2. Frühere Beitragsleistung.** Arbeitslohn sind auch Einnahmen aus einem früheren **65**
Dienstverhältnis (§ 2 Abs 2 Nr 2 LStDV) bzw für frühere Dienste, die aber nicht in jedem Fall auch Versorgungsbezüge iSv § 19 Abs 2 Satz 2 EStG sein müssen (→ *Altersgrenze* Rn 17). Arbeitslohn für frühere Dienste ist von Zahlungen aufgrund früherer Beitragsleistungen – regelmäßig an eine Versicherung oder Versorgungseinrichtung – abzugrenzen, die als Rente (→ Rn 66) versteuert werden. Der Gleichheitssatz gebietet nicht, Versorgungsbezüge wie Renten zu behandeln (BFH 7.2.13 – VI R 83/10, DStR 13, 1376). Entscheidend ist, ob der Dritte dem ArbN einen eigenen Rechtsanspruch auf die spätere Leistung eingeräumt hat. Ist das der Fall, handelt es sich wirtschaftlich um eine eigene Versorgungseinrichtung des ArbN, und die Beitragsübernahme durch den ArbGeb stellt gegenwärtig zufließenden Arbeitslohn dar (BFH 27.5.93 – VI R 19/92, BStBl II 94, 246). Ob der Dritte (die Versorgungseinrichtung) eigene Rechtspersönlichkeit besitzt, ist nicht von Bedeutung (BFH 15.7.77 – VI R 109/74, BStBl II 77, 761). Das gilt auch für die Pauschalierungsvoraussetzungen des § 40b EStG (BFH 22.9.95 – VI R 52/95, BStBl II 96, 136; vgl im Übrigen *Lohnsteuerpauschalierung*). Wird eine Versorgungszusage, die noch nicht zu einem Lohnzufluss geführt hat, abgefunden, stellt der Entschädigungsbetrag Arbeitslohn dar (BFH 15.12.95 – VI R 50/95, BStBl II 96, 169; BFH 9.10.02 – VI R 112/99, DStR 02, 2167 zur Abtretung der Ansprüche aus einer Rückdeckungsversicherung; BFH 12.4.07 – VI R 6/02, DStR 07, 894 mit Anm *Heeg/Schramm* DStR 07, 1706). Dass die Abfindung einer Versorgungszusage zu einem Lohnzufluss führt, soll neuerdings aber nur gelten, wenn dem ArbN ein Wahlrecht eingeräumt worden war, den Ablösebetrag an sich auszahlen zu lassen. Ohne dieses Wahlrecht soll noch kein gegenwärtiger Lohnzufluss vorliegen, wenn die Verpflichtung des ArbGeb, an seinen ArbN Ruhegelder zu zahlen, von einem Dritten gegen Abfindung übernommen wird, selbst wenn der ArbN der Schuldübernahme zustimmt, mit der Folge, dass der ArbGeb selbst die Ruhegeldzahlungen nicht mehr schuldet (§ 415 Abs 1 Satz 1 BGB) und wenn die Bestimmungen des BetrAVG betreffend die Übernahme einer Versorgungszusage nicht eingreifen (BFH 18.8.16 – VI R 18/13, DStR 16, 2635). Das Erfordernis eines ausdrücklichen Wahlrechts lässt sich aus dem Gesetz nicht herleiten. Es wird bei anderen Leistungen an Erfüllungsstatt, zB bei Abfindung einer Erwerbsoption (BFH 18.12.01 – IX R 24/08, BFH NV 02, 904) auch nicht gefordert. Ohne Zustimmung des ArbN kann der ArbGeb ohnehin nicht anderweit mit befreiender Wirkung leisten. Der ArbN hat es also in der Hand, ob der Ruhegehaltsanspruch weiter

besteht oder abgelöst wird. Im Streitfall des Verfahrens VI R 18/13 war gerade der ArbN an der Abfindung interessiert, weil er nur so seine Beteiligung frei von Pensionsrückstellungen verkaufen konnte. Stimmt der ArbN zu, erlischt mit der Abfindung der Pensionsanspruch. Der ArbGeb schuldet nichts mehr. Die Verpflichtung des Übernehmers beruht nicht auf dem Dienstverhältnis sondern auf der Übernahme. Spätere Zahlungen des übernehmenden Dritten sind deswegen auch kein Lohn. Demgegenüber soll der Dritte, der nie ArbGeb war, sogar zum LStAbzug verpflichtet sein (BMF 4.7.17, DStR 17, 1535). Wird die einem Gesellschafter-Gesellschaftsführer erteilte Versorgungszusage nicht dadurch anderweitig erfüllt, dass sich der ArbGeb seine Verpflichtung wirksam abkaufen lässt, sondern verzichtet der Gesellschafter-Geschäftsführer gegenüber seiner Kapitalgesellschaft stattdessen auf die bereits erdiente werthaltige Pensionsanwartschaft, führt dies regelmäßig zu einer verdeckten Einlage. Wurzelte die Zusage der Altersversorgung im Anstellungsvertrag, bewirkt der Verzicht auf die Versorgungszusage dann einen Lohnzufluss in Höhe des Teilwerts (BFH 23.8.17 – VI R 4/16, DStR 17, 2534). Zu Beitragsleistungen des ArbGeb an Versorgungseinrichtungen, die trotz Rechtsansprüchen der ArbN ausnahmsweise keinen Arbeitslohn darstellen, → Rn 48 und → Rn 62.

**66** Die Leistungen aus der Versorgungseinrichtung sind dann kein Arbeitslohn mehr, sondern ggf als Rente (§ 22 Nr 1 EStG) zu versteuern. Das gilt auch, wenn der ArbGeb gesetzlich verpflichtet ist, die Leistungen der Versorgungseinrichtung sicherzustellen (BFH 24.7.96 – X R 105/95, BStBl II 96, 650). Die Leistungen der Versorgungseinrichtung werden auch nicht dadurch zum Arbeitslohn, dass der ArbGeb in die Auszahlung eingeschaltet ist (BFH 15.11.07 – VI R 30/04, BFH/NV 08, 550 mit Anm *Schneider* HFR 08, 687). Ob zur Entrichtung der Beiträge nur der ArbGeb oder wahlweise auch der ArbN verpflichtet war, ist dabei nicht von Bedeutung. Auf eigenen Beitragsleistungen des ArbN beruht eine Versorgungsleistung des ArbGeb auch dann, wenn sich der ArbN mit eigenen Mitteln in eine Pensionsregelung eingekauft hat (BFH 7.2.90 – X R 36/86, BStBl II 90, 1062). Werden vom ArbGeb darüber hinausgehende Leistungen erbracht, ist der Gesamtbetrag notfalls im Wege der Schätzung in eine Leibrente (§ 22 Nr 1 EStG) und in ein Ruhegeld (Arbeitslohn, § 19 Abs 1 Nr 2 EStG) aufzuteilen (BFH 21.10.96 – VI R 46/96, BStBl II 97, 127).

Besitzt der ArbN demgegenüber keinen eigenen Anspruch gegen den Dritten, sondern dient die Beitragsleistung lediglich intern dem ArbGeb zur Finanzierung seiner dem ArbN erteilten Leistungszusage **(Rückdeckung)** so sind die Beitragszahlungen noch kein Arbeitslohn, wohl aber die späteren Leistungen (BFH 5.11.92 – I R 61/89, BStBl II 93, 185; BFH 3.7.08 – X B 172/07, BFH/NV 08, 1672). An deren Erfassung ändert nichts, wenn die Versorgungseinrichtung zur Abkürzung des Zahlungsweges direkt an den ArbN leistet. Denn wirtschaftlich handelt es sich nach wie vor um eine Leistung des ArbGeb, also um Arbeitslohn. Noch kein Arbeitslohn ist anzunehmen, wenn der ArbGeb Beiträge zu einer Versicherung leistet, bei der der ArbN zwar formell Anspruchsinhaber, aber nur der ArbGeb Ausübungsbefugter des Anspruchs ist, weil die Rechte des ArbN so eingeschränkt sind, dass wirtschaftlich noch kein unentziehbarer Anspruch besteht (BFH 16.4.99 – VI R 60/96, BStBl II 2000, 408). Bei einer derartigen Versicherung hat der BFH im Schadensfall abweichend von der bisherigen Rspr nicht die Versicherungsleistung als Lohngegenstand angesehen, sondern die für den betroffenen ArbN bisher entrichteten Beiträge (BFH 11.12.08 – VI R 9/05, DStR 09, 317; dazu BMF 28.10.09, DStR 09, 2373 mit Anm *Niermann* DB 09, 2516). Die Entscheidung beruht auf der Fiktion, der ArbGeb habe dem ArbN nicht eine Versicherungsleistung weitergeleitet sondern nachträglich Verfügungsmacht an ggf bereits vor Jahr und Tag geleisteten Beiträgen verschafft. Abgesehen davon, dass der ArbGeb an diesen Beiträgen selbst keine Verfügungsmacht mehr besaß und sie deshalb auch nicht dem ArbN verschaffen konnte, können die Beiträge nicht nachträglich Gegenstand einer Lohnzuwendung werden, wenn es die laufenden Beitragszahlungen (mangels eigener Ansprüche der ArbN gegen die Versicherung) nicht waren (im Einzelnen *Thomas* DStR 09, 2349; *Breinersdorfer* DB 09, 1264; *Otto* DStR 09, 1022). Tatsächlich hat der ArbN vom ArbGeb nicht Versicherungsschutz zugewendet bekommen, sondern Geld als Ausgleich für einen privaten Invaliditätsschaden, also eine Zukunftssicherungsleistung iSv § 2 Abs 2 Nr 3 LStDV und damit Lohn. Umgekehrt ist zweifelhaft, ob Leistungen aus einer Unfallversicherung mit eigenem Anspruch des ArbN dann Arbeitslohn sind, wenn der Unfall im beruflichen Bereich eingetreten und die Beiträge als Werbungskosten bzw als steuerfreier Reisekostenersatz behandelt wurden (so BMF 17.7.2000, DStR 00, 1262 unter Tz 4.1.2). Wird die Rückdeckungsversicherung erfüllungshalber an den ArbN abgetreten, stellt der gesamte Auszahlungsbetrag Lohn dar (BFH 9.10.02 – VI R 112/99, DStR 02, 2167 mit Anm *MIT*; BMF 7.9.98, DStR 98, 1554). Tritt der ArbGeb dem ArbN die Ansprüche aus der Rückdeckungsversicherung ab und bedient er die Versicherung weiter, stellen seine Beiträge Arbeitslohn dar, weil durch die Abtretung eine Umwandlung der Rückdeckungs- in eine Direktversicherung erfolgt ist (BFH 5.7.12 – VI R 11/11, DStR 12, 2535; zweifelnd *Bergkemper* FR 13, 385). Verzichtet der ArbN (hier: **DO-Angestellter** einer AOK) auf bislang zustehende Beihilfeansprüche und wird er stattdessen bei seinem ArbGeb – allerdings mit Beitragsermäßigung – freiwillig krankenversichert, stellt die Beitragsermäßigung Arbeitslohn dar, selbst wenn zuvor gewährte Beihilfeleistungen steuerfrei gewesen sein sollten (BFH 1.12.95 – VI R 76/91, BStBl II 96, 239; BFH 6.2.13 – VI R 28/11, DStRE 13, 983). Verzichtet der ArbN auf laufendes Gehalt zugunsten von Zuwendungen des ArbGeb an eine Unterstützungskasse **(Barlohnumwandlung),** liegt ebenfalls noch kein gegenwärtig zufließender Arbeitslohn vor (BFH 16.9.98 – VI B 155/98, DStRE 99, 166; BFH 29.7.10 – VI R 39/09, BFH/NV 10, 2296). Die Umwandlung in eine ArbNfinanzierte betriebliche Altersversorgung kann nur hinsichtlich dem Grunde nach rechtlich noch nicht entstandenen (künftigen) Arbeitslohn erfolgen (BMF 4.2.2000, BStBl I 2000, 354). Ein Lohnzufluss ist des Weiteren insoweit zu verneinen, als der ArbGeb tarifvertraglich zustehende Ansprüche nicht erfüllt, sondern einen Teil einer Versorgungsrückstellung zuführt, um damit eine künftige zusätzliche Altersversorgung zu finanzieren (BFH 20.7.05 – VI R 165/01, DStR 05, 1489; ähnlich zu Beiträgen des ArbGeb zu einer nicht zustandegekommenen Direktversicherung BFH 26.1.06 – VI R 2/03, DStRE 06, 711 mit Anm *MIT*).

Die Einordnung der späteren Zahlungen kann nicht von der früheren steuerlichen Be- **67** handlung der Beiträge, also von der Behandlung der Leistungsfinanzierung, abhängig gemacht werden (BFH 27.5.93 – VI R 19/92, BStBl II 94, 246), da ein Steueranspruch nur von der Tatbestandsverwirklichung (§ 38 AO) abhängt und nicht von der Behandlung durch die Beteiligten bzw von deren Vorstellungen. Zur Vermeidung einer steuerlichen Doppelerfassung (wenn die Beiträge des ArbGeb zu Unrecht bereits lohnversteuert worden sind) kommt zugunsten des ArbN ggf ein Billigkeitserlass (§ 227 AO) in Betracht. Im umgekehrten Fall ist, sofern wegen Verjährung weder die Beiträge, noch die späteren Leistungen als Arbeitslohn erfasst werden, dies eine Folge des gerade bei fehlerhafter Besteuerung mit der Verjährung bezweckten Rechtsfriedens. Werden infolge Ausscheidens von ArbN freiwerdende Deckungsmittel aus einer Gruppenlebensversicherung zur Versorgungsverbesserung der verbleibenden ArbN neu verwendet, liegt darin keine erneute Zuwendung von Arbeitslohn (BFH 30.7.93 – VI R 26/91, BFH/NV 94, 166). Ebenfalls liegt nicht zusätzlicher Arbeitslohn vor, wenn beim ArbGebWechsel Vorsorgekapital von der bisherigen auf eine neue Vorsorgeeinrichtung des ArbN übertragen wird und der ArbN bei beiden Anspruchsberechtigter war bzw ist (BFH 13.11.12 – VI R 20/10, DStR 13, 82 zu schweizer Versorgungseinrichtungen eines Grenzgängers; ebenso zu Aus- und Eintrittsleistungen beim ArbGebwechsel BFH 2.12.14 – VIII R 40/11, DStRE 15, 897; zu anderen Austrittsleistungen bzw Kapitalabfindungen vgl BFH 26.11.14 – VIII R 38/10, DStR 15, 1371; VIII R 31/10, DStRE 15, 844 und VIII R 39/10, BeckRS 2015, 94991).

**3. Nebentätigkeiten** (→ *Aufwandsentschädigung* Rn 3 und → *Nebentätigkeit* Rn 20 f). **68** Entgelte hierfür sind Arbeitslohn, wenn der ArbN mit der Nebentätigkeit eine bereits dem ArbGeb aus dem Dienstverhältnis geschuldete Leistung erbringt (BFH 20.12.2000 – XI R 32/00, BStBl II 01, 496; Honorar an Hotelmanager für Beratung bei Verkauf des Hotels; BFH 5.10.05 – VI R 152/01, DStR 05, 1982, Honorare aus chefärztlichem Liquidationsrecht; BFH 7.11.06 – VI R 81/02, DStRE 07, 524, Provisionen, die Bankangestellte für nachgewiesene Immobilieninteressenten erhalten). Das ist nicht der Fall, wenn einem bei einem Musiktheater angestellten Orchestermitglied die Übertragung von Leistungsschutzrechten bei Fernsehübertragungen gesondert vergütet wird, selbst wenn der Fernsehsender die Vergütung über den ArbGeb abwickelt (BFH 6.3.95 – VI R 63/94, BStBl II 95, 471; BFH 26.7.06 – VI R 49/02, DStRE 06, 1448 zu Zweitverwertungshonoraren; zu Werbeprämien eines Zeitungsausträgers BFH 22.11.96 – VI R 59/96, DStR 97, 196 mit Anm

*MIT*). § 2 Abs 2 Nr 8 LStDV, der es genügen lässt, dass für Nebenämter und Nebenbeschäftigungen „im Rahmen" eines Dienstverhältnisses gezahlt wird, beinhaltet möglicherweise eine zu weite Auslegung des Arbeitslohnbegriffs des § 19 EStG (vgl aber BFH 7.11.06 – VI R 81/02, DStRE 07, 524 mit Anm *MIT*). Nach BMF 25.8.95, DB 95, 1935 sollen **Werbeeinnahmen** eines bei einem Verein bzw dessen SpielbetriebsGmbH angestellten Sportlers, wenn die Vermarktung über eine gesonderte Gesellschaft erfolgt, dann Arbeitslohn darstellen, wenn der Sportler letzterer sämtliche Vermarktungsrechte an seiner Person überträgt und sich zur Teilnahme an bestimmten Werbemaßnahmen verpflichtet. Es ist zweifelhaft ob damit bereits eine organisatorische Eingliederung verbunden ist, zumal der Sportler in erster Linie nicht für Tätigkeiten, sondern für seinen Werbewert bezahlt wird. Erst recht zweifelhaft ist, dass es sich hierbei um Lohnzahlungen Dritter handeln soll und demnach der Verein bzw die SpielbetriebsGmbH auch für die Werbeeinnahmen den LStAbzug vorzunehmen habe. Näher liegt, Arbeitslohn im Hinblick auf Werbeeinnahmen nur in den Fällen anzunehmen, in denen die Werbung Teil der geschuldeten Arbeit ist, etwa weil dem Verein gegenüber eine entsprechende Verpflichtung eingegangen wurde zB bei Trikotwerbung. Dagegen liegt Arbeitslohn vor, wenn der Erwerb von Vermarktungsrechten nur vorgetäuscht wird (BGH 7.11.06 – 5 StR 165/06, HFR 07, 597 und 5 StR 164/06, BFH/NV 07, 461). Sonst gehören Werbehonorare zu den gewerblichen Einnahmen (BFH 19.11.85 – VIII R 104/85, BStBl II 86, 424; BFH 22.2.12 – X R 14/10, DStRE 12, 659 mit Anm *Kanzler* FR 12, 738 zu Werbeeinnahmen eines Fußball-Nationalspielers über eine zentrale Vermarktung des DFB). Wird Arbeitslohn bei Nebentätigkeiten verneint, können Einkünfte aus einer selbstständigen (freiberuflichen oder gewerblichen) Tätigkeit oder sonstige Einkünfte (zB eine Leistung iSv § 22 Nr 3 EStG) vorliegen (BFH 25.7.01 – VI R 77/00, DStRE 01, 1217 sowie BFH 20.7.07 – XI B 193/06, BFH/NV 07, 1887 zu Bestechungsgeldern); zur Zuordnung von Preisgeldern zu einer dieser Einkunftsarten BMF 5.9.96, DB 96, 1953; FG Bln 17.3.2000 – 6 K 6422/97, EFG 2000, 936; FG SchlHol 15.3.2000 – I 210/95, EFG 2000, 787. Im Einzelnen wird auf die Stichworte *Arbeitnehmer (Begriff)*, *Aufwandsentschädigung*, *Nebentätigkeit* und *Provision* verwiesen.

69 **V. Beteiligung Dritter. 1. Leistungen durch Dritte** sind Arbeitslohn, wenn der ArbN sie als Ertrag seiner Tätigkeit für den ArbGeb betrachten kann.

70 **a) Abkürzung des Zahlungsweges.** Arbeitslohn liegt insbes vor, wenn der Dritte im Auftrag des ArbGeb leistet (unechte Lohnzahlung durch Dritte, BFH 30.5.01 – VI R 123/00, DStR 01, 1656 mit Anm *Kuhsel* BB 02, 124; sowie BFH 4.6.93 – VI R 95/92, BStBl II 93, 687; zur Abkürzung des Zahlungsweges auf der Aufwandseite, also bei den Werbungskosten, bzw zum sog Drittaufwand BFH 23.8.99 – GrS 1/97, BStBl II 99, 778 = DStR 99, 1652; – GrS 2/97, BStBl II 99, 782 = DStR 99, 1649; – GrS 3/97, BStBl II 99, 787 = DStRE 99, 777; – GrS 5/97, BStBl II 99, 774 = DStR 99, 1656; BFH 15.1.08 – IX R 45/07, BStBl II 08, 572 mit Anwendungsschreiben BMF 7.7.08, BStBl I 08, 717). Zu verbundenen Unternehmen vgl BFH 10.3.72 – VI R 278/68, BStBl II 72, 596 und 11.7.86 – VI R 163/82, BStBl II 87, 300, Überlassung von Aktien; BFH 7.2.86 – VI R 178/82, BFH/NV 86, 494, verbilligte Eigentumswohnung.

71 **b) Zusatzentlohnung.** Auch wenn der Dritte auf eigenen Rechtsgrund, zB Schenkung (→ Rn 65: frühere Beitragsleistung), und aus eigenem Interesse leistet, kann Arbeitslohn vorliegen, aber nur dann, wenn es sich um eine zusätzliche Vergütung für eine Leistung handelt, die bereits dem ArbGeb aus dem Dienstverhältnis geschuldet ist. Das ist bei Trinkgeld der Fall (BFH 18.6.15 – VI R 37/14, DStR 15, 2226 ggüber BFH 10.3.15 – VI R 6/14, DStR 15, 1494; zur Steuerbefreiung → *Trinkgeld* Rn 6), ebenso bei Anspornprämien (anders Verliererprämien; *Schmiergeld;* allgemein zu Leistungen gegen die Interessen des ArbGeb → Rn 59: Sachzusammenhang) und bei Sonderhonoraren (BFH 24.2.81 – VIII R 109/76, BStBl II 81, 707 durch den Mehrheitsaktionär des ArbGeb; BFH 1.9.16 – VI R 67/14, DStR 16, 2638 verbilligter Erwerb einer Beteiligung durch ein mit dem ArbGeb verbundenes Unternehmen; BFH 15.3.18 – VI R 8/16, DStRE 18, 900 verbilligte Überlassung eines GmbH-Anteils von einem Gesellschafter des ArbGeb), nicht aber bei Bezahlung von Sonderschichten zur vorzeitigen Fertigstellung eines Hauses, die dem ArbGeb gegenüber nicht geschuldet waren (FG BaWü 4.2.75, EFG 75, 209). Ergibt die Gesamtwürdigung, dass die Zuwendung des Dritten Entgelt für Leistungen des ArbN im

Rahmen seines Dienstverhältnisses darstellt, liegt auch dann Lohn vor, wenn der Vorgang ausdrücklich als der Schenkungssteuer unterliegende freiwillige Zuwendung (→ Rn 64) deklariert wird (BFH 7.8.14 – VI R 57/12, BFH/NV 15, 181). Überlässt ein Ditter als sog Sponsor bei ihm selbst lediglich zum Schein angestellte und entlohne ArbN einem Fußballverein als Spieler, Trainer oder Betreuer und läßt er sich die Überlassung nicht vergüten, liegt im Verzicht auf den Vergütungsersatz eine freigebige Zuwendung an den Verein, die der Schenkungssteuer unterliegt (BFH 30.8.17 – II R 46/15, DStR 17, 2606). Gewährt ein Dritter dem Geschäftsführer einer GmbH ein Darlehen und verzichtet der Dritte später auf die Darlehensrückzahlung, muss der Verzicht auch dann nicht zur Annahme von Lohn führen, wenn der Dritte zugleich Aufsichtsratsvorsitzender des ArbGeb ist (FG München 26.9.13 – 5 K 1660/12, BeckRS 2013, 96473).

Ebenfalls keine dem ArbGeb geschuldete Leistung wird bezahlt, wenn die BG besondere 72
Verdienste bei der Unfallverhütung honoriert (BFH 22.2.63 – VI 165/61 U, BStBl III 63, 306, anders bei Prämien des ArbGeb im Rahmen eines Sicherheitswettbewerbs BFH 11.3.88 – VI R 106/84, BStBl II 88, 726; zu anderen Verlosungen BFH 25.11.93 – VI R 45/93, BStBl II 94, 254). Entgelte des Deutschen Handballbundes an einen von seinem Verein abgestellten Spieler für Länder- oder Auswahlspiele sind keine Lohnzahlungen Dritter, für die der Verein LSt abzuführen hätte, weil das Dienstverhältnis zwischen Spieler und Verein, nicht zu Leistungen an Dritte verpflichtet (FG Münster 25.3.15 – 7 K 3010/12 L, DStRE 17, 273 Rev VI R 26/15).

**c) Preisnachlässe Dritter** sind nur ausnahmsweise Arbeitslohn, wenn sie vom ArbGeb 73
vermittelt werden (→ *Sachbezug* Rn 5). Das ist nicht schon dann der Fall, wenn – etwa aufgrund organisatorischer Vorkehrungen oder Absprachen des BRat – allen ArbN eines bestimmten Unternehmens Rabatte gewährt werden. Denn der Dritte räumt den Preisnachlass normalerweise nicht ein, um Tätigkeiten für den ArbGeb zu entlohnen, sondern um zusätzliche Umsätze mit einem bestimmten Kundenkreis zu erzielen. Insbes spricht gegen Arbeitslohn, wenn Rabatte auch einem weiteren Personenkreis eingeräumt werden (BFH 10.4.14 – VI R 62/11, DStR 14, 1432; *Strohner* DB 15, 580; *Wengerofsky* DStR 15, 806). War der ArbGeb selbst eingeschaltet oder ist er dem rabattgewährenden Unternehmen besonders verbunden (FG NdS 28.1.99 – XI 641/97, DStRE 2000, 1024, Rev VI R 75/00), kann ausnahmsweise Arbeitslohn gegeben sein (anders bei offenem Kreis der Begünstigten BFH 20.5.10 – VI R 41/09, DStRE 10, 1002; zu Beweisanforderungen und Feststellungslast in Grenzfällen vgl BFH 23.3.11 – X R 44/09, FR 11, 824). Dazu reicht aber nicht aus, dass der ArbGeb den Kauf ermäßigter Produkte eines Dritten durch seine ArbN am Arbeitsplatz und die dortige Auslieferung duldet (BFH 18.10.12 – VI R 64/11, DStR 12, 2433 verbilligte Apothekenartikel an Mitarbeiter eines Krankenhauses; *Kanzler* FR 13, 382). Rabatte auf eigene Produkte des ArbGeb sind regelmäßig Arbeitslohn. Werden von Dritten auf ihre Produkte auf Vermittlung des ArbGeb Rabatte eingeräumt, liegt ein geldwerter Vorteil auch dann vor, wenn ähnliche Produkte (zB ein VW statt eines BMW) am Markt ebenfalls nicht teurer sind, als die ermäßigt abgegebene Leistung (BFH 30.5.01 – VI R 123/00, DStR 01, 1656; BFH 21.4.10 – X R 43/08, BFH/NV 10, 1436 sog Haustarif bei Versicherung). Vorteile, die bloße Reflexe dienstlicher Verrichtungen sind, müssen nicht zu Arbeitslohn führen, zB verbilligter Einkauf, der durch eine Auslandsdienstreise in einem Duty-free-shop ermöglicht wird. Ebenfalls ein nicht steuerbarer Reflex von Dienstflügen sind Verbilligungen im Privatbereich für Vielflieger nach dem Miles & More-Programm der Lufthansa (*von Bornhaupt* FR 93, 326; *Strömer* BB 93, 705; *Albert* Lohn + Gehalt 2/93, 23, 28; *Thomas* DStR 97, 305; aA *Giloy* BB 98, 717 und BMF 20.10.06 – IV C 5 – S 2334 – 68/06, BeckVerw 096227 zu Payback-Punkten; einen arbeitsrechtlichen Herausgabeanspruch verneint *Heinze* DB 96, 2490; zum Diskriminierungsverbot in der EU vgl *Seibel* FR 97, 889; zu wettbewerbsrechtlichen Problemen *Fritzsche* BB 99, 273; beim Selbstständigen nimmt Fin-Min Bln 13.3.95, DStZ 95, 542 Betriebseinnahmen an, wenn Gutschriften aus beruflichen Flügen zu Privatreisen genutzt werden, während umgekehrt die betriebliche Verwendung von Bonuspunkten aus Privatflügen als Einlage angesehen wird).

Ungeachtet der Tatsache, dass zweifelhaft ist, ob Vorteile aus einem **Kundenbindungs-** 74
**programm** als Arbeitslohn angesehen werden können, gilt für Sachprämien (also nicht für Preisnachlässe in Geld), wenn es sich um eine jedermann zugängliche Auslobung handelt, gem § 3 Nr 38 EStG ein **Steuerfreibetrag** von 1080 € und das Unternehmen, welches die

Sachprämien gewährt, hat gem § 37a EStG die Möglichkeit einer abgeltenden Pauschalierung (*Lohnsteuerpauschalierung*) mit 2,25 vH der gesamten Inlandsprämien. Der vergleichsweise niedrige Steuersatz beruht auf dem Umstand, dass in die Bemessungsgrundlage (zu Unrecht → Rn 33) auch nicht steuerbare Vorteile (zB Prämien aus Privatflügen bzw zu Berufsflügen genutzte Prämien; vgl BT-Drs 13/5952 S 48 zu Nr 67) einbezogen werden. Besteuert wird aber nur der Teil der Prämien, der den Freibetrag von 1080 € übersteigt. Sachprämien „erhält" der Stpfl mit der Buchung des Verwendungsfluges (Hess FM 4.7.97, DStR 97, 1166 mit weiteren Einzelheiten). Der Freibetrag kann für Zuflüsse eines Kj pro Kunde nur einmal abgezogen werden, dürfte für die nämliche Person aber dann mehrmals anzusetzen sein, wenn die Sachprämien von unterschiedlichen Unternehmen gewährt werden. Mit der Gesamtregelung wird für Sachverhalte mit vergleichsweise geringem wirtschaftlichen Gewicht ein bemerkenswerter gesetzgeberischer Aufwand getrieben, der einen beachtlichen Bruch mit der bisherigen Systematik erkennen lässt (*Thomas* DStR 97, 305).

75 Wird eine Berechtigungskarte, zB eine **Kreditkarte,** so gut wie ausschließlich zu beruflichen Zwecken genutzt, stellt sie ein Arbeitsmittel dar und berechtigt zum Werbungskostenabzug. Die Übernahme der Kosten für die Karte durch den ArbGeb bewirkt aber Arbeitslohn, sofern die Karte nicht auf den ArbGeb ausgestellt ist; die für einzelne Arbeitsmittel wie Werkzeuggeld und Berufskleidung vorgesehene Befreiungsvorschriften (§ 3 Nr 30 und 31 EStG) greifen nicht ein. Wird die Karte ausschließlich für Reisekosten eingesetzt, ist sie nach § 3 Nr 16 EStG steuerfrei; sonst muss aufgeteilt werden (FM Bbg 19.12.96, DStR 97, 116; dazu kritisch *Schmidt* BB 97, 610; *RN* FR 97, 399). Bei der **Bahn-Card** nimmt die Verwaltung nach § 3 Nr 16 EStG steuerfreien Reisekostenersatz an, wenn die Aufwendungen für die Bahn-Card und die ermäßigt abgerechneten dienstlichen Bahnfahrten unter den Fahrtkosten liegen, die ohne die Bahn-Card entstanden wären (FinMin Bbg 19.1.93, DB 93, 305; OFD Hannover 16.11.92, DStR 93, 19).

76 **2. Leistungen an Dritte** sind Arbeitslohn, wenn sie wirtschaftlich als Ertrag der Arbeitsleistung anzusehen sind, zB bei Mitnahme von Angehörigen des ArbN zu einem Betriebsausflug mit Zuwendungen (BFH 25.5.92 – VI R 85/90, BStBl II 92, 655). Bei **Gesamtrechtsnachfolge** gilt der Erbe als ArbN (§ 1 Abs 1 Satz 2 LStDV). Der LStAbzug erfolgt nach seinen Besteuerungsmerkmalen (BFH 29.7.60 – VI 265/58 U, BStBl III 60, 404). Bei einer Erbengemeinschaft kann für den Gesamtbetrag der LStAbzug nach der LStKarte eines Erben vorgenommen werden. Weitergegebene Beträge sind bei diesem negative Einnahmen (R 19.9 Abs 2 LStR). Bei **Einzelrechtsnachfolge** (Abtretung, Pfändung, Verpfändung) sind weiterhin die Merkmale des ArbN maßgebend (BFH 15.7.64 – I 376/60 U, BStBl III 64, 621). Ein Anwendungsfall hiervon ist auch der Versorgungsausgleich bei Scheidung von Ehegatten (iE *Merten/Baumeister* DB 09, 957). Zur Behandlung der Aufwendungen des Ausgleichsverpflichteten als Werbungskosten, Sonderausgaben oder außergewöhnliche Belastung vgl BFH 8.3.06 – IX R 107/00, DStR 06, 604; BFH 8.3.06 – IX R 78/01, DStRE 06, 458; BFH 5.11.14 – X B 223/13, BFH/NV 15, 202; BFH 9.12.14 – X R 7/14, BFH/NV 15, 824; BFH 23.11.16 – X R 48/14, DStRE 17, 579; BFH 23.11.16 – X R 41/14, DStRE 17, 835; BFH 23.11.16 – X R 60/14, BFH/NV 17, 890. *Heuermann* DB 06, 688; *Korn* NWB F 6, 4689; *Paus* DStZ 06, 409; *Paus* NWB F 3, 14273; *Risthaus* NWB F 3, 1431; *Steger/Venturelli* Inf 06, 938; *Viefhues* NWB F 19, 3359. Zum gesetzlichen Forderungsübergang → *Lohnersatzleistungen* Rn 11.

77 **VI. Zufluss.** Ansprüche gegen den ArbGeb begründen noch keine Einnahmen. Daher erfolgt ein Zufluss erst, wenn bzw soweit ein Anspruch erfüllt wird. Obwohl Gegenstand der Besteuerung erst die zugeflossene Einnahme ist, wird bei der Bewertung des Vorteils auf den Zeitpunkt der Verpflichtung und nicht den der Erfüllung abgestellt (BFH 9.5.14 – VI R 73/12, DStR 14, 1328). Das ist zweifelhaft (→ *Aktienoptionen* Rn 21). Umgekehrt nimmt der BFH keinen Lohnzufluss an, wenn der ArbGeb seine Ruhegehaltsverpflichtung dadurch mit befreiender Wirkung erfüllt, dass er sie gegen entsprechende Bezahlung auf eine GmbH überträgt, die der ArbN eigens zu diesem Zweck gegründet hat (BFH 18.8.16 – VI R 18/13, DStR 16, 2635). Eine dem ArbGeb vom ArbN wegen dessen Liquiditätsschwierigkeiten gestundete Gehaltsforderung ist dem ArbN noch nicht zugeflossen (BFH 21.7.87 – VIII R 211/82, BFH/NV 88, 224; 24.3.93 – X R 55/91, BStBl II 93, 499 mwN), wohl aber die mit einer Verwendungsbestimmung erfolgte Überweisung (BFH 11.2.10 – VI R 47/08,

DStRE 10, 790 Einräumung einer stillen Beteiligung durch Gutschrift auf dem Beteiligungskonto). Schließt ein Fremdgeschäftsführer zur Finanzierung seines vorzeitigen Ruhestands eine Wertguthabenvereinbarung ab, in der er auf die Auszahlung laufender Bezüge zugunsten späterer Auszahlung in der Freistellungsphase verzichtet, führen die Zuführungen zum Wertguthaben auch dann nicht zum gegenwärtigen Lohnzufluss, wenn der Vorgang durch ein Pfandrecht an der diesbezüglichen Rückdeckungsversicherung abgesichert ist (BFH 22.2.18 – VI R 17/16, DStR 18, 1159; *Kanzler* FR 18, 808; *Geserich* BFH IPR 18, 170); zur Übertragung eines Zeitwertkonto-Guthabens beim ArbGebWechsel vgl FG BaWü 22.6.17 – 12 K 1044/15, DStRE 18, 776, Rev VI R 39/17. Die Zuflussfiktion beim Gesellschafter-Geschäftsführer einer GmbH kann entfallen, wenn die arbeitsvertragliche Zusage von Sonderzahlungen vor ihrer Entstehung einvernehmlich aufgehoben wurde (BFH 15.5.13 – VI R 24/12, DStR 13, 1722 mit Anm *Geserich;* generell gegen eine Zuflussfiktion beim beherrschenden Gesellschafter-Geschäftsführer *Verdenhalven* DStR 18, 1701). Die Spendenzahlung des ArbGeb aufgrund eines arbeitsgerichtlichen Vergleichs muss nicht auf einer Lohnverwendungsabrede beruhen (BFH 23.9.98 – XI R 18/98, BStBl II 99, 98). Ob trotz Gehaltsverzicht ein Lohnzufluss vorliegt hängt davon ab, wann der Verzicht erklärt worden ist (BFH 15.6.16 – VI R 6/13, DStR 16, 2036; dazu kritisch *Bergkemper* FR 16, 1050).

Wenn nach gekündigter Gruppendirektversicherung freigewordene Deckungsmittel an den ArbGeb zurückgezahlt werden ist zu beurteilen, ob **negative Einnahmen** vorliegen. In einem Streitfall machte der Insolvenzverwalter des ArbGeb im Verfahren über die LSt Anmeldung März 2009 geltend, in der Vergangenheit seien die Beiträge zur Direktversicherung nach § 40b EStG pauschal versteuert worden. Deshalb müsse jetzt im Monat der Beitragsrückerstattung eine entsprechende negative pauschale LSt berücksichtigt werden. Dem folgte der BFH nicht (BFH 28.4.16 – VI R 18/15, DStR 16, 2093). Zwar trifft zu, dass § 37 Abs 2 AO als Anspruchsgrundlage nicht in Betracht kam, da die Steuer auf die ursprünglichen Beiträge weder ohne rechtlichen Grund gezahlt wurde, noch dieser später weggefallen ist. Es trifft auch zu, dass das Gesetz keine negative pauschale LSt bzw keine negative ESt vorsieht. Das schließt aber nicht aus, dass beim LSt Abzug positive und negative Einnahmen bis Null miteinander verrechnet werden (und bei der Veranlagung des ArbN ggfalls darüber hinaus), zumal Verfahrensgegenstand die Rechtmäßigkeit der angefochtenen LSt Anmeldung war und nicht die Frage, ob das Gesetz negative LSt oder ESt vorsieht. Deshalb hätte der BFH nicht dahin stehen lassen dürfen, ob die Auszahlung des Rückkaufwerts an den ArbGeb als Rückzahlung von Löhnen zu beurteilen war. Bei Direktversicherungen sind Gegenstand der Lohnbesteuerung die Finanzierungsbeiträge des ArbGeb. Ist die Beitragsleistung Lohn, müssen an den ArbGeb zurückgezahlte Beiträge negative Einnahmen sein. Dem kann die Abgeltungswirkung des § 40 Abs 3 EStG nicht entgegengehalten werden. Denn diese bezieht sich nur auf die Erfassung der ursprünglichen Beiträge, während die Beitragsrückzahlung einen neuen Sachverhalt betrifft, der unabhängig von der Behandlung der ursprünglichen Beiträge zu beurteilen ist (zur getrennten Abwicklung von positiven und späteren negativen Einnahmen → Rn 33 und 34).

Zum Gehaltsverzicht von Geistlichen als Solidaritätsmaßnahme ohne definitive Verwendungsauflagen s BFH 30.7.93 – VI R 87/92, DStR 93, 1744; zweifelhaft aber BFH 25.11.93 – VI R 115/92, BStBl II 94, 424: Gehaltsverzicht durch Satzungsbeschluss. Nicht in Geld bestehende Vorteile fließen bei unentgeltlicher oder verbilligter Übereignung mit der Verschaffung der Verfügungsmacht zu (zum Grundstück BFH 10.11.89 – VI R 155/85, BFH/NV 90, 290, → *Dienstwohnung* Rn 26 ff; zu Personalrabatten → *Sachbezug* Rn 3 ff), Nutzungsvorteile zum Zeitpunkt der tatsächlichen Nutzung (→ *Sachbezug* Rn 11 und zum Job-Ticket BFH 14.11.12 – VI R 56/11, DStR 13, 472 mit Anm *Bergkemper* FR 13, 474, BayLfSt 12.8.15, DStR 15, 2287). Der Zufluss tatsächlich vereinnahmter Gelder bleibt nicht deswegen außer Ansatz, weil im Folgejahr die Rückzahlung erfolgt (BFH 4.5.06 – VI R 19/03, BStBl II 06, 832; VI R 17/03, BStBl II 06, 830; VI R 33/03, DStR 06, 1697). Zweifelhaft ist ob bei Direktversicherungen mit gespaltenem Bezugsrecht an den ArbGeb ausgeschüttete Gewinnanteile Beitragsrückzahlungen und damit Lohnrückflüsse sind (vgl dazu *Thomas* BetrAV 5/2008, 490 ff, 494). Das diesbezügliche Verfahren VI R 115/01, in welchem der BMF zum Beitritt aufgefordert worden war (DStRE 05, 1301) hat sich anderweit erledigt.

78 Keine Lohnrückzahlungen sollen auch Gewinnausschüttungen einer Versorgungskasse an ihren Träger, den ArbGeb, sein (BFH 12.11.09 – VI R 20/07, DStR 10, 316). Das ist zweifelhaft, da es nicht darauf ankommt, wer rechtlich Gewinnüberschüsse verlangen kann, sondern darauf, ob das durch die Beiträge und ihre Anlage den versicherten ArbN zur Verfügung gestellte Finanzierungsvolumen durch Rückzahlungen an den ArbGeb geschmälert wird, was wirtschaftlich eine teilweise Beitragsrückzahlung bewirkt (ebenso *Höfer* DB 10, 2360). Demgegenüber werden Lohnrückzahlungen zutreffend verneint, wenn Lohnverwendungen des ArbN mit Verlusten in dessen Vermögenssphäre einhergehen (BFH 10.8.10 – VI R 1/08, DStRE 10, 1299; → Rn 60). Bei Zahlung durch Scheck erfolgt der Zufluss grds mit der Übergabe des Schecks (BFH 20.3.01 – IX R 97/97, BStBl II 01, 482), s aber § 224 Abs 2 AO; bei Novation ggf bereits mit dieser (BFH 30.10.01 – VIII R 15/01, BStBl II 02, 138 mit Anm *Dötsch* Inf 02, 157; *Kempermann* FR 02, 293). Nach § 224 Abs 2 Nr 1 AO gilt die Zahlung aber erst drei Tage nach Eingang des Schecks als entrichtet. Im Übrigen soll der Zufluss eines Direktversicherungsbeitrags bereits mit Erteilen des Überweisungsauftrags an die Bank erfolgen (BFH 7.7.05 – IX R 7/05, DStRE 05, 1071). Wird ein im Blockmodell geführtes Altersteilzeit-Arbeitsverhältnis vorzeitig beendet, sind Ausgleichszahlungen als sonstiger Bezug nach dem Zuflussprinzip zu erfassen (BFH 15.12.11 – VI R 26/11, DStR 12, 402). Zum Zuflusszeitpunkt bei sonstigen Bezügen mit Einzugsermächtigung (BFH 24.8.17 – VI R 58/15, DStR 17, 2511).

79 **VII. Bewertung.** Für Barlohn gilt das Nominalwertprinzip, bei fremder Währung der Tageskurs des Zuflusszeitpunktes, da die Auszahlung in Fremdwährung kein Sachbezug ist (R 8.1 Abs 1 Satz 6 LStR; BFH 27.10.04 – VI R 29/02, DStRE 05, 72). Sachbezüge sind, sofern nicht die SvEV eingreift, mit den üblichen Endpreisen am Abgabeort anzusetzen (§ 8 Abs 2 Satz 1 EStG) bzw die in § 8 Abs 3 EStG genannten Personalrabatte mit den um 4 vH geminderten Angebotspreisen. Im Einzelnen wird auf die Ausführungen zum Stichwort → *Sachbezug* Rn 11 ff verwiesen.

## C. Sozialversicherungsrecht *Schlegel*

**Übersicht**

**I. Bedeutung des Arbeitsentgelts für die Sozialversicherung.** Der Begriff des Arbeitsentgelts ist sowohl für die Begründung der Versicherungspflicht als auch für das Beitrags- und Leistungsrecht der SozV von zentraler Bedeutung. Zu sämtlichen Aspekten auch *Schlegel/Voelzke* SGB IV, § 14. 80

**1. Versicherungspflichtige Beschäftigung.** In der KV, PflegeV, RV und ArblV tritt Versicherungspflicht für Beschäftigte nur ein, wenn sie ihre **abhängige Beschäftigung gegen Entgelt** ausüben (§ 5 Abs 1 Nr 1 SGB V, § 20 Abs 1 Satz 2 Nr 1 SGB XI, § 1 Satz 1 Nr 1 SGB VI, § 25 Abs 1 Satz 1 SGB III). Außerdem muss die Höhe des Arbeitsentgelts bestimmte Mindestgrenzen überschreiten, andernfalls ist die Beschäftigung in der KV, ArblV und PflegeV versicherungsfrei (Entgeltgeringfügigkeit, § 8 Abs 1 Nr 1 SGB IV). In der UV tritt Versicherungspflicht und damit Versicherungsschutz dagegen bei abhängiger Beschäftigung auch dann ein, wenn das Arbeitsentgelt unter den Geringfügigkeitsgrenzen liegt oder überhaupt kein Entgelt gezahlt wird. – Außerdem endet in der KV und PflegeV die Versicherungspflicht, wenn das Arbeitsentgelt die JAEGrenze überschreitet (zur Versicherungsfreiheit § 6 Abs 1 Nr 1 SGB V, dazu auch *Beitragsbemessungsgrenzen* und *Jahresarbeitsentgelt*). Die **Höhe der vereinbarten Gegenleistung** für geleistete Arbeit kann bei der Abgrenzung abhängiger Beschäftigung von selbstständiger Tätigkeit als Indiz herangezogen werden. Liegt das vereinbarte Honorar deutlich über dem Arbeitsentgelt eines vergleichbar eingesetzten sozialversicherungspflichtigen Beschäftigten und lässt es dadurch Eigenvorsorge zu, ist dies ein gewichtiges **Indiz für selbstständige Tätigkeit** (BSG 31.3.17 – B 12 R 7/15 R, NZS 2017, 664, Rn 50). 81

**2. Beitragsrecht.** Das Arbeitsentgelt ist in allen Zweigen der SozVers Teil der Beitragsbemessungsgrundlage und damit bis zu den jeweils geltenden Beitragsbemessungsgrenzen beitragspflichtig (→ *Beitragsbemessungsgrenzen* Rn 5 ff). Es gehört zu den beitragspflichtigen Einnahmen der versicherungspflichtig Beschäftigten/ArbN (§ 342 SGB III, § 226 Abs 1 Satz 1 Nr 1 SGB V, § 162 Nr 1 SGB VI, § 57 Abs 1 SGB XI). Außerdem handelt es sich beim Arbeitsentgelt um Einnahmen iSv § 240 SGB V, sodass es Teil der Beitragsbemessungsgrundlage auch für die in der KV freiwillig Versicherten ist (BSG 28.2.84 – 12 RK 65/82, SozR 2200 § 180 Nr 16). Für die Beitragszahlung aus dem Arbeitsentgelt gelten die besonderen Vorschriften der §§ 28d bis 28n und 28r SGB IV über den GesamtSozVers-Beitrag und das im Beschäftigungsverhältnis maßgebliche Lohnabzugsverfahren (§ 348 Abs 2 SGB III § 253 SGB V, § 174 Abs 1 SGB VI, § 60 SGB XI; ausführlich dazu → *So-* 82 *zialversicherungsbeiträge* Rn 39 ff; → *Lohnabzugsverfahren* Rn 24 ff); zum Ganzen *G. Kania*, Die Rentenversicherungsträger als arbeitsrechtliche Kontrollinstanz, 2015 S 29 ff

83 **3. Leistungsrecht.** Das Arbeitsentgelt ist vielfach Anknüpfungspunkt und Bemessungsgrundlage für die Leistungen der SozV. ZB betragen das Krankengeld und das Verletztengeld jeweils 70 vH des „erzielten regelmäßigen Arbeitsentgelts" (§ 47 Abs 1 Satz 1 SGB V; § 47 Abs 1 SGB VII). Die Höhe einer Rente der RV richtet sich vor allem nach der Höhe der während des Versicherungslebens durch Beiträge versicherten Arbeitsentgelts und Arbeitseinkommens (§ 63 Abs 1 SGB VI; zum Begriff des Arbeitseinkommens bei Selbstständigen vgl § 15 SGB IV). In der ArblV ist das beitragspflichtige Arbeitsentgelt Ausgangspunkt für das sog Bemessungsentgelt (§ 151 Abs 1 SGB III; vgl dazu → *Arbeitslosengeld* Rn 43 ff), um nur einige Beispiele zu nennen, in denen das Arbeitsentgelt Ausgangspunkt der Leistungsbemessung ist.

84 Aufgrund des Umstandes, dass das Arbeitsentgelt sowohl Grundlage für die Beitragsbemessung als auch der meisten Geldleistungen (Lohnersatzleistungen) ist, besteht eine gewisse **Konnexität zwischen Beitrag und Leistung.** Allerdings ist eine Leistungsgewährung in aller Regel nicht davon abhängig, dass zuvor tatsächlich Beiträge aus dem Arbeitsentgelt gezahlt worden sind; das Leistungsrecht geht von einer ordnungsgemäßen Beitragszahlung stillschweigend aus und berücksichtigt, dass das Beitragsverfahren weitgehend in der Hand der ArbGeb liegt und der ArbN auf eine ordnungsmäßige Beitragszahlung kaum Einfluss nehmen kann. Zwar ist ein strenges **Äquivalenzprinzip** den Vorschriften der SozV nicht zu entnehmen und erst Recht nicht aus dem GG herzuleiten (BVerfGE 92, 53, 71; SozR 3–2200 § 385 Nr 6: Einmalzahlungen). Es ist aber offensichtlich, dass es in der Bevölkerung die Vorstellung eines solchen Prinzips gibt und dessen weitgehende Verwirklichung in der SozV elementare Bedeutung für die Akzeptanz der Beitragszahlung und der SozV überhaupt hat. Nach **§ 28e Abs 1 Satz 2 SGB IV** gilt die Zahlung des vom ArbN zu tragenden Teils des GesamtSozVBeitrags als aus dem Vermögen des Beschäftigten erbracht. Die gesetzliche Regelung stellt klar, dass der vom Beschäftigten zu tragende und vom ArbGeb einbehaltene Anteil am GesamtSozVBeitrag dem Vermögen des Beschäftigten zugehörig ist. Der Beschäftigte hat Anspruch auf das Bruttoentgelt; der Abzug und die Abführung von Lohn- und Gehaltsbestandteilen berühren nur die Frage, wie der ArbGeb seine Zahlungspflicht hinsichtlich des GesamtSozVBeitrags (§ 28e Abs 1 SGB IV) gegenüber dem ArbN erfüllt (BAG 7.3.01 – GS 1/00, NZA 01, 1195). Insoweit nimmt der ArbGeb eine Aufgabe der SozVTräger (Einzug des GesamtSozVBeitrags) wahr (BT-Drs 16/6540 zu § 28e SGB IV).

85 **II. Begriff. 1. Legaldefinition – § 14 SGB IV. a) Geltungsbereich.** § 14 SGB IV definiert das Arbeitsentgelt für die KV, PflegeV, RV, UV und die ArblV. Die Definition gilt gleichermaßen für das Leistungs- und Beitragsrecht sowohl der SozV als auch der Arbeitsförderung (§ 1 Abs 1 SGB IV).

86 **b) Überblick über den Inhalt der Norm.** Nach § 14 Abs 1 Satz 1 SGB IV sind Arbeitsentgelt „alle laufenden oder einmaligen Einnahmen aus einer Beschäftigung, gleichgültig, ob ein Rechtsanspruch auf die Einnahmen besteht, unter welcher Bezeichnung oder in welcher Form sie geleistet werden und ob sie unmittelbar aus der Beschäftigung oder im Zusammenhang mit ihr erzielt werden". Diese Legaldefinition wird ergänzt durch § 14 Abs 1 Satz 2 SGB V und § 1 Abs 1 Nr 16 SvEV. Satz 2 betrifft Fälle der Entgeltumwandlung. § 1 Abs 1 Nr 16 SvEV bestimmt, dass steuerfreie Aufwandsentschädigungen und die in § 3 Nr 26 EStG genannten steuerfreien Einnahmen nicht dem Arbeitsentgelt zuzurechnen sind.

87 **c) Ergänzende Verordnungen.** Nach der Verordnungsermächtigung des § 17 SGB IV kann die Bundesregierung ua zur Vereinfachung des Beitragseinzugs durch eine VO bestimmen, dass einmalige Einnahmen oder laufende Zulagen, Zuschläge, Zuschüsse oder ähnliche Einnahmen, die zusätzlich zu Löhnen und Gehältern gewährt werden und steuerfreie Einnahmen ganz oder teilweise nicht als Arbeitsentgelt anzusehen sind. Gleiches kann für Beiträge zu Direktversicherungen und Zuwendungen an Pensionskassen angeordnet werden. Durch eine VO kann außerdem der Wert für Sachbezüge nach dem tatsächlichen Verkehrswert im Voraus für das Kj festgelegt werden. Die Bundesregierung hat von dieser Ermächtigung zunächst durch Erlass der Arbeitsentgeltverordnung (ArEV) und der Sachbe-

zugsverordnung (SachBezV; Einzelheiten *Sachbezug*) Gebrauch gemacht. Mit der **SozialversicherungsentgeltVO (SvEV)** vom 21.12.06 hat der Verordnungsgeber mW ab 1.1.2007 die SvEV und die SachBezV in einer VO zusammengefasst (zur Begründung BR-Drs 819/06). Dabei ist – wie schon in den „Vorgängerverordnungen" nach § 17 Abs 1 Satz 2 SGB IV eine möglichst **weitgehende Übereinstimmung mit den Regelungen des Steuerrechts** sicherzustellen. Dies hat dazu geführt, dass viele Entgeltbestandteile, die steuerfrei sind oder die vom ArbGeb pauschal versteuert werden, in der SozV nicht dem Arbeitsentgelt zugerechnet werden und damit beitragsfrei sind. Zum Ganzen vgl *Schlegel*, Sozialrecht und Steuerrecht in 100 Jahre Steuerrechtsprechung, FS BFH, 2018 S 625 ff.

**2. Entgeltcharakter. a) Gegenleistung für abhängige Arbeit.** Arbeitsentgelt ist die Gegenleistung des ArbN für seine abhängige Arbeit, denn § 14 Abs 1 Satz 1 SGB IV spricht beim Arbeitsentgelt von „Einnahmen aus einer Beschäftigung" und Beschäftigung wiederum ist in § 7 SGB IV definiert als die „nichtselbstständige Arbeit, insbesondere in einem Arbeitsverhältnis". 88

Damit ergibt sich das Erfordernis einiger Abgrenzungen. Das Arbeitsentgelt ist von anderen Einnahmen, insbes von den Begriffen Arbeitseinkommen (§ 15 SGB IV), Gesamteinkommen (§ 16 SGB IV) und Einnahmen iSv § 240 SGB V zu unterscheiden. **Arbeitseinkommen** iSv § 15 SGB IV ist der nach den allgemeinen Gewinnermittlungsvorschriften des EStG ermittelte Gewinn aus einer selbstständigen Tätigkeit. **Gesamteinkommen** iSv § 16 SGB IV ist unabhängig von der Quelle des Einkommens die Summe der Einkünfte iSd EStRechts; es umfasst insbes das Arbeitsentgelt und das Arbeitseinkommen (zum Gesamteinkommen BSG 22.5.03 – B 12 KR 13/02 R, SozR 4–2500 § 10 Nr 2). Für die Beitragsbemessung freiwilliger Mitglieder in der KV hat der Gesetzgeber in § 240 SGB V schließlich die weitere Kategorie der **Einnahmen** geschaffen. 89

**b) „Aus der Beschäftigung erlangt"** ist das Arbeitsentgelt, auf das der ArbN unmittelbar gegen seinen ArbGeb einen **arbeitsrechtlichen Anspruch** hat (Lohn, Gehalt, Weihnachtsgeld, Urlaubsgeld usw). Unerheblich ist, ob sich dieser Anspruch aus dem Arbeitsvertrag, einem Tarifvertrag oder einer betrieblichen Übung ergibt (BSG 7.2.02 – B 12 KR 6/01 R, SozR 3–2400 § 14 Nr 23 Geldwerter Vorteil durch Stand-by-Flüge; dazu jedoch jetzt § 23a Abs 1 Satz 2 Nr 2 SGB IV); hieran fehlt es zB bei einem Stipendium (BSG 23.1.08 – B 10 LVO 1/07 R) oder bei Übergangsgebührnissen für Soldaten (BSG 13.6.07 – B 12 KR 14/06 R, SozR 4–2500 § 6 Nr 7). 90

Leistungen, auf die **kein Rechtsanspruch** besteht, die der ArbGeb von sich aus freiwillig nach weniger strengen Leistungskriterien gewährt, sind ebenfalls „aus der Beschäftigung" erlangt und als Arbeitsentgelt anzusehen, wenn sie im Hinblick auf vergangene und künftige Leistungen des ArbN erfolgen **(Arbeitsanreiz).** Verlost der ArbGeb Prämien oder Zuwendungen (zB eine Reise), spricht gegen die Eigenschaft eines Losgewinns als Arbeitsentgelt, wenn der Gewinn zwar ohne das Beschäftigungsverhältnis nicht denkbar wäre, er aber im Wesentlichen vom Glück abhängt und nicht oder nur untergeordnet von Gesichtspunkten mitbestimmt wird, die für das Verhältnis von Leistung und Gegenleistung im Beschäftigungsverhältnis von Bedeutung sein können. Sind Zuwendungen trotz Verlosung und einer damit verbundenen **Glückskomponente** wesentlich von dem Ziel mitbestimmt, dem ArbN neben dem laufend gezahlten Arbeitsentgelt eine zusätzliche Vergütung für geleistete Arbeit zukommen zu lassen und zugleich einen Anreiz für weitere erfolgreiche Arbeit zu schaffen, so ist der Wert der Gewinne (zB eine Reise) dem Arbeitsentgelt zuzurechnen (BSG 26.10.88 – 12 RK 18/87, SozR 2100 § 14 Nr 19, → *Incentivereisen* Rn 14). 91

**Keinen Gegenleistungscharakter** haben zB echte **Abfindungen,** da diese nicht als Gegenleistung für geleistete Arbeit, sondern als Ersatz für den Verlust des Arbeitsplatzes gewährt werden (zur Abgrenzung zwischen verdecktem Lohn und echten Entschädigungen → *Abfindung* Rn 64 f). Entsprechendes dürfte für die bei einem Wettbewerbsverbot gezahlte **Karenzentschädigung** gelten, die ebenfalls nicht einem Entgeltabrechnungszeitraum zugerechnet werden kann (→ *Wettbewerbsverbot* Rn 51). **Schmier- und Bestechungsgelder** sind ebenfalls kein Arbeitsentgelt; diese laufen dem Zweck des Arbeitsvertrages zuwider und können nicht als Gegenleistung für ein rechtmäßiges, arbeitsvertraglich geschuldetes Verhalten des ArbN bewertet werden (→ *Schmiergeld* Rn 11). **Aufwendungsersatz** oder eine 92

**Aufwandsentschädigung** wird nicht als Gegenleistung für Arbeit, sondern im Hinblick auf Auslagen gewährt (zB Einkauf von Material, Fahrtaufwendungen oder Übernachtungskosten bei Dienstreisen), die dem ArbN im Rahmen eines bestimmten Auftrages entstanden sind und die er zunächst für den Auftraggeber ausgelegt hat. Durch den **Aufwendungsersatz** wird der ArbN nicht im engeren Sinne bereichert oder für seine Arbeitsleistung „belohnt". Dies gilt jedenfalls. wenn der Aufwendungsersatz so bemessen ist dass der ArbN dadurch keinen ins Gewicht fallenden geldwerten Vorteil behält (§ 23b Abs 1 Satz 2 Nr 1 SGB IV; → *Aufwendungsersatz* Rn 34 ff; → *Auslösung* Rn 10 ff). So sind zB Leistungen des Verleihers, die die dem Leiharbeitnehmer durch seine Tätigkeit im Betrieb des Entleihers tatsächlich entstandenen Aufwendungen für Fahrten, Übernachtung und Verpflegung ersetzen (sog echter Aufwendungsersatz), kein Arbeitsentgelt und beim „equal pay"-Anspruch nicht zu berücksichten (BSG 18.1.18 – B 12 KR 3/16 R, BeckRS 2018, 15685). Gleiches gilt für Beträge, die der ArbN vom ArbGeb erhält, um sie für ihn auszugeben (sog **durchlaufende Gelder**), oder wenn die Zuwendung an den ArbN im ganz überwiegenden betrieblichen Interesse des ArbGeb erfolgt (BSG 26.5.04 – B 12 KR 5/04 R, SozR 4–2400 § 14 Nr 3; Erstattung der Kosten für Lkw-Führerschein; zur insoweit erforderlichen Abwägung privater und betrieblicher Interesse vgl auch BSG 26.5.04 – B 12 KR 5/04 R, SozR 4–2400 § 14 Nr 3). Anders entscheidet das BSG, wenn dem ArbN durch Zuwendungen des ArbGeb ein idR auch **privat nutzbarer bleibender Vorteil** erwächst; es hat dies zB für Instrumentengeld angenommen, das dem ArbN, einem Orchestermusiker, im Hinblick auf die Abnutzung des eigenen Instrumentes bei der Arbeit im Orchester gewährt worden war (BSG 26.5.04 – B 12 KR 2/03 R, SozR 4–2200 § 14 Nr 2).

**93** **c) „Im Zusammenhang mit einer Beschäftigung" erlangtes Arbeitsentgelt** sind insbesondere **Zuwendungen Dritter,** auf die ein Rechtsanspruch nicht besteht. Wichtigster Anwendungsfall hierfür ist das Trinkgeld, das angesichts des mit ihm verfolgten Zwecks (nicht geschuldete Zuwendung für eine Arbeitsleistung durch einen Dritten iSe „Dankeschön") an sich unter den Begriff des Arbeitsentgelts fällt. Das Trinkgeld wird jedoch zusätzlich zum Arbeitsentgelt gewährt und angesichts seiner Steuerfreiheit (§ 3 Nr 51 EStG) nach § 1 ArEV nicht dem Arbeitsentgelt zugerechnet (→ *Trinkgeld* Rn 14); genau genommen wird es durch § 1 ArEV wieder aus dem Begriff des Arbeitsentgelts herausgenommen. **Zuwendungen Dritter**, die nicht ArbGeb des ArbN sind, sind nicht schon dann Arbeitsentgelt, wenn sie ohne das Beschäftigungsverhältnis nicht gewährt würden. Geldwerte Vorteile werden nur dann „im Zusammenhang mit der Beschäftigung" erzielt, wenn sie an eine Leistung des Arbeitnehmers, die er im Rahmen des Beschäftigungsverhältnisses erbringt, anknüpfen und zu einer Vermögensmehrung gerade bei diesem Arbeitnehmer führen sollen (BSG 18.1.18 – B 12 R 1/17 R, DStR 2018, 1626 Verzicht auf **Abschlussgebühr bei Bausparverträgen** gegenüber den ArbN einer mit der Bausparkasse verbunden Bank, die jedoch selbst nicht AbN der Bausparkasse sind).

**94** Bei der Frage, ob Einnahmen **„im Zusammenhang"** mit der (abhängigen) Beschäftigung erzielt werden, mithin Arbeitsentgelt iSd § 14 SGB IV vorliegt, oder ob die Einnahmen Ausfluss einer daneben ausgeübten selbstständigen Tätigkeit, die Einnahmen also Arbeitseinkommen iSd § 15 SGB IV sind, muss geprüft werden, ob ein sog **einheitliches Beschäftigungsverhältnis** oder eine sog gemischte Tätigkeit gegeben ist, bei der abhängige Beschäftigung und selbstständige Tätigkeit nebeneinander stehen und rechtlich getrennt zu beurteilen sind. Eine selbstständige Tätigkeit ist mit einer abhängigen Beschäftigung zu einem einheitlichen Beschäftigungsverhältnis verbunden, wenn sie nur aufgrund der abhängigen Beschäftigung ausgeübt wird und diese zeitlich, örtlich, organisatorisch und inhaltlich eingebunden, im Verhältnis zur (abhängigen) Beschäftigung nebensächlich ist und daher insgesamt als ein Teil der abhängigen Beschäftigung erscheint. Dies und damit die Qualität von Arbeitsentgelt hat das BSG zB für die Prämie eines Kfz-Herstellers angenommen, die diesen an den ArbN eines Vertragshändlers für Verbesserungsvorschläge gezahlt hat (BSG 26.3.98 – B 12 KR 17/97 R, SozR 3–2400 § 14 Nr 15). Demgegenüber liegt eine **gemischte Tätigkeit** vor, wenn die selbstständige Tätigkeit im Wesentlichen neben der Beschäftigung und unabhängig von ihr ausgeübt wird (BSG 3.2.94 – 12 RK 18/93, SozR 3–2400 § 14 Nr 8 zu den Auflassungsgebühren, die Notariatsangestellte als Auflassungsbevollmächtigte erhalten: Arbeitsentgelt). Das BSG hat bei **Rechtsreferendare** angenommen, dass zusätzliche Vergütungen, die ihnen von einer die Stationsausbildung durchführenden Rechtsanwaltskanzlei „freiwillig und ohne Rechtsgrund" gezahlt werden, beitragspflichtiges Arbeitsentgelt des Vorbereitungsdienstes sind und folglich vom Dienstherrn OLG (!) auch insoweit Beiträge zu zahlen sind, wenn der Zusatzvergütung keine hiervon abgrenzbare Beschäftigung oder selbstständige Tätigkeit in der Kanzlei zugrunde liegt (BSG vom 31.3.15 – B 12 R 1/13 R, BeckRS 2015, 70953). Soll in solchen Konstellationen ein einheitliches Beschäftigungsverhältnis ausgeschlossen werden, müssen Anhaltspunkte für die Existenz besonderer Vereinbarungen über eine über das Verhältnis Referendar/Dienstherr (Hauptbeschäftigung) hinausgehende bezahlte Nebentätigkeit (dort: Arbeitsverhältnis zur Anwaltskanzleien) vorgetragen werden.

„Aus der Beschäftigung erlangt" ist auch eine **Abfindung** die wegen Verringerung der Wochenarbeitszeit **bei weiterbestehendem versicherungspflichtigen Beschäftigungsverhältnis** gezahlt wird (BSG 28.1.99 – B 12 KR 14/98 R, SozR 3–2400 § 14 Nr 17). Sie ist ebenso beitragspflichtiges Arbeitsentgelt wie eine Abfindung für die Umsetzung in einen anderen Betriebsteil, auf einen schlechter bezahlten oder geringer qualifizierten Arbeitsplatz und der damit verbundenen Rückführung auf die tarifliche Einstufung (BSG 28.1.99 – B 12 KR 6/98 R, SozR 3–2400 § 14 Nr 16) oder den Fortfall bzw die Herabsetzung von Einmalzahlungen wie Weihnachtsgeld, Urlaubsgeld oder Gewinnbeteiligung (*Änderungskündigung*; zu sonstigen Entschädigungen für den Verlust des Arbeitsplatzes → *Abfindung* Rn 64 ff). 95

**3. Laufende und einmalige Einnahmen. a) Bedeutung der Unterscheidung.** Laufende und einmalige Einnahmen sind gleichermaßen Arbeitsentgelt iSd § 14 SGB IV, sodass die Unterscheidung bedeutungslos ist, wenn es lediglich um die Frage geht, was überhaupt dem Grunde nach als Arbeitsentgelt anzusehen ist (zum Umfang des Arbeitsentgelts/Einzelfälle s ABC bei → *Arbeitnehmer (Begriff)* Rn 84). Von großer Bedeutung ist die Unterscheidung zwischen laufend und einmalig gezahltem Arbeitsentgelt jedoch für die Leistungs- und Beitragsberechnung. 96

Im **Beitragsrecht** gilt Folgendes: Laufend gezahltes Arbeitsentgelt kann beitragsrechtlich nur dem Lohnabrechnungszeitraum (idR Kalendermonat) zugerechnet werden, für den es gezahlt wird. Wenn und soweit das für einen bestimmten Kalendermonat gewährte Arbeitsentgelt die monatliche Beitragsbemessungsgrenze übersteigt, bleibt es beitragsfrei (zu den jeweiligen Werten *Beitragsbemessungsgrenzen*). Eine Zuordnung des „überschießenden" Betrages auf noch nicht voll mit Beiträgen belegte Abrechnungszeiträume in der Vergangenheit ist ausgeschlossen. Der Beitragsanspruch entsteht mit dem Entstehen des Anspruchs auf das laufende Arbeitsentgelt (zum Entstehungsprinzip *Lohnzufluss*). 97

Anderes gilt für Einmalzahlungen. Anders als für laufendes Arbeitsentgelt gibt für Einmalzahlungen kraft ausdrücklicher Regelung nicht das Entstehungsprinzip (*Lohnzufluss*), vielmehr entsteht der Beitragsanspruch auf Einmalzahlungen erst mit deren Auszahlung (§ 22 Abs 1 SGB IV), dh insoweit gilt das **Zuflussprinzip.** Für die beitragsrechtliche Zuordnung gelten ebenfalls Sonderregelungen: Übersteigen sie in diesem Kalendermonat zusammen mit dem laufenden Arbeitsentgelt die monatliche Beitragsbemessungsgrenze, können sie nach Maßgabe des § 23a SGB IV jedoch unter bestimmten Umständen auch noch auf nicht voll mit Beiträgen belegte Abrechnungszeiträume des laufenden bzw in Ausnahmefällen (sog Märzklausel, § 23a Abs 4 SGB IV) des Vorjahres zugeordnet werden (BSG 14.5.02 – B 12 KR 15/01 R, SozR 3–2400 § 23a Nr 2; → *Einmalzahlungen* Rn 8 ff). Zur Behandlung einmalig gezahlten Arbeitsentgelts im **Leistungsrecht** → *Einmalzahlungen* Rn 28 ff. 98

**b) Laufend gezahltes Arbeitsentgelt** deckt sich mit dem Begriff der laufenden Einnahmen iSd Steuerrechts. Dies sind Einnahmen, die einem bestimmten Entgeltabrechnungszeitraum zugeordnet werden können, wie dies insbes für das (Grund-)Gehalt und den (Grund-)Lohn, aber auch für bestimmte Zulagen der Fall ist (zB Schmutz- und Erschwerniszulagen, Zulagen für Nacht-, Sonntags- und Feiertagsarbeit, Akkord- und Montagezulagen etc). Laufend gezahltes Arbeitsentgelt in diesem Sinne liegt auch dann vor, wenn die geschuldete Summe nicht in demjenigen Abrechnungszeitraum zur Auszahlung kommt, in dem sie „verdient" wurde, sondern dem ArbN als Nachzahlung oder bei einer einen größeren Zeitraum umfassenden Abrechnung „auf einmal" ausgezahlt wird (Einzelheiten *Entgeltnachzahlung*). 99

100 **c) Einmalig gezahltes Arbeitsentgelt** ist als rechtstechnischer Begriff der SozV zu verstehen. Einmalig gezahltes Arbeitsentgelt liegt vor, wenn die Einnahmen nicht regelmäßig monatlich anfallen und auch nicht für einen einzelnen Entgeltabrechnungszeitraum gezahlt werden; wichtigste Anwendungsfälle sind das *Urlaubsgeld,* zusätzliche Monatsgehälter, *Beihilfeleistungen,* eine Gratifikation oder Jubiläumszahlung usw (ausführlich dazu *Einmalzahlungen*).

101 **4. Entgeltformen. a) Grundsätzliches.** Nach § 14 Abs 1 Satz 1 SGB IV kommt es für die Frage, ob Arbeitsentgelt vorliegt, nicht darauf an, „unter welcher Bezeichnung oder in welcher Form" Zuwendungen erbracht werden. Im Regelfall erhält der ArbN als Gegenleistung für seine Arbeit einen bestimmten **Geldbetrag,** sei es bar oder durch Gutschrift auf sein Konto. Dieser Geldbetrag kann sich aus einem Festbetrag (Grundlohn/Grundgehalt) und zusätzlichen zB leistungsabhängigen Komponenten zusammensetzen (zB Akkordlohn, Zulagen für Schmutz-, Sonn- oder Feiertagsarbeit, Erfolgsprämien usw). Für ihre Qualität als Arbeitsentgelt ist es unerheblich, wie diese Geldleistungen bezeichnet werden, zB als Grundlohn, Weihnachtsgeld, Urlaubsgeld, Provision, Akkordlohn, Anwesenheitsprämie, Zulage usw. Werden sie zusätzlich zu einem Grundlohn oder einem Grundgehalt gezahlt, ist jedoch stets zu prüfen, ob solche Zuwendungen nach der SvEV oder bei Einmalzahlungen gem § 23a Abs 1 Satz 2 SGB IV ausnahmsweise wieder aus dem Anwendungsbereich des Arbeitsentgelt ausgenommen sind. Dazu unter → Rn 124 ff.

102 **b) Geldwerte Vorteile und Sachbezüge.** Arbeitsentgelt liegt nicht nur vor, wenn es sich dabei um eine Geldleistung, also eine „Zahlung" im engeren Sinne handelt. Arbeitsentgelt sind auch sonstige geldwerte Vorteile, die der ArbGeb dem ArbN für dessen Arbeitsleistung zB in Form freier oder verbilligter **Unterkunft und Verpflegung,** einräumt. Gleiches gilt für **Sachwerte** (zB Freitrunk) oder **Belegschaftsrabatte** (zB Jahreswagen, Freiflüge, kostenlose Kontoführung usw). In diesen Fällen ist zu prüfen:

- ob der geldwerte Vorteil, der dem Grunde nach als Arbeitsentgelt anzusehen ist, ausnahmsweise kraft ausdrücklicher Regelung ganz oder teilweise aus dem Anwendungsbereich der für das Arbeitsentgelt geltenden Vorschriften ausgenommen ist, er also im Ergebnis nicht als Arbeitsentgelt gilt und damit beitragsfrei ist; dies ist bei zusätzlich zu Lohn- und Gehalt gewährte Zuwendungen der Fall, wenn und soweit sie lohnsteuerfrei sind (§ 23a Abs 1 Satz 2 SGB IV und § 1 Abs 1 Satz 1 Nr 1 SvEV, dazu → Rn 124 ff) oder wenn und soweit in den Fällen des § 1 Abs 1 Satz 1 Nrn 2–4 SvEV eine Pauschalbesteuerung durch den ArbGeb stattgefunden hat (→ Rn 128 ff).
- ob der ArbGeb die geldwerten Vorteile dem ArbN laufend für jeden Entgeltabrechnungszeitraum oder nur für einen größeren Zeitrahmen (einmalig/nicht laufend und regelmäßig) gewährt, sodass es sich um einmalig gezahltes Arbeitsentgelt handelt (so zB BSG 7.2.02 – B 12 KR 6/01 R, SozR 3–2400 § 14 Nr 23 für Freiflüge; 7.2.01 – B 12 KR 12/01 R, SozR 2400 § 28 f Nr 3: für kostenlose Kontoführung bei Bankangestellten; dazu jedoch die Korrektur durch den Gesetzgeber in § 23a Abs 1 Satz 2 SGB IV).
- wie diese Vorteile oder Sachbezüge zu bewerten sind (dazu sogleich und → *Sachbezug* Rn 39 ff).

103 **c) Früheres Verhältnis zwischen Sachbezugsverordnung und Arbeitsentgeltverordnung.** Die SachBezV bestimmte nur den Wert geldwerter Vorteile. Ob dieser tatsächlich den sonstigen Entgeltbestandteilen (zB Grundlohn etc) hinzuzurechnen und Bestandteil der Beitragsbemessungsgrundlage war, ergab sich – abgesehen von der Regelung über Bagatellwerte (§ 6 Abs 1 Satz 4 SachBezV iVm § 8 Abs 2 Satz 9 EStG) – hingegen nicht aus der SachbezV, sondern aus der ArEV (BSG 7.2.02 – B 12 KR 6/01 R, SozR 3–2400 § 14 Nr 23 zu Mitarbeiterflügen). Die ArEV rechnete bestimmte steuerfreie oder vom ArbGeb pauschal versteuerte Zuwendungen nicht dem Arbeitsentgelt zu. Die **Bewertung** geldwerter Vorteile und von Sachbezügen erfolgte nach Maßgabe der aufgrund § 17 Abs 1 Satz 1 Nr 4 SGB IV von der Bundesregierung erlassenen SachBezV.

104 Die am 1.1.2007 in Kraft getretene **SozialversicherungsentgeltVO** (SvEV) führt die Regelungen der früheren SachBezV und ArEV in einer einheitlichen VO zusammen.

Danach wird jeweils im Voraus für das kommende Kj der Wert für **freie Verpflegung** (§ 2 Abs 1 SvEV), **freie Wohnung** (§ 2 Abs 4 SvEV: ortsüblicher Mietpreis), **freie Unterkunft** (§ 2 Abs 3 SvEV) festgelegt. Hieraus kann der geldwerte Vorteil auch für den Fall errechnet werden, dass der ArbN Verpflegung, Unterkunft usw nicht kostenlos, sondern nur verbilligt erhält (§ 2 Abs 5 SvEV). Zu den Einzelheiten und konkreten Werten → *Sachbezug* Rn 39 ff.

Der **Wert sonstiger Sachbezüge,** die nicht unter § 2 SvEV fallen, ist nach § 3 SvEV zu bestimmen. Diese Vorschrift nimmt im Wesentlichen auf Regelungen in § 8 EStG Bezug und übernimmt insoweit die für das Steuerrecht festgesetzten Werte in der SozV. Sie lässt Sachbezüge bis zur **Bagatellgrenze** des § 8 Abs 2 Satz 9 EStG außer Ansatz (§ 3 Abs 1 Satz 4 SvEV) und bestimmt den Wert insbes der **privaten Nutzung eines betrieblichen Kfz** (§ 3 Abs 1 Satz 3 SvEV iVm § 8 Abs 2 Sätze 2–5 EStG). Sind von der obersten Finanzbehörde eines Landes nach § 8 Abs 2 Satz 8 EStG für weitere Sachbezüge der ArbN Durchschnittswerte festgesetzt worden **(amtliche Sachbezugswerte),** sind diese auch in der SozV maßgebend (§ 3 Abs 1 Satz 2 SvEV). Zur Behandlung von **Belegschaftsrabatten** *Sachbezug.* 105

Werden dem ArbN Sachen und Dienstleistungen nicht kostenlos zur Verfügung gestellt, sondern erhält er nur eine **Verbilligung,** wird als Wert seines geldwerten Vorteils der Unterschiedsbetrag zwischen dem vereinbarten Preis und dem nach der SvEV für kostenlose Waren und Dienstleistungen festgesetzten Wert angesetzt (§ 3 Abs 2 SvEV). 106

Soweit sich der Wert des geldwerten Vorteils nicht aus speziellen Vorschriften der SvEV iVm § 8 EStG ergibt, ist aufgrund der **Auffangvorschrift** des § 3 Abs 1 Satz 1 SvEV als Wert für unentgeltliche Sachbezüge/Dienstleistungen der hierfür um übliche Preisnachlässe geminderte **übliche Endpreise** am Abgabeort anzusetzen. Bei lediglich verbilligter Abgabe an den ArbN ist die Differenz zwischen dem tatsächlich vereinbarten Preis und dem nach § 3 Abs 1 SvEV ermittelten, um Preisnachlässe verminderten üblichen Endpreis anzusetzen (§ 3 Abs 2 SvEV). 107

**5. Brutto- und Nettoarbeitsentgelt. a) Umfang.** § 14 Abs 2 SGB IV regelt, wie ein Nettoarbeitsentgelt in das (Brutto-)Arbeitsentgelt hochzurechnen ist. Das Nettoarbeitsentgelt ist sozialversicherungsrechtlich keine selbstständige Berechnungsgröße, sondern das um die gesetzlichen Abzüge verminderte Bruttoarbeitsentgelt (BSG 25.7.79 – 3 RK 74/78, SozR 2200 § 182 Nr 49; 19.12.91 – 4/1 RA 85/90, SozR 3–5765 § 6 Nr 1 mwN). 108

Haben ArbN und ArbGeb ein Nettoarbeitsentgelt vereinbart, ist dieses im sog **Abtastverfahren** in ein entsprechendes Bruttoarbeitsentgelt hochzurechnen (zum Abtastverfahren BSG 19.12.95 – 12 RK 39/94, SozR 3–2500 § 6 Nr 10; 22.8.88 – 12 RK 36/86, SozR 2100 § 14 Nr 22; → *Nettolohnvereinbarung* Rn 21 ff). 109

**b) Steuern und Sozialversicherungsbeiträge als Teil des Bruttoentgelts.** Das Arbeitsentgelt iSd § 14 Abs 1 SGB IV ist Bruttoarbeitsentgelt; es umfasst das Nettoarbeitsentgelt, die auf das Bruttoarbeitsentgelt entfallenden Steuern (LSt, KiSt und SolZ) und die dem gesetzlichen Anteil des ArbN entsprechenden Beiträge zur SozV und der Beiträge des ArbN zur Arbeitsförderung – sog **Arbeitnehmeranteile.** Das Arbeitsentgelt, das – mit Modifikationen (insbes der Regelmäßigkeit) – für die Berechnung zahlreicher Lohnersatzleistungen und der GesamtSozVBeiträge maßgeblich ist, unterscheidet sich damit von dem zu versteuernden Einkommen iSd § 2 Abs 4 und 5 EStG, deckt sich aber im Wesentlichen mit der Begriffsbestimmung des Arbeitslohnes in § 2 LStDV und dem Begriff der „Einkünfte aus nichtselbstständiger Arbeit" in § 19 Abs 1 EStG. 110

**Arbeitgeberanteile** zur SozV und der Beitrag des ArbGeb zur Arbeitsförderung sind dagegen im Begriff des Arbeitsentgelts nicht enthalten, obgleich auch die ArbGebAnteile zur SozV als materiellrechtliche Gegenleistung für geleistete Arbeit anzusehen sind (vgl hierzu *Schlegel* Schadenersatz und Sozialversicherungsbeiträge, 1989, S 26 ff mwN). 111

**c) Nettolohnvereinbarung bei Übernahme der Arbeitnehmeranteile.** Haben ArbGeb und ArbN zunächst ein Bruttoarbeitsentgelt vereinbart und übernimmt der ArbGeb die Zahlung und Tragung der an sich hieraus vom ArbN zu tragenden ArbNAnteile zur SozV durch Vertrag, erhöht sich das bisher vereinbarte Bruttoarbeitsentgelt um die übernommenen ArbNAnteile. Übernimmt also etwa ein ArbGeb, der Teilzeitkräfte beschäftigt und ihre Bezüge pauschal versteuert, auch die auf die ArbN entfallenden Beitragsanteile zur SozV und zur Arbeitsförderung, liegt insoweit eine Nettolohnvereinbarung vor. Die vom ArbGeb übernommenen Beitragsanteile sind deshalb Arbeitsentgelt iSd § 14 SGB IV und sowohl bei der Beitrags- als auch Leistungsberechnung zu berücksichtigen (BSG 12.11.75 – 3/12 RK 112

22/74, SozR 2200 § 160 Nr 3). Zur Übernahme der Pauschalsteuer in Fällen nach § 40 Abs 1 Satz 1 Nr 2 EStG, vgl BSG 19.6.01 – B 12 KR 16/00 R, SozR 3–2400 § 14 Nr 20.

113 **d) Vom Arbeitnehmer übernommene Pauschalsteuerschuld des Arbeitgebers.** Die Übernahme einer den ArbGeb treffenden Steuerschuld (vgl bei Pauschalsteuern zB § 40 Abs 3 Satz 1, § 40b Abs 4 Satz 1 EStG) durch den ArbN führt nicht zu einer Beeinflussung des Bruttoarbeitsentgelts. Das vereinbarte Bruttoarbeitsentgelt vermindert sich nicht dadurch, dass der ArbN eine den ArbGeb treffende Steuerschuld übernimmt (zur Zulässigkeit der Übernahme der Pauschalsteuer durch den ArbN vgl BAG 5.8.87 – 5 AZR 22/86, NZA 88, 157; DB 88, 182). Soweit pauschal besteuerte geldwerte Vorteile (zB Direktversicherungsbeiträge etc) nicht dem Arbeitsentgelt zuzurechnen sind, ist auch die vom ArbN **durch Gehaltsüberwälzung getragene Pauschalsteuer** nicht dem Arbeitsentgelt zuzurechnen (BSG 21.8.97 – 12 RK 44/96, SozR 3–5375 § 2 Nr 1).

114 **e) Sonderausgaben und Werbungskosten.** Diese mindern die Beitragspflicht nicht. Sie werden in keinem Zweig der SozV vom Arbeitsentgelt als der maßgeblichen Beitragsbemessungsgrenze in Abzug gebracht. Anders als im Steuerrecht knüpft das Recht der SozV und ArblV für die Leistungs- und Beitragsbemessung an eine Bruttogröße (das Arbeitsentgelt) an, die – anders als im Steuerrecht – nicht bereits durch Sonderausgaben, außergewöhnliche Belastungen, Freibeträge und Werbungskosten reduziert ist. Ebenso wenig können abgetretene, verpfändete oder gepfändete Entgeltanteile abgezogen werden.

115 **f) Fiktive Nettolohnvereinbarung bei illegaler Beschäftigung.** Werden vom ArbGeb im Einvernehmen mit dem ArbN weder Steuern noch SozVBeiträge abgeführt und die **illegale Beschäftigung bzw „Schwarzarbeit“** aufgedeckt, gilt gem **§ 14 Abs 2 Satz 2 SGB IV** ein Nettoarbeitsentgelt als vereinbart. Das tatsächlich gezahlte Entgelt muss wie bei der Nettolohnvereinbarung im sog **Abtastverfahren** in ein hypothetisches Bruttoarbeitsentgelt hochgerechnet werden (dazu → *Nettolohnvereinbarung* Rn 22 ff; *Schwarzarbeit*). Illegal ist die Beschäftigung iSv § 14 Abs 2 Satz 2 SGB IV, wenn die objektive Verletzung zentraler arbeitgeberbezogener Pflichten dem ArbGeb im Sinne mindestens bedingten Vorsatzes vorwerfbar ist (BSG 9.11.11 – B 12 R 18/09 R, NZA-RR 2012, 539).

116 **III. Spezialgesetzliche Ausnahmeregelungen – Nicht dem Arbeitsentgelt zuzurechnende Einnahmen. 1. Überblick.** § 1 Abs 1 SvEV bestimmt, dass bestimmte Einnahmen nicht dem Arbeitsentgelt zuzurechnen sind. Dies sind zB steuerfreie Aufwandsentschädigungen und nach § 3 Nr 26 EStG steuerfreie Einnahmen (§ 1 Abs 1 Nr 16 SvEV dazu → Rn 120 ff). Die Vorschrift zielt auf jene Fälle, in denen ein bestimmter ArbGeb dem ArbN keinen sonstigen Lohn oder Gehalt zahlt, sondern nur diese Einnahmen zuwendet. In der Praxis ist dies vor allem bei Nebentätigkeiten der Fall.

Geht es um Fälle, in denen der ArbN von seinem ArbGeb neben und zusätzlich zu Lohn oder Gehalt weitere Zuwendungen, Zuschläge usw erhält, ist im Hinblick auf die SvEV zu prüfen, ob diese lohnsteuerfrei sind oder sie vom ArbGeb pauschal versteuert werden. Ist dies der Fall, sind sie nach näherer Maßgabe des § 1 Abs 1 Satz 1 Nr 1 SvEV (Fälle der Lohnsteuerfreiheit, dazu → Rn 124 ff) oder des § 1 Abs 1 Satz 1 Nr 2–4 SvEV (Fälle der Pauschalbesteuerung, dazu → Rn 128 ff) nicht dem Arbeitsentgelt zuzurechnen. Diese Entgeltbestandteile sind dann sowohl beitragsfrei als auch leistungsrechtlich unbeachtlich.

117 **2. Steuerfreie Aufwandsentschädigungen – § 1 Abs 1 Nr 16 SvEV. a) Zweck.** Steuerfreie Aufwandsentschädigungen gelten nicht als Arbeitsentgelt, auch wenn an sich die tatbestandlichen Voraussetzungen des Arbeitsentgelts vorliegen. Damit sollen bestimmte Tätigkeiten des **ehrenamtlichen Engagements beitragsrechtlich privilegiert** werden. Unabhängig davon ist die Gewährung einer angemessenen pauschalen Aufwandsentschädigung an ehrenamtlich Tätige ist dann nicht beitragspflichtig, wenn der Ehrenamtliche naben Repräsentationsaufgaben auch Verwaltungsaufgaben wahrnimmt, die unmittelbar mit dem Ehrenamt verbunden sind und die Zahlung im Wesentlichen nur tatsächlichen Aufwand deckt (BSG 16.8.17 – B 12 KR 14/16 R, FD-SozVR 2017, 393918: Kreishandwerksmeister und → *Ehrenamtliche Tätigkeit* Rn 31 ff).

118 **b) Aufwandsentschädigung aus öffentlichen Kassen.** Der Bewertung einer Aufwandsentschädigung als Arbeitsentgelt steht nicht entgegen, dass die **ehrenamtliche Tätigkeit** ihrem Wesen nach unentgeltlich ist und § 115 Abs 2 BRRG bestimmt, dass Ehren-

beamte keine Dienstbezüge erhalten. Aufgrund dieser Regelung dürfen Ehrenbeamten keine finanziellen Leistungen gewährt werden, die eine den Bezügen eines aktiven Beamten „entsprechende Alimentation" darstellen und sich nach beamten- und besoldungsrechtlichen Grundsätzen bemessen. Die Vorschrift grenzt die vermögensrechtliche Stellung von Berufs- und Ehrenbeamten voneinander ab. Der Rechtscharakter der Entschädigung ist dadurch geprägt, dass die Entschädigung keine Leistung zur Sicherung des Lebensunterhalts darstellt, sondern lediglich dazu bestimmt ist, die mit der ehrenamtlichen, dh grds unentgeltlichen Dienstleistung verbundenen Beschwernisse und finanziellen Einbußen pauschal auszugleichen. Der Entschädigung liegt in einem weit gefassten Sinne der Gedanke der **Unkostenerstattung** zugrunde, mag sie der Höhe nach auch einer Bezahlung für geleistete Tätigkeit angenähert sein (BSG 22.2.96 – 12 RK 6/95, SozR 3–2940 § 2 Nr 5 zur pauschalen Aufwandsentschädigung für einen ehrenamtlichen Beigeordneten einer Gemeinde).

§ 1 Abs 1 Nr 16 SvEV iVm § 3 Nr 12 EStG ist bei Aufwandsentschädigungen erfüllt, wenn es sich um Bezüge handelt, die aus einer Bundes- oder Landeskasse gezahlt werden, die auf gesetzlicher Grundlage als Aufwandsentschädigung festgesetzt sind und im Haushaltsplan als Aufwandsentschädigung ausgewiesen werden. Das Gleiche gilt für andere Bezüge, die als Aufwandsentschädigung aus öffentlichen Kassen an öffentliche Dienste leistende Personen gezahlt werden. Die Steuerfreiheit entfällt, wenn festgestellt wird, dass sie für Verdienstausfall oder Zeitverlust gewährt werden oder den Aufwand, der dem Empfänger erwächst, offenbar übersteigen. 119

**3. Steuerfreie Einnahmen nach § 3 Nr 26 EStG – § 1 Abs 1 Nr 16 SvEV. a) Allgemeines.** Mit der Regelung des § 1 Abs 1 Nr 16 SvEV) stellt der Gesetzgeber bestimmte Aufwandsentschädigungen im Ergebnis beitragsfrei zur Rechtsentwicklung 25. Aufl Rz 120. 120

Der Gesetzgeber hat die **Privilegierung des** früheren § 14 Abs 1 Satz 3 SGB IV iVm § 3 Nr 26 EStG beibehalten und regelt diese jetzt in § 1 Abs 1 Nr 16 SvEV. 121

**b) Nebenberufliche Einnahmen von Übungsleitern usw. § 3 Nr 26 EStG** stellt die Einnahmen aus bestimmten nebenberuflichen Tätigkeit bis zu dem dort genannten Betrag steuerfrei: Privilegiert sind Nebentätigkeiten als Übungsleiter, Ausbilder, Erzieher, Betreuer und vergleichbaren „anleitende" Tätigkeiten; künstlerische nebenberufliche Tätigkeiten, nebenberufliche Pflege alter, kranker oder behinderter Menschen im Dienst oder im Auftrag einer inländischen juristischen Person des öffentlichen Rechts oder eine unter § 5 Abs 1 Nr 9 KStG fallenden Einrichtung. § 1 Abs 1 Nr 16 SvEV enthält eine **Rechtsgrundverweisung** auf § 3 Nr 26 EStG, so dass auch für die Frage der Auslegung der einzelnen Tatbestandsmerkmale auf das Steuerrecht abzustellen ist. **Nebenberuflichkeit** setzt danach nicht voraus, dass tatsächlich ein Hauptberuf ausgeübt wird. Eine nebenberufliche Tätigkeit kann auch ohne Hauptberuf zB von einem Rentner oder Studenten usw, und ohne Vollzeiterwerb ausgeübt werden; auch das Ziel, damit den Lebensunterhalt teilweise zu bestreiten schadet nicht, sofern die Tätigkeit nur abstrakt neben einer Vollbeschäftigung ausgeübt werden könnte. Das StR setzt insoweit voraus, dass die Tätigkeit – bezogen auf das Kj – nicht mehr als ein Drittel der Arbeitszeit eines vergleichbaren Vollzeiterwerbs in Anspruch nimmt (→ *Nebentätigkeit* Rn 22). Seit 1.1.08 gelten gem § 1 Abs 1 Nr 16 SvEV auch steuerfreie Vergütungen für **ehrenamtliche Tätigkeit** nach **§ 3 Nr 26a EStG** nicht als Arbeitsentgelt (BT-Drs 16/6540 zu § 14 SGB IV). 122

**c) Zeitliche und sachliche Zuordnung.** Bei der Steuerfreiheit nach § 3 Nr 26 EStG handelt es sich um eine einmalige Steuerbereifung zugunsten des ArbN, die auf das Kj bezogen ist und nicht mehrfach in Anspruch genommen werden kann. Übt ein ArbN mehrere solcher nebenberuflicher Tätigkeit aus, sind insgesamt im Kj bis zu dem in § 3 Nr 26 EStG genannten Betrag steuerfrei. Es ist in erster Linie nach den Kriterien des StR zu entscheiden, für welche Tätigkeit die Steuerbefreiung gelten soll (dazu LStR 17 VI); hilfsweise ist dem ArbN insoweit mE ein Gestaltungsrecht einzuräumen. 123

**4. Sozialversicherungsentgeltverordnung. a) Ermächtigungsgrundlage.** Nach § 17 Abs 1 Satz 1 Nr 1 SGB IV kann die Bundesregierung durch VO ua zur Vereinfachung des Beitragseinzugs regeln, dass einmalige Einnahmen oder laufende Zulagen, Zuschläge, Zuschüsse oder ähnliche Einnahmen, die zusätzlich zu Löhnen oder Gehältern gewährt 124 werden und steuerfreie Einnahmen ganz oder teilweise nicht als Arbeitsentgelt gelten. Nach § 17 Abs 1 Satz 2 SGB IV soll der Verordnungsgeber dabei eine möglichst **weitgehende Übereinstimmung mit dem Steuerrecht** sicherstellen. Andererseits aber sind die **Belange der Sozialversicherung** und der Arbeitsförderung zu wahren (§ 17 Abs 1 S 1). Von dieser Ermächtigung hat die Bundesregierung zunächst Gebrauch gemacht und bestimmt, dass bestimmte, im Einzelnen festgelegte Entgeltbestandteile ganz oder teilweise nicht dem Arbeitsentgelt zuzurechnen sind. Dh, obwohl bestimmte Zuwendungen dem Grund nach die Qualität von Arbeitsentgelt haben, werden sie rechtlich so behandelt, als wären sie kein Arbeitsentgelt (vgl Wortlaut: „… sind nicht dem Arbeitsentgelt zuzurechnen …").

125 **b) Lohnsteuerfreie Zusatzleistungen zu Löhnen und Gehältern.** Nach § 1 Abs 1 Satz 1 Nr 1 SvEV sind einmalige Einnahmen, laufende Zulagen, Zuschläge, Zuschüsse sowie ähnliche Einnahmen, die zusätzlich zu Löhnen und Gehältern gewährt werden, nicht dem Arbeitsentgelt zuzurechnen. Vorschriften, die LStFreiheit anordnen sind insbes § 3, § 3b, § 19a und § 8 Abs 3 EStG sowie bestimmten anderen Gesetzen (zB 5. VermBG). Entscheidend für den Tatbestand des § 1 Abs 1 Satz 1 SvEV sind das **Zusätzlichkeitskriterium** und die **Lohnsteuerfreiheit** der betreffenden Zuwendung (zur Steuerfreiheit → *Steuerfreie Einnahmen* Rn 8 ff). Nach § 38 EStG ist die LSt eine besondere Art der Einkommensteuer; bei Einkünften aus nichtselbstständiger Arbeit wird die Einkommensteuer durch Abzug vom Arbeitslohn erhoben, soweit der Arbeitslohn vom ArbGeb gezahlt wird. LStFreiheit iSv § 1 Abs 1 Satz 1 Nr 1 SvEV bedeutet damit die Steuerfreiheit für diejenigen Entgeltbestandteile, die der ESt unterliegen und dem ArbN von seinem ArbGeb zugewandt werden. Einnahmen, Zuwendungen und Leistungen nach § 1 Satz 1 Nr 1 bis 4a, Nr 9–11, 13 und 15 SvEV sind nur dann dem Arbeitsentgelt nicht zuzurechnen (und damit beitragsfrei), wenn materiell-rechtlich steuerfreie oder pauschal besteuerbare Zahlungen vom ArbGeb für den jeweiligen Abrechnungszeitraum auch **tatsächlich lohnsteuerfrei belassen** oder tatsächlich pauschal besteuert werden (vgl § 1 Abs 1 Satz 2 SvEV, vgl BSG 23.5.17 – B 12 KR 6/16 R, Rn 20).

126 **c) Einzelne Anwendungsfälle des § 1 Abs 1 Satz 1 Nr 1 SvEV** sind vor allem folgende:

– **Arbeitgeberzuschüsse zur Krankenversicherung** freiwillig oder privat Krankenversicherter (§ 257 SGB V).
– **Aufstockungsbeträge** im Rahmen der Altersteilzeit (§ 3 Nr 28 EStG; → *Altersteilzeit* Rn 11 ff).
– **Aufwandsentschädigung iS eines Werbungskostenersatzes,** die der ArbGeb zusätzlich zum Lohn und Gehalt zahlt, wie zB Umzugskostenerstattung (dazu → *Umzugskosten* Rn 15; Erstattung des Mehraufwands für Verpflegung, Mehraufwendungen wegen doppelter Haushaltsführung, jeweils nach Maßgabe des § 3 Nr 16 EStG, → *Doppelte Haushaltsführung* Rn 40).
– **Geldwerter Vorteil** aus **privater Nutzung betrieblicher Personalcomputer** (§ 3 Nr 45 EStG).
– **Kaufkraftausgleich** bei Auslandstätigkeit nach Maßgabe des § 3 Nr 64 EStG (→ *Steuerfreie Einnahmen* Rn 18).
– **Kindergartenzuschuss** für Betreuung nicht schulpflichtiger Kinder, § 3 Nr 33 EStG (→ *Kindervergünstigung* Rn 10).
– **Kleidungsbeihilfe bzgl Berufskleidung,** § 3 Nr 31 EStG (→ *Arbeitskleidung* Rn 24 ff).
– **Kundenbindungsprogramme – Sachprämien** (§ 3 Nr 38 EStG).
– **Laufende Zuwendungen des Arbeitgebers an eine Pensionskasse** zum Aufbau einer nicht kapitalgedeckten betrieblichen Altersversorgung (§ 1 Abs 1 Nr 4 und 4a, Sätze 3 und 4 SvEV; BT-Drs 16/6540 zu Art 19a, § 1 SvEV).
– **Pensionsfonds- und Pensionskassen**-Zahlungen des ArbGeb sind bis zu 4 vH der BBG der RV steuerfrei (§ 3 Nr 63 EStG). Soweit diese Zuwendungen des ArbGeb an eine Pensionskasse oder einen Pensionsfonds jedoch aus einer Entgeltumwandlung (§ 1 Abs 2 BetrAVG) stammen, besteht nach § 2 Abs 2 Nr 5 ArEV Beitragsfreiheit nur bis zum 31.12.08 (→ *Betriebliche Altersversorgung* Rn 170); dies leuchtet ein, da es sich bei Zahlungen aus einer Entgeltumwandlung im Ergebnis nicht um Einnahmen handelt, die der ArbGeb zusätzlich zu Löhnen und Gehältern gewährt, sondern aus dem Vermögen des ArbN erfolgen.

- **Telefonbenutzung** zu privaten Zwecken (§ 3 Nr 45 EStG, *Internet-/Telefonnutzung*).
- **Trinkgelder,** § 3 Nr 51 EStG.
- **Vermögensbeteiligungen** in Form von Aktien, Wandel- und Gewinnschuldverschreibungen, Genussscheinen, Investmentanteilen, Genossenschaftsanteilen, Stammeinlagen oder Geschäftsanteilen an einer inländischen GmbH, Stille Beteiligung am Unternehmen des ArbGeb und Darlehen nach Maßgabe des § 2 des 5. VermBG, § 19a Abs 1 EStG.
- **Werbungskostenersatz** in den Fällen des § 3 Nr 16 EStG, dh Erstattung von Reisekosten, Umzugskosten oder Mehraufwendungen bei doppelter Haushaltsführung (→ *Werbungskosten* Rn 22 f).
- **Werkzeuggeld,** § 3 Nr 30 EStG.
- **Zukunftssicherungsleistungen** nach Maßgabe des § 3 Nr 62 EStG an von der RVPflicht befreite ArbN.
- **Zuschläge für Sonntags-, Feiertags- oder Nachtarbeit** nach Maßgabe des § 3b EStG und höchstens bis 25 €/Stunde (→ *Sonn- und Feiertagsarbeit* Rn 17 ff), Ausnahme: Nach § 1 Abs 2 SvEV sind diese Zulagen in der UV dem Arbeitsentgelt zuzurechnen.
- **Zusätzliche Arbeitgeberbeiträge zur betrieblichen Altersversorgung von Geringverdienern**, die der der ArbGeb zusätzlich zum ohnehin geschuldeten Arbeitslohn zur betrieblichen Altersversorgung von ArbN mit geringem Einkommen an einen Pensionsfonds, eine Pensionskasse oder für eine Direktversicherung leistet, sind bis zum Betrag von 480 €/Kj steuerfrei und damit insoweit nicht dem Arbeitsentgelt zuzurechnen (§ 2 Abs 1 Satz 1 Nr 9 SvEV iVm § 100 Abs 6 Satz 1 EStG). Nach § 100 Abs 6 EStG ist der ArbGebBeitrag, der die Fördervoraussetzungen erfüllt, steuerfrei, soweit er im Kj 480 € nicht übersteigt. In diesem Umfang liegt nach § 1 Abs 1 Satz 1 Nr 9 SvEV kein Arbeitsentgelt vor, so dass diese Beträge in der SozVers beitragsfrei sind. – Die Steuerfreiheit iS von § 3 Nr 63 EStG und damit die insoweit bestehende Beitragsfreiheit „bleiben unberührt". Dh, dass ein über den förderfähigen Höchstbetrag nach § 100 Abs 6 EStG hinausgehender ArbGebBeitrag ggf nach § 3 Nr 63 EStG und insoweit auch nach § 1 Abs 1 Satz 1 Nr 9 SvEV zusätzlich beitragsfrei ist (BT-Drs 18/11286 S 72 zu § 100 Abs 5 des Entwurfs).

**d) Abfindungen wegen verschlechterter Arbeitsbedingungen.** (§ 1 Abs 1 Satz 1 127
Nr 1 SvEV). ZB Verringerung der Wochenarbeitszeit. Derartige Abfindungen werden bei weiterbestehendem versicherungspflichtigen Beschäftigungsverhältnis gezahlt, ist dies beitragspflichtiges Arbeitsentgelt; sie werden zwar zusätzlich zu Löhnen und Gehältern gezahlt, jedoch ist für sie nach § 3 Nr 9 EStG keine Steuerfreiheit angeordnet (BSG 28.1.99 – B 12 KR 14/98 R, SozR 3–2400 § 14 Nr 17). Steuerfreiheit besteht nur für echte Abfindungen nach §§ 9, 10 KSchG; diese sind aber, ohne dass es auf § 1 Abs 1 Satz 1 Nr 1 SvEV ankäme, schon deshalb kein Arbeitsentgelt, weil sie als Entschädigung für die Zeit nach Beendigung des Beschäftigungsverhältnisses und damit nicht zusätzlich zum Lohn oder Gehalt gewährt werden (BSG 21.2.90 – 12 RK 20/88, SozR 3–2400 § 14 Nr 2; zur Berücksichtigung einer steuerpflichtigen Abfindung zum Gesamteinkommen iSv § 16 SGB IV vgl BSG 25.1.06 – B 12 KR 2/05 R, SozR 4–2500 § 10 Nr 6). Wird dem ArbN eine verdeckte Abfindung gezahlt, mit der ein Anspruch auf rückständiges Arbeitsentgelt erfüllt wird, ist § 1 Abs 1 Satz 1 Nr 1 SvEV ebenfalls nicht erfüllt; zwar mag eine solche Abfindung vom FA als lohnsteuerfrei behandelt werden; für den Tatbestand des § 1 SvEV fehlt es an der Zusätzlichkeit: die Zahlung der „Abfindung" erfolgt nicht zusätzlich zum Lohn oder Gehalt, sondern an dessen Stelle (BSG 21.2.90 – 12 RK 65/87, BB 90, 1704). Zum Ganzen → *Abfindung* Rn 64 ff.

**Versorgungsbezüge/Betriebsrenten,** die dem ArbN von seinem ArbGeb gezahlt werden, sind zwar nach Maßgabe des § 19 Abs 2 EStG steuerfrei. Selbst wenn sie dem ArbN bereits zu einem Zeitpunkt gezahlt werden, zu dem der ArbN noch beschäftigt ist, und sie damit an sich „zusätzlich zu Löhnen und Gehältern" gewährt werden, fehlt es am inneren sachlichen Zusammenhang zwischen dem Grundlohn/Grundgehalt und der Zahlung der Versorgungsbezüge. Die Versorgungsbezüge sind kein Lohnbestandteil. Sie sind zwar teilweise steuerfrei, jedoch nicht iSv § 1 Abs 1 Satz 1 Nr 1 SvEV lohnsteuerfrei. Sie unterliegen daher bei Versicherungspflichtigen bis zur Beitragsbemessungsgrenze in vollem Umfang der Beitragspflicht.

128 **5. Pauschalversteuerte Zuwendungen – § 1 Abs 1 Satz 1 Nr 2–4 SvEV. a) Allgemeines.** Es gibt keine Vorschrift und keinen allg Rechtsgrundsatz des Inhalts, dass sämtliche pauschalversteuerten Zuwendungen des ArbGeb an den ArbN nicht dem Arbeitsentgelt zuzurechnen sind. § 1 Abs 1 Satz 1 Nr 2–4 SvEV ordnet dies nur für einzelne Fälle der Pauschalbesteuerung an: Soweit der ArbGeb für sonstige Bezüge iSv § 40 Abs 1 Satz 1 Nr 1 EStG (→ Rn 129 ff), Einnahmen nach § 40 Abs 2 EStG (→ Rn 131 ff) oder Beiträge und Zuwendungen nach § 40b EStG (→ Rn 134 ff) die LSt mit einem Pauschsteuersatz erheben kann (rechtliches Können) und er die LSt nach den §§ 39b, 39c oder 39d EStG erhebt (tatsächliches Verhalten), sind die dem ArbN dadurch entstehenden geldwerten Vorteile (Ersparnis eigener Steuern) nicht dem Arbeitsentgelt zuzurechnen.

129 **b) Sonstige Bezüge im Sinne von § 40 Abs 1 Satz 1 Nr 1 EStG.** Sonstige Bezüge sind nach § 38a Abs 1 Satz 3 EStG der Arbeitslohn, der nicht als laufender Arbeitslohn gezahlt wird (→ *Sonstige Bezüge* Rn 2 ff). Der **Begriff „sonstige Bezüge"** des StR deckt sich weitgehend, aber nicht vollständig mit dem **Begriff „Einmalig gezahltes Arbeitsentgelt"** iSd SozV. ZB sind nachgezahlte Lohnbestandteile, die einem bestimmten Entgeltabrechnungszeitraum zuzurechnen sind (zB eine Montagebeteiligung) zwar idR sonstige Bezüge iSd StR, jedoch kein „einmalig gezahltes Arbeitsentgelt" (BSG 15.5.84 – 12 RK 28/83, SozR 2200 § 385 Nr 9: nachgezahlte Akkordspitze; 27.10.89 – 12 RK 9/88, SozR 22 § 385 Nr 22: nachgezahlte Montagebeteiligung). Zur strengen steuerrechtlichen Akzessorietät des Begriffs „sonstige Bezüge" bei Provisionen im Elterngeldrecht und dadurch eintretende Ungleichbehandlung vgl BSG 14.12.17 – B 10 EG 7/17 R, kritisch dazu *Schlegel* in Festschrift 100 Jahre Steuerrechtsprechung in Deutschland, 2018, S 625, 655 f.

130 Die **Fiktion des § 1 Abs 1 Satz 1 Nr 2 SvEV,** dass die nach § 40 Abs 1 Satz 1 EStG pauschal versteuerten sonstigen Bezüge nicht dem Arbeitsentgelt zuzurechnen sind, gilt **nur für laufendes Arbeitsentgelt,** nicht für einmalig gezahltes Arbeitsentgelt. Einmalzahlungen bleiben auch bei Pauschalbesteuerung beitragspflichtiges Arbeitsentgelt. (zur Rspr dazu Personalbuch 2015 *Arbeitsentgelt* Rn 130).

131 **c) Einnahmen nach § 40 Abs 2 EStG.** Soweit der ArbGeb für Einnahmen nach § 40 Abs 2 EStG die LSt mit dem Pauschsteuersatz in den Fällen des Satz 1 von 25 vH und der Sätze 2 und 3 von 15 vH erheben kann und er die LSt nach den § 39b, § 39c oder § 39d EStG erhebt, sind die dem ArbN dadurch entstehenden geldwerten Vorteile nicht dem Arbeitsentgelt zuzurechnen. Dies gilt zunächst für die Sach- und Geldzuwendungen selbst.

132 Die **Pauschalierungsmöglichkeit** und damit die negative Fiktion des § 1 Abs 1 Satz 1 Nr 3 SvEV („kein Arbeitsentgelt") gilt für folgende Zuwendungen:

- **Unentgeltliche oder verbilligte Mahlzeiten** im Betrieb, Arbeitslohn aus Anlass von Betriebsveranstaltungen (§ 40 Abs 2 Satz 1 Nr 1 EStG), es sei denn die Mahlzeiten seien iSv Sachbezügen als Entgeltbestandteil vereinbart. Für die Wertermittlung pauschal versteuerter kostenloser oder verbilligter Mahlzeiten gelten gem § 8 Abs 2 EStG die Werte der Sachbezugsverordnung (→ *Sachbezug* Rn 39 ff).
- Arbeitslohn und geldwerte Vorteile aus Anlass von **Betriebsveranstaltungen** (§ 40 Abs 2 Satz 1 Nr 2 EStG).
- **Erholungsbeihilfen** für die ArbN und nahe Angehörige nach Maßgabe des (§ 40 Abs 2 Satz 1 Nr 3 EStG).
- **Vergütungen für Verpflegungsmehraufwendungen** bei Dienstreisen, Einsatzwechseltätigkeit und Fahrtätigkeit (§ 40 Abs 2 Satz 1 Nr 4 EStG; vgl dazu *Einsatzwechseltätigkeit*). Die LSt-Pauschalierung ist zulässig bis zum Doppelten der in § 4 Abs 5 Satz 1, Sätze 2–4 EStG angesetzten Werte (→ *Dienstreise* Rn 49 ff; → *Einsatzwechseltätigkeit* Rn 25 ff; → *Fahrtätigkeit* Rn 14). Insoweit liegt bei durchgeführter Pauschalbesteuerung auch kein Arbeitslohn vor. Zahlt der ArbGeb höhere Beträge, unterliegen diese insoweit den Bestimmungen über das Arbeitsentgelt und damit regelmäßig auch der Beitragspflicht.
- **Kostenlose bzw verbilligte Übereignung von Personalcomputern** oder Zubehör und **Internetnutzung bzw Zuschüsse** des ArbGeb zu entsprechenden Aufwendungen des ArbN für PCs, Zubehör, Internetnutzung des ArbN (§ 40 Abs 2 S 1 Nr 4 EStG, → *Internet-/Telefonnutzung* Rn 30).
- **Fahrten zwischen Wohnung und Arbeitsstätte** (§ 40 Abs 2 Sätze 2 und 3 EStG). Der ArbGeb kann den geldwerten Vorteil des ArbN, der unentgeltlicher oder verbilligter Beförderung von und zur Arbeitsstätte, durch den ArbGeb oder ArbGebZuschüsse zu

den Aufwendungen des ArbN für Fahrten zwischen Wohnung und Arbeitsstätte insoweit pauschal besteuern. Die Pauschalierungsmöglichkeit besteht nur insoweit, als die Beträge nicht höher sind, als diejenigen, die der ArbN als Werbungskosten geltend machen könnte. Bis zu diesem Betrag liegt Pauschalbesteuerung und kein Arbeitsentgelt vor.

Die Fiktion des § 1 Abs 1 Satz 1 Nr 3 SvEV erstreckt sich sinngemäß auch auf die in der **Übernahme der Steuer** liegenden weiteren **geldwerten Vorteil** des ArbN. Insoweit kann für den Steuervorteil des ArbN in den Fällen des § 40 Abs 2 EStG nichts anderes gelten als für denjenigen nach § 40 Abs 1 Satz 1 Nr 2 EStG (vgl zu Letzterem BSG 19.6.01 – B 12 KR 16/00 R, SozR 3–2400 § 14 Nr 20 zur Pauschalversteuerung nach § 40 Abs 1 Satz 1 Nr 2 EStG). Eine Nettolohnvereinbarung kann insoweit nicht angenommen werden. Nach § 1 Abs 1 Nr 7 SvEV wird in den Fällen des § 3 Abs 3 SvEV auch der vom ArbGeb übernommene Anteil am GesamtSozVersBeitrag nicht dem Arbeitsentgelt zugerechnet. 133

**d) Beiträge und Zuwendungen für Zukunftssicherungsleistungen nach § 40b EStG.** Nach § 1 Abs 1 Satz 1 Nr 4 SvEV sind Beiträge und Zuwendungen nach § 40b EStG, die der ArbGeb zusätzlich zu Löhnen und Gehältern zahlt, nicht dem Arbeitsentgelt zuzurechnen, soweit der ArbGeb diese Beiträge und Zuwendungen der LSt hierauf mit einem Pauschalsteuersatz erheben kann und erhebt. Der ArbGeb hat die pauschale LSt zu übernehmen (§ 40b Abs 4 Satz 1 iVm § 40 Abs 3 EStG). § 40b EStG lässt die Pauschalbesteuerung für folgende Zukunftssicherungsleistungen zu: 134

- **Beiträge für eine Direktversicherung** des ArbN und **Zuwendungen an eine Pensionskasse** können mit einem Pauschsteuersatz von 20 vH versteuert werden, soweit es sich um das erste Dienstverhältnis des ArbN handelt und die Höchstgrenzen des § 40b Abs 2 Satz 1 EStG nicht überschritten werden (zu den Begriffen Direktversicherung und Pensionskasse vgl *Betriebliche Altersversorgung*). Für Beiträge und Zuwendungen, die der ArbGeb dem ArbN aus Anlass der Beendigung des Dienstverhältnisses gewährt, vervielfältigt sich der Betrag gem § 40b Abs 2 Satz 3 EStG. Dadurch soll die Möglichkeit einer angemessenen Altersversorgung bei Beendigung des Dienstverhältnisses ermöglicht werden. Liegt eine „Nachversicherung" in diesem Sinne vor, sind entsprechende Beiträge des ArbGeb nicht dem Arbeitsentgelt zuzurechnen. Handelt es sich dabei jedoch um eine versteckte Abfindung wegen Verlustes des Arbeitsplatzes, dürfte es schon dem Grund nach am Vorliegen von Arbeitsentgelt fehlen.
- **Beiträge für eine Gruppenunfallversicherung** sind bis zu einem bestimmten Betrag je ArbN pauschalierungsfähig und insoweit nicht dem Arbeitsentgelt zuzurechnen (BSG 30.3.2000 – 12 RK 14/99 R, SozR 3–2400 § 25 Nr 7).

Soweit pauschal besteuerte Direktversicherungsbeiträge etc nicht dem Arbeitsentgelt zuzurechnen sind, ist auch die vom ArbN **durch Gehaltsüberwälzung getragene Pauschalsteuer** nicht dem Arbeitsentgelt zuzurechnen (BSG 21.8.97 – 12 RK 44/96, SozR 3–5375 § 2 Nr 1). 135

Zu Einschränkungen der Fiktion durch **§ 1 Abs 1 Satz 2 SvEV** bei **Gesamtversorgungsregelungen** insbes der Versorgungsanstalt des Bundes und der Länder → *Betriebliche Altersversorgung* Rn 179 ff). 136

**6. Sonstige sozialmotivierte Arbeitgeberzuschüsse. a) Zuschüsse an Heimarbeiter und Hausgewerbetreibende** nach **§ 10 EFZG** sind nach § 1 Abs 1 Satz 1 Nr 5 SvEV nicht dem Arbeitsentgelt zuzurechnen. Nach § 10 EFZG haben in Heimarbeit Beschäftigte und Hausgewerbetreibende zur wirtschaftlichen Sicherung für den Krankheitsfall gegen ihren Auftraggeber Anspruch auf Zahlung eines Zuschlags zum Arbeitsentgelt. Der Zuschlag dient zugleich zur Sicherung der Ansprüche der von Heimarbeitern und Hausgewerbetreibenden Beschäftigten (§ 10 Abs 1 Satz 3 EFZG). Angesichts ihrer Zweckbestimmung sind diese Beiträge der Auftraggeber, die gem § 12 Abs 3 SGB IV als ArbGeb der Heimarbeiter und Hausgewerbetreibenden gelten, nicht dem Arbeitsentgelt zuzurechnen. 137

**b) Zuschüsse zum Mutterschaftsgeld** des ArbGeb nach § 14 MuSchG sind nach § 1 Abs 1 Satz 1 Nr 6 SvEV ebenfalls nicht dem Arbeitsentgelt zuzurechnen (zum Zuschuss BSG 7.11.2000 – B 1 SF 1/99 R, SozR 3–7830 § 14 Nr 1). 138

**c) Zuschüsse zum Kurzarbeitergeld** sind nach § 1 Abs 1 Satz 1 Nr 8 SvEV nicht dem Arbeitsentgelt zuzurechnen, soweit sie zusammen mit dem Kurzarbeitergeld 80 vH des 139

Unterschiedsbetrages zwischen dem Sollentgelt und dem Istentgelt nach § 106 SGB III nicht übersteigen (→ *Kurzarbeit* Rn 47 ff).

140 **d) Zuwendungen anlässlich Naturkatastrophen.** Nach § 1 Abs 1 Satz 1 Nr 11 SvEV sind „steuerlich nicht belastete Zuwendungen des Beschäftigten zugunsten durch Naturkatastrophen im Inland Geschädigte aus Arbeitsentgelt einschließlich Wertguthaben" nicht dem Arbeitsentgelt zuzurechnen. Diese sprachlich missglückte Vorschrift möchte Zuwendungen des ArbGeb an den ArbN aus dem Anwendungsbereich der für Arbeitsentgelt geltenden Vorschriften ausnehmen. Voraussetzung hierfür ist, dass es sich um Zuwendungen zugunsten eines durch Naturkatastrophen im Inland Geschädigten handelt und diese Zuwendungen auch steuerlich nicht belastet werden.

141 **7. Übernommene Pauschalsteuer.** Ist die Pauschalsteuer nach **§ 3 Abs 3 SvEV** vom ArbGeb zu übernehmen, ist der darin liegende geldwerte Vorteil gem § 1 Abs 1 Satz 1 Nr 7 SvEV nicht dem Arbeitsentgelt zuzurechnen. ME ist zu erwägen, hierin einen der Verallgemeinerung zugänglichen Rechtsgrundsatz auch in anderen Fällen zu sehen, in denen die Pauschalsteuer endgültig vom ArbGeb übernommen werden muss (§ 40 Abs 3, § 30b Abs 4 Satz 1 EStG). Andernfalls liefen die Vorteile der Pauschalversteuerung (einfaches und praktikables Besteuerungsverfahren) durch komplizierte Berechnungsvorgänge allein zu Zwecken des Beitragseinzugs weitgehend leer (so für die Pauschalversteuerung nach § 40 Abs 1 Satz 1 Nr 2 EStG BSG 19.6.01 – B 12 KR 16/00 R, SozR 3–2400 § 14 Nr 20).

142 **IV. Entgeltumwandlung. 1. Begriff.** Der Begriff der Entgeltumwandlung steht seit jeher in sachlichem Zusammenhang mit den Aufwendungen für eine betriebliche Altersversorgung. Für diese Aufwendungen stellt sich die Frage, wie sie beitragsrechtlich zu behandeln sind, wenn ArbGeb und ArbN vereinbaren, dass Teile des Arbeitsentgelt nicht ausgezahlt, sondern für Zukunftssicherungsleistungen verwendet werden sollen. § 1 Abs 2 Nr 3 BetrAVG enthält eine **Legaldefinition** der Entgeltumwandlung. Danach liegt eine betriebliche Altersversorgung auch dann vor, wenn „künftige Entgeltansprüche in eine wertgleiche Anwartschaft auf Versorgungsleistungen umgewandelt werden (Entgeltumwandlung)". Daher verliert zB eine Direktversicherung ihren Charakter als betriebliche Altersversorgung nicht dadurch, dass die Prämien von der Lebensversicherung wirtschaftlich vom ArbN getragen werden. Voraussetzung hierfür ist lediglich, dass die Versicherungsprämien aus einer Entgeltumwandlung stammen.

143 **2. Zurechnung zum Arbeitsentgelt.** Nach § 14 Abs 1 Satz 2 SGB IV sind Arbeitsentgelt auch diejenigen Entgeltbestandteile, die durch Entgeltumwandlung nach § 1 Abs 2 Nr 3 BetriebsrentenG für betriebliche Altersversorgung in den Durchführungswegen **Direktzusage oder Unterstützungskassen** verwendet werden und soweit die Entgeltbestandteile 4 vH der jährlichen Beitragsbemessungsgrenze (BBG) in der RV nicht übersteigen.

144 **V. Sonderregelungen für hauswirtschaftlich Beschäftigte.** Bei Verwendung eines Haushaltsschecks für im Haushalt Beschäftigte nach § 28a Abs 7 SGB IV (→ *Hauswirtschaftliches Beschäftigungsverhältnis* Rn 9 ff) gilt der gezahlte Betrag zuzüglich der durch Abzug vom Arbeitslohn einbehaltenen Steuern als Arbeitsentgelt (§ 14 Abs 3 SGB IV, BR-Drs 13/6151 S 23).

**Einnahmen aus Tätigkeiten als Notarzt im Rettungsdienst,** die ab dem 11.4.17 erzielt wurden (§ 118 SGB IV), sind nicht beitragspflichtig, wenn diese Tätigkeiten neben 1. einer Beschäftigung mit einem Umfang von regelmäßig mindestens 15 Stunden wöchentlich außerhalb des Rettungsdienstes oder 2. einer Tätigkeit als zugelassener Vertragsarzt oder als Arzt in privater Niederlassung ausgeübt werden. Für diese Tätigkeiten bestehen auch keine Meldepflichten (§ 23c Abs 2 SGB IV). Die Vorschrift möchte letztlich die Klärung vermeiden, ob es sich bei den genannten Notärzten um abhängig Beschäftigte oder selbstständig Tätige handelt (BT-Drs 18/11022). Sie ist problematisch, weil sie je nach den tatsächlichen Verhältnissen zu einer sachlich kaum zu begründenden Sonderbehandlung der genannten Personengruppe führen kann.

# Arbeitsförderung

## A. Arbeitsrecht

*Griese*

**1. Grundsätze der Arbeitsförderung.** In § 1 SGB III sind die Grundsätze der Arbeitsförderung beschrieben. Dazu gehört gem § 1 Abs 2 Nr 3 SGB III, **unterwertiger Beschäftigung entgegenzuwirken.** Nach § 36 Abs 1 SGB III darf eine **Vermittlung nicht erfolgen,** wenn ein Ausbildungs- oder Arbeitsverhältnis begründet werden soll, das **gegen ein Gesetz oder die guten Sitten verstößt.** Eine Vermittlung in Arbeitsverhältnisse, die gegen das MiLoG (gesetzlicher *Mindestlohn,* s dort) verstoßen, ist daher unzulässig. Damit sind ferner gegen das AGG verstoßende, **diskriminierende Arbeitsplatzangebote** und Auswahlkriterien und -verfahren (§ 36 Abs 2 S 2 SGB III) wie auch die **tarifwidrige Beschäftigung** trotz Tarifbindung (Verstoß gegen TVG) **nicht zulässig** (s bereits BSG 4.12.97 – 7 RAr 24/96, ArbuR 98, 260). Die Auffassung, es sei nicht Aufgabe des ArbGeb, die **Diskriminierungsfreiheit** einer von ihm veranlassten Stellenausschreibung durch die Arbeitsverwaltung in der elektronischen Stellenbörse zu überwachen, ist mit Art 3 II GG unvereinbar (BVerfG 21.9.06 – 1 BvR 308/03, NZA 07, 195; ebenso BAG 5.2.04 – 8 AZR 112/03, NZA 04, 540). Eine tarifwidrige Beschäftigung liegt allerdings nicht vor, soweit auf das Arbeitsverhältnis mangels Tarifbindung oder Allgemeinverbindlichkeitserklärung (s *Tarifvertrag*) kein Tarifvertrag Anwendung findet. Die Auswahlkriterien begrenzt § 36 Abs 2 S 3 SGB III und lässt nur für Tendenzbetriebe die Berücksichtigung von Tendenzkriterien zu, wenn dies durch die Art der auszuübenden Tätigkeit gerechtfertigt ist. Erhält ein **ArbN eine sittenwidrig niedrige Vergütung** (s *Mindestlohn*) und ergänzende Leistungen zur Sicherung des Lebensunterhalts nach SGB II, kann die ARGE bzw die Agentur für Arbeit **aus übergegangenem Recht gem § 115 Abs I SGB X die Vergütungsdifferenz zur üblichen Vergütung arbeitsgerichtlich gegen den ArbGeb einklagen** (LAG Berlin-BBg 20.4.16 – 15 Sa 2258/15, BeckRS 2016, 68134; ArbG Stralsund 10.2.09 – 1 Ca 313/08, ArbuR 09, 182). Soweit ein gesetzliches Mindestentgelt nicht gezahlt und dadurch SozialVersBeiträge für den ArbN der SozV vorenthalten werden, greift zudem die Strafbarkeit nach § 266a StGB ein (BGH 12.9.12 – 5 StR 363/12, NJW 12, 3385). 1

Auch für Beschäftigungsverhältnisse, die aufgrund verschiedener Arbeitsförderungsinstrumente gefördert werden (→ *Lohnkostenzuschuss* Rn 2, 11), gelten die arbeitsrechtlichen Vorschriften, weil es sich um **normale Arbeitsverhältnisse** handelt. 2

## B. Lohnsteuerrecht

*Weil*

**1. Leistungen betreffend Arbeitnehmer.** Leistungen der Arbeitsförderung nach dem SGB III (→ Rn 25 ff) sind **steuerfrei** (§ 3 Nr 2 EStG). Hierzu gehören auch Leistungen aufgrund von Programmen des Bundes und der Länder, die dazu bestimmt sind, die Leistungen nach dem SGB III zu ergänzen. Soweit diese Leistungen solchen des SGB III entsprechen, sind sie ebenfalls steuerfrei. Dies gilt auch für vergleichbare Leistungen ausländischer Rechtsträger, die ihren Sitz in einem EU-/EWR-Mitgliedstaat oder in der Schweiz haben (§ 3 Nr 2 Buchst e EStG). Auch Zuschüsse und zweckgebundene Bezüge, die der unmittelbaren Förderung der Ausbildung oder Weiterbildung des Stpfl dienen (§ 3 Nr. 11 EStG), sind steuerfrei. Erhält der ArbN zweckgebundene steuerfreie Leistungen zur Förderung seiner Ausbildung im Rahmen eines Dienstverhältnisses oder seiner Weiterbildung, so kann der Abzug seiner entsprechenden Aufwendungen eingeschränkt sein. (iE → *Ausbildungskosten* Rn 17; → *Fortbildung* Rn 20 ff). Zum Abzugsverbot von Aufwendungen, die im Zusammenhang mit steuerfreien Einnahmen stehen (§ 3c EStG) → *Steuerfreie Einnahmen* Rn 7. Wenn Stpfl die steuerfreien Leistungen zur Förderung ihrer (Erst-)Ausbildung erhalten, die nicht im Rahmen eines Dienstverhältnisses erfolgt, ist auch der Abzug der damit zusammenhängenden Kosten beschränkt (iE → *Ausbildungskosten* Rn 17). 6

Die meisten Leistungen nach dem SGB III unterliegen dem **Progressionsvorbehalt** (§ 32b EStG; → *Lohnersatzleistungen* Rn 5 ff). Einige dieser Leistungen hat der ArbGeb auf dem *Lohnkonto* (§ 41 Abs 1 Satz 4 EStG; → *Lohnkonto* Rn 5) und im Rahmen der LStBe- 7 scheinigung (§ 41b Abs 1 Nr 5 EStG) einzutragen, um sicherzustellen, dass diese Leistungen vom FA erkannt werden. Soweit die Leistungen nicht auf der LStBescheinigung auszuweisen sind, erfolgt eine Datenübermittlung durch die Träger der Sozialleistungen (§ 32b Abs 3 EStG, BMF 22.2.11, BStBl I 11, 214). Hat der ArbN bestimmte Leistungen nach dem SGB III bezogen, darf der ArbGeb für den ArbN keinen LStJahresausgleich durchführen (§ 42b Abs 1 Satz 3 Nr 4 EStG). Vielmehr ist in solchen Fällen vom FA grds eine Jahresveranlagung vAw vorzunehmen (§ 46 Abs 2 Nr 1 EStG). Bei welchen Leistungen nach dem SGB III dies im Einzelnen der Fall ist, s hierzu die einzelnen Stichworte (zB → *Ältere Arbeitnehmer (50 +)* Rn 7, → *Kurzarbeit* Rn 27, → *Lohnersatzleistungen* Rn 6, → *Mutterschaftsgeld* Rn 5).

8 **2. Leistungen betreffend Arbeitgeber.** Der dem ArbGeb nach dem SGB III gewährte *Lohnkostenzuschuss* (→ Rn 29) stellt bei diesem Betriebseinnahmen und bei Weiterleitung an den ArbN Betriebsausgaben dar (BFH 25.9.02 – IV B 139/00, BFH/NV 03, 158). Leistungen aus dem Europäischen Sozialfonds (→ Rn 31) sind nicht steuerfrei (Schmidt/*Levedag* § 3 Rz 17).

## C. Sozialversicherungsrecht

*Voelzke*

### Übersicht



10 **I. Rechtsentwicklung.** Das Arbeitsförderungsrecht ist als Teil der beitragsfinanzierten SozV im SGB III geregelt (zu Aufbau und Struktur des Gesetzes *Schlegel/Voelzke/Schubert* SGB III, Einleitung Rz 33 ff). Das SGB III wurde zuletzt durch das Qualifizierungschancengesetz vom 18.12.18 (BGBl I 18, 2651) geändert.

11 **II. Allgemeine Grundsätze.** Die Zielsetzungen des Arbeitsförderungsrechts sind vom Gesetzgeber mehrfach neu formuliert worden. Nach § 1 Abs 1 Satz 1 SGB III soll die Arbeitsförderung dem Entstehen von Arbeitslosigkeit entgegenwirken, die Dauer der Arbeitslosigkeit verkürzen und den Ausgleich von Angebot und Nachfrage auf dem Ausbildungs- und Arbeitsmarkt unterstützen. Die Aufzählung soll die Kernaufgaben der Arbeitsförderung Prävention, Aktivierung und Marktausgleich darstellen (BT-Drs 16/10810 zu Art 1 § 1). Einen Schwerpunkt bildet die Verwirklichung der Chancengleichheit von Frauen und Männern auf dem Arbeitsmarkt, die als Querschnittaufgabe ebenfalls in § 1 Abs 2 Nr 4 SGB III verankert worden ist.

12 § 2 Abs 1 Satz 2 Nr 2 SGB III trifft die Regelung, dass ArbGeb vorrangig durch **betriebliche Maßnahmen** die Inanspruchnahme von Leistungen der Arbeitsförderung sowie Entlassungen von ArbN vermeiden sollen. In der Gesetzesbegründung wurde hierzu ausgeführt, dass zB durch eine entsprechende Arbeitsorganisation und flexible Arbeitszeiten die Inanspruchnahme von Kurzarbeitergeld vermieden werden soll, wenn ein betrieblicher Ausgleich zwischen Kurzarbeit und Überstunden möglich ist. Sofern ein derartiger Ausgleich nicht möglich ist, sollen wiederum Entlassungen durch die Inanspruchnahme von Kurzarbeitergeld vermieden werden (BT-Drs 13/4941 S 152). In der Rspr der Arbeitsgerichte hat diese Regelung bisher kaum praktische Auswirkungen gehabt (*Hauck/Noftz/Timme* SGB III § 2 Rz 45).

13 Darüber hinaus enthält das Gesetz eine sich an den ArbGeb richtende Verpflichtung, ArbN vor der Beendigung des Arbeitsverhältnisses frühzeitig über die Notwendigkeit eigener Aktivitäten bei der Suche nach einer anderen Beschäftigung sowie über die Verpflichtung **unverzüglicher Meldung** bei der Agentur für Arbeit zu informieren. Ferner sollen die ArbGeb die ArbN hierzu freistellen und die Teilnahme an erforderlichen Qualifizierungsmaßnahmen ermöglichen (§ 2 Abs 2 Satz 2 Nr 3 SGB III). Diese „Verpflichtung" der ArbGeb steht im Zusammenhang mit der Obliegenheit der ArbN zur frühzeitigen

Meldung bei der Agentur für Arbeit (→ *Arbeitslosengeld* Rn 64). Hiermit korrespondiert, dass die ArbN nach § 2 Abs 5 Nr 2 SGB III eigenverantwortlich nach Beschäftigung suchen sollen. Die Beschäftigungssuche soll bei bestehendem Beschäftigungsverhältnis frühzeitig vor dessen Beendigung einsetzen. Aus der den ArbGeb treffenden „Verpflichtung", den ArbN auf die Obliegenheit zur frühzeitigen Meldung hinzuweisen, erwächst jedoch kein Schadensersatzanspruch des ArbN gegen den ArbGeb bei einer Verletzung der Hinweispflicht (BAG 29.9.05 – 8 AZR 571/04, NZA 05, 1406). Der Anwendungsbereich für einen Schadensersatzanspruch wäre ohnehin gering, da nur die verschuldete Unkenntnis des ArbN von seiner Meldepflicht zum Eintritt einer Sperrzeit führt (BSG 25.5.05 – B 11a/11 AL 81/04 R, NJW 05, 3803; vgl zu diesen Entscheidungen etwa *Kühl/Vogelsang* RdA 06, 224; *Seel* NZS 06, 525).

Das SGB III enthält den sich auf das gesamte Leistungsrecht beziehenden Grundsatz, dass Maßnahmen zur Verhütung von Arbeitslosigkeit gegenüber den Kompensationsleistungen bei bereits eingetretener Arbeitslosigkeit vorrangig sind. Diese Priorität wird durch den **Vorrang der Vermittlung** (§ 4 SGB III) und durch den Vorrang der aktiven vor den passiven Leistungen (§ 5 SGB III) hervorgehoben. Ferner findet dieses Prinzip in § 7 SGB III seinen Ausdruck, wonach das Auswahlermessen der BA bei der Bewilligung von Leistungen in der Weise ausgeübt werden soll, dass vorrangig auf die Fähigkeiten der zu fördernden Personen, die Aufnahmefähigkeit des Arbeitsmarktes und den anhand der Ergebnisse der Beratungs- und Vermittlungsgespräche ermittelten arbeitsmarktpolitischen Handlungsbedarf abzustellen ist. 14

Einen Schwerpunkt setzt der Gesetzgeber bei der Vereinbarkeit der Leistungen der aktiven Arbeitsförderung mit den Lebensverhältnissen von **Frauen und Männern,** die aufsichtsbedürftige Kinder betreuen und erziehen oder pflegebedürftige Angehörige betreuen oder nach diesen Zeiten wieder in die Erwerbstätigkeit zurückkehren wollen (§ 8 Abs 1 SGB III). Insoweit wird für Berufsrückkehrer in § 8 Abs 2 SGB III eine eigenständige Regelung getroffen, die vorsieht, dass der begünstigte Personenkreis die zur Rückkehr in die Erwerbstätigkeit notwendigen Leistungen der aktiven Arbeitsförderung erhält. 15

Das SGB III beschreibt die Zugehörigkeit zur Versichertengemeinschaft entsprechend der Handhabung in den übrigen Zweigen der SozV als **Versicherungspflichtverhältnis** (§ 24 Abs 1 SGB III) Versicherungspflichtig sind Personen, die als Beschäftigte oder aus sonstigen Gründen kraft Gesetzes in der Versicherung einbezogen sind (→ *Arbeitslosenversicherungspflicht* Rn 4 ff). Hierdurch wird eine konsequente Ausrichtung am Versicherungsprinzip zum Ausdruck gebracht, die ihren Niederschlag darin findet, dass grds nur Zeiten, für die Beiträge zur ArblV entrichtet werden, zur Begründung eines Anspruchs auf beitragsabhängige Leistungen dienen. 16

**III. Beratung und Vermittlung.** Die Vorschriften über die Beratung und Vermittlung werden im Dritten Kapitel des SGB III den leistungsrechtlichen Regelungen vorangestellt. Zur Unterstützung ihrer Beratungs- und Vermittlungstätigkeit kann die BA nach den §§ 44, 45 SGB III Ausbildungsuchenden, von Arbeitslosigkeit bedrohten Arbeitsuchenden und Arbeitslosen Leistungen gewähren, die die Vermittlungstätigkeit der BA unterstützen sollen. Es handelt sich um eine Förderung aus dem **Vermittlungsbudget,** die ohne eine inhaltliche Konkretisierung alle Hemmnisse beseitigen soll, die eine Arbeits- bzw Ausbildungsmaßnahme aus finanziellen Gründen erschwert (§ 44 SGB III; Näheres: *Vermittlungsbudget*). Außerdem eröffnet § 45 SGB III eine Trägerförderung, die auf **Maßnahmen zur Aktivierung und beruflichen Eingliederung** gerichtet ist. 17

**1. Beratung.** Die Agentur für Arbeit bietet für Jugendliche und Erwachsene, die am Arbeitsleben teilnehmen wollen, Berufsberatung und ArbGeb Arbeitsmarktberatung an (§ 29 Abs 1 SGB III). Hierbei umfasst die **Berufsberatung** in erster Linie die Erteilung von Auskunft und Rat zur Berufswahl, beruflichen Entwicklung und zum Berufswechsel, zur Lage und Entwicklung des Arbeitsmarktes und der Berufe, zu den Möglichkeiten der beruflichen Bildung, zur Ausbildungs- und Arbeitsplatzsuche und zu Leistungen der Arbeitsförderung. Die Berufsberatung umfasst auch die Weiterbildungsberatung. Eine Falschberatung im Zusammenhang mit einem Leistungsbegehren kann die Voraussetzungen des sozialrechtlichen Herstellungsanspruchs begründen (*Hauck/Noftz/Rademacker* SGB III, § 29 Rz 6). 18

19 Das Förderungsrecht umfasst eine **Arbeitsmarktberatung** als Pflichtleistung für ArbGeb (§ 34 SGB III). Die Arbeitsmarktberatung umfasst nach § 34 Abs 1 Satz 2 SGB III die Erteilung von Auskunft und Rat zur Lage und Entwicklung des Arbeitsmarktes und der Berufe (Nr 1), zur Besetzung von Ausbildungs- und Arbeitsstellen (Nr 2), zur Gestaltung von Arbeitsplätzen, Arbeitsbedingungen und der Arbeitszeit von Auszubildenden sowie ArbN (Nr 3), zur betrieblichen Aus- und Weiterbildung (Nr 4), zur Eingliederung von förderungsbedürftigen Auszubildenden und von förderungsbedürftigen ArbN (Nr 5) und zu Leistungen der Arbeitsförderung (Nr 6). Die Arbeitsmarktberatung soll dazu beitragen, den ArbGeb bei der Besetzung von Ausbildungs- und Arbeitsstellen zu unterstützen. Die Arbeitsmarktberatung erfolgt nicht nur auf besondere Anfrage, sondern § 34 Abs 2 SGB III sieht vor, dass die Agenturen für Arbeit von sich aus die Verbindung zu den ArbGeb aufnehmen und unterhalten. Durch die aktive Arbeitsmarktberatung wird auch der Zweck verfolgt, den Agenturen für Arbeit eine zusätzliche Gelegenheit zur Akquise von Ausbildungs- und Arbeitsstellen für ihre Vermittlungstätigkeit zu eröffnen (*Gagel/Wendtland,* § 34 SGB III Rz 13).

20 **2. Arbeitsvermittlung.** Die durch § 35 Abs 1 SGB III begründete Verpflichtung der BA, Ausbildungssuchenden, Arbeitssuchenden und ArbGeb Vermittlung anzubieten, ist durch die Aufhebung des Vermittlungsmonopols unberührt geblieben (→ *Stellensuche* Rn 10 ff). Einer Zulassung nach Maßgabe der §§ 176 ff SGB III bedarf ein privater Arbeitsvermittler, wenn er Leistungen aus einem Aktivierungs- und Vermittlungsgutschein beanspruchen will (Näheres: *Arbeitsvermittlung (private)*).

21 Das Gesetz spricht in § 35 Abs 3 SGB III die Verpflichtung der Agenturen für Arbeit aus, die Internet-Jobbörse des Virtuellen Arbeitsmarkts im Sinne von Selbstinformationseinrichtungen zu einem vollwertigen Vermittlungsweg weiterzuentwickeln, bei dem die Dienstleistung über die bloße Unterstützung der Selbstsuche hinausgeht (BT-Drs 16/10810 zur Art 1 § 35).

22 Ferner sollen nach § 37 Abs 2 SGB III in einer von der Agentur für Arbeit mit dem Arbeitslosen oder Ausbildungssuchenden zu treffenden **Eingliederungsvereinbarung** das Eingliederungsziel, die Vermittlungsbemühungen der Agentur für Arbeit, die Eigenbemühungen des Arbeitslosen oder Ausbildungsuchenden sowie künftige Leistungen der aktiven Arbeitsförderung festgelegt werden. Die Eingliederungsvereinbarung soll auf der Potenzialanalyse des Arbeitslosen und seinen Vorstellungen über seine zukünftige berufliche Tätigkeit in Verbindung mit den Möglichkeiten des für ihn in Betracht kommenden Arbeitsmarktes beruhen (BT-Drs 14/6944 S 31). Die Verletzung von Pflichten aus einer Eingliederungsvereinbarung bildet keine Grundlage für den Eintritt einer *Sperrzeit*, wenn in der Vereinbarung keine Zusage einer angemessenen Gegenleistung durch die Agentur für Arbeit enthalten ist (BSG 4.4.17 – B 11 AL 5/16 R, NZS 17, 707). Dem Arbeitslosen oder Ausbildungsuchenden ist eine Ausfertigung der Eingliederungsvereinbarung auszuhändigen. Eine durch Eingliederungsvereinbarung zuerkannte Leistung kann nur durch Kündigung wegen Wegfalls der Geschäftsgrundlage wieder entzogen werden (BSG 6.12.12 – B 11 AL 15/11 R, NZA-RR 13, 434).

23 Die Rechte und Pflichten der Ausbildung- und Arbeitsuchenden sowie der ArbGeb bei der Arbeitsvermittlung werden in den §§ 38, 39 SGB III konkretisiert. Zu beachten ist, dass nach § 38 Abs 3 SGB III Arbeitsuchende ohne Leistungsanspruch für die Dauer von zwölf Wochen **von der Arbeitsvermittlung ausgeschlossen** werden können, wenn sie den ihnen nach Gesetz, Eingliederungsvereinbarung oder Verwaltungsakt obliegenden Pflichten nicht nachkommen.

24 **IV. Leistungen.** Zu den aktivierenden Leistungen an ArbN gehören die Förderung aus dem Vermittlungsbudget (§ 44), die Maßnahmen zur Aktivierung und beruflichen Eingliederung (§ 45), die Berufsausbildungsbeihilfe während einer beruflichen Ausbildung oder einer berufsvorbereitenden Bildungsmaßnahme (§§ 56 ff SGB III; *Berufsausbildungsförderung*), die Übernahme von Weiterbildungskosten (§§ 81 ff SGB III; *Weiterbildung*) sowie die Leistungen zur Förderung der beruflichen Eingliederung Behinderter (§§ 112 ff SGB III; *Teilhabe und Inklusion*).

25 Durch den Verweis in § 16 Abs 1 Satz 2 SGB II auf die Eingliederungsleistungen des SGB III werden die Empfänger von *Arbeitslosengeld II* den nach dem SGB III Versicherten

weitgehend gleichgestellt (s den Überblick über den Leistungskatalog bei *Hauck/Noftz/Voelzke* SGB II, § 16 Rz 67 ff). Eine Abweichung gegenüber der Rechtslage nach dem SGB III ergibt sich allerdings dadurch, dass die Entscheidung über die Leistungsgewährung grundsätzlich im **Ermessen** des Trägers steht.

Die **Entgeltersatzleistungen** *Arbeitslosengeld* (§§ 136 ff SGB III), *Übergangsgeld/Überbrückungsgeld* für Behinderte bei Teilnahme an Maßnahmen zur beruflichen Eingliederung Behinderter (§§ 119 ff SGB III, §§ 46 ff SGB IX), Kurzarbeitergeld für ArbN, die infolge Arbeitsausfalls einen Entgeltausfall haben (§§ 95 ff SGB III; → *Kurzarbeit* Rn 28 ff), und Insolvenzgeld für ArbN, die wegen Zahlungsunfähigkeit des ArbGeb kein Arbeitsentgelt erhalten (§§ 165 ff SGB III, *Insolvenz des Arbeitgebers*), dienen dem Entgeltersatz für ArbN. Abfindungen führen zum Ruhen des Anspruchs auf AlGeld, wenn das Arbeitsverhältnis ohne Einhaltung einer der ordentlichen Kündigungsfrist des ArbGeb entsprechenden Frist beendet worden ist (§ 158 SGB III; *Abfindung*). Die Regelung über den Eintritt einer *Sperrzeit* soll versicherungswidriges Verhalten der Leistungsberechtigten verhindern (§ 159 SGB III). **26**

Die **Förderung der ganzjährigen Beschäftigung** erfolgt durch das Saison-Kurzarbeitergeld (Näheres: *Kurzarbeit*). Als ergänzende Leistungen kommen das Zuschuss-Wintergeld und das Mehraufwand-Wintergeld in Betracht (Näheres: *Wintergeld*). **27**

Die früheren Förderungsinstrumente zur Flankierung betrieblicher Restrukturierungsprozesse wurden inhaltlich fortentwickelt und sind als **Transferleistungen** geregelt. Aus den bisherigen Zuschüssen zu Sozialplanmaßnahmen ist das Instrument der Förderung der Teilnahme an Transfermaßnahmen (§ 110 SGB III) hervorgegangen (*Sozialplan*). Das strukturelle Kurzarbeitergeld ist zum Transferkurzarbeitergeld (§ 111 SGB III) fortentwickelt worden (*Beschäftigungsgesellschaft*). **28**

**V. Eingliederungszuschuss.** Für ArbGeb sieht das SGB III den Eingliederungszuschuss (§§ 88 ff SGB III) als **Lohnkostenzuschuss** vor. Der Eingliederungszuschuss wird zur Eingliederung von ArbN gewährt, deren Vermittlung wegen in ihrer Person liegenden Gründen erschwert ist (Näheres: *Lohnkostenzuschuss*). **29**

**VI. Arbeitsmarktprogramme.** Die Bundesregierung kann nach § 368 Abs 2 Satz 2 SGB III der BA befristete Arbeitsmarktprogramme übertragen. Soweit die für ein Arbeitsmarktprogramm zur Verfügung gestellten Mittel auf der Grundlage von Richtlinien (Verwaltungsvorschriften) vergeben werden, hat die BA beim Vollzug der Richtlinien deren unmittelbare Außenwirkung zu beachten (BSG 1.7.2010 – B 11 AL 1/09 R, BeckRS 2010, 74581). **30**

**VII. Europäischer Sozialfonds.** Die BA führt Maßnahmen der **beruflichen Qualifizierung** und der **Beschäftigungsaufnahme** durch, die durch Fördermittel aus dem Europäischen Sozialfonds finanziert werden. Mit der Durchführung der Förderung ist die KfW Bankengruppe in Zusammenarbeit mit regionalen Partnern betraut. Begünstigt werden Existenzgründer im Bereich der gewerblichen Wirtschaft und der freien Berufe. Förderfähig sind Coachingmaßnahmen zu wirtschaftlichen, finanziellen und organisatorischen Fragen. Ein Rechtsanspruch auf die Förderleistungen wird durch die Richtlinien ausgeschlossen. **31**

## Arbeitsgemeinschaft (ARGE)

### A. Arbeitsrecht

*Röller*

**1. Allgemeines.** Eine ARGE ist ein vorübergehender Zusammenschluss rechtlich selbstständiger Unternehmen zur Durchführung eines einzelnen oder einer festgelegten Anzahl von Werk-, Werklieferungs- oder Dienstleistungsverträgen. Sie ist in erster Linie in der Bauwirtschaft verbreitet, kann aber auch in anderen Wirtschaftszweigen gebildet werden. Die beteiligten Unternehmen bilden regelmäßig eine Gesellschaft bürgerlichen Rechts (§§ 705 ff BGB). Andere mögliche Rechtsformen sind die OHG, KG oder stille Gesellschaft. Eine Sonderform der ARGE, nämlich die der **nicht nur vorübergehenden Arbeitsgemeinschaft,** ist in § 12a Abs 2 TVG geregelt. Durch sie soll vor allem die Arbeits- **1**

gemeinschaft der Rundfunkanstalten Deutschlands (ARD) erfasst werden (ErfK/*Franzen* § 12a TVG Rn 9).

2 Die **gegenseitigen Rechte und Pflichten** der beteiligten Unternehmen werden im Bereich der Bauwirtschaft in aller Regel aufgrund sog Musterverträge vereinbart, die die Verbände der Deutschen Bauindustrie und des Deutschen Baugewerbes ausarbeiten (s hierzu *Schwab* NZA-RR 08, 169). Die beteiligten Unternehmen verpflichten sich ua, entsprechend ihrem Beteiligungsverhältnis Personal an die ARGE abzustellen. Dies kann durch Abordnung und Freistellung von ArbN zur ARGE geschehen.

Für das Recht der ARGE ist neben den Bestimmungen des BGB (§§ 705 ff BGB; §§ 631 ff BGB und § 651 BGB) – zum Zwecke der Abgrenzung zulässiger Erscheinungsformen – das Recht der ArbNÜberlassung und der Arbeitsvermittlung, insbes § 1 Abs 1a AÜG, von Bedeutung.

3 **2. Gestellung von Arbeitnehmern an die ARGE und Arbeitnehmerüberlassung.** Nach § 1 Abs 1a AÜG stellt die Abordnung zu einer ARGE, die zur Herstellung eines Werks gebildet wurde, keine ArbNÜberlassung dar. Es handelt sich um eine gesetzliche Fiktion. Handelt es sich um eine Bau-ARGE, gilt in diesem Fall auch nicht das Verbot der ArbNÜberlassung im Baugewerbe nach § 1b Satz 1 AÜG. Die Fiktion gilt nur, wenn die in § 1 Abs 1a AÜG normierten zwingenden und nicht tarifdispositiven Voraussetzungen, die kumulativ vorliegen müssen, erfüllt sind. Die ARGE muss zur Herstellung eines Werkes gebildet werden, der ArbGeb muss Mitglied der ARGE sein, für alle Mitglieder der ARGE müssen Tarifverträge desselben Wirtschaftszweiges gelten und alle Mitglieder müssen aufgrund des ARGE-Vertrages zur selbstständigen Erbringung von Vertragsleistungen verpflichtet sein. ArbGeb mit Geschäftssitz in einem anderen Mitgliedsstaat des EWR brauchen nicht demselben Tarifvertrag anzugehören; allerdings müssen die sonstigen Voraussetzungen erfüllt sein (§ 1 Abs 1a Satz 3 AÜG).

4 Liegt nur eine Voraussetzung nicht vor, stellt die Abordnung bzw Freistellung zu einer ARGE erlaubnispflichtige ArbNÜberlassung dar (*Schüren/Hamann/Hamann* § 1 Rn 360; ErfK/*Wank* § 1 AÜG Rn 44).

5 **3. Abordnung zur ARGE.** Für kürzere Einsätze bei der ARGE werden ArbN von ihrem Stammbetrieb abgeordnet. In diesem Fall wird kein neues Arbeitsverhältnis des abgeordneten ArbN zur ARGE begründet; vielmehr bleibt das bisherige zum abordnenden Unternehmen bestehen.

6 **a) Übertragung des Direktionsrechts auf die ARGE.** Mit der Abordnung überträgt der StammArbGeb das Direktionsrecht auf die ARGE. Der abgeordnete ArbN ist verpflichtet, die Arbeitsleistung für die ARGE zu erbringen. Die Abordnung ist zeitlich begrenzt. Sie endet spätestens mit Beendigung der Mitgliedschaft des abordnenden ArbGeb in der ARGE. Der abgeordnete ArbN kann vom ArbGeb kraft dessen Direktionsrechts auch vorzeitig abgerufen werden. Dies ist regelmäßig nur mit Zustimmung der anderen ARGE-Mitglieder möglich (*Schüren/Hamann/Hamann* § 1 Rn 350 f).

7 **b) Abwicklung im Stammarbeitsverhältnis.** Der StammArbGeb ist verpflichtet, Lohn an den ArbN zu zahlen. In der Bauwirtschaft stellt er die Lohnkosten jedoch der ARGE in Rechnung. Erkrankt der ArbN während der Tätigkeit bei der ARGE, hat der StammArbGeb die Entgeltfortzahlung zu leisten.

8 **4. Freistellung zur ARGE. a) Arbeitsverhältnis mit der ARGE.** Die Abordnung zu einer ARGE gem § 1 Abs 1a AÜG ist abzugrenzen von der **Freistellung nach den Bautarifverträgen.** Die Tarifverträge ermöglichen eine Freistellung zu einer ARGE ohne Bindung an das AÜG. Für die Dauer der Tätigkeit bei der ARGE wird ein eigenständiges Arbeitsverhältnis zwischen dem ArbN und der ARGE gegründet. Die ARGE besitzt eine eigene Rechtsfähigkeit. Sie ist aktiv und passiv parteifähig (BAG 1.12.04 – 5 AZR 597/03, NZA 05, 318). Sie ist ArbGeb der bei ihr beschäftigten ArbN. Daneben besteht das Arbeitsverhältnis zum freistellenden ArbGeb fort, das aber während der Dauer der Freistellung ruht (*Schüren/Hamann* § 1 AÜG Rn 346 f). Mit Beendigung des Arbeitsverhältnisses zur ARGE lebt das Arbeitsverhältnis zum StammArbGeb wieder auf.

9 Auf das Arbeitsverhältnis mit der ARGE sind alle gesetzlichen und tariflichen Regelungen anzuwenden, die in einem sonst ordnungsgemäß begründeten Arbeitsverhältnis Geltung beanspruchen können. Die ARGE ist zur **Entgeltfortzahlung** verpflichtet, wenn der

ArbN während der Tätigkeit bei ihr arbeitsunfähig erkrankt. Erkrankt der ArbN vor der Arbeitsaufnahme bei der ARGE, besteht der Entgeltfortzahlungsanspruch gegen den StammArbGeb, weil noch kein Arbeitsverhältnis zur ARGE entstanden ist. Kündigt die ARGE dem ArbN wegen AU, behält dieser seinen Entgeltfortzahlungsanspruch von 6 Wochen auch über den Ablauf der Kündigungsfrist hinaus (§ 8 Abs 1 Satz 1 EFZG). Obwohl das Stammarbeitsverhältnis mit Beendigung des Arbeitsverhältnisses zur ARGE wieder auflebt, geht der Anspruch des Arbeiters gegen die ARGE demjenigen gegen den StammArbGeb vor. Andererseits besteht eine Entgeltfortzahlungspflicht sowohl der ARGE als auch des StammArbGeb wegen derselben Krankheit, wenn der ArbN während der Tätigkeit bei der ARGE und erneut nach Wiederaufleben des Stammarbeitsverhältnisses erkrankt. Wegen Personenverschiedenheit der ArbGeb besteht nacheinander ein Entgeltfortzahlungsanspruch gegen ARGE und StammArbGeb (BAG 23.12.71, DB 72, 734).

**b) Ruhen des Arbeitsverhältnisses zum Stammbetrieb.** Es ruhen nur die Hauptpflichten, während die Nebenpflichten weiterbestehen (→ *Ruhen des Arbeitsverhältnisses* Rn 10). Muss in einem Stammbetrieb des Baugewerbes eine Kündigung aus dringenden betrieblichen Gründen ausgesprochen werden, dann sind – im Übrigen vergleichbare – ArbN, die für eine ARGE freigestellt worden sind, nicht in die soziale Auswahl einzubeziehen (BAG 26.2.87, DB 87, 2158). 10

**5. Beteiligungsrechte des Betriebsrates.** Wechselt der ArbN aufgrund der Freistellung zur ARGE, ist der BRat seines Stammbetriebes zu beteiligen; es liegt eine Versetzung gem § 95 Abs 3 BetrVG vor. Das Einverständnis des abgeordneten ArbN lässt das Mitbestimmungsrecht nicht entfallen. Einem bei der ARGE vorhandenen BRat steht das Mitbestimmungsrecht des § 99 BetrVG zu. Der ArbN ist für die Dauer der Abordnung/Freistellung betriebsverfassungsrechtlich zwei Betrieben zugeordnet. Er kann im Stamm- und im Betrieb der ARGE wählen und gewählt werden (*Schüren/Hamann/Schüren* § 14 Rn 561 f). Verbleiben beim ArbGeb während der Abordnung des ArbN zur ARGE die den Bestand und den Inhalt des Arbeitsverhältnisses betreffenden Entscheidungsbefugnisse, ist der BRat des Stammbetriebs bei der Ausübung solcher Befugnisse zu beteiligen (BAG 9.6.11 – 6 AZR 132/10, BeckRS 2012, 74719). 11

Besteht bei der ARGE kein BRat, wird in der Lit teilweise eine analoge Anwendung des § 14 AÜG befürwortet, um zu verhindern, dass die an die ARGE abgeordneten ArbN ohne betriebsverfassungsrechtlichen Schutz sind (ErfK/*Wank* § 14 AÜG Rn 15). Die wohl hM lehnt dies jedoch ab, weil § 1 Abs 1a AÜG die Beteiligten bei einer Abordnung zu einer ARGE von der Einhaltung der ArbNSchutzvorschriften des AÜG entbindet (*Schüren/Hamann/Schüren* § 14 Rn 560; *Boemke/Lembke* § 14 Rn 10).

## B. Lohnsteuerrecht

*Seidel*

Die ARGE als GbR kann steuerrechtlich grds ArbGeb sein (→ *Arbeitgeber* Rn 22). Sie ist dann ArbGeb mit allen sich hieraus ergebenden Pflichten für die ArbN, die sie unmittelbar (zB an der Baustelle) selbst einstellt und für die ArbN, die von ihrer Stammfirma für die Dauer der Tätigkeit bei der ARGE freigestellt sind. 16

Besteht wegen der Erkrankung des ArbN nach der Freistellung, aber vor der Arbeitsaufnahme bei der ARGE arbeitsrechtlich ein Lohnfortzahlungsanspruch gegen den StammArbGeb (→ Rn 10), so hat dieser bei der Lohnzahlung auch die LSt einzubehalten und abzuführen (→ *Entgeltfortzahlung* Rn 42). Werden die ArbN von ihrer Stammfirma zur ARGE abgeordnet, bleibt die Stammfirma ArbGeb (→ Rn 5–7). Im Steuerrecht ergeben sich insoweit keine Abweichungen vom Arbeitsrecht (*HMW*/Baugewerbe Rz 10). 17

## C. Sozialversicherungsrecht

*Voelzke*

**1. Allgemeines.** Die ArbGebEigenschaft von ARGE als Zusammenschluss mehrerer Firmen zur **Durchführung** größerer Projekte insbes im Baubereich ist im SozVRecht höchstrichterlich noch nicht abschließend geklärt. Unproblematisch ist, dass die ARGE ArbGeb der von ihr neu eingestellten ArbN wird. Im Übrigen wird in der Praxis der Einzugsstellen überwiegend die ARGE als ArbGeb nicht nur der neu eingestellten ArbN, sondern auch der von den beteiligten Stammfirmen zur ARGE abgestellten ArbN mit der 18

Folge angesehen, dass die ArbGebPflichten in vollem Umfange auf diese übergehen und auch für die Kassenzuständigkeit auf diese abzustellen ist (*Schlegel/Voelzke/Werner* SGB IV, § 28e Rz 39). Es sollte allerdings entsprechend den unterschiedlichen Gestaltungen bei der Abstellung von ArbN in Form der Freistellung bzw Abordnung an die ARGE differenziert werden.

19 **2. Freistellung.** Erfolgt eine Freistellung des ArbN in der Weise, dass alle **wesentlichen Hauptpflichten** aus dem Arbeitsverhältnis einschließlich der Verpflichtung zur Zahlung der Bezüge auf die ARGE übergehen und das Arbeitsverhältnis zur Stammfirma ruht, so ist von der Begründung eines Beschäftigungsverhältnisses mit der ARGE auszugehen.

20 **3. Abordnung.** Werden hingegen bei einer Abordnung die **laufenden Bezüge** weiterhin von der Stammfirma gewährt und verbleiben weitere wichtige ArbGebBefugnisse bei dieser (insbes hinsichtlich des Arbeitseinsatzes, der tariflichen Umgruppierung und der Kündigung), so wird man von einem Fortbestehen des sozialversicherungsrechtlichen Beschäftigungsverhältnisses mit der Stammfirma auszugehen haben. Unabhängig von diesen Gestaltungen wird ein Beschäftigungsverhältnis zur ARGE bei einer zur AU führenden Erkrankung des ArbN vor seiner Abstellung frühestens mit der tatsächlichen Arbeitsaufnahme begründet (BSG 4.10.73 – 3 RK 51/74, USK 73154).

# Arbeitskampf/Streik

## A. Arbeitsrecht

*Kania*

### Übersicht



1 **I. Grundlagen.** Der Arbeitskampf zählt zu den verfassungsrechtlich durch Art 9 Abs 3 GG geschützten Mitteln, mit denen Gewerkschaften und ArbGebVerbände den Abschluss von TV verfolgen können. Das System des Aushandelns von Arbeitsbedingungen durch die Tarifpartner ist nur dann gesichert, wenn zur Durchsetzung der wechselseitigen Forderungen Druckmittel zur Verfügung stehen. Die Wahl der Mittel überlässt Art 9 Abs 3 GG grds den Koalitionen. Dabei werden Arbeitskampfmaßnahmen vom **Schutz der Koalitionsfreiheit** erfasst, soweit sie allgemein erforderlich sind, um eine funktionierende Tarifautonomie sicherzustellen. Dies erfordert ein ungefähres **Kräftegleichgewicht,** die sog Parität (BAG 18.2.03 – 1 AZR 142/02, NZA 03, 866; BVerfG 26.6.91 – 1 BvR 779/85, NZA 91, 809 und 4.7.95 – 1 BvF 2/86 ua, NZA 95, 754). Auch der EuGH hat – ungeachtet der wegen Art 153 Abs 5 AEUV fehlenden Rechtssetzungskompetenz der EU für das Arbeitskampfrecht – das Recht auf Durchführung von Kollektivmaßnahmen als Grundsatz des Unionsrechts angesehen und zugleich dem Primärrecht der Gemeinschaft unterstellt (s kritisch *Schaub/Treber* § 191 Rn 24 ff). Versuche, das Streik- bzw Arbeitskampfrecht gesetzlich zu normieren, sind bislang nicht über das Entwurfsstadium hinausgekommen und

werden wohl auch in Zukunft an der politischen Brisanz der Materie scheitern. Demzufolge ist maßgeblich auf die vom BAG aufgestellten Regeln über die Rechtmäßigkeit von Arbeitskämpfen abzustellen, wobei im Folgenden nur ein stark vereinfachter Überblick gegeben werden soll.

**II. Arbeitskampfmittel der Arbeitnehmerseite. 1. Streik. a) Begriff.** Der Streik ist das zentrale Arbeitskampfmittel der ArbNSeite. Er wird definiert als **planmäßig und gemeinschaftlich durchgeführte Arbeitsniederlegung,** um ein Ziel, beim Tarifarbeitskampf den Abschluss eines TV, zu erreichen (*Schaub/Treber* § 191 Rn 8). Abzugrenzen ist der Streik von anderen Arbeitskampfformen, etwa der partiellen Arbeitsverweigerung, zB durch kollektiv verabredete Krankmeldungen oder sog Bummelstreiks, sowie der aktiven Produktionsbehinderung wie zB der Betriebsblockade (hierzu iE → Rn 9). 2

**b) Zulässigkeit. aa) Tariflich regelbare Ziele.** Ein Streik muss, damit er rechtmäßig ist, um eine gesetzlich **zulässige Tarifregelung** geführt werden (BAG 24.4.07 – 1 AZR 252/06, NZA 07, 987; weitergehend für die Erzwingbarkeit auch von Vereinbarungen ohne TVCharakter: *Schaub/Treber* § 192 Rn 3 ff.). Zwingende Voraussetzung ist, dass ein Streik von einer Gewerkschaft iSd Koalitionsrechts organisiert und geführt wird (BAG 7.6.88, BB 88, 2111). Unzulässig ist der nicht gewerkschaftlich getragene sog **wilde** (**Streik** (BAG 31.10.95 – 1 AZR 217/95, NZA 96, 389; *Schaub/Treber* § 192 Rz 26). Allerdings kann eine Gewerkschaft nachträglich eine spontane Arbeitsniederlegung übernehmen, wobei streitig ist, ob die Übernahme den Streik von Anfang an oder erst ab dem Zeitpunkt der Übernahme durch die Gewerkschaft rechtmäßig macht (für Rückwirkung: BAG 5.9.55 – 1 AZR 480–489/54, DB 55, 1018; *Schaub/Treber* § 192 Rn 26; aA *Konzen* ZfA 80, 159). 3

Der Arbeitskampf muss auf die Durchsetzung **tarifvertraglich regelbarer Ziele** gerichtet sein. Maßgeblich ist die von der Gewerkschaft verlautbarte Streikforderung (BAG 26.7.16 – 1 AZR 160/14, NZA 16, 1543; BAG 24.4.07 – 1 AZR 252/06, NZA 07, 987). Wird mit dem Arbeitskampf ein TV erstrebt, der gegen ein gesetzliches Verbot verstößt oder einen **außerhalb der Tarifmacht** liegenden Gegenstand erfassen soll, ist der Arbeitskampf rechtswidrig. Der auf einen FirmenTV oder firmenbezogenen VerbandsTV gerichtete Streik ist aber nicht deswegen rechtswidrig, weil der Geltungsbereich des angestrebten TV nur auf eines oder wenige Mitgliedsunternehmen beschränkt ist (BAG 10.12.02 – 1 AZR 96/02, NZA 03, 734; BAG 24.4.07 – 1 AZR 252/06, NZA 07, 987 zum Tarifsozialplan). 4

Außerdem ergibt sich aus dem Umstand, dass der **Abschluss eines Tarifvertrages** Kampfziel sein muss, dass sich der Streik und die dahinterstehende Forderung idR gegen dieselbe potenzielle Tarifpartei richten müssen. Das Problem des Auseinanderfallens von Streikgegner und Streikziel stellt sich beim **Sympathiestreik.** Das BAG hat klargestellt, dass auch Sympathiestreiks grds dem Schutzbereich des Art 9 Abs 3 GG unterfallen. Maßgebliches Kriterium ist – wie bei anderen Arbeitskampfmaßnahmen auch (→ Rn 8) – der Grundsatz der Verhältnismäßigkeit. Rechtswidrigkeit liegt danach vor, wenn der Sympathiestreik zur Unterstützung des Hauptarbeitskampfes offensichtlich ungeeignet, offensichtlich nicht erforderlich oder unangemessen ist. Dabei steht der Gewerkschaft eine Einschätzungsprärogative zu. Allein der Umstand, dass ein unbeteiligter ArbGeb keinen Einfluss auf den Hauptarbeitskampf nehmen kann, macht den Streik nicht rechtswidrig. Allerdings muss der Unterstützungsstreik zum Hauptarbeitskampf eine hinreichende Nähe aufweisen, die etwa aus wirtschaftlichen Verflechtungen (zB Konzernverbund) resultieren kann (BAG 19.6.07 – 1 AZR 396/06, NZA 07, 1055). Die Partizipation an dem Verhandlungsergebnis kann grds die streikweise Einbeziehung von Außenseitern rechtfertigen (BAG 18.2.03 – 1 AZR 142/02, NZA 03, 866). Zur Frage der Stoßrichtung der Streikaktion, der Kampfbetroffenheit sowie evtl Schadensersatzansprüche Dritter: BAG 25.8.15 – 1 AZR 754/13, NZA 16, 47 zum Fluglotsenstreik. Grds rechtswidrig sind **politische Streiks,** da sie sich nicht gegen die andere Tarifpartei richten und auch nicht auf den Abschluss einer tariflichen Reglung zielen, sondern Gesetzgebung oder Hoheitsträger unter Druck setzen, um diese zu einem bestimmten politischen Handeln zu zwingen (*Schaub/Treber* § 192 Rn 14). 5

**bb) Friedenspflicht.** Rechtswidrig ist ein Streik, wenn er gegen die Friedenspflicht eines geltenden TV oder gegen eine Schlichtungsvereinbarung verstößt. Die Friedenspflicht besagt, dass Tarifpartner verpflichtet sind, sich solange Kampfmaßnahmen zu enthalten, wie die umstrittene Materie tariflich geregelt ist. Sie besteht nur, soweit sich Inhalt und 6

Geltungsbereich des laufenden und des angestrebten TV decken (BAG 21.12.82, BB 83, 124). Ein Streik, dessen Kampfziel auch auf die Durchsetzung von Forderungen gerichtet ist, die – nach Teilkündigung des TV – den noch ungekündigten Teil des TV betreffen, verletzt die Friedenspflicht. Der Streik ist insoweit als einheitliche und unteilbare Handlung zu beurteilen (BAG 26.7.16 – 1 AZR 160/14, NZA 16, 1543).

7 **cc) Gesetzwidrigkeit.** Ein Arbeitskampf muss sich weiter im Rahmen der sonstigen Rechtsordnung halten, darf insbes nicht gegen gesetzliche Vorschriften verstoßen. So dürfen BRat und ArbGeb bzw Personalrat und Dienststelle keine Maßnahme des Arbeitskampfes gegeneinander führen (§§ 74 Abs 2 BetrVG; 66 Abs 2 BPersVG). Arbeitskämpfe im öffentlichen Dienst sind rechtswidrig, soweit sie gegen das Beamtenrecht verstoßen. Es ist ein hergebrachter Grundsatz des Berufsbeamtentums, dass die Treuepflicht des Beamten den Streik ausschließt (*Schaub/Treber* § 193 Rz 56).

8 **dd) Ultima-ratio-Prinzip.** Arbeitskampfmaßnahmen stehen nach der stRspr des BAG unter dem **Gebot der Verhältnismäßigkeit**. Danach muss ein Kampfmittel zur Erreichung eines rechtmäßigen Kampfziels geeignet und erforderlich sein und bezogen auf das Kampfziel angemessen eingesetzt werden (BAG 22.9.09 – 1 AZR 972/08, NZA 09, 1347; BAG 21.4.71 – GS 1/68, NJW 71, 1668). Auch die wirtschaftlichen Gegebenheiten sind zu berücksichtigen und das Gemeinwohl darf nicht offensichtlich verletzt werden (zur Sicherstellung der Krankenversorgung: ArbG Düsseldorf 13.11.17 – 11 Ga 90/17, BeckRS 2017, 132830). Insbes soll das einschneidende Mittel des Arbeitskampfes erst dann zulässig sein, wenn die Verhandlungsmöglichkeiten ausgeschöpft sind (ultima-ratio-Prinzip). Eine Ausnahme vom ultima-ratio-Prinzip machte das BAG früher bei **Warnstreiks.** Danach sollten 2–3 Stunden dauernde Warnstreiks auch während laufender Tarifverhandlungen zulässig sein (BAG 17.12.76, DB 77, 824). Der Gedanke des BAG war, dass durch die begrenzte Zulassung von Warnstreiks der Abschluss eines TV beschleunigt werden könne. Die Gewerkschaften nutzten die Rspr des BAG dagegen in Form der **„neuen Beweglichkeit“** als wirksame Kampftaktik, um mit Streiks mit relativ wenigen ArbN ganze Betriebe und Branchen lahmzulegen. Mit Urt vom 12.9.84 (1 AZR 342/83, NZA 84, 393) billigte das BAG zunächst auch diese Form des „Warnstreiks“, gab jedoch mit Urt vom 21.6.88 (1 AZR 651/86, NZA 88, 846) diese Rspr auf und unterstellt seither auch den Warnstreik dem Ultima-ratio-Prinzip. Warnstreiks dürfen danach wie alle Arbeitskampfmaßnahmen erst dann begonnen werden, wenn die Verhandlungen gescheitert sind, wobei das BAG allerdings davon ausgeht, dass das Scheitern nicht ausdrücklich erklärt werden muss, sondern mit jeder Arbeitskampfmaßnahme das Scheitern der Tarifverhandlungen konkludent erklärt werde (BAG 21.6.88 – 1 AZR 651/86, NZA 88, 846). Konsequenz der Aufgabe der Privilegierung des Warnstreiks ist, dass auch der kurzfristige Streik ein Erzwingungsstreik ist, der von Seiten des ArbGeb mit Abwehrmaßnahmen beantwortet werden kann (LAG Düsseldorf 10.9.96 – 3 Sa 893/96, NZA-RR 97, 167).

9 **2. Betriebsbesetzungen, Betriebsblockaden und Boykott.** In den vergangenen Jahren sind die Gewerkschaften dazu übergegangen, alternative Kampfformen unter Einbeziehung unbeteiligter Dritter zu etablieren. Nach dem weiten Verständnis der gewerkschaftlichen Betätigungsfreiheit werden sämtliche koalitionsspezifischen Verhaltensweisen vom Schutzbereich des Art 9 Abs 3 GG erfasst und die **Wahl der Kampfmittel** den Koalitionen überlassen (BAG 19.6.07 – 1 AZR 396/06, NZA 07, 1055; anders noch BAG 5.3.85 – 1 AZR 468/83, NZA 85, 504). Jedoch müssen sich die Arbeitskampfmaßnahmen im Rahmen der allgemeinen Rechtsordnung halten und insbes den Grundsatz der Verhältnismäßigkeit wahren. Insofern sind **Betriebsbesetzungen** regelmäßig unzulässig, da hierdurch sowohl das alleinige Besitzrecht an den Produktionsanlagen als auch das Hausrecht des ArbGeb beeinträchtigt werden. Auch **Betriebsblockaden,** die über eine bloße Kontrolle der Zugänge durch Streikposten hinausgehen und Lieferanten, Kunden oder Arbeitswilligen den Zugang verwehren, sind grds rechtswidrig, da sie das Recht des ArbGeb an seinem Gewerbebetrieb unangemessen beeinträchtigen (BAG 21.6.88 – 1 AZR 653/86, 88, 884; BAG 8.11.88 – 1 AZR 417/86, NZA 89, 475; LAG Berlin Bbg 15.6.16 – 23 SaGa 968/16, BeckRS 2016, 73979; anders aber für kurzfristige Zugangsbehinderung LAG Hbg 6.2.13 – 5 SaGa 1/12, BeckRS 2013, 67336, bzw für Nutzung von Parkflächen für Mobilisierungsmaßnahmen BAG 20.11.18 – 1 AZR 189/17, NZA 19, 402).

Der **Boykott** zielt auf den geschäftlichen Verkehr des Kampfgegners und fordert idR zu dessen Abbruch auf. Das BAG sieht ihn grds als rechtlich zulässiges Kampfmittel an (BAG 19.10.76 – 1 AZR 611/75, NJW 77, 318). Boykottaufrufe an Zulieferer oder Kunden der ArbGeb müssen aber insbes das Übermaßverbot beachten (*ErfK/Linsenmaier* GG Art 9 Rn 278). Soweit lediglich die Effektivität eines Streiks abgesichert werden soll, ohne zusätzlichen wirtschaftlichen Druck auf den ArbGeb auszuüben, dürften gegen die Zulässigkeit keine durchgreifenden Bedenken bestehen. Das gilt etwa für den Aufruf einer Gewerkschaft an arbeitswillige Belegschaftsmitglieder zur Arbeitsniederlegung, bzw an andere ArbN, keine Arbeit in bestreikten Betrieben aufzunehmen (BAG 20.12.63 – 1 AZR 157/63, DB 64, 75 zu Absperrungsmaßnahmen). Auch die Einbeziehung Dritter durch streitbegleitende **Flashmob-Aktionen** wird vom BAG als durch Art 9 Abs 3 GG geschützte Kampfform angesehen, jedoch strengen Voraussetzungen unterworfen. Insbes müssen für die Verhältnismäßigkeit der Störaktion dem ArbGeb wirksame Verteidigungsmöglichkeiten zur Verfügung stehen. So hat das BAG den gewerkschaftlichen Aufruf zur Störung des Betriebsablaufs im Einzelhandel durch Befüllen und Stehenlassen von Einkaufswagen als zulässig angesehen, da dem ArbGeb das Hausrecht wie auch die Möglichkeit einer Betriebsstillegung als Abwehrmaßnahme zustehe (BAG 22.9.09 – 1 AZR 972/08, NZA 09, 1347). Die Einbeziehung unbeteiligter Dritter in den Arbeitskampf zwecks aktiver Betriebsstörung ist aber kritisch zu sehen, da durch solche Sabotageaktionen dem ArbGeb gezielt Schaden zugefügt werden soll und auch die Beherrschbarkeit der Aktion regelmäßig nicht gegeben ist (mwN *ErfK/Linsenmaier* GG Art 9 Rn 277b). 10

**III. Arbeitskampfmittel der Arbeitgeberseite. 1. Aussperrung. a) Begriff.** Der ArbGeb muss die Folgen einer gegen ihn gerichteten streikbedingten Arbeitsniederlegung nicht hinnehmen und kann seinerseits durch Gegenmaßnahmen versuchen, die Folgen der streikbedingten Betriebsstörung zu begrenzen. Das klassische Arbeitskampfmittel ist die Aussperrung. Hierunter versteht man die von einem oder mehreren ArbGeb planmäßig vorgenommene Arbeitsausschließung mehrerer ArbN unter Verweigerung der Lohnfortzahlung zur Erreichung eines bestimmten Zieles, welches regelmäßig darin liegt, durch Erhöhung der wirtschaftlichen Belastung der ArbNSeite einen Streik abzukürzen (*Schaub/Treber* § 191 Rn 12). In der Auseinandersetzung um einen VerbandsTV bedarf die Aussperrung – wie der Streik – eines Verbandsbeschlusses. Über dessen Inhalt muss die Gegenseite jedenfalls soweit in Kenntnis gesetzt werden, dass sie erkennen kann, ob sie es mit einer zulässigen Arbeitskampfmaßnahme zu tun hat (BAG 31.10.95 – 1 AZR 217/95, NZA 96, 389). Dagegen kann im Arbeitskampf um einen HausTV der einzelne AG über die Durchführung entscheiden. Es muss aber klar erkennbar sein, von welchem Kampfmittel er Gebrauch macht (BAG 11.8.92 – 1 AZR 103/92, NZA 93, 39). 11

**b) Zulässigkeit.** Die Zulässigkeit der Aussperrung ist nach wie vor umstritten (Däubler/*Rödl* Arbeitskampfrecht § 21 Rn 11 ff mwN). Das **BAG** erkennt die Möglichkeit der Aussperrung in ständiger Rspr seit seiner Grundsatzentscheidung vom 28.1.55 (GS 1/54, DB 55, 455) an, hat allerdings der Aussperrung insbes in den Entscheidungen vom 21.4.71 (GS 1/68, NJW 17, 3103) und 10.6.80 (1 AZR 822/79, DB 80, 1266) **enge Grenzen** gezogen. Tragender Grund für die grds Anerkennung ist das Prinzip der Kampfparität. Das BAG vertritt den sog **materiellen Paritätsbegriff** im Unterschied zum formalen Paritätsbegriff. Das bedeutet, dass zur Herstellung der Kampfparität Streik und Aussperrung nicht gleichbehandelt werden müssen. Hieraus ergibt sich, dass der Streik zulässig, Aussperrungen aber nur insoweit zulässig sind, wie sie im Interesse einer materiellen Parität notwendig sind, was unter Anwendung einer abstrakten, generellen und typisierenden Betrachtungsweise zu beurteilen ist (BAG 11.8.92 – 1 AZR 103/92, NZA 93, 39). 12

Mit Urteil vom 10.6.80 hat das BAG der **Abwehraussperrung** in Konkretisierung des Grundsatzes der Verhältnismäßigkeit folgende quantitative Grenzen gesetzt: Je enger der Streik innerhalb des Tarifgebietes begrenzt ist, desto stärker ist das Bedürfnis der ArbGebSeite, den Arbeitskampf auf weitere Betriebe des Tarifgebietes auszudehnen. Werden weniger als 1/4 der ArbN des Tarifgebietes zur Arbeitsniederlegung aufgefordert, so muss die ArbGebSeite den Kampfrahmen erweitern können, wobei die Aussperrung von 25 % der im Tarifgebiet beschäftigten ArbN nicht unangemessen erscheint. Wenn mehr als 25 % der ArbN des Tarifgebietes die Arbeit niedergelegt haben, dürfen die ArbGeb die Aussperrung 13 so weit erweitern, bis etwa die Hälfte der ArbN eines Tarifgebietes entweder durch Streik oder durch Aussperrung vom Arbeitskampf betroffen ist (BAG 10.6.80 – 1 AZR 822/79, DB 80, 1266). Die Rspr des BAG ist vom BVerfG als mit Art 9 Abs 3 GG vereinbar gebilligt worden (BVerfG 26.6.91 – 1 BvR 779/85, NZA 91, 809). Mit Urt vom 11.8.92 (1 AZR 103/92, NZA 93, 39) hat das BAG für die Aussperrung als Reaktion auf einen kurzzeitigen Streik zusätzlich zeitliche Grenzen gesetzt. Danach sei eine Abwehraussperrung von 2 Tagen gegenüber einem halbstündigen Streik (Verhältnis 1 : 26) unverhältnismäßig. Allerdings dürfe die Aussperrung zeitlich den Streik durchaus überschreiten. Die Grenze sei nach Ansicht des Gerichts bei etwa einem halben Tag zu ziehen.

**14** Die Aussperrung führt grds zur **Suspendierung** der gegenseitigen Pflichten aus dem Arbeitsverhältnis für den Zeitraum des Arbeitskampfes, dh das Arbeitsverhältnis bleibt als solches erhalten, der Arbeitsplatz bestehen. Umstritten ist die Zulässigkeit der **lösenden Aussperrung.** Der GS des BAG hat bereits im Jahre 1971 (21.4.71 – GS 1/68, NJW 17, 3103) die noch im Beschluss vom 28.1.55 grds anerkannte Möglichkeit der lösenden Aussperrung unter Hinweis auf den Grundsatz der Verhältnismäßigkeit erheblichen Einschränkungen unterworfen. Danach haben Aussperrungen grds nur suspendierende Wirkung, während eine lösende Aussperrung nur in Ausnahmefällen zulässig ist. Derartige Ausnahmefälle können zB gegeben sein beim wilden Streik, längerem Arbeitskampf oder bei Einsparung von Arbeitsplätzen. Betriebs- und Personalrats-Mitglieder, ArbNVertreter im Aufsichtsrat, Schwerbehinderte und Frauen, die unter den Schutz des § 9 Abs 1 MuSchG fallen, dürfen ausschließlich suspendierend ausgesperrt werden. In der späteren Entscheidung vom 10.6.80 (1 AZR 822/79, DB 80, 1266) ist die Frage der Zulässigkeit der lösenden Aussperrung offen geblieben.

**15** Offen gelassen wurde in den Entscheidungsgründen vom 10.6.80 auch die Frage der Zulässigkeit der **Angriffsaussperrung.** In der Logik der Entscheidung vom 10.6.80 liegt es allerdings, sowohl die lösende als auch die Angriffsaussperrung für rechtswidrig zu erklären, da sie im Paritätsverständnis des BAG keinen Platz haben (*Konzen/Scholz* DB 80, 1596). Sofern der ArbGeb zur Herbeiführung seiner Ziele mit der **Massenänderungskündigung** den individualrechtlichen Weg beschreitet, richtet sich deren Rechtmäßigkeit allein nach dem Kündigungsschutzrecht. Wegen des Risikos der Sozialwidrigkeit und der notwendigen BRatBeteiligung ist dieses Kampfmittel eher ungeeignet.

**16** **2. Betriebs- oder Betriebsteilstilllegung.** Ausgelöst durch einen RsprWandel des BAG eröffnet sich für die einzelnen ArbGeb neben der Aussperrung eine weitere Möglichkeit, an sich arbeitswillige ArbN im bestreikten Betrieb nicht zu beschäftigen. Früher ging das BAG davon aus, dass auch auf den bestreikten Betrieb die Grundsätze über das Arbeitskampfrisiko bei mittelbaren Auswirkungen von Arbeitskämpfen anzuwenden seien (BAG 14.12.93 – 1 AZR 550/93, NZA 94, 331). Danach kam eine **Nichtbeschäftigung arbeitswilliger ArbN** nur dann in Betracht, wenn eine Weiterbeschäftigung für den ArbGeb wirtschaftlich unzumutbar wäre (BAG 22.12.80, 1 ABR 2/79, NJW 81, 937). Hiervon ist das BAG mit Urt vom 22.3.94 (1 AZR 622/93, NZA 94, 1097) ausdrücklich abgerückt. Denn insoweit soll es sich nicht um ein aktives Arbeitskampfmittel, sondern lediglich um eine bloße Erduldung der gegnerischen Kampfmaßnahme handeln (BAG 27.6.95 – 1 AZR 1016/94, NZA 96, 212). Seitdem steht es dem ArbGeb unabhängig von der wirtschaftlichen Zumutbarkeit frei, ob er einen bestreikten Betrieb oder Betriebsteil vorübergehend stillegt oder nicht und damit seine Beschäftigungs- und Lohnzahlungspflicht auch gegenüber arbeitswilligen ArbN suspendiert (BAG 31.1.95, DB 95, 1817).

**17** **Eine suspendierende Stilllegung** des Betriebs oder Betriebsteils kommt jedoch nur für die Dauer des Streiks in Betracht. Insoweit ist die Stilllegungsentscheidung begrenzt durch den räumlichen und zeitlichen Rahmen des gewerkschaftlichen Streikbeschlusses. Will der ArbGeb den Kampfrahmen erweitern, muss er eigene aktive Arbeitskampfmittel, wie zB die Aussperrung, ergreifen (BAG 27.6.95 – 1 AZR 1016/94, NZA 96, 212). Für die suspendierende Stilllegung reicht nicht die bloße Einstellung der Beschäftigung. Erforderlich ist stets eine **Stilllegungserklärung**, mit der den betroffenen ArbN die Entscheidung, auf ihre Arbeitsleistung während des Arbeitskampfes zu verzichten, hinreichend deutlich zum Ausdruck gebracht wird (BAG 11.7.95 – 1 AZR 161/95, NZA 96, 209). Es genügt die

Bekanntgabe in betriebsüblicher Weise; einer individuellen Benachrichtigung der betroffenen ArbN bedarf es nicht (BAG 13.12.11 – 1 AZR 495/10, NZA 12, 995). Eine Erklärung gegenüber der kampfführenden Gewerkschaft ist dagegen weder erforderlich noch ausreichend, da es sich bei der Betriebsstillegung um keine Arbeitskampfmaßnahme handelt (BAG 11.7.95 – 1 AZR 161/95, NZA 96, 209). An einer Suspendierungserklärung fehlt es, wenn sich der ArbGeb nicht endgültig festlegen will, sondern nach der „Taktik der offenen Tür" die Möglichkeit offen hält, die Arbeitsleistung jederzeit wieder in Anspruch zu nehmen und deshalb von den ArbN ständige Verfügbarkeit verlangt (BAG 11.7.95 – 1 AZR 161/95, NZA 96, 209).

Einer suspendierenden Betriebsstillegung steht gleichfalls entgegen, wenn die betriebliche Tätigkeit durch Fremdvergabe der Arbeiten oder durch arbeitswillige ArbN oder Fremdpersonal aufrechterhalten wird. Möglich sind allein bloße Erhaltungs- oder **Notdienstarbeiten** (BAG 13.12.11 – 1 AZR 495/10, NZA 12, 995). Allerdings ist die Regelung der Modalitäten nach Auffassung des BAG gemeinsame Aufgabe des ArbGeb und der streikführenden Gewerkschaft. Dies gilt im Rahmen des allgemeinen Willkürverbotes auch für die Auswahl der zum Notdienst heranzuziehenden ArbN (BAG 31.1.95 – 1 AZR 142/94, NZA 95, 958). Willkürlich wäre es, wenn nur Gewerkschaftsmitglieder zum Notdienst herangezogen würden. 18

**3. Streikarbeit.** Arbeitswillige ArbN dürfen vom ArbGeb nicht zu Tätigkeiten herangezogen werden, die nicht zum vertraglichen Tätigkeitsbereich gehören und bisher von Streikenden erledigt wurden (sog **direkte Streikarbeit**), denn diese sind nicht verpflichtet, der Wirksamkeit eines Arbeitskampfs durch eigene Tätigkeit entgegen zu wirken (*Schaub/Treber* § 194 Rn 19). Auch **Leiharbeitnehmern** dürfen wegen § 11 Abs 5 AÜG keine Aufgaben zugewiesen werden, die unmittelbar oder mittelbar von streikenden ArbN wahrgenommen wurden. Das gilt aber nur, wenn der Entleiher unmittelbar durch den Arbeitskampf betroffen ist und der LeihArbN Mitarbeiter vertritt, sie sonst Streikarbeit verrichten würden (*ErfK/Wank* § 11 AÜG Rn 21). 19

**4. Streikbruchprämien.** Will der ArbGeb den Betrieb mit nicht streikenden ArbN aufrechterhalten, war lange umstritten, inwiefern er die Arbeitsaufnahme mit einer Streikbruchprämie belohnen darf. Nach der früheren Rspr des BAG waren Streikbruchprämien unzulässig. Vielmehr hatten in dem Fall, dass der ArbGeb für die Nichtteilnahme an einem Streik eine Zulage gewährte, unter dem Gesichtspunkt des arbeitsrechtlichen Gleichbehandlungsgebotes in Verbindung mit dem Maßregelungsverbot des § 612a BGB auch die streikenden ArbN einen Anspruch auf die gleiche Zulage (BAG 11.8.92 – 1 AZR 103/92, NZA 93, 39). Von diesem Grundsatz ist das BAG bereits am 13.7.93 (1 AZR 676/92, NZA 93,11359; bestätigt durch Urteil vom 14.8.18 – 1 AZR 287/17, NZA 19, 100) abgerückt und wertet die Streikbruchprämie als grds **zulässiges Arbeitskampfmittel,** das wie jede Arbeitskampfmaßnahme unter dem Gebot der Verhältnismäßigkeit stehe. Zulässig dürften danach, soweit keine besonders formulierten tariflichen Maßregelungsverbote bestehen, **vor oder während des Arbeitskampfes,** unzulässig dagegen erst nachträglich zugesagte Prämien sein, da diese nicht mehr auf die Erreichung eines konkreten Kampfziels gerichtet sind. Die nachträgliche Gewährung einer Prämie an Streikbrecher verstößt allerdings dann nicht gegen den Gleichbehandlungsgrundsatz, wenn ein sachlicher Grund gegeben ist, insbes dass die Begünstigten während des Streiks Belastungen ausgesetzt waren, die erheblich über das Maß der mit jeder Streikarbeit verbundenen Erschwerungen hinausgehen (BAG 28.7.92 – 1 AZR 87/92, NZA 93, 267). Ist der ArbGeb wegen Verstoßes gegen das Gleichbehandlungsgebot oder Maßregelungsverbot verpflichtet, die Streikbruchprämie auch an streikende ArbN auszuzahlen, so gebietet der Gleichbehandlungsgrundsatz erst recht, die Zahlung auch an ausgesperrte ArbN vorzunehmen. 20

**IV. Auswirkungen des Arbeitskampfes auf die Vergütungspflicht. 1. Streik und Aussperrung.** Der ArbN, der an einem Arbeitskampf, insbes an einem **Streik,** teilnimmt und deswegen die Arbeitsleistung einstellt, hat für diesen Zeitraum keinen Anspruch auf Beschäftigung und Vergütung; die beiderseitigen Rechte und Pflichten aus dem Arbeitsverhältnis sind derweil **suspendiert** (BAG 22.3.94 – 1 AZR 622/93, NZA 94, 1097). Das gilt auch für nicht- oder andersorganisierte ArbN, die sich am Streik der aufrufenden Gewerkschaft beteiligen (BAG 18.2.03 – 1 AZR 142/02, NZA 03, 866). Beteiligt sich ein 21 gekündigter ArbN am Streik und wird später gerichtlich die Unwirksamkeit der Kündigung festgestellt wird, entfällt der Vergütungsanspruch infolge fehlender Leistungswilligkeit iSd § 297 BGB (BAG 17.7.12 – 1 AZR 563/11, NZA 12, 1432). Zu Besonderheiten bei Gleitzeit s BAG 26.7.05 – 1 AZR 133/04, NZA 05, 1402.

22 Darüber hinaus kann sich der Arbeitskampf auch auf die Beschäftigung **nicht unmittelbar kampfbeteiligter ArbN** auswirken. Hier beurteilt das BAG die Vergütungspflicht iSd arbeitskampfrechtlichen Parität nach dem sog **Arbeitskampfrisiko** (BAG 22.12.80 – 1 ABR 2/79, NJW 81, 937). Hiernach bedingen Betriebsstörungen, die auf rechtmäßigem Arbeitskampf beruhen und die Fortsetzung des Betriebs ganz oder teilweise unmöglich oder für den ArbGeb wirtschaftlich unzumutbar machen, dass jede Seite das auf sie entfallende Kampfrisiko zu tragen hat. Unter diesen Voraussetzungen können auch nur mittelbar vom Arbeitskampf betroffene ArbN ihre Beschäftigungs- und Vergütungsansprüche verlieren. Dies gilt auch für **arbeitswillige ArbN,** die infolge der Streikauswirkungen nicht beschäftigt werden können; diese behalten ihren Vergütungsanspruch nur, wenn deren Beschäftigung dem ArbGeb rechtlich möglich und wirtschaftlich zumutbar ist. Diese Risikoverteilung gilt grds auch bei Betriebsstörungen aufgrund sog **Fernwirkung** in einem am unmittelbaren Kampfgeschehen nicht beteiligten Betrieb, etwa bei Zulieferbetrieben oder Dienstleistungsketten (BAG 13.12.11 – 1 AZR 495/10, NZA 12, 995; BAG 14.12.93 – 1 AZR 550/93, NZA 331).

23 Der ArbGeb kann wiederum der Arbeitsniederlegung mit **betriebsorganisatorischen Gegenmaßnahmen** begegnen, um die streikbedingten Betriebsstörungen gering zu halten, etwa durch Einsatz von Aushilfskräften oder Vergabe an Fremdunternehmen. Auch wenn durch solche Abwehrmaßnahmen die Nichtbeschäftigung von ArbN mitverursacht wird, steht dies der Anwendung der Grundsätze des Arbeitskampfrisikos nicht entgegen. Insoweit werden dann vom Streikaufruf erfasste arbeitswillige ArbN „in die Risikogemeinschaft der ArbN im Streikgeschehen" einbezogen, mit der Folge, dass deren Entgeltanspruch entfällt (BAG 13.12.11 – 1 AZR 495/10, NZA 12, 995; BAG 12.11.96 – 1 AZR 364/96, NZA 97, 393 zum sog. Wellenstreik). Greift der ArbGeb als Reaktion auf einen Streik zu den Mitteln der **Betriebs- oder Betriebsteilstilllegung,** sind unabhängig von der Frage der technischen Möglichkeit und wirtschaftlichen Zumutbarkeit Beschäftigungs- und Lohnanspruch suspendiert (→ Rn 16 ff).

24 Im Fall der rechtmäßigen **Aussperrung** werden die Rechte und Pflichten aus dem Arbeitsverhältnis und damit auch die Vergütungspflicht suspendiert. Soweit man die lösende Aussperrung bejaht, ergibt sich dieselbe Rechtsfolge aus der vollständigen Beendigung des Arbeitsverhältnisses. Mit der lösenden Aussperrung müsste der ArbN an sich sämtliche Rechte einschließlich etwaiger Ruhegeldanwartschaften, Urlaubsabgeltungsansprüche usw verlieren. Diese Konsequenz wird aber selbst von den Anhängern der lösenden Aussperrung nicht vertreten, vielmehr soll ein Rest der arbeitsvertraglichen Beziehungen bestehen bleiben (BAG 15.6.64 – 1 AZR 303/63, NJW 64, 1821). Zudem soll ein Wiedereinstellungsanspruch nach billigem Ermessen des ArbGeb bestehen (BAG 21.4.71 – GS 1/68, NJW 71, 1668). Ist die Aussperrung dagegen rechtswidrig, so behält der ArbN seinen Vergütungsanspruch gem § 615 BGB. Nimmt ein ArbN nicht an einem Streik teil, muss er, um seinen Vergütungsanspruch zu wahren, grds seine Arbeit am Arbeitsort anbieten (§ 294 BGB). Die bloße Eintragung in eine Liste arbeitswilliger ArbN reicht nicht (LAG Hamm 1.3.95 – 18 Sa 1274/94, DB 95, 1818).

25 Nach Beendigung eines Arbeitskampfs kann ein Vergütungsanspruch nach den Grundsätzen des Arbeitskampfrisikos entfallen, wenn dem ArbGeb die **sofortige Weiterbeschäftigung unmöglich** oder unzumutbar ist, etwa weil er als Reaktion auf einen Kurzstreik zur Rettung der Tagesproduktion ein **„Notprogramm"** mit nicht am Arbeitskampf beteiligten ArbN konzipiert hat (BAG 12.11.96 – 1 AZR 364/96, NZA 97, 393; BAG 15.12.98 – 1 AZR 216/98, NZA 99, 550). Die Auswahl der ArbN hat – anders als bei der Aufstellung eines Notdienstes während des Arbeitskampfs – der ArbGeb allein vorzunehmen. Trifft er keine Auswahl zwischen den Arbeitswilligen, so kann er gegenüber allen in Annahmeverzug geraten (BAG 17.2.98 – 1 AZR 386/97, NZA 98, 896). Ein „Notprogramm" etwa durch Fremdvergabe von Tätigkeiten zur Vorbeugung künftig drohender Arbeitsniederlegungen einer „streikanfälligen" Belegschaft befreit den ArbGeb nicht von der Lohnzahlungspflicht (BAG 15.12.98 – 1 AZR 289/98, NZA 99, 550).

**2. Rechtsprechungs-ABC zu Problemfällen. a) Betriebsratstätigkeit.** Auch BRat-Mitglieder können sich am Arbeitskampf beteiligen und dürfen mit suspendierender Wirkung ausgesperrt werden (BAG GS 21.4.71 – GS 1 /68, NJW 17, 3103). Aus § 74 Abs 2 S 2 Hs 2 BetrVG ergibt sich allerdings, dass BRatMitglieder ihr Amt auch während eines Arbeitskampfes wahrzunehmen haben. Für ihre BRatTätigkeit während des Arbeitskampfes entsteht **kein Vergütungsanspruch** gem § 37 Abs 2 BetrVG. § 37 Abs 2 BetrVG beruht auf dem Lohnausfallprinzip. Deshalb ist für die Frage einer Vergütungspflicht von BRat-Tätigkeit immer danach zu fragen, was das BRatMitglied verdient haben würde, wenn es keine BRatTätigkeit ausgeübt hätte. Ein ausgesperrtes BRatMitglied hätte aber, wenn es keine BRatTätigkeit ausgeübt hätte, im Hinblick auf die Suspendierung der Pflichten aus dem Arbeitsvertrag keinen Lohnanspruch (BAG 25.10.88 – 1 AZR 364/96, NZA 97, 393). Das Gleiche gilt für den Fall der Betriebs- oder Betriebsteilschließung. Ist der Betrieb, dem das BRatMitglied zuzuordnen ist, nicht während eines Streikes geschlossen und liegt auch keine Aussperrung vor, so kommt es für den Entgeltanspruch gem § 37 Abs 2 BetrVG darauf an, ob sich das BRatMitglied aktiv am Streik beteiligt. Dies ist nur dann der Fall, wenn das BRatMitglied ausdrücklich oder schlüssig seine Streikbeteiligung gegenüber dem ArbGeb erklärt. Dieses Problem stellt sich weniger bei der Wahrnehmung von BRatTätigkeit als bei dem Besuch von Schulungsveranstaltungen gem § 37 Abs 6 BetrVG. Hier kann allein aus dem Nichterscheinen zur Arbeit nicht geschlossen werden, dass sich das BRat-Mitglied am Streik beteiligen will (BAG 15.1.91 – 1 AZR 178/90, BB 91, 1194). 26

**b) Feiertagslohn.** Voraussetzung für einen Anspruch auf Bezahlung eines gesetzlichen Feiertages gem § 2 EFZG ist, dass der gesetzliche Feiertag **alleinige Ursache für den Arbeitsausfall** ist. Dies ist dann nicht der Fall, wenn infolge einer vom ArbGeb erklärten rechtmäßigen Aussperrung an dem gesetzlichen Feiertag ohnehin nicht gearbeitet worden wäre (BAG 31.5.88 – 1 AZR 200/87, NJW 89, 124). Greift der ArbGeb zu dem Mittel der Betriebsschließung, entfällt der Anspruch auf Feiertagslohn jedenfalls dann, wenn der ArbGeb die Betriebsschließung – ausdrücklich oder schlüssig – für den gesamten Zeitraum des Arbeitskampfes erklärt. Fehlt es an Aussperrung oder Betriebs(teil)schließung, ist wiederum zu ermitteln, ob sich der einzelne ArbN tatsächlich am Streik beteiligt (→ Rn 16 ff). Feiertagslohn muss dagegen gezahlt werden, wenn der Arbeitskampf unmittelbar vor dem Feiertag endet oder sich unmittelbar an den Feiertag anschließt. In diesen beiden Fällen ist einzige Ursache für den Arbeitsausfall der gesetzliche Feiertag (BAG 31.5.88 – 1 AZR 200/87, NJW 89, 124; BAG 11.5.93 – 1 AZR 649/92, NZA 93, 809). Allerdings muss die Beendigung des Arbeitskampfes vor einem Feiertag dem ArbGeb bekannt gemacht werden; diese **Bekanntmachung** kann durch entspr Mitteilung an den ArbGeb durch die streikenden ArbN bzw die streikführende Gewerkschaft und – soweit hinreichend konkret – auch durch eine öffentliche Verlautbarung über die Medien erfolgen (BAG 23.10.96 – 1 AZR 269/96, NZA 97, 397). Der Streiktaktik sind allerdings Grenzen gesetzt, denn die Unterbrechung eines Streiks nur für Feiertage führt nicht zu einem Anspruch auf Feiertagslohn. Eine „wirkliche" Streikunterbrechung setzt nach der Auffassung des BAG voraus, dass es zu einer vorübergehenden Aufnahme der Arbeit kommt; insofern muss sich die Streikunterbrechung zumindest auch auf einen Arbeitstag beziehen (BAG 1.3.95 – 1 AZR 786/94, NZA 95, 996). 27

**c) Krankheit.** Ein Anspruch auf Entgeltfortzahlung im Krankheitsfall besteht nur dann, wenn der arbeitsunfähig erkrankte ArbN ohne die AU einen Vergütungsanspruch gehabt hätte. Dies ist dann nicht der Fall, wenn ein ArbN während der arbeitskampfbedingten Suspendierung der arbeitsvertraglichen Pflichten krank wird; denn in diesem Fall entfällt ein Vergütungsanspruch bereits aufgrund der Suspendierung, so dass er auch unabhängig von der AU keinen Vergütungsanspruch hätte (BAG 7.6.88 – 1 AZR 597/86, NJW 89, 315). Die Streikbeteiligung muss wiederum ausdrücklich oder konkludent gegenüber dem ArbGeb erklärt werden. Soweit eine solche Erklärung nicht vorliegt, ist es dem ArbGeb verwehrt, die Entgeltfortzahlung mit der hypothetischen Überlegung zu verweigern, dass sich der ArbN am Streik beteiligt hätte, wenn er arbeitsfähig gewesen wäre (BAG 1.10.91 – 1 AZR 147/91, NZA 92, 163). 28

**d) Sonderleistungen.** Ob durch arbeitskampfbedingte Fehlzeiten Ansprüche auf (Jahres-) Sonderleistungen tangiert werden, hängt von der Ausgestaltung der jeweiligen Vereinbarung ab. Macht eine (tarifliche) Regelung den Anspruch auf eine Jahressonderleistung 29 allein vom rechtlichen Bestand des Arbeitsverhältnisses abhängig, dann ist diese Sonderzahlung auch für Zeiten zu gewähren, in denen das Arbeitsverhältnis wegen eines Arbeitskampfes geruht hat. Ist dagegen eine Sonderzahlung nur für Zeiten einer tatsächlichen Arbeitsleistung vorgesehen, entsteht für Zeiten einer Teilnahme an einem Arbeitskampf kein Anspruch (BAG 20.12.95 – 10 AZR 742/94, NZA 96, 491; BAG 17.6.97 – 1 AZR 674/96, NZA 98, 47 zur tariflichen „Monatspauschale"; BAG 3.8.99 – 1 AZR 735/98, NZA 2000, 487 für eine tarifliche Jahressonderzahlung, die bei „Ruhen" des Arbeitsverhältnisses gekürzt werden darf); jedenfalls, wenn sich auch andere Fehlzeiten, etwa wegen Unpünktlichkeit oder Krankheit, anspruchsmindernd auswirken, liegt ein Verstoß gegen das Maßregelungsverbot gem § 612a BGB nicht vor (BAG 31.10.95 – 1 AZR 217/95, NZA 96, 389 in Bezug auf eine monatliche Anwesenheitsprämie). Eine Kürzungsmöglichkeit entfällt, wenn tariflich eine Maßregelungsklausel vereinbart wird, nach der das Arbeitsverhältnis „durch die Arbeitskampfmaßnahme als nicht ruhend" gilt (BAG 13.2.07 – 9 AZR 374/06, NZA 07, 573).

30 **e) Urlaub.** Der Arbeitskampf hat weder Einfluss auf die Wartezeit für die Entstehung des Urlaubsanspruchs noch auf die Urlaubsdauer (BAG 28.1.82 – 6 AZR 571/79, NJW 82, 1548). Ein bereits bewilligter Urlaub wird grds nicht dadurch widerrufen, dass der ArbGeb die ArbN seines Betriebs oder eine bestimmte Gruppe für eine Zeit aussperrt, in die der bewilligte Urlaub ganz oder teilweise hineinfällt. In der bloßen Erklärung des ArbGeb, er sperre seine ArbN oder eine bestimmte Gruppe aus, kann jedenfalls im Regelfall ein Widerruf des bewilligten Urlaubs nicht gesehen werden (BAG 31.5.88 – 1 AZR 200/87, NJW 89, 124). Der ArbN behält deshalb grds seinen Anspruch auf die für den bewilligten Urlaub zu zahlende Urlaubsvergütung. Bei der Berechnung des Urlaubsentgelts sind Zeiten, in denen die Vergütungspflicht wegen eines Arbeitskampfes entfällt, nicht entgeltmindernd zu berücksichtigen, da es sich insofern um Zeiten des „Arbeitsausfalls" iSd § 11 Abs 1 BUrlG handelt (*ErfK/Gallner* § 11 BUrlG Rn 26). Ebenso bleibt, wenn während eines Urlaubs ein Streik ausbricht, ein einmal bewilligter Urlaub bestehen (BAG 9.2.82 – 1 AZR 567/79, NJW 82, 2087). Will ein streikender ArbN während des Streiks Urlaub „nehmen", muss aus dem entspr Antrag eindeutig hervorgehen, dass der ArbN nicht mehr am Streik teilnehmen will (LAG Nbg 25.1.95 – 4 Sa 1118/93, NZA 95, 854). Dazu muss er dem ArbGeb signalisieren, dass er nicht nur zum Urlaub, sondern auch zur Wiederaufnahme der Arbeit bereit ist (BAG 24.9.96 – 9 AZR 364/95, NZA 97, 507).

31 **V. Auswirkungen des Arbeitskampfes auf die betriebliche Mitbestimmung.** Während des Arbeitskampfes sind die Beteiligungsrechte des BRat **nicht pauschal suspendiert**. Die betriebliche Mitbestimmung hat grds nur dann hinter der Tarifautonomie zurückzutreten, wenn die Gefahr besteht, dass der BRat die Kampfparität zwischen den Tarifparteien zulasten des ArbGeb verschiebt. Die Mitbestimmung entfällt etwa bei **Versetzung arbeitswilliger ArbN** zur Aufrechterhaltung des bestreikten Betriebs oder bei Anordnung von Mehrarbeit, weil eine arbeitskampfneutrale Ausübung des Mitbestimmungsrechts iSd § 75 Abs 2 S 1 BetrVG nicht möglich ist. Soweit es aber lediglich darum geht, nach Ende der Streikmaßnahme die Streikfolgen abzuarbeiten, dienen entspr Maßnahmen nicht mehr unmittelbar dem Arbeitskampf und sind daher mitbestimmungspflichtig (BAG 13.12.11 – 1 ABR 2/10, NZA 12, 571; BAG 20.3.18 – 1 ABR 70/16, NZA 18, 1081, hierzu *Kleinmann/Fündling* NZA 18, 1386). Suspendiert ist auch nicht der **allgemeine Unterrichtungsanspruch** des BR aus § 80 Abs 2 BetrVG, da insoweit eine Gefährdung der Kampfparität nicht zu befürchten ist (LAG RhPf 21.3.13 – 10 TaBV 41/12, NZA-RR 13, 291).

32 **VI. Arbeitskampfunterstützung.** Gewerkschaftlich organisierte ArbN erhalten von ihrer Gewerkschaft eine **Streik- und Aussperrungsunterstützung,** durch die der den ArbN infolge des Wegfalls des Lohnanspruchs während des Arbeitskampfes entstehende Einkommensverlust abgemildert werden soll. Die Voraussetzungen für die Gewährung von Arbeitskampfunterstützung ergeben sich aus der Satzung der jeweiligen Gewerkschaft. Regelmäßig ist Voraussetzung für die Gewährung von Arbeitskampfunterstützung eine dreimonatige Gewerkschaftsmitgliedschaft. Vielfach ist die Unterstützung bei kurzfristigen Streiks bis zu 3 Tagen ausgeschlossen. Sie wird grds nur gewährt, wenn sich der ArbN an die von der Gewerkschaft aufgestellten Streikrichtlinien hält. Teilweise ist vorgesehen, dass Mitglieder, die vor Beendigung des Streiks die Arbeit wieder aufnehmen, rückwirkend den

Anspruch auf die Arbeitskampfunterstützung verlieren und gezahlte Vorschüsse zurückzuzahlen haben. Die Höhe der Arbeitskampfunterstützung ist regelmäßig abhängig von dem bisher gezahlten Mitgliedsbeitrag, von der Höhe des Einkommens und den Familienverhältnissen. IdR erreicht die Arbeitskampfunterstützung 2/3 des Bruttoverdienstes.

Auch die Satzungen und Arbeitskampfrichtlinien der **Arbeitgeberverbände** enthalten Regelungen über Arbeitskampfunterstützung ihrer bestreikten Mitglieder, insbes sind finanzielle Zuwendungen bei kurzfristigen Zahlungsschwierigkeiten vorgesehen, welche meist über Unterstützungsfonds finanziert werden. 33

## B. Lohnsteuerrecht *Thomas*

**1. Streikbruchprämien** (→ Rn 15) sind ebenso wie andere Treueprämien Arbeitslohn und unterliegen dem LStAbzug so wie umgekehrt Streikunterstützungen des ArbGebVerbandes beim ArbGeb Betriebseinnahmen sind (FG Köln 1.3.01 – 5 K 3372/96, EFG 01, 1230). Dabei spielt keine Rolle, ob die Streikbruchprämien arbeitsrechtlich zulässig waren, ob sie vor, während oder nach dem Arbeitskampf gewährt wurden oder ob sie wegen eines Verstoßes gegen das Gleichbehandlungsgebot auch an streikende ArbN ausgezahlt werden mussten. Des Weiteren ist Arbeitslohn, der gezahlt worden ist, obwohl der Lohnanspruch suspendiert war, dem LStAbzug zu unterwerfen. 34

**2. Streikgelder. a) Arbeitslohn** liegt nicht schon vor, wenn das Dienstverhältnis die Gelegenheit zur Einnahmeerzielung bietet, wie auch die Beispiele Diebstahl oder Schmiergeld (→ *Schmiergeld* Rn 9) zeigen. Vielmehr wird eine Einnahme nur dann „für eine Beschäftigung … gewährt" (§ 19 Abs 1 Nr 1 EStG), wenn sie als Ertrag der Arbeit, also für Arbeitsleistung im weitesten Sinne, und nicht gegen den Willen des ArbGeb erfolgt. 35

Deswegen sind **gewerkschaftliche Streik- bzw Aussperrungsunterstützungen** kein Arbeitslohn, ungeachtet der Tatsache, dass Gewerkschaftsbeiträge als Beiträge zu Berufsverbänden (§ 9 Abs 1 Nr 3 EStG) und damit als Werbungskosten angesehen werden (BFH 28.11.80 – VI R 193/77, BStBl II 81, 368). Rechtsgrundlage ist nicht das Dienstverhältnis, sondern die Mitgliedschaft in der Gewerkschaft, und die Zahlung erfolgt nicht für Arbeitsleistungen, sondern allenfalls dafür, dass nicht gearbeitet wird. Deswegen hat der BFH zu Recht in Aufgabe früherer Rspr den Arbeitslohncharakter verneint (BFH 24.10.90 – X R 161/88, BStBl II 91, 337). 36

**b) Werbungskosten.** Da Streikgelder kein Arbeitslohn, sondern wirtschaftlich betrachtet Leistungen aus einer eigenen Versicherung des ArbN (der Gewerkschaftskasse) sind, stehen die durch das Arbeitsverhältnis veranlassten Aufwendungen (Werbungskosten) mit den Streikgeldern allenfalls in mittelbarem Zusammenhang, weshalb diese Werbungskosten auch nicht nach § 3c EStG zu kürzen sind (BFH 23.11.2000 – VI R 93/98, DStRE 01, 294 zum Konkursausfallgeld). 37

**3. Lohnersatzleistungen.** Werden im Zusammenhang mit Aussperrungen Leistungen nach dem AFG erbracht, liegen ebenfalls nicht Einnahmen aus nichtselbstständiger Arbeit (§ 19 EStG), sondern wiederkehrende Bezüge (§ 22 EStG) vor. Es handelt sich nicht um Lohnzahlungen Dritter, da nicht Arbeitsleistungen des ArbN vergütet, sondern Versicherungsleistungen für entfallende Lohnzahlungen erbracht werden. Allerdings lässt der Gesetzgeber bei Lohnersatzleistungen den ArbNPauschbetrag (§ 9a Nr 1 EStG) zum Abzug zu (§ 32b Abs 2 Nr 1 EStG). Vgl im Übrigen → *Lohnersatzleistungen* Rn 16 ff. 38

## C. Sozialversicherungsrecht *Voelzke*

**1. Allgemeines.** Im SozVRecht ist es von praktischer Bedeutung, ob den ArbN während eines Arbeitskampfes (Streik, Aussperrung) Ansprüche auf AlGeld bzw Kurzarbeitergeld zustehen und ob der KVSchutz erhalten bleibt (zu den Besonderheiten der sozialrechtlichen Folgen ausländischer Arbeitskämpfe *Eichenhofer* NZA 06, Beilage 2, 67). Seit dem grds Urt des BSG vom 15.12.71 (– 3 RK 87/68, BSGE 33, 254) geht die hM davon aus, dass legale kollektive Arbeitskampfmaßnahmen das sozialversicherungsrechtliche **Beschäftigungsverhältnis** der beteiligten oder hiervon betroffenen ArbN nicht unterbrechen. Versicherungsrechtliche Nachteile können dem ArbN jedoch durch den Fortfall der Verpflichtung des ArbGeb zur Zahlung von Arbeitsentgelt erwachsen. 50

Hingegen bleibt bei einer **rechtswidrigen Aussperrung** wegen des weiterbestehenden Anspruchs auf Entgeltzahlung die Versicherungs- und Beitragspflicht in allen Zweigen der SozV ohne zeitliche Begrenzung erhalten.

Beitragsrechtlich ergeben sich wegen des Fortfalls der Vergütungspflicht des ArbGeb keine Probleme. Während der Dauer des Arbeitskampfes entfällt die Pflicht des ArbGeb zur **Beitragsentrichtung.** Dies gilt auch hinsichtlich der Beitragspflicht für mittelbar vom Arbeitskampf betroffene ArbN, soweit diesen nach arbeitsrechtlichen Grundsätzen kein Anspruch auf Arbeitsentgelt zusteht.

In der ArblV verbietet es die **Neutralitätspflicht** des Staates, durch die Gewährung von Lohnersatzleistungen (AlGeld, Kurzarbeitergeld) in Arbeitskämpfe einzugreifen (§ 160 SGB III). Im durch den Arbeitskampf unmittelbar betroffenen Bereich wird nach dem Vermittlungsgrundsatz der Neutralität (§ 36 Abs 3 SGB III) die Arbeitsvermittlung der BA grds ausgeschlossen. Subsidiär steht den von Arbeitskämpfen betroffenen ArbN ein Anspruch auf SGB II-Leistungen zu; ein Verstoß gegen die Neutralitätspflicht des Staates ist hierin nicht zu sehen.

51 **2. Krankenversicherung und Pflegeversicherung.** Nach der für alle Zweige der SozV geltenden Regelung des § 7 Abs 3 Satz 1 SGB IV gilt eine Beschäftigung gegen Arbeitsentgelt als fortbestehend, solange das Beschäftigungsverhältnis ohne Anspruch auf Arbeitsentgelt fortdauert, jedoch nicht länger als einen Monat. Daneben gilt die krankenversicherungsrechtliche Regelung, wonach die Mitgliedschaft für die Dauer eines rechtmäßigen Arbeitskampfs (unbegrenzt) erhalten bleibt (§ 192 Abs 1 Nr 1 SGB V). Die Anordnung der zeitlich unbegrenzten Fortdauer der Mitgliedschaft im Falle eines rechtmäßigen Streiks beruht auf dem Grundsatz, dass allein die Dauer eines Streiks diesen nicht rechtswidrig macht. Die Mitgliedschaft bleibt bei einem rechtswidrigen Streik nach § 7 Abs 3 Satz 1 SGB IV lediglich für einen Monat erhalten (*Schlegel/Voelzke/Felix* SGB V, § 192 Rz 12). Die Vorschrift über das Fortbestehen der Mitgliedschaft gilt in der PflegeV entsprechend (§ 49 Abs 2 SGB XI). Während also bei einem **rechtmäßigen Streik** die Mitgliedschaft ohne zeitliche Grenzen fortbesteht, gilt für den rechtswidrigen Streik die Begrenzung auf einen Monat. Die Monatsfrist beginnt mit dem Ende der Zahlung von Arbeitsentgelt. Endet die Versicherungspflicht oder besteht beim ArbN Unsicherheit über die Rechtmäßigkeit des Arbeitskampfes, so wird zur Erhaltung des Versicherungsschutzes die Möglichkeit zur freiwilligen Versicherung gem § 9 SGB V eingeräumt. Der streikende ArbN hat bei Eintritt des Versicherungsfalls Anspruch auf die Leistungen der KV.

52 Anspruch auf **Krankengeld** besteht allerdings lediglich für die Zeit **nach Ende des Arbeitskampfes,** da Krankengeld nur für entgangenes regelmäßiges Arbeitsentgelt gezahlt wird (BSG 15.12.71 – 3 RK 87/68, BSGE 33, 254). Nur bei einer Erkrankung des ArbN vor Beginn des Streikes besteht entsprechend der Rspr des BAG zur Entgeltfortzahlung ein Anspruch auf Krankengeld. Steht dem ArbN während des Streikes Anspruch auf AlGeld zu, so besteht Versicherungsschutz nach § 5 Abs 1 Nr 2 SGB V.

53 **3. Rentenversicherung.** Obwohl auch in der RV während der Dauer eines Arbeitskampfes von einem Fortbestehen des Beschäftigungsverhältnisses auszugehen ist, werden Beitragszeiten mangels Entgeltzahlung nicht begründet (BSG 11.12.73 – GS 1/73, BSGE 37, 10), soweit der Monatszeitraum des § 7 Abs 3 SGB IV überschritten wird. Zu berücksichtigen ist jedoch die Regelung des § 122 Abs 1 SGB VI, wonach ein Kalendermonat, der nur zum Teil mit rentenrechtlichen Zeiten belegt ist, als voller Kalendermonat zählt. Es entstehen also nur dann versicherungsrechtliche Nachteile, wenn der Streik oder die rechtmäßige Aussperrung über einen vollen Kalendermonat hinaus dauert. Während der Dauer des Arbeitskampfes werden auch keine Anrechnungszeiten nach § 58 Abs 1 Nr 3 SGB VI begründet; allerdings sind der gewerkschaftlich geführte Streik und die Aussperrung als sog **Überbrückungszeiten** anzusehen, die bei Vorliegen der Anrechnungstatbestände nach § 58 Abs 1 Nr 1–3 SGB VI den Anschluss an das versicherungspflichtige Beschäftigungsverhältnis wahren (s zum alten Recht BSG 11.12.73 – GS 1/73, BSGE 37, 10).

54 **4. Unfallversicherung.** UVSchutz besteht für streikende und rechtmäßig ausgesperrte ArbN nicht, da hierfür eine versicherte Tätigkeit erforderlich ist (§ 2 Abs 1 Nr 1 SGB VII). Zu den versicherten Tätigkeiten gehören hingegen die zur Erhaltung der Betriebsanlagen

erforderlichen Arbeiten und die damit zusammenhängenden Wege. Die Tätigkeit von Gewerkschaftsmitgliedern als Streikhelfer begründet den Versicherungsschutz als eine der Gewerkschaft dienende Tätigkeit (BSG 8.10.81 – 2 RU 50/88, SozR 2200 § 539 Nr 83).

**5. Arbeitsförderung. a) Versicherungspflicht.** In der ArblV gilt der Grundsatz, dass Beschäftigungszeiten, für die kein Arbeitsentgelt gezahlt wird, nicht der Erfüllung der **Anwartschaftszeit** für den AlGeldAnspruch dienen. Eine Ausnahme von diesem Grundsatz gilt auch hier, wenn solche Zeiten den Zeitraum von bis zu einem Monat nicht überschreiten (§ 7 Abs 3 SGB IV). Unschädlich für den AlGeldAnspruch sind deshalb Zeiten eines Arbeitskampfes ohne Arbeitsentgeltanspruch, wenn der Monatszeitraum nicht überschritten wird; bei einem Überschreiten des Zeitraumes bleiben die Zeiten insgesamt unberücksichtigt. **55**

**b) Leistungsrecht.** Während der Dauer von Arbeitskampfmaßnahmen kommen für die betroffenen ArbN Ansprüche auf Kurzarbeitergeld oder *Arbeitslosengeld* in Betracht. In der ArblV folgt aus dem Grundsatz der **Unparteilichkeit** (§§ 160, 100 SGB III), dass nicht in Arbeitskämpfe eingegriffen werden darf. Hierbei kann sowohl durch Gewährung wie durch Nichtgewährung von Lohnersatzleistungen die Pflicht zur Neutralität verletzt werden (BSG 5.6.91 – 7 RAr 26/89, BB 91, 2225). Unzweifelhaft ist, dass bei ArbN, die am Arbeitskampf unmittelbar beteiligt sind, der Leistungsanspruch bis zur Beendigung des Arbeitskampfes ruht, während ArbN, die zuletzt in einem Betrieb beschäftigt waren, der nicht dem fachlichen Geltungsbereich des umkämpften Tarifvertrages zuzuordnen ist, die Leistungen der ArblV zustehen (§ 160 Abs 1 Satz 2 SGB III). Nach der Entscheidung des BSG vom 4.10.94 – 7 KlAr 1/93 (NZA 95, 320) findet § 160 SGB III nicht nur in Fällen Anwendung, in denen der Arbeitskampf um den Abschluss eines neuen Tarifvertrages geführt wird, sondern auch um die Einhaltung und Ausführung eines bereits geschlossenen Tarifvertrages, da § 160 SGB III umfassend die sozialrechtlichen Auswirkungen von Arbeitskämpfen regeln soll. Keine Anwendung findet die Ruhensregelung für existenzsichernde Leistungen nach dem SGB II (*Samartzis* ZfF 10,133). **56**

Das Ruhen des Leistungsanspruches tritt bei unmittelbar am Arbeitskampf beteiligten ArbN allerdings nur ein, wenn ein **ursächlicher Zusammenhang** zwischen Arbeitskampf und Eintritt der Arbeitslosigkeit besteht. Hinsichtlich der Gewährung von Kurzarbeitergeld kann der ArbGeb nach § 100 Abs 2 SGB III geltend machen, der Arbeitsausfall sei Folge eines Arbeitskampfes. Der ArbGeb hat seiner Darlegung und Glaubhaftmachung eine Stellungnahme der Betriebsvertretung beizufügen. Ist die Kurzarbeit nach den Feststellungen der Arbeitsverwaltung nicht Folge eines Arbeitskampfes, sondern vermeidbar, so muss die BA nach § 100 Abs 3 SGB III Kurzarbeitergeld gewähren. **57**

Gegen die Konkretisierung der durch den Arbeitskampf lediglich **mittelbar** betroffenen ArbN, deren Leistungsanspruch gem § 160 Abs 3 Satz 1 SGB III ebenfalls ruht, werden aus unterschiedlichen Gründen verfassungsrechtliche Bedenken erhoben. Das BVerfG hat den gleich lautenden § 116 Abs 3 Satz 1 AFG zwar für mit dem Grundgesetz vereinbar gehalten, jedoch hinsichtlich der Auswirkungen auf zukünftige Arbeitskämpfe eine Beobachtungs- und ggf Handlungspflicht des Gesetzgebers angenommen. Ergibt sich, dass in der Folge der Regelung **strukturelle Ungleichheiten** der Tarifvertragsparteien auftreten, die ein ausgewogenes Aushandeln der Arbeits- und Wirtschaftsbedingungen nicht mehr zulassen und durch die Rspr nicht ausgeglichen werden können, so muss der Gesetzgeber Maßnahmen zur Wahrung der Tarifautonomie treffen (BVerfG 4.7.95 – 1 BvF 2/86 ua DB 95, 1604; kritisch: *Kreßel* NZA 95, 1121; *Schlegel/Voelzke/Schubert* SGB III, § 160 Rz 20 ff). **58**

Der Leistungsanspruch von mittelbar vom Arbeitskampf betroffenen ArbN ruht bei ArbN, wenn der Betrieb, in dem sie zuletzt beschäftigt waren, dem **räumlichen und fachlichen Geltungsbereich** des umkämpften Tarifvertrages zuzuordnen ist (§ 160 Abs 3 Satz 1 Nr 1 SGB III). Hierbei ist ohne Bedeutung, ob sich ArbN dieses Betriebes am Arbeitskampf beteiligt haben. Ausgenommen von der Ruhenswirkung sind nach § 160 Abs 3 Satz 3 SGB III mittelbar betroffene ArbN, wenn die streitigen Arbeitsbedingungen nach Abschluss des Tarifvertrages für sie nicht gelten oder auf sie nicht angewendet würden. Eine weitere Ausnahme kann bei entsprechender Bestimmung durch den Verwaltungsrat eintreten, wenn das Ruhen für eine bestimmte Gruppe von ArbN ausnahmsweise nicht gerechtfertigt ist (§ 160 Abs 4 SGB III). **59**

60 Zusätzliche Voraussetzungen müssen gem § 160 Abs 3 Satz 1 Nr 2 SGB III für das Ruhen des Leistungsanspruches von ArbN vorliegen, deren Beschäftigungsbetrieb nicht zum räumlichen, aber doch zum **fachlichen Geltungsbereich** des umkämpften Tarifvertrages gehört. Die Ruhenswirkung tritt nur ein, wenn auch in dem Tarifgebiet des Betriebes eine Forderung erhoben ist, die einer Hauptforderung des Arbeitskampfes nach **Art und Umfang** gleich ist, ohne mit ihr übereinstimmen zu müssen. Erforderlich ist ein inhaltlicher und nicht nur formaler Vergleich der erhobenen Tarifforderungen und deren Struktur (*Hauck/Noftz/Valgolio* SGB III § 160 Rz 34). Eine Forderung ist erhoben, wenn die zur Entscheidung berufene Stelle die Forderung beschlossen hat oder wenn sie aufgrund des Verhaltens der Tarifvertragspartei im Zusammenhang mit dem angestrebten Abschluss als beschlossen anzusehen ist (§ 160 Abs 3 Satz 2 SGB III). Als Hauptforderung sind die sozialpolitisch und wirtschaftlich zentralen Forderungen anzusehen, die dem Arbeitskampf sein Gepräge geben (*Löwisch* NZA 86, 348). Abzustellen ist bei der Frage der Gleichheit der erhobenen Forderungen darauf, was diejenige Tarifpartei erreichen möchte, die den Arbeitskampf beginnt, so dass unterschiedliche Angebote der Gegenseite unerheblich sind (BSG 4.10.94 – 7 KlAr 1/93, NZA 95, 320). Zweifelhaft ist, ob durch den unterschiedlichen Umfang der Forderung (zB bei Lohnforderungen) die Anwendung des § 160 SGB III ausgeschlossen werden kann. Die Frage dürfte bei offenbaren Manipulationen zu verneinen sein. Hingegen entspricht es nicht dem Wortlaut des Gesetzes, das auf Art und Umfang der Forderung abstellt, lediglich sich der Art nach unterscheidende Forderungen (zB Arbeitszeitverkürzung und Lohnerhöhung) von der Ruhenswirkung auszunehmen (*Schwerdtfeger* Rechtsfragen zu § 116 AFG nF, 47; aA *Kummer* AngVers 90, 209).

61 Zusätzlich erfordert der Eintritt der Ruhenswirkung die **Prognose,** dass das Arbeitskampfergebnis aller Voraussicht nach in dem räumlichen Geltungsbereich des nicht umkämpften Tarifvertrages im Wesentlichen übernommen wird. Die Prognose erfolgt zu Beginn oder während des Arbeitskampfes. Erweist sich die ursprüngliche Prognose als falsch, findet eine Rückabwicklung nicht statt (*Schlegel/Voelzke/Schubert* § 160 SGB III Rz 78). Anhaltspunkte hierfür sind insbes gegeben, wenn in der bisherigen Praxis der Tarifvertragsparteien Arbeitskampfergebnisse idR übernommen wurden. Im Übrigen sind auch das Verhalten und die Äußerungen der Tarifvertragsparteien in den laufenden Verhandlungen zu berücksichtigen. An die Übernahmeprognose sind hohe Anforderungen zu stellen (BSG 4.10.94 – 7 KlAr 1/93, NZA 95, 320).

62 Die Feststellung, ob außerhalb des räumlichen Geltungsbereichs des umkämpften Tarifvertrages die Voraussetzungen für das Ruhen der Leistungsansprüche der mittelbar betroffenen ArbN gegeben sind, trifft gem § 160 Abs 5 SGB III der **Neutralitätsausschuss** (s zur Zusammensetzung § 380 SGB III). Vor seiner Entscheidung muss der Ausschuss den Fachspitzenverbänden der am Arbeitskampf beteiligten Tarifvertragsparteien Gelegenheit zur Stellungnahme geben. Den Fachspitzenverbänden gegenüber sind die Entscheidungen des Ausschusses Verwaltungsakte. Sie können Entscheidungen des Ausschusses ohne Vorverfahren durch Klage anfechten; über die Klage entscheidet im ersten und letzten Rechtszug das BSG (§ 160 Abs 6 SGB III). Die Klage hat keine aufschiebende Wirkung, jedoch lässt § 160 Abs 6 Satz 6 SGB III ein einstweiliges Anordnungsverfahren zu (s zu den verfahrensrechtlichen Fragen *Kummer* AngVers 90, 209 ff; zur Zulässigkeit der Fortsetzungsfeststellungsklage vgl BSG 24.7.96 – 7 KlAr 1/95, NZA 97, 285).

63 **c) Vermittlung.** Nach § 36 Abs 3 SGB III darf die Agentur für Arbeit in einem durch einen Arbeitskampf unmittelbar betroffenen Bereich nur dann vermitteln, wenn der Arbeitssuchende und der ArbGeb dies trotz eines **Hinweises auf den Arbeitskampf** verlangen. Mittelbar betroffene ArbN und Betriebe werden von § 36 Abs 3 SGB III nicht erfasst. Bietet die Agentur für Arbeit dem Arbeitslosen ein Stelle unter Verstoß gegen die Regelung an, so löst dies im Falle der Ablehnung keine *Sperrzeit* aus (*Gagel/Peters-Lange* SGB III, § 36 Rz 20).

64 **d) Anzeigepflicht.** § 320 Abs 5 SGB verpflichtet die ArbGeb, in deren Betrieben ein Arbeitskampf stattfindet, der Agentur für Arbeit über **Ausbruch und Beendigung** des Arbeitskampfes unverzüglich eine Anzeige zu erstatten. Unerheblich für die Anzeigepflicht ist, ob der Arbeitskampf rechtmäßig ist. Es sind nur Arbeitskämpfe in einem eigenen Betrieb des ArbGeb anzuzeigen. Mittelbare Folgen des Arbeitskampfes unterliegen, auch wenn sie Auswirkungen auf den Betrieb haben, nicht der Anzeigepflicht.

Der ArbGeb muss die Anzeige **schriftlich** iSd § 126 BGB erstatten (*Hauck/Noftz/Voelzke* SGB III, § 320 Rz 39). Zuständig für die Entgegennahme der Anzeige ist entsprechend § 327 Abs 4 SGB III der Agentur für Arbeit, in deren Bezirk der Betrieb des ArbGeb liegt. Die Anzeige bei Ausbruch des Arbeitskampfes muss den Namen und die Anschrift des Betriebes, das Datum des Beginns der Arbeitseinstellung und die Zahl der betroffenen ArbN enthalten (§ 320 Abs 5 Satz 2 SGB III). Wesentliche Änderungen müssen der Agentur für Arbeit ebenfalls mitgeteilt werden. Die Anzeige bei Beendigung des Arbeitskampfes muss den Namen und die Anschrift des Betriebes, das Datum der Beendigung der Arbeitseinstellung, die Zahl der an den einzelnen Tagen betroffenen ArbN und die Zahl der durch die Arbeitseinstellung ausgefallenen Arbeitstage enthalten (§ 320 Abs 5 Satz 3 SGB III).

Erfüllt der ArbGeb seine Anzeigepflicht nicht, nicht richtig, nicht vollständig oder nicht rechtzeitig, so stellt sein Verhalten eine **Ordnungswidrigkeit** dar (§ 404 Abs 2 Nr 25 SGB III). Die Ordnungswidrigkeit kann mit einer Geldbuße bis zu 2000 € geahndet werden.

**6. Beitragspflicht.** Soweit nach arbeitsrechtlichen Grundsätzen während der Dauer von 65
Arbeitskampfmaßnahmen keine Vergütungspflicht des ArbGeb besteht, entfällt auch die Beitragspflicht in allen Zweigen der SozV. Die von den Gewerkschaften an ihre streikenden ArbN gezahlte **Streikunterstützung** gehört nicht zum beitragspflichtigen Arbeitsentgelt iSd § 14 SGB IV. Beitragsfrei sind ebenfalls die durch die Gewerkschaften für ihre Mitglieder gezahlten Aussperrungsunterstützungen.

## Arbeitskleidung

### A. Arbeitsrecht

*Kreitner*

**1. Begriff.** Hinsichtlich der sog Arbeitskleidung im weiteren Sinn ist zu unterscheiden 1
zwischen Arbeitskleidung, Berufskleidung, Dienstkleidung und Schutzkleidung. Diese Begriffe werden im Einzelnen wie folgt definiert:

**a) Arbeitskleidung.** Kleidungsstücke, die von ArbN zur Schonung ihrer eigenen Kleidung im Rahmen der ihnen normalerweise obliegenden Arbeit getragen werden.

**b) Berufskleidung.** Kleidungsstücke, die aufgrund der Art der Arbeit hierfür zweckmäßig erscheinen oder die für bestimmte Berufe üblich sind.

**c) Dienstkleidung.** Kleidungsstücke, die zur besonderen Kenntlichmachung im dienstlichen Interesse an Stelle anderer Kleidung während der Arbeit getragen werden müssen.

**d) Schutzkleidung.** Kleidungsstücke, die bei bestimmten Tätigkeiten anstelle oder über der sonstigen Kleidung zum Schutz gegen Unfälle, Witterungsunbilden, gesundheitliche Gefahren oder gegen ungewöhnlich starke Verschmutzung oder Abnutzung der Kleidung oder aus Gründen der Hygiene getragen werden müssen.

**2. Arbeitskleidung.** Gesetzliche Regelungen über Arbeitskleidung existieren nicht. 2
Wie bereits aus der Begriffsdefinition deutlich wird, handelt es sich hierbei nicht um vorgeschriebene Kleidungsstücke, sondern der ArbN entscheidet sich aus Praktikabilitätsgründen dazu, bestimmte Kleidungsstücke bei der Arbeit zu tragen. Die Kosten für Anschaffung und Reinigung der Arbeitskleidung trägt dementsprechend der ArbN, vorbehaltlich einer anderweitigen Vereinbarung der Arbeitsvertragsparteien.

**3. Berufskleidung.** Insoweit gilt das zur Arbeitskleidung unter → Rn 2 Gesagte ent- 3
sprechend.

**4. Dienstkleidung.** Anders stellt sich die Rechtslage bezüglich der Dienstkleidung dar. 4

**a) Rechtsgrundlage.** Abgesehen von § 34 ArbStättV, der den ArbGeb verpflichtet, dem ArbN die Lüftung und Trocknung sowie die Aufbewahrung seiner Dienstkleidung außerhalb der Arbeitszeit zu ermöglichen, existieren auch insoweit keine gesetzlichen Regelungen. Allerdings finden sich in einer Vielzahl von **Tarifverträgen** spezielle Vorschriften über die Dienstkleidung hinsichtlich Fragen der Beschaffenheit der Kleidung, Eigentumsfragen sowie Kosten für Anschaffung und Reinigung (zB § 20 MTV Einzelhandel NRW; § 14 MTV für das Gaststätten- und Hotelgewerbe NRW; § 12 MTV Arzthelferinnen; § 21 AVR-Caritas). Auch aus **Unfallverhütungsvorschriften** können sich Auswirkungen auf die Beschaffenheit der Kleidung ergeben. So ist zB die Anweisung an einen Krankenpfleger, das Tragen von Schmuck im Gesicht sowie an Ohren und Händen zu unterlassen, aus diesem Grund geboten. Anderenfalls könnte der ArbGeb wegen Verletzung der Fürsorgepflicht zum Schadensersatz verpflichtet sein (LAG SchlHol 26.10.95 – 4 Sa 467/95, LAGE § 611 BGB Abmahnung Nr 44).

5 Soweit tarifliche Regelungen nicht vorhanden sind, können ArbGeb und BRat mittels **Betriebsvereinbarungen** oder formlosen Regelungsabreden entsprechende verbindliche Vereinbarungen treffen. Es besteht insoweit ein erzwingbares Mitbestimmungsrecht des BRat gem § 87 Abs 1 Nr 1 BetrVG, da die Ordnung des Betriebes betroffen ist (BAG 1.12.92 – 1 AZR 260/92, NZA 93, 711; LAG Nbg 10.9.02 – 6 (5) TaBV 41/01, NZA-RR 03, 197; *Fischer* NZA-RR 15, 169). Dieses Mitbestimmungsrecht erfasst unter Beachtung der vorgegebenen Zweckbestimmung der Dienstkleidung auch die Festlegung des dienstkleidungspflichtigen Personenkreises (BAG 17.1.12 – 1 ABR 45/10, NZA 12, 687). Geht es um die Einführung einer unternehmenseinheitlichen Dienstkleidung, ist der GBRat zuständig (BAG 18.7.17 – 1 ABR 59/15, BeckRS 2017, 128317; LAG BlnBbg 8.10.13 – 7 TaBV 704/13, BeckRS 2015, 66004). Schließlich besteht im Rahmen des zuvor Gesagten die Möglichkeit zu einer gesonderten **arbeitsvertraglichen Vereinbarung** zwischen ArbGeb und ArbN bezüglich der Dienstkleidung.

6 Fehlen derartige kollektivrechtliche oder einzelvertragliche Regelungen, unterliegt die Frage der Dienstkleidung dem *Weisungsrecht* des ArbGeb, wobei die Grenzen des § 106 GewO zu beachten sind. So kann der ArbGeb zB in einem Unternehmen der holzverarbeitenden Industrie, das hochwertige Möbel herstellt, einen Verkäufer, gestützt auf das Direktionsrecht, anweisen, Sakko und Krawatte zu tragen (LAG Hamm 22.10.91, BB 92, 430: Versetzung bei Missachtung der Anweisung trotz Abmahnung; ArbG Cottbus 20.3.12 – 6 Ca 1554/11, BeckRS 2012, 72457: Kündigung). Dagegen ist die Anweisung an einen Mitarbeiter eines Restaurationsbetriebes (am Grill), statt des vom ihm getragenen Turbans die zur Dienstkleidung gehörende Papierfaltmütze zu tragen, wegen des besonderen Gewichts des Art 4 GG im Rahmen des Einzelfallabwägung unwirksam (ArbG Hbg 3.1.96, ArbuR 96, 243). Ebenfalls unwirksam ist die nur an männliche Piloten gerichtete Anweisung, die sog Cockpit-Mütze zu tragen. Sie verstößt gegen den betriebsverfassungsrechtlichen Gleichbehandlungsgrundsatz (BAG 30.9.14 – 1 AZR 1083/12, NZA 15, 121). Insgesamt dürfen Dienstkleidungsbestimmungen nicht das Persönlichkeitsrecht des ArbN verletzen. Die Regelungen müssen **geeignet, erforderlich** und unter Berücksichtigung der verfassungsrechtlich gewährten Freiheitsrechte **angemessen** sein, um den mit der Dienstkleidung erstrebten Zweck zu erreichen (LAG Köln 18.8.10 – 3 TaBV 15/10, NZA-RR 2011, 85: Fluggastkontrolleure am Flughafen). Schließlich ist der ArbGeb grds verpflichtet, eine Umkleidemöglichkeit zur Verfügung zu stellen, sofern eine private Nutzung der Dienstkleidung nicht gestattet ist (BAG 17.1.12 – 1 ABR 45/10, NZA 12, 687).

7 **b) Kleidungsarten.** Die Bandbreite der Dienstkleidungen im vorgenannten Sinn ist sehr weit (BAG 13.2.03 – 6 AZR 536/01, NZA 03, 1196). Sie reicht von gehobener normaler Kleidung (Anzug, Hemd, Sakko) über Kleidungsstücke mit bestimmten Erkennungszeichen des ArbGeb (Werbemitteln) bis hin zu Uniformen (zB Bahn, Post, Hotelbedienstete, Stewardessen, Piloten).

8 **c) Vergütung.** Das Ankleiden vorgeschriebener Dienstkleidung im Betrieb gehört zur Arbeitszeit iSv § 87 Abs 1 Nr 2 BetrVG, wenn diese Kleidung nicht bereits auf dem Weg zur Arbeitsstätte getragen werden kann/muss, denn es handelt sich hierbei um eine ausschließlich fremdnützige Tätigkeit (BAG 6.9.17 – 5 AZR 382/16, NZA 18, 180; 17.11.15 – 1 ABR 76/13, NZA 16, 247; 12.11.13 – 1 ABR 59/12, NZA 14, 557; vgl auch *Schramm/Lodemann* NZA 17, 624; *Franzen* NZA 16, 136). Das hat das BAG in der jüngsten der vorgenannten Entscheidungen nochmals ausdrücklich für die Dienstkleidung eines Krankenpflegers festgestellt. Gleichzeitig hat es ausgeführt, dass eine Fremdnützigkeit des Umkleidens und eine Vergütungspflicht nur dann fehle, wenn der ArbN eine unauffällige Dienstkleidung zu Hause an- und ablege oder gleichermaßen mit Gestattung des ArbGeb bei einer an sich besonders auffälligen Dienstkleidung verfahre (aA LAG Köln 22.6.18 – 4 Sa 586/17, BeckRS 2018, 22982 allerdings für den Fall, dass der ArbGeb bei einer auffälligen Dienstkleidung keine Umkleidemöglichkeit im Betrieb zur Verfügung stellt). Maßgeblich ist dabei eine objektive Betrachtungsweise (BAG 10.11.09 – 1 ABR 54/08, NZA-RR 10,

301). Das Ablegen der Privatkleidung vor dem Anlegen der Dienstkleidung sowie das Anlegen der Privatkleidung nach Ablegen der Dienstkleidung sind dabei untrennbar miteinander verbunden und stellen insgesamt den maßgeblichen Umkleidezeitraum dar (LAG BlnBbg 29.10.15 – 10 TaBV 929/15, NZA-RR 16, 262). Auch das Abholen von Dienstkleidung an einer außerbetrieblichen Ausgabestelle ist vergütungspflichtig, wenn es dem ArbN vom ArbGeb im Rahmen des ihm zustehenden Direktionsrechts abverlangt wird. Zu vergüten ist dabei die gesamte Zeitspanne, die der einzelne ArbN unter Ausschöpfung seiner persönlichen Leistungsfähigkeit benötigt, um die Dienstkleidung abzuholen (BAG 19.3.14 – 5 AZR 954/12, NZA 14, 787). Allerdings kann tariflich geregelt werden, dass Umkleidezeiten – auch wenn es sich hierbei um Arbeitszeit handelt – nicht zu vergüten sind. Das folgt aus der Berechtigung der Tarifparteien die Höhe des Arbeitsentgelts zu tarifieren und dabei eine unterschiedliche Vergütung von Arbeitszeiten vorzusehen (BAG 12.12.18 – 5 AZR 124/18, NZA 19, 549; 25.4.18 – 5 AZR 245/17, NZA 18, 1077; 13.12.16 – 9 AZR 574/15, NZA 17, 459; *Bettinghausen* BB 19, 2613). Auch durch Betriebsvereinbarung kann eine Vergütung für Umkleidezeiten geregelt werden. Allein aus dem unterbliebenen Abschluss einer solchen Betriebsvereinbarung kann nicht darauf geschlossen werden, dass Umkleidezeiten nicht vergütet werden sollen (LAG Köln 1.6.17 – 7 Sa 840/16, BeckRS 2017, 131622).

**d) Kosten.** Soweit bezüglich der Dienstkleidung tarifliche Vorschriften existieren, enthalten diese zumeist ebenfalls Bestimmungen hinsichtlich der Kostentragung für **Anschaffung** und **Reinigung** der Kleidungsstücke. Sind einschlägige Tarifverträge wegen der fehlenden Tarifbindung der Parteien oder mangels Allgemeinverbindlichkeit des Tarifvertrages nicht unmittelbar anwendbar, wird regelmäßig eine mittelbare Anwendung der tariflichen Regelung über § 612 BGB (Üblichkeit) in Betracht kommen. Eine Regelung in einem Formulararbeitsvertrag, nach der pauschalierte Kosten für die Reinigung und Wiederbeschaffung arbeitgeberseitig gestellter Dienstkleidung auch für Urlaubs- und Krankheitszeiträume erhoben werden, verstößt gegen § 307 Abs 1 BGB (LAG NdS 16.7.07 – 9 Sa 1894/06, NZA-RR 08, 12). Das BAG hat diese Fragen in der Revisionsentscheidung offen gelassen, da die Aufrechnung der „Kittelgebühr" mit der monatlichen Nettovergütung bereits gegen das gesetzliche Aufrechnungsverbot des § 394 Satz 1 BGB verstieß (BAG 17.2.09 – 9 AZR 676/07, BB 09, 1303). Ein Mitbestimmungsrecht des BRat besteht hinsichtlich der Regelung der Kostentragung nicht (BAG 13.2.07 – 1 ABR 18/06, NZA 07, 640). Sie kann jedoch im Rahmen der allgemeinen gesetzlichen Binnenschranken einer Betriebsvereinbarung (BAG 12.12.06 – 1 AZR 96/06, NZA 07, 453; LAG RhPf 25.3.10 – 10 Sa 695/09, BeckRS 2010, 69049; → *Betriebsvereinbarung* Rn 7–15) Gegenstand einer freiwilligen Betriebsvereinbarung sein (enger noch BAG 1.12.92 – 1 AZR 260/92, NZA 93, 711). **9**

Fehlen sowohl kollektivrechtliche als auch einzelvertragliche Regelungen, ist im Einzelfall nach den Grundsätzen von Treu und Glauben (§ 242 BGB) unter Berücksichtigung der ArbGebSeitigen Fürsorgepflicht zu entscheiden. Maßgeblich für die Kostentragung sind dabei die Höhe der Kostenbelastung im Verhältnis zum Verdienst des ArbN einerseits und die Gebrauchstauglichkeit der Dienstkleidung außerhalb des Arbeitsverhältnisses andererseits. Dementsprechend hat bei Uniformen jedenfalls eine deutliche Kostenbeteiligung des ArbGeb an den Anschaffungskosten zu erfolgen, wohingegen die Anschaffung eines Sakkos einem Bankangestellten oder Verkäufer durchaus zumutbar ist. Dies gilt auch für den 400 DM teuren Ersatz-Smoking eines höher vergüteten Croupiers, dessen Erstausstattung der ArbGeb gezahlt hatte (BAG 19.5.98 – 9 AZR 307/96, NZA 99, 38; kritisch *Sandmann* SAE 99, 154). Für einen Anspruch des ArbN auf Zahlung einer Reinigungskostenpauschale bedarf es einer konkreten Anspruchsgrundlage (BAG 13.7.10 – 9 AZR 264/09, BeckRS 2010, 74182; LAG Hess 31.5.11 – 19 Sa 1753/10, BeckRS 2011, 75703). **10**

Stellt der ArbGeb auf seine Kosten Dienstkleidung zur Verfügung, so handelt es sich regelmäßig um eine nur leihweise Überlassung. Der ArbGeb bleibt Eigentümer der Kleidungsstücke, und der ArbN muss die Dienstkleidung nach Beendigung des Arbeitsverhältnisses an den ArbGeb herausgeben. Während des Arbeitsverhältnisses haftet der ArbN für schuldhafte Beschädigung und Verlust nach §§ 280, 823 BGB auf Schadensersatz.

**5. Schutzkleidung. a) Rechtsgrundlage.** Aufgrund der arbeitsvertraglichen Fürsorgepflicht, die hinsichtlich des Gefahrenschutzes am Arbeitsplatz in § 618 Abs 1 BGB kon- **11**

kretisiert wird, ist der ArbGeb bei bestimmten den ArbN gefährdenden Tätigkeiten verpflichtet, entsprechende Schutzkleidung zur Verfügung zu stellen bzw gem § 670 BGB entsprechenden Aufwendungsersatz zu leisten (BAG 19.5.98 – 9 AZR 307/96, NZA 99, 38). Die gesetzliche Regelung in § 618 Abs 1 BGB stellt einen zwingenden Mindeststandard dar, der gem § 619 BGB durch einzelvertragliche Vereinbarungen nicht abgedungen werden kann.

12 Neben § 618 Abs 1 BGB sind für eine Vielzahl von Unternehmensarten besondere ArbeitsschutzVO zu beachten. Ferner enthalten Unfallverhütungsvorschriften der BG verschiedentlich Vorschriften über Schutzkleidung für ArbN. Ebenso wie bei der Dienstkleidung existieren schließlich auch hinsichtlich der Schutzkleidung in verschiedenen Tarifverträgen spezielle Regelungen (zB § 20 Abs 2 MTV Einzelhandel NRW).

Kommt der ArbGeb seinen gesetzlichen oder tariflichen Verpflichtungen nicht nach, hat der ArbN gem § 273 BGB ein Zurückbehaltungsrecht (→ *Zurückbehaltungsrecht* Rn 9), dh er kann unter Fortbestand der Vergütungsansprüche die Arbeitsleistung so lange zurückhalten, bis entsprechende Schutzkleidung zur Verfügung gestellt wird. Verweigert der ArbN beharrlich das Tragen von angeordneter Schutzkleidung, kann dies nach vorheriger Abmahnung einen verhaltensbedingten Kündigungsgrund darstellen (LAG Sachs 10.1.17 – 5 Sa 85/16).

13 **b) Kleidungsarten.** Schutzkleidung ist je nach Tätigkeit der ArbN in den verschiedensten Arten möglich. Am häufigsten sind zB Schutzanzüge, Mützen, Helme, Handschuhe, Sicherheitsschuhe, Gummistiefel, Atemschutzmasken etc.

14 **c) Vergütung.** Hinsichtlich der Vergütungspflicht gilt das oben zur Dienstkleidung Gesagte entsprechend (→ Rn 8; vgl auch LAG Sachs 29.11.16 – 3 Sa 347/16, BeckRS 2016, 132228). Dementsprechend handelt es sich beim Umkleiden um vergütungspflichtige Arbeitszeit, wenn bspw aufgrund lebensmittelrechtlicher Hygieneregelungen vorgeschrieben ist, dass bestimmte Dienstkleidung zu tragen und das Umkleiden an bestimmter Stelle im Betrieb zu erfolgen hat. Im Prozess darf das Gericht die erforderlichen Umkleide- und die damit verbundenen Wegezeiten nach § 287 Abs 2 ZPO schätzen (BAG 26.10.16 – 5 AZR 168/16, NZA 17, 323).

15 **d) Kosten.** Ähnlich wie bei der Dienstkleidung enthalten die tariflichen bzw vertraglichen Regelungen auch bei der Schutzkleidung zumeist entsprechende Kostentragungsbestimmungen. So folgt bspw in lebensmittelverarbeitenden Betrieben die Pflicht des ArbGeb, auf seine Kosten dafür zu sorgen, dass seine ArbN saubere und geeignete Hygienekleidung tragen aus VO (EG) Nr 852/2004 vom 29.4.04 über Lebensmittelhygiene sowie aus der nationalen Lebensmittelhygiene-VO (BAG 14.6.16 – 9 AZR 181/15, NZA-RR 16, 565). Auch ansonsten wird die Schutzkleidung vom ArbGeb regelmäßig kostenlos gestellt und gereinigt und ist ihm nach der Beendigung des Arbeitsverhältnisses wieder herauszugeben. Das folgt letztlich aus der Fürsorgepflichtkonkretisierung gem § 618 BGB (BAG 18.8.82, DB 83, 234). Aus der zwingenden Wirkung des § 618 BGB ergibt sich, dass eine anderweitige, den ArbN mit den Kosten der Schutzkleidung belastende Vereinbarung wegen Verstoßes gegen § 619 BGB unwirksam ist (LAG NdS 11.6.02 – 13 Sa 53/01, BeckRS 2002, 16521). Lediglich dann, wenn die Schutzkleidung dem ArbN auch zu privaten Zwecken zur Verfügung steht, ist eine Kostenteilung möglich (*Heilmann* AiB 94, 7). Ohne erheblichen privaten Gebrauchsvorteil für den ArbN bleibt es bei der Kostentragungspflicht des ArbGeb (LAG Düsseldorf 26.4.01 – 13 Sa 1804/00, NZA-RR 01, 409). Jedenfalls hat der ArbN keinen Anspruch auf eine allgemeine Kostenpauschale (LAG Hess 31.5.11 – 19 Sa 1753/10, BeckRS 2011, 75703).

## B. Lohnsteuerrecht

*Thomas*

16 **1. Einordnung.** Die Arbeitskleidung wird in § 9 Abs 1 Nr 6 EStG als Beispiel für Arbeitsmittel unter dem Begriff typische Berufskleidung zum Werbungskostenabzug zugelassen. Da Kleidung, auch soweit sie auf berufliche Erfordernisse zugeschnitten ist, zunächst einmal die menschliche Blöße bedeckt, wird in aller Regel die Lebensführung berührt. § 9 Abs 1 Nr 6 EStG ist insofern konstitutiv (BFH 7.6.84 – IV R 81/82, BFH/NV 86, 160) und weist bei typischer Berufskleidung den gesamten Aufwand und nicht nur einen beruf-

lichen Mehraufwand dem Abzugsbereich zu. Übernimmt der ArbGeb die diesbezüglichen Kosten, tritt im Rahmen des § 3 Nr 31 EStG Steuerbefreiung ein.

**2. Typische Berufskleidung. a) Funktionale Bestimmung.** Bekleidung wird dadurch zu typischer Berufskleidung, dass die berufliche Verwendungsbestimmung bereits in ihrer Beschaffenheit zum Ausdruck kommt, sei es durch ihre **Unterscheidungsfunktion** (R 3.31 Abs 1 Nr 2 LStR: Uniform oder dauerhaft angebrachtes Firmenemblem; BFH 4.2.72 – VI R 256/68, BStBl II 72, 379: Uniform), durch ihre **Schutzfunktion** (Helm, Schutzanzug, Arbeitsschuhe, Kittel, Schürzen usw) oder dadurch, dass das Tragen einer bestimmten Art von Kleidungsstücken für den betreffenden Beruf typisch ist, also quasi Uniformcharakter verleiht (zB schwarzer Anzug des Leichenbestatters; → Rn 20). Hinzu kommen muss in beiden Fällen, dass das Bekleidungsstück so gut wie ausschließlich beruflich genutzt wird. Ein seinem Charakter nach zur bürgerlichen Kleidung gehörender Gegenstand (hier: Lodenmantel) wird weder durch ein – auch fest aufgenähtes – Dienstabzeichen zur typischen Berufskleidung, noch durch eine entsprechende Dienstanweisung (BFH 19.1.96 – VI R 73/94, BStBl II 96, 202). Normale Schuhe und Unterwäsche sind ebenfalls keine typische Berufskleidung. 17

Eine **private Nutzung** von 5 vH kann vernachlässigt werden (BFH 29.1.71 – VI R 31/68, BStBl II 71, 327), während eine solche von 15 vH schädlich ist (BFH 21.11.86 – VI R 137/83, BStBl II 87, 262). Eine exakte prozentuale Grenzziehung wird aber aus tatsächlichen Gründen kaum möglich sein, weshalb das Schädlichkeitsverdikt eher auf einer wertenden Gesamtbeurteilung der Nutzungsverhältnisse beruht (BFH 25.9.92 – VI R 109/87, BStBl II 93, 106). Je größer nach der Art des Kleidungsstücks die Wahrscheinlichkeit auch einer privaten Nutzung besteht, desto mehr muss dafür vorgetragen und belegt werden, dass die tatsächliche private Nutzung untergeordnete Bedeutung hatte (BFH 27.9.91 – VI R 1/90, DStR 92, 175). 18

**b) Bürgerliche Kleidung. aa) Grundsatz.** Aufwendungen für bürgerliche Kleidung führen regelmäßig nicht zu Werbungskosten (BFH 19.1.96 – VI R 73/94, BStBl II 96, 202: Forstbediensteter; BFH 6.6.05 – VI B 80/04, BFH/NV 05, 1792: Bürgerliche Kleidung eines Soldaten), selbst wenn diese Kleidung ausschließlich bei der Berufsausübung benutzt wird (BFH 20.11.79 – VI R 25/78, BStBl II 80, 75). Das gilt auch für Sonderbekleidung, die wegen des mit einem Umzug verbundenen Klimawechsels für erforderlich gehalten wird (BFH 12.4.07 – VI R 53/04, DStRE 07, 809). 19

**bb) Typisierende Ausnahme.** Anders verhält es sich jedoch, wenn die Art des Kleidungsstücks wie zB Frack, Cut, schwarzer Anzug bei dem ArbN eine allenfalls geringe private Nutzung vermuten lässt, aber das Tragen solcher Kleidungsstücke in dem ausgeübten Beruf typischerweise dauernd erfolgt (schwarzer Anzug des Leichenbestatters: BFH 30.9.70 – I R 33/69, BStBl II 71, 50; des Kellners: BFH 9.3.79 – VI R 171/77, BStBl II 79, 519; des Geistlichen: BFH 10.11.89 – VI R 159/86, BFH/NV 90, 288; aA zum schwarzen Anzug des Trauerredners FG Bln Bbg 29.8.18 – 3 K 3278/15, DStRE 19, 417 Rev VIII R 33/18; schwarze Hose und weiße Kellnerjacke: BFH 4.12.87 – VI R 20/85, BFH/NV 88, 703 zweifelhaft, da Geschäftsführer). In diesen Fällen ist eine im Wortlaut des § 9 Abs 1 Nr 6 EStG zum Ausdruck kommende typisierende Zuordnung solcher Kleidungsstücke zum beruflichen Bereich möglich. Für den betreffenden Beruf sind Kleidungsstücke aber nur typisch, wenn sie dauernd getragen zu werden pflegen. Deshalb sind entgegen FG NdS 29.6.65, EFG 65, 575 der Smoking eines Journalisten und entgegen BFH 3.7.59 – VI 60/57 U, BStBl III 59, 328 das weiße Hemd eines Richters keine typische Berufskleidung, weil Kleidungs- und Berufstypus für diese Kleidungsstücke keine so gut wie ausschließliche berufliche Nutzung nahe legen (vgl auch FG Hbg 14.3.02 – VI 247/00, EFG 02, 963: weiße Kleidung einer Krankenpflegerin). Grenzfälle sind der schwarze Rock der Bedienung (FG NdS 24.6.82, EFG 83, 118) bzw der Hotel-Empfangssekretärin (FG Saarl 12.10.88, EFG 89, 110) und der schwarze Anzug des Croupiers (FG BaWü 31.1.06 – 4 K 448/01, EFG 06, 809 = DStR 06, 1176). Sportkleidung stellt beim Berufssportler typische Berufskleidung dar (aA FG RhPf 18.7.14 – 1 K 1490/12, DStRE 15, 1100 zur Sportbekleidung eines Profifußballspielers). Beim Lehrer wurde dies teilweise verneint (FG RhPf 11.9.84, EFG 85, 173; FG NdS 11.1.84, EFG 85, 291; BFH 18.6.07 – VI B 28/07, BFH/NV 07, 1869), teilweise bejaht (BFH 23.2.90 – VI R 149/87, BFH/NV 90, 765; FG Düsseldorf 16.11.95, EFG 96, 20

176; FG Münster 12.11.96 EFG 97, 334). Der Trachtenanzug des Geschäftsführers eines Lokals in Bayern wurde ebenso wenig als typische Berufskleidung angesehen (BFH 20.11.79 – VI R 143/77, BStBl II 80, 73), wie der nur gelegentlich bzw aushilfsweise für eine Leichenbestattung benutzte schwarze Anzug (BFH 18.4.90 – III R 5/88, BFH/NV 91, 25). Auch einheitliche Kostüme von Verkaufspersonal sind keine typische Berufskleidung, selbst wenn sie wegen einer betrieblichen Kleiderordnung getragen werden müssen (FG Düsseldorf 12.12.2000 – 17 K 4509/95 H (L), EFG 01, 362).

21 **cc) Übermaßaufwand.** Angehörige bestimmter Berufe wie zB Fotomodelle, Schauspieler, Sänger usw betreiben berufsbedingt einen besonders hohen Kleideraufwand, der aber grds nicht zu Werbungskosten führt. Die zwischenzeitlich abweichende Rspr wurde vom BFH später aufgegeben (BFH 18.4.91 – IV R 13/90, BStBl II 91, 751). Dem ist mangels praktikabler Abgrenzungskriterien zu folgen. Im Übrigen kann die Beurteilung, was bei Künstlern bürgerliche oder nur beruflich nutzbare Kleidung darstellt, großzügig gehandhabt werden.

22 **3. Abziehbare Aufwendungen. a) Anschaffungskosten** für typische Berufskleidung sind auf die gewöhnliche Nutzungsdauer zu verteilen (§ 9 Abs 1 Nr 6 Satz 2 iVm Nr 7 EStG), dh es ist grds nur die AfA als Werbungskosten zu berücksichtigen. Der Sofortabzug im Jahr der Zahlung kommt dagegen in Betracht, wenn sich die Nutzung erfahrungsgemäß nicht auf einen längeren Zeitraum als ein Jahr erstreckt (§ 7 Abs 1 Satz 1 EStG) oder wenn es sich um ein sog geringwertiges Wirtschaftsgut handelt (§ 9 Abs 1 Nr 7 Satz 2 EStG), also die Nettoanschaffungskosten (nach Vorsteuerabzug) 1000 € (vor 2020: 800 €) nicht übersteigen (§ 6 Abs 2 Satz 1 EStG). Zum übermäßigen Verschleiß normaler bürgerlicher Kleidung vgl → Rn 23. Wird zunächst privat genutzte Kleidung nachträglich zur typischen Berufskleidung (Umwidmung durch Funktionsänderung), ist von den fortgeschriebenen Anschaffungskosten auszugehen (BFH 14.2.89 – IX R 109/84, BStBl II 89, 922). Danach kann nur noch der nach einer gedachten Abschreibung verbliebene Kostenanteil verteilt werden (BFH 16.2.90 – VI R 85/87, BStBl II 90, 883). Die Veräußerung abgeschriebener Berufskleidung führt nicht zu steuerbaren Einnahmen (BFH 15.5.81 – VI R 66/78, BStBl II 81, 735, 737). Dagegen entstehen bei beruflich bedingtem Verlust oder Zerstörung iHd noch nicht abgeschriebenen Anschaffungswertes Werbungskosten (BFH 30.11.93 – VI R 21/92, BStBl II 94, 256).

23 **b) Sonstige Kosten,** wie solche für Reparatur, berufliche Aufbewahrung und Transport (nicht bei privatem Umzug BFH 21.7.89 – VI R 102/88, BStBl II 89, 972) von typischer Berufskleidung sind ebenfalls Werbungskosten. Das gilt auch für die Zinsen eines Anschaffungskredits (BFH 21.10.88 – VI R 18/86, BStBl II 89, 356). Hinsichtlich der **Reinigung** von Oberbekleidung geht die Rspr (BFH 23.2.90 – VI R 149/87, BFH/NV 90, 765) davon aus, dass bei typischer Berufskleidung Werbungskosten anzunehmen sind (zur Schätzung der Kostenhöhe FG Münster 27.8.02 – 1 K 4636/00 E, EFG 02, 1589). Das Gleiche gilt für Uniformhemden (BFH 29.6.93 – VI R 77/91, BStBl II 93, 837; zur Versagung des Abzugs aus Nachweisgründen FG Brem 22.5.02 – 1 K 100/01, EFG 02, 964), nicht aber für sonstige Wäsche (BFH 29.6.93 – VI R 53/92, BStBl II 93, 838). Im Übrigen wird die Berücksichtigung der Reinigung von Wäsche einschließlich Hemden teilweise ganz abgelehnt, wenn sie in der privaten Waschmaschine erfolgt (FG Düsseldorf 11.3.92, EFG 92, 441), teilweise werden nur die variablen Kosten – also nicht die AfA für die Waschmaschine – zum Abzug zugelassen (FG Bln 22.10.81, EFG 82, 463; FG Hess 3.8.88, EFG 89, 173). Demgegenüber ist vom BFH die AfA für eine Waschmaschine anteilig berücksichtigt worden (BFH 25.10.85 – III R 173/80, BFH/NV 86, 281). Im Übrigen ist zweifelhaft, ob es gerechtfertigt ist, Reinigungskosten schon deshalb als Werbungskosten zu berücksichtigen, weil sie typische Berufskleidung betreffen. Insbes dort, wo Berufskleidung, wie häufig bei uniformem Zuschnitt, nur Unterscheidungsfunktion hat und keiner besonderen Verschmutzung unterliegt, gehört die Reinigung zu den normalen Lebenshaltungskosten (FG Nds 10.12.08 – 7 K 166/08, EFG 10, 711 mit Anm *Wagner*). Das gilt regelmäßig für das Waschen von Wäsche. Dagegen ist der Aufwand für Waschen von Berufsschutzkleidung (Blauer Anton, Schürzen, Kittel usw) dem beruflichen Bereich zuordenbar. Zu überprüfen ist allerdings die Rspr des BFH (24.7.81 – VI R 171/78, BStBl II 81, 781; Einschränkung von BFH 26.6.69 – VI R 125/68, BStBl II 70, 7), nach welcher beruflich veranlasste

Schäden an bürgerlicher Kleidung nicht zum Werbungskostenabzug berechtigen. Jedenfalls sind Schäden, die eine weitere bürgerliche Nutzung unmöglich machen, bzw entsprechende Reparaturkosten (zB Kunststopfen nach Säureeinwirkung), zu berücksichtigen, ein „erhöhter" Verschleiß dagegen in typisierender Betrachtung nur dann, wenn seine berufliche Veranlassung augenscheinlich und gravierend ist.

**4. Kostenübernahme des Arbeitgebers. a) Überlassen typischer Berufskleidung.** 24
§ 3 Nr 31 EStG, wonach das unentgeltliche oder verbilligte Überlassen typischer Berufskleidung steuerfrei ist, geht in den Fällen ins Leere, in denen der ArbGeb Eigentümer bleibt (FG BaWü 13.4.2000 – 3 K 20/97, EFG 2000, 1113). Denn die bloße berufliche Nutzungsbefugnis begründet keinen Arbeitslohn und braucht deshalb auch nicht befreit zu werden. Entsprechendes gilt für die Reinigungs- und Wartungskosten ArbGebEigener typischer Arbeitskleidung. Die Bedeutung der Vorschrift liegt daher in der unentgeltlichen oder verbilligten Übereignung solcher Gegenstände, während die Finanzierung normaler bürgerlicher Bekleidung nicht befreit ist (FG Düsseldorf 12.12.2000 – 17 K 4509/95 H (L), EFG 01, 362). Allerdings verneint der BFH Arbeitslohn bei überlassener Kleidung bereits dann, wenn sie in gewisser Weise uniformähnlich ist (BFH 22.6.06 – VI R 21/05, DStR 06, 1795).

**b) Barablösung** für Arbeitskleidungsaufwand ist nach § 3 Nr 31, zweiter Hs EStG nur 25
steuerfrei, wenn ein diesbezüglicher Anspruch auf Kleidungsgestellung zB nach Unfallverhütungsvorschriften, Tarifvertrag oder Betriebsvereinbarung besteht (R 3.31 Abs 2 Satz 1 LStR) und die Barablösungen betrieblich veranlasst ist. Das ist bspw der Fall, wenn es für den ArbGeb vorteilhafter ist, dass der ArbN die Berufskleidung selbst beschafft. Das weitere Merkmal, dass die Barablösung die Aufwendungen des ArbN nicht offensichtlich übersteigen dürfen, bedeutet, dass auch **pauschale Barablösungen** zulässig sind. Damit wird an die Rspr zu § 3 Nr 50 EStG angeknüpft, nach der steuerfreier **Auslagenersatz** grds nur anerkannt wird, wenn über die Aufwendungen abgerechnet wird, es sei denn, es handelt sich um kleine Beträge, die erfahrungsgemäß die Höhe des entstandenen Aufwandes nicht übersteigen (BFH 2.10.68 – VI R 83/67, BStBl II 69, 45; vgl auch BFH 5.10.62 – VI 190/60, StRK § 3 EStG R 51 zum Kleidergeld als Dienstaufwandsentschädigung und BFH 29.1.71 – VI R 6/68, BStBl II 71, 459 zum Kleider- und Instrumentengeld von Musikern). Die steuerfreie Pauschalabgeltung wird bei Musikinstrumenten hinsichtlich der Verschleißteile (Saiten, Rohre, Blätter usw) weiter für zulässig angesehen, während ein Zuschuss für das Instrument als solches nicht steuerfrei ist, weil Musikinstrumente nicht unter die Parallelvorschrift des § 3 Nr 30 EStG fallen (BFH 21.8.95 – VI R 30/95, DStR 95, 1872). Darüber hinaus soll die Übernahme von Instandsetzungskosten dann steuerfreier Auslagenersatz sein, wenn sie tarifvertraglich vereinbart ist (BFH 28.3.06 – VI R 24/03, DStR 06, 888; *Thomas* Inf 06, 407; kritisch auch *Dahl* BB 06, 2273). Bei Arbeitskleidung sind nach § 3 Nr 31 EStG der Höhe nach pauschale Barablösungen gem R 3.31 Abs 2 Satz 3 LStR steuerfrei, soweit sie die regelmäßige AfA und die üblichen Instandsetzungs- und Instandhaltungskosten abgelten. Das ist bei Orchestermitgliedern das tarifliche Kleidergeld (FinMin Bbg 19.5.92 DStZ 92, 512; zum Dienstkleidungszuschuss im Forstdienst FinMin NdS 18.5.90 DB 90, 1263). Steuerfreies Kleidergeld schließt insofern den Werbungskostenabzug aus (FG Hess 21.1.94, EFG 94, 700). Für Soldaten uÄ sehen Sondervorschriften (§ 3 Nr 4, 5 EStG) Steuerbefreiung vor.

## C. Sozialversicherungsrecht *Voelzke*

**1. Zuschüsse** zur Beschaffung von Arbeitskleidung sehen eine Reihe von sozialversiche- 26
rungsrechtlichen Vorschriften vor. Die BA kann nach den Vorschriften über die Förderung aus dem **Vermittlungsbudget** (§ 44 SGB III; Näheres: *Vermittlungsbudget*) Leistungen für Arbeitskleidung erbringen, soweit hierdurch die Anbahnung oder Aufnahme einer versicherungspflichtigen Beschäftigung unterstützt wird. Die Förderung aus dem Vermittlungsbudget gehört auch zum Förderungskatalog der SGB II-Träger (*Hauck/Noftz/Voelzke* SGB II, § 16 Rz 105).

**Behinderten Menschen** steht nach den Vorschriften über die Leistungen zur Teilhabe 27
am Arbeitsleben (§ 49 SGB IX) ein im Ermessen der Leistungsträger stehender Anspruch auf Übernahme der erforderlichen Kosten zu, die mit der Ausführung einer Leistung im

unmittelbaren Zusammenhang stehen. Orthopädische Arbeitssicherheitsschuhe, die ausschließlich am Arbeitsplatz getragen werden können, gehören zu den sonstigen Hilfen zur Förderung der Teilhabe am Arbeitsleben (BSG 26.7.94 – 11 RAr 115/92, SozR 3–4100 § 56 Nr 15).

28 **2. Unfallversicherung.** Während Unfälle im Zusammenhang mit dem An- und Ausziehen oder der Beschaffung allgemeiner Arbeits- oder Berufsbekleidung dem unversicherten persönlichen Lebensbereich zuzuordnen sind, ist das Tragen und Beschaffen typischer Arbeitskleidung idR **betriebsbezogen** und unterfällt dem Schutz der gesetzlichen UV. Der Begriff der typischen Arbeitskleidung wird im UVRecht weit gefasst und ist bereits dann anzunehmen, wenn das Tragen überwiegend betrieblichen Belangen dient, ohne dass sie zur Ausübung der Tätigkeit zwingend erforderlich oder die Verwendung vorgeschrieben sein müsste. Darüber hinaus kann auch der Umgang mit nichttypischer Kleidung, die aber durch besondere betriebliche Gegebenheiten (Kälte, Verunreinigungen, Verletzungsgefahr) veranlasst wird, als „Arbeitsgeräteunfall" iSd § 8 Abs 2 Nr 5 SGB VII versichert sein (BSG 27.7.89 – 2 RU 6/89, NZA 90, 78 zum Reinigen der Arbeitshose eines Kfz-Monteurs). Erforderlich ist aber die hauptsächliche Nutzung für die versicherte Tätigkeit.

29 **3. Beitragsrecht.** Entsprechend der steuerrechtlichen Behandlung gehört die typische Arbeits- oder Berufskleidung, die der ArbGeb dem ArbN unentgeltlich oder verbilligt überlässt oder übereignet, **nicht zum beitragspflichtigen Arbeitsentgelt.** Dies gilt ebenso bei einem auf Gesetz, Tarifvertrag oder Betriebsvereinbarung beruhenden Anspruch auf Gestellung von Arbeitskleidung, für die eine Barablösung betrieblich veranlasst wird und die die entsprechenden Aufwendungen des ArbN nicht offensichtlich übersteigt. Wesentliches Merkmal der typischen Arbeits- und Berufskleidung ist es, dass es sich hierbei nur um auf die Erfordernisse einer bestimmten Berufstätigkeit zugeschnittene Kleidungsstücke handeln darf, die zudem nicht allgemein verwendbar sein dürfen. Ist das Merkmal der typischen Arbeits- oder Berufskleidung zu verneinen, so ist der durch die Überlassung entstehende geldwerte Vorteil beitragsrechtlich als einmalig gezahltes Arbeitsentgelt (Sachbezug) zu erfassen.

## Arbeitslosengeld

### A. Arbeitsrecht *Griese*

1 **1. Begriff und Bedeutung.** Das Arbeitslosengeld ist eine sozialversicherungsrechtliche Leistung des Arbeitsförderuungsrechts aus dem SGB III (zu Anspruchsvoraussetzungen und -umfang → Rn 12 ff). Es hat jedoch auch im Verhältnis ArbGeb/ArbN erhebliche Bedeutung, da der ArbN, bevor er einer einverständlichen Beendigung des Arbeitsverhältnisses zustimmt, regelmäßig zuverlässige Auskünfte über seine AlGeldAnsprüche begehrt. Relevant wird oft auch die Frage, ob eine *Abfindung* (→ *Abfindung* Rn 51) oder Urlaubsabgeltungsansprüche (→ Rn 50) auf das AlGeld teilweise angerechnet werden dürfen.

2 **2. Auskunftsansprüche.** Bei Beendigung des Arbeitsverhältnisses können **Informationspflichten** des ArbGeb **(*Fürsorgepflicht*) bestehen,** den ArbN von sich aus über die Auswirkungen der Beendigung des Vertrages auf den möglichen AlGeldAnspruch aufzuklären (BAG 4.8.15 – 3 AZR 508/13, NZA-RR 16, 30). Keine Aufklärungspflicht wird anzunehmen sein, wenn die Initiative zur Auflösung des Arbeitsverhältnisses vom ArbN ausgeht. **Auskunftspflichten bestehen wenn der ArbGeb ausdrücklich gefragt wird oder von sich aus eine Vertragsänderung bzw -beendigung initiiert** (BAG 15.12.16 – 6 AZR 578/15, NZA 17, 528).

Andererseits wird der ArbGeb davon ausgehen können, dass der ArbN Basiskenntnisse hat, also zB auch über die gesetzliche Bezugsdauer informiert ist. Hinsichtlich der verschärften Meldepflichten und Sanktionen bei nicht rechtzeitiger Arbeitssuchmeldung folgt eine Informationspflicht zwar nicht aus § 2 Abs 2 SGB III (BAG 29.9.05 – 8 AZR 571/04, NZA 05, 1406), wohl aber ggf dann aus der Fürsorgepflicht, wenn der ArbGeb die Auflösung des Arbeitsverhältnisses initiiert. Fragen des ArbN müssen so exakt und umfassend wie möglich beantwortet werden. Alternativ hierzu besteht die Möglichkeit, die Fragen an die Agentur für Arbeit oder den SozVTräger zur Beantwortung weiterzuleiten oder den ArbN darauf zu verweisen, sich dort vor Abschluss einer Auflösungsvereinbarung zu erkundigen.

Schuldhafte Verstöße gegen diese Verpflichtungen begründen **Schadensersatzansprüche des Arbeitnehmers** gegen den ArbGeb aus **§ 280 BGB.** Der ArbN hat aber nur den Anspruch, so gestellt zu werden, als wären die Informationspflichten ordnungsgemäß erfüllt worden (BAG 4.8.15 – 3 AZR 508/13, NZA-RR 16, 30). Der Schaden kann in dem AlGeldVerlust während einer verhängten Sperrzeit oder der teilweisen Anrechnung einer Abfindung auf das AlGeld liegen. Relevant wird dies insbes bei ***Sperrzeiten*** wegen vertragswidrigen Verhaltens des ArbN (→ *Sperrzeit* Rn 1 ff) oder bei einer Auflösungs- und Abfindungsvereinbarung ohne Einhaltung der Kündigungsfrist (→ *Abfindung* Rn 73 ff; s dazu auch *Ricken* NZA 15, 600). Verursacht ein ArbGeb schuldhaft durch eine **rechtswidrige Kündigung** die Beendigung des sozialrechtlichen Beschäftigungsverhältnisses und die Inanspruchnahme von AlGeld auf Grund einer Gleichwohlgewährung, und kommt es vor Ablauf der sozialrechtlichen Rahmenfrist zum Eintritt einer erneuten Arbeitslosigkeit und Minderungen des AlGeldes, weil Bemessungszeiträume und das Lebensalter des ArbN vor der Gleichwohlgewährung zu Grunde gelegt werden, ist der ArbGeb nach § 280 BGB schadensersatzpflichtig (BAG 17.7.03 – 8 AZR 486/02, AP Nr 27 zu § 611 BGB Haftung des Arbeitgebers).

**3. Anspruchsübergang.** Erhält ein ArbN AlGeld, obwohl ihm für diesen Zeitraum eigentlich Entgeltansprüche gegen den ArbGeb zustünden, deren Erfüllung vom ArbGeb verweigert wird, gehen diese Ansprüche in Höhe des von der BA gewährten AlGeldes nach **§ 115 SGB X** einschließlich der darauf erbrachten SozVBeiträgen (dazu *Pohl* in BeckOK SGB X § 115 Rn 21) auf die Agentur für Arbeit über und führen zu einem **gegen den ArbGeb gerichteten Erstattungsanspruch** (→ *Erstattungsanspruch der Agentur für Arbeit* Rn 53 ff). Hinsichtlich des übergegangenen Vergütungsanspruchs kann der ArbN im Wege der gewillkürten Prozessstandschaft auf Zahlung an die BA klagen (BAG 19.3.08 – 5 AZR 432/07, NJW 08, 2204). 3

**4. Anrechnung.** Die Tarifparteien können die **Anrechnung des AlGeldes auf tarifliche Leistungen** vorsehen, zB das AlGeld auf eine monatliche Flugdienstuntauglichkeitsrente (BAG 23.2.05 – 4 AZR 172/04, NZA 05, 1264 LS). Zur **Anrechnung von Arbeitslosengeld auf eine Karenzentschädigung** s BAG 14.9.11 – 10 AZR 198/10, NZA-RR 12, 98 u Wettbewerbsverbot Rn 33. Ein vor der Arbeitslosigkeit vereinbarter Lohnverzicht, der das Ziel hatte, den Arbeitsplatz zu erhalten, darf bei der Beendigung des Arbeitslosengeldes nicht zum Nachteil des ArbN berücksichtigt werden (BSG 24.8.17 – B 11 Al 16/16 R, NZS 18,405; *Ricken* NZA 18, 1186). 4

## B. Lohnsteuerrecht *Weil*

**1. Allgemeines. a) Steuerfreiheit.** Das AlGeld und das TeilAlGeld (§§ 136 ff SGB III, § 162 SGB III) sind steuerfrei (§ 3 Nr 2 Buchst a EStG). Wegen der Höhe des AlGeldes (→ Rn 41 ff) kann sich ein Wechsel der LStKlasse empfehlen (→ Rn 43, 44; → *Lohnsteuerklassen* Rn 22 ff). Ehegatten, die beide in einem Dienstverhältnis stehen, können einmalig in einem Kj beim FA die Änderung der LSt-Klassen beantragen (§ 39 Abs 6 Satz 3 EStG). Zur Pfändung von AlGeld → *Pfändung* Rn 44, 53, zum ausländischen AlGeld → *Ausländer* Rn 38 und → *Arbeitslosengeld II* Rn 6, zu Ergänzungsleistungen des ArbGeb s → *Außerordentliche Einkünfte* Rn 11. 5

**b) Sonstiges. Aufwendungen zur Erlangung des Arbeitslosengeldes** (Fahrt-, Reise-, Prozesskosten uÄ) sind steuerlich ohne Auswirkung (§ 3c EStG; → *Steuerfreie Einnahmen* Rn 7), ebenso die **Rückzahlung des AlGeld** durch den ArbN an die Agentur für Arbeit nach § 140 Abs 4 Satz 3 SGB III; → *Erstattungsanspruch der Agentur für Arbeit* Rn 13; → *Lohnersatzleistungen* Rn 11, 12. Der in letztgenanntem Fall dem ArbN vom ArbGeb möglicherweise nachgezahlte Arbeitslohn ist zu besteuern. Zahlt der ArbGeb aufgrund des **gesetzlichen Forderungsübergangs nach § 115 SGB X** das Arbeitsentgelt an die Agentur für Arbeit (→ *Erstattungsanspruch der Agentur für Arbeit* Rn 12), so stellen diese Zahlungen stpfl Arbeitslohn des ausgeschiedenen ArbN dar (BFH 15.11.07 – VI R 66/03, BStBl II 08, 6

375). Bei **Insolvenz** des ArbGeb sind die Zahlungen steuerfrei (R 3.2 Abs 1 Satz 2 LStR; → *Erstattungsanspruch der Agentur für Arbeit* Rn 11; → *Insolvenz des Arbeitgebers* Rn 34; → *Lohnersatzleistungen* Rn 11). Andere steuerliche Verpflichtungen als die aufgezeigten hat der ArbGeb im Zusammenhang mit dem AlGeld nicht. Zum Kindergeldanspruch eines arbeitslosen Ausländers → *Kindergeld* Rn 6, 7.

7 **2. Progressionsvorbehalt.** Das AlGeld, auch das zurückgezahlte, unterliegt bei Veranlagung des ArbN (→ *Antragsveranlagung* Rn 7) dem **Progressionsvorbehalt** (§ 32b Abs 1 Nr 1a EStG; → *Lohnersatzleistungen* Rn 17). Der ArbGeb darf den LStJahresausgleich nicht durchführen (§ 42b Abs 1 Nr 4a EStG iVm § 41 Abs 1 Satz 5 EStG, → *Lohnsteuerjahresausgleich* Rn 5).

8 **3. Bei Bezug von anderen Leistungen** nach dem SGB III sowie bei **Abfindungen** ist das AlGeld für die Frage der Steuerermäßigung nach § 34 Abs 2 EStG in die Zusammenballung miteinzubeziehen (→ *Außerordentliche Einkünfte* Rn 11).

9 **4. Werbungskosten.** Aufwendungen eines arbeitslosen ArbN können im Hinblick auf ein früheres Dienstverhältnis oder auf ein künftiges Dienstverhältnis als nachträgliche oder vorweggenommene Werbungskosten anzuerkennen sein → *Fortbildung* Rn 25; → *Bewerbung* Rn 16 ff; → *Arbeitszimmer* Rn 25).

10 **5. Leistungsmissbrauch.** Die Finanzbehörden sind verpflichtet, den Sozialleistungsträgern bzw der BA Sachverhalte mitzuteilen, die auf Leistungsmissbrauch hindeuten können, zB Bezug von AlGeld trotz nichtselbstständiger Beschäftigung oder anderer Einkünfteerzielung (§ 31a Abs 2 AO; BFH 4.10.07 – VII B 110/07, DStR 07, 2009; → *Datenschutz* Rn 42).

## C. Sozialversicherungsrecht *Voelzke*

### Übersicht



12 **I. Allgemeines.** Das AlGeld ist eine Versicherungsleistung der gesetzlichen ArblV mit Lohnersatzfunktion. Die Erfüllung der Anwartschaft auf AlGeld unterfällt dem **Eigentumsschutz** nach Art 14 GG mit der Folge, dass Neuregelungen mit erhöhten Anforderungen einer Übergangsregelung bedürfen (BVerfG 12.2.86 – 1 BvL 39/83 –, BVerfGE 72, 9). Entscheidungen in Rechtsstreitigkeiten über AlGeld greifen nicht in eigene Rechte des ArbGeb ein, der deshalb, auch wenn er beigeladen ist, nicht begründet mit Rechtsmitteln vorgehen kann (BSG 6.2.92 – 7 RAr 78/90, SozR 3–4100 § 102 Nr 2).

13 **II. Voraussetzungen.** § 136 Abs 1 SGB III unterscheidet zwischen dem AlGeld **bei Arbeitslosigkeit oder bei beruflicher Weiterbildung.** Die Voraussetzungen des Anspruchs auf AlGeld bei Arbeitslosigkeit sind in § 137 Abs 1 SGB III geregelt. Hiernach haben Anspruch auf AlGeld ArbN, die (1.) arbeitslos sind, (2.) sich bei der Agentur für Arbeit arbeitslos gemeldet haben und (3.) die Anwartschaftszeit erfüllt haben. Die Antrag-

stellung gilt nach § 323 Abs 1 Satz 2 SGB III mit der persönlichen Arbeitslosmeldung als erbracht, wenn der Arbeitslose keine andere Erklärung abgibt. Der Bezug von AlGeld muss nicht zwangsläufig einer versicherungspflichtigen Beschäftigung nachfolgen. Relativ häufig ist in der Praxis die Konstellation, dass AlGeld nach der Erschöpfung des Anspruchs auf Krankengeld (sog Aussteuerung) bezogen wird.

**1. Arbeitslosigkeit.** Arbeitslos ist nach § 138 Abs 1 SGB III ein ArbN, der nicht in einem Beschäftigungsverhältnis steht **(Beschäftigungslosigkeit)**, sich bemüht, seine Beschäftigungslosigkeit zu beenden **(Eigenbemühungen)** und den Vermittlungsbemühungen der Agentur für Arbeit zur Verfügung steht **(Verfügbarkeit)**. Als arbeitslos sieht das Gesetz folglich ArbN nicht schon dann an, wenn sie ihre bisherige Arbeit verloren oder als Berufsanfänger noch keine Arbeitsstelle gefunden haben, sondern es muss die Bereitschaft und die Möglichkeit hinzutreten, eine neue Arbeit zu finden und aufzunehmen. 14

Nach § 138 Abs 2 SGB III schließt eine **ehrenamtliche Betätigung** Arbeitslosigkeit nicht aus, wenn dadurch die berufliche Eingliederung des Arbeitslosen nicht beeinträchtigt wird. Diese Regelung berücksichtigt, dass ohne bürgerschaftliches Engagement ein Großteil der Aufgaben, die in Verbänden, Organisationen und Selbsthilfegruppen wahrgenommen werden, nicht oder nur eingeschränkt durchführbar wäre (BT-Drs 14/6944 S 35). Es soll deshalb ausdrücklich die Ausübung ehrenamtlicher Tätigkeit in einem Umfang von 15 und mehr Wochenstunden ermöglicht werden, ohne dass der Leistungsanspruch entfällt. Eine bestimmte inhaltliche Ausrichtung der ehrenamtlichen Tätigkeit wird nicht vorausgesetzt. Hingegen werden reine Hobbybetätigungen nicht privilegiert. Einzelheiten ergeben sich aus der VO über die ehrenamtliche Betätigung von Arbeitslosen vom 24.5.02 (BGBl I 02, 1783). Danach steht der Ersatz von Auslagen der Ehrenamtlichkeit nicht entgegen. Erfolgt der Auslagenersatz in pauschalierter Form, so darf die Pauschale 154 € im Monat nicht übersteigen (§ 1 Abs 2 der VO). Der Arbeitslose hat der Agentur für Arbeit die Ausübung einer mindestens 15 Stunden umfassenden ehrenamtlichen Tätigkeit unverzüglich anzuzeigen, da die berufliche Eingliederung der ehrenamtlichen Betätigung vorgeht (*Hauck/Noftz/Valgolio* SGB III § 138 Rz 77).

**a) Beschäftigungslosigkeit.** Die (Unter-)Voraussetzung des Anspruchs auf AlGeld, dass der ArbN keine bzw lediglich eine weniger als 15 Stunden umfassende andere Beschäftigung ausübt, bezeichnet das Gesetz als Beschäftigungslosigkeit. 15

**aa) Arbeitnehmer** iSd §§ 138 ff SGB III ist derjenige, der zum Zeitpunkt der Antragstellung und während der Anspruchszeit eine abhängige Beschäftigung von mehr als geringfügigem Umfang anstrebt (BSG 15.6.76 – 7 RAr 50/75, SozR 4100 § 101 Nr 2). Die frühere und die angestrebte Tätigkeit können hierbei als Indizien Berücksichtigung finden. Unerheblich ist, ob die Beschäftigung auf Dauer ausgeübt werden soll, so dass auch ein Selbstständiger, der nur übergangsweise eine abhängige Beschäftigung anstrebt, zum Kreis der ArbN gehören kann (*Hauck/Noftz/Valgolio* SGB III, § 138 Rz 38). 16

**bb) Leistungsrechtliches Beschäftigungsverhältnis.** Entscheidend dafür, ob ein die Arbeitslosigkeit ausschließendes Beschäftigungsverhältnis vorliegt, sind die tatsächlichen Verhältnisse. Es gilt der leistungsrechtliche Begriff des Beschäftigungsverhältnisses (*Voelzke* in FS Küttner, 341). Die (unwiderrufliche) Freistellung des ArbN ist ein typisches Beispiel für die Beendigung des leistungsrechtlichen Beschäftigungsverhältnisses (*Schlegel* NZS 05, 973). Unerheblich ist demgegenüber, ob das Arbeitsverhältnis fortbesteht, so dass jedenfalls bei langfristig arbeitsunfähig erkrankten Versicherten die Möglichkeit des AlGeldBezugs bei fortbestehendem Arbeitsverhältnis gegeben ist, wenn das leistungsrechtliche Beschäftigungsverhältnis beendet worden ist, weil der ArbN nicht mehr dienstbereit ist oder der ArbGeb seine Verfügungsbefugnis nicht mehr ausüben will. Kein die Arbeitslosigkeit ausschließendes leistungsrechtliches Beschäftigungsverhältnis liegt in der unentgeltlichen Tätigkeit für einen ArbGeb im Rahmen einer stufenweisen Wiedereingliederung (BSG 17.12.13 – B 11 AL 20/12 R, NZS 14, 350). Ein Fernsehmitarbeiter steht auch an den Tagen, in denen er keine Einsätze vereinbart hat, in einem Beschäftigungsverhältnis im leistungsrechtlichen Sinne, wenn trotz der jeweils monatlich befristet und für einzelne Einsatztage geschlossenen Arbeitsverträge er bei einer wöchentlichen Arbeitszeit von 40 Stunden auch in den Nichteinsatzzeiten einem umfassenden Weisungsrecht des ZDF untersteht; er ist an diesen Tagen nicht arbeitslos (BSG 11.3.14 – B 11 AL 5/13 R, NZS 14, 436) **Erklärungen** der Arbeits- 17 vertragsparteien über die Dienstbereitschaft des ArbN und den Verfügungswillen des ArbGeb haben nur indizielle Bedeutung und können durch die tatsächlichen Gegebenheiten widerlegt werden (BSG 28.9.93 – 11 RAr 69/92, NZS 94, 140). Während sog Aussetzzeiten im Rahmen eines laufenden Arbeitsverhältnisses kann das leistungsrechtliche Beschäftigungsverhältnis entfallen; Arbeitsfähigkeit und Arbeitsbereitschaft sind aber ggf besonders zu prüfen (BSG 10.9.98 – B 7 AL 96/97 R, SozR 3–4100 § 101 Nr 9). Die Anwartschaftszeit für einen Anspruch auf AlGeld kann noch erfüllt werden, wenn der ArbN wegen einer Freistellung nicht mehr in einem leistungsrechtlichen Beschäftigungsverhältnis steht, aber das Arbeitsverhältnis noch weiterbesteht (BSG 3.6.04 – B 11 AL 70/03 R, AuB 04, 343 mit Anm *Radüge* jPR-SozR 30/2004).

18 **cc) 15-Stunden-Grenze.** Nicht ausgeschlossen wird die Beschäftigungslosigkeit nach § 138 Abs 3 SGB III durch den Umstand, dass der ArbN eine weniger als 15 Stunden wöchentlich umfassende Beschäftigung ausübt. Maßgebend für die Beurteilung der Kurzzeitigkeit ist eine **vorausschauende Betrachtungsweise**. Auszugehen ist regelmäßig von der vertraglichen Vereinbarung. Die gilt grds auch dann, wenn die tatsächliche Arbeitszeit hiervon abweicht (BSG 29.10.08 – B 11 AL 44/07 R, BeckRS 2009, 60523). Die Beschäftigungszeiten mehrerer nebeneinander ausgeübter Beschäftigungen sind zusammenzurechnen, so dass es an Beschäftigungslosigkeit auch fehlt, wenn die 15-Stunden-Grenze durch mehrere Beschäftigungen überschritten wird. Der Arbeitslose trägt die objektive Beweislast dafür, ob die Kurzzeitigkeitsgrenze überschritten wird. Er ist ggf verpflichtet, dem ArbGeb einer von ihm ausgeübten Nebentätigkeit zu benennen, wenn BA oder Gericht seine Angaben bezweifeln (BSG 2.9.04 – B 7 AL 88/03 R, SozR 4–1500 § 128 Nr 5).

19 Bei der Feststellung des Merkmals Beschäftigungslosigkeit steht die Ausübung einer **selbstständigen Tätigkeit** und eine Tätigkeit als mithelfender **Familienangehöriger** einer Beschäftigung gleich (§ 138 Abs 3 SGB III).

20 **b) Eigenbemühungen.** Die Anspruchsvoraussetzung Eigenbemühungen erfordert vom Arbeitslosen, dass er **alle Möglichkeiten** zur beruflichen Eingliederung nutzt (§ 138 Abs 4 SGB III). Hierzu gehört insbes die Wahrnehmung der Verpflichtungen aus einer Eingliederungsvereinbarung mit der Agentur für Arbeit. Der Anspruch auf AlGeld kann wegen fehlender Eigenbemühungen nur entzogen werden, wenn die Agentur für Arbeit den Inhalt dieser Obliegenheit des Versicherten ausdrücklich und zumutbar konkretisiert hat (BSG 20.10.05 – B 7a AL 18/05 R, SozR 4–4300 § 119 Nr 3).

21 **c) Verfügbarkeit.** Die Verfügbarkeit ist bei Arbeitslosen zu bejahen, die eine versicherungspflichtige, mindestens 15 Stunden wöchentlich umfassende Beschäftigung unter den üblichen Bedingungen des Arbeitsmarktes aufnehmen und ausüben können und dürfen (§ 138 Abs 5 Nr 1 SGB III). Sie ist nach der grundlegenden Rspr des BSG gegeben, wenn der Arbeitslose aktuell durch nichts daran gehindert ist, ohne Verzug eine **zumutbare Beschäftigung aufzunehmen** (BSG 29.9.87 – 7 RAr 15/86, SozR 4100 § 103 Nr 39). Aus dem unentschuldigten Fernbleiben bei Meldeterminen kann nicht zwingend auf die fehlende Verfügbarkeit geschlossen werden (BSG 14.5.14 – B 11 AL 8/13 R, SozR 4–4300 § 309 Nr 2). Der Verfügbarkeit steht es nicht entgegen, dass der Arbeitslose im grenznahen Ausland wohnt, soweit er der deutschen Arbeitsvermittlung zur Verfügung steht (BVerfG 30.12.99 – 1 BvR 809/95, NZA 2000, 299; BSG 7.10.09 – B 11 AL 25/08 R, SGb 11, 109).

Nicht ausreichend ist die Bereitschaft des Arbeitslosen, sein tatsächliches **Verhalten zu ändern.** Unschädlich für das Merkmal der Verfügbarkeit sind Freizeitbetätigungen zur Wahrnehmung kultureller, karitativer, sportlicher oder gesundheitlicher Interessen (BSG 12.2.90 – 11 RAr 137/89, SozR 3–4100 § 103 Nr 4). Auch die ganztätige Betreuung fremder Kinder (sog Tagesmutter) beseitigt die objektive Verfügbarkeit nicht, wenn die Kinderbetreuung jederzeit anderweitig übernommen werden kann (BSG 16.9.99 – B 7 AL 80/98 R, SozR 3–4100 § 101 Nr 10). Die Fähigkeit zur Ausübung einer abhängigen Beschäftigung beurteilt sich nach den objektiv vorliegenden Gesamtumständen unter besonderer Berücksichtigung der körperlichen und geistigen Leistungsfähigkeit und des beruflichen Kenntnisstandes. Kommt der Arbeitslose aufgrund objektiver Umstände (zB häusliche Bindungen, fehlende Mobilität) nicht für eine seiner Vorbildung entsprechende Tätigkeit in Betracht, so ist ausreichend, dass die verbleibende Arbeitsmöglichkeit auf dem Arbeitsmarkt verwertbar ist (BSG 26.9.89 – 11 RAr 131/88, SozR 4100 § 103 Nr 43).

In die Prüfung einzubeziehen ist die **rechtliche Zulässigkeit** der Ausübung der erforderlichen Beschäftigung. Die Zulässigkeit kann insbes bei gesetzlichen Beschäftigungsverboten (zB nach dem MuSchG, BSeuchG) oder fehlenden Zulassungsvoraussetzungen (Fahrerlaubnis, Approbation uÄ) zu verneinen sein. Die Verfügbarkeit einer schwangeren Arbeitslosen entfällt allerdings nicht allein durch die Erteilung eines ärztlichen Beschäftigungsverbots nach § 3 Abs 1 MuSchG (BSG 30.11.11 – B 11 AL 7/11 R, NZS 12, 475). Die mögliche Beschäftigung entspricht den **üblichen Bedingungen** des allgemeinen Arbeitsmarktes, wenn die Arbeitsbedingungen (Lage und Verteilung der Arbeitszeit, wöchentliche Arbeitszeit) für eine nennenswerte Zahl von Arbeitsplätzen zutreffen. 22

Das Merkmal der **Erreichbarkeit** ist nach § 138 Abs 5 Nr 2 SGB III zu bejahen, wenn der Arbeitslose Vorschlägen der Agentur für Arbeit zur beruflichen Eingliederung zeit- und ortsnah Folge leisten kann. Nach § 1 Abs 1 Satz 2 der Erreichbarkeits-Anordnung hat der Arbeitslose sicherzustellen, dass die Agentur für Arbeit ihn persönlich an seinem Wohnsitz oder gewöhnlichen Aufenthalt unter der von ihm benannten Anschrift (Wohnung) durch Briefpost erreichen kann. Bei wiederkehrenden mehrtägigen Ortsabwesenheiten kann der Arbeitslose durchgängig nicht erreichbar sein (BSG 9.12.03 – B 7 AL 56/02 R, SozR 4–4300 § 119 Nr 1). Die postalische Erreichbarkeit ist nur sichergestellt, wenn dem Arbeitslosen die Briefpost ohne Verzögerung oder Einschaltung Dritter zugehen kann (BSG 2.3.2000 – B 7 AL 8/99 R, SozR 3–4100 § 103 Nr 22). Hingegen ist der Arbeitslose nicht erreichbar, wenn ihm die Briefpost (auch ohne Verzögerung) mittels Postnachsendeauftrag zugeht (BSG 9.8.01 – B 11 AL 17/01 R, SozR 3–4300 § 119 Nr 4). Der Arbeitslose kann sich tagsüber außerhalb seiner Wohnung aufhalten. Unabdingbar ist allerdings, dass er zu irgendeinem Zeitpunkt während des Tages in die Wohnung zurückkehrt, damit er am **nächsten Tag** die Agentur für Arbeit aufsuchen bzw sich einem ArbGeb vorstellen kann. Weitergehende Ausnahmen von dem vorstehenden Grundsatz lässt das Anordnungsrecht für den vorübergehenden Aufenthalt innerhalb des zeit- und ortsnahen Bereichs der Agentur für Arbeit sowie bei vorheriger Zustimmung der Agentur für Arbeit für drei Wochen im Kj (sog Urlaub) zu (zu verfassungsrechtlichen Fragen mit Blick auf den Mindesturlaubs für ArbN BSG 10.8.2000 – B 11 AL 101/99 R, SozR 3–4100 § 103 Nr 23). 23

Die Verfügbarkeit umfasst nach § 138 Abs 5 Nr 3 SGB III die **Bereitschaft** des Arbeitslosen, alle Beschäftigungen anzunehmen, die er ausüben kann und darf (subjektive Verfügbarkeit). Hingegen berührt die bloße Äußerung von Wünschen hinsichtlich der Arbeitsvermittlung die Arbeitsbereitschaft nicht (BSG 1.8.78 – 7 RAr 49/77, SozR 4100 § 103 Nr 18). Die Arbeitsbereitschaft erfordert auch die Bereitschaft zur Teilnahme an Maßnahmen zur beruflichen Eingliederung in das Erwerbsleben. Lehnt der Arbeitslose eine bestimmte Art von ihm zumutbaren beruflichen Bildungsmaßnahmen ab (zB die Teilnahme an einer Übungsfirma), so ist er nicht arbeitsbereit (BSG 29.6.95 – 11 RAr 47/94, NZS 96, 126). 24

**d) Sonderfälle.** Die Anforderungen an die Verfügbarkeit von **Teilzeitbeschäftigten** ergeben sich aus § 139 Abs 4 SGB III. Verfügbarkeit ist danach nur zu bejahen, wenn sich die Arbeitsbereitschaft auf versicherungspflichtige Teilzeitbeschäftigungen erstreckt und die Teilzeitbeschäftigung den üblichen Bedingungen des allgemeinen Arbeitsmarktes entspricht. Ausdrücklich nicht zulässig ist die Beschränkung der Arbeitsbereitschaft aus Anlass eines konkreten Arbeits- oder Maßnahmeangebots. 25

Die Verfügbarkeit von **Schülern** und **Studenten** unterliegt besonderen Anforderungen, weil § 139 Abs 2 SGB III eine **gesetzliche Vermutung** dafür aufstellt, dass nur beitragsfreie Beschäftigungen ausgeübt werden können. Diese Vermutung ist nach der Rspr des BSG widerlegt, wenn der Student darlegt und nachweist, dass weder die für ihn geltenden abstrakten Regelungen in den Studien- und Prüfungsordnungen noch seine konkrete Studiengestaltung eine Beschäftigung ausschließen, die mehr als kurzzeitig ist und bei der das Studium hinsichtlich der Gesamtbelastung hinter die ArbNTätigkeit zurücktritt (BSG 14.3.96 – 7 RAr 18/94, SozR 3–4100 § 103a Nr 2). Hierbei kann entgegen der Auffassung der BA nicht von einer festen Obergrenze der Belastbarkeit durch Studium und möglicher Beschäftigung ausgegangen werden. Vielmehr sind die Verhältnisse jedes einzelnen Falls maßgebend (BSG 19.3.92 – 7 RAr 128/90, NZS 92, 33). Ein immatrikulierter Student kann die Vermutung nicht mit dem Vorbringen und Nachweis widerlegen, er sei lediglich zu studienfremden Zwecken immatrikuliert und gehe dem Studium tatsächlich nicht nach (BSG 24.7.97 – 11 RAr 99/96, SozR 3–4100 § 103a Nr 3). 26

27 Nach § 139 Abs 3 SGB III kann während der Teilnahme an nicht nach dem SGB III **förderungsfähigen Maßnahmen** der beruflichen Weiterbildung unter bestimmten Voraussetzungen AlGeld bezogen werden. Erforderlich ist, dass die Agentur für Arbeit der Teilnahme zustimmt und der Leistungsberechtigte seine Bereitschaft erklärt, die Maßnahme abzubrechen, sobald seine berufliche Eingliederung in Betracht kommt und zu diesem Zweck die Möglichkeit zum Abbruch mit dem Träger der Maßnahme vereinbart hat.

28 **2. Arbeitslosmeldung.** Der Arbeitslose hat sich persönlich bei der zuständigen Agentur für Arbeit arbeitslos zu melden (§ 141 Abs 1 AFG). Bei der persönlichen Arbeitslosmeldung ist eine Vertretung grds nicht möglich. Ausnahmsweise können sich Arbeitslose bei der Meldung vertreten lassen, wenn sie aus gesundheitlichen Gründen an einer persönlichen Meldung gehindert sind. In diesem Fall ist eine persönliche Meldung des Vertreters erforderlich (BSG 23.10.14 – B 11 AL 7/14 R, BeckRS 2014, 74260). Die Meldung kann auch nicht schriftlich oder fernmündlich vorgenommen werden. Eine Erleichterung folgt für ArbN aus der Regelung in § 141 Abs 1 Satz 2 SGB III, nach der eine Meldung bereits zulässig ist, wenn die Arbeitslosigkeit noch nicht eingetreten, der Eintritt der Arbeitslosigkeit aber innerhalb der nächsten drei Monate zu erwarten ist. Die Wirkung der Arbeitslosmeldung beschränkt sich auf den vom Arbeitslosen angegebenen **Zeitraum der Arbeitslosigkeit** (BSG 7.9.2000 – B 7 AL 2/00 R, NZA 01, 534). Die Unrichtigkeit der Arbeitslosmeldung führt nicht zu ihrer Unwirksamkeit.

29 Das Erlöschen der Wirkung der Meldung wird alternativ dadurch herbeigeführt, dass eine mehr als **sechswöchige Unterbrechung** der Arbeitslosigkeit eintritt oder der Arbeitslose **eine Beschäftigung aufnimmt** und dies der Agentur für Arbeit nicht unverzüglich mitteilt (§ 141 Abs 2 Nrn 1 und 2 SGB III). Die Arbeitslosmeldung verliert ihre Wirkung, wenn der nach Entlassung aus einer Rehabilitationsmaßnahme arbeitsunfähige Arbeitslose die Aufhebung von AlGeld wegen des Bezugs von Krankengeld bestandskräftig werden lässt (BSG 11.3.14 – B 11 AL 4/14 R, NZS 14, 597). Unterbricht der Arbeitslose seine Arbeitslosigkeit für einen Zeitraum von weniger als sechs Wochen, so erlischt die Wirkung der Arbeitslosmeldung selbst dann nicht, wenn er die Dauer der Unterbrechung fehlerhaft angezeigt hatte (BSG 7.10.04 – B 11 AL 23/04 R, SozR 4–4300 § 122 Nr 2).

30 **3. Anwartschaftszeit.** Durch diese versicherungsmäßige Voraussetzung wird sichergestellt, dass der Anspruchsteller für eine Mindestzeit zur Versichertengemeinschaft gehört hat. Die Anwartschaftszeit hat nach § 142 Abs 1 SGB III erfüllt, wer in der Rahmenfrist mindestens zwölf Monate in einem Versicherungspflichtverhältnis gestanden hat. Ein **Versicherungspflichtverhältnis** liegt vor, wenn der ArbN in einem versicherungspflichtigen Beschäftigungsverhältnis gestanden hat oder ein anderer Versicherungspflichttatbestand erfüllt ist (→ *Arbeitslosenversicherungspflicht* Rn 5 ff). Ein die Anwartschaft begründendes Beschäftigungsverhältnis kann grds auch während des Bezugs von AlGeld fortbestehen. Dies ist jedoch ausgeschlossen, wenn es am Fortsetzungswillen der Arbeitsvertragsparteien fehlt und der ArbGeb seine Verfügungsmöglichkeit nicht mehr wahrnehmen kann (BSG 4.7.12 – B 11 AL 16/11 R, SozR 4–4300 § 123 Nr 6). Für Personen, die darlegen und nachweisen, dass die in der Rahmenfrist zurückgelegten Beschäftigungstage überwiegend aus auf nicht mehr als zehn Wochen im Voraus durch Arbeitsvertrag befristeten Beschäftigungsverhältnissen beruhen und deren Arbeitsentgelte in den letzten zwölf Monaten die Bezugsgröße (§ 18 Abs 1 SGB IV) nicht übersteigen, gilt bis zum 31.12.22, dass die Anwartschaftszeit sechs Monate beträgt (§ 142 Abs 2 SGB III).

31 Die **Rahmenfrist** beträgt zwei Jahre und geht dem ersten Tag der Erfüllung der übrigen Anspruchsvoraussetzungen voraus (§ 143 Abs 1 SGB III). Die Gewährung von AlGeld im Wege der Gleichwohlgewährung führt auch dann zur Festlegung der Rahmenfrist, wenn später gerichtlich entschieden oder vereinbart wird, dass das Arbeitsverhältnis fortbesteht (BSG 11.12.14 – B 11 AL 2/14 R, NZS 15, 314). Zeiten, die innerhalb der Rahmenfrist zurückgelegt werden, brauchen nicht lückenlos aufeinanderzufolgen, sondern werden zusammengerechnet. Die Rahmenfrist reicht nicht in eine Rahmenfrist hinein, die bereits für einen früheren Leistungsanspruch maßgeblich war. Nach § 143 Abs 3 SGB III werden in die Rahmenfrist Zeiten nicht eingerechnet, in denen der Arbeitslose von einem Rehabilitationsträger Übergangsgeld wegen einer berufsfördernden Maßnahme bezogen hat. Die Rahmenfrist endet spätestens fünf Jahre seit ihrem Beginn.

**4. Sondertatbestände.** Für bestimmte Personengruppen kann von den vorstehenden Anspruchsvoraussetzungen abgewichen werden. 32

**a) Leistungsgeminderte.** Sie haben einen Anspruch auf AlGeld, wenn sie wegen einer mehr als sechsmonatigen Leistungsminderung keine üblichen versicherungspflichtigen Beschäftigungen ausüben können und verminderte Erwerbsfähigkeit iSd gesetzlichen RV nicht festgestellt worden ist (§ 145 SGB III). Die Anwendung der sog **Nahtlosigkeitsregelung** setzt voraus, dass die BA die Voraussetzungen der Norm selbst ermittelt und feststellt (BSG 10.5.07 – B 7a AL 30/06 R, SozR 4–4300 § 125 Nr 2). Die „Nahtlosigkeitsregelung" soll bewirken, dass Arbeitslose mit einer dauernden Minderung oder Aufhebung der Leistungsfähigkeit bis zur Feststellung des RVTrägers AlGeld erhalten. Insoweit begründet die Nahtlosigkeitsregelung gegenüber der BA eine Sperrwirkung, denn sie verbietet der Arbeitsverwaltung, die objektive Verfügbarkeit wegen Einschränkungen der gesundheitlichen Leistungsfähigkeit zu verneinen, bevor der zuständige RVTräger verminderte Erwerbsfähigkeit festgestellt hat (BSG 9.9.99 – B 11 AL 13/99 R, SozR 3–4100 § 105a Nr 7). Erhält der Arbeitslose Leistungen nach § 145 SGB III, so wird er von der Agentur für Arbeit unverzüglich aufgefordert, innerhalb eines Monats RehaMaßnahmen zu beantragen. Der weitere Leistungsanspruch hängt von dieser Mitwirkungspflicht des Arbeitslosen und der Erfüllung seiner Mitwirkungspflichten gegenüber dem Rehabilitationsträger ab. 33

**b) Arbeitsunfähige.** Sie verlieren den AlGeldAnspruch für die **Dauer von sechs Wochen** nicht, soweit die AU während des Bezuges von AlGeld infolge Krankheit, einer nicht rechtswidrigen Sterilisation oder eines nicht rechtswidrigen Abbruchs der Schwangerschaft durch einen Arzt eintritt oder auf einer stationären Behandlung auf Kosten der Krankenkasse beruht (§ 146 SGB III). Für die Dauer der Leistungsfortzahlung ruht der Krankengeldanspruch. Tritt die AU zu einem Zeitpunkt ein, zu dem der Anspruch auf AlGeld ruht, so kommt eine Leistungsfortzahlung nach § 146 SGB III nicht in Betracht (BSG 2.11.2000 – B 11 AL 25/00 R, EPersR 2001 H/8). Der Leistungsbezug nach § 146 SGB III wird auf die Anspruchsdauer nach § 148 SGB III angerechnet. 34

**5. Berufliche Weiterbildung.** Nach § 144 SGB III hat einen Anspruch auf AlGeld auch ein ArbN während der Teilnahme an einer nach § 81 SGB III geförderten beruflichen Weiterbildung (Näheres: *Weiterbildung*). Beim AlGeld bei Arbeitslosigkeit und bei beruflicher Weiterbildung handelt es sich um eine einheitliche Versicherungsleistung, die hinsichtlich der Voraussetzungen und des Leistungsumfangs den sich aus den §§ 137 ff SGB III ergebenden Maßgaben unterliegt (BSG 3.5.18 – B 11 AL 6/17 R, SozR 4–4300 § 144 Nr 26). 35

**III. Anspruchsdauer.** Bei der Feststellung der für die Anspruchsdauer maßgebenden Vorversicherungszeiten kommt nach § 147 Abs 1 SGB III eine erweiterte Rahmenfrist von fünf Jahren zur Anwendung. Es gilt nach § 147 Abs 2 SGB III folgende Tabelle: 36

| nach Versicherungspflichtverhältnissen mit einer Dauer von insgesamt mindestens … Monaten | und nach Vollendung des … Lebensjahres | … Monate |
|---|---|---|
| 12 | | 6 |
| 16 | | 8 |
| 20 | | 10 |
| 24 | | 12 |
| 30 | 50. | 15 |
| 36 | 55. | 18 |
| 48 | 58. | 24 |

Einen vom Lebensalter unabhängigen Anspruch auf AlGeld können ArbN nach §§ 142 Abs 2, 147 Abs 3 SGB III auch nach Versicherungspflichtverhältnissen von mindestens 6 Monaten erwerben. Vorausgesetzt wird, dass sich die zurückgelegten Beschäftigungstage überwiegend aus versicherungspflichtigen Beschäftigungen ergeben, die auf nicht mehr als 6 Wochen im Voraus zeit- oder zweckbefristet sind und das Arbeitsentgelt die Bezugsgröße nach § 18 Abs 1 SGB IV (→ *Sozialversicherungsbeiträge* Rn 71) nicht übersteigt. Die Dauer dieses Anspruchs auf AlGeld beträgt 3–5 Monate. 37

38 Die Dauer des AlGeldAnspruches **mindert** sich nach § 148 Abs 1 Nr 1 SGB III um Tage, für die der Anspruch erfüllt worden ist. Eine Minderung der Anspruchsdauer erfolgt nicht, wenn die Agentur für Arbeit im Rahmen der Gleichwohlgewährung vom ArbGeb für ihre Aufwendungen Ersatz erlangt (grds: BSG 24.7.86 – 7 RAr 4/85, SozR 4100 § 117 Nr 16). Ebenfalls keine Minderung tritt ein, wenn der RVTräger das von der Agentur für Arbeit nach der Nahtlosigkeitsregelung gezahlte AlGeld erstattet (BSG 23.7.98 – B 11 AL 97/97 R, SozR 3–4100 § 105a Nr 6). Keine Erfüllung in diesem Sinne ist das Ruhen des Anspruches. Die Tage einer Sperrzeit führen zu einer Minderung des Anspruches nach § 148 Abs 1 Nr 3 SGB III. Bei einer *Sperrzeit* wegen Arbeitsaufgabe ist zu beachten, dass die Minderung mindestens ein Viertel der Anspruchsdauer umfasst, die dem Arbeitslosen bei erstmaliger Erfüllung der Voraussetzungen für den Anspruch auf AlGeld nach dem Ereignis, das die Sperrzeit begründet, zusteht (§ 148 Abs 1 Nr 4 SGB III). Nach § 148 Abs 2 Satz 2 SGB III entfällt die Minderung bei Sperrzeiten wegen Abbruchs einer beruflichen Eingliederungsmaßnahme oder wegen Arbeitsaufgabe, wenn das Ereignis, das die Sperrzeit begründet, bei Erfüllung der Voraussetzungen für den Anspruch auf AlGeld länger als ein Jahr zurückliegt. Im Einzelfall kann insoweit eine Beratungspflicht der Agentur für Arbeit bestehen, dem Arbeitslosen eine spätere Antragstellung nahe zu legen (BSG 5.8.99 – B 7 AL 38/98 R, SozR 3–4100 § 110 Nr 2).

39 Die Verletzung von Mitwirkungspflichten (Leistungsausschluss nach § 66 SGB I, objektiv unbegründete Verhinderungen) führt zu einer Minderung des Anspruchs bis zu der nach § 148 SGB III festgelegten Höchstdauer der Minderung. Nach § 136 Abs 2 SGB III hat, wer das für die Regelaltersrente im Sinne des SGB VI erforderliche Lebensjahr vollendet hat, vom Beginn des folgenden Monats an keinen Anspruch auf AlGeld mehr.

40 **IV. Leistungshöhe.** Die Berechnung des AlGeldes erfolgt in Abhängigkeit vom zuvor erzielten Arbeitsentgelt.

41 **1. Leistungsberechnung.** Das AlGeld beträgt in den Fällen, in denen der Arbeitslose mindestens ein Kind iSd § 32 Abs 1, 3–5 EStG hat oder sein Ehegatte (Lebenspartner) ein solches Kind hat, wenn beide Ehegatten unbeschränkt einkommensteuerpflichtig sind und nicht dauernd getrennt leben, **67 vom Hundert** und in den anderen Fällen **60 vom Hundert** des pauschalierten Nettoentgelts (Leistungsentgelt), das sich aus dem Bruttoentgelt ergibt, das der Arbeitslose im Bemessungszeitraum erzielt hat (Bemessungsentgelt; § 149 SGB III). Kinder des Arbeitslosen, die sich noch in der Ausbildung befinden, werden längstens bis zur Vollendung des 27. Lebensjahres berücksichtigt (BSG 9.9.93 – 7 RAr 98/92, NZS 94, 25).

Das **Bemessungsentgelt** wird idR aus dem Bruttoentgelt berechnet, das der Arbeitslose im Bemessungszeitraum erzielt hat (§§ 150, 151 SGB III). Der Bemessungszeitraum umfasst nach der Grundregel des § 150 Abs 1 SGB III die beim Ausscheiden aus dem jeweiligen Beschäftigungsverhältnis abgerechneten Entgeltabrechnungszeiträume der versicherungspflichtigen Beschäftigung im Bemessungsrahmen. Zeiten einer unwiderruflichen Freistellung sind in den Bemessungsrahmen einzubeziehen (BSG 30.8.18 – B 11 AL 15/17 R, BeckRS 2018, 31014).

Nach § 151 Abs 1 Satz 2 SGB III gelten Arbeitsentgelte, auf die der Arbeitslose beim Ausscheiden aus dem Beschäftigungsverhältnis Anspruch hatte, als erzielt, wenn sie **zugeflossen** oder nur wegen Zahlungsunfähigkeit des ArbGeb nicht zugeflossen sind. Ist eine Zahlung bis zum Ende des Arbeitsverhältnisses unterblieben, kommt eine Berücksichtigung bei der Bemessung nur in Betracht, wenn die Zahlungsunfähigkeit des ArbGeb die alleinige Ursache des unterbliebenen Zuflusses ist (BSG 5.12.06 – B 11a AL 43/05 R, SozR 4–4300 § 134 Nr 1). Ein Anspruch auf höheres AlGeld kann nicht allein darauf gestützt werden, dass der ArbGeb wegen eines vorübergehenden Lohnverzichts ein geringeres Arbeitsentgelt erzielt hatte (BSG 29.1.08 – B 7/7a AL 40/06 R, SozR 4–4300 § 130 Nr 3). Dies gilt sogar dann, wenn eine tarifliche Verzichtsregelung unter der auflösenden Bedingung der Stellung eines Insolvenzantrages steht (BSG 11.6.15 – B 11 AL 13/14 R, ZIP 15, 1800). Hingegen ist das Arbeitsentgelt zu berücksichtigen, wenn ArbN zur Sicherung ihrer Arbeitsplätze auf Arbeitsentgelt verzichtet hatten und für den Fall der Vergeblichkeit des Verzichts eine Nachzahlung des Entgelts vereinbart und tatsächlich geleistet wird (BSG 24.8.17 – B 11 AL 16/16 R, NZS 18, 405). Das einem früheren AlGeldAnspruch zugrundeliegende Bemessungsentgelt findet nach § 151 Abs 4 SGB III iS eines Mindestentgelts Berücksichtigung, wenn das AlGeld innerhalb der letzten zwei Jahre vor der Entstehung des Anspruchs bezogen wurde (zur Anwendung der Regelung bei einem Ruhen des früheren Anspruchs BSG 7.5.19 – B 11 AL 18/18 R, NZS 19, 796).

Liegt der letzte Anspruch auf Arbeitsentgelt längere Zeit zurück, kommt nach Maßgabe des § 152 SGB eine **fiktive Bemessung** zur Anwendung (zur Bemessung nach Erziehungszeiten BSG 29.5.08 – B 11a AL 23/07 R, SozR 4–4300 § 132 Nr 1; zur Bemessung bei parallelem Bezug von Elterngeld und Arbeitsentgelt aus einer Teilzeitbeschäftigung BSG 21.6.18 – B 11 AL 8/17 R, SozR 4–4300 § 150 Nr 4). Die fiktive Bemessung verstößt auch dann nicht gegen Verfassungs- oder Gemeinschaftsrecht, wenn der Bemessungszeitraum infolge von Erziehungszeiten nicht die erforderlichen 150 Tage mit Anspruch auf Arbeitsentgelt enthält (BSG 25.8.11 – B 11 AL 19/10 R, SozR 4–4300 § 132 Nr 7). Für die Zuordnung zu Qualifikationsgruppen kommt es in erster Linie darauf an, ob der Arbeitslose über den für die angestrebte Beschäftigung erforderlichen Berufsabschluss verfügt (BSG 4.7.12 – B 11 AL 21/11 R, SozR 4–4300 § 132 Nr 8). Wurde in den letzten zwei Jahren Teilzeitarbeit ausgeübt, so kann das AlGeld nicht mehr aus einem davor erzielten Arbeitsentgelt aus einer Vollzeitbeschäftigung bemessen werden (BSG 6.5.2009 – B 11 AL 7/08 R, SozR 4–4300 § 130 Nr 5). Wird AlGeld im Anschluss an eine betriebliche Ausbildung bezogen, so erfolgt die Bemessung nach der bezogenen Ausbildungsvergütung, während eine fiktive Bemessung durch das Gesetz nicht mehr vorgesehen ist (BSG 6.3.13 – B 11 AL 12/12 R, NZS 13, 833). 42

Zur Errechnung des **Leistungsentgelts** wird das Bemessungsentgelt nach Maßgabe des § 153 SGB III um pauschalierte Abzüge für SozV Beiträge, LSt und Solidaritätszuschlag vermindert. Die Sozialversicherungspauschale beträgt seit dem 1.1.19 nur noch 20 Prozent des Bemessungsentgelts. Die Berücksichtigung der KiSt als Abzugsposten ist in § 153 SGB III nicht mehr vorgesehen. Der fiktive Abzug des SolZ und der ArbNBeiträge zur PflegeV ist verfassungsgemäß (BVerfG 23.10.96 – 1 BvR 70/96, NZS 97, 89). 43

Die Leistungen werden höchstens nach einem Arbeitsentgelt in Höhe der für den Beitrag zu BA maßgebenden **Beitragsbemessungsgrenze** berechnet.

Maßgebend für den fiktiven LStAbzug ist nach § 153 Abs 2 SGB III die **Lohnsteuerklasse**, die zu Beginn des Kj maßgebend war, in dem der Anspruch entstanden ist (→ *Lohnsteuerklassen* Rn 32). Auf diese LStKlasse ist auch dann abzustellen, wenn bei auf Antrag pflichtversicherten Selbständigen ein LStAbzugsverfahren nicht stattgefunden hat (BSG 11.3.14 – B 11 AL 10/13 R, DB 2014, 1500). Änderungen der Steuerklasse werden von dem Tag an berücksichtigt, an dem erstmals die Voraussetzungen für die Änderung vorlagen.

Bei einem Wechsel der Steuerklassenkombination von **Ehegatten** wird die neu eingetragene LStKlasse von dem Tag an berücksichtigt, an dem die Änderung wirksam wird, es sei denn, die neu eingetragenen LStKlassen entsprechen an diesem Tage nicht dem Verhältnis der monatlichen Arbeitslöhne beider Ehegatten oder es ergibt sich aufgrund der neu eingetragenen LStKlassen ein geringeres AlGeld (→ *Lohnsteuerklassen* Rn 34 ff; § 153 Abs 3 SGB III). Zur Feststellung der dem Verhältnis der Arbeitslöhne entsprechenden LStKlassen kann die vom BMF und den obersten Finanzbehörden der Länder jährlich herausgegebene **Tabelle zur Steuerklassenwahl** herangezogen werden. 44

Zur Vereinfachung der Bemessung werden im **Bemessungszeitraum** nur noch Zeiten einer versicherungspflichtigen Beschäftigung berücksichtigt. Vorausgesetzt wird jedoch, dass die Entgeltzeiträume beim Ausscheiden des Arbeitslosen aus dem jeweiligen Beschäftigungsverhältnis abgerechnet sind. Beim Ausscheiden noch nicht abgerechnete Sonderzahlungen bleiben bei der Bemessung außer Betracht (BSG 8.7.09 – B 11 AL 14/08 R, SozR 4–4300 § 130 Nr 6). Der Bemessungsrahmen umfasst nach § 150 Abs 1 SGB III regelmäßig ein Jahr und endet mit dem letzten Tag des letzten Versicherungspflichtverhältnisses vor Entstehung des Anspruchs. 45

**2. Einkommensanrechnung.** Nach § 155 Abs 1 SGB III steht Arbeitslosen bei der Anrechnung von Nebeneinkünften ein einheitlicher Freibetrag von 165 € monatlich zu. Die Dauer des Anspruchs auf AlGeld mindert sich auch dann, wenn Nebeneinkommen angerechnet worden ist (BSG 5.2.04 – B 11 AL 39/03 R, SozR 4–4300 § 128 Nr 1). 46

47 Privilegierende Regelungen gelten für Erwerbstätigkeiten, die bereits **während der letzten 18 Monate** vor Entstehung des Anspruchs, mindestens 12 Monate ausgeübt wurden (§ 155 Abs 2 SGB III). Der (großzügigere) Freibetrag bei vorausgegangener Nebentätigkeit besteht in dem Umfang, in dem in den letzten 12 Monaten vor Entstehung des Anspruchs durchschnittlich Nettonebeneinkommen erzielt worden ist. Er setzt voraus, dass in den letzten 18 Monaten vor Entstehung des Anspruchs mindestens zwölf Monate neben einem Versicherungspflichtverhältnis eine Erwerbstätigkeit ausgeübt worden ist. Es muss zur Erlangung des Privilegs nicht die ursprünglich ausgeübte geringfügige Beschäftigung nahtlos fortgeführt werden (BSG 1.7.10 – B 11 AL 31/09 R, NJW 11, 2156). Der Bezug einer Entgeltersatzleistung kann dem Arbeitsentgelt aus einer Beschäftigung nicht gleichgestellt werden (BSG 1.3.11 – B 7 AL 26/09 R, NZS 11, 1062).

48 **V. Ruhen des Anspruchs.** Das Ruhen des AlGeldAnspruches bedeutet, dass der Anspruch während des Ruhenszeitraums, der nicht auf die Anspruchsdauer angerechnet wird (Ausnahme: Sperrzeit), nicht geltend gemacht werden kann.

49 **1. Arbeitskampf.** Durch die Gewährung von AlGeld darf nicht in Arbeitskämpfe eingegriffen werden. Ist der ArbN durch Beteiligung an einem Arbeitskampf oder als mittelbar Streikbetroffener arbeitslos geworden, so ruht sein Anspruch nach Maßgabe des § 160 SGB III bis zu Beendigung des Arbeitskampfes (→ *Arbeitskampf/Streik* Rn 36 ff).

50 **2. Arbeitsentgelt und Urlaubsabgeltung. a) Arbeitsentgelt.** Nach § 157 Abs 1 SGB III ruht der Anspruch auf AlGeld während der Zeit, für die der Arbeitslose Arbeitsentgelt erhält oder zu beanspruchen hat. Die Vorschrift verfolgt den Zweck, den Bezug von **Doppelleistungen** mit gleicher Zielsetzung zu verhindern. Ein Konkurrenzverhältnis zwischen Arbeitsentgeltansprüchen und AlGeld tritt auf, weil das Beschäftigungsverhältnis im leistungsrechtlichen Sinn mit dem Arbeitsverhältnis nicht identisch ist. Das Gesetz geht davon aus, dass ArbN AlGeld bereits beanspruchen können, obwohl ihr Arbeitsverhältnis noch nicht beendet ist. Arbeitslosigkeit tritt ein, wenn die Beschäftigung faktisch ein Ende gefunden hat und die das Beschäftigungsverhältnis prägende persönliche Abhängigkeit des Beschäftigten nicht mehr besteht. Letzteres ist der Fall, wenn der ArbGeb sein Direktionsrecht nicht mehr ausübt und/oder die Dienstbereitschaft des ArbN entfällt.

51 Die Ruhenswirkung nach § 157 Abs 1 SGB III tritt unabhängig von der **Höhe des Anspruchs** auf Arbeitsentgelt ein. Der Anspruch auf AlGeld ruht also auch bei einem geringeren Arbeitsentgeltanspruch in voller Höhe. Erfasst werden alle Einnahmen, die dem ArbN in ursächlichem Zusammenhang mit der Beschäftigung zufließen (KassHB-SGB III/*Voelzke* § 12 Rz 145).

Von der Anordnung des Ruhens gilt nach § 157 Abs 3 SGB III eine Ausnahme, wenn der ArbN das zum Ruhen führende Arbeitsentgelt tatsächlich nicht erhält. Der ArbN wird dann so behandelt, als wenn er keine Arbeitsentgeltansprüche hätte und erhält AlGeld im Wege der **Gleichwohlgewährung** (→ *Erstattungsanspruch der Agentur für Arbeit* Rn 19 ff). Stammt das Arbeitsentgelt aus einer Beschäftigung die weniger als 15 Stunden wöchentlich umfasst, kommt die Anrechnung nach § 155 SGB III (→ Rn 46), nicht aber ein Ruhenstatbestand zur Anwendung. Zum Arbeitsentgelt iSd § 157 Abs 1 SGB III gehören sämtliche Vergütungsbestandteile, die zwischen dem tatsächlichen Ende der Beschäftigung und der wirksamen Beendigung des Arbeitsverhältnisses begründet werden. Zahlungsansprüche des ArbN aus dem Arbeitsverhältnis sind als Arbeitsentgelt zu qualifizieren, wenn sie eine Vergütung für geleistete Arbeit enthalten und ihren Rechtsgrund im Arbeitsvertrag haben. An dem Zusammenhang fehlt es nicht schon deshalb, weil die Zahlungen von einem Dritten zu erbringen sind.

52 Die Ruhensanordnung des § 157 Abs 1 SGB III kommt zur Anwendung, wenn der Arbeitslose einerseits bereits alle **Anspruchsvoraussetzungen** für den Anspruch auf AlGeld erfüllt, andererseits aber noch **Vergütungsansprüche** gegen den ArbGeb erwirbt. Ein Ruhen kommt nur in Betracht, wenn sich die Ansprüche zeitlich überschneiden. Dies macht es erforderlich, die Arbeitsentgeltansprüche bestimmten Zeiträumen zuzuordnen. Von der Ruhenswirkung nicht betroffen sind Nachzahlungen, die für die Zeit vor Einstellung der Arbeitstätigkeit geleistet werden. Unbeachtlich sind ferner Leistungen aus dem Arbeitsverhältnis, die nicht einem bestimmten Lohnabrechnungszeitraum zugeordnet werden können (zB Treueprämien, Jahressonderzahlungen usw). Dies gilt selbst dann, wenn die

Ansprüche jedenfalls zeitanteilig auch dem fraglichen Zeitraum zugerechnet werden können.

Der Hauptanwendungsfall des § 157 Abs 1 SGB III ist gegeben, wenn während einer 53 Auseinandersetzung über den Fortbestand des Arbeitsverhältnisses der Entgeltanspruch infolge Verzuges des ArbGeb fortbesteht. Ein zeitliches Zusammentreffen von AlGeldAnsprüchen und Ansprüchen auf Arbeitsentgelt kommt ferner in Betracht, wenn der ArbN von seinem zahlungsunfähigen bzw zahlungsunwilligen ArbGeb von der Arbeit freigestellt wird (BSG 24.7.86 – 7 RAr 4/85, SozR 4100 § 117 Nr 18). Die **Berechtigung der Arbeitsvertragsparteien,** bei einem Streit über den Bestand und die Dauer des Arbeitsverhältnisses im Wege der Vereinbarung auch rückwirkend über den Endzeitpunkt des Arbeitsverhältnisses und die Arbeitsentgeltansprüche zu disponieren, wird durch § 157 Abs 1 SGB III grds nicht eingeschränkt. Die Agentur für Arbeit muss – soweit kein Rechtsmissbrauch vorliegt – die getroffenen Vereinbarungen akzeptieren und an ihre Ergebnisse anknüpfen. Dies gilt grds auch, wenn die Arbeitsvertragsparteien im Hinblick auf die flexiblere Ruhensanordnung in § 158 SGB III sowie die günstigere steuer- und beitragsrechtliche Behandlung die der tatsächlichen Beschäftigung nachfolgenden Zahlungen als Entlassungsentschädigungen vereinbaren.

Ist der **Zeitpunkt der Beendigung** des Arbeitsverhältnisses zwischen den Arbeitsver- 54 tragsparteien **streitig,** so entspricht es der zutreffenden Verwaltungspraxis der BA, AlGeld zunächst im Wege der Gleichwohlgewährung zu bewilligen. Zu diesem Zeitpunkt bedarf die Frage, ob eine vom Ruhen nach § 157 Abs 1 SGB III unabhängige Zahlung von AlGeld oder ein Fall der Gleichwohlgewährung vorliegt, keiner näheren Untersuchung, da die Leistung auf jeden Fall zu bewilligen ist. Wird nachfolgend das Ende des Arbeitsverhältnisses durch ein Urteil des Arbeitsgerichts oder durch einen Vergleich fixiert, so ist der so festgelegte Endzeitpunkt auch für die Anwendung des § 157 Abs 1 SGB III maßgebend. Die grds Berechtigung der Arbeitsvertragsparteien, das Ende des Arbeitsverhältnisses und damit den Bestand an Arbeitsentgeltansprüchen mit Wirkung gegenüber der BA festzulegen, findet seine Grenzen, wenn der Fortbestand des Arbeitsverhältnisses zwischen den Arbeitsvertragsparteien nicht streitig ist. Die BA braucht bei der Anwendung des § 157 Abs 1 SGB III nur dann an die getroffenen Vereinbarungen anzuknüpfen, wenn sie im Rahmen der streitigen Abwicklung eines Arbeitsverhältnisses getroffen werden. Steht zB aufgrund einer früher getroffenen Vereinbarung fest, dass dem ArbN für einen bestimmten Zeitraum Arbeitsentgeltansprüche zustehen, so können die Vertragsparteien die Rechtslage nicht mehr zu Lasten der BA ändern.

Der Ruhenszeitraum nach § 157 Abs 1 SGB III wird durch die **Tage bestimmt,** für die 55 der ArbGeb dem ArbN **noch Arbeitsentgelt schuldet.** Der Ruhenszeitraum dauert an, solange der Anspruch auf AlGeld und auf Arbeitsentgelt zusammentrifft. Es muss ggf festgestellt werden, auf welche Tage sich die Vergütungsansprüche beziehen. Der Anspruch auf AlGeld ruht unabhängig von der Höhe des Entgeltanspruchs in vollem Umfang. Im Falle des Annahmeverzuges des ArbGeb tritt das Ruhen für die Anzahl von Tagen ein, die der ArbN ohne die Nichtannahme der Arbeitsleistung noch gearbeitet hätte. Das Ende des Arbeitsverhältnisses fixiert in jedem Fall das Ende des Ruhenszeitraums nach § 157 Abs 1 SGB III, denn als Arbeitsentgelt können begrifflich nur Leistungen für die Zeit bis zur wirksamen Beendigung des Arbeitsverhältnisses angesehen werden (BSG 21.9.95 – 11 RAr 41/95, SozR 3–4100 § 117 Nr 12). Dies gilt auch, wenn der Arbeitsentgeltanspruch im Einzelfall (zB nach § 8 EFZG) über das Ende des Arbeitsverhältnisses hinaus gezahlt wird. Schuldet der ArbGeb Leistungen für die Zeit nach Beendigung des Arbeitsverhältnisses, so kann es sich um eine *Abfindung* bzw um eine *Urlaubsabgeltung,* nicht jedoch um *Arbeitsentgelt* handeln.

**b) Urlaubsabgeltung.** Nach § 157 Abs 2 Satz 1 SGB III ruht der Anspruch beginnend 56 mit dem Ende des Arbeitsverhältnisses für die Zeit des abgegoltenen Urlaubs, wenn der Arbeitslose wegen der Beendigung des Arbeitsverhältnisses eine Urlaubsabgeltung erhalten oder zu beanspruchen hat. Auch der Zweck des Ruhens wegen einer Urlaubsabgeltung nach § 157 Abs 2 SGB III besteht darin, das **Nebeneinander von Ansprüchen** aus dem Arbeitsverhältnis und aus der ArblV zu vermeiden. Der Gesetzgeber sieht es nicht als gerechtfertigt an, dass der ArbN neben der Urlaubsabgeltung noch eine Lohnersatzleistung bezieht (BT-Drs 9/846 S 44).

57 Mit dem Begriff der Urlaubsabgeltung nimmt der Gesetzgeber auf den entsprechenden **arbeitsrechtlichen Begriff** Bezug, wie er den diesbezüglichen Regelungen (§ 7 Abs 4 BUrlG; tarifvertragliche Regelungen) oder vertraglichen Vereinbarungen zugrunde liegt (→ *Urlaubsabgeltung* Rn 1 ff). Bei der die Urlaubsabgeltung vergleichbaren Zahlungen nach ausländischen Recht kommt es auf die funktionale Gleichwertigkeit an (zu auf einem dänischen Urlaubskonto angesparten Entgelt BSG 17.3.16 – B 11 AL 4/15 R, NZS 16, 670). § 157 Abs 2 SGB III findet nur auf die „echte Urlaubsabgeltung" Anwendung. Wird Urlaubsentgelt für die letzten Tage des Arbeitsverhältnisses in den Abfindungsbetrag einbezogen, so bewirkt der entsprechende Betrag ein Ruhen nach § 157 Abs 1 SGB III. Vom Abgeltungsanspruch nach § 7 Abs 4 BUrlG zu unterscheiden ist der **Schadensersatzanspruch** in Geld, den der ArbN geltend machen kann, wenn der Urlaubsanspruch bzw der Urlaubsabgeltungsanspruch während des Verzuges des ArbGeb erlischt. Ein derartiger Schadensersatzanspruch steht der Urlaubsabgeltung auch bei der Anwendung des § 157 Abs 2 SGB III nicht gleich (BSG 21.6.01 – B 7 AL 62/00 R, SozR 3–4100 § 117 Nr 24).

58 Der ArbN muss die Urlaubsabgeltung „wegen der Beendigung des Arbeitsverhältnisses" erhalten oder beanspruchen können. Das **Kausalitätserfordernis** wirft im Regelfall keine Schwierigkeiten auf, denn der Anspruch auf Abgeltung des Urlaubs entsteht nach ausdrücklicher Regelung in § 7 Abs 4 BUrlG, wenn der Urlaub wegen Beendigung des Arbeitsverhältnisses ganz oder teilweise nicht mehr gewährt werden kann. Das Ruhen wegen eines Anspruchs auf eine Urlaubsabgeltung tritt nicht ein, wenn der Arbeitslose während des Bezugs von AlGeld arbeitsunfähig und ihm deshalb für die Dauer bis zu sechs Wochen das AlGeld nach § 146 SGB III weiter gewährt wird, da ansonsten der Zweck der Urlaubsabgeltung verfehlt wäre (BSG 26.6.91 – 10 RAr 9/90, SozR 3–4100 § 117 Nr 4).

59 Der Ruhenszeitraum beginnt nach § 157 Abs 2 Satz 2 SGB III mit dem **Ende des die Urlaubsabgeltung begründenden Arbeitsverhältnisses.** Dies gilt auch, wenn es sich beim ersten Ruhenstag um einen sog „Wochenfeiertag" handelt, für den ansonsten AlGeld hätte beansprucht werden können. Der Ruhenszeitraum setzt mit dem ersten Tag ein, der auf das Ende des Arbeitsverhältnisses folgt, und läuft unabhängig davon kalendermäßig ab, ob sich der Betroffene überhaupt arbeitslos gemeldet oder zunächst eine Zwischenbeschäftigung ausgeübt hat. Nach § 157 Abs 2 Satz 1 SGB III ruht der Anspruch auf Urlaubsabgeltung für die **Zeit des abgegoltenen Urlaubs.** Maßgebend für die Dauer des Ruhens ist danach, wie viele Tage Urlaub der ArbN zum Zeitpunkt der Beendigung des Arbeitsverhältnisses unter Berücksichtigung des bereits erfüllten Urlaubsanspruchs noch beanspruchen kann und wie viele Urlaubstage infolgedessen abzugelten sind. Auf die Höhe der Urlaubsabgeltung für den jeweiligen Tag kommt es nicht an. Der Ruhenszeitraum endet mit dem Tag, der im Falle eines verlängerten Arbeitsverhältnisses der letzte Urlaubstag gewesen wäre.

60 **c) Gleichwohlgewährung.** Der ArbN hat nach § 157 Abs 3 SGB III Anspruch auf AlGeld, wenn der ArbGeb den Anspruch auf Arbeitsentgelt oder Urlaubsabgeltung nicht erfüllt. Die Ansprüche des ArbN gehen jeweils mit der Zahlung des AlGeldes in gleicher Höhe auf die BA über, ohne dass es einer förmlichen Überleitungsanzeige bedürfte (§ 115 SGB X; KassHB-SGB III/*Voelzke* Rz 60 ff und → *Erstattungsanspruch der Agentur für Arbeit* Rn 19).

61 **3. Entlassungsentschädigung.** Abfindungen, die im Hinblick auf eine Beendigung des Arbeitsverhältnisses gezahlt werden, führen nach Maßgabe des § 158 SGB III zum Ruhen des Anspruchs auf AlGeld (Näheres: *Abfindung*). Die Zahlung einer Entlassungsentschädigung führt nur dann zum Ruhen des AlGeld-Anspruchs, wenn das Arbeitsverhältnis **ohne Einhaltung der Kündigungsfrist** des ArbGeb beendet worden ist.

62 **4. Andere Leistungen.** Zur Vermeidung von Doppelversorgung ruht der Anspruch auf AlGeld bei der Zuerkennung der in § 156 Abs 1 SGB III genannten **Sozialleistungen** (Berufsausbildungsbeihilfe für Arbeitslose, Krankengeld, Versorgungskrankengeld, Verletztengeld, Mutterschaftsgeld, Übergangsgeld, Rente wegen voller Erwerbsminderung, Altersrente). Der Anspruch auf Krankengeld ist grds vorrangig (BSG 3.6.04 – B 11 AL 55/03 R, SozR 4–4300 § 125 Nr 1). Das einem früheren Flugzeugführer nach Vollendung des 46. Lebensjahrs gewährte Ruhegehalt führt zum Ruhen als der Altersrente ähnliche Leistung (BSG 23.10.14 – B 11 AL 21/13 R, BeckRS 2014, 74222). Zum Ruhen des

Anspruches führt auch der Bezug von Vorruhestandsgeld oder einer vergleichbaren Leistung des ArbGeb nach Maßgabe des § 156 Abs 4 SGB III. Sozialleistungen, die ein ausländischer Träger bewilligt hat, werden in gleicher Weise wie eine vergleichbare inländische Leistung berücksichtigt (§ 156 Abs 3 SGB III).

**5. Sperrzeit.** Der Eintritt einer Sperrzeit (→ *Sperrzeit* Rn 6 ff) nach § 159 SGB III führt zum Ruhen des Anspruchs im gesetzlich vorgesehenen Umfang. Bei Vorliegen der in § 159 SGB III genannten Voraussetzungen ist zu beachten, dass nicht nur die Leistungsgewährung während des Ruhenszeitraums ausgeschlossen ist, sondern zusätzlich eine Minderung der Anspruchsdauer (§ 148 SGB III) eintritt. 63

**VI. Frühzeitige Meldung.** Das Erste Gesetz für moderne Dienstleistungen am Arbeitsmarkt hat einen zusätzlichen Tatbestand geschaffen, der im Falle der Beendigung des Arbeitsverhältnisses für den ArbN eine Obliegenheit zur frühzeitigen Meldung bei der Agentur für Arbeit begründet. Die Verletzung von Meldepflichten während des laufenden Leistungsbezugs führt nach der seit 1.1.06 geltenden Rechtslage zu einer *Sperrzeit*. 64

**1. Meldepflicht – § 38 SGB III.** Eine Obliegenheit zur frühzeitigen Meldung im Zusammenhang mit der Beendigung des Arbeitsverhältnisses ist in § 38 Abs 1 SGB III geregelt. Danach werden ArbN und Auszubildende, deren Versicherungspflichtverhältnis endet, angehalten, sich persönlich bei der Agentur für Arbeit arbeitssuchend zu melden. Die Meldepflicht besteht unabhängig von der Art der Beendigung. Die Meldepflicht entsteht spätestens drei Monate vor Beendigung des Beschäftigungsverhältnisses. Beträgt der Zeitraum zwischen Kenntnis und Beendigung weniger als drei Monate, hat die Meldung binnen drei Tagen nach Kenntnis des Beendigungszeitpunkts zu erfolgen. Die Verletzung der Obliegenheit zur frühzeitigen Arbeitssuche führt zum Eintritt einer Sperrzeit (→ *Sperrzeit* Rn 23). 65

Die Pflicht zur frühzeitigen Meldung besteht unabhängig davon, ob der Fortbestand des Arbeits- oder Ausbildungsverhältnisses gerichtlich geltend gemacht worden ist. Der ArbN kann sich nicht darauf berufen, die Kündigung sei offensichtlich rechtswidrig gewesen. Der ArbN muss also auch während der Dauer eines **arbeitsgerichtlichen Verfahrens** Kontakt zur Agentur für Arbeit aufnehmen und unterhalten, wenn er Nachteile für seinen Anspruch auf AlGeld vermeiden will. Dies erscheint im Ergebnis nicht problematisch, denn dem ArbN wird auch im Falle der Gleichwohlgewährung während eines Kündigungsschutzprozesses abverlangt, sich bei der Agentur für Arbeit arbeitslos zu melden. 66

Der ArbN erfüllt seine Meldepflicht, wenn er sich persönlich zur zuständigen Agentur für Arbeit begibt und sich dort arbeitsuchend meldet. Es genügt nach § 38 Abs 1 Satz 3 SGB III zur Erfüllung der Meldepflicht auch, wenn der ArbN sich zunächst fernmündlich meldet und die persönliche Meldung nach terminlicher Vereinbarung nachholt. Die Anzeige kann formlos erfolgen (*Schlegel/Voelzke/Harks* § 38 SGB III Rz 47). Um die Erfüllung der Meldepflicht zu dokumentieren, sollte der ArbN eine **schriftliche Bestätigung** der Meldung einfordern. 67

**2. Pflichten des Arbeitgebers.** § 2 Abs 2 Satz 2 Nr 3 SGB III erlegt dem ArbGeb auf, ArbN vor der Beendigung des Arbeitsverhältnisses frühzeitig über die Notwendigkeit eigener Aktivitäten bei der Suche nach einer anderen Beschäftigung sowie über die Verpflichtung zu einer unverzüglichen Meldung bei der Agentur für Arbeit zu informieren, sie hierzu freizustellen und die Teilnahme an erforderlichen Qualifizierungsmaßnahmen zu ermöglichen. Angesichts des **unverbindlichen Charakters** der Regelung in § 2 SGB III handelt es sich nicht um eine echte Rechtspflicht, die ggf einen Schadensersatzanspruch auslösen kann (BAG 29.9.05 – 8 AZR 571/04, NZA 05, 1406). Unabhängig davon erscheint allerdings ein Hinweis des ArbGeb auf die Meldepflicht bei jeder Beendigung des Arbeitsverhältnisses zur Vermeidung von Rechtsnachteilen beim ArbN zweckmäßig. 68

**VII. Erlöschen.** Der Anspruch auf AlGeld ist zeitlich begrenzt. § 161 SGB III enthält drei Tatbestände, die zum Erlöschen des Anspruchs auf AlGeld führen. Die Erlöschenstatbestände bewirken den endgültigen Wegfall des noch existenten Stammrechts mit der Folge, dass hieraus keine Zahlungsansprüche mehr geltend gemacht werden können. 69

Danach erlischt der Anspruch auf AlGeld mit der **Entstehung eines neuen Anspruchs** (§ 161 Abs 1 Nr 1 SGB III).

**Der Eintritt von Sperrzeiten** mit einer Dauer von insgesamt mindestens 21 Wochen führt ebenfalls zum Erlöschen des Anspruchs (§ 161 Abs 1 Satz 2 Nr 2 SGB III; Näheres *Sperrzeit*).

Ferner erlischt der Anspruch auf AlGeld bei **Ablauf von vier Jahren** seit der Entstehung des Anspruchs (§ 161 Abs 2 SGB III). Bei einer bis zu sechswöchigen Unterbrechung der Arbeitslosigkeit greift die Verfallsfristregelung nicht ein (BSG 25.5.05 – B 11a/11 AL 61/04 R, SozR 4–4300 § 147 Nr 4). Im Übrigen lässt das BSG auch bei zwischenzeitlichen Pflegezeiten keine Ausnahme von der vierjährigen Verfallfrist zu (BSG 21.10.03 – B 7 AL 88/02 R, SozR 4–4300 § 147 Nr 1). Auch Zeiten des Bezugs von Erziehungsgeld verlängern die Vierjahresfrist nicht (BSG 19.1.05 – B 11a/11 AL 35/04 R, SozR 4–4300 § 147 Nr 3). Lediglich soweit die Vierjahresfrist während der Zeit eines Beschäftigungsverbots nach dem MuSchG abläuft, soll eine Ausnahme geboten sein (BSG 21.10.03 – B 7 AL 28/03 R, SozR 4–4300 § 147 Nr 1).

Einen besonderen Erlöschenstatbestand enthält die VO (EG) 883/04, denn dort ist in Art 64 Abs 2 für die zeitlich begrenzte Mitnahme von Leistungsansprüchen in einen anderen Mitgliedstaat geregelt, dass der Arbeitslose, der erst nach Ablauf von **drei Monaten** in den Staat, in dem die Arbeitslosigkeit eingetreten ist, zurückkehrt, seine Leistungsansprüche gegen den zuständigen Träger verliert.

70 **VIII. Teilarbeitslosengeld.** Ein Anspruch auf TeilAlGeld (§ 162 SGB III) entsteht, wenn der ArbN eines von zwei Beschäftigungsverhältnissen, die beide der Versicherungspflicht unterliegen, verliert, da er mit dem verbleibenden Beschäftigungsverhältnis die Voraussetzung der Arbeitslosigkeit nicht erfüllen kann. Hinsichtlich der Voraussetzungen, des Umfangs und des Verfahrens orientiert sich das TeilAlGeld weitgehend an den Vorschriften über das AlGeld.

71 Die **Voraussetzungen** für den Anspruch auf TeilAlGeld sind nach § 162 Abs 1 SGB III erfüllt, wenn der ArbN (1.) teilarbeitslos ist, (2.) sich teilarbeitslos gemeldet hat und (3.) die Anwartschaftszeit für TeilAlGeld erfüllt hat. Das Merkmal Teilarbeitslosigkeit ist erfüllt, soweit der ArbN eine versicherungspflichtige Beschäftigung verloren hat, die er neben einer weiteren versicherungspflichtigen Beschäftigung ausgeübt hat, und er eine versicherungspflichtige Beschäftigung sucht. Nach den Materialien soll die Verminderung der Arbeitszeit eines bestehenden Beschäftigungsverhältnisses nicht als Verlust einer Teilzeitbeschäftigung anzusehen sein (BT-Drs 13/4941 S 181). Eine Vollzeitbeschäftigung kann nicht zur Begründung eines Anspruchs auf TeilAlGeld herangezogen werden (BSG 13.3.18 – B 11 AL 23/16 R, NZS 18, 668). Jedoch können zwei versicherungspflichtige Beschäftigungen als Voraussetzung für die Teilarbeitslosigkeit auch bei demselben ArbGeb bestehen (BSG 21.6.01 – B 7 AL 54/00 R, SozR 3–4300 § 150 Nr 1). Zwei unterschiedliche Beschäftigungsverhältnisse bei demselben ArbGeb liegen nicht vor, wenn der ArbN weder in unterschiedlichen Betrieben eingegliedert war, noch er an örtlich voneinander getrennten Betriebsteilen gearbeitet bzw wesensverschiedene Tätigkeiten mit unterschiedlichen Weisungsabhängigkeiten ausgeführt hat (BSG 6.2.03 – B 7 AL 12/01 R, SGB 03, 480 mit abl Anm *Valgolio*).

Die **Anwartschaftszeit** für das TeilAlGeld hat erfüllt, wer innerhalb einer Rahmenfrist von zwei Jahren neben der weiterhin ausgeübten versicherungspflichtigen Beschäftigung mindestens zwölf Monate eine weitere versicherungspflichtige Beschäftigung ausgeübt hat.

72 Die **Dauer** des Anspruchs auf TeilAlGeld beträgt sechs Monate (§ 162 Abs 2 Nr 3 SGB III). Zu berücksichtigen ist, dass ein erfüllter Anspruch auf TeilAlGeld ggf nach Maßgabe des § 148 Abs 1 Nr 2 SGB III auf einen späteren Anspruch auf AlGeld angerechnet wird. Hinsichtlich der **Höhe** des Anspruchs ist zu beachten, dass sich die Zuordnung zur Leistungsgruppe nach der LStKlasse richtet, die auf der LStKarte für das Beschäftigungsverhältnis, das den Anspruch auf TeilAlGeld begründet, zuletzt eingetragen war (§ 162 Abs 2 Nr 4 SGB III). Die Regelungen über das TeilAlGeld schließen die Aufnahme einer weiteren, nicht versicherungspflichtigen **Nebenbeschäftigung** weitgehend aus. Nach § 162 Abs 2 Nr 5a) SGB III erlischt der Anspruch auf TeilAlGeld, wenn der ArbN nach der Entstehung des Anspruchs eine Beschäftigung für mehr als zwei Wochen oder mit einer Arbeitszeit von mehr als fünf Stunden wöchentlich aufnimmt.

73 **IX. Sozialversicherungsschutz.** Die Empfänger von AlGeld sind auch ohne Ausübung einer Beschäftigung in die SozVPflicht einbezogen. Der tatsächliche Leistungsbezug be-

gründet die Versicherungspflicht in der gesetzlichen **Krankenversicherung** (§ 5 Abs 1 Nr 2 SGB V) und in der sozialen PflegeV (§ 20 Abs 1 Nr 2 SGB XI). Die Beiträge werden von der BA getragen. Die Mitgliedschaft in der KV bleibt ab Beginn des zweiten Monats bis zur zwölften Woche einer Sperrzeit sowie ab Beginn des zweiten Monats bei Ruhen wegen einer Urlaubsabgeltung erhalten. Die rückwirkende Aufhebung des Leistungsanspruchs lässt das Versicherungsverhältnis unberührt. Bezieher von AlGeld, die in den letzten fünf Jahren vor dem Leistungsbezug nicht gesetzlich krankenversichert waren, können nach § 8 Abs 1 Nr 1a SGB V auf **Antrag** von der Versicherungspflicht befreit werden. Eine entsprechende Befreiungsmöglichkeit besteht für die soziale PflegeV. Erfolgt eine derartige Befreiung, so übernimmt die BA die vom Leistungsbezieher an das private Unternehmen zu zahlenden Beiträge bis zu der in § 174 SGB III festgelegten Höhe.

In der **Rentenversicherung** werden Zeiten des Leistungsbezugs als Beitragszeiten be- 74
rücksichtigt, wenn der Arbeitslose im letzten Jahr vor dem Leistungsbezug mindestens einen Tag eine rentenversicherungspflichtige Beschäftigung ausgeübt hat (§ 3 Satz 1 Nr 3 SGB VI). In den verbleibenden Fällen kann der Arbeitslose auf Antrag versicherungspflichtig werden (§ 4 Abs 3 Satz 1 Nr 1 SGB VI). Für bestimmte versicherungsfreie oder von der Versicherungspflicht befreite Personen ist die Antragspflichtversicherung ausgeschlossen (§ 4 Abs 3a SGB VI).

Den Schutz der gesetzlichen **Unfallversicherung** genießen nach § 2 Abs 1 Nr 14 75
SGB VII Arbeitslose, soweit sie auf Aufforderung der Agentur für Arbeit Wege zur Agentur für Arbeit oder zu einer anderen Stelle zurücklegen. UVSchutz besteht auch, wenn der Arbeitslose sich auf dem Weg zur oder von der Agentur für Arbeit befindet, um dort nach Aufforderung einen Vordruck (Leistungsantrag) abzugeben (BSG 8.12.94 – 2 RU 4/94, NZS 95, 323).

**X. Europäisches Recht.** Das europäische koordinierende Arbeitsförderungsrecht ist im 76
Wesentlichen in der **EG-VO 883/2004** niedergelegt (vgl zur europarechtlichen Sachverhaltsgleichstellung Vießmann ZESAR 18, 449; vgl auch den Vorlagebeschluss des BSG 23.10.18 – B 11 AL 9/17 R, BeckRS 2017, 153976). Die Berücksichtigung von Versicherungszeiten, Beschäftigungszeiten oder Zeiten einer selbständigen Erwerbstätigkeit durch den zuständigen Träger eines Mitgliedstaats für Leistungen bei Arbeitslosigkeit ist in Art 61 EG-VO 883/2004 geregelt (zur Nichtberücksichtigung von Zeiten des Bezugs von Unfalltagegeld nach schweizerischem Recht BSG 23.10.18 – B 11 AL 20/17 R, SozR 4–6065 Art 61 Nr 1; zur Berücksichtung von österreichischen Vorversicherungszeiten bei Zeiten der Kindererziehung BSG 28.2.19 – B 11 AL 15/18 R, SozR 4–4300 § 26 Nr 9). Die Leistung ist bei demjenigen Träger zu beantragen, bei dem zum Zeitpunkt der Geltendmachung des Anspruchs die Versicherung besteht (*Schlegel/Voelzke/Kador* SGB I, Art 61 EG-VO 883/2004 Rn 16 ff). Wurden vor der Beschäftigung im Inland berücksichtigungsfähige Zeiten im Ausland zurückgelegt, so richtet sich die Bemessung des AlGeldes gleichwohl ausschließlich nach dem bei der Beschäftigung im Inland erzielten Arbeitsentgelts (BSG 17.3.15 – B 11 AL 12/14 R, BeckRS 2015, 69803). Die Mitnahme des Leistungsanspruchs für Arbeitslose, die sich in einen anderen Mitgliedstaat begeben, erlaubt Art 64 EG-VO 883/2004 für einen Zeitraum von drei Monaten. Der Zeitraum kann von der zuständigen Arbeitsverwaltung oder dem zuständigen Träger auf höchstens sechs Monate verlängert werden. Der Leistungsträger ist nicht verpflichtet, einer Verlängerung des Zeitraums auf jeden Fall zuzustimmen (EuGH 21.3.18 – C-551/16, ZESAR 19, 218 mit Anm *Reinhard*).

## Arbeitslosengeld II

### A. Arbeitsrecht *Griese*

**1. Begriff und Bedeutung.** Das Arbeitslosengeld II ist eine sozialversicherungsrecht- 1
liche Leistung des SGB II (zu Voraussetzungen u Umfang s unten). Die Begriffsbildung ist nicht einheitlich, oft wird von Hartz IV – Leistungen gesprochen. Konsequent ist es, die Leistungen **entsprechend dem Titel des SGB II als Grundsicherung für Arbeitssuchende zu bezeichnen.**

Arbeitsrechtlich bedeutsam sind die Frage der Auskunftspflichten des ArbGeb, der Anspruchsübergang von Entgeltansprüchen des ArbN gegen den ArbGeb auf das Jobcenter und die Rechtsqualität von Arbeitsgelegenheiten.

Auch um zu verhindern, dass die Leistungen der Grundsicherung für Arbeitssuchende nach § 19 SGB II (Arbeitslosengeld II – Hartz IV) im Niedriglohnsektor zu einem marktverzerrenden staatlich subventionierten Kombilohn beitragen (s eingehend *Waltermann* Gutachten zum 68. Deutschen Juristentag 2010, B 88 ff u NZA 13, 1041), ist zum 1.1.15 der gesetzliche Mindestlohn nach § 1 MiLoG (s *Mindestlohn*) eingeführt und zum 1.1.2017 erhöht worden.

2 **2. Auskunftspflichten.** Ebenso wie beim AlGeld (→ *Arbeitslosengeld* Rn 1) hat der ArbN anlässlich der Auflösung eines Arbeitsverhältnisses ein Interesse daran, zu erfahren, ob und ggf welche Ansprüche auf AlGeld II (Gesetzlicher Terminus gem § 1 SGB II: Grundsicherung für Arbeitssuchende) bestehen. Je nach Lage des Falles besteht aufgrund der Fürsorgepflicht eine Verpflichtung des ArbGeb, den ausscheidenden ArbN auf die Folgen der Vertragsbeendigung für den möglichen Anspruch auf AlGeld II **hinzuweisen.**

Auskunftspflichten bestehen wenn der Arbeitgeber ausdrücklich gefragt wird oder von sich aus eine Vertragsänderung bzw -beendigung initiiert (BAG 15.12.16 – 6 AZR 578/15, NZA 17, 528).

Seinen Pflichten im Detail kann der ArbGeb dadurch Rechnung tragen, dass er Fragen an den SozVTräger zur Beantwortung weiterleitet oder den ArbN darauf verweist, sich vor Abschluss einer Auflösungsvereinbarung dort zu erkundigen.

Schuldhafte Aufklärungspflichtverletzungen begründen **Schadensersatzansprüche** des ArbN gegen den ArbGeb aus **§ 280 BGB** (BAG 17.7.03 – 8 AZR 486/02, AP Nr 27 zu § 611 BGB Haftung des Arbeitgebers). Der Schaden kann in dem Verlust von AlGeld II während einer Sperrzeit oder der teilweisen Anrechnung einer Abfindung auf das AlGeld II, wie auch in der Verweigerung von AlGeld II wegen mangelnder Bedürftigkeit liegen. Der ArbN hat aber nur den Anspruch, so gestellt zu werden, als wären die Informationspflichten ordnungsgemäß erfüllt worden (BAG 4.8.15 – 3 AZR 508/13, NZA-RR 16, 30).

3 **3. Anspruchsübergang von Entgeltansprüchen.** Leistet das Jobcenter AlGeld II, obwohl dem ArbN für diesen Zeitraum eigentlich noch Entgeltansprüche gegen den ArbGeb zustünden, kommt es zum **Forderungsübergang** nach **§ 115 SGB X** mit der Folge, dass die Entgeltansprüche von vom Jobcenter gegen den ArbGeb geltend gemacht werden können (→ *Erstattungsanspruch der Agentur für Arbeit* Rn 53 ff). Der Anspruchsübergang ist auf die Höhe des Arbeitslosengeldes II, das der ArbN selbst erhält, beschränkt. Lebt der ArbN in einer **Bedarfsgemeinschaft,** etwa mit Lebensgefährte, Ehepartner oder Kindern, geht der Anspruch nur in Höhe der Leistungen über, **die für den ArbN persönlich gezahlt werden,** nicht aber bezüglich der Beträge, die er für Lebensunterhalt, Wohnung und Heizung für die weiteren Mitglieder der Bedarfsgemeinschaft erhält (LAG Köln 16.9.10 – 7 Sa 385/09, BeckRS 2011, 68977; zustimmend *Kohte/Beetz* jurisPR-ArbR 17/2011 Anm 6; teilweise abweichend BAG 21.3.12 – 5 AZR 61/11, NZA 2012, 729). Durch die Regelung in § 34c SGB II ist mit Wirkung ab 1.8.16 die Berechnungsweise weiter verkompliziert worden. Zu berücksichtigen **sind die Absetzbeträge des § 11b SGB II, insbes Unterhaltspflichten.** Der ArbGeb ist darlegungs- und beweispflichtig, für die **betragsmäßige Höhe des übergangenen Anspruchs,** soweit er sich auf den Anspruchsübergang berufen will und muss gf. unter Auskunftsersuchen an das Jobcenter den übergegangenen Betrag beziffern (*Maul-Satori* NZA 17, 91).

4 **4. Rechtsqualität von Arbeitsgelegenheiten.** Nach § 16d Abs 3 SGB II sollen für Empfänger von AlGeld II **Arbeitsgelegenheiten** mit Arbeiten, die im öffentlichen Interesse liegen, geschaffen werden. Die Verweigerung solcher Arbeiten führt nach § 31 Abs 1 SGB II zur Absenkung der Leistungen. Die Durchführung solcher Arbeiten begründet kein **Arbeitsverhältnis** (§ 16d Abs 3 Satz 2 SGB II; BAG 8.11.06 – 5 AZB 36/06, NJW 07, 1227).

## B. Lohnsteuerrecht

*Weil*

5 Das AlGeld II (§ 19 SGB II) und entsprechende Leistungen (§§ 14 ff SGB II) sind **steuerfrei** (§ 3 Nr 2 Buchst d EStG). Sie unterliegen auch nicht dem Progressionsvorbehalt (R 32b

Abs 1 Satz 3 EStR). Hinsichtlich der Aufwendungen (§ 3c EStG) gelten die zum → *Arbeitslosengeld* Rn 5 ff gemachten Ausführungen entsprechend. Auch die Leistungen ausländischer Rechtsträger, die ihren Sitz in einem EU-/EWR-Mitgliedstaat oder in der Schweiz haben, sind steuerfrei, wenn sie vergleichbar sind (§ 3 Nr 2 Buchst e EStG). Mit dieser Steuerbefreiung wird die in der EU gebotene Gleichbehandlung gewährleistet und die Interessen der Grenzpendler zur Schweiz gewahrt. Das BZSt kann der BA auf deren Ersuchen Freistellungsaufträge zur Überprüfung des beim AlGeld II zu berücksichtigenden Vermögens mitteilen (§ 45d Abs 2 EStG). Zum Leistungsmissbrauch → *Arbeitslosengeld* Rn 9.

Zu Leistungen, die im Rahmen eines **Ein-Euro-Jobs** bezogen werden → *Ein-Euro-Job* Rn 5. Zur (fortgeltenden) Riester-Renten-Berechtigung → *Altersvorsorgevermögen* Rn 7. 6

**C. Sozialversicherungsrecht** *Voelzke*

**Übersicht**



**I. Allgemeines.** Das Vierte Gesetz für moderne Dienstleistungen am Arbeitsmarkt vom 24.12.03 (BGBl I 03, 2954) hatte das bisherige soziale Sicherungssystem bei Arbeitslosigkeit in einschneidender Weise geändert (zur Entstehung des SGB II ausführlich *Hauck/Noftz/Voelzke* SGB II, E 010, Einführung Rz 84 ff). Das SGB II ist zuletzt durch das Gesetz vom 27.7.16 (BGBl I 16, 1824) umfassend reformiert worden (hierzu *Radüge* jurisPR-SozR 19/2016 Anm 1). Weitere Änderungen haben sich insbes durch das Qualifizierungschancengesetz vom 18.12.19 (BGBl I 18, 2651) und das Starke-Familien-Gesetz vom 29.4.19 (BGBl I 19, 530) ergeben. 7

Das AlGeld II orientiert sich nicht an einem früher erzielten Entgelt, sondern am Bedarf der Leistungsberechtigten, denn die Leistung soll das einheitlich zu definierende „soziokulturelle Existenzminimum" abdecken (BT-Drs 15/1516 S 56). Mit der Entscheidung des BVerfG vom 9.2.10 (1 BvL 1/09 ua, NJW 10, 505) wurde dem Gesetzgeber auf der Grundlage von Art 1 Abs 1 GG iVm Art 20 Abs 1 GG die Berechnung der Regelleistung in einem transparenten und sachgerechten Verfahren sowie die Schaffung einer Härtefallregelung aufgegeben. Die Härtefallregelung findet sich in § 21 Abs 6 SGB II. Die materiellrechtlichen Änderungen, die das verfassungsrechtliche Existenzminimum nunmehr sicherstellen, sind durch das Gesetz zur Ermittlung von Regelbedarfen und zur Änderung des Zweiten und Zwölften Buches SGB vom 24.3.11 (BGBl I 11, 453) herbeigeführt worden (zu den verfassungsrechtlichen Fragen *Hauck/Noftz/Voelzke* SGB II, E 020, Grundlagen des Verfassungs- und Europarechts Rz 1 ff).

**II. Leistungsberechtigte.** Leistungen der Grundsicherung für Arbeitsuchende erhalten alle erwerbsfähigen Leistungsberechtigten. Die gesetzliche Definition des erwerbsfähigen Leistungsberechtigten (§ 7 SGB II) betrifft sämtliche Leistungen des SGB II, also auch die aktivierenden Leistungen zur Eingliederung in Arbeit. Die Leistungsgewährung ist nicht auf arbeitslose Leistungsempfänger beschränkt, sondern es können auch **Beschäftigte oder selbstständig Tätige** AlGeld II in Anspruch nehmen, wenn deren Einkommen nicht ausreicht, um den eigenen Lebensunterhalt bzw den Lebensunterhalt der Bedarfsgemein- 8 schaft sicherzustellen (zu hieraus resultierenden arbeitsrechtlichen Fragen *Maul-Sartori* NZA 17, 91). Leistungen nach dem SGB II erhalten gem § 7 Abs 1 SGB II Personen, die das 15. Lebensjahr vollendet und die Altersgrenze nach § 7a SGB II noch nicht vollendet haben (Nr 1), erwerbsfähig sind (Nr 2), hilfebedürftig sind (Nr 3) und ihren gewöhnlichen Aufenthalt in der Bundesrepublik Deutschland haben (Nr 4).

Ferner erhalten Leistungen nach dem SGB II auch Personen, die mit erwerbsfähigen Leistungsberechtigten in einer **Bedarfsgemeinschaft** leben (§ 7 Abs 2 SGB II). Zur Bedarfsgemeinschaft gehören nach § 7 Abs 3 SGB III neben dem erwerbsfähigen Leistungsberechtigten dessen Eltern, soweit der erwerbsfähige Leistungsberechtigte das 25. Lebensjahr noch nicht vollendet hat, der Partner des erwerbsfähigen Leistungsberechtigten (nicht dauernd getrennt lebender Ehegatte, Lebenspartner oder nichtehelicher Partner) und dem Haushalt angehörende unverheiratete Kinder, wenn sie das 25. Lebensjahr noch nicht vollendet haben. Für das Vorliegen des bei einer eheähnlichen oder partnerschaftsähnlichen Gemeinschaft vorausgesetzten Einstandswillens gilt die Beweislastregel des § 7 Abs 3a SGB II.

Der Gesetzgeber hat bestimmte Personengruppen von der Leistungsberechtigung nach dem SGB II grds ausgeschlossen. Hierzu rechnen **Auszubildende,** deren Ausbildung im Rahmen des BAföG oder der §§ 51, 57 und 58 SGB III dem Grunde nach förderungsfähig ist (→ *Berufsausbildungsförderung* Rn 10 ff). Der Leistungsausschluss gilt auch für Personen, denen Leistungen zur Teilhabe am Arbeitsleben im Rahmen einer Ausbildung erbracht werden (BSG 6.8.14 – B 4 AS 55/13 R, BeckRS 2014, 73441). Dem ausgeschlossenen Personenkreis werden nur die in § 27 SGB II genannten Leistungen gewährt.

9 **1. Lebensalter.** Zu den erwerbsfähigen Leistungsberechtigten gehören nur Personen, die mindestens das 15., jedoch noch nicht die Altersgrenze nach § 7a SGB II vollendet haben. Bei Personen, die das für die Regelaltersrente maßgebende Lebensjahr vollendet haben, geht der Gesetzgeber typisierend davon aus, dass der betroffene Personenkreis anderweitig **(Regelaltersrente, Grundsicherung im Alter)** abgesichert ist.

Durch § 12a SGB II wird klargestellt, unter welchen Voraussetzungen der erwerbsfähige Leistungsberechtigte gehalten ist, einen **Antrag auf eine Altersrente** vor dem für ihn maßgebenden Rentenalter zu stellen. Die Regelung sieht insoweit vor, dass ein Antrag auf eine vorgezogene Altersrente nicht vor Vollendung des 63. Lebensjahrs gestellt werden muss. Weitere Ausnahmen zu Gunsten des erwerbsfähigen Leistungsberechtigten ergeben sich aus der Unbilligkeitsverordnung (zuletzt geändert durch Verordnung vom 4.10.16, BGBl I 16, 2202).

Die Ausnahmen sind in der **Unbilligkeitsverordnung** abschließend geregelt. Durch eine Ergänzung der Unbilligkeitsverordnung gilt ab 1.1.17, dass auch nach Vollendung des 63. Lebensjahres der Antrag auf eine vorgezogene Altersrente nicht gestellt werden muss, wenn Leistungsberechtigte dadurch hilfebedürftig im Sinne der Grundsicherung im Alter und bei Erwerbsminderung nach dem Vierten Kapitel des SGB XII werden würde (zu dieser Regelung *Düwell* ArbRAktuell 17, 129). Besonderheiten des Einzelfalls kann zudem im Rahmen der Ermessensausübung Rechnung getragen werden (BSG 19.8.15 – B 14 AS 1/15 R, SozR 4–4200 § 12a Nr 1). Liegt zwischen abschlagsbehafteter und abschlagsfreier Altersrente lediglich ein Abstand von vier Monaten, ist der Verweis auf die Altersrente unbillig (BSG 9.8.18 – B 14 AS 1/18 R, BeckRS 2018, 28118).

10 **2. Erwerbsfähigkeit.** Keine Voraussetzung für den Bezug von AlGeld II ist schon, dass eine Vollzeitbeschäftigung ausgeübt werden kann. Erwerbsfähig ist nach § 8 Abs 1 SGB II vielmehr, wer nicht wegen Krankheit oder Behinderung in absehbarer Zeit außerstande ist, unter den üblichen Bedingungen des allgemeinen Arbeitsmarktes mindestens **drei Stunden täglich erwerbstätig** zu sein. Bei der Frage, ob ein Leistungsberechtigter auf absehbare Zeit außerstande ist, eine Erwerbstätigkeit auszuüben, ist ein Zeitraum von sechs Monaten zugrunde zu legen (*Hauck/Noftz/Valgolio* SGB II, § 8 Rz 37). Erwerbsfähig ist auch derjenige, für den wegen der Erziehung eines Kindes die Ausübung einer Erwerbstätigkeit derzeit unzumutbar ist.

11 Die **Feststellung der Erwerbsfähigkeit** obliegt nach § 44a SGB II der Agentur für Arbeit. Der kommunale Träger, andere Leistungsträger und die Krankenkassen können der Feststellung der Agentur für Arbeit widersprechen (§ 44a Abs 1 Satz 2 SGB II).

**3. Hilfebedürftigkeit.** Hilfebedürftig ist nach § 9 Abs 1 SGB II derjenige, der seinen Lebensunterhalt, seine Eingliederung in Arbeit und den Lebensunterhalt der mit ihm in einer Bedarfsgemeinschaft lebenden Person nicht oder nicht ausreichend aus eigenen Kräften und Mitteln sichern kann. Der Leistungsberechtigte ist gehalten, den Lebensunterhalt durch den Einsatz von Einkommen und Vermögen zu sichern (vgl hierzu auch die AlG II-VO). 12

**a) Zumutbare Arbeit.** Der Kreis der zumutbaren Arbeiten wird gegenüber dem SGB III weiter gezogen. § 10 SGB II geht von dem Grundsatz aus, dass dem Leistungsberechtigten grds **jede Arbeit zumutbar** ist. Dieser Grundsatz wird durch den in § 10 Abs 2 SGB II aufgeführten Katalog derjenigen Gesichtspunkte verstärkt, die der Zumutbarkeit einer Arbeitsaufnahme nicht entgegengehalten werden dürfen. Hierbei darf insbes nicht auf Umstände zurückgegriffen werden, die aus der früheren beruflichen Betätigung herrühren. Klargestellt wird etwa, dass qualitative Merkmale einer früheren Tätigkeit oder Ausbildung der Zumutbarkeit einer Arbeitsaufnahme nicht entgegenstehen. 13

In § 10 SGB II wird die Höhe des zumutbaren Arbeitsentgelts nicht ausdrücklich angesprochen. Eine Lösung für Grenzfälle ist hier über die Generalklausel in § 10 Abs 1 Nr 5 SGB II zu suchen, nach der die Ausübung einer Arbeit nicht zumutbar ist, wenn ein wichtiger Grund entgegensteht. Ein derartiger Grund ist jedenfalls gegeben, wenn das Entgelt nicht dem gesetzlichen Mindestlohn entspricht.

**b) Einkommen.** Nach § 11 SGB II ist anrechenbares Einkommen grds **jede Einnahme** in Geld oder in Geldeswert. Bei einer nach Antragstellung im Bedarfszeitraum zugeflossenen Abfindung handelt es sich um berücksichtigungsfähiges Einkommen (BSG 3.3.09 – B 4 AS 47/08 R, NJW 09, 3323). Zu den berücksichtigungsfähigen Einkommen gehören auch die Zuschläge bei Nacht-, Sonn- und Feiertagsarbeit (BSG 1.6.10 – B 4 AS 89/09 R, SozR 4–4200 § 11 Nr 29). Auch die Verletztenrente aus der gesetzlichen UV kann nicht ganz oder teilweise als privilegiertes Einkommen angesehen werden (BSG 5.9.07 – B 11b AS 15/06 R, SozR 4–4200 § 11 Nr 5). Die Absetzungen sind für jede Einnahmeart gesondert festzusetzen. Hierbei findet ein Verlustausgleich zwischen den Einkommensarten nicht statt (*Hauck/Noftz/Hengelhaupt* SGB II, § 11 Rz 185). § 11b Abs 1 SGB II benennt diejenigen Ausgaben und Kosten, die von den berücksichtigungsfähigen Einnahmen abzusetzen sind. 14

Von Bedeutung ist, dass für **Erwerbstätige ein Freibetrag** vom Einkommen aus der Erwerbstätigkeit abzusetzen ist. Vom nach § 11b Abs 1 SGB II bereinigten Nettoeinkommen ist nach Maßgabe des § 11b Abs 3 SGB II zusätzlich ein einkommensabhängiger Freibetrag abzuziehen. Die vom Einkommen nach § 11b Abs 1 SGB II abzusetzenden Beträge werden für erwerbstätige Leistungsberechtigte nach Maßgabe des § 11b Abs 2 SGB II pauschaliert. Bei einem monatlichen Einkommen von mehr als 400 Euro ist ein Einzelnachweis möglich, soweit der Pauschbetrag von 100 Euro überstiegen wird. Eine über die steuerrechtliche Sichtweise hinausgehende Berücksichtigung erfolgt nur, wenn dies durch das Ziel des SGB II, den Leistungsberechtigten in das Erwerbsleben einzugliedern, geboten ist (BSG 19.6.12 – B 4 AS 163/11 R, SozR 4–4200 § 11 Nr 53). Bei einem 400 Euro nicht übersteigenden Einkommen aus selbständiger Tätigkeit sind neben der Absetzung des Pauschbetrags in Höhe von 100 Euro zusätzlich notwendige Betriebsausgaben in Abzug zu bringen (BSG 5.6.14 – B 4 AS 31/13 R, SozR 4–4225 § 3 Nr 5). Bei dem Zusammentreffen von Einkünften aus Erwerbstätigkeit und aus ehrenamtlicher Tätigkeit sind für jede Tätigkeit Absetzbeträge gesondert anzusetzen (BSG 28.10.14 – B 14 AS 61/13 R, BeckRS 2015, 65794). 15

Hinsichtlich des Zeitpunkts der Anrechnung bestimmt § 11 Abs 2 SGB II, dass laufende Einnahmen für den Monat zu berücksichtigen sind, in dem sie **zufließen.** Soweit einem Leistungsberechtigten mit nur einem Beschäftigungsverhältnis innerhalb eines Monats in mehreren Monaten erarbeitetes Arbeitsentgelt zufließt, ist jedes Einkommen gesondert um den Grundfreibetrag zu bereinigen (BSG 17.7.14 – B 14 AS 25/13 R, NZS 14, 913). Einmalige Einnahmen sind ebenfalls im Monat des Zuflusses zu berücksichtigen (§ 11 Abs 3 SGB II). Entfällt durch die Einkommensanrechnung der Leistungsanspruch, sind die Einnahmen auf einen Zeitraum von sechs Monaten gleichmäßig aufzuteilen.

**c) Vermögen.** Die Anspruchsberechtigung hängt außerdem auch von der Vermögenssituation des Leistungsberechtigten bzw seiner Bedarfsgemeinschaft ab. § 12 Abs 1 SGB II ordnet an, dass **alle verwertbaren Vermögensgegenstände** zu berücksichtigen sind (s 16 zum Vermögensbegriff *Hauck/Noftz/Hengelhaupt* SGB II, § 12 Rz 102 ff). Die vom berücksichtigungsfähigen Vermögen abzusetzenden Freibeträge ergeben sich aus § 12 Abs 2 SGB II. § 12 Abs 3 SGB II benennt die nicht als Vermögen zu berücksichtigenden Vermögensgegenstände.

17 **aa) Freibeträge.** § 12 Abs 2 Nr 1 SGB II räumt dem Arbeitslosen zunächst einen vom **Lebensalter** des erwerbsfähigen Leistungsberechtigten und seines Partners abhängigen Freibetrag ein. Danach steht dem Leistungsberechtigten und seinem Partner ein Grundfreibetrag von je 150 € je vollendetem Lebensjahr, mindestens jeweils 3100 €, höchstens jedoch bis zu den in § 12 Abs 2 Satz 2 genannten Beträgen zu. Der Freibetrag wird dem erwerbsfähigen Leistungsberechtigten unabhängig vom Zweck der Vermögensbildung zugestanden. Er bezieht sich nicht allein auf geldwerte Ansprüche, sondern auf das gesamte zu berücksichtigende Vermögen.

18 Altersvorsorgevermögen wird zusätzlich in zweierlei Hinsicht begünstigt: Zunächst ist nach § 12 Abs 2 Nr 2 SGB II ein Freibetrag für **Altersvorsorgevermögen** in sog Riester-Anlageformen in Ansatz zu bringen. Eine betragsmäßige Obergrenze für diesen Freibetrag ist nicht vorgesehen. Außerdem sind nach § 12 Abs 2 Nr 3 SGB II der Altersvorsorge dienende geldwerte Ansprüche bis zur Höhe von 750 € je vollendetem Lebensjahr des erwerbsfähigen Leistungsberechtigten und seines Partners, höchstens 48 750 (bzw abhängig vom Lebensalter 49 500 oder 50 250) € abzusetzen, soweit der Inhaber sie kraft vertraglicher Vereinbarung vor dem Eintritt in den Ruhestand nicht verwerten kann.

19 Ein weiterer Freibetrag für **notwendige Anschaffungen** iHv 750 € wird nach § 12 Abs 2 Nr 4 SGB II für jeden in der Bedarfsgemeinschaft lebenden Hilfebedürftigen in Ansatz gebracht. Diese Freibeträge stehen den Leistungsberechtigten bereits bei Beginn des Leistungsbezugs zu.

20 **bb) Nicht zu berücksichtigendes Vermögen.** Der Katalog in § 12 Abs 3 Satz 1 SGB II listet Gegenstände auf, die dem Verwertungsverlangen des Leistungsträgers von vornherein entzogen sind. Hierzu gehört der angemessene **Hausrat** (Nr 1), ein angemessenes **Kraftfahrzeug** für jeden erwerbsfähigen Leistungsberechtigten (Nr 2; Verkehrswert bis zu 7500 € ist angemessen, BSG 6.9.07 – B 14/7b 66/06 R, SozR 4–4200 § 12 Nr 5), für in der gesetzlichen RV befreite Personen als für die Altersvorsorge bestimmt bezeichnete Gegenstände in angemessenem Umfang (Nr 3), ein **Hausgrundstück** (Eigentumswohnung) von angemessener Größe (Nr 4; zur Angemessenheit s BSG 7.11.2006 – B 7b AS 2/05 R, NZS 07, 428), Vermögen zur Beschaffung bzw Erhaltung eines Hausgrundstücks für behinderte Menschen oder Pflegebedürftige (Nr 5) und Sachen und Rechte, soweit ihre Verwertung offensichtlich **unwirtschaftlich** ist oder für den Betroffenen eine **besondere Härte** bedeuten würde (Nr 6). Die Unwirtschaftlichkeit der Verwertung ist unter Berücksichtigung des Verkehrswertes des betreffenden Gegenstandes festzustellen. Von einer Unwirtschaftlichkeit ist auszugehen, wenn ein deutliches Missverhältnis zwischen dem durch eine Verwertung zu erzielenden Erlös und dem „wirklichen Wert" des Vermögensgegenstandes besteht (BSG 27.5.03 – B 7 AL 104/02 R, BSGE 91, 94).

21 Nach § 7 Abs 1 AlG II-VO sind Vermögensgegenstände nicht als Vermögen zu berücksichtigen, wenn sie zur Aufnahme oder **Fortsetzung der Berufsausbildung** oder der **Erwerbstätigkeit** unentbehrlich sind.

22 **4. Gewöhnlicher Aufenthalt.** Voraussetzung für die Inanspruchnahme von Leistungen der Grundsicherung für Arbeitsuchende ist, dass der Erwerbsfähige seinen **gewöhnlichen Aufenthalt** in der Bundesrepublik Deutschland hat (zum Begriff des gewöhnlichen Aufenthalts s *Schlegel/Voelzke/Pitz* SGB I, § 30 Rz 34 ff).

Anspruch auf die Leistungen der Grundsicherung für Arbeitsuchende haben grds auch **ausländische Staatsangehörige** mit Wohnsitz im Inland, wenn sie nicht durch die in § 7 Abs 1 S 2 bis 7 SGB II getroffenen Regelungen von der Leistungsberechtigung ausgeschlossen werden. Diese Regelungen sind durch das Gesetz vom 22.12.16 (BGBl I 16, 3155) mit dem Ziel verschärft worden, Personen ohne materielles Aufenthaltsrecht aus dem FreizügigkeitsG/EU sowie Personen, die sich mit einem Aufenthaltsrecht allein zur Arbeitssuche in Deutschland aufhalten, von Leistungen nach dem SGB II auszuschließen (vgl BT-Drucks 18/10211; hierzu *Klopstock* ZESAR 17, 426).

**III. Eingliederungsleistungen.** Die Leistungen zur Eingliederung in Arbeit sollen nach § 15 SGB II in einer **Eingliederungsvereinbarung** festgelegt werden. Eine Eingliederungsvereinbarung ist nichtig, wenn sie die Gewährung von Leistungen zur Sicherung des Lebensunterhalts regelt (BSG 2.4.14 – B 4 AS 26/13 R, SozR 4–4200 § 15 Nr 3). Die Vereinbarung ist bei einer Änderung der Verhältnisse nur wegen Wegfalls der Geschäftsgrundlage kündbar (BSG 6.12.12 – B 11 AL 15/11 R, NZA-RR 13, 434). 23

**1. Aktive Arbeitsförderungsleistungen.** Als Leistungen zur Eingliederung in Arbeit können die Jobcenter nach Maßgabe des § 16 Abs 1 SGB II die dort im Einzelnen aufgeführten **Leistungen der aktiven Arbeitsförderung** des SGB III erbringen (*Hauck/Noftz/Voelzke,* § 16 SGB II Rz 67 ff).

Als **Pflichtleistung** erbringen die Jobcenter Arbeitsvermittlung für erwerbsfähige Leistungsberechtigte (§ 16 Abs 1 Satz 1 SGB II iVm § 35 SGB III; Näheres: *Stellensuche*).

Zudem eröffnet § 16 Abs 1 Satz 2 SGB II durch den Verweis auf Regelungen des SGB III ein breites Spektrum von **Ermessensleistungen.** Nach § 16 Abs 1 Satz 2 Nr 1 SGB II iVm §§ 29 ff SGB III können die erwerbsfähigen Leistungsberechtigten Beratungsleistungen der Jobcenter in Anspruch nehmen (hierzu *Hauck/Noftz/Voelzke* § 16 SGB II Rz 92 ff). Aufgrund des Verweises in § 16 Abs 1 Satz 2 Nr 2 SGB II erbringen die Jobcenter Leistungen zur Aktivierung und beruflichen Eingliederung. Anwendbar ist auf dieser Grundlage die Regelung über die Förderung aus dem Vermittlungsbudget nach § 44 SGB III. Nach dieser Vorschrift können Ausbildungssuchende, von Arbeitslosigkeit bedrohte Arbeitsuchende und Arbeitslose aus einem Vermittlungsbudget bei der Anbahnung oder Aufnahme einer versicherungspflichtigen Beschäftigung gefördert werden, wenn dies für die berufliche Eingliederung erforderlich ist (Näheres: *Vermittlungsbudget*). Die Gewährung von Eingliederungsleistungen nach dem SGB II setzt voraus, dass die Aufnahme einer versicherungspflichtigen Beschäftigung erfolgen soll (zu Mobilitätshilfen BSG 12.12.13 – B 4 AS 7/13 R, BeckRS 2014, 68494). Außerdem gehören hierzu auch die Maßnahmen zur Aktivierung und zur beruflichen Eingliederung nach § 45 SGB III einschließlich des Aktivierungs- und Vermittlungsgutscheins (Näheres: *Arbeitsvermittlung, private*). Zwar existiert für Auszubildende hinsichtlich der Leistungen zur Sicherung des Lebensunterhalts ein grundsätzlicher Leistungsausschluss, jedoch eröffnet der Verweis in § 16 Abs 1 Satz 2 Nr 3 SGB II die Gewährung von bestimmten ergänzenden Leistungen zur Berufsausbildung. Auf der Grundlage von § 16 Abs 1 Satz 2 Nr 4 SGB III ist den Jobcentern die Förderung von beruflichen Weiterbildungsmaßnahmen einschließlich der Ausgabe von Bildungsgutscheinen eröffnet (Näheres: → *Weiterbildung* Rn 9 ff). Zu den Leistungen zur Aufnahme einer versicherungspflichtigen Beschäftigung iS des § 16 Abs 1 Satz 2 Nr 5 SGB II gehören die Eingliederungszuschüsse nach den §§ 88 ff SGB III (Näheres: *Lohnkostenzuschüsse*).

Mit dem in § 16 Abs 1 Satz 3 SGB II Verweis auf die Vorschriften über die **Teilhabe behinderter Menschen am Arbeitsleben** werden die in dieser Regelung genannten Anspruchsgrundlagen auch für erwerbsfähige Leistungsberechtigte eröffnet (Näheres *Teilhabe und Inklusion*).

**2. Kommunale Eingliederungsleistungen.** Zur Eingliederung in das Erwerbsleben können erwerbsfähige Leistungsberechtigte die kommunalen Eingliederungsleistungen erhalten, mit denen der Gesetzgeber einen sozial-integrativen Ansatz verfolgt (*Hauck/Noftz/Voelzke,* § 16a SGB II Rz 6a). § 16a SGB II sieht hierzu folgende Einzelleistungen vor: Betreuung von minderjährigen und behinderten Kindern sowie die häusliche Pflege von Angehörigen (Nr 1); Schuldnerberatung (Nr 2); psychosoziale Betreuung (Nr 3); Suchtberatung (Nr 4). Die Jobcenter sind befugt, zur Durchführung der entgeltlichen Schuldnerberatung durch Volljuristen eine zusätzliche Beratungsausbildung oder die Zusatzqualifikation „Schuldnerberatung" zu verlangen (BSG 10.8.16 – B 14 AS 23/15 R, NZS 2017, 417). 24

**3. Einstiegsgeld.** Bei Aufnahme einer Erwerbstätigkeit kann Empfängern von AlGeld II zur Überwindung von Hilfebedürftigkeit ein **Einstiegsgeld** gewährt werden (§ 16b SGB II). Mit dem Einstiegsgeld wollte der Gesetzgeber einen Anreiz schaffen, um arbeitslose Hilfebedürftige zur Wahrnehmung ihrer Erwerbsobliegenheit zu befähigen bzw zu motivieren (BT-Drs 15/1516 S 59). Voraussetzung für die Gewährung des Einstiegsgeldes ist, dass der Hilfebedürftige eine die Geringfügigkeitsgrenze (→ *Geringfügige Beschäftigung* Rn 25 ff) überschreitende, sozialversicherungspflichtige Beschäftigung aufnimmt. Ferner 25 kann das Einstiegsgeld auch bei Aufnahme einer selbstständigen Tätigkeit erbracht werden. Keine Bezuschussung ist für die Fortsetzung einer bereits ausgeübten Erwerbstätigkeit vorgesehen (*Hauck/Noftz/Voelzke,* SGB II, § 16b Rz 68). Inhaber des Anspruchs auf Einstiegsgeld ist der SGB II-Berechtigte. Voraussetzung für die Gewährung von Einstiegsgeld ist, dass zumindest der Hilfebedarf des Antragstellers prognostisch überwunden wird (BSG 5.8.15 – B 4 AS 46/14 R, NJW 16, 426). Die Gewährung des Einstiegsgeldes steht im Ermessen des zuständigen Trägers.

Die **Dauer** der Leistungsgewährung ist auf höchstens 24 Monate begrenzt (§ 16b Abs 2 Satz 1 SGB II). Mit dieser Begrenzung soll einer Dauersubvention von Löhnen entgegengewirkt werden (BT-Drs 15/1516 S 59). Eine zeitliche Untergrenze enthält das Gesetz nicht.

Die **Höhe** des Einstiegsgeldes soll sich nach § 16b Abs 2 Satz 2 SGB II an der vorherigen Dauer der Arbeitslosigkeit sowie der Größe der jeweiligen Bedarfsgemeinschaft orientieren.

26 **4. Arbeitsgelegenheiten.** Erwerbsfähige Leistungsberechtigte können zur **Erhaltung oder Wiedererlangung ihrer Beschäftigungsfähigkeit,** die für eine Eingliederung in Arbeit erforderlich ist, in Arbeitsgelegenheiten zugewiesen werden (§ 16d SGB II; Näheres: *Ein-Euro-Job*).

27 **5. Eingliederung von Langzeitarbeitslosen.** Mit der Eingliederung von Langzeitarbeitslosen nach § 16e SGB II stellt der Gesetzgeber einen Lohnkostenzuschuss an den ArbGeb zur Verfügung, mit dem die Beschäftigungsfähigkeit von **arbeitsmarktfernen Langzeitarbeitslosen** gestärkt werden soll (zum Normzweck *Hauck/Noftz/Voelzke* SGB II § 16e Rz 21). Die Förderung setzt insbes voraus, dass der erwerbsfähige Leistungsberechtigte trotz vermittlerischer Unterstützung seit mindestens zwei Jahren arbeitslos ist (Näheres: *Lohnkostenzuschuss*). Die Bewilligung des Lohnkostenzuschusses kann nicht allein wegen einer (vorübergehenden) Nichtzahlung von Arbeitsentgelt aufgehoben werden (BSG 17.3.16 – B 4 AS 18/15 R, SozR 4–4200 § 16e Nr 1).

28 **6. Freie Förderung.** Den Trägern der Grundsicherung wird durch § 16 f SGB II das Recht eingeräumt, Eingliederungsmittel für freie Leistungen zur Eingliederung in Arbeit einzusetzen. Hierdurch sollen den Leistungsträgern **weite Handlungsspielräume** zur Umsetzung passgenauer Förderansätze zur Verfügung gestellt werden (BT-Drs 16/10810 zu Art 1 § 16 f).

29 **7. Förderung schwer zu erreichender junger Menschen.** Leistungsberechtigte, die das **25. Lebensjahr noch nicht vollendet haben**, können nach § 16h SGB II von den Jobcentern zusätzliche Betreuungs- und Unterstützungsleistungen erhalten, die diesen Personenkreis ua an eine frühzeitige intensive berufsorientierte Förderung heranführen soll.

30 **8. Teilhabe am Arbeitsmarkt.** Die Förderung von Teilhabe am Arbeitsmarkt nach § 16i SGB II gehört zu den Lohnkostenzuschüssen, die Jobcenter zur Eingliederung von erwerbsfähigen Leistungsberechtigten erhalten können. Die zentrale Voraussetzung des Zuschusses ist erfüllt, wenn der Leistungsberechtigte innerhalb der letzten sieben Jahre insgesamt **sechs Jahre Leistungen zur Sicherung des Lebensunterhalts** nach dem SGB II erhalten hat (Näheres: *Lohnkostenzuschuss*).

31 **IV. Leistungshöhe.** Das AlGeld II als Leistung zur Sicherung des Lebensunterhalts setzt sich zusammen aus dem Regelbedarf, Mehrbedarfen und dem Bedarf für Unterkunft und Heizung. Nichterwerbsfähige Leistungsberechtigte, die mit dem erwerbsfähigen Leistungsberechtigten in einer Bedarfsgemeinschaft leben, erhalten Sozialgeld. Damit Familien nicht allein deshalb Leistungen nach dem SGB II beanspruchen müssen, weil das elterliche Einkommen zwar zur Deckung des eigenen Bedarfs ausreicht, der Bedarf von Kindern jedoch nicht vollständig gedeckt werden kann, hat der Gesetzgeber zusätzlich einen im BKGG geregelten Kinderzuschlag eingeführt (§§ 6a, 6b BKGG; Näheres: *Kindergeld*).

32 **1. Regelbedarf.** Der Regelbedarf wird als monatlicher Pauschalbetrag erbracht. Die Bemessung der Regelbedarfe ergibt sich aus den Vorgaben des SGB XII und dem G zur Ermittlung des Regelbedarfs nach § 28 SGB XII (zu Einzelheiten *Schlegel/Voelzke/Behrend* SGB II, § 20 Rz 26 ff). Die Neubemessung der Regelbedarfe in § 20 SGB II in der ab 1.1.2011 geltenden Fassung entspricht den verfassungsrechtlichen Anforderungen (BVerfG 23.7.14 – 1 BvL 10/12 ua, NJW 14, 3425).

**2. Mehrbedarf. Zusätzliche Aufwendungen,** die nicht durch die Regelleistung abgedeckt werden, werden in § 21 SGB II abschließend aufgeführt. Begünstigt werden werdende Mütter nach der zwölften Schwangerschaftswoche, Alleinerziehende, Behinderte mit Anspruch auf Leistungen zur Teilhabe am Arbeitsleben (s *Teilhabe und Inklusion*) und Personen, die aus medizinischen Gründen einer kostenaufwändigen Ernährung bedürfen. Eine durch die Entscheidung des BVerfG vom 9.2.10 (1 BvL 1/09 ua, NJW 10, 505) gebotene Öffnungsklausel wurde in § 21 Abs 6 SGB II eingefügt. § 24 SGB II erfasst darüber hinaus Sachverhalte, in denen eine abweichende Leistungserbringung (zB durch Gewährung von Darlehen, Sonderbedarfe, Erstausstattung für die Wohnung) eröffnet wird. 33

**3. Bedarfe für Unterkunft und Heizung.** Berücksichtigungsfähig sind Bedarfe für Unterkunft und Heizung nach § 22 Abs 1 S 1 SGB II, soweit sie **angemessen** sind (zur Bestimmung der Angemessenheitsgrenze ausführlich *Hauck/Noftz/Krauß* SGB II § 22 Rn 69 ff). Lebt der Leistungsberechtigte in einem selbstgenutzten Eigenheim oder einer Eigentumswohnung, kann die Ausübung eines Gewerbes oder Berufs zu einer Erhöhung der angemessenen Wohnfläche führen (BSG 18.9.14 – B 14 AS 58/13 R, BeckRS 2014, 73790). 34

Zu den Kosten der Unterkunft gehören ggfs Wohnungsbeschaffungskosten und die notwendigen Kosten eines **Umzugs** (§ 22 Abs 6 SGB II). Zu den notwendigen Kosten eines Umzugs zählen auch die Kosten für einen neuen Telefon- und Internetanschluss (BSG 10.8.16 – B 14 AS 58/15 R, SozR 4–4200 § 22 Nr 91).

**V. Sanktionen.** Zur Durchsetzung des Grundsatzes des Forderns enthält § 31 SGB II eine Reihe von Sanktionstatbeständen. Das BVerfG hat in seiner grundlegenden Entscheidung vom 5.12.19 (1 BvL 7/16, NJW 19, 3703) die Zulässigkeit von Sanktionen zur Durchsetzung von Mitwirkungspflichten grundsätzlich bestätigt. Es dürfen allerdings nur verhältnismäßige Pflichten mit verhältnismäßigen Sanktionen von nicht mehr als 30 vH durchgesetzt werden 35

Ein **pflichtwidriges Verhalten,** das zu einer Minderung bzw einem Wegfall des Leistungsanspruchs führen kann, liegt nach § 31 Abs 1 SGB II ua vor, wenn die Pflichten aus einer Eingliederungsvereinbarung nicht erfüllt wird, eine zumutbare Arbeit, Ausbildung oder Arbeitsgelegenheit nicht aufgenommen oder nicht fortgeführt wird oder eine Arbeitsgelegenheit nach § 16d SGB II abgelehnt wird. Die Verpflichtung des Leistungsberechtigten zu Eingliederungsbemühungen in einer Eingliederungsvereinbarung ist nur angemessen, wenn zugleich deren Unterstützung durch Leistungen des Jobcenters konkret und verbindlich bestimmt ist (BSG 23.6.16 – B 14 AS 30/15 R, SozR 4–4200 § 15 Nr 5). Ein Pflichtverstoß ist auch gegeben, wenn der erwerbsfähige Leistungsberechtigte einer Aufforderung zur Meldung nicht nachkommt (§ 32 SGB II). § 31 Abs 2 Nrn 3 und 4 SGB II verweisen in zweierlei Hinsicht auf die Sperrzeitregelung. Die Absenkung erfolgt gem Nr 3 bei einem erwerbsfähigen Leistungsberechtigten, dessen Anspruch auf AlGeld als Versicherungsleistung ruht oder erloschen ist, weil die AA eine Sperrzeit festgestellt hat. Nach Nr 4 tritt eine Sanktion ein, wenn der Leistungsberechtigte die Voraussetzungen einer Sperrzeit nach § 144 SGB III erfüllt. Im Verhältnis zu § 31 Abs 1 SGB II findet die Sperrzeitregelung Anwendung, wenn der Leistungsberechtigte wegen der Ausübung einer versicherungspflichtigen Beschäftigung in einem Sozialrechtsverhältnis zur BA als SGB III-Leistungsträgers steht (BSG 22.3.10 – B 4 AS 68/09 R, NZS 11, 72).

Eine Absenkung tritt nicht ein, wenn der erwerbsfähige Leistungsberechtigte für sein Verhalten einen **wichtigen Grund** nachweist. Für die Gründe, die als „wichtig" iSd § 31 SGB II anzuerkennen sind, kann auf die zur Sperrzeit entwickelten Grundsätze zurückgegriffen werden (→ *Sperrzeit* Rn 24 ff). Trotz des missverständlichen Wortlauts trägt der Arbeitslose die Beweislast für das Vorliegen eines wichtigen Grundes nur, wenn sich die zugrunde liegenden Tatsachen aus seiner Sphäre oder seinem Verantwortungsbereich ergeben (*Hauck/Noftz/Valgolio* SGB II, § 31 Rz 164).

**Sanktionsfolge** von Verstößen ist nach § 31a Abs 1 SGB II für Personen nach Vollendung des 25. Lebensjahres eine Absenkung der Regelleistung um 30 vH für die Dauer von drei Monaten. 36

Für erwerbsfähige Hilfebedürftige, die das **15. Lebensjahr, jedoch noch nicht das 25. Lebensjahr** vollendet haben, enthält § 31a Abs 2 SGB II eine Sonderregelung. Für 37 diesen Personenkreis gilt, dass bei Pflichtverletzungen nach § 31 SGB II mit Ausnahme der Kosten für Unterkunft und Verpflegung kein AlGeld II gezahlt wird. Es sollen lediglich ergänzende Sachleistungen oder geldwerte Leistungen erbracht werden. Gegen derart drastische Leistungseinschränkungen sind mit Rücksicht auf die aktuelle Rspr des BVerfG (BVerfG 5.12.19 – 1 BvL 7/16, NJW 19, 3703) erhebliche Zweifel anzumelden.

38 **VI. Versicherungspflicht.** Die Empfänger von AlGeld II sind in der KV und PflegeV versicherungspflichtig, wenn nicht bereits eine Familienversicherung vorliegt (§ 5 Abs 1 Nr 2a SGB V). Zum Beitragszuschuss bei Befreiung von der Versicherungspflicht s § 26 SGB II.

39 **VII. Verfahren.** Die Leistungen der Grundsicherung werden erst auf einen **Antrag** hin erbracht (§ 37 SGB II). Die an der Leistungserbringung beteiligten Leistungsträger bilden zur Wahrnehmung ihrer Aufgaben gemeinsame Einrichtungen (§ 44b SGB II). Neben den gemeinsamen Einrichtungen werden kommunale Träger bei der Durchführung der Grundsicherung für Arbeitsuchende tätig (§ 6a SGB II). Die gemeinsamen Einrichtungen und die zugelassenen kommunalen Träger führen nach § 6d SGB II einheitlich die Bezeichnung Jobcenter.

## Arbeitslosenversicherungsbeiträge

### A. Arbeitsrecht

*Griese*

1 Der ArbGeb hat die arbeitsvertragliche Nebenpflicht, die ArblVBeiträge als Teil der GesamtSozVBeiträge **richtig zu berechnen und abzuführen.** Der ArbNAnteil des ArblVBeitrages ist von der Bruttovergütung abzuziehen (Näheres: *Sozialversicherungsbeiträge, Bruttolohnvereinbarung* und *Lohnabzugsverfahren*) und zusammen mit dem ArbGebAnteil abzuführen (BAG 30.4.08 – 5 AZR 725/07, NZA 08, 884). Haben die Parteien eine *Nettolohnvereinbarung* getroffen, muss der ArbGeb auch den ArbNAnteil übernehmen. Für die richtige Berechnung und Abführung der ArblVBeiträge haftet der ArbGeb dem ArbN ebenso wie bei den Beiträgen zu den übrigen SozVZweigen (→ *Sozialversicherungsbeiträge* Rn 3 ff und → *Beitragsbemessungsgrenzen* Rn 2). Entsteht dem ArbN durch die unrichtige Berechnung ein Schaden (→ *Entgeltrückzahlung* Rn 3), kann daraus ein **Schadensersatzanspruch gegen den ArbGeb nach § 280 BGB** entstehen. Bei unklarer Rechtslage ist zur Vermeidung des Verschuldensvorwurfs eine Auskunft der zuständigen Stellen einzuholen (BAG 30.4.08 – 5 AZR 725/07, NZA 08,884; → *Anrufungsauskunft* Rn 18).

### B. Lohnsteuerrecht

*Weil*

2 Der gesetzliche **Beitragsanteil des ArbGeb** zur ArblV des ArbN ist für den ArbN steuerfreie Einnahme (§ 3 Nr 62 EStG). Dies gilt auch für solche Beitragsanteile, die aufgrund einer nach ausländischen Gesetzen bestehenden Verpflichtung an ausländische Sozialversicherungsträger, die den inländischen Sozialversicherungsträgern vergleichbar sind, gezahlt werden (R 3.62 Abs 1 Satz 2 LStR). Für den ArbGeb ist der gesetzliche Beitragsanteil als Betriebsausgabe (§ 4 Abs 4 EStG) abzugsfähig.

Der **Beitragsanteil des ArbN** wird vom ArbGeb als Gegenleistung für die Erbringung der Arbeitsleistung erbracht und ist deshalb Teil des Bruttolohns (→ *Sozialversicherungsbeiträge* Rn 14), den der ArbGeb als Betriebsausgabe geltend machen kann. Der ArbN hat die Beitragsleistung als Arbeitslohn zu versteuern. Mit der Einbehaltung und Abführung der Beitragsanteile durch den ArbGeb fließen diese dem ArbN als Arbeitslohn zu (BFH 16.1.07 – IX R 69/04, BStBl II 07, 579). Für Zwecke der Lohnsteuerberechnung wird im Lohnsteuertarif eine Vorsorgepauschale (§ 39b Abs 2 Satz 5 Nr 3 EStG) berücksichtigt. Der ArbN kann seinen Beitragsanteil nicht als Werbungskosten sondern (nur) als Sonderausgabe (sog Vorsorgeaufwendung; § 10 Abs 1 Nr 3a EStG) im Rahmen des gesetzlichen Höchstbetrages (§ 10 Abs 4 EStG) geltend machen (→ *Sonderausgaben* Rn 5 ff; → *Sozialversicherungsbeiträge* Rn 14 ff). Die beschränkte Abzugsfähigkeit von Beiträgen zur ArblV ist verfassungsgemäß. Das Prinzip der Steuerfreiheit des Existenzminimums gewährleistet dem Steuerpflichtigen den Schutz des Lebensstandards auf Sozialhilfeniveau. Der Gesetzgeber hat die Vorsorgeaufwendungen – wozu auch die Beiträge zur Arbeitslosenversicherung gehören – mit konstitutiver Wirkung den Sonderausgaben zugewiesen. Das Existenzminimum wird einkommensteuerrechtlich in verfassungsrechtlich unbedenklicher Weise durch den Grundfreibetrag steuerfrei gestellt (so BFH 16.11.11 – X R 15/09, BStBl II 12, 325). Soweit der ArbGeb die SozVBeiträge in vollem Umfang trägt (→ Rn 10; → *Nettolohnvereinbarung* Rn 10 ff; → *Sozialversicherungsbeiträge* Rn 18), entfällt für den ArbN jegliche steuerliche Berücksichtigung.

**Rückzahlungen** bzw **Erstattungen** von Beiträgen (§ 10 Abs 4b EStG). Erstattungen 3
von Beiträgen zur Arbeitslosenversicherung aus früheren Jahren sind mit Beiträgen zur Arbeitslosenversicherung und anderen Beiträgen iSd § 10 Abs 1 Nr 3a EStG im Jahr der Rückzahlung zu verrechnen und mindern den Sonderausgabenabzug. Etwaige Erstattungsüberhänge sind in dem Jahr zu verrechnen, in dem sie geleistet worden sind (Schmidt/*Heinicke* EStG § 10 Rz 10). Zur Behandlung des ArbN-Kommanditisten → *Sozialversicherungsbeiträge* Rn 16 und von Gesellschafter-Geschäftsführern von Kapitalgesellschaften ebenda und → *Geschäftsführer* Rn 41.

## C. Sozialversicherungsrecht *Voelzke*

**1. Funktion.** Die ArblV wird, wie die KV, PflegeV und RV, durch Beiträge der ArbGeb 4
und ArbN finanziert. Der **Beitragssatz** wird entsprechend der Ausgestaltung in der RV gesetzlich festgelegt. Die BA finanziert durch die Erhebung der Beiträge, die durch Umlagen, Mittel des Bundes und sonstige Einnahmen ergänzt werden (§ 340 SGB III), nicht nur die Versicherungsleistungen im engeren Sinne, sondern auch die ihr im Rahmen der Arbeitsmarktpolitik zugewiesenen Aufgaben sowie die Mittel für die Verwaltung und für die Selbstverwaltung. Die erhobenen Geldmittel dürfen allein zur Finanzierung der Aufgaben der SozV eingesetzt werden (BVerfG 22.5.2018 – 1 BvR 1728/12, 1 BvR 1756/12, NVwZ 18, 1630; hierzu *Flint* jM 18, 368).

Für bestimmte Aufgaben der BA werden die Mittel nicht durch Beiträge, sondern durch 5
eine **Umlage** aufgebracht; für ergänzende Leistungen nach § 102 SGB III (*Kurzarbeit*): §§ 354–357 SGB III; für das Insolvenzgeld (*Insolvenz des Arbeitgebers*): §§ 358–361 SGB III.

**2. Beitragssatz.** Die Beiträge werden nach einem gesetzlich festgelegten Prozentsatz 6
(Beitragssatz) von der Beitragsbemessungsgrundlage erhoben. Der Beitragssatz beträgt seit dem 1.1.19 grundsätzlich 2,6 Prozent (§ 341 Abs 2 SGB III idF des Gesetzes vom 18.12.19, BGBl I 18, 2651). Der Beitragssatz wurde darüber hinaus durch die Beitragssatzverordnung 2019 vom 18.12.18 (BGBl I 18, 2663) ab dem 1.1.19 auf 2,5 Prozent herabgesetzt. Nach der Ersten Verordnung zur Änderung der Beitragssatzverordnung 2019 vom 2.12.19 (BGBl I 19, 1998) beträgt der Beitragssatz ab dem 1.1.20 2,4 Prozent. Der Beitragssatz wird nicht unbeschränkt auf das zu berücksichtigende Arbeitsentgelt erhoben, sondern lediglich bis zur Höhe der Beitragsbemessungsgrenze der RV (→ *Beitragsbemessungsgrenzen* Rn 5 ff).

**3. Bemessungsgrundlage** sind nach § 341 Abs 3 SGB III für alle Versicherungspflichti- 7
gen die beitragspflichtigen Einnahmen, die bis zur **Beitragsbemessungsgrenze** berücksichtigt werden. Hierbei gilt, dass für die Berechnung der Beiträge grds die Woche zu sieben, der Monat zu dreißig und das Jahr zu dreihundertsechzig Tagen anzusetzen sind. Als beitragspflichtige Einnahmen sind nur die Einnahmen bis zu einem Betrag von einem Dreihundertsechzigstel der Beitragsbemessungsgrenze zu berücksichtigen. Erzielen ArbN aus mehreren Beschäftigungen Arbeitsentgelt, das zusammengerechnet die Beitragsbemessungsgrenze übersteigt, so sind die Arbeitsentgelte nach dem Verhältnis ihrer Höhe bis auf die Höhe der Beitragsbemessungsgrenze zu kürzen (§ 22 Abs 2 SGB IV).

Beitragspflichtige Einnahme **Beschäftigter** ist nach § 342 SGB III das Arbeitsentgelt. 8
Damit wird auf den Begriff des Arbeitsentgelts in § 14 SGB IV verwiesen. Nach Abs 1 dieser Vorschrift sind Arbeitsentgelt alle laufenden Einnahmen aus einer Beschäftigung, gleichgültig, ob ein Rechtsanspruch auf die Einnahmen besteht, unter welcher Bezeichnung oder in welcher Form sie geleistet werden und ob sie unmittelbar aus der Beschäftigung oder im Zusammenhang mit ihr erzielt werden (→ *Arbeitsentgelt* Rn 82). Für Beschäftigte zur Berufsausbildung ist die gezahlte Ausbildungsvergütung Grundlage für die Beitragsberechnung. Eine ausdrückliche Regelung enthält § 342 SGB III zur Mindesthöhe der beitrags-

pflichtigen Einnahmen von Personen, die unentgeltlich beschäftigt werden. Hierzu zählen insbesondere **Praktikanten.** Für diesen Personenkreis werden die Beiträge in Höhe von einem Prozent der Bezugsgröße (→ *Sozialversicherungsbeiträge* Rn 71 Anhang) berechnet. Einmalzahlungen (→ *Einmalzahlungen* Rn 36 ff) werden den beitragspflichtigen Einnahmen Beschäftigter nach Maßgabe des § 23a SGB IV zugerechnet. Zur Beitragsberechnung und Beitragstragung bei den sog Minijobs nach §§ 344 Abs 4, 346 Abs 1a SGB III s *Geringfügige Beschäftigung.*

9 **Sonderregelungen** bestehen nach § 344 SGB III für die beitragspflichtigen Einnahmen bestimmter Beschäftigter (Seeleute; Personen, die Freiwilligendienst leisten; behinderte Menschen in einer anerkannten Werkstatt für behinderte Menschen oder Blindenwerkstätte) und nach § 345 SGB III für die beitragspflichtigen Einnahmen sonstiger Versicherungspflichtiger (Ermöglichung einer Erwerbstätigkeit oder Befähigung zu einer Erwerbstätigkeit; Wehrdienst- oder Zivildienstleistende; Gefangene; Bezieher von Entgeltersatzleistungen oder von Krankentagegeld; Bezieherinnen von Mutterschaftsgeld). Für die Bezieher einer Rente wegen voller Erwerbsminderung werden die Beiträge nach § 345a SGB III in pauschalierter Höhe festgesetzt.

10 **4. Beitragstragung/Beitragszahlung.** In der ArblV gilt gem § 346 Abs 1 SGB III der Grundsatz, dass die Beiträge zur BA je zur Hälfte vom ArbGeb und ArbN zu leisten sind **(Beitragstragungspflicht).** Als Beitragsschuldner ist der ArbGeb zur **Zahlung** des GesamtSozVBeitrages an die Einzugsstelle verpflichtet (→ *Sozialversicherungsbeiträge* Rn 39). Nur wenn ein ausländischer Staat oder ein exterritorialer ArbGeb seine Zahlungspflicht nicht erfüllt, hat der Beschäftigte den GesamtSozVBeitrag zu zahlen (§ 28 m Abs 1 SGB IV). Für die Zahlung und Einziehung von Beiträgen gelten nach § 348 Abs 2 SGB III bei einer versicherungspflichtigen Beschäftigung die Vorschriften des SGB IV über den GesamtSozVBeitrag entsprechend. In Abweichung von dem Grundsatz des § 346 Abs 1 SGB III über die gleichmäßige Verpflichtung zur Tragung der Beiträge zur BA bestimmt Abs 2 der Vorschrift, dass für einen aus sozialen Gründen als entlastungsbedürftig angesehenen Personenkreis die Beiträge **allein vom Arbeitgeber** getragen werden. Eine besondere Regelung gilt für die Beitragstragung bei ArbN, die wegen Vollendung des 65. Lebensjahres versicherungsfrei sind. Zu der Beitragstragung/Beitragszahlung von sonstigen Versicherten s §§ 347, 349 SGB III. Zu Einzelheiten des Beitragsabzugs nach § 28g SGB IV → *Lohnabzugsverfahren* Rn 33 ff.

11 **a) Midijobs.** Eine Beitragsentlastung gilt für ArbN mit einem Arbeitsentgelt innerhalb des Übergangsbereichs für Arbeitsentgelte aus mehr als geringfügigen Beschäftigungen, die regelmäßig 1300 Euro im Monat nicht übersteigen (§ 344 Abs 4 SGB III iVm § 20 Abs 2 SGB IV).

12 **b) Behinderte.** Nach § 346 Abs 2 SGB III trägt der ArbGeb die Beiträge des ArbN, wenn dieser als behinderter Menschen in einer **anerkannten Werkstatt für behinderte Menschen** oder in einer nach dem Blindenwarenbetriebsgesetz anerkannten Blindenwerkstätte beschäftigt ist und das monatliche Bruttoarbeitsentgelt ein Fünftel der monatlichen Bezugsgröße nach § 18 SGB IV (→ *Sozialversicherungsbeiträge* Rn 71 Anhang) nicht übersteigt.

13 **c) Arbeitnehmer, die das Lebensjahr für den Anspruch auf Regelaltersrente vollendet** haben, sind nach § 28 Abs 1 Nr 1 SGB III mit Ablauf des Monats versicherungsfrei, in dem sie das maßgebliche Lebensjahr vollenden. Für ArbGeb, die wegen ihres Lebensalters versicherungsfreie ArbN beschäftigen, regelt § 346 Abs 3 SGB III eine selbstständige Beitragstragungspflicht. Hiernach trägt der ArbGeb die Hälfte des Betrages, der zu zahlen wäre, wenn die Beschäftigten versicherungspflichtig wären (vgl zu verfassungsrechtlichen Fragen *Hauck/Noftz/Timme* SGB III, § 346 Rz 28).

14 **5. Beitragserstattung.** Wurden Beiträge zu Unrecht entrichtet, so richtet sich die Erstattung nach den dafür geltenden Vorschriften des SGB IV (→ *Sozialversicherungsbeiträge* Rn 35 ff). Maßgebend ist ausschließlich die objektive Unrichtigkeit der Beitragsleistung, weil keine Beitragspflicht bestand oder Beiträge überzahlt wurden. Maßgeblicher Zeitpunkt für die Beurteilung der Rechtswidrigkeit der Beitragszahlung ist der Zeitpunkt der Entrichtung (*Schlegel/Voelzke/Waßer* SGB IV § 26 Rz 83). Die Beiträge sind gem § 26 Abs 3 SGB IV demjenigen zu erstatten, der sie getragen hat. Der ArbGeb hat die ArbN Beiträge

nicht dadurch getragen, dass er sie vom Lohn abgezogen hat. Die zu Unrecht entrichteten Beiträge sind auch zurückzuzahlen, wenn sie bereits zu einer Leistungsgewährung geführt haben. Beiträge sind nicht schon allein deshalb zu Unrecht geleistet, weil eine Äquivalenzabweichung zwischen Beitrags- und Leistungsbemessung vorliegt (BSG 8.12.99 – B 12 KR 25/98 R, SozR 3–4100 § 185a Nr 2 zu während einer Beschäftigung beim Ehegatten entrichteten Beiträgen).

§ 351 Abs 1 SGB III sieht eine **Minderung** des zu erstattenden Betrages in Höhe der in irrtümlicher Annahme der Beitragspflicht gewährten Leistungen vor. Der Erstattungsanspruch mindert sich um die irrtümlich geleisteten Zahlungen. ArbGeb und ArbN stehen jeweils die Hälfte des verbleibenden Beitragserstattungsanspruchs zu (*Brand* in Brand SGB III § 351 Rz 8). Die Minderung des Erstattungsanspruches erstreckt sich nicht auf Leistungen, die unabhängig vom Beitragsaufkommen der BA gezahlt werden (zB Insolvenzgeld). Für diese Leistungen eröffnet allerdings § 333 Abs 2 SGB III eine weitere Aufrechnungsmöglichkeit. Entscheidungen über die Erstattung zu Unrecht entrichteter Beiträge zur ArblV dürfen nur von der hierzu berufenen BA getroffen werden (BSG 11.12.87 – 12 RK 22/86, SozR 2200 § 385 Nr 18; s aber auch BSG 5.5.88 – 12 RK 42/87, NZA 89, 79; vgl ferner § 351 Abs 2 Nr 1 SGB III). Selbst wenn die Beitragsleistung auf einem rechtswidrigen Verwaltungsakt der Einzugsstelle beruht, steht die Bindungswirkung des Verwaltungsaktes einer abweichenden Entscheidung der Agentur für Arbeit über Leistungsansprüche nicht entgegen (vgl aber auch § 336 SGB III; s zu der leistungsrechtlichen Bindung der BA auch → *Arbeitslosenversicherungspflicht* Rn 51). 15

# Arbeitslosenversicherungspflicht

## A. Arbeitsrecht *Griese*

Als **Nebenpflicht** aus dem Arbeitsverhältnis hat der ArbGeb die SozVBeiträge richtig zu berechnen und abzuführen. Dazu gehört im Hinblick auf die ArblV auch die Prüfung, ob dort Versicherungspflicht besteht oder gesetzlich aufgehoben ist, zB gem § 418 SGB III für arbeitslose ältere ArbN, deren Arbeitsverhältnis vor dem 1.1.2008 begründet wurde (§ 418 Abs 2 SGB III), oder gem § 27 Abs 4 Satz 1 Nr 2 SGB III für die Studentenbeschäftigung. Fehler hierbei führen zur Rückabwicklung und ggf zu **Schadensersatzansprüchen des ArbN gegen den ArbGeb aus § 280 BGB,** s *Sozialversicherungsbeiträge* und *Arbeitslosenversicherungsbeiträge* u BAG 30.4.08 – 5 AZR 725/07, NZA 08, 884. 1

## B. Lohnsteuerrecht *Weil*

S → *Arbeitslosenversicherungsbeiträge* Rn 2–3, → *Arbeitslosengeld* Rn 4 ff, → *Arbeitslosengeld II* Rn 5, 6 und → *Sozialversicherungsbeiträge* Rn 14 ff. 2

## C. Sozialversicherungsrecht *Voelzke*

**Übersicht**

3 **I. Allgemeines.** Im Geltungsbereich des SGB III ist das Bestehen eines Versicherungspflichtverhältnisses (§ 24 SGB III) dafür maßgebend, ob eine Anwartschaft auf die Versicherungsleistungen der ArblV begründet wird. Das SGB III folgt damit auch begrifflich den übrigen Zweigen der SozV.

4 § 28a SGB III eröffnet die Möglichkeit einer Antragspflichtversicherung in der ArblV. Es besteht danach eine **Versicherungsberechtigung** für selbständig tätige Existenzgründer und für ArbN, die eine Beschäftigung im Ausland außerhalb der EU oder einem assoziierten Staat ausüben. Der potentiell in die Antragspflichtversicherung einbezogene Personenkreis ist durch das Gesetz zur Stärkung der beruflichen Weiterbildung und des Versicherungsschutzes in der ArblV vom 18.7.16 (BGBl I 16, 1710) erweitert worden und erstreckt sich auch auf Personen, die eine Elternzeit in Anspruch nehmen oder die sich beruflich weiterbilden.

5 **II. Versicherungspflichtige.** Wie in den übrigen Zweigen der SozV folgt auch das SGB III hinsichtlich der Versicherungspflicht dem Enumerationsprinzip. Der Kreis der nach §§ 24 ff SGB III Versicherungspflichtigen ist denen der Versicherungspflichtigen in den anderen Versicherungszweigen weit gehend angenähert, ohne aber mit diesen vollends übereinzustimmen. Von der Versicherungspflicht werden nach dem sog **Territorialitätsprinzip** unter Berücksichtigung der Regelungen über Ausstrahlung und Einstrahlung sowie der Vorschriften des Internationalen Sozialrechts (→ *Ausländer* Rn 67 ff und → *Auslandstätigkeit* Rn 73 ff) nur Beschäftigungsverhältnisse erfasst, die im Inland ausgeübt werden.

6 **1. Beschäftigte.** Hauptgruppe der Versicherungspflichtigen in der ArblV sind die Beschäftigten (§ 25 Abs 1 SGB III). Wie in den übrigen Zweigen der SozV unterliegen die gegen Arbeitsentgelt oder zu ihrer Berufsausbildung Beschäftigten der Versicherungspflicht. Entscheidend für das Vorliegen einer Beschäftigung ist die Verrichtung von Arbeit in **persönlicher Abhängigkeit** von einem ArbGeb (7 Abs 1 SGB IV; → *Arbeitnehmer (Begriff)* Rn 50 ff). Der Begriff der Beschäftigung wird durch § 7 Abs 2 SGB IV auf betriebliche Bildungsmaßnahmen erstreckt (→ *Betriebliche Berufsbildung* Rn 24 ff). Zur Einbeziehung von scheinbar selbstständig Tätigen in die Versicherungspflicht → *Scheinselbstständigkeit* Rn 12 ff.

7 Die Zahlung von **Arbeitsentgelt** stellt eine selbstständige Voraussetzung für die Begründung der Versicherungspflicht dar. Wird eine Beschäftigung unentgeltlich verrichtet, so steht dies bereits dem Eintreten der Versicherungspflicht entgegen und es wird nicht etwa Versicherungsfreiheit wegen Geringfügigkeit der Beschäftigung begründet. Ausreichend ist insoweit, dass es sich bei der fraglichen Zuwendung um eine Gegenleistung für geleistete Arbeit handelt. Eine ArbN ist ferner schon dann „gegen Arbeitsentgelt" beschäftigt, wenn ihm ein Anspruch auf Arbeitsentgelt zusteht, ohne dass das Arbeitsentgelt ihm auch tatsächlich zugeflossen sein müsste.

8 Die zu ihrer **Berufsausbildung** Beschäftigten unterliegen aufgrund ausdrücklicher gesetzlicher Anordnung in § 25 Abs 1 Satz 1 SGB III ohne Rücksicht auf die Entgeltlichkeit der Beschäftigung der Versicherungspflicht. Der Begriff der Berufsausbildung ist entsprechend dem Schutzzweck der versicherungsrechtlichen Vorschriften weit zu fassen. Sie liegt bei Personen vor, die ihre Beschäftigung zur Erlernung eines neuen oder anderen Berufes ausüben (→ *Ausbildungsverhältnis* Rn 93–95). Durch § 25 Abs 1 Satz 2 SGB III wird zusätzlich klargestellt, dass Auszubildende, die im Rahmen eines Berufsausbildungsvertrages nach dem BBiG in einer außerbetrieblichen Einrichtung ausgebildet werden, und Teilnehmer an dualen Studiengängen den Beschäftigten zur Berufsausbildung gleichstehen.

Kraft gesetzlicher Fiktion gelten die **Heimarbeiter** als Beschäftigte (§ 13 SGB III). Es gilt der sozialversicherungsrechtliche Begriff des Heimarbeiters (§ 12 Abs 2 SGB IV; → *Heimarbeit* Rn 53 ff). 9

Nach § 25 Abs 2 Satz 1 SGB III gilt bei **Wehrdienst-** oder **Zivildienstleistenden,** denen nach gesetzlichen Vorschriften für die Zeit ihres Dienstes Arbeitsentgelt weiterzugewähren ist, das Beschäftigungsverhältnis für die Zeit des Dienstes als nicht unterbrochen (zum verbleibenden Anwendungsbereich s *Hauck/Noftz/Timme* SGB III, § 25 Rz 119). 10

**2. Jugendliche,** die in Einrichtungen der beruflichen Rehabilitation nach § 51 SGB IX Leistungen zur Teilhabe am Arbeitsleben erhalten, die ihnen eine Erwerbstätigkeit auf dem allgemeinen Arbeitsmarkt ermöglichen sollen, sowie Personen, die in Einrichtungen der **Jugendhilfe** für eine Erwerbstätigkeit befähigt werden sollen, unterfallen nach § 26 Abs 1 Satz 1 Nr 1 SGB III der Versicherungspflicht. Jugendliche Behinderte sind Personen, die keinen Anspruch auf Übergangsgeld haben, weil sie vor Beginn der berufsfördernden Maßnahme keine ausreichenden Beschäftigungszeiten nachweisen können. Hingegen ist die Volljährigkeit unerheblich. 11

**3. Wehr- und Zivildienstleistende,** die nach Maßgabe des WPflG oder des ZVG Wehrdienst oder Zivildienst leisten und während dieser Zeit nicht als Beschäftigte versicherungspflichtig sind, sind nach § 26 Abs 1 Satz 1 Nr 2 SGB III versicherungspflichtig. Die Anordnung der Versicherungspflicht betrifft nur Personen, die ihrer Pflicht nach dem WPflG oder dem ZVG nachkommen (zum aktuell betroffenen Personenkreis s *Hauck/Noftz/Timme* SGB III, § 26 Rz 16). 12

**4. Gefangene,** die Arbeitsentgelt, Ausbildungsbeihilfe oder Ausfallentschädigung erhalten, sind nach näherer Maßgabe des § 26 Abs 1 Satz 1 Nr 4 SGB III versicherungspflichtig (BSG 12.9.17 – B 11 AL 18/16 R, NZS 18, 315; *Schäferskúpper/Bließen* NZS 17, 327). 13

**5. Geistliche Genossenschaften.** Die Versicherungspflicht erstreckt sich auch auf Personen, die als **nicht satzungsmäßige Mitglieder geistlicher Genossenschaften** oder **ähnlicher religiöser Gemeinschaften** für den Dienst außerschulisch **ausgebildet** werden (§ 26 Abs 1 Satz 1 Nr 5 SGB III). 14

**6. Empfänger von Sozialleistungen.** Nach § 26 Abs 2 Nr 1 SGB III sind Personen in der Zeit versicherungspflichtig, für die sie von einem Leistungsträger *Mutterschaftsgeld, Krankengeld,* Versorgungskrankengeld, Verletztengeld oder von einem Träger der medizinischen Rehabilitation *Übergangsgeld* beziehen, wenn sie unmittelbar vor **Beginn der Leistung** versicherungspflichtig waren oder eine laufende Entgeltersatzleistung nach dem SGB III bezogen haben. Die rückwirkende Bewilligung einer Rente, die an sich zur Versicherungsfreiheit führen würde, beseitigt die Versicherungspflicht nicht mW für die Vergangenheit (BSG 26.6.01 – B 7 AL 66/00 R, SozR 3–4100 § 186 Nr 2). Krankentagegeld von einem Unternehmen der privaten KV begründet die Versicherungspflicht, wenn die Person unmittelbar vor Beginn der Leistung versicherungspflichtig war (§ 26 Abs 2 Nr 2 SGB III; zur Versicherungspflicht von Leistungen im Zusammenhang mit Organspenden und Pflegeunterstützungsgeld s § 26 Abs 2 Nr 2a und 2b SGB III). 15

Nach § 26 Abs 2 Nr 3 SGB III sind versicherungspflichtig auch Personen während der Zeit, für die sie von einem Träger der gesetzlichen RV eine **Rente wegen voller Erwerbsminderung** beziehen, wenn sie unmittelbar vor Beginn der Leistung versicherungspflichtig waren oder Anspruch auf eine laufende Entgeltersatzleistung nach dem SGB III hatten. Das Merkmal der Unmittelbarkeit kann auch bei einem Zeitraum von mehr als einem Monat zwischen dem Beginn der Rente und dem vorhergehenden Bezug von AlGeld gewahrt sein (BSG 23.2.17 – B 11 AL 3/16 R, SozR 4–4300 § 26 Nr 8). 16

**7. Kindererziehungszeiten.** Nach § 26 Abs 2a Satz 1 SGB III sind Personen in der Zeit versicherungspflichtig, in der sie ein Kind, das das dritte Lebensjahr noch nicht vollendet hat, erziehen, wenn sie (1.) unmittelbar vor der Kindererziehung versicherungspflichtig waren oder Anspruch auf eine laufende Entgeltersatzleistung nach dem SGB III hatten und (2.) sich mit dem Kind im Inland gewöhnlich aufhalten. Der Aufenthalt im Ausland wird dem gewöhnlichen Inlandsaufenthalt gleichgestellt, wenn ein Anspruch auf Kindergeld nach dem EStG oder BKGG besteht oder ohne die Anwendung des § 64 bzw § 65 EStG oder des § 3 bzw § 4 BKGG bestehen würde. Die Regelung will Nachteile ausgleichen, die 17 den Betroffenen durch die Unterbrechung ihrer versicherungspflichtigen Beschäftigung entstehen können (BT-Drs 14/6944 S 30).

Versicherungspflichtzeiten werden nur durch die Erziehung von **Kindern des Erziehenden,** seines nicht dauernd getrennt lebenden Ehegatten oder seines nicht dauernd getrennt lebenden Lebenspartners begründet (§ 26 Abs 2a Satz 2 SGB III). Erfolgt die Erziehung durch mehrere Personen, so gilt nach § 26 Abs 2a Satz 3 SGB III für die Zuordnung der Versicherungspflichtzeiten § 56 Abs 2 SGB VI.

**18** Keine Versicherungspflicht für Zeiten der Kindererziehung wird nach § 26 Abs 3 Satz 5 SGB III für denjenigen begründet, der nach anderen Vorschriften des SGB III versicherungspflichtig ist oder während der Zeit der Erziehung **Anspruch auf Entgeltersatzleistungen** nach dem SGB III hat. Mit der letztgenannten Regelung will der Gesetzgeber verhindern, dass während des Bezuges einer Entgeltersatzleistung gleichzeitig wieder ein neuer Anspruch auf AlGeld begründet wird (BT-Drs 14/6944 S 30).

**19** **8. Pflegezeiten.** Nach § 26 Abs 2b SGB III sind versicherungspflichtig Personen in der Zeit, in der sie als Pflegeperson einen Pflegebedürftigen mit mindestens Pflegegrad 2 iSd SGB XI, der Leistungen aus der Pflegeversicherung nach dem SGB XI oder Hilfe zur Pflege nach dem SGB XII oder gleichartige Leistungen nach anderen Vorschriften bezieht, nicht erwerbsmäßig wenigstens zehn Stunden wöchentlich, verteilt auf regelmäßig mindestens zwei Tage in der Woche, in seiner häuslichen Umgebung pflegen, wenn sie unmittelbar vor Beginn der Pflegetätigkeit versicherungspflichtig waren oder Anspruch auf eine laufende Entgeltersatzleistung nach dem SGB III hatten. Die Versicherungspflicht besteht auch, wenn die Voraussetzungen durch die Pflege mehrerer Pflegebedürftiger erfüllt werden.

**20** **III. Versicherungsfreiheit.** Von der nach §§ 25, 26 SGB III angeordneten Versicherungspflicht sehen die §§ 27, 28 SGB III zahlreiche Ausnahmen vor. Übergangsweise besteht nach Maßgabe des § 420 SGB III Versicherungsfreiheit für Beschäftigungen im Rahmen des Bundesprogramms „Soziale Teilhabe am Arbeitsmarkt“. Greift ein Tatbestand der Versicherungsfreiheit ein, so führt dies dazu, dass die versicherten Tatbestände **kraft Gesetzes** von der Versicherung ausgenommen sind und Beiträge – abgesehen vom ArbGebBeitrag nach § 346 Abs 3 SGB III für Beschäftigte, die wegen Vollendung des für die Regelaltersrente erforderlichen Lebensjahrs versicherungsfrei sind – nicht zu zahlen sind.

**21** **1. Öffentlich-rechtliche Dienstverhältnisse.** Versicherungsfrei ist nach § 27 Abs 1 Nr 1–4 SGB III die Beschäftigung ua als Beamter, Richter, Soldat auf Zeit sowie Berufssoldat, als Geistlicher, hauptamtlich beschäftigter Lehrer an privat genehmigten Ersatzschulen und als satzungsmäßiges Mitglied vom geistlichen Genossenschaften, Diakonissen und ähnlicher Personen. Der Versicherungsfreiheit von Personen, die nach beamtenrechtlichen Grundsätzen bei Krankheit Anspruch auf Fortzahlung der Bezüge und auf Beihilfe oder Heilfürsorge haben, steht nicht entgegen, dass der Beschäftigte nur aufgrund arbeitsvertraglicher Bezugnahme Beihilfe beanspruchen kann (BSG 26.2.19 – B 11 AL 5/18 R, BeckRS 2019, 8420). Nicht versicherungsfrei sind Berufssoldaten, die zur Ausübung einer privatwirtschaftlichen Erwerbstätigkeit in der Flugsicherung beurlaubt sind und bei Krankheit keinen Anspruch auf Fortzahlung der Bezüge und auf Beihilfe nach beamtenrechtlichen Grundsätzen haben (BSG 29.7.03 – B 12 KR 15/02 R, SozR 4–4100 § 167 Nr 1). Versicherungsfreiheit bezieht sich in der ArblV, anders als in der KV, nur auf die Tätigkeit im Rahmen des jeweiligen öffentlich-rechtlichen Dienstverhältnisses und erstreckt sich nicht auf Nebenbeschäftigungen.

**22** **2. Vorstandsmitglieder einer Aktiengesellschaft** sind in einer Beschäftigung für das Unternehmen, dessen Vorstand sie angehören, versicherungsfrei (§ 27 Abs 1 Nr 5 SGB III; zur Übertragung dieser Privilegierung auf Vorstandsmitglieder ausländischer AG BSG 12.1.11 – B 12 KR 17/09 R, DB 11, 1759). Hierbei gelten Konzernunternehmen iSd § 18 AktG als ein Unternehmen.

**23** **3. Geringfügig Beschäftigte.** In der ArblV sind geringfügig Beschäftigte iSd § 8 SGB IV versicherungsfrei. Die Versicherungsfreiheit in der ArblV bestimmt sich nach den Geringfügigkeitsgrenzen des § 8 Abs 1 SGB IV (§ 27 Abs 2 Satz 1 SGB III). Anwendung finden beide Tatbestände des § 8 Abs 1 SGB IV (zur Abgrenzung BSG 5.12.17 – B 12 KR 16/15 R, SozR 4–2400 § 8 Nr 8). Auch in der ArblV gilt damit die Entgeltgrenze von 450 € und die an der Dauer der Beschäftigung (drei Monate oder 70 Arbeitstage) orientierte

Grenze. Durch den Geringfügigkeitstatbestand soll verhindert werden, dass Bagatellbeschäftigungen Leistungen der ArblV begründen.

Eine Besonderheit ergibt sich gegenüber der allgemeinen Regelung über die Zusammenrechnung von geringfügigen Beschäftigungen nach § 8 Abs 2 SGB IV (Näheres: *Geringfügige Beschäftigung*): In der ArblV werden geringfügige und nicht geringfügige Beschäftigungen nach § 27 Abs 2 Satz 1 Halbs 2 SGB III **nicht zusammengerechnet**.

Trotz des Vorliegens von Geringfügigkeit der Beschäftigung sind bestimmte Personen von der Versicherungsfreiheit **ausgenommen** (§ 27 Abs 2 Satz 2 SGB III): Personen mit geringfügiger Beschäftigung im Rahmen betrieblicher Berufsbildung, nach dem Jugendfreiwilligendienstegesetz oder nach dem BundesfreiwilligenG (Nr 1); Personen mit geringfügiger Beschäftigung wegen eines erheblichen Arbeitsausfalls mit Entgeltausfall iSd Vorschriften über das Kurzarbeitergeld (→ *Kurzarbeit* Rn 30 ff); (Nr 2); Personen mit geringfügiger Beschäftigung wegen stufenweiser Wiedereingliederung in das Erwerbsleben (§ 74 SGB V) oder wegen der in § 146 SGB III genannten Gründe (insbes *Arbeitsunfähigkeit;* Nr 3). 24

**4. Unständig Beschäftigte,** die die unständige Beschäftigung berufsmäßig ausüben, sind in der ArblV als besondere Risikogruppe versicherungsfrei (§ 27 Abs 3 Nr 1 SGB III). Eine Beschäftigung ist unständig, wenn sie nach der Natur der Sache oder im Voraus durch den Arbeitsvertrag auf **weniger als eine Woche** beschränkt ist. Auch die wiederholte kurzfristige Beschäftigung bei demselben ArbGeb kann unständig sein, wenn die einzelnen Arbeitseinsätze nicht im Voraus vereinbart sind, sondern von „Fall zu Fall" erfolgen. Eine berufsmäßige Ausübung liegt vor, wenn die unständigen Beschäftigungen das Berufsbild des ArbN prägen. 25

**5. Heimarbeiter** sind von der an sich gesetzlich angeordneten Versicherungspflicht ausgenommen, soweit sie gleichzeitig als Zwischenmeister tätig sind und der überwiegende Teil des Verdienstes aus der Tätigkeit als Zwischenmeister bezogen wird (§ 27 Abs 3 Nr 2 SGB III). 26

**6. Ausländische Arbeitnehmer in einer Aus- oder Fortbildung** unterfallen der Versicherungspflicht gem § 27 Abs 3 Nr 3 SGB III nicht, wenn die Aus- oder Fortbildung aus Mitteln der Entwicklungshilfe gefördert wird, die ArbN nach Beendigung der Aus- oder Fortbildung zum Verlassen des Bundesgebietes verpflichtet sind und weder das Gemeinschaftsrecht, zwischenstaatliche Abkommen noch das Recht des Wohnlandes Ansprüche auf Leistungen wegen Arbeitslosigkeit begründen können. 27

**7. Bürgermeister und Beigeordnete.** Versicherungsfrei sind nach § 27 Abs 3 Nr 4 SGB III (eingefügt durch das 1. SGB III-ÄndG) auch Personen in einer Beschäftigung als ehrenamtlicher Bürgermeister oder ehrenamtlicher Beigeordneter. 28

**8. Förderung von Arbeitsverhältnissen.** Zur Verhinderung von Fehlanreizen sind Beschäftigungsverhältnisse, die nach § 16e oder § 16i SGB II gefördert werden, versicherungsfrei (§ 27 Abs 3 Nr 5 SGB III; zu dieser Förderung s *Lohnkostenzuschuss*). 29

**9. Schüler und Studenten** werden für die Dauer ihrer Ausbildung bzw ihres Studiums von der Versicherungspflicht freigestellt. Die Versicherungsfreiheit ist allerdings auf die in § 27 Abs 4 SGB III ausdrücklich aufgeführten Ausbildungsarten beschränkt. Hierbei handelt es sich um die Ausbildung an allgemeinbildenden Schulen (Grund- oder Volksschule, Realschule, Gymnasium), das Studium als ordentliche Studierende an einer Hochschule oder der fachlichen Ausbildung dienenden Schule. Die Versicherungsfreiheit besteht nur für die Dauer der Ausbildung, so dass zB Beschäftigungen, die zur Vorbereitung oder Ergänzung des Studiums ausgeübt werden, grds der Versicherungspflicht unterliegen. Dies gilt nicht für die betriebliche Tätigkeit eines Studenten, die allein der Erstellung der für den Studienabschluss erforderlichen Diplomarbeit dient (BSG 11.2.93 – 7 RAr 52/92, SozR 3–4100 § 169b Nr 1). Trotz bestehender Immatrikulation ist nicht versicherungsfrei, wer seinem Erscheinungsbild nach kein Student ist und seine Arbeitskraft nicht überwiegend dem Studium widmet, sondern sie während des Semesters für eine Tätigkeit aufwendet, die eine mehr als halbschichtige Beschäftigung umfasst (BSG 23.2.88 – 12 RK 36/87, SozR 2200 § 172 Nr 20). Hingegen ist während der Semesterferien die Dauer der ausgeübten Tätigkeit unerheblich, wenn sie nicht in das Semester hineinreicht. 30

31 **10. Anspruch auf Arbeitslosengeld.** Für die Zeit eines Anspruchs auf AlGeld bleiben Nebenbeschäftigungen ohne Rücksicht auf ihren Umfang versicherungsfrei (§ 27 Abs 5 SGB III). Beschäftigte, die die Voraussetzungen dieser Vorschrift erfüllen, bleiben also trotz der **Höhe** des erzielten **Arbeitsentgelts** von der Versicherungspflicht ausgenommen. Dies gilt nicht, soweit lediglich TeilAlGeld bezogen wird. Meldet sich der Versicherte aus dem Leistungsbezug ab, so wird für die Beschäftigung Versicherungspflicht begründet.

32 **11. Sonstige versicherungsfreie Personen.** Durch § 28 SGB III werden weitere Personengruppen von der an sich bestehenden Versicherungspflicht freigestellt. Es handelt sich um Fälle der **absoluten Versicherungsfreiheit,** die die betroffenen Personen insgesamt von der Versicherungspflicht freistellt.

33 **a) Arbeitnehmer, die das für den Anspruch auf Regelaltersrente maßgebende Lebensjahr vollendet haben,** unterliegen nicht der Versicherungspflicht in der ArblV (§ 28 Abs 1 Nr 1 SGB III). Die Versicherungsfreiheit hängt nicht von dem Bezug einer Rente wegen Alters der gesetzlichen RV ab. Die Regelung trägt dem Umstand Rechnung, dass die Versicherungsleistungen der ArblV nicht von ArbN geltend gemacht werden können, die das für die Regelaltersrente erforderliche Lebensjahr vollendet haben (§ 136 Abs 2 SGB III). Die Versicherungsfreiheit beginnt mit Ablauf des Monats, in dem der ArbN das maßgebende Lebensjahr vollendet hat. Die Versicherungsfreiheit betrifft nur den ArbN, während der ArbGeb nach § 346 Abs 3 SGB III aus Wettbewerbsgründen beitragspflichtig bleibt.

34 **b) Rente wegen voller Erwerbsminderung.** Personen, denen ein Anspruch auf Rente wegen voller Erwerbsminderung aus der gesetzlichen RV (§ 43 SGB VI) oder eine vergleichbare Leistung eines ausländischen Leistungsträgers zugebilligt worden ist, sind hinsichtlich etwaiger Beschäftigungen, die neben dem Rentenbezug ausgeübt werden, versicherungsfrei (§ 28 Abs 2 und Abs 1 Nr 3 SGB III). Liegt der Rentenbeginn vor der Zustellung des Bewilligungsbescheides, so sind entrichtete Beiträge zu erstatten.

35 **c) Leistungsgeminderte,** die wegen einer Minderung ihrer Leistungsfähigkeit der Arbeitsvermittlung dauernd nicht zur Verfügung stehen, sind nach § 28 Abs 1 Nr 2 SGB III von dem Zeitpunkt an versicherungsfrei, an dem die Agentur für Arbeit diese Minderung der Leistungsfähigkeit und der zuständige Träger der gesetzlichen RV volle Erwerbsminderung iSd gesetzlichen RV festgestellt haben. Die von der Agentur für Arbeit festzustellende Leistungsminderung beurteilt sich unter Berücksichtigung der Verfügbarkeit nach § 138 Abs 1 Nr 3 SGB III, dh die Ausübung einer zumutbaren Beschäftigung unter den üblichen Bedingungen des Arbeitsmarktes muss ausgeschlossen sein.

36 **d) Besatzungsmitglieder.** Nach § 28 Abs 3 SGB III sind versicherungsfrei die nichtdeutschen Besatzungsmitglieder deutscher Seeschiffe, die ihren Wohnsitz oder gewöhnlichen Aufenthalt nicht im Geltungsbereich des SGB III haben.

37 **IV. Versicherungspflicht auf Antrag.** § 28a SGB III berechtigt vier Personengruppen zur freiwilligen Weiterversicherung in der ArblV. Es handelt sich um selbstständig Tätige, außerhalb der EU Beschäftigte, Personen, die eine Elternzeit in Anspruch nehmen sowie Personen, die sich beruflich weiterbilden. Infolge einer darauf gerichteten Antragstellung des Berechtigten entsteht ein **Versicherungspflichtverhältnis.** Jeweils muss die Antragspflichtversicherung an ein zuvor bestehendes Versicherungsverhältnis anknüpfen.

38 **1. Berechtigter Personenkreis.** § 28a SGB III bezieht iS einer **abschließenden** Aufzählung Personengruppen ein, die ansonsten nicht dem Schutz der ArblV unterfielen.

39 Die Befugnis, ein Versicherungspflichtverhältnis auf Antrag zu begründen, wird Personen eingeräumt, die eine **selbstständige Tätigkeit** von mindestens 15 Stunden wöchentlich aufnehmen und ausüben (§ 28a Abs 1 Satz 1 Nr 2 SGB III). Damit sollen ArbN privilegiert werden, die den Versuch unternehmen, eine selbstständige Tätigkeit aufzubauen. Eine stipendienfinanzierte Forschungstätigkeit, die nach dem Förderzweck nicht in der Absicht der Erzielung von Erwerbseinkommen ausgeübt wird, stellte keine selbständige Tätigkeit dar (BSG 28.6.18 – B 5 AL 1/17 R, NZS 19, 303). Die Versicherungspflicht auf Antrag kann in einer selbständigen Tätigkeit nicht begründet werden, wenn diese Tätigkeiten als abhängige Beschäftigung nach den §§ 27, 28 SGB III versicherungsfrei wären (BSG 2.3.10 – B 12 AL 1/09 R, NZS 11, 75). Das Versicherungsverhältnis entfällt nicht schon infolge einer krankheitsbedingten Nichtausübung der selbständigen Tätigkeit (BSG 4.9.2013 – B 12 AL 1/12

R, SozR 4–4300 § 28a Nr 7). Für die Berechnung des AlGeldes ist bei selbständig Tätigen unabhängig von der Durchführung eines LStAbzugsverfahrens von der auf der LStKarte eingetragenen LStKlasse auszugehen (BSG 11.3.14 – B 11 AL 10/13 R, NZS 14, 554).

Ebenfalls zum berechtigten Personenkreis zählen nach § 28a Abs 1 Satz 1 Nr 3 SGB III die **im Ausland Beschäftigten.** Der Anwendungsbereich der Regelung wird dadurch eingeschränkt, dass lediglich die Beschäftigung im Ausland außerhalb der EU und assoziierter Staaten einbezogen ist. Für eine Beschäftigung innerhalb der EU gilt das vorrangige EU-Recht (→ *Auslandstätigkeit* Rn 73 ff). Die Regelung findet für selbstständige Tätigkeiten keine Anwendung (*Schlegel/Voelzke/Wehrhahn* SGB III § 28a Rz 12). 40

Personen, die eine **Elternzeit** nach § 15 BEEG in Anspruch nehmen sind nach § 28a Abs 1 Satz 1 Nr 4 SGB III zur Antragspflichtversicherung berechtigt. Der hierdurch angesprochene Personenkreis ist grds schon dadurch abgesichert, dass er nach § 26 Abs 2a SGB III versicherungspflichtig ist (→ Rn 17). Hierzu bildet § 28a Abs 1 Satz 1 Nr 4 eine Ergänzung, denn nunmehr können auf Antrag auch Personen versicherungspflichtig werden, die eine Elternzeit für Zeiten nach Vollendung des dritten Lebensjahres des Kindes in Anspruch nehmen (BT-Drs 18/8042 S 23).

Zum berechtigten Personenkreis gehören Personen, die sich **beruflich weiterbilden**, wenn dadurch ein beruflicher Aufstieg ermöglicht, ein beruflicher Abschluss vermittelt oder zu einer anderen beruflichen Tätigkeit befähigt wird (§ 28a Abs 1 Satz 1 Nr 5 SGB III). Ausgeschlossen hiervon sind Weiterbildungen iSd § 180 Abs 3 Satz 1 Nr 1 SGB III, es sei denn die berufliche Weiterbildung findet in einem berufsqualifizierenden Studiengang an einer Hochschule oder einer ähnlichen Bildungsstätte unter Anrechnung beruflicher Qualifikationen statt.

**2. Anschluss an Vorversicherung.** Eine Antragspflichtversicherung kommt nur in Betracht, wenn der Antragsteller innerhalb der letzten 24 Monate vor Aufnahme der Tätigkeit oder Beschäftigung oder der Elternzeit mindestens **12 Monate in einem Versicherungspflichtverhältnis** gestanden oder Anspruch auf eine Entgeltersatzleistung nach dem SGB III hatte. Die danach erforderliche Vorversicherungszeit wird nicht nur durch eine Beschäftigung, sondern auch durch alle anderen Tatbestände der Versicherungspflicht erfüllt. Das Vorliegen einer geringfügigen Beschäftigung im vorangehenden Zeitraum steht der Berechtigung nicht entgegen. Die Zeiträume brauchen nicht zusammenhängend verlaufen. 41

**3. Beginn und Ende.** Die Begründung des Versicherungspflichtverhältnisses erfordert nach § 28a Abs 3 SGB III eine **Antragstellung** bei der Agentur für Arbeit. Der Antrag muss innerhalb von drei Monaten nach Aufnahme der zur Versicherungsberechtigung führenden Tätigkeit oder Beschäftigung gestellt werden. Unter Umständen ist die BA gehalten, auf das Antragserfordernis, die Fristgebundenheit des Antrags und Beginn sowie Dauer der Antragsfrist hinzuweisen (BSG 4.9.13 – B 12 AL 2/12 R, NZS 14, 196). 42

§ 28a Abs 5 SGB III bestimmt für fünf Fallgestaltungen das **Ende** des Versicherungspflichtverhältnis auf Antrag: bei Bezug einer Entgeltersatzleistung nach dem SGB III (Nr 1), mit Aufgabe der Beschäftigung oder Tätigkeit (Nr 2), bei dreimonatigem Verzug mit der Beitragszahlung (Nr 3; vgl hierzu BSG 4.12.14 – B 5 AL 2/14 R, BeckRS 2015, 1427), in den Fällen der Versicherungsfreiheit nach § 28 SGB III (Nr 4) und durch Kündigung des Versicherten (Nr 5). 43

**V. Dauer der Versicherungspflicht.** Die Versicherungspflicht beginnt und endet bei Vorliegen der Voraussetzungen für ihre Begründung kraft Gesetzes. Zu den Besonderheiten bei flexiblen Arbeitszeitregelungen und der Ansparung von Wertguthaben für Zeiten der Freistellung → *Arbeitszeitmodelle* Rn 18 ff. 44

**1. Beginn.** Nach § 24 Abs 2 SGB III beginnt das Versicherungspflichtverhältnis für Beschäftigte mit dem Tag, an dem der ArbN in das Beschäftigungsverhältnis eintritt, welches die Beitragspflicht begründet bzw mit dem Tag nach dem Erlöschen der Beitragsfreiheit. Das Entstehen der Versicherungspflicht erfordert daher neben dem Vorliegen der Voraussetzungen eines entgeltlichen Beschäftigungsverhältnisses idR die tatsächliche Arbeitsaufnahme. Eine Aufnahme der Tätigkeit ist ausnahmsweise nicht erforderlich, wenn der ArbN grds arbeitsbereit ist und der ArbGeb sein Direktionsrecht ausüben will. Für die ArblV noch nicht abschließend geklärt ist, ob der ArbN auch dann in ein Beschäftigungsverhältnis eintritt, wenn er nach Abschluss des Arbeitsvertrages und bereits vor dem Tage der Auf- 45 nahme der Arbeit erkrankt und der ArbGeb tatsächlich Arbeitsentgelt zahlt bzw ein Anspruch auf Entgeltfortzahlung besteht. Das Beschäftigungsverhältnis beginnt, sobald Leistungsbereitschaft des ArbN und Direktionsbefugnis des ArbGeb vorliegt *Brand/Brand,* SGB III, § 24 Rz 7). Das Versicherungspflichtverhältnis kann folglich auch an einem arbeitsfreien Tag beginnen.

46 **2. Fortbestehen.** Das SGB III regelt ausdrücklich eine Fallgestaltung, bei der das Versicherungspflichtverhältnis für Beschäftigte fortbesteht (§ 24 Abs 3 SGB III). Nicht unterbrochen wird das Versicherungspflichtverhältnis nach § 24 Abs 3 SGB III während eines erheblichen Arbeitsausfalls iSd Vorschriften über das **Kurzarbeitergeld.** Da während dieser Zeit auch keine Versicherungsfreiheit wegen Geringfügigkeit der Beschäftigung eintritt (§ 27 Abs 2 Nr 2 SGB III), bleibt der Schutz der ArblV für diese Leistungsbezieher erhalten.

47 Von erheblicher praktischer Bedeutung ist, dass das Versicherungspflichtverhältnis für Beschäftigte für Zeiten fortbesteht, für die **kein Arbeitsentgelt** gezahlt wird, längstens für einen Monat (§ 7 Abs 3 SGB IV). Der Wortlaut des § 7 Abs 3 SGB IV deutet darauf hin, dass die Regelung auch eingreift, wenn bereits vor der Unterbrechung der Arbeitsentgeltzahlung feststeht, dass die Unterbrechung einen Monat überschreiten wird (*Schlegel/Voelzke/Brall* SGB IV § 7 Abs 3 Rz 13).

48 **3. Ende.** Das Ende der Versicherungspflicht wird für Beschäftigte mit dem Tag herbeigeführt, an dem der ArbN aus dem die Beitragspflicht begründenden **Beschäftigungsverhältnis ausscheidet.** Die Versicherungspflicht endet gleichermaßen mit dem Tage vor Eintritt der Versicherungsfreiheit des ArbN (§ 24 Abs 4 SGB III). Das Beschäftigungsverhältnis kann allerdings trotz der tatsächlichen Nichterbringung von Arbeitsleistungen fortbestehen, insbes beim Annahmeverzug des ArbGeb oder solange die Arbeitsvertragsparteien an dem Arbeitsvertrag festhalten und der ArbGeb das vereinbarte Arbeitsentgelt zahlt (zur Untersuchungshaft in der ehemaligen DDR s BSG 18.4.91 – 7 RAr 106/90, SozR 3–4100 § 104 Nr 6). Es sind die für das Beschäftigungsverhältnis im versicherungs- bzw beitragsrechtlichen Sinn geltenden Grundsätze heranzuziehen (zur Abgrenzung zum leistungsrechtlichen Beschäftigungsverhältnis s *Schlegel* NZA 05, 973). Das Beschäftigungsverhältnis endet in jedem Fall mit der Aufnahme einer neuen Beschäftigung.

49 Das zeitweise Fehlen der Dienstbereitschaft (zB Bummeln, Streik) des ArbN führt nach ständiger Rspr nicht zu einer Beendigung des Beschäftigungsverhältnisses, soweit beim ArbN ein grds **Arbeitsfortsetzungswille** besteht. Diese Grundsätze gelten bei einer Unterbrechung von begrenzter Dauer entsprechend. Besteht das Beschäftigungsverhältnis hiernach weiter, so endet die Versicherungspflicht bei Beschäftigten dennoch, wenn die Unterbrechung zur Einstellung der Entgeltzahlung für einen Zeitraum von mehr als einem Monat führt, da die Entgeltlichkeit der Beschäftigung in der ArblV Voraussetzung der Versicherungspflicht ist.

50 Etwas anderes gilt, wenn der ArbGeb seiner dem Grunde nach **bestehenden Lohnzahlungsverpflichtung** nicht nachkommt, da ansonsten das Bestehen der Versicherungspflicht von der Entscheidung des ArbGeb abhinge. Für ArbN, deren Arbeitsverhältnis nach Insolvenzeröffnung fristgemäß gekündigt wird, endet die Versicherungspflicht selbst dann nicht, wenn sie von der Arbeit freigestellt werden und der Arbeitsentgeltanspruch wegen der Zahlung von AlGeld auf die BA übergegangen ist (BSG 26.11.85 – 12 RK 51/83, DB 86, 867).

51 **VI. Feststellung der Versicherungspflicht.** Die BA ist nach der Rspr des BSG nicht an eine Entscheidung der Einzugsstelle über die Versicherungspflicht gebunden (BSG 6.2.92 – 7 RAr 134/90, SozR 3–4100 § 104 Nr 8). Aus diesem Grund kann die Agentur für Arbeit einen **Leistungsanspruch** verneinen, wenn sie ungeachtet der vorherigen Beitragsentrichtung der Auffassung ist, dass die ArbNEigenschaft nicht vorlag. Es wird also bei der Stellung des Antrags auf AlGeld (erstmals) entschieden, ob die Anwartschaftszeit wegen des Vorliegens eines Versicherungspflichtverhältnisses erfüllt ist. Von diesem Grundsatz gilt nach § 336 SGB III eine Ausnahme: Stellt die Deutsche Rentenversicherung Bund in einem Verfahren nach § 7a Abs 1 SGB IV (→ *Scheinselbstständigkeit* Rn 16 ff) die Versicherungspflicht durch Verwaltungsakt fest, ist die BA hinsichtlich der festgestellten Zeiten an diese Beurteilung gebunden. Eine Zustimmungsentscheidung der BA ist nicht erforderlich.

# Arbeitsmittel

## A. Arbeitsrecht *Kreitner*

**1. Allgemeines.** Unter Arbeitsmitteln versteht man insbes im produktiven Bereich Werkzeuge und Maschinen sowie im Verwaltungsbereich sämtliche Geschäftsunterlagen. Ferner gehören Dienstwagen, Laptop uÄ dienstlich genutzte Gegenstände hierzu. Diese Gegenstände werden regelmäßig vom ArbGeb zur Verfügung gestellt und sind nach Beendigung des Arbeitsverhältnisses an den ArbGeb herauszugeben. Sinnvollerweise werden dem ArbN übergebene Arbeitsmittel in einer Bestandsliste erfasst und bei Empfang vom ArbN quittiert, denn bei eventuellen Herausgabestreitigkeiten muss der ArbGeb die von ihm begehrten Gegenstände im Einzelnen genau bezeichnen und die Übergabe an den ArbN nachweisen. Der Herausgabeanspruch kann bei entsprechender Eilbedürftigkeit ggf im Wege einer einstweiligen Verfügung beim ArbG gerichtlich durchgesetzt werden. Zurückbehaltungsrechte des ArbN bestehen grds nicht (LAG Köln 21.7.11 – 7 Sa 312/11, BeckRS 2012, 65425). 1

**2. Verwendung.** Beim Einsatz der Arbeitsmittel muss der ArbGeb insbes die geltenden Arbeitsschutzbestimmungen beachten. Gerade bei der Arbeit an Maschinen ist die Verwendung und Wartung sicherheitstechnisch einwandfreier Arbeitsmittel erforderlich (→ *Arbeitssicherheit/Arbeitsschutz* Rn 2 ff). Die Verwendung bestimmter Arbeitsmittel kann für den betrieblichen Geltungsbereich einzelner Tarifverträge (zB im Baugewerbe) von indizieller Bedeutung sein (BAG 19.2.14 – 10 AZR 428/13, BeckRS 2014, 68368; LAG Hess 13.2.18 – 12 Sa 983/12, BeckRS 2018, 9389). 2

**3. Haftung/Kosten.** Für Beschädigung und Verlust von Arbeitsmitteln haftet der ArbN bei Vorliegen eines schuldhaften Verhaltens gem § 280 BGB sowie aus unerlaubter Handlung gem § 823 BGB. Regelmäßig sind dabei die Grundsätze des innerbetrieblichen Schadensausgleichs zu beachten (→ *Arbeitnehmerhaftung* Rn 11). Die vorsätzliche Vernichtung von Arbeitsmitteln kann einen Grund für eine (außerordentliche) Kündigung darstellen (LAG Hbg 24.2.15 – 2 TaBV 10/14). Grds obliegt es dem ArbGeb, die zur Ausübung der Tätigkeit erforderlichen Arbeitsmittel zur Verfügung zu stellen. Dementsprechend ist es einem angestellten Lehrer grds nicht zumutbar, die Kosten für die Beschaffung von Arbeitsmitteln, die zur sachgerechten Durchführung des Unterrichts zwingend erforderlich sind, selbst zu tragen (BAG 12.3.13 – 9 AZR 455/11, NZA 13, 1086). Setzt der ArbN eigene Arbeitsmittel im Betätigungsbereich des ArbGeb ein, haftet der ArbGeb in entsprechender Anwendung des § 670 BGB, wobei nach § 254 BGB ein Mitverschulden des ArbN zu berücksichtigen ist (BAG 27.1.2000 – 8 AZR 876/98, NZA 2000, 727; 22.6.11 – 8 AZR 102/10, NZA 12, 91; → *Arbeitgeberhaftung* Rn 11 ff und → *Aufwendungsersatz* Rn 6 ff). 3

**4. Ausbildungsmittel.** Für Auszubildende gelten Besonderheiten nach dem BBiG. Insoweit wird auf die Ausführungen zum Stichwort → *Ausbildungsverhältnis* Rn 23 verwiesen. 4

## B. Lohnsteuerrecht *Thomas*

**1. Überblick.** Gem § 9 Abs 1 Nr 6 EStG sind Werbungskosten auch Aufwendungen für Arbeitsmittel. Das Gesetz definiert den Begriff nicht, nennt aber als zwei Anwendungsfälle Werkzeuge und typische Berufskleidung (→ *Arbeitskleidung* Rn 16 ff). Trägt der ArbGeb die diesbezüglichen Aufwendungen, kann Arbeitslohn vorliegen, der unter den Voraussetzungen von § 3 Nr 30 und 31 EStG steuerbefreit ist. 5

**2. Arbeitslohn. a) Steuerbar** ist die Kostentragung des ArbGeb für Arbeitsmittel, wenn er dem ArbN das Arbeitsmittel unentgeltlich oder verbilligt übereignet, wenn er die Anschaffungskosten eines ArbNEigenen Arbeitsmittels trägt (der ArbN kauft, der ArbGeb bezahlt) oder einen Zuschuss (einmalig oder laufend) dazu leistet oder wenn er ein ArbGebEigenes Arbeitsmittel dem ArbN für private Zwecke zur Nutzung überlässt, zB einen firmeneigenen Pkw zu Privatfahrten; zur Kostenübernahme als Auslagenersatz nach § 3 6

Nr 50 EStG vgl → *Arbeitskleidung* Rn 25. Dagegen bewirkt die Nutzungsüberlassung eines ArbGebEigenen Arbeitsmittels zu beruflichen Zwecken (das Werkzeug am Arbeitsplatz, der FirmenPkw auf der Dienstreise) keinen Arbeitslohn. Denn insofern gewährt der ArbGeb keine Vorteile für eine Beschäftigung (§ 19 Abs 1 Nr 1 EStG), sondern bestimmt nur die Modalitäten der Arbeitserbringung (R 19.3 Abs 2 Nr 1 LStR). Das gilt auch für Reinigungs-, Wartungs- oder Aufbewahrungskosten ArbGebEigener Arbeitsmittel.

7 **b) Steuerbefreit** sind Werkzeuggeld (§ 3 Nr 30 EStG) und Vorteile, die der ArbGeb durch verbilligte bzw unentgeltliche Übereignung von typischer Berufskleidung oder durch Finanzierung der diesbezüglichen Kosten des ArbN gewährt (§ 3 Nr 31 EStG; vgl iE → *Arbeitskleidung* Rn 24). Für andere Arbeitsmittel als Werkzeuge und Berufskleidung greift die Befreiung nur bei Sonderregelung ein, wie etwa für betriebliche Personalcomputer und Telekommunikationsgeräte (§ 3 Nr 45 EStG) vgl → *Internet-/Telefonnutzung* Rn 32.

8 **c) Werkzeuggeld** ist der Beitrag, den der ArbGeb dem ArbN für den beruflichen Einsatz seiner eigenen Werkzeuge leistet.

**aa) Werkzeuge** sind Geräte zum Handhaben, Herstellen bzw Bearbeiten von Gegenständen (R 3.30 Satz 2 LStR; BFH 21.8.95 – VI R 30/95, BStBl II 95, 906). Teilweise wurde der Begriff des Werkzeugs mit dem des Arbeitsmittels gleichgesetzt (BFH 9.4.63 – VI 6/61 U, BStBl III 63, 299 hinsichtlich der Schreibmaschine eines Prüfers). Dies hätte zur Folge, dass von § 3 Nr 30 EStG auch Zuschüsse für Bücher, Fachzeitschriften, Musikinstrumente, Sportgeräte, Tiere oder technische Hilfsmittel (Computer, Diktiergerät usw) erfasst würden. Hiergegen spricht, dass das Gesetz in § 9 Abs 1 Nr 6 EStG Arbeitsmittel als Oberbegriff wählt und von den dort aufgeführten Beispielsfällen in § 3 Nr 30 EStG nur das Werkzeug nennt. Wären mit § 3 Nr 30 EStG alle Arbeitsmittel gemeint, hätte es auch der Sonderregelung des § 3 Nr 31 EStG für typische Berufskleidung nicht bedurft.

9 **bb) Entschädigung.** Steuerbefreit sind die Beträge, die bei eigener Kostentragung des ArbN Werbungskosten wären. Das folgt aus der Bezugnahme auf die entsprechenden Aufwendungen des ArbN. Danach können die AfA und die Kosten für Reinigung, Wartung, Aufbewahrung und Beförderung steuerfrei ersetzt werden, nicht aber ein Entgelt für den damit verbundenen Zeit- bzw Arbeitsaufwand des ArbN (R 3.30 Satz 5 LStR). Auch pauschale Entschädigungen sind steuerfrei, wenn sie diese Aufwendungen abdecken. Eine Einzelabrechnung über den Werbungskostenersatz muss also nicht erfolgen.

10 Die Übernahme der gesamten Anschaffungskosten durch den ArbGeb im Anschaffungsjahr ist aber nur steuerfrei, wenn auch eine sofortige Abschreibung in Betracht kommt. Soweit danach nicht befreiter Arbeitslohn vorliegt, verbleibt dem ArbN in den Folgejahren der Werbungskostenabzug für die AfA, da § 3c EStG nicht eingreift, weil das Werkzeug insofern aus versteuertem Einkommen des ArbN angeschafft wurde.

11 **3. Werbungskosten** sind bei Arbeitsmitteln neben den Aufwendungen des ArbN für Erhaltung, Wartung, Pflege, Betriebskosten (zB Rundfunkgebühren für ein betriebliches Autoradio, FG Düsseldorf 5.7.2000 – 15 K 303/98 E, DStRE 2000, 1068), Beförderung, Aufbewahrung, Finanzierungskosten usw die auf die Nutzungsdauer verteilten Anschaffungskosten (AfA). Beim Verlust eines Arbeitsmittels lässt die Rspr Werbungskosten in Höhe der noch nicht abgeschriebenen Anschaffungskosten auch dann zum Abzug zu, wenn der Verlust nicht auf einem beruflichen Schadensereignis beruht (BFH 9.12.03 – VI R 185/97, DStRE 04, 494; aA *Thomas* DStR 04, 1273). Jedoch kann ein noch nicht abgeschriebener Restwert nicht mehr als Werbungskosten berücksichtigt werden, wenn ein Arbeitsmittel – zB nach Beendigung des Arbeitsverhältnisses – nicht mehr beruflich genutzt wird (FG München 21.1.16 – 10 K 965/15, DStRE 17, 715). Anschaffungskosten eines vom ArbGeb mit Rabatt erworbenen Wirtschaftsgutes sind der gezahlte Kaufpreis zuzüglich des als geldwerter Vorteil erfassbaren Rabatts (BFH 9.11.2000 – IV R 45/99, BStBl II 01, 190). Bei einem gebraucht erworbenen Pkw bestimmt sich die AfA nach der Restnutzungsdauer (BFH 17.4.01 – VI B 306/00, BFH/NV 01, 1255), auch wenn er vom Vorbesitzer schon voll abgeschrieben worden war. Als Nutzungsdauer eines Personalcomputers nimmt die Verwaltung 4 Jahre an (BMF 18.4.97, BStBl I 97, 376); zu einzelfallbezogener kürzerer Nutzungsdauer BFH 8.11.96 – VI R 29/96, DStR 97, 194. Bei einem Personalcomputer, der kein Arbeitsmittel ist, weil er nicht mindestens zu 90 v beruflich genutzt wird, soll das sonst geltende Aufteilung- und Abzugsverbot des § 12 Nr 1 EStG nicht zu greifen. Statt

dessen wird im Regelfall von einer hälftigen beruflich/privaten Nutung ausgegangen, sofern eine hiervon abweichende Aufteilung nicht durch Darlegung entsprechender Umstände glaubhaft gemacht wird (BFH 19.2.04 – VI R 135/01, DStR 04, 812 mit Anm *Bergkemper* FR 04, 654; *Greite* NWB F 6 S 4505). Soweit für die Ausstattung eines häuslichen Arbeitszimmers gem § 4 Abs 5 Nr 6b iVm § 9 Abs 5 EStG Abzugsbeschränkungen bestehen, gilt das nicht für Arbeitsmittel (BFH 21.11.97 – VI R 4/97, BStBl II 98, 351). Wegen Sofortabschreibung, Umwidmung, Nutzungsänderung, Veräußerung usw wird auf die Ausführungen zur Arbeitskleidung (→ *Arbeitskleidung* Rn 22) verwiesen. Werbungskosten liegen auch vor, wenn private Wirtschaftsgüter, die bislang nicht beruflich genutzt wurden, aus beruflichen Gründen (zB Racheakt) zerstört werden (FG Saarl 30.8.2000 – 1 K 299/96, EFG 2000, 1249).

**a) Begriff.** Arbeitsmittel sind Wirtschaftsgüter, die unmittelbar der Erledigung beruflicher Aufgaben dienen (BFH 27.9.91 – VI R 1/90, BStBl II 92, 195). Daher sind Gegenstände, die nicht zum unmittelbaren Einsatz bei der Berufstätigkeit bestimmt sind, wie bspw Geld (BFH 4.7.86 – VI R 227/83, BStBl II 86, 771) oder Bilder, mit denen ein Dienstzimmer ausgeschmückt wird, keine Arbeitsmittel (BFH 12.3.93 – VI R 92/92, BStBl II 93, 506). Ein Buch dient auch dann „unmittelbar" dem Beruf eines Lehrers, wenn es zur Unterrichtsvorbereitung angeschafft wird, ohne dass es in nennenswertem Umfang in den Unterricht selbst Eingang gefunden haben muss (BFH 20.5.10 – VI R 53/09, DStRE 10, 1362). Im Übrigen ist für eine Einordnung eines Gegenstandes als Arbeitsmittel seine tatsächliche Zweckbestimmung im Einzelfall entscheidend (funktionale Einordnung; BFH 23.10.92 – VI R 31/92, BStBl II 93, 193: Brille bei Bildschirmtätigkeit; anders aber für gesetzlich vom ArbGeb geschuldeten Ersatz für Bildschirmbrille: R 19.3 Abs 2 Nr 2 LStR). Es kommt nicht allein darauf an, ob der Gegenstand objektiv, dh nach seiner Beschaffenheit typischerweise zu beruflichen Zwecken verwendet wird, obwohl dies von starker indizieller Bedeutung ist. 12

Deswegen können auch Gegenstände, die üblicherweise privat genutzt werden, zB ein Fotoapparat, ein Fahrrad, eine Sportausrüstung usw bei entsprechender beruflicher Verwendung Arbeitsmittel sein. Allerdings darf die private Mitnutzung nur von ganz untergeordneter Bedeutung sein (→ *Arbeitskleidung* Rn 18). Ob das der Fall ist, ist Tatfrage. Eine exakte Feststellung der privaten bzw beruflichen Nutzungsanteile wird in aller Regel nicht möglich sein. Maßgebend ist vielmehr, ob die so gut wie ausschließliche berufliche Nutzung nach den gesamten Umständen des Falles plausibel erscheint. Dabei ist bspw in die Würdigung einzubeziehen, ob die Nutzung zuhause oder im Büro erfolgt, welche familiäre Situation besteht, ob eine Mitnutzung durch Dritte in Betracht kommt, wie nützlich der betreffende Gegenstand in der konkreten beruflichen Situation des Stpfl ist usw. Danach hat der BFH abweichend von der Vorinstanz für möglich gehalten, dass ein Sky-Bundesliga-Abo bei einem Fußballtrainer nahezu ausschließlich beruflichen Zwecken dient (BFH 16.1.19 – VI R 24/16, DStR 19, 974. Die Tatsache, dass in den Vorjahren als Arbeitsmittel bis zu 200 DM ohne Nachweis anerkannt wurden, begründet keinen Vertrauensschutz für Folgejahre (FG Bbg 25.2.99 – 5 K 631/68 E, EFG 99, 601). 13

**b) Beispiele.** Da es weniger auf den Charakter des Gegenstandes als vielmehr auf seine tatsächliche Verwendung ankommt, können auch nicht einzelne Arten von Gegenständen von vornherein den Arbeitsmitteln zugeordnet bzw davon ausgeschlossen werden. Deshalb werden folgend die betreffenden Gegenstände nur mit der Fundstelle angegeben, unter der die Umstände des Einzelfalles dargestellt sind. 14

**Bekleidung.** → *Arbeitskleidung* Rn 16 ff. 15

**Druckerzeugnisse.** Bücher bei Schriftstellern, BFH 21.5.92, BStBl II 92, 1015; 19.4.91, BFH/NV 91, 598; Bücher bei Lehrern vgl → Rn 12 sowie BFH 28.4.72, BStBl II 72, 723 (schöngeistige, politische Literatur); BFH 28.10.77 – VI R 194/74, NJW 78, 776 (Duden); BFH 30.4.81 – VI R 52/77 – nv (Grzimeks Tierleben, Brecht); BFH 21.2.86, BFH/NV 86, 401 (Weltatlas des Tierlebens, Kosmos, Das Tier); BFH 2.2.90, BFH/NV 90, 564 (neuere Geschichte); BFH 21.6.89, BFH/NV 90, 89; Nachschlagewerke, BFH 5.4.62, BStBl III 62, 368 (örtliche Tageszeitung, Brockhaus bei Rechtsanwalt); BFH 29.4.77, BStBl II 77, 716 (Brockhaus bei Lehrer); BFH 16.10.81, BStBl II 82, 67 (Nachschlagewerk in englischer Sprache); Fachzeitschriften, BFH 4.8.61, BStBl III 62, 5 (bei Referendar); BFH 11.8.81 – VI R 134/78 – nv (bei Assistent); BFH 21.11.86, BStBl II 87, 262 (Schach-Echo bei Lehrer); BFH 27.4.90, BFH/NV 90, 701 (Zeitschrift Test); BFH 22.12.2000 – IV B 4/00, BFH/ 16

NV 01, 774 sowie 4.12.03 – VI B 155/00, BFH/NV 04, 488 (Nachweisanforderung an Fachbuch); FG Hess 5.5.92, EFG 92, 517 (Wirtschaftswoche, Management-Wissen); FG Saarl 2.6.92, EFG 92, 518 (Capital); FG Saarl 19.3.91, EFG 91, 468 (Effecten-Spiegel); FG Köln 19.7.90, EFG 91, 21 (Impulse, Manager-Magazin ua); Fahrpläne für öffentliche Verkehrsmittel, BFH 30.7.76 – VI B 46–47/76 – nv; FG Köln 7.7.93, EFG 94, 199 (Tageszeitung); BFH 19.1.96, BFH/NV 96, 402 (Handelsblatt); FG Bln-Bbg 29.4.08 – 6 K 1567/04, DStRE 08, 1371 (Handelsblatt/FAZ); HessFG 19.6.08 – 9 K 2738/05, DStRE 09, 1099 (FAZ eines Steuerberaters) FG BaWü 28.3.96, EFG 96, 850 (Impulse, Wirtschaftswoche, Manager-Magazin, Börse Online); FG Düsseldorf 17.1.01 – 9 K 5608/00 F, DStRE 01, 903 (Neue Züricher Zeitung); BFH 7.4.05 – VI B 168/04, BFH/NV 05, 1300 (Tageszeitung eines Lehrers).

17 **Einrichtungsgegenstände.** BFH 8.11.96, BFH/NV 97, 341 = DStR 97, 408 mit Anm *MIT* (Teppich); BFH 25.9.92, BStBl II 93, 106 (Schreibtisch, Bücherschrank, Papierkorb); BFH 31.1.86, BStBl II 86, 355 (Antiquitäten); BFH 18.2.77, BStBl II 77, 464 (Schreibtisch mit Garnitur, Papierkorb, Teppich); BFH 9.8.74 – VI R 245/71 – nv (Bücheranbauschrank); BFH 14.5.91, BStBl II 91, 837 (Bilder); FG BaWü 19.11.96, DStRE 97, 581 (Schreibtisch, Stuhl, Büroschrank); FG SchlHol 22.3.95, EFG 95, 880 (Bilder; zweifelhaft, da kein Fall von Eigennutzung); BFH 12.3.93, BStBl II 93, 506 (Kunstgegenstände); FG Saarl 14.10.93, EFG 94, 235 und FG RhPf 15.11.93, EFG 94, 236 (Teppich). Zur Abschreibung bei Kunstgegenständen vgl *Müller-Katzenburg/Hofmann* BB 2000, 2563.

18 **Hilfsmittel, persönliche.** BFH 23.10.92, BStBl II 93, 193 (Sehbrille); BFH 8.4.54, BStBl III 54, 174 und BFH 22.4.03 – VI B 275/00, BFH/NV 03, 1052 (Hörapparat); FG BaWü 11.9.96, EFG 97, 156 (Hörgerätebatterien); FG Hbg 17.1.72, EFG 72, 329 (Lichtschutzbrille); BFH 20.7.05 – VI R 50/03, BFH/NV 05, 2185 (Computerbrille).

**Hilfsmittel, sachliche.** BFH 18.9.81, – VI R 127/77 – nv (Aktentasche); BFH 29.11.74 – VI R 53/72 – nv (Fotomaterial); BFH 4.7.86, BStBl II 86, 771 (Geld; vgl aber BFH 25.5.92, BStBl II 93, 44); BFH 28.6.63, BStBl III 63, 435 (Mikrofilme); BFH 17.9.76 – VI R 220/74 – nv (Schallplatten bei Lehrerin); FG Hess 9.3.72, EFG 72, 329 (Schallplatten bei Berufsmusiker); BFH 14.5.82 – VI R 259/80 – nv (Schreibmaterial); FG Münster 12.11.96, EFG 97, 334 (Sporttasche, Trillerpfeife).

19 **Musikinstrumente.** BFH 28.3.06 – VI R 24/03, BStBl II 06, 473 (Instandsetzungskosten; → *Arbeitskleidung* Rn 25); BFH 1.3.02 – VI R 141/00, BFH/NV 02, 787 (Meistergeige); BFH 26.1.01 – VI R 26/98, BStBl II 01, 194 = DStRE 01, 292 mit Anm *von Bornhaupt* NWB F 3, S 11635; *Hollatz* HFR 01, 435; *Rößler* DStZ 01, 441 (Meistergeige); FG München 11.5.99 – 16 K 1376/96, DStRE 99, 739 (Musik-CDs); FG BaWü 12.11.96, EFG 97, 154 (Meistergeige); FG Münster 19.11.75, EFG 76, 178 (Cembalo); FG Bln 13.11.73, EFG 74, 311 (Elektroorgel); FG NdS 21.5.82, EFG 82, 562 (Gitarre); zu Klavier/Flügel BFH 10.3.78, BStBl II 78, 459; 10.10.86, BFH/NV 87, 88; 29.4.91, BFH/NV 91, 674; 30.4.93, BFH/NV 93, 722; FG Köln 23.3.82, EFG 82, 560; FG NdS 11.6.82, EFG 82, 561; FG BaWü 10.7.84, EFG 85, 69; FG BaWü 18.12.97, EFG 98, 643; FG München 29.7.99 – 16 K 108/97, EFG 99, 1176; FG München 27.5.09 – 9 K 859/08, DStRE 10, 851.

20 **Sportgeräte.** BFH 21.11.86, BStBl II 87, 262 (Badmintonschläger, Fußballschuhe, Surfbrett); BFH 24.10.74, BStBl II 75, 407 (Skiausrüstung); FG BaWü 23.11.05 – 3 K 202/04, EFG 06, 811 (Rennrad).

21 **Technische Geräte.** BFH 27.11.03 – VI B 23/00, BFH/NV 04, 338 (Pkw eines Geistlichen); BFH 22.2.76, BStBl II 77, 99 (Diensttelefon); BFH 29.1.71, BStBl II 71, 327 (Diktiergerät); BFH 15.5.81, BStBl II 81, 735 (Elektronenrechner); BFH 19.10.70, BStBl II 71, 17 (Fernsehgerät); FG RhPf 30.4.97, EFG 97, 952 (Satellitenempfangsanlage); FG Saarl 18.12.96, EFG 97, 603 (Zweitfernseher); FG Hess 9.3.72, EFG 72, 329 und FG Düsseldorf 16.12.81, EFG 82, 563 (Stereoanlage); FG BaWü 15.7.97, EFG 98, 276 (Autoradio – CD Player); BFH 27.5.93, BFH/NV 94, 18; 27.9.91, BStBl II 92, 195 und BFH 26.7.89, BFH/NV 90, 441 (Videorecorder); BFH 28.9.84, BStBl II 85, 89 (Zeichengerät); zur Schreibmaschine BFH 29.1.71, BStBl II 71, 327; 15.10.71 – VI R 74/69 – nv; 28.10.77 – VI R 194/74 – nv; FG Bln 2.6.67, EFG 68, 59; FG Düsseldorf 20.6.74, EFG 74, 516; FG BaWü 29.4.82, EFG 83, 167; zu Computern *Bartone* Inf 2000, 747; *Scheich* Inf 02, 129; *Keune* NWB F 6 S 4275; OFD Bln 2.6.2000, FR 2000, 949; BFH 19.2.04 – VI R 135/01, BStBl II 04, 958 und 15.6.04 – VIII R 42/03, DStRE 04, 1408; BFH 15.1.93, BStBl II 93, 348 = DStR 93, 876 mit Anm *Theisen* KFR/F 6 EStG § 9, 3/93, S 203; BFH 7.5.93, BStBl II 93, 676 = DStR 93, 1180 mit Anm HFR 93, 568; BFH 22.9.95, BFH/NV 96, 207; BFH 16.6.95, BFH/NV 95, 1062; 9.6.88, BFH/NV 88, 708; FG RhPf 26.11.01 – 5 K 1647/00, EFG 02, 805; FG RhPf 22.11.01 – 6 K 1024/00, EFG 02, 250; FG RhPf 24.9.01 – 5 K 1249/90, EFG 02, 1595 = DStRE 01, 143 mit Anm *Keune* KFR/F 3 EStG § 9, 2/02, S 45; FG BaWü 26.7.00 – 12 K 446/99, EFG 01, 352; FG RhPf 2.5.2000 – 2 K 2340/98, DStRE 2000, 1069; FG BaWü 23.11.99 – 1 K 167/99, DStRE 2000, 1014 = EFG 2000, 313; FG RhPf 10.5.2000 – 5 K 2776/98, DStRE 2000, 565; FG SachsAnh 10.9.99 – 2 K 114/99, EFG 2000, 168; FG NdS 10.6.99 – V 503/96, EFG 99, 1216 = DStRE 2000, 229; FG RhPf 16.9.98 – 6 K 1023/98, DStRE 99, 123; FG München 30.9.97, EFG 98, 279; FG RhPf 8.11.95, EFG 96, 362; FG Köln 17.7.95, EFG 96, 851; FG Saarl 5.10.93, EFG 94, 616; FG Düsseldorf 1.6.92, EFG 92, 660; FG Brem 28.6.91, EFG 92, 326; FG RhPf 4.4.91, EFG 91, 602; FG BaWü 14.12.88, EFG 88, 407; FG Hess 16.6.88, EFG 88, 627; FG Saarl 24.6.87 mit Anm *Thomas* KFR F 6 EStG § 9 7/87 S 193 mwN; (FG

Köln 10.12.93, EFG 94, 780 „Oldtimer" Kfz); FG Sachs 7.11.2000 – 5 K 1777/98, EFG 01, 440 (Spezialcomputer für Blinde); Update von Software FG NdS 16.1.03 – 10 K 82/99, EFG 03, 601; Pay-TV-Abonnement eines Profifußballspielers FG RhPf 18.7.14 – 1 K 1490/12, DStRE 15, 1100.

**Tiere.** BFH 29.3.79, BStBl II 79, 512 (Hund zum Schutz einer Landärztin), BFH 29.1.60, BStBl III 60, 163 (Jagdhund); BFH 10.9.90, BFH/NV 91, 234 (Hausmeisterhund); BFH 30.6.10 – VI R 45/09, DStRE 10, 1293 (Polizeidiensthund); FG Düsseldorf 22.6.82, EFG 83, 65; FG Hess 2.12.82, EFG 83, 226 und FG RhPf 17.3.95 EFG 95, 746 (Reitpferd). 22

**Transportmittel.** BFH 28.1.66, BStBl III 66, 291 und 29.4.83, BStBl II 83, 586 (Pkw); FG Hess 25.9.58, EFG 58, 414 (Motorrad eines Försters). 23

**Waffen.** FG BaWü 26.7.79, EFG 79, 546 (Pistole eines Richters); FG NdS 8.1.73, EFG 73, 204 (Jagdausrüstung). 24

## C. Sozialversicherungsrecht

*Ruppelt*

**1. Durch die gesetzliche Unfallversicherung** versicherte Verrichtungen sind auch das mit einer versicherten Tätigkeit zusammenhängende **Verwahren, Beförderung, Instandhalten und Erneuern** eines Arbeitsgeräts oder einer Schutzausrüstung sowie deren Erstbeschaffung, wenn diese auf Veranlassung des Unternehmers erfolgt (§ 8 Abs 2 Nr 5 SGB VII). Die Vorschrift erweitert den Versicherungsschutz der gesetzlichen UV, der ansonsten nur bei versicherten Tätigkeiten bzw auf versicherten Wegen besteht (→ *Arbeitsunfall* Rn 31). Der innere ursächliche Zusammenhang zwischen unfallbringender Verrichtung und versicherter Tätigkeit ist gegeben, wenn die unfallbringende Tätigkeit mit der Verwahrung, Beförderung, Instandhaltung oder Erneuerung eines Arbeitsgerätes bzw mit den dafür erforderlichen Wegen zusammenhängt (→ *Arbeitsunfall* Rn 32 ff; BSG 7.11.2000 – B 2 U 39/99 R, SozR 3–2700 § 8 Nr 3). 25

**Arbeitsgerät** ist jeder Gegenstand, den der Versicherte als Mittel zur Erledigung der versicherten Tätigkeit benutzt oder zu benutzen beabsichtigt (Werkzeug, Berufskleidung, Unterrichtsmaterial, Geschäftsunterlagen, Mobiltelefon usw). Es kann sich auch um eigene Arbeitsgeräte des Versicherten handeln. Wesentlich ist die **nahezu ausschließliche Nutzung für die versicherte Tätigkeit**, ein bloß überwiegender Gebrauch für die versicherte Tätigkeit reicht nicht aus. Deshalb sind Brillen, Alltagskleidung und Taschen- oder Armbanduhren keine Arbeitsgeräte iSv § 8 Abs 2 Nr 5 SGB VII. Offen gelassen für Schlüssel: BSG 28.4.04 – B 2 U 26/03 R, NZS 05, 491. 26

**Beförderungsmittel** (Kfz, Fahrrad) stellen regelmäßig keine Arbeitsgeräte dar, und zwar auch dann nicht, wenn sie ausschließlich für die Beförderung von der Wohnung zur Arbeitsstätte und zurück verwendet werden (BSG 12.5.09 – B 2 U 12/08 R, *Breithaupt* 09, 888; LSG BaWü 27.3.17 – L 3 U 4821/16, BeckRS 2017, 116622); anders, wenn sie ihrer Zweckbestimmung nach hauptsächlich für Betriebszwecke benutzt werden (Fahrrad des Boten, Kfz des Vertreters). Eine erhebliche oder überwiegende betriebliche Nutzung des Kfz reicht nicht aus. Das Kfz eines Rechtsanwalts oder Steuerberaters ist daher jedenfalls dann kein Arbeitsgerät, wenn der betriebliche Nutzungsanteil (dazu gehören nicht die Fahrten zwischen Wohnung und Arbeitsstätte) nur 60 vH beträgt. Die sozialgerichtliche Rspr hat insoweit noch keine klare Grenze gezogen, allerdings kann bei einer betrieblichen Nutzung von mehr als 80 vH die Anerkennung als Arbeitsgerät möglich sein, mit der Folge, dass sämtliche Verrichtungen, die mit der Instandhaltung und der Erhaltung der Fahrbereitschaft des Kfz (auch Autowäsche) versichert sein können (LSG BaWü 6.4.06 – L 6 U 2563/03, *Breithaupt* 06, 566). 27

**Verwahrung** ist die Unterbringung des Arbeitsgerätes und die damit zusammenhängenden Tätigkeiten und Wege auch im privaten Bereich, soweit sie mit der versicherten Tätigkeit im inneren Zusammenhang steht, zB Mitnahme eines Arbeitsgerätes nach Hause zwecks Benutzung am nächsten Tag an anderer Einsatzstelle (BSG 6.5.03 – B 2 U 22/02 R, BSGE 91, 78; Hess LSG 12.2.08 – L 3 U 115/05, BeckRS 2008, 52696). Das bloße Mitführen oder versehentliche Liegenlassen des Arbeitsgeräts begründet keinen Versicherungsschutz (BSG 28.4.04 – B 2 U 26/03 R, NZS 05, 491). 28

**Beförderung** ist das Wegbringen oder Abholen des Gerätes zur Benutzung bei der versicherten Tätigkeit, nicht also das Mitnehmen des Gerätes zur privaten Nutzung (BSG 7.11.2000 – B 2 U 39/99 R, SozR 3–2700 § 8 Nr 3). Ein Befördern idS liegt nur vor, wenn das Zurücklegen des zu diesem Zwecke unternommenen Weges von der Absicht, die

Sache nach einem anderen Ort zu schaffen, derart maßgebend beherrscht wird, dass demgegenüber die Fortbewegung der eigenen Person als nebensächlich zurücktritt; kein Versicherungsschutz besteht mithin, wenn das Arbeitsgerät lediglich mitgeführt wird (BSG 12.12.06 – B 2 U 28/05 R, SozR 4–2700 § 8 Nr 20, zum Sturz eines Rechtsanwalts in seiner Wohnung beim Tragen von Akten).

29 **Instandhaltung** ist der Erhalt der Gebrauchsfähigkeit eines bereits vorhandenen Arbeitsgerätes. Bei einem als Arbeitsgerät geltenden Kfz (→ Rn 27) also auch Wartung und Inspektion, wobei es einerlei ist, ob die Instandhaltung selbst durchgeführt oder einer Werkstatt überlassen wird.

30 **Erneuerung** ist die Ersatzbeschaffung für ein unbrauchbar gewordenes oder abgenutztes Arbeitsgerät. Erstbeschaffung von Arbeitsmitteln auf Veranlassung des Unternehmers ist nach § 8 Abs 1 SGB VII versichert.

31 **2. Beitragsrecht.** Beitragspflichtiges Arbeitsentgelt iSv § 14 SGB IV sind Sachbezüge, die der ArbN zusätzlich zum Bruttoarbeitsentgelt erhält **und** die sich als Gegenleistung für die erbrachte Arbeitsleistung darstellen. Dies ist hinsichtlich der vom ArbGeb dem ArbN übereigneten Arbeitsmittel nur dann der Fall, wenn es sich insoweit um Arbeitslohn im lohnsteuerrechtlichen Sinn handelt. Entsprechendes gilt, wenn der ArbGeb die Beschaffungskosten des Arbeitsmittels übernimmt (→ *Sachbezug* Rn 39 ff).

## Arbeitspapiere

### A. Arbeitsrecht

*Poeche*

1 **1. Allgemeines.** Aufnahme, Durchführung und Beendigung eines Arbeitsverhältnisses sind regelmäßig in Arbeitspapieren zu dokumentieren. Sie dienen dem Beweis der für das Arbeitsverhältnis steuerlich und sozialrechtlich maßgeblichen Tatsachen, der vereinbarten Arbeitsbedingungen und arbeitsrechtlichen Grundlagen und sind teilweise Voraussetzung für die öffentlich-rechtliche Gestattung der Beschäftigung. Begrifflich werden alle Unterlagen vom Bewerbungsschreiben bis hin zum Schlusszeugnis erfasst, die mit dem Arbeitsverhältnis in Zusammenhang stehen.

2 **2. Aushändigungspflicht.** Zu den vom ArbN zu Beginn des Arbeitsverhältnisses auszuhändigenden Arbeitspapieren gehören die Bescheinigung über im Kj gewährten oder abgegoltenen Erholungsurlaub (§ 6 Abs 2 BUrlG) und nach landesrechtlichen Vorschriften in Anspruch genommenen Bildungsurlaub, das *Gesundheitszeugnis* der im Lebensmittelgewerbe Beschäftigten (§ 43 IfSG, früher § 18 BSeuchG), die Gesundheitsbescheinigung Jugendlicher (§ 32 Abs 1 Nr 2 JArbSchG), tarifliche Lohn- und Urlaubskarten, Seeleute-Ausweis im Bereich der Seeschifffahrt (§ 62 See-BV), Unterlagen über vermögenswirksame Leistungen. Diese Arbeitspapiere bleiben auch nach Aushändigung an den ArbGeb im Eigentum des ArbN. Der *Sozialversicherungsausweis* ist vorzulegen (§ 18h Abs 2 SGB IV).

3 ArbGeb, die **Heimarbeit** aus- oder weitergeben, haben Entgeltbücher auszuhändigen (§ 9 HAG; § 10 ff HAG-DVO). Bei **Leiharbeitnehmern** sind in den schriftlichen Nachweis der wesentlichen Vertragsbedingungen zusätzlich aufzunehmen: Firma und Anschrift des Verleihers, die Erlaubnisbehörde, Ort und Dauer der Erlaubnis sowie Art und Höhe der Leistungen für Zeiten, in denen der LeihArbN nicht verliehen ist (§ 11 Abs 1 AÜG); **Auszubildende** erhalten eine Niederschrift über die Bedingungen des Ausbildungsvertrags (§ 11 Abs 3 BBiG; → *Ausbildungsverhältnis* Rn 9). Die Urkunde über ein vereinbartes Wettbewerbsverbot muss dem ArbN ausgehändigt werden (§ 74 Abs 1 HGB); andernfalls ist die Abrede unverbindlich (→ *Wettbewerbsverbot* Rn 8). Zum vorgeschriebenen **schriftlichen Nachweis** der Arbeitsbedingungen → *Arbeitsvertrag* Rn 44 ff. Wird ein ArbN – auch kurzfristig – in einem anderen EU-Land tätig, hat der ArbGeb zuvor die sog **A1-Bescheinigung** zu beantragen und dem ArbN zur Mitführung auszuhändigen (hierzu *Worzalla* PuR 04/19, 93). Jede Partei kann und sollte zum Nachweis die Quittierung der ausgehändigten Arbeitspapiere verlangen (§ 368 BGB).

4 Die **Verletzung von Aushändigungspflichten** ist für die Rechtswirksamkeit des geschlossenen Arbeitsvertrags idR ohne Bedeutung. Das Fehlen von Gesundheitszeugnis oder

Arbeitserlaubnis (jetzt: Aufenthaltstitel s *Ausländer*) führt weder wegen eines Gesetzesverstoßes zur Nichtigkeit des Vertrages (§ 134 BGB) noch zur schwebenden Rechtsunwirksamkeit; es begründet vielmehr ein **Beschäftigungsverbot** (BAG 2.3.71 – 1 AZR 227/70, DB 71, 1530 zum Gesundheitszeugnis; BAG 13.1.77 – 2 AZR 423/75, DB 77, 917 zur Arbeitserlaubnis). Die Verletzung der Aushändigungspflicht des ArbN kann ggf eine ordentliche verhaltensbedingte oder gar eine fristlose Kündigung rechtfertigen (*APS/Dörner/Vossen* KSchG § 1 Rn 293; *APS/Dörner/Vossen* BGB § 626 Rn 196).

**3. Verwahrungspflicht.** Der ArbGeb hat die Arbeitspapiere ordnungsgemäß zu verwahren; geraten sie in Verlust und kann er sie deshalb nicht herausgeben, muss er im Wege des Schadensersatzes an der Beschaffung von Ersatzpapieren mitwirken und hat die hierdurch entstehenden Kosten, einschließlich eines etwaigen Verdienstausfalls des ArbN, zu tragen (§§ 276, 280, 249 BGB). Für das Verschulden seiner Erfüllungsgehilfen (Personalsachbearbeiter, Steuerberater) hat er einzustehen (§ 278 BGB). 5

**4. Beendigung des Arbeitsverhältnisses. a) Grundregel.** Mit dem Ende des Arbeitsverhältnisses hat der ArbGeb aufgrund arbeitsvertraglicher Nebenpflicht (§ 241 BGB) die Arbeitspapiere sorgfältig und richtig zu erstellen und dem ArbN herauszugeben (BAG 20.2.97 – 8 AZR 121/95, NZA 97, 880). Hierzu gehören mit Ausnahme des Lebenslaufes und der Bewerbung alle vom ArbN zu Beginn überlassenen Arbeitspapiere. Hinzu kommen die *LStBescheinigung* (genau genommen wird regelmäßig nur die Herausgabe oder die elektronische Übermittlung eines nach amtlich vorgeschriebenem Muster gefertigten Ausdrucks der elektronischen Lohnsteuerbescheinigung iSv § 41b Abs 1 S 3 EStG verlangt werden können, vgl LAG BaWü 7.12.17 – 4 Ta 12/17, BeckRS 2017, 137441), das *Zeugnis* (§§ 109 GewO, 16 BBiG), die *Arbeitsbescheinigung* zur Vorlage bei der Agentur für Arbeit (§ 312 SGB III und § 312a SGB III) – nach der am 25.10.13 in Kraft getretenen Neuregelung des § 312 SGB III jedoch nur auf Verlangen des ArbN oder der Arbeitsagentur – und die Urlaubsbescheinigung (§ 6 Abs 2 BUrlG). Dem ArbN sind außerdem die maschinell erstellten Bescheinigungen über die Meldungen an den SozVTräger (nicht aber die „Sozialversicherungsnachweise", denn diesen Begriff kennt das Gesetz nicht) zu überlassen (→ *Meldepflichten Arbeitgeber* Rn 22). 6

**b) Fälligkeit.** Die Arbeitspapiere sind grds mit der **tatsächlichen Beendigung** des Arbeitsverhältnisses zu erstellen und herauszugeben, also mit Beschäftigungsende, Ablauf eines Schlussurlaubs oder einer Freistellung. Bei ordentlicher Kündigung oder befristetem Vertrag fallen tatsächliche und rechtliche Beendigung regelmäßig zusammen. Ein Streit über das rechtliche Enddatum oder über den Inhalt der Arbeitspapiere schiebt die Fälligkeit nicht hinaus (BAG 27.2.87 – 5 AZR 710/85, DB 87, 1845 zum Arbeitszeugnis). Die Arbeitspapiere sind nach dem Kenntnisstand des ArbGeb abzuschließen und am letzten Arbeitstag für den ArbN bereitzuhalten. Das gilt auch bei laufendem **Kündigungsschutzprozess.** Ebenso wenig verlagert sich der Fälligkeitstermin, wenn der ArbN vor seinem Ausscheiden im Erholungsurlaub oder unwiderruflich beurlaubt ist; ein Anspruch auf vorzeitige Rückgabe besteht nicht. Kann der (einzutragende) Verdienst noch nicht abschließend ermittelt werden, zB wegen eines laufenden Gruppenakkords, sind die hiervon nicht betroffenen Unterlagen fertigzustellen und dem ArbN mit einer **Zwischenbescheinigung,** die die wesentlichen Daten enthält, herauszugeben. Die ausstehenden Arbeitspapiere sind innerhalb des betriebsüblichen Abrechnungszeitraums nachzureichen. 7

Endet die tatsächliche Beschäftigung **unerwartet vorzeitig** durch Vertragsbruch des ArbN oder fristlose Kündigung einer Seite, ist der ArbGeb idR nicht in der Lage, taggleich die ordnungsgemäß ausgefüllten Arbeitspapiere herauszugeben. Er ist dann gehalten, das innerhalb einer angemessenen, nach den Umständen des Einzelfalls zu bemessenden Frist ohne Zögern zu erledigen (LAG Frankfurt 1.3.84 – 10 Sa 858/83, DB 84, 2200). Hierfür wird regelmäßig der nächstfolgende betriebsübliche Abrechnungstermin genutzt werden können und müssen. 8

**c) Erfüllungsort** für die Herausgabe ist wie auch für die sonstigen Rechte und Pflichten aus dem Arbeitsverhältnis der Ort der Arbeitsstätte (§ 269 BGB; BAG 8.3.95 – 5 AZR 848/93, NZA 95, 671). Die Arbeitspapiere sind vom ArbN oder einem von ihm Bevollmächtigten im **Betrieb** abzuholen. Es bleibt bei der **Holschuld,** wenn die Herausgabe am letzten Arbeitstag aus von dem ArbN zu vertretenden Gründen nicht erfolgen konnte (einhellige 9

Meinung BAG 8.3.95 – 5 AZR 848/93, DB 95, 1518). Die Arbeitspapiere sind dem ArbN zu **übersenden,** wenn der ArbGeb sie aus in seiner Sphäre liegenden Gründen nicht bereitstellen konnte oder ihre Herausgabe verweigert hat **(Schickschuld).** Das gilt nach Treu und Glauben mit Blick auf die allgemeine Rücksichtnahmepflicht (§ 241 BGB) auch, wenn dem ArbN aus persönlichen Gründen wie Krankheit oder weit entferntem Wohnsitz nicht zuzumuten ist, die Arbeitspapiere persönlich oder durch eine Person seines Vertrauens abzuholen. Eine Versendungspflicht besteht auch bei fristloser Kündigung durch den ArbGeb und gleichzeitiger Erteilung eines Hausverbots.

10 **d) Zurückbehaltungsrechte** des ArbGeb an den Arbeitspapieren sind ausgeschlossen, da der ArbN sie zur Vorlage bei einem neuen ArbGeb oder der Agentur für Arbeit benötigt (§ 273 Abs 1 BGB).

11 **e) Fristen.** Hier ist zwischen dem Anspruch des ArbN auf Herausgabe der in seinem Eigentum stehenden Arbeitspapiere und deren Ausfüllung zu unterscheiden. Nach § 195 BGB beträgt die regelmäßige **Verjährungsfrist** für die Ausfüllung seit 1.1.02 drei Jahre, während für die auf Eigentum gestützten Herausgabeansprüche nach § 197 Nr 1 BGB eine Frist von dreißig Jahren besteht. In der Praxis spielen diese Fristen kaum eine Rolle. Tarifvertragliche und arbeitsvertragliche **Ausschlussfristen** erfassen den auf Eigentum gestützten Herausgabeanspruch regelmäßig nicht; das gilt wegen des im öffentlichen Recht wurzelnden Anspruchs des ArbN auf Ausfüllung von LSt- und Arbeitsbescheinigung und deren Bedeutung auch für den Anspruch auf Ausfüllung dieser Arbeitspapiere. Wegen der Fristen für den **Zeugnisanspruch** → *Zeugnis* Rn 14f.

12 **f) Schadensersatz.** Unterlassene oder verspätete Herausgabe der Arbeitspapiere verpflichten den ArbGeb nach allgemeinen Grundsätzen zum Schadensersatz aus Verzug (§§ 286, 287, 249 BGB). Er gerät **ohne weitere Mahnung** in Verzug, wenn er bei regelgerechter Beendigung des Arbeitsverhältnisses dem am letzten Arbeitstag abholbereit anwesenden ArbN die Arbeitspapiere nicht zur Verfügung stellt. Für die erst nach Beendigung des Arbeitsverhältnisses fällig werdende Schickschuld kommt es auf die Umstände des Einzelfalls an, ob nach Treu und Glauben Verzug auch ohne Mahnung eintritt. Ein gesondertes Herausgabeverlangen ist jedenfalls dann nicht erforderlich, wenn der ArbGeb die Herausgabe endgültig und ernsthaft verweigert hat. Es ist auch entbehrlich, wenn der ArbN bei seinem Abgang ausdrücklich auf die Dringlichkeit der unverzüglichen Übersendung hingewiesen hat.

13 Zu dem zu **ersetzenden Schaden** gehören neben Aufwendungen für Porti, Telefon uÄ (wegen der Rechtsanwaltskosten → *Rechtsanwaltskosten* Rn 2) auch der Verdienstausfall, den der ArbN erleidet, weil er wegen der fehlenden Arbeitspapiere nicht eingestellt wird oder eine aufgenommene Beschäftigung wieder verliert. Er braucht auf diesen drohenden Schaden nur gesondert hinzuweisen, wenn der entgehende Verdienst seine bisherige Vergütung deutlich überschreitet (§ 254 Abs 2 Satz 1 BGB).

14 **Darlegungs- und Beweislast** für die den Schadensersatzanspruch begründenden Tatsachen liegen beim **Arbeitnehmer:** Besitz des ArbGeb an den herauszugebenden Arbeitspapieren, Schaden und Ursächlichkeit der unterlassenen oder verspäteten Herausgabe. Beweiserleichterungen für die Kausalität iS einer tatsächlichen Vermutung oder eines entsprechenden Erfahrungssatzes der Folgen fehlender Arbeitspapiere greifen nicht zu seinen Gunsten ein (BAG 16.11.95 – 8 AZR 983/94, ArbuR 96, 195). Sache des **Arbeitgebers** ist es, die rechtzeitige Herausgabe darzulegen und zu beweisen.

15 **5. Prozessuales.** Nach § 2 Abs 1 Nr 3e ArbGG sind die ArbG ausschließlich zuständig für bürgerlich-rechtliche Streitigkeiten über Arbeitspapiere. Erfasst werden Herausgabe, Ausfüllung und Berichtigung der rein arbeitsrechtlichen Papiere wie Zeugnis, Urlaubsbescheinigung, tarifliche Lohnnachweiskarten, Bewerbungsunterlagen. Bei den **öffentlich-rechtlichen Arbeitspapieren** ist zwischen der öffentlich-rechtlich begründeten Verpflichtung des ArbGeb gegenüber der Finanz- oder der Arbeitsverwaltung oder den SozVTrägern und den bürgerlich-rechtlich bestehenden Pflichten gegenüber dem ArbN zu unterscheiden. Ungeachtet der öffentlich-rechtlichen Rechtsgrundlage hat der ArbGeb dem ArbN die Arbeitspapiere aufgrund arbeitsvertraglicher Nebenpflicht (§ 241 BGB) auszufüllen und herauszugeben (BAG 30.8.00 – 5 AZB 12/00, NZA 00, 1359). Klagen auf Herausgabe und Ausfüllung, also auf Vornahme der Eintragungen mit Stempel/Unterschrift des ArbGeb, sind

daher vor dem ArbG zu verfolgen. Das gilt auch für ArbNÄhnliche Personen (BAG 30.8.00 – 5 AZB 12/00, NZA 00, 1359). Der Streit über die vom ArbN verlangte Anmeldung des ArbGeb zum SozVTräger kann wegen der sozialrechtlich geprägten Ausgestaltung des Sachverhalts nicht mit Hilfe des Stichworts „Meldung = Arbeitspapier" vor das ArbG gebracht werden (BAG 5.10.05 – 5 AZB 27/05, NZA 05, 186: Sozialgerichte). **Unzuständig** ist das ArbG auch für Klagen auf **Berichtigung** unrichtiger Eintragungen in der LStBescheinigung; jedenfalls dann, wenn der Streit der Parteien lediglich steuerrechtliche Fragen und nicht auch direkt oder indirekt arbeitsrechtliche Fragen betrifft (BAG 7.5.13 – 10 AZB 8/13, BeckRS 2013, 69228; bislang schon differenzierend BFH 4.9.08 – VI B 107/07, BeckRS 2008, 25014321; → *Lohnsteuerbescheinigung* Rn 2) sowie für die Korrektur der Arbeitsbescheinigung (LAG SchlHol 22.10.15 – 6 Ta 173/15; LSG Berlin-Brandenburg 12.8.10 – L 8 AL 222/10 B, BeckRS 2010, 73340: Sozialgerichte; LAG Köln 19.7.88, DB 88, 60). Der Antrag auf Berichtigung der Meldebescheinigung gem § 25 DEÜV ist iZ als Antrag auf Vornahme einer Korrekturmeldung gegenüber der Einzugsstelle auszulegen, für den die Sozialgerichte zuständig sind (LAG BaWü 2.2.11 – 18 Ta 2/11, BeckRS 2011, 68820).

Mit der Klage auf Ausfüllung der Arbeitspapiere kann gleichzeitig beantragt werden, den ArbGeb für den Fall, dass er dem rechtskräftigen Urteil nicht binnen einer festzusetzenden Frist nachkommt, zu einer angemessenen **Entschädigung** zu verurteilen (§ 61 Abs 2 Satz 1 ArbGG). Mit der Entschädigung sind idR sämtliche Schadenersatzansprüche wegen der Nichtherausgabe, auch wegen entgangener LStErstattung, abgegolten (BAG 20.2.97 – 8 AZR 121/95, NZA 97, 880). **Prozesskostenhilfe** wird wegen mutwilliger Rechtsverfolgung (§ 114 ZPO) nicht bewilligt, wenn der ArbN bereits eine Woche nach Beendigung des Arbeitsverhältnisses Herausgabeklage erhebt, ohne die Papiere vorher unter Klageandrohung mit Fristsetzung verlangt zu haben und der ArbGeb den Anspruch nicht bestreitet (LAG Köln 26.11.04 – 4 Ta 377/04, BeckRS 2005, 40658). Die Beiordnung eines Anwalts wird idR bei Herausgabe-/Ausfüllungsklagen nicht erforderlich iSv § 121 ZPO sein (LAG Düsseldorf 9.8.10 – 3 Ta 453/10, BeckRS 2010, 73383). Die **Vollstreckung** des titulierten Anspruchs auf Ausfüllung richtet sich nach § 888 ZPO (Zwangsgeld; LAG Berlin-Bbg 4.4.11 – 17 Ta 429/11, BeckRS 2011, 71012), des Anspruchs auf Herausgabe nach § 883 ZPO (Wegnahme durch den Gerichtsvollzieher LAG Köln 3.3.04 – 10 Ta 6/04, BeckRS 2004, 40934). Lautet der Vollstreckungstitel sowohl auf Herausgabe als auch auf Ausfüllung der Arbeitspapiere hat die Vollstreckung sowohl der Ausfüllungs- als auch der Herausgabeverpflichtung gem § 888 ZPO durch Festsetzung eines Zwangsgeldes zu erfolgen (LAG Hessen 19.6.17 – 10 Ta 172/17, BeckRS 2017, 115904; LAG Hamm 8.8.12 – 7 Ta 173/12, BeckRS 2012, 73496; anders noch: LAG Bln 7.1.98 – 9 Ta 1/98, DB 98, 684: zunächst Herausgabevollstreckung). Betrifft der Titel lediglich die Herausgabe, kann er regelmäßig nicht dahin ausgelegt werden, der ArbGeb sei (auch) zur Ausfüllung verurteilt worden (LAG Hbg 3.9.08 – 6 Ta 27/07, BeckRS 2008, 56544). Ist unklar, welche Verpflichtung des Schuldners tituliert ist (Herausgabe, unvertretbare Handlung oder Kombination), ist der Vollstreckungstitel auszulegen (LAG BaWü 7.12.17 – 4 Ta 12/17, BeckRS 2017, 137441). Die Verpflichtung zur „Herausgabe der ausgefüllten Arbeitspapiere, bestehend aus der Lohnsteuerbescheinigung und den Sozialversicherungsnachweisen" etwa umfasst keinen besonderen „Ausfüllungsakt", da es dabei lediglich um die Herausgabe von Ausdrucken oder Bescheinigungen bereits an das Finanzamt oder die Einzugsstelle der SozVTräger übermittelter Daten geht (LAG BaWü 7.12.17 – 4 Ta 12/17, BeckRS 2017, 137441). Eine Vollstreckung ist ausgeschlossen, wenn dem ArbGeb die Leistung unmöglich ist (LAG SchlH 22.12.09 – 6 Ta 160/09, BeckRS 2010, 66771). Die Erteilung einer Lohnabrechnung ist ebenfalls eine unvertretbare Handlung und gem § 888 ZPO zu vollstrecken (BAG 7.9.09 – 3 AZB 19/09, NZA 10, 61). **16**

Der Anspruch auf Herausgabe der (ausgefüllten) Arbeitspapiere kann im Wege der **einstweiligen Verfügung** durchgesetzt werden. Da dem ArbGeb kein Zurückbehaltungsrecht zusteht, wird idR ein Verfügungsgrund gegeben sein, wenn der ArbN darlegt, er habe sie trotz Beendigung des Arbeitsverhältnisses und Anforderung nicht erhalten.

**B. Lohnsteuerrecht** *Seidel*

17 **1. Arbeitspapiere.** Dazu gehören nach Einführung der ELStAM (→ *Lohnsteuerabzugsmerkmale* Rn 2 ff) aus steuerrechtlicher Sicht noch die LStBescheinigung sowie die Ersatzbescheinigung, die regelmäßig elektronisch an das BetriebsstättenFA übermittelt werden (→ *Lohnsteuerbescheinigung* Rn 2 ff). Für Streitigkeiten über Arbeitspapiere zwischen ArbN und ArbGeb ist das ArbG zuständig (§ 2 Abs 1 Nr 3e ArbGG). Allerdings kann der ArbN, wenn die LStBescheinigung unrichtig ausgefüllt ist, das FA informieren, das eine ordnungsgemäße LStBescheinigung erzwingen kann (§§ 328 ff AO; *Schaub* § 149 II Nr 5 Rz 13). Abzulehnen ist mE aber die Auffassung von *Schaub* (§ 149 II Nr 5 Rz 13), dass der ArbN bei Untätigkeit des FA gegen dieses vor dem FG Klage erheben kann, um ein Tätigwerden des FA zu erreichen. Vielmehr muss es hier bei der Zuständigkeit des ArbG verbleiben, da es sich um eine Streitigkeit zwischen ArbN und ArbGeb handelt. Der ArbN hat gegen den ArbGeb einen Anspruch auf Erteilung, Ergänzung oder Berichtigung der LStBescheinigung (*Schmidt/Krüger* § 41b Rz 2; BFH 29.6.93, BStBl II 93, 760; → *Lohnsteuerbescheinigung* Rn 29, dort auch zur abweichenden Auffassung des BAG; → Rn 15).

18 **2. Schadensersatz.** Zur lohnsteuerlichen Behandlung von Schadensersatzleistungen des ArbGeb an den ArbN (→ Rn 12 ff) → *Arbeitgeberhaftung* Rn 19 ff sowie → *Arbeitsentgelt* Rn 54 ff; zu Rechtsanwaltskosten → *Rechtsanwaltskosten* Rn 22. Werden dem ArbGeb gegenüber öffentlich-rechtliche Schadensersatzansprüche geltend gemacht (→ Rn 19), stellen diesbezügliche Zahlungen Betriebsausgaben des ArbGeb dar. Bußgelder gegen den ArbGeb sind dagegen nicht als Betriebsausgaben abzugsfähig (§ 4 Abs 5 Nr 8 EStG).

**C. Sozialversicherungsrecht** *Voelzke*

19 **1. Allgemeines.** ArbGeb und ArbN werden in vielfältiger Weise zur Durchführung der SozV „indienstgenommen". Die hierzu gesetzlich vorgesehenen **Mitteilungs- und Nachweispflichten** sind idR förmlich durch Verwendung bestimmter Vordrucke zu erfüllen. Gemeinsames Merkmal der in den einzelnen Leistungsgesetzen enthaltenen Verpflichtungen zur Bescheinigung und Vorlage mittels bestimmter Vordrucke zum Nachweis der für das Leistungs- und Beitragsverfahren erheblichen Tatsachen ist der öffentlich-rechtliche Charakter der Rechtsbeziehungen. Als Sanktion für eine Verletzung der Pflichten sind deshalb nicht nur öffentlich-rechtliche Schadensersatzansprüche vorgesehen, sondern die Pflichtverletzung kann auch die Verhängung eines Bußgeldes nach sich ziehen.

20 **2. Einzelne Bescheinigungs- und Vorlagepflichten.** Die nachfolgende Übersicht beschränkt sich auf die für die Durchführung der SozV erheblichen Arbeitspapiere, denen im Zusammenhang mit Beginn oder Beendigung eines beitragspflichtigen Beschäftigungsverhältnisses Bedeutung zukommt.

21 **a) Arbeitsbescheinigung.** Auf Verlangen des ArbN oder der BA hat der ArbGeb eine Arbeitsbescheinigung zu erstellen (§ 312 Abs 1 SGB III). Die Arbeitsbescheinigung ist für die Gewährung der Leistungen AlGeld und Übergangsgeld von Bedeutung (→ *Arbeitsbescheinigung* Rn 17 ff). Für SGB II-Leistungsberechtigte hat der ArbGeb die Auskunfts- und Bescheinigungspflicht nach § 57 SGB II SGB II auf Verlangen des Jobcenters zu erfüllen (zum Inhalt der Auskunftspflicht *Schlegel/Voelzke/Becker* SGB II, § 57 Rz 28 ff).

22 **b) Vorausbescheinigung über Arbeitsentgelt.** Nach § 194 SGB VI haben ArbGeb auf Verlangen des Rentenantragstellers die beitragspflichtigen Einnahmen für abgelaufene Zeiträume frühestens drei Monate vor Rentenbeginn gesondert zu melden. Die Vorausbescheinigung dient der Beschleunigung des Rentenverfahrens, da nicht abgewertet werden muss, bis das tatsächlich erzielte Arbeitsentgelt bekannt ist (*Schlegel/Voelzke/Wißing* SGB VI, § 194 Rz 16). Der ArbGeb muss trotz der erteilten Vorausbescheinigung die Meldungen nach § 28a SGB IV für die restliche Beschäftigungszeit erstatten. Die Beitragsberechnung erfolgt nach dem tatsächlich erzielten, nicht nach dem vorausbescheinigten Arbeitsentgelt. Der RVTräger darf auf der Grundlage der Entgeltvorausbescheinigung die Höhe des Altersruhegeldes endgültig festsetzen. Soweit das tatsächliche Arbeitsentgelt von dem vorausbescheinigten abweicht, ist der RVTräger auf Verlangen des Versicherten verpflichtet, im Übrigen berechtigt, den Zahlbetrag des Altersruhegeldes insoweit abzuändern (BSG 16.11.95 – 4 RA 48/93, SozR 3–2200 § 1401 Nr 1).

**c) Sozialversicherungsausweis.** Zu den ArbGeb und ArbN im Zusammenhang mit dem SozVAusweis treffenden Verpflichtungen s → *Sozialversicherungsausweis* Rn 6 ff. 23

**3. Unfallversicherung.** Handlungen des ArbN, die mit dem Beschaffen oder Überbringen von Arbeitspapieren in einem inneren Zusammenhang stehen, unterstehen regelmäßig dem Schutz der gesetzlichen UV. Unversichert bleiben Tätigkeiten, wenn sie der Arbeitssuche oder der Arbeitsaufnahme dienen. Hingegen steht der Weg zu einem früheren ArbGeb zum Zwecke der Abholung der Arbeitspapiere unter Versicherungsschutz, soweit damit eine (vermeintliche) Nebenpflicht aus dem Beschäftigungsverhältnis erfüllt wird oder betriebsbezogene Rechte aus dem Beschäftigungsverhältnis wahrgenommen werden. Hierzu gehört das Verlangen gegenüber dem ArbGeb nach einer Vorausbescheinigung iSd § 194 SGB VI (→ Rn 22) nicht (BSG 15.5.12 – B 2 U 8/11 R, SozR 4–2700 § 2 Nr 20). 24

# Arbeitspflicht

## A. Arbeitsrecht

*Kreitner*

**1. Rechtsgrundlage.** Die Arbeitspflicht stellt die Hauptleistungspflicht des ArbN aus dem Arbeitsvertrag dar, die mit der Vergütungspflicht als arbeitgeberseitige Hauptleistungspflicht korrespondiert (§ 611 Abs 1 BGB). Die Arbeitspflicht beruht auf dem individuellen Arbeitsvertrag, kann jedoch durch Gesetz, Tarifvertrag oder Betriebsvereinbarung eingeschränkt werden. Im Arbeitsvertrag wird die zu erbringende Arbeitsleistung regelmäßig nur schlagwortartig festgelegt (zB Beschäftigung als Maschinenarbeiter, Produktionshelfer, kaufmännischer Angestellter etc). Der Umfang der Arbeitspflicht kann durch eine Bezugnahme auf den arbeitszeitrechtlich zulässigen Rahmen vereinbart werden (BAG 18.4.12 – 5 AZR 195/11, NZA 12, 796). Die nähere Ausfüllung erfolgt im Einzelfall durch entsprechende Weisungen des ArbGeb (→ *Weisungsrecht* Rn 3). Aus der Pflicht des ArbN zur Arbeitsleistung resultiert unter bestimmten Voraussetzungen ein Anspruch auf Beschäftigung bzw Weiterbeschäftigung gegenüber dem ArbGeb (→ *Beschäftigungsanspruch* Rn 2 und → *Weiterbeschäftigungsanspruch* Rn 11 ff). 1

**2. Arbeitnehmer. a) Persönliche Dienstleistungspflicht.** Nach der gesetzlichen Auslegungsregel des § 613 Satz 1 BGB ist die vertraglich geschuldete Arbeitsleistung grds vom ArbN persönlich zu erbringen. Dies bedeutet, dass der ArbN einerseits nicht berechtigt ist, seine Dienste durch einen Dritten ausführen zu lassen, andererseits aber auch eine Verpflichtung des ArbN zur Ersatzgestellung bei Ausfall seiner Arbeitskraft nicht besteht. Ist der ArbN zB durch Krankheit, Urlaub oder wegen eines bestehenden Leistungsverweigerungsrechts an der Erbringung der Arbeitsleistung verhindert, obliegt es allein dem ArbGeb durch Vertretungsregelungen uÄ für einen möglichst reibungslosen Arbeitsablauf zu sorgen. 2

Wegen des höchstpersönlichen Charakters der Arbeitspflicht enden mit dem **Tod des Arbeitnehmers** die aus der Arbeitspflicht resultierenden Verpflichtungen des ArbN. Die Erben sind lediglich zur Erfüllung einzelner vertraglicher Nebenpflichten wie Herausgabe der Arbeitsmittel und Arbeitskleidung uÄ verpflichtet. Eine Fortsetzung des Arbeitsverhältnisses kann von ihnen nicht verlangt werden. 3

**b) Rechtsfolgen bei Verstoß des Arbeitnehmers.** Handelt der ArbN seiner Verpflichtung zur Erbringung der Arbeitsleistung in Person zuwider und beauftragt ohne Wissen des ArbGeb einen **Dritten** mit der Erfüllung seiner arbeitsvertraglichen Pflichten, so haftet er gegenüber dem ArbGeb für das Verhalten des Dritten gem § 278 BGB. 4

Erleidet der ArbGeb zB durch eine unsachgemäße Leistung des Dritten einen Schaden, ist der ArbN wegen Schlechterfüllung des eigenen Arbeitsvertrages zum **Ersatz des Schadens** verpflichtet. Daneben kommt der Ausspruch einer **Abmahnung** bzw in gravierenden Fällen sowie im Wiederholungsfall eine verhaltensbedingte **Kündigung** des ArbN in Betracht. Durch die unberechtigte Tätigkeit des Dritten ohne Wissen des ArbGeb entsteht zwischen diesen beiden Personen kein Vertragsverhältnis. Vertragspartner des Dritten insbes in Bezug auf Lohnzahlungsansprüche und sonstige Leistungen ist allein der ArbN. 5

**c) Gesetzliche Befreiung von der Arbeitspflicht.** Oftmals ist der ArbN schuldlos an der Erbringung seiner Arbeitsleistung gehindert. Hier ordnet § 616 Satz 1 BGB an, dass der 6

ArbGeb zur Fortzahlung der Vergütung verpflichtet bleibt, obwohl eine Arbeitspflicht nicht besteht (→ *Arbeitsverhinderung* Rn 1 ff). Gleiches gilt zB für Urlaub und Krankheit des ArbN.

7 Ferner greifen unter bestimmten Voraussetzungen ausdrückliche gesetzliche **Beschäftigungsverbote** ein, die dem ArbN die Ausübung seiner vertraglich geschuldeten Tätigkeit untersagen. Schließlich können im Einzelfall **Leistungsverweigerungsrechte** des ArbN zum Tragen kommen, deren Ausübung ebenfalls den ArbN von der Arbeitspflicht unter Fortbestand des Vergütungsanspruchs entbinden. Einen Sonderfall bildet die Suspendierung der arbeitsvertraglichen Hauptpflichten im Arbeitskampf (→ *Arbeitskampf (Vergütung)* Rn 16).

8 **d) Anderweitige Vereinbarung im Sinne des § 613 Satz 1 BGB.** Als Auslegungsregel unterliegt § 613 Satz 1 BGB der Dispositionsbefugnis der Arbeitsvertragsparteien und ist daher vertraglich **abdingbar.** Über die gesetzlichen Befreiungstatbestände hinaus haben ArbGeb und ArbN die Möglichkeit, den ArbN entweder für näher bestimmte Einzelfälle oder generell von der Verpflichtung zur persönlichen Arbeitsleistung zu entbinden und ihm zu gestatten, ganz oder zum Teil **eigene Hilfskräfte** einzusetzen. Das kann sowohl ausdrücklich als auch konkludent geschehen, sollte jedoch aus Gründen der Rechtssicherheit regelmäßig in ausdrücklicher Form vertraglich vereinbart werden.

9 Unter Umständen kann auch eine **einseitige Entbindung** des ArbN von seiner Pflicht zur Erbringung der Arbeitsleistung in Betracht kommen (→ *Freistellung von der Arbeit* Rn 13 ff).

10 Auch im Fall des berechtigten Einsatzes Dritter zur Erfüllung der Arbeitspflicht des ArbN ist die Rechtsstellung des Dritten durch seine vertraglichen Beziehungen zum ArbN gekennzeichnet. Unmittelbare vertragliche Beziehungen zum ArbGeb bestehen nicht. Vielmehr handelt es sich um ein mittelbares Arbeitsverhältnis (→ *Mittelbares Arbeitsverhältnis* Rn 2 ff), bei dem ähnlich wie im normalen Arbeitsverhältnis bestimmte Schutz- und Fürsorgepflichten des ArbGeb zum Tragen kommen. Je nach vertraglicher Ausgestaltung im Einzelfall kann auch ein sog *Gruppenarbeitsverhältnis* vorliegen.

11 Hinsichtlich der **Haftung** des ArbN für Schlechtleistungen des Dritten gilt vorbehaltlich anderer Vereinbarungen der Parteien das oben für den Fall des unberechtigten Einsatzes Dritter Gesagte entsprechend (→ Rn 4–5). Die besonderen Haftungsgrundsätze der ArbNHaftung (→ *Arbeitnehmerhaftung* Rn 3 ff, 8 ff) finden Anwendung.

12 **e) Inhalt der Arbeitspflicht.** Der ArbN schuldet nicht die Erbringung eines bestimmten **Arbeitserfolges.** Dies ist Ausfluss des personenbezogenen Charakters des Arbeitsverhältnisses wie er in § 613 BGB zum Ausdruck kommt. Der ArbN ist lediglich verpflichtet, dem ArbGeb seine Arbeitskraft nach dessen Weisungen zur Verfügung zu stellen.

13 Hieraus folgt, dass insbes hinsichtlich der **Arbeitsintensität** von einem individuellen Leistungsmaßstab auszugehen ist. Maßgeblich für die Beurteilung der Arbeitsleistung ist nach ganz hM nicht eine arbeitswissenschaftlich ermittelte Normal- oder Durchschnittsleistung an einem bestimmten Arbeitsplatz, sondern allein das persönliche Leistungsvermögen des ArbN. Gleiches gilt in Bezug auf die **Arbeitsqualität.** Auch insoweit ist ein individueller Maßstab anzulegen, wobei jedoch von dem ArbN verlangt wird, dass er die ihm übertragenen Arbeiten sorgfältig und konzentriert unter Anspannung der möglichen Fertigkeiten verrichtet. Der ArbN muss tun was er soll, und zwar so gut wie er kann (BAG 11.12.03 – 2 AZR 667/02, NZA 04, 784; 17.1.08 – 2 AZR 536/06, NZA 08, 693).

14 Demgemäß ist es dem ArbN grds gestattet **Nebentätigkeiten** auszuüben, soweit hierdurch keine Beeinträchtigung der vertraglich geschuldeten Tätigkeit entsteht (→ *Nebentätigkeit* Rn 3).

15 **Schlechtleistungen** des ArbN berechtigen den ArbGeb je nach Lage des Einzelfalles zu Lohnminderungen oder zur Geltendmachung von Schadensersatzansprüchen (→ *Vertragsbruch* Rn 8). Darüber hinaus können sie Abmahnungen oder die Kündigung des Arbeitsverhältnisses zur Folge haben (vgl BAG 11.12.03 – 2 AZR 667/02, NZA 04, 784; 3.6.04 – 2 AZR 386/03, NZA 04, 1380; 17.1.08 – 2 AZR 536/06, NZA 08, 693).

16 **3. Arbeitgeber. a) Persönlicher Dienstleistungsanspruch.** In § 613 Satz 2 BGB ist eine weitere Auslegungsregel enthalten, wonach der Anspruch auf die Dienstleistung im Zweifel **nicht übertragbar** ist. Bedingt der personale Charakter des Arbeitsverhältnisses auf

der einen Seite die Verpflichtung des ArbN zur persönlichen Erbringung der Arbeitsleistung, so entspricht dem aufseiten des ArbGeb die ausgeschlossene Übertragbarkeit des Dienstleistungsanspruchs.

Hiervon unberührt bleibt die Frage der **Vererbbarkeit** des Anspruchs auf die Arbeitsleistung. Nach den allgemeinen Vorschriften des Erbrechts (§§ 1922, 1967 ff BGB) tritt der Erbe regelmäßig in die ArbGebStellung des Erblassers ein. Umstritten ist die Rechtslage lediglich bei Arbeitsverhältnissen, die einen besonderen Bezug zu der Person des ArbGeb haben (zB Krankenpfleger, Privatsekretär, Privatlehrer). Richtigerweise kommt es auch in diesen Fällen zu einem Übergang der ArbGebStellung auf den Erben, der jedoch eine ordentliche personenbedingte Kündigung aussprechen kann (aA *Schaub/Linck* § 45 Rz 7: Ende des insoweit auflösend bedingten Arbeitsverhältnisses zwei Wochen nach Zugang der schriftlichen Unterrichtung des ArbN über den Tod des ArbGeb). **17**

**b) Anderweitige Vereinbarung im Sinne des § 613 Satz 2 BGB.** Auch hinsichtlich der Person des Empfängers der Arbeitsleistung können die Parteien von § 613 Satz 2 BGB abweichende Vereinbarungen treffen. Regelmäßig ist dies bei sog **Montagearbeitern** der Fall. Jedoch auch im Rahmen sonstiger Arbeitsverhältnisse kann eine Leistungserbringung zugunsten dritter Personen oder Unternehmen vereinbart werden. In diesen Fällen bestehen ähnlich wie beim Einsatz von Hilfskräften durch den ArbN (→ Rn 8) Schutz- und Fürsorgepflichten des Dritten. **18**

Im **Baugewerbe** kann gem § 9 Bundesrahmentarifvertrag der ArbGeb den ArbN zur Arbeitsleistung in einer ARGE, an der der ArbGeb beteiligt ist, freistellen. Nach § 9 Ziff 2 Bundesrahmentarifvertrag ruht für die Dauer der Freistellung das Arbeitsverhältnis des ArbN zum Stammbetrieb und der ArbN tritt mit Aufnahme der Arbeit in ein Arbeitsverhältnis zur ARGE. Diese ist ihm gegenüber zur Erfüllung der tariflichen Ansprüche verpflichtet. Mit Beendigung des Arbeitsverhältnisses zur ARGE lebt sodann das Arbeitsverhältnis zum Stammbetrieb wieder auf (→ *Arbeitsgemeinschaft (ARGE)* Rn 8 ff). **19**

**4. Prozessuales.** Die vertragliche Verpflichtung des ArbN zur Arbeitsleistung kann vom ArbGeb als arbeitsvertraglicher **Erfüllungsanspruch** ggf klageweise geltend gemacht werden. Unter den Voraussetzungen der §§ 258, 259 ZPO ist auch eine **Klage auf zukünftige Leistung** möglich. **20**

Die **Zwangsvollstreckung** erfolgt gem §§ 887, 888 ZPO. Für die Abgrenzung der Anwendungsbereiche beider Vorschriften ist maßgeblich, ob die Arbeitsleistung eine vertretbare oder unvertretbare Handlung iSd Vorschriften darstellt. Die Meinungen im Schrifttum hierüber sind geteilt. Während das arbeitsrechtliche Schrifttum den personalen Charakter der Dienstleistung betont und damit grds von einer unvertretbaren Handlung ausgeht (MüKo/*Müller-Glöge* § 611 Rz 1033; *Staudinger/Richardi* § 611 Rz 306; Germelmann/Matthes/Prütting/*Germelmann* § 62 Rz 62), unterscheiden die meist prozessrechtlichen Autoren nach der Art der Arbeitsleistung und lassen zB bei rein mechanischen Verrichtungen die Zwangsvollstreckung nach § 887 ZPO zu (Schwab/Weth/*Walker* § 62 Rn 77). Richtigerweise sollte man die vollstreckungsrechtliche Einordnung entsprechend der Verpflichtung des ArbN zur Erbringung der Arbeitsleistung in Person vornehmen. Nur, wenn dem ArbN ausnahmsweise der Einsatz dritter Personen gestattet ist (→ Rn 8), kann daher von einer vertretbaren Handlung ausgegangen werden. In der weitaus überwiegenden Zahl der Fälle ist dementsprechend die Zwangsvollstreckung gem § 888 Abs 2 BGB ausgeschlossen. **21**

In jedem Fall besteht allerdings für den ArbGeb die Möglichkeit, gleichzeitig mit dem Leistungsantrag gem § 61 Abs 2 ArbGG durch das ArbG eine Entschädigung festsetzen zu lassen für den Fall, dass der ArbN seiner Leistungsverpflichtung nicht nachkommt. Die Vollstreckungsbarriere des § 888 Abs 2 ZPO besteht insoweit nicht.

In Eilfällen kommt eine **einstweilige Verfügung** nicht in Betracht. Diese ist unzulässig, da eine Sicherung der Rechtsverwirklichung im Hauptsachenverfahren wegen fehlender Vollstreckbarkeit nicht erreichbar ist (LAG Hbg 18.7.02 – 3 Ta 18/02, DB 02, 2003; Germelmann/Matthes/Prütting/*Germelmann* § 62 Rz 106). Ein demgegenüber zulässiger Antrag nach § 61 Abs 2 ArbGG ist idR unbegründet, da es regelmäßig an einem entsprechenden Verfügungsgrund für den Entschädigungsanspruch fehlen dürfte (Germelmann/Matthes/Prütting/*Germelmann* § 61 Rz 28; *Zöller/Vollkommer* § 940 Rz 8 „Arbeitsrecht"). Vgl auch → *Vertragsbruch* Rn 3, 4. **22**

23 **5. Mitbestimmungsrechte des Betriebsrats** bestehen hinsichtlich der Konkretisierung und unmittelbaren Ausgestaltung der Arbeitspflicht nicht. Nach § 87 Abs 1 Nr 1 BetrVG ist nur das sog Ordnungsverhalten der ArbN im Betrieb mitbestimmungspflichtig (→ *Betriebsordnung* Rn 4).

**B. Lohnsteuerrecht** *Weil*

24 Unabhängig von der vom ArbN zu erbringenden Arbeitsleistung als Kennzeichen für ArbN-Eigenschaft (BFH 10.10.05 – VI R 152/01, DStR 05, 1982; → *Arbeitnehmer (Begriff)* Rn 29 ff) ist für die Besteuerung allein die **Lohnzahlung,** dh der Zufluss des Lohns beim ArbN, entscheidend (§ 11 Abs 1 EStG; § 2 LStDV; → *Lohnzufluss* Rn 2 ff). Das bedeutet: LStPflicht bei Lohnzahlung, auch wenn die geschuldete Arbeitsleistung nicht erbracht worden ist, zB bei Urlaub, Krankheit, Suspendierung vom Dienst; umgekehrt: keine LSt, wenn der Lohn trotz erbrachter Arbeitsleistung nicht zur Auszahlung gelangt ist, zB mangels Liquidität des ArbGeb, Insolvenz des ArbGeb; s aber → *Aufrechnung* Rn 13 ff sowie → *Arbeitskampf/Streik* Rn 24 ff.

25 Schaltet der ArbN zur Erfüllung seiner Dienstpflicht einen **Dritten** ein, hängen die lohnsteuerlichen Folgen von der tatsächlichen Durchführung des vereinbarten Vertragsverhältnisses ab. Bei Einschaltung des Dritten mit Wissen des ArbGeb liegt ein mittelbares Arbeitsverhältnis vor. Bei Einschaltung des Dritten ohne Wissen oder gegen den Willen des ArbGeb gehen dessen lohnsteuerliche Pflichten auf den einschaltenden ArbN über, wenn zwischen diesen ein Arbeitsverhältnis vorliegt (→ *Arbeitnehmerüberlassung/Zeitarbeit* Rn 71 ff. Zu einem **Unterarbeitsverhältnis** zwischen **Ehegatten** → *Familiäre Mitarbeit* Rn 29 ff.

26 Sind Personen im Rahmen eines **besonderen Gewaltverhältnisses** zur Verrichtung einer Arbeitsleistung verpflichtet, für die sie Geld erhalten, zB Gefängnisinsassen, aber auch Laienrichter, Wahlhelfer, Verrichtung von Hand- und Spanndiensten nach kommunalrechtlichen Vorschriften, Ein-Euro-Job, ist umstritten, ob ein stpfl Arbeitsverhältnis vorliegt (→ *Arbeitnehmer (Begriff)* Rn 29 ff; FG Bbg 17.5.01 – 6 K 331/00, EFG 01, 1280; offengelassen von BFH 16.12.03 – VII R 24/02, BStBl II 04, 389). S auch → *Ehrenamtliche Tätigkeit* Rn 11 ff.

**C. Sozialversicherungsrecht** *Ruppelt*

27 Die **Beitragspflicht zur Sozialversicherung** knüpft allein an den **Anspruch** auf **Arbeitsentgelt** an (→ *Sozialversicherungsbeiträge* Rn 22 ff). Soweit eine **Verpflichtung** zu einer Arbeits- oder Dienstleistung auf Grund besonderer Vorschriften besteht (→ Rn 26) und hierfür eine Vergütung gezahlt wird, liegt ein sozialversicherungspflichtiges Beschäftigungsverhältnis nicht vor. Durch die Rechtsprechung des BSG ist geklärt, dass unter Zwang zustande gekommene und verrichtete Arbeit nicht als versicherungspflichtige Beschäftigung einzustufen ist, weil es an dem hierfür erforderlichen freien wirtschaftlichen Austausch von Arbeit und Lohn mangelt (BSG 15.12.16 – B 5 RE 2/16 R, SozR 4–2600 § 3 Nr 7, Rn 22). So ist die auf Grund der Arbeitspflicht nach § 41 Abs 1 StVollzG in der Haftanstalt ausgeübte Beschäftigung keine versicherungspflichtige Beschäftigung iS des § 7 Abs 1 SGB IV. Etwas anderes gilt für die Beschäftigung von sog Freigängern, welche außerhalb der JVA gegen Arbeitsentgelt tätig sind.

## Arbeitsplatzbeschreibung

**A. Arbeitsrecht** *Poeche*

1 **1. Gegenstand** der Arbeitsplatzbeschreibung sind die Verhältnisse eines Arbeitsplatzes, wie sie sich tatsächlich darstellen. Erfasst werden sowohl die Tätigkeiten und Leistungen des ArbN in seinem Aufgabenbereich, seine organisatorische Einbindung in den Betriebsablauf wie auch die äußeren Umstände, unter denen die Arbeit erbracht wird. Sie gibt als idR organisatorisches Hilfsmittel des ArbGeb den **Ist-Zustand** eines Arbeitsplatzes wieder und unterscheidet sich damit von der Stellenbeschreibung als der abstrakten Vorgabe des ArbGeb von einer bestimmten Stelle; im Idealfall decken sich beide (→ *Stellenbeschreibung* Rn 2). Teils werden die Begriffe auch synonym verwandt (*Richter* AuA 04, 25; 05, 282). Mit einer

Arbeitsplatzbeschreibung erfüllt der ArbGeb seine Pflicht, die vom ArbN zu leistende Tätigkeit nach § 2 Abs 1 Satz 2 Nr 5 NachwG kurz zu charakterisieren oder zu beschreiben. Gleiches gilt für eine *Stellenbeschreibung* oder eine *Ausschreibung* (BAG 8.6.05 – 4 AZR 406/04, NZA 06, 53; → *Arbeitsvertrag* Rn 44 ff).

2 **2. Anwendungsbereich. a) Eingruppierung.** Arbeitsplatzbeschreibungen dienen idR dazu, das dem ArbN zustehende Entgelt zu ermitteln. Insbes im öffentlichen Dienst sind sie gebräuchlich, bieten sich aber auch in der privaten Wirtschaft an, um ArbN sachgerecht eingruppieren zu können. Ihr Inhalt richtet sich nach den jeweils maßgeblichen Tätigkeitsmerkmalen. Regelmäßig enthalten sie eine stichwortartige Darstellung der übertragenen Aufgabe, der in diesem Zusammenhang anfallenden Tätigkeiten und der Anteile der jeweils aufgewendeten Arbeitszeit, Angaben zum Schwierigkeitsgrad und zur Art und Weise der Erledigung (zB nach Einzelanweisung, Richtlinien oder selbstständig). Sie geben Aufschluss über Unter- und Überordnungsverhältnisse, einzusetzende Fachkenntnisse, Befähigungen und Eigenschaften. Je nach Erfordernis sind die äußeren Arbeitsbedingungen dann aufzunehmen, wenn sie tarifliche Auswirkungen haben können (Zahlung von Lärm- oder sonstigen Zulagen). Im Rechtsstreit kommt der Arbeitsplatzbeschreibung die Qualität einer **Privaturkunde** iSd § 416 ZPO zu und kann verwertet werden (BAG 1.9.82 – 4 AZR 1134/79, AP 68 zu §§ 22, 23 BAT 75).

Der ArbN kann zu dem Gespräch über den Inhalt einer eingruppierungsrelevanten Arbeitsplatz-/Tätigkeitsbeschreibung ein BRatMitglied heranziehen. Gegenstand des Gesprächs ist dann das Arbeitsentgelt iSv § 82 Abs 2 Satz 1 Alt 1 BetrVG (BAG 20.4.10 – 1 ABR 85/08, NZA 10, 1307 mit Anm *Brodtrück* ArbRAktuell 10, 403).

3 **b) Betriebsübergang/Versetzung.** Weiter gehende tatsächliche Bedeutung kann die Arbeitsplatzbeschreibung gewinnen, wenn es um die Abgrenzung geht, ob ein ArbN von einer Teilbetriebsnachfolge iSd § 613a BGB betroffen ist (→ *Betriebsübergang* Rn 7 ff) oder die Zuweisung anderer Arbeit sich als Versetzung gem § 99 BetrVG darstellt (→ *Versetzung* Rn 9 ff).

4 **c) Beurteilung.** Sofern der ArbGeb die Leistungen seiner ArbN beurteilt, wird er dies regelmäßig unter Zuhilfenahme der jeweils einschlägigen Arbeitsplatzbeschreibung machen (*Fitting* § 94 Rn 31).

5 **d) Befristung.** Für die Prüfung, ob ein Arbeitsvertrag nach dem WissZVG befristet werden kann, der ArbN also zum wissenschaftlichen Personal gehört, kommt es auf die Umstände bei Vertragsschluss an. Insoweit ist maßgeblich, was von dem ArbN aufgrund des ArbV, einer (Dienst-) Aufgabenbeschreibung oder sonstiger Umstände bei Vertragsschluss erwartet wird (BAG 8.6.16 – 7 AZR 568/14, BeckRS 2016, 73833; 20.4.16 – 7 AZR 614/14, NZA 16, 1560). Damit erlangen die regelmäßig zunächst für die tarifliche Bewertung erstellten Arbeitsplatzbeschreibungen auch befristungsrechtlich Bedeutung (*Müller* öAT 17, 89).

6 **3. Bestandteil des Arbeitsvertrags** wird eine Arbeitsplatzbeschreibung idR ebenso wenig wie eine Stellenbeschreibung (→ *Stellenbeschreibung* Rn 4). Anderes kann gelten, wenn im Arbeitsvertrag unter dem Stichwort oder mit dem Hinweis auf eine Arbeitsplatzbeschreibung die vertraglich vereinbarte Tätigkeit erläutert wird. Dann stellt sich auch die Frage, ob und inwieweit durch die Bezugnahme auf die Beschreibung das Direktionsrecht des ArbGeb eingeschränkt wird. Nicht ausreichend ist es, wenn der ArbN eine vom ArbGeb erstellte Unterlage unterzeichnet. Damit bestätigt er lediglich deren inhaltliche Richtigkeit. Das dem ArbGeb zustehende Weisungsrecht bleibt insoweit unberührt (→ *Weisungsrecht* Rn 7).

7 4. Der **Arbeitgeber ist nicht verpflichtet,** für den ArbN eine Arbeitsplatzbeschreibung zu erstellen. Soweit er den ArbN über dessen Aufgabe und Verantwortung, die Art seiner Tätigkeit und ihre Einordnung in den betrieblichen Arbeitsablauf zu unterrichten hat (§ 81 Abs 1 BetrVG), genügt die mündliche Information.

## B. Lohnsteuerrecht

*Seidel*

10 Lohnsteuerrechtlich ist die Arbeitsplatzbeschreibung unerheblich, da es auf den tatsächlich gezahlten Arbeitslohn ankommt. Zur lohnsteuerlichen Behandlung von Zulagen s → *Entgeltzuschläge* Rn 13–15. Hinsichtlich der lohnsteuerlichen Auswirkung einer Versetzung s → *Versetzung* Rn 31.

**C. Sozialversicherungsrecht** *Voelzke*

15 Mittelbare Auswirkungen auf das Beitrags- und Leistungsrecht der SozV hat die arbeitsrechtliche Arbeitsplatzbeschreibung in der SozV, soweit sie die Grundlage der *Eingruppierung* des ArbN bildet.

## Arbeitssicherheit/Arbeitsschutz

**A. Arbeitsrecht** *Poeche*

1 **1. Zweck und Begriff.** Arbeitssicherheit ist Teil des Arbeitsschutzrechts, das herkömmlich den sozialen vom technischen Bereich unterscheidet. Bezweckt der soziale Arbeitsschutz den des ArbN in seiner Situation als abhängig Beschäftigter und seine Sicherung in besonderen Lebenslagen (zB KSchG, Arbeitszeitrecht, MuSchG, JArbSchG, SGB IX), geht es beim technischen Arbeitsschutz um **Sicherheit am Arbeitsplatz,** dh den Schutz vor gesundheitlichen Gefährdungen bei der Arbeit und durch die Arbeit. Ziel sind Unfallschutz und Vermeidung von Berufskrankheiten und arbeitsbedingten Erkrankungen. Dazu gehört weiter der präventive Gesundheitsschutz einschließlich der Regelungen zur Genomanalyse durch das GenDG. Schutzziel ist auch die menschengerechte Gestaltung der Arbeit: Arbeit und ihre Bedingungen sind dem Menschen anzupassen. Typisch für die neueren Gesetze und VO ist, dass sie sich nicht auf den ArbNSchutz beschränken, sondern allgemein den Schutz der Umwelt und des Menschen bezwecken. Unter dem Schlagwort „Arbeiten 4.0", mit dem das Arbeiten im Zeitalter der aktuellen und künftigen Digitalisierung und ihrer damit verbundenen örtlichen und zeitlichen Entgrenzung gemeint ist, wird auch diskutiert, welche neuen Herausforderungen sich für den technischen Arbeitsschutz stellen. Insbes die zunehmende häusliche und mobile Telearbeit sowie das Einbringen privater Arbeitsmittel („bring your own device") werfen die Frage auf, ob das geltende Arbeitsschutzrecht den aktuellen Anforderungen noch genügt oder es eines Arbeitsschutzes 4.0 bedarf. Hierzu: *Krause* NZA 16, 1004; *Wiebauer* NZA 16, 1430, *Kothe* NZA 15, 1417.

2 **2. Vorschriftensystem.** Kennzeichen des technischen Arbeitsschutzes ist sein dualer Aufbau. Er gliedert sich in den staatlichen Bereich und seine Vorschriften (Gesetz, VO, Verwaltungsakt) einerseits und den autonomen Arbeitsschutz andererseits. Dieser ist den selbstverwalteten Trägern der UV übertragen und wird inhaltlich durch UVV, Richtlinien, Merkblätter und Einzelanordnungen bestimmt (→ Rn 29 ff). Ergänzt wird er durch die Regelungskompetenz der Tarifvertragsparteien und des BRat/Personalrat.

**Flexibilität** bei der Umsetzung neuer Erkenntnisse über Gefahrenquellen und ihre mögliche Abwehr wird dadurch erreicht, dass die in eher schwerfälligen Verfahren änderbaren Gesetze und VO nur allgemein die technischen Anforderungen angeben, denen die Arbeitssicherheit zu entsprechen hat. Unterschieden wird zwischen dem gesicherten Stand der Technik, dem Stand von Wissenschaft und Technik sowie dem Stand von Technik. Maßstab sind außerdem die gesicherten arbeitswissenschaftlichen Erkenntnisse und der Stand von Hygiene und Arbeitsmedizin (zur Abgrenzung *Pieper* ArbSchR 4. Aufl § 4 Rz 9 ff). Inhaltlich ausgefüllt werden diese Anforderungen ua durch Technische Regeln (beispielhaft → *Arbeitsstätte* Rn 2), DIN-Normen, Prüf- und Gütezeichen, Veröffentlichungen der Bundesanstalt für Arbeitsschutz und Arbeitsmedizin, früher des Bundesgesundheitsamtes, der Senatskommission der Deutschen Forschungsgemeinschaft, der UVTräger. Zu den Richtwerten bei Gefahrstoffen → *Arbeitsstoffe, gefährliche* Rn 11 f.

3 **3. Durchführung und Überwachung** des staatlichen technischen Arbeitsschutzes ist Aufgabe der Länder. Zuständig sind idR die **Gewerbeaufsichtsämter** oder die Ämter für Arbeitsschutz. Die Behörde hat insbes das Recht, den Betrieb zu betreten und zu besichtigen, sie kann Auskunft verlangen, Unterlagen einsehen und Gutachten einholen, Prüfungen vornehmen und Proben entnehmen (§ 22 ArbSchG). Werden Anordnungen im Einzelfall nicht befolgt, kann die betroffene Arbeit untersagt werden. Für Klagen ist die Zuständigkeit der VG gegeben. Die Mitarbeiter der Aufsichtsämter unterliegen einer besonderen Verschwiegenheitspflicht. **Bußgeld- und Strafvorschriften** sichern die Einhaltung der Schutzbestimmungen (§ 25 f ArbSchG). Ein mittelbarer Druck wird ferner dadurch erreicht,

dass die maßgeblichen Vorschriften im Betrieb auszuhängen sind (→ *Aushänge im Betrieb* Rn 5–11).

**4. Staatlicher Arbeitsschutz.** Zum 21.8.96 ist das ArbSchG in Kraft getreten. Im Gegensatz zu früheren Planungen verzichtet das ArbSchG auf eine grundlegende Neuordnung des Arbeits- und Gesundheitsschutzes, sondern beschränkt sich auf die Umsetzung der sog EG Rahmenrichtlinie Arbeitsschutz. Die Bundesregierung wird ermächtigt, mit Zustimmung des Bundesrates die Einzelrichtlinien zum Arbeitsschutz durch VO in nationales Recht zu überführen (→ *Arbeitsstätte* Rn 2; → *Bildschirmarbeitsplatz* Rn 7–10). 4

Unberührt bleiben die sich aus anderen Rechtsvorschriften ergebenden Pflichten von ArbGeb und ArbN zur Gewährleistung von Sicherheit und Gesundheitsschutz, insbes damit die **Spezialgesetze** zum Arbeitsschutz (zB ASiG, AtomG, BundesbergG, BImSchG, GentechnikG, GerätesicherheitsG, SprengstoffG) und die hierauf fußenden VO. Durch das Gesetz zur Neuorganisation der bundesunmittelbaren Unfallkassen, zur Änderung des Sozialgerichtsgesetzes und zur Änderung anderer Gesetze vom 19.10.13 (BUK-Neuorganisationsgesetz – BUK-NOG, BGBl I 13, 3836) ist der mehr an den Gefahren für die physische Gesundheit der ArbN ausgerichtete Arbeitsschutz um den Schutz vor den von der Arbeitswelt ausgehenden Gefahren für die psychische Gesundheit erweitert worden, insbes haben sich nun gem § 5 Abs 3 Nr 6 ArbSchG auch explizit die Gefährdungsbeurteilungen zu psychischen Belastungen zu verhalten (*Düwell* jurisPR-ArbR 39/2013; *Wiebauer* ArbRAktuell 13, 491; Praxistipps hierzu: *Schwede* ArbRAktuell 2016, 571; *Stück* ArbRAktuell 15, 515; *Balikcioglu* NZA 15, 1424).

**5. Umsetzung EU-Recht/nationale Verordnungen.** Auf der Grundlage von §§ 18, 19 ArbSchG hat der Gesetzgeber mit der VO zur Umsetzung von EG-Einzelrichtlinien vom 4.12.96 (BGBl I 96, 1841) erlassen: VO über die Sicherheit und Gesundheitsschutz bei der Benutzung persönlicher Schutzausrüstungen bei der Arbeit (PSA-BV); VO über Sicherheit und Gesundheitsschutz bei der manuellen Handhabung von Lasten bei der Arbeit (LasthandhabV) und die VO zur Änderung der ArbStättV. Es gelten außerdem ua VO über Sicherheit und Gesundheitsschutz auf Baustellen (BaustellV) vom 10.6.98 (BGBl I 98, 1283), VO über den Schutz der Beschäftigten gegen Gefährdung durch biologische Arbeitsstoffe bei der Arbeit (BioStoffV) vom 15.7.13 (BGBl I 13, 2514), VO über Sicherheit und Gesundheitsschutz bei der Verwendung von Arbeitsmitteln (BetrSichV) vom 3.2.15 (BGBl I 2015, 49), VO zum Schutz vor Lärm und Vibration v 6.3.07 (BGBl I 07, 262), VO zum Schutz vor künstlicher optischer Strahlung v 26.7.10 (BGBl I 10, 960). 5

**6. Anwendungsbereich des ArbSchG.** Mit Ausnahme der Hausangestellten in privaten Haushalten erfasst das Gesetz die Beschäftigten in allen privaten und öffentlich-rechtlichen Tätigkeitsbereichen, damit alle ArbNGruppen einschließlich der ArbNÄhnlichen Personen iSv § 5 Abs 1 ArbGG (für einen weiteren Begriff der ArbNähnlichen im Arbeitsschutzrecht: VG Regensburg 8.12.16 – RN 5 K 15.1767), Beamte, Richter, Soldaten und Beschäftigte in Werkstätten für Behinderte. In der Seeschifffahrt und den dem BundesbergG unterliegenden Betrieben greift es subsidiär ein. Für die in *Heimarbeit* Beschäftigten und die ihnen Gleichgestellten bleibt das HAG maßgeblich (§§ 1 und 2 ArbSchG). Der Geltungsbereich erstreckt sich auch auf die in Telearbeit beschäftigten ArbN (s hierzu näher *Aligbe* ArbRAktuell 16, 132 sowie *Prümper/Hornung* AuA 16, 588). Zur Arbeitssicherheit im „Mobile Office“ s *Oberthür* NZA 13, 246 und im „Homeoffice“ s *Hidalgo* NZA 19, 1449. 6

**7. Verantwortlicher Personenkreis.** Adressat des öffentlich-rechtlichen Arbeitsschutzes ist der ArbGeb (§§ 3–14 ArbSchG). Er ist verantwortlich für Planung, Gestaltung und Organisation der Sicherheit und des Gesundheitsschutzes. Neben ihm sind verantwortlich seine gesetzlichen Vertreter, vertretungsberechtigte Organe und Gesellschafter, Unternehmens- und Betriebsleiter im Rahmen der ihnen übertragenen Aufgaben und Befugnisse sowie die gesondert aufgrund VO, UVV oder schriftlich beauftragten Personen (§ 13 ArbSchG; *Aligbe* ArbRAktuell 13, 37 und *Hering* PuR 14, 88; → *Betriebsarzt* Rn 1; → *Betriebsbeauftragte* Rn 2). Die Beauftragung eines ArbN als zuverlässige und fachkundige Person nach § 13 Abs 2 ArbSchG setzt allerdings dessen Einverständnis voraus und kann nicht in Ausübung des arbeitgeberseitigen Direktionsrechts erfolgen (LAG BlnBbg 17.11.17 – 2 Sa 868/17, BeckRS 2017, 142154). Werden Beschäftigte mehrerer ArbGeb an einem Arbeitsplatz tätig, müssen die ArbGeb bei der Durchführung des Arbeitsschutzes zusammenarbeiten 7 und unterliegen wechselseitigen Unterrichts- und Abstimmungspflichten (§ 8 ArbSchG, § 13 BetrSichV). Nach § 11 Abs 6 AÜG obliegen dem Entleiher auch gegenüber dem LeihArbN die öffentlich-rechtlichen Verpflichtungen aus dem Arbeitsschutz (zum Arbeitsschutz beim Einsatz von LeihArbN *Aligbe* ArbRAktuell 14, 146).

8 **8. Pflichten des Arbeitgebers. a) Grundsätze.** Aufgabe des ArbGeb ist es, die **erforderlichen Maßnahmen** des Arbeitsschutzes unter Berücksichtigung der Umstände zu treffen, die Sicherheit und Gesundheit der Beschäftigten bei der Arbeit beeinflussen. Diese sind auf ihre Wirksamkeit hin zu kontrollieren und mit dem Ziel stetiger Verbesserung veränderten Gegebenheiten anzupassen. Er hat für die Beachtung des Arbeitsschutzes auf allen Betriebsebenen Sorge zu tragen. Neben diesen Grundpflichten (§ 3 ArbSchG) enthält § 4 ArbSchG allgemeine Vorgaben, an welchen Grundsätzen der Arbeitsschutz auszurichten ist: Arbeit ist so zu gestalten, dass eine Gefährdung möglichst vermieden und die verbleibende Gefährdung möglichst gering gehalten wird; Gefahren sind an ihrer Quelle zu bekämpfen; Arbeitsschutzmaßnahmen müssen mit dem Ziel einer sachgerechten Verknüpfung von Technik, Arbeitsorganisation, sonstigen Arbeitsbedingungen, sozialen Beziehungen und Umwelteinflüssen geplant werden; individuelle Schutzmaßnahmen sind nachrangig zu anderen Maßnahmen; spezielle Gefahren für besonders schutzbedürftige Beschäftigtengruppen, etwa Jugendliche, werdende und stillende Mütter, sind zu berücksichtigen; mittelbar oder unmittelbar geschlechtsspezifisch wirkende Regelungen sind nur zulässig, wenn dies aus biologischen Gründen zwingend geboten ist. Bei allen Maßnahmen sind der **Stand von Technik,** Arbeitsmedizin und Hygiene sowie sonstige gesicherte arbeitswissenschaftliche Erkenntnisse zu berücksichtigen (§ 4 Nr 4 ArbSchG). Sie müssen sich an den aktuellen technischen Möglichkeiten orientieren.

9 **b) Gefährdungsbeurteilung.** Denknotwendig lassen sich Schutzmaßnahmen erst ergreifen, wenn das Gefährdungspotential der Arbeit und ihrer Bedingungen bekannt ist. Dieses ist je nach Art der Tätigkeit zu ermitteln. Bei gleichartigen Arbeitsbedingungen genügt die **Beurteilung** eines Arbeitsplatzes oder einer Tätigkeit (§ 5 ArbSchG). Auch Telearbeitsplätze sind auf ihre Gefährdung hin zu beurteilen (*Aligbe* ArbRAktuell 16, 132). Der ArbGeb sollte zur Wahrnehmung seiner arbeitsschutzrechtlichen Pflichten auf die vertragliche Vereinbarung eines Zugangsrechts zur Wohnung des ArbN hinwirken (vgl auch *Bissels/Meyer-Michaelis* DB 15, 2331). Es sind alle gefahrträchtigen Umstände festzustellen und über das Ob und Wie von Arbeitsschutzmaßnahmen zu entscheiden. Mögliche Gefahrmomente sind beispielhaft in der Vorschrift aufgelistet und können im Übrigen den Verordnungen zum Arbeitsschutz (→ Rn 6) entnommen werden. S *Gefährdungsbeurteilung.*

10 **c) Dokumentation.** Im Interesse der **Transparenz** der betrieblichen Arbeitsschutzpolitik wird der ArbGeb verpflichtet, je nach Art der Tätigkeit und der Zahl der Beschäftigten eine Dokumentation über die Gefährdungsbeurteilung, die Schutzmaßnahmen und ihre Wirksamkeit anzulegen (§ 6 Abs 1 ArbSchG). Wie er der Dokumentationspflicht nachkommt, bleibt ihm überlassen. Von ihrer Zielsetzung her muss sich aus den zu erstellenden Unterlagen jedenfalls für die im Betrieb mit Arbeitsschutz befassten Personen wie auch für die Aufsichtsbehörde die jeweils aktuelle Situation ergeben; die Unterlagen müssen aus sich heraus verständlich sein. Entsprechend der Beschränkung der Beurteilung auf einen exemplarischen Arbeitsplatz/Tätigkeitsbereich genügen beispielhafte Unterlagen. Soweit § 6 Abs 1 Satz 3 aF ArbSchG **Kleinbetriebe,** das sind solche mit nicht mehr als zehn Beschäftigten, von der Dokumentationspflicht vorbehaltlich anderer Rechtsgrundlagen ausgenommen hat, entsprach die Norm nicht dem EU-Recht (EuGH 7.2.02 – Rs C-5/00, NZA 02, 321). Diese sog Kleinbetriebsklausel ist sodann durch das BUK-Neuorganisationsgesetz – BUK-NOG – vom 19.10.13 (BGBl I 13, 3836) gestrichen worden.

11 **d) Kosten.** Kosten für Maßnahmen nach dem ArbSchG darf der ArbGeb nicht den Beschäftigten auferlegen. Nach der ständigen Rspr des BAG sind allerdings individual- und kollektivrechtliche Vereinbarungen über eine **Kostenbeteiligung** zulässig, wenn der ArbGeb über die gesetzlichen Pflichten hinaus die persönliche Schutzausrüstung zur Verfügung stellt, dem ArbN besondere Vorteile mit der Nutzung anbietet und der ArbN frei ist, ob er das Angebot annimmt (BAG 18.8.82 – 5 AZR 493/80, DB 83, 234; 21.8.85 – 7 AZR 199/83, DB 86, 283). Dagegen hat der ArbGeb die Kosten für die Pflichtvorsorgeuntersuchung des ArbN nach der ArbMedVV in vollem Umfang zu tragen, da sie eine Maßnahme des

Arbeitsschutzes ist (LAG RhPf 30.1.14 – 2 Sa 361/13, BeckRS 2014, 68440). Ob sich die Kostentragungspflicht nur auf die Sachkosten des Arbeitsschutzes oder auch auf die Vergütung der zur Umsetzung dieser Arbeitsschutzmaßnahmen durch die ArbN aufgewendeten Zeit (zB für die Anlegung von Schutzkleidung) erstreckt, ist str (für ein umfassendes Verständnis: LAG Hbg 6.7.15 – 8 Sa 53/14, BeckRS 2015, 71656; ebenso *Kohte* AuR 16, 404; krit hierzu *Gaul/Hofelich* NZA 16, 149). Das BAG hat dies nun verneint, da keine Kosten durch die zeitlichen Dispositionen des ArbN entstünden, die ihm auferlegt werden könnten (BAG 13.12.16 – 9 AZR 574/15, NZA 17, 459).

**e) Unterweisung der Beschäftigten.** Sicherheit am Arbeitsplatz setzt Kenntnis der 12
Beschäftigten der Gefahrmomente voraus. Der ArbGeb muss daher geeignete Anweisungen erteilen (§ 4 Nr 7 ArbSchG), insbes bei Arbeiten in besonders **gefährlichen Arbeitsbereichen** (§ 9 Abs 1 ArbSchG). Die Maßnahmen sind zu erläutern. Dabei sind die besonderen Anordnungen der EinzelVO zu beachten. Die arbeitsplatzbezogene Unterweisung nach § 12 Abs 1 ArbSchG muss bei der Einstellung erfolgen und bei Veränderungen im Arbeitsbereich angepasst werden (*Aligbe* ArbRAktuell 17, 323). Im Bereich der ArbN-Überlassung hat der Entleiher die erforderlichen Unterweisungen vorzunehmen (§ 12 Abs 2 ArbSchG). Bei der **Übertragung von Aufgaben** ist darauf zu achten, dass die Beschäftigten körperlich (zB Seh- oder Hörschwierigkeiten) und intellektuell in der Lage sind, die Sicherheits- und Gesundheitsschutzregeln einzuhalten (§§ 7 und 9 Abs 2 ArbSchG). Sicherzustellen ist, dass der ArbN selber bei unmittelbar erheblicher Gefahr die geeigneten Schutzmaßnahmen ergreifen kann und sich ggf durch sofortiges **Verlassen des Arbeitsplatzes** in Sicherheit bringen kann. Aus seinem Handeln dürfen ihm keine Nachteile entstehen (§ 9 Abs 2 und 3 ArbSchG).

**9. Pflichten und Rechte der Beschäftigten. a) Allgemeine Pflichten.** „Die besten 13
Schutzvorkehrungen nutzen nichts, wenn sich die Beschäftigten nicht sicherheitsgerecht verhalten" (BT-Drs 13/3540). § 15 ArbSchG schreibt dementsprechend fest, dass der ArbN verpflichtet ist, für seine Sicherheit und Gesundheit bei der Arbeit zu sorgen. Maßstab sind seine Möglichkeiten sowie die Unterweisungen und Weisungen des ArbGeb. Der ArbN hat außerdem auch für die Personen Sorge zu tragen, die von seinen Handlungen oder Unterlassungen bei der Arbeit betroffen sind. In diesem Rahmen sind insbes Maschinen, Geräte, Werkzeuge, Arbeitsstoffe, Transportmittel und sonstige Arbeitsmittel sowie Schutzvorrichtungen und die zur Verfügung gestellten persönliche Schutzausrüstung bestimmungsgemäß zu verwenden. Ein wiederholter Verstoß gegen Sicherheitsvorschriften kann nach Abmahnung eine ordentliche verhaltensbedingte Kündigung rechtfertigen (LAG RhPf 14.4.05 – 11 Sa 810/04, NZA-RR 06, 194: Sicherheitsgurt bei Arbeiten mit Absturzgefahr; LAG RhPf 20.9.07 – 11 Sa 207/07, BeckRS 2008, 51292).

**b) Besondere Unterstützungspflichten.** Der ArbN muss dem ArbGeb oder dem 14
zuständigen Vorgesetzten jede von ihm festgestellte unmittelbar erhebliche Gefahr für die Sicherheit und Gesundheit sowie jeden an den Schutzsystemen festgestellten Defekt unverzüglich melden; er soll die Mitteilung auch dem Betriebsarzt, der Fachkraft für Arbeitssicherheit und den nach § 22 SGB VII bestellten Sicherheitsbeauftragten machen. Gemeinsam mit dem Betriebsarzt und der Fachkraft für Arbeitssicherheit hat der ArbN den ArbGeb bei der Gewährleistung des Arbeitsschutzes zu unterstützen (§ 16 ArbSchG).

**c) Rechte der Beschäftigten.** § 17 Abs 1 ArbSchG spricht eine Selbstverständlichkeit 15
an: Der ArbN ist berechtigt, dem ArbGeb Vorschläge zu allen Fragen der Sicherheit und des Gesundheitsschutzes zu machen. Ihm steht ferner das Recht zur **Beschwerde** zu (hierzu ausführlich *Aligbe* ArbRAktuell 14, 242; *Wiebauer* NZA 15, 22). Dabei kann er sich auch an die **zuständige Behörde** wenden, wenn er aufgrund konkreter Anhaltspunkte der Auffassung ist, dass die vom ArbGeb getroffenen Maßnahmen und bereitgestellten Mittel nicht ausreichen, um die Sicherheit und den Gesundheitsschutz bei der Arbeit zu gewährleisten. Der Weg der außerbetrieblichen Beschwerde darf erst beschritten werden, wenn innerbetriebliche Lösungen vom ArbGeb verweigert werden und er entsprechenden Beschwerden des ArbN nicht abhilft. Dem ArbN darf hieraus kein Nachteil entstehen (§ 17 Abs 2 ArbSchG). Das ArbSchG regelt nicht die Voraussetzungen, unter denen dem ArbN wegen Arbeitsschutzmängeln ein Zurückbehaltungsrecht zusteht. Es gelten daher die allgemeinen Grundsätze (→ *Zurückbehaltungsrecht* Rn 3 f und → *Leistungsverweigerungsrecht* Rn 10 f).

16 **d) Vorschlagsrecht.** Der **Arbeitnehmer** hat außerdem **gegenüber dem Betriebsrat** nach § 86a BetrVG ein Vorschlagsrecht. Gesundheitsschutz und Arbeitssicherheit können sich als Thema anbieten. Der BRat hat einen Vorschlag fristgebunden, nämlich innerhalb von zwei Monaten, dann auf die Tagesordnung einer Sitzung zu setzen, wenn der Vorschlag von mindestens 5 % der ArbN des Betriebs unterstützt wird.

17 **e) Anspruch auf Gefährdungsbeurteilung.** Der einzelne ArbN hat nach § 5 ArbSchG iVm § 618 Abs 1 BGB grds einen Anspruch auf Durchführung einer *Gefährdungsbeurteilung.* Er kann dem ArbGeb aber nicht vorgeben, nach welchen Merkmalen die Gefährdungsbeurteilung durchzuführen ist (BAG 12.8.08 – 9 AZR 1117/06, DB 08, 2030). Die Beschränkung des individualrechtlichen Anspruchs folgt aus dem Handlungs- und Beurteilungsspielraum des ArbGeb sowie dem Mitbestimmungsrecht des BRat. Eine weitere Begrenzung dürfte sich aus der gebotenen Beachtung des Stands der Technik ergeben.

18 **10. Rechte des Betriebsrats. a) Beteiligung.** Dem BRat stehen nach § 80 Abs 1 Nr 1 und Nr 2 BetrVG und § 90 BetrVG für die Einhaltung der Unfallverhütungs- und Arbeitsschutzbestimmungen allgemeine Kontroll-, Beratungs- und Informationsrechte zu. Maßnahmen des Arbeitsschutzes und des betrieblichen Umweltschutzes sind zu fördern (§ 80 Abs 1 Nr 9 BetrVG). Bedeutung gewinnt diese ausdrückliche Aufgabenzuweisung aus den sich nach § 80 Abs 2 BetrVG ergebenden Pflichten des ArbGeb. Er hat den BRat nicht nur rechtzeitig und umfassend über Maßnahmen des Arbeitsschutzes zu unterrichten. Er hat ihm außerdem ArbN als **sachkundige Auskunftspersonen** zur Verfügung zu stellen, soweit das zur ordnungsgemäßen Aufgabenerfüllung erforderlich ist. Im Bereich des Arbeitsschutzes bieten sich als Auskunftspersonen wegen ihrer besonderen Fachkunde zunächst die **Betriebsbeauftragten** und die **Fachkräfte für Arbeitssicherheit** an (*Betriebsbeauftragte*). Daneben kommt grds jeder andere im Betrieb beschäftigte **Arbeitnehmer** in Betracht (→ *Auskunftspflichten Arbeitgeber* Rn 11 f; → *Sachverständiger* Rn 3 umfassend: *Lützeler* öAT 16, 241).

19 **b) Mitbestimmungsrechte.** Nach § 87 Abs 1 Nr 7 BetrVG hat der BRat mitzubestimmen bei (generellen) Regelungen über die Verhütung von Arbeitsunfällen und Berufskrankheiten sowie über den **Gesundheitsschutz** (zur Mitbestimmung: *Dahl* BB 18, 1972; *Lützeler* ArbRAktuell 15, 545; umfassend *Wiebauer* RdA 19, 41; *Lüders/Weller* BB 16, 116). Das Mitbestimmungsrecht bezieht sich auf Maßnahmen des Arbeitgebers zur Verhütung von Gesundheitsschäden, die Rahmenvorschriften konkretisieren. Es setzt ein, wenn eine gesetzliche Handlungspflicht objektiv besteht und mangels einer zwingenden gesetzlichen Vorgabe betriebliche Regelungen verlangt, um das vorgegebene Ziel des Arbeits- und Gesundheitsschutzes zu erreichen. Unerheblich ist, ob die Rahmenvorschriften dem Gesundheitsschutz mittelbar oder unmittelbar dienen (BAG 18.7.17 – 1 ABR 59/15, NZA 17, 1615). Der Begriff „Regelung" ist weit auszulegen. Er erfasst nicht nur die Aufstellung einer normativen Ordnung, sondern auch technische und organisatorische Maßnahmen des ArbGeb. Ausgeschlossen ist die Mitbestimmung bei typischen Einzelmaßnahmen. Dazu gehört die Übertragung der dem ArbGeb obliegenden Aufgaben auf Dritte nach § 13 Abs 2 ArbSchG (BAG 18.8.09 – 1 ABR 43/08, NZA 09, 1434). Etwas anderes gilt, wenn es sich nicht um eine Einzelmaßnahme, sondern um eine Organisationsentscheidung handelt, etwa die Schaffung einer Aufbau- und Ablauforganisation zum Gesundheitsschutz (zur Differenzierung BAG 18.3.14 – 1 ABR 73/12 – NZA 14, 855: Übertragung der Unternehmerpflichten auf die Meister im Unternehmen). Die – mitbestimmungsfreie – Aufgabenübertragung auf Dritte nach § 13 Abs 2 ArbSchG schließt die Mitbestimmung des BRat hinsichtlich der durch Betriebsvereinbarung zu treffenden Regelungen über die Gefährdungsbeurteilung und die Unterweisung nach § 12 ArbSchG aber nicht aus (BAG 30.9.14 – 1 ABR 106/12, NZA 15, 314). Die angerufene Einigungsstelle ist jedenfalls nicht offensichtlich unzuständig iSv § 100 ArbGG (LAG SchlHol 8.2.12 – 6 TaBV 47/11, BeckRS 2012, 66427 m Anm *Eisele* ArbRAktuell 12, 125; zu § 100 ArbGG → Rn 21, 25).

20 Das Beteiligungsrecht besteht „im Rahmen der gesetzlichen Vorschriften oder der UVV". Es setzt damit einen vom ArbGeb ausfüllungsbedürftigen Spielraum voraus, der immer dann gegeben ist, wenn das Schutzziel durch Generalklauseln bestimmt ist oder mehrere Möglichkeiten bestehen, den Gesundheitsschutz zu gewährleisten (BAG 16.9.98 – 1 ABR 68/97, NZA 99, 49; Beispiele derartiger Vorschriften bei *Klein/Baumgarten* ArbRAktuell 17, 110).

Mitbestimmungsrechte des BRat bestehen daher für die Einzelheiten der **Gefährdungsbeurteilung** nach § 5 ArbSchG und die Unterweisung der ArbN nach § 12 ArbSchG (BAG 30.9.14 – 1 ABR 106/12, NZA 15, 314; 11.2.14 – 1 ABR 72/12, BeckRS 2014, 69880; 8.11.11 – 1 ABR 42/10, BeckRS 2012, 67026; 8.6.04 – 1 ABR 13/03, NZA 04, 620; LAG Hbg 20.1.15 – 2 TaBVGa 1/15, BeckRS 2015, 68466; *Schwede* ArbRAktuell 16, 82 und *Lüders/Weller* BB 16, 116 zum Mitbestimmungsrecht bei Belegschaftsbefragungen mit Gesundheitsbezug) sowie Einzelheiten der Dokumentation nach § 6 ArbSchG (BAG 13.8.19 – 1 ABR 6/18, BeckRS 2019, 27005; LAG SchlHol 17.12.99 – 5 TaBv 27/99, AiB 2000, 630; LAG Hbg 21.9.2000 – 7 TaBV 3/98, NZA-RR 01, 190; zur Zuständigkeit der Einigungsstelle BAG 13.8.19 – 1 ABR 6/18, BeckRS 2019, 27005; ArbG Mannheim 27.4.98 – 9 BV 18/97, AiB 98, 474). Das Mitbestimmungsrecht besteht nach neuester Rspr des BAG aber weder aus § 87 Abs 1 Nr 7 BetrVG iVm § 5 ArbSchG noch iVm § 3 ArbSchG, wenn der ArbGeb die ArbN systematisch mit Bezug zum Gesundheitsschutz befragen will (BAG 11.12.18 – 1 ABR 13/17, BeckRS 2018, 40730; 21.11.17 – 1 ABR 47/16, NZA 18, 380; aA LAG Hess 29.8.04 – 5 TaBVGa 91/02, NZA-RR 05, 30 Ls). Ein zwingendes Mitbestimmungsrecht nach § 87 Abs 1 Nr 7 BetrVG besteht hingegen bei der Frage, wie viele Sicherheitsbeauftragte nach § 22 SGB VII zu bestellen sind (*Hülsemann* ArbRAktuell 15, 270). Ein Mitbestimmungsrecht besteht weiter bei der Bestimmung der Aufgaben der betriebsärztlichen Fachkraft und der Fachkraft für Arbeitssicherheit und deren Aufteilung (LAG BlnBbg 7.7.16 – 21 TaBV 195/16 BeckRS 2016, 73891). Der BRat kann jedoch weder aus § 87 Abs 1 Nr 7 BetrVG noch aus § 11 ASiG vom ArbGeb die Einrichtung eines Arbeitsschutzausschusses verlangen (BAG 15.4.14 – 1 ABR 82/12, BeckRS 2014, 70341; *Aligbe* ArbRAktuell 19, 410), da das Gesetz dem ArbGeb insoweit keinen Handlungsspielraum belässt. Aus demselben Grund besteht auch kein Mitbestimmungsrecht nach § 87 Abs 1 Nr 7 BetrVG bei der Teilnahmepflicht des Betriebsarztes und der Fachkraft für Arbeitssicherheit an den gesetzlich vorgesehenen Mindestsitzungen des Arbeitsschutzausschusses (BAG 8.12.15 – 1 ABR 83/13, NZA 16, 504). Ein Mitbestimmungsrecht besteht bei der Ergreifung „geeigneter Maßnahmen" in Bezug auf Bildschirmarbeitsplätze iSd früheren § 4 Abs 1 BildscharbV (nunmehr Anhang 6 zur Arbeitsstättenverordnung) (LAG Nds 11.1.17 – 13 TaBV 109/15, BeckRS 2017, 103691 mit Anm *Pieper* AuR 19, 426). Soweit Regelungen über den Gesundheitsschutz auf der Grundlage von § 3 ArbSchG getroffen werden sollen, setzt dies das Vorliegen von konkreten Gefährdungen voraus, die entweder feststehen (zB aufgrund gesicherter arbeitswissenschaftlicher oder betrieblicher Erkenntnisse) oder im Rahmen einer Gefährdungsbeurteilung festzustellen sind, denn nur dann werden konkrete Handlungspflichten des ArbGeb ausgelöst (BAG 25.4.17 – 1 ABR 46/15, BeckRS 2017, 121908; 28.3.17 – 1 ABR 25/15, BeckRS 2017, 119894; ausführlich *Oberberg/Hien* NZA 18, 18). Auch wenn keine Gefährdungsbeurteilung erfolgt ist, kann eine Gefährdung daher aufgrund anderweitiger Erkenntnisse feststehen (s hierzu den Fall zu LAG Köln v 20.8.18 – 9 TaBV 32/18, BeckRS 2018, 25278: Übergriffe von Heimbewohnern in einem Behindertenheim). Zu den nach § 87 Abs 1 Nr 7 BetrVG mitbestimmten betrieblichen Regelungen über den Gesundheitsschutz können außerdem die in § 3a ArbStättV und in §§ 4, 5 und 6 BetrSichV festgelegten Verpflichtungen des ArbGeb gehören (BAG 18.7.17 – 1 ABR 59/15, NZA 17, 1615; 28.3.17 – 1 ABR 25/15, BeckRS 2017, 119894). Mit Hilfe des Mitbestimmungsrechts aus § 87 Abs 1 Nr 7 BetrVG kann der BRat allerdings keinen Vorgaben zur Mindestbesetzung (etwa von Pflegepersonal) erzwingen, da die Personalplanung nicht der zwingenden Mitbestimmung unterliegt (LAG SchlHol 25.4.18 – BeckRS 2018, 7727, nrkr). Im Einzelfall kommt die Zuständigkeit des GBRat in Betracht *(Gesamtbetriebsrat)*. Eine mitbestimmungswidrige Maßnahme ist unwirksam. So darf der ArbGeb ein ohne Beteiligung des BRat erstelltes Handbuch mit Arbeitsanweisungen zur Unfallverhütung nicht verwenden (BAG 16.9.98 – 1 ABR 68/97, NZA 99, 49). Bei der **Arbeitnehmerüberlassung** ist der BRat des Entleiherbetriebs für die Wahrnehmung des Mitbestimmungsrechts aus § 87 Abs 1 Nr 7 BetrVG bei der Regelung über die Anforderungen an eine Schutzkleidung für die LeihArbN zuständig, nicht aber der BRat des Verleiherbetriebs (BAG 7.6.16 – 1 ABR 25/14, BeckRS 2016, 73505). Letzterer hat daher ohne konkreten Anlass keinen Anspruch auf Zutritt zum Betrieb des Verleihers, um sich ein eigenes Bild von der Einhaltung der Arbeitsschutzvorschriften zu machen (BAG 15.10.14 – 7 ABR 74/12, NZA 15, 560).

Dagegen verneint das BVerwG in st Rspr ein Mitbestimmungsrecht des PersRat bei der Erstellung der Gefährdungsbeurteilung (zuletzt BVerwG 5.3.12 – 6 PB 25/11, NZA-RR 12, 447 m krit Anm *Baden* PersRat 12, 351). Es handele sich um keine „Maßnahme" iSv § 75 Abs 3 Nr 11 BPersVG „zur Verhütung von Dienst- und Arbeitsunfällen und sonstigen Gesundheitsschäden", sondern diene lediglich deren Vorbereitung. Vgl auch OVG NRW 23.5.12 – 20 A 875/11 PVB, BeckRS 2012, 53197: kein Beteiligungsrecht bei der Dauer von Beratungszeiten, das vom PersRat zur Vermeidung psychischer Belastungen der ArbN (Stress/Arbeitsagentur) geltend gemacht wird.

21 **c) Einigungsstelle.** Wie stets bei mitbestimmungspflichtigen Angelegenheiten nach § 87 Abs 1 BetrVG kann bei fehlender Einigung der Betriebspartner die ***Einigungsstelle*** angerufen werden. Dabei ist zu beachten, dass Grundlage jeder auf die Sicherheit am Arbeitsplatz abzielender Maßnahme die zwingend zu erstellende arbeitsplatzbezogene **Gefährdungsbeurteilung** ist. Solange sie nicht vorliegt, kann die Einigungsstelle keine allgemeinen Regelungen zur Unterweisung der ArbN (§ 12 ArbSchG) zum richtigen Umgang mit Arbeitsmitteln oder zur Arbeitsorganisation aufstellen (BAG 11.1.11 – 1 ABR 104/09, NZA 11, 651). Gleiches gilt, wenn die Einigungsstelle Regelungen über den Gesundheitsschutz auf der Grundlage von § 3 ArbSchG treffen soll. Insoweit müssen bereits konkrete Gefährdungen festgestellt sein. Nur dann kann die Einigungsstelle die zu treffenden Regelungen an ihnen ausrichten. Ob solche Gefährdungen vorliegen, kann sie hingegen nicht beurteilen (BAG 25.4.17 – 1 ABR 46/15, BeckRS 2017, 121908). Ein „Teilspruch", der lediglich allgemeine Bestimmungen enthält, stellt daher keine sinnvolle und in sich geschlossene Regelung dar. Er ist unwirksam (BAG 8.11.11 – 1 ABR 42/10, BeckRS 2012, 67026). Nach LAG Köln (20.10.17 – 9 TaBV 66/17, BeckRS 2017, 132847) ist eine Einigungsstelle zur Regelung der Durchführung einer Gefährdungsbeurteilung mit drei Beisitzern je Seite zu besetzen. Soweit der Spruch der Einigungsstelle zur Durchführung einer Gefährdungsbeurteilung psychische Belastungen einen Mustererhebungsbogen vorsieht, muss dieser einen hinreichenden Bezug zu den betrieblichen Verhältnissen aufweisen (LAG SchlHol 16.1.18 – 1 TaBV14/17, BeckRS 2018, 3695).

22 **d) Unterstützung/Beratung.** Dem BRat obliegt nach § 89 BetrVG bei der Bekämpfung von Unfall- und Gesundheitsgefahren die für den Arbeitsschutz zuständigen Behörden, Träger der gesetzlichen UV und sonstige in Betracht kommende Stellen durch Anregung, Beratung und Auskunft zu **unterstützen** und sich für die Durchführung der Vorschriften **einzusetzen**. Gegenläufig sind ArbGeb und die zuständigen Stellen verpflichtet, den BRat oder die von ihm bestimmten Mitglieder bei allen im Zusammenhang mit dem Arbeitsschutz oder mit der Unfallverhütung stehenden Besichtigungen und Fragen und bei Unfalluntersuchungen hinzuzuziehen. Der ArbGeb hat dem BRat unverzüglich die den Arbeitsschutz und die Unfallverhütung betreffenden Auflagen und Anordnungen mitzuteilen (§ 89 Abs 1 und 2 BetrVG).

23 **e) Einbindung in das Betriebsgeschehen.** An Besprechungen des ArbGeb mit Sicherheitsbeauftragten oder Sicherheitsausschuss der BG nehmen vom BRat **beauftragte Betriebsratsmitglieder** teil. Niederschriften über Untersuchungen, Besichtigungen und Besprechungen, zu denen er heranzuziehen ist, sind ihm vom ArbGeb zuzuleiten. Das gilt auch für die Aushändigung einer Durchschrift der Unfallanzeige (§ 89 Abs 6 BetrVG, hierzu BAG 12.3.19 – ABR 48/17, NZA 19, 850). Ein eigenes Ermittlungsrecht zum Unfallhergang kann der BRat hingegen aus § 89 Abs 2 S 1 BetrVG nicht herleiten (BAG 12.3.19 – 1 ABR 48/17, NZA 19, 850). Bei der Planung von Bauvorhaben, technischen Anlagen, Arbeitsverfahren und Arbeitsabläufen und der Arbeitsplätze ist der BRat zu unterrichten und die Vorhaben sind mit ihm zu beraten (§ 90 BetrVG). Es soll sichergestellt werden, dass die gesicherten arbeitswissenschaftlichen Kenntnisse über die menschengerechte Gestaltung der Arbeit auch tatsächlich in die Überlegungen einbezogen werden.

Ein **erzwingbares Mitbestimmungsrecht** erwirbt der BRat in diesem Zusammenhang, wenn der ArbGeb durch Änderung der Arbeitsplätze, des Arbeitsablaufs oder der Arbeitsumgebung den gesicherten arbeitswissenschaftlichen Erkenntnissen über die menschengerechte Gestaltung der Arbeit offensichtlich widerspricht und dadurch die ArbN in besonderer Weise belastet werden. Dann kann der BRat angemessene Maßnahmen zur Abwendung, Milderung oder zum Ausgleich der Belastung verlangen. Bei fehlender Einigung entscheidet die Einigungsstelle (§ 91 BetrVG). Durch **freiwillige Betriebsverein-**

**barungen** können zusätzliche Maßnahmen zur Verhütung von Arbeitsunfällen und Gesundheitsbeschädigungen jederzeit geregelt werden (§ 88 Nr 1 BetrVG).

**f) Sonstiges.** Zu **Schulungsveranstaltungen** über Arbeitsschutz und Unfallverhütung als erforderlich iSd § 37 Abs 6 BetrVG → *Betriebsratsschulung* Rn 3. Zum Anspruch auf Überlassung von einschlägigen **Fachzeitschriften** → *Betriebsratskosten* Rn 23. 24

**g) Prozessuales.** Die Beteiligungsrechte des BRat sind vor dem ArbG geltend zu machen. Anträge auf Feststellung des Bestehens von Mitbestimmungsrechten in Fragen des Gesundheitsschutzes bedürfen besonders sorgfältiger Formulierung. Sie müssen dem **Bestimmtheitsgebot** des § 253 ZPO genügen. Im Antrag ist deshalb die Maßnahme des ArbGeb oder der betriebliche Vorgang, für die das Mitbestimmungsrecht reklamiert wird, so genau zu bezeichnen, dass mit der Entscheidung nicht zweifelhaft ist, welches Regelungsverlangen konkret erfasst wird (BAG 15.1.02 – 1 ABR 13/01, NZA 02, 995; BAG 11.6.02 – 1 ABR 44/01, DB 02, 2727; BAG 8.6.04 – 1 ABR 13/03, NZA 04, 620). Anträge auf **Bestellung des Vorsitzenden** einer Einigungsstelle und die Festlegung der Anzahl der Beisitzer können nach § 100 Abs 1 Satz 2 ArbGG nur bei deren offensichtlicher Unzuständigkeit zurückgewiesen werden; verneint für den Regelungsgegenstand „Ausgleich von Belastungen durch stehende Tätigkeit" in einem Bekleidungsgeschäft, da Beteiligungsrechte nach § 87 Abs 1 Nr 7 BetrVG (Gesundheitsschutz) in Betracht kommen (LAG Nds 21.1.11 – 1 TaBV 68/10, NZA-RR 11, 247). Wird die Einsetzung einer Einigungsstelle mit dem Regelungsstand „Organisatorische Regelungen des Arbeitsschutzausschusses" beantragt, so ist ebenfalls nicht erkennbar, was iE geregelt werden soll. Der Antrag ist zu unbestimmt (LAG SchlHol 21.1.14 – 1 TaBV 47/13, BeckRS 2014, 67279). Der BRat kann gegen mitbestimmungswidrige Maßnahmen im Gesundheits- und Arbeitsschutz grundsätzlich Unterlassung im **einstweiligen Rechtsschutz** begehren. Eine Einschränkung gilt jedoch dann, wenn durch eine Unterlassungsverfügung vorübergehend bis zum Zustandekommen einer mitbestimmten Regelung der Arbeitsschutz schlechter als durch die von dem ArbGeb einseitig getroffenen Maßnahmen gewährleistet wäre (LAG Düsseldorf 9.1.18 – 3 TaBVGa 6/17, NZA-RR 18, 386). 25

## B. Lohnsteuerrecht *Seidel*

**1.** Zur **steuerrechtlichen Arbeitnehmereigenschaft** der Fachkraft für Arbeitssicherheit bzw des Sicherheitsbeauftragten → *Betriebsbeauftragte* Rn 28, des Betriebsarztes → *Betriebsarzt* Rn 21. 26

**2.** Die **unentgeltliche Bereitstellung** von Schutzkleidung, Schutzbrillen uÄ durch den ArbGeb stellt grds keinen Arbeitslohn des ArbN dar. Dies gilt ebenso für die Erstattung von Aufwendungen des ArbN hierfür durch den ArbGeb. Einer ausdrücklichen Steuerfreistellung hinsichtlich der typischen Berufskleidung (§ 3 Nr 31 EStG; LStR 3.31) hätte es daher nicht bedurft (*Schmidt/Heinicke* § 3 Arbeitskleidung; → *Arbeitskleidung* Rn 17, 24, 25). 27

**3.** Zu **Schadensersatzleistungen** des ArbGeb → *Fürsorgepflicht* Rn 24; → *Arbeitsentgelt* Rn 54 ff; → *Arbeitgeberhaftung* Rn 20 sowie → *Arbeitsunfall* Rn 23. Wird der ArbGeb vom UVTräger in **Regress** genommen (→ Rn 32), ist dies lohnsteuerlich unbeachtlich, die Aufwendungen sind jedoch als Betriebsausgaben abzugsfähig. **Geldbußen** und **Geldstrafen** kann der ArbGeb nicht als Betriebsausgaben abziehen (§ 4 Abs 5 Nr 8 EStG). Zur Haftung des ArbN → *Arbeitnehmerhaftung* Rn 27; bei Regress des UVTrägers gegenüber dem ArbN (→ Rn 32) gilt dies entsprechend. Zu **Unfallversicherungsleistungen** s BMF 28.10.09, BStBl I 09, 1275; → *Unfallrente* Rn 7 ff. 28

## C. Sozialversicherungsrecht *Ruppelt*

**1. Autonomer Arbeitsschutz** ist im Gegensatz zum staatlichen Arbeitsschutz (→ Rn 2 ff) Aufgabe der selbstverwalteten Träger der gesetzlichen UV **(Berufsgenossenschaften).** Es gilt insoweit ein erweiterter Arbeitsschutzbegriff, der die Verhütung **arbeitsbedingter Gesundheitsgefahren** einbezieht. Ihre arbeitsschutzrechtlichen Aufgaben nehmen die UVTräger in erster Linie durch den Erlass von **Berufsgenossenschaftlichen Vorschriften (UVV)** wahr. Die UVTräger ergänzen und konkretisieren das staatliche Arbeitsschutzrecht durch diese autonome Vorschriften, welche die Besonderheiten der 29 jeweiligen Gewerbezweige berücksichtigen und konkrete Maßnahmen und Verhaltensweisen vorschreiben, soweit die staatlichen Arbeitsschutzvorschriften keine Regelungen treffen. Die UVTräger erlassen Vorschriften über (1) Einrichtungen, Anordnungen und Maßnahmen, welche die Unternehmer zur Verhütung von Arbeitsunfällen zu treffen haben, sowie die Form der Übertragung dieser Aufgaben auf andere Personen, (2) das Verhalten, das die Versicherten zur Verhütung von Arbeitsunfällen zu beobachten haben, (3) ärztliche Untersuchungen von Versicherten, die vor der Beschäftigung mit Arbeiten durchzuführen sind, deren Verrichtung mit Unfall- oder Gesundheitsgefahren für sie oder Dritte verbunden ist, (4) die Maßnahmen, die der Unternehmer zur Erfüllung der sich aus dem Gesetz über Betriebsärzte, Sicherheitsingenieure und andere Fachkräfte für Arbeitssicherheit ergebenden Pflichten zu treffen hat (§ 15 Abs 1 SGB VII). Grundlagenvorschriften für die Unfallverhütung sind die „Grundsätze der Prävention“ (DGUV-Vorschrift 1). Die dort getroffenen Regelungen gelten für alle Branchen und enthalten die wesentlichen Bestimmungen über die Organisation des Arbeitsschutzes und über die im Betrieb zu treffenden Präventionsmaßnahmen.

30 **2. Rechtscharakter.** Die ordnungsgemäß von Fachausschüssen erarbeiteten, von der Vertreterversammlung der UVTräger beschlossenen und vom BMA genehmigten (§ 15 Abs 4 SGB VII) UVV sind für die Mitglieder und Versicherten **normativ verbindlich**. Diese untergesetzlichen Vorschriften stellen den kraft öffentlicher Gewalt festgeschriebenen Niederschlag der in einem Gewerbe gemachten Betriebserfahrungen dar. Sie zeigen typische Gefährdungsmöglichkeiten eines Gewerbebetriebes auf und verlangen vom Unternehmer mit verbindlicher Kraft, diese durch die geforderten Sicherheitsmaßnahmen auszuschließen. Die **Durchführungsanordnungen** zu den UVV haben keinen Normcharakter, sondern enthalten Anwendungsregeln, die den Stand der Technik wiedergeben.

31 Bei den UVVorschriften handelt es sich um **Mindestnormen,** deren Standard nicht durch innerbetriebliche Vereinbarungen unterschritten werden darf, so dass auch die Mitbestimmung des BRats hier ihre Grenze findet.

32 **3. Rechtsfolgen der Nichtbeachtung von Unfallverhütungsvorschriften** können sich in verschiedener Form ergeben. Handelt der Unternehmer der Vorschrift zuwider, die eine bestimmte Betriebsgefahr ausschließen soll, und tritt an der Gefahrstelle ein Unfall ein, so spricht die Vermutung dafür, dass der Unfall bei Beachtung der Vorschriften vermieden worden wäre. Gelingt der Gegenbeweis nicht, ist regelmäßig ein **Schadensersatzanspruch** des Geschädigten nach § 823 Abs 1 BGB begründet. Hinsichtlich der Personenschäden der ArbN des Unternehmens gilt der Haftungsausschluss des § 104 Abs 1 Satz 1 SGB VII für fahrlässiges Handeln des Unternehmers. Eine entsprechende Regelung findet sich in § 105 Abs 1 Satz 1 SGB VII für die Haftung des ArbN gegenüber Arbeitskollegen (→ *Betrieb (Begriff)* Rn 34 ff). Allerdings kommt ein Regressanspruch des UVTrägers bei grob fahrlässigen Verstößen gegen die UVV in Betracht (§ 110 Abs 1 SGB VII). Der Regress kann sich auch gegen technische oder kaufmännische Leiter eines Unternehmens richten, wenn diese die Einhaltung der Vorschriften nicht ausreichend überwacht haben. Für Streitigkeiten aufgrund der Überwachung der Maßnahmen zur Prävention durch die UVTräger sind die **Verwaltungsgerichte** zuständig (§ 51 Abs 1 Nr 3 SGG).

33 Die Nichtbeachtung der UVV kann als **Ordnungswidrigkeit** verfolgt werden (§ 209 SGB VII) bzw bei Personenschäden eine **strafrechtliche** Verantwortung sowohl des Unternehmers als auch des ArbN begründen, wenn infolge der Nichtbeachtung der Vorschriften ein Unfall eintritt. **Arbeitsrechtlich** ist der ArbN nicht verpflichtet, die ihm nach seinem Arbeitsvertrag obliegenden Tätigkeiten auszuüben, wenn dies nur unter Außerachtlassung von Bestimmungen der BG-Vorschriften möglich ist.

34 **4. Einzelanordnungen.** Die Aufsichtspersonen der UVTräger können im Einzelfall anordnen, welche Maßnahmen Unternehmer oder Versicherte zur Erfüllung ihrer Pflichten aufgrund der UVV oder zur Abwendung besonderer Unfall- und Gesundheitsgefahren zu treffen haben. Bei Gefahr im Verzug können sofort vollziehbare Anordnungen zur Abwendung von arbeitsbedingten Gefahren für Leben und Gesundheit erlassen werden (§ 19 Abs 1 SGB VII). Die ausgedehnten Befugnisse der Aufsichtspersonen der UVTräger zur Überwachung der Maßnahmen zur Verhütung von Arbeitsunfällen, Berufskrankheiten, arbeitsbedingten Gesundheitsgefahren und für eine wirksame erste Hilfe ergeben sich aus § 19

Abs 2 SGB VII (Duldung von Maßnahmen zu jeder Tag- und Nachtzeit in Wohnungen und Geschäftsräumen).

## Arbeitsstätte

### A. Arbeitsrecht

*Poeche*

**1. Einführung.** Aufgabe des Arbeitsschutzes ist ua die gefahrlose und hygienische Gestaltung des Arbeitsplatzes und seiner Umgebung. Einzelheiten regeln vor allem die **ArbStättV** v 25.8.04 (BGBl I 04, 2179) idF v 18.10.17 (BGBl I, 3584) und die UVV der BG. Weitergehende Anforderungen ergeben sich ua aus den Bauvorschriften der Länder und bei personenbedingt erhöhten Risiken, zB § 9 MuSchG. Die Festlegung von einheitlichen und flexiblen Grundpflichten soll dem ArbGeb Spielraum für situationsangepasste Arbeitsschutzmaßnahmen verschaffen. Zugleich dienten die Änderungen der ArbStättV 2004 und 2010 der (teils ergänzenden) Umsetzung mehrerer europäischer Richtlinien über die Mindestvorschriften für Sicherheit und Gesundheitsschutz. Enthielt die ArbStättV aF vielfach messbare Bedingungen, werden die Anforderungen nunmehr fast ausschließlich abstrakt durch Verwendung unbestimmter Rechtsbegriffe formuliert. **Schutzziel** sind **Sicherheit und Gesundheit** der Beschäftigten beim Einrichten und Betreiben von Arbeitsstätten (§ 1 ArbStättV). Am 3.12.16 ist nach langem Streit die novellierte ArbStättV in Kraft getreten (BGBl I, 266 s hierzu *Düwell* jurisPR-ArbR 41/2016 Anm 1; *Aligbe* ArbRAktuell 16, 596; *Wiebauer* NZA 17, 220). Sie ist nun in Inhalt und Aufbau an die Gesamtkonzeption des ArbSchG und der anderen Arbeitsschutzverordnungen angepasst worden. Die Inhalte der Bildschirmarbeitsverordnung wurden in die neue Verordnung integriert (nunmehr Anh 6, s hierzu *Aligbe* ArbRAktuell 17, 585). Es finden sich nun auch ausdrückliche Regelungen für Telearbeitsplätze, die nach früher hA nicht von der VO erfasst wurden. Das sog mobile Arbeiten wird allerdings, wie die Begründung in der Bundesrats-Drs 506/16 vom 23.9.16 ausdrücklich klarstellt, vom Anwendungsbereich nicht erfasst. Konkretisiert wurden die Regelungen zur Unterweisung der ArbN. 1

**2. Aufbau/Anwendungsbereich.** Die ArbStättV gliedert sich in einen Vorschriftenteil und einen Anhang, in dem Anforderungen und Maßnahmen für Arbeitsstätten formuliert werden. Der Anhang wird konkretisiert durch **Technische Regeln für Arbeitsstätten (ASR),** die die früher geltenden **Arbeitsstättenrichtlinien** spätestens zum 31.12.12 abgelöst haben. Soweit für die ungültig gewordenen Arbeitsstättenrichtlinien noch keine entsprechenden Arbeitsstättenregeln bekannt gemacht worden sind, können die alten Richtlinien weiterhin als „Orientierungswerte" verwendet werden (näheres hierzu auf der Homepage der Bundesanstalt für Arbeitsschutz und Arbeitsmedizin: www.baua.de). Die ASR werden vom Ausschuss für Arbeitsstätten (ASTA) ermittelt und vom BMAS bekannt gegeben. Sie sind rechtlich nicht bindend, der ArbGeb kann aber, wenn er sie beachtet, davon ausgehen, den Vorgaben der ArbStättV zu genügen (sog Vermutungswirkung). Der ArbGeb kann alternative Maßnahmen ergreifen, er hat jedoch deren Gleichwertigkeit nachzuweisen. Auch das BAG betont, dass die ASR zwar selber keine Rechtsnormen sind, aber praktische Bedeutung haben, indem sie als dokumentierte, allgemein anerkannte Regeln bzw gesicherte arbeitswissenschaftliche Erkenntnisse angesehen werden können (BAG 18.7.17 – 1 ABR 59/15, NZA 17, 1615; ebenso im Anschluss das BVerwG 8.5.19 – 8 B 44/18, BeckRS 2019, 11044). Ermächtigungsgrundlage der ArbStättV ist § 18 ArbSchG; sachlicher und persönlicher Geltungsbereich decken sich daher weitgehend (→ *Arbeitsschutz/Arbeitssicherheit* Rn 7). Die ArbStättV gilt grds in allen Arbeitsstätten iSd VO. Ausgenommen sind die dem BBergG unterliegenden Betriebe (§ 1 Abs 5 ArbStättV). Sie gilt im Reisegewerbe und im Marktverkehr (§ 1 Abs 2 Nr 1 ArbStättV) und in Transportmitteln, sofern diese im öffentlichen Verkehr eingesetzt werden (Nr 2) und für Felder, Wälder und sonstige Flächen, die zu einem land- oder forstwirtschaftlichen Betrieb gehören, aber außerhalb seiner bebauten Fläche liegen (Nr 3). Insoweit besteht eine Rückausnahme für den **Nichtraucherschutz** (§ 5 ArbStättV; *Nichtraucherschutz*). Für **Telearbeitsplätze,** die nun ausdrücklich erwähnt werden, gilt die Verordnung ebenfalls nur eingeschränkt (§ 1 2

Abs 3 ArbStättV; nach *Wiebauer* NZA 17, 220 bleibt es weitgehend bei der Unanwendbarkeit der VO; s auch *Hidalgo* NZA 19, 1449). So gilt § 3 über die Gefährdungsbeurteilung nur bei der erstmaligen Beurteilung der Arbeitsbedingungen. Außerdem gilt § 6 ArbStättV über die Unterweisung der Beschäftigten und der Anhang Nr 6. Im Übrigen findet die VO keine Anwendung. § 1 Abs 4 regelt darüberhinaus die Unanwendbarkeit des Anhangs Nr 6 (Bildschirmarbeitsplätze) auf bestimmte Arbeitsplätze und Geräte. § 2 ArbStättV enthält Begriffsbestimmungen. **Arbeitsstätten** sind Arbeitsräume oder andere Orte in Gebäuden auf dem Gelände eines Betriebes (Nr 1) oder Orte im Freien, die sich auf dem Gelände eines Betriebes befinden (Nr 2) oder auf Baustellen (Nr 3), sofern sie zur Nutzung für Arbeitsplätze vorgesehen sind. Zur Arbeitsstätte gehören auch die Orte, zu denen Beschäftigte im Rahmen ihrer Arbeit Zugang haben sowie Verkehrswege, Fluchtwege, Notausgänge, Lager-, Maschinen- und Nebenräume, Sanitärräume (Umkleide-, Wasch- und Toilettenräume), Kantinen, Pausen- und Bereitschaftsräume, Erste-Hilfe-Räume und Unterkünfte sowie Einrichtungen, die dem Betreiben der Arbeitsstätte dienen (§ 2 Abs 2 ArbStättV). **Arbeitsräume** (Abs 3) sind die Räume, in denen Arbeitsplätze innerhalb von Gebäuden dauerhaft eingerichtet sind. **Arbeitsplätze** (Abs 4) sind Bereiche von Arbeitsstätten, in denen Beschäftigte im Rahmen ihrer Arbeit tätig sind. Damit hat die 2016 novellierte VO den Begriff des Arbeitsplatzes durch Übernahme des allgemeinen arbeitsschutzrechtlichen Begriffs erweitert. Die bisher erforderliche zeitliche Mindestdauer des Tätigwerdens eines Beschäftigten zur Annahme eines Arbeitsplatzes ist entfallen. Nunmehr fallen zB auch ortsveränderliche oder zeitlich begrenzte Baustellen unter die VO. In § 2 Abs 5 ArbStättV wird die Begriffsbestimmung für **Bildschirmarbeitsplätze** aus der BildscharbV übernommen. In Abs 7 werden **Telearbeitsplätze** als vom ArbGeb fest eingerichtete Bildschirmarbeitsplätze im Privatbereich der Beschäftigten definiert, für die eine wöchentliche Arbeitszeit und Dauer der Einrichtung festgelegt wurde. Nicht erfasst wird damit, wenn ein Beschäftigter im Home Office den eigenen Schreibtisch verwendet (so *Wiebauer* NZA 17, 220, der hierin einen Widerspruch zum Europarecht sieht und es daher als ausreichend ansieht, wenn der ArbGeb das Bildschirmgerät bereitstellt; aA *Hidago* NZA 19, 1449). In den Abs 8 bis 10 sind die Begriffe **Einrichten, Betreiben** und Instandhalten von Arbeitsstätten definiert. Das Betreiben umfasst nun auch das sog Optimieren der Arbeitsstätte und auch die Organisation und Gestaltung der Arbeit. Mit der Reform 2016 wurden außerdem die Definitionen für Instandhalten, Stand der Technik und Fachkunde in Übereinstimmung mit anderen Arbeitsschutzverordnungen gebracht.

3 **3. Grundsätze. a) Gefährdungsbeurteilung, § 3 ArbStättV.** Die Vorschrift konkretisiert die nach § 5 ArbSchG vorgeschriebene *Gefährdungsbeurteilung* (→ *Arbeitssicherheit/Arbeitsschutz* Rn 10). Es ist fachkundig festzustellen, ob und welchen Gefährdungen die ArbN beim Einrichten und Betreiben von Arbeitsstätten ausgesetzt sind oder ausgesetzt sein können, und ggf zu beurteilen, wie festgestellten Gefährdungen begegnet werden kann. Die Gefährdungsbeurteilung muss unabhängig von der Betriebsgröße vor Arbeitsaufnahme erfolgen und dokumentiert werden. Mit der Novellierung 2016 wurde klargestellt, dass der Gesundheitsbegriff sowohl die physische als auch die psychische Gesundheit umfasst. Weiterhin wurden Inhalte der BildscharbV zu Belastungen der Augen und zur Gefährdung des Sehvermögens übernommen. Bei Telearbeitsplätzen soll § 3 ArbStättV nur bei der erstmaligen Beurteilung der Arbeitsbedingungen Anwendung finden. Allerdings setzt § 3 Abs 1 S 2 ArbSchG eine fortgesetzte Prüfung der Maßnahmen und ggf Anpassungen voraus, was diese Vorgaben schon wieder relativiert (so *Wiebauer* NZA 17, 220).

4 **b) Generalklausel, § 3a ArbStättV.** Adressat der ArbStättV ist der ArbGeb. Er hat dafür zu sorgen, dass Arbeitsstätten so eingerichtet und betrieben werden, dass die Sicherheit und die Gesundheit der Beschäftigten nicht gefährdet werden. Dabei hat er den Stand der Technik und insbes die vom BMAS bekannt gemachten Regeln und Erkenntnisse zu berücksichtigen. Der ArbGeb ist bei deren Einhaltung auf der „sicheren Seite". Es ist davon auszugehen, dass die insoweit gestellten Anforderungen erfüllt sind (so schon zu den Arbeitsstättenrichtlinien BVerwG 31.1.97 – 1 C 20/95, NZA 97, 482). Wendet der ArbGeb die Regeln und Erkenntnisse nicht an, muss er durch andere Maßnahmen die gleiche Sicherheit und den gleichen Gesundheitsschutz der Beschäftigten erreichen. Bei der Beschäftigung **behinderter Menschen** sind deren besonderen Belange zu berücksichtigen, etwa das

Angewiesenheit auf barrierefreie Fortbewegung, Hilfe durch Orientierungssysteme (§ 3a Abs 2 ArbStättV). **Ausnahmen** kann die zuständige Behörde auf **schriftlichen Antrag** des ArbGeb für alle Anforderungen zulassen, wenn der ArbGeb andere, ebenso wirksame Maßnahmen trifft oder die Durchführung der Vorschrift **im Einzelfall** zu einer **unverhältnismäßigen Härte** führen würde und die Abweichung mit dem Schutz der Beschäftigten vereinbar ist. Bei dieser behördlichen Beurteilung sind die Belange **kleinerer Betriebe** besonders zu berücksichtigen (§ 3a Abs 3 ArbStättV). Was unter einem „kleineren" Betrieb zu verstehen ist, wird nicht definiert.

**c) Raumtemperatur („Hitzefrei für Arbeitnehmer"?).** Nach Nr 3.5 des Anhangs hat der ArbGeb in Arbeits-, Pausen-, Bereitschafts-, Sanitär-, Kantinen- und Erste-Hilfe-Räumen für eine „gesundheitlich zuträgliche Raumtemperatur" zu sorgen. Einzelheiten ergeben sich aus den am 23.6.10 veröffentlichten ASR A3.5 (GMBl 1, 751). Sie gelten nicht, wenn betriebstechnisch ein besonderes Raumklima verlangt wird (medizinische Bäder, Kühlhäuser). Eine gesundheitlich zuträgliche Raumtemperatur (definiert als die vom Menschen empfundene Temperatur) liegt danach vor, wenn die Wärmebilanz (Wärmezufuhr, Wärmeerzeugung und Wärmeabgabe) des menschlichen Körpers ausgeglichen ist. Für die meisten Arbeitsplätze reicht die Lufttemperatur (definiert als die Temperatur der den Menschen umgebenden Luft ohne Einwirkung von Wärmestrahlung) zur Beurteilung, ob die vorhandene Raumtemperatur zuträglich ist. Bei hoher Luftfeuchte, Wärmestrahlung oder Luftgeschwindigkeit sind die Arbeitsplätze gesondert zu betrachten. S auch *Schäfer* NJW-Spezial 13, 498. 5

Die ASR geben differenziert (Arbeit im Stehen/Sitzen) vor, wie und mit welcher Genauigkeit die Lufttemperatur zu messen ist. Messergebnis und **Gefährdungsbeurteilung** bestimmen Art und Umfang der zu ergreifenden Maßnahmen. Es gelten für die **Arbeitsräume,** gestaffelt nach Arbeitsschwere, **Mindestwerte,** zB leicht/Sitzen +20° C; „schwer/Stehen, Gehen +12° C), für die Funktionsräume während der Nutzungsdauer +21° C. Bezogen auf **erhöhte Lufttemperatur** gilt für alle Räume, dass der **Grenzwert** von +26° C nicht überschritten werden soll. Bis dahin ist vom ArbGeb daher nichts zu veranlassen. Werden +26° C überschritten, können Maßnahmen zu ergreifen sein (zB bei körperlich besonders schwerer Arbeit, beim Tragen von Schutzkleidung, die die Wärmeabgabe stark behindert, oder aufgrund ihrer Disposition hitzeempfindlichen ArbN). Bei einer Lufttemperatur ab +30° C muss gehandelt werden; in Betracht kommende Maßnahmen werden in den ASR A3.5 beispielhaft aufgelistet. Wird die Lufttemperatur im Raum von +35° C überschritten, so ist der Raum während dieser Zeit ohne technische Maßnahmen (zB Luftdusche, Wasserschleier), organisatorische Maßnahmen (zB Entwärmungsphasen) oder persönliche Schutzausrüstung (zB Hitzeschutzkleidung) nicht als Arbeitsraum geeignet. (s auch *Gäbert* AiB 2019, Nr 6, 10).

**4. Besondere Anforderungen, § 4 ArbStättV.** Die Vorschrift regelt: Instandhaltung und Mängelbeseitigung der Arbeitsstätte; die Pflicht zur Arbeitseinstellung, wenn Mängel eine unmittelbare erhebliche Gefahr begründen; Hygiene, Wartung der Sicherheitseinrichtungen, Freihalten aller Verkehrs- und Fluchtwege einschließlich der Notausgänge, das Erstellen von Flucht- und Rettungsplänen, deren Aushang und regelmäßige Notfallübungen. Mittel und Einrichtungen zur **Ersten Hilfe** sind zur Verfügung zu stellen und regelmäßig auf Vollständigkeit und Funktionsfähigkeit zu überprüfen. 6

**5. Arbeitsräume und sonstige Räume.** Die Gestaltung von Arbeitsräumen, früher in § 6 ArbStättV geregelt, ist nunmehr im Anhang Nr 4 geregelt. Sie müssen eine ausreichende Grundfläche und Höhe sowie einen ausreichenden Luftraum aufweisen. **Toilettenräume** sind stets, Waschräume nur bei Bedarf vorzusehen. Umkleideräume sind erforderlich, wenn die Beschäftigten besondere Arbeitskleidung tragen müssen und ihnen nicht zumutbar ist, sich in einem anderen Raum umzukleiden. Diese „Sonderräume" sind getrennt für Männer/Frauen vorzuhalten, zumindest ist eine getrennte Nutzung zu ermöglichen. Bei Arbeiten im Freien und auf Baustellen mit wenigen Beschäftigten reichen Waschgelegenheiten und abschließbare Toiletten aus. Unter den in Nr 4.2 näher bestimmten Voraussetzungen sind **Pausenräume/Pausenbereiche** vorzusehen und Räume für Bereitschaftszeiten. **Erste-Hilfe-Räume** oder vergleichbare Einrichtungen müssen entsprechend der Unfallgefahren oder der Anzahl der Beschäftigten, der Art der ausgeübten Tätigkeit oder der räumlichen 7

Größe des Betriebs vorhanden sein. Für alle diese sonstigen Räume gilt wie für die Arbeitsstätte die Anforderung an eine ausreichende Größe und ausreichenden Luftraum. Der ArbGeb ist weiterhin nicht verpflichtet, den Beschäftigten abschließbare Kleiderablagen zur Verfügung zu stellen.

8 **6. Unterweisung.** In § 6 ArbStättV sind mit der Novellierung 2016 Regelungen zur Unterweisung der Beschäftigten aufgenommen worden. In Abs 1 wird zunächst die Pflicht des ArbGeb zur Unterrichtung der Beschäftigten anhand der Gefährdungsbeurteilung normiert, an die sich die Pflicht zur konkreten Unterweisung anschließt.

9 **7. Übergangsregelung.** Hierfür sieht § 8 Abs 1 ArbStättV für vor dem 1.5.76 oder vor dem 20.12.96 einrichtete oder in der Errichtung begriffene Arbeitsstätten, die nicht wesentlich erweitert oder umgebaut wurden, nur noch einen Bestandsschutz bis zum 31.12.20 vor.

10 8. Wegen der **Beteiligungsrechte** des BRat auf dem Gebiet des Arbeitsschutzes → *Arbeitssicherheit/Arbeitsschutz* Rn 19 ff. Die ASR A3.5 sollten die Betriebsparteien veranlassen, vor der nächsten möglichen Hitzewelle die betrieblich gebotenen Regelungen zu treffen. Eine Einigungsstelle mit dem Regelungsgegenstand „Maßnahmen zu Wärmeentlastung in den Arbeitsräumen der ArbGeb gem § 3a ArbStättV iVm ASR A3.5" ist nicht offensichtlich unzuständig, da es sich bei dieser Vorschrift um eine Rahmenvorschrift handelt, bei deren Ausfüllung dem BR ein Mitbestimmungsrecht nach § 87 Abs 1 Nr 7 BetrVG zusteht (LAG SchlHol 1.10.13 – 1 TaBV 33/13, BeckRS 2013, 73708; ebenso zur Mitbestimmungspflichtigkeit: BAG 18.7.17 – 1 ABR 59/15, NZA 17, 1615). Zum Inhalt einer Musterbetriebsvereinbarung *Arnold/von Medem* ArbRAktuell 10, 435; Formulierungsbeispiele auch bei *Gäbert* AiB 2019, Nr 6, 10. Führt der ArbGeb eine Gefährdungsbeurteilung gem § 3 Abs 3 ArbStättV nicht durch, so berechtigt dies den BRat nicht, gem § 99 Abs 2 Nr 1 BetrVG die Zustimmung zur Einstellung eines ArbN zu verweigern (LAG München 30.11.11 – 11 TaBV 62/11, BeckRS 2013, 75037; s hierzu *Helm/Huber* AuR 13, 346).

11 **9. Individualrecht.** Der ArbN hat einen der öffentlich-rechtlichen Verpflichtung des ArbGeb korrespondierenden arbeitsvertraglichen Anspruch auf Einhaltung der zu seinem Schutz bestehenden Vorschriften, soweit diese Gegenstand arbeitsvertraglicher Vereinbarung oder Inhalt der Fürsorgepflicht des ArbGeb sein können. Der Begriff Arbeitsstätte deckt sich inhaltlich mit dem Begriff „Räume" in § 618 Abs 1 BGB (BAG 19.2.97 – 5 AZR 982/94, NZA 97, 821). § 618 BGB konkretisiert iVm den öffentlich-rechtlichen Arbeitsschutznormen den Inhalt der Fürsorgepflichten, die dem ArbGeb im Hinblick auf die Sicherheit und das Leben der ArbN obliegen (BAG 10.5.16 – 9 AZR 347/15, NZA 16, 1134). So kann aus § 618 Abs 1 BGB iVm § 5 ArbStättV ein Anspruch auf Zuweisung eines tabakrauchfreien Arbeitsplatzes folgen (im Streitfall aber verneinend: BAG 10.5.16 – 9 AZR 347/15, NZA 16, 1134). Rechtswidrige Arbeitsanordnungen braucht der ArbN nicht zu befolgen (→ *Betriebsstörung* Rn 2; → *Leistungsverweigerungsrecht* Rn 12–14).

## B. Lohnsteuerrecht *Thomas*

16 **1. Auswirkungen** im Bereich der LSt können sich zum einen durch die besondere Ausgestaltung des Arbeitsplatzes ergeben. Zum anderen dient die Arbeitsstätte als Anknüpfungspunkt für Werbungskosten, die sich bei bestimmten Erscheinungsformen der Arbeitserbringung ergeben.

17 **2. Ausgestaltungen des Arbeitsplatzes,** die den sicherheitstechnischen, arbeitsmedizinischen und hygienischen Anforderungen der ArbStättV nachkommen, haben keine lohnsteuerlichen Auswirkungen. Das Gleiche gilt für vorteilhafte Arbeitsbedingungen, die notwendige Begleiterscheinungen des Erbringens der Arbeitsleistung sind (→ *Arbeitsentgelt* Rn 51). Dagegen kann die Übernahme von Kosten durch den ArbGeb, die mit der privaten Lebensführung des ArbN zusammenhängen, zu Arbeitslohn führen. IE wird auf die Ausführungen zum Stichwort → *Sozialeinrichtungen* Rn 22 und → *Betriebssport* Rn 8 ff verwiesen.

18 **3. Weg zur Arbeit.** Seit 2014 erfolgt die Abgrenzung Entfernungspauschale oder tatsächliche Fahrtkosten nicht mehr über den Begriff der regelmäßigen Arbeitsstätte sondern den der ersten Tätigkeitsstätte (→ *Fahrten zwischen Wohnung und Arbeitsstätte* Rn 4 ff).

**C. Sozialversicherungsrecht** *Ruppelt*

Es ist **Aufgabe des Arbeitgebers,** die Arbeitsstätte nach den sicherheitstechnischen, arbeitsmedizinischen und hygienischen Anforderungen der ArbStättV und den sonstigen arbeitsschutzrechtlichen Regeln einzurichten (→ Rn 1 ff). Solche Regeln enthalten auch die **UVV** der BG. Die **Berufsgenossenschaften** sollen mit allen geeigneten Mitteln dazu beitragen, Arbeitsunfälle, Berufskrankheiten und arbeitsbedingte Gesundheitsgefahren zu verhüten (§ 14 Abs 1 Satz 1 SGB VII), wodurch jedoch die alleinige Verantwortung des ArbGeb zur Einrichtung einer sicheren Arbeitsstätte nicht berührt wird. S iE → *Arbeitssicherheit/Arbeitsschutz* Rn 29 ff. Vgl zum UVRecht → *Betriebsstätte* Rn 11; → *Fahrten zwischen Wohnung und Arbeitsstätte* Rn 39. 21

## Arbeitsstoffe, gefährliche

**A. Arbeitsrecht** *Poeche*

**1. Allgemeines.** Das Sachgebiet der gefährlichen Arbeitsstoffe zeichnet sich durch seine Verknüpfung von Verbraucherschutz und Schutz der Beschäftigten aus. Stets geht es um den Schutz von Mensch und Umwelt vor stoffbedingten Schädigungen. Arbeitsrechtlicher Schwerpunkt ist die GefahrstoffVO (GefStoffV), mit deren Erstfassung von 1986 eine Vielzahl von EG-Richtlinien in nationales Recht umgesetzt, Landesrecht in Bundesrecht überführt und eine Reihe von reinen Arbeitsschutzbestimmungen übernommen wurde. 1

Seit dem 1.12.10 gilt die GefStoffV idF v 26.11.10 (BGBl I 10, 1643), zuletzt geändert durch die „Verordnung zur Neuregelung der Anforderungen an den Arbeitsschutz bei der Verwendung von Arbeitsmitteln und Gefahrstoffen" vom 3.2.2015 (BGBl I 15, 49). Die 2010 erfolgte Neufassung wurde erforderlich, nachdem das EG-Recht an das auf UN-Ebene erarbeitete „GHS" (Globally Harmonised System) angepasst worden ist. Unmittelbar gelten in Deutschland nunmehr die [GHS] VO 1272/2008/EG („CLP-VO" = **C**lassification, **L**abelling, **P**ackaging = Einstufung, Kennzeichnung und Verpackung von Stoffen und Gemischen) sowie die VO 1907/2006/EG („REACH"-VO = **R**egistration, **E**valuation, **A**uthorisation of **Ch**emicals = Registrierung, Bewertung, Zulassung und Beschränkung von Chemikalien). Mit der Neufassung vom 3.2.15, in Kraft getreten am 1.6.15, ist die Umstellung der Verordnung auf die CLP-VO erfolgt. Des Weiteren wurden neue Regelungen zur Krebsprävention am Arbeitsplatz eingeführt. Mit Wirkung zum 19.11.16 ist die GefStoffV erneut überarbeitet worden, um sie weiter der CLP-VO anzupassen, insbes wurden deren Begrifflichkeiten übernommen (hierzu *Aligbe* ArbRAktuell 17, 108). Am 5.4.17 sind weitere Änderungen in Kraft getreten. Danach ist nunmehr auch die elektronische Übermittlung notwendiger Anzeigen an Behörden zulässig. 2

Die wesentlichen Änderungen der GefStoffV 2010 sind: Abschaffung des erst 2005 eingeführten abgestuften Schutzstufenkonzepts; Wegfall der Koppelung der Schutzmaßnahmen an die Kennzeichnung; Maßgeblichkeit der **Gefährdungsbeurteilung** als dem zentralen Element des betrieblichen Arbeitsschutzes; Aufhebung der Anhänge III bis V (Anhang IV ersetzt durch die REACH-VO); Wegfall der Verweisungen auf das ChemG und Einführung eigener Begriffsbestimmungen. Der Regelungsgehalt entspricht im Übrigen weitgehend dem bisherigen Recht, wobei sich die Bezifferung der Paragrafen teils geändert hat. Für die CLP-Einstufungen und Kennzeichnungen (zB Gefahrenklasse statt Gefährlichkeitsmerkmal; Gefahrenpiktogramme statt Gefahrsymbol) bestand eine Übergangsfrist bis 2015. Die GefStoffV verwendete bislang noch die bisherigen Begriffe; eine neuerliche Anpassung an das EU-Recht, die 2016 und 2017 erfolgte, war daher unumgänglich. 3

Außerdem besteht die VO über den Schutz der Beschäftigten gegen Gefährdung durch biologische Arbeitsstoffe bei der Arbeit (BioStoffV) vom 15.7.13 (BGBl I 13, 2514), in Kraft seit 23.7.13 (→ Rn 22). Weitere ArbNSchutzbestimmungen enthalten ua das AbfG, AtomG, GentechnikG, RöntgenVO, SprengstoffG. Hinzu kommen die UVV der gewerblichen BG.

**2. Aufbau der GefStoffV und Geltungsbereich.** Die GefStoffV ist in sieben Abschnitte gegliedert nebst zwei Anhängen. Sie erfasst sowohl das Inverkehrbringen von Gefahr- 4 stoffen (Verbraucherschutz) als auch den **Schutz der Beschäftigten.** Der erste Abschnitt (§ 1 und § 2 GefStoffV) bestimmt Zielsetzung und Anwendungsbereich und enthält Begriffsbestimmungen. Der zweite Abschnitt gilt für das Inverkehrbringen (§§ 3–6 GefStoffV „Gefahrstoffinformation"), der dritte Abschnitt (§§ 6, 7 GefStoffV) betrifft die Grundpflichten des ArbGeb und die Gefährdungsbeurteilung, im vierten Abschnitt sind die Schutzmaßnahmen geregelt (§§ 8–15 GefStoffV). Der fünfte Abschnitt (§§ 16, 17 GefStoffV) legt Verbote und Beschränkungen fest. Sechster (§§ 18–20 GefStoffV) und siebter Abschnitt (§§ 21–24 GefStoffV) befassen sich mit Vollzug, Aufsicht, Ordnungswidrigkeiten/Straftaten. Anhang I enthält besondere Vorschriften für bestimmte Gefahrstoffe und Tätigkeiten, Anhang II besondere (nationale) Herstellungs- und Verwendungsbeschränkungen für bestimmte Gefahrstoffe, zB zu Asbest, Kühlschutzmittel, Korrosionsschutz.

5 Die VO gilt für **Gefahrstoffe,** das sind gefährliche Stoffe, Zubereitungen und Erzeugnisse. Stoff ist ein chemisches Element oder eine chemische Verbindung einschließlich der Verunreinigungen und der erforderlichen Hilfsstoffe. Unter Zubereitung wird ein Gemisch, ein Gemenge oder eine Lösung von Stoffen verstanden. Dieser stehen Erzeugnisse als Produkte von Stoffen oder Zubereitungen gleich. Die erfassten Stoffe/Zubereitungen werden in § 2 GefStoffV definiert. **Gefährlich** sind Stoffe und Zubereitungen, wenn sie eine oder mehrere der folgenden Eigenschaften aufweisen: explosionsgefährlich, brandfördernd, hochentzündlich, leichtentzündlich, entzündlich, sehr giftig, giftig, gesundheitsschädlich, ätzend, reizend, sensibilisierend, krebserzeugend, fortpflanzungsgefährdend, erbgutverändernd, umweltgefährlich, explosionsfähig, auf sonstige Weise chronisch schädigend oder wenn ihnen ein Arbeitsplatzgrenzwert zugewiesen ist. Die Gefährlichkeitsmerkmale sind in § 3 aufgelistet. Soweit nichts anderes bestimmt ist, gilt die VO nicht für **biologische Stoffe** iSv § 2 Abs 1 BioStoffV (→ Rn 22).

6 **3. Arbeitsrechtlicher Anwendungsbereich.** Die GefStoffV gilt für alle Tätigkeitsbereiche von Menschen; ausgenommen sind lediglich der Untertagebau, soweit die dort bestehenden Bestimmungen gleichwertigen Schutz bieten, und die privaten Haushalte, soweit nicht ausdrücklich etwas anderes bestimmt ist (§ 1 Abs 4 GefStoffV). Sie wendet sich an ArbGeb und ArbN. **Verantwortlich** für die Einhaltung des Arbeitsschutzes ist der ArbGeb. Hierzu gehört, wer ArbN beschäftigt, einschließlich der zu ihrer Berufsbildung Beschäftigten. Ihm steht gleich, wer in sonstiger Weise selbstständig tätig wird, sowie der Auftraggeber und Zwischenmeister iSd HAG. Den ArbN stehen andere Beschäftigte gleich, insbes Beamte, HeimArbN, Schüler und Studenten (§ 2 Abs 6 GefStoffV).

7 Nach § 1 Abs 3 GefStoffV gelten die arbeitsrechtlichen Bestimmungen der GefStoffV für **Tätigkeiten,** bei denen der Beschäftigte durch Gefahrstoffe in seiner Gesundheit und Sicherheit gefährdet sein kann. Tätigkeit ist nach § 2 Abs 4 GefStoffV jede Arbeit mit Stoffen, Zubereitungen oder Erzeugnissen einschließlich Herstellung, Mischung, Ge- und Verbrauch, Lagerung, Aufbewahrung, Be- und Verarbeitung, Ab- und Umfüllung, Entfernung, Entsorgung und Vernichtung. Zu den Tätigkeiten zählen auch das innerbetriebliche Befördern sowie Bedien- und Überwachungsdienste. „Lagern" ist das Aufbewahren zur späteren Verwendung sowie zur Abgabe an andere. Es schließt die Bereitstellung zur Beförderung ein, wenn diese nicht innerhalb der in der Vorschrift bestimmten Frist erfolgt (§ 2 Abs 5 GefStoffV).

8 **„Tätigkeit"** setzt idR aktives Verhalten des ArbN voraus. Es genügt danach nicht, wenn der ArbN lediglich einer schadstoffbelasteten Arbeitsumgebung ausgesetzt ist. Eine solche Belastung wird nur relevant, wenn sie sich als unmittelbare Folge der Tätigkeit anderer ArbN darstellt (§ 1 Abs 3 Satz 2 GefStoffV). Arbeiten im Gefahrenbereich wird daher nur dann erfasst, wenn im Betrieb in irgendeiner Weise mit Gefahrstoffen umgegangen wird. Die bloße Beschaffenheit des Arbeitsplatzes aufgrund der baulichen Gegebenheiten, also eine Belastung durch das Gebäude, fällt nicht unter die GefStoffV. Ein Leistungsverweigerungsrecht kann sich allerdings aus § 273 Abs 1 und § 618 Abs 1 BGB ergeben. Das hat das BAG (19.2.97 – 5 AZR 982/94, NZA 97 821) bejaht, wenn die Arbeitsräume über das baurechtlich zulässige Maß hinaus mit Gefahrstoffen (Asbest) belastet sind. Nicht anerkannt hat es die Arbeitsverweigerung für Arbeiten in erheblich belasteten Räumen, wenn der ArbN durch persönliche Schutzkleidung vor den Immissionen geschützt ist.

**4. Informationsermittlung und Gefährdungsbeurteilung.** § 6 ArbSchG konkretisiert die nach Maßgabe von § 5 ArbSchG (→ *Arbeitssicherheit/Arbeitsschutz* Rn 10) durchzuführende **Gefährdungsbeurteilung.** Der ArbGeb hat festzustellen, ob die Beschäftigten Tätigkeiten mit Gefahrstoffen ausüben oder ob bei Tätigkeiten Gefahrstoffe entstehen oder freigesetzt werden können. Ist das der Fall, hat er alle hiervon ausgehenden Gefährdungen nach Maßgabe der in § 6 Abs 1 Nr 1–8 ArbSchG aufgeführten Gesichtspunkte zu beurteilen. Nach Nr 4 ist insbes zu prüfen, ob verwendete Gefahrstoffe/Arbeitsverfahren usw durch nicht oder weniger gefährliche Arbeitsbedingungen ersetzt werden können (Substitutionsgebot). Die hierfür erforderlichen **Informationen** hat er sich beim Inverkehrbringer oder aus anderen, mit zumutbarem Aufwand zugänglichen Quellen zu **beschaffen** (Abs 2). Angesprochen ist insbes das **Sicherheitsdatenblatt** des Herstellers oder Inverkehrbringers. Die Gefährdungsbeurteilung darf nur von fachkundigen (zum Begriff § 2 Abs 13 ArbSchG) Personen durchgeführt werden; das können insbes die Fachkraft für Arbeitssicherheit (→ *Betriebsbeauftragte* Rn 4 ff) und der *Betriebsarzt* sein (§ 6 Abs 11 ArbSchG). Die Arbeitsbedingungen sind erstmals vor Aufnahme der Tätigkeit zu beurteilen. Die GefStoffV enthält **keine Kleinbetriebsklausel.** Den Interessen von Kleinbetrieben (gedacht ist zB an Handwerksbetriebe) wird Rechnung getragen. Verfügen sie nicht selbst über die erforderliche Fachkunde, können sie auf Dritte zurückgreifen. So ist es gestattet, anhand einer vom Hersteller oder Inverkehrbringer mitgelieferten Gefährdungsbeurteilung die erforderlichen Maßnahmen zu prüfen. „Passt" sie für die betrieblichen Verhältnisse, kann sie der ArbGeb seinen Entscheidungen zugrunde legen. Stets ist die Gefährdungsbeurteilung zu dokumentieren und ein **Verzeichnis** über die im Betrieb verwendeten Gefahrstoffe zu führen, in dem auf die entsprechenden Sicherheitsdatenblätter verwiesen wird. Das Verzeichnis muss allen betroffenen Beschäftigten und ihren Vertretern (also BRat und Personalrat) **zugänglich** sein. 9

**5. Grundpflichten des Arbeitgebers, § 7 GefStoffV.** Der ArbGeb darf eine Tätigkeit mit Gefahrstoffen erst aufnehmen lassen, nachdem eine Gefährdungsbeurteilung durchgeführt und die erforderlichen Schutzmaßnahmen ergriffen worden sind (Abs 1). Der Umfang der zu ergreifenden Maßnahmen richtet sich nach dem Ergebnis der Gefährdungsbeurteilung. Inhaltlich sind die vom BMAS nach § 20 GefStoffV bekanntgemachten Regeln und Erkenntnisse (Technische Regeln = TRSG; erarbeitet vom Ausschuss für Gefahrstoffe) zu beachten. Bei deren Einhaltung kann der ArbGeb idR davon ausgehen, dass die Anforderungen des Gefahrstoffrechts erfüllt sind (Abs 2). Hiervon unabhängig sind insbes **Substitutions- und Minimierungsgebot** zu beachten (Abs 3 und 4). Tätigkeiten mit Gefahrstoffen sind zu vermeiden und Gefahrstoffe durch weniger gefährliche Stoffe zu ersetzen. Der **Verzicht** auf eine mögliche Substitution ist in der Dokumentation der Gefährdungsbeurteilung zu **begründen.** Kann die Gefährdung nicht vermieden werden, ist sie auf ein Minimum zu reduzieren. Bei der Festlegung und Anwendung geeigneter Schutzmaßnahmen gibt Abs 4 die **Rangfolge** vor. Arbeitsverfahren und Arbeitsmittel müssen dem **Stand der Technik** entsprechen. Das ist der Entwicklungsstand fortschrittlicher Verfahren, Einrichtungen oder Betriebsweisen, der die praktische Eignung einer Maßnahme zum Schutz der Gesundheit und zur Sicherheit der Beschäftigten gesichert erscheinen lässt. Das beurteilt sich insbes auch nach den Erfahrungen der Praxis (§ 2 Abs 15 GefStoffV). Erst anschließend kommen kollektive (zB Belüftung/Entlüftung) oder individuelle Schutzmaßnahmen (Körperschutz) zur Verringerung der Gefahren in Betracht. Der Einsatz **persönlicher Schutzmaßnahmen** darf grds nicht auf **Dauer** erfolgen. Die **Beschäftigten** sind nach Abs 5 **verpflichtet,** bereitgestellte persönliche Schutzausrüstungen während der gefährdenden Tätigkeit auch tatsächlich zu benutzen. Im Übrigen hat der **Arbeitgeber** für den einwandfreien Zustand der Schutzausrüstung und für eine getrennte Unterbringung von Straßen- und Schutzkleidung zu sorgen, falls eine Verunreinigung der Schutzkleidung zu erwarten ist. **Funktion und Wirksamkeit** der technischen Schutzmaßnahmen sind regelmäßig, mindestens jedes dritte Jahr, zu überprüfen. 10

Der ArbGeb hat die **Einhaltung von Grenzwerten** sicherzustellen. Angesprochen ist der **Arbeitsplatzgrenzwert,** definiert als der Grenzwert für die zeitlich gewichtete durchschnittliche Konzentration eines Stoffes in der Luft am Arbeitsplatz in Bezug auf einen gegebenen Referenzzeitraum. Er gibt an, bei welcher Konzentration eines Stoffes akute oder 11 chronische schädliche Auswirkungen auf die Gesundheit im Allgemeinen nicht zu erwarten sind (§ 2 Abs 8 GefStoffV). Der **biologische Grenzwert** ist der Grenzwert für die toxikologisch-arbeitsmedizinisch abgeleitete Konzentration eines Stoffes, seines Metaboliten oder eines Beanspruchungsindikators im entsprechenden biologischen Material, bei dem im Allgemeinen die Gesundheit eines Beschäftigten nicht beeinträchtigt wird (§ 2 Abs 9 GefStoffV). Der ArbGeb kann von der Einhaltung der Grenzwerte ausgehen, wenn er entsprechend den als TRGS veröffentlichten „verfahrens- und stoffspezifischen Kriterien" (VKS) verfährt.

12 Die **Messungen** dürfen nur **Fachkundige,** die über die erforderlichen Einrichtungen verfügen, durchführen (Abs 10). Fehlt es an einem festgelegten Grenzwert, hat der ArbGeb die Wirksamkeit der getroffenen Schutzmaßnahmen durch geeignete Methoden zu überprüfen (Abs 9).

13 **6. Allgemeine Schutzmaßnahmen, § 8 GefStoffV.** Bei Tätigkeiten mit Gefahrstoffen hat der ArbGeb eine Vielzahl von Schutzmaßnahmen zu ergreifen, die iE in § 8 GefStoffV aufgelistet sind. Sie betreffen ua die Gestaltung des Arbeitsplatzes und der Arbeitsorganisation, Arbeitsmittel, Begrenzung der Anzahl der ArbN, die Gefahrstoffen ausgesetzt sind oder sein können, Begrenzung von Höhe und Dauer der Exposition, Arbeitsverfahren und Arbeitsmethoden (Abs 1). Sicherzustellen ist die **Identifizierbarkeit** aller Gefahrstoffe und Zubereitungen; sie sind deshalb betrieblich zu kennzeichnen, wobei dem ArbGeb überlassen ist, bereits die CLP-Kennzeichnungen zu verwenden (Abs 2). Er hat dafür zu sorgen, dass die ArbN in (möglicherweise) belasteten Arbeitsbereichen keine Nahrung oder Genussmittel zu sich nehmen. Vor Aufnahme der Tätigkeit sind hierfür geeignete Bereiche einzurichten (Abs 3). Abs 4, 5 und 6 betreffen die sichere Lagerung und Entsorgung von Gefahrstoffen und deren Behältnisse. Bestimmte besonders gefährliche Gefahrstoffe und Zubereitungen (zB mit dem Gefährdungsmerkmal giftig, krebserzeugend Kategorie 1 oder 2) sind nach Maßgabe von Abs 7 unter Verschluss zu halten und es ist sicherzustellen, dass nur fachkundige oder besonders unterwiesene Personen damit arbeiten (gilt nicht für Kraftstoffe an Tankstellen).

14 **7. Zusätzliche Schutzmaßnahmen, § 9 GefStoffV.** Soweit die allgemeinen Schutzmaßnahmen nicht ausreichen, um Gefährdungen durch Einatmen, Aufnahme über die Haut oder Verschlucken (im Referentenentwurf noch bezeichnet als „inhalative" und „dermale" Gefährdung) zu verhindern, sind weitere Schutzmaßnahmen geboten. Das gilt insbes, wenn Arbeitsplatzgrenzwerte oder biologische Grenzwerte überschritten werden, wenn bei hautresorptiven oder haut- oder augenschädigenden Gefahrstoffen eine Gefährdung durch Haut- oder Augenkontakt besteht oder wenn bei Gefahrstoffen ohne Grenzwert eine Gefährdung auf Grund der ihnen zugeordneten Gefährlichkeitsmerkmale nach § 3 und der inhalativen Exposition angenommen werden kann (Abs 1). Zu den möglichen Schutzmaßnahmen gehört ua die Herstellung und Verwendung der Gefahrstoffe in einem geschlossenen System (Abs 2). Bei **Überschreitung eines Grenzwertes** ist die **Gefährdungsbeurteilung** unverzüglich erneut durchzuführen und für dessen Einhaltung zu sorgen. Soweit dies technisch nicht möglich ist, hat der ArbGeb dem ArbN unverzüglich **persönliche Schutzausrüstung** bereitzustellen. Das gilt insbes für Abbruch-, Sanierungs- und Instandhaltungsarbeiten (Abs 3). Eine persönliche Schutzausrüstung ist dem ArbN auch dann zur Verfügung zu stellen, wenn sich eine Gefährdung durch Haut- oder Augenkontakt nicht vermeiden lässt (Abs 4). Straßen- und Berufs- oder Schutzkleidung sind getrennt aufzubewahren; die durch Gefahrstoffe verunreinigte Arbeitskleidung ist vom ArbGeb zu reinigen (Abs 5). Werden Tätigkeiten mit Gefahrstoffen nur von einem ArbN an einem **Einzelarbeitsplatz** ausgeübt, ist sicherzustellen, dass zB ein Unfall bemerkt werden kann (Abs 7).

15 **8. Besondere Schutzmaßnahmen, § 10 GefStoffV.** Bei Tätigkeiten mit krebserzeugenden, keimzellmutagenen und reproduktionstoxischen Gefahrstoffen der Kategorie 1A und 1B sind weitere Schutzmaßnahmen erforderlich. Sie sollen dem besonderen Gefährdungspotential durch Messungen, Abgrenzung der Gefahrenbereiche, Verkürzung der Aufenthaltszeit, Bereitstellen von Schutzausrüstung wie Kleidung und Atemschutzgeräte usw begegnen. Hierzu gehören insbes auch Maßnahmen zur Luftführung in den betroffenen Arbeitsbereichen (Abs 3–5). Keine besonderen Schutzmaßnahmen sind zu ergreifen, wenn ein vom BMAS nach § 20 Abs 4 bekannt gegebener Arbeitsplatzgrenzwert besteht und

dieser nachweisbar eingehalten wird, oder wenn die Tätigkeit nach einem veröffentlichten verfahrens- und stoffspezifischen Kriterium (VKS) ausgeübt wird.

**9. Besondere Schutzmaßnahmen, § 11 GefStoffV.** Sie sind vorgeschrieben gegen physikalisch-chemische Einwirkungen, insbes gegen **Brand- und Explosionsgefährdungen** (dazu auch Anhang I Nr 1). Die BetrSichV bleibt unberührt. 16

**10. Betriebsstörungen, Unfälle und Notfälle.** Nach § 13 GefStoffV hat der ArbGeb die ggf erforderlichen Notfallmaßnahmen rechtzeitig festzulegen. Dazu gehören regelmäßige Sicherheitsübungen und angemessene Erste-Hilfe-Einrichtungen (Abs 1). Auf Unfälle usw hat der ArbGeb unverzüglich zu reagieren (Abs 2). Die Beschäftigten sind zu unterrichten. Im betroffenen Bereich dürfen ArbN nur tätig werden, soweit unbedingt erforderlich (Instandhaltung). Hierfür sind ihnen die erforderlichen Schutzausrüstungen zur Verfügung zu stellen; der Einzelne darf nur zeitlich begrenzt damit arbeiten (Abs 3). Warn- und Kommunikationsmittel sind vom ArbGeb vorzuhalten (Abs 4). Sicherzustellen ist eine umfängliche Information der Beschäftigten über die bei Betriebsstörung usw mögliche Gefährdung durch Gefahrstoffe. Unfall- und Notfalldiensten (betrieblichen und betriebsfremden) sind die Informationen zugänglich zu machen. 17

**11. Unterrichtung und Unterweisung der Beschäftigten.** Nach § 14 GefStoffV hat der ArbGeb sicherzustellen, dass den Beschäftigten auf der Grundlage der Gefährdungsbeurteilung eine **stets aktuelle Betriebsanweisung** zugänglich ist. Sie muss mindestens über die am Arbeitsplatz auftretenden Gefahrstoffe informieren (Bezeichnung der Stoffe, Kennzeichnung, Einstufung) und über angemessene Vorsichtsmaßregeln und Maßnahmen, die der ArbN zu seinem eigenen Schutz und zum Schutz der anderen ArbN durchzuführen hat. Dazu gehören insbes Hygienevorschriften, Informationen über Schutz vor Exposition, zum Tragen und Benutzen von Schutzausrüstungen und Schutzkleidung sowie das bei Betriebsstörungen, Unfällen und Notfällen zu beachtende Verhalten. Die Betriebsanweisung muss in verständlicher Form und Sprache verfasst sein (Landessprache für ausländische ArbN). 18

Auf der Grundlage der Betriebsanweisung sind die ArbN **mündlich zu unterweisen,** ebenfalls in verständlicher Form und Sprache. Zeitlich muss sie **vor Aufnahme** der Arbeit und sodann mindestens **jährlich** arbeitsplatzbezogen erfolgen. Inhalt und Zeitpunkt sind schriftlich festzuhalten und vom ArbN unterschriftlich zu bestätigen (Abs 2). Sicherzustellen ist der Zugang der ArbN zu den Sicherheitsdatenblättern; sie sind in den einschlägigen Methoden/Verfahren zu unterrichten, die sie bei ihrer Tätigkeit gefahrstoffbezogen anwenden müssen. Die ArbN sind außerdem **allgemein arbeitsmedizinisch-toxikologisch zu beraten,** möglichst im Zusammenhang mit der mündlichen Unterweisung, und unter Hinzuziehung des **Betriebsarztes,** soweit das erforderlich ist. Die ArbN sind zugleich auf die Möglichkeit arbeitsmedizinischer Vorsorgeuntersuchungen hinzuweisen (Abs 2). Zusätzliche Anforderungen ergeben sich aus Abs 3 für Tätigkeiten mit **krebserzeugenden, keimzellmutagenen und reproduktionstoxischen Gefahrstoffen** der Kategorien 1A oder 1B. 19

**12. Arbeitsmedizinische Vorsorge.** Die Beschäftigten sind über die Möglichkeiten arbeitsmedizinischer Vorsorge zu unterrichten. Einzelheiten regelt die ArbMedVV; s dazu → *Betriebliche Gesundheitsförderung* Rn 3. 20

**13. Zusammenarbeit verschiedener Firmen.** § 15 GefStoffV konkretisiert § 8 ArbSchG für den Tätigkeitsbereich „Gefahrstoffe" (→ *Arbeitssicherheit/Arbeitsschutz* Rn 8). 21

**14. Biologische Arbeitsstoffe.** Die Biostoffverordnung **(BioStoffV)** vom 15.7.13 (BGBl I 13, 2514) gilt für Tätigkeiten mit biologischen Arbeitsstoffen (§ 1 BioStoffV). Zu diesen Stoffen gehören Mikroorganismen, Zellkulturen und Endoparasiten, die beim Menschen Infektionen, sensibilisierende oder toxische Wirkungen hervorrufen können (§ 2 Abs 1–3 BioStoffV). Sie betrifft „gezielte" und „ungezielte" Tätigkeiten. Gezielt ist eine Tätigkeit, wenn 1. biologische Arbeitsstoffe mindestens der Spezies nach bekannt sind, 2. die Tätigkeiten auf einen oder mehrere biologische Arbeitsstoffe unmittelbar ausgerichtet sind, und 3. die Exposition der Beschäftigten im Normalbetrieb hinreichend bekannt oder abschätzbar ist. Eine „ungezielte" Tätigkeit liegt vor, wenn mindestens eine dieser drei Voraussetzungen nicht gegeben ist (§ 2 Abs 8 BioStoffV). Damit erfasst der Anwendungsbereich der BiostoffV nicht nur Betriebe, in denen bewusst mit Mikroorganismen umge- 22 gangen wird (Pharma- oder Lebensmittelindustrie). In Betracht kommen auch Deponien, Sortieranlagen, Textil- und Bekleidungsindustrie und andere (*Angermeier* AiB 99, 387). Die biologischen Arbeitsstoffe sind nach ihrem Gefährdungspotential in vier Risikogruppen eingeteilt. Die zu treffenden Schutzmaßnahmen (§§ 9 ff BioStoffV) ergeben sich aus den Anhängen II und III.

Wegen der besonderen Risiken beim Umgang mit biologischen Arbeitsstoffen treffen den ArbGeb gegenüber dem ArbSchG erweiterte Pflichten, nämlich ua eine gesteigerte Informationspflicht für die Gefährdungsbeurteilung (§ 4 Abs 3 BioStoffV), besondere Pflichten im Rahmen der Gefährdungsbeurteilung für spezielle Tätigkeiten (§§ 6 f BioStoffV) sowie besondere Dokumentations- und Aufzeichnungspflichten (§ 7 BioStoffV). Die Unterrichtung der Beschäftigten bestimmt sich nach § 14 BioStoffV.

23 **15. Beteiligungsrechte** des BRat → *Arbeitssicherheit/Arbeitsschutz* Rn 17.

24 **16. Zusatzurlaub.** Soweit in Tarifverträgen wegen der Verwendung von Gefahrstoffen bei der Arbeit ein Anspruch auf Zusatzurlaub begründet wird, ist regelmäßig davon auszugehen, dass die Tarifparteien damit auf das jeweils geltende Arbeitsschutzrecht abstellen (BAG 18.3.03 – 9 AZR 691/01, NZA-RR 04, 31 zum Begriff „sonstige giftige Stoffe"). Hängt der Anspruch davon ab, dass der ArbN mehr als „die Hälfte der regelmäßigen Arbeitszeit" mit den gesundheitsgefährdenden Arbeiten beschäftigt wird, so bezieht sich dieses Zeitmaß auf die regelmäßige tarifliche Arbeitszeit eines Vollzeitbeschäftigten und nicht auf die individuelle Arbeitszeit einer Teilzeitkraft. Der faktische Ausschluss von Teilzeitkräften mit einer hälftigen Arbeitszeit ist sachlich gerechtfertigt (BAG 19.3.02 – 9 AZR 109/01, AuA 03, 56 zu § 16 UrlVO Rheinland-Pfalz). Verlangt die Urlaubsregelung ein überwiegendes Arbeiten mit infektiösem Material, genügt es nicht, wenn das vom ArbN zu beprobende Material möglicherweise infektiös ist (BAG 6.9.05 – 9 AZR 492/04, NZA 06, 450 zu § 5 UrlVO Bayern).

## B. Lohnsteuerrecht *Seidel*

31 **1. Verweisung.** Auf die Ausführungen unter → *Arbeitssicherheit/Arbeitsschutz* Rn 27, 28 wird verwiesen.

32 **2. Vorsorgeuntersuchungen.** Hat der ArbGeb bei ArbN, die mit gefährlichen Arbeitsstoffen umgehen, auf seine Kosten Vorsorgeuntersuchungen durchführen zu lassen, so liegt darin grds kein geldwerter Vorteil (Arbeitslohn) für den ArbN, wenn die Untersuchungen ganz überwiegend im eigenbetrieblichen Interesse des ArbGeb erfolgen (→ *Betriebliche Gesundheitsförderung* Rn 11,14).

## C. Sozialversicherungsrecht *Ruppelt*

36 **1. Gesetzliche Unfallversicherung.** Die UVTräger haben mit allen geeigneten Mitteln für die Verhütung von Arbeitsunfällen zu sorgen (§ 14 Abs 1 Satz 1 SGB VII). Sie erlassen nach § 15 Abs 1 Nr 1 SGB VII als **autonomes Recht** Vorschriften über Maßnahmen, welche die Unternehmer zur Verhütung von Arbeitsunfällen, Berufskrankheiten und arbeitsbedingten Gesundheitsgefahren vorzunehmen haben, soweit staatliche Arbeitsschutzvorschriften hierüber keine Regelung treffen (→ Rn 2 ff). Dazu gehören auch die Vorschriften, die den Umgang mit gefährlichen Arbeitsstoffen betreffen. Dies ändert nichts an der alleinigen Verantwortung des Unternehmers für die Sicherheit des Betriebs und aller Betriebsabläufe.

37 Die UVV schließen den Umgang mit gefährlichen Arbeitsstoffen nicht aus, sondern regeln die Durchführung der arbeitsmedizinischen Vorsorgeuntersuchungen, wobei den UVTrägern ein weiter Beurteilungsspielraum zusteht. Es sind Erstuntersuchungen, Überwachungsuntersuchungen während der Zeit der Exposition und nachgehende Untersuchungen möglich (→ *Arbeitssicherheit/Arbeitsschutz* Rn 29 ff).

38 **2. Haftung.** Der Unternehmer allein ist für die Durchführung der Maßnahmen zur Verhütung von Arbeitsunfällen und Berufskrankheiten und für die Verhütung von arbeitsbedingten Gesundheitsgefahren verantwortlich (§ 21 Abs 1 SGB VII). Durch die Aufgaben der UVTräger zur Unfallverhütung und durch die UVV wird er von dieser Verpflichtung

nicht entlastet. Verstößt er gegen diese Verpflichtung, setzt er sich bei vorsätzlichem oder grob fahrlässigem Verhalten dem Regressanspruch des UVTrägers nach § 110 SGB VII aus. Zudem kommen zivilrechtliche Schadensersatzansprüche des Geschädigten in Betracht.

## Arbeitsunfähigkeit

### A. Arbeitsrecht

*Griese*

1 **1. Begriff und Bedeutung.** Die **krankheitsbedingte Arbeitsunfähigkeit** führt dazu, dass der ArbN berechtigt der Arbeit fernbleiben kann und nach Maßgabe von §§ 3 ff EFZG einen **Entgeltfortzahlungsanspruch** (*Entgeltfortzahlung*) hat. **Arbeitsunfähigkeit und Krankheit dürfen nicht gleichgesetzt werden,** wie bereits der Wortlaut des § 3 Abs 1 Satz 1 EFZG deutlich macht („durch AU infolge von Krankheit verhindert").

Vielmehr verursacht eine Erkrankung erst dann eine AU, wenn die konkret geschuldete AU infolge der Krankheit nicht mehr ausgeübt werden kann.

Bei der Beurteilung dieser Frage kommt es maßgeblich auf die geschuldete AU an. Ohne Kenntnis von Arbeitsplatz und Arbeitsanforderungen kann nicht festgestellt werden, ob infolge von Krankheit AU besteht.

2 Bei der **Feststellung der Arbeitsunfähigkeit** kommt dem behandelnden Arzt die entscheidende Rolle zu. Die **ärztliche Arbeitsunfähigkeitsbescheinigung** ist gem § 5 Abs 1 Satz 2 EFZG das zentrale Instrument **zum Nachweis der Arbeitsunfähigkeit.** (*Arbeitsunfähigkeitsbescheinigung*). Die ordnungsgemäß ausgestellte ärztliche AUBescheinigung ist der gesetzlich ausdrücklich vorgesehene und insoweit wichtigste **Beweis für das Vorliegen krankheitsbedingter Arbeitsunfähigkeit und hat daher einen hohen Beweiswert** (BAG 19.2.15 – 8 AZR 1007/13, NJW 15, 2749)

3 **2. Krankheit gem § 3 Abs 1 Satz 1 EFZG.** Krankheit iSd § 3 Abs 1 Satz 1 EFZG setzt einen regelwidrigen körperlichen oder geistigen Zustand voraus. Regelwidrig ist ein körperlicher oder geistiger Zustand dann, wenn er nach allgemeiner Erfahrung unter Berücksichtigung eines natürlichen Verlaufs des Lebensgangs nicht bei jedem anderen Menschen gleichen Alters und Geschlechts zu erwarten ist (BAG 26.10.16 – 5 AZR 456/15, NJW 17, 504 mit zust Anm v *Sievers,* jurisPR-ArbR 5/2017 Anm 1).

Keine Krankheit liegt für Zeiten vor, in denen sich der ArbN in ärztliche Behandlung zu diagnostischen oder therapeutischen Zwecken begibt, ohne dass diese Maßnahmen oder die dort getroffenen Feststellungen selbst zu einer AU führen. Deshalb besteht für einen Arztbesuch, der nicht zur Attestierung von AU führt, kein Anspruch auf Entgeltfortzahlung im Krankheitsfall; es kann allerdings eine vergütungsfortzahlungspflichtige Arbeitsverhinderung nach § 616 Abs 1 BGB vorliegen (BAG 27.6.90 – 5 AZR 365/89, NZA 90, 894; → *Arbeitsverhinderung* Rn 5).

4 Eine Krankheit ist ferner nicht gegeben bei Teilnahme an gesundheitsfördernden oder rehabilitativen Maßnahmen; hierfür gilt die Sonderregelung des § 9 EFZG, *Rehabilitation (medizinische).*

Die Abwesenheit wegen einer **In-vitro-Fertilisation** ist keine Krankheit (BAG 26.10.16 – 5 AZR 456/15, NJW 17, 504 mit zust Anm v *Sievers,* jurisPR-ArbR 5/2017 Anm 1).

**Eine Blut-, Gewebe- oder Organspende, ist ebenfalls keine Krankheit. Hier gilt die Sonderregelung des § 3a EFZG,** wonach gleichwohl Entgeltfortzahlungsansprüche des ArbN gegen den ArbGeb bestehen, diese aber durch Erstattungsansprüche des ArbGeb gegen die Krankenkasse des Empfängers kompensiert werden.

Keine AU liegt vor, wenn die Arbeitstätigkeit auch ohne die medizinische Behandlung uneingeschränkt verrichtet werden kann.

**Suchterkrankungen sind Krankheiten** iSd § 3 Abs 1 Satz 1 EFZG, allerdings wird immer zu prüfen sein, ob ein Entgeltfortzahlungsanspruch **nicht wegen groben Eigenverschuldens ausgeschlossen ist** (BAG 18.3.15 – 10 AZR 99/14, NJW 15, 2444).

5 **3. Arbeitsunfähigkeit infolge Krankheit gem § 3 Abs 1 Satz 1 EFZG.** Auf dem Begriff in § 3 Abs 1 Satz 1 EFZG baut die für alle ArbN geltenden AURichtlinie (*Arbeitsunfähigkeitsbescheinigung*) auf, die aufgrund der Ermächtigungsnorm des § 92 Abs 1 Nr 7

SGB V erlassen worden und für die Kassenärzte gem § 81 Abs 3 Nr 2 SGB V verbindlich sind. Danach gilt als arbeitsunfähig, wer aufgrund von Krankheit seine ausgeübte Tätigkeit nicht mehr oder nur unter der Gefahr der Verschlimmerung der Erkrankung ausführen kann. Klargestellt wird in § 2 Abs 1 Satz 3 der AURichtlinie, dass AU auch dann vorliegt, wenn aufgrund eines bestimmten Krankheitszustandes, der für sich allein noch keine AU bedingt, absehbar ist, dass aus der Ausübung der Tätigkeit gesundheitlich abträgliche Folgen erwachsen, die eine AU unmittelbar hervorrufen. Die Richtlinien legen weiterhin fest, dass arbeitsunfähig derjenige ist, dessen zur Ausübung der Tätigkeit oder zum Erreichen des Arbeitsplatzes erforderliches Hilfsmittel defekt ist. Die AU dauert so lange an, bis die Reparatur des Hilfsmittels beendet oder ein Ersatz des defekten Hilfsmittels vorliegt.

Bei einem auf eine Dialysebehandlung angewiesenen ArbN besteht AU, wenn und soweit die Dialysebehandlung nur während der vereinbarten Arbeitszeit möglich ist.

Gesetzliche Beschäftigungsverbote nach dem BSeuchG oder dem MuSchG begründen keine AU, es sei denn es besteht Ansteckungsgefahr (*HWK* § 3 EFZG Rz 18).

6 **4. Teilarbeitsfähigkeit.** Mit § 74 SGB V ist ein Schritt in Richtung die Teilarbeitsfähigkeit gemacht worden. Nach dieser Vorschrift soll der behandelnde Arzt, wenn ein arbeitsunfähiger ArbN seine bisherige Tätigkeit teilweise verrichten könnte und die stufenweise Wiederaufnahme seiner Tätigkeit voraussichtlich seine Eingliederung in das Erwerbsleben verbessert, auf der Bescheinigung über die AU Art und Umfang der möglichen Tätigkeit angeben.

Diese **sozialversicherungsrechtliche Pflicht des Arztes** bedeutet noch keine Pflicht der Arbeitsvertragsparteien, ein solches **Wiedereingliederungsverhältnis** durchzuführen.

Vor einer **krankheitsbedingten Kündigung** (dazu *Kündigung, personenbedingte*) wird eine solche Maßnahme unter dem **Gesichtspunkt der Verhältnismäßigkeit** aber idR durchzuführen sein wegen § 167 Abs 2 SGB IX (bis 31.12.17: § 84 Abs 2 SGB IX, s dazu BAG 12.7.07 – 2 AZR 716/06, NZA 08, 173).

7 Soweit die Tätigkeit zu Rehabilitationszwecken erfolgt, ist es kein Arbeitsverhältnis, es besteht als Rechtsverhältnis eigener Art im Wiedereingliederungszeitraum zu Wiedereingliederungszwecken (BAG 29.1.92 – 5 AZR 37/91, BB 93, 143; *Wank* BB 92, 1997; *Adolf* in: Schlegel/Voelzke, jurisPK-SGB V, 3. Aufl. 2016, § 74 SGB V). Deshalb ist ein Arbeitsangebot des ArbN zur Beschäftigung in einem Wiedereingliederungsverhältnis kein ausreichendes Angebot zur Begründung von Annahmeverzugslohnansprüchen (BAG 6.12.17 – 5 AZR 815/16, NZA 18, 439). Die fehlende Qualität eines Arbeitsverhältnisses wird auch daran deutlich, dass während der Wiedereingliederung die arbeitsvertraglichen Hauptleistungspflichten ruhen, mit der Folge, dass während dieser Zeit ein Urlaubsanspruch nicht erfüllt werden kann, eben weil die Arbeitspflicht ruht (BAG 19.4.94 – 9 AZR 462/92, DB 94, 1880).

Kommt es in den übrigen Fällen zu einer **teilweisen Durchführung des Arbeitsverhältnisses,** so ist Rechtsgrundlage hierfür das Arbeitsverhältnis. Dazu bedarf es allerdings einer **Abänderungsvereinbarung,** die durch die volle Genesung des ArbN auflösend bedingt ist.

8 **5. Anzeige- und Nachweispflichten im Fall der Arbeitsunfähigkeit.** Im Fall der Erkrankung haben die ArbN zwei Pflichten. Sie müssen zum einen den ArbGeb über die eingetretene AU informieren, zum anderen je nach Erkrankungsdauer den Nachweis über die AU beibringen.

**a) Anzeigepflicht gem § 5 Abs 1 Satz 1 EFZG.** Inhalt der Anzeigepflicht gem § 5 Abs 1 Satz 1 EZFG ist es, den ArbGeb unverzüglich, das heißt ohne schuldhaftes Zögern (§ 121 BGB), über die eingetretene AU zu informieren. Dies bedeutet, dass die Anzeige der Erkrankung grds am ersten Tag der Erkrankung, und zwar zu Arbeitsbeginn bzw in den ersten Arbeitsstunden, zu erfolgen hat.

Aus der Forderung des Gesetzgebers, die Anzeige unverzüglich zu erstatten, folgt, dass eine briefliche Anzeige angesichts der Postlaufzeit eine verschuldete Verspätung bedeuten kann. Gefordert ist die **unverzügliche mündliche, telefonische Meldung oder Mitteilung zB per SMS, E-Mail, WhatsApp oder Fax,** die den ArbGeb ohne Verzögerung erreicht.

Die Mitteilung kann auch durch Angehörige oder Arbeitskollegen erfolgen. Wenn sich der ArbN zum Arzt begibt und noch nicht weiß, ob er krankgeschrieben wird, erfordert es die Pflicht zur unverzüglichen Anzeige, dem ArbGeb vor dem beabsichtigten Arztbesuch Mitteilung zu machen und nach dem Arztbesuch die AU mitzuteilen, wenn der Arzt eine Krankschreibung vornimmt.

Die Anzeige ist entbehrlich, wenn der ArbGeb bereits auf andere Weise Kenntnis von der Erkrankung hat, etwa wenn der ArbN einen Betriebsunfall erlitten hat, von dem der ArbGeb erfahren hat. Dauert die Erkrankung über den zunächst angenommen Zeitraum hinaus an, muss der ArbN über die Verlängerung der Krankheitsdauer unverzüglich informieren. Dies gilt auch, wenn der Sechswochenzeitraum schon abgelaufen ist (BAG 11.7.13 – 2 AZR 241/12, NJW 13, 3388).

Der ArbN ist nicht verpflichtet, Angaben über die **Art oder Ursächlichkeit der** 9
**Erkrankung** zu machen. **Ausnahmsweise** ist dies anders, wenn **Schutzmaßnahmen im Betrieb** zB wegen Ansteckungsgefahr erforderlich werden, eine Schädigung durch einen Dritten gem § 6 EFZG oder eine **Fortsetzungserkrankung** vorliegt.

Gegenüber welchen Personen oder Stellen innerhalb eines Unternehmens die Anzeigepflicht zu erfüllen ist, kann der ArbGeb festlegen. Dies kann unter Beachtung des Mitbestimmungsrechts des BRat nach § 87 Abs 1 Nr 1 BetrVG auch in einer Betriebsordnung festgelegt werden. Auch die Einführung von Formularen für den Arztbesuch ist mitbestimmungspflichtig (BAG 21.1.97 – 1 ABR 53/96, NZA 97, 785).

Verletzt ein ArbN trotz vorheriger mehrfacher Abmahnungen wiederholt seine Anzeigepflicht, kann dies eine ordentliche Kündigung rechtfertigen (BAG 16.8.91 – 2 AZR 604/90, NZA 93, 17; APS/*Dörner* § 1 KSchG Rz 314), regelmäßig aber keine außerordentliche Kündigung (LAG Köln 7.1.08 – 14 Sa 1311/07, BeckRS 2008, 52735). Hingegen wird der Entgeltfortzahlungsanspruch durch eine solche Pflichtverletzung nicht beeinträchtigt.

**b) Nachweispflicht gem § 5 Abs 1 Satz 2 EFZG.** Die ArbN haben die Pflicht, ihre 10
AU durch eine ärztliche AUBescheinigung (→ *Arbeitsunfähigkeitsbescheinigung* Rn 1 ff) nachzuweisen.

Für die Nachweispflicht gilt § 5 Abs 1 Satz 2 EFZG. Jeder ArbN ist insoweit verpflichtet, im Falle einer **länger als drei Kalendertage** dauernden Erkrankung am auf den ersten Erkrankungstag folgenden Arbeitstag eine ärztliche AUBescheinigung vorzulegen. Selbst wenn für den ArbN zunächst nicht absehbar ist, dass eine Erkrankung länger als drei Kalendertage dauert, folgt aus dieser Regelung, dass spätestens am vierten Tag der AU die ärztliche AUBescheinigung dem ArbGeb vorzulegen ist. Bei bis zu drei Tagen dauernder Erkrankung besteht hingegen keine gesetzliche Attestpflicht.

Allerdings ist der ArbGeb jederzeit berechtigt, nach § 5 Abs 1 Satz 3 EFZG bei nicht länger als drei Kalendertagen **schon vom ersten Krankheitstag an** eine ärztliche AU-Bescheinigung zu verlangen. Die Ausübung dieses Rechts ist nicht an besondere Voraussetzungen gebunden, sondern steht im **Ermessen des ArbGeb** (BAG 14.11.12 – 5 AZR 886/11, DB 2013, 464), muss aber **diskriminierungsfrei** ausgeübt werden.

Es ist zulässig, sowohl von einzelnen als auch generell von allen ArbN des Betriebes die 11
Vorlage eines Attests bei solchen Kurzerkrankungen zu verlangen (*Hanau/Kramer* DB 95, 94). Hinsichtlich der Wirkung dieser Vorschrift wird man unterscheiden müssen. Für eine eingetretene und mitgeteilte Kurzerkrankung nützt sie uU wenig, da der ArbN, nachdem er von dem Verlangen des ArbGeb, ein Attest vorzulegen, erfährt, noch Zeit haben muss, einen Arzt aufzusuchen und die ärztliche AUBescheinigung zu übermitteln. Während dieser Zeit wird der Zeitraum der dreitägigen Kurzerkrankung häufig bereits ganz oder teilweise abgelaufen sein.

Anders ist es, wenn der ArbGeb einen Erkrankungsfall zum Anlass nimmt oder generell 12
verlangt, **für zukünftige Erkrankungen vom ersten Tag an ein Attest** zu verlangen. Dies ist nach § 5 Abs 1 Satz 3 EFZG jederzeit und **ohne besondere Begründungspflicht zulässig** (BAG 14.11.12 – 5 AZR 886/11, DB 2013, 464). Erst recht gilt dies nach dem Zweck des Gesetzes gerade dann, wenn vorangegangene Erkrankungen einen Missbrauchsverdacht begründen. Hierbei kann an die Tatbestände des § 275 Abs 1a SGB V angeknüpft werden (ua auffällig häufig arbeitsunfähig, auffällig häufig nur für kurze Dauer arbeitsunfähig, Beginn der AU häufig am Beginn oder am Ende der Arbeitswoche).

Das Recht kann durch Einzelweisung, arbeitsvertragliche Regelung aber auch durch Betriebsvereinbarung oder Tarifvertrag umgesetzt werden. Es empfiehlt sich eine betriebseinheitliche Lösung, wonach betriebseinheitlich Kriterien für eine Pflicht zur Attestvorlage festgelegt werden (*Marburger* BB 94, 1421).

Da es sich bei der Festlegung der Kriterien um eine Regelung der Ordnung des Betriebs und des Verhaltens der ArbN im Betrieb handelt, besteht ein Mitbestimmungsrecht des BRates nach § 87 Abs 1 Nr 1 BetrVG (BAG 25.1.2000 – 1 ABR 3/99, NZA 2000, 665). Zulässig ist es darüber hinaus (BAG 1.10.97 – 5 AZR 726/96, NZA 98, 369), mit allen ArbN vertraglich zu vereinbaren, dass das Attest bereits ab dem ersten Krankheitstag eingereicht wird. Auch eine entsprechende **tarifvertragliche Regelung ist möglich** (BAG 26.2.03 – 5 AZR 112/02, BB 03, 1622). Dies bedeutet nicht, dass das Attest am ersten Krankheitstag eingehen muss, wohl aber, dass der bescheinigte Krankheitszeitraum den ersten Tag umfassen muss.

13 Dauert die AU **über den zunächst bescheinigten Zeitraum hinaus an,** muss der ArbN eine **neue ärztliche Arbeitsunfähigkeitsbescheinigung vorlegen.** Legt der ArbN trotz wiederholter Aufforderung überhaupt keine AUBescheinigung vor, kann dies eine außerordentliche Kündigung rechtfertigen (LAG Hess 13.7.99 – 9 Sa 206/99, ArbuR 2000, 75).

Dem Betriebsrat steht bei Krankenkontrollbesuchen kein generelles Mitbestimmungsrecht nach § 87 Abs 1 Nr 1 BetrVG zu (LAG RhPf 29.6.2006 – 11 TaBV 43/05, NZA-RR 07, 417).

14 **6. Sonstige Pflichten während der Arbeitsunfähigkeit.** Während der Dauer einer krankheitsbedingten AU kann der ArbGeb den ArbN nur in dringenden Ausnahmefällen anweisen, zu einem **Personalgespräch im Betrieb zu erscheinen.** Es muss hierfür nach der Rspr des BAG (BAG 2.11.16 – 10 AZR 596/15, NJW 17, 906) ein dringender betrieblicher Anlass bestehen, der einen Aufschub der Weisung auf einen Zeitpunkt nach Beendigung der AU nicht gestattet, und die persönliche Anwesenheit des ArbN im Betrieb dringend erforderlich ist und ihm zugemutet werden kann.

Geht es um ein Personalgespräch für ein **betriebliches Eingliederungsmanagement,** ist zu berücksichtigen, dass der ArbGeb dazu rechtlich gem § 167 Abs 2 SGB IX (vorher bis 31.12.2017 gleichlautend der durch das Bundesteilhabegesetz in § 167 Abs 2 SGB IX überführte § 84 Abs 2 SGB IX) verpflichtet ist, so dass auch der ArbN sich dem **nicht ohne zwingende Gründe entziehen kann** (*Hoffmann-Remy* NZA 17, 159).

Mit der AU **unvereinbare Tätigkeiten sind untersagt** und können, soweit daraus eine Vortäuschung der AU abzuleiten ist, auch **ohne Abmahnung zur Kündigung führen.** Dies gilt zB für die Arbeit während der AU bei einem Konkurrenzunternehmen (BAG 29.6.17 – 2 AZR 297/16, NJW 17, 2853) oder unvereinbare Freizeitaktivitäten (Skiurlaub eines Gutachters des Medizinischen Dienstes, der wegen Hirnhautentzündung arbeitsunfähig krankgeschrieben ist, BAG 2.6.06 – 2 AZR 53/05, NZA-RR 06, 636).

Der ArbN kann, zB aufgrund eines TV, verpflichtet sein, sich amtsärztlich auf Arbeitsfähigkeit untersuchen zu lassen. Bei hartnäckiger Verweigerung kann dies den ArbGeb zur verhaltensbedingten, ggf auch außerordentlichen Kündigung berechtigen (BAG 25.1.18 – 2 AZR 382/17, NZA 18, 845).

15 **7. Erkrankung im Ausland.** Bei einer Erkrankung im Ausland ist der ArbN nach § 5 Abs 2 Satz 1 EFZG verpflichtet, nicht nur dem ArbGeb, sondern auch der Krankenkasse die AU, deren voraussichtliche Dauer und die Adresse am Aufenthaltsort in der schnellstmöglichen Art der Übermittlung mitzuteilen. Angesichts der Verfügbarkeit elektronischer Kommunikationsmittel wird eine **briefliche Mitteilung** in aller Regel diesen Anforderungen nicht genügen.

§ 5 Abs 2 Satz 1 EFZG erweitert die Mitteilungspflicht dahingehend, dass der ArbN auch die Adresse des Aufenthaltsortes in der schnellstmöglichen Art der Übermittlung mitzuteilen hat (zum Nachweis und zur Missbrauchskontrolle *Arbeitsunfähigkeitsbescheinigung*).

Dauert die AU länger als zunächst angezeigt, ist der ArbN verpflichtet, der Krankenkasse die voraussichtliche Fortdauer der AU mitzuteilen. Die Regelung dient Beweiszwecken, indem sie die Möglichkeit eröffnet, die mitgeteilte AU überprüfen zu lassen.

Nach Rückkehr ins Inland ist der ArbN gem § 5 Abs 2 Satz 7 EFZG verpflichtet, dies unverzüglich seiner gesetzlichen Krankenkasse und dem ArbGeb mitzuteilen.

### B. Lohnsteuerrecht *Weil*

16 Für die Besteuerung ist entscheidend, ob dem ArbN trotz AU Lohn zufließt (→ *Lohnzufluss* Rn 2 ff). Bei **Lohnzufluss** erfolgt die Besteuerung nach den allgemeinen Grundsätzen (→ *Lohnsteuerberechnung* Rn 2 ff). Zahlt der ArbGeb wegen AU keinen Lohn, fällt mangels Zufluss beim ArbN keine Steuer an.

Zu den Problemen iE → *Entgeltfortzahlung* Rn 42, → *Krankengeld* Rn 6 ff, → *Erwerbsminderung* Rn 12 ff, → *Lohnersatzleistungen* Rn 5 ff.

### C. Sozialversicherungsrecht *Ruppelt*

17 **1. Begriff.** Ein Versicherter ist arbeitsunfähig, wenn er durch Krankheit daran gehindert ist, seine arbeitsvertraglich geschuldete, **zuletzt ausgeübte** Arbeit zu verrichten (BSG 8.11.05 – B 1 KR 18/04 R, SozR 4–2500 § 44 Nr 7 Rz 12). AU ist auch, wer seine ausgeübte Tätigkeit nur unter der Gefahr der Verschlimmerung der Erkrankung ausführen kann. Hat der Versicherte im Beurteilungszeitpunkt einen Arbeitsplatz inne, kommt es darauf an, ob er die dort an ihn gestellten gesundheitlichen Anforderungen noch erfüllen kann. Die Definition des Begriffs „Arbeitsunfähigkeit" ist von der Rspr entwickelt worden, eine nähere Beschreibung findet sich im Gesetz nicht. S auch → *Arbeitsunfähigkeitsbescheinigung* Rn 19 ff; → *Krankengeld* Rn 12 ff.

18 Verliert der Versicherte den Arbeitsplatz **nach Eintritt der Arbeitsunfähigkeit,** bleibt die frühere Tätigkeit als Bezugstätigkeit erhalten; allerdings sind nicht mehr die konkreten Verhältnisse am früheren Arbeitsplatz maßgebend, sondern es ist nunmehr abstrakt auf die **Art der zuletzt ausgeübten Beschäftigung** abzustellen. Ist er aus gesundheitlichen Gründen nicht (mehr) gehindert, eine solche Tätigkeit vollschichtig zu verrichten, liegt AU nicht (mehr) vor. Unerheblich ist dabei, ob er tatsächlich einen solchen Arbeitsplatz innehat oder einen solchen erlangen könnte. Der Versicherte darf auf solche gleich oder ähnlich geartete Tätigkeiten „verwiesen" werden, wobei aber der Kreis möglicher Tätigkeiten entsprechend der Funktion des Krankengeldes eng zu ziehen ist (BSG 19.9.02 – B 1 KR 11/02 R, NZA 03, 907; 14.2.01 – B 1 KR 30/00 R, SozR 3–2500 § 44 Nr 9). Die Art der Verrichtung, die körperlichen und geistigen Anforderungen, die notwendigen Kenntnisse und Fertigkeiten und auch die Entlohnung müssen im Wesentlichen mit der früheren Tätigkeit übereinstimmen (LSG Sachs 27.9.19 – L 9 KR 63/19, BeckRS 2019, 29949). Regelmäßig gelingt es den Versicherungsträgern nicht, eine solche Tätigkeit zu bezeichnen. Unerheblich ist, ob der Versicherte mit seinem Restleistungsvermögen der Arbeitsvermittlung zur Verfügung steht.

19 Nur wenn der Versicherte **bei Eintritt der Arbeitsunfähigkeit** bereits arbeitslos ist, beurteilt sich die AU nach den Tätigkeiten, für die der Versicherte der Arbeitsvermittlung zur Verfügung steht. Das sind nach § 140 Abs 1 SGB III grds alle seiner gesundheitlichen Leistungsfähigkeit entsprechenden Beschäftigungen. Auf die Verhältnisse an seinem früheren Arbeitsplatz kommt es nicht mehr an (BSG 19.9.02 – B 1 KR 11/02 R, NZA 03, 907). Das gilt grds ab dem ersten Tag der Arbeitslosigkeit. Maßstab für die Beurteilung der krankheitsbedingten AU eines Versicherten in der KV der Arbeitslosen sind **auch in den ersten sechs Monaten** der Arbeitslosigkeit alle Beschäftigungen, die ihm arbeitslosenversicherungsrechtlich zumutbar sind (BSG 4.4.06 – B 1 KR 21/05 R, NZS 07, 150; 10.5.12 – B 1 KR 20/11 R, NZS 12, 745 Rz 9). Dies sind grds **alle Arbeiten auf dem allgemeinen Arbeitsmarkt** (→ *Krankengeld* Rn 14 ff).

Auch in den Fällen des § 48 Abs 2 SGB V (Erschöpfung des Krankengeldanspruchs wegen derselben Krankheit, → *Krankengeld* Rn 12) ist nicht mehr an die frühere Tätigkeit, sondern an das **Restleistungsvermögen** anzuknüpfen, wenn der Versicherte bei fortbestehender AU für seinen früheren Beruf nach Erschöpfung des Krankengeldanspruchs innerhalb der ersten Blockfrist mit seinem Restleistungsvermögen der Arbeitsvermittlung zur Verfügung gestanden hat und nunmehr innerhalb eines neuen Dreijahreszeitraums bei Erfüllung der versicherungsrechtlichen Voraussetzungen (→ *Krankengeld* Rn 17) erneut Krankengeld beansprucht; dh maßgebend für das Vorliegen von AU sind alle Arbeiten auf dem allgemeinen Arbeitsmarkt, ohne dass es auf die Qualität des früheren Beschäftigungsverhältnisses ankommt (BSG 8.2.00 – B 1 KR 11/99 R, NZS 2000, 611).

20 **2. Nicht jede Erkrankung** begründet AU. Vielmehr ist im Einzelfall zu prüfen, ob die konkrete Erkrankung bzw krankheitsbedingte Behinderung dazu führt, dass die geschuldete Arbeitsleistung nicht mehr (in vollem Umfang) erbracht werden kann. Kann der Versicherte die bisherige oder eine gleichgeartete Tätigkeit krankheitsbedingt nur teilweise verrichten, bleibt er im sozialversicherungsrechtlichen Sinn arbeitsunfähig. Eine Teilarbeitsunfähigkeit gibt es auch in Ansehung von § 74 SGB V nicht. Während der Wiedereingliederung nach § 74 SGB V erzieltes Arbeitsentgelt wird auf das Krankengeld angerechnet (§ 49 Abs 1 Nr 1 SGB V).

21 **3. Stationäre Behandlung** in einem Krankenhaus oder in einer Vorsorge- bzw Rehabilitationseinrichtung auf Kosten der Krankenkasse (§§ 23, 24, 40 Abs 2, 41 SGB V) steht der krankheitsbedingten AU gleich (§ 44 Abs 1 Satz 1 SGB V). Für eine im Anschluss an eine medizinische RehaMaßnahme (→ *Rehabilitation (medizinische)* Rn 17 ff) erforderliche Schonungszeit muss die AU gesondert geprüft werden.

22 **4. Beendet ist die Arbeitsunfähigkeit,** wenn der Versicherte seine frühere oder die zumutbare Tätigkeit wieder in **vollem Umfang** verrichten kann. Die tatsächliche Arbeitsleistung des Versicherten ist ein (widerlegbares) Indiz für das Vorliegen der Arbeitsfähigkeit (BSG 9.10.01 – B 1 KR 12/01 R, BeckRS 2001, 41754). Gleiches gilt für die tatsächliche Ausübung von Verrichtungen, welche sich mit der behaupteten AU nicht vereinbaren lassen, etwa Wintersport während der AU (zur Möglichkeit der fristlosen Kündigung in einem solchen Fall: BAG 2.3.06 – 2 AZR 53/05, DB 06, 2183).

23 **5. Die Feststellung der Arbeitsunfähigkeit** hat durch einen Arzt zu erfolgen (→ *Arbeitsunfähigkeitsbescheinigung* Rn 20 ff). Es muss sich nicht notwendig um den behandelnden Arzt oder einen Vertragsarzt der Krankenkasse handeln (BayLSG 20.5.15 – L 5 KR 191/15 B ER, BeckRS 2015, 69018). Auch müssen für die Feststellung die dafür vorgesehenen Vordrucke nach § 5 Abs 1 oder § 6 Abs 1 AURichtlinie nicht verwendet werden (LSG BlnBbg 27.7.17 – L 9 KR 239/17 B PKH, BeckRS 2017, 212275). Allerdings setzt § 46 Satz 1 Nr 2 SGB V unabdingbar sowohl bei der Erstfeststellung der AU als auch bei nachfolgenden Feststellungen die persönliche Untersuchung des Versicherten durch einen Arzt voraus (BSG 16.12.14 – B 1 KR 25/14 R, GesR 15, 280; LSG SchlHol 6.2.17 – L 5 KR 13/17 B ER, BeckRS 2017, 101392). Dem Attest mit der ärztlichen Feststellung der AU kommt die Bedeutung einer **gutachtlichen Stellungnahme** zu. Sie bildet die Grundlage für den über den Krankengeldbezug zu erteilenden Verwaltungsakt der KV, ohne dass KV und Gerichte an den Inhalt der ärztlichen Bescheinigung gebunden sind (BSG 10.5.12 – B 1KR 20/11 R, NZS 12, 745 Rz 14). S auch → *Medizinischer Dienst* Rn 9.

24 **6. Leistungsrecht.** AU ist **eine** Voraussetzung für die Gewährung von Entgeltfortzahlung (→ *Entgeltfortzahlung* Rn 2 ff) und Krankengeld (→ *Krankengeld* Rn 12 ff). Kein Zusammenhang besteht zwischen der AU und den rentenversicherungsrechtlichen Versicherungsfällen der Erwerbsminderung (→ *Erwerbsminderung* Rn 14 ff).

# Arbeitsunfähigkeitsbescheinigung

## A. Arbeitsrecht *Griese*

1 **1. Allgemeines.** Die AU muss gegenüber dem ArbGeb nachgewiesen werden. **Die ärztliche Arbeitsunfähigkeitsbescheinigung ist gem § 5 Abs 1 Satz 2 EFZG das zentrale Instrument zum Nachweis der Arbeitsunfähigkeit.** (→ *Arbeitsunfähigkeit* Rn 10).

Die ordnungsgemäß ausgestellte ärztliche AUBescheinigung ist der gesetzlich ausdrücklich vorgesehene und insoweit wichtigste **Beweis für das Vorliegen krankheitsbedingter Arbeitsunfähigkeit und hat daher einen hohen Beweiswert** (BAG 19.2.15 – 8 AZR 1007/13, NJW 15, 2749). Sie wird vom Arzt ausgestellt und weist Beginn und voraussichtliche Dauer der AU aus. Ferner muss der Arzt auf ihr angeben, wann er die AU festgestellt hat und ob es sich um eine **Erst- oder Folgebescheinigung** handelt. Die **Diagnose** ist auf der für den ArbGeb bestimmten Ausfertigung der AUBescheinigung **nicht anzugeben**, notwendig ist allerdings der Vermerk, dass die Krankenkasse unverzüglich eine Bescheinigung über die AU mit Angaben über den Befund und die voraussichtliche Dauer erhalten wird.

**2. Ärztliche Pflichten bei der Ausstellung von Arbeitsunfähigkeitsbescheinigung.** Die ärztlichen Pflichten ergeben sich aus der **Richtlinie zur Erteilung von ärztlichen Arbeitsunfähigkeitsbescheinigungen,** die aufgrund der Ermächtigungsnorm des § 92 Abs 1 Satz 2 Nr 7 SGB V gilt (zur Geltungswirkung s *Wiegand* in Schlegel/Voelzke, jurisPK-SGB V, 3. Aufl 2016, § 92 SGB V Rn 25 ff). Sie ist **verbindlich** für die Kassenärzte gem § 81 Abs 3 Nr 2 SGB V. Die AURichtlinie verlangt in § 2 Abs 5 von dem Arzt eine **sorgfältige Untersuchung und Befragung des Arbeitnehmers über die aktuell ausgeübte Tätigkeit und die damit verbundenen Belastungen.** 2

Denn die AU kann nur anhand der nach dem Arbeitsvertrag geschuldeten und ausgeübten Tätigkeit beurteilt werden. Soweit Landesberufsordnungen für Ärzte unter bestimmten Bedingungen ärztliche Behandlungen auch ohne persönliche Untersuchung erlauben, vermögen diese die Grundpflichten für die Erstellung von Arbeitsunfähigkeitsbescheinigungen nicht außer Kraft zu setzen (s auch *Heider* NZA 19, 288).

Ferner soll der Arzt gem § 5 Abs 3 der AURichtlinie AU für eine **vor der ersten Inanspruchnahme** des Arztes liegende Zeit grds **nicht bescheinigen** (LAG Rh-Pf 13.1.15 – 8 Sa 373/14, NZA-RR 16,19). Nur ausnahmsweise ist eine Rückdatierung des Beginns der AU auf einen vor dem Behandlungsbeginn liegenden Tag oder eine rückwirkende Bescheinigung über das Fortbestehen der AU zulässig. **§ 106a Abs 5 SGB V** sieht ausdrücklich eine **Schadensersatzpflicht des Arztes** gegenüber dem ArbGeb und der Krankenkasse vor, wenn dieser die AU grob fahrlässig oder vorsätzlich die AU attestiert, obwohl die Voraussetzungen dafür nicht vorliegen. Die wissentliche Ausstellung falscher AUBescheinigungen erfüllt zudem den Straftatbestand des § 278 StGB.

**3. Inhalt der ärztlichen Arbeitsunfähigkeitsbescheinigung.** Die ärztliche AU enthält nur die Feststellung, dass AU besteht und wie lange sie voraussichtlich andauern wird. **Der Arbeitnehmer ist nicht verpflichtet, Art, Ursache und Umfang der Erkrankung mitzuteilen.** Die ärztliche Schweigepflicht untersagt es dem Arzt, der die ärztliche AU-Bescheinigung ausgestellt hat, auf der AUBescheinigung oder durch ergänzende Auskünfte solche Umstände mitzuteilen. Anders ist es, wenn der ArbN den behandelnden Arzt von der Einhaltung der ärztlichen Schweigepflicht entbunden hat. 3

**4. Beweiswert von ärztlichen Arbeitsunfähigkeitsbescheinigungen. a) Anscheinsbeweis für die inhaltliche Richtigkeit.** Die ärztliche AUBescheinigung ist eine Privaturkunde iSd § 416 ZPO. Für sie streitet keine gesetzliche Vermutung iSd § 292 ZPO. Sie hat einen **sehr hohen Beweiswert** (BAG 19.2.15 – 8 AZR 1007/13, NJW 15, 2749), für die **inhaltliche Richtigkeit** des ärztlichen Attests spricht der **Beweis des ersten Anscheins** (BAG 19.2.97 – 5 AZR 83/96, NZA 97, 652). Der Tatrichter kann deshalb im Regelfall den Beweis der AU mit der Vorlage der ärztlichen AUBescheinigung als erbracht ansehen (BAG 1.10.97 – 5 AZR 726/96, NJW 98, 2762). 4

Die Gerichte sind in gleichem Umfang wie der ArbGeb an eine ärztliche *Arbeitsunfähigkeitsbescheinigung* gebunden. Dies gilt auch bei der Rückforderung von *Entgeltfortzahlung,* die aus Sicht des ArbGeb zu Unrecht geleistet worden ist (BAG 11.10.06 – 5 AZR 755/05, DB 07, 1313).

Der Beweis des ersten Anscheins gilt nur zugunsten derjenigen AUBescheinigungen, die **unter Beachtung der AURichtlinien** ausgestellt worden sind. Der ArbGeb muss den Beweis des ersten Anscheins nicht widerlegen, es reicht aus, wenn er Tatsachen vortragen kann, die den Beweis des ersten Anscheins erschüttern.

**b) Erschütterung des Beweiswertes.** Der Beweiswert der ärztlichen AUBescheinigung ist erschüttert, wenn die vom ArbGeb vorgetragenen Tatsachen zu **ernsthaften Zweifeln** an der bescheinigten AU Anlass geben. Dies hat dann zur Folge, dass die volle Beweislast für die AU wieder beim ArbN liegt. Bei einem zunächst nicht näher begründeten ärztlichen Beschäftigungsverbot ist der Beweiswert erschüttert, wenn der ArbN trotz Aufforderung des ArbGeb keine ärztliche Bescheinigung darüber beibringt, von welchen konkreten Arbeitsbedingungen der Arzt beim Ausspruch des Beschäftigungsverbots ausgegangen ist und welche Einsatzeinschränkungen bestehen. Denn nur bei Kenntnis dieser Umstände kann der 5

ArbGeb prüfen, ob er dem ArbN andere zumutbare Arbeitsmöglichkeiten zuweist, die dem Beschäftigungsverbot nicht entgegenstehen (BAG 7.11.07 – 5 AZR 883/06, DB 08, 303).

6 Folgende Fallgestaltungen können den Beweiswert des ärztlichen Attests erschüttern:

- Arbeit während der AU bei einem Konkurrenzunternehmen (BAG 29.6.17 – 2 AZR 297/16, NJW 17, 2853)
- Erteilung einer AUBescheinigung ohne Untersuchung oder nur nach telefonischer Rücksprache (BSG 16.12.14 – B 1 KR 25/14, BeckRS 15, 66097; *Ricken* NZA 15, 1246)
- Offenkundige Verkennung des Krankheitsbegriffs in der ärztlichen AUBescheinigung selbst (BAG 26.10.16 – 5 AZR 456/15, NJW 17, 504)
- Ankündigung einer Erkrankung durch den ArbN (BAG 4.10.78, BB 79, 577)
- Rückwirkende Datierung einer AUBescheinigung (LAG Rh-Pf 13.1.15 – 8 Sa 373/14, NZA-RR 16, 19)
- Erkrankung nach Ablehnung eines Urlaubsantrages im beantragten Urlaubszeitraum
- Wiederholte Erkrankung von ausländischen ArbN jeweils im Anschluss an den Heimaturlaub
- Umbuchung eines Urlaubsrückflugs vor Krankschreibung auf den Tag des Endes der Krankschreibung (LAG Hamm 8.6.05 – 18 Sa 1962/04, NZA-RR 05, 625)
- Wiederholte gemeinsame und gleichzeitige Erkrankung von Ehegatten nach Urlaubsende
- Unentschuldigte Nichtbefolgung einer Vorladung zur vertrauensärztlichen Untersuchung
- Durchführung von beschwerlichen Reisen während der AU
- Strapaziöse sportliche Betätigungen während der Krankheit (zB Bungeespringen eines an einem Wirbelsäulenleiden erkrankten ArbN)
- Mit einer AU unvereinbare Freizeitaktivitäten (Skiurlaub eines Gutachters des Medizinischen Dienstes, der wegen Hirnhautentzündung arbeitsunfähig krankgeschrieben ist, BAG 2.6.06 – 2 AZR 53/05, NZA-RR 06, 636)
- Mit der AU unvereinbare Arbeit außerhalb der Arbeitsstelle, zB in der eigenen Nebenerwerbslandwirtschaft (LAG Hamm 8.10.70, DB 70, 2379) oder beim Bau des eigenen Hauses (LAG Düsseldorf 16.12.80, DB 81, 900).

7 Nicht ausreichend sind grds:

- Abwesenheit des ArbN von seiner Wohnung
- Spaziergänge oder leichte sportliche Betätigung
- Besorgungs- oder Einkaufsgänge des ArbN.

Eine Erschütterung des Beweiswertes der AUBescheinigung kann ferner vorliegen, wenn ein Regelbeispiel des § 275 Abs 1a SGB V vorliegt und der ArbGeb rechtzeitig eine Untersuchung durch den Medizinischen Dienst begehrt hat. Letzteres wird man vom ArbGeb in allen Erschütterungsfällen verlangen müssen (*Hanau/Kramer* DB 95, 94).

8 Ist die Beweislast der ärztlichen AUBescheinigung erschüttert, obliegt dem ArbN wieder der **volle Beweis** für die behauptete AU. Diesen Beweis kann der ArbN vor Gericht durch detaillierten Tatsachenvortrag, die Benennung des behandelnden Arztes als **Zeugen sowie dessen Entbindung von der ärztlichen Schweigepflicht** antreten (BAG 7.12.95 – 2 AZR 849/94, ArbuR 96, 113). Der Arzt ist dann im Einzelnen nach Diagnose, Krankheitsverlauf und Auswirkungen auf die AU am konkreten Arbeitsplatz zu befragen. Insbes ist der Arzt mit den Umständen, die zur Erschütterung des Beweiswertes der AUBescheinigung (zB strapaziöse sportliche Betätigung) geführt haben, zu konfrontieren und zu befragen, ob er den ArbN auch bei Kenntnis dieser Umstände krankgeschrieben hätte. **Bleiben Zweifel,** gehen diese im Rahmen der Entgeltfortzahlung zu Lasten des ArbN. Der Nachweis kann auch durch andere Beweismittel erfolgen (BAG 1.10.97 – 5 AZR 499/96, NZA 98, 369).

Will der ArbGeb hingegen aus Anlass solcher, den Beweiswert der AUBescheinigung erschütternden Umstände **kündigen,** trägt er die volle **Beweislast dafür,** dass der ArbN die **Arbeitsunfähigkeit wissentlich vorgetäuscht** und die **Arbeitsunfähigkeitsbescheinigung erschlichen** oder in grober Weise die Pflicht zum heilungsfördernden Verhalten verletzt hat, etwa dadurch, dass er während der bescheinigten AU einer strapaziösen, nicht heilungsfördernden Freizeitaktivität nachgeht (Skiurlaub in Zermatt, BAG 2.3.06 – 2 AZR 53/05, NZA-RR 06, 636).

Der ArbGeb darf zur Aufklärung solcher Vorwürfe einen Detektiv einsetzen, wenn ein konkreter Verdacht besteht; die so erhobenen Erkenntnisse unterliegen dann keinem datenschutzrechtlichen Verwertungsverbot (BAG 29.6.17 – 2 AZR 297/16, NJW 17, 2853).

Wird der ArbN einer vorsätzlichen Vertragsverletzung überführt, kann der ArbGeb im Wege des Schadensersatzes vom ArbN die Erstattung der Detektivkosten, die zum Nachweis des betrügerischen Verhaltens des ArbN erforderlich waren, verlangen (BAG 26.9.13 – 8 AZR 1026/12, NZA 14, 301). Die Einschaltung eines Detektivs ohne konkrete Verdachtsmomente führt hingegen zu einem datenschutzrechtlichen Verwertungsverbot und löst Schadensersatzansprüche des ArbN gegen den ArbGeb aus (BAG 19.2.15 – 8 AZR 1007/13, NJW 15, 2749).

**c) Kontrollmöglichkeiten des Arbeitgebers.** Nach § 275 Abs 1 Nr 3 Buchst b) SGB V besteht die Möglichkeit, von der Krankenkasse eine gutachtliche Stellungnahme des Medizinischen Dienstes der KV zur Überprüfung von **begründeten Zweifeln** an der AU zu verlangen. Die Effektivität dieser Kontrollmöglichkeit litt darunter, dass die Krankenkasse diesem Verlangen oft erst nachkam, wenn der sechswöchige Entgeltfortzahlungszeitraum schon abgelaufen war. § 275 Abs 1a SGB V sieht vor, dass die Prüfung der Krankenkasse unverzüglich nach Vorlage der ärztlichen Feststellung über die AU zu erfolgen hat. In der Vorschrift ist weiter festgelegt, dass Zweifel an der Richtigkeit von AUBescheinigungen insbes dadurch begründet werden, dass der ArbN auffällig häufig oder auffällig häufig nur für kurze Dauer arbeitsunfähig ist oder der Beginn der AU häufig auf einen Arbeitstag am Beginn oder Ende einer Woche fällt, oder dass das Attest von einem Arzt kommt, der durch die Häufigkeit der von ihm ausgestellten AUBescheinigungen auffällig geworden ist. Von Bedeutung ist ferner § 275 Abs 1b SGB V, wonach der Medizinische Dienst (→ *Medizinischer Dienst* Rn 1 ff) **stichprobenartig** die Richtigkeit von AUBescheinigungen zu überprüfen hat. Diese Kontrollmöglichkeit versagt allerdings, wenn der ArbN in einer privaten Krankenkasse versichert ist, weil dann § 275 SGB V keine Anwendung findet. 9

Bei **begründeten** Zweifeln besteht die Möglichkeit, dem ArbN die Umstände mitzuteilen, die nach Ansicht des ArbGeb den Beweiswert der ärztlichen AUBescheinigung erschüttern, die **Entgeltfortzahlung zurückzuhalten** und dem ArbN den vollen Nachweis der AU durch detaillierte Angaben aufzugeben.

**5. Vorlagepflicht des Arbeitnehmers.** Nach § 5 Abs 1 Satz 2 EFZG hat der ArbN die Pflicht, dem ArbGeb eine ärztliche AUBescheinigung vorzulegen, wenn die Erkrankung länger als drei Kalendertage dauert (*Arbeitsunfähigkeit*). 10

Die Vorlage beim ArbGeb muss am nächsten **Arbeitstag,** der auf den Erkrankungstag folgt, geschehen. Bei kürzeren Erkrankungen besteht keine gesetzliche Attestpflicht.

Allerdings räumt § 5 Abs 1 Satz 3 EFZG dem ArbGeb das Recht ein, von seinen ArbN die Vorlage einer ärztlichen Bescheinigung über die AU und deren voraussichtliche Dauer schon **von dem ersten Tag der Erkrankung an zu verlangen.** Die Ausübung dieses Rechts ist nicht an besondere Voraussetzungen gebunden, sondern steht im Ermessen des ArbGeb (BAG 14.11.12 – 5 AZR 886/11, NZA 13, 322), muss aber diskriminierungsfrei ausgeübt werden. Voraussetzung für die Ausübung des Rechts ist nicht, dass Anhaltspunkte für einen Rechtsmissbrauch vorliegen. Das Recht kann durch Einzelweisung, arbeitsvertragliche Regelung aber auch durch Betriebsvereinbarung oder Tarifvertrag umgesetzt werden. Soll betriebseinheitlich die Vorlagepflicht bereits ab dem ersten Krankheitstag bestehen, besteht ein **Mitbestimmungsrecht des BRates** nach § 87 Abs 1 Nr 1 BetrVG, welches originär den jeweiligen BRat, nicht dem GesamtBRat zusteht (BAG 23.8.16 – 1 ABR 43/14, NZA 16, 1483).

Es spricht viel dafür, dass die Pflicht zur Vorlage von AUBescheinigungen auch nach Ablauf des Entgeltfortzahlungszeitraums weiterbesteht (BAG 11.7.13 – 2 AZR 241/12, NJW 13, 3388).

**6. Ausländische Arbeitsunfähigkeitsbescheinigungen.** Soweit ein in- oder ausländischer ArbN im Ausland erkrankt, muss er die AU durch eine ausländische AUBescheinigung nachweisen. Zu Einzelheiten *Ausländer.* 11

**7. Stufenweise Wiedereingliederung.** Kann ein arbeitsunfähig erkrankter ArbN trotz seiner Krankheit seine Tätigkeit teilweise verrichten und verbessert voraussichtlich eine stufenweise Wiederaufnahme der Tätigkeit die Eingliederung in das Erwerbsleben, so soll der Arzt nach § 74 SGB V **auf der ärztlichen Arbeitsunfähigkeitsbescheinigung** Art und Umfang der der **Wiedereingliederung dienlichen Tätigkeit** angeben. Dazu soll ggf 12 die Stellungnahme des Betriebsarztes oder mit Zustimmung der Krankenkasse die Stellungnahme des Medizinischen Dienstes eingeholt werden (*Arbeitsunfähigkeit*).

**B. Lohnsteuerrecht** *Weil*

18 Die AUBescheinigung hat lohnsteuerrechtlich keine Bedeutung (→ *Entgeltfortzahlung* Rn 42).

**C. Sozialversicherungsrecht** *Ruppelt*

19 **1. Die ärztliche Feststellung der Arbeitsunfähigkeit** (AUBescheinigung) ist Anspruchsvoraussetzung für die **Entgeltfortzahlung** (→ *Entgeltfortzahlung* Rn 2) im Krankheitsfall und die Gewährung von **Krankengeld** durch die gesetzliche KV (§ 44 Abs 1 S 1 SGB V). Ob und in welchem Umfang Versicherte Krankengeld beanspruchen können, bestimmt sich nach dem Versicherungsverhältnis, das im Zeitpunkt des jeweils in Betracht kommenden Entstehungstatbestands für den Anspruch vorliegt (→ *Arbeitsunfähigkeit* Rn 17 ff; → *Krankengeld* Rn 12 ff). Für den kassenärztlichen Bereich sind in Bezug auf die Ausstellung der AUBescheinigung die **AURichtlinien** maßgebend (→ Rn 2). Die Feststellung der AU erfolgt auf der entsprechenden Bescheinigung dergestalt, dass der **Beginn und ein voraussichtliches Ende** der AU vom feststellenden Arzt angegeben werden. Die AU kann auch von einem Nichtvertragsarzt ohne Verwendung der Formulare nach den AURichtlinien bescheinigt werden (LSG BlnBbg 27.7.17 – L 9 KR 239/17 B PKH, BeckRS 2017, 121275). Dauert die AU an, ist jeweils eine erneute ärztliche Prüfung für jeden neuen Zeitraum erforderlich. Nur bei Vorlage nahtloser AUBescheinigungen werden die Leistungsansprüche aufrechterhalten (→ Rn 26). Da es sich um die Feststellung der tatsächlichen medizinischen Voraussetzungen für das Vorliegen von AU und damit um eine **sachverständige Äußerung** des Arztes handelt, kann die AUBescheinigung von jedem – auch ausländischen – Arzt ausgestellt werden.

Mit dem **Dritten Bürokratieentlastungsgesetz** vom 22.11.19 (BGBl I, 1746) ist die Einführung des digitalen Austausches der AUDaten zwischen Krankenkassen und ArbGeb ab 2021 vorgesehen. Ab diesem Zeitpunkt werden diese Daten auch zwischen Arzt und Krankenkasse digital übermittelt. Der neue § 109 SGB IV verpflichtet die Kassen ab diesem Zeitpunkt, nach Eingang der AUDaten eine entsprechende Meldung zum elektronischen Abruf für den ArbGeb zu erstellen. Der gelbe AUMeldeschein entfällt. Hinsichtlich der *Entgeltfortzahlung* gilt für ArbN, die Mitglied der Krankenkassen sind, nach dem neuen § 5 Abs 1a EFZG Entsprechendes.

20 Es ist grds Sache der Krankenkasse – ggf mit Hilfe des Medizinischen Dienstes – festzustellen, ob die Voraussetzungen des Rechtsbegriffs AU tatsächlich erfüllt sind. Im Regelfall sind hinsichtlich der durch den Arzt bescheinigten AU und der gestellten Diagnosen, die nur der Krankenkasse mitgeteilt werden, keine Ermittlungen der Kasse veranlasst. Eine Bindung an die AUBescheinigung besteht hinsichtlich der Entstehung des Krankengeldanspruches allerdings ebenso wenig wie hinsichtlich der Entstehung des Entgeltfortzahlungsanspruchs (BSG 10.5.12 – B 1 KR 20/11 R, NZS 12, 745 Rn 14; 16.12.14 – B 1 KR 37/14 R, SozR 4–2500 § 192 Nr 7 Rn 16).

21 Zur **Sicherung des Behandlungserfolges,** insbes zur Einleitung von Maßnahmen für die Wiederherstellung der Arbeitsfähigkeit oder zur **Beseitigung von Zweifeln** an der AU hat die Krankenkasse eine gutachtliche Stellungnahme des Medizinischen Dienstes der KV einzuholen (§ 275 Abs 1 Nr 3 Buchst b SGB V). Zweifel an der AU sind insbes in Fällen anzunehmen, in denen der Versicherte auffällig häufig oder auffällig häufig für nur kurze Dauer arbeitsunfähig ist, der Beginn der AU häufig auf einen Arbeitstag am Beginn oder am Ende einer Woche fällt oder die AU von einem Arzt festgestellt worden ist, der durch die Häufigkeit der von ihm ausgestellten Bescheinigungen über AU auffällig geworden ist. Die Prüfung hat unverzüglich nach Vorlage der ärztlichen Feststellung über die AU zu erfolgen. Der ArbGeb kann verlangen, dass die Krankenkasse eine gutachtliche Stellungnahme des Medizinischen Dienstes zur Überprüfung der AU einholt (§ 275 Abs 1a Satz 3 SGB V).

22 Der ArbGeb hat dazu konkret schlüssige Tatsachen vorzubringen, die seine **Zweifel an der Arbeitsunfähigkeit** begründen. Lehnt die Krankenkasse ohne hinreichenden Grund

(ein solcher wäre eindeutiges Vorliegen von AU) die Einschaltung des Medizinischen Dienstes ab, kann der ArbGeb Widerspruch und Klage (vor dem Sozialgericht) erheben. Es kommt auch der Antrag auf einstweiligen Rechtsschutz in Betracht. Ergeben die Überprüfungen, dass ein Arzt AU festgestellt hat, obwohl die medizinischen Voraussetzungen dafür nicht vorlagen, kann der ArbGeb und die Krankenkasse von dem Arzt **Schadensersatz** verlangen, falls aufgrund der Bescheinigung Arbeitsentgelt (Entgeltfortzahlung) oder Krankengeld gezahlt und die AUBescheinigung grob fahrlässig oder vorsätzlich unrichtig ausgestellt wurde. Auf die Richtigkeit der Diagnosen kommt es allerdings nicht an, wenn nur das Vorliegen der AU zutreffend festgestellt ist. Gleiches gilt, wenn der Medizinische Dienst, etwa aufgrund von Personalmangel, die gutachtliche Stellungnahme nicht im Erkrankungszeitraum des ArbN erstellt **und** dadurch dem ArbGeb ein Schaden entsteht. Die Krankenkasse hat – solange ein Anspruch auf Entgeltfortzahlung besteht – dem ArbGeb und dem Versicherten das Ergebnis der Begutachtung des Medizinischen Dienstes mitzuteilen, wenn diese mit der Bescheinigung des Kassenarztes im Ergebnis nicht übereinstimmt. Die Mitteilung darf keine Angaben über die Krankheit des Versicherten enthalten (§ 277 Abs 2 SGB V). Diesem Überprüfungsverfahren kommt wegen der offenkundigen Beweisschwierigkeiten **wenig praktische Bedeutung** zu und ist insgesamt kaum geeignet, unzutreffende AUBescheinigungen aufzudecken.

**2. Ausländische Arbeitsunfähigkeitsbescheinigung. a) Erkrankung innerhalb der EU/EWR-Staaten und der Schweiz.** Ist ein bei einer deutschen gesetzlichen Krankenkasse Versicherter in einem anderen EU/EWR-Staat oder der Schweiz arbeitsunfähig erkrankt (etwa bei einer Urlaubsreise oder während einer Entsendung (→ *Auslandstätigkeit* Rn 116), muss er die von dem ausländischen Arzt ausgestellte AUBescheinigung **innerhalb einer Woche** nach Feststellung der AU an die deutsche Krankenkasse senden. Die Pflicht des ArbN, die AU seinem ArbGeb mitzuteilen, bleibt davon unberührt. Nach Art 27 Abs 8 VO (EG) 987/2009 besitzen die auf dem ärztlichen Befund des untersuchenden Arztes oder KVTrägers beruhenden Angaben in einer in einem anderen Mitgliedstaat ausgestellten Bescheinigung über die AU eines Versicherten die gleiche Rechtsgültigkeit wie eine deutsche AUBescheinigung. Die Überwachung und Kontrolle der AU obliegt in diesen Fällen allerdings der deutschen Krankenkasse. Diese kann den Träger des Wohn- oder Aufenthaltsortes mit der kontrollärztlichen Untersuchung beauftragen. Alternativ kann die deutsche Krankenkasse den Versicherten durch einen Arzt ihrer Wahl am Aufenthaltsort (Art 27 Abs 6 VO (EG) 987/2009) oder in Deutschland kontrollärztlich untersuchen lassen (Art 87 Abs 2 VO (EG) 987/2009). 23

**b) Erkrankung innerhalb Abkommensstaaten.** Mit Bosnien-Herzegowina, Kroatien, Marokko, Mazedonien sowie Montenegro, Serbien, Türkei und Tunesien wurden Regelungen zum Nachweis der AU getroffen. In diesen Staaten ist der örtliche KVTräger für die Feststellung der AU zuständig. Die Bescheinigungen müssen erkennen lassen, dass eine den Begriffen des deutschen Arbeits- und Sozialversicherungsrechts entsprechende Beurteilung vorgenommen wurde. Ist dies der Fall, kommt der Bescheinigung die gleiche Rechtsgültigkeit wie einer deutschen AUBescheinigung zu. Kontroll- und Überwachungsmöglichkeiten entsprechen grds dem Recht innerhalb der EU (→ Rn 23). 24

**c) Vertragsloses Ausland.** Erkrankt ein Versicherter arbeitsunfähig in einem Staat außerhalb der EU, des EWR, der Schweiz oder eines Abkommensstaates, besteht für die Dauer des Auslandsaufenthaltes kein Anspruch auf Krankengeld (§ 16 Abs 1 Nr 1 SGB V), es sei denn, es liegt eine Auslandsbeschäftigung iSv § 17 Abs 1 SGB V vor (→ *Auslandstätigkeit* Rn 166 ff). 25

**3. Geltungsdauer und Meldungsobliegenheit.** Die AUBescheinigung darf nur aufgrund einer **ärztlichen Untersuchung** ausgestellt werden. § 46 Satz 1 Nr 2 SGB V setzt unabdingbar sowohl bei der Erstfeststellung der AU als auch bei nachfolgenden Feststellungen die persönliche Untersuchung des Versicherten durch einen Arzt voraus (BSG 16.12.14 – B 1 KR 25/14 R, GesR 15, 280; LSG SchlHol 6.2.17 – L 5 KR 13/17 B ER, BeckRS 2017, 101392). Eine **Rückdatierung** des Beginns der AU auf einen vor dem Behandlungsbeginn liegenden Tag ist grds **nicht** zulässig. Ausnahmen kommen bei einem Beratungsverschulden der Krankenkasse in Betracht. Die in der AURichtlinie (→ Rn 2) ausnahmsweise vorgesehene Rückdatierungsmöglichkeit ist für den Beginn des Anspruchs auf Krankengeld unerheblich (BSG 5.6.19 – B 3 KR 56/18 B, BeckRS 2019, 15618). Nach 26

§ 46 Satz 1 Nr 2 SGB V entsteht der Anspruch auf Krankengeld **von dem Tag der ärztlichen Feststellung der AU an.** Krankengeld ist also schon für den Feststellungstag zu zahlen. Nach § 46 Satz 2 SGB V bleibt der Anspruch auf Krankengeld jeweils bis zu dem Tag bestehen, an dem eine ggf fortbestehende AU **wegen derselben Krankheit** ärztlich festgestellt wird, wenn diese ärztliche Feststellung spätestens am nächsten Werktag nach dem zuletzt bescheinigten Ende der AU erfolgt; Samstage gelten nicht als Werktage. Endet also die bescheinigte AU zB an einem Samstag, reicht es für die nahtlose Fortzahlung des Krankengeldes und ggf für die Fortsetzung des Versicherungsverhältnisses (wenn dieses nur noch wegen des Bezugs von Krankengeld nach § 191 Abs 1 Nr 2 SGB V fortbesteht) aus, wenn die weiterbestehende AU wegen derselben Erkrankung am folgenden Montag festgestellt wird (→ *Krankengeld* Rn 17). Die ärztliche **Feststellung** der AU ist von der **Meldung** dieser AU an die Krankenkasse zu unterscheiden. Die Meldung der AU obliegt dem Versicherten (BSG 25.10.18 – B 3 KR 23/17 R, SozR 4–2500 § 49 Nr 8). Solange die festgestellte AU der Krankenkasse nicht gemeldet wird, ruht der Anspruch auf Krankengeld. Das gilt nicht, wenn die Meldung innerhalb einer Woche nach Beginn der AU erfolgt (§ 49 Abs 1 Nr 5 SGB V). Die Folgen einer unterbliebenen oder nicht rechtzeitigen Meldung sind grds vom Versicherten zu tragen. Das gilt auch für die Vorlage von Folgemeldungen. Nur in Fällen, in denen die Meldung der AU durch Umstände verzögert wurde, die dem Verantwortungsbereich der Krankenkasse oder des Vertragsarztes und nicht dem des Versicherten zuzurechnen sind, kommt hiervon eine Ausnahme in Betracht (LSG BaWü 15.5.18 – L 11 KR 4179/17, KrV 18, 163; LSG SachsAnh 18.10.18 – L 6 KR 51/17, BeckRS 2018, 40393; LSG Hess 20.12.18 – L 8 KR 65/18, BeckRS 2018, 39648, Revision BSG anhängig B 3 KR 2/19 R; LSG BaWü 19.3.19 – L11 KR 3841/18, BeckRS 2019, 4650, Revision BSG anhängig Az B 3 KR 5/19 R). Die AU muss ununterbrochen durch AUBescheinigungen nachgewiesen werden, sollen versicherungsrechtliche Nachteile und insbes das Ruhen des Anspruchs auf KrGeld vermieden werden. Das gilt auch für das Fortbestehen der AU über einen zunächst bescheinigten Abschnitt hinaus (BayLSG 1.3.18 – L 20 KR 284/16, BeckRS 2018, 21265).

Durch das **Terminservice- und Versorgungsgesetz** vom 6.5.19 (BGBl I 2019, 646) ist § 46 Satz 3 SGB V mWv 11.5.19 neugefasst worden. Die Regelung betrifft Versicherte, deren Mitgliedschaft nach § 192 Abs 1 Nr 2 SGB V (nur) noch durch den Bezug von KrGeld aufrechterhalten wird. Für den **Fortbestand dieser Mitgliedschaft** mit Anspruch auf KrGeld (nicht für die Zahlung des KrGeldes) genügt es nunmehr, dass das Fortbestehen der AU wegen **derselben Krankheit** innerhalb eines Monats nach dem zuletzt bescheinigten Ende der AU ärztlich festgestellt wird. Damit werden Härten insbes für langfristig erkrankte Versicherte vermieden, die sich nach der früheren Rechtslage ergeben hatten (s Personalbuch 2019, Arbeitsunfähigkeitsbescheinigung Rn 26).

# Arbeitsunfall

## A. Arbeitsrecht

*Poeche*

1 **1. Allgemeines.** Die zivilrechtlichen Rechtsfolgen eines Arbeitsunfalls (gleichgestellt ist die *Berufskrankheit*) sind in §§ 104 ff SGB VII gesondert geregelt. Das private Haftungsrecht (§§ 280, 823 BGB) ist für einen erlittenen **Personenschaden** weitgehend ausgeschlossen. Der Geschädigte erhält stattdessen Leistungen der BG als gesetzlicher UV, die grds ohne Rücksicht auf die Leistungsfähigkeit des ArbGeb und ungeachtet eines möglichen Allein- oder Mitverschuldens des Geschädigten am Unfall für den Schaden einsteht. Sie erfüllt insoweit die Funktion einer Haftpflichtversicherung (BAG 30.10.03 – 8 AZR 548/02, NZS 05, 35: Haftungsersetzungsfunktion). Für den Geschädigten müssen Schadensursache ein Arbeitsunfall iSv § 8 SGB VII oder eine Berufskrankheit iSv § 9 SGB VII sein. Das bestimmt sich allein nach dem Sozialrecht. Über das Vorliegen eines **Versicherungsfalles** entscheidet der zuständige SozVTräger (zur Bindungswirkung → Rn 15). Zum Eintritt eines EU-ausländischen Versicherungsträgers BGH 7.11.06 – VI ZR 211/05, NJW 07, 1754; zum vertraglichen Versicherungsschutz → *Unfallversicherung* Rn 2–5. Zum Wegeunfall eines „Wanderarbeitnehmers" BGH 15.7.08 – VI ZR 105/07, NJW 09, 916.

Die zivilrechtliche **Haftungsbeschränkung** rechtfertigt sich für den dadurch privilegierten ArbGeb aus seiner alleinigen Finanzierung der UV (Finanzierungsargument). Außerdem soll der Betrieb von Auseinandersetzungen über Grund und Höhe eines Ersatzanspruchs freigehalten werden (Friedensfunktion). Wird der Arbeitsunfall durch einen ArbN verursacht, kommt dessen Bedürfnis nach einer weitgehenden Haftungsfreistellung zum Tragen. Personenschäden erreichen oft eine Größenordnung, die vom ArbN nicht ohne eigene Existenzgefährdung ersetzt werden können. Das BVerfG hat den Haftungsausschluss wegen dieser Ziele als **verfassungsgemäß** beurteilt (7.11.72 – 1 BvL 4/71, 1 BvL 17/71, 1 BvL 10/72, 1 BvR 355/71 – NJW 73, 502; 8.2.95 – 1 BvR 753/94, NJW 95, 1607). Daran hat der BGH für den Haftungsausschluss (§ 104 Abs 1 SGB VII) im Verhältnis eines Kindergartenkindes zum Sachkostenträger der Kindertageseinrichtung festgehalten (BGH 4.6.09 – III ZR 229/07, NJW 09, 2956). Zur Kritik an der gesetzlichen Regelung → *Arbeitgeberhaftung* Rn 9. 2

Die gesetzliche Haftungsbeschränkung wirkt sich auf **Auskunftsansprüche** des ArbN gegen den ArbGeb auf Bekanntgabe der am Unfall beteiligten Personen aus. Hat der ArbN einen Arbeitsunfall erlitten, der nach Lage der Dinge auf das Verschulden anderer ArbN zurückzuführen ist (Beispiel: Sturz durch eine nicht gesicherte offene Bodentür), besteht Anspruch auf namentliche Benennung der hierfür Verantwortlichen nur, wenn das Unfallopfer greifbare Anhaltspunkte vortragen kann, dass ausnahmsweise eine Haftung wegen Vorsatzes in Betracht kommt (LAG Köln 9.3.06 – 10 Sa 129/05, nv).

**2. Beteiligter Personenkreis. a) Arbeitgeber.** Die Einordnung der Haftungsbeschränkungen in die UV führt zu einer im Arbeitsrecht eher ungebräuchlichen Terminologie, indem in den §§ 104 ff SGV VII von „Unternehmen" und „Unternehmer" und von „Versicherten" die Rede ist. Auf das Arbeitsrecht umgesetzt, sind das idR ArbGeb und ArbN. Die **Haftungsbeschränkung des ArbGeb** findet sich in § 104 SGB VII. Danach sind Unternehmer gegenüber „den Versicherten, die für ihn tätig sind oder zum Unternehmen in einer sonstigen die Versicherung begründenden Beziehung" stehen, deren Angehörigen und Hinterbliebenen vorbehaltlich der beiden Ausnahmen (Wegeunfall/Vorsatz) nicht zum Ersatz des durch einen Versicherungsfall entstehenden Schaden verpflichtet. Die Vorschrift erfasst nicht nur den VertragsArbGeb, sondern auch **Drittunternehmer** wie den Entleiher (BGH 18.11.14 – VI ZR 47/13, NJW 15, 940; 18.11.14 – VI ZR 141/13, NZS 15, 114; LAG BlnBbg 30.7.13 – 7 Sa 688/13, BeckRS 2013, 73197, s hierzu *Köster* PuR 14, 48; OLG Schl-Hol 14.3.13 – 11 U 4/11, BeckRS 2013, 14000) oder die zu einer *Arbeitsgemeinschaft (ARGE)* gehörenden ArbGeb, für die der Versicherte tätig ist. Erfasst wird auch der potentielle ArbGeb, der den Geschädigten nur unentgeltlich zur Probe hat arbeiten lassen (LSG Sachsen-Anhalt 14.12.17 – L 6 U 82/15, NZS 18, 418, nrkr). Der **Status des Geschädigten** als Versicherter entscheidet über die Haftungsbeschränkung. 3

**b) Arbeitnehmer.** Für den **Arbeitnehmer** gilt unter der Überschrift „Beschränkung der Haftung anderer im Betrieb tätiger Personen" § 105 SGB VII. Er wird in gleicher Weise wie der ArbGeb freigestellt, wenn er den Arbeitsunfall durch eine betriebliche Tätigkeit verursacht und der Geschädigte Versicherter desselben Betriebs ist. Der Begriff **betriebliche Tätigkeit** ist weit auszulegen. Es genügt eine mit den Betriebszwecken zusammen hängende oder durch den Betrieb bedingte Betätigung mit der Folge, dass sie dem Unfallbetrieb – wenn auch nur mittelbar – zugerechnet werden kann. Die Tätigkeit des Schädigers muss ihm von dem Betrieb oder für den Betrieb, in dem sich der Unfall ereignet hat, übertragen oder von ihm im Betriebsinteresse erbracht worden sein. Die Betriebsbezogenheit wird durch Mängel in der Arbeitsausführung (unsachgemäß, weisungswidrig, fehlerhaft, leichtsinnig usw) nicht aufgehoben. Wesentlich ist, zu welchem Zweck die zum Schadensereignis führende Handlung bestimmt war. Bei **Tätlichkeiten** unter ArbN kommt es darauf an, ob der schädigende ArbN bei objektiver Betrachtung aus seiner Sicht im Betriebsinteresse handelte. Ein Stoß vor die Brust, mit dem der ArbN die Leistung eines Arbeitskollegen beanstandet, ist vom BAG noch als betriebliche Tätigkeit beurteilt worden (BAG 22.4.04 – 8 AZR 159/03, NJW 04, 3360). Wirft ein Auszubildender mit einem Autoreifen-Wuchtgewicht von 10g in Richtung eines Kollegen, ist dieser Wurf dem persönlich-privaten Bereich zuzuordnen (BAG 19.3.15 – 8 AZR 67/14, BB 15, 241). Gleiches gilt für nur bei Gelegenheit einer betrieblichen Tätigkeit vorgenommene „Neckereien" mit Schadensfolge 4

(LAG SchlHol 26.4.16 – 1 Sa 247/15, BeckRS 2016, 69600). Im Ausbildungsverhältnis gelten insoweit keine Besonderheiten. IdR sind auch „Raufhändel" nicht haftungsprivilegiert. Arbeitsunfälle können auch im Home-Office geschehen, sofern dieses ganz oder teilweise der vertraglich vereinbarte Arbeitsort ist (näher hierzu: *Oberthür* ArbRB 19, 115).

5 **c) Versicherte desselben Betriebs.** Das sind zunächst alle „Arbeitskollegen" und alle weiteren Personen, die in die UV des Unternehmers einbezogen sind (→ *Unfallversicherung* Rn 16 f). Gleichgestellt sind die nach § 4 SGB VII nicht versicherten Personen. Die Haftungsbeschränkung greift außerdem gegenüber dem ArbGeb, gleich, ob dieser versichert oder nicht versichert ist. Im Interesse des ArbN, der auf den Versicherungsabschluss des ArbGeb keinen Einfluss hat, wird der nicht versicherte ArbGeb wie ein Versicherter behandelt und erhält von der UV Leistungen bis zur Höhe seines an sich gegen den ArbN begründeten zivilrechtlichen Schadensersatzanspruchs (§ 105 Abs 2 SGB VII).

6 **d) Gemeinsame Betriebsstätte.** Fast versteckt ordnet § 106 Abs 3 Alternative 3 SGB VII die entsprechende Anwendung der §§ 104, 105 SGB VII für den arbeitsrechtlich wichtigen und häufigen Sachverhalt an, dass Versicherte mehrerer Unternehmer vorübergehend betriebliche Tätigkeiten auf einer gemeinsamen Betriebsstätte verrichten. Eine „gemeinsame Betriebsstätte" liegt vor, „wenn die betrieblichen Aktivitäten von Versicherten mehrerer Unternehmer, die bewusst und gewollt bei einzelnen Maßnahmen ineinander greifen, miteinander verknüpft sind, sich ergänzen oder unterstützen, wobei es ausreicht, dass die gegenseitige Verständigung stillschweigend durch bloßes Tun erfolgt" (BGH 17.10.2000 – VI ZR 67/00, NJW 01, 443). Gemeint ist ein **bewusstes Miteinander im Arbeitsablauf,** das sich zumindest tatsächlich als ein aufeinander bezogenes betriebliches Zusammenwirken mehrerer Unternehmer darstellt. Ein bloß zufälliges Zusammentreffen der ArbN mehrerer Unternehmer genügt nicht (BAG 12.12.02 – 8 AZR 94/02, NZA 03, 968; BAG 28.10.04 – 8 AZR 443/03, DB 05, 784 (Ls): Verletzter ArbN kontrolliert, ob die mit dem Umzug des ArbGeb beauftragten ArbN der Spedition alle Kartons mitgenommen haben). Das Merkmal „gemeinsame" Betriebsstätte setzt mehr voraus als der Begriff „dieselbe" Betriebsstätte (zusammenfassend und erläuternd BGH 14.9.04 – VI ZR 32/04, NZA 05, 643). Dem ist zuzustimmen. Missverständlich ist allerdings, wenn formuliert wird, erfasst würden die betrieblichen Aktivitäten „über die Fälle der Arbeitsgemeinschaft hinaus". Die ARGE fällt unmittelbar unter §§ 104, 105 SGB VII. Die Bedeutung des Freistellungsgrundes „gemeinsame Betriebsstätte" liegt dagegen gerade darin, dass Versicherte einbezogen werden, die nicht der ARGE angehören (zB ArbN des Subunternehmers eines an einer ARGE beteiligten Unternehmens). Insbes die erheblichen Unfallrisiken auf einer (Groß-) Baustelle werden abgedeckt. Dem dort eingesetzten ArbN kommt die praktizierte „Gefahrengemeinschaft" ohne Rücksicht auf vertragliche Bindungen der mehreren ArbGeb zugute (ausführlich zur Rspr des BGH *Kampen* NJW 12, 2234).

7 Ausnahmsweise kann die Haftungseinschränkung „gemeinsame Betriebsstätte" auch dem **Unternehmer** zugutekommen. Vorausgesetzt ist, dass er sich selbst aktiv betätigt und dabei den Versicherten eines anderen Unternehmers verletzt. Bei einer juristischen Person, auch einer KG kommt das nicht in Betracht (BGH 25.6.02 – VI ZR 279/01, NJW-RR 02, 1386; 29.10.02 – VI ZR 283/01, NJW-RR 03, 239). Zur Geltung des Haftungsprivilegs bei Amtshaftungsansprüchen BGH 27.6.02 – III ZR 234/01, NJW 02, 3096.

8 **3. Ausnahmen. a) Wegeunfall.** Zu den Arbeitsunfällen gehören auch Wegeunfälle (§ 8 Abs 2 Nr 1–4 SGB VII). Das sind Unfälle, die der versicherte ArbN auf dem Weg „nach und vom Ort der Tätigkeit" erleidet. Sie werden vom Haftungsausschluss nicht erfasst, weil sich hier kein betrieblich veranlasstes Risiko auswirkt. Geschädigter und Schädiger werden nicht anders als andere Teilnehmer am allgemeinen Straßenverkehr behandelt. Der Haftungsausschluss setzt ein, sobald der (schädigende) ArbN arbeitsvertraglichen Bindungen unterliegt. Das wird mit dem Erreichen oder Verlassen des **Betriebs- oder Werksgeländes** als Ort der Tätigkeit angenommen. Kein Wegeunfall liegt daher vor, wenn ein ArbN, der sich mit seinem PKW auf die Heimfahrt begibt, vor Erreichen des öffentlichen Straßengeländes einen Kollegen verletzt (BAG 14.12.2000 – 8 AZR 92/00, NZA 01, 153; LAG RhPf 28.7.11 – 2 Sa 306/11, BeckRS 2011, 76195: Unfall im umzäunten Gelände einer Kaserne). Gleiches gilt für Unfälle auf einem sog **Betriebsweg.** Hierzu rechnen alle betrieblich veranlassten Fahrten zwischen Betrieb und auswärtigem Tagesarbeitsplatz. Ein haftungsaus-

schließender Betriebsweg liegt auch dann vor, wenn der ArbGeb den Hin- oder Rücktransport des ArbN von und zur Wohnung zum auswärtigen Arbeitsort mit betriebseigenem Fahrzeug und betriebsangehörigem Fahrer organisiert (BAG 30.10.03 – 8 AZR 548/02, DB 04, 656; 24.6.04 – 8 AZR 292/03, NZA 04, 1182 (Ls); 19.8.04 – 8 AZR 349/03, AP SGB VII § 104, Nr 4).

**b) Vorsatz.** Vorsatz des schädigenden ArbGeb oder ArbN führt zur vollen Haftung nach allgemeinem Zivilrecht. Das Verschulden muss sich auf die Verletzungshandlung und den Eintritt des Schadens beziehen. Dieser muss zumindest billigend in Kauf genommen worden sein. Das ist anzunehmen, wenn der Schädigende es dem Zufall überlässt, ob sich eine von ihm erkannte Gefahr realisiert und es überwiegend wahrscheinlich ist, dass nicht auf einen glücklichen Ausgang vertraut werden konnte (LAG Nürnberg 9.6.17 – 7 Sa 231/16, BeckRS 2017, 121662). Die vorsätzliche Verletzung von Schutzvorschriften (UVV) oder die Kenntnis von Mängeln an einem Fahrzeug oder an Maschinen genügen nicht (st Rspr BAG 22.4.04 – 8 AZR 159/03, NJW 04, 3360; 10.10.02 – 8 AZR 103/02, NZA 03, 436; vgl auch BGH 11.12.03 – VI ZR 34/02, NJW 03, 1605; zu § 618 BGB in diesem Kontext BAG 14.12.06 – 8 AZR 628/05, NZA 07, 262). Allerdings gibt es auch keinen allgemeinen Erfahrungssatz, dass derjenige, der vorsätzlich eine zugunsten des ArbN bestehende Schutzvorschrift missachtet, eine Schädigung oder eine Berufskrankheit des ArbN nicht billigend in Kauf nimmt (BAG 20.6.13 – 8 AZR 471/12, NZA-RR 14, 63). Der ArbGeb muss sich die vorsätzliche Unfallverursachung durch einen von ihm bestellten Vorgesetzten zurechnen lassen. Vorausgesetzt wird, dass dessen schuldhaftes Verhalten in einem sachlichen Zusammenhang mit den Aufgaben steht, die der ArbGeb dem Vorgesetzten als seinem Erfüllungsgehilfen zugewiesen hat (BAG 28.4.11 – 8 AZR 769/09, NZA-RR 12, 290). 9

**c) Rechtsfolge.** In beiden Ausnahmefällen vermindern sich nach §§ 104 Abs 3, 105 Abs 1 Satz 3 SGB VII die verbleibenden Ersatzansprüche um die Versicherungsleistungen. Doppelleistungen werden damit ausgeschlossen. Da die UV kein Schmerzensgeld erbringt, hat der Schädiger insoweit stets allein einzustehen. 10

**4. Umfang des Haftungsausschlusses.** Erfasst werden sämtliche materiellen und immateriellen Schäden iSv §§ 249 ff BGB, die als Personenschaden rechnen, einschließlich der Beerdigungskosten nach § 844 BGB (BAG 10.10.02 – 8 AZR 103/02, NZA 03, 436) sowie Ansprüche auf **Schmerzensgeld** (§ 253 Abs 2 BGB). Dass die UV immaterielle Schäden nicht ausgleicht und der Geschädigte oder seine **Hinterbliebenen** mithin kein Schmerzensgeld erhalten, ist verfassungsrechtlich unbedenklich (BVerfG 8.2.95 – 1 BvR 753/94, NJW 95, 1607). Die Regelung ist auch mit EU-Recht vereinbar (LAG Köln 29.9.94 – 6 Sa 793/94, NZA 95, 470). Näheres → *Arbeitgeberhaftung* Rn 2–8. Für sog Schockschäden Dritter kann der Unternehmer uU ersatzpflichtig gemacht werden, vgl dazu BGH 6.2.07 – VI ZR 55/06, NJW-RR 07, 1395. 11

**5. Gemeinschaftliche Haftung mit Dritten.** An sich haften mehrere Schädiger als Gesamtschuldner im Außenverhältnis zum Geschädigten auf den vollen Schadensbetrag und können lediglich im Innenverhältnis von den Mitschädigern Ausgleich verlangen. Soweit nichts anderes bestimmt ist, haften sie im Innenverhältnis zu gleichen Anteilen (§ 426 BGB). Der Haftungsausschluss der §§ 104, 105 SGB VII verhindert von vornherein das Entstehen einer Gesamtschuld. Er wirkt sich deshalb auch im Verhältnis des geschädigten Versicherten zu einem außenstehenden Dritten aus, der neben dem Unternehmer oder Betriebsangehörigen den Unfall verschuldet hat. Dessen Haftung beschränkt sich von vornherein auf den Betrag, der im Verhältnis zu den Haftungsprivilegierten auf ihn entfiele, wenn ein Gesamtschuldnerausgleich möglich wäre (BGH 18.11.14 – VI ZR 47/13, NZA 15, 689; 23.1.90 – VI ZR 209/89, DB 90, 1185). Neben der idR wegen des Haftungsausschlusses aussichtslosen Inanspruchnahme des ArbGeb sollte daher immer die – wenn auch nur quotale – Haftung des Zweitschädigers im Blick gehalten werden (vgl *Kohte* jurisPR-ArbR 12/2019 Anm 3). Eine vertragliche Regelung über die Haftung im Innenverhältnis zwischen dem Unternehmer und dem Dritten ist zu berücksichtigen. Sie ermöglicht ggf die volle Inanspruchnahme des Dritten. Sie ist jedoch unbeachtlich, wenn sie über den vom Unternehmer zu verantwortenden Anteil an der Unfallursache hinaus den ArbGeb verpflichtet, den Dritten freizustellen. Eine derartige sachwidrige Kürzung des Schadensersatzanspruches des ArbN auf „Null" ist unwirksam (BGH 23.1.90 – VI ZR 209/89, DB 90, 1185; anders wohl 12 noch BGH 17.2.87 – VI ZR 81/86, DB 87, 1838; BGH 11.11.03 – VI ZR 13/03, NJW 04, 951).

13 **6. Haftung gegenüber den Trägern der Sozialversicherung.** Die Haftungsbeschränkung nach §§ 104, 105 SGB VII belastet alle Beitragszahler, da wegen des fehlenden Schadensersatzanspruchs des Geschädigten kein gesetzlicher Forderungsübergang nach § 116 SGB X stattfindet. Bei vorsätzlicher oder grob fahrlässiger Verursachung des Arbeitsunfalls können die SozVTräger den Schädiger aber in **Regress** nehmen (§ 110 SGB VII). **Vorsatz und grobe Fahrlässigkeit** entsprechen dem allgemeinen Begriff. Das Verschulden braucht sich allerdings nur auf das den Versicherungsfall verursachende Handeln oder Unterlassen zu beziehen (§ 110 Abs 1 Satz 3 SGB VII). Regelmäßig wird Regress wegen Verstoßes gegen UVV genommen (BGH 8.5.84 – VI ZR 296/82, NZA 84, 205). Regress kann nicht gegen in **häuslicher Gemeinschaft** mit dem Schädiger lebende Angehörige genommen werden (BGH 29.1.85 – VI ZR 88/83, NJW 85, 1958).

14 In der **Höhe** entspricht der Regressanspruch dem Umfang des (ausgeschlossenen) zivilrechtlichen Anspruchs des Geschädigten. Es handelt sich um einen **originären Anspruch,** so dass der Einwand des Mitverschuldens des Geschädigten grds ausgeschlossen ist. Er kommt ausnahmsweise in Betracht, wenn das mitwirkende Verschulden derart groß ist, dass dadurch der ursächliche Zusammenhang zwischen dem Unfall und dem Verschulden des Unternehmens unterbrochen wird (LG Hanau 25.5.04 – 1 O 1183/03, VersR 06, 219). Für die erforderliche Abgrenzung kann (vorsichtig) auf die Rspr der **Strafgerichte** zurückgegriffen werden, nach der ein ArbGeb für den Arbeitsunfall dann nicht strafrechtlich belangt werden kann, wenn der ArbN sich bewusst und eigenverantwortlich selbst gefährdet (OLG SachsAnh 25.3.96 – 2 Ss 27/96, NZA-RR 97, 19; einschränkend OLG Rostock 10.9.04 – 1 Ss 80/04, AuR 06, 128). Anspruchsberechtigt sind nicht nur die BG, sondern alle SozVTräger wegen der von ihnen erbrachten Leistungen. Regresspflichtig ist auch die Kfz-Haftpflichtversicherung. Schadenersatzpflichtige und auf Regress in Anspruch genommene Arbeitskollegen haben jedenfalls dann keinen arbeitsrechtlichen Freistellungsanspruch gegen ihren ArbGeb, wenn dieser selbst nach § 104 SGB VII haftungsbefreit ist. Ein **interner Ausgleich** findet auch nicht im Verhältnis zum außen stehenden Dritten statt, der nach § 116 SGB X in Anspruch genommen wird.

§ 110 Abs 2 SGB VII räumt dem UVTräger die – gerichtlich überprüfbare – Ermessensentscheidung ein, ob unter Berücksichtigung der wirtschaftlichen Verhältnisse des Schädigers auf den Ersatzanspruch verzichtet wird. Das billige Ermessen hat sich daran zu orientieren, dass die Existenz des Schädigers weder gefährdet noch unzumutbar belastet werden soll.

Bei Eintritt einer **Haftpflichtversicherung** bedarf es deshalb keines Verzichtes. Zu berücksichtigen sind ferner Grad des Verschuldens, Mitverschulden des Geschädigten oder des UVTrägers.

15 **7. Prozessuales.** Die für Schadensersatzansprüche zuständigen Zivil- und Arbeitsgerichte sind an die endgültige Feststellung des UVTrägers gebunden, ob ein Arbeitsunfall vorliegt und in welchem Umfang und von welchem Träger der UV die Leistungen zu gewähren sind (§ 108 SGB VII; hierzu LAG Hamm 17.3.15 – 7 Sa 1316/14, BeckRS 2015, 68401). Die Entscheidung muss im Verhältnis des UVTrägers zum Verletzten oder Hinterbliebenen ergangen sein. Die Bindungswirkung erfasst die Festlegung des Unfallbetriebes, dessen Unternehmer und ob der Verletzte zu den versicherten Personen gehört. Keine Bindung besteht vorbehaltlich einer anderweitigen Feststellung des UVTrägers, ob neben dem festgestellten Unternehmer ein Drittunternehmer vorhanden ist. Fehlt es an einer verbindlichen Entscheidung des UVTrägers, ist das Verfahren nach § 108 SGB VII auszusetzen. Den Parteien ist zur Verfahrenseinleitung eine Frist zu setzen; nach ihrem Ablauf kann das ausgesetzte Verfahren aufgenommen werden. Es ist dann Sache des zuständigen Gerichts, festzustellen, ob dem in Anspruch genommenen Schädiger das Haftungsprivileg zugutekommt. Ein nach Schluss des Berufungsverfahrens ergehender Bescheid des UVTrägers ist von dem Revisionsgericht als neue Tatsache zu berücksichtigen (BGH 4.6.09 – III ZR 229/07, NJW 09, 2956). Lässt sich der vom ArbN behauptete Schaden nicht abschließend beziffern, kann **Feststellungsklage** zum Haftungsgrund (§ 256 Abs 1 ZPO) erhoben werden. Das erforderliche Feststellungsinteresse soll bereits dann bestehen, wenn nach der Lebenserfahrung und dem gewöhnlichen Lauf der Dinge der Schadenseintritt hinreichend

wahrscheinlich ist (BAG 28.4.11 – 8 AZR 769/09, NZA-RR 12, 290; hier Gefahr einer Berufskrankheit infolge Abbruchs asbestbelasteter Bauteile). Nicht behandelt hat das BAG allerdings den Konflikt, der sich ggf aus der notwendigen Anerkennung der voraussichtlichen Schädigung durch die BG ergibt (→ Rn 1).

## B. Lohnsteuerrecht *Weil*

21 **1. Leistungen des Arbeitgebers** anlässlich eines Arbeitsunfalls sind bei diesem Betriebsausgaben (**Versicherungsbeiträge** → *Unfallversicherung* Rn 6 ff, → *Beihilfeleistungen* Rn 7; → *Entgeltfortzahlung* Rn 42; Abfindungszahlungen anlässlich der Auflösung des Arbeitsverhältnisses aufgrund eines Arbeitsunfalls → *Abfindung* Rn 41). Zahlt der ArbGeb an den ArbN Prämien zur Verhütung von (Arbeits-) Unfällen, so handelt es sich hierbei um stpfl Arbeitslohn (BFH 11.3.88, BStBl II 88, 726). Die Entgeltfortzahlung durch den Arbeitgeber bei Arbeitsunfällen ist lohnsteuerlich wie die Lohnzahlung bzw Entgeltfortzahlung im Krankheitsfall zu behandeln (*Entgeltfortzahlung*). Kürzt der ArbGeb den Lohn, weil er mit einem Schadensersatzanspruch gegenüber dem ArbN **aufrechnet,** so hat die Lohnkürzung keine steuerliche Auswirkung (*Aufrechnung*). Verzichtet der ArbGeb auf auf Regress gegenüber dem ArbN, der den Arbeitsunfall verschuldet hat, so liegt in Höhe des Verzichts eine steuerpflichtge Einnahme vor (BFH 24.5.07 – VI R 73/05, BStBl II 2007, 766).

22 **2. Aufwendungen des Arbeitnehmers.** Für die Frage, ob Aufwendungen, die anlässlich eines Unfalls entstehen (Eigen- und/oder Fremdschaden), beruflich veranlasst sind, der ArbN also die von ihm selbst zu tragenden Aufwendungen als Werbungskosten absetzen kann, gelten unabhängig vom Arbeitsrecht und vom SozVRecht die allgemeinen Grundsätze über Werbungskosten (→ *Werbungskosten* Rn 2 ff). Ist der Unfall beruflich veranlasst, können ausnahmsweise auch Aufwendungen für eine Heilbehandlung als Werbungskosten abgezogen werden (FG RhPf 24.10.89, EFG 1990, 226 zum Unfall bei einer Fortbildungs- und Schulungsveranstaltung des ArbGeb). Zu Unfällen unterwegs → *Wegeunfall* Rn 2 ff.

23 **3. Versicherungsleistungen** s → *Unfallversicherung* Rn 6 ff und → *Unfallrente* Rn 7 ff.

## C. Sozialversicherungsrecht *Ruppelt*

31 **1. Begriff des Arbeitsunfalls.** Der Arbeitsunfall ist neben der Berufskrankheit ein Versicherungsfall der gesetzlichen UV (§ 7 Abs 1 SGB VII). Begriffsbestimmend ist der Arbeitsunfall im Rahmen eines versicherten Beschäftigungsverhältnisses (§ 2 Abs 1 Nr 1 SGB VII – echte Unfallversicherung). Aber auch alle übrigen in § 2 SGB VII und in den §§ 3 und 6 SGB VII genannten Verrichtungen können den Versicherungsschutz begründen, so dass zB auch Lebensretter, Blutspender oder Schüler einen Arbeitsunfall erleiden können (unechte Unfallversicherung). Voraussetzung für **Leistungen** der gesetzlichen UV ist der Eintritt des Arbeitsunfalls und eine dadurch verursachte **Gesundheitsschädigung** (→ Rn 32). Bloße Sach- oder Vermögensschäden werden grds nicht entschädigt (vgl aber § 13 SGB VII zu Sachschäden bei Hilfeleistungen und § 8 Abs 3 SGB VII zur Beschädigung eines Hilfsmittels iSd KV, etwa einer Brille). Als Arbeitsunfälle gelten auch **Wegeunfälle** (→ *Wegeunfall* Rn 13 ff) und das mit einer versicherten Tätigkeit zusammenhängende Verwahren, Befördern, Instandhalten und Erneuern eines Arbeitsgeräts oder einer Schutzausrüstung sowie deren Erstbeschaffung, wenn diese auf Veranlassung des Unternehmens erfolgt (→ *Arbeitsmittel* Rn 25 ff). Zur Organisation und den Leistungen der gesetzlichen UV → *Unfallversicherung* Rn 26 ff.

32 **Arbeitsunfall** ist nach § 8 Abs 1 SGB VII ein Unfall, den ein Versicherter bei einer der in den §§ 2, 3 oder 6 SGB VII genannten Tätigkeiten erleidet. Zur Annahme eines Arbeitsunfalls ist erforderlich, dass (1.) die Verrichtung des Verunfallten zur Zeit des Unfalls einer solchen versicherten Tätigkeit zuzurechnen ist (und er deshalb „Versicherter" ist), dass (2.) diese Verrichtung zu dem zeitlich begrenzten, von außen auf den Körper einwirkenden Ereignis – dem Unfallereignis – geführt hat **(Unfallkausalität)** und dass (3.) das Unfallereignis einen Gesundheitsschaden oder den Tod des Versicherten verursacht hat **(haftungsbegründende Kausalität)**. Vor diesem Hintergrund müssen zunächst die versicherte Tätigkeit, die Art und das Ausmaß des Unfallereignisses, der Gesundheitserstschaden und die

hierdurch verursachten länger andauernden Unfallfolgen mit an Sicherheit grenzender Wahrscheinlichkeit nachgewiesen werden. Die **objektive Beweislast** (Vollbeweis) für den Unfall und den Gesundheitserstschaden im Sinne der unmittelbaren körperlichen Folgen der äußeren Einwirkung sowie für das Vorliegen etwaiger Folgeschäden trägt dabei grds der Versicherte. Dagegen ist für die haftungsbegründende Kausalität grds die hinreichende Wahrscheinlichkeit, nicht allerdings die bloße Möglichkeit, ausreichend, aber auch erforderlich (BSG 9.5.06 – B 2 U 1/05 R, NZS 07, 212; Rn 10; LSG BaWÜ 13.7.17 – L 6 U 2225/16, BeckRS 2017, 123096). Ob die Verrichtung, bei der sich der Unfall ereignet hat, der versicherten Tätigkeit zuzurechnen ist, muss wertend entschieden werden, indem untersucht wird, ob sie innerhalb der Grenze liegt, bis zu der nach dem Gesetz der UVSchutz reicht. Maßgebend ist, ob die zum Unfall führende Handlung der versicherten Tätigkeit dienen sollte und ob diese Handlungstendenz des Versicherten durch die objektiven Umstände des Einzelfalles bestätigt wird (BSG 4.12.14 – B 2 U 14/13 R, SozR 4–2700 § 2 Nr 30, Rn 10; 17.12.15 – B 2 U 8/14 R, SozR 4–2700 § 8 Nr 55, Rn 17 ff; 5.7.16 – B 2 U 5/15 R, NZS 16, 948).

33 **2.** Der **Unfall** ist ein von außen auf den Körper einwirkendes Ereignis. Vorgänge aus innerer Ursache scheiden aus (zB epileptischer Anfall, plötzliche Ohnmacht, Herz-Kreislauf-Versagen bei jeweils konstitutionell bedingtem Grundleiden). Vgl *Köhler* Die Gelegenheitsursache im Recht der gesetzlichen Unfallversicherung, VSSR 13, 47; LSG BaWü 13.7.17 – L 6 U 2225/16, BeckRS 2017, 123096 zu den Ursachen eines Schlaganfalls. Eine äußere Ursache kann jedoch vorliegen, wenn etwa ein Herzinfarkt oder ein Trauma durch körperlich oder psychisch überanstrengende Arbeit ausgelöst wird (BSG 12.4.05 – B 2 U 27/04 R, BSGE *Breithaupt* 05, 929; LSG BaWü 19.7.18 – L 6 U 1695/18, BeckRS 2018, 18481). Ebenso kann eine äußere Ursache vorliegen bei der Auslösung eines allergischen Schocks durch die Nahrungsaufnahme bei einem betrieblich veranlassten Geschäftsessen (BSG 30.1.07 – B 2 U 8/06 R, NZA 07, 1150). Von außen auf den Körper wirken herabstürzende Teile, Stromschläge, gefährliche Maschinen, Aufschlagen auf dem Boden, Eindringen von Krankheitserregern in den Körper usw. Um eine äußere Einwirkung kann es sich auch bei einer unkontrollierten bzw unwillkürlichen körpereigenen Bewegung handeln, wenn diese Bewegung durch äußere Einwirkung ausgelöst worden ist (Nachfassen bei fallendem Gegenstand mit der Folge einer körperlichen Schädigung). Das gilt nicht bei einem physiologisch kontrolliert ablaufenden Bewegungsvorgang (LSG BaWü 16.8.19 – L 8 U 81/18, BeckRS 2019, 19155). Der Begriff des Unfalls setzt ein unfreiwilliges Ereignis voraus, deshalb liegt kein Unfall bei einer absichtlichen Eigenverletzung vor. Bedingt vorsätzliches oder verbotswidriges Handeln schließt nach § 7 Abs 2 SGB VII die Annahme eines Unfalls ebenso wenig wie Selbstverschulden aus (anders: in hohem Maße leichtfertiges Verhalten). Trotz strafrechtlicher Verurteilung wegen fahrlässiger Straßenverkehrsgefährdung kann der dadurch herbeigeführte Unfall als Arbeitsunfall anzuerkennen sein (BSG 4.6.02 – B 2 U 11/01 R, NJW 02, 3275). Ein Leistungsverweigerungsrecht besteht aber nach strafgerichtlicher Verurteilung wegen eines Verbrechens oder vorsätzlichen Vergehens (§ 101 Abs 2 Satz 1 SGB VII), wenn ein ursächlicher Zusammenhang zwischen der strafbaren Handlung und dem Versicherungsfall besteht (BSG 18.3.08 – B 2 U 1/07 R, SozR 4–2700 § 101 Nr 1).

34 **3. Unfallkausalität.** Ein rein örtlicher oder zeitlicher Zusammenhang zwischen der versicherten Tätigkeit und dem Unfall reicht nicht aus. Daher liegt nicht schon deshalb ein Arbeitsunfall vor, weil er sich während der Arbeitszeit auf dem Betriebsgelände ereignet hat; umgekehrt ist das Vorliegen eines Arbeitsunfalls nicht schon deshalb ausgeschlossen, weil der konkrete Unfallhergang auf dem Betriebsgelände ungewiss geblieben ist. Zur ungeklärten Selbsttötungsabsicht: BSG 4.9.07 – B 2 U 28/06 R, ZfS 07, 374. Ungeklärter Sturz vom Dach: LSG BaWü 16.1.18 – L 11 KR 1279/17, BeckRS 2018, 1699; 22.7.19 – L 1 U 4094/17, BeckRS 2019, 18038. Der **notwendige innere ursächliche Zusammenhang** zwischen unfallbringender Verrichtung und versicherter Tätigkeit liegt vielmehr nur dann vor, wenn der Verletzte der Gefahr, der er erlegen ist, durch die versicherte Tätigkeit ausgesetzt gewesen ist (BSG 24.7.12 – B 2 U 9/11 R, SozR 4–2700 § 8 Nr 44, Rn 29 ff). Das ist bei den Beschäftigten iSv § 2 Abs 1 Nr 1 SGB VII dann der Fall, wenn die unfallbringende Tätigkeit dem Betrieb dienlich ist, bzw der Verletzte subjektiv davon ausgehen

durfte, dass dies der Fall sei (BSG 4.6.02 – B 2 U 24/01 R, NZA 02, 1274 zum Schlittschuhlaufen eines Hoteliers; 18.3.08 – B 2 U 12/07 R, NZS 09, 937 Hilfsmaßnahmen nach KFZ-Unfall bei einer betrieblich bedingten Fahrt; 30.6.09 – B 2 U 22/08 R, WzS 09, 279 Unfall einer freigestellten Sportlerin). Für die weiteren versicherten Tätigkeiten iSv § 2 Abs 1 SGB VII gilt entsprechendes. Daraus folgt, dass sog **eigenwirtschaftliche Tätigkeiten** nicht versichert sind. Dabei handelt es sich um Tätigkeiten, die – uU auch während der Arbeitszeit und auf dem Betriebsgelände – von der Verfolgung persönlicher und privater Belange des Versicherten geprägt sind und deren finale Zweckgerichtetheit mit den betrieblichen Belangen nicht mehr in Zusammenhang stehen (BayLSG 25.10.11 – L 3 U 52/11, ArbuR 12, 163 zur Pause eines Busfahrers; BSG 15.5.12 – B 2 U 8/11 R, SozR 4–2700 § 2 Nr 20 zu einem Unfall während der Freistellungsphase nach Altersteilzeit; LSG Hess 30.1.18 – L 3 U 247/16, NZS 18, 587 zur Teilnahme eines Marketingunternehmers an einem Benefizfussballspiel; LSG SachsAnh 14.12.17 – L 6 U 82/15, NZS 18, 418 zum Unfall während eines Probearbeitstages).

**4. Handlungen mit gemischter Motivationslage,** dh solche, die **zugleich** eigenwirtschaftlichen und betrieblichen Belangen dienen, sind nach der allgemein im SozVRecht geltenden Kausalitätstheorie der wesentlichen Bedingung dann versichert, wenn bei Gewichtung der finalen Handlungstendenzen den betrieblichen Belangen gegenüber den eigenwirtschaftlichen mindestens annähernd das gleiche Gewicht zukommt. Bei Verrichtungen, die sowohl betrieblichen Zwecken als auch privaten Interessen des Versicherten dienen und sich nicht eindeutig in einen betriebsbedingten und einen betriebsfremden Teil zerlegen lassen, ist zu prüfen, ob das Handeln trotz der mit ihm verbundenen privaten Zweckverfolgung insgesamt betrachtet darauf abzielte, den in Betracht kommenden Versicherungstatbestand zu erfüllen (*Krasney* NZS 13, 681). Die gemischte Motivationslage für eine (unfallbringende) Handlung ist von der **gemischten Tätigkeit** abzugrenzen, die dadurch gekennzeichnet ist, dass mehrere Tätigkeiten gleichzeitig verrichtet werden (zB eigenwirtschaftliches Spazierengehen und gleichzeitiges betriebsbedingtes Telefonieren). Die gemischte Tätigkeit ist gerade dadurch gekennzeichnet, dass zumindest eine von mehreren ausgeübten Verrichtungen den Tatbestand einer versicherten Tätigkeit erfüllt. Nur wenn die versicherte Tätigkeit für den Eintritt des Unfalls die rechtlich wesentliche Bedingung („die Wirkursache") gewesen ist, kommt das Vorliegen eines Arbeitsunfalls in Betracht (BSG 26.6.14 – B 2 U 4/13 R, NZS 14, 788; LSG NdSBrem 29.8.18 – L 3 U 184/16, BeckRS 2018, 28729). 35

**5. Einzelfälle.** Die **Arbeitssuche** ist nicht versichert, weil der Wunsch, sich eine neue Arbeitsstelle zu beschaffen, ausschließlich eigenwirtschaftlichen Interessen dient, und zwar grds auch dann, wenn es zum Abschluss eines Arbeitsvertrages kommt (BSG 14.11.13 – B 2 U 15/12 R, Breithaupt 2014, 834; LSG SachsAnh 25.5.11 – L 6 U 123/07, BeckRS 2011, 76951). Gleiches gilt, wenn der ArbN vor Arbeitsaufnahme den günstigsten Weg zur neuen Arbeitsstätte erkundet. Einzelheiten → *Bewerbung* Rn 23. 36

**Berufliche Bildungsmaßnahmen** sind versichert, wenn der ArbN aufgrund betrieblichen Auftrags teilnimmt. Ansonsten nur, wenn ein konkretes, unmittelbares und erkennbar gewordenes Interesse des Unternehmens an der beruflichen Weiterbildung besteht. Die gleichen Grundsätze gelten bei der Teilnahme an **Veranstaltungen von Berufsorganisationen** (→ *Betriebsratsschulung* Rn 35; → *Betriebsveranstaltung* Rn 20 ff). 37

**Betriebssport** S → *Betriebssport* Rn 14 ff. 38

**Essen und Trinken** sind auch auf dem Betriebsgelände und während der Arbeitszeit eigenwirtschaftliche und damit unversicherte Verrichtungen. Dabei handelt es sich (wie auch bei Rauchpausen) um eigenwirtschaftliche Tätigkeiten, da die Nahrungsaufnahme unabhängig von einer versicherten Tätigkeit erforderlich ist. Gleiches gilt für die Einnahme von Mahlzeiten in der **Betriebskantine,** falls nicht betriebseigene Gefahren den Unfall hervorgerufen haben (BSG 24.6.03 – B 2 U 24/02 R, NZA 03, 1018). Grds nicht versichert sind also Unfälle in Zusammenhang mit der Nahrungsaufnahme und den damit zusammenhängenden Verrichtungen (Verletzung durch Geschirr, Lebensmittelvergiftung, Zahnverlust uÄ). Ist die Nahrungsaufnahme jedoch überwiegend zur Erlangung oder Erhaltung der Arbeitskraft erforderlich oder realisieren sich betriebseigentümliche Gefahren, tritt das eigenwirtschaftliche Moment in den Hintergrund. Die Rspr hat in diesen Fällen den 39

Versicherungsschutz bejaht (BSG 30.1.07 – B 2 U 8/06 R, BeckRS 2007, 45793, anaphylaktischer Schock bei Geschäftsessen infolge Allergie). Wege im Betrieb zur Kantine sind versichert (BSG 24.6.03 – B 2 U 24/02 R, NZA 03, 1018).

40 **Maßnahmen zur medizinischen Rehabilitation oder zur Teilhabe am Arbeitsleben.** Personen, die an einer Maßnahme iSv § 2 Abs 1 Nr 15 SGB VII auf Kosten der Kranken- oder RV (oder einer **vorbeugenden** Maßnahme nach § 3 BKVO) teilnehmen, sind gesetzlich unfallversichert. Dabei sind allerdings Unfälle, die allein durch eine fehlerhafte Behandlung eines Arztes oder Pflegers verursacht werden, mangels Wesentlichkeit der Verrichtung des Versicherten für den Unfall bzw mangels Vorliegen der Unfallkausalität keine Arbeitsunfälle (BSG 27.4.10 – B 2 U 11/09 R, NZS 11, 313). Zu berufsgenossenschaftlichen Maßnahmen → Rn 46.

41 **Streitigkeiten, Raufhändel.** Unfälle im Zusammenhang mit Streitigkeiten unter Arbeitskollegen sind nur dann Arbeitsunfälle, wenn ihre Ursache in innerem Zusammenhang mit der betrieblichen Tätigkeit steht (LSG BaWü 22.11.17 – L 1 U 1277/17, BeckRS 2017, 136026; BayLSG 12.10.17 – L 17 U 329/15, BeckRS 2017, 139795); BayLSG 19.12.17 – L 3 U 418/16, BeckRS 2017, 140449).

42 **Trunkenheit** schließt den Versicherungsschutz nicht in jedem Fall aus. Nur wer so hochgradig betrunken ist, dass er zu einer zweckgerichteten Tätigkeit nicht mehr fähig ist, ist allein deshalb nicht mehr versichert (BSG 5.9.06 – B 2 U 24/05 R, BSGE 97, 54). Sonstige unter Trunkenheit eingetretene Unfälle sind nur dann nicht versichert, wenn die Trunkenheit die rechtlich allein wesentliche Ursache war, dh der Unfall zumindest annähernd gleichwertig im Verhältnis zu anderen (der versicherten Tätigkeit zuzurechnenden) Ursachen durch die Trunkenheit hervorgerufen worden ist. Dafür müssen außerhalb des Straßenverkehrs neben der Blutalkoholkonzentration (kein allgemeiner Grenzwert) weitere beweiskräftige Umstände für ein alkoholtypisches Fehlverhalten vorhanden sein. Zu Unfällen unter **Alkoholeinwirkung im Straßenverkehr** → *Wegeunfall* Rn 21.

43 **Bei Reisen in betrieblichem Interesse** (Dienst- und Geschäftsreisen, Lieferfahrten) handelt es sich grds um versicherte Tätigkeiten, da es sich dabei um geschuldete Arbeitstätigkeiten handelt. Zum unfallversicherungsrechtlich davon zu unterscheidenden Weg von und zur Arbeitsstätte → *Wegeunfall* Rn 13 ff. Der Versicherte ist jedoch auf der Dienst- oder Betriebsreise nicht schlechthin bei jeder Verrichtung geschützt, vielmehr muss die unfallbringende Betätigung jeweils mit dem Beschäftigungsverhältnis im rechtlich wesentlichen Zusammenhang stehen (→ Rn 32). Wie beim Arbeitsunfall an der Arbeitsstätte ist auch bei der Dienst- und Betriebsreise zu unterscheiden zwischen Betätigungen, die final mit dem Zweck der Reise zusammenhängen und deshalb versichert sind, und solchen Verrichtungen, die der privaten, eigenwirtschaftlichen Sphäre zuzuordnen sind. Versichert sind daher neben der Reise im gewählten Beförderungsmittel Kundenbesuch, Besprechungsteilnahme, **Wege** von und zum Hotel oder Restaurant, Messebesuch usw. Nicht versichert sind der **Aufenthalt** im Hotel oder Restaurant, Freizeitgestaltung, abendliches Beisammensein. Zum Unfallversicherungsschutz nach nächtlichem Barbesuch auf einer Dienstreise LSG Hess 11.3.19 – L 9 U 118/18, jurisPR-SozR 13/2019 mit Anm *Ruppelt*). Ausnahmsweise besteht nach der Rspr auch bei eigenwirtschaftlichen Tätigkeiten während der betrieblich veranlassten Reise Versicherungsschutz, wenn der Unfall durch besondere Gefahren des auswärtigen Aufenthalts hervorgerufen worden ist, insbes mangels Vertrautheit mit der Umgebung. Einzelheiten → *Dienstreise* Rn 64 ff.

44 **Mittelbare Unfallfolgen durch berufsgenossenschaftliche Heilbehandlung.** Gesundheitsschäden, welche in einem ursächlichen Zusammenhang stehen mit der Vornahme einer **wegen eines Versicherungsfalls** (idR Arbeitsunfall) durchgeführten **berufsgenossenschaftlichen** Heilbehandlung (auch Leistung zur Teilhabe am Arbeitsleben oder Maßnahme nach § 3 BKV) werden nach § 11 Abs 1 SGB VII dem Versicherungsfall auch dann zugerechnet, wenn sie **nicht spezifisch durch den Gesundheitserstschaden des Versicherungsfalls** verursacht wurden. Dies gilt auch für Gesundheitsschäden infolge der Wiederherstellung oder Erneuerung eines Hilfsmittels oder der zur Aufklärung des Sachverhalts eines Arbeitsunfalls angeordneten Untersuchung einschließlich der dazu jeweils erforderlichen Wege. Voraussetzung ist, dass es sich um eine **vom UVTräger** durchgeführte Behandlung/Maßnahme oder Anordnung handelt. Durch § 11 Abs 1 SGB VII werden im Unterschied zu Maßnahmen auf Kosten der RV (→ Rn 40) auch Schäden erfasst, die durch

schuldhafte Behandlungsfehler entstanden sind. Die Haftung des UVTrägers nach § 11 Abs 1 SGB VII greift nach BSG 5.7.11 – B 2 U 17/10 R, BSGE 108, 274 auch dann, wenn sich herausstellt, dass der Erstschaden objektiv kein Arbeitsunfall war.

Zu **weiteren Einzelfragen** der gesetzlichen UV s auch → *Berufskrankheit* Rn 11 ff, → *Unfallversicherung* Rn 26 ff, → *Betrieb (Begriff)* Rn 31, → *Wegeunfall* Rn 13 ff, → *Betriebsveranstaltung* Rn 20 ff, → *Betriebssport* Rn 14 ff, → *Dienstreise* Rn 64 ff. 45

# Arbeitsverhinderung

## A. Arbeitsrecht

*Griese*

**1. Bedeutung.** Die kurzfristige unverschuldete Verhinderung an der Arbeitsleistung aus in der Person des ArbN liegenden Gründen berechtigt den ArbN zum Fernbleiben von der Arbeit, zugleich behält der ArbN den Vergütungsanspruch. Gesetzlich geregelt ist die **Vergütungsfortzahlungspflicht** für alle ArbN in § 616 BGB. Die Vorschrift stellt sich als Unterfall der Pflicht zur Fortzahlung der Arbeitsvergütung trotz nicht erbrachter Arbeitsleistung dar. 1

**2. Voraussetzungen.** Der Vergütungsfortzahlungsanspruch hat vier Voraussetzungen. 2

**a) Arbeitsverhinderung durch einen in der Person des Arbeitnehmers liegenden Grund.** Die persönlichen Verhinderungsgründe, die nach § 616 BGB den Vergütungsanspruch für die ausgefallene Arbeitszeit aufrechterhalten, sind im Gesetz selbst nicht benannt. Sie werden als in der Person des ArbN liegende Gründe umschrieben. Der ArbN muss durch einen in seiner Person oder seinen persönlichen Verhältnissen liegenden Umstand an der Arbeitsleistung verhindert sein. Ein subjektives, persönliches Leistungshindernis liegt nicht nur bei Unmöglichkeit der Arbeitsleistung vor, sondern bereits dann, wenn dem ArbN die Arbeitsleistung nach Treu und Glauben nicht zugemutet werden kann.

Beispiele für Leistungshindernisse aus der persönlichen Sphäre sind insbes außergewöhnliche Familienereignisse, etwa **Hochzeit, Geburt eines Kindes** (BVerfG 8.1.98 – 1 BvR 1872/94, NJW 98, 2043 zur Niederkunft der nichtehelichen Lebenspartnerin), **Goldene Hochzeit der Eltern, schwerwiegende Erkrankung oder Todesfälle bei nahen Angehörigen.** Dies gilt ferner, wenn der ArbN ein in seinem Haushalt lebendes erkranktes Kind betreuen muss. Diesbezüglich ist durch § 45 SGB V eine sozialversicherungsrechtliche Abstützung gegeben. Nach § 45 Abs 3 iVm Abs 1 SGB V hat der ArbN einen Anspruch auf Krankengeld und Freistellung von der Arbeit, wenn es nach ärztlichem Zeugnis erforderlich ist, dass der ArbN zur Beaufsichtigung, **Betreuung oder Pflege seines erkrankten, noch nicht 12 Jahre alten Kindes** zu Hause bleiben muss, und keine andere Person im Haushalt lebt, die das Kind beaufsichtigen, betreuen oder pflegen kann. Der Freistellungsanspruch ist limitiert auf 10 Arbeitstage, bei Alleinerziehenden auf 20 Arbeitstage pro Kind und Kj sowie bei mehreren Kindern auf insgesamt maximal 25 Arbeitstage, bei Alleinerziehenden maximal 50 Arbeitstage. Während der Freistellungszeit hat der ArbN, soweit die Voraussetzungen des § 616 BGB vorliegen (BAG 5.8.14 – 9 AZR 878/12, DB 14, 2717), Anspruch auf Vergütungsfortzahlung, ansonsten auf Krankengeld von der Krankenkasse, so dass in letzterem Fall der Freistellungsanspruch ein gesetzlicher Anspruch gegen den ArbGeb auf unbezahlten Urlaub ist (zu Reformvorschlägen s *Greiner* NZA 07, 490). 3

Zur Arbeitsverhinderung des § 616 BGB gehört nicht die krankheitsbedingte AU oder die Kur (25.5.16 – 5 AZR 298/15, BB 16,2044), dies ist im EFZG gesetzlich geregelt (→ *Arbeitsunfähigkeit* Rn 1–4 und → *Entgeltfortzahlung* Rn 2 ff). Die Arbeitsverhinderung bei der **Pflege von pflegebedürftigen nahen Angehörigen** regelt § 2 PflegeZG (in der ab 1.1.15 geltenden Fassung; Näheres s *Pflegezeit*). 4

Ein **Arztbesuch** ist nur dann ein in der Person des ArbN liegender Verhinderungsgrund, wenn der Arztbesuch **zwingend während der Arbeitszeit** stattfinden muss. Dies setzt entweder eine besondere Dringlichkeit voraus oder den erfolglosen Versuch des ArbN, den Arzttermin auf eine Zeit außerhalb der Arbeitszeit zu verlegen. In letzterem Fall muss der ArbN bei der Terminvereinbarung mit der Arztpraxis daher auf seine Arbeitszeit hinweisen und auf einen Termin außerhalb der Arbeitszeit dringen. Ist der ArbN schon vor und 5 während des Arztbesuches arbeitsunfähig, greift § 616 BGB nicht ein (BAG 7.3.90 – 5 AZR 189/89, DB 90, 1469).

6 In der Literatur wird angenommen, eine gem § 616 BGB vom ArbGeb zu bezahlende Arbeitsverhinderung liege auch vor bei **gerichtlichen und behördlichen Terminen,** bei Prüfungen (Fahrprüfungen), Ausübung politischer oder **religiöser Ämter** oder Wahrnehmung gewerkschaftlicher Aufgaben (*Schaub* § 97 II 1). Dies ist jedoch zu weitgehend. Denn § 616 BGB verlangt einen in der Person liegenden Grund. Auszunehmen sind daher Gründe, die auf Aktivitäten und damit dem Verhalten im sozialen und gesellschaftlichen Bereich beruhen. Deshalb kommt ein gesetzlicher Anspruch auf Vergütungsfortzahlung bei Arbeitsverhinderung durch politische, religiöse oder gewerkschaftliche Veranstaltungen nicht in Betracht (so auch ErfK/*Dörner* § 616 BGB Rz 7; ebenso für den Einsatz eines Beamten als Ordner bei einem Warnstreik BVerwG 30.6.16 – 2 B 3/15, NZA 17, 405). Das Gleiche gilt für behördliche und gerichtliche Termine des ArbN in eigener Sache (BAG 4.9.85 – 7 AZR 249/83, DB 86, 1980), ebenso für privat anstehende Prüfungen (zB Führerscheinprüfung, Sportbootführerschein, TÜV-Untersuchung). Diese gehören zum **privaten Lebensbereich** des ArbN. Er hat hierfür deshalb nach seiner Wahl nur Anspruch auf Freistellung, entweder durch Urlaubsgewährung unter Anrechnung auf den Jahresurlaub oder durch unbezahlten Urlaub, nicht jedoch auf Vergütungsfortzahlung.

7 Bei **gerichtlichen Terminen** in fremden Angelegenheiten kann ebenfalls schwerlich von einem in der Person liegenden Grund gesprochen werden; der Verdienstausfall des ArbN wird im Übrigen durch die Zeugenentschädigungsregelung im Justizvergütungs- und -entschädigungsgesetz (JVEG) ausgeglichen. Übernimmt ein ArbGeb in diesem Fall über die gesetzliche Verpflichtung hinaus die Vergütungsfortzahlung, ist es möglich, sich vom ArbN den gerichtlichen Entschädigungsanspruch für den Verdienstausfall abtreten zu lassen und geltend zu machen.

Die Tätigkeit als **ehrenamtlicher Richter oder Schöffe** unterfällt hingegen § 616 Abs 1 BGB (ErfK/*Preis* § 616 BGB Rz 5). Tarifliche Einschränkungen sind aber möglich zB in der Weise, dass vorrangig Gleitzeit in Anspruch genommen werden muss (BAG 22.1.09 – 6 AZR 78/08, NZA 09, 735).

8 Kann der ArbN infolge von **Verkehrsstörungen,** zB Verkehrssperrungen, Staus, Verkehrsverboten wegen Smogalarm, Hochwasser, Glatteis, Schneeverwehungen, Streiks in den Verkehrsbetrieben, die Arbeit nicht oder nicht rechtzeitig aufnehmen, schuldet der ArbGeb für die dadurch ausgefallene Arbeitszeit keine Arbeitsvergütung, denn es handelt sich um objektive, nicht um persönliche Leistungshindernisse (BAG 8.9.82 – 5 AZR 283/80, DB 83, 397). Der ArbN trägt insoweit das zeitliche **Wegerisiko** (HWK/*Krause* § 615 BGB Rz 117), er ist verantwortlich dafür, dass er pünktlich zur Arbeit erscheint, um seiner Arbeitspflicht nachkommen zu können.

9 Ein in der Person des ArbN liegender Verhinderungsgrund liegt vor, wenn der ArbN wegen seines kurzfristigen **behördlichen Tätigkeitsverbots** nicht arbeiten kann, das zB erlassen wird, um das Ergebnis einer Untersuchung nach dem BSeuchG abzuwarten (BGH 30.11.78, DB 79, 1367).

10 **b) Verhältnismäßig nicht erhebliche Zeit.** Ein Anspruch nach § 616 BGB setzt ferner voraus, dass die Arbeitsverhinderung nur eine verhältnismäßig nicht erhebliche Zeit andauert. Zeitliche Vorgaben oder Grenzen hierfür enthält das Gesetz nicht. Maßgebend sind daher die Umstände des Einzelfalles. Kriterien für die Festlegung des maximal zu beanspruchenden Zeitraumes sind in erster Linie die für den Verhinderungsgrund objektiv notwendige Zeit und das Verhältnis der Verhinderungszeit zur Gesamtdauer des Arbeitsverhältnisses. Dauert die Verhinderung zu lange, **entfällt der Anspruch insgesamt** (*Otto* Einführung in das Arbeitsrecht, 4. Aufl, S 198).

11 Aus dem Verhinderungsgrund selbst ergibt sich häufig bereits eine Begrenzung des Zeitraums. So rechtfertigen außergewöhnliche Familienereignisse, zB Hochzeit, Geburt eines Kindes, Tod naher Angehöriger, die bezahlte Freistellung für 1 bis 2 Arbeitstage, darüber hinaus nur die unbezahlte Freistellung.

12 Als verhältnismäßig nicht erhebliche Zeit wird eine Dauer von wenigen Tagen anzusehen sein (HWK/*Krause* § 616 BGB Rz 41).

13 Bei der Arbeitsverhinderung wegen der **Betreuung erkrankter Kinder** (→ Rn 3) wird man sich an § 45 SGB V orientieren können. Eine schematische Übertragung der Vorgaben

des § 45 SGB V kommt jedoch nicht in Betracht, weil § 45 SGB V nur den sozialversicherungsrechtlichen Kinderkrankengeldanspruch regelt, nicht aber unmittelbar arbeitsrechtliche Ansprüche (gegen jegliche Orientierung an § 45 SGB V *Erasmy* NZA 92, 921). Je Pflegefall wird – wie bisher – ein Zeitraum bis zu 5 Tagen als verhältnismäßig nicht erheblich anzusehen sein (ebenso ErfK/*Dörner* § 616 BGB Rz 16).

Die Erweiterung des sozialversicherungsrechtlichen Gesamtanspruchs liefert jedoch durch die gleichzeitig eingeführte **Obergrenze der Freistellungstage** pro Kj einen relevanten Anhaltspunkt für die Begrenzung des arbeitsrechtlichen Anspruchs pro Kj, indem maximal 10 Tage pro Kj, und zwar unabhängig davon, ob ein oder zu verschiedenen Zeiträumen mehrere Kinder erkrankt sind. Die darüber hinausgehende erforderliche Pflegezeit ist als unbezahlte Freistellung zu gewähren, für die ein Krankengeldanspruch nach § 45 SGB V besteht. **Eine tarifliche Begrenzung auf maximal fünf Arbeitstage pro Jahr für alle Betreuungsfälle ist zulässig** (BAG 5.8.14 – 9 AZR 878/12, DB 14,2717). 14

Hinsichtlich der Pflege naher Angehöriger legt § 2 Abs 3 PflegeZG fest, dass der ArbGeb nur zur Entgeltfortzahlung verpflichtet ist, soweit sich dies aus anderen gesetzlichen Bestimmungen oder Vereinbarungen ergibt. Diesbezüglich wird § 616 BGB anzuwenden sein, und zwar wegen der Parallelität zur Kinderkrankenpflege mit denselben Obergrenzen.

**c) Kausalität.** Der Anspruch setzt ferner voraus, dass durch die Arbeitsverhinderung die Arbeit des ArbN tatsächlich ausfällt. Hätte der ArbN ohnehin an den Verhinderungstagen nicht gearbeitet, etwa wegen Urlaubs (BAG 17.10.85 – 6 AZR 571/82, DB 86, 438), Sonderurlaubs oder Arbeitszeitverlegung, besteht kein Anspruch nach § 616 BGB. 15

**d) Kein Verschulden.** Den ArbN darf an der Arbeitsverhinderung kein Verschulden treffen. Ein solches liegt vor, wenn ein ArbN durch unverständiges, leichtfertiges, gegen die eigenen Interessen grob verstoßendes Verhalten die Arbeitsverhinderung herbeigeführt hat. 16

**3. Abweichende Regelung durch Tarifvertrag, Betriebsvereinbarung oder Arbeitsvertrag.** Die Regelung des § 616 BGB ist **abdingbar** (BAG 5.8.14 – 9 AZR 878/12, DB 14, 2717). Sowohl durch Tarifvertrag, als auch durch Betriebsvereinbarung oder Arbeitsvertrag können die Ansprüche aus § 616 BGB ausgeschlossen oder beschränkt werden (ErfK/*Dörner* § 616 BGB Rz 19). Die Formulierung: „Bezahlt wird nur die geleistete Arbeit" bedeutet den Ausschluss der Ansprüche aus § 616 BGB (BAG 25.8.82, DB 82, 2574). Umgekehrt ist auch eine Erweiterung möglich (BAG 13.12.01 – 6 AZR 30/01, NZA 02, 1105: Arbeitsverhinderung aufgrund gerichtlicher Zeugenaussage). 17

Bestimmt ein Tarifvertrag, dass ein ArbN bei der Niederkunft seiner Ehefrau einen Freistellungsanspruch von 2 Tagen hat, soll dies nach BAG (BAG 18.1.01 – 6 AZR 492/99, NZA 02, 47) nicht auf den Fall der Niederkunft der nichtehelichen Lebensgefährtin anzuwenden sein. Dies ist fragwürdig angesichts der auch hier gegebenen und vom ArbN so empfundenen Betreuungsverpflichtung. Zudem erscheint das Ergebnis auch unter dem Blickwinkel der Benachteiligung unehelicher Kinder (Art 6 Abs 5 GG) verfassungsrechtlich bedenklich. Ferner ist zu berücksichtigen, dass unabhängig von der tarifvertraglichen Regelung aus § 616 BGB ein Anspruch bestehen kann, wenn die Freistellung für die Betreuung und Pflege der Lebensgefährtin oder des Kindes erforderlich ist. 18

Empfehlenswert ist eine zeitliche Konkretisierung der Freistellungsdauer bei den einzelnen Verhinderungsfällen, um den Unsicherheiten bei der jeweiligen Festlegung der verhältnismäßig nicht erheblichen Zeit zu entgehen. Diese Konkretisierung ist Inhalt einer Vielzahl von Tarifverträgen. Ist ein solcher nicht vorhanden, ist eine Regelung durch Betriebsvereinbarung oder Arbeitsvertrag zulässig. 19

Auf den **Vergütungsfortzahlungsanspruch** muss sich der Arbeitnehmer gem § 616 Satz 2 BGB anrechnen lassen, was er aufgrund gesetzlicher Verpflichtung von der Kranken- oder Unfallversicherung bekommen hat.

## B. Lohnsteuerrecht

*Weil*

Für die Entstehung des LStAnspruchs ist der Zufluss des Lohns beim ArbN entscheidend (§ 38 Abs 2 Satz 2 EStG; → *Lohnzufluss* Rn 2 ff). Fließt wegen Arbeitsverhinderung kein Lohn zu, ist steuerlich für den ArbGeb nichts veranlasst. Auf den Grund der Arbeitsverhinderung kommt es nicht an. Fließt dem ArbN bei Arbeitsverhinderung dennoch Lohn zu (zB Entgeltfortzahlung im Krankheitsfall; → *Entgeltfortzahlung* Rn 41 ff), gelten für die Besteue- 20 rung keine Besonderheiten (→ *Lohnzufluss* Rn 2 ff, → *Lohnsteuerberechnung* Rn 2 ff; *Steuerfreie Einnahmen*). Regelungen im Arbeitsvertrag über Folgen bei Arbeitsverhinderung sind Maßstab beim Fremdvergleich (FG SachsAnh 9.12.98 – II 63/97, BeckRS 1998, 30949247; → *Familiäre Mitarbeit* Rn 29 ff).

21 Bei **Lohnminderung** ist für die Besteuerung der geminderte Lohn ausschlaggebend. Fließen dem ArbN statt des Lohnes Lohnersatzleistungen zu (zB → *Krankengeld* Rn 6 ff, → *Arbeitslosengeld* Rn 5 ff;), richtet sich die Besteuerung nach den Regeln über *Lohnersatzleistungen.*

22 Erhält der ArbN **Zeugengeld** nach dem Justizvergütungs- und -entschädigungsgesetz, so ist der Bezug stpfl Arbeitslohn, soweit durch das Zeugengeld der Verdienstausfall ausgeglichen werden soll (§ 24 Nr 1a EStG; *Schmidt/Krüger* § 19 Rz 100 Stichwort Zeugengebühr). Ein LStAbzug unterbleibt insoweit. Im Rahmen der Jahresbesteuerung des ArbN (§ 46 EStG; → *Antragsveranlagung* Rn 2 ff) sind diese Einnahmen beim ArbN mit zu erfassen.

## C. Sozialversicherungsrecht

*Schlegel*

23 **1. Anforderungen an das Vorliegen eines Beschäftigungsverhältnisses. a) Tatsächliche Arbeitsleistung.** In allen Zweigen der SozV sowie der ArblV ist die Beschäftigung Voraussetzung für die Zugehörigkeit zum Kreis der (pflicht)versicherten Personen (§ 5 Abs 1 Nr 1 SGB V; § 1 Satz 1 Nr 1 SGB VI; § 20 Abs 1 SGB XI; §§ 24, 25 SGB III; § 2 Abs 1 Nr 1 SGB VII). Beschäftigung wird in § 7 Abs 1 Satz 1 SGB IV definiert als die nichtselbstständige Arbeit, insbes in einem Arbeitsverhältnis (Abs 1); als Beschäftigung gilt auch der Erwerb beruflicher Kenntnisse, Fertigkeiten und Erfahrungen im Rahmen betrieblicher Berufsausbildung (Abs 2). Damit ist klargestellt, dass ein wirksames Arbeitsverhältnis auch zur sozialversicherungsrechtlichen Beschäftigung führt. Voraussetzung für das Vorliegen von Beschäftigung iSv § 7 Abs 1 SGB IV ist regelmäßig, dass auch tatsächlich Arbeit geleistet wird.

24 **b) Beschäftigungsverhältnis ohne Arbeitsleistung.** Die Rspr hat in bestimmten Fällen seit jeher das Vorliegen eines Beschäftigungsverhältnisses auch ohne tatsächliche Arbeitsleistung angenommen. Voraussetzung hierfür ist, dass der Status als ArbN nicht geändert wird, weil der Arbeitsvertrag rechtlich (oder faktisch) fortbesteht, sich der ArbN weiterhin dem Weisungsrecht des ArbGeb unterstellt und die Arbeit auch fortsetzen will (BSG 12.11.75 – 3/12 RK 13/74, SozR 2200 § 165 Nr 8). Dies gilt neben den Fällen des Erholungsurlaubs, des unbezahlten Urlaubs (BSG 13.2.64 – 3 RK 94/59, SozR Nr 43 zu § 165 RVO), der Beurlaubung für eine zT bezahlte Fortbildung (BSG 12.11.75 – 3/12 RK 13/74, SozR 2200 § 165 Nr 8: Studium; 31.8.76 – 12/3/12 RK 20/74, SozR 2200 § 1227 Nr 4: Fortbildungslehrgang) und des Annahmeverzuges (BSG 18.9.73 – 12 RK 15/72, SozR Nr 73 zu § 160 RVO) auch für die kurzfristige Verhinderung an der Arbeitsleistung aus einem in der Person des ArbN/Versicherten liegenden Grund (zB Hochzeit, Geburt eines Kindes, Todesfälle, schwerwiegende Erkrankung naher Angehöriger, → Rn 3; zur Freistellung bei Erkrankung eines Kindes → *Freistellung von der Arbeit* Rn 33–34). Erforderlich ist allerdings, dass das Ende der Unterbrechung der Arbeitsleistung absehbar, also nicht beliebig lang ist; das genaue Ende muss hierbei nicht datummäßig feststehen (BSG 31.8.76 – 12/3/12 RK 20/74, SozR 2200 § 1227 Nr 4).

25 **2. Fortbestehen der Versicherungspflicht bei Entgeltanspruch.** Mit der Feststellung, dass das Beschäftigungsverhältnis durch eine Arbeitsverhinderung nicht unterbrochen wird, steht noch nicht fest, ob während dieser Zeit auch Versicherungspflicht besteht. Dies ist in der KV, PflegeV, RV, PflegeV und ArblV nur der Fall, wenn die Beschäftigung „gegen Entgelt" erfolgt (§ 5 Abs 1 Nr 1 SGB V; § 1 Satz 1 Nr 1 SGB VI; 22 Abs 1 Nr 1 SGB XI; § 25 SGB III). Daher ist zwischen Fällen der Arbeitsverhinderung mit und ohne Fortbestehen des Entgeltanspruchs zu unterscheiden.

26 **a) Fortbestehen des Entgeltanspruchs** nach arbeitsrechtlichen Grundsätzen trotz Vorliegens einer Arbeitsverhinderung (zu den Voraussetzungen hierfür → Rn 2 ff) führt dazu, dass in der KV, PflegeV, RV und ArblV Versicherungspflicht gegeben ist. Ebenso besteht ein versicherungs- und beitragspflichtiges Beschäftigungsverhältnis fort, wenn und solange ein ArbN von seinem ArbGeb (zB nach Ausspruch einer Kündigung) bei Fortzahlung des Arbeitsentgelts **von der Arbeit freigestellt** ist (dazu eingehend *Schlegel* NZA 05, 972 ff;

→ *Freistellung von der Arbeit* Rn 47 ff). Für die UV ist zu beachten, dass dort der Versicherungsschutz für Wege- und Arbeitsunfälle ohnehin nicht in Betracht kommt, wenn Arbeit tatsächlich nicht geleistet wird oder sich der Unfall nicht auf einem Weg von der oder zur Arbeit ereignet hat.

**b) Arbeitsverhinderung ohne Entgeltanspruch.** Nach § 7 Abs 3 Satz 1 SGB IV gilt eine Beschäftigung gegen Arbeitsentgelt fortbestehend, solange das Beschäftigungsverhältnis ohne Anspruch auf Arbeitsentgelt fortdauert, jedoch nicht länger als einen Monat. Fingiert wird damit nur die Zahlung von Arbeitsentgelt, nicht auch der Fortbestand des Beschäftigungsverhältnisses. Der Fortbestand des Beschäftigungsverhältnisses richtet sich vielmehr nach den oben (→ Rn 24) genannten Kriterien. 27

Nach § 7 Abs 3 Satz 1 SGB IV bleibt somit zB die Versicherungspflicht für Bummeltage und sonstige Arbeitsverhinderungen bestehen, die nicht in der Person des ArbN begründet sind (zB Arbeitsverhinderung wegen Verkehrsstörung, geplanten Arzttermins, Gerichts- und Behördenterminen). 28

Zum Fortbestand der Mitgliedschaft bei einer Arbeitsverhinderung wegen **Kurzarbeit,** bei **rechtmäßigem Arbeitskampf** und während einer medizinischen **Rehabilitation** in der KV und PflegeV für eine gewisse Zeit über das nach allgemeinen Regeln an sich eintretende Ende der Mitgliedschaft hinaus vgl § 192 SGB V. 29

Zum Fortbestand der Versicherungspflicht in der ArblV bei **witterungsbedingtem Arbeitsausfall** oder bei erheblichem Arbeitsausfall wegen Kurzarbeit vgl § 24 SGB III. 30

Zur Arbeitsverhinderung wegen **Arbeitsmangels** aus vom ArbGeb nicht zu vermeidenden Umständen, für die **wirtschaftliche Verhältnisse (Wirtschafts- und Arbeitsmarktlage)** oder **Naturereignisse** ursächlich sind, vgl → *Betriebsstörung* Rn 12 ff. 31

## Arbeitsvermittlung (private)

### A. Arbeitsrecht

*Röller*

**1. Allgemeines.** Private Arbeitsvermittlung ist seit dem In-Kraft-Treten des Gesetzes zur Vereinfachung der Wahl der ArbNVertreter in den Aufsichtsrat (BGBl I 02, 1130) am 27.3.02 ohne Erlaubnis der BA zulässig. Sanktionsinstrumentarium für nicht ordnungsgemäß arbeitende private Arbeitsvermittler sind die Untersagungstatbestände des § 35 GewO. Mit dem Wegfall der Erlaubnispflicht sind auch die ArbeitsvermittlungsVO vom 11.3.94 (BGBl I 94, 1949) und das Vermittlungsmonopol der BA für Beschäftigungen im Ausland aufgehoben worden. Das BMA kann aber durch RechtsVO bestimmen, dass die Vermittlung für eine Beschäftigung im Ausland außerhalb der EG oder eines anderen Vertragsstaats des Abkommens des europäischen Wirtschaftsraums sowie die Vermittlung und die Abwerbung aus diesem Ausland für eine Beschäftigung im Inland für bestimmte Berufe und Tätigkeiten nur von der BA durchgeführt werden kann (§ 292 SGB III). Gem § 38 BeschVO darf die Anwerbung und die Arbeitsvermittlung aus Staaten, die in der Anlage zu der VO aufgeführt sind, für eine Beschäftigung in Gesundheits- und Pflegeberufen nur von der BA durchgeführt werden. 1

Als Konsequenz aus der geringen Vermittlungsquote hat der Gesetzgeber den Vermittlungsgutschein (§ 45 Abs 4 SGB III) ins Arbeitsförderungsrecht aufgenommen. Die Bestimmung soll gewährleisten, dass Arbeitslose beim Vorliegen bestimmter Voraussetzungen einen privaten Vermittler mit der Vermittlung beauftragen können, ohne hierdurch finanziell belastet zu werden. Der Vermittlungsgutschein eröffnet ihnen die Möglichkeit, auf Kosten der BA einen Vermittler ihrer Wahl einzuschalten (→ Rn 23). 2

**2. Begriff.** Arbeitsvermittlung ist eine Tätigkeit, die darauf gerichtet ist, Ausbildungssuchende mit ArbGeb zur Begründung eines Ausbildungsverhältnisses und Arbeitssuchende mit ArbGeb zur Begründung von Arbeitsverhältnissen zusammenzuführen (§ 35 Abs 1 SGB III). Jede natürliche oder juristische Person oder Personengesellschaft kann als Vermittler tätig werden. Voraussetzung ist die Anzeige beim Gewerbeamt (§ 14 Abs 1 GewO). 3

**3. Vermittlungsvertrag. a) Vertrag Vermittler – Arbeitssuchender.** Der Vertrag zwischen Arbeitssuchendem und dem privaten Arbeitsvermittler bedarf der Schriftform. 4

Der Vertragsinhalt ist dem Arbeitssuchenden durch den Vermittler in Textform (§ 126b BGB) mitzuteilen (§ 296 Abs 1 Satz 4 SGB III). In dem Vertrag ist insbes die Vergütung des Vermittlers anzugeben (§ 296 Abs 1 Satz 2 SGB III).

5 Der Vermittlungsvertrag ist ein **privatrechtlicher Vertrag,** auf den die **Regelungen des Maklerrechts** (§§ 652 ff BGB) anzuwenden sind. Diese werden ergänzt durch die Regelungen der §§ 296, 297 SGB III (BSG 3.5.18 – B 11 AL 11/17 R, BeckRS 2018, 18822; 23.2.11 – B 11 AL 10/10 R, BeckRS 2011, 71150; *Kühl/Breitkreuz* NZS 04, 568).

6 Die Höhe der Vergütung, die der Vermittler vom Arbeitssuchenden verlangen kann, ist gem § 296 Abs 3 SGB III begrenzt auf den in § 45 Abs 6 SGB III genannten Betrag. Einschließlich USt darf die Vergütung den Betrag iHv 2000 € nicht überschreiten, bei Langzeitarbeitslosen nicht einen Betrag iHv 2500 €. Für die Vermittlung in Au-pair-Verhältnisse beträgt die maximale Vergütung 150 € (§ 296 Abs 3 Satz 3 SGB III). Für Leistungen zur Ausbildungsvermittlung dürfen nur vom ArbGeb Vergütungen verlangt und entgegengenommen werden (§ 296a SGB III). Der Gesetzgeber hat für folgende Berufe und Personengruppen durch die VermVergVO vom 27.6.02 (BGBl I 02, 2439) eine abweichende Regelung in Kraft gesetzt: Künstler, Artisten, Fotomodell, Werbetyp, Mannequin, Dressman, Doppelgänger, Stuntman, Discjockey, Berufssportler. Mit diesen ArbN kann der Arbeitsvermittler Vergütungen vereinbaren, die sich nach dem ihnen zustehenden Arbeitsentgelt bemessen. Die Vergütung einschließlich der auf sie entfallenden Umsatzsteuer darf 14 vom Hundert des dem vermittelten ArbN zustehenden Arbeitsentgelts nicht übersteigen (§ 2 Vermittler-Vergütungsordnung).

7 Der Anspruch auf die **Vermittlungsvergütung ist erfolgsabhängig.** Der Arbeitssuchende ist nur dann zur Zahlung verpflichtet, wenn infolge der Vermittlung der Arbeitsvertrag zustande gekommen ist. Der bloße Nachweis einer Stelle genügt nicht (LG Frankfurt (Oder) 12.7.11 – 6a S 9/11, BeckRS 2011, 22721). Der Vermittlungserfolg braucht nicht durch eigenes Tätigwerden des Vermittlers herbeigeführt worden zu sein; der Vermittler kann sich grds Personen bedienen, die er zur Erfüllung seiner vertraglichen Verpflichtungen einsetzt (BSG 23.2.11, BeckRS 2011, 71150). Der Vermittler darf keine Vorschüsse auf die Vergütungen verlangen oder entgegennehmen (§ 296 Abs 2 Satz 2 SGB III). Der Vermittler ist verpflichtet, einen Vermittlungsgutschein der Agentur für Arbeit zu den für die Zahlung genannten Bedingungen entgegenzunehmen. § 296 Abs 4 SGB III bestimmt, dass ein Arbeitssuchender, der dem Vermittler einen Vermittlungsgutschein vorlegt, die Vergütung abweichend von § 266 BGB in Teilbeträgen zahlen kann. Zudem ist geregelt, dass die Vergütung im Falle der Einlösung des Vermittlungsgutscheins bis zum Zeitpunkt der Zahlung durch die Agentur für Arbeit gestundet wird.

8 Neben der Vergütung kann der Vermittler Auslagenersatz verlangen, wenn dies mit dem Arbeitssuchenden vereinbart ist (*Gagel/Fuchs* § 296 Rn 12).

9 **Unwirksamkeit von Vereinbarungen.** Zum Schutz des Arbeitssuchenden treffen die §§ 296, 297 SGB III umfangreiche Vorkehrungen; Verstöße führen nach § 297 SGB III zur Nichtigkeit des Vertrags. Unwirksam sind Vereinbarungen zwischen Vermittler und Arbeitssuchenden, wenn dabei die Höchstgrenzen der Vergütung überschritten werden oder die Schriftform des Vertrages nicht eingehalten wurde (Nr 1) (BSG 3.5.18 – B 11 AL 11/17 R, BeckRS 2018, 18822), Vereinbarungen zwischen einem Vermittler und einem Ausbildungssuchenden über die Zahlung einer Vergütung (Nr 2), Vereinbarungen zwischen einem Vermittler und einem ArbGeb, wenn der Vermittler eine Vergütung mit einem Ausbildungssuchenden vereinbart oder von diesem entgegennimmt, obwohl dies nicht zulässig ist (Nr 3) und Vereinbarungen, die sicherstellen sollen, dass ein ArbGeb oder ein Ausbildungssuchender sich ausschließlich eines bestimmten Vermittlers bedient (Nr 4). Letzteres bedeutet, dass sog Exklusivverträge, die verhindern, dass weitere Arbeitsvermittler eingeschaltet werden, unwirksam sind. Bei § 297 SGB III handelt es sich um eine spezielle Regelung zur Unwirksamkeit von Vermittlungsverträgen. Sie stellt jedoch keine abschließende Regelung dar, so dass die allgemeinen Regelungen der §§ 134, 138 BGB daneben Anwendung finden. Strittig ist, ob bei einer vereinbarten zu hohen Vergütung der Vermittler jedenfalls Anspruch auf die gesetzlich zulässige Höchstvergütung hat (für eine geltungserhaltende Reduktion auf das zulässige Maß: MüKoBGB/*Roth* § 655 BGB Rn 7; keine Vergütung: *Rixen* NZS 02, 466).

10 **b) Vertrag Vermittler – Arbeitgeber.** Auf diesen findet ausschließlich das Maklervertragsrecht des BGB (§§ 652 ff BGB) Anwendung. Der Vermittler ist kein Handelsmakler

iSd §§ 93 ff HGB, weil Dienst- insbes Arbeitsleistungen nicht zu den in § 93 Abs 1 HGB genannten Geschäften des Handelsverkehrs gehören (*Gagel/Fuchs* § 296 Rn 13). Abweichend vom allgemeinen Maklerrecht ist jedoch auch im Verhältnis Vermittler – ArbGeb die Vereinbarung eines Alleinauftrages unzulässig (§ 297 Nr 4 SGB III). Der Maklerlohn ist der Höhe nach nicht begrenzt. § 296 SGB III und die Vermittler-Vergütungsordnung gelten im Verhältnis zwischen Vermittler und ArbGeb nicht. Dies bedeutet ua, dass ein Vergütungsanspruch auch für den bloßen Hinweis auf eine Vertragsabschlussmöglichkeit entstehen kann. Ist ein unverhältnismäßig hoher Maklerlohn vereinbart worden, kann er jedoch auf Antrag des ArbGeb durch Urt auf den angemessenen Betrag herabgesetzt werden (§ 655 Abs 1 BGB); ausführlich hierzu *Rieble* DB 94, 1776. Zur Vereinbarung eines Vermittlungshonorars im ArbNÜberlassungsvertrag → *Arbeitnehmerüberlassung/Zeitarbeit* Rn 30.

**B. Lohnsteuerrecht** *Seidel*

**1. Vergütungen. a) Arbeitgeber.** Zahlt der ArbGeb die Vergütung an den Arbeitsvermittler (→ Rn 10), ist lohnsteuerlich nichts veranlasst. Der ArbGeb kann sie aber als Betriebsausgabe abziehen. Nimmt er den ArbN jedoch hierfür in Anspruch, kann dieser sie als Werbungskosten (→ *Werbungskosten* Rn 9) bei der EStVeranlagung geltend machen. Dies gilt auch, wenn die Vergütung bei der Ausbildungsvermittlung nur vom ArbGeb verlangt werden kann (§ 296a SGB III). Mit dem FG Düsseldorf (Urt 5.4.2000 – 13 K 9505/97 E, EFG 2000, 740) ist mE die Einschaltung eines Arbeitsvermittlers im Rahmen eines **Outplacement** als geldwerter Vorteil (Arbeitslohn) für den ArbN anzusehen. Denn hier fehlt es am ganz überwiegend eigenbetrieblichen Interesse des (ehemaligen) ArbGeb (→ *Arbeitsentgelt* Rn 48, 49), da die Mithilfe bei der Suche des ArbN nach einem neuen Arbeitsplatz wohl zuerst im nicht unerheblichen eigenen Interesse des ArbN liegt. Nach LStR 19.7 Abs 2 Satz 5 stellen dem SGB III entsprechende Qualifikations- und Trainingsmaßnahmen, die der ArbGeb oder eine zwischengeschaltete Beschäftigungsgesellschaft (→ *Beschäftigungsgesellschaft* Rn 9) erbringt, keinen Arbeitslohn dar. 11

**b) Arbeitnehmer.** Für den ArbN stellt die Vergütung an den Arbeitsvermittler (§ 296 SGB III; → Rn 7–9) – vorweggenommene – Werbungskosten dar (→ *Werbungskosten* Rn 9), auch wenn sie die zulässigen Beträge übersteigt (§ 296 Abs 3 SGB III). Hat der ArbN einen Vermittlungsgutschein (→ Rn 8 und → Rn 23), zahlt die BA die Vergütung in Teilbeträgen direkt an den Vermittler (§ 421g Abs 2 SGB III). LStlich ist daher in diesem Fall nichts veranlasst. Zu den sonstigen Aufwendungen des ArbN für die Arbeitsstellensuche → *Bewerbung* Rn 16–18. 12

**2. Geldbußen, Geldstrafen.** Hat der Arbeitsvermittler wegen Verstoßes gegen §§ 298 ff SGB III) Geldbußen (§ 404 Abs 2 Nr 11–13 SGB III) zu zahlen (→ Rn 18, 19), kann er diese nicht als Betriebsausgaben abziehen (§ 4 Abs 5 Nr 8 und § 12 Nr 4 EStG). 13

**3.** Zu den im Rahmen der Hartz-Reform eingeführten **Personal-Service-Agenturen** → *Arbeitnehmerüberlassung/Zeitarbeit* Rn 82.

**C. Sozialversicherungsrecht** *Voelzke*

**1. Einführung.** Den Schwerpunkt der Regelungen des SGB III über die private Ausbildungs- und Arbeitsvermittlung bilden die (zivilrechtlichen) Vorschriften über den Vermittlungsvertrag und die Vereinbarung einer Vergütung (→ Rn 1 ff). Im Übrigen bleiben die bestehenden Vermittlungsdienste der BA durch die Neuregelung unberührt (→ *Stellensuche* Rn 10 ff). Die BA ist als Betreiberin des Internetportals „Jobbörse" berechtigt, Angebote privater Arbeitsvermittler zu löschen, soweit diese von Arbeitsuchenden einen erfolgsunabhängigen Aufwendungsersatz verlangen (BSG 6.12.12 – B 11 AL 25/11 R, SozR 4–4300 § 43 Nr 1). 14

**2. Erlaubnisfreiheit.** Das geltende Recht sieht eine Erlaubnispflicht für die Durchführung der privaten Arbeitsvermittlung nicht vor. Die Aufnahme einer selbstständigen Tätigkeit als Arbeitsvermittler unterliegt lediglich der **Anzeigepflicht** nach § 14 GewO. Einer Zulassung nach §§ 176, 178 SGB III bedürfen private Arbeitsvermittler nur, wenn sie Ansprüche aus einem Aktivierungs- und Vermittlungsgutschein geltend machen wollen (→ Rn 19 ff). 15

16 **3. Auslandsvermittlung.** Auch die Vermittlung in eine Beschäftigung in das Ausland außerhalb der EU bzw des EWR sowie die Vermittlung und Anwerbung aus dem Ausland für eine bestimmte Beschäftigung im Inland steht grds privaten Vermittlern offen. Einschränkend enthält § 292 SGB III eine Ermächtigung zum Erlass einer VO, in der bestimmt werden kann, dass die Auslandsvermittlung für **bestimmte Berufe und Tätigkeiten** nur von der BA durchgeführt werden darf (vgl die Beschäftigungsverordnung, zuletzt geändert durch die Verordnung vom 22.7.19, BGBl I 19, 1109).

17 **4. Öffentlich-rechtliche Nebenpflichten.** § 298 Abs 1 SGB III erlegt dem privaten Vermittler im Zusammenhang mit der Ausbildungs- und Arbeitsvermittlung Verpflichtungen zur Gewährleistung des **Datenschutzes** auf. Die Erhebung, Verarbeitung und Nutzung von Daten ist nur zulässig, soweit dies für die Vermittlungstätigkeit erforderlich ist (§ 298 Abs 1 Satz 1 SGB III). Weitergehend dürfen personenbezogene Daten sowie Geschäfts- und Betriebsgeheimnisse vom Vermittler nach § 298 Abs 1 Satz 2 SGB III nur erhoben, verarbeitet oder genutzt werden, wenn der Betroffene nach Maßgabe des § 4a BDSG eingewilligt hat. Danach ist für die Einwilligung grds Schriftform erforderlich. Die Einschränkungen bei der Erhebung, Verarbeitung und Nutzung der Daten gelten auch, soweit die Daten einem Dritten befugt übermittelt werden. Der Verstoß gegen § 298 Abs 1 SGB III begründet nach § 404 Abs 2 Nr 12 SGB III eine Ordnungswidrigkeit, die mit einer Geldbuße bis zu 30 000 € geahndet werden kann.

18 Die den Vermittler **nach Abschluss der Vermittlungstätigkeit** treffenden Nebenpflichten sind in § 298 Abs 2 SGB III aufgeführt. Den Vermittler trifft nach § 298 Abs 2 Satz 1 SGB III unmittelbar nach Abschluss der Vermittlungstätigkeit die Verpflichtung, dem Betroffenen die zur Verfügung gestellten Unterlagen zurückzugeben. Im Übrigen ist der Vermittler nach Abschluss der Vermittlungstätigkeit zur Aufbewahrung seiner Geschäftsunterlagen für die Dauer von drei Jahren verpflichtet (§ 298 Abs 2 Satz 2 SGB III). Die Aufbewahrungspflicht soll eine wirksame Kontrolle des Vermittlers durch die zuständigen Landesbehörden sicherstellen (BT-Drs 14/8546 S 7). Nach Ablauf der Aufbewahrungspflicht von drei Jahren muss der Vermittler personenbezogene Daten gem § 298 Abs 2 Satz 4 SGB III löschen. Der Betroffene kann Abweichungen von der unmittelbaren Rückgabepflicht oder der Verpflichtung, personenbezogene Daten nach Ablauf der Aufbewahrungspflicht unmittelbar zu löschen, schriftlich gestatten. Die Verletzung der Verpflichtung zur Rückgabe der Unterlagen bzw Löschung der Daten ist nach § 404 Abs 2 Nr 13 SGB III ebenfalls bußgeldbewehrt. Es kann eine Geldbuße bis zu 30 000 € verhängt werden.

19 **5. Aktivierungs- und Vermittlungsgutschein.** Die BA kann berechtigten ArbN nach § 45 Abs 4 SGB III einen sog Aktivierungs- und Vermittlungsgutschein erteilen. Nach § 45 Abs 4 Satz 3 Nr 2 SGB III berechtigt der Gutschein zur Auswahl eines **Trägers,** der eine ausschließlich **erfolgsbezogen vergütete Arbeitsvermittlung** in versicherungspflichtige Beschäftigung anbietet. Den Gutschein können auch die Empfänger von AlGeld II erhalten (§ 16 Abs 1 Satz 2 Nr 2 SGB II). Allerdings handelt es sich für den letztgenannten Personenkreis lediglich um eine Ermessensleistung. Der Vermittlungsgutschein soll es dem ArbN ermöglichen, ergänzend zu den Bemühungen der Agentur für Arbeit einen privaten Vermittler einzuschalten. Aus der Vorlage des Vermittlungsgutscheins folgt für den Vermittler kein Kontrahierungszwang (*Rixen* NZS 02, 474).

20 Es handelt sich um einen **öffentlich-rechtlichen Anspruch** des Arbeitslosen gegen die BA auf Erfüllung einer gegen ihn gerichteten Forderung eines Dritten. Der Arbeitsvermittler kann gegen die Agentur für Arbeit einen eigenen Zahlungsanspruch geltend machen (*Urmersbach* SGb 06, 151). Bei dem Vermittlungsgutschein handelt es sich im Verhältnis zum Arbeitsuchenden um einen Verwaltungsakt; solange der Verwaltungsakt nicht aufgehoben worden ist, hat der Vermittler nach erfolgreicher Vermittlung einen Anspruch auf Zahlung der im Gutschein versprochenen Geldsumme (BSG 11.3.14 – B 11 AL 19/12 R, NZA-RR 14, 498). Voraussetzung für den Vergütungsanspruch ist es, dass die Beschäftigung während der Geltungsdauer des Gutscheins aufgenommen wird. Hingegen muss nicht auch der Arbeitsvertrag innerhalb der Geltungsdauer abgeschlossen sein (BSG 12.9.19 – B 11 Al 13/18 R, BeckRS 2019, 31772).

Eine die Leistungspflicht der BA auslösende **Vermittlungstätigkeit** liegt nur vor, wenn Vermittler und ArbGeb nicht identisch und weder wirtschaftlich noch persönlich eng verflochten sind (zu Einzelheiten BSG 6.5.08 – B 7/7a AL 8/07 R, SozR 4–4300 § 421g Nr 3). Eine Vermittlung zu einem Konkurrenzunternehmen ist unschädlich. Vermittelt ein Makler einen Arbeitslosen an einen ArbGeb, bei dem er selbst abhängig beschäftigt ist, so ist eine unzulässige **wirtschaftliche Verflechtung,** die einem Maklerhonorar entgegensteht, nur anzunehmen, wenn weitere Umstände hinzutreten (BSG 6.5.08 – B 7/7a AL 8/07 R, SGb 09, 176). Kein weiterer Vergütungsanspruch besteht für den Arbeitsvermittler, wenn der Arbeitslose zunächst an einen Verleiher vermittelt wird, danach aber ohne weiteres Zutun des Vermittlers ein Arbeitsverhältnis mit dem Entleiher eingeht (BSG 11.12.14 – B 11 AL 1/14 R, NZS 15, 270).

Fehlt es an einem vor dem Beginn der Vermittlungstätigkeit abgeschlossenen schriftlichen Vermittlungsvertrag, besteht kein Zahlungsanspruch des privaten Arbeitsvermittlers (BSG 3.5.18 – B 11 AL 11/17 R, NZS 18, 917), Hat der Arbeitsvermittler mit dem Arbeitsuchenden keinen eigenen Vermittlungsvertrag abgeschlossen, besteht kein Anspruch auf Auszahlung der Vergütung, wenn die Vermittlung von einem anderen privaten Vermittler übertragen wurde (BSG 23.2.11 – B 11 AL 10/10 R, BeckRS 2011, 71150).

Zu den begünstigten ArbN gehören Ausbildungssuchende, von Arbeitslosigkeit bedrohte Arbeitsuchende und Arbeitslose. Die Vermittlung muss in eine **versicherungspflichtige Beschäftigung** erfolgen. Bei einer Vermittlung innerhalb der EU wird zusätzlich zu der Versicherungspflicht verlangt, dass es sich um eine Beschäftigung mit einer Arbeitszeit von mindestens 15 Stunden wöchentlich handelt (zu europarechtlichen Bedenken *Hauck/Noftz/Rademacker* SGB III, § 45 Rz 58).

Eine Vergütung für die Vermittlung ist ausgeschlossen, wenn das Beschäftigungsverhältnis 21 von vornherein auf eine Dauer von weniger als drei Monaten begrenzt ist (§ 45 Abs 6 Satz 5 Nr 1 SGB III). Die Vergütung ist ferner ausgeschlossen, wenn das Beschäftigungsverhältnis bei einem früheren ArbGeb begründet wird, bei dem der ArbN während der letzten vier Jahre vor Aufnahme der Beschäftigung mehr als drei Monate beschäftigt war (§ 45 Abs 6 Satz 5 Nr 2 SGB III).

Die **Höhe** des von der BA unmittelbar an den Vermittler zu zahlenden Erfolgshonorars 22 beträgt insgesamt 2000 €. Hierbei wird die Vergütung in Höhe von 1000 € nach einer sechswöchigen und der Restbetrag nach einer sechsmonatigen Dauer des Beschäftigungsverhältnisses unmittelbar an den Vermittler bezahlt. Bei Langzeitarbeitslosen und behinderten Menschen nach § 2 Abs 1 SGB IX kann der Vermittlungsgutschein bis zu einer Höhe von 2500 € ausgestellt werden. Eine Ausschlussfrist für die Geltendmachung der Vergütung durch den Vermittler sieht das Gesetz nicht vor (BSG 9.6.17 – B 11 AL 6/16 R, SozR 4–4300 § 326 Nr 1).

Ein **Rechtsanspruch** auf einen Aktivierungs- und Vermittlungsgutschein haben Arbeits- 23 lose mit Anspruch auf AlGeld als Versicherungsleistung, der nicht auf § 147 Abs 3 SGB III beruht, soweit sie nach einer Arbeitslosigkeit von sechs Wochen innerhalb einer Frist von drei Monaten noch nicht vermittelt sind (§ 45 Abs 7 SGB III).

**6. Zulassung.** Ansprüche aus dem Aktivierungs- und Vermittlungsgutschein können nur 24 geltend gemacht werden, wenn der Arbeitsvermittler (Träger) nach den §§ 176, 178 SGB III zugelassen ist. Die Zulassung erfolgt durch **akkreditierte Zulassungsstellen.**

# Arbeitsvertrag

## A. Arbeitsrecht

*Röller*

### Übersicht

**I. Grundlagen des Arbeitsvertragsrechts. 1. Begriff.** Der Arbeitsvertrag war bis zum Inkrafttreten des § 611a BGB am 1.4.17 durch das Gesetz zur Änderung des AÜG und anderer Gesetze v 19.10.16 (BT-Drs 18/9232; 18/10064) gesetzlich nicht definiert. § 611 Abs 1 BGB beinhaltet eine von der Rspr festgeschriebene und bekannte Begriffsbestimmung, so dass sie zu keiner materiellen Änderung der Rechtslage führt. Gem Abs 1 Satz 1 wird durch den Arbeitsvertrag der ArbN im Dienste eines anderen zur Leistung weisungsgebundener, fremdbestimmter Arbeit in persönlicher Abhängigkeit verpflichtet. Wer weisungsgebunden oder fremdbestimmt tätig ist, ist demnach abhängig beschäftigter ArbN. § 611a Abs 1 Satz 2 BGB enthält eine Legaldefinition des Weisungsrechts. Es kann Inhalt, Zeit und Ort der Tätigkeit betreffen. Präziser ist es in § 106 GewO definiert. Weisungsgebunden ist, wer nicht im Wesentlichen frei seine Tätigkeit gestalten kann. Dies ist § 84 Abs 1 Satz 2 HGB übernommen, der durch § 611a Abs 1 BGB unberührt bleibt. Der Grad der persönlichen Abhängigkeit hängt gem Satz 3 von der Eigenart der jeweiligen Tätigkeit ab. Der Gesetzgeber will mit dieser Regelung Besonderheiten oder Eigenarten einer Tätigkeit, wie zB Tätigkeiten beim Rundfunk, in der Presse und im Kunstbereich berücksichtigt wissen. Die Regelung erlaubt damit auch aktuell noch nicht bekannte persönliche Abhängigkeiten wie zB in der digitalen Arbeitswelt (mobiles Arbeiten) zu berücksichtigen. Ob ein Arbeitsvertrag vorliegt, ist gem Satz 5 durch eine Gesamtbetrachtung aller Umstände festzustellen. Zur Vervollständigung und systematischen Anpassung wurde in § 611a Abs 2 BGB eine Regelung zur Vergütungspflicht des ArbGeb aufgenommen. Zur gesetzlichen Neuregelung *Richardi* NZA 18, 974; Preis NZA 18, 817; *Henssler* RdA 17, 83; *Wank* AuR 17, 140; *Richardi* NZA 17, 36. 1

**2. Abgrenzung zu anderen Vertragstypen. a) Freier Dienstvertrag.** Die Abgrenzung kann in Grenzfällen schwierig sein. Beim Arbeitsvertrag erbringt der Dienstverpflichtete eine abhängige Arbeitsleistung, beim freien Dienstvertrag eine unabhängige Dienstleistung. Entscheidend ist, ob der zur Dienstleistung Verpflichtete als ArbN zu qualifizieren ist. Zur Abgrenzung → *Freie Mitarbeit* Rn 2 ff. 2

**b) Werkvertrag.** Gegenstand des Werkvertrags ist gem § 631 Abs 1 BGB die Herstellung eines Werkes. Im Unterschied zu Dienst- und Arbeitsverträgen, bei denen nur die Tätigkeit als solche geschuldet wird, wird beim Werkvertrag ein **bestimmtes Arbeitsergebnis** geschuldet. Zu beachten ist, dass der Werkbesteller nach § 645 Abs 1 BGB ein **werkvertragliches Weisungsrecht** besitzt. Dieses ist vom arbeitsvertraglichen Weisungsrecht abzugrenzen. Ist die Weisung gegenständlich auf die zu erbringende Werkleistung beschränkt, spricht dies für einen Werkvertrag. Wird der Gegenstand der Werkleistung jedoch erst durch die Weisungen bestimmt oder werden persönlich bindende Weisungen erteilt, spricht dies für ein Arbeitsverhältnis oder ggf für ArbNÜberlassung (BAG 18.1.12 – 7 AZR 723/10, NZA-RR 12, 455; 6.8.03 – 7 AZR 180/03, NZA 04, 1182). Einzelheiten → *Werkvertrag* Rn 2 ff. 3

**c) Gesellschaftsverträge.** Sie können Grundlage für Dienstleistungen sein, die die Gesellschafter im Rahmen ihrer Pflicht zur Förderung des Gesellschaftszwecks erbringen müssen, also insbes die Personengesellschafter einer GbR, OHG und KG (§ 706 Abs 3 BGB). Daneben sind arbeitsrechtliche Beziehungen denkbar, für die jedoch eine besondere Vereinbarung notwendig ist. S iE ErfK/*Preis* § 611a BGB Rn 91 ff. 4

**d) Dienstverschaffungsvertrag.** Gegenstand eines solchen Vertrages ist nicht die Erbringung einer persönlichen Dienstleistung, sondern die Verpflichtung, dem Vertragspartner die **Dienste einer oder mehrerer Personen zu verschaffen.** Wichtigster Anwendungsfall ist der ArbNÜberlassungsvertrag (→ *Arbeitnehmerüberlassung/Zeitarbeit* Rn 8). 5

**II. Abschluss des Arbeitsvertrages. 1. Vertragsschluss.** Der Arbeitsvertrag wird nach dem Grundsatz der Vertragsfreiheit begründet (§ 105 GewO). ArbGeb und ArbN sind in ihrer Entscheidung frei, ob und mit wem sie ein Vertragsverhältnis eingehen wollen. Für den Abschluss des Arbeitsvertrages gelten die Regeln der allgemeinen Rechtsgeschäftslehre. Der Arbeitsvertrag wird nach Maßgabe der §§ 145 ff BGB durch Antrag und Annahme geschlossen. Sowohl ArbGeb wie ArbN können sich bei Vertragsabschluss vertreten lassen (§§ 164 ff BGB). Bei Vertragsabschluss muss Einvernehmen über die Vertragsparteien, die **Art** und den **Beginn** der vom ArbN geschuldeten **Arbeitsleistung** bestehen. Eine Einigung über weitere Inhalte ist nicht erforderlich. Diese ergeben sich aus gesetzlichen, betrieblichen und/ 6 oder tarifvertraglichen Regelungen. Ist zB die Dauer der **Arbeitszeit** nicht festgelegt, so ergibt sie sich im Regelfall aus der im Betrieb geltenden Arbeitszeitregelung. Fehlen Angaben über die Höhe der vom ArbGeb zu leistenden **Vergütung** und sind diese auch nicht in Tarifverträgen oder Betriebsvereinbarungen, die auf den ArbN anzuwenden sind, enthalten, gilt die übliche Vergütung als vereinbart (§ 612 Abs 2 BGB). Ein Arbeitsvertrag kann danach auch ohne Einigung über die Arbeitszeit, Dauer und Vergütung durch bloße **Tätigkeitsaufnahme** des ArbN im Betrieb des ArbGeb zustande kommen, wenn die zum Vertragsabschluss berechtigten Personen des ArbGeb oder dieser selbst die Tätigkeitsaufnahme gekannt und zumindest geduldet haben, dass die Arbeitsleistung von anderen nicht vertretungsberechtigten Mitarbeitern entgegengenommen wird (BAG 17.1.17 – 9 AZR 76/16, NZA 17, 572; 30.1.91, NZA 92, 19).

7 **2. Parteien des Arbeitsvertrages** sind auf der einen Seite der ArbN, auf der anderen Seite der ArbGeb. Auf ArbNSeite kann Partei nur eine natürliche Person oder bei Gruppenarbeitsverhältnissen eine Personengesamtheit sein. Auf ArbGebSeite kann Partei des Arbeitsvertrages jede natürliche oder juristische Person des öffentlichen oder privaten Rechts sowie jede Personengesellschaft sein (→ *Arbeitgeber* Rn 7 ff).

8 **3. Geschäftsfähigkeit.** ArbGeb und ArbN müssen bei Abschluss des Arbeitsvertrages geschäftsfähig sein. Ein Vertragsabschluss ist auch mit und zwischen Geschäftsunfähigen und/oder Minderjährigen möglich, sofern diese gesetzlich vertreten sind.

9 **a) Geschäftsunfähig** ist, wer sich in einem die freie Willensbestimmung ausschließenden Zustande krankhafter Störung der Geistestätigkeit befindet, sofern nicht der Zustand seiner Natur nach ein vorübergehender ist (§ 104 Nr 2 BGB). Die **Willenserklärung** eines Geschäftsunfähigen ist **nichtig** (§ 105 Abs 1 BGB). Für ihn kann nur ein gesetzlicher Vertreter handeln. Dem Geschäftsunfähigen gegenüber abgegebene Willenserklärungen werden erst wirksam, wenn sie dem gesetzlichen Vertreter zugehen (§ 131 BGB). Nichtigkeit der Willenserklärung liegt auch bei einer **vorübergehenden Störung der Geistestätigkeit** und bei **Bewusstlosigkeit** vor (§ 105 Abs 2 BGB). Sie setzen einen Zustand voraus, in dem die freie Willensbildung nicht nur geschwächt und gemindert, sondern völlig ausgeschlossen ist. Hochgradige alkoholbedingte Störung reicht nicht ohne weiteres aus (BAG 14.2.96, NZA 96, 811), ebenso starker Stress iVm einem hohen Motivationsdruck (LAG Köln 13.11.98 – 11 Sa 25/98, NZA-RR 99, 233). Wer sich auf seine eigene Geschäftsunfähigkeit (BAG 17.2.94, DB 94, 1626) oder die seines Arbeitsvertragspartners beruft, hat ihre Voraussetzungen darzulegen und zu beweisen. Hinsichtlich der **Rechtsfolgen** gebietet es der Schutzzweck der §§ 104 ff BGB, danach zu differenzieren, ob der ArbN oder der ArbGeb nicht voll geschäftsfähig ist.

10 **aa)** Hat ein **geschäftsunfähiger Arbeitgeber** einen Arbeitsvertrag geschlossen, so ist dieser schlechthin nichtig. Dies gilt auch dann, wenn das Arbeitsverhältnis durch Dienstaufnahme des ArbN in Vollzug gesetzt worden ist. Den geschäftsunfähigen ArbGeb kann keine Lohnzahlungspflicht treffen. Der ArbN ist vielmehr auf außervertragliche Ansprüche, also zumeist auf solche aus ungerechtfertigter Bereicherung (§ 812 BGB) oder unerlaubter Handlung (§§ 823 ff BGB) angewiesen (*Schaub* § 34 Rn 51; MünchArbR/*Richardi* § 44 Rn 70). Regelmäßig wird zu prüfen sein, ob der gesetzliche Vertreter oder Betreuer des ArbGeb nicht durch die Duldung der Beschäftigung des ArbN die Zustimmung zu dem Vertrag gegeben hat. Schließt ein geschäftsunfähiger GmbH-Geschäftsführer einen Arbeitsvertrag, kann es der GmbH unter dem Gesichtspunkt der Rechtsscheinhaftung versagt sein, sich auf die Nichtigkeit der von ihrem Geschäftsführer abgegebenen Willenserklärung zu berufen. Dies ist der Fall, wenn die Unfähigkeit, die Gesellschaft rechtsgeschäftlich zu verpflichten, bei Beobachtung der im Verkehr erforderlichen Sorgfalt erkennbar gewesen und die Gesellschaft gleichwohl untätig gewesen ist (BGH 1.7.91, DB 91, 1823).

11 **bb) Geschäftsunfähige Arbeitnehmer** können einen Arbeitsvertrag nur durch ihren gesetzlichen Vertreter schließen. Treten sie tatsächlich in Dienst oder Arbeit, so sind ihre Lohnansprüche nach den Grundsätzen des faktischen Arbeitsverhältnisses abzuwickeln (→ *Faktisches Arbeitsverhältnis* Rn 4). Dem ArbN ist für die Zeit der Beschäftigung das Arbeitsentgelt zu zahlen, das nach dem nichtigen Vertrag zu zahlen wäre. Ihm stehen insoweit alle Rechte aus dem Arbeitsvertrag zu, dagegen treffen ihn nicht die Pflichten, weil er sich wegen des Mangels der Geschäftsfähigkeit nicht wirksam verpflichten konnte (Mün-

chArbR/*Richardi* § 44 Rn 70). Von der Geschäftsfähigkeit sind der Zustand der Bewusstlosigkeit und die vorübergehende Störung der Geistestätigkeit, die ebenfalls zur Nichtigkeit abgegebener Willenserklärungen führen (§ 105 Abs 2 BGB), sowie die Betreuungsbedürftigkeit zu unterscheiden.

**b) Minderjährige,** also Personen, die das 7. Lebensjahr vollendet und das 18. Lebensjahr noch nicht vollendet haben, sind **beschränkt geschäftsfähig;** sie bedürfen zum Abschluss und zur Beendigung eines Arbeitsvertrages der Zustimmung ihres gesetzlichen Vertreters (§§ 106, 107 BGB). Ausführlich → *Minderjährige* Rn 10 ff, 27 ff. 12

**4. Form des Arbeitsvertrages. a) Grundsatz der Formfreiheit.** Für den Abschluss des Arbeitsvertrages besteht Formfreiheit (§ 105 GewO), dh Arbeitsverträge können wirksam mündlich, schriftlich, ausdrücklich oder durch schlüssiges Verhalten abgeschlossen werden. Für den befristeten Arbeitsvertrag gilt eine Ausnahme insoweit, als die darin enthaltene **Befristungsabrede** der **Schriftform** bedarf (§ 14 Abs 4 TzBfG). Nur der schriftliche Arbeitsvertrag entbindet unter bestimmten Voraussetzungen von der gem § 2 Abs 4 NachwG bestehenden Verpflichtung des ArbGeb, die wesentlichen Vertragsbedingungen spätestens einen Monat nach dem vereinbarten Beginn des Arbeitsverhältnisses schriftlich niederzulegen, die Niederschrift zu unterzeichnen und dem ArbN auszuhändigen (→ Rn 44 ff). 13

**b) Ausnahmen von der Formfreiheit.** Einzelne gesetzliche Formvorschriften finden sich in § 11 BBiG (Ausbildungsvertrag) und in § 11 Abs 1 AÜG (Leiharbeitsvertrag). Ist **durch Gesetz, Tarifvertrag** oder **Betriebsvereinbarung** Schriftform vorgeschrieben, so müssen die Arbeitsvertragsbedingungen, für die der Formzwang gilt, in einer Urkunde niedergelegt werden (§ 126b BGB); mehrere Seiten sind zu einer Urkunde zusammenzufassen (BAG 11.11.86, NZA 87, 449). Beide Vertragsparteien haben die Urkunde eigenhändig durch Namensunterschrift zu unterzeichnen (§ 126 BGB). Haben die Parteien für eine Willenserklärung oder einen Vertrag **Schriftform vereinbart** (gewillkürte Schriftform), können sie die an die Wahrung der Form zu stellenden Anforderungen frei bestimmen. Treffen sie hierüber keine Regelung und ergibt auch die Auslegung (§§ 133, 157 BGB) keine Anhaltspunkte, greift § 127 BGB, wonach im Zweifel die Vorschriften über die gesetzliche Schriftform anzuwenden sind. 14

Die Nichteinhaltung einer gesetzlichen Formvorschrift (hierunter fallen auch Formvorschriften in Tarifverträgen oder Betriebsvereinbarungen) führt zur **Nichtigkeit** des Arbeitsvertrages (§ 125 Satz 1 BGB), es sei denn es handelt sich lediglich um eine deklaratorische Formvorschrift, wie zB § 11 BBiG (BAG 21.8.97, NZA 98, 37). Nichtigkeit gilt im Zweifel auch für die **durch Rechtsgeschäft bestimmte schriftliche Form** (§ 125 Satz 2 BGB). **Ausnahmen** sind nur **zulässig,** wenn es nach den Beziehungen der Parteien und den gesamten Umständen **mit Treu und Glauben** unvereinbar wäre, das Rechtsgeschäft am Formmangel scheitern zu lassen; das Ergebnis muss für die betroffene Partei nicht bloß hart, sondern schlechthin untragbar sein (ausführlich ErfK/*Preis* §§ 125–127 BGB Rn 49 ff; BGH 10.10.86, DB 87, 377, 379).

Der Formmangel kann uU schon dann zurücktreten, wenn die Parteien den Vertrag längere Zeit als gültig behandelt haben und der andere Teil daraus erhebliche Vorteile gezogen hat (BAG 5.8.69, DB 69, 1995, 1996). Das Festhalten an einem formnichtig geschlossenen Arbeitsvertrag kommt auch in Betracht, wenn die den Formmangel einwendende Partei den formgerechten Abschluss verhindert hat oder sich durch die Geltendmachung mit ihrem Verhalten gröblich in Widerspruch setzt, der Formmangel auf der Verletzung der einem Teil obliegenden Fürsorgepflicht beruht und die Rückgängigmachung des Geschäftes für den anderen Existenz gefährdend wäre (BGH 10.10.86, DB 87, 377, 379). Ist das der Fall, ist das Rechtsgeschäft nach Treu und Glauben (§ 242 BGB) als gültig zu behandeln. Es besteht ein Erfüllungsanspruch (BAG 9.12.81, DB 82, 1417). 15

**5. Entstehen von Arbeitsverhältnissen aufgrund gesetzlicher Regelungen.** Ein Arbeitsverhältnis kann ausnahmsweise ganz oder teilweise aufgrund gesetzlicher Regelungen entstehen (zB § 625 BGB, § 24 BBiG, § 15 Abs 5 TzBfG, § 78a Abs 2 BetrVG, § 10 Abs 1 AÜG). Im Falle eines Betriebsübergangs gem § 613a BGB tritt der Betriebserwerber kraft Gesetzes in das bestehende Arbeitsverhältnis ein, wenn der ArbN nicht von seinem Widerspruchsrecht Gebrauch macht. Beim Tod des ArbGeb geht das Arbeitsverhältnis im Wege 16 der Universalsukzession gem § 1922 Abs 1 BGB auf dessen Erben über. Mit In-Kraft-Treten des Gesetzes zur Änderung des Landwirtschaftsanpassungsgesetzes und anderer Gesetze vom 3.7.91 (BGBl I 91, 1410) am 7.7.91 sind die bestehenden Genossenschaftsverhältnisse nach dem Gesetz über die landwirtschaftlichen Produktionsgenossenschaften vom 2.7.82 (GBl DDR I S 443) kraft Gesetzes mit ex-nunc-Wirkung in Mitgliedschaftsverhältnisse nach dem LPG-Gesetz nF und daneben stehende Arbeitsverhältnisse aufgespalten worden (BAG 16.2.95 – 8 AZR 714/93, NZA 95, 881). Zur Fiktion eines Arbeitsverhältnisses für das SozVRecht → *Scheinselbstständigkeit* Rn 10.

17 **6. Aufklärungspflichten bei Abschluss des Arbeitsvertrages.** Die Aufklärungspflicht des ArbGeb kann auf der Fürsorgepflicht, einem vorvertraglichen Vertrauensverhältnis oder auf spezialgesetzlicher Informationspflicht beruhen. IdR besteht eine Aufklärungspflicht nur bei Vorliegen **besonderer Umstände,** die bei überlegener Sachkunde, Sonderwissen des ArbGeb (zB bevorstehende Betriebsstilllegung, Mobbinggefahr) gegeben sein können (*Kursawe* NZA 97, 245). Als Rechtsfolge der Verletzung von Aufklärungspflichten kommen neben der Anfechtung Schadensersatzansprüche in Betracht (§ 311 Abs 2 BGB iV §§ 241 Abs 2, 280 Abs 1 BGB).

18 **7. Abschluss- und Beschäftigungsverbote** können dem wirksamen Vertragsabschluss entgegenstehen. **Gesetzliche Beschäftigungsverbote** bestehen für Kinder und Jugendliche (§§ 2, 5, 7 JArbSchG). Gegenteilige Arbeitsverträge sind nichtig. Im Übrigen führen Beschäftigungsverbote (zB für werdende Mütter) nicht zur Nichtigkeit des Arbeitsvertrages. **Kollektive Abschlussverbote** enthalten die so genannten Besetzungsregeln in der Druckindustrie, bei denen die Besetzung eines Arbeitsplatzes von einer bestimmten Ausbildung abhängig gemacht wird (zur Verfassungsgemäßheit solcher Regelungen s BAG 26.4.90 – 1 ABR 84/87, NZA 90, 850). **Vertragliche Abschlussverbote** stehen dem Recht des ArbN, ein weiteres Arbeitsverhältnis einzugehen, nicht entgegen. So berührt die Vereinbarung von Wettbewerbsverboten nicht die Wirksamkeit des dennoch abgeschlossenen Arbeitsvertrages. Der ArbGeb kann den ArbN jedoch auf Unterlassung in Anspruch nehmen (→ *Wettbewerbsverbot* Rn 42).

19 **III. Rechte und Pflichten aus dem Arbeitsvertrag.** Durch den Abschluss des Arbeitsvertrages verpflichtet sich der ArbN zur Erbringung der vertraglich vereinbarten Arbeitsleistung (§ 611 Abs 1 BGB). Den ArbGeb treffen Haupt- und Nebenpflichten. Er ist gem § 611 Abs 2 BGB zur Zahlung der vereinbarten Vergütung verpflichtet sowie zur Beschäftigung des ArbN. Er ist berechtigt, Inhalt, Durchführung, Zeit und Ort der Tätigkeit zu bestimmen. Ihm steht ein umfassendes Weisungsrecht (§ 106 GewO) zu. Einzelheiten → Weisungsrecht. Die den ArbGeb treffenden Nebenpflichten erfassen insbes die Gleichbehandlungspflicht sowie die allgemeinen Schutzpflichten zugunsten des ArbN. Diese ergeben sich aus dem Arbeitsvertrag selbst sowie aus zahlreichen gesetzlichen Vorschriften.

20 **IV. Vertragsgestaltung, Vertragsänderung. 1. Grundsatz der Privatautonomie und seine Schranken.** Der Inhalt des Arbeitsvertrages kann von den Vertragspartnern nach den Prinzipien der Privatautonomie (§§ 241 Abs 1, 311 Abs 1 BGB, 105 GewO) frei gestaltet werden. Im Arbeitsrecht werden der Vertragsgestaltung jedoch durch zahlreiche zwingende gesetzliche Bestimmungen (zB §§ 138, 612a, 826 BGB, 7 Abs 2 AGG) und Kollektivverträge (§ 4 Abs 1 TVG, § 77 Abs 4 BetrVG) Grenzen gesetzt. In der betrieblichen Praxis überwiegt der vom ArbGeb vorgegebene vorformulierte Arbeitsvertrag. Bei ihm ist die **Inhaltskontrolle** nach Maßgabe der §§ 305 ff BGB vorzunehmen. Hiervon zu unterscheiden ist die **Billigkeitskontrolle** gem § 315 BGB. Sie kommt dann zur Anwendung, wenn durch Vertrag oder Tarifvertrag ein wirksam eingeräumtes einseitiges Bestimmungsrecht vorliegt. Ob dies der Fall ist, beurteilt sich nach §§ 307 ff BGB (BAG 25.4.07 – 5 AZR 627/06, NZA 07, 853; 12.1.05 – 5 AZR 364/05, NZA 05, 465). Besondere Bedeutung hat die einseitige Leistungsbestimmung bei der Festsetzung von Entgeltbestandteilen, zB Bonuszahlungen (BAG 3.8.16 – 10 AZR 710/14, BeckRS 2016, 672724), Gewinnbeteiligungen (BAG 28.11.89 – 3 AZR 118/88, DB 90, 1095). Weitere Bsp bei ErfK/*Preis,* §§ 305–310 BGB Rn 91 f.

Überlassen die Parteien die Leistungsbestimmung einem Dritten, zB einer von BRat und ArbGeb paritätisch besetzten Kommission, hat dieser die Leistungsbestimmung nach billigem Ermessen vorzunehmen. Gegenüber den Parteien ist sie nur dann unverbindlich, wenn sie offenbar unbillig ist (§ 319 BGB). Dies ist der Fall, wenn sie in grober Weise gegen Treu und Glauben verstößt und sich dies bei sachkundiger Prüfung sofort aufdrängt (BAG 17.4.96 – 10 AZR 558/95, NZA 97, 55).

**2. Vertragsauslegung und -ergänzung.** Die **Vertragsauslegung** richtet sich nach den Grundsätzen der §§ 133, 157 BGB. Bei vom ArbGeb vorformulierten Arbeitsverträgen sind die §§ 305 ff BGB zu beachten. Eine **ergänzende Vertragsauslegung** ist nach der Rspr dann vorzunehmen, wenn die Parteien zu einer bestimmten regelungsbedürftigen Frage keine Vereinbarung getroffen haben oder wenn sich durch Umstände, die bei Vertragsabschluss nicht erkennbar waren, bei der späteren Entwicklung der Rechtsbeziehungen eine **regelungsbedürftige Vertragslücke** entsteht (BAG 25.2.15 – 5 AZR 481/13, NZA 15, 943; 16.12.09 – 5 AZR 888/08, NZA 10, 401). Ist ein Bedürfnis für eine Vertragsergänzung zu bejahen, ist die Lücke unter Berücksichtigung des hypothetischen Parteiwillens zu schließen. Zu prüfen ist, was die Parteien bei einer angemessenen Abwägung der wechselseitigen Interessen nach Treu und Glauben als redliche Vertragsparteien vereinbart hätten, wenn sie den nicht geregelten Sachverhalt bedacht hätten (BAG 26.6.96 – 7 AZR 674/95, NZA 97, 200). 21

**3. Änderungsverträge, Kündigung einzelner Vertragsbedingungen, Ablösung durch Betriebsvereinbarung. a) Änderungsverträge.** Bei Änderungsangeboten von Seiten des ArbGeb, die sich zugunsten des ArbN auswirken, zB Zusage von Gehaltserhöhungen und sonstigen Sonderleistungen ist nach der Verkehrssitte eine ausdrückliche Annahmeerklärung des ArbN nicht erforderlich (§ 151 BGB). Anders ist die Rechtslage jedoch bei Änderungsangeboten des ArbGeb zu beurteilen, durch die zum Nachteil des ArbN der Vertrag geändert werden soll. Das bloße Schweigen des ArbN auf das Änderungsangebot kann ausnahmsweise nur dann als Zustimmung bewertet werden, wenn sich die Vertragsänderung unmittelbar im Arbeitsverhältnis auswirkt und der ArbN deshalb unmittelbar feststellen kann, welche Folgen das Änderungsangebot für ihn hat. Solange die Folgen hingegen nicht hervortreten, kann eine stillschweigende Annahmeerklärung idR nicht angenommen werden (BAG 24.11.04 – 10 AZR 202/04, NZA 05, 349). 22

Bei einer Änderung einseitig vom ArbGeb gestellter Vertragsbedingungen (AGB) sind die Bestimmungen des Änderungsvertrags einer AGB-Kontrolle gem §§ 305 ff BGB zu unterziehen (BAG 23.5.17 – 3 AZR 481/16, BeckRS 2017, 120627; LAG Dü 19.11.15 – 5 Sa 780/15, BeckRS 2016, 65717).

**b) Kündigung einzelner Vertragsbedingungen.** Die einseitige Änderung einzelner Vertragsbedingungen durch Kündigung ist grds unzulässig, da sie das vereinbarte Ordnungs- und Äquivalenzgefüge stört. Teilkündigungen einzelner arbeitsvertraglicher Regelungen können aber zulässig sein, wenn dem Kündigenden wirksam das Recht hierzu eingeräumt wurde. Die Wirksamkeit einer solchen Regelung ist gem §§ 307, 308 BGB zu prüfen (BAG 18.5.17 – 2 AZR 721/16, NZA 17, 1195). 23

**c) Ablösung durch Betriebsvereinbarung.** Nach der Rspr des BAG können die Arbeitsvertragsparteien ihre vertraglichen Absprachen dahingehend gestalten, dass sie einer Abänderung durch betriebliche Normen unterliegen. Dies kann ausdrücklich oder bei entsprechenden Begleitumständen konkludent erfolgen und ist sowohl bei einzelvertraglichen Abreden als auch bei betrieblichen Einheitsregelungen und Gesamtzusagen möglich. Eine konkludente Vereinbarung soll regelmäßig dann anzunehmen sein, wenn der Regelungsgegenstand in AGB enthalten ist und eine kollektiven Bezug hat (BAG 17.2.15 – 1 AZR 599/13, BeckRS 2015, 68731; 5.3.13 – 1 AZR 417/12, NZA 13, 916). Dies hat zur Folge, dass der Inhalt des Arbeitsvertrages zur Disposition der Betriebsparteien gestellt wird, die ihn mittels Betriebsvereinbarung umgestalten und abändern können. Das Urteil ist in der Lit auf geteiltes Echo gestoßen (kritisch *Creutzfeld* NZA 18, 1111; *Preis/Ubber* NZA 14, 6; *Säcker* BB 13, 2677; zustimmend *Neufeld/Fleckenhaus* BB 16, 2357; *Meindel/Kuhn* NZA 14, 509; *Linsenmeier* RdA 14, 336; *Hromadka* NZA 13, 1061). Mit Urteil v 30.1.19 hat das BAG seine Rspr bestätigt (BAG 30.1.19 – 5 AZR 450/17, NZA 19, 1065). Eine individualvertraglich vereinbarte Vergütung nach tariflichen Grundsätzen kann nicht zum Nachteil des ArbN durch Betriebsvereinbarung abgelöst werden, weil es sich nicht um eine AGB handelt und als Regelung der Hauptleistungspflicht nicht der AGB-Kontrolle unterliegt (BAG 11.4.18 24

– 4 AZR 119/17, NZA 18, 1273; *Bauer* ArbRAktuell 18, 279; aA *Ubber/Massig* BB 17, 2230).

25 **V. Auslegung und Inhaltskontrolle vorformulierter Arbeitsverträge. 1. Schuldrechtsreform.** Seit Inkrafttreten des Schuldrechtsmodernisierungsgesetzes (BGBl I 01, 3138) am 1.1.02 findet auch im Arbeitsrecht eine Inhaltskontrolle nach dem Standard des AGB-Rechts Anwendung. Die Bereichsausnahme des § 23 Abs 1 AGB wurde beseitigt. Seit 1.1.03 finden die §§ 305 ff BGB auch auf Altverträge Anwendung (Art 229 EGBGB). Eine nach §§ 305 ff BGB unwirksame Klausel fällt bei Altverträgen jedoch nicht ersatzlos weg, da dies auf eine echte Rückwirkung hinauslaufen würde. Es bedarf vielmehr einer verfassungskonformen Auslegung und Anwendung der Klausel. Ist diese nur deshalb unwirksam, weil sie in formeller Hinsicht nicht den neuen Anforderungen genügt, bedarf es zur Schließung der entstandenen Lücke der ergänzenden Vertragsauslegung. Zu Fragen ist, was die Parteien vereinbart hätten, wenn ihnen die gesetzlich angeordnete Unwirksamkeit der Klausel bekannt gewesen wäre (BAG 12.1.05 – 5 AZR 364/04, NZA 05, 465).

26 **2. Auslegung allgemeiner Geschäftsbedingungen.** Auslegung geht der Inhaltskontrolle voraus. Im Wege einer objektiven Auslegung ist der Kontrollgegenstand zu ermitteln. Klauseln sind nach ihrem objektiven Inhalt und typischen Sinn so auszulegen, wie sie von einem verständigen und redlichen Vertragspartner unter Abwägung der Interessen der normalerweise im Rechtsverkehr Beteiligten zu verstehen sind, wobei die Verständnismöglichkeiten des durchschnittlichen Vertragspartners zugrunde zu legen sind. Zu berücksichtigen ist auch der typische und von den redlichen Geschäftspartnern verfolgte Regelungszweck (BAG 27.2.19 – 10 AZR 341/18, NZA 19, 914; 23.5.17 – 3 AZR 481/16, BeckRS 2017, 120627, 3.8.16 – 10 AZR 710/14, BeckRS 2016, 72724; 21.1.15 – 10 AZR 84/14, NZA 15, 871) sowie auch sonstige, den Abschluss einer jeden vergleichbaren Abrede begleitenden Umstände einschließlich der im Unternehmen des ArbGeb allgemein bekannten und für betroffene ArbN erkennbaren Umstände zu berücksichtigen (BAG 23.5.17 – 3 AZR 772/15, BeckRS 2017, 114386). Führt die objektive Auslegung zu keinem eindeutigen, sondern zu einem **mehrdeutigen Ergebnis,** greift die **Unklarheitenregelung** des § 305c Abs 2 BGB. Zweifel gehen zu Lasten des Verwenders (BAG 18.3.08 – 9 AZR 186/07, NZA 08, 1004; 25.5.05 – 5 AZR 572/04, NZA 05, 1111). § 305c Abs 2 BGB kommt nur dann zur Anwendung, wenn die Auslegung einer einzelnen Klausel mindestens zwei Ergebnisse als vertretbar erscheinen lässt, und keines den klaren Vorzug verdient. Die entfernte Möglichkeit, zu einem anderen Ergebnis zu kommen, genügt nicht (BAG 3.8.16; 21.1.15; 20.2.13 – 10 AZR 177/12, NZA 13, 1015). Widersprechen sich hingegen mehrere Klauseln inhaltlich, ist § 305c Abs 2 BGB unanwendbar und das Transparenzgebot des § 307 Abs 1 Satz 2 BGB greift ein (BAG 21.1.10 – 10 AZR 914/08, NZA 2010, 445). Soweit die Unwirksamkeit der Klausel die Rechtsstellung des ArbN verbessern würde, ist die Unklarheitenregelung auch im Individualprozess zunächst umgekehrt anzuwenden, dh es ist zu prüfen, ob die Klausel bei scheinbar kundenunfreundlichster Auslegung wegen Verstoßes gegen ein Klauselverbot unwirksam ist (BAG 18.3.08, NZA 08, 1004). Bedeutung hat die Unklarheitenregelung insbes bei Bezugnahmeklauseln. Ist die Tragweite der Verweisung auf Tarifnormen nicht eindeutig, geht dies zu Lasten des Verwenders (BAG 17.1.06 – 9 AZR 41/05, NZA 06, 923; 9.11.05 – 9 AZR 41/05, NZA 06, 202). Eine **ergänzende Vertragsauslegung** von AGB setzt voraus, dass der Regelungsplan der Parteien, zB infolge der durch die Unwirksamkeit einer Klausel entstandenen Vertragslücke einer Vervollständigung bedarf. Das ist dann der Fall, wenn ohne die Ergänzung des Vertrags keine angemessene, den typischen und schutzwürdigen Interessen der Parteien tragende Lösung zu erzielen ist. Der Wegfall einer Klausel muss den Verwender über Gebühr benachteiligen und umgekehrt den Vertragspartner in einem nicht schützenswerten Maße begünstigen (BAG 21.2.17 – 3 AZR 297/15, NZA 17, 723; 17.3.16 – 8 AZR 665/14, NZA 16, 945).

27 **3. Voraussetzungen einer Inhaltskontrolle. a) Allgemeine Geschäftsbedingungen.** Nach § 305 Abs 1 BGB sind **Allgemeine Geschäftsbedingungen** alle für eine Vielzahl von Verträgen vorformulierte Vertragsbedingungen, die eine Vertragspartei (Verwender) der anderen Vertragspartei bei Vertragsabschluss stellt. Aus dem Inhalt und der äußeren Gestaltung der in einem Vertrag verwendeten Bedingungen kann sich ein vom Verwender zu widerlegender Anschein dafür ergeben. Das kann zB der Fall sein, wenn der

Vertrag zahlreiche formalhafte Klauseln enthält und nicht auf die individuelle Vertragssituation abgestimmt ist (BAG 1.3.06 – 5 AZR 363/05, NZA 06, 746). Auch eine mündliche oder durch betriebliche Übung begründete Vertragsbedingung, die der ArbGeb für eine Vielzahl von Arbeitsverhältnissen verwendet, ist eine AGB (BAG 16.5.12 – 5 AZR 331/11, NZA 12, 908). Verträge zwischen ArbN und ArbGeb in Bezug auf das Arbeitsverhältnis sind **Verbraucherverträge** iSv § 310 Abs 3 BGB (BAG 25.4.18 – 7 AZR 520/16, NZA 18, 1061; 24.9.15 – 2 AZR 347/14, NZA 16, 351; 13.2.13 – 5 AZR 2/12, NZA 13, 1024). Die Vorschriften über die Inhaltskontrolle greifen deshalb auch dann ein, wenn die vorformulierten Vertragsbedingungen nur zur **einmaligen Verwendung** bestimmt sind und soweit der ArbN aufgrund der Vorformulierung auf ihren Inhalt keinen Einfluss nehmen konnte (BAG 18.3.08 – 9 AZR 186/07, NZA 08, 1004). Das Merkmal des Einflussnehmens in § 310 Abs 3 Nr 2 BGB entspricht dem Aushandeln in § 305 Abs 1 Nr 3 BGB. Ein **Aushandeln** liegt nur dann vor, wenn der Verwender die betreffende Klausel ernsthaft zur Disposition stellt und dem Verhandlungspartner Gestaltungsfreiheit zur Wahrung eigener Interessen einräumt mit der realen Möglichkeit, die inhaltliche Ausgestaltung der Vertragsbedingungen zu beeinflussen (BAG 10.5.16 – 9 AZR 434/15, BeckRS 2016, 73355; 11.12.13 – 10 AZR 286/13, NZA 14, 433). In aller Regel schlägt sich die Bereitschaft zum Aushandeln in Änderungen des vorformulierten Textes nieder. Ein Vertrag kann jedoch auch dann als das Ergebnis eines Aushandelns gewertet werden, wenn es nach gründlicher Erörterung bei dem vorformulierten Text bleibt, weil der Betroffene nunmehr von der sachlichen Notwendigkeit überzeugt ist. Das setzt aber voraus, dass sich der Verwender deutlich und ernsthaft zu gewünschten Änderungen der zu treffenden Vereinbarung bereit erklärt. Ist die Einflussnahme streitig, muss der Verwender nach den Grundsätzen der abgestuften Darlegungslast den Vortrag des ArbN, er habe keine Einflussmöglichkeit gehabt, qualifiziert bestreiten, indem er konkret darlegt, wie er Klauseln zur Disposition gestellt hat und aus welchen Gründen geschlossen werden kann, der ArbN habe die Klauseln freiwillig akzeptiert (BAG 19.5.10 – 5 AZR 253/09, NZA 10, 939; 27.7.05 – 7 AZR 486/04, NZA 06, 40).

**Individuelle Vertragsabreden** haben gem § 305b BGB stets Vorrang vor AGB. Dieses Prinzip setzt sich auch gegenüber doppelten Schirftformklauseln durch (BAG 30.5.08 – 9 AZR 382/07, NZA 08, 1233). Es darf nicht durch die Anwendung anderer Rechtsinstitute umgangen werden (*Thüsing* BB 02, 2666; ErfK/*Preis* §§ 305–310 BGB Rn 24).

**b) Einbeziehungskontrolle.** Auf den **Vertragsschluss zwischen den Arbeitsvertragsparteien** findet § 305 Abs 2, Abs 3 BGB keine Anwendung (§ 310 Abs 4 Satz 2 Hs 2 BGB). Der Gesetzgeber hielt die Nachweispflicht gem § 2 NachwG für ausreichend. Die Einbeziehung richtet sich deshalb nach den allgemeinen Grundsätzen des Vertragsrechts. Der ArbGeb muss auf die AGB weder erkennbar hinweisen noch dem ArbN eine zumutbare Kenntnisnahmemöglichkeit verschaffen. 28

**c) Keine Inhaltskontrolle zugunsten des Verwenders.** Nach § 310 Abs 3 Nr 1 BGB gelten AGB als vom Unternehmen gestellt. Dies hat zur Folge, dass sich der Unternehmer nicht zu seinen Gunsten auf die Unwirksamkeit einzelner Bestimmungen in den Arbeitsvertragsregelungen berufen kann (BAG 22.7.10 – 6 AZR 847/07, NZA 11, 634, 21.10.09 – 10 AZR 786/08, NZA 10, 528). 29

**4. Ausschluss überraschender Klauseln.** Das Verbot überraschender Klauseln (§ 305c Abs 1 BGB) war im Arbeitsrecht seit jeher anerkannt (BAG 13.12.2000 – 10 AZR 168/00, NZA 01, 723). Überraschend ist eine Klausel, wenn sie objektiv ungewöhnlich ist und der Vertragspartner mit ihr nicht rechnet oder von seinen Vorstellungen deutlich abweicht. Dabei sind der Grad der Abweichung vom dispositiven Gesetzesrecht und die für den Geschäftskreis übliche Gestaltung einerseits, der Gang und der Inhalt der Vertragsverhandlungen sowie der äußere Zuschnitt des Vertrages andererseits in die rechtliche Bewertung einzubeziehen (BAG 16.5.12 – 5 AZR 331/11, NZA 12, 908; 16.4.08 – 7 AZR 132/07, NZA 08, 876). Als überraschende Klausel hat das BAG einen **formularmäßigen Verzicht auf die Erhebung einer Kündigungsschutzklage ohne Kompensationsleistung** (BAG 25.9.15 – 2 AZR 788/13, NZA 16, 350) **versteckte,** drucktechnisch nicht hervorgehobene **Ausschlussfristen** angesehen (BAG 31.8.05, NZA 06, 324), überraschende Ausgleichsquittungen (BAG 23.2.05 – 4 AZR 139/04, NZA 05, 1193) und drucktechnisch nicht hervorgehobene Befristungsabreden (BAG 16.4.08, NZA 08, 876). 30

**Verweisungsklauseln** sind idR nicht überraschend (BAG 24.9.08 – 6 AZR 76/07, NZA 09, 154), es sei denn, die Klausel ist intransparent oder im Vertrag versteckt. Anders kann die Rechtslage zu beurteilen sein, wenn einzelvertraglich auf einen branchen- oder ortsfremden Tarifvertrag (*Thüsing/Lambrich* NZA 02, 1361; ErfK/*Preis* §§ 305–310 BGB Rn 30) verwiesen wird, ebenso bei Verweisungen auf tarifliche Ausschlussklauseln in Arbeitsverträgen, die nach dem 1.1.02 abgeschlossen wurden (BAG 14.12.05 – 4 AZR 536/04, NZA 06, 607).

31 **5. Ausschluss der Inhaltskontrolle nach §§ 307 Abs 1, 2, 310 Abs 4 Satz 3 BGB. a) Schranken der Inhaltskontrolle.** Nach § 307 Abs 3 Satz 1 BGB unterliegen Bestimmungen in AGB nur dann der Inhaltskontrolle, durch sie von Rechtsvorschriften abweichende oder diese ergänzende Regelungen vereinbart werden. Bei anderen Betimmungen ist die Inhaltskontrolle auf einen Verstoß gegen das Transparenzgebot des § 307 Abs 1 Satz 2 BGB beschränkt. Klauseln, die lediglich den Gesetzeswortlaut wiederholen, sog **deklaratorische Klauseln, unterliegen** deshalb **nicht der Inhaltskontrolle,** weil anstelle der unwirksamen Klausel ohnehin die gesetzliche Regelung träte. Weicht die Regelung hingegen von einer gesetzlichen Bestimmung ab, ist die Inhaltskontrolle eröffnet (BAG 25.4.18 – 7 AZR 520/16, BeckRS 2018, 17276; 25.9.14 – 2 AZR 788/13, NZA 15, 350). Nicht kontrollfähig sind Klauseln, die den Umfang der von den Parteien geschuldeten Vertragsleistung festlegen; im Arbeitsrecht sind dies vor allem die Arbeitsleistung und das Arbeitsentgelt (BAG 24.2.16 – 7 AZR 253/14, NZA 16, 814; 17.10.12 – 5 AZR 792/11, NZA 13, 266; 16.5.12 – 5 AZR 331/11, NZA 12, 908). Es ist nicht **Aufgabe der Arbeitsgerichte,** über §§ 305 ff BGB den **„gerechten Preis" zu ermitteln.** § 307 Abs 3 Satz 1 BGB steht einer Kontrolle der Hauptleistungspflichten jedoch nicht entgegen, wenn diese durch Rechtsvorschriften bestimmt werden (BAG 31.8.05 – 5 AZR 545/04, NZA 06, 324). Die Transparenz der Regelung (§ 307 Abs 3 Satz 2 BGB) und die Ausübung des Direktionsrechts sind in diesem Fall kontrollfähig. Wenn auch Preisvereinbarungen nicht der Inhaltskontrolle unterliegen, sind Klauseln in vollem Umfang kontrollfähig, die das Hauptleistungsversprechen modifizieren, einschränken oder aushöhlen (BAG 10.2.19 – 3 AZR 150/18, NZA 19, 918), zB Befristung einzelner Arbeitsbedingungen, Widerrufs-, Änderungs-, Freiwilligkeitsvorbehalte (ErfK/*Preis* §§ 305–310 BGB Rn 36 ff).

32 **b) Tarifverträge und Betriebsvereinbarungen.** Sie stehen gem § 310 Abs 4 Satz 3 BGB Rechtsvorschriften iSv § 307 Abs 3 Satz 1 BGB gleich. § 310 Abs 4 Satz 1 BGB erklärt deshalb die Vorschriften über die Allgemeinen Geschäftsbedingungen für **unanwendbar auf Tarifverträge, Betriebs- und Dienstvereinbarungen.** Für Tarifverträge wird nur die bestehende Rechtslage wiederholt. Sie genießen die Institutsgarantie des Art 9 Abs 3 GG und können nur darauf überprüft werden, ob sie gegen die Verfassung, höherrangiges Recht oder gegen die guten Sitten verstoßen. Auch bei Betriebs- und Dienstvereinbarungen geht der Gesetzgeber davon aus, dass in diesen normsetzenden Bereich nicht durch eine AGB-Kontrolle eingegriffen werden darf. Eine Inhaltskontrolle iS einer Angemessenheitskontrolle findet deshalb nicht statt (BAG 3.7.19 – 10 AZR 300/18, NZA 19, 1440; 27.6.18 – 10 AZR 290/17, NZA 18, 1344). Die Rspr nimmt stattdessen jedoch eine Rechtskontrolle über § 75 BetrVG vor, die sich nicht wesentlich von der Angemessenheitskontrolle des § 307 BGB unterscheidet (BAG 18.7.06 – 1 AZR 578/05, NZA 07, 462; *Preis* NZA 10, 361).

**Kirchliche Arbeitsvertragsregelungen** (AVR) unterliegen hingegen einer Kontrolle nach §§ 307 ff BGB. Diese ist durch § 310 Abs 4 Satz 3 BGB nicht eingeschränkt, weil die AVR keine Tarifverträge sind. Werden die Arbeitsvertragsregelungen auf dem sog dritten Weg von einer paritätisch mit weisungsunabhängigen Mitgliedern besetzten Arbeitsrechtlichen Kommission beschlossen, unterliegen sie nur einer Rechtskontrolle. Die AVR sind in diesem Fall nur darauf zu überprüfen, ob sie gegen die Verfassung, gegen anderes höherrangiges zwingendes Recht oder die guten Sitten verstoßen (BAG 28.6.12 – 6 AZR 217/11, BeckRS 2012, 72924; 22.7.10 – 6 AZR 847/07, NZA 11, 634).

33 **6. Berücksichtigung der im Arbeitsrecht geltenden Besonderheiten.** Gem § 310 Abs 4 Satz 2 Hs 1 BGB sind bei der Anwendung der §§ 305–310 BGB die **im Arbeitsrecht geltenden Besonderheiten** angemessen zu berücksichtigen. Die Berücksichtigung der im Arbeitsrecht geltenden Besonderheiten bezieht sich auf den gesamten Abschnitt, also

auch auf die Klauselverbote ohne Wertungsmöglichkeit des § 309 BGB (BAG 4.3.04 – 8 AZR 196/03, NZA 04, 727).

Unklar ist, was unter den im Arbeitsrecht geltenden Besonderheiten zu verstehen ist. Der bisherigen Diskussion in Rspr und Literatur kann als gesicherte Erkenntnis entnommen werden, dass Besonderheiten des Arbeitsrechts jedenfalls solche rechtlicher Natur sind (BAG 4.3.04; ErfK/*Preis* §§ 305–310 BGB Rn 11). Notwendiger Bestandteil einer arbeitsrechtlichen Besonderheit iSv § 310 Abs 4 Satz 2 BGB sind § 77 Abs 4 Satz 4 BetrVG und § 4 Abs 4 Satz 3 TVG. Ein Verstoß einer in AGB vereinbarten Ausschlussfrist gegen diese Bestimmungen führt zur Teilnichtigkeit der Klausel (BAG 30.1.19 – 5 AZR 43/18, NZA 19, 768). Strittig ist, ob auch tatsächliche Besonderheiten zu berücksichtigen sind (so BAG 1.3.06 – 5 AZR 363/05, NZA 06, 746; 25.5.05 – 5 AZR 572/04, NZA 05, 1111; ablehnend Erfk/*Preis* §§ 305–310 BGB Rn 11; *Thüsing* NZA 02, 59; *Gotthardt* ZIP 02, 307; *Hromadka* NJW 02, 2523). 34

**7. Inhaltskontrolle nach den §§ 307–309 BGB. a) Besondere Klauselverbote.** § 309 BGB enthält Klauselverbote ohne Wertungsmöglichkeit, § 308 Klauselverbote mit Wertungsmöglichkeit. Die Bestimmungen gehen der allgemeinen Inhaltskontrolle gem § 307 vor. An dem Klauselverbot des § 309 BGB scheiterte bislang in der Rspr des BAG noch keine Vertragsklausel. Entweder lagen Besonderheiten des Arbeitsrechts vor oder die Voraussetzungen der Klauselverbote griffen nicht ein (**Vertragsstrafenregelung:** BAG 17.3.16 – 8 AZR 665/14, NZA 16, 945; 23.9.10 – 8 AZR 897/08, NZA 11, 89; 31.8.05 – 8 AZR 65/05, NZA 06, 34; **zweistufige Ausschlussfrist:** BAG 25.5.05 – 5 AZR 511/05, NZA 05, 1111). Bei den Klauselverboten mit Wertungsmöglichkeit hat insbes die Bestimmung des § 308 Nr 4 BGB (Unzulässigkeit eines Widerrufsvorbehalts) in der Rspr Bedeutung erlangt (BAG 12.1.05 – 5 AZR 364/04, NZA 05, 465). 35

**b) Unangemessene Benachteiligung.** Sind die besonderen Klauselverbote der §§ 308, 309 BGB nicht einschlägig, ist zu prüfen, ob eine unangemessene Benachteiligung iSv § 307 BGB vorliegt. Unangemessen iSv § 307 Abs 1 BGB ist jede Beeinträchtigung eines rechtlich anerkannten Interesses des ArbN, die nicht durch begründete und billigungswerte Interessen des ArbGeb gerechtfertigt ist oder durch gleichwertige Vorteile ausgeglichen wird. Die Feststellung einer unangemessenen Benachteiligung setzt eine wechselseitige Berücksichtigung und Bewertung rechtlich anzuerkennender Interessen der Vertragspartner voraus. Es bedarf eine umfassenden Würdigung der beiderseitigen Positionen unter Berücksichtigung des Grundsatzes von Treu und Glauben. Das Interesse des Verwenders an der Aufrechterhaltung der Klausel ist mit dem Interesse des Vertragspartners an der Ersetzung der Klausel durch das Gesetz abzuwägen (BAG 25.4.18 – 7 AZR 520/16, BeckRS 2018, 17276; 26.10.17 – 6 AZR 158/16, NZA 18, 297: 17.3.16 – 8 AZR 665/14, NZA 16, 945; 21.6.11 – 9 AZR 203/10, NZA 11, 1338). Betrifft die Inhaltskontrolle einen Verbrauchervertrag, sind gem § 310 Abs 3 Nr 3 BGB bei der Beurteilung der unangemessenen Benachteiligung auch die den Vertragsschluss begleitenden Umstände zu berücksichtigen (BAG 25.4.18, BeckRS 2018, 17276). 36

Nach § 307 Abs 2 Nr 1 BGB ist eine unangemessene Benachteiligung im Zweifel anzunehmen, wenn mit der Regelung von wesentlichen Grundgedanken einer gesetzlichen Regelung abgewichen wird. Klauseln, die dem Verwender die Möglichkeit geben, die Hauptpflichten des Arbeitsverhältnisses auszuhöhlen, so zB durch Bezugnahme auf ein einseitiges, von ihm jederzeit änderbares Regelwerk sind gem § 307 Abs 2 Nr 2 BGB unwirksam (BAG 22.7.10 – 6 AZR 847/07, NZA 11, 634; 11.2.09 – 10 AZR 222/08, NZA 09, 428). Greifen die Zweifelsregeln des § 307 Abs 2 BGB nicht ein, ist zu prüfen, ob eine Klausel nach § 307 Abs 1 BGB wegen unangemessener Benachteiligung des Vertragspartners unwirksam ist. Dies ist dann der Fall, wenn der Verwender durch einseitige Vertragsgestaltung rechtsmissbräuchlich eigene Interessen auf Kosten des Vertragspartners durchzusetzen versucht, ohne auch dessen Belange hinreichend zu berücksichtigen und ihm einen angemessenen Ausgleich zu schaffen (BAG 25.9.14 – 2 AZR 788/13, NZA 15, 350; 10.1.07 – 5 AZR 84/06, NZA 07, 384). 37

Eine unangemessene Benachteiligung kann sich auch daraus ergeben, dass eine Vertragsbestimmung nicht klar und verständlich ist (§ 307 Abs 1 S 2 BGB). Das **Transparenzgebot** ist Bestandteil der Angemessenheitskontrolle. Es gilt gem § 307 Abs 3 S 2 BGB auch für preisbestimmende, leistungsbeschreibende Vertragsklauseln, damit auch für **vorformulierte einzelvertragliche Vergütungsregelungen.** Bedeutung hat das Transparenzgebot bei Änderungs- und Freiwilligkeitsvorbehalten. Die Klauseln müssen so formuliert sein, dass der ArbN bei Vertragsabschluss erkennen kann, welche Leistungen von der Klausel erfasst sein und unter welchen Voraussetzungen sie entfallen sollen (BAG 12.1.05 – 5 AZR 364/04, NZA 05, 465; 25.4.07 – 5 AZR 627/06, NZA 07, 853).

38 **8. Rechtsfolgen unwirksamer Vertragsbestimmungen.** Sind Allgemeine Geschäftsbedingungen ganz oder teilweise unwirksam, bleibt der Arbeitsvertrag im Übrigen – abweichend von § 139 BGB – wirksam (§ 306 Abs 1 BGB). Die teilweise Aufrechterhaltung einer AGB setzt deren Teilbarkeit voraus. Maßgeblich ist, ob die Klausel mehrere sachliche Regelungen enthält und der unzulässige Teil sprachlich deutlich abtrennbar ist. Dies ist mittels einer Streichung des unwirksamen Teils mit einem „blauen Stift" zu ermitteln, sog **blue pencil-Test** (BAG 13.11.13 – 10 AZR 848/12, NZA 14, 368; 13.4.10 – 9 AZR 36/09, NZA 11, 64). Im Übrigen gilt auch im Arbeitsrecht das **Verbot der geltungserhaltenden Reduktion.** Unzulässig beschränkende Abreden können nicht auf ein zulässiges Maß zurückgeführt werden; sie sind insgesamt unwirksam (BAG 12.1.05 – 5 AZR 364/04, NZA 05, 465).

Ist die Bestimmung unwirksam, tritt an ihre Stelle das Gesetz (§ 306 Abs 2 BGB). Ist der Gegenstand der unwirksamen Vereinbarung gesetzlich nicht geregelt, ist zu fragen, ob ein ersatzloser Wegfall der unwirksamen Klausel eine sachgerechte Lösung darstellt. Scheiden beide Möglichkeiten aus, ist nach den Grundsätzen der **ergänzenden Vertragsauslegung** zu prüfen, ob eine Ersatzregelung gefunden werden kann. Dies kommt jedoch nur dann in Frage, wenn sich das Festhalten am Vertrag für den Verwender als unzumutbare Härte iSv § 306 Abs 3 BGB darstellen würde und der Vertragspartner in nicht schützenswerter Weise begünstigt würde (BAG 21.2.17 – 3 AZR 297/15, NZA 17, 723; 17.3.16 – 8 AZR 665/14, NZA 16, 945) oder weil die Anwendung der §§ 307 ff BGB hinsichtlich der Anforderungen an wirksame Vertragsformulierungen für Altverträge auf eine echte Rückwirkung hinauslaufen würde (BAG 20.4.11 – 5 AZR 191/10, NZA 11, 796; 19.12.06 – 9 AZR 294/06, NZA 07, 809).

39 **9. Einzelne Vertragsklauseln.** Die Rspr des BAG zu §§ 305–310 BGB ist äußerst umfangreich. Nachfolgend (in alphabetischer Reihenfolge) einige Hinweise zu wichtigen Arbeitsvertragsklauseln. Im Übrigen wird verwiesen auf die Kommentierungen zu den einzelnen Stichworten und die Übersichten bei ErfK/*Preis* §§ 305–310 BGB Rn 51 ff; *Preis/Roloff* ZfA 07, 43; *Junker* BB 07, 1274.

40 **Anrechnungsklausel.** Wird in einer AGB eine Zulage unter dem **Vorbehalt der Anrechnung** gewährt, ohne dass die Anrechnungsgründe näher bestimmt sind, führt dies nicht zur Unwirksamkeit nach § 308 Nr 4 BGB. Eine solche Klausel verstößt auch nicht gegen das Transparenzgebot des § 307 Abs 1 Satz 2 BGB (BAG 1.3.06 – 5 AZR 363/05, NZA 06, 746).

**Arbeitsleistung.** Bei einer Vereinbarung über **Arbeit auf Abruf** kann die einseitig vom ArbGeb abrufbare Arbeit des ArbN bis zu 25 % der vereinbarten wöchentlichen Mindestarbeitszeit betragen. Einer darüber hinausgehende Klausel ist gem § 307 Abs 1 Satz 1 BGB unwirksam (BAG 7.12.05 – 5 AZR 535/04, NZA 06, 423; BVerfG 23.11.06 – 1 BvR 1909/06, NJW 07, 286). Die Vereinbarung einer Durchschnittsarbeitszeit ist idR intransparent (BAG 19.6.12 – 9 AZR 736/10, BeckRS 2012, 75182). Die **befristete Übertragung einer höherwertigeren Tätigkeit** stellt keine unangemessene Benachteiligung iSv § 307 Abs 1 BGB dar, wenn sie der Erprobung dient (BAG 24.2.16 – 7 AZR 253/14, NZA 16, 814). Bei einer **Versetzungsklausel** ist durch Auslegung zu ermitteln, ob eine bestimmte Tätigkeit oder ein Tätigkeitsort vertraglich festgelegt sind und welchen Inhalt ein ggf vereinbarter Versetzungsvorbehalt hat (BAG 28.8.13 – 10 AZR 569/13, NZA-RR 14, 181; 19.1.11 – 10 AZR 738/09, NZA 11, 631). Eine Klausel, die eine nähere Festlegung hinsichtlich Art und/oder Ort der Tätigkeit enthält bzw die materiell § 106 GewO nachgebildet ist, stellt keine unangemessene Benachteiligung des ArbN nach § 307 Abs 1 Satz 1 BGB dar, noch verstößt sie allein deshalb gegen das Transparenzverbot des § 307 Abs 1 Satz 2 BGB, weil keine konkreten Versetzungsgründe genannt sind (BAG 13.3.07 – 9 AZR 433/06, DB 07, 1985; 11.4.06 – 9 AZR 557/05, NZA 06, 1149). Sie ist auch nicht deshalb intransparent, weil weder ein maximaler Entfernungsradius noch eine angemessene Ankündigungsfrist vereinbart ist (BAG 13.4.10 – 9 AZR 36/09, NZA 11, 64). Eine Klausel, mit der monatlichen Bruttovergütung seien erforderliche **Überstunden** des ArbN mit abgegolten, ist mangels näherer Bestimmung des Umfangs der geschuldeten Arbeitsleistung intransparent und damit unwirksam, §§ 306 Abs 1, 307 Abs 1 Satz 2 BGB (BAG 27.6.12 – 5 AZR 530/11, NZA 12, 1147; 16.5.12 – 5 AZR 331/11, NZA 12, 908; 17.8.11 – 5 AZR 406/10, BeckRS 2011, 77781; 1.9.10 – 5 AZR 517/09, NZA 11, 575).

**Ausschlussklauseln.** Eine Vereinbarung in Formulararbeitsverträgen ist **grundsätzlich zulässig.** Eine Verfallklausel unterliegt jedoch der Inhaltskontrolle der §§ 307–309 BGB (BAG 12.3.08 – 10 AZR 152/07, NZA 08, 699; 1.3.06 – 5 AZR 511/05, NZA 06, 783). Eine **Frist** für die erstmalige Geltendmachung **von weniger als drei Monaten** ist **unangemessen kurz** und gem § 307 Abs 1 und Abs 2 BGB unwirksam. Sie fällt bei Aufrechterhaltung des Arbeitsvertrages im Übrigen gem § 306 Abs 1 und Abs 2 BGB ersatzlos weg (BAG 27.1.16 – 5 AZR 277/14, NZA 16, 679). Auch **zweistufige Ausschlussklauseln** können in Arbeitsverträgen wirksam vereinbart werden. Für die zweite Stufe ist eine Mindestfrist von drei Monaten erforderlich. Mit Erhebung der Kündigungsschutzklage wird die zweite Stufe einer zweistufigen Ausschlussfrist hinsichtlich solcher Ansprüche gewahrt, deren Schicksal vom Ausgang des Kündigungsrechtsstreits abhängig sind (BAG 19.5.10 – 5 AZR 253/09, NZA 10, 939; 19.3.08 – 5 AZR 429/07, NZA 08, 757). **Einseitige Ausschlussfristen,** die nur für den ArbN zum Anspruchsverlust führen, sind gem § 307 Abs 1 Satz 1 BGB rechtsunwirksam (BAG 31.8.05 – 5 AZR 545/05, DB 06, 1273), ebenso Klauseln, die für den Fristbeginn nicht die **Fälligkeit der Ansprüche** berücksichtigen, sondern allein auf die Beendigung des Arbeitsverhältnisses abstellen (BAG 1.3.06 – 5 AZR 511/05, NZA 06, 783). **Unterbringung an unerwünschter Stelle** kann gem § 305c Abs 1 BGB zur Unwirksamkeit führen (BAG 31.8.05, NZA 06, 324). Eine Ausschlussklausel, die auch den gesetzlichen Mindestlohn erfasst, verstößt gegen das Transparenzgebot des § 307 Abs 1 Satz 2 BGB, wenn der Arbeitsvertrag nach dem 31.12.14 geschlossen wurde. Die Klausel ist rechtsunwirksam. Wurde der Arbeitsvertrag vor dem 1.1.15 abgeschlossen, hat die fehlende Ausnahme des gesetzlichen Mindestlohns die Teilunwirksamkeit der Ausschlussklausel zur Folge (BAG 18.9.18 – 9 AZR 162/18, NZA 18, 1618). 41

**Befristung einzelner Vertragsbedingungen.** Die Möglichkeit der Befristung einzelner Arbeitsbedingungen ist in der Rspr grds anerkannt (BAG 23.1.02 – 7 AZR 563/00, NZA 03, 104). Die Vorschriften des TzBfG sind auf die Befristung einzelner Arbeitsbedingungen nicht – auch nicht entsprechend – anwendbar (BAG 7.10.15 – 7 AZR 945/13, NZA 16, 441; 10.12.14 – 7 AZR 1009/12, NZA 15, 811). Sie unterliegt jedoch der Inhaltskontrolle des § 307 Abs 1 BGB. Die Befristung ist eine kontrollfähige Nebenabrede (BAG 7.10.15, NZA 16, 441). Bei einer befristeten Arbeitszeiterhöhung in erheblichem Umfang bedarf es für die Annahme einer nicht unangemessenen Benachteiligung solcher Umstände, die die Befristung eines gesondert über das erhöhte Arbeitszeitvolumen abgeschlossenen Arbeitsvertrages nach § 14 Abs 1 TzBfG rechtfertigen könnten. Eine erhebliche Arbeitszeiterhöhung liegt vor, wenn das Aufstockungsvolumen 25 Prozent eines Vollzeitbeschäftigten übersteigt. Die prozentuale Veränderung der individuellen Arbeitszeit ist nicht von Bedeutung (BAG 25.4.18 – 7 AZR 520/16, BeckRS 2018, 17276; 23.3.16 – AZR 828/13, NZA 16, 881).

**Bezugnahmeklauseln.** Einzelarbeitsverträge nehmen oft ganze oder auch teilweise kollektive Regelungen in Bezug und machen sie damit zum Inhalt des Arbeitsvertrages. Aufgrund der Gleichstellung von Tarifverträgen mit Rechtsvorschriften iSv § 307 Abs 3 BGB folgt, dass die §§ 307 Abs 1 und 2, 308, 309 BGB nicht anzuwenden sind. Die **Globalverweisung** nimmt einen ganzen Tarifvertrag in Bezug. Sie ist grds zulässig (BAG 6.12.90 – 6 AZR 268/89, NZA 91, 394). Im Zweifel wurde sie in der Vergangenheit als **dynamische Bezugnahmeklausel** verstanden und bei einem tarifgebundenen ArbGeb als **Gleichstellungsabrede.** Dies hatte zur Folge, dass der ArbN unabhängig von seiner Tarifgebundenheit an der Tarifentwicklung des in Bezug genommenen Tarifvertrags teilnahm, wie wenn er selbst tarifgebunden gewesen wäre. Nach einem Verbandsaustritt des ArbGeb nahmen der tarifgebundene ArbN wie der ArbN mit einer Gleichstellungsabrede nicht mehr an der Tarifentwicklung teil (BAG 26.9.01 – 4 AZR 544/00, NZA 02, 634). Das BAG kündigte in seiner Entscheidung vom 14.12.05 an, seine Rspr zu Bezugnahmeklauseln, 42 die nach dem 1.1.02 vereinbart wurden, zu ändern (BAG 14.12.05 – 4 AZR 536/04, NZA 06, 965). Diese angekündigte RsprÄnderung vollzog das BAG mit seiner Entscheidung vom 18.4.07 (NZA 07, 965). Endet die Tarifgebundenheit des ArbGeb durch Verbandsaustritt, ist er an danach vereinbarte Veränderungen in dem im Arbeitsvertrag genannten Tarifvertrag gebunden, wenn eine Tarifgebundenheit des ArbGeb nicht in einer für den ArbN erkennbaren Weise zur auflösenden Bedingung der Vereinbarung gemacht worden ist, sog **unbedingte zeitdynamische Verweisung.** Trotz der in der Literatur geäußerten Kritik hat es auch an der Stichtagsregel (1.1.02) festgehalten (BAG 18.11.09 – 4 AZR 514/08, NZA 10, 170; 22.10.08 – 4 AZR 793/07, NZA 09, 323; 18.4.07 – 4 AZR 652/05, NZA 07, 965). Zum Meinungsstand in der Literatur s *Gaul/Naumann* DB 07, 2594; *Preis/Greiner* NZA 07, 1073; *Reinecke* BB 06, 2637; *Simon/Kock/Halbsguth* BB 06, 2354; *Sithard/Ulrich* ZTR 06, 458; *Meinel/Herms* DB 06, 1429; *Bauer/Haußmann* DB 05, 2815; *Lambrich* BB 02, 1267; *Annuß* AuR 02, 361. Die **pauschale Bezugnahme auf tarifliche Vergütungsbestimmungen** ohne Nennung fester Beträge und ohne Angabe einer konkret nach Datum festgelegter Fassung des in Bezug genommenen Tarifvertrages ist idR dynamisch zu verstehen (BAG 25.2.15 – 10 AZR 84/14, NZA 15, 943 sa LAG Dü 24.4.17 – 9 Sa 905/16, BeckRS 2017, 119929). Zur dynamischen Fortgeltung eines arbeitsvertraglich in Bezug genommenen Tarifvertrages nach einem Betriebsübergang gem § 613a BGB → *Betriebsübergang* Rn 69 ff. Enthält der Arbeitsvertrag eine dynamische Bezugnahmeklausel auf einen Anerkenntnistarifvertrag, der dynamisch auf einen Verbandstarifvertrag verweist, endet die dynamische Anwendung des Verbandstarifvertrages, sobald der Anerkenntnistarifvertrag nur noch nachwirkt (BAG 23.3.17 – 4 AZR 462/16, NZA 17, 587).

**43** Bei einer **Einzelverweisung** kann der in Bezug genommenen Tarifregelung nicht die Angemessenheits- und Richtigkeitsgewähr zukommen wie bei der Globalverweisung. Aus diesem Grund wird eine volle Inhaltskontrolle befürwortet (ErfK/*Preis* §§ 305–310 BGB Rn 16; *Däubler* NZA 01, 1329; *Diehn* NZA 04, 129).

Die **Teilverweisung** macht bestimmte Regelungskomplexe eines Tarifvertrags zum Inhalt des Arbeitsvertrages. Weil die Gefahr besteht, dass der ArbGeb nur auf für ihn günstige Regelungskomplexe verweist, wird in der Literatur teilweise die Auffassung vertreten, dass eine volle Inhaltskontrolle vorzunehmen sei (*Däubler* NZA 01, 1329; *Reinecke* NZA 2000, Beil 3, 23; aA *Diehn* NZA 04, 129). Ist die Tragweite der Verweisung auf Tarifnormen in einem Formulararbeitsvertrag zweifelhaft, geht dies gem § 305c Abs 2 BGB zu Lasten des ArbGeb (BAG 9.11.05 – 5 AZR 128/05, DB 06, 508). Verweist ein Arbeitsvertrag für den Urlaub auf die Geltung tariflicher Regelungen, so ist dies regelmäßig als Bezugnahme auf den gesamten Regelungskomplexs „Urlaub", einschließlich auf ein zusätzliches tarifliches Urlaubsgeld zu verstehen (BAG 17.1.06 – 9 AZR 41/05, NZA 06, 923).

**44** **Rückzahlungsklauseln** (Ausbildungs-, Fortbildungskosten). Es ist grds zulässig, in AGB die Rückzahlung von Fortbildungskosten zu vereinbaren (BAG 11.12.18 – 9 AZR 383/18, NZA 19, 781; 10.5.16 – 9 AZR 434/15, BeckRS 2016, 73355). Solche Klauseln sind jedoch gem § 307 Abs 1 BGB unwirksam, wenn die Rückzahlungspflicht ohne Rücksicht auf den Beendigungsgrund gelten soll. Rückzahlungsklauseln benachteiligen den ArbN unangemessen, wenn der Grund für die Beendigung des Arbeitsverhältnisses allein in der Verantwortungs- oder Risikosphäre des ArbGeb liegt. Eine Klausel, die die Rückzahlungspflichten davon abhängig macht, ob der ArbN vor dem Abschluss der Ausbildung auf eigenen Wunsch oder aus seinem Verschulden aus dem Arbeitsverhältnis ausscheidet, ist dagegen wirksam (BAG 19.1.11 – 3 AZR 621/08, BeckRS 2011, 72734). Hinsichtlich der Bindungsdauer gelten die bisherigen Rspr Grundsätze. Eine geltungserhaltende Reduktion tatbestandlich zu weit gefasster Klauseln findet grds nicht statt (BAG 14.1.09 – 3 AZR 900/07, NZA 09, 666; 18.3.08 – 9 AZR 186/07, NZA 08, 1004).

**Stichtagsklauseln.** Eine Sonderzahlung, die auch Gegenleistung für im gesamten Kj erbrachte Arbeitsleistung darstellt, kann in AGB nicht vom Bestand des Arbeitsverhältnisses am 31. Dezember des betreffenden Jahres oder einem ungekündigten Bestand zu einem Zeitpunkt außerhalb des Jahres abhängig gemacht werden (BAG 13.5.15 – 10 AZR 266/14, NZA 15, 992; 13.11.13 – 10 AZR 848/12, NZA 14, 368; 18.1.12 – 10 AZR 612/10, NZA 12, 561).

**45** **Widerrufs-/Änderungsvorbehalt.** Die Vereinbarung eines Widerrufsrechts ist nach § 308 Nr 4 BGB nur dann zumutbar, wenn es für den Widerruf einen sachlichen Grund gibt und dieser bereits in der Änderungsklausel beschrieben ist. Die Regelung muss klar und verständlich sein (§ 307 Abs 1 Satz 2 BGB) und den Vertragspartner nicht unangemessen benachteiligen. Die Bestimmung muss deshalb erkennen lassen, dass der Widerruf nicht ohne sachlichen Grund erfolgen darf (BAG 20.4.11 – 5 AZR 191/10, NZA 11, 796; 13.4.10 – 9 AZR 113/09, NZA-RR 10, 457; ErfK/Preis §§ 305–310 BGB Rn 57 ff). Bei der Angemessenheitskontrolle ist nicht auf die durch den ArbGeb erfolgten Änderungen abzustellen, sondern auf die Möglichkeiten, die ihm die Klausel gibt (BAG 22.7.10 – 6 AZR 847/07, NZA 11, 634; 13.4.10, NZA-RR 10, 457). Ein Widerrufsvorbehalt ist unzulässig, sowie der im Gegenseitigkeitsverhältnis stehende widerrufliche Teil des Gesamtverdienstes über 25 % liegt und der Tariflohn unterschritten wird. Sind darüber hinaus Zahlungen des ArbGeb widerruflich, die nicht eine unmittelbare Gegenleistung darstellen, sondern Ersatz von Aufwendungen, die an sich der ArbN tragen muss, erhöht sich der widerrufliche Teil auf bis zu 30 % des Gesamtverdienstes (BAG 11.10.06 – 5 AZR 721/05; 12.1.05 – 5 AZR 364/04, NZA 05, 465). Der Vorbehalt, eine eigene Leistung zu überprüfen, fällt nicht in den Schutzbereich des § 308 Nr 4 BGB (BAG 27.2.19 – 10 AZR 341/18, NZA 19, 914). **Jeweiligkeitsklauseln,** mit denen auf vom ArbGeb jederzeit änderbare allgemeine Arbeitsbedingungen verwiesen wird, unterliegen den strengen Anforderungen der Änderungsvorbehalte. Sie stellen eine unangemessene Benachteiligung des ArbN dar, weil mit ihnen gegen den Grundsatz pacta sund servanda verstoßen wird; zudem liegt idR ein Verstoß gegen das Transparenzgebot vor, weil für den ArbN nicht erkennbar ist, was in Zukunft für ihn gelten soll (BAG 22.7.10 – 6 AZR 847/07, NZA 11, 634; *Preis* NZA 10, 361).

**Freiwilligkeitsvorbehalt.** Bei einem Freiwilligkeitsvorbehalt („als freiwillige Leistung ohne Rechtsanspruch") handelt es sich um eine Vertragsbedingung iSv § 305 Abs 1 BGB. Er wurde in der Vergangenheit von der Rspr als wirksam angesehen, wenn er klar und verständlich formuliert ist (BAG 20.1.10 – 10 AZR 914/08, NZA 10, 445). Als unwirksam wurde eine Klausel angesehen, wenn der ArbGeb die Zahlung ausdrücklich zusagt, sie in derselben oder einer anderen Vertragsklausel aber an einen Freiwilligkeitsvorbehalt bindet (BAG 20.2.13 – 10 AZR 177/12, NZA 13, 1015; 10.12.08 – 10 AZR 1/08, DB 09, 684) oder wenn ein Freiwilligkeits- mit einem Widerrufsvorbehalt kombiniert wird (BAG 14.9.11 – 10 AZR 526/10, NZA 12, 81; 8.12.10 – 10 AZR 671/09, NZA 11, 628). Mehrere jüngere Entscheidungen des BAG haben zu einer Fortentwicklung der Rspr geführt. Ein Freiwilligkeitsvorbehalt, der alle künftigen Leistungen unabhängig von ihrer Art und ihrem Entstehungsgrund erfasst, oder auch spätere Individualabreden ausschließt, benachteiligt den ArbN unangemessen und ist deshalb rechtsunwirksam. Ebenfalls unwirksam ist eine Klausel, die so verstanden werden kann, dass sich der ArbGeb das Recht vorbehält, auch über das „Ob" einer Bonusgewährung zu entscheiden, wenn er durch Abschluss einer Zivilvereinbarung ein variables Vergütungssystem für ein Geschäftsjahr anwendet (BAG 3.8.16 – 10 AZR 710/14, BeckRS 2016, 72724; 19.3.14 – 10 AZR 622/13, NZA 14, 595; 13.11.13 – 10 AZR 848/12, NZA 14, 368). 46

**Überstunden.** Eine Klausel zur Pauschalvergütung von Überstunden muss klar und verständlich sein. Für den ArbN muss erkennbar sein, welche Arbeitsleistung in welchem zeitlichen Umfang von ihr erfasst sein soll, dh was ggf „auf ihn zukommt" (BAG 18.11.15 – 5 AZR 751/13, NZA 16, 487: 16.5.12 – 5 AZR 331/11, NZA 12, 908).

**Vertragsstrafen.** Sie sind gem § 309 Nr 6 BGB zwar unzulässig. Unter angemessener Berücksichtigung der im Arbeitsrecht geltenden Besonderheiten nach § 310 Abs 4 Satz 2 Hs 1 BGB sind Vertragsstrafenabreden in Arbeitsverträgen jedoch zulässig. Begründet wird dies mit dem Ausschluss der Vollstreckbarkeit der Arbeitsleistung im Arbeitsrecht (BAG 17.3.16 – 8 AZR 665/14, NZA 16, 945; 28.5.09 – 8 AZR 896/07, NZA 09, 1337; 18.8.05 – 8 AZR 65/05, NZA 06, 34). Die Unwirksamkeit solcher Vereinbarungen kann sich aber aufgrund einer unangemessenen Benachteiligung ergeben (§ 307 Abs 1 BGB). Dies ist bspw bei einer im Verhältnis zur vereinbarten Kündigungsfrist unverhältnismäßig hohen Vertragsstrafe der Fall (BAG 17.3.16; 23.9.10 – 8 AZR 897/08, NZA 11, 89; 18.12.08 – 8 AZR 81/08, NZA-RR 09, 519). Die unangemessene Benachteiligung führt nach § 307 Abs 1 BGB zur Unwirksamkeit der Klausel. Eine geltungserhaltene Reduktion kommt nicht in Betracht (BAG 18.8.05, NZA 06, 34). Eine Vertragsstrafenregelung muss eindeutig erkennen lassen, durch welche konkrete Pflichtverletzung sie verwirkt ist (BAG 23.1.14 – 8 AZR 47

130/13, NZA 14, 777; 14.8.07 – 8 AZR 973/06, NZA 08, 170). Globale Strafversprechen, die auf die Absicherung aller vertraglichen Pflichten zielen, sind gem § 307 Abs 1 Satz 2 BGB unwirksam. Zum Meinungsstand in Literatur und bei den Instanzgerichten s ErfK/*Preis* §§ 305–310 BGB Rn 97 ff; *Hauck* NZA 06, 816.

48 **VI. Nachweis des Vertragsinhalts. 1. Allgemeines.** Mit dem Gesetz über den Nachweis der für ein Arbeitsverhältnis geltenden wesentlichen Bedingungen (NachwG) vom 20.7.95 (BGBl I 95, 946) wurde die „Richtlinie über die Pflichten des ArbGeb zur Unterrichtung des ArbN über die für seinen Arbeitsvertrag oder sein Arbeitsverhältnis geltenden Bedingungen" (91/533/EWG) vom 14.10.91 in nationales Recht umgesetzt. Es soll durch die Verpflichtung zur schriftlichen Fixierung der wesentlichen Arbeitsbedingungen eine größere Rechtssicherheit im Arbeitsverhältnis bewirken, insbes für ArbN, die keinen schriftlichen Arbeitsvertrag besitzen (BT-Drs 13/668 S 8; zur Bedeutung für die Praxis s *Preis* NZA 97, 10; *Stückemann* BB 99, 2670; RsprÜbersicht bei *Mehns/Weck* RdA 06, 171).

49 **2. Anwendungsbereich.** Das Gesetz gilt für alle ArbN – einschließlich der Leitenden Angestellten – mit Ausnahme derjenigen, die zur vorübergehenden Aushilfe von höchstens einem Monat eingestellt werden (§ 1 NachwG). Durch das TarifautonomiestärkungsG v 18.8.14 (BGBl I 14, 1348) wurde der persönliche Anwendungsbereich ausgedehnt auf Praktikanten, die gem § 22 Abs 1 MiLoG als ArbN gelten. Soweit für Berufsausbildungsverhältnisse iSd § 3 BBiG, für Leiharbeitsverhältnisse iSd Art 1 § 1 Abs 1 AÜG, für Heuerverhältnisse iSd § 3 SeemG entsprechende spezialgesetzliche Nachweisregelungen bestanden, werden diese Regelungen beibehalten und lediglich an die Vorgaben des Nachweisgesetzes angepasst (Art 2–4 des Gesetzes zur Anpassung arbeitsrechtlicher Bestimmungen an das EG-Recht vom 20.7.95 (BGBl I 95, 947). Zu den Beweiswirkungen des Heuerscheins (§ 24 SeemG) s *Schwarze* NZA 96, 685.

50 **3. Nachweispflicht des Arbeitgebers.** Gem § 2 Abs 1 NachwG hat der ArbGeb spätestens einen Monat nach dem vereinbarten Beginn des Arbeitsverhältnisses die wesentlichen Vertragsbedingungen schriftlich niederzulegen, die Niederschrift zu unterzeichnen und dem ArbN auszuhändigen. Bei Arbeitsleistungen im Ausland von länger als einem Monat muss die Niederschrift dem ArbN vor Abreise ausgehändigt werden (Abs 2). Die Verpflichtung entfällt, wenn dem ArbN ein schriftlicher Arbeitsvertrag ausgehändigt worden ist, der alle vom Nachweisgesetz in § 2 Abs 1–3 geforderten Angaben enthält (§ 2 Abs 4 NachwG). Eine Änderung der wesentlichen Vertragsbedingungen ist dem ArbN spätestens einen Monat nach der Änderung schriftlich mitzuteilen, soweit diese nicht auf einer Änderung der gesetzlichen Vorschriften, Tarifverträge, Betriebs- oder Dienstvereinbarungen sowie ähnlichen Regelungen beruht, die für das Arbeitsverhältnis gelten (§ 3 NachwG). Einen erstmals abgeschlossenen Haustarifvertrag hat der ArbGeb dem ArbN gem § 3 NachwG schriftlich mitzuteilen (BAG 5.11.03 – 5 AZR 469/02, NZA 04, 102).

51 Für Arbeitsverhältnisse, die bereits bei Inkrafttreten dieses Gesetzes bestanden, sieht die **Übergangsvorschrift** des § 4 NachwG vor, dass dem ArbN auf sein Verlangen innerhalb von 2 Monaten eine den Anforderungen des § 2 NachwG entsprechende Niederschrift auszuhändigen ist. Dies gilt jedoch nur, soweit eine früher ausgestellte Niederschrift oder ein schriftlicher Arbeitsvertrag mit den nach dem NachwG erforderlichen Angaben nicht vorliegen. Die Vorschriften des NachwG können nicht zu Ungunsten des ArbN verändert werden (§ 5 NachwG). Bestätigt der ArbN den Empfang der Niederschrift und ggf auch deren Richtigkeit, liegt hierin nicht der Abschluss eines Arbeitsvertrages (aA *Hold* AuA 95, 289). Dieser ist schon vorher durch die übereinstimmenden Willenserklärungen von ArbGeb und ArbN zustande gekommen. Etwas anderes gilt, wenn die Niederschrift des ArbGeb **zusätzliche oder abweichende Bedingungen** enthält, die zuvor nicht Gegenstand der Einigung mit dem ArbN waren. Dann liegt in der Überreichung der Niederschrift das Angebot des ArbGeb an den ArbN, einen Arbeitsvertrag mit den darin schriftlich niedergelegten Bedingungen zu schließen. Dieses Angebot nimmt der ArbN durch Bestätigung der Richtigkeit der Niederschrift nicht aber durch bloße Abgabe einer Empfangsbestätigung an. Setzt der ArbN die Arbeit nach Erhalt der zusätzlichen oder abweichenden Bedingungen enthaltende Niederschrift fort, kann ein Arbeitsvertrag zu den darin beschriebenen Bedingungen durch schlüssiges Verhalten zustande kommen.

**4. Zwingender Inhalt der Niederschrift** ist durch § 2 Abs 1 Nr 1–10 NachwG geregelt. Danach muss die Niederschrift mindestens enthalten: Name und Anschrift der Vertragsparteien (Nr 1), Zeitpunkt des Beginns des Arbeitsverhältnisses (Nr 2), bei befristeten Arbeitsverhältnissen: die vorhersehbare Dauer des Arbeitsverhältnisses (Nr 3), den Arbeitsort oder, falls der ArbN nicht nur an einem bestimmten Arbeitsort tätig sein soll; einen Hinweis darauf, dass der ArbN an verschiedenen Orten beschäftigt werden kann (Nr 4), eine Charakterisierung oder Beschreibung der vom ArbN zu leistenden Tätigkeit (Nr 5), die Zusammensetzung und die Höhe des Arbeitsentgelts einschließlich der Zuschläge, der Zulagen, Prämien und Sonderzahlungen sowie andere Bestandteile des Arbeitsentgelts und deren Fälligkeit (Nr 6), die vereinbarte Arbeitszeit (Nr 7; zu Überstundenregelungen EuGH 8.2.01 – Rs C-350/99 – SAE 02, 161 mit Anm *Oetker*), die Dauer des jährlichen Erholungsurlaubs (Nr 8), die Fristen für die Kündigung des Arbeitsverhältnisses (Nr 9) und einen in allgemeiner Form gehaltenen Hinweis auf die Tarifverträge, Betriebs- oder Dienstvereinbarungen, die auf das Arbeitsverhältnis anzuwenden sind (Nr 10). Eine detaillierte Einzelaufstellung der in den anwendbaren Tarifverträge und Betriebsvereinbarungen enthaltenen Normen ist nicht erforderlich (BAG 17.4.02 – 5 AZR 89/01, NZA 02, 1096; *Bepler* ZTR 01, 241; aA ErfK/*Preis* § 2 NachwG Rn 25). § 2 Abs 1 Satz 2 NachwG sieht eine besondere Hinweispflicht des ArbGeb gegenüber geringfügig Beschäftigten auf die Rentenversicherungsoption nach § 5 Abs 2 Satz 2 SGB VI vor. Bei einer Tätigkeit eines Mitarbeiters außerhalb der BRD, die länger als einen Monat andauert, erstreckt sich die Nachweispflicht nach § 2 Abs 2 Nr 1–4 NachwG auf folgende zusätzliche Punkte: Die Dauer der im Ausland auszuübenden Tätigkeit (Nr 1), die Währung, in der das Arbeitsentgelt ausgezahlt wird (Nr 2), ein zusätzliches, mit dem Auslandsaufenthalt verbundenes Arbeitsentgelt und damit verbundene zusätzliche Sachleistungen (Nr 3) und die vereinbarten Bedingungen für die Rückkehr des ArbN (Nr 4). § 2 Abs 3 NachwG ermöglicht es, für die Angaben des Arbeitsentgeltes, die Arbeitszeit, Erholungsurlaub und Kündigungsfristen (§ 2 Abs 1 Nr 6–9 NachwG) sowie – bei Auslandsentsendung – die Währung, in der das Arbeitsentgelt gezahlt wird und zusätzliche Leistungen bei Auslandstätigkeit (§ 2 Abs 2 Nr 2–3 NachwG) auf die einschlägigen Tarifverträge, Betriebs- oder Dienstvereinbarungen und ähnliche Regelungen zu verweisen. Bei einer vorgesehenen Auslandstätigkeit ist der ArbGeb jedoch nicht verpflichtet, den ArbN darauf hinzuweisen, dass ab einer bestimmten Aufenthaltsdauer in einem ausländischen Staat dort eine Verpflichtung zur Abführung von Einkommens-/Lohnsteuer entstehen kann (BAG 21.1.09 – 8 AZR 161/08, NZA 09, 608). Bei der Dauer des jährlichen Erholungsurlaubs und den Fristen für die Kündigung des Arbeitsverhältnisses kann auf die gesetzlichen Bestimmungen verwiesen werden, soweit diese maßgebend sein sollen. 52

Bei **befristeten Arbeitsverhältnissen** bedarf die Befristungsabrede ohnehin der Schriftform (§ 14 Abs 4 TzBfG); das NachwG greift insoweit nur hinsichtlich der übrigen Arbeitsbedingungen. Bei Zweckbefristungen kann die Angabe zur vorhersehbaren Dauer des Arbeitsverhältnisses auch durch die Beschreibung des Zwecks der Befristung erfolgen (*Stückemann* BB 95, 1846 mwN). 53

**5. Verletzung der Nachweispflicht** durch den ArbGeb berührt die Wirksamkeit des geschlossenen Arbeitsvertrages nicht. Welche Rechtsfolgen bei einer Verletzung der Nachweispflicht eintreten, regelt das NachwG nicht. Es ist deshalb auf die allgemeinen Regelungen des Zivil- und Zivilprozessrechts zurückzugreifen. Der ArbN kann vor dem ArbG Erfüllungsansprüche aus §§ 2, 3 NachwG auf Niederlegung, Unterzeichnung und Aushändigung der Niederschrift geltend machen, auch die Berichtigung der unrichtig erteilten Niederschrift. Die Nachweispflicht aus §§ 2, 3 NachwG ist eine selbstständig einklagbare Nebenpflicht des ArbGeb. Ihre Verletzung kann Schadensersatzansprüche des ArbN gem §§ 286, 280 BGB (BAG 17.4.02 – 5 AZR 89/01, NZA 02, 1096) begründen, zB wenn der ArbGeb seine Verpflichtung zum Hinweis auf einen Betrieb anwendbaren Tarifvertrag verletzt, in dem eine Ausschlussfrist enthalten ist (BAG 17.4.02, NZA 02, 1096). 54

Strittig ist, welche zivilprozessualen Folgen eine Verletzung der Nachweispflicht durch den ArbGeb hat. Bei dem ArbGebSeitig erstellten Nachweis handelt es sich um eine Privaturkunde iSv § 416 ZPO, deren Beweiskraft der freien Beweiswürdigung unterliegt. Nur eine vom ArbGeb und vom ArbN unterzeichnete Vertragsurkunde hat die Vermutung 55 der Vollständigkeit und Richtigkeit (BAG 9.2.95 – 2 AZR 389/94, NZA 96, 249). Bei einem von beiden Seiten unterzeichneten Nachweis iSv § 2 NachwG gilt Folgendes: Behauptet der ArbGeb mündliche Vereinbarungen gegen den Inhalt der Urkunde, muss er beweisen, dass die Urkunde richtig oder unvollständig ist bzw das mündliche Besprochene Gültigkeit haben soll (EuGH 4.12.97 – C-253/96, NZA 98, 137). Zu Gunsten des ArbGeb greift kein Anscheinsbeweis, dass er den vereinbarten Vertragsinhalt richtig und vollständig wiedergegeben hat. Einen Erfahrungssatz, dass ein ArbGeb den Vertragsinhalt in der nach § 2 geregelten Niederschrift richtig und vollständig festhält, gibt es nicht (ErfK/*Preis* Einf NachwG Rn 20). Fraglich ist, ob bei Nichterteilung des Nachweises eine Beweislastumkehr zugunsten des ArbN greift. Eine vom Bundesrat vorgeschlagene gesetzliche Regelung wurde nicht umgesetzt (BR-Drs 353/1/94). In Rspr und Literatur wird dennoch eine erleichterte Beweisführung zugunsten des ArbN befürwortet (LAG Köln 31.7.98 – 11 Sa 1484/97, NZA 99, 545; LAG Hamm 17.12.98 – 4 Sa 635/98; LAG Düsseldorf 17.5.01 – 5 (3) Sa 45/01, DB 01, 1995; LAG NdS 21.2.03 – 10 Sa 1683/02, NZA-RR 04, 520, non-liquet geht zu Lasten des ArbGeb; ErfK/*Preis* Einl NachwG Rn 23; *Müller-Glöge* RdA 01, Sonderbeilage Heft 5, 46; *Weber* NZA 02, 641).

56 **6. Einsichtsrechte des Betriebsrats** in die gesammelten Niederschriften über die Arbeitsvertragsinhalte aller ArbN eines Betriebes bestehen gem § 80 Abs 2 BetrVG. Es gehört zu den Aufgaben des BRats, die Einhaltung aller arbeitsrechtlichen Normen, also auch derjenigen des NachwG zu überwachen (*Stückemann* BB 95, 1849). Das Einsichtnahmerecht erstreckt sich auf die Überprüfung der Fragestellung, ob die Arbeitsverträge der ArbN eines Betriebes – auch der AT-Angestellten – die von § 2 Abs 1–3 NachwG geforderten Angaben enthalten. Werden dem BRat bekannte Formulararbeitsverträge verwendet, bedarf es zusätzlicher Anhaltspunkte dafür, dass die Vorlage der einzelnen Arbeitsverträge erforderlich ist, um die Einhaltung der NachwG zu überwachen (BAG 19.10.99 – 1 ABR 75/98, DB 2000, 1031 mit Anm *Pohle* BB 2000, 2153).

57 **VII. Rechtsmängel des Arbeitsvertrags. 1. Nichtigkeit des Arbeitsvertrags. a) Verstoß gegen ein gesetzliches Verbot** (§ 134 BGB). Ein Arbeitsvertrag kann insgesamt oder in einzelnen Teilen gegen gesetzliche Verbote verstoßen und gem § 134 BGB nichtig sein. Verstößt der Arbeitsvertrag **nur in einzelnen Teilen** gegen Verbotsgesetze, so tritt im Regelfall keine Nichtigkeit des gesamten Vertrages gem § 139 BGB ein, weil dadurch der bestehende ArbNSchutz zunichte gemacht würde. Die verbotenen Teile werden durch die gesetzlichen oder tariflichen Bestimmungen ersetzt (BGH 11.10.18 – VII ZR 298/17, BeckRS 2018, 27091; BAG 20.2.75, BB 75, 881; 13.3.75, DB 75, 1417). Verbotsgesetze sind insbes die ArbNSchutzvorschriften, so bspw Kündigungsschutzgesetz, Beschäftigungsförderungsgesetz, Arbeitszeit-, Sonn-, Feiertags-, Frauen- und Jugendarbeitsschutz (zur Überschreitung der Höchstarbeitszeit durch Arbeitsverhältnisse mit mehreren ArbGeb → *Nebentätigkeit* Rn 8). Verstöße gegen §§ 305–310 BGB unterfallen der speziellen Regelung des § 306 Abs 2 BGB. Auch einzelne Grundrechte und Vorschriften des EG-Rechts können als gesetzliche Verbote iSd § 134 BGB gelten; im Übrigen wirken sie nach der Theorie der mittelbaren Drittwirkung über die Generalklauseln (§§ 134, 138, 242, 315 BGB) auf das Arbeitsvertragsrecht ein (*Palandt/Heinrichs* Rn 7, 8 zu § 242 BGB mwN).

58 **Beispiele: aa) Verstoß gegen EG-Recht:** Eine unmittelbar an die Geschlechtszugehörigkeit anknüpfende Ungleichbehandlung beim Arbeitsentgelt ist wegen Verstoßes gegen **Artikel 119 EGV** rechtsunwirksam (BAG 7.11.95 – 3 AZR 1064/94, NZA 96, 653).

59 **bb) Verbotsgesetze:** § 4 TzBfG ist ein Verbotsgesetz iSv § 134 BGB. Bei einem Verstoß ist eine Vergütungsabrede nach § 134 BGB nichtig, welche einen Teilzeit- gegenüber einem vollzeitbeschäftigten ArbN ohne sachlichen Grund benachteiligt (BAG 12.6.96, BB 97, 262 zu § 2 Abs 1 BeschFG 1985 mit kritischer Anm von *Adomeit* NJW 97, 2295). Der ArbN hat dann Anspruch auf die übliche Vergütung nach § 612 Abs 2 BGB oder auf Gleichbehandlung mit den vollbeschäftigten ArbN (BAG 19.8.92, BB 92, 2431; LAG BaWü 12.1.95, AiB 96, 56). Bei der Begründung von Arbeitsverhältnissen gilt das gesetzliche Verbot der geschlechtsspezifischen Diskriminierung (§ 611a Abs 1 BGB; BVerfG 16.11.93, NZA 94, 745; EuGH 14.7.94 EzA Art 119 EWG-Vertrag Nr 17; Näheres → *Gleichbehandlung* Rn 55). Ein Arbeitsvertrag ist nichtig (§ 134 BGB iVm §§ 2, 10 BÄO und §§ 1, 2, 5

Heilpraktikergesetz), wenn er die Ausübung des ärztlichen Berufs zum Gegenstand hat und die erforderliche Approbation oder Erlaubnis nicht vorliegt (BAG 3.11.04 – 5 AZR 592/03, DB 05, 1334), ebenso wenn ein Handwerksmeister einem Handwerksbetrieb seinen Meistertitel zur Verfügung stellt, ohne dass er tatsächlich als technischer Betriebsleiter tätig wird (Umgehung von § 7 HwO, BAG 18.3.09 – 5 AZR 355/08, NZA 09, 663) oder wenn eine Ausbildung im Rahmen eines Anlernvertrages durchgeführt werden soll (Verstoß gegen § 4 Abs 2 BBiG, BAG 27.7.10 – 3 AZR 317/08, DB 11, 943).

**cc) Umgehung von Verbotsgesetzen.** Eine Gesetzesumgehung liegt vor, wenn der Zweck einer zwingenden Rechtsnorm dadurch vereitelt wird, dass andere rechtliche Gestaltungsmöglichkeiten missbräuchlich verwendet werden. Dabei kommt es nicht auf eine Umgehungsabsicht oder eine bewusste Missachtung des zwingenden Rechtssatzes an. Entscheidend ist die objektive Funktionswidrigkeit des Rechtsgeschäfts. Die Durchsetzung von Sinn und Zweck einer unabdingbar gestalteten Rechtsnorm gebietet es, ihre Umgehung auch dort zu vereiteln, wo es an einer Umgehungsabsicht oder einem Bewusstsein der Umgehung fehlt (BAG 22.3.95, DB 95, 1714; BAG 12.10.60, DB 61, 409). Die Nichtigkeit des Umgehungsgeschäfts leitet sich danach aus der umgangenen Verbotsnorm ab. **60**

Bieten sich dem ArbGeb verschiedene **arbeitsvertragliche Gestaltungsformen** an, die für den ArbN zu einem unterschiedlichen arbeitsrechtlichen Schutz führen, darf er nicht willkürlich die ihm günstigere auswählen. Ein **sachlicher Grund** muss die **Wahl der Vertragsform** rechtfertigen, weil sonst Schutzvorschriften umgangen werden könnten (BAG 20.7.82, BB 83, 59 [LS] = AP Nr 5 zu § 611 BGB Mittelbares Arbeitsverhältnis).

**b) Verstoß gegen die guten Sitten (§ 138 BGB).** Ein Arbeitsvertrag ist sittenwidrig, wenn er nach seinem aus der Zusammenfassung von Inhalt, Zweck und Beweggrund zu entnehmenden Gesamtcharakter mit den grundlegenden Wertungen der Rechts- und Sittenordnung nicht zu vereinbaren ist (BAG 21.4.16 – 8 AZR 474/14, BeckRS 2016, 72191). **61**

**aa) Überwälzung des Betriebs- oder Wirtschaftsrisikos.** Sittenwidrigkeit ist gegeben: Bei einer **Verlustbeteiligung** des ArbN, wenn dafür kein angemessener Ausgleich erfolgt (BAG 10.10.90, DB 91, 659); bei der Vereinbarung, dass der ArbN **nur bei** einem bestimmten, nicht ohne weiteres zu erreichenden **Mindesterfolg** (LAG Hamm, ZIP 90, 881) eine Vergütung erhält. **62**

Ein rein erfolgsabhängiges Entgelt war in der Vergangenheit grds zulässig. Ein Verstoß gegen die guten Sitten (§ 138 BGB) lag nur vor, wenn es dem ArbN trotz vollen Einsatzes nicht möglich war, ein ausreichendes Einkommen zu erzielen (BAG 16.2.2012 – 8 AZR 242/11, BeckRS 2012, 71039). Ab 1.1.15 haben ArbN Anspruch auf einen gesetzlichen Mindestlohn (§ 1 Abs 2 MiLoG). Dieser beträgt ab 1.1.17 EUR 8,84 je Zeitstunde.

**bb) Lohnwucher.** Er kann trotz des Anspruchs auf den gesetzlichen Mindestlohn vorliegen, wenn trotz angemessener Arbeitsleistung der ArbN bei einer weit unter dem Tariflohn liegenden Entlohnung nicht in der Lage ist, für sich und seine Familie den notwendigen Unterhalt zu verdienen. Die Unterschreitung des tarifmäßigen Lohns reicht für sich nicht aus. **63**

Vielmehr muss ein **auffälliges Missverhältnis** zum allgemeinen Lohnniveau für vergleichbare Tätigkeiten vorliegen. Dies ist zu bejahen, wenn die Arbeitsvergütung nicht einmal zwei Drittel eines in der betreffenden Branche und Wirtschaftsregion üblicherweise gezahlten Tariflohns erreicht (BAG 18.11.15 – 5 AZR 751/13, NZA 16, 487; 17.10.12 – 5 AZR 792/11, NZA 13, 266; 22.4.09 – 5 AZR 436/08, NZA 09, 837). In subjektiver Hinsicht verlangt der Tatbestand des Lohnwuchers die Ausbeutung einer Zwangslage, der Unerfahrenheit des Vertragspartners; der subjektive Tatbestand des wucherähnlichen Geschäfts eine verwerfliche Gesinnung des ArbGeb (BAG 16.5.12 – 5 AZR 331/11, NZA 12, 908). An die Stelle des unverhältnismäßig geringen Entgelts tritt mangels näherer Anhaltspunkte die nach § 612 Abs 2 BGB zu bestimmende Vergütung. Diese ist das tarifliche Entgelt vergleichbarer ArbN ohne Zulagen und Zuschläge (BAG 24.4.09). S *Forst/Degen* DB 15, 863.

**c) Scheingeschäft** (§ 117 BGB). Ein nichtiges Scheingeschäft nach § 117 Abs 1 BGB liegt vor, wenn die Beteiligten ein Ziel durch den bloßen Schein eines wirksamen Rechtsgeschäftes erreichen, aber die mit dem betreffenden Rechtsgeschäft verbundenen Rechtswirkungen nicht eintreten lassen wollen. Ob die Vertragsparteien für ihr Ziel die Wirk- **64**

samkeit eines Rechtsgeschäftes benötigen und es deshalb ernstlich gemeint oder nur zum Schein abgeschlossen ist, ist durch Auslegung der Willenserklärungen unter Berücksichtigung der Umstände des Einzelfalles gem §§ 133, 157 BGB zu ermitteln. Beruft sich der ArbGeb darauf, bei dem abgeschlossenen Arbeitsvertrag handele es sich um ein Scheingeschäft, so trägt er dafür die Darlegungs- und Beweislast (BAG 9.2.95, NZA 96, 1299). Schließt eine Versicherungsvermittlungsgesellschaft einen **Handelsvertretervertrag mit einer 20-jährigen Schülerin** ab, weil der ursprünglich mit deren **Vater** geplante Vertrag wegen dessen schlechtem Leumund nicht zustande kam und übt anschließend abredegemäß der Vater allein die Vertretertätigkeit aus, so liegt ein nichtiges Scheingeschäft vor. Zu Unrecht geleistete Provisionsvorschüsse können nicht vom Vertragspartner des Scheingeschäfts zurückverlangt werden, wenn sie an den Vater weitergeleitet sind (BAG 22.9.92, DB 93, 1623).

65 Wird in einem schriftlichen Arbeitsvertrag nur deshalb eine nicht zu erbringende Arbeitszeit angegeben, um auf diese Weise eine übertarifliche Vergütung zu verschleiern, so ist die im Arbeitsvertrag angegebene höhere Arbeitszeit nur zum Schein vereinbart. Der ArbN hat nur die tatsächlich vereinbarte Arbeitszeit zu leisten (BAG 28.9.82, BB 83, 965). Ein Scheingeschäft liegt auch vor, wenn eine längere als die tatsächlich gewollte Arbeitszeit vereinbart wird, um so die Voraussetzung für eine tarifliche Zusatzversorgung zu erfüllen; maßgebend ist dann die tatsächlich zu leistende Arbeitszeit (BAG 28.9.82, BB 83, 965).

66 **d) Ursprüngliche objektive Unmöglichkeit.** § 311a BGB bestimmt, dass es der Wirksamkeit eines Vertrages nicht entgegensteht, dass der Schuldner nach § 275 Abs 1–3 BGB wegen Unmöglichkeit nicht zu leisten braucht und das Leistungshindernis schon bei Vertragsabschluss vorliegt. Der Gläubiger kann nach seiner Wahl Schadensersatz statt der Leistung oder Ersatz seiner Aufwendungen verlangen, falls der Schuldner das Leistungshindernis bei Vertragsabschluss nicht kannte und seine Unkenntnis auch nicht zu vertreten hat.

67 **2. Anfechtung des Arbeitsvertrages. a) Verhältnis von Anfechtung und fristloser Kündigung.** Das Recht zur Anfechtung des Arbeitsvertrages kann mit dem zur außerordentlichen Kündigung konkurrieren. Sie stehen selbstständig nebeneinander, es handelt sich um **wesensverschiedene Rechtsinstitute.** Dem Anfechtungsberechtigten steht ein Wahlrecht zu (BAG 16.12.04 – 2 AZR 148/04, NZA 06, 624). Diese klare Grenzziehung ist in einem Teilbereich relativiert. Das BAG ist davon ausgegangen, dass eine Anfechtung nach § 119 BGB nur dann unverzüglich ist, wenn sie innerhalb der Zweiwochenfrist des § 626 Abs 2 BGB erfolgt (BAG 21.2.91 – 2 AZR 449/90, AP Nr 35 zu § 123 BGB). Dagegen hat es der Frist des § 626 Abs 2 BGB bei einer Anfechtung wegen widerrechtlicher Drohung oder Täuschung keine Bedeutung beigemessen (BAG 19.5.83, DB 84, 298).

Zu den für die Praxis wichtigsten Unterschieden beider Rechtsinstitute gehört, dass auf die Anfechtung keine Kündigungsbeschränkungen anzuwenden sind; bspw bedarf die Anfechtung des mit einem Behinderten geschlossenen Arbeitsvertrages keiner vorherigen Zustimmung des Integrationsamts. Auch einer Anhörung des BRat (§ 102 BetrVG) bedarf es bei der Anfechtung im Gegensatz zur außerordentlichen Kündigung nicht (BAG 5.12.57, AP 2 zu § 123 BGB). Der ArbN braucht im Falle der Anfechtung nicht binnen drei Wochen seit Anfechtung Feststellungsklage zu erheben (ErfK/*Preis* § 611a BGB Rn 370).

68 **b) Irrtum als Anfechtungsgrund.** Die Anfechtung eines Arbeitsvertrages wegen **Inhalts- oder Erklärungsirrtums** unterliegt keinen besonderen Voraussetzungen. Nach § 119 Abs 1 BGB ist zur Anfechtung berechtigt, wer bei Abgabe seiner Willenserklärung über deren Inhalt im Irrtum war (Inhaltsirrtum) oder eine Erklärung dieses Inhalts überhaupt nicht abgeben wollte (Erklärungsirrtum). Voraussetzung der Beachtlichkeit des Irrtums ist, dass der Irrende die Erklärung so, wie er sie abgegeben hat, bei Kenntnis der Sachlage und bei verständiger Würdigung des Falles nicht abgegeben haben würde. Eine Anfechtung wegen Inhaltsirrtums kommt nicht in Betracht, wenn der Erklärende die Erklärung abgegeben hat, die er abgeben wollte. Ein Motiv- oder Kalkulationsirrtum bei der Willensbildung berechtigt nicht zur Anfechtung (BAG 21.11.2000 – 3 AZR 13/00, NZA 02, 618). Dem Inhalts- und Erklärungsirrtum ist der **Irrtum über** solche **Eigenschaften** der Person oder Sache gleichgestellt, die im Verkehr als wesentlich angesehen werden (§ 119 Abs 2 BGB).

Besondere Bedeutung für die Anfechtung von Arbeitsverträgen hat der **Irrtum über eine verkehrswesentliche Eigenschaft des Arbeitnehmers** gewonnen. Anfechtungsgrund ist dabei das Nichtwissen von Eigenschaften als Voraussetzung für die Beurteilung, ob der ArbN für die vorgesehene Arbeitsleistung geeignet ist.

**c) Einzelfälle für die Beachtlichkeit eines Eigenschaftsirrtums.** Eine **Krankheit** kann dann eine verkehrswesentliche Eigenschaft sein, wenn dem ArbN nicht nur vorübergehend die notwendige Fähigkeit überhaupt fehlt oder diese erheblich beeinträchtigt ist, die vertraglich übernommenen Arbeiten auszuführen (für den Fall einer epileptischen Erkrankung BAG 28.3.74, DB 74, 1531). Bei **Transsexualität** kann die Anfechtung berechtigt sein, wenn der Transsexuelle als Sprechstundenhilfe arbeitet (dazu BAG 21.2.91, DB 91, 1934; LAG Bln, BB 90, 1979). **Vorstrafen** stellen keine verkehrswesentlichen Eigenschaften dar; ihre Kenntnis kann aber im Einzelfall einen Schluss auf persönliche Eigenschaften erlauben, so dass die Unkenntnis zur Anfechtung berechtigt (MünchArbR/*Richardi* § 44 Rn 33). Wesentlich ist, dass die strafgerichtliche Verurteilung einen Bezug zum Aufgabenbereich des ArbN hat. 69

**Vorstrafen** zB wegen unerlaubten Entfernens vom Unfallort sind von Bedeutung, wenn jemand als **Kraftfahrer** eingestellt werden soll. Vorstrafen wegen Vermögensdelikten können Grund dafür sein, dass dem Bewerber die persönliche Eignung zum **Kassierer** fehlt (BAG 5.12.57, DB 58, 277, 282; MünchArbR/*Richardi* § 44 Rn 33; *Schaub* § 35 II 4). 70

Die **Schwangerschaft einer Bewerberin** ist keine Eigenschaft, weil es sich nur um einen vorübergehenden Zustand handelt (BAG 22.9.61 – 1 AZR 241/60, DB 61, 1522). Eine Anfechtung gem § 119 Abs 2 BGB scheidet deshalb aus. Dies gilt auch für den Fall, dass die ArbN nur befristet eingestellt wurde und sie wegen eines Beschäftigungsverbots tatsächlich nicht beschäftigt werden kann (BAG 6.2.03 – 2 AZR 621/01, DB 03, 1795). 71

Die **Schwerbehinderteneigenschaft** kommt als Anfechtungsgrund in Betracht, wenn der ArbN wegen der Behinderung die vorgesehene Arbeit nicht zu leisten vermag oder die Minderung der Leistung und Fähigkeit für den in Betracht kommenden Arbeitsplatz von ausschlaggebender Bedeutung ist (BAG 11.11.93, DB 94, 939; 7.6.84, DB 84, 2706). Eine Anfechtung scheidet aus, wenn die Schwerbehinderung für den ArbGeb offensichtlich war und deshalb bei ihm ein Irrtum nicht entstanden ist (BAG 18.10.2000 – 2 AZR 380/99, DB 01, 707, NJW 01, 1885). 72

**d) Arglistige Täuschung.** Eine Anfechtung des Arbeitsvertrages unter diesem Gesichtspunkt setzt voraus, dass der Täuschende durch Vorspiegelung oder Entstellung von Tatsachen beim Erklärungsgegner einen Irrtum erregt und ihn zum Abschluss des Arbeitsvertrages veranlasst. Nicht jede falsche Angabe des ArbN bei den Einstellungsverhandlungen stellt eine arglistige Täuschung dar. Wird der ArbN nach dem Vorliegen einer bestimmten Tatsache gefragt, so ist er zur wahrheitsgemäßen Beantwortung verpflichtet, wenn die Frage zulässig ist. Ein **Fragerecht** wird dem ArbGeb nur insoweit zugestanden, als er ein berechtigtes, billigenswertes und schutzwürdiges Interesse an der Beantwortung seiner Frage für das Arbeitsverhältnis hat. Ohne eine entsprechende Frage des ArbGeb muss der ArbN von sich aus nur auf solche Tatsachen hinweisen, deren Mitteilung der ArbGeb nach Treu und Glauben erwarten darf (BAG 16.12.04 – 2 AZR 148/04, NZA 06, 624, 18.10.2000 – 2 AZR 380/99, DB 01, 707). Eine **Offenbarungspflicht** des ArbN ist an die Voraussetzung gebunden, dass die verschwiegenen Umstände dem ArbN die Erfüllung der arbeitsvertraglichen Leistungspflicht unmöglich machen oder sonst für den in Betracht kommenden Arbeitsplatz von ausschlaggebender Bedeutung sind (BAG 7.7.11 – 2 AZR 396/10, NZA 12, 34; 16.12.04 – 2 AZR 148/04, NZA 06, 624). Ausführlich zu Fragerecht des ArbGeb und Offenbarungspflicht des ArbN sowie zur ergangenen Rspr → *Auskunftspflichten Arbeitnehmer* Rn 1 ff. 73

**e) Widerrechtliche Drohung.** Eine Anfechtung wegen Drohung ist berechtigt, wenn der Abschluss des Arbeitsvertrages widerrechtlich durch Drohung herbeigeführt worden ist (§ 123 BGB). Das Ausnutzen einer Zwangslage, so die Furcht vor einer Strafanzeige gegen einen Angehörigen bei Nichtabschluss des Arbeitsvertrages reicht nicht aus (vgl BGH 7.6.88, BB 88, 1549). Die Anfechtung wegen Drohung spielt bei der Begründung des Arbeitsvertrages im Gegensatz zu dessen Änderung oder Aufhebung oder bei Abschluss von Begleitverträgen keine nennenswerte praktische Rolle. 74

75 **f) Verwirkung des Anfechtungsrechts.** Die Anfechtung des Arbeitsvertrages kann gegen Treu und Glauben verstoßen, wenn der Anfechtungsgrund im Zeitpunkt der Anfechtung seine Bedeutung für das Arbeitsverhältnis verloren hat (BAG 16.12.04 – 2 AZR 148/04, NZA 06, 624; 20.5.99 – 2 AZR 320/99, NZA 99, 975).

76 **3. Rechtsfolgen von Nichtigkeit des ganzen Arbeitsvertrags und Anfechtung. a) Vor Vollziehung des Arbeitsvertrages** gelten die allgemeinen Regeln des Bürgerlichen Rechts über die Nichtigkeit und die Anfechtung, dh der Arbeitsvertrag ist von vornherein nichtig und kann mittels der Anfechtung rückwirkend beseitigt werden (BAG 3.12.98 – 2 AZR 754/97, DB 98, 2618).

77 **b) Nach Vollziehung des Arbeitsvertrages** entsteht das sog **faktische Arbeitsverhältnis** (→ *Faktisches Arbeitsverhältnis* Rn 1 ff), das grds nicht mehr rückwirkend beseitigt werden kann. Das fehlerhaft gegründete Arbeitsverhältnis ist, nachdem die Arbeit aufgenommen wurde, für die Vergangenheit grds wie ein fehlerfrei zustande gekommenes Arbeitsverhältnis zu behandeln (BAG 7.6.72, BB 73, 291). Ist der Arbeitsvertrag **nichtig,** besteht für die Zukunft keine Bindung mehr. Es besteht keine Pflicht zur Arbeitsleistung mehr. Das Arbeitsverhältnis kann sofort durch einseitige Erklärung beendet werden. § 623 BGB findet keine Anwendung. Eine Kündigung ist nicht erforderlich. Der allgemeine und besondere Kündigungsschutz greifen nicht ein. Eine Anhörung des BRat gem § 102 BetrVG ist nicht erforderlich. War der Arbeitsvertrag nur anfechtbar, so entfaltet die Anfechtung grds nur ex nunc Wirkung (BAG 3.12.98 – 2 AZR 754/97, NZA 99, 584), wobei mit der Anfechtungserklärung zugleich die einseitige Loslösung von dem faktischen Arbeitsverhältnis erfolgt. Eine Ausnahme gilt, wenn das Arbeitsverhältnis wieder außer Funktion gesetzt worden ist, die Anfechtung wirkt dann auf den Zeitpunkt der Außerfunktionssetzung zurück (BAG 16.9.82, DB 83, 2780; 29.8.84, DB 84, 2707, 2708; DB 85, 2099).

78 **c) Ausnahmen von den Grundsätzen des faktischen Arbeitsverhältnisses.** Hat eine Partei die Nichtigkeit des Arbeitsvertrages **gekannt,** so kann sie sich nicht auf quasivertragliche Ansprüche berufen. Sie verdient insbes dann keinen Schutz, wenn die Erhebung von Ansprüchen gegen Treu und Glauben verstößt, wenn sie sich also mit ihrem früheren Verhalten in Widerspruch setzt. Die Grundsätze des faktischen Vertragsverhältnisses finden ferner keine Anwendung, wenn dem Vertrag so schwere Rechtsmängel anhaften, dass die Anerkennung quasi vertraglicher Ansprüche der Grundauffassung der geltenden Rechtsordnung widersprechen würde (BAG 1.4.76, DB 76, 1680, 2479; 25.4.63, DB 63, 933). Dies gilt vor allem dann, wenn die Arbeitsleistung schon nach ihrer Art rechts- und gesetzeswidrig ist und eine Schutzwürdigkeit unter Vertrauensgesichtspunkten nicht besteht (BAG 3.11.04 – 5 AZR 592/03, DB 05, 1334). Die Rückabwicklung des nichtigen Arbeitsvertrags erfolgt nach §§ 812 ff BGB. Dem Rückforderungsanspruch nach §§ 812, 818 Abs 2 BGB kann jedoch § 817 entgegenstehen.

79 **d) Besonderheiten bei Nichtigkeit wegen Geschäftsunfähigkeit** → Rn 13 ff.

80 **VIII. Muster.** Zu Arbeitsverträgen s Online-Musterformulare *„M9 Arbeitsverträge"*; zur Arbeitnehmerentsendung s Online-Musterformulare *„M7 Arbeitnehmerentsendung"*.

## B. Lohnsteuerrecht *Weil*

84 Unabhängig von der vom ArbN zu erbringenden Arbeitsleistung als Kennzeichen für ArbN-Eigenschaft (BFH 10.10.05 – VI R 152/01, DStR 05, 1982; → *Arbeitnehmer (Begriff)* Rn 29 ff) ist für die Besteuerung allein die **Lohnzahlung,** dh der Zufluss des Lohns beim ArbN, entscheidend (§ 11 Abs 1 EStG; § 2 LStDV; → *Lohnzufluss* Rn 2 ff). Das bedeutet: LStPflicht bei Lohnzahlung, auch wenn die geschuldete Arbeitsleistung nicht erbracht worden ist, zB bei Urlaub, Krankheit, Suspendierung vom Dienst; umgekehrt: keine LSt, wenn der Lohn trotz erbrachter Arbeitsleistung nicht zur Auszahlung gelangt ist, zB mangels Liquidität des ArbGeb, Insolvenz des ArbGeb; s aber → *Aufrechnung* Rn 15 ff sowie → *Arbeitskampf/ Streik* Rn 24 ff.

85 Schaltet der ArbN zur Erfüllung seiner Dienstpflicht einen **Dritten** ein, hängen die lohnsteuerlichen Folgen von der tatsächlichen Durchführung des vereinbarten Vertragsverhältnisses ab. Bei Einschaltung des Dritten mit Wissen des ArbGeb liegt ein mittelbares Arbeitsverhältnis vor (→ *Mittelbares Arbeitsverhältnis* Rn 21). Bei Einschaltung des Dritten

ohne Wissen oder gegen den Willen des ArbGeb gehen dessen lohnsteuerliche Pflichten auf den einschaltenden ArbN über, wenn zwischen diesen ein Arbeitsverhältnis vorliegt (→ *Arbeitnehmerüberlassung/Zeitarbeit* Rn 71 ff, → *Gruppenarbeitsverhältnis* Rn 33 ff). Zu einem **Unterarbeitsverhältnis** zwischen **Ehegatten** → *Familiäre Mitarbeit* Rn 30; → *Mittelbares Arbeitsverhältnis* Rn 21.

Sind Personen iRe **besonderen Gewaltverhältnisses** zur Verrichtung einer Arbeitsleistung verpflichtet, für die sie Geld erhalten, zB Gefängnisinsassen, aber auch Laienrichter, Wahlhelfer, Verrichtung von Hand- und Spanndiensten nach kommunalrechtlichen Vorschriften, Ein-Euro-Job, ist umstritten, ob ein stpfl Arbeitsverhältnis vorliegt (→ *Arbeitnehmer (Begriff)* Rn 40; FG Bbg 17.5.01 – 6 K 331/00, EFG 01, 1280; offengelassen von BFH 16.12.03 – VII R 24/02, BStBl II 04, 389). S auch → *Ehrenamtliche Tätigkeit* Rn 11 ff. 86

## C. Sozialversicherungsrecht

*Voelzke*

**1. Bedeutung.** Der Abschluss des Arbeitsvertrages und die Begründung eines Arbeitsverhältnisses führen idR auch zur Annahme eines sozialversicherungsrechtlichen Beschäftigungsverhältnisses, das Grundlage und Hauptfall der Versicherungspflicht und des Rechts auf Zugang zu den Leistungen der einzelnen Zweige der SozV ist. Allerdings ist das Bestehen eines Arbeitsverhältnisses lediglich der **Regelfall** für die Annahme eines Beschäftigungsverhältnisses (§ 7 Abs 1 Satz 1 SGB IV), das durch die tatsächliche Aufnahme der Arbeit in persönlicher Abhängigkeit entsteht (→ *Arbeitnehmer (Begriff)* Rn 50 ff); die Begriffe stimmen regelmäßig und im Wesentlichen überein, sind jedoch nicht identisch. 88

Während das BSG in seiner früheren den Regelungen des **Arbeitsvertrages** lediglich eine Indizwirkung für das Vorliegen eines Beschäftigungsverhältnisses beimessen wollte, stellt es in seiner Rspr stärker auf die Regelungen des Arbeitsvertrages und damit auf die rechtlichen Rahmenbedingungen des Arbeitsverhältnisses ab, weil diese zu den zu berücksichtigenden tatsächlichen Verhältnissen gehören (BSG 30.4.14 – 12 KR 19/11 R, SozR 4–2400 § 7 Nr 21). 89

Das Beschäftigungsverhältnis als tatsächliche Grundlage für das Bestehen des öffentlichrechtlichen Versicherungsverhältnisses kommt auch zustande, wenn der Arbeitsvertrag nichtig oder angefochten ist. Trotz der grds Maßgeblichkeit der **tatsächlichen Verhältnisse** stellt die Rspr insbes bei der Beendigung des sozialversicherungsrechtlichen Beschäftigungsverhältnisses auf den Bestand der arbeitsrechtlichen Beziehungen ab. So hat das BSG die Fälligkeit und den Umfang des Beitragsanspruches von dem im Kündigungsschutzprozess festgestellten Ende des Arbeitsverhältnisses abhängig gemacht (Urt vom 25.9.81 – 12 RK 58/80, SozR 2100 § 25 Nr 3). Dies gilt auch dann, wenn der ArbN bis zum Ende des Arbeitsverhältnisses unwiderruflich von der Arbeit freigestellt ist (BSG 24.9.08 – B 12 KR 22/07 R, NZA-RR 09, 272). 90

**2. Pflichten der Vertragsparteien.** Bei Beginn des Arbeitsverhältnisses hat der ArbN seinem ArbGeb die für die SozV bedeutsamen Arbeitspapiere (→ *Arbeitspapiere* Rn 19–24) auszuhändigen. Bei Beendigung der Beschäftigung ist der ArbGeb zur Ausfüllung (→ *Arbeitsbescheinigung* Rn 17 ff) und Herausgabe der Arbeitspapiere an den ArbN verpflichtet. Zu den gegenüber den SozVTrägern bestehenden Melde- und Anzeigepflichten vgl → *Meldepflichten Arbeitgeber* Rn 3 ff. 91

# Arbeitszeit

## A. Arbeitsrecht

*Poeche*

### Übersicht

1 **I. Allgemeines.** Das Arbeitszeitrecht umfasst unterschiedliche Gegenstände mit der Folge, dass der Begriff „Arbeitszeit" nach dem jeweiligen Zusammenhang auszulegen ist. Das **öffentliche Arbeitszeitrecht** ist Teil des Arbeitsschutzes; Normadressat ist der ArbGeb. Das **private Arbeitszeitrecht** bestimmt, zu welchen Zeiten und für welche Dauer der ArbN zur Arbeitsleistung verpflichtet ist und dementsprechend – auch bei Ausfall der Arbeit – Anspruch auf Vergütung hat. Nach der Arbeitszeit iSd **Betriebsverfassung** richtet sich der Umfang der Beteiligungsrechte des BRat.

2 **II. Öffentliches Arbeitszeitrecht.** Seit dem zum 1.7.94 in Kraft getretenen ArbZG gilt ein für fast alle ArbNGruppen einheitliches Arbeitszeitrecht. Es bezweckt die **Sicherheit** und den **Gesundheitsschutz** der ArbN, begrenzt deshalb die höchstzulässige Arbeitszeit, verpflichtet zu Ruhepausen und -zeiten. Freiräume für die private Lebensgestaltung der ArbN sollen gesichert und die nach Art 140 GG und Art 39 WRV zu achtende Sonn- und Feiertagsruhe geschützt werden. Ferner dient das ArbZG der Sicherung des **Wirtschaftsstandorts** Deutschland durch die erleichterte Einführung flexibler Arbeitszeiten (§ 1 ArbZG; → *Arbeitszeitmodelle* Rn 1). Zum Reformbedarf in der sog Arbeitswelt 4.0 (*Jacobs* NZA 16, 733; *Schlegel* AuR 16, 325; *Steffan* NZA 15, 1409; *Grimm* ArbRB 15, 336; *Kössel* DB 2019, 1958). Eine große Reform des ArbZG wird es aber vorerst wohl nicht geben. Das BMAS hatte in seinem im März 2017 herausgegebenen Weißbuch Arbeiten 4.0 (abrufbar auf der Webseite des BMAS) mittelfristig die auf zwei Jahre befristete Öffnung des ArbZG durch ein sog **Wahlarbeitszeitgesetz** zu Experimentierzwecken in Aussicht gestellt. In den Koalitionsvertrag 2018 ist diese Idee nicht aufgenommen worden, ebenso wenig der Wunsch der Arbeitgeber, das ArbZG zur Verkürzung der Ruhens- und Ausweitung der Höchstarbeitszeiten zu ändern. Vorgesehen ist vielmehr, über Tariföffnungsklauseln Experimentierräume für tarifgebundene Unternehmen für mehr Flexibilität zu schaffen. Jüngst scheiterte eine Initiative des Landes NRW im Bundesrat zur Flexibilisierung der Arbeitszeiten an die digitalisierte Arbeitswelt (BR-Drs 24/19).

Soweit die arbeitszeitrechtlichen Vorschriften Gegenstand der Vereinbarung sein können, hat der ArbN auch ohne ausdrückliche Regelung gegen den ArbGeb Anspruch auf deren Einhaltung (BAG 11.7.06 – 9 AZR 519/05, NZA 07, 155). Vereinbarungen, die gegen das ArbZG verstoßen, sind **nichtig** (§ 134 BGB). § 139 BGB ist nicht anzuwenden; der Arbeitsvertrag bleibt im Übrigen wirksam (BAG 11.4.06 – 9 AZR 610/05, NZA 06, 1042).

Bei der **Auslegung** und Anwendung des Gesetzes ist die Richtlinie 2003/88 EG über bestimmte Aspekte der Arbeitszeitgestaltung vom 4.11.03 (ABl Nr L 299), die die Richtlinie 93/104 zum 2.8.04 abgelöst hat, zu beachten (→ *EU-Recht* Rn 3–5). Die Richtlinie 2003/88/EG soll nun überarbeitet werden. Die EU-Kommission hat hierzu einen Richtlinienvorschlag für 2016 angekündigt (hierzu *Franzen* ZESAR 15, 407). Anfang 2017 hat sie mitgeteilt, dass sie eine „interpretative Mitteilung zur Arbeitszeitrichtlinie" herausgeben wird und damit zum Ausdruck gebracht, dass es zumindest vorläufig doch nicht zu einer Überarbeitung der Richtlinie kommt.

**1. Geltungsbereich des ArbZG. a) Räumlich.** Als öffentliches Recht beschränkt sich das ArbZG räumlich auf das Gebiet der Bundesrepublik (Territorialitätsprinzip). Beschäftigung im Ausland wird auch dann nicht erfasst, wenn der ArbN nur vorübergehend entsandt ist (BAG 12.12.90 – 4 AZR 238/90, DB 1991, 865). Es gilt **sachlich** in Betrieben und Verwaltungen aller Art, einschließlich der privaten Haushalte. 3

**b) Persönlich.** Das ArbZG gilt für ArbN. Das sind nach der Legaldefinition des § 2 Abs 2 ArbZG Angestellte, Arbeiter und die zu ihrer Berufsbildung Beschäftigten. Unerheblich ist der Inlandsort der Beschäftigung. Auch Reisende und ArbN, die zu Hause arbeiten (→ *Telearbeit* Rn 2), unterliegen den Schutzbestimmungen. Nicht zu den ArbN gehören HeimArbN und ihnen Gleichgestellte. Die Abgrenzung zum freien Mitarbeiter oder zur ArbNÄhnlichen Person bestimmt sich nach allgemeinen Grundsätzen. 4

**c) Ausnahmen.** Gesetzlich ausgenommen sind leitende Angestellte iSd § 5 Abs 3 BetrVG (kritisch hierzu *Henssler/Lunk* NZA 16, 1425) sowie Chefärzte, Leiter von öffentlichen Dienststellen sowie ArbN im öffentlichen Dienst, die zu selbstständigen Entscheidungen in Personalangelegenheiten befugt sind. Keine Anwendung findet das Gesetz ferner auf ArbN, die in häuslicher Gemeinschaft mit den ihnen anvertrauten Personen zusammenleben und sie eigenverantwortlich erziehen, pflegen oder betreuen (gedacht ist zB an Mütter in SOS-Kinderdörfern; nicht aber Erzieher, die nur vorübergehend mit den betreuten Personen zusammenleben: BVerwG 8.5.19 – 8 C 3/18, BeckRS 2019, 16300) sowie im liturgischen Bereich der Kirchen und der Religionsgemeinschaften (§ 18 Abs 1 Nr 1–4 ArbZG). Die Beschäftigung von Personen unter 18 Jahren bestimmt sich nach dem JArbSchG (§ 18 Abs 2 ArbZG; → *Jugendarbeitsschutz* Rn 15 ff). 5

**Weitere Ausnahmen** finden sich in §§ 18 Abs 3, 19–21 ArbZG; für Seeleute an Bord von Kauffahrteischiffen gilt das am 1.8.13 in Kraft getretene SeeArbG; Flug-, Flugdienst- und Ruhezeiten der Besatzungsmitglieder von Luftfahrzeugen richten sich nach der Zweiten DurchführungsVO zur Betriebsordnung für Luftfahrgerät und für das Fahrpersonal in der Binnenschifffahrt kommen ergänzend die Vorschriften der Binnen- und Rheinschifffahrt zur Anwendung. Zum **Fahrpersonal** im Übrigen s *Fahrtätigkeit.* 6

**2. Begriff. Arbeitszeit** iSd ArbZG ist die Zeit von Beginn bis zum Ende der Arbeit ohne die Ruhepausen (§ 2 Abs 1 ArbZG). Beginn und Ende werden nicht näher definiert. Ihre Bestimmung obliegt der Regelung durch Tarifvertrag, Betriebsvereinbarung oder Arbeitsvertrag. Sie beginnt spätestens mit Aufnahme der Tätigkeit und umfasst jedenfalls die Zeit, in der tatsächlich gearbeitet wird wie auch die, in der sich der ArbN dem ArbGeb uneingeschränkt zur Verfügung hält und arbeitsbereit ist (→ *Arbeitsbereitschaft* Rn 1; → *Bereitschaftsdienst* Rn 1). In Betracht kommen zB das Erreichen des Betriebes, der Abteilung, der auswärtigen Baustelle. Sie kann auch die Zeit vom Verlassen der Wohnung bis zur Rückkehr umfassen (BAG 23.4.09 – 5 AZR 292/08, DB 09, 1602; ebenso und daher ohne wesentliche Konsequenzen für das nationale Recht: EuGH 10.9.15 – C-266/14, NZA 15, 1177). Rufbereitschaft ist keine Arbeitszeit (EuGH 3.10.2000 – Rs C-303/98 SIMAP, NZA 00, 1227; 21.2.18 – Rs C-518/15 Matzak, NZA 18, 293). Näheres → *Rufbereitschaft* Rn 2. Ob Zeiten der BRatTätigkeit zur Arbeitszeit iSv § 2 Abs 1 ArbZG gehören, ist höchstrichterlich nicht entschieden. Dagegen sprechen die fehlenden Einflussmöglichkeiten des ArbGeb und die im Gegenzug eigenverantwortliche Ausgestaltung der BRatArbeit durch den BRatVorsitzenden und das einzelne BRatMitglied (LAG Nds 20.4.15 – 12 TaBV 76/14, NZA-RR 15, 476; LAG Hamm 20.2.15 – 13 Sa 1386/14, BeckRS 2015, 68329; ArbG Lübeck 7.12.99 – 6 Ca 2589/99, NZA-RR 00, 427; LAG SchlHol 30.8.05 – 5 Sa 161/05, BeckRS 2005, 43079; *Wiebauer* NZA 13, 540; *Windeln/Kruijff* ArbRB 19, 285; *Schulze/Tillmanns* ArbRAktuell 12, 475; aA *Schulze* ArbRAktuell 12, 475). Das BAG hat dies mit der Begründung dahinstehen lassen, dass jedenfalls die in § 5 ArbZG (Ruhezeit) zum Ausdruck kommenden Wertung zu beachten ist (BAG 18.1.17 – 7 AZR 224/15, NZA 17, 791). Die Teilnahme des ArbN an Betriebsversammlungen iSd § 42 BetrVG ist aber jedenfalls Arbeitszeit (OVG NRW 10.5.11 – 4 A 1403/08, BeckRS 2011, 51413; aA *Bartz/Stratmann* NZA 13, 281: Ruhezeit). 7

8 Regelmäßig nicht erfasst wird die **Wegezeit**, also die Strecke des ArbN von der Wohnung zum Betrieb (Einzelheiten → *Fahrten zwischen Wohnung und Arbeitsstätte* Rn 1). Streitig ist die Bewertung von Dienstreisen (BAG 11.7.2006 – 9 AZR 519/05, NZA 07, 155; *Kleinebrink* PuR 17, 8; *Schulze/Wannisch* ArbRAktuell 19, 453 → *Dienstreise* Rn 7). **Umkleide- und Waschzeiten** gehören idR zur Arbeitszeit iSd ArbZG, wenn der ArbGeb das Tragen einer bestimmten Berufskleidung und das Umkleiden im Betrieb vorschreibt (BAG 19.9.12 – 5 AZR 678/11, BeckRS 2012, 75900). Fraglich ist auch, was für Zeiten der Verfügbarkeit des ArbN, häufig von angestellten Anwälten, über Smartphones uä gilt (hierzu *Podewils* AuR 13, 293; ebenso zur arbeitszeitrechtlichen Behandlung der sog arbeitsbezogenen erweiterten Erreichbarkeit *Schlegel* NZA-Beilage 2014, 16; *Besgen* B+P 14, 234). Zur Vergütungspflicht → Rn 30. Besonderheiten bestehen im Bergbau unter Tage. Dort gelten auch Ruhepausen als Arbeitszeit (§ 2 Abs 1 Satz 2 ArbZG).

9 **3. Beschränkungen der Arbeitszeit. a) Höchstdauer der werktäglichen Arbeitszeit.** Die werktägliche Arbeitszeit darf die Dauer von acht Stunden nicht überschreiten (§ 3 Satz 1 ArbZG). Werktage sind die Tage von Montag bis Samstag. Es gilt damit grds die 48-Stunden-Woche. Die werktägliche Arbeitszeit kann ohne weitere inhaltliche Voraussetzungen und ohne Bindung an eine tarifliche Gestattung auf zehn Stunden verlängert werden, wenn innerhalb von sechs Kalendermonaten oder innerhalb von 24 Wochen im Durchschnitt acht Stunden werktäglich nicht überschritten werden (§ 3 Satz 2 ArbZG). Der für alle Tätigkeitsbereiche zugelassene Ausgleichszeitraum von sechs Monaten dürfte dem EU-Recht widersprechen. Art 6 der Arbeitszeitrichtlinie schreibt einen Ausgleichszeitraum von vier Monaten vor. Zum Anspruch auf Nachteilsausgleich bei überlangen Arbeitszeiten im öffentlichen Sektor → *Bereitschaftsdienst* Rn 9.

10 Die Ausdehnung des **Ausgleichszeitraums** ermöglicht es, saisonale Schwankungen ebenso auszugleichen wie auch Arbeitsspitzen aufzufangen. Erleichtert wird die flexible Handhabung insbes dadurch, dass die Tage mit erhöhter Arbeitszeit nicht innerhalb des Ausgleichszeitraums zu liegen brauchen. Die wöchentliche Arbeitszeit kann sich damit im Ergebnis auf bis zu sechzig Stunden – verteilt auf sechs Arbeitstage – belaufen und ermöglicht alle denkbaren *Arbeitszeitmodelle,* insbes der **gleitenden Arbeitszeit** (→ *Arbeitszeitmodelle* Rn 3).

11 **Sonntagsarbeit** wird auf die werktägliche Arbeitszeit angerechnet mit der Folge, dass die Höchstarbeitszeiten einschließlich der Ausgleichszeiten hierdurch nicht überschritten werden dürfen (§ 11 Abs 2 ArbZG).

12 Die Arbeitszeit bei **mehreren Arbeitgebern** ist zusammenzurechnen (§ 2 Abs 1 ArbZG). Weiß der ArbGeb von einem weiteren Arbeitsverhältnis des ArbN, muss er sich zur Vermeidung von Ordnungs- oder Strafmaßnahmen über die Einhaltung der Arbeitszeitgrenzen vergewissern. Wegen der Besonderheit des Kraftverkehrs s *Fahrtätigkeit.* Zur arbeitsvertraglichen Sanktion → *Nebentätigkeit* Rn 15.

13 **b) Ruhepausen** → *Pause* Rn 1 ff.

14 **c) Ruhezeiten. aa) Begriff.** Nach Beendigung der täglichen Arbeitszeit muss der ArbN eine ununterbrochene Ruhezeit von mindestens elf Stunden haben (§ 5 Abs 1 ArbZG). Ruhezeit bedeutet arbeitsfreie Zeit; der ArbN darf zu keiner Arbeitsleistung herangezogen werden. Die Frage, ob geringfügige Arbeitsleistungen (Lesen von Emails uä) die Ruhezeit unterbrechen, ist bislang nicht geklärt (s zum Meinungsstand *Tonikidis* AuR 18, 67 und *Dzida/Beckmann* ArbRB 18, 269). Ruhezeit ist auch die Zeit, die der ArbN für die Strecke von seiner Wohnung zur Arbeitsstelle und zurück benötigt. Die sog Wegezeit muss schon deshalb unberücksichtigt bleiben, weil der ArbGeb als Adressat des Arbeitszeitschutzes keinen Einfluss auf die Wohnsituation des ArbN hat.

15 **bb) Rufbereitschaft.** Zum Begriff, rechtliche Einordnung als Ruhezeit und deren Unterbrechung durch tatsächliche Arbeitsaufnahme → *Rufbereitschaft* Rn 2.

16 **cc) Verkürzung der Ruhezeit.** Die Ruhezeit kann auf bis zu zehn Stunden verkürzt werden (§ 5 Abs 2 ArbZG): In Krankenhäusern und anderen Einrichtungen zur Behandlung, Pflege und Betreuung von Personen, in Gaststätten und sonstigen Bewirtung- und Beherbergungsbetrieben, in Verkehrsbetrieben, beim Rundfunk sowie in der Landwirtschaft und in der Tierhaltung. Vorausgesetzt wird, dass jede Verkürzung der Ruhezeit innerhalb eines Kalendermonats oder innerhalb von vier Wochen durch Verlängerung einer anderen Ruhezeit auf mindestens zwölf Stunden ausgeglichen wird.

**4. Abweichende Regelungen. a) Persönlicher Anwendungsbereich.** Nach § 7 ArbZG kann vielfältig von den Schutzbestimmungen der §§ 3–6 ArbZG abgewichen werden; sie bedürfen idR einer besonderen **Legitimation** durch die Tarifvertragsparteien im **Tarifvertrag** oder einer im Tarifvertrag enthaltenen Öffnungsklausel zugunsten von **Betriebs- oder Dienstvereinbarungen.** Im Geltungsbereich eines Tarifvertrages können die tariflichen Regelungen im Betrieb eines nicht tarifgebundenen ArbGeb ebenfalls angewendet werden. Voraussetzung ist die Übernahme der Tarifvorschriften durch Betriebsvereinbarung oder, wenn ein BRat nicht besteht, eine **schriftliche Vereinbarung** mit dem ArbN. Das Schriftformerfordernis dient vorrangig der Beweiserleichterung der Aufsichtsbehörde in Straf- oder Bußgeldverfahren. Nicht erforderlich ist es, den Tarifvertrag in seiner Gänze zu vereinbaren; die Übernahme kann auf die Arbeitszeitvorschriften beschränkt werden. Enthält der Tarifvertrag eine Öffnungsklausel, kann auch der nicht tarifgebundene ArbGeb in seinem Betrieb durch Betriebsvereinbarung hiervon Gebrauch machen (§ 7 Abs 1–3 ArbZG). 17

**Kirchen** und **öffentlich-rechtliche Religionsgesellschaften** einschließlich ihrer karitativen und pflegerischen Einrichtungen können die den Tarifvertragsparteien eröffneten Möglichkeiten ebenfalls nutzen und alle zulässigen Abweichungen in ihren Vertragsregeln vorsehen (§ 7 Abs 4 ArbZG). Zu den Anforderungen an eine „Kirchliche" Regelung: BAG 16.3.04 – 9 AZR 93/03, NZA 04, 927. 18

In einem Bereich, in dem üblicherweise keine Tarifverträge geschlossen werden, können die sonst zulässigen Ausnahmen durch die **Aufsichtsbehörde** bewilligt werden. Die amtl Begründung nennt hier zB die freien Berufe (außer Ärzten), IHK, ArbGebVerbände wie auch Gewerkschaften. Die Bewilligung darf nur erfolgen, wenn die Außerachtlassung der Grundnormen aus betrieblichen Gründen erforderlich ist und die Gesundheit der ArbN nicht gefährdet wird (§ 7 Abs 5 ArbZG). Die **Bundesregierung** ist mit Zustimmung des Bundesrates zum Erlass entsprechender RechtsVO ermächtigt (§ 7 Abs 6 ArbZG). 19

**b) Inhaltlich zulässige Abweichungen.** Der Ausgleichszeitraum kann ausgedehnt werden (§ 7 Abs 1 ArbZG). Die **Ruhezeit** kann um bis zu zwei Stunden gekürzt werden, wenn die Art der Arbeit dies erfordert und die Kürzung innerhalb eines festzulegenden Zeitraums auszugleichen ist (§ 7 Abs 1 Nr 1–3 ArbZG). Zu Abweichungen bei Arbeitsbereitschaft und Bereitschaftszeiten → *Arbeitsbereitschaft* Rn 3–5, → *Bereitschaftsdienst* Rn 3, → *Rufbereitschaft* Rn 2. 20

In der **Landwirtschaft** können die Arbeits- und Ruhezeiten (nicht die Pausen) der Bestellungs- und Erntezeit sowie den Witterungseinflüssen angepasst werden. Das betrifft Unternehmen, die der landwirtschaftlichen UV unterliegen. Im Interesse der Krankenbehandlung und Betreuung von Personen können Arbeitszeit, Ruhepause und Ruhezeit der Eigenart dieser Tätigkeit und dem Wohl dieser Personen entsprechend angepasst werden. Das gilt für **Krankenhäuser,** aber auch Alters- und Jugendheime sowie vergleichbare Einrichtungen. Entsprechendes ist für den **öffentlichen Dienst** und ArbGeb zulässig, die an einen Tarifvertrag des öffentlichen Dienstes oder an einen im Wesentlichen inhaltsgleichen Tarifvertrag gebunden sind (§ 7 Abs 2 Nr 1–4 ArbZG). Im letzteren Fall gelten abweichende Regelungen auch bei fehlender Tarifbindung des ArbGeb, wenn er die Tarifverträge des öffentlichen Dienstes anwendet und er seine Kosten mit Zuwendungen iSd Haushaltsrechts deckt (§ 7 Abs 3 Satz 3 ArbZG).

**c) Weitere Ausnahmen.** Der ArbGeb kann von allen Arbeitszeitvorschriften beim Vorliegen **eines außergewöhnlichen Falles,** der unabhängig vom Willen des Betroffenen eintritt und dessen Folgen nicht auf andere Weise zu beseitigen sind, sowie in **Notfällen** abweichen. Vorübergehende Arbeiten dürfen erledigt werden. Das Gesetz nennt beispielhaft das drohende Verderben von Lebensmitteln, von Rohstoffen und das Misslingen von Arbeitsergebnissen (§ 14 Abs 1 ArbZG). Unter dem **Vorbehalt,** dass dem ArbGeb andere Vorkehrungen nicht zugemutet werden können, darf eine verhältnismäßig geringe Zahl von ArbN vorübergehend mit solchen Arbeiten beschäftigt werden, deren Nichterledigung das Ergebnis der Arbeiten gefährden oder einen unverhältnismäßigen Schaden zur Folge haben würden. Entsprechendes gilt bei Forschung und Lehre, bei unaufschiebbaren Vor- und Abschlussarbeiten sowie bei unaufschiebbaren Arbeiten zur Behandlung, Pflege und Betreuung von Personen oder zur Behandlung und Pflege von Tieren an einzelnen Tagen (§ 14 Abs 2 ArbZG). 21

22 Die **Aufsichtsbehörde** kann weitere Ausnahmen bewilligen, zB längere Arbeitszeiten für kontinuierliche Schichtbetriebe zur Erreichung zusätzlicher Freischichten und für Bau- und Montagestellen, im Bereich der Saison- und Kampagnebetriebe, im öffentlichen Dienst eine abweichende Dauer und Lage der Ruhezeit. Gedacht ist hier zB an die Winter- und Streudienste (§ 15 Abs 1 Nr 1–4 ArbZG). Sonstige Ausnahmen können zugelassen werden, soweit sie im öffentlichen Interesse dringend nötig sind. Weiter gehende Befugnisse bestehen im Geschäftsbereich des Bundesministeriums der Verteidigung (§ 14 Abs 2 und 3 ArbZG).

23 **5. Schichtarbeit.** Die Arbeitszeit der SchichtArbN ist gem § 6 Abs 1 nach den gesicherten wissenschaftlichen Erkenntnissen über die menschengerechte Gestaltung der Arbeit festzulegen. Eine gesetzliche Definition der Schichtarbeit fehlt. Abzustellen ist deshalb auf die allgemeine arbeitsrechtliche Bedeutung des Begriffs. Kennzeichnend für Schichtarbeit ist, dass eine bestimmte Arbeitsaufgabe nicht innerhalb der Arbeitszeit eines ArbN erledigt wird und sich mehrere ArbN (mindestens zwei) oder ArbNGruppen nach einem feststehenden Plan ablösen. Nicht verlangt wird Identität des Arbeitsplatzes, sondern die der Arbeitsaufgabe (BAG 20.6.90 – 4 AZR 5/90, NZA 90, 861). Schichtarbeit ist regelmäßig, wenn sie sich in gleichen Abständen wiederholt. Beginn und Ende können dabei variieren (BAG 24.1.01 – 10 AZR 106/00, EzA BGB § 612 Schichtarbeit Nr 2 s auch → *Nachtarbeit* Rn 8).

24 **6. Gefährliche Arbeiten.** Bei arbeitsplatzbedingt besonderen Gefahren für die Gesundheit der ArbN können die Grundnormen des Arbeitszeitrechts durch RechtsVO weitergehend eingeschränkt werden.

25 **7. Aushänge, Dokumentation, Ordnungswidrigkeiten.** Der ArbGeb ist verpflichtet, einen Abdruck des ArbZG, der aufgrund des Gesetzes erlassenen, für den Betrieb geltenden RechtsVO und der für den Betrieb geltenden Tarifverträge und Betriebsvereinbarungen an geeigneter Stelle im Betrieb zur Einsichtnahme auszulegen oder auszuhängen (§ 16 Abs 1 ArbZG). Nach § 16 Abs 2 ArbZG hat er außerdem **Aufzeichnungspflichten.** Aufzuzeichnen ist die über die werktägliche Arbeitszeit des § 3 Satz 1 hinausgehende Arbeitszeit. Nicht einbezogen sind danach Arbeitsstunden bis zu acht Stunden werktäglich, das sind die Tage Montag bis Samstag. Dagegen sind sämtliche an Sonn- und Feiertagen geleisteten Arbeitsstunden zu dokumentieren (ausführlich ErfK/*Wank* ArbZG § 16 Rz 8). Diese Pflichten gelten ausnahmslos für alle Arbeitszeitmodelle, damit auch bei der sog Vertrauensarbeitszeit (zum Begriff → *Arbeitszeitmodelle* Rn 15; aA *Schlottfelder/Hoff* NZA 01, 530). Für die Rechtsbeziehungen zwischen ArbGeb und ArbN hat der Streit keine weitere Bedeutung. Die Aufzeichnungen sollen den Aufsichtsbehörden die Kontrolle des Arbeitszeitrechts ermöglichen. Sie dienen nicht der Beweissicherung für Ansprüche des ArbN auf Vergütung oder zur Begründung von Leistungsverweigerungsrechten wegen Überschreitung der gesetzlich bestimmten Höchstgrenzen. Darüber hinaus besteht gem § 17 MiLoG die Verpflichtung zur Arbeitszeiterfassung, soweit ArbN geringfügig beschäftigt werden oder in bestimmten Wirtschaftsbereichen oder Wirtschaftszweigen tätig sind. Laut der neuesten Rspr des EuGH (14.5.19 – C-55/18, CCOO, NZA 19, 683) folgt aus den Grundrechten auf eine Begrenzung der Höchstarbeitszeit und auf tägliche und wöchentliche Ruhezeiten gem der EUGrdRCh eine Pflicht der Mitgliedstaaten, wiederum die ArbGeb zur Einführung eines Systems zu verpflichten, das geeignet ist, die geleistete tägliche Arbeitszeit objektiv und zuverlässig zu erfassen (hierzu *Schrader* NZA 19, 1035; *Bayreuther* EuzW 19, 446; *Ulber* NZA 19, 677; *Fuhlrott/Garden* ArbRAktuell 19, 263; *Heuschmid* NJW 19, 1853; *Grimm* ArbRB 19, 278; *Schiefer* PuR 19, 147; *Höpfner/Daum* RdA 19, 270). Mit der Verpflichtung gem § 16 Abs 2 ArbZG, lediglich die Überstunden zu erfassen, wird dem nicht genügt (vgl *Ulber* NZA 19, 677). Nach derzeit wohl hL bedarf die Entscheidung erst einer gesetzgeberischen Umsetzung (*Bayreuther* EuzW 19, 446; *Fuhlrott/Garden* ArbRAktuell 19, 263; *Leist* jurisPR-ArbR 22/2019 Anm 1; *Heuschmid* NJW 19, 1853; *Sittard/Esser* jm 19, 284; aA *von Roetteken* jurisPR-ArbR 23/2019 Anm 1; *Oberthür* MDR 19, 1029; *Grimm/Freh* ArbRB 19, 278; *Kössel* DB 2019, 1958; *Reinhard* NZA 19, 1313). Eine unmittelbare Verpflichtung zur Arbeitszeiterfassung aus der EU-RL oder der EUGrdRCh dürfte daher nicht bestehen.

26 Eine andere Frage ist, ob der ArbGeb den ArbN rechtswirksam verpflichten kann, seine geleisteten Stunden aufzuzeichnen und sich hierdurch der Aufsichtsbehörde gegenüber bei

Verstößen gegen das ArbZG zu entlasten. Arbeitsrechtlich bestehen keine Bedenken, den ArbN zur Dokumentation der geleisteten Stunden zu verpflichten. Eine solche Anordnungsbefugnis beruht auf dem Weisungsrecht des ArbGeb. Dadurch wird aber **keine Freizeichnung** gegenüber der Aufsichtsbehörde bewirkt. Adressat des Arbeitsschutzes ist der ArbGeb. Er kann allein dem Personenkreis des § 9 Abs 2 OWiG die Aufzeichnung übertragen. Hierzu gehören nur Personen, denen die selbstständige Betriebsleitung (ganz oder teilweise) übertragen ist oder die eigenverantwortlich Aufgaben wahrzunehmen haben, die an sich dem ArbGeb obliegen. Die Aufzeichnungen sind mindestens zwei Jahre aufzubewahren (§ 16 ArbZG). Die Verletzung der Aushangspflicht kann als Ordnungswidrigkeit mit **Geldbuße** bis zu 2500 € geahndet werden, die der Aufzeichnungspflicht mit Geldbuße bis zu 15 000 €. Der hohe Rahmen gilt auch für andere Verstöße gegen die Bestimmungen des ArbZG (§ 22 ArbZG). Verstöße gegen das ArbZG können auch sog Verfallsanordnungen nach § 29 OWiG zur Folge haben, die das Abschöpfen des erlangten Vermögensvorteils zum Inhalt haben (hierzu *Fromm* NZA 17, 639). Vorsätzliche Tatbegehung, die den ArbN gefährdet und beharrliche Wiederholung begründen Strafbarkeit mit einem Freiheitsstrafrahmen bis zu einem Jahr (§ 23 ArbZG; hierzu *Schröder* ArbRAktuell 16, 177).

Der **Aufsichtsbehörde** steht zur Kontrolle der Einhaltung des Gesetzes und der RechtsVO das gesamte Instrumentarium der öffentlichen Hand zur Verfügung wie Anordnung von Auskünften und Vorlage von Unterlagen, Betretungs- und Besichtigungsrechte (§ 17 ArbZG).

27 **III. Privates Arbeitszeitrecht.** Das private Arbeitszeitrecht betrifft die sich aus dem Arbeitsvertrag ergebenden wechselseitigen **Hauptpflichten,** also Arbeitspflicht des ArbN und Entgeltpflicht des ArbGeb (§ 611 Abs 1 BGB). Es bestimmt **Dauer und Lage** der Zeiten, in denen der ArbN dem ArbGeb seine Arbeitskraft zur Verfügung zu stellen hat und für die der ArbGeb dem ArbN **Entgelt** schuldet, einschließlich der Zeiten, in denen der ArbN nicht arbeitet, ohne die ausgefallene Arbeitszeit nachleisten zu müssen (→ *Annahmeverzug* Rn 14 ff, → *Entgeltfortzahlung* Rn 1; → *Urlaubsentgelt* Rn 1). Während die Dauer der Arbeitszeit grds vertraglich zu vereinbaren ist, bleibt ihre Verteilung idR dem *Weisungsrecht* des ArbGeb überlassen. Die **Vertragsfreiheit** der Parteien wird durch das **öffentlich-rechtliche Arbeitszeitrecht** begrenzt; entgegenstehende Vereinbarungen/Anordnungen sind nichtig (§ 134 BGB). Der ArbN braucht sie nicht einzuhalten; gleichwohl erbrachte Arbeitsleistung ist zu entgelten (aA LAG BaWü 4.12.15 – 9 Sa 12/15, BeckRS 2016, 67249, das davon ausgeht, dass bei einem gegen das ArbZG verstoßenden Arbeitsvertrag nur die Regelungen zur Arbeitszeit nichtig sind, die Vergütungsvereinbarung sich aber auf die vereinbarte, jedoch hinfällige Arbeitszeit bezieht. Dem ist das BAG 24.8.16 – 5 AZR 129/16, NZA 17, 58, nun entgegengetreten und hat einen Vergütungsanspruch für die über das zulässige Maß hinausgehenden Arbeitsstunden auf § 612 BGB gestützt).

28 **1. Dauer der Arbeitszeit. a) Arbeitsvertrag. aa) Erstmalige Festlegung.** Der zeitliche Umfang der Arbeitszeit ist grds zu vereinbaren (im Arbeitsvertrag/durch Bezugnahme auf einen Tarifvertrag) und als wesentliche Arbeitsbedingung schriftlich niederzulegen (§ 2 Abs 1 Nr 7 NachwG). Bezugsrahmen können Tag/Woche/Monat oder Jahr sein. Ist vereinbart, der ArbN werde „in Vollzeit" beschäftigt, ist davon auszugehen, dass die regelmäßige Dauer der Arbeitszeit 40 Wochenstunden nicht übersteigt (BAG 25.3.15 – 5 AZR 602/13, NZA 15, 1002). Die Vertragsarbeitszeit ist bei Streit über den Vertragsinhalt durch Auslegung zu ermitteln; eine stillschweigende Festlegung ist nicht ausgeschlossen (§§ 133, 157 BGB). Lässt sich die Dauer der Arbeitszeit auch durch Auslegung nicht ermitteln, ist im Zweifel die **betriebsübliche Arbeitszeit** vereinbart (BAG 15.5.13 – 10 AZR 325/12, BeckRS 2013, 71556; BAG 25.3.15 – 5 AZR 602/13, NZA 15, 1002) und, soweit keine Anhaltspunkte für eine *Teilzeitbeschäftigung* bestehen, von einer **Vollzeitbeschäftigung** auszugehen. „Betriebsübliche Arbeitszeit" für Vollzeitkräfte ist die in dem jeweiligen Betrieb regelmäßig geleistete Arbeitszeit. Bei tarifgebundenen ArbGeb ist dies regelmäßig die tarifliche Arbeitszeit (BAG 15.5.13 – 10 AZR 325/12, BeckRS 2013, 71556; 21.6.11 – 9 AZR 236/10, NZA 11, 1274). Haben die Parteien keinerlei inhaltliche Vereinbarung getroffen, etwa weil sie von dem Bestand eines freien Dienstverhältnisses ausgegangen sind, kann für die Bestimmung der regelmäßigen vertraglichen Arbeitszeit auf das gelebte Rechts-

verhältnis abgestellt werden, wobei ein Rückblick auf drei volle Kj hinreichend aussagekräftig ist (BAG 2.11.16 – 10 AZR 419/15, NZA 17, 187). Der **Bezugsrahmen** ist zu vereinbaren, andernfalls ist eine vom ArbGeb vorformulierte Arbeitszeitklausel intransparent iSv § 307 Abs 1 Satz 2 BGB (zB „Der ArbN ist verpflichtet, im monatlichen Durchschnitt 150 Stunden zu arbeiten"). Das **Transparenzgebot** soll der Gefahr vorbeugen, dass der Vertragspartner des Klauselverwenders davon abgehalten wird, bestehende Rechte durchzusetzen. Diese Gefahr besteht nicht bei der Abrede: „Die monatliche Arbeitszeit beträgt 150 Stunden". Unwirksam ist dagegen eine Klausel, nach der sich die Dauer der Arbeitszeit nach dem „jeweiligen Arbeitsanfall" richtet (LAG Düsseldorf 17.4.12 – 8 Sa 1334/11, NZA-RR 12, 563). Ausführlich zu den Rechtsfolgen intransparenter Arbeitszeitabreden *Preis* RdA 12, 101.

29 **bb) Änderungen.** Die Arbeitsvertragsparteien können den zeitlichen Umfang der Arbeitspflicht des ArbN (und damit zugleich den Umfang der Beschäftigungspflicht des ArbGeb) jederzeit **einvernehmlich ändern,** und zwar sowohl erhöhen als auch verringern. Eine vom Arbeitsvertrag abweichende tatsächliche Handhabung rechtfertigt allein nicht den Schluss auf eine rechtsgeschäftliche Vertragsänderung. Zu berücksichtigen sind die Absprachen und die Umstände, die dem erhöhten/verringerten Arbeitseinsatz zugrunde liegen (st Rspr BAG 26.9.12 – 10 AZR 336/11, BeckRS 2013, 65304; 25.4.07 – 5 AZR 504/06, NZA 07, 801; BAG 21.6.11 – 9 AZR 236/10, NZA 11, 1274). Das Weisungsrecht ermöglicht keine einseitige Änderung der Arbeitszeitdauer durch den ArbGeb (BAG 23.6.09 – 2 AZR 606/08, NZA 09, 1011; → *Weisungsrecht* Rn 4). Zur **Flexibilisierung** durch Abrufarbeit → *Teilzeitbeschäftigung* Rn 64. Behält sich der ArbGeb im vorformulierten Arbeitsvertrag das Recht vor, den Umfang der wöchentlichen Arbeitszeit innerhalb einer bestimmten Spannbreite einseitig festzulegen, ist das nur wirksam, wenn die maximal abrufbare Arbeitszeit die geschuldete Mindestarbeitszeit um nicht mehr als 25 % übersteigt (LAG BlnBbg 16.10.14 – 21 Sa 903/14, BeckRS 2015, 65167 – sog Spannbreitenregelung). Ob in der Klausel selbst auch die für die Ausübung des Änderungsvorbehalts maßgeblichen Gründe konkretisiert werden müssen, ist str. Vorsorglich sollten zumindest „bedarfsbedingte" Gründe genannt werden. Die Festlegung im Einzelfall unterliegt darüber hinaus der Ausübungskontrolle nach § 106 S 1 GewO iVm § 315 Abs 3 BGB. Eine „nicht ausgehandelte" **befristete Erhöhung** der vertraglich vereinbarten Arbeitszeit unterliegt der AGB-Kontrolle nach §§ 305 ff BGB und nicht der „Sachgrund"-Kontrolle iSd Befristungsrechts (BAG 25.4.18 – 7 AZR 520/16, NZA 18, 1061; 15.12.11 – 7 AZR 394/10, NZA 12, 674; 8.8.07 – 7 AZR 855/06, NZA 08, 229; dazu → *Befristetes Arbeitsverhältnis* Rn 21 ff). Zum Ausschluss einer unangemessenen Benachteiligung des ArbN (§ 307 Abs 1 Satz 1 BGB) ist deshalb stets eine Interessenabwägung erforderlich. Von einer unangemessenen Benachteiligung geht das BAG bei einer Erhöhung im erheblichen Umfang (hier: für drei Monate um 4/8) aus, soweit hierfür kein Befristungsgrund iSv § 14 Abs 1 TzBfG vorliegt (BAG 25.4.18 – 7 AZR 520/16, NZA 18, 1061; 18.12.11 – 7 AZR 394/10, NZA 12, 674; BAG 2.9.09 – 7 AZR 233/08, NZA 09, 1253). Eine Arbeitszeiterhöhung in erheblichem Umfang liegt idR dann vor, wenn sich das Aufstockungsvolumen auf mindestens 25 % einer entsprechenden Vollzeitbeschäftigung beläuft (25.4.18 – 7 AZR 520/16, NZA 18, 1061). Die von der Rspr entwickelten Grenzen sind nun in § 12 Abs 2 TzBfG übernommen worden.

Auch die befristete Verringerung der Arbeitszeit unterliegt der AGB-Kontrolle nach den §§ 305 ff BGB und ist nicht bereits deswegen ausgeschlossen, weil der gesetzliche Anspruch auf Arbeitszeitverringerung gem § 22 Abs 1 TzBfG nicht zeitlich beschränkt werden darf. Solange die Parteien lediglich eine von der gesetzlichen Regelung unabhängige Vereinbarung getroffen haben, ist diese wirksam. Es bedarf dann auch keines die Befristung rechtfertigenden Grundes (BAG 10.12.14 – 7 AZR 1009/12, BeckRS 2015, 66565).

30 **b) Wasch- und Umkleidezeiten.** Ob derartige Zeiten zur vergütungspflichtigen Arbeitszeit rechnen, bestimmt sich zunächst nach dem Inhalt des Arbeitsvertrags/anzuwendenden Tarifvertrags (BAG 28.7.94 – 6 AZR 220/94, DB 95, 434 bejaht für Krankenschwester; BAG 22.3.95 – 5 AZR 934/93, DB 95, 2073 verneint für Koch; BAG 18.5.11 – 5 AZR 181/10, NZA 11, 1247: offen gelassen für Intensivkrankenpfleger). Fehlt eine ausdrückliche Regelung, greift § 611 Abs 1 BGB ein. Danach gilt, dass der ArbGeb die Vergütung für alle Dienste „verspricht", die er dem ArbN aufgrund seines *Weisungsrechts* abverlangt. Zu den Diensten gehört auch das Umkleiden für die Arbeit, wenn der ArbGeb das Tragen einer

bestimmten Berufs- oder Schutzkleidung verlangt und das Umkleiden im Betrieb erfolgen muss (BAG 25.4.18 – 5 AZR 245/17, NZA 18, 1081; 6.9.17 – 5 AZR 382/16, NZA 18, 180; 19.3.14 – 5 AZR 954/12, NZA 14, 787 mit Anm *Thannheiser* AiB 14, 58; 19.9.12 – 5 AZR 678/11, BeckRS 2012, 75900 unter ausdrücklicher Aufgabe von BAG 11.10.2000 – 5 AZR 122/00, NZA 01, 458; krit *Thönißen* ArbRB 15, 276 und *Andritzky/Schneedorf* NZA 16, 1379; umfassend *Bettinghausen* BB 19, 2613) oder es sich um besonders auffällige Arbeitskleidung handelt (BAG 25.4.18 – 5 AZR 245/17, NZA 18, 1081; 6.9.17 – 5 AZR 382/16, NZA 18, 180). Beginnt und endet die Arbeit mit dem Umkleiden, zählen folgerichtig auch die innerbetrieblichen Wege oder der Weg von und zur ausgelagerten Ausgabestelle (BAG 26.10.16 – 5 AZR 168/16, NZA 17, 323; 19.3.14 – 5 AZR 954/12, NZA 14, 787 mit Anm *Thannheiser* AiB 14, 58) zur vergütungspflichtigen Arbeitszeit, wenn der Ort des Umkleidens nicht zugleich der eigentliche Arbeitsplatz ist. Vergütungspflichtig ist allerdings nur die Zeitspanne, die für den einzelnen ArbN unter Ausschöpfung seiner persönlichen Leistungsfähigkeit für Umkleiden und Zurücklegung des Weges zur Arbeitsstelle erforderlich ist (umfassend zum Thema: *Franzen* NZA 16, 136). Das Gericht darf die erforderlichen Umkleide- und damit verbundenen Wegezeiten nach § 287 ZPO schätzen (BAG 26.10.16 – 5 AZR 168/16, NZA 17, 323). Durch Arbeits- oder Tarifvertrag kann eine gesonderte Vergütungsregelung für eine andere als die eigentliche Tätigkeit und damit auch für Umkleidezeiten getroffen werden (BAG 25.4.18 – 5 AZR 245/17, NZA 18, 1081; 26.10.16 – 5 AZR 168/16, NZA 17, 323). Regelt der Tarifvertrag, dass eine Vergütungspflicht besteht, wenn eine Betriebsvereinbarung sie vorsieht, schließt er damit grds eine Verpflichtung zur Entgeltzahlung für Umkleidezeiten aus (BAG 12.12.18 – 5 AZR 124/18, NZA 19, 549).

**c) Wegezeiten.** Üblicherweise erbringt ein ArbN durch den **Weg zur Arbeit** keine 31
Arbeitsleistung (BAG 21.12.06 – 6 AZR 341/06, NZA 08, 136). Aber auch hier gilt, dass zu den „Diensten", die der ArbGeb nach § 611 BGB zu vergüten verpflichtet ist, nicht nur die eigentliche Tätigkeit, sondern jede vom ArbGeb im Gegenseitigkeitsverhältnis verlangte sonstige Tätigkeit oder Maßnahme, die mit der eigentlichen Tätigkeit oder der Art und Weise von deren Erbringung unmittelbar zusammenhängt und damit auch das vom ArbGeb angeordnete Fahren vom Betrieb zu einer auswärtigen Arbeitsstelle (BAG 25.4.18 – 5 AZR 424/17, BeckRS 2018, 17272; 12.12.12 – 5 AZR 355/12, BeckRS 2013, 67178) oder bei einer vorübergehenden Versendung des ArbN zur Arbeit ins Ausland die für die Hin- und Rückreise erforderlichen Zeiten (BAG 17.10.18 – 5 AZR 553/17, NZA 19, 159) oder zu einer Fortbildung (BAG 15.11.18 – 6 AZR 294/17, NZA 19, 486). Entsprechendes gilt für Reisezeiten eines Außendienstmitarbeiters, der auswärtige Kunden zu besuchen hat (ebenso EuGH 10.9.15 – C-266/14, NZA 15, 1177). Seine Arbeitszeit beginnt regelmäßig mit dem Verlassen der Wohnung, wenn er die Kunden von dort aus (und nicht von der Betriebsstätte) aufsucht. Eine entgegenstehende Betriebsvereinbarung tritt als ungünstigere Regelung zurück (BAG 22.4.09 – 5 AZR 292/08, DB 09, 1602); → *Dienstreise* Rn 4–8. Eine andere Frage ist, wie diese Wegezeiten zu vergüten sind. Denn für eine andere als die eigentliche Tätigkeit kann eine gesonderte Vergütung verabredet werden (BAG 25.4.18 – 5 AZR 424/17, BeckRS 2018, 17272; 12.12.12 – 5 AZR 355/12, BeckRS 2013, 67178). Zulässig ist es auch, die Vergütung für Reisezeiten ganz auszuschließen, sofern damit nicht der Anspruch auf Zahlung des Mindestlohns unterschritten wird (BAG 17.10.18 – 5 AZR 553/17, NZA 19, 159). Enthält der ArbV keine Regelung ist die gesetzliche Vergütungspflicht nicht ausgeschlossen. Wegezeiten von **BRatMitgliedern** zwischen Wohnung und Betrieb zur Wahrnehmung der BRatAufgaben sind nach § 37 Abs 3 BetrVG nicht vergütungspflichtig oder können keinen Anspruch auf Freizeitausgleich begründen, wenn entsprechende Fahrtzeiten von ArbN nicht vergütungspflichtig sind (BAG 27.7.16 – 7 AZR 255/14, NZA 16, 1418).

**d) Tarifliche Regelungen.** Tarifliche Arbeitszeitnormen gelten unmittelbar für die 32
tarifgebundenen Parteien (§ 3 Abs 1 TVG), auf Grund Allgemeinverbindlicherklärung (§ 5 TVG) oder infolge einer (wirksamen) Bezugnahme im Arbeitsvertrag (→ *Tarifvertrag* Rn 12; zur Bezugnahme bei AGB *Stoffels/Bieder* RdA 12, 27). Eine Inhaltskontrolle der tariflichen Bestimmung findet nicht statt (§ 310 Abs 4 BGB). Da jeder Tarifvertrag immanent unter dem Vorbehalt späterer Änderung steht (BAG 24.9.08 – 6 AZR 76/07, NZA 09, 154), können die Tarifvertragsparteien die regelmäßige tarifliche Arbeitszeit auf Dauer oder

befristet, verringern oder erhöhen mit und ohne Folgen für den Entgeltanspruch des ArbN. Derartige **Arbeitszeit- und Entgeltbestimmungen** sind **ausnahmsweise unwirksam,** wenn sie unter Berücksichtigung der Besonderheiten der vom Tarifvertrag erfassten Beschäftigungsbetriebe und den dort ausgeübten Tätigkeiten gegen elementare Gerechtigkeitsanforderungen aus Art 2 und Art 20 GG verstoßen (BAG 28.5.09 – 6 AZR 144/08, DB 09, 1769; 24.3.04 – 5 AZR 303/03, NZA 04, 971). Diese Grenzen sind nicht überschritten, wenn ein Ergänzungstarifvertrag zur Vermeidung betriebsbedingter Kündigungen dem ArbN die Wahl überlässt, die tarifliche Arbeitszeit ohne Entgeltausgleich zu erhöhen oder das Arbeitsentgelt bei gleichbleibender Arbeitszeit abzusenken (BAG 13.10.11 – 6 AZR 514/10, BeckRS 2012, 68680). Zur Nachwirkung einer tariflichen Arbeitszeitregelung BAG 16.5.12 – 4 AZR 366/10, BeckRS 2012, 73476; Anm *Haußmann* ArbRAktuell 12, 330208. Außerdem kann das **Weisungsrecht** des ArbGeb durch Tarifvertrag **erweitert** (richtiger: gestaltet oder begründet) werden, dh die Tarifvertragsparteien können den ArbGeb berechtigen, die Dauer der Arbeitszeit festzulegen, soweit sie die Voraussetzungen seines Leistungsbestimmungsrechts konkretisieren (BAG 22.5.85 – 4 AZR 427/83, NZA 86, 166). Bei der Inanspruchnahme einer tariflich erlaubten Arbeitszeitverkürzung ist der ArbGeb nicht an billiges Ermessen gebunden (BAG 14.1.09 – 5 AZR 75/08, NZA 09, 984 [Ls]).

33 **2. Lage der Arbeitszeit. a) Weisungsrecht.** Vorbehaltlich der Mitbestimmung des BRat (→ Rn 36 ff) kann der ArbGeb Beginn und Ende der täglichen Arbeit sowie die Lage der Pausen auf Grund seines **Weisungsrechts** festlegen (BAG 16.4.14 – 5 AZR 483/12, BeckRS 2014, 68682; 18.4.12 – 5 AZR 195/11, NZA 12, 796). Etwas anderes gilt nur bei einer individuellen Arbeitszeitvereinbarung, wie sie oft bei Teilzeitkräften gegeben ist (→ *Teilzeitbeschäftigung* Rn 6). Derartige vertragliche Festlegungen sind bei Vollzeitbeschäftigten nur ausnahmsweise anzunehmen. Voraussetzung ist zumindest, dass der ArbN bei Abschluss des Arbeitsvertrages die Lage der betrieblichen Arbeitszeit ausdrücklich anspricht und deutlich macht, dass er unabhängig von betrieblichen Veränderungen eben diese Arbeitszeit auf Dauer will (BAG 23.6.92 – 1 AZR 57/92, DB 93, 788; 15.9.09 – 9 AZR 757/08, NZA 09, 1333). Erklärungen des ArbGeb im Einstellungsgespräch über die Art der Dienstaufnahme und des Dienstendes (hier: Kontrollschaffner) stellen lediglich einen Hinweis auf die bestehende Praxis dar (BAG 7.12.00 – 6 AZR 444/99, NZA 01, 780). Auch deren langjährige Beibehaltung begründet weder einen „Anspruch" aus betrieblicher Übung noch führt sie zur sog **Konkretisierung,** also zur Bindung des ArbGeb an die eingeführte Verteilung der Arbeitszeit und zum Verzicht auf das Weisungsrecht (BAG 10.7.03 – 6 AZR 372/02, AP TVAL II § 9 Nr 6). Insbes ist der ArbGeb nicht gehalten, bei Zuweisung eines Arbeitsplatzes darauf hinzuweisen, er behalte sich künftige Umsetzungen vor. Ein derartiger **Vorbehalt** ist, wenn die Zuweisung der Arbeit auf dem Weisungsrecht beruht, als selbstverständlich zu unterstellen.

34 Vorbehaltlich einer Beschränkung durch Tarif- oder Arbeitsvertrag und Mitbestimmung des BRat kann der ArbGeb auch den **Arbeitszeitrahmen** einseitig verändern. Schichtdienst, zeitversetzte wie auch geteilte Dienste können eingeführt werden (dazu LAG Köln 14.12.11 – 9 Sa 796/11, BeckRS 2012, 66758 m Anm *Pacholski* öAT), Ruf- und Bereitschaftsdienste eingeführt und aufgegeben werden (BAG 19.6.85 – 5 AZR 57/84, DB 86, 132). Der ArbGeb ist auch nicht durch eine langjährige Übung, wonach ein Teil der Arbeitszeit außerhalb des Dienstgebäudes abgeleistet werden darf, gehindert die ArbN anzuweisen, in Zukunft die gesamte Arbeitszeit im Dienstgebäude zu verbringen (BAG 11.10.95 – 5 AZR 802/94, DB 96, 834).

35 **b) Billiges Ermessen.** Die Festlegung der Arbeitszeit muss billigem Ermessen entsprechen (→ *Weisungsrecht* Rn 4, 17). Familiäre Belange sind bei der Verteilung der Arbeitszeit zu berücksichtigen (LAG Köln 27.3.12 – 12 Sa 987/11, BeckRS 2012, 69615). Das gilt auch für eine gewerkschaftliche Betätigung des ArbN (BAG 13.8.10 – 1 AZR 173/09, NZA-RR 10, 640). Erfordert die Verteilung der Arbeitszeit eine personelle Auswahlentscheidung zwischen mehreren ArbN, sind die Grundsätze zur sozialen Auswahl im Rahmen einer betriebsbedingten Kündigung nicht anzuwenden (BAG 23.9.04 – 6 AZR 576/03, NZA 05, 359). Es ist nicht unbillig, wenn mit der Änderung der Arbeitszeit Zulagen entfallen, die die besondere zeitliche Belastung des ArbN ausgleichen sollen (BAG 23.6.92 –

1 AZR 57/92, DB 93, 788). Ebenso wenig muss der ArbGeb auf lediglich abstrakt bestehende anderweitige Verdienst- und Beschäftigungsmöglichkeiten des ArbN Rücksicht nehmen (LAG BlnBbg 7.1.16 – 5 Sa 1276/15, BeckRS 2016, 68011).

**IV. Rechte des Betriebsrats. 1. Mitbestimmung. a) Allgemeines.** Der BRat hat mitzubestimmen bei der Festlegung von Beginn und Ende der täglichen Arbeitszeit einschließlich der Pausen und ihre Verteilung auf die einzelnen Wochentage (§ 87 Abs 1 Nr 2 BetrVG) sowie bei der vorübergehenden Verkürzung oder Verlängerung der betriebsüblichen Arbeitszeit (§ 87 Abs 1 Nr 3 BetrVG). Die Mitbestimmung nach § 87 Abs 1 Nr 2 BetrVG bezweckt den Schutz der ArbNInteressen an einer sinnvollen Abfolge von Arbeitszeit und Freizeit. Gegenstand ist die Festlegung der Zeit, während der der ArbN seine vertraglich vereinbarte Arbeit tatsächlich erbringen soll (BAG 15.4.08 – 1 ABR 44/07, NZA-RR 09, 98). Das Weisungsrecht des ArbGeb steht insoweit unter dem Vorbehalt des Einverständnisses des BRat. Bei der Verlängerung der betriebsüblichen Arbeitszeit nach § 87 Abs 1 Nr 3 BetrVG geht es um den Gesundheitsschutz (Schutz vor Überforderung) und um die gerechte Verteilung der zu ändernden betriebsüblichen Arbeitszeiten auf die ArbN. Der **betriebsverfassungsrechtliche Begriff** der Arbeitszeit deckt sich deshalb weder mit dem des ArbZG noch führt eine arbeitsvertragliche Vergütungspflicht bestimmter Zeiten ohne weiteres zur Mitbestimmung des BRat (nicht ganz klar jetzt aber BAG 12.11.13 – 1 ABR 59/12, NZA 14, 557, wo im Zusammenhang mit § 87 Abs 1 Nr 2 BetrVG mehrfach § 2 Abs 1 ArbZG erwähnt wird). 36

**b) Betriebsübliche Arbeitszeit/kollektiver Tatbestand.** Betriebsüblich ist jede Arbeitszeit, die für einen bestimmten Arbeitsplatz eines ArbN oder ArbNGruppen gelten. In einem Betrieb können also mehrere betriebsübliche Arbeitszeiten bestehen. Vorausgesetzt wird stets ein kollektiver Tatbestand (→ *Mitbestimmung, soziale Angelegenheiten* Rn 2; auch → *Überstunden* Rn 18, 19). Der Mitbestimmung entzogen ist die **Dauer der individuellen Arbeitszeit** (BAG 22.7.03 – 1 ABR 28/02, NZA 04, 507). Die nicht nur vorübergehende Erhöhung der regelmäßigen Arbeitszeit eines ArbN fällt daher nicht unter § 87 Abs 1 Nr 3 BetrVG. Sie stellt aber eine mitbestimmungspflichtige Einstellung nach § 99 Abs 1 S 1 BetrVG dar, wenn sie für mehr als einen Monat vorgesehen ist und mindestens zehn Stunden pro Woche beträgt (BAG 9.12.08 – 1 ABR 74/07, NZA 09, 260). Ein kollektiver Tatbestand liegt nicht erst dann vor, wenn mehrere ArbN betroffen sind. Auch die Änderung der Lage der Arbeitszeit der einzigen im Betrieb tätigen Reinigungskraft kann das Mitbestimmungsrecht auslösen, wenn dies nicht allein auf ihre spezifischen Wünsche und Bedürfnisse zurückgeht. (LAG Hamm 22.6.12 – 13 TaBV 16/12, BeckRS 2012, 73125). Das Überschreiten einer tariflichen Jahresarbeitszeit löst für sich keine Rechte des BRat aus (BAG 11.12.01 – 1 ABR 3/01, DB 02, 2002). Bei LeihArbN kommt es darauf an, welcher ArbGeb die mitbestimmungspflichtige Arbeitszeitregelung trifft (BAG 19.6.01 – 1 ABR 01/43, NZA 01, 1263; LAG Hess 1.9.11 – 5 TaBV 44/11, BeckRS 2012, 69433, Anm *Schindele* ArbRAktuell 12, 297). Die vereinbarte betriebliche Regelung darf dem ArbGeb nicht die alleinige Gestaltung der betriebsüblichen Arbeitszeit überlassen (LAG Nds 20.2.11 – 9 TaBV 66/11, BeckRS 2012, 68033; BAG 18.4.89 – 1 ABR 2/88, NZA 89, 807). Eine Betriebsvereinbarung, die eine **pauschale Überstundenvergütung** vorsieht, ist unwirksam, wenn sie die Voraussetzungen nicht hinreichend klar bestimmt, etwa weil sie die pauschale Vergütung für „regelmäßige Mehrarbeit" vorsieht (BAG 26.6.19 – 5 AZR 452/18, NZA 19, 1361). 37

**c) Rechtsprechungsübersicht.** Mitbestimmungspflichtig sind Einführung, Abbau sowie Ausgestaltung sämtlicher Arbeitszeitformen wie zB flexible Arbeitszeiten, Ruf- und Bereitschaftsdienst, Schichtarbeit, rollierende Systeme, Gleitzeit s → *Arbeitszeitmodelle* Rn 6–14. Bei Arbeitszeitkonten sind insbes auch die Festlegung des Ausgleichszeitraums für die Einhaltung der Wochenarbeitszeit sowie der Umfang der Schwankungsbreite eines Arbeitszeitkontos mitbestimmungspflichtig (BAG 26.9.17 – 1 ABR 57/15, NZA 18, 194). 38

Das Mitbestimmungsrecht erstreckt sich auf die Aufstellung von Dienst- und Schichtplänen sowie auf die ersatzlose Streichung einer oder mehrerer Schichten, die mit dem BRat schon in einem Jahresarbeitsplan festgelegt sind (BAG 1.7.03 – 1 ABR 22/02, NZA 03, 1209; anders für die endgültige ersatzlose Absage geplanter Mehrarbeit, LAG Köln 17.1.12 – 11 TaBV 80/12, BeckRS 2012, 71358). Bei **Schichtarbeit** sind mitbestimmungspflichtig:

das Ob von Schichtarbeit, die Festlegung der zeitlichen Lage der einzelnen Schichten, die Abgrenzung des Personenkreises, der Schichtplan als solcher und dessen nähere Ausgestaltung sowie die Zuordnung der ArbN zu den einzelnen Schichten (BAG 22.8.17 – 1 ABR 5/16, BeckRS 2017, 136845; 19.6.12 – 1 ABR 19/11, NZA 12, 1237; auch zur hier bejahten Zuständigkeit des Gesamtbetriebsrats; ausführlich *Kleinebrink* ArbRB 18, 249).

**39** Die Mitbestimmung kann dazu führen, dass ein ArbGeb die gesetzlichen Ladenöffnungszeiten wegen der mitbestimmten Lage der Arbeitszeit nicht voll ausschöpfen kann (BAG 31.8.82 – 1 ABR 27/80, DB 83, 453). Bei **Teilzeitbeschäftigten** hat der BRat ebenfalls ein umfassendes Mitbestimmungsrecht, das sich auf die Frage der Mindestdauer der täglichen Arbeitszeit, einer Höchstzahl von Arbeitstagen in der Woche, Mindestzahl arbeitsfreier Samstage, Einführung von Schichten und Ruhepausen (BAG 13.10.87 – 1 ABR 10/86, DB 88, 341) sowie die vorübergehende Verlängerung der Arbeitszeit erstreckt (BAG 24.4.2007 – 1 ABR 47/06, NZA 07, 818). Weitet der ArbGeb die Betriebszeit auf einen unüblichen Zeitraum aus (Sonntagsverkauf) und zieht er hierfür nur Personal heran, das dem Betrieb bisher nicht angehörte, besteht ein Mitbestimmungsrecht nach § 87 Abs 1 Nr 2 BetrVG, nicht aber nach § 87 Abs 1 Nr 3 BetrVG (BAG 25.2.97 – 1 ABR 69/96, NZA 97, 955).

**40** Für **Dienstreisen** hat das BAG offen gelassen, ob sich Mitbestimmungsrechte des BRat nach § 99 BetrVG (→ *Versetzung* Rn 16) oder nach § 98 BetrVG (→ *Betriebliche Berufsbildung* Rn 4 f) ergeben. Die außerhalb der für den ArbN üblichen Arbeitszeit liegende Fahrzeit ohne gleichzeitige Arbeitsverpflichtung hat es als betriebsverfassungsrechtlich nicht relevante Arbeitszeit bewertet (BAG 23.7.96 – 1 ABR 17/96, NZA 97, 216). Die Zeit der Teilnahme von ArbN an einem vom ArbGeb veranlassten Mediationsverfahren stellt keine Arbeitszeit im betriebsverfassungsrechtlichen Sinne dar, da währenddessen keine Arbeitsleistung erbracht wird (LAG Nürnberg 27.8.13 – 5 TaBV 22/12, BeckRS 2013 73254). Dagegen sind Zeiten, die der ArbN aufwenden muss, um eine vorgeschriebene auffällige **Berufskleidung** anzulegen, betriebsverfassungsrechtlich Arbeitszeit (BAG 12.11.13 – 1 ABR 59/12, NZA 14, 557; 10.11.09 – 1 ABR 54/08, NZA-RR 10, 301), wobei es hierzu genügt, wenn die ArbN im öffentlichen Raum aufgrund der Ausgestaltung ihrer Kleidungsstücke ohne Weiteres als Angehörige ihres ArbGeb erkannt werden können (BAG 17.11.15 – 1 ABR 76/13, NZA 16, 247 mit Anm *Schiefer* PuR 16, 106). Gleiches gilt für die Entgegennahme und Abgabe von arbeitsnotwendigen Betriebsmitteln (BAG 12.11.13 – 1 ABR 59/12, NZA 14, 557). Das Anlegen von vorgeschriebener Arbeitskleidung zählt hingegen nicht zur Arbeitszeit im betriebsverfassungsrechtlichen Sinne, wenn die Kleidung zu Hause angezogen und ohne weiteres auf dem Weg zur Arbeitsstätte getragen werden kann (BAG 12.11.13 – 1 ABR 59/12, NZA 14, 557; *Thönißen* ArbRB 15, 276). Zur Mitbestimmung der Arbeitszeit bei LeihArbN → *Arbeitnehmerüberlassung/Zeitarbeit* Rn 60. Im **Arbeitskampf** entfällt das Mitbestimmungsrecht; der ArbGeb hat den BRat über Änderungen der Arbeitszeit nur zu informieren (BAG 10.12.02 – 1 ABR 7/02, NZA 04, 223). Eine Suspendierung der Mitbestimmung des BRat bei der vorübergehenden Verlängerung der betriebsüblichen Arbeitszeit ist aber nicht aus arbeitskampfrechtlichen Gründen geboten, wenn der ArbGeb Mehrarbeit gegenüber allen dienstplanmäßig eingeteilten ArbN zur Aufarbeitung streikbedingter Arbeitsrückstünde nach Beendigung der Arbeitsniederlegung anordnet (BAG 20.3.18 – 1 ABR 70/16, NZA 18, 1081).

**41** **d) Tarifvorbehalt.** Die Beteiligungsrechte des BRat stehen unter dem Vorbehalt der gesetzlichen oder tariflichen Regelung (→ *Mitbestimmung, soziale Angelegenheiten* Rn 6 ff). Das Mitbestimmungsrecht ist ausgeschlossen, wenn die Tarifvertragsparteien eine abschließende und zwingende Regelung zu der betreffenden Arbeitszeitthematik getroffen haben (BAG 24.4.2007 – 1 ABR 47/06, NZA 07, 818). Haben die Betriebsparteien einen Gestaltungsspielraum, ist daran auch die **Einigungsstelle** gebunden. Der tariflich eröffnete Entscheidungsrahmen kann regelmäßig voll ausgeschöpft werden (BAG 9.11.10 – 1 ABR 75/09, NZA-RR 11, 354). Eine Betriebsvereinbarung über die Verteilung der Arbeitszeit ist unwirksam, wenn sie zugleich Regelungen über die Dauer der wöchentlichen/jährlichen Arbeitszeit enthält, die in Widerspruch zu einem für den Betrieb geltenden Tarifvertrag stehen (BAG 22.6.93 – 1 ABR 62/92, NZA 94, 184; 27.11.02 – 4 AZR 660/01, AP Nr 34 zu § 87 BetrVG 1972 Tarifvorrang). Unwirksam ist auch eine Betriebsvereinbarung, die von einem Tarifvertrag abweicht, der den vollständigen Ausgleich von Gleitzeitguthaben innerhalb eines bestimmten Zeitraums vorsieht (BAG 29.4.04 – 1 ABR 30/02, NZA 04,

670). Sog Regelungsabreden und vertragliche Einheitsregelungen (→ *Betriebsvereinbarung* Rn 2, 15) sollen demgegenüber gelten, weil sie die Arbeitsbedingungen der ArbN nicht normativ bestimmen. In Betracht kommt bei einer Beteiligung des BRat aber ein Eingriff in die nach Art 9 Abs 3 GG geschützte Tarifautonomie, so dass ein **Unterlassungsanspruch** der Gewerkschaft gegen den ArbGeb bestehen kann (BAG 20.4.99 – 1 ABR 72/98, NZA 99, 887).

**2. Überwachung.** Zur Feststellung, ob das ArbZG vom ArbGeb eingehalten wird, kann der BRat nach § 80 BetrVG umfassend Auskunft und Vorlage der Arbeitszeitaufzeichnungen nach § 16 ArbZG verlangen (BAG 31.1.89 – 1 ABR 72/87, NZA 89, 932). Das gilt auch bei sog Vertrauensarbeitszeit (BAG 6.5.03 – 1 ABR 13/02, NZA 03, 1348). Ihm sind auch die **Gleitzeitkontoauszüge** zur Verfügung zu stellen (LAG BaWü 21.2.94 – 15 TaBV 11/93, DB 95, 51). Nach – der älteren Rspr des BAG zum Initiativrecht (vgl BAG 28.11.89 – 1 ABR 97/88, NZA 90, 406) widersprechender – Auffassung des LAG Hamm (4.6.19 – 7 TaBV 93/18, BeckRS 2019, 15021; s auch *Schipp* ArbRB 19, 282; *Reinhard* NZA 19, 1313; *Brors* NZA 19, 1176) ist jedenfalls eines Einigungsstelle nicht offensichtlich unzuständig, wenn der BRat ein Initiativrecht zur **Einführung elektronischer Arbeitszeiterfassungsgeräte** gem § 87 Abs 1 Nr 6 BetrVG reklamiert. Für das Personalvertretungsrecht hat das BVerwG (19.3.14 – 6 P 1/13, BeckRS 2014, 51361) entschieden, dass der Personalrat zur Ausübung seines Überwachungsrechts nicht der Vorlage der Daten der elektronischen Arbeitszeiterfassung unter Namensnennung der Beschäftigten bedarf, sondern eine anonymisierte Arbeitszeitliste genügt. 42

**3. Arbeitszeitquote.** In einigen Tarifbereichen ist dem ArbGeb gestattet, eine bestimmte, prozentual festgelegte Zahl von ArbN über die tarifliche wöchentliche Arbeitszeit hinaus zu beschäftigen. Verlangt die Tarifnorm, dass diese Quote nur zu halbjährlichen Stichtagen einzuhalten ist, kann der BRat einer **Einstellung** nicht nach § 99 BetrVG mit der Begründung widersprechen, die mit dem ArbN vereinbarte höhere Arbeitszeit verstoße gegen den Tarifvertrag, weil die Quote bereits erfüllt und durch die Neueinstellung überschritten werde (BAG 17.6.96 – 1 ABR 3/97, NZA 98, 213). Gleiches gilt nach **Ablauf eines Tarifvertrags.** Der BRat kann der **Eingruppierung** eines mit höherer Arbeitszeit neu eingestellten ArbN nicht deshalb widersprechen, weil die Erhöhung der Arbeitszeit zu einem geringeren Stundenentgelt führt. Die Eingruppierung bestimmt sich nach den abstrakt festgelegten Tätigkeitsmerkmalen und nicht nach dem Stundenumfang (BAG 28.6.06 – 10 ABR 42/05, NZA-RR 06, 648). 43

**4. Vorschlags- und Beratungsrecht.** Die Bedeutung von Dauer und Verteilung der Arbeitszeit ist allgemein anerkannt. „Betriebliche Bündnisse für Arbeit" und Tarifverträge zur Sicherung der Beschäftigung enthalten fast immer Regelungen über die Arbeitszeit, wobei die Dauer der Arbeitszeit mit oder ohne (anteiligen) Lohnausgleich verkürzt oder verlängert wird und der ArbGeb als „Gegenleistung" für einen bestimmten Zeitraum von betriebsbedingten Kündigungen Abstand nimmt. Ua auf dieser Praxis beruht der zum 28.7.01 eingefügte § 92a BetrVG. Der BRat kann danach dem ArbGeb Vorschläge zur **Sicherung und Förderung der Beschäftigung** machen. Das an sich selbstverständliche **Vorschlagsrecht** erstreckt sich auf neue Formen der Arbeitsorganisation, auf Änderungen der Arbeitsverfahren und der Arbeitsabläufe, insbesondere kann Gegenstand der Vorschläge auch eine flexible Gestaltung der Arbeitszeit und die Förderung von Teilzeit sein. Dem Gestaltungsspielraum der Betriebsparteien sind allerdings durch den Tarifvorbehalt des § 87 Abs 1 BetrVG Grenzen gesetzt. 44

Der ArbGeb hat die Vorschläge mit dem BRat zu **beraten** und muss, wenn er sie für ungeeignet hält, dies begründen. Die Begründung bedarf in Betrieben mit mehr als 100 ArbN der **Schriftform.** Außerdem können ArbGeb oder BRat zu den Beratungen einen Vertreter der Agentur für Arbeit oder der Landesagentur für Arbeit hinzuziehen (§ 92a Abs 2 BetrVG). In § 92a BetrVG werden mithin keine Mitbestimmungsrecht des BRat begründet; er hat über diese Vorschrift keine Möglichkeit, seine Vorschläge über die Einigungsstelle durchzusetzen. Das Verdikt, es handele sich deshalb um „Mitbestimmungslyrik" (*Däubler* ArbuR 01, 1), fördere „Bürokratismus" und schaffe nur ein „Lästigkeitspotenzial" (*Annuß* NZA 01, 367; *Bauer* NZA 01, 375; *Reichold* NZA 01, 857) erscheint gleichwohl nicht angebracht. Das Erfordernis zur Begründung, vor allem zur schriftlichen

Begründung, dient der **sachbezogenen Auseinandersetzung** mit den Argumenten des BRat. Der BRat kann seinen Anspruch auf Beratung und auf ordnungsgemäße Unterrichtung über die Ablehnungsgründe des ArbGeb vor dem ArbG verfolgen (*Däubler* ArbuR 01, 285). Da die auf die Arbeitszeit bezogenen Mitbestimmungsrechte des BRat nach § 87 Abs 1 Nr 2 und 3 BetrVG und das damit verbunden Initiativrecht durch § 92a BetrVG unberührt bleiben, werden sich Überschneidungen im Anwendungsbereich der Vorschriften ergeben. Der BRat hat deshalb bei Vorschlägen zur Teilzeitarbeit und zur Einführung flexibler Arbeitszeitmodelle klarzustellen, ob er sein Mitbestimmungsrecht oder sein Vorschlagsrecht in Anspruch nimmt. Ihm ist unbenommen, bei Erfüllung der gesetzlichen Voraussetzungen „zweigleisig" zu verfahren.

45 **5. Durchsetzung/Prozessuales.** Das Mitbestimmungsrecht wird idR durch (erzwingbare) Betriebsvereinbarung oder Regelungsabsprache realisiert. Sache des ArbGeb ist, die kollektivrechtliche Regelung durchzuführen. Er muss dafür Sorge tragen, dass vereinbarte Zeitgrenzen eingehalten werden, und die hierfür erforderlichen personellen, organisatorischen oder technischen Maßnahmen ergreifen (LAG Köln 8.2.10 – 5 TaBv 28/09, NZA-RR 10, 303; BAG 29.4.04 – 1 ABR 30/02, NZA 04, 670). Reichen die Unterrichtung der ArbN über die vereinbarten Arbeitszeitgrenzen und die Ermahnung bei Verstößen nicht aus, hat der ArbGeb darüber hinausgehende Maßnahmen zu ergreifen, ggf bis hin zur Verringerung der Arbeitsmenge (Hess LAG 30.11.15 – 16 TaBV 96/15, BeckRS 2016, 66434). Zum Durchführungsanspruch des BRat → *Betriebsvereinbarung* Rn 19–22. Bei Verstößen des ArbGeb gegen die mitbestimmt festgelegten Arbeitszeiten hat der BRat Anspruch auf Unterlassung (→ *Unterlassungsanspruch* Rn 14). Das gilt auch dann, wenn Mehrarbeit allein dadurch entsteht, dass die ArbN die gesetzliche Mindestpause nicht wahrnehmen (können), BAG 7.2.12 – 1 ABR 77/10, NZA-RR 12, 359. Der Anspruch kann durch **einstweilige Verfügung** (durch sog Befriedigungsverfügung) durchgesetzt werden. Als Verfügungsgrund genügt die drohende Vereitelung der Rechte des BRat, wesentliche Nachteile für einzelne ArbN brauchen nicht dargelegt zu werden (LAG Köln 12.6.12 – 12 TaBVGa 95/12, BeckRS 2012, 73155 m zust Anm *Schindele* ArbRAktuell 12, 491; so auch LAG Nds 6.4.09 – 9 TaBVGa 15/09, BeckRS 2010, 66443).

## B. Lohnsteuerrecht *Seidel*

50 Die Arbeitszeit kann lohnsteuerlich in folgenden Fällen von Bedeutung sein: → *Aushilfskräfte* Rn 21 ff, → *Bereitschaftsdienst* Rn 16, → *Entgeltzuschläge* Rn 13 ff, → *Fahrten zwischen Wohnung und Arbeitsstätte* Rn 26, → *Freizeitbeschäftigung* Rn 11, 12, → *Kurzarbeit* Rn 27, → *Nachtarbeit* Rn 13, → *Nebentätigkeit* Rn 20 ff, → *Rufbereitschaft* Rn 11, → *Sonn- und Feiertagsarbeit* Rn 18 ff, → *Teilzeitbeschäftigung* Rn 114 ff, → *Überstunden* Rn 25 und → *Verpflegungsmehraufwendungen* Rn 8.

## C. Sozialversicherungsrecht *Voelzke*

56 **1. Versicherungspflicht.** Die zwischen ArbGeb und ArbN vereinbarte Arbeitszeit ist für das Eintreten von SozVPflicht nicht von unmittelbarer Bedeutung, denn die Regelung über die Versicherungsfreiheit wegen Geringfügigkeit verzichtet auf eine starre zeitliche Grenze, dh eine Beschäftigung kann auch dann geringfügig sein, wenn die hierfür aufgewendete Arbeitszeit 15 Stunden oder mehr in der Woche beträgt. Entscheidend ist allein, ob die Entgeltgrenze von 450 Euro bzw die zeitliche Grenze von drei Monaten oder 70 Arbeitstagen überschritten wird (§ 8 Abs 1 SGB IV idF des Gesetzes vom 18.12.18, BGBl I 18, 2651; Näheres: *Geringfügige Beschäftigung*).

57 **2. Beitragsrecht.** Für die Beitragserhebung in der SozV ist bei bestehender Versicherungspflicht unerheblich, in welcher Zeit der ArbN das Arbeitsentgelt erzielt hat. Das Beitragsrecht knüpft in allen Versicherungszweigen an den einheitlichen Entgeltbegriff des § 14 SGB IV an, der unabhängig vom Zeitfaktor alle laufenden oder einmaligen Einnahmen aus einer Beschäftigung umfasst. Folglich wird das beitragsrechtlich relevante Entgelt auch nicht dadurch begrenzt, dass es in einer zulässigen Zahl von Stunden erzielt wurde (BSG 28.6.90 – 9b/11 RAr 15/89, SozR 3–4100 § 59 Nr 3).

**3. Arbeitslosenversicherung.** Bedeutung hat die Arbeitszeit weiterhin für den Versicherungsfall der Arbeitslosigkeit, weil nach § 138 Abs 3 SGB III die Ausübung einer Beschäftigung, selbstständigen Tätigkeit oder Tätigkeit als mithelfender Familienangehöriger mit einer Dauer von zumindest 15 Stunden einen Anspruch auf AlGeld ausschließt (→ *Arbeitslosengeld* Rn 18). Eine derartige zeitliche Obergrenze für neben dem Leistungsbezug ausgeübte Erwerbstätigkeiten besteht für Leistungsansprüche nach dem SGB II nicht (→ *Arbeitslosengeld II* Rn 8). 58

# Arbeitszeitmodelle

## A. Arbeitsrecht

*Poeche*

**1. Ausgangslage.** Internationaler Wettbewerb und eigene Konkurrenz innerhalb weltweit operierender Konzerne – „Globalisierung" – haben ein Umdenken in Fragen der Arbeitszeit bewirkt. Statt starrer Regeln, die für jeden Arbeitstag/jede Arbeitswoche für den ArbN eine bestimmte (stets entgeltpflichtige) Stundenzahl festlegen, finden sich zunehmend Arbeitszeitregelungen, die einen bedarfs- und produktionsgerechten Einsatz des ArbN ermöglichen. Mehrkosten durch unproduktive Stunden und teure Überstunden sollen vermieden werden. Dies entspricht dem **Zweck** des (zwingenden) öffentlichen Arbeitszeitrechts. Nach § 1 Nr 1 Hs 2 ArbZG soll es die Rahmenbedingungen für **flexible Arbeitszeiten** verbessern, dient damit nicht nur der Sicherheit und dem Gesundheitsschutz der ArbN, sondern auch dem Wirtschaftsstandort Deutschland (§ 1 Nr 1 ArbZG). Zum Reformbedarf in der sog Arbeitswelt 4.0 (*Pfrogner* BB 18, 500; *Jacobs* NZA 16, 733; *Schlegel* AuR 16, 325; *Steffan* NZA 15, 1409; *Grimm* ArbRB 15, 336). 1

**2. Rechtliche Rahmenbedingungen. a) Öffentliches Arbeitszeitrecht.** Sämtliche Arbeitszeitmodelle über eine nicht schematisch festgelegte Verteilung der Arbeitszeit müssen die durch das ArbZG gezogenen Grenzen einhalten. § 3 ArbZG lässt für die Berücksichtigung betrieblicher Bedürfnisse breiten Raum. Zwar beschränkt er die werktägliche höchstzulässige Arbeitszeit auf acht Stunden, stellt aber einen Ausgleichszeitraum von sechs Monaten oder 24 Wochen zur Verfügung, in der diese Zeit im Durchschnitt erreicht werden darf. Der ArbN darf daher mehrere Wochen hintereinander werktäglich zehn Stunden, 60 Stunden/Woche (einschließlich Samstag) arbeiten, vorausgesetzt, der jeweilige Wochenüberhang von zwölf Stunden wird innerhalb des Ausgleichszeitraums ausgeglichen (→ *Arbeitszeit* Rn 9 ff). 2

In einem **Tarifvertrag** oder einer auf Grund eines Tarifvertrags zugelassenen Betriebs- oder Dienstvereinbarung kann weitergehend unter den in § 7 ArbZG näher bestimmten Voraussetzungen ua die werktägliche Arbeitszeit von zehn Stunden überschritten und ein anderer Ausgleichszeitraum festgelegt werden. Soweit in bestimmten Tätigkeitsbereichen herkömmlich keine Tarifverträge geschlossen werden, kann die **Aufsichtsbehörde** im Einzelfall Abweichungen vom sonst zwingenden Recht zulassen (→ *Arbeitszeit* Rn 19). In diesem Rahmen steht es den Arbeitsvertragsparteien frei, die für ihr Arbeitsverhältnis maßgebende Arbeitszeitregelung zu vereinbaren. Daneben sind die für besondere ArbNGruppen bestehenden Schutzgesetze zu beachten (→ *Behinderte* Rn 39; → *Jugendarbeitsschutz* Rn 18; → *Mutterschutz* Rn 16).

**b) Individualarbeitsrecht. aa) Allgemeines.** Nach § 611a Abs 2 BGB hat der ArbN Anspruch auf Entgelt für die von ihm vertraglich geschuldete und geleistete Arbeit (Soll-Arbeitszeit) sowie für die Zeiten, in denen er mit Entgeltanspruch von seiner Arbeitsleistung befreit ist (zB *Betriebsratsfreistellung, Entgeltfortzahlung, Urlaub*). Anspruch auf Annahmeverzugslohn (§ 615 BGB) besteht, wenn der ArbGeb die vom ArbN angebotene Arbeitsleistung nicht annimmt. Die ausfallende Arbeitszeit braucht nicht nachgeleistet zu werden (*Annahmeverzug*). Das wirtschaftliche Risiko einer Nichtbeschäftigung des ArbN trägt nach der gesetzlichen Konstellation danach der ArbGeb. Dieses Risiko wird bei einer flexiblen Verteilung der Arbeitszeit zunehmend auf den ArbN verlagert. Vor diesem Hintergrund wird bei flexiblen Modellen das monatliche Entgelt regelmäßig von der geleisteten Arbeit entkoppelt. Der ArbN erhält auf der Grundlage der vereinbarten Soll-Stunden eine **ver-** 3

**stetigte Vergütung.** Im Interesse beider Vertragsparteien wird ein **Arbeitszeitkonto** geführt, auf dem die vergütungspflichtigen Stunden dokumentiert werden (Plus-Stunden). Ein Vergleich mit der Soll-Arbeitszeit zeigt, ob das Konto ausgeglichen ist. Das Arbeitszeitkonto spiegelt damit das Verhältnis von Soll- und Istarbeitszeit wider. **Plusstunden** des ArbN drücken seinen bereits entstandenen Geldanspruch in anderer Form aus, **Minusstunden** dokumentieren, dass der ArbGeb die entsprechende Zeitspanne bereits vorschussweise vergütet hat, der ArbN mithin zur Nachleistung verpflichtet ist. Beides sind mithin regelmäßig lediglich **rechnerische Größen** zur Feststellung, welche Ansprüche (noch) bestehen (st Rspr BAG 26.1.11 – 5 AZR 819/09, NZA 11, 640). In der Vereinbarung eines Arbeitszeitkontos mit verstetigter Lohnzahlung liegt damit eine wechselseitige Vorschussvereinbarung. Ein nicht ausgeglichenes Arbeitszeitkonto weist, je nach Stand, Vorleistungen der einen oder der anderen Seite aus. Ein negatives Zeitguthaben bedeutet bei gleichbleibender, nach der regelmäßigen Arbeitszeit des AN bemessener Vergütung einen Vorschuss des ArbGeb (BAG 15.5.13 – 10 AZR 325/12, BeckRS 2013, 71556). Dieser Vorschuss kann zum Ende des Arbeitsverhältnisses mit noch offenen Entgeltansprüchen des ArbN ohne Rücksicht auf die Pfändungsfreigrenzen verrechnet werden. Dies gilt nach richtiger Auffassung des LAG MeVo (13.10.15 – 2 Sa 113/15, BeckRS 2016, 66165) allerdings dann nicht, wenn die negative Buchung darauf beruht, dass der ArbGeb den ArbN zB wegen Auftragsmangels nicht beschäftigen kann, sich also in Annahmeverzug befindet.

4 **bb) Arbeitszeitkonto.** Eine Verpflichtung des ArbGeb zur Einrichtung eines Arbeitszeitkontos besteht nur bei einer entsprechenden arbeitsvertraglichen Vereinbarung. Dazu genügt nicht die Abrede, geleistete Überstunden durch Freizeit auszugleichen (BAG 21.3.12 – 6 AZR 560/10, BeckRS 2012, 69639). Gegenläufig kann der ArbN vom ArbGeb beanspruchen, dass er das Arbeitszeitkonto entsprechend den vereinbarten Vorgaben führt (BAG 21.3.12 – 5 AZR 676/11, NZA 12, 870; hier: Verrechnung überbezahlter Arbeitsstunden mit einem Überstundenkonto). Buchungen auf dem Konto stellen keine rechtsgeschäftlichen Erklärungen, sondern lediglich tatsächliche Handlungen iS sog Wissenserklärungen dar. Es handelt sich also nicht um Schuldanerkenntnisse (BAG 23.9.15 – 5 AZR 767/13, NZA 16, 295). **Aufbau und Abbau** eines Arbeitszeitkontos können jeweils eigenen Regeln folgen. Es besteht kein allgemeiner Grundsatz, dass der Abbau spiegelbildlich zum Aufbau erfolgen muss (BAG 17.3.10 – 5 AZR 296/09, NZA 11, 253). Die infolge der Inanspruchnahme des gesetzlichen **Urlaubs** ausgefallenen Soll-Arbeitsstunden sind in dem Konto als Ist-Stunden einzustellen. Auch im Krankheitsfall sind grds Zeitgutschriften zu gewähren (BAG 16.7.14 – 10 AZR 242/13, NZA 15, 499). Bei einem LeihArbN ist die im Entleiherbetrieb während des Urlaubs ausgefallene Arbeitszeit gutzuschreiben, auch wenn sie über die vertraglich vereinbarte Arbeitszeit hinausgeht (LAG BlnBbg 11.10.13 – 8 Sa 691/13, BeckRS 2014, 66699). Die Vereinbarung, nur eine geringere Stundenanzahl gutzuschreiben, verstößt gegen § 13 Abs 1 BUrlG und ist unwirksam (BAG 19.6.12 – 9 AZR 712/10, NZA 12, 1227; für den Anspruch auf EFZ ebenso LAG BlnBbg 17.10.13 – 25 Sa 157/13, BeckRS 2013, 74546). Das Arbeitszeitkonto im **Leihverhältnis** darf nicht dazu eingesetzt werden, § 11 Abs 4 S 2 AÜG zu umgehen und das vom Verleiher zu tragende Beschäftigungsrisiko auf den LeihArbN abzuwälzen. Regelungen, die es dem Verleiher ermöglichen, in verleihfreien Zeiten einseitig das Arbeitszeitkonto abzubauen, sind daher unwirksam (BAG 16.4.14 – 5 AZR 483/12, BeckRS 2014, 68682; Hess LAG 28.4.16 – 9 Sa 1287/15, BeckRS 2016, 120698). Etwas anderes soll dann gelten, wenn der LeihArbN bei einem Entleiher eingesetzt wird, der seine Arbeitsleistung nicht im vertraglich geschuldeten Umfang abruft. In diesem Fall soll das Arbeitszeitkonto abgebaut werden können (LAG Köln 17.1.18 – 3 Sa 831/16, BeckRS 2018, 5193, nrkr). Aus der Vereinbarung über die Führung eines Arbeitszeitkontos folgt nicht bereits, dass der ArbGeb ohne weiteres berechtigt ist, **Minusstunden** zu verrechnen. Auch dies bedarf einer besonderen Vereinbarung (BAG 21.3.12 – 5 AZR 667/11, NZA 12, 870; LAG SchlHol 12.5.15 – 1 Sa 359a/14, BeckRS 2015, 71970; aA *Hanau/Hoff* NZA 15, 1169). Ohne besondere Abrede kann der ArbGeb ohne Zustimmung des ArbN allein auf der Grundlage seines Direktionsrechts in den Grenzen der Billigkeit durch Gewährung von Freizeitausgleich das Guthaben auf dem Arbeitszeitkonto abbauen (LAG Hamm 18.5.17 – 18 Sa 1143/16, BeckRS 2017, 127620). § 2 Abs 2 **MiLoG** beschränkt die Möglichkeiten zur Führung eines Arbeitszeitkontos, damit die Zahlung des Mindestlohns nicht durch die Einrichtung eines solchen

Kontos umgangen wird (vgl hierzu *Elking* AuA 3/15, 169; *Bonanni/Hahne* ArbRB 11/14, 343). Die Beschränkungen gelten jedoch nur, soweit der Anspruch auf Mindestlohn für die geleisteten Arbeitsstunden nicht durch die verstetigte Vergütung erfüllt ist. Danach kann dem ArbN über die vertraglich vereinbarte Arbeitszeit hinausgehende Arbeit auf ein schriftlich vereinbartes Arbeitszeitkonto gutgeschrieben werden, wenn dieses innerhalb von zwölf Monaten nach der monatlichen Erfassung der Arbeitszeit ausgeglichen wird. Die Gutschriften dürften außerdem monatlich nicht mehr als 50% der vertraglich vereinbarten Arbeitszeit ausmachen. Nach der Beendigung des Arbeitsverhältnisses sind die Arbeitsstunden spätestens in dem auf die Beendigung folgenden Kalendermonat auszugleichen. Wird die Einrichtung eines Arbeitszeitkontos in **Allgemeinen Geschäftsbedingungen** vereinbart, unterliegt deren Inhalt einer Kontrolle nach §§ 305 ff BGB (näher LAG Nds 6.5.15 – 17 Sa 70/15, BeckRS 2015, 72158). Bei einer fehlerhaften Kürzung des Kontos durch den ArbGeb hat der ArbN Anspruch auf **Wiederherstellung** des Guthabens (BAG 31.7.14 – 6 AZR 759/12, NZA-RR 15, 28). Ein **Klageantrag,** die zu Unrecht abgezogenen Stunden dem Arbeitszeitkonto „gutzuschreiben", ist hinreichend bestimmt iSv § 253 ZPO (st Rspr vgl BAG 21.3.12 – 5 AZR 676/11, NZA 12, 870), wenn der ArbN angibt, an welcher Stelle des Arbeitszeitkontos die Gutschrift erfolgen soll (BAG 21.10.15 – 5 AZR 843/14, BeckRS 2016, 66999). Verlangt der ArbN hingegen die verstetigte Lohnzahlung für einen bestimmten Zeitraum, ohne in diesem Zeitraum die geschuldete Arbeitsleistung (in vollem Umfang) erbracht zu haben, ist sein Vortrag nur schlüssig, wenn er erkennen lässt, dass er einen Vorschuss und nicht eine bereits verdiente Vergütung verlangt, etwa indem er sich mit einer entsprechenden Belastung seines Arbeitszeitkontos mit Minusstunden einverstanden erklärt (BAG 15.5.13 – 10 AZR 325/12, BeckRS 2013, 71556). Wird mit der Klage der arbeitgeberseitig mitgeteilte Saldenstand geltend gemacht, bedarf es nicht der Darlegungen des klagenden ArbN, dass die über die regelmäßige Arbeitszeit hinaus geleisteten Arbeitsstunden auf Anordnung oder mit Duldung des ArbGeb geleistet wurden (LAG MeVo 10.7.18 – 2 Sa 33/18, BeckRS 2018, 20143).

**3. Gleitzeit. a) Inhalt.** Gleitzeit überlässt dem ArbN, Beginn und Ende seiner individu- 5
ellen Arbeitszeit innerhalb eines vorgegebenen Rahmens zu regeln (Gleitzeit) und verpflichtet ihn nur zur Einhaltung einer bestimmten festen Zeit (Kernzeit). Beispiel: Gleitzeit von 7.00 Uhr bis 9.00 Uhr und von 15.00 Uhr bis 18.00 Uhr; Kernzeit ist damit die Zeit von 9.00 Uhr bis 15.00 Uhr, während der der ArbN seine Arbeitsleistung zur Verfügung stellen muss. Regelmäßig erhält der ArbN ein verstetigtes Entgelt. Die tatsächlich geleisteten Stunden werden auf einem **Gleitzeit- oder Arbeitszeitkonto** erfasst. Über- oder Unterschreitungen der geschuldeten Arbeitszeit sind innerhalb der vereinbarten Zeiten auszugleichen. Werden die Ausgleichszeiträume für den Abbau von Gleitzeitguthaben überschritten, können diese je nach betrieblicher Regelung verfallen. Nicht ausgeglichene Stunden sind in Geld zu vergüten, wenn wegen der Beendigung des Arbeitsverhältnisses kein Ausgleich erfolgen kann (BAG 24.11.93 – 5 AZR 153/93, NZA 94, 759; → *Überstunden* Rn 13). Sieht eine Betriebsvereinbarung vor, dass Zeiten, die über ein bestimmtes Höchstmaß hinausgehen, nicht dem Gleitzeitkonto gutgeschrieben, sondern vielmehr gekappt werden, so wird damit nicht in die Vergütungsansprüche des ArbN eingegriffen. Es wird lediglich geregelt, dass es sich bei dieser Arbeitszeit nicht um zu verteilende Arbeitszeit im betriebsverfassungsrechtlichen Sinne handelt (BAG 10.12.13 – 1 ABR 40/12, NZA 14, 675).

**b) Persönliche Verhinderungen** des ArbN während der Gleitzeit begründen wegen 6
der fehlenden Arbeitspflicht keinen Anspruch auf Arbeitsbefreiung und damit keinen Anspruch auf die Gutschrift von Stunden (BAG 22.1.09 – 6 AZR 78/08, NZA 09, 735, 16.12.93 – 6 AZR 236/93, DB 94, 2034: Ausübung eines öffentlichen Ehrenamtes; LAG Köln 10.2.93 – 8 Sa 894/92, LAGE Nr 7 zu § 616 BGB: Arztbesuch). Bei der Teilnahme des ArbN an einem **Streik** kommt es auf den Zeitpunkt an. Eine Gleitzeitregelung berechtigt den ArbN, außerhalb der Kernarbeitszeit über die Lage und Dauer seiner Arbeitszeit autonom zu bestimmen. Mit dem Abmelden aus dem Zeiterfassungssystem beginnt seine Freizeit, die er beliebig nutzen kann, auch zur Beteiligung an einem Streik *(Freizeitbeschäftigung).* Der ArbGeb ist deshalb nicht berechtigt, das monatliche verstetigte Entgelt für die Dauer der Streikteilnahme zu kürzen, wenn der ArbN anschließend wieder „anstempelt" (BAG 26.7.05 – 1 AZR 133/04, NZA 05, 1402). Die Abwesenheitszeit ist auch für

das Arbeitszeitkonto als in Zeit ausgedrückter Geldfaktor irrelevant. Wird dagegen die Kernarbeitszeit betroffen, kann in einer Betriebsvereinbarung bestimmt werden, dass Zeiten der Teilnahme am Streik nicht zur Entgeltkürzung, sondern zur Belastung des Arbeitszeitkontos führen (BAG 30.8.94 – 1 ABR 10/94, NZA 95, 193). Ohne gesonderte Regelung ist dagegen das Entgelt zu mindern; das Arbeitszeitkonto darf nicht belastet werden (BAG 30.8.95 – 1 AZR 765/93, NZA 95, 32). Zur Vergütungspflicht bei Streik → *Arbeitskampf (Vergütung)* Rn 16; vgl auch *Arbeitsverhinderung*.

7 **4. Rollierende Arbeitszeit.** Im Einzelhandel werden seit langem **rollierende Systeme** gehandhabt: Auf Basis der vereinbarten Arbeitszeit werden für die Dauer des gewählten Bezugszeitraums, der bis zu einem Kj geht, die jeweiligen Arbeitstage festgelegt, wobei die Einsatztage jeweils „vorwärts" oder „rückwärts" rollieren, also wechseln. Die Höhe der Einsatztage/Woche schwankt idR. Das System wird sowohl für Teilzeit- wie auch für Vollzeitbeschäftigte verwendet; die Vergütung wird unabhängig vom tatsächlichen Arbeitseinsatz/Monat gezahlt.

8 **5. Jahresarbeitszeit/Abruf. a) Festlegung der Lage der Arbeitszeit.** Grundlage ist die zwischen den Arbeitsvertragsparteien vereinbarte Jahresarbeitszeit (Sollstunden). Dem ArbGeb ist überlassen, vorbehaltlich der Mitbestimmung des BRat die Zeiten der tatsächlichen Heranziehung des ArbN zur Arbeitsleistung zu konkretisieren (Istarbeitszeit). Üblicherweise begrenzen die kollektivrechtliche Regelungen im Interesse des ArbN das Weisungsrecht des ArbGeb (zum Mitbestimmungsrecht des BRat → *Arbeitszeit* Rn 36–45). Derartige Regelungen sind wegen § 12 TzBfG – **Abrufarbeit** – idR auch erforderlich, weil von den dort bestimmten Ankündigungsfristen und Mindestbeschäftigungsdauer nur auf Grund Tarifvertrags oder einer tariflich zugelassenen kollektivrechtlichen Vereinbarung abgewichen werden darf, → *Teilzeitbeschäftigung* Rn 67).

So werden oft **Arbeitszeitkorridore** vereinbart. Das ist die Dauer der zulässigen wöchentlichen Arbeitszeit (zB mindestens 30 Stunden/höchstens 45 Stunden). Die Wahl des Korridors hängt von dem Schwankungsgrad der betrieblich verlangten Arbeitskapazität ab. Daneben finden sich **tägliche Mindestarbeitszeiten,** um das Verhältnis von Arbeits- und Wegezeit angemessen zu gewichten. **Tageshöchstarbeitszeiten** dienen dem Gesundheitsschutz, können auch gestaffelt werden (neun Stunden/bis zu sechsmal im Monat zehn Stunden). Es sind weiter nähere Bestimmungen vorzusehen zu Form und Frist der **Mitarbeiterinformation** über die konkretisierte Arbeitszeit. Auch ist zu regeln, ob dem ArbN ein **Absagerecht** zustehen soll, und ggf seine Modalitäten.

9 **b) Entgelt.** Die Vergütung des ArbN erfolgt idR unabhängig von dem Ausmaß seiner zeitlichen Beanspruchung. Er erhält auf der Grundlage seiner vertraglich geschuldeten Arbeitszeit, der Soll-Arbeitszeit, eine verstetigte Vergütung. Stundenleistung und Entgelt werden wie bei Gleitzeit (zunächst) entkoppelt und zur Kontrolle ein Arbeitszeitkonto geführt, auf dem die Differenz der tatsächlichen Arbeitszeit zur Soll-Arbeitszeit dokumentiert wird.

10 **c) Zuschläge. Überstunden** lassen sich auch bei flexiblen Modellen nicht vermeiden. Zur klaren Abgrenzung von „Mehrstunden" im Rahmen der normalen Arbeitszeit und „echten" Überstunden bedarf es konkreter Festlegungen in der Betriebsvereinbarung. Teils erfolgen hier zusätzliche Gutschriften auf dem Arbeitszeitkonto; auch eine reine Geldleistung kann vorgesehen werden. Zuschläge für Nachtarbeit, Sonn- und Feiertagsarbeit können mit einem erhöhtem Zeitfaktor aufzunehmen sein; zum *Bereitschaftsdienst* BAG 17.3.10 – 5 AZR 296/09, NZA 11, 253.

11 **d) Annahmeverzug.** Unterlässt der ArbGeb, die individuell geschuldete Arbeitszeit auf die einzelnen Arbeitstage, Kalenderwochen oder ggf längere Zeiträume zu verteilen, ruft er vielmehr den ArbN flexibel zur Arbeit ab, kommt er mit Ablauf eines jeden Arbeitstags in *Annahmeverzug*, wenn und soweit er die sich aus Arbeits- und Tarifvertrag ergebende Sollarbeitszeit nicht ausschöpft (BAG 26.1.11 – 5 AZR 819/09, NJW 11, 1693). Es bedarf keines besonderen Arbeitsangebots des ArbN. Gleiches gilt, wenn er den ArbN aus witterungsbedingten Gründen nicht zur Arbeit abruft (BAG 5.7.08 – 5 AZR 810/07, NZA 08, 1407).

12 **e) Beendigung des Arbeitsverhältnisses.** Bei Beendigung des Arbeitsverhältnisses ist das Arbeitszeitkonto auszugleichen. Plus-Stunden sind zu vergüten, Minus-Stunden begründen einen Rückzahlungsanspruch des ArbGeb. Das gilt insbes dann, wenn der ArbN den

Umfang seiner tatsächlichen Arbeitszeit selbst bestimmen kann. Der ArbN ist zur Rückgewähr der Überzahlung verpflichtet (BAG 13.12.2000 – 5 AZR 334/99, NZA 02, 390).

**f) Ausschlussfristen.** Der Stand eines Arbeitszeitkontos wird regelmäßig im Zusammenhang mit der Lohnabrechnung offengelegt. Teils wird lediglich der Saldo (Plus/Minus) vermerkt, teils wird dem ArbN eine monatliche Übersicht des Arbeitszeitkontos ausgehändigt. Ausgewiesene Plusstunden sind damit streitlos gestellt; der ArbN muss sie zur Wahrung einer Ausschlussfrist nicht noch einmal schriftlich geltend machen. Eine erneute Geltendmachung ist auch dann nicht erforderlich, wenn sich wegen des Ablaufs eines Ausgleichszeitraums oder der Schließung des Arbeitszeitkontos ein Freizeitausgleichs- in einen Zahlungsanspruch wandelt (BAG 28.7.10 – 5 AZR 521/09, NZA 10, 1241). 13

**g) Prozessuales.** Der Klageantrag, einem Arbeitszeitkonto „gutzuschreiben", ist hinreichend bestimmt iSv § 253 Abs 2 Nr 2 ZPO, wenn der ArbGeb für den ArbN ein Zeitkonto führt, auf dem zu erfassende Arbeitszeiten nicht aufgenommen wurden und noch gutgeschrieben werden können. Eine Klage auf „Gutschrift" einer bestimmten Anzahl von Stunden auf dem Gleitzeitkonto wird aber mit Beendigung des Arbeitsverhältnisses unbegründet, da das Konto dann regelmäßig geschlossen wird. Der ArbN kann nunmehr unmittelbar einen Anspruch auf Vergütung der Stunden verfolgen (BAG 21.8.13 – 5 AZR 872/12, BeckRS 2013, 72913; 26.6.13 – 5 AZR 428/12, BeckRS 2013, 72799). Für die Schlüssigkeit einer derartigen Klage genügt es, wenn der ArbN die Vereinbarung eines Arbeitszeitkontos und das Guthaben zum vereinbarten Auszahlungszeitpunkt darlegt, denn der ArbGeb stellt mit der vorbehaltlosen Ausweisung von Guthabenstunden in einem für den einzelnen ArbN geführten Arbeitszeitkonto dessen Saldo streitlos. Will er die Richtigkeit des positiven Saldos bestreiten, muss er im Einzelnen darlegen, warum der ausgewiesene Saldo unzutreffend ist oder sich reduziert hat. Tut er dies nicht, gilt der im Arbeitszeitkonto vorbehaltlos ausgewiesene Saldo als zugestanden (BAG 23.9.15 – 5 AZR 767/13, NZA 16, 295). Der ArbN kann auch die Korrektur eines oder mehrerer auf seinem Konto ausgewiesener Salden beantragen (BAG 10.11.10 – 5 AZR 766/09, NZA 11, 876; 8.12.10 – 5 AZR 667/09, NZA 11, 927). Zulässig ist auch eine **Feststellungsklage,** mit der die monatliche Verpflichtung zur Gutschrift genau bestimmter Zeiten (zB Umkleidezeiten, Dienstreisezeiten) auf dem Arbeitszeitkonto geltend gemacht wird (BAG 12.12.18 – 5 AZR 124/18, NZA 19, 549; 15.11.18 – 6 AZR 294/17, NZA 19, 486). 14

**6. Arbeitszeitautonomie.** Aufbauend auf dem Grundgedanken der gleitenden Arbeitszeit werden Formen gehandhabt, bei denen die Planung weitgehend nicht mehr Sache des ArbGeb/Vorgesetzten ist, sondern dem ArbN selbst überlassen bleibt. Beispiel (aus der Chemischen Industrie, stark verkürzt, die maßgebliche Betriebsvereinbarung umfasst ca 80 Seiten): Produktionsstätten, Technik, Verwaltung usw haben eine einheitliche Öffnungszeit von 6.00 Uhr bis 22.00 Uhr. Innerhalb dieses Zeitrahmens „darf" jeder ArbN vorbehaltlich der Grenzen durch das ArbZG arbeiten. Der gesamte Betrieb ist in Funktionsbereiche eingeteilt. Für jeden Funktionsbereich gibt es eine Zeitspanne von 7,5 Stunden, deren Lage sich nach den betrieblichen Anforderungen richtet. Innerhalb dieser sog Funktionsstunden müssen mindestens 50 % der Gruppenangehörigen anwesend sein. Die Entscheidung, wer konkret arbeitet, liegt bei der Gruppe. Auch der Vorgesetzte greift grds nicht ein, sondern beschränkt sich auf die Überwachung des Arbeitsergebnisses. Jeder ArbN führt sein Arbeitszeitkonto selbst; Plus- und Minusstunden sind der Höhe nach begrenzt. 15

**7. Vertrauensarbeitszeit.** Dem Modell liegt ein üblicher Arbeitsvertrag iSv § 611 Abs 1 BGB zugrunde, in dem die vom ArbN geschuldeten Dienste und die regelmäßige Wochenarbeitszeit des ArbN vereinbart sind, dh durch die Vereinbarung von Vertrauensarbeitszeit entfällt nicht die Pflicht des ArbN, Arbeitszeit in einem nach Stunden bemessenen Umfang abzuleisten. Die Einhaltung dieser Verpflichtung wird lediglich nicht kontrolliert, der ArbGeb verzichtet auf die Festlegung von Beginn und Ende der täglichen Arbeitszeit (BAG 23.9.15 – 5 AZR 767/13, NZA 16, 295; 15.5.13 – 10 AZR 325/12, BeckRS 2013, 71556 mit Anm *Hamm* AiB 13, 518). Der ArbGeb gibt keine Zeiten vor, zu denen der ArbN seine Dienste erbringen soll. Vorgegeben wird nur ein **täglicher Zeitrahmen,** in dem gearbeitet werden kann. Alles Weitere ist dem ArbN überlassen. Es erfolgen **keine Zeiterfassung** und auch **keine Zeitkontrolle.** Damit entfallen auch Arbeitszeitkonten. Der ArbGeb kann zwar nicht feststellen, ob der ArbN die geschuldete Arbeitszeit tatsächlich einhält. Das wird aber 16 nicht als erforderlich angesehen. Der ArbGeb sieht seine Interessen hinreichend gewahrt, weil er die Leistung des ArbN anhand des **Arbeitsergebnisses** einschätzen kann. Der Vorteil für den ArbN wird in der Möglichkeit gesehen, Arbeitszeit und gewünschte Freizeit zu koordinieren und längere Phasen der Arbeitsbefreiung zu erreichen. Arbeitszufriedenheit und Motivation können steigen. Andererseits werden als Gefahren ua genannt: Arbeitsverdichtung aufgrund eines konturenlosen Arbeitstages, Arbeitszeitverlängerung wegen fehlender Einschätzung über die erbrachte Leistung, Kontrolle der Beschäftigten untereinander, Umgehung von tarifvertraglich festgelegten Entgelten, wie zB Zeitzuschlägen (vgl ausführlich *Hamm* AiB 2000, 152; *Glißmann* AiB 2000, 585). Vertrauensarbeitszeit bedeutet damit nicht, dass kein Anspruch auf Vergütung von Überstunden besteht (BAG 26.6.19 – 5 AZR 452/18, BeckRS 2019, 14219). Das Urteil des EuGH vom 14.5.19 (CCOO, C-55/18, NZA 19, 683), demzufolge die Mitgliedstaaten dafür zu sorgen haben, dass jeder ArbGeb ein objektives, verlässliches System zur Arbeitszeiterfassung einrichtet, steht dieser Form von Vertrauensarbeit zukünftig entgegen (*Ulber* NZA 19, 677; *Fuhlrott* NZA-RR 19, 343; *Schrader* NZA 19, 1035; *Grimm/Freh* ArbRB 19, 278; *Kössel* DB 19, 1958; aA *Reinhard* NZA 19, 1313). Zwar hatte der ArbGeb auch bisher dafür Sorge zu tragen, dass die Grenzen des ArbZG eingehalten werden. Nun wird er jedoch auch zur Erfassung der Arbeitszeit verpflichtet.

### B. Lohnsteuerrecht *Seidel*

17 Da die **Entstehung** der LSt vom Zufluss des Arbeitslohns abhängt (→ *Lohnzufluss* Rn 2 ff und → *Lohnabzugsverfahren* Rn 2 ff), ist es ohne Bedeutung, wie lange der ArbN in dem betreffenden Lohnzahlungszeitraum (→ *Lohnsteuerberechnung* Rn 6) gearbeitet hat (→ Rn 7). Die Gutschrift von Arbeitszeiten auf einem **Jahres- oder Lebensarbeitszeitkonto** – auch wenn es in Geldeswert geführt wird – führt allein noch nicht zu einem Zufluss von Arbeitslohn. Entscheidend ist die **wirtschaftliche Verfügungsmacht** des ArbN über den Arbeitslohn. In der Vereinbarung einer späteren Auszahlung liegt noch kein Zufluss, soweit kein Missbrauch von rechtlichen Gestaltungsmöglichkeiten iSd § 42 AO vorliegt. Dies ist regelmäßig ausgeschlossen, wenn die Vereinbarungen auf Tarifvertrag, Betriebsvereinbarung oder Gesetz beruhen (*HMW*/Arbeitszeitkonto Rz 2). Der bei einem Ausscheiden aus dem Dienstverhältnis aufgrund des Guthabenswerts ausgezahlte Betrag unterliegt dem LStAbzug nach allgemeinen Grundsätzen (→ *Entgeltnachzahlung* Rn 6 ff; *HMW*/Arbeitszeitkonto Rz 3). Zur Mitnahme von Zeitguthaben beim ArbGebWechsel → *Wertguthaben/Zeitguthaben* Rn 7. Stirbt der ArbN und hat der Erbe einen Anspruch auf Auszahlung der sich aus den angesparten Zeitguthaben ergebenden Lohnbestandteile, richtet sich die Berechnung der LSt nach den Besteuerungsmerkmalen des Erben (→ *Sterbegeld* Rn 5–7). Die Steuerfreiheit von Sonn- und Feiertagszuschlägen setzt jedoch eine tatsächliche Arbeitsleistung zu den begünstigten Zeiten voraus (→ *Sonn- und Feiertagsarbeit* Rn 29). Die Verzinsung dem Grunde nach steuerfreier Zuschläge, die im Rahmen der Altersteilzeit auf ein Zeitkonto genommen, getrennt ausgewiesen und in der Freistellungsphase ausgezahlt werden, ist nicht steuerfrei (BMF 27.4.2000, DStR 2000, 969). Da es im Rahmen der Pauschalierung der LSt bei **geringfügiger Beschäftigung** nur auf die Monatslohngrenze ankommt (→ *Geringfügige Beschäftigung* Rn 21, 22), sind auch hier Arbeitszeitkontenmodelle bei Vereinbarung eines festen Monatslohns und eines Freizeitausgleichs für Mehrarbeit in den Folgemonaten zulässig. Beim sog **Sabbatjahr** im öffentlichen Dienst (4 Jahre Vollzeit, 1 Jahr frei) unterliegt der in diesen Jahren jeweils tatsächlich gezahlte reduzierte Arbeitslohn (80 %) der LSt. Wird das Sabbatjahr nicht in Anspruch genommen und erhält der ArbN daher Nachzahlungen, kommt eine Tarifermäßigung nach § 34 Abs 1 und 2 Nr 4 EStG (→ *Außerordentliche Einkünfte* Rn 17 ff) in Betracht (vgl auch AuA 98, 243). Zur Bedeutung der Arbeitszeit im LStRecht wird im Übrigen auf die unter → *Arbeitszeit* Rn 42 aufgeführten Stichwörter verwiesen.

### C. Sozialversicherungsrecht *Schlegel*

18 **1. Allgemeines.** Die flexible Gestaltung der Arbeitszeit, wie sie die verschiedenartigen Arbeitszeitmodelle vorsehen (→ Rn 1 ff), warf hinsichtlich der SozV der Beschäftigten seit jeher erhebliche Probleme auf, denn das Arbeitsentgelt war stets in dem Abrechnungs-

zeitraum mit Beiträgen zu belegen, in dem es erarbeitet wurde. Lage und Verteilung der Arbeitszeit erlangen für die Versicherungspflicht in der SozV und die hieraus erwachsende Verpflichtung zur Beitragsentrichtung insbes hinsichtlich der Entstehung der Versicherungspflicht, ihrer Unterbrechung sowie der Voraussetzungen einer geringfügigen Beschäftigung (→ *Geringfügige Beschäftigung* Rn 23 ff) Bedeutung.

Den Schwierigkeiten, die daraus resultieren, dass die Vorschriften des SozVRechts sich in erster Linie an dem durchgehend mit einer **regelmäßigen Arbeitszeit** und **regelmäßiger Arbeitsentgeltzahlung** Beschäftigten orientierten, versucht der Gesetzgeber mit dem „Gesetz zur Absicherung flexibler Arbeitszeitregelungen" vom 6.4.98 (BGBl I 98, 688) zu begegnen. Damit wurde insgesamt eine allgemeine sozialversicherungsrechtliche Regelung geschaffen, die Unterbrechungen des Arbeitslebens zulässt (zB durch ein Sabbat-Jahr), ohne den SozVSchutz der beteiligten ArbN zu beseitigen (BT-Drs 13/9741 S 8). Durch entsprechende Rahmenbedingungen sollen Betriebe und Tarifpartner veranlasst werden, flexiblere Arbeitszeiten verstärkt einzusetzen. Damit sollen zugleich Anreize geschaffen werden, um Arbeitsplätze zu erhalten und Arbeitslose neu einzustellen. Zu den Besonderheiten der Arbeitszeitflexibilisierung im Zusammenhang mit *Altersteilzeit* s dort.

**2. Versicherungspflicht.** Die Versicherungspflicht in den einzelnen Versicherungszweigen erfordert, mit Ausnahme der gesetzlichen UV, die Beschäftigung gegen Arbeitsentgelt (§ 25 Abs 1 SGB III; § 5 Abs 1 Nr 1 SGB V; § 1 Satz 1 Nr 1 SGB VI; § 20 Abs 1 Satz 2 SGB XI). Damit auch bei Arbeitszeitmodellen, die längere Phasen der Freistellung vorsehen, die Versicherungspflicht und der daraus resultierende sozialversicherungsrechtliche Schutz erhalten bleibt, hat der Gesetzgeber eine Ergänzung des § 7 SGB IV vorgenommen, die wegen des Standortes der Vorschrift für alle Zweige der SozV Geltung beansprucht. 19

**a) Langzeitkonten.** Nach § 7 Abs 1a Satz 1 SGB IV besteht während der Zeiten der Freistellung von der Arbeitsleistung eine Beschäftigung gegen Arbeitsentgelt fort, wenn für Zeiten der Freistellung Arbeitsentgelt fällig wird, das mit einer vor oder nach diesen Zeiten erbrachten Arbeitsleistung erzielt wird **(Wertguthaben).** Grundlegende Voraussetzung für das Fortbestehen des Beschäftigungsverhältnisses ist mithin, dass die in der Freistellungsphase nicht erbrachte Arbeitsleistung in der vorher- oder nachgehenden Arbeitsphase erbracht werden muss. Der Begriff der Freistellung iSd § 7 Abs 1a SGB IV schließt auch den Übergang zu einer Teilzeitarbeit mit herabgesetzter Stundenzahl ein. 20

Das Fortbestehen des Beschäftigungsverhältnisses nach § 7 Abs 1a Satz 1 Nr 1 SGB IV ist ferner an die Bedingung geknüpft, dass die Freistellung aufgrund einer **schriftlichen Vereinbarung** erfolgt. Hierbei kann die schriftliche Vereinbarung individual- oder kollektivrechtlicher Natur sein. Die Vereinbarung ist inhaltlich derart auszugestalten, dass die Höhe des für die Zeit der Freistellung und des für die vorausgegangenen zwölf Kalendermonate monatlich fälligen Arbeitsentgelts nicht **unangemessen voneinander abweichen** (§ 7 Abs 1a Satz 1 Nr 2 SGB IV). Eine angemessene Zahlung von Arbeitsentgelt während der Freistellungsphase liegt vor, wenn der bisherige Lebensstandard während der Freistellung in etwa gewahrt bleibt (BT-Drs 13/9741 S 9). Bei der Beurteilung des Verhältnisses der Arbeitslöhne bleiben zusätzlich zum Lohn oder Gehalt gezahlte Zuschläge außer Betracht. 21

Zulässig ist es auch, das Beschäftigungsverhältnis mit der Phase der **Freistellung zu beginnen.** In einem derartigen Fall richtet sich die Höhe des während der Freistellung zu entrichtenden Entgelts nach der Höhe des für die Arbeitsphase vereinbarten Betrags (§ 7 Abs 1a Satz 2 SGB IV). Im Rahmen der Vereinbarung sollen die Vertragsparteien Vorkehrungen treffen, die der Erfüllung des Wertguthabens bei **Zahlungsunfähigkeit** des ArbGeb dienen (§ 7d SGB IV; Näheres: *Insolvenz des Arbeitgebers*). Zur Berechnung und Fälligkeit der Beiträge, Übertragung eines Wertguthabens und Vorgehensweise bei vorzeitiger Beendigung des Arbeitsverhältnisses vgl *Wertguthaben/Zeitguthaben.* 22

**b) Flexible Gestaltung der werktäglichen oder wöchentlichen Arbeitszeit, Ausgleich betrieblicher Produktions- und Arbeitszeitzyklen.** Auf Grund **§ 7 Abs 1a SGB IV** besteht eine Beschäftigung auch in Zeiten der Freistellung von der Arbeitsleistung von mehr als einem Monat, wenn 1. während der Freistellung Arbeitsentgelt aus einem Wertguthaben nach § 7b SGB IV fällig wird und 2. das monatlich fällig werdende Arbeitsentgelt in der Zeit der Freistellung nicht unangemessen von dem für die vorausgegangenen zwölf Kalendermonate abweicht, in denen Arbeitsentgelt bezogen wurde. Erforderlich ist 23 nach § 7 Abs 1a SGB IV, dass das Arbeitsentgelt aus einem Wertguthaben iSd § 7b SGB IV entnommen wird. Wertguthaben iSd § 7b SGB IV dürfen nicht das Ziel flexibler Gestaltung der werktäglichen oder wöchentlichen Arbeitszeit oder den Ausgleich betrieblicher Produktions- und Arbeitszeitzyklen verfolgen; vielmehr muss es um größere Freistellungsphasen im Interesse gerade des ArbN gehen. Arbeitsentgelt oder ein Arbeitszeitguthaben aus einer Vereinbarung zwischen ArbGeb und ArbN zur **flexiblen Gestaltung der werktäglichen oder wöchentlichen Arbeitszeit oder zum Ausgleich betrieblicher Produktions- und Arbeitszeitzyklen** führte zunächst nicht zum Vorliegen entgeltlicher Beschäftigung und damit auch nicht zur Versicherungspflicht nach § 7 Abs 1a Satz 1 SGB IV, so dass bei einer solchen Freistellung eines ArbN das Beschäftigungsverhältnis nach Ablauf eines Monats endet (§ 7 Abs 3 Satz 1 SGB IV). Mit dem 4. SGB IV-ÄndG wurde angeordnet, dass eine Beschäftigung in **Zeiten einer bis zu 3-monatigen Freistellung von der Arbeit** auch dann besteht, wenn das Arbeitsentgelt in dieser Zeit nicht aus einem „richtigen Wertguthaben" iSd § 7b SGB IV, sondern aus einer Vereinbarung zur flexiblen Gestaltung der werktäglichen oder wöchentlichen Arbeitszeit oder zum Ausgleich betrieblicher Produktions- und Arbeitszeitzyklen stammt (§ 7 Abs 1a Satz 2 SGB IV). Damit soll dem Umstand Rechnung getragen werden, dass in der Wirtschafts- und Finanzkrise ab 2008/2009 viele Unternehmen zur Vermeidung von Entlassungen und Sozialplankosten unterschiedliche Maßnahmen zur Sicherung von Beschäftigung ergriffen haben. Dabei wurden häufig bestehende, nicht zweckgebundene Arbeitszeitguthaben abgebaut oder es wurden bestehende Kontenvereinbarungen genutzt, um mit Minussalden Entlassungen zu vermeiden (A+S-Ausschuss BT-Drs 17/7991 S 18). **Beitragsrecht:** Zur Verbeitragung von Auszahlungen aus einem **Arbeitszeitguthaben** („Kurzzeitguthaben") zur Verstetigung des Arbeitslohnes bei schwankender Arbeitsleistung nach den **Vorschriften für Einmalzahlungen bei Ausscheiden aus dem Arbeitsverhältnis** vgl BSG 10.12.2019 – B 12 R 9/18 R, dazu → *Wertguthaben* Rn 16.

24 **3. Leistungsrecht. a) Krankenversicherung.** Der ArbN hat, wenn während der Dauer des Beschäftigungsverhältnisses *Arbeitsunfähigkeit* eintritt, Anspruch auf *Krankengeld*. Für die Zeiten der tatsächlichen Arbeitsleistung bestimmen die in § 47 Abs 2 SGB V angefügten Sätze 4 und 5, dass es für die Berechnung des Krankengeldes auf das im Bemessungszeitraum **tatsächlich gezahlte Arbeitsentgelt** (nicht auf das der Arbeitsleistung entsprechende Arbeitsentgelt) ankommt. Bei Eintritt der Arbeitsunfähigkeit während einer Freistellungsphase ruht der Anspruch auf Krankengeld nach § 49 Abs 1 Nr 6 SGB V.

25 **b) Arbeitslosenversicherung.** Bei der Berechnung von *Arbeitslosengeld* wird den Nachteilen, die dadurch entstehen, dass der Arbeitslose im Bemessungszeitraum in einem Beschäftigungsverhältnis mit einer flexiblen Arbeitszeitregelung gestanden hat, in der Weise entgegengewirkt, dass für die Zeiten der Ansparung eines Wertguthabens das Arbeitsentgelt zugrunde zu legen ist, dass der Arbeitslose im Bemessungszeitraum für die **geleistete Arbeitszeit** erzielt hätte, wenn eine Vereinbarung nach § 7 Abs 1a SGB IV nicht getroffen worden wäre (§ 151 Abs 3 Nr 2 SGB III). Im Übrigen bleiben Wertguthaben bei der Berechnung des AlGeldes außer Betracht.

26 Bei flexiblen Arbeitszeitmodellen kann ein Anspruch auf AlGeld während der **Freistellungsphase** entstehen, wenn die Anspruchsvoraussetzungen der Beschäftigungslosigkeit und der Verfügbarkeit erfüllt sind (BSG 5.2.98 – B 11 AL 55/97 R, SGb 99, 85 mit Anm *Norpoth* SGb 99, 67; BSG 10.9.98 – B 7 AL 96/97 R, SozR 3–4100 § 101 Nr 9). Ein Anspruch auf AlGeld ist jedoch während der Laufzeit von Arbeitszeitmodellen, die dem Anwendungsbereich des § 7 Abs 1a SGB IV unterfallen, von vornherein ausgeschlossen, weil der Anspruch auf AlGeld während der Zeit ruht, für die der Arbeitslose Arbeitsentgelt erhält oder zu beanspruchen hat (§ 157 Abs 1 SGB III). Die Ruhenswirkung tritt unabhängig von der Höhe des Anspruchs auf Arbeitsentgelt ein.

27 **c) Rentenversicherung.** Durch eine Änderung des § 75 Abs 1 SGB VI wurde für den Bereich der gesetzlichen RV klargestellt, dass Beiträge, die nach dem Beginn der Rente für Wertguthaben, die nicht gem einer Vereinbarung über flexible Arbeitszeitregelungen verwendet werden, nachträglich gezahlt werden, leistungsrechtlich als **rechtzeitig gezahlte Pflichtbeiträge** zu behandeln und damit bei Renten wegen Erwerbsminderung und Todes rentensteigernd zu berücksichtigen sind.

# Arbeitszimmer

## A. Arbeitsrecht

*Griese*

**1. Betriebliches Arbeitszimmer. a) Zuteilung als Teil des arbeitgeberseitigen Weisungsrechtsrechts.** Die Zuweisung eines betrieblichen Arbeitszimmers ist Teil des arbeitgeberseitigen Weisungsrechts. Der ArbGeb hat nach § 106 S 1 GewO das Recht, Inhalt, Ort und Zeit der arbeitsleistung nach billigem Ermessen näher zu bestimmen, soweit diese Arbeitsbedingungen nicht durch Arbeitsvertrag, Bestimmungen einer Betriebsvereinbarung, eines anwendbaren Tarifvertrages oder gesetzliche Vorschriften festgelegt sind. 1

Der ArbN hat keinen arbeitsrechtlichen Anspruch auf ein konkretes Arbeitszimmer. Infolgedessen kann der ArbGeb hinsichtlich seines Arbeitszimmers auch keinen Bestandsschutz reklamieren. Individualrechtlich ist die **Zuweisung** eines neuen Arbeitszimmers oder die Änderung der Arbeitszimmerverteilung vom ArbGebseitigen **Weisungsrecht** gedeckt. Bei der Zuweisung von Arbeitszimmern darf aber nicht gegen die Diskriminierungsverbote des AGG verstoßen werden. Auch das Benachteiligungsverbot für Betriebsratsmitglieder gem § 78 S 2 BetrVG ist zu beachten. Wird einem ArbN allein aus Anlass der Wahl in den Betriebsrat und ohne jeden sonstigen Grund ein räumlich wesentlich ungünstigeres Büro (Großraumbüro statt Arbeitszimmer mit zwei Arbeitsplätzen) zugewiesen, liegt eine Benachteiligung iSd § 78 S 2 BetrVG vor (LAG Köln 26.7.10 – 5 SaGa 10/10, NZA-RR 10, 641).

**b) Anforderungen an Arbeitszimmer.** Ein betriebliches Arbeitszimmer muss den Anforderungen der **Arbeitsstättenverordnung** genügen, ein häusliches nach § 2 Absatz 7 ArbeitsstättenVO nur dann, wenn es vom ArbGeb komplett ausgestattet und installiert wurde (*Wiebauer* NZA 17, 222; → *Arbeitsstätte* Rn 7 ff). 2

**c) Mitbestimmungsrecht des BRat.** Die Zuweisung eines anderen Arbeitszimmers ist keine Versetzung, denn hierdurch allein ändert sich der zugewiesene Arbeitsbereich nicht. Hierfür wäre eine Veränderung des Inhalts der Arbeitsaufgabe und daraus resultierend eine Veränderung des Gesamtbildes der Tätigkeit erforderlich (ErfK/*Kania* BetrVG 99 Rn 13). Die Ausgestaltung betrieblicher Arbeitszimmer im Hinblick darauf, ob die ArbN sie mit privaten Gegenständen (Bilder, Plakate etc) ausstatten dürfen, ist eine Frage der Ordnung des Betriebes, da die Benutzung betrieblichen Eigentums betroffen ist. Demzufolge ist das Mitbestimmungsrecht nach § 87 Abs 1 Nr 1 BetrVG zu beachten. 3

Die Zuweisung eines eigenen Büros an leistungsabhängig vergütete Außendienstmitarbeiter ist auch dann keine Frage der mitbestimmungspflichtigen betrieblichen Lohngestaltung nach § 87 Abs 1 Nr 10 BetrVG oder der mitbestimmungspflichtigen Festsetzung von leistungsabhängigem Entgelt gem § 87 Abs 1 Nr 11 BetrVG, wenn dadurch eine effektivere Aufgabenerledigung möglich wird. Die Kriterien für die Zuweisung sind auch keine Auswahlrichtlinien nach § 95 BerVG (BAG 31.5.05 – 1 ABR 22/04, DB 05, 2585).

**2. Häusliches Arbeitszimmer** *Home-Office*.

## B. Lohnsteuerrecht

*Weil*

### Übersicht

4 **I. Arbeitszimmer am Arbeitsplatz. 1. Bereitstellung durch Arbeitgeber.** Die Bereitstellung von Räumlichkeiten und Einrichtungsgegenständen sowie von Arbeitsmitteln am Arbeitsplatz des ArbGeb ist nicht als Arbeitslohn des ArbN zu erfassen, auch wenn normaler Standard weit überschritten wird, da der ArbGeb diese Leistungen im ganz überwiegenden betrieblichen Interesse erbringt (→ *Arbeitsentgelt* Rn 45 ff).

5 Die Aufwendungen des ArbGeb hierzu sind **Betriebsausgaben.** Die Grenze für die Abzugsfähigkeit ergibt sich aus der Unangemessenheit der Aufwendungen (§ 4 Abs 5 Satz 1 Nr 7 EStG).

**Beispiele:** Orientteppich BFH 8.11.96 – VI R 22/96, BFH/NV 97, 341; Perserteppich BFH 20.8.86, BStBl II 87, 108; Gemälde BFH 2.12.77, BStBl II 78, 164; antike Möbel BFH 31.1.86, BStBl II 86, 355.

6 **2. Aufwendungen des Arbeitnehmers** für die Einrichtung und Ausstattung des beruflich genutzten Arbeitszimmers sind Werbungskosten, soweit die Aufwendungen (nahezu) ausschließlich beruflich veranlasst sind. Einzelheiten → *Arbeitsmittel* Rn 5 ff, insbes → Rn 12, 17, 21.

7 **II. Häusliches Arbeitszimmer. 1. Übersicht zur Rechtslage** (§§ 4 Abs 5 Satz 1 Nr 6 Buchst b, 9 Abs 5 EStG). Bildet das häusliche Arbeitszimmer den **Mittelpunkt** der gesamten betrieblichen und beruflichen Tätigkeit (→ Rn 13), besteht **keine Abzugsbeschränkung.** Hat der ArbN außer dem häuslichen Arbeitszimmer **keinen anderen Arbeitsplatz** (→ Rn 14), ist der Abzug auf **1250 €** pro Kj beschränkt (BGBl I 10, 1768; → Rn 14). Wird das häusliche Arbeitszimmer **neben dem dienstlichen Arbeitsplatz** beruflich genutzt, ohne dass es Mittelpunkt der Berufstätigkeit ist, besteht ein **Abzugsverbot.**

8 **2. Geltungsbereich.** Die Abzugsregelung gilt gleichermaßen für alle Stpfl, nicht nur für ArbN, so auch für Land- und Forstwirte (FG BaWü 27.12.05 – 11 K 205/04, nv), für Gewerbetreibende (BFH 23.3.05 – III R 17/03, BFH/NV 05, 1537), für Freiberufler (BFH 5.12.02 – IV R 7/01, BStBl II 03, 463; BFH 23.1.03 – IV R 71/00, BFH/NV 03, 859), bei Einkünften aus Kapitalvermögen (BFH 9.3.09 – IX B 186/08, BeckRS 2009, 25014939 und 27.3.09 – VIII B 184/08, BStBl II 09, 850), bei Einkünften aus VuV (BFH 26.2.03 – VI R 125/01, BFH/NV 03, 988) sowie bei Renteneinkünften (FG Münster 18.6.09 – 10 K 645/08 E, BeckRS 2009, 26028158). Die Abzugsregelung gilt auch bei eigener Berufsausbildung (§ 10 Abs 1 Nr 7 EStG).

9 **3. Begriff.** Das häusliche Arbeitszimmer hat zwei Begriffselemente. Ist das Arbeitszimmer nicht „häuslich", zB gemietetes Büro an einem anderen Ort als der Wohnung, oder ist der häusliche Raum kein Arbeitszimmer, zB Lagerraum oder Betriebsstätte (→ Rn 12, 19), greift die Abzugsbeschränkung nicht ein.

10 **a) Arbeitszimmer.** Ein „häusliches Arbeitszimmer" iSd § 4 Abs 5 Satz 1 Nr 6b EStG ist unabhängig, ob gemietet oder im Eigentum stehend, ein Raum, der seiner Lage, Funktion und Ausstattung nach in die häusliche Sphäre des StPfl eingebunden ist und vorwiegend der Erledigung gedanklicher, schriftlicher oder verwaltungstechnischer bzw verwaltungsorganisatorischer Arbeiten dient. Zentrales Möbelstück ist dabei meist der Schreibtisch (BFH 16.10.02 – XI R 89/00, BStBl II 03, 185). Die Ausstattung mit bürotypischen Einrichtungsgegenständen ist aber nicht zwingend erforderlich (BFH 10.10.12 – VIII R 44/10, DStR 13, 296: Übezimmer einer Musikerin). Dem Typus des häuslichen Arbeitszimmers entspricht auch ein Raum, in dem ein Steuerpflichtiger einen Telearbeitsplatz unterhält (BFH 26.2.2014 – VI R 40/12, DStR 2014, 1097). Nach dem Beschluss des BFH (27.7.15 – Grs 1/14, DStR 16, 210) und der Auffassung der Finanzverwaltung (BMF 6.10.17, DStR 17, 2277) muss der Raum zudem (nahezu) **ausschließlich beruflich** genutzt werden. Eine Aufteilung und anteilige Berücksichtigung der Aufwendungen für ein häusliches Arbeitszimmer im Umfang der beruflichen Verwendung entsprechend den Grundsätzen des Be-

schlusses des GS (BFH 21.9.09 – GrS 1/06, BeckRS 2009, 24003874) scheidet daher aus. Dies gilt erst recht für Räume, die bereits nach ihrem äußeren Erscheinungsbild nicht dem Typus des Arbeitszimmers zuzurechnen sind, sondern ihrer Art (zB Durchgangszimmer) oder der Einrichtung nach erkennbar auch privaten Wohnzwecken dienen (sog „Arbeitsecken" in einem Wohnbereich). Nur ein durch Wände und Türen abgeschlossener Raum kann ein zum Abzug berechtigendes Arbeitszimmer sein. Selbst wenn in der Wohnung zugleich ein berücksichtigungsfähiges häusliches Arbeitszimmer existiert, sind Aufwendungen für andere Räume, die in die häusliches Sphäre eingebunden sind (insbesondere Küche, Bad und Flur) und zu einem nicht unerheblichen Teil privat genutzt werden, nicht abzugsfähig (BFH 14.5.19 – VIII R 16/15, DB 2019, 1713).

**b) Häuslichkeit.** Die Häuslichkeit des Arbeitszimmers ist gekennzeichnet durch die **Zugehörigkeit zum Wohnbereich** einschließlich Umgriff. **Häuslichkeit liegt** in folgenden Fällen **vor**: Büro im **Dachgeschoss** des selbstgenutzten Einfamilienhauses (BFH 26.2.03 – VI R 156/01, BFH/NV 03, 989), beruflich genutzter Raum im **Souterrain** einer gemieteten Wohnung (BFH 16.10.02 – XI R 89/00, BStBl II 03, 185), (BFH 19.9.02 – VI R 70/01, BStBl II 03, 139), **Anbau** zum Wohnhaus, der nur über einen separaten Eingang vom straßenabgewandten Garten aus betreten werden kann (BFH 13.11.02 – VI R 164/00, BStBl II 03, 350), auch wenn der Zugang erschwert ist (BFH 15.12.04 – XI R 14/03, GmbHR 05, 1215), ebenso eine an die Wohnung unmittelbar **angrenzende** Zweitwohnung (BFH 26.2.03 – VI R 124/01, BFH/NV 03, 986) oder eine der Wohnung unmittelbar **gegenüberliegende** Wohnung (BFH 26.2.03 – VI R 125/01, BFH/NV 03, 988), auch eine Einliegerwohnung (FG Düsseldorf 4.7.01 – 13 K 5701/98, EFG 01, 1492), und eine auf **verschiedene Geschosse** verteilte Wohneinheit (BFH 13.4.05 – VI B 136/04, BFH/NV 05, 1301), bei einem ausschließlich vom Stpfl genutzten Zweifamilienhaus (BFH 15.1.13 – VIII R 7/10, BeckRS 2013, 94741), bei Räumen in anderen Gebäudeteilen auf demselben Grundstück (BFH 23.5.13 – VIII B 153/12, BeckRS 2013, 95421), **Kellerraum** im selbst bewohnten Einfamilienhaus, der als Archiv für das häusliche Arbeitszimmer dient, beruflich genutzter Hobbyraum im Keller eines Mehrfamilienhauses, der zur Wohnung des StPfl gehört (BFH 26.2.03 – VI R 130/01, BFH/NV 03, 1110). **Häuslichkeit liegt nicht vor,** wenn der Kellerraum in einem Mehrfamilienhaus nicht zur Wohnung im gleichen Haus gehört, vielmehr unabhängig vom Wohnungsmietvertrag angemietet wird (BFH 26.2.03 – VI R 160/99, BStBl II 03, 515), Arbeitszimmer im Dachgeschoss eines Mehrfamilienhauses (BFH 18.8.05 – VI R 39/04, BStBl II 06, 428) oder in einem anderen Stockwerk (BFH 10.6.08 – VIII R 52/07, HFR 09, 456), anders aber, wenn der zum Arbeitszimmer ausgebaute Dachgeschossraum zum Sondereigentum einer zwei Stockwerke tiefer gelegenen Eigentumswohnung gehört (BFH 4.5.10 – VIII B 63/09, BFH/NV 10, 1444). 11

**c) Betriebsstättenähnliche Räume.** Ein als **Lager, Archiv, Werkstatt oder Arztpraxis** genutzter Raum muss bei einer für ein Arbeitszimmer atypischen Ausstattung und Funktion und bei Publikumsverkehr kein häusliches Arbeitszimmer sein, auch wenn er seiner Lage nach in die häusliche Sphäre des StPfl eingebunden ist (BFH 26.3.09 – VI R 15/07, DStR 09, 1030; BFH 9.5.17 – X B 23/17, BeckRS 2017, 118174). Das Gleiche gilt für einen **Ausstellungsraum** (BFH 19.8.05 – VI B 39/05, BFH/NV 05, 2007), ein **Tonstudio,** für Räume, in denen Publikumsverkehr stattfindet oder fremdes Personal tätig wird (BFH 9.11.06 – IV R 2/06, BFH/NV 07, 677) sowie für einen Kreativraum eines Künstlers (FG NdS 31.5.12 – 1 K 272/10, BeckRS 2012, 96356). 12

**4. Abzugsregelungen. a) Voller Abzug** (§ 4 Abs 5 Satz 1 Nr 6b EStG). Bei einem häuslichen Arbeitszimmer sind die abzugsfähigen Aufwendungen (→ Rn 20) in vollem Umfang als Werbungskosten zu berücksichtigen, wenn das Arbeitszimmer den Mittelpunkt der gesamten betrieblichen und beruflichen Betätigung bildet. **Mittelpunkt** der gesamten Betätigung ist das Arbeitszimmer dann, wenn der Stpfl dort diejenigen Handlungen vornimmt und Leistungen erbringt, die für den konkret ausgeübten Beruf wesentlich und prägend sind (**qualitative** Schwerpunkt der Gesamttätigkeit; BFH 24.7.06 – VI B 112/05, BFH/NV 06, 2071). Dem zeitlichen Umfang kommt im Rahmen der Gesamtwürdigung lediglich eine indizielle Bedeutung zu (BFH 20.4.10 – VI B 150/09, BFH/NV 10, 1434; *Bleschik* NWB 12, 16). So kann es aufgrund der konkret ausgeübten Tätigkeit durchaus sein, 13 dass bei einer **Außendiensttätigkeit** unter 50 % des gesamten beruflichen Zeitaufwands der volle Abzug möglich ist (FG Düsseldorf 5.5.11 – 11 K 2591/09 E, BeckRS 2011, 95731). Bei **mehreren Tätigkeiten,** zB nebenberufliche Bürotätigkeit im häuslichen Arbeitszimmer neben Haupttätigkeit am Arbeitsplatz des ArbGeb, ist für die Frage des Mittelpunkts nicht auf die einzelne Tätigkeit abzustellen, sondern eine Gesamtbetrachtung aller Tätigkeiten anzustellen (BFH 27.9.96 – IV R 47/96, BStBl II 97, 68; 23.9.99 – VI R 74/98, BStBl II 2000, 7; BFH 30.10.01 – V B 217/00, BFH/NV 02, 380; BFH 17.6.04 – IV R 33/02, BFH/NV 05, 174; *von Bornhaupt* DB 03, 2668). Hierbei lassen sich die folgenden Fallgruppen unterscheiden: Geht der StPfl mehreren Erwerbstätigkeiten nach und bilden bei allen – jeweils – die im häuslichen Arbeitszimmer verrichteten Arbeiten den qualitativen Schwerpunkt, so liegt dort auch der Mittelpunkt der Gesamttätigkeit. Zur Aufteilung der Aufwendungen → Rn 23. Bilden hingegen die außerhäuslichen Tätigkeiten – jeweils – den qualitativen Schwerpunkt der Einzeltätigkeiten bzw lassen sich diese keinem Schwerpunkt zuordnen, so kann das häusliche Arbeitszimmer auch nicht durch die Summe der darin verrichteten Arbeiten zum Mittelpunkt der Gesamttätigkeit werden. Bildet das häusliche Arbeitszimmer schließlich den qualitativen Mittelpunkt lediglich einer Einzeltätigkeit oder mehrerer Einzeltätigkeiten, nicht jedoch im Hinblick auf die übrigen, so muss das FG anhand der konkreten Umstände des Einzelfalles wertend entscheiden, ob die Gesamttätigkeit gleichwohl einem einzelnen qualitativen Schwerpunkt zugeordnet werden kann und ob dieser im häuslichen Arbeitszimmer liegt. Abzustellen ist dabei auf das Gesamtbild der Verhältnisse und auf die Verkehrsanschauung, nicht auf die Vorstellung des betroffenen Stpfl (BFH 13.10.03 – VI R 27/02, BStBl II 04, 771; BFH 9.12.03 – VI 150/01, BFH/NV 04, 412, BFH 16.12.04 – IV R 19/03, BStBl II 05, 212; BFH 14.12.04 – XI R 13/04, BStBl II 05, 344).

Bei wöchentlich 3 Tagen Telearbeit im häuslichen Arbeitszimmer und 2 Tagen im Betrieb des ArbGeb kann der Mittelpunkt der gesamten Tätigkeit im häuslichen Arbeitszimmer liegen (BFH 23.5.06 – VI R 21/03, BStBl II 06, 600). Ein **Hochschullehrer** hat den Mittelpunkt seiner gesamten betrieblichen und beruflichen Tätigkeit grds nicht im häuslichen Arbeitszimmer (BFH 27.10.11 – VI R 71/10, DStR 12, 176), ebenso nicht ein Lehrer (BFH 26.2.03 – VI R 125/01, BStBl II 04, 72), ein Bauleiter (FG München 10.11.05 – 5 K 1906/04, nv) und ein Richter (BFH 8.12.11 – VI R 13/11, BFH/NV 12, 510; wohl aber ein Prüfer im Betriebsprüfungsaußendienst (FG Nds 17.11.09 – 11 K 98/08, EFG 10, 711). Für die Bestimmung des Mittelpunkts der gesamten Betätigung sind nur tatsächlich aktuelle Betätigungen einzubeziehen, nicht jedoch die frühere Tätigkeit des Pensionärs mit Versorgungsbezügen (BFH 11.11.14 – VIII R 3/12, DStR 14, 470).

14 **b) Beschränkter Abzug.** Die Abzugsmöglichkeit, wenn **kein anderer Arbeitsplatz zur Verfügung steht, ist** beschränkt auf **1250 €** pro Jahr. Liegen die Voraussetzungen für einen beschränkten Abzug der Kosten für das häusliche Arbeitszimmer vor, wird der begrenzte Abzugsrahmen nicht dadurch erweitert, dass im Veranlagungszeitraum mehrere Arbeitszimmer genutzt werden (BFH 9.11.05 – VI R 19/04, BStBl II 06, 328). Möglich ist zwar der Abzug der Kosten für mehrere Arbeitszimmer aber auf den (personenbezogenen) Höchstbetrag begrenzt (BFH 9.5.17 – VIII R 15/15, BFH/NV 17, 1251). Für die Frage, ob kein anderer Arbeitsplatz zur Verfügung steht, ist auf die Tätigkeit im Arbeitszimmer abzustellen. Kann diese Tätigkeit konkret an einem anderen Arbeitsplatz des Stpfl objektiv verrichtet werden, also zB in einem Großraumbüro oder in einem – wenn auch kleinen – Dienstzimmer, greift das Abzugsverbot ein (BFH 17.5.05 – XI B 175/03, BFH/NV 05, 1828; BFH 7.4.05 – IV R 43/03, BFH/NV 05, 1541). Bei häuslichem Bereitschaftsdienst nach Schließung des Betriebsgebäudes steht der betriebliche Arbeitsplatz aber nicht zur Verfügung (BFH 7.8.03 – VI R 41/98, BFH/NV 03, 1647), ebenso bei Temperaturabsenkung außerhalb der üblichen Bürozeiten (BFH 13.10.03 – VI R 95/01, amtlich nv) oder bei einer unzureichenden Anzahl von Pool-Arbeitsplätzen (BFH 26.2.2014 – VI R 37/13, DStR 2014, 1099; BFH 16.9.15 – IX R 19/14, HFR 16, 436) bzw bei nicht nutzbarem Amtszimmer (BFH 26.2.2014 – VI R 11/12, DStR 2014, 1377). Bei leitenden Angestellten kann dies anders zu beurteilen sein (BFH 14.12.04 – XI R 13/04, BStBl II 05, 344). Häusliche Abend- und Wochenendarbeit, die zusätzlich zur Berufsarbeit erbracht wird, ist nicht begünstigt (BFH 10.2.05 – VI B 113/04, BStBl II 05, 488). Steht einem ArbN ein Büroarbeitsplatz beim ArbGeb auch für betrieblich gewünschte Fortbildungsmaßnahmen,

zB für einen Sprachkurs, zur Verfügung, schließt dies die steuerliche Berücksichtigung von Kosten für ein zur Fortbildung genutztes häusliches Arbeitszimmer aus. Persönliche Beweggründe des ArbN für die Nichtnutzung des Büroarbeitsplatzes spielen keine Rolle (BFH 5.10.11 – VI R 91/10, DStR 11, 2385). Ein Berufsorchestermusiker kann die Aufwendungen für das häusliche Überzimmer begrenzt abziehen (FG BaWü 6.4.11 – 4 K 5121/09, BeckRS 2011, 95693).

Bei **mehreren Tätigkeiten** im Rahmen eines Arbeitsverhältnisses genügt es zur Abzugsfähigkeit, dass für eine der Tätigkeiten der Arbeitsplatz nicht zur Verfügung steht (BFH 25.4.17 – VIII R 52/13, BFH/NV 17, 1239). 15

**Beispiel** (nach BMF 6.10.17, DStR 17, 2277 RdNr 20): Ein Angestellter nutzt sein Arbeitszimmer zu 40 % für seine nichtselbständige Tätigkeit und zu 60 % für eine unternehmerische Nebentätigkeit. Nur für die Nebentätigkeit steht ihm kein anderer Arbeitsplatz zur Verfügung. An Aufwendungen sind für das Arbeitszimmer insgesamt 2500 € entstanden. Diese sind nach dem Nutzungsverhältnis aufzuteilen. Auf die nichtselbständige Tätigkeit entfallen 40 % von 2500 € = 1000 €, die nicht abgezogen werden können. Auf die Nebentätigkeit entfallen 60 % von 2500 € = 1500 €, die bis zu 1250 € als Betriebsausgaben abgezogen werden können.

**c) Abschnittsbesteuerung.** Richtet der ArbN ein häusliches Arbeitszimmer ein, ohne dass er in diesem Jahr das Arbeitszimmer noch nutzt, so sind die Aufwendungen gleichwohl abzugsfähig, wenn sich die künftige Nutzung als Mittelpunkt der gesamten beruflichen Tätigkeit des Stpfl darstellt (BFH 23.5.06 – VI R 21/03, BStBl II 06, 600). 16

**d) Erforderlichkeit des Arbeitszimmers.** Nicht maßgebend ist, ob das Arbeitszimmer für die Tätigkeit des Stpfl erforderlich ist (BFH 8.3.17 – IX R 52/14, BeckRS 2017, 111961; BFH 3.4.19 – VI R 46/17, BFH/NV 2019, 903) 17

**e) Nachweiserfordernis.** Zu **Nachweiszwecken** darf das Arbeitszimmer vom FA mit Zustimmung des Stpfl besichtigt werden, aber nicht ohne Anmeldung und nicht außerhalb der üblichen Geschäftszeit (FG Düsseldorf 14.12.92, EFG 93, 64; *Gretter* BB 94, 1393; aA FG NdS 9.3.93, EFG 94, 182, das bei Verweigerung der Besichtigung ohne Anmeldung nachteilige Steuerfolgen für den Stpfl für zulässig hält; so auch *Rößler* BB 94, 1753; *Stähler* BB 95, 435). Gegen die Inaugenscheinnahme des Arbeitszimmers durch Finanzbeamte ist der Einspruch nicht gegeben (BFH 3.5.10 – VIII B 71/09, BFH/NV 10, 1415). Dass ein anderer Arbeitsplatz nicht zur Verfügung steht, muss der ArbN, ggf unter Einschaltung des ArbGeb, konkret darlegen. Im Übrigen darf das FA zur Sachverhaltsaufklärung das Ausfüllen eines amtlichen Vordrucks aufgeben (FG NdS 25.8.99 – VIII 470/93, EFG 99, 1003). Der Stpfl hat gem § 4 Abs 7 EStG jährliche Aufzeichnungspflichten und trägt die Feststellungslast (BFH 22.11.06 – X R 1/05, BStBl II 07, 304). Da § 9 Abs 5 EStG nicht auf § 4 Abs 7 EStG verweist, gilt die Aufzeichnungspflicht nicht für Einkünfte aus nichtselbständiger Arbeit. 18

**5. Abzugsfähige Aufwendungen. a) Im eigenen Haus.** Folgende Aufwendungen sind anteilig flächenbezogen auf das Arbeitszimmer (→ Rn 22) bei Vorliegen obiger Voraussetzungen (→ Rn 13–18) abzugsfähig, wenn das Arbeitszimmer im **eigenen Haus** oder in der eigenen **Eigentumswohnung** belegen ist (BMF 6.10.17, DStR 17, 2277), wobei die Aufwendungen nachzuweisen bzw glaubhaft zu machen sind: **Schuldzinsen** für Kredite, die zur Anschaffung, Herstellung oder Reparatur des Gebäudes oder der Eigentumswohnung verwendet worden sind (BFH 1.4.09 – IX R 35/08, BStBl II 09, 663), Reparaturaufwendungen, Gebäudeversicherungen einschließlich Feuerversicherung, Schornsteinfegergebühr, Grundsteuer, Müllabfuhrgebühren, Wassergeld, Stromkosten, Heizungskosten, Reinigungskosten , Aufwendungen für die Ausstattung des Zimmers (zum Begriff Ausstattung → Rn 24) und Aufwendungen für die Renovierung des Zimmers, **Gebäude-AfA** (zum Umfang der AfA nach § 7 Abs 5 EStG: BFH 30.6.95, BStBl II 95, 598: das Arbeitszimmer dient nicht Wohnzwecken; BFH 4.8.95, BStBl II 95, 727; BFH 15.10.99 – IX B 91/99, BFH/NV 2000, 428), auch Sonderabschreibung nach §§ 3, 4 FördG (OFD Bln 6.7.94, DStR 94, 1195 = FinMin Sachs 18.7.94, DB 94, 1598). Nachträglicher Anbau eines Arbeitszimmers an ein Gebäude führt zur Erhöhung des Abschreibungsvolumens des Gebäudes und damit steuerlich wirksam des Arbeitszimmers (BFH 21.8.95, BStBl II 95, 729; H 45 LStR). Schallschutzmaßnahmen für das Arbeitszimmer unterliegen der normalen Gebäude-AfA (FG München 21.2.01 – 1 K 3702/99, EFG 01, 740). Zur Fenstererneuerung im Arbeitszimmer s FG Saarl 30.9.92, EFG 93, 70. Kosten der Gartenerneuerung sind 19 abzugsfähig, wenn sie durch Reparaturaufwendungen am Gebäude veranlasst sind (BFH 6.10.04 – VI R 27/01, BStBl II 04, 1071), nicht aber bei Neuanlage eines Gartens (BFH 14.3.08 – IX B 183/07, BFH/NV 08, 1146). Abzugsfähig sind diese Kosten auch, wenn das Haus bzw die Eigentumswohnung **zu 1/2 in Miteigentum der Ehegatten** steht: AfA, Schuldzinsen, Energiekosten abzugsfähig im Verhältnis der Miteigentumsanteile (BFH 6.12.17 – VI R 41/15, DStR 18, 664). Das Gleiche gilt bei **nichtehelicher Lebensgemeinschaft** (*Kempermann* DStR 96, 131; *Heuermann* DStR 96, 1518). Hat der das Arbeitszimmer nutzende Ehegatte unabhängig von der Eigentümerstellung einen eigenen finanziellen Beitrag zu den Anschaffungs-/Herstellungskosten des Objekts zumindest in Höhe der Arbeitszimmerkosten getragen, steht ihm auch die AfA zu (BFH 23.8.99 – GrS 1/97, BStBl II 99, 778; BFH 25.6.03 – X R 66/00, BFH/NV 04, 19). Ein eigener finanzieller Beitrag liegt nur vor, wenn das Geld tatsächlich in das eigengenutzte Objekt fließt. Erwirbt der das Arbeitszimmer nutzende Ehegatte mit dem Eigenobjekt zugleich ein anderes Objekt, steht ihm die AfA im eigengenutzten Objekt nicht zu, wenn ihm wirtschaftlich das Eigenobjekt mangels rechtlicher Schuldnerschaft nicht zugerechnet werden kann (BFH 23.8.99 – GrS 2/97, BStBl II 99, 782). Werden in einem solchen Fall die Aufwendungen für das eigengenutzte Objekt gemeinsam getragen, kann der das Arbeitszimmer nutzende Ehegatte wenigstens die laufenden Aufwendungen für das Arbeitszimmer als Werbungskosten geltend machen (BFH 23.8.99, BStBl II 99, 782).

20 Bei **gemeinsamer Nutzung** des Arbeitszimmers darf jeder Nutzende die Aufwendungen abziehen, die er getragen hat, wenn die Abzugsvoraussetzungen in seiner Person vorliegen (BFH 23.8.99 – GrS 3/97, BStBl II 99, 787). Der Höchstbetrag von 1250 € (→ Rn 7 und → Rn 14) ist personenbezogen zu verstehen, mithin kann er von jedem Stpfl ausgeschöpft werden, der das Arbeitszimmer mitbenutzt, sofern die Abzugsvoraussetzungen in seiner Person vorliegen (BFH 15.12.16 – VI R 86/13, BeckRS 2017, 94259). Dies setzt voraus, dass dem jeweiligen Stpfl in dem Arbeitszimmer ein Arbeitsplatz in einer Weise zur Verfügung steht, dass er ihn für seine Tätigkeit in dem konkret erforderlichen Umfang und in der konkret erforderlichen Art und Weise tatsächlich nutzen kann (BFH 15.12.16 – VI R 53/12, BFH/NV 17, 527). Nutzen Ehegatten bei hälftigem Miteigentum ein häusliches Arbeitszimmer gemeinsam, sind die Kosten jedem Ehepartner grds zur Hälfte zuzuordnen. Weiter gilt: **Erhaltungsaufwendungen** eines Dritten kann der Stpfl dann abziehen, wenn er den Vertrag mit dem Handwerker abgeschlossen hat, dh in eigener Person die Zahlungsverpflichtung eingegangen ist und der Dritte diese Verpflichtung erfüllt (abgekürzter Zahlungsweg) oder wenn der Dritte im Rahmen eines Bargeschäfts des täglichen Lebens die Zahlung übernimmt, sog **Drittaufwand** (BMF 9.8.06 – IV C 3 – S 2211 – 21/06, BStBl I 06, 492). Weitergehend führen auch einmalige Zahlungen eines Dritten, der den Vertrag im eigenen Namen, aber im Interesse des Stpfl mit dem Handwerker abgeschlossen hat, mit Zustimmung des StPfl zur Abziehbarkeit beim Stpfl, sog **abgekürzter Vertragsweg** (BFH 15.1.08 – IX R 45/07, DStR 08, 495; BMF 7.7.08, BStBl I 08, 717); → *Werbungskosten* Rn 6).

**Beispiel:** Die Mutter des Stpfl beauftragt und bezahlt die Handwerker: Abzugsfähigkeit beim Stpfl, wenn die Mutter ihrem Sohn das Geld zuwenden wollte.

21 **b) In gemieteten Räumen.** Bei einer **Mietwohnung** sind anstelle der hausbezogenen Kosten die Miete und die Nebenkosten anzusetzen (iE → Rn 20) Mieterein- und Umbauten können für den Mieter AfA-fähig sein (BFH 11. 6 97 – XI R 77/96, BStBl II 97, 774).

22 **c) Berechnungsmodus.** Die haus- bzw wohnungsbezogenen Kosten (zB Schuldzinsen, AfA, Miete, Stromkosten usw) sind hierbei nach dem Verhältnis der Fläche des Arbeitszimmers zur Gesamtwohnfläche einschließlich Arbeitszimmer, jedoch ohne Nebenräume (Keller, Dachboden, Garage usw) anzusetzen, soweit letztere nicht selbst Arbeitszimmer sind (BFH 22.11.06 – X R 1/05, BStBl II 07, 304).

**Beispiel:** Gesamte Wohnfläche 120 qm, Arbeitszimmer 18 qm: 15 % der Hauskosten bzw der Mietkosten sind dem Grunde nach abzugsfähig. Liegt das Arbeitszimmer im Keller, ist diese Fläche mit einzubeziehen (BFH 11.11.14 – VIII R 3/12, BeckRS 2015, 94306).

Schuldzinsen sind unmittelbar den Anschaffungskosten des Arbeitszimmers zuzuordnen, wenn hierfür ein eigenes Darlehen aufgenommen wurde (BFH 1.4.09 – IX R 35/08, DStR 09, 1193). Auf diese Weise kann gezielt Steuerersparnis herbeigeführt werden.

**d) Aufteilung der Aufwendungen.** Wird das Arbeitszimmer nicht während des ganzen Jahres für berufliche Zwecke genutzt, ist auf die zeitanteilige Nutzung abzustellen (BFH 3.8.05 – XI R 42/02, BFH/NV 06, 504). 23

**Beispiel:** Ein ArbN hat im 1. Halbjahr den Mittelpunkt seiner gesamten betrieblichen und beruflichen Tätigkeit in seinem häuslichen Arbeitszimmer. Im 2. Halbjahr übt er die Tätigkeit am Arbeitsplatz bei seinem ArbGeb aus. Die Aufwendungen für das Arbeitszimmer, die auf das 1. Halbjahr entfallen, sind in voller Höhe als Werbungskosten abziehbar. Für das 2. Halbjahr kommt ein Abzug nicht in Betracht.

Wird das Arbeitszimmer im Rahmen mehrerer Einkunftsarten genutzt (zB nichtselbstständige Arbeit und selbstständige Arbeit; → Rn 13), ist der Abzugsbetrag entsprechend **aufzuteilen** (BFH 18.8.05 – VI R 39/04, BStBl II 06, 428).

**Beispiel:** Ein in den Ruhestand versetzter ArbN ist aufgrund individueller Vereinbarung nach wie vor für seinen ArbGeb tätig, indem er für ihn im häuslichen Arbeitszimmer Arbeiten erledigt, zB Gutachten anfertigt, Prüfberichte schreibt. Daneben ist er auf freiberuflicher Basis für einen Verlag schriftstellerisch tätig. Die Aufwendungen für das Arbeitszimmer als Mittelpunkt sind zeitanteilig aufzuteilen.

**e) Arbeitsmittel,** die im häuslichen Bereich ausschließlich für Berufszwecke eingesetzt werden (zB Büromaterial, Fachliteratur, PC ohne Joy-Stick, Bücherschrank, Schreibtisch; → *Arbeitsmittel* Rn 17, 21; → *Internet-/Telefonnutzung* Rn 32), sind von der Abzugsbeschränkung nicht betroffen (BFH 19.2.04 – VI R 135/01, BStBl II 04, 958). Sie sind von der **Ausstattung** des Arbeitszimmers (§ 4 Abs 5 Nr 6b Satz 1 EStG) abzugrenzen, die von der Abzugsbeschränkung des Arbeitszimmers mitumfasst wird (eingehend *Urban* DStZ 96, 229, 235; *Flies* DStZ 98, 474; *Söhn* FR 98, 637; *Thomas* KFR 98, 209). Zur Ausstattung, wenn es sich nicht um Arbeitsmittel handelt, gehören das nicht arbeitsbezogene Mobiliar und die Einrichtungsgegenstände (zB Tapeten, Teppiche, Fenstervorhänge, Gardinen, Lampen, Bilder, Poster, Gobelins, Antiquitäten, Kunstgegenstände). Ein Abzugsverbot kann sich hier aus § 12 Nr 1 EStG ergeben (FG Köln 4.12.02 – 10 K 5858/98, EFG 03, 518). Umzugskosten sind nicht als Werbungskosten abzugsfähig (BFH 21.7.89, BStBl II 89, 972; → *Umzugskosten* Rn 17), aber nach § 35a Abs 2 EStG (→ *Hauswirtschaftliches Beschäftigungsverhältnis* Rn 11). 24

**6. Kein Arbeitsverhältnis.** Besteht kein Arbeitsverhältnis (zB wegen **Arbeitslosigkeit, Erziehungsurlaubs** oder wegen Wechsels der beruflichen Stellung oder bei **Berufsausbildung** oder wegen Beurlaubung oder bei ehrenamtlicher Tätigkeit), sind die Kosten des Arbeitszimmers nicht als Werbungskosten (BFH 19.7.05 – VI B 175/04, BFH/NV 05, 2000), allenfalls als Ausbildungskosten (§ 10 Abs 1 Nr 7 EStG; → *Ausbildungskosten* Rn 15), begrenzt auf 6000 € abziehbar (BFH 22.6.90, BStBl II 90, 901; FG BaWü 3.8.99 – 1 K 382/98, EFG 99, 1117) – außer, der Abzug wäre auch unter den zu erwartenden Umständen der vorgesehenen beruflichen Tätigkeit zulässig (BFH 2.12.05 – VI R 63/03, BStBl II 06, 329) oder die Arbeit im häuslichen Arbeitszimmer steht unmittelbar bevor (BFH 23.5.06 – VI R 21/03, BStBl II 06, 600); → *Werbungskosten;* → *Arbeitslosengeld* Rn 8; → *Telearbeit* Rn 14; → *Gründungszuschuss* Rn 6). Die Abzugsbeschränkungen gelten wie oben → Rn 13 ff. 25

**Beispiel:** Wird ein häusliches Arbeitszimmer für ehrenamtliche Tätigkeiten genutzt, so können die Aufwendungen nur im Rahmen des § 3 Nr 26, 26a EStG abgezogen werden. Nur wenn die Einnahmen aus der betreffenden Tätigkeit den jeweiligen Betrag überschreiten, ist ein Abzug bei Vorliegen der übrigen Voraussetzungen denkbar (BFH 19.7.05 – VI B 175/04, BFH/NV 05, 2000).

**7. Verkauf der Immobilie.** Ob anlässlich des Verkaufs der Immobilie innerhalb von 10 Jahren seit der Anschaffung ein **Veräußerungsgewinn,** bezogen flächenanteilig auf das Arbeitszimmer, stpfl ist, ist umstritten (§ 23 Abs 1 Nr 1 EStG;dafür: Schmidt/Weber-Grellet § 23 Rz 18; dagegen: FG Köln 20.3.18 – 8 K 1160/15, BB 18, 1893, *Wichmann* DStR 2019, 92), bei Miteigentum nur anteilig (BFH 29.4.08 – VIII R 98/04, BStBl II 08, 749 zu betrieblich genutzten Räumen). 26

**8. Vermietung eines häuslichen Arbeitszimmers an den Arbeitgeber.** Die Vermietung des Arbeitszimmers an den ArbGeb mit Rücküberlassung an den ArbN ist in der Regel anzuerkennen. Entscheidend ist das betriebliche Interesse des ArbGeb an der Anmie- 27 tung des Raumes (Bsp Heimarbeit, Telearbeit). Dient die Nutzung des Arbeitszimmers in erster Linie dem betrieblichen Interesse des ArbGeb, wenn beispielsweise im Betrieb des ArbGeb keine geeigneten Arbeitszimmer für den ArbN vorhanden sind, sind die Mietzahlungen des ArbGeb beim ArbN Einnahmen aus Vermietung und Verpachtung (§ 21 EStG) mit der Folge, dass der ArbN anteilig sämtliche Raumkosten als Werbungskosten abziehen darf. Liegt ein entsprechendes betriebliches Interesse nicht vor, dient die Nutzung des Arbeitszimmers in erster Linie dem ArbN, ist davon auszugehen, dass die Zahlungen des ArbGeb als Gegenleistung für das Zurverfügungstellen der Arbeitskraft des ArbN erfolgt. Die Zahlungen des ArbGeb sind dann **Arbeitslohn,** von dem die Lohnsteuer einzubehalten und abzuführen ist (vgl BMF 13.12.2006, BStBl I 2006, 4, *Lohnsteuerabführung*).

**Literaturhinweis:** Zur einkommensteuerlichen Behandlung der Aufwendungen für ein häusliches Arbeitszimmer BMF 6.10.17, BStBl I 2017, 1320

### C. Sozialversicherungsrecht *Ruppelt*

31 **1. Beitragsrecht.** Übernimmt der ArbGeb die Kosten für ein **häusliches** Arbeitszimmer des ArbN und stellt sich diese Kostenübernahme als **Arbeitslohn** dar (→ *Homeoffice* Rn 34), handelt es sich insoweit um beitragspflichtiges Arbeitsentgelt iSv § 14 Abs 1 SGB IV (→ *Sachbezug* Rn 39 ff).

32 **2. Unfallversicherung.** Verrichtungen im häuslichen Arbeitszimmer sind versichert, wenn ein ursächlicher Zusammenhang (Kausalzusammenhang) zwischen der Verrichtung und der versicherten Tätigkeit besteht. Das ist regelmäßig dann der Fall, wenn der Versicherte eine Verrichtung mit einer Handlungstendenz ausführt, die objektivierbar dem Geschäftsbetrieb dient (BSG 31.8.17 – B 2 U 9/16 R, NJW 18, 1207). **Wege in der häuslichen Umgebung** zum Arbeitszimmer sind versichert, wenn solche Wege im unmittelbaren Unternehmensinteresse zurückgelegt werden und deswegen im sachlichen Zusammenhang mit der versicherten Tätigkeit stehen. Dies bestimmt sich nach der objektivierten Handlungstendenz des Versicherten, also danach, ob dieser bei der zum Unfallereignis führenden Verrichtung eine dem Unternehmen dienende Tätigkeit ausüben wollte und diese Handlungstendenz durch die objektiven Umstände des Einzelfalls bestätigt wird. Diese objektiven Umstände müssen im Vollbeweis bewiesen sein, was im konkreten Fall die Geltendmachung von Ansprüchen erschweren kann. Benutzt ein Versicherter die Kellertreppe, um im Keller seines Hauses gelegenen Arbeitszimmer zu arbeiten, handelt es sich bei einem Sturz auf dieser Kellertreppe um einen versicherten Arbeitsunfall (BSG 28.11.18 – B 2 U 28/17 R, SozR 4–2700 § 8 Nr 68). Bei Unfällen in der häuslichen Umgebung während einer **Rufbereitschaft** liegt nur dann ein Arbeitsunfall vor, wenn der Verletzte durch eine Verrichtung vor dem fraglichen Unfallereignis den gesetzlichen Tatbestand einer versicherten Tätigkeit erfüllt hat und deshalb „Versicherter" ist. (→ *Arbeitsunfall* Rn 34 f). Das ist zB der Fall, wenn der Versicherte während eines betrieblich veranlassten Telefongesprächs im Hause stürzt. Nicht versichert sind Verrichtungen während der Rufbereitschaft ohne betrieblichen Bezug. Zu gemischten Verrichtungen während der Rufbereitschaft vgl BSG 26.6.14 – B 2 U 4/13 R, NZS 14,788 (versichertes Telefonieren bei privatwirtschaftlichem Spaziergang). Entsprechendes gilt für die Verrichtungen am **Telearbeitsplatz** bzw im sog **Home Office** (→ *Homeoffice* Rn 45). Privatwirtschaftliche Verrichtungen, wie etwa die Versorgung mit Mineralwasser, sind auch an diesen Arbeitsplätzen nicht versichert (BSG 5.7.16 – B 2 U 5/15 R, ArbuR 16, 386). Auch die zu beliebigen, nicht betrieblich vorgegebenen Uhrzeiten zurückgelegten Wege aus einem in der eigenen Wohnung befindlichen **Heimarbeitsplatz** zu einem Restaurant stehen nicht unter dem Schutz der gesetzlichen UV (BSG 18.6.13 – B 2 U 7/12 R, SozR 4–2700 § 8 Nr 48). Vgl *Spellbrink* NZS 16, 527.

## Asylbewerber

### A. Arbeitsrecht *Röller*

1 **1. Allgemeines.** Der Flüchtlingsstrom von Menschen insbes aus Afrika, Syrien und verschiedenen Balkanstaaten wirft die Frage auf, wie das Potential der Geflüchteten von

deutschen ArbGeb genutzt und den Geflüchteten eine Beschäftigungsmöglichkeit eröffnet werden kann. Bei geflüchteten Menschen muss unterschieden werden zwischen Asylbewerbern mit einer Aufenthaltsgestattung, anerkannten Flüchtlingen mit Aufenthaltserlaubnis und Geduldeten.

**2. Asylbewerber mit einer Aufenthaltsgestattung.** Bei diesem Personenkreis ist das Asylverfahren noch nicht abgeschlossen. Die Asylbewerber benötigen für eine Beschäftigung eine Erlaubnis der Ausländerbehörde. Einzelheiten → Rn 41 ff. 2

Jungen Asylbewerbern soll der Zugang zu bestimmten mindestlohnfreien **Praktika** erleichtert werden. Für die Aufnahme eines solchen Praktikums ist keine Zustimmung der BA erforderlich. Die Neuregelung gilt für Pflichtpraktika, Orientierungspraktika von einer Dauer bis zu 3 Monaten, die Voraussetzung dafür sind, ein Studium zu beginnen sowie für ausbildungs- und studienbegleitende Praktika von einer Dauer von bis zu 3 Monaten. 3

Neben einem Praktikum kommen für Asylbewerber mit guter Bleibeperspektive verschiedene **Maßnahmen der Arbeitsförderung** nach dem SGB III in Betracht, zB ausbildungsbegleitende Hilfen, assistierte Ausbildung oder berufsvorbereitende Bildungsmaßnahmen. Die Zustimmung der BA ist im Regelfall nicht erforderlich. Die Förderung bzw die Maßnahmen müssen jedoch zuvor bei der örtlichen AA beantragt werden. Bei den genannten Maßnahmen der Arbeitsförderung nach dem SGB III findet das MiLoG keine Anwendung, da es sich bei den berufspraktischen Phasen um Maßnahmenbestandteile handelt. 4

**3. Anerkannte Flüchtlinge mit einer Aufenthaltserlaubnis.** Es handelt sich um Personen, über deren Asylantrag positiv entschieden wurde und die eine Aufenthaltserlaubnis aus völkerrechtlichen, humanitären oder politischen Gründen erhalten haben. Sie dürfte jede Beschäftigung ausüben. Der ArbGeb muss keine Besonderheiten beachten. Die Zustimmung der BA ist nicht erforderlich (§ 31 BeschV). 5

**4. Geduldete.** Dies sind Menschen, deren Asylantrag in der Regel abgelehnt wurde, die aber nicht abgeschoben werden können. Für sie gelten im Wesentlichen die Regelungen für Asylbewerber mit Aufenthaltsgestattung. Im Zuge des vom Bundestag im Juni 2019 beschlossenen Migrationspakts wurde mit der Ausbildungs- und Beschäftigungsduldung vor allem für ausreisepflichtige abgelehnte Asylbewerber und ihre engen Familienangehörigen eine Bleibeperspektive in Deutschland eröffnet. Einzelheiten s *Einwanderung.* 6

**5. Ausübung einer Erwerbstätigkeit.** Nehmen Asylbewerber, anerkannte Flüchtlinge und Geduldete eine Erwerbstätigkeit aus, gelten für das Beschäftigungsverhältnis die allgemeinen arbeitsrechtlichen Grundsätze. S *Ausländer.* 7

### B. Lohnsteuerrecht *Weil*

**1. Steuerpflicht.** Die inländische Besteuerung knüpft unabhängig von Vorgaben des Zuwanderungsgesetztes an den Wohnsitz (§ 8 AO) oder gewöhnlichen Aufenthalt (§ 9 AO) → *Ausländer* Rn 35 ff. Ob der Asylbewerber ArbN ist, bestimmt sich nach den allgemeinen Grundsätzen → *Ausländer* Rn 41, → *Arbeitnehmer (Begriff)* Rn 30 ff. 20

**2. Aufwendungen. a) Mehraufwendungen bei doppelter Haushaltsführung.** Asylbewerber mit eigenem ausländischem Hausstand können die Mehraufwendungen für das Wohnen am Beschäftigungsort als Werbungskosten abziehen (§ 9 Abs 1 Nr 5 EStG, → *Doppelte Haushaltsführung* Rn 4 ff). Bei Zuzug aus dem Ausland kann das Beziehen einer Zweitwohnung auch dann beruflich veranlasst sein, wenn der ArbN politisches Asyl beantragt oder erhält (R 9.11 Abs 2 Satz 4 LStR). 21

**b) Wiederbeschaffung von Hausrat und Kleidung.** Die Kosten der Wiederbeschaffung können als außergewöhnliche Belastung berücksichtigt werden (§ 33 EStG, R 33.2 Nr 2 EStR). Jedoch lässt die Anerkennung als Asylberechtigter nicht ohne weiteres auf ein unabwendbares Ereignis für den Verlust von Hausrat und Kleidung schließen (BFH 26.4.1991, BStBl II 1991, 755, H 33.1–33.4 „Asyl" EStR). 22

**c) Deutsch- und Integrationskurse. aa)** Aufwendungen des Asylbewerbers für Deutschkurse sind nicht als außergewöhnliche Belastungen (§ 33 EStG) abziehbar. Gleiches gilt für Integrationskurse, es sei denn, die Teilnahme war verpflichtend (R 33.4 Abs 6 EStR). bb) Aufwendungen des ArbGeb für Deutschkurse führen nicht zu stpfl Lohn, wenn 23 der ArbGeb die Sprachkenntnisse in dem für den Asylbewerber vorgesehenen Arbeitsgebiet verlangt u daher die Bildungsmaßnahmen dem ganz überwiegenden betrieblichen Interesse zuzuordnen sind (BMF 4.7.17, BStBl I 17, 882; → *Fortbildung* Rn 30 ff).

24 **d) Prozesskosten.** S → *Werbungskosten* Rn 30.

25 **e) Fluchthilfe.** Aufwendungen für die Flucht eines Angehörigen aus einem anderen Staat können nur dann zwangsläufig u damit als außergewöhnliche Belastungen (§ 33 EStG) berücksichtigt werden, wenn für den Angehörigen unmittelbare Gefahr für Leib, Freiheit und Leben droht und der angehörige als politischer Flüchtling anerkannt wird (Schmidt/*Loschelder*, EStG, § 33 Anm 90 „Fluchthilfe").

26 **f) Unterhalt.** Eine Berücksichtigung von Unterhaltsaufwendungen nach § 33a Abs 1 EStG ist nur möglich, wenn der Empfänger nach inländischem Recht gesetzlich unterhaltsberechtigt ist.

27 **3. Arbeitsgelegenheiten nach § 5 AsylblG.** Soweit Asylbewerber nach § 5 AsylblG verpflichtet sind, in Aufnahmeeinrichtungen sowie bei staatlichen, kommunalen und gemeinnützigen Trägern zu arbeiten und hierfür eine Aufwandsentschädigung erhalten, ist kein Dienstverhältnis anzunehmen. Die Asylbewerber sind daher nicht als ArbN zu qualifizieren. Die gezahlten Aufwandsentschädigungen unterliegen nicht dem Steuerabzug vom Arbeitslohn. Eine Pauschalierung der LSt nach § 40a EStG ist damit nicht möglich (OFD Erfurt 15.3.1999, DStR 1999, 852).

28 **4. Leistungen nach dem AsylblG.** Geld und Sachleistungen nach dem AsylblG (Grundleistungen und sonstige Leistungen §§ 3 u 6 AsylblG) sind gem § 3 Nr 11 EStG als steuerfrei zu behandeln und auch nicht im Rahmen des Progressionsvorbehalts gem § 32b EStG steuerlich berücksichtigungsfähig (OFD Frankfurt am Main 23.1.1998, ESt-Kartei HE § 3 EStG Fach 9 Karte 4).

29 **5. Kindergeld.** Asylberechtigte sind anspruchsberechtigt nach § 62 Abs 2 Nr 2 EStG ab dem Zeitpunkt der unanfechtbaren Anerkennung als politisch Verfolgte nach Art 16a Abs 1 GG bzw der Zuerkennung der Flüchtlingseigenschaft nach der Genfer Flüchtlingskonvention (A 4.4 Dienstanweisung zum Kindergeld nach dem EStG – Stand 2016, BStBl I 2016, 829) → *Kindergeld* Rn 4 ff, 7. Geschwistern von minderjährigen Flüchtlingen, die unbegleitet in die BRD eingereist sind, kann Kindergeld aufgrund eines Pflegekindschaftsverhältnisses zustehen s FG Nds 28.9.16 – 3 K 142/16, BeckRS 16, 106746 und BZSt 25.10.16, BStBl I 16, 1186 (→ *Kindergeld* Rn 8).

## C. Sozialversicherungsrecht

*Voelzke*

40 **1. Allgemeines.** Asylbewerber benötigen für eine Beschäftigung im Inland eine Erlaubnis der Ausländerbehörde (→ *Ausländer* Rn 52 ff). Soweit Einkommen aus einer Erwerbstätigkeit nicht (ausreichend) zur Verfügung steht, wird der Lebensunterhalt der Asylbewerber nach den Regelungen des AsylbLG sichergestellt. Mit Rücksicht auf den massiven Anstieg der Flüchtlingszahlen hat der Gesetzgeber die Rahmenbedingungen für Asylbewerber mehrmals angepasst. Zu nennen ist zunächst das Gesetz zur Einführung beschleunigter Asylverfahren vom 11.3.16 (BGBl I 16, 390; sog Asylpaket II: *Siefert* jM 16, 329). Ferner ist das Integrationsgesetz vom 31.7.16 (BGBl I 16, 1939) zu beachten, das auf eine Verbesserung der Integration der Asylbewerber in den Arbeitsmarkt abzielt (*Welte* ZAR 16, 269).

41 **2. Zugang zum Arbeitsmarkt.** Die Voraussetzungen der Zugangsberechtigung von Asylbewerbern zum inländischen Arbeitsmarkt als abhängig Beschäftigte richten sich nach den Regelungen des AsylG (zuletzt geändert durch Art 48 des Gesetzes vom 20.11.19, BGBl I 19, 1626) und des AufenthaltG. Insgesamt sind die Beschäftigungsmöglichkeiten durch das Migrationspaket 2019 verbessert worden.

42 Für die Dauer der Pflicht, in einer Aufnahmerichtung zu wohnen, ist eine **Erwerbstätigkeit nicht gestattet** (§ 61 Abs 1 AsylG). In dieser Zeit ist es dem Asylbewerber auch nicht gestattet, eine betriebliche Ausbildung aufzunehmen. Ausnahmen hiervon ergeben sich aus den weiteren Regelungen des § 61 Abs 1 AsylG.

43 Für die Beschäftigungsmöglichkeiten von Asylbewerbern und ausreisepflichtigen Ausländern ist von Bedeutung, dass das Ausbildungs- und Beschäftigungsduldungsgesetz vom

8.7.19 (BGBl I 19, 1021) **geduldeten Drittstaatsangehörigen** einen Spurwechsel erleichtern soll (*Dietz* NVwZ 19, 1080).

Der Übergang in einen regulären Aufenthalt über Ausbildung und Beschäftigung wird durch die neuen **Duldungstatbestände** in §§ 60c, 60d AufenthG eröffnet (kritisch *Kluth* NVwZ 19, 309). 44

**Anerkannte Asylbewerber** unterliegen nach § 25 Abs 1 und 2 AufenthG, § 23 AufenthG keinen Beschränkungen hinsichtlich der Ausübung einer Erwerbstätigkeit. Dies gilt auch hinsichtlich der Aufnahme eines Studiums oder einer Ausbildung. 45

**3. Integrationsmaßnahmen.** Zur Integration von schutzbedürftigen Ausländern sind insbes durch das Integrationsgesetz eine Reihe von staatlichen Angeboten geschaffen worden, die auf eine Verbesserung der Integration in die Gesellschaft und den Arbeitsmarkt abzielen (s den Überblick durch *Welte* ZAR 16, 269). 46

In der ArblV wird für den begünstigten Personenkreis (Ausländerinnen und Ausländer, bei denen ein rechtmäßiger und dauerhafter Aufenthalt zu erwarten ist) der Zugang zur **Ausbildungsförderung** erleichtert. Allerdings sind Ausländer, die eine Aufenthaltsgestattung nach dem AsylG besitzen, während einer Berufsausbildung nicht zum Bezug von Berufsausbildungsbeihilfe berechtigt (§ 60 Abs 2 Satz 1 SGB III). Im Übrigen sind für den von § 60 Abs 2 Satz 2 SGB III erfassten Personenkreis Erleichterungen vorgesehen, die Berufsausbildungsbeihilfe, ausbildungsbegleitende Hilfen und assistierte Ausbildung sowie berufsvorbereitende Bildungsmaßnahmen betreffen.

Die Möglichkeit der Zuweisung von Leistungsberechtigten in **Arbeitsgelegenheiten** und **Flüchtlingsintegrationsmaßnahmen** ergibt sich aus den §§ 5, 5a AsylbLG. Durch diese Maßnahmen sollen Flüchtlinge dazu angehalten werden, schon während des Asylverfahrens einer sinnvollen Betätigung nachzugehen. Die Flüchtlingsintegrationsmaßnahmen werden im Rahmen eines befristeten Arbeitsmarktprogramms der BA bereitgestellt (zu Einzelheiten der Zuweisung *Schlegel/Voelzke/Lange* SGB XII § 5a AsylbLG Rn 46 ff; *Siefert*, AsylbLG, § 5a Rz 28 ff). 47

**4. Asylbewerberleistungsgesetz.** Die für Asylbewerber geltenden leistungsrechtlichen Regelungen zur Sicherung des Lebensunterhalts sind im AsylbLG (zuletzt geändert durch Art 38 des Gesetzes vom 20.11.19, BGBl I 19, 1626) enthalten. Das AsylbLG war zuvor infolge der Entscheidung des BVerfG vom 18.7.12 (– 1 BvL 10/10 und 2/11, NVwZ 12, 1024) durch das Gesetz vom 10.12.14 (BGBl I 14, 2187) und vom 23.12.14 (BGBl 14, 2439) grundlegend überarbeitet worden. Das sog Asylpaket I (Gesetz vom 20.1015, BGBl I 15, 1722) und das Asylpaket II (Gesetz vom 11.3.16, BGBl I 16,390) hatten demgegenüber wiederum erhebliche Verschärfungen des Leistungsrechts herbeigeführt (*Siefert* jM 16, 329; *Deibel* SozRaktuell 19, 52). 48

Die **Anspruchsberechtigung** für Leistungen nach dem AsylblG entfällt nach § 1 Abs 3 AsylblG mit der Ausreise bzw mit Ablauf des Monats, in dem die Leistungsvoraussetzung entfällt.

Durch die in § 3 Abs 1 und 2 AsylbLG geregelten **Grundleistungen** wird der notwendige Bedarf an Ernährung, Unterkunft, Heizung, Kleidung, Gesundheitspflege, Gebrauchs- und Verbrauchsgütern des Haushalts sowie an persönlichen Bedürfnissen des täglichen Lebens gedeckt (s zum Leistungssystem ausführlich die Kommentierungen in *Schlegel/Voelzke*, SGB XII, §§ 1 ff AsylblG; *Siefert,* AsylbLG, §§ 1 ff). Durch das Dritte Gesetz zur Änderung des AsylblG sind die Bedarfssätze neu festgesetzt und die Systematik des Gesetzes teilweise umgestellt worden (zu Einzelheiten *Lange* jurisPR-SozR 19/29019 Anm 1; *Genge* in Beilage zum Asylmagazin 19, 8–9, 14 ff). Bei den jeweiligen Bedarfssätzen wird danach unterschieden, ob der Betroffene innerhalb oder außerhalb von Aufnahmeeinrichtungen untergebracht ist. Während bei einer Unterbringung in Aufnahmeeinrichtungen der notwendige Bedarf zur Sicherung der physischen Existenz durch Sachleistungen gedeckt wird, sind außerhalb von Aufnahmeeinrichtungen vorrangig Geldleistungen zu erbringen. Leistungen in besonderen Fällen können gewährt werden, wenn sich der Leistungsberechtigte über einen Zeitraum von 15 Monaten ohne wesentliche Unterbrechung in Deutschland aufgehalten hat. Leistungseinschränkungen können sich nach Maßgabe des § 1a AsylbLG bei aufenthaltsrechtlichen Verstößen, bei Arbeitsverweigerung und Verstößen gegen eine räumliche Beschränkung ergeben. Die Regelung über die Anrechnung von Einkommen und Vermögen ist weitgehend den Vorschriften des SGB XII angeglichen.

## AT-Angestellte

### A. Arbeitsrecht

*Kania*

1 **1. Begriff.** AT-Angestellte sind Angestellte, die kraft ihrer Tätigkeitsmerkmale oder ihrer Bezahlung (zB gem tariflicher Abstandsklausel) nicht mehr unter den persönlichen Geltungsbereich des einschlägigen TV fallen (BAG 8.10.09 – 2 AZR 235/08, NZA 10, 465; 19.5.09 – 9 AZR 505/08, NJOZ 10, 458; *Franke* Der außertarifliche Angestellte, S 3). Nicht entscheidend für die Abgrenzung ist, ob eine Tarifbindung im Einzelfall wegen der fehlenden Zugehörigkeit zur vertragsschließenden Gewerkschaft entfällt (BAG 28.5.74, DB 74, 1917).

2 Das BAG grenzt die AT-Angestellten zusätzlich von den **leitenden Angestellten** iSd § 5 Abs 3 BetrVG ab (BAG 18.9.73, DB 74, 143). Dies geschieht, um die betriebsverfassungsrechtliche Sonderstellung der AT-Angestellten zu betonen; begrifflich zählen auch leitende Angestellte zu den AT-Angestellten, wenn die persönlichen Voraussetzungen des einschlägigen TV nicht erfüllt werden. Je nach der Ausgestaltung des jeweiligen TV kann es in einzelnen Branchen gar keine AT-Angestellten geben. Dies ist dann der Fall, wenn der einschlägige TV keine Gehaltsobergrenzen für die Eingruppierung vorsieht (zB in der privaten Versicherungswirtschaft).

3 Entgegen einer weit verbreiteten Praxis ist es nicht möglich, ArbN trotz Vorliegen der persönlichen Voraussetzungen eines TV **zum AT-Angestellten zu „befördern"**. Ein solcher ArbN behält – unabhängig von den einzelvertraglich vereinbarten Ansprüchen – seine tarifvertraglich garantierten Rechte als Mindestbedingungen, allerdings kann sich aus der Bezeichnung als AT-Angestellter ein Anspruch auf Gehaltserhöhung ergeben (→ Rn 6).

4 **2. Individualrechtliche Stellung des AT-Angestellten. a) Allgemeines.** Eine arbeitsrechtliche Sonderstellung des AT-Angestellten ergibt sich einmal aus der begrifflich zwingenden Nichtanwendbarkeit des einschlägigen TV; da die Arbeitsbedingungen nicht in einem TV detailliert vorgegeben sind, besteht für die Vertragsparteien insofern **erhöhter Regelungsbedarf im Einzelarbeitsvertrag.** Zum anderen folgen aus der regelmäßig bedeutenderen Stellung des AT-Angestellten erhöhte Anforderungen in Hinblick auf die Nebenpflichten aus § 241 Abs 2 BGB. Allerdings genießt der AT-Angestellte den vollen Kündigungsschutz, soweit er nicht leitender Angestellter iSd KSchG ist.

5 **b) Arbeitszeit.** Häufig findet sich in Arbeitsverträgen mit AT-Angestellten keine Vereinbarung über die Arbeitszeit. Grds gilt dann – mit Ausnahme der gesetzlichen Höchstgrenzen des ArbZG – keine starre Arbeitszeitbegrenzung, da die Tätigkeit des AT-Angestellten üblicherweise aufgaben- und nicht arbeitsbezogen ist (*Franke* Der außertarifliche Angestellte, S 74). Die tarifliche Arbeitszeit findet auf den AT-Angestellten nur dann Anwendung, wenn dies ausdrücklich vereinbart ist (BAG 9.12.87 – 4 AZR 584/87, DB 88, 657). Die Auslegung des Arbeitsvertrags kann aber ergeben, dass die Parteien die betriebsübliche Arbeitszeit vereinbaren wollten; so wohl regelmäßig bei einem Vollarbeitszeitverhältnis (BAG 15.5.13 – 10 AZR 325/12, NZA-RR 14, 519). Da die betriebliche Arbeitszeit unmittelbar von der tariflichen abhängt, gilt eine tarifvertragliche Verkürzung der Wochenarbeitszeit auch dann, wenn der AT-Angestellte in seinem Arbeitsvertrag vereinbart hat, dass sich seine Arbeitszeit nach der betrieblichen Arbeitszeit richtet (BAG 9.12.87, DB 88, 657). Die Eigenschaft als AT-Angestellter kann eine differenzierte Regelung bzgl der Einstellung der geleisteten Mehrarbeit in Arbeitszeitkonten rechtfertigen (zu Gleitzeitkonten BAG 10.12.13 – 1 ABR 40/12, NZA 14, 675).

6 **c) Arbeitsvergütung.** Die Höhe der Arbeitsvergütung der AT-Angestellten wird grds **einzelvertraglich vereinbart.** Das individuelle Aushandeln der Gehaltshöhe ist aber jedenfalls in Großunternehmen weitgehend einer Einteilung in Gehaltsgruppen gewichen. Hinsichtlich der **Vergütung von Überstunden** sehen vertragliche Vereinbarungen mit AT-Angestellten häufig vor, dass Mehrarbeit durch das zugesagte Entgelt mit abgegolten wird.

Während das BAG solche Pauschalierungsabreden früher generell als zulässig erachtete (BAG 16.1.65 – 5 AZR 154/64, AP Nr 7 zu § 1 AZO; einschränkend BAG 28.9.05 – 5 AZR 52/05, NZA 06, 149), unterliegen solche AGB-Klauseln heute dem Transparenzgebot aus § 307 Abs 1 S 2 BGB (BAG 1.9.10 – 5 AZR 517/09, NZA 11, 575). Allerdings sei bei Diensten höherer Art und herausgehobenem Entgelt, soweit nicht ausdrücklich etwas anders vereinbart ist, eine Vergütungserwartung des ArbN zu verneinen. Dies gelte jedenfalls dann, wenn das Gehalt die Beitragsbemessungsgrenze in der gesetzlichen Rentenversicherung überschreitet (BAG 22.2.12 – 5 AZR 765/10, NZA 12, 861). Ein **Anspruch auf Gehaltsanpassung** kann sich für den ArbN aus seinem Anstellungsvertrag ergeben, wenn etwa die Höhe des Gehalts an die Entwicklung der Gehälter in der Branche, die Entwicklung der Lebenshaltungskosten oder andere Parameter gekoppelt ist. Fehlt es an einer solchen Klausel, so besteht ein Anspruch auf Gehaltsanpassung, wenn eine Gehaltserhöhung erforderlich ist, um bei einer Erhöhung der Tarifgehälter den **Mindestabstand zum höchsten Tarifgehalt** und damit den Status als AT-Angestellter zu wahren; auf eine Tarifbindung kommt es dabei nicht an (BAG 25.4.18 – 5 AZR 84/17, NZA-RR 18, 556; LAG Düsseldorf 27.7.99 – 16 (3) Sa 213/99, BeckRS 1999, 41306; *Schaub/Vogelsang* § 13 Rn 14). Zur Vermeidung etwaiger Unsicherheiten empfiehlt es sich, die Frage der Gehaltsanpassung im Arbeitsvertrag zu regeln.

Die übrigen, nicht tarifnahen AT-Angestellten sind dann an der Gehaltserhöhung nach dem allgemeinen **Gleichbehandlungsgrundsatz** jedenfalls insoweit zu beteiligen, als in der Erhöhung ein Grundbetrag enthalten ist, der dem Ausgleich der Steigerung des Lohn- und Preisniveaus dient (BAG 17.5.78 – 5 AZR 132/77, DB 78, 1887) oder wenn der Vergütungsanpassung eine erkennbare Regelhaftigkeit zugrunde liegt (BAG 1.12.04 – 5 AZR 664/03, NZA 05, 289). Dagegen entsteht selbst dann, wenn ein ArbGeb die Gehälter seiner AT-Angestellten während mehrerer Jahre regelmäßig in Anlehnung an die Tarifentwicklung erhöht, kein Anspruch kraft betrieblicher Übung auf entspr Erhöhungen in den Folgejahren (BAG 4.9.85, DB 86, 1627). Weiter kann sich aus dem allgemeinen Gleichbehandlungsgrundsatz ein Anspruch auf betriebliche Altersversorgung ergeben (BAG 15.5.12 – 3 AZR 610/11, NZA 12, 1279). 7

**3. Betriebsverfassungsrechtliche Stellung des AT-Angestellten.** AT-Angestellte, soweit sie nicht leitende Angestellte iSd § 5 Abs 3 BetrVG sind, haben betriebsverfassungsrechtlich grds die gleiche Stellung wie Tarifangestellte; insbes im Bereich der Entgelte ergibt sich aber ein besonderer Handlungsspielraum, da die Regelungsmacht des BRat nicht durch §§ 77 Abs 3, 87 Abs 1 1. Hs BetrVG beschränkt wird (BAG 21.1.03 – 1 ABR 5/02, NZA 03, 810). 8

So kommt den Rechten des BRat bei der **Festlegung der Vergütungsstruktur** gem § 87 Abs 1 Nr 10 BetrVG besondere Bedeutung zu (ErfK/*Kania* § 87 BetrVG Rn 106). Das Mitbestimmungsrecht erstreckt sich auf die Festlegung der generellen Grundsätze der Gehaltsfindung, etwa auf die Findung von Gehaltsgruppen, die Festlegung der Wertunterschiede zwischen diesen oder die Bestimmung der Kriterien für Gehaltserhöhungen (BAG 21.8.90, NZA 91, 434; BAG 27.10.92, DB 93, 1143). Voraussetzung für die Mitbestimmungspflicht ist allerdings, dass der ArbGeb die Vergütungsstruktur der AT-Angestellten nach abstrakt-generellen Kriterien festlegt. Dass ein **AT-Gehaltsgruppensystem** innerhalb einer gewissen Bandbreite Spielraum für individuelle Gehaltsvereinbarungen lässt, steht der Anwendung von § 87 Abs 1 Nr 10 BetrVG nicht entgegen (BAG 28.9.94, DB 95, 678). 9

**Kein Mitbestimmungsrecht** besteht hinsichtlich der Festlegung der Abstände zur höchsten Tarifgruppe, weil damit gleichzeitig die Gehaltshöhe festgelegt wäre, was dem ArbGeb allein vorbehalten bleiben soll (BAG 27.10.92, DB 93, 1143; aA *Fitting* § 87 Rn 491; unklar BAG 28.9.94 – 1 AZR 870/93, DB 95, 678). 10

**Bei personellen Einzelmaßnahmen** sind die Mitbestimmungsrechte des BRat gem §§ 99 ff BetrVG zu beachten. Eine Eingruppierung iSd § 99 BetrVG liegt vor, wenn betriebliche Gehaltsgruppen bestehen und der AT-Angestellte in eine dieser Gruppen eingestuft werden soll (*Fitting* § 99 Rn 87). Das Mitbestimmungsrecht besteht auch, wenn streitig ist, ob ein ArbN AT-Angestellter ist oder noch nach einer tariflichen Vergütungsgruppe einzugruppieren ist (BAG 31.10.95, NZA 96, 890). Vor Kündigung eines AT-Angestellten ist der BRat gem § 102 BetrVG anzuhören. 11

12 **Zur Wahrnehmung seiner allgemeinen Aufgaben** gem § 80 BetrVG ist der BRat berechtigt, Einblick in Listen über die Gehälter der AT-Angestellten zu nehmen. Dabei bedarf es nicht der schlüssigen Darlegung eines besonderen Interesses (BAG 10.2.87, BB 87, 1177).

13 **4. Muster.** S Online-Musterformular „*M9.8 Leitende Angestellte, Arbeitsvertrag*".

### B. Lohnsteuerrecht *Seidel*

14 Lohnsteuerrechtlich bestehen keine Besonderheiten; → *Leitende Angestellte* Rn 24.

### C. Sozialversicherungsrecht *Schlegel*

15 **Keine beitrags- und leistungsrechtlichen Besonderheiten.** Das Sozialrecht differenziert bei ArbN gelegentlich noch zwischen Arbeitern und Angestellten, nimmt aber innerhalb dieser Gruppen in aller Regel keine Unterscheidungen nach ihrer Stellung im Betrieb vor. Die SozV und ArblV knüpfen vielmehr an den Status als ArbN und an das aus dem Beschäftigungsverhältnis erzielte Arbeitsentgelt an, ohne Rücksicht darauf zu nehmen, ob der ArbN arbeits- oder tarifvertraglich einen Sonderstatus innehat.

## Aufhebungsvertrag

### A. Arbeitsrecht *Schmidt*

1 **1. Grundsatz.** Wer einen Arbeitsvertrag abgeschlossen hat, kann ihn auch einverständlich wieder aufheben. Der **Aufhebungsvertrag** hat sich in der Praxis als gängiges Instrument erwiesen, Arbeitsverhältnisse kurzfristig und aus der Sicht des ArbGeb weitgehend risikofrei zu beenden. Vom befristeten Arbeitsvertrag unterscheidet er sich dadurch, dass die Beendigung des Arbeitsverhältnisses nicht Bestandteil des Arbeitsvertrags ist, sondern nach dessen Abschluss vereinbart wird. Bei der Auflösung eines Arbeitsvertrags durch Vereinbarung befindet sich der ArbN daher nicht in der Drucksituation wie beim Abschluss eines befristeten Arbeitsvertrages, wo es darum geht, erst einmal den Arbeitsplatz zu bekommen. Dies rechtfertigt, den Abschluss von Aufhebungsverträgen grds keiner besonderen kündigungsrechtlichen Kontrolle zu unterziehen (BAG 28.11.07 – 6 AZR 1108/06, NZA 08, 348).

2 Für den **Arbeitgeber** bietet der Aufhebungsvertrag folgende **Vorteile:** Das Arbeitsverhältnis kann ohne Einhaltung gesetzlicher, tariflicher oder einzelvertraglicher Kündigungsfristen beendet werden. Allgemeiner und besonderer Kündigungsschutz (BRat, Schwangere und junge Mütter, Schwerbehinderte, Unkündbare) greifen nicht. Der BRat braucht nicht beteiligt werden. Für den **ArbN** bietet der Aufhebungsvertrag den **Vorteil,** dass er mit seiner Hilfe Kündigungsfristen abkürzen kann, die der sofortigen Arbeitsaufnahme bei einem anderen ArbGeb entgegenstehen. Bei schweren Verfehlungen des ArbN, die auf eine außerordentliche Kündigung hinauslaufen, lassen sich über den Aufhebungsvertrag und unbezahlte Freistellung von der Arbeitspflicht „unverdächtige" Beendigungstermine für das Arbeitsverhältnis vereinbaren.

3 Mit wirksamer Aufhebung des Arbeitsvertrags enden die Pflichten der Parteien, die an den Bestand des Arbeitsverhältnisses anknüpfen. War jedoch eine AU des ArbN für den ArbGeb Anlass, den Abschluss eines Aufhebungsvertrages anzustreben oder war ihm eine aus Anlass der AU ausgesprochene Kündigung vorausgegangen, kann der ArbGeb nach § 8 EFZG zur Zahlung der Krankenvergütung verpflichtet bleiben (BAG 20.8.80 – 5 AZR 589/79, NJW 81, 1286; aA ErfK/*Reinhard* EFZG § 8 Rn 16 f mwN). Der Abschluss eines Aufhebungsvertrages zwischen ArbN und **Insolvenzverwalter** begründet keinen Schadensersatzanspruch nach § 113 Satz 3 InsO.

4 **2. Abschluss.** Der Abschluss von Aufhebungsverträgen richtet sich nach allgemeinen Regeln. Ein **Anspruch auf Abschluss eines Aufhebungsvertrages** besteht grds nicht (BAG 25.2.10 – 6 AZR 911/08, NZA 10, 561). Ein rückwirkender Aufhebungsvertrag

kann nicht wirksam vereinbart werden, es sei denn, das Arbeitsverhältnis war bereits außer Vollzug gesetzt (BAG 10.12.98 – 8 AZR 324/97, NZA 99, 422).

**a) Form.** Aufhebungsverträge und entsprechende Vorverträge bedürfen nach § 623 BGB zu ihrer Wirksamkeit der Schriftform (BAG 17.12.09 – 6 AZR 242/09, NZA 2010, 273). Dasselbe gilt für Klageverzichtserklärungen, die in unmittelbarem zeitlichem und sachlichem Zusammenhang mit dem Ausspruch einer Kündigung getroffen werden, weil es sich um Aufhebungsverträge handelt (BAG 19.4.07 – 2 AZR 208/06, NZA 07, 1227). Das Formerfordernis erstreckt sich auf das Rechtsgeschäft im Ganzen, auf alle Abreden, aus denen sich nach dem Willen der Parteien der Aufhebungsvertrag zusammensetzt (ErfK/*Müller-Glöge* BGB § 623 Rn 20). Dazu gehört auch die Zahlung von Abfindungen (LAG Sachs 23.4.07 – 3 Sa 601/06, BeckRS 2009, 57418). Die Schriftform ist ebenso für spätere Änderungen oder Ergänzungen eines Aufhebungsvertrages erforderlich (Erfk/*Müller-Glöge* BGB § 623 Rn 20). Ein stillschweigender Abschluss ist grds nicht mehr möglich. Der Aufhebungsvertrag muss von beiden Parteien auf einer Urkunde unterzeichnet sein (BAG 28.11.07 – 6 AZR 1108/06, NJW 08, 1341 (Ls)). Werden über den Vertrag mehrere gleichlautende Urkunden erstellt, genügt es nach § 126 Abs 2 BGB, wenn jede Partei die für die andere bestimmte unterzeichnet. Es spricht manches dafür, wie für die Befristung von Arbeitsverträgen (BAG 26.7.06 – 7 AZR 514/05, NZA 06, 1402) auch für die Schriftform nach § 623 BGB ausreichen zu lassen, dass eine Vertragspartei in einem von ihr unterzeichneten, an die andere Vertragspartei gerichteten Schreiben den Abschluss eines Aufhebungsvertrages anbietet und diese auf das Schriftstück ihre Annahmeerklärung setzt und unterzeichnet (ErfK/*Müller-Glöge* BGB § 623 Rn 19). Die Schriftform kann nach § 126 Abs 4 BGB durch notarielle Beurkundung und nach § 127a BGB durch gerichtlich protokollierten Vergleich ersetzt werden (ErfK/*Müller-Glöge* BGB § 623 Rn 20); dabei kann es sich auch um einen Vergleich nach § 278 VI Satz 1, 2. Alt ZPO handeln (BAG 23.11.06 – 6 AZR 394/06, NZA 07, 466). Die in den §§ 126a und 126b BGB vorgesehene elektronische Einhaltung der Schriftform ist nach § 623 BGB für den Aufhebungsvertrag ausgeschlossen. Aufhebungsverträge, die der gesetzlichen Formvorschrift nicht entsprechen, sind nach § 125 BGB nichtig. Sie lösen das Arbeitsverhältnis nicht auf. Die Auflösung des Arbeitsverhältnisses kann – konkludent – vereinbart sein, wenn die Parteien eine anderweitige schriftliche Vereinbarung schließen, deren Inhalt den Willen, den Arbeitsvertrag fortzusetzen, regelmäßig ausschließt (BAG 19.4.07 – 2 AZR 208/06, NZA 07, 1227). So heben ArbGeb und ArbN das bis dahin zwischen ihnen bestehende Arbeitsverhältnis konkludent auf, wenn sie einen Geschäftsführer-Dienstvertrag abschließen; anders nur in Ausnahmefällen, für die deutliche Anhaltspunkte vorliegen müssen. Der schriftliche Geschäftsführer-Dienstvertrag wahrt dabei regelmäßig das Formerfordernis des § 623 BGB für den Vertrag über die Auflösung des Arbeitsverhältnisses (BAG 24.10.13 – 2 AZR 1078/12, NZA 14, 540). Ein rechtsgeschäftlicher Vertreter muss nach § 167 Abs 2 BGB für den Abschluss eines Aufhebungsvertrages nicht schriftlich bevollmächtigt sein (BAG 28.11.07 – 6 AZR 1108/06, NZA 2008, 348). 5

Der **Abwicklungsvertrag** fällt nicht unter § 623 BGB. Er löst das Arbeitsverhältnis nicht auf, sondern regelt nur noch die Modalitäten, unter denen die Beteiligten ein durch formgerechte Kündigung oder schriftlichen Aufhebungsvertrag aufgelöstes Arbeitsverhältnisses zu Ende führen wollen (BAG 23.11.06 – 6 AZR 394/06, NZA 07, 466). Wird dem ArbN nach Kündigung des Arbeitsverhältnisses in einem Abwicklungsvertrag das Recht eingeräumt, innerhalb der Kündigungsfrist vorzeitig das Arbeitsverhältnis einseitig aufzulösen, bedarf diese Vereinbarung jedoch nach § 623 BGB der Schriftform (BAG 17.12.15 – 6 AZR 709/14, NZA 16, 361). Die Aufhebung eines **Umschulungsvertrages** bedarf nicht der Schriftform, weil § 623 BGB nur Arbeitsverhältnisse erfasst (BAG 19.1.06 – 6 AZR 638/04, NZA 07, 97). Bei einer **Massenentlassung** sind Aufhebungsverträge als „andere Beendigungen" iSv § 17 Abs 1 Satz 2 KSchG zu berücksichtigen, wenn ihr Abschluss vom ArbGeb veranlasst ist. Dabei ist nicht von Bedeutung, auf welchen Zeitpunkt der Beendigung sie gerichtet sind. Als maßgebender Zeitpunkt „vor" der „Entlassung" iSv § 17 KSchG ist die „Veranlassung" des ArbGeb zu verstehen (BAG 19.3.15 – 8 AZR 119/14, DB 15, 2029; → *Massenentlassung* Rn 10). 6

Ausnahmsweise können auch **formfrei** vereinbarte Aufhebungsverträge nach § 242 BGB **wirksam** sein, wenn ihre auf der mangelnden Schriftform beruhende Unwirksamkeit für 7 eine der Parteien nicht nur hart, sondern **untragbar** wäre – Existenzgefährdung, Arglist, schwere Treupflichtverletzungen (BGH 10.10.86 – V ZR 247/85, NJW 1987, 1069, 1070; BAG 27.3.87 – 7 AZR 527/85, AP BGB § 242 Betriebliche Übung Nr 29). Dabei schließt die Kenntnis des Formverstoßes auf beiden Seiten eine Berufung auf § 242 BGB aus (BGH 21.3.69 – V ZR 87/67, NJW 69, 1167, 1170). Dies gilt auch, wenn eine Partei bei der anderen unbewusst die irrige Vorstellung von der Formfreiheit veranlasst hat (BGH 10.6.77 – V ZR 99/75, NJW 77, 2072). Wer den Vertragspartner bewusst über die Formbedürftigkeit getäuscht hat, kann sich nicht auf die Formunwirksamkeit eines Auflösungsvertrags berufen (*Preis/Gotthardt* NZA 00, 348), der Getäuschte kann es.

8 **b) Zustandekommen.** Der Aufhebungsvertrag kommt – wie jeder Vertrag – nach den §§ 145 ff BGB durch **Angebot** und **Annahme** zustande.

9 Bilden **mehrere Blätter** den Aufhebungsvertrag, müssen sie zusammengefasst sein. Eine körperliche Verbindung – zB durch Klammerung – ist nicht erforderlich, solange sich nur die Einheit der Urkunde zweifelsfrei feststellen lässt. Dies kann sich aus der Paginierung, fortlaufender Nummerierung der einzelnen Bestimmungen, dem inhaltlichen Zusammenhang des Textes oder vergleichbaren Merkmalen ergeben (BAG 7.5.98 – 2 AZR 55/98, NZA 98, 1110). Soweit wesentliche Bestimmungen des Auflösungsvertrages in Anlagen enthalten sind, müssen diese körperlich mit dem Vertrag selbst verbunden oder ihrerseits von beiden Parteien unterzeichnet sein (BGH 21.1.99 – VII ZR 93/97, NJW 99, 1104). Die einverständliche Auflösung eines Arbeitsverhältnisses kann nicht durch Unterzeichnen einer **Ausgleichsquittung** erfolgen. Es fehlt die Unterschrift beider Vertragspartner. Werden **„Ausgleichsquittungen"** von beiden Parteien unterzeichnet, muss man auslegen, ob damit auch ein Arbeitsverhältnis aufgelöst werden sollte. Der entsprechende Wille muss sich jedenfalls zweifelsfrei aus der Quittung ergeben. Meist wird es nur um die Abwicklung eines bereits vorher beendeten Arbeitsverhältnisses gehen. Auch im beiderseitigen Antrag auf Auflösung eines Arbeitsverhältnisses nach § 9 KSchG liegt keine einverständliche Aufhebung.

10 **c) Einzelfälle.** Trägt ein der deutschen Sprache nicht mächtiger **Ausländer** alleine das Sprachrisiko und kann er daher wirksam einen Arbeitsvertrag abschließen, ohne dass der ArbGeb ihm dessen Inhalt übersetzt oder erläutert (BAG 19.3.14 – 5 AZR 252/12 (B), NZA 14, 1076), wird man dies auch für den Aufhebungsvertrag annehmen können, wenn ihm nur klargemacht wird, dass es um die Auflösung des Arbeitsverhältnisses geht.

**Minderjährige** können Aufhebungsverträge nach den §§ 107, 108 BGB grds nur mit Einwilligung bzw Genehmigung ihrer gesetzlichen Vertreter abschließen. Wurde der Minderjährige vom gesetzlichen Vertreter ermächtigt, ein Arbeitsverhältnis einzugehen, kann er nach § 113 BGB den Aufhebungsvertrag auch ohne Zustimmung wirksam abschließen. Die Ermächtigung kann jedoch jederzeit zurückgenommen werden. Die Ermächtigung erstreckt sich nicht auf Rechtsgeschäfte, die sich für den Minderjährigen nachteilig auswirken, weil sie vom Üblichen erheblich abweichen. Daher sollen von Minderjährigen abgeschlossene Aufhebungsverträge unwirksam sein, mit deren Abschluss auf den besonderen Kündigungsschutz als Schwerbehinderter oder nach dem MuSchG verzichtet wird (LAG Brem 15.1.71, DB 71, 2318). Die einverständliche Aufhebung eines **Berufsausbildungsverhältnisses** durch den Minderjährigen erfordert die schriftliche Einwilligung eines gesetzlichen Vertreters. § 113 Abs 1 Satz 1 BGB ist auf das Berufsausbildungsverhältnis nicht anwendbar.

11 **d) Umdeutung.** Die Frage, ob sich **einseitige Willenserklärungen** in das Angebot auf Abschluss eines Aufhebungsvertrages umdeuten lassen, spielt seit In-Kraft-Treten von § 623 BGB keine Rolle mehr. Da Aufhebungsverträge schriftlich abgeschlossen werden müssen, können Arbeitsverhältnisse nicht mehr durch die „Annahme" einer Kündigung aufgelöst werden.

12 **e) Aufklärungspflichten.** Bei der Frage nach dem Umfang der Aufklärungspflichten sind die erkennbaren Informationsbedürfnisse des ArbN und die Beratungsmöglichkeiten des ArbGeb im Einzelfall abzuwägen (BAG 17.10.00 – 3 AZR 605/99, NZA 01, 206). Grundsätzlich hat jede Partei für die Wahrnehmung ihrer Interessen selbst zu sorgen und sich Klarheit über die Folgen ihres Handelns zu verschaffen. IdR wird man davon ausgehen können, dass sich der ArbN vor Abschluss eines Aufhebungsvertrages dessen Folgen überlegen wird und sich notfalls selbst informieren muss (BAG 17.10.00 – 3 AZR 605/99, NZA 01, 206). Geht die Initiative zum Abschluss eines Aufhebungsvertrages vom ArbN aus, darf der ArbGeb es ihm daher überlassen, sich über die Folgen zu unterrichten (BAG 24.2.11 – 6

AZR 626/09, NZA-RR 12, 148). Erteilt der ArbGeb Auskünfte, müssen sie richtig und vollständig sein (BAG 23.5.89 – 3 AZR 257/88, AP BetrAVG § 1 Zusatzversorgungskassen Nr 28). Die arbeitsrechtlichen Nebenpflichten des Arbeitgebers beschränken sich jedoch nicht hierauf. Zur Vermeidung von Rechtsnachteilen kann der ArbGeb nach § 241 Abs 2 BGB verpflichtet sein, von sich aus geeignete Hinweise zu geben. Gesteigerte Informationspflichten können den ArbGeb vor allem dann treffen, wenn eine nachteilige Vereinbarung – etwa über die Beendigung des Arbeitsverhältnisses – auf seine Initiative und in seinem Interesse getroffen wird (BAG 15.4.14 – 3 AZR 288/12, AP BetrAVG § 1 Nr 47 Auslegung).

Besondere Hinweise zu den **sozialrechtlichen Folgen** eines Aufhebungsvertrages kön- **13**
nen jedenfalls erwartet werden, wenn der ArbGeb erkennen muss, dass der ArbN weiterer Informationen bedarf und er selbst die Auskünfte unschwer erteilen oder beschaffen kann (13.11.96 – 10 AZR 340/96, NZA 97, 390). Nach § 2 Abs 2 Nr 3 SGB III soll der ArbGeb den ArbN auf die Pflicht hinweisen, sich nach § 38 Abs 1 SGB III spätestens drei Monate vor Beendigung des Arbeitsverhältnisses und falls das Arbeitsverhältnis eher enden soll, innerhalb von drei Tagen bei der Agentur für Arbeit arbeitssuchend zu melden. Unterlässt der ArbG diesen Hinweis führt dies nicht zu einem Schadensersatzanspruch des ArbN (BAG 29.9.05 – 8 AZR 571/04, NZA 05, 1406).

Auch für die **Altersversorgung** folgt die Hinweispflicht des ArbGeb aus einer Interes- **14**
senabwägung im Einzelfall (BAG 15.4.14 – 3 AZR 288/12). Dabei erweckt der ArbGeb nicht schon mit dem Angebot auf Abschluss eines Aufhebungsvertrages den Eindruck, er wolle den ArbN vor unbedachten versorgungsrechtlichen Nachteilen bewahren (BAG 11.12.01 – 3 AZR 339/00, NZA 02, 1150). Ist der ArbN jedoch offensichtlich mit den Besonderheiten der ihm zugesagten Versorgung nicht vertraut und erleidet er durch die vorzeitige Beendigung des Arbeitsverhältnisses außergewöhnlich hohe Versorgungseinbußen, reicht ein allgemeiner Hinweis auf mögliche Versorgungsnachteile nicht aus (BAG 17.10.00 – 3 AZR 605/99, NZA 01, 206). Etwas anderes gilt, wenn der ArbN aus persönlichen Gründen auf die Beendigung seines Arbeitsverhältnisses hinwirkt und nach seiner beruflichen Stellung unschwer in der Lage ist, die Folgen der Beendigung des Arbeitsverhältnisses zu erkennen (BAG 11.12.01 – 3 AZR 339/00, NZA 02, 1150).

**3. Inhalt.** Aufhebungsverträge unterliegen grds der **AGB-Kontrolle** (BAG 24.1.13 – 8 **15**
AZR 965/11, NZA-RR 13, 400). Eine vom ArbGeb im Aufhebungsvertrag vorformulierte Beendigung des Arbeitsverhältnisses unterliegt der **Transparenzkontrolle.** Sie muss klar und eindeutig formuliert sein – § 307 Abs 1 S 2 BGB – und darf nach dem Erscheinungsbild des Vertrages nicht überraschend sein – § 305c Abs 1 BGB (BAG 15.2.07 – 6 AZR 286/06, NZA 07, 614). Sie unterliegt nach § 307 Abs 3 BGB aber keiner **Angemessenheitskontrolle** nach § 307 Abs 1 S 1 BGB, weil mit der einvernehmlichen Beendigung des Arbeitsverhältnisses nicht von Rechtsvorschriften abgewichen wird (BAG 8.5.08 – 6 AZR 517/07, NZA 08, 1148). Für sonstige Regelungen in einem Aufhebungsvertrag kann dies anders sein. Der in einem zur Vermeidung einer außerordentlichen Kündigung geschlossenen Aufhebungsvertrag erklärte Klageverzicht ist nach § 307 Abs 1, Abs 2 Nr 1 BGB unwirksam, wenn ein verständiger ArbGeb die angedrohte Kündigung nicht in Erwägung ziehen durfte (BAG 12.3.15 – 6 AZR 82/14, NZA 15, 676). Der ohne Gegenleistung oder angemessene Kompensation vor Ablauf der Klagefrist des § 4 KSchG erklärte, formularmäßige Verzicht des ArbN auf die Erhebung einer Kündigungsschutzklage stellt eine unangemessene Benachteiligung iSv § 307 Abs 1 S 1 BGB dar und ist deshalb unwirksam; die Verpflichtung des ArbGeb, ein Zeugnis mit einer näherbestimmten überdurchschnittlichen Leistung zu erteilen, gleicht diese Benachteiligung nicht aus (BAG 24.9.15 – 2 AZR 347/14, NZA 16, 351). Eine vorformulierte Vertragsklausel, die nicht nur eine wirksame Kündigung durch den neuen ArbGeb, sondern darüber hinaus eine unter Einhaltung der Voraussetzungen des § 1 Abs 2 ff KSchG ausgesprochene Kündigung verlangt, um ein in einem Aufhebungsvertrag vereinbartes Rückkehrrecht auszuüben, benachteiligt den ArbN unangemessen iSv § 307 Abs 1 S 1 BGB und ist daher unwirksam (BAG 9.2.11 – 7 AZR 91/10, NZA 12, 232). Aufschiebend **bedingte Aufhebungsverträge** sind nur unter den gleichen Bedingungen wirksam wie auflösend bedingte Arbeitsverträge. Sie dürfen den Kündigungsschutz nicht unterlaufen (→ *Befristetes Arbeitsverhältnis* Rn 7). Es muss ihnen daher ein von der Rechtsordnung anerkannter sachlicher Grund zugrunde liegen.

16 Ob es sich bei einer Vereinbarung um einen Aufhebungsvertrag oder um eine **befristete Fortsetzung** des Arbeitsverhältnisses handelt, richtet sich nach ihrem Regelungsgehalt (BAG 18.1.17 – 7 AZR 236/15, NZA 17, 849). Ein „Aufhebungsvertrag", der die Kündigungsfrist um ein Vielfaches überschreitet, bedarf – unabhängig von der Vertragsbezeichnung – zu seiner Wirksamkeit eines sachlichen Grundes iSd Befristungskontrollrechts, vor allem dann, wenn weitere Vereinbarungen fehlen, die sonst in einem Aufhebungsvertrag regelmäßig getroffen werden (BAG 18.1.17 – 7 AZR 236/15, NZA 17, 849). Dies soll nicht gelten, wenn der Aufhebungsvertrag lediglich eine Kündigung ersetzt, die nicht unter das KSchG gefallen wäre unabhängig davon, ob das Arbeitsverhältnis zum nächsten Kündigungstermin oder mit einer „überschaubaren" längeren Auslauffrist aufgelöst und dem ArbN seine (sofortige) Wiedereinstellung bei Bewährung zugesagt wird (BAG 7.3.02 – 2 AZR 93/01, NZA 02, 1000). Dies lässt sich allenfalls mit § 14 Abs 1 Nr 5 TzBfG begründen, wonach Befristungen zur Erprobung auch für eine längere Zeit als sechs Monate zulässig sein können (BAG 2.6.10 – 7 AZR 85/09, NZA 10, 1293; → *Probearbeitsverhältnis* Rn 7). Um eine Befristung soll es sich auch nicht handeln, wenn nach Zugang einer ordentlichen ArbGebKündigung vor Ablauf der Klagefrist eine Beendigung des Arbeitsverhältnisses mit einer Verzögerung von 12 Monaten vereinbart wird, nach dieser Vereinbarung keine Verpflichtung zur Arbeitsleistung mehr bestehen soll und zugleich Abwicklungsmodalitäten wie Abfindung und Rückgabe von Firmeneigentum geregelt werden (BAG 15.2.07 – 6 AZR 286/06, NZA 07, 614).

Ein Mitglied des BRat wird nicht durch einen Aufhebungsvertrag nach § 78 Satz 2 BetrVG unzulässiger Weise begünstigt, wenn dieser besonders attraktive finanzielle oder sonstige Konditionen enthält. Sie beruhen auf den besonderen Kündigungsschutz nach § 15 Abs 1 KSchG, § 103 BetrVG, der seine Rechtsposition gegenüber anderen ArbN erheblich verbessert (BAG 21.3.18 – 7 AZR 590/16, NZA 18, 1019).

17 Unwirksam sind Aufhebungsverträge, die für den Fall gelten sollen, dass der ArbN nicht rechtzeitig aus dem **Urlaub** zurückkehrt (BAG 19.12.74 – 2 AZR 565/73, DB 75, 890). Ebenso unwirksam ist die einverständliche Auflösung des Arbeitsverhältnisses zum Urlaubsende, mit der dem ArbN zugleich Wiedereinstellung zugesagt wird, wenn er pünktlich aus dem Urlaub zurückkehrt (BAG 13.12.84 – 2 AZR 294/83, NZA 85, 324). Die im Aufhebungsvertrag enthaltene Verpflichtung des ArbGeb, einen ausländischen Mitarbeiter bei dessen endgültiger **Rückkehr in die Heimat** eine Abfindung zu zahlen, soll wirksam sein (BAG 7.5.87 – 2 AZR 271/86, NZA 88, 15). Die Parteien können nicht wirksam die Beendigung des Arbeitsverhältnisses für den Fall vereinbaren, dass der ArbN eine bestimmte Quote krankheitsbedingter **Fehltage** überschreitet (LAG BaWü 15.10.90, DB 91, 918). Ebenso wenig lässt sich wirksam vereinbaren, dass ein Arbeitsverhältnis beendet sein soll, wenn der ArbN **Alkohol** trinkt (LAG München 29.10.87, DB 88, 506). Die Vereinbarung, wonach das Berufsausbildungsverhältnis ohne weiteres endet, wenn im Zeugnis nicht bestimmte **Noten** erreicht werden, ist ebenso unwirksam (BAG 5.12.85 – 2 AZR 61/85, NZA 87, 20) wie etwa ein Aufhebungsvertrag, der die automatische Beendigung des Ausbildungsverhältnisses für diesen Fall vorsieht. Ältere ArbN dürfen jedoch bei einem Personalabbau ausgenommen werden, bei dem der ArbGeb mit jüngeren ArbN freiwillige Aufhebungsverträge mit attraktiven Abfindungen abschließt (BAG 25.1.2010 – 6 AZR 911/08, NZA 2010, 561).

18 Im Aufhebungsvertrag kann ein **Widerrufsrecht** vereinbart werden. Ohne eine derartige Vereinbarung können Aufhebungsverträge nicht nach den **§§ 312g, 355 BGB** widerrufen werden (BAG 27.11.03 – 2 AZR 177/03, NZA 04, 597 zum alten Recht). Das Widerrufsrecht steht dem Verbraucher nur „bei außerhalb von Geschäftsräumen geschlossenen Verträgen" zu. Diese Vorschrift ist im Übrigen nach § 312 Abs 1 BGB nur auf Verbraucherverträge anzuwenden, die eine entgeltliche Leistung des Unternehmers zum Gegenstand haben. Sie fehlt, weil die Aufgabe einer Rechtsposition – des Arbeitsverhältnisses – keine entgeltliche Leistung beinhaltet. Selbst durch eine im Aufhebungsvertrag enthaltene Zusage einer Abfindung wird dieser Vertrag nicht entgeltlich (EuGH 17.3.98 – Rs C-45/96, NJW 98, 1295). Der ArbGeb darf sich auf einen Aufhebungsvertrag berufen, wenn er dem ArbN kein Rücktritts- oder Widerrufsrecht eingeräumt hat (BAG 14.2.96 – 2 AZR 234/95, NZA 96, 811; zur Anfechtung → Rn 23). Er handelt damit nicht treuwidrig. Wegen unterschiedlicher Voraussetzungen und Rechtsfolgen von Anfechtung und Widerruf genügt zur Aus-

übung des Widerrufs keine Erklärung, die lediglich erkennen lässt, dass der Erklärende an den Vertrag nicht mehr gebunden sein will. Vielmehr muss die Erklärung hinreichend deutlich machen, dass der Vertrag gerade wegen des Widerrufs nicht gelten soll (BAG 12.3.15 – 6 AZR 82/14, NZA 15, 676).

Einige **Tarifverträge** sehen den Widerruf von Aufhebungsverträgen innerhalb einer Frist vor. Die Frist läuft selbst dann mit Abschluss des Aufhebungsvertrages, wenn der ArbGeb bei Abschluss des Vertrages nicht auf das Widerrufsrecht hingewiesen hat (LAG Köln 11.4.90, BB 90, 2047). Das im Tarifvertrag enthaltene Widerrufsrecht lässt sich nicht durch einen Verzicht auf den Widerruf im Aufhebungsvertrag beseitigen (BAG 24.1.85 – 2 AZR 317/84, NZA 86, 25), es sei denn, er ist schon im Tarifvertrag vorgesehen (BAG 30.9.93 – 2 AZR 268/93, NZA 94, 209).

Mit Aufhebungsverträgen lassen sich nicht die rechtlichen Folgen eines **Betriebsüberganges** beseitigen. Veranlasst der ArbGeb Mitarbeiter zum Abschluss von Aufhebungsverträgen, um dem Erwerber die Möglichkeit zu eröffnen, Arbeitsverträge mit ungünstigeren Konditionen abzuschließen oder sich die Mitarbeiter aussuchen zu können, sind diese Aufhebungsverträge wegen der darin liegenden Umgehung des § 613a BGB unwirksam (BAG 10.12.98 – 8 AZR 324/97, NZA 99, 422). Allgemein gilt, dass Aufhebungsverträge unwirksam sind, wenn zugleich ein neues Arbeitsverhältnis zum Betriebsübernehmer vereinbart wird, verbindlich in Aussicht gestellt wird oder sich zumindest aus den Umständen ergibt, dass der ArbN vom Betriebserwerber eingestellt wird und so der Aufhebungsvertrag nur die Kontinuität eines Arbeitsverhältnisses beseitigt, obwohl der Arbeitsplatz erhalten bleibt (BAG 25.10.12 – 8 AZR 572/11, BB 12, 2815). § 613a BGB schützt jedoch nicht generell vor einer einvernehmlichen Auflösung des Arbeitsverhältnisses. Der im Zusammenhang mit einem Betriebsübergang abgeschlossene Aufhebungsvertrag ist wirksam, wenn er auf das endgültige Ausscheiden aus dem Betrieb gerichtet oder wenn die mit einer solchen Vertragsgestaltung verbundene Verschlechterung der Arbeitsbedingungen sachlich berechtigt ist. Dies kann auch beim Abschluss eines dreiseitigen Vertrages unter Einschaltung einer Beschäftigungs- und Qualifizierungsgesellschaft zur Vermeidung einer Insolvenz der Fall sein (BAG 18.8.05 – 8 AZR 523/04, NZA 06, 145), soweit die Übernahme nicht nur zum Schein geschieht, offensichtlich bezweckt wird, die Sozialauswahl zu umgehen (BAG 23.11.06 – 8 AZR 349/06, NZA 07, 866), oder trotz Zwischenschaltung einer BQG ein enger sachlicher und zeitlicher Zusammenhang zwischen der Beschäftigung beim Veräußerer und dem Erwerber besteht (BAG 18.8.11 – 8 AZR 312/10, NZA 12, 152). 19

Aufhebungsverträge können mit einer **Abwicklungsvereinbarung** verbunden werden. Mit dieser Vereinbarung werden die bei Beendigung des Arbeitsverhältnisses offenen Ansprüche geregelt und streitige Ansprüche verglichen, was die Abwicklung von beendeten Arbeitsverhältnissen erleichtert. Wird die Zahlung einer Abfindung vereinbart, entsteht je nach Inhalt der Vereinbarung der Anspruch nicht, wenn der ArbN vor dem vereinbarten Beendigungszeitpunkt des Arbeitsverhältnisses stirbt (BAG 16.5.00 – 9 AZR 277/99, NZA 2000, 1236). Wird die Abfindung im Zusammenhang mit einer Frühpensionierung zugesagt, wird sie erst zum vereinbarten Termin des Ausscheidens fällig, solange nichts anderes vereinbart ist (BAG 26.8.97 – 9 AZR 227/96, DB 98, 700). Im Aufhebungsvertrag kann wirksam vereinbart werden, dass der ArbGeb eine Überbrückungszahlung zurückfordern kann, soweit er Erstattungsleistungen an die Agentur für Arbeit erbringt (BAG 25.1.00 – 9 AZR 144/99, NZA 2000, 886). Die im Aufhebungsvertrag enthaltene Verzichtsklausel ist nicht überraschend iSd § 305 Abs 1 BGB und ein beiderseitiger Forderungsverzicht in einem auf Wunsch des ArbN vom ArbGeb vorformulierten Aufhebungsvertrag benachteiligt den ArbN nur unangemessen, wenn der ArbGeb die Situation des ArbN treuwidrig dazu nutzt, eigene Interessen durchzusetzen (BAG 24.2.16 – 5 AZR 258/14, NZA 16, 762). Ein Leiharbeitnehmer kann im Aufhebungsvertrag auf seine Ansprüche aus gleicher Bezahlung verzichten. § 9 Nr 2 AÜG steht nicht entgegen. Die Vorschrift verbietet nur, durch rechtsgeschäftliche Vereinbarung die Entstehung des Anspruchs auf gleiches Arbeitsentgelt auszuschließen oder zu beschränken. Ist der Anspruch entstanden, bildet er einen Teil des Vermögens des ArbN über das er frei verfügen kann (BAG 24.2.16 – 5 AZR 258/14, NZA 16, 762). 20

**4. Anpassung, Beseitigung.** Auch nach Abschluss eines Aufhebungsvertrags kann der ArbGeb zur **Wiedereinstellung** des ArbN verpflichtet sein. Kommt es auf Veranlassung des 21

ArbGeb zur Vermeidung einer betriebsbedingten Kündigung zum Abschluss eines Aufhebungsvertrags, ist dieser Vertrag nach den Regeln über den Wegfall der Geschäftsgrundlage (§ 313 BGB) anzupassen, wenn sich in der Zeit zwischen dem Abschluss des Aufhebungsvertrags und dem vereinbarten Vertragsende unvorhergesehen eine Weiterbeschäftigungsmöglichkeit für den ArbN ergibt. Die Vertragsanpassung kann dabei auch in einer Wiedereinstellung liegen (BAG 8.5.08 – 6 AZR 517/07, NZA 08, 1148). Eine nach Abschluss des Aufhebungsvertrages ausgesprochene **außerordentliche Kündigung** kann das Arbeitsverhältnis beenden mit der Folge, dass der Aufhebungsvertrag seine Wirkung verliert, weil seine Geschäftsgrundlage wegfällt (BAG 29.1.97 – 2 AZR 292/96, NZA 97, 813) oder seine Auslegung ergibt, dass die Parteien dies schon so vereinbart haben (BAG 10.11.11 – 6 AZR 342/10, NJW-Spezial 12, 52).

Verletzt der ArbGeb seine **Aufklärungspflichten** über die Folgen eines Aufhebungsvertrages, führt dies nicht zu seiner Unwirksamkeit (BAG 17.10.00 – 3 AZR 605/99, NZA 01, 206). Die Beseitigung eines Aufhebungsvertrages unter Wiederbegründung dieses Arbeitsverhältnisses kann nicht im Wege eines Schadensersatzes durchgesetzt werden (BAG 24.2.11 – 6 AZR 626/09, NZA-RR 12, 148). Die **Anfechtung** von Aufhebungsverträgen richtet sich nach allgemeinen Regeln. Ein Aufhebungsvertrag kann daher angefochten werden, wenn der ArbGeb dem ArbN bei seinem Abschluss vorspiegelt, der Betrieb solle geschlossen werden, in Wahrheit aber einen (Teil-)Betriebsübergang plant (BAG 23.11.06 – 8 AZR 349/06, NZA 07, 866). **Schwerbehinderte Menschen** oder **werdende** bzw **junge Mütter** können ihn nicht deshalb anfechten, weil sie von der Schwangerschaft bzw ihrer Behinderung nichts wussten (BAG 6.2.92 – 2 AZR 408/91, NJW 92, 2173) oder sich über die mutterschutzrechtlichen Folgen irrten (BAG 16.2.83 – 7 AZR 134/81, NJW 83, 2958).

22 Hat die **Drohung** des ArbGeb **mit ordentlicher** oder **außerordentlicher Kündigung** zum Abschluss des Aufhebungsvertrags geführt, ist eine Anfechtung nach § 123 BGB wegen widerrechtlicher Drohung möglich, wenn die Drohung nach Treu und Glauben nicht mehr als angemessenes Mittel zum Erreichen des angestrebten Zwecks angesehen werden kann (BAG 13.12.07 – 6 AZR 200/07, NZA-RR 08, 341). Davon muss man ausgehen, wenn ein verständiger ArbGeb eine Kündigung nicht ernsthaft in Erwägung ziehen durfte (BAG 12.8.99 – 2 AZR 832/98, NZA 2000, 27). Die für die angedrohte Entlassung herangezogenen Pflichtverletzungen müssen geeignet sein, einen Kündigungsgrund abzugeben. Dies ist zB nicht der Fall, wenn eine erforderliche Abmahnung (BAG 16.1.92 – 2 AZR 412/91, NZA 92, 1023) oder bei angedrohter Verdachtskündigung die hierbei erforderliche Aufklärung (→ *Verdachtskündigung* Rn 10) fehlten (BAG 31.3.96 – 2 AZR 543/95, NZA 96, 1030). Maßgeblich ist der objektiv mögliche hypothetische Wissensstand des ArbGeb, der verantwortliche Ermittlungen angestellt hätte. Hat der ArbN den Aufhebungsvertrag bestätigt, ist seine Anfechtung nach § 144 Abs 1 BGB ausgeschlossen. Diese **Bestätigung** kann auch durch schlüssige Handlung erfolgen. Sie muss aber den eindeutigen Willen erkennen lassen, das der ArbN das von ihm erkannte Anfechtungsrecht nicht ausüben will (BAG 28.11.07 – 6 AZR 1108/06, NZA 08, 348). Hat der ArbGeb keine **Überlegungsfrist** eingeräumt, macht dies allein den Aufhebungsvertrag nicht unwirksam (BAG 14.2.96 – 2 AZR 234/95, NZA 96, 811). Andererseits beseitigt eine vom ArbGeb eingeräumte **Bedenkzeit** nicht die Ursächlichkeit der Drohung für den Abschluss des Aufhebungsvertrags. Dies kann anders sein, wenn ein ArbN, diese Zeit nutzt, um durch eigene Angebote den Inhalt des Aufhebungsvertrages zu seinen Gunsten zu beeinflussen (BAG 28.11.07 – 6 AZR 1108/06, NZA 08, 348). Wird ein Arbeitsverhältnis durch **gerichtlichen Vergleich** aufgehoben, kann dieser auch angefochten werden, wenn die Drohung gegenüber dem anwesenden ArbN von einem Mitglied des Gerichts ausging. Der Richter darf und muss auf Prozessrisiken hinweisen. Er darf aber nicht den Eindruck erwecken, die Partei müsse sich auch für den Abschluss des Vergleichs zwingend der Autorität des Gerichts beugen (BAG 12.5.10 – 2 AZR 544/08, NZA 10, 1250).

Der Aufhebungsvertrag ist unwirksam, wenn ein schuldhafter Verstoß des ArbGeb gegen das **Gebot fairen Verhandelns** iSe Nebenpflichtverletzung gem § 241 Abs 2 BGB vorliegt. Dieses Gebot wird missachtet, wenn die Entscheidungsfreiheit des ArbN in zu missbilligender Weise beeinflusst wird; entscheidend sind die Einzelfallumstände. Die Beweislast trägt der ArbN (BAG 7.2.19 – 6 AZR 75/18, NZA 19, 688; krit *Fischinger* NZA 19, 729).

Ein **Rücktritt** vom Aufhebungsvertrag ist nach § 323 Abs 1 BGB möglich, wenn darin beiderseitige Leistungspflichten begründet sind oder eine der Parteien eine Leistung unmittelbar durch diesen Vertrag erbringt und die andere sich dafür zu einer Gegenleistung verpflichtet (gegenseitiger Vertrag), die zugesagte – und durchsetzbare – Leistung aber nicht erbringt (BAG 24.9.15 – 2 AZR 716/14, NZA 16, 716). Der ArbN kann daher vom Aufhebungsvertrag zurücktreten, wenn der ArbGeb die darin zugesagte Abfindung nicht zahlt (BAG 10.11.11 – 6 AZR 357/10, NZA 12, 205), es sei denn, dass zB die Abfindungsforderung als solche nicht mehr durchsetzbar ist, weil zwischenzeitlich das Insolvenzverfahren über das Vermögen des ArbGeb eröffnet wurde (BAG 24.9.15 – 2 AZR 716/14, NZA 16, 716). Der Widerruf eines Aufhebungsvertrages wegen **Vertretungsmangels** nach §§ 117, 178 BGB muss erkennen lassen, dass der Vertrag gerade wegen dieses Mangels nicht gelten soll; die Anfechtung des Aufhebungsvertrages enthält daher keinen Widerruf (BAG 31.1.96 – 2 AZR 91/95, NZA 96, 756). Ist ein Aufhebungsvertrag formnichtig, wirksam angefochten, widerrufen oder endet er nach Rücktritt, besteht das Arbeitsverhältnis fort. Zur Erfüllung des Aufhebungsvertrages erbrachte Leistungen – zB gezahlte Abfindungen – sind nach §§ 812 ff BGB zurückzugewähren. Kannte der Leistende die Nichtigkeit des Auflösungsvertrages, kann er seine Leistung nach § 814 BGB nicht mehr zurückfordern (ErfK/*Müller-Glöge* § 623 BGB Rn 14). 23

Im Streit um die Wirksamkeit eines Aufhebungsvertrages gilt nicht die Klagefrist des § 4 Abs 1 Satz 1 KSchG. Auch in diesem Rechtsstreit kommt ein Anspruch auf (vorläufige) Weiterbeschäftigung während des Prozesses in Betracht (BAG 21.9.17 – 2 AZR 57/17, NZA 17, 1524).

**5. Muster.** S Online-Musterformulare *„M1 Abfindung"*. 24

## B. Lohnsteuerrecht *Seidel*

Die (lohn-)steuerrechtliche Behandlung von Zahlungen an den ArbN im Zusammenhang mit einem Aufhebungsvertrag ist regelmäßig unter anderen Stichworten behandelt. Zur **Weiterzahlung von Arbeitslohn** nach dem Auflösungszeitpunkt bis zum Ende der ordentlichen Kündigungsfrist → *Außerordentliche Einkünfte* Rn 6. 26

Für **Abfindungen wegen Auflösung des Arbeitsverhältnisses** kann nur noch eine Steuerermäßigung als **Entschädigung** für entgangene oder entgehende Einnahmen bzw die Aufgabe oder Nichtausübung einer Tätigkeit in Betracht kommen (→ *Abfindung* Rn 41 und → *Außerordentliche Einkünfte* Rn 5 ff). Gleiches gilt, wenn dem ArbN bei der Auflösung des Arbeitsverhältnisses eine **Entlohnung für mehrjährige Tätigkeit** gezahlt wird (zB Nachzahlung von Arbeitslohn oder Tantiemen, → *Entgeltnachzahlung* Rn 9 oder Erfindervergütungen, → *Arbeitnehmererfindung* Rn 31; → *Außerordentliche Einkünfte* Rn 17). 27

Zur **Abfindung betrieblicher Versorgungsansprüche** → *Abfindung* Rn 42 und → *Außerordentliche Einkünfte* Rn 8 f, zur Zahlung einer **Karenzentschädigung** → *Wettbewerbsverbot* Rn 48–50 und zur Zahlung von **Schadensersatz** an den ArbN (→ Rn 15) → *Arbeitgeberhaftung* Rn 19. 28

## C. Sozialversicherungsrecht *Voelzke*

### Übersicht



**1. Einführung.** Wird das Beschäftigungsverhältnis im Rahmen eines Kündigungsschutzprozesses oder durch einen außergerichtlichen Aufhebungsvertrag einvernehmlich aufgelöst, 29 so knüpfen sich an die möglichen Gestaltungen häufig erhebliche **sozialversicherungsrechtliche Konsequenzen** (vgl zB *Kroeschell* jM 16, 30; *Kuhn/Becker* DB 16, 1994). Diese liegen für den ArbN bei einer sich an die Beendigung des Arbeitsverhältnisses anschließenden Arbeitslosigkeit mit Anspruch auf AlGeld in dem möglichen Eintritt einer Sperrzeit und dem Ruhen des Anspruches bei Zahlung einer Abfindung nach § 158 SGB III. Der Zeitpunkt der Beendigung des Beschäftigungsverhältnisses hat Auswirkungen auf den Schutz des ArbN in allen Zweigen der SozV. Zu bedenken sind auch die beitragsrechtlichen Folgen einer Abfindung, die Vergütungsansprüche des ArbN enthält. Aus der Sicht des ArbGeb kann die Auflösungsvereinbarung Erstattungsforderungen der Agentur für Arbeit auslösen.

30 **2. Abgrenzung zum Abwicklungsvertrag.** Zur Vermeidung von sozialversicherungsrechtlichen Nachteilen wurde zT der sog Abwicklungsvertrag als Alternative zum Abschluss eines Aufhebungsvertrages empfohlen (vgl zB *Hümmerich,* Aufhebungsvertrag und Abwicklungsvertrag, 2. Aufl, § 1 Rz 11 ff; *Werner* NZA 02, 262). Der Regelungsinhalt des Abwicklungsvertrages beschränkt sich auf die Regelung der Folgen eines beendeten Beschäftigungsverhältnisses und setzt eine vorherige **Arbeitgeberkündigung** voraus. Hingegen enthält der Aufhebungsvertrag selbst die Beendigungsvereinbarung, in der der Wille der Arbeitsvertragsparteien zum Ausdruck kommt, das Arbeitsverhältnis mit Wirkung für die Zukunft zu beenden. Beide Gestaltungsmöglichkeiten unterscheiden sich also in erster Linie in der Form der Beendigung des Arbeitsverhältnisses: Während der Aufhebungsvertrag die Beendigung selbst herbeiführt, enthält der Abwicklungsvertrag eine Regelung der näheren Umstände des durch eine ArbGebKündigung beendeten Arbeitsverhältnisses.

Die arbeitsrechtliche Abgrenzung von Aufhebungs- und Abwicklungsvertrag hat an Bedeutung verloren, soweit Abwicklungsverträge zur Vermeidung eines **Sperrzeiteintritts** geschlossen worden sind, denn das BSG hat auch im Abschluss eines Abwicklungsvertrages eine Lösung des Beschäftigungsverhältnisses gesehen. Insoweit hat der 11. Senat des BSG mit Urt vom 18.12.03 – B 11 AL 35/03 R (NZA 04, 661) entschieden, dass der ArbN das Beschäftigungsverhältnis auch löst, wenn er sich dadurch an dessen Beendigung beteiligt, dass er innerhalb der Frist des § 4 KSchG mit dem ArbGeb eine Vereinbarung schließt, in der er sich gegen Zahlung einer Abfindung dazu verpflichtet, keine Kündigungsschutzklage zu erheben, sondern die vom ArbGeb ausgesprochene Kündigung hinzunehmen (vgl zu dieser Entscheidung etwa *Bauer/Krieger* NZA 04, 640; *Heuchemer/Insam* BB 04, 1679; *Steinrück/Hurek* ZIP 04, 1486; *Gitter* SGB 04, 760; *Wank* EWiR § 144 SGB III 1/04, 1149). Dies gilt unabhängig davon, ob die Arbeitsvertragsparteien vor dem Ausspruch der ArbGebKündigung Absprachen über das weitere Vorgehen getroffen haben.

31 **3. Sperrzeit.** Die einvernehmliche Aufhebung kann, ebenso wie die Kündigung des Arbeitsverhältnisses durch den ArbN, den Eintritt einer Sperrzeit gem § 159 Abs 1 Satz 2 Nr 1 SGB III bewirken (→ *Sperrzeit* Rn 9 ff). Das Eintreten einer Sperrzeit nach der genannten Vorschrift führt zum **Ruhen** des Anspruches auf AlGeld für die Dauer von zwölf Wochen. Sie führt außerdem gem § 148 Abs 1 Nr 4 SGB III zu einer Verkürzung des Anspruches auf AlGeld um mindestens ein Viertel der Anspruchsdauer, die dem Arbeitslosen an sich gem § 147 SGB III zusteht (→ *Arbeitslosengeld* Rn 39).

32 **a) Lösung des Beschäftigungsverhältnisses.** Schließt der ArbN mit dem ArbGeb einen zur Beendigung des Arbeitsverhältnisses führenden Vertrag, so löst er damit sein Beschäftigungsverhältnis iSd Sperrzeittatbestandes (BSG 17.12.02 – B 7 AL 136/01 R, SozR 3–4300 § 144 Nr 12). Die im Urt vom 9.11.95 – 11 RAr 27/95 (BB 96, 1510) aufgeworfene Frage, ob Voraussetzung der „Lösung des Beschäftigungsverhältnisses" iSd Sperrzeittatbestandes wegen Arbeitsaufgabe auch erfüllt sei, wenn der ArbN eine rechtswidrige Kündigung im Hinblick auf eine zugesagte finanzielle Vergünstigung hinnimmt, hat das BSG mit Urt vom 25.4.02 – B 11 AL 89/01 R, SozR 3–4100 § 119 Nr 24 verneint. Die Sperrzeit knüpft ausschließlich an ein **aktives Verhalten** des Arbeitslosen, nicht an die bloße Hinnahme einer rechtswidrigen Kündigung an.

Schließt der ArbN im Hinblick auf eine **drohende Arbeitgeberkündigung** einen Aufhebungsvertrag, so löst er das Beschäftigungsverhältnis nach der Rspr des BSG selbst dann, wenn die Initiative zum Abschluss des Aufhebungsvertrages vom ArbGeb ausgegangen ist und die Beendigung allein in seinem Interesse liegt. Eine Lösung des Beschäftigungsverhältnisses durch Aufhebungsvertrag liegt auch vor, wenn der Endzeitpunkt des zuvor durch den ArbGeb gekündigten Arbeitsverhältnisses durch einen Vergleich vorverlegt wird (BSG 20.1.00 – B 7 AL 20/99 R, AP Nr 6 zu § 119 AFG).

Ob es bei einem Aufhebungsvertrag, der im Anschluss an eine betriebs- oder personenbedingte Kündigung abgeschlossen wird oder einer solchen Kündigung des ArbGeb zuvorkommt, tatsächlich zu einer Beendigung des Arbeitsverhältnisses gekommen wäre und ob die Kündigungsfristen eingehalten wurden, ist ggf im sozialgerichtlichen Verfahren zu klären. In der Praxis bei Aufhebungsverträgen zur Vermeidung einer Sperrzeit üblichen Klauseln, die etwa den nachfolgenden Inhalt haben, kann ohne zusätzliche nachvollziehbare Darstellung der betrieblichen Gründe für die Kündigung nur ein geringer Beweiswert beigemessen werden: 33

„Das Arbeitsverhältnis wird zur Vermeidung einer ansonsten unumgänglichen ArbGeb-Seitigen Kündigung zum … (Datum der maßgeblichen ordentlichen Kündigungsfrist) beendet."

**b) Wichtiger Grund.** Da die **Arbeitgeberkündigung mit Abfindungsanspruch** nach § 1a KSchG nicht zum Eintritt einer Sperrzeit führt, war in der Literatur die Auffassung vertreten worden, dass den ArbN auch dann ein wichtiger Grund iSd Sperrzeittatbestandes zuerkannt werden muss, wenn er einen Aufhebungsvertrag schließt, soweit hierbei die Kündigungsfrist eingehalten wird und sich die Abfindungshöhe an den Maßstäben des § 1a Abs 2 KSchG orientiert (*Voelzke* NZS 05, 287; *Peters-Lange/Gagel* NZA 05, 741). Dieser Auffassung hat sich das BSG mit dem Urt vom 12.7.06 – B 11a AL 47/05 R (NJW 06, 3514 mit Anm *Ricken; Preis* NZA 06, 1297; *Seel* NZS 07, 513; *Gaul/Niklas* NZA 08, 137; *Lembke* DB 08, 293) und mit dem Urt vom 2.5.12 – B 11 AL 6/11 R (NZS 12, 874) ausdrücklich angeschlossen. Ein wichtiger Grund danach ist bei Abschluss eines Aufhebungsvertrages ohne die ausnahmslose Prüfung der Rechtmäßigkeit der drohenden ArbGebKündigung anzuerkennen, wenn die Abfindungshöhe die in § 1a Abs 2 KSchG vorgesehene nicht überschreitet. Unerheblich ist, ob die Abfindung in einem Aufhebungs- oder Abwicklungsvertrag zugesagt ist. 34

Erhebliche Abweichungen von den Wertungen des § 1a KSchG führen dazu, einen wichtigen Grund grds nicht anzuerkennen. Dies gilt insbes für den Fall, dass die in § 1a Abs 2 KSchG geregelte **Abfindungshöhe überschritten** wird. In einem derartigen Fall ist weiterhin die bisherige Rspr des BSG einschlägig, nach der eine drohende ArbGebKündigung sperrzeitrechtlich nur dann zum Abschluss eines Aufhebungsvertrages berechtigt, wenn die drohende Kündigung objektiv rechtmäßig wäre (*Schlegel/Voelzke/Schmitz* SGB III, § 159 Rz 26). Hätte der ArbGeb dem ArbN rechtmäßig kündigen können, so bedarf es allerdings der Feststellung weiterer Umstände nicht, denn es unterläge durchgreifenden Bedenken, das Interesse des ArbN an einer günstigen Gestaltung der Verhältnisse unberücksichtigt zu lassen, wenn ein Interesse der Versichertengemeinschaft an einem Abwarten der Kündigung nicht ersichtlich ist (BSG 12.7.06 – B 11a AL 47/05 R, NJW 06, 3514).

Auch der **arbeitsgerichtliche Vergleich,** der die Beendigung eines Arbeitsverhältnisses herbeiführt, bewirkt eine Lösung des Beschäftigungsverhältnisses iSd Sperrzeitrechts. Dies gilt auch dann, wenn die Vereinbarung in dem Vergleich dahin geht, dass der ArbN die Kündigung hinnimmt. Allerdings tritt gleichwohl regelmäßig keine Sperrzeit ein, weil der ArbN davon ausgehen kann, dass er die Beschäftigungslosigkeit nicht mehr vermeiden kann. Er kann sich folglich auf einen wichtigen Grund berufen, denn es ist ihm nicht zumutbar, den ihm wenigstens die Abfindung sichernden Vergleich abzulehnen (BSG 17.10.07 – B 11a AL 51/06 R, NZA-RR 08, 383). Der wichtige Grund entfällt allerdings nach der Rspr des BSG, wenn mit dem Abschluss des Vergleichs eine Manipulation zu Lasten der Versichertengemeinschaft verbunden ist. 35

Die Sperrzeit entfällt nicht dadurch, dass AlGeld erst zu einem Zeitpunkt geltend gemacht wird, zu dem der ArbN (durch Kündigung des ArbGeb) ohnehin arbeitslos geworden wäre (BSG 5.8.99 – B 7 AL 14/99 R, SozR 3–4100 § 119 Nr 17). Die durch die Sperrzeit herbeigeführte **Minderung der Anspruchsdauer** kann nur dadurch vermieden werden, dass AlGeld erst geltend gemacht wird, wenn das Ereignis, das die Sperrzeit begründet, mehr als ein Jahr zurückliegt (§ 148 Abs 2 Satz 2 SGB III). Ist offensichtlich, dass eine Verschiebung für den Antragsteller vorteilhaft sein könnte, ist die Agentur für Arbeit verpflichtet, den Arbeitslosen zu beraten, seinen Antrag auf AlGeld erst zu einem späteren Zeitpunkt zu stellen (BSG 5.8.99 – B 7 AL 38/98 R, SozR 3–1200 § 14 Nr 27). Eine 36

Verletzung der Beratungspflicht begründet die Voraussetzungen des sozialrechtlichen Herstellungsanspruchs (→ *Fürsorgepflicht* Rn 33).

37 Das Vorliegen eines **wichtigen Grundes,** der dem Eintritt einer Sperrzeit entgegensteht, wird unter engen Voraussetzungen bejaht, wenn der ArbN einer Auflösungsvereinbarung in einer krisenhaften Situation des Betriebes zustimmt (BSG 29.11.89 – 7 RAr 86/88, NZA 90, 628; → *Massenentlassung* Rn 61). Der Irrtum über das Vorliegen eines wichtigen Grundes führt nur dann zur Annahme einer besonderen Härte und zur Halbierung der Sperrzeit, wenn der Irrtum unverschuldet war (BSG 13.3.97 – 11 RAr 25/96, SozR 3–4100 § 119 Nr 11).

38 **c) Verhaltensbedingte Gründe.** Bei Vorliegen von Gründen für eine verhaltensbedingten Kündigung können unabhängig von der Einhaltung der Kündigungsfristen die Voraussetzungen der 2. Alternative des § 159 Abs 1 Satz 2 Nr 1 SGB III erfüllt sein, weil der ArbN durch ein vertragswidriges Verhalten Anlass für die Kündigung des ArbGeb gegeben hat. Eine spätere Vereinbarung des Inhalts, dass die Vertragsparteien nicht mehr von einem **vertragswidrigen Verhalten** des ArbN, sondern von einer betriebsbedingten Beendigung des Arbeitsverhältnisses ausgehen, entfaltet im Verfahren über eine etwaige Sperrzeit keine Bindungswirkung. Es empfiehlt sich deshalb eine schriftliche Fixierung der für die Vereinbarung maßgebenden Tatsachen.

**d) Sperrzeitbeginn.** Die Sperrzeit beginnt nach § 159 Abs 2 Satz 1 SGB III mit dem Tag nach dem Ereignis, das die Sperrzeit begründet. Der Beginn des Ruhenszeitraums der Sperrzeit trifft deshalb bereits mit dem Eintritt von Beschäftigungslosigkeit im leistungsrechtlichen Sinn nach dem Abschluss eines Aufhebungsvertrages zusammen. Beschäftigungslosigkeit liegt regelmäßig bereits vor, wenn der Arbeitslose (auch bei Fortzahlung des Arbeitsentgelts) von der **Arbeitsleistung freigestellt** wird. Die Beendigung des Arbeitsverhältnisses wird nicht vorausgesetzt. Auch die Inanspruchnahme von Leistungen ist kein konstitutives Merkmal des Begriffs der Beschäftigungslosigkeit. Damit läuft die Sperrzeit bereits mit der unwiderruflichen Freistellung des ArbN – und nicht erst mit der Beendigung des Arbeitsverhältnisses – kalendermäßig ab (BSG 25.4.02 – B 11 AL 65/01 R, SozR 3–4300 § 144 Nr 8). Erfolgt die Freistellung vor Abschluss des Aufhebungsvertrages, so tritt die Sperrzeit erst am Tag nach Abschluss des Aufhebungsvertrages ein, weil der ArbN erst dann über seine Arbeitskraft im Falle einer anderen Arbeitsmöglichkeit verfügen kann.

39 **4. Auswirkungen von vereinbarten Zahlungen auf den Leistungsanspruch.** Der Anspruch auf AlGeld ruht gem § 157 SGB III in Zeiten, für die der ArbN Arbeitsentgelt erhält oder zu beanspruchen hat (Abs 1) sowie in Zeiten, in denen er wegen der Beendigung des Arbeitsverhältnisses eine Urlaubsabgeltung erhält oder zu beanspruchen hat (Abs 2). Nach § 158 SGB III ruht der Anspruch auf AlGeld ferner, wenn das Arbeitsverhältnis ohne Einhaltung der Kündigungsfrist des ArbGeb beendet worden ist und der ArbN eine Abfindung erhält oder beanspruchen kann.

40 **a) Arbeitsentgelt,** das der ArbN nach Beendigung der tatsächlichen Beschäftigung beanspruchen kann, führt nach § 157 Abs 1 SGB III dazu, dass trotz bestehender Arbeitslosigkeit kein AlGeld zu zahlen ist (zur Berücksichtigung dieses Zeitraums beim Umfang des Anspruchs → Rn 45 f). Eine derartige Gestaltung liegt insbesondere beim Annahmeverzug (→ *Annahmeverzug* Rn 27 ff) des ArbGeb vor. Zu beachten ist, dass eine Vereinbarung über die sog Fortzahlung von Arbeitsentgelt nach dem Ende des Arbeitsverhältnisses kein Arbeitsentgelt mehr darstellt, sondern als Abfindung zu behandeln ist (BSG 23.6.81 – 7 RAr 29/80, SozR 4100 § 117 Nr 7), denn zum Arbeitsentgelt iSd § 157 Abs 1 gehören nur Lohn- und Gehaltsbestandteile für die Zeit zwischen dem Ende der Beschäftigung und der wirksamen Beendigung des Arbeitsverhältnisses. Die Arbeitsvertragsparteien können nach zutreffender Auffassung, soweit der Zeitpunkt der Beendigung des Arbeitsverhältnisses streitig ist, mit Wirkung gegenüber dem Sozialleistungsträger das Ende des Arbeitsverhältnisses festlegen (*Hauck/Noftz/Valgolio* SGB III, § 157 Rz 35). Lediglich in Fällen des Rechtsmissbrauchs ist die Dispositionsbefugnis der Arbeitsvertragsparteien eingeschränkt und das durch Vergleich fixierte Ende des Arbeitsverhältnisses überprüfbar (BSG 14.7.94 – 7 RAr 104/93, SozR 3–4100 § 117 Nr 11).

41 Erfüllt der ArbGeb den Anspruch auf Arbeitsentgelt nicht, so ist die BA zur Zahlung von AlGeld nach § 157 Abs 3 SGB III verpflichtet (sog **Gleichwohlgewährung**). Der nicht

erfüllte Lohnanspruch geht in Höhe des AlGeldes auf die BA über (§ 115 SGB X). Verfügungen in einem späteren Prozessvergleich über den auf die BA übergegangenen Lohnanspruch sind dieser gegenüber unwirksam. Das BSG hält es jedoch für zulässig, dass die BA die Zahlung genehmigt, wenn der ArbGeb trotz des Forderungsübergangs an den ArbN zahlt. Sie kann dann die Erstattung des AlGeldes vom ArbN verlangen, ohne vorher zu versuchen, ihren Anspruch auf Arbeitsentgelt gegenüber dem ArbGeb durchzusetzen (BSG 22.10.98 – B 7 AL 106/97 R, SozR 3–4100 § 117 Nr 16). Diese Rspr wurde auch auf die Zahlung des ArbGeb an einen Gläubiger des ArbN übertragen, so dass auch in diesen Fällen die BA die Verfügung genehmigen und den Erstattungsanspruch gegen den Arbeitslosen geltend machen kann, ohne zuvor gegen den ArbGeb vorzugehen (BSG 24.6.99 – B 11 AL 7/99 R, SozR 3–4100 § 117 Nr 18). Der Übergang erstreckt sich auch auf Arbeitsentgeltansprüche, die erst durch eine Vereinbarung im Aufhebungsvertrag entstehen.

**b) Urlaubsabgeltung.** Der Anspruch auf eine Urlaubsabgeltung führt zum Ruhen von AlGeld nach dem Ende des Arbeitsverhältnisses für die Zeit des abgegoltenen Urlaubs (§ 157 Abs 2 SGB III). Die Zahlung einer Urlaubsabgeltung wegen der Beendigung des Beschäftigungsverhältnisses führt auch dann zum Ruhen des Anspruchs, wenn das Arbeitsverhältnis formal aufrechterhalten wird (BSG 23.1.97 – 7 RAr 72/94, SozR 3–4100 § 117 Nr 14). 42

**c) Entlassungsentschädigungen,** die im Aufhebungsvertrag wegen der Beendigung des Arbeitsverhältnisses vereinbart werden, führen nach § 158 SGB III (zur Anwendung der Regelung im Einzelnen s *Abfindung*) zum Ruhen des Anspruchs auf AlGeld, wenn das Arbeitsverhältnis durch den Aufhebungsvertrag vorzeitig, dh ohne Einhaltung der Kündigungsfrist des ArbGeb, beendet wird. Der **Begriff** der Entlassungsentschädigung (Abfindung, Entschädigung oder ähnliche Leistung) erfasst Zahlungen, die in einem ursächlichen Zusammenhang mit der Beendigung des Arbeitsverhältnisses stehen, weil der ArbN sie ohne die Beendigung nicht beanspruchen könnte. Die Bezeichnung des Zahlungsanspruches im Aufhebungsvertrag ist für die Qualifizierung als Entlassungsentschädigung ohne Bedeutung. Entscheidend ist, ob sich die Abfindung als Entschädigung für die vorzeitige Beendigung des Arbeitsverhältnisses darstellt. 43

Die Zahlung bzw der Anspruch auf eine Entlassungsentschädigung führen nur dann zum Ruhen des Anspruchs auf AlGeld, wenn das Arbeitsverhältnis durch den Aufhebungsvertrag zu einem Zeitpunkt beendet wird, zu dem der ArbGeb das Arbeitsverhältnis nicht einseitig beenden konnte. Der **Ruhenszeitraum** umfasst nach der Grundregel des § 158 Abs 1 Satz 1 SGB III die Zeit zwischen der Beendigung des Arbeitsverhältnisses durch den Aufhebungsvertrag und dem Zeitpunkt, zu dem das Arbeitsverhältnis geendet hätte, wenn eine ordentliche Kündigung unter Einhaltung der Kündigungsfrist des ArbGeb ausgesprochen worden wäre (Näheres: *Abfindung*). Abfindungszahlungen, die der ArbGeb für den Arbeitslosen, dessen Arbeitsverhältnis frühestens mit Vollendung des 55. Lebensjahres beendet wird, unmittelbar für dessen RV nach § 187a Abs 1 SGB VI aufwendet, bleiben bei der Berechnung des Ruhenszeitraums unberücksichtigt (§ 158 Abs 1 Satz 5 SGB III; s zu den Gestaltungsmöglichkeiten *Schrader* NZA 03, 593). 44

**d) Leistungsumfang.** Das im Aufhebungsvertrag festgelegte Ende des Arbeitsverhältnisses kann, soweit für die Zeit bis zur Beendigung Arbeitsentgelt zu zahlen ist, für die Begründung der Anwartschaft oder für die **Dauer** des AlGeldAnspruches, insbes bei Erreichen des höhere Ansprüche begründenden Lebensjahres (→ *Arbeitslosengeld* Rn 37), von Bedeutung sein. 45

Die **Höhe** des AlGeldes richtet sich nach dem Arbeitsentgelt, das vom ArbN im Bemessungszeitraum beanspruchen konnte, auch wenn es ihm erst zu einem späteren Zeitpunkt gezahlt wird. Im Bemessungszeitraum sind auch Zeiten einer unwiderruflichen Freistellung mit Anspruch auf Arbeitsentgelt zu berücksichtigen (BSG 30.8.2018 – B 11 AL 15/17 R, BeckRS 2018, 31014). Auf den späteren Zufluss kann nach § 151 Abs 1 Satz 2 SGB III verzichtet werden, wenn dies auf der Zahlungsunfähigkeit des ArbeitGeb beruht. Wird in einem Aufhebungsvertrag oder arbeitsgerichtlichen Vergleich ein Arbeitsentgeltanspruch festgelegt, so hat die Agentur für Arbeit diesen bei der Leistungsberechnung – ggf rückwirkend – zu berücksichtigen, soweit die im Vertrag getroffene Feststellung einer nachträglichen Vertragserfüllung entspricht. Wenn eine Vereinbarung über das Arbeitsentgelt, das bereits im Bemessungszeitraum beansprucht werden konnte, hinausgeht, so bleibt dies für die Leistungshöhe unbeachtlich. Es ist deshalb zweckmäßig, in den Vertragstext die Gründe 46 aufzunehmen, die für die Festsetzung der Höhe des Arbeitsentgelts maßgeblich waren (zB tarifwidrige Einstufung).

47 **5. Frühzeitige Meldung.** § 38 Abs 1 SGB III verpflichtet Personen, deren Versicherungspflichtverhältnis endet, sich unverzüglich nach **Kenntnis des Beendigungszeitpunktes** persönlich bei der Agentur für Arbeit arbeitssuchend zu melden. Bei Abschluss eines Aufhebungsvertrages ist dem ArbN diese Kenntnis zuzurechnen, sobald er seinerseits die Vereinbarung unterzeichnet hat. Liegen zwischen Kenntnis und Beendigungszeitpunkt weniger als drei Monate, hat die Meldung innerhalb von drei Tagen nach Kenntnis des Beendigungszeitpunkts zu erfolgen. Nach § 38 Abs 1 Satz 3 SGB III reicht zur Wahrung der Frist eine fernmündliche Meldung aus, wenn die persönliche Meldung nach terminlicher Vereinbarung nachgeholt wird.

Die Verletzung der Obliegenheit zur frühzeitigen Meldung bewirkt den Eintritt einer **Sperrzeit bei verspäteter Arbeitsuchendmeldung** (Näheres: *Sperrzeit*). Der Eintritt der Sperrzeit setzt nicht voraus, dass der ArbN über seine Obliegenheit zur frühzeitigen Meldung belehrt worden ist (*Hauck/Noftz/Rademacker* SGB III § 38 Rz 43). Eine Minderung unterbleibt, wenn der ArbN nicht zumindest fahrlässig gegen seine Obliegenheit verstoßen hat (BSG 25.5.05 – B 11a/11 AL 81/04 R, NJW 05, 3803).

48 **6. Sozialversicherungsschutz.** Für die Beurteilung der Versicherungspflicht bei Beendigung des Arbeitsverhältnisses findet der versicherungs- oder **beitragsrechtliche Begriff des Beschäftigungsverhältnisses** Anwendung. Versicherungspflicht besteht danach auch bei Wegfall der Verpflichtung zur Arbeitsleistung, soweit ArbGeb und ArbN einen generellen Fortsetzungswillen haben (*Schlegel* NZA 05, 974). Das Ende des Arbeitsverhältnisses ist selbst dann für das Ende der Versicherungspflicht maßgebend, wenn der ArbN bei fortlaufender Zahlung von Arbeitsentgelt einvernehmlich und unwiderruflich von der Arbeitsleistung freigestellt ist (BSG 24.9.08 – B 12 KR 22/07 R, NZA-RR 09, 272).

Die Mitgliedschaft in der KV und der Schutz der sozialen PflegeV endet mit dem Ende des Beschäftigungsverhältnisses; solange keine Beschäftigung ausgeübt wird, besteht noch für einen Monat Anspruch auf die sog nachgehenden Leistungen (§ 19 Abs 2 SGB V). Versicherungspflicht und Versicherungsschutz in der KV bleiben für Personen erhalten, soweit sie AlGeld nach dem SGB III beziehen oder nur deshalb nicht beziehen, weil der Anspruch ab Beginn des zweiten Monats bis zur zwölften Woche einer **Sperrzeit** oder ab Beginn des zweiten Monats wegen einer Urlaubsabgeltung ruht (§ 5 Abs 1 Nr 2 SGB V). Allerdings ruht der Anspruch auf Krankengeld während der Dauer einer Sperrzeit (§ 49 Abs 1 Nr 3 SGB V).

Kein Versicherungsschutz besteht in der KV, wenn der Anspruch auf AlGeld wegen der Zahlung einer **Abfindung** nach § 158 SGB III ruht. Hier muss der ArbN den KVSchutz ggf durch eine freiwillige Weiterversicherung aufrechterhalten, für die er die Beiträge allein zu tragen hat.

49 In der RV sind für die Zeiten der Beschäftigung und des Bezuges von Lohnersatzleistungen, wenn im letzten Jahr vor Beginn der Leistung Versicherungspflicht bestand (§ 3 Satz 1 Nr 3 SGB VI), Pflichtbeiträge zu entrichten. Liegen diese Voraussetzungen nicht vor, kann der Arbeitslose Versicherungspflicht durch **Antrag** herbeiführen (§ 4 Abs 3 Satz 1 Nr 1 SGB VI). Die Antragsfrist beträgt drei Monate nach Beginn der Leistung. Wird der Antrag innerhalb dieser Frist gestellt, beginnt die Versicherungspflicht mit dem Beginn der Leistung, andernfalls mit dem Tage, der dem Antragseingang folgt.

50 **7. Beitragspflicht.** Werden durch einen Aufhebungsvertrag Ansprüche auf Arbeitsentgelt, Urlaubsabgeltung oder andere Ansprüche auf einmalig gezahltes Arbeitsentgelt rückwirkend begründet oder werden streitige Ansprüche festgestellt, so unterliegen diese als Arbeitslohn (→ *Arbeitsentgelt* Rn 85 ff) in vollem Umfang der Beitragspflicht.

51 Ist aufgrund der Auflösungsvereinbarung **laufendes Arbeitsentgelt** nachzuzahlen, so sind die Beiträge auf die Lohnabrechnungszeiträume zu verteilen, für die sie geleistet werden. Die Beitragsforderung bestimmt sich nach der Höhe des Arbeitsentgelts, wie sie im Aufhebungsvertrag vereinbart wurde. Etwas anderes gilt, wenn der ArbN in der Vereinbarung als Gegenleistung für den Verzicht des ArbGeb auf ihm gegen den ArbN zustehende Ansprüche die Lohnforderung nicht mehr geltend macht (BSG 18.11.80 – 12 RK 47/79, SozR 2100 § 14 Nr 7). Der ArbGeb ist nach § 28g SGB IV berechtigt, den auf den ArbN

entfallenden Beitragsteil von dessen Lohn abzuziehen. Eine Vereinbarung darüber, dass der ArbN die anfallenden SozVBeiträge abzuführen habe, lässt die Verpflichtung des ArbGeb zur Beitragsabführung unberührt (BSG 21.6.90 – 12 RK 13/89, Die Beiträge 91, 112).

Erhält der ArbN während eines Kündigungsschutzprozesses AlGeld, so besteht Versicherungspflicht in der KV, RV und sozialen PflegeV. Hierfür sind die Beiträge von der BA zu zahlen. Ergibt sich aus dem Aufhebungsvertrag oder dem arbeitsgerichtlichen Urteil, dass dem ArbN noch Arbeitsentgeltansprüche zustanden, so entsteht ein Beitragserstattungsanspruch der BA gegen den ArbGeb (§ 335 Abs 3–5 SGB III). Der ArbGeb ist insoweit von seiner Verpflichtung befreit, Beiträge zu entrichten. 52

Aus Anlass des Ausscheidens aus dem Beschäftigungsverhältnis gezahlte **Urlaubsabgeltungen** gelten beitragsrechtlich als einmalig gezahltes Arbeitsentgelt und sind dem letzten Lohnabrechnungszeitraum desselben Kj hinzuzurechnen (→ *Urlaubsabgeltung* Rn 13). 53

Im Aufhebungsvertrag vereinbarte **Abfindungen** unterliegen der Beitragspflicht nicht. Dies gilt auch für den der Steuerpflicht unterliegenden Teil der Abfindung (BSG 21.2.90 – 12 RK 20/88, DB 90, 1520; → *Abfindung* Rn 52).

# Aufrechnung

## A. Arbeitsrecht

*Griese*

**1. Begriff.** Die Aufrechnung ist die wechselseitige Tilgung zweier sich gegenüberstehender Forderungen durch einseitige empfangsbedürftige Willenserklärung des Schuldners. Sie ist eine Möglichkeit der Erfüllung von Forderungen. Im Arbeitsrecht wird von der Aufrechnung häufig Gebrauch gemacht, wenn der ArbGeb Forderungen aus Entgeltüberzahlung (s *Entgeltrückzahlung*), Schadensersatz (→ *Arbeitnehmerhaftung* Rn 23), *Arbeitgeberdarlehen* oder Rückzahlung einer Gratifikation durch Verrechnung mit Lohn- und Gehaltsansprüchen des ArbN realisiert. Auch der ArbN kann die Aufrechnung nutzen, wenn er Verbindlichkeiten gegenüber dem ArbGeb durch Verrechnung mit seinen Bezügen tilgen will. 1

Von der Aufrechnung zu **unterscheiden** ist die bloße **Anrechnung.** Bei der Anrechnung werden unselbstständige Rechnungsposten in eine Gesamtrechnung eingestellt, es stehen sich nicht selbstständige Forderungen gegenüber. Die Anrechnung von Vorschüssen (→ *Vorschuss* Rn 5) oder Abschlagszahlungen oder die *Anrechnung anderweitigen Einkommens* auf die Vergütung ist rechtlich keine Aufrechnung. Auch der Ausgleich eines negativen Arbeitszeitkontos ist keine Aufrechnung (BAG 13.12.2000 – 5 AZR 334/99, NZA 02, 390). Dies hat zur Konsequenz, dass die **Aufrechnungsverbote und -beschränkungen** auf Anrechnungen keine Anwendung finden. 2

Neben der in §§ 387 ff BGB geregelten Aufrechnung durch einseitiges Rechtsgeschäft kann eine Aufrechnung auch durch **Aufrechnungsvertrag** erfolgen. Vertragliche Aufrechnungsverbote zulasten der ArbN unterliegen der Inhaltskontrolle, insbes den Grenzen des § 309 Nr 3 BGB (HWK/*Gotthardt* § 309 BGB Rz 4). 3

**2. Voraussetzungen der Aufrechnung.** Nach § 387 BGB müssen ArbN und ArbGeb sich einander Leistungen schulden, die gleichartig sind. **Gleichartigkeit** ist gegeben, wenn sich ArbN und ArbGeb jeweils Geldleistungen schulden. Sie fehlt, wenn zB der ArbGeb Herausgabeansprüche hinsichtlich Firmeneigentums (*Dienstwagen,* Werkzeug) hat, der ArbN hingegen restliche Vergütungsansprüche. In dieser Konstellation bleibt unter der Voraussetzung des § 273 BGB lediglich die Ausübung eines Zurückhaltungsrechts (→ *Zurückbehaltungsrecht* Rn 1). Hat der ArbGeb irrtümlich eine Beitragserstattung geleistet, kann er mit dem Rückerstattungsanspruch aus § 812 Abs 1 Satz 1 BGB aufrechnen (BAG 1.2.06 – 5 AZR 395/05, NJOZ 06, 3373). 4

Die Forderung, mit der aufgerechnet werden soll, darf gem § 390 BGB nicht mit einer Einrede behaftet sein. Für den praktisch wichtigsten Fall der Verjährungseinrede bestimmt allerdings § 215 BGB, dass eine Aufrechnung gleichwohl möglich ist, wenn sich die Forderungen bereits vor Eintritt der Verjährung jeweils fällig gegenübergestanden haben. Ist die Forderung, mit der aufgerechnet werden soll, aufgrund einer tarifvertraglichen oder sonstigen Verfallklausel verfallen, ist eine Aufrechnung nicht mehr möglich. Die Forderung,

**gegen** die aufgerechnet werden soll, kann einredebehaftet oder verfallen sein. Dies hindert die Aufrechnung nicht. Hat die **Aufrechnungslage** bereits bestanden, so ist die Aufrechnung trotz einer Pfändung (§ 392 BGB) oder einer Abtretung (§ 406 BGB) der Forderung, gegen die aufgerechnet werden soll, möglich. In der **Insolvenz des Arbeitgebers** kann der ArbN gem § 94 InsO aufrechnen, wenn die Aufrechnungslage bei Insolvenzeröffnung bereits bestanden hat (LAG Köln 28.8.06 – 14 Sa 196/06, BB 07, 559).

5 **Aufrechnungserklärung.** Die Aufrechnung erfolgt durch **einseitige empfangsbedürftige Aufrechnungserklärung** nach § 388 BGB. Sie ist aufgrund des § 388 BGB bedingungsfeindlich und darf nicht mit einer Zeitbestimmung versehen werden. Die Aufrechnungserklärung ist grds nicht formgebunden. Verlangt allerdings ein Tarifvertrag die **schriftliche** Geltendmachung, muss die Aufrechnung schriftlich erfolgen, ein einfacher Lohneinbehalt reicht nicht.

In der Aufrechnungserklärung kann zugleich das Anerkenntnis – zumindest ein solches nach § 211 BGB – liegen, dass die Gegenforderung besteht. Will der ArbGeb gegen Entgeltforderungen aufrechnen, kann er grds nur gegen den **Nettolohnanspruch** aufrechnen, er bleibt zur Abführung der Steuern und SozVBeiträge verpflichtet (BAG 26.10.16 – 5 AZR 456/15, NJW 17, 504 mit zust Anm v *Sievers,* jurisPR-ArbR 5/2017 Anm 1; BAG 12.12.12 – 5 AZR 93/12, AP Nr 129 zu § 615 BGB). Im Fall der Entgeltüberzahlung (→ *Entgeltrückzahlung* Rn 12) ebenso wie bei Rückforderungen von *Einmalzahlungen* kann der ArbGeb nur die Nettozuvielzahlung zurückfordern und diese gegen den Nettolohnanspruch des ArbN aufrechnen. Zu berücksichtigen ist nämlich, dass eine Klage auf Rückzahlung der Bruttovergütung einschließlich der ArbN-Anteile zur SozV unzulässig ist; der ArbGeb kann vielmehr nur den Nettobetrag einklagen und muss hinsichtlich der zu beziffernden ArbN-Anteile zur SozV die Abtretung des Erstattungsanspruchs gegen den SozVTräger beantragen (BAG 21.1.15 – 10 AZR 84/14, NZA 15, 875).

Ausnahmsweise kann bei der Rückforderung von Entgeltbestandteilen die Bruttoüberzahlung gegen die Bruttoforderung aufgerechnet werden, wenn dies im wirtschaftlichen Ergebnis dasselbe ist.

Will der ArbN gegen eine Schadenersatzforderung des ArbGeb aufrechnen, kann er ebenfalls nicht mit einer Brutto-, sondern nur mit einer Nettovergütungsforderung gegen die Nettoschadensersatzforderung aufrechnen (BAG 15.3.05 – 9 AZR 502/03, NZA 05, 683; LAG Köln 17.12.2012 – 5 Sa 697/12, BeckRS 2013, 68370). Eine Entgeltforderung ist **nicht schlüssig dargelegt, wenn in der Berechnung Brutto- und Nettoforderungen unzulässigerweise miteinander verrechnet und aufgerechnet werden** (LAG Köln 18.2.08 – 14 Sa 1029/07, BeckRS 2008, 52731).

6 **3. Gesetzliche Begrenzungen der Aufrechnung.** Die Befugnis zur Aufrechnung ist durch eine Reihe von gesetzlichen Bestimmungen eingeschränkt bzw ausgeschlossen.

7 **a) Keine Aufrechnung gegen unpfändbare Forderung.** Die wichtigste Beschränkung für das Arbeitsrecht enthält § 394 BGB. Danach kann gegen eine Forderung insoweit nicht aufgerechnet werden, als sie **unpfändbar** ist. Über § 394 BGB finden die Pfändungsschutzvorschriften für Arbeitseinkommen nach §§ 850 ff ZPO Anwendung (BAG 23.2.16 – 9 AZR 226/15, BeckRS 2016, 70243) und müssen bei der Aufrechnung vom ArbGeb dargelegt werden (BAG 26.10.16 – 5 AZR 456/15, NJW 17, 504 mit zust Anm v *Sievers,* jurisPR-ArbR 5/2017 Anm 1).

Nach § 850c ZPO muss dem ArbN trotz Aufrechnung das Existenzminimum unter Beachtung seiner Unterhaltspflichten verbleiben. Der pfändbare Betrag und damit der Teilbetrag der Vergütung, gegen den aufgerechnet werden kann, ergibt sich aus der als Anlage zu § 850 ZPO in Kraft gesetzten **Pfändungstabelle** (→ *Pfändung* Rn 20). Bestimmte Teile der Arbeitsvergütung sind darüber hinaus gem § 850a ZPO von vorneherein unpfändbar, so Ansprüche des ArbN auf *Aufwendungsersatz* (§ 850a Nr 3 ZPO), auf das übliche *Urlaubsgeld* (§ 850a Nr 2 ZPO), Weihnachtsgratifikationen bis zur Hälfte eines Monatsverdienstes, maximal 500 € (§ 850a Nr 4 ZPO) und Mehrarbeitsvergütungen zur Hälfte (§ 850a Nr 1 ZPO).

Bei der Berechnung der pfändbaren Bezüge des ArbN darf der **geldwerte Vorteil von Sachbezügen** wegen § 107 Abs 2 Satz 5 GewO **nicht auf den unpfändbaren Teil des Entgelts angerechnet** werden (BAG 17.2.09 – 9 AZR 676/07, NZA 2010, 99; BAG

24.3.09 – 9 AZR 733/07, NZA 09, 861; s ferner § 850e Abs 3 Satz 2 ZPO). Bei der Ermittlung des pfändbaren Nettoeinkommens dürfen weder Steuern oder SozVBeiträge noch Pflichtumlagen, die der ArbGeb aufgrund tariflicher Bestimmungen vom Nettogehalt des ArbN einzubehalten und abzuführen hat, mitgerechnet werden (BAG 20.11.18 – 9 AZR 349/18, NZA 19, 722).

Der Pfändungsschutz und damit das Aufrechnungsverbot ergreift auch nichtübertragbare Forderungen (§ 851 ZPO, § 399 BGB), etwa Ansprüche auf *Vermögenswirksame Leistungen.* Im Ergebnis bedeutet dies, dass dem ArbGeb zur Realisierung zB von Entgeltrückzahlungsansprüchen, Darlehensrückzahlungen oder vereinbarten Ausbildungskostenbeteiligungen nur der pfändbare Teil des Arbeitseinkommens zur Verfügung steht.

Im Streitfall muss der ArbGeb **unabhängig von einer Rüge des Arbeitnehmer den pfändbaren Teil und die Einhaltung der Pfändungsschutzvorschriften im Einzelnen darlegen** (BAG 22.9.15 – 9 AZR 143/14, AP Nr 33 zu § 394 BGB).

Der Pfändungsschutz für Arbeitseinkommen kann nicht durch eine Vereinbarung umgangen werden, in der dem ArbGeb die Befugnis eingeräumt wird, eine monatliche Beteiligung des ArbN an der Reinigung und Pflege der Berufskleidung mit dem monatlichen Nettoentgelt ohne Rücksicht auf Pfändungsfreigrenzen zu „verrechnen" (BAG 17.2.09 – 9 AZR 676/07, NZA 10, 99).

Auf die Unpfändbarkeit und den damit verbundenen Aufrechnungsschutz kann sich der ArbN nach den Grundsätzen von Treu und Glauben nicht berufen, wenn die Forderung, mit der der ArbGeb aufrechnen will, auf einer **vorsätzlich** begangenen **Straftat** des ArbN zu Lasten des ArbGeb oder auf einer vorsätzlichen **unerlaubten Handlung** des ArbN beruht. Notwendig ist jeweils eine Einzelfallprüfung, die auch zu dem Ergebnis führen kann, die Aufrechnung bis zur Selbstbehaltsgrenze des § 850d ZPO zuzulassen (BAG 18.3.97 – 3 AZR 756/95, NZA 97, 1108 für die Aufrechnung einer Schadensersatzforderung aus vorsätzlicher unerlaubter Handlung gegen Betriebsrentenansprüche). Die Ausnahme vom Aufrechnungsverbot kann jedoch nicht auf jede vorsätzliche Vertragsverletzung ausgedehnt werden, erforderlich ist vielmehr ein vorsätzlich auf Schädigung abzielendes Verhalten des ArbN (teilw aA ErfK/*Preis* § 611 BGB Rn 451; s ferner LAG SachsAnh 11.4.16 – 6 Sa 45/14, BeckRS 2016, 70067). 8

**b) Keine Aufrechnung gegen Forderung aus vorsätzlich begangener unerlaubter Handlung.** § 393 BGB lässt eine Aufrechnung nicht zu, die **gegen** eine Forderung aus vorsätzlich begangener unerlaubter Handlung gerichtet ist. Derjenige, gegen den sich eine solche Forderung richtet, soll sich nicht durch Aufrechnung davon befreien können. 9

**c) Keine Aufrechnung zur Umgehung des Kreditierungsverbotes.** Nach § 107 Abs 2 Satz 2 GewO darf der ArbGeb den ArbN keine Waren aus eigener Produktion kreditieren (s *Sachbezug*). Die Erfüllung der aus gegen das gesetzliche Verbot resultierenden Kreditrückzahlungsforderungen kann nicht durch Aufrechnung erfolgen. 10

**4. Vertragliche Aufrechnungsverbote.** Die Aufrechnung kann sowohl durch Einzelvertrag als auch durch Kollektivvertrag (Betriebsvereinbarung oder Tarifvertrag) ausgeschlossen werden. 11

**5. Aufrechnung im Prozess.** Im Prozess kann die Aufrechnung hilfsweise für den Fall erklärt werden, dass das Gericht die Hauptforderungen für begründet erachtet **(Eventualaufrechnung).** Es handelt sich bei der Eventualaufrechnung um eine Aufrechnung unter einer Rechtsbedingung, von deren Zulässigkeit der Gesetzgeber ausgeht (§ 45 Abs 3 GKG) und die nicht gegen § 388 Satz 2 BGB verstößt. Wird die Aufrechnung vom Gericht aus verfahrensrechtlichen Gründen nicht berücksichtigt, kann die Forderung, mit der aufgerechnet werden sollte, in einem neuen Verfahren erneut geltend gemacht werden. Wird die Aufrechnung hingegen als unbegründet beurteilt, etwa wegen mangelnder Substantiierung der Forderung, mit der aufgerechnet werden soll, ist die Forderung verbraucht und kann später nicht mehr geltend gemacht werden. Nach der Rspr (BAG 23.8.01 – 5 AZR 3/01, NZA 01, 1158) führt die Aufrechnung mit einer rechtswegfremden Forderung trotz der Neuregelung des § 17 Abs 2 GVG nicht zur Zuständigkeit des Gerichts für die rechtswegfremde Forderung; ggf ist durch Vorbehaltsurteil gem § 302 ZPO zu entscheiden bzw an das zuständige Gericht verweisen (BAG 28.11.07 – 5 AZB 44/07, NZA 08, 843). 12

## B. Lohnsteuerrecht

*Seidel*

13 **1. Allgemeines.** Durch Aufrechnung erlöschen zwei sich gegenüberstehende Forderungen in entsprechender Höhe. Für die lohnsteuerrechtliche Beurteilung ist die Aufrechnung des ArbGeb gegen Lohnansprüche des ArbN bzw des ArbN mit Lohnansprüchen gegen Forderungen des ArbGeb von der Aufrechnung zwischen dem ArbGeb bzw ArbN und dem FA zu unterscheiden. Bei der Aufrechnung zwischen ArbGeb und ArbN ist allein auf die zivil- bzw arbeitsrechtlichen Vorschriften abzustellen (→ Rn 4 ff), auch wenn sich die Aufrechnungslage aus Änderungen des LStAbzugs ergibt (→ Rn 16).

14 Bei der Aufrechnung mit oder gegen Ansprüche aus dem Steuerschuldverhältnis zwischen FA und ArbGeb bzw FA und ArbN und umgekehrt, gelten zwar grds die Vorschriften des bürgerlichen Rechts, allerdings nur soweit im Steuerrecht nichts anderes bestimmt ist (→ Rn 17–23). Zur Aufrechnung der Familienkasse mit Ansprüchen auf Rückzahlung von Kindergeld gegen Ansprüche auf laufendes Kindergeld s § 75 EStG iVm Abschnitt V 27 DAFamEStG (BStBl I 14, 918 in der Fassung vom 29.7.15, BStBl I 15, 584).

15 **2. Aufrechnung zwischen Arbeitgeber und Arbeitnehmer.** Rechnet der ArbGeb gegen Lohnforderungen des ArbN mit Forderungen auf, die ihm gegen den ArbN zustehen, kann dies nur hinsichtlich des Nettolohns erfolgen (*Schaub* § 87 II 2 Rz 9). Der Lohnzufluss (→ *Lohnzufluss* Rn 2 ff) erfolgt im Zeitpunkt der Aufrechnungserklärung, denn die wirksame Aufrechnung steht einem Geldzugang gleich (BFH 2.10.86, BFH/NV 87, 495). Der ArbGeb hat daher zu diesem Zeitpunkt die auf den Arbeitslohn insgesamt – einschließlich des Aufrechnungsbetrages – entfallende LSt einzubehalten und abzuführen (→ *Lohnabzugsverfahren* Rn 19 ff und → *Lohnsteuerabführung* Rn 2 ff). Dies gilt auch, wenn der ArbN mit (fälligen, § 387 BGB) Lohnansprüchen gegen Forderungen des ArbGeb (zB Schadensersatz) aufrechnet.

16 Handelt es sich bei der Forderung des ArbGeb, mit der dieser aufrechnet oder gegen die der ArbN aufrechnet, allerdings um einen **Anspruch** gegen den ArbN **auf Rückzahlung** von früher geleistetem Arbeitslohn, so gelten Besonderheiten (→ *Entgeltrückzahlung* Rn 17–23). Aufrechenbare Forderungen des ArbGeb können sich auch in Form von Erstattungsansprüchen gegen den ArbN aufgrund von Änderungen beim LStAbzug ergeben, so zB bei ursprünglich zu wenig erhobener LSt und nachträglicher Einbehaltung (→ *Lohnsteueranmeldung* Rn 10–13) oder bei nicht vorschriftsmäßiger Einbehaltung der LSt und Änderung des LStAbzugs (→ *Lohnsteuerberechnung* Rn 23–26), aber auch bei nachträglicher Inanspruchnahme des ArbGeb durch das FA, wobei jedoch tarifliche Ausschlussfristen zu beachten sind (BAG 19.1.79, DB 79, 1281; → Rn 11). Hat der ArbN aufgrund des vom ArbGeb durchgeführten LStJahresausgleichs einen LStErstattungsanspruch, darf der ArbGeb gegen diesen nicht mit anderen Forderungen mangels Gegenseitigkeit der Forderungen gegen den ArbN aufrechnen, da der Fiskus Schuldner des Erstattungsanspruchs ist (→ *Lohnsteuerjahresausgleich* Rn 10; → Rn 19). Zur Verrechnung (Aufrechnung) überzahlter LSt durch den ArbGeb gegenüber dem FA im Rahmen der LStAnmeldung → *Lohnsteueranmeldung* Rn 12 und → *Lohnsteuerberechnung* Rn 23–25.

17 **3. Aufrechnung des Finanzamts oder gegen das Finanzamt. a) Ansprüche aus dem Steuerschuldverhältnis** (§ 37 AO; zB Steueranspruch, Haftungsanspruch, Erstattungsanspruch) sind ebenso aufrechenbar wie schuldrechtliche Ansprüche aller Art. Resultieren LSt-Erstattungsansprüche jedoch aus der Veranlagung eines **nach Insolvenzeröffnung** beginnenden Steuerjahrs, ist eine Aufrechnung des FA gegen offene, vor der Insolvenzeröffnung entstandene Steuerschulden ausgeschlossen (BFH 29.1.10 – VII B 188/09, BFH/NV 10, 1243). Keine Ansprüche aus dem Steuerschuldverhältnis sind **Geldbußen** für Ordnungswidrigkeiten, **Geldstrafen,** Geldersatzstrafen und Kosten des Bußgeld- und Strafverfahrens. Gegen sie kann **nicht** aufgerechnet werden (*T/K* § 226 AO Rz 13). Wird die Aufrechnungslage zumindest auf einer Seite durch Ansprüche aus dem Steuerschuldverhältnis hergestellt, dh wird mit oder gegen diese Ansprüche aufgerechnet, gelten sinngemäß die Vorschriften des BGB (§§ 387–396), soweit nichts anderes bestimmt ist (§ 226 Abs 1 AO). Da im Steuerrecht die Verjährung entgegen der zivilrechtlichen Rechtslage, bei der sie nur eine Einrede begründet (§ 214 Abs 1 BGB), zum Erlöschen des Anspruchs führt (§ 47 AO; → *Verjährung* Rn 31), schließt § 226 Abs 2 AO eine Aufrechnung mit erloschenen Ansprü-

chen aus dem Steuerschuldverhältnis anders als § 215 BGB erste Alternative aus. Ferner ist § 395 BGB nicht anzuwenden, der eine Aufrechnung gegen öffentlich-rechtliche Forderungen nur gestattet, wenn die Leistung aus derselben Kasse zu erfolgen hat, aus der die Forderung des Aufrechnenden zu begleichen ist (sog **Kassenidentität;** *T/K* § 226 AO Rz 11; BFH 25.4.89, BStBl II 89, 949).

**b)** Die **Aufrechnung** erfolgt durch schriftliche oder mündliche **Erklärung** aber ebenso durch für den Empfänger erkennbare schlüssige Handlung gegenüber dem anderen Teil (§ 388 BGB; *T/K* § 226 AO Rz 48, 50) und bewirkt als empfangsbedürftige, aber **nicht annehmungsbedürftige Willenserklärung,** dass die Forderungen, soweit sie sich decken, als in dem Zeitpunkt erloschen gelten, in welchem sie einander zur Aufrechnung geeignet gegenüber getreten sind (§ 389 BGB; § 47 AO; → Rn 24). Sie stellt auf Seiten des FA **keinen Verwaltungsakt** (→ Rn 26) dar, sodass bei der Aufrechnung durch das FA die Notwendigkeit einer Ermessensentscheidung entfällt. Schuldner und Gläubiger stehen sich auf derselben Ebene gegenüber. Auch eine maschinelle Umbuchungsmitteilung kann eine Aufrechnungserklärung enthalten (BFH 26.7.05 – VII R 72/04, BStBl II 06, 350 sowie VII R 70/04, BFH/NV 06, 7 und VII R 59/04, BFH/NV 06, 5). **18**

Voraussetzung ist die **Gegenseitigkeit**, dh der Schuldner der einen Forderung muss Gläubiger der anderen Forderung sein. Das FA kann daher nicht mit einem Umsatzsteuererstattungsanspruch des ArbGeb gegen die von diesem abzuführende LSt aufrechnen, da der ArbGeb nicht Schuldner der LSt ist (→ *Lohnsteuerhaftung* Rn 2). Das FA auch kann nicht gegen einen Erstattungsanspruch des einen **Ehegatten** mit Steuerschulden des anderen Ehegatten aufrechnen (*T/K* § 226 AO Rz 19). In diesen Fällen besteht allerdings die Möglichkeit eines Verrechnungsvertrages (→ Rn 24). Zur Herstellung der Gegenseitigkeit bestimmt § 226 Abs 4 AO, dass als Gläubiger bzw Schuldner eines Anspruchs aus dem Steuerschuldverhältnis die Körperschaft gilt, die die Steuer verwaltet. Dies ist idR das jeweilige Bundesland. Für dieses handelt das FA. Dabei können dem FA auch Forderungen anderer Behörden abgetreten werden, wenn der Stpfl einen Erstattungsanspruch aus dem Steuerschuldverhältnis gegen das FA geltend macht (BFH 15.6.99 – VII R 3/97, BStBl II 2000, 46). Der Erstattungsanspruch des ArbG wegen überzahlter LSt ist nicht Bestandteil des Arbeitseinkommens iSd Pfändungsschutzbestimmungen der §§ 850 ff ZPO, so dass eine Aufrechnung des FA gegen einen solchen Anspruch nicht ausgeschlossen ist (BFH 26.9.95, BFH/NV 96, 282). Rechnet der Stpfl auf, so ist entgegen § 395 BGB Kassenidentität nicht erforderlich (→ Rn 17). Trotz fehlender Gegenseitigkeit kann der Schuldner mit einer ihm gegenüber dem bisherigen Gläubiger zustehenden Forderung auch gegenüber dem neuen Gläubiger aufrechnen, außer er hat beim Erwerb der Forderung Kenntnis von der Abtretung oder die Forderung ist erst nach Erlangung der Kenntnis und später als die abgetretene Forderung fällig geworden (§ 406 BGB). Diese Rechtswirkung wird nicht durch eine nachträglich vom FA gewährte Stundung der Gegenforderung, die auf den Zeitpunkt der Kenntniserlangung von der Abtretung zurückwirkt, beseitigt (BFH 8.7.04 – VII R 55/03, BStBl II 05, 7). **19**

Da es sich bei den Ansprüchen aus dem Steuerschuldverhältnis regelmäßig um Geldansprüche handelt, kann auch der Gegenanspruch wegen des Grundsatzes der **Gleichartigkeit** der Leistungen (§ 387 BGB) nur ein Geldanspruch sein. **20**

Im Zeitpunkt der Aufrechnung muss die Forderung des Aufrechnenden **fällig** sein (§ 387 BGB). Handelt es sich dabei um einen Anspruch aus dem Steuerschuldverhältnis, bestimmt sich die Fälligkeit nach § 220 AO (→ *Verjährung* Rn 41). Die Rückwirkung der Aufrechnung nach § 389 BGB wirkt nicht über den Zeitpunkt der Fälligkeit der Schuld des Aufrechnenden hinaus. Rechnet das FA mit einer Steuerforderung gegen eine später fällig gewordene Erstattungsforderung auf, so bleiben Säumniszuschläge (→ *Säumniszuschlag* Rn 2–13) für die Zeit vor der Fälligkeit der Erstattungsforderung bestehen (§ 240 Abs 1 AO; BFH 13.1.2000 – VII R 91/98, BStBl II 2000, 246). Ergibt sich der Anspruch auf Steuererstattung aus einer Steueranmeldung (zB LStAnmeldung), so gilt aus Billigkeitsgründen der Tag des Eingangs der Steueranmeldung, frühestens jedoch der erste Tag des auf den Anmeldungszeitraum folgenden Monats als Fälligkeitstag. Dies gilt auch, wenn die Steuererstattung abweichend von der Anmeldung festgesetzt wird (AEAO zu § 226, Tz 2; BMF 31.1.14, BStBl I 14, 290). **21**

Die Forderung, gegen die aufgerechnet wird, braucht noch nicht fällig sein, sie muss jedoch bereits **erfüllbar,** also entstanden sein. Das bedeutet, dass gegen einen Steuer- **22** anspruch schon vor dessen Festsetzung aufgerechnet werden kann, wenn der Besteuerungstatbestand bereits erfüllt ist (§ 38 AO). Daraus folgt zB, dass gegen eine, aber nicht mit einer **gestundeten Forderung** aufgerechnet werden kann.

23 Der Stpfl kann gegen Ansprüche des FA aus dem Steuerschuldverhältnis nur mit **unbestrittenen** oder **rechtskräftig** festgestellten Gegenforderungen aufrechnen (§ 226 Abs 3 AO). Dabei macht es keinen Unterschied, ob die Gegenforderung ein zivilrechtlicher oder öffentlich-rechtlicher Anspruch ist. Rechtskräftig bzw bestandskräftig festgestellt wird die Gegenforderung durch Gerichte und Behörden. Das FA kann aber mit einer bestrittenen Forderung aufrechnen, zB wenn der Steuerbescheid angefochten worden ist, da § 226 Abs 3 AO nur für die Aufrechnung durch den Stpfl gilt (*T/K* § 226 AO Rz 39; allerdings darf der Steueranspruch des FA **nicht** von der Vollziehung ausgesetzt sein (BFH 31.8.95, BStBl II 96, 55). Die Ansprüche dürfen auch nicht durch Verjährung (→ *Verjährung* Rn 33 ff) oder Ablauf einer Ausschlussfrist (→ *Ausschlussfrist* Rn 38 ff) erloschen sein (§ 226 Abs 2 AO; → Rn 17). Durch eine nachträgliche rückwirkende Stundung wird die Aufrechnungslage nicht beseitigt (BFH 8.7.04 – VII R 55/03, BStBl II 05, 7). Im **Insolvenzverfahren** kann das FA mit Forderungen aufrechnen, die vor Verfahrenseröffnung entstanden sind, ohne dass es deren vorheriger Festsetzung, Feststellung oder Anmeldung zur Insolvenztabelle bedarf (BFH 4.5.04 – VII R 45/03, BStBl II 04, 815 und 10.5.07 – VII R 18/05, BStBl II 07, 914; s zur Aufrechnung mit Steuerforderungen in der Insolvenz auch *Obermair* BB 04, 2610). Der Aufrechnung mit Steuererstattungsansprüchen, die nicht § 287 InsO unterliegen, steht während der Wohlverhaltensphase das Aufrechnungsverbot gem § 394 BGB nicht entgegen (BFH 21.11.06 – VII R 66/05, BFH/NV 07, 1066; BFH 21.11.06 – VII R 1/06, DStRE 07, 384). Soweit Ansprüche auf Erstattung von ESt auf nach Eröffnung des Insolvenzverfahrens abgeführter LSt beruhen, ist eine Aufrechnung des FA mit Steuerforderungen gem § 96 Abs 1 Nr 1 InsO unzulässig. Das Aufrechnungshindernis entfällt erst mit der Aufhebung des Insolvenzverfahrens (BFH 7.6.06 – VII B 329/05, BStBl II 06, 641).

24 **4. Verrechnungsvertrag.** Liegen die genannten Voraussetzungen für eine Aufrechnung nicht vor, besteht die Möglichkeit einer vertraglichen Verrechnung der Forderungen durch einen zweiseitigen Verrechnungsvertrag (Aufrechnungsvertrag; BFH 30.10.84, BStBl II 85, 114), Hierunter fällt zB auch die Praxis der Finanzverwaltung UStErstattungsansprüche des ArbGeb mit abzuführenden LStBeträgen zu verrechnen (→ Rn 19). Die Rechtswirksamkeit eines Verrechnungsvertrages ist nach den allgemeinen Rechtsgrundsätzen über den Abschluss von Verträgen zu beurteilen (AEAO zu § 226 Tz 5, BMF 31.1.14, BStBl I 14, 290; FG Münster 4.4.08 – 11 K 6309/02 AO, EFG 08, 1597).

25 **5. Rechtsbehelfe. a) Forderung.** Rechtsbehelfsverfahren gegen den Anspruch aus dem Steuerschuldverhältnis, mit dem oder gegen den aufgerechnet worden ist, sind unabhängig von der Aufrechnung weiter durchzuführen, denn die Rechtsbehelfsentscheidung hat nur darüber zu befinden, ob der Anspruch zutreffend festgesetzt worden ist. Wird die Festsetzung des Anspruchs im Rechtsbehelfsverfahren aufgehoben oder teilweise geändert, so verliert die Aufrechnung die ihr zunächst beigemessene Erlöschenswirkung. Dies gilt auch, wenn die Aufhebung oder Änderung außerhalb eines Rechtsbehelfsverfahrens erfolgt (*T/K* § 226 AO Rz 58 mwN).

26 **b) Aufrechnung.** Die Aufrechnungserklärung des FA stellt keinen VA dar, sondern die **rechtsgeschäftliche Ausübung eines Gestaltungsrechts** (BFH 31.8.95 – VII R 58/94, BStBl II 96, 55). Dies hat zur Folge, dass sowohl in den Fällen, in denen das FA die Aufrechnung des Stpfl nicht anerkennt als auch in den Fällen, in denen der Stpfl die Wirksamkeit der Aufrechnung durch das FA bestreitet, vom FA durch einen **Abrechnungsbescheid** nach § 218 Abs 2 AO zu entscheiden ist. Der Stpfl kann einen entsprechenden Bescheid verlangen. Weigert sich des FA oder entscheidet es über den Antrag des Stpfl nicht innerhalb angemessener Frist, ist der Einspruch gegeben (*T/K* § 226 AO Rz 59, 60).

Gegen den **Abrechnungsbescheid** kann der Stpfl nach erfolglosem Einspruchsverfahren Klage zum FG erheben. Dies gilt auch, wenn das FA mit einer zivilrechtlich bestrittenen Gegenforderung aufrechnet. Das FG kann dann entweder das Verfahren gem § 74 FGO aussetzen bis über die zivilrechtliche Forderung rechtskräftig entschieden ist oder – wenn Erstattungsberechtigter und Schuldner der Gegenforderung nicht identisch sind (zB bei

Abtretung) – über die zivilrechtliche Forderung als Vorfrage entscheiden (BFH 23.2.88, BStBl II 88, 500).

27 Das Vorstehende gilt auch, wenn Streitigkeiten über die Wirksamkeit eines Verrechnungsvertrages entstehen (*T/K* § 226 AO Rz 64). Hat das FA unzulässigerweise die Aufrechnungserklärung als Verwaltungsakt erlassen, zB durch Beifügung einer Rechtsbehelfsbelehrung, so ist der Verwaltungsakt rechtswidrig und auf den Einspruch hin aufzuheben (BFH 25.4.89, BFH/NV 90, 344).

28 **6. Muster.** S Online-Musterformular *„M33.4 Aufrechnung nach § 226 Abgabenordnung"*.

## C. Sozialversicherungsrecht

*Schlegel*

29 **I. Aufrechnung im Sozialrecht. 1. Sozialrechtliche Sondervorschriften. Für die Aufrechnung** sieht § 51 Abs 2 SGB I für den Fall vor, dass der Leistungsträger mit Ansprüchen auf Erstattung zu Unrecht erbrachter Sozialleistungen und Beitragsansprüchen aufrechnet. Gegen Ansprüche auf laufende Geldleistungen kann der Sozialleistungsträger in diesen Fällen bis zur Hälfte der Geldleistung aufrechnen, soweit der Leistungsberechtigte dadurch nicht hilfebedürftig iSd Vorschriften des SGB XII über Hilfe zum Lebensunterhalt wird (§ 51 Abs 2 SGB I). Die Vorschrift erweitert die Aufrechenbarkeit der Höhe nach; während nach den allgemeinen Vorschriften der §§ 394 BGB, 51 Abs 1 SGB I die Aufrechnung mit Ansprüchen gegen den Berechtigten nur zulässig ist, soweit diese Geldleistungsansprüche nach § 54 Abs 2 und 3 SGB I pfändbar sind, lässt § 51 Abs 2 SGB I die weitergehende Aufrechnung bis zur **Hälfte des Geldleistungsanspruchs** zu, wenn der Berechtigte dadurch nicht sozialhilfebedürftig wird.

30 **a) Erstattungsansprüche** iSd § 51 Abs 2 SGB I sind zB Ansprüche nach § 50 SGB X.

31 **b) Aufrechnung mit „künftigen" Rentenforderungen** ist an sich gem den §§ 387 ff BGB, die im Sozialrecht entsprechende Anwendung finden, ausgeschlossen, da die Aufrechnung zwar keine fällige, aber eine bereits entstandene und erfüllbare Hauptforderung des Leistungsberechtigten voraussetzt; gegen eine bedingte oder aufschiebend bedingte Hauptforderung kann auch im Sozialrecht nicht aufgerechnet werden. Eine Aufrechnungserklärung, die sich auf erst künftig entstehende Rentenansprüche erstreckt, ist nicht zulässig. Zulässig ist aber die Abgabe einer „einheitlichen Aufrechnungs-/Verrechnungserklärung" für künftige Rentenauszahlungsansprüche mit Wirkung für den jeweiligen Zeitpunkt ihres Entstehens, da nur so den Sozialleistungsträgern bei Dauerleistungen eine vereinfachte Durchsetzung ihrer Forderungen gegenüber dem Leistungsberechtigten eröffnet ist, zumal sich die Aufrechnung/Verrechnung durch Leistungsträger in aller Regel auf wiederkehrende Sozialleistungen aus Dauerschuldverhältnissen bezieht und kein schutzwürdiges Interesse des Sozialleistungsberechtigten an einer jeweils monatlich erfolgenden Wiederholung der Aufrechnungserklärung besteht (BSG 26.9.91 – 4/1 RA 33/90, SozR 3–1200 § 52 Nr 2 unter Berufung auf *Gernhuber* Die Erfüllung und ihre Surrogate, 1983, S 233 Fn 62).

32 **c) Ermessensentscheidung.** Teilweise wird die Meinung vertreten, dass die Aufrechnung eine Ermessensentscheidung des Sozialleistungsträgers voraussetzt. In der Gesetzesbegründung zu § 51 SGB I (= § 50 des Entwurfs, BR-Drs 305/72 S 27) wird hierzu ausgeführt, der Leistungsträger habe bei der Ausübung seines Ermessens, ob und in welchem Umfang er aufrechnet, auch den **Zweck der einzelnen Sozialleistung** zu berücksichtigen; insbes dürften Leistungen, die Kindern des Leitungsberechtigten zufließen sollen, nicht gekürzt werden, um in anderem Zusammenhang entstandene Verpflichtungen zu decken.

33 Nachdem § 54 Abs 4, 5 SGB I seit dem 1.1.89 eine detaillierte Regelung über die Pfändbarkeit von Geldleistungen für Kinder enthält, ist allerdings fraglich, in welcher Hinsicht der Leistungsträger Ermessenserwägungen anstellen soll, zumal er gem § 76 Abs 1 SGB IV verpflichtet ist, Einnahmen rechtzeitig und vollständig zu erheben und in § 76 Abs 2 SGB IV genau geregelt ist, in welchem Umfang Stundung, Niederschlagung oder ein Erlass von Ansprüchen des Leistungsträgers in Betracht kommen. Wenn § 51 Abs 1 SGB davon spricht, dass der zuständige Leistungsträger gegen Ansprüche auf Geldleistungen mit Ansprüchen des Berechtigten aufrechnen „kann", dürfte dies entgegen der hM nicht als „Ermessens-Kann", sondern als **„Ermächtigungs-/Befugnis-Kann"** zu verstehen sein (BSG 24.7.03 – B 4 RA 60/02 R, SozR 4–1200 § 52 Nr 1 und 15.12.94 – 12 RK 69/93, SozR 3–2400 § 28 Nr 2).

34 **2. Ausnahme vom Erfordernis der Gegenseitigkeit der Forderungen: Verrechnung** nach § 52 SGB I ist die Aufrechnung unter Verzicht auf die bei der Aufrechnung erforderliche Gegenseitigkeit der Forderungen. Nach § 52 SGB I kann der für eine Geldleistung zuständige Leistungsträger mit Ermächtigung eines anderen Leistungsträgers dessen Ansprüche gegen den Berechtigten mit der ihm obliegenden Geldleistung verrechnen, soweit nach § 51 SGB I die Aufrechnung zulässig ist.

**Beispiel:** Hat eine AOK gegen einen Rentner eine Regressforderung gem § 823 BGB iVm § 116 SGB X, kann sie den RVTräger (zB RV Bund) ersuchen, dass den RV Bund diese Regressforderung mit dem Anspruch des Rentners auf Auszahlung seiner Altersrente verrechnet. Kommt die RV Bund dem Ersuchen nach, muss sie die verrechneten (einbehaltenen) Rentenbeträge an die AOK weiterleiten. Die Verrechnung ist der Höhe nach insoweit zulässig, als auch eine Pfändung der Rente nach § 54 Abs 2, 3 SGB I zulässig wäre. Zwischen der RV Bund und AOK wird, wenn die RV Bund dem Verrechnungsersuchen nachkommt, ein Verrechnungsvertrag, dh ein öffentlich-rechtlicher Vertrag iSd § 53 Abs 1 Satz 1 SGB X geschlossen; ein Auftragsverhältnis liegt dagegen nicht vor, da die AOK von der RV Bund nicht die Wahrnehmung ihr obliegender Aufgaben verlangt. § 52 SGB I räumt dem ersuchten Leistungsträger im Verhältnis zum ersuchenden Leistungsträger (hier: der RV Bund) auch kein Ermessen ein.

35 § 52 SGB I enthält ein „Ermächtigungs-Kann“, kein „Ermessens-Kann“. Ist der Vertrag zustande gekommen, ist der ersuchte Leistungsträger zur Einstellung der Verrechnung nur berechtigt, wenn er auch zur Kündigung der Verrechnungsvereinbarung berechtigt ist; dies setzt nach § 59 Abs 1 Satz 1 SGB X voraus, dass sich die Verhältnisse, die für die Feststellung des Vertragsinhalts maßgebend waren, seit Abschluss des Vertrages so wesentlich geändert haben, dass einer Vertragspartei das Festhalten an der ursprünglichen vertraglichen Regelung nicht mehr zugemutet werden kann (BSG 26.9.91 – 4 RA 33/90, SozR 3–1200 § 52 Nr 2).

36 **3. Rechtsnatur der Aufrechnungserklärung.** Der Große Senat des BSG hat mit Beschluss vom 31.8.11 (GS 2/10) entschieden, dass der Leistungsträger die Rechtsfolgen einer einseitig gegenüber dem originär Sozialleistungsberechtigten ausgeführten Verrechnung von öffentlich-rechtlichen Ansprüchen mit ihm obliegenden Geldleistungen nach § 52 SGB I durch Verwaltungsakt regeln darf; die Rechtsnatur der Aufrechnung hat der Große Senat dabei offen gelassen.

37 **4. Rechtsschutz gegen Aufrechnungen** findet mittels **Widerspruch** (§ 78 Abs 1 SGG) und **Anfechtungsklage** (§ 54 Abs 1 SGG) statt Die Anfechtungsklage kann regelmäßig mit der **Leistungsklage** verbunden werden (§ 54 Abs 4 SGG), wenn der Leistungsberechtigte die Auszahlung einer Geldleistung in vollem, nicht durch Aufrechnung gekürztem Umfang begehrt. Versteht man die Aufrechnung als verwaltungsrechtliche Willenserklärung ohne Verwaltungsaktcharakter, ist die **allgemeine Leistungsklage** die richtige Klageart.

38 Dies ist im Ergebnis zutreffend, wenn die Verwaltung die Aufrechnung eindeutig in Form eines Verwaltungsaktes erklärt hat, also schon allein der äußeren Form nach (Bezeichnung, Rechtsmittelbelehrung) ein Verwaltungsakt vorliegt. Gleiches gilt, wenn der Sozialleistungsträger die Aufrechnung bereits mit dem Bescheid über eine Kürzung der dem Berechtigten zustehenden Leistungen verbunden hat. Denn jedenfalls die Entscheidung, dass aufgrund einer Aufrechnung Sozialleistungen nur in geringerer Höhe zur Auszahlung gelangen, setzt den Erlass einer verwaltungsaktmäßigen Entscheidung des Leistungsträgers voraus (so andeutungsweise auch BSG 12.7.90 – 4 RA 47/88, SozR 3–1200 § 52 Nr 1, wo die Frage, ob die Aufrechnung durch Verwaltungsakt erfolgt, diskutiert und ausdrücklich erstmals offengelassen wurde).

39 **II. Aufrechnung im Beschäftigungsverhältnis. 1. Beitragsrecht.** Rechnet der ArbGeb gegen Ansprüche des ArbN auf Arbeitsentgelt auf, die ihm gegen den ArbN zustehen (zB Schadensersatzforderung), hat dies auf die **Entstehung der Beitragspflicht** hinsichtlich des Arbeitsentgelts keine Auswirkungen; auf den Zufluss des Arbeitsentgelts kommt es insoweit nicht an (zum Entstehungsprinzip vgl *Lohnzufluss*).

40 Der Abzug des **Arbeitnehmer-Anteils an den Gesamtsozialversicherungsbeiträgen** vom (Brutto-)Arbeitsentgelt wird rechtstechnisch als Aufrechnung des ArbGeb angesehen,

deren Zulässigkeit sich iE nach § 28g SGB IV richtet (BSG 25.10.90 – 12 RK 27/89, SozR 3–2400 § 25 Nr 2).

**2. Leistungsrecht.** Soweit das Recht der SozV zur Vermeidung von Doppelzahlungen Sozialleistungen von der Nichtzahlung oder dem Nichterhalt von Arbeitsentgelt abhängig macht, steht die Aufrechnung seitens des ArbGeb mit Arbeitsentgeltansprüchen deren Zahlung gleich. Dies bedeutet zB, dass der Krankengeldanspruch des ArbN nach § 49 Abs 1 Nr 1 SGB V auch dann und insoweit ruht (Krankengeld also nicht gezahlt wird), als der ArbGeb mit Ansprüchen des ArbN auf „Krankenlohn" aufgerechnet hat (BSG 29.6.94 – 1 RK 45/93, SozR 3–1300 § 48 Nr 33 S 68f). 41

Kommt es für bei der **Berechnung von Sozialleistungen** auf die Höhe des dem ArbN/Leistungsempfänger in einem bestimmten Zeitpunkt zugeflossenen Arbeitsentgelts an, sind auch diejenigen Arbeitsentgelte in die Leistungsberechnung einzubeziehen, die nur deshalb nicht ausgezahlt werden, weil sie im Bemessungszeitraum durch Aufrechnung erfüllt worden sind. So ist etwa für die **Bemessung des Elterngelds** neben dem im Bemessungszeitraum tatsächlich zugeflossenen auch das darin erarbeitete Arbeitsentgelt zugrunde zu legen, soweit der Vergütungsanspruch durch Aufrechnung mit einer Rückforderung wegen einer zuvor entstandenen Überzahlung erloschen ist (BSG 20.5.14 – B 10 EG 11/13 R, BeckRS 2014, 71068).

## Aufsichtsratsvergütung (Arbeitnehmer)

### A. Arbeitsrecht *Griese*

**1. Anspruchsgrundlage.** Nach § 113 AktG kann den Aufsichtsratsmitgliedern für ihre Tätigkeit eine Vergütung gewährt werden. Gleiches gilt aufgrund des § 52 GmbHG für die Aufsichtsratsmitglieder einer GmbH. Eine Vergütung ist somit nicht zwingend vorgeschrieben, wenngleich sie in der Praxis ganz überwiegend gezahlt wird. Ihre Höhe ist in der Satzung festzulegen oder von der Hauptversammlung zu bewilligen. Die Vergütung soll in einem angemessenen Verhältnis zu den übernommenen Aufgaben stehen. Als Tätigkeitsentgelte kommen sowohl **feste Bezüge** als auch ergebnisabhängige Zahlungen gem § 113 Abs 3 AktG in Betracht. **Unzulässig ist die Ausgabe von Aktienoptionen** an Aufsichtsratsmitglieder (BGH 16.2.04 – II ZR 316/02, NJW 2004, 1109). 1

Restriktiveres gilt gem § 36 Abs 2 GenG für Aufsichtsratsmitglieder der Genossenschaften. Deren Vergütung darf nicht nach dem Geschäftsergebnis bemessen werden.

Die Aufsichtsratsvergütung der ArbN muss derjenigen der Aufsichtsratsmitglieder der Anteilseigner entsprechen. Dies folgt aus dem Grundsatz, dass alle Aufsichtsratsmitglieder **gleichzustellen** sind und die **gleichen Rechte und Pflichten haben** (ErfK/*Oetker* § 113 Akt Rz 4; *Hoffmann/Lehmann/Weinmann* MitbestG § 25 Rz 112). Es folgt auch aus dem Benachteilungsverbot für Aufsichtsratsmitglieder der ArbN in § 26 MitbestG. 2

Zulässig ist eine Differenzierung in Abhängigkeit von den im Aufsichtsrat übernommenen **Funktionen.** So ist es zulässig und weithin üblich, dass der Aufsichtsratsvorsitzende das Doppelte und der Stellvertreter das Eineinhalbfache der Vergütung erhalten, die den übrigen Aufsichtsratsmitgliedern zusteht. 3

**2. Erstattung des Vergütungsausfalls.** Soweit durch die Aufsichtsratstätigkeit Vergütungsausfall entsteht, etwa durch Teilnahme an Sitzungen oder Arbeit in Ausschüssen, haben die ArbN, die Mitglieder des Aufsichtsrates sind, Anspruch auf Erstattung des durch die Arbeitsversäumnis verursachten Entgeltausfalls, wobei hinsichtlich der Erforderlichkeit auf die zu § 37 Abs 2 BetrVG entwickelten Grundsätze zurückzugreifen ist (*Fitting/Wlotzke/Wißmann* MitbestG § 26 Rz 8–10; *Hoffmann/Lehmann/Weinmann* MitbestG § 26 Rz 15; ablehnend *Schönhöft/Oelze* NZA 16, 145). Eine Anrechnung auf die Aufsichtsratsvergütung ist nur denkbar, wenn sie gleichermaßen alle Aufsichtsratsmitglieder trifft und insbesondere nicht etwa zwischen Arbeitern und Angestellten oder zwischen leitenden Angestellten und anderen ArbN differenziert. Es ist daher auch nicht möglich, bei Arbeitern die Entgeltausfallerstattung auf die Aufsichtsratsvergütung anzurechnen, bei Angestellten hingegen Gehalt und Aufsichtsratsvergütung nebeneinander und jeweils ungeschmälert zu zahlen. 4

Werden Aufsichtsratsmitglieder, die **nicht** in einem Betrieb des Unternehmens beschäftigt sind (externe ArbGeb- oder ArbNVertreter) in einer betrieblichen Einigungsstelle tätig, ist dies keine Tätigkeit als Aufsichtsratsmitglied, so dass insoweit kein Vergütungsausfallanspruch besteht. Stattdessen entsteht aber ein Honoraranspruch nach § 76a Abs 3 BetrVG, da die externen ArbGeb – oder ArbNVertreter als nicht dem Betrieb angehörende Personen anzusehen sind (→ *Einigungsstelle* Rn 31).

5 **3. Aufwendungsersatz.** Aufwendungen, die den ArbNVertretern im Aufsichtsrat anlässlich ihrer Aufsichtsratsarbeit entstehen, können sie als Aufwendungsersatz (→ *Aufwendungsersatz* Rn 1 ff) gem § 670 BGB verlangen. Hiernach sind zB erstattungsfähig Reise-, Übernachtungs- oder Telefonkosten. Möglich und verbreitet ist die **Pauschalierung** dieser Aufwendungen in Form eines pauschalierten Sitzungsgeldes.

6 **4. Verbot der Kreditgewährung.** Da alle Aufsichtsratsmitglieder eine für das Unternehmen zentrale Kontrollfunktion ausüben, untersagt § 115 AktG dem Unternehmen, an Aufsichtsratsmitglieder ohne Einwilligung des gesamten Aufsichtsrats Kredite zu gewähren. **Ebenso dürfen sie gem § 114 AktG ohne Zustimmung des Aufsichtsrates nicht Dienst- oder Werkverträge mit den Unternehmen abschließen;** ein Verstoß begründet einen eigenständigen aktienrechtlichen Rückforderungsanspruch gem § 114 Abs 2 AktG (ErfK/*Oetker* § 114 AktG Rz 1).

7 **5. Haftung.** Durch § 116 Satz 3 AktG ist die **Haftung der Aufsichtsratsmitglieder erweitert worden. Sie haften, wenn sie eine unangemessene,** dh **zu hohe Vergütung für Vorstandsmitglieder festgesetzt haben. Im Bereich der Banken ist sind bei der Vergütungsfestsetzung zusätzlich die Begrenzungen des § 25a KWG und der auf dieser Basis erlassenen Institutsvergütungsverordnung** (v 25.7.17, BGBl I 2017, 3042) zu beachten (dazu *Annuß* NZA Beilage 2014 Nr 4, 121), auch bei der Altersversorgung (*Hinrichs/Hensen* NZA 18, 1031).

8 **6. Abführungspflicht.** Wird ein bei der Gewerkschaft beschäftigter ArbN als ArbN-Vertreter in einen Aufsichtsrat gewählt, gehört es weder zu den Haupt- noch zu den Nebenpflichten aus dem Arbeitsverhältnis, dieses Mandat anzunehmen und die erhaltene Aufsichtsratsvergütung an eine gewerkschaftsnahe Organisation abzuführen. Allerdings können **Gewerkschaften in ihrer Satzung regeln, dass ihre Mitglieder verpflichtet sind, Bezüge aus ihrer Aufsichtsratstätigkeit abzuführen. Eine solche Verpflichtung verstößt nicht gegen § 113 AktG** (BAG 21.5.15 – 8 AZR 956/13, BB 15, 2426).

## B. Lohnsteuerrecht *Thomas*

9 **Einordnung.** Aufsichtsratsmitglieder sind keine ArbN, sondern beziehen Einkünfte aus selbstständiger Arbeit (§ 18 Abs 1 Nr 3 EStG). Das gilt auch für ArbNVertreter (BFH 27.7.72 – V R 136/71, BStBl II 72, 810) und für in einen Aufsichtsrat entsandte Beamte. Auch ehrenamtliche kommunale Mandatsträger beziehen Einkünfte aus sonstiger selbstständiger Arbeit (BFH 14.4.11 – VIII B 110/10, BFH/NV 11, 1138). Die Vergütung an Aufsichtsräte einer Volksbank erfolgt nicht für eine ehrenamtliche Tätigkeit iSv § 4 Nr 26 UStG (BFH 20.8.09 – V R 32/08, DStRE 09, 1319). Zum Betriebsausgabenabzug für Aufsichtsratsvergütungen vgl *Clemm* BB 01, 1873 und zu Haftpflichtversicherungen, zugunsten der Aufsichtsräte vgl *Lange* DStR 02, 1626, 1674; *Kästner* DStR 01, 195, 422; → *Compliance* Rn 34 zu sog D&O Versicherungen.

10 Geben ArbNVertreter ihre Aufsichtsratsvergütung an Arbeitskollegen weiter, beziehen diese **keinen Arbeitslohn** (BFH 7.8.87 – VI R 53/84, BStBl II 87, 822), aber dem ArbNVertreter entstehen Betriebsausgaben (BFH 9.10.80 – IV R 81/76, BStBl II 81, 29). Entsprechende Abführungsbeträge sind bei Vorstands- und anderen nichtselbstständigen Organmitgliedern Werbungskosten, wenn sie nicht freiwillig gegeben werden (OFD Frankfurt 20.3.95, FR 95, 553).

## C. Sozialversicherungsrecht *Schlegel*

11 **1. Problemstellung.** Aufsichtsratsvergütungen kommen für ArbN im Wesentlichen in Betracht, wenn der ArbN in mitbestimmten Gesellschaften im Aufsichtsrat die Seite der ArbN vertritt. Zum anderen werden insbes von Gebietskörperschaften ArbN oder Beamte

in die Aufsichtsräte solcher Unternehmen entsandt, an denen die Gebietskörperschaft beteiligt ist. Fraglich ist, wie die Vergütung in diesen Fällen rechtlich zu beurteilen ist. In Betracht kommt, sie als Arbeitsentgelt, Arbeitseinkommen oder Einnahme eigener Art zu beurteilen.

**2. Arbeitsentgelt.** Der ArbN ist in seiner organschaftlichen Funktion als Aufsichtsrat des ArbGeb nicht an Weisungen seines ArbGeb gebunden, was seiner Kontrollfunktion gegenüber dem Vorstand nach dem AktG zuwiderliefe (§ 111 AktG). Dies gilt auch dann, wenn der ArbN von seinem ArbGeb oder Dienstherrn in die Aufsichtsräte anderer Unternehmen entsandt wird, an denen der ArbGeb beteiligt ist (*Köstler/Kittner/Zacher* Aufsichtsratspraxis, 6. Aufl 1999, Rz 593 f). In beiden Fällen ist der ArbN-Aufsichtsrat als **gesellschaftsrechtliches Kontrollorgan** über den Vorstand der Gesellschaft selbstverantwortlich und weisungsunabhängig. Es fehlt insoweit an der für ArbN typischen Weisungsgebundenheit. 12

Andererseits sind **Arbeitsentgelt im Sinne von § 14 SGB IV** alle laufenden oder einmaligen Einnahmen aus einer Beschäftigung, gleichgültig, ob ein Rechtsanspruch auf die Einnahme besteht, unter welcher Bezeichnung oder in welcher Form sei geleistet werden und ob sie unmittelbar aus der Beschäftigung oder im Zusammenhang mit ihrer erzielt werden. Der zuletzt genannte Kausalzusammenhang besteht auch zwischen der Aufsichtsratsvergütung und der Hauptbeschäftigung des ArbN (KassKomm/*Seewald* § 7 SGB IV Rn 100). Begnügt man sich allerdings mit diesem losen Zusammenhang, hat dies den Nachteil, dass der ArbGeb bei strikter Anwendung der Regeln über das Arbeitsentgelt zB aus der Aufsichtsratsvergütung Beiträge im Lohnabzugsverfahren einzubehalten und die Hälfte des Beitrags zu tragen hätte. Dies widerspricht der Stellung des Aufsichtsrats als einem von seinem ArbGeb unabhängigen Kontrollorgan. Insgesamt passen die Regeln über das Arbeitsentgelt für eine Aufsichtsratsvergütung weder beitrags- noch leistungsrechtlich. Die Aufsichtsratsvergütung wird gerade nicht für die vom ArbN geschuldete Arbeit gewährt. 13

**3. Arbeitseinkommen.** Anders als im Steuerrecht (dort § 18 Abs 1 Nr 3 EStG) fehlt es in der SozV zwar an einer ausdrücklichen Bestimmung über die rechtliche Beurteilung von Aufsichtsratsvergütungen. Nach § 15 Abs 1 Satz 2 SGB IV ist jedoch Einkommen als Arbeitseinkommen iSv § 15 Abs 1 Satz 1 SGB IV zu werten, wenn es als solches nach dem EStRecht zu bewerten ist. Kraft der Verweisungsnorm des § 15 Abs 1 Satz 2 SGB IV gilt die Bewertung des § 18 Abs 1 Nr 3 EStG somit auch in der SozV. Aufsichtsratsvergütungen sind auch dort im Wege wertender Beurteilung dem Arbeitseinkommen aus selbstständiger Tätigkeit (§ 15 SGB IV) zuzuordnen. 14

# Aufwandsentschädigung

## A. Arbeitsrecht *Griese*

**1. Begriff.** Die Aufwandsentschädigung ist arbeitsrechtlich von dem Aufwendungsersatz (→ *Aufwendungsersatz* Rn 6 ff) zu unterscheiden. Der Aufwendungsersatz bezeichnet den Ersatzanspruch des ArbN für Auslagen, die er zugunsten des ArbGeb gemacht hat, zB für den Einkauf von Material, Fahrtaufwendungen für Dienstreisen, Übernachtungskosten. Demgegenüber umschreibt der Begriff Aufwandsentschädigung eine zusätzliche Abgeltung für besondere Umstände oder Belastungen der Arbeit. Die Aufwandsentschädigung enthält im Gegensatz zum Aufwendungsersatz **Vergütungselemente.** Wichtigstes Beispiel für die Aufwandsentschädigung ist die **Auslösung** (→ *Auslösung* Rn 1 ff), die als Abgeltung des Mehraufwandes, der durch weite Entfernung des Arbeitsortes von der Betriebsstätte im Hinblick auf Zeit und Verpflegungskosten entsteht, gezahlt wird. 1

**2. Anspruchsgrundlage.** Der Anspruch auf Aufwandsentschädigung bedarf einer besonderen Rechtsgrundlage. Während der Aufwendungsersatzanspruch ein gesetzlicher Anspruch ist, der aus § 670 BGB folgt, existiert ein gesetzlicher Aufwandsentschädigungsanspruch nicht. Es bedarf zur Begründung eines Anspruchs daher einer **vertraglichen Zusage** auf individualrechtlicher (zB Arbeitsvertrag, Gesamtzusage, Betriebliche Übung) oder **kollektivrechtlicher Grundlage** (zB Tarifvertrag, Betriebsvereinbarung). Diese vertragliche Zusage muss Anspruchsvoraussetzung und -umfang regeln. Der Anspruch auf Aufwandsentschädigung kann auch aus dem Gleichbehandlungsgrundsatz folgen. 2

**B. Lohnsteuerrecht** *Thomas*

3 **1. Begriff.** Mit der Aufwandsentschädigung übernimmt der ArbGeb – anders als beim Auslagenersatz (→ *Aufwendungsersatz* Rn 23) – Kosten aus dem Verantwortungsbereich des ArbN.

4 **a) Werbungskostenersatz.** Deswegen stellt die Kostenübernahme grds Arbeitslohn dar. Das gilt nicht nur bei Aufwendungen für die Lebensführung oder anderweit nicht berücksichtigungsfähigen Zwecken wie Repräsentationskosten sondern auch für Werbungskostenersatz (BFH 13.7.2000 – VI B 184/99, BFH/NV 2000, 1470; R 19.3 Abs 3 LStR; *Thomas* DStR 11, 1341 unter 2.2; aA *Drenseck* in FS Lang 2010, 477 ff). Andernfalls wären die diesbezüglichen Steuerbefreiungen (→ Rn 7) unnötig.

5 **b) Werbungskostenausschluss.** Leistet der ArbGeb Werbungskostenersatz, der nicht ausdrücklich steuerbefreit ist, wendet er Arbeitslohn zu. Dann wird der Aufwand aus versteuertem Einkommen des ArbN finanziert, weshalb ihm der Werbungskostenabzug verbleibt. Wendet der ArbGeb dem ArbN einen steuerfreien Kostenzuschuss zu, steht dem Werbungskostenabzug insoweit § 3c EStG entgegen. Die Ausgaben des ArbN stehen auch dann mit steuerfreien Einnahmen in unmittelbarem wirtschaftlichen Zusammenhang, wenn der ArbGeb von der befreienden Pauschalierungsbefugnis des § 40 Abs 2 Satz 2 EStG Gebrauch macht. Der Werbungskostenausschluss des § 3c EStG bezieht sich jeweils nur auf diejenigen Werbungskosten, für die steuerfreier Ersatz geleistet worden war. Der Werbungskostenabzug für darüber hinausgehende (BFH 10.12.71, BStBl II 72, 257) oder andere Arten von Aufwendungen wird dadurch nicht berührt (BFH 28.1.88, BStBl II 88, 635). Bspw hindert die Gewährung steuerfreien Reisekostenersatzes den ArbN nicht, Werbungskosten wegen anderer Aufwendungen, etwa einer doppelten Haushaltsführung, geltend zu machen. Eine andere Frage ist, dass zu Unrecht steuerfrei gewährte Auslösungen bei der Veranlagung als Arbeitslohn erfasst werden und insofern eine Verrechnung mit anderweitigen Werbungskosten erfolgen kann (BFH 5.7.96 – VI R 76/95, BFH/NV 96, 888). Entstehen den ArbN Werbungskosten für den Weg zur Arbeit für einen Zeitraum, für den er wegen Konkurs vom ArbGeb keinen Lohn erhält, steht dem Werbungskostenabzug § 3c EStG nicht deswegen entgegen, weil der ArbN steuerfreies KAUG erhält (BFH 23.11.2000 – VI R 93/98, DStRE 01, 294).

Bei nicht aufgrund Einzelabrechnung, sondern pauschaliert geleistetem Werbungskostenersatz muss zunächst festgestellt werden, für welche Arten von Aufwendungen er erbracht worden ist (BFH 24.10.91 – VI R 83/89, DStR 92, 24). Sofern pauschaler Ersatz für alle in Betracht kommenden Werbungskosten erfolgt, können vom ArbN Werbungskosten nur insoweit abgezogen werden, als sie die Ersatzleistungen übersteigen (BFH 11.2.93 – VI R 66/91, DStR 93, 876; insofern nicht konsequent BFH 15.11.07 – VI R 91/04, DStRE 08, 729 mit Anm *MIT;* → *Pauschbeträge* Rn 20). Lässt sich die Steuerbefreiung keinem bestimmten Verwendungszweck zuordnen, greift § 3c EStG anteilig im Verhältnis der stpfl zu den steuerfreien Zahlungen ein (BFH 11.2.09 – I R 25/08, DStRE 09, 927).

6 **c) Nicht steuerbarer Ersatz.** Dagegen liegen gar keine Einkünfte vor, wenn bei ehrenamtlicher Tätigkeit lediglich eine pauschale Erstattung der Selbstkosten gewährt wird (FG Bbg 17.5.01 – 6 K 331/00, EFG 01, 1280: Deichläufer; BFH 4.8.94 – VI R 94/93, BStBl II 94, 944: Sanitätshelfer des DRK; dazu OFD Frankfurt 30.5.96, DB 96, 1547 zu § 3 Nr 16, § 3 Nr 26 und § 40a EStG; ähnlich BFH 23.10.92 – VI R 59/91, BStBl II 93, 303 mit Anm *MIT* DStR 93, 509: Amateurfußballspieler; FG Brem 30.6.99 – 199024 K 6, EFG 99, 1125; aber Arbeitslohn bei Pressearbeit im Berufsverband FG SachsAnh 20.8.02 – 1 K 145/02, EFG 02, 1579; ehrenamtlicher Bürgermeister BFH 13.6.13 – III B 156/12, BFH/NV 13, 1420; FG SachsAnh 10.2.03 – 1 K 30 333/99 EFG 03, 917; Amateur-Oberliga FG Düsseldorf 4.5.2000 – 8 K 9058/98 E, EFG 01, 136; FG Hbg 7.9.99 – I 1154/97, EFG 2000, 13: Umzugshilfe; zu Schiedsrichterspesen als sonstige Einkünfte iSv § 22 Nr 3 EStG (DFB-Ebene) bzw als gewerbliche Einkünfte (UEFA-FIFA-Ebene) BayLfSt 15.1.10 – S 2257.2.1–5/St 32, DB 10, 815; nach FG RhPf 18.7.14 – 1 K 2552/11; DStRE 15, 671 sind Fußballschiedsrichter generell nicht gewerbesteuerpflichtig; zu Wahlhelfern OFD Magdeburg 19.4.02, DB 02, 1133 und zu Betreuern FinMin NdS 10.7.03, DB 03, 1601; zu Betreuern nach § 1835a BGB BFH 17.10.12 – VIII R 57/09, DStR 13, 84; kritisch dazu *Tegelkamp/Krüger* FR 13, 490).

**2. Steuerbefreiungen. a) Formen.** Für bestimmte Arten von Aufwandsentschädigungen sieht das Gesetz Steuerbefreiung vor, zB für Reise- und Umzugskosten und für Mehraufwendungen bei doppelter Haushaltsführung (§ 3 Nr 16 EStG), für Werkzeuggeld (§ 3 Nr 30 EStG), für Berufskleidung (§ 3 Nr 31 EStG), für Sammelberförderung (§ 3 Nr 32 EStG) und Kinderbetreuung (§ 3 Nr 33 EStG). Eine Steuerbefreiung für alle anfallenden Werbungskosten beinhaltet der Übungsleiterfreibetrag des § 3 Nr 26 EStG für bestimmte nebenberuflich (selbstständig oder nichtselbstständig) ausgeübte Tätigkeiten (→ Rn 12). 7

Für Aufwandsentschädigungen aus öffentlichen Kassen (vgl dazu R 3.11 Abs 3 LStR) enthält das Gesetz Sonderbestimmungen, nämlich § 3 Nr 13 EStG für Reise- und Umzugskosten sowie für Trennungsgeld (doppelte Haushaltsführung) und § 3 Nr 12 EStG für alle Arten von Werbungskostenersatz, der durch öffentlichrechtliche Bestimmungen als Aufwandsentschädigung ausgewiesen wird (dazu FG BaWü 6.3.19 – 2 K 317/17, DStRK 19, 234 Rev VIII R20/19). Hierzu zählen nicht Aufwandsentschädigungen kommunaler Spitzenverbände (FinMin BaWü 17.2.09, DStR 09, 1312) und nicht solche für Tagespflegepersonen (BMF 20.5.09, DStR 09, 1096). Bei den aus anderen öffentlichen Kassen als einer Bundes- oder Landeskasse gewährten Aufwandsentschädigungen (§ 3 Nr 12 Satz 2 EStG) hat die Verwaltung zur Abgrenzung desjenigen Teils der Aufwandsentschädigung, der Werbungskosten ersetzt, von dem, der für Verdienstausfall oder Zeitverlust gewährt wird, pauschale Schätzungsrichtlinien erlassen (R 3.12 Abs 3 LStR). Danach kann idR ein Aufwand von 200 € monatlich angenommen werden, der, soweit er nicht ausgeschöpft wird, für die selbe Tätigkeit auf andere Monate des selben Kj übertragen werden kann (R 3.12 Abs 3 Satz 8 LStR); zu Aufwandsentschädigungen eines Versorgungswerks an ehrenamtliche Vorstandsmitglieder vgl BFH 27.8.13 – VIII R 34/11, DStRE 14, 65; zu Bezügen und Aufwandsentschädigungen von Gerichtsvollziehern OFD Nds 6.5.10 – S 2350 – 1 – St 215, DStR 10, 1524; zur Überlassung von Tablet-PC an kommunale Mandatsträger FinMin MeVo 8.4.14, DStR 14, 1391; bei ehrenamtlichen Richtern (und anderen Personen, denen Entschädigungen nach dem Justizvergütungs- und entschädigungsgesetz gewährt werden) ist die Entschädigung für Verdienstausfall stpfl, im Übrigen werden steuerbefreite Aufwandsentschädigungen gezahlt (BFH 31.1.17 – IX R 10/16, DStR 17, 711; *Kanzler* FR 17, 924; OFD Frankfurt 21.4.17, DStR 17, 1390).

Keine Aufwandsentschädigungen, sondern stpfl Stellenzulagen sind Ministerialzulagen (BFH 18.12.64 – VI 298/60 U, BStBl III 65, 144). Die den Bundestagsabgeordneten gewährte Kostenpauschale ist verfassungsgemäß (BVerfG 26.7.10 – 2 BvR 2227/08, 2 BvR 2228/08, FR 10, 992 mit Anm *Bode*). Ohne ausdrückliche gesetzliche Grundlage erkennt die Verwaltung bei hauptberuflicher selbstständiger schriftstellerischer oder journalistischer Tätigkeit jährlich pauschal 30 vH der Betriebseinnahmen, höchstens aber 2455 € und bei nebenberuflicher wissenschaftlicher, künstlerischer oder schriftstellerischer Tätigkeit, wenn die Voraussetzungen des § 3 Nr 26 EStG nicht vorliegen, Betriebsausgaben ohne Einzelnachweis iHv 25 vH der Einnahmen, höchstens jedoch 614 € jährlich pauschal an (H 18.2 EStR „Betriebsausgabenpauschale"; zur Pauschalierungsbefugnis in solchen Fällen → *Pauschbeträge* Rn 14, 20). 8

**b) Ungleichbehandlung. aa) Privater Arbeitgeber.** Von diesem gezahlte Aufwandsentschädigungen sind grds stpfl Arbeitslohn (BFH 2.10.68 – VI R 25/68, BStBl II 69, 185: nebenamtliche Vorstandsmitglieder einer Genossenschaft; vgl auch BFH 26.2.88 – III R 241/84, BStBl II 88, 615: Betriebseinnahmen bei ehrenamtlich tätigem Kammerpräsidenten; einschränkend aber BFH 28.2.75 – VI R 28/73, BStBl II 76, 134: Sachzuwendungen an Ferienhelfer) und kein Auslagenersatz (BFH 14.1.54 – VI 23/53 U, BStBl III 54, 79). 9

**bb) Öffentlicher Arbeitgeber.** Da die Steuerbefreiung des § 3 Nr 12 EStG nicht an bestimmte Arten von Aufwendungen anknüpft, sondern daran, was ein Gesetz oder eine haushalts- oder kassentechnische Bestimmung als Aufwandsentschädigung ausweist, könnte das zur Folge haben, dass Entschädigungen, die keinen Werbungskostenersatz darstellen, sondern aus Fürsorgegesichtspunkten gewährt werden, unter diese Steuerbefreiung fallen. Deswegen hat die Rspr zur Vermeidung gleichheitswidriger Benachteiligung von ArbN, die im privaten Dienst beschäftigt sind, § 3 Nr 12 Satz 2 EStG in verfassungskonformer Auslegung dahingehend eingeschränkt, dass als Aufwand iS dieser Bestimmung nur ein beruflich veranlasster zu verstehen ist (BFH 29.11.06 – VI R 3/04, DStR 07, 63). Erhält ein

Personalratsvorsitzender für seinen gesamten beruflichen Aufwand 150 × 12 = 1800 DM (Streitjahr 1993) steuerfrei ersetzt, ist entgegen BFH 15.11.07 – VI R 91/04 (DStRE 08, 729 mit Anm *MIT*), der steuerfreie Betrag gem § 3c EStG mit allen und nicht nur einzelnen Werbungskosten zu verrechnen. Deswegen sind bei einem hauptamtlichen Bürgermeister mit einer steuerbefreiten Dienstaufwandsentschädigung, die den gesamten beruflichen Aufwand ersetzt, Werbungskosten nur insoweit anzusetzen, als sie die Aufwandsenstschädigung übersteigen (BFH 19.10.16 – VI R 23/15, DStR 17, 321). Eine analoge Anwendung des § 3 Nr 12 EStG bzw des § 22 Nr 4 EStG (BFH 14.7.93 – X B 6–7, 9–10/92, BFH/NV 93, 726) auf ArbN im privaten Dienst mit vergleichbaren Tätigkeiten, die die Voraussetzungen dieser Vorschrift nicht direkt erfüllen, ist nicht zulässig (BFH 23.8.91 – VI B 44/91, BStBl II 91, 885: Gemeindebedienstete; ausdrücklicher Hinweis auf Zweifel an der Verfassungsmäßigkeit; vgl dazu *Völlmeke* NJW 92, 1345; *Rößler* BB 94, 1401).

In der Vergangenheit ist die Verfassungskonformität des § 3 Nr 12 Satz 2 EStG ausdrücklich bejaht worden (BFH 16.8.07 – VIII B 210/06, BFH/NV 07, 2286; BVerfG 26.11.82, HFR 83, 227; BVerfG 19.11.91, DB 91, 2573; im Ergebnis ähnlich zur unterschiedlichen Behandlung von Beihilfen aus privaten und aus öffentlichen Mitteln BVerfG 19.2.91, DStR 91, 741; BFH 1.12.95 – VI R 76/91, BStBl II 96, 239). Eine Angleichung des als Werbungskostenersatz steuerfrei zuwendbaren Betrages aus öffentlichen oder aus privaten Mitteln versucht die Rspr auch dadurch zu erreichen, dass sie die Voraussetzung des § 3 Nr 12 Satz 2 EStG, wonach die Entschädigung den Aufwand nicht offenbar übersteigen darf, streng handhabt (BFH 24.10.91 – VI R 83/89, BStBl II 92, 140; BFH 10.1.92 – VI R 167/88, BFH/NV 92, 387; FG NdS 12.3.97, EFG 97, 941; FG Saarl 24.9.96, EFG 97, 96; FG Düsseldorf 4.5.95, EFG 96, 92).

10 **cc) Reise-, Umzugs- und Haushaltsführungskosten.** Soweit bei Umzugskosten auf das BUKG verwiesen wird, sind dessen Vorschriften nur maßgebend, wenn sie mit dem allgemeinen Werbungskostenbegriff des § 9 Abs 1 Satz 1 EStG vereinbar sind (BFH 20.3.92 – VI R 55/89, BStBl II 93, 192). Demgegenüber wurden für Dienstreisen und doppelte Haushaltsführung eigene steuerrechtliche Kriterien entwickelt und nicht die öffentlichrechtlichen Vorschriften übernommen. Das führte im Ergebnis dazu, dass diesbezügliche Aufwandsentschädigungen im öffentlichen und privaten Dienst wegen der unterschiedlichen Regelungen in § 3 Nr 13 und 16 EStG Ungleichbehandlungen zur Folge hatten. Durch die Neufassung des § 3 Nr 13 Satz 2 EStG erfolgte eine teilweise Angleichung. Im Bereich der Umzugskosten folgt die Verwaltung nach zwischenzeitlichem Nichtanwendungserlass nunmehr (R 9.9 Abs 2 Satz 1 LStR) zur Frage der Bekleidung bei Klimawechsel der Rspr (BFH 12.4.07 – VI R 53/04, DStRE 7, 809). Hinsichtlich der Maklergebühren für die eigene Wohnung bestand bisher eine verfassungswidrige Ungleichbehandlung zwischen ArbN des öffentlichen und des privaten Dienstes, da Kostenerstattungen bei ersteren steuerfrei waren (§ 3 Nr 13 EStG iVm § 9 Abs 1 BUKG), bei Letzteren aber nicht (BFH 24.5.2000 – VI R 188/97, DStR 2000, 1726 mit Anm *MIT*). Ob dies weiter gilt, ist fraglich.

11 **dd) Stellungnahme.** Für eine privilegierende Sonderbehandlung von ArbN im öffentlichen Dienst besteht steuerrechtlich kein hinreichender Grund. Eine Ungleichbehandlung wäre daher mit Art 3 GG nicht vereinbar. Im Übrigen ist fraglich, ob die Pauschalierung des beruflichen Gesamtaufwands in R 3.12 Abs 3 LStR mit (12 × 200 =) 2400 €, die erheblich über dem ArbN Pauschbetrag (1000 €) liegt, eine gesetzliche Grundlage hat, zumal die Einschätzung des typischerweise anfallenden Erwerbsaufwands auf ungesicherter empirischer Basis beruht, was nahelegt, dass die Freistellung jedenfalls teilweise faktisch der Alimentation dient (BFH 11.9.08 – VI R 13/06, DStR 08, 2009 unter C II 3b).

12 **3. Übungsleiterfreibetrag.** Nach § 3 Nr 26 EStG sind Einnahmen aus bestimmten nebenberuflich ausgeübten Tätigkeiten bis 2400 € im Jahr steuerfrei (Einzelheiten R 3.26 LStR sowie BayLfSt 8.9.11 – S 2121.1.1–1/33 St 32). Zur Steuerbefreiung für ehrenamtliche Tätigkeit nach § 3 Nr 26a EStG bis zu 720 € im Jahr → *Ehrenamtliche Tätigkeit* Rn 23 ff; BMF 25.11.14, DStR 14, 2460; *Emser* DStR 15, 1960; zu ehrenamtlichen Betreuern nach § 1835a BGB vgl Bay LfS 4.5.09, DStR 09, 1201; zu Zahlungen an ehrenamtliche Vorstände BMF 9.3.09, BStBl I 09, 445; BMF 22.4.09, DStR 09, 1035; BMF 14.10.09, DStR 09, 2254; *Kolbe* DStR 09, 2465; zur Besteuerung von Entschädigungen für ehrentamtliche Richter BFH 31.1.17 – IX R 10/16, DStR 17, 711.

**a) Auftraggeber.** Der Freibetrag setzt voraus, dass der Auftraggeber eine im Inland oder in einem EU- bzw EWR-Staat belegene juristische Person des öffentlichen Rechts bzw eine Behörde oder eine gemeinnützige (auch mildtätige oder kirchliche) Institution iSv § 5 Abs 1 Nr 9 KStG ist (zB Beratungsstellen, Gemeinden, Sportvereine, Universitäten, Volkshochschulen usw). Die Tätigkeit für einen Berufsverband oder eine Partei ist ebensowenig begünstigt wie die für private, nicht nach §§ 52–54 AO förderungswürdige Personen (BFH 11.5.05 – VI R 25/04, BStBl II 05, 791). Kommt die Tätigkeit nicht der Allgemeinheit zugute, sondern, wie zB Fortbildung innerhalb eines Unternehmens, nur einem abgeschlossenen Personenkreis, dient sie nicht der selbstlosen Förderung begünstigter Zwecke (FG NdS 12.3.96, EFG 96, 909: „Checkerzulage" von Flugkapitän). Liegt aber die Ausbildung selbst – wie bei der Pflegeschule eines Krankenhauses – im Interesse der Allgemeinheit, ist unschädlich, dass nur Pflegeschüler dieses Krankenhauses unterrichtet werden (BFH 26.3.92 – IV R 34/91, BStBl II 93, 20; 29.10.92 – IV R 2/91, BFH/NV 93, 234; dazu *Wagner* FR 93, 293). **13**

**b) Nebenberuflichkeit** liegt vor, wenn nicht länger als ein Drittel der üblichen Arbeitszeit einer Vollzeitkraft gearbeitet wird (BFH 25.9.92 – VI R 41/90, BFH/NV 93, 97; nach *Bender* DStR 15, 2257 bis zu 50 % einer regelmäßigen Vollzeittätigkeit), auch wenn kein Hauptberuf ausgeübt wird (Hausfrau, Student, Rentner, Arbeitsloser). Mehrere Nebentätigkeiten sind jede für sich zu beurteilen (FG SachsAnh 16.4.02 – 4 K 10500/99, EFG 02, 958 mit Anm *Fumi*), es sei denn, sie sind gleichartig und erscheinen als Ausübung eines einheitlichen Hauptberufs, zB Unterricht an mehreren Gymnasien. Mehrarbeit im Hauptberuf gegen zusätzliches Entgelt führt nicht zu Nebentätigkeit, wenn beide Tätigkeiten gleichartig sind oder eine aus dem Dienstverhältnis faktisch oder rechtlich obliegende Nebenpflicht erfüllt wird oder die zusätzliche Tätigkeit ebenfalls der Weisung und Kontrolle des Dienstherrn unterliegt (BFH 11.12.17 – VI B 75/17, DStRE 18, 95, BFH NV 18, 337 zu Zusatzschichten eines Rettungssanitäters außerhalb der regulären Arbeitszeit). Unschädlich ist, wenn der ArbN dienstlich zur Übernahme des Nebenamtes verpflichtet ist, sofern das Nebenamt funktionell und organisatorisch verselbstständigt ist (BFH 29.1.87 – VI R 189/85, BStBl II 87, 783; Mitwirkung eines Hochschullehrers an der juristischen Staatsprüfung). **14**

**c) Begünstigte Tätigkeiten** sind die eines Übungsleiters (Sporttrainer, Chorleiter), Ausbilders, Erziehers, Betreuers oder Vergleichbares (Wissensvermittlung, Charakter- und Persönlichkeitsbildung), wie zB Kurse oder Vorträge an Schulen, Volkshochschulen, Mütterberatung, Erste-Hilfe-Kurs, Schwimmunterricht; nicht dagegen Ausbildung von Tieren (R 3.26 Abs 1 Satz 3 LStR, sowie weiter nebenberufliche künstlerische Tätigkeit und nebenberufliche Pflege (nicht Notarzttätigkeit: BFH 20.2.02 – VI B 85/99, BFH/NV 02, 784) alter, kranker oder behinderter Menschen. Letzteres umfasst auch Hilfsdienste bei der häuslichen Betreuung durch ambulante Pflegedienste, Alten- und Krankenbetreuer, Rettungsdienste (Rettungssanitäter und Ersthelfer). Die Verwaltung hat neben einer allgemeinen Erläuterung der begünstigten Tätigkeiten eine Liste von Einzelfällen aufgestellt, die von 2.1 **Ä**rzte im Behindertensport bis 2. 28 **Z**ahnärzte im Arbeitskreis Jugendzahnpflege reicht (OFD Frankfurt 4.10.18, DStR 19,993). Im Übrigen sind vergleichbare Tätigkeiten an der Art der Tätigkeit und nicht dem sozialen Ergebnis zu orientieren (BFH 17.10.91 – VI R 106/90, BStBl II 92, 176, Verfassen von Radioessays; FG Münster 8.11.94, EFG 95, 415, Korrekturassistent; ThürFG 12.2.14 – 3 K 926/13, DStRE 15, 708 Rev VIII R 43/14, Erstellung von Lehrbriefen; fraglich bei Telekolleg, Schulfunk). Nicht nach § 3 Nr 26 EStG (ggf aber nach § 3 Nr 26a EStG, → Rn 12) begünstigt sind Platzwart, Kassierer oder Vorstand eines Sportvereins, Putzfrau oder Hausmeister einer Schule. Der Betreuer iSv § 3 Nr 26 EStG erfordert eine pädagogische Ausrichtung, wie auch die anderen Gesetzesbeispiele (Übungsleiter, Ausbilder, Erzieher) zeigen. Hierzu gehören nicht beratende Tätigkeiten oder Betreuungen im rechtsgeschäftlichen Bereich (BFH 3.7.18 – VIII R 28/15, DStRE 18, 1217 zum ehrenamtlichen Versichertenberater und Mitglied eines Widerspruchausschusses). **15**

**d) Jahresfreibetrag.** Der steuerfreie Betrag von 2400 € ist ein Jahresbetrag. Maßgebend sind die Zuflüsse des jeweiligen Jahres. Bei nur kurzer Tätigkeit braucht der Jahresbetrag nicht zeitanteilig aufgeteilt zu werden. Das gilt auch für den LStAbzug. Der ArbGeb hat aber eine Erklärung des ArbN zum Lohnkonto zu nehmen, dass der Freibetrag nicht bereits in **16**

einem weiteren Dienst- oder Auftragsverhältnis in Anspruch genommen wird (R 3.26 Abs 10 LStR). Andererseits ist er für mehrere Nebentätigkeiten insgesamt nur einmal zu gewähren (BFH 23.6.88 – IV R 21/86, BStBl II 88, 890) und verdoppelt sich auch nicht wegen Nachzahlungen aus früheren Jahren (BFH 15.2.90 – IV R 87/89, BStBl II 90, 686). Entstehen Aufwendungen gleichzeitig für die Übungsleitertätigkeit und andere steuerbare Tätigkeiten, sind sie aufzuteilen.

17 **e) Verbleibender Werbungskostenabzug.** Der auf die Übungsleitertätigkeit entfallende Betrag darf nur insoweit als Betriebsausgabe oder Werbungskosten abgezogen werden, als er 2400 € übersteigt (§ 3 Nr 26 Satz 2 EStG). Bleiben die Einnahmen unterhalb des Übungsleiterfreibetrags richtet sich die Abzugsbeschränkung aber nicht nach § 3 Nr 26 Satz 2 EStG sondern nach § 3c Abs 1 EStG, weshalb dann die Abzüge nur bis zur Höhe der Einnahmen ausgeschlossen sind. Dies gilt allerdings nur, wenn die Tätigkeit mit Einkünfteerzielungsabsicht, also nicht als Liebhaberei erfolgt, weil dann Einnahmen und Ausgaben steuerlich irrelevant sind (BFH 20.12.17 – III R 23/15, DStR 18, 782; dazu kritisch *Heffinger* FR 18, 567). Im Streitfall wurde zurückverwiesen, da Einnahmen von 1200 € Aufwendungen iHv 4062 € gegenüberstanden, weshalb die Einnahmenerzielungsabsicht fraglich war. Kommt es infolge Erkrankung zu einer beabsichtigten nebenberuflichen Tätigkeit iSv § 3 Nr 26 EStG nicht mehr, bleiben vorweg entstandene Betriebsausgaben abziehbar, ohne dass dem § 3c EStG entgegenstünde (BFH 6.7.05 – XI R 61/04 DStR 05, 1683).

Gem R 3.26 Abs 9 Satz 2 LStR ist in ArbNFällen in jedem Fall der ArbNPauschbetrag (1000 €) anzusetzen, soweit er nicht bei anderen Dienstverhältnissen verbraucht ist. Danach ständen dem ArbN, wenn er nur eine steuerbegünstigte nebenberufliche Tätigkeit ausübt, der ArbNPauschbetrag und der Freibetrag nach § 3 Nr 26 EStG nebeneinander zu.

## C. Sozialversicherungsrecht *Schlegel*

18 **1. Beitragspflichtiges Arbeitsentgelt. a) Begriffliches/Abgrenzungen.** § 14 Abs 1 Satz 1 SGB IV definiert das Arbeitsentgelt als alle laufenden oder einmaligen Einnahmen aus einer Beschäftigung, gleichgültig ob ein Rechtsanspruch auf die Einnahmen besteht und unter welcher Bezeichnung und in welcher Form sie geleistet werden. Da recht unterschiedliche Zuwendungen „rechtsuntechnisch" als „Aufwandsentschädigung" bezeichnet werden, ist regelmäßig zu prüfen, wie diese rechtlich einzuordnen und insbes ob sie als Arbeitsentgelt iSv § 14 SGB IV anzusehen sind. Zu unterscheiden sind „unechte" Aufwandsentschädigungen iSv Aufwendungsersatz und Auslagenerstattung, Aufwandsentschädigungen iSv Werbungskostenersatz durch den ArbGeb, „echte" Aufwandsentschädigungen aus öffentlichen Kassen und Aufwandsentschädigungen für ehrenamtliches Engagement. Kann eine Aufwandsentschädigung im Zeitpunkt ihrer Auszahlung nicht konkreten Arbeitsleistungen in bestimmten Entgeltabrechnungszeiträumen zugeordnet werden, weil sie zB zu diesem Zeitpunkt die sie veranlassenden Arbeiten im Außendienst noch nicht geleistet und die Aufwendungen, die sie abgelten sollten, noch nicht entstanden waren, gilt Folgendes: Wird die Aufwandsentschädigung als **Pauschale** bezahlt, erst nachträglich abgerechnet und pauschal versteuert, handelt es sich insoweit um als Einmalzahlungen beitragspflichtiges Arbeitsentgelt (BSG 26.1.05 – B 12 KR 3/04 R, SozR 4–2300 § 14 Nr 7). Zur Abgrenzung zwischen Aufwandsabgeltung, Aufwandspauschalen und Aufmerksamkeiten.

19 **b) Aufwendungsersatz** wird nicht als Gegenleistung für Arbeit, sondern im Hinblick auf Auslagen gewährt (zB Einkauf von Material, Fahrtaufwendungen oder Übernachtungskosten bei Dienstreisen), die dem ArbN im Rahmen eines bestimmten Auftrages entstanden sind und die er zunächst für den Auftraggeber ausgelegt hat. Durch den Aufwendungsersatz wird der ArbN nicht im engeren Sinne bereichert oder für seine Arbeitsleistung „belohnt". Dies gilt jedenfalls, wenn der Aufwendungsersatz so bemessen ist, dass der ArbN dadurch keinen ins Gewicht fallenden privaten geldwerten Vorteil behält (→ *Aufwendungsersatz* Rn 34 ff; → *Auslösung* Rn 10 ff). Gleiches gilt für Beträge, die der ArbN vom ArbGeb erhält, um sie für ihn auszugeben (sog **durchlaufende Gelder** vgl BSG 6.9.18 – B 2 U 18/17 R, BeckRS 2018, 32872: **pauschaler Ersatz** nach § 670 BGB entstandener Aufwendungen sind kein Arbeitsentgelt eines Jagdhelfers). Überschreitet der Auslagen- oder Aufwendungsersatz erkennbar die dem ArbN tatsächlich entstande-

nen Kosten, liegt insoweit verdecktes Arbeitsentgelt vor, das insoweit keine beitragsrechtliche Privilegierung beanspruchen kann. Aufwendungen im Sinne des nach §§ 86 Satz 1, 27 Abs 3 BGB, die zB an den Vorstand eines Vereins oder einer Stiftung gezahlt werden, sind **alle Vermögensopfer mit Ausnahme der eigenen Arbeitszeit und Arbeitskraft**, die der Beauftragte zum Zwecke der Ausführung des Auftrags freiwillig, auf Weisung des Auftraggebers oder als notwendige Folge der Auftragsausführung erbringt. Alle darüber hinaus bezogenen Leistungen sind Vergütung, dh offenes oder verschleiertes Entgelt für die geleistete Tätigkeit als solche. Verdeckte Vergütung sind insbes auch sämtliche Pauschalen, die nicht tatsächlich entstandenen und belegbaren Aufwand abdecken, oder Ersatz für Kosten sind, die mit der in Frage stehenden Tätigkeit typischerweise für den Beauftragten verbunden sind und in dieser Höhe üblicherweise pauschal, ohne Einzelnachweis erstattet werden (LSG NRW 27.2.2019 – L 8 R 398/17, NJS 2019, 839 = BeckRS 2019, 18324).

**c) Aufwandsentschädigung im Sinne von Werbungskostenersatz** sind Zuwendungen des ArbGeb, die zusätzlich zu Lohn oder Gehalt für in der Sphäre des ArbN liegende Kosten gewährt werden, die steuerlich den Tatbestand von Werbungskosten erfüllen. Diese Zuwendungen sind nach § 1 ArEV nur dann und insoweit nicht dem Arbeitsentgelt zuzurechnen und damit im Ergebnis beitragsfrei, wenn und soweit sie lohnsteuerfrei sind (dazu und zur LStFreiheit nach § 3 Nr 16 EStG; → *Arbeitsentgelt* Rn 125 ff). 20

**d) Aufwandsentschädigung aus öffentlichen Kassen.** Aufwandsentschädigungen, die von einem ArbGeb nicht zusätzlich zu Löhnen und Gehältern, sondern isoliert gewährt werden, fallen unter § 1 Abs 1 Nr 16 SvEV und sind beitragsfrei, soweit sie als „Aufwandsentschädigung für sonstiges ehrenamtliches Engagement" gem § 3 Nr 26 oder Nr 26a EStG steuerfrei sind. 21

Bei **Aufwandsentschädigungen an Ehrenbeamte** ist zunächst zu prüfen, ob es sich um Arbeitsentgelt aus einer versicherungspflichtigen Beschäftigung handelt. Ehrenbeamte stehen nach der Rspr des BSG in einem abhängigen Beschäftigungsverhältnis, wenn sie dem allgemeinen Erwerbsleben zugängliche Verwaltungsaufgaben wahrnehmen und hierfür eine den tatsächlichen Aufwand übersteigende pauschale Aufwandsentschädigung. Weder das Rechtsverhältnis als Ehrenbeamter als solches noch dessen Rechtsstellung als Organ oder Mitglied eines Organs einer juristischen Person des öffentlichen Rechts mit eigenen gesetzlichen Befugnissen noch die Zahlung einer pauschalen Aufwandsentschädigung ohne Bezug zu einem konkreten Verdienstausfall schließen die Annahme eines versicherungspflichtigen und beitragspflichtigen Beschäftigungsverhältnisses aus. Ob der Ehrenbeamte in seinem Amt zur weisungsgebundenen Wahrnehmung von Verwaltungsaufgaben, ggf neben der Wahrnehmung weisungsfreier Repräsentationsaufgaben als Mitglied einer juristischen Person des öffentlichen Rechts, verpflichtet ist und damit dieser Aufgabenbereich seine Tätigkeit prägt, ist in einer Gesamtwürdigung aller Umstände des Einzelfalles unter Berücksichtigung der Ausgestaltung des Ehrenamtes in der Kommunalverfassung des jeweiligen Bundeslandes zu beurteilen (BSG 27.1.2010 – B 12 KR 3/09 R; BSG 22.2.96 – 12 RK 6/95, SozR 3–2940 § 2 Nr 5 S 26 mwN; BSG 23.7.98 – B 11 AL 3/98 R, SozR 3–4100 § 138 Nr 11 S 60 mwN; BSG 25.1.06 – B 12 KR 12/05 R, SozR 4–2400 § 7 Nr 6 Rz 15). Aufwandsentschädigungen an Ehrenbeamte enthalten neben der Abgeltung des tatsächlich entstehenden Aufwandes auch eine Entschädigung für den Aufwand an Zeit und Arbeitsleistung sowie einen etwaigen Verdienstausfall. Die Steuerfreiheit beschränkt sich regelmäßig auf die Entschädigung des tatsächlichen Aufwandes. Im Übrigen, dh für den **steuerpflichtigen Anteil der Aufwandsentschädigung** besteht in der SozV **Beitragspflicht** (BSG 25.1.06 – B 12 KR 12/05 R, SozR 4–2400 § 7 Nr 6 Rz 19). 22

**e) Nebenberufliche Einnahmen von Übungsleitern usw.** Einnahmen iSv § 3 Nr 26 EStG sind nach § 14 Abs 1 Satz 3 SGB IV nicht dem Arbeitsentgelt zuzurechnen. § 3 Nr 26 EStG stellt die Einnahmen aus bestimmten nebenberuflichen Tätigkeit bis zu dem dort genannten Betrag steuerfrei: Sind die genannten Freibeträge überschritten, liegt vorbehaltlich geringfügiger Beschäftigung (§ 8 SGB IV, → *Geringfügige Beschäftigung* Rn 24 ff) regelmäßig beitragspflichtiges Arbeitsentgelt vor. Privilegiert sind Nebentätigkeiten als Übungsleiter, Ausbilder, Erzieher, Betreuer und vergleichbaren „anleitenden" Tätigkeiten; künstlerische nebenberufliche Tätigkeiten, nebenberufliche Pflege alter, kranker oder be- 23 hinderter Menschen im Dienst oder im Auftrag einer inländischen juristischen Person des öffentlichen Rechts oder eine dem § 5 Abs 1 Nr 9 KStG fallenden Einrichtung. § 14 Abs 1 Satz 3 SGB IV enthält eine Rechtsgrundverweisung auf § 3 Nr 26 EStG, so dass auch für die Frage der Auslegung der einzelnen Tatbestandsmerkmale auf das Steuerrecht abzustellen ist. Zudem können **ehrenamtlich Tätige** eine Vergütung von jährlich insgesamt 500 € im Jahr steuerfrei erhalten (§ 26a EStG). Seit 1.1.08 gilt eine steuerfreie Vergütung nach § 3 Nr 26a EStG nicht als sozialversicherungsrechtliches Arbeitsentgelt (§ 14 Abs 1 Satz 3 SGB IV), ist damit also beitragsfrei in der SozV. Zahlungen eines Vereins an ein Mitglied (zB einen Amateur-Fußballspieler), um pauschal einen nicht nachzuweisenden Aufwand abzudecken, das Mitglied an den (Sport-)Verein zu binden, ohne sich arbeitsvertraglich zu verpflichten und zB den Spieler im Rahmen seiner (fußballerischen) Tätigkeit zu motivieren, sind nach Ansicht des 2. Senats des BSG keine Arbeitsentgelte. Materielle **Anreize zur Förderung der sportlichen Leistungsbereitschaft** und zur Erreichung sportlicher Erfolge ließen nicht zwingend auf ein Arbeitsentgelt schließen, das für eine Beschäftigung erbracht werde (BSG 27.10.09 – B 2 U 26/08 R, BeckRS 2010, 65879).

24 **2. Leistungsrecht. a) Rentenschädlicher Hinzuverdienst.** Im Leistungsrecht stellt sich zT die Frage, ob eine Aufwandsentschädigung der Gewährung anderer Sozialleistungen entgegensteht, namentlich, ob sich eine Aufwandsentschädigung bei vorgezogenen Renten als rentenschädlicher Hinzuverdienst aus einer „Beschäftigung gegen Entgelt" darstellt. Gem § 34 Abs 2 SGB VI wird eine Rente wegen Alters vor Vollendung der Regelaltersgrenze nämlich nur gewährt, wenn die Hinzuverdienstgrenzen nicht überschritten werden. Die Höhe der jeweiligen Hinzuverdienstgrenzen ergibt sich aus § 34 Abs 3 SGB VI; für Übergangsfälle vgl § 236 SGB VI (Einzelheiten s *Rentnerbeschäftigung*). Im Bereich der **Grundsicherung** regelt § 11a SGB II, welche Einnahmen bei der Bedürftigkeitsprüfung ggf nicht als Einkommen zu berücksichtigen sind (vgl dazu BSG vom 26.5.2011 – B 14 AS 93/10 R, SozR 4–4200 § 11 Nr 41). So ist zB die in der Aufwandsentschädigung als (berliner) Bezirksverordnete enthaltene Grundentschädigung von 345 Euro monatlich im Jahr 2013 grundsätzlich als Einkommen nach §§ 11 ff SGB II zu berücksichtigen (BSG 12.9.18 – B 14 AS 36/17 R, BeckRS 2018, 36236).

25 **b) Aufwandsentschädigung für ehrenamtliches Engagement.** Ehrenämter sind in der SozVers grundsätzlich auch dann beitragsfrei, wenn hierfür eine angemessene pauschale Aufwandsentschädigung gewährt wird und neben Repräsentationspflichten auch Verwaltungsaufgaben wahrgenommen werden, die unmittelbar mit dem Ehrenamt verbunden sind. Ehrenämter zeichnen sich durch die Verfolgung eines ideellen, gemeinnützigen Zweckes aus und unterschieden sich damit grundlegend von beitragspflichtigen, erwerbsorientierten Beschäftigungsverhältnissen. **Finanzielle Zuwendungen** schließen die Unentgeltlichkeit des ehrenamtlichen Engagements nicht prinzipiell aus. Sie sind unschädlich, wenn sie in Form von Aufwandsentschädigung konkrete oder pauschal berechnete Aufwände abdecken. Sie können in den genannten Grenzen auch Entschädigungen für Zeitversäumnis oder Verdienstausfall enthalten. Dabei sind auch pauschale Aufwandsentschädigungen unschädlich, denn durch die damit einhergehende Erleichterung, den Aufwand für das Ehrenamt konkret auf Heller und Pfennig beziffern zu müssen, wird die Bereitschaft gestärkt, ein Ehrenamt auszuüben (BSG 16.8.17 – B 12 KR 14/16 R, NZS 2018, 572 = BeckRS 2017, 130604 Kreishandwerkermeister).

Die Ausübung einer ehrenamtlichen Tätigkeit schließt es nicht aus, dass bei einem die Grenzen der Organstellung überschreitenden, **überobligatorischen Engagement** zusätzlich und neben dem nicht zu abhängiger Beschäftigung und damit zur Versicherungspflicht führenden Ehrenamt ein **Rechtsverhältnis** vorliegt, das **als abhängige Beschäftigung,** idR als Arbeitsverhältnis oder Dienstvertrag, qualifiziert werden kann. Ein solches Beschäftigungsverhältnis entsteht dann zusätzlich zum Ehrenamt, **steht neben diesem** (siehe hierzu auch BSG 4.6.09 – B 12 KR 3/08 R, NJW 2010, 1836) **und ändert nichts an der sozialversicherungsrechtlichen Beurteilung der ehrenamtlichen Betätigung** sowie hierfür ggf. gewährter Aufwandsentschädigung und Aufwendungsersatz (BSG 16.8.17 – B 12 KR 14/16 R, NZS 2018, 572 = BeckRS 2017, 130604 Kreishandwerkermeister).

# Aufwendungsersatz

## A. Arbeitsrecht

*Griese*

### Übersicht



**1. Bedeutung.** Die gesetzliche Pflicht zum Aufwendungsersatz im Arbeitsverhältnis folgt aus **§ 670 BGB.** Die Vorschrift ist im Arbeitsverhältnis anwendbar (BAG 14.6.16 – 9 AZR 181/15, NZA 17, 63 (Ls); BAG 12.3.13 – 9 AZR 455/11, NJW 13, 1086). Die Hauptbedeutung hat § 670 für Ansprüche des ArbN gegen den ArbGeb. Im Einzelfall sind aber auch umgekehrt Ansprüche des ArbGeb gegen den ArbN aus § 670 BGB denkbar (s dazu unter 6). 1

Gem § 670 BGB hat der ArbN Anspruch auf diejenigen durch den Arbeitseinsatz angefallenen Aufwendungen, die er den Umständen nach für erforderlich halten durfte und die **nicht durch die Arbeitsvergütung abgegolten** sind. Ein darüber hinausgehender allgemeiner arbeitsrechtlicher Anspruch des ArbN gegen den ArbGeb auf Ersatz von **Werbungskosten existiert hingegen nicht.** Soweit kein gesetzlicher Anspruch besteht, wird der Ersatz von Kosten, die steuerlich Werbungskosten sind, oft durch Tarifvertrag, Betriebsvereinbarung oder Arbeitsvertrag festgelegt, häufig auch durch **Pauschalierung** (*Pauschbeträge*). Die Kostentragungspflicht des ArbGeb kann sich ferner aus einer Gesamtzusage, einer Betrieblichen Übung oder dem Gleichbehandlungsgrundsatz ergeben (→ *Arbeitskleidung* Rn 2 ff, 8, 15; → *Arbeitsmittel* Rn 1; → *Arbeitsunfall* Rn 1; → *Arbeitszimmer* Rn 3; → *Bewerbung* Rn 2 ff; *Bewirtungsaufwendungen*; → *Dienstwagen* Rn 2 ff; → *Dienstwohnung* Rn 3 ff; → *Fahrtkostenzuschuss* Rn 2 ff; → *Pauschbeträge* Rn 1 ff; → *Umzugskosten* Rn 1 ff; → *Verpflegungsmehraufwendungen* Rn 1 ff).

Zu den nach § 670 BGB zu erstattenden Aufwendungen werden jedoch nicht nur die freiwilligen Vorausleistungen (Auslagen) des ArbN gezählt, etwa Aufwendungen für Dienstfahrten, sondern auch die **unfreiwillig bei Ausführung der Arbeit erlittenen Sach- und Vermögensschäden des Arbeitnehmers.** Soweit ein Aufwendungsersatzanspruch für erlittene Schäden besteht, hat er **die Funktion einer Gefährdungshaftung des Arbeitgebers,** da der ArbGeb insoweit ohne Verschulden haftet.

**2. Auslagenersatz.** Erstattungsfähig sind diejenigen Auslagen, die der Arbeitsausführung selbst dienen, etwa Fahrtkosten für Dienstfahrten oder Fahrten zu auswärtigen Arbeitsstellen oder Lehrgangsorten, Auslagen zur **Beschaffung von Arbeitsmaterial** (zB Anschaffung eines notwendigen Schulbuchs durch Lehrer, BAG 12.3.13 – 9 AZR 455/11, NJW 13, 2923), Vorstellungskosten, *Bewirtungsaufwendungen* und *Verpflegungsmehraufwendungen.* 2

Zum persönlichen Lebensbedarf, der von der Vergütung zu bestreiten ist, gehören hingegen Ausgaben für die *Fahrten zwischen Wohnung und Arbeitsstätte* oder für Verpflegung und normale Kleidung. Ein aus der Fürsorgepflicht abzuleitender Anspruch besteht lediglich auf **Gewährung von Schutzkleidung, die aufgrund besonderer Arbeitsbedingungen oder Unfallverhütungsvorschriften getragen werden muss** (BAG 14.6.16 – 9 AZR 181/15, NZA 17, 63; → *Arbeitskleidung* Rn 11), insofern wird Auslagenersatz geschuldet. Ebenso wird zu entscheiden sein bei vom ArbGeb verbindlich vorgeschriebenen Dienstuniformen. Keinen Aufwendungsersatz kann ein LKW-Fahrer für die **persönliche Fahrerkarte,** die für den Betrieb digitaler Tachografen aufgrund EG-VO 561/2006 erforderlich geworden ist, verlangen (BAG 16.10.07 – 9 AZR 170/07, ArbuR 07, 387). Fordert der

ArbGeb den ArbN auf, ein **häusliches Arbeitszimmer** einzurichten, oder macht er dies zur Bedingung der Einstellung bzw Vertragsfortführung, hat der ArbN mangels entgegenstehender Absprache einen **Aufwendungsersatzanspruch nach § 670 BGB** (BAG 14.10.03 – 9 AZR 657/02, NZA 04, 604). Er kann diejenigen Aufwendungen für die Einrichtung und Unterhaltung des Arbeitszimmers erstattet verlangen, die er nach den Umständen für erforderlich halten durfte. Steht die Räumlichkeit im Eigentum des ArbN, bemisst sich der Erstattungsanspruch an der ortsüblichen Miete abzüglich des kalkulatorischen Gewinns des Vermieters und der Erhaltungsaufwendungen (BAG 14.10.03 – 9 AZR 657/02, NZA 04, 604). Geschieht die Benutzung eines häuslichen Arbeitszimmers vor allem im Interesse des ArbN, kommt ein Kostenerstattungsanspruch nach § 670 BGB nicht in Betracht. Deshalb kann ein Lehrer, der ein häusliches Arbeitszimmer nutzt, ohne hierzu vom ArbGeb angewiesen zu sein, keine Kostenerstattung verlangen, weil die Nutzung des häuslichen Arbeitszimmers vor allem in seinem Interesse liegt, weil er Fahrzeit und Fahrtkosten spart (BAG 12.4.11 – 9 AZR 14/10, DStR 2011, 1865; ferner *Home-Office*).

Die Notwendigkeit und die Höhe der einzelnen Aufwendungen hat der ArbN im Einzelnen darzulegen und im Prozess zu beweisen.

3 Für die **Fahrtkostenerstattung** bedeutet dies, dass der ArbN bei Benutzung öffentlicher Verkehrsmittel die tatsächlich entstandenen Kosten der Fahrkarten und -tickets verlangen kann. Benutzt der ArbN auf Weisung oder im Interesse des ArbGeb (BAG 22.6.11 – 8 AZR 102/10, NZA 12, 91) seinen privaten Pkw, sind mindestens die konkret entstandenen Aufwendungen, also die tatsächlich aufgewandten Treibstoff- und Betriebskosten zu ersetzen. Fehlt eine weitergehende Absprache der Parteien, kann nicht automatisch ein pauschler Aufwendungsersatzanspruch in zB Höhe der Pkw-Nutzungsausfalltabellen angenommen werden. Denn diese schließt sämtliche Kosten der Kfz-Nutzung ein, auch den überwiegend auf die Privatnutzung zurückgehenden Wertverlust. Im Zweifel kann deshalb nicht unterstellt werden, der ArbGeb wolle die gesamten Pkw-Kosten vollständig übernehmen. Dies wird auch daran deutlich, dass die für den öffentlichen Dienst geltenden Regelungen je nach zurückgelegter Strecke erheblich niedrigere Kilometerpauschalen vorgeben. Wird im Betrieb allerdings – wie meistens – **üblicherweise die steuerlich anerkannte Kilometerpauschale** gezahlt, ergibt sich der Anspruch auf Aufwendungsersatz in dieser Höhe aus **betrieblicher Übung bzw dem Gleichbehandlungsgrundsatz.** Bei Branchenüblichkeit bestimmter Pauschalen kann ein Anspruch aus einer entsprechenden Anwendung von § 612 Abs 2 BGB folgen. Die steuerlich maßgebende Kilometerpauschale kann zudem die zutreffende Grundlage für eine Schätzung gem § 287 ZPO der tatsächlich entstandenen Aufwendungen sein. Höhere als die sich aus der steuerlich maßgebenden Kilometerpauschale ergebenden Ersatzbeträge sind vom ArbN im Einzelnen nachzuweisen (LAG RLP 17.5.17 – 7 Sa 410/15, BeckRS 2017, 130810).

Für Übernachtungs- und Verpflegungsaufwendungen gilt ebenfalls, dass diese grds im Einzelnen nachzuweisen sind.

4 Eine **Pauschalierungsvereinbarung,** sei es durch arbeitsvertragliche Vereinbarung, sei es durch Betriebsvereinbarung empfiehlt sich jedoch gerade bei häufig vorkommenden Auslagen, etwa bei Fahrtkosten, Reisespesen und -kosten (Reisekostenrichtlinien), um eine einfach handhabbare und wenig arbeitsaufwändige Regelung zu haben (s auch *Pauschbeträge*). Häufig enthalten Tarifverträge entsprechende Pauschalierungen (zB BAG 14.10.04 – 6 AZR 494/03, ArbuR 05, 197 zur Auslegung einer tariflichen Regelung für Waldarbeiter). Knüpft die Pauschalierungsvereinbarung in einem Tarifvertrag an die Reisekostenstufe A des Bundesreisekostengesetzes an, die durch das JStG 1997 ersatzlos entfiel, kann die Lücke nicht durch Richterrecht geschlossen werden (BAG 20.7.2000 – 6 AZR 347/99, NZA 01, 559). Ferner können die steuerrechtlichen Vorschriften (zB die Kilometerpauschale, die verfassungsgemäß ist, s BFH 15.11.16 – VI R 4/15, DStR 17, 93; zustimmend *Itermann* NZA 17, 166) die Basis für eine Pauschalierung sein (LAG Köln 18.3.15 – 11 TaBV 44/14, NZA 16,653). Eine Vereinbarung, die die Erstattung von Fahrtkosten ausschließt, ist als **unangemessene Benachteiligung gem § 307 Abs 1 Satz 1 BGB rechtsunwirksam** (für LeihArbN LAG Hamm 30.1.06 – 5 Sa 1437/15 LSK 16, 107779).

Ist der ArbGeb zur Kostenerstattung verpflichtet, kann er zur Kostenersparnis die Bildung von Fahrgemeinschaften verlangen, zB für die Reisekosten von mehreren ArbN zu einer gemeinsamen Fortbildungsveranstaltung (BAG 24.10.18 – 7 ABR 23/17, NZA 19, 407).

**Die Pflicht zum Aufwendungsersatz kann durch Tarifvertrag konkretisiert sein**, so für die **Instandsetzungskosten für Musikinstrumente** des ArbN durch § 12 Abs 2 Satz 3 des Tarifvertrages für Musiker in Kulturorchestern, wobei nicht gefordert werden kann, dass der ArbN stets von dem niedrigsten Instandsetzungsangebot Gebrauch macht. Soweit nach der tarifvertraglichen Regelung dem Ersatzanspruch ein Verschulden des ArbN entgegengehalten werden kann, ist § 254 BGB anspruchserhaltend zu berücksichtigen, wenn ein Mitverschulden des ArbGeb vorliegt (BAG 27.1.2000 – 8 AZR 876/98, NZA 2000, 727). 5

Die Regelung im allgemeinverbindlichen Bundesrahmentarifvertrag für das Baugewerbe (§ 7 Nr 4.6), wonach der ArbN – gleichgültig, wie er den Weg zurücklegt – Anspruch auf Zahlung des Preises für die Eisenbahnfahrt 2. Klasse hat, ist eine Pauschalierungsvereinbarung mit der Folge, dass der ArbGeb sich nicht auf eine Ermäßigungsmöglichkeit durch die Bahncard berufen kann (BAG 7.2.95 – 3 AZR 523/94, DB 95, 378), aber auch keinen ICE-Zuschlag schuldet (BAG 15.12.98 – 3 AZR 179/97, NZA 99, 599).

Der Anspruch gem § 7 Nr 3.1 BRTV für die Fahrt von der Wohnung zu einer mindestens 10 km von der Wohnung des ArbN entfernten Baustelle besteht nicht, wenn die Möglichkeit der kostenlosen Beförderung mit einem vom ArbGeb gestellten ordnungsgemäßen Fahrzeug angeboten wird. Dies gilt nicht nur bei einer Beförderung ab der Wohnung des ArbN, sondern auch ab Betriebssitz iSv § 7 Nr 2.2 BRTV (BAG 17.1.17 – 9 AZR 325/16, NZA 2017, 798).

Kein Aufwendungsersatzanspruch besteht für **Versicherungsbeiträge,** die ArbN oder leitende Angestellte für Haftpflicht- oder Rechtsschutzversicherungen aufwenden. Es handelt sich dabei um Aufwendungen, die die ArbN im eigenen Interesse zur Abwehr von gegen sie selbst gerichteten Ansprüchen tätigen, nicht um solche, die im Interesse des ArbGeb erbracht werden. Diese privatnützigen Aufwendungen können nicht als betriebsbedingt erforderlich angesehen werden. Eine Übernahme solcher Versicherungsbeiträge durch den ArbGeb kommt daher nur bei entsprechender Vereinbarung zwischen ArbN und ArbGeb in Betracht. Kein Aufwendungsersatzanspruch besteht ferner, soweit der ArbN Aufwendungen zu gesetzes- oder sittenwidrigen Zwecken gemacht hat. So kann kein Ersatz für aufgewandte **Bestechungsgelder** (§ 299 StGB) verlangt werden. Hierauf gerichtete Absprachen sind wegen Gesetzes- und Sittenverstoß gem §§ 134, 138 BGB nichtig. 6

**3. Aufwendungsersatz für Schäden des Arbeitnehmers.** § 670 BGB bildet daneben die Anspruchsgrundlage für bei der Arbeit entstandene Sach- und Vermögensschäden des ArbN, die der ArbGeb nicht verschuldet hat. Sie wird auch als **Gefährdungshaftung des Arbeitgebers** bezeichnet. 7

**a) Voraussetzung der Haftung nach der Rechtsprechung.** Nach der grundlegenden Entscheidung des GS des BAG v 10.11.61 (– GS 1/60, BB 62, 178) sind diejenigen Schäden vom ArbGeb zu ersetzen, die im Vollzug einer gefährlichen Arbeit entstanden sind, und mit denen der ArbN aufgrund ihrer Außergewöhnlichkeit nach der Art des Betriebes und der Arbeit nicht rechnen musste. Hingegen sind arbeitsadäquate Schäden, dh solche, mit den der ArbN rechnen musste, oder solche, für die der ArbN eine besondere Vergütung erhält (zB Schmutzzulage), vom ArbN selbst zu tragen. 8

Die Abgrenzung ist hinsichtlich der Voraussetzungen mit Recht kritisiert worden, denn regelmäßig muss gerade bei gefährlicher Arbeit mit besonderen Schäden gerechnet werden, so dass die Haftung so gut wie nie zum Tragen käme. Richtiger ist es, nach Risikosphären zu differenzieren. Soweit der Schaden zum allgemeinen Lebensrisiko des ArbN gehört (zB Beschädigung von Kleidung, Brille oder Uhr bei der Arbeit), hat der ArbN den Schaden selbst zu tragen. Hingegen fällt dem ArbGeb der Schaden zur Last, wenn der Schaden der betrieblichen Risikosphäre zuzurechnen ist, zB Verursachung des Schadens aufgrund gefahrträchtiger, von der Natur des Betriebes oder der Arbeit ausgehender Umstände oder betriebliche Veranlassung des Einsatzes von Eigentum des ArbN, das bei der Arbeitsausführung beschädigt wird. So haftet eine psychiatrische Klinik für die Beschädigung einer arbeitsnotwendigen Brille eines ArbN durch einen Patienten (BAG 20.4.89 – 8 AZR 632/87, NZA 90, 27), da das Beschädigungsrisiko durch nervenkranke Patienten erhöht ist und der Risikosphäre des ArbGeb zugerechnet werden muss. Ebenso besteht ein **Aufwendungsersatzanspruch, wenn eine Arbeitsmaschine des Arbeitnehmers, die dieser**

**aufgrund eines mit dem Arbeitgeber geschlossenen Mietvertrags im Interesse des Arbeitgebers einsetzt, beschädigt wird** (BAG 17.7.97 – 8 AZR 480/95, NZA 97, 1346: Forstschlepper des ArbN).

9 **b) Beschädigung von Kraftfahrzeugen der Arbeitnehmer.** Auf der Basis dieser Abgrenzung lassen sich auch die Fälle der Schäden an Kfz der ArbN lösen. Kein Ersatzanspruch für Beschädigungen des Privat-Pkw besteht, soweit die Kfz-Benutzung zum allgemeinen Lebensrisiko gehört. Dazu zählen die Benutzung des Pkw auf der Fahrt zwischen Wohnung und Arbeitsstelle, das Abstellen des Pkw auf dem Firmenparkplatz (BAG 25.5.2000 – 8 AZR 518/99, NZA 2000, 1052) oder die Benutzung des Pkw auf Dienstreisen oder Fahrten zu auswärtigen Arbeits- oder Lehrgangsorten, soweit der Pkw jeweils nur zur persönlichen Erleichterung oder mit der Absicht der Zeitersparnis eingesetzt wird.

10 Hingegen ist die betriebliche Risikosphäre betroffen und damit die Haftung des ArbGeb gegeben, wenn die Benutzung des Privat-Pkw **mit Billigung** des ArbGeb in dessen Betätigungsbereich geschieht oder **aufgrund betrieblicher Veranlassung unabweisbar** ist. Eine solche betriebliche Veranlassung kann sich sowohl dann ergeben, wenn der ArbGeb ohne Einsatz des Privat-Pkw des ArbN dem ArbN ein Betriebsfahrzeug zur Verfügung stellen und das damit verbundene Unfallrisiko tragen müsste (BAG 23.11.06 – 8 AZR 701/05, NZA 07, 870), weil anders die Arbeitsleistung nicht erbracht werden könnte (zB Vertriebsbeauftragter im Außendienst), als auch dann, wenn der Privat-Pkw des ArbN für betriebliche Transportleistungen eingesetzt wird, die mit öffentlichen Verkehrsmitteln nicht möglich sind. Wird ein Fahrzeug auf betriebliche Veranlassung hin eingesetzt, hat der ArbGeb nicht nur die Schäden zu tragen, die während der betrieblich veranlassten Fahrten entstehen, sondern auch die Schäden, die während des Parkens zwischen zwei Dienstfahrten von nicht ermittelbaren Dritten verursacht werden (BAG 14.12.95 – 8 AZR 875/94, NZA 96, 417).

11 Dies gilt entsprechend, wenn ein ArbN in Ausübung einer **betriebsverfassungsrechtlichen Funktion** seinen Pkw benutzt. Soweit der ArbN den Privat-Pkw nur zur persönlichen Erleichterung benutzt, besteht kein Ersatzanspruch, wenn der Pkw bei einer solchen Fahrt beschädigt wird.

12 Ein Ersatzanspruch besteht nicht, soweit eine vom ArbGeb gewährte **Auslagenpauschale** das Schadensrisiko mit abdeckt. Das dürfte der Fall sein, wenn die gewährte Auslagenpauschale die maximal steuerfrei zulässigen Sätze erreicht, da dann davon auszugehen ist, dass in die steuerrechtlich vorgegebenen Kostenpauschalen die Kosten der Kfz-Vollkaskoversicherung eingeschlossen sind. Erst recht gilt dies, wenn der ArbGeb neben der km-Pauschale eine zusätzliche Kfz-Pauschale, die zur Finanzierung einer Vollkaskoversicherung verwandt werden kann, gewährt (LAG BaWü 17.9.91 – 7 Sa 44/91, BB 92, 568).

13 Benutzt ein ArbN zur Erledigung seiner arbeitsvertraglichen Verpflichtungen seinen privaten Pkw und zahlt der ArbGeb ihm dafür die steuerrechtlich anerkannte km-Pauschale, so hat der ArbGeb die Kosten der **Rückstufung in der Haftpflichtversicherung** bei einem Schadensfall nur zu tragen, wenn die Arbeitsvertragsparteien dies besonders vereinbart haben. Im Zweifel ist mit der km-Pauschale auch der Rückstufungsschaden in der Haftpflichtversicherung abgegolten (BAG 30.4.92 – 8 AZR 409/91, BB 92, 2363; für den beamtenrechtlichen Bereich ebenso VGH München 14.9.92, NVwZ-RR 93, 318), nicht aber der Nutzungsausfall (BAG 7.9.95 – 8 AZR 515/94, NZA 96, 32).

14 **c) Mitverschulden.** Der Ersatzanspruch des ArbN wird durch ein Mitverschulden gem § 254 BGB gemindert oder ganz ausgeschlossen. Dabei sind die Grundsätze des innerbetrieblichen Schadensausgleichs anzuwenden (BAG 23.11.06 – 8 AZR 701/05, NZA 07, 870; s *Arbeitnehmerhaftung*). Deshalb besteht **kein Aufwendungsersatzanspruch bei grober Fahrlässigkeit des Arbeitnehmers** (LAG Rh-Pf 27.6.16 – 3 Sa 88/16, BeckRS 2016, 72438), zB wenn Unfallursache die Verkehrsuntauglichkeit (mangelhafte Bereifung) des privaten Pkw des ArbN war (LAG Düsseldorf 17.10.05 – 14 Sa 823/05, DB 06, 509). Nach der Entscheidung des GS des BAG vom 27.9.94 (– GS 1/89, DB 94, 2237), wonach die Gefahrneigung nicht Voraussetzung für die Haftungsmilderung ist, gilt für jede betriebliche Tätigkeit, dass bei mittlerer Fahrlässigkeit ein anteiliger und bei einfacher Fahrlässigkeit ein voller Aufwendungsersatzanspruch entsteht (*Frieges* NZA 95, 403).

15 Fruchtbar zu machen ist ferner der **Gedanke der Versicherbarkeit.** Ebenso wie bei der ArbNHaftung zu prüfen ist, ob den ArbGeb zB die Obliegenheit zum Abschluss einer Vollkaskoversicherung trifft, muss auch umgekehrt bei Pkw-Schäden des ArbN untersucht

werden, ob eine Obliegenheit des ArbN bestand, seinen Pkw Vollkasko zu versichern. Kann diese Obliegenheit nach den Umständen des Einzelfalls, insbes im Hinblick auf den Wert des eingesetzten Pkw und ggf eine vom ArbGeb hierfür gezahlte Pauschale (LAG BaWü 17.9.91 – 7 Sa 44/91, BB 92, 568) bejaht werden, entfällt die Haftung des ArbGeb bzw beschränkt sich auf die **übliche Selbstbeteiligung.** Auf dieser Überlegung beruhen auch gesetzliche Haftungsbegrenzungen für den öffentlichen Dienst, etwa durch § 6 Abs 1 Satz 3 Landesreisekostengesetz NRW, wonach mit den Wegstreckenentschädigungen die Kosten für eine Fahrzeugvollversicherung abgegolten sind.

Um das Haftungsrisiko bei Pkw-Schäden zu **begrenzen** und Streitigkeiten vorzubeugen, empfiehlt es sich, die bevorzugte Benutzung öffentlicher Verkehrsmittel festzulegen sowie Haftungsbeschränkungen auf den üblichen Selbstbehalt von Vollkaskoversicherungen zu vereinbaren. Beides ist auch durch Betriebsvereinbarung möglich. **16**

**4. Ersatz für Bußen und Strafverfolgungsmaßnahmen.** Für Bußen oder Strafen, die dem ArbN bei Ausübung seiner Tätigkeit auferlegt werden, etwa Verhängung einer Geldbuße gegen einen Lkw-Fahrer wegen zu schnellen Fahrens, kann der ArbN vom ArbGeb keinen Ersatz verlangen. Es sind keine ersatzfähigen Aufwendungen iSd § 670 BGB. Dies gilt unabhängig davon, ob ein Verhalten des ArbGeb mitursächlich für die Verhängung der Buße oder Strafe gewesen ist. Der Täter muss die öffentlich-rechtliche Buße oder Strafe, die nach individuellen Schuldzumessungspunkten auferlegt worden ist, aus eigenem Vermögen selbst tragen. **17**

Der Buß- bzw Strafzweck darf nicht durch Verlagerung der Zahlungspflicht vereitelt werden (LAG Hamm 30.7.90 – 19 (14) Sa 1824/89, BB 90, 2267). Hierauf gerichtete Abreden sind wegen Gesetzesverstoßes nach § 134 BGB nichtig. Hat der ArbGeb an dem Ordnungswidrigkeiten- oder Straftatbestand mitgewirkt, so hat dies zur Konsequenz, dass er ebenfalls ordnungswidrigkeiten- oder strafrechtlich als Anstifter, Mittäter oder Gehilfe zur Verantwortung zu ziehen ist. Aus dem gleichen Grund sind auch Kosten der Rechtsverteidigung nicht erstattungsfähig. Dem kann auch nicht entgegengehalten werden, dass die Erstattung von Strafgeldern strafrechtlich nicht mehr als Strafvereitelung gewertet wird (BGH 7.11.90, NJW 91, 990; *Kapp* NJW 92, 2796). **18**

Daraus erwächst noch kein Erstattungsanspruch. Da jede Straftat ein schuldhaftes Verhalten voraussetzt, kann eine daraus resultierende Strafe nicht als zugunsten des ArbGeb erbrachtes Vermögensopfer verstanden werden. Ein Erstattungsanspruch kommt insbes auch dann nicht in Betracht, wenn der ArbN nur leicht fahrlässig gehandelt hat (aA *Kapp* NJW 92, 2800), denn die Grundsätze des innerbetrieblichen Schadensausgleichs gelten nur für Schäden des ArbGeb, nicht für Geldstrafen des ArbN. Die Gegenauffassung würde im Übrigen zu einer nicht gerechtfertigten Privilegierung der Geldstrafe gegenüber der Freiheitsstrafe führen, da die Freiheitsstrafe aus tatsächlichen Gründen vom ArbGeb nicht übernommen werden kann. Zusagen des ArbGeb, Geldbußen bei **Verstößen gegen die Lenk- und Ruhezeiten zu erstatten, sind sittenwidrig** und daher nach § 138 BGB unwirksam (BAG 25.1.01 – 8 AZR 465/00, NZA 01, 653). **19**

Etwas anderes kann gelten, wenn der ArbN durch seine Tätigkeit der Gefahr unzumutbarer und **rechtsstaatswidriger** Strafverfolgungsmaßnahmen im Ausland ausgesetzt ist. Dies wurde angenommen für Strafverfolgungsmaßnahmen der ehemaligen DDR bei Verkehrsdelikten, wobei ein Mitverschulden des ArbN nach den Grundsätzen des innerbetrieblichen Schadensausgleichs zu berücksichtigen ist, so dass ein Ersatzanspruch bei grober Fahrlässigkeit des ArbN entfällt (BAG 18.1.08 – 8 AZR 250/06, NZA 07, 1230). Von einer rechtsstaatswidrigen Strafverfolgungsmaßnahme ist dann auszugehen, wenn sie aus rechtsstaatlichen Gründen in der Bundesrepublik nicht im Wege der Rechtshilfe vollstreckt werden könnte. Bei jeder Strafverfolgungsmaßnahme kann der ArbN Aufwendungsersatz für die notwendigen **Kosten der Rechtsverteidigung** verlangen, soweit eine Erstattung nicht an den Grundsätzen des innerbetrieblichen Schadensausgleichs scheitert. Verursacht ein Kraftfahrer unverschuldet einen Verkehrsunfall und wird ein staatsanwaltschaftliches Ermittlungsverfahren eingeleitet, hat ihm der ArbGeb die notwendigen Kosten der Verteidigung zu ersetzen (BAG 16.3.95 – 8 AZR 260/94, NZA 95, 836). **20**

**5. Unpfändbarkeit und Verzicht.** Ansprüche auf Aufwendungsersatz sind nach § 850a Nr 3 ZPO unpfändbar. Nach dieser Vorschrift besteht Unpfändbarkeit, soweit der Rahmen **21**

des Üblichen nicht überschritten wird. Bei Fahrtkostenerstattungen wird die Üblichkeit bei Einhaltung der steuerrechtlich anerkannten Pauschalen nicht überschritten (*Zöller/Stöber* § 850a ZPO Rz 7). Auf Aufwendungsersatzansprüche kann verzichtet werden, dabei darf der ArbGeb aber **keine unangemessene Drucksituation** dadurch schaffen (Genehmigung von Klassenfahrten nur bei Reisekostenverzicht der Lehrer, BAG 16.10.12 – 9 AZR 183/11, NZA 13, 42).

22 **6. Ansprüche des ArbGeb auf Aufwendungsersatz.** Im Einzelfall kann § 670 BGB zugunsten des ArbGeb eingreifen, wenn dieser Aufwendungen für den ArbN tätigt. Dies setzt aber voraus, dass Aufwendungen tatsachlich vom ArbN genutzt werden. So können Aufwendungen für Kantinenessen nur erhoben werden, wenn tatsächlich Essensleistungen in Anspruch genommen werden (BAG 11.7.2000 – 1 AZR 551/99, NZA 01, 462). Des Weiteren **scheidet eine Ersatzpflicht aus,** wenn der ArbGeb damit zugleich oder sogar in erster Linie **eigene Verpflichtungen erfüllt, zB weil er die vorgeschriebene Dienstkleidung reinigt** (BAG 14.6.16 – 9 AZR 181/15 – Schlachthofkleidung, NZA 17, 63) oder seine **gesetzlichen Pflichten bei Entgeltpfändungen** erfüllt (BAG 18.7.06 – 1 AZR 578/05, NJW 07, 1302; *Pfändung*).

## B. Lohnsteuerrecht

*Thomas*

23 **1. Begriff.** Aufwendungsersatz betrifft von den Kosten, die bei der Dienstausübung des ArbN anfallen, diejenigen, die der ArbGeb im Innenverhältnis von Gesetzes wegen, also ohne Sondervereinbarung, tarifvertragliche Regelung, betriebliche Übung uÄ, zu tragen verpflichtet ist. Einen gesetzlichen Anwendungsfall hierfür stellt § 3 Nr 50 EStG dar. Derartiger Ersatz ist grundsätzlich kein Lohn.

24 **a) Barablösung und Sachzuwendung.** Steuerrechtlich ausdrücklich geregelt ist nur die Kostentragung durch Geldersatz in § 3 Nr 50 EStG für durchlaufende Gelder und Auslagenersatz. Dies kommt im Begriff **durchlaufende Gelder** („Beträge, die der ArbN vom ArbGeb erhält, um sie für ihn auszugeben") schon sprachlich zum Ausdruck. Aber auch „Beträge, durch die Auslagen des ArbN für den ArbGeb ersetzt werden **(Auslagenersatz)**", können nur Geldbeträge sein. Damit wird der nicht als Arbeitslohn zu erfassende Bereich nur unzulänglich umschrieben, da auch vom ArbGeb unmittelbar getragene Aufwendungen nicht steuerbar sein können: Bucht bspw der ArbGeb eine Reise des ArbN (Flug, Hotel usw) und bezahlt er sie selbst, so hat der ArbN keine Auslagen und der ArbGeb ersetzt ihm nichts. Die Kostenübernahme ist aber nur insoweit Arbeitslohn, als sie keine Dienstreise betrifft (→ *Incentivereisen* Rn 4 f). Andernfalls ist nach allgemeinen Grundsätzen (→ *Arbeitsentgelt* Rn 48 ff) zu entscheiden, ob mit der Reise ein geldwerter Vorteil zugewendet wurde.

25 **b) Handeln für fremde Rechnung.** Die Aufwendungen müssen „für den ArbGeb" getätigt werden. Ob der ArbN dabei zivilrechtlich im eigenen oder im fremden Namen aufgetreten ist, ist unerheblich. Kauft bspw die Sekretärin Briefmarken für den Betrieb, dann benutzt sie durchlaufende Gelder, wenn sie diese vorher aus der Portokasse entnommen hat, und sie erhält Auslagenersatz, wenn sie zunächst aus eigener Tasche gezahlt hat und sich das Geld anschließend zurückgeben lässt. In wessen Namen sie bei der Post aufgetreten ist, ist nicht von Bedeutung. Umgekehrt kann im oben erwähnten Reisefall die Zuwendung einer Reise als geldwerter Vorteil auch dann Arbeitslohn sein, wenn der ArbN im Namen und mit Vollmacht des ArbGeb gebucht hatte. Letzten Endes entscheidend sind nicht die Verhältnisse bei Vornahme der Auslage, sondern bei Verwendung des durch die Auslagen Erlangten (*Thomas* StbJb 90/91, 204 ff). Dabei ist maßgebend, in wessen Verantwortungsbereich der Aufwand fällt, in den des ArbN oder den des ArbGeb.

26 **c) Arten.** Durchlaufenden Geldern und Auslagenersatz ist gemeinsam, dass der ArbN Beträge nicht für sich ausgibt, sondern für den ArbGeb. Sie unterscheiden sich dadurch, dass der ArbGeb den Finanzierungsbetrag bei durchlaufenden Geldern vor, beim Auslagenersatz nach dem für ihn ausgeführten Geschäft zur Verfügung stellt (BFH 10.6.66 – VI 261/64, BStBl III 66, 607). Auslagenersatz kann auch bei unfreiwilligen Aufwendungen gegeben sein, wenn die **Schadensübernahme** in den Verantwortungsbereich des ArbGeb fällt (→ *Arbeitsentgelt* Rn 56). Die diesbezügliche arbeitsrechtliche Vorfrage (→ Rn 7 ff) bestimmt die Steuerbarkeit des Ersatzes. Allerdings kommt bei Dienstreisen, bei denen wegen

der Art der Dienstreise oder wegen eines pauschalen Fahrtkostenersatzes (0,30 € je km) für Schäden ein arbeitsrechtlicher Aufwendungsanspruch nicht besteht und deswegen § 3 Nr 50 EStG nicht eingreift, ein steuerfreier Ersatz nach § 3 Nr 16 EStG in Betracht. Zweifelhaft ist, ob das nur für solche Dienstreisen gilt, die zur bezahlten Tätigkeit des ArbN gehören, oder auch für solche, die der ArbN im eigenen Interesse durchführt, zB wegen einer freiwilligen Fortbildungsveranstaltung.

**2. Auslagenersatz im Einzelnen.** Auslagenersatz liegt vor, wenn die Beträge ausschließlich oder bei weitem überwiegend durch die Belange des ArbGeb bedingt, von diesem veranlasst oder gebilligt sind und nicht Lebensführungskosten (§ 12 Nr 1 EStG) des ArbN darstellen (BFH 2.10.68 – VI R 83/67, BStBl II 69, 45; BFH 13.6.13 – VI R 37/11, BFH/NV 13, 1776). Ihrem Charakter als Ersatz folgend, wird grds ein diesbezüglicher Nachweis bzw eine **Abrechnung** gefordert, „von dem in engen Grenzen abgesehen werden könne, wenn es sich um die Erstattung kleinerer Beträge gehandelt habe, die erfahrungsgemäß die Höhe des entstandenen Aufwands nicht übersteigen" (BFH 6.3.80 – VI R 65/77, BStBl II 80, 289; BFH 2.10.03 – IV R 4/02, BStBl II 04, 129). Die Verwaltung lässt **pauschalen** Auslagenersatz zu, wenn er regelmäßig wiederkehrende Aufwendungen betrifft und der Ersatz den tatsächlichen Aufwendungen im Großen und Ganzen entspricht, was für einen repräsentativen Zeitraum nachzuweisen ist (R 3.50 Abs 2 Satz 2 LStR). Als repräsentativ gilt ein Zeitraum von drei Monaten, dessen Werte solange fortgeführt werden können, bis sich die Verhältnisse wesentlich ändern, zB bei einer Änderung des Aufgabengebietes. 27

Im Einzelnen wurde Steuerfreiheit bejaht hinsichtlich *Fehlgeldentschädigung* beim Kassendienst (BFH 11.7.69 – VI 68/65, BStBl II 70, 69); bei Montagearbeitern auf wechselnden Einsatzstellen der Ersatz von Fahrtkosten (BFH 5.11.71 – VI R 207/68, BStBl II 72, 137), von Verpflegungsmehraufwendungen (BFH 28.1.72 – VI R 11/69, BStBl II 72, 677) und von Übernachtungskosten (BFH 26.1.73 – VI R 148/69, BStBl II 73, 601); bei Orchestermitgliedern Kleidergeld (BFH 29.1.71 – VI R 6/68, BStBl II 71, 459) sowie die Instandhaltung musikereigener Instrumente (FG Thür 27.1.05 – II 57/02, EFG 05, 1564), jedenfalls wenn sie tarifvertraglich geschuldet ist (BFH 28.3.06 – VI R 24/03, DStR 06, 888; kritisch *Dahl* BB 06, 2273). Auslagenersatz wird jedenfalls dann angenommen, wenn der ArbN im ganz überwiegenden Interesse des ArbGeb Aufwendungen tätigt, die der Arbeitsausführung dienen und nicht zu einer Bereicherung des ArbN führen (BFH 21.8.95 – VI R 30/95, BStBl II 95, 906). Dies soll auch bei einer Wagenpflegepauschale von 30 DM monatlich für einen Dienstwagen des ArbGeb der Fall sein (BFH 26.7.01 – VI R 122/98, BStBl II 01, 844). Zur Abgrenzung von Lohn gegenüber Nutzungsentgelten beim Garagengeld und beim Außendienstbüro → *Arbeitsentgelt* Rn 63. Nutzungsentgelte, die beim ArbN bleiben und nicht an Dritte weitergegeben werden sind Mieteinnahmen, da der Auslagenersatz ein Geschäft mit einem Dritten voraussetzt. 28

**3. Auswirkung auf den Werbungskostenabzug. a) Abgeltung.** Soweit der ArbGeb dem ArbN steuerfreien Werbungskosten- bzw Auslagenersatz gewährt, steht einem Werbungskostenabzug des ArbN § 3c EStG entgegen. Ist der Werbungskostenersatz nicht steuerbefreit und deshalb als Arbeitslohn zu erfassen, wird der Aufwand vom ArbN aus versteuertem Einkommen getragen, weshalb ihm auch der Werbungskostenabzug verbleibt. 29

**b) Anrechnung.** Der BFH hat seine Vorlage an das BVerfG (BFH 19.2.93 – VI R 74/91, BStBl II 93, 551; vgl dazu Personalbuch 1997 Aufwendungsersatz Rz 33), wonach die Nichtanrechnung steuerfreien Werbungskostenersatzes auf den ArbN-Pauschbetrag verfassungswidrig sei, nach der Entscheidung des BVerfG zum ArbNPauschbetrag (BVerfG 10.4.97 – 2 BvL 77/97, BStBl II 97, 518; dazu *Thomas* DStZ 97, 617) zurückgenommen (BFH 20.6.97, DStR 97, 1360). 30

### C. Sozialversicherungsrecht *Schlegel*

**1. Beitragsrecht.** Zu differenzieren ist zwischen (beitragsfreien) Aufwendungen, die der ArbN für den ArbGeb tätigt (sog Auslagenersatz und durchlaufende Gelder), und Aufwendungen, die der ArbN im überwiegend eigenen Interesse vorgenommen hat und die ihm der ArbGeb ersetzt, bzw deren Erstattung der ArbN verlangt. Aufwendungen iSd § 86 Satz 1, § 27 Abs 3 BGB, die zB an den **Vorstand eines Vereins oder einer Stiftung** 34 gezahlt werden, sind **alle Vermögensopfer mit Ausnahme der eigenen Arbeitszeit und Arbeitskraft,** die der Beauftragte zum Zwecke der Ausführung des Auftrags freiwillig, auf Weisung des Auftraggebers oder als notwendige Folge der Auftragsausführung erbringt. Alle darüber hinaus bezogenen Leistungen sind Vergütung, dh offenes oder verschleiertes Entgelt für die geleistete Tätigkeit als solche. Verdeckte Vergütung sind insbes auch sämtliche Pauschalen, die nicht tatsächlich entstanden und belegbaren Aufwand abdecken, oder Ersatz für Kosten sind, die mit der in Frage stehenden Tätigkeit typischerweise für den Beauftragten verbunden sind und in dieser Höhe üblicherweise pauschal, ohne Einzelnachweis erstattet werden (zutreffend LSG NRW 27.2.19 – L 8 R 398/17, NZS 19, 839).

35 **a) Auslagenersatz und durchlaufende Gelder.** Beitragsfreiheit besteht schon deshalb, weil es sich hierbei nicht um eine Vergütung für geleistete Arbeit handelt (→ *Arbeitsentgelt* Rn 92); vielmehr ersetzt der ArbGeb hier Ausgaben, die der ArbN im Namen und für Rechnung oder im eigenen Namen, aber für Rechnung des ArbGeb, also ausschließlich oder doch ganz überwiegend im Interesse des ArbGeb vorgenommen hat (BSG 18.9.91 – 10 RAr 12/90, SozR 3–4100 § 141b Nr 2 = NZA 92, 329 zu Ersatzansprüchen des ArbN gegen den ArbGeb aus Erfüllung von Verbindlichkeiten des ArbGeb). Eine Bereicherung bzw ein geldwerter Vorteil des ArbN liegt nicht vor, da er nur das erhält, was er aus eigener Tasche bereits für den ArbGeb verauslagt hat (BSG 18.1.18 – B 12 R 3/16 R, BeckRS 2018, 15685: Kein Arbeitsentgelt bei Zuschüssen an Leiharbeitnehmer wegen auswärtiger Unterbringung für Verpflegungsmehr- und Übernachtungsaufwendungen sowie Fahrtkosten). Aber selbst wenn der Auslagenersatz bzw wenn durchlaufende Gelder als Arbeitsentgelt zu qualifizieren wären – was nach der hier vertretenen Ansicht nicht zulässig ist – sie gem § 1 Abs 1 Nr 1 SvEV iVm § 3 Nr 50 EStG nicht dem Arbeitsentgelt iSd § 14 SGB IV zuzurechnen und damit beitragsfrei. Zur Berücksichtigung der Komponente des „echten" Aufwendungsersatzes bei **Aufwandsentschädigungen an Ehrenbeamte** in Höhe des steuerfreien Anteils vgl BSG 25.1.06 – B 12 KR 12/05 R, Rz 19. Die Gewährung einer angemessenen pauschalen **Aufwandsentschädigung an einen ehrenamtlich Tätigen** ist nicht beitragspflichtig, wenn der Ehrenamtliche neben Repräsentationspflichten auch Verwaltungsaufgaben wahrnimmt, die unmittelbar mit dem Ehrenamt verbunden sind (BSG 16.8.17 – B 12 KR 14/16 R, NZS 2018, 572: Kreishandwerkermeister; → *Aufwandsentschädigung* Rn 22; davon abzugrenzen ist die Steuerfreiheit der Einnahmen aus steuerrechtlich begünstigter ehrenamtlicher Tätigkeit; § 14 Abs 1 Satz 3 SGB IV iVm § 3 Nr 26a EStG, *Arbeitsentgelt*.

36 **b) Werbungskostenersatz.** Werden dem ArbN seitens des ArbGeb Aufwendungen ersetzt, die der ArbN zur Förderung seines Berufs im ganz überwiegend eigenen Interesse vorgenommen hat, sind dem Arbeitsentgelt zuzurechnen, soweit nicht kraft Gesetzes, nämlich in den Fällen des § 3 Nr 13 und 16 EStG Steuerfreiheit besteht.

37 Zur **Abgrenzung** gilt Folgendes: Veranlasst der ArbGeb den ArbN zu einem bestimmten Verhalten, das beim ArbN zu einem Erwerb zusätzlicher Kenntnisse oder Fähigkeiten führt (zB zu Sprachkenntnissen, Computerkenntnissen, Fahrerlaubnis, allg Umgangsformen, Arbeitstechniken usw) und ersetzt der ArbGeb dem ArbN die hierfür aufgewandten Kosten, gelten mE folgende Grundsätze: Handelt es sich bei den erworbenen Kenntnissen und Fähigkeiten um solche, die in der konkreten Beschäftigung bei diesem ArbGeb verlangt, im Wesentlichen nur dort genutzt werden können und die im **überwiegenden betrieblichen Interesse** erworben werden (zB BSG 26.5.04 – B 12 KR 5/04 R, SozR 4–2400 § 14 Nr 3: LKW-Führerschein; für Ersatz der Kosten des LKW-Führerscheins, betriebsspezifische Computerkenntnisse, spezieller Schweißkurs; Business-English), die in der Privatsphäre des ArbN aber so gut wie keine Rolle spielen, liegt kein Arbeitsentgelt vor. Dies gilt mE selbst dann, wenn dadurch die Beschäftigungsfähigkeit (Qualifikation) des ArbN für den allg Arbeitsmarkt gesteigert wird. Andernfalls läge gleichsam eine dem ArbN vom ArbGeb aufgedrängte Bereicherung vor. Anders ist dies, wenn es sich um den Erwerb von Kenntnissen und Fähigkeiten handelt, die der ArbN ohne weiteres auch in seiner **Privatsphäre** nutzen kann (zB Führerscheinklasse 3, Schreibmaschinenkurs, allg Computerkenntnisse, allg Englischkurs), bei denen sich der Eigennutzen und das Interesse des ArbGeb also etwa die Waage halten (BSG 26.5.04 – B 12 KR 2/03 R, SozR 4–2400 § 14 Nr 2 zum Instrumentengeld eines Orchestermusikers). Insgesamt lässt sich in der Rspr des BSG die Tendenz feststellen, möglichst keine inhaltlichen Differenzen zum BFH auftreten zu lassen.

38 Bei der **Übernahme von Bußgeldern** bedarf es einer Gesamtbetrachtung und einer Abwägung der Interessen des ArbGeb und des ArbN an der Übernahme. Bei der Übernahme eines Bußgeldes (→ Rn 18 ff) für eine vom ArbN begangene Ordnungswidrigkeit durch den ArbGeb ist das Interesse des ArbGeb idR nur darauf gerichtet, den ArbN von einer Belastung zu befreien, damit er und ggf auch andere ArbN nicht wegen dieser Bußgeldzahlung in Zukunft schlechter arbeiten. Das betriebliche Interesse im Sinne einer Förderung des Betriebserfolgs ist hier nur mittelbar. In solchen Fällen liegt ein geldwerter Vorteil des ArbN vor, der idR auch zur Beitragspflicht führt. Zahlt ein ArbGeb ein gegen seinen als Fahrer beschäftigten ArbN verhängtes Bußgeld, ist diese Zuwendung jedoch dann nicht beitragspflichtig, wenn die Zahlung überwiegend im **eigenbetrieblichen Interesse des Arbeitgebers** erfolgt. Dies hat das BSG in einem Fall bejaht, in dem die Zahlung nicht primär erfolgte, um den ArbN finanziell zu entlasten, sondern um die Weiterfahrt des LKWs und damit die rechtzeitige Auslieferung der beförderten Waren zu ermöglichen. Bei Nichtzahlung des Bußgeldes wäre dies nicht möglich gewesen. Darüber hinaus wäre der LKW ohne Zahlung des Bußgeldes auch auf unbestimmte Zeit festgesetzt gewesen und damit ausgefallen (BSG 1.12.09 – B 12 R 8/08 R, BeckRS 2010, 69542, Rz 17).

39 **2. Leistungsrecht.** Zahlungen des ArbGeb zum Zwecke des Aufwendungsersatzes sind bei der Berechnung von Lohnersatzleistungen dann in die Bemessungsgrundlage einzubeziehen, wenn der Aufwendungsersatz zu einer Bereicherung des ArbN geführt hat, dh wenn der Ersatz die tatsächlichen Aufwendungen erkennbar übersteigt. Dies gilt auch dann, wenn der Aufwendungsersatz in Form einer Pauschale gewährt wird und der Pauschbetrag den tatsächlichen Aufwand offensichtlich übersteigt, so dass der Sache nach Arbeitsentgelt vorliegt.

40 **3. Aufwendungsersatz als Leistung des Sozialrechts.** Verlangt ein zur Durchführung sozialrechtlicher Vorschriften zuständiger Leistungsträger vom Bürger/Versicherten, dass er bei der Behörde persönlich erscheint oder er sich zwecks Bezuges von Sozialleistungen einer ärztlichen oder psychologischen Untersuchung unterzieht, kann er auf Antrag Ersatz seiner notwendigen Auslagen (zB Fahrkosten; für die Arbeitsförderung vgl die Spezialvorschrift des § 309 Abs 4 SGB III) und seines Verdienstausfalles erhalten (Einzelheiten *Schlegel/Voelzke* SGB I § 65a). Eine ebenfalls spezifisch sozialversicherungsrechtliche Bedeutung kommt dem Aufwendungsersatz in Fällen zu, in denen eine Krankenkasse eine Leistung (zB in einem Notfall) nicht rechtzeitig als Sachleistung erbringen kann oder sie eine Leistung zu Unrecht ablehnt, sich der Versicherte die Leistung daher zunächst auf eigene Kosten selbst beschafft und anschließend von seiner Kasse **Kostenerstattung**/Aufwendungsersatz verlangt. Die Voraussetzungen dieses Anspruchs sind in § 13 Abs 3 SGB V geregelt; die Rspr hierzu ist unübersehbar.

# Aufzeichnungspflichten

## A. Arbeitsrecht *Griese*

1 **1. Aufzeichnungspflichten des Arbeitgebers.** Abgesehen von den steuer- und sozialversicherungsrechtlichen Aufzeichnungspflichten können den ArbGeb weitere öffentlichrechtliche Pflichten zur Aufzeichnung in schriftlicher und/oder elektronischer Form treffen. Dies betrifft etwa die Aufzeichnung von Daten der Mitarbeiter in **sicherheitsempfindlichen oder gesundheitsgefährdenden Bereichen** (zB § 12 Abs 1 Nr 3 und 4 Atomgesetz, § 6 Gentechnikgesetz) oder die Aufzeichnung von Daten zur **Kontrolle** der **Einhaltung von Rechtsvorschriften** (zB Fahrtenbuchaufzeichnungen). Erforderlich ist jeweils, dass hierfür eine Rechtsgrundlage in Form eines Gesetzes oder einer hierauf beruhenden RechtsVO besteht, die Zweck, Umfang und Verwendung der Aufzeichnungen regelt.

Gem § 17 MiLoG sind ArbGeb verpflichtet, die tägliche **Arbeitszeit, und zwar Beginn, Ende und Dauer** aufzuzeichnen. Dies gilt für alle ArbGeb in Bezug auf bei ihnen **geringfügig Beschäftigte Arbeitnehmer. Es gilt darüber hinaus für alle Arbeitsverhältnisse, soweit die Betriebe zu den in § 2a des Schwarzarbeitsbekämpfungsgeset-**

**zes genannten Wirtschaftsbereichen oder Wirtschaftszweigen gehören** (*Mindestlohn*). Eine ähnliche Aufzeichnungsverpflichtung enthält § 19 AEntG (*Arbeitnehmerentsendung*).

2 Soweit eine gesetzliche Regelung besteht, handelt es sich um eine vorrangige Regelung iSd § 87 Abs 1 Satz 1 BetrVG, so dass ein **Mitbestimmungsrecht** des BRat entfällt. Aus diesem Grund kann der BRat kein Mitbestimmungsrecht geltend machen hinsichtlich der Verpflichtung des ArbGeb, in atomtechnischen Anlagen das Betreten und Verlassen des sicherheitsempfindlichen Bereichs aufzuzeichnen und die Ausgabe von Zutrittsausweisen anzuordnen (BAG 9.7.91 – 1 ABR 57/90, NZA 92, 126).

3 Gleiches gilt für die gesetzlich vorgeschriebene Übersendung von Fahrtenschreiberaufzeichnungen an die zuständige Kontrollbehörde (BAG 12.1.88 – 1 AZR 352/86, DB 88, 1552). Eine solche Aufzeichnungspflicht ist zugleich eine die Datenerhebung und -verarbeitung erlaubende Regelung nach § 26 BDSG, die die Aufzeichnung datenschutzrechtlich zulässig macht.

4 **2. Aufzeichnungspflichten des Arbeitnehmers.** Der ArbGeb kann den ArbN vertraglich zur Führung von Aufzeichnungen verpflichten. In Betracht kommen wird dies insbesondere, wenn der ArbGeb nur durch Aufzeichnungen des ArbN dessen Tätigkeit nachvollziehen kann, etwa bei **Außendienstmitarbeitern** oder einem **Auslandseinsatz.** Soweit eine Kontrolle oder Bewertung der Tätigkeit des ArbN ohne Aufzeichnungen nicht möglich ist, wird der ArbGeb solche Aufzeichnungen im Wege des Weisungsrechts (→ *Weisungsrecht* Rn 3) auch ohne vertragliche Verpflichtung als **Nebenpflicht** aus dem Arbeitsverhältnis verlangen können.

5 **3. Aufzeichnungsobliegenheiten.** Über die Aufzeichnungspflichten hinaus bestehen für den ArbN **Aufzeichnungsobliegenheiten,** wenn er zur Geltendmachung von Ansprüchen auf Aufzeichnungen angewiesen ist. Diese ergeben sich aus prozessualen Gründen. Soweit der ArbN darlegungs- und beweispflichtig ist, muss er zur Erfüllung seiner Darlegungslast Aufzeichnungen vorlegen. Dies gilt etwa bezüglich Überstunden (→ *Überstunden* Rn 14) für die Aufzeichnung von Datum und Uhrzeit und bezüglich tarifgerechter Eingruppierung für die Aufzeichnung der einzelnen Arbeitsvorgänge für einen längeren Zeitraum. Durch ein Unterlassen der Aufzeichnung erleidet der ArbN Rechtsnachteile dergestalt, dass er seiner prozessualen Darlegungslast nicht oder nur erschwert nachkommen kann und deshalb ein gerichtliches Verfahren nicht mit ausreichender Erfolgsaussicht zu bestreiten vermag.

6 **4. Mitbestimmungsrechte des BRat.** Zu den Mitbestimmungsrechten des BRat s *Datenschutz* u *Personalinformationssystem*.

## B. Lohnsteuerrecht

*Seidel*

7 **1. Allgemeines.** Die Aufzeichnungspflichten des ArbGeb beim LStAbzug ergeben sich aus § 41 EStG iVm § 4 LStDV. Der ArbGeb hat für jeden ArbN ein **Lohnkonto** zu führen, ausnahmsweise ein Dritter (§ 4 Abs 4 LStDV; → *Lohnabzugsverfahren* Rn 16, 17 und → *Lohnkonto* Rn 2). Zu Inhalt und Führung des Lohnkontos → *Lohnkonto* Rn 3 ff. Zur Aufzeichnung auf Datenträgern s §§ 146 Abs 5 und 147 Abs 5 und 6 AO und → *Lohnsteueraußenprüfung* Rn 9. Das Lohnkonto stellt für den ArbGeb auch die Grundlage für die Erfüllung seiner Bescheinigungspflicht dar (→ *Lohnsteuerbescheinigung* Rn 2 ff). Hinsichtlich der Aufzeichnungspflichten bei Gewährung **vermögenswirksamer Leistungen** → *Vermögenswirksame Leistungen* Rn 36–38 und bei der Pauschalierung der LSt bei **Teilzeitbeschäftigung** → *Teilzeitbeschäftigung* Rn 118. Zu den Aufzeichnungspflichten im Rahmen der **betrieblichen Altersversorgung** s § 5 Abs 1 Nr 1 und 2 LStDV, → *Anzeigepflichten Arbeitgeber* Rn 14 und → *Lohnsteuerpauschalierung* Rn 41. Zu den Aufzeichnungen des Vergütungsschuldners iSd **§ 50a Abs 1 EStG** (→ *Lohnsteuerberechnung* Rn 11) s § 73d EStDV. Nach der durch das Steuerhinterziehungsbekämpfungsgesetz (BStBl I 09, 826) eingeführten Regelung des § 90 Abs 2 Satz 3 AO kann das FA dem Stpfl für die Zukunft die Aufbewahrung von Aufzeichnungen und Unterlagen aufgeben, wenn er seiner Mitwirkungspflicht nicht nachkommt.

8 **2. Verletzung der Aufzeichnungspflicht.** Kommt der ArbGeb seiner Aufzeichnungspflicht nicht, nicht richtig oder nicht vollständig nach, kann das FA dem ArbGeb **Auflagen**

zur Führung der Lohnkonten machen und diese mit Zwangsmitteln durchsetzen (§§ 328 ff AO; idR Zwangsgeld). Außerdem kann darin bei einem Verschulden des ArbGeb eine Gefährdung von Abzugssteuern liegen, die als Ordnungswidrigkeit mit **Geldbuße** bis zu 25000 € bedroht ist (§ 380 AO; *HMW*/Lohnkonto Rz 12). Im Übrigen kann der ArbGeb für zu wenig einbehaltene LSt als Haftender (→ *Lohnsteuerhaftung* Rn 4 ff) oder bei fehlerhafter Pauschalierung als Steuerschuldner (→ *Lohnsteuerpauschalierung* Rn 5 ff) in Anspruch genommen werden. Dabei kann das FA, wenn es aufgrund fehlerhafter Aufzeichnungen des ArbGeb die Besteuerungsgrundlagen nicht ermitteln kann, diese auch **schätzen** (§ 162 AO).

## C. Sozialversicherungsrecht *Schlegel*

**1. Lohnunterlagen.** Der ArbGeb hat gem § 28 f SGB IV für jeden Beschäftigten Lohnunterlagen getrennt nach Kj zu führen und bis zum Ablauf des auf die letzte Prüfung (§ 28p SGB IV; s *Außenprüfung*) folgenden Kj geordnet aufzubewahren. Gleiches gilt für die Beitragsberechnungen und die Beitragsnachweise. Die Lohnunterlagen sind in deutscher Sprache zu führen. Die Aufzeichnungspflicht erstreckt sich nicht auf die in Privathaushalten Beschäftigten (§ 28 f Abs 1 Satz 2 SGB IV); hinsichtlich der mitarbeitenden Familienangehörigen können die landwirtschaftlichen Krankenkassen Ausnahmen von der Aufzeichnungspflicht zulassen (§ 28 f Abs 1 SGB IV). Zur Aufzeichnungspflicht umfassend mit Hinweisen auf aktuelle Verlautbarungen der SozVTräger. 9

**a) Zweck der Aufzeichnungspflicht** ist es, die Beitragsentrichtung überprüfen zu können, um damit eine möglichst vollständige Erhebung der GesamtSozVBeiträge zu ermöglichen. Die Aufzeichnungen sind insbes **Gegenstand der Außenprüfung** (Einzelheiten zu dieser Prüfung s *Außenprüfung*). 10

**b) Inhaltliche Anforderungen** an die Aufzeichnungen sind in der aufgrund § 28n Nr 4 SGB IV erlassenen **BeitragsverfahrensVO** (BVV) vom 3.5.06 (BGBl I 1138) geregelt; diese VO hat die frühere BeitragsüberwachungsVO (BüVO) abgelöst. Danach muss der ArbGeb in die Lohnunterlagen insbes folgende Angaben über den Beschäftigten aufnehmen (§ 8 BVV): Personalien, Anschrift, Beginn und Ende der Beschäftigung, Beginn und Ende der Altersteilzeitarbeit, das Wertguthaben aus flexibler Arbeitszeit einschließlich Zu- und Abgängen, Beschäftigungsart, die für die Versicherungsfreiheit oder die Befreiung von der Versicherungspflicht maßgebenden Tatsachen, das Arbeitsentgelt nach § 14 SGB IV, Zusammensetzung des Arbeitsentgelts und dessen zeitliche Zuordnung, das beitragspflichtige Arbeitsentgelt bis zur Beitragsbemessungsgrenze der RV (→ *Beitragsbemessungsgrenzen* Rn 8), seine Zusammensetzung und zeitliche Zuordnung, den Beitragsgruppenschlüssel, die Einzugsstelle, den vom Beschäftigten zu tragenden Anteil am GesamtSozVBeitrag, getrennt nach Beitragsgruppen, die für die Erstattung von Meldungen darüber hinaus erforderlichen Daten, bei einer Entsendung Eigenart und zeitliche Dauer der Beschäftigung im Ausland sowie gezahltes Kurzarbeitergeld. 11

Die Lohnunterlagen müssen so beschaffen sein, dass sie einem sachverständigen Dritten innerhalb angemessener Zeit einen Überblick über die **Lohn- und Gehaltsabrechnung** des ArbGeb vermitteln können (§ 10 Abs 1 BVV). Die Angaben zum Verdienst und zu den SozVBeiträgen sind für **jeden Lohn- und Gehaltsabrechnungszeitraum** erforderlich; **Stornierungen** und **Berichtigungen** sind besonders kenntlich zu machen. Unterlagen, aus denen sich die Versicherungspflicht oder eine Befreiung von der Versicherungspflicht ergibt (zB Befreiungsbescheid), sind zu den Unterlagen zu nehmen; gleiches gilt für Entsendungstatbestände. Erklärungen des ArbN über den Verzicht auf die Versicherungsfreiheit in der RV (§ 8 Abs 1c, Abs 2 BVV), die Niederschrift nach dem NachweisG, Kopien eines Antrages oder Bescheides im Antragsverfahren nach § 7a Abs 1 und 2 SGB IV, Aufzeichnungen über Wertguthaben bis zu 250 Stunden Freistellung (§ 8 Abs 2 BVV). 12

**c) Gesteigerte Aufzeichnungspflichten bei Entgeltunterlagen in der Baubranche, der Fleischwirtschaft sowie bei Unternehmen der Kurier-, Express- und Paketdienste. Unternehmen der Baubranche** trifft bei der Ausführung eines Dienst- oder Werkvertrages nicht nur eine Nachunternehmerhaftung; sie sind nach § 28f Abs 1a SGB IV auch verpflichtet, die Entgeltunterlagen und die Beitragsabrechnung so zu gestalten, dass eine Zuordnung der ArbN, des Arbeitsentgelts und des darauf entfallenden Gesamtsozial- 13 versicherungsbeitrages zu dem jeweiligen Dienst- oder Werkvertrag möglich ist. Damit soll den zuständigen Stellen die Entscheidung über das Vorliegen der tatbestandlichen Voraussetzungen der Nachunternehmerhaftung erleichtert werden. Einzelheiten § 9 BVV.

Dies gilt in gleicher Weise für **Unternehmen der Fleischwirtschaft** nach dem Gesetz zur Sicherung von Arbeitnehmerrechten in der Fleischwirtschaft (Art 30 des G vom 17.7.17, BGBl I 2017, 2541). Danach gilt § 28e Abs 3a, Abs 3b Satz 1, Abs 3c Satz 1, Abs 3e, Abs 3f Satz 1 und 2 und Abs 4 SGB IV auch für Unternehmer der Fleischwirtschaft, die andere Unternehmer mit Tätigkeiten des Schlachtens oder der Fleischverarbeitung iSd § 6 Abs 10 Satz 2–4 AEntG beauftragen. Auch insoweit ist ebenfalls eine Nachunternehmerhaftung angeordnet. Die für Bauunternehmen angeordnete gesteigerte Aufzeichnungspflicht nach § 28f Abs 1a SGB IV gilt mit der Maßgabe, dass der Nachweis entsprechend § 28e Abs 3b Satz 1 SGB IV ausschließlich durch eine Unbedenklichkeitsbescheinigung der zuständigen Einzugsstelle für den Nachunternehmer oder den von diesem beauftragten Verleiher entsprechend § 28e Abs 3f Satz 1 und 2 SGB IV erbracht werden kann.

Die Nachunternehmerhaftung und erweiterte Aufzeichnungspflicht ist durch das **Paketboten-Schutz-Gesetz vom 15.11.19** (BGBl I 102) auf die KEP-Branche (KEP = **Kurier-, Express- und Paketdienste**) erweitert worden (vgl § 28e Abs 3g, § 28f Abs 1a SGB IV). Nach § 28f Abs 1a SGB IV hat der Unternehmer die Entgeltunterlagen und die Beitragsabrechnung bei der Ausführung eines Auftrages so zu gestalten, dass eine Zuordnung der Arbeitnehmer, des Arbeitsentgelts und des darauf entfallenden Gesamtsozialversicherungsbeitrags zu dem jeweiligen Auftrag möglich ist. Die gesteigerte Aufzeichnungspflicht ruht für einen Unternehmer im Speditions-, Transport- und damit verbundenen Logistikgewerbe, der im KEP-Bereich tätig ist, so lange, solange, die Haftung des Hauptunternehmers aufgrund einer bestehenden Präqualifikation oder vorgelegten Unbedenklichkeitsbescheinigung nicht zum Tragen kommt.

14 **d) Versicherungsfreie und von der Versicherungspflicht befreite Beschäftigte** sind in die Lohnunterlagen aufzunehmen, obgleich für diese Beschäftigten keine Meldungen zu erstatten oder Beiträge zu entrichten sind; die Aufzeichnungspflicht ergibt sich aber daraus, dass die Einzugsstelle zu prüfen hat, ob tatsächlich Versicherungs- und Beitragsfreiheit besteht (vgl auch den Wortlaut des § 28f Abs 1 SGB IV: „… für jeden Beschäftigten …"). Für die in **privaten Haushalten** Beschäftigten und ggf für in der **Landwirtschaft** mitarbeitende Familienangehörige besteht zwar keine Pflicht zur Führung von Lohnunterlagen, wohl aber zur Aufbewahrung der Beitragsabrechnungen und der Beitragsnachweise (§ 28f Abs 1 Satz 3 SGB IV).

15 **e) Nicht ordnungsgemäße Erfüllung der Aufzeichnungspflicht** ermächtigt den prüfenden RVTräger zum Erlass eines sog **Beitragssummenbescheides** (§ 28f Abs 2 SGB IV), wenn aufgrund nicht ordnungsgemäßer Aufzeichnung die Beitragshöhe oder die Versicherungs- und Beitragspflicht nicht festgestellt werden kann. Er ist dann berechtigt, den Beitrag in der KV, RV, PflegeV und ArblV von der Summe der vom ArbGeb gezahlten Arbeitsentgelte geltend zu machen. Dies gilt nicht, wenn und soweit ohne unverhältnismäßig großen Verwaltungsaufwand festgestellt werden kann, dass Beiträge nicht zu zahlen oder Arbeitsentgelt einem bestimmten Beschäftigten zugeordnet werden kann. Soweit die Prüfstelle die Höhe der Arbeitsentgelte nicht oder nicht ohne unverhältnismäßig großen Aufwand ermitteln kann, hat sie diese zu **schätzen,** wobei für das monatliche Arbeitsentgelt eines Beschäftigten das am Beschäftigungsort ortsübliche Arbeitsentgelt mitzuberücksichtigen ist (vgl hierzu BSG 7.2.02 – B 12 KR 12/01 R, SozR 3–2400 § 28f Nr 3; *Lohnkonto*).

16 **Summenbescheide** sind damit die **ultima ratio,** wenn eigene Ermittlungen, die die Einzugsstelle trotz der Pflichtverletzung des ArbGeb anstellen muss, eine nachträgliche Beurteilung der Versicherungs- und Beitragspflicht nicht aufgrund konkreter Tatsachen (Entgelte) zulassen (BSG 7.2.02 – B 12 KR 12/01 R, SozR 3–2400 § 28f Nr 3 zu den Anforderungen an die Intensität und das Vorgehen der Einzugsstellen in derartigen Fällen und zur gerichtlichen Überprüfbarkeit). Ist ein Beitragssummenbescheid ergangen, hat der prüfende RVTräger diesen, auch nachdem er unanfechtbar geworden ist, zu **widerrufen,** wenn nachträglich die Versicherungs- und Beitragspflicht oder Versicherungsfreiheit festgestellt oder die Höhe des Arbeitsentgelts nachgewiesen werden (§ 28f Abs 2 Satz 5 SGB IV). Bereits aufgrund des Summenbescheides bezahlte Beiträge sind mit der sich neu ergebenden Beitragsschuld zu verrechnen.

Nach § 1 Abs 2 SchwarzArbG leistet Schwarzarbeit ua, wer Dienst- oder Werkleistungen erbringt oder ausführen lässt und dabei als ArbGeb, Unternehmer oder versicherungspflichtiger Selbstständiger seine sich aufgrund der Dienst- oder Werkleistungen ergebenden sozialversicherungsrechtlichen Melde-, Beitrags- oder Aufzeichnungspflichten nicht erfüllt. Die Vorschrift selbst knüpft an das Vorliegen von Schwarzarbeit keine Rechtsfolgen (vgl *Schwarzarbeit*). Solche ergeben sich aber aus § 111 Abs 1 SGB IV. Danach liegt bzgl der Aufzeichnungspflichten eine **Ordnungswidrigkeit** vor, wenn Lohnunterlagen überhaupt nicht geführt oder nicht aufbewahrt werden. Die Vorschrift ist ihrem Zweck nach aber auch dann anzuwenden, wenn der ArbGeb die Aufzeichnungspflichten über einzelne seiner ArbN erfüllt, also Lohnunterlagen führt, für andere ArbN aber nicht, denn gem § 28 f Abs 1 SGB IV sind die Lohnunterlagen für „jeden Beschäftigten" zu führen und die Pflichtverletzung folglich für jeden Beschäftigten getrennt zu beurteilen, zumal es letztlich auch um die für den ArbN im Hinblick auf seine Rente gerade von ihm entrichteten Beiträge geht und dieser Schutzzweck auch bei der Auslegung des § 111 Abs 1 Nr 3 SGB IV nicht außer Betracht bleiben kann. 17

**2. Beitragsnachweise** sind vom ArbGeb bei der Einzugsstelle rechtzeitig einzureichen (§ 28 f Abs 3 Satz 1 SGB IV). Es handelt sich hierbei um **Selbstberechnungserklärungen,** deren nähere Ausgestaltung durch § 9 BVV geregelt wird. 18

**a) Mittelbare Beitragsberechnungspflichten.** Der ArbG ist durch die in § 28 f Abs 2 SGB IV vorgeschriebene Beitragsnachweispflicht mittelbar verpflichtet, die Beiträge selbst zu berechnen. Denn er kann Beiträge nicht nachweisen, ohne sie vorher errechnet zu haben. Die Richtigkeit der Beitragsnachweise wird im Rahmen von Außenprüfungen regelmäßig nur stichprobeartig überprüft (§ 11 Abs 1 BVV, zu den Rechtsfolgen BSG 29.7.03 – B 12 AL 1/02 R, SozR 4–2400 § 27 Nr 1 sowie *Außenprüfung*). 19

**b) Inhalt des Beitragsnachweises** sind die zur BVV aufzulistenden Beiträge und Umlagen; dh, der ArbGeb hat die Summe der von ihm abzuführenden Beiträge zur KV, RV, PflegeV und ArblV und Umlagen nach dem AAG (früher LFZG) für Krankheitsaufwendungen und Mutterschaftsaufwendungen für jeden Lohn- und Gehaltsabrechnungszeitraum gesondert zusammenzustellen; eine Aufteilung erfolgt nur nach verschiedenen Beitragsgruppen, nicht aber auf die einzelnen Beschäftigten. Bei gleich bleibender Beitragsschuld über einen längeren Zeitraum kann der Beitragsnachweis auch als Dauernachweis dienen, er ist dann aber als solcher zu kennzeichnen. Der **Form** nach kann der Beitragsnachweis seit 1.1.06 nur noch durch **Datenübertragung** eingereicht werden (Ausnahme: Haushaltsscheck, § 28 f Abs 3 SGB IV). 20

**c) Rechtzeitigkeit des Beitragsnachweises** liegt vor, wenn die Beitragseinzugsstelle über ihn an dem von ihr satzungsgemäß bestimmten Zeitpunkt der **Fälligkeit der Beiträge** verfügt. Zieht die Einzugsstelle die Beiträge im Abbuchungsverfahren ein, muss der Beitragsnachweis so rechtzeitig vorliegen, dass die Einzugsstelle die Abbuchung vornehmen kann und die Beiträge spätestens bei Fälligkeit auf ihren Konten gutgeschrieben sind. 21

**Schätzungen.** Die Einzugsstelle darf für die Beitragsabrechnung maßgebenden Arbeitsentgelte schätzen, wenn der Beitragsnachweis nicht rechtzeitig vorgelegt wird. Weshalb der maßgebliche Vorlagetermin nicht eingehalten wird, insbes, ob den ArbGeb hierfür ein Verschulden trifft, ist unerheblich. Die Schätzung bleibt maßgeblich, bis der Nachweis ordnungsgemäß eingereicht wird (§ 28 f Abs 3 Satz 2 SGB IV). Auch im Übrigen muss sich der ArbGeb in aller Regel an seinen Angaben im Beitragsnachweis festhalten lassen (BSG 7.2.02 – B 12 KR 13/01 R, SozR 3–2400 § 14 Nr 24 zur Unbeachtlich des Vorbehalts, dass ein ausgezahltes und nachgewiesenes Arbeitsentgelt vom FA als Betreibungsausgabe anerkannt wird). Ebenso ist eine Schätzung bei der **Nichtvorlage ordnungsgemäß geführter Aufzeichnungen zulässig** (zB Weigerung der Herausgabe von Lohnaufzeichnungen, vgl BSG 4.9.18 – B 12 R 4/17 R, BeckRS 2018, 30350). 22

**d) Vollstreckungsgrundlage.** Für die Vollstreckung von Geldforderungen ist nach dem Verwaltungsvollstreckungsgesetz regelmäßig das Vorliegen eines Verwaltungsaktes/Leistungsbescheides erforderlich (§ 3 Abs 2 VwVG). Gem § 28 f Abs 3 Satz 3 SGB IV gilt der **Beitragsnachweis** für die Vollstreckung als **Leistungsbescheid** der Einzugsstelle, dh die Vollstreckung kann unmittelbar nach Vorliegen des Beitragsnachweises eingeleitet werden. 23

## Ausbilder

### A. Arbeitsrecht

*Kania*

1 **1. Begriff.** Das BBiG unterscheidet zwischen Ausbilder und Ausbildendem. **Ausbildender** ist, wer einen Auszubildenden einstellt und mit diesem einen Ausbildungsvertrag schließt (§ 10 Abs 1 BBiG). Demgegenüber ist **Ausbilder** derjenige, der **die Ausbildung verantwortlich durchführt** (*Wohlgemuth/Lakies* § 10 Rn 9). In Kleinbetrieben werden Ausbildender und Ausbilder regelmäßig die gleiche Person sein. Übernimmt der Ausbildende hingegen nicht selbst die Ausbildung, so idR in Mittel- und Großbetrieben, so muss von ihm ausdrücklich ein **Ausbilder bestellt** werden (§ 28 BBiG, § 22 HwO). Die Bestellung hat der Ausbildende gegenüber der zuständigen Stelle (→ *Ausbildungsverhältnis* Rn 10) anzuzeigen (§§ 36 Abs 2, 34 Abs 2 Nr 9, 14 Abs 1 Nr 2, 28 Abs 2 BBiG). Da der Ausbilder als Erfüllungsgehilfe des Ausbildenden tätig wird, hat dieser den Ausbilder nicht nur sorgfältig **auszuwählen,** sondern auch dauernd **zu überwachen** (BAG 11.12.64, BB 65, 336).

2 Vom Ausbilder wiederum ist der sog **Ausbildungshelfer** zu unterscheiden. § 28 Abs 3 BBiG regelt nunmehr ausdrücklich, dass Personen, die nicht selbst Ausbilder sind, aber abweichend von den besonderen Voraussetzungen des § 30 BBiG die für die Vermittlung von Ausbildungsinhalten erforderlichen beruflichen Fertigkeiten, Kenntnisse und Fähigkeiten besitzen und persönlich geeignet sind, unter der Verantwortung des Ausbilders an der Berufsausbildung mitwirken können.

3 **2. Voraussetzungen für die Bestellung zum Ausbilder.** Gem § 28 Abs 1 S 2 BBiG darf Auszubildende nur ausbilden, wer **persönlich und fachlich geeignet** ist. Die Eignungsvoraussetzungen sind abschließend im BBiG, für den Bereich des Handwerks in §§ 21 bis 22c HwO, geregelt. Ein Mangel der Ausbildungsberechtigung berührt nicht die Wirksamkeit des Ausbildungsvertrags. Der Auszubildende hat aber uU das Recht zur außerordentlichen Kündigung gem § 22 BBiG und Anspruch auf Schadensersatz (→ Rn 7 ff). Zur **persönlichen Eignung,** die gem § 28 Abs 1 S 1 BBiG auch beim Ausbildenden vorliegen muss, → *Ausbildungsverhältnis* Rn 34.

4 **Fachliche Eignung** setzt die Beherrschung der erforderlichen beruflichen Fertigkeiten, Fähigkeiten und Kenntnisse sowie der erforderlichen berufs- und arbeitspädagogischen Kenntnisse voraus (§ 23 Abs 1 BBiG). Die erforderlichen beruflichen Fertigkeiten, Fähigkeiten und Kenntnisse besitzt, wer die Abschlussprüfung in einer dem Ausbildungsberuf entsprechenden Fachrichtung bestanden hat (§ 30 Abs 1 Nr 1 BBiG), eine **anerkannte Prüfung** an einer Ausbildungsstätte oder vor einer Prüfungsbehörde oder eine Abschlussprüfung an einer staatlichen oder staatlich anerkannten Schule in einer dem Ausbildungsberuf entsprechenden Fachrichtung bestanden hat (§ 30 Abs 1 Nr 2) oder eine Abschlussprüfung an einer deutschen Hochschule in einer dem Ausbildungsberuf entsprechenden Fachrichtung bestanden hat und eine angemessene Zeit in seinem Beruf praktisch tätig gewesen ist. Hiervon abweichend kann das Bundesministerium für Wirtschaft und Energie oder das sonst zuständige Fachministerium im Einvernehmen mit dem Bundesministerium für Bildung und Forschung nach Anhörung des Hauptausschusses des Bundesinstituts für Berufsbildung durch Rechtsverordnung, die nicht der Zustimmung des Bundesrates bedarf, in den Fällen des Abs 2 Nr 2 bestimmen, welche Prüfungen für welche Ausbildungsberufe anerkannt werden (§ 30 Abs 3 BBiG) oder für einzelne Ausbildungsberufe abweichend von Abs 2 die Voraussetzungen der erforderlichen beruflichen Fertigkeiten, Kenntnisse und Fähigkeiten nach Maßgabe des § 30 Abs 4 Nr 1–3 BBiG einschränken.

5 Hinsichtlich der **erforderlichen berufs- und arbeitspädagogischen Kenntnisse** ermächtigt § 30 Abs 5 BBiG den Bundesminister für Bildung und Forschung, durch RechtsVO zu bestimmen, dass der Erwerb der berufs- und arbeitspädagogischen Kenntnisse nachzuweisen ist, wobei Inhalt, Umfang und Abschluss der Maßnahmen für den Erwerb dieser Kenntnisse geregelt werden können. Von dieser Ermächtigung ist durch Erlass der **Ausbilder-Eignungs-Verordnung (AusbEignV 2009)** Gebrauch gemacht worden. Nachdem die frühere AEVO ausgesetzt war, ist zum 1.8.09 eine geänderte Fassung in Kraft

getreten (BGBl I, S 88). Danach müssen Ausbilder in anerkannten Berufen (wieder) den Erwerb der berufs- und arbeitspädagogischen Fertigkeiten, Kenntnisse und Fähigkeiten nachweisen.

**3. Haftung des Ausbilders.** Mit der Bestellung durch den Ausbildenden werden dem Ausbilder die Ausbildungspflichten gem § 14 Abs 1 Nr 1–5 und Abs 2 BBiG übertragen. Zum Inhalt der genannten Pflichten → *Ausbildungsverhältnis* Rn 19 ff. 6

Bei schuldhafter Nicht- oder Schlechterfüllung dieser Ausbildungspflichten haftet der Ausbilder **gegenüber dem Auszubildenden** nur gem §§ 823 ff BGB; vertragliche Ansprüche scheiden aus, weil der Ausbilder nicht Vertragspartner des Ausbildungsvertrages ist (*Barfuss* BB 76, 935). Bei Inanspruchnahme durch den Auszubildenden kann dem Ausbilder uU ein **Freistellungsanspruch** gegen den Ausbildenden als seinem ArbGeb zustehen. 7

**Gegenüber dem Ausbildenden** kann sich der Ausbilder bei Verletzung seiner Ausbildungspflichten aus positiver Vertragsverletzung ersatzpflichtig machen (*Barfuss* BB 76, 935). Ein Anspruch aus § 832 BGB kommt nicht in Betracht (*Schaub/Vogelsang* § 174 Rn 54). 8

**Der Ausbildende** wird durch die Einschaltung eines Ausbilders nicht von der Haftung gegenüber dem Auszubildenden frei. Da der Ausbilder Erfüllungsgehilfe des Ausbildenden ist, haftet dieser für das Verschulden des Ausbilders ohne die Möglichkeit eines Entlastungsbeweises. 9

**4. Beteiligung des Betriebsrats.** Gem § 98 Abs 2 BetrVG kann der BRat der **Bestellung eines Ausbilders** widersprechen oder dessen Abberufung verlangen, wenn dieser die persönliche oder fachliche, insbes die berufs- und arbeitspädagogische Eignung iSd BBiG nicht besitzt oder seine Aufgaben vernachlässigt. Zu den Voraussetzungen der persönlichen und fachlichen Eignung → Rn 4–5 und → *Ausbildungsverhältnis* Rn 19 ff. Von einer Vernachlässigung der Aufgaben ist dann auszugehen, wenn der Ausbilder sie nicht mit der erforderlichen Gründlichkeit ausführt und deshalb zu befürchten ist, dass die Auszubildenden das Ziel der Ausbildung nicht erreichen (*Fitting* § 98 Rn 17). Wenn sich ArbGeb und BRat nicht einigen können, kann der BRat beim ArbG beantragen, dem ArbGeb aufzugeben, die Bestellung zu unterlassen oder die Abberufung vorzunehmen (§ 98 Abs 5 S 1 BetrVG). Umgekehrt kann auch der ArbGeb vor Bestellung eines Ausbilders gerichtlich feststellen lassen, ob der Widerspruch des BRat berechtigt ist (LAG Bln 6.1.2000 – 10 TaBV 2213/99, NZA-RR 2000, 370; *Fitting* § 98 Rn 21; ErfK/*Kania* § 98 BetrVG Rn 12). 10

Von der Bestellung oder Abberufung eines Ausbilders sind die sich daraus uU ergebenden **personellen Einzelmaßnahmen** zu unterscheiden; die insofern erforderliche Mitbestimmung des BRat gem §§ 99, 102 BetrVG besteht neben den Rechten aus § 98 Abs 2, 5 BetrVG. 11

## B. Lohnsteuerrecht *Weil*

**1. Allgemeines.** Wird der Ausbilder als ArbN beim Ausbildenen beschäftigt, muss der Ausbildende als ArbGeb vom Arbeitslohn des Ausbilders die LSt einbehalten, anmelden und abführen. Ob ein Ausbilder selbstständig oder nicht selbstständig tätig ist, richtet sich nach den allgemeinen Abgrenzungskriterien (R 19.2 Satz 4 LStR; → *Arbeitnehmer (Begriff)* Rn 29 ff). 12

**2. Freibetrag zur Förderung gemeinnütziger Tätigkeiten (§ 3 Nr 26 EStG).** Die Einnahmen eines Ausbilders können bis zur Höhe von 2.400 € steuerfrei sein. Soweit die Einnahmen den Freibetrag übersteigen, sind sie steuerpflichtig. Der Freibetrag ist ein Jahresbetrag. Er wird auch dann nur einmal gewährt, wenn mehrere begünstigte Tätigkeiten ausgeübt werden. Er ist nicht zeitanteilig aufzuteilen (s R 3.26 Abs 8 LStR). 13

**a) Nebenberufliche Tätigkeit.** Voraussetzung ist, dass die Ausbilder-Tätigkeit als nebenberufliche Tätigkeit. Die Tätigkeit als **Ausbilder** beinhaltet die Entwicklung geistiger und körperlicher Fähigkeiten anderer Menschen durch Ausbildung vorhandener Anlagen (BFH 23.1.1986 – IV R 24/84, BStBl II 86, 398). Die Tätigkeit wird nebenberuflich ausgeübt, wenn sie – bezogen auf das Kalenderjahr – nicht mehr als ein Drittel der Arbeitszeit eines vergleichbaren Vollzeiterwerbs in Anspruch nimmt. Es können deshalb auch solche Personen nebenberuflich tätig sein, die im steuerrechtlichen Sinne keinen Hauptberuf ausüben, zB Hausfrauen, Vermieter, Studenten, Rentner oder Arbeitslose (R 3.26 Abs 2 LStR, → *Nebentätigkeit* Rn 22 ff).

**b) Person des ArbG.** Der Freibetrag wird gewährt, wenn die Tätigkeit im Dienst oder Auftrag einer der in § 3 Nr 26 EStG genannten Personen (eine im Inland oder in einem EU/EWR-Staat ansässige Person des öffentlichen Rechts oder eine gemeinnützige, mildtätige oder kirchliche Institution iSd § 5 Abs 1 Nr 9 KStG,zB Anwaltskammer, Ärztekammer, gemeinnützige Körperschaften, weitere Bsp → *Aufwandsentschädigung* Rn 13) erbracht wird.

**c) Nebentätigkeit für den gleichen ArbG.** Eine weitere Beschäftigung für denselben ArbG ist nicht nebenberuflich, wenn sie Teil der Haupttätigkeit ist. Ein solcher Zusammenhang liegt vor, wenn beide Tätigkeiten gleichartig sind oder der ArbN eine ihm aus dem Arbeitsverhältnis obliegende Nebenpflicht erfüllt oder er auch in der zusätzlichen Tätigkeit den Weisungen und der Kontrolle des ArbG unterliegt (BFH 11.12.2017 – VI B 75/17, BeckRS 2017, 140064).

14 **3. Werbungskosten- und Betriebsausgabenabzug.** Ein Abzug der Ausgaben, die mit der nebenberuflichen Tätigkeit zusammenhängen, ist möglich, soweit die Einnahmen und die Ausgaben den Betrag der steuerfreien Einnahmen übersteigen und die Aufwendungen höher als die Einnahmen sind (§ 3 Nr 26 Satz 2 EStG). Bei steuerfreien Einnahmen unter dem Steuerfreibetrag und Aufwendungen, die die steuerfreien Einnahmen übersteigen, können diese Aufwendungen insoweit abgezogen werden, als sie die steuerfreien Einnahmen übersteigen (BFH 20.12.2017 – III R 23/15, DStR 2018, 782). Eine Pauschale für Ausgaben iHv 25 vH der Betriebseinnahmen, höchstens 600 €, werden von der Verwaltung anerkannt (BMF 21.1.94, BStBl I 94, 112). Soweit für die Einnahmen auch eine Steuerbefreiung nach anderen Vorschriften beansprucht werden kann, sind die Vorschriften in der für den Stpfl günstigsten Reihenfolge anzuwenden (R 3.26 Abs 7 Satz 2 LStR).

**Beispiel:** A ist für ein staatlich anerkanntes Bildungsinstitut nebenberuflich im Rahmen der beruflichen Fortbildung als Vortragender iSv § 3 Nr 26 EStG selbstständig tätig. Seine Einnahmen betragen hieraus 6000 €, damit zusammenhängende Ausgaben 2500 €. Reisekosten iHv 600 € erhält er von seinem Auftraggeber ersetzt. Zu versteuern sind: 6000 € abzüglich 2400 € (steuerfrei) abzüglich 100 € (2500 € abzüglich 2400 €) = 3500 €. Der Reisekostenersatz ist steuerfrei (§ 3 Nr 13, 16 EStG).

15 Zu Aufwendungen bei **ehrenamtlicher** Tätigkeit → *Ehrenamtliche Tätigkeit* Rn 11 ff. Pauschaler Auslagenersatz, der den Freibetrag übersteigt, ist stpfl. Entstehen bei einer **beabsichtigten** nebenberuflichen Tätigkeit iSd § 3 Nr 26 EStG vorweggenommene Aufwendungen, kommt es aber nicht (mehr) zur Ausführung der Tätigkeit, steht das Abzugsverbot des § 3c EStG dem Abzug dieser Aufwendungen nicht entgegen (BFH 6.7.05 – XI R 61/04, DStR 05, 1683).

16 **4. Lohnsteuerverfahren.** Ist der Ausbilder nichtselbstständig tätig und will er die Steuerfreiheit iHv 2400 € schon während des Jahres, also bei Auszahlung der Vergütung in Anspruch nehmen, so hat er dem ArbGeb schriftlich zu bestätigen, dass er die Steuerfreiheit nicht bereits in einem anderen Dienst- oder Auftragsverhältnis in Anspruch genommen hat. Diese Erklärung ist zum *Lohnkonto* zu nehmen (R 3.26 Abs 10 Sätze 2 und 3 LStR).Mehrere steuerbegünstigte Tätigkeiten sind möglich. Der Steuerfreibetrag ist dann unter den ArbGeb aufzuteilen.

17 Übersteigen die Einnahmen den steuerfreien Betrag von 2400 €, muss die in § 3 Nr 26 EStG bezeichnete Institution als ArbGeb die 2400 € übersteigenden Beträge der LSt unterwerfen, sofern der Ausbilder nicht selbstständig tätig ist. Ein Freibetrag im Rahmen der ELStAM ist hierzu nicht vorgesehen.

Soweit die Voraussetzungen für die **Lohnsteuerpauschalierung** nach § 40a EStG vorliegen (→ *Lohnsteuerpauschalierung* Rn 28 ff), kann nach Ausschöpfung des steuerfreien Betrags von 2400 € der überschießende Betrag pauschaliert werden, so dass für den nichtselbstständigen Ausbilder insoweit keine Steuer anfällt.

18 Sind beide **Ehegatten** als Ausbilder tätig, so ist auf jeden einzelnen die Vorschrift des § 3 Nr 26 EStG einschließlich möglicher Pauschalierung nach § 40a EStG (→ Rn 19) unabhängig von der Zusammenveranlagung nach § 26 Abs 1 Satz 1 EStG anzuwenden.

**C. Sozialversicherungsrecht** *Voelzke*

**1. Versicherungspflicht.** Eine spezialgesetzliche Regelung über die Zugehörigkeit von Ausbildern als Personen, die im Rahmen eines Berufsausbildungsverhältnisses die Ausbildung verantwortlich durchführen, zum versicherten Personenkreis in der SozV besteht nicht. Maßgebend sind deshalb die allgemeinen Anforderungen an das sozialversicherungsrechtliche Beschäftigungsverhältnis (Näheres: *Arbeitnehmer (Begriff)*), das idR zum ausbildenden ArbGeb begründet ist. Hierbei ist unerheblich, dass dem Ausbilder seinerseits ein Weisungsrecht gegenüber den Auszubildenden zusteht. Zusätzlich ist, soweit die Besonderen Teile des SGB dies vorsehen, die **Entgeltlichkeit** der Beschäftigung des Ausbilders Voraussetzung für die Versicherungspflicht (in der KV: § 5 Abs 1 Nr 1 SGB V; in der RV: § 1 Satz 1 Nr 1 SGB VI; in der sozialen PflegeV: § 20 Abs 1 Nr 1 SGB XI; in der ArblV: § 25 Abs 1 SGB III). 21

**2. Unfallversicherung. Ehrenamtlich Lehrende** stehen bei der Ausübung ihrer Tätigkeit unter UV-Schutz, wenn sie für eine der in § 2 Abs 1 Nr 10 SGB VII genannten Institutionen tätig werden. Zu diesen Institutionen zählen nicht nur die in der Vorschrift aufgezählten öffentlich-rechtlichen Körperschaften und Religionsgemeinschaften, sondern durch die Bezugnahme auf Nr 2 und 8 auch die dort aufgeführten (privatrechtlich organisierten) Betriebsstätten, Lehrwerkstätten, Schulungskurse und ähnliche Einrichtungen sowie schließlich auch die allgemeinbildenden und berufsbildenden Schulen und die Hochschulen. Für die Annahme einer ehrenamtlichen Tätigkeit reicht nicht aus, dass sie unentgeltlich verrichtet wird. Vielmehr muss ein „Amt" ehrenhalber verrichtet werden (BSG 27.6.91 – 2 RU 26/90, SozR 3–2200 § 539 Nr 11). Ist dies der Fall, so kann auch eine einmalige oder für wenige Stunden verrichtete Tätigkeit versichert sein. 22

Für alle ehrenamtlich im Bildungswesen Tätigen gilt, dass auch die Teilnahme an **Ausbildungsveranstaltungen** für ihre Tätigkeit nach § 2 Abs 1 Nr 10 SGB VII unter Versicherungsschutz steht. Ausbildungsveranstaltungen sind solche, die Kenntnisse für das übernommene Amt vermitteln (*Schlegel/Voelzke/Bieresborn* SGB VII, § 2 Rz 220). Allerdings genügt eine beliebige vom Versicherten ausgewählte Veranstaltung nicht, wenn sie nicht von der betreffenden Institution getragen oder autorisiert wird (KassKomm/*Ricke* § 2 SGB VII Rz 50). 23

# Ausbildungsfreibetrag

**A. Arbeitsrecht** *Kania*

Der Begriff Ausbildungsfreibetrag hat arbeitsrechtlich keine eigenständige Bedeutung. 1

**B. Lohnsteuerrecht** *Thomas*

**1. Berechtigter.** Der Ausbildungsfreibetrag (zur Höhe → Rn 7) steht für ein sich in Berufsausbildung befindliches, auswärtig untergebrachtes, volljähriges Kind zu (§ 33a Abs 2 Satz 1 EStG). Er wird aber nicht dem Kind gewährt, sondern der Person, die für dieses Kind einen Kinderfreibetrag oder Kindergeld (zu kindergeldähnlichen ausländischen Leistungen vgl BFH 4.12.03 – III R 32/02, DStRE 04, 254; BFH 30.6.05 – III B 9/05, BFH/NV 05, 2007) beanspruchen kann (nicht: erhalten hat). Das können neben den Eltern auch andere Personen (Groß-, Stief-, Pflegeeltern) sein, denen ein Kinderfreibetrag (§ 32 Abs 6 EStG) bzw Kindergeld (§ 63 Abs 1 EStG) zusteht. Für jedes Kind, das die Voraussetzungen erfüllt, gibt es einen eigenen Freibetrag. Jedoch ist insgesamt nur ein Ausbildungsfreibetrag je begünstigtes Kind zu gewähren (zur Aufteilung → Rn 11). 2

Wird das Kind selbst veranlagt, werden Ausbildungskosten bei ihm als Werbungskosten berücksichtigt, wenn die Ausbildung auf das Erzielen von Erwerbseinnahmen gerichtet ist und die Aufwendungen deshalb beruflich veranlasst sind (BFH 27.5.03 – VI R 33/01, DStR 03, 1160), es sei denn, es liegt eine erstmalige Berufsausbildung oder ein Erststudium (→ *Ausbildungskosten* Rn 10, 22) vor, die nicht im Rahmen eines Dienstverhältnisses stattfinden (§ 9 Abs 6 EStG). In diesem Fall kann das Kind seine Ausbildungskosten bis zu 6000 € im Kj (§ 10 Abs 1 Nr 7 EStG) als Sonderausgaben abziehen.

3 **2. Voraussetzungen. a) Aufwendungen.** Da ein typisierter Mehrbedarf abgegolten wird, kommt es auf einzelne Aufwandspositionen nicht an. Es kann sich um Aufwendungen für ausbildungsbedingten Mehrbedarf (Studiengebühren, Lernmittel, Fahrt- und Umzugskosten usw), aber auch um solche für die Lebensführung des Kindes handeln, wobei eine bestimmte Höhe nicht erforderlich ist. Nur wenn der Stpfl gar keine Aufwendungen leistet, zB weil das Kind diese aus eigenen – wenn auch vom Stpfl zu Ausbildungszwecken geschenktem – Vermögen bestreitet, entfällt der Ausbildungsfreibetrag (BFH 23.2.94, BStBl II 94, 694). Die Aufwendungen des Stpfl gelten gleichmäßig für alle Ausbildungsmonate des Jahres als erbracht. Erstreckt sich das Studium einschließlich der unterrichts- und vorlesungsfreien Zeit über das ganze Jahr, so wird unterstellt, dass dem Stpfl in jedem Monat Aufwendungen entstanden sind (BFH 22.3.96 – III R 7/93, BStBl II 97, 30).

4 **b) Berufsausbildung.** Der Begriff stimmt mit dem in § 32 Abs 4 Nr 2a EStG verwendeten gleichen Begriff überein, der für den Kinderfreibetrag bzw das Kindergeld verwendet wird, nicht jedoch mit dem des § 9 Abs 6 EStG. Die Ableistung des freiwilligen sozialen Jahrs steht der Berufsausbildung nicht gleich, so dass für diese Zeit der Ausbildungsfreibetrag entfällt (BFH 24.6.04 – III R 3/03, DStRE 04, 1213). Für Übergangszeiten zwischen zwei Ausbildungsabschnitten gilt die Vier-Monats-Frist des § 32 Abs 4 Nr 2b EStG entsprechend (BFH 18.12.96, BStBl II 97, 430).

5 **c) Auswärtige Unterbringung** liegt vor, wenn das Kind außerhalb des elterlichen Haushalts wohnt (Miete, Untermiete, eigene Wohnung des Stpfl) und sich verpflegt (BFH 26.1.94, BStBl II 94, 544, BMF 21.11.94, BStBl I 94, 855). Ein 6-Wochen-Praktikum in den Semesterferien außerhalb der Hochschule führt nicht zu auswärtiger Unterbringung (BFH 20.5.94, BStBl II 94, 699; zweifelhaft). Wohnen bei einem Elternteil ist im Verhältnis zum anderen Elternteil keine auswärtige Unterbringung (BFH 5.2.88, BStBl II 88, 579). Zu weiteren RsprFällen der auswärtigen Unterbringung s H 33a.2 EStR.

6 **d) Antragserfordernis.** Der Antrag ist im Rahmen der ESt-Erklärung zu stellen (→ *Antragsveranlagung* Rn 2 ff). Zulässig ist er solange der Bescheid nicht bestandskräftig ist. Die Versäumung der Antragsfrist rechtfertigt keine Änderung nach § 173 Abs 1 Nr 2 AO (BFH 17.6.94 – III R 41/93, BFH/NV 95, 2; FG NdS 29.11.95 – IX 103/91, EFG 96, 166; Ausnahme FG Düsseldorf 4.3.93 – 14 K 1457/91 E, EFG 93, 663).

7 **3. Höhe.** Der Ausbildungsfreibetrag beträgt 924 € je Kalenderjahr (§ 33a Abs 2 Satz 1 EStG). Er muss nicht wegen besonders hoher Kosten eines Auslandsstudiums aufgestockt werden (BFH 22.12.05 – III B 137/05, BFH/NV 06, 735) oder bei kostenintensivem Inlandstudium (FG Brem 16.7.08 – 4 K 205/06, DStRE 09, 548). Die Höhe des Freibetrags ist verfassungskonform (BFH 25.11.10 – III R 111/07, DStRE 11, 286, bestätigt durch BVerfG 23.10.12 – 2 BvR 451/11).

8 **a) Anrechnung.** Eine Kürzung des Ausbildungsfreibetrages wegen eigener Einkünfte und Bezüge des Kindes findet ab 2012 nicht mehr statt (§ 33a Abs 3 Satz 2 EStG). Jedoch ist der Ausbildungsfreibetrag um Ausbildungszuschüsse aus öffentlichen Kassen zu kürzen (§ 33a Abs 3 Satz 3 EStG; BFH 7.8.92 – III R 45/89, BStBl II 92, 1023; BFH 7.3.02 – III R 22/01, FR 02, 791 mit Anm *Greite*), nicht jedoch, wenn Ausbildungshilfen für Aufwendungen gezahlten werden, die die Unterhaltspflichten der Eltern unberührt lassen (BFH 4.12.01 – III R 47/00, BStBl II 02, 195 und BFH 17.10.01 – III R 3/01, DStRE 02, 276 mit Anm *Heger* HFR 02, 208; *Greite* FR 02, 169). Der Meisterbonus (in Bayern 1000 €) wird nicht für die Ausbildung sondern für deren erfolgreichen Abschluss gezahlt und ist deshalb weder Stipendium iSv § 3 Nr 44 EStG noch Ausbildungsförderung iSv § 3 Nr 11 EStG (FG München 30.5.16 – 15 K 474/16, DStRE 17, 1160; BayLfSt 6.7.16, DStR 16, 2404), also auch kein anrechenbarer Ausbildungszuschuss iSv § 33a Abs 3 Satz 3 EStG. BAföGLeistungen sind nur anzurechnen, soweit sie als Zuschuss und nicht als Darlehen gewährt werden.

9 **b) Zeitanteilige Kürzung.** Es gilt für den Ausbildungsfreibetrag das Monatsprinzip. Danach entfällt die Entlastung nur für die Monate, an denen die Anspruchsvoraussetzungen (Volljährigkeit, Berufsausbildung, auswärtige Unterbringung) an keinem Tag vorgelegen haben (§ 33a Abs 3 Satz 1 EStG). Öffentliche Ausbildungszuschüsse, die zur Kürzung des

Freibetrages führen, sind wirtschaftlich dem Zeitraum zuzuordnen, für den sie bezogen werden (BFH 18.5.06 – III R 5/05, BFH/NV 06, 1745 zu unterschiedlichen Ausbildungshilfen im In- bzw Ausland).

**c) Auslandskinder.** Für ein Kind, das nicht im Inland lebt, können sich die oben aufgeführten Beträge nach der sog Ländergruppeneinteilung um ein Drittel oder um zwei Drittel mindern (§ 33a Abs 2 Satz 2 iVm Abs 1 Satz 6 EStG; BMF 27.2.96, BStBl I 96, 115; BFH 22.4.94, BStBl II 94, 887). Auch um Zuschüsse aus dem Ausland ist bei Auslandskindern der Ausbildungsfreibetrag zu mindern (FG Münster 4.11.93, EFG 94, 359). 10

**4. Aufteilung.** Bei **geschiedenen** oder verheirateten, aber dauernd getrennt lebenden **Eltern** wird grds der Ausbildungsfreibetrag jedem Elternteil, dem Aufwendungen für die Berufsausbildung des Kindes entstehen, zur Hälfte zuerkannt; das Gleiche gilt bei Eltern **nichtehelicher Kinder** oder bei Eltern, von denen ein Elternteil nicht im Inland lebt (§ 33a Abs 2 Satz 5 EStG). Auf gemeinsamen Antrag des Elternpaares kann bei einer Veranlagung zur ESt die einem Elternteil zustehende Hälfte des Ausbildungsfreibetrags ganz oder teilweise auf den anderen Elternteil übertragen werden (§ 33a Abs 2 Satz 5 EStG). Die Übertragung kann zivilrechtlich verlangt werden, wenn der abgebende Elternteil dadurch keine Nachteile erleidet (BFH 27.2.07 – III B 90/05, BFH/NV 07, 1119). 11

**5. Lohnsteuerabzug.** Der dem Stpfl zustehende Ausbildungsfreibetrag kann für das laufende Jahr auf Antrag auf der LStKarte als **Freibetrag** eingetragen werden (§ 39a Abs 1 Nr 3 EStG; → *Lohnsteuerermäßigung* Rn 3 ff). 12

### C. Sozialversicherungsrecht *Voelzke*

Da das Recht der SozV und ArblV bei der Beitrags- und Leistungsbemessung nach § 14 Abs 1 SGB IV an das Bruttoarbeitsentgelt anknüpft und die lohnsteuerlichen Abzugsmöglichkeiten nicht zulässt, kommt dem Ausbildungsfreibetrag im SozVRecht keine Bedeutung zu. 16

## Ausbildungskosten

### A. Arbeitsrecht *Poeche*

**Ausbildungskosten** sind begrifflich alle Aufwendungen, die durch eine berufliche Bildungsmaßnahme veranlasst sind. Zu diesen gehören neben der beruflichen Fortbildung, beruflichen Umschulung und Berufsausbildung iSd § 1 Abs 1 BBiG auch berufliche Weiterbildung (→ *Fortbildung* Rn 1 ff; → *Umschulung* Rn 1 ff; → *Weiterbildung* Rn 1 ff). Aufwendungen entstehen etwa durch die Ausbildungsmittel (Werkzeuge, Werkstoffe, schriftliche Unterlagen und sonstige Lehr- und Lernmittel), Fahrten zwischen Wohnung und Ausbildungsstätte, Verpflegung, Teilnahmegebühren für Lehrgänge usw. Hierzu gehören nicht die Kosten, die im Zusammenhang mit der schulischen Berufsausbildung des Auszubildenden entstehen (BAG 26.9.02 – 6 AZR 486/00, NZA 03, 1403; BAG 18.11.08 – 3 AZR 192/07, NZA 09, 435). 1

**Kostenträger** der Ausbildung ist zwingend der ArbGeb als Ausbildender im Berufsausbildungsverhältnis (§ 12 Abs 2 Nr 1 BBiG; Prinzip der Kostenfreiheit der Berufsausbildung, vgl BAG 26.9.02 – 6 AZR 486/00, NZA 03, 1403; → *Ausbildungsverhältnis* Rn 23) und den nach § 26 BBiG gleichgestellten Ausbildungsverhältnissen (*Praktikant*/Volontär). Vorbehaltlich einer anderen Regelung durch höherrangiges Recht (Tarifvertrag oder Betriebsvereinbarung) können ArbGeb und ArbN im Übrigen frei vereinbaren, wer von ihnen die mit einer Ausbildung zusammenhängenden Kosten übernimmt. In der betrieblichen Praxis ist das idR der ArbGeb. Anders liegt es bei der aufgrund Bildungsurlaubsgesetzen der Länder ermöglichten Weiterbildung (→ *Bildungsurlaub* Rn 1 ff). 2

**Rückzahlungsklauseln** dienen der Absicherung des ArbGeb, der für die von ihm getätigten Aufwendungen den ArbN jedenfalls für eine gewisse Zeit an den Betrieb binden will. Zu ihrer Zulässigkeit → *Rückzahlungsklausel* Rn 4 ff. 3

4 **Darlegungs- und Beweislast** bei Streit über Grund und Höhe der Kostentragungspflicht richten sich nach allgemeinen Grundsätzen, dh sie trifft den Anspruchsteller für die anspruchsbegründenden Voraussetzungen.

5 **Tarifvertrag/Erstattung.** Soweit durch Tarifvertrag eine gemeinsame Einrichtung der TVParteien errichtet ist, die der Förderung der Berufsausbildung dient, hat der ArbGeb regelmäßig einen Anspruch gegen die Einrichtung auf Erstattung der von ihm gezahlten Ausbildungsvergütung und der Kosten bei überbetrieblicher Ausbildung. Maßgeblich sind die jeweiligen tariflichen Bestimmungen. Zu beachten ist, dass in den TV regelmäßig Ausschlussfristen vereinbart sind (zB § 31 Tarifvertrag über die Berufsbildung im Baugewerbe). Die Einrichtung einer derartigen Ausbildungskostenausgleichskasse verstößt nicht gegen das GG (für das Schornsteinfegerhandwerk: LAG Köln 2.12.16 – 9 Sa 159/16, BeckRS 2016, 119188). Für etwaige Rechtsstreitigkeiten zwischen Einrichtung und ArbGeb ist das ArbG zuständig (§ 2 Abs 2 Nr 6 ArbGG); anderes gilt, wenn nicht ArbGeb, sondern Betriebe in Anspruch genommen werden, die keine ArbN beschäftigten, zB sog Solo-Selbständige im Baugewerbe, BAG 1.8.17 – 9 AZB 45/17, NZA 17, 1143. Hier ist der Rechtsweg zu den Zivilgerichten gegeben.

## B. Lohnsteuerrecht

*Weil*

### Übersicht



**Literaturhinweise:** BMF 22.9.10, DStR 10, 1988.

6 **I. Einführung. 1. Überblick.** Aufwendungen für Ausbildung und Berufsausbildung werden im EStG unterschiedlich behandelt, je nachdem wer die Kosten trägt. Deshalb ist der Begriff der (Berufs)-Ausbildung in den einschlägigen Vorschriften des EStG nicht als einheitlicher Begriff zu verstehen (BFH 4.3.10 – III R 23/08, BFH/NV 10, 1264). Als **Kostenträger** mit den jeweils einschlägigen Vorschriften kommen in Betracht:
- der Stpfl selbst: § 12 Nr 1 EStG und § 9 Abs 6 EStG, § 4 Abs 9 EStG, § 10 Abs 1 Nr 7 EStG
- die Eltern oder andere Angehörige des Stpfl: § 12 Nr 1 EStG, § 10 Abs 1 Nr 9 EStG, § 32 Abs 4 Satz 1 Nr 2a) EStG und § 32 Abs 6 EStG, § 33a Abs 2 EStG, §§ 62 ff EStG, § 33a Abs 1 EStG
- der ArbGeb: § 4 Abs 4 EStG
- Dritte: § 3 Nr 11 EStG und § 3 Nr 44 EStG.

7 **2. Der Steuerpflichtige als Kostenträger.** Für den Stpfl können sich die Ausbildungskosten erstrecken auf die
- Schulausbildung,
- Allgemeinbildung,
- Berufsausbildung einschließlich Hochschulausbildung,
- berufliche Fort- und Weiterbildung.

Schulausbildung und Allgemeinbildung betreffen den **privaten Lebensbereich** (§ 12 Nr 1 EStG; → Rn 8, 9). Kosten der erstmaligen Berufsausbildung (→ Rn 10) und des Erststudiums (→ Rn 22), die nicht im Rahmen eines Dienstverhältnisses stattfinden, sind nicht als Werbungskosten oder Betriebsausgaben (→ Rn 10 ff) sondern als **Sonderausgaben** (§ 10 Abs 1 Nr 7 EStG) abzugsfähig. Der BFH hat zur Frage der Verfassungsmäßigkeit dieses Abzugsverbots das BVerfG angerufen (Beschluss vom 17.7.14 – VI R 2/12, BFH/NV 14, 1954; Az BVerfG 2 BvL 22–27/14). Die Steuerfestsetzungen erfolgen insoweit vorläufig (BMF 11.4.16, BStBl I 16, 450). Kosten der erstmaligen Berufsausbildung und des Erststudiums sind als **Werbungskosten abzugsfähig,** wenn die Ausbildungstätigkeit im Rahmen eines Dienstverhältnisses stattfindet (→ Rn 26). Ist einer Berufsausbildung oder einem Studium eine abgeschlossene Erstausbildung (Berufsausbildung oder Studium) vorausgegangen, sind die Aufwendungen für die zweite Berufsausbildung oder ein zweites Studium als Betriebsausgaben oder Werbungskosten abzugsfähig (→ Rn 21, 24). Zur beruflichen Fort- und Weiterbildung → *Fortbildung* Rn 20, → *Weiterbildung* Rn 6.

**a) Schulausbildung.** Die Kosten für den Besuch von Allgemeinwissen vermittelnden Schulen von der Grundschule bis zum Abitur gehören grds zur privaten Lebensführung (§ 12 Nr 1 EStG; BFH 22.6.06 – VI R 5/04, BStBl II 06, 717). Diese Aufwendungen können als Sonderausgaben (§ 10 Abs 1 Nr 9 EStG) berücksichtigt werden. → *Kindervergünstigungen* Rn 27. Auch der Besuch eines Berufskollegs zum Erwerb der Fachhochschulreife gilt als Besuch einer allgemeinbildenden Schule, auch soweit das Abitur nach Abschluss einer Berufsausbildung nachgeholt wird (BFH 22.6.06 – VI R 5/04, BStBl II 06, 717). **8**

**b) Allgemeinbildung.** Die Kosten für die Allgemeinbildung sind grds nicht abzugsfähige Lebenshaltungskosten (§ 12 Nr 1 EStG), so zB ein Schreibmaschinen-Grundkurs (FG RhPf 28.3.94, EFG 94, 787), der Führerschein der früheren Klasse III, nun Klasse B (BFH 5.8.77, BStBl II 77, 834), der Besuch einer Musikschule, wenn nicht als Beruf angestrebt (OFD Frankfurt 5.6.96, DStR 96, 1246 = DB 96, 1547), ein Schwimm- oder Tanzkurs (FG NdS 14.2.02 – 14 K 596/99, EFG 02, 754), ein Seniorenstudium (BFH 10.2.05, VI B 33/04, BFH/NV 05, 1056). Zum Sprachkurs s einerseits → *Fortbildung* Rn 28, andererseits → *Ausländer* Rn 47. **9**

**II. Berufsausbildung (Erstausbildung). 1. Begriff der Berufsausbildung** (§ 9 Abs 6 EStG). Eine Berufsausbildung als Erstausbildung liegt vor, wenn eine geordnete Ausbildung mit einer **Mindestdauer** von 12 Monaten bei **vollzeitiger** Ausbildung und mit einer Abschlussprüfung durchgeführt wird. Eine **geordnete Ausbildung** liegt vor, wenn sie auf der Grundlage von Rechts- oder Verwaltungsvorschriften oder internen Vorschriften eines Bildungsträgers durchgeführt wird. Ist eine **Abschlussprüfung** nach dem Ausbildungsplan nicht vorgesehen, gilt die Ausbildung mit der tatsächlichen planmäßigen Beendigung als abgeschlossen. Eine Berufsausbildung als Erstausbildung hat auch abgeschlossen, wer die Abschlussprüfung einer durch Rechts- oder Verwaltungsvorschriften geregelten Berufsausbildung mit einer Mindestdauer von 12 Monaten bestanden hat, ohne dass er zuvor die entsprechende Berufsausbildung durchlaufen hat. Nach der Gesetzesbegründung bedeutet **„Vollzeit"** eine Dauer von durchschnittlich mindestens 20 Stunden wöchentlich. Die Ausbildung muss die Vermittlung der erforderlichen beruflichen Handlungsfähigkeit zum Ziel und zum Gegenstand haben. Neben staatlich anerkannten oder staatlich geregelten Ausbildungen kommen auch solche Berufsausbildungen in Betracht, die nach Richtlinien von Berufs oder Wirtschaftsverbänden oder internen Vorschriften der Bildungsträger geordnet sind. Die Berufsausbildung muss die zur Ausübung einer qualifizierten beruflichen Tätigkeit notwendigen beruflichen Fertigkeiten, Kenntnisse und Fähigkeiten vermitteln. **Ausbildungsziele** müssen definiert sein, ein feststehender Lehrplan muss existieren sowie Beginn und Abschluss müssen festgelegt sein. Weiterhin muss eine Berufsausbildung abgeschlossen sein, damit sie als erstmalige Berufsausbildung anerkannt werden kann. Ein **Abschluss** kann durch Abschlussprüfung oder durch planmäßige Beendigung erfolgen. Berufsvorbereitende Maßnahmen oder Ausbildungen, die die gesetzliche Mindestausbildungsdauer von 12 Monaten unterschreiten, sind keine Erstausbildung. **Keine** erste **Berufsausbildung** im Sinne dieser Regelung sind zB ein Kurs zur Berufsorientierung oder -vorbereitung, Kurse zur Erlangung der Fahrerlaubnis für Nutzfahrzeuge oder der Berechtigung zum Fahren von Flurförderfahrzeugen (Gabelstapler), ein Betriebspraktikum, eine Maßnahme zur Vermittlung einfachster Berufstätigkeiten (Anlerntätigkeiten, kurzfristige Einweisungen) oder die Grundausbildung bei der Bundeswehr. **10**

11 **2. Abgrenzungen.** Ein **freiwilliges soziales Jahr** stellt keine Berufsausbildung dar (→ *Freiwilligendienste* Rn 13), ebenso nicht ein **Au-pair**-Verhältnis (BFH 15.3.12 – III R 58/08, NJW 12, 2911).

12 **3. Ausbildungszeit.** Berufsausbildung umfasst die Zeit von Beginn der Ausbildungsmaßnahme bis zum Abschluss des Ablegens der laut Ausbildungs- und Prüfungsordnung vorgesehenen **Abschlussprüfung,** die zur Berufsausübung befähigt (zB Gesellenprüfung). Hieran kann sich eine weitere Berufsausbildung anschließen, zB Fachschule, Meisterschule, Aufbaustudium, gehobenere Ausbildung, andersartige Berufsausbildung, die bereits Fortbildung sein kann (→ *Fortbildung* Rn 22). Referendarzeit ist Fortbildung (BFH 7.11.80 – VI R 50/79, BStBl II 81, 216; BFH 12.8.83 – VI R 155/80, BStBl II 83, 718), für Kindergeldzwecke aber Ausbildung (BFH 10.2.00 – VI B 108/99, BStBl II 00, 398; → *Kinderfreibetrag* Rn 17 ff).

13 **4. Ausbildungskosten.** Unter Ausbildungskosten fallen die **unmittelbaren Ausbildungskosten** wie zB Lehrgangs-, Schul-, Kurs- und Prüfungsgebühren, Lernmaterial, Fachliteratur, Schreib- und Druckkosten für Diplomarbeit, Dissertation, Teilnahme an Exkursionen, aber auch mittelbare Ausbildungskosten wie zB **Fahrtkosten** zwischen Wohnung und Ausbildungsstätte (Abzugsbeschränkung nach § 10 Abs 1 Nr 7 Satz 4 EStG auf Entfernungspauschale), **Verpflegungsmehraufwendungen** (Abzugsbeschränkung nach § 10 Abs 1 Nr 7 Satz 4 EStG; → *Verpflegungsmehraufwendungen* Rn 8), **Arbeitszimmer** → *Arbeitszimmer* Rn 8 ff, 24; § 10 Abs 1 Nr 7 Satz 4 EStG); **Kosten der Unterbringung** (bei auswärtiger Unterbringung, wenn der Stpfl außerhalb des Studienortes über einen eigenen Hausstand verfügt § 10 Abs 1 Nr 7 Satz 3, 9 Abs 4 Satz 8, 9 Abs 1 Nr 5 EStG → *Doppelte Haushaltsführung* Rn 4 ff); **Zinsen für Ausbildungsdarlehen,** nicht die Tilgung (BFH 15.3.74, BStBl II 74, 513), aber der Tilgungszuschlag bei Nichteinhalten der Ausbildungsdarlehensbedingungen (BFH 28.2.92, BStBl II 92, 834); **Prozesskosten** (→ *Werbungskosten* Rn 30), zum **Deutsch-Sprachkurs eines Ausländers** (→ *Ausländer* Rn 47).

**Nicht zu den Ausbildungskosten gehören** die Aufwendungen für den Lebensunterhalt (Ernährung, Kleidung).

14 **5. Abzugsfähigkeit für den Steuerpflichtigen** (§ 10 Abs 1 Nr 7 EStG). **a) Sonderausgaben.** Die Ausbildungskosten können nach § 10 Abs 1 Nr 7 EStG **bis zu 6000 Euro** im Kj als Sonderausgaben abgezogen werden. Der Höchstbetrag deckt sämtliche Aufwendungen ab. Die Kosten können nicht als vorweggenommene WK nach § 9 Abs 6 EStG abgezogen werden (zur Vorlage an das BVerfG s BFH VI R 2/12 DStRE 15, 5).

15 Für die abziehbaren Aufwendungen gilt das **Abflussprinzip** (§ 11 Abs 2 EStG), dh im Jahr der Zahlung sind die Aufwendungen geltend zu machen (→ *Sonderausgaben* Rn 2), auch wenn die Aufwendungen mit Darlehensmitteln bestritten worden sind (BFH 7.2.08 – VI R 41/05, BFH/NV 08, 1136).

16 **b) Zuschüsse.** Dienen die Zuschüsse ausschließlich der Abgeltung von Ausbildungskosten, zB die Lehrgangskosten nach §§ 69, 82 SGB III oder die Leistungen für Lern- und Arbeitsmittel nach § 4 der VO über Zusatzleistungen in Härtefällen nach dem **BAföG,** so kürzen diese Leistungen die Aufwendungen des Auszubildenden bis höchstens 0 € (BFH 7.8.92, BStBl II 92, 1023; FG Köln 20.5.16 – 12 K 562/13, BeckRS 2016, 95288; → *Ausbildungsfreibetrag* Rn 8). Gelten die Leistungen dagegen ausschließlich oder teilweise andere Aufwendungen ab, zB Aufwendungen für den Lebensunterhalt (§§ 65, 66 SGB III, §§ 83–85 SGB III, das Unterhaltsgeld nach § 153 SGB III, die Leistungen nach §§ 12, 13 BAföG), so brauchen die Ausbildungskosten des Auszubildenden nicht gekürzt zu werden (BFH 8.12.78, BStBl II 79, 212; BFH 4.3.77, BStBl II 77, 503; s im Übrigen → *Beihilfeleistungen* Rn 10, 14; → *Berufsausbildungsförderung* Rn 4 ff; → *Umschulung* Rn 13; → *Arbeitslosengeld* Rn 10). Das Gleiche gilt für Bezüge, die nach Landesrecht gewährt werden.

17 **c) Außergewöhnliche Belastung.** Die nach Anrechnung von Zuschüssen den Höchstbetrag von 6000 € übersteigenden Aufwendungen können **nicht als außergewöhnliche Belastung** nach § 33 EStG berücksichtigt werden (§ 33 Abs 2 Satz 2 EStG; BFH 22.12.04, III B 169/03, BFH/NV 05, 699).

**d) Lohnsteuerfreibetrag.** Soweit die Aufwendungen abzugsfähig sind, können sie bei einem anderweitig bestehenden Arbeitsverhältnis zur LStMinderung im Rahmen der ELStAM berücksichtigt werden (§ 39a Abs 1 Nr 2, 3 EStG; → *Lohnsteuerermäßigung* Rn 3 ff). 18

**e) Ehegatten** (§ 10 Abs 1 Nr 7 Satz 2 ff EStG). Die Abzugsmöglichkeiten bei eigener Berufsausbildung (→ Rn 15) gelten bei Zusammenveranlagung für jeden Ehegatten (§ 10 Abs 1 Nr 7 Satz 2 EStG). Ehebedingter Drittaufwand wird anerkannt (§ 26b EStG; → Rn 29 und → *Sonderausgaben* Rn 2). Hierdurch soll dem bislang nicht berufstätigen Ehegatten der (Wieder-)Eintritt in das Berufsleben erleichtert werden. 19

**III. Berufsausbildung (Zweitausbildung).** Ist einer Berufsausbildung eine abgeschlossene erstmalige Berufsausbildung oder ein abgeschlossenes Erststudium vorausgegangen (weitere Berufsausbildung), handelt es sich bei den durch die weitere Berufsausbildung veranlassten Aufwendungen (→ Rn 14) um (vorweggenommene) **Betriebsausgaben oder Werbungskosten** (FG Nbg 2.5.16 – 4 K 15/14, BeckRS 2016, 94784: zu den Kosten der Ausbildung zum Skilehrer einer nach Abschluss der Ausbildung erst zu gründenden Skischule). Soweit die Aufwendungen die Einnahmen des jeweiligen Veranlagungszeitraums überschreiten, kann der sich ergebende Verlust nach § 10d EStG vor- oder zurückgetragen werden. Beginnt der Stpfl seine weitere Ausbildung bereits vor dem förmlichen Abschluss der ersten Ausbildung, können die Aufwendungen nicht als Werbungskosten abgezogen werden (FG Köln 22.5.12 – 15 K 3413/09, BeckRS 2012, 95622, Revision beim BFH VI R 38/12, BeckRS 2014, 96236). 20

**IV. Studium. 1. Erststudium.** Das Erststudium wird wie die erstmalige Berufsausbildung behandelt, wenn ihm kein anderes durch einen berufsqualifizierenden Abschluss beendetes Studium oder keine andere abgeschlossene nichtakademische Berufsausbildung (→ Rn 10 ff) vorangegangen ist (BFH 18.6.09 – VI R 14/07, DStR 09, 1952). Die Aufwendungen hierfür sind für den Stpfl als **Sonderausgaben** (§ 10 Abs 1 Nr 7 EStG) abzugsfähig. Geht dem Erststudium eine Berufsausbildung voraus, können die Studienkosten bei künftiger Berufsbezogenheit vorweggenommene Werbungskosten/Betriebsausgaben sein (§ 9 Abs 6 EStG, BFH 18.6.09 – VI R 14/07, DStR 09, 1952). Das Gleiche gilt bei einem berufsbegleitendem Studium (BFH 18.6.09 – VI R 49/07, BFH/NV 09, 1799), anders aber, wenn das Studium nicht künftiger Berufsausübung, sondern privaten Zwecken dient (FG BaWü 12.5.10 – 7 K 81/07, BeckRS 2010, 26029501). 21

Ein **Studium** iSd § 9 Abs 6 EStG liegt dann vor, wenn es sich um ein Studium an einer Hochschule iSd § 1 Hochschulrahmengesetzes handelt. Gleichgestellt sind private und kirchliche Bildungseinrichtungen sowie die Hochschulen des Bundes, die nach Landesrecht als Hochschule anerkannt werden, § 70 HRG. Studien können auch als Fernstudien durchgeführt werden, § 13 HRG. 22

**2. Zweit-, Ergänzungs- und Aufbaustudium.** Ein Studium während oder nach einem Erststudium ist **Zweitstudium** und fällt somit nicht unter § 9 Abs 6, § 10 Abs 1 Nr 7 EStG, ebenso **Ergänzungs- und Aufbaustudien,** sowie ein **Referendariat** (zu Ausbildungskosten im Ausland → *Ausbildungsverhältnis* Rn 88, → *Fortbildung* Rn 23). Es ist regelmäßig davon auszugehen, dass dem Promotionsstudium und der **Promotion** der Abschluss eines Studiums vorangeht. Aufwendungen für ein Promotionsstudium und die Promotion stellen **Betriebsausgaben oder Werbungskosten** dar, sofern ein berufsbezogener Veranlassungszusammenhang zu bejahen ist (BFH 3.11.03, VI R 96/01, BStBl II 04, 891). Dies gilt auch, wenn das Promotionsstudium bzw die Promotion im Einzelfall ohne vorhergehenden berufsqualifizierenden Studienabschluss durchgeführt wird. Weitere Fälle s BMF 22.9.10, DStR 10, 1988. 23

**3. Abzugsfähigkeit für den Steuerpflichtigen.** Es gelten die Ausführungen zur Berufsausbildung entsprechend (→ Rn 20). 24

**V. Erstmalige Berufsausbildung und Erststudium im Rahmen eines Dienstverhältnisses.** Die Aufwendungen für eine erstmalige Berufsausbildung (→ Rn 11 ff) und ein *Erststudium* (→ Rn 22) können als **Betriebsausgaben oder Werbungskosten** berücksichtigt werden, wenn die Ausbildung im Rahmen eines Dienstverhältnisses stattfindet (§ 9 Abs 6 EStG). Ein Dienstverhältnis iSd § 9 Abs 6 EStG ist ein Dienstverhältnis besonderer Art, das durch den Ausbildungszweck geprägt ist (sog Ausbildungsdienstverhältnis). Im Rahmen eines Dienstverhältnisses findet die Erstausbildung bzw das Erststudium statt, wenn 25 die Teilnahme an der Ausbildung ober am Studium verpflichtender Gegenstand des Arbeitsvertrages ist (BFH 16.1.13 – VI R 14/12, BStBl II 13, 449, → *Ausbildungsverhältnis* Rn 86 ff). Eine Ausbildung oder ein duales Studium eines Beamtenanwärters findet im Rahmen eines Dienstverhältnisses statt (OFD Nds 2.8.16, BeckVerw 331401).

26 **VI. Andere Kostenträger. 1. Der Arbeitgeber.** S → *Ausbildungsverhältnis* Rn 89, 91.

27 **2. Die Eltern als Kostenträger.** Für ihre in Berufsausbildung (zum Begriff BFH 18.3.09 – III R 26/06, DStRE 09, 1105; → *Kinderfreibetrag* Rn 17) befindlichen Kinder bis zum vollendeten 27. Lebensjahr, ab dem Geburtsjahrgang 1983 (→ *Kinderfreibetrag* Rn 10) bis zum vollendeten 25. Lebensjahr, einschließlich der Kinder, bei denen die Berufsausbildung unterbrochen ist oder die die Berufsausbildung mangels Ausbildungsplatz nicht beginnen oder fortsetzen können, erhalten die Eltern mit prinzipieller **Abgeltungswirkung** (BFH 28.3.96, BStBl II 97, 54; BFH 17.4.97, BStBl II 97, 752 = FR 97, 575), auch betr ein Auslandsstudium des Kindes (BFH 21.2.08 – III B 56/07, BFH/NV 08, 951) **Kindergeld** (§§ 62 ff EStG; → *Kindergeld* Rn 5 ff) oder einen **Kinderfreibetrag** sowie den Freibetrag für Betreuungs-, Erziehungs- und Ausbildungsbedarf (§ 32 Abs 6 EStG; → *Kinderfreibetrag* Rn 7 ff). Hierbei wird eine finanzielle Belastung der Eltern nur bei konkurrierenden Elternpaaren hinsichtlich Pflegekinder (§ 32 Abs 1 Nr 2 EStG) und bei konkurrierenden Elternteilen im Fall des Getrenntlebens oder der Scheidung (§ 32 Abs 6 Satz 6 EStG) gefordert. Den Eltern steht weiterhin auf Antrag ein **Ausbildungsfreibetrag** (→ *Ausbildungsfreibetrag* Rn 2 ff; § 33a Abs 2 EStG) zu, der dem Abzug als außergewöhnliche Belastung nach § 33a Abs 1 EStG und § 33 EStG vorgeht (BFH 17.12.09 – VI R 63/08, BStBl II 10, 341). Prozesskosten zur Erlangung eines Studienplatzes sind nicht als außergewöhnliche Belastung nach § 33 EStG abziehbar (FG Düsseldorf 14.1.13 – 11 K 1633/12 E, DStRE 14, 73).
Besteht kein Anspruch auf Kindergeld oder Kinderfreibetrag, können Aufwendungen für die Berufsausbildung des unterhaltsberechtigten Kindes als außergewöhnliche Belastungen abzugsfähig sein (§ 33a Abs. 1 EStG). Dabei müssen sich die Eltern Ausbildungshilfen nach dem AFG bzw dem SGB III anrechnen lassen, soweit die Kosten die Eltern aufgrund ihrer Unterhaltspflicht zu tragen hätten (BFH 4.12.01, III R 47/00, BStBl II 02, 195).

## C. Sozialversicherungsrecht

*Voelzke*

36 **1. Beitragsrecht.** Ausbildungskosten, die vom ArbGeb übernommen werden, sind entsprechend der steuerrechtlichen Behandlung grds der Beitragspflicht unterliegendes **Arbeitsentgelt im Sinne der Sozialversicherung,** sofern für die Ausbildung kein überwiegendes betriebliches Interesse besteht. Ein von der Ausbildungsfirma gewährtes **Wegegeld,** das in Stufen pauschal ohne Rücksicht auf die tatsächlichen Fahrkosten gezahlt wird, unterliegt, anders als die Fahrgelderstattung für tatsächlich entstandene Fahrkosten, der Beitragspflicht in der SozV (BSG 17.5.88 – 10 RKg 10/86, SozR 5870 § 2 Nr 59).

37 **2. Leistungen.** Leistungsrechtlich können Kosten einer betrieblichen Ausbildung für Ansprüche des Auszubildenden oder des ArbGeb von Bedeutung sein.
**a) Auszubildende.** Die vom Auszubildenden zu tragenden Ausbildungskosten werden im Rahmen des Bedarfs zur Berechnung der Berufsausbildungsbeihilfe berücksichtigt und bestimmen damit die Höhe dieser Leistung (→ *Berufsausbildungsförderung* Rn 20 ff). Die Förderung der beruflichen Weiterbildung umfasst auch die Tragung der unmittelbar durch die Teilnahme entstehenden Kosten durch die BA (→ *Weiterbildung* Rn 23 ff). Als Lohnersatzleistung kann während der Teilnahme an einer beruflichen Weiterbildungsmaßnahme *Arbeitslosengeld* gezahlt werden.

38 **b) Arbeitgeber.** Zuschüsse zu der Ausbildungsvergütung können für die betriebliche Aus- und Weiterbildung von **behinderten Menschen** in Ausbildungsberufen (§ 73 SGB III) gezahlt werden. Voraussetzung der Leistungsgewährung ist, dass die Aus- oder Weiterbildung sonst nicht zu erreichen ist. Der Zuschuss wird idR durch 60 vH der monatlichen Ausbildungsvergütung des letzten Ausbildungsjahres begrenzt. In Ausnahmefällen kann die gesamte Ausbildungsvergütung übernommen werden.

# Ausbildungsverhältnis

## A. Arbeitsrecht

*Kania*

### Übersicht



1 **I. Allgemeines. 1. Reform der beruflichen Bildung.** Mit Wirkung zum 1.4.05 ist das Gesetz zur Reform der beruflichen Bildung (BerBiRefG – BGBl I 05, 931) vom 23.5.05 in Kraft getreten, wobei Kernelement der Novellierung die Neufassung des BBiG vom 14.8.69 (BGBl I 69, 1112, zuletzt geändert durch Gesetz vom 23.12.16, BGBl I 16, 3234) war. Hierdurch erfolgte, unter Beibehaltung der grundlegenden Struktur der dualen Berufsausbildung in Schule und Beruf, eine der umfangreichsten Reformen der beruflichen Bildung. Die **Vorschriften über die Berufsbildungsforschung und über das Bundesinstitut für Berufsbildung** wurden in das neue BBiG integriert (§§ 84–101 BBiG), das Berufsbildungsförderungsgesetz (BerBiFG) wurde aufgehoben und das BBiG neu strukturiert. Seitdem beinhaltet der 1. Teil des Gesetzes die wesentlichen Grundbegriffe der Berufsbildung, der 2. Teil die Regelungen über die Ordnung der Berufsausbildung sowie die Anerkennung von Ausbildungsberufen. Die zuständigen Stellen und ihre Aufgaben sind im 3. Teil (Organisation der Berufsausbildung) übersichtlich zusammengefasst. Der 4. und 5. Teil enthält die ins BBiG integrierte Berufsbildungsforschung sowie die Regelungen über das Bundesinstitut für Berufsbildung. Abschließend regeln der 6. und 7. Teil die Bußgeld-, Übergangs- und Schlussvorschriften.

2 **2. Gegenstand der Berufsbildung.** Zentraler Begriff der Berufsausbildung ist die **berufliche Handlungsfähigkeit,** § 1 Abs 3 BBiG. Diese umschreibt das Ergebnis des gesamten Qualifizierungsprozesses (BT-Drs 15/3980 S 42) und erfasst neben der schon vor der Reform für die Berufsausbildung erforderlichen Vermittlung von Fertigkeiten und Kenntnissen nunmehr auch die Vermittlung von **Fähigkeiten.** Mit dieser Erweiterung werden die früher nicht erfassten, dennoch für das moderne Berufsbildungssystem, insbes im Dienstleistungssektor notwendigen Handlungspotenziale wie zB Team- oder Kommunikati-

onsfähigkeit als wesentliches Ziel der Berufsausbildung gesetzlich fixiert. Zugleich findet eine Anpassung an die veränderten Anforderungen eines modernen Berufsbildungssystems sowie eine sprachliche Angleichung an das Förderungsrecht des SGB III statt. Ferner hat sie den Erwerb der erforderlichen Berufserfahrung zu ermöglichen, § 1 Abs 3 S 2 BBiG. Jugendliche unter 18 Jahren dürfen gem § 4 Abs 3 BBiG nur in staatlich anerkannten Ausbildungsberufen – wenn vorhanden – nach der jeweiligen Ausbildungsordnung ausgebildet werden. Anders ist es bei volljährigen Auszubildenden; diese dürfen grds auch in nicht anerkannten Ausbildungsberufen ausgebildet werden, sofern die Berufsausbildung den genannten Erfordernissen des § 1 Abs 3 BBiG entspricht (Erfk/*Schlachter* § 4 Rn 1).

3 Der zwischen dem Ausbildenden und dem Auszubildenden zu schließende Berufsausbildungsvertrag betrifft allein die **betriebliche Ausbildung.** Nur diese ist auch Gegenstand des BBiG. Die Ausbildung in den **Berufsschulen** ist in den Schulgesetzen der Länder geregelt, da diesen gem Art 30, 70 GG insoweit die Gesetzgebungskompetenz zusteht. Die Berufsausbildung findet in den sog **Lernorten** statt. Gem § 2 Abs 1 BBiG sind Lernorte der betrieblichen Berufsbildung die Betriebe der Wirtschaft, vergleichbare Einrichtungen außerhalb der Wirtschaft, insbes des öffentlichen Dienstes, der Angehörigen freier Berufe und in Haushalten. Die schulische Berufsbildung findet in den berufsbildenden Schulen und die außerbetriebliche in sonstigen Berufsbildungseinrichtungen außerhalb der schulischen und betrieblichen Berufsbildung statt. Diese Lernorte sollen bei der Berufsbildung zusammenwirken (Lernortkooperation) vgl § 2 Abs 2 BBiG. Neben der (betrieblichen) Berufsausbildung regelt das BBiG gem § 1 Abs 1 BBiG die **berufliche Fortbildung** und die **berufliche Umschulung.** Einzelheiten s *Fortbildung* und *Umschulung*.

4 **Abzugrenzen** hiervon sind **sonstige Vertragsverhältnisse**, bei denen Personen eingestellt werden, um berufliche Kenntnisse, Fertigkeiten, Fähigkeiten oder Erfahrungen zu erwerben, ohne dass es sich um eine Berufsausbildung handelt. Insofern kann ein normaler Arbeitsvertrag oder ein **besonderer Ausbildungsvertrag** abgeschlossen werden, welcher sich nur dadurch vom Arbeitsverhältnis unterscheidet, dass bei ihm der Ausbildungszweck im Vordergrund steht. Auf einen solchen besonderen Ausbildungsvertrag finden die vertragsrechtlichen Vorschriften der §§ 10–23 und 25 des BBiG mit den **Maßgaben des § 26 BBiG** Anwendung. Zu nennen sind insbes **Praktikanten und Volontäre** (zu den Begriffen → *Praktikant* Rn 1 ff). Das Vertragsverhältnis von Praktikanten und Volontären ist im Regelfall als **besonderes Ausbildungsverhältnis im Sinne des § 26 BBiG** einzustufen mit der Folge, dass §§ 10–23 und 25 mit den in § 26 BBiG vorgesehenen Modifikationen ebenso Anwendung finden wie über § 10 Abs 2 BBiG das übrige Arbeitsrecht. Ausgenommen ist die Anwendung der Vorschrift über die Weiterarbeit gem § 24 BBiG. So kann die einfache Weiterarbeit in einem „anderen Vertragsverhältnis" über das vertraglich vereinbarte Ende hinaus kein Arbeitsverhältnis auf unbestimmte Zeit begründen, denn ein Weiterbeschäftigungsanspruch erscheint in Abwägung mit den Interessen der Vertragspartner als nicht angemessen (BT-Drs 15/3980 S 47). § 26 BBiG ist nicht anwendbar, wenn es sich um ein studienintegriertes Praktikum handelt (BAG 18.11.08 – 3 AZR 192/07, NZA 09, 435; 19.6.74 – 4 AZR 436/73, DB 74, 1920). Von vornherein kommt die Anwendung von § 26 BBiG nicht in Betracht, wenn es an jeglicher Verpflichtung zur Mitwirkung am arbeitstechnischen Zweck des Betriebes fehlt, so dass man noch nicht von einer „Einstellung" iSd Vorschrift sprechen kann (so BAG 17.7.07 – 9 AZR 1031/06, NZA 08, 416 für eine Tätowier- und Piercingschulung). Vergleichbare Abgrenzungsprobleme stellen sich bei Trainees, Diplomanden und Doktoranden (*Natzel* BB 2011, 1589). Schließlich ist vom Ausbildungsverhältnis das in § 1 Abs 2 BBiG ausdrücklich erwähnte **Berufsausbildungsvorbereitungsverhältnis** zu unterscheiden, das der Heranführung lernbeeinträchtigter oder sozial benachteiligter Personen an einen Ausbildungsberuf dient (*Natzel* DB 03, 719).

5 **3. Anwendungsbereich.** Hinsichtlich des **betrieblichen Geltungsbereiches** regelt das BBiG grds die Berufsausbildung in allen Berufs- und Wirtschaftszweigen. Ausgenommen sind gem § 3 Abs 2 Nr 2 BBiG öffentlich-rechtliche Dienstverhältnisse. Erfasst werden von dieser Vorschrift nur **Beamten- oder Soldatenverhältnisse,** nicht jedoch die Ausbildung im öffentlichen Dienst für Angestellte oder Arbeiter (*Schaub/Vogelsang* § 173 Rn 14). § 3 Abs 2 Nr 1 BBiG stellt klar, dass das BBiG keine Anwendung auf die Berufsbildung, die in

berufsqualifizierenden oder vergleichbaren Studiengängen an **Hochschulen** auf der Grundlage des Hochschulrahmengesetzes und der Hochschule der Länder durchgeführt wird, findet. In Bezug auf **duale Studiengänge** ist zu unterscheiden: Bei sog ausbildungsintegrierten Studiengängen wird neben dem Studienabschluss auch ein Ausbildungsverhältnis begründet, auf welches das BBiG Anwendung findet. Bei sog praxisintegrierten Studiengängen ist dies dagegen nicht der Fall; eine Überprüfung der hier abzuschließenden Ausbildungsverträge erfolgt nur nach den allgemeinen Vorschriften, insbes dem AGB-Recht (*Koch-Rust/Rosentreter* NZA 13, 879). Die Ausbildung zu **Heil- und Heilhilfsberufen** ist im Pflegeberufegesetz vom 24.7.17 geregelt, das zum 1.1.20 das Altenpflege- und das Krankenpflegegesetz abgelöst hat (BGBl I, 2581). § 3 Abs 3 BBiG normiert den Geltungsbereich für das **Handwerk.** Maßgeblich für die Berufsausbildung im zulassungspflichtigen, zulassungsfreien sowie im handwerksähnlichen Gewerbe ist die Handwerksordnung (BT-Drs 15/3980 S 43). Zu weiteren spezialgesetzlichen Regelungen s den Überblick bei MünchArbR/*Kiel/Lunk/Oetker* § 147 Rn 8 ff. **Räumlich** gilt das BBiG auf dem gesamten Gebiet der Bundesrepublik einschließlich der neuen Bundesländer. Im Zuge der Reform der Berufsbildung wurde das BerBiFG integriert, welches neben Vorschriften über Planung und Statistik insbes die Aufgabenstellung des **Bundesinstitutes für Berufsbildung** regelt. Dieses hat vor allem an der Vorbereitung von Ausbildungsordnungen mitzuwirken und führt das Verzeichnis der anerkannten Ausbildungsberufe.

**II. Begründung des Ausbildungsverhältnisses. 1. Abschluss des Ausbildungsvertrages.** Das Ausbildungsverhältnis wird durch den Abschluss eines Berufsausbildungsvertrages begründet. Dies ist der Vertrag zwischen Ausbildendem und Auszubildendem, durch den sich der Ausbildende zum Ausbilden in einem bestimmten Ausbildungsberuf und der Auszubildende zum Lernen in diesem Ausbildungsberuf verpflichtet (ErfK/*Schlachter* § 10 Rn 2 ff). **Vertragspartner** des Ausbildungsvertrages sind demnach der Auszubildende und der Ausbildende. Vom Ausbildenden zu unterscheiden ist der sog Ausbilder. Ausbilder ist, wer vom Ausbildenden ausdrücklich mit der Ausbildung beauftragt ist (§ 14 Abs 1 Nr 2 BBiG). Der Ausbildende hat unverzüglich nach Abschluss des Berufsausbildungsvertrags die Eintragung in das Verzeichnis der Berufsausbildungsverhältnisse zu beantragen (§ 36 Abs 1 BBiG). In Kleinbetrieben sind Ausbilder und Ausbildender regelmäßig identisch; wird ein Ausbilder gesondert beauftragt, so ist dieser nicht Vertragspartner des Ausbildungsvertrages. Näheres *Ausbilder.* § 10 Abs 5 BBiG regelt die in der Praxis häufig durchgeführte **Bildung sog Ausbildungsverbunde.** So können mehrere natürliche oder juristische Personen in einem Ausbildungsverbund zur Erfüllung ihrer vertraglichen Pflichten zusammenwirken, soweit die Verantwortlichkeit für die einzelnen Ausbildungsabschnitte sowie für die Ausbildungszeit sichergestellt ist (Verbundausbildung). Das vollständige Ausbildungspotenzial soll somit genutzt und zugleich eine breit angelegte Berufsausbildung gesichert werden. Auch wenn im Rahmen der Verbundausbildung mehrere Betriebe bei der Berufsausbildung mitwirken, wird lediglich ein Berufsbildungsvertrag gem § 10 Abs 1 BBiG mit dem Ausbildenden geschlossen (aA *Opolony* BB 05, 1050, 1051). § 10 Abs 5 BBiG spricht von der Erfüllung schon begründeter vertraglicher Pflichten. Seine gesetzliche Fixierung soll den Stellenwert der Verbundausbildung hervorheben (BT-Drs 15/4752 S 35) und mithin keine neue Art des Berufsausbildungsvertrages begründen. Vertragspartei ist die natürliche oder juristische Person, die mit dem Auszubildenden den Ausbildungsvertrag geschlossen hat (*Natzel* DB 05, 610). Im Falle einer **Stufenausbildung,** die als Regelfall der geordneten Ausbildung anerkannt ist, muss sich der Berufsausbildungsvertrag auf alle Stufen erstrecken (§ 5 Abs 2 Nr 1 BBiG); damit besteht keine Möglichkeit Kurzverträge abzuschließen, die sich lediglich auf eine Stufe beziehen (*Taubert* NZA 05, 503; zur Kündigung der Stufenausbildung → Rn 43). 6

Gem § 10 Abs 2 BBiG gelten für den Berufsausbildungsvertrag grds die **arbeitsrechtlichen Rechtsvorschriften** und Rechtsgrundsätze, soweit sich nicht aus dessen Wesen und Zweck und dem BBiG etwas anderes ergibt. Ob sich daraus ergibt, dass das Ausbildungsverhältnis als Arbeitsverhältnis einzustufen ist, ist sehr streitig (dagegen BAG 20.8.03 – 5 AZR 436/02, NZA 04, 205; 21.9.11 – 7 AZR 375/10, NZA 12, 255; zum Meinungsstand ErfK/*Schlachter* § 10 Rn 3 ff). Entschärft wird die Problematik, weil in einer Vielzahl von Gesetzen Auszubildende ArbN ausdrücklich gleichgestellt werden (§§ 5 Abs 1 BetrVG, 7

4 BPersVG, 2 BUrlG, 15 ArbPlSchG, 1 EWG-AufenthaltsG, 17 BetrAVG, 1 VermBG, 5 ArbGG, 1 Abs 2 EFZG).

8 Ist der **Auszubildende minderjährig,** so wird er durch seinen gesetzlichen Vertreter vertreten (BAG 29.5.69, DB 69, 1704). Der Vormund bedarf zum Abschluss eines Berufsausbildungsvertrages gem § 1822 Nr 6 BGB der Genehmigung des Familiengerichts. Schließen Eltern mit ihrem Kind einen Berufsausbildungsvertrag, so sind sie vom Verbot des § 181 BGB befreit (§ 10 Abs 3 BBiG). Eine Ermächtigung des Minderjährigen gem § 113 BGB zum Abschluss eines Ausbildungsvertrages kommt im Hinblick auf die Eigenart des Ausbildungsverhältnisses und den notwendigen Schutz des Minderjährigen nicht in Betracht (*Leinemann/Taubert* § 10 Rn 19 ff).

9 **2. Form.** Der Abschluss des Berufsausbildungsvertrages ist **formfrei** möglich. Allerdings ist der Ausbildende gem § 11 Abs 1 BBiG verpflichtet, den wesentlichen Inhalt des Vertrages spätestens vor Beginn der Berufsausbildung **schriftlich niederzulegen.** Die Schriftform hat deklaratorische Bedeutung und soll den Vertragsparteien jederzeit eine Orientierung über die wechselseitigen Rechte und Pflichten erlauben (*Schaub/Vogelsang* § 174 Rn 9). Verstöße gegen das Schriftformgebot führen nicht zur Nichtigkeit des Berufsausbildungsvertrags (BAG 21.8.97 – 5 AZR 713/96, NZA 98, 37). Der **Mindestinhalt der Niederschrift** ergibt sich aus § 11 Abs 1 BBiG. Danach muss diese mindestens Angaben enthalten über Art, sachliche und zeitliche Gliederung sowie Ziel der Berufsausbildung, insbes die Berufstätigkeit, für die ausgebildet werden soll, Beginn und Dauer der Berufsausbildung, Ausbildungsmaßnahmen außerhalb der Ausbildungsstätte, Dauer der regelmäßigen täglichen Ausbildungszeit, Dauer der Probezeit, Zahlung und Höhe der Vergütung, Dauer des Urlaubs, Voraussetzungen, unter denen der Berufsausbildungsvertrag gekündigt werden kann, und – in allgemeiner Form gehaltenen – über die Tarifverträge, Betriebs- oder Dienstvereinbarungen, die auf das Berufsausbildungsverhältnis anzuwenden sind. Die Niederschrift ist von dem Ausbildenden, dem Auszubildenden und dessen gesetzlichem Vertreter zu unterzeichnen; jedem der Unterzeichner ist unverzüglich eine Niederschrift auszuhändigen (§ 11 Abs 2, 3 BBiG). Diese Regelungen gelten für Änderungen des Berufsausbildungsvertrages entsprechend (§ 11 Abs 4 BBiG).

10 Der Ausbildungsvertrag und mögliche Änderungen sind ihrem wesentlichen Inhalt nach in das von der zuständigen Stelle geführte **Berufsausbildungsverzeichnis** einzutragen. Der Ausbildende hat den Vertrag gebührenfrei zur Eintragung anzumelden (§§ 34 ff BBiG). Die Eintragung ist grds Voraussetzung für die Zulassung des Auszubildenden zur Abschlussprüfung (§ 43 BBiG). Die jeweils „zuständigen Stellen" ergeben sich aus § 71 BBiG. Es sind die jeweiligen Kammern oder Innungen. Der Verstoß gegen die Pflicht zur schriftlichen Vertragsniederlegung oder die Verpflichtung zur Eintragung in das Verzeichnis machen den Ausbildungsvertrag nicht unwirksam. Diese Verpflichtungen sind jedoch gem § 102 Abs 1 Nr 1 iVm Abs 2 BBiG mit einem Bußgeld iHv bis zu 1000 € bewehrt; außerdem kann sich der Ausbildende schadensersatzpflichtig machen; nach vorheriger Abmahnung kann dem Auszubildenden ein Recht zur außerordentlichen Kündigung zustehen (*Schaub/Vogelsang* § 174 Rn 10).

11 **3. Berechtigung zur Einstellung.** Einen Auszubildenden **einstellen** darf nur, wer **persönlich geeignet** ist (§ 28 Abs 1 S 1 BBiG). Persönlich nicht geeignet ist insbes, wer wiederholt und schwer gegen die Vorschriften des BBiG oder die auf Grund dieses Gesetzes erlassenen Vorschriften und Bestimmungen verstoßen hat sowie wer Kinder und Jugendliche nicht beschäftigen darf. Das Verbot der Beschäftigung Kinder und Jugendlicher bezieht sich vor allem auf § 25 JArbSchG, wonach die rechtskräftige Verurteilung wegen der im Einzelnen aufgezählten Straftaten ein Beschäftigungsverbot für Jugendliche nach sich zieht. **Ausbilden** darf nur, wer neben der persönlichen auch über die notwendige **fachliche Eignung** verfügt (§ 28 Abs 2 BBiG). Dies gilt für den Ausbildenden, welcher selbst ausbildet, genauso wie für einen vom Ausbildenden beauftragten Ausbilder. Einzelheiten zur fachlichen Eignung → *Ausbilder* Rn 3, 4.

12 Schließlich muss der **Betrieb** des Ausbildenden nach Art und Einrichtung für die Berufsausbildung **geeignet** sein und die Zahl der Auszubildenden in einem angemessenen Verhältnis zu der Zahl der Ausbildungsplätze oder der Zahl der beschäftigten Fachkräfte stehen (§ 27 Abs 1 BBiG). Entgegen der Vorgängernorm (§ 22 Abs 2 BBiG aF) verzichtet § 27

Abs 2 BBiG auf die Formulierung, dass die Kooperation mehrere Betriebe zur Überwindung eines Mangels genutzt werden kann. Damit soll verdeutlicht werden, dass sog Verbundausbildungen nicht lediglich einen Mangel heilen, sondern sich ihrer Verantwortung für mehr Ausbildungsplätze und für eine moderne, den qualitativen Anforderungen entsprechende Berufsausbildung stellen (BT-Drs 15/3980 S 77).

Die persönliche, fachliche und betriebliche Eignung werden durch die zuständigen Stellen **überwacht,** § 32 BBiG. Werden die Voraussetzungen der §§ 27–30 BBiG nicht erfüllt, so ist der Ausbildungsvertrag nicht nichtig. Dem Ausbildenden kann allerdings gem § 33 BBiG die Einstellung und Ausbildung untersagt werden. Die Einstellung oder Ausbildung eines Auszubildenden trotz Fehlens der persönlichen oder fachlichen Eignung ist gem § 102 Abs 1 Nr 5 iVm Abs 2 BBiG mit einem Bußgeld bis zu 5000 € bewehrt. Daneben kann sich der Ausbildende schadensersatzpflichtig machen; der Auszubildende kann unter Umständen fristlos kündigen (LAG Stuttgart 28.2.55, AP Nr 1 zu § 77 HGB; *Leinemann/Taubert* § 22 Rn 87). 13

**III. Inhalt des Ausbildungsverhältnisses. 1. Dauer des Ausbildungsverhältnisses.** 14
Gem § 5 Abs 2 Nr 2 BBiG soll die Ausbildungsdauer **nicht mehr als drei und nicht weniger als zwei Jahre** betragen. Im Übrigen ergibt sich die konkrete Ausbildungszeit aus der jeweiligen Ausbildungsordnung. Die zuständige Stelle kann gem § 8 Abs 1, 2 BBiG die Ausbildungszeit im Einzelfall **verkürzen oder verlängern,** um die individuellen Begabungen und Fähigkeiten zu berücksichtigen. Die Ausbildungszeit ist auf gemeinsamen Antrag dann zu verkürzen, wenn zu erwarten ist, dass der Auszubildende das Ausbildungsziel in der gekürzten Zeit erreicht. Wie bisher ist eine Verkürzung der Ausbildungszeit im Gesamten möglich. Darüber hinaus ermöglicht nunmehr § 8 Abs 1 S 2 BBiG eine Verkürzung der Ausbildungszeit durch Verringerung der täglichen oder wöchentlichen Ausbildungszeit (sog **Teilzeitausbildung**). Voraussetzung hierfür ist ein berechtigtes Interesse. Dieses kann zB durch die Betreuung eines Kindes oder eines pflegebedürftigen Angehörigen begründet sein. Darüber hinaus dürften auch wirtschaftliche Interessen wie die Fortführung einer Berufstätigkeit oder eines Studiums den Anforderungen des berechtigten Interesses genügen (*Opolony* BB 05, 1050). Liegt ein solches vor, so besteht bei Einvernehmen der Parteien ein Anspruch gegenüber der zuständigen Stelle auf Teilzeitberufsausbildung. Unklar ist, ob auch ein berechtigtes Interesse des Ausbilders einen Anspruch auf Teilzeitausbildung auslösen kann. Wortlaut und Gesetzeszweck stehen dem nicht entgegen (*Opolony* BB 05, 1050). Darüber hinaus sind die Interessen des Auszubildenden ausreichend durch das gemeinsame Antragserfordernis geschützt. Neben der individuellen Verkürzung der Ausbildungszeit besteht zudem die Möglichkeit der **Anrechnung beruflicher Vorbildungszeiten durch Rechtsverordnung.** Gem § 7 Abs 1 BBiG kann die Landesregierung nach Anhörung des Landesausschusses für Berufsbildung in einer Rechtsverordnung festlegen, dass der Besuch eines Bildungsganges berufsbildender Schulen oder die Berufsausbildung in einer sonstigen Einrichtung ganz oder teilweise angerechnet werden kann. Die Anrechnung bedarf gem § 7 Abs 2 BBiG eines von Auszubildendem und Ausbilder gemeinsam gestellten Antrags.

Eine **Verlängerung** kann die zuständige Stelle auf Antrag des Auszubildenden dann 15
aussprechen, wenn die Verlängerung erforderlich ist, um das Ausbildungsziel zu erreichen. Zudem verlängert sich gem § 21 Abs 3 BBiG das Ausbildungsverhältnis auf Verlangen des Auszubildenden, wenn dieser die **Abschlussprüfung nicht bestanden** hat, bis zur nächstmöglichen Wiederholungsprüfung, höchstens jedoch um ein Jahr. Der Ausbildende hat die Verlängerung sogar dann hinzunehmen, wenn mit Sicherheit zu erwarten ist, dass der Auszubildende die Wiederholungsprüfung nicht bestehen wird (LAG Hamm 14.7.76, DB 77, 126). Besteht der Auszubildende die erste Wiederholungsprüfung nicht, verlängert sich das Berufsausbildungsverhältnis auf sein Verlangen nochmals bis zur weiteren Wiederholungsprüfung, allerdings nur, wenn diese noch innerhalb der Höchstfrist von einem Jahr gem § 21 Abs 3 BBiG abgelegt wird (BAG 15.3.2000 – 5 AZR 622/98, DB 2000, 1623). Kann der Auszubildende wegen Krankheit an der (ersten) Prüfung nicht teilnehmen, gilt § 21 Abs 3 BBiG entspr (BAG 30.9.98 – 5 AZR 58/98, NZA 99, 434). Schließlich ergibt sich eine Verlängerung des Ausbildungsverhältnisses aus § 6 Abs 3 ArbPlSchG bei einer **Einberufung zum Grundwehrdienst oder zu einer Wehrübung** um die Dauer dieser Zeit.

16 **2. Maßgeblichkeit der Ausbildungsordnungen.** Gem § 4 Abs 1 BBiG kann das Bundesministerium für Wirtschaft und Energie oder das sonst zuständige Fachministerium im Einvernehmen mit dem Bundesministerium für Bildung und Forschung durch Rechtsverordnung, die nicht der Zustimmung des Bundesrats bedarf, Ausbildungsberufe staatlich anerkennen. Diese **Anerkennung neuer Ausbildungsberufe** wurde durch den Verzicht, dass sie zur Anpassung an die technischen, wirtschaftlichen und gesellschaftlichen Erfordernisse und Entwicklungen zu erfolgen habe (§ 25 BBiG aF), erheblich erleichtert. Für staatlich anerkannte Ausbildungsberufe sind ebenfalls durch Rechtsverordnung Ausbildungsordnungen zu erlassen. Es darf ausschließlich nach der jeweiligen Ausbildungsordnung ausgebildet werden (§ 4 Abs 2 BBiG).

17 Gem § 5 Abs 1 BBiG hat die Ausbildungsordnung als **Mindestinhalt** folgende Feststellungen zu treffen: Die Bezeichnung des Ausbildungsberufs, die Ausbildungsdauer, die beruflichen Fertigkeiten, Kenntnisse und Fähigkeiten, die mindestens Gegenstand der Berufsausbildung sind (Ausbildungsberufsbild), eine Anleitung zur sachlichen und zeitlichen Gliederung der Vermittlung der beruflichen Fähigkeiten, Kenntnisse und Fertigkeiten (Ausbildungsrahmenplan) und die Prüfungsordnungen. Daneben findet sich in § 5 Abs 2 Nr 1–7 BBiG eine **abschließende** enumerative Aufzählung von Ausbildungsinhalten, deren Regelung ins **Ermessen des Verordnungsgebers** gestellt werden. Demnach kann die Ausbildungsordnung Regelungen über die Stufenausbildung, die gestreckte Abschlussprüfung, die Anrechnung einer bereits zurückgelegten Ausbildungszeit abweichend von § 4 Abs 4 BBiG, die Anrechnung anderweitiger Ausbildungen, die Vermittlung zusätzlicher Kenntnisse, Fertigkeiten und Fähigkeiten, die überbetriebliche Ausbildung und den Ausbildungsnachweis enthalten. Hinsichtlich der Stufenausbildung, der gestreckten Ausbildung und der Anrechnung anderweitiger Ausbildung ist der Ordnungsgeber aufgefordert, stets zu überprüfen, ob diese Regelungen sinnvoll und möglich sind, vgl § 5 Abs 2 S 2 BBiG. § 64 BBiG stellt klar, dass behinderte Menschen grds gem den allgemein gültigen Vorschriften ausgebildet werden müssen, so dass der Ausschließlichkeitsgrundsatz gem § 4 Abs 1, 2 BBiG auch in diesem Berufsausbildungsverhältnis Anwendung findet.

18 Ein **Verzeichnis der anerkannten Ausbildungsberufe** wird gem § 90 BBiG vom Bundesinstitut für Berufsbildung geführt und jährlich im Bundesanzeiger veröffentlicht.

19 **3. Pflichten des Ausbildenden. a) Ausbildung.** Der Ausbildende hat gem § 14 Abs 1 Nr 1 BBiG dafür zu sorgen, dass dem Auszubildenden die Handlungsfähigkeit vermittelt wird, die zum Erreichen des Ausbildungszieles erforderlich ist, und die Berufsausbildung in einer durch ihren Zweck gebotenen Form planmäßig, zeitlich und sachlich gegliedert so durchzuführen, dass das Ausbildungsziel in der vorgesehenen Ausbildungszeit erreicht werden kann. Wenn der Ausbildende selbst nicht fachlich zur Ausbildung geeignet ist, hat er hierfür einen Ausbilder zu beauftragen (Näheres *Ausbilder*).

20 Die Ausbildung erschöpft sich nicht in der **Vermittlung des Prüfungsstoffes** für die Abschlussprüfung. Gleichwertig tritt daneben der Zweck, den Auszubildenden mit den täglichen Betriebsabläufen möglichst wirklichkeitsnah vertraut zu machen (*Leinemann/Taubert* § 14 Rn 7). Deshalb können dem Auszubildenden alle im Rahmen des Berufsbildes üblichen Arbeiten übertragen werden, soweit sie letztlich dem Ausbildungszweck dienen und die körperlichen Kräfte des Auszubildenden nicht übersteigen (§ 14 Abs 2 BBiG).

21 Nicht übertragen werden dürfen dem Auszubildenden grds Besorgungen oder sonstige **berufsfremde Tätigkeiten.** Vom Ausbildungszweck gedeckt sind dagegen übliche Wartungs-, Pflege- und Reinigungsarbeiten, da diese zu den notwendig anfallenden Tätigkeiten gehören und der Auszubildende auch lernen soll, sich in den normalen Betriebsablauf einzufinden (*Schaub/Vogelsang* § 174 Rn 45). Neben der eigentlichen fachlichen Ausbildung soll der Ausbildende auch dafür sorgen, dass der Auszubildende **charakterlich gefördert** wird (§ 14 Abs 1 Nr 5 BBiG).

22 Diese **Erziehungspflicht** ist durch den Zweck der Berufsausbildung und die darin liegende fachliche Zielsetzung begrenzt. Der Ausbildende soll also nicht auf die Gesamtpersönlichkeit einwirken. Insbes ist es unzulässig, Einwirkungen auf den religiösen Glauben des Auszubildenden auszuüben (BVerwG 9.11.62, DB 63, 521) oder ihm den Beitritt zu einer Gewerkschaft zu verbieten.

**Ausbildungsmittel,** insbes Werkzeuge und Werkstoffe, die der Auszubildende für die Ausbildung und zum Ablegen von Zwischen- und Abschlussprüfungen benötigt, sind diesem **kostenlos** zur Verfügung zu stellen (§ 14 Abs 1 Nr 3 BBiG). Zu den vom Ausbildenden zu bezahlenden Ausbildungsmitteln zählen nicht die allein für den schulischen Teil der Ausbildung notwendigen **Fachbücher.** Dies folgt aus dem dualen System der Berufsausbildung; deshalb kann der ArbGeb nur verpflichtet sein, die für seinen Teil der Ausbildung, die betriebliche Ausbildung, notwendigen Ausbildungsmittel zur Verfügung zu stellen (*Schaub/Vogelsang* § 174 Rn 47; wohl auch BAG 16.12.76, DB 77, 1418). An den im Rahmen des Ausbildungsverhältnisses hergestellten **Ausbildungsstücken** erhält der ArbGeb das Eigentum; ob dies auch für **Prüfungsstücke** gilt, ist streitig. Das BAG entscheidet nach den Umständen des Einzelfalles, wobei es auf die Art des Handwerks, das Verhältnis von Werkstoffaufwand zum Wert des Gesellenstückes, die Üblichkeit und etwaige Vereinbarungen der Parteien ankommen soll (BAG 3.3.60, DB 60, 643). 23

Die **Verletzung der Ausbildungspflicht** ist für den Ausbildenden gem § 102 BBiG bußgeldbewehrt. Gem § 33 BBiG droht die Entziehung der Befugnis zur Einstellung und Ausbildung. Nach erfolgter Abmahnung kann der Auszubildende je nach den Umständen des Einzelfalles fristlos kündigen. Zudem macht sich der Ausbildende gegenüber dem Auszubildenden **schadensersatzpflichtig.** Ein Schadensersatzanspruch setzt regelmäßig einen gescheiterten Prüfungsversuch voraus, woran es bei vorzeitigem Abbruch der Ausbildung durch den Auszubildenden fehlt. In diesem Fall muss der Auszubildende substantiiert darlegen und beweisen, dass er das vereinbarte Berufsziel bei hypothetischer Fortsetzung des Ausbildungsverhältnisses nicht erreicht hätte (LAG Köln 30.10.98 – 11 Sa 180/98, NZA 99, 317). Darüber hinaus hat sich der Auszubildende ein **Mitverschulden** gem § 254 BGB anrechnen zu lassen, wenn er sich nicht hinreichend um die Ausbildung bemüht hat. Dieses Mitverschulden hat der Ausbildende substantiiert darzulegen; die pauschale Behauptung, das Versagen in der Prüfung sei Folge einer (mehrmonatigen) Fehlzeit oder von Faulheit, genügt nicht (BAG 10.6.76, DB 76, 2216). Die Höhe des Schadens bemisst sich nach der Differenz der gezahlten Vergütung zu dem Einkommen, das der Auszubildende nach bestandener Prüfung verdienen könnte (*Schaub/Vogelsang* § 174 Rn 43). 24

**b) Schulbesuch.** Der Ausbildende hat den Auszubildenden zum Besuch der Berufsschule sowie zum Führen von Berichtsheften anzuhalten, soweit solche im Rahmen der Berufsausbildung verlangt werden, und diese durchzusehen (§ 14 Abs 1 Nr 4 BBiG). Mit dieser Verpflichtung des Ausbildenden korrespondiert ein **Kontrollrecht** über die wirkliche Teilnahme des Auszubildenden am Berufsschulunterricht. Gem § 15 BBiG hat der Ausbildende den Auszubildenden unter Fortzahlung der Vergütung für die Teilnahme am **Berufsschulunterricht** und an **Prüfungen freizustellen.** Auch wenn die Erledigung im Betrieb anfallender Arbeiten noch so dringend erscheint, hat der Ausbildende grds kein Recht, eine Beurlaubung von der Schulpflicht zu erreichen (BAG 26.3.01 – 5 AZR 413/99, NZA 01, 892). Für die Zeit der Freistellung hat der Auszubildende keinen Anspruch auf Erstattung der Fahrtkosten zur Berufsschule oder auf Freizeitausgleich wegen der Wegezeit (BAG 11.1.73, DB 73, 831; LAG Frankfurt 9.12.87, BB 88, 631; *Schaub/Vogelsang* § 174 Rn 52). 25

**c) Vergütung. aa) Allgemeines.** Gem § 17 Abs 1 BBiG hat der Ausbildende dem Auszubildenden eine angemessene Vergütung zu gewähren. Die Vergütung bemisst sich grds nach Monaten und ist für den laufenden Kalendermonat spätestens am letzten Arbeitstag des Monats zu zahlen (§ 18 BBiG). Die Vergütung soll den Auszubildenden eine finanzielle Hilfe zur Durchführung der Berufsausbildung sein, sie dient zugleich der Heranbildung eines qualifizierten Nachwuchses und der Entlohnung der vom Auszubildenden geleisteten Arbeit (BAG 12.3.62, DB 62, 741; *Schaub/Vogelsang* § 174 Rn 60 ff). 26

Wegen dieses Mischcharakters ist die Vergütung **nicht als Arbeitsentgelt einzustufen** (BAG 20.10.83, DB 84, 1306; *Wohlgemuth/Pieper* § 17 Rn 2). Folgerichtig haben Auszubildende keinen Anspruch auf gesetzlichen Mindestlohn, was in § 22 Abs 3 MiLoG ausdrücklich klargestellt ist. Nach hM zählt der Anspruch auf Vergütung zu den „Erziehungsgeldern“ iSd § 850a Nr 6 ZPO; er ist damit nicht pfändbar und gem § 400 BGB nicht abtretbar (*Schaub/Vogelsang* § 174 Rn 60; *Leinemann/Taubert* § 17 Rn 7). 27

§ 17 Abs 1 BBiG gibt lediglich vor, dass die an die Auszubildenden zu zahlende Vergütung **angemessen** zu sein hat (vgl ausführlich *Opolony* BB 2000, 510; *Litterscheid* NZA 06, 639). Um die angemessene Vergütungshöhe zu ermitteln, empfiehlt es sich, auch wenn 28 die Parteien des Ausbildungsverhältnisses nicht tarifgebunden sind, von den vergleichbaren branchenüblichen tariflichen Sätzen auszugehen, da diese stets als angemessen anzusehen sind (BAG 16.5.17 – 9 AZR 377/16, NZA 17, 1129; *Schaub/Vogelsang* § 174 Rn 63). Jedenfalls bei einer mehr als 20%igen Unterschreitung der einschlägigen tariflichen Vergütung ist nach Auffassung des BAG Angemessenheit grds nicht mehr gegeben. Dies gilt grds auch dann, wenn dem Ausbildungsträger nur beschränkte finanzielle Mittel zugewiesen werden (BAG 19.2.08 – 9 AZR 1091/06, NZA 08, 828; 23.8.11 – 3 AZR 575/09, NZA 12, 211) oder bei Gemeinnützigkeit des Trägers (BAG 29.4.15 – 9 AZR 108/14, BeckRS 2015, 72037). Unterschreitungen sind dagegen denkbar, wenn das Ausbildungsverhältnis durch öffentliche Gelder (zB Zuschüsse der BA) finanziert wird (BAG 22.1.08 – 9 AZR 999/06, NJW 08, 1833) oder wenn der Ausbildende die Förderung Jugendlicher beabsichtigt, die ansonsten nicht in eine qualifizierte Ausbildung zu vermitteln wären (BAG 16.5.17 – 9 AZR 377/16, NZA 17, 1129). Fehlen tarifliche Regelungen der Vergütung für bestimmte Berufe, so kann auf die Empfehlungen der Kammern oder Handwerksinnungen zurückgegriffen werden (BAG 16.7.13 – 9 AZR 784/11, NZA 13, 1202). Von den zuständigen Stellen **festgesetzte Mindestsätze** für die Ausbildungsvergütung haben nur den Charakter einer unverbindlichen Empfehlung; dagegen ist die zuständige Stelle nicht berechtigt, Mindestsätze verbindlich festzusetzen und die Eintragung eines Ausbildungsvertrages von der Anerkennung der von ihr festgelegten Mindestsätze abhängig zu machen (BVerwG 26.3.81, NJW 81, 2209). Allerdings spricht bei einer Unterschreitung von Kammerempfehlungen um mehr als 20% eine Vermutung für Unangemessenheit (BAG 30.9.98 – 5 AZR 690/97, DB 99, 338; BAG 8.5.03 – 6 AZR 191/02, NZA 03, 1343).

29 Die Vergütung ist nach dem Lebensalter des Auszubildenden so zu bemessen, dass sie mit fortschreitender Berufsausbildung **mindestens jährlich ansteigt.** Besteht der Auszubildende vorzeitig eine Zwischenprüfung, so hat er auch schon Anspruch auf die für den folgenden Ausbildungsabschnitt vorgesehene Vergütung (ArbG Bochum 17.10.78, DB 79, 172; *Schaub/Vogelsang* § 174 Rn 64). Dies gilt auch, wenn der erfolgreiche Besuch des Berufsgrundbildungsjahres oder einer Berufsfachschule angerechnet wird (BAG 8.12.82, DB 83, 1208; *Schaub/Vogelsang* § 174 Rn 64).

30 Für die Zeit der Ausbildung nach nicht bestandener Abschlussprüfung **bis zur Wiederholungsprüfung** besteht grds kein Anspruch auf die erhöhte Vergütung für das vierte Ausbildungsjahr; diese ist nämlich im Allgemeinen nur für Ausbildungsberufe vorgesehen, die grds eine längere als eine dreijährige Ausbildungszeit vorschreiben (*Schaub/Vogelsang* § 174 Rn 64; → Rn 43).

31 **bb) Mehrarbeit.** Gem § 17 Abs 3 BBiG ist eine über die vereinbarte regelmäßige wöchentliche Ausbildungszeit hinausgehende Beschäftigung **besonders zu vergüten** oder **durch entsprechende Freizeit auszugleichen.** Als Anhaltspunkt für eine angemessene Entlohnung können die Bestimmungen über Mehrarbeitszuschläge in den (Mantel-)Tarifverträgen der jeweiligen Branche herangezogen werden. Eine Mehrbeschäftigung von Auszubildenden ist nur dann zulässig, wenn auch der Ausbilder oder die von diesem bestellte Aufsichtsperson zur gleichen Zeit tätig ist (*Wohlgemuth/Pieper* § 17 Rn 17).

32 **cc) Vergütungsfortzahlung.** Die Ansprüche des Auszubildenden auf Vergütungsfortzahlung sind in § 19 BBiG geregelt. Danach hat der Auszubildende **zeitlich unbegrenzt** Anspruch auf Fortzahlung der Vergütung für die Zeiten, in denen er am Berufsschulunterricht und an Prüfungen teilnimmt. Für die Dauer von **sechs Wochen** ist die Vergütung fortzuzahlen, wenn sich der Auszubildende zur Berufsausbildung bereit hält, diese aber ausfällt (§ 19 Abs 1 Ziff 2a BBiG). Der Anspruch setzt voraus, dass der Auszubildende die Erfüllung seiner Pflichten ordnungsgemäß anbietet. Dies ist dann nicht der Fall, wenn der Auszubildende zB infolge von Glatteis, Schneeverwehungen, Überschwemmungen oder Verkehrshindernissen nicht zur Ausbildung erscheint (BAG 24.3.82, DB 82, 1883). Bietet der Auszubildende die Erfüllung seiner Pflichten ordnungsgemäß an, so besteht der Fortzahlungsanspruch bei allen Betriebsstörungen, die in den Risikobereich des Ausbildenden fallen (zB Krankheit des Ausbildenden). Hat der Ausbildende das Unterbleiben der Ausbildung zu vertreten, so besteht die Fortzahlungsverpflichtung gem § 326 BGB ohne zeitliche Begrenzung (*Schaub/Vogelsang* § 174 Rn 71).

33 Die **Entgeltfortzahlung** bei Krankheit richtet sich wegen § 10 Abs 2 BBiG nach den Vorschriften des EFZG. Danach ist der Ausbilder gem § 3 EFZG zur Vergütungsfortzahlung

bei **unverschuldeter Krankheit** verpflichtet (*Entgeltfortzahlung*). Es können sich hier aber Besonderheiten bei der Frage des Verschuldens in Hinblick auf das jugendliche Alter des Auszubildenden ergeben (*Schaub/Vogelsang* § 174 Rn 75).

**4. Pflichten des Auszubildenden.** Die Hauptverpflichtung des Auszubildenden ergibt sich aus § 13 Abs 1 S 1 BBiG. Danach hat sich der Auszubildende zu bemühen, die berufliche Handlungsfähigkeit zu erwerben, die erforderlich ist, um das Ausbildungsziel zu erreichen. Nach der Gesetzesformulierung ist der folgende Pflichtenkatalog des § 13 S 2 Ziff 1–6 BBiG dieser Hauptpflicht untergeordnet. Zumindest die unter den Nr 4–6 aufgeführten Pflichten dienen jedoch weniger der Erreichung des Ausbildungszieles als den berechtigten Interessen des Ausbildenden. Im Einzelnen ist der Auszubildende verpflichtet, die ihm im Rahmen seiner Berufsausbildung aufgetragenen Verrichtungen sorgfältig auszuführen (Nr 1), an Ausbildungsmaßnahmen teilzunehmen, für die er nach § 15 BBiG freigestellt wird (Berufsschulunterricht, Prüfungen, auswärtige Ausbildungsmaßnahmen) (Nr 2), und hat den Weisungen zu folgen, die ihm im Rahmen der Berufsausbildung erteilt werden (Nr 3). 34

Die **weiteren Pflichten,** die für die Ausbildungsstätte geltende Ordnung zu beachten (Nr 4), Werkzeug, Maschinen und sonstige Einrichtungen pfleglich zu behandeln (Nr 5) und über Betriebs- und Geschäftsgeheimnisse Stillschweigen zu wahren (Nr 6), dienen hauptsächlich den Interessen des Ausbildenden. Eine ausdrückliche Aufzählung dieser Verpflichtungen erscheint eigentlich überflüssig, da es sich hierbei um selbstverständliche Verpflichtungen aus der Treuepflicht handelt. So ergibt sich aus der Treuepflicht des Auszubildenden iVm § 10 Abs 2 BBiG ohne ausdrückliche gesetzliche Erwähnung ein Wettbewerbsverbot während der Dauer des Ausbildungsverhältnisses (BAG 20.9.06 – 10 AZR 439/05, NZA 07, 977; *Schaub/Vogelsang* § 174 Rn 83). 35

**Verstößt der Auszubildende** gegen die ihm obliegenden Verpflichtungen, so kann der Ausbildende im Wiederholungsfalle nach erfolgter Abmahnung außerordentlich kündigen (→ Rn 55 ff). Für schuldhaft verursachte **Schäden** kommt **gegenüber dem Ausbildenden oder Dritten** eine Haftung gem §§ 276, 280, 823 BGB in Betracht. Es gelten aber auch hier gem § 10 Abs 2 BBiG die allgemeinen arbeitsrechtlichen Rechtsgrundsätze und damit die Rspr zur **Haftungsbegrenzung im Arbeitsverhältnis** (*Arbeitnehmerhaftung*). Eine Beschränkung der Haftung des Auszubildenden kann sich daraus ergeben, dass die an den Auszubildenden zu stellenden **Sorgfaltsanforderungen geringer** sind als diejenigen, die man an einen erwachsenen ArbN stellen muss, zumal den Ausbildenden eine erhöhte Verpflichtung zur Einweisung und Beaufsichtigung trifft (BAG 7.7.70 – 1 AZR 507/69, DB 70, 1886). Schließlich findet im Ausbildungsverhältnis eine Einschränkung der Haftung des Auszubildenden über die verstärkte Berücksichtigung des **Mitverschuldens des Ausbildenden** gem § 254 BGB statt (BAG 20.9.06 – 10 AZR 439/05, NZA 07, 977). So hat es sich der Ausbildende als Mitverschulden anrechnen zu lassen, wenn ihm der unzuverlässige Charakter seines Auszubildenden bekannt ist und er gleichwohl zusätzliche Schutzmaßnahmen unterlässt (LAG Mainz 10.6.58, DB 58, 844). Das Gleiche gilt, wenn der Ausbildende die notwendige Anleitung eines im Umgang mit Maschinen und Werkzeugen noch ungeübten Auszubildenden unterlässt (LAG Brem 8.4.59, BB 59, 850). **Gegenüber Arbeitskollegen** finden die Regeln der Haftungsbeschränkung aus §§ 105, 106 Abs 1 SGB VII Anwendung (BAG 19.3.15 – 8 AZR 67/14, NZA 15, 1057). Bei **vorzeitiger Beendigung** des Ausbildungsverhältnisses kann gem § 23 Abs 1 BBiG eine Haftung des Auszubildenden in Frage kommen, hierzu → *Ausbildungsverhältnis* Rn 61 ff. 36

**5. Nichtige Vereinbarungen.** Vereinbarungen, die den Auszubildenden für die Zeit nach Beendigung des Berufsausbildungsverhältnisses in der Ausübung seiner beruflichen Tätigkeit beschränken, sind nichtig (§ 12 Abs 1 S 1 BBiG). Die Vorschrift untersagt sämtliche Abreden, die den Auszubildenden in der Zeit nach der Ausbildung an der Verwertung seiner erlernten Fähigkeiten und Kenntnisse hindern (*Wohlgemuth/Lakies* § 12 Rn 8) oder auf sonstige Weise die Berufsfreiheit unverhältnismäßig einschränken (BAG 25.4.01 – 5 AZR 509/99, DB 01, 2300). Grds nichtig sind danach **zB Bleibeverpflichtungen** oder **Weiterarbeitsklauseln, Wettbewerbsverbote,** Vereinbarungen in dem Berufsausbildungsvertrag, wonach der Auszubildende drei Monate vor Beendigung des Berufsausbildungsverhältnisses anzeigen muss, dass er mit dem Ausbildenden nach dem Berufsausbildungs- 37 verhältnis kein Arbeitsverhältnis eingehen will (BAG 31.1.74, DB 74, 927), Vereinbarungen, die die Rückzahlung einer Gratifikation oder eines Darlehens davon abhängig machen, dass der Auszubildende vor einem bestimmten, nach dem Ende des Ausbildungsverhältnisses liegenden Termin nicht kündigt (BAG 25.4.01 – 5 AZR 509/99, DB 01, 2300; AP Nr 6 zu § 4 BBiG; *Leinemann/Taubert* § 12 Rn 12), ein mehr als drei Monate vor Ende des Ausbildungsverhältnisses erklärtes Verlangen gem § 78a Abs 2 BetrVG (BAG 15.1.80, DB 80, 1649; *Leinemann/Taubert* § 12 Rn 14).

38 Eine **Ausnahme** von dem Verbot des § 12 Abs 1 S 1 ist in Satz 2 BBiG geregelt. Demnach kann sich der Auszubildende ohne Einschränkungen zum Abschluss eines Arbeitsverhältnisses verpflichten, **gleichgültig, ob befristet oder unbefristet.** Diese Verpflichtung kann bis zu **sechs Monate** vor Beendigung des Ausbildungsverhältnisses eingegangen werden.

39 Zulässig ist auch der Abschluss eines befristeten Arbeitsverhältnisses. Eines Sachgrundes iSd § 14 Abs 1 TzBfG bedarf es hierfür nicht, denn das Ausbildungsverhältnis gilt nicht als vorhergehendes Arbeitsverhältnis iSd § 14 Abs 2 S 2 TzBfG (BAG 21.9.11 – 7 AZR 375/10, NZA 12, 255).

40 Außer den die Berufsfreiheit beschränkenden Abreden gem § 12 Abs 1 BBiG ist es weiter insbes unzulässig, mit dem Auszubildenden eine Vereinbarung zu treffen, nach der dieser für die Berufsausbildung eine Entschädigung zu zahlen hat (§ 12 Abs 2 Nr 1 BBiG). Dies gilt auch für Ausbildungsmaßnahmen außerhalb der Ausbildungsstätte, so dass der Ausbilder auch durch die außerbetriebliche Ausbildung verursachte **Übernachtungs- und Verpflegungskosten** tragen muss (BAG 21.9.95, DB 96, 227). Das **Verbot der Zahlung von Lehrgeld** gilt ferner für Vereinbarungen zwischen dem Ausbildenden und den gesetzlichen Vertretern des Auszubildenden, die dieses Verbot umgehen sollen. Unzulässig ist es deshalb etwa auch, wenn die Eltern des volljährigen Auszubildenden diesem einen besonders begehrten Ausbildungsplatz „erkaufen" (LAG Düsseldorf 25.11.80, BB 81, 495), oder wenn die Eltern des Auszubildenden dem Ausbildenden unentgeltlich Handwerksarbeit erbringen, damit ihr Kind den Ausbildungsplatz erhält (*Leinemann/Taubert* § 12 Rn 24). Da das Gesetz allerdings nur sicherstellen will, dass die betriebliche Berufsausbildung als solche nicht zu bezahlen ist, steht es den Parteien frei, eine Entschädigung für die Gewährung von Unterhalt und Verpflegung zu vereinbaren, sofern der Auszubildende im Rahmen des Betriebes Unterkunft und Verpflegung erhält (*Schaub/Vogelsang* § 174 Rn 37). Nicht erfasst werden auch Kosten, die im Zusammenhang mit der schulischen Berufsausbildung des Auszubildenden entstehen (BAG 26.9.02 – 6 AZR 486/00, NZA 04, 1403; 25.7.02 – 6 AZR 381/00, DB 03, 510).

41 Verboten sind schließlich **Vereinbarungen über Vertragsstrafen,** den Ausschluss oder die Beschränkung von Schadensersatzansprüchen sowie über die Festsetzung der Höhe eines Schadensersatzanspruches in Pauschbeträgen (§ 12 Abs 2 Nr 2–4 BBiG). Diese Vorschriften sind nach dem Schutzzweck des BBiG nur zu Gunsten des Auszubildenden zwingend. Vertragsstrafregelungen für den Fall der Pflichtverletzung durch den Ausbildenden oder etwa der Ausschluss von Schadensersatzansprüchen gegen den Auszubildenden dürfen deshalb vereinbart werden (*Schaub/Vogelsang* § 174 Rn 39; *Leinemann/Taubert* § 12 Rn 27). Über die Regelungen des § 12 BBiG hinaus, kann eine Vereinbarung im Berufsausbildungsvertrag auch gem §§ 305 ff BGB unwirksam sein, da dieser Vertrag der allgemeinen Inhaltskontrolle unterliegt (*Natzel* DB 05, 610 f).

42 **IV. Beendigung des Ausbildungsverhältnisses. 1. Beendigung durch Zeitablauf.** Gem § 21 Abs 1 BBiG endet das Berufsausbildungsverhältnis grds mit dem **Ablauf der Ausbildungszeit.** Das Ausbildungsverhältnis endet daher auch dann mit Ablauf der Ausbildungszeit, wenn die Abschlussprüfung erst später erfolgt. Liegt der Zeitpunkt der Abschlussprüfung nur kurze Zeit nach Ablauf der Vertragsfrist und wird die Ausbildung im Hinblick auf diese Prüfung tatsächlich fortgeführt, so kann von einer stillschweigenden Verlängerung des Ausbildungsverhältnisses bis zur Prüfung ausgegangen werden (ErfK/*Schlachter* § 21 BBiG Rn 2). Dies stellt keine Beschäftigung „im Anschluss" an das Berufsausbildungsverhältnis dar, so dass auch kein Arbeitsverhältnis nach § 24 BBiG begründet wird (BAG 1.1.09 – 3 AZR 427/07, DB 09, 2722; → Rn 46).

43 Wenn der Auszubildende **vor Ablauf der Ausbildungszeit die Abschlussprüfung besteht,** so endet das Ausbildungsverhältnis gem § 21 Abs 2 BBiG mit Bekanntgabe der

Ergebnisse durch den Prüfungsausschuss. Mit dieser Formulierung hat sich der Gesetzgeber bei der Neufassung des BBiG der Rspr des BAG (16.2.94 – 5 AZR 303/93, NZA 94, 87) angeschlossen. Fehlt nur noch eine Prüfung in einem einzelnen Prüfungsbereich, kommt es auf die Bekanntgabe des Ergebnisses im entsprechenden Fach an (BAG 20.3.18 – 9 AZR 479/17, NZA 18, 943). Klarstellend normiert § 21 Abs 1 S 2 BBiG, dass im Falle einer **Stufenausbildung** die Prüfung mit Ablauf der letzten Stufe endet. Zur Beendigung der Ausbildung nach einer Stufe bedarf es einer Kündigung nach § 22 Abs 2 Nr 2 BBiG wegen Aufgabe der Ausbildung oder Wechsel des Ausbildungsziels. Zwar kann von der zuständigen Stelle in der Prüfungsordnung ein abweichender Zeitpunkt festgesetzt werden; dieser Zeitpunkt darf jedoch nicht vor dem der Feststellung des Gesamtergebnisses der Prüfung liegen (BAG 5.4.84, DB 85, 602; BAG 16.2.94, DB 94, 1189). Spätestens mit Bestehen der Prüfung hat der beschäftigende Betrieb den **Facharbeiter- oder Gehilfenlohn** zu bezahlen (BAG 18.6.71, DB 71, 1578). Wenn der Auszubildende schon seit der Ablegung der Prüfung mit Facharbeiten beschäftigt war, beginnt bereits zu diesem Zeitpunkt die volle Entlohnungspflicht (BAG 25.7.73, DB 73, 2306).

**Besteht der Auszubildende die Abschlussprüfung nicht,** so verlängert sich gem § 21 Abs 3 BBiG das Berufsausbildungsverhältnis auf sein Verlangen bis zur nächstmöglichen Wiederholungsprüfung, höchstens jedoch um ein Jahr. Der **Anspruch auf Verlängerung** nach § 21 Abs 3 BBiG entsteht mit **Kenntnis** des Auszubildenden vom Nichtbestehen der Abschlussprüfung (BAG 23.9.04 – 6 AZR 519/03, DB 05, 1007). § 21 Abs 3 BBiG macht jedoch keine Angaben dazu, in welcher Frist der Auszubildende das Fortsetzungsverlangen geltend machen muss. Die Rspr unterscheidet hier nach dem Zeitpunkt, in welchem der Auszubildende die Fortsetzung des Arbeitsverhältnisses verlangt. Wird der Anspruch auf Verlängerung vor Ablauf vom Berufsausbildungsvertrag geltend gemacht, so ist die Geltendmachung des Verlängerungsanspruchs nicht fristgebunden (BAG 23.9.04 – 6 AZR 519/03, DB 05, 1007). Macht der Auszubildende hingegen einen während des Ausbildungsverhältnisses entstandenen Verlängerungsanspruch nach Beendigung des Berufsausbildungsverhältnisses geltend, muss das Verlangen unverzüglich erfolgen. Ob ein Verlangen unverzüglich erfolgt ist, bestimmt sich nach den Umständen des Einzelfalls. Unverzügliches Fortsetzungsverlangen kann jedoch auch dann noch vorliegen, wenn der Auszubildende erst nach einer angemessenen Überlegungsfrist, um sich über sein berufliches Fortkommen klar zu werden (BAG 23.9.04, DB 05, 1007), den Anspruch geltend macht. Bei Nichtbestehen der Wiederholungsprüfung kann der Auszubildende gem § 37 Abs 1 S 2 BBiG die Abschlussprüfung nochmal wiederholen. Zu den Auswirkungen auf den Bestand des Ausbildungsverhältnisses → Rn 13. 44

Stellt der Auszubildende **eindeutig** (LAG Hamm 14.7.76, DB 77, 126) das **Verlängerungsverlangen,** so hat der Ausbildende dem Verlangen stattzugeben, selbst wenn damit zu rechnen ist, dass der Auszubildende erneut die Prüfung nicht bestehen wird (LAG Hamm 14.7.76, DB 77, 126). Hat der Auszubildende die Verlängerung des Ausbildungsverhältnisses nicht verlangt, wird er aber nach nicht bestandener Abschlussprüfung gleichwohl weiterbeschäftigt, so gilt gem § 24 BBiG ein Arbeitsverhältnis auf unbestimmte Zeit als begründet. Ihm ist die seiner tatsächlichen Beschäftigung entsprechende Vergütung zu zahlen (BAG 21.3.57, DB 57, 431). 45

**Nach Beendigung des Ausbildungsverhältnisses** durch Zeitablauf oder durch bestandene Prüfung besteht grds keine Verpflichtung der Parteien, ein **Arbeitsverhältnis** zu begründen, es sei denn, dass sich eine entspr Verpflichtung aus dem Individual- oder Kollektivvertrag ergibt. Derartige Verpflichtungen sind, soweit nicht die Voraussetzungen der § 12 Abs 1 S 2 BBiG erfüllt sind, nur zu Gunsten des ArbN zwingend (BAG 13.3.75, DB 75, 1417; 5.4.84, DB 85, 602; 30.4.87, DB 87, 2048). Kommt der ArbGeb seiner Pflicht zur Begründung eines Arbeitsverhältnisses nicht nach, wird die Erfüllung dieser Verpflichtung mit Zeitablauf unmöglich; der Ausgebildete kann entspr Schadenersatz verlangen (BAG 14.10.97 – 7 AZR 298/96, NZA 98, 775). Werden Auszubildende im **Anschluss an das Ausbildungsverhältnis weiterbeschäftigt,** ohne dass hierüber ausdrücklich etwas vereinbart worden ist, so gilt nach der **gesetzlichen Fiktion** des § 24 BBiG ein Arbeitsverhältnis auf unbestimmte Zeit als begründet (zu den Einzelheiten s *Benecke* NZA 09, 820 ff; → Rn 42). Nach dem Wortlaut der Vorschrift spricht vieles dafür, dass diese Rechtsfolge nur dann eintritt, wenn der ArbN im unmittelbaren Anschluss seine Arbeitsleistung weiter 46 erbringt. Eine Unterbrechung durch Urlaub oder Freizeitausgleich steht dem entgegen (BAG 2.12.98 – 7 AZR 508/97, NZA 99, 482). Endet ein Ausbildungsverhältnis nach § 21 Abs 2 BBiG vor Ablauf der Ausbildungszeit mit Bestehen der Abschlussprüfung, entsteht ein Arbeitsverhältnis gem § 24 BBiG bereits bei entspr Kenntnis des Ausbildenden sowohl vom Bestehen der Prüfung als auch von der Weiterbeschäftigung (BAG 20.3.18 – 9 AZR 479/17, NZA 18, 943).

47 Einen **gesetzlichen Anspruch auf Übernahme** in ein Arbeitsverhältnis haben nur die Mitglieder der Betriebsverfassungs- und Personalvertretungsorgane (§§ 78a BetrVG, 9 BPersVG und die vergleichbaren Regelungen der LPersVG). Dazu → Rn 77 ff.

48 **2. Kündigung des Ausbildungsverhältnisses. a) Kündigungserklärung.** Die Kündigung während des Ausbildungsverhältnisses muss gem § 22 Abs 3 BBiG **schriftlich** erfolgen. Eine **nach Ablauf der Probezeit** ausgesprochene Kündigung hat **zudem unter Angabe der Kündigungsgründe** zu erfolgen. Dem Kündigungsgegner sind die wesentlichen Tatsachen anzugeben, die erforderlich sind, damit sich dieser ein Bild davon machen kann, warum das Ausbildungsverhältnis beendet wird (*Schaub/Vogelsang* § 174 Rn 102). Eine pauschale Bezugnahme auf vorherige mündliche Erläuterungen oder auf Vorfälle in der Vergangenheit reicht nicht aus (BAG 22.2.72, BB 72, 1191; BAG 25.11.76, DB 77, 868). Eine ohne hinreichende Angabe der Gründe ausgesprochene Kündigung ist unwirksam (BAG 22.2.72, BB 72, 1191). Andere dem ArbGeb bekannte Gründe, die nicht im Kündigungsschreiben aufgeführt sind, können nicht zur Rechtfertigung der Kündigung nachgeschoben werden (LAG BaWü 5.1.90, DB 90, 588). Nach Ausspruch der Kündigung bekanntwerdende Gründe können nachgeschoben werden, wenn sie dem Gekündigten unverzüglich schriftlich mitgeteilt werden (LAG Hamburg 29.8.97, LAGE § 15 BBiG Nr 11).

49 **Der minderjährige Auszubildende** kann weder selbst kündigen noch kann ihm gegenüber gekündigt werden. Vielmehr ist die Kündigung durch seinen gesetzlichen Vertreter bzw gegenüber diesem zu erklären (BAG 8.12.11 – 6 AZR 354/10, NZA 12, 495).

50 **Sonderkündigungsschutz** (zB §§ 9 MuSchG, 18 BEEG, 85 SGB IX, 15 KSchG) ist zu beachten (LAG Bln 1.7.85, BB 86, 62; BAG 10.12.87, DB 88, 1069). Der **Betriebsrat** ist vor Ausspruch einer Kündigung durch den Ausbildenden gem §§ 102, 103 BetrVG zu beteiligen. Dies gilt nach der Rspr des BAG (BAG 21.7.93, DB 94, 842) wohl nicht, wenn der Auszubildende in einem reinen Ausbildungsbetrieb ausgebildet wird (*Kreutzfeldt/Kramer* DB 95, 975).

51 **b) Kündigung während der Probezeit.** Während der Probezeit und auch schon vor deren Beginn (LAG Düsseldorf 16.9.11 – 6 Sa 909/11, NZA-RR 12, 127) kann das Berufsausbildungsverhältnis von beiden Vertragsparteien **jederzeit ohne Einhalten einer Kündigungsfrist** und ohne Angaben von Kündigungsgründen gekündigt werden (§ 22 Abs 1 BBiG). Dass es im Berufsausbildungsverhältnis im Unterschied zur Probezeitkündigung eines Arbeitsverhältnisses einer Kündigungsfrist von zwei Wochen nicht bedarf, verstößt nicht gegen den Gleichheitssatz des Art 3 Abs 1 GG (BAG 16.12.04 – 6 AZR 127/04, NZA 05, 578). Während der Probezeit sollen beide Parteien überprüfen können, ob sich die geplanten Ausbildungsziele verwirklichen lassen und ob sich der Auszubildende für den Beruf eignet (BAG 15.1.81, DB 82, 234). Klärende Gespräche mit den erziehungsberechtigten Eltern vor Ausspruch einer Probezeitkündigung sind grds sinnvoll, aber rechtlich nicht zwingend erforderlich (BAG 8.12.11 – 6 AZR 354/10, NZA 12, 495). Die Kündigung während der Probezeit ist eine ordentliche entfristete Kündigung (BAG 17.9.87, DB 88, 1454), so dass für die Anhörung des BRat die Wochenfrist gem § 102 Abs 2 S 1 BetrVG gilt.

52 Gegenüber der Vorgängerregelung wurde die zulässige **Höchstgrenze der Probezeit** in § 20 BBiG von drei auf vier Monate erhöht. Dies soll insbes dem Umstand Rechnung tragen, dass zu Beginn der Ausbildung Zeiten überbetrieblicher Unterweisung in Bildungsstätten außerhalb des Ausbildungsbetriebes oder Berufsschulunterricht in Blockform festgelegt werden können, sowie den Parteien einen angemessenen Zeitraum zur Verfügung stellen, um die für das Ausbildungsverhältnis im konkreten Ausbildungsberuf wesentlichen Umstände eingehend zu prüfen (BT-Drs 15/4752 S 35). Bei Unterbrechung der Ausbildung während der Probezeit zB wegen Krankheit tritt eine Verlängerung der Probezeit nicht ein,

soweit nichts anderes vereinbart ist (*Schaub/Vogelsang* § 174 Rn 86). Auch die Dauer eines vorausgegangenen Praktikums ist nicht auf die Probezeit anzurechnen (BAG 19.11.15 – 6 AZR 844/14, NZA 228). Aus der Formulierung von § 20 S 1 BBiG („Das Berufsausbildungsverhältnis beginnt mit der Probezeit.") ist zu entnehmen, dass eine Befristung der Probezeit mit der Folge, dass mangels Verlängerung der Ausbildungsvertrag endet, unzulässig ist (*Schaub/Vogelsang* § 174 Rn 87). Ein dem Ausbildungsverhältnis vorangegangenes Arbeitsverhältnis macht weder die Vereinbarung einer Probezeit gem § 20 BBiG im Berufsbildungsvertrag unwirksam, noch wird die im vorigen Arbeitsverhältnis zurückgelegte Zeit auf die Probezeit angerechnet, soweit die gesetzliche Mindestfrist von einem Monat überschritten wird (BAG 16.12.04 – 6 AZR 127/04, NZA 05, 578). Die erneute Vereinbarung einer Probezeit zwischen denselben Parteien in einem rechtlich neuen Ausbildungsverhältnis kann dagegen unzulässig sein, wenn ein enger Zusammenhang zum vorherigen Ausbildungsverhältnis besteht; die festgelegte Dauer der Probezeit unterliegt der AGB-Kontrolle (BAG 12.2.15 – 6 AZR 831/13, NZA 15, 737).

**c) Berufsaufgabekündigung.** Gem § 22 Abs 2 Nr 2 BBiG kann nach der Probezeit 53
von dem Auszubildenden das Ausbildungsverhältnis mit einer Kündigungsfrist von **vier Wochen** gekündigt werden, wenn er die Berufsausbildung aufgeben oder sich für eine andere Berufstätigkeit ausbilden lassen will. Der Auszubildende soll nicht gezwungen werden, seinen Vertrag einzuhalten, obwohl er das Interesse am Ausbildungsberuf verloren hat (*Schaub/Vogelsang* § 174 Rn 90). Bei der Frist handelt es sich um eine **Mindestfrist** und keine Höchstfrist, daher darf der Auszubildende bei einer Berufswechselkündigung auch mit einer längeren als der gesetzlich normierten Frist von vier Wochen kündigen (BAG 22.2.18 – 6 AZR 50/17, NZA 18, 575). Der entspr Wille des Auszubildenden muss grds ernsthaft vorhanden und darf nicht vorgetäuscht sein, wobei allerdings eine Überprüfung dieser Entscheidung des Auszubildenden in der Praxis kaum möglich und unüblich ist (*Schaub/Vogelsang* § 174 Rn 90). Allerdings macht sich der Auszubildende bei einer Kündigung zur Fortsetzung derselben Ausbildung in einem Konkurrenzunternehmen schadensersatzpflichtig (ErfK/*Schlachter* § 22 BBiG Rn 6).

Für die **Berechnung der Kündigungsfrist** gelten §§ 186 ff BGB. Das Berufsausbil- 54
dungsverhältnis wird also vier Wochen nach dem Tag, an dem die Kündigung dem Ausbildenden zugegangen ist (§ 187 Abs 1 BGB), beendet. Die Kündigungsmöglichkeit gem § 22 Abs 2 BBiG besteht auch schon während der Probezeit und vor Antritt der Ausbildung. Im letzteren Fall beginnt die Vier-Wochen-Frist bereits mit Zugang der Kündigung und nicht erst mit Antritt der Berufsausbildung, weil der Bestimmung die Überlegung zu Grunde liegt, die freie Berufswahl des Auszubildenden zu fördern (*Wohlgemuth/Malottke* § 8 Rn 8).

**d) Kündigung aus wichtigem Grund.** Mit Ausnahme der Berufsaufgabekündigung 55
und des Sonderfalls der Kündigung in der Insolvenz gem § 113 Abs 1 InsO (BAG 27.5.93, DB 93, 2082) kann das Berufsausbildungsverhältnis nach Ablauf der Probezeit nur noch gem § 22 Abs 2 Nr 1 BBiG aus wichtigem Grund fristlos gekündigt werden. In Anlehnung an § 626 BGB ist für das Vorliegen eines wichtigen Grundes darauf abzustellen, ob Tatsachen vorliegen, aufgrund derer dem Kündigenden unter Berücksichtigung aller Umstände des Einzelfalles und unter Abwägung der Interessen beider Vertragsteile die Fortsetzung des Vertragsverhältnisses bis zum Ablauf der Ausbildungszeit nicht zugemutet werden kann.

Im Rahmen der vorzunehmenden Abwägung ist die **besondere Situation des Aus- 56
bildungsverhältnisses,** die durch die Jugendlichkeit und den Entwicklungsstand des Auszubildenden und die Ausbildungs- und Erziehungspflicht des Ausbildenden geprägt wird, zu berücksichtigen (LAG BaWü 31.10.96, NZA-RR 97, 288; *Schaub/Vogelsang* § 174 Rn 92). Regelmäßig werden deshalb **einmalige Verfehlungen** nicht für den Ausspruch einer fristlosen Kündigung genügen; vielmehr muss es zu wiederholten Pflichtverletzungen kommen, welche einen Fortbestand des Ausbildungsverhältnisses unzumutbar erscheinen lassen (BAG 22.6.72, DB 72, 2488; ArbG Wesel 14.11.96, NZA-RR 97, 291; *Wohlgemuth/Pieper* § 22 Rn 12). Eine vorherige Abmahnung ist grds Wirksamkeitsvoraussetzung (LAG RhPf 25.4.13 – 10 Sa 518/12, NZA-RR 13, 406).

Unter Vorbehalt der Abwägung im Einzelfall kommen als **Kündigungsgründe** in 57
Betracht: **verhaltens- oder personenbedingten Gründe:** Nachhaltige Nichterfüllung der Lernpflichten gem § 13 BBiG (LAG Hamm 26.9.77, BB 77, 1653), Vermögensdelikte

gegen den Ausbildenden (LAG Düsseldorf 6.11.73, EzA Nr 17 zu § 15 Abs 2 Nr 1 BBiG), Unmöglichkeit der Ausbildung wegen irreparabler Gesundheitsschäden des Auszubildenden (LAG Düsseldorf/Köln 24.1.68, DB 68, 401), wiederholte Verbreitung neonazistischer Thesen (LAG Köln 11.8.95, NZA-RR 96, 128), massive rassistische Äußerungen und Handlungen (BAG 1.7.99 – 2 AZR 676/98, NZA 99, 1270; LAG Bln 22.10.97 – 13 Sa 110/97, NZA-RR 98, 442), standhafte Weigerung, ein ordnungsgemäßes Berichtsheft zu führen (ArbG Wesel 14.11.96, NZA-RR 97, 291; LAG Hess 3.11.97 – 16 Sa 657/97, BB 98, 2268). Kleinere Verfehlungen wie häufiges Zuspätkommen, unentschuldigtes Fernbleiben, Nichteinhalten der Zeitkontrolle, Überschreiten des Urlaubs oder auch Diebstähle von Kleinigkeiten berechtigen hingegen ohne Abmahnung nicht zur fristlosen Kündigung (LAG Hamm 7.11.78, DB 79, 606; ArbG Bochum 9.8.79, DB 80, 214; ArbG Hbg 16.6.58, BB 69, 669; LAG BaWü 31.10.96, NZA-RR 97, 288). Zur Verdachtskündigung und der Notwendigkeit vorheriger Anhörung: BAG 12.2.15 – 6 AZR 845/13, NZA 15, 741.

58 Aus **betriebsbedingten Gründen** kommt eine außerordentliche Kündigung ausnahmsweise dann in Betracht, wenn dem Ausbilder etwa im Falle der Betriebsschließung die weitere Ausbildung nicht möglich ist. Die Kündigung ist allerdings wie in anderen Fällen der ordentlichen Unkündbarkeit (→ *Unkündbarkeit* Rn 10) mit einer Auslauffrist auszusprechen, die der tariflichen oder gesetzlichen Kündigungsfrist entspricht, die gelten würde, wenn der Auszubildende in einem „normalen" Arbeitsverhältnis stünde. Wird nur eine **Niederlassung geschlossen,** ist der Ausbildende entspr § 1 Abs 2 KSchG verpflichtet, den Auszubildenden nach Möglichkeit in einem anderen Betrieb des Unternehmens weiter auszubilden. Soweit damit ein nicht nur geringfügiger Ortswechsel verbunden ist, kann der Auszubildende seinerseits berechtigt sein, das Ausbildungsverhältnis außerordentlich zu kündigen. Bei einem **Betriebsübergang** gilt § 613a BGB, so dass die Ausbildungsverhältnisse von dem neuen Inhaber weitergeführt werden müssen, falls nicht ein Auszubildender dem Übergang seines Ausbildungsverhältnisses widerspricht. Im Falle des Widerspruchs kommt nur ausnahmsweise eine außerordentliche Kündigung in Betracht, wenn dem bisherigen Inhaber die Weiterführung der Ausbildung unmöglich ist.

59 **Gründe für die fristlose Kündigung seitens des Auszubildenden** stellen etwa der Entzug der Ausbildereigenschaft des Ausbildenden (LAG Stuttgart 28.2.55, AP Nr 1 zu § 77 HGB), grobe Verstöße gegen das JArbSchG und gegen § 28 BBiG (BAG 28.10.71, DB 72, 489) oder grobe Ausbildungsmängel dar (LAG SchlHol DB 69, 2189; ErfK/*Schlachter* § 22 BBiG Rn 5).

60 Gem § 20 Abs 4 BBiG ist die fristlose Kündigung unwirksam, wenn die Kündigungsgründe dem Kündigenden länger als **zwei Wochen** bekannt sind. Für die Zeit eines eingeleiteten Güteverfahrens vor einer außergerichtlichen Stelle ist die Zwei-Wochen-Frist gehemmt. Maßgeblich für den **Beginn der Frist** ist die Erlangung der Kenntnis von den die Kündigung rechtfertigenden Tatsachen. Die Zwei-Wochen-Frist kann nicht vertraglich abbedungen werden. Auch die schriftliche Begründung der Kündigung hat innerhalb dieser Frist zu erfolgen (BAG 25.11.76, DB 77, 868; ErfK/*Schlachter* § 22 BBiG Rn 7, 8).

61 **3. Schadensersatz.** Gem § 23 Abs 1 S 1 BBiG können bei Beendigung des Ausbildungsverhältnisses nach der Probezeit Ausbildender oder Auszubildender Schadensersatz verlangen, wenn der andere den **Grund für die Auflösung zu vertreten** hat. Aus anderen Rechtsgründen bestehende Schadensersatzansprüche bleiben von dieser Vorschrift unberührt; § 628 Abs 2 BGB wird allerdings durch § 23 BBiG als speziellere Norm verdrängt, auch §§ 9, 10 KSchG sind nicht anwendbar (BAG 16.7.13 – 9 AZR 784/11, NZA 13, 1202).

62 Ein Schadensersatzanspruch nach § 23 Abs 1 BBiG **besteht nicht** bei Beendigung des Ausbildungsverhältnisses vor, während oder mit Ablauf der Probezeit sowie **bei einer berechtigten Berufsaufgabekündigung** seitens des Auszubildenden (§ 23 Abs 1 S 2 BBiG). Zu beachten ist aber, dass § 23 BBiG nur auf die vorzeitige Lösung, nicht dagegen auf die Kündigung des Ausbildungsverhältnisses abstellt (BAG 17.8.2000 – 8 AZR 578/99, NZA 01, 150). Grds kommt danach auch bei einer Beendigung des Ausbildungsverhältnisses im Wege des **Aufhebungsvertrages** ein Schadensersatzanspruch in Betracht, allerdings ist bei einer einvernehmlichen Aufhebung des Ausbildungsverhältnisses regelmäßig anzunehmen, dass gegenseitig auf Schadensersatzansprüche verzichtet wird, soweit nicht ein entspr

Vorbehalt im Auflösungsvertrag vorgesehen ist (*Wohlgemuth/Lakies* § 23 Rn 11; ErfK/*Schlachter* § 23 BBiG Rn 1).

Die Schadensersatzverpflichtung setzt voraus, dass der andere den Grund für die Auflösung zu **vertreten** hat. Zu vertreten sind Vorsatz und Fahrlässigkeit (§ 276 BGB), und zwar auch von Erfüllungsgehilfen, insbes beauftragten Ausbildern (§ 278 BGB). 63

Die **Berechnung des Schadens** richtet sich nach §§ 249 ff BGB. Bei einer Beendigung des Ausbildungsverhältnisses durch den Auszubildenden wegen grob mangelhafter Ausbildung liegt der Schaden in der Differenz zwischen der gezahlten Ausbildungsvergütung und dem Hilfsarbeiterlohn, der bezahlt worden wäre, wenn der Auszubildende nicht das Ausbildungsverhältnis eingegangen wäre (ArbG Detmold 31.7.79, EzA Nr 5 zu § 16 BBiG; *Leinemann/Taubert* § 23 Rn 29). Der Ausbildende kann bei vertragswidriger Beendigung des Ausbildungsverhältnisses durch den Auszubildenden die Aufwendungen für die ersatzweise Beschäftigung eines ausgebildeten ArbN nicht verlangen; Ausbildungsverhältnis und Arbeitsverhältnis können aufgrund der ganz unterschiedlichen Pflichtenbindung nicht gleichgesetzt werden (BAG 17.8.2000 – 8 AZR 578/99, NZA 01, 150). 64

Der Anspruch erlischt, wenn er nicht innerhalb von **drei Monaten** nach Beendigung des Berufsausbildungsverhältnisses geltend gemacht wird (§ 23 Abs 2 BBiG). Maßgebend für den Fristbeginn ist das vertragsgemäße rechtliche Ende des Ausbildungsverhältnisses (BAG 17.7.07 – 9 AZR 103/07, DB 08, 709). 65

**4. Zeugnis.** Der Auszubildende hat bei Beendigung des Ausbildungsverhältnisses einen unabdingbaren (BAG 16.9.74, DB 75, 155) Anspruch auf Erteilung eines schriftlichen Zeugnisses. Die elektronische Form ist nunmehr ausdrücklich ausgeschlossen (§ 16 Abs 1 S 2 BBiG). Im Unterschied zum Arbeitsverhältnis ist das Ausbildungszeugnis **auch ohne ausdrückliches Verlangen** des Auszubildenden auszustellen. Das Zeugnis ist vom Ausbildenden zu unterschreiben. Hat dieser die Berufsausbildung nicht selbst durchgeführt, so soll auch der Ausbilder das Zeugnis unterschreiben (§ 16 Abs 1 S 3 BBiG). Dieser darf die Unterschrift nur verweigern, wenn er hierfür einen sachlichen Grund hat, etwa wenn er den Inhalt des Zeugnisses nicht mit verantworten kann (*Wohlgemuth/Lakies* § 16 Rn 10; ErfK/*Schlachter* § 16 BBiG Rn 1). 66

Grds erhält der Auszubildende ein **einfaches Zeugnis.** Dieses hat Angaben zu enthalten über Art, Dauer und Ziel der Berufsausbildung sowie über die erworbenen Fertigkeiten und Kenntnisse des Auszubildenden (§ 16 Abs 2 S 1 BBiG). 67

Nur auf Verlangen des Auszubildenden ist ein **qualifiziertes Zeugnis** zu erstellen, das auch Angaben über Führung, Leistung und besondere fachliche Fähigkeiten enthält (§ 8 Abs 2 S 2 BBiG). Ein solches qualifiziertes Zeugnis darf auch für den Auszubildenden nachteilige Angaben enthalten (BAG 8.2.72, DB 72, 931). Allerdings ist wegen der Bedeutung für den weiteren Lebensweg des Auszubildenden in besonderem Maße der Grundsatz der wohlwollenden Beurteilung zu beachten (*Schaub/Vogelsang* § 174 Rn 59). Daneben erhält der Auszubildende ein Zeugnis über die Abschlussprüfung (§ 37 Abs 2 S 1 BBiG). Auf Antrag des Auszubildenden ist diesem gem § 37 Abs 3 S 1 BBiG eine englischsprachige und französischsprachige Übersetzung beizufügen. 68

**V. Verfahrensrechtliche Besonderheiten.** Bei Streitigkeiten zwischen Ausbildendem und Auszubildendem aus einem bestehenden Berufsausbildungsverhältnis ist der gerichtlichen Geltendmachung gem § 111 ArbGG ein Verfahren vor einem aus ArbGeb und ArbN **paritätisch zusammengesetzten Ausschuss** vorgeschaltet, soweit ein solcher Ausschuss – was der Regelfall ist – von der zuständigen **Kammer oder Innung** gebildet ist. Eine Klage, die vor Durchführung des Verfahrens vor dem Ausschuss erhoben wird, ist unzulässig. Die in § 111 Abs 2 S 5 ArbGG vorgeschriebene Verhandlung vor dem Schlichtungsausschuss ist nach Auffassung des BAG unverzichtbare Prozessvoraussetzung (BAG 13.4.89, DB 90, 586). Die Anrufung des Ausschusses ist nicht erforderlich, wenn das Ausbildungsverhältnis bereits beendet ist, wohl aber, wenn Streitgegenstand gerade die Frage ist, ob eine wirksame Beendigung des Ausbildungsverhältnisses vorliegt (BAG, 18.9.75, DB 76, 636; *Leinemann/Taubert* § 22 Rn 134, 136). **Einstweiliger Rechtsschutz** kann von dem Ausschuss nicht gewährt werden (*Grunsky* ArbGG § 111 Rn 3a). Hierfür sind die ArbG zuständig. Die Zuständigkeit der ArbG besteht auch für Auszubildende, die statt einer Ausbildungsver- 69 gütung von der Agentur für Arbeit Leistungen nach dem SGB III erhalten (BAG 21.5.97, DB 97, 2030).

70 Hinsichtlich des **Verfahrens** sieht § 111 Abs 2 S 2 ArbGG lediglich vor, dass die Parteien mündlich zu hören sind. Im Übrigen bestimmt der Ausschuss die Ausgestaltung des Verfahrens selbst. Er entscheidet durch Spruch. Dieser **wird verbindlich,** wenn er von den Parteien innerhalb einer Woche anerkannt wird oder wenn nicht innerhalb von zwei Wochen nach ergangenem Spruch Klage beim zuständigen ArbG erhoben wird. Die **Zwei-Wochen-Frist für die Klageerhebung** gilt auch bei Kündigungsschutzverfahren, so dass sich der fristlos gekündigte Auszubildende nicht auf die in den §§ 4, 13 KSchG vorgesehene Dreiwochenfrist berufen kann (LAG Düsseldorf 3.5.88, LAGE Nr 1 zu § 111 ArbGG 1979). Für die Einleitung des Verfahrens vor dem Ausschuss gilt keine Frist, sondern nur die Grenze der Verwirkung (BAG 13.4.89, DB 90, 586). Allein die Versäumung der Drei-Wochen-Frist des § 4 KSchG reicht für die Verwirkung nicht aus (aA *Kreutzfeld/Kramer* DB 95, 975).

71 **Besteht ausnahmsweise ein Ausschuss nicht**, so hat der Auszubildende im Falle der fristlosen Kündigung seitens des Ausbildenden gem § 22 Abs 2 Nr 1 BBiG die **dreiwöchige Klagefrist** nach §§ 4, 13 KSchG einzuhalten, um eine fiktive Wirksamkeit der Kündigung zu vermeiden (BAG 5.7.90, DB 91, 2679; 26.1.99 – 2 AZR 134/98, NZA 99, 934). Die Zuständigkeit der ArbG erstreckt sich auch auf in berufsbildenden Schulen und sonstigen Berufsbildungseinrichtungen gem § 2 Abs 1 Nr 2 BBiG Beschäftigte (BAG 24.2.99 – 5 AZR 10/98, DB 99, 1019).

72 **VI. Beteiligung des Betriebsrats und der Jugend- und Auszubildendenvertretung.** Der BRat ist gem §§ 99 ff BetrVG grds vor jeder **Einstellung** und **Kündigung** von Auszubildenden zu beteiligen. § 99 BetrVG greift auch ein, wenn das Ausbildungsverhältnis durch Vertrag oder infolge von Weiterbeschäftigung gem § 24 BBiG in ein Arbeitsverhältnis überführt wird, jedoch nicht bei Weiterbeschäftigung gem § 78a BetrVG (hM: LAG Hamm 14.7.82, DB 82, 2303; *Schaub/Vogelsang* § 174 Rn 128 mwN). Sind dagegen Auszubildende in **reinen Ausbildungsbetrieben** beschäftigt, scheidet nach Auffassung des BAG (21.7.93, DB 94, 842) eine Beteiligung des BRat aus; das Gericht zählt Auszubildende in reinen Ausbildungsbetrieben nicht zur Belegschaft und damit nicht zu den ArbN iSd § 5 Abs 1 BetrVG (bestätigt durch BAG 20.3.96 – 7 ABR 34/95, NZA 97, 107; 20.3.96 – 7 ABR 46/95, NZA 97, 326).

73 Daneben bestehen **allgemeine Mitwirkungs- und Mitbestimmungsrechte** des BRat bei der Berufsbildung gem §§ 96–98 BetrVG. Der Begriff der Berufsbildung geht über den Anwendungsbereich des BBiG hinaus. Erfasst werden sowohl die Ausbildung, Fortbildung und Umschulung iSd § 1 BBiG als auch alle sonstigen Maßnahmen, die geeignet sind, den ArbN beruflich zu fördern (Lehrgänge, Bildungsprogramme, Seminare) (ErfK/*Kania* § 96 BetrVG Rn 4 ff). § 96 BetrVG verpflichtet ArbGeb und BRat zur **Förderung der Berufsbildung,** wobei der BRat berechtigt ist, mit dem ArbGeb Fragen der Berufsbildung zu beraten und diesem Vorschläge zu unterbreiten.

74 Eine Verpflichtung zur Beratung besteht gem § 97 Abs 1 BetrVG weiter hinsichtlich der Errichtung und Ausstattung betrieblicher Einrichtungen zur Berufsbildung, der Einführung betrieblicher und der Teilnahme an **betrieblichen Berufsbildungsmaßnahmen.** Hinsichtlich der Durchführung von Maßnahmen der betrieblichen Berufsbildung hat der BRat gem § 98 Abs 1 BetrVG ein erzwingbares Mitbestimmungsrecht. Das Mitbestimmungsrecht erstreckt sich auf die formellen Bestimmungen über den Bildungsbedarf einschließlich betrieblicher Prüfungen, nicht jedoch auf die konkrete Bildungsmaßnahme im Einzelfall (LAG Frankfurt 13.4.76, ArbuR 77, 187; *Fitting* § 98 Rn 7). Durch § 97 Abs 2 BetrVG ist dem BRat mit dem Ziel der Vermeidung von Entlassungen ein erzwingbares Mitbestimmungsrecht bei der Einführung von Maßnahmen der betrieblichen Berufsbildung für den Fall eingeräumt worden, dass der ArbGeb Maßnahmen plant oder durchführt, die dazu führen, dass sich die Tätigkeit der betroffenen ArbN ändert und ihre beruflichen Kenntnisse und Fähigkeiten zur Erfüllung ihrer Aufgaben nicht mehr ausreichen.

75 Ein echtes Mitbestimmungsrecht beinhaltet des Weiteren § 98 Abs 3 BetrVG, wonach der BRat **Vorschläge für die Teilnahme von Arbeitnehmern** oder Gruppen von ArbN des Betriebes machen kann, wenn der ArbGeb betriebliche Maßnahmen der Berufsbildung

durchführt oder ArbN für außerbetriebliche Maßnahmen der Berufsbildung freistellt oder er die durch die Teilnahme von ArbN an solchen Maßnahmen entstehenden Kosten ganz oder teilweise trägt. Zum Mitbestimmungsrecht des BRat hinsichtlich der Bestellung einer mit der Durchführung der betrieblichen Berufsbildung beauftragten Person gem § 98 Abs 2 BetrVG → *Ausbilder* Rn 10.

Eine **Jugend- und Auszubildendenvertretung** wird in Betrieben gewählt, in denen ein BRat besteht (*Fitting* § 60 Rn 22; aA *DKK* § 60 Rn 27) und in denen idR mindestens fünf ArbN beschäftigt sind, die das 18. Lebensjahr noch nicht vollendet haben, oder die zu ihrer Berufsausbildung beschäftigt sind und das 25. Lebensjahr noch nicht vollendet haben (→ *Jugend- und Auszubildendenvertretung* Rn 1 ff). 76

**VII. Schutz Auszubildender als Mitglied von Betriebsverfassungsorganen § 78a BetrVG. 1. Sinn und Zweck.** Grds endet das Ausbildungsverhältnis gem § 21 BBiG mit Ablauf der Ausbildungszeit, ohne dass es einer Kündigung bedarf. Somit steht es dem ArbGeb frei, ob er einen Auszubildenden nach Beendigung des Ausbildungsverhältnisses übernimmt oder nicht. Mitglieder der Jugend- und Auszubildendenvertretung sind der Gefahr ausgesetzt, dass sie wegen ihres Amtes nicht in ein Arbeitsverhältnis übernommen werden. Davor will die Regelung des § 78a BetrVG schützen, indem die durch automatische Beendigung des Arbeitsverhältnisses entstandene Lücke im amtsbezogenen Schutz der §§ 103 BetrVG und 15 KSchG geschlossen wird. Für Auszubildende **im öffentlichen Dienst** besteht eine vergleichbare Regelung in § 9 BPersVG und in den Personalvertretungsgesetzen der Länder. 77

**2. Persönlicher Schutzbereich.** Die Vorschrift erfasst alle Auszubildenden, die Mitglied der Jugend- und Auszubildendenvertretung, des BRat, der Bordvertretung oder des SeeBRat sind. Für den **Beginn des Schutzes** nach § 78a BetrVG ist nicht auf den Beginn der Amtszeit, sondern auf den Erwerb der Mitgliedschaft abzustellen (BAG 22.9.83, DB 84, 936). Nach Abs 3 gilt der Schutz auch für **ausgeschiedene Mitglieder** der Betriebsverfassungsorgane während des ersten Jahres nach Ablauf der Amtszeit. Auf **Ersatzmitglieder** findet die Vorschrift Anwendung, soweit sie im letzten Vierteljahr des Berufsausbildungsverhältnisses einem Betriebsverfassungsorgan angehören und in diesem Zeitraum die Weiterbeschäftigung verlangen (BAG 15.1.80, AP Nr 8 zu § 78a BetrVG). Letztere haben auch den nachwirkenden Schutz nach Abs 3, sofern das Ausbildungsverhältnis innerhalb eines Jahres nach der Vertretung erfolgreich abgeschlossen wird und der Auszubildende innerhalb von drei Monaten vor Beendigung des Ausbildungsverhältnisses seine Weiterbeschäftigung verlangt (BAG 13.3.86, DB 87, 109). 78

**3. Ablehnung der Weiterbeschäftigung.** Beabsichtigt der ArbGeb, einen der geschützten Auszubildenden nach Beendigung des Berufsausbildungsverhältnisses nicht in ein Arbeitsverhältnis auf unbestimmte Zeit zu übernehmen, so muss er dies gem § 78a Abs 1 BetrVG spätestens **drei Monate vor dem normalen Ende** des Berufsausbildungsverhältnisses dem Auszubildenden schriftlich mitteilen. Ist infolge vorzeitiger Ablegung der Prüfung ein früheres Ende vorauszusehen, muss die Mitteilung drei Monate vor diesem Zeitpunkt erfolgen (BAG 31.10.85, DB 86, 700). Unterlässt der ArbGeb diese Mitteilung, so führt dies nicht automatisch zur Begründung eines Arbeitsverhältnisses, wie Abs 5 verdeutlicht. Vielmehr muss der Auszubildende in jedem Fall seine Weiterbeschäftigung verlangen. Der ArbGeb kann jedoch uU schadensersatzpflichtig sein, so zB, wenn der Auszubildende infolge der verspäteten Mitteilung durch den ArbGeb ein anderes Arbeitsverhältnis ausschlägt (BAG 31.10.85, DB 86, 700, 701; *Fitting* § 78a Rn 16). Wird der Auszubildende nach Ablauf des Ausbildungsverhältnisses dagegen tatsächlich weiterbeschäftigt und ist eine fristgemäße Mitteilung nicht erfolgt, so gilt nach § 24 BBiG ein Arbeitsverhältnis auf unbestimmte Zeit als begründet, auch wenn nichts ausdrücklich vereinbart wird. 79

**4. Weiterbeschäftigungsanspruch des Auszubildenden.** Möchte der nach den og Vorschriften geschützte Auszubildende über das Ende des Ausbildungsverhältnisses hinaus weiterbeschäftigt werden, muss er gem § 78a Abs 2 S 1 BetrVG dies seinerseits **innerhalb der letzten drei Monate** vor der vertraglichen Beendigung des Ausbildungsverhältnisses **schriftlich** vom ArbGeb verlangen, und zwar auch dann, wenn der ArbGeb seine Mitteilungspflicht aus Abs 1 versäumt hat (§ 78a Abs 5 BetrVG; zudem wahrt der Auszubildende hierdurch Ausschlussfristen bzgl des Vergütungsanspruchs, BAG 19.8.15 – 5 AZR 1000, 80

NZA 15, 1465). Mit der Ausübung dieses gesetzlichen Gestaltungsrechtes gilt kraft gesetzlicher Fiktion ein Arbeitsverhältnis auf unbestimmte Zeit als begründet (*Fitting* § 78a Rn 29). Ein vor diesem Zeitraum erfolgtes Weiterbeschäftigungsverlangen ist unwirksam und muss innerhalb der Dreimonatsfrist wiederholt werden (§ 12 BBiG; BAG 15.1.80, DB 80, 1648; aA *Opolony* BB 05, 1050, 1051, der von einem redaktionellen Versehen des Gesetzgebers ausgeht und entspr § 12 Abs 1 BBiG eine Sechsmonatsfrist für das Übernahmeverlangen annimmt). Ein befristetes Arbeitsverhältnis kann kraft Gesetzes nicht begründet werden; insofern bedarf es einer vertraglichen Vereinbarung (BAG 24.7.91, DB 92, 1290; ErfK/*Kania* § 78a BetrVG Rn 5; aA *Fitting* § 78a Rn 57 mwN für den Fall der Unmöglichkeit einer unbefristeten Weiterbeschäftigung). Dasselbe gilt für ein Arbeitsverhältnis zu geänderten Bedingungen. Allerdings ist der ArbGeb nach Auffassung des BAG verpflichtet zu prüfen, ob eine anderweitige Beschäftigung des Auszubildenden möglich und zumutbar ist. Unterlässt er die Prüfung oder verneint er zu Unrecht die Möglichkeit und die Zumutbarkeit, so kann das nach § 78 Abs 2 BetrVG entstandene Arbeitsverhältnis nicht nach § 78a Abs 4 BetrVG aufgelöst werden. Dies gilt allerdings nur dann, wenn der Auszubildende seine Bereitschaft, ggf zu anderen als den sich aus § 78a BetrVG ergebenden Arbeitsbedingungen übernommen zu werden, unverzüglich nach der Erklärung des ArbGeb gem § 78a Abs 1 BetrVG, spätestens mit seinem Übernahmeverlangen nach § 78a Abs 2 BetrVG erklärt (BAG 6.11.96, DB 97, 1520).

81 **5. Entbindung von der Weiterbeschäftigungspflicht.** Verlangt der geschützte Auszubildende wirksam seine Weiterbeschäftigung, so kann der ArbGeb spätestens bis zum Ablauf von **zwei Wochen nach Beendigung des Ausbildungsverhältnisses** beim ArbG – je nach dem Zeitpunkt seiner Antragstellung – entweder beantragen festzustellen, dass ein Arbeitsverhältnis gem § 78a Abs 2, 3 BetrVG nicht begründet wird (§ 78a Abs 4 Nr 1 BetrVG), oder beantragen, dass ein bereits begründetes Arbeitsverhältnis aufzulösen ist (§ 78a Abs 4 Nr 2 BetrVG). Ist im Zeitpunkt der Beendigung des Ausbildungsverhältnisses über einen Feststellungsantrag des ArbGeb noch nicht rechtskräftig entschieden, wandelt sich nach neuerer Rspr des BAG der Feststellungsantrag automatisch in einen Auflösungsantrag nach Abs 4 Nr 2 um, ohne dass es einer Antragsänderung bedarf (BAG 29.11.89, DB 91, 234 unter Abkehr von der früheren Rspr, insbes BAG 14.5.87, NZA 87, 443).

82 Der ArbGeb muss **Tatsachen** geltend machen, aufgrund derer ihm unter Berücksichtigung aller Umstände die **Weiterbeschäftigung des Auszubildenden nicht zugemutet** werden kann. Die Unzumutbarkeit der Beschäftigung kann aus in der Person des Auszubildenden liegenden Gründen folgen, zB bei wiederholtem Nichtbestehen der Abschlussprüfung (LAG NdS 8.4.75, DB 75, 1224). Allein das schlechtere Abschneiden bei der Abschlussprüfung im Vergleich zu anderen Ausgebildeten reicht hingegen nicht aus (LAG Hamm 21.10.92, DB 93, 439). Dringende betriebliche Gründe können eine Entbindung von der Weiterbeschäftigungspflicht nur ausnahmsweise rechtfertigen, etwa wenn zum Zeitpunkt der Übernahme keine freien Arbeitsplätze vorhanden sind (BAG 16.1.79, DB 79, 1138; LAG SchlHol 26.11.76, DB 77, 777; LAG Hamm 13.5.77, DB 78, 260; LAG NdS 11.3.94, ArbuR 95, 225). Dabei ist auf die Weiterbeschäftigungsmöglichkeit im Unternehmen und nicht nur im Betrieb abzustellen. Eine Beschränkung auf den Betrieb, in dem der Auszubildende Mitglied des betriebsverfassungsrechtlichen Gremiums war, widerspricht der Wertung des Gesetzgebers im Verhältnis zu den §§ 1 Abs 2 Nr 1b, 15 Abs 4 KSchG (LAG NdS 26.4.96, NZA-RR 97, 14; LAG NdS 10.4.97, BB 97, 1315). Auch kann vom ArbGeb nicht die Schaffung zusätzlicher Arbeitsplätze oder die Entlassung anderer ArbN verlangt werden (BAG 16.1.79, DB 79, 1138; *Fitting* § 78a Rn 55 mwN). Auf geplante Einsparungsmaßnahmen, die erst künftig möglicherweise einen Wegfall von Arbeitsplätzen zur Folge haben, kann sich der ArbGeb zur Begründung der Unzumutbarkeit nicht berufen (BAG 16.8.95, DB 96, 1631). Ebenso wenig ist eine Berufung auf das Fehlen freier Arbeitsplätze möglich, wenn ein freier Arbeitsplatz kurz vor Beendigung des Ausbildungsverhältnisses besetzt wird und der ArbGeb nicht darlegen kann, dass der Arbeitsplatz wegen einer betrieblichen Notwendigkeit unverzüglich besetzt werden musste (BAG 12.11.97 – 7 ABR 63/96, DB 98, 1423).

83 Genauso wie der Auflösungsantrag nach § 78 Abs 4 S 2 BetrVG zielt auch der Feststellungsantrag auf eine **rechtsgestaltende gerichtliche Entscheidung,** die ihre **Wirkung**

**erst mit ihrer Rechtskraft** für die Zukunft entfaltet (BAG 29.11.89, DB 91, 234). Solange eine rechtskräftige Entscheidung nicht vorliegt, verhindert daher auch ein vom ArbGeb vor Berufsausbildungsende eingeleitetes Verfahren gem § 78a Abs 4 Nr 1 BetrVG nicht die Begründung eines Arbeitsverhältnisses nach § 78a Abs 2 oder 3 BetrVG. Der geschützte Auszubildende ist deshalb grds bis zu einer rechtskräftigen Entscheidung entspr seiner Ausbildung im Betrieb zu beschäftigen (BAG 15.1.80, DB 80, 1648). Etwas anderes gilt nur dann, wenn sich die gerichtliche Feststellung darauf bezieht, dass wegen Fehlens der Voraussetzungen gem § 78a Abs 2, 3 BetrVG ein Arbeitsverhältnis überhaupt nicht begründet wurde. Einen derartigen Feststellungsanspruch kann nach einem erneuten Schwenk der Rspr der ArbGeb in einem einheitlichen Beschlussverfahren mit dem Antrag gem § 78a Abs 4 BetrVG verbinden (BAG 11.1.95, DB 95, 1418; insoweit unter Aufgabe von BAG 29.11.89, DB 91, 234).

**6. Streitigkeiten.** Die Entscheidung darüber, ob dem ArbGeb gem § 78a Abs 4 BetrVG die Weiterbeschäftigung des Auszubildenden nicht zugemutet werden kann, ist im arbeitsgerichtlichen **Beschlussverfahren** zu treffen (BAG 29.11.89, DB 91, 234). Für die Klärung der Frage nach der Zumutbarkeit ist eine vorherige Feststellung der Begründung eines Arbeitsverhältnisses unter den Voraussetzungen der Abs 2, 3 nicht notwendig (BAG 29.11.89, DB 91, 234). Das Gleiche gilt für einen Antrag des ArbGeb, mit dem dieser die Feststellung begehrt, dass ein Arbeitsverhältnis wegen Fehlens der Voraussetzungen nach Abs 2 oder Abs 3 nicht zustande gekommen ist (BAG 11.1.95 – 7 AZR 574/94, DB 95, 1418). Demgegenüber hat der Auszubildende seinen Anspruch auf Feststellung des Bestehens eines Arbeitsverhältnisses und dessen Inhalt im **Urteilsverfahren** zu verfolgen (BAG 13.11.87, DB 88, 2414; 22.9.83, DB 84, 936). Das Gleiche galt nach bisheriger Rspr für einen Antrag des ArbGeb, mit dem dieser die Feststellung begehrt, dass ein Arbeitsverhältnis deswegen nicht zustande gekommen ist, weil die Voraussetzungen nach Abs 2 oder Abs 3 nicht vorliegen (BAG 29.11.89, DB 91, 234). Anders jetzt BAG 11.1.95, DB 95, 1418; dazu → Rn 84. 84

Im Wege der **einstweiligen Verfügung** können sowohl die vorläufige Weiterbeschäftigung als auch umgekehrt die Entbindung von der tatsächlichen Weiterbeschäftigungspflicht, nicht aber die Vertragsauflösung geltend gemacht werden (ErfK/*Kania* § 78a BetrVG Rn 12; *Fitting* § 78a Rn 55, 64; aA im Hinblick auf die Entbindung von der Weiterbeschäftigungspflicht *DKK* § 78a Rn 46). 85

## B. Lohnsteuerrecht

*Weil*

**I. Begriff. 1.** Ein Ausbildungsverhältnis wird durch den Ausbildungszweck geprägt. Die Ausbildung selbst ist Gegenstand und Ziel des Dienstverhältnisses (BFH 22.6.16 VR 32/15, BFH/NV 16, 1554, R 9.2 Abs 1 Satz 3 und H 9.2 LStR, → *Ausbildungskosten* Rn 26). Maßgebend ist, dass die Erlangung beruflicher Qualifikationen (der Ausbildungscharakter) und nicht die Erbringung bezahlter Arbeitsleistung (Erwerbscharakter) im Vordergrund stehen (BFH 22.2.17 III R 20/15, DStRE 17, 1034). Die **Ausbildungsvergütung** führt zu Einnahmen im Rahmen der Einkunftsart nichtselbstständige Arbeit (§ 19 Abs 1 Nr 1 EStG). Es gelten die Regeln zum LSt-Abzug (→ *Lohnabzugsverfahren* Rn 2 ff). 86

**2. Abgrenzung.** Wird eine Ausbildung neben der Berufstätigkeit in der Freizeit absolviert, besteht kein Ausbildungsverhältnis, auch wenn der ArbGeb die Ausbildung fördert und bezuschusst (FG Bln-Bbg 18.9.08 – 7 K 7093/04 B, EFG 09, 20). Schließt ein StPfl für seine erstmalige Berufsausbildung einen **Schulungsvertrag** ab, so begründet er damit kein Dienstverhältnis, wenn er dem Vertragspartner weder seine Arbeitskraft schuldet noch von diesem Arbeitslohn bezieht. Dies gilt auch dann, wenn das Ausbildungsunternehmen dem Auszubildenden zur Finanzierung der Ausbildung ein Darlehen gewährt, das während der Ausbildungszeit zins- und tilgungsfrei gestellt ist (FG Düsseldorf 3.12.08 – 2 K 3575/07 F, EFG 09, 1201, entschieden zur Ausbildung zum Verkehrsflugzeugführer). Zu **Promotionskosten** → *Fortbildung* Rn 25. 87

**II. Folgewirkungen. 1. Aufwendungen des Auszubildenden** (→ *Ausbildungskosten* Rn 26). Folge der Beurteilung eines Ausbildungsverhältnisses als nichtselbstständige Arbeit iSv § 19 Abs 1 Satz 1 Nr 1 EStG ist, dass die Aufwendungen, die dem Auszubildenden im 88

Rahmen des Ausbildungsverhältnisses erwachsen (zB Kursgebühren, Prüfungsgebühren, Fachliteratur, Ausbildungsmaterial, Reisekosten zu wechselnden Ausbildungsstätten, s hierzu BFH 4.5.90, BStBl II 90, 859 und 861) **Werbungskosten** darstellen (zB Fahrten zwischen Wohnung und Ausbildungsstätte, s hierzu BFH 14.11.00 – VI R 62/97, BStBl II 01, 491; → *Fahrten zwischen Wohnung und Arbeitsstätte* Rn 4 ff). Demgegenüber sind ausbildungsbezogene Aufwendungen ohne ein Ausbildungsverhältnis (zB Schule, Studium) nur beschränkt abzugsfähige Sonderausgaben (§ 10 Abs 1 Nr 7 EStG; → *Ausbildungskosten* Rn 6 ff). Aufwendungen eines Berufsschülers für eine im Rahmen eines Ausbildungsverhältnisses als verbindliche Schulveranstaltung durchgeführte **Klassenfahrt** sind idR Werbungskosten (H 9.2 LStH „Klassenfahrt"). Die Zahlung einer in einem Ausbildungsverhältnis begründeten **Vertragsstrafe** kann zu Werbungskosten bzw Betriebsausgaben führen (BFH 22.6.06 – VI R 5/03, BFH/NV 06, 1965). Aufwendungen bei einem Ausbildungsverhältnis im **Ausland,** das dort (steuerfrei) alimentiert wird (zB Referendariat), können im Inland nicht berücksichtigt werden (BFH 11.2.09 – I R 25/08, BStBl II 10, 536).

89 2. Ein **Ausbildungsverhältnis im Familienbereich** ist steuerlich anzuerkennen, dh Betriebsausgaben beim ArbGeb, Lohneinkünfte beim Auszubildenden, wenn das Ausbildungsverhältnis einem Fremdvergleich standhält (BFH 11.12.97 – IV R 42/97, BFH/NV 98, 952; 21.4.99 – VIII B 70/98, BFH/NV 99, 1460; FG NdS 2.12.98 – XII 542/96, EFG 99, 422; → *Familiäre Mitarbeit* Rn 43. Überhöhte Ausbildungsvergütung ist nur in Höhe des Angemessenen steuerlich anzuerkennen. Der überhöhte Teil ist beim ArbGeb private Entnahme (keine Betriebsausgabe) und beim Auszubildenden nicht stpfl. Einnahme. Zahlt der ArbGeb die Kosten für den Besuch der Meisterschule, sind die Kosten nicht als Betriebsausgaben abzugsfähig, wenn der Familienangehörige nicht durch eine **Rückzahlungsklausel** an den Betrieb gebunden wird (BFH 14.12.94, BFH/NV 95, 671; 29.11.99 – X B 52/99, BFH/NV 00, 701; zu Rückzahlungsklauseln → *Rückzahlungsklausel* Rn 24 ff). Trotz Rückzahlungsklausel sind die Kosten für die Meisterschule keine Betriebsausgaben, wenn die besondere Qualifikation als Betriebsnachfolger nicht nachgewiesen wird (BFH 29.10.97 – X R 129/94, BStBl II 98, 149).

90 **3. Beginn und Beendigung** des Ausbildungsverhältnisses haben steuerliche Bedeutung, weil Ausgaben außerhalb eines Ausbildungsverhältnisses anders behandelt werden (→ *Ausbildungskosten* Rn 6 ff). Zur Begründung des Ausbildungsverhältnisses → *Arbeitsvertrag* Rn 84 ff, → *Minderjährige* Rn 32 ff; zur Dauer BFH 15.7.03 – VIII R 19/02, BStBl II 07, 247. Das Ausbildungsverhältnis endet aus steuerlicher Sicht, wenn nach abgelegter **Prüfung** die Befähigung zur Berufsausübung erreicht ist, → *Ausbildungskosten* Rn 21. In Handwerksberufen endet das Ausbildungsverhältnis regelmäßig mit der Ablegung der Gesellenprüfung. Die Zeit **nach dem Abschluss** der Berufsausbildung bis zum Berufsantritt gehört nicht mehr zu der Berufsausbildung. Die **Probezeit** bei erstmaligem Berufsantritt erfolgt auch nicht mehr im Rahmen eines Ausbildungsverhältnisses.

91 **III. Kostenübernahme von Studiengebühren durch den Arbeitgeber.** Übernimmt der ArbGeb im Rahmen eines Ausbildungsdienstverhältnisses die Studienkosten eines Auszubildenden, so ist nach BMF 13.4.12, BStBl I 12, 531 wie folgt zu differenzieren:

**1.** Übernahme von Studiengebühren durch den ArbGeb **aus eigener Verpflichtung.** Das Unternehmen schließt direkt mit der jeweiligen Berufsakademie einen Kooperationsvertrag, aus dem sich ergibt, dass es alleiniger Schuldner der Studiengebühren für den Studierenden ist und somit gegenüber der jeweiligen Berufsakademie eine eigene Verpflichtung hat. In einem solchen Fall erfolgt die Zahlung im ganz überwiegend eigenbetrieblichen Interesse; die Studiengebühren sind **kein Arbeitslohn.**

**2.** Übernahme von Studiengebühren **aus arbeitsvertraglicher Verpflichtung.** Ein ArbGeb übernimmt die vom studierenden ArbN geschuldeten Studiengebühren aufgrund einer arbeitsvertraglichen Verpflichtung. In einem solchen Fall wird ein ganz überwiegend eigenbetriebliches Interesse des ArbGeb unterstellt und steuerrechtlich **kein Vorteil mit Arbeitslohncharakter** angenommen, wenn eine **Rückzahlungsverpflichtung** des Studierenden für den Fall, dass er das ausbildende Unternehmen auf eigenen Wunsch innerhalb von zwei Jahren nach Studienabschluss verlässt, besteht.

Für Fälle, in denen formal kein Ausbildungsdienstverhältnis iSd R 9.2 Abs 1 Satz 3 LStR begründet wird, finden die obigen Ausführungen keine Anwendung (BMF 22.9.10 DStR 10, 1988 Rn 28).

**3.** Zu anderen Förderleistungen des ArbGeb → *Arbeitsförderung* Rn 11; → *Berufsausbildungsförderung* Rn 8.

## C. Sozialversicherungsrecht *Voelzke*

**1. Allgemeines.** Berufsausbildungsverhältnisse unterfallen nach § 7 Abs 2 SGB IV dem Begriff der Beschäftigung im sozialversicherungsrechtlichen Sinn, wenn sie auf den Erwerb beruflicher Kenntnisse, Fertigkeiten und Erfahrungen im Rahmen betrieblicher Berufsbildung ausgerichtet sind (→ *Betriebliche Berufsbildung* Rn 24–28). Zusätzlich wird in den Besonderen Teilen des SGB die Beschäftigung zur Berufsausbildung der Beschäftigung nach § 7 SGB IV ohne das Merkmal der Betriebsbezogenheit gleichgesetzt. Hierbei wird zT auch auf die Entgeltlichkeit der Beschäftigung zur Berufsausbildung verzichtet. Bei Beginn und bei Beendigung einer Berufsausbildung hat der ArbGeb der Einzugsstelle eine Meldung zu erstatten (§ 28a Abs 1 Nrn 13, 14 SGB IV). Vom ausbildenden Betrieb gezahlte Ausbildungsvergütungen sind Arbeitsentgelt iSd § 14 SGB IV. 92

**2. Begriff.** In den besonderen Teilen des SGB liegt eine Beschäftigung von Personen „zu ihrer Berufsausbildung" vor, wenn die Ausbildung auf die Erlernung eines bestimmten Berufs ausgerichtet ist und einen gewissen Umfang nicht unterschreitet. Nicht ausreichend ist hingegen die bloße **Unterrichtung über die Betriebstätigkeit.** Auch die **Arbeitserprobung** unterfällt nicht dem Begriff der beruflichen Ausbildung, da sie lediglich auf die Feststellung der beruflichen Eignung abzielt. Regelfall der Beschäftigung zur Berufsausbildung ist das Bestehen eines Ausbildungsverhältnisses nach dem BBiG. Es ist allerdings kein Merkmal der Ausbildung, dass sie mit einem förmlichen Abschluss endet, sondern auch **Anlernverhältnisse** können darunter fallen. Auch gehört es nicht zum Begriff der Berufsausbildung, dass es sich um eine erstmalige Ausbildung handelt. Als Auszubildende sind auch **Umschüler** anzusehen, die eine erwachsenengerechte Bildungsmaßnahme durchlaufen, die im Wesentlichen nach Inhalt und Abschluss einer erstmaligen Ausbildung entspricht (BSG 12.10.2000 – B 12 KR 7/00 R, DStR 01, 1315). 93

Die Ausbildung muss sich im Rahmen eines **Beschäftigungsverhältnisses** (Ausbildungsverhältnis, Anlernverhältnis) vollziehen. Auch bei einer Beschäftigung zur Berufsausbildung muss der Auszubildende wie ein ArbN in einem Betrieb „beschäftigt" sein, dh seine praktische Ausbildung muss überwiegend durch praktische Unterweisung iRd betrieblichen Arbeitsablaufs stattfinden (BSG 29.1.08 – B 7/7a AL 70/06 R, SozR 4–4300 § 25 Nr 2). Das Vorliegen eines Beschäftigungsverhältnisses beurteilt sich nach allgemeinen Grundsätzen und umfasst das Vorliegen eines faktischen Ausbildungsverhältnisses. Das Ausbildungsverhältnis wird durch den Ausbildungszweck gekennzeichnet, während die Leistung produktiver Arbeit nicht wesensnotwendig ist. Es kann auch stark durch erzieherische Elemente geprägt sein. 94

Nicht der Versicherungspflicht unterfallen **schulische Ausbildungsgänge,** die nicht die typischen Elemente eines entgeltlichen Arbeitsverhältnisses aufweisen. Die ständige Eingliederung in den Betrieb des ArbGeb ist nicht erforderlich. Erfolgt die Ausbildung teils in der Schule, teils im Betrieb, so ist maßgebend, welche Ausbildungsart der Gesamtausbildung das Gepräge gibt. Entscheidend ist insoweit insbes die betriebsgemäße Weisungsgebundenheit, die auch bei aus dem eigentlichen Produktionsprozess herausgelösten Ausbildungsverhältnissen (zB in Lehrwerkstätten von Großbetrieben oder karitativen Einrichtungen) vorliegen kann. Erfolgt die Ausbildung ausschließlich in einer berufsbildenden Schule oder im Rahmen eines wissenschaftlichen Forschungsauftrages an einer Hochschule (BSG 14.9.78 – 12 RK 44/76, SozR 5750 Art 2 § 46 Nr 5), so ist die Versicherungspflicht zu verneinen. Dies gilt auch, wenn die Merkmale eines abhängigen Beschäftigungsverhältnisses deshalb nicht vorliegen, weil sich die Ausbildung im Rahmen familienhafter Mithilfe vollzieht (BSG 30.4.81 – 11 RA 54/80, SozR 2200 § 1259 Nr 50). Nicht als Ausbildungsverhältnis unterliegen berufspraktische Phasen eines sog praxisintegrierten dualen Studiums der Versicherungspflicht, wenn diese Phasen sich infolge organisatorischer und/oder curricularer Ver- 95 zahnung als Bestandteil des Studiums darstellen (BSG 1.12.09 – B 12 R 4/08 R, BeckRS 2010, 66709). Diese Grundsätze gelten bei Ausbildungsgängen in nichtakademischen Berufen entsprechend, so dass der praktische Ausbildungsteil als versicherungspflichtig anzusehen ist, wenn theoretische und praktische Ausbildungsabschnitte deutlich getrennt sind (BSG 27.7.11 – B 12 R 16/09 R, SozR 4–2400 § 7 Nr 14).

96 **3. Sozialversicherungspflicht.** In der RV (§ 1 Satz 1 Nr 1 SGB VI) und in der UV (§ 2 Abs 1 Nr 1 und 2 SGB VII) gehören zur Berufsausbildung Beschäftigte unabhängig davon zum versicherten Personenkreis, ob sie gegen Arbeitsentgelt beschäftigt sind. Auch für die Versicherungspflicht in der ArblV ist die Entgeltgewährung ohne Bedeutung (§ 25 Abs 1 SGB III).

97 Die Versicherungspflicht in der KV als zur Berufsausbildung Beschäftigter ist nach § 5 Abs 1 Nr 1 SGB V von der Beschäftigung gegen Arbeitsentgelt abhängig. In der KV kann sich dennoch Versicherungspflicht aus § 5 Abs 1 Nr 10 SGB V ergeben, wenn Ausbildungsvergütung nicht gezahlt wird. Dort sind ohne Arbeitsentgelt zu ihrer Berufsausbildung Beschäftigte und Auszubildende des Zweiten Bildungswegs, die sich in einem förderungsfähigen Teil eines Ausbildungsabschnitts nach dem BAföG befinden, den Praktikanten gleichgestellt (→ *Praktikant* Rn 20 ff). Für die Versicherungspflicht in der sozialen PflegeV gelten die entsprechenden Grundsätze (§ 20 SGB XI).

98 Erfolgt die berufliche Ausbildung (nicht berufliche Fortbildung oder Umschulung; BSG 22.9.81 – 1 RA 37/80, SozR 2200 § 1259 Nr 56) im Rahmen eines Schulbesuchs und nicht innerhalb einer versicherungspflichtigen Beschäftigung, so kann in der RV die nach Vollendung des 17. Lebensjahres zurückgelegte Ausbildungszeit als **Anrechnungszeit** berücksichtigt werden (§ 58 Abs 1 Satz 1 Nr 4 SGB VI). Die Zeiten eines **Schulbesuchs** können insgesamt nur noch bis zu einem Zeitraum von insgesamt acht Jahren angerechnet werden. Dem Schulbesuch ist die Teilnahme an berufsvorbereitenden Bildungsmaßnahmen gleichgestellt. Als Anrechnungszeit wird auch die begrenzte Zeit zwischen dem Ende des Besuchs einer allgemein bildenden Schule und dem Beginn einer versicherungspflichtigen Lehrzeit berücksichtigt (BSG 31.3.92 – 4 RA 3/91, SozR 3–2600 § 252 Nr 1).

99 **4. Ausbildungsvermittlung.** Für die Ausbildungsvermittlung durch die Agenturen für Arbeit bzw der Jobcenter ist die Erfüllung von **Vorversicherungszeiten nicht erforderlich.** Nach § 38 Abs 2 SGB III haben Ausbildungssuchende, die Vermittlungsdienste der BA in Anspruch nehmen, die erforderlichen **Auskünfte** zu erteilen, Unterlagen vorzulegen und den Abschluss eines Ausbildungsvertrags mitzuteilen.

100 **5. Unfallversicherung.** Im dualen System der Berufsausbildung können sich hinsichtlich des Umfangs der versicherten Tätigkeiten sowie des zuständigen UVTrägers Abgrenzungsprobleme ergeben. Während der Tätigkeit im Ausbildungsbetrieb richtet sich der Unfallversicherungsschutz eines zur Ausbildung Beschäftigten nach § 2 Abs 1 Nr 1 SGB VII, während des Berufsschulbesuchs nach § 2 Abs 1 Nr 8b SGB VII. Die mit dem Berufsschulbesuch zusammenhängenden Tätigkeiten sind nur dann versichert, wenn die unfallbringende Tätigkeit im inneren Zusammenhang mit der versicherten Tätigkeit als Berufsschüler steht und sie zudem dem **organisatorischen Verantwortungsbereich** der Schule zuzurechnen ist. Der erforderliche Zusammenhang kann auch ohne die konkrete Weisung eines Lehrers gegeben sein, wenn die unfallverursachende Verrichtung notwendig ist, um an einer Schulveranstaltung teilnehmen zu können (vgl zu Einzelfällen BSG 24.5.2000 – B 2 U 5/99 R, NZA 2000, 1096).

101 **6. Förderungsleistungen.** Die subsidiäre Sicherstellung des Lebensunterhalts während beruflicher Ausbildungen erfolgt in erster Linie durch die Gewährung von **Berufsausbildungsbeihilfe** nach §§ 56 ff SGB III; ferner können die Auszubildenden und die Ausbildungsbetriebe durch Maßnahmen der Assistierten Ausbildung unterstützt werden (→ *Berufsausbildungsförderung*). Während der Absolvierung einer durch Berufsausbildungsbeihilfe oder durch BAföG förderbaren Berufsausbildung besteht ein grundsätzlicher Leistungsausschluss für SGB II-Leistungen nach Maßgabe des § 7 Abs 5 und 6 SGB II. Der Leistungsausschluss gilt nur für den ausbildungsbedingten bzw ausbildungsgeprägten Bedarf (BSG 30.9.08 – B 4 AS 28/07 R, SozR 4–4200 § 7 Nr 9). Die Auszubildenden trotz des Leistungsausschlusses eröffneten SGB II-Leistungen sind in § 27 SGB II zusammengefasst (s hierzu *Hauck/Noftz/Valgolio* SGB II, § 27 Rz 13 ff).

# Ausgleichsquittung

## A. Arbeitsrecht

*Schmidt*

**1. Allgemeines.** Mit der Ausgleichsquittung soll möglicher Streit über bestehende oder zukünftige Ansprüche verhindert oder beseitigt werden. Vor allem bei der Beendigung von Arbeitsverträgen dient sie dem Zweck, möglichst schnell klare Verhältnisse zu schaffen. Typischerweise enthält sie eine **Empfangsbestätigung** und eine **Ausgleichsklausel.** Der Unterzeichner quittiert den Empfang der benannten Leistungen und verzichtet auf weitere Ansprüche. Nach § 368 S 1 BGB ist der ArbN verpflichtet, Zug um Zug ein schriftliches Empfangsbekenntnis (Quittung) über erhaltene Vergütung und die Herausgabe der Arbeitspapiere zu erteilen. Ein gesetzlicher Anspruch auf einen Verzicht oder Erlass von Ansprüchen besteht dagegen nicht. Die Unterzeichnung einer Ausgleichsklausel darf daher nicht erzwungen werden. Auch steht dem ArbGeb kein Zurückbehaltungsrecht wegen der Weigerung des ArbN, eine Ausgleichsklausel zu unterzeichnen, zu. 1

**2. Wirksamkeit.** Eine Ausgleichsquittung ist unwirksam, soweit mit ihr unabdingbare gesetzliche Ansprüche ausgeschlossen werden. Im Bereich des **Mindestlohns** nach dem MiLoG und (Branchen-)**Mindestentgelts** nach dem AEntG gelten besondere Unabdingbarkeitsvorschriften; vgl § 3 S 1 MiLoG und § 9 S 1 AEntG (→ *Ausschlussfrist* Rn 2 ff). Der Verzicht auf Rechte aus **Tarifverträgen, Betriebsvereinbarungen (Sozialplänen)** und **bindenden Festsetzungen** ist nach §§ 4 Abs 4 S 1 TVG, 77 Abs 4 S 2 BetrVG, 19 Abs 3 S 3 HAG an besondere Voraussetzungen gebunden (→ *Verzicht* Rn 4). Er kann aber uU als sog **Tatsachenvergleich** verstanden werden, für den die Verzichtsverbote des § 4 Abs 4 S 1 TVG oder § 77 Abs 4 S 2 BetrVG nicht gelten (BAG 19.7.16 – 3 AZR 134/15, BB 16, 2810; BAG 12.2.14 – 4 AZR 317/12, BB 14, 2238). Allerdings müssen ArbN und ArbGeb über die Erfüllung der tatsächlichen Anspruchsvoraussetzungen gestritten haben. Vertreten sie etwa in einem Rechtsstreit über eine Abfindung aus einem Sozialplan unterschiedliche Rechtsauffassungen zu dessen Anwendbarkeit und Voraussetzungen, handelt es sich um keinen Tatsachenvergleich, sondern einen nach § 77 Abs 4 S 2 BetrVG ohne Zustimmung des BRat unzulässigen Rechtsverzicht, wenn sie sich darauf verständigen, dass alle gegenseitigen Ansprüche abgegolten sein sollen (BAG 24.4.17 – 1 AZR 714/15, BeckRS 2017, 121647). Im Bereich der **Arbeitnehmerüberlassung** steht § 9 Nr 2 AÜG der Vereinbarung einer Ausgleichsklausel jedenfalls in einem gerichtlichen Vergleich, die zum Erlöschen bereits entstandener und durchsetzbarer Ansprüche auf equal pay führt, nicht entgegen (BAG 27.5.15 – 5 AZR 137/14, NZA 15, 1125). 2

**3. Anforderungen.** Der Umfang des Verlustes seiner Rechte muss sich für den Betroffenen aus der Klausel selbst oder den Umständen bei ihrer Unterzeichnung **eindeutig** und **unmissverständlich** ergeben. Die von der Ausgleichsklausel erfassten Ansprüche sollten daher stets konkret bezeichnet werden. Zur Unmissverständlichkeit gehört auch **äußere Eindeutigkeit.** Ausgleichsklauseln müssen sich deutlich von anderen bei der Beendigung eines Arbeitsverhältnisses abgegebenen Erklärungen abheben. Dies kann durch eine besondere Kennzeichnung – etwa im Druck – geschehen (BAG 23.2.05 – 4 AZR 139/04, NZA 05, 1193). Sie dürfen ohne besondere Hervorhebung nicht in einer Schlussbestimmung versteckt werden, die mehrere andere Regelungen enthält (BAG 31.8.05 – 5 AZR 545/04, NZA 06, 324). Es empfiehlt sich, die Ausgleichsklausel auf einem gesonderten Blatt unterschreiben zu lassen, welches keine weiteren Erklärungen enthält, oder zumindest Empfangsbestätigung und Ausgleichsklausel gesondert unterschreiben zu lassen. Wer ganz sicher gehen will, weist den Mitarbeiter vor Unterzeichnung auf die Bedeutung der Ausgleichsklausel hin und dokumentiert dies. 3

**Generelle Hinweispflichten** des ArbGeb bestehen bei eindeutigem Wortlaut der Ausgleichsklausel allerdings nicht. Dies gilt auch für ausländische ArbN, die der deutschen Schriftsprache mächtig sind. Sind sie es für den ArbGeb erkennbar nicht, soll er verpflichtet sein, durch Ausgleichsquittungen in der Landessprache oder mittels Übersetzung durch einen Dolmetscher sicherzustellen, dass der Geschäftswille beim ausländischen ArbN nicht 4 fehlt und die Ausgleichsklausel damit wirksam vereinbart werden kann (LAG Düsseldorf 2.11.71, DB 71, 2318; LAG Hamm 2.1.76, DB 76, 923). Nach anderer Ansicht kommt es (nur) darauf an, ob der ausländische ArbN in der Lage war, den Inhalt der Ausgleichsquittung zu verstehen. Weil ausländische ArbN bei einem Vertragsschluss das Sprachrisiko tragen (BAG 19.3.14 – 5 AZR 252/12 (B), NZA 14, 1076), kann sich dies auch auf die Unterzeichnung von Ausgleichsquittungen auswirken.

5 **4. Auslegung.** Welche Rechtsqualität und welchen Umfang eine Ausgleichsklausel hat, ist durch Auslegung zu ermitteln. Lässt sich aus der Erklärung selbst nicht der übereinstimmende Wille der Parteien zum Umfang der Klausel ermitteln, sind ihre Erklärungen aus Sicht des Erklärungsempfängers so auszulegen, wie er sie nach Treu und Glauben unter Berücksichtigung der Verkehrssitte verstehen durfte. Dabei sind sämtliche Begleitumstände der Erklärung – wie ihre Entstehungsgeschichte, das Verhalten der Parteien nach ihrem Abschluss, ihr Zweck und die bei ihrem Abschluss vorhandene Interessenlage – zu berücksichtigen (BAG 8.3.06 – 10 AZR 349/05, NZA 06, 854). Handelt es sich bei der Ausgleichsklausel um eine **Allgemeine Geschäftsbedingung** iSd § 305 Abs 1 und Abs 2 BGB, ist sie ausgehend vom Vertragswortlaut nach ihrem objektiven Inhalt und typischen Sinn einheitlich so auszulegen, wie sie von verständigen und redlichen Vertragspartnern unter Abwägung der Interessen der normalerweise beteiligten Verkehrskreise verstanden werden, wobei die Verständnismöglichkeiten des durchschnittlichen Vertragspartners des Verwenders zugrunde zu legen sind (BAG 25.9.13 – 5 AZR 936/12, BeckRS 2013, 74878).

6 **a) Rechtsqualität.** Gehen beide Parteien davon aus, dass keine Ansprüche mehr bestehen, enthält die Ausgleichsklausel ein deklaratorisches negatives Schuldanerkenntnis, mit welchem dies nur eindeutig dokumentiert und fixiert werden soll (BAG 20.4.10 – 3 AZR 225/08, NZA 10, 883). Wollen die Beteiligten alle bekannten oder unbekannten Ansprüche zum Erlöschen bringen, enthält sie ein konstitutives negatives Schuldanerkenntnis nach § 397 Abs 2 BGB (BAG 14.5.13 – 9 AZR 844/11, NZA 13, 1098) Gehen beide Parteien davon aus, dass noch Forderungen bestehen, sollen sie aber nicht mehr erfüllt werden, handelt es sich um einen Erlassvertrag nach § 397 Abs 1 BGB (BAG 20.4.10 – 3 AZR 225/08, NZA 10, 883). Haben die Parteien über Bestand oder Höhe einer Forderung gestritten und den Streit durch Nachgeben beendet, liegt in der Ausgleichsklausel ein Vergleich nach § 779 BGB. Meist wird es sich bei der Ausgleichsklausel um einen Vertrag handeln, der mehrere dieser Elemente enthält.

7 **b) Umfang des Rechtsverlustes.** Er bestimmt sich nach der Reichweite der Ausgleichsklausel, die maßgeblich von ihrer Rechtsqualität als Erlassvertrag, konstitutives oder deklaratorisches Schuldanerkenntnis abhängt.

**Beispiele:** Unterzeichnet ein Arbeitnehmer eine vom Arbeitgeber außerhalb eines Aufhebungsvertrags oder eines (Prozess-)Vergleichs vorformulierte „Ausgleichsquittung", kann es sich dabei allenfalls um ein deklaratorisches negatives Schuldanerkenntnis handeln, mit dem er nicht auf bestehende Ansprüche – seien sie bekannt oder unbekannt – verzichtet (BAG 23.10.13 – 5 AZR 135/12, NZA 14, 200). Hat der ArbN bei Beendigung des Arbeitsverhältnisses in einem Formular bestätigt, dass er seine Arbeitspapiere und die restliche Vergütung erhalten hat, und hat er zugleich die auf diesem Papier vorgedruckte Erklärung unterschrieben, dass damit „alle seine Ansprüche aus dem Arbeitsverhältnis abgegolten" sind und er „keine Forderungen" gegen den ArbGeb – „ganz gleich aus welchem Rechtsgrund" – mehr habe, so hat er damit nur den Empfang der Papiere quittiert und allenfalls die Richtigkeit der Entgeltabrechnung anerkannt. Ein weitergehender Verzicht kann aus dem Wortlaut einer so gefassten Ausgleichsklausel nicht hergeleitet werden (BAG 7.11.07 – 5 AZR 880/06, NZA 08, 355). Auch mit einer Ausgleichsklausel in einem Aufhebungsvertrag, wonach keine Tatsachen vorliegen, „,... aus denen der ArbN im Hinblick auf das Arbeitsverhältnis und seine Beendigung Ansprüche oder Rechte irgendwelcher Art, gleich aus welchem Rechtsgrunde herleiten kann, so dass keinerlei weitere Forderungen an den Arbeitgeber bestehen.", wollen die Parteien lediglich die von ihnen angenommene Rechtslage dokumentieren. Der Wille der Parteien ist nicht darauf gerichtet, alle oder eine bestimmte Gruppe von bekannten oder unbekannten Ansprüchen zum Erlöschen zu bringen (BAG 25.9.13 – 5 AZR 936/12, BeckRS 2013, 74878). Wenn feststeht, dass eine Forderung entstanden ist, verbietet allein dieser Umstand im Allgemeinen die Annahme, der ArbN habe sein Recht nach § 397 Abs 1 oder Abs 2 BGB einfach wieder aufgegeben. Ein Erlass liegt im Zweifel nicht vor (BAG 7.11.07 – 5 AZR 880/06, NZA 08, 355). Weit gefasste Ausgleichsklauseln, mit denen der ArbN erklärt, „alle Ansprüche aus dem Arbeitsverhältnis sind abgegolten", oder wonach dem ArbN „keine Ansprüche aus dem Arbeitsverhältnis mehr zustehen", erfassen auch den vertraglichen Anspruch auf ein anteiliges

13. Monatsgehalt (BAG 28.7.04 – 10 AZR 661/03, NZA 04, 1097), auf Rückzahlung eines Arbeitgeberdarlehens (BAG 19.3.09 – 6 AZR 557/07, NZA 09, 896) oder auf Aktienoptionen (BAG 28.5.08 – 10 AZR 351/07, NZA 08, 1066), **nicht** dagegen Versorgungsansprüche (BAG 20.4.10 – 3 AZR 225/08, NZA 10, 883) oder als Schadensersatz geschuldete Versorgungsverschaffungsansprüche (BAG 17.10.00 – 3 AZR 69/99, NZA 01, 203), Zeugnisansprüche (BAG 16.9.74 – 5 AZR 255/74, NJW 75, 407) oder sachenrechtliche Ansprüche (Schaub/*Linck* § 72 Rn 20).

**5. Spezielle Ausgleichsklauseln.** Sie können einzelne Tatbestände betreffen. Gibt der ArbN aus Anlass eines Diebstahls ein deklaratorisches Schuldanerkenntnis ab, so ist er danach mit den Einwänden ausgeschlossen, die er bei Abgabe des Anerkenntnisses kannte oder mit denen er zumindest rechnete. Diente das Schuldanerkenntnis dazu, die Verpflichtung des ArbN zum Schadensersatz und dessen Höhe dem Streit zwischen den Parteien zu entziehen, so kann der ArbN später nicht einwenden, der ArbGeb hätte einen Schaden in dieser Höhe nicht oder nur mit unzulässigen Mitteln beweisen können (BAG 22.7.10 – 8 AZR 144/09, NZA 11, 743). 8

**6. Gerichtlicher Vergleich.** Die in einem gerichtlichen Vergleich vereinbarte allgemeine Ausgleichsklausel soll – anders als die außergerichtlich vereinbarte – idR alle Ansprüche umfassen, die nicht unmissverständlich in diesem Vergleich als weiterbestehende Ansprüche bezeichnet werden, soweit sie nicht außerhalb des von den Parteien Vorgestellten liegen und bei Vergleichsabschluss unvorstellbar waren (BAG 24.6.09 – 10 AZR 707/08 (F), NZA-RR 10, 536). Ausnahmen können für Ruhegeld- und Zeugnisansprüche gelten (BAG 10.5.78 – 5 AZR 97/77, DB 78, 2083). Auch **künftige Forderungen** werden bei eindeutigem Wortlaut von Ausgleichsklauseln erfasst, soweit dies rechtlich möglich ist. Mit einer allgemeinen Ausgleichsklausel oder entsprechenden Formulierungen in gerichtlichen Vergleichen sollen grds auch vertragliche Wettbewerbsverbote und Karenzentschädigungen (BAG 22.10.08 – 10 AZR 617/07, NZA 09, 139) oder der Anspruch auf Urlaubsabgeltung (BAG 14.5.13 – 9 AZR 844/11, NZA 13, 1098) ausgeschlossen werden können; entscheidend ist die Auslegung im Einzelfall (BAG 8.3.06 – 10 AZR 349/05, NZA 06, 854). Ausgleichsklauseln in gerichtlichen Vergleichen, die ausdrücklich auch unbekannte Ansprüche erfassen und auf diese Weise zu erkennen geben, dass die Parteien an die Möglichkeit des Bestehens ihnen nicht bewusster Ansprüche gedacht und auch sie in den gewollten Ausgleich einbezogen haben, sind – anders als solche in Ausgleichsquittungen (BAG 23.10.13 – 5 AZR 135/12, NZA 14, 200) – regelmäßig als umfassender Anspruchsausschluss in Form eines konstitutiven negativen Schuldanerkenntnisses zu verstehen (BAG 27.5.15 – 5 AZR 137/14, NZA 15, 1125). Zu besonderen Verzichtsverboten und einem **Tatsachenvergleich** → Rn 2. 9

**7. Wirkung.** Welche Wirkung eine Ausgleichsklausel hat, wenn sich **nach ihrer Unterzeichnung** herausstellt, dass **noch Forderungen** aus dem Arbeitsverhältnis **bestehen**, welche beide Parteien übersehen haben, richtet sich nach ihrer Rechtsqualität. Ein Vergleich ist nach § 779 BGB unwirksam, wenn der nach seinem Inhalt zugrunde gelegte unstreitige Sachverhalt nicht der Wirklichkeit entspricht. Wirksam bleiben damit Vergleiche, die auf einem gemeinsamen Irrtum in Bezug auf Streitpunkte beruhen, welche gerade durch den Vergleich beseitigt werden sollten (vgl zu § 779 BGB und zum Rechts- und Sachverhaltsirrtum BGH 20.3.13 – XII ZR 72/11, NJW 13, 1530). Handelt es sich bei der Ausgleichsklausel ihrem Inhalt nach (nur) um ein negatives deklaratorisches Schuldanerkenntnis, können selbst von ihr erfasste Forderungen weiterhin geltend gemacht werden. 10

**8. Anfechtung und Widerruf.** Die Ausgleichsklausel kann nach allgemeinen Regeln angefochten werden. Ein gesetzliches Widerrufsrecht für Ausgleichsquittungen nach den §§ 312, 355 BGB besteht nicht. Beim Arbeitsverhältnis handelt es sich nicht um eine besondere „Vertriebsform", auf die allein sich diese Vorschriften beziehen (BAG 27.11.03 – 2 AZR 177/03, NZA 04, 597 zum Aufhebungsvertrag). Soweit Tarifverträge den **Widerruf** einer Ausgleichsklausel vorsehen, richten sich dessen Voraussetzungen nach den tariflichen Regelungen. 11

Die Anfechtung wegen **Irrtums** (§ 119 BGB) soll möglich sein, wenn der Unterzeichner glaubte, nur eine einfache Quittung zu unterschreiben. Unterschreibt der ArbN die Ausgleichsklausel ungelesen, kann er sich über deren Inhalt nicht irren. Die Irrtumsanfechtung ist dann ausgeschlossen (BAG 27.8.70 – 2 AZR 519/69, NJW 71, 639). Weil ausländische 12

ArbN das Sprachrisiko bei einem Vertragsschluss tragen (BAG 19.3.14 – 5 AZR 252/12 (B), NZA 14, 1076), können sie auch eine von ihnen unverstandene Ausgleichsquittung nicht anfechten, solange ihnen nur klar ist, worum es sich dabei handelt.

13 Wegen **arglistiger Täuschung** (§ 123 BGB) kann die Ausgleichsklausel angefochten werden, wenn dem Unterzeichner vorgespiegelt wird, es handele sich nur um eine einfache Empfangsbestätigung.

Wegen **widerrechtlicher Drohung** (§ 123 BGB) kann die Ausgleichsklausel angefochten werden, wenn der ArbGeb erklärt, ohne ihre Unterzeichnung gebe er die Arbeitspapiere nicht heraus, oder er sich weigert, den Restlohn zu zahlen (Schaub/*Linck* § 72 Rn 26). Ein in der Ausgleichsklausel enthaltener Verzicht auf die Kündigungsschutzklage kann unter den Voraussetzungen angefochten werden, unter denen ein Aufhebungsvertrag nach §§ 119 ff BGB unwirksam ist (→ *Aufhebungsvertrag* Rn 22).

14 **9. Ungerechtfertigte Bereicherung.** Nach den Grundsätzen der ungerechtfertigten Bereicherung (§ 812 Abs 2 BGB) soll ein in einer Ausgleichsklausel enthaltenes konstitutives negatives Schuldanerkenntnis zurückgefordert werden können, wenn die Forderung tatsächlich noch besteht, von deren Nichtbestehen der Anerkennende ausgegangen ist (Schaub/*Linck* § 72 Rn 27). War die Forderung strittig, liegt in der Ausgleichsklausel zugleich ein Vergleich, der ihre Rückforderung nach Bereicherungsgrundsätzen ausschließt.

15 **10. Sittenwidrigkeit.** Enthält ein in einer Ausgleichsklausel enthaltenes Schuldanerkenntnis Verpflichtungen, die die Einkommens- und Vermögensverhältnisse des Schuldners weit übersteigen, kann es nach § 138 Abs 1 BGB **sittenwidrig** sein, wenn zusätzliche, dem Gläubiger zurechenbare Umstände zu einem unerträglichen Ungleichgewicht der Vertragsparteien führen. Solche Belastungen können sich insbes daraus ergeben, dass der Gläubiger die Geschäftsunerfahrenheit oder eine seelische Zwangslage des Schuldners ausnutzt oder ihn auf andere Weise in seiner Entscheidungsfreiheit unzulässig beeinträchtigt. Ein auffälliges Missverhältnis zwischen Leistung und Gegenleistung kann jedoch nicht daraus abgeleitet werden, dass der mit dem Schuldanerkenntnis ausgeglichene Schaden allenfalls zu einem geringen Teil bewiesen werden kann. Maßgebend für die Annahme eines auffälligen Missverhältnisses ist nicht das Verhältnis zwischen wahrer Ausgangslage im Sinne einer tatsächlichen Beweisbarkeit und den übernommenen Leistungen, sondern die Einschätzung der Sach- und Rechtslage durch die Parteien bei Abschluss der Vereinbarung (BAG 22.7.10 – 8 AZR 144/09, NZA 11, 743).

## B. Lohnsteuerrecht *Seidel*

17 **1. Empfangsbestätigung.** Soweit in der Ausgleichsquittung der Erhalt der LStBescheinigung in den Sonderfällen des § 41b Abs 3 Satz 1 EStG bestätigt wird (→ Rn 2, 6), wird hinsichtlich deren Ausfüllung durch den ArbGeb auf das Stichwort → *Lohnsteuerbescheinigung* Rn 2 ff verwiesen.

18 **2. Ausgleichsklausel. a) Ansprüche.** Sind nach der Ausgleichsklausel noch Ansprüche des ArbN zu erfüllen, richtet sich deren Besteuerung nach den allgemein für die Art der Zahlung geltenden Grundsätzen (→ *Abfindung* Rn 41 ff; → *Entgeltfortzahlung* Rn 41 ff; → *Lohnabzugsverfahren* Rn 2 ff; → *Urlaubsgeld* Rn 6, 7; → *Vermögenswirksame Leistungen* Rn 27 ff; → *Sozialplan* Rn 61–63).

19 **b) Erlassvertrag.** Handelt es sich bei der Ausgleichsklausel auch um einen Erlassvertrag (→ Rn 6), kann in dem Verzicht des ArbGeb auf die Geltendmachung von Forderungen ein stpfl geldwerter Vorteil für den ArbN liegen (→ *Verzicht* Rn 14 ff und → *Lohnzufluss* Rn 8: Forderung). Zum Lohnverzicht des ArbN → *Entgeltverzicht* Rn 8 ff.

## C. Sozialversicherungsrecht *Schlegel*

20 **Sozialversicherungsrechtliche Reichweite.** Beinhaltet eine Ausgleichsquittung (umfassend hierzu *Franz Kiebler* Die Ausgleichsquittung im deutschen Arbeitsrecht, ZIAS 1995, 51) einen Vergleich, einen Erlassvertrag, ein deklaratorisches oder ein konstitutives negatives Schuldanerkenntnis, was jeweils durch Auslegung im Einzelfall zu ermitteln ist (→ Rn 3), werden hierdurch zunächst nur Ansprüche des ArbN gegen den ArbGeb oder des ArbGeb gegen den ArbN geregelt; die Ausgleichsquittung führt jedoch nicht zwingend dazu, dass

der Inhalt auch hinsichtlich sozialrechtlicher Konsequenzen verbindlich ist. Beweisrechtliche Bedeutung kommt ihr nur beim deklaratorisch negativen Schuldanerkenntnis zu. Indessen ist es nicht möglich, durch einen Verzicht auf entstandene Ansprüche auf Arbeitsentgelt die damit ebenfalls bereits entstandene Pflicht zur Zahlung von GesamtSozVBeiträgen im Verhältnis zum SozVTräger zu beseitigen oder zu modifizieren (→ *Entgeltverzicht* Rn 17 ff).

Das Recht der SozV und ArblV ist als Teil des öffentlichen Rechts insoweit **zwingend** 21
und steht nicht zur Disposition der Arbeitsvertragsparteien. In aller Regel werden die sozialrechtlichen Konsequenzen einer Ausgleichsquittung (zu deren Auslegung vgl BSG 16.12.80 – 3 RK 40/79, SozR 2200 § 189 Nr 2) von den Beteiligten allerdings nicht mitbedacht; eine ergänzende Auslegung und Regelung der sozialversicherungsrechtlichen Tatbestände wegen versteckten Dissenses (§ 155 BGB) scheidet im Hinblick auf den zwingenden Charakter des Sozialrechts auch in diesen Fällen in aller Regel aus.

**Vergleichsvertrag.** Sozialversicherungsrechtlich beachtlich ist jedoch ein in der Aus- 22
gleichsquittung enthaltener echter Vergleichsvertrag, bei dem etwa die zunächst umstrittene Entgelthöhe durch gegenseitiges Nachgeben geregelt und hierdurch mittelbar auch die Beitragsbemessungsgrundlage fixiert wird.

# Aushänge im Betrieb

## A. Arbeitsrecht

*Kreitner*

### Übersicht



**I. Allgemeines.** Das Arbeitsrecht enthält in vielen Bereichen Schutzvorschriften zuguns- 1
ten der ArbN. Besondere Bedeutung erlangen insoweit Arbeitszeitregelungen, Vorschriften bezüglich gefährlicher oder gesundheitsgefährdender Arbeiten und sonstige tarifliche oder betriebsverfassungsrechtliche Regelungen einerseits sowie Vorschriften zum Schutz besonderer ArbNGruppen wie Jugendliche, Frauen oder Schwerbehinderte andererseits. In diesen Bereichen wird durch Gesetz, VO, Tarifvertrag oder Betriebsvereinbarung oftmals dem ArbGeb vorgeschrieben, für eine entsprechende Information der ArbN hinsichtlich dieser Regelungen zu sorgen. Betriebliche Aushänge sind dabei das übliche Mittel. In Einzelfällen wird vom ArbGeb allerdings auch eine weitergehende Unterrichtung der ArbN verlangt. Dies wird dann jedoch in den einzelnen Vorschriften ausdrücklich angeordnet.

Wegen der Vielzahl der Vorschriften ist eine abschließende Darstellung nicht möglich. Im Folgenden werden die in der Praxis wichtigsten Fälle aufgeführt.

2 **II. Gesetzliche Aushangpflichten. 1. Arbeitszeitregelungen. a) Arbeitszeitgesetz.** Gem § 16 Abs 1 ArbZG muss der ArbGeb einen Abdruck des ArbZG, der aufgrund dieses Gesetzes erlassenen, für den Betrieb geltenden RechtsVO und der für den Betrieb geltenden Tarifverträge und Betriebsvereinbarungen an geeigneter Stelle im Betrieb auslegen oder aushängen.

3 **b) Ladenschlussgesetz.** Gem § 21 Nr 1 LadschlG ist jeder Inhaber einer Verkaufsstelle, in der regelmäßig mindestens ein ArbN beschäftigt wird, verpflichtet, einen Abdruck des LadschlG und der aufgrund dieses Gesetzes ergangenen Rechtsverordnungen auszulegen oder auszuhängen.

4 **c) Regelungen für bestimmte Betriebe.** In mehreren spezial-gesetzlichen Vorschriften und VO finden sich weitere Sonderregelungen hinsichtlich der Arbeitszeit:
- VO über Ausnahmen vom Verbot der Beschäftigung von ArbN an Sonn- und Feiertagen in der Eisen- und Stahlindustrie vom 7.7.61 idF vom 6.6.94 (BGBl I 94, 1170).
- VO über Ausnahmen vom Verbot der Beschäftigung von ArbN an Sonn- und Feiertagen in der Papierindustrie vom 20.7.63 idF vom 6.6.94 (BGBl I 94, 1170).

5 **2. Schutzvorschriften. a) Allgemeine Regelungen für alle Arbeitnehmer.** Nach § 12 Abs 5 AGG muss der ArbGeb dieses Gesetz und § 61b ArbGG durch Aushang oder Auslegung an geeigneter Stelle oder mittels der ansonsten betriebsüblichen Kommunikationsmittel bekannt machen.

6 **b) Regelungen für bestimmte Betriebe.** Ähnlich wie auf dem Gebiet der Arbeitszeit existieren auch bei den Schutzvorschriften für einzelne Betriebsarten besondere Vorschriften. Die wichtigsten sind:
- Druckluftverordnung vom 4.10.72 (BGBl I 72, 1909), zuletzt geändert am 29.3.17 (BGBl I 17, 626): § 12 Abs 2 Aushang von Name, Anschrift und Fernsprechnummer des ermächtigten Arztes
- Gefahrstoffverordnung vom 26.11.10 (BGBl I 10, 1643), zuletzt geändert am 29.3.17 (BGBl I 17, 626): § 14 Abs 1 Bekanntmachung der schriftlichen Betriebsanweisung über die beim Umgang mit Gefahrstoffen auftretenden Gefahren
- Röntgenverordnung vom 8.1.87 idF der Bekanntmachung vom 30.4.03 (BGBl I 03, 604), zuletzt geändert am 11.12.14 (BGBl I 14, 2010): § 18 Abs 1 Nr 4 Text der VO zur Einsicht ständig verfügbar halten.

7 **c) Jugendliche.** Beschäftigt ein ArbGeb mindestens einen Jugendlichen, so ist er gem § 47 JArbSchG zum Aushang bzw zur Auslage des Gesetzes verpflichtet. Bei Beschäftigung von regelmäßig mindestens drei Jugendlichen besteht darüber hinaus nach § 48 JArbSchG die Verpflichtung, einen Aushang über Beginn und Ende der regelmäßigen täglichen Arbeitszeit und der Pausen der Jugendlichen anzubringen. Bestehen besondere Ausnahmebewilligungen, so sind auch diese gem § 54 Abs 3 JArbSchG auszuhängen.

8 **d) Frauen.** Gem § 26 Abs 1 MuSchG ist in Betrieben mit mehr als drei beschäftigten Frauen ein Abdruck des MuSchG auszulegen.

9 **e) Heimarbeiter.** Nach § 6 Satz 2 HAG ist die Liste der beschäftigten Heimarbeiter in den Ausgaberäumen auszuhängen. Gleiches gilt gem § 8 Abs 1 HAG hinsichtlich des Entgeltverzeichnisses und der sonstigen Vertragsbedingungen sowie gem § 19 Abs 2 HAG hinsichtlich der bindenden Festsetzung von Entgelten und sonstigen Vertragsbedingungen. Ferner besteht gem § 26 Abs 2 MuSchG auch bei Heimarbeiterinnen die Pflicht zur Auslegung des MuSchG in den Ausgaberäumen.

10 **f) Schwerbehinderte.** Gem § 230 Abs 3 SGB IX besteht für Unternehmer, die öffentlichen Personenverkehr betreiben, die Pflicht, auf die unentgeltliche Beförderung schwerbehinderter Menschen hinzuweisen.

11 **g) Seeleute.** Nach § 144 SeemG müssen an Bord zur Einsicht ausliegen: ein Abdruck des SeemG, ein Abdruck des OWiG sowie bestimmte aufgrund des SeemG ergangene VO.

12 **3. Tarifverträge.** Gem § 8 TVG ist der ArbGeb verpflichtet, die für den Betrieb geltenden Tarifverträge an geeigneter Stelle auszulegen. Diese Bekanntmachungspflicht wird darüber hinaus in einzelnen Tarifverträgen ausdrücklich angeordnet. Nach hM handelt es sich bei § 8 TVG um eine Ordnungsvorschrift, die mit den zuvor genannten Regelungen des MuSchG, HAG, JArbSchG etc vergleichbar ist (BAG 22.1.08 – 9 AZR 416/07, NZA-RR 08, 525; 23.1.02 – 4 AZR 56/01, NZA 02, 800; *Wiedemann/Oetker* § 8 Rz 17, der die

bisher hM aber für überprüfungsbedürftig hält). Die Wirksamkeit des Tarifvertrages im Betrieb ist daher nicht von dessen Auslage abhängig. Ob sich der ArbGeb allerdings bei unterlassener Auslage des Tarifvertrags auf die Geltung tariflicher Ausschlussfristen berufen kann, ist umstritten (**ja:** BAG 23.1.02 – 4 AZR 56/01, NZA 02, 800; LAG Hamm 15.8.06 – 12 Sa 450/06; LAG Köln 7.3.02 – 10 Sa 1270/01, NZA-RR 02, 591; LAG Brem 9.11.2000 – 4 Sa 138/00, NZA-RR 01, 98; LAG NdS 7.12.2000 – 10 Sa 1505/00, NZA-RR 01, 145; *Hohenhaus* NZA 01, 1107; **nein:** *Bepler* ZTR 01, 241; *Fischer* BB 2000, 354; *Däubler/Reinecke* § 8 Rz 18 ff; *Gamillscheg* § 13 II 2b mit beachtlichen Argumenten). Teilweise wird zusätzlich zwischen Gewerkschaftsmitgliedern und nicht gewerkschaftlich organisierten ArbN unterschieden (*Fenski* BB 87, 2293 mwN). Für die in § 18 MTV Hess Einzelhandel enthaltene – über § 8 TVG hinausgehende – Klausel, wonach tarifliche Ausschlussfristen nur eingreifen, wenn der Tarifvertrag dem ArbN ausgehändigt oder im Betrieb ausgelegt oder ausgehängt ist, hat das BAG entschieden, dass das bloße Ablegen der Tarifverträge in einem allgemein zugänglichen Ordner hierfür nicht ausreicht (BAG 11.11.98 – 5 AZR 63/98, NZA 99, 605). Gleichzeitig äußert das BAG Bedenken an seiner früheren Rspr zu § 8 TVG, die möglicherweise das Bekanntgabeerfordernis nicht genau genug geprüft habe. In einer weiteren Entscheidung hat der 4. Senat die Frage bewusst offen gelassen (BAG 21.2.07 – 4 AZR 258/06, AP Nr 8 zu § 1 TVG Tarifverträge: Dachdecker). Der 8. Senat des BAG hat kurz darauf nochmals die bisherige Rspr bestätigt (BAG 16.5.07 – 8 AZR 709/06, NZA 07, 1154). Das LAG Hess sieht in dieser Tarifnorm ein Schutzgesetz iSd § 823 Abs 2 BGB und bejaht bei fehlender Aushändigung des Tarifvertrags einen Schadensersatzanspruch des ArbN (LAG Hess 17.10.01 – 8 Sa 1141/00, NZA-RR 02, 427).

**4. Betriebsverfassungsrechtliche Regelungen. a) Betriebsvereinbarungen** sind gem § 77 Abs 2 BetrVG im Betrieb auszulegen. Das Gleiche gilt nach § 115 Abs 7 Nr 3 BetrVG für Bordvereinbarungen. 13

**b) Betriebsratswahl.** Bei der Durchführung der BRatWahl ergeben sich weitgehende Bekanntmachungsverpflichtungen wie bspw hinsichtlich Wählerverzeichnis und Abdruck der WahlO (§ 2 Abs 4 WahlO), Abdruck des Wahlausschreibens (§ 3 Abs 4 WahlO), Vorschlagslisten (§ 10 Abs 2 WahlO) und Bekanntmachung der Gewählten (§ 18 WahlO). Entsprechendes gilt für die Wahl der Jugendvertretung gem §§ 38 ff WahlO sowie für die Seeschifffahrt gem einer gesonderten WahlO vom 7.2.02 (BGBl I 02, 594). 14

**c) Sprecherausschusswahl.** Nach der WahlO zum SprAuG vom 28.9.89 (BGBl I 89, 1798) gelten vergleichbare Bekanntmachungsvorschriften wie bei der BRatWahl. 15

**d) Schwerbehindertenvertretung.** Auch insoweit gilt nach der WahlO zum SGB IX Entsprechendes (LAG Köln 11.4.08 – 11 TaBV 80/07, BeckRS 2008, 56364). 16

**5. Unternehmensbezogene Regelungen** hinsichtlich Aushang und Bekanntmachungspflichten des ArbGeb bestehen hauptsächlich bei den Wahlverfahren bezüglich der **Arbeitnehmervertreter zum Aufsichtsrat.** Geht es um Wahlen der ArbNVertreter zum Aufsichtsrat bei einem den §§ 76, 77 BetrVG 1952 unterfallenden Unternehmen, so sind die Vorschriften der WahlO 1953 vom 18.3.53 idF vom 7.2.62 (BGBl I 62, 64) zu berücksichtigen. In Unternehmen der Montanindustrie sind die Vorschriften des Mitbestimmungs-Ergänzungsgesetzes sowie der WahlO zum zuvor genannten Gesetz vom 23.1.89 (BGBl I 89, 147) einschlägig. Bei Unternehmen, die dem MitbestG von 1976 unterfallen, sind dessen Vorschriften sowie die drei WahlO zu diesem Gesetz maßgeblich. 17

**III. Freiwillige Aushänge.** Neben den zwingenden Aushangverpflichtungen besteht für den ArbGeb auch die Möglichkeit zu freiwilligen Aushängen. Üblich sind bspw Aushänge hinsichtlich der **Urlaubsplanung** (Betriebsferien), **Gratifikationen** (Weihnachtsgeld, Urlaubsgeld), Prämien (Anwesenheitsprämien) etc. Derartige Sonderzuwendungen erhalten mit dem Aushang über das Rechtsinstitut der sog Gesamtzusage (→ *Betriebliche Übung* Rn 2) verbindlichen Charakter. Auch sonstige betriebseinheitlich geltende Regelungen, zB hinsichtlich **Arbeitszeit** oder betrieblicher **Ordnung,** können über Aushänge den ArbN zur Kenntnis gebracht werden. 18

Seine Grenze findet das Aushangrecht des ArbGeb dort, wo entweder **Persönlichkeitsrechte** der ArbN oder dritter Personen berührt werden, oder der Aushang unter Missachtung der arbeitsvertraglichen Fürsorgepflicht bzw der betriebsverfassungsrechtlichen Pflicht zur vertrauensvollen Zusammenarbeit erfolgt. So ist zB die öffentliche Bekanntgabe 19 der Lohn-/Gehaltslisten der ArbN ebenso unzulässig wie die Anprangerung bestimmter Fehlverhalten einzelner ArbN etwa durch Aushang von Abmahnungs- oder Kündigungsschreiben. Gleiches gilt für den Aushang von krankheitsbedingten oder sonstigen Fehlzeiten von BRatMitgliedern (ArbG Verden 14.4.89, NZA 89, 943 [LS]).

20 Der Aushang einer Mitarbeiterinformation über die **Beförderung** namentlich benannter Mitarbeiter stellt keine Ablehnung weiterer Bewerber iSv § 15 Abs 4 AGG dar und setzt damit die dort geregelte Frist zur Geltendmachung nicht in Gang (LAG BlnBbg 18.2.11 – 13 Sa 2049/10, NZA-RR 11, 286).

21 **IV. Art und Weise des Aushangs. 1. „Schwarzes Brett".** Üblicherweise erfolgt die Bekanntgabe der Aushänge **durch den Arbeitgeber** am sog „Schwarzen Brett". Es steht aber auch für Aushänge einzelner oder einer Gruppe von **Arbeitnehmern** zur Verfügung. Das gilt auch bei Äußerungen, die sich kritisch mit der Arbeit des BRat auseinandersetzen (LAG Hess 2.9.13 – 16 TaBV 36/13, BeckRS 2013, 74896). Dieses „Schwarze Brett" muss an einer allgemein zugänglichen Stelle angebracht sein. Insbes Aufenthalts- und Pausenräume sind daher geeignete Standorte. Keinesfalls dürfen besondere physische oder psychische Hindernisse bereitet werden, wie dies bei Aushängen in abgelegenen Räumen oder im Büro des Vorgesetzten der Fall wäre (*Kollmer* DB 95, 1662). Ein erzwingbares **Mitbestimmungsrecht** des BRat besteht hinsichtlich des Standorts des „Schwarzen Bretts" nicht. Der BRat ist jedoch gem § 80 Abs 2 iVm Abs 1 Nr 1 BetrVG entsprechend zu unterrichten.

22 Das „Schwarze Brett" steht auch **dem Betriebsrat** zur Nutzung frei. Das gilt gleichermaßen für Aushänge des GBRat in dessen Zuständigkeitsbereich (BAG 4.11.15 – 7 ABR 61/13, NZA-RR 16, 256). Je nach Größe des Betriebes hat der BRat Anspruch auf ein oder mehrere „Schwarze Bretter".

23 Auch als Informationsmittel **für Gewerkschaften** kommt das „Schwarze Brett" in Betracht. Von der in Art 9 Abs 3 GG in ihrem Kernbereich gewährleisteten Betätigungsgarantie der Gewerkschaften ist grds das Recht auf Werbung im Betrieb mit umfasst (BAG 30.8.83, DB 84, 462). Existiert im Betrieb kein „Schwarzes Brett", kann eine gewerkschaftliche Plakatwerbung im Betrieb nur nach Rücksprache mit dem ArbGeb erfolgen. Jedenfalls muss sich die Werbung in einem vernünftigen Rahmen bewegen (vgl zu den Grenzen im Einzelnen: BAG 26.1.82, DB 82, 1327; 23.9.86, DB 87, 440).

24 **2. Allgemeine Erfordernisse. a) Standort.** Hinsichtlich des Standorts des Aushangs sind in einzelnen Vorschriften besondere Regelungen zu beachten. Zwar wird meistens lediglich der leichte, ungehinderte Zugang der ArbN zu dem Aushang festgelegt; teilweise werden jedoch auch bestimmte Standorte wie zB einzelne Betriebsabteilungen oder bestimmte Räume (zB § 8 HAG) vorgeschrieben.

25 **b) Sprache.** Besonderheiten sind ferner hinsichtlich der Sprache des Aushangs zu beachten, soweit ausländische ArbN betroffen sind, die der deutschen Sprache nicht mächtig sind. In solchen Fällen ist regelmäßig eine Übersetzung des Aushangs in die jeweilige Fremdsprache erforderlich (*Kollmer* DB 95, 1662: übersetzte Kurzeinweisung, aus der Sinn und Zweck der ausgelegten Vorschrift erkennbar wird). Dies ist teilweise gesetzlich geregelt, wie zB in § 2 Abs 5 WahlO 2001 hinsichtlich der BRatWahl oder § 11 Abs 2 Satz 2 AÜG bei ausländischen LeihArbN. In anderen Fällen ergibt sich dies aus der ArbGebSeitigen *Fürsorgepflicht.* Es stellt jedoch eine Überspannung der Fürsorgepflicht des ArbGeb dar, wenn man Aushänge für ausländische ArbN wegen insoweit zT bestehender Leseunkenntnis grds in Frage stellt (aA *Pulte* AR-Blattei Aushänge und Verzeichnisse C III).

26 **V. Rechtsfolgen bei Verstoß gegen Aushangpflichten.** Die Verletzung gesetzlicher Aushangpflichten kann Sanktionen verschiedenster Art zur Folge haben.

**1. In zivilrechtlicher Hinsicht** können bei Vorliegen einer schuldhaften Pflichtverletzung des ArbGeb Schadensersatzansprüche der ArbN wegen Vertragspflichtverletzung gem § 280 BGB oder aus unerlaubter Handlung gem § 823 BGB bestehen, soweit der Verstoß gegen die Aushangpflicht ursächlich für einen entstandenen Schaden geworden ist (zB Gesundheitsverletzung des ArbN infolge Unkenntnis über den Umgang mit gefährlichen Stoffen).

27 **2. In betriebsverfassungsrechtlicher Hinsicht** bestehen bei Verstößen von ArbGeb oder BRat jeweils Unterlassungs- und Beseitigungsansprüche der anderen Seite entweder aufgrund verletzter Mitbestimmungsrechte oder sonstiger betriebsverfassungsrechtlicher

Vorschriften oder gem § 23 Abs 3 BetrVG (→ *Amtspflichtverletzung (Betriebsrat)* Rn 5). Bei gravierenden Verstößen kann uU auch das Verfahren nach § 23 Abs 1 oder Abs 3 BetrVG in Betracht kommen.

Verstöße im Zusammenhang mit einer BRatWahl (zB unrichtige Bekanntgabe von Wahlausschreiben oder nicht ordnungsgemäße Unterrichtung ausländischer ArbN gem § 2 Abs 5 WahlO 2001) können zu einer **Anfechtbarkeit der Betriebsratswahl** führen (BAG 21.1.09 – 7 ABR 65/07, NZA-RR 09, 481; 5.5.04 – 7 ABR 44/03, NZA 04, 221; LAG Hamm 17.8.07 – 10 TaBV 37/07, BeckRS 2007, 48771; LAG Köln 11.4.08 – 11 TaBV 80/07, BeckRS 2008, 56364; LAG BaWü 4.7.07 – 2 TaBV 3/06, BeckRS 2008, 51621). 28

**3. Ordnungswidrigkeiten.** In den meisten gesetzlich angeordneten Bekanntmachungspflichten wird die Verletzung dieser Pflichten durch den ArbGeb als Ordnungswidrigkeit sanktioniert. Soweit dabei keine bestimmte Geldbuße angedroht wird, können gem § 17 Abs 1 OWiG Bußen bis höchstens 1000 € verhängt werden. In anderen Fällen werden Höchstsummen im jeweiligen Spezialgesetz selbst festgelegt, wie zB in § 32a Abs 2 und 3 HAG: 2500 €. 29

## B. Lohnsteuerrecht

*Seidel*

Eine Aushängepflicht für lohnsteuerrechtliche Vorschriften besteht nicht. Eine steuerliche Auswirkung kann allerdings der Aushang von Richtlinien für die betriebliche Altersversorgung in der Weise haben, als das Erfordernis der Unterrichtung des ArbN (stillschweigende Zustimmung gem § 2 Abs 2 Nr 3 Satz 2 LStDV) hierdurch erfüllt wird (*HHR* § 19 Anm 362). Eine an alle ArbN gerichtete Versorgungszusage wird wirksam, wenn ein entsprechendes vom ArbGeb verfasstes Schriftstück am „Schwarzen Brett" des Betriebs ausgehängt wird (EStR 6a Abs 8 Satz 2; BFH 8.12.04 – I B 125/04, BFH/NV 05, 1036). 30

## C. Sozialversicherungsrecht

*Voelzke*

**1. Unterrichtungspflichten.** Vereinzelt finden sich auch im SozVRecht gesetzliche Regelungen, die als Folge der Verpflichtung zur Unterrichtung der ArbN betriebliche Aushänge erforderlich machen können (*Pulte* BB 2000, 253 ff). Nach § 138 SGB VII haben die Unternehmer die in ihren Unternehmen tätigen Versicherten darüber zu unterrichten, welcher UVTräger für das Unternehmen zuständig ist und an welchem Ort sich seine für Entschädigungen zuständige **Geschäftsstelle** befindet. Die Unterrichtungspflicht verfolgt den Zweck, die Versicherten darüber zu belehren, bei welcher Stelle sie bei Arbeitsunfällen und Berufskrankheiten ihre Ansprüche geltend machen können. Die Bekanntmachung durch Aushang wird vom Gesetzgeber nicht vorgeben, so dass auch andere Formen der Bekanntgabe zulässig sind. Bei mündlicher Unterrichtung oder bei Verteilung von Merkblättern hat der Unternehmer dafür Sorge zu tragen, dass jeder neu eingestellte ArbN unterrichtet wird. Er muss die Unterrichtung in Zeitabständen wiederholen. Die Verletzung der sich aus § 138 SGB VII ergebenden Verpflichtung ist gem § 209 SGB VII **bußgeldbewehrt.** 31

**2. Unfallverhütungsvorschriften.** Ferner werden die Mitglieder der BG (Unternehmer) über die von der BG erlassenen Unfallverhütungsvorschriften unterrichtet. Die Unternehmer sind ihrerseits zur **Unterrichtung der Versicherten** verpflichtet (§ 15 Abs 5 SGB VII). Die Unterrichtungspflicht ist nicht auf die Mitteilung des Wortlauts der UVV beschränkt (*Schlegel/Voelzke/Eichendorf* SGB VII, § 15 Rz 51), sondern erfordert eine Darlegung ihres Inhalts. Ferner sind auch Erläuterungen zur konkreten praktischen Anwendung im jeweiligen Arbeitsbereich erforderlich (KassKomm/*Ricke* § 15 SGB VII Rz 16). Auch hier bietet sich eine Bekanntmachung des dem Unternehmer von der BG zur Verfügung gestellten Materials am **Schwarzen Brett** an, ist jedoch häufig wegen des Umfangs der Unterrichtungspflicht, die eine Unterweisung in Betriebsversammlungen erforderlich machen kann, nicht ausreichend. 32

**3. Erste Hilfe.** Nach § 15 Abs 1 Nr 5 SGB VII erlassen die UVTräger UVV, die die Unternehmer zur Sicherstellung einer wirksamen Ersten Hilfe verpflichten. Neben der Zurverfügungstellung von ausgebildeten **Ersthelfern** und einer **Erste-Hilfe-Ausrüstung** beinhaltet dies, dass Notrufnummern und die Anschriften erreichbarer Ärzte an sichtbarer 33

Stelle ausgehängt werden, um eine vermeidbare Verzögerung bei der Versorgung von Arbeitsunfällen zu vermeiden.

## Aushilfskräfte

### A. Arbeitsrecht

*Röller*

1 **1. Begriff.** Die Besonderheit eines Aushilfsarbeitsverhältnisses besteht darin, dass der ArbGeb es von vornherein nicht auf Dauer eingehen will, sondern nur, um einen **vorübergehenden betrieblichen Bedarf an Arbeitsleistung** zu decken, der nicht durch den normalen Betriebsablauf, sondern durch den Ausfall von Stammkräften oder durch einen zeitlich begrenzten zusätzlichen Arbeitsanfall begründet ist. Der Tatbestand des nur vorübergehenden Bedarfs muss objektiv vorliegen. Allein eine entsprechende Bezeichnung reicht nicht aus. Liegt der Aushilfszweck nicht vor, entsteht ein den allgemeinen Regeln unterliegendes Arbeitsverhältnis (BAG 22.5.86 – 2 AZR 392/85, DB 86, 2548).

2 **2. Befristung.** IdR wird das Aushilfsarbeitsverhältnis befristet abgeschlossen. § 14 Abs 2 TzBfG lässt die einmalige Befristung eines Aushilfsarbeitsverhältnisses **ohne Sachgrund bis zu einer Dauer von zwei Jahren** (§ 14 Abs 2 TzBfG) zu. Bis zur Gesamtdauer von 2 Jahren ist auch die höchstens dreimalige Verlängerung eines befristeten Arbeitsvertrages zulässig (§ 14 Abs 2 TzBfG). S → *Befristetes Arbeitsverhältnis* Rn 7.

3 **Mit Sachgrund** kann das Arbeitsverhältnis gem § 14 Abs 1 Satz 2 Nr 1, 3 TzBfG befristet werden. **Vorübergehender Arbeitskräftebedarf** rechtfertigt die Befristung gem Nr 1. Die Wirksamkeit der Befristung hängt von der prognostizierten künftigen Entwicklung ab, deren Beurteilung dem ArbGeb obliegt. Aufgrund greifbarer Tatsachen muss ein vorübergehend erhöhter Arbeitsanfall und der Wegfall des Mehrbedarfs mit einiger Sicherheit zu erwarten sein (BAG 11.2.04 – 7 AZR 362/03, NZA 04, 978). Die Befristung nach Nr 1 setzt nicht voraus, dass der befristet eingestellte ArbN mit den Aufgaben betraut wird, die den vorübergehenden Arbeitskräftebedarf begründen. Vielmehr kann der ArbGeb die Arbeit auf andere ArbN durch Änderung der Aufgabenverteilung neu organisieren. Er darf lediglich nicht mehr ArbN befristet einstellen als insgesamt zur Deckung des Mehrbedarfs erforderlich sind (BAG 11.2.04, NZA 04, 978). Ein typischer Fall der Befristung nach Nr 1 sind **Saisonarbeitsverhältnisse.** Sie können sowohl aufgrund einer Zweckbefristung als auch einer Zeitbefristung enden (BAG 29.1.87 – 2 AZR 109/86, NZA 87, 627). In **Kampagnebetrieben** wird im Jahr idR nicht länger als 3 Monate gearbeitet. Diesem Erfordernis kann durch den Abschluss befristeter Arbeitsverhältnisse entsprochen werden. Sie bedürfen jedoch eines sachlichen Grundes, weil § 14 Abs 2 Satz 2 TzBfG eine Befristung ohne Sachgrund ausschließt, wenn bereits zuvor mit demselben ArbGeb ein befristetes oder unbefristetes Arbeitsverhältnis bestand.

4 Die Beschäftigung zur **Vertretung** eines anderen ArbN rechtfertigt die Befristung eines Arbeitsvertrages gem § 14 Abs 1 Satz 2 Nr 3 TzBfG. Der Unterschied zur Befristung gem Nr 1 liegt darin, dass dort der Bedarf an Arbeitsleistung vorübergehend erhöht ist, während bei der Befristung nach Nr 3 der Bedarf unverändert ist und nur vorübergehende Lücken in der Personaldecke zu schließen sind. Anwendungsfälle sind Vertretungen für die Dauer einer Erkrankung, eines Beschäftigungsverbots nach dem MuSchG, für die Dauer der Inanspruchnahme von Elternzeit, der Abordnung eines ArbN ins Ausland etc. Ein Vertretungsfall liegt auch bei einer mittelbaren Vertretung vor (BAG 15.2.06 – 7 AZR 232/05, NZA 06, 781). → *Befristetes Arbeitsverhältnis* Rn 35.

5 **3. Kündigungsschutz.** Das Aushilfsarbeitsverhältnis fällt unter den **Regelungsbereich des KSchG.** Auch der besondere Kündigungsschutz (§§ 168 ff SGB IX, 9 MuSchG) findet auf Aushilfskräfte Anwendung. Bei der Ermittlung der regelmäßigen Beschäftigtenzahl nach § 23 KSchG werden Aushilfskräfte dann berücksichtigt, wenn mit einer derartigen Beschäftigung auch zukünftig zu rechnen ist. Strittig ist, ob es auf die Dauer der einzelnen Beschäftigungen ankommt (ErfK/*Kiel* § 23 KSchG Rn 14 mwN).

6 **4. Abkürzung der Kündigungsfristen.** Ist der ArbN nur zur vorübergehenden Aushilfe eingestellt worden, können die gesetzlichen Kündigungsfristen gem § 622 Abs 5 Satz 1

Nr 1 BGB für die ersten drei Monate einzelvertraglich unbeschränkt abgekürzt werden, dh bis zur sofortigen ordentlichen Kündigung. Auch Vereinbarungen über vom Gesetz abweichende Kündigungstermine sind zulässig (ErfK/*Müller-Glöge* § 622 BGB Rn 17). Haben die Parteien ausdrücklich ein Aushilfsarbeitsverhältnis vereinbart, jedoch keine Regelung zur Kündigungsfrist getroffen, kann allein aus dem Zweck des Vertrags nicht auf eine Abkürzung der Kündigungsfrist geschlossen werden (APS/*Linck* § 622 BGB Rn 155).

Die abgekürzte Kündigungsfrist kann bis zum Ablauf von drei Monaten ausgenutzt werden. Maßgebend ist, ob die Kündigung innerhalb dieser Frist zugegangen ist; das Ende der Kündigungsfrist kann außerhalb dieses Zeitraums liegen (ErfK/*Müller-Glöge* § 622 BGB Rn 17).

**5. Lohnfortzahlung im Krankheitsfall.** Der Anspruch auf Lohnfortzahlung im Krank- 7
heitsfall richtet sich nach dem EFZG. Er entsteht gem § 3 Abs 3 EFZG jedoch erst nach vierwöchiger ununterbrochener Dauer des Aushilfsarbeitsverhältnisses.

**6. Urlaub.** Voraussetzung für den vollen Urlaubsanspruch nach dem BUrlG ist der 8
mindestens sechsmonatige Bestand des Aushilfsarbeitsverhältnisses, § 4 BUrlG. Dieser beträgt nach § 3 Abs 1 BUrlG mindestens 24 Werktage. Unterschreitet das Aushilfsarbeitsverhältnis sechs Monate, so hat die Aushilfskraft gem § 5 Abs 1 BUrlG einen Urlaubsanspruch iHv 1/12 des Jahresurlaubs für jeden vollen Monat des Aushilfsarbeitsverhältnisses.

**7. Betriebsverfassung.** Aushilfskräfte sind gem § 7 BetrVG **wahlberechtigt** und nach 9
sechsmonatiger Betriebszugehörigkeit zum BRat gem § 8 BetrVG wählbar. Werden ArbN nicht ständig, sondern wie Aushilfskräfte lediglich zeitweilig beschäftigt, kommt es darauf an, ob sie normalerweise während des größten Teils eines Jahres beschäftigt werden (BAG 7.5.08 – 7 ABR 17/07, NZA 08, 1142). Aushilfskräfte sind bei der Feststellung der regelmäßig beschäftigten ArbN gem § 1 BetrVG nicht zu berücksichtigen (ErfK/*Koch* § 1 BetrVG Rn 21).

**B. Lohnsteuerrecht** *Seidel*

**1.** Die **Arbeitnehmereigenschaft** ist auch bei Aushilfskräften nach den üblichen Ab- 21
grenzungskriterien festzustellen. Da die Bindung der Aushilfskraft an Zeit und Ort iVm der Tatsache, dass sie regelmäßig nur einfache Arbeiten verrichtet und der laufenden Kontrolle unterliegt, Übergewicht gegenüber der gegen eine Eingliederung sprechenden Kürze der Tätigkeit hat, wird die Aushilfstätigkeit idR nichtselbstständig erbracht (*Schmidt/Krüger* § 19 Rz 35 Aushilfstätigkeit).

**2. Lohnsteuer. a) Allgemeine Lohnsteuer.** Liegt nichtselbstständige Arbeit vor 22
(ArbN), ist der Arbeitslohn grds nach den allgemeinen Vorschriften zu versteuern (→ *Lohnabzugsverfahren* Rn 2 ff; → *Lohnsteuerabzugsmerkmale* Rn 8 ff und → *Lohnsteuerabführung* Rn 2 ff). Allerdings kann der ArbGeb unter Verzicht auf das Abrufen der ELStAM (§ 39e Abs 4 Satz 2 EStG) oder der Bescheinigung für den LSt-Abzug (§ 39 Abs 3; § 39e Abs 7 oder 8 EStG) die LSt bei **kurzfristiger Beschäftigung** (→ Rn 24–26) mit einem Pauschsteuersatz von 25 % des Arbeitslohns erheben (§ 40a Abs 1 EStG). Ferner kann der ArbGeb bei **Aushilfskräften in der Land- und Forstwirtschaft** (→ Rn 27, 28) unter bestimmten Voraussetzungen die LSt mit einem Pauschsteuersatz von 5 % erheben (§ 40a Abs 3 EStG).

Der ArbGeb darf den LStAbzug bei Aushilfskräften nicht deswegen unterlassen, weil der ArbN im Kj voraussichtlich steuerfrei bleibt. Auch in diesen Fällen muss die LSt einbehalten (allgemeine LSt) oder pauschaliert werden (*HMW*/Aushilfstätigkeit Rz 3).

**b) Pauschale Lohnsteuer.** Zu den allgemeinen Grundsätzen der LStPauschalierung bei 23
Teilzeitbeschäftigung → *Teilzeitbeschäftigung* Rn 115 ff.

**aa) Kurzfristige Beschäftigung** iSd § 40a Abs 1 EStG liegt vor, wenn der ArbN bei 24
dem ArbGeb gelegentlich, nicht regelmäßig wiederkehrend beschäftigt wird, die Dauer der Beschäftigung 18 zusammenhängende Arbeitstage nicht übersteigt und

(1) der Arbeitslohn während der Beschäftigungsdauer 72 € durchschnittlich je Arbeitstag nicht übersteigt oder

(2) die Beschäftigung zu einem unvorhersehbaren Zeitpunkt sofort erforderlich wird.

Bei der Berechnung des 18-Tage-Zeitraums sind nur die Arbeitstage zu zählen. Arbeits- 25
freie Wochenenden und Feiertage bleiben außer Betracht. Eine gelegentliche, nicht regel-

mäßig wiederkehrende Beschäftigung ist eine ohne feste Wiederholungsabsicht ausgeübte Tätigkeit. Wiederholungen sind unschädlich, wenn sie nicht bereits von vornherein vereinbart sind (LStR 40a.1 Abs 2). Eine regelmäßig wiederkehrende Beschäftigung, zB jeweils an den Wochenenden steht der Pauschalierung entgegen (*Schmidt/Krüger* § 40a Rz 6). Hier ergibt sich aber evtl die Möglichkeit einer Pauschalierung im Rahmen der geringfügigen Beschäftigung (→ *Geringfügige Beschäftigung* Rn 21, 22). Unterschiedliche Tagesverdienste, auch wenn sie einmal höher sind als 72 €, schließen die Pauschalierung nicht aus, wenn sich im Tagesdurchschnitt der Gesamtvergütung kein höherer Betrag als 72 € ergibt (*Schmidt/Krüger* § 40a Rz 6). Arbeitstag kann auch eine sich auf 2 Kalendertage erstreckende Nachtschicht sein (BFH 28.1.94, BStBl II 94, 421).

**26** Der durchschnittliche Tagesverdienst spielt keine Rolle, wenn die kurzfristige Beschäftigung zu einem unvorhersehbaren Zeitpunkt sofort erforderlich wird (allerdings ist auch hier die durchschnittliche Stundenlohngrenze von 12 € während der Beschäftigungsdauer zu beachten; § 40a Abs 4 Nr 1 EStG; → *Teilzeitbeschäftigung* Rn 116). Das ist der Fall, wenn die Aushilfstätigkeit dem Ersatz einer (zB durch Krankheit) ausgefallenen Arbeitskraft oder dem akuten Bedarf einer zusätzlichen Arbeitskraft dient. Das Merkmal der **Unvorhersehbarkeit** erfordert, dass der Einsatz von Aushilfskräften nicht schon längere Zeit feststeht. Hier kennt der ArbGeb den Bedarf an zusätzlichen Arbeitskräften vom Zeitpunkt und Umfang her (zB bei Messen und Volksfesten). Fallen aber plötzlich bestellte Arbeitskräfte aus oder ergibt sich plötzlich ein größerer Bedarf als angenommen, liegt ein unvorhergesehener Bedarf vor (*Schmidt/Krüger* § 40a Rz 6).

**27** **bb) Aushilfskräfte in Betrieben der Land- und Forstwirtschaft** sind Personen, die ausschließlich mit typisch land- und forstwirtschaftlichen Arbeiten beschäftigt werden. Zu diesen Tätigkeiten zählen die Arbeiten bis zur Herstellung des land- und forstwirtschaftlichen Produkts. Das Schälen von Spargel gehört zB nicht dazu (BFH 8.5.08 – VI R 76/04, DStRE 08, 1063, BStBl II 09, 40). Sie müssen für die Ausführung und für die Dauer von Arbeiten, die nicht ganzjährig anfallen, beschäftigt werden. Eine Beschäftigung mit anderen land- und forstwirtschaftlichen Arbeiten ist unschädlich, wenn deren Dauer 25 % der Gesamtbeschäftigungsdauer nicht überschreitet (BFH 25.10.05 – VI R 59/03, BStBl II 06, 204 und VI R 60/03, BStBl II 06, 206). Unter die Aushilfskräfte fallen nicht ArbN, die zu den land- und forstwirtschaftlichen Fachkräften gehören oder die der ArbGeb mehr als 180 Tage im Kj beschäftigt (§ 40a Abs 3 EStG). ArbN, die Fertigkeiten für eine land- und forstwirtschaftliche Tätigkeit im Rahmen einer Berufsausbildung erlernt haben, gehören zu den Fachkräften, ohne dass es darauf ankommt, ob die durchgeführten Arbeiten eine Fachkraft erfordern. Hat ein ArbN die Fertigkeiten nicht im Rahmen einer Berufsausbildung erworben, gehört er nur dann zu den Fachkräften, wenn er anstelle einer Fachkraft eingesetzt ist. Dies ist der Fall, wenn mehr als 25 % der Tätigkeit Fachkraftkenntnisse erfordern (BFH 25.10.05 – VI R 77/02, BStBl II 06, 208). Ein Betrieb der Land- und Forstwirtschaft liegt auch dann vor, wenn dieser nur wegen seiner Rechtsform als Gewerbebetrieb gilt (BFH 5.9.80, BStBl II 81, 76) bzw wegen § 15 Abs 3 Nr 1 EStG (Abfärbetheorie; BFH 14.9.05 – VI R 89/98, BStBl II 06, 92), nicht aber wenn er kraft Tätigkeit ertragssteuerlich als Gewerbebetrieb zu qualifizieren ist (FG Hess 13.5.97, EFG 97, 1191; LStR 40a.1 Abs 6 Satz 2). Zu den land- und forstwirtschaftlichen Arbeiten kann auch der Wegebau gehören (BFH 12.6.86, BStBl II 86, 681).

**28** Die zeitlichen und betragsmäßigen Beschränkungen der kurzfristigen Beschäftigung (→ Rn 24; § 40a Abs 1 EStG) bzw der geringfügigen Beschäftigung (→ *Geringfügige Beschäftigung* Rn 20, 22; § 40a Abs 2a EStG) gelten hier nicht. Jedoch darf der durchschnittliche Stundenlohn von 12 € nicht überschritten werden (→ Rn 26).

**29** Liegen die Voraussetzungen des § 40a Abs 3 EStG nicht vor, kann eine Pauschalierung unter den Voraussetzungen einer kurzfristigen (→ Rn 24) oder geringfügigen Beschäftigung (→ *Geringfügige Beschäftigung* Rn 22) in Betracht kommen, wenn der ArbGeb hierzu bereit ist (BFH 25.5.84, BStBl II 84, 569).

## C. Sozialversicherungsrecht *Schlegel*

**30** **1. Begriff. a) Allgemeines.** Die SozV knüpft nicht an den Begriff „Aushilfskräfte" an. Gleiches gilt für die Begriffe „Neben- oder Mehrfachbeschäftigung". Die mit einer Aushilfstätigkeit, einer Neben- oder Mehrfachbeschäftigung zusammenhängenden Probleme sind mit den Regelungen über die Beschäftigung (§ 7 Abs 1 Satz 1 SGB IV), die geringfügige Beschäftigung (§ 8 SGB IV) und die unständige Beschäftigung zu lösen. Dabei geht es regelmäßig um die Frage, ob zB bei einer Aushilfstätigkeit Versicherungspflicht besteht oder die Beschäftigung wegen Geringfügigkeit versicherungs- und damit auch beitragsfrei ist.

**b) Arbeitnehmereigenschaft von Aushilfskräften.** Ob eine bestimmte Aushilfstätigkeit in abhängiger Beschäftigung oder selbstständiger Tätigkeit verrichtet wird, beurteilt sich nach den allgemeinen Kriterien des § 7 Abs 1 Satz 1 SGB IV (s *Arbeitnehmer (Begriff)*). 31

**c) Unfallversicherungsschutz.** In der UV bestehen für Aushilfstätigkeiten keine Besonderheiten, da nach dem SGB VII auch geringfügige Beschäftigungen versichert sind. 32

**2. Zeit- oder zweckbefristete Aushilfstätigkeiten. a) Geringfügigkeit der Beschäftigung.** Versteht man unter Aushilfskräften in Anlehnung an die arbeitsrechtliche Begriffsbestimmung (→ Rn 1 ff) ArbN, die nicht auf Dauer, sondern nur vorübergehend für einen vorübergehenden Bedarf an Arbeitskräften eingestellt werden, ist regelmäßig der Tatbestand geringfügiger Beschäftigung nach § 8 Abs 1 Nr 2 SGB IV zu prüfen. Dabei spielt es keine Rolle, ob die Beschäftigung durch Vertrag bis zu einem konkreten, datumsmäßig bestimmten Zeitpunkt befristet ist (sog **Zeitbefristung**), oder ob eine **Zweckbefristung** vorliegt, sich die Befristung also aus der Eigenart der zu erledigenden Arbeit (Fertigstellung eines bestimmten Projekts) oder aus eine besonderen Situation heraus ergibt (zB Krankheitsvertretung). 33

Werden mit einer Aushilfsbeschäftigung die zeitlichen Grenzen des § 8 Abs 1 Nr 2 SGB IV nicht überschritten, liegt eine geringfügige Beschäftigung vor. Bei dieser besteht **Versicherungsfreiheit** in der KV, PflegeV und ArblV (§ 7 SGB V; § 27 Abs 2 SGB III). Das Gesetz geht in diesen Fällen davon aus, dass die Beschäftigung für den ArbN keine ausreichende Lebensgrundlage darstellen kann und folglich seinen Lebensunterhalt nicht hierdurch, sondern anderweitig, zB durch Unterhaltsleistungen sichergestellt ist. Dann aber soll auch seine soziale Sicherung nicht durch diese Beschäftigung vermittelt und sichergestellt werden, vgl *Geringfügige Beschäftigung.* 34

**b) Ausnahme bei berufsmäßiger Beschäftigung.** Nach § 8 Abs 1 Nr 2 SGB IV ist eine Beschäftigung dann nicht geringfügig, wenn sie zwar durch Vertrag oder nach ihrer Eigenart auf längsten drei Monate oder 70 Arbeitstage seit ihrem Beginn befristet ist, die Beschäftigung aber berufsmäßig ausgeübt wird und ihr Entgelt 450 € im Monat übersteigt (zum Begriff der Berufsmäßigkeit → *Geringfügige Beschäftigung* Rn 93). 35

Eine Beschäftigung wird **berufsmäßig** ausgeübt, wenn sie für den ArbN (dh zB die Aushilfskraft) nicht nur von untergeordneter wirtschaftlicher Bedeutung ist, wenn der ArbN hierdurch also seinen Lebensunterhalt überwiegend oder doch in solchem Umfang erwirbt, dass seine wirtschaftliche Stellung zu einem erheblichen Teil auf dieser Beschäftigung oder Tätigkeit beruht (BSG 30.11.78 – 12 RK 32/77, SozR 2200 § 168 Nr 3 Satz 4 mwN). Von Schülern, Studenten während der Semesterferien (→ *Studentenbeschäftigung* Rn 36), Rentnern und Hausfrauen werden Aushilfsbeschäftigungen idR nicht berufsmäßig ausgeübt. Indessen wird die Berufsmäßigkeit bejaht, wenn die Beschäftigung während einer Überbrückungszeit bis zur Begründung einer dauerhaften Beschäftigung ausgeübt wird (BSG 30.11.78 – 12 RK 32/7, SozR 2200 § 168 Nr 3). 36

Mit dieser Bestimmung nimmt das Gesetz auf jene Rücksicht, die ihren Lebensunterhalt aus einer wenn auch geringfügigen Beschäftigung (mit allerdings mehr als 450 € im Monat) bestreiten müssen oder die in der Lage sind, in nur kurzer Zeit so viel zu verdienen, dass sie hierdurch übers Jahr gesehen ihren Unterhaltsbedarf decken können. 37

Ist die Beschäftigung auf weniger als eine Woche beschränkt, handelt es sich um eine unständige Beschäftigung. Für diese sind im Gesetz die nachfolgend aufgezeigten Sonderregeln vorgesehen. 38

**3. Unständig Beschäftigte. a) Begriff.** Unständig ist eine Beschäftigung, die auf weniger als eine Woche, entweder der Natur der Sache befristet zu sein pflegt oder im Voraus durch den Arbeitsvertrag, befristet ist (§ 27 Abs 3 Nr 1 SGB III, § 232 Abs 3 SGB V, § 163 Abs 1 S 2 SGB VI; vgl auch BSG 30.10.13 – B 12 R 3/12 R Rz 24 für eine immer wieder unterbrochene Serie von Einsätzen als Dozent). In diesen Definitionen nicht ausdrücklich 39 genannt, ist das Tatbestandsmerkmal der Berufsmäßigkeit, das in der Gesetzesbegründung zu einer Vorgängervorschrift mit dem Hinweis auf den Hauptberuf beschrieben wird; dort heißt es anschaulich, bei unständig Beschäftigten handle es sich um Personen, deren Hauptberuf die Lohnarbeit bildet, die aber ohne festes Arbeitsverhältnis bald hier, bald dort, heute mit dieser, morgen mit jener Arbeit beschäftigt sind (Reichstag-Drs Nr 340 vom 12.3.1910 S 93). Erstreckt sich eine Arbeit unvorhergesehener Weise (zB wegen aufgetretener Pannen) auf mehr als eine Woche, obwohl sie in vergleichbaren Fällen innerhalb einer Woche erledigt werden kann, bleibt der Charakter der unständigen Beschäftigung erhalten. Zu den unständig Beschäftigten gehören insbes Gelegenheitsarbeiter, die ohne festes Arbeitsverhältnis mal hier mal da, aber jeweils nur für wenige Tage arbeiten.

40 Typischer Weise wird unständige Beschäftigung bei **ständig wechselnden Arbeitgebern** ausgeübt. Die einzelnen Beschäftigungsverhältnisse sind rechtlich voneinander getrennt und werden jeweils gesondert vereinbart. Jedoch können auch wiederholte Arbeiten bei demselben ArbGeb nach Lage der Dinge unständige Beschäftigung sein, in solchen Fällen muss aber genau geprüft werden, ob die Beschäftigung jeweils neu vereinbart wird (dann unständige Beschäftigung) oder ob die Arbeit im Rahmen eines Rahmenvertrages (Dauerrechtsverhältnisses) erbracht wird (dann keine unständige Beschäftigung). Letzteres kann zB zur Erledigung regelmäßig anfallender Auftragsspitzen durch wiederholte Abrufarbeit aufgrund vorheriger ausdrücklicher Absprache oder stillschweigender Übereinkunft der Fall sein (zu Abgrenzungskriterien insoweit vgl BSG 11.5.93 – 12 RK 23/91, SozR 3–2400 § 8 Nr 3). Nicht als einheitliche Beschäftigung zusammenhängende potentielle Arbeitseinsätze von zusammen mehr als einer Woche sind jeweils isoliert zu betrachten und schließen mehrere unständige Beschäftigungen nicht aus (BSG 14.32018 – B 12 KR 17/16 R, FD-SozVR 19, 413800).

41 **Berufsmäßigkeit** liegt vor, wenn die Beschäftigung zeitlich oder wirtschaftlich den Schwerpunkt der Erwerbstätigkeit des ArbN bildet. Dies ist nicht der Fall bei Personen, die in der Hauptsache anderen Beschäftigungen oder Tätigkeiten nachgehen und ihren Lebensunterhalt im Wesentlichen nicht durch derart kurze Beschäftigungen sicherstellen (zB Schüler, Studenten, Rentenbezieher, Leistungsbezieher der BA, Hausfrauen). Die Träger der SozV nehmen an, dass die Grenze zur Berufsmäßigkeit allerdings darin überschritten wird, wenn innerhalb eines Jahres eine solche Beschäftigung an mehr als 50 Arbeitstagen ausgeübt wird.

42 Die SozVTräger verstehen bei der unständigen Beschäftigung unter Woche nicht die Kalenderwoche, sondern die **Beschäftigungswoche.** Erforderlich ist, dass in Folge nicht während einer ganzen Beschäftigungswoche gearbeitet wird. Die jeweilige Frist beginnt mit dem Tag der Aufnahme der Arbeit. Arbeitsfreie Tage werden mitgezählt. ZB umfasst bei einer regulären 5-Tage-Woche eine Arbeit von Montag bis Freitag eine ganze Beschäftigungswoche; folglich liegt keine unständige Beschäftigung vor (Die Beiträge 2000, 506).

43 **b) Sonderregeln.** Unständig Beschäftigte sind in der ArblV versicherungsfrei (§ 27 Abs 3 Nr 1 SGB III). In der RV gelten hinsichtlich der Versicherungspflicht keine Sondervorschriften.

44 **Beginn und Ende der Versicherung in der KV** und PflegeV sind spezialgesetzlich geregelt. Ausgangspunkt ist zunächst § 199 Abs 1 SGB V. Danach haben unständig Beschäftigte – anders als sonstige ArbN – eine **eigenständige Meldepflicht gegenüber ihrer Krankenkasse.** Sie hat der zuständigen Krankenkasse den Beginn und das Ende der berufsmäßigen Ausbildung von unständigen Beschäftigungen unverzüglich zu melden. Der ArbGeb wird dadurch jedoch nicht von seinen Meldepflichten befreit; er hat auch für unständig Beschäftigte Meldungen wie für sonstige ArbN zu erstatten (zu Besonderheiten § 30 DEÜV; zu den Aufgaben des ArbGeb in Gesamtbetrieben § 199 Abs 2 SGB V). Gem § 186 Abs 2 SGB V beginnt die Mitgliedschaft unständig Beschäftigter in der KV mit dem Tag der Aufnahme der unständigen Beschäftigung, für die die zuständige Kasse erstmalig Versicherungspflicht festgestellt hat, sofern die Feststellung innerhalb eines Monats nach Beschäftigungsaufnahme erfolgt, andernfalls mit dem Tag der Feststellung (Satz 1). Die Mitgliedschaft besteht dann auch an Tagen fort, an denen der unständig Beschäftigte vorübergehend längstens für drei Wochen nicht beschäftigt wird (Satz 2). Hat sich ein unständig Beschäftigter nicht bei der Kasse als unständig Beschäftigter gemeldet (zu Meldepflicht § 199 Abs 1 SGB V), fehlt es regelmäßig an der **für unständig Beschäftigte konstitutiven Feststel-**

**lung der erstmaligen Versicherungspflicht** gem § 186 Abs 2 SGB V und damit am Beginn der Mitgliedschaft bei einer Krankenkasse. Stellt sich später (zB bei einer Außenprüfung) heraus, dass eine bestimmte Person in der Vergangenheit unständig beschäftigt war, kommt nach § 186 Abs 2 SGB V eine rückwirkende Feststellung der Versicherungspflicht nicht in Betracht und damit auch keine Nachforderung von Beiträgen (dazu aus rechtspolitischer Sicht zu Recht kritisch *Hansen* Die Beiträge 01, 201). Zum Ende der Mitgliedschaft vgl § 190 Abs 4 SGB V. Aufgrund § 20 Abs 1 Satz 2 Nr 1 SGB XI gelten die für die KV genannten Grundsätze auch in der PflegeV.

Bei unständig Beschäftigten ist das gesamte innerhalb eines Kalendermonats verdiente **45** beitragspflichtige Arbeitsentgelt bis zur monatlichen **Beitragsbemessungsgrenze** zu Beiträgen heranzuziehen, unabhängig davon, an wie viel Tagen innerhalb eines Kalendermonats gearbeitet wurde (§ 232 Abs 1 SGB V iVm § 57 Abs 1 SGB XI; § 163 Abs 1 SGB VI). Eine Berechnung anteiliger Beitragsbemessungsgrenzen nach Maßgabe der tatsächlichen Beschäftigungsdauer findet nicht statt. Bei der Bestimmung des Umfangs beitragspflichtiger Einnahmen von unständig Beschäftigten in der gesetzlichen Rentenversicherung ist eine Berufsmäßigkeit ihrer Tätigkeit nicht zu fordern (BSG 31.32017 – B 12 KR 16/14 R, BSGE 123, 40 Rz 42)

**4. Dauerhafte Aushilfstätigkeit.** Denkbar ist auch, dass eine Aushilfstätigkeit im Rah- **46** men eines Dauerrechtsverhältnisses regelmäßig ausgeübt wird. In diesem Fall ist zu prüfen, ob die Beschäftigung nach § 8 Abs 1 Nr 1 SGB IV geringfügig und damit in der KV, PflegeV und ArblV versicherungsfrei ist (§ 7 SGB V, § 27 Abs 2 SGB III; zur Abgrenzung gegenüber einer Zweck- und Zeltbefristung → *Geringfügige Beschäftigung* Rn 37 ff).

Wird eine regelmäßige Aushilfstätigkeit neben einer Hauptbeschäftigung, also im arbeits- **47** rechtlichen Sinne eine **Nebentätigkeit,** ausgeübt (→ *Nebentätigkeit* Rn 1), muss geprüft werden, ob die Aushilfsbeschäftigung aufgrund des Gebots der Zusammenrechnung mit der Hauptbeschäftigung nach § 8 Abs 2 SGB IV zur Versicherungspflicht führt (Einzelheiten → *Geringfügige Beschäftigung* Rn 103 ff).

# Auskunftspflichten Arbeitgeber

## A. Arbeitsrecht

*Kreitner*

### Übersicht

| | Rn | | Rn |
|---|---|---|---|
| 1. Allgemeines | 1 | 4. Auskunftspflichten gegenüber Dritten | 19–23 |
| 2. Auskunftspflichten gegenüber Arbeitnehmern | 2–10 | a) Potentieller neuer Arbeitgeber | 19, 20 |
| a) Bei der Bewerbung | 3 | b) Behörden | 21 |
| b) Während des Arbeitsverhältnisses | 4–9 | c) Erben des Arbeitnehmers | 22 |
| c) Aus Anlass der Beendigung des Arbeitsverhältnisses | 10 | d) Gläubiger des Arbeitnehmers | 23 |
| d) Nach beendetem Arbeitsverhältnis | 11 | 5. Rechtsfolgen unterlassener oder fehlerhaft erteilter Auskünfte | 24 |
| 3. Auskunftspflichten gegenüber dem Betriebsrat | 12–19 | 6. Prozessuales | 25 |

**1. Allgemeines.** Der Begriff der Auskunftspflichten umfasst sämtliche Konstellationen, **1** in denen entweder der ArbGeb von sich aus Auskünfte oder Hinweise erteilen muss oder er von ArbN oder Dritten befragt wird.

**2. Auskunftspflichten gegenüber Arbeitnehmern.** Im Verhältnis zum ArbN können **2** derartige besondere Auskunftspflichten das gesamte Arbeitsverhältnis von seiner Entstehung bis zu seiner Beendigung und nachwirkend sogar noch über die Beendigung hinaus erfassen. **Generell** lässt sich dabei festhalten, dass nach der Rspr besondere Auskunfts- oder Hinweispflichten des ArbGeb nur in Bezug auf solche Umstände angenommen werden, die ihren Ursprung in der Sphäre des ArbGeb haben. Bei solchen, dem ArbN regelmäßig nicht bekannten Umständen, gebietet es die *Fürsorgepflicht* des ArbGeb, diese unaufgefordert dem ArbN mitzuteilen. Sachumstände, die der ArbN selbst ermitteln kann oder reine Rechtsfragen unterliegen demgegenüber regelmäßig keinen besonderen Auskunftspflichten des ArbGeb (zusammenfassend *Kursawe* NZA 97, 245; zum Betriebsrentenrecht *Reinecke* RdA 05, 129; *Hainz* BB 19, 1973).

Hinsichtlich der einzelnen zeitlichen Vertragsstadien ist wie folgt zu differenzieren:

3 **a) Bei der Bewerbung** bestehen nur sehr begrenzte besondere Auskunftspflichten des ArbGeb. Naturgemäß obliegt dem ArbGeb eine detaillierte Darstellung des jeweiligen Anforderungsprofils der ausgeschriebenen Tätigkeit (→ *Personalauswahl* Rn 9; → *Ausschreibung* Rn 9 ff). Dies gilt insbes dann, wenn von der Norm abweichende, überdurchschnittliche Leistungsanforderungen gestellt werden. Je nach Art und Bedeutung der zu besetzenden Position werden weitere Informationen über das betriebliche Umfeld oder die Unternehmensorganisation hinzukommen. Es kann auch ein Hinweis auf die KVPflicht der Tätigkeit erforderlich sein. Gibt der ArbGeb in einer Stellenanzeige Hinweise auf Verdienstmöglichkeiten, so müssen diese zutreffend sein. Weist er zB bei einem nur durch Provision zu verdienenden Mindestjahreseinkommen nicht darauf hin, dass dieses nur von wenigen ArbN tatsächlich erreicht wird, so liegt hierin ein Verstoß gegen die ihm obliegende Aufklärungspflicht, der eine Schadensersatzpflicht zur Folge haben kann (LAG Frankfurt 13.1.93, DB 94, 436 [LS]). Im öffentlichen Dienst ist der ArbGeb verpflichtet, bei Begründung des Arbeitsverhältnisses den ArbN über bestehende Zusatzversorgungsmöglichkeiten zu belehren (BAG 17.12.91 – 3 AZR 44/91, NZA 92, 973).

Eine Aufklärungspflicht folgert das BAG aus der vertraglichen Rücksichtnahmepflicht immer dann, wenn **Gefahren für das Leistungs- oder Integritätsinteresse des Gläubigers** bestehen, von denen dieser keine Kenntnis hat (BAG 14.7.05 – 8 AZR 300/04, NZA 05, 1298). Beispiele hierfür sind ein im Einzelfall bereits absehbarer Stellenabbau (BAG 14.7.05 – 8 AZR 300/04, NZA 05, 1298) oder akute Zahlungsschwierigkeiten (BAG 24.9.74 – 3 AZR 589/73, NJW 75, 708). Nach der Rspr des BAG hat der ArbN ein Fragerecht bezüglich der Tarifbindung des ArbGeb (BAG 19.3.03 – 4 AZR 331/02, NZA 03, 1207; aA *Boemke* NZA 04, 142). Demgegenüber muss der ArbGeb dem abgelehnten Bewerber keine Auskunft darüber erteilen, ob er einen anderen Bewerber eingestellt hat (EuGH 19.4.12 – C-415/10, NZA 12, 493 – Meister; BAG 25.4.13 – 8 AZR 287/08, BeckRS 2013, 68457; *Gola* NZA 13, 360; *Picker* NZA 12, 641). Ohnehin liegt der Schwerpunkt der Auskunftspflichten im Bewerbungs- und Vertragsanbahnungsstadium aufseiten des ArbN (→ *Auskunftspflichten Arbeitnehmer* Rn 2).

4 **b) Während des Arbeitsverhältnisses.** Es besteht keine allgemeine Pflicht des ArbGeb zur Belehrung des ArbN über mögliche Ansprüche. So muss der ArbGeb zB nicht auf tarifliche Schriftformerfordernisse für die Geltendmachung von Ansprüchen hinweisen (BAG 14.6.94 – 9 AZR 284/93, NZA 95, 229). Dies gilt auch bei einer Änderung der tariflichen Vorschriften. Es ist Aufgabe des ArbN, sich die erforderlichen Kenntnisse selbst zu beschaffen. Lediglich der Hinweis auf die allgemeine Anwendbarkeit des Tarifvertrags ist gem § 2 Abs 1 Nr 10 NachwG in die Vertragsniederschrift aufzunehmen (BAG 17.4.02 – 5 AZR 89/01, NZA 02, 1096). Bei einer vorübergehenden Auslandstätigkeit ist es ebenfalls grds Sache des ArbN, sich über den Umfang des Krankenversicherungsschutzes (LAG Hess 4.9.95, NZA 96, 482) sowie über evtl im Ausland bestehende Einkommen- oder LStAbführungspflichten (BAG 21.1.09 – 8 AZR 161/08, NZA 09, 608) zu informieren. Gleiches gilt für den Abschluss eines Altersteilzeitvertrages (BAG 25.6.02 – 9 AZR 155/01, NZA 03, 860) sowie bei einer Rentnerbeschäftigung bzgl der Hinzuverdienstgrenzen (LAG Köln 20.10.06 – 4 Sa 907/06, NZA-RR 07, 348). Will der ArbN bei einem geringfügigen Beschäftigungsverhältnis, dass eine Sonderbesteuerungsart zur Anwendung kommt, muss er von sich aus nachfragen und ggf eine entsprechende Vereinbarung vorschlagen (BAG 13.11.14 – 8 AZR 817/13, NZA 15, 166). Auch auf den Anspruch auf Entgeltumwandlung nach § 1a BetrAVG muss der ArbGeb grds nicht von sich aus hinweisen (BAG 21.1.14 – 3 AZR 807/11, NZA 14, 903). Erteilt der ArbGeb allerdings Auskünfte, so haftet er unabhängig vom Bestehen einer Auskunftsverpflichtung für deren Richtigkeit (→ Rn 24).

5 **In Einzelfällen** bejaht die Rspr das Bestehen besonderer Auskunftspflichten. So muss der ArbGeb, der für seine ArbN eine **Gruppenunfallversicherung** abgeschlossen hat, bei einem Arbeitsunfall den betroffenen ArbN über die Versicherungskonditionen insbes im Hinblick auf laufende Geltendmachungsfristen uÄ informieren (BAG 26.7.07 – 8 AZR

707/06, DB 07, 2319). Ein Auskunftsanspruch wird ebenfalls bejaht, wenn der ArbN eine auf den Gleichbehandlungsanspruch gestützte **Gehaltserhöhung** geltend macht, die Auskunft für den ArbGeb keine übermäßige Belastung bedeutet und die gesetzliche Verteilung der Darlegungs- und Beweislast im Prozess gewahrt bleibt (BAG 1.12.04 – 5 AZR 644/03, NZA 05, 290). Das ist nicht der Fall, wenn der ArbN pauschal Auskunft über alle individuellen Lohnerhöhungen im Betrieb in den letzten Jahren begehrt (LAG Köln 30.5.08 – 4 Sa 1471/07, BeckRS 2008, 56508). Demgegenüber kann der ArbN Auskunft verlangen über die vom ArbGeb bei einem betrieblichen **Bonussystem** zugrunde gelegten Regeln (LAG NdS 6.8.10 – 10 Sa 1574/08, BeckRS 2010, 72271) sowie über die bei einem auch zur privaten Nutzung überlassenen **Dienstwagen** tatsächlich mit der Fahrzeughaltung verbundenen Kosten (BAG 19.4.05 – 9 AZR 188/04, NZA 05, 983). Bei einer vertraglich vereinbarten **Umsatzbeteiligung** besteht gem § 242 BGB immer dann ein Auskunftsanspruch des ArbN, wenn die begründete Besorgnis besteht, dass der ArbGeb ihn bei der Zuteilung der Aufträge benachteiligt hat (BAG 21.11.2000 – 9 AZR 665/99, NZA 01, 1093). Ebenfalls unter Fürsorgegesichtspunkten können Auskunftsansprüche hinsichtlich der Höhe des **Trinkgeldes** bestehen (ArbG Gelsenkirchen 21.1.14 – 1 Ca 2158/13, BeckRS 2014, 66992: Toilettenaufsicht). Fördert ein ArbGeb den Erwerb noch nicht börsennotierter **Aktien** der Muttergesellschaft durch die Gewährung zweckgebundener Darlehen, ist er zur Aufklärung über die besonderen Risiken verpflichtet, die mit einem möglichen Scheitern des Börsengangs verbunden sind (BAG 4.10.05 – 9 AZR 598/04, NZA 06, 545). Für die Muttergesellschaft gelten diese Auskunftspflichten nicht (BAG 28.9.06 – 8 AZR 568/05, NJW 07, 2348). Strebt ein ArbN eine **Teilzeitbeschäftigung** an, so besteht gem § 7 Abs 2 TzBfG eine besondere Auskunftspflicht des ArbGeb über die vorhandene Arbeitsplatzsituation im Unternehmen. Ein Auskunftsanspruch des ArbN kann auch zur späteren Durchsetzung von Ansprüchen auf Gleichbehandlung bestehen, wenn die Differenzierungskriterien des ArbGeb bezüglich bestimmter Zahlungen an Belegschaftsgruppen bzw der Umfang der einzelnen Zahlungen dem ArbN nicht bekannt sind (LAG Köln 18.12.92 – 14 Sa 977/91, BeckRS 1992, 30743609).

Auskunft über **Daten,** die über ihn gespeichert sind, kann der ArbN vom ArbGeb gem Art 15 DS-GVO, § 34 BDSG verlangen (zum neuen Datenschutzrecht *Haußmann/Klar/Rudnik* DB 18, 1529; *Bettinghausen/Wiemers* DB 18, 1277; → *Datenschutz* Rn 16). Eine entsprechende Auskunftspflicht folgt auch aus § 83 Abs 1 BetrVG. Aktuell umstritten ist insbes die Reichweite des Art 15 Abs 3 DS-GVO, wonach eine Kopie der personenbezogenen Daten, die Gegenstand der Verarbeitung sind, zur Verfügung zu stellen ist (vgl LAG BaWü 20.12.18 – 17 Sa 11/18, NZA-RR 19, 242 – nicht rkr, Az beim BAG: 5 AZR 66/19 mit Anm von *Fuhlrott* NZA 19, 251; *Wünschelbaum* BB 19, 2102; *Schulte/Welge* NZA 19, 1110; kritisch *Wybitul/Brams* NZA 19, 672). **6**

Ebenfalls gesetzlich geregelt ist seit 6.7.17 ein besonderer Auskunftsanspruch des ArbN in § 10 EntgTranspG. Ziel dieses Gesetzes ist nach § 1 EntgTranspG die Durchsetzung des Gebots der **Entgeltgleichheit zwischen Frauen und Männern** bei gleicher oder gleichwertiger Arbeit (→ *Entgelttransparenz* Rn 3 ff). Diese Auskunft ist allerdings kein Indiz iSv § 22 AGG für eine vermutete Geschlechtsdiskriminierung (LAG Nds 1.8.19 – 5 Sa 196/19 NZA-RR 19, 629 – nicht rkr, AZ beim BAG: 8 AZR 488/19). **7**

Besondere Auskunftspflichten gelten auch im Rahmen der **Arbeitnehmerüberlassung.** Hier gewährt § 13 AÜG dem LeihArbN gegenüber dem Entleiher (also ohne Bestehen einer arbeitsvertraglichen Beziehung) einen gesetzlichen Anspruch auf Auskunft über die im Betrieb des Entleihers für einen vergleichbaren ArbN geltenden wesentlichen Arbeitsbedingungen. Dieser Anspruch entsteht im Zeitpunkt der Überlassung und unterliegt der regelmäßigen dreijährigen Verjährungsfrist. Für das Vorliegen der Voraussetzungen des Einwands aus § 13 Hs 2 AÜG ist der Entleiher darlegungs- und beweisbelastet (BAG 24.4.14 – 8 AZR 1081/12, NZA 14, 968). Er muss außerdem den LeihArbN gem § 13a AÜG über Arbeitsplätze informieren, die in seinem Betrieb besetzt werden sollen. Der als Verleiher handelnde ArbGeb des LeihArbN muss diesen gem § 11 Abs 3 Satz 1 AÜG über den Zeitpunkt des Wegfalls der Leiherlaubnis unterrichten. **8**

Bei einem **Betriebs-** oder **Betriebsteilübergang** schreibt § 613a Abs 5 BGB eine weitreichende Unterrichtung der betroffenen ArbN durch Betriebsveräußerer und -erwerber vor (→ *Betriebsübergang* Rn 31 ff). **9**

10 **c) Aus Anlass der Beendigung des Arbeitsverhältnisses** stellt sich in der Praxis am häufigsten die Frage nach dem Umfang ArbGebSeitiger Auskunftspflichten. Der bei einer Kündigung unterbliebene Hinweis auf die Meldepflicht des ArbN nach § 38 SGB III führt nicht zu einer Schadensersatzpflicht des ArbGeb (BAG 29.9.05 – 8 AZR 571/04, NZA 05, 1406). Wegen weiterer Einzelfragen aus diesem Themenbereich → *Aufhebungsvertrag* Rn 13–15.

11 **d) Nach beendetem Arbeitsverhältnis** bestehen trotz der Beendigung der vertraglichen Beziehung zwischen ArbGeb und ArbN dennoch vereinzelt Auskunftspflichten des ArbGeb fort. Diese ergeben sich aus der sog nachwirkenden Fürsorgepflicht (→ *Fürsorgepflicht* Rn 4–6). So muss zB ein ehemaliger ArbGeb einen Ruheständler über die Möglichkeit einer beitragsfreien Fortführung der Versicherung einer Gruppenpensionskasse und die hierfür geltenden satzungsmäßigen Fristen belehren (OLG Köln 11.4.94, BB 94, 1640). Wird nach Beendigung des Arbeitsverhältnisses über das Vermögen des ArbGeb das Insolvenzverfahren eröffnet, muss eine Auskunftsklage gegen den Insolvenzschuldner und nicht gegen den Insolvenzverwalter gerichtet werden (BGH 2.6.05 – IX ZR 221/03, NZA 06, 373). Allgemeine rechtliche Probleme bestehen insoweit hauptsächlich bei Auskünften gegenüber dritten Personen oder Behörden (→ Rn 19 ff).

12 **3. Auskunftspflichten gegenüber dem Betriebsrat.** Der BRat hat gegenüber dem ArbGeb einen **weitreichenden Auskunftsanspruch** gem § 80 Abs 2 BetrVG, der ua die Einhaltung des NachwG umfasst (BAG 19.10.99 – 1 ABR 75/98, NZA 2000, 837) und sich auch auf den zeitlichen Umfang des Einsatzes, den Einsatzort und die Arbeitsaufgaben von LeihArbN erstreckt. Der ArbGeb ist nach dieser Vorschrift verpflichtet, den BRat rechtzeitig und umfassend zu informieren und darf ihn nicht auf eine anderweitige Informationsbeschaffung verweisen (BAG 20.1.15 – 1 ABR 25/13, NZA 15, 696; 15.4.08 – 1 ABR 44/07, NZA-RR 09, 98). Dieser Auskunftsanspruch umfasst das Recht des BRat vom ArbGeb die Unterlagen herauszuverlangen, die er zur Durchführung seiner Aufgaben benötigt. Hierzu gehören nach § 80 Abs 2 Satz 3 BetrVG ausdrücklich auch die Verträge über den Einsatz von LeihArbN. Der Anspruch kann durch einen Tarifvertrag nicht aufgehoben oder eingeschränkt werden (BAG 21.10.03 – 1 ABR 39/02, NZA 04, 936). Er besteht auch während der Dauer von Arbeitskampfmaßnahmen im Betrieb (BAG 10.12.02 – 1 ABR 7/02, NZA 04, 223; LAG RhPf 21.3.13 – 10 TaBV 41/12, NZA-RR 13, 291). Ein Sonderfall des Auskunftsanspruchs ist gem § 80 Abs 2 Satz 2 BetrVG das Recht des BRat zur Einsichtnahme in Lohn-/Gehaltslisten des ArbGeb (→ *Lohnlisten* Rn 2 ff). Er verdrängt allerdings auch für den Bereich der Vergütung nicht den allgemeinen Unterrichtungsanspruch aus § 80 Abs 2 Satz 1 BetrVG (BAG 10.10.06 – 1 ABR 68/05, NZA 07, 99).

13 Die Unterrichtungspflicht des ArbGeb wird durch § 80 Abs 2 Satz 1 BetrVG auch auf **Personen** erstreckt, **die nicht in einem Arbeitsverhältnis zum Arbeitgeber stehen.** Ferner muss der ArbGeb dem BRat gem § 80 Abs 2 Satz 3 BetrVG **sachkundige Arbeitnehmer** als Auskunftspersonen zur Verfügung stellen, soweit es zur ordnungsgemäßen Erfüllung der BRatAufgaben erforderlich ist (→ *Sachverständige* Rn 2). Dabei hat er Vorschläge des BRat zu berücksichtigen, soweit betriebliche Notwendigkeiten nicht entgegenstehen. Die Auswahl ist also nach §§ 242, 315 BGB zu treffen. Dieses unternehmensinterne Informationspotential ist grds vorrangig zu nutzen, bevor externe Sachverständige beauftragt werden dürfen (vgl schon früher BAG 26.2.92 – 7 ABR 51/90, NZA 93, 86). Die Beurteilung der Erforderlichkeit richtet sich nach den Grundsätzen des § 80 Abs 3 BetrVG, wobei der Gebrauch des Plural in § 80 Abs 2 Satz 1 BetrVG anders als in der gleichzeitig geänderten Vorschrift des § 111 Satz 2 BetrVG („ein Berater") eher für einen weniger strengen Maßstab spricht (ähnlich *Hanau* NJW 01, 2513; *Engels/Trebinger/Löhr-Steinhaus* DB 01, 532; aA *Natzel* NZA 01, 872).

14 Die allgemeine Auskunftspflicht des ArbGeb gegenüber dem BRat gem § 80 Abs 2 BetrVG erfordert nur geringe tatbestandliche **Voraussetzungen**. Ein Auskunftsanspruch besteht für den BRat immer dann, wenn die begehrte Information zur Aufgabenwahrnehmung erforderlich ist. Es muss also überhaupt eine Aufgabe des BRat gegeben sein und die begehrte Information muss im konkreten Fall für die Wahrnehmung dieser Aufgabe erforderlich sein (BAG 24.4.18 – 1 ABR 6/16, BeckRS 2018, 23286). Dabei besteht ein Auskunftsanspruch des BRat immer bereits dann, wenn der BRat darlegt, dass er die

Auskunft benötigt, um feststellen zu können, ob ihm ein Mitbestimmungsrecht zusteht (BAG 8.11.16 – 1 ABR 64/14, NZA 17, 942). Die Grenze der Auskunftspflicht ist erst dann erreicht, wenn ein Mitbestimmungsrecht des BRat offensichtlich nicht in Betracht kommt (BAG 23.3.10 – 1 ABR 81/08, BeckRS 2010, 70691; LAG BlnBbg 29.10.15 – 10 TaBV 929/15, NZA-RR 16, 262). Es genügt also eine gewisse Wahrscheinlichkeit für ein Beteiligungsrecht des BRat, um den Auskunftsanspruch des § 80 Abs 2 BetrVG auszulösen (BAG 21.10.03 – 1 ABR 39/02, NZA 04, 936) und der BRat braucht keine konkreten Anhaltspunkte für einen Regelverstoß darzulegen (BAG 19.2.08 – 1 ABR 84/06, NZA 08, 1078). Der Grad der Wahrscheinlichkeit richtet sich dabei nach dem Kenntnisstand des BRat (BAG 19.10.99 – 1 ABR 75/98, NZA 2000, 837). Weitere Anspruchsbeschränkungen können sich aus datenschutzrechtlichen Erwägungen ergeben. So besteht ein Auskunftsanspruch, der sensitive personenbezogene Daten umfasst nur dann, wenn der BRat angemessene Schutzmaßnahmen zur Wahrung der Interessen der von der Datenverarbeitung betroffenen ArbN trifft (BAG 9.4.19 – 1 ABR 51/17, NZA 19, 1055). Diese Schranke dürfte auch für den Anspruch des BRat auf namentliche Nennung von schwangeren ArbNinnen gelten (vgl dazu LAG München 27.9.17 – 11 TaBV 36/17, BeckRS 2017, 139725). Nach diesen allgemeinen Grundsätzen kann der BRat zB verlangen, dass der ArbGeb ihm die **Mitarbeiter benennt** (unabhängig von deren Einwilligung), die nach § 167 Abs 2 SGB IX die Voraussetzungen für die Durchführung eines BEM erfüllen (BAG 7.2.12 – 1 ABR 46/10, NZA 12, 744). Gleichermaßen muss der ArbGeb ihm Auskunft über die **Auswertung einer Mitarbeiterbefragung** erteilen (BAG 8.6.99 – 1 ABR 28/97, NZA 99, 1345). Ein Auskunftsanspruch besteht auch bezüglich der Inhalte individueller **Zielvereinbarungen** (BAG 21.10.03 – 1 ABR 39/02, NZA 04, 936; LAG Köln 18.2.16 – 8 TaBV 48/15, BeckRS 2016, 68270) sowie darüber, an welche ArbN mit Ausnahme leitender Angestellter **Sonderzahlungen** geleistet werden (LAG Hess 10.12.18 – 16 TaBV 130/18, NZA-RR 19, 196). Der ArbGeb ist verpflichtet, dem BRat Auskunft über die exakten **Arbeitszeiten** der Belegschaft sowie über besondere arbeitsvertragliche Arbeitszeitvereinbarungen einzelner ArbN zu geben, soweit dessen Überwachungsaufgabe nach § 80 BetrVG dies erfordert (BAG 27.10.10 – 7 ABR 36/09, NZA 11, 527; LAG NdS 8.11.04 – 5 TaBV 36/04, NZA-RR 05, 424). Der BRat kann weiter verlangen, dass ihm **Verträge mit Fremdfirmen** und Listen der Einsatztage und -zeiten der einzelnen ArbN der Fremdfirmen zur Verfügung gestellt werden, damit er prüfen kann, ob uU eine verdeckte ArbNÜberlassung betrieben wird (BAG 31.1.89, NZA 89, 932; das folgt mittlerweile unmittelbar aus § 80 Abs 2 Satz 3 BetrVG) oder dass er hinsichtlich der **Beschäftigung freier Mitarbeiter** unterrichtet wird (§ 80 Abs 2 Satz 1 HS 2). Hier kann der BRat zunächst eine umfassende Unterrichtung zu einem bestimmten Stichtag verlangen, um auf dieser Grundlage ggf sein Auskunftsbegehren in Bezug auf einzelne Personen oder Personengruppen näher zu konkretisieren (BAG 15.12.98 – 1 ABR 9/98, NZA 99, 722). In Betracht kommt etwa die Überprüfung hinsichtlich der Beachtung der Mitbestimmungsrechte aus §§ 92 Abs 2 und 99 BetrVG sowie aus anderen Gesetzen. Abgelehnt wird in der InstanzRspr ein Anspruch des BRat auf Einsicht in eine **Personalumsatzstatistik,** die der ArbGeb lediglich für ein betriebsinternes Controlling und nicht für die Personalplanung nutzt (LAG SchlHol 26.2.19 – 2 TaBV 14/18, NZA-RR 19, 484). Aus § 80 Abs 2 BetrVG folgt kein Anspruch des BRat hinsichtlich der Anzahl und Namen der im Betrieb beschäftigten **schwerbehinderten Menschen** sowie der nach § 2 Abs 3 SGB IX Gleichgestellten (BAG 20.3.18 – 1 ABR 11/17, NZA 18, 1420). Auch bei der Zuteilung von **Aktienoptionsplänen** einer ausländischen Muttergesellschaft hat das BAG zuletzt einen Auskunftsanspruch des BRat mit der Begründung verneint, es fehle an der nötigen Darlegung der konkreten Erforderlichkeit der Information durch den BRat (BAG 20.3.18 – 1 ABR 15/17, NZA 18, 1017). Demgegenüber kann der BRat verlangen über **Vertragsunterlagen** bezüglich einer **Veräußerung von Betriebsvermögen** unterrichtet zu werden, um eventuelle Beteiligungsrechte nach §§ 111, 112 BetrVG prüfen zu können (LAG Bln 6.8.97 – 13 TaBV 3/97, NZA-RR 99, 144). Ein genereller Anspruch des BRat auf Herausgabe der **Arbeitsverträge** besteht nicht. Hierfür bedarf es vielmehr der Darlegung konkreter Anhaltspunkte für das Bestehen eines Kontrollbedürfnisses im Einzelfall (BAG 19.10.99 – 1 ABR 75/98, NZA 2000, 837). Das Gleiche gilt hinsichtlich der Frage, welchen ArbN **Nebentätigkeitsgenehmigungen** erteilt worden sind und worauf sie sich inhaltlich erstrecken (LAG Köln 11.1.95, NZA 95, 443).

Demgegenüber begründet die mögliche Gefährdung von Betriebs- und Geschäftsgeheimnissen bei der Weitergabe von solchen Daten an den BRat keine Ausnahme von der Auskunftspflicht des ArbGeb (BAG 5.2.91 – 1 ABR 24/90, NZA 91, 645; *Schleifer/Kliemt* DB 95, 2214 zum Insiderrecht). Benötigt der BRat die **Namen und Adressen betriebsabwesender Arbeitnehmer,** um diese über eine bevorstehende Betriebsversammlung zu informieren, muss der ArbGeb diese mitteilen (ArbG Bln 29.1.04 – 75 BVGa 1964/04, NZA-RR 04, 642). Zu unterrichten ist der BRat auch über **Arbeitsunfälle** – auch im Zusammenhang mit eingesetztem Fremdpersonal (BAG 12.3.19 – 1 ABR 48/17, NZA 19, 850).

**15** Als **allgemeine Grenze der Auskunftspflicht** hat die Rspr früher die Existenz von Informationen angesehen. Mit dem Argument, § 80 Abs 2 Satz 2 BetrVG gewähre keinen Herstellungsanspruch, ist ein Verlangen des BRat auf **Erstellung bestimmter Unterlagen** zum Zweck der Herausgabe abgelehnt worden (LAG Hamm 26.7.02 – 10 TaBV 24/02, NZA-RR 03, 367; LAG BaWü 21.2.94, DB 95, 51). Diesen Grundsatz hat das BAG für den Bereich der Arbeitszeit aufgeweicht und entschieden, der ArbGeb dürfe sich mit dem Einwand, er verzichte bewusst auf eine Aufzeichnung der Arbeitszeiten (sog Vertrauensarbeitszeit), seiner gesetzlichen Kontrollpflicht und dem daraus resultierenden Auskunftsanspruch des BRat nicht entziehen (BAG 6.5.03 – 1 ABR 13/02, NZA 03, 1348).

**16** Nach § 7 Abs 3 TzBfG muss der ArbGeb den BRat über **Teilzeitarbeit** im Betrieb und Unternehmen informieren. Hierzu gehören insbes Informationen über vorhandene oder geplante Teilzeitarbeitsplätze sowie über die Umwandlung von Teilzeit- in Vollzeitarbeitsplätze und umgekehrt. Dem BRat sind auf Verlangen die erforderlichen Unterlagen zur Verfügung zu stellen. Schließlich muss die Unterrichtung des BRat grds in deutscher Sprache erfolgen; Unterlagen (hier: Sicherheitshandbücher eines US-Konzerns) sind daher ggf zu übersetzen (LAG Hess 19.8.93, NZA 95, 285).

**17** Weitere Auskunftspflichten des ArbGeb ergeben sich aus dem **Gesetz über Europäische Betriebsräte (EBRG).** Gem § 5 Abs 1 EBRG hat der BRat gegenüber der Unternehmensleitung einen Anspruch auf Auskunftserteilung hinsichtlich der durchschnittlichen Gesamtzahl der ArbN und ihrer Verteilung auf die Mitgliedstaaten, Unternehmen und Betriebe sowie allgemein in Bezug auf die Unternehmensstruktur. Das umfasst alle Auskünfte, die der BRat benötigt, um beurteilen zu können, ob die Voraussetzungen für die Errichtung eines EBRat vorliegen. Diesen Auskunftsanspruch können BRat und GBRat gem § 5 Abs 2 EBRG nach ihrer Wahl auch gegenüber der örtlichen Unternehmensleitung geltend machen. Er greift bereits dann ein, wenn hinreichende Anhaltspunkte für die Anwendbarkeit des EBRG bestehen (EuGH 29.3.01 – C-62/99, NZA 01, 506 – Bofrost; BAG 30.3.04 – 1 ABR 61/01, NZA 04, 863). Befindet sich die zentrale Leitung nicht in einem EU-Mitgliedsstaat und gibt es weder eine nachgeordnete Leitung noch einen Vertreter, so ist das belegschaftsstärkste Unternehmen der Gruppe als sog fingierte Leitung für die Erteilung der Auskunftsansprüche verantwortlich und kann diese nicht mit der Begründung verweigern, ihm stünden keine Informationen zur Verfügung, sondern muss diese von der Schwestergesellschaft verlangen (EuGH 13.1.04 – C-440/00, NZA 04, 160 – Kühne & Nagel, auf den Vorlagebeschluss des BAG vom 27.6.2000 – 1 ABR 32/99 (A), NZA 2000, 1330; bestätigt durch EuGH 15.7.04 – C-349/01, NZA 04, 1167 – Anker und BAG 29.6.04 – 1 ABR 32/99, NZA 05, 118). Die Gewährleistung dieses horizontalen Auskunftsanspruch erfolgt im Wege der richtlinienkonformen Auslegung des nationalen Rechts des jeweiligen auskunftsverpflichteten Unternehmens (*Joost* ZIP 04, 1034; Bedenken demgegenüber bei *Däubler* BB 04, 446 und *Spirolke* EWiR 04, 199, die ein Tätigwerden des nationalen Gesetzgebers fordern). Der Anspruch ist im arbeitsgerichtlichen Beschlussverfahren durchsetzbar (*Giesen* RdA 04, 307). § 32 Abs 1 EBRG verpflichtet ein gemeinschaftsweit tätiges Unternehmen bzw das herrschende Unternehmen einer gemeinschaftsweit tätigen Unternehmensgruppe (sog zentrale Leitung) einmal jährlich zur Unterrichtung und Anhörung des EBRat über die Entwicklung der Geschäftslage und die Perspektiven des Unternehmens bzw der Unternehmensgruppe. Liegen außergewöhnliche Umstände vor, die erhebliche Auswirkungen auf die Interessen der ArbN haben, besteht gem § 33 Abs 1 EBRG eine außerordentliche Unterrichtungs- und Anhörungspflicht, der auf Verlangen des EBRat nachzukommen ist. Dies gilt insbes bei der Verlegung und Stilllegung von Unternehmen, Betrieben oder wesentlichen Betriebsteilen sowie bei Massenentlassungen.

Auskunftspflichten des ArbGeb bestehen in **wirtschaftlichen Angelegenheiten** gem § 106 BetrVG insbesondere gegenüber dem Wirtschaftsausschuss (*Oetker* NZA 01, 689). Im Rahmen dieser Unterrichtungspflicht ist der ArbGeb auch zur Vorlage des Wirtschaftsprüfungsberichts verpflichtet (BAG 8.8.89, DB 89, 2621). Im Streitfall entscheidet hierüber gem § 109 BetrVG die Einigungsstelle (→ *Einigungsstelle* Rn 4, 23), deren Spruch der vollen Rechtskontrolle durch die ArbG unterliegt (→ *Einigungsstelle* Rn 35). Besteht in einem Unternehmen wegen der geringen ArbNZahl kein Wirtschaftsausschuss, so steht der Informationsanspruch gem § 106 BetrVG nicht dem BRat bzw dem GBRat zu (BAG 5.2.91, DB 91, 1382). Es bleibt insoweit bei dem allgemeinen Unterrichtungsanspruch des BRat aus § 80 Abs 2 BetrVG. Dieser umfasst ua den Mitgliedstatus des ArbGeb im ArbGebVerband (*Gaumann/Schafft* NZA 01, 1125). Für die **Umwandlung** von Unternehmen existieren in §§ 5 Abs 3, 126 Abs 3, 176, 177, 194 Abs 2 UmwG besondere Informationspflichten. Danach muss dem BRat jeweils spätestens einen Monat vor dem Tag der Anteilsinhaberversammlung, die über die Zustimmung zur Umwandlung beschließt, der gesellschaftsrechtliche Umwandlungsvertrag oder sein Entwurf (bzw Spaltungsplan oder Umwandlungsbeschluss) zugeleitet werden. Weitere besondere Informationspflichten können sich bei Unternehmensfusionen im Zusammenhang mit Wertpapiererwerb aus dem WpÜG ergeben (*Grobys* NZA 02, 1; *Seibt* DB 02, 529). 18

Eine Auskunftspflicht des ArbGeb besteht schließlich ähnlich wie nach § 80 Abs 2 BetrVG hinsichtlich des BRat gem § 25 Abs 2 SprAuG gegenüber dem **Sprecherausschuss** (*Hromadka/Sieg* SprAuG § 25 Rz 17 ff; *Löwisch* SprAuG § 25 Rz 12 ff).

**4. Auskunftspflichten gegenüber Dritten. a) Gegenüber potentiellem neuen Arbeitgeber.** Die rechtliche Beurteilung von Auskünften verschiedener ArbGeb über ArbN ist in Rspr und Schrifttum umstritten. Es geht hierbei meist um telefonische Auskünfte des früheren ArbGeb über seinen ehemaligen ArbN gegenüber einem potenziellen neuen ArbGeb. Dabei lassen sich folgende **Grundsätze** festhalten: 19

Eine generelle **Auskunftsverpflichtung** des ehemaligen ArbGeb besteht nicht (*Schaub/Linck* § 147 Rz 44). Etwas anderes gilt nur dann, wenn der ArbN eine derartige Auskunft ausdrücklich wünscht (LAG Bln 8.5.89, BB 89, 1825; BAG 5.8.76, AP Nr 10 zu § 630 BGB). Ein allgemeines **Recht** des ArbGeb **zur Auskunftserteilung** gegen den Willen des ArbN besteht nicht. Es wird im Einzelfall durch das Persönlichkeitsrecht des ArbN begrenzt (BAG 18.12.84 – 3 AZR 389/83, NZA 85, 811). Demgemäß sind Auskünfte, die über den Inhalt eines erteilten Zeugnisses hinausgehen, ebenso wie im bestehenden Arbeitsverhältnis auch nach dessen Beendigung nur mit Zustimmung des **Arbeitnehmers** zulässig. Eine entsprechende Zustimmung kann bereits bei Abschluss des Arbeitsvertrages erklärt werden. Das entspricht der gem § 109 GewO hinsichtlich des Zeugnisses bestehenden Rechtslage, das dem ArbN auch nur auf dessen Verlangen ausgestellt wird. Weitergehende Auskunftsrechte des ehemaligen ArbGeb, zB aufgrund besonderer Vereinbarungen mit anderen ArbGeb, sind als Verträge zu Lasten der betroffenen ArbN abzulehnen. Insgesamt bleibt natürlich die rechtliche Erfassung derartiger Auskünfte problematisch, da diese als regelmäßig mündlich erfolgende Mitteilungen für den betroffenen ArbN faktisch kaum zu kontrollieren sind. 20

**b) Gegenüber Behörden.** Auskunftspflichten gegenüber Behörden betreffen den sozialversicherungsrechtlichen und lohnsteuerrechtlichen Bereich (→ Rn 26 ff und 34 ff). 21

**c) Gegenüber Erben des Arbeitnehmers** besteht für den ArbGeb regelmäßig keine besondere Auskunftsverpflichtung. Hat er dem ArbN regelmäßig Abrechnungen erteilt, ist insbesondere ein allgemeiner Auskunftsanspruch der Erben über die Vergütungsansprüche des ArbN nicht gegeben (LAG Bln 5.2.90, DB 90, 738 [LS]). 22

**d) Gegenüber Gläubigern des Arbeitnehmers** ist der ArbGeb im Rahmen des § 840 ZPO zur Auskunft als Drittschuldner verpflichtet, soweit die tatbestandlichen Voraussetzungen dieser Vorschrift vorliegen. Darüber hinausgehende Auskünfte, die der Gläubiger zur Geltendmachung seines Anspruches benötigt, kann er vom ArbGeb nicht verlangen. Insofern muss er sich gem § 836 Abs 3 ZPO an den ArbN als Schuldner halten. Die Auskunft des ArbGeb gem § 840 ZPO muss innerhalb von zwei Wochen nach Zustellung des Pfändungsbeschlusses erteilt werden. Sie kann als bloße Obliegenheit des Drittschuldners nicht eingeklagt werden (BGH 17.4.84, NJW 84, 1901). Allerdings begründet eine ver- 23 spätete oder unterlassene Auskunft gem § 840 Abs 2 ZPO eine Schadensersatzpflicht des Drittschuldners (→ *Pfändung* Rn 17).

24 **5. Rechtsfolgen unterlassener oder fehlerhaft erteilter Auskünfte.** Soweit nach dem oben Gesagten Auskunftspflichten bestehen bzw falls der ArbGeb ohne gesetzliche Verpflichtung entsprechende Auskünfte erteilt, haftet er für deren Richtigkeit und Vollständigkeit (BAG 17.10.2000 – 3 AZR 605/99, NZA 01, 206; 21.5.15 – 6 AZR 349/14, NZA-RR 15, 588). Im Fall der Darlehensgewährung zur Förderung des Aktienerwerbs (→ Rn 5) bedeutet dies Befreiung von der Darlehensrückzahlung Zug um Zug gegen Rückgabe der Aktien (BAG 4.10.05 – 9 AZR 598/04, NZA 06, 545). Schuldhaft falsch erteilte oder unterlassene Auskünfte können den ArbGeb zum Schadensersatz gem § 280 BGB sowie gem § 823 Abs 1 BGB (allgemeines Persönlichkeitsrecht) bzw gem §§ 824, 826 BGB verpflichten (BAG 4.5.10 – 9 AZR 184/09, NZA 11, 644; 26.7.07 – 8 AZR 707/06, BeckRS 2007, 47449; LAG Hess 22.8.01 – 8 Sa 146/01, NZA-RR 02, 323). Allerdings muss der ArbN im Bestreitensfall den Nachweis des kausalen Schadenseintritts führen. Er muss nachweisen, dass ihm ein konkreter Schaden entstanden ist und belegen, dass dieser Schaden gerade auf die unrichtige Auskunftserteilung zurückzuführen ist. Dabei ist der volle Kausalitätsnachweis erforderlich (LAG Bln 8.5.89, BB 89, 1825); eine tatsächliche Vermutung für einen Kausalzusammenhang besteht regelmäßig nicht. Allerdings kann die Beweislastumkehr des § 22 AGG eingreifen, wenn die falsche Auskunft indizielle Wirkung für eine Benachteiligung hat (BAG 21.6.12 – 8 AZR 364/11, NZA 12, 1345). Die Verletzung von Auskunftspflichten lässt die Wirksamkeit des hiermit zusammenhängenden Rechtsgeschäfts unberührt. Demgemäß ist ein Aufhebungsvertrag, bei dem der ArbGeb seinen Auskunftspflichten nicht in hinreichendem Maß nachgekommen ist, keinesfalls gem § 134 BGB nichtig. Er kann allenfalls unter den engen Voraussetzungen des § 123 BGB angefochten werden, wobei weder das Fehlen eines Widerrufs- oder Rücktrittsrechts noch die unterbliebene vorherige Mitteilung des Gesprächsthemas hierfür ausreichen (BAG 30.9.93 – 2 AZR 268/93, NZA 94, 209).

25 **6. Prozessuales.** Gem § 61 Abs 2 ArbGG kann der ArbN einen Auskunftsanspruch im Rahmen der klageweisen Geltendmachung mit einem Antrag auf Entschädigungszahlung unter Fristsetzung für den Fall der nicht rechtzeitigen Erfüllung verbinden (Germelmann/Matthes/Prütting/*Germelmann* ArbGG § 61 Rz 28). Nach fruchtlosem Verstreichen der Frist greift der Entschädigungsanspruch Platz, hindert damit aber gleichzeitig eine Vollstreckung des Auskunftsanspruchs. Dieser geht allerdings seinerseits solange nicht unter, bis der ArbGeb die verspätete Auskunft nicht nur zur Abwendung der Zwangsvollstreckung sondern endgültig erteilt und der ArbN dies an Erfüllungs Statt annimmt (BAG 4.10.89, DB 90, 1423). Zu beachten ist, dass der ArbGeb die Auskunft auch noch in der Rechtsmittelinstanz innerhalb der Frist nach Zustellung des den Rechtsstreit beendenden Urteils erteilen kann (BAG 28.10.92, DB 93, 1479). Daneben gelten für die Zwangsvollstreckung die allgemeinen Regelungen der §§ 887, 888 ZPO. Soweit Auskunftspflichten gegenüber dem **Betriebsrat** bestehen, können diese vom BRat im arbeitsgerichtlichen Beschlussverfahren durchgesetzt werden. Im Einzelfall kann bei besonderer Eilbedürftigkeit eine einstweilige Verfügung in Betracht kommen.

## B. Lohnsteuerrecht *Seidel*

26 **1. Allgemeines.** Während bei Vorliegen einer Anzeigepflicht ein Tätigwerden der damit belasteten Person von sich aus verlangt wird, bestehen Auskunftspflichten erst aufgrund einer besonderen Aufforderung durch das FA (→ *Anzeigepflichten Arbeitgeber* Rn 6). Bei den Auskunftspflichten ist zu unterscheiden zwischen solchen bei (LSt-)Außenprüfungen und bei Einzelermittlungen. Zur Abgrenzung → *Außenprüfung* Rn 8. Die Mitwirkungspflichten im Rahmen einer Außenprüfung gehen weiter als im Rahmen von Einzelermittlungen (BFH 5.4.84, BStBl II 84, 790). Zur Beantwortung von Fragen für die Erhebung statistischer Daten ist der Stpfl gem § 150 Abs 5 Satz 1 AO verpflichtet (BFH 23.11.98 – VII B 237/98, BFH/NV 99, 897). Zum Datenschutz → *Datenschutz* Rn 27–46.

27 **2. (Lohnsteuer-)Außenprüfung.** Zu den Auskunfts- und Mitwirkungspflichten des ArbGeb → *Außenprüfung* Rn 16. Art und Umfang der vom Prüfer zur Einsicht angeforder-

ten Unterlagen liegen in seinem Ermessen, das durch die je nach Lage des Einzelfalles unterschiedlichen Erfordernisse bestimmt wird. Der Prüfer hat aber das Interesse des ArbGeb an einer besonderen Geheimhaltung, zB von Personalakten, soweit es sich nicht um Anstellungsverträge handelt, angemessen zu berücksichtigen. Daher kommt regelmäßig keine generelle Vorlage, sondern nur eine Anforderung im **Einzelfall** in Betracht (*HMW/* Außenprüfung Rz 47). Ein **Verwertungsverbot** aufgrund eines rechtswidrigen Verlangens im Rahmen einer Außenprüfung besteht nur, wenn der Verwaltungsakt (Auskunfts- oder Mitwirkungsverlangen) aufgehoben oder seine Rechtswidrigkeit festgestellt worden ist (*T/K* vor § 193 AO Rz 25 iVm § 88 Rz 17).

**3. Einzelermittlungen.** Zur Ermittlung des für die Besteuerung erheblichen Sachverhalts kann sich das FA der Beweismittel bedienen, die es für erforderlich hält. Dazu gehören auch Auskünfte aller Art von den Beteiligten und anderen Personen (§ 93 AO). Der ArbGeb ist als Beteiligter (§ 78 AO) im Rahmen des LStAbzugsverfahrens (→ *Lohnabzugsverfahren* Rn 2 ff) dem FA gegenüber zur Auskunft über den für die LSt erheblichen Sachverhalt verpflichtet (§ 93 Abs 1 AO). Dies gilt auch für Personen, die für den ArbGeb als Beteiligten als (gesetzliche) Vertreter bzw Verwalter oder als Bevollmächtigte auftreten. 28

Der ArbGeb ist auch im LStHaftungsverfahren **Beteiligter** und nicht andere Person (*T/K* § 93 AO Rz 7; → *Lohnsteuerhaftung* Rn 4–28). So stellt die Aufforderung zur Beantwortung des Fragebogens zur Haftungsinanspruchnahme einen erzwingbaren Verwaltungsakt dar (FG Thür 28.4.99 – III 720/98, EFG 99, 745). Andere Person iSd § 93 Abs 1 Satz 3 AO ist der ArbGeb aber im Besteuerungsverfahren des ArbN (EStVeranlagung; → *Antragsveranlagung* Rn 2 ff). Dies hat zur Folge, dass er als Nichtbeteiligter vom FA hier erst dann zur Auskunft herangezogen werden kann, wenn die Sachverhaltsaufklärung durch den ArbN nicht zum Ziel führt oder keinen Erfolg verspricht. Eine Ausnahme hierzu stellen die sog Sammelauskunftsersuchen dar, die allerdings nur unter engen Voraussetzungen zulässig sind (§ 93 Abs 1a AO). Dies kann etwa der Fall sein bei mehreren lohnsteuerlichen Sachverhalten, die eine Vielzahl von ArbN treffen. Generell ist in Auskunftsersuchen anzugeben, worüber Auskunft erteilt werden soll und ob sie für die Besteuerung des Auskunftspflichtigen oder anderer Personen angefordert wird. Auf Verlangen haben sie schriftlich zu ergehen (§ 93 Abs 2 AO). 29

Der Auskunftsverpflichtete kann seinerseits die Auskunft elektronisch, schriftlich, mündlich oder fernmündlich erteilen. Das FA kann eine schriftliche Auskunft verlangen, wenn dies sachdienlich ist (§ 93 Abs 4 AO), aber auch eine mündliche Auskunft an Amtsstelle anordnen, über die eine Niederschrift aufzunehmen ist. Dies gilt insbes dann, wenn der Auskunftspflichtige trotz Aufforderung keine schriftliche Auskunft erteilt hat oder die schriftliche Auskunft nicht zu einer Klärung des Sachverhalts geführt hat (§ 93 Abs 5 und 6 AO). Zu den Auskunftspflichten nach § 93 Abs 1–4 AO s auch BMF 31.1.14, BStBl I 14, 290). Zu den Auskunftspflichten des ArbGeb gehört auch die Abgabe einer wahrheitsgemäßen LStAnmeldung (→ *Lohnsteueranmeldung* Rn 2 ff; §§ 149 Abs 1, 150 Abs 1 und 2 AO; § 41a EStG). 30

**4. Auskunftsverweigerung.** Der ArbGeb kann ggf als Angehöriger (§ 15 AO) eines Beteiligten (zB in dessen Besteuerungsverfahren) die Auskunft verweigern, soweit er nicht selbst als Beteiligter über seine eigenen steuerlichen Verhältnisse auskunftspflichtig ist oder die Auskunftspflicht für einen Beteiligten zu erfüllen hat. Hierüber ist er ggf zu belehren (§ 101 Abs 1 AO). Ist ein ArbGeb nicht Beteiligter und auch nicht für einen Beteiligten auskunftspflichtig, kann er die Auskunft auf solche Fragen verweigern, deren Beantwortung ihn selbst oder einen seiner Angehörigen der Gefahr strafgerichtlicher Verfolgung oder eines Verfahrens nach dem OWiG aussetzen würde. Darüber ist er zu belehren (§ 103 AO). 31

Die **Belehrung** muss nur zu erfolgen, wenn Anhaltspunkte für ein Vorliegen der Voraussetzungen erkennbar werden (*T/K* § 103 AO Rz 12). Ist die Belehrung in den genannten Fällen unterblieben, so darf die Auskunft nicht verwertet werden (BFH 31.10.90, BStBl II 91, 204). Jedes Auskunfts-, Vorlage- und Mitwirkungsverlangen ist ein mit dem Einspruch anfechtbarer Verwaltungsakt. Die **Mitwirkung** kann nach vorhergehender Androhung mit **Zwangsmitteln** erzwungen werden (§§ 328, 332 AO), insbes durch Zwangsgeld bis zu 25 000 € (§ 329 AO). Sowohl gegen die Androhung des Zwangsgelds als auch gegen dessen Festsetzung ist jeweils der Einspruch mit anschließender Klage gegeben (§ 40 Abs 1 FGO). 32

Eine Erzwingung scheidet aus, wenn der Stpfl dadurch gezwungen würde, sich selbst wegen einer von ihm begangenen Steuerstraftat oder Steuerordnungswidrigkeit zu belasten. Dies gilt stets, soweit gegen ihn wegen einer solchen Tat das Strafverfahren eingeleitet worden ist. Hierüber ist der Stpfl zu belehren, wenn Anlass besteht (§ 393 Abs 1 Sätze 2–4 AO). Die Auskunftspflicht als Beteiligter oder für einen Beteiligten wird hiervon aber nicht berührt (§§ 93 Abs 1 Satz 1; 103 Satz 1 AO; vgl auch FG München 27.2.96, EFG 96, 570).

33 5. Zu **Schadensersatzleistungen** des ArbGeb an den ArbN (→ Rn 23) → *Arbeitgeberhaftung* Rn 19–21. **Geldbußen** kann der ArbGeb nicht als Betriebsausgaben abziehen (§ 4 Abs 5 Nr 8 EStG).

## C. Sozialversicherungsrecht *Ruppelt*

34 **1. Begriff.** Gegenüber den Trägern der SozV einschließlich der ArblV treffen den ArbGeb eine Vielzahl von Mitteilungspflichten, die vor allem im Zusammenhang mit der Beitragszahlung und dem sozialversicherungsrechtlichen Leistungsanspruch des ArbN stehen. In Abgrenzung zu den Melde- und Anzeigepflichten (→ *Meldepflichten Arbeitgeber* Rn 3 ff; → *Anzeigepflichten Arbeitgeber* Rn 16) handelt es sich bei den sozialversicherungsrechtlichen Auskunftspflichten um solche, denen der Auskunftsverpflichtete nicht von sich aus, sondern **nur auf Ersuchen** des SozVTrägers nachzukommen hat. Dabei sind Beteiligte und Dritte zu unterscheiden. Beteiligter des Verfahrens ist idR der Anspruchssteller (etwa in einem Verfahren zur Erbringung von Sozialleistungen). Der ArbGeb oder der Unterhaltsverpflichtete des Anspruchsstellers ist idR als Dritter am Verfahren beteiligt.

35 **2. Die allgemeinen Auskunftspflichten** stehen in Zusammenhang mit der Verpflichtung des SozVTrägers, den für die Verwaltungsentscheidung bedeutsamen Sachverhalt vAw zu ermitteln (§ 20 Abs 1 Satz 1 SGB X). Die Behörde bedient sich hierzu der Beweismittel, die sie nach pflichtgemäßem Ermessen zur Ermittlung des Sachverhalts für erforderlich hält. Sie ist insbes berechtigt, **Auskünfte jeder Art** einzuholen (§ 21 Abs 1 Satz 2 Nr 1 SGB X). Die Beteiligten sollen im Interesse einer sachgerechten Entscheidung an der Aufklärung des Sachverhaltes mitwirken (KassKomm/*Mutschler* § 21 SGB X Rn 7 ff). Sie sollen insbes ihnen bekannte Tatsachen und Beweismittel angeben (§ 21 Abs 2 Satz 2 SGB X).

36 Eine weitergehende Pflicht des Beteiligten oder Dritten, bei der Ermittlung des Sachverhaltes mitzuwirken, insbes eine Pflicht zum persönlichen Erscheinen oder zur Aussage, besteht nur, soweit dies durch **Rechtsvorschrift** besonders vorgesehen ist (§ 21 Abs 2 Satz 3 SGB X).

37 **3. Rechtsgrundlagen. a) Wegen der Erbringung von Sozialleistungen.** Rechtsgrundlage der Auskunftsverpflichtung des ArbG ist § 98 Abs 1 Satz 1 SGB X. Danach hat der ArbGeb auf Verlangen dem Leistungsträger oder der zuständigen Einzugsstelle für die SozVBeiträge bzw dem prüfberechtigten Träger der SozVers Auskunft **wegen der Erbringung von Sozialleistungen** an Versicherte (zB Rente, Krankengeld, AlGeld) zu erteilen. Anspruch des ArbGeb auf **Kostenerstattung** besteht nicht. Die Auskunftspflicht umfasst Art, Umfang, Beginn/Ende der Beschäftigung, Beschäftigungsort und Höhe des Arbeitsentgelts, soweit diese Angaben für die Gewährung und Berechnung der konkreten Sozialleistung erforderlich sind. Das gilt auch hinsichtlich der notwendigen Daten für eine erst in der Zukunft fällig werdende Leistung, zB für die Erstellung eines Versicherungsverlaufes.

38 **b) Wegen der Entrichtung von Beiträgen** hat der ArbGeb über alle Tatsachen Auskunft zu geben, die für die Erhebung der Beiträge notwendig sind (§ 98 Abs 1 Satz 2 SGB X). Der ArbGeb hat die Geschäftsbücher, Listen oder andere Unterlagen, aus denen die Angaben über die Beschäftigung hervorgehen, während der Betriebszeit den Leistungsträgern oder der zuständigen Einzugsstelle in deren oder in seinen eigenen Geschäftsräumen zur Einsicht vorzulegen. Die Herausgabe der Unterlagen kann nicht verlangt werden, allerdings ist das Anfertigen von Ablichtungen zulässig. Soweit der ArbGeb die Unterlagen zur Einsicht vorzulegen hat, wird durch die Ablichtung dieser Unterlagen nicht in weitergehende Rechte des ArbGeb eingegriffen, vielmehr wird die Einzugstelle vielfach erst durch das Anfertigen und die Mitnahme der Ablichtungen in Stand gesetzt, die Unterlagen sachgerecht zu überprüfen. Von der unbefugten Weitergabe der Daten durch die Einzugs-

stelle ist der ArbGeb (und der ArbN) durch die Geheimhaltungspflichten nach § 35 SGB I geschützt (→ *Datenschutz* Rn 47 ff).

**4. Spezialgesetzliche Regelungen für die Bundesagentur für Arbeit. a) Allgemeine Auskunftspflicht Dritter.** In § 315 SGB III ist die allgemeine Auskunftspflicht Dritter gegenüber der Arbeitsverwaltung geregelt: Der Agentur für Arbeit hat auf Verlangen Auskunft zu erteilen, wer jemandem, der eine **laufende Geldleistung der Agentur für Arbeit** bezieht, Leistungen erbringt, die geeignet sind, die laufende Geldleistung zu mindern oder auszuschließen. Gleiches gilt, wenn der Dritte dem Bezieher laufender Leistungen der Arbeitsverwaltung zu Leistungen verpflichtet ist bzw für diesen Guthaben führt oder Vermögensgegenstände verwahrt (§ 315 Abs 2 SGB III). Zur Auskunft, insbes über das Arbeitsentgelt, ist auch verpflichtet, wer jemanden **beschäftigt,** der die genannten laufenden Leistungen beantragt hat oder bezieht. Das gilt auch hinsichtlich der Beschäftigung von Ehegatten dieser Personen und der Beschäftigung von ArbN, die diesen Personen zu Leistungen (idR Unterhalt) verpflichtet sind (§ 315 Abs 3 SGB III). 39

Sind im Rahmen einer Bedürftigkeitsprüfung Einkommen oder Vermögen des **Ehegatten, Lebenspartners oder des Partners einer eheähnlichen Gemeinschaft** zu berücksichtigen, haben dieser Ehegatte oder Partner sowie Dritte, die für diesen Ehegatten oder Partner Guthaben führen oder Vermögensgegenstände verwahren, der Arbeitsverwaltung auf Verlangen hierüber Auskunft zu erteilen, soweit es zur Durchführung des SGB III erforderlich ist (§ 315 Abs 5 SGB III). 40

Soweit der Dritte Auskunft über die Führung von Guthaben oder die Verwahrung von Vermögensgegenständen zu erteilen hat, besteht ein **Entschädigungsanspruch** entsprechend § 21 Abs 3 Satz 4 SGB X. Im Übrigen haben die Auskunftsverpflichteten keinen Aufwendungsersatzanspruch. 41

**b) Auskunftspflicht bei Leistungen von Insolvenzgeld.** Der ArbGeb, der Insolvenzverwalter, die ArbN sowie sonstige Personen, die Einblick in die Arbeitsentgeltunterlagen hatten, sind verpflichtet, der Arbeitsverwaltung auf Verlangen alle Auskünfte zu erteilen, die für die Gewährung des Insolvenzgeldes erforderlich sind (§ 316 SGB III). 42

**c) Auskunftspflicht bei beruflicher Aus- oder Weiterbildung oder beruflicher Eingliederung Behinderter.** ArbGeb und Träger, bei denen eine berufliche Aus- und Weiterbildung **oder** eine Maßnahme zur beruflichen Eingliederung durchgeführt wurde oder wird, haben der Arbeitsverwaltung unverzüglich Auskünfte über Tatsachen zu erteilen, die Aufschluss darüber geben, ob und inwieweit Leistungen zu Recht erbracht worden sind oder werden (§ 318 SGB III). Sie haben **Änderungen,** die für die Leistungen erheblich sind, unverzüglich und ohne Aufforderung der Agentur für Arbeit **mitzuteilen.** 43

**d) Umfang der Auskunftspflicht.** Wer jemanden, der eine laufende Geldleistung beantragt hat, bezieht oder bezogen hat, beschäftigt oder mit Arbeiten beauftragt hat, hat der Arbeitsverwaltung auf Verlangen Einsicht in Geschäftsbücher, Geschäftsunterlagen und Belege sowie in Listen, Entgeltverzeichnisse und Entgeltbelege zu gewähren, soweit es zur Durchführung der Aufgaben nach dem SGB III erforderlich ist (§ 319 SGB III). 44

**e) Die Verletzung der Auskunftspflicht** gegenüber der Arbeitsverwaltung ist ordnungswidrig und kann mit Geldbuße geahndet werden, soweit der Auskunftsverpflichtete vorsätzlich oder fahrlässig handelt (§ 404 SGB III). 45

**5. Spezialgesetzlich geregelte Melde- und Auskunftspflichten** sind für die **gesetzliche Unfallversicherung** in §§ 165, 166 SGB VII (Meldepflichten zur Lohn- und Entgeltnachweisung → *Meldepflichten Arbeitnehmer* Rn 45 ff) und § 192 Abs 3 SGB VII (Auskünfte, die zur Erfüllung der gesetzlichen Aufgaben der UV notwendig sind) normiert. Die Beitragsüberwachung erfolgt grds durch die RV-Träger im Auftrag der UV im Rahmen der Prüfung nach § 28p SGB IV. Die Verletzung der Auskunftspflicht gegenüber der BG ist ordnungswidrig und kann mit Geldbuße geahndet werden, soweit der Auskunftsverpflichtete vorsätzlich oder fahrlässig handelt (§ 209 Abs 1 Nr 8 SGB VII). 46

**6. Elterngeld.** Den ArbGeb treffen im Rahmen des Nachweises der Anspruchsvoraussetzungen für das Elterngeld durch den ArbN die in § 9 BEEG geregelten Auskunfts- und Nachweispflichten. Danach hat der ArbGeb dem ArbN das Arbeitsentgelt, die abgezogene LSt, den ArbNAnteil der SozVBeiträge sowie die Arbeitszeit zu bescheinigen. Die Verpflichtung entsteht durch ein darauf gerichtetes Verlangen des Beschäftigten. Sie ist ggf auch 47 vom ehemaligen ArbGeb zu erfüllen. Die Richtigkeit und Vollständigkeit der vom ArbGeb zu machenden Angaben sind nach § 14 BEEG bußgeldbewehrt.

48 **7. Ein Auskunftsverweigerungsrecht** haben Beteiligte oder Dritte auf Fragen, deren Beantwortung sie selbst oder eine ihnen nahe stehende Person (§ 383 Abs 1 Nr 1–3 ZPO) der Gefahr aussetzen würde, wegen einer Straftat oder wegen einer Ordnungswidrigkeit verfolgt zu werden (§ 98 Abs 2 Satz 2 SGB X). Nur soweit es um die Erbringung von Sozialleistungen geht – also nicht bezüglich der Entrichtung von Beiträgen – gilt daneben § 65 Abs 1 SGB X entsprechend (→ *Auskunftspflichten Arbeitnehmer* Rn 41 ff).

49 **8. Ordnungswidrig** nach allgemeinen Vorschriften handelt, wer vorsätzlich oder leichtfertig der Auskunfts- oder Vorlagepflicht nicht, nicht richtig, nicht vollständig oder nicht rechtzeitig nachkommt. Die Ordnungswidrigkeit kann mit einer Geldbuße geahndet werden (§ 98 Abs 5 SGB X).

# Auskunftspflichten Arbeitnehmer

## A. Arbeitsrecht

*Kreitner*

### Übersicht



1 **I. Allgemeines.** Auskunftspflichten treffen den ArbN insbes im Rahmen der Verhandlungen um den Abschluss des Arbeitsvertrages. Daneben existieren weitere einzelne Auskunftspflichten des ArbN sowohl im bestehenden Arbeitsverhältnis als auch nach dessen Beendigung. Wegen der weitergehenden Anzeigepflichten des ArbN wird auf die dortigen Ausführungen verwiesen (→ *Anzeigepflichten Arbeitnehmer* Rn 1 ff).

2 **II. Auskunftspflichten im Einstellungsgespräch** stellen das Ergebnis einer Abwägung des ArbGebInteresses an einer möglichst umfassenden Information über den Bewerber und des Persönlichkeitsrechts des Bewerbers dar.

3 Dabei ist zwischen dem **Fragerecht des Arbeitgebers** einerseits und der allgemeinen **Offenbarungspflicht des Arbeitnehmers** auch ohne entsprechende Frage des ArbGeb andererseits zu differenzieren.

4 **1. Offenbarungspflicht des Arbeitnehmers.** Nach der ständigen Rspr des BAG ist Voraussetzung für eine selbstständige Auskunftspflicht des ArbN, dass die fraglichen Umstände dem ArbN die Erfüllung der arbeitsvertraglichen Leistungspflicht unmöglich machen oder seine Eignung für den in Aussicht genommenen Arbeitsplatz entscheidend berühren (BAG 20.3.14 – 2 AZR 1071/12, NZA 14, 1131). Danach unterliegt die Offenbarungspflicht des ArbN engeren Grenzen als das Fragerecht des ArbGeb. Folgende beispielhafte **Einzelfälle aus der Rechtsprechung** sind zu erwähnen:

5 **a) Geschlechtsumwandlung.** Transsexuelle Personen, deren Geschlechtsumwandlung noch nicht erfolgt ist, sind nicht verpflichtet, von sich aus ihr wahres Geschlecht zu offenbaren. Dies ergibt sich aus dem Schutzzweck des Transsexuellengesetzes. Allerdings kann je

nach Art der Tätigkeit eine Anfechtung des ArbGeb wegen Irrtums über eine verkehrswesentliche Eigenschaft des ArbN gem § 119 Abs 2 BGB in Betracht kommen (BAG 21.2.91 – 2 AZR 449/90, NZA 91, 719: Arzthelferin).

**b) Haftstrafe.** Muss der ArbN demnächst eine Haftstrafe antreten und ist er aus diesem Grund am ordnungsgemäßen Dienstantritt voraussichtlich gehindert, so muss er dies unabhängig vom Grund der Haftstrafe offenbaren. 6

**c) Krankheit.** Eine allgemeine Auskunftspflicht über ausgeheilte oder akute Erkrankungen besteht nicht. Auch eine lediglich latente Gesundheitsgefährdung ist nicht offenbarungspflichtig. Mitzuteilen sind nur solche Erkrankungen, die den ArbN wegen der Ansteckungsgefahr oder der Schwere der Erkrankung an der Erbringung der Arbeitsleistung dauerhaft hindern (LAG Hamm 9.11.06 – 17 Sa 172/06, BeckRS 2007, 40238). Dies ist zB bei einer AIDS-Erkrankung regelmäßig der Fall. Bei der bloßen AIDS-Infektion kommt es dagegen auf die Art der Tätigkeit an. Zu bejahen ist eine Offenbarungspflicht zB auch bei einem alkoholabhängigen Kraftfahrer (ArbG Kiel 21.1.82, BB 82, 804). 7

**d) Kur.** Befindet sich der ArbN zum Zeitpunkt des voraussichtlichen Dienstantritts in Kur, so muss er dies mitteilen. Dies gilt insbes bei Abschluss eines befristeten Arbeitsverhältnisses (LAG Bln 18.4.78, BB 79, 1145 [LS]). 8

**e) Schwangerschaft.** Eine Mitteilungspflicht bezüglich einer bestehenden Schwangerschaft existiert nicht. Das gilt selbst bei einer befristeten Einstellung als Schwangerschaftsvertretung (LAG Köln 11.10.12 – 6 Sa 641/12, NZA-RR 13, 232). Früher von der nationalen Rspr für den Sonderfall der fehlenden Leistungsfähigkeit angenommene Ausnahmetatbestände kommen nach der grundlegenden Änderung der Rspr des BAG zum Fragerecht nicht mehr zum Tragen (BAG 6.2.03 – 2 AZR 621/01, NZA 03, 848; → Rn 22). 9

**f) Schwerbehinderung.** Es besteht keine generelle Offenbarungspflicht, es sei denn der ArbN vermag aufgrund seiner Behinderung die vertraglich geschuldete Tätigkeit nicht zu leisten (BAG 18.9.14 – 8 AZR 759/13, BeckRS 2014, 73585; 26.4.14 – 8 AZR 547/13, BeckRS 2014, 73097; *Joussen* NZA 07, 174). Dies gilt auch hinsichtlich des noch laufenden Bezugs einer befristeten Erwerbsunfähigkeitsrente, sofern der ArbN die ihm übertragenen Aufgaben ohne weiteres erfüllen kann (LAG Düsseldorf 6.3.91, NZA 91, 674). Demgegenüber muss der ArbN den ArbGeb informieren, wenn eine mitgeteilte Schwerbehinderteneigenschaft nicht mehr besteht (*Grimm/Baron* DB 2000, 570). Das Gleiche gilt im Bewerbungsstadium, wenn der ArbN seine Eigenschaft als schwerbehinderter Mensch bei der Bewerbung berücksichtigt wissen will. Das geschieht regelmäßig durch die Beifügung einer Kopie des Schwerbehindertenausweises bzw des Gleichstellungsbescheides oder durch den ausdrücklichen Hinweis im Bewerbungsschreiben. Eine lediglich in die Bewerbungsunterlagen „eingestreute" Kopie des Schwerbehindertenausweises genügt insoweit nicht (BAG 18.9.14 – 8 AZR 759/13, BeckRS 2014, 73585). 10

**g) Vorstrafen** sind grds nicht ungefragt zu offenbaren. Der ArbGeb hat es in der Hand, diese im zulässigen Umfang (→ Rn 28) zu erfragen, wenn er dem Bedeutung beimisst. Demgemäß muss der ArbN auch ein anhängiges, noch nicht abgeschlossenes Ermittlungs- bzw Strafverfahren nicht von sich aus offenbaren (ArbG Münster 20.11.92, NZA 93, 461). Etwas anderes gilt auch hier nur in dem Fall, dass sich aufgrund der Vorstrafe die generelle Ungeeignetheit des ArbN für die Tätigkeit ergibt (zB wegen Sittlichkeitsdelikt vorbestrafter Erzieher). 11

**h) Wettbewerbsverbote.** Auf bestehende einschlägige Wettbewerbsverbote muss der ArbN von sich aus hinweisen. Dies ergibt sich aus der uU erheblichen Beeinträchtigung der geschuldeten Arbeitsleistung. 12

**2. Fragerecht des Arbeitgebers.** Genereller Ausgangspunkt für das Fragerecht des ArbGeb ist das Bestehen eines berechtigten, billigenswerten und schutzwürdigen Interesses an der Beantwortung einer bestimmten Frage (BAG 11.11.93 – 2 AZR 467/93, NZA 94, 407). Abzuwägen sind regelmäßig das betriebliche Interesse des ArbGeb und das Persönlichkeitsrecht des ArbN (BAG 20.3.14 – 2 AZR 1071/12, NZA 14, 1131; 13.6.02 – 2 AZR 234/01, NZA 03, 265; *Riesenhuber* NZA 12, 771; zu sog Background Checks von Bewerbern *Hohenstatt/Stamer/Hinrichs* NZA 06, 1065; zu sog psychologischen Eignungstests *Franzen* NZA 13, 1). In datenschutzrechtlicher Hinsicht gilt gem § 26 BDSG der Grundsatz der Erforderlichkeit. 13

Aus der umfangreichen **Rechtsprechung** sind folgende praxisrelevanten **Einzelfälle** beispielhaft zu anzuführen:

14 **a) Beruflicher Werdegang.** Fragen nach dem bisherigen beruflichen Werdegang und der konkreten Erwartung des ArbN hinsichtlich des neuen Arbeitsplatzes und seiner beruflichen Entwicklung sind unbedenklich. Auch die Absicht, eine frühere Entziehungstherapie zu verheimlichen, um die Bewerbungschancen zu verbessern, entbindet den ArbN nicht von der Verpflichtung zu vollständigen Angaben über Art und Dauer der Vorbeschäftigung (LAG Köln 13.11.95, NZA-RR 96, 403).

15 **b) Gesundheitszustand.** Fragen nach gesundheitlichen Beeinträchtigungen des ArbN sind nur insoweit zulässig, wie sie die Einsatzfähigkeit des ArbN auf dem vorgesehenen Arbeitsplatz betreffen. Dabei kann regelmäßig nach akuten Erkrankungen gefragt werden. Fragen nach häufig wiederkehrenden, chronischen Erkrankungen können evtl behinderungsrelevant und damit unzulässig sein (vgl EuGH 11.7.06 – C-13/05, NZA 06, 839 – Navas).

16 Zulässig ist die Frage nach dem Vorliegen einer AIDS-**Erkrankung,** da aufgrund der Schwere der Erkrankung unmittelbare Auswirkungen auf die Leistungsfähigkeit des ArbN zu befürchten sind. Bei der Frage nach einer AIDS-**Infektion** muss wie in anderen Fällen von Gesundheitsbeeinträchtigungen nach den Auswirkungen auf die geschuldete Tätigkeit unterschieden werden. Demnach besteht ein Fragerecht zB bei sämtlichen Heilberufen wegen des Blutkontakts, auch bei Floristen (BAG 16.2.89, DB 89, 2382), mangels Infektionsgefahr jedoch zB nicht bei Küchenpersonal (*Lichtenberg/Schücking* NZA 90, 41; aA *Keller* NZA 88, 561).

17 **Genetische Veranlagungen** des ArbN (Stichwort: Genomanalyse) sollten wegen des hierdurch bedingten erheblichen Eingriffs in das Persönlichkeitsrecht des ArbN vom Fragerecht des ArbGeb grds ausgenommen bleiben (*Wiese* RdA 88, 217).

18 **c) Gewerkschaftszugehörigkeit** darf nach hM bei der Einstellung vom ArbGeb nicht abgefragt werden (BAG 28.3.2000 – 1 ABR 16/99, NZA 2000, 1294). Anders ist dies aber im laufenden Arbeitsverhältnis (*Preis/Greiner* NZA 07, 1073; *Schönhöft/Haug* BB 11, 821; *Meyer* BB 11, 2362; offengelassen zuletzt von BAG 18.11.14 – 1 AZR 257/13, NZA 15, 306). Jedenfalls verletzt ein während laufender Tarifverhandlungen erfolgendes auf die Offenlegung der Gewerkschaftszugehörigkeit gerichtetes Auskunftsverlangen des ArbGeb die gewerkschaftliche Koalitionsbetätigungsfreiheit aus Art 9 Abs 3 GG (BAG 18.11.14 – 1 AZR 257/13, NZA 15, 306 mit Anm von *Sprenger* NZA 15, 719 und *Arnold* DB 15, 867). Die Gewerkschaftszugehörigkeit stellt keine Weltanschauung iSv § 1 AGG dar (aA wohl *Wisskirchen/Bissels* NZA 07, 169).

19 **d) Kur.** Nach einer bereits bewilligten bzw konkret in Aussicht genommenen Kur, die den ArbN am vereinbarten Dienstantritt hindert, darf gefragt werden.

20 **e) Lohn-/Gehaltspfändungen.** Die Berechtigung dieser Frage ist streitig. Wegen des hiermit verbundenen, je nach Umfang der Pfändungen erheblichen zusätzlichen Arbeitsaufwandes für den ArbGeb ist ein berechtigtes Interesse des ArbGeb zu bejahen, so dass die Frage zugelassen werden sollte.

21 **f) Religions- und Parteizugehörigkeit** unterliegen grds nicht dem Fragerecht des ArbGeb. Ausnahmen gelten bei konfessionellen oder parteipolitischen Institutionen (§ 9 AGG). Bei einer Einstellung im öffentlichen Dienst ist die Frage nach früherer MfS-Tätigkeit grds erlaubt. Sie ist lediglich in zeitlicher Hinsicht nach § 242 BGB insoweit beschränkt, als Tätigkeiten, die vor dem Jahr 1970 abgeschlossen waren, nur in besonders schwerwiegenden Fällen vom ArbN angegeben werden müssen (BAG 28.5.98 – 2 AZR 549/97, NZA 98, 1052; 6.7.2000 – 2 AZR 543/99, NZA 01, 317). Auch außerhalb des öffentlichen Dienstes kann die Frage zulässig sein. Entscheidend ist insoweit eine Abwägung zwischen betrieblichem Interesse des ArbGeb und Persönlichkeitsrecht des ArbN (BAG 13.6.02 – 2 AZR 234/01, NZA 03, 265). Die Frage nach einer Scientology-Mitgliedschaft wird jedenfalls bei ArbN in Vertrauensstellungen für zulässig erachtet (*Bauer/Baeck/Merten* DB 97, 2534; aA ArbG München 24.10.2000 – 21 Ca 13754/99, NZA-RR 01, 296), ist aber wegen des Merkmals der Weltanschauung in § 1 AGG bedenklich (ErfK/*Schlachter* § 1 AGG Rz 8).

22 **g) Schwangerschaft.** Das Fragerecht bezüglich der Schwangerschaft war in der Vergangenheit als solches, zumindest aber hinsichtlich seines Umfangs umstritten (Einzelheiten

s Personalbuch 2003 Auskunftspflichten Arbeitnehmer Rz 22 f). Diese Rechtsunsicherheit hat das BAG beendet (BAG 6.2.03 – 2 AZR 621/01, NZA 03, 848). Danach verstößt die Frage nach der Schwangerschaft vor der geplanten unbefristeten Einstellung einer Frau regelmäßig gegen § 611a BGB. Das BAG folgt mit dieser Entscheidung uneingeschränkt der Rspr des EuGH und verneint die Zulässigkeit der Frage selbst dann, wenn einer Beschäftigung der Frau von vornherein ein mutterschutzrechtliches Beschäftigungsverbot entgegensteht (BAG 6.2.03, NZA 03, 848; EuGH 3.2.2000 – Rs C-207/98 – Mahlberg NZA 2000, 255; 27.2.03 – Rs C-320/01 – Wiebke Busch NJW 03, 1107; kritisch *Löwisch/Fischer* SAE 04, 126). Dies folgt aus dem Umstand, dass es sich nur um ein vorübergehendes Leistungshindernis handelt, das hinter dem Schutzzweck der EG-Richtlinie 75/207/EWG zurücktritt. Selbst bei einer befristeten Beschäftigung ist die Frage unzulässig (LAG Köln 11.10.12 – 6 Sa 641/12, NZA-RR 13, 232: schwangere Schwangerschaftsvertretung). Damit verbleibt ein Fragerecht allenfalls bei kurzzeitigen Arbeitsverhältnissen soweit sie für ihre gesamte Dauer von einem Beschäftigungsverbot erfasst werden.

**h) Schwerbehinderung.** Nach der **früheren Rechtsprechung** des BAG war die Frage nach der Schwerbehinderteneigenschaft **uneingeschränkt zulässig** (BAG 7.6.84, DB 84, 2706; 11.11.93, DB 94, 939). Den arbeitsplatzbezogenen Argumentationsansatz der Gegenansicht hat das BAG in einer Entscheidung vom 5.10.95 (– 2 AZR 923/94, NZA 96, 371; bestätigt durch Urt vom 3.12.98 – 2 AZR 754/97, NZA 99, 584) verworfen. Dabei hat der 2. Senat jedoch zwischen der uneingeschränkt zulässigen Frage nach der Schwerbehinderteneigenschaft und der Frage nach dem Bestehen einer Behinderung unterschieden. Letztere sollte nur dann zulässig sein, wenn die Behinderung erfahrungsgemäß die Eignung des Stellenbewerbers für die vorgesehene Tätigkeit beeinträchtigt. 23

Seit Inkrafttreten der EG-Gleichbehandlungsrichtlinie (2000/78/EG) vom 27.11.2000 (ABl EG Nr L 303, 21) und deren Umsetzung zunächst in § 81 Abs 2 SGB IX aF und sodann in § 1 AGG hat sich im Schrifttum erneut die **Kritik** an der Rspr des BAG verstärkt (*Thüsing/Lambrich* BB 02, 1146; *Messingschlager* NZA 03, 301; *Brors* DB 03, 1734; *Joussen* NJW 03, 2857; *Schieck* NZA 04, 881; *Kaehler* ZfA 06, 519). Insbes vor dem Hintergrund der geänderten neueren Rspr zur Schwangerschaftsfrage (→ Rn 22) ist eine Abgleichung der Diskriminierungsargumentation jedenfalls bezogen auf die EG-Richtlinie angezeigt. Das BAG hat die Frage in der Folgezeit zunächst offen gelassen (BAG 7.7.11 – 2 AZR 396/10, NZA 12, 34; *Maties* RdA 13, 115). **Mittlerweile** hat es die Zulässigkeit der Frage jedenfalls nach Ablauf der 6-Monatsfrist des § 173 Abs 1 Nr 1 SGB IX zur Vorbereitung einer Kündigung bejaht (BAG 16.2.12 – 6 AZR 553/10, NZA 12, 555; *Giesen* RdA 13, 47). Aussagen zum Fragerecht in den ersten sechs Monaten oder gegenüber Bewerbern trifft das BAG nicht. Richtigerweise ist insoweit von der grds **Unzulässigkeit** der Frage auszugehen. Unabhängig davon kann wegen der konkreten Anforderungen des zu besetzenden Arbeitsplatzes einem besonderen Informationsbedürfnis durch zulässige Fragen nach der Erfüllung arbeitsplatzbezogener Anforderungsprofile Rechnung getragen werden (LAG Hamm 19.10.06 – 15 Sa 740/06; *Löwisch/Fischer* SAE 04, 126; *Hanau* ZIP 06, 2189). Das Gleiche kann bei beabsichtigten positiven Maßnahmen des ArbGeb iSv § 5 AGG gelten (*Joussen* NZA 07, 174). Diese Fragen sind im Eigeninteresse des ArbGeb diskriminierungsfrei zu formulieren (ähnlich *Brors* DB 03, 1734; *Seel* MDR 06, 1321). 24

**i) Sicherheitsüberprüfungen** sind im öffentlichen Dienst nach der Rspr grds auch unter Einschaltung des Verfassungsschutzes zulässig (BAG 17.5.83, DB 84, 139). Gleiches gilt in privaten Unternehmen soweit sicherheitsempfindliche Bereiche betroffen sind (*Buchner* NZA 91, 577). Wegen des individuellen Rechts auf informationelle Selbstbestimmung bedarf jedoch die Weitergabe der so ermittelten Daten an staatliche Institutionen zwecks weiterer Überprüfung der vorherigen Zustimmung des ArbN. 25

**j) Vergütung.** Ob der ArbGeb nach der Höhe der bisherigen Vergütung des ArbN fragen darf, ist umstritten. ZT wird dies mit der Begründung abgelehnt, hierdurch werde uU die Verhandlungsposition des ArbN geschwächt. Das BAG differenziert nach der Relevanz der Frage für die angestrebte Tätigkeit. Nur wenn die bisherige Vergütung für die begehrte Stelle aussagekräftig ist oder der Bewerber sie von sich aus als Mindestvergütung gefordert hat, soll die Frage berechtigt sein (BAG 19.5.83, DB 84, 298). 26

**k) Vermögensverhältnisse.** Insoweit ist nach der Art der Tätigkeit zu unterscheiden. Bei leitenden Angestellten oder sonstigen ArbN in besonderen Vertrauenspositionen besteht 27 ein berechtigtes Informationsinteresse des ArbGeb. Bei sonstigen Arbeitsverhältnissen ist die Frage unzulässig.

28 **l) Vorstrafen.** Die Frage nach Vorstrafen ist ebenfalls nur in beschränktem Maße zulässig (*Joussen* NZA 12, 776). Der ArbGeb darf nach Vorstrafen nur insoweit fragen, wie dies für die Art des zu besetzenden Arbeitsplatzes von Bedeutung ist (BAG 20.5.99 – 2 AZR 320/98, NZA 99, 975), zB nach Vermögensdelikten bei Kassierern oder Verkehrsdelikten bei Kraftfahrern. Vorstrafen, die gem § 32 BZRG nicht in ein polizeiliches Führungszeugnis aufzunehmen sind oder für die gem § 51 BZRG wegen Tilgung ein Verwertungsverbot besteht, brauchen generell nicht offenbart zu werden (BAG 20.3.14 – 2 AZR 1071/12, NZA 14, 1131 mit zust Anm von *Glatzel* NZA-RR 15, 103). Das Gleiche gilt für eingestellte strafrechtliche Ermittlungsverfahren (BAG 15.11.12 – 6 AZR 339/11, NZA 13, 429). Die Frage nach einem noch nicht abgeschlossenen Ermittlungs- bzw Strafverfahren ist demgegenüber dann berechtigt, wenn bereits ein Ermittlungsverfahren Zweifel an der persönlichen Eignung des ArbN entstehen lassen kann (BAG 6.9.12 – 2 AZR 270/11, NZA 13, 1089; 20.5.99 – 2 AZR 320/98, NZA 99, 975: Kindergärtner mit Ermittlungsverfahren wegen sexuellen Missbrauchs von Kindergartenkindern im vorangegangenen Arbeitsverhältnis; BAG 27.7.05 – 7 AZR 508/04, NZA 05, 1244: wissenschaftliche Mitarbeiterin am Lehrstuhl für Strafrecht mit anhängigem Strafverfahren wegen falscher Versicherung an Eides statt nach § 156 StGB).

29 **3. Rechtsfolgen.** Teilt der ArbN beim Einstellungsgespräch einen offenbarungspflichtigen Umstand nicht von sich aus mit oder beantwortet er eine zulässige Frage des ArbGeb wahrheitswidrig, so berechtigt dies den ArbGeb regelmäßig zur Anfechtung des Arbeitsvertrages gem § 123 BGB wegen arglistiger Täuschung, wenn die Täuschung für dessen Abschluss ursächlich war (BAG 6.9.12 – 2 AZR 270/11, NZA 13, 1087). Die Anfechtung hat gem § 142 BGB die rückwirkende Nichtigkeit des Arbeitsvertrages zur Folge (BAG 3.12.98 – 2 AZR 754/97, NZA 99, 584), es sei denn, die wahrheitswidrige Beantwortung ist offensichtlich und es fehlt daher an der Täuschung des ArbGeb (BAG 18.10.2000 – 2 AZR 380/99, NZA 01, 315: offensichtliche Schwerbehinderung). Einzelne Vertragsbestandteile, wie zB die Gehaltsvereinbarung, die aufgrund einer wahrheitswidrigen Angabe des bisherigen Verdienstes des ArbN zustande gekommen ist, können nicht isoliert angefochten werden. Demgegenüber darf der ArbN unzulässige Fragen wahrheitswidrig beantworten, da die bloße Nichtbeantwortung der Frage einer Negativauskunft gleichkäme und das Frageziel damit gleichwohl erreicht würde (BAG 15.11.12 – 6 AZR 339/11, NZA 13, 429). Das gilt auch für Fragen, die ein Merkmal des § 1 AGG betreffen (*Wisskirchen/Bissels* NZA 07, 169). Die fehlende Zustimmung des BRat zu Personalfragebögen nach § 94 BetrVG gibt dem ArbN kein Recht zur wahrheitswidrigen Beantwortung einer an sich zulässigen Frage (BAG 2.12.99 – 2 AZR 724/98, NZA 01, 107; → *Personalauswahl* Rn 25).

30 Im Übrigen kann eine **Überschreitung der Grenzen** des Fragerechts wegen der damit uU verbundenen Persönlichkeitsrechtsverletzung des ArbN zu einer Schadensersatzpflicht des ArbGeb gem §§ 280, 311 Abs 2 oder § 823 BGB führen. In der Praxis dürfte dieser Anspruch jedoch bereits mangels Quantifizierbarkeit des Schadens von nur geringer Bedeutung sein.

31 **III. Sonstige Auskunftspflichten des Arbeitnehmers** bestehen gem § 242 BGB immer dann, wenn der ArbGeb in entschuldbarer Weise über Bestehen oder Umfang seines Rechts im Ungewissen und der ArbN unschwer zur Auskunftserteilung in der Lage ist (BAG 18.1.96, DB 96, 2182). Insbes ergeben sich derartige Auskunftspflichten bei den verschiedenen Anwendungsfällen der *Anrechnung anderweitigen Einkommens.* So trifft den ArbN zB im Rahmen der Geltendmachung eines Annahmeverzugsanspruchs eine Auskunftspflicht hinsichtlich des erzielten Zwischenverdienstes (→ *Annahmeverzug* Rn 16). Der ArbGeb hat insoweit einen selbstständig einklagbaren Auskunftsanspruch (BAG 29.7.93 – 2 AZR 110/93, NZA 94, 116; 24.8.99 – 9 AZR 804/98, NZA 2000, 818). Gleiches gilt nach § 74c Abs 2 HGB für die Einkünfte aus einer selbstständigen Tätigkeit während der Karenzzeit eines Wettbewerbsverbots (BAG 2.6.87 – 3 AZR 626/85, NZA 88, 130; LAG Hamm 3.3.09 – 14 Sa 1689/08, BeckRS 2009, 74015; → *Wettbewerbsverbot* Rn 41). Zu beachten ist insoweit allerdings, dass sich die Auskunftspflicht des ArbN **nur auf die Höhe** der Einkünfte erstreckt. Die Vorlage des maßgeblichen Einkommensteuerbescheids genügt

(LAG SchlHol 15.3.18 – 5 Sa 38/17, NZA-RR 18, 525 – nicht rkr, Az beim BAG: 10 AZR 347/18). Zuvor ist es Aufgabe des ArbGeb darzulegen und im Bestreitensfall zu beweisen, dass überhaupt derartige Einkünfte erzielt werden (BAG 19.7.78, DB 78, 2417; LAG Bln 3.8.83, BB 84, 1097; weitergehend *Klein* NZA 98, 1208). In Ausnahmefällen kann ein Auskunftsanspruch des ArbGeb gegen den ArbN zur **Vorbereitung von Schadensersatzansprüchen** bestehen, wenn der begründete, vom ArbGeb darzulegende und zu beweisende Verdacht einer Vertragsverletzung bzw unerlaubten Handlung besteht (LAG Bln 15.6.92, NZA 93, 27; *Schrader/Thoms/Mahler* NZA 18, 965). ArbN, die ein **Fehlverhalten ihrer Kollegen** beobachten, sind im Regelfall nicht verpflichtet dem ArbGeb hiervon zu berichten. Etwas anderes gilt nur dann, wenn dem ArbN entweder allgemein die Überwachung des anderen Dienstverpflichteten übertragen war oder wenn ihn wenigstens eine sog aktualisierte Überwachungs- oder Kontrollpflicht trifft (LAG MeVo 8.7.16 – 2 Sa 190/15, BeckRS 2016, 73741).

Demgegenüber besteht keine allgemeine Auskunftspflicht des ArbN gegenüber dem **Insolvenzverwalter** seines ehemaligen ArbGeb über die finanziellen Verhältnisse des Unternehmens (*Schrader/Mahler* NZA-RR 16, 57). Dem Insolvenzverwalter steht insoweit lediglich der Auskunftsanspruch gem § 97 InsO gegenüber dem ehemaligen ArbGeb zur Verfügung (BAG 27.6.90, DB 90, 2075). Bei **Vergleichserörterungen im Kündigungsschutzprozess** muss der ArbN nicht von sich aus die Tatsache einer Anschlussbeschäftigung offenbaren. Eine Frage des Gerichts oder des ArbGeb muss er jedoch wahrheitsgemäß beantworten (LAG Hamm 19.5.94, BB 95, 2117). 32

Im Übrigen lassen sich die oben dargestellten Rechtsgrundsätze bezüglich des Fragerechts bei Einstellungen nicht ohne weiteres auf das bestehende Arbeitsverhältnis übertragen, da sich die Interessen – und Gefahrenlage oftmals anders darstellen wird (BAG 7.9.95, DB 96, 634). **Existenz und Umfang** einer möglichen Auskunftspflicht als Nebenpflicht des ArbN **im bestehenden Arbeitsverhältnis** richtet sich nach den Grundsätzen von Treu und Glauben. Das BAG hat in der vorgenannten Entscheidung vom 7.9.95, bei der es um die Befragung einer Lehrerin bezüglich einer Zusammenarbeit mit dem MfS ging, folgende **Rechtmäßigkeitsvoraussetzungen** benannt: 33

Voraussetzung ist wie beim Fragerecht bei Einstellungen ein berechtigtes, billigenswertes und schutzwürdiges Interesse der ArbGeb an der Beantwortung der Frage, das gerade im Zusammenhang mit dem bestehenden Arbeitsverhältnis vorliegen muss. Die Auskunftsverpflichtung darf darüber hinaus für den ArbN keine übermäßige Belastung darstellen. Hieraus folgt, dass andere Informationsquellen für den ArbGeb nicht vorhanden sein dürfen und bei einem Eingriff in das allgemeine Persönlichkeitsrecht des ArbN eine am Grundsatz der Verhältnismäßigkeit orientierte Güterabwägung stattfinden muss. Schließlich darf durch eine mögliche Auskunftspflicht des ArbN nicht die allgemeine Darlegungs- und Beweislastsituation (zB § 1 Abs 2 Satz 4 KSchG bei beabsichtigter Kündigung) beeinflusst werden. Auf diesem Hintergrund hat das BAG hier eine Auskunftspflicht des ArbN grds bejaht. Lediglich die Frage nach erfolglosen Anwerbungsversuchen des MfS hat es wegen des fehlenden Bezugs zur geschuldeten Arbeitsleistung für unberechtigt angesehen (BAG 7.9.95, DB 96, 634). 34

## B. Lohnsteuerrecht

*Seidel*

**1. Allgemeines.** S auch → *Auskunftspflichten Arbeitgeber* Rn 26 ff. Neben der Auskunftspflicht des ArbN gegenüber dem FA (→ Rn 37–39) kommt hier noch eine steuerrechtlich zu beachtende Auskunftspflicht gegenüber dem ArbGeb in Betracht (→ Rn 40). 36

**2. (Lohnsteuer-)Außenprüfung.** Zu den Auskunfts- und Mitwirkungspflichten des ArbN → *Außenprüfung* Rn 17. Der Prüfer kann sich unmittelbar an die ArbN wenden. Die Subsidiaritätsklausel des § 93 Abs 1 Satz 3 AO (→ Rn 38) gilt hier wegen § 42 f Abs 2 Satz 2 EStG nicht (*HHS* § 200 AO Rz 180). 37

**3. Einzelermittlungen** s auch → *Auskunftspflichten Arbeitgeber* Rn 28, 29. Der ArbN ist als Beteiligter in seinem EStVeranlagungsverfahren (→ *Antragsveranlagung* Rn 3 ff) gem § 93 Abs 1 Satz 1 AO zur Auskunft über den für die Veranlagung erheblichen Sachverhalt verpflichtet. Soweit der ArbGeb die einbehaltene und übernommene LSt anmeldet und abführt, handelt es sich um eine Steuerfestsetzung gegenüber dem ArbGeb. In diesem Verfahren ist 38 der ArbN nicht als Beteiligter iSd § 78 AO anzusehen, mit der Folge, dass er hier vom FA als Auskunftsperson erst dann herangezogen werden kann, wenn die Sachverhaltsaufklärung durch den ArbGeb nicht zum Ziele führt oder keinen Erfolg verspricht (§ 93 Abs 1 Satz 3 AO: Subsidiaritätsklausel). Für den in der Praxis häufigsten Fall der Auskunft im LStAbzugsverfahren, der LStAußenprüfung, ist die Auskunftspflicht des ArbN gesondert geregelt (→ Rn 37). Will das FA jedoch LSt vom ArbN nachfordern (→ *Lohnsteuernachforderung* Rn 3–14), ist dieser gem § 78 AO Beteiligter und uneingeschränkt auskunftspflichtig. Zu Form und Inhalt des Auskunftsersuchens → *Auskunftspflichten Arbeitgeber* Rn 29 f).

39 **4. Auskunftsverweigerung.** Soweit der ArbN nicht selbst als Beteiligter über seine eigenen steuerlichen Verhältnisse oder für einen Beteiligten (zB für den ArbGeb) auskunftspflichtig ist, kann er als Angehöriger (§ 15 AO) des Beteiligten die Auskunft verweigern. Angehörige sind hierüber zu belehren (§ 101 Abs 1 AO). Ist er weder Beteiligter noch für einen Beteiligten auskunftspflichtig, kann er die Auskunft auf solche Fragen verweigern, deren Beantwortung ihn selbst oder einen Angehörigen der Gefahr strafgerichtlicher Verfolgung oder eines Verfahrens nach dem Gesetz über Ordnungswidrigkeiten aussetzen würde. Darüber ist er zu **belehren** (§ 103 AO). Die Auskunftsverweigerungsrechte gelten unter den genannten Voraussetzungen auch iRd LStAußenprüfung (*HHS* § 200 AO Rz 180). Hinsichtlich Verwertungsverbot, Rechtsbehelfe und Erzwingung → *Auskunftspflichten Arbeitgeber* Rn 32.

40 **5. Auskunftspflicht gegenüber dem Arbeitgeber** bei Geld- und Sachleistungen durch Dritte im Rahmen des Dienstverhältnisses → *Lohnabzugsverfahren* Rn 16.

## C. Sozialversicherungsrecht *Ruppelt*

41 **1. Begriff und Rechtscharakter.** In Abgrenzung zu den Melde- und Anzeigepflichten (→ *Anzeigepflichten Arbeitnehmer* Rn 18; → *Meldepflichten Arbeitnehmer* Rn 7 ff) handelt es sich bei den sozialversicherungsrechtlichen Auskunftspflichten um solche, denen der Auskunftsverpflichtete nicht von sich aus, sondern **nur auf Ersuchen** des SozVTrägers nachzukommen hat. Die Auskunftspflichten des ArbN gegenüber den SozVTrägern sind Bestandteil der umfangreichen **Mitwirkungspflichten** nach §§ 60 ff SGB I, die denjenigen treffen, der Sozial- oder Sozialversicherungsleistungen beantragt oder erhält. Neben den Auskunftspflichten umfassen diese Mitwirkungspflichten Anzeigepflichten hinsichtlich aller Tatsachen, die für die Leistung erheblich sind (§ 60 Abs 1 Nr 1 und 2 SGB I), die Pflicht, auf Verlangen des Leistungsträgers zur mündlichen Erörterung persönlich zu erscheinen (§ 61 SGB I) und die Pflicht, sich einer ärztlichen oder psychologischen Untersuchungsmaßnahme zu unterziehen (§ 62 SGB I). Den zuständigen SVTrägern hat der Beschäftigte nach § 28 Buchst o SGB IV auf Verlangen Auskunft über die Art und Dauer seiner Beschäftigungen, seine ArbGeb und Arbeitsentgelte zu erteilen sowie die entsprechenden Unterlagen vorzulegen. Die Auskunfts- und Mitteilungspflichten gegenüber dem RVTräger sind darüber hinausgehend in §§ 196, 196a SGB VI geregelt.

42 **2. Die Auskunftspflicht** des Leistungsberechtigten soll es dem Leistungsträger ermöglichen – zusammen mit den Auskunftspflichten des ArbG (→ *Auskunftspflichten Arbeitgeber* Rn 34 ff) – den leistungserheblichen Sachverhalt zu ermitteln. Neben den Anzeige- und Meldepflichten, denen der Leistungsberechtigte ohne Aufforderung nachzukommen hat, hat er auf Verlangen des Leistungsträgers **alle für die Leistung erheblichen Tatsachen** anzugeben. Das sind im SozVRecht insbes Angaben über ArbGeb, Beschäftigungsverhältnisse, Unfälle, AU-Zeiten, gesundheitliche Verhältnisse, Arbeitslosigkeit, familienrechtliche Verhältnisse, Unterhaltsansprüche usw.

43 Ferner ist auf Verlangen des Leistungsträgers der Erteilung der erforderlichen **Auskünfte durch Dritte** zuzustimmen (§ 60 Abs 1 Nr 1 SGB I). Die Vorschrift betrifft die Fälle, in denen Dritte, weil sie der Schweigepflicht unterliegen, die Auskunft ohne Einwilligung des Berechtigten nicht erteilen dürfen, etwa Ärzte, Krankenhäuser, Steuerbehörden (→ *Datenschutz* Rn 47 ff). Soweit Dritte zur Auskunft verpflichtet sind, bedarf es der Einwilligung nicht.

44 Der Versicherte hat **Beweismittel** zu bezeichnen und auf Verlangen des zuständigen Leistungsträgers **Beweisurkunden** vorzulegen oder ihrer Vorlage zuzustimmen (§ 60 Abs 1 Nr 3 SGB I). Soweit für die Angaben Vordrucke vorgesehen sind, sollen diese benutzt

werden (§ 60 Abs 2 SGB I). Macht der Versicherte ohne Benutzung der Vordrucke vollständige Angaben, kann ihm daraus kein Nachteil erwachsen. Die Mitwirkungspflichten treffen den Versicherten auch im sozialgerichtlichen Verfahren. Ohne die Mitwirkung des Anspruchsstellers sind Ermittlungen vAw grds nicht veranlasst. Allerdings gilt weiter der Amtsermittlungsgrundsatz, dh Behörden und Gerichte habent die Ermittlungen durchzuführen, die ohne Mitwirkung des Antragstellers möglich sind (etwa ein medizinisches Gutachten aufgrund Aktenlage einzuholen, wenn der Antragsteller eine ambulante Untersuchung verweigert).

**3. Grenzen der Auskunfts- und Mitwirkungspflicht** sind in § 65 SGB I geregelt. 45
Danach ist der Leistungsberechtigte nicht zur Auskunft verpflichtet, wenn der Leistungsträger sich durch einen geringeren Aufwand als der Verpflichtete die erforderlichen Kenntnisse selbst beschaffen kann (Verhältnismäßigkeitsgrundsatz). Die Leistungsträger sind angehalten, sich die erforderlichen Kenntnisse insbes auf verwaltungsinternem Wege zu beschaffen (§ 65 Abs 1 SGB I). Die mangelnde Mitwirkung eines Beteiligten entbindet nicht von der Pflicht, die noch möglichen Ermittlungen selbst anzustellen (BSG 23.6.15 – B 1 KR 17/15 B, BeckRS 2015, 70919). Angaben, die den Versicherten oder ihm nahestehende Personen (§ 383 Abs 1 Nr 1–3 ZPO) der Gefahr aussetzen, wegen einer Straftat oder Ordnungswidrigkeit verfolgt zu werden, können verweigert werden (§ 65 Abs 3 SGB I).

**4. Verletzung der Auskunftspflicht.** Die Erfüllung der Auskunftspflicht des Antragstel- 46
lers oder Leistungsberechtigten kann aufgrund des Rechtscharakters dieser Pflicht nicht erzwungen werden. Allerdings bleibt der Grundsatz der objektiven Beweislast unberührt, dh wenn die Leistungsvoraussetzungen ohne die Mitwirkung nicht festgestellt werden können, geht dies zu Lasten des Antragstellers, und zwar auch dann, wenn dieser zur Auskunft wegen § 65 SGB I nicht verpflichtet ist. § 65 SGB I erlangt daher nur für den Leistungsempfänger Bedeutung, der eine **laufende Leistung** aufgrund bindenden Verwaltungsakts erhält und der Leistungsträger überprüft, ob die Leistung weiterhin zu Recht gewährt wird. Kommt der Leistungsempfänger in diesem Fall seiner **Auskunftspflicht (beziehungsweise Mitwirkungspflicht) nicht nach,** und steht ihm kein Grund des § 65 SGB I zur Seite, kann der Leistungsträger ohne weitere Ermittlungen die Leistung bis zur Nachholung der Mitwirkung ganz oder teilweise versagen oder entziehen, soweit das Fortbestehen der Voraussetzungen der Leistung nicht nachgewiesen ist (§ 66 Abs 1 SGB I). Nach Abs 3 der genannten Vorschrift dürfen Sozialleistungen nur versagt oder entzogen werden, nachdem der Leistungsberechtigte auf diese Folge **schriftlich hingewiesen** worden ist und seiner Mitwirkungspflicht nicht innerhalb einer ihm gesetzten angemessenen Frist nachgekommen ist. Geht es nicht um laufende Leistungen aufgrund bindenden Verwaltungsakts, sondern um einen Neuantrag, finden die allgemeinen Regeln der objektiven Beweislast Anwendung.

# Ausländer

## A. Arbeitsrecht *Röller*

**1. Begriff.** Ausländer ist gem § 1 Abs 2 AuslG jeder, der nicht Deutscher iSd Art 116 1
Abs 1 GG ist.

**2. Beschäftigungsvoraussetzungen. a) Allgemeines.** Durch das ZuwandG vom 2
30.7.04 (BGBl I 04, 1950) sind die Voraussetzungen für das Ausländeraufenthaltsrecht und das Ausländerbeschäftigungsrecht ab 1.1.05 umfassend reformiert worden. Das ZuwandG enthält in seinem Art 1 das Aufenthaltsgesetz (AufenthG) und in seinem Art 2 das Freizügigkeitsgesetz/EU (FreizügG/EU). Das AufenthG ist durch das Gesetz zur Umsetzung aufenthaltsrechtlicher Richtlinien EU zur Arbeitsmigration vom 12.5.17 (BGBl I 17, 1106, zuletzt geändert durch G v 12.7.18, BGBl I 18, 1147) umfassend geändert worden. Weitere wesentliche Änderungen erfährt das AufenthG durch das FEG (BGBl I 19, 1307), das am 7.6.19 durch den Bundestag im Rahmen des sog Migrationspakts verabschiedet wurde. Einzelheiten s *Einwanderung.*

**b) Erfordernis eines Aufenthaltstitels.** Ausländische ArbN, die nicht der EU, dem 3
EWR und der Schweiz angehören (sog **Drittstaatsangehörige**), bedürfen für die Einreise

und den Aufenthalt nach Deutschland eines Aufenthaltstitels. Ausländer dürfen eine Erwerbstätigkeit nur dann ausüben, wenn der Aufenthaltstitel sie hierzu berechtigt. Einzelheiten s *Einwanderung* und → Rn 52 ff.

4 **c) Beschäftigung von Ausländern ohne Aufenthaltstitel/Arbeitserlaubnis, -berechtigung.** Ist für die Beschäftigung des Ausländers eine Genehmigung gem § 284 Abs 1 SGB III bzw ein Aufenthaltstitel gem § 4 Abs 3 AufenthG erforderlich, und sind diese nicht erteilt worden, führt dies nicht zur Unwirksamkeit des Arbeitsvertrages, § 98a Abs 1 Satz 1 AufenthG. Der ArbGeb hat dem illegal Beschäftigten die vereinbarte Vergütung zu zahlen; als vereinbarte Vergütung ist gem § 98a Abs 2 AufenthG die übliche Vergütung anzusehen. Der ArbGeb kann jedoch mit dem ArbN eine zulässige geringere Vergütung vereinbaren. Bei Beschäftigungen in einer Branche, für die ein Mindestlohn festgesetzt ist, darf dieser jedoch nicht unterschritten werden (Art 6 Abs 1a RL 2009/52/EG). Für den Umfang der Vergütung wird vermutet, dass der ArbN drei Monate beschäftigt wurde, § 98a Abs 1 Satz 2 AufenthG. Diese gesetzliche Vermutung kann durch die Vertragsparteien wiederlegt werden. Ein Unternehmer haftet gem § 98a Abs 3 AufenthG für die Erfüllung eines Vergütungsanspruchs, wenn er einen Subunternehmer beauftragt und dieser illegal einen Ausländer beschäftigt, wie ein Bürge, der auf die Einrede der Vorausklage verzichtet hat. Gem Abs 4 gilt diese Haftung auch für Generalunternehmer und alle zwischengeschalteten Unternehmer. Die Haftung kann der betroffene Unternehmer beseitigen, wenn er widerlegen kann, dass ihm nicht bekannt war, dass der ArbGeb illegal einen Ausländer beschäftigte bzw hiervon auf Grund sorgfältiger Prüfung ausgehen konnte, § 98a Abs 5 AufenthG. Der illegal beschäftigte Ausländer kann seinen Vergütungsanspruch vor den deutschen Arbeitsgerichten einklagen, § 98a Abs 6 AufenthG. Hat der ArbN keine Arbeitsgenehmigung bzw keinen Aufenthaltstitel, kann der ArbGeb das Arbeitsverhältnis personenbedingt gem § 1 Abs 2 Satz 1 KSchG kündigen, wenn feststeht, dass die Genehmigung bzw der Aufenthaltstitel nicht erteilt wird. Steht die Versagung hingegen noch nicht fest, ist die Kündigung nicht gerechtfertigt, da das Arbeitsverhältnis ruht und für den ArbGeb keine Belastungen entstehen (BAG 7.2.90; LAG Köln 19.1.96 – 11 (13) Sa 907/95, BeckRS 1996, 30462203).

5 **3. Arbeitsverhältnis. a) Anwendbares Recht.** Gem Art 8 Abs 1 Rom-I-VO unterliegt der Vertrag dem von den Parteien gewählten Recht (Grundsatz der Privatautonomie). Die Wahl kann ausdrücklich oder konkludent getroffen werden (Art 3 Abs 1 Rom-I-VO). Voraussetzung einer stillschweigenden Rechtswahl ist, dass sie sich eindeutig aus den Bestimmungen des Vertrages oder den Umständen des Falls ergibt (BAG 23.3.16 – 5 AZR 767/14, NJW 16, 2285). Die im Vertrag vereinbarte Vergütung ist ein deutliches Indiz für eine konkludente Rechtswahl, ebenso wenn sich die Parteien im Rechtsstreit einschließlich auf Rechtsvorschriften eines bestimmten Staates beziehen (BAG 15.12.16 – 6 AZR 430/15, NZA 17, 502). Haben die Parteien keine Rechtswahl getroffen, findet auf das Arbeitsverhältnis eines im Inland beschäftigten Ausländers deutsches Recht Anwendung (Art 8 Abs 2 Rom-I-VO). Sollte die Geltung des Heimatrechts des Ausländers vereinbart worden sein, setzt sich dessen ungeachtet deutsches Arbeitsrecht durch, soweit es unabdingbar ist und für den ArbN günstiger als dessen Recht ist (Art 8 Abs 1 Satz 2 Rom-I-VO). Ferner zu beachten sind Vorschriften, die als international zwingende Normen des Arbeitsortstaates gelten (sog Eingriffsnormen, Art 9 Rom-I-VO) und die zum sog ordre public zählenden Regelungen, die sich aus den zentralen Ordnungs- und Wertentscheidungen des jeweils auf einem Territorium betroffenen Staates ableiten (Art 21 Rom-I-VO). Vertraglich nicht abdingbar sind die Regelungen zum Betriebsübergang, das KSchG, die allg Vorschriften zur Länge der Kündigungsfristen, die Arbeitszeit- und Urlaubsregelungen, die Verjährungsregelungen sowie die §§ 305 ff BGB zur AGB-Kontrolle. Zu den Eingriffsnormen zählen ua die Höchstarbeitszeiten (§§ 3, 7 ArbZG), die Regelungen zum KüSchutz Schwerbehinderter (§ 168 SGB IX) und für Schwangere (§ 16 MuSchG) und ArbN in Erziehungsurlaub (18 BEEG), der Entgeltfortzahlungsanspruch im Krankheitsfall (§ 3 ErZG). Einzelheiten s *Bayreuther* DB 11, 706.

6 Für **EU-Bürger** sichert das Gemeinschaftsrecht die umfassende Gleichbehandlung hinsichtlich der Arbeits- und Beschäftigungsbedingungen (Art 45 AEUV, Art 7 VO/EWG 1612/68). Nur die öffentliche Verwaltung mit spezifisch öffentlich-rechtlichen Aufgaben und hoheitlichen Befugnissen ist ausgenommen (Art 45 Abs 4 AEUV). **Nicht EU-Ange-**

**hörige** haben aufgrund des allgemeinen arbeitsrechtlichen Grundsatzes der Gleichbehandlung aller Betriebsangehörigen Anspruch auf Nichtdiskriminierung. Erlaubt ist dagegen die Ungleichbehandlung aus sachlichen Gründen, zB nach Sprachkenntnissen, Ausbildungsstand, und zwar hinsichtlich Gehalt, freiwilligen Leistungen (Renner § 4 AufentG Rn 136 ff).

Besonderheiten gelten bei der **Beschäftigung** eines ausländischen ArbN **in Deutschland** durch einen **im Ausland ansässigen Arbeitgeber.** Im Geltungsbereich des AEntG gelten die allgemeinverbindlichen, wettbewerbsrelevanten tariflichen Arbeitsbedingungen Mindestentgelt, Urlaubsdauer, -entgelt und -geld gelten auch für ausländische ArbGeb und für Briefdienstleister und ihre in Deutschland beschäftigten ArbN zwingend. S iE → *Arbeitnehmerentsendung* Rn 1 ff. 7

**b) Beherrschung und Verwendung der deutschen Sprache. aa) Abschluss des Arbeitsvertrages.** Die Beschäftigung von Ausländern in Deutschland wird idR deutsches Recht gewählt sein. Ein wirksamer Arbeitsvertrag kommt auch dann zustande, wenn der ausländische ArbN der deutschen Sprache nicht oder nicht ausreichend mächtig ist. Eine analoge Anwendung der Unklarheitenregelung des § 305c Abs 2 BGB scheidet auf Grund des § 310 Abs 4 Satz 2 BGB aus (BAG 19.3.14 – 5 AZR 252/12, NZA 14, 1076). Soweit der ArbN sich konkrete Vorstellungen vom Inhalt des Arbeitsvertrages gemacht hat, kann er diesen gem § 119 Abs 1 Alt 1 BGB anfechten (*Boemke/Schönfelder* NZA 15, 1222). Die im Arbeitsvertrag enthaltenen AGB sind nicht schon deshalb intransparent, weil sie nicht in der Muttersprache des Vertragspartners gefasst sind. Die Sprachunkundigkeit kann jedoch bei den gem § 310 Abs 3 Nr 3 BGB zu berücksichtigenden individuellen Umständen im Zusammenhang mit dem Vertragsabschluss zu berücksichtigen sein (BAG 19.3.14, NZA 14, 1076; *Boemke/Schönfelder* NZA 15, 1222). 8

**bb) Weisungen des Arbeitgebers.** Der ArbGeb kann von dem ausländischen ArbN auch ohne ausdrückliche arbeitsvertragliche Regelung über sein Direktionsrecht nach § 106 GewO verlangen, seine Arbeitsleistung in deutscher Sprache zu erbringen bzw nach schriftlichen, in deutscher Sprache abgefassten Arbeitsanweisungen zu arbeiten oder an einem Deutschkurs teilzunehmen, um arbeitsnotwendige Sprachkenntnisse zu erwerben. Weder eine vertragliche Regelung noch eine Weisung des ArbGeb verstößt gegen das Verbot der Benachteiligung wegen der ethnischen Herkunft (§ 3 Abs 2, § 1 AGG) oder gegen Art 45 Abs 2 EGV (BAG 22.6.11 – 8 AZR 48/10, NZA 11, 1226; 28.1.10 – 2 AZR 764/08, NZA 10, 625). Weigert sich der ausländische ArbN, sich die Sprachkenntnisse anzueignen, kann der ArbGeb eine personenbedingte Kündigung ohne vorherige Abmahnung aussprechen (BAG 28.1.10, NZA 10, 625; *Herbert/Oberroth* DB 10, 391). 9

**cc) Abmahnung.** Wirksamkeitsvoraussetzung einer Abmahnung ist, dass diese dem ArbN gem § 130 BGB zugeht und er Kenntnis von dem Inhalt der Abmahnungserklärung erlangt. Die kündigungsrechtliche Hinweis- und Warnfunktion kann eine Abmahnung nur erfüllen, wenn der ArbN die gerügten Leistungsmängel kennt und nicht schon dann, wenn er die von objektiven Merkmalen abhängige Möglichkeit der Kenntnisnahme hat (BAG 9.8.84, NJW 85, 823). Bei Anwendung dieser Grundsätze wird eine Abmahnung allein mit der Entgegennahme durch einen nicht der deutschen Sprache mächtigen ausländischen ArbN noch nicht wirksam. Es ist vertretbar, den Zugang zumindest erst nach Ablauf einer angemessenen Zeitspanne anzunehmen, die bei verkehrsüblicher Sorgfalt erforderlich ist, um eine Übersetzung zu erlangen (BAG 9.8.84, NJW 85, 323; LAG Hamm 4.1.79, NJW 79, 2488). Der ArbN kann sich aber nach Treu und Glauben nicht auf die fehende oder verspätete Kenntnis des Inhalts des Abmahnungsschreibens berufen, wenn er damit rechnen muss, dass das ihm übergebene Schreiben im Zusammenhang mit einer Vertragspflichtverletzung steht und wenn der ArbGeb nicht mit der fehlenden oder verspäteten Kenntnis des ArbN von dem Inhalt des Abmahnungsschreibens zu rechnen brauchte (BAG 9.8.84, NJW 85, 323). 10

**dd) Kündigung.** Wird eine in deutscher Sprache abgefasste Kündigung einem der deutschen Sprache nicht mächtigen ArbN übergeben, so ist der Zugang dieser Erklärung maßgebend. Schwierigkeiten des Verstehens sind nicht über die Zugangsproblematik, sondern über die Möglichkeit der nachträglichen Zulassung der Kündigungsschutzklage zu lösen (ErfK/*Kiel* § 5 KSchG Rn 5; KR/*Friedrich* § 5 KSchG Rn 79; aM LAG Hamm 4.1.79, NJW 79, 2488). 11

**ee) Ausgleichsquittung.** Ein Verzicht auf die Erhebung oder Fortführung einer Kündigungsschutzklage oder die Geltendmachung von Ansprüchen aus dem Arbeitsverhältnis ist 12 wirksam. Hat der ArbN den Inhalt der von ihm unterschriebenen Erklärung verstanden, ist die Ausgleichsquittung wirksam. Ist ein ausländischer ArbN der deutschen Sprache soweit mächtig, dass er auch die deutsche Schriftsprache lesen und ausreichend verstehen kann, so ist er an eine von ihm unterschriebene Ausgleichsquittung auch dann gebunden, wenn er diese ungelesen unterschreibt. Konnte der ausländische ArbN den Inhalt der Erklärung nicht verstehen, kann er diese nach § 119 BGB anfechten, wenn der ArbGeb die mangelnden Sprachkenntnisse kannte (→ *Ausgleichsquittung* Rn 13).

13 **c) Ethisch-religiöse und Gewissenspflichten.** Solche Pflichten des ArbN können zu einer Kollision mit den Pflichten des ArbN aus dem Arbeitsverhältnis führen. Gegenüber dem Weisungsrecht des ArbGeb kann sich der ArbN auf einen entgegenstehenden, ernsthaften inneren Glaubenskonflikt berufen. Beharrt der ArbGeb auf die dem ArbN zugewiesene Arbeit, braucht der ArbN der Anordnung des ArbGeb keine Folge zu leisten. Die Weigerung zur Ausführung der durch den ArbGeb zugewiesenen Arbeitsleistung kann jedoch im Einzelfall eine Kündigung aus Gründen in der Person des ArbN rechtfertigen (BAG 24.2.11 – 2 AZR 636/09, NZA 11, 1087).

14 **d) Religiöse Symbole und Kleidungsstücke am Arbeitsplatz.** Im Grundsatz überlässt die durch Art 4 Abs 1 GG geschützte Religionsfreiheit es jedem einzelnen, welche religiösen Symbole er anerkennt und verwendet (BAG 10.10.02 – 2 AZR 472/01, NZA 03, 483). Das Tragen eines islamischen Kopftuches rechtfertigt bei einer Verkäuferin in einem Supermarkt daher keine Kündigung aus personen- oder verhaltensbedingten Gründen. Anders war nach Auffassung des BAG die Rechtslage zu beurteilen bei ArbN in einem öffentlich-rechtlichen Dienstverhältnis, wie zB bei Lehrerinnen oder Erzieherinnen im Kindergarten. War das Tragen eines islamischen Kopftuches durch das entsprechende Landesgesetz verboten, stellte dies ein vertragswidriges Verhalten dar, das eine Abmahnung und Kündigung rechtfertigte (ABG 12.8.10 – 2 AZR 593/09, NZA-RR 11, 162; 10.12.09 – 2 AZR 55/09, NZA-RR 10, 383). Das BVerfG hat die Entscheidung des BAG vom 12.8.10 aufgehoben. Nach seiner Auffassung stellt das Tragen eines Kopftuchs allein keine hinreichende konkrete Gefahr für eine Störung des Einrichtungsfriedens oder der Neutralität des öffentlichen Einrichtungsträgers im Kindergartenbereich dar (BVerfG 18.10.16 – 1 BvR 354/11, NJW 16, 1522; aA BAG 24.9.14 – 5 AZR 611/12, BeckRS 2014, 73583). Für Lehrerinnen in öffentlichen Schulen ist ein pauschales Kopftuchverbot ebenfalls verfassungswidrig (BVerfG 27.1.15 – 1 BvR 471/10, NJW 15, 1359). In zwei Entscheidungen vom 14.3.17 hat sich der EuGH mit der Vereinbarkeit von Kopftuchverboten am Arbeitsplatz mit dem Verbot der Diskriminierung wegen der Religion nach der GleichbehandlungsRL 2000/78/EG befasst. Nach Auffassung des EuGH stellt eine unternehmensinterne Regelung, neutrale Kleidung zu tragen, die unterschiedslos für jede Bekundung politischer, philosophischer und religiöser Überzeugungen gilt, keine unzulässige Diskriminierung dar (EuGH 14.3.17 – C-157/15, NZA 17, 373). Regeln, die allein eine Religion betreffen (nur das islamische Kopftuch) können jedoch kaum eine Rechtfertigung erfahren (EuGH 14.3.17 – C-188/15, NZA 17, 375; zu beiden Entscheidungen s *Schlachter* EuZA 18, 173; *Schubert* NJW 17, 2582; *Berka* EuZA 17, 465; *Sagan* EuZW 17, 457). Das BAG hat dem EuGH durch Beschluss v 30.1.19 die Frage zur Beantwortung vorgelegt, ob das Verbot eines Unternehmens der Privatwirtschaft, auffällige großflächige Zeichen religiöser, politischer oder sonstiger weltanschaulicher Überzeugungen am Arbeitsplatz zu tragen, wirksam ist (BAG 30.1.19 – 10 AZR 299/18 (A), NZA 19, 693).

15 **e) Fürsorgepflicht des Arbeitgebers.** Nach § 1 AGG darf niemand wegen seiner Rasse oder ethnischen Herkunft, der Religion oder Weltanschauung benachteiligt werden. Der ArbGeb ist gem § 12 AGG verpflichtet, die erforderlichen Maßnahmen zum Schutz vor Benachteiligungen zu treffen. Bereits vor Inkrafttreten des AGG war anerkannt, dass die Fürsorgepflicht es dem ArbGeb gebietet, massiven Ehrverletzungen von Mitarbeitern gegenüber ausländischen ArbN entgegenzutreten, und zwar je nach Schwere auch durch außerordentliche Kündigung ohne vorherige Abmahnung (BAG 1.7.99 – 2 AZR 676/98, DB 99, 1456; 14.2.96, NZA 96, 873; LAG Hamm 11.11.94, BB 95, 678; ausführlich zu Antisemitismus und Ausländerfeindlichkeit im Betrieb *Krummel/Küttner* NZA 96, 67; *Opolony* AuA 01,456; *Lausnicker/Schwirtzek* DB 01, 865). Wird der ArbGeb nicht tätig, kann der BRat Maßnahmen zur Bekämpfung von Rassismus und Fremdenfeindlichkeit im Betrieb verlangen (§ 80 Abs 1 Nr 7 BetrVG).

**f) Erkrankung während des Urlaubs.** Erkrankt ein ausländischer ArbN während des Erholungsurlaubs arbeitsunfähig, so werden nach § 9 BUrlG die durch ärztliches Zeugnis nachgewiesenen Tage der AU auf den Jahresurlaub nicht angerechnet. Der ArbN ist jedoch nicht berechtigt, den Urlaub um die Dauer der Erkrankung eigenmächtig zu verlängern (LAG SchlHol 9.2.88, DB 88, 1659). Die Anzeige- und Nachweispflichten bei Erkrankung im Ausland ergeben sich aus § 5 Abs 2 EFZG. Einer von einem ausländischen Arzt im Ausland ausgestellten AUBescheinigung kommt im Allgemeinen der gleiche Beweiswert zu wie der von einem deutschen Arzt ausgestellten Bescheinigung. Allerdings muss die Bescheinigung erkennen lassen, dass der ausländische Arzt zwischen einer bloßen Erkrankung und einer mit AU verbundenen Krankheit unterscheidet und damit eine den Begriffen des deutschen Arbeits- und SozVRechts entsprechende Beurteilung vorgenommen hat (BAG 1.10.97 – 5 AZR 499/96, NZA 98, 372). Näheres → *Arbeitsunfähigkeit* Rn 13, → *Arbeitsunfähigkeitsbescheinigung* Rn 8 ff. 16

**g) Freistellung von der Arbeitsleistung.** Wird ein Angehöriger eines EU-Mitgliedstaates in seinem Heimatland zum **Wehrdienst** herangezogen, findet das ArbSchG Anwendung. Bei ArbN aus Nicht-EU-Staaten ist dies anders. Sie können jedoch für die Dauer der Ableistung des Wehrdienstes ein Leistungsverweigerungsrecht haben (BAG 20.5.88, NZA 89, 464). Der durch § 2 Abs 1 AbrPlSchG gewährte Kündigungsschutz gilt wegen des Diskriminierungsverbots auch für EU-WanderArbN. Zum Kündigungsschutz von Drittstaatsangehörigen wegen des Wehrdienstes s Gutmann NZA 17, 889. 17

**h) Befristung der Arbeits- und Aufenthaltserlaubnis.** Da das Fehlen einer Arbeitsgenehmigung bzw eines Aufenthaltstitels Grund für eine gerechtfertigte personenbedingte Kündigung und ein objektives Beschäftigungshindernis ist, besteht ein sachlicher Grund (§ 14 Abs 1 Ziff 6 TzBfG), ein Arbeitsverhältnis auf die Laufzeit der Arbeitsgenehmigung bzw die Dauer des Aufenthaltstitels zu befristen, wenn im Zeitpunkt des Vertragsabschlusses die hinreichend zuverlässige Prognose erstellt werden kann, es werde zu keiner Verlängerung des Aufenthaltstitels kommen (MünchArbR/*Wank* § 95 Rn 84). 18

**4. Betriebsverfassung.** Hat der ausländische ArbN **nicht den erforderlichen Aufenthaltstitel,** kann der BRat seine Zustimmung zu der beabsichtigten Einstellung gem § 99 Abs 2 Nr 1 BetrVG versagen, und zwar auch dann, wenn der BRat des abgebenden Betriebs der Ersteinstellung des ArbN trotz Fehlens der Arbeitserlaubnis zugestimmt hat (BAG 22.1.91, DB 91, 2088). 19

Ausländische ArbN sind ohne Rücksicht auf den Grad ihrer Sprachkenntnisse gem § 7 BetrVG **wahlberechtigt** und, soweit sie die übrigen Voraussetzungen für die Wählbarkeit erfüllen, **zum BRat wählbar.** Ausländer, die der deutschen Sprache nicht ausreichend mächtig sind, sind vor Einleitung der BRatWahl über Wahlverfahren, Aufstellung der Wähler- und Vorschlaglisten, Wahlvorgang und Stimmabgabe in geeigneter Weise zu unterrichten (§ 2 Abs 5 WO). Eine Verletzung dieser Verpflichtung berechtigt zur Anfechtung gem § 19 BetrVG (BAG 13.10.04 – 7 ABR 5/04, DB 05, 675).

## B. Lohnsteuerrecht

*Weil*

**Übersicht**



**I. Ausländischer Arbeitnehmer.** Die Besteuerung von ausländischen ArbN im Inland erfolgt unabhängig von Vorgaben des Zuwanderungsgesetzes grds danach, ob der ArbN unbeschränkt oder beschränkt stpfl ist (§ 1 EStG). 35

**1. Unbeschränkte Steuerpflicht.** Grds unabhängig von der Staatsangehörigkeit knüpft die Besteuerung an den Wohnsitz (§ 8 AO) oder gewöhnlichen Aufenthalt (§ 9 AO) des

Stpfl an. Befindet sich Wohnsitz oder gewöhnlicher Aufenthalt des Stpfl im Inland, ist der Stpfl **unbeschränkt steuerpflichtig** (§ 1 Abs 1 Satz 1 EStG). Zu den Begriffen Wohnsitz und gewöhnlicher Aufenthalt → *Auslandstätigkeit* Rn 37–41. Zum Inland in diesem Sinn gehört auch der der Bundesrepublik zustehende Anteil am Festlandsockel, soweit dort Naturschätze des Meeresgrundes und des Meeresuntergrundes erforscht oder ausgebeutet werden, und an der ausschließlichen Wirtschaftszone, soweit dort Energieerzeugungsanlagen errichtet oder betrieben werden, die erneuerbare Energien nutzen (§ 1 Abs 1 Satz 2 EStG) sowie Schiffe unter der Bundesflagge auf hoher See (BFH 12.11.86, BStBl II 87, 377). Die Vergütungen von ausländischen Bediensteten diplomatischer Vertretungen der ausländischen Staaten in Deutschland sind von der inländischen Steuer freigestellt (Art 19 OECD-Musterabkommen; sog **Kassenstaatsprinzip**), ohne dass im Inland die Besteuerung durch den Heimatstaat nachgewiesen werden muss (Einzelheiten OFD Rheinland 22.6.07, IStR 07, 520). Zur Besteuerung von Ortskräften im Verhältnis D–USA s BMF 18.12.09,BStBl I 2010, 15. Zur Besteuerung im Ausland → *Auslandstätigkeit* Rn 44.

Unbeschränkte Steuerpflicht bedeutet, dass der Stpfl **mit sämtlichen Einkünften, auch den ausländischen** – vorbehaltlich DBA oder anderen zwischenstaatlichen Vereinbarungen ( → *Auslandstätigkeit* Rn 42 ff) –, **im Inland stpfl** ist. Für die inländische nichtselbstständige Tätigkeit gelten dann keine Besonderheiten. Die Besteuerung erfolgt nach den allgemeinen Grundsätzen (Besteuerung nach ELStAM; → *Lohnsteuerberechnung* Rn 7 ff). Eine Besteuerung im Inland kann nach DBA dann entfallen, wenn der Stpfl die Besteuerung im Ausland nachweist, andernfalls die Besteuerung im Inland stattfindet, sog **Rückfallklausel** („subject-to-tax"-Klausel; § 50d Abs 8 EStG; → *Auslandstätigkeit* Rn 44).

**36** Bei **Ehegatten** ist auf den jeweiligen Wohnsitz bzw gewöhnlichen Aufenthalt des einzelnen Ehegatten abzustellen. Einer der Ehegatten kann daher unbeschränkt stpfl, der andere Ehegatte beschränkt stpfl sein.

**Beispiel 1:** Ein Ehegatte ist unbeschränkt stpfl, der andere Ehegatte lebt in einem EU/EWR-Mitgliedsstaat: LSt-Klasse III für den im Inland Tätigen und Veranlagung nach § 46 Abs 2 Nr 7a EStG (→ Rn 39).

**Beispiel 2:** Auch wenn nur ein Ehegatte im Inland Arbeit und Wohnung hat, kann durch Besuchs- und Ferienaufenthalte des im Ausland arbeitenden und vorwiegend dort wohnenden anderen Ehegatten die unbeschränkte Steuerpflicht beider Ehegatten mit der Folge der Zusammenveranlagung im Inland begründet werden (BFH 28.1.04 – I R 56/02, BFH/NV 04, 917).

Besitzt ein im Inland wohnender Ausländer neben der ausländischen auch die deutsche Staatsangehörigkeit, ist die Eheschließung steuerlich nur von Bedeutung und damit eine Zusammenveranlagung (§ 26b EStG) nur zulässig, wenn die Ehe nach deutschem Recht geschlossen worden ist (BFH 17.4.98 – VI R 16/97, BStBl II 98, 473). Zu Mehrfachehen von Ausländern BFH 6.12.85 – VI R 56/82, BStBl II 86, 390.

**37** Nach Deutschland entsandte Korrespondenten ausländischer **Rundfunkanstalten** sind grds im Inland als unbeschränkt stpfl zu besteuern (zu Auslandskorrespondenten → *Auslandstätigkeit* Rn 61) mit der Folge der LStPflicht (OFD München 11.4.2000, DStR 2000, 1142). Fahrten zum ausländischen Heimatort können Fahrten zwischen Wohnung und Arbeitsstätte sein (BFH 26.11.03 – VI R 152/99, BStBl II 04, 233; *Fahrten zwischen Wohnung und Arbeitsstätte*) oder zu berücksichtigende Fahrten im Rahmen einer **doppelten Haushaltsführung** (BFH 10.2.2000 – VI R 60/98, BFH/NV 2000, 949). Es gelten insoweit keine Besonderheiten (*Doppelte Haushaltsführung*). Bei Zuzug aus dem Ausland kann das Beziehen einer inländischen Zweitwohnung beruflich veranlasst sein, auch wenn der ArbN politische Asyl beantragt oder erhält (R 9.11 Abs 2 Satz 4 LStR; *Doppelte Haushaltsführung*). Der Rückumzug ins Heimatland nach Beendigung der inländischen Berufstätigkeit ist steuerlich nicht abzugsfähig (§ 12 Nr 1 EStG; BFH 8.11.96, BStBl II 97, 207; *Umzugskosten*).

**38** **2. Erweiterte unbeschränkte Steuerpflicht** (§ 1 Abs 3 und § 1a EStG). Ohne Wohnsitz oder gewöhnlichen Aufenthalt im Inland gilt **auf Antrag** derjenige als unbeschränkt stpfl, dessen Einkünfte im Kj mindestens zu **90 %** der deutschen ESt unterliegen oder die nicht der deutschen Einkommensteuer unterliegenden Einkünfte im Kalenderjahr den Grundfreibetrag nach § 32a Abs 1 Satz 2 Nr 1 EStG nicht übersteigen; dieser Betrag ist zu kürzen, soweit es nach den Verhältnissen im Wohnsitzstaat des Stpfl notwendig und angemessen ist (BMF 18.11.13, BStBl I 2013, 1462). Die Grenzbeträge sind nach deutschem Steuerrecht zu ermitteln. Steuerfreie Einnahmen, auch nach DBA freigestellte, zählen nicht. Weitere Voraussetzung ist, dass die Höhe der nicht der deutschen ESt unterliegenden Einkünfte durch eine **Bescheinigung** der zuständigen ausländischen Steuerbehörde nachgewiesen ist (§ 1 Abs 3 Satz 5 EStG). Die zum Nachweis der Höhe der nicht der deutschen Steuer unterliegenden Einkünfte erforderliche Bescheinigung der zuständigen ausländischen Steuerbehörde ist auch dann vorzulegen, wenn der Stpfl angibt, keine derartigen Einkünfte erzielt zu haben (sog Nullbescheinigung, BFH 8.9.2010 – I R 80/09, IStR 2011, 198). Unter diesen Personenkreis fallen – von Auslandsbeamten abgesehen (§ 49 Abs 1 Nr 4b) EStG) – ArbN, die im Inland ihre nichtselbstständige Tätigkeit ausüben oder verwerten (§ 49 Abs 1 Nr 4a) EStG) und damit ihr Einkommen ganz oder fast ausschließlich in der Bundesrepublik erzielen.

Bei **Staatsangehörigen der EU** oder der Staaten des Europäischen Wirtschaftsraumes 39 (Norwegen, Island, Liechtenstein; nicht die Schweiz) gilt auch der im dortigen Ausland ansässige Ehegatte für Zwecke des **Ehegatten-Splitting** auf Antrag als unbeschränkt stpfl, wenn die Einkünfte beider Ehegatten mindestens zu 90 % der deutschen ESt unterliegen oder die ausländischen Einkünfte der Ehegatten den doppelten Grundfreibetrag nicht übersteigen (§ 1a Abs 1 Nr 2 EStG). Im Rahmen einer einstufigen Prüfung ist auf die Einkünfte beider Ehegatten abzustellen und der Grundfreibetrag zu verdoppeln (BFH 6.5.15 – I R 16/14 BStBl II 15, 957). Die Steuerklasse III (→ *Lohnsteuerklassen* Rn 14) kann bereits im LStAbzugsverfahren berücksichtigt werden (§§ 1a Abs 1 Nr 2, 38b Abs 1 Satz 3 EStG; OFD Nds 16.8.16, BeckVerw 331699).

Zur Besteuerung der Stpfl, die unter § 1 Abs 3 und § 1a EStG fallen, → *Grenzgänger* Rn 16 ff; → *Diskriminierung* Rn 146. Hierunter können auch EU-Ausländer fallen, die nach dem AEntG in der BRD tätig sind (→ *Arbeitnehmerentsendung* Rn 18). Zum LStAbzug → *Lohnsteuerberechnung* Rn 2 ff.

**3. Auskunftsaustausch.** Der Informationsaustausch über die Grenze ist in Art 26 40 OECD Musterabkommen niedergelegt, ebenso in fast allen DBA.Zwischenstaatliche Rechts- und Amtshilfe ist in § 117 AO geregelt, s Anhang 54 AO-Handbuch sowie AEAO zu § 117 AO. Das EUAHiG regelt die Einzelheiten des Austauschs von Informationen in Steuersachen zwischen der BRD und den Mitgliedstaaten der EU. Im Wege der **Spontanauskünfte** können Informationen, die für die zuständigen Behörden anderer Mitgliedstaaten von Nutzen sein können, ohne vorheriges Ersuchen übermittelt werden (§ 8 EUAHiG). Seit dem 1.1.15 erfolgt eine automatische Übermittlung von Informationen (ua über Vergütungen aus unselbständiger Arbeit, Ruhegehälter, Renten und ähnliche Zahlungen), betreffend Besteuerungszeiträume ab dem 1.1.14 (§ 7, 20 EUAHiG). Ausführlich zur zwischenstaatlichen Amtshilfe durch **Auskunftsaustausch** BMF 25.5.12, BStBl I 12, 599, *EU-Recht*). Die FinBeh sind angehalten, internationale Amtshilfe verstärkt in Anspruch zu nehmen (OFD Münster 6.10.09 – Kurzinfo Nr 7/09, DStR 09, 2199).

**4. Umfang der Besteuerung.** Ob der Ausländer ArbN ist, bestimmt sich nach all- 41 gemeinen Grundsätzen (§ 1 Abs 2, 3 LStDV; BFH 14.6.07 – VI R 5/06, IStR 07, 672; FG Düsseldorf 21.10.09 – 7 K 3109/07, BeckRS 2009, 26029623; generell → *Arbeitnehmer (Begriff)* Rn 29 ff; zum LSt-Abzug → *Lohnsteuerberechnung* Rn 2 ff. Ist der im Inland gezahlte Lohn **nach DBA steuerfrei** (Art 15 OECD-Musterabkommen, BStBl I 04, 286; → *Auslandstätigkeit* Rn 37 ff), erteilt das BetriebsstättenFA auf Antrag des ArbN oder des ArbGeb eine entsprechende Bescheinigung (**Freistellungsbescheinigung** s hierzu → *Lohnabzugsverfahren* Rn 22). Mangels ArbN-Status hat der Ausländer bei inländischer wirtschaftlicher Betätigung einen **Anspruch auf Erteilung einer Steuernummer** (§ 14 Abs 4 Satz 1 Nr 2 UStG; BFH 26.2.08 – II B 6/08, DStRE 08, 764; BFH 23.9.09 – II R 66/07, DStR 09, 2665; einschränkend BMF 1.7.10, BStBl I 10, 625; FG SachsAnh 20.4.11 – 3 K 631/10, BeckRS 2011, 96112). Bei Veranlagung im Inland unterliegt der nach DBA steuerbefreite Lohn dem **Progressionsvorbehalt** (§ 32b Abs 1 Nr 3 EStG; FG BaWü 26.4.07 – 3 K 69/05, IStR 07, 787). Dies gilt auch für vom ausländischen Staat gezahlten Kaufkraftausgleich und Kinderzuschlag, obwohl diese Leistungen nach deutschem Recht steuerfrei sind (§ 3 Nr 64, § 31 Satz 3 EStG; EuGH 15.9.11 – C-240/10, IStR 11, 806). Der Progressionsvorbehalt greift auch bei temporärer Steuerpflicht (§ 32b Abs 1 Nr 2 EStG; OFD Hannover 3.7.02 – S 2295 – 44 – StO 217 V/S 2295 – 66 – 222). Beispiel: Inlandsentsendung bis 10.3. Bei der inländischen Veranlagung (1.1.–10.3.) sind die ab 11.3. im Ausland erzielten Einkünfte über den Progressionsvorbehalt in die Veranlagung miteinzubeziehen. Dies verstößt weder gegen Grundrechte des GG noch gegen DBA-Vorschriften noch gegen EG-Vorgaben (BFH 19.11.03 – I R 19/03, BStBl II 04, 549). Dabei sind die im Ausland gezahlten Steuern nicht zu berücksichtigen (FG München 23.9.04 – 15 K 2232/02, EFG 05, 117). Bei der Ermittlung des besonderen Steuersatzes (→ *Auslandstätigkeit* Rn 44) sind die Werbungskosten, die auf die ausländischen Einkünfte entfallen, nur begrenzt abzugsfähig (§ 32b Abs 2 Nr 2b EStG). Bei beschränkt stpfl ArbN aus EU/EWR-Staaten und bei nach § 1 Abs 3 EStG oder § 1a EStG unbeschränkt Stpfl, bei denen eine Veranlagung im Inland möglich ist (Art 15 OECD-Musterabkommen; → Rn 39), sind auch ausländische Verluste, zB aus VuV, in die Veranlagung miteinzubeziehen, sog **negativer Progressionsvorbehalt** (§ 32b Abs 1 Nr 5 EStG). Bei einer Besteuerung des Ausländers durch den ausländischen Staat nach dem Kassenstaatsprinzip (vergleichbar § 1 Abs 2 EStG; → *Auslandstätigkeit* Rn 60) unterliegen Auslandszulagen und -zuschläge, die nach inländischem Recht steuerfrei wären, bei einer inländischen (Ehegatten-)Besteuerung dem Progressionsvorbehalt (EuGH 15.9.11 – C-240/10, IStR 11, 806). Zur Berücksichtigung ausländischer Sozialversicherungsbeiträge im Rahmen des Progressionsvorbehalts s EuGH 22.6.17 – C-20/16, DB 2017, 442). Vorsorgeaufwendungen nach § 10 Abs 1 Nr 2, 3 und 3a EStG sind in allen offenen Fällen als Sonderausgaben zu berücksichtigen, wenn solche Beiträge in unmittelbarem wirtschaftlichen Zusammenhang mit in einem EU-/EWR-Staat erzielten Einnahmen aus nichtselbständiger Tätigkeit stehen und diese Einnahmen nach DBA in Deutschland steuerfrei sind (s BMF 11.12.2017, BStBl I 2017, 1624).

Ist der ausländische ArbN im Inland nicht stpfl, zB ArbeitN einer ausländischen Tochterfirma, die sich zu einer Besprechung im Inland aufhalten, entfällt für ihn bei Erhalt von Sachzuwendungen die Pauschalierung nach § 37b EStG (BFH 16.10.13 – VI R 57/11, BStBl II 15, 457; *Riegler* IStR 11, 903).

**Abfindungen** anlässlich der Beendigung des Dienstverhältnisses sind bei Zufluss im Ansässigkeitsstaat zu versteuern, wenn es sich nicht um ein zusätzliches Entgelt für eine frühere Tätigkeit handelt, sondern die Abfindung für den Verlust des Arbeitsplatzes gezahlt wird. Nach dem ab dem Veranlagungszeitraum 2017 anzuwendenden § 50d Abs 12 EStG gelten Abfindungen, die anlässlich der Beendigung eines Dienstverhältnisses gezahlt werden, für Zwecke der Anwendung eines DBA als für eine frühere Tätigkeit geleistetes Entgelt (BMF 3.5.18, BStBl I 18, 643 Tz 5.5.5).

42 **5. Beschränkte Steuerpflicht** (§ 1 Abs 4 EStG; → *Auslandstätigkeit* Rn 59). Wer keinen Wohnsitz oder gewöhnlichen Aufenthalt im Inland hat (§ 1 Abs 1 EStG; → Rn 35), und wer nicht der erweiterten unbeschränkten Steuerpflicht nach § 1 Abs 2, 3 und § 1a EStG unterliegt (→ Rn 38), ist **mit** seinen **inländischen Einkünften** aus nicht selbstständiger Arbeit beschränkt stpfl (§ 1 Abs 4 EStG; § 49 Abs 1 Nr 4 EStG). Hierunter fällt in erster Linie die im Inland ausgeübte oder verwertete Tätigkeit (§ 49 Abs 1 Nr 4a EStG) einschließlich Entschädigung anlässlich der Auflösung des Arbeitsverhältnisses (§ 49 Abs 1 Nr 4d) EStG; BFH 25.8.09 – I R 33/08, DStRE 09, 1367 zu nachgezahlter Bonuszahlung). Nachgezahlte Erfindervergütung ist aber nicht im früheren Tätigkeitsstaat, sondern im Ansässigkeitsstaat zu versteuern (BFH 21.10.09 – I R 70/08, DStRE 10, 139). Zur Lohnbesteuerung → *Lohnsteuerberechnung* Rn 9 ff, im Übrigen §§ 49 bis 50a, 50d EStG (BayLfSt 18.6.08, DStR 08, 1738). Für die Bildung und die Änderung der Lohnsteuerabzugsmerkmale ist das BetriebsstättenFA zuständig (§ 39 Abs 2 Satz 2 EStG). **Zur 183-Tage-Regelung,** die sowohl für Inländer bei Auslandstätigkeit, als auch für Ausländer bei Inlandstätigkeit gilt; s Anhang 12 II LStR; → *Auslandstätigkeit* Rn 42, 69. Bestimmte Berufsgruppen (Studenten, Lehrlinge, Stipendiaten) können nach DBA steuerfrei sein (s die Übersicht OFD Köln 19.8.98, RIW 99, 159). Sonderregelungen gelten vorbehaltlich DBA für **Geschäftsführer, Prokuristen und Vorstandsmitglieder** einer Gesellschaft mit Geschäftsleitung im Inland (§ 49 Abs 1 Nr 4c EStG: stets beschränkt stpfl; s hierzu mit Problemfällen *Neyer* IStR 01, 587; *Merlinghaus* EFG 08, 301; → *Auslandstätigkeit* Rn 60; → *Arbeitnehmerentsendung* Rn 16; → *Lohnsteuerberechnung* Rn 9 ff). Hierunter fällt auch das Bordpersonal eines im internationalen Luftverkehr eingesetzten Flugzeugs, wenn die Geschäftsleitung vom Inland aus betrieben wird (§ 49 Abs 1 Nr 4e EStG; zur Besteuerung von in Deutschland ansässigem Flugpersonal britischer und irischer Fluggesellschaften BMF 12.11.08, DStR 08, 2316;

→ *Auslandstätigkeit* Rn 58; s im Übrigen → *Auslandstätigkeit* Rn 58). Für den Erlass eines LStNachforderungsbescheides gem § 42d Abs 3 Satz 1, 4 EStG gegen einen beschränkt stpfl ArbN ist das BetriebsstättenFA des ArbGeb zuständig (BFH 20.6.90, BStBl II 92, 43); ein EStBescheid darf nicht ergehen (BFH 4.5.93 – I B 39/93, BFH/NV 93, 727). Eine EStVeranlagung findet grds nicht statt. Vielmehr gilt die ESt durch den LStAbzug als **abgegolten** (§ 50 Abs 2 Satz 1 EStG; → *Lohnsteuerberechnung* Rn 21). Im Falle eines Freibetrags auf der Bescheinigung nach § 39 Abs 3 Satz 1 EStG ist eine Veranlagung durchzuführen, wenn der **jährliche Arbeitslohn über 11.400 €** liegt (§ 46 Abs 2 Nr 4 EStG; → *Saisonarbeit* Rn 9). Der beschränkt stpfl ArbN kann aber auch eine **Veranlagung beantragen** (§ 50 Abs 2 Satz 2 Nr 4b EStG), wenn er Staatsangehöriger eines EU- oder EWR Staates ist und dort auch seinen Wohnsitz oder gewöhnlichen Aufenthalt hat (§ 50 Abs 2 Satz 7 EStG); → *Diskriminierung* Rn 144, 146). Zur finanzamtlichen Zuständigkeit für die Jahresveranlagung (§ 50 Abs 2 Satz 3 EStG) s BayLfSt 11.1.12, BeckVerw 257763. Zur Besteuerung ausländischer Saisonarbeitskräfte (Erntehelfer) → *Aushilfskräfte* Rn 27–29.

Zu **Abfindungsentschädigungen** → Rn 41, → *Abfindung* Rn 41 ff, → *Auslandstätigkeit* Rn 44. Eine Gruppenkrankenversicherung, die der ArbGeb für ausländische Saison-ArbN abschließt, kann auf Grund zwischenstaatlicher Vereinbarung für die ArbN steuerfrei sein (§ 3 Nr 62 Satz 1 dritte Alt EStG; BFH 14.4.2011 – VI R 24/10, DStR 2011, 1221; → Krankenversicherungsbeiträge Rn 7).

Außerhalb DBA sind zahlreiche Steuerbefreiungen vereinbart; zB bei Bediensteten der **NATO,** der **UNO;** s Übersicht BMF 18.3.13, BStBl I 13, 404; zur (un-)beschränkten Steuerpflicht nach dem Nato-Truppenstatut BFH 23.10.09 – III B 162/08, BFH/NV 10, 630. Zur Besteuerung von Bediensteten des **Europäischen Patentamts** in München BFH 2.11.99 – I B 163/98, BFH/NV 2000, 692; FG München 24.4.01 – 12 K 1814/97, EFG 01, 1133. **43**

Zu Fragen des Europarechts → *Diskriminierung* Rn 142 ff. **44**

Zum Steuerabzug bei **künstlerischen, sportlichen, artistischen** oder ähnlichen Darbietungen (§ 50a Abs 1 Nr 1 EStG) → *Lohnsteuerberechnung* Rn 11 ff; BVerfG 9.2.10 – 2 BvR 1178/07, IStR 10, 327; *Decker/Looser* IStR 10, 8; *Holthaus* IStR 10, 23. Zur Vermeidung einer Doppelbesteuerung von **Gastlehrern** und **Gastprofessoren** Anhang 12.III LStR, im Verhältnis zu USA BMF 20.9.99, BeckVerw 028349; → *Auslandstätigkeit* Rn 62. **45**

**II. Ausländischer Arbeitgeber.** Ein **im Ausland ansässiger Unternehmer** gilt nach § 38 Abs 1 Nr 1 EStG insoweit als **inländischer Arbeitgeber,** als er im Inland eine *Betriebsstätte* (→ Rn 2 ff) oder einen ständigen Vertreter hat (H 38.3 LStR). **46**

Für die Einbehaltung der LSt seiner **Leiharbeitnehmer** hat ein **ausländischer** Verleiher nach § 38 Abs 1 Satz 1 Nr 2 EStG auch dann die gleichen Pflichten wie ein inländischer ArbGeb zu erfüllen, wenn er selbst nicht inländischer ArbGeb ist. Dabei hat er für die im Inland tätigen LeihArbN die LSt vom ersten Tag der Tätigkeit im Inland an einzubehalten und abzuführen; die 183-Tage-Frist kommt hier nicht zur Anwendung (→ *Auslandstätigkeit* Rn 57; zu Haftungsfragen → *Arbeitnehmerüberlassung/Zeitarbeit* Rn 71 ff; → *Arbeitnehmerentsendung* Rn 18). Hat der ausländische ArbGeb einen inländischen ständigen Vertreter (§ 13a AO), wenn auch keine Betriebsstätte, so ist das WohnsitzFA des ständigen Vertreters zugleich BetriebsstättenFA (§ 41a Abs 1 Satz 1 Nr 1 und Nr 2 EStG) mit den lohnsteuerlichen Folgen (R 41.3 Satz 3 LStR). Die LStPflicht kann aber durch DBA ausgeschlossen sein (BFH 18.12.02 – I R 96/01, BFH/NV 03, 1152). Das BetriebsstättenFA kann hierbei dem ausländischen Verleiher eine Freistellungsbescheinigung erteilen (§ 39b Abs 6 EStG;→ *Auslandstätigkeit* Rn 45 ff; → *Lohnabzugsverfahren* Rn 22, 23).

Bei **Bauausführungen oder Montagen** ausländischer ArbGeb im Inland, die länger als sechs Monate (§ 12 Nr 8 AO) dauern, ist der ausländische ArbGeb zugleich als inländischer ArbGeb iSv § 38 Abs 1 Nr 1 EStG anzusehen, gleichgültig, ob die Bauausführung oder Montage nach dem anzuwendenden DBA eine Betriebsstätte begründet (BFH 21.4.99 – I R 99/97, BStBl II 99, 694; hierzu *Buciek* IStR 99, 629). Begründet die Bauausführung oder Montage nach dem anzuwendenden DBA keine Betriebsstätte (→ *Auslandstätigkeit* Rn 50), so sind die Arbeitslöhne, die an die im Inland eingesetzten ausländischen ArbN gezahlt werden, idR von der LSt **freizustellen,** wenn sie sich an höchstens 183 Tagen im Kj im Inland aufhalten (R 38.3 Abs 4 LStR).

47 **III. Aufwendungen. 1. Sprachkurs.** Aufwendungen für das **Erlernen der deutschen Sprache** durch Ausländer sind grds keine, auch keine vorweggenommenen Werbungskosten, auch wenn der Ausländer in einem Arbeitsverhältnis steht (BFH 15.3.07 – VI R 14/04, DStR 07, 1203; → *Ausbildungskosten* Rn 9, → *Fortbildung* Rn 28). Andererseits sind vom ArbGeb an ausländische ArbN erstattete Kosten des Sprachkurses kein Arbeitslohn (FG München 17.1.02 – 7 K 1790/00, EFG 02, 617). Im Übrigen können es Sonderausgaben nach § 10 Abs 1 Nr 7 EStG sein (Höchstbetrag 6000 €; → *Ausbildungskosten* Rn 15). Aufwendungen einer im Ausland ausgebildeten Lehrerin für das Lehramtsstudium in Deutschland sind bei Vergleichbarkeit der Ausbildung Werbungskosten (BFH 16.1.98 – VI R 92/96, BFH/NV 98, 844; → *Fortbildung* Rn 22 ff). Beabsichtigte inländische Tätigkeit eines im Ausland wohnenden Stpfl kann zu inländischen vorweggenommenen Werbungskosten führen (FG München 27.7.07 – 8 K 3952/05, EFG 07, 1677). Einbürgerungskosten zum Erwerb der deutschen Staatsangehörigkeit sind nicht abzugsfähig (§ 12 Nr 1 Satz 2 EStG; BFH 18.5.84 – VI R 130/80, BStBl II 84, 588).

48 **2. Sozialversicherungsbeiträge.** Zu Beiträgen, die in der BRD wohnhafte Schweizer Staatsangehörige an die **Schweizer Alters- und Hinterbliebenenversicherung** leisten, → *Grenzgänger* Rn 23. Werden ausländischen ArbN **Sozialversicherungsleistungen** vom SozVTräger **erstattet,** nachdem der SozVTräger die ausländischen ArbN entgegen ursprünglicher Ansicht nicht für sozialversicherungspflichtig hält, so stellen die Erstattungen keinen Arbeitslohn dar (→ *Sozialversicherungsbeiträge* Rn 15). SozVBeiträge an **ausländische** SozVTräger sind steuerfrei, wenn sie nach ausländischem Recht geschuldet werden (R 3.62 Abs 1 Satz 2 LStR; *Portner* DStR 10, 2022). Zahlungen aufgrund vertraglicher Abmachungen sind nicht steuerfrei (BFH 28.5.09 – VI R 27/06, DStR 09, 1845).

49 **3. Unterhaltsleistungen.** BMF 7.6.10, BStBl I 10, 588; BMF 4.10.11, BStBl I 11, 961. Aktuelle Rspr: BFH 27.1.11 – VI R 13/10, BStBl II 11, 965; BFH 11.11.10 – VI R 16/09, BStBl II 11, 966.

50 **IV. Sprachregelung.** Die Amtssprache ist Deutsch (§ 87 AO). In einer **Fremdsprache** eingegangene Erklärungen sind auf Verlangen der Finanzbehörde mit einer deutschen Übersetzung zu versehen, damit sie Rechtswirkung erlangen. Ist ein inländischer Zustellungsbevollmächtigter bestellt, sind fristwahrende Erklärungen innerhalb der Frist in Deutsch abzugeben (FG Saarl 13.12.94, EFG 95, 294). **Ausländische Steuerberater** und Buchführungshelfer dürfen – auch vom Ausland aus – im Inland Hilfe in Steuersachen leisten (§ 3a StBerG). Erforderlich ist wie bei Inländern eine Berufshaftpflichtversicherung (BFH 21.7.11 – II R 6/10, BFH/NV 11, 1796). Mangelnde deutsche Sprachkenntnisse können bei Wahrung der in eigener Sache obliegenden Sorgfaltspflicht Wiedereinsetzung in den vorigen Stand (§ 110 AO; § 56 FGO) rechtfertigen (BFH 17.3.10 – X B 114/09, BFH/NV 10, 1239).

## C. Sozialversicherungsrecht

*Voelzke*

### Übersicht



51 **I. Allgemeines.** Ob Ausländer eine Beschäftigung im Inland ausüben dürfen, ergibt sich aus ihrem Aufenthaltstitel (→ Rn 52).

Nach dem **Territorialitätsprinzip** des SozVRechts gelten die Vorschriften über die Versicherungspflicht und -berechtigung auch für ausländische ArbN, die eine Beschäftigung im Inland ausüben (§ 3 Nr 1 SGB IV; → Rn 63). Der Territorialitätsgrundsatz des § 3

SGB IV gilt für die Ausübung einer selbstständigen Tätigkeit entsprechend. Knüpfen Vorschriften des Sozialrechts nicht an eine Beschäftigung oder selbstständige Tätigkeit an, so ist der inländische Wohnsitz oder Aufenthaltsort für ihre Anwendbarkeit entscheidend (§ 30 SGB I, § 3 Nr 2 SGB IV). Ausnahmen vom Territorialitätsprinzip ergeben sich insbes aus den Grundsätzen der **Einstrahlung** (§ 5 SGB IV; → Rn 67) und den Regelungen des über- und zwischenstaatlichen Rechts (§ 6 SGB IV). Keine Geltung beanspruchen die §§ 3–6 SGB IV hinsichtlich der Leistungserbringung, so dass die Versicherungsleistungen zum Teil auch im Ausland beansprucht werden können. Teilweise enthalten allerdings die besonderen Teile des SGB insoweit einschränkende Vorschriften.

**II. Ausländerbeschäftigung.** Die wesentlichen Regelungen zum Aufenthaltsrecht und zur Beschäftigung von Ausländern enthält das AufenthG. Das AufenthG ist infolge des Migrationspakets 2019 mit unterschiedlichen Zielrichtungen geändert worden (*Kluth* NVwZ 19, 1305; s auch *Einwanderung*). Einerseits soll durch den durch die Gesetzesänderungen die humanitäre Einwanderung begrenzt werden, andererseits wird eine Erweiterung der Fachkräfteeinwanderung angestrebt. Zur Ausführung des AufenthG ist ua die Beschäftigungsverordnung vom 6.6.13 (BGBl I 13, 1499, zuletzt geändert Art 51 des Gesetzes v 15.8.19 BGBl I 19, 1307) erlassen worden. Für EU-Bürger gelten die spezielleren Regeln des Freizügigkeitsgesetz/EU. 52

Beschäftigt ein ArbGeb einen Ausländer ohne eine erforderliche Berechtigung zur Erwerbstätigkeit (sog **illegale Ausländerbeschäftigung**), so gilt nach § 7 Abs 4 SBG IV, dass der ArbGeb zur Zahlung der vereinbarten Vergütung verpflichtet ist. Insoweit wird zusätzlich die Vermutung aufgestellt, dass ein Beschäftigungsverhältnis für die Dauer von drei Monaten bestanden hat. Eine vergleichbare Regelung ist in § 98a AufenthG getroffen. Das Vorliegen einer Beschäftigung kann durch den ArbGeb wiederlegt werden (kritisch zu der Regelung *Berchtold* NZS 12, 481). 53

**1. Aufenthaltsgesetz.** Für Ausländer, die nicht Bürger der EU sind (sog Drittstaatsangehörige), enthält das AufenthG die maßgebenden Regelungen über den Aufenthalt und die Beschäftigung in Deutschland. Mit diesem Gesetz ist das frühere doppelte Genehmigungsverfahren für die Bereiche Aufenthalt und Beschäftigung aufgehoben worden. Seither ergibt sich unmittelbar aus dem **Aufenthaltstitel,** ob und in welchem Umfang ausländische ArbN von ArbGeb im Inland beschäftigt werden dürfen. Ausnahmen hiervon sind nur auf Grund einer zwischenstaatlichen Vereinbarung, eines Gesetzes oder einer Verordnung möglich. 54

Für den Zugang zur Erwerbstätigkeit gelten ab 1.3.20 die in § 4a AufenthG geregelten Grundsätze. Mit dieser Vorschrift wird das bisherige **Regel-Ausnahme-Verhältnis** umgekehrt. Nach § 4a Abs 1 Satz 1 AufenthG dürfen Ausländer, die einen Aufenthaltstitel besitzen, eine Erwerbstätigkeit ausüben, es sei denn, ein Gesetz bestimmt ein Verbot. 55

Weiterhin muss jeder **Aufenthaltstitel** nach § 4a Abs 3 AufenthG ausdrücklich erkennen lassen, ob die Ausübung einer Erwerbstätigkeit erlaubt ist. Ebenfalls muss der Aufenthaltstitel ausweisen, ob Beschränkungen bei der Ausübung einer Erwerbstätigkeit iSd § 4 Abs 2 AufenthG zu beachten sind. Voraussetzung für die Erteilung einer Aufenthaltserlaubnis bleibt, dass ein konkretes Arbeitsplatzangebot vorliegt (§ 18 Abs 2 Satz 1 Nr 1 AufenthG). 56

Der Zugang von Ausländern zur **Ausbildung** ergibt sich ab 1.3.20 aus § 16 ff AufenthG. Die bisherigen Regelungen wurden nur moderat verändert (vgl *Kluth* NVwZ 19, 1306). Darauf hinzuweisen ist, dass § 16d AufenthG einen Aufenthalt zum Zweck der Anerkennung ausländischer Berufsqualifikationen, insbes zum Zweck des Erwerbs von ergänzenden Qualifikationen, um die im Anerkennungsverfahren festgestellten Lücken zu schließen. 57

Die vielfältigen Möglichkeiten der **Fachkräfteeinwanderung** sind in den §§ 18 ff AufenthG niedergelegt. In § 18 Abs 1 Satz 1 AufenthG wird der Grundsatz formuliert, dass sich die Zulassung ausländischer Beschäftigter an den Erfordernissen des Wirtschafts- und Wissenschaftsstandortes Deutschland unter Berücksichtigung der Verhältnisse auf dem Arbeitsmarkt orientiert. Über die Regelungen des AufenthG hinaus eröffnet die Beschäftigungsverordnung unabhängig von der Qualifikation als Fachkraft weitere Möglichkeiten der Beschäftigung von Ausländern (§ 19c Abs 1 AufenthG). 58

Die sog **Vorrangprüfung** durch die BA zugunsten von Deutschen und EU-Bürgen ist nicht mehr flächendeckend durchzuführen. Vielmehr ist die Zustimmung der BA zur 59

Erteilung eines Aufenthaltstitels zur Ausübung einer Beschäftigung nach § 39 Abs 1 Satz AufenthG entbehrlich, soweit die Zustimmung kraft Gesetzes, auf Grund der Beschäftigungsverordnung oder Bestimmung in einer zwischenstaatlichen Vereinbarung nicht erforderlich ist.

Zu den durch das Fachkräfteeinwanderungsgesetz herbeigeführten Neuerungen gehört die Einführung eines **beschleunigten Verfahrens** (§ 81a AufenthG).

60 **2. Freizügigkeitsgesetz/EU.** Für Personen, deren Rechtsstellung durch das FreizügG/EU bestimmt wird, gelten die Regelungen des AufenthG nicht. Unionsbürger erhalten eine Bescheinigung über das **gemeinschaftsrechtliche Aufenthaltsrecht** (§ 5 FreizügG/EU). Freizügigkeitsberechtigt sind insbes Unionsbürger, die sich als ArbN, zur Arbeitssuche oder zur Berufsausbildung in Deutschland aufhalten wollen (§ 2 Nr 1 FreizügG/EU).

61 **3. Asylbewerber.** Die Beschäftigungsmöglichkeiten insbes für Asylbewerber mit guter Bleibeperspektive sind durch das Gesetz vom 8.7.19 (BGBl I 19, 1021) verbessert worden (→ *Asylbewerber* Rn 41).

62 **III. Sozialversicherung. 1. Territorialitätsprinzip.** Nach der für alle Teile des SGB geltenden Regelung des § 30 SGB I ist für die Anwendung der Vorschriften des SGB nicht die Staatsangehörigkeit des Betroffenen, sondern sein Wohnsitz oder ständiger Aufenthalt im Inland maßgeblich. Ausnahmen hiervon gelten insbes für Leistungsberechtigte nach dem SGB II, da § 7 Abs 1 S 2–4 SGB II für Ausländer **Leistungsausschlüsse** vorsieht (iE *Hauck/Noftz/Valgolio,* SGB II, § 7 Rz 115 ff; zur Europarechtskonformität des Leistungsausschlusses für Arbeitsuchende EuGH 14.9.15 – C-67/14 – Alimanovic, NZS 15, 784).

63 Das Territorialitätsprinzip des Sozialrechts wird für die SozV (§ 3 SGB IV) dahingehend modifiziert, dass es, soweit die Regelungen über die **Versicherungspflicht oder -berechtigung** die Ausübung einer Beschäftigung oder einer selbstständigen Erwerbstätigkeit voraussetzen, auf den Beschäftigungs- bzw Tätigkeitsort ankommt. Vom deutschen SozVRecht werden daher grds alle im Geltungsbereich des SGB ausgeübten Beschäftigungen, unabhängig von der Staatsangehörigkeit des ArbN oder ArbGeb oder dessen Betriebssitz, erfasst. Die deutschen Vorschriften über die Versicherungspflicht gelten, wenn der Beschäftigungsort im Inland liegt, selbst dann, wenn sich der Wohnort des Beschäftigten im Ausland befindet.

64 **a) Wohnsitz oder gewöhnlicher Aufenthalt.** Der persönliche Anwendungsbereich des SGB ist nach § 30 Abs 1 SGB I bei einem inländischen Wohnsitz oder gewöhnlichen Aufenthalt eröffnet. Nach § 30 Abs 3 Satz 1 SGB I hat jemand seinen Wohnsitz dort, wo er eine Wohnung unter Umständen innehat, die darauf schließen lassen, dass er diese Wohnung beibehalten und benutzen wird. Zwar richtet sich die Bestimmung des Wohnsitzes in erster Linie nach objektiven tatsächlichen und wirtschaftlichen Gegebenheiten, jedoch fließen subjektive Kriterien in die Beurteilung ein, da ein realisierbarer Wille vorhanden sein muss, an einem bestimmten Ort zu wohnen (BSG 10.12.85 – 10 RKg 14/85, SozR 5870 § 2 Nr 44).

Der **gewöhnliche Aufenthalt** bestimmt sich unter Berücksichtigung der Umstände, die erkennen lassen müssen, dass er an diesem Ort oder in diesem Gebiet nicht nur vorübergehend verweilt (§ 30 Abs 3 Satz 2 SGB I). Auch bei der Ausfüllung dieser Definition ist neben den objektiven Umständen ein subjektives Element erforderlich, nämlich der Wille, auf längere Zeit an einem Ort zu verweilen (BSG 16.10.86 – 12 RK 13/86, SozR 1200 § 30 Nr 10). Soweit die Rspr weitergehend verlangt, dass ein gewöhnlicher Aufenthalt nur vorliegt, wenn dieser ausländerrechtlich hinreichend beständig ist (BSG 3.4.01 – B 4 RA 90/00 R, SozR 3–1200 § 30 Nr 21), ist an dieser sog „Einfärbungslehre" zu Recht Kritik geübt worden (*Pitz* in Schlegel/Voelzke SGB I, § 30 Rz 51).

65 **b) Beschäftigungs- oder Tätigkeitsort.** Da die Vorschriften über die Versicherungspflicht in der SozV idR nicht an den Wohnort, sondern an die Ausübung einer Beschäftigung anknüpfen, kommt es hier gem § 3 Nr 1 SGB IV auf den Ort der Beschäftigung an. Dieser bestimmt sich unabhängig vom Geschäftssitz des ArbGeb danach, wo die Beschäftigung **tatsächlich ausgeübt** wird (§ 9 Abs 1 SGB IV; vgl auch die Ausnahmeregelungen in §§ 9 Abs 2–6, 10 SGB IV). Staatsangehörigkeit und Wohnsitz sind für das Bestehen der Versicherungs- bzw Beitragspflicht ohne Bedeutung (BSG 18.8.92 – 12 RK 37/89, SozR 3–4100 § 168 Nr 10 zu einer im Inland beschäftigten Türkin mit Wohnort in der Schweiz). Die tatsächliche Betrachtungsweise des Beschäftigungsortes nach § 9 Abs 1

SGB IV wird durch die Fiktionen des Beschäftigungsortes in § 9 Abs 2–6 SGB IV ergänzt. Diese Ergänzungen sollen die Unzuträglichkeiten eines häufigen Wechsels des Beschäftigungsortes im Interesse der Kontinuität des Versicherungsverhältnisses vermeiden (zu Einzelheiten *Schlegel/Voelzke/Grimmke* SGB IV § 9 Rz 17 ff).

Der Beschäftigungsort kann nicht durch Vereinbarungen abweichend bestimmt werden. 66
Werden Mitarbeiter eines ausländischen ArbGeb **an verschiedenen Orten** beschäftigt, ohne dass es eine feste inländische Arbeitsstätte oder einen festen Betriebssitz gibt, so gilt als Beschäftigungsort der Ort, an dem die Beschäftigung erstmals im Geltungsbereich des Gesetzes ausgeübt wurde (§ 9 Abs 5 Satz 3 SGB IV). Die für den Beschäftigungsort geltenden Vorschriften gelten für selbstständige Tätigkeiten entsprechend (§ 11 SGB IV).

**2. Einstrahlung.** Eine Ausnahme vom Territorialitätsprinzip gilt nach § 5 Abs 1 67
SGB IV für Personen, die im Rahmen eines im Ausland bestehenden Beschäftigungsverhältnisses ins Inland entsandt werden, wenn die Entsendung infolge der Eigenart der Beschäftigung oder im Voraus zeitlich begrenzt ist (vgl zur Anwendung der Einstrahlungsregelung *Schlegel/Voelzke/Padé* SGB IV, § 5 Rz 13 ff). Sinn der Regelung über die Einstrahlung des ausländischen Rechts ist es, dass lediglich **vorübergehend im Inland Tätige** infolge des Territorialitätsprinzips nicht automatisch der Versicherungspflicht der deutschen SozV unterstehen. Hierdurch wird zugleich die Flexibilität der ArbN und der Unternehmen gesichert (*Schlegel/Voelzke/Padé* SGB IV § 5 Rz 11). Liegen die Voraussetzungen der Einstrahlung vor, so kommt es nicht zur Versicherung in der deutschen SozV. Zur Auslegung und Anwendung der §§ 4, 5 SGB IV haben die Spitzenverbände der KV-, UV-, und RVTräger und die BA in einem gemeinsamen Rundschreiben Richtlinien herausgegeben, die als Hilfsmittel für die versicherungsrechtliche Beurteilung bei der Einstrahlung herangezogen werden können (→ *Auslandstätigkeit* Rn 145). Zu beachten ist, dass § 5 SGB IV nur im Bereich des sog vertragslosen Auslands Bedeutung zukommt (→ Rn 71–73).

**a) Entsendung.** Der Begriff der Entsendung wird in § 5 SGB IV im gleichen Sinne wie 68
bei der Ausstrahlung verwandt (→ *Auslandstätigkeit* Rn 140–145). Eine Entsendung iSd Einstrahlung liegt vor, wenn sich ein Beschäftigter **auf Weisung** seines ausländischen ArbGeb vom Ausland in das Inland begibt, um hier eine Beschäftigung für diesen ArbGeb auszuüben. Eine Einstrahlung des ausländischen SozVRechts kommt nicht in Betracht, wenn der ArbN sich bereits vor Aufnahme der fraglichen Tätigkeit im Inland aufgehalten hat (BSG 26.11.85 – 12 RK 40/83, SozR 6180 Art 73 Nr 1). Das deutsche Recht der sozialen Sicherheit ist auch anzuwenden, wenn Firmen mit Sitz im Ausland inländischen ArbGeb ausländische ArbN im Wege unerlaubter ArbNÜberlassung zur Verfügung stellen, da in diesen Fällen ein Beschäftigungsverhältnis zwischen Entleiher und LeihArbN fingiert wird (BSG 25.10.88 – 12 RK 21/87, SozR 2100 § 5 Nr 3).

**b) Ausländisches Beschäftigungsverhältnis.** Die Entsendung muss im Rahmen eines 69
ausländischen Beschäftigungsverhältnisses erfolgen (zu Einzelheiten *Schlegel/Voelzke/Padé* SGB IV § 5 Rz 34 ff). Hiervon ist auszugehen, wenn während der Entsendung die wechselseitigen **Rechte und Pflichten** der Arbeitsvertragsparteien weiterbestehen (vgl zu japanischen ArbN SG Bln 26.1.96 – S 72 KR 933/93–4, NZS 96, 290). Maßgeblich ist insoweit der Beschäftigungsbegriff des § 7 SGB IV. Als Indiz für das Vorliegen eines Beschäftigungsverhältnisses mit einem ArbGeb im Ausland kann nach der Verwaltungspraxis insbes die Art der Entlohnung angesehen werden. Ist der ArbN in den Betrieb einer inländischen Zweigniederlassung eingegliedert und erhält er von ihr das Arbeitsentgelt, so liegt Einstrahlung nicht vor (BSG 1.7.99 – B 12 KR 2/99 R, SGb 2000, 418 mit abl Anm *Klose*). Wird das zu zahlende Arbeitsentgelt ebenso wie für die Beschäftigten im ausländischen Stammhaus ausgewiesen, so ist idR von einem im Ausland bestehenden Beschäftigungsverhältnis auszugehen (aA SG Hbg 21.7.91 – 23 KR 344/90, NZS 94, 183). Diesem Merkmal kommt besondere Bedeutung zu, wenn das Unternehmen auch in Deutschland eingestellte ArbN beschäftigt. Ein Fall der Einstrahlung ausländischen Rechts liegt nicht vor, wenn nicht nur mit dem entsendenden Betrieb, sondern auch mit einem inländischen Unternehmen ein Beschäftigungsverhältnis besteht (BSG 7.11.96 – 12 RK 79/94, SozR 3–2400 § 5 Nr 2 zur Beschäftigung bei der Mutter- und Tochtergesellschaft eines südkoreanischen Konzerns, vgl zur Bedeutung der Weisungsverhältnisse und der Entgeltzahlungsabwicklung BSG 5.12.06 – B 11a AL 3/06 R, SozR 4–2400 § 4 Nr 1).

70 **c) Zeitliche Begrenzung.** Die erforderliche zeitliche Begrenzung der Entsendung muss bereits bei Aufnahme der Tätigkeit im Inland bestehen. Sie kann sich aus der Eigenart der zu verrichtenden Arbeiten (zB Montage-, Instandhaltungs-, oder Reparaturarbeiten) oder einer vertraglichen Begrenzung ergeben. Eine Höchstdauer der möglichen Entsendung ist gesetzlich nicht vorgesehen. Bei vertraglichen Begrenzungen, insbesondere soweit diese Verlängerungsklauseln enthalten, muss sich zumindest die Gesamthöchstdauer eindeutig aus den vertraglichen Regelungen feststellen lassen. Im Übrigen sind vertragliche Verlängerungen zulässig.

71 **3. Vorschriften des über- bzw zwischenstaatlichen Rechts.** Die Vorschriften des über und zwischenstaatlichen Rechts gehen, wie in § 6 SGB IV klargestellt wird, den Vorschriften der §§ 3–5 SGB IV vor.

**a) Entsenderichtlinie.** Mit der Änderungs-RL 2018/957/EU sind Änderungen der Entsende-RL 96/71/EG vorgenommen werden, die bis zum 30.7.20 in nationales Recht umzusetzen sind (*Sura* BB 18, 2743; *Klein/Schneider* SR 19, 72; Näheres: *Arbeitnehmerentsendung*).

72 **b) EU-Koordinierungsrecht.** Koordinierungsrechtliche Regelungen für die Systeme der sozialen Sicherheit enthält für Staatsangehörige der EU-Mitgliedstaaten, die in einen anderen Mitgliedstaat tätig geworden sind, die **EG-VO 883/2004.**

Der Titel III der EG-VO 883/2004 enthält nach der ständigen Rspr des EuGH zur Vorläuferregelung ein abschließendes System von **allseitigen Kollisionsnormen,** das bezweckt, dass ArbN dem System der sozialen Sicherheit nur eines einzigen Mitgliedsstaates unterworfen werden (EuGH 16.2.95 – C-425/93, Die Beiträge 95, 308). Auch die VO knüpft im Grundsatz an den Ort der Beschäftigung an (Art 11 EG-VO 883/2004). Hingegen bleibt es nach Art 12 EG-VO 883/2004 bei den Rechtsvorschriften des Entsendestaates über die soziale Sicherheit, wenn die voraussichtliche Dauer der Arbeit im Gebiet eines anderen Mitgliedstaates 24 Monate nicht überschreitet und nicht eine andere Person abgelöst wird, für welche die Entsendungszeit abgelaufen ist. Eine Verlängerungsmöglichkeit besteht nicht (*Schlegel/Voelzke/Schweikhardt* SGB I, Art 12 VO (EG) 883/2004 Rz 26). Das Gemeinschaftsrecht eröffnet aber die Möglichkeit, nach Art 16 VO (EG) 883/04, Vereinbarungen über eine abweichende Versicherungszugehörigkeit zu treffen. Voraussetzung hierfür ist eine Antragstellung, die durch den ArbGeb oder den ArbN erfolgen kann (zu den Voraussetzungen der Vereinbarung *Bokeloh* DB 13, 2622).

Der Nachweis dafür, dass die Rechtsvorschriften des Entsendestaates weiter gelten, wird durch eine **A1-Bescheinigung** geführt. Die A1-Bescheinigung ist vor jeder Entsendung einzuholen. Ab dem 1.1.19 ist die Nutzung des elektronischen Verfahrens für die ArbGeb zwingend (zu Praxisfragen *Kuhn/Scupra* DB 18, 2054; *Kuhn/Scupra* DB 18, 2054; *Klopstock/Rittweger* NZS 18, 1247).

73 **c) Sozialversicherungsabkommen.** Für die Tätigkeit von Personen, die aus Ländern entsandt werden, mit denen Deutschland SozVAbkommen geschlossen hat, sind die mit diesen Ländern bestehenden **Abkommen über soziale Sicherheit** bzw ArblV zu beachten (vgl zu den wichtigsten Abk → *Auslandstätigkeit* Rn 94; *Schlegel/Voelzke/Padé* SGB IV § 5 Rz 29). Die Abkommen enthalten idR Fristen, innerhalb derer das ausländische Recht der sozialen Sicherheit für den entsandten ArbN fortgilt. Der Nachweis der Versicherungsfreiheit erfolgt durch Vorlage einer Entsendebescheinigung, die durch den Versicherungsträger der Entsendestaaten auf Antrag des ArbGeb oder des ArbN ausgestellt und im Inland bei der zuständigen Krankenkasse als Einzugsstelle vorgelegt wird. Die Entsendebescheinigung hat lediglich deklaratorischen Charakter und keine konstitutive Wirkung.

## Auslandsreise

### A. Arbeitsrecht *Griese*

1 **1. Arbeitsrechtliche Verpflichtung.** Der ArbN ist zu Auslandsreisen verpflichtet, wenn dies Bestandteil des Arbeitsvertrages ist. Dies kann auf einer ausdrücklichen Vereinbarung beruhen, es kann sich ebenso aus dem arbeitsvertraglich vereinbarten Tätigkeitsbild ergeben.

So wird ein Mitarbeiter, der für den Auslandsvertrieb eingestellt wird, auch ohne dass dies ausdrücklich festgelegt ist, aufgrund der vertraglich übernommenen Tätigkeit zu Auslandsreisen verpflichtet sein. Im Rahmen dieser arbeitsvertraglichen Verpflichtung macht der ArbGeb mit der Anordnung einer Auslandsreise von seinem Weisungsrecht (→ *Weisungsrecht* Rn 5) Gebrauch. Die Ausübung des Weisungsrechts unterliegt den allgemeinen Grenzen, insbes der Kontrolle im Hinblick auf das billige Ermessen nach § 106 GewO.

Auf den Auslandseinsatz findet gem Art 30 Nr 1 EGBGB weiterhin das Recht des gewöhnlichen Arbeitsorts und damit deutsches Arbeitsrecht Anwendung. Im Hinblick auf spezifische Gefahren der Auslandsreise besteht eine gesteigerte Fürsorgepflicht des ArbGeb (*Edenfeld* NZA 09, 939).

**2. Vergütungspflichtige Arbeitszeit.** Die Reisezeit, die für die Auslandsreise ver- 2
braucht wird, und die Aufenthaltszeit im Ausland sind vergütungspflichtige Arbeitszeit. Unstreitig ist dies, soweit sie in die reguläre vereinbarte oder betriebsübliche Arbeitszeit fallen. Außerhalb dieses Zeitrahmens anfallende Reise- und Aufenthaltszeiten sind ebenfalls als Arbeitszeit zu vergüten, weil der ArbN dem ArbGeb seine Zeit zur Verfügung stellt, deren Ausfüllung der ArbGeb durch die Ausübung des Direktionsrechts festlegt (BAG 17.10.18 – 5 AZR 553/17, NZA 19, 159). Durch die Auslandsreise verliert der ArbN der Möglichkeit, über seine Zeit zu disponieren, er erfüllt ein fremdes, nicht ein eigenes Bedürfnis, so daß die Zeit als Arbeitszeit zu vergüten ist (BAG 22.4.09 – 5 AZR 292/08, NZA-RR 10, 231). Auch die vom ArbGeb während der Reise veranlasste Untätigkeit, während derer der ArbN anwesend sein muss und nicht frei über die Nutzung seiner Zeit bestimmen kann, ist vergütungspflichtige Arbeit, denn der ArbGeb beansprucht die Anwesenheit und die Zeit des ArbN (BAG 20.4.11 – 5 AZR 200/10, NZA 11, 917). Auch bei Montagestammarbeitern gehört die Fahrt zu auswärtigen Arbeitstellen zur vergütungspflichtigen Hauptleistungspflicht (BAG 25.4.18 – 5 AZR 424/17, NZA 18, 1211). Begrenzt wird die Entgeltpflicht von Reise- und Abwesenheitszeiten dadurch, dass bei langdauernden oder mehrtägigen Reisen Pausen, Ruhens- und Schlafenszeiten, die auf einer Reise und eines Auslandsaufenthaltes regelmäßig möglich sind, in Abzug zu bringen sind. Es gelten die zur Dienstreise dargelegten Grundsätze (→ *Dienstreise* Rn 4–9).

Durch Tarifvertrag kann einschränkend festgelegt werden, dass Dienstreisezeiten, soweit 3
sie mehr als die regelmäßige tägliche Arbeitszeit in Anspruch nehmen, keine Arbeitszeit sind, wie dies in § 44 Abs 2 Satz 1 u 2 TVöD-BT-V geschehen ist, so dass damit durch Dienstreisen keine Überstundenentgeltansprüche entstehen können (BAG 11.7.06 – 9 AZR 519/05, BB 07, 272). Der Anspruch auf Freizeitausgleich bleibt nach § 44 Abs 2 Satz 3 TVöD-BT-V bei nichtanrechenbarer Reisezeit von mehr als 15 Stunden pro Monat aber bestehen. Eine Regelungsvariante enthält § 6.3.1 des Bundesmontagetarifvertrages, der festlegt, dass Reisezeit bis zu 12 Stunden je Kalendertag bezahlt wird, wobei Reisezeit außerhalb der regelmäßigen betrieblichen Arbeitszeit ohne Zuschläge bezahlt wird (zu Sonderregelungen bei Nahmontage BAG 25.4.18 – 5 AZR 424/17, NZA 18, 1211).

**3. Vorgaben des Arbeitszeitgesetzes.** Die Vorschriften des ArbZG (→ *Arbeitszeit* 4
Rn 1 ff) können auf Dienstreisezeiten nicht schematisch angewandt werden. Pausen und Ruhenszeiten sind regelmäßig auch während der Auslandsreise, zB im Flugzeug oder auf einer längeren Bahnfahrt möglich. Den ArbN trifft die Obliegenheit, diese während der Reise bestehenden Möglichkeiten zu nutzen.

**4. Kosten der Auslandsreise.** Die Kosten der Auslandsreise trägt der ArbGeb. Insoweit 5
hat der ArbN einen Aufwendungsersatzanspruch (→ *Aufwendungsersatz* Rn 2 ff) nach § 670 BGB. Dies gilt auch für Verpflegungsmehraufwendungen (→ *Verpflegungsmehraufwendungen* Rn 2). Der Aufwendungsersatzanspruch zielt auf den Ersatz der iE nachzuweisenden Aufwendungen. Eine Pauschalierung, auch hinsichtlich der Vergütung der Reisezeit, ist auf einzel- oder kollektivvertraglicher Basis (BAG 12.12.12 – 5 AZR 355/12, NZA 13, 1158; s auch *Pauschbeträge*) möglich und empfehlenswert. Im Zweifel gelten wegen § 612 Absatz 2 BGB die steuerrechtlich festgelegten Pauschalsätze (→ Rn 24). Die steuerlichen Pauschalen können zudem die zutreffende Grundlage für eine Schätzung gem § 287 ZPO der tatsächlich entstandenen Aufwendungen sein (LAG RLP 17.5.17 – 7 Sa 410/15, BeckRS 2017, 130810).

Für Betriebsratsmitglieder, die in Ausübung ihres Amtes Auslandsreisen unternehmen, ist für die Kostenerstattungspflicht § 40 BetrVG maßgebend. Eine solche Rechtsgrundlage gilt auch für Reisen zur Teilnahme an Sitzungen eines Europäischen BRates (gem § 30 EBRG).

6 **5. Mitbestimmungspflicht.** Soweit eine Auslandsreise und die Tätigkeit dort zum vertraglich vereinbarten Tätigkeitsfeld und damit zum Arbeitsbereich des ArbN gehört, liegt keine mitbestimmungspflichtige Versetzung nach § 95 Abs 3 BetrVG vor (BAG 21.9.99 – 1 ABR 40/98, NZA 2000, 781) vor. Gehören längerfristige Auslandsreisen nicht zur vertraglich geschuldeten Tätigkeit und dauern sie länger als einen Monat, bedarf es eines arbeitsvertraglichen Versetzungsvorbehalts und einer darauf gestützten Versetzung.

Bei einer längerfristigen Auslandsreise ist danach zu unterscheiden, ob der ArbN nach der Vertragsgestaltung und der Eigenart ihres Arbeitsplatzes üblicherweise nicht ständig an einem bestimmten Arbeitsplatz beschäftigt wird. Für diesen Fall schließt § 95 Abs 3 Satz 3 BetrVG die Annahme einer mitbestimmungspflichtigen Versetzung aus, andernfalls liegt sie vor.

Die Gewährung von Zulagen für überwiegend ins Ausland entsandte Mitarbeiter ist mitbestimmungspflichtig nach § 87 Abs 1 Nr 10 BetrVG (BAG 30.1.90 – 1 ABR 2/89, NZA 90, 571).

## B. Lohnsteuerrecht *Weil*

7 **1. Auslandsdienstreise. a) Begriff.** Zur Frage, ob bei einer Reise ins Ausland eine Dienstreise vorliegt, gelten die Regelungen über die Auswärtstätigkeit (BMF 24.10.14, BStBl I 14, 1412, Einzelheiten, insbes auch zur geänderten Rechtslage ab 2014, → *Dienstreise* Rn 12 ff).

8 **b) Rechtsfolgen.** Durch die Auslandsdienstreise veranlasste Aufwendungen kann der ArbN bis zur gesetzlich begrenzten Höhe als **Werbungskosten** geltend machen, soweit ihm derartige Aufwendungen tatsächlich entstanden sind. Der ArbN ist insoweit nachweispflichtig (R 9.5 Abs 2 LStR). Der ArbGeb kann dem ArbN die durch die Auslandsdienstreise verursachten **Aufwendungen steuerfrei ersetzen** (§ 3 Nr 16 EStG, R 3.16 LStR; R 9.5 Abs 2 *(Fahrtkosten)*, R 9.6 Abs 1 und Abs 3 *(Verpflegungsmehraufwendungen)*; R 9.7 Abs 3 *(Übernachtungskosten)*; R 9.8 Abs 3 LStR *(Reisenebenkosten);* bei Dienstverhältnissen im öffentlichen Recht § 3 Nr 13 EStG; → *Dienstreise* Rn 12 ff). Insoweit entfällt ein Werbungskostenabzug. Die steuerfrei ersetzten Beträge hat der ArbGeb auf der (elektronischen) LStBescheinigung zu bescheinigen (§ 41b Abs 1 Nr 10 EStG).)Folgende Aufwendungen werden regelmäßig zu erfassen sein:

9 – **Fahrtkosten und Flugkosten** wie bei Dienstreisen im Inland (→ *Dienstreise* Rn 19 ff);

10 – **Verpflegungsmehraufwendungen** (Tagegelder § 9 Abs 4a EStG). Für Tätigkeiten im Ausland gibt esabweichend von den bei Inlandsreisen geltenden Verpflegungspauschalen länderweise unterschiedliche (Auslands-) Pauschalen in Höhe von 120 % und 80 % der Auslandstagegelder nach dem Bundesreisekostengesetz unter den gleichen Voraussetzungen wie bei den inländischen Pauschalen (§ 9 Abs 4a Satz 5 EStG; → *Dienstreise* Rn 26 ff, BMF 24.10.14, BStBl 14, 1412 Rz 50; BMF 11.11.13, BStBl I 13, 1467).

11 Die Regelungen zu den Besonderheiten bei Auswärtstätigkeiten im Ausland gelten weiter (BMF 24.10.14, BStBl I 14, 1412, Rz 50).

.

12 Für die Qualifizierung als An- und Abreisetag genügt es, wenn der ArbN unmittelbar nach der Anreise oder vor der Abreise auswärtig übernachtet (BMF 24.10.14, BStBl I 14, 1412, Rz 50). Bei nachgewiesenen höheren Aufwendungen als die Pauschalen ist für die die Pauschalen übersteigenden Mehraufwendungen LStPauschalierung möglich (§ 40 Abs 2 Nr 4 EStG; → *Lohnsteuerpauschalierung* Rn 36). Wird dem ArbN eine Mahlzeit zur Verfügung gestellt, unterbleibt eine Besteuerung dieses Sachbezugs (§ 8 Abs 2 Satz 9 EStG) und es werden die Pauschalen nach § 9 Abs 4a Satz 8 EStG gekürzt (→ *Dienstreise* Rn 36 ff; hierunter fallen auch Snack, Imbiss u im Rahmen einer Beförderung, zB Flugzeug, unentgeltlich angebotene Mahlzeiten). Entscheidend ist die Möglichkeit der Mahlzeiteneinnahme. Nach Ablauf von drei Monaten entfällt der Abzug von Verpflegungsmehraufwendungen (§ 9 Abs 4a Satz 6 EStG; BMF 24.10.14, BStBl I 14, 1412 Rz 57; Einzelheiten → *Dienstreise* Rn 30).

Es ist Folgendes zu beachten (R 9.6 Abs 3 Satz 4 LStR):

- Bei **Flugreisen** gilt das Land in dem Zeitpunkt als erreicht, in dem das **Flugzeug** dort **landet**; Zwischenlandungen bleiben unberücksichtigt, es sei denn, dass durch sie Übernachtungen notwendig wurden. Erstreckt sich eine Flugreise über mehr als zwei Kalendertage, so ist für die Tage, die zwischen dem Tag des Abflugs und dem Tag der Landung liegen, der für Österreich geltende Pauschbetrag maßgebend. 13
- Bei **Schiffsreisen** ist der für Luxemburg geltende Pauschbetrag und für die Tage der Einschiffung und Ausschiffung der für den Hafenort geltende Pauschbetrag maßgebend. 14
- Bei Auslands- und Inlandsreisen an einem Tag gilt das Auslandstagegeld, selbst dann, wenn die überwiegende Zeit im Inland verbracht wird (R 9.6 Abs 3 Satz 3 LStR). Bei Dienstreisen vom Inland in das Ausland bestimmt sich der Pauschbetrag nach dem Ort, den der Stpfl vor 24 Uhr Ortszeit zuletzt erreicht hat. Für eintägige Reisen ins Ausland und für Rückreisetage aus dem Ausland in das Inland ist der Pauschbetrag des letzten Tätigkeitsortes im Ausland maßgebend (§ 9 Abs 4a Satz 5 2. Hs EStG). 15

– Für die **Übernachtungskosten** (→ *Dienstreise* Rn 47 ff) gilt: 16

Abziehbar sind die tatsächlichen Aufwendungen für die persönliche Inanspruchnahme einer Unterkunft zur Übernachtung (§ 9 Abs 1 Satz 3 Nr 5a EStG, vgl R 9.7 Abs 2 und R 9.11 Abs 8 LStR). Die Höchstgrenze (1000 €) bei einer längerfristigen Auswärtstätigkeit (§ 9 Abs 1 Satz 3 Nr 5a Satz 4 EStG: nach Ablauf von 48 Monaten) gilt bei Übernachtungen im Ausland nicht (BMF 24.10.14, BStBl I 14, 1412, Rz 119). Erstattet der ArbGeb die tatsächlich entstandenen Übernachtungskosten, steht dem ArbN kein Werbungskostenabzug zu. Die Übernachtungskosten dürfen ohne Einzelnachweis der tatsächlichen Aufwendungen mit Pauschbeträgen steuerfrei durch den ArbGeb erstattet werden (vgl R 9.7 Abs 3 Satz 2 LStR). Die Pauschbeträge werden auf der Grundlage der höchsten Auslandsübernachtungsgelder nach dem Bundesreisekostengesetz festgelegt (vgl R 9.7 Abs 3 Satz 3 LStR). Für Begleitpersonen gelten die Regelungen über Inlandsdienstreise entsprechend (→ *Dienstreise* Rn 52). Weist der Zahlungsbeleg nur einen Gesamtpreis für Unterkunft und Verpflegung aus und lässt sich der Preis für die Verpflegung nicht feststellen, ist der Gesamtpreis für das Frühstück um 20% und für das Mittag- und Abendessen um jeweils 40% des für den Unterkunftsort maßgebenden Pauschbetrags für Verpflegungsmehraufwendungen bei mindestens 24 Stunden Abwesenheit zu kürzen (BMF 24.10.2014, BStBl I 2014, 1412 Rz 107). Die Übernachtungspauschbeträge gelten auch bei **doppelter Haushaltsführung** für einen Zeitraum von drei Monaten und für die Folgezeit mit 40% der Pauschbeträge bei steuerfreier Erstattung durch den ArbGeb (R 9.11 Abs 10 Satz 7 Nr 3 Satz 2 LStR). Alternativ kommt die steuerfreie Erstattung mittels Einzelnachweis in Betracht. Für die Dauer der Benutzung von Beförderungsmitteln darf ein Übernachtungsgeld nicht angesetzt werden (R 9.7 Abs 3 Satz 7, 8 LStR).

– **Reisenebenkosten.** Als solche kommen in Betracht: Telefon, Gepäcktransport, Garage, Fahrten am Reiseort, Trinkgelder uÄ, nicht aber Reiseutensilien (FG Hbg 24.9.87, EFG 88, 67 aA für Koffer FG Hess 12.10.06 – 13 K 2035/06, BeckRS 2006, 26023348). Hier gelten die gleichen Regelungen wie bei Inlandsdienstreisen (→ *Dienstreise* Rn 55; vgl im Übrigen R 9.8 LStR). 17

**2. Private Auslandsreise.** Eine solche ist steuerlich als Ausgabe nicht zu berücksichtigen (§ 12 Nr 1 Satz 2 EStG; FG Sachs 13.5.11 – 8 K 72/10, BeckRS 2011, 95549). Trägt der ArbGeb die Kosten, liegt stpfl Lohn vor, **auch bei Zahlung durch Dritte,** insbes durch Geschäftspartner → *Incentivereisen* Rn 4 ff. Stellt der ArbGeb **Ferienwohnungen** im Ausland zur Verfügung, so führt dies einerseits zu stpfl Lohn (§ 8 Abs 2 Satz 1 EStG), andererseits zu Betriebsausgaben beim ArbGeb (BFH 9.4.97, BStBl II 97, 539; Einzelheiten → *Sachbezug* Rn 3 ff). Wird eine private (Auslands-)Reise aufgrund beruflicher Notwendigkeiten **unterbrochen,** so können die Reisekosten vom privaten Aufenthaltsort zum Arbeitsplatz und zurück als Werbungskosten abziehbar sein (BFH 12.1.90, BStBl II 90, 423; differenzierend FG NdS 27.4.95, EFG 95, 1026). 18

**3. Privat und beruflich veranlasste Reise (gemischte Veranlassung). a) Vom ArbN finanzierte Reise.** Bei gemischt beruflich (betrieblich) und privat veranlassten Reisen sind die Aufwendungen für die Hin- und Rückreise grds in abziehbare Werbungskosten und nicht abziehbare Aufwendungen für die private Lebensführung nach Maßgabe 19 der beruflich und privat veranlassten **Zeitanteile** der Reise **aufzuteilen,** wenn die beruflich veranlassten Zeitanteile feststehen und nicht von untergeordneter Bedeutung sind (BFH 21.9.09 – GrS 1/06, DStR 10, 101). **Das Aufteilungs- und Abzugsverbot** des § 12 Nr 1 Satz 2 EStG gilt **nicht mehr.** Die **Reise ist nicht mehr als Einheit** zu behandeln.

**Beispiele:** 7-tägige Kongressreise nach Las Vegas/USA, wovon 4 Tage durch Fortbildung ausgefüllt sind: 4/7 der Reisekosten sind als Werbungskosten abzugsfähig (BFH 21.9.09 – GrS 1/06, DStR 10, 101).

Die seelsorgerische Betreuung durch einen Geistlichen bei einer Pilgerwallfahrt nach Rom sowie die Tertiatskursfahrt (= Reise im dritten Jahr der Erprobung und Eingliederung in den Jesuitenorden) zu den christlichen Orten in Jordanien sind beruflich veranlasst und daher steuerlich absetzbar (BFH 9.12.10 – VI R 42/09, BStBl II 11, 522).

Beruflich abgrenzbare Aufwendungen bleiben bei einer ansonsten als privat zu beurteilenden Reise steuerlich abzugsfähig (zB Geschäftsbesuch bei einem Vertragspartner, Kongressteilnahme, auch bei Halten eines Vortrags). Abzugsfähig sind hierbei Eintrittsgelder, Kursgebühren, zusätzliche Fahrtkosten, Unterbringungskosten und Verpflegungsmehraufwendungen (BFH 15.3.90, BStBl II 90, 736; BFH 23.4.92, BStBl II 92, 898; BFH 23.1.97, BStBl II 97, 357; BFH 7.2.97, BFH/NV 97, 401).

**aa) Voraussetzung für die Abzugsfähigkeit:** ie Gründe des Stpfl für die Reise sind anhand der gesamten Umstände des jeweiligen Einzelfalls zu ermitteln (BFH 1.6.10 – VIII R 80/05, BFH/NV 10, 1805). Lassen sich keine Gründe feststellen, die eine berufliche Veranlassung der Reise belegen, gehen entsprechende Zweifel zu Lasten des Stpfl. Es liegt also am Stpfl, seiner Mitwirkungspflicht umfassend und belegbar in der Weise nachzukommen, dass bei wertender Betrachtung aller Umstände des Einzelfalls die Reise als zumindest teilweise beruflich veranlasst erscheint (BFH 23.3.11 – X R 44/09, DStRE 11, 1101) Dies ist nach objektiven Kriterien zu beurteilen (BFH 5.2.10 – IV B 57/09, BFH/NV 10, 880). Zum tatsächlichen Ablauf der Reise hat das FG ggf Zeugen zu vernehmen (BFH 1.6.2010 – VIII R 80/05, DB 2010, 2082). Eine unbedeutende private Mitveranlassung steht dem vollständigen Abzug von Werbungskosten nicht entgegen wie auch umgekehrt eine unbedeutende berufliche Mitveranlassung den Werbungskostenabzug nicht eröffnet (BFH 5.2.2010 – IV B 57/09, BFH/NV 2010, 880). Ggf ist der berufliche Zeitanteil zu schätzen. Greifen aber die – für sich gesehen jeweils nicht unbedeutenden – beruflichen und privaten Veranlassungsbeiträge (zB bei einer beruflich/privaten Doppelmotivation für eine Reise) so ineinander, dass eine Trennung nicht möglich ist, kommt ein Abzug der Aufwendungen insgesamt nicht in Betracht (BFH 7.5.13 – VIII R 51/10, DB 13, 2245: Reise eines nebenberuflichen Autors). Von diesen Grundsätzen ist bereits die neuere Rspr des BFH zu Aufwendungen anlässlich eines Fortbildungskongresses in einem **beliebten Urlaubs- und Ferienort** ausgegangen. Wenn die Fortbildung in einem konkreten, erwerbsbezogenen Veranlassungszusammenhang mit der Berufstätigkeit steht und die Anwesenheit bei der Fachtagung nachgewiesen ist, wobei ein lückenloser Nachweis nicht erforderlich ist, sind die Reisekosten abzugsfähig, solange eine private Mitveranlassung der Reise unbedeutend ist, anderenfalls Aufteilung der Kosten nach Zeitanteilen (BFH 11.1.07 – VI R 8/05, NJW 07, 1023: Ärztekongress zB in St. Anton am Arlberg während der Hauptferienzeit; BFH 22.7.08 – VI R 2/07, BFH/NV 08, 1837: Apothekerkongress in Meran; BFH 21.4.10 – VI R 66/04, BStBl II 10, 685: Fortbildung für Sportmedizin am Gardasee). Eine Auslandsreise zwecks **Bewerbung** ist steuerlich nicht abzugsfähig, da die Reise nicht der Erzielung inländischer Einkünfte dient (BFH 20.9.06 – I R 59/05, IStR 06, 25). Dient ein **Sprachkurs** im Ausland der Vorbereitung einer Tätigkeit im Ausland bei beabsichtigter Aufgabe des inländischen Wohnsitzes, entfällt trotz ausschließlich beruflicher Veranlassung die steuerliche Abzugsfähigkeit, da der Kurs nicht der Erzielung inländischer Einkünfte dient (BFH 24.4.92, BStBl II 92, 666). Zu einem während der Berufstätigkeit im Ausland absolvierten Sprachkurs, der der inländischen Berufstätigkeit dient, → *Fortbildung* Rn 28. Bei **Mitnahme des Ehegatten** oder einer anderen Person aus anderen als dienstlichen Gründen gilt der Einzelzimmerpreis im selben Haus (BMF 24.10.12014, BStBl I 2014, 1412 Rz 116). Die Mitnahme des Ehegatten oder einer anderen Person aus nicht geschäftlichen Gründen indiziert den Privatcharakter der Reise (BFH 23.3.11 – X R 44/09, DStRE 11, 1101). Der strenge Maßstab bei Mitnahme einer Begleitperson gilt selbst dann, wenn der Stpfl einen **Vortrag** hält (BFH 18.7.97, BFH/NV 98, 157; aA FG Hbg 29.6.01 – II 139/00, EFG 01, 1423).

**bb)** Eine Ausnahme von der zeitanteiligen Aufteilung gilt bei Wahrnehmung eines beruflichen Termins auf Weisung des ArbGeb. In diesem Fall können die **Kosten der Hin- und Rückreise** auch dann in vollem Umfang beruflich veranlasst sein, wenn der Stpfl den beruflichen Pflichttermin mit einem vorangehenden oder nachfolgenden Privataufenthalt verbindet. Dabei kommt es nicht notwendig darauf an, ob der private Teil der Reise kürzer oder länger ist als der berufliche Teil (*Schmidt/Loschelder* § 12 Anm 7). 20

**b) Vom ArbGeb finanzierte Reise.** 21

Bei gemischter Veranlassung der Reise, bei der weder der private Anteil völlig in den Hintergrund tritt, was zB bei einer Dienstreise mit angenehmen Begleitumständen der Fall wäre, noch der dienstliche Anteil ein besonderes Gewicht erlangt, was zB bei einer Urlaubsreise mit Erweiterung des beruflichen Gesichtsfeldes der Fall wäre (Englandreise eines Englischlehrers), bei der also private Elemente und dienstliche Aspekte in etwa gleichermaßen eine Rolle spielen, giltnach neuer Rspr des BFH (18.8.05 – VI R 32/03, DB 05, 2339) folgendes: Die Reise ist **nicht als Einheit** zu behandeln. Vielmehr ist eine **Aufteilung** der Reisekomponenten in privat veranlasste und dienstlich veranlasste Umstände grds nach Zeitanteilen vorzunehmen. Der dienstlich veranlasste Anteil der Reise muss als im überwiegend eigenbetrieblichen Interesse des ArbGeb betrachtet werden können. Dann ist nur der privat veranlasste Anteil der Reise als Sachzuwendung stpfl (§ 8 Abs 2 Satz 1 EStG; BFH 24.8.10 – VI B 14/10, BFH/NV 11, 24). Die Kostenbestandteile der Reise sind also zu trennen nach einerseits betriebsfunktionalem Anlass (Tagungsräume nebst Ausstattung, Tagungsunterlagen, Referenten) und privatem Anlass (touristisches Programm, Ausflüge, Spiel- und Sportprogramm, gemeinsame Feiern, Unterhaltung – stpfl nach § 8 Abs 2 Satz 1 EStG –). Kostenanteile, die beide Bereiche gleichermaßen betreffen, sind nach Zeitanteilen beruflich – privat aufzuteilen (Flug- und Fahrtkosten, Unterkunft, Verpflegung, Kommunikation, Organisation, allgemeine Betreuung); der private Anteil ist dem stpfl Teil der Reise zuzuordnen, wobei die Verpflegungskosten auf den abziehbaren Teil gem § 4 Abs 5 Nr 5 EStG zu kürzen sind. Ggf sind die Kostenanteile zu schätzen (§ 162 AO; BFH 24.8.10 – VI B 14/10, BeckRS 2010, 25016590). Übernimmt der ArbN den privaten Kostenanteil, entfällt eine entsprechende Besteuerung.

Auch wenn ein **Dritter die Reise finanziert** (zB Geschäftspartner des ArbGeb), kann Lohn vorliegen (→ *Incentivereisen* Rn 7; s im Übrigen → *Fortbildung* Rn 29). Übernimmt eine Kapitalgesellschaft die Reisekosten des Gesellschafter-Geschäftsführers für eine vorwiegend privat veranlasste Reise, so liegt darin eine **verdeckte Gewinnausschüttung,** wenn bei einer entsprechenden Reise eines Einzelunternehmers oder eines Personengesellschafters das Aufteilungs- und Abzugsverbot des § 12 Nr 1 Satz 2 EStG eingreifen würde (BFH 6.4.05 – I R 86/04, BStBl II 05, 667). Bei einer gemischt veranlassten Reise gelten für die Besteuerung des Privatanteils durch den Gesellschafter obige Ausführungen. 22

**4. Gruppenreise.** Eine Gruppenreise kann in vollem Umfang privat oder gemischt oder in vollem Umfang beruflich veranlasst sein. Hauptbeispiel **Studienreise.** Entscheidend für die Einordnung ist der Anlass der Reise, das vorgesehene Reiseprogramm und der tatsächliche Ablauf der Reise. Für eine berufliche (Mit-)Veranlassung sprechen die fachliche Organisation, das auf die beruflichen Bedürfnisse der Teilnehmer zugeschnittene Programm sowie ein im Wesentlichen homogener Teilnehmerkreis (BFH 21.4.2010 – VI R 5/07, BStBl II 10, 687: Fortbildungsreise für Englischlehrer nach Dublin).Zur einkommensteuerlichen Behandlung der Aufwendungen für Studienreisen und Fachkongresse insbes im Ausland s OFD Frankfurt am Main 13.4.12, IStR 12, 729. 23

**5. Auslandspauschbeträge.** Die Pauschbeträge für Auslandsdienstreisen werden vom Bundesministerium der Finanzen im Einvernehmen mit den obersten Finanzbehörden der Länder festgelegt und im BStBl I bekanntgegeben (vgl R 9.6 Abs 3 und R 9.7 Abs 3 LStR). 24

S Online-Muster-Formulare *„M34.3 Pauschbeträge für Verpflegungsmehraufwendungen und Übernachtungskosten im Ausland"*.

**C. Sozialversicherungsrecht** *Schlegel*

25 **1. Unfallversicherungsschutz.** Dienstreisen ins Ausland lassen den Versicherungsschutz in der UV unberührt; insoweit gelten dieselben Grundsätze wie bei sonstigen dienstlich veranlassten Reisen des ArbN.

26 **2. Erkrankungen im Ausland** lösen im Grundsatz keine Ansprüche auf Leistungen gegen die inländische Krankenkasse aus; dies gilt für Privat- und Dienstreisen ins Ausland gleichermaßen. Nach § 16 Abs 1 Nr 2 SGB V ruht nämlich der Anspruch auf Leistungen der gesetzlichen KV, solange sich der Versicherte im Ausland aufhält und er dort während eines vorübergehenden Aufenthalts erkrankt; gleiches gilt für die PflegeV (§ 34 Abs 1 Nr 1 SGB XI). Aus diesem Grunde ist eine private Absicherung des Risikos der Erkrankung im Ausland jedenfalls in den Fällen erforderlich, in denen nicht aufgrund supranationalen oder zwischenstaatlichen Rechts ein Rechtsanspruch auch auf Heilbehandlung im Ausland gegen die dort ansässigen Träger der gesetzlichen KV entsteht; letzteres ist insbes in sämtlichen **EG-Mitgliedstaaten,** aber auch in der Schweiz, Schweden, der Türkei und Tunesien der Fall (dazu *Auslandstätigkeit*). Erfolgt die Krankenbehandlung zB eines **Touristen** in einem Staat, mit dem Deutschland ein SozVAbk bzgl Leistungen auch bei Krankheit abgeschlossen hat (zB Tunesien), ist zu berücksichtigen, dass die Ansprüche in Deutschland wohnender Versicherter nach AbkRecht auf dasjenige beschränkt sind, was ihnen das Recht des ausländischen Staates (zB tunesische Recht) – auch an sachleistungsersetzenden Erstattungsansprüchen – zur Verfügung stellt (BSG 25.5.07 – B 1 KR 18/06 R, SozR 4–6928 Allg Nr 1 zu einer Erkrankung in Tunesien).

27 Hält sich der Versicherte im Ausland auf, weil er dort beschäftigt ist und erkrankt er während der Beschäftigung (zB während einer beruflich bedingten Auslandsreise), hat er gegen den ArbGeb einen Anspruch auf diejenigen Leistungen, die ihm an sich gegen die Krankenkasse zustünden; der ArbGeb seinerseits hat dann insoweit wieder einen Kostenerstattungsanspruch gegen die Krankenkasse bis zur Höhe derjenigen Kosten, die die Krankenkasse bei einer Behandlung des Versicherten im Inland aufwenden müsste (§ 17 SGB V).

28 **3. Kaufkraftausgleich,** den ein inländischer ArbGeb seinen ArbN gewährt, die für einen begrenzten Zeitraum in ein Gebiet außerhalb des Inlands entsandt worden sind und dort einen Wohnsitz oder ihren gewöhnlichen Aufenthalt haben, ist nach § 2 Nr 64 EStG iVm § 1 SvEV (steuer- und) beitragsfrei, wenn und soweit der Kaufkraftausgleich den für vergleichbare Auslandsbezüge nach § 54 Bundesbesoldungsgesetz zulässigen Betrag nicht übersteigt.

# Auslandstätigkeit

**A. Arbeitsrecht** *Kreitner*

### Übersicht



1 **1. Allgemeines.** Aufgrund der internationalen, insbes aber der europäischen Verflechtung der Wirtschaft gewinnt der grenzübergreifende Einsatz von ArbN ständig an Bedeutung. Dies spiegelt sich in der Rspr wider, die sich in immer stärker werdendem Maße mit Fragen der Auslandsberührung im Arbeitsrecht zu beschäftigen hat (Übersicht bei *Schneider* NZA 10, 1380; *Herfs-Röttgen* NZA 17, 873; *Hoffmann* DB 19, 1737).

Im Folgenden werden die mit der Tätigkeit von ArbN im Ausland zusammenhängenden Rechtsfragen dargestellt. Wegen des Einsatzes ausländischer ArbN in Deutschland → *Ausländer* Rn 1–20; wegen Rechtsfragen im Zusammenhang mit dem AEntG → *Arbeitnehmerentsendung* Rn 1 ff. 2

Werden inländische Unternehmen im Ausland tätig, so stellt sich zunächst die Frage der Deckung des entstandenen Arbeitskräftebedarfs. Dies kann durch die Einstellung sog **Ortskräfte** im Ausland erfolgen. Solche Ortskräfte unterliegen grds dem dort geltenden Recht (LAG Düsseldorf 2.2.82, DB 82, 962; *Däubler* ArbuR 90, 1). Gleichwohl kann auch in den Arbeitsverträgen mit Ortskräften die Geltung deutschen Arbeitsrechts vereinbart werden. Ein deutliches Indiz hierfür ist bspw die Inbezugnahme von Tarifverträgen am Sitz des ArbGeb (BAG 19.12.13 – 6 AZR 145/12, BeckRS 2014, 67286: Auslandsvertretung der Bundesrepublik). 3

Häufiger ist jedoch eine personelle Maßnahme des inländischen Unternehmens in Deutschland. Dabei kann es sich entweder um eine Neueinstellung ausschließlich für einen oder mehrere verschiedene Auslandseinsätze handeln. Dann stellt der Auslandsbezug regelmäßig einen sachlichen Befristungsgrund dar (LAG Köln 10.3.95 – 13 Sa 842/94, NZA-RR 96, 202 allerdings für den Sonderfall einer tariflichen Befristungsregelung). Als andere Alternative kommen die dauerhafte oder die lediglich vorübergehende Entsendung bislang im Inland beschäftigter ArbN in Betracht (zum sog Off-Shoring *Gaul/Mückl* DB 11, 2318; *Wisskirchen/Goebel* DB 04, 1937). Schließlich bleibt die Möglichkeit einer Auflösung des bestehenden Inlandsvertrages ggf mit einer Wiedereinstellungszusage nach Beendigung des Auslandseinsatzes oder die Vereinbarung eines einheitlichen Arbeitsverhältnisses mit der deutschen und der ausländischen Gesellschaft (BAG 21.1.99 – 2 AZR 648/97, NZA 99, 539). 4

**2. Neueinstellung/Entsendung.** Die Entsendung eines ArbN ins Ausland bedeutet regelmäßig einen Eingriff in den Kernbereich der arbeitsvertraglichen Beziehungen mit der Folge, dass es hierzu einer einvernehmlichen Änderung des Arbeitsvertrages bedarf. Gestützt auf das *Weisungsrecht* kann der ArbGeb einseitig eine solche Entsendung grds nicht vornehmen. Etwas anderes gilt nur dann, wenn ein Einsatz des ArbN im Ausland arbeitsvertraglich ausdrücklich vorgesehen ist und der Arbeitsvertrag eine entsprechende Versetzungsklausel enthält (LAG BaWü 6.9.17 – 4 Sa 3/17, NZA-RR 17, 578; *Schulz/Stoltenberg* NZA 19, 1320; vgl zur AGB-Kontrolle von Entsendungsverträgen zuletzt *Straube* DB 12, 2808). Vorbehaltlich einer anderen Vereinbarung der Parteien sind die für die Hin- und Rückreise erforderlichen Zeiten grds wie Arbeit zu vergüten (BAG 17.10.18 – 5 AZR 553/17, NZA 19, 159). 5

Für einen zeitweiligen Einsatz im EU-Ausland, den EWR-Staaten Island, Liechtenstein und Norwegen sowie der Schweiz ist eine sog A1-Bescheinigung zu beantragen (Näheres → *A1-Bescheinigung* Rn 1 ff). Ferner treffen den ArbGeb bei der Entsendung eines ArbN weitergehende Fürsorgepflichten bezüglich der umfassenden Vorbereitung auf den Einsatz im Ausland (*Edenfeld* DB 17, 2803, restriktiv BAG 22.1.09 – 8 AZR 161/08, NZA 09, 608: keine allgemeine Hinweispflicht bezüglich Steuerpflicht im Ausland; LAG Hess 4.9.95, NZA 96, 482, keine allgemeine Aufklärungspflicht des ArbGeb über Umfang des KVSchutzes im Ausland). Dies gilt in modifizierter Form auch für die Neueinstellung eines ArbN. Wegen der betriebsverfassungsrechtlichen Fragen der Mitbestimmungsrechte des BRat → Rn 14 ff. 6

**3. Anzuwendendes Recht.** Insoweit ist eine differenzierte Betrachtung je nach Art und Weise des Auslandseinsatzes und der rechtlichen Qualität der jeweiligen Rechtsnormen erforderlich. 7

**a) Arbeitsvertragsrecht.** Im Bereich des Individualarbeitsrechts gilt auch bei einem Auslandseinsatz der ArbN grds das Prinzip der Vertragsfreiheit. Gesetzlich geregelt war dies in Art 3 ff EGBGB. Seit dem 17.12.09 gilt die EG-VO 593/2008, die sog ROM I-VO. Nach **Art 3 ROM I-VO** gilt der Grundsatz der freien Rechtswahl. In **Art 8 ROM I-Verordnung,** der das Individualarbeitsrecht betrifft, wurde weitestgehend inhaltsgleich die Regelung der Art 30 ff EGBGB übernommen. Lediglich ArbN, die ihrer Auslandstätigkeit von einer bestimmten, festen Basis aus nachgehen (zB Flugpersonal), sind durch eine Ergänzung in Art 8 Abs 2 Satz 1 ROM I-VO („von dem aus“) mit einbezogen worden (*Palandt/* 8

*Thorn* Art 8 ROM I Rn 1 ff). Nach § 28 ROM I-VO wird die Verordnung nur auf Verträge angewendet, die ab dem 17.12.09 „geschlossen" wurden. Das gleiche gilt für ein vorher begründetes Arbeitsverhältnis ausnahmsweise dann, wenn es durch gegenseitiges Einvernehmen der Vertragsparteien, das sich ab diesem Zeitpunkt manifestiert haben muss, in einem solchen Umfang geändert wurde, dass in der Sache von einem neuen Arbeitsvertrag auszugehen ist (EuGH 18.10.16 – C-135/15, NZA 16, 1389). Für Altverträge gilt das bisherige Recht fort (*Palandt/Thorn* Art 28 ROM I Rn 2). Grds enthält die ROM I-VO allseitige Kollisionsnormen und ist unabhängig davon anwendbar, ob das berufene Recht dasjenige eines Mitgliedsstaats iSv Art 1 Abs 4 ROM I-VO oder eines Drittstaats ist (BAG 23.3.16 – 5 AZR 767/14, NZA 17, 78). Ausgehend von den dargestellten Grundsätzen wird im Folgenden weitgehend auf die nach dem EGBGB geltende Rechtslage Bezug genommen.

**9** Arbeitsrechtliche Zentralvorschrift ist insoweit **Art 30 EGBGB.** Danach obliegt die Entscheidung über das anzuwendende Recht (sog **Arbeitsvertragsstatut**) primär den Vertragsparteien. Dies kann gem Art 27 Abs 1 Satz 2 EGBGB auch konkludent geschehen (*Riesenhuber* DB 05, 1571). Auch eine Rechtswahl im Tarifvertrag ist zulässig (*Schlachter* NZA 2000, 57; aA *Thüsing* NZA 03, 1303). Dabei ist zusätzlich gem Art 30 Abs 1 EGBGB ein Günstigkeitsvergleich mit der Rechtsordnung durchzuführen, die nach Art 30 Abs 2 EGBGB bei objektiver Anknüpfung anzuwenden wäre, denn die Rechtswahl der Parteien darf nicht dazu führen, dass dem ArbN dieser Schutz entzogen wird (BAG 11.12.03 – 2 AZR 627/02, AP Nr 6 zu Art 27 EGBGB nF). Liegt insgesamt keine Rechtswahl vor, erfolgt gem Art 30 Abs 2 EGBGB eine Bestimmung anhand der dort genannten Kriterien. Danach findet grds das Recht des normalen Arbeitsorts bzw das der Niederlassung, die den ArbN eingestellt hat, Anwendung, wobei dem erstgenannten Tatbestandsmerkmal des gewöhnlichen Arbeitsorts größeres Gewicht zukommt (BAG 11.12.03 – 2 AZR 627/02, AP Nr 6 zu Art 27 EGBGB nF). Allerdings enthält Art 30 Abs 2 EGBGB im zweiten Halbsatz eine Ausnahmeklausel, wonach ggf bestehende engere Verbindungen zu einem anderen Staat maßgeblich sein können. Als insoweit relevante Umstände sind von der Rspr anerkannt: Staatsangehörigkeit der Parteien, Sitz des ArbGeb, Vertragssprache, Währung, in der die Vergütung zu zahlen ist, Ort des Vertragsschlusses, Wohnsitz des ArbN (BAG 22.10.15 – 2 AZR 720/14, NZA 16, 473; 3.5.95 – 5 AZR 15/94, NZA 95, 1191 zum Sonderfall des Seearbeitsrechts; BAG 12.12.01 – 5 AZR 255/00, NZA 02, 734 zum Sonderfall einer Flugbegleiterin im internationalen Einsatz; → *Ausländer* Rn 5 ff).

**10** Unabhängig hiervon gelten gem **Art 34 EGBGB** zwingende Normen des deutschen Rechts (sog Eingriffsnormen) in jedem Fall. Diese Vorschrift ist allerdings eng auszulegen. Das gleiche gilt nach der Rspr des EuGH für die Parallelvorschrift des **Art 9 ROM I-VO** (EuGH 18.10.16 – C-135/15, NZA 16, 1389). Insbes genügt die bloße Unabdingbarkeit einer Norm nach deutschem Recht nicht (BAG 24.8.89, DB 90, 1666). Vielmehr muss die Vorschrift Bedeutung für Gemeinwohlinteressen aufweisen und über die Individualinteressen einzelner Vertragsbeteiligter hinausgehen. Dementsprechend hat das BAG eine Zugehörigkeit des KSchG zu den wesentlichen Vorschriften des deutschen Arbeitsrechts iSd Art 34 EGBGB verneint (BAG 24.8.89, DB 90, 1666; LAG Köln 19.8.08 – 7 Ta 322/07, BeckRS 2008, 57638; *Gumnior/Pfaffenberger* NZA 19, 1326; aA *Schneider* NZA 10, 1380). Gleiches gilt für § 613a BGB (BAG 29.10.92, DB 93, 637), §§ 74 ff HGB (*Thomas/Weidmann* DB 04, 2694; aA *Fischer* DB 99, 1702), § 8 TzBfG (BAG 13.11.07 – 9 AZR 134/07, NZA 08, 761) sowie die tarifliche Ausschlussfrist des § 16 BRTV-Bau (BAG 6.11.02 – 5 AZR 617/01 (A), NZA 03, 490) und die Beitragsverpflichtung nach § 24 des allgemeinverbindlichen Tarifvertrags über das Sozialkassenverfahren im Baugewerbe (BAG 9.7.03 – 10 AZR 593/02, AP Nr 261 zu § 1 TVG Tarifverträge: Bau). Demgegenüber sprechen die behördlichen Genehmigungserfordernisse nach § 168 SGB IX und § 17 MuSchG für einen gesteigerten Durchsetzungswillen des Gesetzgebers und damit für eine Zugehörigkeit im vorgenannten Sinn (*Schlachter* NZA 2000, 57; → Rn 21). Auch die Vorschriften des AEntG sind international zwingend (BAG 25.6.02 – 9 AZR 405/00, NZA 03, 275). Entsendet ein Unternehmen des Bauhauptgewerbes einen Bauarbeiter vorübergehend zum Arbeitseinsatz ins Ausland, ohne hierfür eine Vergütungsvereinbarung zu treffen, schuldet der ArbGeb nach 612 BGB die übliche Vergütung, die sich nach dem TV Mindestlohn richtet (BAG 20.4.11 – 5 AZR 171/10, NZA 11, 1173). Das LAG Hess hat mit Urt vom 16.11.99 (4 Sa 463/99, NZA-RR 2000, 401) den international zwingenden Charakter bezüglich §§ 15, 18

BErzGG bejaht und bezüglich § 20 Abs 1 MuSchG und § 3 Abs 1 EFZG verneint. Immer erforderlich ist für die Anwendbarkeit von Art 34 EGBGB, dass der Sachverhalt einen hinreichenden Inlandsbezug hat. Weisen alle Anknüpfungspunkte auf die Anwendbarkeit ausländischen Rechts hin, bleibt Art 34 EGBGB unanwendbar (BGH 19.3.97 – VIII ZR 316/96, NJW 97, 1697; *Thüsing* NZA 03, 1303).

Zur Parallelvorschrift des **Art 9 ROM I-VO** hat der EuGH auf Anfrage des BAG klargestellt, dass das angerufene Gericht andere Eingriffsnormen, als die des Staates des angerufenen Gerichts oder des Staates, in dem die durch den Vertrag begründeten Verpflichtungen erfüllt werden sollen oder erfüllt worden sind, nicht als Rechtsvorschriften anwenden darf (EuGH 18.10.16 – C-135/15, NZA 16, 1389). Folglich gelten griechische Spargesetze im deutschen Arbeitsrecht nicht (BAG 26.4.17 – 5 AZR 962/13, BeckRS 2017, 119890).

Haben die Parteien die Geltung des deutschen Arbeitsvertragsrechts vereinbart oder kommt dieses gem Art 30 Abs 2 EGBGB zur Anwendung, so gilt dies im Bereich des Individualarbeitsrechts **umfassend.** Dementsprechend sind bei einer ArbGebSeitigen **Kündigung** eines ins Ausland entsandten ArbN die Maßstäbe des KSchG zu beachten (BAG 21.1.99 – 2 AZR 648/97, NZA 99, 539). Dies gilt auch für eine Druckkündigung, die der ArbGeb auf Verlangen eines ausländischen Geschäftspartners ausspricht (BAG 19.6.86, DB 86, 2498). Zu beachten ist allerdings, dass das KSchG bei Fehlen anderweitiger Vereinbarungen der Parteien ausschließlich für inländische Betriebe gilt (BAG 26.3.09 – 2 AZR 883/07, BeckRS 2009, 66019; 17.1.08 – 2 AZR 902/06, NZA 08, 872; 3.6.04 – 2 AZR 386/03, NZA 04, 1380; kritisch *Straube* DB 09, 1406). Von daher kann ein Gemeinschaftsbetrieb zwischen einem inländischen und einem ausländischen Unternehmen nicht zur Anwendbarkeit des KSchG bezüglich eines im Ausland tätigen ArbN führen, wenn nur auf diese Weise die notwendige ArbNZahl des § 23 KSchG erreicht würde (LAG Hamm 5.4.89, DB 89, 1525). Bei einem länger als einen Monat dauernden Auslandsaufenthalt sind die weitgehenden Nachweispflichten bezüglich der wesentlichen Vertragsbedingungen gem § 2 Abs 2 NachwG zu beachten. Im Bereich der **Arbeitnehmerüberlassung** gilt auch die equal pay-Regelung des § 10 Abs 4 AÜG (BAG 28.5.14 – 5 AZR 422/12, NZA 14, 1264). 11

Gleiches gilt bspw bezüglich **Urlaub, Lohnfortzahlung** im Krankheitsfall sowie sämtlichen vertraglichen Nebenpflichten. Auch eine Vergütung der ausländischen Feiertage muss in entsprechender Anwendung des Feiertagslohnzahlungsgesetzes regelmäßig erfolgen, solange es sich hierbei nach Art und Ausmaß um dem deutschen Recht vergleichbare Feiertage handelt. Allerdings scheidet dann eine gleichzeitige Bezahlung der deutschen Feiertage naturgemäß aus (*Däubler* ArbuR 90, 1). 12

Auch das ArbGebSeitige **Weisungsrecht** besteht unverändert fort und ist im Ausland gleichermaßen nach billigem Ermessen iSd § 106 GewO auszuüben. Allerdings können bei der Beurteilung der Billigkeit die allgemeinen Arbeitsbedingungen des Einsatzlandes Bedeutung erlangen (BAG 12.12.90, DB 91, 865: 54-Stunden-Woche in Saudi-Arabien). Zur Geltung des arbeitsrechtlichen Gleichbehandlungsgrundsatzes in ausländischen Betrieben vgl *Bittner* NZA 93, 167 sowie BAG 8.8.96, BB 97, 997: Gleichbehandlung eines belgischen ArbN mit deutschen ArbN bei einer Beschäftigung im nichteuropäischen Ausland; zur AGB-Kontrolle von Entsendungsverträgen zuletzt *Straube* DB 12, 2808. 13

**b) Betriebsverfassungsgesetz.** Das BetrVG unterliegt nicht dem Arbeitsvertragsstatut. Auch im Übrigen ist eine vertragliche Vereinbarung einer Geltung des BetrVG nach allgemeiner Ansicht nicht möglich (*Gaul* BB 90, 697; *Mayer* BB 99, 842). Vielmehr gilt insoweit nach der ständigen Rspr des BAG das sog **Territorialitätsprinzip** (BAG 22.3.2000 – 7 ABR 34/98, NZA 2000, 1119; 24.5.18 – 2 AZR 56/18, BeckRS 2018, 24423). Maßgebliche Bedeutung kommt mithin der Entscheidung über die **betriebliche Zuordnung** des im Ausland tätigen ArbN zu. Hierfür ist der ArbN, der sich auf die Anwendbarkeit des BetrVG beruft, im Prozess darlegungs- und beweispflichtig (LAG RhPf 10.12.96, BB 97, 2002 [LS]; *Reiter* NZA 04, 1246). 14

Abgesehen von den Fällen, in denen der ArbN vollkommen in eine im Ausland bestehende betriebliche Organisation eingegliedert ist und jeder Kontakt durch ArbGebseitige Weisungen aus dem Inlandsbetrieb abgebrochen wird, kommt es für die Eingliederung des ArbN darauf an, ob er im Wege der sog **Ausstrahlung** des inländischen Betriebs noch von 15 dem für diesen Betrieb geltenden BetrVG erfasst wird. Hierfür ist mit Hilfe einer Gesamtbetrachtung aller Einzelumstände (Dauer der Entsendung, Eingliederung in den ausländischen Betrieb etc) der Fortbestand einer materiellen Beziehung des ArbN zum Inlandsbetrieb zu ermitteln (BAG 24.5.18 – 2 AZR 54/18, NZA 18, 1396). **Zeitliche Obergrenzen** lassen sich insoweit nicht festschreiben (*Falder* NZA 2000, 868; *Boemke* NZA 92, 112). Auch eine sog **Rückrufklausel** in der Entsendungsvereinbarung spricht für eine Geltung des BetrVG, da auch hierin eine Bindung an den Inlandsbetrieb deutlich wird (BAG 20.2.01 – 1 ABR 30/00, NZA 01, 1033). Nicht ausreichend ist allein die personalmäßige Verwaltung durch den inländischen Betrieb. Es müssen vielmehr weitere Weisungsabhängigkeiten bestehen. So hat das BAG zB im Fall einer Reiseleiterin eines deutschen Reiseunternehmens, die seit mehreren Jahren in Tunesien eingesetzt war, trotz des unbefristeten Vertrages eine Ausstrahlung bejaht, da der Vertrag einerseits eine Rückrufklausel enthielt und andererseits die ArbN ihre Einsatzpläne und sonstigen Weisungen aus dem Inlandsbetrieb erhielt (BAG 7.12.89, DB 90, 992). Entscheidend ist letztlich eine Gesamtwürdigung aller Einzelfallumstände (*Herfs-Röttgen* NZA 18, 150).

**16** Wird ein ArbN von vornherein nur **für eine bestimmte Auslandstätigkeit eingestellt,** soll nach Ansicht des BAG eine Ausstrahlung grds ausscheiden (BAG 21.10.80, DB 81, 696; LAG Düsseldorf 2.2.82, DB 82, 962). Diese Rspr überzeugt nicht, da es allein auf die Weisungsabhängigkeit und Eingliederung des ArbN bezüglich des entsendenden Inlandsbetriebes ankommen kann. Ob ein ArbN vor dem Auslandseinsatz bereits in dem inländischen Betrieb tätig war, hat dabei allenfalls geringe indizielle Bedeutung (*Reiff* SAE 90, 251).

**17** **Bedeutung** erlangt die Anwendbarkeit des BetrVG in vielfacher Hinsicht. Dies beginnt bei organisatorischen Fragen. So steht den entsandten, von der Ausstrahlungswirkung erfassten ArbN das aktive (unstreitig) und das passive (streitig) **Wahlrecht zum Betriebsrat** zu (BAG 22.3.2000 – 7 ABR 34/98, NZA 2000, 1119). Im Rahmen der Erforderlichkeit sind BRatMitglieder berechtigt, die im Ausland tätigen ArbN an ihrem Arbeitsplatz aufzusuchen (*Fitting* § 1 Rz 30; *Däubler* ArbuR 90, 1; aA BAG 27.5.82, DB 82, 2519).

**18** Nach Ansicht des BAG ist demgegenüber jegliche BRatTätigkeit im Ausland ausgeschlossen. Dies gelte insbes für **Betriebsversammlungen** bzw Teil- und Abteilungsversammlungen **im Ausland** (BAG 27.5.82, DB 82, 2519; LAG München 7.7.10 – 5 TaBV 18/09, BeckRS 2010, 32441). Mit der überwiegenden Ansicht im Schrifttum sind jedoch solche Betriebsversammlungen bereits aus Praktikabilitätsgründen zu befürworten (*Fitting* § 1 Rz 30).

**19** Die Mitbestimmungsrechte des BRat in **sozialen Angelegenheiten** erstrecken sich grds auch auf die im Ausland tätigen ArbN (BAG 30.1.90, DB 90, 1090). Einschränkungen gelten nur insoweit, als nach Sinn und Zweck des Mitbestimmungsrechts eine Beteiligung mangels Betroffenheit der im Ausland tätigen ArbN nicht in Betracht kommt (*Boemke* NZA 92, 112).

**20** In **personellen Angelegenheiten** gelten die Mitbestimmungsrechte des BRat uneingeschränkt. Beginnend mit der Entsendung des ArbN, die regelmäßig eine Versetzung iSd § 95 Abs 3 BetrVG darstellt, über personelle Maßnahmen, die den ArbN während seines Auslandsaufenthalts betreffen, bis hin zur Kündigung (§ 102 BetrVG) des entsandten ArbN ist der BRat zu beteiligen. So hat bspw das BAG in der bereits angeführten Reiseleiter-Entscheidung die Unwirksamkeit der Kündigung mangels vorheriger BRatAnhörung festgestellt (BAG 7.12.89, DB 90, 992; ebenso LAG München 13.4.2000 – 2 Sa 886/99, NZA-RR 2000, 425: entsandter Angestellter als Geschäftsführer einer ausländischen Tochtergesellschaft). In einer anderen Entscheidung hat das BAG eine Geltung der personellen Mitbestimmungsrechte des BRat eines deutschen Luftfahrtunternehmens für den Einsatz ausländischer LeihArbN auf inneramerikanischen Strecken als typische Ausstrahlungswirkung des BetrVG angesehen (BAG 10.9.85, DB 86, 331). Ob bereits eine mehrtägige Auslandsdienstreise eine Versetzung iSv § 95 Abs 3 BetrVG darstellt, hängt von den Umständen des Einzelfalls ab (BAG 21.9.99 – 1 ABR 40/98, NZA 2000, 781; *Hunold* BB 2000, 1038).

**21** **c) SGB IX und Mutterschutzgesetz.** Ähnlich wie betriebsverfassungsrechtliche Normen unterliegen die Vorschriften des SGB IX nicht dem Arbeitsvertragsstatut. Es handelt sich hierbei um überwiegend öffentlich-rechtliche Rechtsnormen, die auf der Regelungsmacht des Staates auf seinem Gebiet (sog **Gebietsstatut**) beruhen (*Pohl* NZA 98, 735). Demgemäß ist bei der Kündigung eines schwerbehinderten ArbN, der im Ausland arbeitet und dessen Arbeitsverhältnis keiner Ausstrahlungswirkung eines inländischen Betriebes unterliegt, vor Ausspruch einer Kündigung eine Beteiligung des Integrationsamtes gem

§ 168 SGB IX nicht erforderlich (BAG 30.4.87, DB 87, 1897). Ähnliches gilt für Bestimmungen des MuSchG (BAG 24.8.89, DB 90, 1666). Allerdings kann insoweit eine Geltung dieser Schutzvorschriften über Art 34 EGBGB in Betracht kommen, worauf das BAG in der vorgenannten Entscheidung zutreffend hinweist.

**d) Tarifrecht.** Hinsichtlich der Wirkungen von Tarifverträgen, die für das entsendende Unternehmen gelten, bestehen keine rechtlichen Besonderheiten. Die Tarifverträge können besondere Bestimmungen bezüglich des Auslandseinsatzes enthalten. Solche Regelungen betreffen meist den Vergütungsbereich (Zulagen, Auslösungen, Reisekosten etc), können aber bspw auch Arbeitszeitfragen betreffen (BAG 12.12.90 – 4 AZR 238/90, NZA 91, 386). Dabei gelten die Tarifverträge regelmäßig kraft arbeitsvertraglicher Vereinbarung, so dass das Vertragsstatut gilt. Bei normativer Geltung entscheidet der Regelungsschwerpunkt des Tarifvertrags (*Schlachter* NZA 2000, 57; *Thüsing* NZA 03, 1303). Ob dies auch zu einer Anwendbarkeit deutscher Tarifnormen auf Arbeitsverhältnisse führen kann, die einem ausländischen Vertragsstatut unterliegen, ist streitig (*Thüsing/Müller* BB 04, 1333). Ferner können für das Inlandsunternehmen tarifvertragliche Einwirkungspflichten gegenüber einem ausländischen Tochterunternehmen bestehen, bei dem der ArbN nunmehr im Auslandseinsatz tätig ist. Dies gilt jedenfalls dann, wenn der deutsche ArbGeb einen Haustarifvertrag abgeschlossen hat und der ArbN bei einem ausländischen Tochterunternehmen beschäftigt ist, das von dem inländischen Mutterunternehmen abhängig ist und nur deshalb rechtliche Selbstständigkeit erlangt hat, um die Arbeitsbedingungen abzusenken (BAG 11.9.91 – 4 AZR 71/91, NZA 92, 321: Lehrer in Mexikanischem Goethe-Institut; dazu *Riesenhuber* BB 93, 1001 und *Otto* SAE 93, 185). 22

**e) Betriebliche Altersversorgung. aa) Individualrechtlich** ist fraglich, ob Auslandszulagen oder ausländische SozVRenten auf die betriebliche Altersversorgung anzurechnen sind. Dies richtet sich primär nach der jeweiligen Versorgungsordnung. So hat das BAG bei einer Versorgungsordnung, die „Kindergeld, als Unterstützungen und Beihilfen gewährte Zulagen, Überstundenentgelte und sonstige für Sonderleistungen gewährte Sondervergütungen" nicht zu den ruhegeldfähigen Bezügen rechnete, auch die Anrechnung eines pauschalen Auslandszuschlags abgelehnt (BAG 23.10.90, DB 91, 2042). Bei einer als Gesamtversorgung ausgestalteten betrieblichen Versorgungsordnung hat es eine österreichische SozVRente als anrechnungsfähig angesehen (BAG 24.4.90, DB 90, 2172). 23

**bb) Insolvenzsicherung.** Hier stellt sich die Frage, ob auch bei einer Tätigkeit des ArbN im Ausland eine Insolvenzsicherung durch den PSV eintreten kann. Dies ist mit der Rspr des BAG grds zu bejahen, da maßgeblich für den Geltungsbereich des BetrAVG nicht der Tätigkeitsort des ArbN sondern der Sitz des Versorgungsschuldners ist. Dieser muss sich in Deutschland befinden (BAG 6.8.85, DB 86, 131). 24

**f) Berufsausbildung.** Längerfristige Auslandspraktika werden im Rahmen der Berufsausbildung selten vorkommen, da die Ausbildungsordnungen im Ausland den deutschen Anforderungen zumeist nicht entsprechen werden. Schwierigkeiten ergeben sich insbes im Hinblick auf die Berufsschulpflicht. Gleichwohl lassen sich kürzere Auslandspraktika oftmals in die Ausbildung integrieren. Es bleibt dann in jedem Fall bei der Anwendbarkeit des deutschen Berufsbildungsrechts (*Eule* BB 92, 986; *Hönsch* NZA 88, 113). 25

**4. Sonderprobleme. a) Mehraufwendungen.** Die Auslandstätigkeit führt regelmäßig zu einer finanziellen Belastung des ArbN beginnend bei den Reisekosten über besondere Kosten am Arbeitsort bis hin zu Kosten für die doppelte Haushaltsführung etc. Derartige Kosten werden meist in der Entsendungsvereinbarung näher geregelt. Im Schrifttum wird sogar angenommen, dass auch ohne besondere Vereinbarung diese Kosten weitestgehend vom ArbGeb zu tragen seien (*Däubler* ArbuR 90, 1). Das dürfte in dieser pauschalen Form nicht haltbar sein. Eventuelle Zahlungsansprüche können vor einem deutschen Gericht auch in ausländischer Währung geltend gemacht werden (BAG 26.7.95, DB 96, 533). 26

**b) Vorzeitige Beendigung.** Die Auslandstätigkeit kann vorzeitig beendet werden, indem der ArbGeb entweder von einem vertraglich vereinbarten Rückrufsrecht Gebrauch macht oder er eine ordentliche oder außerordentliche Kündigung ausspricht (zur vorzeitigen Beendigung durch den ArbN vgl *Diller/Winzer* DB 01, 2094). Wie sämtliche **Leistungsbestimmungsrechte** muss der ArbGeb auch ein Rückrufsrecht nach den Grundsätzen der Billigkeit gem §§ 242, 315 BGB ausüben. Außerdem ist regelmäßig eine Klauselkontrolle 27 nach §§ 305 ff BGB vorzunehmen (*Falder* NZA 16, 401). Dem ArbN stehen die allgemeinen Möglichkeiten einer gerichtlichen Überprüfung zur Seite. Gleiches gilt im Fall der Kündigung für die Kündigungsschutzklage. Erfolgt die Beendigung der Auslandstätigkeit mit sofortiger Wirkung, entstehen dem ArbN oftmals steuerliche Nachteile aufgrund der höheren Steuerbelastung im Inland. Ein Schadensersatzanspruch gegen den ArbGeb wird insoweit von der Rspr abgelehnt (BAG 23.8.90, DB 91, 445).

28 Regelmäßig wird sich insbes bei einer vorzeitigen Beendigung die Frage stellen, wer die **Rückumzugskosten** zu tragen hat. Hier genügt zur Anspruchsbegründung bereits eine vertraglich vereinbarte allgemeine Umzugskostenzusage des ArbGeb, da diese nach der Rspr des BAG auch die Kosten eines vorzeitigen vom ArbGeb veranlassten Rückumzugs umfasst (BAG 26.7.95, DB 96, 533). Hat sich der ArbGeb schließlich für den Fall der vorzeitigen Beendigung der Auslandstätigkeit ein **Rückforderungsrecht** bezüglich der zunächst in vollem Umfang übernommenen **Reisekosten** vorbehalten, so muss dieses Rückforderungsrecht summenmäßig in Relation zum Verdienst des ArbN beschränkt werden. Das LAG Frankfurt hat insoweit in Anlehnung an die Rspr des BAG zur Rückzahlung von Ausbildungsvergütungen (→ *Rückzahlungsklausel* Rn 1 ff) eine Beschränkung auf einen Monatsverdienst angenommen (LAG Frankfurt 22.6.81, DB 82, 656). Richtigerweise wird man hier insbes nach den Gründen für die vorzeitige Beendigung differenzieren müssen.

29 **c) Betriebsübergang.** Bei Betriebsübergängen mit Auslandsbezug ändert sich regelmäßig das Arbeitsvertragsstatut eines ArbN, in dessen Arbeitsverhältnis keine Rechtswahl getroffen ist. Regelmäßig kommt nach dem Betriebsübergang das Recht des Staats zur Anwendung, in dem das Arbeitsverhältnis nach dem Betriebsübergang besteht. Da diese Änderung aber erst nach dem Übergang eintritt, ist die Frage, ob überhaupt ein Betriebsübergang im Rechtssinne vorliegt und ob eine vor dem Betriebsübergang erklärte Kündigung rechtswirksam ist, nach deutschem Recht zu beurteilen (BAG 25.4.13 – 6 AZR 49/12, BeckRS 2013, 70060). Ein zwischenzeitlich im Verlauf eines mehrjährigen Entsendungszeitraums in Deutschland erfolgter Betriebsübergang erfasst auch das ruhende Heimatarbeitsverhältnis des entsandten ArbN (BAG 14.7.05 – 8 AZR 392/04 AP Nr 4 zu § 611 BGB Ruhen des Arbeitsverhältnisses).

30 **5. Gerichtsstand.** Für alle EU-Mitgliedsstaaten mit Ausnahme Dänemarks gilt die EU-VO Nr 1215/2012 (EuGVVO-ABl EG Nr L 351 vom 20.12.12; zur früheren Rechtslage Personalbuch 2017 Auslandstätigkeit Rn 30). Nach Art 20 ff EuGVVO hat der ArbN ein Wahlrecht, ob er am Sitz des ArbGeb, am Sitz der ihn beschäftigenden Niederlassung oder an seinem gewöhnlichen Arbeitsort klagt. Der ArbGeb kann nur am Wohnsitz des ArbN klagen und Gerichtsstandsvereinbarungen sind nur sehr eingeschränkt zulässig (zum Gerichtsstand für Flugpersonal: EuGH 14.9.17 – C-168/16, NZA 117, 1477; *Temming* NZA 17, 1437). Der Anwendungsbereich der EuGVVO erfasst auch betriebsverfassungsrechtliche Streitigkeiten (*Boemke* DB 12, 802; aA LAG BlnBbg 8.2.11 – 7 TaBV 2744/10, BeckRS 2011, 71722). Im Verhältnis zu Norwegen, Island, Schweiz und Polen gilt das Lugano-Übereinkommen über die gerichtliche Zuständigkeit und die Vollstreckung gerichtlicher Entscheidungen in Zivil- und Handelssachen vom 16.9.88 (BGBl II 94, 2658; hierzu zuletzt BAG 20.8.03 – 5 AZR 45/03, NZA 04, 58). Außerhalb des Geltungsbereichs der vorgenannten Bestimmungen bleibt es bei den allgemeinen Zuständigkeitsregelungen der ZPO (zu weiteren Einzelfragen *Däubler* NZA 03, 1297).

31 **6. Muster.** S Online-Musterformulare *„M7 Arbeitnehmerentsendung"*.

## B. Lohnsteuerrecht

*Weil*

### Übersicht

**I. Überblick.** Nach dem Prinzip der Besteuerung des Welteinkommens (§ 1 EStG) müssten im Ausland tätige ArbN ihre Vergütung im Inland als Wohnsitzstaat versteuern, aber auch im Ausland als Tätigkeitsstaat, wenn der Tätigkeitsstaat eine entsprechende Besteuerung vorsieht, was fast durchgängig der Fall ist. Um eine solche Doppelbesteuerung zu vermeiden, sehen die DBA als Grundsatz vor, dass die Vergütung im **Tätigkeitsstaat** zu versteuern ist (Art 15 Abs 1 OECD-MA 17, DB 18, 1171). Enthält das DBA keine Regelung oder gibt es mit dem ausländischen Tätigkeitsstaat kein DBA, richtet sich die Besteuerung grds nach dem Auslandstätigkeitserlass (ATE; → Rn 57, 58). Nach Art 15 Abs 2 OECD-MA, der dem Art 15 Abs 1 OECD-MA als lex specialis vorgeht, verbleibt das Besteuerungsrecht beim **Wohnsitzstaat,** wenn kumulativ folgende drei Voraussetzungen erfüllt sind: 35

– die ausländische Tätigkeitsdauer beträgt nicht mehr als 183 Tage (= 1/2 Jahr) und
– die Vergütungen werden von einem oder für einen inländischen ArbGeb gezahlt und
– die Vergütungen werden nicht von einer ausländischen Betriebsstätte getragen.

Liegt eine der drei Voraussetzungen nicht vor, also längere Tätigkeitsdauer im Ausland als 183 Tage oder Vergütung vom ausländischen ArbGeb oder Belastung der Vergütung der ausländischen Betriebsstätte, wechselt das Besteuerungsrecht ins Ausland, so dass die Vergütung für die Zeit der Auslandstätigkeit nicht der inländischen Besteuerung, wohl aber bei der Jahresveranlagung dem Progressionsvorbehalt (§ 32b Abs 2 und 3 EStG) unterliegt. Die einzelnen DBA weichen zT von Art 15 OECD-MA ab oder enthalten Sonderregelungen, so dass diese gelten. **Grenzgängerregelungen** in den DBA stellen eine Ausnahme vom Prinzip der Besteuerung im Tätigkeitsstaat dar, indem sie die Besteuerung dem Wohnsitzstaat zuweisen (→ *Grenzgänger* Rn 2, 23). Behält der ArbN während der Auslandstätigkeit seinen Wohnsitz bzw gewöhnlichen Aufenthalt im Inland nicht bei, dh nach DBA, dass er nicht im Inland **ansässig** (Art 4 OECD-MA) ist, sind die nichtselbstständigen Einkünfte nicht im Inland stpfl; im Übrigen bleibt der ArbN mit seinen inländischen Einkünften – soweit vorhanden, zB Einkünfte aus VuV oder aus Kapitalvermögen – beschränkt stpfl (§ 1 Abs 4 iVm §§ 49–50a, 50d EStG). Zu Reisebeschränkungen bei Steuerrückständen → *Grenzgänger* Rn 25.

**Literaturhinweis:** BMF 3.5.18, BStBl I 18, 643

36 **Schema für nichtselbstständige Auslandstätigkeit:**

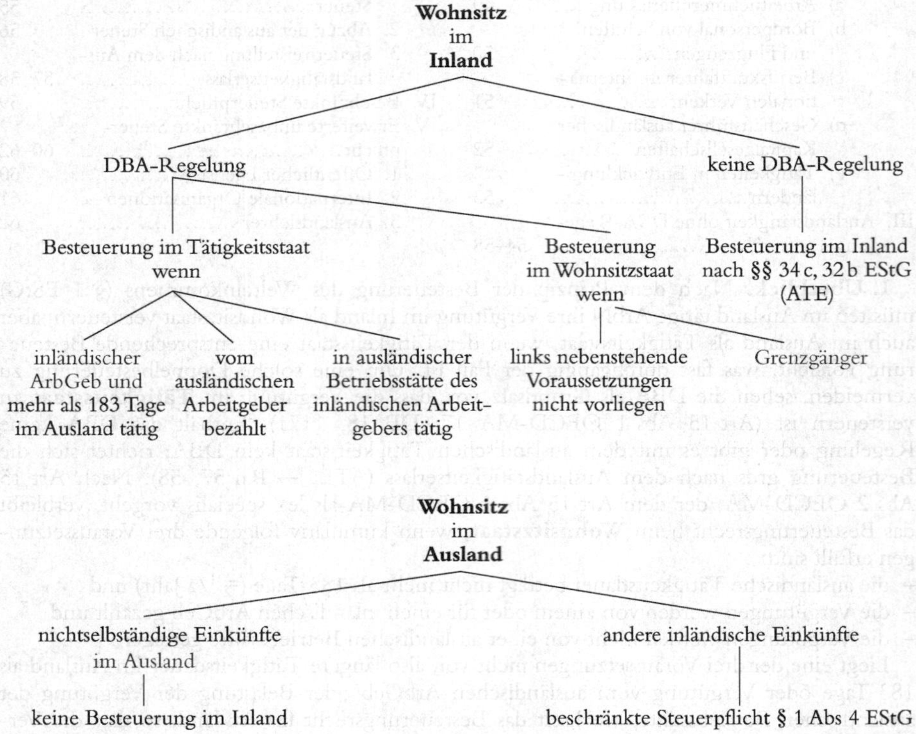


37 **II. DBA-Regelung. 1. Anknüpfung an den Tätigkeitsort.** Art 15 OECD-MA ist in seinem systematischen Aufbau wie folgt zu verstehen und anzuwenden: Wird der im Ausland tätige ArbN von einem ausländischen ArbGeb bezahlt oder trägt die Vergütung eine ausländische Betriebsstätte, so ist die Vergütung im Ausland zu versteuern (Art 15 Abs 2b und c OECD-MA). Liegen diese Voraussetzungen nicht vor, wechselt das Besteuerungsrecht nur dann ins Ausland, wenn sich der ArbN dort mehr als 183 Tage (= ein halbes Jahr) aufhält (Art 15 Abs 2a OECD-MA). Ist auch das nicht der Fall, verbleibt das Besteuerungsrecht im Inland (Art 15 Abs 1 OECD-MA). Eine Ausnahme von diesem Ausgangspunkt machen die Grenzgängerregelungen in den DBA, die die Besteuerung im Wohnsitzstaat belassen (→ *Grenzgänger* Rn 2 ff).

Zum Stand der DBA zum 1.1.2016: BMF 19.1.2016, BStBl I 16, 76.

38 **a) Ausländischer Arbeitgeber.** Unabhängig von der Tätigkeitsdauer im Ausland findet die Besteuerung im Auslandstätigkeitsstaat statt mit der Folge, dass im Inland keine Steuer zu erheben ist, wenn das ausländische Unternehmen ArbGeb des ins Ausland entsandten ArbN ist (Art 15 Abs 2 Buchst b OECD-MA). Diese Regelung geht also der 183-Tage-Regelung, die einen inländischen ArbGeb voraussetzt, vor. Darunter fällt auch eine Tochter- oder Schwestergesellschaft des inländischen ArbGeb. **Arbeitgeber im Sinne des DBA** ist derjenige Unternehmer, der die Vergütungen für die ihm geleistete Arbeit wirtschaftlich trägt (BFH 18.12.02 – I R 96/01, BFH/NV 03, 1152; *Achter* IStR 03, 410). Dies ist dann der Fall, wenn der ArbN dem in- oder ausländischen Unternehmen seine Arbeitsleistung schuldet, unter dessen Leitung tätig wird und dessen Weisungen unterworfen ist und der Arbeitslohn nicht Preisbestandteil für eine Lieferung oder Werkleistung ist. Es ist damit nicht entscheidend, wer bürgerlich-rechtlich Vertragspartei ist und wer den Lohn auszahlt, weil ArbGeb und lohnzahlende Stelle verschieden sein können (BFH 8.9.82 – I B 9/82, BStBl II 83, 71 und 72). Maßgebend ist vielmehr ausschließlich ein **„wirtschaftlicher ArbGebBegriff"**, der von dem des LStRechts abweichen kann (BFH 23.2.05 – I R 46/03, IStR 05, 458; hierzu

*Schmidt* IStR 06, 78). Die entsprechende Zuordnung ist auch unabhängig von der späteren Verbuchung des jeweiligen Lohnes (BFH 24.2.88 – I R 143/84, BStBl II 88, 819).

**Beispiel:** Ein ArbN eines inländischen Unternehmens (X-AG) wird im Kj an weniger als 183 Tagen für die selbstständige Tochtergesellschaft (Y-S.A.) in einem DBA-Staat tätig. Die im Zusammenhang mit der Tätigkeit im DBA-Staat angefallenen Löhne und sonstigen Kosten werden von der inländischen X-AG getragen. Damit verbleibt es bei der Inlandsbesteuerung (BFH 23.2.05 – I R 46/03, BStBl II 05, 547).

Dies gilt auch dann, wenn der ArbN für seine konzernweite Auslandsversetzung Sonderzahlungen erhält; diese sind nicht nach § 34 Abs 2 Nr 2 EStG steuerbegünstigt (FG Köln 8.2.01 – 10 K 4874/96, EFG 01, 570).

**b) Ausländische Betriebsstätte.** Das Besteuerungsrecht steht weiterhin ohne Rücksicht auf die Aufenthaltsdauer im Ausland dem ausländischen Tätigkeitsstaat zu, wenn der ArbN zu einer ausländischen Betriebsstätte entsandt wird (Art 15 Abs 2 Buchst c iVm Art 5 OECD-MA; vgl hierzu BMF 3.5.18, BStBl I 18, 643, Rn 183 ff; BFH 24.2.88, BStBl II 88, 819; FG NdS 30.5.2000 – 9 K 228/95, EFG 2000, 941; FG Düsseldorf 14.3.01 – 17 K 2973/97, EFG 01, 754; → *Arbeitnehmerentsendung* Rn 16; → *Betriebsstätte* Rn 10). 39

Maßgebend für den **Begriff „Betriebsstätte"** ist die **Definition in dem jeweiligen Abkommen** (Art 5 OECD-MA). Nach vielen DBA ist zB eine Bau- oder Montagestelle erst ab einem Zeitraum von mehr als 12 Monaten eine Betriebsstätte (abweichend von § 12 AO, wonach bei einer Dauer von mehr als 6 Monaten eine Betriebsstätte vorliegt).

Der Arbeitslohn wird zu Lasten einer ausländischen Betriebsstätte gezahlt, wenn die Vergütungen wirtschaftlich gesehen von der Betriebsstätte getragen werden. Nicht entscheidend ist, wer die Vergütungen ausbezahlt oder wer die Vergütungen in seiner Buchführung abrechnet. Entscheidend ist allein, ob und ggf in welchem Umfang die im Ausland ausgeübte Tätigkeit nach dem jeweiligen DBA (zB Art 7 DBA Schweiz) der ausländischen Betriebsstätte zuzuordnen ist und die Vergütung deshalb **wirtschaftlich** zu Lasten der ausländischen Betriebsstätte geht (BFH 22.2.06 – I R 14/05, DStRE 06, 1127; BMF 3.5.18, BStBl I 18, 643, Rn 185). Wenn der Arbeitslohn lediglich Teil von Verrechnungen für Lieferungen oder Leistungen mit der Betriebsstätte ist, wird der Arbeitslohn als solcher nicht von der Betriebsstätte getragen.

**Beispiele aus BMF 3.5.18, BStBl I 18, 643 Rn 189 u 190:**

**Fallvariante 1:** A ist vom 1. Januar 01 bis 31. März 01 bei einer Betriebsstätte seines deutschen ArbGeb in Frankreich tätig. Der Lohnaufwand ist der Betriebsstätte als Betriebsausgabe zuzuordnen.

Das Besteuerungsrecht für den Arbeitslohn steht Frankreich zu. A ist zwar nicht mehr als 183 Tage in Frankreich tätig, da der Arbeitslohn aber zu Lasten einer französischen Betriebsstätte des ArbGeb geht, bleibt das Besteuerungsrecht Deutschland nicht erhalten (Art 13 Abs 4 DBA-Frankreich). Frankreich kann als Tätigkeitsstaat den Arbeitslohn besteuern (Art 13 Abs 1 DBA-Frankreich). Deutschland stellt die Einkünfte unter Beachtung des § 50d Abs 8 EStG und des Progressionsvorbehalts frei (Art 20 Abs 1 Buchst a DBA-Frankreich).

**Fallvariante 2:** Der in Frankreich ansässige B ist bei einer deutschen Betriebsstätte seines französischen ArbGeb A vom 1. Januar 01 bis 31. März 01 in Deutschland tätig. Der Lohnaufwand ist der Betriebsstätte als Betriebsausgabe zuzuordnen.

Das Besteuerungsrecht für den Arbeitslohn hat Deutschland. B ist zwar nicht mehr als 183 Tage in Deutschland tätig, der Arbeitslohn geht aber zu Lasten einer deutschen Betriebsstätte. Deutschland kann daher als Tätigkeitsstaat den Arbeitslohn besteuern (Art 13 Abs 1 DBA-Frankreich iVm §§ 1 Abs 4 und 49 Abs 1 Nr 4 Buchst a EStG). A ist inländischer ArbGeb iSd § 38 Abs 1 Satz 1 Nr 1 EStG, weil er im Inland über eine Betriebsstätte verfügt.

Wird ein ArbN, der einer Betriebsstätte zuzuordnen ist, im Stammhaus seines ArbGeb tätig, steht dem Tätigkeitsstaat wegen der dortigen Ansässigkeit des ArbGeb grds das Besteuerungsrecht zu. Dies gilt auch dann, wenn die Tätigkeit nur von kurzer Dauer ist (BMF 3.5.18, BStBl I 18, 643 Rn 191 ff mit Beispielen).

Eine **selbstständige Tochtergesellschaft** (zB GmbH) ist nicht Betriebsstätte der Muttergesellschaft, kann aber ggf selbst ArbGeb sein (→ *Betriebsstätte* Rn 4, 10; → *Arbeitnehmerentsendung* Rn 18).

**c) 183-Tage-Regelung. aa) Ansässigkeit.** Fragen des Wohnsitzes und des gewöhnlichen Aufenthalts (§ 1 EStG iVm §§ 8, 9 AO) sind nach dem Begriff der **Ansässigkeit** gem DBA und unabhängig von melderechtlichen Normen und von den Vorschriften des BGB zu entscheiden (BFH 23.11.2000 – VI R 107/99, BStBl II 01, 294). Die Ansässigkeit 40 entspricht dem innerstaatlichen Begriff des Wohnsitzes und des gewöhnlichen Aufenthalts. Hiernach hat jemand einen **Wohnsitz** dort, wo er eine Wohnung uU innehat, die darauf schließen lassen, dass er die Wohnung beibehalten und benutzen wird (§ 8 AO). Zu Fragen des Wohnsitzes BFH 5.11.01 – IV B 219/00, BFH/NV 02, 311. Nach Aufgabe des inländischen Wohnsitzes gibt es vorbehaltlich der beschränkten Steuerpflicht grds kein inländisches Besteuerungsrecht mehr; ausnahmsweise nur dann, wenn Steuerflucht das ausschließliche Motiv des Wegzugs ist (BFH 19.10.2010 – I R 109/09, DStR 2011, 660). Behält der Stpfl seinen Wohnsitz im Inland bei und nimmt er gleichzeitig für die Zeit seiner Auslandstätigkeit einen Wohnsitz (→ Rn 38) im Tätigkeitsstaat **(Doppelwohnsitz),** ist die unbeschränkte Steuerpflicht (§ 1 Abs 1 EStG: Erfassung des Welteinkommens) nicht aufgehoben, wenn sich der Lebensmittelpunkt im Inland befindet (BFH 5.3.08 – I R 54, 55/07, BFH/NV 08, 1487; zum Lebensmittelpunkt bei Doppelwohnsitz von Verheirateten BFH 4.5.11 – VI B 152/10, BFH/NV 11, 1347; Einzelfälle zum Doppelwohnsitz OFD Münster 30.9.09, BeckVerw 231109). Ausnahmsweise kann auch bei Lebensmittelpunkt im Ausland die inländische Besteuerung eingreifen (BFH 5.6.07 – I R 22/06, BStBl II 07, 812). Den **gewöhnlichen Aufenthalt** hat jemand dort, wo er sich uU aufhält, die erkennen lassen, dass er an diesem Ort oder in diesem Gebiet nicht nur vorübergehend verweilt (§ 9 AO; BFH 20.4.88 – I R 219/82, BStBl II 90, 701).

41 **bb) Berechnung der 183-Tage.** Nach Art 15 Abs 2 Buchstabe a) OECD-MA steht die Besteuerung dem Tätigkeitsstaat zu, wenn sich der ArbN unter Beibehaltung des inländischen Wohnsitzes oder gewöhnlichen Aufenthaltes im Ausland mehr als 183 Tage aufhält, unabhängig davon, von wem der ArbN bezahlt wird. Die in den DBA genannte 183-Tage-Frist bezieht sich häufig auf den Aufenthalt im Tätigkeitsstaat. Nach einigen DBA ist jedoch die Dauer der Ausübung der unselbständigen Arbeit im Tätigkeitsstaat maßgebend (BMF 3.5.18, BStBl I 18, 643 Rn 85). In die 183 Tage werden miteinbezogen der Ankunfts- und Abreisetag, alle Aufenthaltstage im Ausland, auch bei Streik, Krankheit und Urlaub, der vor, während und nach der Tätigkeit im Ausland verbracht wird.

**Beispiel 1:** A ist für seinen inländischen ArbGeb mehrere Monate lang in den Niederlanden tätig. Hierzu fährt er jeden Montagmorgen zu seiner ausländischen Arbeitsstätte und kehrt am Freitagabend zu seinem inländischen Wohnsitz zurück. Die Arbeitstage in den Niederlanden zählen in die 183 Tage, die Wochenendtage im Inland nicht. Fährt A bereits Sonntagabend in die Niederlande, werden die Sonntage in die 183 Tage miteinbezogen, weil zeitweiliger Aufenthalt genügt. In einigen DBA ist dies allerdings anders geregelt, zB DBA Dänemark.

**Beispiel 2:** B arbeitet vom 1. März bis 20. August (= weniger als 183 Tage) in Schweden. Anschließend verbringt er dort seinen Urlaub bis 10. September. Hiermit überschreitet er die 183-Tage-Grenze, so dass das Besteuerungsrecht für die Auslandstätigkeit Schweden zusteht (BFH 23.2.05 – I R 13/04, BFH/NV 05, 1242).

**Beispiel 3:** A ist vom 1.10. bis 31.5. des Folgejahres für seinen deutschen ArbGeb in Österreich tätig. Eine Betriebsstätte des ArbGeb in Österreich besteht nicht (→ Rn 39).

Österreich hat kein Besteuerungsrecht für den Arbeitslohn. Die 183-Tage-Frist ist für jedes Kj (= Steuerjahr) getrennt zu ermitteln. A ist weder im ersten noch im zweiten Jahr länger als 183 Tage in Österreich. Da der Arbeitslohn von einem deutschen ArbGeb getragen wird und nicht zu Lasten einer österreichischen Betriebsstätte des ArbGeb geht, bleibt das Besteuerungsrecht bei der BRD (Art 15 Abs 2 DBA Österreich).

Bei der Berechnung der Dauer des Aufenthalts nach der 183-Tage-Regelung gem Art 13 Abs 4 Nr 1 DBA-Frankreich sind nur solche Tage zu berücksichtigen, an denen sich der ArbN tatsächlich („physisch") im Tätigkeitsstaat aufgehalten hat (BFH 12.10.11 – I R 15/11, IStR 12, 384). Nach einigen DBA gilt für die Berechnung der 183 Tage nicht das Kj, sondern das Steuerjahr, zB Großbritannien 6.4. bis 5.4., oder ein Zwölf-Monats-Zeitraum, zB Norwegen, Russland, Kanada.

**Beispiel 1:** A ist für seinen deutschen ArbGeb vom 1. April 01 bis 20. April 01 und vom 1. August 01 bis 31. März 02 für 90 Tage sowie vom 25. April 02 bis zum 31. Juli 02 für 97 Tage in Norwegen tätig.

Für die Vergütungen, die innerhalb des Zeitraums 1. August 01 bis 31. Juli 02 auf Tage entfallen, an denen sich A in Norwegen aufhält, hat Norwegen das Besteuerungsrecht, da sich A innerhalb eines 12-Monats-Zeitraums dort an insgesamt mehr als 183 Tagen aufgehalten hat. Deutschland stellt insoweit die Vergütungen des A unter Beachtung des § 50d Abs 8 EStG (→ Rn 44) und des Progressionsvorbehalts (→ Rn 44) frei (Art 23 Abs 2 DBA-Norwegen). Das Besteuerungsrecht für die Einkünfte, die auf den Zeitraum 1. April bis 20. April 01 entfallen, steht dagegen Deutschland zu, da in allen auf diesen Zeitraum bezogenen denkbaren 12-Monats-Zeiträumen sich A an nicht mehr als 183 Tagen in Norwegen aufgehalten hat.

**Beispiel 2:** B ist für seinen deutschen ArbGeb zwischen dem 1. Januar 01 und dem 28. Februar 01 sowie vom 1. Mai 01 bis zum 30. April 02 für jeweils monatlich 20 Tage in Norwegen tätig.

Das Besteuerungsrecht für die Vergütungen, die innerhalb des Zeitraums 1. Mai 01 bis 30. April 02 auf Tage entfallen, an denen sich B in Norwegen aufhält, hat Norwegen, das sich B innerhalb eines 12-Monats-Zeitraums dort an insgesamt mehr als 183 Tagen (= 240 Tage) aufgehalten hat. Gleiches gilt für den Zeitraum 1. Januar 01 bis 28. Februar 01, da sich B auch innerhalb des 12-Monats-Zeitraums vom 1. Januar 01 bis zum 31. Dezember 01 an insgesamt mehr als 183 Tagen (= 200 Tage) in Norwegen aufgehalten hat. Deutschland stellt insoweit die Vergütungen des B unter Beachtung des § 50d Abs 8 EStG und des Progressionsvorbehalts frei (Art 23 Abs 2 DBA-Norwegen).

**Beispiel 3:** Die Besteuerung im Ausland nach der 183-Tage-Regelung gilt auch für Großbritannien, wenn der dortige ArbGeb die Vergütung des ArbN übernimmt (FG Nürnberg 14.12.2010 – 1 K 1134/08, IStR 11, 513).

Zur Berechnung der 183-Tage-Frist s BMF 3.5.18, BStBl I 18, 643, Rn 85 ff.

**cc) Inlandsbesteuerung.** Verbleibt hiernach das Besteuerungsrecht im Inland, gilt folgendes: Wird die Vergütung in **ausländischer Währung gezahlt,** ist sie nach dem monatlichen Euro-Referenzkurs der Europäischen Zentralbank umzurechnen (BFH 3.12.09 – VI R 4/08, BStBl II 10, 698). Zur Klärung der inländischen Steuerpflicht darf das FA den ArbN zur Abgabe einer EStErklärung auffordern. 42

Die Besteuerung im Inland erfolgt nach allgemeinen Grundsätzen einschließlich Kostentragung und -erstattung durch den ArbGeb. S hierzu R 9.4. Abs 2 LStR: beruflich veranlasste Auswärtstätigkeit; R 9.5. LStR: Fahrtkosten; R 9.6., 9.7., 9.11. LStR: Verpflegungsmehraufwand, Übernachtungskosten, Doppelte Haushaltsführung. Zur Bewertung einer vom ArbGeb am ausländischen Dienstort **zur Verfügung gestellten Wohnung** s R 8.1 Abs 6 Satz 10 LStR; → *Auslandsreise* Rn 7 ff; → *Doppelte Haushaltsführung* Rn 4 ff; → *Dienstreise* Rn 12 ff).

**2. Besteuerung im Tätigkeitsstaat. a) Freistellungsbescheinigung.** Steht nach DBA-Regelung dem ausländischen Tätigkeitsstaat die Steuer für den gezahlten Lohn zu, hat das inländische BetriebsstättenFA auf Antrag des ArbN oder des ArbGeb für LSt-Zwecke eine **Freistellungsbescheinigung** auszustellen, wonach bescheinigt wird, dass der Arbeitslohn nicht der deutschen LSt unterliegt (→ *Lohnabzugsverfahren* Rn 22). Ohne eine Freistellungsbescheinigung des BetriebsstättenFA kann der ArbGeb nicht vom Steuereinbehalt absehen (BMF 25.6.12, DStR 12, 1275). Bei einer **Tätigkeit in einem EU-Ausland** besteht zur Sicherstellung der Besteuerung im Tätigkeitsstaat **Auskunftsaustausch** zwischen den beteiligten Finanzbehörden (EUAHiG; → *Ausländer* Rn 40; → *EU-Recht* Rn 30; FG Köln 23.8.07 – 2 K 3911/06, EFG 09, 80; s auch das Merkblatt zur zwischenstaatlichen Amtshilfe durch Auskunftsaustausch BMF 25.5.12, BStBl I 12, 599; bei der Steuererhebung BMF 29.2.12, BStBl I 12, 244; zur gegenseitigen Amtshilfe bei der Beitreibung im Verhältnis zu USA und Kanada BMF 19.1.04, BStBl I 04, 66; zu Spontanauskunft und Amtshilfe im Übrigen → *Ausländer* Rn 40). 43

Liegt die Bescheinigung vor, so fallen unter die Befreiung von der deutschen LSt alle Bezüge, die der ArbN **für** seine Auslandstätigkeit erhält, also neben seinem Gehalt auch Reisekosten, Trennungsentschädigungen, Auslandszulagen, Auslösungen uÄ, ohne Rücksicht auf die gezahlte Höhe. Andererseits können gesetzliche ArbNAnteile zur SozV, die auf den steuerfreien Arbeitslohn entfallen, nicht als Sonderausgaben geltend gemacht werden (OFD Frankfurt/Main 22.11.06, IStR 07, 224) und Werbungskosten sind zu dem Teil nicht abziehbar, der dem Verhältnis der im Inland steuerfreien Einnahmen zu den Gesamteinnahmen entspricht (BFH 6.10.93 – I R 32/93, BStBl II 94, 113: BFH 13.8.97 – I R 65/95, BStBl II 98, 21; gegen die Beschränkung des Werbungskostenabzugs aufgrund DBA *Andresen* IStR 01, 497). Die Abzugsbeträge sind jedoch im Rahmen des negativen Progressionsvorbehalts zu berücksichtigen (BFH 29.4.92, BStBl II 93, 149). Bei im Inland stpfl Einnahmen kann der Werbungskostenpauschbetrag in voller Höhe gewährt werden, während bei den ausländischen Einnahmen die tatsächlich angefallenen Werbungskosten (zur Berechnung des Steuersatzes) nur insoweit abgezogen werden können, als sie unter Einbeziehung der inländischen Einkünfte den ArbNPauschbetrag übersteigen (§ 32b Abs 2 Satz 1 Nr 2 lit. b EStG ab 2007). Im Ausland gezahlte Vertragsstrafe kann nicht im Inland als Werbungskosten geltend gemacht werden (BFH 7.12.05 – I R 34/05, IStR 06, 536).

44 **b) Jahresveranlagung.** Bei der **Veranlagung** (→ *Antragsveranlagung* Rn 2 ff) wird die Steuerfreistellung unabhängig von der Freistellungsbescheinigung nur gewährt, soweit der StPfl nachweist, dass der Tätigkeitsstaat, dem nach DBA das Besteuerungsrecht zusteht, auf das Besteuerungsrecht verzichtet hat oder dass in diesem Staat auf die Einkünfte festgesetzte Steuern entrichtet wurden (§ 1 Abs 3 Satz 5 EStG, § 50d Abs 8 Satz 1 EStG; BFH 8.9.10 – I R 80/09, IStR 11, 198). Mit dieser Regelung sollen Besteuerungslücken vermieden werden (sog **Rückfallklausel**) (OFD Düsseldorf/Münster 18.7.05, IStR 06, 96; im Verhältnis zu China BayLfSt 29.4.10, IStR 10, 588). Erforderlich ist der betragsmäßige Nachweis der im Ausland gezahlten Steuer (FG Köln 16.6.16 – 13 K 3649/13, BeckRS 2016, 95437). Etwas anderes gilt, wenn sich die Nichtbesteuerung bereits unmittelbar aus dem Gesetz des anderen Staates ergibt (FG Hbg 13.4.17 – 6 K 195/16, IStR 17, 791; Az BFH I R 30/17). Wird der Nachweis erst geführt, nachdem die Einkünfte der inländischen Besteuerung unterworfen worden sind, ist der Steuerbescheid insoweit nach § 175 Abs 1 Satz 2 AO zu ändern (§ 50d Abs 8 Sätze 2, 3 EStG). § 50d Abs 8 EStG ist verfassungsgemäß (BVerfG 15.12.15 2 BvL 1/12, DStR 16, 359). Nach BFH 25.5.16 I R 64/13, DStR 16, 2087 können Regelungen eines DBA, die nach dem Zeitpunkt des Inkrafttretens des § 50d Abs 8 EStG in nationales Recht umgesetzt werden, die Vorschrift des § 50d Abs 8 EStG nicht verdrängen. Eine weitere Einschränkung enthält § 50d Abs 9 EStG, wonach die ausländischen Einkünfte trotz Freistellung im Inland zu erfassen sind, wenn sie nicht oder zu gering besteuert werden, weil die Vertragsstaaten das Abk unterschiedlich auslegen (§ 50d Abs 9 Nr 1 EStG), bzw wenn sie im ausländischen Staat mangels persönlicher Stpfl unbesteuert bleiben (§ 50d Abs 9 Nr 2 EStG). Beruht die Nichtbesteuerung darauf, das der andere Staat die Einkünfte allgemein nicht besteuert, ist § 50d Abs 9 Nr 2 EStG nicht anzuwenden (FG Hbg 13.4.17 – 6 K 195/16, IStR 17, 791; Az BFH I R 30/17). Die Regelungen des § 50d Abs 8 und Abs 9 EStG sind nebeneinander anzuwenden (§ 50d Abs 9 Satz 3 EStG). Dies gilt in allen Fällen, in denen die ESt noch nicht bestandskräftig festgesetzt ist (§ 52 Abs 59a Satz 9 EStG). Nach BFH 20.8.14 – I R 86/13, DStR 2014, 2065, verstößt die Vorschrift gegen das Rückwirkungsverbot, zudem sei § 50d Abs 9 Satz 1 Nr 2 EStG verfassungswidrig (Az BVerfG 2 BvL 21/14). Konsultationsvereinbarungen über die (Nicht-)Besteuerung im Inland/Ausland bedürfen seit 2010 einer Rechtsverordnung nach Art 80 GG (§ 2 Abs 2 AO; hierzu *Lehner* IStR 11, 733; FinMin Saarl 3.5.11, DStR 11, 2354; *Mitschke* DStR 11, 2221).

Das im Inland steuerfreie ausländische Gehalt unterliegt bei einer inländischen Veranlagung (→ *Antragsveranlagung* Rn 7) dem **Progressionsvorbehalt** (§ 32b Abs 1 Nr 2, 3 EStG; → *Ausländer* Rn 41). Bei der Veranlagung besteht keine Bindung an die nach § 39b Abs 6 EStG erteilte Bescheinigung (BFH 13.3.85, BStBl II 85, 500, 501 aE). Behält der ArbGeb trotz Beendigung der unbeschränkten Stpflicht LSt ein, so ist diese im Rahmen der Veranlagung des ArbN anzurechnen (BFH 23.5.2000 – VII R 3/00, BStBl II 2000, 581; Anm hierzu *Wassermeyer* IStR 2000, 688). Ausländische Verluste aus einer anderen Einkunftsart, zB aus VuV, sind über den Progressionsvorbehalt in die inländische Veranlagung miteinzubeziehen (EuGH 18.7.07 – C-182/06, DStR 07, 1339, Fall *Lakebrink*); nunmehr § 32b Abs 1 Nr 5 EStG. **Werbungskosten,** die mit im Ausland zu versteuernden Einnahmen im Zusammenhang stehen, zB Reisekosten, können im Inland nicht berücksichtigt werden (§ 3c EStG; BFH 11.2.09 – I R 25/08, IStR 09, 506); das Gleiche gilt für Darlehenszinsen, die für eine künftige Tätigkeit im Ausland gezahlt werden (FG RhPf 28.10.08 – 3 K 2129/06, DStRE 09, 836) oder für eine Bewerbung ins Ausland (BFH 28.7.11 – VI R 5/10, IStR 11, 891). Zum steuerfreien **Kaufkraftausgleich** → Rn 60. Zu **Abfindungen** → Rn 47.

45 **c) Haftung des Arbeitgebers.** Bei Vorliegen einer Freistellungsbescheinigung haftet der ArbGeb für nicht einbehaltene LSt nicht, wenn sich nachträglich herausstellt, dass die **Freistellungsbescheinigung zu Unrecht** erteilt worden ist (BFH 22.10.86, BStBl II 87, 171; im Übrigen → *Lohnsteuerhaftung* Rn 4 ff).

46 **3. In- und Auslandstätigkeit.** Bei der **Aufteilung des Arbeitslohns** in den steuerfreien ausländischen Anteil und den stpfl inländischen Anteil (zB 1.1.–31.8. Tätigkeit im Ausland, ab 1.9. im Inland) sind zunächst Lohnbestandteile, die direkt dem steuerfreien oder stpfl Arbeitslohnteil zugeordnet werden können, zu ermitteln und entsprechend als steuerfrei oder stpfl zu behandeln. Hierzu zählen ua Reisekosten, Überstundenvergütungen, Zuschlä-

ge für Sonntags-, Feiertags- und Nachtarbeit und Auslandszulagen. Der verbleibende Arbeitslohn (laufende Vergütung, ua Weihnachts- und Urlaubsgeld) ist grds nach den im In- und Ausland verbrachten Arbeitstagen aufzuteilen (hierzu im Einzelnen mit Beispielen BMF 3.5.18, BStBl I 18, 643 Rn 194 ff). Zur Ermittlung des steuerfreien und stpfl Arbeitslohns nach den DBA im LStAbzugsverfahren s BMF 14.3.17, BStBl I 17, 473 ff. Krankheitstage und Urlaubstage bleiben bei der Aufteilung der Gesamtbezüge außer Betracht.

Hält sich der ins Ausland berufene ArbN zur Verrichtung seiner Tätigkeit nicht ausschließlich im ausländischen Tätigkeitsstaat auf, sondern erbringt er seine Arbeitsleistung zeitweise auch vom Ansässigkeitsstaat (Wohnsitz) aus, so trifft ihn die **Beweislast** (§ 90 Abs 2 AO) über Umfang, Inhalt und Zeitdauer seiner Auslandstätigkeit. Nicht bewiesene Auslandstätigkeit ist im Inland zu versteuern; ggf ist durch Schätzung aufzuteilen (BFH 5.10.94, BStBl II 95, 95 zu Art 15 Abs 1 DBA Kanada 1981). Zur Besteuerung von Abfindungen s → *Ausländer* Rn 41 und BMF 3.5.18, BStBl I 18, 643 Rn 220 ff. Zur Besteuerung von **Aktienoptionen** (BFH 24.1.01 – I R 100/98, IStR 01, 410; BMF 3.5.18, BStBl I 18, 643, Rn 236 ff); → *Aktienoptionen* Rn 21 ff; zu Zahlungen aufgrund eines Wettbewerbsverbots im Ausland (*Neyer* IStR 01, 361); → *Wettbewerbsverbot* Rn 48 ff. 47

Hat der ausländische ArbGeb seinen Sitz sowohl im Inland als auch im Ausland und ist der ArbN an beiden Stellen – wenn auch an der ausländischen nur kurzzeitig – tätig, so kann nach DBA das Arbeitsentgelt für die ausländische Tätigkeit im Inland von der Steuer freizustellen sein (BFH 5.6.07 – I R 1/06, BFH/NV 07, 2000 zum DBA USA).

**4. Nebentätigkeit im Ausland.** Nebenberufliche Ausbildertätigkeit im EU-Ausland darf nicht anders besteuert werden als im Inland (EuGH 18.12.07 – C-281/06, BFH/NV 08, Beilage 2, 93; BFH 22.7.08 – VIII R 101/02, DStR 08, 1824; § 3 Nr 26 EStG). Die Steuerfreiheit wurde daher auch auf die Schweiz ausgedehnt. 48

**5. Sonderregelungen. a) Arbeitnehmerüberlassung.** Bei gewerblicher ArbNÜberlassung gilt die 183-Tage-Regelung nach einigen neueren DBA nicht (zB Art 15 Abs 4 DBA Dänemark; Art 15 Abs 3 DBA Österreich; DBA Frankreich, Italien, Schweden); dh die Besteuerung erfolgt vom ersten Tag an im Staat der Arbeitsausübung. Doppelbesteuerung wird durch Steueranrechnung vermieden (→ *Arbeitnehmerüberlassung/Zeitarbeit* Rn 71; → *Ausländer* Rn 46). Zur doppelten Lohnbesteuerung und ihrer Vermeidung bei ArbN in der Kohle-, Öl- und Gasgewinnung nach Art 23 DBA Dänemark s FinMin Bay 22.3.2000, IStR 2000, 369; OFD Hannover 31.3.2000, DB 2000, 900; OFD Düsseldorf 15.8.01, FR 01, 1248. 49

**b) Bordpersonal von Schiffen und Flugzeugen.** Zum LSt-Privileg des ArbGeb in der Schifffahrt (40 % LStAbzug) s BFH 13.7.11 – VI R 84/10, DStR 11, 1945). Für **Bordpersonal von Schiffen,** die im internationalen Verkehr eingesetzt sind, gilt Art 15 Abs 3 OECD-Musterabkommen (BMF 3.5.18, BStBl I 18, 643 Rn 345 ff). Die Heuer eines Seemanns ist in dem Staat zu versteuern, in dem sich die **tatsächliche Geschäftsleitung** des Beförderungsunternehmens befindet, dessen Gewinn durch die Zahlung der Heuer geschmälert wird (BFH 5.9.01 – I R 55/00, BFH/NV 02, 478; BMF 21.7.05, BStBl I 05, 821; mangels DBA ist der Wohnsitz des Beschäftigten entscheidend FG BaWü 22.7.08 – 4 K 1296/08, EFG 08, 1626); bei Geschäftsleitung in der Schweiz erfolgt keine völlige inländische Freistellung, sondern anteilige Aufteilung (BFH 10.1.12 – I R 36/11, BFH/NV 12, 1138). Bei einer Vercharterungskette ist auf das Unternehmen abzustellen, das mit der Heuer endgültig belastet ist (BFH 5.9.01 – I R 55/00, BFH/NV 02, 478). Seit 2004 gilt hierzu § 50d Abs 8 EStG (*Rn 44*). Unentgeltliche Verpflegung für das Bordpersonal eines Flusskreuzschiffes braucht ausnahmsweise nicht versteuert zu werden (BFH 17.4.08 – VI R 51/08, BStBl II 10, 700). Im Übrigen zur Bewertung der Beköstigung bei Seeschifffahrt und Fischerei FinMin Hbg 3.3.10, IStR 10, 376; → *Sachbezug* Rn 24. Die Dreimonatsfrist für den Abzug von Verpflegungsmehraufwendungen (§ 4 Abs 5 Nr 5 Satz 2 EStG) gilt auch für Seeleute auf Hochseeschiffen (BFH 19.12.05 – VI R 30/05, BStBl II 06, 378). Bei mehrwöchigen Seefahrten sind die Kosten für ein wöchentliches Telefonat mit Angehörigen als Werbungskosten abziehbar (FG Nds 2.9.09 – 7 K 2/07, DStRE 10, 853). 50

Für **Bordpersonal von Flugzeugen** gilt Art 15 Abs 3 OECD-MA und § 49 Abs 1 Nr 4 Buchst e) EStG. Hieraus folgt: das nicht im Inland ansässige Bordpersonal von Luftfahrzeugen, die von Unternehmen mit Geschäftsleitung im Inland betrieben werden, ist mit seinen Einkünften beschränkt stpfl. Flüge, die ausschließlich im Hoheitsgebiet eines ausländischen Staates durchgeführt werden, fallen nicht hierunter und lösen somit für beschränkt stpfl Bordpersonal keine inländische Steuerpflicht aus. Wurde der Nachweis iSd § 50d Abs 8 Satz 1 EStG erbracht (→ Rn 44), unterliegen auch die Einkünfte des unbeschränkt stpfl Bordpersonals nicht der Steuerpflicht. Etwas anderes gilt für eine im DBA vereinbarte Rückfallklausel (s DBA-Irland vom 30.3.11). Zur Besteuerung von im Inland ansässigen Flugzeugführern -einer österreichischen Fluggesellschaft BFH 20.5.15 – I R 47/14, DStR 15, 1962 – der britischen Zweigniederlassung einer US-amerikanischen Fluggesellschaft BFH 20.5.15 – I R 68/14, DStR 15, 1966. Zu Abkommen, die von OECD-MA abweichen, s BMF 3.5.18, BStBl I 18, 643 Rn 345 ff.

51 **c) Berufskraftfahrer im internationalen Verkehr** (BMF 3.5.18, BStBl I 18, 643 Rn 332 ff). Die Zuweisung des Besteuerungsrechts hängt nicht vom Sitz des ArbGeb ab, sondern von dem Arbeitsort, an dem sich der Fahrer mit dem ihm anvertrauten Fahrzeug physisch aufhält: Besteuerung nach sog **Strecken-km** (BMF 19.9.11, DStR 2011, 1812 im Verhältnis zu **Luxemburg;** *Wassermeyer* IStR 01, 470; FG SchlHol 13.9.2000 – V 122/00, EFG 01, 479 im Verhältnis zu **Dänemark**; BMF 29.6.11, IStR 11, 774 im Verhältnis zur **Schweiz**).

**Beispiel 1:** Der in München wohnhafte Berufskraftfahrer A nimmt seine Fahrt morgens in München auf und fährt über Österreich nach Italien. Von dort kehrt er am selben Tage über die Schweiz nach München zurück.

Bei Berufskraftfahrern sind auch Tage der Durchreise als volle Anwesenheitstage im jeweiligen Staat zu berücksichtigen. Für die Ermittlung der 183-Tage-Frist ist damit für Österreich, Italien und die Schweiz jeweils ein Tag zu zählen.

**Beispiel 2:** A, ansässig im Inland, ist für seinen in Österreich ansässigen ArbGeb als Berufskraftfahrer tätig. Im Jahr 01 war A das ganze Jahr über im Inland tätig. Lediglich zwei Arbeitstage hat A in Österreich und zwei Arbeitstage in Italien verbracht. A ist kein Grenzgänger iSv Art 15 Abs 6 DBA-Österreich.

Deutschland hat als Ansässigkeitsstaat des A das Besteuerungsrecht für die Arbeitsvergütungen, die auf die Arbeitstage entfallen, an denen A seine Tätigkeit in Deutschland ausgeübt hat (Art 15 Abs 1 DBA-Österreich). Zudem hat Deutschland das Besteuerungsrecht für die Arbeitsvergütungen, die auf die in Italien verbrachten Arbeitstage entfallen, da sich A nicht mehr als 183 Tage in Italien aufgehalten hat (Art 15 Abs 1, 2 DBA-Italien). Dagegen wird Österreich das Besteuerungsrecht für die Arbeitsvergütungen zugewiesen, die auf die Tage entfallen, an denen A in Österreich seine Tätigkeit ausgeübt hat (Art 15 Abs 1 DBA-Österreich). Insoweit stellt Deutschland die Einkünfte unter Beachtung des § 50d Abs 8 EStG und des Progressionsvorbehalts frei (Art 23 Abs 1 DBA-Österreich vgl FG Nds 25.2.08 – 7 K 378/05, DStRE 08, 999; FG SachsAnh 28.2.08 – 1 K 1098/05, BeckRS 2008, 26025270).

**Beispiel 3:** Berufskraftfahrer, die in der Schlafkabine ihres LKW übernachten, können keinen pauschalen Werbungskostenabzug beanspruchen BFH 28.3.2012-VI R 48/11, DStR 2012, 1074).

**Literaturhinweis** zu international tätigen Berufskraftfahrern: *Urbahns* NWB 11, 3756; BayLfSt 22.7.11 –, DStR 11, 774; zu Lokomotivführern und Zugbegleitpersonal im Verhältnis zu Luxemburg BMF 19.9.11, IStR 11, 855.

52 **d) Geschäftsführer ausländischer Kapitalgesellschaften.** Unter die Besteuerung im **Tätigkeitsstaat** (Art 15 Abs 1 OECD-MA; → Rn 43) fallen auch Organe, also hauptsächlich Geschäftsführer ausländischer Kapitalgesellschaften (Ltd; zB der „board of directors"; BMF 3.5.18, BStBl I 18, 643 Rn 307 ff; BFH 5.3.08 – I R 54/07, BFH/NV 08, 1487; hierzu *Portner* IStR 09, 195). Einige DBA enthalten für Geschäftsführervergütungen Sonderregelungen (zB Art 16 DBA Japan; Art 16 Abs 1 DBA Schweden, Art 16 Abs 1 DBA Belgien, Art 16 Abs 2 DBA Österreich; BStBl I 02, 584, 956), des Inhalts, dass das Besteuerungsrecht dem Staat zusteht, in dem sich der Sitz oder die **Geschäftsleitung** der Gesellschaft befindet (hierzu *Portner* IStR 09, 195). Zur Besteuerung leitender Angestellter in der Schweiz nach dem DBA D-CH BFH 14.3.11 – I R 23/10, IStR 11, 693. Ein im Inland ansässiger leitender Angestellter (Art 15 Abs 4 DBA CH) muss inländische Tätigkeiten nicht im Inland, sondern in der Schweiz versteuern, wenn er neben seiner Tätigkeit im Inland auch in der Schweiz und in anderen Staaten tätig geworden ist (OFD Frankfurt 11.2.11, BeckVerw 11, 253344). Der deutsche Vergütungsanteil unterliegt dem Progressionsvorbehalt (BFH 25.10.2006 – I R 81/04, BStBl II 2010, 778; BFH 11.11.2009 – I R 83/08, BStBl II 2010, 781). Ein Delegierter einer Schweizerischen AG fällt unter Art 15 Abs 4 DBA Schweiz, so dass bei einer Tätigkeit am Sitzort der AG Deutschland kein Besteuerungsrecht zusteht, BFH 14.3.11 – I R 23/10, IStR 2011, 693; → *Grenzgänger*

Rn 23. Ein im Handelsregister nicht eingetragener Prokurist fällt nicht unter den genannten Personenkreis, dh Besteuerung im Ansässigkeitsstaat (FG München 23.7.03 – 1 K 1231/00, DStRE 04, 466; aA BFH 8.4.92 – I R 68/91, BFH/NV 93, 295; hierzu BMF 30.9.08, BStBl I 08, 935). Im Verhältnis zu Polen (Art 16 Abs 2 DBA Polen) OFD Münster 22.3.10, IStR 10, 300. Zur Frage des Besteuerungsrechts bei einer Beschäftigung in der Geschäftsleitung einer **ausländischen Tochtergesellschaft** BFH 27.4.2000 – I B 114/99, BFH/NV 01, 6 zu DBA **Spanien;** → Rn 39 ff.

**e) Tätigkeiten in Entwicklungsländern.** Stets im Tätigkeitsstaat zu besteuern sind die Vergütungen für die Tätigkeit in Entwicklungsländern, in den Vereinigten Arabischen Emiraten und in Kuwait (BMF 21.7.05, BStBl I 05, 821; *Bublitz* IStR 07, 77). Hierfür gilt § 50d Abs 8 und 9 EStG. 53

**III. Auslandstätigkeit ohne DBA-Regelung.** Enthält das DBA mit dem ausländischen Tätigkeitsstaat keine Regelung über die Besteuerung der Vergütung aus nichtselbstständiger Tätigkeit (zB Albanien, Algerien, Saudi-Arabien), kann die (Nicht-)Besteuerung auf dreierlei Weise erfolgen: 54

**1. Anrechnung der ausländischen Steuer** im Rahmen des § 34c Abs 1 EStG (vgl hierzu BFH 5.2.92, BStBl II 92, 607: zur Anrechnung genügt der Nachweis der im Ausland abgeführten Steuern). Die ausländischen Steuern werden höchstens mit der durchschnittlichen tariflichen deutschen ESt auf die ausländischen Einkünfte angerechnet (§ 34c Abs 1 Satz 2 und 3 1. Halbsatz EStG). 55

**2. Abzug** der ausländischen Steuer von der Bemessungsgrundlage nach § 34c Abs 2 EStG. 56

**3. Steuerfreistellung nach dem Auslandstätigkeitserlass.** Der ATE (BMF 31.10.83, BStBl I 83, 470 = Anhang 7 LStR; BMF 14.3.17, BStBl I 17, 473 Rz 25, 26), ergangen nach §§ 34c Abs 5 und 50 Abs 7 EStG, hat in den letzten Jahren an praktischer Bedeutung verloren, da in fast allen DBA, die die Bundesrepublik mit anderen Staaten abgeschlossen hat, eine Regelung über die Besteuerung der nichtselbstständigen Einkünfte enthalten ist (BFH 11.9.87, BStBl II 87, 856: DBA geht ATE vor; FG BaWü 24.1.11 – 10 K 3251/09, EFG 11, 1162). Der ATE verstößt gegen das Diskriminierungsverbot (EuGH 28.2.2013 – C-544/11, DStRE 2013, 661; → *Diskriminierung* Rn 143 ff), da er die Steuervergünstigung an einen inländischen ArbG knüpft. Der ATE begünstigt bestimmte Auslandstätigkeiten, wie zB die Planung, Errichtung, Wartung usw von Fabriken, Bauwerken, ortsgebundenen Maschinen und ähnlichen Vorrichtungen, das Aufsuchen und die Gewinnung von Bodenschätzen, die Beratung (Consulting) ausländischer Auftraggeber im Hinblick auf solche Tätigkeiten sowie Tätigkeiten der deutschen öffentlichen Entwicklungshilfe. Die Steuerfreiheit kann sich auch auf Gründe außerhalb des ATE stützen (BFH 18.8.87, BStBl II 88, 139; 20.5.92, BFH/NV 92, 740; FG Düsseldorf 29.6.92, EFG 92, 673), nicht aber auf eine Tätigkeit in der Antarktis (BFH 14.6.91, BStBl II 91, 926; BFH 20.4.88, BStBl II 88, 983). Zur Abgrenzung von nicht begünstigten Tätigkeiten HessFG 21.2.08 – 13 K 2392/05, BeckRS 2008, 26025366. 57

Die Auslandstätigkeit muss mindestens 3 Monate lang ununterbrochen ausgeübt werden, wobei die Aufenthaltsdauer nach Kalendertagen berechnet wird. Zur Berechnung der Mindestfrist *Golenia* IStR 93, 421; FG München 3.3.93, EFG 93, 522. Der aufgrund des ATE gezahlte Lohn ist steuerfrei und unterliegt dem Progressionsvorbehalt (BFH 27.3.91, BFH/NV 92, 248 zum dem ATE zeitlich vorgehenden Montageerlass). Für die Steuerfreiheit ist wiederum eine Freistellungsbescheinigung beim inländischen BetriebsstättenFA zu erwirken, die keine Bindungswirkung iSv § 175 Abs 1 Nr 1 AO für die Jahresveranlagung des ArbN hat (BFH 23.11.05 – I B 100/05, BFH/NV 06, 298). Die **Freistellungsbescheinigung** hat der ArbGeb zum Lohnkonto zu nehmen. Im Übrigen gelten die DBA-Regelungen (Steuerfreiheit im Inland) entsprechend (→ Rn 43 ff). Die Anwendung des ATE auf Tätigkeit in den Vereinigten Arabischen Emiraten ist durch den Abschluss eines neuen DBA überholt (*Letzgus/Berroth* IStR 10, 614; BayLfSt 29.9.11 – S 1301.1.1-102/5 St 32, ESt-Kartei BY DBA VAE Karte 1.1). 58

**IV. Beschränkte Steuerpflicht** (§ 1 Abs 4 EStG; → *Ausländer* Rn 35, 42 ff). Gibt der im Ausland tätige ArbN anlässlich seiner Auslandstätigkeit seinen inländischen (Familien-)Wohnsitz auf, so ist er ab diesem Tag nur noch mit seinen im Inland verbleibenden Einkünften beschränkt stpfl (§ 1 Abs 4 EStG). Die Besteuerung der nichtselbstständigen 59

Einkünfte wechselt ab diesem Zeitpunkt ins Ausland. Für dieses Jahr ist nur **eine Veranlagung** vorzunehmen (§ 2 Abs 7 Satz 3 EStG), was dazu führt, dass der Grundfreibetrag nur einmal zum Abzug kommt. Aufwendungen im Inland, die einer künftigen bzw angestrebten Berufstätigkeit im Ausland dienen (zB ein Sprachkurs) oder die während der Zeit der beschränkten Steuerpflicht im Ausland anfallen, stellen keine **Werbungskosten** dar, da die Aufwendungen sich nicht auf die inländische Besteuerung beziehen (BFH 20.9.06 – I R 59/05, DStRE 07, 294). Derartige Aufwendungen sind aber dann Werbungskosten, wenn der ArbGeb den ArbN vor seiner Auslandstätigkeit zu einführenden Lehrgängen abordnet und die Dienstbezüge währenddessen weiterbezahlt (BFH 28.10.94, BFH/NV 95, 505). Zu **Umzugskosten** bei Auslandseinsatz einschließlich umzugsbedingten Kleideraufwand → *Umzugskosten* Rn 19, 29; → *Ausländer* Rn 37. Nach § 39 Abs 7 EStG muss der ArbN, der beschränkt stpfl wird, dies dem WohnsitzFA unverzüglich anzeigen. Das FA hat die ELStAM vom Zeitpunkt des Eintritts der beschränkten EStpfl zu ändern. Zu **Abfindungen bei Wohnsitzwechsel ins Ausland;** BFH 2.9.09 – I R 90/08, DStRE 09, 1377).

Einkünfte aus nichtselbstständiger Arbeit für die Zeit der beschränkten Stpfl kommen gem § 49 Abs 1 Nr 4 EStG für solche Einkünfte in Betracht, die im Inland ausgeübt oder verwertet werden (BFH 10.7.96, BStBl II 97, 15; → *Ausländer* Rn 42 ff). Einzelheiten hierzu → *Grenzgänger* Rn 15, 16; → *Lohnsteuerberechnung* Rn 21 Zur Vereinbarkeit der Besteuerung beschränkt stpfl ArbN mit EU-Recht → *Diskriminierung* Rn 142.

60 **V. Erweiterte unbeschränkte Steuerpflicht** (§ 1 Abs 2, 3 EStG; → *Ausländer* Rn 38 ff).

**1. Öffentlicher Dienst.** Trotz Fehlens eines Wohnsitzes oder gewöhnlichen Aufenthalts im Inland gelten die Personengruppen aus § 1 Abs 2 EStG (Auslandstätigkeit der öffentlichen Hand) und die aus § 1 Abs 3 EStG (Inlandstätigkeit von nicht im Inland Ansässigen; vgl hierzu → *Ausländer* Rn 38) als unbeschränkt stpfl Unter § 1 Abs 2 EStG fallen bei Vorliegen der übrigen Voraussetzungen insbes Bedienstete des öffentlichen Dienstes im Auslandseinsatz sowie die Mitglieder einer diplomatischen Mission oder konsularischen Vertretung einschließlich der zu ihrem Haushalt gehörenden Angehörigen. Die Besteuerung erfolgt nach dem **Kassenstaatsprinzip**. Für einen ausländischen Ehegatten gilt dies auch, wenn er die Staatsangehörigkeit des Empfangsstaates besitzt (FG Köln 27.6.94, IStR 94, 597). Diese Personengruppe kann nach § 1a Abs 2 EStG besteuert werden. Das Gehalt der in den USA ansässigen Ortskräfte der deutschen konsularischen Vertretungen in den USA werden demnach von Deutschland besteuert (BMF 18.12.09, IStR 10, 112). Gleiches gilt für die Gehälter der aus Deutschland entsandten Mitarbeiter der deutsch-russischen Auslandshandelskammer (BMF 18.11.09, IStR 10, 224). Auslandszulagen sind steuerfrei (§ 3 Nr 64 EStG); damit zusammenhängende Aufwendungen, zB Gebühr für Gehaltsüberweisung ins Ausland, sind steuerlich nichtabzugsfähig (§ 3c EStG; BFH 19.1.96, BFH/NV 96, 541; BFH 13.8.97 – I R 65/95, BStBl II 98, 21). Zum steuerfreien **Kaufkraftausgleich** (§ 3 Nr 64 EStG), Stand 1.1.16, BMF 14.1.16, BStBl I, 142. Der Kaufkraftausgleich, der deutschen öffentlich rechtlichen Bediensteten im Ausland gewährt wird (§ 3 Nr 64 EStG), verstößt nicht gegen Europarecht (EuGH 15.9.11 – C-240/10, BeckRS 2011, 81359). Unter § 1 Abs 2 EStG fallen auch **Soldaten im Auslandseinsatz** sowie deutsche Kriegsschiffe (FG Düsseldorf 28.9.07 – 18 K 638/06, DStRE 08, 673). Der Auslandsverwendungszuschlag ist nach § 3 Nr 64 EStG steuerfrei. Diesbezügliche Aufwendungen können nur nach dem Verhältnis, in dem die steuerfreien Einnahmen zu den Gesamteinnahmen während des Auslandeinsatzes stehen, als Werbungskosten geltend gemacht werden (BFH 28.4.05 – VI B 179/04, BFH/NV 05, 1303). Die Übernachtungskostenpauschale entfällt, wenn am Einsatzort eine kostenlose Unterkunft zur Verfügung steht (FG Bln/Bbg 4.12.09 – 9 K 9161/07, EFG 10, 470).

61 **2. Internationale Organisationen.** Im Ausland bei internationalen Organisationen beschäftigte Deutsche fallen nicht unter § 1 Abs 2 EStG, weil sie ihren Arbeitslohn nicht aus einer inländischen öffentlichen Kasse beziehen, zB das Goethe-Institut (BFH 22.2.06 – I R 60/05, BStBl II 07, 106), ebenso nicht an privatisierte Einrichtungen „verliehene“ Beamte (FinMin Hess 31.8.99, DStR 99, 1988). Zur einkommensteuerlichen Behandlung der im Ausland für inländische Rundfunk- und Fernsehanstalten tätigen **Korrespondenten** BMF 13.3.98, BStBl I 98, 351. Zur Besteuerung von Personen bei internationalen Organisationen, auf die DBA nicht anwendbar sind, (zB **NATO, OECD, WEU, Europäische**

**Patentorganisation**) BMF 18.3.13, BStBl I 13, 404 (hiervon abweichend FG München 6.12.2000 – 1 K 855/99, EFG 01, 417; BFH 22.11.06 – X R 29/05, BB 07, 313). Zu Ausgleichszahlungen des Deutschen Akademischen Austauschdienstes **(DAAD)** FG Bbg 5.12.01 – 6 K 1585/00, EFG 02, 311; FG Bln 2.2.05 – 6 K 6382/03, DStRE 06, 148. Zur Besteuerung von Rentnern im Ausland → *Altersrente* Rn 18. **EU-Beamte** BFH 15.3.2000 – I R 28/99, BStBl II 02, 238; BMF 12.4.06, BStBl I 06, 340 mit Beispielen zum EU-Tagegeld. Da die Vergütung der EU-Bediensteten steuerfrei ist (→ *EU-Recht* Rn 28), entfällt im Inland ein Werbungskostenabzug, zB wegen doppelter Haushaltsführung (FG Hess 1.9.10 – 10 K 989/10, BeckRS 2011, 94205). **Europarat-Angestellte** BFH 6.8.98 – IV R 75/97, BStBl II 98, 732; zur Abgrenzung BFH 26.2.08 – VIII B 194/06, BFH/NV 08, 952. Tätigkeit für die **Europäische Polizeimission** in Krisengebieten FG Bln/Bbg 24.2.10 – 7 K 6439/06 B, EFG 10, 1135.

**3. Auslandslehrer.** Grundsatz nach einschlägigen DBA (zB Art 20 DBA Belgien, Art 16 **62**
DBA Frankreich, Art 21 DBA Italien, Art 20 DBA Indien, Art 20 DBA Portugal, Art 20 DBA Österreich, Art 20 DBA USA): das Besteuerungsrecht verbleibt beim Wohnsitzstaat; BMF 14.8.95, BStBl I 95, 416: Die Zulage an **Europäischen Schulen** im Ausland ist steuerfrei (BFH 16.2.96 betr Ägypten DStR 96, 865; BFH 23.9.98 – I B 53/98, BFH/NV 99, 458; BFH 12.10.95, BFH/NV 96, 377; BFH 20.12.95, IStR 96, 177; BMF 17.6.96, BStBl I 96, 688; OFD Kiel 18.12.96, FR 97, 317; BFH 13.8.97 – I R 65/95, BStBl II 98, 22) und unterliegt nicht dem Progressionsvorbehalt nach § 32b EStG (BFH 15.12.99 – I R 80/98, BFH/NV 2000, 832). Werbungskosten sind entsprechend dem steuerfreien Anteil zu kürzen (FG RhPf 14.6.99 – 5 K 2673/97, EFG 2000, 56). Nimmt das FA entgegen der Ansicht des Auslandslehrers unbeschränkte Steuerpflicht an, so muss der Stpfl zwecks Erstattung der einbehaltenen LSt den EStBescheid anfechten (BFH 12.10.95, BStBl II 96, 87).

## C. Sozialversicherungsrecht

*Schlegel*

### Übersicht

73 **I. Soziale Sicherung bei Auslandsbeschäftigung – Allgemeines. 1. Sachverhalte mit Auslandsberührung.** Arbeiten inländische ArbN im Ausland oder sind ausländische ArbN in Deutschland beschäftigt, liegen – aus der Sicht des deutschen Sozialrechts – Sachverhalte mit Auslandsberührung vor. Fälle mit Auslandsberührung liegen für hiesige ArbN zB in Fällen vor, in denen ihr in Deutschland ansässiger ArbGeb seine Geschäftstätigkeit über die Grenzen Deutschlands hinaus erstreckt und zu diesem Zweck Personal einsetzt, das bisher im Inland beschäftigt war und nunmehr vorübergehend oder dauerhaft im Ausland eingesetzt wird. Hierbei kann es sich sowohl um Deutsche als auch um Ausländer handeln; in beiden Fällen spricht man von einer **Entsendung** des ArbN. Demgegenüber handelt es sich bei **Ortskräften** um ArbN, die im Ausland vor Ort eingestellt und idR aus der dortigen Bevölkerung rekrutiert werden. Eine besondere Gruppe bilden sog **Grenzgänger.** Hierbei handelt es sich um ArbN oder Selbstständige, die ihre Berufstätigkeit im Gebiet eines Staates (zB Deutschland) ausüben und im Gebiet eines anderen Staates (zB Frankreich) wohnen, in das sie idR täglich, mindestens aber einmal wöchentlich, zurückkehren (Einzelheiten hierzu *Grenzgänger*).

**Brexit:** Soziales und Staatsangehörigkeit nach dem Austritt des Vereinigten Königreichs Großbritannien und Nordirland aus der Europäischen Union vom 27.3.2019, BGBl I 418): Für den Fall, dass das GBR **ohne Austrittsabkommen** aus der EU austritt, benötigen Personen, für die bereits vor dem Austritt die Rechtsvorschriften der sozialen Sicherheit des

GBR zu irgendeinem Zeitpunkt galten oder die sich zum Austrittszeitpunkt im GBR dauerhaft oder vorübergehend aufhielten und dabei den Rechtsvorschriften der sozialen Sicherheit der Bundesrepublik Deutschland unterfielen, jedoch auch kurzfristig Rechtssicherheit. Soweit einseitige nationale Regelungen anstelle der supranationalen EU-Regelungen (dazu unter → Rn 79 ff) treten können und nicht zwingend eine bi- oder multilaterale Kooperation voraussetzen, enthält das Brexit-Übergangsgesetz **Übergangsregelungen.** Für den Erwerb, die Aufrechterhaltung, die Dauer oder das Wiederaufleben von Ansprüchen der Kranken-, Pflege-, Unfall-, Renten- oder Arbeitslosenversicherung von Personen, die bereits vor dem Austritt im Sinne der oben genannten Verordnungen relevante Zeiten im GBR zurückgelegt haben, sollen diese vor dem Austritt zurückgelegten Zeiten auch nach dem Wegfall der oben genannten Verordnungen zur Koordinierung der Systeme der sozialen Sicherheit (in Bezug auf das GBR) berücksichtigt werden, als ob das GBR weiterhin ein Mitgliedstaat der EU wäre. Zudem sollen Personen, die vor dem Austritt in der deutschen gesetzlichen Renten- oder Krankenversicherung oder der sozialen Pflegeversicherung versichert waren, nicht allein auf Grund des Austritts ihren Versicherungsstatus verlieren oder unfreiwillig einer Doppelversicherungspflicht unterliegen

74 In all diesen Fällen stellt sich die Frage, welche Rechtsordnung für die Versicherungs- und Beitragspflicht sowie für Leistungsansprüche des Beschäftigten oder seiner Angehörigen maßgeblich ist. Als **denkbare Anknüpfungspunkte für das anzuwendende Recht** kommen sowohl die Staatsangehörigkeit, der Wohnsitz, der gewöhnliche Aufenthaltsort oder der Ort der tatsächlichen Beschäftigung oder der Sitz des ArbGeb in Betracht. Das sog Territorialitätsprinzip, wonach sich der räumliche Anwendungsbereich der Vorschriften des Sozialrechts nur auf das Inland beschränkt, hilft nicht weiter. Es trifft gerade keine Aussage darüber, welcher der nach nationalem Recht denkbaren Anknüpfungspunkte (Wohnsitz, Beschäftigungsort, Sitz des ArbGeb) maßgeblich ist.

75 **2. Bestimmung des anzuwendenden Rechts. a) Nationales Sozialrecht und Kollisionsnormen.** Es gibt kein „überstaatliches", „internationales" oder „übergreifendes" materielles Sozialrecht für Fälle mit Auslandsberührung jenseits oder neben der nationalstaatlichen Rechtsordnungen. Das materielle Recht kann sich nur aus den nationalen Rechtsordnungen derjenigen Staaten ergeben, die an der Auslandsberührung beteiligt sind. Dies gilt auch für den Bereich der EU.

76 Welches Recht im Einzelfall anzuwenden ist, wenn die Rechtsordnungen verschiedener Staaten aufeinandertreffen, ergibt sich aus **Kollisionsnormen** (Anknüpfungsregeln). Diese sind **zwingendes Recht** und bestimmen die anzuwendenden Sachnormen: Sie regeln, ob im Einzelfall das Recht des Heimatstaates, das Recht des Beschäftigungsstaates oder auch eine Kombination aus den Rechten beider Staaten anzuwenden ist. Eine privatautonome Vereinbarung von ArbN und ArbGeb darüber, welches Recht, welche Sachnormen maßgeblich sein sollen, scheidet im Sozialrecht anders als im Arbeitsrecht (Art 30 Abs 1 EGBGB, zu auch arbeitsrechtlich international zwingenden Normen vgl Art 8 Abs 2 Satz 2, Art 9 VO-EG Nr 593/2008, sog Rom-I-VO) aus. Für den Bereich des öffentlichen Rechts trifft die Kollisionsnorm aus deutscher Sicht die Entscheidung, ob und in welchem Umfang deutsche Behörden (zB SozVTräger) und Gerichte bei Sachverhalten mit Auslandsberührung legitimiert sind, ihr **eigenes nationales Recht als Maßstabsnorm** anzuwenden; ausländisches Sozialrecht wenden sie nicht an: Sie sind jedoch ggf kraft Kollisionsrechts berechtigt und verpflichtet, Sachverhalte, die sich im Ausland ereignet haben, bei der Anwendung des deutschen Rechts so zu berücksichtigen, als habe sich der Sachverhalt hier zugetragen.

77 **b) Drei Ebenen von Kollisionsrecht.** Welches Kollisionsrecht anzuwenden ist, richtet sich danach, welche Staaten an der Auslandsberührung beteiligt sind. Kollisionsnormen bestehen bei Auslandsberührung innerhalb der EU als **supranationales Kollisionsrecht der EU.** Soweit die Auslandsberührung mit Staaten besteht, die nicht der EU angehören, ist zu prüfen, ob Deutschland mit dem betreffenden Staat ein Abkommen (Abk) über Soziale Sicherheit abgeschlossen hat. Dabei handelt es sich um völkerrechtliche Verträge, in denen geregelt ist, welche der in Betracht kommenden nationalen Rechtsordnungen im Einzelfall anzuwenden sind **(zwischenstaatliches Kollisionsrecht).** Soweit sich das maßgebliche Recht auch nicht aus SozVAbk ergibt, weil Deutschland mit dem betreffenden Staat über-

haupt kein Abk abgeschlossen hat oder dieses die maßgeblichen Fragen sachlich nicht regelt, ist schließlich auf das nationale Kollisionsrecht zurückzugreifen. Dies sind in Deutschland die §§ 3–5 SGB IV über Einstrahlung und Ausstrahlung **(nationales Kollisionsrecht).**

78 **c) Übersicht.** Es ergibt sich folgendes Schema:

| Sachverhalt mit Auslandsberührung zwischen Deutschland und | | |
|---|---|---|
| Staaten der EU bzw des EWR | Abkommensstaaten | Nicht-Abkommensstaaten außerhalb der EU oder Abkommensstaaten, wenn der Sachverhalt im Abk sachlich nicht geregelt ist |
| supranationales Kollisionsrecht der EU insbes VO (EWG) 1408/71 | zwischenstaatliches Kollisionsrecht Sozialversicherungsabkommen | nationales Kollisionsrecht §§ 3 ff SGB IV |
| Versicherungs- und Beitragspflicht nach dem Recht des Beschäftigungslandes | | |
| Ausnahme: zeitlich befristete Entsendung, Recht des „Heimatstaates", Entsendestaates | | |

79 **3. Kollisionsrecht der Europäischen Union. a) Keine Gesetzgebungskompetenz der EU für materielles Sozialrecht.** Die EU besitzt selbst **keine Staatlichkeit.** Kompetenzen zur Rechtssetzung und Rechtsanwendung besitzt sie folglich nur insoweit, als ihr von den Mitgliedsstaaten bestimmte Befugnisse in den Gemeinschaftsverträgen ausdrücklich übertragen worden sind. Es gilt das Prinzip der begrenzten und enumerativen Einzelermächtigung. Das primäre Gemeinschaftsrecht sieht eine generelle und allgemeine Normsetzungskompetenz der EU zur Harmonisierung der nationalen Sozialsysteme nicht vor. Die EU besitzt daher auch keine Befugnis zur normativen Vereinheitlichung oder Annäherung der sozialen Sicherungssysteme und Sozialpolitiken „von oben nach unten". Sozialpolitik ist in erster Linie Sache der Mitgliedstaaten. Diese bestimmen, wer in ihren Systemen sozialer Sicherheit versichert ist, welche Leistungen gewährt werden und unter welchen Voraussetzungen dies geschieht. Dieser Normsetzungsvorrang der Mitgliedsstaaten ist ua dadurch sichergestellt, dass in den Bereichen Arbeitsrecht, soziale Sicherheit und Freizügigkeit für Entscheidungen des Rates das Einstimmigkeitsprinzip gilt, Entscheidungen also nicht gegen den Willen eines Mitgliedsstaates getroffen werden können.

80 **b) Sicherung der Freizügigkeit.** Es besteht allerdings eine Normsetzungsbefugnis der EG im Zusammenhang mit der Freizügigkeit von ArbN. Diese Kompetenz wirkt sich im Wesentlichen im Bereich der sozialen Sicherung der ArbN aus. **Artikel 45 AEUV** (ex Art 39 EG) gewährleistet das **Recht der Arbeitnehmer auf Freizügigkeit,** dh auf freien Zugang zur Beschäftigung in jedem anderen Mitgliedstaat. Dieses geht über das allgemeine Recht der Unionsbürger auf freien Zugang und Aufenthalt im Hoheitsgebiet aller EU-Staaten (Art 20 AEUV, ex Art 17 EG) und auch über das allgemeine Diskriminierungsverbot des Art 18 AEUV (ex Art 12 EG) hinaus. Nach Art 20 AEUV (ex Art 17 EG) darf sich jeder Unionsbürger im Hoheitsgebiet der anderen Mitgliedsstaaten frei bewegen und aufhalten. Art 145 AEUV (ex Art 39 EG) will es darüber hinaus jedem ArbN ermöglichen, seine Arbeitskraft gemeinschaftsweit zu verwerten; er soll im Hoheitsgebiet auch der anderen Mitgliedstaaten arbeiten und Arbeit suchen können. Dabei soll die uneingeschränkte Gleichbehandlung und Integration des ArbN und seiner Familie im Aufnahmestaat gewährleistet sein.

81 Die Vorschrift verbietet daher im Bereich der Arbeit und sozialen Sicherheit jede Diskriminierung der Angehörigen von EU-Mitgliedsstaaten bzgl Beschäftigung, Entlohnung und sonstiger Arbeitsbedingungen. Das Recht auf Freizügigkeit wäre aber außerdem beeinträchtigt, wenn ein ArbN befürchten müsste, bei der Wanderung von einem Mitgliedsstaat in einen anderen aufgrund daraus resultierender Zugehörigkeit zu verschiedenen Systemen der sozialen Sicherheit Nachteile zu erleiden, sei es, dass er Leistungen der sozialen Sicherheit nicht erhält oder dass er bereits erworbene Ansprüche auf solche Leistungen einbüßt.

Aus diesem Grund bedarf es flankierender Maßnahmen zur Sicherung des Rechts auf Freizügigkeit durch den Erlass **„freizügigkeitsspezifischen Sozialrechts"** *(R. Schuler)*. **Art 48 AEUV** (ex Art 42 EG) ermächtigt und verpflichtet den Rat dazu, die auf dem Gebiet der sozialen Sicherheit für die Herstellung der Freizügigkeit der ArbN notwendigen Maßnahmen zu beschließen. Der Rat muss ein System einführen, das aus- und einwandernden ArbN und deren anspruchsberechtigten Angehörigen Folgendes sichert: 82

- Die Zusammenrechnung aller nach den verschiedenen innerstaatlichen Rechtsvorschriften berücksichtigten Zeiten für den Erwerb und die Aufrechterhaltung des Leistungsanspruchs sowie für die Berechnung der Leistungen **(Grundsatz der Zusammenrechnung sozialrechtlich beachtlicher Zeiten, sog Aggregation)**
- die Zahlung der Leistungen auch an Personen, die nicht im Beschäftigungsstaat, sondern in den Hoheitsgebieten der Mitgliedsstaaten (zB in ihrem Heimatstaat) wohnen **(Grundsatz des Leistungsexports).**

**c) Sozialrechtliche Absicherung der Arbeitnehmerfreizügigkeit durch VO (EG) 883/04** (zuvor: VO 1408/71). Aufgrund der Vorgängervorschrift des Art 42 EG sind die VO 1408/71 über die Anwendung der Systeme der sozialen Sicherheit auf ArbN und Selbstständige sowie deren Familienangehörigen, die innerhalb der Gemeinschaft zu- und abwandern, sowie deren NachfolgeVO 883/04 erlassen worden. Diese VO regelt als supranationales Kollisionsrecht die **Koordinierung nationaler Systeme** der sozialen Sicherheit materiell-rechtlich. Die VO Nr 574/72 über die Durchführung der VO 1408/71 und ab 1.5.2010 die **VO (EG) 987/09** zur Durchführung der VO 883/04 regelt die Koordinierung in verfahrensrechtlicher Hinsicht und bestimmt ua, welche nationalen Träger als sog Verbindungsstellen für die Koordinierung der einzelnen Leistungsbereiche zuständig sind (vgl *EU-Recht*). Die aufgrund Art 42 EG erlassenen VO zur Sicherung der ArbNFreizügigkeit sind wie alle EG-VO verbindlich und gelten in den Mitgliedsstaaten unmittelbar. Sie bedürfen zu ihrer Wirksamkeit in den Mitgliedsstaaten keines nationalstaatlichen Umsetzungsaktes und gehen als supranationales Recht dem nationalen Recht vor. Ist der persönliche, sachliche und räumliche Geltungsbereich der FreizügigkeitsVO eröffnet, finden in Fällen mit Auslandsberührung nur die Rechtsvorschriften eines Staates Anwendung. 83

**d) Räumlicher und zeitlicher Anwendungsbereich.** Die VO **1408/71** galt in allen Mitgliedsstaaten der EU unmittelbar. Aufgrund des am 1.1.94 in Kraft getretenen **Abkommens über den Europäischen Wirtschaftsraum** (EWR-Abk; vgl BGBl II 93, 267) galt sie außerdem in den Staaten des EWR, die nicht Mitglied der EU sind (Norwegen, Island, Liechtenstein). Ziel des EWR-Abk war die Herstellung binnenmarktsähnlicher Verhältnisse im gesamten EWR-Raum. Anhänge zum EWR-Abk listen das von der EG erlassene Sekundarrecht (insbes VO und Richtlinien) auf, das kraft AbkRechts nunmehr auch in denjenigen Staaten gilt, in denen es nicht kraft der EU-Mitgliedschaft eines Staates bereits unmittelbar anwendbares Recht ist (Art 7 EWR-Abk). Dieses übernommene EG-Recht wird als **acquis communautaire** bezeichnet. Art 29 EWR-Abk enthält eine dem Art 42 EGV entsprechende Vorschrift über die Zusammenrechnung von Zeiten und die Zulässigkeit eines **Leistungsexports.** Anh VI des EWR-Abk führt auch die VO 1408/71 und Nr 574/72 auf. Damit wurden die Vorschriften der VO 1408/71 und 574/72 durch das EWR-Abk mit Wirkung ab 1.1.94 räumlich auf den Europäischen Wirtschaftsraum (EWR) erstreckt. 84

Für die EWR-Staaten, die nicht Mitglied der EU sind, für die Schweiz und für Drittstaatsangehörige bleibt zunächst die VO 1408/71 maßgeblich. Im Übrigen gilt **ab 1.5.2010** die **VO 883/04.** 85

**e) Sachlicher Anwendungsbereich – Soziale Sicherheit.** Die VO gilt für alle Rechtsvorschriften der sozialen Sicherheit der Mitgliedsstaaten über Krankheit, Mutterschaft, Invalidität, Alter, Leistungen an Hinterbliebene, Arbeitsunfälle und Berufskrankheiten, Tod/Sterbegeld, Arbeitslosigkeit und Familienangehörige. Wird eine bestimmte (vom Einkommen oder von Bedürftigkeit abhängende) Leistung als solche der sozialen Sicherheit eingestuft, ist sie **exportfähig.** Selbst wenn das nationale Recht die Leistung nur für Personen vorsieht, die in seinem Staatsgebiet wohnen, steht eine derartige Wohnortklausel der Leistungserbringung ins EU-Ausland nicht entgegen (Art 7 VO 883/04, ex Art 10 VO EWG 1408/71). 86

Auf die **Sozialhilfe** und Leistungen für Opfer des Krieges ist die VO nicht anwendbar (Art 3 Abs 5 VO 883/04, ex Art 4 Abs 4 VO 1408/71). Diese Leistungen sind damit auch 87 nicht exportfähig. Eines der Hauptprobleme bei der Anwendung der VO ist deshalb die **Abgrenzung der Sozialhilfe von Systemen der sozialen Sicherheit.** Hierzu gibt es eine umfangreiche Rspr des EuGH. Dabei hat der EuGH nicht nur vereinzelt Leistungen der sozialen Sicherheit zugeordnet, die im nationalen Recht nach der Auslegung des Mitgliedsstaates als solche der Sozialhilfe angesehen wurden. Dies ist insbes für die Aufhebung von Wohnortklauseln von Bedeutung. **Geldleistungen wegen Arbeitslosigkeit** wurden in Art 10 VO 1408/71 nicht erwähnt und sind gem Art 7 und 63 VO 883/04 nur eingeschränkt exportfähig (dazu Art 64, 65 VO 883/04). Für sie gilt die Aufhebung der Wohnortklausel nicht, so dass Leistungen wegen Arbeitslosigkeit nicht grds exportfähig sind, sondern nur dann, wenn die Art 63 ff VO 883/2004 dies ausnahmsweise ausdrücklich anordnen. Im Übrigen stellt sich das **Problem,** ob eine Leistung, die **Elemente der Sozialhilfe** aufweist, insgesamt als Leistung der Sozialhilfe eingestuft wird (1. Variante) oder ob es sich um eine **Leistung wegen Alters, Krankheit, Invalidität, Arbeitsunfällen oder bei Arbeitslosigkeit** handelt (2. Variante). Das Problem stellt sich zB bei der **Grundsicherung im Alter.** Wird diese Leistung der nicht koordinierungs- und nicht exportfähigen Sozialhilfe zugerechnet oder ist sie trotz ihrer Sozialhilfeelemente als Geldleistung wegen Alters einzustufen? Der sachliche Anwendungsbereich der Koordinierungsvorschriften erstreckt sich auch auf die **besonderen beitragsunabhängigen Geldleistungen** (Art 3 Abs 3, Art 70 VO 883/04) die aufgrund ihres persönlichen Geltungsbereichs, ihrer Ziele und/oder ihrer Anspruchsvoraussetzungen sowohl Merkmale der in Art 4 Abs 1 genannten Rechtsvorschriften der sozialen Sicherheit („echte" Leistungen der sozialen Sicherheit) als auch Merkmale der Sozialhilfe aufweisen (Art 4 Abs 2a Satz 1 VO 1408/71).

Deutschland hat die Leistungen der **Grundsicherung im Alter und bei Erwerbsminderung** nach dem 4. Kapitel des SBG XII in den Anhang II a aufnehmen lassen. Mit Wirkung zum 28.4.2006 wurde durch die **VO (EG) 629/2006 vom 5.4.2006** (ABl EG Nr L 114/1) Anh II a wie folgt ergänzt: „Leistungen zur Sicherung des Lebensunterhalts im Rahmen der Grundsicherung für Arbeitsuchende, soweit für diese Leistungen nicht dem Grunde nach Voraussetzungen für den befristeten Zuschlag nach Bezug von AlGeld (§ 24 Abs 1 SBG II) erfüllt sind." Daraus folgt: Sind dem Grunde nach die Voraussetzungen für den Zuschlag nach § 24 SGB II sachlich und zeitlich erfüllt, handelt es sich beim AlG II um eine Leistung bei Arbeitslosigkeit iSv Art 4 Abs 1 Buchst g VO 1408/71, die der allgemeinen Koordinierungsregelung unterliegt (*Fuchs* NZS 07, 1, 5). Sind dem Grunde nach die Voraussetzungen für den Zuschlag nach § 24 SGB II sachlich und zeitlich nicht erfüllt, gehört die Geldleistung AlG II zu den besonderen beitragsunabhängigen Leistungen iSv Art 4 Abs 2a VO 1408/71. Dies hat zur Folge, dass Art 10 und die Art 18 bis 79 VO 1408/71 gem Art 10a VO 1408/71 keine Anwendung finden.

88 Die VO gilt nur für gesetzliche Systeme der sozialen Sicherheit und ist daher auf **private Systeme** oder **Zusatzversorgungssysteme auf betrieblicher Ebene** nicht anwendbar. Erfasst werden jedoch durch die VO 883/04 nunmehr auch Selbstständige, soweit für sie bestimmte Sondersysteme errichtet sind. Dies betrifft in Deutschland insbes die freien Berufe, soweit deren soziale Sicherung **in berufsständischen Versorgungswerken** geregelt ist (anders noch unter Geltung der VO 1408/71; vgl Anhang II zu Art 1 Buchst j der VO).

89 **f) Persönlicher Anwendungsbereich.** Die VO gilt für die in den sozialen Sicherungssystemen versicherten Personen. Sie erfasst damit im Wesentlichen sowohl **Arbeitnehmer als auch Selbstständige,** wenn sie Staatsangehörige eines Mitgliedsstaates der EU sind und für sie die Rechtsvorschriften eines Mitgliedsstaates über die Systeme sozialer Sicherheit anwendbar sind. Seit der VO (EWG) 1606/98 v 29.6.98 (ABl 98 Nr L 209 S 1) erfasst die FreizügigkeitsVO auch die **Sondersysteme für Beamte.** ArbN in diesem Sinne sind auch Arbeitslose, Rentner und geringfügig Beschäftigte. Erfasst sind außerdem deren **Familienangehörige und Hinterbliebene.** Auf **Staatenlose und Flüchtlinge** sind die genannten Rechtsvorschriften anwendbar, wenn sie in einem Mitgliedsstaat wohnen.

90 **Drittstaatenangehörige** (Angehörige von nicht EU- bzw nicht EWR-Staaten) werden von der VO seit 1.6.2003 erfasst (VO (EG) 859/200, ABl EG Nr L 124 vom 20.3.03, abgelöst durch VO 1231/2010 vom 24.11.10, ABl EU 344). Die Geltung der FreizügigkeitsVO wird auch für Drittstaatenangehörige angeordnet, soweit diese rechtmäßig in der EU wohnen. Ein Recht auf Einreise, Aufenthalt oder Wohnsitz oder auf Aufnahme einer Beschäftigung wurde für Drittstaatenangehörige allerdings nicht begründet.

**4. Sozialversicherungsabkommen – Internationales Sozialrecht. a) Rechtsnatur der Abkommen.** Bei SozVAbkommen handelt es sich um **völkerrechtliche Verträge** iSv Art 59 Abs 2 GG. Ihr **Zweck** liegt im Wesentlichen darin, die nationalen Systeme sozialer Sicherheit so zu koordinieren, dass durch einen Wechsel in den jeweils anderen Staat oder einen Aufenthalt dort keine Nachteile entstehen. Sie sind vom **Grundsatz der Gegenseitigkeit** beherrscht: Ein Vertragsstaat ist nur insoweit bereit, den Staatsangehörigen eines anderen Staates Rechte einzuräumen, als eine korrespondierende Verpflichtung auch vom anderen Staat eingegangen wird. Wie das supranationale Kollisionsrecht schaffen auch SozVAbk keine Ansprüche, die vom innerstaatlichen Recht losgelöst sind. Es gibt zB keine eigenständige „Abkommensrente". Vielmehr ist von den Anspruchsgrundlagen des nationalen Rechts auszugehen und zu prüfen, ob der dort geforderte Tatbestand aufgrund AbkRechts auch durch Sachverhalte erfüllt werden kann, die allein bei Abstellen auf das nationale Recht nicht erfüllt wären, zB weil Zeiten im Ausland zurückgelegt wurden. 91

**b) Arten von Sozialversicherungsabkommen.** Abk, an denen nur zwei Staaten beteiligt sind (sog **bilaterale Abkommen**), sind von solchen zu unterscheiden, bei denen drei oder mehr Staaten Vertragspartner sind (sog **multilaterale Abkommen,** zB Rheinschifferabkommen). Nach ihrem Gegenstand können Abk danach klassifiziert werden, ob sie sich auf die gesamte Soziale Sicherheit erstrecken oder nur einzelne Aspekte Sozialer Sicherheit regeln oder sie sich zB auf die RV, die ArblV, die Sozialhilfe oder das Recht der Entsendung beschränken. **Vollständige Abkommen** regeln üblicherweise die Bestimmung des anzuwendenden Rechts, die Gleichbehandlung der Vertragsstaatsangehörigen, die Wahrung von Anwartschaften, die Wahrung erworbener Ansprüche und die gegenseitige Amts- und Rechtshilfe. 92

Nach dem **Aufbau** von Abk ist zwischen dem sog Hauptabkommen, dem Schlussprotokoll und der Vereinbarung zur Durchführung des Abk zu unterscheiden. Das **Hauptabkommen** enthält regelmäßig zahlreiche **Definitionen** (zB Gebiet, Hoheitsgebiet der Vertragsstaaten, Staatsangehörigkeit, Rechtsvorschriften, Wohnort, Wohnen, Aufenthaltsort, Geldleistungen, Versicherungszeiten etc), Bestimmungen über den **sachlichen Geltungsbereich,** dh die einzelnen Zweige der Sozialen Sicherheit (RV, UV, KV etc nebst Nebengebieten zB FRG, WGSVG), den **persönlichen Geltungsbereich** (offene und geschlossene Abk), Gleichbehandlungsbestimmungen und die Bestimmung über das zuwendende Recht. Im **Schlussprotokoll** finden sich Anmerkungen und Erläuterung zu einzelnen Bestimmungen des Abk. Die **Durchführungsvereinbarung** regelt das Verfahren. 93

**c) Sozialversicherungsabkommen.** Außerhalb des EG-Bereiches bestehen zB Abk mit Australien, Bosnien und Herzegowina, Chile, China, Israel, Japan, Kanada, Korea, Kosovo, Kroatien, Marokko, Mazedonien, Montenegro, Serbien, Türkei, Tunesien und den USA. Die Fundstellen sind auf der Homepage der BMAS zu finden unter Soziales Europa und Internationales, Zweiseitiges Abkommen http://www.bmas.de/portal/2752/zweiseitige_abkommen-html. 94

Zudem gibt es Abkommen, durch die **EG-rechtliche Bestimmungen ergänzt** werden (vgl Nachweise BArbBl 2004, Heft 2 S 11 f). 95

Das am 21.6.99 unterzeichnete **Abkommen der EG mit der Schweiz** (BGBl II 01, 810; in Kraft getreten am 1.6.02, BGBl II 02, 1692) betrifft neben anderen Gegenständen die Freizügigkeit. Nach dem Abk sollen die Freizügigkeit der ArbN die Niederlassungsfreiheit und die aufenthaltsrechtlichen Aspekte der Dienstleistungsfreiheit auf Grundlage der in der EU geltenden Bestimmungen verwirklicht werden. Das Abk bezweckt die Einräumung eines Rechts auf Einreise, Aufenthalt, Zugang zu einer unselbstständigen Erwerbstätigkeit und Niederlassung als Selbstständiger. Zwischen der Schweiz und der EG wird der freie Personenverkehr schrittweise nach dem derzeitigen Stand des Gemeinschaftsrechts (acquis communautaire) eingeführt. Anh II des Abk übernimmt durch Verweisung auf die VO 1408/71 und VO 574/72 weitgehend das freizügigkeitsspezifische Sekundarrecht der EG. Nach Art 20 des Abk werden die zwischen der Schweiz und den Mitgliedsstaaten geltenden bilateralen SozVAbk insoweit ausgesetzt, als das Abk denselben Sachbereich regelt. Vertragspartner dieses sog gemischten Abk sind neben der Schweiz und der EG auch alle Mitgliedsstaaten der EG (Einzelheiten *Kahil-Wolff/Mosters* EuZW 2001, 5, 9). 96

**d) Sachlicher Geltungsbereich der Abkommen.** Jeweils in Art 2 der Abk ist der sachliche Geltungsbereich geregelt. Die Abk erstrecken sich zum Beispiel: 97

– auf die KV, UV, RV, ArblV und das Kindergeld in den Abk mit: Jugoslawien (zur ArblV vgl Zusatzabk vom 12.10.68, BGBl II 69, 1475), Schweiz (zur ArblV vgl Zusatzabk vom 20.10.82, BGBl II 83, 579)
– auf die KV, UV, RV und das Kindergeld im Abk mit der Türkei
– auf die KV, UV, RV in den Abk mit Israel, Kroatien, Marokko, Tunesien
– auf die UV, RV im Abk mit Bulgarien
– nur auf die RV in den Abk mit Australien, Chile, China, Japan, Kanada, Korea, USA
– reines Entsendeabkommen: China.

98 **e) Persönlicher Geltungsbereich.** Erstrecken sich Abk nur auf die eigenen Staatsangehörigen der AbkStaaten sowie auf Flüchtlinge und Staatenlose, spricht man von **geschlossenen Abkommen.** Diese sind die Ausnahme (zB Art 3 Abk Marokko; Art 3 Abk Tunesien). Regelmäßig gelten Abk nicht nur für die eigenen Staatsangehörigen der Vertragsstaaten, sondern für alle Personen, die von den nationalen Vorschriften der Vertragsstaaten über soziale Sicherheit erfasst werden (sog **offene Abkommen**).

99 **f) Gleichstellungsklauseln.** Die Abk enthalten regelmäßig die Klausel, wonach die Staatsangehörigen des jeweils anderen Vertragsstaates bei der Anwendung der unter das Abk fallenden Rechtsvorschriften wie die eigenen Staatsangehörigen des Vertragsstaates behandelt werden, in dem sie sich gewöhnlich aufhalten. Bedeutung haben diese Klauseln insbes wenn das inländische Recht den Zugang zum System an die Staatsangehörigkeit knüpft (zB freiwillige RV bei Auslandsaufenthalt nur für Deutsche) oder Leistungen ins Ausland nur erbracht werden, wenn der Leistungsberechtigte Deutscher ist (§§ 113, 114 SGB VI).

100 Der Grundsatz, dass die Staatsgewalt an den Staatsgrenzen endet, verbietet nicht, Leistungen ins Ausland zu gewähren. Soweit es um Leistungen (nicht um die Begründung von Versicherungs- und Beitragspflicht) geht, sehen die Abk eine **Gebietsgleichstellung** vor. Dies ist insbes von Bedeutung, weil die Anwendung der Vorschriften über bestimmte Sozialleistungen regelmäßig einen Inlandsaufenthalt voraussetzt. Hält sich der Berechtigte im Ausland auf (zB ins Heimatland zurückgekehrte Gastarbeiter), könnten ohne Gleichstellungsklausel entsprechende Sozialleistungen nicht erbracht werden (§ 16 SGB V).

101 **Spezielle Gleichstellungstatbestände** stellen zB die Ausübung einer Beschäftigung oder Tätigkeit in einem Vertragsstaat der Pflichtversicherung im anderen gleich; dies ist zB für die Vorversicherungszeiten bei Renten wegen verminderter Erwerbsfähigkeit von Bedeutung.

102 **5. Nationales deutsches Kollisionsrecht – Einstrahlung und Ausstrahlung. a) Wohnsitz als Anknüpfungspunkt für steuerfinanziertes Sozialrecht.** Nach § 30 SGB I erfasst das deutsche Sozialrecht im Grundsatz alle Personen, die ihren Wohnsitz oder gewöhnlichen Aufenthalt im Geltungsbereich des SGB, also in Deutschland, haben, unabhängig von der Staatsangehörigkeit dieser Personen. Der Begriff des Wohnsitzes iSv § 30 Abs 3 SGB I entspricht dem objektiven Wohnsitzbegriff des § 8 AO; auf den nach § 7 BGB für den bürgerlich-rechtlichen Wohnsitzbegriff erforderlichen Begründungswillen kommt es nicht an (BT-Drs 7/3758 S 5 zu § 30). Der Grundsatz des § 30 Abs 1 SGB I gilt jedoch im Wesentlichen nur für steuerfinanzierte Sozialleistungen. Soweit es um die beitragsfinanzierte SozV geht, die eng mit der Ausübung einer Beschäftigung verbunden ist, wird der Grundsatz modifiziert. Findet auf den Sachverhalt mit Auslandsberührung weder supranationales Kollisionsrecht (insbes VO 883/04) noch Abkommensrecht Anwendung, wird der Konflikt aus deutscher Sicht durch die §§ 3 ff SGB IV gelöst.

103 **b) Beschäftigungsort als Anknüpfungspunkt für Sozialversicherung.** Findet die **Beschäftigung in Deutschland** statt, gilt der **Grundsatz der lex loci laboris:** Soweit die deutschen Vorschriften über Versicherungspflicht und Versicherungsberechtigung eine Beschäftigung voraussetzen, gelten sie für alle Personen (also auch Ausländer oder Deutsche mit Wohnsitz im Ausland), die in Deutschland eine Beschäftigung ausüben oder hier selbstständig tätig sind.

104 **Ausnahmen** von diesem Grundsatz regeln die §§ 4 und 5 SGB IV. Soweit die deutschen Vorschriften über Versicherungspflicht und Versicherungsberechtigung eine Beschäftigung voraussetzen, gelten sie nicht für Personen, die im Rahmen eines außerhalb Deutschlands bestehenden Beschäftigungsverhältnisses nach Deutschland entsandt werden, wenn die Entsendung infolge ihrer Eigenart oder vertraglich im Voraus zeitlich begrenzt sind (**§ 5**

**SGB IV,** Einstrahlung). Trotz Beschäftigung im Inland haben die deutschen Behörden das deutsche SozVRecht nicht anzuwenden.

105 Findet die **Beschäftigung außerhalb Deutschlands** statt, gilt Folgendes: Soweit die deutschen Vorschriften über Versicherungspflicht und Versicherungsberechtigung eine Beschäftigung voraussetzen, gelten sie auch für Personen (Deutsche und Ausländer), die im Rahmen eines in Deutschland bestehenden Beschäftigungsverhältnisses in ein Gebiet außerhalb Deutschlands entsandt werden, wenn die Entsendung infolge ihrer Eigenart oder vertraglich im Voraus zeitlich begrenzt sind (**§ 4 SGB IV,** Ausstrahlung). Obwohl es an einer Beschäftigung im Inland fehlt, haben deutsche Behörden deutsches SozVRecht anzuwenden.

106 **II. Versicherung bei unbefristeter Auslandstätigkeit. 1. Unbefristete Beschäftigung im EU-Bereich. a) Prinzip der Anwendbarkeit nur einer Rechtsordnung.** Grds sollen Personen, für welche die VO persönlich und sachlich gilt, hinsichtlich desselben Zeitraums bei Sachverhalten mit Auslandsberührung den Rechtsvorschriften nur eines Mitgliedsstaates unterliegen (Art 11 Abs 1 VO 883/04, ex Art 13 Abs 1 VO 1408/71). Welche Vorschriften dies sind, dh nach welchen Vorschriften zB ein ArbN der Versicherungs- und Beitragspflicht unterliegt und nach welchen Vorschriften er in den einzelnen Zweigen der sozialen Sicherheit Leistungsansprüche erwirbt, bestimmen die Art 11 Abs 2 – Art 16 VO 883/04 (ex Art 13 Abs 2 ff VO 1408/71). Damit sollen sowohl positive als auch negative Kompetenzkonflikte vermieden werden. Die kollisionsrechtliche Grundnorm des Art 11 Abs 1 VO 883/04, ex Art 13 Abs 1 VO 1408/71 stellt sicher, dass der ArbN auch bei einer Auslandsbeschäftigung nicht schutzlos bleibt, es aber andererseits auch nicht zu einer Doppelversicherung mit mehrfacher Beitragspflicht und einer Kumulierung von Leistungen kommt. Konkret bedeutet dies zB: Der ArbN oder Selbstständige unterliegt nur der Versicherungspflicht eines Mitgliedsstaates. Der Staat, dessen Rechtsvorschriften nicht zur Anwendung gelangen, kann aus dem Arbeitsentgelt des ArbN keine Pflichtbeiträge verlangen.

107 **b) Versicherungspflicht nach dem Beschäftigungslandsprinzip.** Art 11 Abs 3 VO 883/04 (ex Art 13 Abs 2 VO 1408/71) gibt die Antwort darauf, welches Recht anzuwenden ist, wenn ArbN eines Mitgliedsstaates in einem anderen Mitgliedsstaat arbeiten. Sofern die VO in den Art 14–17 (zB für die zeitlich begrenzte Entsendung) nichts anderes bestimmt, gilt der **Grundsatz der lex loci laboris:** Eine Person, die im Gebiet eines Mitgliedsstaates eine abhängige Beschäftigung oder Tätigkeit ausübt **(abhängig Beschäftigte),** unterliegt den Rechtsvorschriften dieses Staates (Art 11 Abs 3 Buchst a VO 883/04, ex Art 13 Abs 2 Buchst a und b VO 1408/71). Nach diesen Vorschriften bestimmen sich die Versicherungs- und Beitragspflicht sowie im Grundsatz auch die Leistungsrechte (zu Besonderheiten s insoweit → Rn 147 ff). Dies gilt auch für eine **selbstständige Tätigkeit.**

108 **Ausnahmen** iS hiervon abweichender Anknüpfungspunkte gelten sachlich für die zeitlich begrenzte Entsendung (dazu → Rn 116 ff) sowie folgende Personengruppen: **Beamte** und ihnen gleichgestellte Personen unterliegen den Rechtsvorschriften des Mitgliedsstaates, in dessen Behörde sie beschäftigt sind (Art 11 Abs 3 Buchst b VO 883/04, ex Art 13 Abs 2 Buchst d VO 1408/71); **Wehr- und Zivildienstleistende** eines Mitgliedsstaates unterliegen den Rechtsvorschriften dieses Staates (Art 11 Abs 3 Buchst d VO 883/04, ex Art 13 Abs 2 Buchst e VO 1408/71). Im Übrigen unterliegen Personen (vorbehaltlich weiterer Spezialregelungen in der VO) den Rechtsvorschriften des Mitgliedsstaates, in dem sie wohnen (Art 11 Abs 3 Buchst c VO 883/04, ex Art 13 Abs 2 Buchst f VO 1408/71).

109 **c) Vorrang des Beschäftigungslandsprinzips vor dem Wohnlandsprinzip.** Nach dem Grundsatz der lex loci laboris des Art 11 Abs 3 Buchst a VO 883/04 (ex Art 13 Abs 2 Buchst a) und b) VO 1408/71) unterliegt eine Person, die im Gebiet eines Mitgliedsstaates eine Beschäftigung oder Tätigkeit ausübt, den Rechtsvorschriften dieses Staates, und zwar auch dann, wenn sie (wie Grenzgänger) im Gebiet eines anderen Mitgliedsstaates wohnt oder ihr ArbGeb oder Unternehmer seinen Wohnsitz oder Sitz in einem anderen Mitgliedsstaat hat. Dies hat insbes für Staaten Bedeutung, in denen anders als in Deutschland (§ 3 Abs 1 SGB IV) Voraussetzung der Einbeziehung in ein System der sozialen Sicherung ein Wohnsitz in diesem Staat ist. Ohne Art 13 Abs 3 Buchst a VO 883/04 (ex Art 13 Abs 2 Buchst a) VO 1408/71) wäre in derartigen Fällen überhaupt kein Anknüpfungspunkt gegeben, denn in dem Staat, in dem der ArbN beschäftigt ist, knüpft die soziale Sicherheit

nicht an eine Beschäftigung, sondern an den Wohnsitz an; einen solchen hat der ArbN dort nicht. In dem Staat, in dem er wohnt, knüpft die soziale Sicherheit an eine Beschäftigung, nicht an den Wohnsitz an; eine Beschäftigung wird aber in diesem Staat nicht ausgeübt.

110 Einer Person, die in einem Staat mit Wohnlandsprinzip beschäftigt ist (zB Niederlande), die aber in einem anderen Staat wohnt (zB Belgien, Deutschland), kann aufgrund Art 13 Abs 3 Buchst a VO 883/04 (ex Art 13 Abs 2 Buchst a) VO 1408/71) vom Beschäftigungsstaat nicht entgegengehalten werden, für die Aufnahme in sein System sei eine Wohnsitznahme in diesem Staat erforderlich (Kits van Heijningen EuGH 3.5.90 – Rs C-2/89, Slg 1990, 1755 = SozR 3–6050 Art 13 Nr 1). Andererseits unterliegt ein ArbN oder Selbstständiger selbst dann dem Recht des Beschäftigungsstaates (zB Deutschland), wenn er nicht im Beschäftigungsstaat, sondern in einem Staat wohnt (zB Niederlande), in dem die Versicherungspflicht allein an das Wohnen anknüpft (EuGH 5.5.77 – Rs C-102/76, Slg 1977, 815 = SozR 3–6050 Art 13 Nr 1).

111 **d) Auffangregelung – Wohnlandsprinzip für „Rückkehrer".** Art 13 Abs 3 Buchst a VO 883/04 (ex Art 13 Abs 2 Buchst a) VO 1408/71) ordnet das Beschäftigungslandsprinzip nur für Beschäftigungszeiten an. Hierdurch konnte es vor Inkrafttreten der Auffangvorschrift des **Buchstaben f)** des Art 13 Abs 2 VO 1408/71 (jetzt Art 13 Abs 3 Buchst c VO 883/04) zu Lücken im Versicherungsschutz in Fällen kommen, in denen die Beschäftigung beendet und der ArbN in einen anderen Mitgliedsstaat (zB seinen Heimatstaat) zurückgekehrt war, in dem er keiner Versicherung unterlag. Der EuGH erklärte deshalb im Fall Ten Holder, in dem der Kläger in seinem Heimatstaat Leistungen wegen Krankheit begehrte, die Vorschriften des früheren Beschäftigungsstaates für weiterhin anwendbar, auch wenn die Beschäftigung schon lange zurücklag (EuGH 12.6.86 – Rs 302/84, Slg 1986, 1821 = SozR 3–6050 Art 13 Nr 8). Hierauf wurde Art 13 Abs 2 der VO 1408/71 um die Auffangregelung des Buchstaben f) ergänzt. Danach gilt für die Bestimmung des anzuwendenden Rechts das Wohnsitzlandsprinzip, wenn die Rechtsvorschriften eines Mitgliedsstaates (mangels Beschäftigung) nicht mehr anzuwenden sind und kraft VO 1408/71 auch nicht die Vorschriften eines anderen Mitgliedsstaates eingreifen. Diese Regelung findet sich jetzt sinngemäß in Art 11 Abs 3 Buchst c VO 883/04. Die EU-Mitgliedstaaten können (bilateral) im gegenseitigen Einvernehmen **Ausnahmen von den Regeln der Art 11 bis 15 VO (EG) 883/2204** über das anwendbare Recht vereinbaren. Solche **Ausnahmevereinbarungen** sind im Interesse bestimmter Personen oder Personengruppen möglich. Unternehmen aus der Europäischen Union haben aber grds keinen Anspruch auf den Abschluss von Ausnahmevereinbarungen, durch welche die sozialrechtlichen Bestimmungen am Sitz des Unternehmens auch dann für dessen Beschäftigte gelten, die über Jahre hinweg in Deutschland tätig sind. Die Ablehnung einer solchen vom anderen EU-Staat beantragten Vereinbarung ist allerdings gerichtlich überprüfbar (BSG 16.8.17 – B 12 KR 19/16 R, FD-SozVR 2017, 393919).

112 **2. Unbefristete Beschäftigung in einem Abkommensstaat. a) Anwendbarkeit nur einer Rechtsordnung für Versicherungspflicht.** Ähnlich wie in den DBA wird in den Abk über soziale Sicherheit zur Vermeidung von Doppelbelastungen geregelt, nach welchem Recht sich die Versicherungs- und Beitragspflicht bestimmt. Allerdings führen diese sog zweiseitigen Kollisionsnormen nicht dazu, dass ein inländischer (deutscher) Versicherungsträger verpflichtet wird, das Rechtsverhältnis zwischen ihm und dem Betroffenen nach dem ausländischen Recht des Abkommensstaates zu regeln. Sie regeln nur, wie weit das eigene innerstaatliche (deutsche) Recht bei Sachverhalten mit Auslandsberührung reicht.

113 **b) Versicherungspflicht nach dem Beschäftigungslandsprinzip.** In Abk mit Staaten, bei denen die Soziale Sicherung an eine Beschäftigung anknüpft, gilt der folgende Grundsatz: Die Versicherungs- und Beitragspflicht richtet sich nach dem Recht des Staates, in dem die Beschäftigung oder selbstständige Tätigkeit ausgeübt wird (Art 6 Bulgarien, Art 6 Chile, Art 5 Israel, Art 6 Japan, Art 5 Jugoslawien, Art 6 Kanada, Art 6 Kroatien, Art 6 Marokko, Art 3 Polen, Art 5 Schweiz, Art 6 Slowenien, Art 5 Türkei, Art 6 Tunesien, Art 6 Ungarn, Art 6 Abs 1 USA). **Ausnahmen** hiervon sind nur bei vorübergehender Entsendung vorgesehen.

114 **3. Unbefristete Beschäftigung in einem Nichtabkommensstaat. a) Versicherungspflicht nach dem Beschäftigungslandsprinzip.** Die Versicherungspflicht und die

Versicherungsberechtigung und damit letztlich auch der Versicherungsschutz bestehen nach den SozVGesetzen Deutschlands grds nur dann, wenn gerade im Geltungsbereich dieser Gesetze eine Beschäftigung oder selbstständige Tätigkeit ausgeübt wird. Auch insoweit gilt das Prinzip der lex loci laboris. Setzen die Vorschriften über die Versicherungspflicht und die Versicherungsberechtigung keine Beschäftigung oder selbstständige Tätigkeit voraus, gelten die SozVGesetze für alle Personen, die ihren Wohnsitz oder gewöhnlichen Aufenthalt im Geltungsbereich des SGB haben (§ 3 SGB IV).

**b) Aus- und Einstrahlung.** Zweck der §§ 3 ff SGB IV ist es, vorübergehend im Ausland tätigen Personen, die in Beziehungen zur deutschen SozV stehen, diesen Versicherungsschutz zu erhalten. Zum anderen sollen Personen, die nur vorübergehend im Inland tätig sind, nicht ohne weiteres in das SozVSystem der BRD einbezogen und dessen Versicherungspflicht und Versicherungsschutz unterstellt werden. Nach § 5 SGB IV (sog Einstrahlung) gelten die deutschen Vorschriften über die Versicherungspflicht nicht für Personen, die im Rahmen eines außerhalb Deutschlands bestehenden Beschäftigungsverhältnisses nach Deutschland entsandt werden, wenn die Entsendung infolge der Eigenart der Beschäftigung oder vertraglich im Voraus zeitlich begrenzt ist. Andererseits bleiben nach § 4 SGB IV (sog Ausstrahlung) die Vorschriften des deutschen Rechts maßgeblich, dh es besteht Versicherungspflicht nach deutschem Recht, wenn ArbN, die in Deutschland versicherungspflichtig beschäftigt sind, von ihrem ArbGeb vorübergehend ins Ausland entsandt werden. Handelt es sich um zeitlich unbegrenzte Entsendung ins Ausland oder liegt im Inland (Deutschland) kein Beschäftigungsverhältnis vor, findet § 4 SGB IV keine Anwendung. Das deutsche Recht beansprucht für diese Sachverhalte keine Geltung. Es ist sodann zu prüfen, ob der entsandte ArbN unter die Rechtsordnung seines Beschäftigungsstaates fällt. 115

**III. Versicherung bei zeitlich begrenzter Auslandstätigkeit. 1. Befristete Entsendung im EU-Bereich. a) Begriff und Rechtsfolge der Entsendung – Überblick.** Ein ArbN, der im Gebiet eines Mitgliedstaates (zB Deutschland) in einem Beschäftigungsverhältnis steht und sich zur Ausführung einer Arbeit für Rechnung seines ArbGeb, der im Gebiet dieses (ersten) Mitgliedsstaates gewöhnlich Personal beschäftigt, in das Gebiet eines anderen Mitgliedsstaates begibt (zB Spanien), unterliegt weiterhin den Rechtsvorschriften des ersten Mitgliedsstaates (im Bsp Deutschland), sofern die voraussichtliche Dauer dieser Arbeit **24** Monate nicht überschreitet und sie nicht eine andere Person ablöst, für welche die Entsendungszeit abgelaufen ist (Art 12 Abs 1 VO 883/04; zuvor galt eine Begrenzung auf 12 Monate mit Verlängerungsmöglichkeit, vgl Art 14 VO EWG 1408/71). 116

Wesentliche **Kriterien der Entsendung** sind danach (ausführlich *Boecken* ZIAS 99, 219, 221 f): 117

- Fortbestehen des Beschäftigungsverhältnisses in einem Mitgliedsstaat (zB Deutschland)
- Tatsächliche Erbringung der in diesem Beschäftigungsverhältnis geschuldeten Arbeitsleistung in einem anderen Mitgliedsstaat (zB Spanien)
- Erbringung der Arbeitsleistung für den im Entsendestaat (hier: Deutschland) befindlichen ArbGeb
- vorübergehende Natur der Arbeitserbringung im anderen Mitgliedsstaat (zB Spanien)
- keine Ablösung eines zuvor entsandten ArbN.

**Beispiel:** Ein in Deutschland bei der Firma S beschäftigter ArbN wird für 6 Monate zu einer in Spanien ansässigen Tochterfirma T der S entsandt. Dort arbeitet der ArbN weiterhin für S und wird auch von S bezahlt. 118

Anknüpfungspunkt für die anzuwendenden Rechtsvorschriften ist in Fällen zeitlich auf nicht mehr als 24 Monate begrenzter Entsendung nicht der Ort der tatsächlichen Beschäftigung, sondern der **Sitz des entsendenden Unternehmens,** an dem das bisherige Beschäftigungsverhältnis fortbesteht. Daher bleibt grds das Recht des Entsendestaates zB bzgl Invalidität, Alters- und Hinterbliebenenrenten, Arbeitsunfällen und Arbeitslosigkeit weiterhin anwendbar. Darüber hinaus erhalten der entsandte ArbN und seine Familienangehörigen kraft besonderer Regelung Leistungen bei Krankheit nach dem Recht des Staates, in den entsandt ist, sofern dort während der Entsendung ein Wohnsitz besteht oder eine Akuterkrankung vorliegt (Art 17 Abs 1 VO 883/04, ex Art 19 VO 1408/71). Der im Entsendestaat zuständige Träger der SozVers stellt eine **Entsendebescheinigung A1 (früher E 101)** aus, wenn er vom Vorliegen der Voraussetzungen einer wirksamen Entsendung in einen 119

Mitgliedstaat der EU ausgeht. Diese Entsendebescheinigung ist im Grundsatz auch für ArbGeb und Behörden im Zielstaat (Staat, in den entsandt wird) verbindlich. Nach der früheren Rspr des EuGH Rechtsprechung des EuGH waren die nationalen Behörden des Gastlandes und dessen Gerichte an die bescheinigt Anwendbarkeit des Sozialversicherungsrechtes des Herkunftslandes strikt gebunden (EuGH, Urt v 10.2.2000 – C-202/97 Rs „Fitzwilliam"; EuGH, Urt v 30.3.2000 – C-178/97, „Barry Banks"; EuGH, Urt v 26.1.2006 – C-2/05 „Herbosch Kiere"). 2018 hat der EuGH diese **strikte Bindungswirkung gelockert;** das EU-Recht (Art 14 Abs 1a VO 1408/71 bzw Art 12 Abs 1 VO 883/04) ist nach EuGH nunmehr dahin auszulegen, dass A 1-Bescheinigungen dann nicht binden, wenn sie betrügerisch erlangt worden sind. Voraussetzung ist, dass der Träger des Zielstaates den ausstellenden Träger des Entsendestaates mit einem Antrag auf erneute Prüfung und Widerruf der A 1-Bescheinigung unter Berücksichtigung der festgestellten Verdachtsmomente befasst hat (EuGH 6.2.18 – C-359/17 Beck RS 2018, 782). Andererseits besteht nach EuGH die Möglichkeiten einer **nachträglichen A1-Bescheinigung** (EuGH 6.9.2018 – C-527/16, BeckRS 2018, 20532). Kommt es zu **Meinungsverschiedenheiten über die Richtigkeit einer A1-Bescheinigung** (Art 5 Abs 1 VO Nr 987/2009), setzt sich der Träger des zuständigen Mitgliedstaats oder des Wohnmitgliedstaats der betreffenden Person mit dem Träger des anderen betroffenen Mitgliedstaats nach Art 76 Abs 6 VO Nr 883/2004. Wird binnen einer angemessenen Frist keine Lösung gefunden, so können die betreffenden Behörden die Verwaltungskommission befassen. Ein Mitgliedsstaat würde gegen diese für Konflikte vorgesehenen Verfahrensvorschriften verstoßen, wenn er (einseitig) Rechtsvorschriften erließe, mit denen seine Träger ermächtigt werden, sich unilateral nicht an die Angaben in der Bescheinigung gebunden zu sehen und die Arbeitnehmer ihrem eigenen System der sozialen Sicherheit zu unterstellen (vgl EuGH 11.7,2018 C-356/15, Zustimmende Anmerkung *Bokeloh* ZESAR 2019, 233).

120 **b) Zweck der Entsenderegelung.** Der Zweck der Entsendungsregelung ist es, das Spannungsverhältnis zwischen der Gewährleistung der Freizügigkeit und dadurch möglicher Wettbewerbsverzerrungen zum Ausgleich zu bringen (*Boecken* ZIAS 99, 219, 224; *Steinmeyer* DVBl 95, 962, 965 f).

121 Bei nur kurzfristiger Entsendung verbleibt der Schwerpunkt des Beschäftigungsverhältnisses in dem Staat, von dem aus die Entsendung erfolgt und in dem der entsendende ArbGeb seinen Sitz hat. Der ArbN bleibt auch während seines Auslandsaufenthalts derart mit dem Inland verbunden, dass eine **Verantwortung des inländischen Systems** sozialer Sicherheit trotz ausländischen Beschäftigungsortes geboten bleibt und eine Verantwortlichkeit des ausländischen Systems nicht angemessen wäre. Würde ein ArbN auch bei nur kurzer Auslandsbeschäftigung der fremden Rechtsordnung unterworfen, könnte er dort wegen der nur **kurzen Versicherungszeit** oftmals keine Leistungsansprüche erwerben und die inländische Versicherungsbiographie würde unterbrochen. Bei nur kurzer Auslandsbeschäftigung stünde der **erhöhte Verwaltungsaufwand für Arbeitgeber, Arbeitnehmer und Sozialverwaltung** durch Aus- und Wiedereintritt in die inländische Versicherung oftmals in keinem angemessenen Verhältnis zu den daraus für den ArbN resultierenden Rechtsfolgen in der SozV. Schließlich könnte die **Bereitschaft zu einem auch nur kurzfristigen Auslandsaufenthalt** sinken und damit das Recht auf Freizügigkeit insgesamt beeinträchtigt sein, weil Unklarheiten und Unkenntnis über die soziale Sicherung im Ausland bestehen und die Arbeitsvertragsparteien vor dem mit einem Systemwechsel verbundenen Aufwand zurückschrecken würden (*Cornelissen* RdA 96, 329, 331 f).

122 Andererseits soll sich ein Unternehmen nicht dadurch **Kosten- und Wettbewerbsvorteile** verschaffen können, dass es aus einem „Niedriglohnland" (niedrige Lohnnebenkosten) mit relativ gesehen niedrigen Arbeitskosten ständig ArbN in einen EG-Staat mit höheren Arbeitskosten entsendet (*Boecken* ZIAS 99, 219, 223); daher ist bei einer länger dauernden Entsendung oder bei einer „Kettenentsendung" – abweichend von Art 12 VO 883/04 (ex Art 14 VO 1408/71) – der tatsächliche Beschäftigungsort Anknüpfungspunkt für das anzuwendende Recht.

123 **c) Ortswechsel des Arbeitnehmers.** Entsendung iSd VO liegt mE nur vor, wenn sich ein ArbN zum Zweck der Arbeitsleistung von einem EG-Staat, in dem er in einem Beschäftigungsverhältnis steht, in einen anderen EG-Staat begibt, und gerade dieses Beschäftigungsverhältnis aufrechterhalten bleibt.

**Beispiel:** ArbN A wird von seinem ArbGeb U, bei dem er normalerweise in Deutschland beschäftigt ist, für wenige Monate auf eine Baustelle dieser Firma nach Österreich geschickt, um dort unter Aufrechterhaltung seines Arbeits- und Beschäftigungsverhältnisses die geschuldete Arbeit für seinen deutschen ArbGeb auf der österreichischen Baustelle zu erbringen.

An dem für die Entsendung erforderlichen Ortswechsel fehlt es, wenn Ortskräfte einge- 124 stellt werden. **Ortskräfte** sind ArbN, die bereits am ausländischen Beschäftigungsort wohnen, dh die im Ausland wohnen und dort von einem inländischen ArbGeb für die Arbeit im Ausland eingestellt werden. Für Ortskräfte gilt die lex loci laboris. Art 12 VO 883/04 (ex Art 14 VO 1408/71) findet keine Anwendung.

**Beispiel:** Der in Deutschland ansässige ArbGeb stellt für die Arbeit auf seiner Baustelle in Österreich einen in Österreich wohnenden Österreicher ein, der bislang nicht bei der Firma beschäftigt war. Hier findet nicht deutsches, sondern österreichisches Recht Anwendung. Unter dem Gesichtspunkt der Freizügigkeit ist es nicht erforderlich, den österreichischen ArbN für seine Arbeit in Österreich dem deutschen Recht zu unterstellen. Entsprechendes gilt, wenn der in Deutschland wohnende deutsche ArbN von einer Firma mit Sitz in Österreich eingestellt wird, um – und sei es auch nur zeitlich begrenzt – in Deutschland zu arbeiten. Die Anwendbarkeit deutschen Rechts wird hier durch supranationales Recht nicht verdrängt.

**d) Einstellung im Inland zwecks Entsendung ins Ausland.** Unschädlich ist, dass 125 eine Einstellung zwecks späterer Entsendung erfolgt, dh wenn das Beschäftigungsverhältnis noch im Entsendestaat begründet wird, dies jedoch schon in der Absicht, den ArbN anschließend ins Ausland zu entsenden (Art 14 Abs 1 und Abs 3 VO 987/2004; EuGH 5.12.67 – Rs C-19/67, Fall van der Vecht Slg 1967, 462 ff; kritisch hierzu Fall van der Vecht ZIAS 99, 219, 226).

**e) Entsendung von Drittstaatenangehörigen.** Auf sog Drittstaatenangehörige 126 (→ Rn 90) fand die VO 1408/71 lange Zeit keine Anwendung, wenn sie nicht Flüchtlinge oder Staatenlose waren. Seit 1.6.03 gilt das freizügigkeitsspezifische Sozialrecht der Gemeinschaften auch für sie (VO EU 1231/2010 vom 24.11.2010 Abl EU vom 29.12.2010 Nr L 344, zuvor VO 859/2003, ABl EG Nr L Nr 124 vom 20.3.03; → Rn 90). Zur Bescheinigung A1 bei **Betrug- und Missbrauchsfällen** vgl *Bokeloh* ZESAR 2019, 233 ff; *Bokeloh* zur Rechtsstellung Drittstaatsagenhöriger im europäischen Sozialrecht *Bokeloh* ZESAR 2016, 69

**f) Kontinuität des Beschäftigungsverhältnisses.** Wird ein ArbN von seinem ArbGeb 127 an eine im Ausland ansässige, rechtlich selbstständige Firma desselben Konzerns (zB an eine rechtlich selbstständige Tochtergesellschaft) entsandt, muss geprüft werden, ob die Hauptpflichten des Arbeitsverhältnisses fortbestehen oder ob eine Eingliederung in das Unternehmen stattfindet, in das entsandt wird. Insoweit stellen sich sämtliche Probleme, die auch sonst auftreten, wenn es darum geht, das Vorliegen eines Arbeits- und Beschäftigungsverhältnisses zwischen zwei Personen zu prüfen. Schlüsselkriterien sind hierbei ua die Zahlung des Entgelts und das Recht zur Kündigung, die Arbeitszuweisung, Urlaubsregelungen und Regeln über die Arbeitsbedingungen (*Cornelissen* RdA 96, 329, 333). Im Übrigen ist zu prüfen, ob es sich um die Entsendung zur Erledigung einer konkret abgrenzbaren Aufgabe handelt, da man nur in einem solchen Fall davon sprechen kann, die Aufgabe werde „für Rechnung" des entsendenden Unternehmens ausgeführt (*Költzsch* DRV 95, 74, 83).

**g) Grenzüberschreitender Verleih von Arbeitnehmern.** Werden von einem Unter- 128 nehmen ArbN in einem Mitgliedsstaat eingestellt und an Unternehmen in einem anderen Mitgliedsstaat verliehen, findet Art 12 VO 883/04, ex Art 14 VO 1408/71 Anwendung. Dh, es gilt nicht die lex loci laboris, sondern das Recht des Staates, in dem das Leiharbeitsverhältnis (Verleiher/ArbN) seinen Sitz hat. Allerdings kommt eine Entsendung von bloßen „Briefkastenunternehmen" nicht in Betracht, vielmehr ist erforderlich, dass das entsendende Unternehmen seinen Aktivitäten normalerweise im Entsendestaat nachgeht. Das entsendende Unternehmen muss im Entsendestaat „gewöhnlich tätig" sein (Art 14 Abs 2 VO 883/2004). Dies setzt voraus, dass im Entsendestaat idR mehr als bloße reine interne Verwaltungstätigkeiten ausgeübt werden (Art 14 Abs 2 VO 987/2009). Die Verwaltungskommission hat zur Auslegung dieses Merkmals den Beschluss Nr A2 vom 12.6.09 erlassen, der eine Entsendung von bloßen **„Briefkastenfirmen"** aus ausschließt (EuGH 9.11.2000 – Rs C-404/98 Plum, Slg 2000 I-0379). Regelmäßig im Entsendestaat tätig ist ein Unternehmen, wenn es dort auch sonst Personal beschäftigt. Für Verleihunternehmen bedeutet dies, dass sie normalerweise für Firmen im Entsendeland Personal zur Verfügung stellen (*Cornelissen* RdA 96, 329, 334; Bsp Fall Manpower, EuGH 17.12.70 – Rs 35/70, Slg 1970, 1251).

129 **h) Dauer der Entsendung.** Der ArbN unterliegt nur dann den Rechtsvorschriften des Entsendestaates und nicht der lex loci laboris, wenn die „voraussichtliche Dauer der Arbeit", deretwegen die Entsendung erfolgt, **24 Monate** (bis 1.5.2010: 12 Monate) nicht überschreitet. Maßgeblich ist nach der Rspr des EuGH die voraussichtliche Dauer der Beschäftigung im anderen Mitgliedsstaat (vgl Fall van der Vecht, EuGH 5.12.67 – Rs 19/67, Slg 1967, 462 ff, 474), so dass auch die Entsendung für ein längerfristiges Projekt in Betracht kommt. Hierbei ist allerdings das sog Ablöseverbot zu beachten. Das **arbeitsplatzbezogene Ablöseverbot** schließt es aus, dass der Entsendezeitraum von 24 Monaten mit verschiedenen ArbN, die jeweils auf demselben Arbeitsplatz eingesetzt werden, beliebig oft neu gestartet werden kann (EuGH 6.9.18 – C-527/16, BeckRS 2018, 20532).

130 Hierbei handelt es sich um eine **Prognoseentscheidung.** Steht von vornherein fest, dass zB angesichts der zu erledigenden Arbeit die zeitliche Höchstgrenze nicht eingehalten werden kann, ist Art 12 VO 883/04 ex Art 14 VO 1408/71 nicht anwendbar. Stellt sich während einer laufenden Entsendung heraus, dass die zeitliche Höchstgrenze nicht eingehalten werden kann, entfällt die Wirkung dieser Vorschrift sofort und nicht erst nach Ablauf von zwölf Monaten; der ArbN unterliegt ab dem Zeitpunkt, zu dem sich die Prognose als unzutreffend erweist, dem Recht des Beschäftigungsortes.

**Beispiel:** Ein zunächst für nur wenige Monate entsandter ArbN entschließt sich während der Entsendung, für den entsendenden ArbGeb mehrere Jahre im Ausland zu arbeiten. Ab dem Zeitpunkt einer entsprechenden Vereinbarung mit dem ArbGeb unterliegt der ArbN der lex loci laboris und nicht mehr dem Recht des Entsendestaates.

131 Fraglich ist, ob eine **Mehrfachentsendung** in Betracht kommt und wie lange ggf die zwischenzeitliche Beschäftigung im Entsendestaat dauern muss. Es kann nicht angenommen werden, dass das Recht zu einer Entsendung in einem Beschäftigungsverhältnis nur einmalig besteht und eine Neuentsendung zur Fortsetzung einer bestimmten Arbeit ausgeschlossen ist (*Cornelissen* RdA 96, 329, 334; aA *Boecken* ZIAS 99, 219, 241). Entscheidend ist allein, ob trotz wiederholter Entsendung der Schwerpunkt des Arbeits- und Beschäftigungsverhältnisses im Entsendestaat verbleibt. Dies ist jedenfalls dann der Fall, wenn der ArbN, auf einen längeren, mehrere Jahre umfassenden Zeitraum betrachtet, mehr Beschäftigungszeiten im Inland als im Ausland zurücklegt.

132 **i) Ablöseverbot.** Eine Entsendung führt nur dann zur fortbestehenden Anwendbarkeit der im Entsendestaat geltenden Rechtsvorschriften, wenn der entsandte ArbN nicht eine andere Person ablöst, für welche die Entsendungszeit abgelaufen ist. Dieses Tatbestandskriterium zielt auf die Verhinderung von Wettbewerbsverzerrung ab: Ein ArbGeb soll sich nicht durch **Kettenentsendung** wirtschaftliche Vorteile dadurch verschaffen können, dass er in einem anderen EG-Staat dauerhaft Arbeitsplätze unterhält, auf denen er laufend entsandte ArbN mit niedrigeren Arbeitskosten beschäftigt als im Beschäftigungsstaat üblich.

133 Eine **Umgehung** dieses Tatbestandsmerkmals ist auch nicht dadurch möglich, dass der entsandte ArbN kurz vor Ablauf einer zunächst vereinbarten Entsendungszeit in den Entsendestaat zurückkehrt (aA *Költzsch* DRV 95, 74, 84: das Ablöseverbot könne umgangen werden, wenn der jeweils vorausgehend beschäftigte ArbN einen Tag weniger als zwölf Monate entsandt wurde). Maßgeblich ist insoweit der Plan des entsendenden ArbGeb. Ist von vornherein beabsichtigt oder ergibt sich aus den äußeren Umständen, dass ein bestimmter Auslandsauftrag nur durch eine Kette von Entsendungen bewältigt werden kann, ist eine Anwendung von Art 12 VO 883/04, ex Art 14 VO 1408/71 von vornherein ausgeschlossen. Der Anwendungsbereich der VO ist jedoch eröffnet, wenn eine Ablösung eines entsandten ArbN erforderlich wird, die nicht im Plan des ArbGeb lag.

**Beispiel:** Der entsandte ArbN erkrankt und kann seine Arbeit im Ausland nicht fertig stellen. Hier kann es dem ArbGeb nicht verwehrt sein, diesen ArbN zur Abwicklung des Auftrags durch einen anderen abzulösen. Aus der Sicht des neu entsandten ArbN spielt es keine Rolle, ob sein Vorgänger die Entsendungszeit ausgeschöpft hat oder ob er vor Ablauf der Entsendungsfrist zurückgekehrt ist.

**2. Vorübergehende Entsendung in einen Abkommensstaat. a) Fortgeltung des Rechts des Entsendestaates.** Wird ein ArbN, der in einem Vertragsstaat (zB Deutschland) beschäftigt ist, im Rahmen dieses Beschäftigungsverhältnisses von seinem ArbGeb in einen Abkommensstaat entsandt, um dort eine Arbeit für diesen ArbGeb auszuführen, so gelten in Bezug auf die Beschäftigung für eine bestimmte Zeit allein die Rechtsvorschriften des Entsendestaates/Heimatstaates (im Beispiel: die Vorschriften Deutschlands). Diese Regelungen über die **Fortgeltung des Rechts des Entsendestaates** bei einer zeitlich begrenzten Auslandstätigkeit tragen dem Interesse des ArbN Rechnung, bei einem nur vorübergehenden Auslandsaufenthalt weiterhin nach dem ihm bekannten Recht des Entsendestaates (idR des Heimatstaates) behandelt und nicht einer neuen Rechtsordnung unterstellt zu werden. Andererseits muss den Interessen der Abkommensstaaten Rechnung getragen werden, damit es durch die Weitergeltung des Rechts des Entsendestaates im Beschäftigungsstaat nicht zu Wettbewerbsverzerrungen, zB durch niedrigere Sozialstandards, kommt (HSR/*Frank* Kap 33 Rz 72). 134

**b) Dauer der Fortgeltung.** Das Recht des Entsendestaates bleibt bei zeitlich begrenzter Entsendung nach den einzelnen Abk unterschiedlich lange aufrecht erhalten. Im Einzelnen variiert die Dauer je nach Abk zwischen **12 Kalendermonaten** (Art 7 Abk Tunesien), **24** Kalendermonaten (Art 7 Abk Bulgarien, Art 7 Abk Kroatien, Art 4 Abk Polen, Art 6 Abk Schweiz, Art 7 Abk Slowenien, Art 7 Abk Ungarn), **36** Kalendermonaten (Art 7 Abk Chile, Art 7 Abk Marokko) und **60** Kalendermonaten (Art 7 Abk Japan, Art 7 Abk Kanada, – fünf Jahre – Art 6 Abs 2 Abk USA). In einigen Abk ist eine Begrenzung nach Monaten oder Jahren überhaupt nicht vorgesehen (Art 6 Abk Israel, Art 6 Abk Jugoslawien, Art 6 Abk Türkei). 135

Darüber hinaus sehen die Abk vor, dass die zuständigen Ministerien weitere **Ausnahmen** zulassen, wenn ArbN und ArbGeb dies beantragen. Damit ist stets die Möglichkeit zu einer **einvernehmlichen Regelung der Entsendung** vorhanden (Art 9 Abk Bulgarien, Art 11 Abk Chile, Art 10 Abk Israel, Art 10 Abk Japan, Art 10 Abk Jugoslawien, Art 10 Abk Kanada, Art 11 Abk Kroatien, Art 11 Abk Marokko, Art 4 Abs 3 und 4 und Art 6 Abk Polen, Art 9 Abk Schweiz, Art 11 Abk Slowenien, Art 9 Abk Türkei, Art 11 Abk Tunesien, Art 11 Abk Ungarn). 136

**3. Entsendung in einen Nichtabkommensstaat. a) Beschäftigungsverhältnis im Inland.** Der für alle Zweige der Sozialversicherung umfassend, also für das Recht der Versicherungspflicht, das Beitrags- und das Leistungsrecht geltende § 3 Abs 1 SGB IV bestimmt Folgendes: Die Vorschriften über die Versicherungspflicht und Versicherungsberechtigung gelten, soweit sie eine Beschäftigung oder eine selbstständige Tätigkeit voraussetzen, für alle Personen, die im Geltungsbereich dieses Gesetzbuchs beschäftigt oder selbstständig tätig sind, soweit sie eine Beschäftigung oder eine selbstständige Tätigkeit nicht voraussetzen, für alle Personen, die ihren Wohnsitz oder gewöhnlichen Aufenthalt im Geltungsbereich dieses Gesetzbuchs haben. 137

Im Gesetz ist nicht näher umschrieben, welche Merkmale dabei für ein Beschäftigungsverhältnis maßgebend sein sollen. Das Vorliegen eines Beschäftigungsverhältnisses zu einem bestimmten Unternehmen wird insbes dann problematisch, wenn der ArbN Beziehungen arbeitsrechtlicher Art sowohl zu einem im Inland als auch zu einem im Ausland gelegenen Unternehmen unterhält. Es können dann jeweils sowohl im Inland als auch im Ausland Merkmale vorhanden sein, die für eine abhängige Beschäftigung entweder am Beschäftigungsort oder beim entsendenden Unternehmen sprechen. Für die Zuordnung des Beschäftigungsverhältnisses ist in solchen Fällen darauf abzustellen, wo der **Schwerpunkt** der rechtlichen und tatsächlichen Merkmale des Beschäftigungsverhältnisses liegt. Für die Zuordnung eines Beschäftigungsverhältnisses zu einem bestimmten Betrieb sind dabei einerseits die Eingliederung des Beschäftigten in diesen Betrieb und andererseits die Zahlung des Arbeitsentgelts durch den Betrieb entscheidend (BSG 7.11.96 – 12 RK 79/94, SozR 3–2400 § 5 Nr 2). 138

**b) Sachlicher Anwendungsbereich der §§ 4, 5 SGB IV.** Dieser erstreckt sich auf die UV, ArblV, RV, PflegeV und die gesetzliche KV (§ 1 Abs 1 SGB IV). Eingeschränkt wird der Anwendungsbereich aber andererseits durch vielfache (vorrangige) Spezialregelungen in über- und zwischenstaatlichem Recht, so dass der Hauptanwendungsbereich der §§ 4, 5 139

SGB IV im Verhältnis zu Ländern liegt, mit denen keine SozVAbk bestehen und die nicht Mitglied der EU sind.

140 **c) Begriff der Entsendung.** Nach § 4 SGB IV sind die Vorschriften über die Versicherungspflicht und die Versicherungsberechtigung, welche eine Beschäftigung voraussetzen, auch für solche Personen anwendbar, die im Rahmen eines im Geltungsbereich des SGB (dh der BRD) bestehenden Beschäftigungsverhältnisses in ein Gebiet außerhalb dieses Geltungsbereichs entsandt werden, wenn die Entsendung infolge der Eigenart der Beschäftigung oder vertraglich im Voraus zeitlich begrenzt ist.

141 Die Entsendung setzt voraus, dass ein Beschäftigungsverhältnis im Geltungsbereich des SGB besteht. Fraglich ist, ob es ausreicht, dass ein ArbN im Inland von einem Unternehmer eingestellt wird, um sofort ins Ausland entsandt zu werden, der ArbN seine Beschäftigung faktisch also im Ausland antritt (bejahend: Richtlinien der Spitzenverbände Ziff 3.1), oder ob zumindest eine im Inland erfolgende „Einweisung" bzw eine – „wenn auch geringfügige Inlandstätigkeit" – als Voraussetzung einer Entsendung vorliegen muss. In der Gesetzesbegründung zu § 4 SGB IV wurde ausgeführt, eine Entsendung sei begrifflich nicht schon deshalb ausgeschlossen, weil das Beschäftigungsverhältnis allein im Hinblick auf die Entsendung begründet worden ist (BT-Drs 7/4122 S 30 zu § 4 SGB IV). Indessen ist der „Entsendung" eine Bewegung von einem Ort zum anderen immanent, die das BSG jedenfalls in den Fällen verneint, in denen ein ArbN im Ausland von einem inländischen Unternehmen für eine Arbeit im Ausland angeworben und eingestellt wird (BSG 27.5.86 – 2 RU 12/85, NZA 86, 806). Anders wurde entschieden in einem Fall, in dem nach Beendigung des Auslandsaufenthalts eine Weiterbeschäftigung im Inland sichergestellt war und das BSG den Schwerpunkt des Beschäftigungsverhältnisses im Inland sah (BSG 25.8.94 – 2 RU 14/93 – USK 9466; anders BSG 10.8.99 – 32 RU 30/98 R wenn Weiterbeschäftigung im Inland nicht gewährleistet ist).

142 Da es bei § 4 SGB IV in erster Linie darum geht, einen bestehenden Schutz der SozV aufrecht zu erhalten, ist Voraussetzung einer Entsendung, dass bereits vor Aufnahme der Tätigkeit im Ausland ein vergleichbarer Versicherungsschutz im Inland bestand. Nicht erforderlich ist, dass der Versicherungsschutz gerade durch eine Beschäftigung beim entsendenden ArbGeb (etwa durch eine „Einweisung" oder eine „geringfügige Inlandstätigkeit") begründet wurde; andernfalls wäre nämlich die Vorschrift des § 9 Abs 6 SGB IV überflüssig.

143 Eine Entsendung liegt nur vor, wenn die Auslandsbeschäftigung im Rahmen eines inländischen Beschäftigungsverhältnisses ausgeübt wird, dh der ArbN muss dem inländischen ArbGeb weiterhin **weisungsunterworfen** und in seinen Betrieb **eingegliedert** sein. Wichtiges Indiz hierfür ist, dass das Arbeitsentgelt weiterhin vom inländischen ArbGeb gezahlt wird. Unbeachtlich ist, ob ggf aufgrund eines DBA im Inland keine Steuern abzuführen sind. Abgrenzungsprobleme können insbes bei einer Beschäftigung in **ausländischen Tochtergesellschaften** entstehen, doch ist auch in diesen Fällen ein Entsendungstatbestand anzunehmen, wenn die Eingliederung in die Muttergesellschaft erhalten bleibt. Dies ist idR nicht mehr der Fall, wenn das Tochterunternehmen die Bezahlung übernimmt und bestimmenden Einfluss auf die Tätigkeit des ArbN nimmt, selbst wenn der ArbN noch Vertrauensperson der Muttergesellschaft bleibt.

144 Eine Entsendung liegt nur vor, wenn die Auslandstätigkeit zeitlich begrenzt ist. Ihrer Eigenart nach zeitlich begrenzte Beschäftigungen sind insbesondere Montage- oder Bauarbeiten an bestimmten abgrenzbaren Objekten, wenn die Auslandstätigkeit für dieses Projekt vereinbart wurde. Auf jeden Fall muss im Voraus vereinbart sein oder sonst feststehen, dass der Beschäftigte im Anschluss an die Entsendung in den Geltungsbereich des inländischen SozVRechts zurückkehrt (BSG 8.12.94 – 2 RU 37/93, SozR 3–6050 Art 14 Nr 4).

145 **d) Aus- und Einstrahlungsrichtlinien der Sozialversicherungsträger.** Die Träger der SozV haben zur Auslegung der §§ 4 und 5 SGB IV Aus- und Einstrahlungsrichtlinien erlassen (*Aichberger* Nr 4/30).

146 **IV. Leistungsrecht im EU-Bereich. 1. Aufhebung der Wohnortklausel – Exportfähigkeit von Leistungen.** Eine nach den Vorschriften eines Mitgliedsstaates geschuldete Leistung der sozialen Sicherung (zB Geldleistungen wegen Invalidität, Alter oder für Hinterbliebene, Renten wegen Arbeitsunfällen oder Berufskrankheiten, Sterbegelder) darf – vor-

behaltlich ausdrücklicher Sondervorschriften der VO – nicht deshalb gekürzt, geändert, zum Ruhen gebracht, entzogen oder beschlagnahmt werden, weil der Berechtigte im Gebiet eines anderen Mitgliedsstaates als desjenigen Mitgliedsstaates wohnt, in dessen Gebiet der zur Zahlung verpflichtete Träger seinen Sitz hat (Art 7 VO 883/04, ex Art 10 VO 1408/71). Daher sind zB Altersrenten, soweit sie ein sog Gastarbeiter in Deutschland erworben hat, von der deutschen RV ins EU-Ausland zu zahlen, wenn der Gastarbeiter als Rentner in seinen Heimatstaat zurückkehrt.

**2. Besonderheiten bei Krankheit. a) Wohnen im zuständigen Mitgliedsstaat.** Wohnt der ArbN im zuständigen Mitgliedsstaat, erbringt der dort zuständige KVTräger sowohl die Geld- als auch die Sachleistungen. Dies ist der Fall, wenn der ArbN bei nicht nur vorübergehender Entsendung auch im Beschäftigungsstaat wohnt (zB ein deutscher ArbN wird von seinem deutschen ArbGeb für mehrere Jahre nach Spanien geschickt, wo der ArbN arbeitet und lebt). Hier wohnt der ArbN im zuständigen Beschäftigungsstaat (Art 11 Abs 3 Buchst a VO 883/04, ex Art 13 Abs 2 VO 1408/71). Der ArbN wohnt aber auch dann im zuständigen Staat, wenn er bei einer Entsendung iSv Art 12 VO 883/04, ex Art 14 VO 1408/71 seinen Wohnsitz im Entsendestaat behalten hat (zB ArbN wird für ein halbes Jahr nach Spanien entsandt, wobei er weiterhin in Deutschland wohnt). **Familienangehörige** stehen dem Versicherten gleich, sofern sie keinen eigenen Anspruch haben (Art 19 Abs 2, 20, 21 Abs 2, 22 Abs 2 VO 1408/71). 147

**b) Auseinanderfallen von Wohnsitzstaat und zuständigem Mitgliedsstaat.** Wohnen der ArbN oder seine Familienangehörigen nicht im zuständigen Mitgliedsstaat (zB ArbN wohnt bei dauernder Auslandstätigkeit in Spanien weiterhin im Heimatstaat Deutschland), gilt gem Art 17 VO 883/04, ex Art 19 Abs 1 VO 1408/71 Folgendes: Der ArbN erhält in dem Staat, in dem er wohnt, **Sachleistungen für Rechnung des zuständigen Trägers** nach den für diesen Träger geltenden Rechtsvorschriften (im Bsp: Sachleistungen aus der deutschen KV nach deutschem Recht). **Geldleistungen** erhält er von dem für ihn zuständigen Träger (Art 21 VO 883/04). 148

Zwar erfolgt auch hier durch die Anknüpfung an das Recht des Beschäftigungslandes eine Einbeziehung in die soziale Sicherung (KV oder staatliches Gesundheitswesen) des Beschäftigungslandes. Die VO trägt jedoch dem Umstand Rechnung, dass Krankheitsfälle des ArbN oder seiner Familienangehörigen idR im Wohnsitzland auftreten und es dort einer ortsnahen Krankenversorgung bedarf. Der ArbN oder seine Angehörigen erhalten deshalb **Sachleistungen** (zB ambulante oder stationäre Krankenbehandlung, Medikamente etc) grds vom KVTräger des Wohnsitzlandes nach den im Wohnsitzland geltenden Rechtsvorschriften, wie wenn sie bei diesem versichert wären (Art 17 VO 883/04, ex Art 19 Abs 1 Buchstabe a VO 1408/71). Die Leistungen werden für Rechnung des zuständigen Trägers erbracht, dh es findet ein Rückgriff statt. Der gewährende Träger erbringt die Leistungen zwar grds, aber (nur) aushilfsweise für den Träger, bei dem die Versicherung besteht (zum Erstattungsanspruch vgl Art 35 VO 883/04, ex Art 36 VO 1408/71). Sieht der Wohnsitzstaat keine Sachleistungen vor (zB Frankreich), muss der ArbN die Behandlungskosten im Wohnsitzstaat zunächst selbst bezahlen; er kann dann vom Träger des Beschäftigungsstaates Kostenerstattung verlangen. 149

**Geldleistungen** (Kranken- und Mutterschaftsgeld) dagegen werden von dem nach Art 21 VO 883/04, ex § 13 VO 1408/71 zuständigen Träger erbracht, also regelmäßig vom KVTräger des Beschäftigungslandes. Geldleistung der KV ist aus europarechtlicher Sicht auch die **Lohnfortzahlung im Krankheitsfall** (Fall Paletta, EuGH 3.6.92 – Rs C-45/90, Slg 92, 321 = SozR 3–6055 Art 18 Nr 1). **Pflegegeld** nach den Vorschriften des PflegeVG sind nach der Rspr des EuGH Geldleistungen der KV und auch dann zu gewähren, wenn der Versicherte nicht in dem Staat wohnt, in dem er der Versicherung angeschlossen ist (Fall Molenaar, EuGH 5.3.98 – Rs C-160/96, NZS 98, 240). 150

Wohnt der ArbN nicht im Beschäftigungsstaat, wird er sich bei Krankheit regelmäßig an einen Arzt im Wohnsitzland wenden und dort Krankengeld beantragen. Gem Art 27 Abs 8 VO 883/04, ex Art 18 VO 574/72 habe die von einem dort (Wohnsitzland) niedergelassenen Leistungserbringer getroffenen **Feststellung der Arbeitsunfähigkeit** für den zuständigen Träger des Beschäftigungslandes hinsichtlich der Gewährung von Krankengeld bzw Lohnfortzahlung die gleiche „Rechtsgültigkeit" wie eine im zuständigen Mitgliedstaat aus- 151 gestellte Bescheinigung. Der zuständige Leistungsträger des Beschäftigungslandes kann allerdings verlangen, dass der Erkrankte von einem vom zuständigen Träger ausgewählten Arzt untersucht wird (Art 18 Abs 3, 5 VO 883/04, ex Art 18 Abs 5 VO 574/72). Das bedeutet: Die von einem im Ausland niedergelassenen Leistungserbringer ausgestellten Arbeitsunfähigkeitsbescheinigungen sind auch für die deutschen Krankenkassen und ArbGeb verbindlich (vgl Fall Rindone, EuGH 12.3.87 – Rs C-22/86, Slg 1987, 1339 = SozR 3–6055 Art 18 Nr 1 und Fall Paletta, EuGH 3.6.92 – Rs C-45/90, Slg 1992, 321 = SozR 3–6055 Art 18 Nr 1).

152 Entsprechendes gilt, wenn der ArbN trotz nur **vorübergehender Entsendung** iSv Art 12 VO 883/04, ex Art 14 VO 1408/71 im Beschäftigungsstaat wohnt und er aber weiterhin im Entsendestaat versichert ist; auch dann fallen zuständiger Staat und Wohnsitzstaat iSv Art 19 Abs 1 VO 1408/71 auseinander.

153 **c) Akutbehandlung bei Erkrankung in einem EWR-Drittland.** Halten sich der ArbN oder seine Familienangehörigen vorübergehend in einem anderen Staat als dem Beschäftigungs- oder Wohnsitzstaat auf, gilt Folgendes: Sie erhalten dort, wenn ihr Zustand unverzüglich Leistungen erfordert, Sachleistungen der KV nach **Ortsrecht,** dh nach dem Recht des momentanen Aufenthaltsortes (Art 19 VO 883/04, ex Art 22 Abs 1 VO 1408/71). Dies ist insbes bei einer **Urlaubserkrankung** relevant. Geldleistungen dagegen werden in einem solchen Fall nur vom zuständigen Träger erbracht.

154 **d) Grenzgänger.** Diese müssen Sachleistungen nicht im Wohnsitzstaat in Anspruch nehmen; sie können diese auch an ihrem Beschäftigungsort erhalten. Machen sie von diesem Wahlrecht Gebrauch, werden die Sachleistungen vom KVTräger des Beschäftigungsstaates nach den Rechtsvorschriften des Beschäftigungsstaates erbracht, als ob der Grenzgänger dort wohnte (Art 18 VO 883/04, ex Art 20 VO 1408/71). Kraft besonderer Vereinbarung steht dieses Recht im Verhältnis Deutschlands und der Niederlande nicht nur dem Grenzgänger (ArbN) selbst zu, sondern auch seinen Familienangehörigen (Abk vom 15.2.82, BGBl II 82, 958, 1203).

155 **3. Besonderheiten bei Invalidität. a) Invalidität als „verlängerte" Arbeitsunfähigkeit.** Die sozialen Sicherungssysteme der EU sehen die Invalidität zT als verlängerte Krankheit mit AU an (zB Frankreich). Die Leistungshöhe bei Invalidität ist in solchen Systemen von der Dauer der Versicherungszeit unabhängig. Hat ein Versicherter Zeiten ausschließlich in solchen Systemen zurückgelegt, werden Leistungen nach dem Recht desjenigen Staates gewährt, dessen Recht bei Eintritt der AU anzuwenden war (Art 44 VO 883/04, ex Art 37, 39 VO 1408/71).

156 **b) Invalidität als eigenständiger Tatbestand.** Sehen die sozialen Sicherungssysteme (zB Deutschland) die Invalidität als eigenständigen Tatbestand an, bei dem die Leistungshöhe wie bei den Alters- und Hinterbliebenenrenten von der Dauer der Versicherungszeiten abhängt, gilt Folgendes: Hat ein ArbN Zeiten ausschließlich oder zumindest auch in solchen Systemen der sozialen Sicherung zurückgelegt, gelten grds die Vorschriften für die Berechnung der Leistungen bei Alter und Tod (Art 46 VO 883/04, ex Art 40 Abs 1 VO 1408/71).

157 Ob der **Versicherungsfall der Invalidität eingetreten** ist, muss von den zuständigen Trägern all derjenigen Mitgliedsstaaten geprüft werden, in denen solche Zeiten zurückgelegt worden sind. Eine Bindungswirkung an die Feststellungen ausländischer Träger besteht nur, wenn zwischen den Mitgliedsstaaten ausdrücklich die Übereinstimmung der Tatbestandsmerkmale der Invalidität anerkannt sind (Art 46 Abs 3 VO 883/04, ex Art 40 Abs 3 VO 1408/71). Einer solchen Vereinbarung ist Deutschland nicht beigetreten.

158 **4. Besonderheiten bei Renten wegen Alters und Todes. a) Zusammenrechnungsgrundsatz.** Hängt das Recht oder die Aufrechterhaltung eines Rechts auf Rente wegen Alters oder eine Hinterbliebenenrente davon ab, dass Versicherungs- oder Wohnsitzzeiten (zB Dänemark) bestimmten Umfangs zurückgelegt wurden (in Deutschland zB als Erfordernis der Wartezeiterfüllung), sind vom zuständigen Träger eines Mitgliedsstaates auch die in anderen Mitgliedsstaaten zurückgelegten Versicherungs- und Wohnsitzzeiten zu berücksichtigen (Art 5 VO 883/04, ex Art 42 Buchst a) EGV; Art 45 Abs 1 VO 1408/71). Hierzu sind die Träger der einzelnen Mitgliedsstaaten verpflichtet, den jeweils anderen Trägern die im eigenen Staat zurückgelegten Zeiten mitzuteilen.

**b) Rentenhöhe.** Bei der Berechnung des Werts einer Rente sind zwei Fälle zu unterscheiden: **Erster Fall:** Ist der Rentenanspruch bereits allein aufgrund der nach innerstaatlichem Recht zurückgelegten Zeiten begründet, gilt für die Ermittlung der Rentenhöhe Folgendes (Art 52 Abs 1 VO 883/04, ex Art 46 Abs 1 VO 1408/71): Der zuständige RVTräger ermittelt den Rentenwert zunächst allein aufgrund der in seinem Mitgliedsstaat zurückgelegten Zeiten; dies ergibt den sog **tatsächlichen Rentenwert.** Danach ermittelt er, wie hoch die Rente wäre, wenn alle Zeiten in diesem Staat zurückgelegt worden wären; dies ergibt den sog **theoretischen Rentenwert.** Sodann wird **pro-rata-temporis** ermittelt, welcher Anteil des theoretischen Rentenwerts auf die in diesem Staat zurückgelegten Zeiten entfällt. Der **höhere der beiden Werte** (tatsächlicher Rentenwert/anteiliger theoretischer Rentenwert) ist der maßgebliche, vom zuständigen RVTräger festzusetzende Rentenwert. 159

**Zweiter Fall:** Ist der Rentenanspruch allein aufgrund der nach innerstaatlichem Recht zurückgelegten Zeiten nicht begründet, gilt für die Ermittlung der Rentenhöhe Folgendes (Art 46 Abs 2 VO 1408/71): Der zuständige RVTräger ermittelt auch hier den sog **theoretischen Rentenwert.** Sodann wird **pro-rata-temporis** ermittelt, welcher Anteil des theoretischen Rentenwerts auf die in diesem Staat zurückgelegten Zeiten entfällt. Dieser Betrag steht dem Versicherten zu. Eine Vergleichsberechnung findet nicht statt. Entsprechend verfahren die Versicherungsträger in den anderen Mitgliedsstaaten, in denen Versicherungs- und Beschäftigungszeiten zurückgelegt wurden. 160

Der Versicherte hat gegen die RVTräger in allen Staaten, in denen er Versicherungs- oder Wohnsitzzeiten zurückgelegt hat, Anspruch auf den jeweils höheren der beiden Werte (so im ersten Fall) bzw auf den sich im zweiten Fall ergebenden pro-rata-temporis-Betrag (Art 52 Abs 3 VO 883/04, ex Art 46 Abs 3 VO EWG 1408/71). Die Summe dieser Renten darf allerdings den höchsten theoretischen Rentenbetrag nicht übersteigen. 161

**5. Sonstige Bereiche sozialer Sicherung.** Zum Versicherungsfall **Arbeitsunfall** und Berufskrankheiten vgl HSR/*Schulte* Kap 32 Rz 92ff; *Eichenhofer* Internationales Sozialrecht § 11), **Arbeitslosigkeit** (HSR/*Schulte* Kap 32 Rz 101ff; *Eichenhofer* Internationales Sozialrecht § 14), **Familienleistungen** und Familienbeihilfen (HSR/*Schulte* Kap 32 Rz 107ff; *Eichenhofer* Internationales Sozialrecht § 15). 162

**V. Leistungsrecht nach Sozialversicherungsabkommen. 1. Zusammenrechnung von Versicherungszeiten in der Rentenversicherung.** Soweit es für den Erwerb eines **Rentenrechts der Rentenversicherung** auf die Erfüllung von Wartezeiten oder Vorversicherungszeiten ankommt, sehen die Abk, wenn sich ihr sachlicher Geltungsbereich auf die RV erstreckt, regelmäßig Folgendes vor: Für den Erwerb, die Aufrechterhaltung oder das Wiederaufleben eines Rentenrechts (Leistungsanspruchs) sind auch die Versicherungszeiten zu berücksichtigen, die nach den Rechtsvorschriften des anderen Vertragsstaates anzurechnen sind und die nicht auf dieselbe Zeit entfallen (zu Zusammenrechnung/**Totalisation** vgl Art 12 Abs 1 Abk Chile; Art 20 Abs 1 Abk Israel; Art 11 Abs 1 Abk Japan; Art 12 Abk Kanada; Art 24 Abk Marokko; Art 27 Abk Türkei; Art 22 Abk Tunesien; Art 7 Abs 1 Abk USA). Diese Zusammenrechnung hat in der deutschen RV insbes für die **Wartezeiten** und die besonderen versicherungsrechtlichen Vorversicherungszeiten bei Renten wegen verminderter Erwerbsfähigkeit Bedeutung. 163

Die Zusammenrechnung bedeutet jedoch nicht, dass sich die im anderen Vertragsstaat zurückgelegten Zeiten zwangsläufig auch auf die **Rentenhöhe** zB des deutschen Rentenrechts auswirken. Dies ist nur dann der Fall, wenn das Abk ausnahmsweise vom **Eingliederungs- oder Integrationsprinzip** beherrscht wird, dh die Leistung (zB Altersrente) nur von einem Vertragsstaat unter Berücksichtigung der Zeiten im anderen Vertragsstaat erbracht wird (Art 4 Abk mit Polen vom 9.10.75). Dies ist auch bei einer **Minizeiten-Regelung** der Fall; dabei werden Versicherungszeiten, die in einem Vertragsstaat zurückgelegt wurden, wegen ihres geringen Umfangs vom anderen Vertragsstaat mit dessen Leistung abgegolten (zB Art 20 Abs 2 Abk Israel vom 17.12.73; Art 7 Abs 2 Abk USA). 164

Die meisten Abk folgen, soweit es um die Rentenhöhe geht, dem **Verteilungs- oder pro-rata-temporis-Prinzip.** Die Rente wird von beiden Vertragsstaaten rein innerstaatlich nach den im jeweiligen Staat zurückgelegten Versicherungszeiten berechnet (Art 12 Abs 2, Art 13 Abs 2 Abk Chile; Art 21, 22 Abk Israel; Art 11 Abs 4, Art 12 Abk Japan; 165

Art 13 Abk Kanada; Art 25 Abk Marokko; Art 28 Abs 2 Abk Türkei; Art 23 Abk Tunesien; Art 8 Abk USA).

166 **2. Krankenversicherung.** Nach dem innerstaatlichen Recht gilt Folgendes: Die deutsche KV ist vom Dienst- und Sachleistungsprinzip beherrscht. Daher ruht der Leistungsanspruch grds bei einem Auslandsaufenthalt (§ 16 Abs 1 Nr 1 SGB V). Hierbei wird nicht darauf abgestellt, weshalb sich der Versicherte oder seine Familienangehörigen im Ausland aufhalten. § 16 Abs 1 Nr 1 SGB V erfasst daher auch Fälle, in denen der Versicherte während eines **Auslandsurlaubs** erkrankt.

167 Mitglieder einer Krankenkasse, die im Ausland beschäftigt, aber weiterhin nach deutschem Recht versichert sind und während dieser Beschäftigung erkranken, erhalten bereits nach deutschem Recht die ihnen nach dem SGB V zustehenden Leistungen von ihrem ArbGeb. Die Krankenkasse hat dem ArbGeb die Kosten bis zu der Höhe zu erstatten, in der sie der Krankenkasse im Inland entstanden wären (§ 17 Abs 1 und 2 SGB V).

168 Die vorgenannten nationalen Regelungen werden im EU-Bereich durch die Regelungen der VO 883/04 bzw VO 1408/71 (→ Rn 120 ff) überlagert. Falls die Erkrankung in einem AbkStaat eintritt, mit dem Vereinbarungen für den Fall der Krankheit bestehen, verpflichten sich die Vertragsstaaten im Abk über soziale Sicherheit regelmäßig zur **gegenseitigen Leistungsaushilfe** nach den Vorschriften des Heimatstaates.

169 Rechtstechnisch ist dies durch eine Gebietsgleichstellung möglich (Art 4 Abk Israel), eine ausdrückliche abkommensrechtliche Bestimmung (Art 6 ff der früheren DPSVA) oder eine Kombination aus Gebietsgleichstellung und Einzelanordnung (Art 5, 15, 16 Abk Marokko; Art 4a, 15 Abk Türkei; Art 5, 15 Abk Tunesien, vgl *Eichenhofer* Internationales Sozialrecht § 10, 2). Danach entsteht der Dienst- und Sachleistungsanspruch eines in Deutschland Versicherten auch dann, wenn er sich im Ausland, jedoch im Hoheitsgebiet eines der genannten Vertragsstaaten, aufhält. Allerdings werden die Leistungen dann vom Träger des Abkommensstaates aushilfsweise für den deutschen KVTräger erbracht.

# Auslösung

## A. Arbeitsrecht

*Griese*

1 **1. Begriff.** Die Auslösung ist ein pauschalierter Aufwendungsersatz mit zusätzlichen Vergütungselementen, der die Mehrbelastungen und Mehraufwendungen, die durch **auswärtige Tätigkeit** entstehen, abdecken soll. Sie erfasst typischerweise die Abgeltung erhöhter Aufwendungen für Verpflegung und Übernachtung bei auswärtiger Tätigkeit, nicht hingegen den Fahrtkostenaufwand zu unterschiedlichen Baustellen (LAG MeVO 14.6.16 – 2 Sa 213/15, BeckRS 2016, 70371). Von Gesetzes wegen existiert nur der Aufwendungsersatzanspruch **nach § 670 BGB, der im Arbeitsverhältnis anwendbar ist** (BAG 12.3.13 – 9 AZR 455/11, NJW 13, 2923) und einen Anspruch auf Ersatz der konkret angefallenen und nachgewiesenen Einzelaufwendungen gibt. Die Pauschalierung (*Pauschbeträge*) dieser Aufwendungen in Form von Auslösungssätzen bedarf einer besonderen **Rechtsgrundlage;** sie findet sich in Tarifverträgen, Betriebsvereinbarungen, in betrieblichen Übungen, Gesamtzusagen, arbeitsvertraglichen Einheitsregelungen, Arbeitsverträgen und dem Gleichbehandlungsgrundsatz. Soweit eine kollektivrechtliche Grundlage besteht, müssen die Einzelheiten nicht im schriftlichen Nachweis des Arbeitsvertrages aufgeführt werden; es reicht es gem § 2 Abs 3 Satz 1 NachwG aus, auf sie dort zu verweisen (BAG 29.5.02 – 5 AZR 105/01, ZTR 03, 83).

2 **2. Praktisch wichtige Fälle tariflich geregelter Auslösungssätze.** In der Praxis sind vor allem zwei tarifliche Regelwerke für die Gewährung von Auslösungen bedeutsam: der Bundesmontagetarifvertrag (BMTV) und der Bundesrahmentarifvertrag für das Baugewerbe (BRTV-Bau).

**a) Der Bundesmontagetarifvertrag (BMTV).** Der Bundesmontagetarifvertrag findet vom fachlichen Geltungsbereich her Anwendung auf die auswärtige Montage im Bereich der Eisen-, Metall- und Elektroindustrie. Der Tarifvertrag ist nicht für allgemein verbindlich erklärt worden, so dass zur Geltung des Tarifvertrages Tarifbindung (→ *Tarifvertrag* Rn 1 ff) gegeben sein muss. Er ist bei Tarifbindung auf das Arbeitsverhältnis eines Montagestammarbeiters anzuwenden, wenn dieser auf einer außerbetrieblichen Arbeitsstelle arbeitet, wobei sich dies ausschließlich nach räumlichen, nicht nach organisatorisch-funktionalen Gesichtspunkten richtet (BAG 11.11.97 – 3 AZR 187/96, NZA 98, 947). Eine außerbetriebliche Arbeitsstelle liegt bereits dann vor, wenn außerhalb des Betriebsgeländes gearbeitet wird (BAG 11.11.97 – 3 AZR 162/96, NZA 98, 946). Der Bundesmontagetarifvertrag unterscheidet zwischen Nah- und Fernauslösung.

**Fernmontage** und damit der Anspruch auf Fernauslösung ist nach dessen § 6 gegeben, wenn die tägliche Rückkehr von der Arbeitsstelle zur Wohnung nicht zumutbar ist, weil der Zeitaufwand für Hin- und Rückweg bei Benutzung öffentlicher Verkehrsmittel 3 1/2 Stunden übersteigt. Wartezeiten an der Montagestelle bis zum Schichtbeginn und nach Schichtende bis zum Antritt des Rückweges sind nur mitzuberücksichtigen, soweit sie jeweils 30 Minuten übersteigen (BAG 13.12.94 – 3 AZR 188/94, NZA 95, 1111). Der Montagearbeiter kann dann zusätzlich zu den Fahrtkosten die Fernauslösung beanspruchen, die je Kalendertag gezahlt wird und gestaffelt ist nach Zeitzonen (Ermäßigung nach mehr als 60 Kalendertagen) und Entfernungszonen (Erhöhung bei mehr als 150 km Entfernung). Stellt der ArbGeb eine angemessene Unterkunft, reduziert sich der Fernauslösungssatz gem § 6.5. Bundesmontagetarifvertrag auf bis zu 70 %. An Reisetagen wird nach § 6.6. Bundesmontagetarifvertrag nur der halbe Auslösungssatz gezahlt, wenn die Reise nach 12.00 Uhr angetreten oder vor 12.00 Uhr beendet wird. Die Reisezeit selbst wird nach § 6.3.1. Bundesmontagetarifvertrag bis zur Dauer von 12 Stunden kalendertäglich als Arbeitszeit bezahlt. 3

Fernauslösung ist bei an sich unzumutbarer täglicher Heimfahrt auch für die arbeitsfreien Tage zu zahlen (BAG 28.10.89 – 4 AZR 226/83, AP Nr 22 zu § 1 TVG Auslösung).

Der Anspruch auf **Wochenendfahrgeld** nach § 6.3 des Bundesmontagetarifvertrages setzt die tatsächliche Durchführung der Wochenendheimfahrt nicht voraus (BAG 25.1.06 – 4 AZR 432/04, NJOZ 06, 1852).

Bei **Nahmontage** wird nach § 7.3. Bundesmontagetarifvertrag eine Nahauslösung gezahlt, die den Mehraufwand bei auswärtigen Arbeiten abdecken soll. Benutzt der Montagearbeiter öffentliche Verkehrsmittel, ist die Nahauslösung nach 6 Zeitzonen gestaffelt und beträgt nach § 7.3.2. zwischen 15 % und 70 % der Fernauslösung für Montagen bis 150 km Entfernung während der ersten 60 Kalendertage. Bei Benutzung eines privaten Fahrzeuges ist die Nahauslösung gem § 7.3.5. Bundesmontagetarifvertrag nach 6 Entfernungszonen gestaffelt und beträgt zwischen 25 % und 100 % der 60 %igen Fernauslösung für Montagen bis 150 km Entfernung während der ersten 60 Kalendertage. 4

**b) Bundesrahmentarifvertrag für das Baugewerbe (BRTV-Bau).** Dieser Tarifvertrag findet fachlich auf alle Betriebe des Baugewerbes Anwendung. Er ist nach § 5 TVG für **allgemeinverbindlich** erklärt worden und gilt infolgedessen für das einzelne Arbeitsverhältnis unabhängig davon, ob ArbGeb oder ArbN Mitglied der tarifschließenden Verbände sind. Nach § 7 Nr 4.1. dieses Tarifvertrages hat der ArbN Anspruch auf eine kalendertägliche Auslösung, wenn die Bau- oder Arbeitsstelle mehr als 50 km vom Betrieb entfernt ist und der Zeitaufwand für den Weg zwischen Wohnung und Arbeitsstelle mehr als 1 1/4 Stunden beträgt. Die Auslösung ist nach § 7 Nr 4 Satz 2 BRTV-Bau der Ersatz für den Mehraufwand für Verpflegung und Übernachtung im Sinne der steuerlichen Vorschriften. Dem Auslösungsanspruch steht nicht entgegen, dass der ArbN keine Zweitunterkunft in der Nähe des Einstellungsbetriebes unterhält, weil er zB durchgehend auf Baustellen ohne tägliche Heimkehr eingesetzt wird (BAG 24.1.07 – 4 AZR 50/06, DB 07, 2042). **Auch ein Wohnwagen kann eine Wohnung iSd Tarifbestimmungen sein** (BAG 24.1.07 – 4 AZR 19/06, NZA 07, 1062). 5

Ist der ArbN trotz Unzumutbarkeit täglich zum Wohnort zurückgekehrt, scheidet ein Anspruch auf Auslösung nach § 7 Nr 4 BRTV-Bau aus, stattdessen stehen ihm die Ansprüche zu, die § 7 Nr 3 BRTV-Bau für die Arbeit auf Bau- oder Arbeitsstellen mit täglicher Heimfahrt vorsieht (BAG 26.5.98 – 3 AZR 96/97, NZA 98, 1124). Nach § 7 Nr 4.2 BRTV-Bau ermäßigt sich die Auslösung, wenn der ArbGeb eine Unterkunft stellt, nach § 7 Nr 4.5 BRTV-Bau entfällt sie ua bei unentschuldigtem Fehlen. Neben dem Auslösungsanspruch besteht nach Maßgabe des § 7 Nr 4.3 u 4.4. BRTV-Bau d Anspruch auf Fahrtkostenerstattung für An- und Abreise und Wochenendheimfahrten.

Durch eine **Verlegung des Betriebssitzes werden die Auslösungsansprüche nicht berührt**. Dazu bedarf es einer einvernehmlichen Änderung des Bezugspunkts der Ansprüche (BAG 21.2.12 – 9 AZR 461/10, DB 12, 1516).

6 **c)** Maßgebend für den persönlichen Geltungsbereich eines tariflichen Auslösungsanspruchs ist die tarifliche Definition des berechtigten Personenkreises. Nach dem Zulagentarifvertrag für die ArbN der Deutschen Bahn hat ein Lokrangierführer keinen Anspruch auf eine Auslösung für Lokomotivführer (BAG 29.9.04 – 10 AZR 89/04, NJOZ 05, 368).

Die Auslösung kann durch tarifvertragliche Regelung über den Zweck der Abgeltung von Unterkunfts- und Verpflegungsmehraufwand hinaus auch zur pauschalen **Abgeltung von Reisezeiten** eingesetzt und entsprechend bemessen werden (BAG 12.12.12 – 5 AZR 355/12, NZA 13, 1158).

7 **3. Auslösung bei Urlaub und Krankheit.** Bei Urlaub oder Krankheit oder sonstigen Entgeltfortzahlungsfällen sind Auslösungen nicht zu zahlen, soweit sie einen besonderen Aufwand abdecken, der bei Urlaub bzw Krankheit oder sonstiger Abwesenheit nicht anfällt (**§ 4 Abs 1a Satz 1 EFZG**). **Betriebsratsmitglieder** können daher, wenn sie BRatTätigkeit verrichten, nicht die Auslösung als fortzuzahlendes Entgelt verlangen. So hat das BAG die **Fernauslösung** nach § 6 Bundesmontagetarifvertrag nicht als fortzuzahlendes Entgelt iSd § 37 Abs 2 BetrVG gewertet, sondern als tatsächlichen Aufwendungsersatz, der bei Ausübung der Amtstätigkeit entfällt (BAG 18.9.91 – 7 AZR 41/90, DB 92, 2303). Demgegenüber ist der **steuerpflichtige Teil** der Nahauslösung nach § 7 Bundesmontagetarifvertrag als zusätzliches Entgelt ohne dahinter stehende Mehraufwendungen eingestuft worden, mit der Folge, dass es sich insoweit um auch bei Urlaub und Krankheit fortzuzahlendes Entgelt handelt (BAG 10.2.88 – 7 AZR 452/87, DB 88, 2367; ebenso an Feiertagen BAG 1.2.95 – 5 AZR 847/93, NZA 95, 1113).

8 **4. Unpfändbarkeit.** Auslösungen, die den Rahmen des Üblichen nicht übersteigen, sind nach § 850a Nr 3 ZPO nicht pfändbar.

## B. Lohnsteuerrecht *Thomas*

9 Auslösungen sind pauschale Vergütungen, die der private ArbGeb dem ArbN als Ausgleich für Aufwendungen aus Anlass von auswärtigen Arbeitseinsätzen zahlt. Der Art nach handelt es sich insbes um Fahrtkosten, Verpflegungsmehraufwendungen, Übernachtungskosten und Reisenebenkosten. Sie können, soweit das Gesetz oder die Verwaltung auf Erfahrungssätzen beruhende Durchschnittswerte festgelegt haben, in deren – sonst in nachgewiesener – Höhe gem § 3 Nr 16 EStG steuerfrei geleistet werden. Zu Voraussetzungen und Höhe der jeweiligen Abzugsbeträge wird auf die Stichworte *Auslandsreise; Dienstreise; Einsatzwechseltätigkeit; Fahrtätigkeit* und *Doppelte Haushaltsführung* verwiesen.

## C. Sozialversicherungsrecht *Schlegel*

10 **1. Beitragsrecht.** Auslösungen bezeichnen als Sammelbegriff Zahlungen des ArbGeb an den ArbN zur pauschalen Abgeltung von Mehraufwendungen für auswärtige Tätigkeit (→ Rn 1). Steuerrechtliche Spezialregelungen, die sich auch auf die SozV auswirken, gibt es für einzelne Komponenten der Auslösung, nicht für Auslösungen schlechthin. Unabhängig und losgelöst von der Steuerfreiheit prüft das BSG, ob überhaupt **Arbeitsentgelt** iSv § 14 SGB IV vorliegt; ist dies nicht der Fall, weil der ArbN keinen verbleibenden Vorteil hat, er nicht „bereichert" ist, liegt Beitragsfreiheit vor (BSG 18.1.18 – B 12 R 3/16 R, BeckRS 2018, 15685: Auslösung und ein Arbeitsentgelt bei Zuschüssen an Leiharbeitnehmer wegen auswärtiger Unterbringung für Verpflegungsmehr- und Übernachtungsaufwendungen sowie Fahrtkosten).

11 **a) Beitragsfreiheit.** Für Auslösungen besteht Beitragsfreiheit, soweit deren einzelne Komponenten steuerfrei sind. Nach § 1 Abs 1 Satz 1 Nr 1 SvEV sind nämlich steuerfreie Zuschüsse, Zulagen etc und ähnliche Einnahmen, die zusätzlich zu Löhnen und Gehältern gewährt werden, nicht dem Arbeitsentgelt iSd § 14 SGB IV zuzurechnen und damit beitragsfrei (→ *Arbeitsentgelt* Rn 116 ff). Es ist deshalb zu prüfen, welcher Aufwand durch die Auslösung abgedeckt wird und ob der Ersatz dieser Einzelaufwendungen steuerfrei ist. Folgende Erstattungen sind steuer- und damit beitragsfrei: Erstattung der **Reisekosten,**

**Umzugskosten** und Mehraufwendungen bei **doppelter Haushaltsführung,** soweit sie die beruflich veranlassten (tatsächlichen) Mehraufwendungen nicht übersteigen (§ 3 Nr 16 EStG, § 1 ArEV). Reisekosten sind die durch die auswärtige Tätigkeit verursachten Fahrkosten, Verpflegungsmehraufwendungen (Einzelheiten → *Verpflegungsmehraufwendungen* Rn 10 ff), Unterbringungskosten (Hotelkosten) und Nebenkosten (Kosten für Beförderung und Aufbewahrung von Gepäck, Telefon- und Portokosten für Kontakte mit dem ArbGeb, Parkplatzgebühren, Taxikosten etc). Im Einzelnen kann hier zur Auslegung auf die maßgeblichen LStR zurückgegriffen werden. Grds sind die tatsächlichen Kosten nachzuweisen, doch bestehen gegen die Zahlung von Auslösungspauschalen keine Bedenken, wenn diese so gering sind, dass es unwahrscheinlich ist, dass die tatsächlichen Kosten wesentlich höher sind als die gewährte Pauschale (zu diesem Rechtsgedanken BSG 9.7.80 – 12 RK 17/79, USK 80, 186). Zum Kaufkraftausgleich bei Auslandsreisen → *Auslandsreise* Rn 28.

**b) Beitragspflicht.** Auslösungen sind beitragspflichtig, soweit sie dem Arbeitsentgelt 12 zuzurechnen sind. Dies ist dann der Fall, wenn die Auslösung die gesetzlichen Voraussetzungen der Steuerfreiheit nicht erfüllt, insbesondere wenn die Auslösungen die tatsächlichen Kosten übersteigen oder Pauschalen gewährt werden, die ersichtlich über den tatsächlichen Aufwand hinausgehen. Dies ist etwa dann der Fall, wenn den Spesen/Auslösungen – gleich ob sie steuerfrei oder steuerpflichtig gezahlt werden – keine entsprechenden tatsächlichen Mehraufwendungen zugrunde liegen, sondern sie pauschal geleistet werden und zu einem Vermögensvorteil (zu Berücksichtigung solcher Auslösungen bei der Berechnung einer Unfallrente Bay LSG 29.4.2014 – L 3 U 619/11, NZS 14, 640 (Ls)).

**2. Leistungsrecht.** Bei der Berechnung der Lohnersatzleistungen (zB Krankengeld, Ver- 13 letztengeld, AlGeld etc) sind Auslösungen insoweit in die Bemessungsgrundlage einzustellen, als sie dem Arbeitsentgelt iSd § 14 SGB IV zuzurechnen sind. Dies gilt aber nur insoweit, als keine Sondervorschriften für die Ermittlung des Arbeitsentgelts vorgesehen sind.

# Ausschlussfrist

## A. Arbeitsrecht

*Schmidt*

### Übersicht



**1. Allgemeines.** Ausschlussfristen (Verfallfristen) führen zum Erlöschen von Ansprü- 1 chen, wenn diese nicht innerhalb einer bestimmten Frist geltend gemacht werden. Sie dienen der Rechtssicherheit und Rechtsklarheit. Sie finden sich im **Arbeitsvertrag** oder in **kollektivrechtlichen Vereinbarungen – Tarifverträgen oder Betriebsvereinbarungen –** oder auch in **kirchlichen Arbeitsrechtsregelungen**. Ihre Nichteinhaltung ist – anders als die Verjährung einer Forderung – eine **rechtsvernichtende Einwendung**, die von Amts wegen zu beachten ist und auf die sich der Schuldner nicht berufen muss (BAG 27.6.12 – 5 AZR 51/11, NZA 13, 472). Für tarifvertragliche Ausschlussfristen gilt das unabhängig davon, ob sie kraft beiderseitiger Organisationszugehörigkeit oder Allgemeinverbindlicherklärung gelten oder auf Grund einzelvertraglicher Bezugnahme anzuwenden sind (BAG 19.2.08 – 9 AZR 1091/06, DB 08, 1684). Steht die Geltung oder Anwendbarkeit einer Ausschlussfrist fest, muss der Gläubiger die Tatsachen vortragen, aus denen sich ergibt, dass sein Anspruch nicht erloschen ist (zB wegen rechtzeitiger Geltendmachung).

Anderenfalls ist die Klage unschlüssig (BAG 27.6.12 – 5 AZR 51/11, NZA 13, 472). Das Gericht ist jedoch nicht verpflichtet, von sich aus nachzuforschen, ob etwa die Arbeitsvertragsparteien an einen Tarifvertrag gebunden sind, der eine Ausschlussfrist enthält (BAG 15.6.93 – 9 AZR 208/92, NZA 94, 274).

2 **2. Gesetzliche Mindestentgeltregelungen.** Im Bereich gesetzlicher Mindestentgelte sind die Dispositionen der Arbeits- und Kollektivvertragsparteien für Regelungen über deren Verfall ausgeschlossen oder beschränkt. Das hat Auswirkungen auf entsprechend vereinbarte Ausschlussfristen.

3 **a) Mindestlohn nach MiLoG.** Der gesetzliche Mindestlohn ist nach § 3 S 1 MiLoG unabdingbar. Vereinbarungen, die den Anspruch auf Mindestlohn unterschreiten oder seine Geltendmachung beschränken oder ausschließen, sind insoweit unwirksam. Ausschlussfristen umfassen daher, gleich ob individualrechtlich oder kollektivrechtlich vereinbart und ungeachtet ihrer konkreten Ausgestaltung, **nicht** den **gesetzlichen Mindestlohn,** können aber für das den Mindestlohn übersteigende Entgelt von Belang sein (im Einzelnen str; ausf vgl *Riechert/Nimmerjahn* MiloG § 3 Rn 24 ff). **Eine tarifvertragliche Ausschlussfrist,** die den Mindestlohn nicht ausnimmt, ist nicht insgesamt unwirksam, sondern bleibt erhalten, soweit sie Mindestlohnansprüche nicht erfasst (BAG 20.6.18 – 5 AZR 377/17, NJW 18, 3472). Das gilt auch bei nicht tarifgebundenen Arbeitsvertragsparteien, wenn arbeitsvertraglich der gesamte einschlägige Tarifvertrag in Bezug genommen ist (*Zwanziger* AuR 17, 336). Bei einer (regelmäßig der Inhaltskontrolle nach dem Recht der Allgemeinen Geschäftsbedingungen – AGB – unterliegenden → Rn 10) **arbeitsvertraglichen Ausschlussfrist** ist vor allem das Transparenzgebot des § 307 Abs 1 S 2 BGB zu beachten. Hiergegen verstößt eine vom ArbGeb in einem Arbeitsvertrag vorformulierte Ausschlussfrist, die ohne jede Einschränkung alle beiderseitigen Ansprüche aus dem Arbeitsverhältnis und damit auch den Mindestlohn erfasst. Sie ist jedenfalls dann insgesamt unwirksam (und gilt demnach auch für andere Ansprüche wie etwa die Urlaubsabgeltung nicht), wenn der Arbeitsvertrag nach dem 31.12.14 (am 1.1.15 ist das MiLoG in Kraft getreten) geschlossen worden ist (BAG 18.9.18 – 9 AZR 162/18, NZA 18, 1619). Ist in einem Verfallfristen festlegenden Arbeitsvertrag – als AGB – formuliert, dass „unabdingbare gesetzliche Ansprüche von den Verfallfristen ausgenommen sind", verstößt die Ausschlussfristenregelung nicht gegen § 3 Satz 1 MiLoG (BAG 30.1.19 – 5 AZR 43/18, BB 19, 1331).

4 **b) (Branchen-)Mindestentgelt nach AEntG.** Für das (normativ begründete und tariflich/rechtsverordnungsmäßig gestützte) **Mindestentgelt** nach dem **AEntG** gilt § 9 S 3 AEntG, wonach eine Ausschlussfrist ausschließlich in dem für allgemeinverbindlich erklärten Tarifvertrag nach den §§ 4–6 AEntG oder dem der Rechtsverordnung nach § 7 AEntG zugrunde liegenden Tarifvertrag geregelt werden kann und mindestens 6 Monate betragen muss. Die Vorschrift gilt nach § 13 AEntG auch für eine Rechtsverordnung in der Pflegebranche nach § 11 AEntG. Eine (formular-)**arbeitsvertragliche Ausschlussfrist,** die den Anspruch auf ein geltendes Branchenmindestentgelt (mit-)erfasst, verstößt gegen diese Norm und ist insoweit nach § 134 BGB unwirksam (BAG 24.8.16 – 5 AZR 703/15, BB 17, 61). Wegen des Verstoßes gegen das Transparenzgebot des § 307 Abs 1 S 2 BGB ist sie – jedenfalls wenn sie nach Verbindlichkeit der Mindestentgeltregelungen in einem Formularvertrag vereinbart worden ist – nach § 306 BGB gesamtunwirksam und schließt demnach auch andere als Mindestentgeltansprüche nicht aus (BAG 24.8.16 – 5 AZR 703/15, BB 17, 61; krit *Bayreuther* DB 17, 487).

5 **3. Insolvenzrechtliche Besonderheiten.** Ist die Forderung des ArbN bereits vor Eröffnung des Insolvenzverfahrens entstanden, so finden Ausschlussfristen keine Anwendung. Der ArbN kann Befriedigung seiner vor Insolvenzeröffnung entstandenen Forderungen nach Maßgabe der gesetzlichen Vorschriften der InsO verlangen. Die eingeschränkte Wirkung von Ausschlussfristen gilt aber nur für bei Insolvenzeröffnung noch bestehende Forderungen eines ArbN. Bei nach Insolvenzeröffnung entstandenen Forderungen des ArbN gegen den Insolvenzverwalter (Masseschulden) greifen die Ausschlussfristen. Der **insolvenzrechtliche Rückforderungsanspruch** nach § 143 Abs 1 S 1 InsO unterfällt nicht tariflichen Ausschlussfristen. Er unterliegt nicht der Regelungsmacht der Tarifvertragsparteien (BAG 24.10.13, DB 14, 129).

**4. Einzelheiten.** Das „Prüfprogramm" für die Zulässigkeit und die Reichweite von Ausschlussfristen hängen im Wesentlichen davon ab, ob sie einzelvertraglich oder kollektivrechtlich vereinbart sind. 6

**a) Arbeitsvertrag.** Ausschlussfristen sind iRd Vertragsfreiheit grds frei verhandelbar, unterliegen aber im Hinblick auf für bestimmte Ansprüche vorgesehene gesetzliche Unabdingbarkeitsvorschriften sowie bei ihrer Gestellung als AGB in Formulararbeitsverträgen – was die Regel sein dürfte – vielfachen inhaltlichen Beschränkungen (→ Rn 2 ff und → Rn 10 ff). Es handelt sich auch dann um eine vertragliche Ausschlussfrist, wenn eine tarifliche Ausschlussfrist im Arbeitsvertrag in Bezug genommen ist. Die **vertragliche Bezugnahme auf tarifliche Regelungen** kann sich auch aus betrieblicher Übung oder konkludentem Verhalten des ArbGeb ergeben. Im Arbeitsvertrag abweichend von den in Bezug genommenen tariflichen Ausschlussfristen vereinbarte Fristen gehen vor (BAG 24.9.14 – 5 AZR 506/12, BeckRS 2014, 73280). In unwirksamen Tarifverträgen enthaltene Ausschlussfristen können nur dann durch Bezugnahme im Formulararbeitsvertrag Inhalt des Arbeitsverhältnisses werden, wenn keine Anhaltspunkte dafür vorliegen, dass nur ein wirksamer Tarifvertrag in Bezug genommen werden sollte (BAG 28.5.14 – 5 AZR 423/12, BeckRS 2014, 71240). Für den **Nachweis** einer durch arbeitsvertragliche Bezugnahme anwendbaren tariflichen Ausschlussfrist reicht es nach § 2 Abs 1 Nr 10 NachwG aus, wenn auf die Anwendbarkeit des einschlägigen Tarifvertrags hingewiesen wird (BAG 23.1.02 – 4 AZR 56/01, NZA 02, 800). Weder führt die Verletzung der Pflicht aus § 3 NachwG, auf den erstmaligen Abschluss eines Tarifvertrags hinzuweisen, zur Unwirksamkeit einer darin enthaltenen Ausschlussfrist (BAG 5.11.03 – 5 AZR 469/02, NZA 04, 102) noch ist der ArbGeb gehindert, sich auf eine Ausschlussfrist zu berufen, die in einem einschlägigen allgemeinverbindlichen Tarifvertrag enthalten ist, auf den er den ArbN nicht hingewiesen hat (BAG 21.2.12 – 9 AZR 486/10, NZA 12, 750). Der ArbN kann aber als Schadensersatz vom ArbGeb verlangen, so gestellt zu werden, als wäre sein Zahlungsanspruch nicht untergegangen, wenn ein solcher Anspruch nur wegen Versäumung der Ausschlussfrist erloschen ist und bei gesetzmäßigem Nachweis seitens des ArbGeb bestehen würde. Bei der Prüfung der adäquaten Verursachung kommt dem ArbN die Vermutung eines aufklärungsgemäßen Verhaltens zugute. Der ArbGeb kann sie widerlegen (BAG 21.2.12 – 9 AZR 486/10, NZA 12, 750). 7

In Arbeitsverträgen enthaltene Ausschlussfristen weichen von der gesetzlichen Regelung ab, wonach Ansprüche – abgesehen von der Verwirkung – erhalten bleiben und allenfalls verjähren können. Nach § 202 Abs 1 BGB kann die **Verjährung** bei Haftung wegen Vorsatzes nicht im Voraus durch Rechtsgeschäft erleichtert werden; entsprechende Vereinbarungen sind unzulässig. Verfallfristen sind allerdings auch in Formulararbeitsverträgen regelmäßig dahingehend zu verstehen, dass sie diese Fälle nicht regeln (BAG 20.6.13 – DB 13, 2452; BAG 28.9.17 – 8 AZR 67/15, = NZA 18, 589 aA LAG Ns 21.2.18 – 2 Sa 83/17, = nv nrk, Rev anhängig unter 8 AZR 151/18, T 28.3.19; anders bei einer tarifvertraglichen Ausschlussfrist kraft normativer Wirkung, die Schadensersatzansprüche aus vorsätzlichem Handeln erfasst → Rn 19). Entsprechendes gilt für § 276 Abs 3 BGB, wonach die Haftung wegen Vorsatzes dem Schuldner nicht im Voraus erlassen werden kann (BAG 28.9.17 – 8 AZR 67/15, = NZA 18, 589). 8

Arbeitsvertragliche Verfallfristen erfassen nach § 77 Abs 4 S 4 BetrVG **keine Ansprüche aus Betriebsvereinbarungen** und – bei beiderseitiger Tarifgebundenheit der Arbeitsvertragsparteien – nach § 4 Abs 4 S 3 TVG **keine tariflichen Ansprüche.** Das gilt ebenso für unabdingbare **gesetzliche Mindestentgeltansprüche.** Zu den Folgen bei formularvertraglichen Ausschlussfristen, die solche Ansprüche nicht ausnehmen → Rn 3 f und 14.

Ausschlussfristen in Formulararbeitsverträgen unterliegen dem Recht der Allgemeinen Geschäftsbedingungen (AGB-Recht) der §§ 305 ff BGB. Geregelt sind die Einbeziehungs- und Inhaltskontrolle sowie Rechtsfolgen unwirksamer AGB. Nach § 306 Abs 2 BGB findet weder eine geltungserhaltende Reduktion noch eine ergänzende Vertragsauslegung statt, wenn Verfallklauseln nicht Vertragsbestandteil geworden oder unwirksam sind. Gem § 310 Abs 4 S 2 BGB sind bei der Anwendung des AGB-Rechts auf Arbeitsverträge die im Arbeitsrecht geltenden Besonderheiten angemessen zu berücksichtigen. 9

Hiernach werden einzelvertragliche Ausschlussfristen nicht Vertragsinhalt, wenn sie in den schriftlichen Arbeitsvertrag ohne besonderen Hinweis und ohne drucktechnische Hervorhebung unter falscher oder missverständlicher Überschrift eingeordnet sind (BAG 31.8.05 – 5 AZR 545/04, NZA 06, 324). Im Formulararbeitsvertrag enthaltene Ausschlussfristen sollen auch für sprachunkundige Ausländer gelten, weil sie das Sprachrisiko tragen und der ArbGeb den Vertragsinhalt daher weder erläutern noch übersetzen muss (BAG 19.3.14 – 5 AZR 252/12 (B), NZA 14, 1076).

10 Als AGB vereinbarte Ausschlussfristen erfassen nicht vor ihrer Vereinbarung fällig gewordene Ansprüche, weil dies den ArbN entgegen den Geboten von Treu und Glauben **unangemessen benachteiligen** würde, § 307 Abs 1 S 1 BGB (BAG 24.9.14 – 5 AZR 259/13, AP Nr 48 zu § 10 AUG). Eine im Formulararbeitsvertrag enthaltene Klausel, welche für den Beginn der Ausschlussfrist nicht die Fälligkeit der Ansprüche berücksichtigt, sondern allein auf die Beendigung des Arbeitsverhältnisses abstellt, benachteiligt den ArbN unangemessen (BAG 1.3.06 – 5 AZR 511/05, NZA 06, 783). Gleiches gilt für eine Klausel, welche für den Beginn der Ausschlussfrist nicht die Fälligkeit der Ansprüche berücksichtigt, sondern allein auf die Beendigung des Arbeitsverhältnisses abstellt (BAG 1.3.06 – 5 AZR 511/05, NZA 06, 783).

Eine unangemessene Benachteiligung liegt in vorformulierten **einseitigen Ausschlussfristen.** nach denen nur der ArbN binnen einer bestimmten Frist seine Ansprüche aus dem Arbeitsverhältnis geltend machen muss (BAG 31.8.05 – 5 AZR 545/04, NZA 06, 324), es sei denn, dies sieht ein einschlägiger Tarifvertrag für einzelne Ansprüche vor, auf den im Arbeitsvertrag global- oder teilverwiesen wird (BAG 6.5.09 – 10 AZR 390/08, NZA-RR 09, 593 für Ansprüche aus Provisionsvereinbarungen). Im Formulararbeitsvertrag vereinbarte einstufige Ausschlussfristen sind unwirksam, wenn sie die Geltendmachung von Ansprüchen in einer kürzeren Frist als drei Monate verlangen (BAG 12.3.08 – 10 AZR 152/07, NZA 08, 699). Sog **zweistufige Ausschlussklauseln,** die nach einer ersten, erfolglosen (außergerichtlichen) Geltendmachung zusätzlich innerhalb einer weiteren Frist die gerichtliche Geltendmachung von Ansprüchen verlangen, können grds formularmäßig vereinbart werden. In Anlehnung an § 61b ArbGG ist für die zweite Stufe aber eine Mindestfrist von drei Monaten geboten. Ist sie zu kurz, muss zum Erhalt von Ansprüchen nicht Klage erhoben werden (BAG 28.11.07 – 5 AZR 992/06, NZA 08, 293). Ist die Klausel teilbar und die verbleibende Regelung verständlich, bleibt sie bestehen. Dabei kann die Trennung einer zweistufigen Klausel schon darin zum Ausdruck kommen, dass beide Stufen in zwei Sätzen geregelt sind (BAG 12.3.08 – 10 AZR 152/07, NZA 08, 699). Ist jedoch schon die erste Stufe unwirksam, gibt es keinen Zeitpunkt mehr, an den der Fristenlauf der zweiten Stufe anknüpfen könnte, sodass auch diese unwirksam ist (BAG 16.5.12 – 5 AZR 251/11, NZA 12, 971).

11 Das aus dem Transparenzgebot des § 307 Abs 1 S 2 BGB folgende Bestimmtheitsgebot ist grds verletzt, wenn eine Klausel vermeidbare Unklarheiten und Spielräume enthält (BAG 22.2.12 – 5 AZR 765/10, = NZA 12, 861). Bei Ausschlussfristen muss wegen ihrer weitreichenden Folgen aus der Klausel ersichtlich sein, welche Rechtsfolgen der ArbN zu gewärtigen und was er zu tun hat, um deren Eintritt zu verhindern (BAG 31.8.05 – 5 AZR 545/04, DB 06, 1273).

Eine Ausschlussfrist, welche sowohl auf die Fälligkeit als auch auf die Entstehung des Anspruchs abstellt, erschwert dem ArbN das Verständnis der ihm auferlegten Obliegenheit, wenn vom Verwender nicht klargestellt wurde, wann die Frist zu laufen beginnt. Die Klausel ist intransparent, § 307 Abs 1 S 2 BGB (BAG 19.2.14 – 5 AZR 700/12, DB 14, 1262). Eine Ausschlussfristenregelung, wonach diese nicht gelten soll, „… soweit die auf das Arbeitsverhältnis anwendbaren Tarifverträge eine für den Mitarbeiter günstigere Regelung über den Ausschluss oder den Verfall von Ansprüchen enthalten …" ist intransparent, weil sich die Regelung durch Verwendung des Wortes „länger" anstelle von „günstiger", unschwer so hätte formulieren lassen können, dass die gewollte längere Ausschlussfrist klar zu erkennen ist (BAG 19.2.14, DB 14, 1262).

12 Im Hinblick auf § 307 Abs 1 S 2 BGB ist bei einer vertraglichen Ausschlussfrist zur Vermeidung ihrer Gesamtunwirksamkeit eine **ausdrückliche Herausnahme des Mindestlohns oder (Branchen-)Mindestentgelts** notwendig. Das gilt jedenfalls für nach Inkrafttreten des MiLoG bzw nach Verbindlichkeit des Mindestentgelts nach AEntG vereinbarte Verfallklauseln (→ Rn 2 ff). Zweifelhaft ist, ob dies übertragbar ist auf Verfallklauseln, welche nicht explizit die – gem § 77 Abs 4 S 4 BetrVG bzw § 4 Abs 4 S 3 TVG

keiner vertraglichen Ausschlussfristenregelung unterliegenden – **kollektivrechtlichen Ansprüche ausnehmen.** Jedenfalls für eine Ausschlussfrist, die ausdrücklich (nur) Ansprüche wegen Verletzung des Lebens, des Körpers oder der Gesundheit ausnahm und nicht bei vorsätzlichen Pflichtverletzungen galt und dementsprechend das Klauselverbot des § 309 Nr 7 Buchst b BGB (keine Haftungsbegrenzung für Schäden bei grob fahrlässigen Pflichtverletzungen des ArbGeb) nicht hinreichend beachtet hat, ist unter Berücksichtigung der im Arbeitsrecht geltenden Besonderheiten im Ergebnis kein Verstoß gegen das Transparenzgebot angenommen worden (BAG 28.9.17 – 8 AZR 67/15, NZA 18, 589). Bei Neuformulierungen (und ggf. Anpassungen) von Ausschlussfristen dürfte es sich anbieten, die gesetzlich unabdingbaren Ansprüche auszunehmen, ohne sie im Einzelnen anführen zu müssen (Gegenteiliges könnte seinerseits zu einer Intransparenz führen). So ist eine vertragliche Ausschlussfristenregelung nicht intransparent, wenn sie tarifliche Ansprüche und Ansprüche aus Betriebsvereinbarungen nicht ausdrücklich ausnimmt. Es handelt sich um im Arbeitsrecht geltende Besonderheiten, die bei der Transparenzkontrolle gem § 310 Abs 4 S 2 BGB in den Blick zu nehmen sind (BAG 30.1.19 – 5 AZR 43/18, BB 19, 1331).

Häufig sehen Ausschlussfristen in Formulararbeitsverträgen eine **Schriftform für die Geltendmachung** der Ansprüche vor. Nach der zum 1.10.16 in Kraft getretenen Neufassung von § 309 Nr 13 (dort Buchst b) BGB sind allerdings Regelungen in AGB, die für Anzeigen oder Erklärungen des ArbN eine strengere Form als die Textform vorsehen, unwirksam. Die Neuregelung ist nur „auf ein Schuldverhältnis anzuwenden", das nach dem 30.9.16 entstanden ist (Art 229 § 37 EGBGB), wobei es nach der Gesetzesbegründung auf den Zeitpunkt der Vereinbarung der AGB ankommt (BT-Drs 18/4631 S. 19). Es ist str, ob damit das formulararbeitsvertragsmäßig vereinbarte Erfordernis einer „schriftlichen" Geltendmachung von Ansprüchen des ArbN gegen den ArbGeb – wenn es nach dem 30.9.16 vereinbart wurde – unzulässig ist. Zum Teil wird in ihm eine Besonderheit des Arbeitsrechts nach § 310 Abs 4 S 2 BGB gesehen (so etwa *Richter* ArbRAktuell 16, 396; dagegen *Zwanziger* AuR 17, 337); zum Teil wird vertreten, die Ausschlussfristenklausel könne im Wege des sog blue-pencil-Tests unter Herausstreichen der Formulierung „schriftlich" aufrechterhalten werden (*Dzida/Krois* MDR 16, 1360; *Lipinski/Kaindl* BB 16, 2488; *Lunk/Seidler* NJW 16, 2154), was zum Teil unter Verweis auf Sinn und Zweck der gesetzlichen Neuregelung abgelehnt wird (*Besgen* jM 17, 106; *Diepold/Stelzer* AuA 16, 460; *Düwell* BB 16, 2486; *Oberthür/Stähler* ArbRB 16, 273; *Springer/v Kummer* BB 16, 1941; *Zwanziger* AuR 17, 337). Nach ArbG Köln (25.10.18 – 14 Ca 2289/18, = AE 19, 49) ist eine nach dem 30.9.16 vereinbarte arbeitsvertragliche Verfallklausel, die vorsieht, dass beiderseitige Ansprüche verfallen, wenn sie nicht innerhalb von drei Monaten nach Fälligkeit schriftlich erhoben werden, wegen Verstoßes gegen § 309 Nr 13 Buchst b BGB unwirksam (das Urteil ist nicht rechtskräftig; Berufung ist eingelegt beim LAG Köln unter dem Az 3 Sa 766/18). ArbGeb ist zu empfehlen, künftig die Geltendmachung von Ansprüchen zur Wahrung von Ausschlussfristen nur an die Textform zu knüpfen (*Boemke*, jurisPR-ArbR 20/2019 Anm 1). 13

**b) Betriebsvereinbarung.** In Betriebsvereinbarungen können Ausschlussfristen nach § 77 Abs 3 BetrVG nicht wirksam vereinbart werden, wenn sie schon im einschlägigen Tarifvertrag enthalten sind oder dort üblicherweise geregelt werden, es sei denn, der Tarifvertrag enthält insoweit eine Öffnungsklausel (BAG 9.4.91 – 1 AZR 406/90, NZA 91, 2012). **Gesetzliche Ansprüche** fallen nur unter in Betriebsvereinbarungen enthaltene Verfallfristen, soweit sie abdingbar sind. **Ansprüche aus Tarifverträgen** werden nach § 4 Abs 4 S 4 TVG nicht erfasst. **Ansprüche aus Betriebsvereinbarungen** können unter eine dort vereinbarte Ausschlussfrist fallen, wie § 77 Abs 4 S 3 BetrVG zeigt. 14

Die Ausschlussfrist in einer Betriebsvereinbarung unterliegt nach § 310 Abs 4 S 1 BGB nicht der Inhaltskontrolle, wohl aber den **Grenzen des § 75 BetrVG.** Sie darf den ArbN nicht unzumutbar belasten. So ist eine Ausschlussfrist in einer Betriebsvereinbarung unwirksam, die von den ArbN bereits während eines laufenden Kündigungsschutzprozesses die gerichtliche Geltendmachung von Annahmeverzugsansprüchen verlangt, die vom Ausgang des Kündigungsschutzprozesses abhängen (BAG 12.12.06 – 1 AZR 96/06, NZA 07, 453).

**c) Tarifvertrag.** Ausschlussfristen in Tarifverträgen unterliegen nach § 310 Abs 4 S 1 BGB nicht der Inhaltskontrolle (BAG 18.9.12 – 9 AZR 1/11, NZA 13, 216). Dies gilt ebenso, wenn der Tarifvertrag insgesamt arbeitsvertraglich in Bezug genommen wird (BAG 15

28.6.07 – 6 AZR 750/06, NZA 07, 1049). Sie unterliegen aber – wie jegliche tarifliche Regelung – einer Überprüfung auf **Verstöße gegen die Verfassung und zwingendes Gesetzesrecht** und sind ggf verfassungskonform auszulegen. Tarifvertragliche Ausschlussfristen, die eine rechtzeitige gerichtliche Geltendmachung vorsehen, sind – verfassungsgemäß – dahingehend zu verstehen, dass die vom Erfolg einer Bestandsschutzstreitigkeit abhängigen Ansprüche bereits mit der Klage in der Bestandsstreitigkeit (Kündigungsschutz- oder Befristungskontrollklage) gerichtlich geltend gemacht sind (BAG 24.6.15 – 5 AZR 509/13, NZA 15, 1256). Tarifliche Ausschlussfristen können kürzere Ausschlussfristen enthalten als im Formulararbeitsvertrag zulässig wäre (BAG 18.9.12 – 9 AZR 1/11, NZA 13, 216 – für Urlaubsabgeltungsansprüche sechs Wochen nach Beendigung des Arbeitsverhältnisses).

**16** Die **Reichweite** in Tarifverträgen enthaltener Ausschlussfristen richtet sich nach ihrem Wortlaut und dem gesetzlich zulässigen Umfang. Sie dienen regelmäßig und typischerweise der Rechtssicherheit und Rechtsklarheit und sollen die kurzfristige Abwicklung von Ansprüchen sicherstellen. Ausgehend hiervon sind sie prinzipiell eher eng auszulegen (BAG 13.2.07 – 1 AZR 184/06, NZA 07, 825), soweit nicht der weitergehende Umfang einer Ausschlussfrist zweifelsfrei feststeht (BAG 21.1.10 – 6 AZR 556/07, AP BGB § 611 Arbeitgeberdarlehen Nr 3). Unter den Begriff der „Ansprüche aus dem Arbeitsverhältnis" in einer Ausschlussfrist fallen alle gesetzlichen und vertraglichen Ansprüche, die Arbeitsvertragsparteien aufgrund ihrer durch den Arbeitsvertrag begründeten Rechtsstellung gegeneinander haben (BAG 9.8.11 – 9 AZR 352/10, NZA-RR 12, 129). So werden neben **Prämienansprüchen** aus einer Betriebsvereinbarung über das Vorschlagswesen (BAG 22.1.08 – 9 AZR 416/07, NZA-RR 08, 525) der Anspruch auf **Rückerstattung eines Darlehens** (BAG 21.1.10 – 6 AZR 556/07, AP BGB § 611 Arbeitgeberdarlehen Nr 3), Ansprüche aus § 717 ZPO und gesetzliche Ansprüche auf **Rückgewähr rechtsgrundlos erbrachter Leistungen** des ArbGeb erfasst. Dies gilt unabhängig davon, ob der Rückgewährsanspruch aus Überzahlungen während oder nach Beendigung des Arbeitsverhältnisses herrührt (BAG 18.12.08 – 8 AZR 105/08, NZA-RR 09, 314).

**17** Gilt eine tarifliche Ausschlussfrist „für Ansprüche aus diesem Tarifvertrag", werden von ihr nur tarifliche, nicht vertragliche oder gesetzliche Ansprüche der ArbN und ArbGeb erfasst (BAG 15.11.01 – 8 AZR 95/01, NZA 02, 612). Sieht ein Tarifvertrag vor, dass nur „vertragliche Ansprüche aus dem Arbeitsverhältnis" verfallen, werden weder Ansprüche aus einem Sozialplan (BAG 13.2.07 – 1 AZR 184/06, NZA 07, 825) noch Ansprüche erfasst, die erst nach Beendigung des Arbeitsverhältnisses fällig werden, wie zB Rückzahlungsansprüche wegen einer Überzahlung aus einem Sozialplan (BAG 19.12.06 – 9 AZR 343/06, NZA 07, 759). Tarifliche Ansprüche auf **Sterbegeld** fallen nicht unter allgemeine Ausschlussfristen. Es handelt sich nicht um Ansprüche „des ArbN", sondern seiner Hinterbliebenen (BAG 4.4.01 – 4 AZR 242/00, AP TVG § 4 Ausschlussfristen Nr 156). Eine am Zweck tariflicher Ausschlussfristen orientierte Auslegung ergibt weiter regelmäßig, dass sie auf Ansprüche aus **betrieblicher Altersversorgung** keine Anwendung findet (BAG 10.2.15 – 3 AZR 65/14, BeckRS 2015, 68735). Nicht selten erfassen tarifliche Ausschlussfristen ihren Worten nach „sämtliche beiderseitigen Ansprüche aus dem Arbeitsverhältnis und solche, die mit ihm in Verbindung stehen". Der damit mögliche Verlust von Rechten ist für tarifliche Ansprüche selbstverständlich (zB BAG 25.8.92, DB 93, 1371), für übertarifliche unproblematisch (Schaub/*Treber* § 209 Rn 12) und für Ansprüche aus Betriebsvereinbarungen gesetzlich in § 77 Abs 4 S 4 BetrVG geregelt.

**18** Nicht von tariflichen Ausschlussfristen erfasst werden im Allgemeinen das **Statusverhältnis** der ArbN prägende Ansprüche, die zT aus dem Persönlichkeitsrecht herrühren:

Hierzu gehören Ansprüche auf Beseitigung oder Rücknahme einer **Abmahnung** (BAG 14.12.94 – 5 AZR 137/94, NZA 95, 676), auf **Beschäftigung** (BAG 15.5.91 – 5 AZR 271/90, NZA 91, 979), auf Tätigkeit entsprechend der **Eingruppierung** (BAG 11.11.64, DB 65, 332), auf **Abfindung** aus gerichtlichem **Vergleich** (BAG 13.1.82 – 5 AZR 546/79, NJW 82, 2207), aus **Auflösungsurteilen** und aus **Sozialplänen** mit Vorsorgecharakter (BAG 3.4.90 – 1 AZR 131/89, EzA § 4 TVG Ausschlussfristen Nr 94; im Übrigen → *Sozialplan* Rn 43), aus der Verletzung von **Persönlichkeitsrechten** (BAG 15.7.87, DB 87, 2571), auf Vergütung wegen schöpferischer **Sonderleistung** – zB Erfindungen – (BAG 21.6.79, DB 79, 2187), auf Herausgabe des **Eigentums** (BAG 15.7.87, DB 87, 2571),

**Aufwendungen eines BRatMitgl**, die es im Hinblick auf seine Mitgliedschaft im BRat gemacht hat (BAG 30.1.73, DB 73, 474); **nicht** aber der Anspruch des **BRatMitgl** auf **Freizeitausgleich** (BAG 26.2.92, DB 93, 1424) oder auf der auf § 37 Abs 4 S 1 BetrVG gestützte **Entgeltanspruch** (BAG 8.9.10, DB 11, 537) – diese unterfallen idR tariflichen Ausschlussfristen.

Der gesetzliche Anspruch auf **Urlaubsgewährung** nach § 7 Abs 1 BUrlG fällt nicht unter tarifliche Ausschlussfristen (BAG 22.1.02 – 9 AZR 601/00, NZA 02, 1041). **Urlaubentgelt** wird – wie Arbeitsentgelt allgemein – von Ausschlussfristen erfasst (BAG 21.9.10 – 9 AZR 510, 09, NZA 11, 805); ebenso der Anspruch auf **Rückzahlung von Urlaubsgeld,** das der ArbGeb vorgeschossen hat (BAG 1.10.02 – 9 AZR 215/01, NZA 03, 567). Der Anspruch auf **Urlaubsabgeltung** nach § 7 Abs 4 BurlG – auch auf Abgeltung des nach lang andauernder AU bestehenden gesetzlichen Mindesturlaubs – kann grds einer Ausschlussfristen unterliegen, weil es sich nach dem geänderten Verständnis in der Rspr nicht um ein Surrogat des Freistellungsanspruchs, sondern um eine reine Geldforderung handelt (BAG 6.5.14 – 9 AZR 758/12, AP Nr 104 zu § 7 BUrlG). Solche Ausschlussfristen können dabei kürzer als ein Jahr sein. Der vom EuGH aufgestellte Rechtssatz, dass die Dauer des Übertragungszeitraums, innerhalb dessen der Urlaubsanspruch bei durchgängiger AU nicht verfallen kann, die Dauer des Bezugszeitraums deutlich übersteigen muss, ist auf die Mindestlänge einer (tariflichen) Ausschlussfrist für die Geltendmachung des Anspruchs auf Urlaubsabgeltung nicht übertragbar (BAG 13.12.11, DB 12, 923).

Im Übrigen werden – abgesehen von unabdingbaren Mindestlohnansprüchen (→ Rn 2) 19
– **gesetzliche Ansprüche** regelmäßig von tariflichen Ausschlussfristen erfasst. Ansprüche aus **unerlaubter Handlung,** die zugleich Ansprüche aus einer Verletzung arbeitsvertraglicher Pflichten darstellen, können – anders als im Arbeitsvertrag (→ Rn 6) – von tariflichen Ausschlussfristen erfasst werden, selbst wenn es sich um eine vorsätzliche Schädigung handelt (BAG 20.6.13 – 8 AZR 280/12, NZA 13, 1265). § 202 Abs 2 BGB steht dem entgegen, weil sie nicht „durch Rechtsgeschäft" zustande kommen (aA Schaub/*Treber* § 209 Rn 17). Das gilt aber nur, wenn der Tarifvertrag für das Arbeitsverhältnis normativ Wirkung beanspruchen kann, dh aufgrund beiderseitiger Tarifbindung (§ 4 Abs 1 S 1 TVG) oder Allgemeinverbindlicherklärung (§ 5 Abs 4 TVG) gilt und erfasst daher bspw nicht in Bezug genommene kirchliche Arbeitsrechtsregelungen (BAG 26.9.13 – 8 AZR 1013/12, NZA-RR 2014, 177). Ansprüche aus unerlaubter Handlung, die nicht „mit dem Arbeitsverhältnis in Verbindung stehen", sind ebenso wenig von tariflichen Verfallklauseln umfasst (zB Verkehrsunfall mit dem ArbGeb im öffentlichen Verkehr) wie Ansprüche aus Miet- oder Kaufverträgen zwischen den Arbeitsvertragsparteien, für welche das Arbeitsverhältnis keine rechtliche Bedeutung hat (BAG 20.1.82 – 5 AZR 755/79, NJW 82, 1830).

Ihrem **zeitlichen Geltungsbereich** nach beziehen sich allgemeine tarifliche Ausschluss- 20
fristen ausschließlich auf Ansprüche, die nach Inkrafttreten des Tarifvertrags entstehen; sie wirken nicht zurück, wirken aber fort. Sie erfassen auch nach Beendigung des Arbeitsverhältnisses fällig gewordene Ansprüche, wenn nur ihr „Sachgrund" im Arbeitsverhältnis liegt. Der Rückzahlungsanspruch des ArbGeb aus Überzahlung auf Zeiträume nach Beendigung des Arbeitsverhältnisses unterliegt daher tariflichen Ausschlussfristen (BAG 11.6.80 – 4 AZR 443/78, NJW 81, 365). Sind tarifliche Ausschlussfristen bei Beginn eines Arbeitsverhältnisses schon in Kraft und tritt Tarifgebundenheit erst danach ein, werden alle bis dahin entstandene Ansprüche von einer allgemeinen Verfallklausel nicht erfasst, welche nicht ausdrücklich zurückwirken soll (BAG 26.9.90 – 5 AZR 218/90, NZA 91, 246). Folgen zwei Tarifverträge mit unterschiedlichen Ausschlussfristen aufeinander, löst der jüngere den älteren ab, auch soweit er rückwirkend in Kraft gesetzt wird (BAG 26.9.07 – 5 AZR 881/06, NZA 08, 192).

Der **persönliche Geltungsbereich** tariflicher Ausschlussfristen richtet sich nach ihrem 21
Inhalt. Beiderseitige Verfallfristen kommen wegen der Vorleistungspflicht des ArbN meist dem ArbGeb zugute. Die Rspr hält auch **tarifvertragliche einseitige Verfallfristen** für wirksam, die nur den ArbGeb oder den ArbN binden (BAG 6.5.09 – 10 AZR 390/08, NZA-RR 09, 593). Verfallfristen erfassen weder Ansprüche der **Arbeitnehmer untereinander,** noch Ansprüche **gegenüber Dritten** (BAG 4.7.77 – 5 AZR 215/76, NJW 78, 124). Sie können aber dem Rechtsnachfolger des Anspruchsberechtigten entgegengehalten werden (BAG 24.5.73 – 5 AZR 21/73, AP TVG § 4 Ausschlussfristen Nr 52). Der säumige

**Drittschuldner** kann sich gegenüber dem Gläubiger nicht auf den Ablauf tariflicher Ausschlussfristen berufen (LAG Köln 9.7.91, NZA 92, 82).

**Tarifliche Ausschlussfristen** laufen auch, wenn sie den tarifgebundenen Parteien **unbekannt** sind (BAG 23.1.02 – 4 AZR 56/01, NZA 02, 800). Der ArbGeb muss die Unkenntnis des ArbN weder beseitigen noch gehört es zur Wirksamkeit tariflicher Ausschlussfristen, dass der Tarifvertrag – wie es § 8 TVG vorsieht – im Betrieb ausgehängt wird (BAG 23.1.02 – 4 AZR 56/01, NZA 02, 800), solange nicht der Tarifvertrag selbst etwas anderes ausdrücklich vorsieht (BAG 11.11.98 – 5 AZR 63/98, NZA 99, 605). Wurde der Tarifvertrag nicht ausgelegt, handelt der ArbGeb nicht rechtsmissbräuchlich, wenn er sich auf eine in ihm enthaltene Ausschlussfrist beruft (BAG 23.1.02 – 4 AZR 56/01, NZA 02, 800).

22 **5. Lauf.** Wann eine Ausschlussfrist zu laufen beginnt, hängt vom Inhalt der Vereinbarung ab. Häufig wählt man als Zeitpunkt für den Beginn die **Fälligkeit** der Ansprüche oder die **Beendigung** des Arbeitsverhältnisses.

Laufen Verfallfristen für Entgeltansprüche ab ihrer **Erkennbarkeit,** ist damit der Zeitpunkt angesprochen, in dem die tatsächlichen Voraussetzungen des Anspruches erkennbar waren (BAG 23.8.90 – 6 AZR 554/88, NZA 91, 68). Soweit von der **Entstehung des Anspruchs** die Rede ist, wird oft seine **Fälligkeit** gemeint sein (zB BAG 9.8.90 – 2 AZR 579/89, NZA 91, 226). Die Frist für die Geltendmachung läuft bei einer arbeitsvertraglichen und tariflichen zweistufigen Verfallklausel nicht vor der Fälligkeit des Anspruchs (BAG 16.4.13 – 9 AZR 731/11, NZA 13, 850). Ansprüche aus **rückwirkenden Tarifverträgen** werden erst mit deren Unterzeichnung (BAG 1.6.95 – 6 AZR 926/94, NZA 96, 323) bzw mit ihrer Veröffentlichung (BAG 20.4.94 – 10 AZR 276/93, AP BAT §§ 22, 23 Zulagen Nr 11) fällig. Trotz Fälligkeit des Anspruchs läuft eine hieran anknüpfende Ausschlussfrist nicht, wenn der ArbGeb verpflichtet ist, eine **Abrechnung** zu erteilen und der ArbN sie benötigt, um seine Ansprüche berechnen und den ausgezahlten Betrag überprüfen zu können (BAG 27.2.02 – 9 AZR 543/00, AP TVG § 4 Ausschlussfristen Nr 162). Die Frist läuft dann mit erteilter Abrechnung (BAG 8.8.85 – 2 AZR 459/84, AP TVG § 4 Ausschlussfristen Nr 94). Verfällt der Anspruch auf Abrechnung selbst vorher, beginnt die Frist mit diesem Zeitpunkt (BAG 27.11.84 – 3 AZR 596/82, AP TVG § 4 Ausschlussfristen Nr 89). Hängt ein Anspruch davon ab, dass der ArbN einen **Wunsch** äußert, wird er nicht vor Abgabe der entsprechenden Erklärung fällig (BAG 27.2.02 – 9 AZR 545/00, AP TVG § 1 Tarifverträge: Metallindustrie Nr 180). Bei **Akkordarbeiten** beginnt die Verfallfrist mit der Abrechnung, aus der sich die abgerechneten Flächen, die Akkordsätze, Zulagen und Lohnstunden ergeben (BAG 6.11.85 – 4 AZR 233/84, AP TVG § 4 Ausschlussfristen Nr 93). Der Anspruch auf **Rückzahlung** zu viel gezahlten Arbeitsentgelts wird – unabhängig davon, ob der ArbGeb diesen Anspruch kennt – grds im Zeitpunkt der Überzahlung fällig, wenn die Vergütung fehlerhaft berechnet wurde, obwohl die maßgebenden Umstände bekannt waren oder hätten bekannt sein müssen (BAG 9.3.05 – 5 AZR 385/02, NZA 05, 1016). Macht ein Beschäftigter seinen **ArbN-Status** rückwirkend geltend, werden Rückzahlungsansprüche des ArbGeb wegen Überzahlung erst fällig, wenn feststeht, dass es sich bei dem Vertragsverhältnis um ein Arbeitsverhältnis handelt; bei einer gerichtlichen Feststellung ist dies der Zeitpunkt der Rechtskraft der Entscheidung (BAG 14.3.01 – 4 AZR 152/00, NZA 02, 155).

23 Bei Annahmeverzug begründet § 615 S 1 BGB keinen eigenständigen Anspruch, sondern erhält den Vergütungsanspruch aus § 611 Abs 1 BGB trotz Nichtleistung der Arbeit aufrecht. Die Fälligkeit der **Annahmeverzugsvergütung** bestimmt sich deshalb nach dem Zeitpunkt, in dem die Vergütung bei tatsächlicher Beschäftigung in den einzelnen Abrechnungsperioden fällig geworden wäre (BAG 24.6.15 – 5 AZR 462/14, NZA 16, 108). Die Einhaltung einer tariflichen Verfallfrist ist dem ArbN aber nicht möglich und unzumutbar, wenn sie ihn zwingen, schon während des Kündigungsschutzverfahrens Verzugslohnansprüche gerichtlich geltend zu machen, bevor über die Wirksamkeit der Kündigung rechtskräftig entschieden ist (BVerfG 1.12.10 – 1 BvR 1682/07, NZA 11, 354). Ausschlussfristen, die in ihrer zweiten Stufe eine „gerichtliche Geltendmachung" verlangen, sind daher verfassungskonform dahingehend auszulegen, dass mit Erhebung einer Kündigungsschutzklage für die vom Erfolg einer Bestandsschutzstreitigkeit abhängigen Ansprüche die erste und die zweite

Stufe der tariflichen Ausschlussfrist gewahrt werden (BAG 19.9.12, DB 13, 65). Ist lt Ausschlussfrist der Einspruch gegen eine fehlerhafte **Eingruppierung** „innerhalb von drei Monaten" zu erheben, läuft die Frist ab Fälligkeit der einzelnen Vergütungsansprüche auch dann, wenn der ArbGeb die Eingruppierung dem ArbN nicht ausdrücklich mitgeteilt hat (BAG 16.1.91 – 4 AZR 320/90, NZA 91, 424).

Bei **Freistellungsansprüchen** des ArbGeb beginnt die Verfallfrist erst, wenn er vom Dritten in Anspruch genommen wird (BAG 16.3.66 – 1 AZR 411/65, AP TVG § 4 Ausschlussfristen Nr 32). Muss bereits der auf Freistellung gerichtete Schadensersatzanspruch geltend gemacht werden, läuft ab dessen Übergang in einen Zahlungsanspruch keine neue Ausschlussfrist (BAG 16.3.95 – 8 AZR 58/92, NZA 95, 1213). Wird der ArbGeb vom FA auf **Steuernachzahlung** herangezogen, beginnt die Verfallfrist für den Erstattungsanspruch gegenüber dem ArbN mit Erfüllung der Ansprüche des FA (BAG 1.3.84 – 3 AZR 124/82, AP BGB § 670 Nr 22). Wird er von einer Betriebskrankenkasse in Anspruch genommen, wird der Bereicherungsanspruch aus Lohnüberzahlung gegenüber dem ArbN nicht fällig, solange nicht der Heranziehungsbescheid der Betriebskrankenkasse formell rechtskräftig ist (LAG Bln 15.6.87, BB 87, 2095). **Abfindungszahlungen** aus Anlass einer Beendigung des Arbeitsverhältnisses sind, wenn keine andere Regelung getroffen worden ist, stets spätestens zum Zeitpunkt des Ausscheidens fällig, weil die Tatbestandselemente des Abfindungsanspruchs zu diesem Zeitpunkt erfüllt sind (BAG 4.6.08 – 4 AZR 441/07, NZA-RR 2009, 16). Das gilt auch für Ansprüche auf Abfindung aus einem **Sozialplan** (BAG 29.5.91 – 5 AZR 288/90, BeckRS 1991, 30737789), wobei die Fälligkeit in aller Regel im Sozialplan selbst geregelt ist. Der Anspruch auf **Nachteilsausgleich** nach § 113 BetrVG wird auch dann mit der Beendigung des Arbeitsverhältnisses fällig, wenn über die Wirksamkeit der Kündigung noch gerichtlich gestritten wird (BAG 21.10.97 – 1 AZR 138/97, BeckRS 1997, 30940992). 24

**Schadensersatzansprüche** werden iSd Verfallfristen nicht schon bei Verletzung des Rechtsguts, sondern erst fällig, wenn der Schaden eingetreten ist (BAG 14.12.06 – 8 AZR 628/05, NZA 07, 262), wenn sie in ihrem Bestand also feststellbar sind und geltend gemacht werden können (BAG 20.6.02 – 8 AZR 488/01, NZA 03, 268). Dagegen ist ein Schadensersatzanspruch nicht schon dann fällig, wenn nur die Möglichkeit der Erhebung einer unbezifferten Feststellungsklage besteht, eine annähernde Bezifferung der Forderung aber noch nicht möglich ist (BAG 30.10.08 – 8 AZR 886/07, NZA 09, 864). Der Gläubiger kann sie geltend machen, sobald er sich den erforderlichen Überblick ohne schuldhaftes Zögern verschaffen und die Forderung wenigstens annähernd beziffern kann (BAG 17.7.03 – 8 AZR 486/02, AP Nr 27 zu § 611 BGB Haftung des Arbeitgebers). Dabei ist der ArbGeb idR nicht verpflichtet, selbstständig tätige ArbN zu überwachen und ihre Arbeitsergebnisse ständig zu überprüfen, um möglichst zeitnah Schadensersatzansprüche geltend machen zu können (BAG 16.5.84 – 7 AZR 143/81, AP TVG § 4 Ausschlussfristen Nr 85). Bei Ansprüchen aus **unerlaubter Handlung** kann der ArbGeb bei nicht leicht aufzuklärenden komplexen Tatbeständen das Ende des Strafverfahrens abwarten, bevor die Fälligkeit eintritt (BAG 26.5.81 – 3 AZR 269/78, NJW 81, 2487). 25

Ist eine **Vertragsstrafe** vereinbart, beginnt die Verfallfrist, wenn der ArbGeb dem ArbN erklärt, dass er die Strafe verlange (BAG 7.11.69 – 3 AZR 303/69, NJW 70, 1146). 26

In sog **Mobbing-Fällen** beginnt die Ausschlussfrist wegen der systematischen, sich aus mehreren einzelnen Handlungen zusammensetzenden Verletzungshandlung mit der zeitlich letzten Mobbing-Handlung (BAG 16.5.07 – 8 AZR 709/06, NZA 07, 1154).

Haftet der ArbN wegen **Schlechtleistung,** beginnt die Verfallfrist spätestens bei Abnahme durch den ArbGeb (BAG 3.2.61 – 1 AZR 140/59, AP TVG § 4 Ausschlussfristen Nr 14), bei offenbaren Mängeln mit der Schlechtleistung selbst (BAG 27.10.70 – 1 AZR 216/70, NJW 71, 579), bei versteckten Mängeln, sobald der ArbGeb den Mangel erkennen konnte (BAG 27.4.74 – 5 AZR 480/73, NJW 74, 2225). 27

Besteht ein – kalenderbefristeter – **Freistellungsanspruch** des ArbN zur Weiterbildung, ist eine Ausschlussfrist mit der Geltendmachung des Freistellungsanspruchs regelmäßig auch für den Schadenersatzanspruch gewahrt (BAG 24.10.95 – 9 AZR 547/94, NZA 96, 254). 28

Soll eine Verfallfrist mit der **Beendigung** des Arbeitsverhältnisses zu laufen beginnen, ist damit die **rechtliche,** nicht die tatsächliche Beendigung gemeint (BAG 11.2.09 – 5 AZR 168/08, NZA 09, 687). Wird um die Beendigung des Arbeitsverhältnisses vor Gericht gestritten, laufen derartige Verfallsklauseln erst ab Rechtskraft des Urteils (BAG 3.12.70 – 5 AZR 68/70 AP TVG § 4 Ausschlussfristen Nr 45). Knüpft eine Ausschlussfrist an das **Ausscheiden** aus dem Arbeitsverhältnis an, beginnt sie im Fall der § 613a BGB für Ansprüche gegen den bisherigen Betriebsinhaber mit dem Zeitpunkt des Betriebsübergangs zu laufen (BAG 10.8.94 – 10 AZR 937/93, NZA 95, 742).

**29** Der Ablauf einer Ausschlussfrist ist **gehemmt,** solange der ArbGeb die Abrechnung verzögert, welche der ArbN zur Berechnung seiner Ansprüche benötigt (BAG 22.9.99 – 10 AZR 839/98, NZA 2000, 551). Er kann nach § 206 BGB gehemmt sein, solange der Berechtigte durch höhere Gewalt daran gehindert wird, seine Ansprüche geltend zu machen (BAG 9.8.11 – 9 AZR 352/10, NZA-RR 12, 129). Musterprozessvereinbarungen können den Ablauf von Verfallfristen hemmen, solange die tatsächliche Grundlage dieser Vereinbarung sich nicht erkennbar erheblich ändert (BAG 18.2.92 – 9 AZR 611/90, NZA 92, 81).

**30** **6. Geltendmachung.** Wie eine Forderung geltend zu machen ist, damit der Anspruch nicht verloren geht, folgt aus der Ausschlussklausel. Sie kann formlose, schriftliche oder gerichtliche Geltendmachung vorsehen. Der Wirksamkeit einer formulararbeitsvertragsmäßig vorgesehenen „schriftlichen" Geltendmachung dürfte die am 1.10.16 in Kraft getretene Neufassung von § 309 Nr. 13 (Buchst b) BGB entgegenstehen (→ Rn 9); dies gilt aber nicht für tarifliche Ausschlussklauseln (oder solche in Betriebsvereinbarungen). Manche Verfallsklauseln sehen zulässig vor, dass der Anspruch nach erfolgloser Geltendmachung auf einer zweiten Stufe gerichtlich geltend zu machen ist.

Geltendmachung ist eine einseitig rechtsgeschäftsähnliche Handlung, keine Willenserklärung iSd BGB-AT. Für Willenserklärung geltende (gesetzliche) Formvorschriften oder § 174 BGB oder Regeln über die Zustellung mittels Gerichtsvollziehers sind allenfalls – unter den dafür notwendigen Voraussetzungen – analog anzuwenden. Ein Anspruch kann **„schriftlich"** auch durch Telefax (BAG 11.10.00 – 5 AZR 313/99, NZA 01, 231) oder per E-Mail (BAG 6.12.09 – 5 AZR 888/08, NZA 10, 401) geltend gemacht sein. Soweit für den Zugang ein Telefax ausreicht, steht allein mit dem „ok-Vermerk" im Sendebericht nicht fest, dass die Geltendmachung den Empfänger vollständig und richtig erreicht hat. Der Empfänger kann den Erhalt des Schreibens einfach bestreiten. Der Absender muss nun auf andere Weise seinen Zugang beweisen (BAG 14.8.02 – 5 AZR 169/01, NZA 03, 158).

**31** Auf das in einer Ausschlussfrist festgelegte Erfordernis einer gerichtlichen Geltendmachung ist **§ 167 ZPO** anzuwenden, wonach die fristwahrende Wirkung einer Zustellung bereits mit Eingang des Antrags bei Gericht eintritt, wenn die Zustellung demnächst erfolgt (BAG 1.2.09 – 5 AZR 168/08, NZA 09, 687). Es kommt damit nicht auf den Zeitpunkt der Zustellung der Klage, sondern auf den an, in dem sie bei Gericht eingereicht wird. Verlangt die Ausschlussfrist eine (einfache; außergerichtliche) Geltendmachung des Anspruchs, ist § 167 ZPO dagegen nicht anzuwenden (BAG 16.3.16 – 4 AZR 421/15, NZA 16, 1154). **§ 174 BGB** ist auf die Geltendmachung von Ansprüchen nicht entsprechend anwendbar (BAG 14.8.02 – 5 AZR 341/01, NZA 02, 1344). Der bevollmächtigte Vertreter braucht daher dem Geltendmachungsschreiben seine Vollmacht nicht beizufügen.

**32** **§ 179 Abs 1 BGB** ist anwendbar. Macht ein ArbN gegen einen Vertreter ohne Vertretungsmacht Erfüllungsansprüche geltend, sind tarifliche Ausschlussfristen anzuwenden. Hat er zuvor diese Ansprüche gegenüber dem vermeintlichen ArbGeb rechtzeitig geltend gemacht, wird hierdurch das Erlöschen der Ansprüche verhindert. Diese Wirkung bleibt bestehen, wenn der ArbN später diese Ansprüche gegenüber dem Vertreter ohne Vertretungsmacht geltend macht (BAG 10.1.07 – 5 AZR 665/06, NZA 07, 679). Sind Ansprüche „gegenüber der Personalabteilung" oder „einer entsprechend zuständigen Stelle" geltend zu machen, reicht hierfür aus, wenn sie gegenüber dem Prozessbevollmächtigten des ArbGeb in einem Prozess geltend gemacht werden, der mit dem Anspruch in Zusammenhang steht (BAG 27.2.02 – 9 AZR 545/00, AP TVG § 1 Tarifverträge: Metallindustrie Nr 180).

Welche Anforderungen im Übrigen an die Geltendmachung zu richten sind, folgt vor allem aus Sinn und Zweck der Ausschlussfristen. Macht ein ArbGeb die Rückzahlung überzahlter Bezüge unter Hinweis auf fehlerhafte Eingruppierung geltend, wahrt er die Ausschlussfrist damit nicht für Rückzahlungsansprüche aus künftiger Überzahlung (BAG

17.5.01 – 8 AZR 366/00, NZA 02, 910). Sollen Ansprüche fortbestehen, wenn der Anspruchsberechtigte trotz Anwendung aller ihm nach Lage der Umstände zuzumutenden Sorgfalt verhindert war, die Ausschlussfrist einzuhalten, reicht seine bloße Unkenntnis über das Bestehen des Anspruchs oder die objektiv unzutreffende rechtliche Würdigung einer arbeitsvertraglichen Klausel bei Fristversäumnis nicht aus, um den Verfall des Anspruchs zu verhindern (BAG 24.9.14 – 5 AZR 506/12, BeckRS 2014, 73280).

Ansprüche können grundsätzlich nicht vor ihrer **Entstehung** (BAG 18.9.12 – 9 AZR 1/ **33**
11, NZA 13, 216), aber schon vor ihrer **Fälligkeit** wirksam geltend gemacht werden (BAG 11.12.03 – 6 AZR 539/02, AP BMT-G II § 63 Nr 1), es sei denn, die Ausschlussfrist selbst sieht etwas anderes vor (BAG 19.6.07 – 1 AZR 541/06, BeckRS 2009, 66113). Eine (tarifliche) Ausschlussfrist kann ausnahmsweise durch Geltendmachung des Anspruchs vor seiner Entstehung gewahrt werden, wenn die Erfüllung von konkreten gegenwärtigen oder zukünftigen Ansprüchen auf einer bestimmten Berechnungsgrundlage verlangt wird und nur diese zwischen den Parteien streitig ist (BAG 16.1.13 – 10 AZR 863/11, NZA 13, 975 – Berechnungsgrundlage für Mehr-, Sonntags-, Feiertags- und Nachtarbeit). Soweit Tarifverträge für **„denselben Sachverhalt"** die einmalige Geltendmachung ausreichen lassen, sind Fälle angesprochen, in denen bei unveränderter rechtlicher oder tatsächlicher Lage aus einem bestimmten Tatbestand Ansprüche hergeleitet werden (BAG 19.2.14 – 10 AZR 620/13, NZA-RR 14, 386). **Gleichartige Ansprüche** müssen für jeden Sachverhalt erneut geltend gemacht werden (BAG 26.10.94 – 5 AZR 404/93, NZA 95, 858). Der **Betriebsrat** kann Ansprüche der ArbN nicht in einer Art „Prozessstandschaft kraft Amtes" fristwahrend geltend machen; ev kann aber eine entsprechende Bevollmächtigung seitens der ArbN angenommen werden (LAG Bln 5.10.87, NZA 88, 442; offen gelassen BAG 5.4.95 – 5 AZR 961/93, AP TVG § 4 Ausschlussfristen Nr 130). Bei einem **Betriebsübergang** muss der Übernehmer die Geltendmachung gegenüber dem Veräußerer gegen sich gelten lassen (BAG 21.3.91 – 2 AZR 577/90, NZA 91, 726). Bei einer zweistufigen Ausschlussfrist reicht es im Betriebsübergang aus, wenn die erste Stufe gegenüber dem Veräußerer und die zweite gegenüber dem Erwerber gewahrt werden. Der Erwerber kann sich nicht auf die Ausschlussfrist berufen, wenn weder er noch der Veräußerer der Unterrichtungspflicht nach § 613a Abs 5 BGB nachgekommen sind und ein innerer Zusammenhang zwischen dieser Pflichtverletzung und der Fristversäumnis gegeben ist (BAG 22.8.12 – 5 AZR 526/11, NZA 13, 376). Widerspricht der ArbN dem Übergang seines Arbeitsverhältnisses, so läuft eine Ausschlussfrist zur gerichtlichen Geltendmachung von Ansprüchen gegenüber dem bisherigen ArbGeb, die von dem Widerspruch abhängen, grundsätzlich erst ab dem Zugang des Widerspruchs (BAG 16.4.13 – 9 AZR 731/11, NZA 13, 850).

Vom Schuldner **anerkannte Ansprüche** können nicht mehr verfallen (BAG 10.10.02 – 8 AZR 8/02, NZA 03, 329). Hat der ArbGeb eine Forderung des ArbN durch **Abrechnung** oder als Arbeitszeitguthaben auf einem Arbeitszeitkonto vorbehaltlos ausgewiesen, braucht dieser sie nicht mehr geltend zu machen, um eine Ausschlussfrist zu wahren. Dies gilt auch, wenn der ArbGeb die Forderung später bestreitet (BAG 28.7.10 – 5 AZR 521/09, NZA 10, 1241).

Eine **wirksame Geltendmachung** erfordert, dass der Anspruch nach **Grund** und **Höhe** **34**
hinreichend deutlich bezeichnet wird. Der Anspruch muss so beschrieben werden, dass der Schuldner erkennen kann, aus welchem Sachverhalt er in Anspruch genommen wird (BAG 14.12.06 – 8 AZR 628/05, NZA 07, 262). Das verlangt Spezifizierung, aber keine Substantiierung (BAG 11.12.03 – 6 AZR 539/02, AP BMT-G II § 63 Nr 1). Stets muss unmissverständlich zum Ausdruck gebracht werden, dass man Inhaber einer bestimmten Forderung ist und auf ihrer Erfüllung besteht (BAG 17.5.01 – 8 AZR, 366/00, NZA 02, 910), wobei aber die Aufforderung zur Erfüllung nicht wörtlich erklärt werden muss. Es genügt bspw, wenn der ArbN bei Empfang der Lohnabrechnung bemängelt, ein bestimmter Lohnbestandteil fehle (BAG 20.2.01 – 9 AZR 46/00, NZA 02, 567). Es reicht jedoch nicht aus, wenn der ArbGeb nur aufgefordert wird, seinen Standpunkt „zu überdenken" (BAG 5.4.95 – 5 AZR 961/93, NZA 95, 1068) oder sich der ArbN nur „vorbehält", einen Anspruch geltend zu machen (BAG 20.2.01 – 9 AZR 46/00, NZA 02, 567). Die Geltendmachung soll den Schuldner zu der Prüfung veranlassen, ob er der Forderung entsprechen will, Beweise sichert und vorsorglich Rücklagen bildet (BAG 17.4.02 – 5 AZR 644/00, NZA 02, 1340; BAG 11.12.03 – 6 AZR 539/02, AP BMT-G II § 63 Nr 1). UU kann es

aber ausreichen, wenn allein **die Höhe der Forderung** angegeben wird (BAG 9.9.65 – 5 AZR 155/65, AP BGB § 611 Akkordkolonne Nr 3). Dies gilt jedenfalls dann, wenn man aus der Höhe auf den Grund der Forderung schließen kann. Neben der Beschreibung des Anspruchs erfordert die Geltendmachung grds, dass ungefähr seine Höhe mitgeteilt wird (BAG 30.10.08 – 8 AZR 886/07, NZA 09, 864), es sei denn, dem Schuldner ist die Forderung bekannt oder ohne weiteres errechenbar und die schriftliche Geltendmachung erkennbar hiervon ausgeht; dies ist besonders bei Entgeltansprüchen der Fall (BAG 28.2.03 – 5 AZR 223/02, NZA 03, 922) und gilt auch für Urlaubsabgeltungsansprüche (BAG 16.4.13 – 9 AZR 731/11, NZA 13, 850). Wird ein Betrag genannt, der über den geschuldeten Betrag hinausgeht, weil schon vom ArbGeb abgeführte Sozialleistungen nicht abgezogen wurden oder nicht deutlich wurde, ob es sich um einen Brutto- oder Nettobetrag handelt, ist dies unschädlich, wenn die Forderung jedenfalls als „Vergütungsforderung" hinreichend konkretisiert wurde (BAG 9.7.08 – 5 AZR 518/07, NZA 08, 1263). Wird ein Betrag genannt, der erheblich hinter dem zurückbleibt, der letztendlich verlangt wird, soll dies nicht ausreichen (BAG 8.2.72 – 1 AZR 221/71, AP TVG § 4 Ausschlussfristen Nr 49). Dies ist problematisch, soweit deshalb der Anspruch insgesamt verfallen soll. Verfallen kann nur, was nicht geltend gemacht wurde. Solange der Gläubiger sich darauf beschränken kann, nur einen Teilbetrag geltend zu machen, ist nicht einzusehen, dass mehr als der von ihm nicht geltend gemachte Betrag verfallen soll, wenn er sich bei der Höhe einer Forderung vergreift.

**35** Bei **Anspruchshäufung** muss jeder einzelne Anspruch beziffert werden (BAG 30.5.72 – 1 AZR 427/71, AP TVG § 4 Ausschlussfristen Nr 50). Wer einen Anspruch geltend macht, braucht ihn weder rechtlich zu begründen (BAG 17.5.01 – 8 AZR 366/00, NZA 02, 910) noch **Nebenforderungen** wie Verzugs- oder Prozesszinsen gesondert geltend zu machen (BAG 26.5.76 – 4 AZR 245/75, AP BAT §§ 22, 23 Nr 93). Nach einem **Schuldbeitritt** muss der Anspruch nicht noch einmal geltend gemacht werden (BAG 11.11.71 – 5 AZR 272/71, AP TVG § 4 Ausschlussfristen Nr 47).

**36** Mit der **Bestandsschutzklage** werden Ansprüche fristwahrend geltend gemacht, die mit dem Fortbestand des Arbeitsverhältnisses verbunden sind (BVerfG 1.12.10 – 1 BvR 1682/07, NZA 11, 354; BAG 19.9.12 – 5 AZR 628/11, NZA 13, 330). Die Bestandsschutzklage wahrt aber nicht die Frist für Ansprüche auf Urlaub oder Urlaubsabgeltung. Der Urlaub muss auch im Streit um die Wirksamkeit einer Kündigung beantragt und gewährt werden (BAG 18.9.01 – 9 AZR 570/00, NZA 02, 895), seine Abgeltung setzt nicht die Unwirksamkeit, sondern die Wirksamkeit der Kündigung und damit die Beendigung des Arbeitsverhältnisses voraus (BAG 21.2.12 – 9 AZR 486/10, NZA 12, 750). Zahlungsansprüche, die zusätzlich auf eine unrichtige Eingruppierung gestützt werden, müssen auch dann gesondert innerhalb der Ausschlussfrist geltend gemacht werden, wenn sie erst während des Bestandsschutzstreits fällig werden (BAG 14.12.05 – 10 AZR 70/05, NZA 06, 998). Die fristwahrende Wirkung der Bestandsschutzklage entfällt weder mit der formellen Rechtskraft des Urteils, wenn dieses auf eine Restitutionsklage hin aufgehoben wird (BAG 24.9.14 – 5 AZR 593/12, DB 15, 75), noch durch Klagerücknahme oder dadurch, dass der Bestandsschutzprozess vom Kläger ohne triftigen Grund nicht betrieben wird (BAG 7.11.91 – 2 AZR 34/91, NZA 92, 521). Der Abweisungsantrag des ArbGeb im Bestandsschutzprozess enthält nicht zugleich die Geltendmachung von Ansprüchen des ArbGeb auf Rückgewähr solche Leistungen, die er für die Zeit nach der rechtmäßig festgestellten Beendigung des Arbeitsverhältnisses dem ArbN rechtsgrundlos erbracht hat (BAG 19.1.99 – 9 AZR 405/97, NZA 99, 1040).

**37** Eine **allgemeine Statusklage,** die ohne Bezug zu einem konkreten Kündigungsgrund darauf gerichtet ist, den Bestand eines Arbeitsverhältnisses feststellen zu lassen, wahrt die Verfallfrist für Zahlungsansprüche aus diesem Arbeitsverhältnis nicht (BAG 25.10.89 – 2 AZN 401/89, NZA 90, 536).

**38** Sieht eine Verfallklausel die **gerichtliche Geltendmachung** von Ansprüchen vor, kann eine solche in einer **Streitverkündung** liegen (BAG 18.1.66 – 1 AZR 247/63, NJW 67, 238). Eine **unzulässige Feststellungsklage** erfüllt nicht die Voraussetzungen (BAG 29.6.89 – 6 AZR 459/88, NZA 89, 897). Die **zulässige Feststellungsklage** reicht aus, wenn sie geeignet ist, den gesamten von den Parteien unterschiedlich beurteilten Streitstoff zu klären (BAG 29.6.89 – 6 AZR 459/88, NZA 89, 897). Sie genügt nicht, wenn sie lediglich eine

Vorfrage zur Entscheidung stellt (BAG 1.3.79 – 3 AZR 472/77, AP TVG § 4 Ausschlussfristen Nr 66) oder unbeziffert ist (BAG 10.5.95 – 10 AZR 589/94, BeckRS 1995, 30754781).

Die **unbezifferte Leistungsklage** reicht aus, wenn das Gesetz dies zulässt, wie zB die §§ 11 KSchG und 113 BetrVG (BAG 29.6.89 – 6 AZR 459/88, NZA 89, 897). Die unbezifferte unzulässige Leistungsklage, in der die Tatsachen so mitgeteilt sind, dass der Beklagte den Betrag ohne weiteres errechnen kann, genügt selbst dann, wenn sie erst nach Ablauf der Ausschlussfrist durch Aufnahme eines Zahlungsantrages zulässig gemacht wird (BAG 29.6.89 – 6 AZR 459/88, NZA 89, 897). Eine **Stufenklage** reicht aus, wenn sich der Anspruch erst nach der Auskunft des Schuldners beziffern lässt (BAG 23.2.77 – 3 AZR 764/75, AP TVG § 4 Ausschlussfristen Nr 29). **39**

**7. Treu und Glauben; rechtmissbräuchliches Berufen auf Ausschlussfrist; Hinweispflichten.** Allein der Umstand, dass es einem ArbN schwerfällt, Ansprüche aus einem noch bestehenden Arbeitsverhältnis (gerichtlich) geltend zu machen, hindert den ArbGeb nicht, sich erfolgreich auf eine Ausschlussfrist zu berufen (BAG 19.12.58 – 2 AZR 141/58, BB 59, 197). Hat der ArbGeb aber durch sein Verhalten den ArbN veranlasst, seine Ansprüche nicht rechtzeitig geltend zu machen, so kann und soll ihm die Ausschlussfrist nicht zugutekommen (BAG 18.8.11 – 8 AZR 187/10, NZA 12, 696). So ist eine einmal in einer schriftlichen Entgeltabrechnung des ArbGeb ausgewiesene Vergütungsforderung ebenso streitlos gestellt wie die vorbehaltlose Mitteilung des ArbGeb über den Stand des für einen ArbN geführten Arbeitszeitkontos (BAG 28.7.10 – 5 AZR 521/09, NZA 10, 1241). Es ist **widersprüchlich**, wenn der Betriebsübernehmer, der einen Betriebsübergang leugnet, dem ArbN vorhält, ihn nicht (früher) als Betriebserwerber in Anspruch genommen zu haben, wenn weder er noch der Betriebsveräußerer ihrer Unterrichtungspflicht nach § 613a Abs 5 BGB nachgekommen sind (BAG 22.8.12 – 5 AZR 526/11, NZA 13, 376). **40**

**Treuwidrig** verhält sich auch der ArbGeb, der den ArbN während eines Bestandsschutzprozesses vorsorglich zur Auskunft über anderweitigen Verdienst auffordert, um nach Beendigung des Arbeitsverhältnisses geschuldete Karenzentschädigungen abrechnen zu können, die erteilten Auskünfte nicht anzweifelt und nach Obsiegen im Bestandsschutzprozess den Ablauf der Ausschlussfrist rügt (BAG 18.12.84 – 3 AZR 383/82, NZA 85, 219). **41**

Tarifverträge können bestimmen, dass eine Ausschlussfrist bei **vorsätzlicher untertariflicher Bezahlung** nicht anzuwenden ist. Auch ohne solche Regelung kann sich auf die Ausschlussfrist nicht berufen, wer **böswillig** seine ArbN untertariflich entlohnt, wenn die Berücksichtigung von Verfallklauseln zur Anerkennung einer **unzulässigen Rechtsausübung** führen würde (BAG 26.8.60 – 1 AZR 425/58, AP TVG § 4 Ausschlussfristen Nr 6). Voraussetzung ist, dass der ArbGeb die maßgeblichen Tatsachen für den tariflichen Anspruch kennt und die betreffende Tarifnorm jedenfalls im Ergebnis richtig verstanden hat. Ist die Auslegung der Tarifnorm streitig und ungeklärt, muss der ArbGeb ernsthaft mit der für ihn ungünstigen Auslegung gerechnet haben (BAG 14.1.09 – 5 AZR 246/08, NZA 09, 448). Dies setzt jedoch voraus, dass es dem Berechtigten schlechthin unmöglich ist, rechtzeitig zu handeln.

Hat der ArbGeb dem ArbN eine **unzutreffende Auskunft** über das Bestehen eines Anspruchs gegeben, soll seine Berufung auf eine Ausschlussfrist nicht gegen Treu und Glauben verstoßen (BAG 22.1.97 – 10 AZR 459/96, NZA 97, 445). Der ArbGeb ist auch nicht verpflichtet, den ArbN auf eine geänderte tarifliche Ausschlussfrist hinzuweisen. Erteilt er aber Auskünfte, müssen diese richtig, eindeutig und vollständig sein. Ein Schadensersatzanspruch wegen unzutreffender Auskunftserteilung kann etwa dann in Betracht kommen, wenn der ArbGeb den ArbN auf ausdrückliches Verlangen nach Informationen falsch informiert (BAG 15.12.16 – 6 AZR 578/15, NZA 17, 528). **42**

Der ArbN kann sich auf Verfallklauseln nicht berufen, wenn er nach einer strafbaren Handlung Ansprüche des ArbGeb verschweigt (BAG 6.5.69 – 1 AZR 303/68, AP TVG § 4 Ausschlussfristen Nr 42) oder wenn er in erheblichem Umfang überzahlt wurde, erkennen konnte, dass er auf diese Zahlungen keinen Anspruch hat und es pflichtwidrig unterlassen hat, den ArbGeb auf die Überzahlung aufmerksam zu machen bzw ihm die Umstände mitzuteilen, welche ihm ermöglicht hätten, den Rückzahlungsanspruch rechtzeitig geltend zu machen (BAG 9.3.05 – 5 AZR 385/02, NZA 05, 1016).

43 **8. Aufrechnung.** Mit verfallenen Ansprüchen kann nicht mehr aufgerechnet werden (BAG 30.3.73 – 4 AZR 259/72, DB 74, 585), gegen verfallene Ansprüche ebenso wenig. Hierin kann aber ein Verzicht auf den eigenen Anspruch liegen. Die Aufrechnung kann die Form erfordern, welche für die außergerichtliche Geltendmachung des Anspruches erforderlich ist, die allerdings – etwa im Hinblick auf § 309 Nr 13 Buchst b BGB – wirksam vereinbart sein muss. Dies ist eine Frage der Auslegung im Einzelfall. Die zur Sicherung der Aufrechnung einbehaltene Sicherheitssumme muss ausgezahlt werden, wenn der Gegenanspruch verfallen ist.

### B. Lohnsteuerrecht *Seidel*

50 **1. Ausschlussfristen im Steuerrecht** sind im Gesetz geregelte Fristen mit verfahrensrechtlicher oder sachlichrechtlicher Bedeutung. Sie sind nicht verlängerbar (*T/K* § 108 AO Rz 3, 4, 9). Bei Ausschlussfristen von **verfahrensrechtlicher** Bedeutung ist der Verfahrensbeteiligte nach deren Ablauf von der Geltendmachung von Rechten ausgeschlossen. Dazu gehören insbes die Fristen für den Antrag auf Veranlagung (→ *Antragsveranlagung* Rn 4), für den Antrag auf Gewährung der Wohnungsbauprämie (§ 4 Abs 2 WoPG) sowie die Rechtsbehelfsfrist von einem Monat für die Einlegung von Einsprüchen gegen Verwaltungsakte des FA (§ 355 Abs 1 AO).

51 Allerdings kann der Stpfl, der ohne Verschulden an der Einhaltung der Frist gehindert war, einen **Antrag auf Wiedereinsetzung** in den vorigen Stand stellen, wobei ihm aber das Verschulden eines Vertreters zugerechnet wird (§ 110 Abs 1 AO). Die Frist für diesen Antrag (ein Monat nach Wegfall des Hindernisses, § 110 Abs 2 Satz 1 AO) stellt wiederum eine selbst widereinsetzungsfähige Ausschlussfrist dar (*T/K* § 110 AO). Die Wiedereinsetzung ist keine Fristverlängerung, sondern versetzt nur in den Verfahrensstand vor Ablauf der Frist. Es gibt aber auch verfahrensrechtliche Ausschlussfristen, die nicht wiedereinsetzungsfähig sind, wie die Jahresfristen des § 110 Abs 3 AO (keine Wiedereinsetzung nach einem Jahr seit dem Ende der versäumten Frist) und des § 356 Abs 2 AO (einjährige Rechtsbehelfsfrist bei fehlender Rechtsbehelfsbelehrung). Das Sozialrecht bezeichnet – im Gegensatz zum Steuerrecht – nur nicht wiedereinsetzungsfähige Fristen als Ausschlussfristen (→ Rn 43). Während die AO den Begriff nicht mehr verwendet, enthält § 62 Abs 3 FGO (Vollmachtsvorlage) die gesetzliche Regelung einer wiedereinsetzungsfähigen Ausschlussfrist.

52 Bei Ausschlussfristen von **sachlichrechtlicher** Bedeutung bewirkt der Fristablauf das Entstehen oder Erlöschen bzw die Änderung eines Anspruchs (*T/K* § 108 AO Rz 9). Hierzu gehören im Steuerrecht insbes die Verjährungs- und Festsetzungsfristen (→ *Verjährung* Rn 34, 41) sowie die Verwirkung (→ *Verwirkung* Rn 14–16). Eine Wiedereinsetzung in den vorigen Stand ist hier nicht möglich (BFH 2.3.11 – IX B 88/10, BFH/NV 11, 1295; *HHS* § 110 Rz 35). **Steuererklärungsfristen** gehören nicht zu den Ausschlussfristen, da sie verlängerbar sind (§ 109 Abs 1 AO).

53 **2. Forderungen des Arbeitgebers,** die aufgrund arbeitsrechtlicher Ausschlussfristen (→ Rn 1 ff) gegenüber dem ArbN nicht mehr geltend gemacht werden können, können uU einen geldwerten Vorteil (Arbeitslohn) darstellen. Zwar kann ein unfreiwilliger Verzicht des ArbGeb auf eine Forderung gegenüber dem ArbN nicht als Zuwendung von Arbeitslohn angesehen werden (→ *Lohnsteuerhaftung* Rn 70). Es wird jedoch anhand der vor oder nach Entstehung der Forderung begründeten Umstände zu prüfen sein, ob der Wille des ArbGeb zum Erlass schon vor Ablauf der Ausschlussfrist gegeben war und dieser Verzicht einen geldwerten Vorteil darstellt (→ *Lohnzufluss* Rn 8 Forderung; → *Verzicht* Rn 14, 15 sowie BFH 25.1.85, BStBl II 85, 437).

### C. Sozialversicherungsrecht *Schlegel*

60 **1. Arbeitsrechtliche-, insbesondere tarifvertragliche Ausschlussfristen.** Darf der ArbGeb die Auszahlung von **laufendem Arbeitsentgelt** verweigern, hindert dies die Beitragseinzugsstellen nicht daran, vom ArbGeb Beiträge auf dieses Arbeitsentgelt zu fordern (BSG 30.8.94 – 12 RK 59/92, SozR 3–2200 § 385 Nr 5; Einzelzeiten hierzu → *Lohnzufluss* Rn 19 ff). Dies gilt auch im Falle einer sog „Gleichwohlgewährung" nach § 157

Abs 3 SGB III: Gewährt die BA nach einer unwirksamen Kündigung „gleichwohl" AlGeld, so entfällt ihr Anspruch gegen den ArbGeb auf Erstattung der entsprechenden Beiträge nicht schon deshalb, weil der Anspruch auf Arbeitsentgelt wegen Ablaufs einer tariflichen Ausschlussfrist nach Abschluss des Kündigungsschutzverfahrens nachträglich erloschen ist (BSG 22.6.94 – 10 RAr 3/93, SozR 3–4100 § 160 Nr 1). Anders ist dies, wenn der Auszahlung von **Einmalzahlungen** arbeitsvertragliche Ausschlussfristen entgegen gehalten werden können, denn der Beitragsanspruch auf Einmalzahlungen entsteht erst mit der tatsächlicher Zahlung der Einmalzahlung (§ 22 Abs 1 Satz 2 SGB IV).

**2. Sozialrechtliche Ausschlussfristen.** Ist die Geltendmachung bestimmter Rechte an die Einhaltung einer Frist geknüpft und ist die Geltendmachung des in Frage kommenden Rechts für die Zeit nach Ablauf dieser Frist „ausgeschlossen", führt also der Fristablauf zu einem Verlust des materiellen Rechts, spricht man von sozialrechtlichen Ausschlussfristen. In einem präziseren Sinne sind Ausschlussfristen solche, bei denen eine Wiedereinsetzung in den vorigen Stand „ausgeschlossen" ist. Keine Ausschlussfristen sind verfahrensrechtliche Fristen und Fristen des Prozessrechts; denn war jemand ohne Verschulden verhindert, eine gesetzliche Frist dieser Art einzuhalten, ist ihm auf Antrag Wiedereinsetzung in den vorigen Stand zu gewähren (§ 27 Abs 1 SGB X, § 67 Abs 1 SGG). Hiervon erfasst sind alle Rechtsmittelfristen (Widerspruchs-, Klage-, Berufungs-, Beschwerde- und Revisionsfrist: § 67 SGG iVm § 84 SGG oder etwa die Frist für die Stellung des Wiedereinsetzungsantrags nach § 27 Abs 2 SGB X). 61

**3. Gesetzliche Fristen des materiellen Rechts.** Auch Fristen des materiellen Sozialrechts sind „gesetzliche Fristen" iSd § 27 Abs 1 Satz 1 SGB X, deren unverschuldete Versäumung grds im Wege der **Wiedereinsetzung** in den vorigen Stand behoben werden kann (BSG 23.1.08 – B 10 EG 6/07, SozR 4–7833 § 4 Nr 1: Wiedereinsetzung bei unverschuldeter Versäumnis, rechtzeitig Erziehungsgeld zu beantragen); dies ergibt sich aus dem Wortlaut dieser Vorschrift, die in auffälligem Gegensatz zu § 67 SGG nicht von einer gesetzlichen „Verfahrensfrist", sondern ganz allgemein von der Versäumung einer gesetzlichen „Frist" spricht. Allerdings findet § 27 SGB X nicht bei der Versäumung jeder materiellen Frist Anwendung, denn gem § 27 Abs 5 SGB X ist die Wiedereinsetzung unzulässig, wenn sich aus einer Rechtsvorschrift ergibt, dass sie ausgeschlossen ist. Es ist deshalb im Einzelfall zu prüfen, ob die Wiedereinsetzung kraft ausdrücklicher Regelung ausgeschlossen ist. Ein ausdrücklicher Ausschluss der Wiedereinsetzung in den vorigen Stand sollte vom Gesetzgeber schon aus Gründen der Rechtssicherheit und der Rechtsklarheit angeordnet werden, wenn er dies für erforderlich hält. Fehlt eine ausdrückliche Regelung, was insbes bei älteren Gesetzen der Fall ist, muss durch Auslegung ermittelt werden, ob für die betreffende Frist eine Wiedereinsetzung ausgeschlossen ist; erforderlich ist eine inhaltliche Prüfung der jeweiligen Fristenregelung, insbes ist zu fragen, welchem Zweck die Frist dient und wie der Gesetzgeber dabei die widerstreitenden Interessen, nämlich einerseits das öffentliche Interesse an der Einhaltung der Frist, andererseits das Interesse des Einzelnen an ihrer nachträglichen Wiedereröffnung, bewertet (BSG 25.10.88 – 12 RK 22/87, SozR 1300 § 27 Nr 4). Das BSG knüpft damit an seine frühere Rechtsprechung zur Nachsichtgewährung an und erklärt die hierfür aufgestellten Kriterien als auch im Rahmen des § 27 SGB X für anwendbar. 62

**4. Einzelfälle materiell-rechtlicher Ausschlussfristen.** Im allgemeinen Verwaltungsrecht gilt für Leistungsansprüche die Ausschlussfrist des **§ 44 Abs 4 SGB X.** Nach § 44 Abs 1 und 2 SGB X sind rechtswidrige, nicht begünstigende Verwaltungsakte auch nach Eintritt ihrer Unanfechtbarkeit zurückzunehmen. Nach Abs 4 dieser Vorschrift werden bei Rücknahmen mit Wirkung für die Vergangenheit Sozialleistungen jedoch längstens für einen Zeitraum von bis zu vier Jahren vor der Rücknahme bzw vor der entsprechenden Antragstellung erbracht (zur Reichweite dieser Ausschlussfrist BSG 22.6.94 – 10 RKg 32/93, NZS 95, 47 mwN). Wenn ein Berechtigter Anspruch auf rückwirkende Leistungen aufgrund eines **sozialrechtlichen Herstellungsanspruchs** hat, werden diese längstens für einen Zeitraum bis zu vier Jahren rückwirkend erbracht. Die Vorschrift des § 44 Abs 4 SGB 10 ist insoweit entsprechend anzuwenden (BSG 24.4.14 – B 13 R 23/13 R, BeckRS 2014, 71478; 27.3.07 – B 13 R 58/06 R, SozR 4–1300 § 44 Nr 9. In der RV ist die **Entrichtung von Pflichtbeiträgen** nur wirksam, solange der Anspruch auf ihre Zahlung nicht verjährt 63 ist (§ 197 Abs 1 SGB VI); **freiwillige Beiträge** können nur bis zum 31. März des Jahres, das dem Jahr folgt, für das sie gelten sollen, entrichtet werden (§ 197 Abs 2 SGB VI). Fristverlängerung ist nur in besonderen Härtefällen nach Maßgabe des § 197 Abs 3 SGB VI möglich, wobei § 197 Abs 4 SGB VI eine Wiedereinsetzung in den vorigen Stand ausdrücklich ausschließt.

64 Für den **Bereich der Arbeitsförderung** sind folgende Sachverhalte zu nennen: Der Antrag auf Gewährung von **Kurzarbeitergeld/Insolvenzgeld** (BSG 25.5.05 – B 11a/11 AL 15/04 R, NZA-RR 2006, 102; BSG 17.10.07 – B – 11a AL 75/07 B, SozR 4–4300 § 324 Nr 4 zur Vereinbarkeit mit EG-Recht) muss innerhalb einer Ausschlussfrist von drei Monaten gestellt werden; die Frist beginnt mit Ablauf des Anspruchszeitraums, für den Kurzarbeitergeld beantragt wird (§ 325 Abs 3 SGB III). Nach § 161 Abs 2 SGB III kann der Anspruch auf **AlGeld** nicht mehr geltend gemacht werden, wenn nach seiner Entstehung vier Jahre verstrichen sind. Bei dieser Verfallsfrist handelt es sich ebenfalls um eine materielle Ausschlussfrist (BSG 25.5.05 – B 11a/11 AL 61/04 R, SozR 4–4300 § 147 Nr 4 Rz 15).

65 **5. Keine materiell-rechtlichen Ausschlussfristen sind:** Die Frist zur Erklärung des **Beitritts zur freiwilligen Versicherung** gem § 9 Abs 1 SGB V; die Frist zur Stellung eines Antrages auf Kfz-Hilfe (§ 10 KraftfahrzeughilfeVO; BSG 16.12.93 – 4 RA 16/93, SozR 3–5765 § 10 Nr 2). Nach § 9 Abs 1 SGB V können bestimmte Personengruppen der gesetzlichen KV freiwillig beitreten, wenn sie den Beitritt binnen drei Monaten nach dem in § 9 Abs 2 SGB V genannten Zeitpunkt erklären. Für § 176c RVO aF hat das BSG entschieden, dass gegen die Versäumung der Beitrittsfrist für Schwerbehinderte (jetzt § 9 Abs 1 Nr 4 SGB V) die Wiedereinsetzung in den vorigen Stand zulässig ist (BSG 25.10.88 – 12 RK 22/87, SozR 1300 § 27 Nr 4). Demgegenüber handelt es sich bei der Frist nach § 8 Abs 2 SGB V **(Befreiung von der Versicherungspflicht)** um eine Ausschlussfrist.

66 **6. Ausschlussfristen zugunsten des Versicherten.** Einige verfahrensrechtliche Vorschriften schränken das Handeln der Sozialleistungsträger insbes im Bereich der **Aufhebung/Rücknahme rechtswidriger begünstigender Verwaltungsakte** ein. Gem § 45 SGB X darf ein – von Anfang an – rechtswidriger begünstigender Verwaltungsakt auch nachdem er unanfechtbar geworden ist, zurückgenommen werden, wenn der Begünstigte keinen **Vertrauensschutz** iSd § 45 Abs 2 SGB X genießt. Allerdings muss die Verwaltung dies innerhalb eines Jahres seit Kenntnis der Tatsachen tun, welche die Rücknahme rechtfertigen (§ 45 Abs 4 Satz 2 SGB X). Dasselbe gilt auch für die Aufhebung eines Verwaltungsaktes mit Dauerwirkung, der ursprünglich rechtmäßig war, aber durch den Eintritt tatsächlicher und rechtlicher Verhältnisse nach seinem Erlass rechtswidrig geworden ist (§ 48 Abs 4, § 45 Abs 4 Satz 2 SGB X; zur Frage, wann die Verwaltung die hierfür maßgebliche Kenntnis besitzt BSG 28.6.90 – 7 RAr 132/88, SozR 3–4100 § 115 Nr 1 mwN).

67 **7. Unkenntnis.** Hat der Betreffende keine Kenntnis vom Lauf einer gesetzlichen Frist des materiellen Rechts, rechtfertigt dies – auch wenn es sich nicht um eine Ausschlussfrist handelt – keine Wiedereinsetzung in den vorigen Stand. Dies folgt aus dem Grundsatz der formellen Publizität bei der Verkündung von Gesetzen (Art 82 GG). Danach genügt für die Bekanntmachung von Gesetzen, die sich an einen unbestimmten Kreis von Personen richten, die Verkündung im Bundesgesetzblatt. Mit der Verkündung gelten die Gesetze grds allen Normadressaten als bekannt, ohne Rücksicht darauf, ob und wann sie von ihnen tatsächlich Kenntnis erlangt haben. Hiermit ist es nicht vereinbar, wegen der Unkenntnis eines gesetzlich eingeräumten und befristeten Rechts eine Wiedereinsetzung in den vorigen Stand zuzulassen. Denn dadurch wäre die Wirkung der Frist nicht mehr von der Bekanntgabe des Gesetzes und dem Fristablauf abhängig, sondern auch davon wesentlich beeinflusst, ob und wann der jeweilige Normadressat von der gesetzlichen Regelung Kenntnis erlangt hat. Dieses würde die Anwendung gesetzlich genau bestimmter Fristen einer weitgehenden Unsicherheit aussetzen (BSG 9.2.93 – 12 RK 28/92, SozR 3–1300 § 27 Nr 3 zum Art 56 Abs 4 Gesundheitsreformgesetz). Eine Wiedereinsetzung kann mithin nur auf andere Gründe als den der Unkenntnis der gesetzlichen Frist gestützt werden. Ebenso wenig besteht in solchen Fällen bloßer Unkenntnis des verkündeten Gesetzes eine sozialrechtlicher Herstellungsanspruch (BSG 21.6.90 – 12 RK 27/88, SozR 3–1200 § 13 Nr 1).

# Ausschreibung

## A. Arbeitsrecht *Kreitner*

**1. Allgemeines.** Bei Ausschreibungen muss der ArbGeb neben dem Mitbestimmungsrecht des BRat gem § 93 BetrVG (→ Rn 7 ff) insbes den zum 18.8.06 in Kraft getretenen § 7 Abs 1 AGG beachten (*Schwab* NZA 07, 178; *Adomeit/Mohr* NZA 07, 179; *Ohlendorf/Schreier* BB 08, 2458). Auf Benachteiligungen bei früheren Stellenausschreibungen bleibt § 611b BGB anwendbar (vgl hierzu Personalbuch 2006 Ausschreibung Rz 2 ff). Im Bereich der Verwaltungen des Bundes gilt darüber hinaus das BGleiG. 1

**§ 7 Abs 1 AGG** verbietet jegliche Benachteiligung von Beschäftigten aus Gründen der Rasse, wegen der ethnischen Herkunft, des Geschlechts, der Religion oder Weltanschauung, einer Behinderung, des Alters oder der sexuellen Identität (→ *Diskriminierung* Rn 27 ff, speziell zur Ausschreibung → *Diskriminierung* Rn 107). Dieser Schutz vor Diskriminierung gilt gem § 6 Abs 1 Satz 2 AGG auch für Stellenbewerber und gem § 11 AGG für die Stellenausschreibung. Von Einzelfällen abgesehen stehen bei einer Ausschreibung mögliche Benachteiligungen wegen des Geschlechts, des Alters oder einer Behinderung im Vordergrund. Ausnahmsweise differenzieren darf ein ArbGeb gem § 8 Abs 1 AGG auch nach den vorgenannten Kriterien, wenn dies auf der Art der auszuübenden Tätigkeit oder den Bedingungen ihrer Ausübung beruht. Voraussetzungen sind dabei aber immer eine rechtmäßige Zweckbindung und die Angemessenheit der gestellten Anforderung. Zu empfehlen sind konsequent tätigkeits- und nicht personenbezogene Formulierungen. Im Übrigen muss der ArbGeb generell bei jeder Ausschreibung darauf achten, dass er diese ausgewogen platziert. Wird die Ausschreibung nämlich aller Voraussicht nach nur von einem bestimmten Personenkreis gelesen (zB von bestimmtem Publikum gelesene Zeitschrift oder Webseite), kann dies eine Diskriminierung darstellen, wenn sich der Personenkreis nach den Merkmalen des § 1 AGG abgrenzt – sog Audience Targeting (*Romeis/Keßenich* DB 18, 445). 2

**Geschlechtsneutrale Ausschreibungen** wurden zuvor bereits von § 611b BGB vorgeschrieben. Auf die hierzu ergangene Rspr kann weitestgehend Bezug genommen werden (Personalbuch 2006 Ausschreibung Rz 2 ff). Auch unter der Geltung des AGG kann daher zB die Tätigkeit der Geschäftsführerin eines reinen Frauenverbandes (ArbG München 14.2.01 – 38 Ca 8663/00, NZA-RR 01, 365) oder einer Kundenbetreuerin in einem auf Finanzdienstleistungen für Frauen spezialisierten Unternehmen (ArbG Bonn 8.3.01 – 1 Ca 2980/00, NZA-RR 02, 100) geschlechtsspezifisch ausgeschrieben werden. In aller Regel nicht ausreichend sind demgegenüber die an die körperliche Leistungsfähigkeit zu stellenden Anforderungen (LAG Köln 8.11.2000 – 3 Sa 974/00, NZA-RR 01, 232: Tragen von 50 kg-Säcken) sowie die Berücksichtigung von Kundenwünschen bspw im Verkauf (*Thüsing* RdA 01, 319). Wie § 611b BGB verlangt auch § 7 Abs 1 iVm § 6 Abs 1 Satz 2 AGG Ausschreibungen, die in ihrer gesamten Ausdrucksweise geschlechtsneutral sind (OLG Karlsruhe 13.9.11 – 17 U 99/10, NZA-RR 11, 632). Dabei sind auch umgangssprachliche Formulierungen zu berücksichtigen (LAG RhPf 27.3.17 – 3 Sa 487/16, BeckRS 2017, 127067: „flexible und freundliche Bürofee"). 3

Nachdem das BVerfG im Oktober 2017 zum Personenstandsrecht entschieden hat, dass das allgemeine Persönlichkeitsrecht des Art 2 Abs 1 iVm Art 1 Abs 1 GG auch die geschlechtliche Identität derjenigen schützt, die sich dauerhaft weder dem männlichen noch dem weiblichen Geschlecht zuordnen lassen und in der Rechtsordnung ein **drittes Geschlecht** existiert, ist dem auch in Stellenausschreibungen Rechnung zu tragen (BVerfG 10.10.17 – 1 BvR 2019/16, NJW 17, 3643). Dies kann – wie bisher – soweit möglich durch geschlechtsneutrale Oberbegriffe (zB Pflegekraft) erfolgen. Im Übrigen ist anstelle des früher üblicherweise gebrauchten Zusatzes (m/w) bzw der sog Schrägstrichlösung (…/in) nunmehr der Zusatz (m/w/d) oder (m/w/i) zu empfehlen. Bei Online-Bewerbungsformularen sollte zudem auf die Anrede (Herr/Frau) verzichtet werden (instruktiv *Körlings* NZA 18, 282; *Bettinghausen* BB 18, 372).

**Schwerbehinderungsneutrale Ausschreibungen,** wie früher von § 81 Abs 2 Satz 2 SGB IX aF verlangt, werden seither ebenfalls von § 7 Abs 1 AGG vorgeschrieben (hierzu 4

*Diller* NZA 07, 1321). Insbes in diesem Bereich sind tätigkeitsbezogene Ausnahmen iSv § 8 Abs 1 AGG möglich, allerdings gelten insoweit strenge Maßstäbe. Keinesfalls darf der schwerbehinderte Bewerber im Auswahlverfahren wegen seiner Behinderung benachteiligt werden (BAG 17.8.10 – 9 AZR 839/08, NZA 11, 153: vorzeitiger Abbruch des Ausschreibungsverfahrens bei anderweitiger Stellenbesetzung). Ein Beteiligungsrecht der Schwerbehindertenvertretung hinsichtlich Art und Inhalt der Ausschreibung besteht nicht (LAG RhPf 28.6.12 – 10 TaBV 4/12, BeckRS 2012, 72808). Die Unterrichtungspflicht hinsichtlich der Gründe der Auswahlentscheidung nach § 164 Abs 1 Satz 9 SGB IX besteht nicht, wenn der ArbGeb die Beschäftigungsquote nach § 154 Abs 1 SGB IX erfüllt (BAG 21.2.13 – 8 AZR 180/12, NZA 13, 840).

Bei Bewerbungen behinderter Menschen ist **im öffentlichen Dienst** § 165 Satz 3 SGB IX zu beachten, der grds eine Einladung dieser Bewerber zum Vorstellungsgespräch vorschreibt (BAG 16.2.12 – 8 AZR 697/10, NZA 12, 667; 16.9.08 – 9 AZR 791/07, NZA 09, 79). Dabei kann der öffentliche ArbGeb die wegen unterbliebener Einladung des schwerbehinderten Bewerbers eingetretene Vermutungswirkung des § 22 AGG durch eine nachträgliche Einladung dieses Bewerbers im noch laufenden Einstellungsverfahren beseitigen (ArbG Hbg 1.2.11 – 25 Ca 493/10, NZA-RR 11, 444). Grds Voraussetzung ist in jedem Fall die objektive Eignung des Bewerbers, die der öffentliche ArbGeb zB durch verlangte Mindestabschlussnoten (BAG 7.4.11 – 8 AZR 679/09, NZA-RR 11, 494) oder spezielle Berufserfahrung (LAG NdS 3.4.14 – 5 Sa 1272/13, BeckRS 2014, 68664) festlegen kann. Offensichtlich fachlich ungeeignet iSv § 165 Satz 4 SGB IX ist ein schwerbehinderter Mensch nur dann, wenn er unzweifelhaft nicht dem Anforderungsprofil entspricht (LAG BlnBbg 3.3.17 – 2 Sa 1827/16, BeckRS 2017, 115246). Bloße Zweifel an der fachlichen Eignung beseitigen die Einladungspflicht daher nicht (BAG 11.8.16 – 8 AZR 375/15, NZA 16, 43). Der öffentliche ArbGeb darf eine Stelle gleichzeitig extern und intern ausschreiben und dabei interne Bewerbungen vorrangig behandeln. Kommt es in einem solchen gestuften Auswahlverfahren zu einer Besetzung aller freien Stellen mit internen Bewerbern, besteht nach § 165 Satz 3 SGB IX keine Verpflichtung zur Einladung eines schwerbehinderten externen Bewerbers zum Vorstellungsgespräch (LAG SchlHol 18.12.18 – 1 Sa 26 öD/18, BeckRS 2018, 39598).

Nach § 165 Satz 1 SGB IX müssen frei werdende und neu zu besetzende Arbeitsplätze frühzeitig den Arbeitsagenturen gemeldet werden. Diese **Meldepflicht** gilt nicht bei internen Stellenbesetzungen, für die nach der Ausschreibung nur interne Bewerber in Betracht kommen (LAG Köln 8.2.10 – 5 TaBV 73/09, BeckRS 2010, 69156). Allerdings kann ein schwerbehinderter Bewerber diesen besonderen Schutz nur dann in Anspruch nehmen, wenn er seine Schwerbehinderteneigenschaft dem potenziellen ArbGeb im Bewerbungsschreiben mitteilt. Die bloße kommentarlose Beifügung einer Kopie des Schwerbehindertenausweises zu den umfangreichen Bewerbungsunterlagen genügt hierfür nicht (BAG 18.9.14 – 8 AZR 759/13, BeckRS 2014, 73585).

**5** Hinzu gekommen ist nach § 7 Abs 1 AGG die auch für Ausschreibungen grds verbotene Differenzierung nach dem **Alter** des Bewerbers. Gewisse Mindest- oder Höchstaltersangaben scheiden damit als Einstellungsvoraussetzungen grds aus. Bereits das Merkmal „junges dynamisches Team" in einer Ausschreibung oder eines „lockeren und jungen 14-köpfigen Teams" bei gleichzeitiger Ansprache des Bewerbers mit „Du" und „Dich" kann einen Entschädigungsanspruch des abgelehnten Bewerbers auslösen (BAG 11.8.16 – 8 AZR 406/14, NZA-RR 17, 133; LAG BlnBbg 11.10.18 – 26 Sa 681/18, BeckRS 2018, 34009). Auch die Suche nach „jungen" Mitarbeitern oder „Mitarbeitern zwischen 25 und 35 Jahren" ist regelmäßig unzulässig (BAG 19.8.10 – 8 AZR 530/09, NZA 10, 1412; 23.8.12 – 8 AZR 285/11, NZA 13, 37; anders im Einzelfall LAG BlnBbg 21.7.11 – 5 Sa 847/11, BeckRS 2011, 76365). Das Gleiche gilt für eine ausschließlich an Berufsanfänger gerichtete Ausschreibung für ein „Trainee-Programm für Hochschulabsolventen/Young Professionals" (BAG 21.1.13 – 8 AZR 429/11, NZA 13, 498; *Mohr* NZA 14, 459) oder für die Suche nach einem „Junior Sachbearbeiter, der gerade frisch gebacken aus der kaufmännischen Ausbildung kommt" (BAG 15.12.16 – 8 AZR 454/15, NZA 17, 715). Ebenfalls mittelbar diskriminierend kann das Anforderungskriterium „Berufsanfänger/in" oder die Suche nach „einem/r Kollegen/in mit kürzerer Berufserfahrung" sein (BAG 19.5.16 – 8 AZR 583/14, BeckRS 2016, 74827). Auch die Begrenzung auf innerbetriebliche Bewerber im ersten

Berufsjahr kann eine unzulässige mittelbare Altersdiskriminierung darstellen (BAG 18.8.09 – 1 ABR 47/08, NZA 10, 222). Unbedenklich ist demgegenüber, wenn sich der ArbGeb in der Ausschreibung als „junges, dynamisches Unternehmen" beschreibt (BAG 23.11.17 – 8 AZR 604/16, NZA 18, 584).

Ein ArbGeb, für den eine zulässige tarifliche Altersgrenzenregelung (hier: § 33 Abs 1a TVöD) gilt, verstößt gegen das Verbot der Altersdiskriminierung nach §§ 7 Abs 1, 1 Abs 1 AGG, wenn er die **Bewerbung eines Altersrentners** um eine ausgeschriebene Stelle unter Hinweis auf dessen Rentnerstatus bereits im Bewerbungsverfahren zurückweist. Die in dieser Situation mit der Altersgrenze verbunden unmittelbare Benachteiligung des Bewerbers wegen des Alters ist nicht durch § 10 S 3 Nr 5 AGG gerechtfertigt (LAG NdS 1.8.18 – 17 Sa 1302/17, BeckRS 2018, 20440 – Revision zugelassen).

Abweichend hiervon erlaubt § 10 AGG allerdings ausdrücklich eine **altersmäßige Differenzierung,** sofern sie objektiv angemessen und durch ein legitimes Ziel gerechtfertigt ist. Damit bleiben sachlich gerechtfertigte, ggf auch nur mittelbar altersbezogene Anforderungen wie bspw ein bestimmtes Dienstalter oder eine mehrjährige Berufserfahrung zulässig (§ 10 Satz 3 Nr 2 AGG; zuletzt LAG SchlHol 2.12.14 – 1 Sa 236/14, NZA-RR 15, 185: Software-Entwickler mit mehrjähriger Berufspraxis in der Programmierung von Online-Shops und bestimmten Anwendungen). Jedenfalls für den Bereich des öffentlichen Dienstes hat das BAG wegen des dort verfassungsrechtlich nach Art 33 GG vorgegebenen Prinzips der Bestenauslese auch die Beschränkung auf Bewerber mit den besten Examensnoten gebilligt (BAG 21.1.13 – 8 AZR 429/11, NZA 13, 498). Das sollte auch für die Privatwirtschaft gelten (ebenso zuletzt LAG Köln 20.11.13 – 5 Sa 317/13, BeckRS 2014, 66362). 6

Die in einer Ausschreibung enthaltene Anforderung „Deutsch als Muttersprache" kann Personen wegen ihrer **ethnischen Herkunft** in besonderer Weise benachteiligen iSv § 3 Abs 2 AGG und bewirkt bei fehlender Rechtfertigung eine unmittelbare Diskriminierung wegen der ethnischen Herkunft (BAG 29.6.17 – 8 AZR 402/15, NZA 18, 33). Rechtlich unbedenklich ist demgegenüber bspw die Anforderung sehr guter Deutsch- und Englischkenntnisse in Wort und Schrift (BAG 23.11.17 – 8 AZR 372/16, NZA-RR 18, 287; kritisch *Köhlert* NZA 18, 1172).

Zur Bedeutung der **Religionszugehörigkeit** im Bewerbungsverfahren hat der EuGH zuletzt auf Vorlage des BAG grds Stellung genommen. Auf die Frage des BAG bezüglich der Reichweite des kirchlichen Selbstbestimmungsrechts hat der EuGH zu Art 4 Abs 2 der Gleichbehandlungsrichtlinie 2000/78/EG ausgeführt, dass es sich bei der dort genannten wesentlichen, rechtmäßigen und gerechtfertigten beruflichen Anforderung um eine solche handelt, die notwendig und objektiv geboten ist, keine sachfremden Erwägungen umfassen darf und mit dem Grundsatz der Verhältnismäßigkeit im Einklang stehen muss. Insoweit ist es den Mitgliedstaaten nicht gestattet, die Einhaltung dieser Kriterien einer wirksamen gerichtlichen Kontrolle zu entziehen. Der EuGH verpflichtet das nationale Gericht im Rahmen seiner Befugnisse den dem einzelnen aus Art 21 und 47 der Europäischen Grundrechte-Charta erwachsenden Rechtsschutz zu gewährleisten und für die volle Wirksamkeit dieser Bestimmungen zu sorgen, indem es erforderlichenfalls entgegenstehende nationale Vorschriften unangewendet lässt (EuGH 17.4.18 – C-414/16, NZA 18, 569 – Egenberger; *Reichold/Beer* NZA 18, 681; *Wienbracke* NZA-RR 18, 349). Das BAG hat daraufhin im Ausgangsrechtsstreit einer konfessionslosen Klägerin, die sich auf eine befristete Referentenstelle bei einem Werk der Evangelischen Kirche beworben hatte, eine Entschädigung in Höhe von zwei Bruttomonatsverdiensten zugesprochen (BAG 25.10.18 – 8 AZR 501/14, NZA 19, 455; *Wienbracke* NZA-RR 19, 186). 7

**Rechtsfolge.** Schreibt der ArbGeb eine Stelle unter Verstoß gegen §§ 11, 7 Abs 1 AGG aus, begründet dies die **Vermutung** des § 22 AGG, dass der/die Bewerber/in im Auswahlverfahren wegen eines Grundes iSv § 1 AGG benachteiligt wurde (BAG 19.5.16 – 8 AZR 470/14, NZA 16, 1394). Dies löst gem § 15 AGG die Verpflichtung des ArbGeb zur Leistung von Schadensersatz sowie ggf einer angemessenen Entschädigung für einen eingetretenen Nichtvermögensschaden aus (*Walker* NZA 09, 5). Letztere ist gem § 15 Abs 2 Satz 2 AGG bei Nichteinstellung eines Bewerbers auf drei Monatsgehälter begrenzt, wenn der Bewerber auch bei benachteiligungsfreier Auswahl nicht eingestellt worden wäre. Nach § 15 Abs 4 AGG muss der Bewerber die Entschädigung innerhalb von zwei Monaten nach Zugang der **Ablehnung** schriftlich geltend machen. Bei erkennbaren „Risikobewerbern" 8 empfiehlt sich daher ein Zugangsnachweis (Bote, Einwurfeinschreiben). Ein Schweigen oder sonstiges Untätigbleiben des ArbGeb reicht grds nicht aus, um die Frist des § 15 Abs 4 AGG in Lauf zu setzen. Das Gleiche gilt, wenn der Bewerber nicht durch den ArbGeb, sondern auf andere Art und Weise erfährt, dass seine Bewerbung erfolglos geblieben ist. Die Ablehnung kann nur in Ausnahmefällen entbehrlich sein, wenn bspw der Bewerber selbst in der Bewerbung unmissverständlich erklärt hat, ausschließlich innerhalb eines bestimmten Zeitraums zur Verfügung zu stehen und dieser Zeitraum abgelaufen ist, oder wenn – für jedermann offensichtlich – für die Arbeitsleistung eine bestimmte Leistungszeit so wesentlich ist, dass die Leistung nicht nachholbar ist und auch diese Leistungszeit abgelaufen ist (BAG 19.6.17 – 8 AZR 402/15, NZA 18, 33). Der bloße Aushang einer Mitarbeiterinformation über die Beförderung namentlich benannter Mitarbeiter stellt noch keine Ablehnung weiterer Bewerber iSv § 15 Abs 4 AGG dar und setzt damit die og Frist zur Geltendmachung nicht in Gang (LAG BlnBbg 18.2.11 – 13 Sa 2049/10, NZA-RR 11, 286).

9 Keinesfalls hat der Verstoß des ArbGeb gegen das Benachteiligungsverbot des § 7 Abs 1 AGG einen Anspruch des benachteiligten Bewerbers auf Begründung eines Arbeitsverhältnisses zur Folge, § 15 Abs 6 AGG. Zuständig für die Geltendmachung solcher Ansprüche ist das ArbG (LAG RhPf 25.1.12 – 9 Ta 17/12, NZA-RR 12, 272). Um in einem derartigen Rechtsstreit eine benachteiligungsfreie Auswahl beweisen zu können, sollte das Auswahlgespräch wenigstens von zwei Personen geführt und schriftlich **dokumentiert** werden. Letzteres gilt auch für die wesentlichen Bewerberdaten. Ferner sollten Absagen ausschließlich schriftlich erfolgen, neutral formuliert sein und keine Grundangaben enthalten. Bedient sich der ArbGeb zur Stellenausschreibung eines Dritten, ist er verpflichtet, die Ordnungsmäßigkeit der Ausschreibung zu überwachen. Ein Verstoß des Dritten gegen § 7 Abs 1 AGG ist dem ArbGeb regelmäßig zuzurechnen (BAG 5.2.04 – 8 AZR 112/03, NZA 04, 540; zu § 611b BGB – Einschaltung der BA bei Stellenausschreibung; aA *Mohr* SAE 06, 26). Insoweit können aber Regressansprüche gegen den Dritten bestehen (OLG Frankfurt 8.5.14 – 16 U 175/13, NZA-RR 14, 437). Ebenfalls noch zu §§ 611a, 611b BGB hat das BVerfG die Darlegungs- und Beweislast des ArbGeb bestätigt und auf die Bedeutung des Schutzzwecks des Art 3 Abs 2 GG bei der Normauslegung hingewiesen (BVerfG 21.9.06 – 1 BvR 308/03, NZA 07, 195; kritisch *Adomeit/Mohr* NJW 07, 2322). Auch in diesem Fall ging es um eine Stellenanzeige einer Arbeitsagentur. Bestehen greifbare Anhaltspunkte für die ernsthafte Möglichkeit eines Schadensersatzanspruchs, hat der Bewerber gegen den Dritten (hier ein Personalberatungsunternehmen) einen Anspruch auf Mitteilung der Identität des Auftraggebers (LAG Köln 17.4.08 – 10 Sa 21/08, NZA-RR 09, 123).

Die **Vermutungswirkung** des § 22 AGG greift dagegen **nicht** ein, wenn eine mögliche mittelbare Benachteiligung iSv § 3 Abs 2 Hs 1 AGG nach § 3 Abs 2 Hs 2 AGG gerechtfertigt oder eine unmittelbare Benachteiligung nach §§ 8, 9 oder 10 AGG zulässig ist (BAG 26.1.17 – 8 AZR 73/16, NZA-RR 17, 342). Dabei trägt der ArbGeb die Darlegungs- und Beweislast für die die Rechtfertigung iSv § 3 Abs 2 Hs 2 AGG begründenden Tatsachen (BAG 15.12.16 – 8 AZR 454/15, NZA 2017, 715).

10 Davon unabhängig kommt ein Schadensersatzanspruch nur bei einer **ernstgemeinten Bewerbung** in Betracht (BAG 19.5.16 – 8 AZR 583/14, BeckRS 2016, 74827; LAG BlnBbg 31.10.13 – 21 Sa 1380/13, BeckRS 2014, 65616; LAG RhPf 11.1.08 – 6 Sa 552/07, NZA-RR 08, 343; LAG Köln 10.2.10 – 5 Ta 407/09, NZA-RR 10, 234; *Schiefer/Worzalla* DB 17, 1207). Dabei ist allerdings zu beachten, dass § 6 Abs 1 S 2 Alt 1 AGG nach der neueren Rspr des BAG einen formalen Bewerberbegriff enthält und es daher auf die „subjektive Ernsthaftigkeit" der Bewerbung nicht ankommt. Allein der Umstand, dass ein Bewerber das Bewerbungsschreiben oberflächlich und lieblos verfasst ist daher ohne Relevanz (LAG NdS 16.1.19 – 14 Sa 246/18 – nicht rkr, Az beim BAG: 8 AZR 170/19). Gleichwohl geht aber auch das BAG davon aus, dass eine Person, die ihre Position als Bewerber iSv § 6 Abs 1 S 2 AGG treuwidrig herbeiführt, den vom AGG gewährten Schutz vor Diskriminierung missbraucht (BAG 19.5.16 – 8 AZR 470/14, NZA 16, 1394). Das kann bspw dann der Fall sein, wenn ausschließlich Bewerbungen auf solche Stellenausschreibungen erfolgen, die „auf den ersten Blick" den Anschein erwecken, die Stelle sei unter Verstoß gegen § 11 AGG ausgeschrieben worden (BAG 11.8.16 – 8 AZR 4/15, NZA 17, 310). Auf eine entsprechende Anfrage des BAG (BAG 18.6.15 – 8 AZR 848 (A), NZA 15, 1063) hat der EuGH klargestellt, dass auch europarechtlich ein **rechtsmissbräuchliches**

**Verhalten** das Vorliegen eines objektiven und subjektiven Elements erfordert und hat gleichzeitig in aller Kürze darauf hingewiesen, dass es Sache der nationalen Gerichte sei, festzustellen, ob diese Tatbestandsvoraussetzungen im Einzelfall gegeben seien (EuGH 28.7.16 – C-423/15, NZA 16, 1014 – Kratzer). Nach Zurückverweisung durch das BAG hat das LAG Hess letztlich der Entschädigungsklage stattgegeben (LAG Hess 18.6.18 – 7 Sa 851/17, NZA-RR 18, 584), wohingegen das BAG zwischenzeitlich in einem anderen Verfahren desselben Klägers ein rechtsmissbräuchliches Verhalten bejaht hat (BAG 24.10.18 – 8 AZR 562/16, NZA 19, 527). Vgl zur Frage der Strafbarkeit des sog AGG-Hoppings zuletzt *Metz* NZA 19, 876.

Gem § 7 Abs 1 TzBfG muss der ArbGeb jeden Arbeitsplatz, den er ausschreibt, grds immer auch als **Teilzeitarbeitsplatz** ausschreiben. Etwas anderes gilt nur dann, wenn sich der Arbeitsplatz hierfür nicht eignet. Letzteres stellt eine unternehmerische Entscheidung dar und ist als solche nur daraufhin zu überprüfen, ob sie offensichtlich unvernünftig oder willkürlich ist (HWK/*Schmalenberg* § 7 TzBfG Rz 4). § 7 TzBfG lässt die Zuwiderhandlung **sanktionslos.** Auch ein Zustimmungsverweigerungsrecht des BRats nach § 99 Abs 2 Nr 5 BetrVG besteht konsequenterweise nicht (ErfK/*Preis* § 7 TzBfG Rz 4; *Annuß/Thüsing/Mengel* § 7 TzBfG Rz 5; aA LAG BaWü 19.7.04 – 14 TaBV 4/03, BeckRS 2004, 31050732). Gem § 13a AÜG muss der Entleiher den **Leiharbeitnehmer** über bei ihm zu besetzende Arbeitsplätze informieren. 11

Besondere Ausschreibungspflichten gelten gem **§ 6 BGleiG** für den Bund als ArbGeb. Im Übrigen hat das BAG zuletzt klargestellt, dass ein vom konkreten Bewerbungsverfahren losgelöster, einer „Popularklage" ähnelnder Anspruch auf Unterlassung künftiger diskriminierender Ausschreibungen aus dem AGG nicht herzuleiten ist (BAG 14.11.13 – 8 AZR 997/12, NZA 14, 489).

**2. Mitbestimmungsrecht des Betriebsrats.** Nach § 93 BetrVG kann der BRat vom ArbGeb für neu zu besetzende Arbeitsplätze eine vorherige innerbetriebliche Stellenausschreibung verlangen (*Müller/Becker* NZA 19, 513). Das Mitbestimmungsrecht besteht unabhängig davon, ob sich voraussichtlich Belegschaftsmitglieder bewerben werden (LAG BlnBbg 14.1.10 – 26 TaBV 1954/09, BeckRS 2010, 74505). Es umfasst auch die Ausschreibung von Arbeitsplätzen, die für die Besetzung mit LeihArbN vorgesehen sind (BAG 7.6.16 – 1 ABR 33/14, NZA 16, 1226; 1.2.11 – 1 ABR 79/09, NZA 11, 703). Das gilt nur dann nicht, wenn feststeht, dass mit Bewerbungen von im Betrieb beschäftigten ArbN offenkundig nicht zu rechnen ist (BAG 15.10.13 – 1 ABR 25/12, NZA 14, 214). Eines besonderen Rechts des BRat auf Anregung von Teilzeitarbeitsplätzen, wie es bis zum 31.12.2000 in § 93 Satz 2 BetrVG enthalten war, bedarf es nach der Neuregelung dieser Materie in § 7 Abs 1 TzBfG nicht mehr. Allerdings muss der ArbGeb dem BRat gem § 7 Abs 3 TzBfG über vorhandene und geplante Teilzeitarbeitsplätze bzw deren Umwandlung informieren (→ *Auskunftspflichten Arbeitgeber* Rn 14). Zur Mitwirkung des Personalrats bei Stellenausschreibungen im Bühnenbereich: BVerwG 9.1.07 – 6 P 6/06, NZA-RR 07, 276. 12

**a) Zweck** der Regelung in § 93 BetrVG ist es, innerbetrieblichen Bewerbern Kenntnis von einer freien Stelle zu vermitteln und ihnen die Möglichkeit zu geben, sich darum zu bewerben (BAG 18.11.80, DB 81, 998). Es soll eine Förderung des innerbetrieblichen Arbeitsmarktes erfolgen. 13

**b) Voraussetzungen.** Unter „Ausschreibung einer Stelle" iSv § 93 BetrVG ist die allgemeine Aufforderung an alle oder eine bestimmte Gruppe von ArbN des Betriebes zu verstehen, sich für einen bestimmten Arbeitsplatz im Betrieb zu bewerben (BAG 23.2.88, DB 88, 1452). Dies kann sogar je nach Lage des Einzelfalles bei einer Stellenausschreibung für Arbeitsplätze der Fall sein, die mit freien Mitarbeitern besetzt werden sollen (BAG 27.7.93, DB 94, 332; kritisch *Hromadka* SAE 94, 133). Eine solche Ausschreibung erfolgt regelmäßig durch Aushang am Schwarzen Brett, Bekanntgabe in der Werkszeitung oÄ. 14

Einen bestimmten **Inhalt** der innerbetrieblichen Stellenausschreibung schreibt § 93 BetrVG nicht vor. Nach der Rspr des BAG folgt aber bereits aus Sinn und Zweck der Vorschrift, dass aus der Ausschreibung erkennbar sein muss, um welchen Arbeitsplatz es sich handelt und welche Anforderungen ein Bewerber erfüllen muss (BAG 10.3.09 – 1 ABR 93/07, NZA 09, 622; 17.6.08 – 1 ABR 20/07, NZA 08, 1139). Ein Zeitraum von einem halben Jahr zwischen Ausschreibung und in Aussicht genommener Aufnahme der Tätigkeit 15 ist rechtlich unbedenklich (BAG 30.4.14 – 7 ABR 51/12, NZA 15, 698). Auch darf den Bewerbern eine gewisse Überlegungsfrist eingeräumt werden (BAG 6.10.10 – 7 ABR 18/09, NZA 11, 360: hier zwei Wochen). Ohne diesen Mindestinhalt ist eine innerbetriebliche Stellenausschreibung unwirksam und berechtigt den BRat zur Zustimmungsverweigerung gem § 99 Abs 2 Nr 5 BetrVG. Art und Inhalt der Ausschreibung legt der ArbGeb einseitig fest. Insoweit besteht kein Mitbestimmungsrecht des BRat (BAG 27.10.92, DB 93, 885). Allerdings bleibt der ArbGeb an das von ihm festgelegte Anforderungsprofil für die Dauer des Auswahlvorgangs gebunden (LAG Köln 11.6.10 – 11 SaGa 4/10, BeckRS 2010, 71723). Bei der Ausschreibung von Arbeitsplätzen, die mit LeihArbN besetzt werden sollen, muss nicht die Möglichkeit aufgezeigt werden, die Bewerbung an den ArbGeb zu richten, um mit diesem – bei entsprechender Auswahlentscheidung – einen (geänderten) Vertrag zu schließen (BAG 7.6.16 – 1 ABR 33/14, NZA 16, 1226).

**16** Nach überwiegender Auffassung kann der BRat gem § 93 BetrVG **nur generell,** nicht jedoch von Fall zu Fall wegen bestimmter einzelner Arbeitsplätze eine Stellenausschreibung verlangen (LAG Köln 1.4.93, LAGE Nr 2 zu § 93 BetrVG 1972; *Fitting* § 93 Rz 5; aA *DKK/Buschmann* § 93 Rz 9). Dem ist zuzustimmen, soweit damit ein nachträgliches Berufen des BRat auf eine fehlende Stellenausschreibung im Rahmen des laufenden Mitbestimmungsverfahrens nach § 99 BetrVG ausgeschlossen werden soll. Möglich bleibt jedoch das Verlangen des BRat nach einer generellen, umfassenden Stellenausschreibung. Stellt der BRat diese Forderung aus Anlass einer bestimmten beabsichtigten Einstellung im Rahmen des Mitbestimmungsverfahrens gem § 99 BetrVG und hatte er von der beabsichtigten personellen Einzelmaßnahme vorher keine ausreichende Kenntnis, so kann er diesen Einwand auch bereits für den konkreten Fall geltend machen (streitig).

Zur Vermeidung derartiger Streitfälle ist der Abschluss einer **Betriebsvereinbarung** über die innerbetriebliche Stellenausschreibung empfehlenswert. Wird in einer solchen Betriebsvereinbarung ein bestimmter Fristrahmen vereinbart, so führt dies alleine noch nicht zu einer Beschränkung des ArbGeb auf die fristgerecht eingegangenen Bewerbungen. Er kann vielmehr auch spätere Bewerber berücksichtigen und ggf einstellen (BAG 18.11.80, DB 81, 998).

**17** **Anwendungsbereich** der Vorschrift ist grds der **Betrieb;** zuständig ist daher regelmäßig der örtliche BRat (LAG NdS 20.2.19 – 13 TaBV 24/18, NZA-RR 19, 423 – nicht rkr, Az beim BAG: 1 ABR 17/19). In Einzelfällen kann eine Verpflichtung des ArbGeb zur **unternehmensweiten** oder **konzernweiten** Stellenausschreibung in Betracht kommen; die Abgrenzungskriterien sind im Einzelnen umstritten. Richtigerweise sollte dies immer nur dann gelten, wenn die Voraussetzungen für die Zuständigkeit von GBRat oder KBRat vorliegen (*Fitting* § 93 Rz 10; *DKK/Buschmann* § 93 Rz 22). Erforderlich ist demnach das Bedürfnis nach unternehmens- oder konzerneinheitlicher Behandlung der ausgeschriebenen Position. Die Gegenansichten führen zu Rechtsunsicherheit bzw unzulässiger Beschneidung des Tätigkeitsbereichs von GBRat und KBRat.

§ 93 BetrVG hindert den ArbGeb nicht an der **außerbetrieblichen Ausschreibung.** Er ist lediglich verpflichtet, in inner- und außerbetrieblicher Stellenausschreibung gleiche Anforderungen zu stellen (BAG 23.2.88, DB 88, 1452). In Tendenzbetrieben (→ *Tendenzbetrieb* Rn 4) gilt § 93 BetrVG ohne Einschränkungen. Der BRat kann auch für Arbeitsplätze von Tendenzträgern deren vorherige Stellenausschreibung verlangen (BAG 30.1.79, DB 79, 1609; LAG Hess 3.9.96 – 4 Ta BV 160/95, NZA 97, 671).

**18** **c) Rechtsfolgen.** § 93 BetrVG gewährt dem BRat ein zwingendes Mitbestimmungsrecht. Unterlässt der ArbGeb trotz entsprechendem Verlangen des BRat eine innerbetriebliche Stellenausschreibung, so kann der BRat gem § 99 Abs 2 Nr 5 BetrVG die **Zustimmung** zu der geplanten Einstellung **verweigern.** Das Gleiche gilt, wenn die Ausschreibung zwar erfolgt, aber gegen § 7 Abs 1 TzBfG verstößt (LAG Hess 13.7.99 – 4 TaBV 192/97, NZA-RR 99, 641; *Richardi/Thüsing* § 99 Rz 267). Der gem § 99 Abs 4 BetrVG dann mögliche Zustimmungsersetzungsantrag des ArbGeb beim ArbG wird wegen der eindeutigen Rechtslage regelmäßig erfolglos sein. Der ArbGeb muss daher das gesamte Einstellungsverfahren samt vorheriger Ausschreibung und entsprechender Anhörung des BRat erneut durchführen (BAG 14.12.04 – 1 ABR 54/03, NZA 05, 424). Auch der Einwand des ArbGeb, nur ein externer Bewerber könne die erforderliche Qualifikation in Gestalt von Objektivität, Neutralität, Distanz und Unabhängigkeit gewährleisten, vermag einen Verzicht auf eine interne Ausschreibung nicht zu begründen (LAG Düsseldorf 12.4.19 – 10 TaBV 46/18, BeckRS 2019, 11343). Ob eine Heilung des Mangels im laufenden Zustimmungsersetzungsverfahren möglich ist, hat das BAG offen gelassen (so aber LAG Bln 26.9.03 – 6 TaBV 609/03, BeckRS 2003, 41738 als Vorinstanz). Demgegenüber besteht bei einer unzutreffenden, aber nicht offensichtlich falschen Angabe der Vergütungsgruppe in einer insgesamt nicht eindeutigen tariflichen Situation kein Zustimmungsverweigerungsrecht des BRat nach § 99 Abs 3 Nr 5 BetrVG (BAG 10.3.09 – 1 ABR 93/07, NZA 09, 622).

Weigert sich der ArbGeb Stellenausschreibungen vorzunehmen, so kann der BRat im arbeitsgerichtlichen Beschlussverfahren gem §§ 2a, 80 ff ArbGG entweder die gerichtliche Feststellung einer entsprechenden Verpflichtung des ArbGeb oder seine Sanktionierung gem § 23 Abs 3 BetrVG geltend machen. Erfolgt die Stellenausschreibung unter Verstoß gegen das AGG, hat der BRat gem §§ 17 Abs 2 AGG, 23 Abs 3 BetrVG einen Unterlassungsanspruch gegen den ArbGeb (BAG 18.8.09 – 1 ABR 47/08, NZA 10, 222). Streiten BRat und ArbGeb lediglich über Art und Weise sowie Umfang der Ausschreibungspflicht, entscheidet das ArbG hierüber ebenfalls im Beschlussverfahren.

**3. Muster.** S Online-Musterformular *„M39.1 Stellenausschreibung"*. 19

### B. Lohnsteuerrecht *Weil*

Die Stellenausschreibung hat für das LStRecht keine Bedeutung. Zu Aufwendungen des 26
ArbN in diesem Zusammenhang → *Bewerbung* Rn 16 ff.

### C. Sozialversicherungsrecht *Ruppelt*

Der Ausschreibung von Arbeitsplätzen kommt keine sozialversicherungsrechtliche Bedeu- 31
tung zu.

# Außenprüfung

### A. Arbeitsrecht *Kreitner*

**1. Arbeitsrechtliche Relevanz.** Die Außenprüfung selbst ist arbeitsrechtlich ohne Be- 1
deutung. Sie betrifft lediglich steuer- und sozialversicherungsrechtliche Belange im Verhältnis zwischen ArbGeb und FA bzw SozVTräger.

**2. Auskünfte durch Arbeitnehmer.** Die Außenprüfung entfaltet jedoch mittelbare 2
Auswirkungen auf die arbeitsrechtlichen Beziehungen zwischen ArbGeb und ArbN, da im Rahmen einer derartigen Prüfung die ArbN jeweils unmittelbare Ansprechpartner und Kontaktpersonen der Prüfer bezüglich der steuer- und sozialversicherungsrechtlichen Auskunftspflichten des ArbGeb sind.

**a) Weisungsgemäßes Handeln.** Gestützt auf das arbeitgeberseitige *Weisungsrecht* kann 3
der ArbGeb seinen ArbN bestimmte Verhaltensmaßregeln bei Außenprüfungen erteilen. So kann er bspw anordnen, dass nur bestimmte ArbN (zB wegen ihrer besonderen Sachkunde oder Erfahrung im Umgang mit Prüfern) Auskünfte erteilen dürfen und die Prüfer von den anderen ArbN an diese zu verweisen sind. Weist der ArbGeb demgegenüber die ArbN an, den Prüfern uneingeschränkt Auskunft zu erteilen und handeln die ArbN weisungsgemäß, begründet dies noch keine Gehilfenstellung der ArbN im Verhältnis zu den Prüfern. Sie unterliegen vielmehr weiterhin uneingeschränkt den arbeitsvertraglichen Bindungen, insbesondere der *Treuepflicht.* Allerdings muss sich der ArbGeb ggf eine Falschauskunft seiner ArbN gem § 278 BGB zurechnen lassen.

**b) Weisungswidriges Handeln** der ArbN ist in zwei Konstellationen denkbar. Entwe- 4
der gibt ein ArbN trotz entsprechender gegenteiliger Anweisung des ArbGeb den Prüfern bewusst falsche oder jedenfalls unzureichende Auskünfte oder er beantwortet Fragen der Prüfer zu Betriebsinterna, obwohl ihm dies durch den ArbGeb ausdrücklich untersagt worden ist. Der letztere Fall dürfte der praxisrelevantere sein. Hier stellt sich die Frage nach den arbeitsrechtlichen Rechtsfolgen eines solchen Verhaltens des ArbN. Dabei zeigt sich eine deutliche Parallele zu den Fällen der Erstattung einer Strafanzeige durch einzelne ArbN

zulasten ihres ArbGeb (sog externes Whistleblowing). Wie in diesen Fällen geht es auch hier um die Information staatlicher Organe bezüglich betriebsinterner Vorgänge. Die diesbezüglichen Grundsätze können daher herangezogen werden (→ *Whistleblowing* Rn 2).

## B. Lohnsteuerrecht *Seidel*

### Übersicht



8 **1. Allgemeines. a) Außenprüfung** ist im Steuerrecht der Oberbegriff für alle Prüfungen, die das FA zur Ermittlung der tatsächlichen und rechtlichen für die Steuerpflicht und die Bemessungsgrundlage der Steuer maßgebenden Verhältnisse (Besteuerungsgrundlagen) durchführt (§ 199 Abs 1 AO). Sie ist als spezielles Mittel des Besteuerungsverfahrens in den §§ 193–203 AO geregelt und zu unterscheiden von den **Einzelermittlungen** des FA gem §§ 93 ff AO (zB Auskunftsersuchen, Augenschein, Urkundenvorlage uÄ), zu denen auch die sog **betriebsnahe Veranlagung** gehört (*T/K* vor § 193 AO Rz 14). Zur Abgrenzung der Außenprüfung von Einzelermittlungsmaßnahmen s auch BFH 2.2.94 – I R 57/93, BStBl II 94, 377. Der früher anstelle des Begriffs Außenprüfung verwendete Begriff **Betriebsprüfung** wird weiterhin für die Betriebsprüfung im engeren Sinne, die turnusmäßige Prüfung von Gewerbebetrieben, Land- und Forstwirten, Freiberuflern und Stpfl iSd § 147a AO verwendet. Die Einteilung der Betriebe in Größenklassen (§ 3 BpO iVm BMF 9.6.15, BStBl I 15, 504) hat ua Bedeutung für die Prüfungshäufigkeit. Bei Großbetrieben finden regelmäßig lückenlose Betriebsprüfungen statt. Für diese Prüfungen sind die Vorschriften der BpO gedacht, die zT aber auch für die besonderen Außenprüfungen gelten (§ 1 Abs 2 BpO). Als **besondere Außenprüfungen** sind insbes die Umsatzsteuersonderprüfung gem § 194 Abs 1 S 2 AO und die LStAußenprüfung gem § 42 f EStG, die hier im Wesentlichen behandelt werden soll, anzusehen. Für diese sind bei den FA neben den Betriebsprüfungsstellen eigene Prüfungsdienste eingerichtet.

**Keine** Außenprüfung iSd §§ 193 ff AO ist die sog **Lohnsteuernachschau** (→ Rn 25). Auch die **Steuerfahndungsprüfung** nach § 208 Abs 1 AO stellt für die Anwendung der Änderungssperre (→ Rn 23) keine Außenprüfung iSd § 173 Abs 2 AO dar (BFH 11.12.97 – V R 56/94, BStBl II 98, 367).

9 **b) Lohnsteueraußenprüfung.** Zur Überwachung der ordnungsgemäßen Einbehaltung (§ 38 Abs 3 EStG; → *Lohnabzugsverfahren* Rn 19 ff) und Abführung (§ 41a Abs 1 Nr 2 EStG; → *Lohnsteuerabführung* Rn 2 ff) der LSt kann das BetriebsstättenFA nach seinem **Ermessen** (§ 5 AO) eine LStAußenprüfung durchführen (§ 42 f Abs 1 EStG) oder ein anderes FA damit beauftragen (§ 195 S 2 und 3 AO). Die Prüfung erstreckt sich darauf, ob sämtliche ArbN, auch die nicht ständig beschäftigten, erfasst und alle zum Arbeitslohn gehörenden Einnahmen, gleichgültig in welcher Form, dem Steuerabzug unterworfen wurden sowie ob bei der Berechnung der LSt von der richtigen Lohnhöhe ausgegangen wurde (LStR 42 f Abs 3 S 1). Sie ist eine Außenprüfung iSd §§ 193 ff AO und kann als abgekürzte Außenprüfung auf die wesentlichen Besteuerungsgrundlagen beschränkt werden (§ 203 Abs 1 AO). Die §§ 5–12 BpO sind mit Ausnahme des § 5 Abs 4 S 2 (Anmeldefristen) anwendbar (§ 1 Abs 2 BpO). Bei **kleineren Betrieben** (bis fünf ArbN) kann die LStAußenprüfung auch im Rahmen einer Betriebsprüfung durchgeführt werden. Auf Verlangen des ArbGeb ist es zudem möglich, die Außenprüfungen und die Prüfungen durch

den Träger der RV zur gleichen Zeit zu koppeln (§ 42f Abs 4 EStG; → Rn 20). Ein Rechtsanspruch hierauf besteht allerdings nicht.

**2. Prüfungsanordnung.** In der schriftlichen Prüfungsanordnung (§ 196 AO), die dem Stpfl angemessene Zeit vor der Prüfung bekanntzugeben ist (§ 197 Abs 1 AO), sind die Rechtsgrundlagen (a), der sachliche Umfang (b) sowie der Prüfungszeitraum (c) anzugeben. 10

**a) Prüfungsanordnung.** Nach § 193 Abs 1 AO ist bei Stpfl, die einen **gewerblichen,** einen **land- und forstwirtschaftlichen Betrieb** unterhalten oder **freiberuflich** tätig sind, eine Außenprüfung ohne besondere Begründung zulässig. Dies gilt auch für Stpfl, die **verpflichtet** sind, **für Rechnung eines anderen Steuern einzubehalten und abzuführen** (§ 193 Abs 2 Nr 1 AO), insbes also für ArbGeb. Steht nicht fest, ob der potenzielle Stpfl unternehmerisch oder als ArbGeb tätig ist, kommt eine Prüfung nach § 193 Abs 2 Nr 2 AO zur **Aufklärung der für die Besteuerung erheblichen Sachverhalte** in Betracht. Hier ist neben der Angabe der Rechtsgrundlage eine Begründung in der Prüfungsanordnung erforderlich (BFH 13.3.87 – III R 236/83, BStBl II 87, 664). Zur LStAußenprüfung, wenn ein Dritter ArbGebPflichten erfüllt (§ 42f Abs 3 EStG), → *Lohnabzugsverfahren* Rn 14 ff. 11

**b) Prüfungsumfang.** Dieser erstreckt sich regelmäßig auf die LSt, auch soweit die Pauschalierung nach § 37b EStG betroffen ist (§ 37b Abs 4 EStG, → *Lohnsteuerpauschalierung* Rn 60), die KiSt, den SolZ und den Steuerabzug für **beschränkt Stpfl** (§ 50a EStG; → *Ausländer* Rn 42). Daneben können die Arbeitskammerbeiträge (Brem und Saarl) sowie die Einbehaltung der Kapitalertragsteuer (§ 50b EStG) geprüft werden. Mitgeprüft wird regelmäßig die ArbGeb- und die ArbNEigenschaft. Die LStAußenprüfung richtet sich nur gegen den ArbGeb, das Rechtsverhältnis des FA zum ArbN wird hierdurch nicht berührt, so dass sich der ArbN nicht auf Vertrauensschutz berufen kann (BFH 28.6.06 – XI R 58/05, BFH/NV 06, 2180). 12

Zum **Kontenabruf** bei Kreditinstituten (§ 93 Abs 7 AO) s AEAO zu § 93 Tz 2, BMF 31.1.14, BStBl I 14, 290). Die für die Verwaltung der in § 93 Abs 8 S 1 AO abschließend aufgezählten Gesetze zuständigen Behörden können das BZSt direkt ersuchen, den Kontenabruf durchzuführen. § 93 Abs 7 AO (Auskunft für die Steuerfestsetzung) ist verfassungsgemäß (BVerfG 13.6.07 – 1 BvR 1550/03, 2357/04, 603/05, BStBl II 07, 896). Zur Hinweis- und Dokumentationspflicht des Kontenabrufs s § 93 Abs 9, 10 AO. Die durch das Steuerumgehungsbekämpfungsgesetz vom 23.6.17 (BGBl I 17, 1682) erfolgte Streichung des § 30a AO bei gleichzeitiger Einführung der Möglichkeit eines Sammelauskunftsersuchens in § 93 Abs 1a AO und der Ausweitung des Kontenabrufs nach § 93 Abs 7 AO zur Prüfung, ob ein Sachverhalt mit Auslandsbezug vorliegt, fällt im Wesentlichen das sog Bankenprivileg. Hintergrund waren die Entwicklungen im Zusammenhang mit den sog „Panama Papers" und die damit eingegangene Verschleierung der tatsächlichen Vermögensverhältnisse. Ziel ist, die Transparenz „beherrschender" Geschäftsbeziehungen inländischer Stpfl zu Gesellschaften und Vermögensmassen mit Sitz in anderen Ländern als der Europäischen Union oder der Europäischen Freihandelsassoziation zu gewährleisten.

**c) Prüfungszeitraum.** Das FA kann den Prüfungszeitraum grds nach seinem **Ermessen** bestimmen (BFH 4.11.87 – II R 102/85, BStBl II 88, 113). § 4 Abs 3 BpO (dreijähriger Prüfungszeitraum) gilt hier nicht (→ Rn 2). Ein Prüfungszeitraum von mehr als 3 Jahren ist daher nicht ermessensfehlerhaft (Thür FG 22.5.97 – I 44/97, EFG 98, 984). Da die LStAnmeldungen als Steuerfestsetzungen unter dem Vorbehalt der Nachprüfung gelten (§ 168 AO; → *Lohnsteueranmeldung* Rn 8), ist grds eine Prüfung des gesamten noch nicht verjährten Zeitraums möglich (§ 169 Abs 2 Nr 2 AO; → *Verjährung* Rn 38, 39). Aufgrund verwaltungsinterner Anweisungen kann jedoch in einzelnen Bundesländern eine **Selbstbindung** der Verwaltung bestehen (s zB Erlass des FinMin NRW 13.4.81, BB 81, 958, der im Normalfall eine Prüfung der drei zurückliegenden Kj vorsieht). 13

**d) Rechtsbehelfe.** Die mit einer Rechtsbehelfsbelehrung zu versehende Prüfungsanordnung ist mit dem Einspruch anfechtbar. Eine Aussetzung der Vollziehung (§ 361 AO) ist möglich. Ein **Verwertungsverbot** besteht nur bei einer für rechtswidrig erklärten Prüfungsanordnung (BFH 30.11.87 – VIII B 3/87, BStBl II 88, 183). Das Anfechtungsrecht wird nicht durch eine widerspruchslose Einlassung auf die Prüfung verwirkt (BFH 7.11.85 – IV R 6/85, BStBl II 86, 435). Die Festlegung des Prüfungsbeginns (§ 197 Abs 1 AO) und des Prüfungsorts gehören nicht zum notwendigen Inhalt der Prüfungsanordnung (§ 196 14

AO). Sie stellen eigene, anfechtbare **Verwaltungsakte** dar (BFH 4.2.88 – V R 57/83, BStBl II 88, 413 bzgl Beginn; BFH 25.1.89 – X R 158/87, BStBl II 89, 483 bzgl Ort). Ein Antrag auf Aussetzung der Vollziehung ist immer an das FA zu richten, das die Prüfungsanordnung erlassen hat, unabhängig davon, ob die Anordnung vom beauftragenden oder beauftragten FA erlassen worden ist (BFH 17.7.08 – VI B 40/08, BFH/NV 08, 1874). Da die Bestimmungen des Prüfers keinen Verwaltungsakt darstellen, ist hiergegen kein Rechtsbehelf gegeben (BFH 15.5.09 – IV B 3/09, BFH/NV 09, 1401). Einwendungen können nur gegen die im Anschluss an die Prüfung ergehenden Änderungsbescheide geltend gemacht werden.

15 **3. Prüfungsort.** Die Prüfung soll regelmäßig im Betrieb bzw mangels geeigneter Geschäftsräume in den Wohnräumen des Stpfl, ansonsten im FA stattfinden (§ 200 Abs 2 AO), denn der Stpfl hat die erforderlichen Unterlagen grds in seinen Geschäftsräumen vorzulegen und dem Prüfer einen geeigneten Arbeitsplatz zur Verfügung zu stellen (§ 42 f Abs 2 EStG iVm § 200 Abs 2 AO) Die Kanzlei des Steuerberaters kommt als Prüfungsort nach § 6 BpO zwar grds nicht in Betracht. Allerdings darf die FinVerw einen derartigen Antrag des Stpfl nicht ablehnen, wenn der Prüfung dort zumindest keine gleichwertigen Verwaltungsinteressen entgegenstehen BFH 28.11.06 – VI B 33/06, BeckRS 2006, 25011048). Derartige Interessen könnten sich mE aus Gründen des Steuergeheimnisses bei der Auswertung von auf den Laptop eines Prüfers überspielten Daten im Rahmen einer digitalen Prüfung (→ Rn 9 und → *Lohnkonto* Rn 3). Die Entscheidung des FA über den Prüfungsort stellt eine **Ermessensentscheidung** dar (BFH 28.11.06 – VI B 33/06, BFH/NV 07, 646). Der Prüfer hat sich zu Beginn der Prüfung unverzüglich auszuweisen (§ 198 AO).

16 **4. Mitwirkung. a) Arbeitgeber.** Der ArbGeb ist zur Mitwirkung bei der Feststellung der für die Besteuerung möglicherweise erheblichen Sachverhalteverpflichtet. Dazu gehört insbes die Vorlage von Aufzeichnungen, Büchern, Geschäftspapieren und anderen Urkunden, einschließlich der hierzu erforderlichen Erläuterungen (§ 42 f Abs 2 S 1 EStG iVm § 200 Abs 1 AO). Im LStPrüfungsverfahren werden dies insbes die Lohn- und Geschäftsbücher, die Aufzeichnungen nach § 4 LStDV (→ *Lohnkonto* Rn 3 ff), Anstellungsverträge und Verträge sein, die geldwerte Vorteile (→ *Arbeitsentgelt* Rn 36 ff) enthalten können, zB Miet- und Kaufverträge mit den ArbN. Auf Bild- und Datenträgern aufbewahrte Unterlagen sind ganz oder teilweise auszudrucken oder ohne Hilfsmittel lesbare Reproduktionen vorzulegen (§ 147 Abs 5 AO). Der Prüfer kann Einsicht in die gespeicherten Daten nehmen und das Datenverarbeitungssystem zur Prüfung der Unterlagen benutzen oder eine maschinelle Auswertung und Zurverfügungstellung der gespeicherten Aufzeichnungen und Unterlagen auf einem maschinell lesbaren **Datenträger** verlangen (§ 147 Abs 6 AO; im Einzelnen zu den Grundsätzen ordnungsgemäßer Buchführung sowie zum Datenzugriff s BMF 14.11.14, BStBl I 14, 1450 und BMF 26.5.17, BStBl I 17, 789 zur verbindlichen Anwendung eines einheitlichen Standarddatensatzes als Schnittstelle für die LStAußenprüfung ab 1.1.18, sog Digitale LohnSchnittstelle – DLS; → *Aufzeichnungspflichten* Rn 7 und *Lohnkonto* Rn 3). Die Befugnisse nach § 147 Abs 6 AO stehen den Finanzbehörden nur in Bezug auf Unterlagen zu, die der Stpfl nach § 147 Abs 1 AO aufzubewahren hat (BFH 24.6.09 – VIII R 80/06, DStR 09, 2006). Zu den dem Datenzugriff unterliegenden Unterlagen s ausführlich BFH 26.9.07 – I B 53, 54/07, BStBl II 08, 415 sowie FG Münster 16.5.08 – 6 K 879/07, EFG 08, 1592. Auf Antrag kann das FA bewilligen, dass die elektronischen Bücher und **Aufzeichnungen in einem EU- oder EWR-Staat** geführt und aufbewahrt werden. Allerdings muss der Zugriff in vollem Umfang möglich sein (§ 146 Abs 2a, 2b AO).

17 **b) Arbeitnehmer.** Dieser soll zur Mitwirkung erst dann angehalten werden, wenn dies erforderlich ist (→ *Auskunftspflichten Arbeitnehmer* Rn 37, 39). Ungeachtet dessen ist der ArbN verpflichtet, dem Prüfer Auskunft über Art und Höhe seiner Einnahmen zu geben und die etwa in seinem Besitz befindliche Bescheinigung über den LStAbzug sowie Belege über bereits entrichtete LSt vorzulegen. Dies gilt auch für Personen, bei denen es strittig ist, ob sie ArbN des ArbGeb sind oder waren (§ 42 f Abs 2 Sätze 2 und 3 EStG).

18 **5. Schlussbesprechung.** Eine Schlussbesprechung, auf die der ArbGeb auch verzichten kann, findet statt, wenn sich Änderungen der Besteuerungsgrundlagen ergeben haben (§ 201 Abs 1 AO). Im Fall der abgekürzten Außenprüfung (→ Rn 2) genügt ein Hinweis vor Abschluss der Prüfung, inwieweit von den Steuererklärungen oder Steuerfestsetzungen

(zB LStAnmeldung, § 168 AO) abgewichen werden soll (§ 203 Abs 2 AO). Eine Teilnahme des ArbN kommt – auch wenn es um seine Steuerschuld geht – nur mit Willen des ArbGeb in Betracht. Besteht die Möglichkeit der Einleitung eines Straf- oder Bußgeldverfahrens, ist der ArbGeb spätestens in der Schlussbesprechung darauf hinzuweisen (§ 201 Abs 2 AO). Ergibt sich für den Prüfer bereits während der Prüfung der Verdacht einer **Steuerstraftat oder Steuerordnungswidrigkeit,** muss das Straf- oder Ordnungswidrigkeitenverfahren schon vorher eröffnet werden (*T/K* § 201 AO Rz 16), mit der Folge, dass die Mitwirkung des ArbGeb nicht mehr erzwungen werden kann (§ 393 Abs 1 AO). **Vereinbarungen** in der Schlussbesprechung binden die Beteiligten grds nicht, da ein Vergleich über Steuerforderungen nicht möglich ist (*HMW*/Außenprüfung Rz 59). Bindend ist jedoch eine tatsächliche Verständigung über einen schwierig zu ermittelnden Sachverhalt (BFH 5.10.90, BStBl II 91, 45; → *Vergleich* Rn 14–16). Im Anschluss an eine Außenprüfung kann der ArbGeb die Erteilung einer **verbindlichen Zusage** gem § 204 AO für die steuerrechtliche Behandlung noch nicht verwirklichter Sachverhalte beantragen (OFD Frankfurt/Main 3.11.03, DStR 03, 2227). Zu den Voraussetzungen der hiervon zu unterscheidenden Anrufungsauskunft nach § 42e EStG → *Anrufungsauskunft* Rn 4 ff (*Heuermann/Wagner* Teil K Rz 55, 56).

**6. Prüfungsbericht.** Dieser ist nach Abschluss der Außenprüfung – abgesehen von der abgekürzten Außenprüfung – schriftlich zu erstellen. Er hat die für die Besteuerung erheblichen Prüfungsfeststellungen in tatsächlicher und rechtlicher Hinsicht sowie die Änderung der Besteuerungsgrundlagen darzustellen. Ergeben sich keine Änderungen, genügt eine schriftliche Mitteilung hierüber (§ 202 Abs 1 AO). Ein **Rechtsbehelf** gegen den Prüfungsbericht ist **nicht möglich** (BFH 17.7.85, BStBl II 86, 21), auch wenn der Bericht auf Antrag des ArbGeb vor der Auswertung zur Stellungnahme übersandt wird (§ 202 Abs 2 AO). Erst der aufgrund des Berichts ergehende Haftungs- (→ *Lohnsteuerhaftung* Rn 48–62) und/oder Nachforderungs- bzw Pauschalierungsbescheid (→ *Lohnsteuerpauschalierung* Rn 6) des FA ist anfechtbar. 19

**7. Rechtsfolgen. a) Ablaufhemmung** für die Festsetzungsverjährung tritt mit dem Beginn der Außenprüfung ein (§ 171 Abs 4 AO; BFH 18.7.91, BStBl II 91, 824 und 16.6.15 – IX R 51/14, BFH/NV 15, 1341; → *Verjährung* Rn 38, 39). Der Beginn der Außenprüfung setzt Maßnahmen voraus, die für den Stpfl als Prüfungshandlungen erkennbar und geeignet sind, sein Vertrauen in den Ablauf der Verjährungsfrist zu beseitigen (BFH 31.3.14 – I B 120/13, BFH/NV 14, 1009). Als **Prüfungsbeginn** ist bereits das Aktenstudium des Prüfers nach Erlass der Prüfungsanordnung anzusehen (BFH 7.8.80, BStBl II 81, 409) oder auch die Auswertung der Daten bei einer Datenträgerüberlassung sowie ein Auskunfts- und Vorlageersuchen des FA, mit dem unter Hinweis auf die Außenprüfung um Beantwortung verschiedener Fragen und Vorlage bestimmter Unterlagen gebeten wird. Das Aktenstudium vor Erlass der Prüfungsanordnung reicht hingegen nicht (BFH 8.7.09 – XI R 64/07, BStBl II 10, 4; AEAO zu § 198 AO, BMF 31.1.14, BStBl I 14, 290 Tz 1). Die Ablaufhemmung tritt auch für den Zeitraum ein, in dem die Prüfung auf Antrag des Stpfl hinausgeschoben wird (§§ 197 Abs 2 und 171 Abs 4 S 1 AO). Sie gilt nicht für den EStAnspruch des FA gegenüber dem ArbN (BFH 15.12.89, BStBl II 90, 526). Ihr Umfang bestimmt sich nach der Prüfungsanordnung. Mit dem Erscheinen des Prüfers wird die Abgabe einer wirksamen, zur Straffreiheit führenden **Selbstanzeige** ausgeschlossen (§ 371 Abs 2 AO). Zur Frage der **Unterbrechung** unmittelbar nach Beginn der Außenprüfung für mehr als sechs Monate mit der Folge, dass die Ablaufhemmung nicht eintritt s BFH XI R 64/07, BStBl II 10, 4. 20

**b) Nachzuerhebende Steuern** aufgrund der Prüfung kann das FA vom ArbGeb oder ArbN nachfordern. Der **Arbeitgeber** erhält, soweit Pauschsteuerbeträge nach §§ 40–40b EStG nachgefordert werden (hier ist nur eine Nachforderung beim ArbGeb möglich), als Steuerschuldner einen Nachforderungs- bzw Pauschalierungsbescheid (→ *Lohnsteuernachforderung* Rn 15 und → *Lohnsteuerpauschalierung* Rn 6), im Übrigen einen Haftungsbescheid gem § 42d Abs 1–3, 9 EStG iVm § 191 AO (→ *Lohnsteuerhaftung* Rn 47 ff). Von den Bescheiden kann abgesehen werden, wenn der ArbGeb seine Zahlungsverpflichtung schriftlich anerkennt (§ 42d Abs 4 S 1 Nr 2 und S 2 EStG). Das schriftliche **Anerkenntnis** steht einer LStAnmeldung gleich (§ 167 Abs 1 AO) und löst deren Wirkungen aus (→ *Lohn-* 21 *steueranmeldung* Rn 8, 9 und → *Lohnsteuerhaftung* Rn 49). Zur Haftung eines Dritten bei Lohnabzug durch Dritte → *Lohnabzugsverfahren* Rn 14.

22 Regelmäßig wird mit dem Erlass des Nachforderungs- bzw Pauschalierungs- und/oder Haftungsbescheids gegenüber dem ArbGeb auch der Vorbehalt der Nachprüfung der LStAnmeldungen (→ *Lohnsteueranmeldung* Rn 8, 9) im Prüfungszeitraum aufgehoben. Der **Arbeitnehmer,** der mit Ausnahme der Pauschalierung der LSt, Steuerschuldner ist, wird mit Nachforderungsbescheid oder durch Änderung des EStBescheids in Anspruch genommen (*Schmidt/Krüger* § 42d Rz 18, 23; → *Lohnsteuernachforderung* Rn 14, 15, → *Lohnsteuerhaftung* Rn 19–22).

23 **c) Änderungssperre.** Grds können Steuerbescheide, denen das Ergebnis einer Außenprüfung zugrunde liegt, nicht mehr geändert werden, es sei denn, es liegt eine Steuerhinterziehung oder eine leichtfertige Steuerverkürzung vor (§ 173 Abs 2 AO); dies gilt auch für eine Mitteilung nach § 202 Abs 1 S 3 AO (keine Änderung von Besteuerungsgrundlagen). Nach der Rspr des BFH gilt dies auch für nach einer LStAußenprüfung ergangene Bescheide (BFH 15.5.92, BStBl II 93, 829 und 840). Der **Umfang** der Änderungssperre ergibt sich aus dem der Prüfung zugrunde liegenden Zeitraum lt Prüfungsanordnung. Um aber bei einer vorrangigen Inanspruchnahme des ArbN (→ *Lohnsteuerhaftung* Rn 19–23) die Möglichkeit offenzuhalten, den ArbGeb bei Erfolglosigkeit der Inanspruchnahme des ArbN in Anspruch zu nehmen, sind die FA angewiesen, in derartigen Fällen den Haftungsbescheid über die gesamte nachzuzahlende LSt zu erlassen, das Leistungsgebot (→ *Lohnsteuerhaftung* Rn 48 f) nur auf den zunächst vom ArbGeb geforderten Betrag zu beschränken und den Widerruf des Leistungsgebots für den Fall vorzubehalten, dass die Steuererhebung beim ArbN nicht möglich ist (FinMin NRW 30.5.96, DStR 96, 1007; s aber auch FinMin NdS 1.8.97, DB 97, 2002; BB 97, 2152; BFH 17.2.95, BStBl II 95, 555). Die Änderungssperre aufgrund der LStAußenprüfung steht der Änderung eines unter dem Vorbehalt der Nachprüfung ergangenen EStBescheides nicht entgegen, selbst wenn derselbe Sachverhalt zuvor schon Gegenstand der Prüfung war, nach der der Vorbehalt der Nachprüfung der LStAnmeldungen aufgehoben wurde. LStAußenprüfungen beziehen sich immer nur auf die lohnsteuerrechtliche Beurteilung des dort geprüften Sachverhalts und entfalten **keine Bindungswirkung** für ein nachfolgendes Veranlagungsverfahren (BFH 14.7.04 – I R 57/03, BStBl II 11, 985).

Kommt das FA seiner Verpflichtung, nach dem Ende der LStAußenprüfung den Vorbehalt der Nachprüfung aufzuheben, versehentlich nicht nach, zB weil der Prüfer meint, es sei nichts veranlasst, da die Prüfung ergebnislos geblieben ist, empfiehlt es sich für den ArbGeb aus den dargestellten Gründen, die Aufhebung des Vorbehalts oder zumindest eine schriftliche Mitteilung gem § 202 Abs 1 S 3 AO über die Ergebnislosigkeit der Außenprüfung zu verlangen (*Thomas* DStR 92, 1468).

24 **d) Keine Bindung für die Zukunft** ergibt sich regelmäßig aus der LStAußenprüfung für das FA (zB aus der Nichtbeanstandung einer Handhabung oder aufgrund einer Auskunft durch den Prüfer) oder aus dem Prüfungsbericht (→ *Lohnsteuerhaftung* Rn 23). Bindend sind idR nur die Anrufungsauskunft gem § 42e EStG (→ *Anrufungsauskunft* Rn 5 ff), die verbindliche Zusage nach § 89 Abs 2 AO (→ *Anrufungsauskunft* Rn 5) oder die verbindliche Zusage nach einer Außenprüfung (§§ 204 ff AO; → 18). Treu und Glauben stehen grds der Anordnung einer Außenprüfung für einen geprüften Zeitraum nicht entgegen (BFH 24.1.89, BStBl II 89, 440). Dies gilt auch unter Berücksichtigung der Änderungssperre des § 173 Abs 2 AO. Generell zur Bindung des FA nach Treu und Glauben s BFH 13.12.90, BStBl II 90, 274; → *Vergleich* Rn 14–16.

**e)** Zu **Mitteilungen** des FA an die Träger der SozV und umgekehrt → Rn 21, 22.

25 **8. Lohnsteuer-Nachschau.** Mit der Einführung des § 42g EStG, der der Sicherstellung einer ordnungsgemäßen Einbehaltung und Abführung der LSt dient (§ 42g Abs 1 EStG), wurde die Rechtsgrundlage für gemeinsame Prüfungen von Zoll- und FinVerw geschaffen und so die Beteiligung von LStAußenprüfern an Einsätzen der Zollverwaltung im Rahmen der Bekämpfung von Schwarzarbeit erleichtert. Die Zollverwaltung nimmt diese Aufgabe seit 2004 gem §§ 2 Abs 1 S 2 und 6 Abs 3 S 1 Nr 4 SchwarzarbeitG wahr. Im Rahmen der LStAußenprüfung kann die Schwarzarbeit nicht wirksam bekämpft werden, da die Prüfung nach § 197 AO rechtzeitig vor Prüfungsbeginn durch Prüfungsanordnung angekündigt

werden muss (→ Rn 3) und damit den Stpfl Zeit bleibt, entsprechende Vorkehrungen zu treffen. Die LStNachschau findet dagegen **ohne vorherige Ankündigung** und außerhalb einer LSt-Außenprüfung während der üblichen Geschäfts- und Arbeitszeiten mit entsprechenden Zutrittsrechten der Prüfer statt (§ 42g Abs 2 EStG). Die FA sind auch außerhalb einer Kontrolle der Zollbehörden zur Durchführung einer LStNachschau berechtigt. Es bestehen seitens des Stpfl dieselben Mitwirkungspflichten wie bei der LStAußenprüfung (§ 42g Abs 3 EStG; → Rn 9). Entsprechendes gilt für die Datenzugriffsrechte der Prüfer. Die im Rahmen der LSt-Nachschau erlassenen Verwaltungsakte sind grds mit Zwangsmitteln (§§ 328 ff AO) durchsetzbar. Es handelt sich jedoch um **keine Prüfung iSd §§ 193 ff AO,** weshalb sie weder den Ablauf der Festsetzungsfrist (§ 171 IV AO) hemmt noch zu einer Änderungssperre nach § 173 II AO führt (so auch *Schmidt/Krüger* § 42g Rz 1). Gleichwohl kann, falls die getroffenen Feststellungen dazu Anlass geben, zu einer LStAußenprüfung nach § 42 f EStG übergegangen werden (§ 42g Abs 4 EStG). Zudem bezweckt § 42g EStG die Feststellung der zutreffenden gesetzlichen Besteuerungsgrundlagen. Der ArbGeb kann aufgrund der bei der LSt-Nachschau gewonnenen Erkenntnisse durch LSt-Nachforderungs- oder LSt-Haftungsbescheid in Anspruch genommen werden. Sie ist damit eine Prüfung iSv § 371 II Nr 1c AO mit der Folge, dass mit Erscheinen des Prüfers aufgrund der Sperrwirkung der Vorschrift eine **Selbstanzeige** ausgeschlossen ist (BT-Drs 17/14821, S 19 f). Ergangene Verwaltungsakte können mit dem Einspruch angefochten werden. S iE BMF 16.10.14, BStBl I 14, 1408.

**9. Muster.** S Online-Musterformulare *„M33 Lohnsteuer: Anträge und Rechtsbehelfe.* **26**

## C. Sozialversicherungsrecht

*Schlegel*

**1. Überprüfung und Überwachung des Arbeitgebers.** Der Beitragseinzug und das Meldeverfahren liegen in der Zuständigkeit der Einzugsstellen (sog **Einzugsstellenverfahren** nach § 28 f SGB IV); lediglich die nachträgliche turnusmäßige Überprüfung ist Sache der Träger der RV (sog **Betriebsprüfung** nach § 28p SGB IV). Für **Statusfeststellungsverfahren** nach § 7a SGB IV ist die DRV Bund zuständig. Um divergierende Entscheidungen zu verhindern, ordnet § 7a Abs 1 SGB IV an, dass auf Antrag eine Statusfeststellung stattfindet, „es sei denn, die Einzugsstelle oder ein anderer Versicherungsträger hatte im Zeitpunkt der Antragstellung bereits ein Verfahren zur Feststellung einer Beschäftigung eingeleitet". Darüber hinaus hat das BSG zum Konkurrenzverhältnis folgendes entschieden: wenn nach Einleitung einer Betriebsprüfung Statusfeststellungsanträge gestellt werden, ist der Träger der RV grundsätzlich gehalten, seine Prüfung auf diese Verfahrensgegenstände zu erstrecken und über sie eine Entscheidung zu treffen (BSG 4.9.18 – B 12 KR 11/17 R, BeckRS 2018, 33290, NZS 2019, 743). **31**

**2. Einzugsstellenverfahren.** Eine **laufende Überwachung** der Beitragszahlung erfolgt durch die Beitragseinzugsstellen; diese prüfen kontinuierlich die **Einreichung des Beitragsnachweises** und die **Zahlung des Gesamtsozialversicherungsbeitrags** (§ 28h SGB IV). Die routinemäßige Außenprüfung ist seit 1.1.96 Sache der Träger der RV. **Einzelheiten der Prüfung** werden durch das BeitragsverfahrensVO vom 3.5.06 (BGBl I 1138 BVV) geregelt (zur Ermächtigungsgrundlage vgl § 28p Abs 9 SGB IV). **32**

**3. Betriebsprüfung nach § 28p SGB IV.** Die Träger der RV prüfen bei den ArbGeb turnusmäßig, ob diese ihre **Meldepflichten** und ihre sonstigen **Pflichten im Zusammenhang mit dem Gesamtsozialversicherungsbeitrag** ordnungsgemäß erfüllen (§ 28p Abs 1 SGB IV); sie prüfen insbes die Richtigkeit der Beitragszahlungen und der Meldungen (§ 28a SGB IV; zu diesen Pflichten → *Meldepflichten Arbeitgeber* Rn 3 ff; → *Aufzeichnungspflichten* Rn 9 ff). Die Prüfung durch die RV ist umfassend. Prüfungsgegenstand ist das Sozialversicherungsverhältnis des Beschäftigten, zB mit Fragen der Versicherungs- und Beitragspflicht, der Beitragshöhe und der Beitragsberechnung, aber auch der Zugehörigkeit zur RV, desgleichen die Richtigkeit der Beitragszahlung und der Meldungen. Beitragszahlungen idS sind auch die Pflichtbeiträge zur PflegeV für freiwillig Krankenversicherte sowie Umlagen nach dem AAG (früher LFZG; BSG 30.10.02 – B 1 KR 19/01, SozR 3–2400 § 28p Nr 1 zur Vorlage nach dem LFZG). **33**

34 Der **Prüfungsturnus** beträgt regelmäßig vier Jahre, auf Verlangen des ArbGeb erfolgt eine Prüfung auch in kürzeren Abständen (§ 28p Abs 1 Satz 2 SGB IV). Zudem können die Beitragseinzugsstellen eine alsbaldige Prüfung durch die Träger der RV veranlassen, zB bei drohender Zahlungsunfähigkeit des ArbGeb (BR-Drs 97/95 S 9 zu § 28p Abs 1 Satz 3 SGB IV).

35 **4. Prüfungsumfang/Prüfungsablauf.** Die Prüfung erstreckt sich auf den ArbGeb (Ausnahme: ArbGeb werden wegen der Beschäftigten in privaten Haushalten nicht geprüft, § 28p Abs 10 SGB IV). Zu prüfen sind aber auch steuerberatende Stellen, Rechenzentren und vergleichbare Einrichtungen, die im Auftrag des ArbGeb oder einer von ihm beauftragten Person Löhne und Gehälter abrechnen oder Meldungen erstatten (§ 28p Abs 6 SGB IV). Die Prüfung umfasst auch die Lohnunterlagen der Beschäftigten, für die Beiträge nicht gezahlt wurden. Der ArbGeb ist (unaufgefordert) verpflichtet, **Bescheide und Prüfberichte den Finanzbehörden** vorzulegen. Die Prüfer sind verpflichtet, diese Unterlagen einzusehen und eine versicherungs- und beitragsrechtliche Auswertung vorzunehmen. Das Ergebnis ist im Prüfbericht festzuhalten; im Prüfbericht sind die Gründe festzuhalten (§ 7 Abs 4 BVV). Zwar ist die Betriebsprüfung im Grundsatz auf **Stichproben** beschränkt. Sie muss sich aber auf die im Betrieb tätigen **Ehegatten, Lebenspartner, Abkömmlinge des ArbGeb** sowie **geschäftsführende GmbH-Gesellschafter** erstrecken, sofern ihr sozialversicherungsrechtlicher Status nicht bereits durch Verwaltungsakt festgestellt ist (BSG 19.9.2019 – B 12 R 25/18 R). Dem ArbGeb ist zu empfehlen, im Rahmen von Betriebsprüfungen einen Antrag auf Überprüfung konkreter Sachverhalte und deren Bescheidung durch Veraltungsakt zu stellen, wenn der ArbGeb insoweit unsicher ist und Rechtssicherheit anstrebt.

36 Den Trägern der RV ist es im Rahmen der Prüfung auch erlaubt, **Verwaltungsakte zur Versicherungspflicht und zur Beitragshöhe** in der KV, PflegeV und RV sowie zur Beitragspflicht und zur Beitragshöhe nach dem SGB III einschließlich der Widerspruchsbescheide zu erlassen (§ 28p Abs 1 Satz 5 SGB IV). Die Betriebsprüfung muss durch einen **konkreten Prüfbescheid** (geprüfte Sachverhalte, Rechtsfolgen) abgeschlossen werden (BSG 19.9.19 – B 12 R 25/18 R, BeckRS 2019, 22527). Insoweit bildet die Betriebsprüfung **Vertrauensschutz** nach Maßgabe der §§ 44 ff SGB X. Die Verwaltungsakte können gegenüber ArbGeb und ArbN erlassen werden (BSG 17.12.14 – B 12 R 13/13 R, BeckRS 2015, 68961). „Für die Dauer der Prüfung" beim ArbGeb ordnet § 25 Abs 2 SGB IV die **Hemmung der Verjährung von Beiträgen** an. Die Hemmung beginnt mit dem Tag des Beginns der Prüfung beim ArbGeb; kommt es aus Gründen, die die prüfende Stelle nicht zu vertreten hat, zu einem späteren Beginn der Prüfung, tritt die Hemmung mit dem von dem Versicherungsträger in seiner Prüfungsankündigung ursprünglich (kalendermäßig) genau bestimmten Tag ein (BSG 4.9.18 – B 12 R 4/17 R, Rz 29: Ankündigung „zum Jahresende" ist zu ungenau, um die Hemmung auszulösen). Die Hemmung endet mit Bekanntgabe des Beitragsbescheides, spätestens nach Ablauf von sechs Monaten nach Abschluss der Prüfung (§ 25 Abs 2 Sätze 3 ff SGB IV; zur Verjährung → *Sozialversicherungsbeiträge* Rn 29 ff). Hat ein ArbGeb gegen einen aufgrund einer Betriebsprüfung ergangenen Beitragsbescheid Klage erhoben und ergeht während dieses gerichtlichen Verfahrens aufgrund einer erneuten Betriebsprüfung ein weiterer Beitragsbescheid für einen späteren Zeitraum, wird dieser Bescheid nicht nach **§ 96 SGG** Gegenstand des Verfahrens (BSG 14.7.04 – B 12 KR 10/02 R, SozR 4–5375 § 2 Nr 1).

37 **5. Beanstandungslose Prüfungsergebnisse.** Nach früherer Ansicht des BSG hatten Betriebsprüfungen nur den Zweck der Beitragssicherung (BSG 14.7.04 – B 12 KR 10/02 R, SozR 4–5375 § 2 Nr 1; 29.7.03 – B 12 AL 1/02 R SozR 4–2400 § 27 Nr 1 und 30.10.13 – B 12 AL 2/11 R, BeckRS 2014, 66872). Beanstandungslose Betriebsprüfungen begründeten nach früherer Ansicht des BSG keinen Vertrauensschutz zugunsten des ArbGeb (BSG 30.10.13 – B 12 AL 2/11 R, BeckRS 2014, 66872, Rz 31).Mit Urteil vom 19.9.2019 (B 12 R 25/18 R, BeckRS 2019, 22527) hat das BSG im Hinblick auf grundrechtsrelevante Indienstnahmen der ArGeb für die Zwecke der SozVers und deren Interesse an **Vorhersehbarkeit und Vertrauensschutz** entschieden, dass Betriebsprüfungen immer durch einen konkreten Verwaltungsakt abgeschlossen werden müssen und dass Betriebsprüfungen insoweit auch **Schutzwirkung für ArbGeb** zukommt, als von den Betriebsprüfungsstellen

konkrete Sachverhalte geprüft worden sind. Nach § 28p Abs 1 Satz 2 SGB IV ist die Betriebsprüfung auf Antrag des ArbGeb in kürzerem als 4-jährigem Turnus durchzuführen. Damit anerkennt das Gesetz implizit das Interesse des ArbGeb an, konkrete Sachverhalts zur Herstellung von Rechtssicherheit und Rechtsklarheit verbindlich klären zu lassen. Zur Klarstellung sollte der ArbGeb in seinem Antrag auf Betriebsprüfung klarstellen, welche Sachverhalte überprüft werden sollen.

Über Betriebsprüfungen hinaus hat der ArbGeb das Recht, in **Zweifelsfällen** gem § 28h Abs 2 Satz 1 SGB IV rechtzeitig eine Entscheidung der Beitrageinzugsstelle über die Versicherungs- und Beitragspflicht eines ArbN in Form eines Verwaltungsaktes herbeizuführen (BSG 7.11.95 – 12 RK 19/94, SozR 3–2400 § 26 Nr 7). An diese Entscheidung sind die Versicherungsträger nach Maßgabe der §§ 44 ff SGB X gebunden (BSG 27.1.2000 – B 12 KR 10/99 R, SozR 3–2400 § 28h Nr 11). Bei Betriebsprüfung in **Klein- und Kleinstbetrieben,** die nur einen einzigen ArbN beschäftigen, ist entgegen der früheren Rspr (BSG 30.10.13 – B 12 AL 2/11 R Rz 26 f) davon auszugehen, dass Versicherungs- und Beitragshöhe geprüft worden sind und bei beanstandungsloser Betriebsprüfung eine spätere Beitragsnahforderung ausscheidet 38

Für die Frage des Umfangs des Vertrauensschutzes (§§ 44 ff SGB X) ist auf den Inhalt des nach Abschluss der Betriebsprüfung zu erlassenden Verwaltungsaktes abzustellen. 39

**6. Spezieller Vertrauensschutz in der Arbeitslosenversicherung.** Eine leistungsrechtliche Bindung der BA an Bescheide über die Versicherungs- und Beitragspflicht besteht kraft Gesetzes nur in den engen Grenzen des § 336 SGB III. Danach ordnet das Gesetz eine **Bindungswirkung** nur an, wenn die **DRV Bund im Anfrageverfahren nach § 7a SGB** IV die Versicherungspflicht durch VA festgestellt hat. Fehlt es an einer solchen Feststellung, ist die BA nach Eintritt von Arbeitslosigkeit regelmäßig berechtigt, Leistungen mit der Begründung zu versagen, der Arbeitslose sei in der Vergangenheit nicht versicherungspflichtig gewesen (BSG 6.3.03 – B 11 AL 25/02 R, SozR 4–2400 § 7 Nr 1 S 3 mwN). Sie kann Leistungen nach der Rspr selbst dann noch verweigern, wenn die Beitragszahlung im Rahmen einer Betriebsprüfung unbeanstandet geblieben oder die Beitragspflicht gar förmlich durch Verwaltungsakt festgestellt worden ist (BSG 6.2.92 – 7 RAr 134/90, SozR 3–4100 § 104 Nr 8). Letzteres ist mE jedoch zumindest nach den Grundsätzen von **Treu und Glauben** dann nicht mehr zulässig, wenn die BA im Verfahren über die Versicherungs- und Beitragspflicht nach § 12 SGB X förmlich beteiligt sowie im anschließenden Sozialgerichtsverfahren nach § 75 Abs 2 SGG notwendig beigeladen war. Nimmt sie es dort ohne Einlegung von Rechtsmitteln hin, dass Versicherungs- und Beitragspflicht bejaht wird, kann sie im Leistungsverfahren nicht ohne sachlichen Grund die gegenteilige Ansicht vertreten und Leistungen mit der Begründung verweigern, es habe an der Versicherungspflicht gefehlt (zum Grundsatz von Treu und Glauben BSG 12.12.07 – B 12 AL 1/06 R, SozR 4–2400 § 27 Nr 3: Ausschluss der Verjährungseinrede, wenn BA Anspruch auf AlGeld wegen der in der Vergangenheit zu Unrecht angenommenen Versicherungspflicht verneint und ArbN nicht ausreichend aufgeklärt hat). 40

**7. Pflicht zur Anzeige des Verdachts einer Steuerstraftat.** Werden den Trägern der SozV, insbes deren Prüfern zB bei einer Außenprüfung dienstlich Tatsachen bekannt, die den Verdacht einer Steuerstraftat begründen, haben sie dies dem Finanzamt mitzuteilen (§ 116 Abs 1 AO). Die Befugnis hierzu ergibt sich für die zur Durchführung des SGB zuständigen Behörden (zum Behördenbegriff § 1 Abs 2 SGB X) aus § 71 Abs 1 Satz 1 Nr 3 SGB X. 41

**8. Prüfungsrechte der Behörden der Zollverwaltung.** Die Zollverwaltung prüft gem § 2 Abs 1 Nr 1 SchwarzArbG, ob die Pflichten ua nach § 28a SGB IV erfüllt werden (BSG 28.8.07 – B 7/7a AL 16/06 R, SozR 4–1500 § 131 Nr 3). Dabei werden die Behörden der Zollverwaltung ua durch die SozVTräger unterstützt (§ 2 Abs 2 SchwarzArbG). Einzelheiten zu den Kompetenzen, der Datenschutz etc sind in den §§ 3 ff SchwarzArbG geregelt. Für das Verwaltungsverfahren der Behörden der Zollverwaltung gelten die **Vorschriften der AO** sinngemäß (§ 22 SchwarzArbG). In öffentlich-rechtlichen Streitigkeiten über Verwaltungshandeln der Zollverwaltung nach dem SchwarzArbG ist der **Finanzrechtsweg** gegeben (§ 23 SchwarzArbG). 42

Zur Rechtswegzersplitterung bei der Nichtabführung von SozVersBeiträgen vgl *Ziegelmeier* NZA 2015, 651.

# Außerordentliche Einkünfte

## A. Arbeitsrecht

*Griese*

1 Die in § 34 EStG angesprochenen außerordentlichen Einkünfte erfahren eine einheitliche steuerliche Behandlung, fallen aber nicht unter einen gemeinsamen arbeitsrechtlichen Oberbegriff. Arbeitsrechtlich haben insbes Abfindungen (§ 34 Abs 2 Nr 2 iVm § 24 Nr 1 EStG; s *Abfindung*) sowie Entgeltnachzahlungen (s *Entgeltnachzahlung*) und Vergütungen aus *Annahmeverzug* nach unwirksamer Kündigung des ArbGeb jeweils für zurückliegende Kj (§ 34 Abs 2 Nr 4 EStG – Vergütungen für mehrjährige Tätigkeit) eine besondere Relevanz. Für diese Einkünfte kann ein **ermäßigter Steuersatz** gelten. Ein Anwendungsfall kann auch vorliegen, wenn es **vernünftige wirtschaftliche Gründe** dafür gibt, **eine zusammengefasste Entlohnung für mehr als 12 Monate vorzunehmen** (BFH 7.5.15 – VI R 44/13, DStR 15, 1865; s dazu *Intemann* NZA 15, 1176).

Der ArbGeb hat die Nebenpflicht aus dem Arbeitsverhältnis, die steuerlichen Abzüge korrekt zu berechnen und abzuführen (BAG 16.6.04 – 5 AZR 521/03, NZA 04, 1274; BAG 11.10.89 – 5 AZR 585/88, NZA 90, 309). Er muss dabei den **ermäßigten Steuersatz** für außerordentliche Einkünfte **zutreffend berücksichtigen.** Fehler können zu **Schadensersatzansprüchen** des ArbN gegen den ArbGeb nach § 280 BGB führen.

## B. Lohnsteuerrecht

*Seidel*

2 **I. Allgemeines.** Für die in § 34 Abs 2 EStG ausdrücklich genannten außerordentlichen Einkünfte (bestimmte Veräußerungsgewinne, Entschädigungen, Nutzungsvergütungen und Zinsen, Vergütungen für mehrjährige Tätigkeiten und Einkünfte aus außerordentlichen Holznutzungen) wird die ESt nach einem **ermäßigten Steuersatz** bemessen (§ 34 Abs 1 EStG). Die Vorschrift schafft also keine neue Einkunftsart, sondern orientiert sich an den sieben Einkunftsarten des § 2 Abs 1 EStG, zu denen auch die hier darzustellenden Einkünfte aus nichtselbstständiger Arbeit gehören (§ 2 Abs 1 Nr 4 iVm § 19 EStG). Kennzeichen der außerordentliche Einkünfte ist der zusammengeballte Zufluss in einem Kj, an den die Besteuerung anknüpft (→ *Lohnzufluss* Rn 2 ff). Ohne die Tarifvorschrift des § 34 EStG würden die Einkünfte zusammen mit den laufenden Einkünften wegen des progressiv gestalteten EStTarifs mit einem höheren Steuersatz belegt, als bei einem über mehrere Jahre verteilten Zufluss. Dies vermeidet die Regelung, indem die außerordentlichen Einkünfte rechnerisch aus dem zu versteuernden Einkommen ausgegliedert und ermäßigt besteuert werden.

3 Das Fünftelungsverfahren (→ Rn 17) gilt sowohl für **Vergütungen für eine mehrjährige Tätigkeit** als **für Entschädigungen.** Für Gewinne aus Betriebsveräußerungen und -aufgaben anstelle des Fünftelungsverfahrens kann unter gewissen Voraussetzungen 56 % des Steuersatzes in Anspruch genommen werden, mindestens jedoch 14 % (§ 34 Abs 3 EStG; → Rn 22). Die Tarifermäßigungen gelten nur für unbeschränkt stpfl bzw auf Antrag als unbeschränkt stpfl zu behandelnde ArbN sind (§§ 1 Abs 3, 1a EStG; § 50 Abs 1 Sätze 4 und 5 EStG; → *Lohnsteuerberechnung* Rn 7, 8 und → *Grenzgänger* Rn 4 ff).

4 **II. Tarifermäßigung bei außerordentlichen Einkünften** (§ 34 Abs 1 EStG). Die Darstellung wird auf den für ArbN und ArbGeb im Rahmen des LStAbzugs relevanten Bereich der Entschädigungen (→ Rn 5 ff) und der Vergütungen für eine mehrjährige Tätigkeit (→ Rn 13 ff) beschränkt (§ 34 Abs 2 Nr 2 iVm § 24 Nr 1 EStG bzw § 34 Abs 2 Nr 4 EStG). Die übrigen außerordentlichen Einkünfte des § 34 Abs 2 EStG (→ Rn 2) sind lohnsteuerrechtlich unbeachtlich.

5 **1. Entschädigungen nach § 24 Nr 1 EStG. a) Allgemein.** Von den in § 24 Nr 1 EStG genannten Entschädigungen kommen für ArbN nur solche in Betracht, die als Ersatz für entgangene oder entgehende Einnahmen (§ 24 Nr 1a EStG) oder für die Aufgabe oder Nichtausübung einer Tätigkeit gewährt werden (§ 24 Nr 1b EStG). Die Vorschrift stellt klar, dass die in ihr genannten Ersatzeinnahmen unter dieselbe Einkunftsart fallen, zu der die ursprünglichen Einnahmen gehört hätten, wären sie erzielt worden, (*Schmidt/Wacker* § 24

Rz 2). Der Begriff der Entschädigung setzt in seiner allgemeinen, für die Nr 1a und b des § 24 EStG gleichmäßig geltenden Bedeutung nach der Rspr voraus, dass der Stpfl infolge einer Beeinträchtigung der durch die einzelnen Vorschriften geschützten Güter einen **finanziellen Schaden** erlitten hat und die Zahlung unmittelbar dazu bestimmt ist, diesen Schaden auszugleichen (BFH 12.2.87, BStBl II 87, 386; EStR 24.1). Die Annahme einer Entschädigung verlangt, dass das zugrunde liegende **Rechtsverhältnis beendet** wird; davon kann nicht ausgegangen werden, wenn das bestehende Dienstverhältnis lediglich formal mit einem neuen ArbGeb, aber im Übrigen in Bezug auf den Arbeitsbereich, die Entlohnung und unter Wahrung des sozialen Besitzstandes im Wesentlichen unverändert fortgesetzt wird (BFH 10.10.06 – XI B 118/05, BFH/NV 07, 415). Zu Zweifelsfragen im Zusammenhang mit der ertragssteuerlichen Behandlung von Entlassungsentschädigungen s BMF 1.11.13, BStBl I 13, 1326 in der Fassung vom 4.3.16, BStBl I 16, 277; → Rn 11 f und LStH Anhang 15 mit Berechnungsbeispielen Rn 12; s dort auch (→ Rn 14–16 mit RsprNachweisen) zu zusätzlichen Leistungen des früheren ArbGeb aus Gründen sozialer Fürsorge, zB weitere unentgeltliche Nutzung des Dienstwagens und betrieblicher Einrichtungen wie Telefon, Büro sowie verbilligter Wohnung oder Zuschüsse zum AlGeld oder zur Altersversorgung.

Zur Frage der Entschädigung bei arbeitnehmerähnlicher Ausgestaltung eines von einem selbstständig Tätigen abgeschlossenen Beratungsvertrags s BFH 10.7.2012 – VIII R 48/09, BStBl II 13, 155.

**b) Entschädigungen als Ersatz für entgangene oder entgehende Einnahmen** (§ 24 Nr 1a EStG) **aa) Allgemein.** Die Vorschrift greift, wenn die an die Stelle der entgangenen oder entgehenden Einnahmen tretenden Ersatzleistungen auf einer neuen Rechts- oder Billigkeitsgrundlage beruhen (*HMW*/Außerordentliche Einkünfte Rz 8, 9). Dazu gehören auch vom ArbGeb freiwillig übernommene stpfl Teile der RVBeiträge iSd § 187a SGB VI (BMF 1.11.13, BStBl I 13, 1326 in der Fassung vom 4.3.16, BStBl I 16, 277 Rz 20, 21). Zahlungen zur Erfüllung eines Anspruchs sind **keine Entschädigung** iSd § 24 Nr 1a EStG, wenn die vertragliche bei lediglich geänderter Zahlungsmodalität Grundlage bestehen geblieben ist (EStH 24.1: Entschädigung iSd § 24 Nr 1a EStG mit Beispielen; BFH 6.11.02 – XI R 2/02, DStRE 03, 599: Trennung bereits erdienter Tantiemen von den Entschädigungen), zB eine laufende Zahlung durch Nachzahlung, Abfindung oder Kapitalisierung ersetzt wird. Gleiches gilt für Zahlungen in der Freistellungsphase, wenn die Freistellung nach einer Kündigung durch den ArbGeb aufgrund eines gerichtlichen Vergleichs erfolgte (FG Nbg 9.5.14 – 7 K 1612/13, BeckRS 2014, 96033; die eingelegte Rev wurde zurückgenommen, BFH 30.9.14 – IX R 15/14, nicht dokumentiert). 6

**Neue Rechtsgrundlage** können ein Vertrag oder Prozessvergleich, eine Betriebsvereinbarung (Sozialplan), Rationalisierungsschutzabkommen sowie ArbG-Urteile sein (*Schmidt/Wacker* § 24 Rz 9). Für die Abgrenzung von vertraglichen Erfüllungsleistungen und Entschädigungen ist der im Aufhebungsvertrag vereinbarte Zeitpunkt der Beendigung des Arbeitsverhältnisses maßgebend (BFH 15.10.03 – XI R 17/02, BStBl II 04, 264). Das zur Ersatzeinnahme führende Ereignis muss weder ohne noch gegen den Willen des Stpfl eingetreten sein (EStH 24.1: Entschädigung iSd § 24 Nr 1a EStG), so dass eine Entschädigung iSd § 24 Nr 1a EStG auch vorliegen kann, wenn der ArbN an dem zum Einnahmeausfall führenden Ereignis mitwirkt bzw Vereinbarungen zum Ausgleich des eingetretenen oder drohenden Schadens schließt. Er darf das schadenstiftende Ereignis aber nicht aus eigenem Antrieb herbeigeführt, sondern muss **unter rechtlichem, wirtschaftlichem oder tatsächlichem Druck** gehandelt haben haben (*Schmidt/Wacker* § 24 Rz 6). Bei Einbeziehung von dem ArbN bis zur Beendigung des Dienstverhältnisses zustehenden Zahlungen neben Entschädigungen für künftig entgehende Einnahmen in eine Abfindungsvereinbarung sind diese, selbst wenn sie noch nicht fällig sein sollten, als nicht tarifermäßigte Einnahmen von den Entschädigungen ausgenommen. Eine Entschädigung liegt aber vor, wenn der ArbN für die Zeit nach Auflösung des Dienstverhältnisses Beträge erhält, auf die er bei Fortdauer einen Anspruch gehabt hätte, der aber durch die Auflösung zivilrechtlich entfallen ist (BFH 19.10.05 – XI R 24/04, BFH/NV 06, 928).

**bb) Einzelfälle.** Entschädigungen iSd § 24 Nr 1a EStG sind 7

– Stpfl **Abfindungen** wegen vom ArbGeb veranlasster Auflösung eines Dienstverhältnisses ohne Rücksicht auf die formelle Gestaltung des Auflösungsvorgangs (EStH 24.1;

→ *Abfindung* Rn 41 ff), selbst bei Vereinbarung eines **Ersatzanspruchs** vor Beginn des Dienstverhältnisses für den Fall einer betriebsbedingten Kündigung oder Nichtverlängerung des Dienstverhältnisses (BFH 10.9.03 – XI R 9/02, BStBl II 04, 349; BFH 16.6.04 – XI R 55/03, BStBl II 04, 1055 zu tarifvertraglich vereinbarten Vorruhestandsgeldern).
- Zu Zahlungen nach dem **Altersteilzeitgesetz** → *Altersteilzeit* Rn 26 ff. Bei Altersteilzeitmodellen ist die Auflösung des Dienstverhältnisses nicht vom ArbGeb veranlasst, wenn die Altersteilzeit bis zum 65. Lebensjahr andauert (LStR 2007 R 9 Abs 2 Satz 4). Eine Entschädigung ist jedoch möglich, wenn die Altersteilzeit vorher endet.
- Zur Änderungskündigung → *Änderungskündigung* Rn 43.
- Zahlung einer Abfindung für eine **Arbeitszeitreduzierung** (BFH 25.8.09 – IX R 3/09, DStR 09, 2418).
- **Abgeltung** eines gesetzlichen **Schadensersatzanspruchs** BFH 6.9.06 – XI R 38/04, BFH/NV 07, 408; BFH 6.7.05 – XI R 46/04, BStBl II 06, 55, soweit der Anspruch an die Stelle nicht erzielter Einnahmen tritt (FG Nds 14.3.12 – 4 K 79/10, EFG 12, 1666), auch bei Zahlungen Dritter, zB Schadensersatzleistungen an einen ArbN, weil dieser wegen einer ihm von einem Dritten zugefügten Verletzung sein Dienstverhältnis auflösen muss (*HMW*/Außerordentliche Einkünfte Rz 19).
- Zahlungen zur **Aufstockung des Transferkurzarbeitergeldes** s FG Düsseldorf 25.10.10 – 11 K 2909/09, EFG 11, 976.
- Zum **Verzicht** auf Abfindungen zur Schadenswiedergutmachung bei der Zahlung von Bestechungsgeldern durch Dritte an den ArbN → *Werbungskosten* Rn 25.

8 – Erfasst wird auch die **Kapitalisierung von Versorgungsansprüchen** aus der betrieblichen Altersversorgung auf Veranlassung des ArbGeb, falls die Leistung auf einer neuen Rechtsgrundlage beruht, der ArbN sich dem Verlangen des ArbGeb also nicht entziehen kann (BFH 9.7.92, BStBl II 93, 27). Eine Entschädigung liegt auch dann vor, wenn bereits die Versorgungszusage allein dem ArbGeb die Möglichkeit einräumt, Rentenleistungen durch eine Kapitalzahlung abzulösen. Diese Zahlung tritt ersatzweise an die Stelle der monatlichen Pensionszahlungen (BFH 13.12.05 – XI R 55/04, BFH/NV 06, 2042). Unschädlich ist es, wenn der ArbN in einer späteren Vereinbarung das Angebot des ArbGeb annimmt, die zunächst zugesagten monatlichen Übergangsgelder als Einmalbetrag zu zahlen. Das insoweit eingeräumte Wahlrecht auf Kapitalisierung steht der begünstigten Besteuerung nicht entgegen (BFH 14.5.03 – XI R 12/00, BStBl II 04, 449; BFH 13.12.05 – XI R 55/04, BFH/NV 06, 2042). Der Anspruch auf laufende Versorgungsbezüge fällt weg, stattdessen wird ein Anspruch auf eine wirtschaftlich andere Leistung, die Kapitalisierung, begründet.
- Dies gilt auch, wenn **verfallbare oder unverfallbare Pensionsanwartschaften** abgefunden werden und sich der ArbN dem nicht entziehen kann, zB wegen drohender Kündigung oder wenn die Abfindung durch eine ernst zu nehmende wirtschaftliche Gefährdung des Anspruchs veranlasst ist (BFH 14.12.04 – XI R 12/04, BFH/NV 05, 1251: Verzicht auf Witwenpension). Ein **Gesellschafter-Geschäftsführer** steht nicht unter erheblichem rechtlichen, wirtschaftlichen oder tatsächlichen Druck, wenn er seine Versorgungsansprüche aufgibt, um den Verkauf seiner Geschäftsanteile zu ermöglichen (BFH 3.12.03 – XI R 30/02, BFH/NV 04, 1225; s aber auch BFH 10.4.03 – XI R 4/02, BStBl II 03, 748; 15.10.03 – XI R 11/02, BFH/NV 04, 624: Entschädigung, wenn Fortführung der GmbH nicht zumutbar; BFH 4.9.02 – XI R 53/01, BStBl II 03, 177: Zwang zur Liquidation sowie BFH 10.4.03 – XI R 4/02, BStBl II 03, 748: Nichtübernahme der Pensionsverpflichtung durch Erwerber; → *Betriebliche Altersversorgung* Rn 176).
- Auch eine Abfindung, die der **Pensionssicherungsverein** auf Gegenseitigkeit aufgrund einer Pensionszusage des in Insolvenz gefallenen ArbGeb an den ArbN zahlt (§ 8 Abs 2 BetrAVG), ist eine Entschädigung iSd § 24 Nr 1a EStG (BFH 25.8.93, BStBl II 94, 167).
- Zum Verzicht eines von einer betrieblichen Altersversorgung ausgenommenen ArbN auf seinen arbeitsrechtlichen **Gleichbehandlungsanspruch** s FG Köln 15.3.93 – 10 V 254/93, EFG 94, 297.

**cc) Ausnahmen. Keine** Entschädigung iSd § 24 Nr 1a EStG sind 9

- Zahlungen im Zuge eines **Betriebsübergangs,** bei denen das Arbeitsverhältnis mit teilweise geänderten Konditionen fortgesetzt wird (BFH 10.10.01 – XI R 54/00, BStBl II 02, 181),
- Zahlungen beim Auslaufen eines **befristeten Dienstvertrags,** da es an einer vom ArbGeb veranlassten Auflösung fehlt,
- Sonderzahlungen im Rahmen einer konzernweiten **Auslandsversetzung** (FG Köln 8.2.01 – 10 K U 874/96, EFG 01, 570 rkr; Rev unzulässig) und die
- **Ablösung künftiger Tantiemeansprüche** bei fortgeführtem Arbeitsverhältnis (BFH 10.10.01 – XI R 50/99, BStBl II 02, 347).Ebenso fällt die Zahlung einer **Pensionsabfindung** nicht unter § 24 Nr 1a EStG, wenn der ArbN nach Eheschließung zur Herstellung der ehelichen Lebensgemeinschaft das Arbeitsverhältnis kündigt (BFH 21.6.90 – X R 46/86, BStBl II 90, 1020).
- Die Umwandlung eines Teilbetrags einer Abfindung in eine **Versorgungszusage** stellt mangels Zuflusses keine begünstigt zu besteuernde Entschädigung dar (BFH 22.12.10 – IX B 131/10, BFH/NV 11, 784).**Nachzahlungen** eingeklagter Bezüge oder fehlerhaft berechneter Renten stellen keine Entschädigungen dar. Gleiches gilt für Einmalzahlungen des ArbGeb für Erfindungen des ArbN (→ *Arbeitnehmererfindung* Rn 30).
- Werden nach Aufhebung des Arbeitsverhältnisses auf der Grundlage eines Transfer-Arbeitsverhältnisses und mit Rücksicht auf dieses von der Transfergesellschaft Aufstockungsbeträge zum Transferkurzarbeitergeld geleistet, stellen die Zahlungen regelmäßig keine Entschädigung nach § 24 Nr 1a EStG dar, sondern sind als laufender Arbeitslohn iSd § 19 EStG zu behandeln (BFH 12.3.10 – IX R 44/17, BStBl I 19, DStR 19, 1256).

**c) Entschädigungen für die Aufgabe oder Nichtausübung einer Tätigkeit** (§ 24 Nr 1b EStG) setzen voraus, dass der ArbN (freiwillig oder unfreiwillig) eine Tätigkeit aufgibt oder sich zur Nichtausübung verpflichtet und dafür eine Gegenleistung erhält (*HMW*/Außerordentliche Einkünfte Rz 20), zB bei Vorliegen eines Wettbewerbsverbots (→ *Wettbewerbsverbot* Rn 48, 49 und BFH 12.6.96, BStBl II 96, 516; hierzu *Hutter* DStZ 96, 641). Im **Gegensatz zur Entschädigung** nach § 24 Nr 1a EStG (→ Rn 6) gilt das Erfordernis einer neuen Rechts- oder Billigkeitsgrundlage für die Leistung der Entschädigung hier nicht (*Schmidt/Wacker* § 24 Rz 36). Sie kann daher bereits auf dem ursprünglichen Arbeitsvertrag beruhen und dort von vornherein festgelegt sein. Voraussetzung ist allerdings auch hier, dass die Entschädigung über das hinausgeht, was dem ArbN ohnehin bis zur Beendigung des Dienstverhältnisses durch Ablauf des Vertrages oder Ende der gewöhnlichen Kündigungsfrist als Arbeitslohn, Gehalt, Tantieme usw zugestanden hätte (BFH 2.4.76 – VI R 67/74, BStBl II 76, 490; *HMW*/Außerordentliche Einkünfte Rz 20). **Aufgabe einer Tätigkeit** liegt vor, wenn sie endgültig nicht mehr ausgeübt wird, also auch dann, wenn nach Beendigung der Tätigkeit beim bisherigen ArbGeb anschließend einer Tätigkeit bei einem anderen ArbGeb nachgegangen wird. Die Aufgabe des Berufs wird nicht verlangt (BFH 8.8.86, BStBl II 87, 106), sodass es reicht, wenn einem angestellten Versicherungsvertreter die bisherige Tätigkeit in einem bestimmten Bereich (Bezirk) entzogen wird (BFH 23.1.01 – XI R 7/00, BStBl II 01, 541). Die **Nichtausübung** bedeutet ein Ruhen ohne endgültige Aufgabe der Tätigkeit. Bei Veranlassung der Aufgabe oder Nichtausübung ausschließlich vom ArbGeb, zB durch Kündigung, so wird idR auch § 24 Nr 1a EStG anwendbar sein, während § 24 Nr 1b EStG eine eigenständige Bedeutung erhalten kann, wenn die Aufgabe oder Nichtausübung mit Willen oder Zustimmung des ArbN erfolgt (*HMW*/Außerordentliche Einkünfte Rz 20; → *Abfindung* Rn 43) oder wenn die Entschädigung für den Verzicht auf eine mögliche Einkunftserzielung gezahlt wird (BFH 23.1.01 – XI R 7/00, BStBl II 01, 541). 10

**d) Außerordentlichkeit. aa) Grundsatz.** Entschädigungen nach § 24 Nr 1a und b EStG sind nur steuerbegünstigt, wenn eine **Zusammenballung** von Einnahmen vorliegt, die sich bei normalem Ablauf auf mehrere Jahre verteilt hätten, der Stpfl also unter Einschluss der Entschädigung infolge der Beendigung des Arbeitsverhältnisses im jeweiligen Veranlagungszeitraum insgesamt mehr erhalten hat, als er bei ungestörter Fortsetzung des Arbeitsverhältnisses erhalten hätte (BFH 8.4.14 – IX R 33/13, BFH/NV 14, 1358; ebenso FG Nbg 9.5.14 – 7 K 1612/13, BeckRS 2014, 96033, wonach das Erfordernis der Zusammenballung auch nicht dadurch entfällt, dass der ArbN im Jahr des Zuflusses andere 11

Einkünfte erzielt). Bei der **hypothetischen und prognostischen Ermittlung** ist nicht auf die Verhältnisse des Vorjahres abzustellen, wenn die **Einnahmesituation** durch außergewöhnliche Ereignisse (zB variable Gehaltskomponenten) geprägt ist und sich daraus keine Vorhersagen für den unterstellten Verlauf bei Fortsetzung des Arbeitsverhältnisses ableiten lassen (BFH 27.1.10 – IX R 31/09, BStBl II 11, 28; BMF 1.11.13, BStBl I 13, 1326 Rz 8–12 und Rz 5).

12 **bb) Einheitliche Beurteilung.** Eine aus Anlass der Auflösung oder Beendigung eines Arbeitsverhältnisses als Ersatz für entgehende Einnahmen gewährte Entschädigung ist **einheitlich zu beurteilen,** auch wenn sie sich in sachlicher oder zeitlicher Hinsicht aus mehreren Teilen zusammensetzt (BFH 11.5.10 – IX R 39/09, BFH/NV 10, 1801; FG Düsseldorf 5.4.2000 – 13 K 9505/97 E, EFG 2000, 740: Outplacementberatung und Barabfindung als einheitliche Abfindung in verschiedenen Veranlagungszeiträumen). Erzielt ein ehemaliger **Geschäftsführer** weiter als Unterbeteiligter Einkünfte aus der mitunternehmerischen Beteiligung, ist dies bei **Abgrenzbarkeit** der Einkünfte für die Einordnung der Abfindung als Ersatz für entgehende, also künftig nicht mehr entstehende Einnahmen ohne Bedeutung. Die Umqualifizierung von Vergütungen in gewerbliche Einkünfte im Zusammenhang mit einer vorzeitigen Beendigung des Anstellungsverhältnisses bei einem auch als Geschäftsführer tätigen **Mitunternehmer,** ändert an der Abgrenzbarkeit für Zwecke des § 24 Nr 1a EStG nichts (BFH 24.6.09 – IV R 94/06, BFH/NV 09, 1877).

Eine Zusammenballung hat der BFH auch dann angenommen, wenn die Entschädigung nur bis zum Jahresende entgangene oder entgehende Einnahmen ersetzt, der Stpfl aber weitere Einkünfte aus nichtselbstständiger Arbeit (von einem anderen ArbGeb) bezieht, die er bei Fortsetzung des bisherigen Arbeitsverhältnisses nicht bezogen hätte, so dass er insgesamt höhere Einkünfte hat als bei regulärem Verlauf des bisherigen Arbeitsverhältnisses (BFH 16.7.97, BStBl II 97, 753). Bezieht er aber keine weiteren Einnahmen, die er bei Fortsetzung des Arbeitsverhältnisses nicht erhalten hätte, fehlt es an einer Zusammenballung (BFH 4.3.98 – XI R 46/97, BStBl II 98, 787). Als Konsequenz aus dieser Rspr sind daher auch dem Progressionsvorbehalt (→ *Lohnersatzleistungen* Rn 16, 17) unterliegende **Lohnersatzleistungen** (AlGeld), die ohne Beendigung des Arbeitsverhältnisses nicht gezahlt worden wären bei der Prüfung der Zusammenballung miteinzubeziehen (BMF 1.11.13, BStBl I 13, 1326 in der Fassung vom 4.4.3.16, BStBl I 16, 277 Rz 12 mit Berechnungsbeispielen; ebenso Sächsisches FG 24.4.13 – 1 K 1836/09, EFG 13, 1922, die dagegen eingelegte Revision Az IX R 14/13 wurde zurückgenommen; aA FG Nds 20.3.14 – 1 K 130/13, DB 14, 1909; in der Rev Az BFH IX R 14/14 erging lediglich Beschluss wegen Erledigung der Hauptsache).

13 **cc) Zufluss der Zahlung.** Die Zahlung der Entschädigung muss grds **in einem Betrag** erfolgen, kann aber innerhalb eines Kj in mehreren Teilbeträgen geleistet werden, da auch dann die Progressionswirkung abzumildern ist (BFH 4.3.98 – XI R 46/97, BStBl II 98, 787). Beim **Zeitpunkt des Zuflusses** ist demgegenüber eine **steuerwirksame Gestaltung** dadurch möglich, dass die urspr vorgesehene Fälligkeit vor ihrem Eintritt auf einen späteren Zeitpunkt verschoben wird (BFH 11.11.09 – IX R 1/09, BStBl II 10, 746; IX R 12/09, BeckRS 2009, 250161001 und IX R 13/09, BeckRS 2009, 25016102) oder die Fälligkeit der Abfindung von vornherein auf einen Zeitpunkt im folgenden Kj festgelegt wird, denn der Zweck der Vorschrift, die Progressionswirkung abzumildern, ist auch in diesem Fall erfüllt. Ein Rechtsmissbrauch (§ 42 AO) kommt daher in solchen Fällen regelmäßig nicht in Betracht. Etwas anderes kann mE möglicherweise bei Verträgen mit Ehegatten und nahen Angehörigen gelten (s dazu auch → *Familiäre Mitarbeit* Rn 30 ff). Der Zufluss der Entschädigung **in zwei oder mehreren Kj** ist grds auch dann **nicht tarifbegünstigt,** wenn es ohne Zutun des ArbN im **Insolvenzfall** des ArbGeb zu einer Abweichung in der Auszahlung kommt (BFH 11.5.10 – IX R 39/09, BFH/NV 10, 1801 und 14.4.15 – IX R 29/14, BFH/NV 15, 1354). Möglich ist hier nur eine Berücksichtigung im Billigkeitsweg (BFH 6.9.2000 – XI R 19/00, BFH/NV 01, 431; s auch BFH 28.6.06 – XI R 58/05, BStBl II 06, 835). Das BMF hält demgegenüber einen auf zwei Jahre verteilten Zufluss der Entschädigung **ausnahmsweise** für unschädlich, wenn die Zahlung der Entschädigung **von vornherein** in einer Summe vorgesehen war und nur wegen ihrer ungewöhnlichen Höhe und der **besonderen Verhältnisse des Zahlungspflichtigen** auf zwei Jahre verteilt wurde **oder** wenn der **Entschädigungsempfänger** – bar aller Existenzmittel – dringend **auf den**

**baldigen Bezug** einer Vorauszahlung **angewiesen** war (BMF 4.3.16, BStBl I 16, 277 Rn 8).

**Unschädlich** ist es, wenn der Stpfl nur eine ganz **geringfügige Teilleistung** (maximal 10% – BFH 8.4.14 – IX R 28/13, BFH/NV 14, 1514; so nunmehr auch BMF 4.3.16, BStBl I 16, 277 Rn 8) erhalten hat und die ganz überwiegende Hauptentschädigungsleistung in einem Betrag ausgezahlt wird, sofern eine Ausnahmesituation in der Progressionsbelastung des Stpfl besteht (BFH 25.8.09 – IX R 11/09, BStBl II 11, 27 und 26.11.11 – IX R 20/10, DStR 11, 853; → Rn 15 sowie BFH 9.3.11 – IX R 9/10, BFH/NV 11, 1320 zur Frage, ob eine Zusammenballung vorliegt, wenn sich durch andere negative Einkünfte eine Progressionswirkung nicht ergibt). Ein Zufluss der Entschädigungen in mehreren Veranlagungszeiträumen ist lediglich dann unschädlich, wenn die Entschädigungen auf Grund von mehreren, gesonderte und unterschiedliche Zeiträume betreffenden Vereinbarungen gezahlt werden (BFH 6.9.06 – XI R 38/04, BFH/NV 07, 408; BFH 21.1.04 – XI R 40/02 (BStBl II 04, 716; FR 04, 850: Anm *Wendt*). **Ratenzahlungen** über mehrere Jahre stehen daher einer Steuerermäßigung entgegen.

**dd) Sonderfälle.** 14

– Einmalzahlungen, zum **Ausgleich des Verlustes von Einnahmen des Zahlungsjahres**. Wird eine Entschädigung für die Aufgabe oder Nichtausübung einer Tätigkeit nur eines Jahres gewährt und auch in diesem Jahr gezahlt, sind insoweit mangels einer durch die Zahlung gegenüber dem Normalverlauf nachteiligen Progressionswirkung keine außerordentlichen Einkünfte gegeben (BFH 16.3.93, BStBl II 93, 497).
– An einer Zusammenballung fehlt es, wenn **nachträgliche Ausgleichszahlungen** erfolgen, weil in einer Abfindungsvereinbarung geregelte Teile einer Gesamtversorgung wegfallen, wodurch auch der ermäßigte Steuersatz für die vorhergehende Abfindungszahlung entfällt (OFD Chemnitz 19.4.96, DB 96, 911).
– Die **Rückzahlung** einer Abfindung ist auch dann erst im Abflussjahr zu berücksichtigen, wenn die Abfindung im Zuflussjahr begünstigt besteuert wurde (BFH 4.5.06 – VI R 33/03, BStBl II 06, 911).

**Steuerfreie Einkünfte** sind bei der Anwendung der Steuerermäßigung unbeachtlich. Sie sind keine steuerbaren Entschädigungen iSd § 24 Nr 1 EStG (BFH 11.5.10 – IX R 39/09, BFH/NV 10, 1801). Dabei ist der Freibetrag – falls Zahlungen in mehr als 1 Veranlagungszeitraum bezogen werden – bei der 1. Zahlung zu berücksichtigen. Ein Wahlrecht des ArbN besteht insoweit nicht (BFH 28.6.06 – XI R 58/05, BStBl II 06, 835).

**ee) Ausnahmen. Unschädlich** für die Beurteilung der Hauptleistung als zusammengeballte Entschädigung sind in einem späteren Veranlagungszeitraum **aus sozialer Fürsorge erbrachte Entschädigungszusatzleistungen** als Teil der einheitlichen Entschädigung (BFH 11.5.10 – IX R 39/09, BFH/NV 10, 1801; BFH 21.1.04 – XI R 22/03, BFH/NV 04, 1226: Aufzahlung wegen Verlusten bei der Altersversorgung; BFH 21.1.04 – XI R 33/02, BStBl II, 04, 715: Nachbesserung der Hauptentschädigung um 42,3% durch günstigeren Sozialplan; BFH 14.4.05 – XI R 11/04, BFH/NV 05, 1772: mtl Zuzahlungen zum AlGeld). Die zusätzlichen Entschädigungsleistungen dürfen die Hauptleistung jedoch **betragsmäßig** bei weitem nicht erreichen oder nur so geringfügig sein, dass eine Versagung der Vergünstigung dem Grundsatz der Verhältnismäßigkeit widersprechen würde (BFH 11.5.10 – IX R 39/09, BFH/NV 10, 1801; BFH 21.1.04 – XI R 23/03, BFH/NV 04, 1227 und 23.2.05 – XI R 3/04, BFH/NV 05, 1269: Sachbezüge, die zu einer umfassenden Versorgung führen, sind keine ergänzenden Zusatzleistungen). **Bedürftigkeit** oder eine nachvertragliche Fürsorgepflicht im arbeitsrechtlichen Sinn sind **nicht Voraussetzung** (BFH 3.7.02 – XI R 80/00, BStBl II 04, 447). Mit BMF-Schreiben vom 1.11.13 (BStBl I 13, 1326 Rz 14) hat die Finanzverwaltung zusätzliche Entschädigungsleistungen, die weniger als 50% der Hauptleistung betragen, als unschädlich angesehen. **Zu beachten** ist aber, dass nur die Hauptentschädigung, nicht jedoch die ergänzenden Entschädigungszusatzleistungen ermäßigt besteuert werden (BFH 6.3.02 – XI R 16/02, BStBl II 04, 446). 15

Bei **planwidrigem Zufluss in mehreren Kalenderjahren** kann der Korrekturbetrag eines nachfolgenden Kj auf **Antrag** auf das vorhergehende zurückbezogen werden, zB bei einer versehentlich zu niedrigen Auszahlung oder einer Nachzahlung nach einem Rechtsstreit (BMF 1.11.13, BStBl I 13, 1326 Rz 16–19; dort auch zur Rückzahlung empfangener Entschädigungen; s auch FG Köln 17.11.04 – 7 K 2006/03, EFG 05, 444 zu vertragswidrig 16 geleisteten Teilzahlungen). Der Tarifermäßigung einer Abfindung wegen der Beendigung eines Arbeitsverhältnisses soll auch nicht entgegenstehen, dass der ArbGeb abredewidrig rund 1,3 % (im Streitfall 1000 €) und damit einen sehr geringen Teil der Abfindung in dem der Hauptleistung vorangehenden Veranlagungszeitraum auszahlt und die Teilleistung nicht aus Gründen der sozialen Fürsorge oder Existenzbedrohung des Empfängers oder wirtschaftlicher Schwierigkeiten des Zahlungsverpflichteten erfolgt (BFH 25.8.09 – IX R 11/09, BFH/NV 09, 2034).

Zur Berücksichtigung und Berechnung der Steuerermäßigung → Rn 21, 22.

17 **2. Tarifermäßigung bei Vergütungen für mehrjährige Tätigkeit** (§ 34 Abs 1 und 2 Nr 4 EStG). **a) Allgemein.** Die Vorschrift soll ebenso wie bei den Entschädigungen nach § 34 Abs 2 Nr 2 EStG der wegen des **Zuflussprinzips** (→ *Lohnzufluss* Rn 2 ff) für – im Normalverlauf in mehreren Jahren verdienten – Entlohnungen für eine mehrjährige Tätigkeit im Jahr der Zahlung infolge der progressiven Gestaltung des Steuertarifs entstehenden unbilligen Steuerbelastung entgegenwirken (*HMW*/Außerordentliche Einkünfte Rz 30 → Rn 2). Im Unterschied zu den Entschädigungen nach § 24 Nr 1a und b EStG, die einen eingetretenen oder drohenden Schaden aus dem Wegfall von Einkünften ausgleichen sollen, wird in diesem Fall gerade die Tätigkeit mehrerer Jahre gesondert vergütet (*Schmidt/Wacker* § 34 Rz 39).

18 **b) Voraussetzungen. aa) Zahlung für eine mehrjährige Tätigkeit,** dh einer Tätigkeit, die sie sich über mindestens zwei Kj erstreckt und wenigstens während eines Zeitraum von 12 Monaten ausgeübt worden ist (§ 34 Abs 2 Nr 4 EStG; *Schmidt/Wacker* § 34 Rz 40). § 34 Abs 2 Nr 4 EStG setzt jedoch nicht voraus, dass der ArbN die Arbeitsleistung erbringt, solange der Arbeitslohn für mehrere Jahre gezahlt wird, so dass Vorauszahlungen ebenso wie Nachzahlungen von Arbeitslohn hierunter fallen (EStR 34.4 Abs 1 und 2 sowie EStH 34.4: Arbeitslohn für mehrere Jahre und Vergütung für eine mehrjährige Tätigkeit; → Rn 16 und → *Entgeltnachzahlung* Rn 9). Die Zahlung muss Entgelt für die mehrjährige Tätigkeit sein, unabhängig davon, ob die Vergütung für eine abgrenzbare Sondertätigkeit gezahlt wird, ein Rechtsanspruch besteht oder sie eine zwangsläufige Zusammenballung von Einnahmen darstellt. Gleiches gilt für die **Ablösung einer Werkspension** bei Eintritt in den Ruhestand oder eine **Kapitalabfindung für künftige Pensionsansprüche** (*HMW*/Außerordentliche Einkünfte Rz 33) und zwar auch dann, wenn der Ablösungsbetrag einer vom ArbGeb erteilten Pensionszusage auf Verlangen des ArbN zur Übernahme der Pensionsverpflichtung an einen Dritten gezahlt wird (BFH 12.4.07 – VI R 6/02, BStBl II 07, 581).

19 **bb) Einzelfälle.**

- **Nicht** dazu gehören mangels Abgeltung einer mehrjährigen Tätigkeit (EStH 34.4: Außerordentliche Einkünfte iSd § 34 Abs 2 Nr 4 iVm § 34 Abs 1 EStG Nr 2) vereinbarte und regelmäßig ausgezahlte **Tantiemen,** deren Höhe erst nach Ablauf des Wirtschaftsjahres festgestellt werden kann, und zwar auch, wenn das Wirtschaftsjahr vom Kj abweicht und die Tantieme deswegen zwei Kj betrifft, da dann keine Zusammenballung angenommen werden kann (s aber *Schmidt/Wacker* § 34 Rz 40), es sei denn dem ArbN fließen Tantiemen für mehrere (Wirtschafts-)Jahre in einem Kj zusammengeballt zu (EStH 34.4 Außerordentliche Einkünfte iSd § 34 Abs 2 Nr 4 iVm § 34 Abs 1 EStG Nr 1)
- Vergütungen für eine **Arbeitszeitreduzierung** fallen ebenfalls nicht darunter (FG Bln-Bbg – 11 K 1839/05, DStRE 09, 910, offen gelassen BFH 25.8.09 – IX R 3/09, DStR 09, 2418).
- Zu **Aktienoptionen** → *Aktienoptionen* Rn 39 und BFH 18.12.07 – VI R 59/05, BFH/NV 08,779. Der Tarifermäßigung für Vorteile aus Aktienoptionsprogrammen steht nicht entgegen, dass wiederholt Optionen eingeräumt werden bzw die Option nicht auf einmal ausgeübt wird (BFH 19.12.06 – VI R 159/01, BFH/NV 07, 696 und VI R 136/01, BStBl II 07, 456; 15.3.07 – VI R 3/03, BFH/NV 07, 1301) oder die Bezugsberechtigung von einer Leistungsbeurteilung des jeweiligen Vorgesetzten abhängt, durch die das Bezugsrecht auf einen Teil der Belegschaft begrenzt wird (BFH 19.12.06 – VI R 24/01, BFH/NV 07, 881).
- **Jubiläumszahlungen** sind regelmäßig tarifbegünstigt, da sie für eine mehr als zwölfmonatige Tätigkeit geleistet werden, es sei denn, die Zuwendungen anlässlich eines Betriebsjubiläums werden ohne Rücksicht auf die Dauer der Betriebszugehörigkeit gezahlt

(EStH 34.4: Jubiläumszuwendungen). Wird die Zuwendung auch nach der Dauer der Betriebszugehörigkeit bemessen, kann insoweit Entgelt für eine mehrjährige Tätigkeit gegeben sein (BFH 3.7.87, BStBl II 87, 820; Personalbuch 2013 Jubiläumszahlung Rz 11 und *Einmalzahlung* Rz 31 ff). Auch die im Anschluss an eine Entlassungsentschädigung in einem späteren Jahr erfolgte Zahlung einer Jubiläumszahlung, kann eine unschädliche Zusatzleistung (→ Rn 11) sein (BFH 14.5.03 – XI R 23/02, BStBl II 04, 451).

- Die Entlohnung von ArbN auf der Grundlage eines **Long-Term-Incentive-Modells,** bei dem die Berechnung und Auszahlung der Vergütung jährlich in Abhängigkeit der Entwicklung des durchschnittlichen Geschäftserfolgs innerhalb eines Beurteilungszeitraums von vier Jahren im Vergleich zu den vorangegangenen vier Jahren erfolgt, erfüllt die Voraussetzungen einer Vergütung für eine mehrjährige Tätigkeit nach § 32 Abs 2 Nr 4 EStG (FG Hess 11.4.19 – 6 K 306/18, EFG 19, 1557; Rev Az BFH VI R 19/19).
- Zu **Arbeitnehmererfindung** → *Arbeitnehmererfindung* Rn 31. Zu Verbesserungsvorschlägen → *Verbesserungsvorschläge* Rn 12. Zu Leistungen aus betrieblichen Unfallversicherungen s BMF 28.10.09, BStBl I 09, 1275 Tz 2.1.2).
- **Tätigkeiten im Konzern** fallen auch bei mehreren formellen Arbeitsverhältnissen (zB ArbGebwechsel durch Betriebsübergang) unter § 34 Abs 2 Nr 4 EStG wenn im Wesentlichen eine unveränderte Tätigkeit vorliegt, die formellen Arbeitsverhältnisse also materiell zusammenzufassen sind. Es ist insoweit vorrangig auf den Inhalt der Tätigkeit abzustellen (FG Bln-Bbg; 9.4.19 – 8 K 8153/15, EFG 19, 1093; Rev Az BFH IX R 17/19).

**cc) Zusammenballung von Einnahmen** erfordert die Zahlung der Vergütung in 20
einem Kj, auch wenn sie in mehreren Teilbeträgen erfolgt. In besonders gelagerten Ausnahmefällen kann eine Anwendung der Tarifermäßigung in Betracht kommen, wenn die Vergütung dem ArbN aus wirtschaftlich vernünftigen Gründen nicht in einem, sondern in zwei Kj in Teilbeträgen zusammengeballt ausgezahlt wird (EStH 34.4: Außerordentliche Einkünfte iSd § 34 Abs 2 Nr 4 iVm § 34 Abs 1 EStG Nr 3). Generell müssen für die Zusammenballung von Einnahmen wirtschaftlich vernünftige Gründe vorliegen, die sowohl in der Person des ArbN wie des ArbGeb liegen können (*Schmidt/Wacker* § 34 Rz 42 mwN). Eine willkürliche, wirtschaftlich **nicht** gerechtfertigte Zusammenballung, zB lediglich aus Gründen der Steuerersparnis oder Nachzahlung mit der Begründung, die bisherigen Vergütungen seien unzureichend gewesen, schließt die Tarifermäßigung aus. Die Nachzahlung von Arbeitslohn ist aber dann tarifbegünstigt, wenn der ArbGeb in einem früheren Kj Lohnteile zunächst zurückbehalten hat oder zahlungsunfähig war (*HMW*/Außerordentliche Einkünfte Rz 118). § 34 Abs 2 Nr 4 EStG ist auch auf die Nachzahlung von Versorgungsbezügen anwendbar. Handelt es sich bei den laufenden und den außerordentlichen Bezügen um **Versorgungsbezüge** (→ *Altersgrenze* Rn 17 ff), kann der Versorgungsfreibetrag nach § 19 Abs 2 EStG nur einmal abgezogen werden und zwar zunächst bei den nicht nach § 34 EStG begünstigten Einkünften. Soweit er dabei noch nicht verbraucht ist, ist er bei den begünstigten Einkünften abzuziehen (EStR 34.4 Abs 3). Dem steht nicht entgegen, dass bezogen nur auf die laufenden Einkünfte der 40 %-Betrag überschritten wird, denn maßgeblich für die Bemessung des Versorgungsfreibetrags ist die Gesamtgröße (OFD Frankfurt 20.1.2000 – S 2290 A – 16 – St II 25, FR 2000, 846 mit Beispielen).

**3. Steuerermäßigung. a) Allgemeines.** Die begünstigten Einkünfte ergeben sich aus 21
den Einnahmen abzüglich der sachlich unmittelbar damit in Zusammenhang stehenden **Werbungskosten**, auch wenn sie bereits in einem der Vereinnahmung vorausgehenden Besteuerungszeitraum angefallen sind (BFH 26.8.04 – IV R 5/03, BStBl II 05, 215; *Paus* DStZ 05, 266; EStR 34.1 Abs 4 Satz 2). Der ArbNPauschbetrag (→ *Werbungskosten* Rn 20) kann insgesamt nur einmal abgezogen werden, wenn daneben noch laufender Arbeitslohn zufließt und keine höheren Werbungskosten geltend gemacht werden. Damit ist der ArbNPauschbetrag nach dem vorrangigen Abzug beim laufenden Arbeitslohn bei den außerordentlichen Einkünften erst zu berücksichtigen, wenn tariflich voll zu besteuernde Einnahmen dieser Einkunftsart (nichtselbstständige Arbeit) nicht mehr zur Verfügung stehen, (BFH 29.10.98 – XI R 63/97, BStBl II 99, 558).

**b) Berechnung der Steuer.** Die Steuer auf die begünstigten Einkünfte beträgt das 22
Fünffache des Unterschiedsbetrages zwischen der ESt für das um diese Einkünfte verminderte zu versteuernde Einkommen und der ESt für das verbleibende zu versteuernde Ein-

kommen zuzüglich eines Fünftels der begünstigten Einkünfte (§ 34 Abs 1 EStG). Dafür wird zunächst die ESt für das zu versteuernde Einkommen des Kj ohne die begünstigten Einkünfte ermittelt und in einem zweiten Schritt die ESt errechnet, die sich unter Einbeziehung eines Fünftels der Einkünfte iSd Vorschrift ergibt (bei diesen Berechnungen sind dem **Progressionsvorbehalt** gem § 32b EStG unterliegende Einkünfte in voller Höhe zu berücksichtigen, vgl BFH 22.9.09 – IX R 93/07, BFH/NV 10, 296; zum Zusammentreffen positiver bzw negativer Progressionsvorbehalt und Steuerbegünstigung vgl BFH 15.11.07 – VI R 66/03, BStBl II 08, 375 und BFH 17.1.08 – VI R 44/07, BFH/NV 08, 666 und BFH 11.12.2012 – IX R 23/11, DB 13, 614: Treffen negativer Progressionsvorbehalt und die daneben anwendbare Tarifermäßigung zusammen, wirkt sich der negative Progressionsvorbehalt bei der Ermittlung des Steuerbetrags nach § 34 Abs 1 S 3 EStG aufgrund des anzuwendenden niedrigeren Steuersatzes steuermindernd aus); → *Lohnersatzleistungen* Rn 16 und *Siegel* BB 04, 914). Es ist nicht zulässig, dieses Fünftel um den Betrag beschränkt abziehbarer **Sonderausgaben** zu kürzen, der sich bei der Berechnung der ESt für das verbleibende zu versteuernde Einkommen nicht ausgewirkt hat (BFH 2.9.08 – X R 15/06, BFH/NV 09, 138).Der sich ergebende Unterschiedsbetrag zwischen beiden Steuerbeträgen ist zu verfünffachen und der sich ergebende Betrag der ESt hinzuzurechnen, die für das zu versteuernde Einkommen ohne die begünstigten Einkünfte ermittelt wurde (zur Berücksichtigung und Berechnung im LStAbzugsverfahren → Rn 22).

Zur Tarifbegrenzung bei Gewinneinkünften nach § 32c EStG idF für den VZ 2007 im Zusammenhang mit außerordentlichen Einkünften gemäß § 34 EStG s OFD Münster 24.8.10 – Kurzinfo ESt 14/2009, DB 10, 2025.

23 **III. Verfahren.** Über die Tarifermäßigungen des § 34 Abs 1 EStG wird im EStVeranlagungsverfahren entschieden, das ggf zu beantragen ist (§ 46 Abs 2 Nr 8 EStG; → Rn 19 und → *Antragsveranlagung* Rn 2). Ein Antrag ist dafür nicht erforderlich (§ 34 Abs 1 Satz 1 EStG), es sei denn die begünstigten Einkünfte resultieren zT aus Veräußerungsgewinnen iSd § 34 Abs 2 Nr 1 EStG (§ 34 Abs 3 Satz 1 EStG). LStRechtlich stellen die dargestellten Entschädigungen und Vergütungen für mehrjährige Tätigkeit **sonstige Bezüge** dar. Bei der **Einbehaltung der Lohnsteuer** hat der ArbGeb sowohl bei Entschädigungen als auch bei Entlohnungen für eine mehrjährige Tätigkeit den sonstigen Bezug mit einem Fünftel anzusetzen und den hierauf entfallenden Betrag zu verfünffachen (§ 39b Abs 3 Satz 9 EStG). Der **Versorgungsfreibetrag** und der **Altersentlastungsbetrag** werden dabei berücksichtigt. Zur Ermittlung der LSt → *Sonstige Bezüge* Rn 4–10 und LStR 39b.6 Abs 5. Hat der ArbGeb zunächst die volle LSt (bewusst oder unbewusst) einbehalten, kann er dies im Rahmen des § 41c Abs 1 Nr 2 EStG (→ *Lohnsteuerberechnung* Rn 24–26) ändern. Das gilt auch, wenn er die LSt unzutreffenderweise zu niedrig einbehalten hat. Zur Anwendung der Fünftelungsregelung im LStAbzugsverfahren bei negativem Jahresarbeitslohn s BMF 27.1.04, BStBl I 04, 173 Tz IV 3. Zur Berücksichtigung im Rahmen der Vorsorgepauschale → *Lohnsteuertabellen* Rn 20.

Beim **LStJahresausgleich** durch den ArbGeb (→ *Lohnsteuerjahresausgleich* Rn 3 ff) bleiben die ermäßigt zu besteuernden Bezüge außer Ansatz, wenn nicht der ArbN ihre Einbeziehung beantragt (§ 42b Abs 2 Satz 2 EStG). Wird ein solcher Antrag gestellt, wird die Tarifermäßigung nicht gewährt, denn diese kann nur im Rahmen einer (zu beantragenden) EStVeranlagung angesetzt werden. Ist allerdings die LSt gem § 39b Abs 3 Satz 9 EStG ermittelt worden (→ Rn 22) ist nunmehr eine Veranlagung vAw durchzuführen (§ 46 Abs 1 Nr 5 EStG).

## C. Sozialversicherungsrecht *Schlegel*

26 **1. Allgemeines.** Die SozV und ArblV verwenden den spezifisch steuerrechtlichen Begriff der außerordentlichen Einkünfte nicht. § 34 EStG enthält für außerordentliche Einkünfte eine Tarifvorschrift, die keine neue Einkunftsart schafft, sondern für Einkunftsarten des § 2 Abs 1 EStG die Progressionswirkung abmildert, wenn die betreffenden Einkünfte nicht als laufend bezogene Einkünfte (zB laufendes Arbeitsentgelt), sondern als außerordentliche, nicht regelmäßig erzielbare Einkünfte zur Auszahlung gelangen, wie dies zB bei Entlassungsentschädigungen/Abfindungen, Veräußerungsgewinnen der Fall sein kann. Würden laufende und außerordentliche Einkünfte unterschiedslos behandelt, würden auch die

laufenden Einkünfte von der durch die außerordentlichen Einkünfte ausgelösten Progressionswirkung erfasst und entsprechend höher besteuert, ohne dass eine nachhaltige Erhöhung der Leistungsfähigkeit eingetreten ist (*Schmidt/Seeger* EStG § 34 Anm 1).

**Lineare Beitragssätze der SozV** und ArblV, lassen ein Bedürfnis zur Milderung der Progressionswirkung erst gar nicht entstehen. **Laufendes Arbeitsentgelt** ist stets mit dem Beitragssatz zur Beitragsentrichtung heranzuziehen, der in demjenigen Entgeltabrechnungszeitraum galt, für den das laufende Arbeitsentgelt gezahlt, dh in dem es erarbeitet worden ist. Dies gilt auch dann, wenn laufendes Arbeitsentgelt in Form einer Nachzahlung zur Auszahlung gelangt (→ *Entgeltnachzahlung* Rn 12 ff). 27

**Beitragsfreiheit** kommt nur dann in Betracht, wenn das laufende Arbeitsentgelt die anteilige Beitragsbemessungsgrenze desjenigen Abrechnungszeitraumes übersteigt, in dem es erarbeitet wurde (→ *Beitragsbemessungsgrenzen* Rn 6). 28

**Einmalig gezahltes Arbeitsentgelt** unterliegt ebenfalls dem allgemein geltenden (linearen) Beitragssatz. Eine dem § 34 EStG vergleichbare Reduzierung der Beitragsbelastung findet nicht statt. Auch hier kommt Beitragsfreiheit nur bei Überschreiten der maßgeblichen Beitragsbemessungsgrenzen in Betracht. 29

**2. Anwendung des § 34 EStG in der Sozialversicherung und Arbeitslosenversicherung.** Die nach § 34 EStG zulässige Milderung der Progressionswirkung (ermäßigter Steuersatz) schlägt auf das Recht der SozV und ArblV durch, wenn es darum geht, ausgezahlte Nettoarbeitsentgelte in entsprechendes Bruttoarbeitsentgelt umzurechnen, sofern es sich um Ansprüche des ArbN handelt, die steuerrechtlich als außerordentliche Einkünfte iSd § 34 EStG anzusehen sind. 30

# Auswahlrichtlinie

## A. Arbeitsrecht

*Kania*

**1. Begriff.** Auswahlrichtlinien sind abstrakt-generelle Grundsätze, die allgemein oder für bestimmte Arten von Tätigkeiten oder Arbeitsplätze festlegen, welche Voraussetzungen bei der Durchführung von personellen Einzelmaßnahmen vorliegen müssen oder nicht vorliegen dürfen (BAG 28.3.06 – 1 ABR 59/04, NZA 06, 1367; *Fitting* § 95 Rz 7). Schriftlich abgeschlossene Auswahlrichtlinien bzw solche, die auf einem Spruch der Einigungsstelle beruhen, sind regelmäßig Betriebsvereinbarungen. **Schriftform** ist allerdings nicht vorgeschrieben, so dass Auswahlrichtlinien auch als formlose Regelungsabreden vereinbart werden können (ErfK/*Kania* § 95 BetrVG Rz 5). Auch **Einzelfallregelungen,** etwa Punkteschemata zur Sozialauswahl bei betriebsbedingten Kündigungen im Rahmen einer konkret anstehenden Betriebsänderung, sind Auswahlrichtlinien (BAG 26.7.05 – 1 ABR 29/04, NZA 05, 1372). **Stellenbeschreibungen** für die Arbeitsplatzbewertung (zB zur Eingruppierung) oder Anforderungsprofile, die für einen bestimmten Arbeitsplatz die persönlichen, fachlichen und andere Voraussetzungen abstrakt festlegen, unterliegen nicht der Mitbestimmung des BRat; hierbei handelt es sich grds nicht um Auswahlrichtlinien iSd § 95 BetrVG. Das kann jedoch anders sein, wenn diese Grundlage einer Leistungsbewertung sind (BAG 14.1.14 – 1 ABR 49/12, NZA-RR 14, 356). 1

**2. Mitbestimmung des Betriebsrats.** § 95 Abs 1 BetrVG sieht ein Mitbestimmungsrecht des BRat bei **Betrieben mit bis zu 500 Arbeitnehmern** nur vor, wenn der ArbGeb, der je nach seinem Ermessen handeln kann und das alleinige Initiativrecht hat, Auswahlrichtlinien aufstellen will. Entschließt sich der ArbGeb dafür, bedarf sowohl die Aufstellung an sich als auch der Inhalt der Auswahlrichtlinien der Zustimmung des BRat. Zur Feststellung der erforderlichen Betriebsgröße ist dabei auf die regelmäßige Zahl von ArbN abzustellen (ErfK/*Kania* § 95 BetrVG Rn 6). **In Betrieben mit mehr als 500 Arbeitnehmern** sieht § 95 Abs 2 BetrVG ein Initiativrecht des BRat vor, so dass im Falle der Nichteinigung Auswahlrichtlinien über die Einigungsstelle erzwungen werden können. Das Mitbestimmungsrecht des BRat bzw die Regelungsbefugnis der Betriebspartner ist **inhaltlich beschränkt:** Selbstverständlich dürfen Auswahlrichtlinien zwingendes Gesetzesrecht nicht missachten. Überdies haben die Betriebspartner die Grundsätze des § 75 BetrVG zu be- 2 achten, insbes die darin geregelten Diskriminierungsverbote und den arbeitsrechtlichen Gleichbehandlungsgrundsatz (*Fitting* § 95 Rz 18). Bei Einstellungen, Versetzungen und Umgruppierungen können Auswahlrichtlinien den fachlichen Bereich (zB Anforderungsprofil), den persönlichen Bereich (zB Zuverlässigkeit, Anforderungen aus arbeitsmedizinischer Sicht, Testergebnisse, betriebliche Beurteilungen) und den sozialen Bereich (zB Berücksichtigung von Unterhaltspflichten oder Dauer der Betriebszugehörigkeit) regeln. Im Hinblick auf Art 12 Abs 1 GG darf die Ausübung des Mitbestimmungsrechts grds nicht dazu führen, dass das Auswahlermessen des ArbGeb völlig aufgehoben wird. Deshalb muss etwa bei der Verwendung von Punktesystemen dem ArbGeb im Rahmen der zwingenden Mitbestimmung eine bestimmte Anzahl von Punkten verbleiben, über deren Verwendung er allein entscheiden kann (BAG 27.10.92 – 1 ABR 4/92, NZA 93, 608). Besondere Bedeutung kommt Auswahlrichtlinien gem § 1 Abs 4 KSchG zur Erleichterung der **Sozialauswahl bei betriebsbedingten Kündigungen** zu (dazu ausführlich → *Kündigung, betriebsbedingte* Rn 42 ff und → *Kündigungsschutz* Rn 75).

3 **3. Streitigkeiten.** Bestehen Streitigkeiten über Inhalt und Umfang des Mitbestimmungsrechts, werden diese vom ArbG im Beschlussverfahren entschieden. Bleibt eine Einigung zwischen ArbGeb und BRat über den zweckmäßigen Inhalt der Auswahlrichtlinie im Rahmen der gesetzlichen Vorschriften aus, entscheidet die Einigungsstelle verbindlich. Diese kann im Falle des § 95 Abs 1 BetrVG nur durch den ArbGeb, im Falle des Abs 2 sowohl durch den ArbGeb als auch durch den BRat angerufen werden. Die Nichtbeachtung des Mitbestimmungsrechts ist zusätzlich durch § 99 Abs 2 Nr 2 und § 102 Abs 3 Nr 2 BetrVG sanktioniert; diese Vorschriften sehen ein Widerspruchsrecht des BRat bei personellen Einzelmaßnahmen unter Nichtbeachtung von Auswahlrichtlinien vor. Zudem steht dem BRat ein **Unterlassungsanspruch** zu, wenn der ArbGeb das Mitbestimmungsrecht des BRat zB durch Anwendung einseitig aufgestellter Richtlinien verletzt (BAG 26.7.05 – 1 ABR 29/04, DB 05, 2530). Dieser Anspruch kann auch im Wege der einstweiligen Verfügung geltend gemacht werden (*Fitting* § 95 Rz 31). Er kann nur auf die Nichtanwendung einseitig vom ArbGeb aufgestellter Richtlinien gerichtet werden (so *Rossa/Salamon* NJW 08, 1991), nicht dagegen auf die Unterlassung des Ausspruchs betriebsbedingter Kündigungen vor Abschluss des Mitbestimmungsverfahrens. Ansonsten hätte, wie sich aus § 102 Abs 3 Nr 2 BetrVG ergibt, die nicht ausgeübte Mitbestimmung eine stärkere Wirkung als die vereinbarte Auswahlrichtlinie. Macht der BRat seine Rechte nicht geltend, führt die Verwendung einseitig aufgestellter Auswahlrichtlinien nicht zur Unwirksamkeit nachfolgender personeller Einzelmaßnahmen (ErfK/*Kania* § 95 Rz 18).

4 **4. Muster.** S Online-Musterformulare *„M29 Interessenausgleich"*.

## B. Lohnsteuerrecht

*Seidel*

6 Die Beteiligung des BRats an der Erstellung von Auswahlrichtlinien gem § 95 BetrVG hat keine unmittelbare lohnsteuerrechtliche Bedeutung. Hinsichtlich der lohnsteuerlichen Auswirkungen bei Einstellung → *Einstellung* Rn 13, bei Versetzung → *Versetzung* Rn 32, bei Umgruppierung → *Umgruppierung* Rn 10 und bei Kündigung → *Kündigung* Rn 82, → *Kündigung, außerordentliche* Rn 95, → *Kündigungsschutz* Rn 149.

## C. Sozialversicherungsrecht

*Schlegel*

11 Zu **Einschränkungen des Arbeitgebers bei Stellenangeboten für Arbeitslose** gegenüber der BA vgl § 36 Abs 2 SGB III (Einzelheiten → *Personalauswahl* Rn 34).

## Befreiung von der Versicherungspflicht

### A. Arbeitsrecht *Griese*

**1. Grundsatz.** Arbeitsverhältnisse sind grds sozialversicherungspflichtig. Der ArbGeb ist diesbezüglich in eine besondere Verantwortung gestellt, weil er den zutreffenden GesamtSozVBeitrag – nicht nur die auf ihn entfallenden ArbGebAnteile – ordnungsgemäß abführen muss und hierfür gegenüber der SozV haftet. **Denn Beitragsschuldner** gegenüber der SozV ist gem §§ 28d, 28e SGB IV, 253 SGB V, 174 Abs 1 SGB VI **allein der ArbGeb.** Der ArbGeb hat daher unter zutreffender Berücksichtigung von Befreiungstatbeständen seinen Anteil am SozVBeitrag zusammen mit dem Beitragsanteil des ArbN an die Krankenkasse als Einzugstelle des GesamtSozVBeitrages zu überweisen. 1

**2. Befreiungstatbestände.** Zu den Befreiungstatbeständen gehören gesetzliche Befreiungen, etwa für die gesetzliche KV in § 6 SGB V, für die gesetzliche RV in § 5 SGB VI, für die PflegeV in § 20 SGB XI iVm § 6 SGB V und für die Geringfügige Beschäftigung in § 7 SGB V. Darüber hinaus sind Befreiungen auf Antrag in gesetzlich definierten Fällen möglich, etwa in § 8 SGB V (KV), in § 6 SGB VI (RV) oder § 22 SGB 11(PflegeV). 2

**3. Arbeitsrechtliche Folgen.** Für die **richtige Berechnung und Abführung der SozVBeiträge** haftet der ArbGeb der SozV ebenso wie dem ArbN (→ *Sozialversicherungsbeiträge* Rn 3–13 und → *Beitragsbemessungsgrenzen* Rn 2). Dies schließt ein, Befreiungstatbestände richtig anzuwenden. Der ArbGeb muss daher im Einzelnen sorgfältig prüfen, ob ein Befreiungstatbestand vorliegt und welche Reichweite er ggf hat. Fehler hierbei können einerseits zu Nachforderungen des SozVTrägers führen, wenn zu Unrecht von einer Befreiung ausgegangen wurde. Sie können andererseits zu Rückabwicklungsansprüchen (→ *Bruttolohnvereinbarung* Rn 5) und zu **Schadensersatzansprüchen nach § 280 BGB** des ArbN führen (BAG 30.4.08 – 5 AZR 725/07, NZA 08, 884). 3

Die Feststellung des Vorliegens oder Nichtvorliegens von Befreiungstatbeständen ist für den ArbGeb im eigenen Interesse dringend geboten, da der ArbGeb regelmäßig keine Möglichkeit hat, bei Nachforderung der SozVTräger die ArbNAnteile zur SozV für die länger als drei Monate zurückliegenden Abrechnungsmonate vom ArbN zurückzuerhalten, wenn das Vertragsverhältnis noch besteht. Ist das Arbeitsverhältnis beendet, hat er überhaupt keinen Rückerstattungsanspruch (§ 28g Satz 2 u 3 SGB IV sowie → *Bruttolohnvereinbarung* Rn 5 ff). Denn nach § 28g Satz 2 SGB IV kann der Beitragsanteil des ArbN nur in engen zeitlichen Grenzen und **nur durch Abzug vom Arbeitsentgelt** geltend gemacht werden. Eine separate zB klageweise Geltendmachung ist daher nicht möglich. Nach § 28g Satz 3 SGB IV darf ein unterbliebener Beitragsabzug **nur bei den drei nächsten Lohn- und Gehaltszahlungen nachgeholt werden,** danach nur dann, wenn den ArbGeb an dem ganz oder teilweise unterbliebenen Beitragsabzug kein Verschulden trifft (BAG 30.4.08 – 5 AZR 725/07, NZA 08, 884; *Geiger* NZA 17, 685). 4

Den Vorwurf fahrlässigen Verhaltens wird der ArbGeb idR am besten entkräften können, wenn er in Zweifelsfällen eine **Auskunft des SozVTrägers eingeholt hat.** 5

**Die gesetzliche Versicherungspflicht steht nicht zur Disposition von ArbGeb und ArbN.** Endet zB eine Versicherungsbefreiung in der RV, muss der ArbGeb den RVBeitrag an den gesetzlichen RVTräger als Teil des GesamtSozVBeitrages zahlen. Es besteht keine Möglichkeit, einen anderen Träger der RV (zB berufsständisches Versorgungswerk) zu bestimmen (BAG 15.11.12 – 8 AZR 146/10, NZA 13, 568). 6

### B. Lohnsteuerrecht *Weil*

**1. Befreiung von der RVPflicht.** a) Zur steuerlichen Behandlung von Zuschüssen des ArbGeb zu anderen Versorgungseinrichtungen für von der Versicherungspflicht in der gesetzlichen RV befreite AN → *Rentenversicherungsbeiträge* Rn 6. Zum Sonderausgabenabzug für den ArbNBeitrag → *Rentenversicherungsbeiträge* Rn 2, → *Sonderausgaben* Rn 7 ff. 10

b) Zur LSt bei geringfügiger Beschäftigung → *Geringfügige Beschäftigung* Rn 21. Seit dem 1.1.13 besteht grds Versicherungspflicht in der RV, mit der Möglichkeit, sich hiervon befreien zu lassen → Rn 30.

11 **2. Befreiung von der KV- und PflegeVPflicht.** Zuschüsse des ArbGeb zu einer freiwilligen KV/PflegeV für den von der KV-/PflegeVPflicht befreiten ArbN sind steuerfrei, soweit der ArbGeb dazu nach SozVersrechtlichen oder anderen gesetzlichen Vorschriften oder nach einer auf gesetzlicher Ermächtigung beruhenden Bestimmung verpflichtet ist (§ 3 Nr 62 Satz 1 EStG, s R 3.62 Abs 1 Satz 1 LStR, HMW/KV Rz 10, 15) s auch → *Krankenversicherungsbeiträge* Rn 7 ff. Zum Sonderausgabenabzug für den ArbNBeitrag → *Sonderausgaben* Rn 7 ff.

## C. Sozialversicherungsrecht *Ruppelt*

15 **I. Allgemeines.** Eine Befreiung von der Versicherungspflicht ist in diesem allgemeinen Sinn nicht möglich. Vielmehr kommt lediglich eine Befreiung in den einzelnen Zweigen der gesetzlichen Sozialversicherung nach jeweils unterschiedlichen Voraussetzungen in Betracht. Die Befreiung auf Antrag setzt eine grds bestehende Versicherungspflicht im jeweiligen Zweig der gesetzlichen Sozialversicherung voraus (→ *Krankenversicherungspflicht* Rn 3 ff; → *Pflegeversicherungspflicht* Rn 3 ff; → *Rentenversicherungspflicht* Rn 3 ff). Eine Antragsbefreiung von der Arbeitslosenversicherungspflicht ist nicht möglich. Die Befreiung wirkt grds nur für den Zweig der Sozialversicherung, für den sie ausgesprochen worden ist. Etwas anderes gilt nur im Verhältnis Krankenversicherung/Pflegeversicherung (→ Rn 29).

16 **II. Gesetzliche Krankenversicherung. 1. Grundsätze der Befreiung.** Die Befreiungstatbestände des § 8 SGB V ermöglichen es bestimmten Personengruppen auf Antrag die gesetzlichen KVPflicht zu vermeiden. Ebenso wie die Ausnahmen von der KVPflicht kraft Gesetzes nach §§ 6, 7 SGB V (→ *Krankenversicherungspflicht* Rn 21) führt die Befreiung zur Vermeidung einer im Prinzip gegebenen KVPflicht (meist wegen abhängiger Beschäftigung). Sinn und Zweck der Befreiung ist es, **Brüche im Versicherungsverhältnis auszuschließen.** Wer bisher privat versichert ist, soll durch die in § 8 SGB V beschriebenen tatsächlichen Änderungen im Beschäftigungsverhältnis nicht in die gesetzliche KV gezwungen werden. Daher kommt die Befreiung auch nur für Personen in Betracht, die durch die in § 8 SGB V beschriebenen Tatbestände dem Grunde nach „versicherungspflichtig werden". Eine unmittelbar zuvor bestehende Versicherungspflicht in der gesetzlichen KV schließt eine Befreiung aus. Die Befreiung wird nur wirksam, wenn das Mitglied das Bestehen eines anderweitigen Anspruchs auf Absicherung im Krankheitsfall (idR in der privaten KV) nachweist (§ 8 Abs 2 Satz 4 SGB V).

17 **2. Wirkung.** Die Befreiung von der Versicherungspflicht wirkt tatbestandsbezogen grds (nur) das jeweilige Versicherungspflichtverhältnis (idR die Beschäftigung), aufgrund dessen die Befreiung herbeigeführt worden ist. Sie wirkt so lange der für die Befreiung maßgebliche Tatbestand ununterbrochen fortbesteht und ohne die Befreiung Versicherungspflicht bewirken würde und schließt nach § 6 Abs 3 Satz 1 SGB V im Regelfall eine zeitgleiche Versicherungspflicht aufgrund anderer Sachverhalte aus. Versicherungspflicht oder Versicherungsfreiheit erwachsen als gesetzliche Rechtsfolgen allein aus den Merkmalen des jeweiligen Beschäftigungsverhältnisses; sie haben allein darin ihren Entstehungsgrund und finden demgemäß darin auch ihre Begrenzung. (BSG 23.7.18 – B 12 R 78/17 B, NZS 18, 747; LSG Hess 9.11.17 – L 1 KR 215/16, BeckRS 2017, 138650).

18 **3. Befreiungstatbestände.** Unter den genannten Voraussetzungen wird auf Antrag von der Krankenversicherungspflicht befreit (§ 8 Abs 1 SGB V), wer versicherungspflichtig wird:

19 • wegen **Erhöhung** der JAEGrenze des § 6 Abs 6 Satz 2 oder Abs 7 SGB V (§ 8 Abs 1 Nr 1 SGB V). Wer wegen Überschreitens der JAEGrenze nach § 6 Abs 1 Nr 1 SGB V versicherungsfrei war (→ *Krankenversicherungspflicht* Rn 5), soll nicht allein durch die Erhöhung der JAEGrenze in die gesetzliche KV gezwungen werden. Gerät der ArbN (allein oder auch) wegen Herabsetzung des Entgelts unter die JAEGrenze, besteht kein Befreiungsrecht;

20 • durch den **Bezug von Arbeitslosengeld oder Unterhaltsgeld** versicherungspflichtig wird (§ 5 Abs 1 Nr 2 SGB V), **und** in den letzten fünf Jahren vor dem Leistungsbezug **nicht** gesetzlich krankenversichert war (§ 8 Abs 1 Nr 1a SGB V). Weitere Voraus-

setzung ist, dass der Arbeitslose privat krankenversichert ist. Befreiungsschädlich ist jede Art der Versicherung in der gesetzlichen KV, also auch freiwillige Versicherung, Familienversicherung ua. Für **Bezieher von Arbeitslosengeld II** besteht keine Befreiungsmöglichkeit. Sie ist wegen § 5 Abs 5a SGB V entbehrlich, da Bezieher von AlGeld II, die unmittelbar vor dem Leistungsbezug privat krankenversichert waren oder die unmittelbar vor dem Leistungsbezug weder gesetzlich noch privat krankenversichert waren, aber als hauptberuflich selbstständig Erwerbstätige oder als versicherungsfreie Personen zu dem Personenkreis gehören, der grds der privaten KV zuzuordnen ist, nicht mehr versicherungspflichtig in der gesetzlichen KV werden;

- durch Aufnahme einer **nicht vollen Erwerbstätigkeit nach § 1 Abs 6 BEEG während der Elternzeit** (§ 8 Abs 1 Nr 2 SGB V). Hierdurch ergibt sich ein Befreiungsrecht, wenn wegen einer Verringerung der Arbeitszeit aus den genannten Gründen die JAE-Grenze nicht mehr überschritten wird. Nach § 1 Abs 6 BEEG wird eine nicht volle Erwerbstätigkeit aufgenommen, wenn die wöchentliche Arbeitszeit 30 Wochenstunden im Durchschnitt des Monats nicht übersteigt oder eine Beschäftigung zur Berufsausbildung ausgeübt wird; 21
- durch Herabsetzung der Arbeitszeit wegen **Pflege oder Familienpflege** (§ 8 Abs 1 Nr 2a SGB V). Die Regelung bezieht sich auf die Pflegezeit nach § 3 PflegeZG und die Familienpflegezeit nach § 2 FPfZG. Sie räumt ein Befreiungsrecht ein, wenn wegen einer Verringerung der Arbeitszeit aus den genannten Gründen die JAEGrenze nicht mehr überschritten wird (eine Bestandschutzregelung enthält § 8 Abs 3 SGB V für Versicherungspflichtige, die nach dem bis zum 31.12.14 geltenden Recht auch für die Dauer der Nachpflegephase von der Versicherungspflicht befreit waren); 22
- durch **Herabsetzung der Arbeitszeit** auf die Hälfte oder weniger als die Hälfte der regelmäßigen Wochenarbeitszeit vergleichbarer Vollbeschäftigter des Betriebes, soweit der Beschäftigte seit mindestens fünf Jahren wegen Überschreitens der JAEGrenze versicherungsfrei ist (§ 8 Abs 1 Nr 3 SGB V). Wird eine solche Teilzeitarbeit im Anschluss an den Bezug von Elterngeld oder der Inanspruchnahme von Elternzeit oder Pflegezeit aufgenommen, werden diese Zeiten auf die erforderliche Zeit der Überschreitung der JAE-Grenze angerechnet, soweit in diesen Zeiten eine Befreiung von der Versicherungspflicht nach § 8 Abs 1 Nr 2 oder 2a SGB V bestanden hat. Zweck der Regelung ist, die Aufnahme von Teilzeitarbeit nicht durch den Eintritt von Versicherungspflicht in der gesetzlichen KV zu erschweren, wenn die Tätigkeit bei Vollzeitbeschäftigung wegen Überschreitens der JAEGrenze versicherungsfrei war; 23
- durch den **Antrag auf Rente** oder den **Bezug von Rente** oder die Teilnahme an einer **Leistung zur Teilhabe am Arbeitsleben** iSv § 5 Abs 1 Nr 6, 11–12 SGB V (§ 8 Abs 1 Nr 4 SGB V); 24
- durch die Einschreibung als **Student** oder durch die Aufnahme einer **berufspraktischen Tätigkeit** nach § 5 Abs 1 Nr 9 oder 10 SGB V (§ 8 Abs 1 Nr 5 SGB V); 25
- durch die Aufnahme einer Tätigkeit in einer Einrichtung für **Behinderte,** soweit grds Versicherungspflicht nach § 5 Abs 1 Nr 7 u 8 SGB V besteht. 26
- Besondere Befreiungstatbestände gelten für die KV der Künstler nach dem KSVG (→ *Künstlersozialversicherung* Rn 16) und Landwirte. 27

**4. Verfahren.** Die Befreiung erfolgt durch Verwaltungsakt und nur auf Antrag. Der Antrag ist **innerhalb von drei Monaten** nach Beginn der Versicherungspflicht bei der bisherigen (gewählten) Krankenkasse zu stellen (§ 8 Abs 2 SGB V). Wurde noch keine Krankenkasse gewählt, ist der Antrag bei einer wählbaren Krankenkasse zu stellen (→ *Krankenversicherungsträger* Rn 6 ff). Die rechtmäßige Befreiung kann nicht widerrufen werden. 28

**III. Befreiung von der sozialen Pflegeversicherungspflicht.** Die Versicherungspflicht in der sozialen PflegeV folgt grds der Versicherungspflicht in der gesetzlichen KV (§ 20 Abs 1 SGB XI). Eine solche Befreiung lässt auch die Versicherungspflicht in der sozialen (nicht der privaten) PflegV entfallen. Versicherungspflichtig in der sozialen Pflegeversicherung sind auch die **freiwilligen Mitglieder** der gesetzlichen KV (→ *Pflegeversicherungspflicht* Rn 11). Nur letztere können sich unter den Voraussetzungen des § 22 SGB XI von der sozialen PflegeV befreien lassen. Dies setzt einen bei der Krankenkasse (diese ist auch Pflegekasse) zu stellenden Befreiungsantrag und den Nachweis voraus, dass die zu 29 befreiende Person bei einem privaten Versicherungsunternehmen gegen das Risiko der Pflegebedürftigkeit versichert ist und für sich und ihre Angehörigen, die an sich nach dem PflegeVG (mit-)versichert wären (§ 25 SGB XI), Leistungen beanspruchen können, die nach Art und Umfang den Leistungen nach dem SGB XI gleichwertig sind. Dieser Antrag ist befristet; er ist innerhalb von drei Monaten nach Beginn der Pflegeversicherungspflicht bei der Krankenkasse zu stellen; die Befreiung ist unwiderruflich (§ 22 Abs 2 Satz 3 SGB XI).

30 **IV. Gesetzliche Rentenversicherung. 1. Grundsätze der Befreiung.** Die Befreiung von der RVPflicht setzt einen Tatbestand voraus (Beschäftigung oder Tätigkeit), aus dem sich grds die Versicherungspflicht (kraft Gesetzes oder auf Antrag) in der gesetzlichen RV ergibt (→ *Rentenversicherungspflicht* Rn 5 ff u 14 ff). Die Befreiung ermöglicht in erster Linie den Mitgliedern von **berufsständischen Versorgungswerken,** die Versicherung in der gesetzlichen RV zu vermeiden. Die Befreiung von der Versicherungspflicht erfolgt **nur auf Antrag** des Betroffenen bzw in den Fällen des § 6 Abs 1 Satz 1 Nr 2 und 3 SGB VI (Lehrer und Erzieher/nichtdeutsche Besatzungsmitglieder deutscher Seeschiffe) seines ArbGeb (§ 6 Abs 2 SGB VI) durch Entscheidung des RVTrägers. Der Antrag ist **nicht fristgebunden** und wirkt, falls er innerhalb von drei Monaten nach Beginn der Befreiungsvoraussetzungen gestellt wird, auf diesen Beginn zurück. Ansonsten ist für den **Beginn der Befreiung** der Tag des Antragseingangs maßgebend (§ 6 Abs 4 SGB VI). Die Befreiung ist grds auf die jeweilige, die Befreiungsvoraussetzungen erfüllende Tätigkeit beschränkt. Der Bescheid über die Befreiung von der RVpflicht verliert mit der Aufgabe der Tätigkeit und jedenfalls mit dem Wechsel des Arbeitgebers seine Wirkung (BayLSG 17.5.19 – L 1 R 46/16, BeckRS 2019, 15537; LSG Hess 18.7.19 – L 1 KR 654/18, BeckRS 2019, 16139). In den Fällen des § 6 Abs 1 Satz 1 Nr 1 und 2 SGB VI erstreckt sich die Befreiung ausnahmsweise nicht nur auf die dort genannten Tätigkeiten, sondern auch auf eine **andere versicherungspflichtige Tätigkeit,** wenn diese infolge ihrer Eigenart oder vertraglich im Voraus zeitlich begrenzt ist **und** der Versorgungsträger für die Zeit der Tätigkeit den Erwerb einkommensbezogener Versorgungsanwartschaften gewährleistet (§ 6 Abs 5 Satz 2 SGB VI). Die Befreiung erstreckt sich jedoch nicht auf versicherungspflichtige Tätigkeiten, die nur neben, aber nicht vorübergehend anstelle der befreiungsbegründenden Tätigkeit ausgeübt werden (*Geiger* NZS 17, 174).

31 **2. Befreiungstatbestände.** Von der Versicherungspflicht werden auf Antrag befreit:

**a) Angestellte oder selbstständige Tätige,** die aufgrund einer durch Gesetz angeordneten oder auf Gesetz beruhenden Verpflichtung **Mitglieder einer berufsständischen öffentlich-rechtlichen Versorgungseinrichtung** und Kraft gesetzlicher Verpflichtung Mitglied einer berufsständischen Kammer sind, wenn für sie nach näherer Maßgabe der Satzung einkommensbezogene Beiträge unter Berücksichtigung der Beitragsbemessungsgrenze zu entrichten sind und aufgrund dieser Beiträge Leistungen für den Fall verminderter Erwerbsfähigkeit und des Alters sowie für Hinterbliebene erbracht und angepasst werden (§ 6 Abs 1 Satz 1 Nr 1 SGB VI). Es handelt sich um die berufsständischen Versorgungseinrichtungen der Ärzte, Zahnärzte, Tierärzte, Apotheker, Architekten, Rechtsanwälte, Notare, Steuerberater, Wirtschaftsprüfer und vereidigte Buchprüfer, Ingenieure und Psychotherapeuten, in denen die Berufsangehörigen (Angestellte oder Selbstständige) Pflichtmitglieder sind. Die Befreiung erfolgt nur auf Antrag und nur für **Berufsgruppen,** für die vor dem 1.1.95 die gesetzliche Verpflichtung zur Mitgliedschaft in einer berufsständischen Kammer bestanden hat. Unter dieser Voraussetzung besteht die Befreiungsmöglichkeit auch für Personen, die nach dem 31.12.94 eine entsprechende Tätigkeit aufgenommen haben oder aufnehmen. Eine Verkammerung **weiterer Berufsgruppen** nach dem 31.12.94 kann nicht mehr zur Befreiung ihrer Mitglieder von der RVPflicht führen. Den Mitgliedern von berufsständischen Versorgungswerken steht ein Recht auf Befreiung von der Versicherungspflicht in der gesetzlichen RV nur zu, wenn sie kraft **gesetzlich** zwingend vorgeschriebener Verpflichtung **Pflichtmitglied der berufsständischen Kammer** sind. Ein Befreiungsrecht ist somit nicht gegeben, wenn die Pflichtmitgliedschaft in der berufsständischen Kammer etwa auf Antrag herbeigeführt werden könnte oder wenn in den jeweiligen kammerrechtlichen Regelungen die freiwillige Mitgliedschaft im Wege einer Fiktion der Pflichtmitgliedschaft gleichgestellt werden sollte (§ 6 Abs 2 Satz 2–5 SGB VI). Endet die Pflichtmitgliedschaft in der berufsständischen Kammer, etwa weil der verkammerte Beruf auf Dauer aufgegeben wird, endet auch die Befreiung von der Versicherungspflicht (§ 6 Abs 5 SGB VI). Die Befreiung erfolgt vorbehaltlich der Ausnahme des § 6 Abs 5 Satz 2 SGB VI tätigkeitsbezogen (→ Rn 32). Zur Befreiung eines angestellten Apothekers in der pharmazeutischen Industrie BSG 22.3.18 – B 5 RE 5/16 R, NJW 18, 2434; LSG BaWü 20.6.18 – L 5 R 135/17, BeckRS 2018, 13394). Zur Befreiung eines angestellten Tierarztes im veterinärmedizinischen Aussendienst BSG 7.12.17 – B 5 RE 10/16 R, SozR 4–2600 § 6 Nr 14. Eine Befreiung angestellter Architekten kann nur erfolgen, wenn sie im Kernbereich der versorgungs- und kammerrechtlich definierten Berufsaufgaben tätig sind (LSG BaWü 27.6.17 – L 11 R 2694/16, BeckRS 2017, 116511; 31.1.18 – L 5 KR 4702/16, BeckRS 2018, 3652). Keine Befreiung eines Arztes, der als angestellter Unternehmensberater tätig ist (BayLSG 20.9.17 – L 19 R 1001/13, BeckRS 2017, 138111).Die Befreiung von der RVPflicht ist auf die ihrer Erteilung zugrundeliegende **jeweilige konkrete Beschäftigung oder selbstständige Tätigkeit** beschränkt (BSG 31.10.12 – B 12 R 3/11 R, NZS 13, 605; LSG BlnBbg 24.7.15 – L 1KR 38/13, BeckRS 2015, 72380). Zur Befreiungsmöglichkeit der Angehörigen der verkammerten Berufe s *Gutmann/Steffen/Jasper* Die Befreiung von der RVPflicht für Ärztinnen und Ärzte, NZS 15, 361; *Lingemann/Schuster* Versetzung, Beförderung, Arbeitgeberwechsel – Wann ist eine neue Befreiung nach § 6 Abs 1 Nr 1 SGB VI zu beantragen?, NZA 15, 265.

Nach dem Gesetz zur Neuordnung des Rechts der **Syndikusanwälte** und zur Änderung der Finanzgerichtsordnung vom 21.12.15 (BGBl 2015, 2517 BR-Drs 278/15) ist die statusrechtliche Absicherung des Syndikusanwalts in Abgrenzung zu sonstigen angestellten Volljuristen bei nichtanwaltlichen ArbGeb und die Befreiungsmöglichkeit der Syndikusanwälte von der RVPflicht normativ geregelt und die umstrittene Rspr des BSG zur früheren Rechtslage obsolet geworden (vgl Personalbuch 2015 Befreiung von der Versicherungspflicht Rn 32). Sowohl bei einem **Anwalt oder Anwaltsgesellschaft angestellte Rechtsanwälte** als auch **zugelassene Syndikusrechtsanwälte** bei einem nichtanwaltlichen ArbGeb behalten als Mitglieder des Versorgungswerks die Befreiungsmöglichkeit von der RV. Nach BSG 15.12.16 – B 5 RE 7/16 R, NJW 17, 1899 kann dies unter bestimmten Voraussetzungen an die Ausgestaltung des Beschäftigungs- und Vertragsverhältnisses auch für angestellte Rechtsanwälte einer **Wirtschaftsprüfugsgesellschaft** gelten. Nach wie vor besteht keine Befreiungsmöglichkeit für sonstige angestellte Rechtsanwälte bei einem nichtanwaltlichen ArbGeb (LSG BaWü 20.7.17 – L 7 R 3495/15, BeckRS 2017, 118813; BayLSG 5.12.18 – L 19 R 895/14, DStR 19, 1662 mit Anm *Hartmann/Dulle*). Die Neuregelung der §§ 46 bis 46c BRAO definiert die Begriffe des angestellten Anwalts bei einem Rechtsanwalt und des Syndikusanwaltes (§ 46 BRAO) und sieht die Zulassung als Syndikusrechtsanwalt durch die Kammer vor (§ 46a BRAO). Die Entscheidungen können sowohl vom Antragsteller als auch vom RVTräger angefochten werden. Bestandskräftige Entscheidungen der Kammer sind für den RVTräger für die Frage der Befreiung von der RVPflicht nach § 6 Abs 1 Satz 1 Nr 1 SGB VI bindend (§ 46a Abs 2 Satz 4 BRAO). Die Zulassung als Syndikusanwalt ist ganz oder teilweise zu widerrufen, soweit die arbeitsvertragliche Gestaltung eines Anstellungsverhältnisses oder die tatsächlich ausgeübte Tätigkeit nicht mehr den Anforderungen an einen Syndikusanwalt entspricht (§ 46b Abs 2 Satz 2 BRAO). Damit erlischt auch die Befreiung von der RVPflicht, wenn nicht eine andere Tätigkeit aufgenommen wird, die eine neue Befreiungsmöglichkeit eröffnet (BSG 5.12.17 – B 12 KR 11/15 R, Die Beiträge Beilage 2018, 174). Es besteht keine (rückwirkende) Befreiungsmöglichkeit nach § 231 Abs. 4b SGB VI iVm § 6 Abs 1 Satz 1 Nr 1 SGB VI, wenn die maßgebliche Tätigkeit als **Syndikusanwalt** vor dem Inkrafttreten der Gesetzesänderung am 1.1.16 endete (LSG BaWü 20.3.19 – L 2 R 3561/18, NJW-Spezial 19, 415). Zu Übergangsregelungen s Personalbuch 2016 *Befreiung von der Versicherungspflicht* Rn 32. Vgl auch *Geiger* Arbeitsrechtliche Folgenbewältigung nach rückwirkend aufgehobener Befreiung von der gesetzlichen Rentenversicherungspflicht gem § 6 I Nr 1 SGB VI, NZA 17, 685; *Schaffhausen* Grundlegendes zum Statusverfahren und zum Befreiungsrecht, ArbR 18, 271; *Kilian* Die Rspr des BGH zum Recht der Syndikusrechtsanwälte, DStR 19, 1094. 32

**b) Lehrer oder Erzieher,** die an nicht-öffentlichen Schulen oder Anstalten **abhängig beschäftigt** sind, wenn für sie nach beamtenrechtlichen Grundsätzen oder entsprechenden kirchenrechtlichen Regelungen Anwartschaft auf Versorgung bei verminderter Erwerbs- 33 fähigkeit und im Alter sowie auf Hinterbliebenenversorgung gewährleistet ist (§ 6 Abs 1 Satz 1 Nr 2 SGB VI). Betroffen sind in erster Linie die privaten oder von Religionsgemeinschaften unterhaltenen Schulen. Zur Versicherungspflicht der **selbstständig** tätigen Lehrer → *Rentenversicherungspflicht* Rn 8;

34 **c) Nichtdeutsche Besatzungsmitglieder** deutscher Seeschiffe, die ihren Wohnsitz oder gewöhnlichen Aufenthalt nicht in einem Mitgliedstaat der EU, einem Vertragsstaat des Abkommens über den EWR oder der Schweiz haben (§ 6 Abs 1 Satz 1 Nr 3 SGB VI);

35 **d) Gewerbetreibende in Handwerksbetrieben,** wenn für sie für mindestens 18 Jahre Pflichtbeiträge gezahlt worden sind, ausgenommen Bezirksschornsteinfegermeister (§ 6 Abs 1 Satz 1 Nr 4 SGB VI);

36 **e) Arbeitnehmerähnliche Selbstständige** nach § 2 Satz 1 Nr 9 SGB VI für einen Zeitraum von drei Jahren nach erstmaliger Aufnahme der Tätigkeit. Sie können auf Dauer befreit werden, wenn sie nach Vollendung des 58. Lebensjahres erstmals nach § 2 Satz 1 Nr 9 SGB VI versicherungspflichtig werden (§ 6 Abs 1a Satz 1 SGB VI). Die Befreiungsmöglichkeit erlaubt dem Selbstständigen, seine Entscheidung nach individueller Einschätzung der Entwicklung der selbstständigen Tätigkeit und unter Berücksichtigung etwaiger in der RV bereits erworbener Anwartschaften zu treffen. Die Befreiung von der RVPflicht als Selbstständiger nach § 6 Abs 1a Satz 1 Nr 1 SGB VI kann die Beitragsnachforderung wegen Scheinselbstständigkeit dieser Tätigkeit hindern (LSG München 2.10.12 – L 5 R 781/12 B ER, BeckRS 2012, 25945).

37 **f) Geringfügig Beschäftigte** nach § 8 Abs 1 Nr 1 SGB IV. Die Befreiungsmöglichkeit von der RVPflicht für geringfügig Beschäftigte nach § 6 Abs 1b SGB VI ist eine Folge der ab 1.1.13 eingeführten grundsätzlichen Versicherungspflicht auch der geringfügigen Beschäftigten in der gesetzlichen RV (→ *Geringfügige Beschäftigung* Rn 63). Der Befreiungsantrag ist dem ArbGeb zur Weiterleitung zu übergeben. Bei mehreren geringfügigen Beschäftigungen des ArbN, die zusammen nicht die Geringfügigkeitsgrenze überschreiten, kann der Antrag nur für alle Beschäftigungen einheitlich gestellt werden. Keine Befreiung erfolgt bei geringfügigen Beschäftigungen im Rahmen von **Freiwilligendiensten** nach dem JFDG oder BFDG (→ *Freiwilligendienste* Rn 16).

# Befristetes Arbeitsverhältnis

## A. Arbeitsrecht *Kania*

### Übersicht

**I. Allgemeines. 1. Rechtsgrundlagen.** Im Gegensatz zum unbefristeten Arbeitsverhältnis endet das befristete Arbeitsverhältnis, ohne dass der Ausspruch einer Kündigung erforderlich ist. Die Möglichkeit des Abschlusses befristeter an Stelle unbefristeter Arbeitsverhältnisse folgt aus dem Grundsatz der Vertragsfreiheit. Die allgemeine Rechtsgrundlage für die Möglichkeit der Befristung wurde bis zum 31.12.2000 in § 620 Abs 1 BGB gesehen. Seit dem 1.1.01 gilt § 620 Abs 3 BGB, wonach für Arbeitsverträge, die auf bestimmte Zeit abgeschlossen werden, das Gesetz über Teilzeitarbeit und befristete Arbeitsverträge gilt. 1

Das **Gesetz über Teilzeitarbeit und befristete Arbeitsverträge** vom 21.12.2000 (Teilzeit- und Befristungsgesetz – TzBfG) schafft seit seinem In-Kraft-Treten zum 1.1.01 eine einheitliche Rechtsgrundlage sowohl für befristete als auch für auflösend bedingte Arbeitsverhältnisse. Das TzBfG hat einen doppelten rechtlichen Hintergrund: zum einen das Auslaufen von § 1 Abs 1–4 BeschFG über die Zulässigkeit der Befristung von Arbeitsverhältnissen ohne sachlichen Grund zum 31.12.2000, zum anderen die Verpflichtung zur Umsetzung zweier EG-Richtlinien über die Förderung von Teilzeitarbeit und befristeten Arbeitsverhältnissen. Das TzBfG behält allerdings die durch das BeschFG und die Rspr des BAG begründete Zweiteilung der rechtlichen Anforderungen an zulässige Befristungen im Kern bei, indem das Gesetz zwischen Befristungen mit (→ Rn 22 ff) und ohne sachlichen Grund (→ Rn 10 ff) unterscheidet. Neben den Vorschriften des TzBfG bestehen noch verstreute und auf besondere Formen des Arbeitsverhältnisses zugeschnittene **gesetzliche Spezialregelungen:** Zu nennen sind hier § 21 BEEG (→ Rn 35), das WissenschaftszeitvertragsG (→ Rn 37), das SeeArbG und das Gesetz über befristete Arbeitsverträge mit Ärzten in der Weiterbildung. Selbstverständlich müssen alle Befristungsabreden in Musterverträgen den AGB-rechtlichen Anforderungen genügen, dürfen also insbes nicht überraschend (§ 305c Abs 1 BGB) oder intransparent (§ 307 Abs 1 BGB) sein (BAG 16.4.08 – 7 AZR 132/07, BB 08, 1736). 2

**2. Zeit- und Zweckbefristungen.** Das TzBfG gilt sowohl für die kalendermäßige als auch für die auf Erfüllung eines bestimmten Zwecks gerichtete Befristung. Die Befristung eines Arbeitsverhältnisses setzt nicht zwingend die Nennung eines festen Endtermins voraus. Nur bei der **Zeitbefristung** (§ 3 Abs 1 S 2 1. Alt TzBfG) wird das Arbeitsverhältnis für eine bestimmte Dauer oder zumindest einen **kalendermäßig bestimmbaren Zeitraum** geschlossen (eine Woche, ein Jahr, bis zum 31.12.). Ist der vorgesehene Beendigungszeitpunkt exakt bestimmt, so endet das Arbeitsverhältnis mit diesem Zeitpunkt. Fehlt es hingegen an einer hinreichend genauen Bestimmung des Endtermins („etwa ein Jahr"), so ist die Befristung unwirksam und das Arbeitsverhältnis gilt als auf unbestimmte Zeit geschlossen. 3

Bei der **Zweckbefristung** (§ 3 Abs 1 S 2 2. Alt TzBfG) ist die Dauer des Arbeitsverhältnisses nicht kalendermäßig bestimmbar, sondern von vornherein von dem Eintritt eines von den Parteien als gewiss angesehenen Ereignisses abhängig gemacht, wobei lediglich der genaue Zeitpunkt des Eintritts dieses Ereignisses als ungewiss angesehen wird (BAG 15.5.12 – 7 AZR 35/11, NZA 12, 1366; BAG 19.1.05 – 7 AZR 250/04, NZA 05, 873). Beispiele sind hier die Vertretung eines erkrankten ArbN oder die Beschäftigung von Pflegepersonal für einen Schwerkranken. 4

In den Fällen, in denen der Endtermin des befristeten Arbeitsverhältnisses für den ArbN nicht vorauszusehen ist (zB Krankheitsvertretung), wäre es für den ArbN unzumutbar, wenn sein Arbeitsverhältnis vom einen Tag auf den anderen enden würde. Dem ArbN ist deshalb eine **Auslauffrist** zuzubilligen. Sie beträgt gem § 15 Abs 2 TzBfG zwei Wochen und beginnt mit Zugang einer schriftlichen Unterrichtung des ArbN durch den ArbGeb über den Zeitpunkt der Zweckerreichung. Vertraglich können längere, aber keine kürzeren Fristen vereinbart werden (§ 22 Abs 1 TzBfG). 5

6 **3. Auflösend bedingte Arbeitsverhältnisse.** Vom zeit- oder zweckbefristeten Arbeitsverhältnis zu unterscheiden ist das auflösend bedingt geschlossene Arbeitsverhältnis. Hierbei wird der Endtermin abhängig gemacht von einem von den Parteien als **ungewiss angesehenen Ereignis** (§ 158 Abs 2 BGB; BAG 19.1.05 – 7 AZR 250/04, NZA 05, 873). Wird zB die Weiterbeschäftigung des ArbN bis zur rechtskräftigen Abweisung der Kündigungsschutzklage vereinbart, so steht die Beschäftigung unter der auflösenden Bedingung der Klageabweisung (BAG 22.10.03 – 7 AZR 113/03, NZA 04, 1275). Die Abgrenzung des befristeten Arbeitsvertrages vom bedingten bereitet Schwierigkeiten, wenn zweifelhaft sein kann, ob das Ereignis, bei dessen Eintritt der Vertrag enden soll, gewiss ist oder nicht. Ein Beispiel ist etwa die Einstellung eines ArbN zur Krankheitsvertretung, wenn nicht klar ist, ob der vertretene ArbN wieder gesund wird oder nicht. Das BAG macht die Entscheidung vom Grad der Ungewissheit abhängig (BAG 24.9.97 – 7 AZR 669/96, NZA 98, 419). Bei unterschiedlichen Auffassungen zwischen ArbGeb und ArbN kommt es entscheidend auf die Sichtweise des ArbGeb an (BAG 21.2.01 – 7 AZR 200/00, NZA 01, 1382). Das BAG trägt damit der Tatsache Rechnung, dass die Umstände, die die Befristung oder Bedingung rechtfertigen, in aller Regel aus der Sphäre des ArbGeb kommen, und es verhindert Missbrauch, indem es die Prognose objektiviert (*Hromadka* BB 01, 621).

7 Unter Fortführung der früheren Rspr des BAG hat der Gesetzgeber in § 21 TzBfG auflösend bedingte Arbeitsverhältnisse weitgehend befristeten Arbeitsverhältnissen gleichgestellt. Insbes muss die auflösende Bedingung durch einen **sachlichen Grund gerechtfertigt** sein; das sind grds alle Gründe iSd § 14 Abs 1 S 2 TzBfG (→ Rn 30 ff). Vorrangig kommen solche in der Person des ArbN (§ 14 Abs 1 Nr 6) in Betracht. Hierunter fallen vor allem die Erwerbsminderung, -unfähigkeit (BAG 1.12.04 – 7 AZR 135/04, NZA 06, 211), Bezug der Altersrente (BAG 9.12.15 – 7 AZR 68/14, NZA 16, 695), Bewilligung einer Versorgungs- oder Berufsunfähigkeitsrente (BAG 6.12.2000 – 7 AZR 302/99, NZA 01, 792). Der ArbN kann bis zur Bestandskraft des Rentenbescheids darüber entscheiden, ob er an seinem Rentenantrag festhält. Ist der Rentenbescheid bestandskräftig, endet das Arbeitsverhältnis. Das gilt nach bisheriger Rspr auch dann, wenn der ArbN den Rentenbescheid formell bestandskräftig werden lässt und der Rentenbescheid später vom Rentenversicherungsträger zurückgenommen wird (BAG 23.6.04 – 7 AZR 440/03, NZA 05, 520; 3.9.03 – 7 AZR 661/02, NZA 04, 328). Dagegen geht von einem nichtigen Verwaltungsakt keine das Arbeitsverhältnis auflösende Wirkung aus; auch die nachträgliche Feststellung der Nichtigkeit wirkt gegenüber dem ArbGeb (BAG 10.10.12 – 7 AZR 602/11, BeckRS 2013, 65638). Weiterhin zulässig ist die Koppelung an das Ergebnis der ärztlichen Einstellungsuntersuchung (zB bei Fluguntauglichkeit des Bordpersonals, BAG 16.10.08 – 7 AZR 185/07, BeckRS 2009, 58468), den Klassenerhalt bei Profisportlern und Trainern (BAG 4.12.02 – 7 AZR 492/01, NZA 03, 611). Nicht zulässig ist es, durch die Befristung das allgemeine Wirtschaftsrisiko unangemessen auf den ArbN zu verlagern, zB bei Urlaubsüberschreitung (BAG 25.6.87 – 2 AZR 541/86, NZA 88, 391), bei Schwangerschaft und Krankheit (LAG Bln 8.11.60 – 5 Sa 72/60, BB 61, 95). Darüber hinaus **gelten weitere Vorschriften des TzBfG** für auflösend bedingte Arbeitsverhältnisse entsprechend. Zu nennen sind vor allem das Schriftformgebot gem § 14 Abs 4 TzBfG (dazu noch → Rn 8), die Pflicht zur Einhaltung einer zweiwöchigen Ankündigungsfrist gem § 15 Abs 2 TzBfG und die dreiwöchige Klagefrist gem § 17 TzBfG (→ Rn 52).

8 **4. Schriftform.** § 14 Abs 4 TzBfG ordnet für befristete Arbeitsverträge die Schriftform für die Befristung an. Die hierdurch bezweckte Klarstellungs-, Beweis- und Warnfunktion folgt der besonderen Bedeutung, dass die Befristung ohne weitere rechtsgeschäftliche Erklärung zur Beendigung des Arbeitsverhältnisses führt, und gewährleistet größtmögliche Rechtssicherheit (BAG 16.3.05 – 7 AZR 289/04, NZA 05, 923). Die Vorschrift gilt über § 21 TzBfG für auflösend bedingt geschlossene Arbeitsverträge entsprechend. Erfasst werden von dem Schriftformerfordernis auch befristete Vertragsverlängerungen (BAG 16.3.05 – 7 AZR 289/04, NZA 05, 923) und die befristete Weiterbeschäftigung des ArbN nach Ablauf der Kündigungsfrist bis zum rechtskräftigen Abschluss des Kündigungsschutzprozesses (BAG 22.10.03 – 7 AZR 113/03, NZA 04, 1275). Der Schriftform unterliegt nicht der ganze Vertrag, sondern nur **die Befristungsabrede selbst.** Inhaltlich verlangt die Vorschrift bei Zeitbefristungen die Festschreibung der Dauer des Arbeitsverhältnisses, nicht aber des Be-

fristungsgrundes. Dieser ist nur bei Zweckbefristungen und auflösenden Bedingungen wesentlicher Vertragsbestandteil und damit schriftlich zu fixieren (BAG 21.12.05 – 7 AZR 541/04, NZA 06, 321). Bei der Sachgrundbefristung ist der Befristungsgrund lediglich objektive Wirksamkeitsvoraussetzung für die Befristung und muss daher in der Befristungsvereinbarung nicht niedergelegt werden (BAG 29.6.11 – 7 AZR 774/09, NZA 11, 1151; 23.6.04 – 7 AZR 636/03, NZA 04, 1333). Bei der Befristungsabrede in einem Formularvertrag sind die §§ 305c, 307 Abs 1 S 2 BGB zu beachten (LAG Berlin-Bbg 15.1.13 – 16 Sa 1829/12, NZA-RR 13, 459 zur Probezeitbefristung als überraschende Klausel). Genügt die Befristungsabrede nicht dem nach § 14 Abs 4 TzBfG normierten Schriftformerfordernis, so ist sie gem § 125 BGB nichtig, mit der Folge, dass der Arbeitsvertrag nach § 16 S 1 TzBfG als auf unbestimmte Zeit geschlossen gilt.

Die Schriftform ist nur gewahrt, wenn die **schriftliche Niederlegung vor Vertragsbeginn** erfolgt ist. Die nach Vertragsbeginn vorgenommene schriftliche Niederlegung oder Bestätigung einer vor Vertragsbeginn mündlich getroffenen Befristungsvereinbarung kann den Formmangel nach Auffassung des BAG nicht heilen (BAG 16.4.08 – 7 AZR 1048/06, NZA 08, 1184; 16.3.05 – 7 AZR 289/04, NZA 05, 923; aA *Nadler/von Medem* NZA 05, 1214). Allerdings kann ein wegen Formnichtigkeit der Befristungsabrede unbefristet geschlossener Arbeitsvertrag **nachträglich wirksam befristet** werden, sofern ein Sachgrund iSd § 14 Abs 1 TzBfG vorliegt und die Parteien eine **neue eigenständige Befristungsvereinbarung** treffen und nicht lediglich das zuvor Vereinbarte schriftlich festhalten. Die Möglichkeit der sachgrundlosen Befristung nach § 14 Abs 2 TzBfG bleibt dagegen infolge der Vorbeschäftigung verschlossen (BAG 15.2.17 – 7 AZR 223/15, NZA 17, 908). Zu beachten ist, dass die gesetzliche Schriftform die **Unterzeichnung beider Parteien vor Vertragsbeginn** verlangt. Dies ist vor allem für den häufig praktizierten Fall relevant, dass dem ArbN ein **Vertragsentwurf** oder Blankovertrag überreicht wird. Hat der ArbN ihn unterzeichnet und dem ArbGeb zurückgegeben, muss das Formular sodann vom ArbGeb ausgefüllt und unterschrieben dem ArbN regelmäßig noch vor Arbeitsbeginn zugehen. Diese formale Hürde hat das BAG entschärft: Legt der ArbGeb dem ArbN eine bereits von ihm unterschriebene Vertragsurkunde zur Unterzeichnung vor, mache er hinreichend deutlich, dass er den Vertragsschluss von der schriftlichen Annahme durch den ArbN abhängig mache. Mit der bloßen Arbeitsaufnahme des ArbN komme dann noch kein unbefristetes Arbeitsverhältnis gem § 16 TzBfG zustande, sondern es entstehe lediglich ein faktisches Arbeitsverhältnis. In diesem Fall könne auch nach Arbeitsaufnahme noch wirksam eine Sachgrundbefristung vereinbart werden (BAG 14.12.16 – 7 AZR 797/14, NZA 17, 638; BAG 16.4.08 – 7 AZR 1048/06, NZA 08, 1184). Zur Frage, ob dies auch im Fall der sachgrundlosen Befristung möglich ist, hat das BAG bislang keine Aussage getroffen. Hier kommt es darauf an, ob das faktische Arbeitsverhältnis eine Vorbeschäftigung iSd Abs 2 ist, so dass eine (dann nachfolgende) sachgrundlose Befristung ausgeschlossen wäre. Da wegen des Vorbehalts des schriftlichen Vertragsschlusses die erstmalige Begründung einer vertraglichen Grundlage mit der Beurkundung der Befristungsabrede zusammenfällt, spricht vieles dafür, dass ein Zuvor-Arbeitsverhältnis iSd Schutzzwecks der Norm nicht vorliegt. 9

**II. Befristung ohne sachlichen Grund. 1. Grundsätzliche Befristungsmöglichkeiten.** Gem § 14 Abs 2 TzBfG bedarf die kalendermäßige Befristung eines Arbeitsvertrages keines sachlichen Grundes, wenn der Arbeitsvertrag oder seine höchstens dreimalige Verlängerung nicht die Gesamtdauer von zwei Jahren überschreitet. Damit enthält die Regelung eine Ausnahme von dem Grundsatz, wonach die Befristung des Arbeitsvertrages eines sachlich rechtfertigenden Grundes bedarf. Man spricht auch von der sog **erleichterten Befristung.** Möglich ist die **höchstens dreimalige Verlängerung** eines befristeten Arbeitsvertrags innerhalb eines **Zeitraums von zwei Jahren,** wobei zeitliche Vorgaben für die Dauer des einzelnen befristeten Arbeitsverhältnisses nicht bestehen. 10

Zudem besteht ein sog **Anschlussverbot** nach § 14 Abs 2 S 2 TzBfG, wonach keine Möglichkeit zur erleichterten Befristung besteht, wenn mit demselben ArbGeb **bereits zuvor** ein befristetes oder unbefristetes Arbeitsverhältnis bestanden hat. Damit sollen sog Befristungsketten, die durch einen Wechsel zwischen Befristungen mit und ohne Sachgrund ermöglicht würden, verhindert werden. Problematisch an dieser Regelung ist, dass der Gesetzgeber keine **zeitliche Grenze** festlegt, indem er etwa auf einen engen sachlichen 11 und/oder zeitlichen Zusammenhang zwischen den Arbeitsverhältnissen abstellt. Das BAG hatte früher daraus die Konsequenz abgeleitet, dass auch bei lange zurückliegenden und nur ganz kurzfristigen (Aushilfs-)Arbeitsverhältnissen die Befristungsmöglichkeit gem § 14 Abs 2 TzBfG ausscheidet (BAG 6.11.03 – 2 AZR 690/02, NZA 05, 218). Zwischenzeitlich hatte das BAG im Rahmen einer „verfassungsorientierten Auslegung" das Vorbeschäftigungsverbot auf einen Zeitraum von drei Jahren beschränkt: Lag das frühere Arbeitsverhältnis mehr als drei Jahre zurück, war keine Vorbeschäftigung idS gegeben (BAG 21.9.11 – 7 AZR 375/10, NZA 12, 255; BAG 6.4.11 – 7 AZR 716/09, NZA 11, 905). Hierin hat das BVerfG eine unzulässige Auslegung des § 14 Abs 2 S 2 TzBfG gesehen und damit der Rechtsfortbildung durch das BAG eine Absage erteilt. Der klar erkennbare Wille des Gesetzgebers, die Gefahr von Kettenverträgen bei sachgrundloser Befristung einzudämmen, dürfe nicht durch ein eigenes Regelungsmodell ersetzt werden. Allerdings hat das BVerfG angedeutet, dass die Anwendung des Anschlussverbots in Einzelfällen unzumutbar sein könne, wenn zB eine Vorbeschäftigung sehr lang zurückläge, ganz anders geartet war oder von sehr kurzer Dauer gewesen sei (BVerfG 6.6.18 – 1 BvL 7/14, 1 BvR 1375/14, NZA 18, 774). In Umsetzung dieser Vorgaben hat das BAG jetzt einen Zeitablauf von acht Jahren (BAG 23.1.19 – 7 AZR 733/16, NZA 16, 700; hierzu *Lembke/Tegel* NZA 19, 1029) wie auch einen Zeitraum von 15 Jahren (BAG 17.4.19 – 7 AZR 323/17, NZA 19, 1271) als unzureichend erachtet, eine Vorbeschäftigung vor 22 Jahren dagegen nicht (BAG 21.8.19 – 7 AZR 452/17, ArbR Aktuell 2019, 437). Zudem werde der Schutzzweck der Norm auch dann nicht unterlaufen, wenn es sich bei dem vorangegangenen Arbeitsverhältnis um eine nur geringfügige Nebenbeschäftigung während der Schul-, Studien- oder Ausbildungszeit handelte (BAG 12.6.19 – 7 AZR 429/17, NZA 19, 1563).

12 Das Anschlussverbot erfasst grds nur **frühere Beschäftigungszeiten bei demselben ArbGeb;** es muss sich beim VertragsArbGeb um dieselbe natürliche oder juristische Person handeln. Es reicht also nicht derselbe Betrieb oder Arbeitsplatz (BAG 9.3.11 – 7 AZR 657/09, NZA 11, 1147). Eine Anstellung bei einem anderen Konzernunternehmen steht grds einer Befristung nach § 14 Abs 2 TzBfG nicht entgegen (BAG 9.2.11 – 7 AZR 32/10, NZA 11, 791). Das gilt auch für eine Tätigkeit beim ArbGeb im Rahmen eines Leiharbeitsverhältnisses (BAG 18.10.06 – 7 AZR 145/06, NZA 07, 443), eines zuvor bestehenden Heimarbeitsverhältnisses (BAG 24.8.16 – 7 AZR 342/14, NZA 17, 244) oder eines vorherigen Beamtenverhältnisses (BAG 24.2.16 – 7 AZR 712/13, NZA 16, 758), da kein früheres Arbeitsverhältnis iSd § 14 Abs 2 S 2 TzBfG zwischen den Parteien bestanden hat. Die planmäßig hintereinander geschaltete befristete Anstellung durch verschiedene VertragsArbGeb (Konzernunternehmen, Verleiher) für denselben Arbeitsplatz kann allerdings eine rechtswidrige Umgehung von § 14 Abs 2 S 2 TzBfG darstellen (BAG 9.2.11 – 7 AZR 32/10, NZA 11, 791; 24.6.15 – 7 AZR 452/13, NZA 15, 1507). Das BAG hat seine Rspr zur missbräuchlichen Vertragsgestaltung verschärft: Bejaht wird eine solche, wenn mehrere rechtlich verbundene VertragsArbGeb kollusiv mit einem ArbN aufeinander folgende Arbeitsverträge schließen, um diesen für eine unangemessene Zeit über die gesetzlichen Befristungsmöglichkeiten hinaus bei nur einem ArbGeb beschäftigen zu können (BAG 4.12.13 – 7 AZR 290/12, NZA 14, 426 zur abgestuften Darlegungs- und Beweislast. Im Gemeinschaftsbetrieb kommt grds ein nach § 14 Abs 2 TzBfG befristetes Arbeitsverhältnis mit jedem der beteiligten Unternehmen in Betracht, solange dies nicht zielgerichtet zur Umgehung der Vorschrift geschieht (BAG 25.4.01 – 7 AZR 376/00, NZA 01, 1384; *Bauer* BB 01, 2473). Das Anschlussverbot kommt auch bei einem Betriebsübergang zur Anwendung, da die Identität des ArbGeb gewahrt wird. Beendete Arbeitsverhältnisse bei einem Betriebsveräußerer stehen aber der sachgrundlosen Befristung beim Erwerber nicht entgegen, da § 613a BGB nur laufende Arbeitsverhältnisse erfasst (BAG 18.8.05 – 8 AZR 523/04, NZA 06, 145; 10.11.04 – 7 AZR 101/04, NZA 05, 514). Nach einer Verschmelzung gem § 20 UmwG ist der erloschene übertragende Rechtsträger nicht derselbe ArbGeb wie der übernehmende Rechtsträger (BAG 10.11.04 – 7 AZR 101/04, NZA 05, 514). Kein vorhergehendes Arbeitsverhältnis ist ausweislich der Gesetzesbegründung ein früheres Berufsausbildungsverhältnis (BAG 21.9.11 – 7 AZR 375/10, NZA 12, 255; → Rn 20). Unproblematisch zulässig ist es, zu Gunsten des ArbN die Beschäftigung bei anderen ArbGeb als Vorbeschäftigung iSd § 14 Abs 2 S 2 TzBfG zu vereinbaren (BAG 9.2.11 – 7 AZR 32/10,

NZA 11, 791). Um einen Verstoß gegen das Anschlussverbot zu vermeiden, tut der ArbGeb jedenfalls in größeren Unternehmen gut daran, vor Abschluss eines nach § 14 Abs 2 TzBfG befristeten Arbeitsvertrags den Bewerber ausdrücklich nach früheren Beschäftigungen im Unternehmen zu fragen bzw eine entspr Frage in einen Einstellungsfragebogen aufzunehmen. Bei einer fehlerhaften Beantwortung ist nach den allgemeinen Grundsätzen zum Fragerecht des ArbGeb (→ *Auskunftspflichten Arbeitnehmer* Rn 13 ff) eine Anfechtung des Arbeitsvertrags bzw eine fristlose Kündigung möglich.

Bezüglich der Möglichkeit der **dreimaligen Verlängerung** des Arbeitsverhältnisses stellt sich die Frage, ob eine zulässige Verlängerung auch noch nach einer kurzzeitigen Unterbrechung des Arbeitsverhältnisses möglich ist oder ob dann von dem Abschluss eines zweiten befristeten Arbeitsvertrages auszugehen ist, der wegen § 14 Abs 2 S 2 TzBfG ohne Sachgrund unzulässig ist. Dem Ziel des Gesetzes, befristete Arbeitsverhältnisse als Brücke zu Dauerarbeitsverhältnissen zu nutzen und Kettenarbeitsverhältnisse zu verhindern, wird man nur gerecht, wenn man unter „Verlängerung" iSv § 14 Abs 2 TzBfG ausschließlich das **unmittelbare Anschließen** zweier befristeter Arbeitsverhältnisse ohne Änderung des Vertragsinhalts versteht (BAG 12.8.09 – 7 AZR 270/08, BeckRS 2009, 74191; 26.7.2000 – 7 AZR 51/99, NZA 01, 546). Die Verlängerung muss an dem auf den letzten Tag des vorangegangenen Arbeitsverhältnisses folgenden Tag beginnen. Auch die Möglichkeit, zur Lückenschließung eine Verlängerungsvereinbarung rückwirkend abzuschließen (LAG Köln 27.4.99 – 13 Sa 897/98 zu § 1 Abs 3 BeschFG, BeckRS 1999, 31012459), besteht nach Auffassung des BAG nicht (BAG 26.7.2000 – 7 AZR 51/99, NZA 01, 546). Nach der sehr formalistischen Rspr des BAG muss sich eine Verlängerung ausschließlich auf die Änderung der Vertragslaufzeit beschränken und darf grds **nicht mit Änderungen sonstiger Arbeitsbedingungen** (zB Vergütung, Tätigkeit) verbunden werden, selbst wenn diese für den ArbN günstiger sind (BAG 21.3.18 – 7 AZR 428/16, NZA 18, 999; BAG 18.1.06 – 7 AZR 178/05, NZA 06, 605). Solche Änderungen anderer Arbeitsbedingungen müssen also ggf während der Vertragslaufzeit vereinbart werden, was einer späteren befristeten Verlängerung auch nach Auffassung des BAG nicht entgegensteht. Zwei wenig praxisrelevante Ausnahmen lässt das BAG zu, nämlich die zeitgleich mit der Verlängerung erfolgende Anpassung der Vertragsbedingungen an eine geänderte Rechtslage (BAG 23.8.06 – 7 AZR 12/06, NZA 07, 204) sowie die Erhöhung der Arbeitszeit nach einem entspr Verlangen gem § 9 TzBfG (BAG 16.1.08 – 7 AZR 603/06, NZA 08, 701). Da die Vereinbarung über die Verlängerung innerhalb der Höchstbefristungsdauer gleichfalls eine Befristungsabrede darstellt, bedarf sie zu ihrer Wirksamkeit der Schriftform nach § 14 Abs 4 TzBfG. Eine über den vorgesehenen Beendigungszeitpunkt **mit Erreichen der Regelaltersrente hinausgehende Verlängerung** des Arbeitsverhältnisses, kann uU auch mehrfach ohne sachlichen Grund und ohne Beachtung des Anschlussverbots allein auf den gesetzlichen Ausnahmetatbestand des § 41 S 3 SGB VI gestützt werden (BAG 19.12.18 – 7 AZR 70/17, NZA 19, 523). Hier spricht vieles dafür, dass die Vorschrift in Anwendung der vorgenannten Grundsätze nur eine Laufzeitverlängerung, nicht aber die zeitgleiche Änderung der sonstigen Arbeitsbedingungen zulässt (hierzu *Arnold/Zeh* NZA 18, 1017). 13

**2. Befristung in neu gegründeten Unternehmen.** Im Rahmen des Gesetzes zu Reformen am Arbeitsmarkt vom 24.12.03 hat der Gesetzgeber mit § 14 Abs 2a TzBfG eine erweiterte Befristungsmöglichkeit für neu gegründete Unternehmen **in den ersten vier Jahren nach ihrer Gründung** geschaffen. Hiernach ist die kalendermäßige Befristung eines Arbeitsvertrages ohne Vorliegen eines sachlichen Grundes in den ersten vier Jahren nach der Gründung eines Unternehmens **bis zur Dauer von vier Jahren** zulässig. Damit enthält § 14 Abs 2a TzBfG eine doppelte Vierjahresfrist: Um unter das „Gründerprivileg" zu fallen, genügt es, wenn am letzten Tag des Vierjahreszeitraums ab Aufnahme der Unternehmenstätigkeit (§ 14 Abs 2a S 3 TzBfG) ein bis zu vier Jahre befristetes Arbeitsverhältnis abgeschlossen wird. Dabei muss die zulässige Befristungsdauer von höchstens vier Jahren nicht von vornherein ausgeschöpft werden; vielmehr ist eine wiederholte Verlängerung auch dann möglich, wenn der Vierjahreszeitraum nach der Gründung des Unternehmens abgelaufen ist. Der Begriff der Verlängerung stimmt grds mit dem in § 14 Abs 2 S 1 TzBfG überein, jedoch ist die Anzahl der Verlängerungen bei einer Befristung nach § 14 Abs 2a zahlenmäßig nicht begrenzt; das Gesetz spricht lediglich von „mehrfacher" Verlängerung. 14

Wegen der Bezugnahme auf § 14 Abs 2 S 2 in § 14 Abs 2a S 4 TzBfG gilt auch hier das Anschlussverbot (→ Rn 11).

15 § 14 Abs 2a TzBfG stellt auf die **Neugründung des „Unternehmens"**, also des Rechtsträgers ab. Privilegiert werden soll der „junge Unternehmer", so dass das Alter der unternehmenszugehörigen Betriebe irrelevant ist. Unternehmen, die länger als vier Jahre bestehen, können sich deshalb auch dann nicht auf die vergünstigende Vorschrift berufen, wenn sie einen neuen Betrieb gründen. Umgekehrt ist ein neu gegründetes Unternehmen in den ersten vier Jahren nach seiner Gründung auch dann begünstigt, wenn unternehmenszugehörige Betriebe schon länger als vier Jahre bestehen und nach § 613a BGB übernommen werden (zweifelnd *Preis* DB 04, 79; *Lipinski* BB 04, 1221). Überträgt ein neu gegründetes Unternehmen einen Betrieb auf einen anderen Rechtsträger, hat dieser die Möglichkeit, die übergegangenen nach § 14 Abs 2a TzBfG befristeten Arbeitsverträge bis zu einer Gesamtdauer von vier Jahren zu verlängern, da er gem § 613a Abs 1 S 1 BGB in die bestehenden Rechtsverhältnisse eintritt. Die Privilegierung gilt **nicht** für **Neugründungen im Zusammenhang mit der rechtlichen Umstrukturierung von Unternehmen und Konzernen.** Diese Formulierung ist wörtlich § 112a Abs 2 BetrVG entlehnt, so dass auf die zu dieser Vorschrift ergangene Rspr verwiesen werden kann. Das Gründerprivileg greift deshalb etwa dann nicht ein, wenn zwei Unternehmen einzelne Betriebe einem neu gegründeten Unternehmen übertragen, das diese Betriebe mit einer auf dem Zusammenschluss beruhenden unternehmerischen Zielsetzung fortführen soll (BAG 22.2.95 – 10 ABR 23/94, NZA 95, 697) oder wenn der Alleingesellschafter und Geschäftsführer der Komplementär-GmbH einer KG eine neue GmbH gründet und diese von der KG einen Betrieb übernimmt (BAG 22.2.95 – 10 AZR 21/94, NZA 95, 699). Privilegiert ist aber eine neu gegründete Tochtergesellschaft, die im Konzern bislang nicht wahrgenommene neue wirtschaftliche Aktivitäten verfolgt (BAG 12.6.19 – 7 AZR 317/17, NZA 19, 1568).

16 **3. Befristung mit älteren Arbeitnehmern.** Ursprünglich ermöglichte **§ 14 Abs 3 TzBfG** idF vom 23.12.02 dem ArbGeb, mit ArbN, die das 52. Lebensjahr vollendet hatten, befristete Arbeitsverhältnisse von beliebiger Dauer und Anzahl abzuschließen. Nachdem der EuGH diese Vorschrift wegen unzulässiger Altersdiskriminierung für unwirksam erklärt hatte (EuGH 22.11.05 – C-144/04 „Mangold", NZA 05, 1345), wurde § 14 Abs 3 TzBfG durch das Gesetz zur Verbesserung der Beschäftigungschancen älterer Menschen mWv 1.5.07 an das Unionsrecht angepasst und eine weitere Differenzierung nach der konkreten Beschäftigungssituation vorgenommen. Nunmehr ist die kalendermäßige Befristung eines Arbeitsvertrags ohne Vorliegen eines sachlichen Grundes **bis zu einer Dauer von fünf Jahren** zulässig, wenn der ArbN bei Beginn des befristeten Arbeitsverhältnisses das **52. Lebensjahr vollendet** hat und unmittelbar vor Beginn des befristeten Arbeitsverhältnisses mindestens vier Monate beschäftigungslos iSd § 138 Abs 1 Nr 1 SGB III gewesen ist, Transferkurzarbeitergeld bezogen oder an einer öffentlich geförderten Beschäftigungsmaßnahme nach den SGB II, III teilgenommen hat. Bis zu der Gesamtdauer von fünf Jahren ist auch die mehrfache Verlängerung des Arbeitsvertrages zulässig. Die **Europarechtskonformität** der Neuregelung wird überwiegend bejaht (BAG 28.5.14 – 7 AZR 360/12, NZA 15, 1131 in Bezug auf die erstmalige Anwendung der Vorschrift; *Bader* NZA 07, 713; *Bauer* NZA 07, 544; *Schiefer/Köster/Korte* DB 07, 1081), teilweise aber auch bezweifelt (*Bayreuther* BB 07, 1113; *Kast/Herrmann* BB 07, 1841). Nach den Erfahrungen der Mangold-Entscheidung des EuGH lässt sich damit ein grds Risiko bei der Anwendung der Vorschrift nach wie vor nicht leugnen, was den beschäftigungspolitischen Erfolg der Vorschrift reduziert. ArbGeb ist zu raten, § 14 Abs 3 TzBfG nur anzuwenden, wenn alle anderen Befristungsmöglichkeiten ausscheiden, und auf eine ausdrückliche Nennung der Rechtsgrundlage der Befristung im Anstellungsvertrag zu verzichten. Zur Anschlussbefristung mit Erreichen des Regelrentenalters → Rn 13).

17 § 14 Abs 3 TzBfG sieht **drei alternative Voraussetzungen** vor: Die erste Befristungsmöglichkeit besteht bei einer **Beschäftigungslosigkeit iSd § 138 Abs 1 Nr 1 SGB III** (bis zum 1.4.12 § 119 Abs 1 Nr 1 SGB III aF). Der Gesetzgeber verwendet den Begriff Beschäftigungs- und nicht Arbeitslosigkeit. Die Befristungsmöglichkeit hängt deshalb nicht davon ab, ob sich der Beschäftigungslose arbeitslos meldet, verfügbar ist oder Eigenbemü-

hungen zeigt. Beschäftigungslosigkeit entsteht auch schon während einer unwiderruflichen Freistellung vor Ablauf der Kündigungsfrist (*Schiefer/Köster/Korte* DB 07, 1081; → *Arbeitslosengeld* Rn 17). Der Beschäftigungslosigkeit gleichgestellt ist der Bezug von **Transferkurzarbeitergeld** (§ 111 SGB III; zuvor § 216b SGB III aF) während einer Tätigkeit in einer Beschäftigungsgesellschaft (→ *Beschäftigungsgesellschaft* Rn 15 ff) sowie die Teilnahme an **öffentlich geförderten Beschäftigungsmaßnahmen** nach SGB II oder III. Hierzu zählt etwa die Zuweisung in Arbeitsgelegenheiten nach § 16d SGB II (hierzu iE → Rn 32). § 14 Abs 3 S 1 TzBfG verlangt für die vorgenannten Zeiten, dass sie mindestens vier Monaten andauern und unmittelbar vor Beginn des befristeten Arbeitsverhältnisses liegen, sich dieses also nahtlos anschließt. Ebenso muss der Viermonatszeitraum zusammenhängend sein. Zwar sollten nach der Begründung zum Gesetzesentwurf kurzzeitige Unterbrechungen dieses Zeitraums unschädlich sein, diese Absicht hat aber im Gesetzeswortlaut keinen Niederschlag gefunden.

Anders als in § 14 Abs 2 TzBfG hat der Gesetzgeber auf ein Verbot der Vorbeschäftigung **18** bei demselben ArbGeb (sog **Anschlussverbot**) verzichtet. Daher kann nach fünfjähriger Befristungsdauer unter den Voraussetzungen des § 14 Abs 3 TzBfG erneut wegen des Alters ein sachgrundlos befristeter Vertrag geschlossen werden. Dem setzt allerdings der europarechtliche Hintergrund der Vorschrift Grenzen, da die erleichterte Befristungsmöglichkeit nur mit dem Ziel der Eingliederung arbeitsloser älterer ArbN gerechtfertigt werden kann (*Bader* NZA 07, 713; *Bauer* NZA 07, 544). Abzuraten ist deshalb insbes von Befristungen, die dem Zweck der Vorschrift klar widersprechen oder eine Umgehung nahe legen (Beispiele: Kündigung eines Arbeitsverhältnisses mit vereinbarter unwiderruflicher Freistellung für vier Monate und anschließender nahtloser Abschluss eines befristeten Arbeitsvertrages; Umstrukturierung mit Überleitung des ArbN für vier Monate in eine Beschäftigungsgesellschaft und anschließende nahtlose befristete Weiterbeschäftigung in einer Konzerntochter).

Im Anwendungsbereich der Vorschrift ist nicht nur die Befristung bis zu einer Gesamt- **19** dauer von fünf Jahren zulässig, sondern auch die **mehrfache Verlängerung des Arbeitsvertrages** bis zur Gesamtdauer von fünf Jahren. Eine Obergrenze der Anzahl der Verlängerungen besteht ebenso wenig wie eine Vorgabe zur zeitlichen Dauer des einzelnen Befristungsabschnitts. Zu beachten sind aber die strengen und formalistischen Vorgaben, die das BAG zur Verlängerung nach § 14 Abs 2 TzBfG entwickelt hat (→ Rn 13).

**4. Befristung im Anschluss an das Ausbildungsverhältnis.** Grds unterliegt der Ab- **20** schluss befristeter Arbeitsverhältnisse im Anschluss an das Ausbildungsverhältnis keinen besonderen Grenzen. Das Ausbildungsverhältnis wird nicht vom Vorbeschäftigungsverbot des § 14 Abs 2 S 2 TzBfG erfasst, da es wegen § 10 Abs 2 BBiG ohne besondere gesetzliche Reglung nicht mit Arbeitsverhältnissen gleichgesetzt werden kann. Sinn und Zweck dieses Verbotes ist es, zu verhindern, dass die in § 14 Abs 2 S 1 eröffnete Möglichkeit der sachgrundlosen Befristung zu sog Befristungsketten missbraucht wird. Das erfordere nicht, dass bereits der erste oder einzig befristete Arbeitsvertrag im Anschluss an die Ausbildung aus sachlichen Gründen gerechtfertigt sein müsse (BAG 21.9.11 – 7 AZR 375/10, NZA 12, 255). Die Vereinbarung, nach Beendigung des Ausbildungsverhältnisses im Anschluss ein befristetes Arbeitsverhältnis einzugehen, darf lediglich nicht früher als sechs Monate vor dem Ende des Ausbildungsverhältnisses getroffen werden (§ 12 Abs 1 BBiG).

**5. Verhältnis zu Tarifverträgen.** Im Verhältnis zu TV ist das TzBfG genauso wie zuvor **21** das BeschFG grds einseitig zwingend (§ 22 Abs 1 TzBfG). Aus § 22 Abs 1 TzBfG geht hervor, dass Abweichungen durch TV zu Gunsten, in bestimmten Fällen auch zu Ungunsten der ArbN möglich sind. Gerade die Regelung zur Befristung ohne sachlichen Grund ist aber in ihrem Kern auch zum Nachteil der ArbN **tarifdispositiv** ausgestaltet. Die Tarifpartner haben die Möglichkeit, durch TV die Anzahl der Verlängerungen oder die Höchstdauer der Befristung „zum Nachteil" der ArbN abweichend von § 14 Abs 2 S 1 TzBfG heraufzusetzen (§ 14 Abs 2 S 3 TzBfG iVm § 22 Abs 1 TzBfG). Wie sich aus der Gesetzesbegründung zu § 14 Abs 2 S 3 TzBfG ergibt, ist die sprachlich nicht eindeutige Regelung „oder" als „und/oder" zu lesen. Die Abweichungsbefugnis beruht auf der Annahme einer größeren materiellen Richtigkeitsgewähr tarifvertraglicher Regelungen, unterliegt aber den Wertungsmaßstäben des TzBfG sowie verfassungs- und unionsrechtlichen Beschränkungen. Das BAG hat die Abweichungsbefugnis auf eine Gesamtdauer der Befristung von maximal

6 Jahren bei bis zu 9-maliger Verlängerung begrenzt (BAG 26.10.16 – 7 AZR 140/15, NZA 17, 463). Macht eine Tarifnorm die Zulässigkeit befristeter Arbeitsverhältnisse zu Gunsten des ArbN von strengeren Voraussetzungen abhängig, wird dadurch eine Anwendung des § 14 Abs 2 TzBfG ausgeschlossen; das ist durch Auslegung des TV zu ermitteln (BAG 25.9.87 – 7 AZR 315/86, NZA 88, 358 zu § 1 BeschFG). Soweit ein TV nur bestimmte Formen von befristeten Arbeitsverhältnissen (zB Probearbeitsverhältnis) regelt, bleibt im Übrigen die Befristungsmöglichkeit nach § 14 Abs 2 TzBfG bestehen (LAG München 1.12.88, DB 89, 734 zu § 1 BeschFG). Haben die TVParteien von der Regelungsbefugnis nach § 14 Abs 2 S 3 TzBfG Gebrauch gemacht, können nicht tarifgebundene ArbN und ArbGeb im Geltungsbereich eines solchen TV die Anwendung der tariflichen Regelung vereinbaren (§ 14 Abs 2 S 4 TzBfG). Dabei ist es nicht erforderlich, den gesamten TV in Bezug zu nehmen. Die Inbezugnahme der tariflichen Regelungen zu der Anzahl der Verlängerungen und der Höchstdauer der Befristung reicht aus (BAG 21.3.18 – 7 AZR 428/16, NZA 18, 999).

22 **III. Aus sachlichem Grund befristete Arbeitsverhältnisse. 1. Allgemeine Zulässigkeitsvoraussetzungen. a) Sachlicher Grund.** Soweit § 14 Abs 2 und 3 TzBfG nicht eingreifen, ist seit dem 1.1.01 die Befristung eines Arbeitsverhältnisses zulässig, wenn sie durch einen sachlichen Grund iSd § 14 Abs 1 TzBfG gerechtfertigt ist. Das Gesetz hat den Befristungsschutz von dem der früheren Rspr des BAG zu Grunde liegenden Gedanken der Umgehung des Kündigungsschutzes abgekoppelt (BAG 6.11.03 – 2 AZR 690/02, NZA 05, 218). Ein sachlicher Grund für die Befristung ist deshalb auch in Kleinbetrieben iSd § 23 KSchG oder während der Wartefrist gem § 1 KSchG notwendig.

23 **Maßgeblicher Zeitpunkt** für die Überprüfung der Zulässigkeit der Befristung ist der **Abschluss des Arbeitsvertrages** (BAG 8.9.83 – 2 AZR 438/82, DB 84, 621; BAG 22.3.85 – 7 AZR 487/84, BB 85, 2048). Der sachliche Grund muss also bereits im Zeitpunkt des Vertragsschlusses vorliegen. Zwischenzeitlich eintretende andere Entwicklungen sind grds unerheblich (BAG 16.11.05 – 7 AZR 81/05, NZA 06, 784; 6.12.06 – 7 AZR 805/05). Etwas anderes kann gelten, wenn das befristete Arbeitsverhältnis durch Änderungsvereinbarung auf eine neue vertragliche Grundlage gestellt wird (BAG 17.5.17 – 7 AZR 301/15, NZA 17, 1340). Die vereinbarte **Dauer des Arbeitsverhältnisses** ist von Bedeutung, soweit sich aus ihr Rückschlüsse auf das tatsächliche Vorliegen des sachlichen Grundes ergeben. Die konkret gewählte Dauer bedarf dagegen keiner eigenständigen sachlichen Rechtfertigung; insbes bedarf es keiner Kongruenz von Vertragsdauer und Befristungsgrund (BAG 17.3.10 – 7 AZR 640/08, NZA 10, 633; 21.1.09 – 7 AZR 630/07, NZA 09, 727). Deshalb steht es dem ArbGeb frei, zB bei nicht exakt feststehender Dauer eines Vertretungsbedarfs, statt einer Zweckbefristung eine voraussichtlich kürzere Zeitbefristung vorzusehen (BAG 22.11.95 – 7 AZR 252/95, NZA 96, 878).

24 Problematisch ist die Abgrenzung zwischen befristeten Arbeitsverträgen und **Aufhebungsverträgen.** Ist die Aufhebungsvereinbarung nicht auf die Beendigung, sondern – unter Verkürzung der ursprünglich vereinbarten Vertragslaufzeit – auf die befristete Fortsetzung des Arbeitsverhältnisses gerichtet, unterliegt sie der Befristungskontrolle. Insoweit bedarf es eines sachlichen Grundes iSd § 14 Abs 1 TzBfG. Das gilt insbes dann, wenn der von den Parteien gewählte Beendigungszeitpunkt die jeweilige Kündigungsfrist um ein Vielfaches überschreitet (BAG 14.12.16 – 7 AZR 49/15, NZA 17, 634; BAG 22.10.03 – 7 AZR 113/03, NZA 04, 1275). Wird hingegen eine **Abwicklungsvereinbarung** mit den typischen Modalitäten der Beendigung des Arbeitsverhältnisses getroffen (zB Freistellung von der Arbeitsleistung, Abfindung, Urlaubsabgeltung, Zeugniserteilung), spricht dies idR gegen die Umwandlung in einen befristeten Arbeitsvertrag (BAG 15.2.07 – 6 AZR 286/06, NZA 07/614). Relevant ist diese Problematik nur für den außergerichtlich geschlossenen Aufhebungsvertrag. Bei einer Vereinbarung vor dem ArbG greift § 14 Abs 1 Nr 8 TzBfG ein (→ Rn 45).

25 **b) Vertragliche Festlegung des Befristungsgrundes.** Bei der **kalendermäßigen Befristung** ist der Befristungsgrund keine formale, sondern materielle Wirksamkeitsvoraussetzung: Die Wirksamkeit der Befristung hängt grds nicht davon ab, dass der Befristungsgrund Vertragsinhalt geworden oder dem ArbN bei Vertragsschluss mitgeteilt worden ist. Da kein gesetzliches Zitiergebot besteht und sich das Schriftformgebot aus § 14 Abs 4 TzBfG

auf die Befristung als solche beschränkt, reicht es aus, dass der Befristungsgrund bei Vertragsschluss objektiv vorliegt (BAG 15.8.01 – 7 AZR 263/00, NZA 02, 85). Daher kann sich der ArbGeb bei Unwirksamkeit der Befristung unter Zugrundelegung des bezeichneten Sachgrundes auf weitere, nicht erwähnte Sachgründe berufen (BAG 12.8.09 – 7 AZR 270/08, BeckRS 2009, 74191). Die Zuordnung des Lebenssachverhalts zu einem gesetzlich genannten Sachgrund kann nach den allgemeinen Auslegungsregeln unter Berücksichtigung aller von den Parteien vorgetragenen Umstände erfolgen (BAG 16.3.05 – 7 AZR 289/04, NZA 05, 923). Bei **Zweckbefristungen** (BAG 21.12.05 – 7 AZR 541/04, NZA 06, 321) und **auflösenden Bedingungen** ist die Angabe des Grundes allerdings wesentlicher Vertragsbestandteil und damit zwingend erforderlich, da die vorgesehene Beendigung aus dem Sachgrund folgt.

Da eine sachgrundlos erfolgte Befristung keine Vereinbarung der Parteien voraussetzt, sich 26
konkret auf § 14 Abs 2 oder 3 TzBfG stützen zu wollen, kann sich der ArbGeb für die Wirksamkeit der Befristung auch dann **auf einen Sachgrund berufen,** wenn er im Vertrag den Absatz 2 als Rechtfertigungsgrund benannt hat und umgekehrt (BAG 12.8.09 – 7 AZR 270/08, BeckRS 2009, 74191). Allerdings kann der ArbGeb konkludent auf die erleichterten Befristungsmöglichkeiten verzichten, wofür etwa die ausdrückliche Nennung eines Sachgrundes ein Indiz sein kann (BAG 5.6.02 – 7 AZR 241/01, NZA 03, 150; BAG 22.3.2000 – 7 AZR 581/98, NZA 2000, 884; LAG Sachs 17.6.98 – 2 Sa 1376/97, NZA-RR 99, 16, zu § 1 BeschFG). Die bloße Bezeichnung als „Aushilfsvertrag" reicht für die Annahme eines Verzichts aber ebenso wenig aus wie allein die positive Nennung irgendeines Sachgrundes im Arbeitsvertrag (BAG 5.6.02 – 7 AZR 241/01, NZA 03, 150; BAG 29.6.11 – 7 AZR 774/09, NZA 11, 1151). Schließlich ist zu bedenken, dass das BAG jedenfalls für den Sachgrund der Vertretung (→ Rn 46) eine **„erkennbare Festlegung"** der Vertretungsverhältnisse fordert, um den Sachgrund prüfen zu können (BAG 15.2.06 – 7 AZR 232/05, NZA 06, 781). Dies legt es nahe, aus Beweisgründen die Vertretungsverhältnisse im Arbeitsvertrag festzuschreiben, zumindest aber einen ausführlichen Aktenvermerk in der Personalakte abzuheften.

**c) Tarifvertragliche Beschränkungen.** Von § 14 Abs 1 TzBfG kann **nicht zu-** 27
**ungunsten des ArbN abgewichen** werden (§ 22 Abs 1 TzBfG). Durch TV können von § 14 Abs 1 S 1 abweichende, für den ArbN günstigere Regelungen getroffen werden, die der ArbGeb beim Abschluss eines befristeten Arbeitsvertrages beachten muss, zB die ausdrückliche Nennung des Sachgrundes in der Befristungsvereinbarung, der Ausschluss der sachgrundlosen Befristung (BAG 11.8.88 – 2 AZR 95/88, NZA 89, 891; *Schaub/Koch* § 39 Rn 6) oder die Beschränkung auf das Vorliegen nur bestimmter Sachgründe. Die TVParteien können den Abschluss befristeter Arbeitsverhältnisse auch gänzlich ausschließen. Ein entsprechender Wille der TVParteien muss sich zumindest aus den Umständen deutlich ergeben (BAG 12.12.85 – 2 AZR 9/85, NZA 86, 571). Das BAG unterstellt, dass es im Rahmen eines TV zu einem angemessenen Interessenausgleich kommt, und unterzog daher tarifvertragliche Befristungsregelungen **bislang nur** einer **eingeschränkten Überprüfung** dahingehend, ob der TV gegen die Verfassung, zwingendes Gesetzesrecht, die guten Sitten oder tragende Grundsätze des Arbeitsrechts verstößt, nicht aber, ob die Befristung im Einzelfall gerechtfertigt ist (BAG 30.9.71 – 5 AZR 146/71, DB 72, 49; LAG Köln 10.3.95, NZA-RR 96, 202). Diese Rspr hat das BAG unter der Geltung von § 14 Abs 1 TzBfG insoweit revidiert, als es tariflich geregelte Sachgründe für eine Befristung von Arbeitsverhältnissen den **Wertungsmaßstäben des § 14 Abs 1 TzBfG unterstellt.** Danach können tarifvertraglich vereinbarte Sachgründe die Befristung nur dann rechtfertigen, wenn sie von ihrer Wertigkeit den in § 14 Abs 1 TzBfG normierten Sachgründen entsprechen. Darüber hinaus muss die tarifliche Regelung festschreiben, dass erst das Vorliegen konkreter Anhaltspunkte für die Annahme der Voraussetzungen des Befristungsgrundes zum Abschluss des befristeten Arbeitsvertrages berechtigt (BAG 9.12.09 – 7 AZR 399/08, NZA 10, 495).

**d) Kettenbefristungen.** Die **wiederholte Vereinbarung oder Verlängerung** sach- 28
grundbefristeter Arbeitsverhältnisse ist grds zulässig (BAG 13.10.04 – 7 AZR 654/03, NZA 05, 469). Auch ein **Wechsel des Sachgrunds** ist erlaubt. Die meisten Sachgründe setzen eine Prognose des ArbGeb hinsichtlich des Arbeitskräftebedarfs voraus. Beim Sachgrund der Vertretung bezieht sich die Prognose auf den voraussichtlichen Wegfall des Vertretungsbedarfs. Dabei folgt aus dem **ständigen Vertretungsbedarf** oder der **großen Anzahl**

**vorangegangener Befristungen** noch nicht das Fehlen des Sachgrundes, bzw dass an dessen Prüfung besonders strenge Anforderungen zu stellen sind. So kann der vorübergehende Bedarf an Vertretungskräften grds auch dann einen sachlichen Grund für die Befristung des Arbeitsvertrags darstellen, wenn ein wiederholter oder sogar dauerhafter Vertretungsbedarf gegeben ist, der auch durch die Einstellung eines ArbN mit einem unbefristeten Vertrag gedeckt werden könnte. Allerdings darf die gerichtliche Kontrolle nicht auf die zuletzt geschlossene Befristungsabrede beschränkt werden, sondern es müssen nach unionsrechtlichen Vorgaben alle Umstände des Einzelfalls, einschließlich der **Zahl und der Gesamtdauer der in der Vergangenheit** mit demselben ArbGeb geschlossenen befristeten Arbeitsverträge, berücksichtigt werden (EuGH 26.1.12 – C-586/10 „Kücük" NZA 12, 135; BAG 13.2.13 – 7 AZR 225/11, NZA 13, 777; *Jörchel* NZA 12, 1065). Insbes ist bei Überschreitung bestimmter Schwellenwerte eine zusätzliche Prüfung nach den Grundsätzen zum institutionellen Rechtsmissbrauch iSd § 242 BGB vorzunehmen: Eine derart umfassende Kontrolle ist grds bei Überschreitung der Gesamtdauer des befristeten Arbeitsverhältnisses von 8 Jahren oder mehr als 12 Befristungen bzw bei Überschreitung von insbes 6 Jahren und 9 Verlängerungen geboten. Weitergehend ist eine rechtsmissbräuchliche Gestaltung bei Überschreitung der Gesamtdauer von 10 Jahren oder mehr als 15 Verlängerungen bzw bei Überschreitung von 8 Jahren und 12 Verlängerungen regelmäßig indiziert. Dann können evtl Besonderheiten in der zu besetzenden Position den Vorwurf der Rechtsmissbräuchlichkeit entkräften (BAG 26.10.16 – 7 AZR 135/15, NZA 17, 382; BAG 29.4.15 – 7 AZR 310/13, NZA 15, 928). Zur Missbrauchskontrolle *vom Stein* NJW 15, 369; zur Vertretung → Rn 46.

29 **e) Doppelbefristungen.** Die Kombination zeitlich gestaffelter Befristungsvereinbarungen ist im Prinzip zulässig. Das Arbeitsverhältnis erhält in solchen Fällen **neben** einer **Zweckbefristung** (zB Vertretung eines erkrankten ArbN) **zusätzlich eine kalendermäßige Befristung** dergestalt, dass es solange andauern soll, bis der vereinbarte Zweck erreicht ist, längstens jedoch bis zu einem zeitlich fixierten Termin (kalendermäßige Höchstbefristung). Dann endet das Vertragsverhältnis mit der zeitlich früheren Befristung, es sei denn, diese ist unwirksam oder der ArbN wird über diesen ersten Befristungstermin hinaus weiterbeschäftigt – erst dann kommt es auf die Wirksamkeit der Befristung zum zweiten Befristungstermin und damit allein auf das Vorliegen eines sachlichen Grundes für diese (zweite) Befristung an. Die Wirksamkeit beider Befristungen ist daher jeweils getrennt und unabhängig voneinander zu beurteilen (BAG 15.8.01 – 7 AZR 263/00, NZA 02, 85; 4.5.11 – 7 AZR 252/10, NZA 11, 1178). Ebenso kommt bei einer Kombination von auflösender Bedingung und zeitlicher Höchstbefristung der Kalenderbefristung insoweit „Auffangwirkung" zu (BAG 29.6.11 – 7 AZR 6/10, NZA 11, 1346). Die Weiterbeschäftigung über den ersten Beendigungstermin hinaus führt abweichend von § 15 Abs 5 TzBfG (früher § 625 BGB) nicht zur Entstehung eines Arbeitsvertrags auf unbestimmte Zeit, sondern die **Fiktionswirkung** ist auf den befristeten Fortbestand **bis zum zweiten Befristungstermin** beschränkt (BAG 29.6.11 – 7 AZR 6/10, NZA 11, 1346). Vorsicht ist bei der Vertragsgestaltung geboten. Eine solche eher ungewöhnliche Klausel wie eine Doppelbefristung sollte besonders klar formuliert und ggf sogar optisch herausgehoben werden, damit sie nicht als überraschend oder intransparent iSd §§ 305c, 307 Abs 1 BGB eingestuft wird (BAG 16.4.08 – 7 AZR 132/07, NZA 08, 876).

30 **2. Rechtsprechungs-ABC.** Das BAG hat im Laufe seiner Rspr eine Fülle von Entscheidungen zu der Frage, ob ein sachlicher Grund zur Rechtfertigung einer Befristung vorliegt, erlassen, wobei sich für die typischen und für die Praxis wichtigsten Sachgründe Fallgruppen herausgebildet haben. Diese Fallgruppen hat der Gesetzgeber in § 14 Abs 1 TzBfG zum Teil aufgegriffen. Gleichzeitig hat der Gesetzgeber klargestellt, dass der **Katalog der in § 14 Abs 1 TzBfG** ausdrücklich aufgeführten Sachgründe, wie sich aus dem Wort „insbesondere" ergibt, **nicht abschließend** gemeint ist (so auch BAG 13.10.04 – 7 AZR 218/04, NZA 05, 401). Weitere als die aufgezählten Sachgründe können die Befristung von Arbeitsverträgen nur dann rechtfertigen, wenn sie den in § 14 Abs 1 TzBfG zum Ausdruck kommenden Wertungsmaßstäben entsprechen und den in dem Sachgrundkatalog genannten Sachgründen von ihrem Gewicht her gleichwertig sind (BAG 2.6.10 – 7 AZR 136/09, NZA 10, 1172; 20.1.16 – 7 AZR 340/14, NZA 16, 755 zur Kontinuität des BRat als

sonstigen Sachgrund). Vor diesem Hintergrund werden im Folgenden alphabetisch die traditionellen Fallgruppen und die dazu ergangenen Vorgaben der Rspr dargestellt. Soweit der Gesetzgeber die jeweilige Fallgruppe in § 14 Abs 1 TzBfG aufgenommen hat, wird diese entspr zugeordnet.

**a) Altersgrenze** → *Altersgrenze* Rn 5–7. 31

**b) Arbeitsförderungsmaßnahmen.** Einen sachlichen Grund für eine Befristung stellte 32 es bislang dar, wenn der Arbeitsvertrag im Rahmen einer **Arbeitsbeschaffungsmaßnahme** nach §§ 260 ff SGB III geschlossen wurde. Die Vorschriften sind mit Wirkung zum 1.4.12 durch das Gesetz zur Verbesserung der Eingliederungschancen am Arbeitsmarkt ersatzlos aufgehoben worden. Für staatlich geförderte Arbeitsverhältnisse war hierzu bislang anerkannt, dass die sachlich begrenzte Zielsetzung, die ein Drittmittelgeber mit der zeitlich begrenzten Finanzierung des Arbeitsplatzes verfolgt, auch für das Verhältnis zwischen ArbN und ArbGeb als Drittmittelempfänger erheblich ist; insoweit war als Befristungsgrund der § 14 Abs 1 S 2 Nr 6 TzBfG einschlägig. Entscheidend war die Zusage eines erheblichen Kostenanteils durch die Arbeitsverwaltung, die für die Einstellung ausschlaggebend war (BAG 3.12.82 – 7 AZR 622/80, DB 83, 1498; 12.6.87 – 7 AZR 389/86, NZA 88, 468; 20.12.95 – 7 AZR 194/95, NZA 96, 642). Nach diesen Grundsätzen stellt die Gewährung eines **Einarbeitungs- oder Eingliederungszuschusses** nach §§ 88 ff SGB III keinen sachlichen Grund für die Befristung eines Arbeitsverhältnisses dar (BAG 22.4.09 – 7 AZR 96/08, NZA 09, 1099; 18.12.92, DB 92, 2635). Ein derartiger Zuschuss soll lediglich den Nachteil ausgleichen, den der ArbGeb dadurch erleidet, dass der ArbN während der Einarbeitung nur eine Minderleistung erbringt (BAG 11.12.91 – 7 AZR 170/91, DB 92, 2635; 4.6.03 – 7 AZR 489/02, NZA 03, 1143). Die Fördermaßnahme dient nicht der Arbeitsbeschaffung, sondern dem Ausgleich von Minderleistungen, und bezweckt die dauerhafte Eingliederung benachteiligter Personen in den Arbeitsmarkt und soll gerade den Einsatz auf einem Dauerarbeitsplatz ermöglichen (BAG 22.4.09 – 7 AZR 96/08, NZA 09, 1099; 18.12.92, DB 92, 2635). Die staatlich geförderte Beschäftigung von Beziehern des ALG II in einer befristeten Arbeitsgelegenheit nach **§ 16d SGB II** bedarf hingegen keines sachlichen Grundes, da es sich nicht um eine Beschäftigung im Rahmen eines Arbeitsverhältnisses handelt (*Schaub/Koch* § 40 Rn 62 mwN).

**c) Aushilfskräfte.** Besteht der betriebliche Bedarf an der Arbeitsleistung nur vorüber- 33 gehend kann eine Befristung nach § 14 Abs 1 S 2 Nr 1 TzBfG sachlich gerechtfertigt sein. Der **vorübergehende betriebliche Bedarf** kann darauf beruhen, dass eine zeitlich begrenzte Arbeitsaufgabe vorliegt, deren Bewältigung nicht mit Stammpersonal erreicht werden kann, zB zur Durchführung eines bestimmten Projekts (s auch Projektarbeit → Rn 41). Es kann sich der Bedarf aber auch künftig verringern, zB wegen Inbetriebnahme einer neuen technischen Anlage oder wegen Stilllegung des Betriebes, so dass die befristete Einstellung gerechtfertigt sein kann. Ist im Fall der Stilllegung eine Fortführung am neuen Standort beabsichtigt, muss bereits bei Vertragsschluss feststehen, dass dort die vertragliche Tätigkeit wegfällt. Die Weiterbeschäftigungsmöglichkeit in einem anderen Betrieb des Unternehmens steht aber der Wirksamkeit der Befristung nicht entgegen (BAG 21.3.17 – 7 AZR 222/15, NZA 17, 631). Die **Prognose des ArbGeb,** dh seine zukunftsbezogene Einschätzung zum Zeitpunkt des Vertragsschlusses, muss dahin gehen, dass für die Beschäftigung des ArbN über das vorgesehene Vertragsende hinaus mit hinreichender Sicherheit kein Bedarf mehr besteht (BAG 25.8.04 – 7 AZR 7/04, NZA 05, 357; verneint bei den Kommunen durch Gesetz zeitlich befristet übertragenen staatlichen Aufgaben, BAG 11.9.13 – 7 AZR 107/12, NZA 14, 150). Daher ist die für einen späteren Zeitpunkt geplante Besetzung des Arbeitsplatzes mit einem LeihArbN nicht durch den Sachgrund des nur vorübergehenden Bedarfs an der Arbeitsleistung gerechtfertigt, da der Bedarf später nicht entfällt (BAG 30.10.08 – 7 AZR 855/07, NZA 09, 723). Die vereinbarte Vertragsdauer darf aber grds hinter dem prognostizierten Bedarf zurückbleiben; allerdings nicht derart, dass eine dem Befristungsgrund entsprechende Mitarbeit nicht mehr möglich erscheint (BAG 14.12.16 – 7 AZR 688/14, NZA 17, 711). Die Befristung wegen einer nicht voraussehbaren Entwicklung des Arbeitskräftebedarfs als solcher ist dagegen ebenso wenig möglich wie eine sich aus der Art der Tätigkeit oder der Marktsituation ergebene wirtschaftliche Ungewissheit. Andererseits ist es nicht erforderlich, dass der befristet beschäftigte ArbN in dem Bereich eingesetzt wird, in dem der Mehrbedarf entstanden ist; der ArbGeb kann jederzeit seine Arbeitsorganisation ändern und die vorhandene Arbeitsmenge auf andere ArbN umverteilen (BAG 17.3.10 – 7 AZR 640/08, NZA 10, 633). Bei einer **von vornherein zu geringen Personalausstattung** kann eine Befristung zum Abbau unerledigt gebliebener Arbeiten jedoch nicht auf § 14 Abs 1 S 2 Nr 1 TzBfG gestützt werden, wenn tatsächlich ein **Dauerbedarf** besteht (BAG 17.3.10 – 7 AZR 640/08, NZA 10, 633). Ein nur zeitweiliger Anstieg des Arbeitsvolumens im Bereich der Daueraufgaben ist aber unschädlich (BAG 14.12.16 – 7 AZR 688/14, NZA 17, 711). Dagegen kann die für einen späteren Zeitpunkt geplante anderweitige Besetzung des Arbeitsplatzes die befristete Einstellung eines ArbN bis zu diesem Zeitpunkt rechtfertigen, wenn der ArbGeb bei Abschluss des befristeten Arbeitsvertrags mit dem anderen als Dauerbesetzung vorgesehenen ArbN bereits vertraglich gebunden ist (BAG 9.12.09 – 7 AZR 399/08, NZA 10, 495). Näheres → *Aushilfskräfte* Rn 1 ff. Gleichzeitig dürfte oft auch die Fallgruppe der „Vertretung eines anderen ArbN" (§ 14 Abs 1 Nr 3 TzBfG) einschlägig sein (→ Rn 46).

34 **d) Branchenspezifische Gründe.** Das BAG lässt Befristungen im weiteren Umfang zu, soweit dies für bestimmte Berufsgruppen **üblich** ist. So wird den Bühnen im Rahmen der Kunst- und Rundfunkfreiheit seit jeher das Recht zuerkannt, dem wechselnden Publikumsgeschmack Rechnung zu tragen und zu diesem Zweck nur befristete Verträge mit dem künstlerisch tätigen Bühnenpersonal zu schließen (BT-Drs 14/4374, 19). Hier kann die **„Eigenart der Arbeitsleistung"** nach § 14 Abs 1 S 2 Nr 4 TzBfG unter Abwägung mit dem Mindestbestandsschutzinteresse des betroffenen ArbN eine Befristung rechtfertigen. Bejaht wird dies bei Maskenbildnern (BAG 13.12.17 – 7 AZR 369/16, NZA 18, 656), Schauspielern (BAG 30.8.17 – 7 AZR 864/15, NZA 18, 229), programmgestaltenden Regisseuren oder Moderatoren (BVerfG 13.1.82 – 1 BvR 848, 1047/77, BeckRS 1982, 106526), Musikern oder Solosängern, dagegen grds nicht bei Chorsängern (BAG 5.3.70 – 2 AZR 175/69, DB 71, 246), mangels künstlerischer Tätigkeit auch nicht bei Bühnentechnikern oder dem Abendpersonal (*Natter* AuR 13, 156). Gestützt auf den Sachgrund des Nr 4 erkennt das BAG weitergehend auch im Profisport die Zulässigkeit befristeter Verträge an. So können im Profifußball das Abwechslungsinteresse des Publikums, die zeitlich limitierte Fähigkeit zu Spitzenleistungen sowie die Eigenheiten des Lizenzsports eine Befristung rechtfertigen (BAG 16.1.18 – 7 AZR 312/16, NZA 18, 703). Bei Trainern hängt die erleichterte Befristungsmöglichkeit wiederum von der Qualität der Trainierten ab (BAG 29.10.98 – 7 AZR 436/97, BB 99, 1118). Üblich ist auch die Befristung von Arbeitsverhältnissen mit **Studenten,** die neben ihrem Studium einen „Job" suchen (BAG 4.4.90 – 7/AZR 259/89, NZA 91, 81). Der Sachgrund für die Befristung kann dann in der **Person des Arbeitnehmers** gem § 14 Abs 1 S 2 Nr 6 TzBfG liegen. Ein solcher besteht aber nur, soweit die Befristung erforderlich ist, um die Erwerbstätigkeit den wechselnden Erfordernissen des Studiums anzupassen. Dieser Sachgrund entfällt bei entsprechend flexibler Gestaltung des Arbeitsverhältnisses (BAG 10.8.94 – 7 AZR 695/93, NZA 95, 30; BAG 29.10.98 – 7 AZR 561/97, BB 99, 962). Abrufarbeit iSd § 12 TzBfG ist keine die Befristung ausschließende Alternative (LAG Bln 6.10.95, NZA-RR 96, 201 zu § 4 BeschFG); statt Abrufarbeit kann deshalb sogar der Abschluss befristeter Tagesarbeitsverhältnisse in Betracht kommen (BAG 16.4.03 – 7 AZR 187/02, NZA 04, 40). Eine Befristung wegen bloßer **Nebentätigkeit,** da der ArbN bereits anderweitig wirtschaftlich abgesichert sei, ist kein Befristungsgrund (BAG 10.8.94 – 7 AZR 695/93, NZA 95, 30).

35 **e) Elternzeit/Mutterschutz.** Für Vertretungen während des Mutterschutzes oder der Elternzeit enthält **§ 21 BEEG einen gesetzlichen Befristungsgrund.** Danach ist die Befristung eines Arbeitsvertrages gerechtfertigt, wenn ein ArbGeb einen ArbN zur Vertretung eines ArbN für die Dauer der Beschäftigungsverbote nach dem MuSchG, einer zu Recht verlangten Elternzeit oder einer einzel- oder kollektivvertraglich vereinbarten Arbeitsfreistellung zur Kinderbetreuung einstellt (BAG 29.4.15 – 7 AZR 310/13, NZA 15, 928). Die Befristung ist auch dann gerechtfertigt, wenn sie nur für einen Teil der Abwesenheitszeiten erfolgt. Sie kann sowohl als Zeit- als auch als Zweckbefristung vereinbart werden. § 21 Abs 3 BEEG ist Spezialnorm zu der allgemeinen Vertretungsregelung in § 14 Abs 1 S 2 Nr 3 TzBfG.

36 **f) Erstanstellung.** Gem § 14 Abs 1 S 2 Nr 2 TzBfG ist eine Befristung gerechtfertigt, wenn sie im Anschluss an eine Ausbildung oder ein Studium erfolgt, um den Übergang des ArbN in eine Anschlussbeschäftigung zu erleichtern. Allein dieser Zweck ist für sich bereits

Befristungsgrund und dient der Abmilderung des Verbots einer zweimaligen sachgrundlosen Befristung bei demselben ArbGeb. Die Vorschrift ist deshalb großzügig auszulegen (*Hromadka* BB 01, 621). Sie rechtfertigt aber nur die erstmalige Befristung eines Vertrags im Anschluss an Ausbildung oder Studium, nicht aber dessen Verlängerung (BAG 10.10.07 – 7 AZR 795/06, NZA 08, 295). Als **Studium** gilt die Ausbildung an einer Hochschule, Fachhochschule oder auch an einer anderen staatlich anerkannten Ausbildungsstätte. Von Bedeutung ist diese Befristungsmöglichkeit vor allem für Hochschulabsolventen, die bereits während ihres Studiums beschäftigt wurden und für die daher eine sachgrundlose Befristung nach § 14 Abs 2 TzBfG entfällt (→ Rn 34). Da ein **Berufsausbildungsverhältnis** kein Arbeitsverhältnis ist, ist der Sachgrund aus Nr 2 nur bei Befristungen von über zwei Jahren bedeutsam (→ Rn 20). Bei Weiterbeschäftigung nach der Ausbildung ohne Befristungsabrede greift hier die Fiktion des § 24 BBiG.

**g) Hochschulbereich.** Während die Abhängigkeit von Zahlungen anderer öffentlich- **37**
rechtlicher Rechtsträger regelmäßig keinen Befristungsgrund darstellt, rechtfertigt die weitgehende Fremdbestimmtheit durch Vorgaben des Drittmittelgebers die Befristung, wenn sich der ArbGeb entschließt, die finanzierten Aufgaben nur für die **Dauer der Bewilligung von Drittmitteln** durchzuführen (BAG 3.12.82 – 7 AZR 622/80, DB 83, 1498; s auch Projektarbeit → Rn 41). Das ist mittlerweile auch durch § 2 Abs 2 WissZeitVG festgeschrieben. Mit dem Wissenschaftszeitvertragsgesetz (WissZeitVG) wurden die früher für Hochschulpersonal maßgeblichen Befristungsregelungen der §§ 57a ff HRG zum 18.4.07 abgelöst. Über die früheren Regelungen hinaus enthält das WissZeitVG gravierende Änderungen: Der persönliche Anwendungsbereich der Befristung nach der Zeitdauer wurde ausgeweitet, der Tatbestand der Drittmittelbefristung wieder eingeführt und auf das nichtwissenschaftliche Personal erstreckt. Zudem sollten die mit einer **Kinderbetreuung einhergehenden Belastungen** besser berücksichtigt werden (BAG 28.5.14 – 7 AZR 456/12, NJOZ 15, 218; *Löwisch* NZA 07, 479). Insoweit setzt eine Vertragsverlängerung iSd § 2 Abs 1 S 4 WissZeitVG kein unmittelbares Anschließen an den zu verlängernden Vertrag voraus (BAG 9.12.15 – 7 AZR 117/14, NZA 16, 552). Im Übrigen ist ggf der Befristungsgrund nach § 14 Abs 1 S 2 Nr 7 TzBfG einschlägig, → Rn 39).

**h) Insolvenz.** Die Tatsache der Insolvenz und deren Abwicklung stellt **keinen sachli- 38**
**chen Grund** für die Befristung von Arbeitsverhältnissen dar. Für eine wirksame Befristung in der Insolvenz müssen besondere Umstände vorliegen, etwa die Restabwicklung näher bezeichneter Aufgaben durch einen bestimmten ArbN (LAG Saarl 29.4.87, ZIP 88, 528; LAG Düsseldorf 8.3.94 – 16 Sa 163/94, BB 94, 1504) oder die beabsichtigte Betriebsschließung (BAG 3.12.97 – 7 AZR 651/96, DB 98, 2371).

**i) Öffentlicher Dienst.** Im öffentlichen Dienst stellt sich vor allem die Frage, inwiefern **39**
**haushaltsrechtliche Erwägungen** die Befristung von Arbeitsverträgen rechtfertigen können. Nach § 14 Abs 1 S 2 Nr 7 TzBfG, der den Sachgrund der Haushaltsbefristung aus dem alten HRG (§ 57b Abs 2 Nr 2 aF) übernimmt, ist die Befristung gerechtfertigt, wenn der ArbN aus Haushaltsmitteln vergütet wird, die haushaltsrechtlich für eine befristete Beschäftigung bestimmt sind, und er entsprechend beschäftigt wird. Dabei wurden gem dem Wortlaut des § 14 Abs 1 Nr 7 TzBfG und den von der Rspr entwickelten Grundsätzen nach bisher überwiegender Auffassung alle nach dem öffentlichen Haushaltsrecht durch demokratisch legitimierte Organe aufgestellten Haushaltspläne und nicht nur die durch förmliches Gesetz ausgebrachten Mittel vom Geltungsbereich dieser Vorschrift umfasst. Nach diesem weiten Verständnis fallen hierunter die Haushalte aller Körperschaften des öffentlichen Rechts mit Selbstverwaltung, also auch die Gebietskörperschaften. Nachdem das BAG diese Frage bislang offen gelassen hatte, hat es nunmehr im Fall eines von der BA aufgestellten Haushaltsplans die Anwendbarkeit des § 14 Abs 1 Nr 7 TzBfG **verneint, wenn das den Haushaltsplan aufstellende Organ und der Arbeitgeber identisch** sind; denn dieser könne so in seiner Doppelrolle den Sachgrund für die Befristung selbst schaffen (BAG 9.3.11 – 7 AZR 728/09, NZA 11, 911). Diese Entscheidung wird zur Folge haben, dass Körperschaften des öffentlichen Rechts mit Selbstverwaltung und damit einhergehender Haushaltskompetenz von diesem Befristungstatbestand keinen Gebrauch mehr machen können. Weiterhin ist gem § 14 Abs 1 Nr 7 TzBfG zu unterscheiden: Soweit ein Bezug zum konkreten Arbeitsplatz nicht besteht und nur allgemein die Mittel im Haushaltsplan begrenzt sind, allgemeine Einsparungen angeordnet oder Mitteleinsparungen erwartet werden, recht-

fertigt dies nicht den Abschluss eines befristeten Arbeitsvertrages (BAG 9.3.11 – 7 AZR 728/09, NZA 11, 911; 14.2.07 – 7 AZR 193/06, NZA 07, 871). Etwas anderes gilt nur dann, wenn die Vergütung eines ArbN aus einer bestimmten Haushaltsstelle erfolgt, die Haushaltsmittel nur für vorübergehende Aufgaben vorgesehen und lediglich befristet bewilligt sind bzw deren Streichung mit einiger Gewissheit zu erwarten ist (BAG 16.10.08 – 7 AZR 360/07, NZA 09, 676). Dabei müssen die Rechtsvorschriften, mit denen die Haushaltsmittel ausgebracht werden, selbst die inhaltlichen Anforderungen für die im Rahmen der befristeten Arbeitsverträge auszuübenden Tätigkeiten oder die Bedingungen, unter denen sie auszuführen sind, enthalten (BAG 17.3.10 – 7 AZR 640/08, NZA 10, 633). Ein bloßer **„kw-Vermerk" reicht nicht** (BAG 2.9.09 – 7 AZR 162/08, NZA 09, 1257). Das BAG hatte die Frage, ob die durch diesen zusätzlichen Sachgrund geschaffene Privilegierung des öffentlichen ArbGeb europarechtskonform ist, dem EuGH zur Vorabentscheidung vorgelegt (BAG 27.10.10 – 7 AZR 485/09 (A), NZA-RR 11, 273). Da sich das Ersuchen vor der Entscheidung des EuGH erledigt hat, ist zZ mit einer Klärung dieser Frage nicht zu rechnen.

40 **j) Probearbeitsverhältnis.** Der Wunsch, das Arbeitsverhältnis über eine angemessene Zeitspanne zu erproben, ist nun in § 14 Abs 1 S 2 Nr 5 TzBfG als sachlicher Grund für die Befristung anerkannt worden. Da eine anfänglich vereinbarte Probezeit im Zweifel der Beginn eines unbefristeten Arbeitsverhältnisses ist, muss sich die Befristung auf die Probezeit **eindeutig aus dem Vertrag ergeben** (zur Probezeitbefristung als überraschende Klausel gem §§ 305c, 307 Abs 1 BGB: LAG Berlin-Bbg 15.1.13 – 16 Sa 1829/12, NZA-RR 13, 459). Im Anschluss an ein ohne Sachgrund befristetes Arbeitsverhältnis wird sich nicht ohne weiteres eine Befristung nach Nr 5 rechtfertigen lassen, während sich an ein befristetes Probearbeitsverhältnis ein aus einem anderen Sachgrund befristetes Arbeitsverhältnis anschließen kann. Näheres → *Probearbeitsverhältnis* Rn 7.

41 **k) Projektarbeit.** Ein projektbedingt erhöhter Personalbedarf kann die Befristung nach § 14 Abs 1 S 2 Nr 1 TzBfG rechtfertigen. Solche zeitlich begrenzten Tätigkeiten finden sich etwa im Zusammenhang mit Forschungsaufträgen und Entwicklungsaufgaben. Wichtig ist, dass es sich **nicht** um **bloße Dauer- oder Pflichtaufgaben** im Rahmen des Betriebszwecks handelt, sondern um diesen gegenüber **abgrenzbare Zusatzaufgaben** (BAG 11.2.04 – 7 AZR 362/03, NZA 04, 978). Auch Unternehmen, die im Wesentlichen mit der Durchführung von Projekten befasst sind, ist dieser Befristungsgrund nicht von vornherein abgeschnitten (BAG 21.11.18 –7 AZR 234/17, NZA 19, 611; hierzu → *Agiles Arbeiten* Rn 12). Für das Vorliegen eines Projektes spricht es regelmäßig, wenn dem ArbGeb für die Durchführung der im Projekt verfolgten Tätigkeiten von einem Dritten finanzierte Mittel oder sonstige Sachleistungen zur Verfügung gestellt werden (BAG 7.5.08 – 7 AZR 146/07, NJW-Spezial 08, 595). Die Prognose des ArbGeb muss sich im Unterschied zu den anderen Fallgruppen des § 14 Abs 1 Nr 1 TzBfG nur auf das konkrete Projekt und dessen hinreichend sicheren künftigen Wegfall beziehen. Ob eine anderweitige Einsatzmöglichkeit nach Auslaufen des Projekts (zB durch Anschlussaufträge oder in anderen Projekten) vorhanden ist, ist unerheblich (BAG 7.5.08 – 7 AZR 146/07, NJW-Spezial 08, 595; 25.8.04 – 7 AZR 7/04, NZA 05, 357). Dabei soll nicht einmal ein ausschließlich projektbezogener Einsatz notwendig sein; es reicht bei Vertragsschluss die Prognose, dass der ArbN überwiegend projektbezogen und nicht mit projektfremden Daueraufgaben beschäftigt sein wird (BAG 29.7.09 – 7 AZR 907/07, AP Nr 65 zu § 14 TzBfG). Damit scheint das BAG zumindest im Zusammenhang mit Forschungsprojekten nicht an seiner bisherigen strengen Rspr zu § 14 Abs 1 S 2 Nr 1 TzBfG festzuhalten.

42 **l) Rundfunkmitarbeiter.** Im Hinblick auf den gebotenen Schutz der Rundfunkfreiheit gem Art 5 Abs 1 S 2 GG hat das BVerfG die Zulässigkeit des Abschlusses von befristeten Arbeitsverträgen mit **programmgestaltenden Mitarbeitern** in erweitertem Umfang zugelassen (BVerfG 13.1.82 – 1 BvR 848/77, NJW 82, 1447). Hier bedingt das Interesse an der Vielfalt und Innovation des Programms die Notwendigkeit eines häufigen Personalwechsels. Insoweit liegt ein sachlicher Grund in der Eigenart der Arbeitsleistung gem § 14 Abs 1 S 2 Nr 4 TzBfG und betrifft vor allem Redakteure, Reporter, Moderatoren, aber auch mit Blick auf Art 5 Art 3 GG künstlerisch tätige ArbN, zB Schauspieler, Regisseure oder Choreografen. Das BAG hat die Vorgaben des BVerfG dergestalt umgesetzt, dass nicht in jedem Fall der Rundfunkfreiheit der Vorrang vor den schutzwürdigen Interessen des

ArbN einzuräumen sei. Vielmehr ist im Einzelfall eine **Abwägung zwischen den Belangen der Rundfunkanstalt und des betroffenen ArbN** vorzunehmen (BAG 26.7.06 – 7 AZR 495/05, NZA 07, 147; 22.4.98 – 5 AZR 342/97, NZA 98, 1336). Dabei kann eine befristete Beschäftigung gerechtfertigt sein, wenn der ArbN in weitem Umfang seine eigenen Vorstellungen und seinen eigenen Stil in das Programm einbringen kann (BAG 11.12.91 – 7 AZR 128/91, NZA 93, 354), ebenso bei der Einführung und Erprobung neuer Programme (BAG 24.4.96 – 7 AZR 719/95, NZA 97, 196). Demgegenüber spricht insbes eine langjährige Beschäftigung für einen Vorrang des Bestandsschutzes des ArbN (BAG 9.6.93 – 5 AZR 123/92, NZA 94, 169).

**m) Saison- und Kampagnebetriebe.** Hier besteht ein vorübergehender Arbeitskräftebedarf iSd § 14 Abs 1 S 2 Nr 1 TzBfG, wobei allerdings die Arbeit nach ihrer Erledigung und damit auch der Beschäftigungsbedarf nicht dauerhaft entfallen, sondern periodisch, nach einer Unterbrechung von absehbarer Zeit, wiederkehren (zB Freibäder, Erntearbeiten; Reinigung von Schulgebäuden entfällt in den Schulferien, BAG 10.1.07 – 5 AZR 84/06, NZA 07, 348). Ein Sachgrund ist jedenfalls dann gegeben, wenn **feststeht,** dass der **erneute Arbeitsanfall erst nach vielen Wochen oder Monaten** wieder auftritt (BAG 11.2.04 – 7 AZR 362/03, NZA 04, 978; vgl *Saisonarbeit*). **43**

**n) Soziale Gründe.** Das BAG hat wiederholt anerkannt, dass der soziale Überbrückungszweck eines Arbeitsvertrages dessen Befristung sachlich rechtfertigen kann, wenn die sozialen Gründe des ArbGeb auch in Anbetracht des Interesses des ArbN an einer unbefristeten Beschäftigung schutzwürdig sind (BAG 21.1.09 – 7 AZR 630/07, NZA 09, 727; 7.7.99 – 7 AZR 232/98, NZA 99, 1335; 3.10.84 – 7 AZR 132/83, DB 85, 2151; zur befristeten Fortsetzung des Arbeitsverhältnisses nach Erreichen des Rentenalters BAG 11.2.15 – 7 AZR 17/13, NZA 15, 1066). Das gilt etwa dann, wenn der ArbGeb zur **Überwindung von Übergangsschwierigkeiten** oder zur **Verbesserung der Arbeitsmarktchancen** dem wirksam gekündigten ArbN bzw diesem in Anschluss an ein auslaufendes befristetes Arbeitsverhältnis einen zeitlich befristeten Arbeitsvertrag anbietet (BAG 21.1.09 – 7 AZR 630/07, NZA 09, 727). Dabei dürfen die sozialen Belange allerdings nicht lediglich einen Vorwand darstellen. Vielmehr muss der Zweck, den ArbN vor sofortiger Arbeitslosigkeit zu bewahren, der **ausschlaggebende Beweggrund** des ArbGeb für den Vertragsschluss sein (BAG 7.7.99 – 7 AZR 232/98, NZA 99, 1335; 12.12.85 – 2 AZR 9/85, NZA 86, 571). Das ist der Fall, wenn es ohne den in der Person des ArbN begründeten sozialen Zweck überhaupt nicht zum Abschluss eines Arbeitsvertrages, auch nicht eines befristeten Arbeitsvertrages, gekommen wäre (BAG 21.1.09 – 7 AZR 630/07, NZA 09, 727). Der Gesetzgeber hat diese Fallgruppe in § 14 Abs 1 S 2 Nr 6 TzBfG aufgegriffen. **44**

**o) Vergleich.** Nach § 14 Abs 1 S 2 Nr 8 TzBfG liegt ein sachlicher Grund für die Befristung vor, wenn sie auf einem gerichtlichen Vergleich beruht. Hierunter fällt nur ein in der mündlichen Verhandlung unter **verantwortlicher Mitwirkung des Gerichts** geschlossener Vergleich, soweit ein „offener Streit" über den rechtlichen (Fort-)Bestand des Arbeitsverhältnisses bestand (BAG 12.11.14 – 7 AZR 891/12, NZA 15, 379). Diesen Anforderungen genügt grds nach der Rspr des BAG nur ein nach § 278 Abs 6 S 1 Alt 2 ZPO geschlossener Vergleich, mit dem die Parteien den Vergleichsvorschlag des Gerichts diesem gegenüber annehmen (BAG 21.3.17 – 7 AZR 369/15, NZA 17, 706; kritisch *Schnelle* NZA 18, 1445). Ein Vergleich nach § 278 Abs 6 S 1 Alt 1 ZPO soll allenfalls dann genügen, wenn sich das Gericht den Vorschlag einer Partei zu eigen macht (BAG 8.6.16 – 7 AZR 339/14, NZA 16, 1485). Allerdings dürfte die Frage nach der verantwortlichen Mitwirkung des Gerichts iS einer inhaltlichen Prüfung des Vergleichs nicht immer eindeutig zu beantworten sein, so dass für eine wirksame Befristung ein nach § 278 Abs 6 S 1 Alt 2 ZPO zustande gekommener Vergleich jedenfalls nach wie vor der sicherste Weg ist. Selbstredend genügt unter Geltung des TzBfG als Sachgrund nicht mehr der außergerichtliche Vergleich (zB Anwaltsvergleich nach § 796a ZPO). **45**

**p) Vertretung.** Die Vertretung eines vorübergehend abwesenden ArbN – zB wegen Krankheit, Beurlaubung, Mutterschutz, Abordnung ins Ausland – stellt einen der Hauptanwendungsfälle der zulässigen Befristung eines Arbeitsverhältnisses mit Sachgrund dar. § 14 Abs 1 S 2 Nr 3 TzBfG bestätigt die bisherige Rspr ohne inhaltliche Neuerung. Teil des Sachgrunds ist die **Prognose des ArbGeb** bei Vertragsschluss, dass der Vertretungsbedarf durch die erwartete Rückkehr des zu vertretenen ArbN wegfällt (BAG 12.4.17 – 7 AZR **46**

436/15, NZA 17, 1253; BAG 23.1.02 – 7 AZR 440/00, NZA 02, 665). Dabei muss die Prognose nicht den Zeitpunkt der Rückkehr und die Dauer des Vertretungsbedarfs erfassen (BAG 13.10.04 – 7 AZR 654/03, NZA 05, 469). In Fällen der Krankheitsvertretung kann der ArbGeb regelmäßig auch bei wiederholten Befristungen bei verlängerter AU von der **Rückkehr der zu vertretenen Stammkraft** ausgehen. An der erforderlichen Kausalität zwischen dem Ausfall der Stammkraft und der Einstellung der Ersatzkraft fehlt es nur dann, wenn der ArbGeb weiß, dass der Vertretene nicht auf seinen Arbeitsplatz zurückkehren wird oder er auf Grund besonderer Umstände daran erhebliche Zweifel hat (BAG 23.1.02 – 7 AZR 440/00, NZA 02, 665; 6.10.10 – 7 AZR 397/09, NZA 11, 1155). Der ArbGeb kann die Vertretung auch für einen kürzeren Zeitraum als die von ihm angenommene Ausfallzeit regeln (BAG 13.10.04 – 7 AZR 654/03, NZA 05, 469; BAG 22.11.95 – 7 AZR 252/95, NZA 96, 878; → Rn 23). Auch **Vertretungsketten** sind nach Inkrafttreten des TzBfG trotz der geforderten Vertretung „eines" anderen ArbN möglich. Das bedeutet, dass der mit dem Sachgrund der Vertretung befristet beschäftigte ArbN auch auf dem Arbeitsplatz desjenigen eingesetzt werden kann, der den eigentlich Abwesenden oder dessen Vertreter vertritt (BAG 6.10.10 – 7 AZR 397/09, NZA 11, 1155). Das BAG spricht hier von (zulässiger) **mittelbarer Vertretung** (BAG 15.2.06 – 7 AZR 232/05, NZA 06, 781). Entscheidend für die Wirksamkeit der Befristung ist allein der durch den zeitweisen Ausfall eines Mitarbeiters entstandene Bedarf an Beschäftigung und dass der Vertreter gerade wegen dieses Bedarfs eingestellt wird. Insbes muss der Aufgabenbereich des Vertreters dem jeweils „vorgelagerten Beschäftigten" „nach außen erkennbar gedanklich zugeordnet" werden, zB durch entspr Angabe im Arbeitsvertrag (BAG 6.11.13 – 7 AZR 96/12, NZA 14, 430; → Rn 26). Auch muss der ArbGeb rechtlich und tatsächlich in der Lage sein, dem Vertretenen im Falle seiner Anwesenheit die dem Vertreter zugewiesenen Aufgaben zu übertragen (BAG 10.10.12 – 7 AZR 462/11, NZA-RR 13, 185). Zu den Anforderungen an die Darlegung des Kausalzusammenhangs zwischen Ausfall der Stammkraft und Einstellung der Ersatzkraft s BAG 11.2.15 – 7 AZR 113/13, NZA 15, 617. Eine mehrjährig angelegte Vertretung ist bei Vorliegen der Voraussetzungen des § 14 Abs 1 Nr 3 TzBfG grds zulässig. Eine **unzulässige Dauervertretung** liegt nur dann vor, wenn bei Abschluss des Vertrags bereits eine über den Endtermin der Befristung hinausgehende Beschäftigung des ArbN vorgesehen war (zB als Springer). Dagegen reicht es zur Annahme einer Dauervertretung nicht aus, dass bereits im Zeitpunkt des (befristeten) Vertragsschlusses ein neuer Vertretungsbedarf nach dem vorgesehenen Vertragsende erkennbar ist (BAG 25.3.09 – 7 AZR 34/08, NZA 10, 34). Ebenso kann das Verlängern oder Hintereinanderschalten von Befristungen (sog **Kettenbefristungen**) durch den Sachgrund der Vertretung gerechtfertigt sein. Auf die Vorabentscheidung des EuGH (EuGH 26.1.12 – C-586/10, *Kücük* NZA 12, 135) hat das BAG seine Rspr zur Vertretungsbefristung bestätigt und klargestellt, dass befristete Arbeitsverträge auch dann wiederholt zum Zwecke der Vertretung verlängert werden dürfen, wenn ein wiederkehrender oder ständiger Bedarf an Vertretungen besteht, der auch durch die Einstellung eines ArbN mit einem unbefristeten Vertrag gedeckt werden könnte. Der ArbGeb sei nicht verpflichtet, eine ausreichende Personalreserve vorzuhalten (BAG 24.8.16 – 7 AZR 41/15, NZA 17, 307). Allerdings sind bei der Frage der Rechtfertigung zusätzlich nach den Grundsätzen des institutionellen Rechtsmissbrauchs (§ 242 BGB) alle Umstände des Einzelfalls, einschließlich der Zahl und Gesamtdauer der in der Vergangenheit mit demselben ArbGeb geschlossenen befristeten Arbeitsverträge, zu berücksichtigen (BAG 26.10.16 – 7 AZR 135/15, NZA 17, 382; → Rn 28).

47 **q) Weiterbeschäftigung.** Bietet der ArbGeb dem ArbN für die Dauer des laufenden Kündigungsrechtsstreits eine vorläufige Weiterbeschäftigung an, um etwa das Risiko des Verzugslohns zu minimieren, so handelt es sich bei einer dahingehenden Einigung der Parteien um eine Befristung, die der Schriftform des § 14 Abs 4 TzBfG bedarf. Bei der Vereinbarung einer Weiterbeschäftigung bis zur rechtskräftigen Abweisung der Kündigungsschutzklage handelt es sich um eine auflösende Bedingung, bis zum rechtskräftigen Abschluss des Kündigungsschutzprozesses dagegen um eine Zweckbefristung (BAG 22.10.03 – 7 AZR 113/03, NZA 04, 1275; BAG 19.1.05 – 7 AZR 113/04, BeckRS 2005, 30349196). Eine solche Befristung ist zulässig, obwohl sie nicht in den Katalog des § 14 Abs 1 TzBfG fällt, da die dort aufgezählten Sachgründe nicht abschließend sind. Kommt dagegen nach erfolgreicher Befristungskontrollklage bis zur rechtskräftigen Beendigung des Rechtsstreits der

ArbGeb lediglich seiner Rechtspflicht aus dem allgemeinen Weiterbeschäftigungsanspruch nach, hindert dies die Annahme einer vereinbarten Prozessbeschäftigung (BAG 22.7.14 – 9 AZR 1066/12, NZA 14, 1330).

**r) Wunsch des Arbeitnehmers.** Der ausdrückliche Wunsch des ArbN auf eine befristete Beschäftigung kann die Befristung des Arbeitsverhältnisses rechtfertigen (BAG 26.4.85 – 7 AZR 316/84, AP BGB § 620 Befristeter Arbeitsvertrag Nr 91). Dazu müssen im Zeitpunkt des Vertragsabschlusses objektive Anhaltspunkte vorliegen, die den Schluss erlauben, dass der ArbN an einer Befristung des Vertrages interessiert ist. Entscheidend ist, ob der ArbN auch bei einem Angebot des ArbGeb auf Abschluss eines unbefristeten Arbeitsvertrags nur ein befristetes Arbeitsverhältnis vereinbart hätte (BAG 6.11.96 – 7 AZR 909/95, NZA 97, 1222). Der ArbN darf bei Vertragsschluss in seiner Entscheidungsfreiheit nicht beeinträchtigt gewesen sein. § 14 Abs 1 S 2 Nr 6 TzBfG dürfte diese Fallgruppe erfassen. 48

**IV. Rechtsfolgen zulässiger und unzulässiger Befristungen.** Ist das Arbeitsverhältnis **wirksam befristet,** so **endet es automatisch** nach Ablauf der Zeit, für die es eingegangen ist, ohne dass es einer Kündigung bedarf. Ein zu Unrecht enttäuschtes Vertrauen verpflichtet den ArbGeb lediglich zum Ersatz des Vertrauensschadens, gewährt aber keinen Erfüllungsanspruch. Ein solcher besteht lediglich dann, wenn die Erklärungen oder Verhaltensweisen des ArbGeb nach allgemeinen rechtsgeschäftlichen Grundsätzen als Zusage auf Fortsetzung des Arbeitsverhältnisses auszulegen sind (BAG 13.8.08 – 7 AZR 513/07, NZA 09, 27). Fällt der bei Vertragsschluss gegebene Befristungsgrund nachträglich weg (zB vertretener ArbN kehrt nicht zurück), berührt dies grds nicht die Wirksamkeit der vereinbarten Befristung und wandelt auch nicht das befristete Arbeitsverhältnis von selbst in ein unbefristetes. Nachträglich **während der Vertragslaufzeit eintretende Veränderungen** können lediglich ein Indiz dafür sein, dass die Prognose nicht zutreffend erstellt wurde (BAG 16.11.05 – 7 AZR 81/05, NZA 06, 784). Ungeachtet dessen wird teilweise in der Rspr recht großzügig eine Verlängerung des Arbeitsverhältnisses im Wege der ergänzenden Vertragsauslegung anerkannt (LAG Düsseldorf 31.8.07 – 9 Sa 685/07, NZA-RR 08, 64; LAG SchlHol 12.9.07 – 6 Sa 113/07, NZA-RR 08, 137). Die **Entscheidung zur Nichtverlängerung** kann diskriminierend sein (EuGH 4.10.01 – C-438/99, NZA 01, 1243 zur Nichtverlängerung wegen Schwangerschaft). Dies führt aber wegen § 15 Abs 6 AGG nur zu Ersatzansprüchen, nicht aber zur Verlängerung des Arbeitsverhältnisses (LAG Hamm 26.2.09 – 17 Sa 923/08, BeckRS 2010, 72245). Gleiches gilt entsprechend bei einem Verstoß gegen das Maßregelungsverbot des § 612a BGB, wenn dem befristet beschäftigten ArbN kein Folgevertrag angeboten wird, weil dieser ihm zustehende Rechte ausgeübt hat (BAG 21.9.11 – 7 AZR 150/10, NZA 12, 317). Anderes gilt für die wegen Diskriminierung unwirksame Befristung (→ *Diskriminierung* Rn 114). 49

Während des wirksam befristeten Arbeitsverhältnisses ist grds die **ordentliche Kündigung ausgeschlossen.** § 15 Abs 3 TzBfG regelt dies nun ausdrücklich. Eine vorzeitige Beendigung ist nur im Wege der außerordentlichen Kündigung bei Vorliegen eines wichtigen Grundes oder im Wege des Aufhebungsvertrages möglich. Die Zulässigkeit der ordentlichen Kündigung kann allerdings **vertraglich vereinbart** werden (§ 15 Abs 3 TzBfG); dann ist jedoch zu beachten, dass bei einer Befristung von mehr als sechs Monaten die Kündigung grds gem § 1 KSchG sozial gerechtfertigt sein muss. Anders ist die Rechtslage in der **Insolvenz.** Hier können befristete Arbeitsverhältnisse – unter den Voraussetzungen des § 1 KSchG – gem § 113 InsO mit der gesetzlichen Kündigungsfrist von drei Monaten zum Monatsende gekündigt werden, ohne dass es eines vertraglichen Kündigungsvorbehalts bedarf (LAG Frankfurt 13.9.85, BB 86, 596; BAG 27.5.93 – 2 AZR 601/92, NZA 93, 845, beide zu § 22 KO). § 113 InsO geht insofern als Spezialnorm zu § 15 Abs 3 TzBfG vor. Wird das wirksam befristete Arbeitsverhältnis über den vorgesehenen Endtermin hinaus **stillschweigend fortgesetzt,** so gilt es gem § 15 Abs 5 TzBfG als auf unbestimmte Zeit verlängert, sofern nicht unverzüglich ein Widerspruch erfolgt. Voraussetzung für die Anwendung der Vorschrift ist, dass der ArbGeb bzw derjenige Vertreter, der zum Abschluss des Arbeitsvertrages berechtigt wäre, Kenntnis von der Fortsetzung des Arbeitsverhältnisses hat. Erforderlich ist zudem das tatsächliche Erbringen einer Arbeitsleistung; Urlaub oder Abfeiern von Überstunden genügen nicht, können aber ein Indiz für entsprechende Willenserklärungen auf unbefristete Fortsetzung des Arbeitsverhältnisses sein (BAG 2.12.98 50

– 7 AZR 508/97, DB 99, 694). Die Fiktion des § 15 Abs 5 TzBfG gilt jedoch nicht, wenn eine Fortsetzung unter der Bedingung der schriftlichen Vertragsverlängerung steht (BAG 7.10.15 – 7 AZR 40/14, NZA 16, 359).

51 Ist eine **Befristungsregelung unwirksam,** so bleibt der Arbeitsvertrag im Übrigen wirksam. Der ArbGeb kann sich lediglich nicht auf die Befristung berufen und hat das Arbeitsverhältnis als unbefristet gegen sich gelten zu lassen (BAG 26.4.79 – 2 AZR 431/77, DB 79, 1991). Allerdings verhält sich der ArbGeb treuwidrig, wenn er seinen ArbN unter Berufung auf die Unwirksamkeit der Befristungsregelung am Arbeitsverhältnis festhält (streitig – vgl LAG Düsseldorf 26.5.95, LAGE § 620 BGB Bedingung, Nr 5 mwN). Eine ordentliche Kündigung ist frühestens zum vereinbarten Ende möglich, sofern nicht nach § 15 Abs 3 TzBfG die ordentliche Kündigungsmöglichkeit während der Vertragslaufzeit vereinbart ist. Wurde das **Schriftformerfordernis** des § 14 Abs 4 TzBfG **nicht beachtet** und ist der Arbeitsvertrag im Übrigen wirksam, so gilt er gleichfalls auf unbestimmte Zeit geschlossen. Liegt der Mangel allein an der Schriftform, kann der Arbeitsvertrag auch während der eigentlich vereinbarten Laufzeit ordentlich gekündigt werden (§ 16 S 2 TzBfG).

52 **V. Prozessuales.** Die **Unwirksamkeit der Befristung kann ausschließlich** auf Initiative des **ArbN** gem § 17 TzBfG geltend gemacht werden (sog Befristungskontrollklage). Nach § 17 S 1 TzBfG muss er **innerhalb von drei Wochen** nach dem vereinbarten Ende des befristeten Arbeitsvertrages Klage beim ArbG auf Feststellung erheben, dass das Arbeitsverhältnis aufgrund der Befristung nicht beendet ist. Das BAG hat klargestellt, dass die Vorschrift eine abschließende Regelung für Streitigkeiten über die Wirksamkeit oder die Auslegung einer (Zeit-/Zweck)Befristungsabrede enthält, die daneben für eine allgemeine Feststellungsklage nach § 256 ZPO des ArbGeb keinen Raum mehr lässt; letztere sei nur bei einem Streit über die Frage statthaft, ob überhaupt eine Befristung vereinbart sei (BAG 15.2.17 – 7 AZR 153/15, NZA 17, 803). Die Drei-Wochen-Frist wird bei **mehreren aufeinander folgenden Befristungsabreden** für jede Befristungsabrede mit dem Ablauf der darin vereinbarten Befristung und nicht erst mit dem Ablauf der letzten Befristung in Gang gesetzt (BAG 24.10.01 – 7 AZR 686/00, DB 02, 536 zu § 1 Abs 5 BeschFG). **Gegenstand der Befristungskontrolle** ist regelmäßig der **zuletzt abgeschlossene** befristete Arbeitsvertrag (BAG 4.12.13 – 7 AZR 468/12, NZA 14, 623). Durch den Abschluss eines weiteren befristeten Arbeitsvertrages stellen die Parteien ihr Arbeitsverhältnis nämlich auf eine neue rechtliche Grundlage, die für ihre Vertragsbeziehung künftig allein maßgeblich ist. Ein etwaiges unbefristetes Arbeitsverhältnis wird damit zugleich aufgehoben. Etwas anderes kann gelten, wenn es sich lediglich um eine geringfügige Korrektur des vorherigen Vertrags als unselbständigen Annex handelt (BAG 25.3.09 – 7 AZR 34/08, NZA 10, 34; BAG 4.12.13 – 7 AZR 468/12, NZA 14, 623). Ein Anspruch des ArbN, bei Abschluss eines Folgevertrags einen Vorbehalt späterer gerichtlicher Überprüfung in den Vertrag aufzunehmen, besteht nicht (BAG 14.2.07 – 7 AZR 95/06, BB 07, 1118). § 17 TzBfG enthält keine Einschränkung und bezieht sich damit auf die Geltendmachung aller in Betracht kommender Unwirksamkeitsgründe, etwa auch auf das Fehlen der Schriftform (LAG Düsseldorf – 5 Sa 748/02, DB 03, 668). Mit der Klageerhebung braucht nicht bis zum Ende des Arbeitsverhältnisses gewartet zu werden; vielmehr ist (wie bisher) ein **Rechtsschutzbedürfnis** schon dann anzuerkennen, wenn das Bestehen eines unbefristeten Arbeitsverhältnisses bestritten wird (LAG Düsseldorf 18.11.99 – 11 Sa 1039/99, NZA-RR 2000, 291 zu § 1 Abs 5 BeschFG). Die gegen eine **Zweckbefristung** gerichtete Klage ist als Befristungskontrollklage erst nach Unterrichtung des ArbN über den Zeitpunkt der Zweckerreichung zulässig; davor ist eine Klage nach § 256 ZPO aber grds möglich (BAG 21.3.17 – 7 AZR 222/15, NZA 17, 631). Bei der **Bedingungskontrollklage** gilt die dreiwöchige Klagefrist gem §§ 21, 17 S 1 TzBfG nicht nur für den Streit um die Wirksamkeit der **auflösenden Bedingung,** sondern auch für den Streit über den tatsächlichen Bedingungseintritt oder dessen Zeitpunkt. Geht es um die Wirksamkeit der Bedingungsabrede beginnt die Klagefrist grds mit Eintritt der Bedingung; bei deren Eintritt vor Ablauf der Zweiwochenfrist aus §§ 21, 15 Abs 2 TzBfG frühestens mit Zugang der schriftlichen Unterrichtung des ArbGeb über die Beendigung des Arbeitsverhältnisses (BAG 10.10.12 – 7 AZR 602/11, BeckRS 2013, 65638). Bei einem Streit über den Bedingungseintritt bzw den Zeitpunkt des Eintritts

beginnt die Frist mit dem vom ArbGeb in der schriftlichen Unterrichtung angegebenen Zeitpunkt des Bedingungseintritts; ist dieser schon verstrichen läuft die Frist mit Zugang der schriftlichen Unterrichtung (BAG 4.11.15 – 7 AZR 851/13, NZA 16, 634). Für Kontrollklagen nach dem TzBfG gelten gem § 17 S 2 TzBfG die **§§ 5–7 KSchG entsprechend;** die im Kündigungsschutzrecht entwickelten Vorgaben können wegen des gleichen Schutzzwecks weitgehend herangezogen werden. Eine Klagerücknahme führt wegen § 7 KSchG zum Eintritt der Wirksamkeitsfiktion (BAG 26.6.02 – 7 AZR 122/01, DB 02, 2112). Allerdings wahrt unter Anwendung des § 6 KSchG ein Kündigungsschutzantrag nicht die Frist für eine Kontrollklage (BAG 24.6.15 – 7 AZR 541/13, NZA 15, 1511). Wird **nach Klageerhebung ein befristeter Folgevertrag** abgeschlossen, ist davon auszugehen, dass der Folgevertrag den konkludenten Vorbehalt enthält, er solle nur maßgeblich sein, wenn nicht bereits aufgrund einer vorherigen unwirksamen Befristung ein Arbeitsverhältnis auf unbestimmte Zeit besteht (BAG 10.3.04 – 7 AZR 402/03, NZA 04, 925). Wird das Arbeitsverhältnis nach dem vereinbarten Ende fortgesetzt, beginnt die Klagefrist mit Zugang einer schriftlichen Erklärung des ArbGeb, dass das Arbeitsverhältnis aufgrund der Befristung beendet sei (§ 17 S 3 TzBfG).

Hinsichtlich der **Darlegungs- und Beweislast** ist danach zu unterscheiden, ob der Abschluss des befristeten Arbeitsvertrages überhaupt oder die Befristung als solche Streitgegenstand ist. Nach den allgemeinen Beweisgrundsätzen hat diejenige Partei, die den Eintritt einer Rechtsfolge gelten macht, die Voraussetzungen des für sie günstigen Rechtssatzes zu beweisen. Also trifft den Anspruchssteller die Beweislast für die rechtsbegründenden Tatsachen, der Anspruchsgegner muss den Beweis für rechtshemmende, rechtshindernde oder rechtsvernichtende Tatsachen erbringen (BAG 12.10.94 – 7 AZR 745/93, NZA 95, 780). Wer aus der Vereinbarung der Befristung für sich eine **günstige Rechtsfolge** herleitet, indem er sich zB auf das **Vorliegen eines befristeten Vertrags,** dessen Formwirksamkeit (BAG 20.8.14 – 7 AZR 924/12, NZA-RR 15, 9), das Vorliegen einer auflösenden Bedingung (LAG Hess 9.7.99 – 2 Sa 2093/98, NZA-RR 2000, 380) und das Ende des Arbeitsverhältnisses durch Fristablauf beruft oder einen früheren Beendigungszeitpunkt geltend macht, ist insoweit darlegungs- und beweispflichtig (BAG 10.12.94 – 7 AZR 745/93, NZA 95, 780). Das wird idR der ArbGeb sein. So hat er etwa die Voraussetzungen für die Zulässigkeit einer sachgrundlosen Befristung wie das Vorliegen einer Neueinstellung gem § 14 Abs 2 Satz 1 TzBfG (BAG 6.12.89 – 7 AZR 441/89, NZA 90, 741) oder nach § 14 Abs 2a darzulegen und zu beweisen; gleiches gilt für das Vorliegen der tatsächlichen Voraussetzungen eines Sachgrunds nach § 14 Abs 1 oder 3. Demgegenüber liegt die Darlegungs- und Beweislast für das Vorliegen einer **Gegenausnahme** wie der des **Anschlussverbots** aus § 14 Abs 2 S 2 beim ArbN, der sich auf diesen Ausnahmetatbestand beruft (BAG 19.10.05 – 7 AZR 31/05, NZA 06, 154; NdS 26.7.04 – 5 Sa 234/04, NZA 05, 410). Das gilt grds auch, wenn sich der ArbN auf eine missbräuchliche Vertragsgestaltung zur Umgehung des § 14 Abs 2 S 2 TzBfG beruft. Hier genügt er seiner Darlegungspflicht, wenn er entsprechende Indizien vorträgt. Soweit sich für ihn aber Schwierigkeiten aus der fehlenden Kenntnismöglichkeit ergeben, ist dem durch eine abgestufte Darlegungs- und Beweislast Rechnung zu tragen (BAG 24.6.15 – 7 AZR 452/13, NZA 15, 1507; 4.12.13 – 7 AZR 290/12, NZA 14, 426). Stützt sich der Befristungsgrund auf eine **Prognose,** so gilt ebenfalls eine **abgestufte Darlegungslast** (BAG 12.1.2000 – 7 AZR 863/98, NZA 2000, 722; BAG 23.2.2000 – 7 AZR 555/98, BeckRS 2000, 30783308 zum Gesamtvertretungsbedarf). Danach hat der ArbGeb bei Befristung wegen vorübergehenden Mehrbedarfs diejenigen Tatsachen vorzutragen, die eine entspr Prognose über Umfang und Dauer des voraussichtlichen Mehrbedarfs zulassen. Wird die Prognose durch die spätere Entwicklung bestätigt, ist es Sache des ArbN Tatsachen vorzutragen, die die Prognose widerlegen (BAG 17.3.10 – 7 AZR 640/08, NZA 10, 633; 12.9.96 – 7 AZR 790/95, NZA 97/313). Die Tendenz der Rspr geht dahin, dem ArbGeb die Darlegungs- und Beweislast für das Vorliegen eines sachlichen Grundes in weitem Umfang aufzuerlegen. 53

**VI. Mitbestimmung des Betriebsrats.** Gem § 99 BetrVG ist vor jeder Einstellung und damit auch vor der Einstellung eines nur befristet zu beschäftigenden ArbN die Zustimmung des BRat erforderlich. Das gilt gleichfalls, wenn der ArbN über das ursprüngliche Befristungsende hinaus weiterbeschäftigt wird (BAG 23.6.09 – 1 ABR 30/08, NZA 09, 1162). 54

Der BRat hat allerdings nicht die Möglichkeit, über § 99 Abs 2 Nr 1 BetrVG die Wirksamkeit der Befristung zu kontrollieren. § 99 Abs 2 Nr 1 BetrVG gewährt dem BRat ein Widerspruchsrecht nur, wenn die maßgebliche Norm die Einstellung als solche verbietet. Eine derartige „Norm" stellt die Rspr des BAG zum Erfordernis einer sachlichen Rechtfertigung von Befristungen nicht dar. Der BRat hat deshalb weder die Möglichkeit, unter Berufung auf § 99 Abs 2 Nr 1 BetrVG die Einstellung eines ArbN wegen unzulässiger Befristung zu verhindern, noch kann er grds über seine Mitbestimmung gem § 99 BetrVG den Abschluss eines unbefristeten Arbeitsvertrages durchsetzen. Anders ist es allerdings, wenn der ArbGeb bei unbefristeter Einstellung einen gleich geeigneten befristet Beschäftigten übergeht. Nach dem im Zuge der Reform der Betriebsverfassung neu gefassten § 99 Abs 2 Nr 3 BetrVG kann der BRat in diesem Fall der geplanten unbefristeten Einstellung widersprechen und so die Rechtswirkung von Befristungen „durch die Hintertür" abschwächen. Zudem ist der ArbGeb gem § 20 TzBfG verpflichtet, den BRat über die Anzahl der befristet beschäftigten ArbN und ihren Anteil an der Gesamtbelegschaft des Betriebes und des Unternehmens zu informieren.

55 **VII. Muster.** S Online-Musterformular *„M15.1 Befristetes Arbeitsverhältnis, Befristungsklauseln"*.

**B. Lohnsteuerrecht** *Seidel*

61 Zum Vorliegen eines steuerrechtlichen Dienstverhältnisses (Arbeitsverhältnis) → *Arbeitnehmer (Begriff)* Rn 30–41. Bei der Zahlung von Arbeitslohn im Rahmen eines zeitlich befristeten Arbeitsverhältnisses ergeben sich lohnsteuerrechtlich keine Besonderheiten. Liegt ein Aushilfsarbeitsvertrag vor, wird häufig die Möglichkeit einer LStPauschalierung in Betracht kommen (→ *Teilzeitbeschäftigung* Rn 115 ff; → *Aushilfskräfte* Rn 23 ff; → *Geringfügige Beschäftigung* Rn 21, 22). Zu Lohnkostenzuschüssen (→ Rn 60) → *Arbeitsförderung* Rn 11 und → *Lohnkostenzuschuss* Rn 5, 6.

62 Zu den Besonderheiten bei der (befristeten) Beschäftigung von ArbN mit Wohnsitz oder gewöhnlichem Aufenthalt außerhalb der Bundesrepublik → *Ausländer* Rn 38 ff, → *Grenzgänger* Rn 2 ff und → *Saisonarbeit* Rn 9.

**C. Sozialversicherungsrecht** *Schlegel*

66 **1. Versicherungs- und Beitragspflicht** tritt in der SozV und der ArblV auch bei befristeten Arbeitsverhältnissen ein. Dies gilt nicht, wenn wegen Geringfügigkeit der Beschäftigung ein Tatbestand der Versicherungsfreiheit vorliegt.

67 **2. Geringfügige Beschäftigung** und damit Versicherungsfreiheit in der PflegeV, KV und ArblV (→ *Geringfügige Beschäftigung* Rn 27 ff) liegt ua dann vor, wenn die Beschäftigung innerhalb eines Jahres seit ihrem Beginn auf längstens **drei Monate bzw 70 Arbeitstage** nach ihrer Eigenart begrenzt zu sein pflegt oder „im Voraus vertraglich begrenzt ist". Eine geringfügige Beschäftigung liegt ausnahmsweise dann nicht vor, wenn die befristete Beschäftigung berufsmäßig ausgeübt wird und (!) ihr Entgelt die in § 8 Abs 1 Nr 1 SGB IV genannten Grenzen übersteigt (§ 8 Abs 1 Nr 2 SGB IV). Zur Berechnung des maßgeblichen Zeitraums (3 Monate, 70 Arbeitstage) haben die Spitzenverbände der SozVTräger sog **Geringfügigkeitsrichtlinien** erlassen (*Aichberger* Nr 115; Einzelheiten zur Berechnung und zum Begriff der Berufsmäßigkeit → *Geringfügige Beschäftigung* Rn 58). Mehrere geringfügige Beschäftigungen nach § 8 Abs 1 Nr 2 SGB IV sind zusammenzuzählen sind (§ 8 Abs 2 Satz 1 SGB IV). Eine Zusammenrechnung findet auch zwischen geringfügigen abhängigen und geringfügigen selbstständigen Tätigkeiten statt (§ 8 Abs 3 SGB IV). Im Einzelfall ist deshalb die gesamte Dauer mehrerer befristeter Arbeitsverhältnisse zusammenzuzählen. Zur Personengruppe der unständig Beschäftigten → *Aushilfskräfte* Rn 36.

68 **3. Mutterschutzgesetz:** Frauen, die Anspruch auf Mutterschaftsgeld haben, erhalten von ihren Arbeitgeber während ihres bestehenden Arbeitsverhältnisses einen Zuschuss zum Mutterschaftsgelt nach Maßgabe des § 14 MuschG. Dies gilt nicht für Frauen, die bereits vor Beginn der Schwangerschaft ein nur befristetes Arbeitsverhältnis eingegangen sind, das während der Mutterschutzfrist endet (BSG 1.2.83 – 3 RK 53/81, SozR 2200 § 200a Nr 5); § 14 Abs 2 MuSchG will Frauen, deren Arbeitsverhältnis während der Mutterschutzfrist

zulässigerweise aufgelöst wird, jenen Frauen gleichstellen, die während dieser Zeit Kündigungsschutz genießen. Dieser Schutzzweck greift nicht ein, wenn im Hinblick auf eine Befristung des Arbeitsverhältnisses ohnehin kein Kündigungsschutz besteht (BSG 17.9.86 – 3 RK 3/85, SozR 2200 § 200 Nr 11 zum Fall der verschwiegenen Schwangerschaft).

**4. Lohnersatzleistungen. a) Arbeitslosengeld bei Unterbrechungen serienmäßig** 69
**befristeter Arbeitsverträge.** Werden zwischen den Arbeitsvertragsparteien ständig befristete Arbeitsverträge geschlossen, begründet dies für die **„Zwischenzeiten"** nicht zwingend einen Anspruch auf AlGeld. So steht zB ein Fernsehmitarbeiter auch an den Tagen, in denen er mit dem Sender keine Einsätze für den Sender vereinbart hat, in einem Beschäftigungsverhältnis im leistungsrechtlichen Sinne, wenn trotz der jeweils monatlich befristet und für einzelne Einsatztage geschlossenen Arbeitsverträge er bei einer wöchentlichen Arbeitszeit von 40 Stunden auch in den Nichteinsatzzeiten einem umfassenden Weisungsrecht des Senders untersteht. Er ist an diesen Tagen, obwohl eine Arbeitsleistung vertraglich nicht verlangt werden kann und er tatsächlich nicht arbeitet, nicht arbeitslos (BSG 11.3.14 – B 11 AL 5/13 R, NZS 14, 436; ähnlich BSG 20.3.13 – B 12 R 13/10 R, NJOZ 14, 352 zu Theaterleuten).

**b) Lohnersatzleistungen über die Befristung hinaus** sind in Einzelfällen möglich; so erhält etwa derjenige, der während eines befristeten Arbeitsverhältnisses einen zur AU führenden Unfall erleidet, Lohnersatzleistungen bis zur Beendigung der AU selbst dann, wenn die AU über das Ende der Beschäftigung hinaus andauert (BSG 26.5.82 – 2 RU 41/81, SozR 2200 § 560 Nr 12 zum Übergangsgeld nach § 560 Abs 1 RVO). Entsprechendes gilt, wenn der ArbN während des (befristeten) Arbeitsverhältnisses erkrankt; auch hier erlischt der Krankengeldanspruch nicht mit Erreichen des letzten Tages des befristeten Arbeitsverhältnisses; vielmehr bleibt die Mitgliedschaft und damit auch der Krankengeldanspruch über den Zeitpunkt hinaus erhalten; insoweit ist zu beachten, dass der Krankengeldanspruch auch bei befristeten Beschäftigungsverhältnissen nicht auf die Dauer des Beschäftigungsverhältnisses beschränkt ist, sondern in dem gem § 48 SGB V bestimmten Umfang entsteht.

# Behinderte

## A. Arbeitsrecht

*Kania*

### Übersicht

1 **I. Allgemeines.** Das Verbot der Benachteiligung wegen einer Behinderung ist durch Art 3 Abs 3 S 2 GG verfassungsrechtlich abgesichert. Im Übrigen maßgeblich war früher das aus dem Jahre 1974 stammende SchwbG. Dies ist zum 1.7.01 durch das SGB IX abgelöst worden. Ziele des SGB IX waren zunächst die Förderung der Selbstbestimmung und der gleichberechtigten Teilhabe behinderter Menschen am Leben in der Gesellschaft und die Umsetzung des Benachteiligungsverbotes des Grundgesetzes. Das SGB IX gliederte sich früher in zwei Teile. Im ersten Teil des Gesetzes fanden sich Vorschriften zur Rehabilitation und Teilhabe Behinderter und von Behinderung bedrohter Menschen. Der zweite Teil enthielt das Schwerbehindertenrecht. Im Rahmen des **Bundesteilhabegesetzes (BTHG)**, welches dem geänderten gesellschaftlichen Verständnis einer inklusiven Gesellschaft Rechnung tragen soll, ist das SGB IX nun maßgeblich verändert worden. Nach dem vorgezogenen Inkrafttreten einzelner Regelungen, hat sich insbes der **Aufbau des SGB IX zum 1.1.18 grundlegend geändert**. So ist das SGB IX durch einen neuen Teil 2 zur Reform der Eingliederungshilfe ergänzt worden. Dadurch verschiebt sich das Schwerbehindertenrecht in Teil 3 des Gesetzes, der nun mit § 151 SGB IX beginnt. Zusätzlich zu beachten ist das AGG, das wie § 164 SGB IX ein sanktionsbewehrtes Verbot der Benachteiligung wegen Behinderung normiert, allerdings jegliche Form der Behinderung erfasst, nicht nur die Schwerbehinderung iSd SGB IX (→ Rn 23 und → *Diskriminierung* Rn 38 ff). Umgekehrt hat das BAG ausdrücklich klargestellt, dass die Sonderregeln des SGB IX für Schwerbehinderte nicht auf einfach-behinderte Menschen Anwendung finden (BAG 27.1.11 – 8 AZR 580/09, NZA 11, 737).

2 **II. Durchführung des SGB IX.** Verpflichtungen aus dem SGB IX werden – soweit sie nicht durch freie Entschließung des ArbGeb zu erfüllen sind – von den **Integrationsämtern** und der **Bundesagentur für Arbeit** in enger Zusammenarbeit durchgeführt (§ 184 Abs 1 SGB IX). Integrationsamt ist die Bezeichnung für die frühere Hauptfürsorgestelle. Ihm obliegt dabei die Erhebung und Verwendung der Ausgleichsabgabe, der Kündigungsschutz, die begleitende Hilfe im Arbeits- und Berufsleben und die zeitweilige Entziehung des Schwerbehindertenschutzes (§ 185 SGB IX). Diese Aufgaben und Befugnisse können durch die jeweilige Landesregierung auf örtliche Fürsorgestellen übertragen werden (§ 190 Abs 2 SGB IX). Von dieser Ermächtigung haben die Länder Bln, Hess, NRW, NdS und SchlHol Gebrauch gemacht.

3 Gegen von dem Integrationsamt bzw der örtlichen Fürsorgestelle erlassene oder rechtswidrig nicht erlassene Verwaltungsakte kann nach den Vorschriften der VwGO **Widerspruch** eingelegt werden, über den der bei jedem Integrationsamt zu bildende **Widerspruchsausschuss** entscheidet (§§ 201, 202 SGB IX). Der Widerspruchsausschuss besteht aus sieben Mitgliedern, und zwar aus zwei schwerbehinderten ArbN, zwei ArbGeb, einem Vertreter des Integrationsamts, einem Vertreter der Landesagentur für Arbeit und einem Vertrauensmann der Schwerbehinderten. **Klage** gegen den vom Widerspruchsausschuss erlassenen Widerspruchsbescheid ist vor dem **Verwaltungsgericht** zu erheben.

4 Die **Bundesagentur für Arbeit** ist insbes zuständig für die Arbeitsberatung, Arbeitsvermittlung und besondere Förderung Schwerbehinderter, die Gleichstellung, deren Widerruf und Rücknahme sowie die Überwachung der Erfüllung der Beschäftigungspflicht (§ 187 SGB IX). Auch bei der BA werden Widerspruchsausschüsse eingerichtet, die über deren Verwaltungsakte entscheiden. Klage gegen die Bescheide der Widerspruchsausschüsse ist beim SG zu erheben.

5 **III. Geschützter Personenkreis. 1. Schwerbehinderte Menschen. a) Begriff.** Schwerbehindert sind Menschen mit einem **Grad der Behinderung von wenigstens 50,** sofern sie ihren Wohnsitz, ihren gewöhnlichen Aufenthalt oder ihren Arbeitsplatz recht-

mäßig in Deutschland haben (§ 2 Abs 2 SGB IX). Gem § 2 Abs 1 SGB IX nF gelten Menschen als behindert, wenn sie körperliche, seelische, geistige oder Sinnesbeeinträchtigungen haben, die sie in Wechselwirkung mit einstellungs- und umweltbedingten Barrieren an der gleichberechtigten Teilhabe an der Gesellschaft mit hoher Wahrscheinlichkeit länger als sechs Monate hindern können. Anders als nach der Vorgängerregelung fallen geringfügige, aber für die Teilhabe irrelevante Funktionsbeeinträchtigungen nicht mehr unter den Begriff der Behinderung. Eine behördliche Feststellung erfolgt erst ab einem Grad der Behinderung von mindestens 20 (§ 152 Abs 1 S 6 SGB IX).

**b) Verfahren.** Entscheidend für das Vorliegen der Schwerbehinderteneigenschaft ist 6 allein das objektive Vorliegen eines GdB von wenigstens 50 sowie der sonstigen Voraussetzungen des § 2 SGB IX. Auf eine behördliche Anerkennung kommt es dagegen nicht an; allerdings ist der ArbN, wenn er sich auf die Schwerbehinderteneigenschaft beruft, hierfür darlegungs- und beweispflichtig. Deshalb stellen **auf Antrag** des Behinderten die für die Durchführung des Bundesversorgungsgesetzes zuständigen Behörden **(Versorgungsämter)** das Vorliegen einer Behinderung und den GdB fest. Auf Antrag des Behinderten wird diesem ein **Ausweis** über die Eigenschaft als Schwerbehinderter und den GdB ausgestellt. Dieser Ausweis dient dem Nachweis für die Inanspruchnahme von Rechten und Nachteilsausgleichen, die Schwerbehinderten nach dem SGB IX oder nach anderen Vorschriften zustehen. Der Schwerbehindertenausweis wird grds nur befristet ausgestellt (§ 152 Abs 1, 5 SGB IX). Das Verfahren ist mW zum 1.5.04 beschleunigt worden. Gem § 152 Abs 1 S 2 SGB IX hat die Feststellung je nachdem, ob ein Gutachten vorliegt oder nicht, zwischen drei und sieben Wochen nach Antragseingang zu erfolgen.

**Zuständig** ist das Versorgungsamt, in dessen Bezirk der Behinderte im Zeitpunkt der 7 Antragstellung seinen Wohnsitz oder gewöhnlichen Aufenthalt hat. Antragsberechtigt ist nur der ArbN, wobei Vertretung möglich ist, nicht aber der ArbGeb (BVerwG 21.10.87, NZA 88, 431). Das Versorgungsamt hat nach pflichtgemäßem Ermessen zu entscheiden. Der **Rechtsschutz** gegen Bescheide des Versorgungsamtes richtet sich nach dem SGG. Bei Ablehnung des Antrages des Behinderten kann dieser innerhalb eines Monats nach Bekanntgabe Widerspruch einlegen. Gegen den Widerspruchsbescheid ist innerhalb eines Monats Klage beim SG zu erheben.

**Keine Feststellung der Behinderung** nach § 152 Abs 1 SGB IX ist im Interesse des 8 Behinderten, dem wiederholte Untersuchungen erspart bleiben sollen, zu treffen, wenn eine Feststellung über das Vorliegen einer Behinderung und den Grad einer auf ihr beruhenden Minderung der Erwerbsfähigkeit schon in einem Rentenbescheid, einer entsprechenden Verwaltungs- oder Gerichtsentscheidung oder einer vorläufigen Bescheinigung der für diese Entscheidungen zuständigen Dienststellen getroffen worden ist (§ 152 Abs 2 SGB IX).

**2. Gleichgestellte behinderte Menschen. a) Begriff.** Behinderte Menschen mit ei- 9 nem GdB von weniger als 50, aber mindestens 30, bei denen im Übrigen die Voraussetzungen des § 2 Abs 2 SGB IX vorliegen, sollen auf ihren Antrag von der Agentur für Arbeit Schwerbehinderten gleichgestellt werden, wenn sie infolge ihrer Behinderung ohne die Gleichstellung einen geeigneten Arbeitsplatz nicht erlangen oder nicht behalten können (§ 2 Abs 3 SGB IX). Dem Gleichgestellten kommt dann der volle Schutz des SGB IX zugute mit Ausnahme der Vorschriften über den Zusatzurlaub und die unentgeltliche Beförderung Schwerbehinderter im öffentlichen Personenverkehr. Der Schutz geht allerdings auch nicht weiter als der schwerbehinderter Menschen. Insofern gilt auch die Ausnahme vom Sonderkündigungsschutz gem § 173 Abs 3 SGB IX (BAG 1.3.07 – 2 AZR 217/06, DB 07, 1702).

**Voraussetzung für die Gleichstellung** ist die Schutzbedürftigkeit des Antragstellers, 10 was sich nach den Umständen des Einzelfalles richtet (*Schaub/Koch* § 178 Rz 22). Entscheidend ist, ob sich der ArbN infolge seiner Behinderung nicht gegen Gesunde im Wettbewerb um einen Arbeitsplatz behaupten kann (OVG Münster 4.2.58, FHArbSozR 6 Nr 2133). Auszuscheiden hat eine Gleichstellung, wenn eine konkrete Gefährdung des Arbeitsplatzes überhaupt nicht droht, weil eine Kündigung derzeit nicht in Betracht kommt (Auszubildende, Beamte auf Lebenszeit, unkündbare Angestellte im öffentlichen Dienst; *Schaub/Koch* § 178 Rz 23). Die Entscheidung über die Gleichstellung liegt im Ermessen der

Behörde; die gerichtliche Überprüfung beschränkt sich auf eine Kontrolle der Einhaltung der Ermessensgrenzen durch die Agentur für Arbeit.

11 **b) Verfahren.** Hinsichtlich des Verfahrens zur Gleichstellung ist zu unterscheiden. Voraussetzung für die Gleichstellung ist zunächst die **Feststellung der Behinderung** und des GdB durch das Versorgungsamt gem § 152 SGB IX. Ein Ausweis gem § 152 Abs 5 SGB IX wird für das Gleichstellungsverfahren nicht ausgestellt; im Übrigen gilt für das Verfahren insofern das Gleiche wie für die Feststellung einer Schwerbehinderung.

12 Für die eigentliche **Gleichstellung** ist die Agentur für Arbeit zuständig, in dessen Bezirk der Behinderte seinen Wohnsitz, Aufenthalt oder Arbeitsplatz hat. Antragsberechtigt ist nur der Behinderte, nicht aber der ArbGeb (BVerwG 21.10.87, NZA 88, 431). Lehnt die Agentur für Arbeit die Gleichstellung ab, so kann der Behinderte hiergegen Widerspruch einlegen, über den der Widerspruchsausschuss bei der BA entscheidet (§ 203 SGB IX). Gegen den Widerspruchsbescheid ist Klage beim SG zu erheben. Streitig ist, ob in dem Fall, dass dem Gleichstellungsantrag stattgegeben wird, dem ArbGeb ein eigenes Widerspruchs- und Klagerecht zusteht. Dies ist zu verneinen. Ein Widerspruchs- und Klagerecht des ArbGeb würde das Persönlichkeitsrecht des Behinderten dadurch verletzen, dass die vom Gericht vAw zu ermittelnden gesundheitlichen Verhältnisse dem ArbGeb als Verfahrensbeteiligten bekannt gegeben werden müssten (BSG 22.10.86, NJW 87, 2462).

13 **3. Erlöschen des Schwerbehindertenschutzes.** Gem § 199 Abs 1 SGB IX **erlischt** der Schwerbehindertenschutz, wenn die Voraussetzungen des § 2 Abs 2 SGB IX wegfallen. Vermindert sich nur der GdB auf weniger als 50, so erlischt der Schwerbehindertenschutz erst am Ende des dritten Kalendermonats nach Eintritt der Unanfechtbarkeit des die Verringerung feststellenden Bescheides.

14 Einem Schwerbehinderten, der einen zumutbaren Arbeitsplatz ohne berechtigten Grund zurückweist oder aufgibt oder sich ohne berechtigten Grund weigert, an einer berufsfördernden Maßnahme zur Reha teilzunehmen, oder sonst durch sein Verhalten seine Eingliederung in Arbeit und Beruf schuldhaft vereitelt, kann das Integrationsamt im Benehmen mit der BA den Schwerbehindertenschutz für einen Zeitraum von bis zu sechs Monaten **entziehen** (§ 200 SGB IX). Der Schwerbehinderte verliert in dieser Zeit alle Rechte und Vorteile des SGB IX für Behinderte, behält jedoch seine Schwerbehinderteneigenschaft und ist für die Pflichtzahl der mit Schwerbehinderten zu besetzenden Arbeitsplätze zu berücksichtigen.

15 **Bei Gleichgestellten** erlischt gem § 199 Abs 2 SGB IX der Schutz des Gesetzes mit dem Widerruf oder der Rücknahme der Gleichstellung. Der Widerruf ist zulässig, wenn die Voraussetzungen der Gleichstellung weggefallen sind; er wird erst am Ende des dritten Kalendermonats nach Eintritt seiner Unanfechtbarkeit wirksam (§ 199 Abs 2 S 3 SGB IX). Die Rücknahme einer zu Unrecht erfolgten Gleichstellung richtet sich nach § 45 SGB X. Die Möglichkeit der Rücknahme ist danach in erster Linie davon abhängig, ob ein schutzwürdiges Vertrauen des Begünstigten vorliegt. Daran fehlt es zB, wenn der Begünstigte die Gleichstellung bewusst durch falsche Angaben oder Bestechung herbeigeführt hat. Das Erlöschen des Schwerbehindertenschutzes tritt dann mit sofortiger Wirkung ein.

16 **IV. Schwerbehindertenvertretung.** In Betrieben und Dienststellen, in denen wenigstens fünf Schwerbehinderte nicht nur vorübergehend beschäftigt sind, werden ein Vertrauensmann und wenigstens ein Stellvertreter gewählt (§ 177 Abs 1 S 1 SGB IX). Einzelheiten → *Schwerbehindertenvertretung* Rn 1 ff.

17 **V. Einstellung von Schwerbehinderten. 1. Beschäftigungspflicht und Ausgleichsabgabe. a) Umfang der Beschäftigungspflicht.** Die in § 154 SGB IX den ArbGeb auferlegte Pflicht zur Beschäftigung schwerbehinderter ArbN stellt das maßgebliche Instrumentarium des SGB IX zur Sicherung der Eingliederung von Schwerbehinderten in Arbeit und Beruf dar. Gem § 154 Abs 1 SGB IX haben private und öffentliche ArbGeb, welche über mindestens 20 Arbeitsplätze verfügen, auf **wenigstens 5 %** dieser Arbeitsplätze Schwerbehinderte zu beschäftigen. Beschäftigungspflichtiger ArbGeb iSd SGB IX ist nicht der Betrieb, sondern das jeweilige Unternehmen (*Neumann/Pahlen/Majerski-Pahlen* § 71 Rn 13). Deshalb sind auch im Gemeinschaftsbetrieb die beteiligten Unternehmen getrennt daraufhin zu überprüfen, ob die Beschäftigungspflicht von Schwerbehinderten erfüllt ist. Bei der ArbNÜberlassung trifft die Pflicht den Verleiher als VertragsArbGeb (BVerwG 13.12.01

– 5 C 26/01, NZA 02, 385). Soweit ArbGeb die vorgeschriebene Zahl Schwerbehinderter nicht beschäftigen, haben sie für jeden unbesetzten Pflichtplatz monatlich eine **Ausgleichsabgabe** zu entrichten, die seit Anfang 2016 nach § 160 SGB IX zwischen € 125 und € 320 pro Monat beträgt (→ Rn 21). Die Beschäftigungspflicht stellt eine zulässige Regelung der Berufsausübung iSd Art 12 Abs 1 GG dar (BVerfG 26.5.81, DB 81, 1287). In der Ausgleichsabgabe kann keine verdeckte Steuer gesehen werden, weil durch die Möglichkeit der Anpassung des Pflichtsatzes gem § 162 Nr 1 SGB IX und die Regelung des § 160 Abs 5 SGB IX die Zweckbindung von Beschäftigungspflicht und Ausgleichsabgabe hinreichend gesichert ist.

Die Beschäftigungspflicht gilt auch gegenüber **ausländischen Unternehmen,** soweit sie ihre Tätigkeit in der Bundesrepublik Deutschland entfalten, nicht dagegen für deutsche Unternehmen im Ausland (BAG 20.5.58, AP Nr 17 zu Art 44 Truppenvertrag). Die Beschäftigungspflicht stellt eine öffentliche Pflicht des ArbGeb dar; sie gibt einem Schwerbehinderten **kein subjektes Recht auf Einstellung** gegenüber einem bestimmten ArbGeb (BAG 5.10.95, DB 96, 580). Soweit ein ArbGeb vorsätzlich oder fahrlässig Schwerbehinderte nicht nach dem festgesetzten Pflichtsatz beschäftigt, begeht er eine Ordnungswidrigkeit, die von der BA mit einer Geldbuße geahndet werden kann (§ 238 Abs 1 Nr 1 SGB IX). 18

Im Rahmen der Erfüllung der Beschäftigungspflicht sind vom ArbGeb in § 155 SGB IX näher umschriebene **Schwerstbehinderte** in angemessenem Umfang zu beschäftigen. Das Gesetz hat diese Verpflichtung nicht näher konkretisiert und einen Verstoß gegen die Verpflichtung auch nicht mit einem Bußgeld bedroht. Ein Anreiz zur Beschäftigung Schwerstbehinderter wird vielmehr dadurch gegeben, dass die Agentur für Arbeit eine Anrechnung einer dieser Personen auf mehr als einen Pflichtplatz zulassen kann (§ 159 SGB IX). 19

**b) Pflichtzahlberechnung.** Die Pflichtzahl hängt von der **Zahl der Arbeitsplätze** iSd §§ 156, 157 SGB IX ab. Gem § 156 Abs 1 SGB IX gelten grds als Arbeitsplätze alle Stellen, auf denen Arbeiter, Angestellte, Beamte, Richter sowie Auszubildende und zu ihrer beruflichen Bildung Eingestellte beschäftigt werden. Ausgenommen von der Pflichtzahlberechnung sind die in § 156 Abs 2, 3 SGB IX ausdrücklich aufgeführten besonderen Beschäftigungsverhältnisse. **Auszubildende** iSd § 1 Abs 2 BBiG (Einzelheiten → *Ausbildungsverhältnis* Rn 1 ff) besetzen zwar grds einen Arbeitsplatz iSd § 156 Abs 1 SGB IX. Um aber die Ausbildung Schwerbehinderter zu fördern, hat der Gesetzgeber Stellen, auf denen Auszubildende beschäftigt werden, von der Berechnung der Mindestzahl von Arbeitsplätzen und der Zahl der Pflichtplätze nach § 5 SchwbG ausgenommen (§ 157 SGB IX). Bei der Ermittlung der Pflichtzahl ist die sich nach §§ 156, 157 SGB IX ergebende Zahl der zu berücksichtigenden Arbeitsplätze mit sechs zu multiplizieren und anschließend durch 100 zu teilen, um die Zahl der zu beschäftigenden Schwerbehinderten festzustellen. Die **Anrechnung** auf die so ermittelten Pflichtplätze ist in §§ 158, 159 SGB IX geregelt, wobei § 159 die Möglichkeit der Mehrfachanrechnung vorsieht. Gem § 158 Abs 3 SGB IX wird auch ein schwerbehinderter **Arbeitgeber** auf einen Pflichtplatz angerechnet. Diese Vorschrift soll nur für ArbGeb als natürliche Personen gelten, nicht dagegen für Organe oder Organmitglieder einer juristischen Person (BVerwG 26.9.02 – 5 C 53/01, NZA 03, 1094; BVerwG 24.2.94, NZA 95, 428; 25.7.97, NZA 97, 1166; OVG Lüneburg 22.2.89, NZA 89, 722; Hess VGH 19.9.96, DB 97, 335); eine Unterscheidung, die im Hinblick auf die Vereinbarkeit mit Art 3 Abs 1 GG bedenklich ist, aber vom BVerwG ausdrücklich gebilligt wird (BVerwG 24.2.94, NZA 95, 428; 25.7.97, NZA 97, 1166; 8.3.99 – 5 C 5/98, NZA 99, 826). 20

**c) Ausgleichsabgabe.** Die Höhe der Ausgleichsabgabe hängt zunächst von der tatsächlichen Beschäftigungsquote ab. Bei einer jahresdurchschnittlichen Quote von wenigstens 3% beträgt die Ausgleichsabgabe € 125 pro Monat. Bei einer Quote von 2% erhöht sich die Abgabe auf € 220 und bei einer Quote von weniger als 2% auf € 320. Für kleinere Unternehmen mit weniger als 40 bzw 60 zu berücksichtigenden Arbeitsplätzen sieht das Gesetz Abmilderungen vor (§ 160 Abs 2 S 2 SGB IX). Gem § 160 Abs 3 SGB IX ist die Höhe der Ausgleichsabgabe zudem dynamisch an die Entwicklung der Bezugsgröße gem § 18 Abs 1 SGB IV gekoppelt. Die Pflicht zur Entrichtung der Ausgleichsabgabe besteht auch dann, wenn sich überhaupt keine Schwerbehinderten beim ArbGeb beworben haben oder eine für Schwerbehinderte geeignete Tätigkeit nicht vorhanden ist. Eine Möglichkeit 21 zur Befreiung von der Pflicht zur Zahlung der Ausgleichsabgabe sieht das SchwbG nicht vor. Den Gesamtbetrag der geschuldeten Ausgleichsabgabe hat der ArbGeb selbst zu errechnen und jährlich an das für seinen Sitz zuständige Integrationsamt **abzuführen** (§ 160 Abs 4 SGB IX). Die Ausgleichsabgabe darf nur für Zwecke der Arbeits- und Berufsförderung Schwerbehinderter sowie für Leistungen zur begleitenden Hilfe im Arbeits- und Berufsleben verwendet werden. 45 % des Aufkommens an Ausgleichsabgabe haben die Integrationsämter an den „Ausgleichsfonds für überregionale Maßnahmen zur Eingliederung Schwerbehinderter in Arbeit, Beruf und Gesellschaft" weiterzuleiten.

22 **2. Besetzung freier Arbeitsplätze mit Schwerbehinderten.** Gem § 164 Abs 1 SGB IX ist der ArbGeb verpflichtet, zu **prüfen,** ob freie Arbeitsplätze mit Schwerbehinderten, insbes mit bei der Agentur für Arbeit gemeldeten Schwerbehinderten, besetzt werden können. Bewerbungen von Schwerbehinderten sind mit der Schwerbehindertenvertretung zu erörtern und mit ihrer Stellungnahme dem Betriebs- oder Personalrat mitzuteilen. Über diese Prüfungs- und Erörterungspflicht hinaus, ergibt sich aus § 164 Abs 1 SGB IX kein **Anspruch auf Einstellung** für einen bestimmten Schwerbehinderten; der ArbGeb bleibt in der Entscheidung, mit welchem Bewerber er den Arbeitsplatz besetzen will, frei (BAG 14.11.89, DB 90, 636; 5.10.96, DB 96, 580). Stellt der ArbGeb aber einen Bewerber ein, ohne zuvor geprüft zu haben, ob der Arbeitsplatz mit einem Schwerbehinderten besetzt werden könnte, so kann der BRat gem § 99 Abs 2 Nr 1 BetrVG hierzu seine Zustimmung verweigern (BAG 23.6.10 – 7 ABR 3/09, NZA 10, 1361). Verweigert der BRat die Zustimmung zu einer Einstellung eines Schwerbehinderten grundlos, ist der ArbGeb verpflichtet, das gerichtliche Zustimmungsersetzungsverfahren durchzuführen (BAG 3.12.02 – 9 AZR 481/01, NZA 03, 1215).

23 Die Entscheidungsfreiheit des ArbGeb ist durch ein ausdrückliches **gesetzliches Benachteiligungsverbot** Schwerbehinderter gem § 164 Abs 2 SGB IX erheblich eingeschränkt. § 164 Abs 2 SGB IX ist weitgehend dem geschlechtsbezogenen Benachteiligungsverbot des früheren § 611a BGB nachgebildet. Während § 611a BGB durch das im Jahre 2006 in Kraft getretene AGG aufgehoben wurde, besteht das Benachteiligungsverbot des SGB IX fort. Zusätzlich sieht allerdings auch das AGG selbst ein Benachteiligungsverbot wegen Behinderung vor, das allerdings jede Form der Behinderung (→ Rn 5) und nicht nur die Schwerbehinderung erfasst. Wegen der Einzelheiten des Benachteiligungsverbotes, insbes Umfang und Geltendmachung von Entschädigungsansprüchen verweist § 164 Abs 2 S 2 SGB IX ausdrücklich auf die Regelungen des AGG. Steht fest, dass der ArbGeb die Schwerbehindertenvertretung entgegen § 164 Abs 1 S 4 SGB IX nicht über die eingegangene Bewerbung eines bestimmten Schwerbehinderten unterrichtet hat, so ist dessen Benachteiligung wegen der Schwerbehinderung zu vermuten (BAG 15.2.05 – 9 AZR 635/03, NZA 05, 870). Dasselbe gilt, wenn der ArbGeb einem schwerbehinderten ArbN gegenüber entgegen § 164 Abs 1 S 9 SGB IX keine Gründe für die Ablehnung der Bewerbung mitgeteilt hat (LAG Hess 7.11.05 – 7 Sa 473/05, NZA-RR 06, 312). Für den öffentlichen ArbGeb gilt: Bereits die unterbliebene Einladung zum Vorstellungsgespräch ist Indiz für eine Benachteiligung (§ 165 S 3 SGB IX iVm § 22 AGG); dies wird nur bei offensichtlichem Fehlen der fachlichen Eignung gem § 165 S 4 SGB IX verneint (BAG 21.7.09 – 9 AZR 431/08, NZA 09, 1087; LAG SchlHol 9.9.15 – 3 Sa 36/15, BeckRS 2015, 73427). Eine Berufung auf derartige Verfahrensmängel ist allerdings nur dann möglich, wenn der ArbGeb deutlich auf die Schwerbehinderteneigenschaft des Bewerbers hingewiesen wurde (BAG 26.9.13 – 8 AZR 650/12, NZA 14, 258), und zwar bei jeder einzelnen von mehreren Bewerbungen erneut (BAG 18.9.14 – 8 AZR 759/13, BeckRS 2014, 73585).

24 Zusätzlich muss der ArbGeb bei Verstoß gegen seine Erörterungspflicht mit der Schwerbehindertenvertretung gem § 238 Abs 1 Nr 7 SGB IX mit der Verhängung eines **Bußgeldes** rechnen. Existiert allerdings – etwa infolge einer Personalreduzierung – kein freier Arbeitsplatz, ist der ArbGeb grds weder verpflichtet, für den Schwerbehinderten einen anderen Arbeitsplatz frei zu kündigen, noch einen neuen Arbeitsplatz zu schaffen (BAG 28.4.98 – 9 AZR 348/97, NZA 99, 152).

25 **3. Fragerecht des Arbeitgebers.** Bei der Anbahnung des Arbeitsverhältnisses war nach der früheren Rspr des BAG die Frage nach der Schwerbehinderteneigenschaft oder einer Gleichstellung sowie der prozentualen Höhe der Behinderung generell zulässig (BAG

7.6.84, DB 84, 2706; 1.8.85, DB 86, 2238; 5.10.95, DB 96, 580). Im Hinblick auf das verfassungsrechtlich verankerte **Verbot der Benachteiligung wegen einer Behinderung** (Art 3 Abs 3 S 2 GG) und im Hinblick auf § 164 Abs 2 Nr 1 SGB IX erschien dies schon vor Inkrafttreten des AGG bedenklich (ArbG Siegburg 22.3.94, NZA 95, 943; *Rolfs/Paschke* BB 02, 1260; *Schaub* NZA 03, 299; *Messingschlager* NZA 03, 301). Das BAG begründete die generelle Zulässigkeit der Frage nach einer anerkannten Schwerbehinderteneigenschaft mit den daran anknüpfenden gesetzlichen Pflichten des ArbGeb. Zudem passe ein durch ein „Recht zur Lüge" vermittelter „zweiter Weg" zur Einstellung nicht in das gesetzliche System zum Schutze Schwerbehinderter, insbes weil hiervon nur solche Schwerbehinderte profitieren könnten, deren gesundheitliche Defizite nicht äußerlich erkennbar sind (BAG 5.10.95, DB 96, 580). Diese Differenzierung dürfte unter Geltung des AGG nicht mehr haltbar sein (*Leuchten* NZA 02, 1257; *Düwell* BB 06, 1741). Die Frage nach der Behinderung kann **vor Begründung des Arbeitsverhältnisses** nur in zwei Ausnahmefällen erlaubt sein: zum einen dann, wenn sie ausnahmsweise eine wesentliche und entscheidende Voraussetzung für die Tätigkeit ist (*Wisskirchen* DB 06, 1491); zum anderen dann, wenn Ziel der Frage die Förderung der Beschäftigung Behinderter ist („Bewerbungen behinderter Menschen sind erwünscht"). Im zweitgenannten Fall scheidet freilich wegen Verstoß gegen § 242 BGB eine Anfechtung aus, wenn der ArbGeb unerkannt einen Behinderten eingestellt hat (*Düwell* BB 06, 1741). Ist ein Bewerber nicht in der Lage, die vorgesehene Arbeit zu leisten, trifft ihn nach wie vor eine Pflicht, seine Behinderung von sich aus zu offenbaren (→ *Auskunftspflichten Arbeitnehmer* Rn 10). Jedenfalls mittelbar hat das BAG inzwischen die grds Unzulässigkeit der Frage nach einer Behinderung vor Begründung eines Arbeitsverhältnisses anerkannt, indem es die Frage an einen Bewerber nach einer Erkrankung an „Morbus Bechterew" als Indiz für eine Diskriminierung iSd § 22 AGG wertete (BAG 17.12.09 – 8 AZR 670/08, NZA 10, 383; *Bayreuther* NZA 10, 679). Anders ist es dagegen **im bestehenden Arbeitsverhältnis.** Hier ist der ArbGeb zur ordnungsgemäßen Durchführung des Arbeitsverhältnisses im Hinblick auf die besonderen gesetzlichen Pflichten gegenüber schwerbehinderten ArbN auf die Kenntnis der Schwerbehinderteneigenschaft angewiesen, so dass aus der Frage nach der Schwerbehinderung kein Indiz für eine Diskriminierungsabsicht abgeleitet werden kann. Dementsprechend hat das BAG die Frage nach der Schwerbehinderung jedenfalls nach Ablauf von sechs Monaten für zulässig erachtet (BAG 16.2.12 – 6 AZR 553/10, NZA 12, 555).

**VI. Sonstige Pflichten des Arbeitgebers. 1. Anzeige- und Mitwirkungspflichten.** 26
Jeder ArbGeb hat, gesondert für jeden Betrieb und jede Dienststelle, ein **Verzeichnis** der bei ihm beschäftigten Schwerbehinderten, Gleichgestellten und sonstigen anrechnungsfähigen Personen laufend zu führen und den Vertretern der Agentur für Arbeit und des Integrationsamtes, die für den Sitz des Betriebes oder der Dienststelle zuständig sind, auf Verlangen vorzuzeigen (§ 163 Abs 1 SGB IX). Einmal pro Jahr sind der Agentur für Arbeit unter Beifügung einer Durchschrift für die Hauptfürsorgestelle die Zahl der zu berücksichtigenden und nicht zu berücksichtigenden Arbeitsplätze, die Zahl der Schwerbehinderten und sonstigen anrechnungsfähigen Personen, die Mehrfachanrechnungen und der Gesamtbetrag der geschuldeten Ausgleichsabgabe **anzuzeigen.** Die Anzeige hat für das vorangegangene Kj bis spätestens zum 31.3. des Folgejahres zu erfolgen (§ 163 Abs 2 SGB IX). Eine Abschrift der Anzeige und des Verzeichnisses nach Abs 1 der Vorschrift ist dem Betriebs- bzw Personalrat, der Schwerbehindertenvertretung und dem Schwerbehindertenbeauftragten des ArbGeb auszuhändigen.

Darüber hinaus obliegen den ArbGeb **allgemeine Mitwirkungspflichten,** um die 27
Erfüllung der gesetzlichen Verpflichtungen sicherzustellen. So haben die ArbGeb der BA und dem Integrationsamt alle Auskünfte zu erteilen, die zur Durchführung des Gesetzes notwendig sind, den Vertretern der BA und des Integrationsamtes Einblick in den Betrieb zu gewähren und den Vertrauensmann der Schwerbehinderten unmittelbar nach der Wahl zu benennen (§ 163 Abs 4–8 SGB IX).

**2. Angemessene Beschäftigung.** Schwerbehinderte sind so zu beschäftigen, dass diese 28
ihre **Fähigkeiten und Kenntnisse** möglichst voll verwerten und weiter entwickeln können (§ 164 Abs 4 Nr 1 SGB IX). Dieser Anspruch kann vom Schwerbehinderten im Klagewege durchgesetzt werden (BAG 28.5.75, DB 75, 2330). Dies bedeutet nicht, dass der Schwerbe-

hinderte verlangen könnte, nur nach seinen Neigungen beschäftigt zu werden (BAG 23.1.64, DB 64, 482). Der ArbGeb hat lediglich darauf zu achten, dass dem Schwerbehinderten eine Aufgabe zugewiesen wird, die ihn weder über- noch unterfordert. Weiter ist er gem § 164 Abs 4 Nr 2, 3 SGB IX ausdrücklich dazu verpflichtet, die Einsatzfähigkeit des Schwerbehinderten dadurch zu unterstützen, dass dieser bevorzugt zu innerbetrieblichen Maßnahmen der beruflichen Bildung zur Förderung des beruflichen Fortkommens herangezogen wird und die Teilnahme an außerbetrieblichen Bildungsmaßnahmen zu ermöglichen ist. Schließlich hat der ArbGeb gem § 164 Abs 5 SGB IX die Einrichtung von Teilzeitarbeitsplätzen zu fördern.

29 Nimmt die **Leistungsfähigkeit** des Schwerbehinderten ab, so hat der ArbGeb dem Schwerbehinderten einen Arbeitsplatz zuzuweisen, auf dem er seine eingeschränkte Arbeitskraft durch entsprechende Tätigkeit noch einsetzen kann (BAG 10.7.91, DB 91, 2489). Diese Pflicht ist ggf auch durch Umorganisation zu erfüllen, die sogar zur Schaffung eines behindertengerechten Arbeitsplatzes führen kann (LAG SchlHol 8.6.05 – 3 Sa 30/05, NZA-RR 05, 510; aA LAG SchlHol 7.6.05 – 5 Sa 68/05, NZA-RR 05, 514). Die Kündigung eines behinderten ArbN wegen fehlender Einsatzmöglichkeiten ist nur wirksam, wenn der ArbGeb nicht im Stande ist, das in Folge der Behinderung vorliegende Beschäftigungshindernis durch angemessene Vorkehrungen zu beseitigen. Das gilt auch für Behinderte, auf die § 164 SGB IX keine Anwendung findet, da sie eine GdB von weniger als 50 aufweisen. Dies soll sich aus einer unionsrechtskonformen Auslegung des § 241 Abs 2 BGB ergeben (BAG 19.12.13 – 6 AZR 190/12, NZA 14, 372). Im Prozess muss der ArbN zunächst nur eine seinen (eingeschränkten) Fähigkeiten entsprechende Stelle aufzeigen. Der ArbGeb muss dann substantiiert darlegen, dass eine solche Stelle nicht besteht bzw eine Zuweisung dieser Stelle unzumutbar ist (BAG 10.5.05 – 9 AZR 230/04, NZA 06, 155). Insbes besteht nach § 164 Abs 5 SGB IX ein Anspruch auf Teilzeitarbeit, wenn die kürzere Arbeitszeit wegen Art oder Schwere der Behinderung notwendig ist. Der ArbGeb kann diesen Anspruch nur bei Unzumutbarkeit oder Unverhältnismäßigkeit zurückweisen. Darüber hinaus sieht § 167 SGB IX ein sog **Präventionsverfahren** vor. Bei „Schwierigkeiten" im Arbeitsverhältnis ist eine Erörterungspflicht mit Schwerbehindertenvertretung, BRat und Integrationsamt vorgesehen (§ 167 Abs 1 SGB IX) . Im Einzelnen → Rn 47. Und wenn ein ArbN länger als sechs Wochen im Jahr arbeitsunfähig ist, soll der ArbGeb mit BRat und Schwerbehindertenvertretung klären, wie die Arbeitsfähigkeit wieder hergestellt werden und eine neue AU verhindert werden kann (§ 167 Abs 2 SGB IX; → *Betriebliches Eingliederungsmanagement* Rn 1 ff). Die vorherige (erfolglose) Durchführung eines solchen Präventionsverfahrens ist keine formelle Wirksamkeitsvoraussetzung für den Ausspruch einer krankheitsbedingten Kündigung. Es handelt sich um eine Konkretisierung des das gesamte Kündigungsschutzrecht prägenden Verhältnismäßigkeitsgrundsatzes. Deshalb steht das Unterbleiben eines formellen Präventionsverfahrens der Wirksamkeit einer Kündigung dann nicht entgegen, wenn die Kündigung durch ein solches Verfahren nicht hätte verhindert werden können (BAG 7.12.06 – 2 AZR 182/06, NZA 07, 617; BAG 17.4.19 – 7 AZR 292/17, NZA 19, 1355). Kann ein Schwerbehinderter aus gesundheitlichen Gründen seine arbeitsvertraglich geschuldete Leistung überhaupt nicht mehr erbringen, so lässt sich aus dem Schwerbehindertenrecht kein Anspruch auf Fortzahlung der Arbeitsvergütung herleiten (BAG 23.1.01 – 9 AZR 287/99, NZA 01, 1020; 10.7.91, DB 91, 2489). Auch bei Verletzung seiner Pflichten aus § 164 Abs 4, 5 SGB IX entsteht kein verschuldensunabhängiger Anspruch auf Annahmeverzugslohn gem § 615 BGB; der ArbN kann aber bei schuldhafter Verletzung der Pflichten gem § 164 Abs 4, 5 SGB IX die entgangene Vergütung als Schadenersatz verlangen (BAG 4.10.05 – 9 AZR 632/04, NZA 06, 442). S auch *Beck* NZA 17, 81 mit einem Überblick über die BAG-Rspr.

30 **3. Gestaltung des Arbeitsplatzes.** Im Rahmen des Zumutbaren ist der ArbGeb verpflichtet, die **Arbeitsräume, Betriebsvorrichtungen, Maschinen und Gerätschaften** so einzurichten und zu unterhalten, dass wenigstens die vorgeschriebene Zahl Schwerbehinderter in seinen Betrieben dauernde Beschäftigung finden kann. Die Arbeitsplätze sind mit den erforderlichen technischen Arbeitshilfen auszustatten (§ 164 Abs 4 Nr 4, 5 SGB IX). In der ab 1.10.2000 geltenden Neufassung ist ausdrücklich klargestellt, dass es sich hierbei nicht um eine öffentlich-rechtliche Obliegenheit des ArbGeb handelt, sondern dass § 164 Abs 4

SGB IX dem einzelnen ArbN einen konkreten Anspruch gegen seinen ArbGeb gibt, welcher nur entfällt, wenn die Erfüllung unzumutbar oder mit unverhältnismäßigen Aufwendungen verbunden wäre.

**4. Entgelt.** Grds gelten für den Entgeltanspruch des Schwerbehinderten keine Besonderheiten. Zulässig ist es deshalb auch, wenn einzel- oder kollektivvertraglich vereinbart wird, dass wegen einer eventuell geminderten Leistungsfähigkeit eine **geringere Entlohnung** erfolgen soll (*Neumann/Pahlen/Majerski-Pahlen* § 123 Rz 7). Eine Besonderheit gilt insofern, als bei der Bemessung des Arbeitsentgeltes aus einem bestehenden Beschäftigungsverhältnis **Renten und vergleichbare Leistungen,** die wegen der Behinderung bezogen werden, nicht berücksichtigt werden dürfen. Insbes ist es unzulässig, sie ganz oder teilweise auf das Arbeitsentgelt anzurechnen (§ 206 Abs 1 SGB IX). Zweck der Regelung ist es sicherzustellen, dass die dem Schwerbehinderten zum Ausgleich seiner Leiden gewährten Sozialleistungen in vollem Umfang erhalten bleiben. § 206 Abs 1 SGB IX ist unabdingbar (BAG 21.8.84, DB 85, 815). Untersagt ist die Berücksichtigung aller Renten und vergleichbaren Leistungen, die wegen der Behinderung bezogen werden. Dies sind Renten nach dem BVG, Unfallrenten und Renten wegen Berufs- oder Erwerbsunfähigkeit. Hinterbliebenen- und Altersrenten fallen mit Ausnahme des vorgezogenen Altersruhegeldes für Schwerbehinderte nicht unter das Anrechnungsverbot. Da das Anrechnungsverbot nur für Arbeitsentgelte „aus einem bestehenden Beschäftigungsverhältnis" gilt, werden zB Übergangsgelder oder Betriebsrenten nicht von der Vorschrift erfasst (BAG 16.11.82, DB 83, 1316; 21.8.84, DB 85, 815). 31

**5. Zusatzurlaub.** Schwerbehinderte haben Anspruch auf einen bezahlten zusätzlichen Urlaub von **fünf Arbeitstagen** im Urlaubsjahr gem § 208 SGB IX. Der Zusatzurlaub stellt eine Verlängerung des Grundurlaubs dar, so dass im Zweifel die Bestimmungen und Grundsätze für den Grundurlaub, insbes über Wartezeit, Zwölftelung, Übertragbarkeit, Geltendmachung, Verfall und Abgeltung auch für den Zusatzurlaub gelten. Tarif- oder einzelvertragliche Abweichungen von den gesetzlichen Urlaubsvorschriften zum Nachteil des Schwerbehinderten sind allerdings unzulässig (BAG 8.3.94, DB 94, 1528). Hat der ArbN das volle Kj gearbeitet und ist lediglich die Schwerbehinderteneigenschaft erst im Laufe des Kj anerkannt worden, so hatte der Schwerbehinderte bislang einen vollen Anspruch auf Zusatzurlaub, da ihm auch der volle Grundurlaub zusteht (BAG 26.1.89, NZA 89, 756; BAG 21.2.95, DB 95, 2222). Seit dem 1.5.04 sieht nun § 208 Abs 2 SGB IX einen zeitanteiligen Anspruch vor (dazu *Fenski* NZA 04, 1255). Ein Anspruch auf Urlaubsabgeltung besteht auch dann, wenn der ArbN die Schwerbehinderteneigenschaft erst nach dem Ende des Arbeitsverhältnisses mitgeteilt hat (BAG 25.6.96, BB 96, 1559). Der Anspruch auf Zusatzurlaub erlischt, wenn ihn der Schwerbehinderte nicht bis zum Ablauf des Kj oder – beim Vorliegen der tarifvertraglichen oder gesetzlichen Übertragungsvoraussetzungen – nicht bis zum Ende des Übertragungszeitraums geltend macht. Ist bis zu diesem Zeitpunkt die Anerkennung der Schwerbehinderteneigenschaft noch nicht erfolgt, so ist allein die Ungewissheit über die Schwerbehinderung kein in der Person des ArbN liegender Grund für eine Übertragung des Zusatzurlaubs auf den gesetzlichen oder einen entsprechenden tariflichen Übertragungszeitraum (BAG 13.6.91 – 8 AZR 360/90, BeckRS 1991, 30370210; 21.2.95, DB 95, 982). 32

**Die Dauer des Zusatzurlaubs** bemisst sich im Unterschied zu § 3 BUrlG nicht nach Werktagen, sondern **nach Arbeitstagen,** an denen der Schwerbehinderte zu arbeiten hat. Verteilt sich die regelmäßige Arbeitszeit des Schwerbehinderten auf mehr oder weniger als fünf Arbeitstage in der Kalenderwoche, erhöht oder vermindert sich der Zusatzurlaub entspr (§ 208 Abs 1 S 1 SGB IX). Arbeitet also zB ein Teilzeitbeschäftigter regelmäßig nur drei Tage pro Woche, so erhält er auch nur einen Zusatzurlaub von drei Arbeitstagen. Ergeben sich insoweit bei der Berechnung des Zusatzurlaubes von Teilzeitbeschäftigten Bruchteile eines Urlaubstages, findet im Unterschied zum Grundurlaub keine Auf- oder Abrundung auf einen vollen Urlaubstag statt (BAG 31.5.90, NZA 91, 105). Urlaub und Zusatzurlaub sind gegenüber den Erben abzugelten, wenn das Arbeitsverhältnis durch Tod des ArbN endet (BAG 22.1.19 – 9 AZR 45/16, NZA 19, 829). 33

**Günstigere tarifliche, betriebliche oder einzelvertragliche Urlaubsregelungen** für den Zusatzurlaub von Schwerbehinderten haben Vorrang vor der gesetzlichen Regelung. 34

Ob ein Tarifvertrag, welcher ein zusätzliches Urlaubsgeld gewährt, sich auch auf den Zusatzurlaub für Schwerbehinderte erstreckt, ist im Wege der Auslegung zu ermitteln. Zulässig ist es auch, dass der Tarifvertrag das Urlaubsgeld auf den reinen Tarifurlaub begrenzt (BAG 30.7.86, DB 86, 2684).

35 **6. Mehrarbeit.** Gem § 207 SGB IX sind Schwerbehinderte auf ihr Verlangen von Mehrarbeit freizustellen. Unter Mehrarbeit iSd § 207 SGB IX ist nicht die über die individuelle Arbeitszeit des Schwerbehinderten hinausgehende tägliche Arbeitszeit zu verstehen, sondern nur die Arbeitszeit, welche die regelmäßige werktägliche Arbeitszeit gem § 3 ArbZG überschreitet (BAG 3.12.02 – 9 AZR 462/01, NZA 04, 1219). Dazu zählt auch Bereitschaftsdienst (BAG 21.11.06 – 9 AZR 176/06, NZA 07, 446).

36 **VII. Besonderer Kündigungsschutz. 1. Sachlicher Geltungsbereich.** Die Kündigung des Arbeitsverhältnisses eines Schwerbehinderten bedarf grds gem § 168 SGB IX der **vorherigen Zustimmung des Integrationsamtes.** Das Zustimmungserfordernis gilt sowohl für die ordentliche und außerordentliche Beendigungskündigung als auch für die Änderungskündigung. Die Kündigungsfrist für den Ausspruch einer ordentlichen Kündigung beträgt mindestens vier Wochen (§ 169 SGB IX). Kündigt der Schwerbehinderte selbst das Arbeitsverhältnis, so ist eine Zustimmung seitens des Integrationsamtes hierfür nicht erforderlich. Erfolgt die Kündigung seitens des Schwerbehinderten allerdings ohne berechtigten Grund, so hat das Integrationsamt im Benehmen mit der BA die Möglichkeit, den Schwerbehindertenschutz für eine Frist bis zu sechs Monaten zu entziehen (§ 200 SGB IX).

37 Der Sonderkündigungsschutz greift grds nicht ein bei **einverständlicher Beendigung des Arbeitsverhältnisses** im Wege eines Auflösungsvertrages und bei der Beendigung eines befristeten Arbeitsverhältnisses infolge Zeitablaufes. Etwas anderes gilt jedoch dann, wenn die Beendigung im Falle des Eintritts einer teilweisen Erwerbsminderung, der Erwerbsminderung auf Zeit, der Berufsunfähigkeit oder der Erwerbsunfähigkeit auf Zeit erfolgt. In diesen Fällen ist, wenn die Beendigung ohne Kündigung erfolgt, die vorherige Zustimmung des Integrationsamtes erforderlich (§ 175 SGB IX). Die von der Rspr für das Eingreifen des Sonderkündigungsschutzes aufgestellten Anforderungen (→ Rn 47–49) gelten entsprechend (BAG 28.6.95, DB 95, 2376). Die Klagefrist für die Bedingungskontrollklage nach §§ 21, 17 TzBfG gilt nicht, wenn der ArbGeb weiß, dass der ArbN schwerbehindert ist, und das Integrationsamt der erstrebten Beendigung durch auflösende Bedingung nicht zugestimmt hat. Das folgt aus einer Analogie zu § 4 S 4 KSchG (BAG 9.2.11 – 7 AZR 221/10, NZA 11, 854).

38 **2. Persönliche Voraussetzungen.** Der Sonderkündigungsschutz gem §§ 168 ff SGB IX gilt für alle Schwerbehinderten und diesen gem § 2 Abs 3 SGB IX gleichgestellte ArbN. Zu den ArbN iSd § 168 SGB IX zählen auch leitende Angestellte und Auszubildende (BAG 10.12.87, DB 88, 1069). In **Heimarbeit** beschäftigte Schwerbehinderte sind den schwerbehinderten ArbN gem § 210 Abs 2 SGB IX gleichgestellt. Im Übrigen fallen **arbeitnehmerähnliche Personen,** die aufgrund eines selbstständigen Dienstvertrages tätig sind, nicht unter den Sonderkündigungsschutz des SGB IX (*Neumann/Pahlen/Majerski-Pahlen* § 85 Rz 26).

39 **3. Gesetzliche Ausnahmen.** Keine Anwendung finden die Vorschriften des Sonderkündigungsschutzes, soweit eine der in § 173 SGB IX aufgezählten Ausnahmen eingreift. Die wichtigste Ausnahme enthält § 173 Abs 1 Nr 1 SGB IX, wonach die Vorschriften des Sonderkündigungsschutzes nicht gelten, wenn das Arbeitsverhältnis des Schwerbehinderten im Zeitpunkt des Zugangs der Kündigungserklärung ohne Unterbrechung noch nicht länger als **sechs Monate** besteht. Diese Angleichung an § 1 Abs 1 KSchG erschien dem Gesetzgeber geboten, um die Einstellungsbereitschaft der ArbGeb zu fördern. Wie bei § 1 KSchG kommt bei engem sachlichen Zusammenhang ggf eine Zusammenrechnung mit einem früheren Arbeitsverhältnis in Betracht (BAG 19.6.07 – 2 AZR 94/06, NZA 07, 1103). Innerhalb der Wartezeit ist auch kein Verfahren nach § 167 SGB IX durchzuführen (BAG 28.6.07 – 6 AZR 750/06, NZA 07, 1049; BAG 21.4.16 – 8 AZR 402/14, NZA 16, 1131).

40 Weiter findet der Sonderkündigungsschutz keine Anwendung für die in § 156 Abs 2 Nr 2–5 SGB IX aufgezählten besonderen ArbNGruppen sowie für die in § 173 Abs 1 Nr 3a und b SGB IX genannten **älteren Arbeitnehmer,** bei denen der Gesetzgeber davon

ausgeht, dass der besondere Kündigungsschutz wegen anderweitiger Absicherung entbehrlich ist.

41 Eine Ausnahmeregelung für **Saisonarbeiter** enthält § 173 Abs 2 SGB IX. Danach greift der Sonderkündigungsschutz nicht ein bei Entlassungen, die aus Witterungsgründen vorgenommen werden, sofern die Wiedereinstellung durch einen kollektiv- oder einzelvertraglichen Wiedereinstellungsanspruch bei Wiederaufnahme der Arbeit gesichert ist.

42 Für kurz vor einer Kündigung gestellte Anträge auf Feststellung einer Schwerbehinderung gilt § 173 Abs 3 SGB IX. Danach greift der Sonderkündigungsschutz nicht ein, wenn zum Zeitpunkt der Kündigung die **Eigenschaft als schwerbehinderter Mensch nicht nachgewiesen** ist (1. Alt) oder das Versorgungsamt nach Ablauf der Frist des § 152 Abs 1 S 3 SGB IX eine Feststellung wegen fehlender Mitwirkung des ArbN nicht treffen konnte (2. Alt). Trotz des unklaren Wortlauts gilt die Vorschrift auch für gleichgestellte ArbN (BAG 1.3.07 – 2 AZR 217/06, NZA 08, 302). Sonderkündigungsschutz entfällt nach der **ersten Alternative** sicher dann, wenn vor Ausspruch der Kündigung ein bestandskräftiges Negativattest oder ein bestandskräftiger Bescheid des Versorgungsamtes, der einen GdB unter 50 % feststellt, vorliegt. Dagegen soll nach Auffassung des BAG der Sonderkündigungsschutz selbst in dem Fall bestehen bleiben, dass im Zeitpunkt der Kündigung zunächst ein Bescheid vorliegt, wonach kein GdB von mindestens 50 % vorliegt, aber dieser Bescheid nicht rechtskräftig ist und später aufgehoben wird (so BAG 6.9.07 – 2 AZR 324/06, NZA 08, 407; aA *Schlewing* NZA 05, 1218). Wenn ich das BAG recht verstehe, entfällt der Sonderkündigungsschutz in dieser Konstellation nur, wenn das Weiterbetreiben des Verfahrens nach dem ersten Bescheid „aussichtslos" ist. Nach der **zweiten Alternative** besteht Sonderkündigungsschutz (nur) dann, wenn das Versorgungsamt über einen Antrag des ArbN bei Kündigung trotz Ablauf der nach § 152 Abs 1 S 3 iVm § 14 Abs 2 und 3 sowie § 17 Abs 1 und Abs 2 S 1 SGB IX maßgeblichen Frist noch nicht entschieden hat, ohne dass hierfür allein ein Mitwirkungsverschulden des ArbN ursächlich ist. Der Sonderkündigungsschutz nach der zweiten Alternative kann danach frühestens nach Ablauf der kürzesten Fristen der §§ 14, 17 SGB IX, also drei bzw – bei Notwendigkeit eines Gutachtens – sieben Wochen nach Antragstellung beginnen (BAG 1.3.07 – 2 AZR 217/06, DB 07, 1702). Sind diese Fristen eingehalten und liegt auch sonst keine fehlende Mitwirkung des ArbN vor, besteht Sonderkündigungsschutz auch dann, wenn die Feststellung der Schwerbehinderung nach zunächst erfolglosem Antrag erst im Widerspruchsverfahren oder auf Klage hin rückwirkend erteilt wird (LAG Köln 16.6.06 – 12 Sa 168/06, NZA-RR 07, 133; zu einzelnen Fallkonstruktionen *Göttling/Neumann* NZA-RR 07, 281).

43 Die Beendigung eines Arbeitsverhältnisses mit einem Schwerbehinderten **innerhalb der ersten sechs Monate** des Arbeitsverhältnisses hat der ArbGeb – unabhängig von der Anzeigepflicht nach anderen Gesetzen – dem Integrationsamt innerhalb von vier Tagen **anzuzeigen.** Dieselbe Verpflichtung trifft den ArbGeb auch bei der Begründung eines auf bis zu sechs Monate befristeten Probearbeitsverhältnisses. Die Anzeige hat dann innerhalb der ersten vier Tage seit der Arbeitsaufnahme zu erfolgen (§ 173 Abs 4 SGB IX).

44 **4. Kenntnis des Arbeitgebers.** Die lang umstrittene Frage, inwiefern es für die Inanspruchnahme des Sonderkündigungsschutzes auf die Kenntnis des ArbGeb von der Schwerbehinderung ankommt, ist inzwischen durch eine gefestigte Rspr des BAG (BAG 17.2.77, NJW 77, 1701; 31.8.89, DB 90, 890) für die Praxis verbindlich gelöst. Danach muss ein ArbN, um den Sonderkündigungsschutz gem §§ 168 ff SGB IX in Anspruch nehmen zu können, bis zur Kündigung zumindest einen **Antrag** auf Feststellung der Behinderung bzw auf Gleichstellung gestellt haben und seinen Mitwirkungspflichten im Antragsverfahren gerecht werden (→ Rn 42). Hat der ArbN nicht einmal einen entsprechenden Antrag gestellt, so kann er sich auf den Sonderkündigungsschutz selbst dann nicht berufen, wenn die Schwerbehinderteneigenschaft später rückwirkend auf den Zeitpunkt vor Ausspruch der Kündigung festgestellt wird (BAG 16.8.91, NZA 92, 23). Eine Antragstellung ist nur dann nicht erforderlich, wenn die Schwerbehinderteneigenschaft für den ArbGeb **offenkundig** ist (*Schaub/Koch* § 179 Rz 13; *Neumann/Pahlen/Majerski-Pahlen* § 85 Rz 34) und wenn der schwerbehinderte ArbN den ArbGeb vor dem Ausspruch der Kündigung über seine körperlichen Beeinträchtigungen informiert und über die beabsichtigte Antragstellung in Kenntnis gesetzt hat (BAG 7.3.02 – 2 AZR 612/00, DB 02, 2114).

45 Hat der ArbN **im Zeitpunkt der Kündigung** den Antrag auf Feststellung der Schwerbehinderung bzw den Gleichstellungsantrag gestellt, so braucht der ArbGeb hierüber zunächst nicht informiert zu werden. Allerdings muss der ArbN, um seinen Sonderkündigungsschutz nicht zu verwirken, dem ArbGeb innerhalb einer **angemessenen Frist mitteilen,** dass er schwerbehindert ist oder einen Antrag auf Feststellung der Schwerbehinderung gestellt hat. Diese Frist beträgt in entsprechender Anwendung von § 4 KSchG **drei Wochen.** Hinzuzurechnen ist eine Zeitspanne, innerhalb derer der ArbN den Zugang der Information beim ArbGeb bewirken könne (BAG 22.9.16 – 2 AZR 700/15, NZA 17, 304). Damit wendet das BAG die Frist des § 4 KSchG bei der Berufung auf den Sonderkündigungsschutz nicht starr an, so dass ein geringfügiges Überschreiten der Dreiwochenfrist nach den Umständen des Einzelfalls unschädlich sein kann, zB bereits länger bestehende und auf Arbeitsunfall beruhende Erkrankung (LAG München 23.7.09 – 4 Sa 1049/08, NZA-RR 10, 19). Gleichgestellt hat das BAG die Berufung auf den Sonderkündigungsschutz in einer fristgerechten Kündigungsschutzklage, wenn die Zustellung noch in der für die unmittelbare Übermittlung an den ArbGeb nach § 167 ZPO zugestandenen Zeitspanne erfolgt (BAG 22.9.16 – 2 AZR 700/15, NZA 17, 304; kritisch *Gehlhaar* NZA 2011, 673). Die Mitteilung an einen mit Schwerbehindertenfragen beauftragten ArbN muss sich der ArbGeb ebenso zurechnen lassen (LAG Köln 30.6.94, NZA 95, 995) wie die Kenntniserlangung aus der Stellungnahme des BRat gem § 102 BetrVG (BAG 20.1.05 – 2 AZR 675/03, NZA 05, 689). Auch im Falle eines Betriebsüberganges nach § 613a BGB muss sich der Betriebsübernehmer die Kenntnis des Betriebsveräußerers von der Schwerbehinderteneigenschaft eines ArbN zurechnen lassen (BAG 11.12.08 – 2 AZR 395/07, NZA 09, 556). Kommt der ArbN seiner Pflicht zur rechtzeitigen Mitteilung nicht nach, so ist die Kündigung nicht wegen Verstoß gegen §§ 168 ff SGB IX unwirksam. Die Schwerbehinderteneigenschaft kann dann nur noch Bedeutung im Rahmen der Interessenabwägung gem § 1 KSchG bzw § 626 BGB haben (ständige Rspr, zuletzt BAG 5.7.90, DB 91, 2676).

46 Die **Regelfrist** zur Mitteilung an den ArbGeb von drei Wochen darf der ArbN **grundsätzlich voll ausschöpfen** (BAG 16.1.85, DB 85, 2106). Ohne Hinzutreten weiterer Umstände liegt hierin kein Rechtsmissbrauch (BAG 27.2.87, NZA 88, 429).

47 **5. Anhörung von Betriebsrat und Schwerbehindertenvertretung.** Vor Ausspruch der Kündigung hat der ArbGeb den **Betriebsrat** zu beteiligen. Bedarf die Kündigung der Zustimmung des Integrationsamtes, steht es dem ArbGeb frei, das Verfahren zur Anhörung des BRat vor dem Antrag auf Zustimmung des Integrationsamtes, während des Zustimmungsverfahrens oder nach dessen Ende einzuleiten (BAG 3.7.80, DB 81, 103). Hat der ArbGeb den BRat vor der Einschaltung des Integrationsamtes angehört, so ist eine erneute Anhörung auch dann nicht erforderlich, wenn die Zustimmung des Integrationsamtes erst nach einem jahrelangen verwaltungsgerichtlichen Verfahren erteilt wird – vorausgesetzt, der Sachverhalt hat sich nicht geändert (BAG 18.5.94, DB 95, 532). Ist eine Kündigung mangels vorheriger Zustimmung des Integrationsamtes unwirksam, ist zum Ausspruch einer zweiten Kündigung nach Zustimmung des Integrationsamtes eine erneute Anhörung des BRat erforderlich (BAG 16.9.93, NZA 94, 311). Neben die Beteiligung des BRat tritt die Beteiligung der **Schwerbehindertenvertretung** nach § 178 Abs 2 SGB IX. Mit Wirkung zum 1.1.17 hat der Gesetzgeber im Zuge der Reform des Schwerbehindertenrechts durch das BTHG die Bedeutung der Anhörung der Schwerbehindertenvertretung gestärkt. Gem § 178 Abs 2 S 3 SGB IX ist die Kündigung eines schwerbehinderten Menschen, die der ArbGeb ohne Beteiligung der Schwerbehindertenvertretung ausspricht, unwirksam. Die Beteiligungspflicht gilt auch in den Fällen, in denen die Zustimmung des Integrationsamtes nicht erforderlich ist. Hinsichtlich des Umfangs der **Unterrichtungspflicht und der Stellungnahmefristen** der Schwerbehindertenvertretung enthält das Gesetz seit Einführung der Unwirksamkeitsfolge eine planwidrige Regelungslücke. Das BAG hat nun geklärt, dass § 102 BetrVG analog anzuwenden ist, da die Beteiligung der Schwerbehindertenvertretung in Voraussetzungen und Rechtsfolge der BRBeteiligung nach § 102 BetrVG nachgebildet ist (BAG 13.12.18 – 2 AZR 378/18, NZA 19, 305). Die Schwerbehindertenvertretung ist daher in gleichem Umfang über den kündigungsrelevanten Sachverhalt zu unterrichten wie den BRat. Etwaige Bedenken gegen eine beabsichtigte ordentliche Kündigung hat sie spätestens innerhalb einer Woche und solche gegen eine außerordentliche

Kündigung unverzüglich, spätestens innerhalb von drei Tagen, mitzuteilen. Zur **zeitlichen Abfolge der Beteiligung** von BRat, Schwerbehindertenvertretung und Integrationsamt hat das BAG klargestellt, dass es zur Abwendung der Unwirksamkeitsfolge genüge, wenn der ArbGeb die Schwerbehindertenvertretung zeitlich nach der Beteiligung des BRat und dem Antrag auf Zustimmung des Integrationsamts gem § 178 Abs 2 S 1 Hs 2 unterrichte und anhöre, denn die Kündigungsentscheidung werde erst mit Ausspruch der Kündigung iSd Absatz 2 S 2 „vollzogen". Keine Voraussetzung idS sei dagegen die Mitteilungspflicht nach § 178 Abs 2 S 1 Hs 2; diese könne auch nach Ausspruch der Kündigung nachgeholt werden. Weiter hat das BAG geklärt, dass auch bei Wartezeitkündigungen eine Beteiligung der Schwerbehindertenvertretung erforderlich ist, obgleich innerhalb dieses Zeitraums wegen § 173 Abs 1 Nr 1 SGB IX keine Zustimmung der Behörde beantragt werden muss (BAG 13.12.18 – 2 AZR 378/18, NZA 19, 305). Dies wird in der Praxis Probleme bereiten, da es dem ArbGeb innerhalb der Wartezeit verwehrt ist, nach dem Vorliegen einer Behinderung zu fragen.

**6. Zustimmungsverfahren bei der ordentlichen Kündigung. a) Antrag.** Die Zustimmung zur Kündigung hat der ArbGeb bei dem für den Sitz des Betriebes oder der Dienststelle zuständigen Integrationsamt schriftlich zu beantragen (§ 170 Abs 1 SGB IX). Für den ArbGeb empfiehlt es sich, die von dem Integrationsamt bereit gehaltenen Vordrucke zu verwenden. Das Integrationsamt holt eine Stellungnahme der zuständigen Agentur für Arbeit, des Betriebs- oder Personalrates und der Schwerbehindertenvertretung ein. Sie hat den Schwerbehinderten zu hören. Dies kann mündlich oder schriftlich erfolgen. Die Einhaltung dieser Verfahrensbestimmungen ist zwingend. Eine ohne **Anhörung** des Schwerbehinderten erfolgte Entscheidung des Integrationsamtes ist deshalb anfechtbar. Etwas anderes gilt nur dann, wenn sich der Schwerbehinderte innerhalb einer ihm gesetzten Frist nicht geäußert hat oder in einem mündlichen Anhörungstermin ohne ausreichende Entschuldigung nicht erscheint. 48

**b) Entscheidung des Integrationsamtes.** Das Integrationsamt entscheidet grds nach **pflichtgemäßem Ermessen.** Im Rahmen der erforderlichen Interessenabwägung sind die Interessen des ArbN unter besonderer Berücksichtigung der Zielsetzung des SGB IX, die Nachteile des ArbN auf dem allgemeinen Arbeitsmarkt auszugleichen, und die Interessen des ArbGeb abzuwägen. Die Aufklärung des Sachverhaltes erfolgt vAw (BVerwG 28.11.58, AP Nr 16 zu § 14 SchwBeschG; VGH Kassel 17.11.92, NZA 93, 946). Gegenstand der Interessenabwägung ist nicht die arbeitsrechtliche Wirksamkeit der Kündigung. Ein Anspruch des ArbN auf Berücksichtigung der nicht erfüllten Beschäftigungsquote gem §§ 154 ff SGB IX besteht nicht (OVG Hamburg 10.12.14 – 4 Bf 159/12, NZA-RR 15, 194). 49

**Einschränkungen der Ermessensentscheidung** des Integrationsamtes sieht § 172 SGB IX vor. Danach hat das Integrationsamt die Zustimmung zu erteilen bei Kündigungen in Betrieben und Dienststellen, die nicht nur vorübergehend eingestellt oder aufgelöst werden, wenn zwischen dem Tage der Kündigung und dem Tage, bis zu dem Gehalt oder Lohn gezahlt wird, mindestens drei Monate liegen. Erteilt das Integrationsamt unter dieser Voraussetzung die Zustimmung und kommt der ArbGeb seiner Zahlungspflicht nicht nach, so hängt die Wirksamkeit der auf die Zustimmung gestützten Kündigung davon ab, ob die Lohnzahlung Bedingung für die Erteilung der Zustimmung im Rechtssinne war. Ergibt die Auslegung jedoch, dass es sich bei der Lohnzahlung lediglich um eine Auflage handeln sollte, so ist solange von einer wirksamen Zustimmung der Hauptfürsorgestelle auszugehen, wie ein Widerruf gem § 47 SGB X nicht erfolgt ist (BAG 12.7.90, DB 91, 1731). 50

Während § 172 Abs 1 S 1 SGB IX eine Ermessensentscheidung des Integrationsamtes gänzlich ausschließt, lassen die weiteren Ausnahmen des § 172 SGB IX dem Integrationsamt ein **eingeschränktes Ermessen.** Gem § 172 Abs 1 S 2 SGB IX **soll** das Integrationsamt die Zustimmung erklären, wenn Betriebe und Dienststellen nicht nur vorübergehend wesentlich eingeschränkt werden, sofern die Gesamtzahl der verbleibenden Schwerbehinderten zur Erfüllung der Pflichtzahl ausreicht. Gem § 172 Abs 2 SGB IX **soll** das Integrationsamt die Zustimmung erteilen, wenn dem Schwerbehinderten ein **anderer angemessener und zumutbarer Arbeitsplatz** gesichert ist. Die Ermessenseinschränkung gem § 172 Abs 1 SGB IX greift nicht ein, wenn eine Weiterbeschäftigung auf einem anderen Arbeits- 51 platz desselben Betriebes oder derselben Dienststelle oder auf einem freien Platz in einem anderen Betrieb oder einer anderen Dienststelle desselben ArbGeb mit Einverständnis des Schwerbehinderten möglich und für den ArbGeb zumutbar ist (§ 172 Abs 1 S 3 SGB IX).

52 Die Entscheidung des Integrationsamtes soll **innerhalb eines Monats** vom Tage des Einganges des Antrages getroffen werden (§ 171 Abs 1 SGB IX). Eine verspätete Entscheidung macht diese nicht rechtsfehlerhaft; die Nichteinhaltung der Frist kann jedoch zur Schadensersatzpflicht führen. Unter den Voraussetzungen des § 75 VwGO kann Untätigkeitsklage erhoben werden. Das Integrationsamt kann entweder die Zustimmung zur Kündigung erteilen, den Antrag ablehnen oder ein sog Negativattest erteilen.

53 Seit 2004 muss die Entscheidung des Integrationsamtes **bei Betriebsschließungen und im Rahmen einer Insolvenz** innerhalb eines Monats nach Antragseingang erfolgen. Wird innerhalb dieser Frist eine Entscheidung nicht getroffen, **gilt die Zustimmung als erteilt** (§ 171 Abs 5 SGB IX). Diese Fiktion wird damit zum Regelfall, da gerade bei Massenentlassungen kaum mit einer Entscheidung innerhalb der Monatsfrist zu rechnen ist.

54 Ein **Negativattest** wird erteilt, wenn das Integrationsamt der Auffassung ist, dass die Kündigung der Zustimmung nicht bedarf. Es beseitigt ebenso wie die Zustimmung die gesetzliche Kündigungssperre der §§ 168 ff SGB IX (BAG 27.5.83, DB 84, 134), jedenfalls wenn es bestandskräftig ist und vor Ausspruch der Kündigung vorliegt (BAG 6.9.07 – 2 AZR 324/06, NZA 08, 407). Ihren Bescheid hat das Integrationsamt dem ArbGeb und dem Schwerbehinderten **zuzustellen** und der Agentur für Arbeit eine Abschrift zu übersenden (§ 171 Abs 2 SGB IX). Wirksam ist die Zustimmung aber bereits dann, wenn nur dem ArbGeb und nicht dem Schwerbehinderten der Zustimmungsbescheid des Integrationsamtes zugestellt ist (BAG 17.2.82, DB 82, 1329).

55 **c) Kündigungserklärung.** Erteilt das Integrationsamt die Zustimmung zur Kündigung oder greift die Fiktion des § 171 Abs 5 SGB IX, kann der ArbGeb die Kündigung nur innerhalb **eines Monats** nach Zustellung erklären (§ 171 Abs 3 SGB IX). Es kommt auf die förmliche Zustellung an (BAG 16.10.91, DB 92, 844). Innerhalb der Monatsfrist muss die Kündigung dem ArbN zugehen. Es genügt deshalb nicht, wenn der ArbGeb innerhalb der Frist die Kündigung absendet (LAG Köln 27.2.97, NZA-RR 97, 337). Die Frist des § 171 Abs 3 SGB IX gilt unabhängig davon, ob die Zustimmung durch das Integrationsamt oder erst im Rechtsmittelverfahren durch den Widerspruchsausschuss oder das Verwaltungsgericht erteilt wird. Bestands- oder Rechtskraft der Entscheidung ist nicht erforderlich. Widerspruch und Anfechtungsklage gegen die Zustimmung haben keine aufschiebende Wirkung (§ 171 Abs 4 SGB IX). Wird allerdings die erteilte Zustimmung im Rechtsmittelverfahren rechtskräftig aufgehoben, so wird die Kündigung rückwirkend unwirksam.

56 **7. Besonderheiten bei der außerordentlichen Kündigung. a) Antrag.** Gem § 174 Abs 2 S 1 SGB IX kann die Zustimmung zur außerordentlichen Kündigung nur **innerhalb von zwei Wochen** ab dem Zeitpunkt, in dem der ArbGeb von den für die Kündigung maßgebenden Tatsachen Kenntnis erlangt, beantragt werden. Maßgebend für die Fristeinhaltung ist der Eingang des Antrages bei dem Integrationsamt. Ist die Antragsfrist verstrichen, so ist der Antrag von dem Integrationsamt als unzulässig zurückzuweisen.

57 **b) Entscheidung des Integrationsamtes.** Das Integrationsamt **hat** seine Entscheidung **innerhalb von zwei Wochen** vom Tage des Einganges des Antrages an zu treffen. Wird innerhalb dieser Frist eine Entscheidung nicht getroffen, gilt die Zustimmung als erteilt (§ 174 Abs 3 SGB IX). Diese Fiktion gilt nach Auffassung des BAG auch im Falle der außerordentlichen Kündigung mit sozialer Auslauffrist gegenüber (tariflich) unkündbaren ArbN (BAG 22.10.15 – 2 AZR 381/14, NZA 16, 482). Die durch den Fristablauf fingierte Zustimmung ist – ebenso wie die tatsächlich erteilte – als Verwaltungsakt mit Widerspruch und Anfechtungsklage angreifbar (BVerwG 10.9.92, NZA 93, 76).

58 Die von dem Integrationsamt zu treffende Entscheidung ist grds in sein **pflichtgemäßes Ermessen** gestellt; eine für die Praxis bedeutende **Ermessensbeschränkung** folgt jedoch aus § 174 Abs 4 SGB IX. Danach **soll** das Integrationsamt die Zustimmung erteilen, wenn die Kündigung aus einem Grunde erfolgt, der nicht im **Zusammenhang mit der Behinderung** steht. Ein Zusammenhang zwischen Gesundheitsschädigung und Kündigungsgrund ist dann gegeben, wenn die Gesundheitsschädigung bei dem den Kündigungsgrund bildenden Verhalten des Schwerbehinderten eine wesentliche Rolle gespielt hat, wenn sich das

Verhalten des Schwerbehinderten bei natürlicher Betrachtung zwanglos aus der Gesundheitsschädigung ergibt und mit ihr nicht nur in einem entfernten Zusammenhang steht (BAG 25.2.63, AP Nr 4 zu § 19 SchwbG; *Schaub/Koch* § 179 Rn 17 ff).

Erfolgt die außerordentliche Kündigung aus einem Grund, der nicht mit der Behinderung im Zusammenhang steht, so hat das Integrationsamt im Regelfall die Zustimmung zu erteilen. Nur bei Vorliegen von Umständen, die den Fall als atypisch erscheinen lassen, darf das Integrationsamt nach pflichtgemäßem Ermessen entscheiden (BVerwG 2.7.92, NZA 93, 123; 10.9.92, NZA 93, 76). Ein atypischer Fall liegt vor, wenn die außerordentliche Kündigung den Schwerbehinderten in einer die Schutzzwecke des SchwbG berührenden Weise besonders hart trifft, ihm im Vergleich zu den der Gruppe der Schwerbehinderten im Falle außerordentlicher Kündigung allgemein zugemuteten Belastungen ein Sonderopfer abverlangt (BVerwG 10.9.92, NZA 94, 420). Die **Wirksamkeit der außerordentlichen Kündigung** hat das Integrationsamt nicht zu prüfen, es sei denn, dass die Unwirksamkeit der Kündigung offensichtlich ist. In diesen Fällen sollte bereits der Ausspruch einer Kündigung und eines arbeitsgerichtlichen Verfahrens im Interesse einer Fortsetzung des Arbeitsverhältnisses vermieden werden (offen gelassen in BVerwG 2.7.92, NZA 93, 123). 59

**„Getroffen“** ist die Entscheidung des Integrationsamtes bereits dann, wenn sie dem ArbGeb in irgendeiner Form **bekanntgegeben** ist. Einer vorherigen Zustellung der Entscheidung bedarf es nicht. Dies gilt auch im Fall einer außerordentlichen Kündigung unter Gewährung einer Auslauffrist gegenüber einem ordentlich unkündbaren, schwerbehinderten ArbN (BAG 12.8.99 – 2 AZR 748/98, NZA 99, 1267) sowie in dem Fall, dass die Zustimmung erst durch den Widerspruchsausschuss erteilt wird (BAG 21.4.05 – 2 AZR 255/04, BB 05, 2306). Dabei reicht es aus, wenn die Entscheidung innerhalb der Frist des § 174 Abs 3 SGB IX den Machtbereich des Integrationsamtes verlassen hat (BAG 16.3.83, NJW 84, 1374; 9.2.94, DB 94, 1627). Der ArbGeb darf also nicht auf die Zustimmungsfiktion vertrauen, wenn er am letzten Tag der Zweiwochenfrist keine Nachricht von dem Integrationsamt erhalten hat. Ihm obliegt die Pflicht sich beim Integrationsamt zu erkundigen, ob es innerhalb der Frist überhaupt eine Entscheidung getroffen und abgesandt hat (BAG 19.4.12 – 2 AZR 118/11, NZA 13, 507). 60

Die nur mündliche Information über eine noch nicht tatsächlich schriftlich abgesetzte Entscheidung soll nicht ausreichen (LAG Düsseldorf 29.1.04 – 5 Sa 1588/03, NZA-RR 04, 406). Ebenso wenig reicht die telefonische Auskunft, dass innerhalb der Zwei-Wochen-Frist keine Entscheidung getroffen werden wird; in diesem Fall muss der Fristablauf abgewartet werden (BAG 19.6.07 – 2 AZR 226/06, NZA 07, 1153). 61

**c) Kündigungserklärung.** Nach Erteilung der Zustimmung durch das Integrationsamt hat der ArbGeb die Kündigung **unverzüglich** zu erklären (§ 174 Abs 5 SGB IX). Ausspruch der Kündigung schon vor Zustellung des Zustimmungsbescheids steht der Wirksamkeit der Kündigung dann nicht entgegen, wenn die Kündigung dem ArbN erst nach Zustellung des Bescheids zugeht (BAG 15.5.97, DB 97, 1880). Hat der ArbGeb die Anhörung von Betriebs- oder Personalrat noch nicht vor oder während des Zustimmungsverfahrens durchgeführt, so muss der ArbGeb **sofort** nach Bekanntgabe der Zustimmungsentscheidung bzw nach Ablauf der Zweiwochenfrist des § 174 Abs 3 SGB IX **das Anhörungsverfahren einleiten** und unmittelbar nach Eingang der Stellungnahme des BRat bzw nach Ablauf der Dreitagesfrist für die Stellungnahme die Kündigung erklären. Wenn – etwa bei Mitgliedern des BRat oder der Schwerbehindertenvertretung – die Zustimmung des BRat erforderlich ist und verweigert wird, dann hat der ArbGeb **sofort das Zustimmungsersetzungsverfahren einzuleiten** und unmittelbar nach Rechtskraft die Kündigung auszusprechen. Auf die Einhaltung der Frist gem § 626 Abs 2 S 1 BGB kommt es nicht an. Liegt allerdings die Zustimmung des Integrationsamtes (ausnahmsweise) schon vor Ablauf der Zwei-Wochen-Frist des § 626 Abs 2 BGB vor, so kann der ArbGeb diese Kündigungserklärungsfrist voll ausschöpfen und muss nicht unverzüglich kündigen (BAG 15.11.01 – 2 AZR 380/00, DB 02, 1509). Die seit dem 1.1.17 zwingende Beteiligung der **Schwerbehindertenvertretung** hat stets vor der Einleitung des Zustimmungsverfahrens beim Integrationsamt zu erfolgen (→ Rn 47). 62

**8. Rechtsschutz.** Aus dem erforderlichen Zusammenwirken von Zustimmungserklärung des Integrationsamtes und Ausspruch der Kündigung folgt eine **Zweigleisigkeit des** 63

**Rechtsschutzes.** Gegen die **Verweigerung der Zustimmung** kann der ArbGeb Widerspruch und bei Zurückweisung des Widerspruchs Verpflichtungsklage beim VG einlegen. Dem Schwerbehinderten steht gegen die Erteilung der Zustimmung nach vorausgegangenem Widerspruchsverfahren die Möglichkeit der Anfechtungsklage offen. Das gleiche Recht steht ihm zu, wenn bei der außerordentlichen Kündigung die Zustimmung des Integrationsamtes gem § 174 Abs 3 SGB IX fingiert wird. Die Frist für Widerspruch und Anfechtungsklage beträgt grds jeweils einen Monat (§§ 70, 74 VwGO). Bei der Zustimmungsfiktion gilt für die Einlegung des Widerspruchs im Hinblick auf die fehlende Zustellung die Jahresfrist gem §§ 70 Abs 2, 58 VwGO.

64 In die Zuständigkeit der ArbG fällt demgegenüber die Entscheidung über die **Zulässigkeit der Kündigung.** Im Rahmen des arbeitsgerichtlichen Verfahrens ist zu prüfen, ob die Kündigung zustimmungsbedürftig ist und ob die Zustimmung wirksam erteilt worden, also nicht nichtig ist. Die rechtswirksam erteilte oder verweigerte Zustimmung entfaltet dagegen gegenüber dem ArbG **Tatbestandswirkung.** Das ArbG hat die Entscheidung hinzunehmen und kann sie nicht durch eine eigene ersetzen (*Neumann/Pahlen/Majerski-Pahlen* § 85 Rn 19). Die Zustimmung des Integrationsamtes zur außerordentlichen Kündigung kann nicht in eine solche zur ordentlichen Kündigung umgedeutet werden (LAG SchlHol 8.9.98 – 1 Sa 111/98, LAGE § 21 SchwbG Nr 2).

65 **Folge** dieses aufgespaltenen Rechtswegs ist, dass die ArbG, soweit es auf die Wirksamkeit der Zustimmung ankommt, über die Kündigung nicht abschließend entscheiden können, bevor eine rechtskräftige oder bestandskräftige Entscheidung über die Wirksamkeit der Zustimmung vorliegt. Allerdings liegt die Aussetzung des Rechtsstreits gem § 148 ZPO **im Ermessen des Gerichts.** Insofern kann es im Hinblick auf den arbeitsrechtlichen Beschleunigungsgrundsatz geboten sein, trotz der Vorgreiflichkeit der verwaltungsgerichtlichen Entscheidung von einer Aussetzung abzusehen, wenn das ArbG erhebliche Anzeichen dafür hat, dass das verwaltungsgerichtliche Rechtsmittelverfahren keine Aussicht auf Erfolg hat (LAG Mainz 16.6.78, NJW 78, 2263; LAG Hess 12.11.93, DB 94, 1628 (L); *Seidel* DB 94, 1286).

66 Der ArbN wird auch in diesem Fall nicht rechtlos gestellt. Hat er nämlich wider Erwarten im verwaltungsgerichtlichen Verfahren doch Erfolg, ist die Wiederaufnahme des arbeitsgerichtlichen Verfahrens gem § 580 Nr 6 ZPO gerechtfertigt (BAG 25.11.80, DB 80, 2451; 15.8.84, DB 85, 344). Sollte die Wiederaufnahmefrist des § 586 Abs 2 ZPO abgelaufen sein, ist dem ArbN ein Wiedereinstellungsanspruch aus nachwirkender Treuepflicht einzuräumen (BGH 19.9.63, AP Nr 27 zu § 14 SchwBeschG mit Anm *Neumann*).

67 **Auszuscheiden hat die Aussetzung** des arbeitsgerichtlichen Verfahrens, wenn es auf die Wirksamkeit der Zustimmung nicht ankommt. Dies ist der Fall, wenn das ArbG eine Kündigung aus Gründen, die in seine Zuständigkeit fallen (etwa Sozialwidrigkeit gem § 1 KSchG), ohnehin für unwirksam erachtet. Das Gleiche gilt, wenn eine zustimmungsbedürftige Kündigung ausgesprochen wurde, ohne dass die vorherige Zustimmung eingeholt wurde.

68 **9. Berücksichtigung Schwerbehinderter bei der Sozialauswahl.** Im Gegensatz zu ArbN, bei denen gesetzlich, tarif- oder einzelvertraglich die Möglichkeit der ordentlichen Kündigung ausgeschlossen ist (zur Einbeziehung dieser ArbN in die Sozialauswahl → *Unkündbarkeit* Rn 17), besteht bei Schwerbehinderten die Möglichkeit der ordentlichen Kündigung, wenn die Zustimmung des Integrationsamtes vorliegt. Wird die Zustimmung erteilt, sind auch schwerbehinderte ArbN betriebsbedingt ordentlich kündbar und demzufolge auch in die Sozialauswahl einzubeziehen. Die Eigenschaft als Schwerbehinderter ist dann lediglich im Rahmen der Sozialdaten zu berücksichtigen. Seit 2004 ist die Schwerbehinderung als eines der (nur noch) vier zu beachtenden Auswahlkriterien ausdrücklich in § 1 Abs 3 KSchG aufgenommen. Der aus § 164 Abs 4 SGB IX folgende Beschäftigungsanspruch bedeutet noch keine Beschäftigungsgarantie. Vielmehr kann der bisherige Arbeitsplatz durch unternehmerische Entscheidung entfallen. Die in § 164 Abs 4 SGB IX vorgesehenen Ansprüche sind dann lediglich bei der Weiterbeschäftigungsmöglichkeit auf einem anderen Arbeitsplatz zu prüfen (BAG 16.5.19 – 6 AZR 329/18, NZA 19, 1198).

69 **VIII. Verbandsklage.** Mit dem in § 85 SGB IX enthaltenen Klagerecht der Behindertenverbände ist eine im Schwerbehindertenrecht gänzlich neue Regelung getroffen worden.

Die Vorschrift sieht vor, dass anstelle der Behinderten mit ihrem Einverständnis Verbände klagen können, wenn behinderte Menschen in ihren Rechten nach dem SGB IX verletzt werden. Es handelt sich um eine Form der **gesetzlichen Prozessstandschaft.** Das Klagerecht können Verbände ausüben, die nach ihrer Satzung behinderte Menschen auf Bundes- oder Landesebene vertreten und nicht selbst am Prozess beteiligt sind. Ferner müssen alle Verfahrensvoraussetzungen wie bei einem Rechtsschutzersuchen durch den behinderten Menschen selbst vorliegen. Die Einführung des für das deutsche Recht ungewöhnlichen Instituts geht auf die EG-Richtlinie zur Festlegung eines allgemeinen Rahmens für die Verwirklichung der Gleichbehandlung in Beschäftigung und Beruf (EG-Richtlinie 2000/78/EG vom 27.11.2000) zurück.

## B. Lohnsteuerrecht *Seidel*

**1. Allgemeines.** Im Steuerrecht erhalten unbeschränkt stpfl (→ *Lohnsteuerberechnung* **70**
Rn 7, 8) Körperbehinderte (teilweise nur Behinderte mit einem GdB von mindestens 50) eine Reihe von Steuervergünstigungen: bei der ESt/LSt, der Kfz-Steuer, der Grundsteuer, der USt, der Erbschafts- und Schenkungssteuer sowie der Hundesteuer. Auf die außerhalb der ESt/LSt möglichen Vergünstigungen wird in → Rn 86 ff kurz hingewiesen. Zu Integrationsunternehmen → *Rehabilitation (berufliche)* Rn 16.

Für den Begriff der Behinderung ist auf § 2 Abs 1 SGB IX abzustellen. Danach sind Menschen behindert, wenn ihre körperliche Funktion, geistige Fähigkeit oder seelische Gesundheit mit hoher Wahrscheinlichkeit länger als sechs Monate von dem für das Lebensalter typischen Zustand abweichen und daher ihre Teilhabe am Leben in der Gesellschaft beeinträchtigt ist. Maßgebend sind die Umstände des Einzelfalls (BFH 18.6.15 – VI R 31/14, BStBl II 16, 40).

**2. Körperbehindertenpauschbetrag. a) Allgemeines.** Für die ESt (LSt) sind in den **71**
§ 33b Abs 1–3, 5, 7 EStG, § 65 EStDV die Voraussetzungen für die Gewährung eines nach dem GdB gestaffelten Pauschbetrages von 310 € (GdB 25) bis 1420 € (GdB 100) bzw 3700 € (bei Merkzeichen „H“ oder „Bl“; → Rn 74, 97–99) enthalten (§ 33b Abs 3 EStG). Dadurch sollen Aufwendungen für die Hilfe bei den gewöhnlichen und regelmäßig wiederkehrenden Verrichtungen des täglichen Lebens, für die Pflege sowie für einen erhöhten Wäschebedarf ohne Einzelnachweis abgegolten werden (§ 33b Abs 1 Satz 1 EStG). Bei einem Verzicht auf die Pauschbeträge kann der Stpfl **höhere Aufwendungen** nachweisen oder glaubhaft machen (→ Rn 77 ff), sein **Wahlrecht** im jeweiligen Veranlagungszeitraum aber nur einheitlich ausüben (§ 33b Abs 1 Satz 2 EStG). Neben der steuerlichen Berücksichtigung einzeln nachgewiesener Aufwendungen als außergewöhnliche Belastung nach § 33 Abs 1 EStG kann auch bei Hilflosen iSv § 33b Abs 6 EStG (→ Rn 74) der (erhöhte) Behindertenpauschbetrag nicht geltend gemacht werden, da dieser nicht in verschiedene, nach dem Grad der Behinderung gestaffelte „allgemeine“ und „spezielle“ Pauschbeträge zu unterteilen ist (BFH 4.11.04 – III R 38/02, BStBl II 05, 271, 13.7.11 – VI B 20/11, BFH/NV 11, 1863 und indirekt im Zusammenhang mit der Steuerermäßigung nach § 35a EStG 5.6.14 – VI R 12/12, BStBl II 14, 970 Rn 17).

**b) Nachweis.** Die **Voraussetzungen** für die Inanspruchnahme der Pauschbeträge sind **72**
durch die Vorlage von Bescheinigungen, Ausweisen oder Bescheiden anderer Behörden nachzuweisen (§ 65 Abs 1 und 2 EStDV). Diese für das FA bindenden sog Grundlagenbescheide iSd § 171 Abs 10 AO führen bei einer Änderung oder nachträglichen Ausstellung auch zu einer Änderung der Steuerfestsetzung gem § 175 Abs 1 Satz 1 Nr 1 AO (EStH 33b: Allgemeines und Nachweis). Bei **Behinderten,** deren GdB auf mindestens 50 festgestellt ist, wird der Nachweis durch die Vorlage des Schwerbehindertenausweises nach dem SGB IX oder durch einen Bescheid der für die Durchführung des BVG zuständigen Behörde (idR das Versorgungsamt) geführt (§ 65 Abs 1 Nr 1 EStDV; → Rn 6–8).

Bei **Behinderten** mit festgestelltem GdB **zwischen 25 und 50** ist neben dem GdB für die Gewährung des Pauschbetrages noch Voraussetzung, dass ihnen wegen der Behinderung nach gesetzlichen Vorschriften Renten oder andere laufende Bezüge zustehen, auch wenn diese ruhen oder durch eine Kapitalzahlung abgefunden worden sind (§ 33b Abs 2 Nr 2a EStG) oder die Behinderung zu einer dauernden Einbuße der körperlichen Beweglichkeit geführt hat bzw auf einer typischen Berufskrankheit beruht (§ 33b Abs 2 Nr 2b EStG). Der

**Nachweis** dieser Voraussetzungen ist durch eine Bescheinigung der für die Durchführung des BVG zuständigen Behörde aufgrund eines Feststellungsbescheides nach § 152 Abs 1 SGB IX (§ 65 Abs 1 Satz 1 Nr 2a EStDV) zu führen, die eine Äußerung über das Vorliegen der Voraussetzungen nach § 33b Abs 2 Nr 2b EStG enthalten muss (§ 65 Abs 1 Satz 1 Nr 2a EStDV). Im Fall des § 33b Abs 2 Nr 2a EStG erfolgt der Nachweis durch den Rentenbescheid oder den entsprechenden Bescheid (§ 65 Abs 1 Satz 1 Nr 2b EStDV), zB Rentenbescheid des Versorgungsamts oder eines Trägers der gesetzlichen UV; ein Rentenbescheid des Trägers der gesetzlichen RV für Angestellte und Arbeiter genügt nicht (EStH 33b: Nachweis der Behinderung).

**73** Die für den auf 3700 € **erhöhten Pauschbetrag** vorausgesetzten gesundheitlichen Merkmale „hilflos" und „blind" (§ 33b Abs 3 Satz 3 EStG) sind durch einen Ausweis mit den Merkzeichen „H" oder „Bl" oder durch einen mit entsprechenden Feststellungen versehenen Bescheid der für die Durchführung des BVG zuständigen Behörde nachzuweisen. Dem Merkzeichen „H" steht die Einstufung als Schwerstpflegebedürftiger in Pflegestufe III nach SGB XI, dem BSHG oder diesen entsprechenden gesetzlichen Bestimmungen gleich; der Nachweis hat durch Vorlage des entsprechenden Bescheids zu erfolgen (§ 65 Abs 2 EStDV). Hilflos ist eine Person, wenn sie für eine Reihe von häufig und regelmäßig wiederkehrenden Verrichtungen zur Sicherung ihrer persönlichen Existenz im Ablauf eines jeden Tages fremder Hilfe dauernd bedarf. Diese **Voraussetzung** ist auch erfüllt, wenn die Hilfe in Form einer Überwachung oder Anleitung zu den genannten Verrichtungen nötig ist, oder wenn die Hilfe zwar nicht dauernd geleistet werden muss, jedoch eine ständige Bereitschaft zur Hilfeleistung erforderlich ist (§ 33b Abs 6 Sätze 3 und 4 EStG).

**74** Bei einem **behinderten Kind** kann dessen Pauschbetrag auf Antrag auf denjenigen übertragen werden, der für das Kind Anspruch auf einen Kinderfreibetrag (→ *Kinderfreibetrag* Rn 30) oder Kindergeld (→ *Kindergeld* Rn 9) hat, wenn das Kind den Pauschbetrag nicht selbst in Anspruch nimmt (§ 33b Abs 5 EStG). Dies kann unter bestimmten Voraussetzungen auch gelten, wenn das Kind weder unbeschränkt noch beschränkt stpfl ist (BFH 22.11.95, BStBl II 97, 20; BFH 2.6.05 – III R 15/04, BStBl II 05, 828: Wohnsitz oder gewöhnlicher Aufenthalt in EU/EWR erforderlich –). Ist der getrennt lebende Ehegatte nicht der Elternteil des behinderten Kindes, kann bei der getrennten Veranlagung der Behinderten-Pauschbetrag nach § 33 Abs 5 Satz 3 EStG abweichend von § 26a Abs 2 Satz 2 EStG bei gemeinsamer Antragsstellung nur einem Ehegatten zugeordnet werden (FG Nds 12.5.09 – 10 K 160/06, DStRE 09, 1303). Bei **getrennter Veranlagung** ist der Pauschbetrag zwingend bei beiden Elternteilen je zur Hälfte abzuziehen (BFH 19.4.12 – III R 1/11, DStR 12, 1854). Zur Übertragung bei Vorliegen der Voraussetzungen für einen Auslandskinderfreibetrag s *Plenker* DStR 94, 1410 sowie *Kaefer* BB 95, 1615 Tz IV 3 und BFH 22.11.95, FR 96, 422 und zum Nachweis der Behinderung s BMF 8.8.97, DB 97, 1950).

**75** **c) Lohnsteuerabzug.** Der ArbGeb darf diese Pauschbeträge nur berücksichtigen, wenn sie als ELStAM gespeichert (→ *Lohnsteuerabzugsmerkmale* Rn 15) bzw auf einer Bescheinigung des BetriebsstättenFA nach § 39 Abs 3 oder § 39e Abs 8 EStG (→ *Lohnabzugsverfahren* Rn 22 und → *Lohnsteuerberechnung* Rn 17) eingetragen sind.

**76** **3. Andere Steuervergünstigungen** für Behinderte, die sich auf deren ESt bzw auf die ESt von Pflegepersonen erstrecken (§ 33b Abs 6 EStG), kann der ArbN in Form von Freibeträgen im Rahmen der LStErmäßigung (→ *Lohnsteuerermäßigung* Rn 8) in den ELStAM speichern lassen (→ *Lohnsteuerabzugsmerkmale* Rn 15). Nur auf diese Weise kann er bereits eine Berücksichtigung im LStAbzugsverfahren durch den ArbGeb erreichen (→ *Lohnabzugsverfahren* Rn 19). Ansonsten kann sie der ArbN erst nach Ablauf des Kj im Veranlagungsverfahren geltend machen (→ *Antragsveranlagung* Rn 2 ff). Hierbei kommen insbes in Betracht:

**77** **a)** Bei den **Werbungskosten** der Ansatz der tatsächlichen Fahrtkosten bei den Fahrten Wohnung – Arbeitsstätte bzw den Familienheimfahrten iRd doppelten Haushaltsführung bei bestimmten Behinderten (GdB mindestens 70 oder 50–70 und erheblicher Beeinträchtigung der Bewegungsfähigkeit im Straßenverkehr, § 9 Abs 2 EStG). Eine **Kombination** von Entfernungspauschale und tatsächlichen Aufwendungen bei der Bemessung der Wegekosten ist jedoch **nicht** möglich (BFH 5.5.09 – VI R 77/06, BStBl II 09, 729; LStR 9.10 Abs 3 Satz 1–3 „oder" und → *Fahrten zwischen Wohnung und Arbeitsstätte* Rn 28, 29).

**b)** Der **Kinderfreibetrag,** der **Freibetrag** für den Betreuungs- und Erziehungs- oder Ausbildungsbedarf und **Kinderbetreuungskosten** ohne Rücksicht auf das Alter des Kindes, wenn dieses wegen körperlicher, geistiger oder seelischer Behinderung außerstande ist, sich selbst zu unterhalten und die Behinderung vor Vollendung des 25. Lebensjahres eingetreten ist (§ 32 Abs 4 Nr 3 und Abs 6 Satz 1, § 10 Abs 1 Nr 5; → *Kindervergünstigungen* Rn 12 ff). 78

**c) Außergewöhnliche Belastungen** (§ 33 EStG). Der Stpfl kann **anstelle** des Körperbehindertenpauschbetrages seine die Leistungen einer PflegeV bzw das aus einer ergänzenden PflegeKV bezogene Pflege(tage)geld übersteigenden Aufwendungen (BFH 14.4.11 – VI R 8/10, BStBl II 11, 701) im Zusammenhang mit der Behinderung auch einzeln nachweisen oder glaubhaft machen, wenn er dadurch nach Abzug der zumutbaren Eigenbelastung (§ 33 Abs 3 EStG) einen höheren Abzugsbetrag erlangen kann. Der Nachweis erfolgt nach Maßgabe des § 64 EStDV. Die dort erforderlichen **Nachweise** können nicht durch andere Unterlagen ersetzt werden (BFH 15.1.15 – VI R 85/13, BStBl II 15, 586). **Neben** dem Körperbehindertenpauschbetrag kann er die ihm neben den laufenden und mit der Körperbehinderung unmittelbar und typisch zusammenhängenden außergewöhnlichen Belastungen erwachsenden Aufwendungen geltend machen (EStH 33b: **Krankheitskosten**). 79

**d) Einzelfälle:** 80

- Außergewöhnliche Krankheitskosten, zB **Operationskosten,** Heilkuren sowie Arznei- bzw Arztkosten.
- **Fahrtkosten** für Privatfahrten: GdB 70 und Merkmale „G" bzw GdB 80 ohne Nachweis 900 € für 3000 km, bei Merkzeichen „aG" bzw GdB über 80 in den Grenzen der Angemessenheit sämtliche Fahrtkosten bis maximal 15 000 km/Kj, jeweils der Höhe nach beschränkt auf die Richtlinienwerte (0,30 €/km). Als Krankheitskosten zu berücksichtigende Arztfahrten werden von der Abgeltungswirkung nicht erfasst (BFH 15.6.10 – VI B 11/10, BFH/NV 10, 1631; BMF 21.11.01, BStBl I 01, 868 iVm BMF 12.4.01, BStBl I 01, 262; EStH 33.1–33.4: Fahrtkosten behinderter Menschen; LStH 33). Die Herabsetzung des GdB von 80 auf weniger als 50 ist trotz der Fortgeltung des Schwerbehindertenausweises bis zum bestandskräftigen Abschluss des Neufeststellungsverfahrens einkommensteuerlich bereits ab dem im Bescheid genannten Zeitpunkt zu berücksichtigen BFH 11.3.14 – VI B 95/13, BFH/NV 14, 948.
- Aufwendungen für den behindertengerechten **Umbau eines Pkw** können als Anschaffungskosten verteilt auf die Restnutzungsdauer als außergewöhnliche Belastung iSd § 33 EStG berücksichtigt werden, rechtfertigen jedoch keine Erhöhung des Km-Pauschbetrags (OFD Frankfurt/M 13.11.08 – S 2284 A – 46 – St 216). Bei der Berechnung der AfA sind für den Fall des Ansatzes individuell ermittelter Km-Sätze die nach der Kfz-HilfeVO erhaltenen Zuschüsse mittels einer Kürzung der Bemessungsgrundlage zu berücksichtigen (BFH 14.6.12 – VI R 89/10, BStBl II 12, 835).
- Mehraufwendungen für eine nachgewiesenermaßen notwendige **Begleitperson** auf einer Urlaubsreise bis 767 € (BFH 4.7.02 – III R 58/98, BStBl II 02, 765).
- Aufwendungen der Eltern für den **Führerscheinerwerb** der schwer geh- und stehbehinderten Tochter (BFH 26.3.93, BStBl II 93, 749; s aber FG Köln 12.9.13 10 K 3945/12, BeckRS 2013, 96322).
- Mehraufwendungen für den behindertengerechten **Umbau eines Hauses** stellen nach neuerer Rspr des BFH stets eine aus tatsächlichen Gründen zwangsläufige Mehrbelastung dar, so dass die Erlangung eines Gegenwerts regelmäßig in den Hintergrund tritt, wenn, in Abkehr von der Entscheidung v 10.10.96 – III R 209/94 (BStBl II 97, 491), für die einzelne Maßnahme feststellbar ist, dass sie durch eine Krankheit bzw Behinderung verursacht ist. Die Mitbenutzung durch nichtbehinderte Familienangehörige stellt keinen realen Gegenwert dar (BFH 24.2.11 – VI R 16/10, DStR 11, 713; FG BaWü 6.4.11 – 4 K 2647/08: Treppenschräglift im Garten einer gehbehinderten Frau und FG Münster 18.9.12 – 11 K 3982/11 E, BeckRS 2012, 96463; nach BFH 6.2.14 – VI R 61/12, BStBl II 14, 458 ist der Treppenlift kein Hilfsmittel iSd Legaldefinition des § 33 Abs 1 SGB V, sodass kein formalisierter Nachweis der Zwangsläufigkeit erfolgen muss. Diese ist vielmehr nach den allgemeinen Beweisregeln zur Überzeugung des FG nachzuweisen).

81 – Kosten für die behinderungsbedingte Unterbringung in einer **betreuten Wohngemeinschaft** (BFH 23.5.02 – III R 24/01, BStBl II 02, 567). Aufwendungen für eine krankheitsbedingte Unterbringung eines Kindes in einem **Internat** sind ohne Nachweis der Zwangsläufigkeit durch amtsärztliches Gutachten oder die ärztliche Bescheinigung eines Medizinischen Dienstes der KV nicht abzugsfähig (FG Münster 18.1.12 – 11 K 317/09 E, EFG 12, 702, die eingelegte Revision wurde zurückgenommen).

– Zum Abzug der Aufwendungen von **Eltern erwachsener Behinderter** in vollstationärer **Heimunterbringung** s BMF 14.4.03, BStBl I 03, 360; die Frage ob aggressive Neigungen oder selbstschädigende Handlungen des Kindes als **seelische Behinderung** anzuerkennen und daher die auswärtigen Unterbringung eines an einer anderer Behinderung leidendenden Kindes iSd § 64 Abs 1 Nr 2 Buchst c EStDV in einer **Einrichtung der Jugendhilfe** erforderlich ist, bestimmt sich dabei nach dem Einzelfall (BFH 18.6.15 – VI R 31/14, BStBl II 16, 40; → Rn 1); zu **psychotherapeutischen Behandlungen** und der damit zusammenhängenden auswärtigen Unterbringung BFH 15.1.15 – VI R 85/13, BStBl II 15, 586; zum **behinderungsbedingten Mehraufwand** bei im Haushalt der Eltern wohnenden Kindern, die tagsüber in einer Werkstatt für Behinderte betreut werden, s BFH 6.5.03 – VIII B 178/02, BFH/NV 03, 1408; zu **Unterhaltsaufwendungen** BFH 11.2.10 – VI R 61/08, BFH/NV 10, 1326 **ohne Heimvertrag** FG Düsseldorf 21.2.12 – 10 K 2505/10 E, BeckRS 2012, 96426; die Revision ist entschieden, BFH 14.11.13 – VI R 21/12, BFH/NV 14, 832: der BFH hat offengelassen, ob eine Unterbringung in einem Heim iSd § 1 HeimG erforderlich ist, die krankheitsbedingte Unterbringung in einem Seniorenwohnstift aber als zwangsläufig iSd § 33 EStG angesehen.

– Von den Kosten für eine krankheitsbedingte Unterbringung in einem **Altenwohnheim** sind die **Haushaltsersparnis und** die **Pflegezulage abzuziehen** (BFH 14.11.13 – VI R 20/12, BStBl II 14, 456: eine zusätzliche Gewährung des Pauschbetrags würde andernfalls zu einer doppelten Berücksichtigung der in den Heimunterbringungskosten enthaltenen Kosten für Dienstleistungen führen). Abziehbar sind neben den Pflegekosten auch die auf **Unterbringung** und **Verpflegung** entfallenden Aufwendungen, soweit es sich um die normale Lebensführung übersteigende Kosten handelt; eine Aufteilung in Unterhaltskosten (§ 33a EStG) und Krankheitskosten (§ 33 EStG) lässt der BFH nicht zu (BFH 30.6.11 – VI R 14/10, DStR 11, 1755).

**Nicht abziehbar** sind die Aufwendungen des nicht pflegebedürftigen Stpfl, der mit seinem pflegebedürftigen Ehegatten in ein Wohnstift übersiedelt (BFH 15.4.10 – VI R 51/09, BStBl II 10, 794). Dies gilt auch für die gesondert in Rechnung gestellten Pflegesätze, die das Heim mit dem Sozialhilfeträger für pflegebedürftige Personen der sog Pflegestufe 0 vereinbart hat (BFH 10.5.07 – III R 39/05, BFH/NV 07, 1768; BMF 20.1.03, BStBl I 03, 89: erst ab Pflegestufe I; BMF 2.12.02, BStBl I 02, 1389). Ein ausschließlich krankheitsbedingter Aufenthalt in einem Altersheim ist jedenfalls dann noch nicht gegeben, wenn bei Berechnung des Pauschalentgelts keine zusätzlichen Kosten für Pflegeleistungen entstanden sind, kein Merkzeichen „H" oder „B" festgestellt ist und auch nach Aufschlüsselung des Heimentgelts im Folgejahr neben einem Entgelt für Unterkunft und Verpflegung sowie Intensivkosten kein Entgelt für Pflegeleistungen, sondern lediglich eine Betreuungspauschale für nicht pflegebedürftige Bewohner in Rechnung gestellt wurde (BFH 18.12.08 – III R 12/07, BFH/NV 09, 1102).

82 **e)** Neben dem Körperbehindertenpauschbetrag sind auch Aufwendungen für eine **Haushaltshilfe** abzugsfähig (**§ 35a Abs 2 EStG: 20 %** der Aufwendungen, höchstens **4000 €**). Dies gilt auch für **Pflege- und Betreuungsleistungen** (→ *Kindervergünstigungen* Rn 30 sowie → *Hauswirtschaftliches Beschäftigungsverhältnis* Rn 29).

83 **f)** Der **Pflegepauschbetrag** (§ 33b Abs 6 EStG: 924 €) kann von Pflegepersonen anstelle von einzeln nachgewiesenen oder glaubhaft gemachten außergewöhnlichen Belastungen gem § 33 EStG für die persönliche Pflege von Personen (auch bei nur zeitweise – zB am Wochenende – stattfindender Pflege, FG München 14.2.95, EFG 95, 722) gewährt werden, die nicht nur vorübergehend hilflos (→ Rn 74 aE) sind, wenn die Pflegeperson dafür **keine Einnahmen,** auch keine Pflegevergütung, erhält (BFH 21.3.02 – III R 42/00, BStBl II 02, 417). Die Pflegeperson darf das erhaltene Pflegegeld ausschließlich dazu verwenden, Aufwendungen des Pflegebedürftigen zu bestreiten (BFH 17.7.08 – III R 98/06,

BFH/NV 09, 131; s auch OFD Düsseldorf 8.3.04). Das von den Eltern eines behinderten Kindes für dieses empfangene **Pflegegeld** zählt nicht zu diesen Einnahmen (§ 33b Abs 6 Satz 2 EStG). Eine **sittliche Verpflichtung** zur Pflege im Rahmen der Gewährung des Pauschbetrages ist anzuerkennen, wenn eine enge persönliche Beziehung zu der gepflegten Person besteht, eine allgemeine sittliche Verpflichtung, zB Betreuung Aidskranker, reicht nicht aus (BFH 29.8.96, BStBl II 97, 199), wobei der Maßstab zur Bestimmung der sittlichen Verpflichtung im Rahmen des § 33 Abs 6 EStG nach weniger strengen Kriterien zu beurteilen ist als im Zusammenhang mit der Frage nach der Zwangsläufigkeit nach § 33 Abs 2 EStG, da insoweit nur existenziell notwendige private Abflüsse bei der subjektiven Leistungsfähigkeit berücksichtigt werden sollen, während § 33b Abs 6 EStG entscheidend auf die **tatsächliche Erbringung der Pflege** abstellt (BFH 21.1.05 – III B 85/04, BFH/NV 05, 1048). Werden allerdings einzeln nachgewiesene (tatsächliche) Aufwendungen im Rahmen des § 33 EStG geltend gemacht (hierzu gehören auch Unterbringungs- und Verpflegungskosten, soweit es sich um gegenüber der normalen Lebensführung entstehende Mehrkosten handelt; BFH 24.2.2000 – III R 80/97, BStBl II 2000, 294), muss die Übernahme der Pflege bei naher Angehöriger aus rechtlichen oder sittlichen Gründen zwangsläufig sein (BFH 22.10.96, BStBl II 97, 558). Die Zwangsläufigkeit der Pflegeleistungen entfällt nicht dadurch, dass die gepflegte Person das erhaltene Pflegegeld nicht an die Pflegerin weiterleitet (FG Brem 24.11.04 – 4 K 100/04, EFG 05, 365). Der Pflegepauschbetrag kann nur gewährt werden, wenn die Behinderung entsprechend den Vorgaben des § 65 Abs 2 EStDV nachgewiesen wird (→ Rn 74; BFH 20.2.03 – III R 9/02, BStBl II 03, 476). Der Pflegepauschbetrag ist ggf nach der Zahl der Stpfl, die tatsächlich Pflege leisten, aufzuteilen (BFH 14.10.97 – III R 102/96, BStBl II 98, 20). Zu PflegeVLeistungen → *Pflegeversicherungsleistungen* Rn 2 ff.

**g)** Ein **Steuerfreibetrag** besteht iHd Einnahmen für Pflege, Betreuung, Unterkunft und Verpflegung eines behinderten oder von Behinderung bedrohten Menschen, die ein Sozialleistungsträger für die Aufnahme in der Gastfamilie leistet. Auch Zahlungen durch die aufgenommene Person bleiben steuerfrei (§ 3 Nr 10 EStG). Nach § 3 Nr 11 EStG steuerfrei sind wegen Hilfsbedürftigkeit gewährte Bezüge aus öffentlichen Mitteln oder aus Mitteln einer öffentlichen Stiftung (→ *Beihilfeleistungen* Rn 12). Dazu gehören insbes die Leistungen zur Eingliederung Behinderter nach § 29 SGB I durch die Agenturen für Arbeit, gesetzliche KV, RV und UV, Versorgungsämter und Sozialhilfeträger. Bei Wehr-, Zivil- oder Kriegsdienstbeschädigten → *Erwerbsminderung* Rn 12. Steuerfrei sind auch **Zuschüsse** der Werkstätten für Behinderte zu den Fahrtkosten und zum Mittagessen (BMF 4.7.90, FR 90, 493) sowie die Hilfe zur Pflege gem §§ 61 ff SGB XII (vorher §§ 68, 69 BSHG), das Pflegegeld nach § 64 SGB XII (§ 3 Nr 11 EStG; → *Beihilfeleistungen* Rn 9–16) und die Leistungen nach Abschnitt 2 des Gesetzes über die Conterganstiftung für behinderte Menschen (BGBl I 09, 1537; EStH 3.0 Nr 3). 84

**4.** Bei **unentgeltlicher oder verbilligter Beförderung** von ArbN zwischen Wohnung und Arbeitsstätte bzw bei Zuschüssen zu diesen Fahrten kann der ArbGeb den darin liegenden Sachbezug bzw die Zuschüsse pauschal mit 15 % besteuern (§ 40 Abs 2 Satz 2 EStG; → *Lohnsteuerpauschalierung* Rn 38, 39). Die Bemessungsgrundlage für die **Pauschalierung** ist auf den Betrag beschränkt, den der ArbN als Werbungskosten geltend machen könnte (§ 9 Abs 2 EStG; → *Fahrten zwischen Wohnung und Arbeitsstätte* Rn 33). Bei Behinderten, deren GdB mindestens 70 oder 50 beträgt, wenn Letztere in ihrer Bewegungsfähigkeit im Straßenverkehr erheblich beeinträchtigt sind und sie diese Voraussetzungen durch amtliche Unterlagen nachweisen (§ 9 Abs 2 EStG), kann der ArbGeb die tatsächlichen Kosten als Bemessungsgrundlage für die Pauschalierung ansetzen. Im Gegenzug scheidet der Werbungskostenabzug durch den ArbN hinsichtlich der pauschal besteuerten Bezüge aus (§ 40 Abs 2 Satz 3 EStG). Bei einer Pauschalierung des Arbeitslohnes für Teilzeitbeschäftigte (→ *Teilzeitbeschäftigung* Rn 115) bleiben die pauschal besteuerten Bezüge (Fahrtkosten) außer Ansatz (§ 40 Abs 2 Satz 3 EStG). 85

**5. Steuervergünstigungen außerhalb des EStG. a) Erbschaft- und Schenkungsteuer.** Der Erwerber (Beschenkter oder Erbe), der infolge körperlicher oder geistiger Gebrechen und unter Berücksichtigung seiner bisherigen Lebensstellung als erwerbsunfähig anzusehen ist oder wegen Führung eines Haushalts mit erwerbsunfähigen Abkömmlingen 86 an der Ausübung einer Erwerbstätigkeit gehindert ist, unterliegt mit seinem Erwerb nicht der Erbschaft- und Schenkungsteuer, sofern der Wert zusammen mit seinem übrigen Vermögen 41 000 € nicht übersteigt. Bei Übersteigen wird die Steuer nur insoweit erhoben, als sie aus der Hälfte des die Wertgrenze übersteigenden Betrages gedeckt werden kann. Dies gilt nur, wenn es sich bei dem Erwerber um die Eltern, Adoptiveltern, Stiefeltern oder Großeltern des Erblassers oder Schenkers handelt (§ 13 Abs 1 Nr 6 Erbschaftsteuergesetz).

87 **b) Grundsteuer.** Nach § 36 Grundsteuergesetz ist bei Kriegsbeschädigten und anderen Körperbehinderten, die zum Erwerb oder zur wirtschaftlichen Stärkung ihres Grundbesitzes eine Kapitalabfindung aufgrund des BVG oder eine Grundrentenabfindung erhalten haben, zur Besteuerung diese Kapitalabfindung vom Einheitswert des betreffenden Grundstücks abzuziehen, solange die Rente wegen der Kapitalabfindung in der gesetzlichen Höhe gekürzt ist.

88 **c) Hundesteuer.** Die Gemeinden gewähren für Behinderte unter bestimmten Voraussetzungen regelmäßig eine Befreiung von der Hundesteuer.

89 **d) Kraftfahrzeugsteuer.** Die Steuerbefreiung bzw -ermäßigung steht dem Behinderten nur für ein auf ihn zugelassenes Fahrzeug und nur auf Antrag zu. Sie entfällt, wenn das Fahrzeug zur Beförderung anderer Personen oder Güter verwendet wird, außer es handelt sich um eine unentgeltliche oder gelegentliche Mitbeförderung von anderen Personen oder um Handgepäck des Körperbehinderten oder der zugelassenen Mitfahrer. Die Steuerbefreiung geht auch verloren, wenn das Kfz von anderen Personen zu Fahrten benutzt wird, die nicht im Zusammenhang mit der Fortbewegung oder der Haushaltsführung des Behinderten stehen. Darin kann zugleich eine Steuerhinterziehung liegen. Die Steuerermäßigung (50%) wird für ein Fahrzeug nur einmal gewährt und kann nicht durch zweimalige Inanspruchnahme (zB Fahrzeughalter und Ehegatte) zu einer völligen Steuerbefreiung führen.

90 **e) Umsatzsteuer.** Umsätze blinder Unternehmer, die nicht mehr als zwei ArbN beschäftigen (Ehegatten, minderjährige Kinder, Eltern und Lehrlinge gelten hier nicht als ArbN), sind steuerfrei. Ebenso sind bestimmte Umsätze von anerkannten Behindertenwerkstätten und deren Zusammenschlüssen von der Umsatzsteuer befreit (§ 4 Nr 19 UStG). Mittelbare Steuervergünstigungen für Behinderte ergeben sich aus der Steuerfreiheit der Umsätze im Rahmen der Kriegsopferversorgung (§ 4 Nr 15 UStG), der Umsätze von Pflegeheimen und der ambulanten Pflege unter bestimmten Voraussetzungen (§ 4 Nr 16a, d, e UStG), der Versehrtentransporte (§ 4 Nr 17b UStG) und der Leistungen bestimmter Wohlfahrtsverbände (§ 4 Nr 18 UStG). Außerdem gilt der ermäßigte Steuersatz (7%) für Lieferung und Vermietung von Fahrstühlen und ähnlichen Fahrzeugen für Kranke und Körperbehinderte sowie von orthopädischen Präparaten und Körperersatzstücken (§ 12 Abs 2 Nr 1 UStG; Nr 51/52 der Anlage 2 zum UStG).

91 **f) Bausparförderung und Vermögensbildung.** Die vorzeitige Verfügung über Bausparbeiträge, für die eine Wohnungsbauprämie gewährt wurde, ist dann prämienunschädlich, wenn der Sparer oder sein Ehegatte nach Vertragsschluss vollständig erwerbsunfähig geworden ist (GdB mindestens 95; § 2 Abs 2 Nr 3 WoPG). Entsprechendes gilt für die vorzeitige Verfügung über Sparbeiträge, für die eine ArbNSparzulage gewährt wurde (→ *Vermögenswirksame Leistungen* Rn 50, 56).

92 **6. Arbeitgeber.** Die Ausgleichsabgabe nach § 77 SGB IX (→ Rn 21 sowie → Rn 101) kann vom ArbGeb als Betriebsausgabe bei seiner Gewinnermittlung abgezogen werden. Dagegen kann eine evtl Geldbuße gem § 156 Abs 1 Nr 1 SGB IX (→ Rn 24) nicht als Betriebsausgabe abgesetzt werden (§ 4 Abs 5 Nr 8 EStG). Zu Pensionszusagen an Behinderte oder entsprechende Zuwendungen an Unterstützungskassen → *Betriebliche Altersversorgung* Rn 152 ff, 148 ff.

## C. Sozialversicherungsrecht *Ruppelt*

96 **1. Allgemeines.** Behinderte oder von Behinderung bedrohte Menschen erhalten Leistungen nach dem SGB IX, um ihre Selbstbestimmung und ihre volle, wirksame und gleichberechtigte Teilhabe am Leben in der Gesellschaft zu fördern, Benachteiligungen zu vermeiden oder ihnen entgegenzuwirken (§ 1 Satz 1 SGB IX idF des Bundesteilhabegesetzes – BTHG – vom 23.12.16, BGBl I 2016, 3234). Zu der Neubekanntmachung des SGB IX durch das BTHG vgl Personalbuch 2019 Behinderte Rn 96. Das für alle Rehabili-

tationsträger geltende neue Rehabilitations- und Teilhaberecht ist wie bisher Gegenstand des **Ersten Teils** des SGB IX. Im **Zweiten Teil** wird mit Wirkung ab 1.1.2020 die aus dem SGB XII herausgelöste und reformierte Eingliederungshilfe als „Besondere Leistungen zur selbstbestimmten Lebensführung für Menschen mit Behinderungen" neu geregelt. Vgl → *Teilhabe und Inklusion* Rn 25 ff; *Schneider* WzS 17, 67; *Schmachtenberg* NZS 18, 337.

**2. Begriff.** Nach der Neudefinition des § 2 Abs 1 SGB IX sind Menschen **behindert,** 97 wenn sie körperliche, seelische, geistige oder Sinnesbeeinträchtigungen haben, die sie in Wechselwirkung mit einstellungs- und umweltbedingten Barrieren an der gleichberechtigten Teilhabe an der Gesellschaft mit hoher Wahrscheinlichkeit länger als sechs Monate hindern können. Beeinträchtigungen idS liegen vor, wenn der Körper- und Gesundheitszustand von dem für das Lebensalter typischen Zustand abweicht. Es kommt nicht auf die Ursache der Behinderung an (angeboren, erworben, durch Unfall oder andere Schädigungen beruflicher bzw privater Art oder durch besondere altersmäßige Verschleißerscheinungen bedingt). Der Behindertenbegriff stellt geistige und seelische Beeinträchtigungen den körperlichen Beeinträchtigungen gleich (BSG 11.8.15 – B 9 SB 1/14 R, SozR 43250 § 69 Nr 21; LSG BaWü 20.7.18 – L 8 SB 1348/18, BeckRS 2018, 17405). **Schwerbehindert** ist der Behinderte, bei dem ein **Grad der Behinderung (GdB)** von wenigstens 50 vorliegt und der seinen Wohnsitz, gewöhnlichen Aufenthalt oder Arbeitsplatz rechtmäßig im Inland hat (§ 2 Abs 2 SGB IX). Die deutsche Staatsangehörigkeit ist nicht erforderlich. **Schwerbehinderten Menschen gleichgestellt** werden können Behinderte mit einem GdB von weniger als 50, aber wenigstens 30, wenn sie infolge ihrer Behinderung ohne die Gleichstellung einen geeigneten Arbeitsplatz iSd § 156 SGB XI nicht erlangen oder nicht behalten können (BSG 6.8.14 – B 11 AL 16/13 R, BSGE 116, 272). Für die Gleichstellungsentscheidung zuständig ist die Arbeitsverwaltung (→ Rn 9 ff).

**3.** Der **Grad der Behinderung** besagt nichts über die konkrete Leistungsfähigkeit des 98 Behinderten. Es handelt sich vielmehr um eine abstrakte Bewertung der vorliegenden Einschränkungen. Bei mehreren sich gegenseitig beeinflussenden Funktionsbeeinträchtigungen ist deren Gesamtauswirkung maßgeblich (§ 152 Abs 3 Satz 1 SGB IX), wobei eine Addition der durch die einzelnen Behinderungen hervorgerufenen GdB-Werte grds nicht erfolgt (BSG 30.9.09 – B 9 SB 4/08 R, SozR 4–3250 § 69 Nr 10; LSG BaWü 24.10.18 – L 3 SB 5/17, BeckRS 2018, 38169). Zur Feststellung des GdB sind die Vorgaben der Rechtsverordnung „Versorgungsmedizinische Grundsätze" (Anlage zu § 2 der VersorgungsmedizinVO vom 10.12.08, BGBl I 08, 2412 idF der 5. ÄnderungsVO vom 11.10.12) nach § 30 Abs 16 BVG heranzuziehen. Die 6. ÄnderungsVO ist bis 1.1.20 nicht in Kraft getreten. Zur Korrektur eines überhöht festgestellten GdB: BSG 17.4.13 – B 9 SB 6/12 R, SozR 4–1300 § 48 Nr 26. Zur Aufhebung der Feststellung wegen Heilungsbewährung: BSG 11.8.15 – B 9 SB 2/15 R, SozR 4–1300 § 48 Nr 31; LSG BaWü 19.11.18 – L 8 SB 3021/17, BeckRS 2018, 29951; 21.2.19 – L 6 SB 2892/18, BeckRS 2019, 2920.

**4.** Die **Zuständigkeit für das Feststellungsverfahren** obliegt der für die Durchfüh- 99 rung des BVG zuständigen Behörde (Versorgungsamt), in deren Bezirk der Behinderte im Zeitpunkt der Antragstellung seinen Wohnsitz oder gewöhnlichen Aufenthalt hat (§ 69 Abs 1 Satz 1 SGB IX). Zur Einleitung des Verfahrens ist ein **Antrag** des Behinderten erforderlich (§ 152 Abs 1 S 1 SGB IX). Für den Antragsteller gelten die allgemeinen sozialleistungsrechtlichen Mitwirkungspflichten nach § 66 SGB I (BSG 16.12.14 – B 9 SB 3/13 R, WzS 15, 151). Die Feststellung des GdB erfolgt in Zehnerschritten und nur, wenn die Behinderung allein oder im Zusammenwirken mit weiteren Behinderungen zu einem GdB von wenigstens 20 führt (§ 152 Abs 5 SGB IX). Eine rückwirkende Feststellung des GdB kann erfolgen, wenn hierfür ein besonderes Interesse glaubhaft gemacht ist (§ 152 Abs 1 S 2 SGB IX; LSG Thür 28.12.17 – L 5 SB 336/17 B, BeckRS 2017, 142145; LSG BaWü 21.2.19 – L 6 SB 4715/17, BeckRS 2019, 2922). Eine GdB-Feststellung ist nicht zu treffen, wenn eine Feststellung über das Vorliegen einer Behinderung und der dadurch verursachte GdB schon in einem Rentenbescheid, einer entsprechenden Verwaltungs- oder Gerichtsentscheidung oder einer vorläufigen Bescheinigung der für diese Entscheidungen zuständigen Dienststellen getroffen worden ist, es sei denn, dass ein Interesse an anderweitiger Feststellung glaubhaft gemacht wird (§ 152 Abs 2 S 1 SGB IX). Gegen den Bescheid ist binnen eines Monats seit Bekanntgabe der Widerspruch möglich. Bleibt dieser erfolglos, ist binnen Monatsfrist Klage vor dem **Sozialgericht** statthaft.

100 **5. Nachteilsausgleiche.** Sind neben dem Vorliegen der Schwerbehinderung weitere gesundheitliche Merkmale Voraussetzung für die Inanspruchnahme von Nachteilsausgleichen, so treffen die zuständigen Behörden auf Antrag die erforderlichen Feststellungen (§ 152 Abs 4 SGB IX). Nachteilsausgleiche finden ihre Rechtfertigung darin, dass behinderte Menschen, die auf Grund ihrer Behinderung benachteiligt sind, Anspruch auf bestimmte Ausgleichsleistungen bzw Minderbelastungen haben sollen. Den **Nachteilsausgleichen** sind **Merkzeichen** im Schwerbehindertenausweis nach Maßgabe von §§ 3 ff SchwbAwV zugeordnet. Der Entzug der Nachteilausgleiche ist bei Änderung der Verhältnisse möglich (LSG NdSBrem 26.9.18 – L 13 SB 89/16, BeckRS 2018, 31605). Zu den **steuerrechtlichen Vergünstigungen** durch die Nachteilsausgleiche → Rn 74 ff.

101 **a) Merkzeichen G** setzt neben dem GdB von mindestens 50 (Gleichstellung reicht nach § 151 Abs 3 SGB IX nicht aus) eine erhebliche Beeinträchtigung der Bewegungsfähigkeit im Straßenverkehr oder **Hilflosigkeit** oder **Gehörlosigkeit** voraus. Die erhebliche Beeinträchtigung der Bewegungsfähigkeit liegt nach § 229 Abs 1 Satz 1 SGB IX bei demjenigen vor, der infolge einer **Einschränkung des Gehvermögens,** auch durch innere Leiden, oder infolge von Anfällen oder von Störungen der Orientierungsfähigkeit nicht ohne erhebliche Schwierigkeiten oder nicht ohne Gefahren für sich oder andere Wegstrecken im Ortsverkehr zurückzulegen vermag, die üblicherweise noch zu Fuß zurückgelegt werden. Nach der Rspr handelt es sich dabei gds um Wege von 2 km Länge bei einer Fußwegdauer von 30 Minuten (LSG BaWü 24.10.18 – L 3 SB 2660/16, BeckRS 2018, 38207). Auch psychische Gehstörungen können zu einer erheblichen Beeinträchtigung der Bewegungsfähigkeit im Straßenverkehr führen, wenn die Voraussetzungen im Übrigen vorliegen (BSG 11.8.15 – B 9 SB 1/14 R, BeckRS 2015, 72730). Dass die Gehstrecke nur mit Schmerzen bewältigt werden kann, ist kein maßgebliches gesetzliches Beurteilungskriterium (LSG BaWü 24.3.17 – L 8 SB 3879/16, BeckRS 2017, 105469).

102 Der Nachteilsausgleich G berechtigt zur unentgeltlichen Beförderung im öffentlichen Personennahverkehr nach Maßgabe des § 228 SGB IX mit einer Eigenbeteiligung **oder** ermäßigt die Kfz-Steuer um 50 vH (§ 228 Abs 5 S 1 SGB IX, § 3a Abs 2 KraftStG). Welche Beförderungsmittel dem Begriff „Personennahverkehr" unterfallen, ergibt sich aus § 230 Abs 1 SGB IX. Freifahrtberechtigte Schwerbehinderte können alle **Nahverkehrszüge** der DB Regio AG und anderer Eisenbahnverkehrsunternehmen **bundesweit** nutzen. Die Vergünstigungen in der Kfz-Versicherung nach Maßgabe der Versicherungstarife und Hilfen zum Erreichen des Arbeitsplatzes (einkommensabhängige Zuschüsse oder Darlehen zum Erwerb einer Fahrerlaubnis und/oder eines Kfz) werden durch die Integrationsämter gewährt. Die Eigenbeteiligung zur unentgeltlichen Beförderung im Personennahverkehr richtet sich nach § 228 Abs 2 S 1 SGB IX und entfällt für Behinderte unter den besonderen Voraussetzungen des § 228 Abs 4 SGB IX (Leistungsbezieher nach SGB II oder SGB XII, blinde und/oder hilflose Schwerbehinderte). Der Nachteilsausgleich G berechtigt **nicht** zur Nutzung der besonders gekennzeichneten Schwerbehindertenparkplätze (Rollstuhlfahrersymbol). Parkerleichterungen können jedoch ggf durch die Straßenverkehrsbehörden nach § 46 Abs 1 Nr 11 StVO gewährt werden (→ Rn 108).

103 **b) Merkzeichen aG** setzt eine außergewöhnliche Gehbehinderung voraus. Schwerbehinderte mit außergewöhnlicher Gehbehinderung sind nach der Neudefinition des BTHG (§ 229 Abs 3 SGB IX) Personen mit einer erheblichen mobilitätsbezogenen Teilhabebeeinträchtigung, die einem Grad der Behinderung von mindestens 80 entspricht. Eine erhebliche mobilitätsbezogene Teilhabebeeinträchtigung liegt vor, wenn sich die schwerbehinderten Menschen wegen der Schwere ihrer Beeinträchtigung dauernd nur mit fremder Hilfe oder mit großer Anstrengung außerhalb ihres Kraftfahrzeuges bewegen können. Hierzu zählen insbesondere Schwerbehinderte, die aufgrund der Beeinträchtigung der Gehfähigkeit und Fortbewegung – dauerhaft auch für sehr kurze Entfernungen – aus medizinischer Notwendigkeit auf die Verwendung eines Rollstuhls angewiesen sind. Verschiedenste Gesundheitsstörungen (insbes Störungen bewegungsbezogener, neuromuskulärer oder mentaler Funktionen, Störungen des kardiovaskulären oder Atmungssystems) können die Gehfähigkeit erheblich beeinträchtigen. Diese sind als außergewöhnliche Gehbehinderung anzuse-

hen, wenn nach versorgungsärztlicher Feststellung die Auswirkung der Gesundheitsstörungen sowie deren Kombination auf die Gehfähigkeit dauerhaft so schwer ist, dass sie der anfangs genannten Beeinträchtigung gleich kommt (BayLSG 14.11.18 – L 18 SB 111/17, BeckRS 2018, 31986).

Der Nachteilsausgleich aG führt neben den Vergünstigungen des Nachteilsausgleichs G zur **Befreiung von der Kraftfahrzeugsteuer,** der Anerkennung von Kraftfahrzeugkosten für Privatfahrten als außergewöhnliche Belastung neben dem Pauschbetrag nach § 33b Abs 3 EStG, zur teilweisen Befreiung von Halte- und Parkbeschränkungen im Straßenverkehr und zur Berechtigung, besonders gekennzeichnete Schwerbehindertenparkplätze in Anspruch nehmen zu können (→ Rn 89 zur KFZ-Steuer). 104

**c) Merkzeichen H** ist auf Antrag nach § 3 Abs 1 Nr 2 SchwbAwV im Ausweis eines behinderten Menschen einzutragen, wenn dieser infolge der Behinderungen für die gewöhnlichen und regelmäßig wiederkehrenden Verrichtungen im Ablauf des täglichen Lebens in erheblichem Umfang dauernd fremder Hilfe bedarf (§ 33b Abs 6 EStG). Der Umfang der notwendigen Hilfe ist nur erheblich, wenn sie für zahlreiche Verrichtungen (An- und Auskleiden, Nahrungsaufnahme, Körperpflege, Toilettenbenutzung) erforderlich ist, nicht wenn der Behinderte nur für einzelne Verrichtungen fremder Hilfe bedarf. Insgesamt muss für die Hilfe bei den genannten Verrichtungen mindestens ein Zeitaufwand von zwei Stunden täglich erforderlich sein, nur in besonders ungünstig gelagerten Fällen kann auch ein zeitlich geringerer Hilfebedarf ausreichen (BayLSG 23.2.10 – L 15 SB 124/07, BeckRS 2010, 69434; LSG SchlHol 10.11.15 – L 2 SB 16/12, ZFSH/SGB 16, 148). 105

Der Nachteilsausgleich H berechtigt zur unentgeltlichen Beförderung im öffentlichen Personennahverkehr (bundesweit) ohne Eigenbeteiligung und zur Berücksichtigung eines Pauschbetrages als außergewöhnliche Belastung (§ 33b Abs 3 EStG). Er berechtigt ferner zur **Befreiung von der Kraftfahrzeugsteuer** und zum Beitragsnachlass in der Kfz-Versicherung.

**d) Weitere Nachteilsausgleiche.** Neben den genannten Nachteilsausgleichen sind für bestimmte Gruppen von Behinderten weitere Ausgleiche vorgesehen. **Blinde** Schwerbehinderte **(Merkzeichen BL)** sind als Unternehmer von der Entrichtung der Umsatzsteuer befreit, wenn nicht mehr als zwei ArbN beschäftigt werden (§ 4 Nr 19 UStG). Wer die Voraussetzungen des Nachteilsausgleichs G erfüllt und bei der Benutzung von öffentlichen Verkehrsmitteln infolge seiner Behinderung zur Vermeidung von Gefahren für sich oder andere regelmäßig auf fremde Hilfe angewiesen ist **(Merkzeichen B),** hat nach §§ 228 Abs 6 Nr 1, 229 Abs 2 SGB IX Anspruch auf unentgeltliche Beförderung auch der Begleitperson im öffentlichen Personenverkehr (auch Fernverkehr iSv § 230 Abs 2 SGB IX; LSG BaWü 22.2.18 – L 6 SB 4079/16, BeckRS 2018, 6580; 22.3.19 – L 8 SB 3550/18, BeckRS 2019, 6461). Gehörlose und Taub-Blinde Behinderte können weitere Nachteilsausgleiche in Anspruch nehmen (**Merkzeichen Gl** und **Merkzeichen TBL**). 106

**e)** Der **Nachteilsausgleich RF** berechtigt zur Ermäßigung des Fernseh-/Rundfunkbeitrags auf ein Drittel. Der Antrag ist beim ARD-ZDF-Deutschlandradio-Beitragsservice zu stellen, nachdem das Integrationsamt die gesundheitlichen Voraussetzungen des Nachteilsausgleichs RF anerkannt hat. Voraussetzung ist, dass der Behinderte aufgrund seines Leidens an öffentlichen Veranstaltungen ständig nicht teilnehmen kann. Die Rspr legt an diese Voraussetzung einen strengen Maßstab an (LSG SachsAnh 18.2.15 – L 7 SB 36/14, BeckRS 2015, 69265; BayLSG 14.11.18 – L 18 SB 84/18, BeckRS 2018, 31989). Darüber hinaus ist grds ein GdB von 80 erforderlich; für Seh- oder Hörbehinderte gelten Sondervorschriften (BSG 16.2.12 – B 9 SB 2/11 R, SozR 4–3250 § 69 Nr. 14). Teiweise bestehen in den jeweiligen Rundfunkstaatsverrägen geregelte landesrechtliche Besonderheiten (LSG BaWü 27.1.17 – L 8 SB 943/16, BeckRS 2017, 102178). 107

**f) Parkerleichterungen nach Straßenverkehrsrecht.** Behinderte mit einer **Conterganschädigung** oder vergleichbaren Funktionseinschränkungen können straßenverkehrsrechtlich die Berechtigung erhalten, auf Behindertenparkplätzen zu parken (§ 41 Abs 2 Nr 8 Satz 5 StVO). S auch → Rn 104). 108

Parkerleichterungen können darüber hinaus in Anspruch nehmen

- Schwerbehinderte mit den Merkzeichen G und B und einem GdB von wenigstens 80 allein für Funktionsstörungen an den unteren Gliedmaßen (und der Lendenwirbelsäule, soweit sich diese auf das Gehvermögen auswirken).

- Schwerbehinderte mit den Merkzeichen G und B und einem GdB von wenigstens 70 allein für Funktionsstörungen an den unteren Gliedmaßen (und der Lendenwirbelsäule, soweit sich diese auf das Gehvermögen auswirken) und gleichzeitig einen GdB von wenigstens 50 für Funktionsstörungen des Herzens oder der Atmungsorgane.
- Schwerbehinderte, die an Morbus Crohn oder Colitis ulcerosa erkrankt sind, wenn hierfür ein GdB von wenigstens 60 vorliegt.
- Schwerbehinderte Menschen mit künstlichem Darmausgang und zugleich künstlicher Harnableitung, wenn hierfür ein GdB von wenigstens 70 vorliegt.

Für die Vergabe der Ausnahmegenehmigungen sind die Straßenverkehrsbehörden der Länder zuständig.

109 **6. Beschäftigungspflicht und Ausgleichsabgabe.** Private und öffentliche ArbGeb mit jahresdurchschnittlich monatlich mindestens 20 Arbeitsplätzen im Sinne des § 156 SGB IX haben auf wenigstens 5 Prozent der Arbeitsplätze Schwerbehinderte (bzw Gleichgestellte) zu beschäftigen (§ 154 Abs 1 S 1 SGB IX). Wird die Pflichtquote nicht erreicht, ist eine Ausgleichsabgabe zu entrichten (§ 160 Abs 1 S 1 SGB IX). Einzelheiten → Rn 17 ff.

# Beihilfeleistungen

## A. Arbeitsrecht *Griese*

1 Als zusätzliche Vergütungsbestandteile kann der ArbGeb an seine ArbN oder deren Angehörige zu bestimmten Anlässen oder Gegebenheiten Beihilfen gewähren. Dazu gehören Sozialbeihilfen wie Heirats- und Geburtsbeihilfen, kinderbezogene Leistungen (*Kindervergünstigungen*), das *Sterbegeld,* Ausbildungsbeihilfen (*Ausbildungskosten*), Mietbeihilfen oder Beihilfen in speziellen Notsituationen. Ein Anspruch kann sich nur aus Tarifvertrag, Betriebsvereinbarung, gesamt- oder einzelvertraglicher Regelung oder dem Gleichbehandlungsgrundsatz ergeben. Gegen den Gleichbehandlungsgrundsatz verstößt zB § 29 Abschn B Abs 3 BAT-O, weil diese Bestimmung ArbN, die Kinder ihres eingetragenen Lebenspartners in ihren Haushalt aufgenommen hatten, den Anspruch auf den kinderbezogenen Entgeltbestandteil im Ortszuschlag verwehrte, während verheiratete ArbN, die das Kind ihres Ehepartners aufnahmen, den Zuschlag erhielten (BAG 18.3.10 – 6 AZR 156/09, MDR 10, 824; *Burgmer* jurisPR – ArbR 33/2010 Anm 3).

2 Da Beihilfen grds zum Entgelt gehören, greift das **Mitbestimmungsrecht** nach § 87 Abs 1 Nr 10 BetrVG (*Entgeltzahlungsformen*). Heirats- und Geburtsbeihilfen sind nach § 850a Nr 5 ZPO ohne Rücksicht auf die Höhe **unpfändbar,** es sei denn, dass die Forderung, wegen der vollstreckt wird, aus Anlass der Heirat oder Geburt entstanden ist.

## B. Lohnsteuerrecht *Seidel*

3 **1. Allgemeines.** Beihilfen und Unterstützungen des privaten ArbGeb an ArbN, die dazu dienen, die ArbN von Aufwendungen zu entlasten, gehören grds zum stpfl Arbeitslohn, unabhängig davon, ob sie in Form einmaliger oder wiederkehrender Zuwendungen, als Geld- oder Sachleistungen gewährt werden (*HMW*/Beihilfen Rz 1). Steuerfreiheit kommt nur im Rahmen von LStR 3.11 Abs 2 in Betracht (→ Rn 7 Notstandsbeihilfen). Dagegen sind Beihilfen, die aus öffentlichen Mitteln geleistet werden weitgehend steuerfrei, auch wenn sie im öffentlichen Dienst aus dem Verhältnis ArbGeb–ArbN heraus gezahlt werden (→ Rn 9). Diese Ungleichbehandlung von Beihilfen im öffentlichen und im privaten Dienst hält das BVerfG vor allem im Hinblick auf die Prüfungsvorkehrungen im öffentlichen Bereich für sachlich gerechtfertigt und daher mit dem GG für vereinbar (BVerfG 19.2.91, BVerfGE 83, 395; FR 91, 415; *Littmann/Handzik* § 3 Rz 371).

4 **2. Beihilfen aus privaten Mitteln.** Werden Beihilfen von privaten ArbGeb an ihre ArbN gezahlt, gehören sie grds zum stpfl Arbeitslohn. LStR 3.11 Abs 2 lässt sie aber dann steuerfrei, wenn die Unterstützungen dem Anlass nach gerechtfertigt sind, zB in Krankheits- und Unglücksfällen (→ Rn 7 Notstandsbeihilfen).

**ABC der privaten Beihilfen:** 5

**Ausbildungsbeihilfen** von ArbGeb sind stpfl Arbeitslohn (→ *Ausbildungsverhältnis* Rn 86, → *Berufsausbildungsförderung* Rn 4; öffentliche → Rn 10).

**Bekleidungszuschüsse** und

**Einkleidungsbeihilfen** → *Arbeitskleidung* Rn 24, 25.

**Erholungsbeihilfen** gehören zum stpfl Arbeitslohn, soweit sie nicht ausnahmsweise als Unterstützungen (Notstandsbeihilfen → Rn 7) anzusehen sind. Das gilt auch dann, wenn sie von einem Dritten gewährt werden und eine ausreichende Beziehung zwischen dem Dritten und dem ArbGeb es rechtfertigt, die Zahlung des Dritten als Arbeitslohn zu behandeln (LStH 3.11 mwN). Es besteht die Möglichkeit der Pauschalierung (§ 40 Abs 2 Nr 3 EStG; → *Lohnsteuerpauschalierung* Rn 34, 35.

**Essensgeldzuschüsse** (Essenmarken) → *Essenszuschuss* Rn 7 ff und → *Lohnsteuerpauschalierung* Rn 30–32. 6

**Fahrtkostenzuschuss** → *Arbeitnehmerbeförderung* Rn 13–14.

**Ferienbeihilfen** sind sowohl in Form von Bargeld als auch als kostenlose oder verbilligte Unterbringung in Erholungsheimen stpfl (Bewertung s LStH 8.1 (5–6) Erholungsheim).

**Geburtsbeihilfen** und

**Heiratsbeihilfen** sind seit 2006 nicht mehr steuerfrei.

**Kindergartenzuschuss** → *Betriebskindergarten* Rn 3 ff.

**Krankengeldzuschuss** → *Krankengeldzuschuss* Rn 2. Im Krankheitsfall an nichtbeamtete Versorgungsempfänger gezahlte Beihilfen stellen Bezüge aus früheren Dienstleistungen dar (§ 19 Abs 2 Satz 2 Nr 2 EStG; BFH 6.2.13 VI R 28/11, BStBl II 13, 572).

**Mietbeihilfen** sind stpfl Arbeitslohn (aber → *Umzugskosten* Rn 13, 14, 24).

**Notstandsbeihilfen** sind im Rahmen von LStR 3.11 Abs 2 unter der Voraussetzung steuerfrei, dass die Unterstützungen 7

(1) aus einer mit eigenen Mitteln des ArbGeb geschaffenen, aber von ihm unabhängigen und mit ausreichender Selbstständigkeit ausgestatteten Einrichtung, zB Unterstützungskasse, Hilfskasse für Fälle der Not und Arbeitslosigkeit gezahlt werden oder

(2) aus Beträgen gezahlt werden, die der ArbGeb dem BRat oder sonstigen Vertretern der ArbN zu dem Zweck überweist, aus diesen Beträgen Unterstützungen an die ArbN ohne maßgeblichen Einfluss des ArbGeb zu gewähren oder

(3) vom ArbGeb selbst nach Anhörung des BRat oder sonstiger Vertreter der ArbN gewährt und nach einheitlichen Grundsätzen bewilligt werden, denen die ArbNVertreter zugestimmt haben (LStR 3.11 Abs 2 Nr 1–3).

Beschäftigt der ArbGeb **weniger als fünf Arbeitnehmer,** brauchen diese Voraussetzungen nicht vorliegen. Die gewährten Unterstützungen sind bis zu 600 € je ArbN steuerfrei. Übersteigende Beträge sind aber auch dann steuerfrei, wenn sie aus Anlass eines – die Einkommensverhältnisse und den Familienstand des ArbN berücksichtigenden – besonderen Notfalls gegeben werden; drohende oder bereits eingetretene Arbeitslosigkeit begründet für sich keinen besonderen Notfall in diesem Sinn (LStR 3.11 Abs 2 Sätze 3–6). Der ArbGeb sollte in Zweifelsfällen Auskunft vom FA einholen (→ *Anrufungsauskunft* Rn 5 ff). Für diese Verwaltungsregelung ist eine eindeutige Rechtsgrundlage nicht erkennbar, sie wurde jedoch vom BVerfG nicht beanstandet (BVerfG 19.2.91, BVerfGE 83, 395; FR 91, 415; *Littmann/Handzik* § 3 Rz 386). Steuerfrei sind auch Beihilfen des ArbGeb zur Aufrechterhaltung und Erfüllung eines Beihilfeanspruchs nach beamtenrechtlichen Vorschriften (→ Rn 12) sowie zum Ausgleich von Beihilfeaufwendungen früherer ArbGeb im Falle der Beurlaubung oder Gestellung von ArbN oder des Übergangs des öffentlich-rechtlichen Dienstverhältnisses auf den privaten ArbGeb, wenn Versicherungsfreiheit in der gesetzlichen KV nach § 6 Abs 1 Nr 2 SGB V besteht (LStR 3.11 Abs 2 Satz 7; → *Krankenversicherungspflicht* Rn 20). Drohende oder bereits eingetretene Arbeitslosigkeit begründet für sich keinen Notfall iSd § 3 Nr 11 EStG (LStR 3.11 Abs 2 Satz 6). LStR 2015 3.11 Abs 3 definiert den Begriff „öffentliche Kassen".

**Sterbegeld** → *Sterbegeld* Rn 4–11. 8

**Streikunterstützung** → *Arbeitskampf (Vergütung)* Rn 24 ff.

**Studienbeihilfen** → Ausbildungsbeihilfen Rn 5.

**Übergangsbeihilfen** des privaten ArbGeb sind Arbeitslohn (s aber → *Übergangsgeld/Überbrückungsgeld* Rn 8 ff). Zu Übergangsbeihilfen und -geldern aufgrund gesetzlicher Vorschriften → Rn 15.

**Unterstützungskassenleistungen** sind stpfl, soweit es sich nicht um eine der vorstehend genannten steuerfreien Beihilfen handelt (insbes Notstandsbeihilfen → Rn 7).

9 3. **Beihilfen aus öffentlichen Mitteln** sind idR steuerfrei. Dies gilt insbes für Beihilfen des Bundes, der Länder, Gemeinden, Gemeindeverbände und sonstiger öffentlich-rechtlicher Körperschaften oder aus Mitteln einer öffentlichen Stiftung, die wegen Hilfsbedürftigkeit oder als Beihilfe für Zwecke der Erziehung, Ausbildung, Forschung, Wissenschaft oder Kunst gewährt werden (§ 3 Nr 11 und 44 EStG).

10 **ABC der Beihilfen aus öffentlichen Mitteln:**

**Arbeitslosengeld** → *Arbeitslosengeld* Rn 4–10.

**Arbeitslosengeld II** → *Arbeitslosengeld II* Rn 5, 6.

**Ausbildungsbeihilfen** aus öffentlichen Mitteln sind nach § 3 Nr 11 EStG steuerfrei. Dazu gehören Leistungen nach dem Bundesausbildungsförderungsgesetz (BAföG), des Bundespolizeibeamtengesetzes und der entsprechenden Leistungen der Beamtengesetze der Länder (→ *Berufsausbildungsförderung* Rn 5). Dagegen sind die Unterhaltszuschüsse an Beamte im Vorbereitungsdienst (Anwärter, Referendare) nicht steuerfrei. Unter § 3 Nr 11 EStG fallen auch nicht nachträgliche Zahlungen bei Eintritt in das Dienstverhältnis oder Beihilfen zur Fertigung einer Habilitationsschrift, da diese der Fortbildung dient (EStH 12).

**Berufsausbildungsbeihilfen** nach §§ 56 ff SGB III sind nach § 3 Nr 2 EStG steuerfrei (→ *Berufsausbildungsförderung* Rn 4).

11 **Blockbeschulung.** Die nach landesrechtlichen Vorschriften gewährten Zuschüsse an Auszubildende, die infolge der Blockbeschulung auswärts wohnen, sind nach § 3 Nr 11 EStG steuerfrei (*HMW*/Beihilfen Rz 26).

**Elterngeld** → *Elterngeld* Rn 6, 7.

**Erziehungsbeihilfen** aus öffentlichen Mitteln sind nach § 3 Nr 11 EStG steuerfrei (→ Ausbildungsbeihilfen Rn 10).

**Essensgeldzuschüsse** → Rn 6 (Essenmarken).

**Flüchtlingsbeihilfen** sind nach § 3 Nr 7 EStG steuerfrei.

**Forschung** (→ Rn 14, Stipendien).

12 **Hilfsbedürftigkeit.** Hilfsbedürftig sind Personen, die infolge ihres körperlichen, geistigen oder seelischen Zustandes oder ihrer wirtschaftlichen Lage auf die Hilfe anderer angewiesen sind (§ 53 Satz 1 Nr 1 AO). Daher sind **Leistungen nach dem SGB XII** (früher Bundessozialhilfegesetz) sowie **Zuschüsse des Jugendamts für Pflegeeltern** nach § 3 Nr 11 EStG steuerfrei (EStH 3.11), nicht aber, wenn der Zuschuss direkt an die Tagesmutter ausgezahlt wird (FG RhPf 5.12.02 – 4 K 2835/01, DStRE 03, 769). Unter diese Vorschrift fallen

- **Beihilfen** an Beamte und Richter in Krankheits-, Geburts- oder Todesfällen nach den **Beihilfevorschriften** des Bundes oder der Länder sowie Unterstützungen in besonderen Notfällen auch dann, wenn die genannten Beihilfen an ArbN von Körperschaften, Anstalten oder Stiftungen des öffentlichen Rechts aufgrund von Beihilfevorschriften bzw -grundsätzen oder Unterstützungsvorschriften bzw -grundsätzen des Bundes oder der Länder oder aufgrund von entsprechenden Regelungen geleistet werden (LStR 3.11 Abs 1 Nr 1 und 2) sowie
- Beihilfen und Unterstützungen an ArbN von Verwaltungen, **Unternehmen** und Betrieben, die sich **überwiegend in öffentlicher Hand** befinden, sind steuerfrei, wenn (a) die Verwaltungen, Unternehmen und Betriebe einer staatlichen oder kommunalen Aufsicht und Prüfung ihrer Finanzgebahrung bzgl der Entlohnung und der Gewährung von Beihilfe unterliegen und (b) die Entlohnung sowie die Gewährung von Beihilfen und Unterstützungen ausschließlich nach den für ArbN des öffentlichen Dienstes geltenden Vorschriften und Vereinbarungen geregelt sind (LStR 3.11 Abs 1 Nr 3).

Befinden sich die Unternehmen **nicht überwiegend in öffentlicher Hand,** zB staatlich anerkannte Privatschulen, so sind die Beihilfen und Unterstützungen steuerfrei, wenn

- hinsichtlich Entlohnung, Reisekostenvergütung und Gewährung von Beihilfen nach den für den öffentlichen Dienst geltenden Regelungen verfahren wird,
- die für Bundes- oder Landesverwaltung maßgeblichen Vorschriften über die Haushalts-, Kassen- und Rechnungsführung beachtet werden und

das Unternehmen der Prüfung durch den Bundes- oder Landesrechnungshof unterliegt (LStR 3.11 Abs 1 Nr 4). Liegen diese Voraussetzungen nicht vor, kann trotzdem eine Steuerfreiheit der Beihilfen in Betracht kommen, soweit die Mittel aus einem öffentlichen Haushalt stammen und ihre Verwendung einer gesetzlich geregelten Kontrolle unterliegt (LStH 3.11; BFH 15.11.83, BStBl II 84, 113; s auch BFH 18.5.04 – VI R 128/99, BFH/NV 05, 22 zum Umfang der steuerfreien Auszahlung von Beihilfen in Krankheitsfällen an ArbN eines teilweise mit öffentlichen Mitteln finanzierten Vereins). Beihilfen an Mitarbeiter einer GmbH, deren Alleingesellschafter eine Körperschaft des öffentlichen Rechts ist, sind nicht steuerfrei (FG Münster 28.2.96, EFG 96, 687). Beitragsnachlässe einer gesetzlichen Krankenkasse gegenüber ihren DO-Angestellten fallen nicht unter § 3 Nr 11 EStG (BFH 28.10.04 – VI B 176/03, BFH/NV 05, 205; DStRE 05, 142).

**Kinderbeihilfen und Kinderzuschläge** aufgrund der Besoldungsgesetze, besonderer Tarife oder ähnlicher Vorschriften sind nicht steuerfrei (§ 3 Nr 11 Satz 2 EStG). 13

**Kindergeld** → *Kindergeld* Rn 4 ff.

**Kunst.** Beihilfen aus öffentlichen Mitteln zur Förderung von Wissenschaft oder Kunst sind nach § 3 Nr 11 EStG steuerfrei, wenn sie unmittelbar diesem Zweck dienen, zB für Sachaufwand an Forschungsmitteln, Apparaten, Büchern, Miete, Reisekosten, Stoffe sowie zur Bezahlung von Hilfskräften. Darin enthaltene Beträge zur Deckung des Lebensbedarfs sind auszusondern (BFH 27.4.06 – IV R 41/04, BStBl II 06, 755; *Schmidt/Heinicke* § 3 ABC: Förderung der Kunst und Wissenschaft); s auch unten Stipendien.

**Mobilitätsbeihilfen** nach §§ 54 ff SGB III sind gem § 3 Nr 2 EStG steuerfrei.

**Mutterschaftsgeld** → *Mutterschaftsgeld* Rn 3 ff.

**Pflegesätze,** die für die Unterbringung von Kindern in einem **Kinderhaus** gezahlt werden, sind keine Beihilfen iSd § 3 Nr 11 EStG (BFH 23.9.98 – XI R 11/98, BStBl II 99, 133). Dies gilt auch für Pflegeentgelte aus öffentlichen Mitteln, die für die Betreuung geistig behinderter Jugendlicher gezahlt werden (FG NdS 30.9.02 – 1 K 56/98, EFG 03, 287); aber → *Behinderte* Rn 78.

**Sozialhilfeleistungen** sind nach § 3 Nr 11 EStG steuerfrei (→ Rn 12 Hilfsbedürftigkeit). § 3 Nr 11 EStG ist ab 1.1.09 jedoch nicht mehr anwendbar auf laufende Geldleistungen, die eine Tagespflegeperson nach § 23 SGB VIII erhält (BMF 20.5.09, BStBl I 09, 642).

**Stipendien** zur unmittelbaren Förderung der Forschung sind nach § 3 Nr 44 EStG steuerfrei, soweit sie auf die persönliche Lebensführung des Empfängers entfallen (BFH 20.3.03 – IV R 15/01, BStBl II 04, 190; EStR 3.44), Stipendien zur Förderung der wissenschaftlichen oder künstlerischen Ausbildung in vollem Umfang, vorausgesetzt, sie werden unmittelbar aus öffentlichen Mitteln oder von zwischenstaatlichen oder überstaatlichen Einrichtungen, denen die Bundesrepublik als Mitglied angehört, gewährt oder es handelt sich um Stipendien von einer Einrichtung, die von einer Körperschaft des öffentlichen Rechts errichtet ist oder verwaltet wird, oder sie werden von einer Körperschaft, Personenvereinigung oder Vermögensmasse iSd § 5 Abs 1 Nr 9 KStG gegeben. Der Empfänger darf im Zusammenhang mit dem Stipendium nicht zu einer bestimmten wissenschaftlichen oder künstlerischen Gegenleistung oder bestimmten ArbNTätigkeit verpflichtet sein (§ 3 Nr 44b EStG). S auch OFD Frankfurt/Main 12.8.14, BeckVerw 289002. 14

**Studienbeihilfen** → Ausbildungsbeihilfen Rn 10 und Stipendien. 15

**Übergangsbeihilfen** bzw **Übergangsgelder** nach §§ 12, 13, 37 SoldatenversorgungsG sowie das Entlassungsgeld aufgrund des G zu Art 131 GG sind nach § 3 Nr 10 EStG aF bis 10 800 € bei Zeitsoldaten weiterhin steuerfrei, wenn das Dienstverhältnis vor dem 1.1.06 begründet worden ist (§ 52 Abs 4 Satz 3 EStG). Zum stpfl Arbeitslohn gehören dagegen die Übergangsgebührnisse und Ausgleichsbeträge nach §§ 11 und 11a SoldatenG, das Übergangsgeld beim Ausscheiden der auf Zeit berufenen Wahlbeamten sowie das Übergangsgeld für ausscheidende Bundes- und Landesminister (s Personalbuch 2008). Nach § 3 Nr 1c EStG sind Übergangsgelder an Rentenempfänger, nach § 3 Nr 3 solche nach § 48 BeamtenversorgungsG, nach § 3 Nr 60 EStG Übergangsbeihilfen für entlassene ArbN in der Eisen- und Stahlindustrie steuerfrei (→ *Übergangsgeld/Überbrückungsgeld* Rn 8 ff).

**Waisenbeihilfe** aus der gesetzlichen UV (→ Rn 21, 22) ist gem § 3 Nr 1a EStG steuerfrei. 16

**Wissenschaft** (→ Rn 13, 14, Kunst und Stipendien).

**Witwenbeihilfe** aus der gesetzlichen UV (→ Rn 20, 22) ist gem § 3 Nr 1a EStG steuerfrei.

**C. Sozialversicherungsrecht** *Schlegel*

17 **1. Beitragspflichtiges Arbeitsentgelt** sind Beihilfeleistungen des ArbGeb, die zusätzlich zum Lohn/Gehalt gewährt werden, wenn und soweit die Beihilfeleistungen der LStPflicht unterliegen. Negativ formuliert: Nicht dem (beitragspflichtigen) Arbeitsentgelt in der SozV und der ArblV zuzurechnen sind Beihilfeleistungen dann, wenn und soweit sie lohnsteuerfrei sind.

18 **a) Heirats- und Geburtsbeihilfen** sind seit Aufhebung des § 3 Nr 15 EStG nicht mehr lohnsteuerfrei und damit in dieser Höhe seither beitragspflichtiges Arbeitsentgelt iSd § 14 SGB IV.

19 **b) Erholungsbeihilfen,** die der ArbGeb seinen ArbN in einer größeren Zahl von Fällen gewährt, sind gem § 1 Abs 1 Nr 3 SvEV nicht dem Arbeitsentgelt zuzurechnen, wenn die nach § 40 Abs 2 Nr 3 EStG zulässige Pauschalbesteuerung vom ArbGeb durchgeführt wird.

20 **2. Sozialrechtliche Beihilfen** sind die Witwen- und Waisenbeihilfe in der gesetzlichen UV.

**a) Witwenbeihilfe** iHv 40 vH des JAV erhalten die Witwe oder der Witwer eines Schwerverletzten (MdE 50 vH und mehr) als einmalige Zuwendung, wenn sie keinen Anspruch auf Witwenrente aus der UV hat, weil der Tod des Schwerverletzten nicht Folge eines Arbeitsunfalles war (§ 71 Abs 1 SGB VII).

21 **b) Waisenbeihilfe** wird einmalig entsprechend § 71 Abs 1 und 2 SGB VII gezahlt, wenn zur Zeit des Todes des Schwerverletzten eine Witwe oder ein Witwer nicht vorhanden ist, die Vollwaise mit dem verstorbenen Elternteil in häuslicher Gemeinschaft gelebt hat und von diesem überwiegend unterhalten worden ist. Bei mehreren Waisen ist die Waisenbeihilfe gleichmäßig zu verteilen (§ 71 Abs 3 SGB VII). Hintergrund der Witwen- und Waisenbeihilfe ist, dass Schwerverletzte wegen des geminderten Verdienstes nach der gesetzlichen Vorstellung oft nicht so wie Gesunde für den Todesfall Vorsorge treffen können; dies soll durch die Beihilfeleistungen ausgeglichen werden.

22 **c) Laufende Witwen- und Waisenbeihilfe** kann an Stelle der einmaligen Beihilfe nach § 71 Abs 1–3 SGB VII gewährt werden, wenn der Verletzte, der länger als zehn Jahre eine Rente aus der gesetzlichen UV nach einer MdE um 80 vH oder mehr bezogen hat, nicht an den Folgen eines Arbeitsunfalles gestorben ist und wenn dadurch die Versorgung der Hinterbliebenen um mindestens 10 vH gemindert ist (§ 71 Abs 4 SGB VII).

## Beitragsbemessungsgrenzen

**A. Arbeitsrecht** *Griese*

1 Der ArbGeb ist für die Berechnung und Abführung des GesamtSozVBeitrages nach § 28e SGB IV verantwortlich (BAG 16.6.04 – 5 AZR 521/03, NZA 04, 1274). Er hat dabei die Beitragsbemessungsgrenzen (zum Begriff und Einzelheiten → Rn 5) zu beachten.

Der ArbGeb haftet insoweit nicht nur der zuständigen Krankenkasse als Einzugsstelle des SozVBeitrags (§ 28h Abs 1 SGB IV) für die korrekte Beachtung der Beitragsbemessungsgrenzen; er haftet ebenso gegenüber dem ArbN. Wird daher ein ArbN durch fehlerhafte Anwendung der Beitragsbemessungsgrenzen geschädigt, etwa durch Abführung von zu niedrigen Beitragsanteilen zur RV und erleidet er dadurch einen entsprechenden, nicht reparablen Versorgungsschaden, so ist der ArbGeb dem ArbN wegen **Pflichtverletzung** gem § 280 BGB **schadensersatzpflichtig** (→ *Sozialversicherungsbeiträge* Rn 5 ff; BAG 30.4.08 – 5 AZR 725/07, NZA 08, 884). Dabei ist von einem Verschulden des ArbGeb regelmäßig auszugehen, da für den ArbGeb die Pflicht besteht, sich bzw die damit im Unternehmen beauftragten Mitarbeiter mit den Bestimmungen des SozVRechts umfassend vertraut zu machen und Auskünfte einzuholen. Insbes besteht in Zweifelsfällen für den ArbGeb die Möglichkeit, eine **Auskunft der Einzugsstelle** (Krankenkasse) nach § 28h Abs 2 SGB IV iVm § 15 Abs 1 u 2 SGB I einzuholen. Der ArbGeb wird einen Fahrlässigkeitsvorwurf am besten vermeiden können, wenn er darlegen und beweisen kann, dass er eine solche Auskunft eingeholt und befolgt hat (BAG 11.10.89 – 5 AZR 585/88, NZA 90, 309).

Wird ein ArbN dadurch geschädigt, dass der ArbGeb durch grob fahrlässige und fehlerhafte Anwendung der Beitragsbemessungsgrenzen zu hohe Beiträge zur SozV abführt, kann der ArbN den ihm zu viel abgezogenen Beitragsanteil im Wege der Nettolohnklage verlangen (BAG 21.12.2016 – 5 AZR 266/16, NZA 17, 531 Rn 20; → *Sozialversicherungsbeiträge* Rn 3 ff). Schadensersatzansprüche des ArbN können durch ein **Mitverschulden** des ArbN nach § 254 BGB gemindert oder ausgeschlossen sein. Eine außerplanmäßige Erhöhung der Beitragsbemessungsgrenze durch den Gesetzgeber führt nicht zu einer Regelungslücke bei einer auf der Beitragsbemessungsgrenze basierenden Versorgungsordnung, in extremen Fällen kann eine **Anpassung wegen Störung der Geschäftsgrundlage nach § 313 BGB in Betracht kommen** (BAG 23.4.13 – 3 AZR 475/11, NZA 13, 1275). 2

## B. Lohnsteuerrecht *Seidel*

**1. Bedeutung.** Eine eigenständige Bedeutung kommt den Beitragsbemessungsgrenzen der SozV im Steuerrecht nicht mehr zu. Zur Auswirkung bei der LStBescheinigung → *Lohnsteuerbescheinigung* Rn 23. 3

**2.** Schadensersatzleistungen wegen eines **Versorgungsschadens** aufgrund fehlerhafter Anwendung der Beitragsbemessungsgrenze in der RV (→ Rn 2 sowie → *Sozialversicherungsbeiträge* Rn 7) erhöhen nach Eintritt des Rentenfalls die von der gesetzlichen RV zu leistende Rente. Diese Leistungen unterliegen mE wie die Rente aus der gesetzlichen RV der Besteuerung beim ArbN (Rentner) und nicht der LSt (§§ 24 Nr 1a, 22 Nr 1 Satz 3a) aa) EStG; → *Altersrente* Rn 8 ff). Zur Nachholung bei zu niedrig abgeführten Beiträgen, wenn diese dem ArbN nicht mehr nachbelastet werden können → *Sozialversicherungsbeiträge* Rn 19, 20. 4

## C. Sozialversicherungsrecht *Schlegel*

**I. Versicherungspflicht- und Beitragsbemessungsgrenzen. 1. Renten- und Arbeitslosenversicherung.** In der RV und ArblV gibt es **keine Versicherungspflichtgrenze.** Vielmehr sind in der RV und ArblV abhängig Beschäftigte auch dann versicherungspflichtig, wenn sie ein sehr hohes Arbeitsentgelt beziehen. Allerdings werden auch in der RV und ArblV Beiträge aus dem Arbeitsentgelt (§§ 159, 162 Nr 1 SGB VI, § 342 SGB III jeweils iVm § 14 SGB IV) nur bis zur **Beitragsbemessungsgrenze** erhoben. Das Arbeitsentgelt ist nur bis zu dieser Grenze versichert und Bemessungsgrundlage für etwaige Leistungen. 5

Die Beitragsbemessungsgrenze ist in der RV und ArblV gleich hoch (§§ 159, 161 Abs 2 SGB VI, § 341 SGB III). Zu den aktuellen Beitragsbemessungsgrenzen → Rn 22 f. 6

**2. Krankenversicherung. a) Allgemeines.** In der KV und PflegeV gibt es sowohl eine Versicherungspflichtgrenze, die sog Jahresarbeitsentgeltgrenze (JAEGrenze, dazu unter → Rn 8), als auch eine Beitragsbemessungsgrenze (→ Rn 16). Bis Ende 2002 waren beide Grenzen gleich hoch; seit 1.1.03 gilt dies nur noch für Versicherte, die Bestandsschutz genießen. 7

**b) Jahresarbeitsentgeltgrenze. aa) Versicherungspflicht- und Friedensgrenze.** Die Geringfügigkeitsgrenze (§ 7 SGB V iVm § 8 SGB IV) bildet für abhängig Beschäftigte die „Untergrenze" oder den „Schwellenwert" zur Versicherungspflicht, die **Jahresarbeitsentgeltgrenze** (JAEGrenze) jedoch – anders als bei der RV – und ArblV – auch eine Obergrenze der Versicherungspflicht. Nach § 6 Abs 1 Nr 1 SGB V sind ArbN versicherungsfrei, wenn ihr **regelmäßiges Jahresarbeitsentgelt** (*Jahresarbeitsentgelt*) die JAEGrenze übersteigt. 8

Die JAEGrenze ist damit derjenige Wert, bei dem nach den Vorstellungen des Gesetzgebers der Versicherungszwang in der KV enden soll. In der Praxis verläuft hier die **„Friedensgrenze"** zwischen gesetzlicher und privater Krankenversicherung (PKV). Wer die JAEGrenze überschreitet, kann zwischen der privaten KV in der PKV und einer freiwilligen Mitgliedschaft in der gesetzlichen KV (GKV) wählen. 9

10 **bb) Regelung bis Ende 2002.** Bis Ende 2002 war die JAEGrenze einheitlich für alle abhängig Beschäftigten gleich hoch wie die für die KV geltende Beitragsbemessungsgrenze. Sie betrug 75 vH der Beitragsbemessungsgrenze der RV der Arbeiter und Angestellten.

11 **cc) Regelung seit 1.1.2003 für Versicherte mit Bestandsschutz.** Ab 2003 wurde die BBG in der RV von 4500 €/Monat auf zunächst 5100 €/Monat angehoben. Dieser Anstieg hätte bei vielen ArbN, die in der KV bisher wegen Überschreitens der JAEGrenze versicherungsfrei waren, zur Begründung der Versicherungspflicht geführt. Das BeitragssatzsicherungsG vom 23.12.02 (BGBl I 02, 4637) schreibt daher die bisherige JAEGrenze für **„Altfälle"** (Versicherte mit Bestandsschutz) auf dem bisherigen Niveau fort. Für Versicherte, die am 31.12.02 wegen Überschreibens der JAEGrenze versicherungsfrei und bei einem privaten KVUnternehmen in einer substitutiven KV („Vollversicherung") versichert waren gilt die Regelung des § 6 Abs 7 SGB V. Die Grenze wird jährlich angepasst. Zum aktuellen Wert → Rn 22.

12 Diese ArbN nahmen aus Gründen des Bestands- und Vertrauensschutzes nicht an der einmaligen drastischen Erhöhung der Beitragsbemessungsgrenze der RV und damit mittelbar der JAEGrenze zum 1.1.03 teil, vielmehr orientierte sich die JAEGrenze für sie am bisherigen Niveau und wird ausgehend von diesem Niveau seither fortgeschrieben (§ 6 Abs 7 Satz 2 iVm § 6 Abs 6 Satz 2 SGB V). – Zu der aktuellen JAEGrenze des § 6 Abs 7 SGB V vgl → Rn 22.

13 **dd) Regelung seit 1.1.2003 für Versicherte ohne Bestandsschutz – Normalfall:** Für alle übrigen ArbN gilt gem § 6 Abs 6 SGB V seit 2003 eine höhere JAEGrenze. Damit sollte die Friedensgrenze zwischen der KGV und der privaten Versicherung zugunsten der GKV verschoben und eine Risikoselektion zulasten der GKV (junge, gesunde Alleinstehende zur privaten KV – alte, kranke und Familien zur GKV) vermieden werden (BT-Drs 15/28 S 26f zu Art 1 Nr 1 Buchst c). Seit 2004 wird auch diese Grenze (wie in der RV) entsprechend der Bruttolohnentwicklung angepasst (§ 6 Abs 6 Satz 2 SGB V). Für die unter § 6 Abs 6 SGB V fallenden Versicherten fallen Beitragsbemessungs- und JAEGrenze also auseinander. – Zu der aktuellen JAEGrenze des § 6 Abs 6 SGB V vgl → Rn 22.

14 Die Neuregelung (§ 6 Abs 6 SGB V) gilt für alle Personen, die am 31.12.03 nicht wegen Überschreitens der JAEGrenze versicherungsfrei und bei einem privaten KV-Unternehmen versichert waren.

15 **ee) Gestaltungsmöglichkeiten bei Überschreiten der Jahresarbeitsentgeltgrenze.** Wer wegen Überschreitens der JAEGrenze aus der Versicherungspflicht ausscheidet, hat das Recht, seine Mitgliedschaft als **freiwillige Mitgliedschaft** fortzusetzen, sofern er vor dem Ausscheiden mindestens 12 Monate ununterbrochen versichert war (§ 9 Abs 1 Nr 1 SGB V). Die Mitgliedschaft wird in den Fällen des § 6 Abs 4 SGB V kraft Gesetzes als freiwillige Versicherung fortgesetzt, falls der Versicherte nicht innerhalb von zwei Wochen nach Hinweis der Krankenkasse auf die Austrittsmöglichkeit seinen Austritt erklärt (§ 190 Abs 4 SGB V; zu den Voraussetzungen BSG 25.2.97 – 12 RK 51/96, SozR 2500 § 6 Nr 15). Alternativ können sich diese Personen auch privat versichern.

16 **c) Beitragsbemessungsgrenze. aa) Allgemeines.** Von der JAEGrenze ist begrifflich die Beitragsbemessungsgrenze der KV zu unterscheiden. Trotz unterschiedlicher JAEGrenzen für verschiedene Versichertengruppen (→ Rn 8) gilt für sämtliche in der KV Versicherten (Pflichtmitglieder und freiwillige Mitglieder) eine einheitliche Beitragsbemessungsgrenze. Diese beträgt pro Tag 1/360-tel der JAEGrenze des § 6 Abs 7 SGB V (§ 223 Abs 3 SGB V). Zu den aktuellen Werten → Rn 22f. Durch das Gesetz zur Rechtsangleichung in der gesetzlichen KV vom 22.12.99 (BGBl I 99, 2657) wurde § 309 Abs 1 SGB V geändert. Für alle Vorschriften der KV, die an die Beitragsbemessungsgrenze oder die Bezugsgröße (§ 18 SGB IV) anknüpfen, gilt daher seit 1.1.01 ein **bundeseinheitlicher Wert.** Dh im Ergebnis gelten für die KV und PflegeV in den alten und neuen Bundesländern seit 1.1.01 keine unterschiedlichen Beitragsbemessungsgrenzen mehr (BT-Drs 14/1977 S 182 zu Art 1 Nr 126a Buchst a). Diese Regelung gilt nur für die KV und mittelbar für die PflegeV, soweit sich die Versicherungspflichtgrenze durch Bezugnahme auf Vorschriften der KV ergibt.

17 **bb) Überschreiten der Beitragsbemessungsgrenze in einzelnen Monaten.** Im Beitragsrecht gilt Folgendes: Laufend gezahltes Arbeitsentgelt kann beitragsrechtlich nur dem Lohnabrechnungszeitraum (idR Kalendermonat) zugerechnet werden, für den es

gezahlt wird. Wenn und soweit das für einen bestimmten Kalendermonat gewährte Arbeitsentgelt die monatliche Beitragsbemessungsgrenze übersteigt, bleibt es beitragsfrei. Eine Zuordnung des „überschießenden" Betrages auf noch nicht voll mit Beiträgen belegte Abrechnungszeiträume in der Vergangenheit ist ausgeschlossen. Anderes gilt für Einmalzahlungen. Diese werden zwar auch in demjenigen Kalendermonat zur Beitragszahlung herangezogen, in dem sie zur Zahlung fällig geworden sind. Übersteigen sie in diesem Kalendermonat zusammen mit dem laufenden Arbeitsentgelt die monatliche Beitragsbemessungsgrenze, können sie nach Maßgabe des § 23a SGB IV jedoch unter bestimmten Umständen auch noch auf nicht voll mit Beiträgen belegte Abrechnungszeiträume des laufenden bzw in Ausnahmefällen (sog Märzklausel, § 23a Abs 4 SGB IV) des Vorjahres zugeordnet werden (BSG 14.5.02 – B 12 KR 15/01 R, SozR 3–2400 § 23 Nr 2; → *Einmalzahlungen* Rn 28 ff).

**cc) Rangfolge der Einnahmearten bei Ermittlung der Beitragsbemessungsgrenze.** Hat ein versicherungspflichtig Beschäftigter neben dem Arbeitsentgelt noch andere beitragspflichtige Einnahmen (zB Arbeitseinkommen aus selbstständiger Tätigkeit, Rente), bedarf es in der **Kranken- und Pflegeversicherung** einer Regelung, in welcher Reihenfolge die verschiedenen Einnahmearten zur Beitragsberechnung heranzuziehen sind, wenn die Beitragsbemessungsgrenze nur bei einer Zusammenrechnung einzelner Einnahmen überschritten wird. § 230 SGB V trifft demgemäß für die vier Einnahmearten (Arbeitsentgelt, Rente, Versorgungsbezüge und Arbeitseinkommen) folgende Regelung: Erreicht das Arbeitsentgelt nicht die Beitragsbemessungsgrenze, werden nacheinander der Zahlbetrag der Versorgungsbezüge und das Arbeitseinkommen des Mitglieds bis zur Beitragsbemessungsgrenze berücksichtigt (§ 230 Satz 1 SGB V). Diese drei Einnahmen bilden eine Gruppe. Eine zweite Gruppe bildet der Zahlbetrag einer daneben gezahlten Rente aus der RV. Auch wird dieser zunächst getrennt von den Einnahmen der ersten Gruppe bis zur Beitragsbemessungsgrenze berücksichtigt (§ 230 Satz 2 SGB V). Es erfolgt damit eine Beitragserhebung bis zur doppelten Beitragsbemessungsgrenze; Hintergrund dessen sind Praktikabilitätsgesichtspunkte aus der Sicht der RVTräger. Um zu gewährleisten, dass im Ergebnis Beiträge nur einmal bis zur Beitragsbemessungsgrenze erhoben werden, trifft § 231 SGB V eine Erstattungsregelung. 18

**dd) Sonderregelung für unständig Beschäftigte.** Unständig Beschäftigte (zum Begriff vgl *Aushilfskräfte*) werden zur Beitragsentrichtung mit dem gesamten innerhalb eines Kalendermonats erzielten Arbeitsentgelt bis zu 1/12 der Jahresbeitragsbemessungsgrenze auch dann herangezogen, wenn in diesem Kalendermonat beschäftigungs- und entgeltlose Tage liegen (§ 232 Abs 1 SGB V). Die Vorschrift stellt somit eine Ausnahme von § 223 Abs 1 SGB V dar: Auch beschäftigungs- und entgeltlose Tage werden beitragsrechtlich nicht ausgeklammert. Sofern neben dem Arbeitsentgelt noch andere beitragspflichtige Einnahmen vorhanden sind, gelten die §§ 226–231 SGB V. Bestehen während eines Kalendermonats unständige Beschäftigungen bei verschiedenen ArbGeb, gilt die Sonderregelung des § 232 Abs 2 SGB V, wonach bei einer Überschreitung der Beitragsbemessungsgrenze durch die Summe der einzelnen Arbeitsentgelte eine anteilige Heranziehung der Arbeitsentgelte zur Beitragspflicht stattfindet. Eine entsprechende Regelung trifft § 163 Abs 1 Satz 1 SGB VI für die RV. Die Bestimmung beitragspflichtiger Einnahmen von unständig Beschäftigten setzt in der RV nicht voraus, dass sie ihre Beschäftigung „berufsmäßig" ausüben (BSG 31.3.17 – B 12 KR 16/14 R, NZS 2017, 784). 19

**3. Pflegeversicherung.** Nach § 1 Abs 2 SGB XI ist in der sozialen PflegeV versicherungspflichtig, wer versicherungspflichtiges Mitglied der KV ist (§ 20 Abs 1 Satz 1 SGB XI). Wer nach § 6 Abs 1 Nr 1 SGB V in der KV versicherungsfrei ist und sich für die private KV entschieden hat, muss auch einen privaten PflegeVVertrag abschließen (§ 1 Abs 2 Satz 2 SGB XI). Wer sich dagegen in der KV freiwillig versichert hat, ist in der PflegeV pflichtversichert (§ 1 Abs 2 SGB XI) und zahlt Beiträge zur PflegeV bis zur Beitragsbemessungsgrenze. Diese entspricht der Beitragsbemessungsgrenze der GKV (§ 55 Abs 2 SGB XI). Eine freiwillige PflegeV ist nur in der Form der Weiterversicherung möglich (§ 26 SGB XI). 20

**4. Wertguthaben.** Ein in der Freistellungsphase auszuzahlender Teil eines Wertguthabens gilt beitragsrechtlich als nur in diesem Zeitraum erzielt; allein er ist Anknüpfungspunkt für 21 die Beitragsbemessung, ohne dass es darauf ankommt, ob der Beitragsbemessung während der Arbeitsphase bereits Arbeitsentgelt bis zur Beitragsbemessungsgrenze zugrunde gelegt wurde und nur darüber hinausgehendes Entgelt in das Wertguthaben eingegangen ist (BSG 20.3.13 – B 12 KR 7/11 R, BSGE 113, 144, Rz 25 f). Entgeltbestandteile etc, die in eine Wertguthaben einfließen, gelten erst im Zeitpunkt der Auszahlung in der Freistellungsphase als erzielt, so dass sie auch erst dann fällig werden; so wird eine doppelte Beitragsbelastung vermieden. Der Umstand, dass im Zeitpunkt der tatsächlicher Erarbeitung aus sonstigen Entgeltbestandteilen, die nicht ins Wertguthaben eingeflossen sind, bereits Beiträge bis zur Beitragsbemessungsgrenze gezahlt worden sind, steht der Beitragspflicht der Zahlung in der Freistellungsphase nicht entgegen.

22 **II. Aktuelle Werte – Beitragsbemessungsgrenzen.**

| | für das Kj 2019 jährlich | monatlich | für das Kj 2020 jährlich | monatlich |
|---|---|---|---|---|
| **1. Allgemeine RV und ArblV** | | | | |
| alte Bundesländer | 80.400 | 6.700 | 82.800 | 6.900 |
| neue Bundesländer | 73.800 | 6.150 | 77.400 | 6.450 |
| **2. Knappschaftliche RV** | | | | |
| alte Bundesländer | 98.400 | 8.200 | 101.400 | 8.450 |
| neue Bundesländer | 91.200 | 7.600 | 94.800 | 7.900 |
| **3. KV und PflegeV** | | | | |
| alte und neue Bundesländer | 54.450 | 4.537,50 | 56.250 | 4.687,50 |

23 **III. Aktuelle Werte – Jahresarbeitsentgeltgrenzen der Krankenversicherung.**

| | für das Kj 2019 jährlich | für das Kj 2020 jährlich |
|---|---|---|
| § 6 Abs 7 SGB V („Altfälle") | 54.450 | 56.250 |
| § 6 Abs 6 SGB V | 60.750 | 62.550 |

Zu den Werten 2020 vgl VO vom 17.12.2019, BGB I 2848; Werte 2019 vgl VO vom 27.11.2018, BGBl I 2024.

## Bereitschaftsdienst

### A. Arbeitsrecht

*Poeche*

1 **1. Begriff.** Bereitschaftsdienst leistet ein ArbN, der sich innerhalb oder außerhalb seiner regelmäßigen Arbeitszeit an einer vom ArbGeb bestimmten Stelle aufzuhalten hat, um auf Abruf unverzüglich (ohne schuldhaftes Zögern iSv § 121 BGB) seine Arbeit aufzunehmen. Er wird als Aufenthaltsbeschränkung umschrieben, verbunden mit der Verpflichtung, bei Bedarf tätig zu werden (BAG 31.5.01 – 6 AZR 171/00, ZTR 02, 173; BVerwG 22.1.09 – 2 C 90/07, NZA 09, 733). Insoweit unterscheidet er sich von der *Rufbereitschaft,* bei der sich der ArbN an einem Ort eigener Wahl aufhalten kann, von dem aus er bei Bedarf tätig wird. Gelegentlich definieren Tarifverträge als Bereitschaftsdienst nur die Zeiten, während der der ArbN sich zur Arbeitsaufnahme an seinem üblichen Arbeitsplatz aufzuhalten hat. Für die Abgrenzung von *Arbeitsbereitschaft* und Bereitschaftsdienst ist entscheidend, dass sich der ArbN bei ersterer zur Arbeit bereithalten muss, um erforderlichenfalls von sich aus tätig zu werden, während er beim Bereitschaftsdienst „auf Anforderung" den Dienst aufnehmen muss (BAG 12.12.12 – 5 AZR 877/12, BeckRS 2013, 68693).

2 **2. Öffentliches Arbeitszeitrecht. a) Allgemeines.** Seit dem 1.1.04 gehört Bereitschaftsdienst zur **Arbeitszeit** iSv § 2 Abs 1 ArbZG (G vom 24.12.03; BGBl I 03, 3002). Die gesetzliche Änderung (Streichung des Wortes Bereitschaftsdienst in dem die Ruhezeit regelnden § 5) beendete einen langjährigen Streit über die Vereinbarkeit des deutschen Arbeitszeitrechts mit der Arbeitszeitrichtlinie 93/104/EG (abgelöst durch die Richtlinie 2003/88/EG). Es gelten grds die gesetzlichen Arbeitszeitgrenzen. Bereitschaftsdienst ist bei

der Mindestdauer der gesetzlichen Ruhepausen zu berücksichtigen (BAG 16.12.09 – 5 AZR 157/09, NZA 10, 505). Häufig kommt es zu Abgrenzungsproblemen, etwa wenn ein Dienst als Rufbereitschaft angeordnet wird, es sich aber tatsächlich um Bereitschaftsdienst handelt, weil der Aufenthaltsort wegen der kurzen Zeitspanne, die dem ArbN zur Aufnahme der Arbeit zugebilligt wird, nicht frei bestimmt werden kann. So sind 20 Minuten zu kurz, um von einer freien Bestimmbarkeit des Aufenthaltsortes ausgehen zu können (BAG 31.1.02 – 6 AZR 214/00, BeckRS 2002, 40880). Dies gilt erst recht bei Vorgabe einer Zeitspanne von 8 Minuten (EuGH 21.2.18 – C-518/15, Matzak NZA 18, 293).

**b) Abweichungen.** Bereitschaftsdienst belastet den ArbN geringer als eine „normale" Vollarbeit; er wird **Arbeitsbereitschaft** gleichgestellt. In einem **Tarifvertrag** oder aufgrund eines Tarifvertrags in einer Betriebs- oder Dienstvereinbarung kann deshalb von den §§ 3 und 6 Abs 2 ArbZG abgewichen werden. Die werktägliche Arbeitszeit kann nach § 7 Abs 1 iVm Abs 8 ArbZG mit Zeitausgleich über zehn Stunden verlängert werden, wenn in die Arbeitszeit regelmäßig und in erheblichem Umfang Arbeitsbereitschaft oder Bereitschaftsdienst fällt (→ *Arbeitsbereitschaft* Rn 3). Unter dieser Voraussetzung kann die Arbeitszeit **ohne Zeitausgleich** nach § 7 Abs 2a ArbZG auf mehr als zehn Stunden verlängert werden, wenn zusätzlich durch besondere Regelungen sichergestellt ist, dass die Gesundheit der ArbN nicht gefährdet wird (BAG 23.6.10 – 10 AZR 543/09, NZA 10, 1081). Die Verlängerung der Arbeitszeit bedarf nach § 7 Abs 7 ArbZG der schriftlichen Einwilligung des ArbN. Der ArbN kann seine Einwilligung schriftlich mit einer Frist von einem Monat widerrufen. Der ArbGeb darf den ArbN nicht benachteiligen, weil dieser entweder nicht einwilligt oder seine Einwilligung später widerruft. Soweit die kollektivrechtliche Regelung keine flankierenden Maßnahmen zur Gewährleistung des Gesundheitsschutzes enthält, darf die durchschnittliche wöchentliche Arbeitszeit von 48 Stunden nicht überschritten werden (EuGH 14.10.10 – C-243/09, NZA 10, 1344). Der ArbGeb hat die ArbN, die sich mit einer verlängerten Arbeitszeit einverstanden erklärt haben, aufzuzeichnen (§ 16 Abs 2). 3

**3. Privates Arbeitszeitrecht.** Auf das private Arbeitszeitrecht wirkt sich die Änderung des ArbZG nur teilweise aus. Die Auslegung von Arbeitsverträgen, Betriebsvereinbarungen und Tarifverträgen bestimmt sich nach allgemeinen Grundsätzen, ua nach den Definitionen der Parteien. Folgen hat die gesetzliche Zuordnung von Bereitschaftsdienst zur Arbeitszeit grds nur, wenn Leistungspflichten des ArbN oder Beteiligungsrechte in Frage stehen. Für die arbeitsvertraglichen Entgeltansprüche ist dies idR unerheblich (BAG 14.10.04 – 6 AZR 564/03, DB 05, 834 s aber auch → Rn 7; BAG 12.3.08 – 4 AZR 616/06, NJOZ 08, 4189). 4

**a) Pflicht zum Bereitschaftsdienst.** Der ArbN ist zur Leistung von Bereitschaftsdienst nur bei gesonderter vertraglicher/tariflicher Grundlage verpflichtet, wobei seine Verpflichtung durch die Höchstgrenzen des ArbZG begrenzt wird (BAG 14.10.04 – 6 AZR 564/03, DB 05, 834). Der ArbGeb hat einen danach zulässigen Dienst unter Beachtung der Grundsätze billigen Ermessens (§ 106 GewO, § 315 BGB) festzulegen, dh, die beiderseitigen Interessen sind bei Abwägung der wesentlichen Umstände angemessen zu berücksichtigen. Kein Raum für eine gesonderte Überprüfung auf Billigkeit und Rechtsmissbrauch besteht, wenn bereits Tarif- oder Arbeitsvertrag das Ermessen des ArbGeb beschränken und Bereitschaftsdienst nur unter bestimmten Voraussetzungen zulassen (BAG 12.2.92 – 4 AZR 314/91, NZA 92, 661). Der Dienst zwischen dem Ende der täglichen Arbeitszeit und dem Beginn der Arbeitszeit des folgenden Tages kann teils als Überstunden und teils als Bereitschaftsdienst angeordnet werden. Dem ArbGeb steht im Rahmen des gesetzlichen, tarifvertraglichen und einzelvertraglich Zulässigen frei, zwischen Rufbereitschaft, Bereitschaftsdienst oder Überstunden zu wählen (BAG 25.4.07 – 6 AZR 799/06, NZA 07, 1108). Unwirksam ist eine Anordnung von Bereitschaftsdienst, wenn der ArbGeb nicht konkret verdeutlicht, wodurch sich der Bereitschaftsdienst vom eigentlichen Dienst unterscheidet (LAG RhPf 2.11.95 – 7 Sa 593/95, BB 96, 1672: Anordnung von einer Stunde Bereitschaftsdienst „zwischen 23.00 Uhr und 3.00 Uhr" bei einer Nachtschicht von zehn Stunden). Dem Balanceakt vieler **Teilzeitbeschäftigter** zwischen Beruf und Familie trägt die Neuregelung des Bereitschaftsdienstes im **öffentlichen Dienst** Rechnung. Bereitschaftsdienst darf nur bei einer entsprechenden arbeitsvertraglichen Vereinbarung oder im Einzelfall mit Zustimmung des ArbN angeordnet werden, § 6 Abs 5 TVöD/TdL. 5

6 **b) Anspruch auf Bereitschaftsdienst.** Ein Anspruch des ArbN auf Heranziehung zu einem praktizierten Bereitschaftsdienst besteht regelmäßig nicht; er kann sich aber aus betrieblicher Übung ergeben (BAG 13.11.86 – 6 AZR 567/83, NZA 87, 635 [LS] = AP Nr 27 zu § 242 BGB betriebliche Übung: Schulhausmeister für die Dauer außerschulischer Veranstaltungen im Schulgebäude; ebenfalls zu möglichen Anspruchsgrundlagen: LAG RhPf 12.6.19 – 6 Sa 38/19, BeckRS 2019, 20576). Der ArbGeb muss anfallende Bereitschaftsdienste nach billigem Ermessen verteilen und darf ArbN nicht grundlos ausschließen (LAG Bln 16.1.97 – 7 Sa 68/96, BeckRS 1997, 30891185).

7 **c) Gegenleistung des Arbeitgebers. aa) Entgelt.** Dem ArbN steht für die Zeit des Bereitschaftsdienstes wegen der besonderen Art der Arbeitsleistung ein Anspruch auf Vergütung zu. Bereitschaftsdienst ist vergütungspflichtige Arbeit iSd § 611 Abs 1 BGB (BAG 29.6.16 – 5 AZR 716/15, BeckRS 2016, 73397; 19.11.14 – 5 AZR 11001/12, BeckRS 2014, 74316). Für diese Sonderform der Arbeit kann eine gesonderte Vergütungsregelung getroffen und ein geringeres Entgelt als für Vollarbeit vorgesehen werden. Ist dies nicht der Fall, ist iZ die für die Vollarbeit vereinbarte Vergütung zu zahlen. Sie wird allerdings regelmäßig unter Berücksichtigung der erfahrungsgemäß tatsächlich anfallenden Arbeit pauschaliert. Fehlt es an einer ausdrücklichen Vergütungsabrede, bestimmt sich die Höhe nach der üblichen Vergütung (§ 612 Abs 2 BGB). Bei einer **Eingruppierung,** die sich nach dem zeitlichen Umfang der anfallenden Tätigkeiten des ArbN richtet, ist Bereitschaftsdienst zu berücksichtigen (BAG 29.11.01 – 4 AZR 736/00, NZA 02, 1288). Keine Pflicht besteht, einem **Chefarzt mit Liquidationsrecht** eine Bereitschaftsdienstpauschale zu zahlen, die nachgeordnete Ärzte erhalten (BAG 31.5.01 – 6 AZR 171/00, NZA 02, 351 (Ls)). Im **Betriebsrentenrecht** ist je nach Versorgungsordnung die Vergütung für Arbeitsbereitschaft, nicht aber die für Bereitschaftsdienst versorgungsfähig (BAG 14.10.98 – 3 AZR 377/97, NZA 99, 876). Str ist, ob für Zeiten des Bereitschaftsdienstes der gesetzliche **Mindestlohn** zu zahlen ist. Nachdem das BAG (19.11.14 – 5 AZR 1001/12, BeckRS 2014, 74316) dies bereits zum Mindestlohn nach der PflegeArbbV bejaht hat, hat es wenig später auch entschieden, dass Bereitschaftsdienst mit dem gesetzlichen Mindestlohn zu vergüten ist (BAG 11.10.17 – 5 AZR 591/16, NZA 18, 32; 29.6.16 – 5 AZR 716/15, BeckRS 2016, 73397). Denn das MiLoG unterscheidet nicht nach dem Grad der tatsächlichen Inanspruchnahme und enthält keine entsprechende Staffelung (ebenfalls bejahend: *Lakies* ArbRAktuell 15, 389; BeckOK ArbR/*Greiner* MiLoG § 1 Rn 73; aA *Thüsing/Hütter* NZA 15, 970). Wird in **vorformulierten Vertragsbedingungen** eine Pauschalvergütung für Sonderformen der Arbeit wie Arbeitsbereitschaft, Bereitschaftsdienst und Rufbereitschaft vorgesehen, ist diese unwirksam, wenn sich aus dem Arbeitsvertrag nicht ergibt, welche Arbeitsleistung in welchem zeitlichen Umfang von ihr erfasst werden soll (BAG 18.11.15 – 5 AZR 751/13, NZA 16, 487). Ordnet der ArbGeb rechtswidrig Bereitschaftsdienst an, etwa unter Verstoß gegen das ArbZG, hat dies nicht zur Folge, dass diese Zeit vergütungsrechtlich wie volle Arbeitszeit zu behandeln ist. (BAG 16.10.13 – 10 AZR 9/13, NZA 14, 264; LAG BlnBbg 19.6.14 – 26 Sa 147/14, 26 Sa 170/14, BeckRS 2014, 73728). Ein weiterer Vergütungsanspruch kommt aber dann in Betracht, wenn der ArbN während des Bereitschaftsdienstes in solchem Umfang Arbeit leistet, dass eine volle Arbeitsleistung oder jedenfalls ein krasses Missverhältnis iSd § 138 BGB zwischen der Arbeitsleistung während des Bereitschaftsdienstes und der hierfür gezahlten Vergütung angenommen werden kann (BAG 24.3.11 – 6 AZR 796/09, NZA 11, 698).

8 **bb) Freizeitausgleich.** Soweit die arbeitsvertragliche Regelung vorsieht, dass Bereitschaftszeiten statt in Geld durch Freizeit ausgeglichen werden können (zB § 12 Abs 4 TV-Ärzte/VKA), kann der Freizeitausgleich während der gesetzlichen **Ruhezeit** erfolgen (BAG 22.7.10 – 6 AZR 78/09, NZA 10, 1194 Anm *Winzer* ArbRAktuell 10, 397). Freizeitausgleich heißt, dass der ArbGeb den ArbN bezahlt von seiner Arbeitspflicht freistellt; die Soll-Arbeitszeit wird insoweit reduziert. Die gesetzliche Ruhezeit iSv § 5 ArbZG muss nicht „unbezahlt" sein. Der **Umfang** des Freizeitausgleichs richtet sich nach der vom ArbN geschuldeten Arbeitszeit. Dazu gehören nicht nur Zeiten tatsächlicher Arbeitsleistung, sondern auch innerhalb der regelmäßigen Arbeitszeit liegende Bereitschaftszeiten (BAG 17.3.10 – 5 AZR 296/09, NZA 11, 367; Anm *Frahm* ArbRAktuell 10, 271). Kann Bereitschaftsdienst nur mit Zustimmung des ArbN durch Freizeit ausgeglichen werden, enthält die

widerspruchslose Entgegennahme der Freizeit konkludent sein Einverständnis (BAG 17.12.09 – 6 AZR 716/08, AP TVöD § 8 Nr 9; Anm *Salomon* ArbRAktuell 10, 124).

**cc) Nachteilsausgleich.** Nach der Rspr des BAG erwirbt der ArbN auch dann keinen höheren Entgeltanspruch, wenn er unter Verstoß gegen die EU-Arbeitszeitrichtlinie eingesetzt worden ist (BAG 14.10.04 – 6 AZR 564/03, DB 05, 834). An dieser Rspr wird das BAG für den öffentlichen Dienst nicht festhalten können. Nach der Rspr des EuGH besteht ein Anspruch auf „Schadensersatz" (in Geld oder Freizeit), wenn der ArbGeb den Beschäftigten über die nach EU-Recht höchst zulässige Wochenarbeitszeit von 48 Stunden zur Arbeit heranzieht (EuGH 25.11.10 – C-429/09, NZA 11, 53). Das BVerwG hat aus dieser Entscheidung (beamteter Feuerwehrmann mit 54 Wochenstunden einschließlich Bereitschaftsdienst) bereits die Konsequenzen gezogen (BVerwG 29.9.11 – 2 C 32.10, NVwZ 12, 643). Die Beamten haben Anspruch auf Freizeitausgleich für die Zeitüberschreitungen. Der Bereitschaftsdienst ist voll zu berücksichtigen. 9

**d) Verhalten während der Bereitschaft.** Der ArbN kann die Zeit während der Bereitschaft nach Belieben nutzen. In seinem Verhalten hat er sich allerdings auf die mögliche Arbeitsaufnahme einzustellen (Alkoholverbot). 10

**4. Mitbestimmungsrechte** des BRat bestehen bei Einführung und Gestaltung von Bereitschaftsdienst nach § 87 Abs 1 Nr 3 BetrVG (BAG 29.2.2000 – 1 ABR 15/99, NZA 2000, 1243; zur Beteiligung des Personalrats BVerwG 16.11.99 – C P 9/98, NZA-RR 2000, 446). Die Bestimmungen des ArbZG sind insoweit zu beachten. Die Mitbestimmung erstreckt sich nicht auf Regelungen über die im Betrieb zulässige Höchstarbeitszeit und die arbeitszeitrechtliche Zuordnung von Bereitschaftsdienst (BAG 22.7.03 – 1 ABR 28/02, NZA 04, 507). 11

## B. Lohnsteuerrecht *Seidel*

**1. Lohnzuschläge.** Lohnzuschläge, die für Bereitschaftsdienst gezahlt werden, gehören grds zum stpfl Arbeitslohn (→ *Entgeltzuschläge* Rn 13). Dies gilt für Mehrarbeits- bzw Zeitzuschläge bei (ärztlichem) Bereitschaftsdienst auch soweit sie auf einen Sonntag, Feiertag oder die Nachtzeit entfallen (BFH 24.11.89, BStBl II 90, 315). Zuschläge für Sonntags-, Feiertags- und Nachtarbeit sind nur unter bestimmten engen gesetzlichen Voraussetzungen steuerfrei (→ *Sonn- und Feiertagsarbeit* Rn 17 ff; zu Mischzuschlägen → *Sonn- und Feiertagsarbeit* Rn 23). 16

**2. Fahrten zwischen Wohnung und erster Tätigkeitsstätte (seit 2014).** Fahrten zwischen Wohnung und erster Tätigkeitsstätte, die während des Bereitschaftsdienstes zusätzlich anfallen, können nicht mehr als **Werbungskosten** geltend gemacht werden (BFH 20.3.92, BStBl II 92, 835). Näheres → *Fahrten zwischen Wohnung und Arbeitsstätte* Rn 24, 25. In der Zurverfügungstellung eines Dienstfahrzeugs während der Dauer der Rufbereitschaft liegt kein Arbeitslohn (BFH 25.5.2000 – VI R 195/98, BStBl II 2000, 690; → *Dienstwagen* Rn 18 und → *Rufbereitschaft* Rn 11). Zum Fahrtkostenersatz bzw -zuschuss durch den ArbGeb → *Arbeitnehmerbeförderung* Rn 7 ff, zur diesbezüglichen Pauschalierungsmöglichkeit → *Lohnsteuerpauschalierung* Rn 38, 39. 17

## C. Sozialversicherungsrecht *Voelzke*

**1. Versicherungs- und Beitragsrecht.** Bei der Feststellung der **Jahresarbeitsentgeltgrenze,** deren Überschreiten gem § 6 Abs 1 Nr 1 SGB V zur Versicherungsfreiheit in der KV führt (→ *Jahresarbeitsentgelt* Rn 7), sind die in den nächsten zwölf Monaten zu erwartenden Einnahmen aus dem Beschäftigungsverhältnis einschließlich der Vergütungen anzurechnen, die für einen regelmäßig anfallenden Bereitschaftsdienst bzw Rufbereitschaft gezahlt werden (BSG 9.12.81 – 12 RK 19/81, BeckRS 1981, 30708536). Dabei ist grds von der im Vorjahreszeitraum vom Beschäftigten oder einem vergleichbaren ArbN durchschnittlich erzielten Vergütung auszugehen, es sei denn, es ist eine nicht nur vorübergehende Änderung der Schätzungsgrundlage eingetreten. 21

**Zulagen** für Bereitschaftsdienste gehören zum beitragspflichtigen Arbeitsentgelt. 22

**2. Arbeitsunfälle.** Der ArbN ist grds auch während des Bereitschaftsdienstes gegen Arbeitsunfälle versichert. Geht der ArbN allerdings während des Bereitschaftsdienstes einer 23

**eigenwirtschaftlichen Betätigung** nach, so besteht sowohl beim Aufenthalt in der Wohnung als auch im Betrieb kein Versicherungsschutz (→ *Pause* Rn 14). Für Wege, die der ArbN während des Bereitschaftsdienstes oder der Rufbereitschaft zur Aufnahme oder nach Beendigung der eigentlichen Arbeit durchführt, gelten die zum Wegeunfall (→ *Wegeunfall* Rn 13 ff) entwickelten Grundsätze.

## Berufsausbildungsförderung

### A. Arbeitsrecht *Poeche*

1 **1. Begriff.** Die BA fördert nach §§ 56 ff SGB III den Erwerb beruflicher Fähigkeiten und Kenntnisse. Die hier nicht weiter interessierende Förderung schulischer Ausbildung bestimmt sich nach dem BAföG.

2 **2. Anwendung von Arbeitsrecht.** Arbeitsrechtlich ist die individuelle Förderung des Auszubildenden durch die BA oder einen anderen Maßnahmeträger idR ohne Bedeutung. Die Mindestbedingungen der vertraglichen Vereinbarungen bestimmen sich nach den zwingenden §§ 10 ff BBiG (→ *Ausbildungsverhältnis* Rn 6 ff). Nicht ohne Einfluss auf die materiellen Arbeitsbedingungen, insbes auf die Beurteilung der Vergütung als angemessen iSv § 17 BBiG, ist demgegenüber die institutionelle Förderung eines Ausbilders. Nach der Rspr des BAG ist die Vergütung in einem durch Zuschüsse der BA finanzierten Ausbildungsverhältnis auch dann noch angemessen, wenn sie mehr als 20 % unter dem Tarifentgelt liegt (zusammenfassend BAG 22.1.08 – 9 AZR 999/06, NJW 08, 1833). Näheres → *Teilhabe und Inklusion* Rn 3. Im Übrigen gelten die zwingenden Vorschriften des Berufsbildungsrechts auch in sonstigen Bildungseinrichtungen, da die außerbetriebliche Ausbildung in § 2 Abs 1 Nr 3 BBiG der betrieblichen gleichgestellt wird. Der Rechtsweg zu den **Arbeitsgerichten** ist in jedem Fall gegeben (BAG 21.5.97 – 5 AZB 30/96, NZA 97, 1013; 24.2.99 – 5 AZB 10/98, NZA 99, 557; 15.10.03 – 5 AZB 48/03, BeckRS 2003, 30799430).

3 **3. Betriebsverfassungsrecht.** Nach § 5 Abs 1 BetrVG sind ArbN auch die zu ihrer Berufsausbildung Beschäftigten; sie unterliegen damit dem Mitbestimmungsrecht des BRat, zu dem sie wählbar und wahlberechtigt sind. Anderes gilt, wenn die Ausbildung in sonstigen Bildungseinrichtungen (reinen Ausbildungsbetrieben) iSv § 2 Abs 1 Nr 3 BBiG durchgeführt wird, sich die Berufsausbildung also nicht im Rahmen des arbeitstechnischen Zwecks eines Produktions- oder Dienstleistungsbetriebs vollzieht (BAG 20.3.96 – 7 ABR 34/95, NZA 97, 107). Ungeachtet ihrer Trägerschaft oder Rechtsform sind Berufsförderungswerke dann **Tendenzunternehmen,** wenn sie satzungsgemäß die Förderung gesellschaftlich benachteiligter Gruppen bezwecken (ständige Rspr BAG 29.6.88 – 7 ABR 15/87, NZA 89, 431).

### B. Lohnsteuerrecht *Weil*

4 **1. Steuerfreie Leistungen** (→ *Beihilfeleistungen* Rn 10, 14):

– Leistungen nach §§ 56 ff SGB III im Rahmen der **Förderung der Berufsausbildung** und nach §§ 122 ff SGB III **(Ausbildungsgeld)** zur Förderung der beruflichen Eingliederung Behinderter (Berufsausbildungsbeihilfe für Lebensunterhalt und Ausbildung) **(§ 3 Nr 2 Buchst a EStG),**

5 – Leistungen nach dem **BAföG (§ 3 Nr 11 EStG)** sowie andere vergleichbare Leistungen nach Bundes- und Landesvorschriften. Derartige Mittel müssen aus einem öffentlichen Haushalt stammen und ihre Verwendung muss einer gesetzlich geregelten Kontrolle unterliegen (BFH 15.11.83, BStBl II 84, 113). Voraussetzung für die Steuerfreiheit ist, dass der Empfänger mit den Bezügen nicht zu einer bestimmten wissenschaftlichen oder künstlerischen Gegenleistung oder zu einer bestimmten ArbNTätigkeit verpflichtet wird (§ 3 Nr 11 Satz 3 EStG). Die Leistungen müssen vielmehr der Ausbildung dienen, um den Empfänger von der Notwendigkeit des Gelderwerbs zum Lebensunterhalt im Wesentlichen zu entlasten (BFH 27.4.06 – IV R 41/04, BFH/NV 06, 1923). Zur Rückzahlung des BAföG-Darlehens → Rn 7.

– der Unterhaltsbeitrag und der Maßnahmebeitrag, soweit sie als Zuschuss geleistet werden nach § 10 AFBG (nicht steuerbar nach § 2 Abs 1 EStG; **Meister-BAföG;** → *Fortbildung* Rn 25). Ein **Meisterpreis,** den die öffentliche Hand an besonders Qualifizierte vergibt, ist nicht steuerbar, weil ein solches Preisgeld nicht in untrennbarem wirtschaftlichen Zusammenhang mit einer bestimmten Einkunftsart steht. Der **Meisterbonus,** der als finanzielle Anerkennung für eine bestandene Meister- oder Fortbildungsprüfung geleistet wird, mindert auch nicht die geltend gemachten Werbungs- oder Fortbildungskosten (FG München 30.5.16 – 15 K 474/16, BeckRS 2016, 95220; sa BayLfSt 6.7.16 DStR 16, 2404).

– **Stipendien** nach dem Fulbright-Abkommen (§ 3 Nr 42 EStG) sowie aus öffentlichen Mitteln zur Förderung ua der wissenschaftlichen oder künstlerischen Ausbildung (§ 3 Nr 44 EStG), ohne zu einer bestimmten Tätigkeit verpflichtet zu sein, einschließlich Lebensunterhalt (BFH 24.2.15 VIII R 43/12, BStBl II 15, 691 und EStH 3.44). Die Steuerfreiheit gilt auch für mittelbare Zahlungen, zB für EU-Förderprogramme (§ 3 Nr 44 Satz 1 EStG). Aufwendungen des Auszubildenden, die mit derartigen Bezügen im Zusammenhang stehen, können steuerlich insoweit nicht geltend gemacht werden (§ 3c EStG), als sie sich unmittelbar auf Ausbildungsaufwendungen beziehen (FG Köln 20.5.16 – 12 K 562/13, BeckRS 2016, 95288, Rev eingelegt BFH VI R 29/16). Reicht eine in der EU ansässige gemeinnützige Organisation an einen inländischen Stipendiaten ein Stipendium aus, so kann dieses Stipendium unter die Steuerfreiheit nach § 3 Nr 44 Satz 2 EStG fallen (BFH 15.9.10 – X R 33/08, IStR 11, 40). Zur steuerlichen Beurteilung einzelner Stipendien nach § 3 Nr 44 EStG s OFD Frankfurt am Main 12.8.2014, Beck-Verw 289002; eines kanadischen Forschungsstipendiums für postdoktorale Tätigkeit im Inland s FG Thür 25.2.15 – 3 K 715/13, DStRE 16, 705. 6

Die **Rückzahlung** von steuerfreien Förderungsleistungen ist grds steuerlich ohne Auswirkung, auch wenn sie fremdfinanziert wird (BFH 7.2.08 – VI R 41/05, DStRE 08, 1122). Zinsen, zB für BAföG-Darlehen, sind in den Grenzen des § 10 Abs 1 Nr 7 EStG abzugsfähig (→ *Ausbildungskosten* Rn 14), auch wenn sie erst – wie üblich – nach Abschluss der Berufsausbildung gezahlt werden, nicht aber die Tilgung das BAföG-Darlehens (BFH 7.2.08 – VI R 41/05, BFH/NV 08, 1136). Zinsen zur fremdfinanzierten Rückzahlung eines Meister-BAföG-Darlehens sind dagegen in voller Höhe zu berücksichtigen, weil es sich hierbei um Fortbildung handelt (*Beckmann* NWBF 30, 2247; → *Fortbildung* Rn 25). Zur Rückzahlung von Fördergeldern durch die Eltern des Auszubildenden → *Ausbildungskosten* Rn 28. 7

**2. Steuerpflichtige Leistungen.** Ausbildungsvergütungen, private Ausbildungszuschüsse und sonstige Leistungen des ausbildenden Unternehmens sind stpfl (→ *Ausbildungsverhältnis* Rn 86 ff). Dazu gehört auch die Vergütungen für eine fachpraktische Ausbildung, für ein Praktikum und ein Volontariat (→ *Praktikant* Rn 11), aber auch Ausbildungsvergütungen im öffentlichen Dienst (BFH 7.4.72, BStBl II 72, 643; 24.8.73, BStBl II 73, 819). Aufwendungen des Auszubildenden in diesem Zusammenhang sind Werbungskosten (→ *Ausbildungsverhältnis* Rn 87). Zur Auskunftspflicht des FA gegenüber der BAföG-Behörde gem § 21 Abs 4 SGB X → *Datenschutz* Rn 42. 8

## C. Sozialversicherungsrecht

*Voelzke*

**1. Allgemeines.** Die Förderung der beruflichen Ausbildung erfolgt durch die BA nach Maßgabe der §§ 56 ff SGB III. Die Vorschriften sind durch das Gesetz zur Anpassung der Berufsausbildungsbeihilfe und des Ausbildungsgeldes vom 8.7.19 (BGBl I 19, 1025) mit dem Ziel der Rechts- und Verwaltungsvereinfachung sowie der Erhöhung der Bedarfssätze und Freibeträge mWv 1.8.19 geändert worden. Die nach diesen Vorschriften zu gewährende **Berufsausbildungsbeihilfe** soll eine Berufsausbildung auch in den Fällen gewährleisten, in denen die Ausbildungsvergütung die Lebenshaltungskosten nicht deckt oder eine Ausbildungsvergütung nicht gezahlt wird. Mit der Gewährung der Leistung wird zugleich arbeitsmarktpolitisch das Ziel verfolgt, der Gefahr künftiger Arbeitslosigkeit, unterwertiger Beschäftigung oder eines Mangels an Arbeitskräften vorzubeugen und die berufliche Beweglichkeit der Erwerbstätigen zu verbessern und zu sichern. Anspruch auf Berufsausbildungsbeihilfe während einer beruflichen Ausbildung oder einer berufsvorbereitenden 10

Bildungsmaßnahme besteht nach § 56 Abs 1 SGB III, wenn (1) die berufliche Ausbildung oder die berufsvorbereitende Bildungsmaßnahme förderungsfähig ist, (2) die Auszubildenden zum förderungsfähigen Personenkreis gehören und die sonstigen persönlichen Voraussetzungen für eine Förderung erfüllt sind und (3) ihnen die erforderlichen Mittel nicht anderweitig zur Verfügung stehen. Zur Unterstützung von förderungsbedürftigen jungen Menschen und deren Ausbildungsbetrieben kann das befristete Förderinstrument der Assistierten Ausbildung zur Anwendung kommen (→ Rn 27). Die Berufsausbildungsförderung Behinderter vollzieht sich nach den Sonderregelungen über die individuelle Förderung der beruflichen Reha (*Teilhabe und Inklusion*).

11 **2. Ausbildung.** Die Definition des Begriffs der beruflichen Ausbildung erfolgt hinsichtlich des Förderungsrechts in Abgrenzung zur beruflichen Weiterbildung (→ *Weiterbildung* Rn 9) nach den objektiven Bedingungen der jeweiligen Bildungsmaßnahme. Während berufliche Fortbildung oder Umschulung berufliche Kenntnisse begrifflich voraussetzen, sind diese bei Ausbildungsmaßnahmen erst noch zu vermitteln. Dementsprechend wertet das BSG nach der immer noch aktuellen Rspr als berufliche Ausbildung nur die erste zu einem beruflichen Abschluss führende Bildungsmaßnahme, während alle späteren Schritte der beruflichen Bildung entweder Fortbildung oder Umschulung sind (BSG 21.7.77 – 7 RAr 135/75, SozR 4100 § 44 Nr 14). Abweichend hiervon liegt eine einheitliche berufliche Ausbildungsmaßnahme auch vor, wenn der weiterführende Abschnitt einer **Stufenausbildung** sich unmittelbar an die Grundausbildung anschließt (BSG 31.3.92 – 9b RAr 19/90, SozR 3–4100 § 40 Nr 6 zur Stufenausbildung Nachrichtengerätemechaniker/Funkelektroniker). Nach § 81 Abs 2 SGB III werden ArbN ohne Berufsabschluss, die noch nicht drei Jahre beruflich tätig gewesen sind, grds nur nach den Vorschriften über die Förderung der Berufsausbildung gefördert. Auch für den vorgenannten Personenkreis können Leistungen der Weiterbildungsförderung erbracht werden, wenn eine berufliche Ausbildung oder eine berufsvorbereitende Maßnahme aus in der Person des ArbN liegenden Gründen nicht möglich oder nicht zumutbar ist (§ 81 Abs 2 Nr 2 SGB III). Die Flexibilisierung der Regelung lässt den grds Vorrang der Förderung der Erstausbildung unberührt (BT-Drs 14/45 S 19).

12 Berufsausbildungsbeihilfe wird grds nur für eine **erstmalige Ausbildung** gewährt. Nach § 57 Abs 2 Satz 2 SGB III kann unter engen Voraussetzungen auch eine zweite Ausbildung gefördert werden. Hierfür liegen die Voraussetzungen vor, wenn eine berufliche Eingliederung dauerhaft auf andere Weise nicht erreicht werden kann. Durch diese Regelung soll erreicht werden, dass eine Zweitausbildung, die erstmals berufliche Perspektiven schafft, nicht daran scheitert, dass dem Auszubildenden trotz des bestehenden Bedarfs die Mittel fehlen, um seinen Lebensunterhalt zu bestreiten (BT-Drs 16/8718 S 11). Nach § 57 Abs 3 SGB III kann Berufsausbildungsbeihilfe auch bei begründeter vorzeitiger Lösung eines Ausbildungsverhältnisses für eine neue Ausbildung gewährt werden. Zu der hiermit verbundenen Einschränkung der Förderung hat das BSG entschieden, dass die zweite Berufsausbildung jedenfalls dann zu fördern ist, wenn für die abgebrochene (erste) Ausbildung eine Förderung nicht erfolgte (BSG 23.6.81 – 7 RAr 6/80, SozR 4100 § 40 Nr 26). Hingegen kann sich auf diesen Ausnahmetatbestand nicht berufen, wer zuvor eine schulische Ausbildung absolviert hat, die in Ausbildungszeit und Ausbildungsabschluss einer betrieblichen Ausbildung gleichwertig ist (BSG 29.1.08 – B 7/7a AL 68/06 R, NZA-RR 08, 433).

13 Eine förderungsfähige **berufliche Ausbildung** liegt nach § 57 Abs 1 SGB III vor, wenn sie in einem nach dem BBiG, der HandwO oder dem SeearbeitsG staatlich anerkannten Ausbildungsberuf betrieblich oder außerbetrieblich durchgeführt wird und der dafür vorgeschriebene Ausbildungsvertrag unterschrieben worden ist. Das Erfordernis einer betrieblichen bzw außerbetrieblichen Ausbildung erfolgt, um eine klare Abgrenzung zu der nach dem BAföG zu fördernden schulischen Ausbildung zu schaffen. Eine duale Ausbildung ist nicht mit der Berufsausbildungsbeihilfe förderungsfähig, sondern bei Vorliegen der sonstigen Voraussetzungen ausschließlich nach dem BAFöG (LSG Berl-Bbg 29.8.17 – L 14 AL 35/16, BeckRS 2017, 125525). Für den Begriff der betrieblichen bzw außerbetrieblichen Ausbildung ist auf die Legaldefinition des § 2 BBiG zurückzugreifen. Die Ausbildung in außerbetrieblichen Einrichtungen muss im Wesentlichen dem Modell der betrieblichen Ausbildung entsprechen. Entspricht die berufliche Ausbildung nicht den im SGB III aufgeführ-

ten Kriterien (zB bei der Schaffung von Ausbildungsgängen durch staatliche Sonderprogramme: BSG 23.5.90 – 9b/7 RAr 18/89, NZA 91, 205), so ist sie selbst dann nicht förderungsfähig, wenn sie zu einem anerkannten beruflichen Abschluss führt. Auch ein im Anschluss an die Ausbildung vereinbartes Praktikantenverhältnis, das nicht in das Verzeichnis der Berufsausbildungsverhältnisse eingetragen ist, begründet keinen Anspruch auf Berufsausbildungsbeihilfe, wenn die zuständige Stelle eine Verlängerung der Ausbildungszeit ablehnt (BSG 21.6.94 – 11 RAr 81/93, NZS 95, 43).

Die Gewährung von Berufsausbildungsbeihilfe erfolgt für die Teilnahme an Ausbildungen, die im Inland durchgeführt werden. Wird die Bildungsmaßnahme teilweise im **Ausland** durchgeführt, so ist auch dieser Teil förderungsfähig, wenn er im Verhältnis zur Gesamtdauer angemessen ist und die Dauer von einem Jahr nicht übersteigt (§ 58 Abs 1 SGB III). Unter besonderen Umstände ist auch eine insgesamt im Ausland durchgeführte Ausbildung förderungsfähig (*Hauck/Noftz/Petzold* SGB III, § 58 Rz 7). Vorausgesetzt wird nach § 58 Abs 2 SGB III, dass eine nach Bundes- oder Landesrecht zuständige Stelle bestätigt, dass die Ausbildung einer entsprechenden betrieblichen Ausbildung gleichwertig ist (Nr 1), die Ausbildung im Ausland für das Erreichen des Bildungsziels und die Beschäftigungsfähigkeit besonders dienlich ist (Nr 2) und der Auszubildende vor Beginn der Ausbildung insgesamt drei Jahre seinen Wohnsitz im Inland hatte (Nr 3).

Eine **berufsvorbereitende Bildungsmaßnahme** (§ 51 SGB III) wird nach Maßgabe des § 56 Abs 2 SGB III gefördert. **14**

Förderungsbedürftige junge Menschen **ohne Schulabschluss** haben nach § 53 SGB III einen Anspruch, im Rahmen einer berufsvorbereitenden Bildungsmaßnahme auf den nachträglichen Erwerb des Hauptschulabschlusses oder einen gleichwertigen Schulabschluss vorbereitet zu werden. Ein Rechtsanspruch auf einen Schulabschluss ist damit allerdings nicht verbunden (*Hauck/Noftz/Petzold* SGB III, § 53 Rz 5). Die erforderlichen Qualifikationen müssen in einer gesonderten schulischen Abschlussprüfung nachgewiesen werden.

**3. Förderungsfähiger Personenkreis.** Die Leistung wird nach § 60 Abs 1 SGB III nur gewährt, wenn der Auszubildende **außerhalb des Haushalts der Eltern** untergebracht ist und er die Ausbildungsstätte von der Wohnung der Eltern aus nicht in angemessener Zeit erreichen kann. Beide Voraussetzungen sind kumulativ zu erfüllen. Aus dem grundsätzlichen Leistungsausschuss von Personen, die während ihrer beruflichen Ausbildung im Haushalt ihrer Eltern oder eines Elternteils untergebracht sind, ergibt sich keine Verletzung des verfassungsrechtlichen Gleichbehandlungsgebots (BSG 28.11.07 – B 11a AL 39/06 R, SozR 4–4300 § 64 Nr 3). Das BSG trägt im Übrigen verfassungsrechtlichen Bedenken dadurch Rechnung, dass die Anforderungen an den Ausnahmetatbestand „soziale Gründe" nicht zu hoch gesteckt werden (BSG 2.6.04 – B 7 AL 38/03 R, *Becker* jPR-SozR 42/2004, Anm 1; kritisch zu dieser Entscheidung *Giesen* SGb 05, 120). Nicht im Haushalt untergebracht ist derjenige, der – auch wenn er in der Wohnung oder im Haus der Eltern wohnt – einen selbstständigen Haushalt führt. Für Auszubildende, die nur während des Blockschulunterrichts außerhalb des Haushalts der Eltern wohnen, gilt die einschränkende Regelung des § 60 Abs 1 SGB III. **15**

Berufsausbildungsbeihilfe wird **unabhängig von der Erreichbarkeit des elterlichen Haushalts** gewährt, wenn der einen eigenen Haushalt führende Auszubildende das 18. Lebensjahr vollendet hat, verheiratet ist oder war, mit mindestens einem Kind zusammenlebt oder seine Verweisung auf den Haushalt der Eltern aus schwerwiegenden sozialen Gründen unzumutbar ist. Schwerwiegende soziale Gründe liegen auch dann vor, wenn der Auszubildende aus erzieherischen Gründen (Anordnung des Jugendamtes) außerhalb des elterlichen Haushalts untergebracht ist. Allerdings wird auch in diesem Falle nach Auffassung des BSG der Mehrbedarf wegen auswärtiger Unterbringung nicht ausgelöst, da alleine auf die Erreichbarkeit der Wohnung der Eltern abgestellt werden soll (Urt vom 23.5.90 – 11 RAr 13/89, SozR 3–4440 § 11 Nr 1).

Aufgrund der Aufhebung des § 59 SGB III aF können **Ausländer** grds ohne die bisher geltenden Beschränkungen Berufsausbildungsbeihilfe erhalten. Nicht zum Bezug von Berufsausbildungsbeihilfe berechtigt sind nach § 60 Abs 3 Satz 1 SGB III allerdings weiterhin Ausländer, die eine Aufenthaltsgestattung nach dem AsylG besitzen. Im Übrigen sind auch Ausländer, die eine Aufenthaltsgestattung nach dem AsylG besitzen grundsätzlich zum **16**

Bezug von Berufsausbildungsbeihilfe berechtigt, wenn sie sich seit mindestens 15 Monaten erlaubt, gestattet oder geduldet im Bundesgebiet aufhalten.

17 **4. Bedürftigkeit.** Die Förderung durch Berufsausbildungsbeihilfe setzt voraus, dass der Gesamtbedarf des Auszubildenden nicht durch eigenes oder ansonsten anzurechnendes Einkommen gedeckt werden kann (§ 67 SGB III). Hierzu wird weitgehend auf die Regelungen des BAföG verwiesen (→ Rn 22).

18 **5. Leistungsumfang.** Die Gewährung von Berufsausbildungsbeihilfe erfolgt ausschließlich als **Zuschuss** ohne Rückzahlungsverpflichtung.

19 **a) Dauer.** Die Dauer der Förderung richtet sich nach der vorgeschriebenen Ausbildungszeit oder der Dauer der berufsvorbereitenden Maßnahme (§ 69 Abs 1 SGB III). Übliche Urlaubs- und Ferienzeiten führen nicht zu einer Kürzung der Förderdauer (*Schlegel/Voelzke/Herbst* SGB III § 69 Rz 24). Die Förderung endet bei **vorzeitigem Ablegen der Prüfung** mit Ablauf des Tages, an dem die Prüfung bestanden wurde.

20 **b) Höhe.** Die Höhe der Leistung errechnet sich nach dem Bedarf abzüglich des anrechenbaren Einkommens des Auszubildenden, seines Ehegatten bzw seiner Eltern. Eine Anrechnung von Vermögen und von Einkommen dritter Personen findet nicht statt.

21 Der **Bedarf** richtet sich nicht nach dem vor Beginn der Ausbildung erzielten Arbeitseinkommen, sondern bemisst sich an den durch die Lebenshaltung und die Ausbildung anfallenden pauschalierten Kosten. Nach Maßgabe der §§ 61–66 SGB III kann der Bedarf für den Lebensunterhalt, Fahrkosten, sonstige Aufwendungen und Lehrgangskosten in Ansatz gebracht werden. Für die Zeit des Berufsschulunterrichts in Blockform wird nach § 65 Abs 1 SGB III ein Bedarf zugrunde gelegt, der für Zeiten ohne Berufsschulunterricht zugrunde zu legen wäre.

22 Auf den Gesamtbedarf sind das **Einkommen** des Auszubildenden, seines nicht dauernd von ihm getrennt lebenden Ehegatten, des Lebenspartners und seiner Eltern in dieser Reihenfolge anzurechnen (§ 67 Abs 1 SGB III). Im SGB III ist die Bedürftigkeitsprüfung nach näherer Maßgabe des § 67 Abs 2 SGB III weitgehend auf die Vorschriften des BAföG umgestellt worden (zur Unterbringung außerhalb des Haushalts der Eltern BSG 27.8.08 – B 11 AL 12/07 R, *Breithaupt* 09, 566). Erfolgt die Ausbildung **im elterlichen Betrieb,** so muss sich der Auszubildende die tarifliche oder ortsübliche Ausbildungsvergütung anrechnen lassen (§ 67 Abs 3 SGB III). Vom anzurechnenden Einkommen sind Werbungskosten abzusetzen. Dies gilt jedoch nicht für Beträge, die bereits bei der Leistungshöhe als Bedarf zu Grunde gelegt worden sind (BSG 30.6.05 – B 7a/7 AL 74/04 R, NZS 06, 434).

23 Solange und soweit der Antragsteller Unterhaltsleistungen tatsächlich nicht erhält, ist die BA nach § 68 SGB III **vorleistungspflichtig.** Die Vorleistungspflicht der Agentur für Arbeit soll es dem Auszubildenden ermöglichen, die Ausbildung anzutreten oder fortzusetzen, auch wenn die Eltern den zu beanspruchenden Unterhalt nicht leisten. Es besteht eine Verpflichtung zur Vorausleistung, wenn der Auszubildende glaubhaft macht, dass seine Eltern den angerechneten Unterhaltsbetrag nicht leisten oder das Einkommen der Eltern nicht berechnet werden kann, weil sie die erforderlichen Auskünfte nicht erteilen oder Urkunden nicht vorlegen, wenn hierdurch die Ausbildung gefährdet ist. Mit der Zahlung der Vorleistung wird die Agentur für Arbeit kraft Gesetzes Gläubiger des Unterhaltsanspruches (§ 68 Abs 2 Satz 1 SGB III).

24 **6. Verfahren.** Die Zahlung von Berufsausbildungsbeihilfe ist bei der zuständigen Agentur für Arbeit zu beantragen. Der **Antrag** kann auch nachträglich gestellt werden (§ 324 Abs 2 SGB III). Berufsausbildungsbeihilfe kann dann rückwirkend vom Beginn des Monats an gezahlt werden, in dem die Antragstellung erfolgte (§ 325 Abs 1 SGB III). Der Bewilligungszeitraum beträgt idR bei beruflicher Ausbildung 18 Monate, ansonsten ein Jahr (§ 69 Abs 1 Satz 2 SGB III). Von dem regelmäßigen Bewilligungszeitraum von 18 Monaten muss die BA auch dann nicht abweichen, wenn sich aufgrund dieses Zeitraums eine Bedarfsunterdeckung im ersten Ausbildungsjahr ergibt (BSG 26.2.2019 – B 11 AL 6/18 R, BeckRS 2019, 11585). Eine zwischenzeitliche Anpassung an geänderte Verhältnisse ist nur bei einer Änderung beim Bedarf (nicht beim Einkommen) vorgesehen. Ändert sich während des laufenden Bewilligungsabschnitts das neben der Ausbildungsvergütung erzielte Nebeneinkommen des Auszubildenden zu seinen Ungunsten, ist die Berufsausbildungsbeihilfe neu zu berechnen (BSG 28.11.07 – B 11a AL 47/06 R, SozR 4–4300 § 71 Nr 3). Die Berufs-

ausbildungsbeihilfe wird monatlich nachträglich durch Überweisung ausgezahlt (§ 337 Abs 2 SGB III).

**7. Besondere Förderungsarten. a) Arbeitslose,** die zu Beginn der Maßnahme ansonsten Anspruch auf AlGeld gehabt hätten, erhalten, soweit dies günstiger ist, Berufsausbildungsbeihilfe in Höhe dieser Leistung (§ 70 SGB III). 25

**b) Zuschüsse an Träger** von außerbetrieblichen Ausbildungsmaßnahmen können nach §§ 73 ff SGB III gewährt werden, wenn diese durch zusätzliche Maßnahmen förderungsbedürftigen Auszubildenden eine berufliche Ausbildung ermöglichen oder ihre Eingliederungsaussichten verbessern. Zu den förderungsbedürftigen Auszubildenden gehören **lernbeeinträchtigte** und **sozial benachteiligte** Auszubildende sowie Auszubildende, bei denen ohne die Förderung mit ausbildungsbegleitenden Hilfen ein Abbruch der Ausbildung droht (§ 78 SGB III). Als Leistungen können Zuschüsse zur Ausbildungsvergütung zuzüglich des GesamtSozVBeitrags und des Beitrags zur UV, die Maßnahmekosten und sonstige Kosten erbracht werden (§ 79 SGB III). 26

**8. Assistierte Ausbildung.** Die Regelung über die Assistierte Ausbildung (§ 130 SGB III) wurde durch das G vom 15.4.15 (BGBl I 15, 583) eingefügt. Adressaten dieses Förderungsinstruments sind förderungsbedürftige junge Menschen und deren Ausbildungsbetriebe. Die Assistierte Ausbildung soll einen **verbesserten Zugang zu einer betrieblichen Berufsausbildung** verschaffen, einen erfolgreichen Abschluss der betrieblichen Berufsausbildung bewirken und so eine nachhaltige Integration in den ersten Arbeitsmarkt herbeiführen. 27

**Ausbildungsbetriebe** sind nach Maßgabe des § 130 Abs 6 SGB III förderungsfähig, wenn sie einen förderungsbedürftigen jungen Menschen ausbilden. Sie können administrativ und organisatorisch sowie zur Stabilisierung des Berufsausbildungsverhältnisses unterstützt werden. Bereits vor Abschluss eines Ausbildungsvertrages können Betriebe während der Phase I unterstützt werden, wenn sie das Ziel verfolgen, einen förderungsbedürftigen jungen Menschen auszubilden. 28

**Förderungsbedürftig** sind nach § 130 Abs 2 Satz 1 SGB III lernbeeinträchtigte und sozial benachteiligte junge Menschen, die wegen in ihrer Person liegender Gründe ohne die Förderung eine betriebliche Berufsausbildung nicht beginnen, fortsetzen oder erfolgreich beenden können (s zum begünstigten Personenkreis *Hauck/Noftz/Petzold* SGB III § 130 Rz 12). Der förderungsbedürfte Personenkreis wird durch § 130 Abs 8 Satz 1 SGB III um Personen erweitert, die aufgrund besonderer Lebensumstände eine betriebliche Ausbildung nicht erfolgreich abschließen können. Allerdings werden für den zuletzt genannten Personenkreis besondere Anforderungen aufgestellt, die sich auf eine landesrechtliche Konzeption und eine Drittbeteiligung beziehen (§ 130 Abs 8 Satz 2 SGB III). 29

In der fakultativen **ausbildungsvorbereitenden Phase** (Phase I) werden förderungsbedürftige junge Menschen nach § 130 Abs 5 Satz 1 SGB III auf die Aufnahme einer betrieblichen Berufsausbildung vorbereitet (Nr 1) und bei der Suche nach einer betrieblichen Ausbildungsstelle unterstützt (Nr 2). Als Einzelmaßnahmen kommen etwa eine Standortbestimmung, Berufsorientierung, Profiling, Bewerbungstraining, berufspraktische Erprobungen und eine spezifische Ausbildungsstellenakquise sowie Unterstützung der Teilnehmenden und der Betriebe bei Formalitäten vor und beim Vertragsschluss in Betracht (Arbeitshilfe der BA zur Assistierten Ausbildung, S 2, Stand April 2015). Die ausbildungsbegleitende Phase kann auch ohne eine vorhergehende ausbildungsvorbereitende Phase durchgeführt werden. Die ausbildungsvorbereitende Phase darf grundsätzliche eine Dauer von sechs Monaten umfassen (§ 130 Abs 5 Satz 2 SGB III); sie kann zwei weitere Monate fortgesetzt werden, wenn der förderungsbedürftige junge Mensch in dieser Zeit nicht in eine betriebliche Ausbildung vermittelt werden kann (§ 130 Abs 5 Satz 3 SGB III). 30

Zwingend vorgeschrieben ist im Rahmen der Assistierten Ausbildung die **ausbildungsbegleitende Phase** (Phase II), in der die förderungsbedürftigen jungen Menschen nach § 130 Abs 4 Satz 1 SGB III zum Abbau von Sprach- und Bildungsdefiziten (Nr 1), zur Förderung fachtheoretischer Fertigkeiten, Kenntnisse und Fähigkeiten (Nr 2) und zur Stabilisierung des Berufsausbildungsverhältnisses (Nr 3) unterstützt werden können. Die ausbildungsbegleitende Phase beginnt mit dem Abschluss des Ausbildungsvertrages. Als Einzelmaßnahmen können die Unterstützung der Teilnehmenden und der Betriebe während der 31

Ausbildung sowie die Vorbereitung des anschließenden Übergangs in eine versicherungspflichtige Beschäftigung sichergestellt werden. Die ausbildungsbegleitende Phase endet mit dem erfolgreichen Abschluss bzw. mit dem Abbruch der betrieblichen Ausbildung.

Die Maßnahmen der Assistierten Ausbildung sind in der Weise **befristet,** dass sie bis zum 30.9.2020 beginnen müssen (§ 130 Abs 9 Satz 1 SGB III). Ein Eintritt in laufende Maßnahmen ist auch noch nach diesem Zeitpunkt möglich.

32 **9. Sozialversicherungspflicht.** Ausbildungsverhältnisse sind dem sozialversicherungsrechtlichen Begriff der Beschäftigung idR nach § 7 Abs 2 SGB IV gleichgestellt. Zusätzlich werden sie in den Besonderen Teilen des SGB über die Versicherungspflicht bzw die versicherten Personen aufgeführt (§§ 25 Abs 1 SGB III; 5 Abs 1 Nr 1 SGB V; 1 Satz 1 Nr 1 SGB VI; 2 Abs 1 Nr 1 SGB VII; 20 Abs 1 Nr 1 SGB XI), wobei auf das Merkmal der Betriebsbezogenheit und zT auf die Entgeltlichkeit des Beschäftigungsverhältnisses verzichtet wird (→ *Ausbildungsverhältnis* Rn 96, 97).

## Berufskrankheit

### A. Arbeitsrecht

*Poeche*

1 **1. Versicherungsfall.** Ziel des **Arbeitsschutzes** ist die Vermeidung von arbeitsplatzbedingten Gesundheitsgefahren und **Berufskrankheiten** (→ *Arbeitssicherheit/Arbeitsschutz* Rn 1; → *Betriebliche Gesundheitsförderung* Rn 1). Welche Krankheit unter welchen Voraussetzungen als Berufskrankheit anzuerkennen ist, bestimmt sich nach SozVRecht (→ Rn 11). Der Eintritt einer Berufskrankheit ist wie der Arbeitsunfall ein Versicherungsfall iSd gesetzlichen Unfallrechts (§ 7 Abs 1 SGB VII). Anzuwenden sind deshalb die dort geltenden Haftungsbeschränkungen (→ *Arbeitsunfall* Rn 1 ff; → *Arbeitgeberhaftung* Rn 2 ff; → *Arbeitnehmerhaftung* Rn 3 ff). Der ArbGeb haftet deshalb auch nicht auf Schmerzensgeld für eine Berufskrankheit, die durch mangelhafte ärztliche, von ihm wegen besonderer gesundheitlicher Gefahren der betrieblichen Tätigkeit angeordneter Vorbeugeuntersuchungen ausgelöst worden ist (BAG 18.10.90 – 8 AZR 344/89, DB 91, 870). Verlangt der ArbN Schadensersatz, muss sich der Vorsatz des ArbGeb auf die Handlung und den Erfolg (Eintritt der Krankheit) beziehen. Klage auf Feststellung des Ersatzes künftiger Schäden kann erhoben werden, sobald der Eintritt der Berufskrankheit hinreichend wahrscheinlich ist (BAG 28.4.11 – 8 AZR 769/09, NZA-RR 12, 290).

2 **2. Folgen für das Arbeitsverhältnis.** Das Vorliegen einer Berufskrankheit wirkt sich nicht unmittelbar auf das Arbeitsverhältnis aus. Sie beeinträchtigt auch nicht zwingend die Fähigkeit des ArbN zur weiteren Arbeitsleistung. Rechtliche und tatsächliche Konsequenzen lösen idR erst *Erwerbsminderung* und AUZeiten aus. Soweit in Tarifvertrag, Betriebsvereinbarung oder Einzelarbeitsvertrag der Begriff der Berufskrankheit verwendet wird, gilt im Zweifel die sozialrechtliche Bedeutung. Der Bezug einer Verletztenrente lässt die Höhe der Vergütung unberührt; wegen der Anrechnung auf die betriebliche Altersversorgung → *Unfallrente* Rn 4–6. Die gesetzliche Entgeltfortzahlung bei AU infolge einer Berufskrankheit weist keine Besonderheiten auf (→ *Entgeltfortzahlung* Rn 7 und 22).

3 **3.** Im Recht der **Kündigung** wird der Begriff der Berufskrankheit in einem umfassenderen Sinn verwandt. Er betrifft alle Erkrankungen, die ursächlich auf der vom ArbN ausgeübten Beschäftigung beruhen. Soll der ArbN wegen wiederholter kurzfristiger oder lang anhaltender AU gekündigt werden, ist es für die gebotene Interessenabwägung von erheblicher Bedeutung, ob die zugrundeliegende Erkrankung auf betriebliche Ursachen zurückzuführen ist (BAG 7.11.85 – 2 AZR 657/84, DB 86, 863; 5.7.90 – 2 AZR 154/90, DB 90, 2274). Darlegungs- und Beweislast für das Fehlen des vom ArbN behaupteten ursächlichen Zusammenhangs trägt der ArbGeb. Dabei genügt er der Darlegungslast zunächst, wenn er die betriebliche Tätigkeit des ArbN vorträgt und einen ursächlichen Zusammenhang mit den Fehlzeiten bestreitet. Es ist dann Sache des ArbN, zum Ursachenzusammenhang näher vorzutragen; ausreichend ist es, wenn er seine behandelnden Ärzte von der Schweigepflicht entbindet. Etwaige nach der Beweiserhebung verbleibende Zweifel gehen zulasten des

ArbGeb (BAG 6.9.89 – 2 AZR 118/89, DB 90, 431; → *Kündigung, personenbedingte* Rn 28, 45).

Anders liegt der Fall, wenn feststeht, dass der ArbN **auf Dauer** seine Arbeitsleistung nicht erbringen kann, auch wenn betriebliche Ursachen (zB Allergien) ursächlich sind. In diesem Fall kann, wenn eine anderweitige Beschäftigungsmöglichkeit nicht gegeben ist, eine personenbedingte Kündigung (→ *Kündigung, personenbedingte* Rn 14–18, 42) sozial gerechtfertigt sein. Zum Anspruch auf Umschulung in diesem Fall → *Umschulung* Rn 9.

**B. Lohnsteuerrecht** *Thomas*

**1. Steuerliche Einordnung.** Krankheitskosten sind nur ausnahmsweise **Werbungskosten,** nämlich wenn es um die Behandlung einer typischen Berufskrankheit (BFH 23.10.92 – VI R 31/92, BStBl II 93, 193) oder einer solchen Krankheit geht, die offensichtlich in beruflichem Zusammenhang steht. Andere Krankheitskosten sind lediglich als **außergewöhnliche Belastung** zu berücksichtigen, sofern sie die zumutbare (Eigen-)Belastung (§ 33 Abs 3 EStG; ein vH-Satz des Gesamtbetrages der Einkünfte, der nach Familienstand, Anzahl der Kinder und Höhe der Einkünfte in drei Klassen gestaffelt ist – bis 15 340 €, bis 51 130 € und darüber –) übersteigen. Anders als bisher ist bei der Ermittlung der zumutbaren Belastung der höhere vH-Satz nicht auf den Gesamtbetrag der Einkünfte anzuwenden, sondern nur auf den Teil, der den im Gesetz genannten Grenzbetrag übersteigt (BFH 19.1.17 – VI R 75/14, DStR 17, 719; *Geserich* DB 17, 815). Beiträge für die Versicherung gegen Krankheitskosten sind Sonderausgaben (§ 10 Abs 1 Nr 3 Buchst a EStG; → *Sonderausgaben* Rn 7 und 10). 5

Übernimmt der ArbGeb derartige Beiträge (s *Krankenversicherungsbeiträge*) oder die Krankheitskosten selbst *(Beihilfeleistungen; Krankengeldzuschuss; Rehabilitation (medizinische))* oder leistet er zu solchen Aufwendungen Zuschüsse, so wendet er grds **Arbeitslohn** zu (BFH 25.1.2000 – VI B 108/98, BFH/NV 2000, 836; vgl aber BFH 6.6.02 – VI R 178/97, BStBl II 03, 34; zu übernommenen Kosten einer Raucherentwöhnung FG Köln 24.6.04 – 2 K 3877/02, EFG 04, 1622). Das zeigt auch § 3 Nr 34 EStG, der bestimmte Aufwendungen des ArbGeb zur Förderung oder Wiederherstellung der Gesundheit des ArbN bis zu 500 € von der Steuer befreit (→ *Betriebliche Gesundheitsförderung* Rn 19). Demgegenüber soll in der Gestellung eines Masseurs bei Bildschirmtätigkeit dann kein geldwerter Vorteil vorliegen, wenn damit spezifisch berufsbedingten Gesundheitsbeeinträchtigungen vorgebeugt werden soll und das eingesetzte Mittel besonders geeignet ist, gewichtige betriebliche Ziele (einen geringen Krankenstand?) zu verfolgen. Hierzu soll notfalls ein Gutachter gehört werden (BFH 30.5.01 – VI R 177/99, BStBl II 01, 671; BFH 4.7.07 – VI B 78/06, BFH/NV 07, 1874). Wo die Grenzen zum Arbeitslohn liegen, bleibt dabei offen, weil zurückverwiesen wurde. Im Übrigen liegt Arbeitslohn aber auch dann vor, wenn der ArbGeb solche Krankheitskosten trägt, die beim ArbN zum Werbungskostenabzug berechtigen (→ *Aufwandsentschädigung* Rn 3). Leistungen aus einer KV sind dagegen kein Arbeitslohn (BFH 26.5.98 – VI R 9/96, BStBl II 98, 581), auch wenn der ArbGeb in die Leistungsgewährung eingeschaltet ist (BFH 15.11.07 – VI R 30/04, BFH/NV 08, 550) oder wenn es sich um Versicherungsleistungen für typische Berufskrankheiten handelt (→ *Krankengeld* Rn 7). 6

**2. Werbungskosten. a) Typische Berufskrankheiten** sind die in die BKV aufgenommenen Krankheiten sowie diejenigen, die nach neueren medizinisch-wissenschaftlichen Erkenntnissen aufzunehmen wären. Insofern können die sozialversicherungsrechtlichen Kriterien (→ Rn 13 ff) übernommen werden. Bei diesen Krankheiten wird nach dem Krankheitstypus als solchem der berufliche Krankheitszusammenhang unterstellt (BFH 26.3.65 – VI 150/64 U, BStBl III 65, 358) mit der Folge, dass diesbezügliche Aufwendungen immer zum Werbungskostenabzug führen. 7

**b) Sonstige Krankheiten** werden als Berufskrankheiten behandelt und können deshalb Werbungskosten begründen, wenn im Einzelfall der Nachweis geführt wird, dass die Krankheit durch eine berufliche Betätigung ausgelöst wurde. Das gilt nach dem Veranlassungsgrundsatz des Steuerrechts auch für bewusst nicht in die BKV aufgenommene Krankheiten. Allerdings sind an den beruflichen Veranlassungszusammenhang hohe Anforderungen zu stellen, sofern der Zusammenhang zwischen Krankheitsentstehung und Beruf nicht – 8 wie regelmäßig bei beruflichen Unfällen – ohnehin offenkundig ist. Danach sind Folgekosten eines bei der Berufsausübung (zB Sportunfall eines Berufssportlers; weiter aber FG RhPf 24.10.89, BeckRS 1989, 07399) oder auf einer beruflichen Fahrt erlittenen Unfalls Werbungskosten.

9 In anderen Fällen muss ein hohes Maß an Plausibilität dafür sprechen, dass diese Krankheit gerade durch die berufliche Betätigung entstanden ist. Dies wurde bspw bei der Hepatitis eines Chirurgen bejaht (BFH 6.6.57 – IV 158/56 U, BStBl III 57, 286), nicht aber bei Diabetes eines Geschäftsführers (BFH 9.2.62 – VI 10/61 U, BStBl III 62, 235), beim Herzinfarkt eines Rechtsanwalts (BFH 4.10.68 – IV R 59/68, BStBl II 69, 179), bei genetischen Schäden von Kindern eines Röntgenarztes (BFH 17.4.80 – IV R 207/75, BStBl II 80, 639), bei der Gallenblasenentzündung eines Architekten (FG Hess 22.4.63, EFG 63, 501) oder bei allergischem Asthma eines praktischen Arztes (FG Hess 3.5.77, EFG 77, 577). Auch die Gelenkarthrose eines Sportlehrers wurde nicht als Berufskrankheit angesehen (FG Bln 10.6.91, EFG 92, 322). Dagegen können bei einer Orchestermusikerin Aufwendungen für Krankengymnastik und für Bewegungsschulung (Dispokinese) Werbungskosten sein (BFH 11.7.13 – VI R 37/12, DStRE 13, 1224).

10 **c) Abziehbare Aufwendungen** sind die unmittelbaren Krankheitskosten. Ein Abzugsausschluss, wie im Sozialrecht bei weiterer Ausübung der gefährdenden Tätigkeit (→ Rn 17), besteht nicht. Mittelbare bzw Krankheitsfolgekosten sind jedenfalls dann nicht zu berücksichtigen, wenn es sich um gemischte Aufwendungen iSv § 12 Nr 1 EStG handelt. Das gilt sowohl für vorbeugende, der Gesundheit ganz allgemein dienende Maßnahmen (Frischzellenbehandlung: BFH 17.7.81 – VI R 77/78, BStBl II 81, 711; Kurkosten: BFH 11.3.10 – VI R 7/08, DStRE 10, 789) als auch für solche, die Teilaspekte gewöhnlicher Lebenshaltung betreffen, auch wenn die Krankheit das auslösende Moment für diese Kosten war (Schwimmbad im eigenen Haus: FG NdS 22.12.75, EFG 76, 184). Behinderungsbedingte Umbaukosten sind als außergewöhnliche Belastung zu berücksichtigen (BFH 24.2.11 – VI R 16/10, DStR 11, 713; nicht aber behindertenbedingte Mehrkosten für ein größeres Grundstück, BFH 17.7.14 – VI R 42/13, DStR 14, 1872). Dies gilt auch bei schleichender Erkrankung (BFH 25.5.11 – VI B 35/11, BFH/NV 11, 1691). Wird nach § 33 EStG ein Abzug als außergewöhnliche Belastung gewährt, kommt daneben nicht der ungekürzte Pauschbetrag nach § 33b EStG in Betracht (BFH 13.7.11 – VI B 20/11, BFH/NV 11, 1863). Sind behinderungsbedingte Umbaukosten Werbungskosten, weil sie auf einem beruflich veranlassten Unfall beruhen, bleibt der Pauschbetrag nach § 33b EStG erhalten.

## C. Sozialversicherungsrecht

*Ruppelt*

11 **1. Die Berufskrankheit** ist ein Versicherungsfall der gesetzlichen UV (§ 7 Abs 1 iVm § 9 SGB VII). Berufskrankheiten sind Krankheiten, die durch Rechtsverordnung als solche bezeichnet sind und die Versicherte infolge einer den Versicherungsschutz nach §§ 2, 3 oder 6 SGB VII begründenden Tätigkeit erleiden (§ 9 Abs 1 Satz 1 SGB VII). Anders als der Arbeitsunfall, für den eine einmalige schädigende Einwirkung auf den Körper typisch ist, wird die Berufskrankheit idR durch andauernde schädigende Einwirkungen hervorgerufen. Wegen der Vielzahl krankmachender Einflüsse ohne beruflichen Zusammenhang und den damit verbundenen Schwierigkeiten, den kausalen Zusammenhang mit der beruflichen Tätigkeit nachzuweisen, hat sich der Gesetzgeber für das Enumerationsprinzip entschieden, um praktisch nicht aufklärbare Zusammenhangsfragen zu vermeiden. Als Berufskrankheit können daher grds nur solche Erkrankungen anerkannt werden, die in Anlage 1 zur BKV vom 31.10.97 (BGBl I 97, 2633) idF der BKVÄndV 4 vom 10.7.2017 (BGBl I 2017, 2299) aufgeführt sind. Dort sind nur solche Erkrankungen als Berufskrankheiten bezeichnet, die in **bestimmten Berufen gehäuft** auftreten. Gleichzeitig sind solche Krankheiten als Berufskrankheiten ausgeschlossen worden, die in der Bevölkerung allgemein verbreitet sind und daher nicht als besonderes berufliches Schicksal angesehen werden können.

Die Anerkennung einer Berufskrankheit nach § 9 Abs 1 SGB VII iVm der Anlage zur BKV setzt neben der Kausalität zwischen der versicherten Tätigkeit und den schädigenden Einwirkungen **(Einwirkungskausalität)** einen Ursachenzusammenhang zwischen den Einwirkungen und der Erkrankung voraus **(haftungsbegründende Kausalität).** Die Einwirkungen bei der Verrichtung der versicherten Tätigkeit müssen ebenso wie das Vorliegen der Krankheit durch Vollbeweis, also mit an Sicherheit grenzender Wahrscheinlichkeit nachgewiesen werden (BayLSG 24.1.19 – L 17 U 123/14, BeckRS 2019, 3451; 22.5.19 – L 17 U 239/15, BeckRS 2019, 20911; LSGHess 25.9.17 – L 9 U 224/16, BeckRS 2017, 128766). Für die erforderliche kausale Verknüpfung zwischen den Einwirkungen und der Krankheit genügt die **hinreichende Wahrscheinlichkeit** nach der Theorie der wesentlichen Bedingung, nicht allerdings die bloße Möglichkeit (BSG 23.4.15 – B 2 U 6/13 R, *Breithaupt* 2016, 134; 17.12.15 – B 2 U 11/14 R, SozR 4 -2700 § 9 Nr 26; 30.3.17 – B 2 U 6/15 R, NZS 17, 899, Rn 12; HessLSG 23.1.17 – L 9 U 111/14, BeckRS 2017, 101706). Kriterien für die Wesentlichkeit der nach der Bedingungstheorie als Ursache festgestellten versicherten Einwirkungen sind, wenn andere festgestellte konkurrierende Ursachen in Betracht kommen, Art und Ausmaß der Einwirkungen, die konkurrierenden Ursachen, das Krankheitsbild sowie die gesamte Krankengeschichte, so dass letztlich in der Regel eine Gesamtbetrachtung anzustellen ist (BSG 4.7.13 – B 2 U 11/12 R, *Breithaupt* 2014, 431; HessLSG 7.4.14 – L 9 U 121/11, NZS 14, 547). Entscheidungsbasis für die Kausalitätsbeurteilung ist der aktuelle wissenschaftliche Erkenntnisstand. Das bloße Fehlen von konkurrierenden Ursachen genügt bei komplexen Krankheitsgeschehen, die mehrere Ursachen haben können, nicht (BSG 9.5.06 – B 2 U 1/05 R, BSGE 96, 196).

Diese Voraussetzungen entsprechen denen eines Arbeitsunfalls nach § 8 Abs 1 SGB VII. 12
Der Verletzte muss durch eine Verrichtung vor dem fraglichen Unfallereignis den gesetzlichen Tatbestand einer versicherten Tätigkeit erfüllt haben und deshalb „Versicherter" sein. Die Verrichtung muss ein zeitlich begrenztes, von außen auf den Körper einwirkendes Ereignis sein und dadurch einen Gesundheitserstschaden oder den Tod des Versicherten objektiv und rechtlich wesentlich verursacht haben (Unfallkausalität). Ausgehend von der versicherten Tätigkeit entsprechen die Einwirkungen bei der Listen-Berufskrankheit dem Unfallereignis beim Arbeitsunfall und die berufsbedingte Erkrankung dem Gesundheits(-erst-)schaden (→ *Arbeitsunfall* Rn 33 f). Führt die Aufnahme schädigender Substanzen zu keiner Funktionsstörung, liegt keine Krankheit iS des Berufskrankheitsrecht vor (BSG 27.6.17 – B 2 U 17/15 R, FD-SozVR 2017, 398745, *Breithaupt* 2018, 188).

**2. Die einzelnen Berufskrankheiten** sind in der Anlage 1 zur **Berufskrankheitenverordnung (BKV)** aufgeführt. Es handelt sich um durch chemische Einwirkungen verursachte Krankheiten (Metalle, Erstickungsgase, Lösemittel, Pestizide), durch physikalische Einwirkungen verursachte Krankheiten (mechanische Einwirkungen, Druckluft, Lärm, Strahlen), durch Infektionserreger oder Parasiten verursachte Krankheiten, Erkrankungen der Atemwege und der Lunge, des Rippenfells und des Bauchfells (Erkrankungen durch anorganische oder organische Stäube, obstruktive Atemwegserkrankungen), Hautkrankheiten und Krankheiten sonstiger Ursache (Augenzittern der Bergleute). Angaben zu den einzelnen Berufskrankheiten (Gefahrenquellen, Vorkommen, Krankheitsbilder, Diagnosen, Ursachen) enthalten die laufend aktualisierten Merkblätter zu den einzelnen Berufskrankheiten (recherchierbar über: www.dguv.de). 13

Durch die BKVÄndV 4 vom 10.7.17 (→ Rn 11) wurden **fünf neue Krankheiten in die Berufskrankheitenliste** aufgenommen: **Leukämie** durch 1,3-Butadien (BK 1320); **Harnblasenkrebs** durch polyzyklische aromatische Kohlenwasserstoffe (BK 1321); **Fokale Dystonie** bei Instrumentalmusikern (BK 2115); **Ovarialkarzinom** durch Asbest (BK 4104) und **Kehlkopfkrebs** durch polyzyklische aromatische Kohlenwasserstoffe (BK 4113). Leukämie durch die Einwirkung von Butadien kommt insbes bei Beschäftigten in der Kunstkautschuk- und der Gummiindustrie vor. Kehlkopfkrebs und Harnblasenkrebs durch polyzyklische aromatische Kohlenwasserstoffe betrifft insbes Tätigkeiten, in denen steinkohleteerpechhaltige Produkte verarbeitet oder verwendet werden wie zB in der Aluminium- und Gießereiindustrie, tritt aber auch in anderen Berufsgruppen wie zB bei Schornsteinfegern oder Hochofenarbeitern auf. Die fokale Dystonie bei Instrumentalmusikern betrifft ausschließlich professionell tätige Musiker. Betroffen vom Eierstockkrebs können Frauen sein, die früher in asbestverarbeitenden Betrieben tätig waren. Leiden Versicherte am 1.8.17 an einer der fünf neu aufgenommenen Krankheiten, können diese Erkrankungen auch dann als Berufskrankheit anerkannt werden, wenn sie vor diesem Tag eingetreten sind (§ 6 Abs 1 BKV idF der BKVÄndV 4). Damit wird die allgemeine Regel durchbrochen, wonach 14

Erkrankungen grds nur dann als Berufskrankheit anerkannt werden können, wenn die Erkrankung nach ihrer Aufnahme in die Liste der Berufskrankheiten eingetreten ist. Für früher in die Liste neu aufgenommene Berufskrankheiten finden sich weitere Rückwirkungsregelungen in § 6 Abs 2–8 BKV. Zur Rückwirkungsproblematik bei neuen Berufskrankheiten: BSG 7.9.04 – B 2 U 1/03 R, BSGE 93, 164). Der Sachverständigenbeirat Berufskrankheiten beim BMAS hat im März 2019 empfohlen, „Lungenkrebs nach langjähriger und intensiver **Passivrauchexposition** am Arbeitsplatz bei Versicherten, die selbst nie oder maximal bis zu 400 Zigarettenäquivalente aktiv geraucht haben" als neue BK in Anl 1 zur BKV aufzunehmen.

15 **3. Im Einzelfall** ist eine berufsbedingte Erkrankung wie eine Berufskrankheit („Wie-Berufskrankheit") zu entschädigen, auch wenn sie nicht in der BKV erfasst ist, sofern nach **neuen Erkenntnissen der medizinischen Wissenschaft** auch diese Erkrankung durch besondere Einwirkungen verursacht wurde, denen bestimmte Personengruppen durch ihre Arbeit in erheblich höherem Grade als die übrige Bevölkerung ausgesetzt sind (§ 9 Abs 2 SGB VII). Es sollen solche Erkrankungen berücksichtigt werden, die nur deshalb nicht in die Liste aufgenommen worden sind, weil die Erkenntnisse der medizinischen Wissenschaft über die besondere Gefährdung bestimmter Personengruppen in ihrer Arbeit bei der letzten Fassung der Liste noch nicht vorhanden waren oder nicht hinreichend berücksichtigt wurden. Eine bewusste Nichtaufnahme der Erkrankung in die BKV schließt somit auch die Entschädigung im Einzelfall iSv § 9 Abs 2 SGB VII aus. Die Vorschrift ist keine Härteklausel. Sinn dieser Regelung ist es vielmehr, solche durch die versicherte Tätigkeit verursachten Krankheiten wie eine Berufskrankheit zu entschädigen, die nur deshalb nicht in die Liste der Berufskrankheiten aufgenommen worden sind, weil die Erkenntnisse der medizinischen Wissenschaft über die besondere Gefährdung besonderer Personengruppen durch ihre Arbeit bei der letzten Fassung der BKV noch nicht vorhanden waren oder dem Verordnungsgeber nicht bekannt waren oder trotz Nachprüfung noch nicht ausreichten (BSG 13.2.13 – B 2 U 33/11 R, NZS 13, 555; BayLSG 9.5.17 – L 3 U 444/14, BeckRS 2017, 114141). Voraussetzung für die Entschädigung einer Krankheit wie eine Berufskrankheit ist zusätzlich zu den sonstigen Voraussetzungen nach § 9 Abs 1 SGB VII das Vorliegen neuer Erkenntnisse der medizinischen Wissenschaft über den Ursachenzusammenhang zwischen schädigender Einwirkung infolge einer versicherten Tätigkeit und Erkrankung. Wie bei der Entscheidung des Verordnungsgebers im Rahmen des Abs 1 muss bei der Anwendung des Abs 2 hinreichend gesichert sein, dass die schädigende Einwirkung generell geeignet ist, die Entstehung oder Verschlimmerung einer bestimmten Erkrankung hervorzurufen (BSG 27.4.10 – B 2 U 13/09 R, NZS 11, 348 (Ls); 18.6.13 – B 2 U 6/12 R, NJOZ 15, 31, *Breithaupt* 2014, 529; HessLSG 25.4.17 – L 3 U 91/11, BeckRS 2017, 117619). Gesundheitsstörungen auf **psychiatrischem Fachgebiet,** die der Versicherte auf Stress im Zusammenhang mit seiner versicherten beruflichen Tätigkeit zurückführt, stellen weder eine Listenberufskrankheit nach der BKV dar noch können sie als „Wie-Berufskrankheit" anerkannt werden (BayLSG 27.4.18 – L 3 U 233/15, BeckRS 2018, 12080).

16 **4. Für das Entschädigungsverfahren und die Leistungen** der UVTräger gelten die für Arbeitsunfälle maßgebenden Vorschriften entsprechend. Für die Anzeigepflicht des ArbGeb gilt § 193 Abs 2 SGB VII. Die Leistungen richten sich wie beim Arbeitsunfall nach dem **Grad der Minderung der Erwerbsfähigkeit,** welcher durch die Folgen der Berufskrankheit verursacht wird. Soweit Vorschriften über Leistungen auf den Zeitpunkt des Versicherungsfalls abstellen, ist bei Berufskrankheiten der Beginn der AU oder der Behandlungsbedürftigkeit oder, wenn dies für den Versicherten günstiger ist, der Beginn der rentenberechtigenden Minderung der Erwerbsfähigkeit zu berücksichtigen (§ 9 Abs 5 SGB VII). Ob der Kläger bei Eintritt des Versicherungsfalles noch in einem Arbeits- oder sonstigen Verhältnis steht, welches den Schutz der gesetzlichen UV begründet, ist unerheblich. Wesentlich ist lediglich, dass die Berufskrankheit durch eine versicherte Tätigkeit verursacht worden ist. Zu den Leistungen beim Tod des Versicherten als Folge einer Berufskrankheit → *Unfallversicherung* Rn 52, → *Hinterbliebenenrente* Rn 38.

17 **5. Unterlassung der gefährdenden Tätigkeit.** Einige Berufskrankheiten setzen für den Eintritt des Versicherungsfalles voraus, dass der Versicherte krankheitsbedingt gezwungen ist, alle Tätigkeiten zu unterlassen, die für die Entstehung, die Verschlimmerung oder

das Wiederaufleben der Krankheit ursächlich waren oder sein können. Es handelt sich dabei um Erkrankungen durch Isozyanate (Nr 1315), Erkrankungen der Sehnenscheiden oder des Sehnengleitgewebes sowie der Sehnen- oder Muskelansätze (Berufskrankheitenliste Nr 2101), vibrationsbedingte Durchblutungsstörungen (Nr 2104), bandscheibenbedingte Erkrankungen (Nr 2108–2110), durch allergisierende Stoffe verursachte obstruktive Atemwegserkrankungen (Nr 4301–4302), durch chemisch-irritativ oder toxisch wirkende Stoffe verursachte obstruktive Atemwegserkrankungen (Nr 4301–4302) und schwere oder wiederholt rückfällige Hauterkrankungen (Nr 5101). Im Regelfall muss der Versicherte bei diesen Berufskrankheiten seine bisherige **gefährdende Berufstätigkeit aufgeben,** wenn er Leistungen der UV erhalten will (BSG 22.3.11 – B 2 U 4/10 R, BeckRS 2011, 75121, LSG NdSBrem 23.11.17 – L 14 U 164/12, BeckRS 2017, 147983). Zeitliche Reduzierung der gefährdenden Tätigkeit reicht nicht aus (ThürLSG 6.12.12 – L 1 U 1664/10, BeckRS 2013, 66806). Durch das 7. SGB IV ÄndG, das sich am 1.1.20 noch im Gesetzgebungsverfahren befand, ist der **Wegfall** des Unterlassungszwangs geplant.

**6. Übergangsleistungen bei Aufgabe einer gefährdenden Tätigkeit.** Stellt der Versicherte die gesundheitsgefährdende Tätigkeit vor Eintritt des Versicherungsfalles – also bevor ein rentenberechtigender Grad der MdE erreicht wird – ein, kommt ein Anspruch auf Ausgleich der ihm dadurch entstehenden wirtschaftlichen Nachteile durch Zahlung einer Übergangsleistung (§ 3 Abs 2 BKV) in Betracht (BSG 12.1.10 – B 2 U 33/08 R, BeckRS 2010, 67538; BayLSG 26.11.14 – L 2 U 484/11, BeckRS 2015, 65674 *Breithaupt* 2015, 228). Voraussetzung ist, dass die Tätigkeit aufgegeben wird, weil die Gefahr fortbesteht, dass eine Berufskrankheit durch die Tätigkeit entsteht, wiederauflebt oder sich verschlimmert. § 3 Abs 2 BKV gilt für alle Berufskrankheiten und auch für die „Wie-Berufskrankheiten" nach § 9 Abs 2 SGB VII (BSG 7.9.04 – B 2 U 1/03 R, BSGE 93, 164; → Rn 15). Die UVTräger haben vor Unterlassung einer noch verrichteten gefährdenden Tätigkeit darüber zu entscheiden, ob die übrigen Voraussetzungen für die Anerkennung einer Berufskrankheit erfüllt sind. Ohne eine solche verbindliche Entscheidung ist es Versicherten idR nicht zumutbar, einen Entschluss über Aufgabe oder Fortsetzung der noch ausgeübten Tätigkeit zu fassen. 18

## Berufsständische Versorgung

### A. Arbeitsrecht

*Griese*

**1. Arbeitsrechtliche Bedeutung.** Die berufsständische Versorgung der einzelnen berufsständischen Versorgungswerke ermöglicht es den in diesen Bereichen tätigen ArbN, dort die Leistungen der Alters- Invaliditäts- und Hinterbliebenenversicherung abzusichern. 1

Arbeitsrechtlich ist allein die Frage bedeutsam, ob die **Pflichtmitgliedschaft in der gesetzlichen Rentenversicherung** dadurch tangiert wird, insbes, ob der ArbGeb wegen einer Mitgliedschaft des ArbN in einem berufsständischen Versorgungswerk von seiner grundsätzlich bestehenden Pflicht befreit ist, die RVBeiträge (ArbGeb und ArbNAnteil) als Teil der SozVBeiträge an die gesetzliche Einzugsstelle abzuführen (s *Sozialversicherungsbeiträge* u *Rentenversicherungsbeiträge*)

Der ArbGeb hat grundsätzlich die Verpflichtung, den zutreffenden GesamtSozVBeitrag – nicht nur die auf ihn entfallenden ArbNAnteile – ordnungsgemäß abzuführen und haftet hierfür gegenüber der SozV. **Denn Beitragsschuldner** gegenüber der SozV ist gem §§ 28d, 28e SGB IV, 174 Abs 1 SGB VI **allein der Arbeitgeber.** Der ArbGeb hat daher seinen Anteil am RVBeitrag zusammen mit dem Beitragsanteil des ArbN an die Einzugstelle abzuführen. 2

**2. Keine Dispositionsfreiheit der Arbeitsvertragsparteien.** Die Mitgliedschaft in der gesetzlichen RV ist für die Arbeitsvertragsparteien **nicht disponibel.** Nur wenn ein gesetzlicher **Befreiungsstatbestand** vorliegt, kann die Beitragsabführung an die gesetzliche SozV unterbleiben (s *Befreiung von der Versicherungspflicht*). 3

Befreiungstatbestände sind für die gesetzliche RV in **§ 5 SGB VI** geregelt. Darüber hinaus sind **Befreiungen auf Antrag** in gesetzlich definierten Fällen möglich, insbes nach

§ 6 Abs 1 Nr 1 SGB VI für berufsständische Versorgungswerke unter den **in § 6 Abs 1 Nr 1a bis 1c SGB VI aufgeführten Voraussetzungen** und nach entsprechendem **Antrag des Arbeitnehmers** nach § 6 Abs 2 SGB VI sowie nach **positiver Entscheidung des gesetzlichen Trägers der RV** gem § 6 Abs 3 SGB VI.

4 Endet aber zB eine Versicherungsbefreiung in der RV, muss der ArbGeb den RVBeitrag an den gesetzlichen RVTräger als Teil des GesamtSozVBeitrages zahlen. Es **besteht keine Möglichkeit, einen anderen Träger, zB ein berufsständisches Versorgungswerk als Rentenversicherungsträger zu bestimmen und die Beiträge dorthin abzuführen** (BAG 15.11.12 – 8 AZR 146/10, NZA 13, 568).

**B. Lohnsteuerrecht** *Weil*

10 **1. Begriff.** Bei berufsständischen Versorgungseinrichtungen im steuerlichen Sinne handelt es sich um öffentlich-rechtliche Versicherungs- oder Versorgungseinrichtungen für Beschäftigte und selbstständig tätige Angehörige der kammerfähigen freien Berufe (zB der Steuerberater und Rechtsanwälte), die den gesetzlichen Rentenversicherungen vergleichbare Leistungen erbringen. Die Mitgliedschaft in der berufsständischen Versorgungseinrichtung tritt aufgrund einer gesetzlichen Verpflichtung bei Aufnahme der betreffenden Berufstätigkeit ein. Die Mitgliedschaft in einer berufsständischen Versorgungseinrichtung führt in den in § 6 Abs 1 SGB VI genannten Fallgestaltungen auf Antrag zu einer Befreiung von der gesetzlichen Rentenversicherungspflicht (BMF 24.5.17, BStBl I 2017, 820 Rz 9). Welche Versorgungseinrichtungen diese Voraussetzung erfüllen, wird jeweils durch gesondertes BMF-Schreiben bekannt gegeben (BMF 24.5.17, BStBl I 2017, 820 Rz 8; BMF 8.7.2014, BStBl I 2014, 1098).

11 **2. Beiträge.** Die Beiträge des ArbN gehören zu den beschränkt abziehbaren Sonderausgaben (§ 10 Abs 1 Nr 2 Satz 1 Buchst a EStG; → *Sonderausgaben* Rn 2 ff). Hierbei kommt es nicht darauf an, in welchem Land der Versicherungsnehmer seinen Wohnsitz hat (BMF 8.7.2014, BStBl I 2014, 1098). Zuschüsse des ArbGeb zu den Aufwendungen des ArbN in ein berufsständisches Versorgungswerk sind nur steuerfrei, wenn der ArbN von der Versicherungspflicht in der gesetzlichen RV befreit worden ist (§ 3 Nr 62 Satz 2 Buchst c EStG; → *Befreiung von der Versicherungspflicht* Rn 10 ff, anders kraft Gesetzes versicherungsfreie ArbN s BFH 20.5.2010 VI B 111/09, BFH/NV 2010, 1445).

12 **3. Leistungen.** Leistungen aus berufsständischen Versorgungseinrichtungen werden ebenso wie die gesetzliche Rente nachgelagert besteuert mit einer Übergangsphase bis zum Jahr 2040 (§ 22 Nummer 1 Satz 3 Buchst a) aa) EStG; → *Altersrente* Rn 12 ff; → *Rentenanpassung* Rn 2 ff). Dies gilt unabhängig davon, ob die Beiträge als Sonderausgaben nach § 10 Abs 1 Nummer 2 Satz 1 Buchst a EStG berücksichtigt wurden. Die Besteuerung erfolgt auch dann nach § 22 Nr 1 S 3 Buchst a) aa) EStG, wenn die berufsständische Versorgungseinrichtung keine den gesetzlichen RV vergleichbaren Leistungen erbringt. Sowohl unselbständige Bestandteile der Rente (zB Kinderzuschüsse, BFH 31.8.2011 – X R 11/10, BStBl II 2012, 312) als auch einmalige Leistungen (zB Kapitalauszahlungen, Sterbegeld – BFH 23.11.2016 – X R 13/14, BeckRS 2017, 94281–, Abfindung von Kleinbetragsrenten) werden zusammen mit der Rente nach § 22 Nummer 1 Satz 3 Buchst a) aa) EStG besteuert. Ebenso Kapitalzahlungen, bei denen die erworbenen Anwartschaften auf Beiträgen beruhen, die vor dem 1. Januar 2005 erbracht worden sind. Sie können aber ermäßigt besteuert werden (BFH 23.10.2013 – X R 3/12, BStBl II 2014, 58). Demgegenüber sind Erträge aus der Kapitalversorgung eines berufsständischen Versorgungswerks, die nicht zur Basisversorgung gehören, keine Leistungen iSd § 22 Nr 1 Satz 3 Buchst a) aa) EStG sondern solche aus Kapitallebensversicherungen nach § 20 Abs 1 Nr 6 EStG (BFH 12.12.17 – X R 39/15, DStR 18, 1551). Zu den **steuerfreien** Witwen- und Witwerrentenabfindungen sowie Beitragserstattungen s § 3 Nr 3c EStG. Beitragsrückerstattungen des Versorgungswerks für Rechtsanwälte sind nach BFH 10.10.17 – X R 3/17, DStR 18, 394 auch ohne Einhaltung einer Wartefrist steuerfrei. Nach BMF (19.8.13, BStBl I 13, 1087 Rn 205) ist eine steuerfreie Erstattung von Pflichtbeiträgen erst möglich, wenn nach dem Ausscheiden aus der Versicherungspflicht mindestens 24 Monate vergangen sind und nicht erneut eine Versicherungspflicht eingetreten ist.

**4. Besteuerungsverfahren** (§ 22a EStG). Auch die berufsständischen Versorgungseinrichtungen unterliegen den Mitteilungspflichten (→ *Altersrente* Rn 14). 13

**5. Sonstiges.** Pflichtversicherte in einer berufsständischen Versorgungseinrichtung gehören nicht zu dem unmittelbar begünstigten Personenkreis der Riester-Rente (→ *Altersvorsorgevermögen* Rn 7). Die Nichtgewährung eines zusätzlichen Sonderausgabenabzugs für die Altersvorsorge iSd § 10a EStG verstößt nicht gegen den allgemeinen Gleichheitsgrundsatz (BFH 29.7.15 – X R 11/13, DStR 15, 2483).

**C. Sozialversicherungsrecht** *Ruppelt*

**1. Systematik und Organisation.** Die Berufsständische Versorgung stellt die Alters-, Invaliditäts- und Hinterbliebenenversorgung derjenigen sicher, die einen sog verkammerten Freien Beruf ausüben. Es handelt sich um eine **Pflichtversorgung** sowohl für **selbstständig wie angestellt tätige Angehörige** bestimmter Berufsgruppen. Die abgesicherten Risiken entsprechen nach Maßgabe der jeweiligen Satzung des Versorgungswerkes idR denen der gesetzlichen RV. Zusammen mit der gesetzlichen RV und der Versorgung der Beamten, Richter und Soldaten stellt die Berufsständische Versorgung die Regelsicherung im deutschen Alterssicherungssystem dar. Träger sind die **Berufsständischen Versorgungswerke,** die für die kammerfähigen Freien Berufe der Ärzte, Zahnärzte, Apotheker, Architekten, Notare, Rechtsanwälte, Steuerberater bzw Steuerbevollmächtigte, Wirtschaftsprüfer bzw vereidigte Buchprüfer und Tierärzte sowie teilweise für Ingenieure und Psychotherapeuten in den Ländern errichtet sind. Es handelt sich dabei um Pflichtversorgungssysteme eigener Art auf landesrechtlicher Grundlage. 20

Die einzelnen Berufsstände verwalten die Versorgungswerke satzungsrechtlich als Körperschaft des öffentlichen Rechts oder als unselbständiges Sondervermögen der sie tragenden öffentlich-rechtlichen Kammern. Die berufsständischen Versorgungswerke sind eigenfinanziert und erhalten keine staatlichen Zuschüsse. Die Länder führen lediglich die Rechts- und Versicherungsaufsicht.

**2. Mitgliedschaft.** Die Angehörigen der verkammerten Berufe, für die Versorgungswerke eingerichtet wurden, sind nach landesrechtlicher Maßgabe idR von der Erteilung der Berufserlaubnis durch die Kammer oder spätestens von der Aufnahme der Beschäftigung an **Pflichtmitglieder** ihres Versorgungswerkes. In den einzelnen Versorgungswerken gelten jedoch Altersgrenzen in unterschiedlicher Höhe. Wird der Freie Beruf im Rahmen eines dem Grunde nach rentenversicherungspflichtigen **Beschäftigungsverhältnisses** ausgeübt (zB als angestellter Anwalt in einer Rechtsanwaltskanzlei) oder liegen die Voraussetzungen des § 2 Satz 1 Nr 9 SGB VI für die RVPflicht einer selbstständigen Tätigkeit vor, besteht für die **Pflichtmitglieder** (nicht für die freiwilligen Mitglieder) der Versorgungswerke die Möglichkeit, sich auf Antrag nach Maßgabe von § 6 Abs 1 Satz 1 Nr 1 SGB VI von der Versicherungspflicht in der **gesetzlichen Rentenversicherung befreien** zu lassen (→ *Befreiung von der Versicherungspflicht* Rn 31 ff). 21

**3. Beiträge.** Die Beitragserhebung und -berechnung ergeben sich aus den jeweiligen Satzungen der Versorgungswerke. Sie orientieren sich grundsätzlich an den Beitragssätzen und Bemessungsgrenzen der gesetzlichen RV. IdR werden bei selbstständig tätigen Mitgliedern die sich aus dem Einkommensteuerbescheid ergebenden Einkünfte des Vorvorjahres zur Beitragsberechnung herangezogen. Teilweise ist grds ein Regelbeitrag zu zahlen (→ *Rentenversicherungsbeiträge* Rn 12). Die Beitragshöhe wird meist durch den Grundbeitrag und den Höchstbeitrag begrenzt. Bei angestellten Mitgliedern ist das aktuelle Einkommen des laufenden Jahres nach den Gehaltsmeldungen für die Beitragsfestsetzung maßgeblich. Angestellt tätige Mitglieder, die aufgrund der Mitgliedschaft im Versorgungswerk die Befreiung von der gesetzlichen RV in Anspruch nehmen, zahlen zum Versorgungswerk Beiträge in der Höhe, wie sie ansonsten zur gesetzlichen RV zu zahlen wären. Auch der ArbGeb leistet im gleichen Umfang den ArbGebAnteil. Eine freiwillige Höherversicherung ist meist möglich. Die Nachversicherung einer Tätigkeit im Beamtenverhältnis kann auch zu einem Versorgungswerk erfolgen. Die Beitragshöhe, der Regelbeitrag und die Beitragsbemessungsgrenzen entsprechen idR derjenigen in der gesetzlichen RV (→ *Rentenversicherungsbeiträge* Rn 9 ff). 22

23 **4. Leistungen.** Auch die Leistungen sind in den jeweiligen Satzungen der Versorgungswerke im Einzelnen geregelt. Schon um die Befreiungsmöglichkeit von der gesetzlichen RV für die Pflichtmitglieder der Versorgungswerke nach § 6 Abs 1 Satz 1 Nr 1 SGB VI zu erhalten, sind grds Leistungsansprüche für den Fall der verminderten Erwerbsfähigkeit (Invalidität), des Alters und für Hinterbliebene in den Satzungen normiert. Diese Versorgungsansprüche übersteigen in der Höhe wegen der besonderen Risiko- und Beitragsstruktur der verkammerten Berufsgruppen idR die entsprechenden Ansprüche in der gesetzlichen RV. Zu beachten ist jedoch, dass die Rendite der durch die Versorgungswerke verwalteten Beiträge ua wesentlich durch die Höhe der **erzielbaren Zinsen auf dem Kapitalmarkt** beeinflusst wird. Die Dynamisierung der Rentenleistungen ist jeweils satzungsrechtlich geregelt und hängt idR von der Leistungsfähigkeit und dem wirtschaftlichen Erfolg des Versorgungswerks ab.

# Beschäftigungsanspruch

## A. Arbeitsrecht

*Kania*

1 **1. Grundsatz.** Zu unterscheiden ist zwischen dem Beschäftigungsanspruch des ArbN während des Bestands des Arbeitsverhältnisses und dem Anspruch auf Beschäftigung während eines Rechtsstreits über die wirksame Beendigung des Arbeitsverhältnisses (zu diesem sog *Weiterbeschäftigungsanspruch* s dort). Die Anerkennung eines allgemeinen Beschäftigungsanspruchs während des bestehenden Arbeitsverhältnisses war in dem im 19. Jahrhundert konzipierten Dienstvertragsrecht des BGB nicht vorgesehen. Den damaligen Anschauungen entsprechend galt der ArbGeb lediglich als Gläubiger der Arbeitsleistung, der sie fordern konnte, der aber zu ihrer Annahme nicht verpflichtet war und nur die vertragliche Vergütung schuldete. Eine Beschäftigungspflicht wurde deshalb nur in Ausnahmefällen anerkannt, in denen ArbN ein besonderes Interesse an der Ausübung ihrer Tätigkeit hatten (Lehrlinge, Künstler).

2 **Allgemein anerkannt** wurde ein Beschäftigungsanspruch des ArbN erst nach Inkrafttreten des GG durch die grundlegende Entscheidung des **BAG vom 10.11.55** (NJW 56, 359). Das BAG bejaht seither mit breiter Zustimmung in der Literatur einen aus dem **Persönlichkeitsrecht** des ArbN abzuleitenden Anspruch auf tatsächliche Beschäftigung während des Arbeitsverhältnisses (BAG GS 27.5.85, DB 85, 2197; *Schaub/Koch* § 109 Rz 5 mwN). Dem liegt die Erkenntnis zu Grunde, dass die Achtung und Wertschätzung des ArbN wesentlich von der von ihm geleisteten Arbeit abhängt und die Tätigkeit im Arbeitsverhältnis eine wesentliche Möglichkeit zur Entfaltung seiner geistigen und körperlichen Fähigkeiten und damit zur Entfaltung seiner Persönlichkeit darstellt (BAG GS 27.5.85, DB 85, 2197, 2199). Umstritten ist, ob es sich um eine im Synallagma stehende Hauptpflicht oder um eine Nebenpflicht handelt (ErfK/*Preis* § 611a BGB Rn 564; *Weber/Weber* RdA 07, 344). Der Beschäftigungsanspruch unterliegt grds keiner Ausschlussfrist (BAG 15.5.91 – 5 AZR 271/90, NZA 91, 979); zur Verwirkung des Beschäftigungsanspruchs s BAG 12.12.06 – 9 AZR 747/06, NZA 07, 396.

3 **Durchsetzung des Beschäftigungsanspruchs** erfolgt durch Klage oder einstweilige Verfügung auf tatsächliche Beschäftigung. Die Vollstreckung des Beschäftigungsanspruchs richtet sich nach § 888 ZPO, erfolgt also durch die Androhung von Zwangsgeld oder Zwangshaft (LAG Bln 19.1.78, EzA Nr 1 zu § 888 ZPO). Da eine einstweilige Verfügung zu einer umfassenden Befriedigung des vermeintlichen Anspruchs führt, sind an den Verfügungsgrund hohe Anforderungen zu stellen (ArbG Köln 9.5.96, NZA-RR 97, 186). Bereits an einem Verfügungsanspruch fehlt es, wenn der ArbGeb zur Freistellung berechtigt war (LAG Hamm 18.9.03 – 17 Sa 1275/03, NZA-RR 04, 244 zur Schließung einer Abteilung).

4 **2. Befreiung von der Beschäftigungspflicht (Suspendierung). a) Allgemeines.** Der Beschäftigungsanspruch des ArbN entfällt, soweit der ArbGeb zur Suspendierung berechtigt ist. Die Suspendierung unterscheidet sich von der Kündigung dadurch, dass das Arbeitsverhältnis dem Grunde nach fortbesteht, aber die Rechte und Pflichten aus dem

Arbeitsverhältnis ganz oder teilweise ruhen. Hinsichtlich der Zulässigkeit der Suspendierung und der Frage, ob neben der Beschäftigungspflicht auch die Vergütungspflicht ruht, ist danach zu unterscheiden, ob die Suspendierung auf einer Vereinbarung zwischen ArbN und ArbGeb oder auf einer einseitigen Anordnung des ArbGeb beruht.

**b) Vereinbarte Suspendierung.** Grds steht es den Arbeitsvertragsparteien frei, die Suspendierung sowohl der Beschäftigungs- als auch der Vergütungspflicht zu vereinbaren. Eine solche Vereinbarung muss nicht ausdrücklich getroffen werden; allerdings kann allein aus der zeitweisen Nichtgeltendmachung des Beschäftigungsanspruchs nicht auf einen dauerhaften Verzicht auf tatsächliche Beschäftigung geschlossen werden. Fehlt es an einer eindeutigen Vereinbarung, so ist im Zweifel davon auszugehen, dass der ArbN nicht auf den Vergütungsanspruch aus dem weiter bestehenden Arbeitsverhältnis verzichten wollte. Annahmeverzug liegt in diesem Fall nicht vor, so dass anderweitiger Verdienst nicht nach § 615 S 2 BGB anzurechnen ist, wenn dies nicht ausdrücklich vereinbart ist (Erfk/*Preis* § 611a BGB Rn 571 mwN). Allein die zusätzliche Vereinbarung einer „Turbo-Klausel" ändert daran nichts, weil diese dem ArbN regelmäßig nur eine zusätzliche Option einräumen, aber nicht im Übrigen die Rechtsstellung einschränken soll (aA LAG Hess 2.12.93 – 13 Sa 283/93, BeckRS 2009, 74787). Keine Bedenken bestehen gegen eine Absprache, soweit sie zwischen ArbGeb und ArbN für einen konkreten Einzelfall getroffen wird. Anders ist es jedoch, wenn bereits im Arbeitsvertrag eine Klausel vereinbart ist, die den ArbGeb zur Suspendierung des Arbeitsverhältnisses berechtigt. Eine solche Vereinbarung unterliegt im Hinblick auf die Schutzbedürftigkeit des ArbN einer gerichtlichen **Inhaltskontrolle.** Jedenfalls wenn dem ArbGeb ein umfassendes und an keine sachlichen Gründe geknüpftes Recht zur uneingeschränkten Arbeitsfreistellung im Formulararbeitsvertrag eingeräumt wird, ist die Regelung gem § 307 Abs 2 BGB unwirksam (*Schaub/Koch* § 109 Rz 9a). 5

Zulässig ist es, wenn für den Fall der Kündigung die Suspendierung der Arbeitspflicht **während der Kündigungsfrist** vereinbart wird (LAG München 7.5.03 – 5 Sa 297/03, BeckRS 2009, 66914; *Schaub/Koch* § 109 Rz 9a; aA APS/*Preis* Grundlagen K Rz 75). 6

**c) Suspendierung durch einseitige Erklärung. aa) Gründe.** Eine einseitige Suspendierung ist nur zulässig, wenn unter Berücksichtigung der Interessen des ArbN für den ArbGeb Gründe vorliegen, die ihm eine Weiterbeschäftigung unzumutbar erscheinen lassen und eine **sofortige Reaktion des Arbeitgebers erfordern** (BAG 15.6.72, DB 72, 1878; 19.8.76, DB 76, 2308). Die Unzumutbarkeit der Beschäftigung muss im Prozess der ArbGeb darlegen und beweisen (LAG München 19.8.92, NZA 93, 1130). Dabei kann die Suspendierung immer nur für eine kurze, vorübergehende Zeit zugelassen werden, weil es dem ArbN nicht zugemutet werden kann, trotz der weiter bestehenden Bindung an das Arbeitsverhältnis seine Beschäftigung nicht ausüben zu können. Zulässig ist eine einseitige Suspendierung danach idR nur dann, wenn eine erhebliche Gefährdung für die Ordnung des Betriebes oder die Gefahr einer schweren Vertragsverletzung (Verrat von Geschäftsgeheimnissen, Verstoß gegen Wettbewerbsverbot) besteht (APS/*Preis* Grundlagen K Rz 76). Bei einem ArbN in exponierter Stellung, der zur Konkurrenz abwandern will und Einblick in wichtige Geschäftsgeheimnisse hat, kann eine Suspendierung während der gesamten, auch längeren Kündigungsfrist gerechtfertigt sein (LAG Hamm 3.11.93, LAGE Nr 36 zu § 611 BGB Beschäftigungspflicht). 7

**bb) Folgen.** Die einseitige Suspendierung führt regelmäßig nicht zum Fortfall der Vergütungspflicht des ArbGeb (BAG 4.6.64, BB 64, 1045; LAG Hamm 5.5.75, DB 75, 1131; APS/*Preis* Grundlagen K Rz 78). Es tritt Annahmeverzug ein mit der Folge, dass anderweitiger Verdienst gem § 615 S 2 BGB anzurechnen ist (Erfk/*Preis* § 611a BGB Rn 567 mwN). Nur in extremen Ausnahmefällen, bei besonders schwerwiegendem Fehlverhalten des ArbN, kann die Vergütungspflicht entfallen (BAG 26.4.56, NJW 56, 1454; LAG Brem 24.8.2000 – 4 Sa 68/00, NZA-RR 2000, 632). Denkbar sind derartige Ausnahmefälle insbes dann, wenn eine sofortige Beendigung des Arbeitsverhältnisses durch fristlose Kündigung – wie zB bei BRatMitgliedern – nicht möglich ist (LAG Hess 26.4.2000 – 13 SaGa 3/00, NZA-RR 2000, 633) sowie bei massiver (vorsätzlicher) finanzieller Schädigung des ArbGeb (BAG 16.4.14 – 5 AZR 739/11, NZA 14, 1082). 8

Von einer Suspendierung betroffen werden nicht **sonstige Nebenpflichten** aus dem Arbeitsverhältnis, etwa Wettbewerbsverbote oder Geheimhaltungspflichten (BAG 30.5.78, DB 78, 2177). Eine **Beteiligung des Betriebsrats** bei der einseitigen Erklärung einer 9

Suspendierung ist nicht erforderlich. Insbes ergibt sich auch kein Mitbestimmungsrecht aus § 99 BetrVG, denn die Nichtbeschäftigung ist keine Zuweisung eines „anderen Arbeitsbereichs" (§ 95 Abs 3 BetrVG) und damit keine Versetzung (BAG 22.1.98 – 2 AZR 267/97, NZA 98, 699). Anders ist es allerdings, wenn ein ArbN zwar aus dem operativen Arbeitsprozess herausgenommen wird, aber zur „Betreuung" einer entsprechenden betrieblichen Einheit unterstellt wird; sobald dort von dem ArbN eigene Aktivitäten zur Vermittlung auf einen neuen Arbeitsplatz verlangt werden, liegt eine mitbestimmte Versetzung vor (BAG 9.4.19, NZA 19, 1061).

**B. Lohnsteuerrecht** *Seidel*

10 Lohnsteuerrechtlich ergeben sich in den Suspendierungsfällen keine Besonderheiten. Erhält der suspendierte ArbN keine Vergütung, ist auch lohnsteuerlich nichts veranlasst. Bei Weiterzahlung der Bezüge unterliegen diese weiterhin dem LStAbzug wie bisher. Zu beachten ist hierbei ggf, dass darin enthaltene Zuschläge für Sonntags-, Feiertags- oder Nachtarbeit für die Zeit der Suspendierung nicht nach § 3b EStG steuerfrei sind (→ *Sonn- und Feiertagsarbeit* Rn 29 und → *Freistellung von der Arbeit* Rn 33, 34).

**C. Sozialversicherungsrecht** *Schlegel*

11 **Anknüpfungspunkt für Rechte und Pflichten in der Sozialversicherung** ist die Ausübung einer versicherungspflichtigen Beschäftigung oder Tätigkeit. Wird der Beschäftigungsanspruch des ArbN nicht erfüllt, führt dies in der KV, RV, PflegeV und ArblV regelmäßig dazu, dass der ArbN tatsächlich keine Arbeit leistet. IdR wird er dann auch kein Arbeitsentgelt erhalten. Dies könnte, wenn der Beschäftigungsanspruch vom ArbGeb zu Unrecht nicht erfüllt wird, zu gravierenden Nachteilen des ArbN in der SozV führen.

12 **Nichterfüllung des Beschäftigungsanspruchs,** die zum **Annahmeverzug** des ArbGeb führt, berührt den Fortbestand des Beschäftigungsverhältnisses und der Beitragspflicht aber ausnahmsweise nicht. Insoweit setzt das versicherungspflichtige Beschäftigungsverhältnis die tatsächliche Arbeitsleistung nicht voraus (→ *Annahmeverzug* Rn 26; → *Freistellung von der Arbeit* Rn 34). Anders ist dies in der UV, wo Versicherungsschutz nur bei der Arbeit und auf Wegen von und zur Arbeit besteht. Bleibt der ArbN zu Hause, weil der ArbGeb den Beschäftigungsanspruch ohnehin nicht erfüllt, können schon begrifflich keine Arbeitsunfälle eintreten.

# Beschäftigungsgesellschaft

**A. Arbeitsrecht** *Kania*

1 **1. Allgemeines.** Beschäftigungsgesellschaften haben zwischenzeitlich weitreichende Bedeutung als Gestaltungselement bei Unternehmenskrisen und -umstrukturierungen erlangt. Mit Hilfe der Beschäftigungsgesellschaften soll bei betriebsbedingten Entlassungen eine Alternative zur Arbeitslosigkeit geschaffen werden, indem den zu entlassenden ArbN die Möglichkeit eingeräumt wird, im Anschluss an die Beendigung des Arbeitsverhältnisses für einen befristeten Zeitraum in der Beschäftigungsgesellschaft tätig zu sein und diese Zeit zu einer Qualifizierung und Bewerbung für eine neue Tätigkeit im ersten Arbeitsmarkt zu nutzen.

2 Beschäftigungsgesellschaften können von den Unternehmen, die (Massen-)Entlassungen planen, konkret für den Einzelfall gegründet werden. Daneben existieren aber bereits regional und auch überregional arbeitende Beschäftigungsgesellschaften, welche über eine vorhandene Infrastruktur verfügen. Hinsichtlich der Bezeichnung derartiger Gesellschaften hat sich noch keine einheitliche Terminologie gebildet. Neben dem hier verwendeten Begriff „Beschäftigungsgesellschaft" sind zB auch die Bezeichnungen „Qualifizierungsgesellschaft" oder „Beschäftigungs- und Qualifizierungsgesellschaft" (kurz „BQG") gebräuchlich. Die Chemische Industrie gebraucht in ihren Vereinbarungen mit der IGBCE die Bezeichnung „Transfer- und Personalentwicklungsgesellschaften". Unter dem inzwi-

schen riesigen Angebot gibt es ein immenses Qualitätsgefälle, so dass eine sorgfältige Information unerlässlich ist.

**2. Ausgestaltung der Arbeitsverhältnisse.** Das zwischen ArbN und Beschäftigungsgesellschaft geschlossene Vertragsverhältnis ist im Kern ein „normales" Arbeitsverhältnis. Insbes ist die Beschäftigungsgesellschaft auch bei einer engen Anbindung an den bisherigen ArbGeb der übernommenen ArbN als alleiniger ArbGeb einzustufen, auch mit allen sozialversicherungsrechtlichen Folgen (→ Rn 13). Der Abschluss des Arbeitsvertrages erfolgt vielfach über einen **dreiseitigen Vertrag,** in dem gleichzeitig zwischen bisherigem ArbGeb und ArbN die Beendigung des Arbeitsverhältnisses und die Begründung eines neuen Arbeitsverhältnisses mit der Beschäftigungsgesellschaft geregelt werden. Eine einseitige Versetzung in die Beschäftigungsgesellschaft übersteigt auch bei einer unternehmensinternen Beschäftigungsgesellschaft regelmäßig die Grenzen des Direktionsrechts (ArbG Düsseldorf 10.3.04 – 4 Ca 11364/03, BeckRS 2004, 40691 zu „Vivento"). Das Arbeitsverhältnis mit der Beschäftigungsgesellschaft orientiert sich an der Förderung durch Transferkurzarbeitergeld (→ Rn 15) und ist deshalb regelmäßig auf einen Zeitraum von bis zu einem Jahr befristet, bewegt sich also innerhalb der Höchstgrenzen des § 14 Abs 2 TzBfG (→ *Befristetes Arbeitsverhältnis* Rn 6 ff). Die **Arbeitsbedingungen** sind im Hinblick auf den Zweck der Beschäftigungsgesellschaft modifiziert. § 613a BGB steht dem nicht entgegen, weil regelmäßig keine Betriebsmittel übernommen werden und die ArbN einen anderen Betriebszweck, nämlich die eigene Qualifizierung, verfolgen (*Gaul/Kliemt* NZA 2000, 674, 675). Üblich ist etwa die Verpflichtung der ArbN, an von der BA finanzierten Qualifizierungsmaßnahmen teilzunehmen, sowie das Recht, innerhalb einer kurzen Ankündigungsfrist auch während des Befristungszeitraums das Arbeitsverhältnis mit der Beschäftigungsgesellschaft zu kündigen. Vielfach üblich ist es auch, zu vereinbaren, dass die Beschäftigungsgesellschaft ArbN einem anderen Unternehmen auf Zeit überlassen kann, um den ArbN für ein neues Arbeitsverhältnis zu erproben, oder das vorübergehende Ruhen des Arbeitsverhältnisses mit der Beschäftigungsgesellschaft zu vereinbaren, falls der ArbN ein befristetes Arbeitsverhältnis bei einem anderen Unternehmen eingeht. Ein **Betriebsrat** kann in der Beschäftigungsgesellschaft gewählt werden. Beteiligt sind aber nur ArbN, die Arbeiten verrichten, welche dem Betriebszweck dienen, nicht dagegen die zu qualifizierenden ArbN, die – wie Auszubildende im reinen Ausbildungsbetrieb – selbst Gegenstand des Betriebszwecks sind (ErfK/*Koch* § 5 BetrVG Rn 2). 3

**3. Finanzierung.** Die finanzielle Ausstattung der Beschäftigungsgesellschaft erfolgt grds gemeinsam durch den ehemaligen ArbGeb und die BA. Ein zusätzlicher, eigenständiger Vergütungsbaustein der Beschäftigungsgesellschaft ist trotz des formalen Einrückens in die ArbGebStellung nicht zwingend erforderlich (BAG 19.3.14 – 5 AZR 299/13, BeckRS 2014, 69881). Regelmäßig liegt das Schwergewicht der Finanzierung bei der BA durch die Gewährung von Transferkurzarbeitergeld gem § 111 SGB III (→ Rn 15 ff). Ergänzt werden die Leistungen der BA durch Zuschüsse zu Qualifizierungsmaßnahmen im Einzelfall (§ 110 SGB III). Der ArbGeb beteiligt sich meist dadurch an der Finanzierung der Beschäftigungsgesellschaft, dass er das Kurzarbeitergeld aufstockt. Derartige Leistungen werden in einem Sozialplan gem § 112 BetrVG festgeschrieben. Damit der ehemalige ArbGeb die für diese Sozialplanleistungen notwendigen Mittel (gerade in der Krise) aufbringen kann, ist es durchaus gängige Praxis, dass den betroffenen ArbN recht deutlich klargemacht wird, dass eine Übernahme in die Beschäftigungsgesellschaft nur infrage kommt, wenn das Arbeitsverhältnis mit dem ehemaligen ArbN unter Abkürzung der persönlichen Kündigungsfristen beendet wird. Im Hinblick auf die Abhängigkeit von den Zuschüssen des früheren ArbGeb und der BA ist es zulässig, den dreiseitigen Vertrag zur Begründung des Arbeitsverhältnisses unter die aufschiebende **Bedingung** der Förderung durch die BA bzw unter die auflösende Bedingung von kontinuierlichen Zuschüssen des früheren ArbGeb zu stellen (LAG Hbg 7.9.05 – 5 Sa 41/05, NZA-RR 05, 658). Zu Einzelheiten der Förderung durch die BA und zum Verhältnis der verschiedenen Leistungen zueinander → Rn 15 ff. 4

**4. Beschäftigungs- und Auffanggesellschaft.** Wird die Beschäftigungsgesellschaft als Mittel zum Personalabbau gebraucht, endet die Umstrukturierungsmaßnahme häufig nicht mit der Überleitung der Arbeitsverhältnisse auf die Beschäftigungsgesellschaft. Als vermeintlicher „Königsweg" zur Ausschaltung der Betriebsübergangsproblematik wird wie folgt 5 vorgegangen: Im unmittelbaren zeitlichen Zusammenhang mit der erfolgten Überleitung der Arbeitsverhältnisse in die Beschäftigungsgesellschaft tritt eine schon vorhandene oder neu gegründete Auffanggesellschaft des bisherigen ArbGeb, welche die bisherige Geschäftstätigkeit (ggf in vermindertem Umfang) fortführt, auf den Plan. Diese Auffanggesellschaft macht nun einem Teil der in der Beschäftigungsgesellschaft „geparkten" ArbN neue Angebote zur Fortsetzung ihrer Tätigkeit in der Auffanggesellschaft, wobei hier regelmäßig aus ArbGebSicht günstigere Arbeitsbedingungen gelten (zur näheren Ausgestaltung *Lembke* BB 04, 773).

6 Die in diesem Modell liegende Kombination von Aufhebungsvertrag mit allen ArbN des früheren ArbGeb und Neubegründung von Arbeitsverhältnissen mit einem Teil der ArbN in der Auffanggesellschaft begegnet erheblichen Bedenken im Hinblick auf die **Vereinbarkeit mit § 613a BGB.** Das BAG hat im Grundsatz eine rechtswidrige Umgehung von § 613a BGB verneint und eine zulässige Vermeidungsstrategie angenommen. Dies gelte freilich unter der Voraussetzung, dass die betroffenen ArbN in vollem Umfang über die Situation aufgeklärt sind. Der Aufhebungsvertrag stelle sich insoweit für den ArbN als ein im Rahmen der Vertragsfreiheit zulässiges Risikogeschäft dar (BAG 18.8.11 – 8 AZR 312/10, NZA 12, 152; BAG 10.12.98 – 8 AZR 324/97, NZA 99, 422). Eine Umgehung wird jedoch bejaht, wenn der Aufhebungsvertrag die Beseitigung der Kontinuität des Arbeitsverhältnisses bei gleichzeitigem Erhalt des Arbeitsplatzes bezwecke, etwa wenn zugleich ein neues Arbeitsverhältnis vereinbart oder zumindest verbindlich in Aussicht gestellt werde (BAG 23.11.06 – 8 AZR 349/06, NZA 07, 866; LAG Hessen 10.6.13 – 16 Sa 1512/12, BeckRS 2014, 68128). Dabei stehe es dem ausdrücklichen Versprechen eines Arbeitsvertrages gleich, wenn sich aus den Umständen ergebe, dass ein ArbN vom Betriebserwerber eingestellt werde (BAG 18.8.05 – 8 AZR 523/04, NZA 06, 145, bestätigt durch BAG 23.11.06 – 8 AZR 349/06, NZA 07, 866) oder dies so gut wie sicher sei (BAG 25.10.12 – 8 AZR 572/11, BeckRS 2013, 65736). Dies könne selbst bei einem Losverfahren zur Vergabe der zukünftigen Arbeitsplätze der Fall sein (BAG 18.8.11 – 8 AZR 312/10, NZA 12, 152). Zudem könne ein Aufhebungsvertrag dann gem § 123 Abs 1 BGB wegen arglistiger Täuschung angefochten werden, wenn der ArbGeb dem ArbN beim Abschluss des Vertrags vorspiegelt, der Betrieb solle geschlossen werden, in Wahrheit jedoch ein Betriebsübergang geplant ist (BAG 23.11.06 – 8 AZR 349/06, NZA 07, 866). Vorsicht ist geboten, wenn in der Auffanggesellschaft eine „olympiareife Mannschaft" junger, gesunder ArbN zusammengestellt wird. Die zielgerichtete Vermeidung einer Sozialauswahl kann sowohl als Umgebung von § 613a BGB (so BAG 23.11.06 – 8 AZR 349/06, NZA 07, 866) als auch als Verstoß gegen das AGG gewertet werden (*Krieger/Fischinger* NJW 07, 2289).

7 Nur am Rande erwähnt hat das BAG in seiner Rspr eine mögliche **Umgehung von § 1 Absatz 3 KSchG.** Immerhin liegt das maßgebliche Ziel der skizzierten Umstrukturierung darin, bei der Verringerung der Belegschaft in der Auffanggesellschaft auch solche ArbN einzustellen, die bei einer Rationalisierungskündigung durch den bisherigen ArbGeb nach den Grundsätzen der Sozialauswahl (→ *Kündigung, betriebsbedingte* Rn 26) gekündigt worden wären. In der Logik der Rspr liegt es allerdings, auch eine Umgehung von § 1 Abs 3 KSchG zu verneinen; anders ist es nur, wenn die Übernahme in eine Beschäftigungsgesellschaft offensichtlich bezwecke, die Sozialauswahl zu umgehen (BAG 18.8.05 – 8 AZR 523/04, NZA 06, 145). Wichtig ist, dass die Rechtsbeständigkeit der Aufhebungsverträge in diesem Modell stets von einer vollständigen Information der ArbN abhängt. Ansonsten besteht ggf die Möglichkeit zu einer Anfechtung wegen arglistiger Täuschung gem § 123 BGB. Da mitunter auf die betroffenen ArbN von Seiten aller Beteiligter ein massiver Druck zum Abschluss der Aufhebungsverträge ausgeübt wird, ist weiter zu prüfen, ob nicht auch die Grenze der widerrechtlichen Drohung überschritten wird.

8 **5. Sozialplan.** Die Verpflichtung des ArbGeb, bei Vorliegen einer Betriebsänderung iSd § 111 BetrVG im Rahmen eines Sozialplans die Einschaltung einer Beschäftigungsgesellschaft vorzusehen, ist grds möglich. Würde die Einigungsstelle diese Möglichkeit (an Stelle eines reinen Abfindungs-Sozialplans) überhaupt nicht in ihre Erwägungen einbeziehen, wäre dies ermessensfehlerhaft. Das ergibt sich schon aus dem vom BAG anerkannten Sinn und Zweck eines Sozialplans, zukünftige Nachteile der Betroffenen auszugleichen und keine zusätzliche Entlohnung für den Verlust des Arbeitsplatzes auszuwerfen. § 112 Abs 5 Nr 2a

BetrVG betont ausdrücklich, dass die Einigungsstelle die im SGB III vorgesehenen Förderungsmöglichkeiten zur Vermeidung von Arbeitslosigkeit berücksichtigen soll. Eine Pflicht zur Einschaltung einer Beschäftigungsgesellschaft infolge einer entsprechenden Ermessensreduzierung auf Null dürfte allerdings kaum anzunehmen sein (ebenso *Meyer* BB 04, 490; *Lembke* BB 04, 773; *Gaul/Otto* NZA 04, 1301). Ebenso würde die Einigungsstelle ihren Ermessensspielraum überschreiten, wenn sie den ArbGeb zur Gründung einer eigenen Beschäftigungsgesellschaft verpflichten und nicht nur die Beteiligung an einer externen Beschäftigungsgesellschaft vorsehen würde (*Gaul/Kliemt* NZA 2000, 674).

**B. Lohnsteuerrecht** *Seidel*

**1. Leistungen der Beschäftigungsgesellschaft.** Die Beschäftigungsgesellschaft (zur Gemeinnützigkeit derartiger Gesellschaften s BMF 11.3.92, BStBl I 93, 214) hat als alleiniger ArbGeb (→ Rn 3) die steuerrechtlichen ArbGebPflichten zu erfüllen (→ *Arbeitgeber* Rn 19 ff). Die Befristung des Arbeitsverhältnisses spielt dabei keine Rolle (→ *Befristetes Arbeitsverhältnis* Rn 51; s dort auch zu Lohnkostenzuschüssen). Insbes unterliegt der von der Beschäftigungsgesellschaft gezahlte Arbeitslohn dem LStAbzug (→ *Lohnabzugsverfahren* Rn 2 ff). 9

Bei **Überlassung** der ArbN an andere Unternehmen (→ Rn 3) bleibt die Beschäftigungsgesellschaft als Verleiher ArbGeb (→ *Arbeitnehmerüberlassung/Zeitarbeit* Rn 34 ff). **Ruht das Arbeitsverhältnis** mit der Beschäftigungsgesellschaft (→ Rn 3) und erhält der ArbN seinen Arbeitslohn von einem anderen Unternehmen aufgrund eines befristeten Arbeitsverhältnisses, treffen die lohnsteuerrechtlichen Pflichten das andere Unternehmen. 10

**2. Anderweitige Leistungen.** Das von der BA gezahlte Kurzarbeitergeld ist steuerfrei, unterliegt aber dem Progressionsvorbehalt (→ *Kurzarbeit* Rn 27). Dies gilt auch für das Transferkurzarbeitergeld (→ Rn 15 ff), da es eine Leistung nach dem SGB III darstellt (§ 3 Nr 2 EStG). Zur steuerlichen Behandlung von Leistungen der BA im Rahmen von Umschulungsmaßnahmen → *Umschulung* Rn 15. Soweit der ehemalige ArbGeb das Kurzarbeitergeld durch Zahlungen im Rahmen eines Sozialplans aufstockt, bestimmt sich die lohnsteuerliche Behandlung nach der Art der gewährten Leistungen (→ *Sozialplan* Rn 61–63). Zur lohnsteuerlichen Behandlung von Zahlungen an den ArbN im Rahmen eines Aufhebungsvertrages mit dem bisherigen ArbGeb (→ Rn 5–7) → *Aufhebungsvertrag* Rn 26–28. 11

Zur steuerlichen Behandlung der Erstattung von AlGeld und AlGeld II an die Agentur für Arbeit → *Erstattungsanspruch der Agentur für Arbeit* Rn 12. 12

**C. Sozialversicherungsrecht** *Voelzke*

**1. Allgemeines.** Für die sozialversicherungsrechtliche Beurteilung der Überführung von ArbN in sog Beschäftigungsgesellschaften (zum Begriff → Rn 1 ff) ist von Bedeutung, ob die nachfolgende Tätigkeit für die Gesellschaft die SozVPflicht der ArbN begründet und von wem die mit der Versicherungspflicht korrespondierenden ArbGebPflichten zu erfüllen sind. Im Hinblick auf die Finanzierung der Gesellschaften ist ferner von Interesse, ob und in welchem Umfang Leistungen der ArblV zur Vermeidung von Arbeitslosigkeit der betroffenen ArbN eingesetzt werden können. Erwünschte **Folgewirkungen** des Wechsels der ArbN in eine Beschäftigungsgesellschaft können mit Blick auf die späteren Leistungsansprüche der ArbN gegenüber der ArblV eintreten. 13

**2. Beschäftigung und Arbeitgeberpflichten.** Das Tätigwerden des ArbN für eine Beschäftigungsgesellschaft erfüllt grds die Voraussetzungen einer Beschäftigung gegen Arbeitsentgelt, die die Grundlage für die Versicherungspflicht in allen Zweigen der SozV bildet. Dies ist auch dann unproblematisch, wenn keine planmäßige Erwerbstätigkeit ausgeübt wird, sondern die berufliche Qualifizierung im Vordergrund steht, denn **betriebliche Bildungsmaßnahmen** sind nach § 7 Abs 2 SGB IV dem Begriff der Beschäftigung gleichgesetzt (→ *Betriebliche Berufsbildung* Rn 24 ff). Der Versicherungspflicht steht es nicht entgegen, wenn „Kurzarbeit Null" vereinbart wird und der ArbN von einer tatsächlichen Beschäftigung vollständig freigestellt ist (BSG 4.7.12 – B 11 AL 9/11 R, NZA-RR 13, 103). Die ArbGebPflichten des SozVRechts sind regelmäßig von der juristisch eigenständi- 14 gen Beschäftigungsgesellschaft zu erfüllen, soweit diese das Weisungsrecht gegenüber dem ArbN innehat und zur Lohn- und Gehaltszahlung verpflichtet ist.

15 **3. Transferkurzarbeitergeld.** Das **Transferkurzarbeitergeld** (§ 111 SGB III) wird ArbN gewährt, um ihre Entlassung zu vermeiden und ihre Vermittlungsaussichten zu verbessern. Es handelt sich um eine Leistung zur Förderung der Eingliederung bei betrieblichen Restrukturierungen (*Meyer* BB 04, 490; *Ludwig* Betrieb und Wirtschaft 04, 47; *Lembke* BB 04, 779; *Stück* MDR 05, 663; *Sieg* NZA Beilage 1/05, 9; *Mengel/Ullrich* BB 05, 1109; *Roffler* AuR 09, 384). Mit dem Transferkurzarbeitergeld setzt der Gesetzgeber insbes auf die aktivierenden Elemente dieses Instruments (BT-Drs 15/1515 S 92; s zu Qualitätsstandards für Transfergesellschaften *Zabel/Bohnenkamp/Fieber/Bade,* SozSich 10, 307). Folgerichtig hat der Gesetzgeber mit Gesetz vom 18.7.16 (BGBl I 16, 1710) die Möglichkeit der Förderung von Weiterbildungsmaßnahmen während des Bezugs von Transferkurzarbeitergeld eröffnet.

16 **a) Voraussetzungen.** Zur Vermeidung von Entlassungen und zur Verbesserung ihrer Vermittlungsaussichten besteht der Anspruch nach § 111 Abs 1 SGB III für ArbN zur Förderung der **Eingliederung bei betrieblicher Restrukturierung.** Die weiteren Voraussetzungen für das Transferkurzarbeitergeld sind nach § 111 Abs 1 SGB III erfüllt, wenn und solange die ArbN von einem dauerhaften unvermeidbaren Arbeitsausfall mit Entgeltausfall betroffen sind (Nr 1), die betrieblichen Voraussetzungen erfüllt sind (Nr 2), die persönlichen Voraussetzungen erfüllt sind (Nr 3), sich die Betriebsparteien im Vorfeld der Entscheidung über die Inanspruchnahme der Leistung von der AA haben beraten lassen (Nr 4) und der dauerhafte Arbeitsausfall der Agentur für Arbeit angezeigt ist (Nr 5).

17 Ein **dauerhafter Arbeitsausfall** ist gegeben, wenn eine Betriebsänderung iSd § 111 BetrVG unabhängig von der Unternehmensgröße eintritt und wenn infolge dieser Betriebsänderung die Beschäftigungsmöglichkeiten für die ArbN nicht nur vorübergehend entfallen (§ 111 Abs 2 SGB III). Damit fordert das Gesetz zur Verwaltungsvereinfachung und aus Gründen der Rechtsklarheit nicht mehr eine Erheblichkeit des Arbeitsausfalls (BT-Drs 15/1515 S 92). Ob aus dem Erfordernis einer Betriebsänderung iSd § 111 BetrVG folgt, dass nur in Unternehmen, die unter das BetrVG fallen, Transferkurzarbeitergeld in Anspruch genommen werden kann, erscheint zweifelhaft (*Lembke* BB 04, 779).

18 Die **betrieblichen Voraussetzungen** für die Gewährung von Transferkurzarbeitergeld liegen nach § 111 Abs 3 SGB III vor, wenn in einem Betrieb Personalanpassungsmaßnahmen aufgrund einer Betriebsänderung durchgeführt werden und die von Arbeitsausfall betroffenen ArbN zur Vermeidung von Entlassungen und zur Verbesserung ihrer Eingliederungschancen in einer betriebsorganisatorisch eigenständigen Einheit zusammengefasst werden. Zusätzlich ist zu prüfen, ob die Organisation und Mittelausstattung der betriebsorganisatorisch eigenständigen Einheit den angestrebten Integrationserfolg erwarten lässt und ein System zur Sicherung der Qualität angewendet wird. Das geltende Recht hat das bisherige Merkmal der Strukturkrise, die eine Betriebsänderung nach sich ziehen musste, aufgegeben. Es wird nur noch auf die betriebliche Ebene abgestellt und das Instrument zur Begleitung aller betrieblicher Restrukturierungsprozesse geöffnet (BT-Drs 15/1515 S 92). Bei einer betriebsorganisatorisch eigenständigen Einheit kann es sich um eine interne Einheit im bisherigen Betrieb als auch um eine externe Gesellschaft handeln (*Meyer* BB 04, 493).

19 Die **persönlichen Voraussetzungen** der Förderung regelt § 111 Abs 4 SGB III. Transferkurzarbeitergeld erhalten ArbN, wenn sie von Arbeitslosigkeit bedroht sind (Nr 1), sie nach Beginn des Arbeitsausfalls eine versicherungspflichtige Beschäftigung fortsetzen oder im Anschluss an die Beendigung eines Berufsausbildungsverhältnisses aufnehmen (Nr 2), sie nicht vom Kurzarbeitergeldbezug ausgeschlossen sind (Nr 3) und sie sich arbeitsuchend gemeldet und grds vor der Überleitung in die betriebsorganisatorisch eigenständige Einheit aus Anlass der Betriebsänderung an einer arbeitsmarktlich zweckmäßigen Maßnahme zur Feststellung der Eingliederungsaussichten teilgenommen haben (Nr 4). Ob der ArbN von Arbeitslosigkeit bedroht ist, ist anhand derjenigen Gruppe zu prüfen, die in einer betriebsorganisatorisch eigenständigen Einheit zusammengefasst ist. Sämtliche ArbN müssen von Arbeitslosigkeit bedroht sein (*Schlegel/Voelzke/Jenak* SGB III, § 111 Rz 49). Ferner ist nicht erforderlich, dass die drohende Kündigung rechtmäßig ist (BSG 29.1.08 – B 7/7a AL 20/06 R, SGb 09, 375 mit Anm *Peters-Lange*).

Durch die von Nr 4 geforderte Teilnahme an einer **Feststellungsmaßnahme** soll eine Aktivierung der ArbN erreicht werden. Die ArbN sollen in die Lage versetzt werden, ihre eigenen Perspektiven auf dem Arbeitsmarkt besser einzuschätzen und dementsprechend zu handeln (BT-Drs 15/1515 S 92). 20

Das **Anzeigeverfahren** folgt nach § 111 Abs 6 SGB III den Regelungen beim Kurzarbeitergeld (*Kurzarbeit*). Die vom ArbGeb oder der Betriebsvertretung zu erstattende Anzeige hat bei der Agentur für Arbeit zu erfolgen, in deren Bezirk der personalabgebende Betrieb seinen Sitz hat. Auf den Sitz der Beschäftigungsgesellschaft kommt es nicht an. Die Beschäftigungsgesellschaft hat auch nicht die Anzeige zu erstatten (*Mengel/Ullrich* BB 05, 113). Ferner gilt die Anforderung, dass der ArbN sich vor der Überleitung bei der Agentur für Arbeit arbeitsuchend melden muss. Nach § 38 Abs 3 Satz 1 Nr 1 SGB III ist die Arbeitsvermittlung durch die Arbeitsagentur auch während des Bezugs von Transferkurzarbeitergeld durchzuführen. Die Verpflichtung der Beschäftigungsgesellschaft zur Unterbreitung von Vermittlungsvorschlägen bleibt bestehen. 21

**b) Anforderungen während des Leistungsbezugs.** Um den Vorrang der Vermittlung in Arbeit während des Bezuges von Transferkurzarbeitergeld sicherzustellen, hat der ArbGeb den geförderten ArbN **Vermittlungsvorschläge** zu unterbreiten (§ 111 Abs 7 Satz 1 SGB III). Bei Einbindung einer Beschäftigungsgesellschaft obliegt der Gesellschaft auch diese ArbGebPflicht. Die Obliegenheit der ArbGeb zur Wahrung des Anspruches folgt aus der Überlegung, dass ArbGeb und eventuell von ihm mit der Erbringung von Vermittlungsleistungen beauftragte Dritte Zugang zu Arbeitsplatzangeboten haben, die der BA nicht gemeldet werden. Kommt der ArbGeb oder ein von ihm beauftragter Dritter dieser Verpflichtung nicht nach, so kann die Förderzusage durch die BA wieder aufgehoben werden. Die BA stellt bei der Prüfung der Vermittlungsaktivitäten auf eine maßnahmebezogene, nicht auf eine personenbezogene Betrachtungsweise ab (*Ludwig* Betrieb und Wirtschaft 04, 478). ArbN mit Leistungsdefiziten sollen Maßnahmen zur Verbesserung ihrer Eingliederungschancen angeboten werden. Maßnahmen und Träger müssen zertifiziert sein. Alternativ kann auch eine Beschäftigung von bis zu sechs Monaten zum Zwecke der Qualifizierung bei einem anderen ArbGeb durchgeführt werden (sog Schnupperbeschäftigung). Während der Zeit dieser Beschäftigung entfällt der Anspruch auf das Kurzarbeitergeld. 22

**c) Leistungsumfang.** Das Transferkurzarbeitergeld entspricht in seiner Berechnung dem Kurzarbeitergeld (*Kurzarbeit*). Die **Höchstbezugsdauer** wird durch § 111 Abs 1 Satz 2 SGB III auf zwölf Monate begrenzt. Eine Verlängerungsmöglichkeit durch VO besteht nicht. Erkrankt der ArbN während des Bezugs von Transferkurzarbeitergeld, so kann er Krankengeld nur in Höhe des Kurzarbeitergeldes beanspruchen (BSG 14.12.06 – B 1 KR 9/06 R, SozR 4–2500 § 47 Nr 6). 23

**4. Weiterbildungsförderung.** Das Gesetz enthält in § 111a SGB III eine eigenständige Rechtsgrundlage für die Förderung der beruflichen Weiterbildung während der Beschäftigung in einer Transfergesellschaft geschaffen. Die Weiterbildungsförderung zielt auf Fälle ab, in denen eine Job-to-Job-Vermittlung aufgrund von **Qualitätsdefiziten** des ArbN nicht möglich ist (so BT-Drs 18/8042 S 25). Die Förderung steht im Ermessen der Agentur für Arbeit. Bei der Auswahlentscheidung sind auch wirtschaftliche Kriterien zu beachten (vgl zu der zu treffenden Ermessensentscheidung *Hauck/Noftz/Petzold* SGB III § 111a Rn 7). 24

**Voraussetzung** für die Förderung ist, dass die ArbN entweder das 45. Lebensjahr vollendet haben oder ihnen ein Berufsabschluss fehlt. Auch ArbN, die zwar über einen Berufsabschluss verfügen, den Beruf aber mehr als vier Jahre nicht mehr ausgeübt haben, können gefördert werden, wenn sie den Beruf voraussichtlich nicht mehr ausüben können (§ 111a Abs 1 SGB III). Außerdem ist Voraussetzung, dass die Agentur für Arbeit die ArbN vor Beginn der Weiterbildungsmaßnahme beraten hat, Träger und Maßnahme zugelassen sind, die Maßnahme während des Bezugs von Transferkurzarbeitergeld endet und der ArbGeb mindestens die Hälfte der Lehrgangskosten trägt. 25

Der **Förderungsumfang** erstreckt sich auf höchstens 50 Prozent der Weiterbildungskosten sowie die vollständige Übernahme der Kosten für Unterbringung, Verpflegung und Kinderbetreuung sowie die Fahrkosten.

**5. Folgewirkungen** kann die Beschäftigung unter dem Dach einer Beschäftigungsgesellschaft für einen anschließenden Anspruch der ArbN auf AlGeld haben. Hierbei ist in erster 26

Linie an die Auswirkungen auf das **Ruhen des Leistungsanspruchs** wegen Zahlung einer Entlassungsentschädigung nach § 158 SGB III (→ *Abfindung* Rn 60 ff) zu denken. Auszugehen ist von dem Grundsatz, dass die Bedingungen des Arbeitsverhältnisses, wegen dessen Beendigung die Abfindung gewährt wird, für Eintritt und Dauer des Ruhenszeitraums maßgebend sind (BSG 15.2.2000 – B 11 AL 45/99 R, SozR 3–4100 § 117 Nr 21). Dies ist das Arbeitsverhältnis beim bisherigen ArbGeb. Die Ruhensfolge wird folglich vermieden, wenn infolge der Tätigkeit für die Beschäftigungsgesellschaft während des Laufs der für den (bisherigen) ArbGeb geltenden Kündigungsfrist kein AlGeld beansprucht wird. Unabhängig vom Lauf der für den ArbGeb maßgebenden Kündigungsfrist ruht der Anspruch auf AlGeld nach § 158 Abs 2 Satz 1 SGB III, beginnend mit der Beendigung des ursprünglichen Beschäftigungsverhältnisses, für höchstens ein Jahr.

27 Ferner entfällt die Minderung des AlGeldAnspruchs infolge des Eintritts einer **Sperrzeit** wegen Arbeitsaufgabe (→ *Sperrzeit* Rn 9 ff) nach § 148 Abs 2 Satz 2 SGB III, wenn das Ereignis, das die Sperrzeit begründet (zB Beendigung des Beschäftigungsverhältnisses durch Aufhebungsvertrag mit dem früheren ArbGeb), bei Erfüllung der Voraussetzungen für den Anspruch auf AlGeld länger als ein Jahr zurückliegt.

# Beschäftigungsverbot

## A. Arbeitsrecht

*Kreitner*

1 **1. Begriff.** Durch Beschäftigungsverbote wird bestimmten Gruppen von ArbN die Ausübung einer fremdbestimmten Tätigkeit im Rahmen eines Arbeitsverhältnisses untersagt. Die Beschäftigungsverbote sind zumeist in **Gesetzen** oder Verordnungen normiert, können jedoch auch durch **Tarifvertrag** oder **Betriebsvereinbarung** Geltung erlangen. Sie betreffen entweder das Arbeitsverhältnis insgesamt oder sind auf bestimmte (zB körperlich besonders belastende) Tätigkeiten beschränkt. Auch mitbestimmungswidriges Handeln des ArbGeb kann ein Beschäftigungsverbot begründen (BAG 5.4.01 – 2 AZR 580/99, NZA 01, 893; LAG BaWü 31.7.09 – 7 Sa 48/09: mitbestimmungswidrige Einstellung). Ebenso wie das gesetzliche Beschäftigungsverbot muss auch ein zum Unvermögen (§ 297 BGB) des ArbN führendes **behördliches Beschäftigungsverbot** diese Rechtsfolge klar und deutlich zum Ausdruck bringen und als hoheitliche Maßnahme auf dem Rechtsweg überprüfbar sein (BAG 21.10.15 – 5 AZR 843/14, NZA 16, 688). Beschäftigungsverbote bilden damit das rechtliche Gegenstück zu der grds im Arbeitsverhältnis bestehenden Arbeits- und Beschäftigungspflicht. Auch ohne das Eingreifen eines besonderen Beschäftigungsverbots kann der ArbN jedoch berechtigt sein, seine Arbeitsleistung zurückzuhalten (→ *Leistungsverweigerungsrecht* Rn 3 ff; → *Arbeitspflicht* Rn 6 ff; → *Beschäftigungsanspruch* Rn 4 ff; → *Freistellung von der Arbeit* Rn 5 ff; → *Zurückbehaltungsrecht* Rn 1 ff).

2 Fällt ein Beschäftigungsverbot in einem Zeitraum, für den bereits vor Kenntnis von dem Beschäftigungsverbot **Urlaub** beantragt und bewilligt worden ist, so wird der ArbGeb nach § 275 BGB von der Freistellungsverpflichtung frei. Der Urlaubsanspruch des ArbN ist ersatzlos untergegangen und bedarf insoweit keiner Neufestsetzung (LAG RhPf 29.1.09 – 11 Sa 547/08, BeckRS 2009, 64348). Kann eine schwangere ArbN ihren Urlaub wegen eines Beschäftigungsverbots vor der Geburt des Kindes nicht in Anspruch nehmen, kann sie diesen nach § 24 S 2 MuSchG im laufenden oder im Folgejahr beanspruchen. Hierdurch findet nicht lediglich eine Verlängerung des Übertragungszeitraums des § 7 Abs 3 S 3 BUrlG statt, sondern das Folgejahr ist dann vielmehr das für das Fristenregime des § 7 Abs 3 BUrlG maßgebliche Urlaubsjahr (BAG 15.12.15 – 9 AZR 52/15, NZA 16, 433).

3 **Abzugrenzen** sind Beschäftigungsverbote von den weitergehenden sog **Abschlussverboten.** Im Gegensatz zu den Beschäftigungsverboten, die lediglich die Ausübung der Tätigkeit im bestehenden Arbeitsverhältnis untersagen, verhindern die Abschlussverbote bereits die Entstehung des Arbeitsverhältnisses durch eine entsprechende Personalauswahl unter den Bewerbern um einen freien Arbeitsplatz.

4 **2. Rechtsfolgen bei Verstoß. a) Zurückbehaltungsrecht.** Der ArbN muss einem Arbeitsverlangen des ArbGeb, das gegen ein Beschäftigungsverbot verstößt, nicht Folge

leisten. Ihm steht insoweit ein *Zurückbehaltungsrecht* zu, da er nicht gezwungen werden kann, sich gesetzeswidrig zu verhalten. Folgt das Beschäftigungsverbot aus einem ärztlichen Befund (zB § 16 Abs 1 MuSchG), so kann sich die ArbN grds auf die Richtigkeit des Attests verlassen, da dieser Bescheinigung eine hohe Beweiskraft zukommt. Das gilt umso mehr, wenn es zeitnah durch einen unabhängigen Arzt bestätigt wird (LAG Köln 13.12.01 – 6 Sa 953/01, NZA-RR 02, 569). Das ärztliche Zeugnis ist dabei konstitutive Voraussetzung für das Beschäftigungsverbot (BAG 11.11.98 – 5 AZR 49/98, NZA 99, 763; 9.10.02 – 5 AZR 443/01, NZA 04, 257). Bestehen allerdings berechtigte Zweifel an der Richtigkeit der Bescheinigung, kann der ArbGeb diesen Beweiswert durch die Darlegung entsprechender Tatsachen oder die Durchführung einer weiteren ärztlichen Untersuchung der Schwangeren entkräften. Ihn trifft insofern die Beweislast dafür, dass die Voraussetzungen für ein Beschäftigungsverbot in Wahrheit nicht vorgelegen haben (BAG 1.10.97 – 5 AZR 685/96, NZA 98, 194; 21.3.01 – 5 AZR 352/99, NZA 01, 1017; 13.2.02 – 5 AZR 588/00, NZA 02, 738). In aller Regel wird er allerdings das Verbot nicht vor Beginn der Frist des § 3 Abs 1 MuSchG zu Fall bringen können, falls der Arzt an seiner Erklärung festhält. Gelingt jedoch der Nachweis, steht wegen der konstitutiven Wirkung des ärztlichen Attests damit gleichzeitig fest, dass ein gesetzliches Beschäftigungsverbot nicht vorlag. Der Beweiswert eines zunächst nicht näher begründeten ärztlichen Beschäftigungsverbots ist ferner erschüttert, wenn ein ArbN trotz Aufforderung des ArbGeb keine ärztliche Bescheinigung vorlegt, aus der hervorgeht, von welchen Arbeitsbedingungen der Arzt beim Ausspruch des Beschäftigungsverbots ausgegangen ist und welche Einschränkungen für die ArbN bestehen (BAG 9.10.02 – 5 AZR 443/01, NZA 04, 257; LAG Hess 14.4.04 – 2 Sa 803/03, BeckRS 2004, 30940675). Das Lohnrisiko eines zu Unrecht erteilten Beschäftigungsverbots trägt in einer solchen Situation grds die Schwangere. Sie muss nachweisen, dass trotz erschütterten Beweiswertes der ärztlichen Bescheinigung ein Beschäftigungsverbot angezeigt war (BAG 21.3.01 – 5 AZR 352/99, NZA 01, 1017). Bei zu Recht bestehendem Beschäftigungsverbot scheiden Annahmeverzugsansprüche des ArbN regelmäßig aus, da er aufgrund des Beschäftigungsverbots außerstande ist, die vertragsgemäße Leistung zu erbringen (BAG 18.12.86, DB 87, 1359; zum besonderen Entgeltschutz bei Schwangeren → *Mutterschutz* Rn 24 ff). Sind anderweitig mögliche Tätigkeiten nicht von dem Beschäftigungsverbot umfasst, darf der ArbGeb den betroffenen ArbN regelmäßig unter Beachtung der Grundsätze billigen Ermessens nach § 315 BGB eine zumutbare Ersatztätigkeit zuweisen (BAG 21.4.99 – 5 AZR 174/98, NZA 99, 1044; 15.11.2000 – 5 AZR 365/99, NZA 01, 386). Stellt er allerdings in einem solchen Fall die ArbN gleichwohl von der Arbeit frei, so bleibt der ArbGeb unter dem Gesichtspunkt des Annahmeverzugs weiter zur Vergütungszahlung verpflichtet. Insbes kann eine solche Freistellung nicht als Urlaubsgewährung verstanden werden (BAG 25.1.94, NJW 94, 2373).

**b) Schadensersatz.** Bei einer Beschäftigung trotz bestehenden Beschäftigungsverbots kann der ArbGeb gem § 280 BGB oder aus unerlaubter Handlung zum Ersatz eines hierdurch entstandenen Schadens verpflichtet sein. Denkbar sind zB Gesundheitsschäden bei Jugendlichen oder Frauen bzw bei Neugeborenen nach Tätigkeiten werdender Mütter entgegen der Beschäftigungsverbote des MuSchG (→ *Mutterschutz* Rn 12 ff). 5

**c) Nichtigkeit.** Anders als bei Abschlussverboten führt ein Zuwiderhandeln gegen ein Beschäftigungsverbot regelmäßig nicht zur Nichtigkeit des Vertrages gem § 134 BGB. Auch die Regeln der Teilnichtigkeit gem § 139 BGB finden keine Anwendung. Dies folgt aus dem Sinn und Zweck des Beschäftigungsverbots als ArbNSchutzvorschrift. 6

**d) Sanktion.** Die Zuwiderhandlung gegen einzelne Beschäftigungsverbote ahndet der Gesetzgeber mit Bußgeldern, im Fall der vorsätzlichen Begehung sogar mit Strafvorschriften; vgl zB § 33 MuSchG: Freiheitsstrafe bis zu einem Jahr oder Geldstrafe. 7

**3. Einzelfälle.** Von der Vielzahl der vorhandenen Beschäftigungsverbote haben sich in der Praxis folgende Verbote als besonders wichtig und häufig einschlägig erwiesen: 8

**a) Frauen.** Ein wichtiger Bereich des Frauenarbeitsschutzes betrifft den Personenkreis der werdenden und stillenden Mütter. Zu den insoweit geltenden Beschäftigungsverboten vgl → *Mutterschutz* Rn 12 ff. Daneben gilt jedoch allgemein für Frauen unabhängig von Schwangerschaft und Geburt ein besonderer Frauenarbeitsschutz, der sich in sonstigen 9

Beschäftigungsverboten manifestiert (*Peez/Großjohann* DB 93, 633 zur Rechtslage vor Inkrafttreten des ArbZG; s hierzu auch Personalbuch 1994 Beschäftigungsverbot Rz 10 ff).

10 **b) Jugendliche.** Besondere Beschäftigungsverbote gelten für Jugendliche unter 14 Jahren bzw der Vollzeitschulpflicht unterliegende Jugendliche gem §§ 2 Abs 1 und 2, 5 ff JArbSchG. Bei den übrigen Jugendlichen sind die Beschäftigungsverbote der §§ 7 ff, 22 ff JArbSchG zu beachten.

11 **c) Ausländer.** Die Beschäftigungserlaubnis ergibt sich unmittelbar aus dem Aufenthaltstitel (→ *Ausländer* Rn 54 ff). Bei fehlender Erlaubnis besteht ein Beschäftigungsverbot (BAG 13.1.77, DB 77, 917) sowie uU ein Grund für eine ordentliche personenbedingte Kündigung (BAG 7.2.90, DB 90, 2373).

12 **d) Bergbau.** Führt eine bergrechtlich vorgeschriebene Vorsorgeuntersuchung zur Ausstellung einer Unbedenklichkeitsbescheinigung zu dem Ergebnis, die Beschäftigung des Bergmanns sei gesundheitlich bedenklich, darf das Unternehmen den Bergmann nicht mit Tätigkeiten nach § 2 Abs 1 Nr 1 BBergG beschäftigen (BAG 15.6.04 – 9 AZR 483/03, NZA 05, 462). Gem § 64a BBergG dürfen Frauen nicht mit schweren Tätigkeiten im Bereich des Bergbaus beschäftigt werden.

13 **e) Gaststätten.** Gem § 21 Abs 1 Gaststättengesetz kann dem Gastwirt die Beschäftigung einer Person untersagt werden, soweit diese nicht die erforderliche Zuverlässigkeit besitzt. Dabei sind gem § 51 Abs 1 BZRG getilgte oder zu tilgende Eintragungen nicht verwertbar (VGH Hess 13.1.04 – 6 TG 3098/03). Ferner kann gem § 21 Abs 2 Gaststättengesetz durch landesrechtliche RechtsVO ua die Art der Tätigkeit näher geregelt werden. Bei Verdacht auf Bestehen bestimmter Infektionskrankheiten ordnet § 42 IfSG ein weitreichendes Beschäftigungsverbot an. Dies gilt insbes für ArbN in Küchen von Gaststätten, aber auch für alle übrigen Beschäftigungen mit Lebensmittelkontakt.

14 **f) Wettbewerbsverbot.** Der mögliche Tätigkeitsbereich eines ArbN kann auch durch ein Wettbewerbsverbot eingeschränkt werden. Derartige Wettbewerbsverbote können daher den Charakter eines befristeten und idR räumlich begrenzten Beschäftigungsverbots für bestimmte Tätigkeiten enthalten. Zu den Wirksamkeitsvoraussetzungen und Rechtswirkungen eines Wettbewerbsverbots iE → *Wettbewerbsverbot* Rn 8 ff.

15 **g) Nebentätigkeit.** Besondere gesetzliche Regelungen gelten bezüglich der Nebentätigkeit von Beamten, Richtern und Soldaten. Auch sind in bestimmten Grenzen entsprechende arbeitsvertragliche Vereinbarungen möglich (→ *Nebentätigkeit* Rn 4, 10 ff).

16 **h) Altersgrenze.** Einzelvertragliche und kollektivrechtliche Vereinbarungen der Beendigung des Arbeitsverhältnisses mit Erreichen einer bestimmten Altersgrenze sind nach § 41 Satz 2 SGB VI grds rechtlich möglich (→ *Altersgrenze* Rn 4 ff). Derartige Vereinbarungen können ein Beschäftigungsverbot über die Altersgrenze hinaus darstellen. Hierfür bedarf es jedoch einer ausdrücklichen Regelung in der Vereinbarung. Allein die Festlegung der Altersgrenze genügt nicht. Dies hat das BAG zu der üblichen Regelung „Im Übrigen endet das Arbeitsverhältnis im Allgemeinen, ohne dass es einer Kündigung bedarf, spätestens mit Ablauf des Monats, im welchem der Mitarbeiter das 65. Lebensjahr vollendet" entschieden (BAG 10.3.92, DB 92, 1530). Zudem stellt die Weiterbeschäftigung des ArbN eine Neueinstellung dar mit der Folge, dass Mitbestimmungsrechte des BRat gem § 99 BetrVG zu beachten sind.

17 **i) Arbeitszeit.** Kann der ArbGeb dem ArbN den nach § 11 Abs 3 ArbZG vorgeschriebenen Ersatzruhetag nicht gewähren, weil der ArbN alle übrigen Tage anderweitig arbeitet, besteht ein Grund zur ordentlichen Kündigung des Arbeitsverhältnisses (BAG 24.2.05 – 2 AZR 211/04, NZA 05, 759). Eine Tarifnorm, die dem ArbGeb untersagt an Vorfesttagen (hier: 24. und 31. Dezember) Arbeitsleistung im Umfang von mehr als sechs Stunden zu fordern, setzt gleichzeitig die ArbN außerstande, die Arbeitsleistung zu bewirken (§ 297 BGB). Sie begründet deshalb – für sich genommen – hinsichtlich der ausfallenden Arbeitsstunden weder eine Vergütungspflicht des ArbGeb noch einen Anspruch des ArbN auf eine Zeitgutschrift (BAG 29.6.16 – 5 AZR 617/15, NZA 16, 1152).

18 **j) Fahrerlaubnis.** Der Verlust der gesetzlichen Fahrerlaubnis im Straßenverkehr führt bei Kraftfahrern zu einem Beschäftigungsverbot und kann eine personenbedingte Kündigung rechtfertigen (BAG 21.4.16 – 2 AZR 609/15, NZA 16, 941). Dies gilt nicht für den Entzug einer innerbetrieblichen, vom ArbGeb selbst ausgestellten Fahrerlaubnis (BAG 5.6.08 – 2 AZR 984/06, BeckRS 2008, 54973).

**k) BetrVG.** Bei personellen Einzelmaßnahmen kann sich auch aus der Betriebsverfassung ein Beschäftigungsverbot ergeben. Das gilt bspw dann, wenn der BRat einen rechtskräftigen Beschluss über die Aufhebung der Einstellung eines ArbN nach § 101 BetrVG erlangt hat (LAG Hamm 12.5.15 – 14 Sa 904/14, BeckRS 2015, 70507). Das Gleiche gilt bei einer Versetzung im Hinblick auf die neue Tätigkeit. 19

## B. Lohnsteuerrecht

*Weil*

**Bezahlte Vergütung** an trotz Beschäftigungsverbot beschäftigte ArbN (zB Ausländer ohne Arbeits- oder Aufenthaltserlaubnis; Mutter im Mutterschutz) ist **steuerpflichtiger Arbeitslohn.** Entscheidend ist die Entlohnung aufgrund der Beschäftigung. Der Verstoß gegen das Beschäftigungsverbot ist steuerlich unbeachtlich (§ 40 AO). Die lohnsteuerliche Behandlung erfolgt nach allgemeinen Grundsätzen (→ *Lohnsteuerabführung* Rn 2 ff; → *Lohnsteuerhaftung* Rn 2 ff; → *Mutterschaftsgeld* Rn 3 ff; → *Schwarzarbeit* Rn 5 ff; → *Wettbewerbsverbot* Rn 48 ff). 21

Die bezahlten Vergütungen sind beim ArbGeb Betriebsausgaben, wenn die ArbN namentlich festgehalten worden sind (§ 160 AO; *Lohnkonto*). Das Steuergeheimnis kann den ArbGeb im Einzelfall vor strafrechtlicher Verfolgung wegen Verstoßes gegen das Beschäftigungsverbot schützen (§ 30 Abs 4 AO; *Datenschutz*). Geldstrafen oder Bußgelder können nicht als Betriebsausgaben abgezogen werden (§ 12 Nr 4, § 4 Abs 5 Nr 8 EStG). 22

**Sonderfall.** Die Beschäftigung von **Kindern** unter 15 Jahren löst im Allgemeinen als Verstoß gegen das JArbSchG steuerlich keine Folgen aus (→ *Minderjährige* Rn 32 ff). Etwa abgeführte LSt ist dem ArbGeb zu erstatten (→ *Lohnsteueranmeldung* Rn 2 ff; → *Lohnsteuerberechnung* Rn 2 ff). Für vermögenswirksame Leistungen dürfen keine ArbN-Sparzulagen gewährt werden, wenn das zugrundeliegende Arbeitsverhältnis gegen das JArbSchG verstößt (FG Nds 3.4.78 – IX L 105/74, EFG 78, 574). 23

## C. Sozialversicherungsrecht

*Ruppelt*

Der Verstoß gegen ein Beschäftigungsverbot lässt grds sowohl die Verpflichtung zur Entrichtung der SozVBeiträge als auch das Bestehen des SozVVerhältnisses in den einzelnen Zweigen der SozV unberührt. Entscheidend ist, ob nach den Vorschriften über die Versicherungspflicht oder -berechtigung bzw das Bestehen der Versicherung kraft Gesetzes ein Versicherungsverhältnis entsteht. Dafür ist regelmäßig ein **Beschäftigungsverhältnis** iSv § 7 Abs 1 SGB IV erforderlich, wobei die Nichtbeachtung von Ordnungsvorschriften unschädlich ist. Dies gilt allerdings nicht für dem Grunde nach nicht erlaubte, insbes strafrechtlich oder gegen die guten Sitten verstoßende Tätigkeiten. Da es sich bei solchen Tätigkeiten nicht um Verrichtungen iSv § 7 Abs 1 SGB IV handelt, kommt insoweit sozialversicherungsrechtlicher Schutz nicht in Betracht. **Kinder und Jugendliche** können ein SozVVersicherungsverhältnis nur begründen, wenn jugendarbeitsschutzrechtliche Bestimmungen nicht entgegenstehen. UVSchutz in der gesetzlichen Unfallversicherung besteht für Kinder und Jugendliche in einem Beschäftigungsverhältnis unabhängig von der Entstehung eines SozVVerhältnisses immer dann, wenn es sich um eine ihren Kräften und Fähigkeiten entsprechende ernstliche Arbeitstätigkeit und nicht nur um eine spielerische Beschäftigung handelt. Zum Beschäftigungsverbot nach dem MuSchG → *Mutterschutz* Rn 11 ff. 26

# Beschwerderecht (Arbeitnehmer)

## A. Arbeitsrecht

*Kreitner*

**1. Allgemeines Beschwerderecht.** Der ArbN ist gem § 84 Abs 1 BetrVG berechtigt, sich bei den zuständigen Stellen des Betriebes zu beschweren, wenn er sich vom ArbGeb oder von ArbN des Betriebes benachteiligt, ungerecht behandelt oder in sonstiger Weise beeinträchtigt fühlt. Dieses Beschwerderecht kann er gem § 85 Abs 1 BetrVG auch über den BRat ausüben. Für leitende Angestellte gilt das Beschwerderecht nicht (§ 26 Abs 1 SprAuG). 1

2 **a) Beschwerdegegenstand** kann jede individuelle Beeinträchtigung oder Benachteiligung des ArbN sein. Dabei ist das subjektive Empfinden des ArbN maßgeblich, wie aus dem Wortlaut des § 84 Abs 1 BetrVG („beeinträchtigt fühlt") deutlich wird (LAG RhPf 11.12.14 – 3 TaBV 8/14, BeckRS 2015, 66247). Oftmals wird dies mit *Mobbing* am Arbeitsplatz bezeichnet. Ausgeschlossen ist lediglich eine sog Popularbeschwerde, dh, es muss eine eigene Beeinträchtigung des Beschwerdeführers vorliegen (BAG 22.11.05 – 1 ABR 50/04, NZA 06, 803; *Nebendahl/Lunk* NZA 90, 676).

3 Die Beeinträchtigung des ArbN kann zum einen in der vermeintlichen Vereitelung von **Rechtsansprüchen** bestehen (zB Verstoß gegen Gleichbehandlungsgrundsatz, falsche tarifliche Eingruppierung, falsche Lohnabrechnung, ungerechtfertigte Abmahnung). Daneben kommen sog **betriebsverfassungsrechtliche Regelungsfragen** in Betracht (ungünstige Lage der persönlichen Arbeitszeit, Rauchverbot am Arbeitsplatz, Essensqualität in der Werkskantine). Schließlich können auch **rein tatsächliche Beeinträchtigungen** zum Gegenstand einer Individualbeschwerde gemacht werden (Überlastung durch dauernde Vertretungstätigkeit, ständige Zuteilung unangenehmer Arbeiten).

4 Dabei muss es sich nicht unmittelbar um Fehlverhalten des ArbGeb selbst oder von Vorgesetzten handeln. Ebenfalls möglich sind Beschwerden über Arbeitskollegen (Hänseleien am Arbeitsplatz; Streit zwischen Rauchern und Nichtrauchern: LAG München 27.11.90, BB 91, 624; Bedrohungen: LAG Hess 9.5.12 – 18 Sa 1596/11, BeckRS 2012, 71642).

5 Ausgeschlossen sind **Beschwerden gegen den Betriebsrat** oder einzelne BRatMitglieder wegen mangelhafter Ausübung des BRatAmtes. Insoweit kommt allein ein Verfahren nach § 23 Abs 1 BetrVG in Betracht (→ *Amtspflichtverletzung (Betriebsrat)* Rn 1 ff).

6 **b) Beschwerdeverfahren.** Das Beschwerdeverfahren ist nach dem Gesetz weder formnoch fristgebunden. Besondere Verfahrensregelungen können allerdings gem § 86 BetrVG durch Tarifvertrag oder Betriebsvereinbarung festgelegt werden (*Steffan* RdA 15, 270). Das LAG Hamm hat zuletzt bspw eine im Betrieb während der Arbeitszeit durchgeführte Unterschriftaktion zur Wiedereinführung der 35-Stunden-Woche als vom Erörterungs- und Beschwerderecht aus §§ 82 Abs 1, 84 Abs 1 BetrVG umfasst angesehen (LAG Hamm 3.9.14 – 4 Sa 235/14, NZA-RR 15, 131). Das Verfahren ist einerseits unabhängig von der möglichen individualrechtlichen, klageweisen Geltendmachung der Ansprüche durch den ArbN, hat aber andererseits keine aufschiebende Wirkung gegenüber den Anordnungen des ArbGeb. Das Beschwerdeverfahren gibt somit dem ArbN kein *Leistungsverweigerungsrecht*. Der beschwerdeführende ArbN kann das Verfahren jederzeit durch eine Rücknahme der Beschwerde beenden.

7 **aa) Verfahren gem § 84 BetrVG.** Das individuelle Beschwerdeverfahren iSv § 84 BetrVG muss der ArbN bei den zuständigen Stellen des Betriebes einleiten. Dies ist in aller Regel der direkte Vorgesetzte, es sei denn es besteht eine betriebliche Beschwerdestelle iSd § 86 BetrVG. Gem § 84 Abs 1 Satz 2 BetrVG kann der ArbN ein Mitglied des BRat zur Unterstützung oder Vermittlung hinzuziehen. Verweigert der BRat die Mitwirkung, kann der ArbN mangels entsprechender Anspruchsgrundlage eine Unterstützung durch den BRat nicht erzwingen (aA GK-BetrVG/*Wiese/Franzen* § 84 Rz 22). In Betracht kommt lediglich ein Verfahren gem § 23 Abs 1 BetrVG. Der ArbGeb bzw die im Betrieb zuständige Stelle muss die Beschwerde bescheiden; bei länger dauernden Beschwerdeverfahren muss ein Zwischenbescheid erfolgen. Der berechtigten Beschwerde ist abzuhelfen (§ 84 Abs 2 BetrVG); der ablehnende Bescheid ist zu begründen (hM *Fitting* § 84 Rz 18).

8 **bb) Verfahren gemäß § 85 BetrVG.** Unabhängig von dem Beschwerdeverfahren nach § 84 BetrVG kann der ArbN die Behandlung seiner Beschwerde durch den BRat gem § 85 Abs 1 BetrVG beantragen. Ob eine Beschränkung der ArbN auf eine der beiden Beschwerdealternativen zur Verhinderung einer parallelen Inanspruchnahme des ArbGeb in zwei Verfahren durch eine entsprechende Betriebsvereinbarung möglich ist, erscheint fraglich (dafür: *Uhl/Polloczek* BB 08, 1730; dagegen: *Richardi/Thüsing* § 86 Rz 3). Dabei obliegt zunächst dem BRat die Prüfung, ob ihm die Beschwerde berechtigt erscheint. Bejahendenfalls nimmt der BRat die Beschwerde an und wirkt beim ArbGeb auf die Abhilfe der Beschwerde hin. Hält er demgegenüber die Beschwerde für unberechtigt und lehnt er ein Tätigwerden in dieser Angelegenheit ab, besteht – ähnlich wie bei § 84 Abs 1 Satz 2 BetrVG – kein durchsetzbarer Anspruch des ArbN gegenüber dem BRat. Es verbleibt bei dem Verfahren nach § 23 Abs 1 BetrVG (*Fitting* § 85 Rz 3; *Richardi/Thüsing* § 85 Rz 13;

aA GK-BetrVG/*Wiese/Franzen* § 85 Rz 33). Auch BRatMitglieder können derartige Beschwerden beim BRat einbringen. Sie sind dann allerdings bei der Beschlussfassung des BRat sowohl hinsichtlich der Berechtigung der Beschwerde als auch hinsichtlich der Anrufung der Einigungsstelle gem § 25 Abs 1 Satz 2 BetrVG ausgeschlossen (LAG Nbg 16.10.12 – 7 TaBV 28/12, NZA-RR 13, 23).

Verfolgt der BRat die Beschwerde weiter und kommt es dabei nicht zu einer Einigung mit dem ArbGeb, so ist hinsichtlich der weiteren Verfahrensweise nach dem Verfahrensgegenstand zu unterscheiden: 9

Geht es bei der Beschwerde des ArbN um sog **Regelungsfragen,** kann der BRat gem § 85 Abs 2 Satz 1 BetrVG die **Einigungsstelle** anrufen, die sodann über die Beschwerde mit verbindlichem Spruch entscheidet (Näheres zur Zuständigkeit der Einigungsstelle: *Nebendahl/Lunk* NZA 90, 676; → *Einigungsstelle* Rn 3 ff). Der Spruch muss deutlich machen, welche tatsächlichen Umstände die Einigungsstelle als zu vermeidende Beeinträchtigung der ArbN angesehen hat. Geht es ausschließlich um vergangenheitsbezogene Umstände, ist die Einigungsstelle mangels regelungsbedürftigen Streits nicht entscheidungsbefugt (BAG 22.11.05 – 1 ABR 50/04, NZA 06, 803). Über die Anrufung der Einigungsstelle entscheidet allein der BRat. Es besteht weder ein Anrufungsrecht des ArbGeb noch des beschwerdeführenden ArbN (BAG 28.6.84, NZA 85, 189). Eine bereits erfolgte Abhilfe der Beschwerde steht der Bildung der Einigungsstelle nur entgegen, wenn offensichtlich der Grund für die Beschwerde vollständig ausgeräumt und dadurch die Beschwerde des ArbN in der Sache selbst erledigt ist (LAG Frankfurt 15.9.92, NZA 94, 96).

Begrenzt wird die Anrufungsmöglichkeit der Einigungsstelle gem § 85 Abs 2 BetrVG für den BRat durch die Reichweite der kollektiven Mitbestimmungsrechte. Das ergibt sich aus der Systematik des BetrVG, da ansonsten über die individuelle Beschwerderegelung in § 85 Abs 2 BetrVG eine unzulässige Erweiterung der Mitbestimmungsrechte des BRat möglich wäre (LAG Hamm 16.4.86, BB 86, 1359). Im Übrigen gelten hinsichtlich des Einigungsstellenverfahrens sowie der Rechtsmittel gegen Entscheidungen der Einigungsstelle die allgemeinen Regelungen der §§ 100 ArbGG, 76 BetrVG (→ *Einigungsstelle* Rn 25 ff, 36 ff; insgesamt kritisch zum Einigungsstellenverfahren *Hunold* NZA 06, 1025). 10

Betrifft die Beschwerde demgegenüber **Rechtsansprüche** des ArbN, kann der BRat ein Einigungsstellenverfahren nicht erzwingen (LAG Hamm 6.1.15 – 7 TaBV 61/14, BeckRS 2015, 66392; 3.5.16 – 7 TaBV 29/16, BeckRS 2016, 71241; LAG BlnBbg 15.8.17 – 7 TaBV 860/17, BeckRS 2017, 124104: Abmahnung; aA LAG Hess 16.5.17 – 4 TaBV 75/17, BeckRS 2017, 124011: keine Einschränkung soweit Rechtsansprüche betroffen sind, die dem ArbGeb einen Ermessensspielraum belassen, zB Ausübung des Direktionsrechts). Allein möglich bleibt insoweit ein freiwilliges Einigungsstellenverfahren gem § 76 Abs 6 BetrVG. In allen Fällen, in denen letztlich die Beschwerde als begründet angesehen wird, sei es durch Anerkennung seitens des ArbGeb oder durch den Spruch der Einigungsstelle, entsteht hierdurch ein Anspruch des ArbN auf eine entsprechende Abhilfe. Dieser Anspruch ist ggf im arbeitsgerichtlichen Urteilsverfahren durchsetzbar (*Fitting* § 85 Rz 9). 11

**c) Benachteiligungsverbot.** Gem § 84 Abs 3 BetrVG, der für beide Beschwerdeverfahren gilt, dürfen dem ArbN durch die Erhebung der Beschwerde keine Nachteile entstehen. Die Vorschrift stellt eine Spezialregelung des allgemeinen Maßregelungsverbots des § 612a BGB dar. Allerdings bedeutet das Beschwerderecht der §§ 84 ff BetrVG für den ArbN keinen Freibrief für haltlose oder beleidigende Vorwürfe. In solchen Fällen steht dem ArbGeb das normale Sanktionsinstrumentarium (Ermahnung, Abmahnung, Kündigung) zur Verfügung (LAG Hamm 11.2.04 – 18 Sa 1847/03, BeckRS 2004, 30460154). Eine allein wegen der Beschwerdeerhebung selbst ausgesprochene Kündigung ist jedoch gem § 84 Abs 3 BetrVG unwirksam (BAG 11.3.82 – 2 AZR 798/79). Verstößt der ArbGeb schuldhaft gegen das Benachteiligungsverbot macht er sich zudem gem § 823 Abs 2 BGB schadensersatzpflichtig, denn § 84 Abs 3 BetrVG stellt ein Schutzgesetz iSd Vorschrift dar (*Fitting* § 84 Rz 21). 12

**2. Besondere Beschwerderechte.** Nach § 13 AGG können sich alle Beschäftigten iSv § 6 Abs 1 AGG, die sich wegen eines in § 1 AGG genannten Grundes benachteiligt fühlen, bei den zuständigen betrieblichen Stellen beschweren. Es genügt die subjektive Empfindung des Betroffenen (*Kamanabrou* ZfA 06, 327; *Oetker* NZA 08, 264; → *Diskriminierung* 13

Rn 111). Hierzu gehören insbes auch Beschwerden wegen sexueller Belästigung am Arbeitsplatz (→ *Diskriminierung* Rn 59 ff). Der BRat hat gem § 87 Abs 1 Nr 1 BetrVG bei der Einführung und Ausgestaltung des Verfahrens einer Beschwerdestelle mitzubestimmen (BAG 21.7.09 – 1 ABR 42/08, NZA 09, 1049). Ggf entscheidet hierüber die Einigungsstelle (LAG Hess 8.5.07 – 4 TaBV 70/07, NZA-RR 07, 637; LAG Hbg 17.4.07 – 3 TaBV 6/07, NZA-RR 07, 413). Bei einer überbetrieblichen, unternehmensweit zuständigen Beschwerdestelle steht das Mitbestimmungsrecht dem GBRat zu. Mitbestimmungsfrei bleiben die personelle Besetzung und die Entscheidung darüber, wo die Beschwerdestelle errichtet werden soll (BAG 21.7.09, NZA 09, 1049). Zu Beweiszwecken ist auch hier eine schriftliche Bescheidung der Beschwerde zu empfehlen (*Grobys* NJW 06, 2950).

**B. Lohnsteuerrecht** *Seidel*

14 Lohnsteuerrechtlich ist das Beschwerderecht des ArbN ohne Auswirkungen. Zur lohnsteuerlichen Behandlung von Schadensersatzleistungen des ArbGeb → *Arbeitgeberhaftung* Rn 19, 20 und → *Außerordentliche Einkünfte* Rn 7.

**C. Sozialversicherungsrecht** *Ruppelt*

15 Das arbeitsrechtliche Beschwerderecht hat im SozVRecht keine Bedeutung.

# Betrieb (Begriff)

**A. Arbeitsrecht** *Kreitner*

1 **1. Abgrenzung.** Der Begriff des Betriebs gehört zu den zentralen Begriffen des Arbeitsrechts. Er ist abzugrenzen von dem des Unternehmens (→ *Unternehmen* Rn 1), mit dem das jeweilige Rechtssubjekt gekennzeichnet wird (grundlegend *Gamillscheg* ArbuR 89, 33; *Preis* RdA 2000, 257).

2 **2. Begriff.** Es existiert keine allgemeine gesetzliche Definition des Betriebsbegriffs. Auch die grundlegende Reformierung des BetrVG im Jahr 2001 hat der Gesetzgeber nicht zum Anlass genommen, den Betriebsbegriff zu definieren. Wie sich aus der Gesetzesbegründung ergibt, ist davon vielmehr bewusst abgesehen worden. Gleichwohl hat sich in der Vergangenheit unter der Federführung des Betriebsverfassungsrechts in Rspr und Schrifttum eine nähere Konkretisierung des Begriffs herausgebildet.

3 **a) BetrVG.** Unter einem Betrieb iSd BetrVG wird die organisatorische Einheit verstanden, innerhalb derer der ArbGeb zusammen mit den von ihm beschäftigten ArbN bestimmte **arbeitstechnische Zwecke** fortgesetzt verfolgt (grundlegend zuletzt *Schrader* NZA 19, 951). Dazu müssen die in der Betriebsstätte vorhandenen materiellen und immateriellen Betriebsmittel zusammengefasst, geordnet und gezielt eingesetzt und die menschliche Arbeitskraft muss von einem einheitlichen Leitungsapparat gesteuert werden (BAG 23.11.16 – 7 ABR 3/15, NZA 17, 1003; 18.1.12 – 7 ABR 72/10, NZA-RR 13, 133; 31.1.18 – 10 AZR 279/16, NZA 18, 867). Dabei kommt es in erster Linie auf die Einheit der Organisation, weniger auf die Einheitlichkeit der arbeitstechnischen Zweckbestimmung an (BAG 18.1.90, DB 91, 500). Insbes eine Beschränkung auf das bloße Betriebsgelände ist nicht möglich (BAG 13.6.89, DB 89, 2439). Auch können in einem Betrieb mehrere Zwecke verfolgt werden (BAG 25.9.86, DB 87, 1202). Die Art des verfolgten Betriebszwecks ist unerheblich; eine Zweckänderung kann lediglich tarifvertragsrechtliche Bedeutung erlangen, wenn sie zu einer veränderten Tarifzuständigkeit führt.

Die Rspr stellt bei der Bestimmung des Betriebs anhand der oben genannten Definition entscheidend darauf ab, wo der Kern der ArbGebFunktionen im Bereich der personellen und sozialen Mitbestimmung ausgeübt wird (BAG 23.11.16 – 7 ABR 3/15, NZA 17, 1003; LAG BlnBbg 11.6.15 – 26 TaBV 1459/14, NZA-RR 16, 19). Ein selbstständiger Betrieb liegt daher immer dann vor, wenn die menschliche Arbeitskraft durch einen **einheitlichen Leitungsapparat** (Personalleitung) gesteuert wird (BAG 9.12.09 – 7 ABR 38/08, NZA 10, 906; 17.1.07 – 7 ABR 63/05, NZA 07, 703). Ein Zuordnungsproblem kann entstehen, wenn ein ArbN in verschiedenen Betrieben eines Unternehmens eingesetzt wird. Dies wird häufig im Rahmen der Ausbildung der Fall sein. Hier ist der **Stammbetrieb** maßgeblich, der die personellen Leitungsfunktionen ausübt (BAG 13.3.91, BB 92, 66). Nicht betriebsratsfähige Betriebe sind gem § 4 Abs 2 BetrVG dem Hauptbetrieb zuzuordnen. Entscheidend ist auch insoweit die Unterstützung in personellen und sozialen Angelegenheiten (BAG 17.1.07 – 7 ABR 63/05, NZA 07, 703).

Nach § 3 BetrVG besteht die Möglichkeit durch Tarifvertrag oder Betriebsvereinbarung 4 auch **andere betriebsverfassungsrechtliche Organisationseinheiten** zu schaffen, die gem § 3 Abs 5 BetrVG als Betriebe gelten (*Grambow* DB 18, 2367; *Wendeling-Schröder* NZA 15, 525; *Teusch* NZA 07, 124; *Dzida* NZA 10, 80; *Gaul/Mückl* NZA 11, 657; grundlegend *Sobotta* Die autonome Organisation der Betriebsverfassung durch Tarifverträge nach § 3 BetrVG, 2009). Dabei kommt den Tarifvertragsparteien ein gewisser Beurteilungs- und Gestaltungsspielraum zu, ohne dass dadurch die Organisation der Betriebsverfassung gänzlich in die Disposition der Tarifvertragsparteien gestellt würde (BAG 13.3.13 – 7 ABR 70/11, NZA 13, 738; *Sprenger* NZA 13, 990). Nach § 3 Abs 5 Satz 2 BetrVG finden für diese ArbNVertretungen und ihre Mitglieder die BRatVorschriften des BetrVG entsprechende Anwendung. Dementsprechend genießen die Mitglieder einer nach § 3 Abs 1 Nr 1–3 BetrVG gebildeten ArbNVertretung den besonderen Kündigungsschutz des § 15 KSchG. Wegen der eingeschränkten Geltung der Fiktion des § 3 Abs 5 S 1 BetrVG auf dieses Gesetz ist insoweit allerdings der Betriebsbegriff des KSchG maßgeblich, so dass eine ordentliche Kündigung nach § 15 Abs 4 KSchG zulässig ist, wenn es sich bei der Betriebsstätte, in der das betreffende BRatMitglied beschäftigt ist, um einen Betrieb iSd § 1 Abs 1 S 1 BetrVG handelt und dieser stillgelegt wird (BAG 27.6.19 – 2 AZR 38/19, NZA 19, 1427).

§ 3 Abs 2 BetrVG schreibt den **grundsätzlichen Regelungsvorrang des Tarifvertrags** gegenüber der Betriebsvereinbarung fest. Dabei entfalten nach der ausdrücklichen gesetzlichen Regelung nicht nur inhaltsgleiche Tarifverträge Sperrwirkung, sondern es genügt die Geltung irgendeines Tarifvertrages im Unternehmen, um eine Bildung von Vertretungsorganen iSd § 3 Abs 1 Nr 1, 2, 4 und 5 BetrVG durch Betriebsvereinbarung auszuschließen. Diese Regelung ist im Schrifttum zu Recht auf deutliche Kritik gestoßen (*Konzen* RdA 01, 76; *Reichold* NZA 01, 857; *Buchner* NZA 01, 633; *Wendeling-Schröder* NZA 01, 357). Jedenfalls wird man aber eine normative Tarifgeltung verlangen müssen (*Wlotzke/Preis* § 3 Rz 22; *Richardi/Annuß* DB 01, 41; *Hanau* NJW 01, 2513). Die lediglich in einzelnen Arbeitsverträgen vereinbarte Geltung bspw von Vergütungstarifverträgen reicht nicht aus. Noch weitergehend hält *Giesen* (BB 02, 1480) § 3 Abs 1 Nr 1–3 BetrVG insgesamt für verfassungswidrig.

Nach dem abschließenden Katalog des § 3 Abs 1 BetrVG sind gem **§ 3 Abs 1 Nr 1** 5 **BetrVG** die Bildung eines unternehmenseinheitlichen BRat (anstelle von mehreren BRäten und einem GBRat) sowie die Zusammenfassung mehrerer Betriebe, um bspw Regionalbetriebsräte in Unternehmen mit einem bundesweiten Filialnetz errichten zu können, zulässig. Im erstgenannten Fall muss dies nicht gemeinsam durch alle im Unternehmen vertretenen Gewerkschaften erfolgen (BAG 29.7.09 – 7 ABR 27/08, NZA 09, 1424) und kann in betriebsratslosen Unternehmen gem § 3 Abs 3 BetrVG auch durch die Belegschaft initiiert werden. Dabei führt die Zusammenfassung von Betrieben für sich allein nicht zum Verlust der betriebsverfassungsrechtlichen Identität der zusammengefassten Einheiten. Bestehende Betriebsvereinbarungen und Vollstreckungstitel gelten im fingierten Einheitsbetrieb beschränkt auf ihren bisherigen Wirkungsbereich weiter (BAG 18.3.08 – 1 ABR 3/07, NZA 08, 1259; *Salamon* NZA 09, 74). Die Anfechtung der BRatWahl kann dabei isoliert für die jeweilige Organisationseinheit erfolgen (BAG 21.9.11 – 7 ABR 54/10, NZA-RR 12, 186). Ob die Bildung eines unternehmenseinheitlichen BRat sachdienlich iSv § 3 Abs 1 Nr 1 BetrVG ist, richtet sich wesentlich danach, wo die mitbestimmungspflichtigen Entscheidungen im Betrieb getroffen werden und ob die Betriebsvertretung ortsnah agiert (BAG 24.4.13 – 7 ABR 71/11, BeckRS 2013, 71144). **§ 3 Abs 1 Nr 2 BetrVG** regelt die Voraussetzungen für sog SpartenBRäte, wobei diese nach der amtlichen Gesetzesbegründung auch als GBRäte und KBRäte gebildet werden können (hierzu *Friese* RdA 03, 92). Grundvoraussetzung ist in beiden vorgenannten Fällen, dass die geänderten BRatStrukturen einer sachgerechten Wahrnehmung der ArbNInteressen dienen. Noch weiter geht der Regelungsspielraum, den **§ 3 Abs 1 Nr 3 BetrVG** schafft (hierzu *Annuß* NZA 02, 290;

*Kania/Klemm* RdA 06, 22). Nach dieser Vorschrift sind sog andere ArbNVertretungsstrukturen möglich. Sie können zum einen auf Betriebs-, Unternehmens- und Konzernebene gebildet werden. Die amtliche Begründung erwähnt hierzu beispielhaft die Verkürzung auf eine einstufige Interessenvertretung im Konzern bzw die Errichtung eines KBRat im Gleichordnungskonzern. Zum anderen sollen aber auch andere Formen der Zusammenarbeit von Unternehmen solche ArbNVertretungen erlauben. Der Gesetzgeber denkt hier an Unternehmen entlang einer Produktionskette (just in time) sowie andere Unternehmensformen wie die fraktale Fabrik und shop in shop-Systeme. Diese anderen Vertretungsstrukturen nach § 3 Abs 1 Nr 3 BetrVG sind allein tariflichen Regelungen vorbehalten. Dabei darf der Tarifvertrag nicht den ArbN überlassen, vor jeder BRatwahl durch Abstimmung zu entscheiden, ob in den einzelnen Betrieben eigenständige BRäte gewählt werden sollen (BAG 10.11.04 – 7 ABR 17/04, AP Nr 2 zu § 3 BetrVG 1972). **§ 3 Abs 1 Nr 5 BetrVG** ermöglicht Regelungen zur Bildung zusätzlicher betriebsverfassungsrechtlicher Vertretungen der ArbN, die die Zusammenarbeit zwischen dem BRat und den ArbN erleichtern. Diese Vertretungen der ArbN setzen eine Organstruktur voraus. ArbN, die lediglich Hilfsfunktionen für den BRat wahrnehmen und nicht in einer Organstruktur zusammengefasst sind, sind keine zusätzliche ArbNVertretung iSv § 3 Abs 1 Nr 5 BetrVG (BAG 29.4.15 – 7 ABR 102/12, NZA 15, 1397).

6 Die tarifliche Regelungsbefugnis nach § 3 Abs 1 BetrVG umfasst nicht den Entzug betriebsverfassungsrechtlicher Befugnisse bereits gewählter BRäte und deren Zuweisung an andere ArbNVertretungen (BAG 18.11.14 – 1 ABR 21/13, NZA 15, 694). Offen ist, ob derartige Tarifverträge iSv § 3 BetrVG erstreikbar sind (kritisch *Buchner* NZA 01, 633; *Reichold* NZA 01, 857; *Franzen* ZfA 01, 285; *Teusch* NZA 07, 124). Auch im Bereich gewillkürter Betriebsverfassungsstrukturen gelten die §§ 21a, 21b BetrVG (BAG 22.8.17 – 1 ABR 52/14, NZA 18, 50).

7 **b) KSchG.** Das KSchG enthält keine eigenständige Definition des Betriebs. Bislang hat daher das BAG den betriebsverfassungsrechtlichen Betriebsbegriff weitestgehend entsprechend angewandt (BAG 2.3.17 – 2 AZR 427/16, NZA 17, 859; 14.3.13 – 8 AZR 153/12, BeckRS 2013, 74879). Allerdings gilt dies nicht für die Betriebsfiktion des § 4 Abs 1 BetrVG, die im KSchG keine Anwendung findet (BAG 20.8.98 – 2 AZR 84/98, NZA 99, 255; 13.4.2000 – 2 AZR 215/99, NZA 01, 144; aA *Kania/Gilberg* NZA 2000, 678 mit Hinweisen zur Vertragsgestaltung). Gleiches gilt für § 3 Abs 5 BetrVG. Vielmehr kommt es für das Vorliegen eines Betriebs iSd § 23 KSchG entscheidend auf die organisatorische und nicht die räumliche Einheit oder die arbeitstechnische Zweckbestimmung an (BAG 7.7.11 – 2 AZR 12/10, NZA 12, 148; 15.3.01 – 2 AZR 151/00, NZA 01, 831; → *Kleinbetrieb* Rn 2). Eine bloße Baustelle ist daher regelmäßig kein Betrieb (LAG Düsseldorf 20.5.97 – 8 Sa 1591/96, NZA-RR 98, 111). Das Gleiche gilt für eine deutsche „Briefkasten"-Firma eines ausländischen Unternehmens (BAG 3.6.04 – 2 AZR 386/03, NZA 04, 1380). Vgl zum kündigungsrechtlichen Betriebsbegriff in einem Konzern mit Matrixstruktur zuletzt LAG BlnBbg 20.12.18 – 10 Sa 1123/18, BeckRS 2018, 41384.

Für den Bereich der **Massenentlassung** wird der Betriebsbegriff vom EuGH autonom ausgelegt (EuGH 13.5.15 – C-182/13, NZA 15, 731 – Lyttle; → *Massenentlassung* Rn 4 ff). Danach sind anders als nach dem deutschen Begriffsverständnis nicht formale Entscheidungsbefugnisse maßgeblich, so dass es keiner Leitung vor Ort bedarf, die Einstellungs- und Entlassungsentscheidungen treffen kann. Erforderlich ist lediglich eine örtliche Leitung, die für die ordnungsgemäße Durchführung der Arbeit und die Lösung etwaiger technischer Probleme sorgt. Besteht eine solche Leitung, genügt es für die Existenz eines Betriebes, wenn eine unterscheidbare Einheit von gewisser Dauerhaftigkeit und Stabilität besteht, in der bestimmte Aufgaben von einer Gesamtheit von ArbN in einer organisatorischen Struktur und mit vorgegebenen Mitteln erledigt werden (EuGH 13.5.15 – C-182/13, NZA 15, 731 – Lyttle; LAG Düsseldorf 5.12.18 – 12 Sa 401/18, BeckRS 2018, 38377 – nicht rkr, Az beim BAG: 6 AZR 67/19). Unerheblich ist dabei die räumliche Entfernung zum Hauptbetrieb (*Spelge* RdA 18, 297; *Kleinebrink/Commandeur* NZA 15, 853).

8 **c) Betriebsübergang gemäß § 613a BGB.** Der Betriebsbegriff des § 613a BGB hat durch die Rspr von EuGH und BAG im Jahr 1997 wesentliche Änderungen erfahren. Früher ging das BAG in ständiger Rspr davon aus, dass zu einem Betrieb iSd § 613a BGB nur die sächlichen und immateriellen Betriebsmittel, nicht jedoch die ArbN gehören. Der

Übergang der Arbeitsverhältnisse sei die gesetzlich angeordnete Rechtsfolge und könne daher nicht gleichzeitig Tatbestandsvoraussetzung sein (BAG 12.2.87, DB 88, 126; 29.9.88, DB 89, 2176). Mit Urt vom 22.5.97 (DB 97, 1720) hat der 8. Senat des BAG diese Rspr aufgegeben und sich der EuGH-Rspr angeschlossen, wonach die Übernahme der Belegschaft eines von mehreren Kriterien für einen Betriebsübergang darstellt. Auch im Übrigen hat das BAG die Rspr des EuGH übernommen und den Begriff des Betriebes durch den der „wirtschaftlichen Einheit" ersetzt (→ *Betriebsübergang* Rn 10 ff).

**d) § 622 BGB.** Unter den Betriebsbegriff in § 622 Abs 2 BGB fallen auch Privathaushalte mit der Folge, dass auf Arbeitsverhältnisse mit Hausangestellten die verlängerten ArbGebKündigungsfristen des § 622 Abs 2 BGB anwendbar sind (LAG BaWü 26.6.15 – 8 Sa 5/15, NZA-RR 16, 17). 9

**e) ArbZG.** Der Betriebsbegriff wird im Rahmen der besonderen Begriffsbestimmungen in § 2 ArbZG nicht erwähnt. Von daher ist, wie in der zuvor geltenden AZO vom allgemeinen betriebsverfassungsrechtlichen Betriebsbegriff auszugehen. Zum Begriff des mehrschichtigen Betriebs iSv § 9 Abs 2 ArbZG vgl *Zmarzlik/Anzinger* § 9 Rz 40. 10

**f) Pflegearbeitsbedingungenverordnung.** Vgl zum besonderen Betriebsbegriff in der PflegeArbbV zuletzt LAG RhPf 11.2.16 – 2 Sa 378/15, BeckRS 2016, 68326. 11

**g) SGB VII.** In der gesetzlichen UV ist der Betriebsbegriff im Bereich der Haftung und der dort geregelten Haftungsbeschränkungen von Bedeutung. Diese früher in den §§ 636, 637 RVO geregelte Materie findet sich seit 1997 in den §§ 104 ff SGB VII. (→ *Arbeitsunfall* Rn 3 ff; zum Betriebsbegriff der RVO s Personalbuch 1997 Betrieb (Begriff) Rz 8). 12

**h) Tarifrecht.** Tarifvertraglich können für tarifliche Ansprüche – unabhängig von § 3 BetrVG – eigenständige Betriebsbegriffe festgelegt werden (zum Baugewerbe BAG 11.11.97 – 3 AZR 486/96, NZA 98, 893; 24.11.04 – 10 AZR 169/04, NZA 05, 362; 16.6.10 – 4 AZR 934/08, BeckRS 2010, 74663; zum Gerüstbaugewerbe BAG 11.11.97 – 3 AZR 210/96, NZA 98, 891; für Montagearbeiter BAG 11.11.97 – 3 AZR 187/96, NZA 98, 947 sowie – 3 AZR 162/96, NZA 98, 946). Für die Anwendbarkeit von Tarifverträgen kommt es bei sog Mischbetrieben, die fachlich mehrere Tarifverträge abdecken, auf den fachlich überwiegenden Einsatz der ArbN an (BAG 25.11.87, DB 88, 809). 13

**3. Gemeinsamer Betrieb mehrerer Unternehmen. a) Grundsatz.** Nach mittlerweile gefestigter Rspr des BAG können mehrere Unternehmen arbeitsrechtlich einen einheitlichen Betrieb bilden (BAG 20.2.18 – 1 ABR 53/16, NZA 18, 954; 16.2.06 – 8 AZR 211/05, NZA 06, 592; 13.2.13 – 7 ABR 36/11, NZA-RR 13, 521). Das hat der Gesetzgeber mit dem zum 28.7.01 in Kraft getretenen BetrVerfReformgesetz für das **BetrVG** ausdrücklich bestätigt. § 1 Abs 1 Satz 2 BetrVG enthält seither anknüpfend an die ständige Rspr des BAG die gesetzliche Klarstellung, dass auch in einem gemeinsamen Betrieb mehrerer Unternehmen ein BRat gewählt werden kann. Die unternehmensübergreifende Errichtung eines GBRat ist demgegenüber auch bei Gemeinschaftsbetrieben grds unzulässig (BAG 17.3.10 – 7 AZR 706/08, BeckRS 2010, 70837). Bei einem **Sozialplan** im Gemeinschaftsbetrieb besteht regelmäßig keine gesamtschuldnerische Haftung aller beteiligten Unternehmen. Soweit der Sozialplan keine anders lautende Regelung enthält, kann ein Abfindungsanspruch nur gegenüber dem ArbGeb geltend gemacht werden (BAG 12.11.02 – 1 AZR 632/01, NZA 03, 676; *Gaul* NZA 03, 695). Das Mitbestimmungsrecht bei der **Eingruppierung** nach § 99 BetrVG besteht ausschließlich gegenüber dem VertragsArbGeb des betroffenen ArbN (BAG 23.9.03 – 1 ABR 35/02, NZA 04, 800). Problematisch ist ferner die richtige Bezugsgröße für die Ermittlung des **Schwellenwerts** bezüglich der Mitbestimmung in personellen und wirtschaftlichen Angelegenheiten (LAG Bln 23.1.03 – 18 TaBv 2141/02, NZA-RR 03, 477: § 111 BetrVG; BAG 29.9.04 – 1 ABR 39/03, NZA 05, 420: § 99 BetrVG; BAG 1.8.90 – 7 ABR 91/88, NZA 91, 643: § 106 BetrVG) sowie im Bereich der Unternehmensmitbestimmung (BAG 13.3.13 – 7 ABR 47/11, NZA 13, 853; LG Hbg 21.10.08 – 417 O 171/07, BeckRS 2009, 07094 mit kritischer Anm *Hohenstatt/Schramm* NZA 10, 846) und bei § 17 KSchG (LAG NdS 18.12.13 – 17 Sa 335/13, BeckRS 2014, 66597). Im Anwendungsbereich des **KSchG** gilt dieselbe GrundsatzRspr (BAG 5.5.94 – 2 AZR 917/93, NZA 94, 1023; 29.4.99 – 2 AZR 352/98, NZA 99, 932; LAG Köln 21.7.2000 – 11 Sa 420/00, NZA-RR 01, 245). Während es in betriebsverfassungsrechtlicher Hinsicht hauptsächlich um Fragen der BRatOrganisation und -Zuständigkeit geht (zur 14

Auswirkung auf bestehende Betriebsvereinbarungen *Schönhöft/Brahmstaedt* NZA 10, 851, zur Bildung eines GBRat → *Gesamtbetriebsrat* Rn 5; *Schönhöft/Wertz* RdA 10, 100), stehen kündigungsrechtlich materiell-rechtliche Probleme im Vordergrund, wie zB die Sozialauswahl, die grds auf den gesamten Betrieb zu erstrecken ist (BAG 18.9.03 – 2 AZR 537/02; 27.11.03 – 2 AZR 48/03, NZA 04, 477; 29.11.07 – 2 AZR 763/06, AP Nr 95 zu § 1 KSchG 1969 Soziale Auswahl; aA *Annuß/Hohenstatt* NZA 04, 420). Eine derart weite Sozialauswahl scheidet nur dann aus, wenn der Gemeinschaftsbetrieb im Zeitpunkt der Kündigung nicht mehr besteht (BAG 24.2.05 – 2 AZR 214/02, NZA 05, 867; → *Kündigungsschutz* Rn 51). Auch eine unternehmensübergreifende Weiterbeschäftigungspflicht kommt in Betracht (BAG 18.10.12 – 6 AZR 41/11, NZA 13, 1007). Kündigungen müssen im Gemeinschaftsbetrieb vom VertragsArbGeb erklärt werden (LAG Köln 20.6.07 – 8 Sa 1287/06, BeckRS 2010, 66560). Auch der Antrag auf Auflösung eines nach § 78a Abs 2 BetrVG zustande gekommenen Arbeitsverhältnisses kann vom VertragsArbGeb des ehemaligen Auszubildenden ohne Mitwirkung des anderen am Gemeinschaftsbetrieb beteiligten ArbGeb gestellt werden (BAG 25.2.09 – 7 ABR 61/07, NZA 09, 1168). Ein **Betriebsübergang** auf einen Gemeinschaftsbetrieb kommt nicht in Betracht, da auf eine Betriebsführungsgesellschaft keine identitätswahrende Übertragung erfolgen kann (BAG 16.2.06 – 8 AZR 211/05, NZA 06, 592). Zu beachten ist das Rechtsinstitut des Gemeinschaftsbetriebs auch im Hinblick auf Probleme der **Arbeitnehmerüberlassung.** Das BAG hat eine ArbNÜberlassung im Konzern verneint, wenn Tochter- und Muttergesellschaft einen Gemeinschaftsbetrieb bilden, da es dann an der erforderlichen vollständigen Eingliederung des ArbN in den Betrieb des Entleihers fehlt (BAG 3.12.97 – 7 AZR 764/96, NZA 98, 876). Liegt demgegenüber im konkreten Fall eine ArbNÜberlassung vor, treten die allgemeinen, vom AÜG vorgesehenen Rechtsfolgen ein (*Schönhöft/Lermen* BB 08, 2515; → *Arbeitnehmerüberlassung/Zeitarbeit* Rn 40 ff). Bei **Befristungen** kommt es für das Anschlussverbot des § 14 Abs 3 Satz 2 TzBfG auf den vertragschließenden ArbGeb und nicht auf den gemeinsamen Betrieb an. Anders ist das lediglich bei rechtsmissbräuchlichen Vertragsgestaltungen (BAG 25.4.01 – 7 AZR 376/00, NZA 01, 1384 zu § 1 Abs 3 Satz 1 BeschFG). Gemeinschaftsbetriebe können auch unter Beteiligung juristischer Personen des Privatrechts und **Körperschaften öffentlichen Rechts** gebildet werden (BAG 24.1.96 – 7 ABR 10/95, NZA 96, 1110; BVerwG 13.6.01 – 6 P 8/00, NZA 03, 115).

15 b) **Voraussetzung** für das Bestehen eines Gemeinschaftsbetriebs ist zum einen, dass die Unternehmen **rechtlich miteinander verbunden** sind, wobei diese rechtliche Vereinbarung nicht ausdrücklich geregelt sein muss, sondern sich aus den tatsächlichen Umständen ergeben kann (BAG 18.1.12 – 7 ABR 72/10, NZA-RR 13, 133; 16.2.06 – 8 AZR 211/05, NZA 06, 592; 11.12.07 – 1 AZR 824/06, NZA-RR 08, 298; gegen das Erfordernis einer Führungsvereinbarung *Däubler* Anm zu BAG AP Nr 8 zu § 1 BetrVG 1972 Gemeinsamer Betrieb mwN). Zum anderen ist erforderlich, dass ein **einheitlicher Leitungsapparat** besteht, der gewährleistet, dass insbes der Kern der ArbGebFunktionen im sozialen und personellen Bereich von derselben institutionellen Leitung ausgeübt wird (BAG 16.4.08 – 7 ABR 4/07, NZA-RR 08, 583; 13.8.08 – 7 ABR 21/07, NZA-RR 09, 255; 10.11.11 – 8 AZR 546/10, NZA 12, 509). Das verlangt nach einem arbeitgeberübergreifenden Betriebsmittel-wie Personaleinsatz, der charakteristisch für den normalen Betriebsablauf ist (BAG 13.2.13 – 7 ABR 36/11, NZA-RR 13, 521; 20.2.18 – 1 ABR 53/16, NZA 18, 954). Dabei kann es ausreichen, wenn der ArbGeb nach außen so auftritt, als ob er zusammen mit anderen Unternehmen einen Gemeinschaftsbetrieb bilden würde (BAG 18.10.2000 – 2 AZR 494/99, NZA 01, 321 für den Sonderkündigungsschutz nach § 15 KSchG). Deutliches Indiz für das Vorliegen eines gemeinsamen Betriebs kann ein einheitlicher Internetauftritt von zwei Unternehmen sein. Das gilt umso mehr, wenn dabei Mitarbeiter beider Unternehmen abgebildet sind, die einheitlich gegenüber dem Kunden auftreten (LAG RhPf 10.3.16 – 2 Sa 68/15, BeckRS 2016, 68961). Auch die Verfolgung unterschiedlicher arbeitstechnischer Zwecke steht der Annahme eines Gemeinschaftsbetriebs nicht entgegen, sofern diese Zwecke im Rahmen einer Organisationseinheit wahrgenommen werden (LAG SachsAnh 14.11.01 – 3 Sa 148/01, BeckRS 2001, 16945). Bei einer auf eine Personalgestellung beschränkten unternehmerischen Zusammenarbeit zweier Unternehmen entsteht kein Gemeinschaftsbetrieb, wenn das personalgestellende Unternehmen nicht an der Erreichung des arbeitstechnischen Betriebszwecks des anderen Unternehmens mitwirkt (BAG 16.4.08 – 7

ABR 4/07, NZA-RR 08, 583). Aus dem Bestehen einer Organschaft iSv § 2 Abs 2 Nr 2 UStG ergibt sich nicht zwingend, dass die an der Organschaft beteiligten Unternehmen einen gemeinsamen Betrieb führen (BAG 25.5.05 – 7 ABR 38/04, BeckRS 2005, 42469). Auch bloße Absprachen zwischen Unternehmen oder Einflussnahmen auf gesellschaftsrechtlicher Ebene begründen keinen betrieblichen Leitungsapparat (BAG 13.8.08 – 7 ABR 21/07, NZA-RR 09, 255). Erforderlich bleibt immer, dass es sich auch bei dem Gemeinschaftsbetrieb um einen Betrieb iSd BetrVG handelt (BAG 18.1.12 – 7 ABR 72/10, DB 12, 1754). Im **Konzern** genügt die Ausübung der konzernrechtlichen Leitungsmacht nicht für die Annahme eines Gemeinschaftsbetriebs (BAG 13.6.02 – 2 AZR 327/01, NZA 02, 1148; 3.6.04 – 2 AZR 386/03, NZA 04, 1380).

**c) Ohne rechtliche Auswirkung** bleibt die Existenz eines Gemeinschaftsbetriebs auf **16** die Anwendung des **Gleichbehandlungsgrundsatzes,** denn dieser findet auch in einem Gemeinschaftsbetrieb regelmäßig auf das jeweilige Unternehmen beschränkte Anwendung (BAG 19.11.92, DB 93, 843; kritisch *Preis* SAE 94, 21). Das Gleiche gilt im Hinblick auf das **Tarifrecht.** Bilden mehrere Unternehmen mit verschiedener Tarifbindung einen gemeinsamen Betrieb, findet der Grundsatz der Tarifeinheit keine betriebsbezogene Anwendung, sondern im einzelnen Arbeitsverhältnis kommt immer nur derjenige Tarifvertrag zum Tragen, der für das jeweilige ArbGebUnternehmen gilt (ArbG Celle 1.8.95, DB 96, 738 [LS]; *Edenfeld* DB 12, 575: Tarifsperre nach § 77 Abs 3 BetrVG; *Waas* NZA 99, 841: nur für Inhaltsnormen; aA LAG Hamm 18.2.92, DB 92, 2198).

Besteht ein einheitlicher Betrieb durch die organisatorische Zusammenfassung mehrerer Unternehmen im **Ausland** mit einem deutschen Kleinunternehmen, so sind für die Kleinbetriebsklausel des § 23 KSchG allein die ArbN im deutschen Unternehmen maßgeblich, da das KSchG nur im Inland Anwendung findet (BAG 9.10.97 – 2 AZR 64/97, NZA 98, 141; LAG Hamm 5.4.89, NZA 89, 849).

**d) Darlegungs- und Beweislast.** Die Darlegungs- und Beweislast für das Vorliegen **17** eines solchen Gemeinschaftsbetriebes trägt grds der ArbN, der sich auf dessen Existenz beruft (BAG 18.1.90, DB 91, 500; 18.10.06 – 2 AZR 434/05, NZA 07, 552; 24.5.12 – 2 AZR 62/11, NZA 13, 277). Darüber hinaus gilt im Betriebsverfassungsrecht nach § 1 Abs 2 BetrVG in zwei Fällen eine widerlegbare **gesetzliche Vermutung** für das Vorliegen eines Gemeinschaftsbetriebs, wobei nur die Existenz eines einheitlichen Leitungsapparates nicht des Gemeinschaftsbetriebs selbst vermutet wird (BAG 22.6.05 – 7 ABR 57/04, NZA 05, 1248). Sie greift zum einen bei dem gemeinsamen Einsatz von Arbeitsmitteln und ArbN durch die Unternehmen ein (kritisch *Däubler* ArbuR 01, 285; *Hanau* NJW 01, 2513; *Richardi* NZA 01, 346). Zum anderen ist die Unternehmensspaltung gemeint, bei der von einem Betrieb ein oder mehrere Betriebsteile einem an der Spaltung beteiligten anderen Unternehmen zugeordnet werden, ohne dass sich dabei die Organisation des betroffenen Betriebes wesentlich ändert. Die Spaltung umfasst dabei die Fälle der Aufspaltung und Ausgliederung sowohl in Form der Gesamt- als auch der Einzelrechtsnachfolge (BT-Drs 14/5741 S 33). Unabhängig von den vorgenannten Vermutungstatbeständen bleibt aber der **anderweitige Nachweis** eines gemeinsamen Betriebs weiterhin möglich (BAG 11.2.04 – 7 ABR 27/03, NZA 04, 618).

**e) Auflösung.** In individualrechtlicher Hinsicht entfallen mit der Auflösung eines Ge- **18** meinschaftsbetriebs die oa Besonderheiten, denn mit der Auflösung entfällt die „gemeinsame Klammer", die Grund für die besondere Rechtskonstruktion war (BAG 13.9.95 – 2 AZR 954, 94, NZA 96, 307: Sozialauswahl). Die Liquidation einer beteiligten Gesellschaft begründet keine Beschäftigungspflicht des bzw der im Gemeinschaftsbetrieb verbleibenden ArbGeb (LAG SchlHol 8.5.03 – 1 Sa 48/03, NZA-RR 04, 79). In kollektivrechtlicher Hinsicht kommt es für den Fortbestand des BRat darauf an, ob die Identität des Betriebs in einem der beteiligten Unternehmen trotz Auflösung des Gemeinschaftsbetriebs gewahrt bleibt. Die in diesem Unternehmen betroffenen BRat-Mandate bleiben dann bestehen (BAG 19.11.03 – 7 AZR 11/03, NZA 04, 435; *Annuß/Hohenstatt* NZA 04, 420).

**4. Streitigkeiten** bezüglich der rechtlichen Qualifizierung einer bestimmten Einheit als **19** Betrieb oder Betriebsteil sind allgemein im arbeitsgerichtlichen Beschlussverfahren zu klären (§ 2a Abs 1 Nr 1, Abs 2 iVm §§ 80 ff ArbGG). Im Übrigen sind sie regelmäßig als Vorfrage in Individualrechtsstreitigkeiten zu prüfen. Für den Fall der BRatWahl existiert in § 18

Abs 2 BetrVG eine besondere gesetzliche Regelung für das Beschlussverfahren (BAG 25.9.86, DB 87, 1202; LAG Frankfurt 28.7.88, DB 88, 2650). Eine gerichtliche Entscheidung in dem Verfahren nach § 18 Abs 2 BetrVG hat präjudizielle Bindungswirkung für nachfolgende Urteilsverfahren (BAG 9.4.91, DB 91, 2392). Bei der Beurteilung, ob Unternehmen einen gemeinsamen Betrieb führen, steht dem ArbG und dem LAG als Tatsacheninstanz ein Beurteilungsspielraum zu (BAG 13.2.13 – 7 ABR 36/11, NZA-RR 13, 521).

Nach der ständigen Rspr des BAG führt eine Verkennung des Betriebsbegriffs im Rahmen einer BRatWahl nicht zur Nichtigkeit der Wahl, sondern hat lediglich deren Anfechtbarkeit gem § 19 BetrVG zur Folge (BAG 13.3.13 – 7 ABR 70/11, NZA 13, 738; LAG Hess 2.7.18 – 16 TaBVGa 135/18, BeckRS 2018, 23969; → *Wahlanfechtung* Rn 4).

20 Im **Gemeinschaftsbetrieb** sind Anträge des BRat, die sich gegen den ArbGeb in seiner Funktion als Inhaber der Leitungsmacht richten, gegen alle am Betrieb beteiligten Unternehmen zu richten (BAG 15.5.07 – 1 ABR 32/06, NZA 07, 1240: Unterlassung mitbestimmungswidrigen Verhaltens im Bereich der Arbeitszeit).

## B. Lohnsteuerrecht *Seidel*

26 Der Betriebsbegriff als solcher spielt im LStRecht keine Rolle. Lohnsteuerrechtliche Folgen knüpfen an die Begriffe → *Betriebsstätte* Rn 2 ff und → *Arbeitgeber* Rn 19 ff an (→ *Unternehmen* Rn 16 ff).

## C. Sozialversicherungsrecht *Ruppelt*

31 **1. Der sozialversicherungsrechtliche Betriebsbegriff** lehnt sich im Wesentlichen an die arbeitsrechtliche Definition an (→ Rn 2), wobei das SozVRecht zur Beschreibung der unfallversicherungsrechtlichen Folgen eines Beschäftigungsverhältnisses von dem Begriffspaar **Unternehmer/Beschäftigter** ausgeht. Dem Betriebsbegriff kommt im SozVRecht Bedeutung für die Frage zu, ob ein ArbGeb (Unternehmen) mehrere (selbstständige) Betriebe unterhält oder es sich bei mehreren Betriebsstätten um (unselbstständige) Betriebsteile handelt. **Selbstständiger Betrieb** ist die auf Erreichung eines arbeitstechnischen Zwecks gerichtete organisatorische Zusammenfassung personeller, sächlicher und anderer Arbeitsmittel zu einer betrieblichen Einheit.

32 Dagegen liegt nur ein **unselbstständiger Betriebsteil** vor, wenn eine Produktionsstätte in Bezug auf die Gesamtheit der eingesetzten Arbeitsmittel über keinen selbstständigen Leitungsapparat verfügt und zwischen der zentralen Leitung und der Produktionsstätte auf dem Gebiet der Planung, der Entwicklung, der Produktion und des Vertriebs eine derart starke organisatorische Verflechtung besteht, dass eine Verselbstständigung nicht ohne grundlegende Wandlung der Organisationsstruktur möglich wäre (BSG 28.11.06 – B 2 U 33/05 R, BSGE 97, 279, Rn 19). Das Bestehen zentraler Einrichtungen, zB eine einheitliche kaufmännische Leitung, spricht nicht in jedem Falle gegen die Eigenschaft eines selbstständigen Betriebes.

33 Insbes die Möglichkeiten moderner Datenverarbeitung und neue Kommunikationstechniken ermöglichen dem Unternehmen die Zentralisierung bestimmter Arbeitsbereiche, ohne die Selbstständigkeit des einzelnen Betriebes zu beseitigen. Die Entscheidung, ob lediglich eine unselbstständige Produktionsstätte vorliegt oder ob es sich um einen selbstständigen Betrieb handelt, erfordert die Berücksichtigung aller **Umstände des Einzelfalles.** Selbstständigkeit ist dann anzunehmen, wenn die hierfür sprechenden Faktoren im konkreten Fall qualitativ überwiegen (BSG 16.6.15 – B 13 R 23/14 R, Die Beiträge Beilage 2015, 320, Rn 25). Die Fiktion des BetrVG, nach der Betriebsteile unter bestimmten Bedingungen als selbstständige Betriebe gelten, ist für das SozVRecht nicht anwendbar, weil für die Betriebsverfassung im Mittelpunkt steht, dass die ArbN eine tatsächliche Gemeinschaft bilden, die sich als Belegschaft von einer anderen Belegschaft abhebt. Bilden **mehrere Unternehmen** einen **einheitlichen Betrieb,** treffen die sozialversicherungsrechtlichen Pflichten das einzelne Unternehmen, da im SozVRecht das tatsächliche Beschäftigungsverhältnis zwischen ArbGeb und Beschäftigten maßgebend ist. Zur **unfallversicherungsrechtlichen** Zuständigkeit der BG für Unternehmen und ihre Bestandteile → *Unternehmen* Rn 25; BSG 28.11.06 – B 2 U 33/05 R, BSGE 97, 279, Rn 19.

**2. Haftungsrechtlicher Betriebsbegriff.** Nach § 105 Abs 1 SGB VII haften Personen, die durch eine betriebliche Tätigkeit einen Versicherungsfall von Versicherten desselben Betriebs (fahrlässig) verursachen, diesen regelmäßig nicht für Personenschäden (→ *Arbeitnehmerhaftung* Rn 1 ff; → *Arbeitsunfall* Rn 1 ff). Diese Regelung, die der Beschränkung der Schadensersatzpflicht des Unternehmers entspricht (§ 104 SGB VII), gilt nur für in **demselben Betrieb** tätige Personen. Hierfür gilt ein **eigenständiger unfallversicherungsrechtlicher Betriebsbegriff,** der auch unselbstständige Betriebsteile als Betriebe definiert. Betrieb in diesem Sinne ist die auf **räumliche** Einheit beruhende Vereinigung von persönlichen, sachlichen und immateriellen Mitteln zur Verfolgung eines meist wirtschaftlichen Zwecks. Eigenständige Betriebe im unfallversicherungsrechtlichen Sinn sind daher auch Filialen, Produktions-, Lager- und Vertriebsstätten eines Unternehmens (*von Koppenfels-Spies* Der Risikobereich des Haftungsausschlusses gem § 105 Abs 1 SGB VII – Betrieb oder Unternehmen, NZS 06, 561). Sonderregelungen gelten für nicht gesetzlich unfallversicherte Unternehmer, die durch einen Betriebsangehörigen geschädigt werden (§ 105 Abs 2 SGB VII). Vgl BSG 26.6.07 – B 2 U 17/06 R, SozR 4–2700 § 105 Nr 2; BGH 17.6.08 – VI ZR 257/06 NJW 08, 2895 mit Anm *Waltermann.* 34

Das SGB VII hat den Haftungsausschluss für Personenschäden der Betriebsangehörigen untereinander ausgedehnt auf **Beschäftigte auf einer gemeinsamen Betriebsstätte** (§ 106 Abs 3 Variante 2 SGB VII – in der zivilrechtlichen Rspr auch als „§ 106 Abs 3 Fall 2 SGB VII“ bezeichnet). Das Haftungsprivileg erstreckt sich auch auf diejenigen Fälle, in denen Versicherte von mehreren Unternehmen vorübergehend betriebliche Tätigkeiten auf einer gemeinsamen Betriebsstätte verrichten. Die Haftungsbeschränkung gilt nicht nur für LeihArbN und Arbeitsgemeinschaften von Unternehmen, sondern es reicht bereits eine **betriebliche Tätigkeit** (also keine zufällige Anwesenheit) auf einer gemeinsamen Betriebsstätte aus, ohne dass besondere Rechtsbeziehungen zwischen den Unternehmen bestehen müssen (BGH 1.2.11 – VI ZR 227/09, NJW 11, 3296; OLG SachsAnh 24.7.14 – 2 U 9/14, MDR 14, 1253; OLG Saarbrücken 23.4.14 – 1 U 455/12, BeckRS 2014, 10877). Der Haftungsausschluss bei betrieblichen Tätigkeiten auf einer gemeinsamen Betriebsstätte setzt ein bewusstes Miteinander im Betriebsablauf voraus, das sich zumindest tatsächlich als ein aufeinander bezogenes betriebliches Zusammenwirken mehrerer Unternehmen darstellt (BGH 22.1.13 – VI ZR 175/11, VersR 13, 461 mit Anm *Höher;* BGH 23.9.14 – VI ZR 483/12, NZV 15, 179, Rn 18 mit Anm *Dahm* jurisPR-SozR 6/15; OLG Oldenburg 16.4.15 – 1 U 81/14, VerkMitt 15, Nr 58; OLG SchlHol 13.2.17 – 7 U 126/16, BeckRS 2017, 108538; OLG Frankfurt 17.8.18 – 16 U 51/16, BeckRS 2018, 24315 mit Anm *Hollo* jurisPR-SozR 24/2018 Anm 3). Die Regelung wirkt sich vor allem auf Baustellen des Baugewerbes aus. Sie gilt auch beim gemeinsamen Zurücklegen von Betriebswegen, nicht jedoch auf dem gemeisamen Weg von oder zur Arbeitsstätte (→ *Wegeunfall* Rn 13; OLG Celle 25.9.18 – 14 W 34/18, NJW-RR 19, 412 mit Anm *Hollo* jurisPR-SozR 24/2018 Anm 4). Zu den Fällen, bei denen am Arbeitsunfall ein ArbN mit Wohnsitz oder ein ArbGeb mit Sitz in einem **anderen EU-Staat** beteiligt ist s BGH 7.11.06 – VI ZR 211/05, NJW 07, 1754; BGH 15.7.08 – VI ZR 105/07, NJW 09, 916. Berufssportler verrichten während des Spiels eine betriebliche Tätigkeit auf einer gemeinsamen Betriebsstätte iSv § 106 Abs 3 SGB VII (OLG Karlsruhe 27.9.12 – 4 U 256/11, MDR 12, 1413). Die Entscheidung des UVTrägers, der Arbeitsunfall eines LeihArbN sei dem Unternehmen des Entleihers zuzuordnen, hindert das Zivilgericht nicht, den Unfall haftungsrechtlich dem Unternehmen des Entleihers zuzuordnen und diesen als haftungsprivilegiert anzusehen (BGH 18.11.14 – VI ZR 141/13, NZS 15, 114). Zur uneingeschränkten Prüfungskompetenz der Zivilgerichte s BGH 30.5.17 – VI ZR 501/16, MDR 17, 983; *Möhlenkamp* VersR 19, 200. 35

## Betriebliche Altersversorgung

### A. Arbeitsrecht

*Kreitner*

**Übersicht**



1 **1. Allgemeines. a) Historie und Begriff.** Die betriebliche Altersversorgung existiert bereits seit Mitte des 19. Jahrhunderts und hat sich mittlerweile zu einem festen Bestandteil des Alterssicherungssystems entwickelt (einen aktuellen RsprÜberblick geben *Cisch/Bleeck/Karst* BB 19, 1012; *Matthießen* NZA 19, 217; speziell zu Hinweis-, Auskunfts- und Beratungspflichten *Uckermann* NZA 11, 552; *Reinecke* NZA 15, 1153; *Hainz* BB 19, 1973; zur Invalidenversorgung *Reinecke* DB 10, 2167). Während sie zunächst mangels gesetzlicher Regelung hauptsächlich im Wege des Richterrechts durch das BAG fortentwickelt wurde, ist sie seit 1974 im BetrAVG geregelt (vgl hierzu *Reinecke* NZA 04, 753), das in den letzten Jahren mehrfach grundlegend geändert worden ist (Näheres s Personalbuch 2004, Betriebliche Altersversorgung Rz 1 sowie Personalbuch 2016, Betriebliche Altersversorgung Rz 1). Zuletzt ist nach einer mWz 1.1.16 erfolgten Änderung des § 16 Abs 3 Nr 2 BetrAVG bezüglich der Anpassungspflicht des ArbGeb bei einer Altersversorgung über Direktversicherung oder Pensionskasse (BGBl I 15, 2553) das BetrAVG mWz 1.1.18 durch das sog Betriebsrentenstärkungsgesetz insgesamt grundlegend novelliert worden (BGBl I 2017, 3214). Gegenstand dieser Novellierung ist insbes die erstmalige Einführung einer reinen Beitragszusage. Zu möglichen Entwicklungstendenzen der betrieblichen Altersversorgung *Hanau/Arteaga* DB 19, 2183.

In § 1 Abs 1 BetrAVG hat der Gesetzgeber unter weitgehender Übernahme der Rspr den **Begriff** definiert als Leistungen der Alters-, Invaliditäts- oder Hinterbliebenenversorgung, die einem ArbN aus Anlass seines Arbeitsverhältnisses zugesagt worden sind. Die betriebliche Altersversorgung deckt daher bestimmte biometrische Risiken (Alter, Invalidität oder Tod). Andere Lebensrisiken wie bspw Krankheitsrisiken werden nicht erfasst (BAG 12.12.06 – 3 AZR 476/05, NZA-RR 07, 653). Eine einmalige oder laufende Beihilfe in außergewöhnlichen, unverschuldeten wirtschaftlichen Notlagen ist daher keine betriebliche Altersversorgung im rechtlichen Sinn (BAG 25.10.94, DB 95, 735; LAG Bln 15.11.99 – 9 Sa 1602/99, NZA-RR 2000, 99; ebenso LAG Hamm 14.3.95, DB 95, 935 für eine zusätzliche monatlich ausgezahlte Treueprämie). Das Gleiche gilt für Überbrückungsbeihilfen, die für die Zeit bis zum Eintritt eines Versorgungsfalls gezahlt werden (BAG 14.2.12 – 3 AZR 260/10, BeckRS 2012, 69564; 3.11.98 – 3 AZR 454/97, NZA 99, 594; BGH 3.7.2000 – II ZR 381/98, NZA 01, 612; LAG Köln 14.4.04 – 8 Sa 980/03). Zweifelhaft erscheint dies auch, wenn das Versprochene im Fall des Todes des ArbN an dessen Erben auszuzahlen ist (BAG 18.3.03 – 3 AZR 313/02, NZA 04, 848). Andererseits steht die Vereinbarung einer vollständigen Kapitalisierung oder der Auszahlung des Kapitals in mehreren Raten dem Altersversorgungscharakter nicht entgegen (zu Folgeproblemen *Höfer/Küpper* DB 06, 2064). An einer Zusage „aus Anlass der Tätigkeit für ein Unternehmen" (§ 17 Abs 1 Satz 2 BetrAVG) kann es auch fehlen, wenn sie ohne Bezug auf die zu erbringende Arbeitsleistung wegen sonstiger, vor dem Beginn des Arbeitsverhältnisses in der Vergangenheit liegender Umstände erfolgt (LG Köln 25.2.99 – 24 O 87/98, ZIP 99, 374), wenn eine GmbH nur ihren Gesellschaftern eine Versorgung verspricht, die nach Art und Höhe bei sonstigen Beschäftigten wirtschaftlich nicht vertretbar wäre (BAG 25.1.2000 – 3 AZR 769/98, NZA 01, 959), oder wenn Tätigkeiten für mehrere wirtschaftlich verflochtene Gesellschaften erbracht worden sind (BAG 20.4.04 – 3 AZR 297/03, AP Nr 33 zu § 17 BetrAVG). Andererseits kann eine Zusage sowohl vor Beginn als auch nach Beendigung des Arbeitsverhältnisses gegeben werden (BAG 8.5.90 – 3 AZR 121/89, NZA 90, 931). Entscheidend ist insoweit der enge Bezug zum Arbeitsverhältnis im Sinne eines kausalen Zusammenhangs (BAG 11.11.14 – 3 AZR 404/13, NZA-RR 15, 208). Daher handelt es sich nicht um betriebliche Altersversorgung, wenn einem bei einer Tochtergesellschaft angestellten Mitarbeiter von der Konzernobergesellschaft Versorgungsleistungen zugesagt werden (BAG 20.5.14 – 3 AZR 1094/12, NZA 15, 225; *Rolfs* NZA 15, 213; *Diller/Beck* NZA 15, 274). Das BetrAVG ist auch anwendbar auf Altersversorgungsleistungen, die Rechtsanwälten und Steuerberatern aus Anlass ihrer Tätigkeit für ein fremdes Unternehmen von diesem zugesagt worden sind (BGH 13.2.06 – IX ZR 90/05, NZA-RR 06, 652; vgl zuletzt *Niemann/Reichenbach/Ververs* DB 15, 1837). Ob eine betriebliche Altersversorgung vorliegt, richtet sich allein nach der Versorgungszusage. Von daher ist unerheblich, ob der ArbN zum vorgesehenen Zeitpunkt die gesetzliche Altersrente in Anspruch nimmt, AlGeld beantragt oder weiter arbeitet (BAG 17.9.08 – 3 AZR 865/06, NZA 09, 440). Bei Familienangehörigen kommt es auf die objektive Angemessenheit der Zusage an (LAG Köln 1.2.02 – 12 Sa 1201/01, NZA-RR 02, 379). Die Zahlung eines Weihnachtsgeldes an Betriebsrentner (BAG 18.2.03 – 3 AZR 81/02, NZA 04, 98; 31.7.07 – 3 AZR 189/06, NZA-RR 08, 263; 16.2.10 – 3 AZR 118/08, NZA 11, 104) zählt ebenso zur betrieblichen Altersversorgung wie die Gewährung von Stromdeputaten (BAG 12.12.06 – 3 AZR 476/05, NZA-RR 07, 654; 19.2.08 – 3 AZR 61/06, NZA-RR 08, 597; 16.3.10 – 3 AZR 136/08, NZA-RR 10, 541; 14.12.10 – 3 AZR 799/08, BeckRS 2011, 70707). Auch andere Sach- und Nutzungsleistungen können Gegenstand der betrieblichen Altersversorgung sein (BAG 25.6.19 – 3 AZR 434/17, BeckRS 2019, 26142: kostenloses Ticket für öPNV). Das Gleiche gilt für „Übergangsbezüge", wenn es sich nicht um eine bloße Übergangsversorgung vor Eintritt des Versorgungsfalls handelt (BAG 20.3.18 – 3 AZR 519/16, NZA 18, 1139; 28.10.08 – 3 AZR 317/07, NZA 09, 844).

**b) Rechtscharakter.** Während die betriebliche Altersversorgung ursprünglich aufgrund des Fürsorgegedankens entwickelt worden war, hat sie sich mittlerweile zu einem Rechtsinstitut mit **Versorgungs- und Entgeltcharakter** fortentwickelt. Diese Doppelfunktion wird vom BAG in ständiger Rspr bestätigt (grundlegend BAG 12.6.75, DB 75, 1559). 2

**c) Gesetzliche Regelung.** Seit dem 19.12.74 existiert eine gesetzliche Regelung der betrieblichen Altersversorgung im BetrAVG. Hierbei handelt es sich jedoch nicht um eine 3 umfassende gesetzliche Normierung der Altersversorgung. Vielmehr stellt das Gesetz gewisse Mindestanforderungen auf, die nicht unterschritten werden dürfen (BGH 16.3.09 – II ZR 68/08, NZA 09, 613; LAG Hess 24.3.04 – 8 Sa 509/03, NZA-RR 05, 47).

4 **d) Allgemeine Grenzen.** Für die betriebliche Altersversorgung gilt im Grundsatz das Prinzip der Vertragsfreiheit, das auch in der differenzierten Mitbestimmungspflicht nach § 87 BetrVG (→ Rn 84 ff) seinen Ausdruck findet, mit seinen allgemeinen Grenzen, also insbes den Grundrechten und dem arbeitsrechtlichen Gleichbehandlungsgrundsatz. Verweisungen auf die für die betriebliche Altersversorgung beim ArbGeb bestehenden Bestimmungen sind regelmäßig dynamisch zu verstehen (BAG 14.7.15 – 3 AZR 517/13, NZA-RR 15, 595; 18.9.12 – 3 AZR 415/10, NZA 13, 210). Auch eine arbeitsvertraglich vereinbarte dynamische Verweisung auf das jeweils geltende Beamtenversorgungsrecht ist zulässig, soweit keine zwingenden Regelungen des BetrAVG entgegenstehen (BAG 22.2.00 – 3 AZR 39/99, NZA 01, 541; 22.2.00 – 3 AZR 108/99, NZA 02, 36). Wie sich aus § 5 BetrAVG entnehmen lässt, ist eine Beschränkung der Zusage auf eine **Gesamtversorgung** grds möglich. Bei einer solchen ist regelmäßig davon auszugehen, dass die Betriebsrente erst beansprucht werden kann, wenn gleichzeitig Rente aus der gesetzlichen RV bezogen wird (BAG 13.1.15 – 3 AZR 897/12, NZA 15, 1192). Gegen eine Anrechnung der gesetzlichen Altersrente, auch soweit sie auf der Anerkennung von Kindererziehungszeiten beruht, bestehen nach § 5 Abs 2 BetrAVG keine grds rechtlichen Bedenken (BAG 11.12.18 – 3 AZR 453/17, NZA 19, 471; BAG 30.11.10 – 3 AZR 747/08, BeckRS 2011, 70666). Sozialversicherungsrenten sind in einem Gesamtversorgungssystem im Zweifel mit ihrem Bruttobetrag anzurechnen (BAG 14.12.99 – 3 AZR 742/98, NZA 01, 326). Ist die Berücksichtigung „der Sozialrente" vorgesehen, so ist die vom ArbN erdiente und nicht die infolge eines Versorgungsausgleichs geminderte oder erhöhte Rente anzurechnen (BAG 20.3.01 – 3 AZR 264/00, NZA 02, 273). Eine Eigenbeteiligung der ArbN durch Anrechnung der ArbNBeiträge zur Zusatzversorgung ist möglich (BAG 20.4.04 – 3 AZR 266/02, NZA-RR 05, 95). Auch die Altersentschädigung von Abgeordneten kann angerechnet werden (BAG 23.9.03 – 3 AZR 465/02, NZA 04, 850). Eine Gesamtversorgungsobergrenze ist dabei ggf bereits im ersten Rechenschritt bei der Ermittlung der nach § 2 Abs 1 BetrAVG maßgeblichen fiktiven Vollrente zu berücksichtigen (BAG 19.5.15 – 3 AZR 771/13, BeckRS 2015, 70801; 21.3.06 – 3 AZR 374/05, NZA 06, 1220; kritisch *Rolfs/de Groot* SAE 07, 244). Eine unzulässige Auszehrung iSv § 5 Abs 1 BetrAVG liegt vor, wenn die Betriebsrenten unter den bei Eintritt des Versorgungsfalles festgesetzten Betrag sinken (BAG 5.10.99 – 3 AZR 230/98, NZA 2000, 839). Der gesetzliche Auszehrungsschutz ist allerdings gem § 19 Abs 1 BetrAVG tarifdispositiv. Unabhängig davon kann in Einzelfällen ein Verstoß gegen Treu und Glauben gem § 242 BGB vorliegen. Dies gilt zB dann, wenn die Anrechnungsklausel aufgrund der geringen Höhe der Gesamtversorgungsobergrenze letztlich eine völlige Auszehrung der Versorgungszusage bewirkt (LAG Köln 17.6.93, DB 93, 2391).

5 **2. Begründung der Versorgungszusage.** Eine Pflicht des ArbGeb zur Einführung einer betrieblichen Altersversorgung besteht grds nicht (zum Sonderfall des Hamburger Ruhegeldgesetzes vgl BAG 28.5.02 – 3 AZR 422/01, NZA 03, 1198; 20.4.04 – 3 AZR 266/02, NZA-RR 05, 95). Die einzige Ausnahme bildet § 1a BetrAVG, der einen begrenzten Anspruch des ArbN auf Entgeltumwandlung schafft. Entschließt sich der ArbGeb zu der Erteilung einer Versorgungszusage, so kann dies auf unterschiedlichem rechtlichem Wege geschehen. Dem ArbN steht dabei gem § 1 Abs 1 Satz 3 BetrAVG immer ein direkter **Verschaffungsanspruch** aus dem arbeitsrechtlichen Grundverhältnis gegenüber dem ArbGeb zu, der aufgrund seiner Fälligkeit erst mit Eintritt des Versorgungsfalls vorher weder verfallen noch verjähren oder verwirken kann (BAG 15.3.16 – 3 AZR 827/14, NZA 16, 1205; 18.9.01 – 3 AZR 689/00, NZA 02, 1391: Betriebserwerber kann bisherigen Durchführungsweg nicht fortführen; *Hinrichs/Hansen* NZA 16, 1183). Dieser Verschaffungsanspruch, der auch vor dem Eintritt des Versorgungsfalls mit einer Feststellungsklage gerichtlich geltend gemacht werden kann (BAG 25.4.17 – 3 AZR 668/15, NZA-RR 17, 498), führt nicht zu verschuldensabhängigem Schadensersatz, sondern zu verschuldensunabhängigen Erfüllungsansprüchen der versorgungsberechtigten ArbN (BAG 20.9.16 – 3 AZR 302/15, BeckRS 2016, 74797). Er ist insbes darauf gerichtet, eine mögliche Lücke zu schließen, die sich zwischen der Versorgungszusage und dem Durchführungsweg ergeben

kann, wenn bspw der externe Versorgungsträger die Betriebsrentenansprüche nicht (vollständig) erfüllt (BAG 10.2.15 – 3 AZR 65/14, BeckRS 2015, 68735), kann aber nur unter Berücksichtigung eines Eigenbeitrags des ArbN verlangt werden (BAG 22.10.19 – 3 AZN 934/19, NZA 19, 1715).

**a) Arbeitsvertrag.** Eine individualvertragliche Zusage kann ausdrücklich oder konkludent erfolgen und muss vom ArbN zumindest konkludent angenommen werden. Dabei ist die Bezeichnung der Leistung nicht maßgeblich, vielmehr ist der von den Parteien beabsichtigte Leistungszweck entscheidend (→ Rn 1). **Schriftform** ist für die arbeitsrechtliche Wirksamkeit nicht erforderlich, gleichwohl aber aus Gründen der Rechtssicherheit im Hinblick auf die langjährigen Auswirkungen einer betrieblichen Altersversorgung dringend zu empfehlen. Etwas anderes gilt bei der Mitarbeit von **Familienmitgliedern.** Hier verlangt das BAG im Anschluss an steuerrechtliche Vorgaben für die Anerkennung einer betrieblichen Altersversorgung den schriftlichen Abschluss des Arbeitsvertrags, dessen tatsächlichen Vollzug sowie die Auszahlung des Arbeitsentgelts (BAG 20.7.93 – 3 AZR 99/93, NZA 94, 121; großzügiger LAG Köln 19.7.02 – 11 Sa 1147/01, NZA-RR 03, 259: anderer Nachweis bleibt möglich). Eine sog **Blankettzusage,** bei der die nähere Ausgestaltung dem ArbGeb vorbehalten bleibt, ist nach der Rspr zulässig. Es handelt sich um ein Recht zur *Leistungsbestimmung*, das arbeitsgerichtlich im Rahmen des § 315 BGB überprüfbar ist (BAG 19.6.05 – 3 AZR 472/04, AP Nr 42 zu § 1 BetrAVG). 6

**b) Gesamtzusage/Arbeitsvertragliche Einheitsregelung.** In vielen Fällen werden in der Praxis Ruhegeldzusagen im Wege einer Gesamtzusage oder einer sog arbeitsvertraglichen Einheitsregelung erteilt. Bei der **Gesamtzusage** handelt es sich um eine einseitige Erklärung des ArbGeb gegenüber der gesamten Belegschaft oder jedenfalls einer Gruppe von ArbN, in der er die bindende Versorgungszusage abgibt (BAG 22.12.09 – 3 AZR 136/08, NZA-RR 10, 541). Sie ist regelmäßig dynamisch, wie sich bereits aus dem systemischen Zweck der Gesamtzusage ergibt (BAG 13.1.15 – 3 AZR 897/12, NZA 15, 1192). Eine **arbeitsvertragliche Einheitsregelung** liegt vor, wenn systematisch durch den gebündelten Abschluss von im Grundsatz identischen Einzelverträgen die betriebliche Altersversorgung eingeführt wird. Meinungsverschiedenheiten in Rspr und Schrifttum bestehen hier lediglich in rechtsdogmatischer Hinsicht. Rechtliche Probleme können sich insbes bei der Änderung solcher Versorgungszusagen ergeben (→ Rn 71). 7

**c) Betriebliche Übung.** Die Verpflichtung zur Zahlung einer betrieblichen Altersversorgung kann sich aus einer betrieblichen Übung ergeben (BAG 15.5.12 – 3 AZR 128/11, BeckRS 2012, 73013; 23.8.11 – 3 AZR 650/09, NZA 12, 37; 19.2.08 – 3 AZR 61/06, NZA-RR 08, 597). Diese wird in § 1b Abs 1 Satz 4 BetrAVG als Verpflichtungstatbestand anderen ausdrücklichen Versorgungszusagen gleichgestellt (grundlegend *Bepler* RdA 04, 226; *Reinecke* BB 04, 1625). Dabei ist unerheblich, ob der ArbN selbst schon in die Übung einbezogen worden ist. Die bindende Wirkung einer Übung tritt auch gegenüber einem ArbN ein, der zwar unter der Geltung der Übung im Betrieb gearbeitet, selbst aber die Vergünstigungen noch nicht erhalten hat (BAG 15.5.12 – 3 AZR 610/11, NZA 12, 1279). Aufgrund betrieblicher Übung können Betriebsrentner auch einen Rechtsanspruch auf Beihilfe im Krankheitsfall haben (BAG 19.5.05 – 3 AZR 660/03, NZA 05, 889). Im Einzelnen gelten die allgemeinen Rechtsgrundsätze der betrieblichen Übung (→ *Betriebliche Übung* Rn 1 ff). Leistet der ArbGeb unter Bezugnahme auf die Versorgungsordnung Überzahlungen, ist von einem irrtümlichen Regelungsvollzug auszugehen und es entsteht keine betriebliche Übung (BAG 23.4.02 – 3 AZR 224/01, DB 02, 2603). Anders kann dies bei Leistungen sein, die über die Versorgungsordnung hinausgehen und ohne entsprechenden Hinweis erfolgen (BAG 30.10.84 – 3 AZR 236/82, NZA 85, 531). Eine bestehende betriebliche Übung kann nicht durch eine inhaltlich gegenläufige, verschlechternde Übung abgelöst werden (BAG 16.2.10 – 3 AZR 123/08, BeckRS 2010, 66518). 8

**d) Gleichbehandlungsgrundsatz.** § 1b Abs 1 Satz 4 BetrAVG stellt neben der betrieblichen Übung auch den arbeitsrechtlichen Gleichbehandlungsgrundsatz ausdrücklichen Verpflichtungstatbeständen gleich. Es gelten auch insoweit die allgemeinen Grundsätze (BAG 20.7.93 – 3 AZR 52/93, NZA 94, 125; 25.5.04 – 3 AZR 15/03, AP Nr 5 zu § 1b BetrAVG; *Reinecke* BetrAV 12, 402; → *Gleichbehandlung* Rn 8 ff), die nach genauer Einzelfallbetrachtung anzuwenden sind. Von besonderer Bedeutung ist in diesem Zusammenhang regelmäßig die Frage nach sachlich begründeten Differenzierungsmerkmalen, da lediglich 9 die willkürliche Ungleichbehandlung verboten ist. Differenzierungsverbote ergeben sich zB aus Art 3 GG, § 75 BetrVG oder Art 141 EWG-Vertrag (EuGH 28.9.94, DB 94, 2086; 24.10.96, DB 96, 2444; 13.1.04 – C-256/01 – Allonby, NZA 04, 201; 7.10.19 – C-171/18, NZA 20, 33). Die sog Unisex-Versicherungstarife sind wegen Unwirksamkeit von Art 5 Abs 2 der Richtlinie 2004/113/EG mWv 21.12.12 unzulässig (EuGH 1.3.11 – C-236/08 – Test Achats, NJW 11, 907). Umstritten ist, ob dies nur für Neuzusagen gilt (*Höfer* DB 2011, 1334; *Ulbrich* DB 11, 2775; *Jurk/Wilhelm* BB 12, 381) oder auch Altzusagen anzupassen sind (so *Birk* DB 11, 819). Differenzierungsmerkmale müssen grds objektiv und hinreichend bestimmt sein und vom ArbGeb in einer allgemeinen Ordnung festgelegt werden (BAG 19.8.08 – 3 AZR 194/07, NZA 09, 197). Das zum 18.8.06 in Kraft getretene **AGG** gilt auch im Betriebsrentenrecht, soweit dieses keine vorrangigen Sonderregelungen enthält (BAG, 11.12.07 – 3 AZR 249/06, NZA 08, 532; *Rolfs* NZA 08, 553; *Langohr/Plato/Stahl* NJW 08, 2378). Als erforderliches Rechtsverhältnis genügt dabei, dass der ArbN mit einer unverfallbaren Anwartschaft aus dem Arbeitsverhältnis ausgeschieden oder Betriebsrentner ist und dieses Anwartschafts- oder Versorgungsverhältnis bei Inkrafttreten des AGG noch bestand (BAG 17.4.12 – 3 AZR 481/10, NZA 12, 929). Bei dem im Bereich der betrieblichen Altersversorgung wichtigstem Diskriminierungsmerkmal „Alter" ist dabei nach § 10 AGG entscheidend, ob die unterschiedliche Behandlung durch ein legitimes Ziel gerechtfertigt ist (vgl zuletzt EuGH 5.3.09 – C-388/07, NZA 09, 305 – Age Concern England; BAG 11.8.09 – 3 AZR 23/08, NZA 10, 408; *Rolfs/Schmid* SAE 11, 12). Eine Bestimmung in einer Versorgungsordnung, die die anrechenbare Dienstzeit auf 40 Jahre bis zur Vollendung des 65. Lebensjahres begrenzt und bestimmt, dass bei mehr als 40 Dienstjahren die letzten 40 Jahre zählen, bewirkt keine mittelbare Altersdiskriminierung (BAG 11.12.12 – 3 AZR 634/10, NZA 13, 564). Auch eine Mindestbetriebszugehörigkeit von 15 Jahren bis zur Regelaltersgrenze in der gesetzlichen RV ist als Leistungsvoraussetzung in einer Versorgungsordnung grds angemessen iSv § 10 Satz 2 AGG und bewirkt keine Diskriminierung wegen Alters oder Geschlechts (BAG 12.2.13 – 3 AZR 100/11, NZA 13, 733). Das Gleiche gilt für die in einer Versorgungsregelung vorgesehene Begrenzung der mit der Betriebsrente und der Sozialversicherungsrente erzielten Gesamtversorgung auf einen bestimmten Höchstsatz des versorgungsfähigen Einkommens (BAG 18.2.14 – 3 AZR 833/12, NZA 14, 1217). Begrenzt eine Versorgungsordnung die Gewährung von Versorgungsbeiträgen zu einem Versorgungskonto auf die Zeit bis zur Vollendung des 60. Lebensjahres, bewirkt dies eine Benachteiligung wegen des Alters, die jedoch nach § 10 S 1 und 2 AGG gerechtfertigt sein kann (BAG 26.4.18 – 3 AZR 19/17, NZA 18, 1006).

**10** **Sachliche Differenzierungsgründe** liegen nach der Rspr zB vor bei Unterscheidung nach einzelnen **Betrieben** (BAG 18.9.07 – 3 AZR 639/06, NZA 08, 56: wegen unterschiedlicher Arbeitszeitflexibilität in den Betrieben; LAG Hess 15.8.01 – 8 Sa 1098/00, NZA-RR 02, 266), nach einem Betriebsübergang für die übernommenen Betriebe (BAG 25.8.76, DB 77, 358; 30.8.79, DB 79, 2431), Herausnahme von Zeiten des **Erziehungsurlaubs** aus der Rentenberechnung (BAG 15.12.98 – 3 AZR 251/97, DB 99, 1507; 20.4.10 – 3 AZR 370/08, NZA 10, 1188), Ausschluss von **ABM-Kräften** (BAG 13.12.94, DB 95, 931; LAG Hamm 22.2.94, DB 94, 890; LAG Köln 22.10.93, BB 94, 361 [LS]), Gruppenbildung nach Umfang der regelmäßigen **Arbeitszeit** in voll-, überhalbzeitig und unterhalbzeitig Beschäftigte (BAG 5.10.93, DB 94, 739), soweit sich Unterschiede zB in Arbeitsleistung, Qualifikation, Berufserfahrung oder unterschiedlichen Anforderungen am Arbeitsplatz ergeben (BAG 25.10.94, NZA 95, 730; 20.11.96, DB 97, 683), Ausschluss von **geringfügig Beschäftigten** (BAG 27.2.96 – 3 AZR 886/94, NZA 96, 992; 22.2.2000 – 3 AZR 845/98, NZA 2000, 659, wobei allerdings die Hauptbegründung der Rspr bereits seit 1999 nicht mehr tragen dürfte (*Schumann* DB 99, 2637; *Ackermann* NZA 2000, 465; *Kuppel* BB 2000, 2150). Sachlich begründen ließe sich ein Ausschluss von geringfügig Beschäftigten aber mit dem unverhältnismäßigen Verwaltungsaufwand für den ArbGeb und dem Rechtsgedanken des § 3 BetrAVG, wonach Kleinstrenten möglichst vermieden werden sollen), bei Vereinbarung einer **Stückvergütung** im Arbeitsvertrag und hierdurch möglicher Kompensation einer fehlenden betrieblichen Altersversorgung durch einen deutlich höheren Verdienst (BAG 17.10.95 – 3 AZR 882/94, DB 96, 535; 4.4.2000 – 3 AZR 729/98, NZA 02, 917), bei einer konsequenten Anknüpfung an die **tarifliche Vergütungsstruktur** (BAG 25.2.99 – 3 AZR 213/97, BeckRS 1999, 30368920) und bei **unterschied-**

**licher Tarifgeltung im Vergütungsbereich** (BAG 25.2.99 – 3 AZR 113/97, NZA 99, 986; 19.3.02 – 3 AZR 121/01, DB 02, 2731), bei **unterschiedlichen Vergütungssystemen** mit deutlich verschiedenen Vergütungshöhen (BAG 21.8.07 – 3 AZR 269/06, NZA-RR 08, 649), bei einer Ermittlung des rentenfähigen Arbeitsverdienstes nur auf der Grundlage des **Festgehalts** ohne Berücksichtigung von **Provisionen** (BAG 17.2.98 – 3 AZR 578/96, NZA 98, 782), bei einer Unterscheidung zwischen **Innen- und Außendienstmitarbeitern** sowie ArbN mit **leitenden Aufgaben** und sonstigen Mitarbeitern, wenn eine besondere Bindung der bevorzugten ArbNGruppe an den Betrieb sachlich berechtigt ist (BAG 9.12.97 – 3 AZR 661/96, NZA 98, 1173; 17.2.98 – 3 AZR 783/96, NZA 98, 762; 20.7.04 – 3 AZR 316/03, AP Nr 48 zu § 5 BetrAVG), bei sog **gespaltenen Rentenformeln** (BAG 11.12.12 – 3 AZR 588/10, NZA 13, 572), Versorgung in unterschiedlichen Versorgungswerken wegen besserer **Portabilität der Versorgungszusage** in der jeweiligen Berufsgruppe (BAG 22.12.09 – 3 AZR 136/08, NZA-RR 10, 541), bei einer Anpassung zwischen **anwartschaftsberechtigten aktiven ArbN und Ruheständlern** (BAG 14.11.17 – 3 AZR 515/16, NZA 18, 367; 12.8.14 – 3 AZR 764/12, BeckRS 2014, 73982); bei zusätzlichen **stichtagsbezogenen Ausgleichszahlungen** als Anreiz zum vorzeitigen Ausscheiden (BAG 18.9.01 – 3 AZR 656/00, NZA 02, 148; BAG 18.9.07 – 3 AZR 391/06, NZA-RR 08, 156); bei unterschiedlichen **Refinanzierungsmöglichkeiten** wegen differenzierter Voraussetzungen für öffentliche Zuschüsse (BAG 19.6.01 – 3 AZR 557/00, NZA 02, 557); bei **anderweitiger Absicherung im Alter** (BAG 15.11.11 – 3 AZR 113/10, NZA-RR 12, 544); bei einer bestehenden **früheren Individualzusage** (BAG 19.7.16 – 3 AZR 134/15, NZA 16, 1475); bei einer Unterscheidung nach dem formalen **Status** im Rahmen eines sog Einfädelungstarifvertrages für die Übernahme bisheriger freier Mitarbeiter in ein Arbeitsverhältnis (BAG 18.2.03 – 3 AZR 46/02, NZA-RR 04, 97), Unterscheidung zwischen **Beamten** und nicht beamteten Beschäftigten (BAG 16.3.10 – 3 AZR 356/08, BeckRS 2010, 71182).

**Sachlich nicht gerechtfertigt** ist es demgegenüber, ArbN allein deshalb aus einem 11 betrieblichen Versorgungswerk auszunehmen, weil sie ein **Zweitarbeitsverhältnis** ausüben (BAG 22.11.94, DB 95, 930). Gleiches gilt für den generellen Ausschluss unterhälftig beschäftigter **Teilzeitkräfte** aus der betrieblichen Altersversorgung (BAG 7.3.95 – 3 AZR 282/94, NZA 96, 48; 12.3.96 – 3 AZR 993/94, NZA 96, 939), wobei das BVerfG auch den vom BAG bejahten rückwirkenden Gleichstellungsanspruch für Teilzeitkräfte bestätigt hat (BVerfG 19.5.99 – 1 BvR 263/98, NZA 99, 815). Soweit der EuGH die Rückwirkung auf den 8.4.76 (Verkündung des Urteils Defrenne II) begrenzt, gilt dies nur für Art 141 EGV; weitergehende nationale Gleichbehandlungsgebote bleiben hiervon unberührt (EuGH 10.2.2000 – C-50/96 – Lilli Schröder, NZA 2000, 313; 10.2.2000 – C-270 und 271/97 – Sievers und Schrage, ZIP 2000, 374). Allerdings ist es zulässig, Teilzeitkräfte anteilig nach dem Beschäftigungsumfang im Vergleich zu einem Vollzeitbeschäftigten mit gleicher Dauer der Betriebszugehörigkeit zu behandeln (BAG 19.4.16 – 3 AZR 526/14, NZA 16, 820; 28.5.13 – 3 AZR 266/11, BeckRS 2013, 71596). Ebenfalls unzulässig ist der generelle Ausschluss von ArbN in **befristeten Arbeitsverhältnissen** (LAG Nds 5.9.19 – 4 Sa 5/19 B, NZA-RR 20, 24 – nicht rkv, Az beim BAG: 3 AZR 433/19). Die Ungleichbehandlung von **Arbeitern** und **Angestellten** ist nicht gerechtfertigt soweit Betriebszugehörigkeitszeiten ab dem 1.7.93 betroffen sind (BAG 10.12.02 – 3 AZR 3/02, NZA 04, 321). Das gilt dann nicht, wenn mit der Anknüpfung an den Statusunterschied gleichzeitig auf einen Lebenssachverhalt abgestellt wird, der geeignet ist, die Ungleichbehandlung zu rechtfertigen (BAG 10.11.15 – 3 AZR 575/14, NZA-RR 16, 204; 17.6.14 – 3 AZR 757/12, BeckRS 2014, 12548; 16.2.10 – 3 AZR 216/09, NZA 10, 701: unterschiedlich hoher Versorgungsgrad in gesetzlicher RV). Eine unzulässige Geschlechtsdiskriminierung stellt auch die Differenzierung zwischen **Witwer- und Witwenrente** sowie die Ungleichbehandlung eingetragener **Lebenspartnerschaften** dar (EuGH 10.5.11 – C-147/08 – Römer, NZA 11, 557; BVerfG 11.12.19 – 1 BvR 3087/14, NZA 20, 37; → *Hinterbliebenenrente* Rn 6).

Auf welchem **Durchführungsweg** der ArbGeb den Gleichbehandlungsanspruch verwirklicht, bleibt ihm überlassen (LAG Hamm 13.7.99 – 6 Sa 2248/98, NZA-RR 99, 541). Dem ArbN steht lediglich der grds Verschaffungsanspruch gem § 1 Abs 1 Satz 3 BetrAVG zu. Dieser umfasst jedoch nicht weitergehende Steuerschäden der ArbN. Insoweit gilt allgemeines Schadensrecht (BAG 14.12.99 – 3 AZR 713/98, NZA 2000, 1348). Die steuerrechtliche Schlechterstellung von Teilzeitbeschäftigten bei der Berechnung der VBL-Rente im öffentlichen Dienst ist verfassungswidrig (BVerfG 25.8.99 – 1 BvR 1246/95, NZA 99, 1152). Demgegenüber ist die Anrechnung der SozV Rente im Rahmen der Gesamtversorgung auch insoweit zulässig, wie sie auf früheren Vollzeitbeschäftigungen beruht (BAG 14.10.98 – 3 AZR 385/97, NZA 99, 874).

Der ArbGeb muss ggf **darlegen,** wie er den begünstigten Personenkreis abgegrenzt hat und warum der klagende ArbN nicht dazu gehört (BAG 12.11.91, DB 92, 1432; LAG Köln 1.12.95, NZA-RR 96, 263). Ist der Grund der Ungleichbehandlung nicht ohne weiteres erkennbar, so muss der ArbGeb ihn spätestens dann offenlegen, wenn ein von der Vergünstigung ausgeschlossener ArbN Gleichbehandlung verlangt (BAG 21.8.12 – 3 AZR 81/10, BeckRS 2012, 75178; 17.2.98 – 3 AZR 783/96, NZA 98, 762).

12 **e) Tarifvertrag.** Tarifliche Regelungen sind möglich (BAG 20.9.16 – 3 AZR 273/15, NZA 17, 64; 11.8.09 – 3 AZR 23/08, NZA 10, 408) und können bei Branchenwechsel durch Änderung des Unternehmenszwecks zum Wegfall des Versorgungsanspruchs führen (BAG 9.11.99 – 3 AZR 690/98, NZA 2000, 730: Baugewerbe). Ihre Vorteile liegen insbes in der eingeschränkten gerichtlichen Kontrolle (BAG 19.1.11 – 3 AZR 29/09, NZA 11, 860; 22.12.09 – 3 AZR 895/07, NZA 10, 521; → Rn 76). Solche Regelungen existieren bislang hauptsächlich im Bereich des öffentlichen Dienstes (BAG 27.1.98 – 3 AZR 415/96, NZA 98, 1127: sechsmonatige Dauer des Arbeitsverhältnisses als Voraussetzung für die Aufnahme in die Zusatzversorgung – Zusammenrechnung mehrerer befristeter Arbeitsverhältnisse; 3.11.98 – 3 AZR 432/97, NZA 99, 999: Auslegung von Versorgungstarifvertrag für das ZDF; 21.11.2000 – 3 AZR 415/99, NZA 01, 661: Berichtigungsklage wegen Abmeldebescheinigung bei VBL; 20.3.01 – 3 AZR 349/00, NZA 02, 444: kein Nachversicherungsanspruch für vorzeitig ausgeschiedene Beamte; BAG 19.3.02 – 3 AZR 121/01, DB 02, 2731: Ausschluss angestellter Hochschullehrer aus dem BAT; zu verfassungsrechtlichen Problemen *Preis/Temming* ZTR 03, 262; zur Entgeltumwandlung *Langenbrück* ZTR 03, 426). In der Privatwirtschaft wird die Altersversorgung auf Tarifebene meist nur in Firmentarifverträgen geregelt.

Verwenden dieselben Tarifparteien dabei in verschiedenen Tarifverträgen des gleichen Geltungsbereichs dieselben Tarifbegriffe, so ist grds von einem identischen Bedeutungsgehalt auszugehen (BAG 12.10.04 – 3 AZR 444/03, NZA 05, 595). Verwenden sie Begriffe aus einem sachverwandten Gesetz, ist grds deren fachspezifische gesetzliche Bedeutung zu Grunde zu legen (BAG 19.4.16 – 3 AZR 341/14, NZA-RR 16, 429). Unter dem Tarifbegriff „Beschäftigungszeit" ist nach allgemeinem Sprachgebrauch nur die Zeit zu verstehen, während der ein Arbeitsverhältnis mit dem ArbGeb bestand (BAG 19.5.16 – 3 AZR 6/15, BeckRS 2016, 71113). Unterschiede ergeben sich bei tariflichen Versorgungswerken insbes wegen des gem § 17 Abs 3 BetrAVG teilweise tarifdispositiven Charakters des Gesetzes sowie im Hinblick auf die zur Umwandlung von Tarifentgelt gem § 17 Abs 5 BetrAVG erforderlichen Öffnungsklauseln (→ Rn 21). Zur Umstellung der kirchlichen Gesamtversorgung auf das tarifliche Modell des öffentlichen Dienstes vgl BAG 19.8.08 – 3 AZR 383/06, NZA 09, 1275.

Die mWz 1.1.18 neu eingeführte reine Beitragszusage bedarf gem § 1 Abs 2 Nr 2a BetrAVG zwingend der tariflichen Flankierung (→ Rn 24).

13 **f) Betriebsvereinbarung.** Schließlich kann auch eine *Betriebsvereinbarung* Rechtsgrundlage einer betrieblichen Altersversorgung sein. Wegen der mitbestimmungsfreien Entscheidung des ArbGeb hinsichtlich der Einführung der Altersversorgung und des Dotierungsrahmens (→ Rn 84) kommen allerdings lediglich freiwillige Betriebsvereinbarungen iSd § 88 BetrVG in Betracht. Im Verhältnis zu bestehenden einzelvertraglichen Regelungen gilt das Günstigkeitsprinzip (→ *Günstigkeitsprinzip* Rn 11–14). Wird eine auslegungsbedürftige Betriebsvereinbarung im Arbeitsvertrag ausdrücklich in Bezug genommen, führt die Notwendigkeit der Auslegung nicht dazu, dass die arbeitsvertragliche Bezugnahmeklausel ihrerseits unklar würde und deshalb Auslegungszweifel nach § 305c Abs 2 BGB zu Lasten des Verwenders wirkten (BAG 8.12.15 – 3 AZR 267/14, NZA-RR 16, 374). Ob auch **Richtlinien,** die mit dem Sprecherausschuss der leitenden Angestellten vereinbart worden sind, Anspruchscharakter haben, ist streitig. Im Regelfall geschieht die Ruhegeldzusage bei leitenden Angestellten ohnehin individualvertraglich.

**3. Zusageformen.** Unabhängig von ihrer Rechtsgrundlage kann der ArbGeb die Versorgungszusage in verschiedenen Formen erteilen. 14

**a) Leistungszusage.** Als Grundmodell der betrieblichen Altersversorgung nennt § 1 Abs 1 BetrAVG die sog Leistungszusage. Sie verpflichtet den ArbGeb, dem ArbN im Versorgungsfall eine bestimmte Alters-, Invaliditäts- oder Hinterbliebenenleistung zu erbringen.

**b) Beitragsorientierte Leistungszusage.** Eine modifizierte Form der Leistungszusage ermöglicht der Gesetzgeber in § 1 Abs 2 Nr 1 BetrAVG. Mit dieser sog beitragsorientierten Leistungszusage verpflichtet sich der ArbGeb, bestimmte Beiträge in eine Anwartschaft auf Alters-, Invaliditäts- oder Hinterbliebenenversorgung umzuwandeln. Im Unterschied zur reinen Leistungszusage wird hierbei die zugesagte Leistung nicht unmittelbar festgelegt, sondern entsprechend einem vereinbarten Beitrag des ArbGeb berechnet. Sie ist im Rahmen des RRG 99 als damaliger § 1 Abs 6 BetrAVG aF in das Gesetz aufgenommen worden (grundlegend BAG 30.8.16 – 3 AZR 228/15, BeckRS 2016, 74796; *Karst* BB 17, 2164; *Hanau/Arteaga* DB 19, 127). 15

**c) Beitragszusage mit Mindestleistung.** Als zusätzliche Zusageform steht seit dem 1.1.02 die Beitragszusage mit Mindestleistung zur Verfügung (*Langohr-Plato/Teslau* BetrAV 03, 523; *Friedrich/Kovac/Werner* BB 07, 1557). Sie ist durch das AVmG vom 26.6.01 in das Gesetz aufgenommen und in § 1 Abs 2 Nr 2 BetrAVG definiert worden. Bei ihr ist hinsichtlich der Verpflichtung des ArbGeb zu differenzieren. Zum einen verpflichtet sich der ArbGeb zur Leistung von Beiträgen an einen Pensionsfonds, eine Pensionskasse oder Direktversicherung (*Schwark/Raulf* DB 03, 940). Zum anderen sagt er zu, im Versorgungsfall das aus den Beiträgen und Erträgen resultierende Kapital, mindestens jedoch die Summe der zugesagten Beiträge zu leisten, soweit sie nicht rechnungsmäßig für einen biometrischen Risikoausgleich verbraucht wurden. Der ArbGeb übernimmt also keine Zinsgarantie. Für diese Zusageform sind bezüglich der Anwartschaftsberechnung und der Anpassung Besonderheiten zu beachten (→ Rn 41, 62). 16

**d) Entgeltumwandlung.** Gem § 1 Abs 2 Nr 3 BetrAVG kann die Gewährung einer betrieblichen Altersversorgung auch in Form einer sog Entgeltumwandlung erfolgen. Diese im Jahr 1999 durch das RRG 99 erstmalig gesetzlich normierte Form der Altersversorgung liegt vor, wenn künftige Entgeltansprüche in eine wertgleiche Anwartschaft auf Versorgungsleistungen umgewandelt werden. Hinzugekommen ist durch das AVmG vom 26.6.01 die Vorschrift des § 1a BetrAVG. Sie gewährt dem ArbN einen **Anspruch** gegen seinen ArbGeb **auf Entgeltumwandlung,** ohne dass der ArbGeb hierauf von sich aus hinweisen muss (BAG 21.1.14 – 3 AZR 807/11, NZA 14, 903). Damit wird das Freiwilligkeitsprinzip des BetrAVG durchbrochen und der ArbGeb in begrenztem Umfang zur Gewährung einer betrieblichen Altersversorgung auf Verlangen des ArbN verpflichtet. Die Vorschrift ist verfassungskonform (BAG 12.6.07 – 3 AZR 14/06, NZA-RR 07, 650). 17

Bereits nach der Einführung der Entgeltumwandlung im Jahr 1999 ergaben sich wegen des unklaren Normwortlauts **Auslegungsfragen,** die wegen der wortgleichen Übernahme des § 1 Abs 5 BetrAVG aF in die Neuregelung des § 1 Abs 2 Nr 3 BetrAVG weiterhin bestehen. Missverständlich ist bereits der Begriff der **künftigen Entgeltansprüche,** da eine Umwandlung begriffsnotwendig die Existenz eines Anspruchs voraussetzt (BAG 8.6.99 – 3 AZR 136/98, NZA 99, 1103). Es können daher nur Ansprüche auf künftiges Entgelt, also künftig fällig werdende und im Umwandlungszeitpunkt noch nicht erdiente Ansprüche gemeint sein (*Wohlleben* DB 98, 1230; *Doetsch/Förster/Rühmann* DB 98, 258). Letzteres kann zB bei der Umwandlung von Weihnachtsgeld, Umsatz- oder Gewinnbeteiligungen problematisch werden, wenn diese erst zum Jahresende erfolgt (*Blomeyer* NZA 2000, 281; *Söffing/Nommensen* DB 98, 1285). Unklar ist auch das Merkmal der **Wertgleichheit.** Zwar wird aus der Entstehungsgeschichte des RRG 99 deutlich, dass es insoweit nicht auf versicherungsmathematische Grundsätze ankommt, sondern geringere Anforderungen zu stellen sind. Wann diese erfüllt sind, ist jedoch völlig offen (*Hopfner* DB 07, 1810; *Reich/Rutzmoser* DB 07, 2314). Rechtsfolge einer überproportionalen Umwandlung ist jedenfalls, dass es bezüglich des Insolvenzschutzes für den „überschießenden Teil" bei den allgemeinen Bestimmungen bleibt. Um Unsicherheiten zu vermeiden ist aus Sicht des ArbGeb jedenfalls eine Orientierung an den versicherungsmathematischen Grundsätzen empfehlenswert. Auch sog **gezillmerte Tarife** stehen einer Wertgleichheit nicht entgegen, da maßgeblicher Bezugspunkt für deren Ermittlung nicht der Rückkauf als vertragszweckwidriger Störfall, sondern allein die Leistung ist, die der ArbN bei zweckentsprechender Durchführung des Vertrags zu erwarten hat. Gleichwohl können (voll) gezillmerte Versicherungsverträge eine unangemessene Benachteiligung iSv § 307 BGB darstellen (BAG 15.9.09 – 3 AZR 17/09, NZA 10, 164). Angemessen könnte danach eine Verteilung der Abschluss- und Vertriebskosten auf einen Zeitraum von 5 Jahren sein. Jedenfalls führt eine unrechtmäßige Zillmerung nicht zur Unwirksamkeit der Entgeltumwandlungsvereinbarung, sondern zu einer höheren betrieblichen Altersversorgung (BAG 15.9.09 – 3 AZR 17/09, NZA 10, 164 mit Anm *Uckermann/Fuhrmanns* NZA 10, 550; *Falkner* BB 11, 2488).

18 **Anspruchsberechtigt** bezüglich der Durchführung einer Entgeltumwandlung sind nach § 17 Abs 1 Satz 3 BetrAVG nur solche ArbN, die aufgrund ihrer Beschäftigung in der gesetzlichen RV pflichtversichert sind. Die **Anspruchshöhe** ist auf 4 % der jeweiligen Beitragsbemessungsgrenze in der gesetzlichen RV der Arbeiter und Angestellten begrenzt. Als Mindestgrenze zur Vermeidung von Kleinstrenten mit unverhältnismäßigem Verwaltungsaufwand ist in § 1a Abs 1 Satz 4 BetrAVG ein Umwandlungsbetrag von $^1/_{160}$ der Bezugsgröße nach § 18 Abs 1 SGB IV vorgeschrieben. Aus denselben Gründen kann der ArbGeb gem § 1a Abs 1 S 5 BetrAVG bei der Umwandlung regelmäßig anfallender Entgeltbestandteile verlangen, dass während eines laufenden Kj monatlich gleichbleibende Beträge verwendet werden. Schließlich stellt § 1a Abs 2 BetrAVG klar, dass bei bereits bestehender Entgeltumwandlung der Umwandlungsanspruch des § 1a Abs 1 BetrAVG auf den evtl verbleibenden Differenzbetrag bis zum og Höchstbetrag begrenzt ist. Der Anspruch auf Entgeltumwandlung ist gem § 19 Abs 1 BetrAVG **tarifdispositiv.** Er kann also durch tarifliche Regelungen sowohl ausgedehnt als auch eingeschränkt bzw insgesamt ausgeschlossen werden (BAG 19.4.11 – 3 AZR 154/09, NZA 11, 982). Auch inhaltliche Regelungen (zB Umwandlung von Arbeitszeitguthaben) sind in weitem Umfang möglich.

19 Die **Durchführung der Entgeltumwandlung** ist gem § 1a Abs 1 S 2 BetrAVG durch Vereinbarung zwischen ArbGeb und ArbN zu regeln (*Meyer/Janko/Hinrichs* DB 09, 1533 zu Gestaltungsmöglichkeiten des ArbGeb). Dabei besteht zunächst ein **eingeschränktes Wahlvorrecht des Arbeitgebers.** Soweit er zur Durchführung der Umwandlung über einen Pensionsfonds, eine Pensionskasse oder eine Versorgungseinrichtung nach § 22 BetrAVG bereit ist, ist einer dieser Durchführungswege anzuwenden. Will der ArbGeb demgegenüber nur eine unmittelbare Versorgungszusage abgeben oder die Entgeltumwandlung über eine Unterstützungskasse abwickeln, kann der ArbN den Abschluss einer Direktversicherung verlangen. Dabei steht dem ArbGeb dann wiederum die Auswahl des Versicherungsunternehmens zu (BAG 19.7.05 – 3 AZR 502/04 (A), NZA-RR 06, 372). Bei Geltung einer entsprechenden tariflichen Regelung kann die Entgeltumwandlung seit dem 1.1.18 auch im Wege des sog **Optionssystems** nach § 20 BetrAVG eingeführt werden (→ Rn 27).

20 Gem § 1a Abs 4 BetrAVG hat der ArbN bei der Entgeltumwandlung seit dem 1.1.05 im **ruhenden Arbeitsverhältnis** (zB Elternzeit, langandauernde AU) einen Anspruch auf Fortführung der Altersversorgung mit eigenen Beiträgen in den in § 1a Abs 1 BetrAVG genannten Durchführungswegen. Wegen des engen Bezugs zum Arbeitsverhältnis sind auch diese Eigenleistungen von der Zusage des ArbGeb (§ 1 Abs 1 S 3 BetrAVG) umfasst. Folgeprobleme sind noch ungeklärt. So wird die Entscheidung darüber, ob die Zahlung von Eigenbeiträgen der ArbN bei sog kofinanzierten Pensionskassen auch eine Pflicht des ArbGeb zur Zahlung der Aufstockungsbeiträge auslöst von der Ausgestaltung der jeweiligen Versorgungszusage abhängen (*Förster/Cisch* BB 04, 2126). Bei dynamischen Zusagen spricht der Normzweck der Lückenschließung für eine Fortführung der Dynamisierung auch im Ruhenszeitraum (BT-Drs 15/2150 S 52).

Nach § 1a Abs 1a BetrAVG muss der ArbGeb 15 Prozent des umgewandelten Entgelts zusätzlich als **Arbeitgeberzuschuss** an den Pensionsfonds, die Pensionskasse oder die Direktversicherung zahlen, soweit er durch die Entgeltumwandlung Sozialversicherungsbeiträge einspart. Erfolgt die Entgeltumwandlung zur Finanzierung einer Direktzusage oder einer Unterstützungskasse, gilt die Zuschusspflicht nicht. Sie ist nach § 19 Abs 1 BetrAVG tarifdispositiv und gilt nach der Übergangsvorschrift in § 26a BetrAVG für Entgeltumwandlungsvereinbarungen, die ab dem 1.1.19 vereinbart werden (*Bader* DB 18, 1665; *Koch* DB 19, 1327). Für vorher abgeschlossene Vereinbarungen findet § 1a Abs 1a BetrAVG erst ab dem 1.1.22 Anwendung.

Bei **tariflicher Vergütung** bedarf es nach § 20 Abs 1 BetrAVG einer entsprechenden Öffnungsklausel im Tarifvertrag, um eine Entgeltumwandlung zu ermöglichen. Diese Vorschrift gilt allerdings gem § 30h BetrAVG nur für Entgeltumwandlungen, die auf Zusagen beruhen, die nach dem 30.6.01 erteilt worden sind. Für Altzusagen bleibt es daher streitig, ob ein Günstigkeitsvergleich möglich ist (Näheres s Personalbuch 2001, Betriebliche Altersversorgung Rz 19). Von § 20 Abs 1 BetrAVG erfasst werden nur solche Ansprüche, die auf eine normative Tarifgeltung zurückzuführen sind (*Hanau* DB 04, 2266). Dementsprechend genügt weder die einseitige Tarifbindung des ArbGeb noch die arbeitsvertragliche Bezugnahme auf tarifliche Vergütungsbestimmungen (*Heither* NZA 01, 1275). Bei tarifgebundenen Arbeitsverhältnissen kann daher eine Entgeltumwandlung ohne tarifliche Öffnungsklausel nur im außer- oder übertariflichen Bereich erfolgen. 21

Bei wirksamer Entgeltumwandlung gehört die umgewandelte Vergütung des ArbN nicht mehr zu dessen Arbeitseinkommen iSd Pfändungsvorschrift des § 850 Abs 2 ZPO und wird von einer hierauf zielenden **Pfändung** nicht erfasst. Der Gläubiger muss den Anspruch des ArbN auf die Versicherungsleistungen pfänden und sich zur Einziehung überweisen lassen (BAG 17.2.98 – 3 AZR 611/97, NZA 98, 707). Der bloße Geldbedarf eines ArbN, für den der ArbGeb eine Direktversicherung zur Durchführung der betrieblichen Altersversorgung im Wege der Entgeltumwandlung abgeschlossen hat, begründet für sich genommen keinen Anspruch des ArbN gegen den ArbGeb, den Versicherungsvertrag gegenüber der Versicherungsgesellschaft zu kündigen, damit der ArbN den **Rückkaufswert** erhält (BAG 26.4.18 – 3 AZR 586/16, NZA 18, 929).

**e) Umfassungszusagen.** Mit Wirkung zum 1.7.02 ist § 1 Abs 2 BetrAVG um die Nr 4 ergänzt worden. Danach liegt betriebliche Altersversorgung auch dann vor, wenn der ArbN Eigenbeiträge aus seinem Arbeitsentgelt zur Finanzierung von Leistungen der betrieblichen Altersversorgung an einen Pensionsfonds, eine Pensionskasse oder eine Direktversicherung leistet und der ArbGeb mit seiner Zusage die Leistungen aus diesen Beiträgen umfasst (BAG 13.12.16 – 3 AZR 342/15, NZA 17, 1263). § 1 Abs 2 Nr 4 BetrAVG ist nach der Rspr des BAG unter Anwendung erhöhter Anforderungen auch auf vor dem 1.7.02 erteilte Zusagen anwendbar (BAG 21.3.17 – 3 AZR 464/15, NZA 17, 104; 15.3.16 – 3 AZR 827/14, NZA 16, 1205) Mit wenigen in § 30e Abs 2 BetrAVG beschriebenen Ausnahmen werden derartige Zusagen solchen aus Entgeltumwandlung gleichgestellt. 22

**f) Reine Beitragszusage.** Mit dem Betriebsrentenstärkungsgesetz vom 17.8.17 (BGBl I 2017, 3214) hat der Gesetzgeber neben den bislang geregelten Leistungszusagen erstmals im BetrAVG die Möglichkeit einer reinen Beitragszusage als völlig neue Form der Betriebsrente normiert (vgl aus dem aktuellen Schrifttum *Rolfs* NZA 17, 1225; *Reinecke* ArbuR 17, 432, *Ulbrich* BB 17, 2423; *Rößler* DB 17, 367; *Wilhelm* BB 17, 1850; *Thees/Ceruti* DB 17, 1777; *Buddenbrock/Kühn* BB 17, 2997). Seit dem 1.1.18 kann der ArbGeb unter Anwendung des BetrAVG eine solche reine Beitragszusage erteilen. Hierfür bedarf es nach § 1 Abs 2 Nr 2a BetrAVG einer tariflichen oder bei tariflicher Öffnungsklausel einer Regelung durch Betriebsvereinbarung, die den ArbGeb verpflichtet, Leistungen der betrieblichen Altersversorgung an einen Pensionsfonds, eine Pensionskasse oder eine Direktversicherung nach § 22 BetrAVG zu zahlen. Beitragszusage und sog Sozialpartnermodell werden damit untrennbar verknüpft (*Rolfs* NZA 17, 1225). Die Beitragszusage ist auch als Entgeltumwandlung möglich. 23

**aa) Einbindung der Tarifpartner.** Das neue Regelungsmodell **(sog Sozialpartnermodell)** basiert auf der intensiven Einbindung der Tarifvertragsparteien. Sie bildet letztlich das Zentrum der Neuregelung und ist vom Gesetzgeber bewusst vorgenommen worden. Insbesondere für das wesentliche Regelungsziel einer stärkeren Verbreitung der betrieblichen Altersversorgung in kleineren und mittleren Betrieben lassen sich die erforderliche Akzeptanz und das erforderliche Vertrauen bei den Beschäftigten aus Sicht des Gesetzgebers nur durch eine weitreichende Einbindung der Sozialpartner erreichen (*Nahles* BetrAV 17, 377). Dementsprechend sind tarifliche Regelungen Grundlage für die Beitragszusage und die Tarifvertragsparteien müssen sich gem § 21 Abs 1 BetrAVG an deren Durchführung und Steuerung beteiligen. Neben dieser Beteiligungspflicht enthält § 21 Abs 2 und 3 BetrAVG weitere Sollvorgaben zur inhaltlichen Ausgestaltung der Tarifregelungen sowie zum Zugang für nichttarifgebundene ArbGeb und ArbN (kritisch wegen fehlender Bestimmtheit *Ulbrich* BB 17, 2423). § 21 Abs 4 BetrAVG ermöglicht bei der Durchführung einer reinen Beitrags- 24 zusage über eine Direktversicherung, dass eine gemeinsame Einrichtung nach § 4 TVG als Versicherungsnehmer fungiert (hierzu *Guse* DB 17, 2736).

§ 24 BetrAVG stellt sicher, dass auch **nichttarifgebundene Arbeitgeber und Arbeitnehmer** an dem Sozialpartnermodell teilhaben können (kritisch *Koch* NZA 18, 1035). Sie können nach dieser Vorschrift die „einschlägigen" tariflichen Regelungen vereinbaren. Dies wird regelmäßig mit Hilfe einer dynamischen einzelvertraglichen Bezugnahmeklausel geschehen. „Einschlägig" ist ein Tarifvertrag, wenn er räumlich, zeitlich, fachlich und persönlich maßgeblich ist und bei unterstellter Tarifbindung ohnehin gelten würde (BT-Drucks 18/11286, 47). Nach der Gesetzesbegründung soll dasselbe bei Tarifverträgen gelten, die mit dem Ziel einer bundesweiten und branchenübergreifenden Geltung abgeschlossen worden seien (BT-Drucks 18/12612, 31). Ansonsten kommt die Einbeziehung branchenfremder Tarifregelungen nicht in Betracht. Allerdings besteht insoweit kein Kontrahierungszwang der Versorgungseinrichtung. § 21 Abs 3 BetrAVG enthält nur die Sollvorgabe für die Tarifparteien auch nichttarifgebundenen ArbGeb und ArbN den Zugang zu den durchführenden Versorgungseinrichtungen nicht zu verwehren.

25 **bb) Pflichten des Arbeitgebers.** Bei der reinen Beitragszusage beschränkt sich die Zusage des ArbGeb gem § 1 Abs 2 Nr 2a BetrAVG allein auf die Zahlung der Beiträge an die jeweilige Versorgungseinrichtung. Anders als bei der Leistungszusage wird eine bestimmte Versorgungsleistung von ihm nicht versprochen. Die Anwendung von § 1 Abs 1 Satz 3 BetrAVG ist ausdrücklich ausgeschlossen.

Ergänzend ist im Gesetz vorgesehen, dass der ArbGeb zur Absicherung der Beitragszusage einen **Sicherungsbeitrag** leistet. Dies „soll" nach § 23 Abs 1 BetrAVG tariflich vorgegeben werden. In der näheren Ausgestaltung haben die Tarifparteien einen weiten Spielraum (*Rolfs* NZA 17, 1225). Zwingend kommt demgegenüber gem § 23 Abs 2 BetrAVG im Fall der Entgeltumwandlung der verpflichtend tariflich zu regelnde **Arbeitgeberzuschuss** von 15 Prozent des umgewandelten Entgelts hinzu, soweit der ArbGeb durch die Entgeltumwandlung Sozialversicherungsbeiträge einspart. Diesen Zuschuss muss der ArbGeb dann an die Versorgungseinrichtung weiterleiten.

Ausdrücklich **ausgeschlossen** ist in § 1 Abs 2 Nr 2a BetrAVG die Anwendung der weiteren allgemeinen Vorschriften zur Durchführung der betrieblichen Altersversorgung in den §§ 1 Abs 1 Satz 3, 1a Abs 4 Satz 2, 1b bis 6 und 16 BetrAVG sowie die Insolvenzsicherungspflicht nach §§ 7 ff BetrAVG.

26 **cc) Pflichten der Versorgungseinrichtung.** Auf der Grundlage der vom ArbGeb gezahlten Beiträge erwirbt der ArbN eine **Anwartschaft** gegenüber der Versorgungseinrichtung (Pensionsfonds, Pensionskasse, Direktversicherung) auf betriebliche Altersrente, die gem § 22 Abs 2 Satz 1 BetrAVG sofort unverfallbar ist. Letzteres gilt im Fall der Entgeltumwandlung auch für den ArbGebZuschuss. Die Regelung der Unverfallbarkeit von Anwartschaften auf Invaliden- oder Hinterbliebenenrente überlässt das Gesetz den Tarifparteien. Ohne tarifliche Regelung verfallen sie bei vorzeitigem Ausscheiden des ArbN. Die Anwartschaft ist gem § 22 Abs 4 BetrAVG im bestehenden Arbeitsverhältnis weder übertragbar, noch beleihbar oder veräußerbar. Zulässig ist nach § 22 Abs 1 Satz 1 BetrAVG nur die rentenweise Zahlung, eine Kapitalisierung der Altersrente ist demgemäß ausgeschlossen (*Rößler* DB 17, 367). Anderes gilt nur für die Hinterbliebenenrente (*Rolfs* NZA 17, 1225). Auch seitens der Versorgungseinrichtung darf die **Höhe** der Leistungen **nicht garantiert** werden (§ 22 Abs 1 Satz 2 BetrAVG). Sie schuldet im Versorgungsfall nur die Zahlung der Zielrente.

Die wegen des reinen Beitragscharakters gegenüber dem ArbGeb ausgeschlossenen **Ansprüche des Arbeitnehmers** bestehen weitgehend gegenüber der Versorgungseinrichtung. So hat der ArbN nach § 23 Abs 3 BetrAVG gegenüber der Versorgungseinrichtung das Recht, die Versorgung nach Beendigung des Arbeitsverhältnisses mit eigenen Beiträgen fortzusetzen, ohne dass es hierfür der Zustimmung der Versorgungseinrichtung bedarf. Ferner kann er entsprechend § 4a BetrAVG Auskunft verlangen und entsprechend § 6 BetrAVG vorzeitige Altersleistungen in Anspruch nehmen. Innerhalb eines Jahres nach Beendigung des Arbeitsverhältnisses kann der ArbN von seinem früheren ArbGeb alternativ die Übertragung des Versorgungskapitals auf eine bei seinem neuen ArbGeb eingerichtete Beitragszusage verlangen.

27 **dd) Optionsmodell.** Völlig neu und ebenfalls der Verbreitungsoptimierung geschuldet (BT-Drucks 18/11286, 40) ist das mit Wirkung zum 1.1.18 eingeführte sog Optionsmodell

(§ 20 Abs 2 Satz 1 BetrAVG). Es gilt für alle Formen der Entgeltumwandlung (also sowohl Leistungs- als auch Beitragszusagen). Ausgenommen sind gem § 30j BetrAVG lediglich Optionssysteme, die auf der Grundlage von Betriebsvereinbarungen vor dem 1.6.17 eingeführt worden sind (*Frank* BB 19, 1140).

Danach kann in einem Tarifvertrag oder auf Grund eines solchen in einer Betriebsvereinbarung die Einführung einer **automatischen Entgeltumwandlung** geregelt werden, gegen die der ArbN ein Widerspruchsrecht hat (sog opting out). Macht er hiervon nicht binnen eines Monats nach Zugang des arbeitgeberseitigen Angebots Gebrauch, ist die Entgeltumwandlungsvereinbarung zustande gekommen. Schweigen gilt also als Zustimmung zur Durchführung der Entgeltumwandlung. Allerdings muss der ArbGeb gem § 20 Abs 2 Satz 2 BetrAVG das Angebot zur Vereinbarung einer solchen Entgeltumwandlung dem ArbN mindestens drei Monate vor der ersten Fälligkeit in Textform unterbreiten und ihn deutlich auf Art und Höhe des umzuwandelnden Vergütungsbestandteils sowie auf sein gesetzliches Widerspruchsrecht hinweisen. Auch hier ist für Nichttarifgebundene die vertragliche Inbezugnahme eines „einschlägigen" Tarifvertrags zulässig.

**ee) Einzelfragen.** Nach der Intention des Gesetzgebers sollen durch die zusätzliche Möglichkeit einer reinen Beitragszusage bestehende und gut funktionierende Betriebsrentensysteme möglichst nicht gefährdet werden(BT-Drucks 18/12612, 31). Einer Ablösung bestehender Leistungszusagen dürften die allgemeinen Änderungserfordernisse (→ Rn 69 ff) entgegenstehen. Der bloße Vereinheitlichungswunsch des ArbGeb reicht hier keinesfalls aus (*Thees/Ceruti* DB 17, 1777). Vergleichbare Probleme könnten allerdings wegen § 4 Abs 3 Satz 5 BetrAVG bei einer mit einem Wechsel des ArbGeb einhergehenden Übertragung einer bisherigen Leistungszusage in eine nach § 22 BetrAVG durchgeführte Beitragszusage auftreten (*Ulbrich* BB 17, 2423). **28**

**4. Durchführungswege.** Zur Durchführung der betrieblichen Altersversorgung stehen nach dem BetrAVG insgesamt fünf verschiedene Möglichkeiten zur Verfügung. Es handelt sich dabei um verschiedene Altersversorgungsmodelle, die auch in Mischformen angewandt werden können. Solche Mischformen haben sich in der betrieblichen Praxis insbes durch Änderungen in den Versorgungssystemen oder bei Betriebsübergängen ergeben. Der ArbGeb ist grds bei der Bestimmung des Durchführungswegs frei (BAG 20.7.04 – 3 AZR 552/03, BeckRS 2005, 40291; *Reinecke* DB 10, 2392). Die Bindung an einen bestimmten Durchführungsweg kann sich jedoch aus der Versorgungszusage ergeben (BAG 12.6.07 – 3 AZR 186/06, NZA-RR 08, 537; *Thüsing/Granetzky* BetrAV 09, 485; *Löwisch/Diller* BetrAV 10, 411; vgl auch *Völp* DB 18, 2242: Zustimmungserfordernis analog § 415 Abs 1 BGB bei Wechsel zu externem Durchführungsweg). Die Rückdeckungsversicherung ist kein (mittelbarer) Durchführungsweg, sondern lediglich ein Finanzierungsinstrument des ArbGeb (BAG 19.5.16 – 3 AZR 766/14, NZA-RR 16, 550). **29**

**a) Direktzusage.** Sie ist eine unmittelbare Versorgungszusage durch den ArbGeb gegen über einzelnen ArbN, Gruppen von ArbN oder der gesamten Belegschaft. Träger der Versorgungszusage ist der ArbGeb. Ihm obliegt die Finanzierung, die regelmäßig mit Hilfe von Pensionsrückstellungen erfolgt. **30**

**b) Direktversicherung.** Die betriebliche Altersversorgung kann im Wege einer Einzel- oder Gruppenlebensversicherung, die auf das Leben des ArbN abgeschlossen wird, erfolgen. **Versicherungsnehmer** ist der ArbGeb, der ArbN bzw seine Angehörigen sind regelmäßig **bezugsberechtigt.** Der ArbN kann nicht Versicherungsnehmer sein (BAG 10.3.92, DB 93, 490). Als Versicherungsnehmer ist der ArbGeb zur Zahlung der Versicherungsbeiträge verpflichtet. Dies kann als sog gehaltsumwandelnde Lebensversicherung auch durch Verwendung eines Teils der Arbeitsvergütung für die Beitragszahlung geschehen (BAG 26.6.90, DB 90, 2475; Näheres zur Entgeltumwandlung → Rn 18 ff). Befindet sich der Versicherungsschein im Besitz des ArbN, kann der ArbGeb dessen Herausgabe verlangen (BAG 19.4.11 – 3 AZR 267/09, NZA-RR 12, 92). Denkbar ist auch eine **Aufspaltung des Bezugsrechts** zwischen ArbGeb und ArbN, was in der Praxis vielfach hinsichtlich der Überschussanteile aus der Versicherung vereinbart wird. Maßgeblich ist insoweit immer der ggf durch Auslegung zu ermittelnde Inhalt der Versorgungszusage (BAG 16.2.10 – 3 AZR 479/08, NZA-RR 10, 601). Grds ist darauf zu achten, dass rechtlich zwischen Versiche- **31**

rungsverhältnis und arbeitsrechtlichem Versorgungsverhältnis zu differenzieren ist (BAG 28.3.95, DB 95, 2174; 8.6.99 – 3 AZR 136/98, NZA 99, 1103).

32 Bezüglich der **Ausgestaltung des Bezugsrechts** sind mehrere Alternativen möglich. Ist dem ArbGeb als Versicherungsnehmer ein **Widerruf** des Bezugsrechts im Versicherungsvertrag eingeräumt worden, so ist dieser gegenüber dem ArbN nur nach den arbeitsrechtlichen Grundsätzen über den Widerruf von Versorgungszusagen (→ Rn 69–76) wirksam (LAG RhPf 28.2.03 – 8 Sa 1305/02, NZA-RR 04, 258). Für unverfallbare Anwartschaften ordnet § 1b Abs 2 BetrAVG die relative Unwirksamkeit des versicherungsrechtlich zulässigen Widerrufs an. Ein gleichwohl ausgeübter Widerruf macht den ArbGeb uU schadensersatzpflichtig (BAG 18.9.12 – 3 AZR 176/10, BeckRS 2012, 75279; 8.6.93, BB 94, 73). In der Insolvenz des ArbGeb gehört der Anspruch auf die Versicherungsleistung zur Insolvenzmasse (BAG 28.3.95 – 3 AZR 373/94, NZA 96, 36: auch bei Inanspruchnahme von vorzeitigem Altersruhegeld gem § 6 BetrAVG; 17.10.95 – 3 AZR 622/94, NZA-RR 96, 343; BGH 18.7.02 – IX ZR 264/01, NZA-RR 03, 154). Die Wirksamkeit des Widerrufs richtet sich ausschließlich nach der versicherungsrechtlichen Rechtslage im Verhältnis zwischen ArbGeb und Versicherung (BAG 18.9.12 – 3 AZR 176/10, BeckRS 2012, 75279). Keine Probleme im vorgenannten Sinne ergeben sich bei dem **unwiderruflichen Bezugsrecht** des ArbN. Hier treffen die Versicherung jedoch gesteigerte Schutz- und Obhutspflichten gegenüber dem ArbN (OLG Düsseldorf 17.12.02 – 4 U 78/02, BB 03, 2019: Mitteilung über Prämienrückstand des ArbGeb; aA *Bürkle* BB 03, 2007). Möglich ist schließlich noch ein sog **eingeschränkt unwiderrufliches Bezugsrecht,** bei dem sich der ArbGeb bis zum Eintritt der Unverfallbarkeit die Versicherungsleistung vorbehält. Hier ist zu differenzieren: Sofern die Voraussetzungen des Widerrufsvorbehalts vorliegen, bleibt das Widerrufsrecht erhalten, das Bezugsrecht kann widerrufen und der Rückkaufswert im Insolvenzfall zur Masse gezogen werden. Sind die Voraussetzungen des Vorbehalts nicht gegeben, scheidet ein Widerruf aus und die Rechte aus dem Versicherungsvertrag gehören zum Vermögen des ArbN, der dann im Insolvenzfall ein Aussonderungsrecht hat (BAG 19.4.11 – 3 AZR 267/09, BeckRS 2011, 75340). Maßgeblich für die Auslegung des in den Versicherungsbedingungen niedergelegten Vorbehalts sind dabei die betriebsrentenrechtlichen Wertungen (BAG 15.6.10 – 3 AZR 334/06, NZA-RR 11, 260; BAG 15.6.10 – 3 AZR 31/07, BeckRS 2010, 72936).

33 **c) Pensionskasse.** Sie ist nach der gesetzlichen Definition in § 1b Abs 3 BetrAVG eine rechtlich selbstständige Versorgungseinrichtung, die dem ArbN oder seinen Hinterbliebenen auf seine Versorgungsleistungen einen **Rechtsanspruch** gewährt. Sie kann von einem oder mehreren ArbGeb errichtet werden und unterliegt der allgemeinen Versicherungsaufsicht. Sie wird finanziert durch Beitragsleistungen, die entweder ausschließlich der ArbGeb oder dieser gemeinsam mit den ArbN erbringt. Versorgungsschuldner bleibt aber der ArbGeb aus dem arbeitsrechtlichen Grundverhältnis. Gleichwohl sind Pensionskassen wie ArbGeb iSv Art 141 EGV zur Gleichbehandlung verpflichtet (EuGH 9.10.01 – C-379/99, NZA 01, 1301 – Menauer; vorhergehend Vorlagebeschluss des BAG 23.3.99 – 3 AZR 631/97 (A), NZA 2000, 90; bestätigt durch BAG 7.9.04 – 3 AZR 550/03, NZA 05, 1239). Ob ein ArbN nach Beendigung des Beschäftigungsverhältnisses als freiwilliges Mitglied in der Pensionskasse bleiben und bei noch verfallbarer Anwartschaft die Versicherung fortführen kann, richtet sich nach der Satzung der jeweiligen Pensionskasse (BAG 18.11.08 – 3 AZR 970/06, DB 09, 1414). Hängt die Fortführung in diesen Fällen von der Genehmigung des Vorstandes der Pensionskasse ab, so muss dieser gem § 315 Abs 1 BGB nach billigem Ermessen ggf nach Anhörung des ehemaligen ArbGeb entscheiden. Dabei ist das Erfordernis einer fünfjährigen Mindestbetriebszugehörigkeit für die Genehmigungserteilung gem § 315 Abs 1 BGB nicht zu beanstanden (BAG 4.5.93, DB 94, 383). Das Recht des Versicherungsnehmers, die Versicherung zu kündigen und Auszahlung der Prämienreserve zu verlangen, kann in einer Pensionskasse ausgeschlossen werden (BAG 13.5.97 – 3 AZR 79/96, NZA 98, 482). Setzt eine Pensionskasse wegen eines aufgetretenen Fehlbetrages satzungsgemäß ihre Leistungen herab, bleibt der ArbGeb gem § 1 Abs 1 Satz 3 BetrAVG zur Leistung des Differenzbetrages verpflichtet (BAG 13.12.16 – 3 AZR 342/15, NZA 17, 1263; 19.6.12 – 3 AZR 408/10, NZA-RR 13, 426). Das gilt auch dann, wenn der ArbGeb auf die Vermögensverwaltung der Pensionskasse und deren Beschlussfassungen keinen Einfluss nehmen konnte (BAG 30.9.14 – 3 AZR 617/12, NZA 15, 544). Der ArbN hat im Fall der Insolvenz

des ArbGeb kein Aussonderungsrecht nach § 47 InsO an den vom ArbGeb nicht an die Pensionskasse gezahlten Beträgen. Ein solches folgt auch nicht aus einer unionskonformen Auslegung von Art 8 der Richtlinie 2008/94/EG (BAG 21.3.17 – 3 AZR 718/15, BeckRS 2017, 114275 mit Anm *Klinck* RdA 18, 118).

**d) Unterstützungskasse.** Die Unterstützungskasse ist nach der Definition in § 1b Abs 4 BetrAVG wie die Pensionskasse eine rechtlich selbstständige Versorgungseinrichtung, allerdings mit dem Unterschied, dass auf ihre Leistungen **kein Rechtsanspruch** gewährt wird (*Reinecke* DB 09, 1182; *Langohr-Plato* BetrAV 14, 242). Trotz des fehlenden Rechtsanspruchs erfolgt nach der Rspr des BAG eine weitgehende Sicherung der Versorgungsaussichten der ArbN insoweit, als auch bei einer betrieblichen Altersversorgung nach den Regeln der Unterstützungskasse spätere Eingriffe nicht beliebig zulässig sind. Dabei sieht das BAG in dem Ausschluss des Rechtsanspruchs lediglich ein an sachliche Gründe gebundenes Widerrufsrecht (ständige Rspr zuletzt BAG 22.1.19 – 3 AZR 9/18, BeckRS 2019, 9844; 12.11.13 – 3 AZR 356/12, NZA 14, 848). Der Maßstab der sachlichen Gründe ist unter Beachtung der Grundsätze der Verhältnismäßigkeit und des Vertrauensschutzes zu bestimmen (BVerfG 19.10.83, DB 84, 190; BVerfG 14.1.87, DB 87, 638; BAG 2.9.14 – 3 AZR 951/12, BeckRS 2014, 73234). Bei der Auslegung von Versorgungsrichtlinien einer Unterstützungskasse gilt die Unklarheitenregel auch zulasten des ArbGeb, da dieser sich der Unterstützungskasse als Durchführungsweg bedient hat (BAG 27.1.98 – 3 AZR 444/96, NZA 99, 267). Eine Höchstaltersgrenze kann in einem Leistungsplan wirksam vereinbart werden (BAG 12.11.13 – 3 AZR 356/12, NZA 14, 848). Schließt die Satzung der Unterstützungskasse Rückforderungsansprüche aus oder schränkt diese ein, werden davon auch etwaige Ansprüche aus dem Geschäftsbesorgungsrecht der §§ 675 Abs 1, 667 BGB erfasst (BAG 21.3.17 – 3 AZR 619/15, NZA 17, 990). Entfällt die Leistung der Unterstützungskasse, weil der ArbGeb aus dem Kreis der Trägerunternehmen ausscheidet, so hat er die Zusage unmittelbar zu erfüllen (BAG 22.10.91, DB 92, 2095; 11.2.92, DB 92, 1937; 14.9.99 – 3 AZR 273/98, BeckRS 1999, 30780562). Zur Entgeltumwandlungsproblematik in diesem Bereich *Jaeger* BB 99, 1430; zu den Auswirkungen eines Betriebsübergangs *Powietzka* DB 08, 2593. 34

**e) Pensionsfonds.** Die Pensionsfonds sind als weiterer Durchführungsweg mit dem AVmG vom 26.6.01 in das BetrAVG aufgenommen worden (*Zeppenfeld/Rößler* BB 06, 1221; *Baurmeister* DB 05, 2076). Hierbei handelt es sich gem §§ 112 Abs 1, 113 Abs 2 Nr 3 VAG um eine rechtlich selbstständige, rechtsfähige Einrichtung in Form einer AG oder eines Pensionsfondsvereins auf Gegenseitigkeit, die rechtlich weitgehend wie ein Versicherungsunternehmen zu behandeln ist und versicherungsrechtlicher Aufsicht durch das Bundesamt für Versicherungswesen unterliegt. Sie kann die betriebliche Altersversorgung für einen oder mehrere ArbGeb durchführen. Gem § 112 Abs 1 Nr 3 VAG besteht ein **unmittelbarer Leistungsanspruch** der ArbN gegenüber dem Pensionsfonds, der seinerseits nach § 112 Abs 1 Nr 4 VAG verpflichtet ist, die Altersversorgungsleistung als lebenslange Altersrente bzw in Form eines Auszahlungsplans mit unmittelbar anschließender Restverrentung zu erbringen. Pensionsfonds können sowohl mit Leistungs- als auch mit Beitragszusagen kombiniert werden. Gleiches gilt für Entgeltumwandlungen (hierzu *de Groot* DB 11, 532). 35

**5. Anspruchsvoraussetzungen.** Die Voraussetzungen für das Entstehen eines Ruhegeldanspruchs richten sich nach dem Inhalt der jeweiligen Ruhegeldordnung (zB zur Koppelung der Höhe des Betriebsrentenanspruchs an die Einkommensentwicklung der aktiv Beschäftigten vgl BAG 26.10.10 – 3 AZR 711/08, NZA 11, 595; zur Berechnung der Betriebsrente von ArbN, die zuvor in Altersteilzeit waren vgl BAG 17.4.12 – 3 AZR 280/10, NZA-RR 12, 489; zur Einbeziehung von Sachbezügen in die Versorgungsleistung LAG Düsseldorf 14.12.92, DB 93, 1195). Eine Versorgungsordnung kann den Anspruch auf Invaliditätsrente davon abhängig machen, dass der ArbN einen Antrag stellt. Für die Abgrenzung eines bis zum Eintritt des Versorgungsfalls „betriebstreuen" ArbN von einem vorzeitig iSv § 1b Abs 1 BetrAVG mit einer unverfallbaren Anwartschaft ausgeschiedenen ArbN dürfen auch Tarifvertragsparteien nach § 19 BetrAVG nicht auf den Zeitpunkt der Antragstellung abstellen (BAG 23.1.18 – 3 AZR 448/16, BeckRS 2018, 5058). 36

Eine vor dem 1.1.03 getroffene Versorgungsvereinbarung mit einer sog gespaltenen Rentenformel ist nach der außerplanmäßigen Anhebung der Beitragsbemessungsgrenze zum 1.1.03 nicht ergänzend dahin auszulegen, dass die Betriebsrente so zu berechnen ist, als wäre diese Anhebung nicht erfolgt. Das BAG hat seine frühere anderslautende Rspr ausdrücklich aufgegeben (BAG 23.4.13 – 3 AZR 475/11, NZA 13, 1275; 18.3.14 – 3 AZR 952/11, NZA 14, 843; 17.6.14 – 3 AZR 491/12, BeckRS 2014, 72173). Auch europarechtliche Bedenken bestehen nicht (EuGH 21.3.17 – C-354/16, NZA 17, 1047 – Kleinsteuber). Erwirbt ein Versorgungsberechtigter aufgrund zweier Versorgungsordnungen für unterschiedliche Zeiten eines einheitlichen Arbeitsverhältnisses Versorgungsansprüche, ist für jeden Zeitraum der sich aus der Versorgungsordnung ergebende Rentenstamm festzustellen (BAG 28.7.09 – 3 AZR 43/08, NZA 10, 576). Üblicherweise werden folgende Anforderungen gestellt:

37 **a) Bestehendes Arbeitsverhältnis.** In aller Regel kommen nur solche ArbN in den Genuss der betrieblichen Altersversorgung, deren Arbeitsverhältnis bei Eintritt des Versorgungsfalls noch besteht. Diese Grundvoraussetzung wird jedoch durch die Unverfallbarkeit von Anwartschaften bei langjährigen Arbeitsverhältnissen deutlich abgemildert (→ Rn 42; zur Rechtslage vor Inkrafttreten des BetrAVG vgl BAG 10.3.72, DB 72, 1486). Auch das Kraft gesetzlicher Fiktion gem § 10 Abs 1 AÜG entstandene Arbeitsverhältnis eines LeihArbN mit dem Entleiher genügt (BAG 18.2.03 – 3 AZR 160/02, BB 03, 2242). Eine Versorgungszusage im Rahmen der Bestellung eines Geschäftsführers genügt demgegenüber nicht, da sie nicht innerhalb eines Arbeitsverhältnisses erfolgt ist (BGH 20.12.93, NZA 94, 367). Auch geschäftsführende Mehrheitsgesellschafter, denen eine Pension zugesagt wurde, unterfallen nicht dem Schutz des BetrAVG (BAG 20.9.16 – 3 AZR 77/15, BeckRS 2016, 74468). Personen, die nicht ArbN sind, unterfallen gem § 17 Abs 1 Satz 2 BetrAVG ausnahmsweise dann dem persönlichen Geltungsbereich des Gesetzes, wenn ihnen eine Versorgungszusage aus Anlass ihrer Tätigkeit für ein (fremdes) Unternehmen zugesagt worden ist (vgl zur Abgrenzung iE BAG 16.4.97, DB 97, 2495; 20.4.04 – 3 AZR 297/03, NZA 05, 927; BGH 29.5.2000 – II ZR 380/98, NZA 01, 266; LAG Köln 11.3.99 – 10 Sa 1763/97, NZA-RR 99, 539). Für sie kommt auch § 30a BetrAVG zur Anwendung, da dieser inhaltlich über die Verweisung auf § 6 BetrAVG erfasst wird (BAG 15.4.14 – 3 AZR 114/12, NZA 14, 767).

38 **b) Versetzung in den Ruhestand.** Regelmäßig verlangen Versorgungsordnungen den Eintritt des ArbN in den Ruhestand als Anspruchsvoraussetzung für den Bezug von Leistungen aus der betrieblichen Altersversorgung. Die Beendigung des Arbeitsverhältnisses erfolgt dabei entweder durch Kündigung oder Aufhebungsvereinbarung oder vollzieht sich „automatisch" aufgrund einer kollektiv- oder individualrechtlichen Altersgrenzenregelung (→ *Altersgrenze* Rn 4 ff). Nimmt ein von einer Versorgungszusage Begünstigter die vollen Leistungen der gesetzlichen RV in Anspruch, ist damit der Versorgungsfall „Alter" eingetreten (vgl zu den Anspruchsvoraussetzungen für eine betriebliche Invalidenrente BAG 19.1.11 – 3 AZR 83/09, NZA 12, 566). Die Fortführung des Arbeitsverhältnisses im rentenversicherungsrechtlich zulässigen Umfang ändert daran nichts (BAG 18.3.03 – 3 AZR 313/02, NZA 04, 848). Eine Versorgungszusage, mit der der ArbGeb die Zahlung der Betriebsrente für den Fall der Berufsunfähigkeit verspricht, bedarf der Auslegung, ob ein Gleichlauf mit den Voraussetzungen für die Bewilligung der gesetzlichen Rente wegen Leistungsminderungen gewollt ist (BAG 9.10.12 – 3 AZR 539/10, NZA-RR 13, 256).

39 **c) Wartezeit.** In der Versorgungsordnung kann die Erfüllung bestimmter Mindestbeschäftigungszeiten zur Voraussetzung für das Entstehen eines Ruhegeldanspruchs gemacht werden (BAG 19.12.2000 – 3 AZR 174/00, DB 02, 226). Die Festlegung der Wartezeitdauer steht dem ArbGeb frei. Ist sie länger als die Unverfallbarkeitsdauer iSd § 1b Abs 1 BetrAVG, so kann gem § 1b Abs 1 Satz 5 BetrAVG der ArbN diese auch nach Beendigung des Arbeitsverhältnisses zurücklegen. Eine Anrechnung von Beschäftigungszeiten, die bei einem anderen ArbGeb zurückgelegt worden sind, erfolgt regelmäßig nicht, kann jedoch entweder in der Versorgungsordnung oder einzelvertraglich vereinbart werden. Eine solche Absprache führt aber nur dann zur Entstehung einer insolvenzgeschützten Versorgungsanwartschaft, wenn die angeordnete Betriebszugehörigkeit bei dem früheren ArbGeb bereits von einer Versorgungszusage begleitet war und an das neue Arbeitsverhältnis heranreicht, durch das wiederum eine Versorgungsanwartschaft begründet wird (BGH 24.10.96, NZA-RR 97, 263). Lediglich im Fall des Betriebsübergangs gem § 613a BGB erfolgt ein Eintritt in die bestehenden Arbeitsverhältnisse mit ihrem jeweiligen Inhalt im Übernahmezeitpunkt,

so dass absolvierte Wartezeiten anzurechnen sind (BAG 27.10.92 – 3 AZR 101/92, NZA 93, 645; 19.12.2000 – 3 AZR 451/99, NZA 02, 615; LAG RhPf 12.2.10 – 6 Sa 596/09, NZA-RR 10, 429). Besteht allerdings nur eine eigene Versorgungszusage des Betriebserwerbers, müssen frühere Dienstzeiten der übernommenen ArbN nicht angerechnet werden (BAG 19.4.05 – 3 AZR 469/04, AP Nr 19 zu § 1 BetrAVG Betriebsveräußerung). Zu unterscheiden sind hiervon **Vorschaltzeiten,** mit denen der Beginn der Zusage herausgeschoben wird. Ob bereits während der Vorschaltzeit die Unverfallbarkeitsfrist zu laufen beginnt, hängt davon ab, inwieweit die „Zusage einer Zusage" ein einer Versorgungszusage entsprechendes Vertrauen des ArbN begründet, der Erwerb des Versorgungsanspruchs hänge nur noch von der weiteren Beschäftigung im Betrieb und dem Eintritt des Versorgungsfalls ab. Das ist immer dann der Fall, wenn dem ArbGeb nach Ablauf der Vorschaltfrist kein Entscheidungsspielraum über das Ob der Zusage verbleibt (BAG 24.2.04 – 3 AZR 5/03, NZA 04, 789; 15.12.81 – 3 AZR 1100/78, AP Nr 10 zu § 1 BetrAVG Wartezeit; *Storck* BB 11, 2875).

**d) Altersgrenzen.** Der Gesetzgeber hat mit dem zum 1.1.08 in Kraft getretenen RV- 40
Altersgrenzenanpassungsgesetz (BGBl I 07, 554) die Altersgrenze in der gesetzlichen RV stufenweise angehoben (→ *Altersrente* Rn 1 ff). Die Auswirkungen dieser Neuregelung sind maßgeblich von der jeweiligen Versorgungszusage abhängig. Dabei hat die Gesetzesänderung auf vereinbarte feste Altersgrenzen grds keinen Einfluss (BAG 17.9.08 – 3 AZR 865/06, NZA 09, 440: Altersgrenze von 60 Jahren). Auch dürften ArbN, die über die bisherige Altersgrenze hinaus weiterarbeiten, in aller Regel keine gleichzeitigen Betriebsrentenansprüche haben, so dass Doppelzahlungspflichten nicht entstehen. Möglich ist allerdings der Erwerb weiterer Steigerungsraten. Soll die bisherige Altersgrenze in der Versorgungsordnung angehoben werden, sind vorhandene Besitzstände zu wahren. Insoweit gelten die allgemeinen Grundsätze (→ Rn 73 ff; *Cisch/Kruip* BB 07, 1162; *Baumeister/Merten* BetrAV 07, 398; *Höfer/Witt/Kuchem* BB 07, 1445; *Rolfs* BetrAV 07, 599). Grundlegende Bedenken gegen Altersgrenzen im Bereich der betrieblichen Altersversorgung bestehen aus altersspezifischen **Diskriminierungserwägungen** jedenfalls nach § 10 Satz 3 Nr 4 AGG nicht (BAG 26.9.17 – 3 AZR 72/16, NZA 18, 315). So kann die Altersgrenzenregelung in einer Betriebsvereinbarung, die ArbN von der Überleitung in ein geändertes System der betrieblichen Altersversorgung ausschließt, die das 63. Lebensjahr vollendet haben, angemessen sein (BAG 17.9.13 – 3 AZR 686/11, NZA 14, 33). Auch eine Höchstaltersgrenze von 50 Jahren für die Aufnahme in den von der Versorgungsordnung begünstigten Personenkreis ist nicht diskriminierend (BAG 12.11.13 – 3 AZR 356/11, NZA 14, 848). Bei einer Invaliditätsrente kann die Pensionsordnung eine bestimmte Mindestaltersgrenze (hier: 50. Lebensjahr) vorsehen (BAG 10.12.13 – 3 AZR 796/11, BeckRS 2014, 67937). Auch die Regelung, dass nach Vollendung des 60. Lebensjahres erbrachte Beschäftigungszeiten nicht berücksichtigungsfähig sind, kann angemessen iSv § 10 S 2 AGG sein (BAG 17.10.17 – 3 AZR 199/16, NZA 18, 376). Demgegenüber ist die Bestimmung in einer Versorgungsordnung altersdiskriminierend und daher unwirksam, nach der ein Anspruch auf eine betriebliche Altersrente nicht besteht, wenn der ArbN bei Erfüllung der nach der Versorgungsordnung erforderlichen zehnjährigen Wartezeit das 55. Lebensjahr vollendet hat (BAG 18.3.14 – 3 AZR 69/12, NZA 14, 606).

Anders ist dies hinsichtlich der in älteren Versorgungsordnungen oftmals enthaltenen, an die unterschiedlichen Altersgrenzen für Männer und Frauen in der gesetzlichen RV anknüpfenden **geschlechtsspezifischen Altersdifferenzierungen.** Der EuGH sieht hierin einen Verstoß gegen Art 141 EGV, der seit der sog Barber-Entscheidung vom 17.5.90 (DB 90, 1824 zu Art 119 EGV; bestätigt durch EuGH 14.12.93, DB 94, 228; *Hanau* BetrAV 96, 21 und *Berenz* BB 96, 530) zum Tragen kommt. Das BAG hat diese Rspr konsequent fortgeführt und Regelungen in Versorgungsordnungen, die ein unterschiedliches Rentenzugangsalter für Männer und Frauen vorsehen, verfassungsrechtlich nur für einen Übergangszeitraum gebilligt (BAG 18.3.97, NZA 97, 824; 3.6.97, NZA 97, 1043; 23.5.2000 – 3 AZR 228/99, NZA 01, 47). Mit derselben Begründung hat es für eine Übergangszeit auch geringere versicherungsmathematische Abschläge für Frauen bei einer vorgezogenen Inanspruchnahme der Betriebsrente für rechtmäßig erachtet BAG 23.9.03 – 3 AZR 304/02, AP Nr 14 zu § 1 BetrAVG Gleichberechtigung; vgl zuletzt BAG 19.8.08 – 3 AZR 530/06, NZA 09, 785). Gleichzeitig hat es aber entsprechend der EuGH-Rspr sowohl für die

Berechnung der Betriebsrente als auch die Ermittlung des Unverfallbarkeitsfaktors des § 2 Abs 1 BetrAVG bei den Beschäftigungszeiten vor und nach dem 17.5.90 differenziert auf eine mögliche Betriebszugehörigkeit bis zum 65. bzw 60. Lebensjahr abgestellt (BAG 3.6.97, DB 97, 1778; 7.9.04 – 3 AZR 550/03, NZA 05, 1239; 29.4.08 – 3 AZR 266/06, NZA 08, 1417). Mit der Regelung in § 30a BetrAVG hat der Gesetzgeber der EuGH-Rspr Rechnung getragen und eine gesetzliche Anspruchsgrundlage geschaffen, auf die individualrechtliche Ansprüche gestützt werden können (BAG 15.4.14 – 3 AZR 114/12, NZA 14, 767). Die Auswirkungen einer vorzeitigen Inanspruchnahme der Altersrente auf die betriebliche Altersversorgung sind in § 6 BetrAVG geregelt (→ *Altersrente* Rn 1 ff).

41 **6. Anwartschaft. a) Begriff.** Auch wenn die Anspruchsvoraussetzungen für das Bestehen eines Ruhegeldanspruchs nach der jeweiligen Versorgungsordnung noch nicht erfüllt sind, kann bereits eine gesetzlich geschützte Anwartschaft vorliegen. Die Anwartschaft ist ein aufschiebend bedingter Versorgungsanspruch, der mit Eintritt der Bedingung zum Vollrecht erstarkt. Sie ist damit eine Vorstufe des Ruhegeldanspruchs. Zu unterscheiden ist hauptsächlich zwischen verfallbaren und unverfallbaren Anwartschaften. Während erstere mit der Beendigung des Arbeitsverhältnisses regelmäßig erlischt, bleibt die unverfallbare Anwartschaft als Vermögenswert erhalten und erstarkt bei Vorliegen der Ruhegeldvoraussetzungen zum zeitanteiligen Ruhegeldanspruch.

42 **b) Unverfallbarkeit.** Gem § 1b Abs 1 BetrAVG wird eine Versorgungsanwartschaft unverfallbar, wenn der ArbN das 21. Lebensjahr vollendet hat und die Versorgungszusage mindestens 3 Jahre bestanden hat. Für Versorgungszusagen vor dem 1.1.18 sind andere Grenzen maßgeblich. Insoweit ist die Übergangsregelung in § 30 f BetrAVG zu beachten. Die in § 1 Abs 1 Satz 1 BetrAVG aF bestimmten Fristen sind sowohl europarechtlich unbedenklich als auch verfassungskonform (BAG 9.10.12 – 3 AZR 477/10, NZA-RR 13, 150; 15.10.13 – 3 AZR 10/12, NZA-RR 14, 87). Das gilt in gleicher Weise für die aktuellen Fristen. Auch die Stichtagsregelung in § 30 f Abs 1 BetrAVG verstößt nicht gegen Art 3 Abs 1 GG (BVerfG 15.5.14 – 1 BvR 2681/11, NZA 14, 734).

Jede rechtliche Unterbrechung des Arbeitsverhältnisses schadet (ErfK/*Steinmeyer* § 1b BetrAVG Rz 15; *Höfer* § 1 Rz 1463; LAG Köln 25.6.99 – 11 Sa 1378/99, NZA-RR 2000, 42: auch beim Wechsel zu einer anderen Konzerntochter). Inhaltliche Änderungen der Versorgungszusage sind für die Verfallbarkeit ohne Belang. Hat ein Betriebsübergang stattgefunden, sind die Beschäftigungszeiten beim Veräußerer und Erwerber zusammenzurechnen. Das gilt auch dann, wenn nur der Erwerber eine Versorgungszusage erteilt hat (BAG 19.12.2000 – 3 AZR 451/00, NZA 02, 615; 24.7.01 – 3 AZR 660/00, NZA 02, 520). Anderenfalls kann es zur Ablösung der alten durch die neue Versorgungszusage des Erwerbers unter Beachtung der allgemeinen Grundsätze (→ Rn 69) kommen. Das gilt uneingeschränkt auch für Anwartschaften auf eine Invaliditätsversorgung. Vereinbarungen, die den Anspruch auf eine Invaliditätsrente davon abhängig machen, dass das Arbeitsverhältnis bei Eintritt der Berufsunfähigkeit noch besteht, verstoßen daher gegen § 19 Abs 3 BetrAVG und sind nichtig (BAG 24.6.98 – 3 AZR 288/97, DB 98, 1969; 20.11.01 – 3 AZR 550/00, DB 02, 1510). Für den ArbN günstigere, also kürzere Unverfallbarkeitsfristen können individuell vereinbart werden, da das BetrAVG nur Mindestanforderungen normiert (BAG 2.7.09 – 3 AZR 501/07, DB 09, 1939; LAG Düsseldorf 11.1.17 – 12 Sa 768/16, NZA-RR 17, 310 jeweils zur Auslegung einer solchen Vereinbarung). Das Gleiche gilt für eine Anrechnungsvereinbarung bei einem unterbrochenen Arbeitsverhältnis. Derartige vertragliche Unverfallbarkeitsregelungen sind allerdings nicht insolvenzgesichert (BAG 21.1.03 – 3 AZR 121/02, NZA 04, 152; 22.2.2000 – 3 AZR 4/99, NZA 01, 1310). Für die Berechnung der Frist gelten die allgemeinen Vorschriften der §§ 187 ff BGB. Nach der Rspr des BAG sind dabei sog Vorschaltzeiten für die Unverfallbarkeit unerheblich (→ Rn 39). Ein etwaiger Statuswechsel von einem Arbeitsverhältnis in ein Rechtsverhältnis nach § 17 Abs 1 S 2 BetrAVG lässt den Fristablauf unberührt (BAG 25.4.17 – 3 AZR 540/15, NZA 17, 1392). Auch Zeiten des Erziehungsurlaubs unterbrechen den Lauf der Unverfallbarkeitsfristen nicht. Sie können lediglich bei der dienstzeitabhängigen Steigerung der Altersversorgung zulasten des ArbN Berücksichtigung finden (BAG 15.2.94, DB 94, 1479). Eine Anrechnung von Wehrdienstzeiten findet nach dem ArbPlSchG nicht statt (BAG 25.7.06 – 3 AZR 307/05, NZA 07, 512).

Besonderheiten gelten bezüglich der Unverfallbarkeit bei **Entgeltumwandlungen.** Gem § 1b Abs 5 Satz 1 BetrAVG tritt mit der Umwandlung sofortige gesetzliche Unverfallbarkeit ein. Das gilt nach der Novellierung zum 1.1.18 auch für den zu diesem Datum eingeführten 15 %igen ArbGebZuschuss nach § 1a Abs 1a BetrAVG. Die Regelung entspricht der bisherigen Rspr des BAG (8.6.93 – 3 AZR 670/92, NZA 94, 507) und gilt gem § 30 f Satz 2 BetrAVG für alle Neuzusagen ab dem 1.1.01 (BAG 14.1.09 – 3 AZR 529/07, NZA 10, 226).

**c) Änderungsmöglichkeiten.** Ruhegeldanwartschaften sind grds disponibel und können unter bestimmten Voraussetzungen auch zum Nachteil der ArbN geändert werden (→ Rn 69 ff). 43

**d) Wert.** Scheidet der ArbN vor Erreichen der Altersgrenze aus dem Arbeitsverhältnis aus, so stellt sich die Frage der Wertberechnung der bis dahin erdienten Anwartschaften (zur Rentenberechnung bei vorzeitigem Ausscheiden und vorzeitigem Rentenbezug → *Altersrente* Rn 2 ff). Gem § 2 BetrAVG ist insoweit zwischen den einzelnen Durchführungswegen zu differenzieren. Auszugehen ist gem § 2 Abs 1 BetrAVG weiterhin von dem **ratierlichen Berechnungsverfahren.** Dabei ist zunächst der Anspruch zu ermitteln, der sich bei einem unterstellten Fortbestand des Arbeitsverhältnisses bis zum Erreichen der Altersgrenze ergeben hätte. Es ist die gesamte Betriebszugehörigkeit einschließlich der Berufsausbildung zu berücksichtigen (BAG 19.11.02 – 3 AZR 167/02, NZA 04, 264). Dieser Wert ist entsprechend um die nicht abgeleisteten Zeiten zu kürzen. Es ist somit der Quotient zu bilden aus erreichter und erreichbarer Betriebszugehörigkeit, um sodann den hypothetische Gesamtanspruch um diesen Quotient zu kürzen (sog m/n-tel Formel; vgl zB BAG 15.5.12 – 3 AZR 11/10, NZA-RR 12, 433; wegen ausführlicher Berechnungsmodelle vgl MünchArbR/*Andresen/Cisch* § 145 Rz 118 ff). Dieses Verfahren stellt keine unzulässige Altersdiskriminierung dar, ist mit Unionsrecht vereinbar und verfassungsgemäß (BAG 11.12.12 – 3 AZR 634/10, NZA 13, 564; 30.9.14 – 3 AZR 998/12, NZA 15, 750; BVerfG 29.5.12 – 1 BvR 3201/11, BeckRS 2012, 55223). Es gilt auch dann, wenn die Versorgungsordnung eine aufsteigende Berechnung der Vollansprüche vorsieht und die Rente des vorzeitig ausgeschiedenen ArbN sich ausdrücklich in gleicher Weise regelt (BAG 15.2.05 – 3 AZR 298/04, AP Nr 48 zu § 2 BetrAVG). Es ist grds für alle nicht beitragsorientierten und vom ArbGeb finanzierten Leistungszusagen anzuwenden. Auch die Vereinbarung sog Kappungsgrenzen ist möglich (BAG 17.9.08 – 3 AZR 1061/06, AP Nr 59 zu § 2 BetrAVG). Lediglich bei einer Durchführung der betrieblichen Altersversorgung über eine **Direktversicherung** oder eine **Pensionskasse** kann der ArbGeb gem § 2 Abs 2 und 3 BetrAVG die sog **versicherungsrechtliche Lösung** wählen (BAG 18.2.14 – 3 AZR 542/13, NZA 14, 2014). Das ist ggf auch bereits vor der Beendigung des Arbeitsverhältnisses möglich (BAG 19.5.16 – 3 AZR 794/14, BeckRS 2016, 71525). Ein möglicher Verzicht auf eine solche zeitanteilige Kürzung muss in der Versorgungszusage deutlich zum Ausdruck gebracht werden (BAG 4.10.94, BB 95, 881; 21.8.01 – 3 AZR 649/00, DB 02, 644; LAG Hamm 3.3.98 – 6 Sa 1800/97, NZA-RR 98, 370). Im Einzelfall kann er sich auch aus einer betrieblichen Übung des ArbGeb ergeben. Hierfür ist jedoch der ArbN darlegungs- und beweispflichtig (LAG Köln 4.8.95, NZA-RR 96, 182, BGH 13.1.03 – II ZR 254/00, BB 03, 851). Ausgeschlossen ist eine spätere zeitanteilige Kürzung auch, wenn im Zuge einer ablösenden Neuregelung einer Versorgungsordnung ein bis dahin erdienter, nach § 2 BetrAVG errechneter Besitzstand als Mindestrente garantiert worden ist (BAG 18.3.03 – 3 AZR 221/02, BB 03, 2625; 16.12.03 – 3 AZR 39/03, BeckRS 2004, 40394). Für **Pensionsfonds** gilt gem § 2 Abs 3a BetrAVG die ratierliche Berechnung mit der Maßgabe, dass der ArbGeb bei einer über die Deckungsrückstellung des Fonds hinausgehenden Anwartschaft unmittelbar aus dem Grundverhältnis einstandspflichtig ist. Bei einer **Gesamtversorgung** ist eine in der Versorgungsordnung enthaltene Gesamtversorgungsobergrenze bereits bei der Berechnung der maßgeblichen fiktiven Vollrente nach § 2 Abs 1 BetrAVG zu berücksichtigen und nicht erst auf die zeitratierlich gekürzte Betriebsrente anzuwenden. Etwas anderes gilt nur bei einer ausdrücklich abweichenden Regelung in der Versorgungsordnung (BAG 19.5.15 – 3 AZR 771/13, BeckRS 2015, 70801). 44

Hinsichtlich sämtlicher Bemessungsgrößen der Wertberechnung kommt es gem § 2a Abs 1 BetrAVG **grundsätzlich** auf den **Zeitpunkt des Ausscheidens** an. Diese Regelung entspricht weitestgehend dem bis 31.12.17 geltenden § 2 Abs 5 BetrAVG aF. Spätere 45

Änderungen, gleichgültig ob zugunsten oder zulasten des ArbN bleiben unberücksichtigt (BAG 27.3.07 – 3 AZR 60/06, NZA 08, 133). Das gilt auch für spätere Änderungen des versicherungsmathematischen Abschlags (BAG 17.8.04 – 3 AZR 318/03, BeckRS 2005, 40194). Scheidet also ein ArbN vor Eintritt des Versorgungsfalls mit einer unverfallbaren Anwartschaft auf Grundlage einer beitragsorientierten Leistungszusage aus dem Arbeitsverhältnis aus, gilt für Altfälle (§ 30g Abs 1 BetrAVG) der Festschreibeeffekt des § 2 Abs 5 BetrAVG aF (LAG Hamm 4.10.17 – 4 Sa 1120/15, NZA-RR 18, 37 – nicht rkr, Az beim BAG: 3 AZR 532/17). Die Veränderungssperre des § 2a Abs 1 BetrAVG ist allerdings gem § 19 Abs 1 BetrAVG tariflich abdingbar (zur Auslegung einer solchen Tarifregelung BAG 13.12.05 – 3 AZR 478/04, AP Nr 49 zu § 2 BetrAVG), wobei dies auch die Übergangsregelung nach § 30g Abs 2 BetrAVG umfasst (BAG 20.2.18 – 3 AZR 252/17, NZA 18, 728). Zugunsten des ArbN ist eine Abweichung von § 2a Abs 1 BetrAVG gem § 19 Abs 3 BetrVG ohnehin immer möglich. Daher kann bspw arbeitsvertraglich vereinbart werden, dass die erworbene Anwartschaft nach dem Ausscheiden des Versorgungsberechtigten dynamisiert wird (BAG 15.11.05 – 3 AZR 521/04, NZA-RR 06, 482). **Ausnahmsweise** sind nach § 2a Abs 2 Satz 1 BetrAVG demgegenüber **Veränderungen** der Bemessungsgrößen gleichwohl **berücksichtigungsfähig,** wenn ein ausgeschiedener ArbN hinsichtlich des Werts seiner Versorgungsanwartschaft ansonsten schlechter gestellt würde als ein beim ArbGeb verbleibender vergleichbarer ArbN. Gegenteiliges gilt wiederum für besondere Anwartschaften bzw. Anwartschaftsanpassungen nach § 2a Abs 2 Satz 2 BetrAVG. Diese Bestimmungen sind seit dem 1.1.18 in Kraft; Übergangsfälle regelt § 30g Abs 1 BetrAVG. Bei Anwartschaften aus **Entgeltumwandlung** und **beitragsorientierten Leistungszusagen** findet gem § 2 Abs 5 und 6 BetrAVG für bestimmte Durchführungswege eine Begrenzung auf die im Zeitpunkt des Ausscheidens **tatsächlich erreichte Anwartschaft** aus den bis dahin umgewandelten Entgeltbestandteilen bzw den geleisteten Beiträgen statt. Nach § 30g Abs 2 BetrAVG findet diese Regelung nur auf nach dem 31.12.2000 erteilte Zusagen Anwendung, sofern ArbGeb und ArbN nicht Gegenteiliges vereinbart haben (vgl hierzu BAG 23.1.18 – 3 AZR 359/16, BeckRS 2018, 4131).

46 **e) Auskunftsanspruch.** Näheres zum Auskunftsanspruch → *Rentenauskunft* Rn 3 ff.

47 **f) Abfindung.** Lediglich solche Anwartschaften, die noch nicht unverfallbar sind, können unbeschränkt abgefunden werden (*Diller* NZA 11, 1021). Für alle gesetzlich unverfallbaren Anwartschaften gilt gem § 3 BetrAVG ein **weitreichendes Abfindungsverbot,** das gem § 30g Abs 3 BetrAVG auch für laufende Betriebsrenten gilt, sofern sie erstmals nach dem 1.1.05 gezahlt worden sind (anders zur früheren gesetzlichen Regelung in § 3 BetrAVG aF BAG 21.3.2000 – 3 AZR 127/99, NZA 01, 1308). Ein Verstoß gegen § 3 BetrAVG führt zur Nichtigkeit der Vereinbarung. Dabei umfasst das Abfindungsverbot auch eine Vereinbarung über die Verrechnung künftiger Rentenansprüche mit einer Abfindung nach §§ 9, 10 KSchG (BAG 24.3.98 – 3 AZR 800/96, BB 98, 1423; 17.10.2000 – 3 AZR 7/00, NZA 01, 963). Haben die Vertragsparteien die gem § 3 BetrAVG unwirksame Tilgungsbestimmung jedoch mit einer auflösenden Bedingung für die Abfindungszahlung (bei Rentenbewilligung) verbunden, so bleibt diese wirksam und kann einen Bereicherungsanspruch des ArbGeb nach § 812 Abs 1 BGB begründen, der durch § 817 Satz 2 BGB nicht ausgeschlossen ist (BAG 24.3.98, BB 98, 1423; vgl zu § 817 Satz 2 BGB auch LAG Köln 3.3.97, NZA-RR 97, 397). Die **Abfindungsmöglichkeiten** richten sich nach § 3 Abs 2–6 BetrAVG. Über die Abfindung sog **Bagatellanwartschaften** entscheidet ausschließlich der ArbGeb. Er kann auch ohne Zustimmung des ArbN Rentenanwartschaften abfinden, wenn die aus der Anwartschaft resultierende Monatsleistung 1 % bzw eine einmalige Kapitalleistung 120 % der monatlichen Bezugsgröße nach § 18 SGB IV nicht übersteigt. Das gilt uneingeschränkt auch für Entgeltumwandlungen, da ein Zustimmungserfordernis des ArbN im Hinblick auf den nach § 4 Abs 3 BetrAVG bestehenden Übertragungsanspruch entbehrlich ist. Beruht die betriebliche Altersversorgung auf einer Betriebsvereinbarung, bedarf ein wirksames Abfindungsprogramm gem § 77 Abs 4 S 2 BetrAVG der Zustimmung des Betriebsrats (*Neufeld* BB 18, 2356). Seit dem 1.1.18 bedarf die Abfindung der Anwartschaft gem § 3 Abs 2 Satz 3 BetrAVG bei einem **grenzüberschreitenden Arbeitgeberwechsel** innerhalb der EU der Zustimmung des ArbN. Das gilt auch bei sog Bagatellabfindungen. Bei **Erstattung der Beiträge** zur gesetzlichen RV ist eine Abfindung uneingeschränkt möglich. Ebenfalls vom Abfindungsverbot unberührt bleiben die kraft

**vertraglicher** Vereinbarung unverfallbaren Anwartschaften sowie die Abfindung jeglicher Anwartschaften **im laufenden Arbeitsverhältnis,** die nicht im zeitlichen oder sachlichen Zusammenhang mit einer Beendigung des Arbeitsverhältnisses erfolgt (so die Gesetzesbegründung BT-Drs 15/2150 S 52; BAG 24.1.06 – 3 AZR 484/04, NZA 07, 279; 21.1.03 – 3 AZR 30/02, NZA 04, 331). Sieht eine Versorgungsordnung eine Renten- oder Kapitalleistung nach Wahl des ArbGeb im Versorgungsfall vor, so ist dies nach § 3 BetrAVG **nicht zu beanstanden** (LAG Hess 23.9.98 – 8 Sa 1410/97 – NZA-RR 99, 497 zu § 3 BetrAVG aF). Ebenfalls nicht anwendbar ist § 3 BetrAVG, wenn die betriebliche Altersversorgung bei gleichwertigen Leistungen nur umgestaltet wird (BAG 20.11.01 – 3 AZR 28/01, AP Nr 12 zu § 3 BetrAVG). Bedarf es nach der Versorgungsordnung für die Gewährung einer Kapitalabfindung der Antragstellung des ArbGeb, so hat dieser hierüber nach den Grundsätzen billigen Ermessens gem § 315 Abs 1 BGB zu befinden (LAG Hamm 13.8.96, DB 96, 2412).

**Im Insolvenzverfahren** ist die Abfindung nach wie vor unter erleichterten Voraussetzungen möglich. Wird die Betriebstätigkeit eingestellt und das Unternehmen liquidiert, kann die während des Insolvenzverfahrens erdiente Anwartschaft gem § 3 Abs 4 BetrAVG ohne Zustimmung des ArbN abgefunden werden. Das gilt nicht bei Fortführung des Betriebs nach § 613a BGB, da in diesem Fall der Erwerber in die Anwartschaften eintritt (BAG 22.12.09 – 3 AZR 814/07, NZA 10, 568). 48

**g) Übernahme durch Dritte.** Mit dem AltEinkG hat der Gesetzgeber mW zum 1.1.05 den rechtlichen Rahmen für die Übertragung von Versorgungsanwartschaften neu gestaltet und deutlich weitergehende Übertragungsmöglichkeiten geschaffen (sog **Portabilität**). Das zum 1.1.18 in Kraft getretene Betriebsrentenstärkungsgesetz hat diese Regelungen auf Versorgungseinrichtungen nach § 22 BetrAVG erweitert (BGBl I 2017, 3214). Gleichzeitig ist zu beachten, dass die Regelung des § 4 BetrAVG die wirksame Vereinbarung befreiender Schuldübernahmen im Betriebsrentenrecht zwingend einschränkt und Ausnahmen nur unter den in § 4 Abs 2 bis 4 BetrAVG genannten gesetzlichen Voraussetzungen zulässt (BAG 7.6.16 – 3 AZR 193/15, BeckRS 2016, 71103). 49

Besteht **Einvernehmen** zwischen ArbN, Alt- und NeuArbGeb gestattet das Gesetz in § 4 Abs 2 BetrAVG durch dreiseitigen Vertrag zwei Übertragungsalternativen (grundlegend BAG 24.2.11 – 6 AZR 626/09, NZA-RR 12, 148; *Reinsch/Novara/Stratmann* NZA 11, 10; *Döring/Granetzny* NZA 12, 1339). Zum einen kann der neue ArbGeb die Zusage insgesamt übernehmen (weitergehend *Reichenbach/Jocham* BB 08, 1786: gleichzeitig einvernehmliche Änderung möglich). Praktisch bedeutsamer ist die zweite Regelungsalternative. Danach kann der Wert der beim AltArbGeb erworbenen Anwartschaft auf den NeuArbGeb übertragen werden, der eine mit dem Anwartschaftswert wertgleiche Zusage erteilt, die sofort gesetzlich unverfallbar ist.

Gem § 30b BetrAVG besteht für Anwartschaften aus Neuzusagen, die ab dem 1.1.05 erteilt werden, gem § 4 Abs 3 BetrAVG ein **Übertragungsanspruch** des ArbN, der innerhalb eines Jahres nach Beendigung des Arbeitsverhältnisses geltend gemacht werden muss. Soweit die betriebliche Altersversorgung über einen externen, beitragsfinanzierten Durchführungsweg (Pensionsfonds, Pensionskasse oder Direktversicherung) erfolgt und der Übertragungswert die Beitragsbemessungsgrenze in der gesetzlichen RV nicht übersteigt, kann der ArbN von den beiden beteiligten ArbGeb verlangen, dass der Übertragungswert auf den neuen ArbGeb übertragen wird und dieser eine wertgleiche Zusage erteilt, die sofort gesetzlich unverfallbar ist. Diese Zusage muss wiederum auf einem externen Durchführungsweg beruhen, um die weitere Portabilität sicherzustellen. In diesem Rahmen kann der ArbGeb den Durchführungsweg und den konkreten Versorgungsträger frei wählen (*Höfer* DB 04, 1427). Ein Übertragungsanspruch **besteht nicht,** wenn die Altersversorgung über eine Direktzusage oder eine Unterstützungskasse durchgeführt wird, denn der ArbGeb soll nicht gezwungen werden, im Unternehmen gebundene Rückstellungen für die Altersversorgung der Beschäftigten vorzeitig zu kapitalisieren (BT-Drs 15/2150 S 53). Liegt der Übertragungswert über der Beitragsbemessungsgrenze, besteht kein Recht auf teilweise Mitnahme. Dies würde der gesetzgeberischen Intention der Bündelung von Versorgungsanwartschaften widersprechen (BT-Drs 15/2150 S 53). 50

Verfügt der neue ArbGeb über ein eigenes Versorgungswerk, wird der Übertragungswert in dieses System einfließen. Ist das nicht der Fall, begründet der Übertragungsanspruch aus

§ 4 Abs 3 BetrAVG lediglich eine entsprechende Verschaffungs- bzw Einrichtungspflicht des neuen ArbGeb. Diese umfasst aber nur den übernommenen Übertragungswert. § 4 Abs 3 BetrAVG begründet **keine** Pflicht zur **Fortführung** der Altersversorgung. Unabhängig von den verfassungsrechtlichen Bedenken folgt dies bereits aus dem alleinigen Ziel des Gesetzgebers, die Übertragung der Anwartschaften zu erleichtern. In jedem Fall ist zu empfehlen, künftig bei Neueinstellungen die Geltendmachung des Übertragungsanspruchs nach § 4 Abs 3 BetrAVG abzuklären.

51 Die **Berechnung** des Übertragungswerts ist in § 4 Abs 5 BetrAVG geregelt (vgl hierzu *Förster/Cisch* BB 04, 2126; *Langohr-Plato/Teslau* NZA 04, 1353). Erst mit der vollständigen Übertragung des Übertragungswerts erlischt schließlich gem § 4 Abs 6 BetrAVG die Zusage des früheren ArbGeb (*Rolfs* NZA 05, 745; *Reichel/Volk* DB 05, 986).

52 **Insolvenzschutz** ist für die übertragenen Anwartschaften im Umfang der Beitragsbemessungsgrenze gem § 7 Abs 5 Satz 3 BetrAVG gewährleistet. Einer Beteiligung des PSV bei der Übertragung selbst bedarf es daher nicht (anders früher BAG 14.9.99 – 3 AZR 273/98 zu Übertragungen an andere Versorgungsträger iSv § 4 Abs 1 Satz 2 BetrAVG aF).

**Nicht anwendbar** ist § 4 Abs 3 BetrAVG im Fall des Betriebsübergangs nach § 613a BGB, da der Übernehmer bereits kraft Gesetzes als neuer ArbGeb in die Arbeitsverhältnisse eintritt. Auch der bloße Wechsel des Versorgungsträgers ist nach wie vor kein Anwendungsfall des § 4 BetrAVG (Gesetzesbegründung BT-Drs 15/2150 S 53).

Unverändert gilt der bisherige § 4 Abs 3 BetrVG aF nach dem AltEinkG als § 4 Abs 4 BetrAVG fort. Im Fall der vollständigen **Betriebseinstellung** mit anschließender **Unternehmensliquidation** kann nach dieser Vorschrift unter bestimmten Voraussetzungen eine Übertragung erfolgen (*Müller* BB 15, 2423; iE *Blomeyer/Rolfs/Otto* § 4 Rz 141 ff). Zum Sonderfall der Schließung einer unselbstständigen Niederlassung eines ausländischen Unternehmens (*Kock/Otto* BB 04, 1162).

53 **7. Anpassung. a) Aufgrund der Versorgungsordnung.** Richtet sich die Höhe des Ruhegeldes nach der Versorgungsordnung prozentual nach bestimmten Einkommen, so bedarf es regelmäßig einer Überprüfung des zugrunde zu legenden Ausgangsbetrages (zur Auslegung verschiedener Anpassungsklauseln BAG 25.9.18 – 3 AZR 333/17, NZA 19, 410; 25.9.18 – 3 AZR 402/17, BeckRS 2018, 32672; 19.5.15 – 3 AZR 771/13, BeckRS 2015, 70801). Enthält die Versorgungsordnung sog Wertsicherungs- oder Spannenklauseln ist ebenfalls eine entsprechende Anpassung vorzunehmen (*Langohr-Plato* BB 97, 1634). § 16 BetrAVG sichert insoweit nur eine Mindestanpassung (BAG 27.8.96 – 3 AZR 466/95, NZA 97, 535; 17.8.04 – 3 AZR 367/03, AP Nr 55 zu § 16 BetrAVG zu einer Anpassungsregelung des Bochumer Verbandes). Dabei sind Verweisungen auf die geltenden betrieblichen Altersversorgungsbestimmungen im Regelfall dynamisch und erstrecken sich auch auf die Rentenbezugsphase (BAG 18.9.12 – 3 AZR 431/10, NZA-RR 13, 651). Soweit die Leistungsordnung des Essener Verbandes eigene Anpassungsregelungen enthält und nur für vorzeitig ausgeschiedene ArbN eine Anpassung nach § 16 BetrAVG vorsieht, ist dies sachlich gerechtfertigt (BAG 30.11.10 – 3 AZR 754/08, NZA-RR 11, 593). Die ebenfalls in dieser Leistungsordnung vorgesehene Minderung des Anpassungsbedarfs um einen sog biometrischen Faktor ist unwirksam (BAG 30.9.14 – 3 AZR 402/12, NZA 15, 227; *Kruip* BB 15, 448: Ausdehnung auch auf die Anpassung nach § 16 BetrAVG). Für die Geltendmachung einer Anpassung nach der Leistungsordnung des Essener Verbandes gelten gleichermaßen die allgemeinen Fristen einer Anpassung nach § 16 BetrAVG (→ Rn 68; BAG 14.5.19 – 3 AZR 112/18, BeckRS 2019, 14609).

54 **b) Gemäß § 16 BetrAVG.** Der ArbGeb hat gem § 16 BetrAVG in einem Turnus von drei Jahren eine Anpassung der laufenden Leistungen der betrieblichen Altersversorgung zu prüfen und hierüber nach billigem Ermessen zu entscheiden. Dabei sind insbes die Belange des Versorgungsempfängers und die wirtschaftliche Lage des ArbGeb zu berücksichtigen (Überblick und Prüfschema bei *Kelwing/Ringwald* DB 19, 305; *Börner/Lämpe* BB 18, 761). Auch nach der Schließung des Unternehmens bleiben sowohl der frühere ArbGeb als auch dessen Erben zur Anpassung verpflichtet, wobei allerdings nur das seinerzeit dem Unternehmen gewidmete Vermögen maßgeblich ist (BAG 9.11.99 – 3 AZR 420/98, NZA 2000, 1057 mit weiteren Berechnungshinweisen).

**aa) Grundtatbestand.** Dieser ist nach wie vor die in § 16 Abs 1 BetrAVG geregelte Anpassungsprüfung im Turnus von drei Jahren unter Berücksichtigung der Belange des Versorgungsempfängers und der wirtschaftlichen Lage des ArbGeb. **Hinzugekommen** sind die Abs 2–4, die abweichend von der Grundregel des Abs 1 den ArbGeb in bestimmten Fällen von der Anpassungspflicht entbinden und die von der Rspr entwickelte sog nachholende Anpassung regeln. 55

**bb) Anpassungsbedarf.** Der Anpassungsbedarf richtet sich nach dem seit Rentenbeginn eingetretenen Kaufkraftverlust. Daher kommt es sowohl für die Ermittlung des Kaufkraftverlusts als auch der reallohnbezogenen Obergrenze auf die Entwicklung vom Rentenbeginn bis zum jeweiligen Anpassungsstichtag an (BAG 19.6.12 – 3 AZR 464/11, NZA 12, 1291). Maßstab für die Ermittlung des Anpassungsbedarfs ist nach der ständigen Rspr des BAG der Verbraucherpreisindex (bzw vor dem 1.1.03 der Preisindex für einen 4-Personen-Haushalt von Arbeitern und Angestellten mit mittlerem Einkommen) begrenzt durch die durchschnittliche Steigerungsrate der Nettoverdienste vergleichbarer ArbNGruppen im Unternehmen (BAG 11.8.81 – 3 AZR 395/80, AP Nr 11 zu § 16 BetrAVG; 23.5.2000 – 3 AZR 103/99, NZA 01, 1076; *Bechtoldt/Kelwing* DB 15, 435; weitergehend *Reichenbach/Grüneklee* DB 06, 446; *Förster/Weppler* BB 06, 773). Diese Rspr hat der Gesetzgeber im RRG 99 aufgegriffen und in § 16 Abs 2 BetrAVG zum 1.1.03 nochmals modifiziert als Erfüllungstatbestand für eine ordnungsgemäße Anpassung normiert. Abzustellen ist bei der Anpassungsprüfung auf den Kaufkraftverlust, der sich aus dem zum Anpassungsstichtag aktuellsten vom Bundesamt veröffentlichten Verbraucherpreisindex ergibt (BAG 28.6.11 – 3 AZR 859/09, NZA 11, 1285). Dabei kann für die Berechnung des Anpassungsbedarfs vom individuellen Rentenbeginn bis zum Anpassungsstichtag die sog Rückrechnungsmethode angewandt werden (BAG 11.10.11 – 3 AZR 527/09, NZA 12, 454). 56

**cc) Belange des Versorgungsempfängers.** Will der ArbGeb eine Anpassung vornehmen, die geringer ist als sich aus den Parametern des § 16 Abs 2 BetrAVG ergibt, muss er nach billigem Ermessen die Belange des Versorgungsempfängers gegen die wirtschaftliche Lage des Unternehmens abwägen. Dabei darf nach der Rspr des BAG die Entwicklung der SozVRente des Versorgungsempfängers nicht berücksichtigt werden. Deren überproportionaler Anstieg entbindet den ArbGeb nicht von einer Betriebsrentenanpassung (BAG 15.9.77, DB 77, 1903; 14.2.89, DB 89, 1422). Auch bei einer Gesamtversorgung ist Bezugsobjekt der Anpassung nach § 16 BetrAVG grds die Ausgangsrente, also die Betriebsrente, die vom ArbGeb geschuldet und gezahlt wird, nicht die Gesamtversorgung (BAG 14.2.12 – 3 AZR 685/09, NZA-RR 12, 593). Um eine Besserstellung der Versorgungsempfänger im Verhältnis zu den aktiven ArbN zu verhindern, gilt lediglich die bereits erwähnte reallohnbezogene Obergrenze am Anpassungsstichtag (BAG 23.5.2000 – 3 AZR 83/99, NZA 02, 554; 21.8.01 – 3 AZR 589/00, NZA 03, 561). Diese kann auch konzernweit ermittelt werden (BAG 30.8.05 – 3 AZR 395/04, NZA-RR 06, 485). Bei der Ermittlung des Nettoreallohnanstiegs sind die Anwartschaftsrechte auf Versorgungslohn nicht mit in die Gesamtnettoeinkünfte einzubeziehen, da sie nicht zum verfügbaren Arbeitseinkommen der aktiv Beschäftigten gehören (BAG 18.3.14 – 3 AZR 249/12, NZA 14, 1026). 57

**dd) Wirtschaftliche Lage des Arbeitgebers.** Bei der Beurteilung der wirtschaftlichen Lage ist vorrangig die Erhaltung des Betriebs und der Arbeitsplätze zu berücksichtigen (BAG 17.1.80, DB 80, 306). Der ArbGeb muss in der Lage sein, den Teuerungsausgleich aus den Erträgen des Unternehmens und dessen Wertzuwachs in der Zeit bis zum nächsten Anpassungsstichtag aufzubringen (BAG 18.2.03 – 3 AZR 172/02, BB 03, 2292). Gestützt auf die bisherige Entwicklung ist am Anpassungsstichtag eine Prognoseentscheidung zu treffen (BAG 8.12.15 – 3 AZR 348/14, BeckRS 2016, 67105; 15.4.14 – 3 AZR 51/12, NZA-RR 15, 147). Maßgeblich ist die tatsächliche wirtschaftliche Lage (LAG Köln 22.1.19 – 4 Sa 88/16, NZA-RR 19, 271). Dabei kommt es nicht allein auf die in den letzten drei Jahren vor dem Anpassungsstichtag erzielten Gewinne an. Der ArbGeb darf seiner Prognose bei entsprechender Aussagekraft sowohl einen längeren Zeitraum zugrunde legen als auch sich bereits abzeichnende oder wenigstens mit einer gewissen Wahrscheinlichkeit zu erwartende Veränderungen berücksichtigen (BAG 23.1.01 – 3 AZR 287/00, NZA 02, 560). Demgegenüber ist eine im Zeitpunkt des Anpassungsstichtages lediglich geplante, der Verbesserung des Unternehmensergebnisses dienende Umstrukturierungsmaßnahme grds nicht geeignet, eine im Rahmen der Anpassungsprüfung erstellte negative Prognose zu erschüt- 58 tern, da ihr Erfolg bis zum nächsten Anpassungsstichtag völlig ungewiss ist (BAG 26.4.18 – 3 AZR 686/16, NZA 18, 863). Auch spätere **unerwartete Veränderungen** können erst bei der nächsten Anpassungsprüfung berücksichtigt werden (BAG 10.2.15 – 3 AZR 734/13, BeckRS 2015, 68736; 21.4.15 – 3 AZR 726/13, BeckRS 2015, 7102). Auch **einmalige, außerordentliche Erträge** sind nicht zu berücksichtigen (LAG Köln 9.12.09 – 8 Sa 1004/08, NZA-RR 10, 260). Das gilt gleichermaßen für **einmalige belastende Ereignisse**. Zu solchen gehört bei einem Bankkonzern nicht die internationale Finanzkrise (BAG 15.4.14 – 3 AZR 51/12, BeckRS 2014, 69079). Außerordentliche Aufwendungen, die daraus resultieren, dass der Versorgungsschuldner die laufenden Pensionsverpflichtungen und -anwartschaften ab dem Geschäftsjahr 2010 nach dem durch das BilMoG geänderten § 253 HGB neu zu bewerten sowie den sich danach ergebenden Zuführungsbetrag anzusammeln und Rückstellungen zuzuführen hat, sind im Rahmen des Betriebsergebnisses regelmäßig ergebnismindernd zu berücksichtigen (BAG 21.4.15 – 3 AZR 102/14, BeckRS 2015, 70800; 14.7.15 – 3 AZR 252/14, NZA-RR 15, 539).

**59** Nach der Rspr des BAG ist eine übermäßige Belastung des ArbGeb zu bejahen, wenn es mit einiger Wahrscheinlichkeit unmöglich sein wird, den Anpassungsbedarf aus dem Wertzuwachs des Unternehmens und dessen Erträgen in der Zeit nach dem Anpassungsstichtag aufzubringen (BAG 23.4.85, DB 85, 1642; 26.10.10 – 3 AZR 502/08, BeckRS 2011, 68121). Dies kann bei einer unzureichenden Eigenkapitalverzinsung der Fall sein. Eine **angemessene Eigenkapitalverzinsung** besteht aus einem Basiszinssatz, der der Umlaufrendite öffentlicher Anleihen entspricht sowie einem für alle Unternehmen einheitlichen Risikozuschlag von 2% (BAG 22.1.19 – 3 AZR 616/17, BeckRS 2019, 9210; 8.12.15 – 3 AZR 348/14, BeckRS 2016, 67105; kritisch im Hinblick auf die aktuelle Niedrigzinsphase *Höfer* DB 15, 2207). Der ArbGeb trägt insoweit die Darlegungs- und Beweislast (BAG 23.5.2000 – 3 AZR 146/99, NZA 01, 1251). Als ausreichend substantiierter Sachvortrag genügt dabei zunächst die schriftsätzlich erläuterte Vorlage der nach handelsrechtlichen Rechnungslegungsregeln ermittelten testierten Bilanzen nebst Gewinn- und Verlustrechnungen der vergangenen drei Jahre. Nach anderen Regeln erstellte Jahresabschlüsse sind grds ungeeignet (BAG 21.8.12 – 3 ABR 20/10, BeckRS 2012, 76056). Das Gleiche gilt für die bilanziell ausgewiesenen latenten Steuern iSv § 274 Abs 1 Satz 2 HGB (BAG 21.2.17 – 3 AZR 455/15, NZA-RR 18, 200 mit Anm *Neufeld* BB 17, 1661). Nach einem **Betriebsübergang** tritt der Erwerber in die gesetzliche Anpassungspflicht nach § 16 BetrAVG ein (BAG 21.2.06 – 3 AZR 216/05, NZA 07, 931). Dabei ist regelmäßig auf die Ertragskraft des Erwerbers abzustellen. Dies gilt auch für den beim Betriebsveräußerer erworbenen Teil des Versorgungsanspruchs (BAG 25.4.06 – 3 AZR 50/05, NZA-RR 07, 310). Ist der Versorgungsschuldner aus einer Verschmelzung zweier Unternehmen entstanden, die in dem für die Prognose maßgeblichen repräsentativen Zeitraum stattgefunden hat, kommt es grds auf die wirtschaftliche Entwicklung der beiden ursprünglich selbstständigen Unternehmen bis zur Verschmelzung an (BAG 28.5.13 – 3 AZR 125/11, NZA-RR 13, 598; 31.7.07 – 3 AZR 810/05, BeckRS 2007, 48814). Bei einer betrieblichen Altersversorgung, die auf **Entgeltumwandlung** beruht, muss der ArbGeb gem § 16 Abs 5 BetrAVG die Leistungen jährlich um mindestens 1% erhöhen oder bei Durchführung über eine Direktversicherung oder Pensionskasse sämtliche Überschussanteile entsprechend zur Leistungserhöhung verwenden. Das gilt gem § 30c Abs 3 BetrAVG nur für laufende Leistungen, die auf Zusagen beruhen, die ab dem 1.1.01 erteilt worden sind. Die wirtschaftliche Lage einer Gewerkschaft als Versorgungsschuldnerin kann wegen Art 9 Abs 3 GG nur eingeschränkt gerichtlich überprüft werden (LAG NdS 26.2.13 – 3 Sa 600/12 B, NZA-RR 13, 547).

**60** Auch im **Konzern** sind grds die wirtschaftlichen Verhältnisse des ArbGeb maßgeblich (BAG 12.12.17 – 3 AZR 305/16, NZA 18, 1499; 21.4.15 – 3 AZR 726/13, BeckRS 2015, 71020). Das gilt auch für den Sonderfall, dass die gute wirtschaftliche Lage der Versorgungsschuldnerin allein auf einer ständigen finanziellen Unterstützung durch die Konzernmutter beruht (BAG 10.2.15 – 3 AZR 37/14, NZA-RR 15, 318). Eine Ausnahme von diesem Grundsatz gilt im Fall des sog **Berechnungsdurchgriffs,** bei dem dem Versorgungsschuldner die günstige wirtschaftliche Lage eines anderen Konzernunternehmens zugerechnet wird (BAG 21.10.14 – 3 AZR 1027/12, NZA-RR 15, 90). Voraussetzung eines derartigen Berechnungsdurchgriffs ist ein Gleichlauf von Zurechnung und Innenhaftung im Sinne einer Einstandspflicht/Haftung des anderen Konzernunternehmens gegenüber dem Versorgungsschuldner. Nur wenn dieser die anpassungsbedingte höhere Belastung an das andere Unternehmen auch weitergeben kann, kann der Betriebsrentner den Berechnungsdurchgriff geltend machen (BAG 15.1.13 – 3 AZR 638/10, BeckRS 2013, 68638; 29.9.10 – 3 AZR 427/08, NZA 11, 1416; vgl hierzu aus dem Schrifttum: *Matthießen* DB 17, 2417; *Schipp* DB 10, 112; *Diller/Beck* DB 11, 1052; *Vogt* NZA 13, 1250; *Rolfs/Heikel* NZA 14, 1161). Letztlich kommt es entscheidend auf das Vorliegen eines **Beherrschungsvertrages** und die so geschaffene **Gefahrenlage** für das durch § 16 Abs 1 BetrAVG geschützte Interesse des Betriebsrentners am Werterhalt laufender Leistungen an. Dabei muss im Prozess der Versorgungsempfänger zunächst nur die Existenz eines Beherrschungsvertrages darlegen und ggf beweisen sowie behaupten, dass sich die dem Beherrschungsvertrag eigene Gefahrenlage verwirklicht habe. Sodann muss der ArbGeb im Einzelnen substantiiert und nachvollziehbar darlegen, dass sich diese Gefahrenlage nicht verwirklicht oder seine wirtschaftliche Lage nicht in einem für die Anpassung erheblichen Umfang verschlechtert hat (BAG 10.3.15 – 3 AZR 739/13, NZA 15, 1187; BGH 27.9.16 – II ZR 57/15, NZA 16, 1470). Seine frühere Rspr zum Berechnungsdurchgriff bei Vorliegen einer verdichteten Konzernverbindung und Verwirklichung von konzerntypischen Gefahren im Vertragskonzern sowie im qualifiziert faktischen Konzern hat das BAG ausdrücklich aufgegeben (vgl zur früheren Rspr Personalbuch 2013 *Betriebliche Altersversorgung* Rz 58). Ein Anspruch auf Sicherheit nach § 303 AktG für künftige Rentenanpassungen nach § 16 BetrAVG im Konzern besteht regelmäßig nicht (BAG 26.5.09 – 3 AZR 369/07, NZA 10, 641; *Böhm* DB 09, 2376). Bei Beendigung eines Beherrschungsvertrages hat das herrschende Unternehmen das beherrschte Unternehmen grds so auszustatten, dass dieses zur Betriebsrentenanpassung wirtschaftlich in der Lage ist. Anderenfalls drohen Schadensersatzansprüche (BAG 26.5.09 – 3 AZR 369/07, NZA 10, 641).

Eine entsprechende Ausstattungspflicht hat das BAG zunächst auch bei sog **Rentnergesellschaften** angenommen. Danach trifft den versorgungspflichtigen ArbGeb richtigerweise grds die arbeitsvertragliche Nebenpflicht, die Gesellschaft, auf die Versorgungsverbindlichkeiten ausgegliedert werden, so auszustatten, dass sie nicht nur die laufenden Betriebsrentenzahlen kann, sondern auch zu den gesetzlich vorgesehenen Anpassungen in der Lage ist (BAG 11.3.08 – 3 AZR 358/06, NZA 09, 790). Das führt nach **neuerer Rechtsprechung** des BAG aber nicht zu möglichen Schadenersatzansprüchen gegen die Rentnergesellschaft, da diese hinsichtlich ihrer finanziellen Ausstattung nicht selbst Handelnde, sondern lediglich Handlungsobjekt sei (BAG 14.7.15 – 3 AZR 252/14, NZA-RR 15, 539). Im Übrigen verneint das BAG bereits das Bestehen einer Ausstattungsverpflichtung, wenn die Rentnergesellschaft nicht durch Ausgliederung entsteht, sondern bei einer Veräußerung des operativen Geschäfts „übrig bleibt" (BAG 17.6.14 – 3 AZR 298/13, BeckRS 2014, 72951; ausdrücklich bestätigt in BAG 15.9.15 – 3 AZR 839/13, BeckRS 2016, 65152 und BAG 7.6.16 – 3 AZR 193/15, BeckRS 2016, 71103) und meint, dass in diesem Fall die Beeinträchtigung schutzwürdige Interessen der Versorgungsberechtigten nicht in gleicher Weise drohe (zu Recht kritisch *Rolfs/List* RdA 15, 422; *Sall/Flockenhaus* BB 17, 2933). Missbräuchlichem Handeln im Konzern könne mit § 826 BGB hinreichend begegnet werden (vgl dazu LAG NdS 24.11.16 – 4 Sa 50/16, NZA-RR 17, 144). Außerdem hält das BAG auch für Rentnergesellschaften an dem Grds fest, dass Rentenanpassungen nicht aus der Vermögenssubstanz zu finanzieren sind (BAG 11.7.17 – 3 AZR 691/16, NZA 17, 1388; 14.7.15 – 3 AZR 252/14, NZA-RR 15, 539). 61

**ee) Entfallen der Anpassungspflicht.** Keine Anpassungspflicht iSv § 16 Abs 1 BetrAVG besteht gem § 16 Abs 3 Nr 1 BetrAVG, wenn sich der ArbGeb zu einer jährlichen Rentenanpassung von mindestens 1 % verpflichtet. Das Gleiche gilt gem § 16 Abs 3 Nr 2 BetrAVG bei Direktversicherung und Pensionskasse, wenn alle auf den Rentenbestand entfallenden Überschussanteile zur Erhöhung der laufenden Leistungen verwendet werden. Die 1 %-Regelung in § 16 Abs 3 **Nr 1** BetrAVG gilt gem § 30c Abs 1 BetrAVG **nur für Neuzusagen** nach dem 31.12.98. Wann eine Neuzusage iSv § 16 Abs 3 Nr 1 BetrAVG vorliegt, richtet sich nicht nach dem äußeren Erscheinungsbild, sondern danach, ob ein sachlicher Zusammenhang mit einer bereits vorhandenen Zusage besteht (*Heither* BetrAV 98, 140; *Höfer* BB 98, 2362). Dabei ist ein strenger Maßstab anzulegen, um im Hinblick auf die vom Gesetzgeber bezweckte Differenzierung Umgehungsversuche zu verhindern (zB Aufhebung der bestehenden Zusage bei gleichzeitiger inhaltsgleicher Neuerteilung). Auch 62 die bloße Verbesserung einer bestehenden Zusage ist danach keine Neuzusage iSv § 30c Abs 1 BetrAVG. Keinesfalls genügt eine nach dem og Stichtag in einer Betriebsvereinbarung vereinbarte Anwendung der 1%-Regelung (BAG 28.6.11 – 3 AZR 282/09, BeckRS 2011, 77145).

§ 16 Abs 3 **Nr 2** BetrAVG ist zunächst mit Wirkung zum 31.12.2015 geändert worden (BGBl I 15, 2553), nachdem die zuvor geltende Fassung nach einer Entscheidung des BAG aus dem Jahr 2014 nur sehr eingeschränkt zur Anwendung kam (BAG 30.9.14 – 3 AZR 617/12, NZA 15, 544). Im Rahmen des sog Betriebsrentenstärkungsgesetzes vom 17.8.17 ist durch § 30c Abs 1a BetrAVG die Neuregelung auch auf Anpassungszeiträume, die vor dem 1.1.16 liegen, erstreckt worden (LAG Köln 20.2.19 – 5 Sa 399/18, NZA-RR 19, 377 – nicht rkr, Az beim BAG: 3 AZR 137/19; LAG BaWü 23.7.18 – 1 Sa 17/17, NZA-RR 18, 559; zuvor noch anders BAG 30.8.16 – 3 AZR 342/15, BeckRS 2016, 114239). Die Frage der Verfassungsmäßigkeit und europarechtlichen Konformität der Vorschrift hat das BAG bislang offen gelassen (BAG 10.12.19 – 3 AZR 122/18, Pressemitteilung Nr 44/19).

Darüber hinaus entfällt die Anpassungspflicht in der ab dem 1.1.02 geltenden Gesetzesfassung gem § 16 Abs 3 **Nr 3** BetrAVG bei **Beitragszusagen mit Mindestleistung.**

63 **ff) Frist.** Der ArbGeb braucht beim dreijährigen Anpassungsturnus nach § 16 Abs 1 BetrAVG keine starren, individuellen Prüfungstermine einzuhalten. Er kann die in einem Jahr fälligen Anpassungsprüfungen vielmehr gebündelt zu einem bestimmten Zeitpunkt innerhalb oder am Ende des Jahres vornehmen (BAG 11.11.14 – 3 AZR 117/13, NZA 15, 1076; 21.4.15 – 3 AZR 726/13, BeckRS 2015, 71020). Der Anpassungsprüfungsstichtag steht auch nicht zur Disposition des Versorgungsempfängers, sodass auch mit dessen Zustimmung eine Verzögerung des Anpassungsprüfungsstichtages um mehr als 6 Monate seit Rentenbeginn nicht zulässig ist (BAG 8.12.15 – 3 AZR 475/14, BeckRS 2016, 66410).

64 Zusätzlich hatte die Rspr die sog nachholende und die nachträgliche Anpassung entwickelt. Bei der **nachholenden Anpassung** hat der ArbGeb in der Vergangenheit bei früheren Anpassungsstichtagen keine oder jedenfalls keine ausreichende Anpassung vorgenommen. Unabhängig davon, ob die Anpassung seinerzeit aufgrund der schlechten wirtschaftlichen Lage des Unternehmens zu Recht unterblieben war, verpflichtete ihn die Rspr bei der aktuellen Anpassung zu einem prozentualen Ausgleich des Kaufkraftverlusts seit Rentenbeginn (BAG 28.4.92, DB 92, 2401; 21.8.01 – 3 AZR 589/00, NZA 03, 561). Rückwirkende Nachzahlungen waren nicht zu erbringen. Hiervon unterschied die Rspr die **nachträgliche Anpassung,** mit der die Betriebsrente bezogen auf einen früheren Anpassungsstichtag unter Berücksichtigung der damaligen wirtschaftlichen Lage des Unternehmens erhöht werden sollte (BAG 17.4.96 – 3 AZR 56/95, NZA 97, 155; 17.8.04 – 3 AZR 367/03, AP Nr 55 zu § 16 BetrVG). Wegen der Befriedungsfunktion der Anpassungsentscheidung kann dieser Anspruch nur bis zum nächsten Anpassungsstichtag geltend gemacht werden (BAG 25.4.06 – 3 AZR 372/05, NZA-RR 07, 374). Der Gesetzgeber hat sodann mit dem RRG 99 die nachholende Anpassung in § 16 Abs 4 BetrAVG ausdrücklich geregelt und die Nachholungspflicht auf die zu Unrecht unterbliebene Anpassung beschränkt. Dabei ist der Prüfungszeitraum grds unverändert geblieben (BAG 25.4.06 – 3 AZR 159/05, NZA-RR 07, 376). Hat der ArbGeb zu einem früheren Anpassungsstichtag die Anpassung zu Recht ganz oder teilweise unterlassen, braucht er diese später, bei guter wirtschaftlicher Lage nicht mehr nachzuholen (§ 16 Abs 4 Satz 1 BetrAVG). Erst recht ausgeschlossen ist dann eine nachträgliche Anpassung.

65 Unklar ist das **Verhältnis von § 16 Abs 4 Satz 2 zu Satz 1 BetrAVG.** Entfällt die Pflicht zur nachholenden Anpassung „nur dann" oder lediglich „auch dann", wenn Satz 2 erfüllt ist? Entstehungsgeschichte und Gesetzessystematik sprechen eindeutig für die letztgenannte Alternative. Schließlich zeigt die Umkehrung des § 16 Abs 4 Satz 2 BetrAVG, dass damit eine ausschließliche Festlegung der zu Recht unterbliebenen Anpassung nicht bezweckt war (LAG Düsseldorf 11.6.04 – 18 Sa 1605/03, DB 05, 59; *Förster* BetrAV 98, 117; aA *Berner-Lüll/Drochner* BB 98, 1002; *Feudner* DB 05, 50).

66 Die **an die Mitteilungspflicht** des ArbGeb **zu stellenden Anforderungen** hat das BAG dahin konkretisiert, dass der ArbGeb dem Versorgungsempfänger in nachvollziehbarer Weise schriftlich darlegen muss, aus welchen Gründen er nicht in der Lage sein wird, die Anpassungsleistungen aufzubringen. Das muss so detailliert geschehen, dass der Versorgungs-

empfänger in der Lage ist, die Entscheidung des ArbGeb auf ihre Plausibilität hin zu überprüfen (BAG 11.10.11 – 3 AZR 732/09, NZA 12, 337).

Das Gesetz sieht eine **Widerspruchsfrist** für den Versorgungsempfänger von **drei Kalendermonaten** vor. Die Fristberechnung erfolgt nach §§ 187 ff BGB. 67

**gg) Anspruchsdurchsetzung.** Der Versorgungsempfänger muss, wenn er die Anpassungsentscheidung des ArbGeb für unrichtig hält, dies grds **vor dem nächsten Anpassungsstichtag** dem ArbGeb gegenüber **geltend machen.** Ohne eine solche Rüge erlischt mit dem nächsten Anpassungsstichtag der Anspruch auf Korrektur einer früheren Anpassungsentscheidung (BAG 21.10.14 – 3 AZR 937/12, BeckRS 2015, 65742; kritisch *Matthießen* DB 15, 1227). Hat der ArbGeb keine ausdrückliche Anpassungsentscheidung getroffen, gilt die Erklärung, nicht anpassen zu wollen, nach Ablauf von drei Jahren als abgegeben. Deshalb kann der Versorgungsempfänger diese nachträgliche Entscheidung bis zum übernächsten Anpassungstermin rügen. Hat der Versorgungsempfänger schließlich die Anpassungsentscheidung rechtzeitig gerügt, so ist er grds gehalten, bis zum Ablauf des nächsten auf die Rügefrist folgenden Anpassungszeitraums **Klage zu erheben.** Denn der ArbGeb kann in der Regel erwarten, dass nach erfolgter Rüge im Anschluss an den Rügezeitraum binnen dreier Jahre gerichtlich gegen die Anpassungsentscheidung vorgegangen wird (BAG 25.4.06 – 3 AZR 372/05, NZA-RR 07, 374; 10.2.09 – 3 AZR 610/07, NZA-RR 10, 42). Für die Klage ist kein bezifferter Leistungsantrag nötig, sondern es genügt, wenn der Versorgungsempfänger den anspruchsbegründenden Sachverhalt und einen Mindestbetrag der Anpassung angibt. Das Gericht kann dann den zu zahlenden Betrag nach § 315 Abs 3 Satz 2 BGB bestimmen (BAG 17.10.95 – 3 AZR 881/94, DB 96, 1425). Es muss über den Anpassungsanspruch zu einem Stichtag einheitlich entscheiden. Ein Teilurteil über die Begrenzung durch die reallohnbezogene Obergrenze ist unzulässig (BAG 18.3.14 – 3 AZR 874/11, NZA-RR 14, 490). Es findet eine umfassende gerichtliche Überprüfung ohne Begrenzung auf die gerügten Umstände statt (BAG 21.8.07 – 3 AZR 330/06, DB 07, 2720). Dabei obliegt dem ArbGeb die **Darlegungs- und Beweislast** für die Billigkeit der von ihm getroffenen Anpassungsentscheidung (BAG 23.4.85, NZA 85, 499), sofern nicht die Fiktion des § 16 Abs 4 Satz 2 BetrAVG eingreift. Letzteres wird wahrscheinlich nur in Einzelfällen geschehen, da mit routinemäßigen Widersprüchen der Versorgungsempfänger zu rechnen ist. Verzögert der ArbGeb schuldhaft die Anpassung, ist er zum Ersatz der steuerlichen Nachteile, die hierdurch dem Versorgungsempfänger entstanden sind, verpflichtet (BAG 28.10.08 – 3 AZR 171/07, NZA-RR 09, 499). 68

**8. Änderung von Versorgungszusagen. a) Änderungsmöglichkeit.** Wann und auf welche Weise Versorgungszusagen geändert werden können ist im BetrAVG nicht geregelt. Nach der Rspr des BAG sind solche Änderungen möglich. Wegen des Schutzes der erdienten Anwartschaften und des mit zunehmender Dauer der Versorgungszusage ständig wachsenden Vertrauens des ArbN stellt das BAG allerdings hohe Anforderungen an eine solche Änderung. Hinsichtlich des Änderungsinstrumentariums ist nach der Rechtsgrundlage der jeweiligen Versorgungszusage zu differenzieren (*Bischopink* BB 17, 309). 69

**aa) Arbeitsvertragliche Zusage.** Hat der ArbGeb eine individualvertragliche Versorgungszusage erteilt, so bedarf es für die Änderung grds des Einverständnisses des ArbN. Derartige Änderungsvereinbarungen sind regelmäßig keine Einzelfallregelungen und unterliegen daher der AGB-Kontrolle, die ihrerseits am Leitbild des § 779 BGB zu orientieren sein dürfte (BAG 23.5.17 – 3 AZR 771/15, BeckRS 2017, 114630; 15.11.16 – 3 AZR 583/15, BeckRS 2016, 116354). Ansonsten bleibt dem ArbGeb nur die Möglichkeit der *Änderungskündigung*, die den Anforderungen des § 2 KSchG unterliegt. 70

**bb) Gesamtzusage/Arbeitsvertragliche Einheitsregelung/Betriebliche Übung.** 71
Als arbeitsvertragliche Regelungen unterliegen auch sie grds den Anforderungen des Individualarbeitsrechts. Ein vorbehaltener Widerruf wird erst mit nachgewiesenem Zugang wirksam (BAG 24.1.06 – 3 AZR 583/04, AP Nr 1 zu § 313 BGB). Es stellt sich allerdings die Frage, inwieweit eine Änderung der Versorgungszusage zuungunsten des ArbN durch eine ablösende Betriebsvereinbarung möglich ist. Nach seiner neueren Rspr bejaht das BAG dies grds bei einer Gesamtzusage, da mit dieser regelmäßig nur eine Versorgung nach den jeweils beim ArbGeb geltenden Versorgungsbedingungen zugesagt werde (BAG 10.3.15 – 3 AZR 56/14, NZA-RR 15, 371). Das gilt in gleicher Weise für

Versorgungsregelungen in Form von vertraglichen Einheitsregelungen (BAG 11.12.18 – 3 AZR 380/17, NZA 19, 1082) sowie kraft betrieblicher Übung (BAG 21.2.17 – 3 AZR 542/15, NZA 17, 944; 23.2.16 – 3 AZR 44/14, NZA 16, 961). Schon früher hat es dies bei einer „im Einvernehmen mit dem BRat beschlossenen" Leistungsgewährung angenommen (BAG 10.12.02 – 3 AZR 92/02, NZA 04, 272). Umstände, die nach der Erteilung der Versorgungszusage auftreten sind insoweit ohne Relevanz (LAG Köln 18.2.04 – 7 Sa 252/99, BeckRS 2004, 41349). Keine Betriebsvereinbarungsoffenheit besteht bei einer arbeitsvertraglichen Versorgungszusage, wenn der Arbeitsvertrag an anderer Stelle „im Übrigen" auf Betriebsvereinbarungen verweist (BAG 17.6.08 – 3 AZR 254/07, NZA 08, 1320). Daneben lässt die Rspr eine ablösende Betriebsvereinbarung grds zu, erlaubt jedoch inhaltlich nur eine Umstrukturierung bei gleich bleibendem Gesamtvolumen (BAG 16.9.86 – GS 1/82, NZA 87, 168). Die zumindest erforderliche wertmäßige Neutralität der Umstrukturierung ist im Wege eines kollektiven Günstigkeitsvergleichs zu ermitteln (BAG 23.10.01 – 3 AZR 74/01, NZA 03, 986). Einziger verbleibender Fall einer betrieblichen Neuregelung ist eine eingetretene wesentliche Störung der Geschäftsgrundlage, aufgrund derer die Zusage ihre Verbindlichkeit verloren hat (BAG 17.1.12 – 3 AZR 555/09, BeckRS 2012, 69833; 18.3.03 – 3 AZR 101/02, NZA 04, 1099; 17.6.03 – 3 ABR 43/02, NZA 04, 1110; hierzu *Däubler* RdA 04, 304; *Rengier* BB 04, 2185). Die Opfergrenze liegt insoweit bei 50 % (BAG 19.2.08 – 3 AZR 290/06, NZA-RR 08, 600). In jedem Fall muss sich die Anpassung an der ursprünglichen Vereinbarung orientieren (BAG 13.11.07 – 3 AZR 455/06, NZA-RR 08, 520). Darüber hinausgehende verschlechternde Betriebsvereinbarungen sind unzulässig (→ *Günstigkeitsprinzip* Rn 13). Kommt die für eine kollektive Ablösung erforderliche Einigung der Betriebspartner nicht zustande, entscheidet die *Einigungsstelle.* Erstreckt sich der Streit dabei auch auf die Frage, ob die Voraussetzungen für eine Störung der Geschäftsgrundlage vorliegen, muss der BRat gleichwohl an der abändernden Neuregelung mitwirken, kann diese aber unter den Vorbehalt einer arbeitsgerichtlichen Überprüfung stellen (BAG 23.9.97 – 3 ABR 85/96, NZA 98, 719).

72 **cc) Betriebsvereinbarung/Tarifvertrag.** Ist die Versorgungszusage in Form einer **Betriebsvereinbarung** erteilt worden, so kann diese durch eine neue, nachfolgende Betriebsvereinbarung auch zuungunsten der ArbN abgelöst werden. Für das Verhältnis zweier Betriebsvereinbarungen zueinander gilt die sog Zeitkollisionsregel, wonach die jüngere Norm die jeweils ältere verdrängt (→ *Betriebsvereinbarung* Rn 23). Das gilt in gleicher Weise für kollektivrechtliche Ablösungen, die im Zusammenhang mit einem Betriebsübergang nach § 613a BGB geschehen (BAG 24.7.01 – 3 AZR 660/00, NZA 02, 520; → *Betriebsübergang* Rn 74). Die ausnahmsweise Anpassung einer Betriebsvereinbarung nach den Grundsätzen über die Störung der Geschäftsgrundlage kann allenfalls der BRat als Partei der Betriebsvereinbarung, nicht aber der einzelne, nachteilig betroffene ArbN verlangen (BAG 18.3.14 – 3 AZR 952/11, NZA 14, 843). Nach der bisherigen Rspr des BAG können die Rechte und Pflichten der bereits ausgeschiedenen ArbN durch Betriebsvereinbarung weder begründet noch modifiziert werden (BAG 13.5.97 – 1 AZR 75/97, NZA 98, 160). Der 3. Senat des BAG stellt dies mehrfach in Frage, ohne jedoch bislang konkret Stellung zu beziehen (BAG 10.2.15 – 3 AZR 734/13, BeckRS 2015, 68736; 10.2.09 – 3 AZR 653/07, NZA 09,796; 12.12.06 – 3 AZR 476/05, NZA-RR 07, 653).

Eine betriebliche Altersversorgung, die aufgrund eines **Tarifvertrags** zu gewähren ist, steht unter dem Vorbehalt der Änderung des Tarifvertrags. Die Regelungsbefugnis der Tarifvertragsparteien erstreckt sich auch auf Betriebsrentner (BAG 20.9.16 – 3 AZR 273/15, NZA 17, 64; 11.8.09 – 3 AZR 23/08, NZA 10, 408). Wird auf den jeweils geltenden Tarifvertrag Bezug genommen, so werden im Zweifel auch Ruheständler von der Zeitkollisionsregel erfasst (BAG 24.8.93, DB 94, 891). Eine in einem Versorgungstarifvertrag enthaltene dynamische Bezugnahme auf das Satzungsrecht der VBL verliert ihre Dynamik mit der Beendigung des Versorgungstarifvertrags und dessen Eintritt in die Nachwirkung. An spätere Änderungen der VBL-Satzung ist der ArbGeb selbst dann nicht gebunden, wenn diese auf einen Zeitpunkt vor Beendigung des Versorgungstarifvertrages zurückwirken (BAG 21.3.17 – 3 AZR 86/16, NZA 17, 939).

Sog **Überkreuzablösungen** tariflicher Versorgungsregelungen durch nachfolgende Betriebsvereinbarungen sind nicht möglich. Das folgt bereits aus der lediglich teilweise erzwingbaren Mitbestimmung des BRat (BAG 6.11.07 – 1 AZR 862/06, NZA 08, 542; 13.11.07 – 3 AZR 191/06, NZA 08, 600).

**b) Änderungsgründe.** Von der Frage der Änderungsmöglichkeit sind die materiellen Anforderungen zu unterscheiden, die an eine zulässige Änderung durch eine ablösende Betriebsvereinbarung zu stellen sind (*Kort* NZA 04, 889). Wegen des besonderen Vertrauensschutzes der ArbN sind diese umso höher, je stärker in Besitzstände eingegriffen wird; sog „Je-Desto-Regel" (*Heither* DB 91, 700). Am Zweck der jeweiligen Neuregelung gemessen müssen Eingriffe geeignet, erforderlich und verhältnismäßig sein (zu Besonderheiten bei der Anpassung von Gesamtversorgungssystemen *Steinmeyer* RdA 05, 345; zu den Auswirkungen der aktuellen Niedrigzinsphase *Thüsing/Rawe* NZA 16, 1169). 73

Dabei ist nach der ständigen Rspr des BAG bei der Beurteilung von **Versorgungsanwartschaften** ein **dreistufiges Prüfungsschema** anzuwenden (zuletzt BAG 19.3.19 – 3 AZR 201/17, BeckRS 2019, 16201; 10.11.15 – 3 AZR 393/14, BeckRS 2016, 66256; grundlegend kritisch *Diller/Günther* DB 17, 908), das gleichermaßen für Eingriffe in verfallbare und unverfallbare Anwartschaften gilt (BAG 14.7.15 – 3 AZR 517/13, NZA-RR 15, 595; 10.3.15 – 3 AZR 56/14, NZA-RR 15, 371). Ebenfalls anwendbar ist es bei Ablösungen von Versorgungsregelungen im Zusammenhang mit einem Betriebsübergang (BAG 22.10.19 – 3 AZR 429/18, Pressemitteilung Nr 34/19). In **erdiente Versorgungsanwartschaften** kann danach nur bei Vorliegen **zwingender Gründe,** in die sog **zeitanteilig erdiente Dynamik,** also das ruhegehaltsfähige Entgelt, kann nur aus **triftigem Grund** eingegriffen werden (BAG 11.12.01 – 3 AZR 128/01, NZA 03, 1407; 10.9.02 – 3 AZR 635/01, AP Nr 37 zu § 1 BetrAVG Ablösung; kritisch *Vienken* SAE 04, 35). Soweit es dagegen um eine für den ArbN nachteilige Änderung der **noch nicht erdienten Zuwachsraten** geht, genügen **sachliche Gründe** (BAG 18.9.01 – 3 AZR 728/00, NZA 02, 1165; 11.12.01 – 3 AZR 512/00, NZA 03, 1414; 19.4.05 – 3 AZR 468/04, NZA-RR 05, 598). Insbes der Abbau einer planwidrig eingetretenen Überversorgung ist möglich (BAG 28.7.98 – 3 AZR 100/98, NZA 99, 444; 19.11.02 – 3 AZR 167/02, AP Nr 40 zu § 1 BetrAVG Ablösung; 13.11.07 – 3 AZR 455/06, NZA-RR 08, 520; *Schipp* RdA 07, 340). Dabei müssen sich die Anpassungsregelungen aber an der bisherigen Versorgungsordnung ausrichten (BAG 28.7.98 – 3 AZR 357/97, NZA 99, 780). Die Umstellung der Berechnungsgrundlage von einer brutto- auf eine nettolohnbezogene Gesamtversorgung ist nicht zu beanstanden (BAG 24.8.93, DB 94, 891; BVerfG 3.12.98 – 1 BvR 2262/96, NZA-RR 99, 204). Das Gleiche gilt für die Einführung einer nicht ruhegehaltsfähigen Zulage, um so einer planwidrigen Überversorgung entgegenzuwirken (BAG 5.12.95 – 3 AZR 941/94, NZA 96, 666) oder den Systemwechsel von einer Gesamtversorgung zu einem Punktemodell (BAG 27.3.07 – 3 AZR 299/06, DB 07, 2847). Bei einem späteren vollständigen Abbau der Überversorgung durch Absenkung der Gesamtversorgungsobergrenze muss diese Zulage aber dem pensionsfähigen Gehalt wieder zugerechnet werden (BAG 9.11.99 – 3 AZR 502/98, NZA 01, 98). Eine nach Erteilung der Versorgungszusage dem Abbau einer Überversorgung dienende, tariflich eingeführte Nettogesamtversorgungsobergrenze ist rechtlich nicht zu beanstanden (BAG 27.6.06 – 3 AZR 212/05, AP Nr 12 zu § 1 BetrAVG Überversorgung). Auf Versorgungsregelungen einer Gewerkschaft wendet das BAG das Prüfungsschema insoweit modifiziert an, als Eingriffe in noch nicht erdiente, dienstzeitabhängige Zuwächse nur der sachlichen Begründung bedürfen, ohne dass es auf die Proportionalität des Eingriffs ankommt (BAG 12.2.13 – 3 AZR 636/10, BeckRS 2013, 70480). Die og Grundsätze gelten auch für Änderungen einer bestehenden Betriebsvereinbarung mit tariflichem Zustimmungserfordernis (BAG 11.7.17 – 3 AZR 513/16, NZA 17, 1471). 74

Greifen die Änderungen nicht in Versorgungsanwartschaften ein, sondern betreffen sie **anderweitige Besitzstände,** kann die Je-Desto-Regel nicht angewandt werden. Es bleibt insoweit bei dem allgemeinen Verhältnismäßigkeitsgrundsatz (BAG 13.10.16 – 3 AZR 439/15, BeckRS 2016, 110282). Nach Eintritt des Versorgungsfalls sind danach idR nur noch geringfügige Verschlechterungen gerechtfertigt (BAG 12.10.04 – 3 AZR 557/03, NZA 05, 580; 28.6.11 – 3 AZR 282/09, NZA 12, 1229). Das og dreistufige Prüfungsschema findet insoweit keine Anwendung (BAG 11.7.17 – 3 AZR 513/16, NZA 17, 1472). Früher hat das BAG für eine Änderung der Rentenanpassung (Orientierung an Lebenshaltungskosten statt tariflicher Entgelte der aktiven ArbN) sachlich nachvollziehbare, willkürfreie Gründe ausreichen lassen (BAG 16.7.96, DB 97, 631) und auch eine Verschiebung der Renten- 75 auszahlung vom Monatsanfang an das Monatsende nicht beanstandet (BAG 23.9.97 – 3 AZR 529/96, NZA 98, 541).

76 Ebenfalls unanwendbar bleibt das dreistufige Prüfungsschema nach der Rspr des BAG bei Veränderungen von Anpassungsregelungen für Versorgungsanwärter **während des noch bestehenden Arbeitsverhältnisses.** In diesem Fall ist unmittelbar auf die dem Prüfungsschema zugrunde liegenden Grundsätze der Verhältnismäßigkeit und des Vertrauensschutzes zurückzugreifen, wobei insbes ein innerer Zusammenhang zwischen der Neuregelung und den sie tragenden Gründen gegeben sein muss (BAG 11.12.18 – 3 AZR 380/17, NZA 19, 1082; 11.7.17 – 3 AZR 601/16, BeckRS 2017, 126344).

77 Das dreistufige Prüfungsschema ist auch bei **tarifvertraglichen** Versorgungsregelungen nicht anwendbar. Den Tarifvertragsparteien steht nach Art 9 Abs 3 GG bei der inhaltlichen Gestaltung ihrer Regelungen ein Beurteilungs- und Ermessensspielraum zu (BAG 14.10.03 – 9 AZR 146/03, NZA 04, 860). Prüfungsmaßstab sind auch insoweit die Grundsätze des Vertrauensschutzes und der Verhältnismäßigkeit (BAG 28.7.05 – 3 AZR 14/05, NZA 06, 336; 21.8.07 – 3 AZR 102/06, NZA 08, 183; 17.6.08 – 3 AZR 409/06, NZA 08, 1244).

78 **9. Beendigung von Versorgungszusagen. a) Widerruf wegen wirtschaftlicher Notlage.** Nach der bis zum 31.12.1998 geltenden Fassung des § 7 Abs 1 Satz 3 Nr 5 BetrAVG konnte der ArbGeb seine Versorgungszusage unter eng begrenzten Voraussetzungen aus wirtschaftlichen Gründen widerrufen (Näheres s Personalbuch 1998 Betriebliche Altersversorgung Rz 43 ff).

79 Mit der **Änderung** durch das **RRG 99** ist der frühere Sicherungsfall der wirtschaftlichen Notlage nach § 7 Abs 1 Satz 3 Nr 5 BetrAVG aF weggefallen. Seitdem besteht das zuvor von der Rspr aus den Grundsätzen über den Wegfall der Geschäftsgrundlage entwickelte Recht zum Widerruf insolvenzgeschützter betrieblicher Versorgungsrechte wegen wirtschaftlicher Notlage nicht mehr (BAG 17.6.03 – 3 AZR 396/02, AP Nr 24 zu § 7 BetrAVG Widerruf; 18.11.08 – 3 AZR 417/07, BeckRS 2009, 55849, LAG Köln 26.7.16 – 12 Sa 942/15, NZA-RR 17, 36; aA *Boemke* RdA 10, 10).

Ist die wirtschaftliche Notlage nur **vorübergehender Natur,** kann eine Stundung gerechtfertigt sein. Nach dem Grundsatz der Verhältnismäßigkeit ist jeweils nur das mildeste Mittel rechtmäßig (BAG 24.11.77, DB 78, 545). Wird die betriebliche Altersversorgung durch eine **Unterstützungskasse** erbracht, ist die wirtschaftliche Lage des ArbGeb, nicht die der Unterstützungskasse maßgeblich (BAG 10.11.77, DB 78, 939; 14.12.93, DB 94, 686).

80 **b) Widerruf wegen Treuepflichtverletzung.** Ähnlich wie im Bereich der wirtschaftlichen Notlage unterliegt auch insoweit der Widerruf strengen Voraussetzungen. Das gilt in gleicher Weise für den vollständigen wie den teilweisen Widerruf (BAG 12.11.13 – 3 AZR 274/12, NZA 14, 780). Wegen einer Treuepflichtverletzung kann eine Ruhegeldzusage im Einzelfall nur bei einem nach Art und Schwere des Verstoßes rechtsmissbräuchlichem oder arglistigen Verhalten des ArbN bzw Versorgungsempfängers widerrufen werden (BAG 13.11.12 – 3 AZR 444/10, NZA 13, 1279; 9.11.99 – 3 AZR 553/98, NZA 00, 1288; BGH 13.12.99 – II ZR 152/98, NZA 00, 318; 17.12.01 – II ZR 222/99, NZA 02, 511; LAG Düsseldorf 16.10.12 – 17 Sa 461/11, BeckRS 2013, 65003; vgl BVerfG 28.6.00 – 1 BvR 387/00, NZA 00, 999: Kürzung der Betriebsrente wegen MfS-Tätigkeit; *Aldenhoff/Hilderink* NZA-RR 04, 281). Stützt sich der ArbGeb auf die Verursachung eines Vermögensschadens durch den ArbN, ist das Versorgungsverlangen nur dann rechtsmissbräuchlich, wenn diese seine Pflichten in grober Weise verletzt und dem ArbGeb hierdurch einen existenzgefährdenden Schaden zugefügt hat (BAG 26.4.18 – 3 AZR 738/16, NZA 18, 1066). Von Relevanz können auch grobe Pflichtverletzungen sein, die ein früherer ArbN im Rahmen eines anderen Rechtsverhältnisses mit seinem ehemaligen ArbGeb zu dessen Lasten begeht (BAG 20.9.16 – 3 AZR 77/15, NZA 17, 644). Dabei gelten die gesetzlichen Maßstäbe des Rechtsmissbrauchs auch für einen vertraglichen Widerrufsvorbehalt (BAG 17.6.14 – 3 AZR 412/13, BeckRS 2014, 72449). Zu den Grenzen einer **Aufrechnung** des ArbGeb mit Schadensersatzansprüchen aus unerlaubter Handlung gegen den Betriebsrentenanspruch vgl BAG 18.3.97, DB 97, 1474.

81 **c) Kündigung von Betriebsvereinbarungen.** Handelt es sich um eine Versorgungsordnung in Form einer Betriebsvereinbarung, so kann diese im Wege der Kündigung gem

§ 77 Abs 5 BetrVG beendet werden, soweit die Kündigung nicht in der Betriebsvereinbarung selbst ausgeschlossen ist. Ein solcher Kündigungsausschluss ergibt sich noch nicht aus dem allgemeinen steuerunschädlichen Widerrufsvorbehalt (BAG 10.3.92, DB 92, 1735; aA *Hanau/Preis* NZA 91, 81). Die Kündigung bedarf zu ihrer Wirksamkeit keines besonderen Grundes, allerdings ist hinsichtlich der Rechtsfolgen der Kündigung nach der Rspr des BAG der Maßstab der 3-Stufen-Theorie (→ Rn 74) anzulegen (BAG 11.5.99 – 3 AZR 21/98, NZA 00, 322; 21.8.01 – 3 ABR 44/00, NZA 02, 575; *Langohr-Plato* BB 2000, 1885; *Gaul/Kühnreich* NZA 02, 495; aA *Roßmanith* DB 99, 634: Kündigung lässt Anwartschaften unberührt und verhindert nicht deren weiteres Anwachsen). Soweit danach Versorgungsbesitzstände unangetastet bleiben, ist deren Rechtsgrundlage weiterhin die gekündigte Betriebsvereinbarung. Die Reichweite des Eingriffs und den Umfang der Fortgeltung der Betriebsvereinbarung kann der BRat in einem arbeitsgerichtlichen Beschlussverfahren mit Bindungswirkung für den ArbGeb auch gegenüber den betroffenen ArbN klären lassen (BAG 17.8.99 – 3 ABR 55/98, NZA 2000, 498).

**d) Erlassvertrag.** Ansprüche auf Ruhegeldleistungen können durch einen sog Tatsachenvergleich wirksam ausgeschlossen werden (BAG 23.8.94, DB 95, 52). Im Fall des BAG hatten sich die Parteien über das Fehlen der tatsächlichen Voraussetzungen für das Eingreifen einer betrieblichen Invaliditätsrente gegen Zahlung einer Abfindung von 48 000 DM geeinigt. Ein solcher Tatsachenvergleich stellt einen wirksamen Erlassvertrag dar. Im laufenden Arbeitsverhältnis kann der ArbN auch auf in der Vergangenheit erdiente Anwartschaften wirksam verzichten (BAG 21.1.03 – 3 AZR 30/02, AP Nr 13 zu § 3 BetrAVG; 24.1.06 – 3 AZR 484/04, NZA 07, 279). Demgegenüber erfassen **tarifliche Ausschlussfristen** nicht den Versorgungsanspruch, sondern lediglich die Abwicklung einzelner Leistungsansprüche, und selbst das nur dann, wenn dies im Tarifvertrag hinreichend deutlich zum Ausdruck kommt (BAG 26.5.09 – 3 AZR 797/07, NZA 09, 1279; 14.10.98 – 3 AZR 377/97, NZA 99, 876). Das Gleiche gilt für **Ausgleichsquittungen** und Ausgleichsklauseln in Aufhebungsverträgen und Vergleichen (BAG 17.10.2000 – 3 AZR 69/99, NZA 01, 203). **82**

**e) Verjährung.** Gem § 18a Satz 1 BetrAVG verjährt der Anspruch auf Leistungen aus der betrieblichen Altersversorgung (also das Rentenstammrecht) in 30 Jahren. Die Ansprüche auf die einzelnen monatlichen Betriebsrentenleistungen unterliegen demgegenüber gem § 18a Satz 2 BetrAVG iVm § 195 BGB der regelmäßigen dreijährigen Verjährung (BAG 26.5.09 – 3 AZR 797/07, NZA 09, 1279). **83**

**10. Mitbestimmung des Betriebsrats.** Die betriebliche Altersversorgung stellt einen wichtigen Teil der Mitbestimmung des BRat in sozialen Angelegenheiten dar. Dabei greift bei Direktzusagen des ArbGeb bzw bei Direktversicherungen § 87 Abs 1 Nr 10 BetrVG ein. Erfolgt die betriebliche Altersversorgung durch eine Unterstützungs- und Pensionskasse ist eine Mitbestimmungspflicht nach § 87 Abs 1 Nr 8 BetrVG gegeben (BAG 26.4.88, DB 88, 2411). Hinsichtlich des Umfangs der Mitbestimmung gelten für den gesamten Bereich der betrieblichen Altersversorgung identische Maßstäbe. Erfasst wird allerdings nur die aktive Belegschaft. Eine Befugnis der Betriebspartner zur Regelung der Ruhestandsverhältnisse besteht nach geltendem Recht nicht, so wünschenswert sie auch sein mag (BAG 14.12.10 – 3 AZR 462/09, BeckRS 2011, 70704; 28.7.98 – 3 AZR 357/97, NZA 99, 780; 13.5.97 – 1 AZR 75/97, NZA 98, 160). **84**

Danach ist der ArbGeb frei in der Entscheidung, ob er finanzielle Mittel für eine betriebliche Altersversorgung zur Verfügung stellen will, in welchem Umfang und in welcher Versorgungsform er dies tun will sowie welcher ArbNKreis von der Regelung erfasst sein soll. Allgemein wird dies mit dem Stichwort des mitbestimmungsfreien **„Ob"** und des **„Dotierungsrahmens"** der betrieblichen Altersversorgung gekennzeichnet (*Schnitker/Sittard* NZA 11, 331). Der BRat kann daher insbesondere die Einführung einer betrieblichen Altersversorgung nicht erzwingen, sondern ist auf eine freiwillige Betriebsvereinbarung iSv § 88 BetrVG angewiesen. Das Gleiche gilt für die Fortgeltung einer gekündigten Versorgungsregelung (BAG 21.8.01 – 3 ABR 44/00, NZA 02, 575). Bei einer sog Blankettzusage des ArbGeb (→ Rn 6) greift das Mitbestimmungsrecht allerdings ein (BAG 19.7.05 – 3 AZR 472/04, AP Nr 42 zu § 1 BetrAVG).

Der Mitbestimmung des BRat unterliegt demgegenüber der sog **Leistungsplan** (BAG 24.1.06 – 3 AZR 484/04, NZA 07, 279). Hierzu gehören auch die Änderung einer **85** bestehenden Versorgungsordnung (BAG 26.3.85, DB 85, 2617; 28.7.98 – 3 AZR 357/97, NZA 99, 780; 21.1.03 – 3 AZR 30/02, NZA 04, 321) sowie der Widerruf, wenn gleichzeitig eine geänderte Neuverteilung erfolgen soll (BAG GS 16.9.86, DB 87, 383). Das Gleiche gilt bei der Teilschließung einer Unterstützungskasse, sofern ein Regelungsspielraum hinsichtlich der verbleibenden Mittel besteht (BAG 10.3.92, DB 92, 1885; 26.9.2000 – 3 AZR 570/99, BB 2000, 2159). Mitbestimmungsfrei bleibt demgegenüber zB die Auswahl des Versicherungsunternehmens und die Durchführungsform der Altersversorgung (BAG 29.7.03 – 3 ABR 34/02, NZA 04, 1344) oder der Wechsel der Versicherungsgesellschaft durch den ArbGeb, solange Verteilungsplan und Beitragsbelastung für die ArbN unverändert bleiben (BAG 16.2.93, DB 93, 1240). Das Gleiche gilt bei der Übertragung eines Pensionskassenbestandes auf eine Lebensversicherungsgesellschaft (BAG 14.12.99 – 3 AZR 675/98, DB 2000, 1719). **Verzichtet** ein ArbN auf seine Versorgungsrechte aus einer Betriebsvereinbarung ist gem § 77 Abs 4 Satz 2 BetrVG hierfür die Zustimmung des BRat erforderlich, die unmissverständlich zum Ausdruck kommen muss (BAG 3.6.97 – 3 AZR 25/96, NZA 98, 382: neutrale Haltung genügt nicht). Die vorgenannte Differenzierung zwischen Dotierungsrahmen und Leistungsplan setzt sich bei der Reichweite der **Nachwirkung** nach § 77 Abs 6 BetrVG fort (*Schlewing* NZA 10, 529; *Salamon* NZA 10, 536; → *Betriebsvereinbarung* Rn 33).

86 Bei **Pensions- und Unterstützungskassen** kann die Mitbestimmung ein- oder zweistufig durchgeführt werden (BAG 10.9.02 – 3 AZR 635/01, AP Nr 37 zu § 1 BetrAVG Ablösung; 9.12.08 – 3 AZR 384/07, BeckRS 2009, 65976). Erstreckt sich der Wirkungskreis der Unterstützungskasse auf einen Konzern, so ist der KBRat das für die Ausübung der Mitbestimmungsrechte zuständige Organ (BAG 14.12.93, DB 94, 686). Bei der zweistufigen Mitbestimmung ist es Aufgabe des ArbGeb die mit dem BRat getroffenen Vereinbarungen in den Organen der jeweiligen Sozialeinrichtung durchzusetzen. Demgegenüber übt der BRat bei der einstufigen Mitbestimmung diese durch eine paritätische Besetzung der Organe der Sozialeinrichtung unmittelbar aus. Welches Mitbestimmungssystem gewählt wird unterliegt wiederum der erzwingbaren Mitbestimmung (BAG 13.7.78, DB 78, 2129). Derartige Differenzierungen sind bei der Mitbestimmung nach § 87 Abs 1 Nr 10 BetrVG bei **Direktzusage und Direktversicherung** nicht erforderlich. Bei **Entgeltumwandlungen** auf der Grundlage des § 1a BetrAVG scheiden erzwingbare Mitbestimmungsrechte des BRat aus. Insoweit hat der individuelle Umwandlungsanspruch des ArbN jedenfalls unter Günstigkeitsgesichtspunkten (Wahlrecht) Vorrang (*Schnitker/Grau* BB 03, 1061, *Blomeyer* DB 01, 1413).

Werden die vorgenannten Mitbestimmungsrechte des BRat nach § 87 BetrVG nicht gewahrt, so hat dies nach der **Theorie der Wirksamkeitsvoraussetzung** (→ *Mitbestimmung, soziale Angelegenheiten* Rn 20) die Unwirksamkeit der Maßnahme zur Folge. Der BRat kann vom ArbGeb verlangen, dass die Betriebsvereinbarungen abredegemäß durchgeführt werden und kann dies im arbeitsgerichtlichen Beschlussverfahren durchsetzen. Er hat jedoch nicht das Recht, im eigenen Namen Betriebsrentenansprüche des ArbN geltend zu machen (BAG 18.1.05 – 3 ABR 21/04, NZA 06, 167).

87 **11. Insolvenzsicherung. a) Grundsatz.** Vor Inkrafttreten des BetrAVG bestand für die ArbN und Versorgungsempfänger eine große Ungewissheit bezüglich des Insolvenzfalls. Diese ist durch die Insolvenzsicherungsvorschriften im vierten Abschnitt des BetrAVG beseitigt worden (zu Möglichkeiten der privatrechtlichen Insolvenzsicherung zuletzt *Schnittker/Sittard* NZA 12, 963).

88 **b) Insolvenzfälle.** Das Gesetz nennt in § 7 Abs 1 BetrAVG seit dem 1.1.99 in einer **abschließenden Aufzählung** nur noch vier relevante Insolvenzfälle, nämlich

(1) Eröffnung des Insolvenzverfahrens über das Vermögen des ArbGeb,
(2) Abweisung des Antrags auf Eröffnung des Insolvenzverfahrens mangels Masse,
(3) außergerichtlicher Vergleich (Stundungs-, Quoten- oder Liquidationsvergleich) des ArbGeb mit seinen Gläubigern zur Abwendung eines Insolvenzverfahrens, wenn ihm der Träger der Insolvenzsicherung zustimmt,
(4) vollständige Beendigung der Betriebstätigkeit im Geltungsbereich des BetrAVG, wenn ein Antrag auf Eröffnung des Insolvenzverfahrens nicht gestellt worden ist und ein Insolvenzverfahren offensichtlich mangels Masse nicht in Betracht kommt.

**Weggefallen** sind bedingt durch die zum 1.1.99 in Kraft getretene InsO die Sicherungsfälle des gerichtlichen Vergleichsverfahrens und der wirtschaftlichen Notlage (dazu zuletzt noch BAG 24.4.01 – 3 AZR 402/00, NZA 01, 1306). Die einfache Liquidation „mit Masse“, wenn sich zB der Unternehmer aus Altersgründen zur Ruhe setzen will, ist auch weiterhin kein Sicherungsfall iSv § 7 Abs 1 BetrAVG (iE *Kemper* DB 95, 373). **Hinzugekommen** sind mit dem AVmG vom 26.6.01 Bestimmungen, mit denen das vorhandene Insolvenzsystem an den Pensionsfonds als zusätzlichen Durchführungsweg sowie die auf einer Entgeltumwandlung beruhende Altersversorgung angepasst wird. 89

**c) Umfang und Reichweite.** Die Leistungsbescheide des PSV sind bloße Mitteilungen nach § 9 Abs 1 BetrAVG und damit keine anspruchsbegründenden Willenserklärungen (BAG 29.9.10 – 3 AZR 546/08, NZA 11, 210). Die Eintrittspflicht des PSV hängt in jedem Einzelfall von mehreren Faktoren ab. 90

**aa) Beginn und Ende.** Gem § 7 Abs 1a BetrAVG beginnt die Leistungspflicht des PSV mit dem auf den Sicherungsfall folgenden Monatsersten und endet mit Ablauf des Sterbemonats des Begünstigten. Sie umfasst nach § 7 Abs 1a S 3 BetrAVG grds auch rückständige Versorgungsleistungen bis zur Dauer von zwölf Monaten vor Eröffnung des Insolvenzverfahrens, es sei denn es geht nicht um Renten-, sondern um Kapitalleistungen. Bei letzteren haftet der PSV nach § 7 Abs 1 S 1 BetrAVG auch für weiter zurückliegend entstandene Versorgungsansprüche, sofern ein ursächlicher Zusammenhang zwischen der unterbliebenen Zahlung und der später eingetretenen Insolvenz des Versorgungsschuldners besteht (BAG 20.9.16 – 3 AZR 411/15, NZA 17, 258). Die Insolvenzsicherung wird auch weiterhin durch den zeitlich frühesten Sicherungsfall ausgelöst (BAG 9.12.97 – 3 AZR 429/96, NZA 98, 941). Nur im Umfang seiner Einstandspflicht nach § 7 BetrAVG gehen die Versorgungsansprüche auf den PSV über (BAG 9.11.99 – 3 AZR 361/98, NZA 2000, 1290). Nach § 9 Abs 1 Satz 2 BetrAVG müssen bei unterbliebener Mitteilung durch den PSV Ansprüche ihm gegenüber binnen Jahresfrist geltend gemacht werden, um eine rückwirkende Zahlungspflicht des PSV zu begründen. Die Jahresfrist beginnt mit Eintritt des Sicherungsfalls und nicht des Versorgungsfalls. Hat der PSV einen Anwartschaftsausweis ausgestellt, galt früher die zweijährige Verjährungsfrist des § 196 Abs 1 Nr 8, 9 BGB aF (BAG 21.3.2000 – 3 AZR 72/99, NZA 2000, 835), seit dem 1.1.02 gilt die dreijährige Regelverjährungsfrist des § 195 BGB. 91

**bb) Inhalt.** Insolvenzgeschützt sind zum einen die **Versorgungsansprüche** der bereits im Ruhestand befindlichen Versorgungsempfänger. Hierzu gehören alle ArbN, die bei Eintritt des Sicherungsfalls die Voraussetzungen für den Bezug einer Leistung der betrieblichen Altersversorgung erfüllen (BAG 8.6.99 – 3 AZR 39/98, NZA 99, 1215; LAG Köln 13.1.05 – 6 (11) Sa 1137/04, NZA-RR 05, 546). Auf bereits erfolgte Ruhegeldzahlungen kommt es nicht an (BAG 26.1.99 – 3 AZR 464/97, NZA 99, 711). Zum anderen unterliegen der Insolvenzsicherung die nach § 2 BetrAVG unverfallbaren **Versorgungsanwartschaften** der aktiven Belegschaft. Sie genießen aber nur einen geringeren Insolvenzschutz, dessen Umfang sich nach §§ 7 Abs 2, 2 Abs 1, 2 Satz 2 BetrAVG richtet (BAG 14.12.99 – 3 AZR 684/98, NZA 01, 33). Gem § 7 Abs 2 Satz 6 BetrAVG sind Veränderungen der Versorgungsregelung und der Bemessungsgrundlagen, die erst nach eingetretenem Versorgungsfall erfolgen, nicht zu berücksichtigen und auch § 2a Abs 2 BetrAVG ist nicht anwendbar. Dementsprechend hat der PSV jedenfalls nicht für Rentenanpassungen einzustehen, die sich nach variablen Größen richten (BAG 4.4.2000 – 3 AZR 458/98, AP Nr 32 zu § 2 BetrAVG und 3 AZR 494/98). Ferner ist bei der Berechnung der Versorgungsanwartschaft von dem bis zur festen Altersgrenze erreichbaren Versorgungsanspruch auszugehen (BAG 20.2.18 – 3 AZR 239/17, NZA 18, 716; 14.12.99 – 3 AZR 722/98, NZA 2000, 1001). Anlässlich der Beendigung eines Arbeitsverhältnisses vor Eintritt des Versorgungsfalls kann die feste Altersgrenze nicht mehr herabgesetzt werden (BAG 14.12.99 – 3 AZR 684/98, NZA 01, 33). Einzelvertragliche Unverfallbarkeitszusagen, die über den gesetzlichen Rahmen hinausgehen, binden den PSV als Träger der Insolvenzsicherung nicht (BAG 28.10.08 – 3 AZR 903/07, NZA-RR 09, 327). Der gesetzliche Insolvenzschutz kann auf der **Anrechnung von Vordienstzeiten** beruhen, wenn die angerechnete Betriebszugehörigkeit von einer Versorgungszusage begleitet war und bis unmittelbar an das Arbeitsverhältnis heranreicht, das eine neue Versorgungsanwartschaft begründet (BAG 22.2.2000 – 3 AZR 4/99, NZA 01, 1310). Eine solche Ausweitung des Insolvenzschutzes scheidet 92 jedoch aus, wenn der ArbN bereits aufgrund der Vordienstzeiten selbst eine unverfallbare Anwartschaft erworben hat (BAG 21.1.03 – 3 AZR 121/02, NZA 04, 152). Auch bei einer Unterbrechung des Arbeitsverhältnisses zur Absolvierung eines Studiums sind frühere Beschäftigungszeiten nicht insolvenzgesichert (BAG 25.4.06 – 3 AZR 78/05, AP Nr 111 zu § 7 BetrAVG; *Rolfs/de Groot* SAE 08, 85). Eine Haftung des PSV auch für eine von den Arbeitsvertragsparteien vereinbarte **Anrechnung von Nachdienstzeiten** kommt nur in Ausnahmefällen (zB BAG 10.3.92 – 3 AZR 140/91, NZA 92, 32) in Betracht (BAG 30.5.06 – 3 AZR 205/05, AP Nr 112 zu § 7 BetrAVG). Erteilen **mehrere Unternehmen** einem bei ihnen beschäftigten ArbN eine Versorgungszusage in einer Urkunde, folgt daraus nicht zwingend eine gesamtschuldnerische Verpflichtung. Vielmehr kann die Auslegung ergeben, dass nur Teilschulden begründet werden sollten, so dass bei Ausfall eines Unternehmens die Insolvenzsicherung eingreift (LAG Köln 28.4.94, NZA 95, 840). Bei der Umwandlung einer AG in eine GmbH schließt der Insolvenzschutz nach § 7 BetrAVG einen Anspruch auf **Sicherheitsleistung** gem § 374 AktG aus (BAG 30.7.96 – 3 AZR 397/95, NZA 97, 436). Im Fall der vollständigen Beendigung der Betriebstätigkeit nach § 7 Abs 1 Satz 4 Nr 3 BetrAVG ist die offensichtliche Masselosigkeit eine anspruchsbegründende Tatbestandsvoraussetzung, die nicht schon im Zeitpunkt der Betriebseinstellung vorliegen muss. Sie ist nach den objektiven Verhältnissen unabhängig vom Kenntnisstand des Betriebsrentners und des PSV zu bestimmen (BAG 9.12.97 – 3 AZR 429/96, NZA 98, 941).

93 **Keinen Insolvenzschutz** genießen Einbußen bei einer Direktversicherung, die dem durch ein unwiderrufliches Bezugsrecht begünstigten ArbN durch unterbliebene Beitragsleistungen des ArbGeb entstanden sind (BAG 17.11.92, DB 93, 986; *Everhardt* DB 94, 1470; kritisch *Langohr-Plato* DB 94, 325). Eine Einstandspflicht des PSV besteht ebenfalls nicht, wenn der ArbGeb bei einer Direktversicherung (Kapitallebensversicherung) bei Eintritt des Versicherungsfalls (Erreichen eines bestimmten Lebensalters) die Versicherungssumme in Empfang nimmt und sie im Einverständnis des ArbN einstweilen behält, um sie später auf Abruf auszuzahlen. In einem solchen Fall wird nämlich regelmäßig keine zweite Versorgungszusage begründet, die dem Schutzbereich des § 7 BetrAVG unterfallen würde (LAG Köln 19.8.94, NZA 95, 427). Grds ungesichert sind Leistungen einer Pensionskasse, da eine evtl auftretende Leistungslücke durch den ArbGeb nach § 1 Abs 1 S 3 BetrAVG zu schließen ist. Insoweit hat das BAG nunmehr beim EuGH angefragt, ob eine Haftung des PSV in solchen Fällen nach Art 8 der Richtlinie 2008/94/EG möglich ist (BAG 20.2.18 – 3 AZR 142/16 (A), NZA 18, 1142 – AZ beim EuGH: C – 168/18, vgl dazu die Schlussanträge des Generalanwalts in BeckRS 2019, 8022). Schließlich scheidet ein Insolvenzschutz ebenfalls aus, wenn es sich nicht um eine Versorgungszusage des ArbGeb, sondern einer anderen Konzerngesellschaft handelt (BAG 20.5.14 – 3 AZR 1094/12, BeckRS 2014, 70593).

94 **cc) Höchstgrenzen.** Gem § 7 Abs 1 BetrAVG besteht bei Vorliegen eines Insolvenzfalls iSd vorgenannten Vorschrift grds ein unmittelbarer Anspruch des ArbN gegen den Träger der Insolvenzsicherung. Bestimmte Höchstgrenzen werden in § 7 Abs 3 BetrAVG festgelegt; § 7 Abs 4 BetrAVG regelt anzurechnende Leistungen des ArbGeb.

95 **§ 7 Abs 3 Satz 1 BetrAVG** begrenzt die Leistungspflicht des PSV dabei auf das Dreifache der im ersten Fälligkeitszeitpunkt maßgebenden monatlichen Bezugsgröße nach § 18 SGB IV. Damit ist die bis zum 31.12.98 geltende, auf die Beitragsbemessungsgrenze zur RV abstellende Regelung deutlich abgesenkt worden. Bei einem Anspruch auf Kapitalleistung sind gem § 7 Abs 3 Satz 2 BetrAVG 10 % als Jahresbetrag einer laufenden Leistung anzusetzen. Die Kappung nach § 7 Abs 3 BetrAVG ist erst im letzten Berechnungsschritt nach vorheriger vollständiger Ermittlung der an den Versorgungsempfänger oder dessen Hinterbliebene zu erbringenden Versicherungsleistung vorzunehmen (BGH 11.10.04 – II ZR 403/02, NZA 05, 103). Besonderheiten für Entgeltumwandlungen gelten seit dem 1.7.02 nicht mehr.

96 **dd) Rechtsmissbrauch.** Nach § 7 Abs 5 BetrAVG scheidet eine Einstandspflicht des PSV in Rechtsmissbrauchsfällen aus (BAG 8.5.90, DB 90, 2375; 10.3.92, DB 92, 2251; LAG Köln 29.9.93 – 2 (4) Sa 658/93, BeckRS 1994, 30975604). Voraussetzung ist dabei gem § 7 Abs 5 Satz 1 BetrAVG jedoch, dass der ArbN mit dem ArbGeb missbräuchlich zusammenwirkt und den missbilligten Zweck des Verhaltens zumindest erkennen kann (BAG 19.2.02 – 3 AZR 137/01, NZA 03, 282). Dies ist bei der Beleihung einer Direktversicherung durch einen wirtschaftlich angeschlagenen ArbGeb nicht ohne weiteres der

Fall. Auch die Vermutungen des § 7 Abs 5 Satz 2 und 3 BetrAVG sind auf Beleihungen nicht anwendbar (BAG 17.10.95 – 3 AZR 420/94, DB 96, 1426). Erst recht scheidet eine Anwendung des § 7 Abs 5 BetrAVG aus, wenn nur eine Steigerung der Bemessungsgrundlage vorliegt und damit nur ein bloßer Vollzug der Zusage erfolgt (LAG Köln 27.6.01 – 8 Sa 84/01, NZA-RR 02, 102). Durch das RRG 99 ist die ursprüngliche Jahresfrist des § 7 Abs 5 Satz 3 BetrAVG auf **zwei Jahre** verlängert worden. Die Regelung beinhaltet nach wie vor eine unwiderlegbare Vermutung zugunsten des PSV (BAG 24.11.98 – 3 AZR 423/97, NZA 99, 650). Sie greift ein, wenn ein ArbGeb innerhalb der 2-Jahresfrist das Bestehen einer unverfallbaren Anwartschaft trotz nicht erfüllter Wartezeit anerkennt (LAG Köln 5.5.04 – 7 Sa 54/04) und gilt auch weiterhin gleichermaßen für Erhöhungen der Betriebsrente durch den ehemaligen ArbGeb nach § 16 BetrAVG (BAG 26.4.94 – 3 AZR 981/93, NZA 95, 73; 18.3.03 – 3 AZR 120/02, BB 03, 2241). Erfolgt die Anpassung durch streitiges, rechtskräftiges Urt, liegt jedenfalls dann keine vereinbarte Verbesserung iSd § 7 Abs 5 Satz 3 BetrAVG vor, wenn der Anpassungszeitpunkt länger als zwei Jahre vor dem Sicherungsfall zurückliegt (BAG 26.4.94, NZA 95, 73). Bei Entgeltumwandlungen nach § 1a BetrAVG tritt seit dem 1.1.02 aufgrund der zum 1.7.02 erfolgten Novellierung des § 7 Abs 5 BetrAVG sofortiger Insolvenzschutz ein. Eine grds weitergehende Einstandspflicht gilt gem § 7 Abs 1 BetrAVG nur dann, wenn der ArbGeb nach dem Inhalt der Versorgungszusage eine besondere, über § 16 BetrAVG hinausgehende Anpassungsverpflichtung übernommen hatte. Hierfür muss auch der PSV einstehen (BAG 15.2.94, BB 94, 1222; 22.11.94, DB 95, 582; 8.6.99 – 3 AZR 113/98, BeckRS 1999, 30779082).

**d) Träger.** Der Träger der Insolvenzsicherung ist der PSV in Köln (Internetadresse: www.psvag.de). **97**

**e) Streitigkeiten.** Für Streitigkeiten zwischen ArbN bzw ihren Hinterbliebenen und dem PSV über Ansprüche nach dem BetrAVG ist gem § 2 Abs 1 Nr 5 ArbGG das ArbG sachlich zuständig. Wegen des Sitzes des PSV in Köln sind die Ansprüche vor dem dortigen ArbG geltend zu machen. In prozessualer Hinsicht gelten für den PSV jedenfalls im Grundsatz dieselben Darlegungs- und Beweislastanforderungen wie für den ehemaligen ArbGeb (LAG Köln 31.8.99 – 13 Sa 402/99, BeckRS 1999, 31014011). **98**

Dabei führt ein in einem Rechtsstreit zwischen ArbN und Betriebsübernehmer (§ 613a BGB) ergangenes Urteil, in dem die Klage wegen fehlender Versorgungszusage abgewiesen wurde im Verhältnis des ArbN zum PSV materiell-rechtlich zum Fortfall des Insolvenzanspruchs wegen fehlender Kausalität iSv § 7 Abs 1 BetrAVG (BAG 23.3.99 – 3 AZR 625/97, NZA 99, 652). Für eine Klage gegen den PSV auf Feststellung einer Zahlungspflicht gegenüber den ArbN fehlt dem ArbGeb die erforderliche Prozessführungsbefugnis (LAG Köln 19.3.99 – 4 Sa 1652/98, NZA-RR 2000, 214). Eine solche Klage kann vom ArbN im Einzelfall bereits vor Eintritt des Sicherungsfalls erhoben werden (BGH 25.10.04 – II ZR 413/02, NZA 05, 782). **99**

**12. Neue Bundesländer.** In den neuen Bundesländern gilt das BetrAVG für alle Versorgungszusagen, die nach dem 31.12.91 erteilt worden sind. Dabei zählen bei einer derartigen Neuzusage durch einen Betriebserwerber auch vor dem 31.12.91 beim Betriebsveräußerer geleistete Dienstjahre mit, sofern die Versorgungszusage keine anderweitige Regelung enthält (BAG 19.12.2000 – 3 AZR 451/99, NZA 02, 615). Die schlichte Weiterzahlung einer im Dezember 1991 zugesagten und rückwirkend ab 1.7.91 gewährten Altersversorgung über den Stichtag hinaus genügt allerdings nicht und stellt kein neues Versorgungsversprechen dar (BAG 24.3.98 – 3 AZR 778/96, NZA 98, 1059; BGH 25.7.05 – II ZR 237/03, NZA-RR 06, 534). Das gilt auch für Arbeitsverträge, die nach dem 3.10.90 und vor dem 1.1.92 abgeschlossen wurden (BAG 29.1.08 – 3 AZR 522/06, NZA-RR 08, 426). Grund dieser zeitlichen Beschränkung ist der Schutz des PSV vor finanzieller Überforderung durch Altlasten. Ist das BetrAVG jedoch anwendbar, gelten auch die Regeln zum Insolvenzschutz (BAG 19.1.10 – 3 AZR 42/08, NZA 10, 1066). Die früheren betrieblichen Versorgungszusagen sind weiterhin für die Zeit bis zum 31.12.91 nach der „Anordnung zur Einführung einer Zusatzrentenversorgung für die Arbeiter und Angestellten in den wichtigsten volkseigenen Betrieben“ des DDR-Ministerium für Arbeit vom 9.3.54 zu beurteilen. Diese hat einen gesetzlichen Anspruch auf Zahlung einer betrieblichen Zusatzrente begründet, soweit die dort genannten Anspruchsvoraussetzungen **100**

erfüllt werden, ohne dass es einer betrieblichen „Umsetzung" bedurft hätte. Aufgrund dessen ist auch ein Widerruf der betrieblichen Zusatzversorgung wegen wirtschaftlicher Notlage ausgeschlossen (BAG 27.2.96, DB 96, 2343). Ein im Jahr 1993 erklärter Verzicht auf Rechte aus der Anordnung 54 gegen Zahlung eines Abfindungsbetrags ist wirksam (BAG 11.5.99 – 3 AZR 106/98, NZA 2000, 99). Anders als das BetrAVG kennt die Anordnung jedoch nicht die Möglichkeit eines Anwartschaftserwerbs. Wegen der eindeutigen diesbezüglichen Regelung im EV kann das Rechtsinstitut der Versorgungsanwartschaft weder über das BetrAVG noch über die vor dessen Inkrafttreten richterrechtlich geschaffenen Grundsätze zur Anwendung kommen. Das Gleiche gilt grds für die Anpassung nach § 16 BetrAVG bzw § 242 BGB nach der vorgesetzlichen Rspr (BAG 24.3.98 – 3 AZR 778/96, NZA 98, 1059). Ausschließlich anspruchsberechtigt sind daher diejenigen ArbN, die nach Erfüllung der tatbestandlichen Voraussetzungen des Versorgungsanspruchs vor dem 31.12.91 aus dem Arbeitsverhältnis ausgeschieden sind. Bei späterem Eintritt des Versorgungsfalls scheiden Ansprüche nach der vorgenannten Anordnung aus (BAG 27.2.96, DB 96, 2343; 17.12.96, DB 97, 1187; 29.7.97 – 3 AZR 72/97, NZA-RR 98, 175; 14.9.99 – 3 AZR 655/98, NZA 2000, 595). Ausnahmen von diesen Grundsätzen sind nach der Rspr allenfalls dann denkbar, wenn es ansonsten zu einem untragbaren, mit Recht und Gesetz schlechthin nicht mehr zu vereinbarenden Ergebnis käme (BAG 24.3.98 – 3 AZR 778/96, NZA 98, 1059). Anders ist die Rechtslage bezüglich der berufsbezogenen Zuwendung für Ballettmitglieder der ehemaligen DDR. Sämtliche Zuwendungsansprüche sind durch den EV aufgehoben worden (BAG 24.3.98 – 3 AZR 384/97, NZA 99, 99). Ansprüche auf Altersversorgung von ehemaligen ArbN der Deutschen Reichsbahn können nicht gegenüber deren Rechtsnachfolger geltend gemacht werden, sondern können sich nur gegen die gesetzliche RV richten (BAG 17.1.12 – 3 AZR 805/09, BeckRS 2012, 67970).

## B. Lohnsteuerrecht *Weil*

### Übersicht

## A) Überblick

**1. Allgemeines.** Die Betriebliche Altersvorsorge ist eine der drei Säulen der Altersvorsorge neben der gesetzlichen und der privaten Altersvorsorge. Betriebliche Altersversorgung liegt vor, wenn dem Arbeitnehmer aus Anlass seines Arbeitsverhältnisses vom Arbeitgeber Leistungen oder Beiträge zur Absicherung mindestens eines biometrischen Risikos (Alter, Tod, Invalidität) zugesagt werden und Ansprüche auf diese Leistungen erst mit dem Eintritt des biologischen Ereignisses fällig werden (§ 1 des Betriebsrentengesetzes – BetrAVG). Das biologische Ereignis ist bei der Altersversorgung das altersbedingte Ausscheiden aus dem Erwerbsleben, bei der Hinterbliebenenversorgung der Tod des Arbeitnehmers und bei der Invaliditätsversorgung der Invaliditätseintritt, ohne dass es auf den Invaliditätsgrad ankommt. Als Untergrenze für betriebliche Altersversorgungsleistungen bei altersbedingtem Ausscheiden aus dem Erwerbsleben gilt im Regelfall das 60. Lebensjahr. In Ausnahmefällen können betriebliche Altersversorgungsleistungen auch schon vor dem 60. Lebensjahr gewährt werden, so zB bei Berufsgruppen wie Piloten, bei denen schon vor dem 60. Lebensjahr Versorgungsleistungen üblich sind (BMF 6.12.17, BeckVerw 349845 Rn 3). Als Durchführungswege der betrieblichen Altersversorgung kommen die Direktzusage (§ 1 Abs 1 S 2 BetrAVG), die Unterstützungskasse (§ 1b Abs 4 BetrAVG), die Direktversicherung (§ 1b Abs 2 BetrAVG), die Pensionskasse (§ 1b Abs 3 BetrAVG, § 232 des Versicherungsaufsichts- 121 gesetzes – VAG) oder der Pensionsfonds (§ 1b Abs 3 BetrAVG, § 236 VAG) in Betracht. Keine betriebliche Altersversorgung liegt vor, wenn vereinbart ist, dass ohne Eintritt eines biometrischen Risikos die Auszahlung an beliebige Dritte (zB die Erben) erfolgt oder wenn der Arbeitgeber dem nicht bei ihm beschäftigten Ehegatten eines Arbeitnehmers eigene Versorgungsleistungen zur Absicherung seiner biometrischen Risiken (Alter, Tod, Invalidität) verspricht, da hier keine Versorgungszusage aus Anlass eines Arbeitsverhältnisses zwischen dem Arbeitgeber und dem Ehegatten vorliegt (§ 1 BetrAVG).

122 Erreicht der Arbeitnehmer im Zeitpunkt der Auszahlung das 60. Lebensjahr, hat aber seine berufliche Tätigkeit noch nicht beendet, so ist dies bei den Durchführungswegen der Direktversicherung, Pensionskasse und Pensionsfonds unschädlich.

123 **2. Zweiteilung.** Die steuerliche Behandlung der Betriebsrenten knüpft an die Regelungen des BetrAVG an. Die **fünf Arten** der betrieblichen Altersversorgung (Direktversicherung, Pensionskasse, Pensionsfonds, Unterstützungskasse und Pensionszusage) werden steuerlich zweigeteilt behandelt. **Leistungen** von Unterstützungskassen und aus Pensionszusagen, bezeichnet als Versorgungsbezüge, behalten für den ArbN ihren Charakter aus der aktiven Zeit als **Einkünfte aus nichtselbstständiger Arbeit (§ 19 EStG)** bei, während die Leistungen aus Direktversicherungen, Pensionskassen und Pensionsfonds zu **Sonstigen Einkünften (§ 22 EStG)** des ArbN führen. Die Zweiteilung gilt auch für die steuerliche Behandlung der Beiträge in der Aufbauphase (Anwartschaftsphase). Beiträge des ArbG an Unterstützungskassen und an Rückdeckungsversicherungen bei Pensionszusagen gehören nicht zum Arbeitslohn (§ 2 Abs 2 Nr 3 Satz 4 LStDV), während die Beiträge an Direktversicherungen, Pensionskassen und Pensionsfonds Arbeitslohn sind, der aber bis zu einer gesetzlich bestimmten Höhe steuerfrei ist. Der stpfl Teil der Beiträge (§ 19 Abs 1 Satz 1 Nr 3 EStG; § 2 Abs 2 Nr 3 Sätze 1–3 LStDV) kann im Rahmen von Höchstbeträgen als Sonderausgabe berücksichtigt werden.

124 **3. Übersicht. Nachgelagerte Besteuerung der Betriebsrenten für den ArbN ab 2005:**

| | Pensionszusage, Unterstützungskasse | Direktversicherung, Pensionskasse, Pensionsfonds |
|---|---|---|
| Aufbauphase | Zuwendungen an eine Unterstützungskasse oder Beiträge an eine Rückdeckungsversicherung sind kein Arbeitslohn für den ArbN | Beiträge sind bis zu gesetzlichen Höchstbeträgen steuerfrei, darüber steuerpflichtig mit Sonderausgabenabzug |
| Leistungsphase | Versorgungsleistungen führen beim ArbNzu Versorgungsbezügen (§ 19 Abs 1 Nr 2 EStG) | Versorgungsleistungen führen beim ArbN zu Sonstigen Einkünften (§ 22 Nr 5 EStG) |
| Sicherung der Besteuerung | Lohnsteuereinbehalt (§ 38a, § 39b EStG) | Rentenbezugsmitteilung (§ 22a EStG) |

125 **4. Literaturhinweise:** BMF 6.12.17, BeckVerw 349845, Schreiben betr steuerliche Förderung der betrieblichen Altersversorgung; BMF 24.7.2013, BeckVerw 274400, Schreiben betr. steuerliche Förderung der privaten Altersvorsorge und betrieblichen Altersversorgung.

## B) Direktversicherung, Pensionskasse, Pensionsfonds

126 **I. Die einzelnen Arten. 1. Direktversicherung (§ 4b EStG). a) Allgemein.** Die Direktversicherung ist eine Lebensversicherung zur betrieblichen Altersversorgung von ArbN und deren Hinterbliebenen (§ 1b Abs 2 BetrAVG). Die ArbN oder seine Hinterbliebenen sind hinsichtlich der Versorgungsleistungen ganz oder teilweise bezugsberechtigt (R § 4b Abs 1 S 1 EStR). Zweck der Versicherung muss die Alters-, Invaliditäts- oder Hinterbliebenenversorgung sein (§ 1 Abs 1 S 1 BertAVG).

**b) Versicherte Personen.** Auch Nicht-ArbN können versicherte Personen sein, wenn ihnen Leistungen der Alters-, Invaliditäts- oder Hinterbliebenenversorgung aus Anlass ihrer Tätigkeit für den Stpfl zugesagt worden sind (§ 17 Abs 1 S 2 BetrAVG), zB **Handelsvertreter** (R 4b Abs 5 EStR). Für den Geschäftsführer einer GmbH kommt eine Direktversicherung auch dann in Betracht, wenn er beherrschender Gesellschafter der GmbH ist. Gleiches gilt für den Geschäftsführer einer GmbH & Co KG, sofern er nicht an der KG beteiligt ist. Für Gesellschafter einer Personengesellschaft, die Mitunternehmer und ArbN sind, kann keine Direktversicherung abgeschlossen werden (Schmidt/*Weber-Grellet* EStG § 4b Rz 10). 127

**c) Sonderfall Ehegatten-Direktversicherung.** Eine Direktversicherung zugunsten des EhegattenArbN ist steuerlich grds anzuerkennen, wenn Arbeitsverhältnis und Direktversicherung dem sog **Drittvergleich** dem Grunde und der Höhe nach standhalten. Hiernach gilt als Übersicht zusammengefasst Folgendes (*Kempermann* FR 09, 288): 128

Auch **familienfremden Arbeitnehmern** mit vergleichbaren Tätigkeiten und Leistungsmerkmalen muss eine entsprechende betriebliche Altersversorgung eingeräumt oder zumindest ernsthaft angeboten worden sein (BFH 10.3.93 – I R 118/91, BStBl II 93, 604; FG BaWü 15.12.94 – 6 K 184/91, nv; vgl den Sonderfall FG NdS 22.2.90 – II 227/88, EFG 90, 567). 129

Es muss eine **Gleichstellung** der familienfremden ArbN mit dem ArbNEhegatten gegeben sein, wenn dem ArbNEhegatten eine Direktversicherung als zusätzliche Entlohnung gewährt wird. Eine Gleichstellung ist hierbei nicht gegeben, wenn den familienfremden ArbN anstelle einer Direktversicherung eine Lohnerhöhung angeboten wird (BFH 28.7.83 – IV R 103/82, BStBl II 84, 60; FG Münster 8.11.89 – XIII 2268/86, EFG 90, 100).

Aus dem Arbeitsverhältnis muss sich auch ergeben, dass die einzelnen Lohnbestandteile zueinander in der **gleichen Relation** stehen wie dies bei familienfremden ArbN üblich ist (BFH 21.8.84 – VIII R 106/81, BStBl II 85, 124). 130

**d) Abgrenzungen.** UV sind keine Lebensversicherungen, auch wenn bei Unfall mit Todesfolge eine Leistung vorgesehen ist (R 4b Abs 1 Satz 6 EStR) → *Unfallversicherung* Rn 6 ff. Dagegen gehören Unfallzusatzversicherungen und Berufsunfähigkeits- bzw Erwerbsminderungszusatzversicherungen, die im Zusammenhang mit Lebensversicherungen abgeschlossen werden, sowie selbstständige Berufsunfähigkeits- bzw Erwerbsminderungsversicherungen und UV mit Prämienrückgewähr, bei denen der ArbN Anspruch auf die Prämienrückgewähr hat, zu den Direktversicherungen (R 4b Abs 1 Satz 7 EStR). 131

**2. Pensionskassen (§ 4c EStG). a) Kapitalgedeckte Pensionskasse.** Eine Pensionskasse ist eine kapitalgedeckte rechtsfähige Versorgungseinrichtung zur Durchführung der betrieblichen Altersversorgung, die dem ArbN oder den Hinterbliebenen einen Rechtsanspruch auf die Leistung gewährt (§ 1b Abs 3 S 1 BetrAVG). Auch rechtlich unselbständige Zusatzversorgungseinrichtungen des öffentlichen Dienstes (§ 18 BetrAVG) sind als Pensionskassen anzusehen (R 4c Abs 1 EStR). **Ausländische** Pensionskassen sind gleichgestellt, sofern diese den Erfordernissen von inländischen Pensionskassen entsprechen (R 4c Abs 2 Satz 2, Abs 3 Satz 3 EStR). 132

**b) Umlagenfinanzierte Pensionskasse.** Als Pensionskassen kommen auch nichtrechtsfähige Zusatzversorgungseinrichtungen des öffentlichen Dienstes iSd § 18 BetrAVG in Betracht (R 4c Abs 1 EStR, R 40b.1 Abs 4 LStR). Dazu gehören zB die Renten der Versorgungsanstalt des Bundes und der Länder (VBL). 133

**3. Pensionsfonds (§ 4e EStG).** Pensionsfonds iSd § 4e EStG sind wegen der Bezugnahme auf § 236 VAG nur rechtsfähige Versorgungseinrichtungen, die im Wege des Kapitaldeckungsverfahrens Leistungen der betrieblichen Altersversorgung für einen oder mehrere Arbeitgeber zugunsten von Arbeitnehmern erbringen, die Höhe der Leistungen oder die Höhe der für diese Leistungen zu entrichtenden künftigen Beiträge nicht für alle vorgesehenen Leistungsfälle durch versicherungsförmige Garantien zusagen, den Arbeitnehmern einen eigenen Anspruch auf Leistung gegen den Pensionsfonds einräumen und verpflichtet sind, die Altersversorgungsleistung als lebenslange Zahlung oder als Einmalkapitalzahlung zu erbringen. Lediglich die Aktiengesellschaft und der Pensionsfondsverein auf Gegenseitigkeit sind nach § 237 Abs 3 S 2 Nr 1 VAG als Rechtsform zugelassen. 134

135 **II. Betriebliche Leistung. 1. Allgemein.** Die Versicherungsprämien können vom ArbGeb allein oder zusammen mit dem ArbN aufgebracht werden. Sie sind steuerlich berücksichtigungsfähig, wenn sie betrieblich veranlasst sind. Dies ist dann der Fall, wenn der Beitrag zur Altersvorsorge (zusätzliche) Gegenleistung für die Dienste des ArbN im Unternehmen des ArbGeb ist. Liegt dem Beitrag zur Altersvorsorge nicht (nur) der Gedanke der Gegenleistung für erbrachte Dienste des ArbN zugrunde, sondern (auch) der private Versorgungsgedanke bei Familienangehörigen oder sonstigen dem ArbGeb nahestehenden Personen, so ist der Beitrag zur Altersvorsorge nicht betrieblich veranlasst (BFH 15.6.10 – X 23/08, BFH/NV 10, 1807), so dass der Betriebsausgabenabzug beim ArbG und andererseits der Lohnzufluss beim ArbN entfallen. Der Vorsorgecharakter der Aufwendungen (§ 10 Abs 1 Nr 2 EStG) beim nicht anerkannten Arbeitsverhältnis bleibt erhalten (Einzelheiten → *Familiäre Mitarbeit* Rn 29 ff → *Sonderausgaben* Rn 5).

136 **2. Arbeitgeber.** Die **Arbeitgeberbeiträge,** die unmittelbar an eine Direktversicherung, eine Pensionskasse oder einen Pensionsfonds geleistet werden, sind grundsätzlich Betriebsausgaben. Dies gilt auch für die vom ArbG geleisteten Umlagen an umlagenfinanzierte Pensionskassen. Die Voraussetzungen des jeweiligen Betriebsausgabenabzugs für Beiträge an eine Direktversicherung, eine Pensionskasse oder einen Pensionsfonds richtet sich nach den entsprechenden Regelungen der §§ 4b, 4c und 4e EStG (R 4b EStR, R 4c EStR, H 4e EStR). Der ArbGeb hat im Rahmen der betrieblichen Altersversorgung besondere **Aufzeichnungs- und Mitteilungspflichten** (§ 5 LStDV; → *Aufzeichnungspflichten* Rn 7). Bei einer kapitalgedeckten betrieblichen Altersversorgung hat er zudem aufzuzeichnen, ob und in welchem Umfang er Altersvorsorgebeiträge steuerfrei belassen hat (§§ 3 Nr 56, 63, 100 Abs 6 S 1 EStG), pauschal besteuert hat (§ 40b EStG) oder individuell besteuert hat und spätestens zwei Monate nach Ablauf des Kj oder nach Auflösung des Arbeitsverhältnisses der jeweiligen Versorgungseinrichtung mitzuteilen (§ 5 Abs 2 LStDV).

137 **III. Lohnzufluss. 1. Grundsatz.** Bei der Versorgung über eine Direktversicherung, eine Pensionskasse oder einen Pensionsfonds liegt Zufluss von Arbeitslohn **(§ 19 Abs 1 Nr 3 EStG)** im Zeitpunkt der Zahlung der Beiträge und Umlagen durch den Arbeitgeber an die entsprechende Versorgungseinrichtung vor. Der Zufluss erfolgt als sonstiger Bezug (§ 38a Abs 1 Satz 3 EStG) erst, wenn der Arbeitgeber den Beitrag tatsächlich leistet nicht mit der Erteilung der Einzugsermächtigung an die Versorgungseinrichtung (BFH 24.8.2017 – VI R 58/15, DStR 17, 2541). Erfolgt die Beitragszahlung durch den ArbG vor Versicherungsbeginn liegt ein Zufluss von Arbeitslohn erst im Zeitpunkt des Versicherungsbeginns vor. Die Einbehaltung der Lohnsteuer richtet sich nach § 38a Abs 1 und 3 EStG (R 39b.2, 39b.5 und 39b.6 LStR). Sonderzahlungen (§ 19 Abs 1 Nr 3 Satz 2 EStG) gehören grundsätzlich auch zum Arbeitslohn, die aber mit einem Steuersatz von 15 % pauschal durch den ArbG versteuert werden (§ 40b Abs 4 EStG; → *Lohnsteuerpauschalierung* Rn 41 ff). Keine Sonderzahlungen des ArbG idS sind Zahlungen, die der ArbG wirtschaftlich nicht trägt, sondern die mittels Entgeltumwandlung finanziert, als Anteil des ArbN erbracht werden (BMF 6.12.17, BeckVerw 349845 Rn 15). Ausnahmen, in denen Sonderzahlungen des Arbeitgebers nicht als Arbeitslohn qualifiziert werden, sind in § 19 Abs 1 S 1 Nr 3 S 2 Halbsatz 1 Buchstaben a–d EStG geregelt (Schmidt/*Krüger* EStG § 19 Rz 92).

138 **2. Arbeitnehmerfinanzierte Versorgung durch Entgeltumwandlung (§ 1 Abs 2 Nr 3 und § 1a BetrAVG).** Um durch Entgeltumwandlung finanzierte betriebliche Altersversorgung handelt es sich, wenn ArbG und ArbN vereinbaren, künftige Arbeitslohnansprüche (zB auf periodisch vorgesehene Erhöhungen des Gehalts, der Tantiemen oder des Weihnachts- oder Urlaubsgeldes) zugunsten einer betrieblichen Altersversorgung herabzusetzen (Umwandlung in eine wertgleiche Anwartschaft auf Versorgungsleistung – Entgeltumwandlung – § 1 Abs 2 Nr 3 BetrAVG). Die Wertgleichheit iSd § 1 Abs 2 Nr 3 BetrAVG muss nicht anhand versicherungsmathematischer Grundsätze berechnet werden. Maßgebend ist, dass die Versorgungsleistung zur Absicherung mindesten eines biometrischen Risikos (Alter, Tod, Invalidität) zugesagt und erst bei Eintritt des biologischen Ereignisses fällig wird. Zur Entgeltumwandlung zugunsten betrieblicher Altersversorgung vgl BMF 6.12.17, BeckVerw 349845 Rn 9 ff. Von der Entgeltumwandlung zu unterscheiden sind eigene Beiträge des ArbN, zu deren Leistung er sich aufgrund eigener vertraglicher Vereinbarung verpflichtet hat. Auch eine **Hinterbliebenenversorgung** ist auf diese Weise zulässig. Der **Steu-**

**erspareffekt** liegt darin, dass der für Altersversorung umgewidmete Verzichtsanteil zumindest teilweise steuerfrei ist oder eine LSt-Pauschalierung eingreifen kann.

**IV. Steuerfreiheit. 1. Steuerfreiheit der betrieblichen Altersvorsorgebeiträge des ArbG nach § 3 Nr 63 EStG.** Die Steuerfreiheit kommt in Betracht für Beiträge des ArbG an eine Direktversicherung, eine kapitalgedeckte Pensionskasse (zur umlagenfinanzierten Pensionskasse s § 3 Nr 56 EStG) oder an einen kapitalgedeckten Pensionsfonds. 139

**a) Begünstigter Personenkreis.** Zu dem durch § 3 Nr 63 EStG begünstigten Personenkreis gehören alle ArbN (§ 1 LStDV), unabhängig davon, ob sie in der gesetzlichen RV pflichtversichert sind oder nicht (zB beherrschende Gesellschafter-Geschäftsführer, geringfügig Beschäftigte, in einem berufsständischen Versorgungswerk Versicherte). Nur die Arbeitgeberbeiträge im ersten Dienstverhältnis sind steuerfrei. Die Steuerfreiheit ist nicht zulässig bei ArbN, deren Lohn nach Steuerklasse VI besteuert wird. 140

**b) Begünstigte Beiträge.** Zu den nach § 3 Nr 63 EStG begünstigten Aufwendungen gehören nur Beiträge an Pensionsfonds, Pensionskassen und Direktversicherungen, die zum Aufbau einer betrieblichen Altersversorgung im **Kapitaldeckungsverfahren** erhoben werden. Umlagen, die vom ArbG an Versorgungseinrichtungen, die nicht im Kapitaldeckungsverfahren sondern im Umlageverfahren finanziert werden entrichtet werden, sind deshalb nicht nach § 3 Nr 63 EStG sondern nach § 3 Nr 56 EStG steuerfrei. Werden sowohl Umlagen als auch Beiträge im Kapitaldeckungsverfahren erhoben, gehören letztere nur dann zu den begünstigten Aufwendungen, wenn eine getrennte Verwaltung und Abrechnung beider Vermögensmassen erfolgt (Trennungsprinzip, vgl BMF 6.12.17, BeckVerw 349845 Rn 25). 141

Steuerfrei sind sowohl die Beiträge des ArbGeb, die zusätzlich zum ohnehin geschuldeten Arbeitslohn erbracht werden (rein ArbGebFinanzierte Beiträge) als auch die Beiträge des ArbGeb, die durch Entgeltumwandlung finanziert werden (BMF 6.12.17, BeckVerw 349845 Rn 26). Auch die Verwendung von vermögenswirksamen Leistungen des ArbGeb können zu den begünstigten Aufwendungen gehören (vgl BMF 8.8.2019, BStBl I 2019, 834). Im Fall der Finanzierung der Beiträge durch eine Entgeltumwandlung ist die Beachtung des Mindestbetrages gem § 1a BetrAVG für die Inanspruchnahme der Steuerfreiheit nicht erforderlich. Eigenbeiträge des ArbN (§ 1 Abs 2 Nr 4 BetrAVG) sind dagegen vom Anwendungsbereich des § 3 Nr 63 EStG ausgeschlossen, auch wenn sie vom ArbGeb an die Versorgungseinrichtung abgeführt werden. ArbG-Beiträge an ausländische betriebliche Versorgungssysteme können bei Vergleichbarkeit oder Anwendbarkeit des § 3 Nr 63 EStG aufgrund eines DBA steuerfrei sein (vgl zu den einzelnen Voraussetzungen BMF 6.12.17, BeckVerw 349845 Rn 36–37, zu Entsendungsfällen Rn 38). 142

**c) Höhe des Freibetrags (§ 3 Nr 63 Sätze 1, 3 EStG).** Der Steuerfreibetrag ist auf der Grundlage der Beitragsbemessungsgrenze in der allgemeinen Rentenversicherung-BBG (West) zu berechnen. Er wird ab dem VZ 2018 auf 8 % der BBG West festgelegt. Der Freibetrag ist ein Jahresbetrag, der nicht gekürzt wird, wenn das Arbeitsverhältnis nicht während des ganzen Jahres besteht oder nicht für das ganze Jahr Beiträge gezahlt werden. Bei **Arbeitgeber-Wechsel** kann der Freibetrag erneut in Anspruch genommen werden (BMF 6.12.17, BeckVerw 349845 Rn 28). Der Freibetrag wird zunächst durch pauschal nach § 40b EStG aF besteuerte ArbG-Beiträge für Altzusagen, dann durch rein arbeitgeberfinanzierte Beiträge und danach durch Beiträge aus einer Entgeltumwandlung des ArbN verbraucht (Beispiel BMF 6.12.17, BeckVerw 349845 Rn 232). Ist der Freibetrag ausgeschöpft, sind übersteigende ArbG-Beiträge steuerpflichtiger Arbeitslohn. 143

**d) Begünstigte Auszahlungsformen.** Steuerfreiheit tritt nur ein und bleibt nur bestehen, wenn die Auszahlung der zugesagten Alters-, Invaliditäts- oder Hinterbliebenenrente in Form einer **lebenslangen Rente** oder eines Auszahlungsplans mit anschließender lebenslanger Teilkapitalverrentung vorgesehen ist. Zu den Voraussetzungen vgl BMF 6.12.17, BeckVerw 349845 Rn 34. 144

**e) Verzicht auf Steuerfreiheit (§ 3 Nr 63 Satz 2 EStG).** ArbN, die in der gesetzlichen RV pflichtversichert sind (§§ 1a, 17 Abs 1 Satz 3 BetrAVG) können auf die Steuerfreiheit verzichten. Soweit der ArbN Anspruch auf Entgeltumwandlung für betriebliche Altersversorgung nach § 1a BetrAVG hat, kann er nach § 1a Abs 3 BetrAVG verlangen, dass der Arbeitslohn voll versteuert wird und dann aus dem Nettoeinkommen Beiträge zur betrieb- 145 liche Altersvorsorge geleistet werden (Schmidt/*Levedag* EStG § 3 Rz 212). Alle anderen ArbN können von dieser Möglichkeit nur dann Gebrauch machen, wenn der ArbGeb zustimmt. Durch den Verzicht auf die Steuerfreiheit kann der ArbN bewirken, dass die Voraussetzungen für eine Förderung zur privaten Altersvorsorge nach §§ 10a, 79 ff, 82 Abs 2 EStG erfüllt werden und die Beiträge als **Sonderausgaben** (§ 10a EStG) berücksichtigt oder Altersvorsorge**zulagen** (§§ 79 ff EStG) geltend gemacht werden können (BMF 6.12.17, BeckVerw 349845 Rn 41, 66 ff; zur s**teuerliche Förderung der privaten Altersvorsorge** BMF 21.12.2017, BStBl I 2018, 93). Die Ausübung des Wahlrechts nach § 3 Nr 63 Satz 2 EStG muss bis zu dem Zeitpunkt erfolgen, zu dem die entsprechende Gehaltsänderungsvereinbarung steuerlich noch anzuerkennen ist. Eine nachträgliche Änderung der steuerlichen Behandlung der im Wege der Entgeltumwandlung finanzierten Beiträge ist nicht zulässig (BMF 6.12.17, BeckVerw 349845 Rn 42). Bei rein ArbGebfinanzierten Beiträgen kann auf die Steuerfreiheit nicht verzichtet werden.

**146** **f) Steuerbefreiung bei Beendigung des Dienstverhältnisses (§ 3 Nr 63 Satz 3 EStG).** Bei Beendigung des Dienstverhältnisses können zB Abfindungen zum Aufbau oder Ausbau einer betrieblichen Altersversorgung verwendet werden. Diese Beiträge an einen Pensionsfonds, eine Pensionskasse oder für eine Direktversicherung, die der ArbGeb aus Anlass der Beendigung des Dienstverhältnisses leistet, können im Rahmen des § 3 Nr 63 Satz 3 EStG steuerfrei belassen werden. Die Steuerbefreiung wird zusätzlich zu der Steuerbefreiung der Beiträge im Rahmen des bestehenden Dienstverhältnisses nach § 3 Nr 63 S 1 EStG gewährt. Ein Zusammenhang mit der Beendigung der Dienstverhältnisse wird angenommen, wenn der Beitrag innerhalb von drei Monaten vor dem Beendigungszeitpunkt geleistet oder wenn die Beitragsleistung oder Entgeltumwandlung spätestens bis zu diesem Zeitpunkt vereinbart wird (BMF 6.12.17, BeckVerw 349845 Rn 43). Die Höhe der Steuerfreiheit ist begrenzt auf 4 % der Beitragsbemessungsgrenze in der allgemeinen RV (West) vervielfältigt mit der Anzahl der Kj, in denen das Dienstverhältnis des ArbN zu dem ArbGeb bestanden hat, höchstens jedoch zehn Kalenderjahre. Zuwendungen, die aus Anlass der Beendigung des Dienstverhältnisses zur betrieblichen Altersversorgung verwendet werden und nach § 40b Abs 1 und Abs 2 S 3 und 4 EStG aF pauschalbesteuert werden, sind auf das steuerfreie Volumen anzurechnen (BMF 6.12.17, BeckVerw 349845 Rn 45).

**147** **g) Nachzahlungen nach ruhendem Dienstverhältnis § 3 Nr 63 Satz 4 EStG.** Nachzahlungen von Beiträgen an kapitalgedeckte Pensionsfonds, Pensionskassen und Direktversicherungen können steuerfrei geleistet werden. Damit können Versorgungslücken, die zB durch eine Entsendung, Elternzeiten oder Sabbatjahre entstanden sind, geschlossen werden. Voraussetzung ist, dass ein erstes Dienstverhältnis bestanden hat und kein steuerpflichtiger Arbeitslohn bezogen wurde. Steuerfrei sind ArbG-Beiträge iHv maximal 8 % der BBG-West des Zahlungsjahrs, vervielfältigt mit der Anzahl der Kj, in denen das ruhende Arbeitsverhältnis bestanden hat (begrenzt auf 10 Jahre). Bei der Nachzahlung können auch Jahre vor 2018 berücksichtigt werden, sofern die Zahlung nach dem 31.12.2017 erfolgt. Übersteigen die nachgezahlten Beträge das steuerfreie Volumen nach § 3 Nr 63 S 4 EStG, kann die nicht durch die laufenden Beiträge verbrauchte Steuerbefreiung nach § 3 Nr 63 S 1 EStG verwendet werden. Für Beiträge in eine Direktversicherung oder Pensionskasse kann die Anwendung der Pauschalbesteuerung nach § 40b Abs 1 und 2 EStG aF in Betracht kommen, sofern deren Voraussetzungen vorliegen (BMF 6.12.17, BeckVerw 349845 Rz 50, 85–95).

**148** **h) Zusatzbeiträge des ArbGeb nach § 23 Abs 1 BetrAVG.** Die Zusatzbeiträge, die nicht unmittelbar dem einzelnen ArbN gutgeschrieben werden, sondern zur Absicherung der reinen Beitragszusage geleistet werden, sind nach **§ 3 Nr 63a EStG** steuerfrei. Bei individuellen Zusatzbeiträgen des ArbG für den ArbN gilt § 3 Nr 63 EStG (BMF 6.12.17, BeckVerw 349845, Rn 52).

**149** **2. Steuerfreiheit der Zuwendungen an eine Pensionskasse nach § 3 Nr 56 EStG.** Zu den begünstigten Aufwendungen gehören Zuwendungen des ArbGeb für eine betriebliche Altersversorgung an eine Pensionskasse, die nicht im Kapitaldeckungsverfahren sondern im Umlageverfahren finanziert wird (zB Umlagen an die Versorgungsanstalt des Bundes und der Länder -VBL- bzw an kommunale oder kirchliche Versorgungskassen). Soweit diese Zuwendungen nicht nach § 3 Nr 56 EStG steuerfrei bleiben, können sie individuell oder nach § 40b Abs 1 und 2 EStG pauschal besteuert werden. Der Arbeitnehmereigenanteil an einer Umlage und die sog eigenen Beiträge des Arbeitnehmers sind nicht nach § 3 Nr 56 EStG (BMF 6.12.17, BeckVerw 349845 Rz 76 ff).

**3. Übertragung von Versorgungsanwartschaften nach Beendigung des Arbeitsverhältnisses auf den neuen Arbeitgeber § 3 Nr 55 EStG.** Nach Beendigung des Arbeitsverhältnisses kann im Einvernehmen des ehemaligen ArbGeb mit dem neuen ArbGeb sowie dem ArbN der Wert der vom ArbN erworbenen unverfallbaren Anwartschaft auf betriebliche Altersversorgung übertragen werden (§ 4 Abs 2 Nr 2 BetrAVG), wenn dieser eine wertgleiche Zusage trifft (BMF 6.12.17, BeckVerw 349845 Rn 57). Diese Übertragung führt beim ArbN zu Einkünften, die nach § 3 Nr 55 EStG steuerfrei sind, wenn die betriebliche Altersversorgung beim ehemaligen ArbGeb und beim neuen ArbGeb über einen Pensionsfonds, eine Pensionskasse oder eine Direktversicherung durchgeführt wird. Der Übertragungswert ist gem § 3 Nr 55 S 2 EStG auch steuerfrei, wenn er vom ehemaligen ArbGeb oder von einer Unterstützungskasse an den neuen ArbGeb oder an eine andere Unterstützungskasse geleistet wird. Die Steuerfreiheit des § 3 Nr 55 EStG kommt jedoch nicht in Betracht, wenn die betriebliche Altersversorgung beim ehemaligen ArbGeb als Direktzusage oder mittels einer Unterstützungskasse ausgestaltet war, während sie beim neuen ArbGeb über einen Pensionsfonds, eine Pensionskasse oder eine Direktversicherung abgewickelt wird. Dies gilt auch für den umgekehrten Fall. Ebenso kommt die Steuerfreiheit nach § 3 Nr 55 EStG bei einem **Betriebsübergang** nach § 613a BGB nicht in Betracht, da in einem solchen Fall die Regelung des § 4 BetrAVG keine Anwendung findet. 150

**4. Übertragung von Versorgungsanwartschaften auf einen anderen Versorgungsträger (§ 3 Nr 55c Satz 2 Buchstabe a EStG).** Steuerfrei ist auch die Übertragung von Anwartschaften aus einer betrieblichen Altersversorgung von einem auf einen anderen Versorgungsträger (Pensionsfonds, Pensionskasse, Lebensversicherungsunternehmen – Direktversicherung), soweit keine Zahlungen unmittelbar an den ArbN erfolgen. Zur Abfindung von Anwartschaften, die auf steuerfreien oder nicht gefördertem Beiträgen beruhen und zugunsten eines zertifizierten Altersvorsorgevertrages geleistet werden (§ 3 Nr 55c Satz 2 Buchstabe b EStG) vgl BMF 6.12.17, BeckVerw 349845 Rn 170–171. 151

**5. Steuerfreiheit der Beiträge des Insolvenzsicherungsträgers nach § 3 Nr 65 EStG.** Zur steuerlichen Behandlung der Leistungen des Trägers der Insolvenzsicherung s BMF 6.7.17, BeckVerw 349845 Rz 53. Im Insolvenzfall hat der ArbN das Recht, eine für ihn abgeschlossene Rückdeckungsversicherung fortzuführen (§ 8 Abs 3 BetrAVG). Macht er von dem Recht Gebrauch, ist der Erwerb der Ansprüche ein geldwerter Vorteil aus dem Arbeitsverhältnis, der nach § 3 Nr 65 S 1 Buchstabe d EStG steuerfrei ist. Zur Besteuerung der späteren Versorgungsleistungen aus der Rückdeckungsversicherung vgl BMF 6.12.17, BeckVerw 349845 Rn 54–55). Wird die Betriebstätigkeit eingestellt und das Unternehmen liquidiert, sind Leistungen des ArbGeb zur Übernahme von Versorgungsleistungen oder unverfallbaren Versorgungsanwartschaften durch eine Pensionskasse oder ein Lebensversicherungsunternehmen steuerfrei (§ 3 Nr 65 S 2 iV mit § 4 Abs 4 BetrAVG). 152

**6. Leistungen an Pensionsfonds § 3 Nr 66 EStG.** Die Regelung soll dem ArbG einen Wechsel von der bisher über eine Direktzusage oder über eine Unterstützungskasse durchgeführte Betriebliche Altersversorgung zur Durchführung über einen Pensionsfonds erleichtern. Der ArbG kann bestehende Versorgungsanwartschaften und -verpflichtungen auf einen Pensionsfonds übertragen. Die dafür zu entrichtenden Leistungen bleiben steuerfrei nach § 3 Nr 66 EStG. Voraussetzung dafür ist, dass der ArbG die dafür erforderlichen Zahlungen über einen Zeitraum von 10 Jahren als Betriebsausgabe geltend macht (§§ 4d Abs 3, 4e Abs 3 EStG). Bei einer entgeltlichen Übertragung von Versorgungsanwartschaften aktiver Beschäftigter gilt § 3 Nr 66 EStG nur für Zahlungen, die für bereits erdiente Versorgungsanwartschaften geleistet werden (sog „Past-Service"). Zahlungen an den Pensionsfonds für zukünftig noch zu erdienende Anwartschaften (sog „Future-Service") sind ausschließlich im Rahmen des § 3 Nr 63 EStG lohnsteuerfrei (BMF 6.7.17, BeckVerw 349845 Rn 56, BMF 10.7.15, BeckVerw 311610 und BMF 26.10.06, BeckVerw 079816). 153

**V. Förderbetrag zur betrieblichen Altersversorgung § 100 EStG.** Der Förderbetrag ist ein staatlicher Zuschuss zu einem vom ArbGeb zusätzlich zum ohnehin geschuldeten Arbeitslohn geleisteten Beitrag zur betrieblichen Altersversorgung von **ArbN mit gerin-** 154

**gem Einkommen.** Gefördert werden Beiträge in eine kapitalgedeckte Altersversorgung in Form eines Pensionsfonds, einer Pensionskasse oder einer Direktversicherung. Begünstigt sind ArbN, deren laufender steuerpflichtiger Arbeitslohn monatlich 2.200 € bzw jährlich 26.400 € nicht überschreitet. Der **zusätzlich zum ohnehin geschuldeten Arbeitslohn geleistete Beitrag** des ArbG muss mindestens 240 € jährlich betragen (§ 100 Abs 3 Nr 2 EStG). Der Förderbetrag beträgt 30 % des zusätzlichen Beitrags, höchstens 144 € (§ 100 Abs 2 Satz 1 EStG). Der ArbG kann den Förderbetrag von der von ihm einzubehaltenden Lohnsteuer entnehmen. Ist keine Lohnsteuer einzubehalten, kommt es mit der Lohnsteueranmeldung zu einer Erstattung. Der zusätzliche ArbGeb-Beitrag ist bis zu einem Betrag von 480 € für den ArbN **steuerfrei** (§ 100 Abs 6 S 1 EStG). Die Steuerfreiheit hat Vorrang gegenüber der Steuerfreiheit nach § 3 Nr 63 EStG. Ein über den Höchstbetrag hinausgehender zusätzlicher Beitrag kann nach § 3 Nr 63 EStG steuerfrei sein, sofern das Volumen noch nicht verbracht ist. Zu den Voraussetzungen iE mit Beispielen vgl BMF 6.12.17, BeckVerw 349845 Rn 100–144). Für die Beiträge verwendete vermögenswirksame Leistungen des ArbGeb erfüllen nicht die Voraussetzungen Förderbetrags (BMF 8.8.2019, BStBl I 2019, 834).

155 **VI. Pauschalierung der Lohnsteuer bei Beiträgen an eine Direktversicherung oder eine Pensionskasse nach § 40b EStG aF.** Erfasst werden nur Beiträge, die aufgrund einer Versorgungszusage geleistet werden, die vor dem 1. Januar 2005 erteilt wurde. Zu den Voraussetzungen iE mit Beispielen vgl BMF 6.12.17, BeckVerw 349845 Rn 85–99.

156 **VII. Beendigung der betrieblichen Altersversorgung.** Wird eine nach § 3 Nr 63 EStG oder § 100 EStG geförderte betr. AV **mit Wirkung für die Zukunft beendet,** zB durch eine Abfindung (ggf auch in Form der Beitragsrückerstattung), dann handelt es sich bei der Zahlung der Versorgungseinrichtung an den ArbN um sonstige Einkünfte iSd § 22 Nr 5 EStG und nicht um Einkünfte nach § 19 EStG. Im Fall einer kompletten Rückabwicklung des Vertragsverhältnisses **mit Wirkung für die Vergangenheit** handelt es sich bei der Zahlung der Versorgungseinrichtung an den ArbN um eine Lohnzahlung iS des § 19 Abs 1 EStG, die im Zeitpunkt des Zuflusses nach den allgemeinen lohnsteuerlichen Grundsätzen behandelt wird (BMF 6.12.17, BeckVerw 349845 Rn 166).

157 **VIII. Steuerliche Behandlung von Versorgungsleistungen. 1. Nachgelagerte Besteuerung.** § 22 Nr 5 S 1 EStG bestimmt die nachgelagerte (volle) Besteuerung für Leistungen der (externen) betrieblichen Altersversorgung (Betriebsrenten zB Leistungen aus Pensionsfonds, Pensionskassen und Direktversicherungen), die ausschließlich auf geförderten Altersvorsorgebeiträgen beruhen. Korrespondierend mit der Freistellung der Beiträge von steuerlichen Belastungen in der Ansparphase werden die Leistungen in der Auszahlungsphase (voll) besteuert. Der Umfang der Besteuerung hängt deshalb davon ab, inwieweit die Beiträge in der Ansparphase steuerlich entlastet wurden (zB durch die Steuerfreiheit (zB §§ 3 Nr 63, 63a, 66, 100 EStG). Dies gilt auch für Leistungen aus einer ergänzenden Absicherung der Invalidität oder von Hinterbliebenen. Soweit die Leistungen (Renten oder Kapitalzahlungen) auf geförderten Beiträgen beruhen, unterliegen sie in vollem Umfang der Besteuerung (BMF 6.12.17, BeckVerw 349845 Rn 156). Liegen den Leistungen geförderte und nicht geförderte Beiträge zugrunde ist aufzuteilen. Für die Frage des Aufteilungsmaßstabs sind die Grundsätze des BMF-Schreibens vom 11.11.04 (BStBl I S 1061) unter Berücksichtigung der Änderungen durch das BMF-Schreiben vom 14.3.2012 (BStBl I S 311) anzuwenden. Die auszahlenden Stellen haben den Stpfl (§ 22 Nr 5 S 7 EStG) und der Finanzverwaltung (§ 22a EStG Rentenbezugsmitteilung) über die Leistungen und die ihnen zugrundeliegenden geförderten oder ungeförderten Beiträge bzw über die Leistungsanteile die voll steuerpflichtig und die Anteile, die nur mit dem Ertragsanteil zu versteuern sind, zu bescheinigen. Einzelheiten zur Rentenbezugsmitteilung (§ 22a EStG) BMF 7.12.11, BStBl I 11, 1223 und zur Bescheinigungspflicht nach § 22 Nr 5 S 7 BMF 6.12.17, BeckVerw 349845 Rn 159 und BMF 21.12.17, BStBl I 2018, 93 Rz 137 ff.

158 **2. Abweichungen vom Grundsatz der (vollen) nachgelagerten Besteuerung.** Leistungen, die ausschließlich auf nichtgeförderten Beiträgen beruhen, sind, wenn es sich um eine lebenslange Rente, eine Berufsunfähigkeits-, Erwerbsminderungs- oder um eine Hinterbliebenenrente handelt, als sonstige Einkünfte nach § 22 Nr 5 S 2 Buchstabe a iVm § 22 Nr 1 S 3 Buchstabe a/bb EStG mit dem **Ertragsanteil** zu versteuern. Zur Besteuerung

anderer Leistungen (zB Kapitalauszahlungen, Teilraten aus Auszahlungsplänen, Abfindungen, Leistungen aus Riskoversicherungen) s BMF 6.12.17, BeckVerw 349845 Rn 151–153).

## C) Pensionszusage, Unterstützungskasse

Die Pensionszusage und die Unterstützungskasse sind Formen der betrieblichen Altersversorgung durch den Arbeitgeber. 159

**I. Pensionszusage (§ 6a EStG).** Der Arbeitgeber kann dem Arbeitnehmer aus Anlass des Arbeitsverhältnisses versprechen, im Versorgungsfall selbst Leistungen der Alters-, Invaliditäts- oder Hinterbliebenenversorgung (sog Direktzusage, unmittelbare Pensionszusage) zu erbringen (§ 1 Abs 1 S 2 BetrAVG). In diesem Fall trifft den Arbeitgeber die Verpflichtung zur Erbringung der Versorgungsleistungen unmittelbar. 160

**1. Steuerliche Behandlung der Pensionszusage beim ArbGeb in der Ansparphase.** Die Pensionszusage wird generell für das Arbeitsverhältnis im Zeitablauf verdient. Während der Dauer des Arbeitsverhältnisses baut sich beim ArbG ein Erfüllungsrückstand auf. Der ArbGeb bildet deshalb im Interesse einer periodengerechten Abgrenzung der Aufwendungen für die späteren Leistungen aus der Pensionszusage nach Maßgabe des § 6a EStG eine Pensionsrückstellungen, die eine Steuerstundung bewirken. 161

**a) Rückstellungsvoraussetzungen § 6a Abs 1 EStG.** Erforderlich ist, dass ein Pensionsanspruch auf einmalige oder laufende Pensionsleistungen besteht (§ 6a Abs 1 Nr 1 EStG, vgl R 6a Abs 2 EStR, Schmidt/*Weber-Grellet* § 6a Rz 7–9). Die Zusage darf keine Leistungen in Anhängigkeit von künftigen gewinnabhängigen Bezügen und keinen Widerrufsvorbehalt vorsehen (§ 6a Abs 1 Nr 2 EStG, vgl R § 6a Abs 3–6 EStR). Die Zusage muss schriftlich erteilt werden. Es müssen Angaben über die Art, Form, Voraussetzung und Höhe der in Aussicht gestellten künftigen Leistungen enthalten sein (§ 6a Abs 1 Nr 3 EStG, vgl R 6a Abs 7 EStR). 162

**b) Pensionsberechtigte.** Da die Pensionsverpflichtung im Rahmen eines Arbeitsverhältnisses oder eines anderen Rechtsverhältnisses begründet werden kann (§ 6a Abs 5 EStG) ist der Kreis nicht auf **ArbN** beschränkt. Auch für **Gesellschaftergeschäftsführer** einer Kapitalgesellschaft können Rückstellungen gebildet werden, auch wenn sie eine beherrschende Stellung in der Kapitalgesellschaft haben. Zu beachten ist, dass die Pensionszusage dem Grunde und der Höhe nach nicht (lediglich) gesellschaftsrechtlich (statt durch das Arbeitsverhältnis) veranlasst sein darf, mit der Folge des Vorliegens einer verdeckten Gewinnausschüttung. An die steuerliche Anerkennung dieser Zusagen werden besondere Anforderungen gestellt (Schmidt/*Weber-Grellet* EStG § 6a Rz 17 ff). Auch zugunsten des **ArbN-Ehegatten** (Lebenspartner) können vom ArbGeb iRd Arbeitsverhältnisses Pensionszusagen mit steuerlicher Wirkung erteilt werden (zB für die Alters-Invaliden- und Waisenversorgung, vgl Schmidt/*Weber-Grellet* EStG § 6a Rz 34 ff). Für **Mitunternehmer** einer Personengesellschaft können Pensionsrückstellungen bei der Mitunternehmerschaft gebildet werden. Die Zuführungen zu der Rückstellung werden zwar bei der Mitunternehmerschaft als Aufwand erfasst sind aber bei dem begünstigten Mitunternehmer korrespondierend als Ertrag zu erfassen (Schmidt/*Weber-Grellet* § 6a EStG Rz 35). 163

**c) Erstmalige Bildung § 6 Abs 2 EStG.** Der Zeitpunkt der erstmaligen Bildung von Pensionsrückstellungen vor Eintritt des Versorgungsfalls ist abhängig von einem Mindestalter des Pensionsberechtigten. Unabhängig vom Erreichen des Mindestalters ist die Bildung einer steuerlichen Pensionsrückstellung zudem zum Ende desjenigen Wirtschaftsjahres geboten, in dessen Verlauf eine Pensionsanwartschaft nach den Vorschriften des Betriebsrentengesetzes unverfallbar wird (§ 6a Abs 2 Nr 1 EStG, vgl Schmidt/*Weber-Grellet* EStG § 6a Rz 42 ff). 164

**d) Bewertung § 6a Abs 3 EStG.** Eine Pensionsverpflichtung darf höchstens mit dem Teilwert angesetzt werden. Der maximale Rückstellungswert ist definiert in § 6 Abs 3 Satz 2 Nr 1 EStG vor Beendigung des Dienstverhältnisses und in § 6 Abs 3 S 2 Nr 2 EStG nach Beendigung des Dienstverhältnisses (Schmidt/*Weber-Grellet* EStG § 6a Rz 51 ff). 165

**2. Besteuerung des ArbN in der Ansparphase.** Für den ArbN stellt die Zusage noch keinen gegenwärtigen geldwerten Vorteil (Arbeitslohn) dar. Mit der Zusage einer Versor- 166 gung iSd BetrAVG erwirbt der ArbN noch keinen unmittelbaren Rechtsanspruch auf die spätere Versorgungsleistung. Er erwirbt lediglich eine Anwartschaft, die steuerlich aber nicht zum Zufluss von Arbeitslohn führt.

167 **3. Besteuerung des ArbG in der Versorgungsphase.** Nach dem Zeitpunkt des vertraglich vorgesehenen Eintritts des Versorgungsfalles oder eines gewählten früheren Zeitpunktes ist die Pensionsrückstellung in jedem Wirtschaftsjahr in Höhe des Unterschiedsbetrages zwischen dem versicherungsmathematischen Barwert der künftigen Pensionsleistungen am Schluss des Wirtschaftsjahres und der am Schluss des vorangegangenen Wirtschaftsjahres passivierten Pensionsrückstellung gewinnerhöhend aufzulösen. Die laufenden Pensionsleistungen sind als Betriebsausgaben abzusetzen (R § 6a Abs 21–22 EStR).

168 **4. Besteuerung des ArbN in der Versorgungsphase. a) Versorgungsbezüge § 19 Abs 1 Nr 2 EStG.** Die laufenden und einmaligen Bezüge, die der ArbN bzw sein Rechtsnachfolger aufgrund der Pensionszusage des ArbGeb erhält, sind in vollem Umfang Arbeitslohn in der Form von **Versorgungsbezügen** (§ 19 Abs 1 Nr 2 EStG; § 2 Abs 2 Nr 2 Satz 1 LStDV), der dem Steuerabzug unterliegt (§ 38 EStG). Hat der Leistungsbezieher das 63. Lebensjahr, als Behinderter das 60. Lebensjahr vollendet, steht ihm der **Versorgungsfreibetrag** zu (§ 19 Abs 2 EStG), der beim LStAbzug anteilig zu berücksichtigen ist (§ 39b Abs 2 S 2, Abs 3 S 2 EStG). Pensionszahlungen, auch Witwenrenten, die **von Personengesellschaften** (OHG, KG) gewährt werden, sind nicht als Rente oder als Lohn, sondern als **Sondervergütung nach § 15 Abs 1 Satz 1 Nr 2 EStG** zu behandeln (BFH 25.1.94, BStBl II 94, 455). Der Anspruch auf den Versorgungslohn entsteht mit Eintritt des Versorgungsfalls und fließt auch dann erst zu.

169 **b) Außerordentliche Einkünfte § 34 Abs 2 Nr 4 EStG.** Werden Versorgungsleistungen nicht fortlaufend, sondern **in einer Summe gezahlt,** handelt es sich um Vergütungen (Arbeitslohn) für mehrjährige Tätigkeiten iSd § 34 Abs 2 Nr 4 EStG (BFH 12.4.07 – VI R 6/02, BStBl II 07, 581), die bei Zusammenballung als **außerordentliche Einkünfte** nach § 34 Abs 1 EStG zu besteuern sind. Scheidet der ArbGeb aus der Versorgungsanstalt des Bundes und der Länder **(VBL)** aus, so führt eine Einmalzahlung aus einer Direktzusage, die den Nachteil aus einer beitragsfrei gestellten VBL-Versorgung ausgleichen soll, zu zusätzlichem Arbeitslohn (BFH 7.5.2009 – VI R 16/07, DStR 2009, 1526). Sind nach Ausscheiden des ArbGeb aus der VBL die Beiträge nicht mehr werthaltig, weil der ArbN die Wartezeit nicht mehr erfüllen kann, so liegen beim ArbN weder negative Einnahmen noch Werbungskosten noch Rückzahlung von Arbeitslohn vor. Der Verlust der Betrieblichen Altersversorgung liegt in der steuerlich unbeachtlichen privaten Vermögenssphäre des ArbN (BFH 7.5.09 – VI R 5/08, DStRE 2009, 901; BFH 7.5.09 – VI R 37/08, DStRE 2009, 903).

170 **c) Verzicht gegen Abfindung.** Bei betrieblich veranlasstem Verzicht liegt in Höhe der Barabfindung grds stpfl Arbeitslohn vor, der nach § 34 EStG ermäßigt zu besteuern ist (BFH 27.7.04 – IX R 64/01, BFH/NV 05, 191). Ist die Abfindung überhöht, also höher als der Barwert der Pensionsanwartschaft, kann insoweit beim Gesellschaftergeschäftsführer eine verdeckte Gewinnausschüttung vorliegen. **Pensionsverzicht gegen Übertragung der Rückdeckungsversicherung.** Es gelten die gleichen Rechtsfolgen wie bei der Barabfindung. Bei betrieblicher Veranlassung der Abtretung der Ansprüche aus der Rückdeckungsversicherung ist der Aktivwert der Rückdeckungsversicherung als Arbeitslohn zu versteuern (R 40b Abs 3 Satz 3 LStR). Dabei ist die LSt-Haftung des ArbGeb zu beachten (BFH 9.10.02 – VI R 112/99, BStBl II 02, 884).

171 **Pensionsverzicht gegen Übertragung einer neu abzuschließenden Rentenversicherung.** In einem solchen Fall kündigt der ArbGeb die Rückdeckungsversicherung und zahlt den gekündigten Betrag als Einmalzahlung in eine neu abzuschließende Leibrentenversicherung zu Gunsten des Gesellschafter-Geschäftsführers ein. In der Folge heben der ArbGeb und der Gesellschafter-Geschäftsführer die Pensionszusage gegen Übertragung der Rentenversicherung auf. Die Übertragung der RV führt noch nicht zum Zufluss von Arbeitslohn. Erst die späteren Rentenzahlungen sind als nachträglicher Arbeitslohn (§ 19 Abs 1 Satz 1 Nr 2 EStG) zu versteuern (Schmidt/*Drenseck* EStG § 24 Rn 27 „Gesellschafter-Geschäftsführer").

**d) Übertragung der Pensionsverpflichtung.** Die folgenden Ausführungen gelten sowohl für die Übertragung während des laufenden Geschäftsbetriebs wie auch bei Liquidation der Gesellschaft. 172

**e) Übertragung auf einen Pensionsfond.** Zur Übertragung von Pensionsverpflichtungen auf einen Pensionsfonds → Rn 150. Zahlungen an den Pensionsfonds für zukünftig noch zu erdienende Anwartschaften sind in dem begrenzten Rahmen von § 3 Nr 63 EStG steuerfrei (BMF 26.10.06, BStBl I 06, 709). **Übertragung auf eine Unterstützungskasse.** Da in einem solchen Fall dem ArbN kein unmittelbarer Anspruch auf die Altersversorgung eingeräumt wird (→ Rn 150), führt die Auslagerung auf eine Unterstützungskasse noch zu keinem stpfl Zufluss beim ArbN. Übertragung **auf eine andere GmbH** (Pensionärs-GmbH). Die Übertragung erfolgt zum versicherungsmathematischen Barwert. Für den Gesellschafter-Geschäftsführer ist die Übertragung grds steuerfrei. Sie ist aber stpfl, wenn dem Berechtigten vor der Übertragung der Anwartschaft ein Wahlrecht zwischen einer Abfindung (Einmalzahlung) und der Übertragung zugestanden worden ist (BFH 18.8.16 –VI R 18/13, DStR 16, 2635). Übertragung **auf eine Pensionskasse** oder **auf eine Lebensversicherung.** Die Zahlungen der GmbH zur Ablösung der Pensionsverpflichtung sind steuerfrei (§ 3 Nr 65 Buchst b EStG; R 3.65 Abs 1 Satz 3 LStR. Die späteren Bezüge fallen unter § 19 Abs 1 Nr 2 EStG). LSt-verpflichtet ist das übernehmende Unternehmen (§ 3 Nr 65 Sätze 2 und 3 EStG). 173

**Literaturhinweis:** Zur Übertragung und zum Verzicht von Pensionszusagen: *Heeg* DStR 09, 567; *Prost* DB 09, 2006; *Geilert/Retzlaff/Schnathmeier* DStR 10, 87; bei anstehendem Unternehmensverkauf *Wellisch* NWB 10, 2862; *Uckermann* BB 10, 279; *Wellisch* ua BB 10, 623; *Bredebusch/Großmann* DStR 10,1441.

**II. Unterstützungskasse (§ 4d EStG). 1. Begriff und Wesen.** Eine Unterstützungskasse ist eine rechtsfähige Versorgungseinrichtung. Der Unterstützungskasse bedienen sich ein oder mehrere ArbGeb zur Durchführung der betrieblichen Altersversorgung. Für den ArbGeb ist die Unterstützungskasse eine Alternative zur Rückdeckungsversicherung. Die Unterstützungskasse gewährt dem ArbN keinen Rechtsanspruch auf Versorgungsleistungen. Werden Ansprüche aus der betrieblichen Altersversorgung unverfallbar, bedeutet dies vor allem, dass der ArbN beim Ausscheiden aus dem Betrieb, weiterhin begünstigt bleibt (v§ 1b Abs 4 BetrAVG). 174

**2. Aufwendungen des ArbGeb in der Ansparphase. a) Umfang des Betriebsausgabenabzugs nach § 4d EStG.** Der ArbGeb kann die Zuwendungen an die Unterstützungskasse nach Maßgabe des § 4d EStG als Betriebsausgaben abziehen. Die Höhe der abzugsfähigen Zuwendungen richtet sich, danach, ob die Unterstützungskasse lebenslänglich laufende Leistungen (zB Alters- Hinterbliebenen-, Invaliditätsrenten, § 4d Abs 1 Nr 1 EStG) oder befristete Leistungen (Überbrückungsrenten zB Invalidenrente, befristete Witwenrenten, § 4d Abs 1 Nr 2 EStG) erbringt. Zu den Voraussetzungen iE wird auf R 4d EStR und Schmidt/*Weber-Grellet* EStG § 4d Rz 7 ff verwiesen. 175

**b) Besteuerung des ArbN.** Zuwendungen des ArbGeb an die Unterstützungskasse fließen dem ArbN nicht als Arbeitslohn zu und unterliegen deshalb nicht dem Lohnsteuerabzug. Maßgebend ist, dass der ArbN bei einer Versorgungszusage des ArbGeb keinen Rechtsanspruch auf Versorgung gegen die Unterstützungskasse erwirbt, so dass die Beitragsleistungen keinen Lohnzufluss begründen. 176

**3. Leistungen an den Arbeitnehmer in der Versorgungsphase.** Wenn der ArbN die Versorgungsleistungen von der Unterstützungskasse erhält, fließt ihm nachträglicher Arbeitslohn aus einem früheren Arbeitsverhältnis iSd § 19 Abs 1 Nr 2 EStG zu. Diese Leistungen unterliegen dem Lohnsteuerabzug. Die Unterstützungskasse hat die Lohnsteuer als Erfüllungsgehilfe des ArbGeb abzuführen (BFH 28.3.58 – VI 233/56 S, BStBl III 58, 268). 177

## D) Insolvenzsicherung

**1. Maßnahmen zur Insolvenzfestigkeit.** Es bedarf keines besonderen Insolvenzschutzes, wenn die betriebliche Altersversorgung durch einen externen Träger durchgeführt wird, wie es bei der Direktversicherung, der Pensionskasse und dem Pensionsfonds der Fall ist (§ 7 178

Abs 1 BetrAVG; → Rn 84 ff). Dies gilt auch bei Pensionszusagen für ArbN vorbehaltlich Gesellschaftern. Sind die Beiträge hierfür an den PSV gezahlt worden, besteht Insolvenzfestigkeit. Die Beiträge des ArbGeb an den PSV sind als Zukunftssicherungsleistungen in den Grenzen des § 3 Nr 62 EStG steuerfrei, ebenso die Beiträge des Trägers der Insolvenzsicherung oder anderer Dritter an ein Versicherungsunternehmen (§ 3 Nr 65 EStG; R 3.65 LStR). Die Steuerfreiheit gilt auch für die Übertragung von Direktzusagen oder für Zusagen, die von einer Unterstützungskasse erbracht werden sollen, wenn die Betriebstätigkeit eingestellt und das Unternehmen liquidiert wird (§ 4 Abs 3 BetrAVG; → Rn 177). Bei Betriebsveräußerung und Fortführung durch den Erwerber gilt die Steuerfreiheit nicht (R 3.65 Abs 1 Sätze 2, 3 LStR).

**179** Bei **Pensionszusagen** tritt der PSV auch bei Fremdgeschäftsführern und Minderheitsgesellschafter-Geschäftsführern von Kapitalgesellschaften ein, nicht aber bei Mehrheitsgesellschaftern. Für Letztere empfiehlt sich eine Rückdeckungsversicherung (ausführlich *Neufang* StBp 08, 228; *Perwein* GmbHR 07, 589; Merkblatt des PSV; s auch die Literaturhinweise in → Rn 105), deren Abschluss jedoch nicht zwingend ist (BFH 15.10.97 – I R 42/97, BStBl II 99, 316). Auch Wertpapierfonds, Immobilien oÄ eignen sich zur Rückdeckung. Die Verpfändung der Ansprüche aus dem Versicherungsvertrag bzw die Einräumung eines unwiderruflichen Bezugsrechts führt zur Insolvenzfestigkeit (OLG Brandenburg 13.2.02 – 7 U 152/01, GmbHR 02, 432). Sie führt noch nicht zum Lohnzufluss, weil der Pensionsberechtigte gegenwärtig noch keine unmittelbaren Ansprüche aus der Versicherung erwirbt (R 40b.1 Abs 3 Satz 2 Nr 3 LStR). Im Zuge der Insolvenz der Kapitalgesellschaft werden solche Rückdeckungsversicherungen vielfach auf den Pensionsberechtigten übertragen. Im Zeitpunkt der Übertragung fließt dem Berechtigten der lohnsteuerpflichtige geldwerter Vorteil zu, der regelmäßig dem geschäftsplanmäßigen Deckungskapital der Versicherung entspricht (R 40b Abs 3 Satz 3 LStR). Auch wenn die Pensionszusage eine verdeckte Gewinnausschüttung darstellt, bleibt die Rückdeckungsversicherung betrieblich veranlasst (BFH 7.8.02 – I R 2/02, BStBl II 04, 131).

**180** **2. Leistungen nach Insolvenz. a) Beim Arbeitnehmer.** Bei Insolvenz des ArbGeb geht der Versorgungsanspruch des ArbN auf den PSV als Träger der Insolvenzsicherung über (§ 7 Abs 2 BetrAVG). Der ArbN verliert daher nicht sein Bezugsrecht aus dem ursprünglich abgeschlossenen Versorgungsvertrag. Aus diesem Grund liegt auch keine Lohnrückzahlung mit der Folge eines etwaigen LSt-Erstattungsanspruchs vor, wenn der Insolvenzverwalter die Deckungsmittel aus der ursprünglichen Altersvorsorgeversicherung zur Insolvenzmasse zieht (BFH 5.7.07 – VI R 58/05, DStR 07, 1435; → *Insolvenz des Arbeitgebers* Rn 31). Versorgungsleistungen des Pensionssicherungsvereins (PSV) bzw des eintretenden Unternehmens an ArbN nach Eintritt des Insolvenzfalles sind so zu behandeln, als wäre die Insolvenz nicht eingetreten. Die steuerliche Behandlung richtet sich also nach der jeweiligen Versorgungsleistung (§ 3 Nr 65 Sätze 2–4 EStG). Das bedeutet, dass Versorgungsleistungen aufgrund einer Pensionszusage oder über eine Unterstützungskasse der LSt unterliegen, für die das eintretende Versicherungsunternehmen verantwortlich ist (R 3.65 Abs 3 LStR). Abfindungen des PSV gem § 8 Abs 2 BetrAVG können als Entschädigung (§ 24 Nr 1a EStG) ermäßigt zu besteuern sein (§ 34 Abs 2 EStG; BFH 25.8.93 – XI R 8/93, BStBl II 94, 167). Zahlt der frühere ArbGeb aus Liquiditätsgründen die zugesagte Pension nicht, hat er dennoch die Pensionsrückstellungen aufzulösen (*Müller* DStZ 98, 597; → *Insolvenz des Arbeitgebers* Rn 31).

**181** **b) Beim Gesellschafter-Geschäftsführer.** Bei Verpfändung der Rückdeckungsversicherung kann der Insolvenzverwalter die Ansprüche aus der Rückdeckungsversicherung kündigen und den Rückkaufswert von der Versicherung zur Auszahlung in die Masse verlangen. Der Insolvenzverwalter muss den ausgezahlten Betrag hinterlegen (§ 198 InsO). Mit Eintritt des Versorgungsfalls kommt der hinterlegte Betrag zur Auszahlung an den Pensionsberechtigten mit der Folge der Besteuerung je nach Art der Versorgungsleistung. War der Geschäftsführer zeitweise ein beherrschender Gesellschafter, tritt der PSV für den Zeitraum ein, in dem keine Beherrschung bestand.

## C. Sozialversicherungsrecht

*Schlegel*

### Übersicht



**I. Begriff. Betriebliche Altersversorgung im Sinne des Arbeitsrechts** liegt vor, wenn einem ArbN von seinem ArbGeb aus Anlass seines Arbeitsverhältnisses Leistungen der Alters-, Invaliditäts- oder Hinterbliebenenversorgung zugesagt werden (§ 1 Abs 1 Satz 1 BetrAVG). Diese kann unmittelbar über den ArbGeb oder über sonstige Versorgungsträger, nämlich eine Direktversicherung, eine Pensionskasse, einen Pensionsfonds, eine Unterstützungskasse durchgeführt werden (§ 1 Abs 1 Satz 2, § 1b Abs 2–4 BetrAVG; zu den Einzelheiten → Rn 1 ff). Der ArbGeb ist auch dann eintrittspflichtig, wenn die Altersvorsorge nicht durch ihn selbst erfolgt. 206

Hiervon zu unterscheiden ist der **Begriff der Versorgungsbezüge** iSv § 229 Abs 1 Nr 5 SGB V. Diese Vorschrift regelt die beitragsrechtliche Behandlung von **„Renten der betrieblichen Altersversorgung"**. Dieser Begriff wird vom BSG wegen der Zwecke des sozialversicherungsrechtlichen Beitragsrechts eigenständig und ohne Bindung an § 1 Abs 1 BetrAVG ausgelegt (dazu eingehend → Rn 181 ff).

207 **II. Beitragsrechtliche Behandlung der Vorsorgeaufwendungen – Aufbauphase. 1. Allgemeines.** Ob und in welchem Umfang die Mittel zur Finanzierung der betrieblichen Altersversorgung beitragspflichtig sind, richtet sich nach dem jeweiligen Durchführungsweg und danach, wer die Mittel für die betriebliche Altersversorgung aufbringt. Betriebliche Altersversorgung liegt nämlich nicht nur dann vor, wenn die Mittel ausschließlich vom ArbGeb aufgebracht werden. Vielmehr gehören Aufwendungen auf Vorsorgeleistungen auch dann noch zur betrieblichen Altersversorgung, wenn die Mittel hierfür aus der Sphäre des ArbN stammen, weil künftige Entgeltansprüche in eine wertgleiche Versorgungsleistung umgewandelt werden (Eigentumsumwandlung).

208 **2. Durchführungswege der betrieblichen Altersversorgung.** Zur Durchführung der betrieblichen Altersversorgung kommen die folgenden Durchführungswege in Betracht.

**a) Direktzusage.** Bei der Direktzusage, auch Pensions- oder unmittelbare Versorgungszusage genannt, ist der ArbGeb selbst Träger der Versorgung. Die Versorgungsleistungen werden bei Eintritt des Versorgungsfalles aus den betrieblichen Mitteln des ArbGeb finanziert. Zu diesem Zweck bildet der ArbGeb in aller Regel Rücklagen. Die ArbN selbst leisten keine eigenen Beiträge.

209 **b) Pensionskasse.** Die Pensionskasse ist eine rechtsfähige Versorgungseinrichtung, die dem ArbN oder seinen Hinterbliebenen einen Rechtsanspruch auf ihre Leistungen gewährt (§ 1b Abs 3 BetrAVG). Sie wird regelmäßig von einem oder mehreren Unternehmen getragen und meist in der Rechtsform eines VVaG durchgeführt. In der Pensionskasse sind die ArbN selbst Mitglied. Die Beiträge werden teils vom ArbGeb allein, teils von ArbGeb und ArbN gemeinsam aufgebracht.

210 **c) Pensionsfonds.** Der Pensionsfonds ist wie die Pensionskasse eine rechtsfähige Versorgungseinrichtung, die dem ArbN oder seinen Hinterbliebenen einen Rechtsanspruch auf ihre Leistungen gewährt (§ 1b Abs 3 BetrAVG, §§ 112 ff VVaG). Der Pensionsfonds arbeitet nach dem Kapitaldeckungsverfahren. Er erbringt seine Leistung (lebenslange Altersrente) je nach dem zugrunde liegenden Pensionsplan entweder beitragsbezogen mit der Zusage einer Mindestleistung oder leistungsbezogen. Pensionsfonds bedürfen zum Geschäftsbetrieb der Erlaubnis der Aufsichtsbehörde. Er ist in der Auswahl seiner Geldanlagen freier als die Pensionskasse.

211 **d) Unterstützungskasse.** Die Unterstützungskasse ist wie die Pensionskasse eine rechtsfähige Versorgungseinrichtung, jedoch gewährt sie die dem ArbN oder seinen Hinterbliebenen – anders als die Pensionskasse – keinen Rechtsanspruch auf ihre Leistungen (§ 1b Abs 4 BetrAVG). Die Unterstützungskasse wird von einem oder mehreren Unternehmen getragen. Das Vermögen der Unterstützungskasse wird durch Zuwendungen des/der Trägerunternehmen oder durch eigene Vermögenserträge der Kasse aufgebaut.

212 **e) Direktversicherung.** Die Direktversicherung ist eine besondere Form der Lebensversicherung, die der ArbGeb als Versicherungsnehmer für seine ArbN auf das Leben des ArbN abschließt und bei der hinsichtlich der Leistungen der ArbN oder seine Hinterbliebenen ganz oder teilweise bezugsberechtigt sind (§ 1b Abs 2 Satz 1 BetrAVG). Versicherungsnehmer ist der ArbGeb. Eine betriebliche Altersversorgung liegt nicht vor, wenn der ArbN Versicherungsnehmer ist, auch wenn der ArbGeb die Beiträge zahlt. Die Direktversicherung kann als Einzel- oder Gruppenlebensversicherung abgeschlossen werden. Eine Aufteilung der Bezugsberechtigung zwischen ArbGeb und ArbN wird in der Praxis oft hinsichtlich der Überschussanteile vorgenommen (→ Rn 26). Zahlungsschuldner der Versicherungsprämien ist der ArbGeb. Er zahlt idR auch die Beiträge, jedoch ist dies nicht konstitutiv. Eine Direktversicherung liegt auch dann vor, wenn die Prämien etwa durch Gehaltsumwandlung zum Teil von ArbN getragen werden.

213 **f) Reine Beitragszusage.** Sie liegt vor, wenn der ArbGeb durch TV oder aufgrund eines TV in einer Betriebsvereinbarung verpflichtet wird, Beiträge zur Finanzierung von Leistungen der betrieblichen Altersversorgung an einem Pensionsfonds, eine Pensionskasse oder eine Direktversicherung nach § 22 BetrAVG zu zahlen (§ 1 Abs 2 Nr 2a BetrAVG). Anders als bei den bisherigen Zusageformen „Leistungszusage", „beitragsorientierte Leistungszusage" und „Beitragszusage mit Mindestleistung" verpflichtet sich der ArbGeb bei dieser Art der Zusage nicht zur Zahlung von (Mindest-)Betriebsrenten (keine Haftung: „pay and forget"). Die reine Beitragszusage kann auch über **Entgeltumwandlung** erfolgen. **Wert-**

**gleichheit** im Sinne von § 1 Abs 2 Nr 3 BetrAVG liegt in diesem Fall vor, wenn der vom ArbGeb zu leistende Beitrag an die Versorgungseinrichtung dem umgewandelten Entgeltbetrag nach Abzug möglicher Steuern und SozVersBeiträge entspricht. Werden die Beiträge bei der reinen Beitragszusage (ganz oder teilweise) im Wege einer **Entgeltumwandlung** aufgebracht, muss der ArbGeb 15 vH des umgewandelten Entgelts zusätzlich als **Arbeitgeberzuschuss** an den Pensionsfonds, die Pensionskasse oder die Direktversicherung weiterleiten, soweit er durch die Engeltumwandlung SozVBeiträge einspart (§ 1a, § 23 Abs 2 BetrAVG). Für den ArbGebZuschuss nach § 1a BetrAVG gelten die gleichen steuerlichen Regelungen wie für die mittels Entgeltumwandlung finanzierten Beiträge des ArbGeb, zB die Steuerfreiheit nach § 3 Nr 63 EStG, die Riester-Förderung nach § 10a, §§ 79 ff EStG sowie § 100 Abs 6 EStG (BT-Drs 18/12612 S 28). **Übergangsrecht:** Für **vor dem 1.1.2019 geschlossene individual- und kollektivrechtliche Entgeltumwandlungsvereinbarungen** gilt § 1a BetrAVG allerdings erst ab dem 1.1.22 (§ 26a BetrAVG).

**3. Finanzierung durch den Arbeitgeber.** Werden die Mittel für die betriebliche Altersversorgung ausschließlich durch den ArbGeb von zusätzlich zum Arbeitsentgelt gewährten Entlohnungsbestandteilen, also ohne das Vorliegen einer Entgeltumwandlung, aufgebracht, ist zunächst zu prüfen, ob dem ArbN dadurch zusätzlich zum vereinbarten Arbeitsentgelt wirtschaftlich ein geldwerter Vorteil zugewandt wird. Ist dies der Fall, bedarf es der Prüfung, ob und ggf in welchem Umfang dieser dem Arbeitsentgelt auch beitragsrechtlich zugerechnet werden kann. 214

**a) Direktzusage und Unterstützungskasse: Kein geldwerter Vorteil.** Vor Eintritt des Versorgungsfalles sind die Mittel, die der ArbGeb für Rückstellungen einer von ihm erteilen Direktzusage verwendet, dem ArbN nicht als geldwerter Vorteil zuzurechnen und damit nicht beitragspflichtig. Gleiches gilt für Zuwendungen an eine Unterstützungskasse. 215

Beitragsrechtlich wird diese Form der betrieblichen Altersvorsorge erst nach Eintritt des Leistungsfalles relevant. Leistungen aus einer Direktzusage sind wie sonstige Arten der betrieblichen Altersversorgung als sog Versorgungsbezüge Teil der Beitragsbemessungsgrundlage der KV (§ 226 Abs 1 Nr 3, § 229 Abs 1 Nr 5, § 237 Satz 1 Nr 3 SGB V). Zum sozialversicherungsrechtlichen Begriff der Versorgungsbezüge (→ Rn 228 ff).

**b) Steuer- und beitragsfreie Beiträge/Prämien für Pensionsfonds, Pensionskasse oder für Direktversicherung.** Gem **§ 3 Nr 63 EStG** sind Beiträge des ArbGeb aus dem ersten Arbeitsverhältnis an eine **Pensionskasse,** einen **Pensionsfonds** oder für eine **Direktversicherung** steuerfrei, soweit sie insgesamt im Kj 4 vH der Beitragsbemessungsgrenze der RV nicht übersteigen (dazu *Beitragsbemessungsgrenzen* zur Steuerfreiheit bei der nur bis Ende 2004 möglichen Pauschalbesteuerung von Direktversicherungsbeiträgen vgl Personalbuch 2003, Betriebliche Altersversorgung Rz 219). Die genannten Aufwendungen müssen einer kapitalgedeckten betrieblichen Altersversorgung dienen (zur Pauschalbesteuerung bei Zuwendungen an Pensionskasse bei nicht kapitalgedeckter Altersversorgung vgl → Rn 218). Gem § 1 Abs 1 Nr 9 SvEV (§ 2 Abs 2 Nr 5 ArEV aF) sind diese steuerfreien Zuwendungen auch nicht dem Arbeitsentgelt iSv § 14 SGB IV zuzurechnen und damit beitragsfrei. Negativ formuliert: Zusätzlich zum Arbeitsentgelt gewährte Zuwendungen des ArbGeb zu Pensionskassen, Pensionsfonds und für Direktversicherungen sind nur insoweit beitragspflichtiges Arbeitsentgelt, als sie in einem Kj den Betrag von 4 vH der in diesem Jahr geltenden Beitragsbemessungsgrenze des Kj übersteigen oder soweit sie aus einem zweiten Arbeitsverhältnis stammen. Dem Arbeitsentgelt nicht zuzurechnen sind solche „steuerfreien Zuwendungen" auch insoweit, als sie aus einer **Entgeltumwandlung** (§ 1 Abs 2 BetriebsrentenG) stammen (§ 1 Satz 1 Nr 9 SvEV). 216

**Keine Beitragsfreiheit** besteht dagegen, soweit § 3 Nr 63 Sätze 3 und 4 EStG einen weiteren Freibetrag für eine nach dem 31.12.2004 begründete Versorgungszusage steuerfrei lässt oder wenn der ArbN bei **Beendigung seines Dienstverhältnisses** Beiträge und Prämien für einen Pensionsfonds, eine Pensionskasse oder für eine Direktversicherung in der Höhe eines entsprechend seiner Beschäftigungsjahre Vielfachen des genannten Freibetrages steuerfrei erhält; § 1 Abs 1 Nr 9 SvEV (§ 2 Abs 2 Nr 5 ArEV) nimmt nämlich nur auf die Sätze 1 und 2, nicht dagegen auf die Sätze 3 und 4 des § 3 Nr 63 EStG Bezug. Dies dürfte auch dann gelten, wenn es sich bei den für eine betriebliche Altersversorgung verwendeten Mitteln um ein **angespartes Wertguthaben** bei flexibler Arbeitsgestaltung (§ 7 Abs 1a 217

SGB IV) handelt, das wegen eines Störfalles nicht mehr für Zeiten einer Freistellung verwendet werden, kann. Fließt das Wertguthaben in eine betriebliche Altersversorgung, gilt es nach § 23b Abs 3a SGB IV unter bestimmten Voraussetzungen nicht als Arbeitsentgelt, so dass es schon mangels „Arbeitsentgelt-Qualität" nicht beitragspflichtig ist.

218 **c) Beitragsfreiheit kraft Pauschalbesteuerung.** Soweit die zusätzlichen Beiträge des ArbGeb an eine **Pensionskasse** nicht nach § 1 Abs 1 Nr 9 SvEV (§ 2 Abs 2 Nr 5 ArEV) iVm § 3 Nr 63 EStG steuer- und damit beitragsfrei sind (→ Rn 217), ist zu prüfen, ob der ArbGeb von der Pauschalierungsmöglichkeit nach **§ 40b EStG** Gebrauch gemacht hat.

219 Der ArbGeb kann die LSt von **Zuwendungen an eine Pensionskasse** mit einem Pauschsteuersatz von 20 vH der Beiträge und Zuwendungen erheben, soweit die zu besteuernden Beiträge und Zuwendungen des ArbGeb für den ArbN den in § 40b Abs 2 Satz 1 EStG genannten Betrag im Kj nicht übersteigen. Macht der ArbGeb hiervon Gebrauch, sind seine zusätzlich zum Arbeitsentgelt für eine Pensionskasse aufgewandten Zuwendungen bis zu dem in § 40b Abs 2 Satz 1 EStG genannten Betrag gem § 1 Abs 1 Nr 4 SvEV (§ 2 Abs 1 Satz 1 Nr 3 ArEV) nicht dem Arbeitsentgelt zuzurechnen und somit beitragsfrei. Werden für den ArbN an die Pensionskasse höhere Zuwendungen eingezahlt, sind diese insoweit beitragspflichtiges Arbeitsentgelt.

220 **4. Arbeitnehmerfinanzierte Vorsorge. a) Begriff der Entgeltumwandlung.** § 1 Abs 2 Nr 3 BetrAVG enthält eine **Legaldefinition** der Entgeltumwandlung. Danach liegt eine betriebliche Altersversorgung auch dann vor, wenn „künftige Entgeltansprüche in eine wertgleiche Anwartschaft auf Versorgungsleistungen umgewandelt werden (Entgeltumwandlung)". Daher verliert zB eine Direktversicherung ihren Charakter als betriebliche Altersversorgung nicht dadurch, dass die Prämien von der Lebensversicherung wirtschaftlich vom ArbN getragen werden. Voraussetzung hierfür ist lediglich, dass die Versicherungsprämien aus einer Entgeltumwandlung stammen.

Gem § 1a Abs 1 BetrAVG hat der ArbN einen **Rechtsanspruch auf Entgeltumwandlung,** soweit nicht bereits eine durch Entgeltumwandlung finanzierte Altersversorgung besteht (Abs 2). Er kann vom ArbGeb verlangen, dass von seinen künftigen Entgeltansprüchen bis zu 4 vH der jeweiligen Beitragsbemessungsgrenze in der RV durch Entgeltumwandlung für eine betriebliche Altersversorgung verwendet werden. Hierzu bedarf es einer Vereinbarung mit dem ArbGeb. Ist der ArbGeb zur Durchführung der betrieblichen Altersversorgung im Durchführungswege der Pensionskasse oder eines Pensionsfonds bereit, ist die betriebliche Altersversorgung dort durchzuführen; andernfalls kann der ArbN verlangen, dass für ihn eine Direktversicherung abgeschlossen wird.

221 Bei der Entgeltumwandlung handelt es sich um einen **Novationsvertrag.** Die Verpflichtung des ArbGeb zur Erbringung seiner Gegenleistung, des Arbeitsentgelts, wird noviert und partiell durch eine Versorgungszusage ersetzt. Die Entgeltumwandlung führt somit im Grundsatz zu einer Absenkung des zuvor vereinbarten Bruttoentgeltanspruchs, die Zusammensetzung der Gesamtvergütung ändert sich. Zusagen, die der ArbGeb von sich aus nicht erteilt hätte, werden vom ArbN durch die Entgeltumwandlung gleichsam „erkauft". Dies führt dazu, dass die für eine Entgeltumwandlung verwendeten Entlohnungsbestandteile aus dem beitragspflichtigen Arbeitsentgelt „herausfallen" und damit die Bemessungsgrundlage der Beiträge zur SozV dauerhaft geschmälert werden. Für eine bis zum Jahr 2008 dauernde Übergangszeit hat der Gesetzgeber dies hingenommen (*Rombach* Betriebliche Altersversorgung 2001, S 206, 208). Nach Ablauf von Übergangsfristen sollen die für eine Entgeltumwandlung eingesetzten Beträge des ArbN als beitragspflichtiges Arbeitsentgelt behandelt werden.

222 **b) Abgrenzung Entgeltumwandlung – Verwendung bereits entstandener Entgeltansprüche.** Bereits fällige oder auch nur erdiente (erarbeitete) Entgeltansprüche scheiden von einer Entgeltumwandlung iSv § 1 Abs 1 Nr 1 SvEV (§ 1 Abs 2 Nr 3 ArEV) aus (vgl hierzu *Blomeyer* NZA 98, 911 f). Insoweit liegt keine Novation des Arbeitsvertrags bzgl der künftigen Zusammensetzung der Entlohnungsbestandteile vor, sondern eine Abrede über die Verwendung bereits entstandener Ansprüche. Der Beitragsanspruch entsteht mit der Arbeitsleistung (§ 22 Abs 1 SGB IV). Eine nachträgliche Vereinbarung über die Verwendung des Arbeitsentgelts kann die insoweit entstandene Beitragsschuld nicht mehr beseitigen (BSG 14.7.04 – B 12 KR 10/02 R, SozR 4–5375 § 2 Nr 1).

**c) Entgeltumwandlung zugunsten einer Direktzusage oder für Unterstützungskassen.** Soweit es sich um die „echte" Umwandlung künftig fällig werdender Entgeltbestandteile handelt, gilt im Grundsatz folgendes: Nach § 14 Abs 1 Satz 2 SGB IV sind Arbeitsentgelt auch diejenigen Entgeltbestandteile, die durch Entgeltumwandlung nach § 1 Abs 2 BetrAVG für betriebliche Altersversorgung in den Durchführungswegen Direktzusage oder Unterstützungskassen verwendet werden, und zwar auch dann, wenn steuerlich kein dem ArbN zufließendes Entgelt angenommen wird (§ 14 Abs 1 Satz 2 SGB IV iF des AVmG, vgl Ausschuss für Arbeit und Sozialordnung BT-Drs 14/150 S 33 zu Art 3 Nr 2a). Hieraus folgt, dass seit 2009 die für eine Entgeltumwandlung zugunsten einer Direktzusage oder für Unterstützungskassen verwendeten Entlohnungsbestandteile **beitragspflichtiges Arbeitsentgelt** sind. § 14 Abs 1 Satz 2 SGB IV trägt dem Umstand Rechnung, dass die vom ArbGeb gezahlten Mittel wirtschaftlich aus der Sphäre des ArbN stammen und eine Entgeltumwandlung die Beitragspflicht nicht per se beseitigt (zur Übergangsregelung des § 115 SGB IV aF BT-Drs 14/5150 S 33 zu Nr 2a und Nr 7a). 223

**d) Entgeltumwandlung für Pensionskasse, Pensionsfonds, Direktversicherungen oder reine Beitragszusage.** Nach § 1 Abs 1 Nr 9 SvEV sind dem Arbeitsentgelt Zuwendungen an Pensionskassen, Pensionsfonds und Direktversicherungen nicht zuzurechnen, die nach § 3 Nr 63 Satz 1 und 2 EStG steuerfrei sind. Dies ist bei Beträgen der Fall, soweit sie im Kj 4 vH der jeweils geltenden Beitragsbemessungsgrenze der RV nicht übersteigen, unabhängig davon, ob sie aus einer Entgeltumwandlung stammen oder ob dies nicht der Fall ist. 224

Für Zuwendungen, die über dem Betrag von 4 vH der Beitragsbemessungsgrenze der RV liegen, bleibt es bei der Beitragspflicht. 225

**e) Entgeltumwandlung bei reiner Beitragszusage – Arbeitgeberzuschuss.** Die reine Beitragszusage kann auch über **Entgeltumwandlung** erfolgen. **Wertgleichheit** im Sinne von § 1 Abs 2 Nr 3 BetrAVG liegt in diesem Fall vor, wenn der vom ArbGeb zu leistende Beitrag an die Versorgungseinrichtung dem umgewandelten Entgeltbetrag nach Abzug möglicher Steuern und SozVBeiträge entspricht. 226

Werden die Beiträge bei der reinen Beitragszusage (ganz oder teilweise) im Wege einer **Entgeltumwandlung** aufgebracht, muss der ArbGeb 15 vH des umgewandelten Entgelts zusätzlich als **Arbeitgeberzuschuss** an den Pensionsfonds, die Pensionskasse oder die Direktversicherung weiterleiten, soweit er durch die Engeltumwandlung SozVBeiträge einspart (§ 1a, § 23 Abs 2 BetrAVG). Für den ArbGebZuschuss nach § 1a BetrAVG gelten die gleichen steuerlichen Regelungen wie für die mittels Entgeltumwandlung finanzierten Beiträge des ArbGeb, zB die Steuerfreiheit nach § 3 Nr 63 EStG, die Riester-Förderung nach § 10a, §§ 79 ff EStG sowie § 100 Abs 6 EStG (BT-Drs 18/12612 S 28).

**Übergangsrecht:** Für **vor dem 1.1.2019 geschlossene individual- und kollektivrechtliche Entgeltumwandlungsvereinbarungen** gilt § 1a BetrAVG allerdings erst ab dem 1.1.22 (§ 26a BetrAVG).

**III. Beitragspflicht der Leistungen aus der betrieblichen Altersversorgung in der Krankenversicherung. 1. Allgemeines.** Als beitragspflichtige Einnahmen gelten nach § 229 SGB V die einer (gesetzlichen) Rente vergleichbaren Versorgungsbezüge. **Versorgungsbezüge** iS dieser Vorschrift sind ua auch Renten der betrieblichen Altersversorgung einschließlich der Zusatzversorgung im öffentlichen Dienst (VBL-Rente) und der hüttenknappschaftlichen Zusatzversorgung (§ 229 Abs 1 Nr 5 SGB V). Erforderlich ist, dass diese Bezüge wegen einer Einschränkung der Erwerbsfähigkeit oder zur Alters- oder Hinterbliebenenversorgung erzielt werden. Letzteres wird bei Leistungen aus der betrieblichen Altersversorgung regelmäßig der Fall sein. Hat die Leistung entsprechend ihrer tatbestandlichen Voraussetzungen ausnahmsweise keine rentenähnliche Zwecksetzung, liegt auch kein Versorgungsbezug iSd § 229 SGB V vor; dies ist der Fall, wenn die Leistung weder als Einkommensersatz bei Erwerbs- oder Berufsunfähigkeit oder bei Erreichen bestimmter Altersgrenzen dient noch ihr beim Todesfall Unterhaltsersatzfunktion für die Hinterbliebenen zukommt (zu diesen Anforderungen BSG 11.12.87 – 12 RK 3/86, SozR 2200 § 180 Nr 38 S 155). Die sog **Riester-Förderung** nach § 92 EStG kann ua in der Form erfolgen, dass der ArbGeb aus dem Nettoarbeitsentgelt des ArbN Zahlungen an eine Pensionskasse, einen Pensionsfonds oder eine Direktversicherung leistet (sog externer Durchführungsweg); der 227

Bund fördert dies durch staatliche Maßnahmen. Mit dem **Betriebsrentenstärkungsgesetz** vom 17.8.2017 (BGBl I 3214) wurde mit Wirkung ab 1.1.2018 angeordnet, dass Leistungen aus Altersvorsorgevermögen iS des § 92 EStG, dh **betriebliche Riester-Renten**, keine Versorgungsbezüge iSv § 229 Abs 1 Nr 5 SGB V sind. Sie sind damit – anders als seit 2004 – in der Auszahlungsphase in der KV ab 1.1.2018 nicht (mehr) beitragspflichtig. Damit soll eine Gleichbehandlung der betrieblichen Riester-Rente mit der konzeptionell vergleichbaren privaten Riester-Rente hergestellt und die Beitragspflicht auf die Einzahlungsphase reduziert werden (BT-Drs 18/11286 S 52).

228 **2. Sozialversicherungsrechtlicher Begriff der betrieblichen Altersversorgung. a) Gesetzliche Grundlagen; Verfassungsmäßigkeit.** Bei versicherungspflichtig Beschäftigten wird der Bemessung ihrer Beiträge zur GKV ua der **Zahlbetrag der Rente vergleichbarer Einnahmen** (Versorgungsbezüge) zugrundegelegt (§ 226 Abs 1 S 1 Nr 4 SGB V). Für andere Mitglieder der GKV gilt Entsprechendes (vgl zB § 237 S 1 Nr 2, S 2 pflichtversicherte Rentner sowie § 240 Abs 1 S 1 SGB V freiwillig Versicherte, letzterer iVm § 3 Abs 1 S 1 BeitrVerfGrsSz v 27.10.2008, zuletzt geändert am 10.12.2014). Als derartige Versorgungsbezüge gelten auch Renten der betrieblichen Altersversorgung, soweit sie – wegen einer Einschränkung der Erwerbsfähigkeit oder zur Alters- oder Hinterbliebenenversorgung erzielt werden (§ 229 Abs 1 S 1 Nr 5 SGB V). Diese Heranziehung von Versorgungsbezügen einschließlich der Bezüge aus betrieblicher Altersversorgung bei der Bemessung der KVBeiträge versicherungspflichtiger Rentner begegnet nach der Rspr des BSG und BVerfG im Grundsatz keinen verfassungsrechtlichen Bedenken (BSG 23.7.14 – B 12 KR 28/12 R, BeckRS 2014, 74263, Rn 10 mwN; BVerfG 8.12.1988 – 2 BvL 18/84 – BVerfGE 79, 223).

229 **b) Entwicklung.** Mit dem **Rentenanpassungsgesetz 1982** (v 1.12.1981, BGBl I 1205) wurden Versorgungsbezüge erstmals zur Beitragspflicht in der GKV herangezogen (s BT-Drs 9/458). Der heutige § 229 SGB V geht auf das **Gesundheits-Reformgesetz** zurück (v 20.12.1988, BGBl I 2477). Mit dem **GKV-Modernisierungsgesetz** (v 14.11.2003, BGBl I 2190) erhielt § 229 Abs 1 S 3 SGB V seine heutige Fassung. Die dort geregelte **Einhundertzwanzigstel-Regel** gilt seitdem nicht mehr nur dann, wenn eine nicht regelmäßig wiederkehrende Leistung an die Stelle der Versorgungsbezüge tritt, sondern auch dann, wenn eine solche Leistung vor Eintritt des Versicherungsfalls vereinbart oder zugesagt worden ist; hierdurch sollten Umgehungsmöglichkeiten beseitigt werden (BT-Drs 15/1525, S 139 <zu Nr 143>).

230 **c) Eigenständiger sozialrechtlicher Rechtsbegriff der „betrieblichen Altersversorgung" iSd Beitragsrechts.** Den Begriff der betrieblichen Altersversorgung im Sinne des Beitragsrechts der GKV hat das BSG als eigenständigen Begriff verstanden und **ohne Bindung an die Legaldefinition in § 1 Abs 1 S 1 BetrAVG** ausgelegt (BSG 18.12.1984 – 12 RK 36/84 – BSGE 58, 10, 11 f = SozR 2200 § 180 Nr 25 S 90; BSG v 23.7.14 – B 12 KR 28/12 R – BSGE 116, 241 ff = SozR 4–2500 § 229 Nr 18, RdNr 10 mwN).

231 **d) Institutionelle Abgrenzung des Begriffs „Betriebliche Altersversorgung".** Das BSG stellt nicht auf den im Einzelfall jeweils nachweisbaren Zusammenhang mit dem früheren Erwerbsleben ab, sondern geht **typisierend** von einem solchen allgemeinen Zusammenhang aus. Renten aus der gesetzlichen RV (GRV) und Versorgungsbezügen iSv § 229 Abs 1 S 1 SGB V sind beitragspflichtig, wenn sie Bezüge zu bestimmter Institutionen aufweisen. Diese sog **institutionelle Abgrenzung** orientiert sich allein daran, ob die Rente bzw die Kapitalleistung von einer Einrichtung der betrieblichen Altersversorgung gezahlt wird, und lässt Modalitäten des individuellen Rechtserwerbs ebenso unberücksichtigt wie die Frage eines nachweisbaren Zusammenhangs mit dem Erwerbsleben im Einzelfall (BSG 23.7.14 – B 12 KR 28/12 R, BeckRS 2014, 74263, Rn 12; BSG 30.3.11 – B 12 KR 16/10 R, NJOZ 2012, 228, Rn 19; grdl BSG 6.2.92 – 12 RK 37/91, NZA 1992, 767; BSG v 30.3.95 – 12 RK 29/94, NZS 1995, 545; zur grds Verfassungsmäßigkeit vgl BVerfG 6.9.10 – 1 BvR 739/08, NZS 2011, 463, Rn 16; BVerfG v 28.9.10 – 1 BvR 1660/08, NZS 2011, 539, Rn 14). Ausgehend davon sind Leistungen, die von einer **Pensionskasse** (§ 1b Abs 3 S 1 BetrAVG) gewährt werden stets Renten der betrieblichen Altersversorgung; die vom BVerfG für vom ArbN privat fortgeführte Direktversicherungen entwickelten Maßstäbe sind nicht zu übertragen, weil anders als „Durchführungsweg Direktversicherung" beim

„Durchführungsweg Pensionskasse" die Abgrenzung nach der leistenden Institution trägt (BSG 23.7.14 – B 12 KR 28/12 R, BeckRS 2014, 74263, Rn 13, 20). Auch die Versorgungsleistung aus einer **Unterstützungskasse** (§ 1b Abs 4 S 1 BetrAVG) ist eine Rente der betrieblichen Altersversorgung iSd § 229 Abs 1 Satz 1 Nr 5 SGB V, die der Beitragserhebung in der Kranken- und PflegeV zugrundezulegen ist (BSG 25.8.04 – B 12 KR 30/03 R, BeckRS 2004, 41940 Rn 10; vgl auch BSG 25.5.2011 – B 12 P 1/09 R, BeckRS 2011, 75904, Rn 18). Eine Rente aus einer Einrichtung der betrieblichen Altersversorgung ist auch dann beitragspflichtig, wenn der Leistungsbezieher der Einrichtung nur aufgrund einer früheren Berufstätigkeit beitreten konnte, auch wenn er während der Mitgliedschaft keine Berufstätigkeit mehr ausgeübt und die Beiträge allein getragen hat (BSG 6.2.1992 – 12 RK 37/91, NZA 1992, 767).

**e) Abgrenzung nach Versicherungstyp.** Beim **„Durchführungsweg Direktversicherung"** (§ 1b Abs 4 S 1 BetrAVG) knüpft die Unterscheidung beitragspflichtiger Leistungen der betrieblichen Altersversorgung und beitragsfreier Eigenvorsorge im Wege einer Kapitallebensversicherung von vornherein nicht an die leistende Institution, sondern an den Versicherungstyp an. Dies liegt daran, dass die Direktversicherung von Lebensversicherungsunternehmen durchgeführt wird, die sowohl Produkte der betrieblichen Altersversorgung als auch Produkte im Bereich der privaten Eigenvorsorge anbieten. Es kann nicht – auch nicht typisierend – nach der leistenden Institution zwischen beitragspflichtiger betrieblicher Altersversorgung und privater Eigenvorsorge unterschieden werden. Gleichzeitig ist auch der einer Direktversicherung zugrundeliegende Vertrag eine Lebensversicherung (zum Ganzen BSG 23.7.14 – B 12 KR 28/12 R, BeckRS 2014, 74263, Rn 26; vgl auch BVerfG v 28.9.10 – 1 BvR 1660/08, NZS 2011, 539, Rn 14). Die Rspr ist in diesem Punkt allerdings iinsofern nicht klar, als sie teilweise die leistende Versicherungseinrichtung sowie den Versicherungstyp gleichermaßen als Anknüpfungspunkt für die institutionellen Abgrenzung nennt (so zuletzt BSG 29.7.15 – B 12 KR 4/14 R, BeckRS 2015, 73115, Rn 20; davor etwa BSG 30.3.95 – 12 RK 29/94, NZS 1995, 545; BSG 30.3.11 – B 12 KR 16/10 R, NJOZ 2012, 228, Rn 28; BSG 25.5.11 – B 12 P 1/09 R, BeckRS 2011, 75904, Rn 14). 232

**f) Subsidiäre Abgrenzungsregeln.** Wird der Bezug einer Rente nicht schon institutionell (Versorgungseinrichtung, Versicherungstyp) vom Betriebsrentenrecht erfasst, sind wesentlichen Merkmale einer Rente der betrieblichen Altersversorgung (als einer mit der Rente aus der GRV vergleichbaren Einnahme) iSd Beitragsrechts der KV der **Zusammenhang zwischen dem Erwerb dieser Rente und der früheren Beschäftigung** sowie die **Einkommensersatzfunktion der Rente** (BSG v 11.12.87 – 12 RK 3/86, BeckRS 1987, 30724249; BSG 25.5.11 – B 12 P 1/09 R, BeckRS 2011, 75904, Rn 14 mwN; BSG 24.4.12 – B 12 KR 26/10 R, NJOZ 2013, 132, Rn 32; BSG 29.7.15 – B 12 KR 4/14 R, BeckRS 2015, 73115, Rn 20). Es sollen lediglich Einnahmen unberücksichtigt bleiben, die nicht (unmittelbar) auf ein früheres Beschäftigungsverhältnis oder auf eine frühere Erwerbstätigkeit zurückzuführen sind, zB Einnahmen aufgrund betriebsfremder privater Eigenvorsorge oder Einnahmen aus ererbtem Vermögen (BSG 25.5.11 – B 12 P 1/09 R, BeckRS 2011, 75904, Rn 14 mwN; grdl schon BSG 11.12.87 – 12 RK 3/86, BeckRS 1987, 30724249; BSG 18.12.84 – 12 RK 36/84, BeckRS 1984, 30408746). 233

**Der betriebliche Zusammenhang** ist anhand einer Gesamtbetrachtung festzustellen, dh es ist ermiteln, ob die zu beurteilenden Leistungen hinreichend in der früheren Beschäftigung verwurzelt sind bzw aufgrund der Beschäftigung erworben wurden. Wer **nur aufgrund einer bestimmten früheren Berufstätigkeit in den Genuss solcher Leistungen gelangen** kann und dieses Recht auch ausübt, bedient sich für seine zusätzliche Sicherung im Alter, bei Invalidität und Tod des Unterhaltspflichtigen nicht irgendeiner Form der privaten Vorsorge, sondern ist als Begünstigter in eine betriebliche Altersversorgung eingebunden und macht sich damit im gewissen Umfang deren Vorteile nutzbar (BSG 25.5.11 – B 12 P 1/09 R, B 12 P 1/09 R, Rn18). Weil der Begriff der betrieblichen Altersversorgung in § 229 Abs 1 Satz 1 Nr 5 SGB V nicht an die Definition im Betriebsrentenrecht gebunden ist, muss auch die leistungsgewährende Einrichtung nicht – gleichzeitig – eine Einrichtung der betrieblichen Altersversorgung iSd BetrAVG darstellen (BSG 10.6.88 – 12 RK 24/87, BeckRS 1988, 30726495). § 229 Abs 1 Satz 1 Nr 5 SGB V stellt nicht darauf ab, in welcher organisatorischen Form der ArbGeb eine Alters-, Invaliditäts- und Hinterbliebenenvorsorge für seine ArbN sicherstellt. Ob die Rente von einer unselbst- 234 ständigen oder rechtlich verselbstständigten Einrichtung, öffentlich-rechtlich oder privatrechtlich erbracht wird, ist für den Charakter der Leistung unbeachtlich (BSG 11.12.87 – 12 RK 3/86, BeckRS 1987, 30724249; BSG 8.12.88 – 12 RK 46/86, BeckRS 1988, 30729223). Es kommt auch nicht entscheidend darauf an, ob auf die Leistungen ein Rechtsanspruch besteht oder ob sie nach Ermessen gewährt werden, wenn sie jedenfalls tatsächlich erbracht werden (BSG 17.10.86 – 12 RK 16/86, AP BetrAVG § 5 Nr. 34). Von Bedeutung ist allein, dass der ArbN in den Kreis der Begünstigten der Unterstützungskasse aufgenommen wurde (vgl BSG 25.8.04 – B 12 KR 30/03 R, BeckRS 2004, 41940, Rn10). Ferner sind die konkreten Motive des ArbN, für den ArbN eine Alterssicherung vorzusehen, unbeachtlich. Für die Beurteilung des Betriebsbezugs der Altersversorgung kommt es ausschließlich darauf an, dass die Versorgungsbezüge (bei objektiver Betrachtung) im Zusammenhang mit der Beschäftigung stehen und den Renten der RV vergleichbar sind (BSG v 8.12.88 – 12 RK 46/86, BeckRS 1988, 30729223). Diesen **Zusammenhang zur konkreten Berufstätigkeit** hat das BSG auch für Leistungen an **Seelotsen** angenommen, welche dies aus einem zwischen der Bundeslotsenkammer und einem privaten Versicherungsunternehmen geschlossenen Gruppenversicherungsvertrag im Wege einer unechten Gruppenversicherung erhalten, weil, die Versicherung ausschließlich den Seelosten bestimmter Lotsenbrüderschaften, vorbehalten ist (BSG 8.10.2019 – B 12 KR 2/19 R).

235 **Einkommensersatzfunktion** haben die Leistungen dann und sind damit der betrieblichen Altersversorgung zuzurechnen, wenn sie ua die Versorgung des ArbN im Alter bezwecken, also der Sicherung des Lebensstandards nach dem Ausscheiden des ArbN aus dem Erwerbsleben dienen sollen. Durch diesen Versorgungszweck unterscheidet sich die betriebliche Altersversorgung von sonstigen Zuwendungen des ArbGeb, etwa solchen zur Überbrückung von erwarteter Arbeitslosigkeit oder Abfindungen für den Verlust des Arbeitsplatzes (BSG 29.7.15 – B 12 KR 4/14 R, BeckRS 2015, 73115, Rn 20 mwN). Für die Abgrenzung betrieblicher Altersversorgung iSd Betriebsrentenrechts von (bloßen) „Überbrückungsgeldern", „Überbrückungshilfen", „Übergangsleistungen" usw kommt va dem vereinbarten Leistungsbeginn große Bedeutung zu (zu vom 55. bis zum 60. Lebensjahr gezahlten „Überbrückungsbezügen" vgl BSG 20.7.17 – B 12 KR 12/15 R, BeckRS 2017, 120297; BSG 29.7.15 – B 12 KR 4/14 R, BeckRS 2015, 73115, Rn 21).

236 Für die Annahme einer **Einkommens-(Lohn- bzw Entgelt-)Ersatzfunktion der Rente** und infolgedessen ihrer Vergleichbarkeit mit einer Rente der RV kommt es nicht darauf an, dass eine Staffelung der Beträge nach Bedürftigkeit und dem früheren Entgelt erfolgt. Nur für den Fall, dass eine Leistung nicht mehr unmittelbar auf eine Erwerbstätigkeit zurückzuführen ist und nicht dem Ersatz von Einkommen bzw Arbeitsentgelt dient, sondern zur Sicherung des Lebensunterhalts bedürftiger Mitglieder oder ihrer Hinterbliebenen bestimmt ist und daher den Charakter privater sozialhilfeähnlicher Leistungen trägt, hat das BSG die Eigenschaft als der Rente vergleichbare Einnahmen verneint (BSG 25.5.11 – B 12 P 1/09 R, BeckRS 2011, 75904, Rn 23).

237 Der Beitragspflicht von Versorgungsbezügen unterliegen auch **Leistungen an Hinterbliebene.** § 229 Abs 1 S 1 SGB V knüpft bereits seinem Wortlaut nach die Beitragspflicht von Versorgungsbezügen gerade an die Bedingung, dass diese ua zur Hinterbliebenenversorgung erzielt werden. Darüber hinaus umfassen die Renten der betrieblichen Altersversorgung (§ 229 Abs 1 S 1 Nr 5 SGB V) selbst im engeren Sinne des § 1 Abs 2 S 1 BetrAVG auch die Zusage von Leistungen der Hinterbliebenenversorgung (BSG 5.3.14 – B 12 KR 22/12 R, BeckRS 2014, 70549, Rn 20; so zu Ansprüchen aufgrund eigenen Bezugsrechts aus iRd betrieblichen Altersversorgung abgeschlossenen Lebensversicherungen BSG 25.4.12 – B 12 KR 19/10 R, NZA-RR 2012, 590, Rdn 18). Dabei kommt es nicht darauf an, ob der ArbN selbst in der KV versichert war (BSG 25.4.12 – B 12 KR 19/10 R, NZA-RR 2012, 590, Rn 10 ff).

238 Renten der betrieblichen Altersversorgung sind ua auch **Kindergeld,** das mit einer Betriebsrente gezahlt wird (BSG 25.10.88 – 12 RK 10/87, NZA 1989, 486), **Versorgungsbezüge, soweit sie den Ausgleichanspruch eines Handelsvertreters (§ 89b HGB) ersetzen** (BSG 10.3.94 – 12 RK 30/91, BeckRS 1994, 30748269), **Ausgleichszahlungen aufgrund eines Sozialplans** für den Fall des vorzeitigen Ausscheidens aus dem Betrieb (BSG 26.3.96 – 12 RK 44/94, AP BetrAVG § 1 Nr 34).

**3. Bemessungsgrundlage: Zahlbetrag.** Bemessungsgrundlage für die Beiträge aus Versorgungsbezügen ist deren Zahlbetrag. Verfügungen des originär Berechtigten über den Zahlbetrag beeinflussen die Beitragspflicht grds nicht (BSG v 16.12.15 – B 12 KR 19/14 R, BeckRS 2016, 69170, Rn 18). Danach unterliegen auch Beiträge aus Versorgungsbezügen, die zur **Sicherung eines Darlehens** an ein Kreditinstitut abgetreten wurden (BSG 17.3.10 – B 12 KR 4/09 R, BeckRS 2010, 71392, Rn 20 f). Gleiches gilt für Versorgungsbezüge, die iRd schuldrechtlichen **Versorgungsausgleichs** an den geschiedenen Ehepartner abgetreten wurden (BSG 21.12.93 – 12 RK 28/93, NZS 1994, 221; BSG 28.1.99 – B 12 KR 24/98 R, BeckRS 1999 30044584). Nichts anderes gilt, wenn ein Wechsel in der Person des Zahlungsempfängers im Wege der **Pfändung- und Überweisung** zur Befriedigung eines Gläubigers des originär Berechtigten eintritt; denn einer Abtretung stehen vergleichbare Verfügungen, wie etwa eine Pfändung, eine Aufrechnung, eine Verrechnung oder eine Abzweigung gleich (BSG 16.12.15 – B 12 KR 19/14 R, BeckRS 2016, 69170, Rn 21). Auch ist der Zahlbetrag **nicht auf den Ertragsanteil beschränkt** (vgl BSG 6.9.01 – B 12 KR 5/01 R, BeckRS 9999, 01528). 239

**4. Kapitalleistungen.** Wird bereits vor Eintritt des Versicherungsfalls anstelle einer Rente der betrieblichen Altersversorgung eine nicht regelmäßig wiederkehrende Leistung vereinbart oder zugesagt, ist der Beitragsbemessung nach § 229 Abs 1 S 3 SGB V ein **Einhundertzwanzigstel der Leistung als monatlicher Zahlbetrag** der Versorgungsbezüge zu Grund zu legen, längstens für **einhundertzwanzig Monate.** Dies gilt für eine ab dem Jahr 2004 fällig werdende, nicht regelmäßig wiederkehrende Leistung aus einer iRd betrieblichen Altersversorgung abgeschlossenen Direktversicherung (iSd § 1b Abs 2 S 1 BetrAVG) auch dann, wenn der Lebensversicherungsvertrag bereits vor 2004 abgeschlossen wurde (BSG 13.9.06 – B 12 KR 5/06 R, BeckRS 2007, 41250, Rn14 ff; zur Verfassungsmäßigkeit s BVerfG v 6.9.2010 – 1 BvR 739/08, NZS 2011, 463). Zur Behandlung einer **Sofortrente,** sowie einer mit dem ausgezahlten Kapital der Lebensversicherung neu erworbenen Sofortrente vgl BSG 10.10.17 – B 12 KR 16/16 und BSG 10.10.17 – B 12 KR 1/16 R. 240

**5. Einzelfragen zur Direktversicherung (§ 1b Abs 4 S 1 BetrAVG). a) Vorliegen einer Direktversicherung.** Eine Direktversicherung liegt vor, wenn durch den ArbGeb für die betriebliche Altersversorgung eine Lebensversicherung auf das Leben des ArbN durch den ArbGeb abgeschlossen wird und der ArbN oder seine Hinterbliebenen hinsichtlich der Leistung des Versicherers ganz oder teilweise bezugsberechtigt sind. Sie ist dann der betrieblichen Altersversorgung zuzurechnen, wenn sie die **Versorgung des ArbN** oder seiner Hinterbliebenen im Alter, bei Invalidität oder Tod bezweckt, also der Sicherung des Lebensstandards nach dem Ausscheiden des ArbN aus dem Erwerbsleben dienen soll. Unerheblich ist, ob der Abschluss nach Auffassung der Beteiligten allein zur Ausnutzung der steuerrechtlich anerkannten und begünstigten Gestaltungsmöglichkeiten der betrieblichen Altersversorgung erfolgt. Der hinreichende Zusammenhang zwischen dem Erwerb der Leistungen aus der Lebensversicherung und der Berufstätigkeit des ArbN für die Qualifizierung als beitragspflichtige Einnahme der betrieblichen Altersversorgung ist bei einer solchen für die betriebliche Altersversorgung typischen Versicherungsart der Direktversicherung gegeben (stRspr – BSG v 12.11.2008 – B 12 KR 6/08 R – SozR 4–2500 § 229 Nr 7 RdNr 14 mwN). Dieser Versorgungszweck kann sich auch aus der vereinbarten Laufzeit ergeben (aus der Rspr vgl etwa BSG 12.12.07 – B 12 KR 6/06 R, BeckRS 2008, 51537, Rn 16 (Vollendung des 63. Lebensjahres); BSG 12.11.08 – B 12 KR 6/08, NJOZ 2009, 2751, Rn 13 (Vollendung des 60. Lebensjahres). Der Charakter als Versorgungsbezug geht aber nicht dadurch nachträglich verloren, dass aus Anlass des Erlöschens der Lebensversicherung infolge der Beendigung der Arbeitsverhältnisses vor Eintritt des Versicherungsfalls die unverfallbare Anwartschaft durch **Auszahlung der Deckungsrückstellung** abgefunden wird (BSG 24.4.12 – B 12 KR 26/10 R, NJWZ 2013, 132, Rn 18 ff). 241

**b) Arbeitnehmerfinanzierte Direktversicherung.** Renten, an ihre Stelle getretene nicht regelmäßig wiederkehrende Leistungen bzw auch vor Eintritt des Versicherungsfalls vereinbarte nicht regelmäßig wiederkehrende Leistungen, die aus einer ursprünglich vom ArbGeb für den ArbN abgeschlossenen Direktversicherung iSd § 1b Abs 2 BetrAVG erbracht werden, gehören auch dann zu den Leistungen der betrieblichen Altersversorgung 242 iSv § 229 Abs 1 S 1 Nr 5, Satz 3 SGB V, wenn sie ganz oder zum Teil auf Leistungen des ArbN bzw des Versicherten selbst beruhen (vgl zB BSG 12.11.08 – B 12 KR 6/08 R, NJW 2009, 2751, Rn 18 ff). Sogar bei Prämien, die ein ArbN **nach dem Ausscheiden aus dem Arbeitsverhältnis** auf eine Direktversicherung einzahlt, bestehen gegen eine Beitragspflicht in der KV nach der Rspr des BSG und BVerfG keine verfassungsrechtlichen Bedenken, solange der ArbGeb die Direktversicherung als Versicherungsnehmer fortführt (BVerfG v 6.9.10 – 1 BvR 739/08, NZS 2011, 463, Rn 15 f; BVerfG v 28.9.10 – 1 BvR 1660/08, NZS 2011, 539, Rn 14 f). Die institutionelle Abgrenzung nach Versorgungseinrichtung und Versicherungstyp ist jedoch für den Fall zu modifizieren, dass Kapitalleistungen auf Prämien beruhen, die ein ArbN nach dem Ende seines Arbeitsverhältnisses auf einen Kapitallebensversicherungsvertrag **unter Einrücken in die Stellung des Versicherungsnehmers** eingezahlt hat. Ein Lebensversicherungsvertrag, zu dem ein ArbN nach Beendigung eines Arbeitsverhältnisses oder seiner Erwerbstätigkeit unter Einrücken in die Stellung des Versicherungsnehmers Prämien entrichtet, wird nämlich nicht mehr innerhalb der institutionellen Vorgaben des Betriebsrentenrechts fortgeführt, weil die Bestimmungen des Betriebsrentenrechts auf den Kapitallebensversicherungsvertrag hinsichtlich der nach Vertragsübernahme eingezahlten Prämien keine Anwendung mehr finden. Würden auch Auszahlungen aus solchen Versicherungsverträgen der Beitragspflicht in der KV unterworfen, läge darin eine gleichheitswidrige Benachteiligung der hierdurch Begünstigten gegenüber solchen Pflichtversicherten, die beitragsfreie Leistungen aus privaten Lebensversicherungsverträgen oder anderen privaten Anlageformen erhalten (BSG 30.3.11 – B 12 KR 16/10 R, NJW 2012, 228; grundlegend BVerfG v 28.9.10 – 1 BvR 1660/08, NZS 2011, 539, Rn 15 ff). Weiter unterliegen Kapitalleistungen auch insoweit nicht der Beitragspflicht, als sie auf Prämien beruhen, die zB ein ArbN als Versicherungsnehmer auf einen als privaten Kapitallebensversicherungsvertrag abgeschlossenen Versicherungsvertrag gezahlt hat, auch wenn dieser **später in einen Direktversicherungsvertrag umgewandelt** wird. Ein solcher Lebensversicherungsvertrag wird bis zum Einrücken des ArbGeb in die Stellung des Versicherungsnehmers ebenfalls weder innerhalb der institutionellen Vorgaben des Betriebsrentenrechts abgeschlossen und noch innerhalb dieser Vorgaben geführt (BSG 30.3.11 – B 12 KR 24/09, BeckRS 2011, 74804, Rn 25 f). Ebenso liegt ein GG-Verstoß vor, wenn für die Beitragsberechnung Zahlungen berücksichtigt werden, die auf einem nach Ende des Arbeitsverhältnisses geänderten oder ab diesem Zeitpunkt neu abgeschlossenen Lebensversicherungsvertrag zwischen einer Pensionskasse in der Rechtsform eines Versicherungsvereins auf Gegenseitigkeit und dem früheren Arbeitnehmer beruhen, während Erträge aus privaten Lebensversicherungen von pflichtversicherten Rentnern nicht zur Berechnung herangezogen werden. Voraussetzung ist aber, dass der frühere Arbeitgeber an dem Versicherungsvertrag nach Beendigung des Arbeitsverhältnisses nicht mehr beteiligt ist und nur der versicherte Arbeitnehmer die Beiträge eingezahlt hat (BVerfG Beschl v 27.6.18 – 1 BvR 100/15, 1 BvR 249/15, NJW 2018, 3169).

243 Zur Aufteilung der Gesamtablaufleistung nach einer **typisierend prämienratierlichen Ermittlung der beitragspflichtigen Versorgungsbezüge** vgl BSG 30.3.11 – B 12 KR 16/10 R, NJOZ 2012, 228, Rn 38 ff; BSG 30.3.11 – B 12 KR 24/09 R, BeckRS 2011, 74804, Rn 32 f).

244 **6. Beitragspflichtiger Personenkreis.** Beiträge aus Versorgungsbezügen (zB Betriebsrenten) haben zunächst **versicherungspflichtige Beschäftigte** zu zahlen; der Beitragsbemessung für diesen Personenkreis werden neben dem Arbeitsentgelt aus einer versicherungspflichtigen Beschäftigung ua auch der Zahlbetrag der Versorgungsbezüge zugrunde gelegt (§ 226 Abs 1 Nr 3 SGB V); dies gilt nur dann nicht, wenn die Summe aus den Versorgungsbezügen und einer ggf zusätzlich gewährten Rente aus der gesetzlichen RV monatlich nicht den Bagatellbetrag des § 226 Abs 2 SGB V von $^1/_{20}$ der monatlichen Bezugsgröße iSd § 18 SGB IV erreicht (zur Höhe der Bezugsgröße → *Sozialversicherungsbeiträge* Rn 66 Anhang). **Versicherungspflichtige Rentner** haben Beiträge zur KV ebenfalls nicht nur aus der gesetzlichen Rente, sondern neben dem evtl vorhandenen Arbeitseinkommen auch aus Versorgungsbezügen zu zahlen, wenn die Bagatellgrenze des § 226 Abs 2 SGB V überschritten wird (§ 237 Satz 1 Nr 2 SGB V). **Freiwillige Mitglieder** zahlen Beiträge entsprechend ihrer gesamten wirtschaftlichen Leistungsfähigkeit (§ 240

Abs 1 und 2 SGB V). Damit sind im Hinblick auf § 226 Abs 1 Nr 3 SGB V auch bei freiwilligen Mitgliedern deren Versorgungsbezüge als beitragspflichtige Einnahmen zu berücksichtigen.

**7. Beitragssätze bezüglich der Versorgungsbezüge. a) Für Versicherungspflichtige** ist seit 1.4.05 für die Bemessung der Beiträge aus Versorgungsbezügen der allgemeine Beitragssatz maßgeblich (zur Verfassungsmäßigkeit BSG 24.8.05 – B 12 KR 29/04 R, NZS 2006, 420). 245

**b) Für freiwillig Versicherte.** Eine Ausnahme (halber allgemeiner Beitragssatz) gilt seit 2004 nur noch für Versorgungsbezüge nach § 229 Abs 1 Nr 4 SGB V, dh für Renten und Landabgabenrenten aus der landwirtschaftlichen Alterssicherung (§ 248 SGB V). 246

**8. Tragung und Zahlung der Beiträge aus Versorgungsbezügen.** Zur Tragung der Beiträge aus Versorgungsbezügen ist der Empfänger der Bezüge grds selbst verpflichtet; er allein wird mit den Beiträgen belastet (§ 250 Abs 1 SGB V). Hiervon zu unterscheiden ist die Frage, wer die Beiträge an die Kasse zu zahlen/abzuführen hat. Auszugehen ist von dem Grundsatz, dass die Beiträge von demjenigen zu zahlen sind, der sie zu tragen hat (§ 252 SGB V). Eine hiervon abweichende Regelung enthält § 256 SGB V. Hiernach gilt Folgendes: **Für Versicherungspflichtige, die eine Rente aus der gesetzlichen Rentenversicherung beziehen,** haben die **Zahlstellen der Versorgungsbezüge** die Beiträge einzubehalten und an die zuständige Krankenkasse zu zahlen. Sie haben den Krankenkassen die von den Versorgungsbezügen einbehaltenen Beiträge nachzuweisen (§ 256 Abs 1 Sätze 1 und 2 SGB V). Es handelt sich hierbei also um ein dem Lohnabzugsverfahren vergleichbares Vorgehen. Nur dann, wenn laufende Versorgungsbezüge nicht mehr zu zahlen sind, obliegt der Beitragseinzug der zuständigen Krankenkasse (§§ 256 Abs 2 Satz 1, 255 Abs 2 SGB V). Lediglich Zahlstellen, die regelmäßig an weniger als 30 beitragspflichtige Mitglieder Versorgungsbezüge auszahlen, können bei der zuständigen Krankenkasse beantragen, dass das Mitglied die Beiträge selbst zahlt. **Für alle anderen** Bezieher von Versorgungsbezügen, also für alle freiwilligen Mitglieder und für alle Pflichtversicherten, die keine Rente aus der gesetzlichen RV beziehen, gilt der Grundsatz, dass sie selbst und eigenverantwortlich die Beiträge aus den Versorgungsbezügen an die zuständige Krankenkasse zu zahlen haben. 247

**IV. Einzahlung abgefundener Anwartschaften auf betriebliche Altersversorgung in die Rentenversicherung.** Nach § 187b SGB VI können ArbN, die in der gesetzlichen RV versichert sind, eine Abfindung auf eine unverfallbare Anwartschaft auf betriebliche Altersversorgung, die sie bei Beendigung des Arbeitsverhältnisses nach dem BetrAVG erhalten haben, als Beiträge in die RV einzahlen. Der ArbN hat damit die Möglichkeit, eine betriebliche Altersversorgung unter bestimmten Voraussetzungen in eine Vorsorge in der gesetzlichen RV „umzuwandeln", indem er eine Abfindung aus der sog 2. Säule der Altersvorsorge für eine ergänzende Altersversorgung (in der sog 1. Säule) nutzbar macht (vgl hierzu auch Begründung des Gesetzentwurfs; BT-Drs 13/8011 S 61 zu Nr 64 = § 187b; zum Ganzen *Grintsch* DRV 1998, 88 ff). 248

Die Einzahlung des Abfindungsbetrages kann **innerhalb eines Jahres nach Zahlung** der Abfindung erfolgen; nach Bewilligung einer Vollrente wegen Alters steht dem ArbN das Recht nach § 187b SGB VI nicht mehr zu (§ 187 Abs 2 SGB VI). Die Abfindung muss die Voraussetzungen der **§§ 3, 8 BetrAVG** erfüllen; dies hat der ArbN bei Einzahlung des Abfindungsbetrages gegenüber dem RVTräger darzulegen. 249

Die aus einer Abfindung bezahlten Beiträge nach § 187b SGB VI sind weder Pflichtbeiträge noch freiwillige Beiträge; vielmehr handelt es sich um Beiträge sui generis, die lediglich bei der Ermittlung des Zuschlags an Entgeltpunkten nach **§ 76a Absatz 2 SGB VI** und damit bei der Ermittlung des **monatlichen Werts des Rechts auf Rente** (sog Rentenhöhe) rentensteigernd berücksichtigt werden (vgl hierzu BT-Drs 13/8011 S 57 zu Nr 76). Dagegen zählen sie aber zB bei der Erfüllung der Wartezeit oder sonstigen versicherungsrechtlichen Voraussetzungen nicht mit. 250

**V. Einführung eines Einkommensfreibetrags für zusätzliche Altersvorsorge in der Grundsicherung.** Renten aus der Betrieblichen Altersversorgung sind Einkommen des Rentners und damit im Grundsatz bei der Ermittlung der wirtschaftlichen Leistungsfähigkeit zu berücksichtigen. Dies gilt auch, soweit es um die Frage der Bedürftigkeit im Rahmen der Sozialhilfe oder der Grundsicherung im Alter geht. Um einen Anreiz zu 251 setzen, zusätzliche Altersvorsorge zu betreiben (BT-Drs 18/11286 S 48), wird nach § 82 Abs 4 SGB XII ab 1.1.2018 vom Einkommen des (Sozialhilfe-)Berechtigten bei der **Hilfe zum Lebensunterhalt und Grundsicherung im Alter und bei Erwerbsminderung** ein monatlicher Betrag von 100 € aus einer zusätzlichen Altersvorsorge zuzüglich 30 vH des diesen Betrag übersteigenden Einkommens aus einer zusätzlichen Altersvorsorge als Freibetrag abgezogen, höchstens jedoch 50 vH. § 82 Abs 5 SGB XII definiert, was in diesem Sinne als „Einkommen aus einer zusätzlichen Altersvorsorge" zu verstehen ist. Entsprechendes gilt für ergänzende Hilfe zum Lebensunterhalt nach § 25d Abs 3a BundesversorgungsG.

# Betriebliche Berufsbildung

## A. Arbeitsrecht

*Poeche*

1 **1. Einführung.** Die betriebliche Berufsbildung ist in §§ 96–98 BetrVG geregelt. Die Vorschriften begründen für BRat und ArbGeb Förderungs- und Beratungspflichten und für den BRat erzwingbare Mitbestimmungsrechte. Sie zielen auf eine ständige Verbesserung der Aus- und Weiterbildung. Langfristige Sicherung des Arbeitsplatzes, Schutz vor Kündigung und beruflicher Aufstieg sind ohne „lebenslanges Lernen" idR nicht erreichbar. Angesichts des rasanten technischen Wandels in Produktion und Verwaltung ist der ArbGeb auf gut ausgebildete und ausbildungsmotivierte ArbN angewiesen. Die Beteiligung des BRat soll die Achtung der Persönlichkeit und Würde des ArbN gewährleisten. Schutzziel sind auch Transparenz, Verteilungsgerechtigkeit der häufig begrenzten Aus- und Weiterbildungskapazitäten (korrekte Auswahl) sowie angemessene Inhalte der Bildungsmaßnahmen (*Fitting* § 96 Rz 5).

2 **2. Berufsbildung.** Nach Schutzzweck und Sprachgebrauch der §§ 96 ff BetrVG gehören zur Berufsbildung alle Maßnahmen, die ArbN Kenntnisse, Fertigkeiten und Erfahrungen vermitteln, die diese zu ihrer beruflichen Tätigkeit im Allgemeinen befähigen. Das schließt alle Formen der Berufsbildung iSv § 1 BBiG ein, mithin Berufsausbildungsvorbereitung, Berufsausbildung, berufliche Fortbildung und berufliche Umschulung (BAG 26.4.16 – 1 ABR 21/14, NZA 16, 1036; 5.3.13 – 1 ABR 11/12, BeckRS 2013, 70165; 24.8.04 – 1 ABR 28/03, NZA 05, 371; zu Krankenpflegeschülern BAG 18.4.00 – 1 ABR 28/99, NZA 01, 167) sowie auch sonstige Bildungsmaßnahmen. **Abzugrenzen** ist die Berufsbildung von den Pflichten des ArbGeb, die sich aus der Aufnahme oder Änderung der Tätigkeit des ArbN nach § 81 Abs 1 und Abs 2 BetrVG ergeben (BAG 5.3.13 – 1 ABR 11/12, BeckRS 2013, 70165; ausführlich zu § 81 BetrVG: *Zimmermann* AuR 14, 262). Auch die Übertragung von – an sich auf einer höheren Hierarchieebene ausgeführten – Aufgaben auf ArbN stellt keine Maßnahme der Berufsbildung dar, auch dann nicht, wenn dies die Eignung für eine höherwertige Stellen fördert (LAG RhPF 23.3.17 – 6 TaBV 21/16, BeckRS 2017, 114035).

3 **Mitbestimmungsfrei** ist lediglich die **Unterweisung** des ArbN über seine Aufgaben und Verantwortung, die Art seiner Tätigkeit, ihrer Einordnung in den Arbeitsablauf, Information über den Unfall- und Gesundheitsschutz. Dem liegt die Vorstellung zugrunde, dass der ArbN bereits die Kenntnisse und Erfahrungen besitzt, um die auf dem Arbeitsplatz anfallenden Aufgaben zu erfüllen. Alle Maßnahmen, die über diese Unterrichtung hinausgehen, unterliegen der Beteiligung des BRat (BAG 23.4.91 – 1 ABR 49/90, BB 92, 565). Noch vom Anwendungsbereich des § 81 BetrVG gedeckt sind die Befragung der Kunden eines Warenhauses über Verhalten/Leistung des Verkaufspersonals oder die Einführung eines neuen Produkts. Gleiches soll nach LAG Nürnberg (20.12.18 – 5 TaBV 61/17, BB 19, 1534) für eine eintägige Online-Schulung zum Datenschutz gelten.

4 **3. Bildungsmaßnahme.** Eine Bildungsmaßnahme liegt vor, wenn dem ArbN in systematischer, lehrplanartiger Weise Kenntnisse und Fähigkeiten vermittelt werden, die ihn zur Ausübung einer bestimmten Tätigkeit erst befähigen (BAG 26.4.16 – 1 ABR 21/14, NZA 16, 1036; 5.3.13 – 1 ABR 11/12, BeckRS 2013, 70165; 30.5.06 – 1 ABR 17/05, NZA 06, 1291). Die Wissensvermittlung muss ein bestimmtes Lernziel verfolgen. Das ist etwa der Fall bei Lehrgängen, Seminaren und Schulungen, die darauf gerichtet sind, die Verwendungs-

breite des ArbN qualitativ oder quantitativ zu steigern. Die erforderliche didaktische Aufbereitung fehlt idR beim Besuch von Ausstellungen, Messen, Kongressen (*Preis/Wlotzke* § 96 Rz 3; aA *Fitting* § 96 Rz 10) und Podiumsdiskussionen (Hess LAG 12.7.12 – 5 TaBV 250/11, BeckRS 2012, 75681). Das gilt auch für **Qualitätszirkel,** soweit diese nur dem Erfahrungsaustausch und nicht zusätzlich der beruflichen Qualifizierung dienen. Geht es um die Steigerung von Motivation und Arbeitszufriedenheit der ArbN und um die Verbesserung der Produktivität, können sich Rechte des BRat aus § 87 Abs 1 Nr 12 BetrVG ergeben (→ *Verbesserungsvorschläge* Rn 6). Die **Ausstattung** der ArbN mit aktuellen Informationen und neuem Arbeitsmaterial genügt nicht (LAG Hess 8.11.05 – 4 TaBV 159/05, AuR 06, 173 (Ls): Überlassung von Flughafenkarten an Flugkapitäne). Auch ein sog Side-by-Side-Coaching stellt keine betriebliche Berufsbildungsmaßnahme dar, da es an einer systematischen, lehrplanartigen Vermittlung von Kenntnissen fehlt (LAG Köln 16.1.17 – 9 TaBV 77/16, BeckRS 2017, 104763). Gleiches gilt für sog Teamevents, mit denen lediglich der Teamgeist und das Zusammengehörigkeitsgefühl der Mitarbeiter angesprochen werden soll (LAG Nürnberg 25.4.17 – 6 TaBV 53/16, BeckRS 2017, 129008). Aus der Rspr: Vermittlung von Fachkunde für ArbN eines Kernkraftwerkes (BAG 5.11.85 – 1 ABR 49/83, NZA 86, 535); Lehrgang Sicherheitsregeln für Flugbegleiter (BAG 10.2.88 – 1 ABR 39/86, NZA 88, 549); Computerunterweisung (BAG 23.4.91 – 1 ABR 49/90, NZA 91, 817).

**4. Betriebliche Bildungsmaßnahme.** Der Begriff „betrieblich" bezieht sich auf den ArbGeb und ist funktional, nicht räumlich zu verstehen. Auf den Ort, an dem die Maßnahme durchgeführt wird, kommt es nicht an. Der ArbGeb ist **Träger** oder Veranstalter dann, wenn er die Maßnahme allein durchführt oder – bei Zusammenarbeit mit einem Dritten – auf Inhalt und Gestaltung rechtlich oder tatsächlich einen beherrschenden Einfluss hat (schon BAG 12.11.91 – 1 ABR 21/91, NZA 92, 657; ebenfalls BAG 5.3.13 – 1 ABR 11/12, BeckRS 2013, 70165) und die Berufsbildungsmaßnahme für bei ihm angestellte ArbN idS durchgeführt wird, dass diese zumindest bei der Beteiligung Vorrang haben (BAG 26.4.16 – 1 ABR 21/14, NZA 16, 1036). Bei außerbetrieblichen Maßnahmen fehlt es an der für eine Beteiligung des BRat erforderlichen Gestaltungsmacht des ArbGeb (BAG 18.4.00 – 1 ABR 28/99, NZA 01, 167: kooperativ geführte Krankenpflegeschule). 5

**5. Förderung der Berufsbildung, § 96 BetrVG.** ArbGeb und BRat sind verpflichtet, die Berufsbildung der ArbN im Zusammenwirken mit den zuständigen Kammern (Handwerkskammer, IHK, Kammern der freien Berufe) zu fördern. Der Berufsbildungsbedarf ist auf Verlangen des BRat zu ermitteln und Fragen der Berufsbildung sind zu beraten (LAG Hbg 18.1.12 – 5 TaBV 10/11, BeckRS 2012, 67024). Der BRat kann aus dieser Vorschrift nicht das Recht herleiten, dass der ArbGeb ihm regelmäßig, zB einmal jährlich, die entsprechenden Auskünfte erteilt (LAG Hbg 31.10.12 – 5 TaBV 6/12, BeckRS 2013, 66883). Der BRat kann Vorschläge unterbreiten. Die Betriebsparteien sollen den ArbN des Betriebs unter Berücksichtigung der betrieblichen Notwendigkeiten die Teilnahme an betrieblichen und außerbetrieblichen Bildungsmaßnahmen ermöglichen. Die Belange älterer ArbN, Teilzeitbeschäftigter und von ArbN mit Familienpflichten sind zu berücksichtigen. Eine mündliche Information über den Berufsbildungsbedarf und eine mündliche Beratung sind ausreichend, der BRat kann nicht die Vorlage von Listen verlangen (LAG Hbg 31.10.12 – 5 TaBV 6/12, BeckRS 2013, 66883). 6

**6. Einrichtungen und Maßnahmen der Berufsbildung, § 97 Abs 1 BetrVG.** Die Vorschrift begründet einen **Beratungsanspruch** des BRat. Der ArbGeb hat ihn unaufgefordert zu unterrichten, wenn er eine betriebliche Einrichtung zur Berufsbildung errichten oder betriebliche Berufsbildungsmaßnahmen einführen will. Dabei geht es etwa um die Einrichtung einer Lehrwerkstatt oder eines Bildungszentrums und deren maschinelle Ausstattung. Als betriebliche Berufsbildungsmaßnahme kommen Fortbildungskurse, Traineeprogramme, Zusatzunterricht für Auszubildende uÄ in Betracht. In diesem Rahmen ist der BRat an den Vorstellungen und Plänen des ArbGeb zu beteiligen. Die **Investitionsentscheidung** bleibt beim ArbGeb. Der ArbGeb hat außerdem mit dem BRat die Teilnahme an **außerbetrieblichen Berufsbildungsmaßnahmen** zu beraten. Das Beratungsrecht schließt die Auswahl der ArbN sowie Zeitpunkt und -dauer der Teilnahme ein (→ Rn 15). Der **Koalitionsvertrag 2018** sieht vor, das Initiativrecht für Weiterbildung zu stärken. 7

Können sich ArbGeb und BRat über Maßnahme der Berufsbildung nicht einigen, soll jede Seite einen Moderator mit dem Ziel, eine Einigung zu erreichen, anrufen können. Ein Einigungszwang soll indes nicht bestehen.

8 **7. Präventive Beschäftigungssicherung, § 97 Abs 2 BetrVG.** Die Vorschrift begründet ein Mitbestimmungsrecht des BRat. Es greift ein, wenn der ArbGeb Maßnahmen geplant oder durchgeführt hat mit der Folge, dass sich die Tätigkeit der betroffenen ArbN ändert und ihre beruflichen Kenntnisse und Fähigkeiten nicht mehr zur Erfüllung ihrer Aufgaben ausreichen. Der BRat hat dann über die Einführung von Maßnahmen der betrieblichen Berufsbildung mitzubestimmen. Die 2001 eingeführte Vorschrift führt bisher, soweit ersichtlich, nahezu ein Schattendasein. Vieles ist deshalb ungeklärt (*Göpfert/Seier* NZA 19, 588; *Richardi/Thüsing* § 97 Rz 9 ff; eingehend zu dem Mitbestimmungsrecht nach § 97 Abs 2 BetrVG: *Bell* AiB 14, 42).

9 **a) Zweck der Vorschrift.** Der BRat soll bereits präventiv tätig werden können, wenn aufgrund eines vom ArbGeb veranlassten Qualifikationsverlustes Entlassungen drohen. Kündigungen sollen vermieden werden. Der BRat soll einer Kündigung nicht erst im Anhörungsverfahren nach § 102 Abs 3 Nr 4 BetrVG widersprechen können, weil die Weiterbeschäftigung des ArbN nach zumutbaren Umschulungs- oder Fortbildungsmaßnahmen möglich sei. Sein Beteiligungsrecht ist deshalb als ein echtes über die Einigungsstelle erzwingbares Mitbestimmungsrecht einschließlich eines **Initiativrechts** ausgestaltet (LAG Hamm – 9.2.09, 10 TaBV 191/08, BeckRS 2009, 58800). Das Verhältnis des § 97 Abs 2 zum Kündigungsrecht bedarf noch der Klärung; *Preis/Wlotzke* § 97 Rz 15; *Richardi/Thüsing* § 97 Rz 16.

10 **b) Voraussetzungen.** Der ArbGeb muss eine **tätigkeitsbezogene Maßnahme** geplant oder ergriffen haben, die zu einer Änderung der Tätigkeit des ArbN und einem Verlust an beruflicher Qualifikation führt. Auf die Art der Maßnahme und ihren Gegenstand kommt es nicht an. Es kommt auf das Ergebnis an, nämlich darauf, ob der ArbN infolge der vom Arbeitgeber veranlassten Maßnahmen das bisherige Anforderungsprofil seines Arbeitsplatzes nicht (mehr) erfüllt (*Fitting* § 97 Rz 8). Es genügt daher, wenn ein ArbN von einer Maßnahme betroffen ist (*Bell* AiB 14, 42).

11 **c) Regelungsgegenstände.** Inhalt und Umfang der zu vereinbarenden Bildungsmaßnahmen sind an dem erwarteten **Qualifizierungsbedarf** auszurichten. Die Berufsbildungsmaßnahme muss geeignet sein, dem ArbN Kenntnisse und Fähigkeiten zu vermitteln, die er benötigt, um weiterhin am bisherigen Arbeitsplatz arbeiten zu können. Der **Teilnehmerkreis** wird durch die Auswirkungen der betrieblichen Maßnahme und der sich hieran orientierenden Qualifizierung bestimmt: es sind alle ArbN mit Schulungsbedarf. Ausgehend von der gesetzlichen Zuweisung eines echten Mitbestimmungsrechts an den BRat hat dieser anders als nach § 98 Abs 3 BetrVG auch über die Anzahl der Teilnehmer zu entscheiden (str).

12 **d) Kosten.** Das Mitbestimmungsrecht schließt die Regelung von Kostenfragen ein. Einzelheiten sind streitig. Das gilt insbesondere hinsichtlich der Entgeltfortzahlung, wenn die Bildungsmaßnahme während der Arbeitszeit stattfindet sowie die Frage, ob die ArbN Freizeit einbringen müssen und ob die Betriebsparteien eine **Rückzahlungsklausel** vereinbaren können (*Fitting* § 97 Rz 30 f; *Richardi/Thüsing* § 97 Rz 14; *Wlotzke/Preis* § 97 Rz 14).

13 **8. Durchführung betrieblicher Bildungsmaßnahmen, § 98 BetrVG. a) Inhalt.** Der BRat hat nach Abs 1 mitzubestimmen bei der „Durchführung von Maßnahmen der betrieblichen Berufsbildung“. Der Begriff umfasst alle Folgeentscheidungen nach der Einführung der betrieblichen Berufsbildung. Erfasst wird der gesamte Inhalt der Maßnahme, Methoden der Wissensvermittlung, zeitliche Dauer und Lage der täglichen Schulungszeit (offengelassen in BAG 15.4.08 – 1 ABR 44/07, EzA-SD 08, Heft 19, 12). Soweit das zwingende Berufsausbildungsrecht einen Gestaltungsraum lässt, ist dieser einvernehmlich mit dem BRat auszufüllen. Beispielhaft: Block- oder Teilzeitunterricht, Richtlinien zur Beurteilung der Auszubildenden, Kontrolle des Ausbildungsstandes (LAG Köln 12.4.83 – 6 TaBV 6/83, EzA BetrVG § 98 Nr 1); Festlegung der Reihenfolge, in der Ausbildungsstationen durchlaufen werden (BAG 3.12.85 – 1 ABR 58/83, NZA 86, 532); betriebliche Fachkundeprüfung (BAG 5.11.85 – 1 ABR 49/83, NZA 86, 535). Dazu gehört auch eine

vom ArbGeb beabsichtigte (zulässige) Kürzung der Ausbildungsdauer (BAG 24.8.04 – 1 ABR 28/03, NZA 05, 371). Das Mitbestimmungsrecht entfällt nicht deshalb, weil der ArbGeb ArbN schult, damit diese im Fall des Arbeitskampfes die Arbeitsplätze Streikender übernehmen können (BAG 10.2.88 – 1 ABR 39/86, NZA 88, 549).

Ob sich das Mitbestimmungsrecht auf **Kostenfragen** erstreckt, wird ebenso streitig beurteilt wie für die mitbestimmte Beschäftigungssicherung. Das BAG hat für das LPersVG RhPf dies verneint (BAG 5.6.07 – 9 AZR 604/06, NZA-RR 08, 107). Mitbestimmungspflichtig seien nur Regelungen, die sich unmittelbar auf die Art und Weise der Berufsbildung bezögen. Dazu gehören Kostenfragen nicht.

**b) Bestellung/Abberufung der ausbildenden Person, Abs 2.** Der BRat kann der Bestellung einer mit der Durchführung der betrieblichen Ausbildung beauftragten Person **widersprechen** oder nach ihrer Bestellung ihre **Abberufung** verlangen, wenn diese die persönliche oder fachliche, insbes die berufs- und arbeitspädagogische Eignung iSd BBiG oder der HandwO nicht besitzt oder ihre Aufgaben vernachlässigt. Soweit etwa die Industrie- und Handelskammer die fachliche Eignung bejaht, ist hieran weder der Brat noch das ArbG gebunden (LAG BaWü 20.10.17 – 15 TaBV 2/17, BeckRS 2017, 130419). Das Widerspruchsrecht ist an die im Gesetz genannten Mängel in der Person des Ausbilders gebunden und bezieht sich auf alle Personen, die der ArbGeb mit der Berufsbildung beauftragen will oder beauftragt hat. Neben den Ausbildern iSd BBiG gehören dazu Schulungsreferenten, Seminarleiter. Leitende Angestellte sind nicht ausgenommen. Auf die Rechtsbeziehung der Ausbilder zum ArbGeb kommt es nicht an (BAG 5.3.13 – 1 ABR 11/12, BeckRS 2013, 70165). Das Recht aus § 98 Abs 2 BetrVG setzt voraus, dass der ArbGeb den BR von der Bestellung des Ausbilders rechtzeitig und umfassend unterrichtet (BAG 5.3.13 – 1 ABR 11/12, BeckRS 2013, 70165). 14

**c) Auswahl der teilnehmenden Arbeitnehmer, Abs 3.** Der BRat kann **Vorschläge** für die Teilnahme von ArbN oder Gruppen von ArbN des Betriebes unterbreiten. Das Vorschlagsrecht besteht stets dann, wenn der ArbGeb die betriebliche Berufsbildung **selbst** durchführt. Bei **außerbetrieblichen Maßnahmen** greift es ein, wenn der ArbGeb den/die ArbN für die Maßnahme freistellt oder deren Kosten (Teilnehmergebühren, Reise- oder Unterbringungskosten) ganz oder teilweise übernimmt. Vorausgesetzt wird, dass der BRat zuvor eigene personelle Vorschläge gemacht hat. Es geht um die gerechte **Verteilung** der mit einer Teilnahme verbundenen Chancen. Der BRat kann sich deshalb nicht darauf beschränken, der Auswahl des ArbGeb zu widersprechen (BAG 20.4.10 – 1 ABR 78/08, NZA 10, 902). Der ArbGeb kann die Bildungsmaßnahme ohne Zustimmung des BRat durchführen. Sind mehr ArbN vorgeschlagen als Teilnehmerplätze vorhanden, müssen alle Vorgeschlagenen in die nach einheitlichen Merkmalen durchzuführende Auswahl einbezogen werden (BAG 8.12.87 – 1 ABR 32/86, NZA 88, 401). Das Beteiligungsrecht entfällt (§ 118 Abs 1), wenn die Bildungsmaßnahme mit Blick auf den zu entsendenden ArbN **tendenzbezogen** ist (BAG 30.5.06 – 1 ABR 17/05, NZA 06, 1291; 20.4.10 – 1 ABR 78/08, NZA 10, 902). Das Beteiligungsrecht besteht auch dann nicht, wenn eine Auswahlentscheidung nicht zu treffen ist, weil nur ein ArbN aufgrund der Ausschreibung für die Maßnahme in Betracht kommt (so OVG NRW 11.4.19 – 20 A 3550/18.PVB, BeckRS 2019, 10473 zu § 75 Abs 3 Nr 7 BPersVG). 15

**d) Streitigkeiten.** Streitigkeiten über die Durchführung der Maßnahme iSv Abs 1 und über die Auswahl der Teilnehmer nach Abs 3 sind von der **Einigungsstelle** zu regeln (§ 98 Abs 4). Allein die Beteiligung des GBRat an der Einigungsstelle rechtfertigt nicht, die Anzahl der Beisitzer auf mehr als zwei pro BRat- und ArbGebSeite festzulegen (LAG Hess 8.11.05 – 4 TaBV 59/05, AuR 06, 173 /Ls). Können sich BRat und ArbGeb über die Person des Ausbilders nicht einigen, kann der BRat beim **Arbeitsgericht** beantragen, dem ArbGeb aufzugeben, die Bestellung zu unterlassen oder die Abberufung durchzuführen. Gegen den ArbGeb können **Ordnungsgeld und Zwangsgeld** verhängt werden (§ 98 Abs 5). Die Sonderregelung geht § 23 Abs 3 BetrVG vor. Stellt der ArbGeb einen ArbN für eine Maßnahme der betrieblichen Berufsbildung frei, ohne dass er mit dem BRat hierüber eine Einigung erzielt hat oder eine Einigung durch die Einigungsstelle ersetzt wurde, so kann bereits dieser einmaliger Verstoß gegen § 98 Abs 2 BetrVG einen Unterlassungsanspruch nach § 23 Abs 3 BetrVG auslösen (BAG 18.3.14 – 1 ABR 77/12, BeckRS 2014, 70166). 16

17 **9. Sonstige betriebliche Bildungsmaßnahmen, § 98 Abs 6.** Die Mitbestimmungsrechte des BRat erfassen auch Veranstaltungen des ArbGeb, die keinen unmittelbaren Zusammenhang mit der beruflichen Tätigkeit des ArbN aufweisen. In Betracht kommen beispielhaft Kurse, die der politischen oder der allgemeinen Weiterbildung dienen. Das Mitbestimmungsrecht wird wegen der fehlenden beruflichen Zielrichtung nicht **tendenzbedingt** begrenzt (BAG 30.5.06 – 1 ABR 17/05, NZA 06, 1291). Nicht dazu gehören Freizeitbeschäftigung und Unterhaltung (Schachclub, Sportverein, Werksorchester uÄ).

18 **10. Sonstiges.** Die betriebliche Berufsbildung betrifft regelmäßig, wenn auch nicht notwendig, die Auszubildenden. Die **Jugend- und Auszubildendenvertretung** hat deshalb an allen sie betreffenden Sitzungen des BRat Teilnahme-, Stimm- und Antragsrechte (§§ 67, 70). Der **Gesamtbetriebsrat** nimmt das Recht aus § 96 BetrVG wahr, wenn der ArbGeb zentral für mehrere Betriebe die Berufsbildungsmaßnahmen regelt, auch wenn diese vor Ort in den einzelnen Betrieben durchgeführt werden (LAG Hbg 18.1.12 – 5 TaBV 10/11, BeckRS 2012, 67024) Der ArbN kann sich in einem **Schadensersatzprozess** nicht erfolgreich auf eine fehlende Beteiligung des BRat an der betrieblichen Schulung (Umgang mit Gabelstapler) berufen. Zweck der Mitbestimmung ist nicht der Schutz des vorsätzlich oder fahrlässig handelnden ArbN bei der Erledigung seiner Arbeit, sondern die optimale Gestaltung der betrieblichen Bildung (BAG 23.6.94 – 8 AZR 599/92, BeckRS 1994, 30915418). Der **Auskunftsanspruch** des BRat (§ 80 Abs 2 Satz 1 BetrVG) umfasst auch die zur Wahrnehmung seines Mitbestimmungsrechts erforderlichen Informationen im Zusammenhang mit vom ArbGeb angeordneten und finanzierten Schulungsmaßnahmen (hier: Teilzeitbeschäftigte BAG 15.4.08 – 1 ABR 44/07, NZA-RR 09, 98). **Schulungszeit** ist insoweit auch **Arbeitszeit** iSv § 87 Abs 1 Nr 2 und 3 BetrVG.

## B. Lohnsteuerrecht *Thomas*

19 **1. Einordnung.** Aufwendungen eines StPfl zum Erwerb von geistigen Grundlagen, Kenntnissen oder Fertigkeiten, die der Allgemeinbildung dienen (zB in der Schule), sind nicht als Werbungskosten abziehbar (→ *Ausbildungskosten* Rn 7 ff). Demgegenüber sind Aufwendungen für eine Ausbildung, die die Grundlage für spätere Erwerbseinnahmen schaffen, ihrem Charakter nach Werbungskosten. Solche Aufwendungen sind aber nach der rückwirkend ab 2004 geltenden Neufassung von § 4 Abs 9 und § 9 Abs 6 nicht mehr als Erwerbsaufwendungen, sondern nur noch nach § 10 Abs 1 Nr 7 EStG begrenzt als Sonderausgaben abziehbar, wenn sie bei einer Erstausbildung in Form einer erstmaligen Berufsausbildung oder eines Erststudiums anfallen, sofern diese nicht im Rahmen eines Dienstverhältnisses stattfinden (dazu BMF 22.9.10, BStBl I 10, 721; *Geserich* DStR 18, 2084). Der Ausschluss von Erwerbsaufwendungen vor abgeschlossener Erstausbildung ist verfassungskonform (BVerfG 19.11.19 – 2 BvL 22-27/14, DStR 20, 93). Im JStG 2019 wurde durch § 3 Nr 19 EStG eine neue Steuerbefreiung eingeführt für Weiterbildungsleistungen des ArbG für Maßnahmen nach § 82 Abs 1 und 2 SGB III sowie solche, die der Verbesserung der Beschäftigungsfähigkeit des ArbN dienen. Die Weiterbildung darf keinen überwiegenden Belohnungscharakter haben.

Nach der Neufassung von § 9 Abs 6 EStG und der dort erfolgten Gesetzesdefinition der Erstausbildung kann eine Kurzausbildung („Skilehrermodell" vgl *Trossen* FR 15, 40 unter 1.b) den Werbungskostenabzug für alle folgenden Ausbildungen nicht mehr eröffnen. In Korrektur anderslautender Rspr liegt eine Erstausbildung grds nur vor, wenn eine geordnete Ausbildung mit einer Mindestdauer von 12 Monaten bei vollzeitiger Ausbildung und mit einer Abschlussprüfung durchgeführt wird. Ist eine Abschlussprüfung nach dem Ausbildungsplan nicht vorgesehen, reicht der planmäßige Abschluss. Der 12-monatigen Berufsausbildung steht die bestandene Abschlussprüfung ohne tatsächlich durchlaufene Ausbildung gleich. Hiervon unberührt kann Kindergeld bzw ein Kinderfreibetrag auch bei Ausbildungen zu gewähren sein, die nicht die Kriterien einer „Erstausbildung" erfüllen (BFH 3.7.14 – III R 52/13, DStR 14, 2234).

20 Soweit der ArbGeb dem ArbN dessen Fortbildungskosten ersetzt, wendet er grds Arbeitslohn zu. Dagegen erfolgt die Fortbildung im eigenbetrieblichen Interesse des ArbGeb (kein Lohn), wenn er selbst Rechnungsempfänger ist oder wenn er bei einer Fortbildung auf eigene Initiative des ArbN diesem die Kostenübernahme zugesagt hat und der ArbN im

Vertrauen auf diese Zusage den Fortbildungsvertrag abgeschlossen hat. Zur Vermeidung unberechtigter Werbungskosten hat der ArbGeb auf der Originalrechnung die übernommenen Kosten anzugeben und eine Fotokopie der Rechnung zum Lohnkonto zu nehmen (FinMin NRW 26.6.09, DB 09, 2070; OFD Rheinland/Münster 28.7.09, DB 09, 1679). Bei übernommenen **Studiengebühren** wird ein eigenbetriebliches Interesse angenommen, wenn ein berufsbegleitendes Studium Gegenstand eines Ausbildungsdienstverhältnisses ist, wenn der ArbGeb die Studiengebühren als eigene schuldet oder wenn ein berufsbegleitendes Studium die Einsatzfähigkeit des ArbN im Betrieb erhöhen soll (BMF 13.4.12, DStR 12, 800). Finanziert der ArbGeb das Studium durch Gewährung eines marktüblichen Darlehen, hat dies keine lohnsteuerlichen Auswirkungen. Das gilt ausnahmsweise auch bei nachträglichem Wegfall der Rückzahlungspflicht, wenn ein solcher für den Fall vereinbart war, dass der ArbN aus Gründen, die in seiner Person liegen, vor Ablauf des vertraglich festgelegten Zeitraums aus dem Arbeitsverhältnis ausscheidet (BMF 14.4.12 DStR 12, 800 Rz 2.3; vgl aber BFH 26.7.07 – VI R 64/06, DStR 07, 1572 übernommene Beiträge zur Berufshaftpflichtversicherung; *Stück* DStR 08, 2020).

**2. Betriebliche Bildung. a) Maßnahmen des Arbeitgebers** liegen vor, wenn der ArbGeb Veranstalter der Bildungsmaßnahme ist und die diesbezüglichen Kosten unmittelbar trägt. Dabei ist es gleichgültig, ob die Bildungsmaßnahme am Arbeitsplatz, in zentralen betrieblichen Einrichtungen oder in außerbetrieblichen Einrichtungen durchgeführt wird (R 19.7 Abs 1 Satz 2 LStR). Mietet der ArbGeb bspw ein Tagungslokal und verpflichtet er den Referenten, so wendet er mit diesen Aufwendungen den teilnehmenden ArbN keinen Arbeitslohn zu. Gleiches ist regelmäßig anzunehmen bei Veranstaltungen Dritter, wenn der ArbGeb den ArbN anweist, teilzunehmen, der ArbN mit der Teilnahme also seiner Arbeitsverpflichtung nachkommt. Dagegen kann in der Übernahme zusätzlicher Leistungen (zB der Verpflegungskosten) Arbeitslohn liegen, der unter den Voraussetzungen des § 3 Nr 16 EStG steuerfrei zugewendet werden kann. 21

Auch die Kostenübernahme für sprachliche Bildungsmaßnahmen kann ein nicht zu versteuernder Vorgang sein, wenn der ArbGeb die Sprachkenntnisse in dem für den ArbN vorgesehenen Aufgabengebiet verlangt (R 19.7 Abs 2 Satz 4 LStR; BMF 4.7.17 DStR 17, 1604 zum Deutschkurs eines im Inland lebenden Ausländers; vgl aber BFH 15.3.07 – VI R 14/04, DStR 07, 1203 mit kritischer Anm *Beiser* DB 07, 1720), zumal der ArbGeb arbeitsrechtlich zur Kostentragung verpflichtet sein kann (BAG 21.6.11 – 9 AZR 236/10, DB 11, 2438 Tz 47). Vom ArbGeb getragene Kosten einer Bildungsmaßnahme können auch dann im eigenbetrieblichen Interesse des ArbGeb liegen, wenn die Teilnahme des ArbN nicht auf seine Arbeitszeit angerechnet wird. Rechnet der ArbGeb die Teilnahme aber auf die Arbeitszeit an, ist idR vom eigenbetrieblichen Interesse (also kein Lohn) auszugehen, sofern nicht konkrete Anhaltspunkte für eine Incentive-Maßnahme (dazu unten) vorliegen (R 19.7 Abs 2 Satz 3 LStR).

**b) Maßnahmen des Arbeitnehmers.** Besucht der ArbN nach Dienstschluss und aus eigenem Antrieb berufliche Fortbildungsveranstaltungen, sind seine diesbezüglichen Aufwendungen Werbungskosten. Ein Ersatz oder Zuschuss des ArbGeb hierzu kann nach § 3 Nr 16 EStG steuerfrei sein, soweit Reisekosten vorliegen. Wie die Rspr zu Fachtagungen und Kongressen (BFH GS 27.11.78 – GrS 8/77, BStBl II 79, 213; BFH 23.4.92 – IV R 27/91, BStBl II 92, 898 mwN) bzw zu einer privaten Arbeitsgemeinschaft von ArbN (BFH 12.8.83 – VI R 83/82, BStBl II 83, 720; BFH 5.3.93 – VI R 82/91, BFH/NV 93, 533; BFH 20.9.96 – VI R 32/96, BFH/NV 97, 349; BFH 10.4.14 – III R 35/13, DStR 14, 1487) zeigt, wird dabei nicht gefordert, dass mit der vorübergehenden Auswärtstätigkeit dem ArbGeb gegenüber Arbeitsleistungen erbracht werden müssen. Danach kommt der steuerfreie Ersatz von Fahrtkosten, Verpflegungsmehraufwendungen sowie Übernachtungskosten in Betracht, während die Fortbildungskosten im engeren Sinn (zB Tagungsbeitrag) wohl nicht als Reisenebenkosten (R 9.8 LStR) einzuordnen sein dürften, also nicht steuerfrei ersetzt werden können, was aber zweifelhaft ist. Nach R 9.2 Abs 2 Satz 5 LStR können wenn – wie regelmäßig beim Fernstudium – die Wohnung Arbeitsmittelpunkt ist, bei gelegentlichen Reisen zu anderen Ausbildungsstätten nach Dienstreisegrundsätzen Werbungskosten berücksichtigt und wohl auch nach § 3 Nr 16 EStG steuerfrei Erstattungen vorgenommen werden (s R 9.8 Abs 3 LStR). Entgegen früherer Rspr hat der BFH zuletzt 22 angenommen, dass Fahrtkosten auch bei einer vollzeitigen Bildungsmaßnahme über einen längeren Zeitraum in tatsächlicher Höhe und nicht mit der Entfernungspauschale zu berücksichtigen sind (vgl Personalbuch 2013 Betriebliche Berufsbildung Rz 22). Demgegenüber ist ab 2014 in diesen Fällen wieder die Entfernungspauschale anzusetzen (§ 9 Abs 4 Satz 8 EStG). Entsprechendes gilt für den Sonderausgabenabzug (§ 10 Abs 1 Nr 7 Satz 4 EStG). Zum Werbungskostenabzug bei Sprachkursen vgl BMF 26.9.03, BStBl I 03, 447; BFH 10.4.02 – VI R 46/01, BStBl II 02, 579; BFH 13.6.02 – VI R 168/00, BStBl II 03, 765; BFH 19.5.04 – VI B 101/02, DStRE 04, 933 und BFH 9.12.05 – VI R 65/04, BFH/NV 06, 1075 sowie BFH 19.12.05 – VI R 89/02, BFH/NV 06, 934 jeweils mit Anm *Greite* HFR 06, 568; *Sykora* DStR 03, 144; *Kanzler* FR 02, 1235.

23 **c) Incentive-Maßnahmen.** Bei Beurteilung solcher vom ArbGeb veranlasster und finanzierter Veranstaltungen, die zwar auch auf berufliche Fortbildung zielen, aber durch die urlaubsmäßigen Begleitumstände erkennen lassen, dass nicht die Weiterbildung, sondern die Belohnung der betreffenden ArbN im Vordergrund steht, nimmt der BFH in geänderter Rspr eine Aufteilung der Kostenanteile in Arbeitslohn und betriebsfunktionale Kosten nach Zeitanteilen vor (BFH 18.8.05 – VI R 32/03, BStBl II 06, 30 = DStR 05, 1810; → *Incentivereisen* Rn 10).

## C. Sozialversicherungsrecht *Voelzke*

24 **1. Allgemeines.** Für das SozVRecht ist bedeutsam, dass betriebliche Bildungsmaßnahmen dem Begriff der **Beschäftigung** gleichgesetzt werden und damit diejenigen Rechtsfolgen auslösen, die an die Ausübung von nichtselbstständiger Arbeit geknüpft sind (§ 7 Abs 2 SGB IV). Im Hinblick auf drohende Beitragsnachforderungen empfiehlt es sich, eine Entscheidung der Einzugsstelle über die Versicherungspflicht und die Beitragshöhe herbeizuführen (vgl die Praxishinweise bei *Schlegel/Voelzke/Scheer* SGB IV § 7 Abs 2 Rz 77).

25 Der **Erwerb beruflicher Kenntnisse,** Fertigkeiten oder Erfahrungen im Rahmen betrieblicher Berufsbildung gilt nach § 7 Abs 2 SGB IV als Beschäftigung. Diese Regelung hat, wie die Legaldefinition der Beschäftigung selbst (→ *Arbeitnehmer (Begriff)* Rn 59 ff), für alle Zweige der SozV einschließlich der ArblV Geltung. § 7 Abs 2 SGV IV erweitert den Begriff der Beschäftigung um die betriebliche Berufsbildung und lässt diese damit prinzipiell der SozVPflicht unterfallen, soweit nicht an die Versicherungspflicht in den einzelnen Zweigen der SozV weitere Anforderungen (zB Entgeltlichkeit) geknüpft sind. In der ArblV (§ 27 Abs 2 SGB III), der KV (§ 7 Nr 1 SGB V) und in der RV (§ 5 Abs 2 Satz 2 SGB VI) ist eine Beschäftigung im Rahmen betrieblicher Bildung trotz Erfüllung der Geringfügigkeitsvoraussetzungen versicherungspflichtig. Erforderlich ist jedoch die Zahlung von Arbeitsentgelt während der beruflichen Bildungsmaßnahme. Im Übrigen überschneidet sich der Anwendungsbereich der genannten Vorschriften zT mit den Regelungen der Besonderen Teile des SGB, die die Berufsausbildung der Beschäftigung gleichsetzen (§ 5 Abs 1 Nr 1 SGB V; § 1 Satz 1 Nr 1 SGB VI; § 20 Abs 1 Nr 1 SGB XI; § 2 Abs 1 Nrn 1 und 2 SGB VII; § 25 Abs 1 SGB III).

26 **2. Ziele betrieblicher Berufsbildung** können nach der umfassenden Legaldefinition des § 7 Abs 2 SGB IV neben der gesetzlich vorgesehenen Ausbildung, Fortbildung und Umschulung alle denkbaren (Misch-)Formen beruflicher Bildung sein. Dem Begriff der betrieblichen Berufsbildung unterfallen auch sog **berufsbildungsähnliche Rechtsverhältnisse,** die nicht unmittelbar in eine Berufstätigkeit einmünden müssen (zB Maßnahmen der Berufsfindung und der Arbeitserprobung). Entscheidend ist, dass die vermittelten Kenntnisse, Fertigkeiten und Erfahrungen letztlich auf die tatsächliche Verwendung in einer konkreten beruflichen Tätigkeit ausgerichtet sind. Ausgegrenzt sind lediglich betriebliche Bildungsveranstaltungen, die der Vermittlung von Kenntnissen der Allgemeinbildung dienen (zu berufspraktischen Ausbildungszeiten im Rahmen der Fahrlehrerausbildung BSG 27.7.11 – B 12 R 16/09 R, SozR 4–2400 § 7 Nr 14).

27 **3. Die Durchführung** der betrieblichen Bildungsmaßnahme muss, obwohl dies in § 7 Abs 2 SGB IV nicht ausdrücklich ausgesprochen wird, der Ausübung einer nichtselbstständigen Tätigkeit entsprechen. Dieses Merkmal wird in aller Regel zu bejahen sein, da die Gestaltung der Bildungsveranstaltung ohne eine hinsichtlich der **Weisungsbefugnis** der

Stellung des ArbGeb entsprechende Funktion des jeweiligen Ausbilders kaum denkbar ist (so auch KassKomm/*Zieglmeier* § 7 SGB IV Rz 295). Zwar wird eine wirksame rechtsgeschäftliche Vereinbarung über die betriebliche Bildungsmaßnahme regelmäßig vorliegen, jedoch gehört diese nicht zu den konstitutiven Voraussetzungen für die Annahme eines Beschäftigungsverhältnisses. Auch insoweit ist das Vorliegen eines faktischen Ausbildungsverhältnisses ausreichend.

**4. Betrieblicher Zusammenhang.** Der Erwerb beruflicher Kenntnisse, Fertigkeiten oder Erfahrungen muss sich im Rahmen betrieblicher Berufsbildung vollziehen. Das Merkmal der betrieblichen Berufsbildung ist auch erfüllt, wenn die berufliche Bildung außerhalb der Wirtschaft im öffentlichen Dienst, bei Angehörigen freier Berufe oder in Haushalten durchgeführt wird. Grds ist erforderlich, dass der Auszubildende in die Betriebstätigkeit eingewiesen und in den Produktions- oder Dienstleistungsprozess zum Erwerb von praktischen Kenntnissen und Fertigkeiten eingegliedert wird (*Schlegel/Voelzke/Scheer* SGB IV § 7 Abs 2 Rz 16). Der vorausgesetzte Zusammenhang zwischen beruflicher Bildungsmaßnahme und der Trägerschaft eines Betriebes ist schon dann gegeben, wenn die eigentliche Ausbildung nicht in der Betriebsstätte selbst stattfindet, sondern an anderen Lernorten (zB Schulungsstätten, andere Betriebe). Entscheidend ist die **Verantwortung** des Betriebes für die Durchführung der beruflichen Bildungsmaßnahme. Ausgenommen vom Begriff der betrieblichen Berufsbildung sind hingegen Vertragstypen mit privatrechtlichem Teilnehmerstatus ohne persönliche Abhängigkeit vom ArbGeb und ohne Einbindung in eine betriebliche Konzeption (zu einer Umschulung durch eine unabhängige Bildungseinrichtung BSG 12.10.2000 – B 12 KR 7/00 R, SozR 3–2600 § 1 Nr 7). Ebenfalls nicht der Versicherungspflicht unterfallen berufspraktische Phasen eines sog praxisintegrierten Studiums, die sich infolge organisatorischer und/oder curricularer Verzahnung mit der theoretischen Hochschulausbildung als Bestandteil des Studiums darstellen (BSG 1.12.09 – B 12 R 4/08 R, SozR 4–2400 § 7 Nr 11). 28

## Betriebliches Eingliederungsmanagement

### A. Arbeitsrecht

*Schmidt*

**1. Verpflichtung des Arbeitgebers.** Sind Beschäftigte innerhalb eines Jahres länger als sechs Wochen ununterbrochen oder wiederholt arbeitsunfähig, ist der ArbGeb nach **§ 167 Abs 2 SGB IX** verpflichtet (BAG 12.7.07 – 2 AZR 716/06, NZA 08, 173), ein sog „betriebliches Eingliederungsmanagement" **(BEM)** durchzuführen unabhängig davon, ob er eine Kündigung beabsichtigt oder erwägt (BAG 18.10.17 – 10 AZR 47/17, NZA 18, 162). Eine betriebsärztliche Begutachtung ersetzt nicht das BEM (BAG 20.11.14 – 2 AZR 755/13, NZA 15, 612). Die Vorschrift enthält nicht nur eine Verpflichtung des ArbGeb, sondern auch einen Anspruch des betroffenen ArbN. Sie gilt auch für Betriebe ohne ArbNVertretung (BAG 20.3.14 – 2 AZR 565/12, NZA 14, 602). Der ArbGeb muss zusammen mit dem betroffenen ArbN, der zuständigen ArbNVertretung (BRat, PersV), bei schwerbehinderten Menschen außerdem mit der Schwerbehindertenvertretung und – soweit erforderlich – auch mit dem Betriebsarzt klären, wie die AU überwunden werden und mit welchen Vorkehrungen erneuter AU vorgebeugt und der Arbeitsplatz erhalten werden kann. Die Beteiligten sollen feststellen, aufgrund welcher gesundheitlichen Einschränkungen es zu den Ausfallzeiten gekommen ist und welche Möglichkeiten bestehen, sie künftig zu verringern (BAG 10.12.09 – 2 AZR 400/08, NZA 10, 398). Dabei schreibt das Gesetz selbst keine konkreten **Maßnahmen** vor. Das BEM konkretisiert aber den aus dem Kündigungsrecht bekannten Grundsatz der **Verhältnismäßigkeit** (BAG 24.3.11 – 2 AZR 170/10, NZA 11, 993). Zu den „Vorkehrungen" gehören daher alle Maßnahmen, zu denen der ArbGeb zum Vermeiden von Kündigungen verpflichtet ist, wie ua die Veränderung der Arbeitsaufgabe oder der Arbeitsbedingungen die Inanspruchnahme gesetzlich vorgesehener Hilfen und Leistungen der Rehabilitationsträger (BAG 20.11.14 – 2 AZR 755/13, NZA 15, 612) die Suche nach einem freien „leidensgerechten" Arbeitsplatz in allen Betrieben des Unternehmens bis hin zum „Freiräumen" eines besetzten „leidensgerechten" Arbeitsplatzes 1 durch Verschieben von Arbeitsaufgaben mit Hilfe des Weisungsrechts (BAG 20.11.14 – 2 AZR 664/13, NZA 15, 931; → *Kündigung, personenbedingte* Rn 3 und 4). Bei schwerbehinderten ArbN und ihnen gleichgestellten Beschäftigten erfordert die Prüfung, ob die AU durch eine iSv § 164 SGB IX leidensgerechte Beschäftigung überwunden werden kann. Hierunter fällt auch die – in § 164 Abs 5 S 3 SGB IX als Anspruch ausgestaltete – Möglichkeit einer Beschäftigung in zeitlich reduziertem Umfang (BAG 20.11.14 – 2 AZR 664/13, NZA 15, 429). Die Ausweitung des Kreises der Beteiligten soll die Suche nach sachgerechten Lösungen erleichtern. Da man mit diesem Verfahren generell personenbedingten Kündigungen vorbeugen will (BAG 13.5.15 – 2 AZR 565/14, NZA 15, 1249), trifft den ArbGeb die Verpflichtung zum BEM **gegenüber allen Arbeitnehmern** (BAG 24.3.11 – 2 AZR 170/10, NZA 11, 993). Ein BEM ist auch **während der Wartezeit** des § 1 Abs 1 KSchG (BAG 28.6.07 – 6 AZR 750/06, NZA 07, 1049) und **im Kleinbetrieb** nach § 23 Abs 1 KSchG (*Schaub/Linck* § 131 Rn 7) durchzuführen. Unterbleibt es, hat es keine Folgen für eine Kündigung die innerhalb der Wartezeit oder zu einem Zeitpunkt erfolgt, in dem der Schwellenwert des § 23 Abs 1 KSchG noch nicht überschritten ist. Selbst wenn der ArbGeb die Verfahren nach § 167 Abs 1 und 2 SGB IX durchführt, ist er innerhalb der Wartezeit des § 1 Abs 1 KSchG nicht verpflichtet, den ArbN auf Grund der hierbei gewonnenen Erkenntnisse zur Vermeidung einer Kündigung auf einem anderen Arbeitsplatz zu beschäftigen, weil der Grundsatz der Verhältnismäßigkeit außerhalb des Anwendungsbereichs des KSchG nicht anwendbar ist (BAG 28.6.07 – 6 AZR 750/06, NZA 07, 1049). Die Durchführung eines BEM iSv § 167 Abs 2 SGB IX ist keine formelle oder unmittelbare materielle Voraussetzung für die Wirksamkeit einer **Versetzung** oder einer anderen Ausübung des Weisungsrechts durch den ArbGeb. Dies gilt selbst in den Fällen, in denen die Anordnung des ArbGeb (auch) auf Gründe gestützt wird, die im Zusammenhang mit dem Gesundheitszustand des ArbN stehen (BAG 28.6.18 – 2 AZR 436/17, NZA 18, 1259; 18.10.17 – 10 AZR 47/17, NZA 18, 162).

2 **2. Voraussetzungen.** Für die Bemessung des Sechswochenzeitraums des § 167 Abs 2 S 1 SGB IX sind die dem ArbGeb vom ArbN nach § 5 Abs 1 EFZG angezeigten **Arbeitsunfähigkeitszeiten** – nicht die Qualifizierung nach einem mit dem BRat vereinbarten Work-Ability-Index – maßgeblich (BAG 13.3.12 – 1 ABR 78/10, NZA 12, 748). Mit der Formulierung **„innerhalb eines Jahres"** ist der Zeitraum eines Jahres (ErfK/*Rolfs* SGB IX § 84 Rn 5) gemeint, nicht das Kalenderjahr. Für ein BEM ist nicht erforderlich, dass eine Krankheitsperiode durchgängig mehr als sechs Wochen andauert. Es reicht aus, dass die krankheitsbedingten Fehlzeiten innerhalb der letzten zwölf Monate insgesamt mehr als sechs Wochen betragen haben (BAG 24.3.11 – 2 AZR 170/10, NZA 11, 993). Ist ein ArbN im November drei Wochen arbeitsunfähig erkrankt und im Februar des Folgejahres für weitere vier Wochen, muss daher ein BEM durchgeführt werden. Ein BEM ist nicht nur bei langandauernden Krankheiten, sondern auch bei häufigen Kurzerkrankungen geboten. Es kommt allein auf den zeitlichen **Umfang der Erkrankungen**, nicht auf ihre Ursachen an (BAG 20.11.14 – 2 AZR 755/13, NZA 15, 61). Auch bei Alkoholismus kommt ein BEM grds in Betracht. Seine Durchführung stellt sich nicht wegen des Krankheitsbildes generell als überflüssig dar (BAG 20.3.2014 – 2 AZR 565/12, NZA 14, 602). Für den ArbN ist die Beteiligung am BEM **freiwillig.** Seine Zustimmung und Beteiligung am Verfahren ist notwendige Voraussetzung. Ohne ausdrückliche Zustimmung des Betroffenen darf keine Stelle unterrichtet oder eingeschaltet werden (BAG 24.3.11 – 2 AZR 170/10, NZA 11, 993). Fehlt sie, obwohl der ArbGeb unmissverständlich zur Durchführung des Verfahrens aufgefordert und nach § 167 Abs 2 S 3 SGB IX ordnungsgemäß (→ Rn 3) belehrt hat, endet die Verpflichtung des ArbGeb (BAG 13.5.15 – 2 AZR 565/14, NZA 15, 1249).

3 **3. Verfahren.** Zum **Verfahren** selbst enthält das Gesetz nur wenige Regelungen; es lassen sich aber Mindeststandards ableiten. Dazu gehört, die gesetzlich dafür vorgesehenen Stellen, Ämter und Personen zu beteiligen und zusammen mit ihnen eine an den gesetzlichen Zielen des BEM orientierte Klärung ernsthaft zu versuchen, bei der keine vernünftigerweise in Betracht zu ziehende Anpassungs- und Änderungsmöglichkeit ausgeschlossen wird und in dem die von den Teilnehmern – nicht nur vom ArbGeb – eingebrachten Vorschläge sachlich erörtert werden (BAG 10.12.09 – 2 AZR 400/08, NZA 2010 639). Trotz dieser Unzulänglichkeit besteht keine Verpflichtung, eine generelle Verfahrensordnung

aufzustellen, wie § 166 Abs 3 Nr 5 SGB IX zeigt. Der Gesetzgeber geht davon aus, dass die Beteiligung von ArbGeb, ArbN, BRat und externen Stellen zusammen mit der abstrakten Beschreibung des Zieles ausreichen, einen unverstellten, verlaufs- und ergebnisoffenen Suchprozess zu sichern, der individuell angepasste Lösungen ermittelt, um künftige AU zu vermeiden (BAG 20.11.14 – 2 AZR 755/13, NZA 15, 612). Liegen die Voraussetzungen für ein BEM vor, ist es Sache des ArbGeb, die Initiative zu ergreifen und die Bereitschaft des ArbN zu erfragen, am BEM teilzunehmen. Dazu muss er nach § 167 Abs 2 S 3 SGB IX den betroffenen ArbN auf die Ziele des BEM sowie auf Art und Umfang der hierfür erhobenen und genutzten Daten hinweisen. Dies erfordert die Klarstellung, dass nur solche Daten erhoben und ggf genutzt werden, deren Kenntnis erforderlich ist, um einen zielführenden, der Gesundung und Gesunderhaltung des Betroffenen dienenden Suchprozess durchführen zu können (BAG 29.6.17 – 2 AZR 47/16, BB 17, 2940) und welche konkreten Krankheitsdaten – als sensible bzw sensitive Daten im datenschutzrechtlichen Sinn (Art 9 Abs 1 DS-GVO und § 26 Abs 3 BDSG) – dem ArbGeb zugänglich gemacht werden (BAG 20.11.14 – 2 AZR 755/13, NZA 15, 612). Daneben muss dieser den ArbN darauf hinweisen, dass er eine Beteiligung des BRats an diesem Verfahren ablehnen kann (BAG 22.3.16 – 1 ABR 14/14, NZA 16, 1283) und dass ein BEM nur mit seiner Zustimmung durchgeführt werden darf. Dies soll dem ArbN seine Entscheidung erleichtern, ob der dem BEM zustimmt. Geht es um **behinderte** oder von Behinderung bedrohte Menschen, muss der ArbGeb nach § 167 Abs 2 S 4 SGB IX die Rehabilitationsträger oder das Integrationsamt hinzuziehen (BAG 30.9.10 – 2 AZR 88/09, NZA 11, 39). Es liegt im Wesen des BEM, dass die Suche nach Möglichkeiten der Vermeidung zukünftiger AUZeiten im Rahmen eines fairen und sachorientierten Gesprächs erfolgt. ArbN dürfen daher nicht versuchen, das Ergebnis mit widerrechtlichen Drohungen – etwa mit Selbstmord – für sie positiv zu beeinflussen. Dies kann selbst eine außerordentliche Kündigung rechtfertigen. Das BEM führt nicht zu einem allgemein gesteigerten kündigungsrechtlichen Bestandsschutzinteresse des ArbN (BAG 29.6.17 – 2 AZR 47/16, BB 17, 2940).

**4. Beteiligung Betriebsrat.** Bei der Ausgestaltung des BEM ist für jede einzelne Regelung zu prüfen, ob ein Mitbestimmungsrecht besteht. Ein solches kann sich bei allgemeinen Verfahrensfragen aus § 87 Abs 1 Nr 1 BetrVG, in Bezug auf die Nutzung und Verarbeitung von Gesundheitsdaten aus § 87 Abs 1 Nr 6 BetrVG und hinsichtlich der Ausgestaltung des Gesundheitsschutzes aus § 87 Abs 1 Nr 7 BetrVG ergeben. So steht dem BRat nach § 87 Abs 1 Nr 7 BetrVG ein Initiativrecht für eine Ausgestaltung des Klärungsprozesses nach § 167 Abs 2 S 1 SGB IX durch generelle Verfahrensregelungen zu, das er mit Hilfe einer Einigungsstelle durchsetzen kann. Dazu gehört jedoch weder die Übertragung des BEM auf ein anderes als das im Gesetz vorgesehene Gremium noch seine Beteiligung bei der Umsetzung oder Überprüfung der dort beschlossenen Maßnahmen oder die Festlegung eines Anwesenheitsrechts von Vertretern des BRat bei einem Erstgespräch des ArbGeb mit dem ArbN zu seinen gesundheitlichen Einschränkungen (BAG 22.3.16 – 1 ABR 14/14, NZA 16, 1283). Das Mitbestimmungsrecht des BRat setzt ein, wenn für den ArbGeb eine gesetzliche Handlungspflicht besteht und wegen des Fehlens zwingender Vorgaben betriebliche Regelungen erforderlich sind, um das vom Gesetz vorgegebene Ziel des Arbeits- und Gesundheitsschutzes zu erreichen (BAG 13.3.12 – 1 ABR 78/10, NZA 12, 748). Jede ArbNVertretung bzw die Schwerbehindertenvertretung können nach **§ 167 Abs 2 S 6 SGB IX** die Durchführung des BEM verlangen, wenn der ArbGeb seinen Verpflichtungen aus dem Gesetz nicht (rechtzeitig) nachkommt. Die ArbNVertretung achtet nach **§ 167 Abs 2 S 7 SGB IX** zugleich darauf, dass der ArbGeb auch im Übrigen seine Verpflichtungen im Rahmen des BEM erfüllt. Dies ist nicht davon abhängig, ob die betroffenen ArbN dem zustimmen (BAG 7.2.12 – 1 ABR 46/10, NZA 12, 744). Der BRat kann daher verlangen, dass der ArbGeb ihm auch ohne Einverständnis der Betroffenen die Namen der ArbN mitteilt, die für ein BEM in Frage kommen (zum vormals geltenden Datenschutz BAG 7.2.12 – 1 ABR 46/10, NZA 12, 744). Allerdings setzt die konkrete Beteiligung des BRats an dem Klärungsprozess nach § 167 Abs 2 S 1 SGB IX das Einverständnis des betroffenen Arbeitnehmers voraus. Der ArbN ist darauf hinzuweisen, dass von der Beteiligung des BRats abgesehen werden kann (BAG 22.3.16 – 1 ABR 14/14, NZA 16, 1283; BVerwG 23.6.10 – 6 P 8/09, NZA-RR 2010, 554). 4

ArbGeb sind nach § 37 Abs. 6 BetrVG grds verpflichtet, BRatSchulungen für alle BRat-Mitglieder zu Grundkenntnissen des BEM zu bezahlen. Soweit es um vertiefte und Spezialkenntnisse zu diesem Thema geht, ist das aber nicht erforderlich (BAG 28.9.16 – 7 AZR 699/14, NZA 17, 69).

5 **5. Folgen.** Hat das BEM zu einem **positiven Ergebnis** geführt, ist der ArbGeb grds verpflichtet, die empfohlene Maßnahme – soweit dies in seiner alleinigen Macht steht – vor Ausspruch einer krankheitsbedingten Kündigung als milderes Mittel umzusetzen. Braucht er für die Umsetzung – etwa bei einer Maßnahme der Rehabilitation – die Einwilligung oder eine Mitwirkung des ArbN, muss der ArbGeb um diese nachsuchen oder den ArbN hierzu auffordern. Dazu kann er dem ArbN eine Frist setzen. Der ArbGeb muss den ArbN dabei deutlich darauf hinweisen, dass er im Weigerungsfall mit einer Kündigung rechnen müsse. Lehnt der ArbN die Maßnahme ab oder bleibt er trotz Aufforderung untätig, braucht der ArbGeb die Maßnahme vor Ausspruch der Kündigung nicht mehr als milderes Mittel zu berücksichtigen (BAG 10.12.09 – 2 AZR 400/08, NZA 10, 398). Ist das ordnungsgemäß durchgeführte Verfahren ohne Ergebnis geblieben oder endete es mit einem **negativen Ergebnis,** ist der Weg zur Kündigung frei, wenn auch die übrigen Voraussetzungen für eine personenbedingte Kündigung vorliegen (→ *Kündigung, personenbedingte* Rn 3 ff).

6 **6. Sanktionen.** Das Gesetz sieht keine **Sanktionen** gegenüber dem ArbGeb vor, der ein BEM nicht oder nicht ordnungsgemäß durchführt. Insbes führt dies nicht zur Unwirksamkeit einer in (BAG 28.6.07 – 6 AZR 750/06, NZA 2007, 1049) oder nach der Wartefrist (BAG 10.12.09 – 2 AZR 400/08, NZA 2010, 398) ausgesprochenen Kündigung. Ein unterlassenes BEM kann einer personenbedingten Kündigung nicht entgegenstehen, wenn sie auch bei seiner Durchführung nicht zu verhindern war. Damit die Norm dennoch greift, verschärft das BAG erheblich die Anforderungen an die Darlegungslast des „säumigen" ArbGeb im Kündigungsschutzprozess und entlastet ihn bei seiner Darlegung, wenn er das BEM ordnungsgemäß durchgeführt hat (→ *Kündigung, personenbedingte* Rn 47).

## B. Lohnsteuerrecht

*Seidel*

10 Da die vom ArbGeb durchgeführten Maßnahmen seiner gesetzlichen Verpflichtung entsprechen (→ Rn 1), stellen die erbrachten Leistungen in entsprechender Anwendung des BFH-Urt v 19.9.75 – VI R 171/73, BStBl II 1975, 888, für den ArbN mE keinen Arbeitslohn dar (→ *Fürsorgepflicht* Rn 22 und → *Arbeitsentgelt* Rn 48), sodass sich lohnsteuerrechtlich keine Besonderheiten ergeben. Soweit eine Ermäßigung der SozVBeiträge als Bonus nach § 84 Abs 3 SGB IX gewährt wird (→ Rn 7), ist unabhängig vom Vorliegen einer Brutto- oder einer Nettolohnvereinbarung im Rahmen des LStAbzugs als Vorsorgepauschale (§ 39b Abs 2 Nr 3 EStG) der ermäßigte Betrag zu berücksichtigen (→ *Lohnsteuertabellen* Rn 5, 8 ff; → *Nettolohnvereinbarung* Rn 10, 17 ff). Die Aufwendungen des ArbGeb stellen Betriebsausgaben dar, die jedoch um nach § 84 Abs 3 SGB IX erhaltene Prämien zu kürzen sind. S auch → *Gesundheitsvorsorge* Rn 11 sowie zu Maßnahmen für Behinderte → *Behinderte* Rn 70 ff u → *Rehabilitation (berufliche)* Rn 16 ff.

## C. Sozialversicherungsrecht

*Schlegel*

16 **1. Sozialversicherungsrechtliche Flankierung durch teilweise Wiedereingliederung.** Können arbeitsunfähige Versicherte nach ärztlicher Feststellung ihre bisherige Tätigkeit teilweise verrichten und können sie durch eine stufenweise Wiederaufnahme ihrer Tätigkeit voraussichtlich besser wieder in das Erwerbsleben eingegliedert werden, soll der Arzt auf der Bescheinigung über die AU Art und Umfang der möglichen Tätigkeiten angeben und dabei in geeigneten Fällen die Stellungnahme des Betriebsarztes oder mit Zustimmung der Krankenkasse die Stellungnahme des Medizinischen Dienstes einholen (§ 74 SGB V). Einzelheiten sind in den AUR des Gemeinsamen Bundesausschusses festgehalten.

17 Der Versicherte ist während der teilweisen Weidereingliederung weiterhin arbeitsunfähig und hat daher in dieser Zeit **Anspruch auf Krankengeld** (§ 44 Abs 1 Satz 1 SGB V). Der ArbN ist durch den Bezug von Krankengeld zugleich in der RV und ArblV Pflichtversichert

(§ 3 Satz 1 Nr 3 SGB VI, § 26 Abs 2 Nr 1 SGB III). Streitig ist, ob ein vom ArbGeb gezahltes Entgelt auf das Krankengeld anzurechnen ist.

Die Durchführung der teilweisen Eingliederung soll nach den Vorstellungen des Gesetz- 18
gebers (BT-Drs 11/2237, S 192) nur mit dem Einverständnis des ArbN möglich sein.

Eine entsprechende stufenweise Wiedereingliederung ist für den Bereich der **medizi-** 19
**nischen Rehabilitation** in § 28 SGB IX vorgesehen. Diese Vorschrift gilt für alle Träger, die für Leistungen zur der medizinischen Rehabilitation zuständig sind, dh für die Krankenkassen, die Träger der gesetzlichen UV, der RV, der Kriegsopferversorgung, der Jugendhilfe und der Sozialhilfe. Können arbeitsunfähige Leistungsberechtigte nach ärztlicher Feststellung ihre bisherige Tätigkeit teilweise verrichten und können sie durch eine stufenweise Wiederaufnahme ihrer Tätigkeit voraussichtlich besser wieder in das Erwerbsleben eingegliedert werden, sollen die medizinischen und die sie ergänzenden Leistungen (zB Übergangsgeld) entsprechend dieser Zielsetzung erbracht werden (§ 28 SGB IX).

**2. Boni und Prämien für den Arbeitgeber.** Reha-Träger und Integrationsämter 20
können ArbGeb, die BEM durchführen, im Rahmen pflichtgemäßen Ermessens (kein Rechtsanspruch!) mittels Prämien oder Boni fördern (§ 84 Abs 3, § 102 Abs 3 Nr 2d SGB IX).

# Betriebliche Gesundheitsförderung

## A. Arbeitsrecht

*Poeche*

**1. Einführung.** Die betriebliche Gesundheitsförderung tritt neben den klassischen Ar- 1
beitsschutz, der die Grundpflichten des ArbGeb in Rechtsvorschriften regelt. Das Engagement von Unternehmen im Bereich der betrieblichen Gesundheitsförderung ist freiwillig. Es soll zum Erhalt und zur Förderung der Arbeits- und Beschäftigungsfähigkeit von ArbN beitragen und dabei über das hinausgehen, was das Arbeitsschutzrecht verbindlich vorgibt und umfasst alle präventiven Maßnahmen von ArbGeb, ArbN und der Gesellschaft, die Gesundheit und das Wohlbefinden bei der Arbeit zu verbessern und zielt insbes auf eine Verbesserung der Arbeitsorganisation (zB durch Einführung flexibler Arbeitszeiten) und der Arbeitsumgebung, auf die Motivation der Beschäftigten zur Teilnahme an gesundheitsfördernden Aktivitäten (zB Betriebssport, Rückenschulen), auf die Förderung der persönlichen Entwicklung der Beschäftigten und der psychischen Gesundheit sowie auf gesundheitsförderliches Führen durch die Führungskräfte und sog Burnout-Prävention. Wie dies geschieht, ist nicht vorgegeben. Der Begriff der betrieblichen Gesundheitsförderung findet sich nach dem Inkrafttreten des „Gesetzes zur Stärkung der Gesundheitsförderung und der Prävention (**Präventionsgesetz** – PräVG)" v 17.7.15 (BGBl I 15, 1368) nun in § 20b SGB V, der die gesetzlichen Krankenkassen zu Leistungen zur Gesundheitsförderung in Betrieben verpflichtet (hierzu: *Düwell* jurisPR-ArbR 15/2015, Anm 1 sowie *Flüs* AiB 9, 2016, 22; zur Vorgängervorschrift des § 20a SGB V: *Altmann* B+P 14, 270). Sie haben dabei unter Beteiligung der Betriebsärzte und der Fachkräfte für Arbeitssicherheit die gesundheitliche Situation im Betrieb „zu erheben". Indem den Betriebsärzten und den Fachkräften für Arbeitssicherheit nun Aufgaben in allen Fragen des Gesundheitsschutzes zukommen und nicht mehr nur im klassischen Arbeitsschutz, wird ein Ziel der gesetzlichen Neuregelung – die engere Verzahnung von betrieblicher Gesundheitsförderung und Arbeitsschutz – umgesetzt. Die betriebliche Gesundheitsförderung ist nach der im Arbeitsschutzrecht vorherrschenden Definition (vgl zB Kollmer/Klindt/Schucht/*Kothe* ArbSchG § 3 Rz 104) Teil des **betrieblichen Gesundheitsmanagements,** welches die systematische, zielorientierte und kontinuierliche Steuerung aller betrieblichen Prozesse mit dem Ziel, Gesundheit, Leistung und Erfolg für die Beschäftigten und damit auch für den Betrieb zu erhalten und zu fördern, bezweckt. Das betriebliche Gesundheitsmanagement umfasst dabei den Arbeitsschutz, das BEM und die betriebliche Gesundheitsförderung (*Schwede* ArbRAktuell 19, 7). Aufgegriffen wurde die Idee der betrieblichen Gesundheitsförderung ua auch in der Anlage zu Abschnitt VIII § 56 des TVöD-BT-V VKA für Beschäftigte des Sozial- und Erziehungsdienstes, wo ua die Beteiligung der Beschäftigten an der Gefährdungsbeurteilung und die Einrichtung einer

betrieblichen Kommission vorgesehen sind. Auf Betriebsebene können Regelungen zur betrieblichen Gesundheitsförderung in **freiwilligen Betriebsvereinbarungen** gem § 88 BetrVG getroffen werden (MünchArbR/*Kohte* § 290 Rn 65; *Besgen* B+P 03/15, 163 mit einer MusterBV zum Betrieblichen Gesundheitsmanagement; *Wiebauer* RdA 19, 41). Daran hat auch das neue PrävG nichts geändert (kritisch daher *Düwell* jurisPR-ArbR 15/2015, Anm 1). Im Personalvertretungsrecht gilt anderes: § 75 Abs 3 Nr 11 BPersVG erfasst auch den präventiven betrieblichen Gesundheitsschutz (BVerwG 14.2.13 – 6 PB 1/13, NZA-RR 13, 390 mit Anm *Kothe* jurisPR-ArbR 27/14). Soweit der ArbGeb dem ArbN zur Gesundheitsförderung sog Wearables zur Verfügung stellt, hat er die datenschutzrechtlichen Vorgaben des BDSG und der DSGVO zu beachten, da besonders sensible Gesundheitsdaten erhoben werden (*Wurzberger* AiB Nr 11 2017, 40; *Weichert* NZA 17, 565; *Kopp/Sokoll* NZA 15, 1352).

Die – hingegen gesetzlich vorgeschriebene – **arbeitsmedizinische Vorsorge** ist Teil der arbeitsmedizinischen Präventionsmaßnahmen im Betrieb und gehört damit im weitesten Sinne zur betrieblichen Gesundheitsförderung. Sie umfasst die Beurteilung der individuellen Wechselwirkungen von Arbeit und Gesundheit, die arbeitsmedizinische Aufklärung und Beratung der ArbN, arbeitsmedizinische Vorsorgeuntersuchungen sowie die Nutzung von Erkenntnissen aus diesen Untersuchungen für die Gefährdungsbeurteilung und für sonstige Maßnahmen des Arbeitsschutzes. **Zweck ist,** arbeitsplatzbedingte Erkrankungen einschließlich Berufskrankheiten frühzeitig zu erkennen und zu verhüten. Sie ergänzt den technischen und organisatorischen **Arbeitsschutz,** dessen objektive Maßnahmen im Interesse der menschengerechten Gestaltung der Arbeit Vorrang haben (→ *Arbeitssicherheit/Arbeitsschutz* Rn 9; → *Betriebsarzt* Rn 6–11; → *Betriebsbeauftragte* Rn 2). Zu **genetischen Erhebungen** unten → Rn 10 ff.

2 **2. Arbeitsrechtliche Grundlagen der arbeitsmedizinischen Vorsorge.** Pflichten und Rechte der Arbeitsvertragsparteien richten sich seit dem 21.8.96 nach dem ArbSchG; daneben sind die spezialgesetzlichen Regelungen, insbes §§ 2–4 ASiG, anzuwenden (→ *Arbeitssicherheit/Arbeitsschutz* Rn 1 ff; → *Arbeitsstoffe, gefährliche* Rn 17, 19; → *Jugendarbeitsschutz* Rn 36). Die Anforderungen des ArbSchG werden konkretisiert durch die Arbeitsmedizinische Vorsorge-Verordnung (ArbMedVV) v 18.12.08 (BGBl I 08, 2768) idF v 23.10.13 (BGBl I 13, 3882). Sie verpflichtet den ArbGeb, auf der Grundlage der **Gefährdungsbeurteilung** für eine angemessene arbeitsmedizinische Vorsorge zu sorgen und dabei die ArbMedVV nebst Anhang sowie die vom Ausschuss für Arbeitsmedizin bekanntgemachten Erkenntnisse zu berücksichtigen (§ 3) (zur Neufassung 2013: *Fritsche/Lenuck/Müller-Knöss* AiB 3, 2014, 46 und 5, 2014, 46; *Legerlotz/Schmidt* ArbRb 14, 317).

3 **3. Vorsorgeuntersuchungen. a) Voraussetzungen.** Schwerpunkt der Präventivmedizin ist die ärztliche Vorsorge, die nicht nur Untersuchungen, sondern auch ärztliche Beratungsgespräche. Die ArbMedVV unterscheidet zwischen Pflichtvorsorge, Angebotsvorsorge und Wunschvorsorge. Pflichtvorsorgeuntersuchungen sind solche, die bei bestimmten besonders gefährdenden Tätigkeiten zu veranlassen sind. Angebotsvorsorgeuntersuchungen sind bei bestimmten gefährdenden Tätigkeiten anzubieten. Wunschuntersuchungen hat der ArbGeb dem ArbN bei Tätigkeiten, bei denen ein Gesundheitsschaden nicht ausgeschlossen werden kann, zu ermöglichen (§ 2). Die Tätigkeiten, die eine Vorsorgeuntersuchung veranlassen, sind in dem Anhang der ArbMedVV im Einzelnen aufgelistet. Die Untersuchungen dürfen nur durchgeführt werden, wenn der Beschäftigte sie nicht ablehnt, dh eine ausdrückliche Einwilligung ist nicht erforderlich. Zu vertrauensärztlichen Untersuchungen nach dem TVöD s *Richter/Gamisch* DÖD 12, 225. Die ArbMedVV kann nicht als Rechtsgrundlage für Eignungsuntersuchungen herangezogen werden (hM, s nur *Legerlotz/Schmidt* ArbRB 14, 317). Vorsorgeuntersuchungen nach der ArbMedVV sollen nach § 3 Abs 3 grundsätzlich auch nicht mit Eignungsuntersuchungen zusammen durchgeführt werden.

4 **aa) Pflichtvorsorge, § 4.** Die Pflichtvorsorge muss vor Aufnahme der Tätigkeit und anschließend in regelmäßigen Abständen veranlasst werden. Der ArbGeb darf eine Tätigkeit nur nach vorheriger Durchführung der Untersuchung ausüben lassen. Soweit dies im Anhang bestimmt ist, ist die Bescheinigung der gesundheitlichen Unbedenklichkeit Tätigkeitsvoraussetzung. Bis dahin besteht ein **Beschäftigungsverbot.** Faktisch ist der Beschäftigte damit verpflichtet, an der Vorsorgeuntersuchung teilzunehmen. Über sämtliche Vor-

sorgeuntersuchungen hat der ArbGeb nach Maßgabe des Abs 3 eine **Vorsorgekartei** zu führen.

**bb) Angebotsvorsorge, § 5.** Es gilt der Katalog des Anhangs, nach dem der ArbGeb dem ArbN Untersuchungen (Erst- und regelmäßige Nachuntersuchungen) anbieten muss. Das Angebot ist auch dann regelmäßig zu unterbreiten, wenn der ArbN die Untersuchung abgelehnt hat. Erhält der ArbGeb Kenntnis von einer Erkrankung, die im ursächlichen Zusammenhang mit der Tätigkeit stehen kann, so hat er dem ArbN unverzüglich (§ 121 BGB) eine arbeitsmedizinische Vorsorgeuntersuchung anzubieten. Das gilt auch für ArbN mit vergleichbaren Tätigkeiten, wenn Anhaltspunkte für ihre Gefährdung bestehen. Ausführlich zu Angebotsuntersuchungen *Aligbe* ArbRAktuell 12, 111. 5

**cc) Wunschvorsorge, § 5a.** Die Wunschvorsorge hat der ArbGeb regelmäßig auf Wunsch des Beschäftigten in Bereichen anzubieten, die nicht ausdrücklich im Anhang zur ArbMedVV aufgeführt sind (hierzu ausführlich *Aligbe* ArbRAktuell 16, 261 sowie LAG BlnBbg 21.7.16 – 21 Sa 51/16, BeckRS 2016, 111413; zur Vollstreckung eines dem ArbGeb verpflichtenden Titels, den ArbN arbeitsmedizinisch untersuchen zu lassen: LAG BlnBbg 8.11.18 – 21 Ta 1443/18, BeckRS 2018, 29053). Der Beschäftigte hat einen Anspruch auf die Durchführung einer Wunschvorsorge gegen den ArbG, sobald er den Wunsch äußert. Weitere Anspruchsvoraussetzungen, etwa das Vorliegen von Gesundheitsgefahren, existieren nicht (VG Würzburg 27.8.19 – W 1 E 19.789, BeckRS 2019, 20314). Zur Vollstreckung eines titulierten Anspruchs auf Durchführung einer Wunschvorsorgeuntersuchung: LAG BlnBbg 8.11.18 – 21 Ta 1443/18, BeckRS 2018, 29053.

**b) Durchführung. aa) Anforderungen an den Arzt/Pflichten.** Zu beauftragen ist grds ein Arzt, der als Arbeitsmediziner oder Betriebsmediziner fachkundig ist (§ 7). Wird der Betrieb von einem *Betriebsarzt* betreut, sollen ihm auch die Vorsorgeuntersuchungen übertragen werden (zur Bedeutung dieser Sollvorschrift: OVG RhPf 29.10.13 – 2 A 11256/12.OVG, BeckRS 2013, 48041). Stets muss sich der beauftragte Arzt vor einer Untersuchung die notwendigen Kenntnisse über die Arbeitsplatzverhältnisse verschaffen. Der ArbN ist über die Untersuchungsinhalte und den Untersuchungszweck aufzuklären. Untersuchungsbefund und -ergebnis sind schriftlich festzuhalten, die untersuchte Person darüber zu beraten. Auf ihren Wunsch hin, ist ihr das Ergebnis zur Verfügung zu stellen. Ihr und dem ArbGeb ist unabhängig davon, welche Vorsorgeuntersuchung durchgeführt wurde, eine **Vorsorgebescheinigung** auszustellen, aus der sich ergibt, wann und aus welchem Anlass ein arbeitsmedizinischer Vorsorgetermin stattgefunden hat und wann eine weitere arbeitsmedizinische Vorsorge aus ärztlicher Sicht angezeigt ist (§ 6). Die bisherigen Formulierungen „keine gesundheitlichen Bedenken/keine gesundheitlichen Bedenken unter bestimmten Voraussetzungen/befristete gesundheitliche Bedenken oder dauernde gesundheitliche Bedenken“ dürfen nicht mehr verwendet werden. 6

**bb) Zeitliche Lage/Verbindung mit Eignungsuntersuchungen, § 3 Abs 3.** Vorsorgeuntersuchungen sollen während der **Arbeitszeit** stattfinden. Die Sollvorschrift ist als Mussvorschrift zu verstehen, von der nur aus dringenden betrieblichen Gründen abgewichen werden kann. Sie sollen außerdem nicht zusammen mit Untersuchungen zur Feststellung der Eignung für berufliche Anforderungen durchgeführt werden, es sei denn, betriebliche Gründe erfordern dies; in diesem Fall sind die unterschiedlichen Zwecke der Untersuchungen offenzulegen. Angesprochen werden damit ua *Einstellungsuntersuchungen*, die dem ArbGeb die Einschätzung ermöglichen sollen, ob der ArbN physisch und psychisch den Anforderungen des in Aussicht genommenen Arbeitsplatzes gerecht wird. Der (potentielle) ArbGeb kann vor dem Abschluss des Arbeitsvertrags eine vorgeschriebene Pflichtuntersuchung veranlassen und den Abschluss des Arbeitsvertrags von deren positiven Ergebnis („gesundheitlich unbedenklich“) abhängig machen. Die Untersuchung muss sich auf das Gefährdungspotenzial der Tätigkeiten iSd Anhangs der ArbMedVV beschränken. Weitergehende ärztliche Befunde dürfen nur nach Maßgabe des Datenschutzes erhoben werden (s Näheres *Einstellungsuntersuchungen*). Nach der Neufassung 2013 ist nunmehr in § 2 Abs 1 S 5 klargestellt, dass die Feststellung der gesundheitlichen Eignung gerade nicht unter den Geltungsbereich der Verordnung fällt (zur Unterscheidung zwischen Eignungsuntersuchung und arbeitsmedizinischer Untersuchung: *Behrens* NZA 14, 401; *Beckschulze* BB 14, 1013 und 1077). Zur regelmäßig fehlenden Verpflichtung, an einer Eignungsuntersuchung teilzunehmen: ArbG Gelsenkirchen 13.11.18 – 5 Ca 993/18) 7

8 **c) Untersuchungsergebnis.** Ergeben sich Anhaltspunkte dafür, dass die Maßnahmen des Arbeitsschutzes für den Beschäftigten nicht ausreichen, hat er dies dem ArbGeb mitzuteilen und Vorschläge zu unterbreiten. Hält er einen Tätigkeitswechsel für angebracht, so darf er dies dem ArbGeb aber nur mit Einwilligung des betroffenen Beschäftigten mitteilen.

9 **d) Arbeitsrechtliche Folgen.** Insoweit ist zwischen der öffentlich-rechtlich vorgeschriebenen **Pflichtvorsorge** und freiwilligen Untersuchungen zu unterscheiden. Bei Pflichtuntersuchungen führte die fehlende – nach altem Recht zu erteilende – Unbedenklichkeitsbescheinigung regelmäßig zu einem **Beschäftigungsverbot,** das der ArbGeb zur Vermeidung von Ordnungsmaßnahmen zu beachten hat. Er gerät nicht in *Annahmeverzug.* Bei Zweifeln an der Richtigkeit der geäußerten ärztlichen Bedenken, können ArbGeb und ArbN das Ergebnis überprüfen lassen. In einem Rechtsstreit, in dem der ArbN trotz der fehlenden Bescheinigung seine Beschäftigung verlangt, hat das ArbG durch Einholung eines arbeitsmedizinischen Gutachtens die Unbedenklichkeit des Arbeitsplatzes zu klären (BAG 15.6.04 – 9 AZR 483/03, DB 04, 2643). Kein Beschäftigungsverbot begründen ärztliche Bedenken, die aufgrund einer vom ArbGeb veranlassten freiwilligen Untersuchung geäußert werden. Beruht sie auf einer regelwidrigen Beschaffenheit des Arbeitsplatzes, muss der ArbGeb für Abhilfe sorgen. Beruht sie auf der persönlichen Konstitution des ArbN, ist ihm die Entscheidung überlassen, ob er gleichwohl weiterhin arbeiten will.

Das gilt auch bei Vorlage eines sog **Hausattestes,** in dem der behandelnde Arzt bescheinigt, der ArbN solle aus gesundheitlichen Gründen nicht mehr auf seinem Arbeitsplatz beschäftigt werden (Arbeitsplatzwechselempfehlung). Richtigerweise ist dem ArbN die Entscheidung zu überlassen, ob er trotz des gesundheitlichen Risikos auf dem Arbeitsplatz verbleibt. Ein Beschäftigungsverbot/ein Annahmeverweigerungsrecht des ArbGeb besteht nur bei AU des ArbN (BAG 17.2.98 – 9 AZR 130/97, NZA 99, 33).

Der ArbN hat nach hA gegen seinen ArbGeb einen aus § 5a ArbMedVV, § 11 ArbSchG jedenfalls iVm § 618 BGB folgenden **vertraglichen Anspruch** auf eine arbeitsmedizinische Untersuchung durch einen Arbeitsmediziner auf Kosten des ArbGeb (LAG BlnBbg 21.7.16 – 21 Sa 51/16, BeckRS 2016, 111413).

10 **4. Krankengespräche.** Die Führung formalisierter Krankengespräche zur Aufklärung eines überdurchschnittlichen Krankenstandes unterliegt der **Mitbestimmung** des BRat (BAG 8.11.94 – 1 ABR 22/94, DB 95, 1132; ebenso LAG München 13.2.14 – 3 TaBV 84/13). Zum *betrieblichen Eingliederungsmanagement* nach § 84 Abs 2 SGB IX s dort sowie → *Behinderte* Rn 29; → *Kündigung, personenbedingte* Rn 5.

11 **5. Pflicht zu gesundheitsförderndem Verhalten.** Der ArbN ist grds nicht gehalten, seine private Lebensführung auf die Belange des ArbGeb abzustellen. Besonderheiten können sich aus vertraglichen Beschränkungen (→ *Freizeitbeschäftigung* Rn 7 ff) oder im Krankheitsfall ergeben (→ *Kündigung, verhaltensbedingte* Rn 36). Zur Mitbestimmung des BRat nach § 87 Abs 1 Nr 7 BetrVG → *Arbeitssicherheit/Arbeitsschutz* Rn 20.

12 **6. Gendiagnostikgesetz (GenDG). a) Einführung.** Das GenDG v 31.8.09 (BGBl I 09, 2529) regelt die Voraussetzungen für genetische Untersuchungen und im Rahmen genetischer Untersuchungen durchgeführte genetische Analysen sowie die Verwendung genetischer Proben und Daten. **Zweck** des Gesetzes ist es, die Würde des Menschen und sein Recht auf informationelle Selbstbestimmung zu achten und zu schützen (§ 1). Eine Benachteiligung auf Grund genetischer Eigenschaften soll verhindert werden. Abschnitt 5 betrifft „Genetische Untersuchungen im Arbeitsleben". Seine Vorschriften (§ 19–22) gelten für „Beschäftigte". Das sind nach der Legaldefinition in § 3 Nr 12 GenDG nicht nur ArbN und die zu ihrer Berufsbildung Beschäftigten. Erfasst wird auch, wer als Rehabilitand an Leistungen zur Teilhabe am Arbeitsleben oder an Abklärungen der beruflichen Eignung oder Arbeitserprobung teilnimmt sowie jeder, der in einer anerkannten Werkstätte für behinderte Menschen beschäftigt wird (s *Rehabilitation (berufliche)*). Die Vorschriften gelten entsprechend für den öffentlichen Dienst (§ 22) (*Fischinger* NZA 10, 65).

13 **b) Arbeitsrechtliche Grundnorm.** Nach § 19 darf der ArbGeb von Beschäftigten weder vor noch nach Begründung des Beschäftigungsverhältnisses die Vornahme genetischer Untersuchungen oder Analysen (Nr 1) oder die Mitteilung von Ergebnissen bereits vorgenommener genetischer Untersuchungen oder Analysen verlangen, solche Ergebnisse entgegennehmen oder verwenden (Nr 2). Mit diesem Verbot korrespondiert die Regelung in

§ 20 Abs 1 zu arbeitsmedizinischen Vorsorgeuntersuchungen. In deren Rahmen dürfen weder genetische Untersuchungen oder Analysen vorgenommen werden noch bereits gewonnene Ergebnisse verlangt, entgegengenommen oder verwendet werden. Verstöße werden öffentlich-rechtlich durch Buß- und Strafvorschriften sanktioniert (§§ 25, 26). Eine Einwilligung des Beschäftigten ist ohne rechtliche Bedeutung. Individualrechtlich statuiert § 22 ein arbeitsrechtliches **Benachteiligungsverbot.** Der ArbGeb darf Beschäftigte bei einer Vereinbarung oder Maßnahme insbesondere bei der Begründung des Beschäftigungsverhältnisses, beim beruflichen Aufstieg, bei einer Weisung oder der Beendigung des Beschäftigungsverhältnisses nicht wegen ihrer oder der genetischen Eigenschaften einer genetisch verwandten Person benachteiligen. Das gilt auch, wenn sich Beschäftigte weigern, genetische Untersuchungen oder Analysen bei sich vornehmen zu lassen oder die Ergebnisse bereits vorgenommener genetischer Untersuchungen oder Analysen zu offenbaren. Insoweit gelten nach § 21 die §§ 15 und 22 AGG entsprechend.

**c) Ausnahmen.** § 20 Abs 2 Satz 1 erlaubt im Rahmen arbeitsmedizinischer Vorsorgeun- **14**
tersuchungen diagnostische genetische Untersuchungen durch Genproduktanalyse, soweit sie zur Feststellung genetischer Störungen erforderlich sind, die für schwerwiegende Erkrankungen oder schwerwiegende gesundheitliche Störungen, die bei einer Beschäftigung an einem bestimmten Arbeitsplatz oder mit einer bestimmten Tätigkeit entstehen können, ursächlich oder mitursächlich sind. Solche Untersuchungen sind nach Satz 2 nachrangig zu anderen Maßnahmen des Arbeitsschutzes. Nach § 20 Abs 2 Satz 3 kann die Bundesregierung weitergehend im gesetzlich bestimmten Umfang genetische Untersuchungen im Rahmen arbeitsmedizinischer Vorsorgeuntersuchungen gestatten. Auch dann gelten nach § 20 Abs 3 die **allgemeinen Schutzbestimmungen** der §§ 7–16: Dazu gehören der sog Arztvorbehalt (§ 7), die Widerruflichkeit einer einmal erklärten Einwilligung des Einverständnisses des Beschäftigten mit der genetischen Untersuchung (§ 8), die Aufklärungs- und Beratungspflichten durch den verantwortlichen Arzt (§§ 9, 10), die Regelungen über die Mitteilung des Ergebnisses sowie der Aufbewahrung und Vernichtung erstellter Unterlagen und der genetischen Proben (§§ 11–13).

**B. Lohnsteuerrecht** *Thomas*

**1. Steuerliche Einordnung.** Aufwendungen für die Gesundheit gehören zur Lebens- **15**
führung (§ 12 Nr 1 EStG) und sind deshalb beim ArbN grds keine Werbungskosten (zu Ausnahmen → *Berufskrankheit* Rn 5, 7 ff). In Übereinstimmung hiermit bewirkt die Kostenübernahme durch den ArbGeb grds Arbeitslohn (zur Befreiung nach § 3 Nr 34 EStG → Rn 19), es sei denn, dass sie nicht der finanziellen Entlastung des ArbN, sondern eigenen betriebsfunktionalen Zielen des ArbGeb dient (→ *Arbeitsentgelt* Rn 46), was durch Würdigung aller Umstände wie zB Art und Höhe des Vorteils, betriebliche Gebundenheit, Begleitumstände, mit ihm verfolgte Zwecke usw bestimmt wird.

**2. Betriebsinterne Maßnahmen. a) Medizinische Leistungen,** die gegenüber ArbN **16**
vom Betriebsarzt erbracht werden, begründen keinen Arbeitslohn, und zwar auch dann nicht, wenn sie über gesetzlich geforderte Maßnahmen zum Arbeitsschutz und der Unfallverhütung hinausgehen, sofern ein Bezug zur Art der im Betrieb zu erbringenden Arbeitsleistungen besteht. Hiervon ist jedenfalls bei beratender Tätigkeit auszugehen. Ob das für jegliche medizinische Betreuung gilt (so BFH 24.1.75 – VI R 242/71, BStBl II 75, 340; vgl aber zu Kurkosten → Rn 17), ist zweifelhaft. Abzulehnen ist die dort ebenfalls geäußerte Auffassung, wonach die kostenlose Verabreichung von Arzneien im betrieblichen Bereich durchweg nicht steuerbar sei (FG Hess 23.5.97, DStRE 97, 953). Auch diesbezügliche Preisnachlässe sind Arbeitslohn (BFH 27.8.02 – VI R 158/98, BStBl II 03, 95 betr Antibabypille einer Krankenhausangestellten; vgl aber BFH 18.10.12 – VI R 64/11, DStR 12, 2433, → *Arbeitsentgelt* Rn 73).

**b) Sonstige Leistungen** des ArbGeb zur Gesundheitsvorsorge im Betrieb können **17**
Arbeitslohn darstellen, wenn sie eine gewisse Marktgängigkeit haben (BFH 11.3.10 – VI R 7/08, DStRE 10, 789: Übernahme von Kurkosten). Als Beispiele ist an Zuschüsse bzw betriebliche Einrichtungen zum Betriebssport (→ *Betriebssport* Rn 8 ff) oder an betriebliche Erholungseinrichtungen zu denken. Dagegen liegt möglicherweise kein Arbeitslohn vor, wenn der ArbGeb einen Masseur bezahlt, den ArbN mit Bildschirmtätigkeit nach ihrem

Gutdünken in Anspruch nehmen können, wenn dies zur Vorbeugung berufsbedingter Gesundheitsbeeinträchtigungen dient, sofern mögliche Beeinträchtigungen des Arbeitsablaufs gewichtig und die ergriffenen Maßnahmen zur Behebung besonders geeignet sind (BFH 30.5.01 – VI R 177/99, BStBl II 01, 671; ebenso BFH 4.7.07 – VI B 78/06, BFH/NV 07, 1874 während bei Kostenübernahme für Training im Sportcenter Lohn nicht beanstandet wurde: BFH 24.3.09 – VI B 106/08, BFH/NV 09, 1122). Die Entscheidung zum Masseur ist angesichts der einschränkenden Kautelen und weil nicht durchentschieden, sondern zurückverwiesen worden ist, nicht besonders aussagekräftig und vereinbart sich auch nicht mit der Entscheidung zu übernommenen Kurkosten. Im Übrigen handelt es sich um Aufwendungen der Art, die nach der Entscheidung des GS (BFH 21.9.09 – GrS 1/06, DStR 10, 101; BMF 6.7.10, DStR 10, 1522) vom anteiligen Abzug als Erwerbsaufwendungen ausgeschlossen sind (*Pezzer* DStR 10, 93 unter 2.3; BMF 6.7.10, BStBl I 10, 614 Rz 4). Hierzu zählen, wie auch § 3 Nr 34 EStG zeigt, Leistungen zur Gesundheitsförderung.

18 **3. Betriebsexterne Maßnahmen** des ArbGeb zur Gesundheitsvorsorge der ArbN sind, sofern sie vom ArbN selbst veranlasst marktüblich bezahlt werden müssten, nur ausnahmsweise kein Arbeitslohn, wenn das eigenbetriebliche Interesse des ArbGeb ganz im Vordergrund steht. Dies wurde für bestimmte Vorsorgeuntersuchungen bejaht (BFH 17.9.82, BStBl II 83, 39). Es handelt sich um einen Grenzfall, in welchem die betriebsfunktionalen Gründe darin lagen, dass seitens des ArbGeb von den leitenden Angestellten eine Untersuchungsbereitschaft gefordert, nur die für den Betrieb besonders wichtigen wenigen Führungskräfte untersucht und das Untersuchungsergebnis dem Werksarzt zugeleitet wurde. Nach diesen Grundsätzen ist bei Untersuchung vor Einstellung (zB eines Berufssportlers) Arbeitslohn zu verneinen, wenn die Maßnahme den ArbGeb und nicht den ArbN über dessen Gesundheitszustand informieren soll. Von Bedeutung kann auch sein, dass die Kosten andernfalls durch eine Versicherung des ArbN getragen worden wären (BFH 5.11.93, BFH/NV 94, 313 zu Kurkosten). Diese Rspr kann entgegen FG Hbg (13.4.89, EFG 89, 575) und FG Düsseldorf (5.9.89 – 8 K 447/84 L – nv) nicht dahingehend verallgemeinert werden, dass die Übernahme von Kosten ärztlicher Untersuchungen bestimmter ArbN durch den ArbGeb generell keinen Arbeitslohn begründe. Übernimmt der ArbGeb die Kosten einer „Sensibilisierungswoche", in der grundlegende Erkenntnisse über einen gesunden Lebensstil (Ernährung, Bewegung, Körperwahrnehmung, Koordinierungstraining usw) vermittelt werden, erfolgt das regelmäßig nicht im eigenbetrieblichen Interesse des ArbGeb sondern als Entlohnung des ArbN (BFH 21.11.18 – VI R 10/17, DStR 19, 665), sodass nur der nach § 3 Nr 34 EStG ggfalls stfreie Betrag nicht zu erfassen ist.

19 **4. Steuerbefreiung.** Nach § 3 Nr 34 EStG sind bestimmte zusätzlich zum ohnehin geschuldeten Arbeitslohn (→ *Arbeitgeberzuschuss* Rn 6) erbrachte Leistungen zur Gesundheitsverbesserung bzw betrieblichen Gesundheitsförderung bis zu 600 € (vor 2020: 500 €) im Kj steuerfrei.

**a) Geförderte Maßnahmen** sind solche, die hinsichtlich Qualität, Zweckbindung und Zielgerichtetheit den Anforderungen der §§ 20 und 20a SGB V genügen (→ Rn 25 ff), insbesondere die im Leitfaden Prävention des Spitzenverbandes Bund der Krankenkassen niedergelegten. Danach bezieht sich die Steuerbefreiung auf Leistungen zur **Primärprävention** (Verbesserung des allgemeinen Gesundheitszustandes) und zur **betrieblichen Gesundheitsförderung.** Betroffen sind Maßnahmen, die Bewegungsgewohnheiten, Ernährung, Stressbewältigung und Suchtverhalten verbessern sollen. Danach können auch Zuschüsse des ArbGeb für extern durchgeführte Maßnahmen befreit sein, die diesen Zwecken dienen, was einen Gestaltungsspielraum eröffnet. Die jeweilige Maßnahme kann auch über einen Sportverein oder ein Fitnessstudio organisiert und abgewickelt werden, während die bloße Übernahme oder Bezuschussung von Mitgliedsbeiträgen zu solchen Einrichtungen nicht befreit ist. Deshalb führt ein Firmenfitnessvertrag mit vergünstigter Mitgliedschaft zu einem geldwerten Vorteil, der sich danach bemisst, was ein fremder Privatkunde für die Mitgliedschaft zahlen müsste (FG Brem 23.3.11 – 1 K 150/09, DStRE 12, 144). Das wäre anders, wenn nicht der ArbGeb, sondern der Personal- bzw BRat einen Mengenrabatt vermittelt (→ *Sachbezug* Rn 6). Um die Steuerbefreiung des § 3 Nr 34 EStG nutzen zu können, müssten ArbGeb und Fitnessstudio ein gezieltes Programm für die ArbN erarbeiten.

**b) Befreiungsrahmen.** Steuerfrei sind Leistungen des ArbGeb bis 600 € (vor 2020: 500 €) je geförderten ArbN und Kj. Da es sich um einen Freibetrag und nicht eine Freigrenze handelt („soweit“ und nicht „falls“ sie … übersteigen), greift bei teureren Maßnahmen die Befreiung anteilig ein. 20

**C. Sozialversicherungsrecht** *Ruppelt*

**1. Leistungen der gesetzlichen Krankenversicherung zur Gesundheitsförderung in Betrieben.** Nach § 20b Abs 1 Satz 1 SGB V idF des Präventionsgesetzes vom 17.7.2015 (BGBl I 15, 1368) „fördern die Krankenkassen mit Leistungen zur Gesundheitsförderung in Betrieben (betriebliche Gesundheitsförderung) insbes den Aufbau und die Stärkung gesundheitsfördernder Strukturen.“ Die betriebliche Gesundheitsförderung durch die Krankenkassen ist Teil der durch das Präventionsgesetz weiterentwickelten Regelungen, durch welche die Gesundheitsförderung und Prävention auf jedes Lebensalter und auf alle Lebensbereiche ausgedehnt wurden. Eingebunden ist neben den SozVTrägern und den für den Arbeitsschutz zuständigen Landesbehörden auch die private KV. Letztere in erster Linie zur Finanzierung einer nationalen Präventionskonferenz (§ 20e Abs 1 Satz 3 SGB V). Ziel der betrieblichen Gesundheitsförderung sind insbes kleine und mittelständische Betriebe, da der Gesetzgeber bei diesen von noch wenig entwickelten Präventionsstrukturen ausgeht. Das Engagement der Betriebe bei den Aktionen der betrieblichen Gesundheitsvorsorge der KV ist freiwillig. Die Leistungen und Maßnahmen der gesetzlichen KV zur betrieblichen Gesundheitsförderung und zur Prävention arbeitsbedingter Gesundheitsgefahren sind in den §§ 20b bis 20c SGB V geregelt. 25

**Die Krankenkassen** haben nach § 20 Abs 1 Satz 1 SGB V in ihren Satzungen Leistungen zur Verhinderung und Verminderung von Krankheitsrisiken (primäre Prävention) sowie zur Förderung des selbstbestimmten gesundheitsorientierten Handelns der Versicherten (Gesundheitsförderung) vorzusehen. Im Rahmen der betrieblichen Gesundheitsförderung erheben sie nach § 20b Abs 1 Satz 2 SGB V „unter Beteiligung der Versicherten und der Verantwortlichen für den Betrieb sowie der Betriebsärzte und der Fachkräfte für Arbeitssicherheit die gesundheitliche Situation einschließlich ihrer Risiken und Potenziale und entwickeln Vorschläge zur Verbesserung der gesundheitlichen Situation sowie zur Stärkung der gesundheitlichen Ressourcen und Fähigkeiten und unterstützen deren Umsetzung.“ Zu der Frage, welche **konkreten Leistungen** in der Satzung vorzusehen sind, verhält sich das Gesetz nicht. Leistungsansprüche der Versicherten werden nicht begründet. Die Kassen haben die Handlungsfelder und Kriterien zugrunde zu legen, welche durch den Spitzenverband Bund der Krankenkassen nach § 20 Abs 2 SGB V erarbeitet werden. Nach § 20d Abs 1 SGB V entwickeln die Krankenkassen im Interesse einer wirksamen und zielgerichteten Gesundheitsförderung und Prävention mit den Trägern der gesetzlichen RV, der gesetzlichen UV und den Pflegekassen eine gemeinsame **nationale Präventionsstrategie** und gewährleisten ihre Umsetzung und Fortschreibung im Rahmen einer **nationalen Präventionskonferenz.** Die Ausgaben für Maßnahmen und Leistungen nach §§ 20a bis 20c SGB V sind durch § 20 Abs 6 SGB V begrenzt. Angesichts der Vielzahl der bisher von den Kassen geförderten Maßnahmen und Aktivitäten der unterschiedlichsten Anbieter von „Gesundheitsförderung“ scheitern die Maßnahmen offenbar nicht an der Finanzierung. 26

**2. Zur Verhütung arbeitsbedingter Gesundheitsgefahren** arbeiten die Krankenkassen nach § 20c SGB V mit den Trägern der gesetzlichen UV zusammen. Die Krankenkassen können den autonomen und gesetzlichen Arbeitsschutz (→ *Arbeitssicherheit/Arbeitsschutz* Rn 29 ff) durch geeignete Maßnahmen **ergänzen** und unterrichten die Träger der gesetzlichen UV über die Erkenntnisse, die sie über Zusammenhänge zwischen Erkrankungen und Arbeitsbedingungen gewonnen haben. Bei Verdacht auf berufsbedingte gesundheitliche Gefährdungen oder das Vorliegen einer Berufskrankheit hat die Krankenkasse dies unverzüglich den für den Arbeitsschutz zuständigen Stellen und dem UVTräger mitzuteilen. Eine **originäre** Zuständigkeit für die Aufgaben des Arbeitsschutzes haben die Krankenkassen nach wie vor nicht. 27

**3. Allgemeine medizinische Vorsorgeleistungen.** Neben der Behandlung im Krankheitsfall als eigentliche Leistung der gesetzlichen KV (→ *Krankenbehandlung* Rn 8 ff) können 28

**alle gesetzlich Krankenversicherte** ärztliche Behandlung und Versorgung mit Arznei-, Heil- und Hilfsmitteln auch dann beanspruchen, wenn eine Krankheit noch nicht akut eingetreten ist. Dies ist nach § 23 Abs 1 SGB V dann der Fall, wenn Maßnahmen erforderlich sind, um

- eine Schwächung der Gesundheit, die in absehbarer Zeit voraussichtlich zu einer Erkrankung führen würde, zu beseitigen,
- einer Gefährdung der gesundheitlichen Entwicklung eines Kindes entgegenzuwirken,
- Krankheiten zu verhüten oder deren Verschlimmerung zu vermeiden oder
- Pflegebedürftigkeit zu vermeiden.

Für die allgemeinen medizinischen Vorsorgeleistungen gelten die allgemeinen Leistungsprinzipien der gesetzlichen KV, so das Sachleistungsprinzip und die Zuzahlungsregelungen der §§ 31 ff SGB V. Reicht die ärztliche Behandlung nicht aus, kann die Krankenkasse eine aus medizinischen Gründen erforderliche ambulante, ggf stationäre Behandlung in einer Vorsorgeeinrichtung (vulgo: Kur) nach Maßgabe von § 23 Abs 4 und Abs 5 SGB V erbringen. Maßnahmen zur **Verhütung von Zahnerkrankungen** sind nur noch für Kinder und Jugendliche nach Maßgabe der §§ 21, 22 SGB V vorgesehen.

29 **4. Leistungen zur Früherkennung von Krankheiten.** Abhängig von Alter und Geschlecht können Versicherte Früherkennungs- und Impfleistungen der gesetzlichen KV nach Maßgabe der §§ 25, 26 SGB V in Anspruch nehmen.

30 **5. Primäre Prävention durch Schutzimpfungen.** § 20i SGB V sieht für alle Versicherte den Leistungsanspruch für Schutzimpfungen iSd § 2 Nr 9 Infektionsschutzgesetz vor. Ausgenommen sind Schutzimpfungen, die wegen eines durch einen nicht beruflichen Auslandsaufenthalt erhöhten Gesundheitsrisikos indiziert sind. Einzelheiten zu Voraussetzungen, Art und Umfang der Leistungen bestimmt der Gemeinsame Bundesausschuss auf Grundlage der Empfehlungen der Ständigen Impfkommission beim Robert-Koch-Institut gem § 20 Abs 2 Infektionsschutzgesetz. Die Krankenkasse kann durch Satzung weitere Schutzimpfungen vorsehen.

# Betriebliche Übung

## A. Arbeitsrecht *Kreitner*

1 **1. Begriff.** Unter einer betrieblichen Übung versteht man die regelmäßige Wiederholung bestimmter Verhaltensweisen des ArbGeb, aus der die ArbN schließen können, dass ihnen die aufgrund dieser Verhaltensweise gewährten Leistungen oder Vergünstigungen auch künftig auf Dauer gewährt werden sollen (ständige Rspr BAG 28.6.06 – 10 AZR 385/05, NZA 06, 1174; 21.6.11 – 9 AZR 203/10, NZA 11, 1338; 27.4.16 – 5 AZR 311/15, BeckRS 2016, 73335). Dem tatsächlichen Verhalten des ArbGeb wird daher mit dem Rechtsinstitut der betrieblichen Übung anspruchserzeugende Wirkung beigemessen (instruktiver RsprÜberblick bei *Bepler* RdA 05, 323; speziell zum öffentlichen Dienst *Picker* ZTR 12, 195; *Bieder* RdA 13, 274).

2 **Abzugrenzen** ist die betriebliche Übung von der sog **Gesamtzusage.** Anders als bei der betrieblichen Übung liegt bei der Gesamtzusage ein ausdrücklicher Erklärungstatbestand vor. Der ArbGeb sagt den ArbN generell eine bestimmte Leistung bei Vorliegen bestimmter Leistungsvoraussetzungen zu (BAG 15.7.08 – 3 AZR 61/07, NZA-RR 09, 324; 4.6.08 – 4 AZR 421/07, NZA 08, 1360; LAG Hess 11.9.18 – 15 Sa 1423/17, NZA-RR 19, 152). Die Gesamtzusage ist ein Vertragsangebot des ArbGeb, das lediglich aus Vereinfachungsgründen in einer besonderen Form ausgesprochen wird. Es handelt sich um eine **Allgemeine Geschäftsbedingung,** so dass die Gesamtzusage nach ihrem objektiven Inhalt und typischen Sinn einheitlich so auszulegen ist, wie sie von rechtsunkundigen, verständigen und redlichen Vertragspartnern unter Abwägung der Interessen der normalerweise beteiligten Verkehrskreise verstanden wird. Als solche Allgemeine Geschäftsbedingung ist die Gesamtzusage regelmäßig betriebsvereinbarungsoffen. Gleichzeitig bleibt zu beachten, dass die Betriebsparteien bei der Vereinbarung einer ablösenden Betriebsvereinbarung nicht unverhältnismäßig in grundrechtlich geschützte Freiheitsrechte der zuvor begünstigten

ArbN eingreifen und auch den Grundsatz des Vertrauensschutzes nicht verletzen dürfen (BAG 30.1.19 – 5 AZR 450/17, NZA 19, 1065; 30.1.19 – 5 AZR 442/17, NZA 19, 1076). Die ArbN erwerben einen vertraglichen Anspruch auf die zugesagten Leistungen, wenn sie die Anspruchsvoraussetzungen erfüllen (BAG 20.8.14 – 10 AZR 453/13, NZA 14, 1333). Dabei gilt die Gesamtzusage auch für später eintretende ArbN (BAG 23.9.09 – 5 AZR 628/08, AP Nr 36 zu § 157 BGB). Hat der ArbGeb zwischenzeitlich die Gesamtzusage mit Wirkung für die Zukunft geändert, wird sie für neu eintretende ArbN mit dem Inhalt Vertragsbestandteil, der zum Zeitpunkt ihres Eintritts bekannt gemacht war (BAG 20.8.14 – 10 AZR 453/13, NZA 14, 1333). Der bei einer Gesamtzusage vorbehaltene Widerruf kann grds in gleicher Weise wie die seinerzeitige Gesamtzusage selbst erfolgen. Voraussetzung ist aber immer, dass der ArbN typischerweise in die Lage versetzt wird, von der Erklärung Kenntnis zu nehmen (BAG 24.1.06 – 3 AZR 583/04, AP Nr 14 zu § 307 BGB; 22.12.09 – 3 AZR 136/08, NZA-RR 10, 541). Auf die konkrete Kenntnis des Einzelnen kommt es nicht an (BAG 17.11.09 – 9 AZR 765/08, NZA-RR 10, 293). Die Bindungswirkung einer durch Mitteilung und Hinterlegung im Intranet bekannt gegebenen Gesamtzusage kann nicht durch bloße Herausnahme der Zusage aus dem Intranet beseitigt werden (LAG Düsseldorf 11.9.03 – 11 (18) Sa 308/03, LAGE § 145 BGB 2002 Nr 1).

**2. Rechtsnatur.** Die Rechtsnatur der betrieblichen Übung ist seit langem umstritten (*Waltermann* RdA 06, 257). Die mittlerweile ständige Rspr des BAG sieht in der betrieblichen Übung einen schuldrechtlichen Verpflichtungstatbestand und leitet die bindende Wirkung der betrieblichen Übung entweder aus der Vertrags- oder der Vertrauenshaftung **(Erwirkungslehre)** her (BAG 4.5.99 – 10 AZR 290/98, NZA 99, 1162; 5.8.09 – 10 AZR 483/08, NZA 09, 1105; 18.3.03 – 3 AZR 101/02, NZA 04, 1099; kritisch *Schneider* NZA 16, 590). Das Verhalten des ArbGeb wird als konkludente Willenserklärung angesehen, die von den ArbN ebenfalls durch schlüssiges Verhalten angenommen wird, so dass die betriebliche Übung auf diese Weise Bestandteil der Arbeitsverhältnisse wird. 3

**3. Entstehung.** Die betriebliche Übung entsteht allein durch die gleichartige, wiederholte Praktizierung eines bestimmten Verhaltens des ArbGeb, ohne dass es dabei auf einen Verpflichtungswillen des ArbGeb ankommt. Maßgeblich ist allein, wie die ArbN als Erklärungsempfänger das Verhalten des ArbGeb nach Treu und Glauben und unter Berücksichtigung sämtlicher Begleitumstände verstehen durften (BAG 19.9.18 – 5 AZR 439/17, NZA 19, 106; 11.7.18 – 4 AZR 443/17, NZA 18, 1630; 1.4.09 – 10 AZR 393/08, BeckRS 2009, 65971). Allein die Leistung an einzelne ArbN lässt noch nicht auf einen zurechenbaren, objektiven Bindungswillen des ArbGeb schließen (BAG 11.4.06 – 9 AZR 500/05, NZA 06, 1089). Es fehlt das erforderliche kollektive Element (BAG 18.7.17 – 9 AZR 850/16, BeckRS 2017, 123673). Insgesamt kommt es entscheidend auf Art, Dauer und Intensität der Leistungen sowie auf die Zahl der Anwendungsfälle im Verhältnis zur Belegschaftsstärke an (BAG 17.11.09 – 9 AZR 765/08, NZA-RR 10, 293; LAG Köln 6.6.13 – 7 Sa 121/13, BeckRS 2013, 74027). Dabei unterliegt die Beurteilung, ob aus den vom LAG festgestellten Tatsachen der Leistungsgewährung eine betriebliche Übung entstanden ist, der uneingeschränkten Überprüfung durch das BAG (BAG 28.6.06 – 10 AZR 385/05, NZA 06, 1174). 4

Im Einzelfall kann sich aus den Umständen ein **fehlender Bindungswille** des ArbGeb ergeben, wie zB bei typischerweise kollektiven Tatbeständen wie Arbeitszeitregelungen (BAG 21.1.97, BB 97, 1368), bei jährlichen Gehaltsanpassungen (BAG 24.2.16 – 4 AZR 990/13, NZA 16, 557; 16.1.02 – 5 AZR 715/00, NZA 02, 632) oder bei kleineren Aufmerksamkeiten aus besonderen Anlässen. Das ist nicht bereits dann der Fall, wenn ein ArbGeb den bislang bei den jährlichen Sonderzahlungen erfolgenden ausdrücklichen Hinweis auf die arbeitsvertraglichen Voraussetzungen für diese Sonderzahlung bei späteren Zahlungen weglässt (BAG 18.1.12 – 10 AZR 670/10, NZA 12, 499). Auch die unterschiedliche Höhe jährlicher Sonderzahlungen reicht nach der neuen Rspr des BAG nicht aus, um auf einen fehlenden Bindungswillen schließen zu können (BAG 13.5.15 – 10 AZR 266/14, NZA 15, 992; aA vorher BAG 28.2.96 – 10 AZR 516/95, NJW 96, 3166). Selbst bei einer über Jahre gleichbleibenden Gehaltserhöhungspraxis des ArbGeb kann nach der Rspr eine betriebliche Übung nur entstehen, wenn deutliche Anhaltspunkte in dem Verhalten des ArbGeb dafür sprechen, dass er die Erhöhungen auch künftig ohne Bestehen einer Ver- 5 pflichtung auf Dauer übernehmen will (BAG 27.4.16 – 5 AZR 311/15, BeckRS 2016, 73335; LAG RhPf 28.6.16 – 8 Sa 87/16, BeckRS 2016, 73479). Verneint hat das BAG eine betriebliche Übung auch bei einer betrieblichen Jubiläumsleistung (Sonderurlaub), die zunächst zusätzlich zu einer tariflichen Sonderzahlung erbracht, dann jedoch eingestellt wurde, nachdem aufgrund einer Tarifänderung der Tarifvertrag selbst eine entsprechende sogar noch weitergehendere Jubiläumsleistung vorsah (BAG 17.11.15 – 9 AZR 547/14, NZA 16, 308). Wegen der Auswirkungen der Personaleinsatzplanung auf das Funktionieren des gesamten Betriebs bedarf es für die Entstehung einer betrieblichen Übung in diesem Bereich ebenfalls besonderer Umstände (BAG 13.6.07 – 5 AZR 849/06, AP Nr 78 zu § 242 BGB Betriebliche Übung: Arbeit an Feiertagen).

6 Natürlich kann der ArbGeb die Bindungswirkung einer betrieblichen Übung für die Zukunft auch **ausdrücklich ausschließen** (*Freitag* NZA 02, 294). Das BAG hat hierfür Formulierungen wie „ohne Anerkennung einer Rechtspflicht" oder „kein Rechtsanspruch für die Zukunft" empfohlen (BAG 19.5.05 – 3 AZR 660/03, NZA 05, 889). Aufgrund der vorzunehmenden **AGB-Kontrolle** bestehen insofern jedoch hohe Wirksamkeitsanforderungen (*Bepler* RdA 06, 323; *Ricken* DB 06, 1372; *Preis* NZA 09, 281). Dennoch bleibt ein klar und verständlich formulierter Vorbehalt, der einen Anspruch auf eine jährlich gezahlte Sonderleistung ausschließt, unbedenklich und hindert das Entstehen einer betrieblichen Übung (BAG 5.8.09 – 10 AZR 483/08, NZA 09, 1105; 18.3.09 – 10 AZR 289/08, NZA 09, 535). Möglich bleibt danach auch der ausdrückliche Hinweis darauf, die konkrete Regelung gelte nur für das laufende Jahr (BAG 6.9.94 – 9 AZR 672/92, NZA 95, 418: Dienstbefreiung an Rosenmontag, Heiligabend und Silvester; BAG 16.4.97, DB 97, 1927: Weihnachtsgratifikation von 100 DM mit jährlich wechselnden Ankündigungsschreiben) oder dass die Gewährung der Leistungen jeweils erkennbar auf Vereinbarungen mit dem BRat beruht (LAG Köln 12.2.03 – 7 TaBV 80/02, BeckRS 2003, 30798010). In diesen Fällen kann der ArbN berechtigterweise nicht darauf vertrauen, dass die Leistung auch im Folgejahr erbracht werden wird. Demgegenüber ist eine Klausel im Formulararbeitsvertrag, wonach zusätzliche Leistungen „freiwillig und jederzeit widerruflich" sind, in sich widersprüchlich und vermag das Entstehen eines Anspruchs aus betrieblicher Übung nicht zu verhindern (BAG 8.12.10 – 10 AZR 671/09, NZA 11, 628; 14.9.11 – 10 AZR 526/10, BeckRS 2011, 79051; → *Einmalzahlungen* Rn 7 f).

7 Nimmt der ArbGeb **irrtümlich** an, zur Leistung verpflichtet zu sein und zahlt deshalb über mehrere Jahre hinweg eine zusätzliche Leistung und erkennt der ArbN, dass sich der ArbGeb lediglich normgemäß verhalten will, entsteht kein Anspruch für die Zukunft (BAG 29.8.12 – 10 AZR 571/11, NZA 13, 40; 28.6.05 – 1 AZR 213/04, BeckRS 2005, 43356; LAG NdS 20.1.06 – 16 Sa 1205/04; grundlegend *Reiter* ZfA 06, 361). Für eine betriebliche Übung muss der ArbN also Anhaltspunkte für eine bewusste überobligationsmäßige Zahlung des ArbGeb darlegen (BAG 24.3.10 – 10 AZR 43/09, NZA 10, 759). Dies hat das BAG insbes für den Bereich des öffentlichen Dienstes entschieden (BAG 29.4.04 – 5 AZR 528/03, NZA-RR 05, 501; 1.11.05 – 1 AZR 355/04, NZA 07, 1303). Denn eine betriebliche Übung kann auch hinsichtlich einer übertariflichen Leistung entstehen (LAG Köln 16.2.18 – 4 Sa 1069/16, BeckRS 2018, 8059). Eine Anfechtung der betrieblichen Übung wegen Irrtums ist grds möglich, unterliegt aber engen Voraussetzungen (*Schwarze* NZA 12, 289).

8 Erbringt der ArbGeb eine besondere Leistung bereits **aufgrund einer anderen Anspruchsgrundlage** (zB einer Betriebsvereinbarung) kann eine betriebliche Übung nicht entstehen (BAG 11.7.18 – 4 AZR 443/17, NZA 18, 1630; 23.6.17 – 3 AZR 481/16, BeckRS 2017, 120627; 12.12.12 – 5 AZR 918/11, BeckRS 2013, 68694). Zu Recht hat das BAG daher bspw einen Anspruch auf Gehaltserhöhung aus betrieblicher Übung in einem Fall verneint, in dem der ArbGeb aufgrund einer Betriebsvereinbarung zur jährlichen Gehaltsüberprüfung verpflichtet war (BAG 16.9.98 – 5 AZR 598/97, NZA 99, 203). Gleiches gilt beim Austritt aus dem ArbGebVerband (LAG Hamm 25.9.02 – 18 Sa 740/02, NZA-RR 03, 144). Selbst ein aus ArbGebSicht nur vermeintlich bestehender Normenvollzug reicht hierfür aus (BAG 22.1.02 – 3 AZR 554/00, NZA 02, 1224; 28.6.05 – 1 AZR 213/04, BeckRS 2005, 43356; 10.2.15 – 3 AZR 904/13, BeckRS 2015, 67432). Das gilt erst recht, wenn der ArbN davon ausgeht, die vom ArbGeb gewährte Leistung stünde ihm bereits aus einem anderen Rechtsgrund zu (BAG 20.8.02 – 9 AZR 261/01, NZA 03, 1046; 17.3.10 – 5 AZR 317/09, BeckRS 2010, 67367). Die Darlegungslast dafür, dass der ArbGeb

aus Sicht des Empfängers Leistungen gewähren wollte, zu denen er nicht aus einem anderen Rechtsgrund verpflichtet war oder sich verpflichtet glaubte, trägt der ArbN als Anspruchsteller (BAG 21.2.17 – 3 AZR 455/15, NZA-RR 18, 200). Leugnet der ArbGeb allerdings ausdrücklich die Anwendbarkeit eines arbeitsvertraglich in Bezug genommenen Tarifvertrags als Anspruchsgrundlage für eine bestimmte Forderung, so kann sich der ArbN widerspruchsfrei alternativ sowohl auf den Tarifvertrag als auch auf die betriebliche Übung berufen (LAG Köln 21.3.07 – 7 Sa 1057/06, NZA-RR 08, 135).

**Scheitern** kann die Entstehung einer betrieblichen Übung schließlich an einem Verstoß 9
gegen gesetzliche Bestimmungen (LAG RhPf 4.10.99 – 7 Sa 821/99, NZA-RR 01, 89: § 4 ArbZG; 8.3.07 – 2 Sa 10/07: § 78 Satz 2 BetrVG). Das Gleiche gilt für sog **doppelte Schriftformklauseln.** Das hat das BAG zunächst für tarifliche Klauseln (BAG 24.6.03 – 9 AZR 302/02, NZA 03, 1145) und zuletzt auch für arbeitsvertraglich vereinbarte Klauseln entschieden (BAG 20.5.08 – 9 AZR 382/07, NZA 08, 1233). Danach treten derartige Klauseln auch nicht nach § 305b BGB gegenüber einer betrieblichen Übung zurück, da letztere keine individuell ausgehandelte Verpflichtung und somit keine Individualabrede iSv § 305b BGB darstellt. Allerdings können doppelte Schriftformklauseln insgesamt nach § 307 Abs 1 Satz 1 BGB unwirksam sein. Das ist nach der Rspr des BAG bereits immer dann der Fall, wenn sie den generellen Vorrang der Individualabrede nicht berücksichtigen (BAG 20.5.08 – 9 AZR 382/07, NZA 08, 1233; LAG Hamm 13.5.16 – 16 Sa 1652/15, BeckRS 2016, 73176). Die früher üblicherweise genutzten Schriftformklauseln sind daher entsprechend anzupassen (*Jensen* NZA-RR 11, 225; *Bauer* BB 09, 1588; *Leder/Scheuermann* NZA 08, 1222). **Einfache Schriftformklauseln** vermögen demgegenüber insgesamt das Entstehen einer betrieblichen Übung nicht zu verhindern (BAG 17.7.07 – 9 AZR 819/06, NZA 08, 118; 20.5.08 – 9 AZR 382/07, NZA 08, 1233).

**4. Gegenstand** einer betrieblichen Übung können **zu Gunsten** des ArbN die verschie- 10
denartigsten Leistungen des ArbGeb sein.

**Beispiele:**
**Betriebliche Altersversorgung** (BAG 23.8.11 – 3 AZR 650/09, NZA 12, 37; 25.6.02 – 3 AZR 360/01, NZA 03, 875; 18.3.03 – 3 AZR 101/02, AP Nr 4 zu § 1 BetrAVG Ablösung; BGH 19.12.94, DB 95, 635), Regelung des jährlichen **Betriebsausflugs** (LAG München 3.12.98 – 4 TaBV 42/98, NZA-RR 99, 525), kostenlose Nutzung von **Betriebsparkplätzen** (LAG BaWü 13.1.14 – 1 Sa 17/13, BeckRS 2014, 65788), bezahlte Freizeit an **Brauchtumstagen** (Rosenmontag: LAG Hamm 14.6.17 – 2 Sa 307/17, BeckRS 2017, 127890; LAG Düsseldorf 3.9.93, NZA 94, 696; ArbG Frankfurt 11.2.91, NZA 91, 398; Wäldchestag: BAG 12.1.94, DB 94, 2034), regelmäßige **Entgelterhöhungen** von übertariflichen Entgeltbestandteilen (BAG 19.9.18 – 5 AZR 439/17, NZA 19, 106), **Essenszuschuss** (LAG NdS 10.7.68, DB 68, 1861; LAG Frankfurt 24.2.84, NZA 84, 259), Gewährung einer **Fahrtkostenerstattung** (LAG NdS 20.12.13 – 6 Sa 392/13, BeckRS 2014, 66085), **Geburtsbeihilfe** (LAG Bln 27.10.99 – 13 Sa 1734/99, NZA-RR 2000, 124), **Gratifikationen** (LAG RhPf 16.8.11 – 3 Sa 167/11, NZA-RR 12, 5), **Jahressonderzahlung** (BAG 13.11.18 – 3 AZR 483/16, BeckRS 2018, 41916; LAG RhPf 11.4.16 – 3 Sa 489/15, BeckRS 2016, 71285), Übernahme der **Pauschalsteuer** im Innenverhältnis (LAG BaWü 3.4.02 – 17 Sa 61/01, LAGE § 611 BGB Nettolohn, Lohnsteuer Nr 9), **Rentnerweihnachtsgeld** (BAG 31.7.07 – 3 AZR 189/06, NZA-RR 08, 263; 16.2.10 – 3 AZR 118/08, BeckRS 2010, 71316; 13.11.18 – 3 AZR 103/17, BeckRS 2018, 42232), Nichtanrechnung von **Tariflohnerhöhungen** auf Zulagen (BAG 26.4.61, AP Nr 5 zu § 4 TVG Effektivklausel; LAG Hamm 14.12.89, DB 90, 1571 [LS]), Anpassung der Vergütung nicht tarifgebundener ArbN entsprechend der **Tariflohnerhöhung** (BAG 19.10.11 – 5 AZR 359/10, NZA-RR 12, 344; LAG SachsAnh 23.10.17 – 4 Sa 236/15 – nicht rkr, Az beim BAG: 4 AZR 179/18), regelmäßige Anpassung der Gehälter der AT-Angestellten entsprechend der **Tarifsteigerungen** (BAG 27.2.19 – 5 AZR 354/18, NZA 19, 989: nur bei Vorliegen zusätzlicher, konkreter Anhaltspunkte für einen Verpflichtungswillen des ArbGeb), Anwendung eines **Tarifvertrages** auf Nichtgewerkschaftsmitglieder (BAG 23.1.80, DB 80, 1350; BAG 23.11.93, DB 94, 1575; LAG Düsseldorf 6.11.97 – 2 (14/4) Sa 1408/97, NZA-RR 98, 366 und 18.5.98 – 10 Sa 392/98, LAGE § 4 TVG Nachwirkung Nr 9: auch im Nachwirkungszeitraum nach gekündigtem Tarifvertrag), Bezugnahme auf **tarifvertragliche Regelungen** (BAG 19.1.99 – 1 AZR 606/98, NZA 99, 879; 17.4.02 – 5 AZR 89/01, NZA 02, 1096; 17.2.10 – 5 AZR 191/09, AP Nr 209 zu § 1 TVG Tarifverträge: Metallindustrie; *Betz* BB 10, 2045), **Transport** zur Arbeitsstelle (BAG 9.7.85, DB 86, 230), **Treuegeld** (BAG 28.6.06 – 10 AZR 385/05, NZA 06, 1174), **Urlaubsgeld** (LAG RhPf 22.6.17 – 7 Sa 438/16, BeckRS 2017, 124992), Anspruch auf Vereinbarung eines **Versorgungsrechts** (BAG 20.8.13 – 3 AZR 374/11, BeckRS 2013, 72911; 15.5.12 – 3 AZR 128/11, BeckRS 2012, 73013), kostenloser **Werkbusverkehr** (LAG Nbg 29.10.04 – 2 Sa 828/02, NZA-RR

05, 291), zeitlich vorgezogene tarifliche **Zulagenzahlung** (ArbG Freiburg 8.12.11 – 4 Ca 232/11, NZA-RR 12, 73), Zahlung einer Heim**zulage** trotz Fehlen der tariflichen Voraussetzungen (BAG 26.5.93, NZA 94, 88), Sonderzuwendung aus Dienstzeit**zuschlägen** für Busfahrer (BAG 29.8.12 – 10 AZR 571/11, NZA 13, 40).

11 Aber auch für den ArbN **ungünstige** betriebliche Übungen kommen in der Praxis vor, wie zB solche betr die betriebliche Ordnung (*Schaub/Koch* § 110 Rz 18).

12 **5. Geltungsbereich. a) Persönlich.** Eine betriebliche Übung kommt grds den ArbN zugute, mit denen unter der Geltung der Übung ein Arbeitsverhältnis begründet wird (BAG 10.8.88, BB 89, 356). Gegenüber neu eintretenden ArbN kann eine begünstigende betriebliche Übung durch eindeutige einseitige Erklärung des ArbGeb beseitigt werden (BAG 14.11.01 – 10 AZR 152/01, BeckRS 2002, 40134; *Reinecke* BB 04, 1625). Ansonsten gilt sie auch für diese ArbN gleichermaßen (BAG 23.11.93, DB 94, 1575). Unabhängig hiervon haben diese ArbN einen Anspruch aufgrund des arbeitsrechtlichen Gleichbehandlungsgrundsatzes, soweit nicht bei Abschluss des Arbeitsvertrages besondere gegenteilige Vereinbarungen getroffen werden (BAG 10.8.88, BB 89, 356). Für den ArbN ungünstige betriebliche Übungen gelten für neu eintretende ArbN nur dann, wenn sie entweder Kenntnis von der betrieblichen Übung hatten oder diese jedenfalls kennen mussten. Bestehende betriebliche Übungen behalten im Fall eines rechtsgeschäftlichen Betriebsübergangs ihre bindende Wirkung und müssen auch vom Betriebserwerber beachtet werden. Die betriebsverfassungsrechtlichen Beziehungen zwischen ArbGeb und BRat können durch eine betriebliche Übung nicht gestaltet werden (BAG 19.2.02 – 1 ABR 26/01, NZA 02, 1300). Zu den Ansprüchen eines GmbH-Geschäftsführers aus betrieblicher Übung vgl *Nebendahl* NZA 92, 289.

13 **b) Räumlich.** Die betriebliche Übung ist in ihrer Geltung nicht zwingend betriebsbezogen. Vielmehr hat es der ArbGeb bei Begründung der Übung in der Hand, den räumlichen Geltungsbereich festzulegen. So kann er die betriebliche Übung entweder unternehmensweit praktizieren oder sie auf eine Abteilung oder sogar einzelne Arbeitsverhältnisse beschränken (zB Nutzung des Geschäftswagens durch den Chauffeur für dessen Heimfahrten). Bei einer solchen begrenzten Übung können sich jedoch weiter gehende Ansprüche der nicht berücksichtigten ArbN unter Berufung auf den arbeitsrechtlichen Gleichbehandlungsgrundsatz ergeben. Schließlich kann eine betriebliche Übung auch in einem **Gemeinschaftsbetrieb** entstehen. Dieser setzt kraft Definition das Bestehen einer einheitlichen Personalführung voraus (→ *Betrieb (Begriff)* Rn 14), so dass auch hier eine einheitliche Übung trotz Beteiligung unterschiedlicher ArbGeb denkbar ist. Für differenzierende Übungen gilt das oben Gesagte entsprechend.

14 **6. Beendigung.** Ändert der ArbGeb einseitig das einer betrieblichen Übung zugrunde liegende Verhalten, führt dies allein noch nicht zu einer Beseitigung des verpflichtenden Charakters der betrieblichen Übung. Allerdings kann auf diese Weise eine neue betriebliche Übung begründet werden. Es ist zunächst zu unterscheiden, ob die mittels betrieblicher Übung gewährten Leistungen vorbehaltlos oder widerruflich erfolgt sind. Im letzteren Fall kann die Verpflichtung für die Zukunft einseitig durch den ArbGeb widerrufen werden. Dieser **Widerruf** muss gem § 315 BGB der Billigkeit entsprechen und unterliegt der gerichtlichen Überprüfung (BAG 12.1.94, DB 94, 2034). Er kann auch durch konkludentes Verhalten des ArbGeb erfolgen, wenn dieser lediglich sein Verhalten ändert und dadurch eine neue, für den ArbN ungünstigere betriebliche Übung begründet. Ein Eingriff in bereits entstandene Ansprüche und Anwartschaften (relevant besonders im Bereich der betrieblichen Altersversorgung) kommt nur ausnahmsweise unter engen Voraussetzungen in Betracht (→ *Betriebliche Altersversorgung* Rn 71). Im Fall der **vorbehaltlosen Leistung** kommt individualrechtlich lediglich eine einvernehmliche Vertragsänderung oder eine Kündigung bzw Änderungskündigung des Einzelarbeitsverhältnisses in Betracht. Vereinzelt wird eine Irrtumsanfechtung nach § 119 BGB erwogen (*Houben* BB 06, 2301). Selbst das Bestehen einer wirtschaftlichen Notlage berechtigt den ArbGeb nicht zu einer einseitigen Einstellung der betrieblichen Übung (LAG Hamm 13.9.04 – 8 Sa 721/04, NZA-RR 05, 237). Auch die einvernehmliche Änderung der betrieblichen Übung kann ohne ausdrückliche Erklärung der Parteien durch schlüssiges Verhalten von ArbGeb und ArbN erfolgen. In jedem Fall muss jedoch der abändernde Entschluss des ArbGeb nach außen in Erscheinung treten und als Vertragsänderungsangebot erkennbar seien. Der bloße Aushang einer Mitteilung des Arb-

Geb, er könne aufgrund der wirtschaftlichen Lage des Betriebs in diesem Jahr kein Weihnachtsgeld zahlen genügt hierfür nicht (BAG 14.8.96, DB 96, 2547).

Eine **kollektive Kündigung** der betrieblichen Übung gegenüber dem BRat oder eine Teilkündigung sämtlicher betroffener Arbeitsverhältnisse bezüglich der durch die betriebliche Übung gewährten Leistungen ist nicht möglich. Demgegenüber plädiert *Bepler* für eine kollektivrechtliche Ablösbarkeit bei gleichzeitiger Inhaltskontrolle nach den Grundsätzen der Verhältnismäßigkeit und des Vertrauensschutzes (*Bepler* RdA 04, 226). 15

Mit einer in der Folgezeit nachhaltig kritisierten Rspr erlaubte das BAG erstmalig im Jahr 1997 die **Ablösung** einer bestehenden durch eine neue verschlechternde betriebliche Übung (BAG 26.3.97 – 10 AZR 612/96, NZA 97, 1007; 4.5.99 – 10 AZR 290/98, NZA 99, 1162; zuletzt BAG 28.5.08 – 10 AZR 275/07, NZA 08, 94; Näheres s Personalbuch 2009 Betriebliche Übung Rz 11). Diese Rspr hat es in der Folgezeit ausdrücklich aufgegeben und festgestellt, dass dem mit der Geltung der AGB-Kontrolle seit 1.1.02 das Klauselverbot für fingierte Erklärungen gem § 308 Nr 5 BGB entgegenstehe (BAG 18.3.09 – 10 AZR 281/08, NZA 09, 601; 25.11.09 – 10 AZR 779/08, NZA 10, 283; kritisch *Roeder* NZA 09, 883; *Bieder* DB 09, 1929; zustimmend *Waltermann* SAE 10, 193). Der 3. Senat hat diese Rspr für den Bereich der betrieblichen Altersversorgung übernommen (BAG 16.2.10 – 3 AZR 118/08, NZA 11, 104). Will der ArbGeb Leistungen aus einer betrieblichen Übung **einschränken,** sind Mitbestimmungsrechte des BRat zu beachten. 16

**Verdrängt** wird eine bestehende betriebliche Übung durch eine nachfolgende **Betriebsvereinbarung,** wenn diese für die ArbN günstigere Regelungen enthält (BAG 16.11.11 – 10 AZR 60/11, NZA 12, 349). Anders als die endgültige Ablösung dauert die verdrängende Wirkung nur solange, wie die Betriebsvereinbarung besteht. Danach leben die individualrechtlichen Ansprüche aus der betrieblichen Übung wieder auf (BAG 28.3.2000 – 1 AZR 366/99, NZA 01, 49; aA *Merten/Schwartz* DB 01, 646). Zu einer endgültigen Verdrängung kommt es nur im praktischen Ausnahmefall einer betriebsvereinbarungsoffen ausgestalteten betrieblichen Übung (BAG 30.1.19 – 5 AZR 442/17, NZA-RR 19, 1076; *Gruber/Stumpf* BB 14, 1205). Von dieser Ausnahme abgesehen ist eine Ablösung durch eine verschlechternde Betriebsvereinbarung nicht zulässig. 17

## B. Lohnsteuerrecht *Seidel*

Ob Leistungen des ArbGeb aufgrund betrieblicher Übung steuerrechtlich Arbeitslohn darstellen, ist nach allgemeinen Grundsätzen zu beurteilen (→ *Arbeitsentgelt* Rn 30 ff sowie entsprechende Stichwörter, zB → *Arbeitnehmerbeförderung* Rn 7 ff, → *Essenszuschuss* Rn 7 ff, → *Einmalzahlungen* Rn 32). Zahlungen, die an sich steuerfrei geleistet werden können, die der ArbGeb aber nur deshalb weiterhin erbringt, weil der ArbN darauf wegen langjähriger rechtsgrundloser Leistung einen Rechtsanspruch aufgrund betrieblicher Übung erworben hat, sind nicht steuerfrei (BFH 27.5.94, BFH/NV 94, 857). 21

## C. Sozialversicherungsrecht *Schlegel*

Ob Ansprüche insbes auf laufendes Arbeitsentgelt oder bestimmte Einmalzahlungen auf betrieblicher Übung oder sonstigen Vereinbarungen oder Rechtsquellen beruhen, ist für das SozVRecht ohne Belang. 26

# Betriebsänderung

## A. Arbeitsrecht *Kreitner*

### Übersicht

1 **1. Überblick.** Bei der Durchführung von Betriebsänderungen muss der ArbGeb verschiedene Mitwirkungs- und Mitbestimmungsrechte des BRat beachten. Sie erreichen unterschiedliche Intensität, abgestuft nach dem jeweiligen betriebsverfassungsrechtlichen Verfahrensabschnitt der Betriebsänderung (zu Betriebsänderungen im Medienbereich *von Olenhusen/Puff* NZA-RR 09, 345; zu grenzüberschreitenden Betriebsänderungen und Mitbestimmungsrechten des EBRat *Lelley/Feindura* DB 15, 2771; *Maiß/Pauken* BB 13, 1589).

2 Nach der **gesetzlichen Systematik** gibt § 111 BetrVG als Grundnorm den tatbestandlichen Rahmen vor und legt fest, in welchen Fällen eine betriebsverfassungsrechtlich relevante Betriebsänderung gegeben ist (→ Rn 6 ff). Ferner normiert er ein umfassendes Unterrichtungs- und Beratungsrecht des BRat.

3 Liegt im Einzelfall eine Betriebsänderung iSd § 111 BetrVG vor, so müssen ArbGeb und BRat gem § 112 Abs 1 BetrVG den Abschluss eines Interessenausgleichs, ggf mit Hilfe der *Einigungsstelle,* versuchen. Ziel des Interessenausgleichs ist es, Einigkeit über das „Ob, Wann und Wie" der durchzuführenden Maßnahme zu erreichen. Auch der Einigungsstelle kommen insoweit keine weiterreichenden Kompetenzen zu. Sie kann ebenfalls nur auf eine Einigung der Betriebspartner hinwirken. Ihr Spruch ersetzt nicht die Einigung zwischen ArbGeb und BRat. Unterlässt der ArbGeb diesen Einigungsversuch, so löst dies ebenso wie eine unkorrekte Durchführung eines abgeschlossenen Interessenausgleichs gem § 113 BetrVG Ansprüche der betroffenen ArbN auf *Nachteilsausgleich* aus. Ob der BRat in einem solchen Fall die Durchführung personeller Maßnahmen durch den ArbGeb unter Berufung auf den allgemeinen Unterlassungsanspruch ggf im Wege der einstweiligen Verfügung verhindern kann, ist äußerst umstritten (→ *Unterlassungsanspruch* Rn 12).

4 Die **sozialen Auswirkungen** der Betriebsänderung bezüglich der von ihr betroffenen ArbN sind in einer zweiten Stufe durch einen *Sozialplan* zu regeln. Anders als der Interessenausgleich kann dieser durch den BRat über die Errichtung einer *Einigungsstelle* erzwungen werden (§ 112 Abs 4 BetrVG) und der Einigungsstellenspruch ersetzt ggf die Einigung zwischen ArbGeb und BRat. Sonderregelungen hinsichtlich der Erzwingbarkeit des Sozialplans gelten gem § 112a BetrVG für neu gegründete Unternehmen in den ersten vier Jahren.

5 Im Folgenden wird der Anwendungsbereich des § 111 BetrVG im Einzelnen dargestellt. Wegen der sich anschließenden Rechtsfragen bezüglich Interessen- und Nachteilsausgleich bzw Sozialplan wird auf die dortigen Ausführungen verwiesen (→ *Interessenausgleich* Rn 1 ff; → *Nachteilsausgleich* Rn 1 ff; → *Sozialplan* Rn 1 ff).

6 **2. Voraussetzungen der Betriebsänderung im Sinne des § 111 BetrVG. a) Unternehmensgröße.** Betriebsverfassungsrechtlich relevant sind Betriebsänderungen nur in Unternehmen mit idR mehr als 20 wahlberechtigten ArbN. Dabei ist für die Ermittlung des Schwellenwertes grds die Personalstärke maßgeblich, die für das Unternehmen im Allgemeinen kennzeichnend ist, und nicht wie viele ArbN ihm im Zeitpunkt des Stilllegungsentschlusses zufällig angehören (BAG 10.12.96 – ABR 43/96, NZA 97, 733; 16.11.04 – 1 AZR 642/03, AP Nr 58 zu § 111 BetrVG 1972). Gem § 14 Abs 2 Satz 4 AÜG sind LeihArbN mitzuzählen. Im **Gemeinschaftsbetrieb** sind die ArbN aller beteiligten Unternehmen zu addieren (LAG Düsseldorf 19.8.14 – 17 Sa 67/14, BeckRS 2014, 72926; BAG 29.9.04 – 1 ABR 39/03, NZA 05, 420 zur identischen Problematik bei § 99 BetrVG).

Die Begriffe „Unternehmer" und „Arbeitgeber" werden in den §§ 111 ff BetrVG synonym verwandt und beschreiben lediglich verschiedene Funktionen derselben Personen (BAG 15.1.91, DB 91, 1472). Auch im **Konzern** richten sich die Pflichten aus den §§ 111 ff BetrVG an den Unternehmer. Betrifft eine Betriebsänderung ein konzernangehöriges Unternehmen, so ist dieses – und nicht das herrschende oder andere konzernangehörige Unternehmen – zur Beteiligung des BRat nach §§ 111 ff BetrVG verpflichtet und damit ggf Schuldner des Nachteilsausgleichs nach § 113 BetrVG (BAG 14.4.15 – 1 AZR 794/13, NZA 15, 1147).

**b) Existenz eines Betriebsrats.** Weitere zwingende Voraussetzung für die Auslösung betriebsverfassungsrechtlicher Ansprüche ist das Bestehen eines BRat in dem von der Maßnahme betroffenen Betrieb. Auch Ansprüche auf Nachteilsausgleich gem § 113 BetrVG scheiden demgemäß für die ArbN in betriebsratslosen Betrieben aus (LAG Bln 15.6.73, DB 73, 2097; LAG Hamm 11.2.75, BB 75, 560). Der BRat muss bereits vor der Durchführung der Maßnahme gebildet sein. Einem erst im Laufe des Betriebsänderungsverfahrens gewählten BRat kommen keine Mitbestimmungsrechte zu (BAG 18.11.03 – 1 AZR 30/03, NZA 04, 161; *Schulz* BB 17, 949; aA LAG Köln 5.3.07 – 2 TaBV 10/07, BeckRS 2007, 43861). Bei einer Kündigung durch den Insolvenzverwalter kommt es nicht darauf an, ob der BRat bei Eröffnung des Insolvenzverfahrens bereits bestand (BAG 18.11.03 – 1 AZR 30/03, NZA 04, 220). Es kann auch eine Zuständigkeit des GBRat oder KBRat bestehen. Entscheidend ist insoweit, ob sich nach der ursprünglichen Planung des ArbGeb die Betriebsänderung auf mehrere Betriebe bzw mehrere Unternehmen eines Konzerns erstreckt (BAG 24.1.96, BB 96, 2093). Nach der Zuständigkeitsregelung des BetrVG ist eine Rückübertragung der Zuständigkeit vom GBRat auf die jeweiligen EinzelBRäte nicht möglich (str; wie hier *Röder/Gragert* DB 96, 1674). 7

Führt die Betriebsänderung selbst zur Auflösung des BRat (zB Betriebsaufspaltung), so besitzt der BRat gem § 21b BetrVG noch ein **Restmandat** soweit ein die Betriebsstilllegung überdauernder Regelungsbedarf besteht (→ *Restmandat/Übergangsmandat* Rn 2 ff).

**c) Geplante Betriebsänderung.** Nach dem Gesetzeswortlaut des § 111 Satz 1 BetrVG muss es sich um eine „geplante" Betriebsänderung handeln. Das BAG hat anlässlich einer als Folge einer Konkurseröffnung notwendig gewordenen Betriebsänderung klargestellt, dass der Begriff der Planung allein in zeitlicher Hinsicht zu verstehen ist. Bezweckt wird hiermit, dass der BRat möglichst frühzeitig über die bevorstehende Betriebsänderung informiert werden soll (BAG GS 13.12.78, DB 79, 261; 17.9.74, DB 74, 2207). Gleichzeitig muss es sich um konkrete Planungen des ArbGeb handeln, die ihrerseits den Gegenstand der zwischen den Betriebsparteien zu führenden Verhandlungen vorgeben (BAG 14.4.15 – 1 AZR 793/13, NZA 15, 1147 mit Anm *Salamon/von Stechow* NZA 16, 85). 8

**d) Wesentlicher Nachteil.** § 111 Satz 1 BetrVG verlangt, dass durch die geplante Betriebsänderung wesentliche Nachteile für zumindest erhebliche Teile der Belegschaft entstehen können. Dieses Tatbestandsmerkmal des „wesentlichen Nachteils" ist durch die Rspr des BAG nahezu bedeutungslos geworden. Zum einen weist das BAG darauf hin, dass es nach dem Gesetzeswortlaut nicht auf den tatsächlichen Nachteilseintritt, sondern allein auf dessen Möglichkeit ankomme (BAG 16.6.87, DB 87, 1842). Zum anderen geht das BAG davon aus, dass jedenfalls hinsichtlich der in § 111 Satz 3 BetrVG aufgeführten Betriebsänderungen ein wesentlicher Nachteil fingiert werde (BAG 17.8.82, DB 83, 344; 7.8.90, DB 91, 760). 9

**e) Erhebliche Teile der Belegschaft.** Von der Betriebsänderung müssen entweder die gesamte Belegschaft des Betriebs oder zumindest erhebliche Teile der Belegschaft betroffen sein. Ob ein erheblicher Teil der Belegschaft berührt wird, richtet sich nach der Anzahl der von der Maßnahme betroffenen ArbN. Das BAG greift insoweit in ständiger Rspr auf die **Zahlenangaben des § 17 Absatz 1 KSchG** zurück (BAG 28.3.06 – 1 ABR 5/05, NZA 06, 932; 31.5.07 – 2 AZR 254/06, DB 07, 2376). Dies bedeutet im Einzelnen, dass bei Betrieben zwischen 21 und 59 ArbN mindestens 6 ArbN, in Betrieben zwischen 60 und 499 ArbN 10 % bzw mindestens 26 ArbN sowie in Betrieben mit mehr als 500 ArbN mindestens 30 ArbN betroffen sein müssen. Zusätzlich verlangt das BAG, dass mindestens 5 % der Belegschaft des Betriebs betroffen sind. 10

Diese Zahlenwerte dienen der Rspr allerdings nur als Richtschnur, die im **Einzelfall** auch geringfügig unterschritten werden kann (BAG 7.8.90, DB 91, 760). Sie gelten unabhängig von den durch § 112a BetrVG für die Frage der Erzwingbarkeit eines Sozialplans bei Personalabbau festgelegten Zahlengrenzen (→ Rn 19). Bei der Ermittlung der Zahlenwerte ist die gesamte ArbGebSeitige Maßnahme zu berücksichtigen. Dies gilt auch dann, wenn es sich um eine einheitliche Maßnahme handelt, die in mehreren Etappen durchgeführt werden soll (BAG 28.3.06 – 1 ABR 5/05, NZA 06, 932). Fehlt es insoweit jedoch an einem einheitlichen Gesamtplan, können mehrere Kündigungswellen nicht zusammengefasst wer- 11 den (LAG Köln 28.1.10 – 7 TaBV 84/09, BeckRS 2010, 73609). Die 30-Tages-Grenze des § 17 Abs 1 KSchG findet keine Anwendung (BAG 22.5.79, DB 79, 1897).

12 **f) Abgrenzung zum Betriebsübergang.** Der rechtsgeschäftliche Betriebsübergang als solcher ist keine Betriebsänderung iSd § 111 BetrVG (BAG 15.12.11 – 8 AZR 692/10, NZA-RR 12, 570; 26.4.07 – 8 AZR 695/05, AP Nr 4 zu § 125 InsO). Die Rechte der ArbN werden insoweit umfassend durch § 613a BGB gesichert (→ *Betriebsübergang* Rn 1 ff). Allerdings können gleichwohl aus Anlass eines Betriebsübergangs auch Mitwirkungsrechte des BRat gem §§ 111 ff BetrVG ausgelöst werden (*Meyer* NZA 18, 900; *Moll* RdA 03, 129). Dies ist immer dann der Fall, wenn sich der Betriebsübergang nicht in einem bloßen Wechsel des Betriebsinhabers erschöpft, sondern er darüber hinaus mit Maßnahmen verbunden ist, die den Tatbestand einer Betriebsänderung iSd § 111 BetrVG erfüllen (BAG 25.1.2000 – 1 ABR 1/99, NZA 2000, 1069). Führt zB der Betriebsveräußerer noch vor dem Betriebsübergang eine erhebliche Personalreduzierung durch oder bedingt die Eingliederung des Betriebs in die Unternehmensstruktur des Betriebserwerbers personelle Maßnahmen, so können hierdurch Mitbestimmungsrechte des BRat nach §§ 111 ff BetrVG tangiert werden (BAG 26.5.83, DB 83, 2690; 27.9.84, DB 85, 1399).

13 Das Gleiche gilt bei **Betriebs- und Unternehmensaufspaltungen,** soweit diese eine Änderung der Betriebsorganisation oder des Betriebszwecks bewirken oder in anderer Weise den Tatbestand einer Betriebsänderung erfüllen (BAG 16.6.87, DB 87, 1842; *Schaub* NZA 89, 5) bzw bei dem **Zusammenschluss** zweier Betriebe (*Kreßel* DB 89, 1623).

14 **g) Berater.** Nach § 111 Satz 2 BetrVG kann der BRat **in Unternehmen mit mehr als 300 Arbeitnehmern** zu seiner Unterstützung einen Berater hinzuziehen, für den die gleichen Geheimhaltungspflichten wie für sonstige Sachverständige gelten. Sinn und Zweck dieser Regelung ist die beschleunigte Behandlung der Betriebsänderung durch beide Betriebspartner. Der BRat soll in die Lage versetzt werden, die Auswirkungen der geplanten Betriebsänderung rasch zu erfassen und in kurzer Zeit fundierte Alternativvorschläge im Interesse der Beschäftigungssicherung rechtzeitig zu erarbeiten (*Engels/Trebinger/Löhr-Steinhaus* DB 01, 532). Dementsprechend gilt die Hinzuziehungsbefugnis nur für die Beratung der Betriebsänderung selbst. Für weitergehendere Beratungen iRd Sozialplanverhandlungen und einem evtl Einigungsstellenverfahren bleibt nur die Hinzuziehung eines Sachverständigen nach § 80 Abs 3 BetrVG (LAG München 24.6.10 – 2 TaBV 121/09; *Richardi/Annuß* § 111 Rz 52; *Oetker* NZA 02, 465). Anders als bei der Beauftragung eines Sachverständigen **bedarf** es bei der Hinzuziehung eines Beraters iSd § 111 Satz 2 BetrVG **keiner vorherigen Vereinbarung** mit dem ArbGeb. Wer als Berater hinzugezogen wird, entscheidet allein der BRat. Die Kosten trägt gem § 40 Abs 1 BetrVG der ArbGeb (LAG Hess 19.2.04 – 9 TaBV 95/03, BeckRS 2004, 30448819; *Annuß* NZA 01, 367). Daneben haftet grds auch der BRat, sofern er den gesetzlichen Erforderlichkeitsmaßstab nicht beachtet (BGH 25.10.12 – III ZR 266/11, NZA 12, 1382; dazu auch *Bergmann* NZA 13, 57; *Jaeger/Steinbrück* NZA 13, 401; *Zange* BB 13, 384; *Müller/Jahner* BB 13, 440; *Dommermuth-Alhäuser/Heup* BB 13, 1461; *Dzida* NJW 13, 433). Die Höhe der Vergütung richtet sich mangels einer gesetzlichen Regelung, soweit vorhanden, nach Gebührenordnungen (zB RVG) bzw Üblichkeit und ist ansonsten vom Berater nach §§ 315, 316 BGB nach billigem, der gerichtlichen Kontrolle unterliegenden Ermessen festzusetzen (*Löwisch* NZA 01, Beilage S 40). Es gilt – wie sonst auch – der Erforderlichkeitsmaßstab (→ *Betriebsratskosten* Rn 3). Entgegen dem Normwortlaut kann der BRat – soweit erforderlich – auch mehrere Berater hinzuziehen, wie sich aus dem Normzweck zweifelsfrei ergibt (*Bauer* NZA 01, 375; aA *Lingemann* NZA 02, 934).

15 **3. Gesetzlich genannte Fälle der Betriebsänderung.** Gem § 111 Satz 3 BetrVG gelten bestimmte dort katalogartig aufgeführte Maßnahmen des ArbGeb als Betriebsänderungen iSd Gesetzes. Ob die gesetzliche Aufzählung abschließenden Charakter hat, ist umstritten (*Fitting* § 111 Rz 44), kann jedoch letztlich dahinstehen, da in der Praxis kaum andere Fälle auftreten dürften, nachdem bereits der bloße Personalabbau vom BAG in ständiger Rspr als Betriebsänderung iSd § 111 BetrVG anerkannt wird (zuletzt BAG 31.5.07 – 2 AZR 254/06, NZA 07, 1307). Diese Rspr hat durch § 112a BetrVG eine gesetzliche Bestätigung gefunden. Es gilt der allgemeine betriebsverfassungsrechtliche Betriebsbegriff (→ *Betrieb (Begriff)* Rn 3) und damit auch gem § 3 Abs 5 BetrVG die aufgrund eines Tarifvertrages oder einer Betriebsvereinbarung gebildeten Organisationseinheiten als Betrie-

be (LAG Düsseldorf 19.6.18 – 3 TaBV 27/18, BeckRS 2018, 19186; *Ludwig/Glau* BB 19, 309).

**a) Einschränkung und Stilllegung des ganzen Betriebes oder von wesentlichen Betriebsteilen (§ 111 Satz 3 Nr 1 BetrVG).** Unter **Betriebsstilllegung** ist nach der ständigen Rspr des BAG die Auflösung der zwischen ArbGeb und ArbN bestehenden Betriebs- und Produktionsgemeinschaft zu verstehen, die ihre Veranlassung und zugleich ihren unmittelbaren Ausdruck darin findet, dass der ArbGeb die bisherige wirtschaftliche Betätigung in der ernstlichen Absicht einstellt, die Weiterverfolgung des bisherigen Betriebszwecks dauernd oder jedenfalls für eine ihrer Dauer nach unbestimmte, wirtschaftlich nicht unerhebliche Zeitspanne einzustellen (BAG 21.6.01 – 2 AZR 137/00, NZA 02, 212). 16

Sie muss **durch den Arbeitgeber veranlasst** sein. Daher liegt eine Betriebsstilllegung iSd § 111 BetrVG nicht bereits dann vor, wenn sämtliche ArbN wegen erheblicher Lohnrückstände selbst kündigen (BAG 28.10.92, NZA 93, 421). Etwas anderes kann nur dann gelten, wenn der ArbGeb die ArbN durch schleppende Lohnzahlung zur Eigenkündigung veranlassen wollte bzw diese ausdrücklich zur Eigenkündigung aufgefordert hat, um auf diese Weise die Rechtsfolgen der §§ 111 ff BetrVG zu umgehen (BAG 4.7.89, DB 90, 485) bzw wenn der ArbGeb ausdrücklich wegen des bevorstehenden Personalabbaus die ArbN zu Eigenkündigungen veranlasst (BAG 28.10.92, DB 93, 590). Eine Betriebsstilllegung ist auch dann nicht gegeben, wenn ein Betrieb geschlossen wird, der von vornherein und für die ArbN erkennbar nur für einen zeitlich begrenzten Betriebszweck errichtet worden ist und die Betriebsschließung wegen der Zweckerreichung erfolgt (LAG München 15.2.89, NZA 90, 288). Auch eine die betriebliche Tätigkeit untersagende ordnungsbehördliche Maßnahme oder der Wegfall einer Betriebszulassungsvoraussetzung lösen für sich gesehen die Unterrichtungs- und Beratungsrechte nach § 111 S 1 BetrVG ebenso wenig aus wie tatsächliche, die Einstellung der betrieblichen Tätigkeit bedingende äußere Zwänge. Solche Umstände sind allenfalls der Anlass für eine Betriebsänderung, nicht aber die Betriebsänderung „an sich" oder der Beginn ihrer Durchführung (BAG 7.11.17 – 1 AZR 186/16, NZA 18, 464). 17

Eine **Betriebseinschränkung** liegt demgegenüber vor, wenn der Betriebszweck zwar weiterverfolgt wird, dies jedoch unter einer nicht nur vorübergehenden Herabsetzung der Betriebsleistung geschieht (*Fitting* § 111 Rz 72). 18

Wichtigster Anwendungsfall der Betriebseinschränkung ist der **Personalabbau.** Ob ein rechtlich erheblicher Personalabbau vorliegt, richtet sich nach den Zahlenwerten des § 17 Abs 1 KSchG (BAG 28.3.06 – 1 ABR 5/05, NZA 06, 932; 23.2.12 – 2 AZR 773/10, NZA 12, 992; LAG SachsAnh 21.6.13 – 6 Sa 444/11, BeckRS 2013, 72002). Maßgebliche Bezugsgröße ist dabei die Anzahl der im Betrieb beschäftigten ArbN. Es gilt also ein engerer Prüfungsmaßstab (Betrieb statt Unternehmen), als für die Feststellung, ob dem BRat überhaupt ein Mitbestimmungsrecht in wirtschaftlichen Angelegenheiten zukommt (BAG 27.9.12 – 2 AZR 516/11, NZA 13, 333). Dabei ist unerheblich, ob es sich um Teilzeit- oder Vollzeitbeschäftigte handelt. Hieran hat auch die Einfügung von § 112a BetrVG nichts geändert, da diese Vorschrift allein die Erzwingbarkeit von Sozialplänen bei Personalabbau betrifft, nicht jedoch den Begriff der Betriebsänderung iSd § 111 BetrVG neu definiert (BAG 8.11.88, DB 89, 331). Auch in Kleinbetrieben mit bis zu 20 ArbN ist eine Betriebseinschränkung durch alleinigen Personalabbau erst dann anzunehmen, wenn hierdurch die Mindestzahl des § 112a Abs 1 Satz 1 Nr 1 BetrVG von sechs ArbN erreicht wird (BAG 9.11.10 – 1 AZR 708/09, NZA 11, 466). Allein die Beendigung von Leiharbeitsverhältnissen ist keine Betriebsänderung (ArbG Darmstadt 14.2.18 – 5 BVGa 3/18, NZA 18, 885). 19

Wie in diesem Zusammenhang **zeitversetzte Personalabbaumaßnahmen** zu beurteilen sind, hängt maßgeblich von den Planungsvorstellungen des ArbGeb ab. Beruht der sukzessive Personalabbau auf einer einheitlichen unternehmerischen Planung, sind die Abbaumaßnahmen grds zusammen zu betrachten. Dabei wird eine enge zeitliche Nähe der Entlassungswellen nicht zwingend vorausgesetzt, kann aber eine einheitliche Planung indizieren. Demgegenüber liegt insbes dann eine neue Entlassungsentscheidung des ArbGeb vor, wenn nach einer ersten Entlassungswelle neue, vom ArbGeb ursprünglich nicht vorgesehene und eingeplante Umstände eingetreten sind (BAG 17.3.16 – 2 AZR 182/15, NZA 16, 1072). 20

Normalerweise erfolgt der Personalabbau durch betriebsbedingte **Kündigungen** oder ArbGebSeitig veranlasste **Aufhebungsverträge.** Im Einzelfall können auch **Eigenkündi-** 21

**gungen** der ArbN Mitwirkungsrechte des BRat nach §§ 111 ff BetrVG auslösen. Dies gilt immer dann, wenn sie auf Veranlassung des ArbGeb zur Vermeidung ArbGebSeitiger Kündigungen erfolgen (BAG 23.8.88, DB 88, 2413; 28.10.92, DB 93, 590).

**Änderungskündigungen** sind nur dann zu berücksichtigen, wenn die gekündigten ArbN entweder das Änderungsangebot abgelehnt oder nicht fristgerecht einen Vorbehalt iSd § 2 KSchG erklärt haben (LAG BaWü 16.6.87, LAGE Nr 6 zu § 111 BetrVG 1972).

22 Nicht unter den Begriff der Betriebseinschränkung fallen **saisonbedingte Personalreduzierungen** bei Saison- und Kampagnebetrieben (*Fitting* § 111 Rz 66).

23 Schließlich müssen sich Betriebsstilllegung und Betriebseinschränkung nicht auf den gesamten Betrieb erstrecken, sondern es genügt, wenn **wesentliche Betriebsteile** betroffen sind. Die Beurteilung der Wesentlichkeit eines Betriebsteils richtet sich nach der Rspr wiederum nach der Anzahl der betroffenen ArbN, wobei erneut die Zahlenwerte des § 17 Abs 1 KSchG herangezogen werden (*Meyer/Röger* BB 09, 894; BAG 6.12.88, DB 89, 883: Reinigungsabteilung einer Druckerei; 7.8.90, DB 91, 760: Schärerei einer Samt- und Plüschweberei). Nicht entscheidend ist, ob im stillgelegten Betriebsteil bislang ein wesentliches Vorprodukt gefertigt wurde, das nunmehr von Dritten angekauft wird. Dies kann allenfalls iSv § 111 Satz 3 Nr 5 BetrVG erheblich sein (BAG 7.8.90, DB 91, 760).

24 **b) Verlegung des ganzen Betriebs oder von wesentlichen Betriebsteilen (§ 111 Satz 3 Nr 2 BetrVG).** Unter **Verlegung** ist jede wesentliche Veränderung der örtlichen Lage des Betriebs bzw von wesentlichen Betriebsteilen zu verstehen, die mit nicht ganz unerheblichen Erschwerungen für die Belegschaft verbunden ist. Dabei stellt die Rspr relativ geringe Anforderungen. So bejaht das BAG eine Verlegung iSd § 111 BetrVG bei einem Umzug von 4,3 km vom Zentrum an den Stadtrand (BAG 17.8.82, DB 83, 344); ähnlich das LAG Frankfurt betr einen Umzug von 5,5 km innerhalb Frankfurts (LAG Frankfurt 28.10.86, AiB 87, 292). Allerdings hat die Entfernung maßgeblichen Einfluss bei der Ermittlung der im Wege des Sozialplans auszugleichenden Nachteile der ArbN (LAG Bln 8.3.83, DB 83, 1264).

25 Die Betriebsverlegung ist dabei **von der Betriebsstilllegung abzugrenzen.** Nach der Rspr des BAG stellt eine erhebliche räumliche Verlegung des Betriebs dann eine Betriebsstilllegung dar, wenn die alte Betriebsgemeinschaft aufgelöst wird und der Aufbau einer im Wesentlichen neuen Betriebsgemeinschaft am neuen Betriebssitz erfolgt (BAG 12.2.87, NZA 88, 170). Ein solcher Fall soll zB vorliegen, wenn sich die ArbN weigern, am neuen Betriebssitz zu arbeiten. Diese Überlagerung von Betriebsverlegung und Betriebsstilllegung hat ihre Ursache in dem Betriebsbegriff des BetrVG und dabei insbes in dem Umstand, dass zum Betrieb iSd BetrVG auch die ArbN zählen (→ *Betrieb (Begriff)* Rn 3). Eine Auflösung der Betriebsgemeinschaft hat damit notwendigerweise eine Betriebsstilllegung zur Folge.

26 **c) Zusammenschluss mit anderen Betrieben oder die Spaltung von Betrieben (§ 111 Satz 3 Nr 3 BetrVG).** Die Zusammenfassung zweier bislang selbstständiger Betriebe kann entweder durch die Aufnahme eines Betriebs in die bestehende betriebliche Organisation eines anderen Betriebs oder durch die Bildung einer gänzlich neuen Betriebseinheit erfolgen. Beide Vorgänge erfüllen den Tatbestand des § 111 Satz 3 Nr 3 BetrVG (*Kreßel* DB 89, 1623). Das Gleiche gilt im Geltungsbereich eines Strukturtarifvertrages nach § 3 BetrVG (*Trebeck/Kania* BB 14, 1595) sowie für selbstständige Betriebsteile iSv § 4 BetrVG, wohingegen sonstige Betriebsteile nicht erfasst werden (ErfK/*Kania* § 111 BetrVG Rz 15). Im Zusammenhang mit der Neuregelung des Umwandlungsrechts zum 1.1.95 ist das Tatbestandsmerkmal der Spaltung von Betrieben in den Katalog möglicher Betriebsänderungen mitaufgenommen worden (BAG 10.12.96, DB 97, 1416; LAG Brem 21.10.04 – 3 Sa 77/04, NZA-RR 05, 140: Cafeteria eines größeren Einkaufsmarktes; *Lingemann/Göpfert* NZA 97, 1325; *Matthes* NZA 2000, 1073). Die Spaltung eines Betriebs iSv § 111 Satz 3 Nr 3 BetrVG setzt voraus, dass zumindest zwei neue Einheiten entstehen. Die teilweise Stilllegung eines Betriebs ist daher keine Spaltung (BAG 18.3.08 – 1 ABR 77/06, NZA 08, 957).

27 **d) Grundlegende Änderungen der Betriebsorganisation, des Betriebszwecks oder der Betriebsanlagen (§ 111 Satz 3 Nr 4 BetrVG). Grundlegend** ist jede Änderung, die nicht nur einer laufenden Verbesserung entspricht, sondern maßgebliche Auswirkungen auf den Betriebsablauf hat (BAG 26.10.04 – 1 AZR 493/03, NZA 05, 237). Es muss eine erhebliche Bedeutung für das betriebliche Gesamtgeschehen erkennbar sein.

Maßgeblich ist dabei der Grad der Veränderung (BAG 18.11.03 – 1 AZR 637/02, NZA 04, 741).

28 Eine Änderung der **Betriebsorganisation** liegt vor, wenn der Betriebsaufbau, insbes hinsichtlich Zuständigkeiten und Verantwortung umgewandelt wird. Grundlegend ist die Änderung dann, wenn sie sich auf den Betriebsablauf in erheblicher Weise auswirkt. Maßgeblich dafür ist der Grad der Veränderung. Entscheidend ist, ob die Änderung einschneidende Auswirkungen auf den Betriebsablauf, die Arbeitsweise oder die Arbeitsbedingungen der ArbN hat. Letztlich muss die Änderung in ihrer Gesamtschau von erheblicher Bedeutung für den gesamten Betriebsablauf sein (BAG 22.3.16 – 1 ABR 12/14, NZA 16, 894).

29 Von einer Änderung des **Betriebszwecks** ist auszugehen, wenn sich der arbeitstechnische Zweck des Betriebs ändert, zB bei Umstellung der Produktpalette, Umstellung von Produktion auf Vertriebstätigkeit etc. Nach der Rspr des BAG kann die Hinzufügung eines weiteren Betriebszwecks ausreichen (BAG 17.12.85, DB 86, 2085: Ergänzung eines Spielkasinos mit Spieltischen um einen zusätzlichen Saal mit Spielautomaten; aA LAG Hess 9.4.98 – 5 TaBV 140/97, NZA-RR 99, 526: Einführung des Pokerspiels in Spielbank bewirkt keine Änderung des Betriebszwecks). Auch der Wegfall von mehreren verschiedenen Betriebszwecken kann eine Betriebsänderung iSv § 111 S 3 Nr 4 BetrVG begründen (LAG Düsseldorf 20.4.16 – 4 TaBV 70/15, BeckRS 2016, 71599: Einstellung des Bereichs Forschung und Entwicklung in einem Betrieb, der daneben den Hauptzweck Vertrieb verfolgt).

30 Die Änderung der **Betriebsanlagen** betrifft schließlich die Betriebsmittel im weiteren Sinne. Beispiele: Einführung neuartiger Maschinen (LAG Frankfurt 27.10.87, NZA 88, 407), Einführung eines EDV-Systems (LAG Hbg 5.2.86, LAGE Nr 5 zu § 23 BetrVG), Einführung von Bildschirmarbeitsplätzen (BAG 26.10.82, DB 83, 1766).

31 **e) Einführung grundlegend neuer Arbeitsmethoden und Fertigungsverfahren (§ 111 Satz 3 Nr 5 BetrVG).** Hinsichtlich der grundlegenden Bedeutung gilt das oben zu § 111 Satz 3 Nr 4 BetrVG Gesagte entsprechend. Beispiele sind der Wechsel von bisher fester individueller vertraglicher Wochenarbeitszeit zum systematischen Einsatz von Teilzeitkräften mit flexibler Arbeitszeit (LAG RhPf 9.3.12 – 6 TaBV 39/11, BeckRS 2012, 69019), der Wechsel von herkömmlichen Kassen zu überwachten Selbstbedienungskassen (LAG NdS 5.5.09 – 1 TaBV 28/09, NZA-RR 09, 531) oder die werksweite Einführung eines standardisierten, in Phasen aufeinander aufbauenden Verbesserungsverfahrens zur Produktivitätssteigerung (LAG SchlHol 22.1.14 – 3 TaBV 38/13, BeckRS 2014, 67630). Erfasst werden insbes Rationalisierungsmaßnahmen soweit es sich hierbei nicht lediglich um eine sich im Rahmen des Üblichen bewegende Verbesserung handelt (BAG 7.8.90, DB 91, 760). Je nach Art der Maßnahme können gleichzeitig Mitbestimmungsrechte des BRat nach § 87 BetrVG bzw § 102 BetrVG eingreifen; zB § 87 Abs 1 Nr 6 BetrVG bei Einführung von technischen Überwachungseinrichtungen.

32 **4. Streitigkeiten.** Besteht zwischen ArbGeb und BRat Streit darüber, ob die geplante Maßnahme Beteiligungsrechte des BRat gem §§ 111 ff BetrVG auslöst, so kann dies in einem arbeitsgerichtlichen Beschlussverfahren geklärt werden. Die gerichtliche Entscheidung hat präjudizielle Wirkung insoweit, als in einem späteren Verfahren andere Gerichte an die Feststellung einer Mitbestimmungspflicht bzw deren Ablehnung gebunden sind (*Alles/Handermann* DB 19, 1027). Dies gilt insbes für die spätere Klage eines ArbN auf Nachteilsausgleich iSd § 113 Abs 3 BetrVG (BAG 10.11.87, DB 88, 609; 9.4.91, DB 91, 2392; aA *Jox* NZA 90, 424; kritisch auch *Zeiss* SAE 88, 230).

33 Umstritten ist, ob der BRat mit Hilfe einer **einstweiligen Verfügung** vom ArbGeb die vorläufige Unterlassung der beabsichtigten Maßnahme, insbes Unterlassung von Kündigungen, bis zum Abschluss des Interessenausgleichsverfahrens verlangen kann. Richtigerweise ist eine solche einstweilige Verfügung aus gesetzessystematischen Gründen abzulehnen (→ *Unterlassungsanspruch* Rn 11 ff).

## B. Lohnsteuerrecht

*Weil*

34 Eine Betriebsänderung kann lohnsteuerliche Folgen haben hinsichtlich → *Abfindung* Rn 41 ff, → *Kündigung, allgemein* Rn 82, → *Eingruppierung* Rn 30, → *Versetzung* Rn 32, → *Betriebsstätte* Rn 2.

**C. Sozialversicherungsrecht** *Ruppelt*

35 Die allgemeinen Regelungen des SozVRechts bleiben bei einer Betriebsänderung grds in Kraft, da die sozialversicherungsrechtlichen Pflichten auf dem tatsächlichen Beschäftigungsverhältnis zwischen ArbGeb und Beschäftigten beruhen. Erfolgt eine Verlegung des Betriebs bzw eine Änderung des Betriebszwecks, kann ein Zuständigkeitswechsel des UVTrägers eintreten (→ *Betrieb (Begriff)* Rn 31 ff).

## Betriebsarzt

**A. Arbeitsrecht** *Poeche*

1 **1. Einführung.** Das **Gesetz über Betriebsärzte,** Sicherheitsingenieure und andere Fachkräfte für Arbeitssicherheit vom 12.12.73 (ASiG) verpflichtet den ArbGeb ua zur Bestellung von Betriebsärzten, die ihn beim Arbeitsschutz und bei der Unfallverhütung unterstützen sollen. Arbeitsschutz umfasst alle rechtlichen, organisatorischen, technischen und medizinischen Maßnahmen zum Schutz der körperlichen und psychischen Unversehrtheit der ArbN (→ *Arbeitssicherheit/Arbeitsschutz* Rn 1). Unfallverhütung wird gesondert erwähnt, weil dieser Bereich des Gesundheitsschutzes den BG als Träger des Unfallschutzes übertragen ist. Eine sichere Abgrenzung beider Bereiche ist wegen der einheitlichen Regelung im ASiG weder rechtlich geboten noch wegen vielfältiger Verzahnung und paralleler Vorschriften möglich. Die Bestellung von Betriebsärzten befreit den ArbGeb nicht von seiner Verantwortung für den Gesundheits- und Gefahrenschutz.

2 **Räumlich** gilt das ASiG im gesamten Bundesgebiet.

3 **2. Voraussetzungen.** Betriebsärzte sind zu **bestellen,** wenn ihr Einsatz im Betrieb erforderlich ist. Maßgebend sind hierfür die Betriebsart und die damit für die ArbN verbundenen Unfall- und Gesundheitsgefahren, Zahl und Zusammensetzung der Belegschaft (zB Jugendliche, behinderte Menschen) sowie die Betriebsorganisation, insbes Zahl und Art der für Arbeitsschutz und Unfallverhütung verantwortlichen Personen (§ 2 Abs 1 ASiG). Einzelheiten regeln die von den BG auf der Grundlage von § 15 SGB VII erlassenen DGUV Vorschrift 2. Danach kann die Bestellung eines Betriebsarztes/einer Fachkraft für Arbeitssicherheit behördlich angeordnet werden (VG Lüneburg 20.7.11 – 5 A 26/10, BeckRS 2011, 52914). Ausführlich *Aligbe* ArbR Aktuell 12, 524.

4 **3. Organisation des betriebsärztlichen Dienstes.** Der Gesetzgeber stellt drei Möglichkeiten zur Verfügung: Haupt- und nebenberufliche Einstellung eines Betriebsarztes auf arbeitsvertraglicher Grundlage, Beschäftigung auf der Grundlage eines freien Dienstvertrages sowie Beauftragung eines überbetrieblichen Dienstes von Betriebsärzten (Werkarztzentrum). Die Abgrenzung von Arbeits- oder Dienstvertrag des beschäftigten Betriebsarztes richtet sich nach allgemeinem Arbeitsrecht (ausführlich zur Abgrenzung LAG RhPf 11.3.14 – 6 Sa 236/13, BeckRS 2014, 68679; LAG Köln 25.8.99 – 2 Sa 611/99, DB 99, 2648; → *Arbeitnehmer (Begriff)* Rn 2 ff; → *Freie Mitarbeit* Rn 2 ff). Besteht zwischen dem ArbGeb und dem Betriebsarzt ein Dienstverhältnis, so findet § 627 Abs 1 BGB Anwendung, da „Dienste höherer Art" geschuldet werden. Der Vertrag ist dann fristlos auch ohne Vorliegen eines wichtigen Grundes kündbar (BGH 13.11.14 – III ZR 101/14, NZA 15, 490). Die BG sind ermächtigt, den Anschluss an ein Werkarztzentrum verbindlich vorzuschreiben, dessen Träger wird Vertragspartner des ArbGeb (§§ 7 Abs 3, 19 ASiG).

5 Bestellt werden darf nur Personal, das zur Ausübung des ärztlichen Berufes berechtigt ist und über die notwendige **arbeitsmedizinische Fachkunde** verfügt (§ 4 ASiG). Die Bestellung muss schriftlich erfolgen. Dem Betriebsarzt sind die Aufgaben nach dem ASiG zu übertragen, wobei unter Berücksichtigung der betrieblichen Erfordernisse der Aufgabenbereich im Einzelnen eingeschränkt oder erweitert werden kann. Ständiger technologischer Wandel, Erkenntnisse über neuartige oder bisher nicht erforschte Belastungen am Arbeitsplatz bedingen stetige **Fortbildung** des ärztlichen Personals. Dem als ArbN beschäftigten Betriebsarzt ist deshalb bei Kostenübernahme durch den ArbGeb für die erforderliche Fortbildung bezahlte Freistellung zu gewähren, dem dienstvertraglich verpflichteten Arzt bloße

Freistellung (§ 2 Abs 3 ASiG); für Fachkräfte für Arbeitssicherheit gilt Entsprechendes (§ 5 Abs 3 ASiG).

**4. Aufgabe der Betriebsärzte.** Nach § 3 Abs 1 ASiG ist der ArbGeb beim Gesundheitsschutz einschließlich der Humanisierung des Arbeitslebens zu unterstützen. Das ASiG verzichtet auf eine abschließende Auflistung der in Betracht kommenden Tätigkeiten. Hervorgehoben werden vier Schwerpunkte betriebsärztlicher Tätigkeit: 6

**a) Beratung des Arbeitgebers** und der sonst für den Arbeitsschutz und die Unfallverhütung verantwortlichen Personen. Beispielhaft werden genannt: Planung, Ausführung und Unterhaltung von Betriebsanlagen und der sozialen und sanitären Einrichtungen, Beschaffung von technischen Arbeitsmitteln und Einführung von Arbeitsverfahren und -stoffen, Auswahl und Erprobung von Körperschutzmitteln, arbeitsphysiologische, -psychologische, -hygienische und sonstige ergonomische Fragen. Dazu gehören Arbeitsrhythmus und -zeit, Pausenregelung, Gestaltung der Arbeitsplätze und ihrer Umgebung, des Arbeitsablaufs, Organisation der „Ersten Hilfe" im Betrieb bis hin zu Fragen des Arbeitsplatzwechsels und der Eingliederung behinderter Menschen in den Arbeitsprozess. Der Betriebsarzt wird – soweit erforderlich – nach § 167 SGB IX zum **BEM** hinzugezogen. Die Inanspruchnahme des betriebsärztlichen Sachverstands steht einem BEM als ganzem aber nicht gleich (BAG 20.11.14 – 2 AZR 255/13, NZA 15, 612). Eine betriebsärztliche Stellungnahme kann auch einer vom behandelnden Arzt angeregten **Wiedereingliederung** entgegenstehen, wenn der Wiedereingliederungsplan sich mit den Empfehlungen des Betriebsarztes nicht auseinandersetzt (BAG 16.5.19 – 8 AZR 530/17, BeckRS 2019, 19795). In diesem Fall sollten sich beide Ärzte miteinander austauschen, was indes nur möglich ist, wenn der ArbN sie von der ärztlichen Schweigepflicht entbindet. Steht – etwa im Arbeitsgerichtsprozess – im Streit, ob der ArbN leistungsunfähig ist oder aber ob der ArbGeb sich im Annahmeverzug befindet, kann der ArbGeb sich zur Darlegung von Indizien, die gegen die **Leistungsfähigkeit des ArbN** sprechen, auf eine betriebsärztliche Begutachtung berufen (BAG 28.8.19 – 5 AZN 381/19, BeckRS 2019, 20769; 22.8.18 – 5 AZR 592/17, NZA 19, 30). 7

**b) Beratung der Arbeitnehmer,** ihre arbeitsmedizinische Untersuchung (Vor-, Eignungs- oder sonstige arbeitsmedizinisch vorgeschriebene oder freiwillige Untersuchungen), deren Beurteilung, Erfassung und Auswertung der Untersuchungsergebnisse, wobei dem ArbN auf seinen Wunsch hin das Untersuchungsergebnis mitzuteilen ist. Die vorgeschriebenen Untersuchungen sind im Anhang der VO zur arbeitsmedizinischen Vorsorge aufgeführt (ArbMedVV v 18.12.08, BGBl I, 2768 idFv 23.10.13 BGBl I 2013, 3882, hierzu *Fritsche/Lenuck/Müller-Knöss* AiB 14, 46; *Legerlotz/Schmidt* ArbRb 14, 317). 8

**c) Beobachtung** der Durchführung des Gesundheitsschutzes; hierfür sind die Arbeitsstätten in regelmäßigen Abständen zu begehen, Mängel festzustellen, Vorschläge zu ihrer Behebung zu unterbreiten und hierauf hinzuwirken, auf die Benutzung der Körperschutzmittel zu achten sowie Ursachen von arbeitsbedingten Erkrankungen zu untersuchen, die Untersuchungsergebnisse zu erfassen, auszuwerten und Maßnahmen zur Verhütung dieser Erkrankungen vorzuschlagen. Die **Arbeitsbedingungen** sind zu beurteilen. Nach der durch das „Gesetz zur Stärkung der Gesundheitsförderung und der Prävention (Präventionsgesetz – PräVG)" v 17.7.15 (BGBl I 15, 1368) herbei geführten Änderung des § 20b SGB V wirken sie nun auch im Bereich der **betrieblichen Gesundheitsförderung** und damit außerhalb des klassischen Arbeitsschutzes mit. 9

**d) Hinwirkung** auf alle im Betrieb Beschäftigten, sich den Anforderungen von Arbeitsschutz und Unfallverhütung entsprechend zu verhalten; Aufklärung über Unfall- und Gesundheitsgefahren und Belehrung über die Möglichkeiten zu ihrer Abwendung, Mitwirkung bei Einsatzplanung und Schulung der Helfer in Erster Hilfe und des medizinischen Hilfspersonals. **Nicht Aufgabe** der Betriebsärzte ist es, **Krankmeldungen** von ArbN auf ihre Berechtigung hin zu überprüfen (§ 3 Abs 3 ASiG). Zur Behandlung von ArbN durch den Betriebsarzt → *Krankenbehandlung* Rn 2. Vom ArbGeb veranlasste *Einstellungsuntersuchungen* sind nicht Bestandteil des gesetzlichen Aufgabenkatalogs; der zeitliche Aufwand ist deshalb bei der Festlegung des zeitlichen Umfangs des ärztlichen Dienstes gesondert zu berücksichtigen. 10

Das dem Betriebsarzt vom Gesetzgeber zur Verfügung gestellte **Instrumentarium zur Durchsetzung** aus seiner Sicht arbeitsmedizinisch gebotener oder sinnvoller Maßnahmen 11 ist beschränkt. Kommt es zu keiner Einigung über einen von ihm unterbreiteten Vorschlag mit dem Leiter des Betriebes oder dem ArbGeb, ist ihm gegenüber der Vorschlag schriftlich und mit Begründung abzulehnen; dem BRat ist eine Durchschrift zuzuleiten (§ 8 Abs 3 ASiG).

12 **5. Pflichten des Arbeitgebers.** Neben der Bestellung des Betriebsarztes hat der ArbGeb dafür zu sorgen, dass diese ihre Aufgaben erfüllen. Er hat sie hierbei zu unterstützen. Hilfspersonal, Räume und Einrichtungen, Geräte und sonstige erforderliche medizinische Hilfsmittel sind zu stellen (§ 2 Abs 2 ASiG). Soweit Betriebsärzte oder Fachkräfte für Sicherheit bestellt sind, hat der ArbGeb in Betrieben mit mehr als zwanzig Beschäftigten (Teilzeitbeschäftigte rechnen zeitanteilig) einen **Arbeitsschutzausschuss** zu bilden, bei besonderer Gefahrenlage auch bei einer geringeren ArbNZahl. Mitglieder sind der ArbGeb oder ein von ihm Beauftragter, zwei BRatMitglieder und Sicherheitsbeauftragte.

In den mindestens einmal vierteljährlich einzuberufenden Sitzungen sind allgemeine Fragen des Arbeitsschutzes und der Unfallverhütung zu beraten (§ 11 ASiG, s hierzu *Aligbe* ArbRAktuell 19, 410).

13 **6. Gesundheitsschutz als Gemeinschaftsaufgabe.** Ein wirksamer Gesundheitsschutz für alle im Betrieb Tätigen bedingt **Zusammenarbeit** des Betriebsarztes mit dem BRat, der von ihm über wichtige Angelegenheiten zu unterrichten ist. Hierzu gehört auch die Information über Vorschläge, die dem ArbGeb vom Arbeitsmediziner gemacht worden sind. Auf Verlangen des BRat obliegt dem Betriebsarzt auch seine Beratung über den Gesundheitsschutz (§ 9 ASiG). Außerdem ist die Zusammenarbeit mit den Fachkräften für Arbeitssicherheit und allen Betriebsbeauftragten für technische Sicherheit, Arbeits- und Umweltschutz verpflichtend vorgeschrieben. Die Notwendigkeit gemeinsamer Betriebsbegehungen wird betont (§ 10 ASiG).

14 **7. Persönliche Stellung des Betriebsarztes. a) Weisungsfreiheit.** Die persönliche Stellung des Betriebsarztes zum ArbGeb wird durch Weisungsfreiheit gekennzeichnet. Er ist nur seinem ärztlichen Gewissen unterworfen und unterliegt der **ärztlichen Schweigepflicht** (§ 8 Abs 1 und 2 ASiG; hierzu *Hülsemann* ArbRAktuell 15, 192). Ohne Einwilligung des ArbN darf dem ArbGeb keine Mitteilung über Untersuchungsergebnisse gemacht werden. Dabei bedarf es der Befreiung von der Schweigepflicht im Einzelfall; pauschale Erklärungen im Arbeitsvertrag oder sonstigen Unterlagen genügen nicht. Streitig ist, ob eine stillschweigende Einwilligung des ArbN in die Offenbarung des Untersuchungsergebnisses dann angenommen werden kann, wenn sich der ArbN mit der Untersuchung als solcher einverstanden erklärt hat. Richtigerweise ist das zu verneinen, wobei gleich ist, ob es sich um eine freiwillige oder gesetzlich vorgeschriebene Vorsorgeuntersuchung handelt. Das Persönlichkeitsrecht des ArbN gebietet, ihm die Entscheidung über die Weitergabe zu überlassen. Sache des Betriebsarztes ist es, mit dem ArbN die Risiken eines etwaigen Verbleibs auf dem Arbeitsplatz zu besprechen. Eine bereits erteilte Befreiung von der Schweigepflicht kann der ArbN jederzeit zurücknehmen. Darf der ArbN ohne ärztliche Unbedenklichkeitsbescheinigung nicht auf seinem Arbeitsplatz eingesetzt werden oder macht der ArbGeb die Einstellung vom Ergebnis einer Eingangsuntersuchung abhängig, trägt der ArbN die sich daraus ergebenden arbeitsrechtlichen Folgen, wenn er nicht in die Offenbarung des Untersuchungsergebnisses einwilligt (→ *Einstellungsuntersuchung* Rn 1; → *Betriebliche Gesundheitsförderung* Rn 4).

15 Die nach § 203 StGB strafbewehrte Verletzung der ärztlichen Schweigepflicht ist unter den Voraussetzungen des § 34 StGB – **übergesetzlicher Notstand** – gerechtfertigt, wenn die weitere Beschäftigung des ArbN Leben oder Gesundheit Dritter konkret gefährdet (zB eine die Fahrtauglichkeit eines Berufskraftfahrers ausschließende Sehschwäche). Eine Berechtigung wird allerdings noch nicht anzunehmen sein, wenn der ArbN an einer ansteckenden Krankheit leidet, die nicht meldepflichtig ist. Es ist Sache des Gesetzgebers, den Katalog der meldepflichtigen Krankheiten zu erweitern. Zum – str – Recht des Betriebsarztes, den ArbGeb bei Missständen anzuzeigen: *Wiebauer* NZA 15, 22.

16 **b) Einordnung in die betriebliche Hierarchie.** Der Betriebsarzt ist nach § 8 Abs 2 ASiG (mindestens) unmittelbar dem Leiter des Betriebes – bei mehreren Betriebsärzten der Leiter des betriebsärztlichen Dienstes – zu unterstellen. Damit sollen der Einfluss des Betriebsarztes und seine Unabhängigkeit gestärkt werden (BAG 15.12.09 – 9 AZR 769/08,

NZA 10, 506). Regelmäßig wird das der technische Betriebsleiter sein. Ob eine Zuordnung zur Personalleitung genügt, hängt von deren Einbindung in die betriebliche Organisation und ihrer Kompetenz ab. Die fachliche und disziplinarische Unterstellung unter den Leiter gilt auch im öffentlichen Dienst, der nach § 16 ASiG einen gleichwertigen Arbeitsschutz zu gewährleisten hat (BAG 15.12.09 – 9 AZR 769/08, NZA 10, 506). Da es regelmäßig an der Wahrnehmung unternehmerischer Aufgaben fehlt, ist der Betriebsarzt kein leitender Angestellter iSv § 5 Abs 3 BetrVG.

**8. Haftung des Betriebsarztes.** Insoweit gelten die allgemeinen arbeitsrechtlichen Vorschriften. Soweit sich ein Behandlungsfehler gleichzeitig als Arbeitsunfall des betroffenen ArbN darstellt oder zu einer Berufskrankheit führt, greift für den Arzt das Haftungsprivileg des § 105 SGB VII ein (→ *Arbeitsunfall* Rn 9; → *Berufskrankheit* Rn 1). Das gilt für den arbeitsvertraglich beschäftigten Arzt ohne weiteres, für den dienstvertraglich beschäftigten dann, wenn er wegen seiner nach Ort und Zeit betrieblich eingebundenen Tätigkeit der UV unterfällt. Für den angestellten Arzt gelten im Übrigen die Grundsätze der ArbNHaftung (→ *Arbeitnehmerhaftung* Rn 3). Vertragliche Ansprüche des geschädigten ArbN gegen ihn kommen nicht in Betracht (LG Paderborn 15.5.01 – 2042/01, BB 01, 2168). Bei der Wahrnehmung des betriebsärztlichen Dienstes durch ein Betriebsarztzentrum bestehen unmittelbare Ansprüche des ArbN gegen den Betriebsarzt ggf aus unerlaubter Handlung gem § 823 BGB, vertragliche Ansprüche gegen den Träger des Zentrums aus dem Gesichtspunkt des Vertrags mit Schutzwirkung für Dritte. Die fachliche Einschätzung des Betriebsarztes bei einer arbeitsmedizinischen Begutachtung eines ArbN ist auch grds nicht mit Unterlassungs- oder Widerrufsansprüchen angreifbar. Es handelt sich dabei um eine ärztliche Beurteilung, dem Arzt steht ein weiter Beurteilungs- und Wertungsspielraum zu (OLG Dresden 3.7.17 – 4 U 806/17, BeckRS 2017, 117728). 17

**9. Mitbestimmung.** Mitbestimmungsrechte des BRat bestehen auf drei Ebenen: **a)** Soweit keine zwingenden Vorgaben durch UVV bestehen, ist der BRat nach § 87 Abs 1 Nr 7 BetrVG bei der Entscheidung zu beteiligen, ob hauptberufliche oder freiberufliche Ärzte bestellt werden sollen oder ob ein überbetrieblicher Dienst beauftragt werden soll (BAG 10.4.79 – 1 ABR 34/77, DB 79, 1995). Das gilt auch für die Konkretisierung des nach § 3 ASiG wahrzunehmenden Aufgabenkatalogs und die Zahl der zu bestellenden Ärzte (*Fitting* § 87 Rz 312, 315, 319; LAG BlnBbg 7.7.16 – 21 TaBV 195/16, NZA-RR 16, 644). Kein Mitbestimmungsrecht des BRat besteht bei der Teilnahmepflicht des Betriebsarztes an den gesetzlich vorgesehenen Mindestsitzungen des Arbeitsschutzausschusses iSd § 11 ASiG (BAG 8.12.15 – 1 ABR 83/13, NZA 16, 504). 18

**b)** Bei **Einstellung und Kündigung** arbeitsvertraglich beschäftigter Betriebsärzte sind zusätzlich die §§ 99, 102 BetrVG zu beachten (→ *Einstellung* Rn 2; → *Mitbestimmung, personelle Angelegenheiten* Rn 14 ff). 19

**c)** § 9 Abs 3 ASiG bindet **Bestellung und Abberufung,** die vom zugrunde liegenden Arbeitsvertrag als „Amtsübertragung" und „Amtsenthebung" zu unterscheiden sind, an die Zustimmung des BRat. Wegen Umgehung von § 9 Abs 3 ASiG bedarf die Kündigung des angestellten Betriebsarztes dann der Zustimmung des BRat, wenn sie zwangsläufig auch zur Abberufung des Arztes führt und sich die Kündigungsgründe sachlich nicht von seiner Tätigkeit als Betriebsarzt trennen lassen (BAG 24.3.88 – 2 AZR 369/87, DB 89, 227). Der Antrag nach § 9 Abs 3 ASiG und die Anhörung nach § 102 BetrVG können in einem Schreiben enthalten sein (LAG Brem 9.1.98 – 4 Sa 11/97, NZA-RR 98, 250). Vor Verpflichtung und Entpflichtung eines freiberuflichen Betriebsarztes oder eines überbetrieblichen Dienstes ist der BRat zu hören. Die Einigungsstelle ist für einen Antrag des BRat, den angestellten Arzt des beauftragten Werkarztzentrums abzuberufen, offensichtlich unzuständig iSv § 100 ArbGG (LAG Hamm 7.1.08 – 10 Ta BV 125/07, BeckRS 2008, 51533). S auch → *Betriebsbeauftragte* Rn 7. Zur Beteiligung des Personalrats im öffentlichen Dienst *Hoffmann* PersV 03, 174. 20

**B. Lohnsteuerrecht** *Seidel*

**1. Arbeitnehmer.** Sofern der Betriebsarzt neben- oder hauptberuflich auf arbeitsvertraglicher Grundlage eingestellt wird (→ Rn 4), ist er ArbN. In Zweifelsfällen ist für die 21

Einstufung als selbstständig oder nichtselbstständig (ArbN) entscheidend, ob er in ein Unternehmen eingegliedert ist oder ein Unternehmerrisiko trägt (→ *Arbeitnehmer (Begriff)* Rn 33 ff). Unerheblich dürfte dagegen sein, ob er daneben eine eigene Praxis ausübt (EStR 18.1 Abs 1). Wird ein **selbstständiger** Arbeitsmediziner auch auf dem Gebiet der Arbeitssicherheit tätig, sind die Einkünfte aus dem Bereich der Arbeitssicherheit nur dann als **freiberuflich** anzusehen, wenn der Mediziner einen dem Beruf des Ingenieurs ähnlichen Beruf ausübt, wozu die theoretischen Kenntnisse eines Ingenieurs erforderlich sind (BFH 1.4.05 – IV B 106/03, BFH/NV 05, 1544).

22 **2. Sonstiges.** Zur Berücksichtigung von Aufwendungen als außergewöhnliche Belastung (§ 33 EStG) kann der Nachweis der Zwangsläufigkeit, Notwendigkeit und Angemessenheit von Aufwendungen im Krankheitsfall durch Verordnung eines Arztes für Arznei-, Heil- und Hilfsmittel erfolgen (→ *Behinderte* Rn 81). Für Bade- und Heilkuren ist dagegen ein **vorheriges** amtsärztliches Attest notwendig (EStR 33.4 Abs 1, § 64 Abs 1 S 2 EStDV; → *Kur* Rn 12, 13). Ausnahmsweise kann auch ein nachträgliches Attest ausreichen (BFH 15.3.07 III R 28/06, DStRE 07, 1241). Ferner kann die Beteiligung eines Betriebs- oder Werksarztes bei vom ArbGeb bezahlten Gesundheitsuntersuchungen oder Kuren dazu führen, dass diese Aufwendungen beim ArbN keinen stpfl Arbeitslohn darstellen (BFH 24.1.75, BStBl II 75, 340; 17.9.82, BStBl II 83, 39; 31.10.86, BStBl II 87, 142, bestätigt 11.3.10 – VI R 7/08, BStBl II 10, 763 Rn 16; → *Kur* Rn 14, 15 und → *Betriebliche Gesundheitsförderung* Rn 11 ff).

**C. Sozialversicherungsrecht** *Ruppelt*

23 **1. Die Unfallversicherungsträger** erlassen nach § 15 Abs 1 Nr 6 SGB VII als autonomes Recht Vorschriften über Maßnahmen, die der Unternehmer zur Erfüllung der sich aus dem Gesetz über Betriebsärzte, Sicherheitsingenieure und andere Fachkräfte für Arbeitssicherheit (→ Rn 1) ergebenden Pflichten zu treffen hat. Hinsichtlich der Betriebsärzte sind die UVTräger diesem Auftrag in der DGUV-Vorschrift 2 **„Betriebsärzte und Fachkräfte für Arbeitssicherheit"** nachgekommen. Die Aufgaben der Betriebsärzte sind im ASiG geregelt (→ Rn 6 ff).

24 **2. Die Vorschrift Betriebsärzte und Fachkräfte für Arbeitssicherheit** bestimmt, welche Betriebe Betriebsärzte zu bestellen oder einen betriebsärztlichen Dienst einzurichten haben. Die Vorschrift enthält insoweit Tabellen für die einzelnen Gewerbezweige nach Art und Zahl der Beschäftigten (→ Rn 3). Für die maßgebliche Beschäftigtenzahl ist bei Unternehmen mit mehreren Betrieben nach betriebsverfassungsrechtlichen Gesichtspunkten auf den einzelnen Betrieb abzustellen, nicht auf die Beschäftigtenzahl im gesamten Unternehmen. Unfallverhütungsvorschriften, die den Anschluss von kleineren Betrieben an den arbeitsmedizinischen und sicherheitstechnischen Dienst einer BG vorschreiben, stehen mit höherrangigem Recht in Einklang (BSG 2.11.99 – B 2 U 25/98 R, NZS 2000, 254). Vgl → *Betriebsbeauftragte* Rn 29 ff.

25 **3. Sozialversicherungspflicht.** Für die betriebsärztliche Tätigkeit gelten die allg Vorschriften. Die Tätigkeit kann sowohl selbstständig (LSG BaWü 6.2.18 – L 11 R 4499/16, BeckRS 2018, 7153) als auch in einem sozialversicherungspflichtigen Beschäftigungsverhältnis ausgeübt werden (→ Rn 4, 21). Betriebsärzte in einem überbetrieblichen Dienst (Werkarztzentrum) sind idR sozialversicherungspflichtig beschäftigt (LSG Saarl 30.3.17 – L 1 R 122/15, BeckRS 2017, 120313).

## Betriebsausflug

**A. Arbeitsrecht** *Kreitner*

1 **1. Rechtsgrundlage.** Eine gesetzliche Regelung bezüglich der Durchführung von Betriebsausflügen besteht nicht. Dementsprechend ist der ArbGeb auch grds nicht verpflichtet, eine derartige Veranstaltung durchzuführen. Insbesondere ergibt sich eine Durchführungs-

pflicht des ArbGeb nicht unter dem Gesichtspunkt der arbeitsvertraglichen *Fürsorgepflicht,* da dies eine deutliche Überspannung dieser arbeitsvertraglichen Nebenpflicht bedeuten würde.

Soweit Betriebsausflüge regelmäßig in einem Betrieb durchgeführt werden kann jedoch eine betriebliche Übung (→ *Betriebliche Übung* Rn 4) entstehen mit der Folge, dass für die Zukunft ein Anspruch der ArbN auf Durchführung eines Betriebsausflugs in dem bisherigen Rahmen besteht. Möglich ist auch eine kollektivrechtliche Regelung des Betriebsausflugs zwischen ArbGeb und BRat mittels einer freiwilligen Betriebsvereinbarung (§ 88 BetrVG). Wegen der uneingeschränkten Regelungsbefugnis des BRat im Bereich der freiwilligen sozialen Angelegenheiten bestehen insoweit keine rechtlichen Bedenken (*Vogt/Kossmann* NZA 10, 1264). Eine solche freiwillige Betriebsvereinbarung entfaltet grds dieselben Rechtswirkungen wie sonstige Betriebsvereinbarungen und hat für den einzelnen ArbN anspruchsbegründenden Charakter (→ *Betriebsvereinbarung* Rn 7). 2

**2. Teilnahmerecht bzw Teilnahmepflicht des Arbeitnehmers.** Die näheren Modalitäten des Betriebsausflugs bedürfen der einvernehmlichen Regelung zwischen ArbGeb und Belegschaft. Auch insoweit wird sich im Regelfall allerdings eine langjährige Übung entwickelt haben. 3

Regelmäßig ist dabei von einem **Teilnahmerecht** jedes ArbN auszugehen. Dieses dürfte sich jedenfalls aufgrund des arbeitsrechtlichen Gleichbehandlungsgrundsatzes ergeben, da ein Ausschluss einzelner ArbN willkürlich erscheint (ArbG Köln 22.6.17 – 8 Ca 5233/16, BeckRS 2017, 116829; zum Sonderfall des Notdienstes → Rn 6). 4

Eine **Teilnahmepflicht** des ArbN besteht demgegenüber nicht (BAG 4.12.70, DB 71, 295). Dies wäre ein unzulässiger Eingriff in seine Persönlichkeitssphäre. Sie kann sich auch nicht aus einer betrieblichen Übung oder einer Betriebsvereinbarung ergeben (*Neumann* AR-Blattei Betriebsfeier I). Bei Betriebsausflügen handelt es sich wie bei anderen vergleichbaren Betriebsveranstaltungen um gesellige Veranstaltungen der Belegschaft. Hierzu kann ein ArbN nicht verpflichtet werden, da dies mit der Erbringung seiner arbeitsvertraglichen Leistung nichts zu tun hat. Ebenso wie eine Fürsorgepflicht des ArbGeb zur Durchführung eines Betriebsausflugs nicht besteht, kann sich auch eine Teilnahmepflicht des ArbN nicht aus dem Gesichtspunkt der korrespondierenden arbeitsvertraglichen *Treuepflicht* des ArbN ergeben. Auch eine ArbGebSeitige Anrechnung auf den Erholungsurlaub im Fall der Nichtteilnahme ist nicht möglich. Findet der Betriebsausflug allerdings ganz oder zT während der Arbeitszeit statt, bleibt der nicht teilnehmende ArbN zur Erbringung der Arbeitsleistung an diesem Tag verpflichtet. 5

**3. Notdienst.** Je nach Art des Betriebes kann die Einrichtung eines Notdienstes für die Dauer des Betriebsausflugs erforderlich sein. Es stellt sich daher die Frage der **Auswahl der Arbeitnehmer,** die einen solchen Notdienst verrichten müssen. Existiert eine Betriebsvereinbarung über die Durchführung des Betriebsausflugs, so wird dort in aller Regel auch die Frage des Notdienstes geregelt sein. Anderenfalls sollte eine entsprechende Vereinbarung zwischen ArbGeb und BRat getroffen werden. Kommt eine solche Vereinbarung nicht zustande, kann der ArbGeb unter Ausübung seines Direktionsrechts eine Auswahl treffen und einseitig ArbN bestimmen, die dann zur Verrichtung des Notdienstes verpflichtet sind. Hierbei hat er gem § 106 GewO nach billigem Ermessen zu entscheiden (→ *Weisungsrecht* Rn 17). 6

**4. Vergütung.** Auch die Frage der Vergütung richtet sich nach der Vereinbarung der Parteien bzw der in der Vergangenheit praktizierten Übung. 7

Findet der Betriebsausflug **während der Arbeitszeit** statt, wird regelmäßig eine Fortzahlung der Vergütung vereinbart sein. Möglich ist allerdings auch eine unbezahlte Freistellung mit einer entsprechenden Verpflichtung zur Nacharbeit. 8

Erfolgt der Betriebsausflug **außerhalb der Arbeitszeit,** stellt sich die Frage der Vergütungsfortzahlung nicht. Inwieweit dann ggf ein besonderer Freizeitausgleich gewährt wird, obliegt wiederum der Vereinbarung der Parteien. 9

**Arbeitnehmer, die nicht** am Betriebsausflug **teilnehmen** und ihre normale Tätigkeit ausüben, sind entsprechend zu vergüten. Insoweit bestehen keine Besonderheiten. Kann ein arbeitswilliger ArbN seine Arbeit aus Gründen des Betriebsausflugs nicht verrichten (zB wenn ein ArbN als einziger Produktionsarbeiter nicht am Betriebsausflug teilnimmt), so bleibt der ArbGeb gem § 615 BGB zur Fortzahlung der Vergütung verpflichtet. 10

11 **5. Mitbestimmung des Betriebsrats.** Ein erzwingbares Mitbestimmungsrecht des BRat in sozialen Angelegenheiten iSd § 87 BetrVG greift im Fall des Betriebsausflugs in aller Regel nicht ein. Insbes handelt es sich bei dem Betriebsausflug nicht um eine Sozialeinrichtung iSd § 87 Abs 1 Nr 8 BetrVG, da es insoweit an der erforderlichen Institutionalisierung fehlt (BAG 27.1.98 – 1 ABR 35/97, NZA 98, 835). Näheres → *Sozialeinrichtungen* Rn 2. Im Einzelfall kann ein Mitbestimmungsrecht nach § 87 Abs 1 Nr 10 BetrVG in Betracht kommen, wenn zB die Gewährung des Betriebsausflugs mit einer Zeitgutschrift verbunden ist und den Charakter einer Erfolgsprämie hat (BAG 27.1.98 – 1 ABR 35/97, NZA 98, 835). Das LAG München hat allerdings nach erfolgter Zurückverweisung des Rechtsstreits durch das BAG im vorgenannten Fall ein Mitbestimmungsrecht des BRat wegen individualrechtlicher Bindung des ArbGeb aufgrund einer betrieblichen Übung und von daher fehlendem Regelungsspielraum verneint (LAG München 3.12.98 – 4 TaBV 42/98, NZA-RR 99, 525). Unabhängig davon bleibt jedenfalls der Abschluss freiwilliger Betriebsvereinbarungen iSd § 88 BetrVG möglich (→ Rn 2).

## B. Lohnsteuerrecht *Thomas*

12 Lohnsteuerrechtlich gelten die Grundsätze, die zur Betriebsveranstaltung dargelegt werden (→ *Betriebsveranstaltung* Rn 2–19).

## C. Sozialversicherungsrecht *Ruppelt*

13 **Unfallversicherungsrecht.** Vom Schutz der gesetzlichen UV ist der Betriebsausflug nach den gleichen Grundsätzen umfasst wie die sonstigen betriebliche Gemeinschaftsveranstaltungen, die der Verbundenheit zwischen Betriebsleitung und ArbN dienen. Verneint für die Teilnahme der Lohnbuchhaltung einer Steuerberatung an einer „Bierwanderung" (HessLSG 7.8.17 – L 9 U 205/16, BeckRS 2017, 122652). Zum unfallversicherungsrechtlich erforderlichen inneren Zusammenhang zwischen Betriebsausflug und betrieblicher Tätigkeit vgl BSG 26.6.14 – B 2 U 7/13 R, NJW 15, 1407, Rn 13. S iE → *Betriebsveranstaltung* Rn 20 ff, → *Betriebssport* Rn 14 ff.

# Betriebsbeauftragte

## A. Arbeitsrecht *Griese*

1 **1. Begriff.** Unter dem Begriff Betriebsbeauftragte werden Beauftragte verstanden, die vom ArbGeb aus ganz unterschiedlichen Gründen zur Einhaltung und Kontrolle rechtlicher Vorschriften bestellt werden müssen. Betroffen sind die Bereiche der Arbeitssicherheit (zB Fachkräfte für Arbeitssicherheit), des Umweltschutzes (zB Immissionsschutzbeauftragte) und des datenrechtlichen Persönlichkeitsschutzes (betriebliche Datenschutzbeauftragte).

2 Die **Institution des Betriebsbeauftragten ist als Kooperationsmodell gedacht.** Sie beruht auf dem Grundgedanken, dass die Kontrolle von Sicherheits-, Umwelt- oder Datenschutzvorschriften effektiver im Wege der **Selbstkontrolle** durch betriebliche Beauftragte unter staatlicher Aufsicht erfolgen kann, als durch eine allumfassende behördliche Kontrolle. Die Überwachung soll jeweils intern, innerhalb der zu überwachenden Unternehmung erfolgen, weil der Kontrollierende die betrieblichen Gegebenheiten und Abläufe am besten kennt und bei einer internen Kontrollperson eine größere Akzeptanz der Kontrollierten zu erwarten ist. Hinzu kommt der Vorsorgegedanke, da den betrieblichen Beauftragten auch die Aufgabe zugewiesen ist, Verbesserungsvorschläge in ihrem Bereich zu machen. Nicht zu den Betriebsbeauftragten zählen Beauftragte der Gewerkschaft. Diese haben zwar ein Zutrittsrecht zum Betrieb nach § 2 Abs 2 BetrVG, sie sind jedoch nicht Beauftragte des Betriebes und in die betriebliche Organisation nicht eingebunden.

Folgende gesetzlich geregelte Betriebsbeauftragte sind von besonderer Bedeutung:

3 **2. Betriebsärzte** s → *Betriebsarzt* Rn 1 ff.

4 **3. Fachkräfte für Arbeitssicherheit.** Das Gesetz über Betriebsärzte, Sicherheitsingenieure und andere Fachkräfte für Arbeitssicherheit (ASiG) verpflichtet die ArbGeb in § 5,

Fachkräfte für Arbeitssicherheit zu bestellen, soweit der mit der Betriebsart verbundenen Gesundheitsgefahren, der Zahl der ArbN und Betriebsorganisation notwendig ist. Ob im Einzelfall eine Notwendigkeit besteht, ergibt sich aus den hierzu von den UVTrägern erlassenen UVV (§ 15 Abs 1 Nr 6 SGB VII).

Die Regelung dient in erster Linie den Interessen der ArbN, sie soll den **Gesundheitsschutz** am Arbeitsplatz und die **Unfallverhütung** verwirklichen helfen. Sie dient aber auch den Interessen der ArbGeb und der Allgemeinheit, weil ein wirksamer Gesundheits- und Unfallschutz am Arbeitsplatz Kosten spart, sowohl den ArbGeb durch geringere Vergütungsfortzahlungsansprüche im Krankheitsfall und geringere Beiträge zur UV, als auch der öffentlichen Hand und den Beitragszahlern im Übrigen durch eine verminderte Belastung der SozVSysteme. **5**

Bei der **Bestellung** hat der ArbGeb drei Möglichkeiten. Er kann **Arbeitnehmer** seines Betriebes **hauptamtlich mit den sicherheitstechnischen Aufgaben** betrauen. Er kann zweitens **externe Fachkräfte** durch freien Dienstvertrag zu dieser Tätigkeit verpflichten. Und er kann schließlich gem § 19 ASiG einen **überbetrieblich organisierten** Dienst mit den Aufgaben betrauen. Die staatliche Aufsichtsbehörde kann gem § 12 ASiG Anordnungen hinsichtlich der Verpflichtung des ArbGeb zur Bestellung der Beauftragten treffen. Das schließt ein, dass die Behörde sich für eins der Betreuungsmodelle entscheiden oder die Erweiterung des Tätigkeitsfeldes oder die Abberufung eines Beauftragten verlangen kann. **6**

**Die Bestellung und Abberufung eines Arbeitnehmers** zum Beauftragten ist gem § 9 Abs 3 Satz 1 ASiG von der **Zustimmung des Betriebsrats** abhängig. Im Streitfall entscheidet die Einigungsstelle (BAG 24.3.88 – 2 AZR 369/87, NJW 89, 793). Dabei sind Bestellung und Einstellung ebenso zu unterscheiden wie Abberufung und Kündigung. Es handelt sich um zwei **verschiedene Rechtsverhältnisse,** nämlich das **Betriebsbeauftragtenverhältnis** und das zugrunde liegende **Arbeitsverhältnis.** So kann das Betriebsbeauftragtenverhältnis durch Abberufung enden, das Arbeitsverhältnis – mit anderen Arbeitsaufgaben – fortgeführt werden. Die Bestellung zur Fachkraft für Arbeitssicherheit hat nach § 5 ASiG durch **schriftliche** Bestellungsurkunde zu erfolgen. Wegen der Trennung von Arbeitsverhältnis und Beauftragtenverhältnis ist es zulässig, einen ArbN für diese Aufgaben einzustellen, seine Bestellung zur Fachkraft für Arbeitssicherheit aber erst vorzunehmen, wenn eine sechsmonatige Probezeit erfolgreich absolviert worden ist. Der durch das Zustimmungserfordernis nach § 9 Abs 3 Satz 1 ASiG bewirkte Abberufungsschutz kommt erst nach wirksamer Bestellung zum Tragen (BAG 23.6.94 – 2 AZR 640/93, BeckRS 1994, 30749948 – für das gleichlautende Zustimmungserfordernis nach § 72 Abs 4 Nr 6 LPVG NRW). Ein Zustimmungsbeschluss muss ordnungsgemäß zustande gekommen sein. Ein wegen nicht ordnungsgemäßer Ladung aller BRatMitglieder unwirksamer BRatBeschluss führt nicht zur Unwirksamkeit der individualrechtlichen Abberufung, wenn der ArbGeb auf die Wirksamkeit des Beschlusses des BRat vertrauen durfte (LAG Bbg 15.1.98 – 3 Sa 477/96, ArbuR 98, 331). Die **fehlende und auch nicht ersetzte Zustimmung des Betriebsrats zur Abberufung** einer Fachkraft für Arbeitssicherheit nach § 9 Abs 3 ASiG führt jedoch zumindest dann zur **Unwirksamkeit einer gleichzeitig ausgesprochenen Kündigung des Arbeitsverhältnisses,** wenn die Abberufungs- und Kündigungsgründe mit der Tätigkeit als Betriebsbeauftragter im Zusammenhang stehen (BAG 24.3.88 – 2 AZR 369/87, NZA 89, 60). Zu den betriebsverfassungsrechtlichen Beteiligungsrechten nach § 87 Abs 1 Nr 7 BetrVG bei Fachkräften für Arbeitssicherheit, wenn ein überbetrieblicher Dienst eingeschaltet werden soll, vgl → *Betriebsarzt* Rn 18. **7**

Die **Aufgaben** der Fachkräfte für Arbeitssicherheit sind in § 6 ASiG parallel zu denen der Betriebsärzte ausgestaltet. Hierzu gehören vor allem die Beratung des ArbGeb unter Arbeitsschutz-, Unfallverhütung- und Arbeitssicherheitsaspekten bei der Planung, Ausführung und Unterhaltung von Betriebsanlagen, bei der Beschaffung von Arbeitsmitteln und bei dem Einsatz von Arbeitsstoffen und technischen Arbeitsmitteln. Wichtig ist ferner die Pflicht, die Durchführung des Arbeitsschutzes und der Unfallverhütung zu beobachten und den ArbGeb auf Mängel hinzuweisen. Durch § 3 Abs 1 Nr 1 Buchst g und § 6 Nr 1 Buchst e ASiG ist die Pflicht hinzugekommen, den ArbGeb bei der Beurteilung der Arbeitsbedingungen zu beraten (*Pieper* ArbuR 96, 473). Ihr Einsatzgebiet erstreckt sich auf die *Gefährdungsbeurteilung* (s dort). **8**

Das ASiG belässt es nicht bei Überwachungs- und Beratungspflichten, sondern fordert **Initiativen im Hinblick auf die Durchführung des Arbeitsschutzes,** insbesondere **9** durch die **Hinwirkungspflicht** in § 6 Abs 1 Nr 3 Buchst c und Nr 4 ASiG. Die Art und Weise der Kontrolle ist detailliert geregelt, indem die Beauftragten verpflichtet werden, in regelmäßigen Abständen zu kontrollieren, Beseitigungsmaßnahmen vorzuschlagen und auf deren Durchführung hinzuwirken (§ 3 Abs 1 Nr 3a und § 6 Nr 3a ASiG). Unterlässt die Fachkraft Hinweise auf Sicherheitsmängel, haftet sie dem ArbN, der durch einen darauf beruhenden Arbeitsunfall zu Schaden kommt. Externen Beauftragten kommt dabei nicht die Haftungsprivilegierung nach §§ 104–106 SGB VII zugute (OLG Nürnberg 17.6.14 – 4 U 1706/12, MDR 14, 970).

**10** Die Fachkräfte für Arbeitssicherheit sind gem § 8 Abs 2 ASiG unmittelbar dem Leiter des Betriebes im Rahmen einer Stabsstelle fachlich und disziplinarisch zu unterstellen; eine Einordnung auf einer geringeren Hierarchiestufe ist nicht zulässig (BAG 15.12.09 – 9 AZR 769/08, NZA 10, 506).

Dem direkten Zugang zur Unternehmensleitung dient es, dass der ArbGeb Verbesserungsvorschläge der Beauftragten, die er nicht akzeptieren will, gem § 8 Abs 3 Satz 3 ASiG **schriftlich** ablehnen und **begründen** muss. Weil sich die Kontrollaufgaben des BRat und der Beauftragten auf dem Gebiet des Arbeitsschutzes und der Unfallverhütung in erheblichem Umfang decken, schreibt § 9 Abs 1 ASiG die Pflicht zur **Zusammenarbeit** mit dem BRat vor.

**11** **4. Sicherheitsbeauftragte.** Neben den Fachkräften für Arbeitssicherheit haben Unternehmen mit mehr als zwanzig Beschäftigten gem § 22 SGB VII Sicherheitsbeauftragte zu bestellen. Die Bestellung der Sicherheitsbeauftragten dient ebenfalls der Unfallverhütung. Ausdrücklich legt § 22 Abs 3 SGB VII fest, dass die Sicherheitsbeauftragten wegen der Erfüllung ihrer Aufgaben nicht benachteiligt werden dürfen. Ihre Bestellung erfolgt gem § 22 Abs 1 Satz 1 SGB VII unter Mitwirkung des BRat. Mitwirkung bedeutet in diesem Zusammenhang entsprechend der Systematik des BetrVG **nicht Mitbestimmung im Sinne von Zustimmungsbedürftigkeit,** sondern die Pflicht des ArbGeb zur Unterrichtung und Beratung mit dem BRat. Die Aufgabe der Sicherheitsbeauftragten besteht darin, den **Unternehmer bei der Durchführung des Unfallschutzes zu unterstützen** und insbes auf das Vorhandensein und den Gebrauch von Schutzvorrichtungen zu achten.

**12** **5. Strahlenschutzbeauftragte.** Gem § 70 des Strahlenschutzgesetzes v 27.6.17 (BGBl I 2017, 1966; Nachfolgeregelung zu § 31 Abs 2 StrahlenschutzVO) müssen Strahlenschutzbeauftragte bestellt werden, soweit dies für die Gewährleistung des Strahlenschutzes erforderlich ist. Damit wird der Schutz der betroffenen ArbN und der Schutz der Allgemeinheit vor Gesundheitsgefahren durch radioaktive Stoffe bezweckt. Das Gesetz sieht gem § 71 Abs 2 Strahlenschutzgesetz in dem Strahlenschutzbeauftragten aber nicht nur den **Kontrolleur,** sondern den Hinweis- und Initiativpflichtigen, wenn Mängel festgestellt werden.

**13** Die **Bestellung** hat gem § 70 Abs 2 Satz 1 Strahlenschutzgesetz schriftlich zu erfolgen, dabei sind die **innerbetrieblichen Entscheidungsbefugnisse** ebenfalls **schriftlich festzulegen.** Dies muss der zuständigen Behörde angezeigt werden (§ 70 Abs 4 Strahlenschutzgesetz); diese kann dem Strahlenschutzbeauftragten gem § 70 Abs 5 Strahlenschutzgesetz die Anerkennung versagen, wenn die innerbetrieblichen Entscheidungsbefugnisse des Strahlenschutzbeauftragten unzureichend sind oder es an Fachkunde (OVG NRW 24.11.16 – 13 A 293/15, BeckRS 2016, 110592) oder Zuverlässigkeit mangelt.

**14** Konsequenz dieser Regelung ist, dass **kein externer Beauftragter** bestellt werden kann. Können sich der Strahlenschutzverantwortliche und der Strahlenschutzbeauftragte nicht über vorgeschlagene Strahlenschutzmaßnahmen einigen, muss der Betreiber die Ablehnung des Vorschlages schriftlich mitteilen und begründen; weitergehend als das ASiG schreibt § 71 Abs 2 Satz 2 Strahlenschutzgesetz vor, dass **die Mitteilung und die Begründung der zuständigen Behörde zu übersenden ist.** Ebenso wie das ASiG verpflichtet die StrahlenschutzVO den Strahlenschutzbeauftragten, mit dem BRat (bzw dem Personalrat) zusammenzuarbeiten (§ 71 Abs 3). Das Verbot der Benachteiligung wegen ordnungsgemäßer Erfüllung der Aufgaben sowie den Schutz gegen ordentliche Kündigung einschließlich Nachwirkung enthält § 70 Abs 6 Strahlenschutzgesetz.

**15** **6. Beauftragte für Immissionsschutz.** Die Betreiber genehmigungsbedürftiger Anlagen müssen gem § 53 BImSchG einen oder mehrere Immissionsschutzbeauftragte benennen, soweit dies wegen der Art und Größe der Anlagen und der aus ihr resultierenden

Umweltauswirkungen erforderlich ist. In der hierzu erlassenen 5. VO zur Durchführung des BImSchG (VO über Immissionsschutz- und Störfallbeauftragte vom 30.7.93, BGBl I 93, 1433, zuletzt geändert durch VO v 2.5.13, BGBl I 973) sind in der Anlage die Betriebe im Einzelnen aufgeführt, die Immissionsschutzbeauftragte bestellen müssen. Die Beauftragten müssen über die **erforderliche Fachkunde verfügen** (grds Studium und mindestens zweijährige einschlägige praktische Tätigkeit; Einzelheiten s § 7 der 5. VO).

Die **Bestellung** des Beauftragten erfolgt durch den Betreiber. Der Einfluss der staatlichen **16**
Überwachungsbehörde bleibt in Gestalt des § 55 Abs 2 BImSchG spürbar, da die Behörde die Abberufung eines Beauftragten verlangen kann, dem die nötige Fachkunde oder Zuverlässigkeit fehlt.

Grds kann nur ein **betriebsangehöriger** ArbN mit den Aufgaben des Immissionsschutz- **17**
beauftragten betraut werden (§ 1 der 5. VO BImSchG; *Jarass* § 53 BImSchG Rz 13; *Sander* Natur und Recht, 1985, S 48). **Externe Beauftragte** sind ausnahmsweise mit Genehmigung der Aufsichtsbehörde möglich (§ 5 der 5. VO BImSchG). Die Behörde kann nach § 2 der 5. VO die Bestellung mehrerer Beauftragter verlangen, wenn dies zur ordnungsgemäßen Aufgabenerfüllung erforderlich ist.

Bei der Bestellung des **internen Beauftragten** hat der BRat unmittelbar kein Mit- **18**
bestimmungsrecht. Jedoch ergeben sich Mitbestimmungsrechte über das zugrunde liegende Arbeitsverhältnis. Die Neueinstellung eines ArbN, der zum Beauftragten bestellt werden soll, ist als **Einstellung mitbestimmungspflichtig gem § 99 Absatz 1 BetrVG.** Der Übertragung der Beauftragtentätigkeit an einen Mitarbeiter, der bisher andere Aufgaben wahrgenommen hat, ist als **Versetzung nach §§ 95 Absatz 3, 99 BetrVG mitbestimmungspflichtig.** Die Mitbestimmungsrechte entfallen, wenn der Beauftragte nach § 5 Abs 3 BetrVG leitender Angestellter ist. Unabhängig hiervon besteht das Unterrichtungsrecht nach § 55 Abs 1a BImSchG.

Der Sicherung der Unabhängigkeit dient der **besondere Kündigungsschutz** für Immis- **19**
sionsschutzbeauftragte in § 58 Abs 2 BImSchG. Danach ist die **ordentliche Kündigung** des Arbeitsverhältnisses während der Amtszeit des Beauftragten **ausgeschlossen.** Der besondere Kündigungsschutz nach § 58 Abs 2 BImSchG setzt die Bestellung des ArbN zum Betriebsbeauftragten voraus. Die Bestellung bedarf zu ihrer Wirksamkeit der Schriftform. Sie kann im Einzelfall auch im schriftlichen Arbeitsvertrag enthalten sein. Das Fehlen einer genauen Bezeichnung der Aufgaben des Abfallbeauftragten führt nicht zur Unwirksamkeit der Bestellung und steht dem Eingreifen des besonderen Kündigungsschutzes nicht entgegen. Entsprechendes gilt im Fall einer unterbliebenen Anzeige der erfolgten Bestellung gegenüber der zuständigen Behörde oder einer unterlassenen Aushändigung einer Abschrift der Anzeige an den ArbN (BAG 26.3.09 – 2 AZR 633/07, DB 2009, 1653).

Auch nach Ablauf der Amtszeit, dh nach Abberufung ist gem § 58 Abs 2 BImSchG die ordentliche Kündigung ein Jahr lang ausgeschlossen, so dass der Beauftragte nach Abberufung mit anderen Aufgaben im Betrieb betraut werden muss. Jederzeit, dh auch während der Amtszeit, ist hingegen eine fristlose Kündigung gem § 626 BGB möglich, wenn ein hierfür ausreichender wichtiger Grund vorliegt. Den **nachwirkenden Kündigungsschutz** will das BAG (Urt vom 22.7.92 – 2 AZR 85/92, NZA 93, 557) auf eine Amtsniederlegung des Beauftragten nicht anwenden, es sei denn, die Amtsniederlegung sei durch ein Verhalten des ArbGeb, etwa Kritik an der Amtsführung oder Behinderung bei der Aufgabenerfüllung, veranlasst. Der nachwirkende Kündigungsschutz knüpft an den Tatbestand der **Abberufung** an. Diese liegt entgegen dem BAG auch dann vor, wenn der ArbGeb den ArbN nach einer Amtsniederlegung von den Pflichten als Beauftragter entbindet. Dafür spricht auch, dass der Gesetzgeber für die Beauftragten einen Kündigungsschutz schaffen wollte, der dem besonderen Kündigungsschutz für Betriebs- und Personalräte vergleichbar ist (Begründung des Regierungsentwurfs, BT-Drs 11/4909 S 25). Dort greift der nachwirkende Kündigungsschutz aber auch dann ein, wenn ein Betriebs- oder Personalratsmitglied sein Amt niederlegt.

Zu den **Aufgaben** des Immissionsschutzbeauftragten gehören zunächst die Überwachung **20**
der umweltrelevanten Rechtsvorschriften gem § 54 Abs 1 Ziff 3 BImSchG. Hinzu kommt seine Aufgabe als Berater des Betriebsinhabers und der Betriebsangehörigen in allen Angelegenheiten, die für den Immissionsschutz bedeutsam sein können, einschließlich Reststoffbeseitigung und Abwärmenutzung. Der Immissionsschutzbeauftragte hat ferner das Recht

und die Pflicht, vor Entscheidungen des Betriebsinhabers über die Einführung von Verfahren und Erzeugnissen sowie vor Investitionsentscheidungen Stellung zu nehmen (§ 56 BImSchG). Dies ist organisatorisch dadurch abgesichert worden, dass dem Betreiber gem § 57 BImSchG die Pflicht auferlegt wurde, durch innerbetriebliche Organisationsmaßnahmen sicherzustellen, dass der Beauftragte seine Vorschläge und Bedenken unmittelbar der Geschäftsleitung vertragen kann. Schließlich trifft den Immissionsschutzbeauftragten die Pflicht, jährlich dem Betreiber Bericht zu erstatten nach § 57 Abs 2 BImSchG. Der Immissionsschutzbeauftragte hat auch das Recht, sich unmittelbar an die Aufsichtsbehörde zu wenden, wenn Missstände anders nicht beseitigt werden können (*Jarass* BImSchG § 52 Rn 7 und Vor § 53 Rn 11).

21 **7. Störfallbeauftragte.** Einen solchen müssen Betreiber besonders sicherheitsrelevanter Anlagen zusätzlich zum Immissionsschutzbeauftragten gem § 58a BImSchG bestellen. Die Festlegung der betroffenen Anlagen ist gem § 58a Abs 1 BImSchG einer RechtsVO sowie zusätzlich im Einzelfall der zuständigen Behörde gem § 58a Abs 2 BImSchG vorbehalten.

Die **Stellung** des Störfallbeauftragten entspricht grds derjenigen des Immissionsschutzbeauftragten (§ 58c BImSchG). Insbes gilt für den Störfallbeauftragten der besondere Kündigungsschutz des § 58 BImSchG. Auch der Aufgabenkatalog deckt sich mit dem des Immissionsschutzbeauftragten, allerdings speziell bezogen auf den Bereich der Anlagensicherheit (*Büge* DB 90, 2409).

22 **8. Betriebsbeauftragte für Abfall.** Die Verpflichtung zur Bestellung folgte bis zum 31.5.2012 aus dem KrW-/AbfG. Da dessen § 55 Abs 3 auf §§ 55–58 BImSchG verwies, ist der Betriebsbeauftragte für Abfall ebenfalls durch besonderen Kündigungsschutz geschützt (BAG 26.3.09 – 2 AZR 633/07; *Fischer* ArbuR 96, 482). **Ab dem 1.6.2012 hat sich die Rechtsgrundlage geändert.** Maßgebend ist seither das **Kreislaufwirtschaftsgesetz** (BGBl I 2012, 212), welches **in § 60 Abs 3 eine Verweisungsnorm auf die Bestimmungen des BImSchG enthält**. Durch die Verweisung wird die **Harmonisierung des Rechts der betrieblichen Umweltbeauftragten** vorangetrieben. Dies hat insbes zur Konsequenz, dass Voraussetzung für die Bestellung **Fachkunde** statt lediglich Sachkunde ist (*Behnke* in Betriebliches Umweltmanagement Teil 1: Abfall, S 10 f). Bei der Bestellung greifen die Mitbestimmungsrechte nach § 99 BetrVG.

23 **9. Gewässerschutzbeauftragte.** Nach Maßgabe des § 21a WHG sind Betriebe, die an einem Tag mehr als 750m$^3$ Abwasser einleiten dürfen, verpflichtet einen oder mehrere Betriebsbeauftragte für Gewässerschutz zu bestellen. Die Regelung ist parallel derjenigen für den Betriebsbeauftragten für Abfall ausgestaltet. Ein wesentlicher Unterschied ergibt sich daraus, dass der Gewässerschutzbeauftragte nicht grds ein Mitarbeiter des Unternehmens sein oder werden muss, so dass auch ein externer – freiberuflich tätiger – Gewässerschutzbeauftragter verpflichtet werden kann. Die Behörden könnten außerdem nach § 21b Abs 3 WHG die Aufgaben des Gewässerschutzbeauftragten im Einzelfall näher regeln, erweitern oder einschränken.

24 **10. Betriebliche Datenschutzbeauftragte.** Die Rechtsgrundlage änderte sich infolge der **Datenschutz-Grundverordnung der EU** (DSGVO) und des daraufhin in Kraft getretenen deutschen Umsetzungsgesetzes (BGBl 2017 I, 2097 ff) zum 25.5.2018, ohne dass dadurch relevante materielle Änderungen eintreten (*Niklas/Faas*, NZA 17, 1091). ArbGeb, die personenbezogene Daten **automatisiert** verarbeiten und mindestens 10 ArbN damit ständig beschäftigen, haben gem § 38 (vorher: 4 f Abs 1 Satz 1 u Satz 4) BDSG einen betrieblichen Datenschutzbeauftragten zu bestellen. Dieser ist der Unternehmensleitung unmittelbar zu unterstellen; er ist bei der Anwendung seiner Fachkunde auf dem Gebiet des Datenschutzes weisungsfrei und darf wegen der Erfüllung seiner Aufgaben nicht benachteiligt werden. Es kann sowohl ein externer Datenschutzbeauftragter aufgrund eines freien Dienstvertrages als auch ein unternehmensinterner Mitarbeiter bestellt werden (zur Bestellung eines Datenschutzbeauftragten im Konzern s *Reinhard* NZA 2013, 1049). Mitbestimmungsrechte des BRat entstehen nur bei einem unternehmensangehörigen Mitarbeiter hinsichtlich des zugrunde liegenden Arbeitsverhältnisses, wenn ein ArbN für die Position des betrieblichen Datenschutzbeauftragten eingestellt oder auf diese oder von dieser weg versetzt wird (§ 99 BetrVG). Dabei kann der BRat der beabsichtigten Versetzung eines ArbN auf einen Arbeitsplatz als Datenschutzbeauftragter mit der Begründung widersprechen

(§ 99 Abs 2 Nr 1 BetrVG), der ArbN besitze nicht die nach Art 37 Abs 5 DSGVO geforderte Fachkunde und Zuverlässigkeit. Durchgreifende Bedenken gegen die Zuverlässigkeit können sich insbesondere daraus ergeben, dass der ArbN neben seiner Tätigkeit als Datenschutzbeauftragter Tätigkeiten ausüben muss, die mit seiner Kontrollfunktion nicht vereinbar sind, zB als EDV-Fachkraft (BAG 22.3.94 – 1 ABR 51/93, NZA 94, 1049).

Die **Abberufung** vom Amt des betrieblichen Datenschutzbeauftragten setzt nach § 38 iVm § 6 Abs 4 (früher: 4 f Abs 3 Satz 4) BDSG entweder ein entsprechendes Verlangen der Aufsichtsbehörde oder einen wichtigen Grund iSd § 626 BGB voraus. Durch darin enthaltene **besondere Kündigungsschutz für den als ArbN tätigen Datenschutzbeauftragten** ist mit Wirkung zum 1.9.09 eingeführt **worden (§ 4 f Abs 3 Satz 5 BDSG –** BGBl I 09, 2814). 25

Er schließt die ordentliche Kündigung aus und nur erlaubt eine außerordentliche Kündigung bei Vorliegen eines wichtigen Grundes. Nach Abberufung **wirkt der Kündigungsschutz** gem § 38 iVm § 6 abs 4 Satz 3 (früher: 4 f Abs 3 Satz 6) BDSG **ein Jahr nach.** Hat der ArbGeb mehrere interne Datenschutzbeauftragte berufen, kann jeder von Ihnen den Sonderkündigungsschutz in Anspruch nehmen (BAG 27.7.17 – 2 AZR 812/16, NZA 18, 166).

Sind einem ArbN die Aufgaben des Beauftragten zusätzlich übertragen worden, ist eine Abberufung nur wirksam, wenn zugleich diese Aufgaben mit Hilfe einer **Teilkündigung** entzogen werden (BAG 13.3.07 – 9 AZR 612/05, NZA 07, 563). Ist ein interner betrieblicher Datenschutzbeauftragter von einem **Betriebsübergang** betroffen, geht das Arbeitsverhältnis nach § 613a BGB auf den Erwerber über. Fraglich ist, ob die Beauftragtenfunktionen ebenfalls übergeht (verneinend *Wiedtke* NZA 05, 390). Verneint man dies, müsste man einen außerordentlichen Grund zur Abberufung akzeptieren, wenn der Betriebsübernehmer bereits einen betrieblichen Datenschutzbeauftragten hat. Eine auf betriebliche Gründe gestützte außerordentliche Kündigung des zugrunde liegenden Arbeitsverhältnisses kommt – unter Einhaltung einer der ordentlichen Kündigungsfrist entsprechenden Auslauffrist – nur in Betracht, wenn der ArbGeb andernfalls trotz Wegfalls der Beschäftigungsmöglichkeit noch für Jahre Vergütung zahlen müsste (sinnentleertes Arbeitsverhältnis), ohne dass dem eine entsprechende Arbeitsleistung gegenüberstünde. Dabei ist der ArbGeb wegen des Ausschlusses der ordentlichen Kündigung in **besonders verpflichtet, die Kündigung durch geeignete Maßnahmen zu vermeiden** (BAG 23.1.14 – 2 AZR 372/13, NZA 14, 895).

Bei einer **Fusion** zweier ArbGeb, die jeweils einen betrieblichen Datenschutzbeauftragten bestellt haben, erlischt das Amt mit dem Erlöschen der Rechtsfähigkeit (BAG 29.10.10 – 10 AZR 588/09, NZA 2011, 151).

Ein Widerruf gem § 38 iVm § 6 Abs 4 Satz 1 (früher: 4 f Abs 3 Satz 4) BDSG setzt einen wichtigen Grund voraus. Als wichtige Gründe kommen insbes ein Geheimnisverrat, eine dauerhafte Verletzung der Kontrollpflichten als Datenschutzbeauftragter oder die wirksame Beendigung des zugrunde liegenden Arbeitsverhältnisses in Betracht. Eine organisatorische Änderung, nach der der betriebliche Datenschutz zukünftig durch einen externen statt durch einen internen Datenschutzbeauftragten gewährleistet werden soll, rechtfertigt den Widerruf der Bestellung aus wichtigem Grund nicht. Die Zulassung einer jederzeitigen Widerrufsmöglichkeit aufgrund einer organisatorischen Änderung würde dazu führen, den besonderen Abberufungsschutz, der insbes der Sicherung der unabhängigen Stellung des Datenschutzbeauftragten dient, zur Disposition der nicht-öffentlichen Stelle zu stellen (BAG 23.3.11 – 10 AZR 562/09, NZA 2011, 1036).

Die **Aufgabe** des betrieblichen Datenschutzbeauftragten besteht im Wesentlichen darin, 26
die Einhaltung des BDSG sowie anderer Bestimmungen zum Datenschutz sicherzustellen, wobei er sich in Zweifelsfällen an die Aufsichtsbehörde wenden darf. Das Kontrollrecht des betrieblichen Datenschutzbeauftragten erstreckt sich nicht auf die BRatTätigkeit (BAG 11.11.97 – 1 ABR 21/97, NZA 98, 385; kritisch *Kort* NZA 15, 1345).

**11.** Nur für einen Sonderbereich ist der **Vergütungsbeauftragte im Bankenwesen** 27
zuständig. Er wird nach § 23 der Institutsvergütungsverordnung vom 25.7.17 (BGBl I 2017, 3042) berufen und hat die Angemessenheit der Vergütung, insbes der Boni leitender Bankmitarbeiter gem § 24 der Institutsvergütungsverordnung zu prüfen. Der Kündigungsschutz

ist gem § 23 Abs. 2 der Institutsvergütungsverordnung dem Kündigungsschutz des betrieblichen Datenschutzbeauftragten nachgebildet (s auch *Jochum* NZA 17, 1371).

**B. Lohnsteuerrecht** *Seidel*

28 Die Prüfung, ob die Tätigkeit als Betriebsbeauftragter selbstständig oder nichtselbstständig ausgeübt wird, hat nach den allgemeinen Grundsätzen zu erfolgen (→ *Arbeitnehmer (Begriff)* Rn 30 ff). Soweit ArbN neben ihrer eigentlichen Tätigkeit zu Betriebsbeauftragten bestellt werden, ist diese Tätigkeit idR Ausfluss des Hauptarbeitsverhältnisses. Ein zusätzliches Entgelt hierfür ist dem Arbeitslohn zuzurechnen. Bei der Beauftragung **externer Fachkräfte** ist dagegen keine ArbNStellung gegeben, da der Auftragnehmer regelmäßig weder in den Betrieb des Auftraggebers eingegliedert sein wird noch diesem gegenüber weisungsgebunden ist.

**C. Sozialversicherungsrecht** *Ruppelt*

29 **1. Sicherheitsbeauftragter nach § 22 SGB VII.** In Unternehmen mit mehr als 20 Beschäftigten (Mindestbeschäftigtenzahl) hat der Unternehmer unter Beteiligung des Betriebsrats einen oder mehrere Sicherheitsbeauftragte aus dem Kreis der **gesetzlich unfallversicherten Mitarbeiter** zu bestellen (§ 22 Abs 1 Satz 1 SGB VII). Diese benötigen keinerlei sicherheitstechnische Fachkenntnisse, werden jedoch durch die UVTräger gem § 23 SGB VII aus- und fortgebildet. Bei Unternehmen mit mehreren Betrieben (zB Filialen) ist für die erforderliche Zahl von Sicherheitsbeauftragten die Beschäftigtenzahl des Gesamtunternehmens entscheidend (→ *Betrieb (Begriff)* Rn 31 ff).˙ Teilzeitkräfte sind auf Vollzeitkräfte umzurechnen. Leiharbeitnehmer sind mitzuzählen. Aushilfen zählen nur, wenn sie mit einer gewissen Regelmäßigkeit beschäftigt werden. Die UVTräger können für Betriebe mit geringer oder hoher Unfallgefahr abweichende Regelungen von der Mindestbeschäftigtenzahl treffen (§ 22 Abs 1 Satz 3 u 4 SGB VII).

30 Die Sicherheitsbeauftragten haben den Unternehmer bei der Durchführung der Maßnahmen zur Verhütung von Arbeitsunfällen und Berufskrankheiten zu unterstützen, insbes sich von dem Vorhandensein und der ordnungsgemäßen Benutzung der vorgeschriebenen Schutzeinrichtungen und persönlichen Schutzausrüstungen zu überzeugen und auf Unfall- und Gesundheitsgefahren für die Versicherten aufmerksam zu machen. Weisungsbefugnisse gegenüber Mitarbeitern haben sie nur, wenn solche Befugnisse ausdrücklich durch den Unternehmer übertragen worden sind. Eine straf- oder zivilrechtliche Verantwortung folgt aus ihrer Funktion nicht.

31 **2. Betriebsangehöriger.** Zum Sicherheitsbeauftragten nach § 22 SGB VII kann nur ein gesetzlich unfallversicherter Betriebsangehöriger bestellt werden. Dies kann auch ein Mitglied des BRat sein. Hat ein Unternehmer die ihm obliegenden Unfallverhütungspflichten auf einen Betriebsangehörigen übertragen, kann dieser nicht zum Sicherheitsbeauftragten bestellt werden, da der Sicherheitsbeauftragte die Aufgabe hat, den Unternehmens bei der Durchführung des Unfallschutzes zu unterstützen, und diese Unterstützung bei Vereinigung beider Funktionen in einer Person nicht möglich ist.

32 **3. Fachkräfte für Arbeitssicherheit.** Die Sicherheitsbeauftragten nach § 22 SGB VII sind von den Fachkräften für Arbeitssicherheit nach § 6 ASiG zu unterscheiden. Letztere sind Sicherheitsingenieure, Techniker oder Meister, die der Unternehmer unter denselben Voraussetzungen wie Betriebsärzte zu bestellen hat. Entsprechende Regelungen, auch hinsichtlich der Anzahl der erforderlichen Fachkräfte, finden sich in der DGUV-Vorschrift 2 „Betriebsärzte und Fachkräfte für Arbeitssicherheit". Gegenüber dem Sicherheitsbeauftragten, der nur für die Unfallverhütung zuständig ist, nehmen die Fachkräfte für Arbeitssicherheit die umfassende Aufgabe wahr, den Unternehmer beim Arbeitsschutz und allen Fragen der Arbeitssicherheit, einschließlich der menschengerechten Gestaltung der Arbeit, zu unterstützen. Sie können nicht zugleich Sicherheitsbeauftragte sein (→ Rn 4 ff). **Zu Betriebsärzten und Fachkräften für Arbeitssicherheit** können auch betriebsfremde Personen ohne Eingliederung in den Betrieb durch Vertrag bestellt werden. Ferner kann sich der Unternehmer insoweit einem überbetrieblich organisierten arbeitsmedizinischen und sicherheitstechnischen Dienst der BG anschließen (§ 23 Abs 1 Satz 2 SGB VII). Die

BG-Vorschriften, die den Anschluss auch von **kleineren Betrieben** an den arbeitsmedizinischen und sicherheitstechnischen Dienst einer Berufsgenossenschaft vorschreiben, vollziehen die nach dem ASiG bestehenden Unternehmerpflichten und stehen mit Gesetz, GG und Europarecht im Einklang. Dies gilt auch für eine Satzungsregelung des Trägers der UV, die den **Anschluss eines Unternehmens durch Verwaltungsakt** für den Fall erlaubt, dass sich der Unternehmer weigert, einen Vertrag über den Anschluss sowie die näheren Einzelheiten der Betreuung abzuschließen (BSG 2.11.99 – B 2 U 25/98 R, NZS 2000, 254). Zur Haftung des ArbGeb und der externen Fachkraft für Arbeitssicherheit bei einem Arbeitsunfall OLG Nürnberg 17.6.14 – 4 U 1706/12, MDR 14, 970.

**4. Unfallversicherungsschutz** in der gesetzlichen UV besteht für die Betriebsbeauftragten bei ihrer Tätigkeit unabhängig davon, in welchem statusrechtlichen Verhältnis sie zum Unternehmer stehen. Handelt es sich um Betriebsangehörige, gelten die allgemeinen Vorschriften (→ *Unfallversicherung* Rn 16 ff). Dies gilt für Betriebsärzte und Fachkräfte für Arbeitssicherheit auch dann, wenn diese als vertraglich verpflichtete betriebsfremde Personen tätig werden. Insoweit handelt es sich regelmäßig um ein von § 2 Abs 1 Nr 1 SGB VII umfasstes Beschäftigungsverhältnis. Bei überbetrieblich organisierten Diensten trägt der für diese Dienste zuständige UVTräger den Versicherungsschutz. 33

**5. Rechtsweg.** Für Streitigkeiten aufgrund der Überwachung der Maßnahmen der BG zu Arbeitsschutz und Unfallverhütung (Prävention) sind die Verwaltungsgerichte zuständig (§ 51 Abs 1 Nr 3 SGG). Diese Regelung soll den Dualismus zwischen staatlichem Arbeitsschutz und autonomen UVRecht entschärfen. Dazu ist sie allerdings nur wenig geeignet. 34

# Betriebsbuße

## A. Arbeitsrecht *Kreitner*

**1. Begriff und Abgrenzung zu anderen Rechtsinstituten.** Unter Betriebsbußen versteht man Maßnahmen des ArbGeb zur Ahndung von Verstößen gegen die kollektive Ordnung des Betriebes (BAG 17.10.89 – 1 ABR 100/88, NZA 90, 193; *Fitting* § 87 Rz 76). Abzugrenzen ist die Betriebsbuße von der Vertragsstrafe sowie der Abmahnung. Übliche Betriebsbußen sind „Verwarnung", „Verweis" und „Geldbuße". 1

Betriebsbuße ist keine **Vertragsstrafe** (→ *Vertragsstrafe* Rn 4) iSd §§ 339 ff BGB, da sie kein Mittel des Schadensersatzes darstellt, nicht in erster Linie die Leistungserfüllung des individuellen Arbeitsverhältnisses bezweckt und nicht wie die Vertragsstrafe kraft Gesetzes verwirkt ist (BAG 5.2.86, DB 86, 1979; GK-BetrVG/*Wiese* § 87 Rz 240; aA *Richardi* § 87 Rz 233). 2

Von der **Abmahnung** (→ *Abmahnung* Rn 1 ff, 7) unterscheidet sich die Betriebsbuße durch ihren zusätzlichen Sanktionscharakter. Während die arbeitsvertragliche Abmahnung zukunftsbezogen ausgestaltet ist, da sie das dokumentierte Fehlverhalten zur Grundlage der Forderung des ArbGeb zu künftigem vertragsgerechten Verhaltens macht, liegt der Schwerpunkt der Betriebsbuße in der Sanktionierung vergangenen Unrechts (BAG 17.10.89 – 1 ABR 100/88, NZA 90, 193; LAG Hess 1.9.11 – 5 TaBV 47/11, BeckRS 2012, 70749; LAG Hamm 20.1.06 – 10 TaBV 144/05, BeckRS 2006, 31052849). Im Einzelfall muss zur Abgrenzung der erklärte Wille des ArbGeb durch Auslegung ermittelt werden, wobei entscheidend ist, wie der ArbN die Erklärung des ArbGeb nach Treu und Glauben verstehen musste (BAG 19.7.83, DB 83, 2695; LAG Bln 26.3.04 – 6 Sa 2490/03, BeckRS 2004, 40909). 3

Rechtlich unerheblich ist die Bezeichnung der Erklärung als „Abmahnung" oder „Verweis" oder ähnliches (BAG 5.12.75, DB 76, 583; LAG Köln 12.5.95, NZA-RR 96, 204). Gleiches gilt für den Umstand, dass der ArbGeb die Erklärung zu den Personalakten genommen hat (BAG 7.11.79, DB 80, 550). Dabei schließen sich Abmahnung und Betriebsbuße im Einzelfall nicht aus, sondern eine Erklärung des ArbGeb kann gleichzeitig als Abmahnung und als Betriebsbuße anzusehen sein (*Heinze* NZA 90, 169; *Danne* SAE 91, 25). 4

5 **2. Wirksamkeitsvoraussetzung einer Verhängung von Betriebsbußen im Einzelfall** ist zum einen das Bestehen einer **Betriebsbußenordnung,** die nach ganz hM nur durch *Tarifvertrag* oder *Betriebsvereinbarung* aufgestellt werden können (BAG 17.10.89 – 1 ABR 100/88, NZA 90, 193; *Schaub/Linck* § 58 Rz 16 ff; aA *Löwisch* Anm zu AP Nr 12 zu § 339 BGB: kraft ArbGebSeitigem Direktionsrecht). Diese Bußenordnung muss **rechtsstaatlichen Grundsätzen** genügen, dh es muss rechtliches Gehör gewährt werden, der betroffene ArbN hat Anspruch auf eine Vertretung, die einzelnen Betriebsbußtatbestände müssen eindeutig festgelegt sein, und wegen derselben Handlung darf eine Betriebsbuße nur einmal verhängt werden (*Kraft* NZA 89, 777; *Danne* SAE 91, 25). Die **Höhe der Geldbuße** muss geregelt sein, wobei insoweit in der Bußenordnung die Festlegung eines Strafrahmens genügt (*Richardi* § 87 Rz 238). Als angemessene Höhe wird allgemein ein halber Tagesverdienst und bei schweren Verstößen ein ganzer Tagesverdienst angenommen (GK-BetrVG/*Wiese* § 87 Rz 259; *Richardi* § 87 Rz 225). Eine Geldbuße darf nicht dem ArbGeb zugutekommen, sondern muss an eine betriebliche oder gemeinnützige Wohlfahrtseinrichtung abgeführt werden (*DKK-Klebe* § 87 Rz 57; *Fitting* § 87 Rz 88; aA *Richardi* § 87 Rz 240). Weitere Wirksamkeitsvoraussetzung ist die Beachtung der **Mitbestimmungsrechte** des BRat.

6 **3. Mitbestimmungspflichtig nach § 87 Absatz 1 Nr 1 BetrVG** sind nach ganz hM in Rspr und Schrifttum sowohl die Aufstellung der Bußenordnung als auch die Verhängung der Betriebsbuße im Einzelfall (BAG 17.10.89 – 1 ABR 100/88, NZA 90, 193; LAG Hess 1.9.11 – 5 TaBV 47/11, BeckRS 2012, 70749; *Kraft* NZA 89, 777; *Fitting* § 87 Rz 92; aA HSWGNR/*Worzalla* § 87 Rz 138: Festsetzung im konkreten Einzelfall ist mitbestimmungsfrei). Sowohl ArbGeb als auch BRat haben bei der Verhängung im Einzelfall ein Initiativrecht (GK-BetrVG/*Wiese* § 87 Rz 265). Die Verhängung der Betriebsbuße kann einem **Ausschuss nach § 28 Absatz 2 BetrVG** übertragen werden.

7 **4. Zulässigkeitsgrenzen.** Trotz dogmatischer Streitigkeiten über die Rechtsnatur der Betriebsbuße wird mittlerweile allgemein von der Zulässigkeit dieses Rechtsinstituts ausgegangen. Bestimmte Maßnahmen sind jedoch nicht durch Betriebsbußen regelbar. So scheiden **Entlassungen** als Betriebsbußen aus, da die Kündigung ein vertragliches Gestaltungsmittel und kein Sanktionsmittel darstellt (BAG 28.4.82, DB 83, 775; GK-BetrVG/*Wiese* § 87 Rz 256; *Leßmann* DB 89, 1769). Eine Ausnahme gilt hier nur für Dienstordnungs-Angestellte (BAG 28.4.82, DB 83, 775). Gleiches gilt für **Änderungskündigung, Rückgruppierung** und **Versetzung** (HSWGNR/*Worzalla* § 87 Rz 127a; *Kraft* NZA 89, 777). Unzulässig ist auch die **Veröffentlichung** einer Betriebsbußenverhängung am „Schwarzen Brett" wegen des hierin liegenden Verstoßes gegen die Menschenwürde (*Maunz/Dürig/Herzog/Scholz* Art 92 Rz 163; *DKK/Klebe* § 87 Rz 57).

8 **5. Verhältnis Betriebsbuße zur Kündigung.** Das kündigungsrechtliche ultima-ratio-Prinzip verpflichtet den ArbGeb nicht, vor Ausspruch einer verhaltensbedingten Kündigung zunächst eine Betriebsbuße zu verlangen. Diese ist insoweit kein milderes Sanktionsmittel (BAG 17.1.91 – 2 AZR 375/90, NZA 91, 557).

9 **6. Arbeitsgerichtliche Kontrolle.** Die Verhängung der Betriebsbuße unterliegt in vollem Umfang der arbeitsgerichtlichen Kontrolle, wobei überprüft werden kann, ob die Bußenordnung wirksam erlassen worden ist, der ArbN die ihm vorgeworfene Handlung begangen hat, die rechtsstaatlichen Verfahrensgrundsätze beachtet worden sind und ob die Betriebsbuße im Einzelfall angemessen ist (GK-BetrVG/*Wiese* § 87 Rz 266; *Richardi* § 87 Rz 246).

10 Liegen Rechtsmängel vor, so hat der ArbN einen Anspruch auf Rücknahme bzw Feststellung der Nichtigkeit der verhängten Betriebsbuße wegen Verletzung der Fürsorgepflicht durch den ArbGeb. Befindet sich über die unwirksame Betriebsbuße ein Vermerk in der Personalakte, so ist dieser zu entfernen.

## B. Lohnsteuerrecht *Seidel*

11 **1. Lohnsteuerabzug.** Die LStPflicht der Betriebsbuße ist unabhängig davon, wie sie zu entrichten ist. Auch wenn sie entsprechend der durch Tarifvertrag oder Betriebsvereinbarung aufgestellten Betriebsbußenordnung durch eine Lohnkürzung erhoben wird, ist für

den einbehaltenen Betrag ein LStAbzug vorzunehmen (*HMW*/Geldstrafen Rz 15 und → *Wettbewerbsverbot* Rn 50). Dies gilt auch, wenn der ArbGeb gegen den Lohnanspruch des ArbN mit der Buße aufrechnet (→ *Aufrechnung* Rn 15).

**2. Werbungskosten.** Die Betriebsbuße kann jedoch als Werbungskosten (→ *Werbungskosten* Rn 2 sowie FG Münster 2.7.81, EFG 82, 181 und *HMW*/Geldstrafen Rz 15) abgezogen werden. Bei einer Betriebsbuße handelt es sich nicht um eine Geldbuße oder Geldstrafe iSd § 9 Abs 5 iVm §§ 4 Abs 5 Nr 8 oder 12 Nr 4 EStG, die von den Gerichten oder Behörden bzw in einem Strafverfahren festgesetzt werden und grds nicht abzugsfähig sind. 12

### C. Sozialversicherungsrecht *Schlegel*

**Sozialrechtliche Unbeachtlichkeit der Betriebsbuße.** Anders als im Steuerrecht (→ Rn 11) spielt es für das Beitrags- und Leistungsrecht der SozV keine Rolle, ob die Betriebsbuße bereits zu einer Kürzung des ausgezahlten Arbeitsentgelts geführt hat, also in Höhe der Betriebsbuße überhaupt kein Entgelt zugeflossen ist, oder ob das (volle) Entgelt zunächst ausbezahlt wurde und nunmehr aus diesem oder dem sonstigen Vermögen des ArbN die Betriebsbuße zu zahlen ist. In beiden Fällen sind die Beiträge und Leistungen aus demjenigen Entgelt zu berechnen, das der ArbN durch seine Arbeit verdient hat (→ *Lohnzufluss* Rn 19 ff). Die Betriebsbuße führt nicht dazu, dass Entgelt für geleistete Arbeit nicht gewährt wird, also rückschauend betrachtet „unbezahlte" Arbeit vorliegt. Vielmehr wird die Betriebsbuße in den Fällen sofortiger Kürzung des Lohnes mit dem Verdienst aufgerechnet, die Schuld des ArbN also auf „abgekürztem" Leistungsweg erfüllt. Der Bestand der ursprünglichen Forderung des ArbN auf Arbeitsentgelt wird dadurch nicht nachträglich beseitigt, sondern diese Forderung nur zum Teil (iHd Betriebsbuße) durch Aufrechnung erfüllt (vgl auch *Vertragsstrafe*). 13

Eine Minderung der Beitragslast kommt in der SozV auch nicht unter dem Aspekt der Werbungskosten in Betracht, da die Beiträge grds aus dem Bruttoarbeitsentgelt zu entrichten und nach diesem zu berechnen sind. Eine Reduzierung der Beitragshöhe durch Werbungskosten ist grds ausgeschlossen *(Vertragsstrafe)*. 14

## Betriebsgeheimnis

### A. Arbeitsrecht *Kreitner*

**1. Allgemeines.** Der Geheimnisschutz gewinnt im Arbeitsverhältnis mit fortschreitender Technisierung des Wirtschaftslebens ständig an Bedeutung. In immer größerem Umfang kommen ArbN mit Betriebs- oder Geschäftsgeheimnissen während ihrer Arbeit in Kontakt. Hieraus ergeben sich sowohl während als auch nach Beendigung des Arbeitsverhältnisses rechtliche Probleme (grundlegend *Reinfeld* Verschwiegenheitspflicht und Geheimnisschutz im Arbeitsrecht, 1989; *Taeger* Die Offenbarung von Betriebs- und Geschäftsgeheimnissen, 1988; *Richters/Wodtke* NZA-RR 03, 281; *Salger/Breitfeld* BB 05, 154). Auf europäischer Ebene ist der Geheimnisschutz durch die EU-Richtlinie über den Schutz vertraulichen Know-hows und vertraulicher Geschäftsinformationen vor rechtswidrigem Erwerb sowie rechtswidriger Nutzung und Offenlegung (Richtlinie EU 2016/942 vom 8.6.16, ABl L 157 vom 15.6.16) geregelt. In verspäteter Umsetzung dieser Richtlinie hat der deutsche Gesetzgeber mWv 26.4.19 das **Gesetz zum Schutz von Geschäftsgeheimnissen** (GeschGehG) vom 18.4.19 (BGBl I 19, 466) erlassen (vgl dazu *Reinfeld*, Das neue Gesetz zum Schutz von Geschäftsgeheimnissen, 2019; *Trebeck/Schulte-Wissermann* NZA 18, 1175; *Karthaus* NZA 18, 1180). 1

**2. Begriff.** Das neue GeschGehG nimmt erstmals eine gesetzliche Legaldefinition des Geschäftsgeheimnisbegriffs vor (wegen des vorher geltenden Geheimnisbegriffs vgl Personalbuch 2019, Betriebsgeheimnis Rn 2 f). Nach § 2 Nr 1 GeschGehG ist hierunter eine Information zu verstehen, die erstens weder insgesamt noch in der genauen Anordnung und Zusammensetzung ihrer Bestandteile den Personen in den Kreisen, die üblicherweise mit dieser Art von Informationen umgehen, allgemein bekannt oder ohne Weiteres zugänglich ist und daher von wirtschaftlichem Wert ist und die zweitens Gegenstand von den Umstän- 2 den nach angemessenen Geheimhaltungsmaßnahmen durch ihren rechtmäßigen Inhaber ist sowie bei der drittens ein berechtigtes Interesse an der Geheimhaltung besteht. Die früher von der Rspr vorgenommene Differenzierung zwischen dem auf den technischen Betriebsablauf bezogenen Betriebs- und dem den kaufmännischen Bereich betreffenden Geschäftsgeheimnis (BAG 15.12.87, DB 88, 1020) wird damit aufgegeben. Gleichzeitig stellt das Gesetz in § 1 Abs 3 Nr 4 GeschGehG klar, dass die Rechte und Pflichten aus dem Arbeitsverhältnis und die Rechte der ArbNVertretungen unberührt bleiben, es also „arbeitsrechtsneutral" sein soll.

3 Von zentraler Bedeutung ist damit weiterhin die **Geheimheit** bzw die fehlende **Offenkundigkeit** des Geheimnisses. Hier kann die bisherige Rspr weiterhin als Orientierung dienen. Danach wird Offenkundigkeit bereits dann bejaht, wenn es um Tatsachen geht, die ein Interessierter ohne besondere Schwierigkeiten und Mühen in Erfahrung bringen kann (BAG 26.2.87, DB 87, 2526; LAG Köln 18.12.87, LAGE Nr 1 zu § 611 BGB Betriebsgeheimnis; OLG Köln 30.7.97 – 6 U 70/97, CR 98, 199). Daher endet der Geheimnisschutz zB immer dort, wo es um Fakten geht, die in einer Fachzeitschrift veröffentlicht wurden oder die Gegenstand eines Patents sind (*Molkenbur* BB 90, 1196; *Preis/Reinfeld* ArbuR 89, 361). Auch Informationen aus einem Vergabeverfahren, die den unterlegenen Mitbewerbern nach § 101a Abs 1 GWB mitzuteilen sind, können daher nicht von einem berechtigten Geheimhaltungsinteresse des ArbGeb erfasst sein (LAG Köln 11.4.11 – 5 Sa 1388/10, BeckRS 2011, 72414). Der Stand der Technik stellt insgesamt kein taugliches Abgrenzungskriterium dar (BGH 13.12.07 – I ZR 71/05, NZA-RR 08, 421). Näherer Ausgestaltung bedarf das neue Tatbestandmerkmal der „angemessenen Geheimhaltungsmaßnahmen" um einen übermäßigen Dokumentationsaufwand des ArbGeb zu vermeiden (*Fuhlrott/Hieramente* DB 19, 967). Jedenfalls gibt es keine „absoluten" Geschäftsgeheimnisse (vgl *Reinfeld*, Das neue Gesetz zum Schutz von Geschäftsgeheimnissen, 2019, § 1 Rn 168 mit einem alphabetischen Geschäftsgeheimnis-Katalog mwN).

4 **3. Verschwiegenheitspflicht des Arbeitnehmers.** In Bezug auf Geschäftsgeheimnisse iSd vorgenannten Begriffsdefinition besteht für ArbN regelmäßig die Pflicht zur Verschwiegenheit gegenüber Dritten. Dabei kann man nach der bisherigen Rspr in zeitlicher Hinsicht zwischen dem bestehenden Arbeitsverhältnis sowie dem vor- und nachvertraglichen Bereich unterscheiden.

5 **a) Während des bestehenden Arbeitsverhältnisses** besteht eine umfassende Verschwiegenheitspflicht des ArbN. Diese ist begründet auf die arbeitsvertragliche Treuepflicht (→ *Treuepflicht* Rn 10; BGH 20.1.81, DB 81, 788). Oftmals treffen die Parteien auch in schriftlichen Arbeitsverträgen besondere Vereinbarungen hinsichtlich des Geheimnisschutzes während des bestehenden Arbeitsverhältnisses. Diese haben allerdings aufgrund der bereits gesetzlich normierten Geheimhaltungspflicht nur deklaratorische Bedeutung. Gehen sie über das gesetzliche Maß hinaus und führen sie zu einer übermäßigen vertraglichen Bindung des ArbN, ohne dass dies durch besondere betriebliche Belange gerechtfertigt ist, können derartige Vereinbarungen gem § 138 BGB unwirksam sein (LAG Hamm 5.10.88, DB 89, 783).

6 **b) Im vorvertraglichen Bereich** während der Vertragsverhandlungen ergibt sich eine eingeschränkte Vertraulichkeitspflicht nach §§ 241 Abs 2, 311 Abs 2 BGB.

7 **c) Im nachvertraglichen Bereich** nach Beendigung des Arbeitsverhältnisses können ebenfalls Verschwiegenheitspflichten für den ArbN bestehen. Dies gilt zunächst immer dann, wenn entsprechende arbeitsvertragliche Vereinbarungen vorhanden sind, mit denen entweder ein bestehendes Verschwiegenheitsgebot für bestimmte Dauer auch nach Beendigung des Arbeitsverhältnisses Wirkung entfaltet oder ein selbstständiger nachvertraglicher Geheimnisschutz begründet wird (BAG 15.12.87, DB 88, 1020). Derartige Vereinbarungen sind in den Grenzen des Art 12 GG zulässig, dh, sie dürfen nicht zu einer unverhältnismäßigen Einschränkung des Rechts auf freie berufliche Betätigung des ArbN führen (BAG 19.5.98 – 9 AZR 394/97, NZA 99, 200; LAG Köln 18.12.87, LAGE Nr 1 zu § 611 BGB Betriebsgeheimnis). Außerdem müssen sie das jeweilige Geschäftsgeheimnis konkret bezeichnen; anderenfalls scheitern sie an der gesetzlichen Klauselkontrolle (*Freckmann/Schmoll* BB 17, 1780). Schränkt die nachvertragliche Verschwiegenheitsabrede den ArbN in seinem beruflichen Fortkommen ein, liegt eine sog **qualifizierte Verschwiegenheitsverein-**

**barung** vor, die nach der Rspr des BAG einem Wettbewerbsverbot gleichzusetzen ist, so dass die §§ 74 ff HGB Anwendung finden (BAG 15.12.87, DB 88, 1020). Ein Beispiel hierfür sind sog Kundenschutzvereinbarungen (*Salger/Breitfeld* BB 05, 154). Dies hat zur Folge, dass eine qualifizierte Verschwiegenheitsabrede nur dann wirksam ist, wenn sie eine Entschädigungsvereinbarung enthält (§ 74 Abs 2 HGB; → *Wettbewerbsverbot* Rn 14).

Demgegenüber bezieht sich die **einfache Verschwiegenheitsabrede** auf die Geheim- 8
haltung von Geschäftsgeheimnissen, die den ArbN in seinem beruflichen Fortkommen nicht einschränken. Sie ist grds zulässig und unterliegt nicht den zuvor genannten gesetzlichen Anforderungen eines Wettbewerbsverbots (LAG Köln 18.1.12 – 9 Ta 407/11, BeckRS 2012, 68579). Wegen der verfassungsrechtlichen Vorgaben ist jedenfalls eine zeitliche Beschränkung der Verschwiegenheitspflicht erforderlich. In Anlehnung an § 74 Abs 1 Satz 3 HGB erscheint dabei eine Höchstgrenze von zwei Jahren angebracht (*Preis/Reinfeld* ArbuR 89, 361). Ferner empfiehlt es sich, den Gegenstand der Verschwiegenheitspflicht möglichst genau zu bezeichnen, um spätere Auslegungsstreitigkeiten zu vermeiden.

Aber auch **ohne** entsprechende **Vereinbarung** geht das BAG vom Bestehen einer all- 9
gemeinen nachvertraglichen Verschwiegenheitspflicht des ArbN aus. Es begründet dies bisher mit einer nachwirkenden Treuepflicht (BAG 16.3.82, DB 82, 2247; 15.12.87, DB 88, 1020; aA BGH 3.5.01 – I ZR 153/99, EzA § 611 BGB Betriebsgeheimnis Nr 4 für die rein wettbewerbsrechtliche Rechtslage). Rechtsdogmatisch besser erscheint demgegenüber die Begründung des nachvertraglichen Geheimnisschutzes mit einer entsprechenden Anwendung des für Handelsvertreter geltenden § 90 HGB (ähnlich *Molkenbur* BB 90, 1196). Ebenso wie im Bereich des Wettbewerbsverbots Vorschriften aus dem Recht der Handlungsgehilfen (§§ 60, 61 und 74 ff HGB) im Arbeitsrecht analoge Anwendung finden, sollten auch hier Vorschriften des HGB herangezogen werden, um eine weitere Ausuferung des unscharfen Begriffs der arbeitsrechtlichen Treuepflicht zu vermeiden. Auch das neue GeschGehG enthält keine Beschränkung des Geheimnisschutzes auf das laufende Arbeitsverhältnis. Allerdings besteht die allgemeine nachvertragliche Verschwiegenheitspflicht ebenfalls nur in den Grenzen des Art 12 GG. Daher darf der ausgeschiedene ArbN die während der Dauer seines Arbeitsverhältnisses erworbenen Kenntnisse später uneingeschränkt verwenden, wenn er keinem nachvertraglichen Wettbewerbsverbot unterliegt. Allerdings gilt dies nur für diejenigen Informationen, die er in seinem Gedächtnis bewahrt (LAG RhPf 24.5.18 – 5 Sa 267/17, BeckRS 2018, 17962).

**d) Rechtsfolgen.** Die Rechtsfolgen von Verstößen des ArbN gegen die Verpflichtung 10
zum Geheimnisschutz differieren je nachdem, ob es sich um einen Verstoß im vertraglichen oder vor- bzw nachvertraglichen Bereich handelt. Im Vertragsanbahnungsstadium sowie im nachvertraglichen Bereich haben Verstöße regelmäßig Schadensersatzansprüche des ArbGeb zur Folge. Im bestehenden Arbeitsverhältnis berechtigt darüber hinaus eine gravierende Vertraulichkeitsverletzung den ArbGeb regelmäßig zur Kündigung (LAG BlnBbg 13.4.17 – 10 Sa 154/17, NZA-RR 17, 404; LAG SchlHol 4.3.15 – 3 Sa 400/14, BeckRS 2015, 68142; LAG RhPf 14.3.13 – 10 Sa 351/12, BeckRS 2013, 68032; → *Kündigung, verhaltensbedingte* Rn 42; → *Kündigung, außerordentliche* Rn 71). In weniger bedeutenden Fällen kann eine *Abmahnung* erfolgen. Die Vorschriften der §§ 17–19 UWG sind im Rahmen der Neuregelung durch das GeschGehG aufgehoben worden.

**e) Erlaubte Handlungen.** Nicht erfasst wird vom gesetzlichen Geheimnisschutz gem 11
§ 3 Abs 1 Nr 3 GeschGehG ausdrücklich die Ausübung von Informations- und Anhörungsrechten der ArbN. Daneben normiert § 3 GeschGehG weitere allgemeine Erlaubnistatbestände. Schließlich enthält das Gesetz eine besondere Whistleblowerregelung und erlaubt in § 5 Nr 3 GeschGehG die Offenlegung eines Geschäftsgeheimnisses durch ArbN gegenüber der ArbNVertretung, wenn dies zu deren Aufgabenerfüllung erforderlich ist (kritisch *Naber/Peukert/Seeger* NZA 19, 583: zu pauschal, fehlende Verfahrensregelung).

**4. Verschwiegenheitspflicht im kollektiven Bereich. a) Grundsatz.** Gem § 79 12
Abs 1 BetrVG sind BRatMitglieder zur Geheimhaltung derjenigen Tatsachen verpflichtet, die ihnen aufgrund ihrer Zugehörigkeit zum BRat bekannt werden und die vom ArbGeb ausdrücklich als geheimhaltungsbedürftig bezeichnet worden sind (grundlegend *Hitzfeld* Geheimnisschutz im Betriebsverfassungsrecht, 1990). Das Gleiche gilt gem § 39 Abs 2 EBRG für Mitglieder und Ersatzmitglieder des Europäischen BRat. Das Geheimhaltungs-

gebot richtet sich dabei nicht lediglich gegen den BRat als Organ, sondern es betrifft sämtliche einzelnen BRatMitglieder (BAG 26.2.87, DB 87, 2526). Es schließt zudem ein Verwertungsverbot ein und gilt auch gegenüber den ArbN des Betriebes (*Fitting* § 79 Rz 16). Allerdings kann der ArbGeb nicht einen dem BRat mitgeteilten geplanten Personalabbau als solchen per se zu einem Betriebs- oder Geschäftsgeheimnis iSd § 79 BetrVG erklären (LAG Hess 20.3.17 – 16 TaBV 12/17, BeckRS 2017, 109499; LAG SchlHol 20.5.15 – 3 TaBV 35/14, NZA-RR 16, 77 mit zust Anm von *Buschmann* ArbuR 15, 355). Im Übrigen gilt die Schweigepflicht zeitlich unbeschränkt und endet insbes nicht mit der Beendigung des Mandats.

13 Für die übrigen Betriebsverfassungsorgane ergibt sich die Schweigepflicht aus der Verweisungsregelung in § 79 Abs 2 BetrVG. Zur Verschwiegenheitspflicht von ArbNVertretern im Aufsichtsrat zuletzt BAG 23.10.08 – 2 ABR 59/07, NZA 09, 855. Zu Sonderproblemen im Zusammenhang mit dem Insiderrecht vgl *Schleifer/Kliemt* DB 95, 2214.

14 **Beispiele** für Geheimnisse iSd § 79 BetrVG sind: Kundenlisten, Unterlagen über technische Herstellungsverfahren, Daten bezüglich Absatzplanung und Kalkulation (BAG 26.2.87, DB 87, 2526), Lohn- und Gehaltsdaten (LAG Hess 16.12.10 – 9 TaBV 55/10, BeckRS 2011, 72396), Konstruktionszeichnungen (LAG Hamm 21.6.04 – 7 Sa 590/03, BB 2005, 164), Rezepturen (BAG 16.3.82, DB 82, 2247) sowie Bruttolohn- und -gehaltslisten bei einem Zeitschriftenverlag (BAG 26.2.87, DB 87, 2526; 14.5.87, DB 88, 2569).

15 **b) Rechtsfolge** eines Verstoßes des BRat oder anderer betriebsverfassungsrechtlicher Organe gegen die Geheimhaltungspflicht des § 79 BetrVG ist ein **Unterlassungsanspruch** des ArbGeb, der sich sowohl gegen die einzelnen BRatMitglieder als auch gegen den BRat als Organ richtet (BAG 26.2.87, DB 87, 2526; 14.5.87, DB 88, 2569). Zudem sind die besonderen **strafrechtlichen Sanktionen** des § 120 BetrVG (Freiheitsstrafe bis zu einem Jahr bzw bei qualifizierter Tatbegehung bis zu zwei Jahren und Geldstrafe) zu beachten.

16 **c) Erlaubte Handlungen.** Auch im kollektiven Bereich wird vom gesetzlichen Geheimnisschutz gem § 3 Abs 1 Nr 3 GeschGehG die Ausübung von Mitwirkungs- und Mitbestimmungsrechten der ArbNVertretung ausdrücklich ausgenommen.

17 **5. In prozessualer Hinsicht** besteht für den ArbGeb bei einer Klage auf Wahrung von Betriebsgeheimnissen häufig das Problem der hinreichenden **Bestimmtheit des Klageantrags.** Gleichwohl sind insoweit grds dieselben Anforderungen wie an sonstige Klagen zu stellen (BAG 25.4.89, DB 89, 2340; LAG Köln 18.1.12 – 9 Ta 407/11, BeckRS 2012, 68079; LAG Hamm 18.10.13 – 10 SaGa 28/13, BeckRS 2014, 69415). Zur Verdeutlichung des begehrten Verbots kann im Klageantrag allerdings auf Fotografien, Zeichnungen uÄ Bezug genommen werden. In jedem Fall muss hinreichend deutlich beschrieben sein, was geschützt werden soll und aus welchem Grund ein Interesse an der Geheimhaltung besteht, denn die Abgrenzung des Verbots darf nicht erst dem Vollstreckungsverfahren überlassen bleiben (BAG 30.9.14 – 3 AZR 617/12, NZA 15, 544). Ein Unterlassungsantrag, „Betriebs- und Geschäftsgeheimnisse des ArbGeb an Dritte weiterzugeben", genügt den gesetzlichen Anforderungen danach nicht (LAG RhPf 14.1.16 – 5 SaGa 9/15, BeckRS 2016, 66466). Ihre Grenze erreicht die Konkretisierungspflicht jedenfalls dann, wenn anderenfalls eine Offenbarung des zu schützenden Betriebsgeheimnisses erfolgen würde (BAG 15.12.87, DB 88, 1020; 25.4.89, DB 89, 2340).

## B. Lohnsteuerrecht

*Seidel*

18 Soweit dem FA, insbes Betriebs- oder LStAußenprüfern, im Rahmen ihrer Tätigkeit Betriebs- oder Geschäftsgeheimnisse des Stpfl bekannt werden, unterliegen diese dem von den Amtsträgern zu wahrenden Steuergeheimnis (§ 30 Abs 2 Nr 2 AO). Die unbefugte Offenbarung kann sowohl straf- als auch disziplinarrechtliche Folgen sowie Schadensersatzansprüche auslösen (→ *Datenschutz* Rn 35 ff). Dies gilt auch für Angehörige der Steuergerichte (FG, BFH). Zum Schutz der für den LStAbzug relevanten Daten des ArbN durch den ArbGeb → *Datenschutz* Rn 27 ff. Zum Schutz des ArbN hinsichtlich der ELStAM → *Lohnsteuerabzugsmerkmale* Rn 23. Zu den ArbGeb betreffenden Auskünften des ArbN gegenüber dem FA bzw dem Prüfer → *Datenschutz* Rn 34, → *Auskunftspflichten Arbeitnehmer* Rn 39 sowie → *Außenprüfung* Rn 17.

**C. Sozialversicherungsrecht** *Schlegel*

**1. Sozialgeheimnis.** Nach § 35 Abs 1 SGB I hat jedermann Anspruch darauf, dass Einzelangaben über seine persönlichen und sachlichen Verhältnisse (personenbezogene Daten) von den Leistungsträgern als Sozialgeheimnis gewahrt und nicht unbefugt offenbart werden. **Betriebs- und Geschäftsgeheimnisse** stehen personenbezogenen Daten gleich (so ausdrücklich § 35 Abs 4 SGB I). Das hat die Konsequenz, dass eine Offenbarung von Betriebs- und Geschäftsgeheimnissen nur unter den Voraussetzungen der §§ 67–77 SGB X zulässig ist (§ 35 Abs 2 SGB X) und keine Auskunftspflicht, keine Zeugnispflicht und keine Pflicht zur Vorlegung oder Auslieferung von Schriftstücken, Akten, Dateien und sonstigen Datenträgern besteht, soweit eine Offenbarung nicht zulässig ist (§ 35 Abs 3 SGB I). 19

**a) Schutzbereich.** Geschützt sind nach dieser Vorschrift nicht nur geheimhaltungsbedürftige Tatsachen, die ihrer Natur nach ausgesprochen vertraulichen Charakter haben, sondern alle Einzelangaben über persönliche und sachliche Verhältnisse (BSG 25.10.78 – 1 RJ 32/78, SozR 1200 § 35 Nr 1). Für Betriebsgeheimnisse besteht der Schutz demnach für alle individuellen, betriebsbezogenen Informationen in Bezug auf die technische und die kaufmännische Seite eines Unternehmens. Dazu gehören zB Betriebsstrukturen, Produktionsmethoden, Verfahrensarten, Marktstrategien, Kundenlisten, Lohn- und Finanzverhältnisse, Gesamtzahl der Arbeiter und deren Löhne, Geschäftsbücher, Kalkulationsgrundlagen, technische Pläne. 20

**Beitragsunterlagen.** Die dem ArbGeb im Rahmen des Beitragsrechts auferlegten Melde- und Auskunftspflichten einschließlich der Pflicht, Betriebsprüfungen mit Durchsicht seiner „Bücher" zu dulden, werden durch § 35 SGB I nicht beseitigt oder eingeschränkt. Die im Zusammenhang hiermit angelegten Dateien etc stehen nämlich von vornherein unter dem Vorbehalt der Transparenz und Nachprüfbarkeit durch die Einzugsstellen und den Prüfstellen der RVTräger (§ 28p SGB IV), so dass diesen schon bestimmungsgemäß die Einsicht nicht verweigert werden kann (§ 98 SGB X). 21

**b) Offenbarungsbefugnisse** können sich ergeben aus (schriftlicher) Einwilligung (§ 67 Satz 1 Nr 1 SGB X) oder einer gesetzlichen Offenbarungsbefugnis nach §§ 67–77 SGB X. Die Einwilligung in die Offenbarung eines Betriebs- oder Geschäftsgeheimnisses obliegt dem Inhaber des Betriebes bzw bei juristischen Personen deren Repräsentanten (Geschäftsführer, Vorstand etc). Für Betriebsgeheimnisse kommt insbes eine Offenbarung nach § 70 SGB X in Betracht, wonach die Offenbarung zulässig ist, soweit sie zur Erfüllung der gesetzlichen Aufgabe der UVTräger, der Gewerbeaufsichtsämter oder der Bergbehörden bei der Durchführung des Arbeitsschutzes erforderlich ist und dieses Interesse das Geheimhaltungsinteresse des Betriebes erheblich überwiegt. 22

**2. Rechte der technischen Aufsichtsbeamten im Rahmen der Prävention,** dh im Rahmen der Unfallverhütung gehen unter Einschränkung des Art 13 GG ua dahin, die Mitgliedsunternehmen einer BG während der Arbeitszeit zu besichtigen und Auskunft über Einrichtungen, Arbeitsverfahren und Arbeitsstoffe zu verlangen (§ 22 SGB VII). 23

## Betriebsjubiläum

**A. Arbeitsrecht** *Griese*

**1. Bedeutung.** Der ArbGeb kann aus Anlass eines Betriebs-, Firmen- oder Geschäftsjubiläums zusätzliche Leistungen erbringen. Dies können Gratifikationen ***(Einmalzahlungen)*** sein, zusätzliche Urlaubstage oder Sachzuwendungen. Das Betriebsjubiläum ist vom Dienstjubiläum zu unterscheiden, bei dem es nicht um das Jubiläum des Betriebes, sondern um das individuelle Dienstzeitenjubiläum des einzelnen ArbN geht. 1

**2. Voraussetzungen für Ansprüche der Arbeitnehmer.** Ein Anspruch besteht hierauf nicht, soweit nicht eine arbeitsrechtliche Anspruchsgrundlage (Tarifvertrag, Betriebsvereinbarung, Arbeitsvertrag, arbeitsvertragliche Einheitsregelung, Gesamtzusage) besteht. Auch aus dem Gleichbehandlungsgrundsatz kann sich ein Anspruch ergeben. Aus betrieblicher Übung wird idR kein Anspruch auf gleiche Leistungen bei zukünftigen Betriebsjubiläen 2 herzuleiten sein, da das Betriebsjubiläum ein singuläres Ereignis ist und Leistungen des ArbGeb anlässlich eines solchen Ereignisses kein schutzwürdiges Vertrauen auf Leistungen gleichen Umfangs bei zukünftigen Betriebsjubiläen begründen.

3 Gewährt der ArbGeb eine **Zahlung** aus Anlass eines Betriebsjubiläums, ist aus der Rechtsgrundlage zugleich der Zweck der Zuwendung zu bestimmen. Zweck kann einerseits die Honorierung der bis zum Betriebsjubiläum erbrachten Betriebstreue sein, wofür die Staffelung der Zuwendung nach Beschäftigungsdauer spricht. Zweck kann anderseits die zusätzliche Vergütung der erbrachten Arbeitsleistung sein. Die Kombination beider Zweckelemente (Gratifikation mit Mischcharakter) ist ebenso möglich.

4 Nach der Zwecksetzung richtet sich, ob sich **krankheitsbedingte Fehlzeiten** oder Zeiten, in denen das Arbeitsverhältnis ruht, zur Minderung oder zum Ausschluss des Anspruchs führen. Insoweit gelten die generellen Grundsätze für ***Einmalzahlungen*** (s dort).

5 **3. Mitbestimmung des Betriebsrats.** Das Mitbestimmungsrecht des BRat nach § 87 Abs 1 Nr 10 BetrVG ist zu beachten. Auch wenn Zuwendungen des ArbGeb anlässlich eines Betriebsjubiläums eine freiwillige Leistung darstellen, hat der BRat bei der Verteilung des vom ArbGeb mitbestimmungsfrei vorgegebenen Dotierungsrahmen mitzubestimmen (→ *Einmalzahlungen* Rn 15).

6 **4. Unpfändbarkeit.** Zahlungen im üblichen Rahmen aus Anlass eines Betriebsjubiläums sind grds unpfändbar, bei Pfändungen wegen Unterhaltsforderungen höchstens zur Hälfte pfändbar (§§ 850a Nr 2, 850d ZPO).

## B. Lohnsteuerrecht *Weil*

7 **Geld- oder Sachzuwendungen** (→ Rn 1) gehören zum **stpfl Arbeitslohn.** Sie sind seit 1999 nicht mehr steuerfrei. Zur Pauschalbesteuerung von Sachzuwendungen → *Lohnsteuerpauschalierung* Rn 60. Zu den Voraussetzungen der ermäßigten Besteuerung nach §§ 34 Abs 2 Nr 4, 39b Abs 3 Satz 9 EStG → *Außerordentliche Einkünfte* Rn 19. Zu **Jubiläumsrückstellungen** BVerfG 12.5.09 – 2 BvL 1/00, BFH/NV 09, 1382. Zur Besteuerung der Zuwendungen anlässlich einer **Jubiläumsfeier** → *Betriebsveranstaltung* Rn 2 ff.

## C. Sozialversicherungsrecht *Schlegel*

8 **1. Zuwendungen bei Betriebsjubiläum. a) Beitragspflichtiges Arbeitsentgelt.** Nach § 1 Abs 1 Nr 1 SvEV sind einmalige Einnahmen, laufende Zahlungen, Zuschüsse etc, die zusätzlich zu Löhnen und Gehältern gezahlt werden, nicht dem Arbeitsentgelt iSv § 14 SGB IV zuzurechnen und damit regelmäßig beitragsfrei.

9 Nach Aufhebung des § 3 Nr 52 EStG und des § 3 LStDV durch das StEntlG 1999 sind Zahlungen, Sachgeschenke oder sonstige Annehmlichkeiten (zB eine Reise; Speisen, kulturelle Darbietung) bei einem Betriebsjubiläum ein dem Arbeitsentgelt zuzurechnender geldwerter Vorteil, der grds auch in die Beitragsbemessungsgrundlage eingeht. § 1 SVEV ist nicht mehr erfüllt.

10 **b) Bagatellzuwendungen.** Übliche Zuwendungen bei herkömmlichen (üblichen) Betriebsveranstaltungen (zB Betriebsausflüge, Weihnachtsfeiern, Jubiläumsfeiern) sind als Leistungen im ganz überwiegenden Interesse des ArbGeb und deshalb nicht als Arbeitsentgelt iSd § 14 SGB IV anzusehen (ebenso LSG Bay 20.12.89 – L 13 Kn 15/86 – nv).

11 **c) Umfangreichere Zuwendungen** werden als lohnsteuerpflichtiges und damit beitragspflichtiges Arbeitsentgelt iSd § 14 SGB IV behandelt. Nach § 40 Abs 2 Nr 2 EStG ist die Erhebung der LSt mit einem Pauschsteuersatz von 25 vH zulässig, wenn der ArbGeb aus Anlass von Betriebsveranstaltungen Arbeitslohn zahlt; hat der ArbGeb die Pauschsteuer entrichtet, sind die Einnahmen des ArbN insoweit nicht dem sozialversicherungsrechtlichen Arbeitsentgelt zuzurechnen (§ 1 Abs 1 Nr 3 SvEV). In den übrigen Fällen (keine Pauschalbesteuerung), die kaum vorkommen werden, muss der geldwerte Vorteil für jeden ArbN individuell ermittelt und als einmalige Einnahme (Einmalzahlung) behandelt werden.

12 **d) Einmalzahlungen.** Zahlungen aus Anlass eines Jubiläums des Betriebes sind nicht als Arbeitsentgelt nur desjenigen Entgeltabrechnungszeitraums anzusehen, in welchem sie ausgezahlt werden. Es handelt sich dabei um nicht nur einem Abrechnungszeitraum zurechenbare Zuwendungen. Zur beitragsrechtlichen Behandlung s *Einmalzahlungen.*

**2. Unfallversicherungsschutz.** Bei Betriebsjubiläen besteht UVSchutz, wenn die Veranstaltung der Verbundenheit zwischen Betriebsleitung und Betriebsangehörigen und damit dem Betriebsklima insgesamt dient. Liegt eine betriebliche Gemeinschaftsveranstaltung vor, kann die Teilnahme von Beschäftigten etwa an Betriebsfesten, Betriebsausflügen oder ähnlichen betriebliche Gemeinschaftsveranstaltungen dem Unternehmen zugerechnet und der versicherten Tätigkeit gleichgesetzt werden. Zu den Voraussetzungen im Einzelnen vgl BSG 15.11.16 – B 2 U 12/15 R, NJW 2017, 1421; BSG 5.7.16 – B 2 U 19/14 R, NJW 2017, 506. 13

## Betriebskindergarten

### A. Arbeitsrecht

*Kreitner*

Es besteht keine Verpflichtung des ArbGeb zur Einrichtung eines Betriebskindergartens. Vielmehr handelt es sich insoweit um eine freiwillige, zusätzliche soziale Leistung des ArbGeb. Allerdings unterliegen Form, Ausgestaltung und Verwaltung eines Betriebskindergartens der erzwingbaren Mitbestimmung des BRat gem § 87 Abs 1 Nr 8 BetrVG (LAG Hamm 27.11.75, DB 76, 201; *Richardi* § 87 Rz 619). Wegen der weiteren Einzelheiten wird auf die Erläuterungen zu → *Sozialeinrichtungen* Rn 9 ff verwiesen. 1

### B. Lohnsteuerrecht

*Thomas*

**1. Steuerliche Einordung.** Kinderbetreuungskosten, die der ArbN selbst aufbringt, sind nach gefestigter Rspr (zuletzt BFH 12.4.07 – VI R 42/03, BFH/NV 07, 1312), bestätigt durch das BVerfG (11.10.77 – 1 BvR 343/73, 83/74, 183/75, 428/75, BStBl II 78, 174, sowie BVerfG 24.9.92 – 1 BvR 1443/89, DStR 93, 275) keine Werbungskosten (aA *von Nörenberg* BB 84, 330; *Degenhard* DStZ 95, 61; *Schön* DStR 99, 1677; *Tiedchen* FR 99, 1681). Auch im Beschluss des BVerfG v 10.11.98 – 2 BvR 980, 1057 und 1226/91 (BStBl II 99, 182; vgl dazu *Arndt/Schumacher* NJW 99, 745; *Kirchhof* NJW 2000, 2792) werden die Kinderbetreuungskosten nicht im Rahmen des objektiven Nettoprinzips (also als Erwerbsaufwendungen), sondern im Rahmen des subjektiven Nettoprinzips (als zwangsläufige Einkommensverwendungen) eingeordnet und ein Abzug verlangt (BVerfG 4.12.02 – 2 BvR 400/98 und 1735/00, BStBl II 03, 534). 2

Hierfür dient als Teil des Kinderfreibetrages der Freibetrag für den Betreuungs-, Erziehungs- oder Ausbildungsbedarf (§ 32 Abs 6 Satz 1 EStG) von 1320 €, der sich nur auswirkt, wenn er zusammen mit dem Grundfreibetrag für das sächliche Existenzminimum (→ *Kinderfreibetrag* Rn 4) günstiger ist als das Kindergeld. Daneben werden Betreuungsaufwendungen nach § 10 Abs 1 Nr 5 EStG berücksichtigt (→ *Kindervergünstigungen* Rn 12 ff).

**2. Arbeitslohn. a) Steuerbarkeit.** Die ursprüngliche Unterscheidung zwischen Betreuungsaufwand des ArbGeb in betriebseigenen (BFH 24.1.75 – VI R 242/81, BStBl II 75, 340, kein Lohn) und in betriebsfremden Kindergärten (BFH 25.7.86 – VI R 203/83, BStBl II 86, 868, Lohn) ist hinfällig. In beiden Fällen liegt Lohn vor, da der ArbGeb Privataufwand des ArbN übernimmt, der bei diesem noch nicht einmal zu Werbungskosten führt (→ Rn 2). Auch die Steuerbefreiung des § 3 Nr 33 EStG (→ Rn 4) macht deutlich, dass Aufwendungen des ArbGeb für die Betreuung von ArbNKindern, gleichgültig in welcher Form, Arbeitslohn darstellen. Die Frage, ob die Betreuung in betriebseigenen Kindergärten Arbeitslohn bewirkt, kann trotz der Befreiung in § 3 Nr 33 EStG für die Fälle eine Rolle spielen, in denen die Befreiungsvoraussetzungen bspw wegen des Alters des Kindes nicht vorliegen. 3

**b) Steuerbefreiung.** Nach § 3 Nr 33 EStG sind bestimmte Leistungen des ArbGeb zur Kinderbetreuung steuerbefreit. 4

**aa) Leistungen des Arbeitgebers** können Aufwendungen für betriebseigene Kindergärten oder Barzuschüsse zu fremden Einrichtungen sein, wenn die Zweckverwendung sichergestellt ist. Barzuschüsse sind auch steuerfrei, wenn der nicht beim ArbGeb beschäftigte Elternteil die Aufwendungen trägt (R 3.33 Abs 1 Satz 2 LStR). Belege über die Verwendungskontrolle hat der ArbGeb als Nachweis für die Voraussetzung der Steuerbefreiung 5 im Original zu den LStAkten zu nehmen. Sind Ehegatten bei unterschiedlichen ArbGeb berufstätig, kann der ArbGeb einen Eigenbeleg des bei ihm beschäftigten Ehegatten zu den Akten nehmen, dass die Vergünstigung nur einmal in Anspruch genommen wird oder die Kosten sachgerecht aufgeteilt werden (*Wermelskirchen* DStR 92, 1530).

6 **bb) Unterbringung und Betreuung.** Befreit sind Aufwendungen für Unterkunft, Verpflegung (R 3.33 Abs 1 Satz 1 LStR; vgl aber BFH 28.11.86 – III R 1/86, BStBl II 87, 490) und Betreuungspersonal, nicht dagegen mittelbare Betreuungskosten wie solche für die Beförderung des Kindes (BFH 29.8.86 – III R 209/82, BStBl II 87, 167; zweifelhaft *Drenseck* DB Beilage Nr 1/93 S 30), ebenfalls nicht für besondere Unterrichtsleistungen (R 3.33 Abs 2 Satz 5 und 6 LStR) oder für die Vermittlung von Unterbringungs- und Betreuungsmöglichkeiten.

7 **cc) Nicht schulpflichtige Kinder** sind solche, die das 6. Lebensjahr noch nicht vollendet haben. Wird das 6. Lebensjahr im laufenden Kj vor dem 1.7. vollendet, gilt die Befreiung bis zum 31.7., wird es nach dem 30.6. vollendet, gilt sie für das ganze Jahr, wenn das Kind nicht vorzeitig eingeschult wird. Ob ein Kind schulpflichtig ist, bestimmt sich nach dem landesrechtlichen Schulgesetz (R 3.33 Abs 3 LStR).

8 **dd) Kindergärten und vergleichbare Einrichtungen** sind Kindertagesstätten, Kinderkrippen, Tagesmütter, Wochenmütter und Ganztagspflegestellen. Dagegen ist die Betreuung im eigenen Haushalt des ArbN durch Kinderpflegerinnen oder Angehörige nicht begünstigt.

9 **ee) Zusätzlichkeitserfordernis.** Steuerbefreit sind nur Leistungen, die zusätzlich zum ohnehin geschuldeten Lohn erbracht werden. Nach der diesbezüglichen neueren Rspr des BFH (→ *Arbeitgeberzuschuss* Rn 6) müsste die Steuerbefreiung nur eingreifen, wenn der ArbGeb Betreuungsaufwendungen nicht „geschuldet", sondern freiwillig gewährt was arbeitsrechtlich bei Dauergewährung kaum möglich ist (zur Kritik *Obermair* DStR 13, 1118; *Plenker* DB 13, 1202; *Thomas* DStR 11, 789). Bei einer am Wortsinn orientierten gleichheitskonformen Auslegung könnte der Lohn gemeint sein, der zu dem – ggf nach einer Lohnumwandlung – derzeit ohnehin geschuldeten (also regelbesteuerten) Lohn zusätzlich für die Kinderbetreuung gewährt wird.

10 **ff) Ehegattenarbeitsverhältnis.** Der Steuerbefreiung steht nicht entgegen, dass ArbN und ArbGeb Ehegatten sind (→ *Familiäre Mitarbeit* Rn 25), wenn die Gestaltung einem Fremdvergleich standhält (*Wermelskirchen* DStR 92, 1530). Dabei ist aber zweifelhaft, ob im Falle der Pauschalierung (→ *Geringfügige Beschäftigung* Rn 20) Vorteile aus der Kinderbetreuung in die Bemessungsgrundlage einzubeziehen sind (*Thomas* StbJb 90/91, 218).

## C. Sozialversicherungsrecht *Ruppelt*

11 **1. Beitragsrecht.** Stellt der ArbGeb eine Kinderbetreuungseinrichtung (Betriebskindergarten) zur Verfügung, der von der Belegschaft in ihrer Gesamtheit genutzt werden kann, so handelt es sich dabei nicht um einen Ertrag der nichtselbstständigen Arbeit der ArbN, sondern um eine Leistung, die in überwiegend betrieblichem Interesse erbracht wird. Im Vordergrund stehen die Förderung der Attraktivität des Betriebes auf dem Arbeitsmarkt bzw Elemente der Sozialverantwortung des Betriebes. Diese Leistung gehört daher nicht zum beitragspflichtigen Arbeitsentgelt in der SozV und ArblV (→ *Sozialeinrichtungen* Rn 23; → *Geldwerter Vorteil* Rn 9; → *Sachbezug* Rn 39 ff).

12 **2. Unfallversicherungsrecht.** Betriebskindergärten sind Tageseinrichtungen iSv § 2 Abs 1 Nr 8a SGB VII, da für deren Betrieb regelmäßig eine Erlaubnis nach § 45 SGB VIII oder nach landesrechtlichen Vorschriften erforderlich ist. Kinder sind während des Besuchs dieser Tageseinrichtungen in der gesetzlichen UV versichert. Tageseinrichtungen sind Einrichtungen, in denen Kinder oder Jugendliche ganztägig oder für den Teil eines Tages betreut werden (Kindergärten, Krippen, Horte). Die Kinder sind auch auf dem Weg von und zu der Tageseinrichtung versichert (→ *Wegeunfall* Rn 13 ff) und auch, wenn sie sich unerlaubt von der Einrichtung entfernen (BSG 30.6.98 – B 2 U 20/97 R, NZS 99, 152). Zuständiger UVTräger ist die für den Betrieb zuständige BG (§ 131 Abs 1 SGB VII). S → *Unternehmen* Rn 21; → *Unfallversicherung* Rn 26, 29.

# Betriebsordnung

## A. Arbeitsrecht

*Kreitner*

**1. Bedeutung.** Der Begriff der Betriebsordnung ist im Arbeitsrecht in mehrfacher Hinsicht von Bedeutung. Das deutliche Schwergewicht liegt dabei im Bereich der betrieblichen Mitbestimmung gem § 87 Abs 1 Nr 1 BetrVG bei „Fragen der Ordnung des Betriebes". Doch auch für das einzelne Arbeitsverhältnis ist die Betriebsordnung relevant. So können Störungen der betrieblichen Ordnung je nach Lage des Einzelfalles den ArbGeb zu einer Kündigung des Arbeitsverhältnis berechtigen (BAG 17.3.88, DB 89, 329). Schließlich werden Sachverhalte, die zumindest mittelbar die betriebliche Ordnung berühren, in den verschiedensten Spezialgesetzen und VO geregelt (zB ArbZG, LadSchlG, Arbeitsschutzvorschriften). Selbst Verwaltungsakte von Aufsichtsbehörden können insoweit unmittelbare Auswirkungen haben (zB Auflagen für den Betrieb einer Kernforschungsanlage oder eines gentechnischen Labors). Schließlich ist die Betriebsordnung zentraler Gegenstand der aktuellen Compliance-Diskussion (→ *Compliance* Rn 12). 1

**2. Mitbestimmungsrecht des Betriebsrats.** Gem § 87 Abs 1 Nr 1 BetrVG besteht ein erzwingbares Mitbestimmungsrecht des BRat bei Fragen der Ordnung des Betriebes und des Verhaltens der ArbN im Betrieb. Dieser Regelungsbereich unterliegt grds dem Direktionsrecht des ArbGeb (*Borgmann/Faas* NZA 04, 241; → *Weisungsrecht* Rn 11). Dabei ist der Begriff des Betriebs nicht räumlich, sondern funktional zu verstehen. Das Mitbestimmungsrecht besteht auch dann, wenn es um das Verhalten der ArbN außerhalb der eigentlichen Betriebsstätte geht (zB Außendienstmitarbeiter, Kraftfahrer, Monteure). Werden die ArbN in einem Kundenbetrieb eingesetzt, bleiben die Verhaltensregeln mitbestimmungspflichtig. Der ArbGeb muss durch eine entsprechende Vertragsgestaltung sicherstellen, dass die ordnungsgemäße Wahrnehmung der Mitbestimmungsrechte des BRat gewährleistet ist (BAG 27.1.04 – 1 ABR 7/03, NZA 04, 556). Zweck des Mitbestimmungsrechts ist es, durch die Beteiligung des BRat die Belange der ArbN geltend zu machen und auf diese Weise unter Einschränkung der Regelungsbefugnis des ArbGeb beide Interessenlagen zu einem gleichberechtigten Ausgleich zu bringen. Kommt eine Einigung nicht zustande, entscheidet gem § 87 Abs 2 BetrVG die *Einigungsstelle.* Grds entzogen sind den Betriebsparteien lediglich Regelungen, die in die private Lebensführung der ArbN eingreifen (BAG 28.5.02 – 1 ABR 32/01, NZA 03, 166). 2

**a) Voraussetzungen. aa) Allgemeine Mitbestimmungsvoraussetzung** ist das Vorliegen einer generellen Regelung. Dabei ist unerheblich, wie viele ArbN betroffen sind. Allein konkrete Einzelanweisungen des ArbGeb, die sich auf die arbeitsvertraglichen Pflichten einzelner ArbN beziehen, sind von der Mitbestimmung ausgenommen (BAG 21.1.97 – 1 ABR 53/96, NZA 97, 785; LAG MeVo 18.10.16 – 2 TaBVGa 1/16, BeckRS 2016, 119000). Unerheblich ist ebenfalls, ob der ArbGeb für die ArbN verbindliche Verhaltensregeln einführen will oder ob es sich lediglich um allgemeine Ordnungsregeln ohne verpflichtenden Charakter handelt (BAG 14.1.86, DB 86, 1025). 3

**bb) Tatbestandliche Voraussetzung des § 87 Abs 1 Nr 1 BetrVG** ist, dass durch Maßnahmen des ArbGeb das sog Ordnungsverhalten der ArbN betroffen wird (BAG 23.2.16 – 1 ABR 18/14, NZA 16, 838; 11.6.02 – 1 ABR 46/01, NZA 02, 1299; 27.1.04 – 1 ABR 7/03, NZA 04, 556). Nach der Rspr des BAG (→ *Kontrolle des Arbeitnehmers* Rn 5 ff) regelt § 87 Abs 1 Nr 1 BetrVG einen einheitlichen Mitbestimmungstatbestand der Sicherung eines ungestörten Arbeitsablaufs und der Gestaltung des Zusammenlebens und Zusammenwirkens der ArbN im Betrieb (BAG 8.6.99, NZA 99, 1288; 11.6.02, NZA 02, 1299; 27.1.04, NZA 04, 556). Dies hat zur Folge, dass zwischen ArbGebSeitigen Maßnahmen, die das Ordnungsverhalten im obigen Sinne betreffen, und solchen, die das Arbeits- bzw Leistungsverhalten regeln, zu unterscheiden ist (BAG 23.8.18 – 2 AZR 235/18, BeckRS 2018, 28019; 22.8.17 – 1 ABR 52/14, NZA 18, 50). Nur die Ersteren betreffen die Betriebsordnung iSd BetrVG und unterfallen daher der Mitbestimmung des BRat gem § 87 Abs 1 Nr 1 BetrVG. Hierzu zählen bspw sog Ethik-Richtlinien verschiedener Unter- 4 nehmen, die zumeist allerdings sowohl mitbestimmungspflichtige als auch mitbestimmungsfreie Inhalte aufweisen. Zu ersteren gehört bspw die Verpflichtung der ArbN, Interessenkonflikte schriftlich zu melden (BAG 22.7.08 – 1 ABR 40/07, NZA 08, 1248; *Schuster/Darsow* NZA 05, 273; *Dzida* NZA 08, 1265; *Meyer* NJW 06, 3605). Auch bei standardisierten Erklärungen, mit denen sich der ArbN gegenüber dem ArbGeb zum Stillschweigen über bestimmte betriebliche oder geschäftliche Vorgänge verpflichtet, hängt die Mitbestimmungspflicht vom jeweiligen Inhalt ab (BAG 10.3.09 – 1 ABR 87/07, NZA 10, 180). Unabhängig hiervon können Maßnahmen zur Regelung des Arbeitsverhaltens allerdings nach § 87 Abs 1 Nr 6 BetrVG mitbestimmungspflichtig sein.

Der außerbetriebliche, private Lebensbereich der ArbN bleibt danach grds der Regelungsbefugnis der Betriebsparteien entzogen. Dabei ist der Begriff des Betriebes aber nicht räumlich, sondern funktionell zu verstehen, so dass ein Mitbestimmungsrecht auch bestehen kann, wenn es um ein Verhalten des ArbN außerhalb der Betriebsstätte, etwa gegenüber Kunden oder Lieferanten geht (BAG 22.8.17 – 1 ABR 52/14, NZA 18, 50).

**5** Die Beachtung der Mitbestimmungsrechte des BRat ist **Wirksamkeitsvoraussetzung** der jeweiligen Maßnahme. Führt der ArbGeb Regelungen der betrieblichen Ordnung iSd § 87 Abs 1 Nr 1 BetrVG ein, ohne den BRat ordnungsgemäß zu beteiligen, sind diese rechtsunwirksam (allgemeine Ansicht vgl GK-BetrVG/*Wiese* § 87 Rz 234). Dennoch kann der ArbGeb mitbestimmungswidrig erlangte Informationen im gerichtlichen Verfahren nutzen, da es insoweit kein gesetzliches Verwertungsverbot gibt. Etwas anders gilt nur dann, wenn hierdurch das Persönlichkeitsrecht des ArbN erheblich in unverhältnismäßiger Weise verletzt würde (BAG 13.12.07 – 2 AZR 537/06, NZA 08, 1008).

**6** **b) Mitbestimmungspflichtig** können die verschiedenartigsten Maßnahmen des ArbGeb sein, da das Ordnungsverhalten der ArbN zur Gewährleistung eines reibungslosen Betriebsablaufs oftmals Gegenstand ArbGebSeitiger Anweisungen ist. Aus der umfangreichen Einzelfallrechtsprechung lassen sich exemplarisch folgende Entscheidungen anführen:

**7** Allgemeine Weisung zur **Abmeldung** bei Verlassen des Betriebsgeländes (LAG Nbg 20.12.18 – 5 TaBV 61/17, BeckRS 2018, 44316), **Abschleppen** ordnungswidrig geparkter Fahrzeuge (LAG Düsseldorf 25.1.89, DB 89, 1878), **Alkoholverbot** (BAG 23.9.86, DB 87, 337; LAG SchlHol 20.11.07 – 5 TaBV 23/07, NZA-RR 08, 184: Schiffsbesatzung), **Anwesenheitskontrolle** (BAG 25.5.82, DB 82, 2712), Regelung von **Anzeige- und Nachweispflicht im Krankheitsfall** (BAG 23.8.16 – 1 ABR 43/14, NZA 16, 1483; LAG Köln 21.8.13 – 11 Ta 87/13, BeckRS 2013, 73949; LAG Hess 6.9.01 – 5 TaBV 5/01, LAGE § 87 BetrVG Betriebliche Ordnung Nr 13), **Arbeitskleidung** (BAG 30.9.14 – 1 AZR 1083/12, NZA 15, 121; 17.1.12 – 1 ABR 45/10, NZA 12, 687; LAG Köln 18.8.10 – 3 TaBV 15/10, NZA-RR 11, 85; LAG Nbg 10.9.02 – 6 (5) TaBV 41/01, NZA-RR 03, 197; Einzelheiten → *Arbeitskleidung* Rn 5 ff), **Arbeitskleiderordnung** für Mitarbeiter im Spielcasino soweit es nicht um die Kostentragung geht (BAG 13.2.07 – 1 ABR 18/06, NZA 07, 640), unternehmenseinheitliche **Arbeitskleiderordnung** mitbestimmt durch GBRat (LAG BaWü 21.10.15 – 4 TaBV 2/15, NZA-RR 16, 141), Namensschilder an **Arbeitskleidung** (BAG 11.6.02 – 1 ABR 46/01, NZA 02, 1299), Verlassen des **Arbeitsplatzes** während Mittagspause (BAG 21.8.90, DB 91, 394), Formulare für **Arztbesuch** (BAG 21.1.97, BB 97, 1690), Erteilung von **Attestauflagen** durch den ArbGeb (LAG BlnBbg 19.6.12 – 3 TaBV 2149/11, BeckRS 2012, 71381), Errichtung einer **Beschwerdestelle** nach § 13 AGG (BAG 21.7.09 – 1 ABR 42/08, NZA 09, 1049), **Betriebsausweise** (BAG 16.12.86, DB 87, 791), Verwaltung und Belegung von **Betriebsparkplatz** (BAG 7.2.12 – 1 ABR 63/10, NZA 12, 685), Anordnung genereller **ärztlicher Eignungsuntersuchungen** bei Krankheit (ArbG Offenbach 20.6.90, DB 91, 554), **Essensverbot** am Arbeitsplatz (LAG BlnBbg 12.7.16 – 7 TaBvGa 520/16, BeckRS 2016, 72780), **Ethik-Richtlinien** (BAG 22.7.08 – 1 ABR 40/07, NZA 08, 1248), Betreiben einer **Facebookseite** durch den ArbGeb (→ *Kontrolle des Arbeitnehmers* Rn 18), Veröffentlichung sog **Fehlzeitenlisten** im Betrieb (ArbG Würzburg 14.11.95, AiB 96, 560), Englisch als **betrieblich vorgegebene Kommunikationssprache** (LAG Köln 9.3.09 – 5 TaBV 114/08, BeckRS 2009, 66866), generalisierte Durchführung von **Krankengesprächen** (BAG 8.11.94, DB 95, 1132; aA *Raab* NZA 93, 193; *Hunold* BB 95, 1189), Verbot zur **Mitnahme von Bargeld an den Arbeitsplatz** bei Kassierer (LAG Hess 15.1.04 – 5 TaBv 49/03, NZA-RR 04, 411), Formblatt über die **Mitteilung von privatem Aktienbesitz** (BAG 28.5.02 – 1 ABR 32/

01, NZA 03, 166); generelles **Nutzungsverbot für TV-, Video- und DVD-Geräte** im Betrieb (LAG Köln 12.4.06 – 7 TaBV 68/05, NZA-RR 07, 80; aA wohl LAG Hamm 7.4.06 – 10 TaBV 1/06, NZA-RR 07, 20), generelles **Nutzungsverbot für private Mobiltelefone** zu privaten Zwecken während der Arbeitszeit (ArbG München 18.11.15 – 9 BVGa 52/15, BeckRS 2015, 73302), **Personalkantine** einschließlich Terrasse (LAG Düsseldorf 12.12.18 – 12 TaBV 37/18, NZA-RR 19, 148), **Radiohören** im Betrieb (BAG 14.1.86, DB 86, 1025), **Rauchverbot** (BAG 19.1.99 – 1 AZR 499/98, NZA 99, 546; LAG Düsseldorf 19.4.16 – 14 TaBV 6/16, BeckRS 2016, 69578; *Bergwitz* NZA-RR 04, 169; → *Nichtraucherschutz* Rn 7), Einführung eines **Sicherheitswettbewerbs** (BAG 24.3.81, DB 81, 1886), **Telefonnutzung** für private Zwecke (→ *Kontrolle des Arbeitnehmers* Rn 18), **Taschenkontrolle** (BAG 13.12.07 – 2 AZR 537/06, NZA-RR 08, 1008; LAG BlnBbg 20.6.19 – 10 TaBVGa 1001/19, BeckRS 2019, 18582), **Torkontrolle** (BAG 26.5.88, DB 88, 2055), Behandlung von **Werbegeschenken** (LAG Köln 20.6.84, DB 84, 2202), Biometrische **Zugangskontrolle** (BAG 27.1.04 – 1 ABR 7/03, NZA 04, 556; *Besgen/Langner* SAE 06, 233).

**c) Mitbestimmungsfrei** iSd § 87 Abs 1 Nr 1 BetrVG sind demgegenüber ua folgende Einzelfälle: 8

Erstellung von **Arbeitsablaufstudien** (BAG 8.11.94, DB 95, 783), **Arbeitsbegleitende Papiere,** wie Arbeitszeitbelege uÄ (BAG 24.11.81, DB 82, 1116; aber je nach Auswertungsart evtl Mitbestimmung nach § 87 Abs 1 Nr 6 BetrVG; → *Kontrolle des Arbeitnehmers* Rn 17), keine individuelle **Arbeitsplatzzuordnung,** sondern sog Desk-Sharing (LAG Düsseldorf 9.1.18 – 3 TaBVGa 6/17, NZA-RR 18, 368), händische Erfassung der **Arbeitszeit** (LAG BlnBbg 22.3.17 – 23 TaBVGa 292/17, BeckRS 2017, 121988), individuelle Weisung zu **Attestvorlage** im Krankheitsfall (LAG München 13.12.18 – 4 Sa 514/18, NZA-RR 19, 351), **Baumaßnahmen,** die zu einem veränderten Zugang zu den Toilettenanlagen führen (LAG Hess 3.3.14 – 16 TaBVGa 214/13, BeckRS 2014, 68628), Regelungen zur Kostenerstattung von **Bearbeitungsgebühren bei Lohnpfändungen** (BAG 18.7.06 – 1 AZR 578/05, NZA 07, 462), Regelungen zum **Betrieblichen Eingliederungsmanagement** nach § 84 Abs 2 SGB IX (BAG 22.3.16 – 1 ABR 14/14, BeckRS 2016, 69981: im konkreten Fall; *Leuchten* DB 07, 2482; aA LAG Hbg 15.1.13 – 2 TaBV 13/11, BeckRS 2013, 69903), **Detektiveinsatz** zur Überwachung des Arbeitsverhaltens der ArbN (BAG 26.3.91, DB 91, 1834, *Maschmann* NZA 02, 13, allerdings mitbestimmungspflichtig, sofern das Ordnungsverhalten der ArbN überwacht wird: *Lingemann/Göpfert* DB 97, 374), Regelungen zur Kostentragung bei **Dienstkleidung** (BAG 13.2.07 – 1 ABR 18/06, NZA 07, 640), Anordnung einer außerplanmäßigen **Dienstreise** (BAG 23.7.96, DB 97, 380), **Dienstreiseordnung** (BAG 8.12.81, DB 82, 960), **Ehrlichkeitskontrollen** von Kassierern durch eigene Mitarbeiter (BAG 18.11.99 – 2 AZR 743/98, NZA 2000, 418), **Fotografierverbot** (*Hunold* NZA 04, 1206), **Führungsrichtlinien** (BAG 23.10.84, DB 85, 495; aber evtl mitbestimmungspflichtig gem § 94 Abs 2 BetrVG), **Gestaltung von Geschäftsbriefen** (BAG 8.6.99 – 1 ABR 67/98, NZA 99, 1288: Angabe des Sachbearbeitervornamens), **Informationsveranstaltungen** des ArbGeb für ArbN zur Erläuterung der wirtschaftlichen Zusammenhänge im Konzern (BAG 15.4.14 – 1 ABR 85/12, BeckRS 2014, 70167), **Krankenkontrollbesuche** (LAG RhPf 29.6.06 – 11 TaBV 43/05, NZA-RR 07, 417), **Kundenbefragungen und Testkäufereinsatz,** soweit es dabei um Verhaltensüberprüfung der ArbN geht (LAG Hamm 20.1.06 – 10 TaBV 144/05; LAG Nürnberg 10.10.06 – 6 TaBV 16/06, NZA-RR 07, 136; *Deckers/Deckers* NZA 04, 139), Verwendung von **Laufzetteln,** auf denen der Erhalt von Arbeitsmitteln und Zutrittsberechtigungen nebst Belehrungen vermerkt ist (BAG 25.9.12 – 1 ABR 50/11, NZA 13, 467), Ausgestaltung des Fragenkatalogs für **Mitarbeiterbefragung** (BAG 11.12.18 – 1 ABR 13/17, NZA 19, 1009), Erklärung über die **Nutzung mobiler Arbeitsmittel** in der Freizeit (BAG 22.8.17 – 1 ABR 52/14, NZA 18, 50), Weisung während der Arbeitszeit auf Betriebsgelände keine **Pfandgegenstände** zu privaten Zwecken zu **sammeln** (BAG 23.8.18 – 2 AZR 235/18, BeckRS 2018, 28019), **Schaltertests** bei Bankunternehmen zur Überprüfung der Beratungsqualität (BAG 18.4.2000 – 1 ABR 22/99, NZA 2000, 1176), Abgabe standardisierter **Erklärungen zur Schweigepflicht,** soweit diese das Arbeitsverhalten betreffen (BAG 10.3.09 – 1 ABR 87/08, NZA 10, 180), **Stechuhren** (aber mitbestimmungspflichtig gem § 87 Abs 1 Nr 6 BetrVG; → *Kontrolle des Arbeitnehmers* Rn 17), 9

**Verhaltensanweisungen für Betriebsratsmitglieder** zB bezüglich An- und Abmeldung (BAG 13.5.97 – 1 ABR 2/97, NZA 97, 1062), Anbringen einer **Videokameraattrappe** im Außenbereich eines Klinikgebäudes (LAG MeVo 12.11.14 – 3 TaBV 5/14, NZA-RR 15,196).

10 Wegen des Gesetzes- bzw Tarifvorrangs scheidet eine betriebliche Mitbestimmung zudem immer dann aus, wenn die Materie bereits durch Gesetz oder Tarifvertrag geregelt ist. Gleiches gilt, soweit eine Regelung durch VO oder Verwaltungsakt erfolgt und der ArbGeb die behördlichen Anordnungen letztlich nur vollziehen kann, ohne einen eigenen Regelungsspielraum zu haben (zB BAG 26.5.88, DB 88, 2055: Torkontrolle in Wiederaufbereitungsanlage für Kernbrennstoffe; BAG 9.7.91, NZA 92, 127: Sicherheitsüberprüfung in Kernforschungsanlage; anders bei § 5 Abs 1 Satz 3 EFZG wegen des verbleibenden Regelungsspielraums für den ArbGeb: BAG 25.1.2000 – 1 ABR 3/99, NZA 2000, 665).

11 **3. Mitwirkungsrechte des Sprecherausschusses** bestehen gem § 30 SprAuG. Diese Vorschrift entspricht in sachlicher Hinsicht der Mitbestimmung des BRat in sozialen Angelegenheiten (*Hromadka* SprAuG § 30 Rz 3). Unter das Merkmal der „sonstigen allgemeinen Arbeitsbedingungen" fallen demgemäß auch die Fragen der betrieblichen Ordnung iSd § 87 Abs 1 Nr 1 BetrVG. Allerdings bestehen die Mitwirkungsrechte des Sprecherausschusses nur in abgeschwächter Form dahingehend, dass lediglich eine Unterrichtung und Beratung seitens des ArbGeb zu erfolgen hat.

12 **4. Rechtsfolgen von Verstößen gegen die Betriebsordnung. a) Arbeitsvertrag.** Verstößt der ArbN gegen betriebliche Ordnungsregelungen, so kann dies seitens des ArbGeb mit den üblichen arbeitsvertraglichen Sanktionen geahndet werden. Als solche kommen unter Beachtung des Grundsatzes der Verhältnismäßigkeit regelmäßig Ermahnung, *Abmahnung* und ggf *Kündigung* in Betracht. Besteht eine betriebliche Bußenordnung, kann auch eine *Betriebsbuße* verhängt werden. Hat das gegen die Betriebsordnung verstoßende Verhalten darüber hinaus eine erhebliche Störung des Betriebsfriedens zur Folge, kann dies den ArbGeb zu einer *Versetzung* des ArbN in eine andere Abteilung (ggf im Wege der *Änderungskündigung*) berechtigen. Je nach Lage des Einzelfalles ist sogar eine sog Druckkündigung durch den ArbGeb in Erwägung zu ziehen (→ *Kündigung, verhaltensbedingte* Rn 30).

13 **b) Betriebsverfassungsrechtlich** sind Verstöße der Betriebspartner gegen Betriebsvereinbarungen möglich, die Fragen der betrieblichen Ordnung betreffen. Insoweit steht das allgemeine betriebsverfassungsrechtliche Sanktionsinstrumentarium zur Verfügung; Besonderheiten gelten nicht (zu Verstößen des BRat: → *Amtspflichtverletzung (Betriebsrat)* Rn 4 und zu Verstößen des ArbGeb: → *Unterlassungsanspruch* Rn 7).

## B. Lohnsteuerrecht *Weil*

14 Die Betriebsordnung kann sich lohnsteuerlich auswirken hinsichtlich → *Betriebsbuße* Rn 12. Für die Frage, ob in einer Betriebsordnung enthaltene Leistungen des ArbGeb stpfl Lohn darstellen, gelten die allgemeinen Grundsätze, → *Arbeitsentgelt* Rn 30 ff; → *Betriebsvereinbarung* Rn 36 ff.

## C. Sozialversicherungsrecht *Ruppelt*

15 Für die SozV ist die Betriebsordnung ohne Bedeutung.

# Betriebsrat

## A. Arbeitsrecht *Kreitner*

### Übersicht

**1. Personelle Zusammensetzung.** Die Größe des BRat richtet sich gem § 9 BetrVG nach der Zahl der ArbN, über deren Wahlberechtigung § 7 BetrVG entscheidet. Dementsprechend sind auch Beschäftigte in einer Arbeitsbeschaffungsmaßnahme zu berücksichtigen (BAG 13.10.04 – 7 ABR 6/04, NZA 05, 480). Das Gleiche gilt nach § 14 Abs 2 Satz 4 AÜG auch für LeihArbN sowie für die in § 5 Abs 1 Satz 3 BetrVG genannten Beschäftigten (BAG 12.9.12 – 7 ABR 37/11, NZA-RR 13, 197). Für die Ermittlung der ArbNZahl kommt es auf die, „in der Regel" tätigen ArbN an. Das ist die Zahl der ArbN, die für den Betrieb im Allgemeinen kennzeichnend ist. Maßgeblich ist danach sowohl der Personalbestand in der Vergangenheit als auch die künftige, aufgrund konkreter Entscheidungen des ArbGeb zu erwartende Entwicklung des Beschäftigungsstands (BAG 16.4.03 – 7 ABR 53/02, NZA 03, 1345). Werden Vertretungskräfte befristet für vorübergehend ausfallendes Stammpersonal eingestellt, so ist daher nur das Stammpersonal zu zählen (BAG 15.3.06 – 7 ABR 39/05, BeckRS 2008, 54162, 51325). Arbeitet ein ArbN in mehreren Betrieben desselben Unternehmens und ist in diese jeweils eingegliedert, ist er auch mehrfach wahlberechtigt zu den jeweiligen BRatWahlen (LAG Köln 3.9.07 – 14 TaBV 20/07, BeckRS 2008). Unberücksichtigt bleiben ArbN, die sich in der Freistellungsphase (Blockmodell) eines Altersteilzeitverhältnisses befinden (→ *Altersteilzeit* Rn 17). 1

**2. Amtszeit. a) Beginn.** Der aus einer BRatWahl hervorgegangene BRat ist Repräsentant der Belegschaft der jeweiligen Einheit, von der er gewählt worden ist. Seine Errichtung und Betätigung erstreckt sich auf diese Einheit und ist gleichermaßen auf sie beschränkt (BAG 18.11.14 – 1 ABR 21/13, NZA 15, 694). Wird in einem Betrieb erstmalig ein BRat gewählt oder ist jedenfalls kein früher vorhandener BRat mehr im Amt, beginnt die Amtszeit gem § 21 Abs 1 Satz 2 BetrVG mit der Bekanntgabe des Wahlergebnisses. Besteht bereits bzw noch ein BRat, beginnt die Amtszeit des neuen BRat erst mit dem Ablauf der Amtszeit des vorherigen BRat, spätestens aber am 31. Mai des Wahljahres im vierjährigen Wahlturnus des § 13 Abs 1 BetrVG. Besonderheiten gelten, wenn ein BRat vor Ablauf der regelmäßigen Amtszeit neu zu wählen ist (§ 13 Abs 2 BetrVG). Hat sich in der laufenden Wahlperiode die Zahl der beschäftigten ArbN erheblich verändert, ist die Gesamtzahl der BRatMitglieder unter die gesetzliche Mindestgröße gesunken oder ist der BRat insgesamt zurückgetreten (§ 13 Abs 2 Nrn 1–3) bestimmt § 22 BetrVG, dass der BRat die Geschäfte bis zur Neuwahl vorläufig weiterführt und der neue BRat auch dann bereits mit Bekanntgabe des Wahlergebnisses amtiert. 2

**b) Ende. Im Regelfall** endet die Amtszeit des BRat mit Ablauf der vierjährigen Wahlperiode. Das gilt nach hM unabhängig davon, ob bereits ein neuer BRat gewählt ist (*Fitting* § 21 Rz 19). Die Gegenmeinung (*Richardi/Thüsing* § 21 Rz 13) scheitert am eindeutigen Wortlaut des § 21 Abs 1 BetrVG. Letzter Endtermin ist der 31. Mai des jeweiligen Wahljahres (2014, 2018 usw). Eine **unregelmäßige Amtszeit** hat der BRat, der außerhalb des regelmäßigen Wahlzeitraums gewählt wird (§ 13 Abs 3 BetrVG). Abhängig von der bereits absolvierten Amtszeit am Stichtag 1. März des nächstfolgenden regelmäßigen Wahlzeitraums (mehr oder weniger als ein Jahr) endet die Amtsdauer dieses BRat bereits mit der nächsten oder erst mit der übernächsten Wahlperiode. In beiden Fällen endet die Amtszeit mit der Bekanntgabe des Wahlergebnisses des neu gewählten BRat (BAG 28.9.83 – 7 AZR 266/82, AP Nr 1 zu § 21 BetrVG). Unterbleibt die in § 18 Satz 1 WahlO vorgesehene förmliche Bekanntgabe des Wahlergebnisses, so endet die Amtszeit des geschäftsführenden BRat spätestens mit der konstituierenden Sitzung des neu gewählten Gremiums iSv § 29 Abs 1 BetrVG unabhängig davon, ob die reguläre Amtszeit bereits abgelaufen ist (BAG 5.11.09 – 2 AZR 487/08, NZA-RR 10, 236). **Vorzeitig beendet** ist die Amtszeit des BRat in den in → Rn 2 genannten Fällen des § 13 Abs 2 Nrn 1–3 BetrVG. Auch hier endet seine Amtszeit mit Bekanntgabe des Wahlergebnisses des neuen BRat. Sind alle BRatMitglieder 3 und Ersatzmitglieder vor dem Ablauf der Wahlperiode ausgeschieden, endet die Existenz des BRat mit dem Ausscheiden des letzten BRatMitglieds (BAG 12.1.2000 – 7 ABR 61/98, NZA 2000, 669). Das Gleiche gilt, wenn die grds Voraussetzungen der BRatFähigkeit nach § 1 BetrVG nicht mehr vorliegen. Beim vorzeitigen Ende der Amtszeit wegen einer erfolgreichen Anfechtung der BRatWahl ist zwischen Anfechtbarkeit und Nichtigkeit zu differenzieren (→ *Wahlanfechtung* Rn 1 ff).

4 **Keine Beendigung** der Amtszeit des BRat bewirkt ein Betriebsübergang nach § 613a BGB (→ *Betriebsübergang* Rn 55). Ebenfalls unbeachtlich sind insoweit gesellschaftsrechtliche Veränderungen oder die Eröffnung eines Insolvenzverfahrens. In all diesen Fällen bleibt die betriebsverfassungsrechtlich maßgebliche Identität des Betriebes unverändert. Mögliche Mitbestimmungslücken werden insbes beim Übergang bloßer Betriebsteile durch die nachträglich in das Gesetz aufgenommenen Regelungen zum **Übergangsmandat** in § 21a BetrVG und zum **Restmandat** in § 21b BetrVG weitestgehend vermieden (→ *Restmandat/Übergangsmandat* Rn 1 ff). Zur vorzeitigen Beendigung kann es beim Betriebsteilübergang lediglich dann kommen, wenn im verbleibenden Restbetrieb weniger als die Hälfte der ursprünglichen Belegschaft verbleibt und damit § 13 Abs 2 Nr 1 BetrVG zur Anwendung kommt.

5 **3. Organisation und Geschäftsführung. a) Vorsitzender.** Jeder mehrköpfige BRat muss gem § 26 BetrVG einen BRatVorsitzenden und einen Stellvertreter wählen. Die **Wahl** erfolgt in der konstituierenden Sitzung des BRat (§ 29 Abs 2 BetrVG). Erforderlich ist gem § 33 Abs 2 BetrVG ein beschlussfähiger BRat. Im Übrigen existieren keine besonderen Wahlvorschriften. Die Wahl kann also durch offene Abstimmung erfolgen. Dies muss aber im BRat selbst geschehen (§ 26 Abs 1 BetrVG: „aus seiner Mitte"). Bei Wahlfehlern gilt das Anfechtungsverfahren nach § 19 BetrVG entsprechend, wobei anfechtungsberechtigt nur die einzelnen BRatMitglieder und die im Betrieb vertretenen Gewerkschaften sind (BAG 13.11.91 – 7 ABR 8/91, NZA 92, 944; 8.4.92 – 7 ABR 71/91, NZA 93, 270).

6 Die gesetzlich festgelegten **Aufgaben** des BRatVorsitzenden bestehen insbes in der Einberufung und Leitung der BRatSitzungen (§ 29 Abs 2 BetrVG), der Leitung der Betriebsversammlung (§ 42 Abs 1 BetrVG) sowie der Führung der laufenden Geschäfte in BRäten mit weniger als neun Mitgliedern, falls ihm diese, wie ganz allgemein üblich, durch Beschluss des BRat übertragen ist (§ 27 Abs 3 BetrVG). Außerdem ist der Vorsitzende kraft Amtes Mitglied im Betriebsausschuss (§ 27 Abs 1 BetrVG) und zur Teilnahme an Sitzungen und Sprechstunden der JAV berechtigt (§§ 65 Abs 2, 69 Satz 4 BetrVG).

7 Im Übrigen obliegt ihm die **Vertretung** des BRat **nach außen.** Das geschieht jedoch ausschließlich **im Rahmen der gefassten Beschlüsse.** Eigene Entscheidungsbefugnis hat der Vorsitzende nicht. Er ist lediglich Ohr und Sprachrohr des BRat. Der BRat kann dem Vorsitzenden über den gesetzlich geregelten Bereich hinaus auch keine Aufgaben übertragen (BAG 28.2.74 – 2 AZR 455/73, AP Nr 2 zu § 102 BetrVG 1972). Allenfalls die Ermächtigung zur Ausfüllung von Grundsatz- oder Alternativbeschlüssen des BRat wird überwiegend für zulässig erachtet (ErfK/*Koch* § 26 BetrVG Rz 2). So kann der BRat für eine bevorstehende Einigungsstellenverhandlung eine „Linie" beschließen und dem als Einigungsstellenbeisitzer fungierenden BRatVorsitzenden in diesem Rahmen die Kompetenz zum Abschluss einer Betriebsvereinbarung einräumen (BAG 24.2.2000 – 8 AZR 180/99, NZA 2000, 785). Grds spricht eine widerlegbare Vermutung dafür, dass Äußerungen des Vorsitzenden durch entsprechende Beschlüsse des BRat legitimiert sind (BAG 17.2.81 – 1 AZR 290/78, AP Nr 11 zu § 112 BetrVG 1972).

8 **Überschreitet** der Vorsitzende seine **Kompetenzen** und handelt er ohne einen entsprechenden BRatBeschluss, ist seine Erklärung unwirksam, kann aber durch eine spätere Genehmigung des BRat geheilt werden (BAG 9.12.14 – 1 ABR 19/13, NZA 15, 368; 10.10.07 – 7 ABR 51/06, NZA 08, 369). Der gute Glaube des ArbGeb auf ein beschlusskonformes Verhalten des BRatVorsitzenden wird grds nicht geschützt (BAG 24.2.2000 – 8 AZR 180/99, NZA 2000, 785). Nur über die allgemeinen Grundsätze der Rechtsscheinhaftung kann der BRat ausnahmsweise an solche Erklärungen seines Vorsitzenden ohne Vorliegen eines BRatBeschlusses gebunden sein. Zurechenbarer Anschein besteht aber nur dann, wenn der ArbGeb berechtigterweise darauf vertraut, dass die Mehrheit der BRat-Mitglieder die Äußerung des Vorsitzenden kennt und untätig bleibt. Bei vorsätzlicher Kompetenzüberschreitung haftet der BRatVorsitzende persönlich für entstandene Schäden.

§ 26 Abs 2 Satz 2 BetrVG stellt klar, dass jegliche **Erklärungen an den Betriebsrat** gegenüber dem Vorsitzenden abzugeben sind. Übergibt der ArbGeb zB ein Anhörungsschreiben nach § 102 BetrVG einem anderen BRatMitglied, so ist dieses dem BRat erst mit Kenntnisnahme durch den BRatVorsitzenden bzw im Verhinderungsfall durch seinen Stellvertreter zugegangen (BAG 7.7.11 – 6 AZR 248/10, NZA 11, 1108). Das „einfache" BRatMitglied wird als bloßer Bote tätig, mit der Folge eines möglicherweise späteren Ablaufs der Stellungnahmefrist des BRat. 9

**b) Stellvertreter.** Der Stellvertreter ist ein reiner **Verhinderungsvertreter.** Er hat keine besondere Funktion neben dem BRatVorsitzenden, sondern vertritt diesen nur im Fall seiner Verhinderung. Diese kann tatsächlicher (Urlaub, Krankheit etc) oder rechtlicher Natur sein, wenn der Vorsitzende in einer Angelegenheit persönlich betroffen ist (zB Anhörung des BRat zur beabsichtigten Kündigung des BRatVorsitzenden; Ausschlussverfahren des BRat gegen seinen Vorsitzenden). Er ist dann von der Beschlussfassung ausgeschlossen und die Sitzungsleitung obliegt insoweit dem Stellvertreter. Gleichwohl kann der BRatVorsitzende den ArbGeb über den in dieser Angelegenheit gefassten BRatBeschluss schriftlich informieren (BAG 19.3.03 – 7 ABR 15/02, NZA 03, 871). Für den Fall der gleichzeitigen Verhinderung des Stellvertreters sollte ein besonderer Beauftragter benannt werden, der dann die Aufgaben des Vorsitzenden ausübt. Sinnvollerweise beschließt der BRat eine Geschäftsordnung, die eine allgemeine, umfassende Vertretungsregelung vorsieht. Eine Aufgabenübertragung vom Vorsitzenden auf den Stellvertreter ist ebenso wenig möglich wie auf andere BRatMitglieder. Das kann in Einzelfällen nur der BRat insgesamt beschließen. 10

**c) Amtsdauer.** Der BRatVorsitzende und seine Stellvertreter werden grds für die gesamte Amtsperiode des BRat gewählt. Beide können ihre Ämter jederzeit niederlegen oder von der Mehrheit der BRatMitglieder ohne Angabe von Gründen in den Grenzen des Willkürverbots abberufen werden. Bei einer groben Verletzung ihrer gesetzlichen Pflichten können der BRatVorsitzende und sein Stellvertreter wie jedes andere BRatMitglied gem § 23 Abs 1 BetrVG durch gerichtliche Entscheidung aus dem BRat ausgeschlossen werden (→ *Amtspflichtverletzung (Betriebsrat)* Rn 4 ff). 11

**d) Beschlüsse.** Entscheidungen trifft der BRat durch Beschlüsse (§ 33 BetrVG; eine instruktive RsprÜbersicht zur Wirksamkeit von BRatBeschlüssen gibt *Grosjean* NZA-RR 05, 113). Das Abstimmungsverfahren ist im BetrVG nicht geregelt und bleibt der Geschäftsordnung (§ 36 BetrVG) vorbehalten. Bloßes Schweigen des BRat genügt jedenfalls nicht. Die einzelnen BRatMitglieder handeln in eigener Verantwortung und sind nicht an Weisungen bestimmter Belegschaftsmitglieder oder der Gewerkschaften gebunden. Beschlüsse können nur in einer **ordnungsgemäß einberufenen Sitzung** des BRat (LAG Köln 3.3.08 – 14 TaBV 83/07, BeckRS 2008, 53822; → Rn 16) erfolgen; eine Beschlussfassung im Umlaufverfahren ist ausgeschlossen. Voraussetzung ist dabei zunächst die durch Anwesenheit von mindestens der Hälfte der BRatMitglieder sichergestellte **Beschlussfähigkeit** des BRat (*Klar* NZA 17, 295). Soweit das BetrVG nichts anderes bestimmt, werden Beschlüsse des BRat mit **einfacher Mehrheit** gefasst. Bei Stimmengleichheit ist ein Antrag abgelehnt (§ 33 Abs 1 Satz 2 BetrVG). Stimmenthaltung ist möglich, wirkt aber wie eine ablehnende Stimmabgabe. Ist ein BRatMitglied von einer Angelegenheit persönlich betroffen, ist es sowohl von der Beschlussfassung als auch von der Teilnahme an der Beratung ausgeschlossen. An seiner Stelle kommt das Ersatzmitglied zum Einsatz. Gegenteiliges Verhalten führt zur Unwirksamkeit des Beschlusses (BAG 3.8.99 – 1 ABR 30/98, NZA 2000, 440). **Absolute Stimmenmehrheit** schreibt das Gesetz beim Rücktritt des BRat (§ 13 Abs 2 Nr 3 BetrVG), bei der Übertragung von Aufgaben auf Ausschüsse, Arbeitsgruppen oder einzelne BRatMitglieder (§§ 27 Abs 3, 28, 28a BetrVG) sowie auf den GBRat oder vom Wirtschaftsausschuss auf einen Ausschuss des BRat (§§ 50 Abs 2, 107 Abs 3 BetrVG) und bei der Aufstellung einer schriftlichen Geschäftsordnung (§ 36 BetrVG) vor. 12

Besonderheiten gelten bei einer **Teilnahme von Mitgliedern der Jugend- und Auszubildendenvertretung** an der Beschlussfassung (→ *Jugend- und Auszubildendenvertretung* Rn 21). Gem § 33 Abs 3 BetrVG werden ihre Stimmen bei der Feststellung der Stimmenmehrheit mitgezählt. Die Ermittlung der Beschlussfähigkeit bleibt hiervon unberührt. 13

Solange der BRat einen Beschluss noch nicht ausgeführt hat und daher noch keine Außenwirkung entstanden ist, kann er ihn jederzeit **abändern** oder auch vollständig **auf-** 14

**heben** (LAG Hamm 22.10.91 – 13 TaBV 36/91, LAGE § 611 BGB Direktionsrecht Nr 11). Hat der Beschluss die Sphäre des BRat verlassen und sind damit zB im Falle des Widerspruchs nach § 102 Abs 3 BetrVG Fristen in Gang gesetzt und/oder individualrechtliche Rechtsfolgen ausgelöst worden, ist eine Abänderung oder Aufhebung ausgeschlossen. Das Gleiche gilt, wenn der Beschluss des BRat zu einer Betriebsvereinbarung geführt hat. Bei einer Meinungsänderung bleibt dem BRat nur die Kündigung der Betriebsvereinbarung (→ *Betriebsvereinbarung* Rn 25). Bis zu seiner Durchführung kann von der JAV und der Schwerbehindertenvertretung (jeweils mit absoluter Mehrheit) gem § 35 BetrVG eine einwöchige **Aussetzung** des BRatBeschlusses bewirkt werden, mit der Folge, dass der BRat über die Angelegenheit nach Ablauf der Wochenfrist neu beschließen muss. Ist die gesetzliche Frist des BRat zur Stellungnahme kürzer (zB § 102 Abs 2 BetrVG: 3 Tage/1 Woche, § 99 Abs 3 BetrVG: 1 Woche), lässt die Aussetzung diese Fristen unberührt, denn es handelt sich bei § 35 BetrVG lediglich um eine Ordnungsvorschrift für die Willensbildung des BRat (ErfK/*Koch* § 35 BetrVG Rz 1). Allerdings soll der BRatVorsitzende den ArbGeb über die Aussetzung informieren, damit dieser mögliche Einwände des BRat bei seiner Entscheidungen berücksichtigen kann.

15 **Gerichtlich überprüfbar** sind Beschlüsse nur auf ihre **Rechtmäßigkeit** und nicht unter Zweckmäßigkeitsgesichtspunkten (BAG 3.4.79 – 6 ABR 64/76, AP Nr 1 zu § 13 BetrVG 1972). Das geschieht in einem arbeitsgerichtlichen Beschlussverfahren, in dem nur die **Nichtigkeit** von Beschlüssen festgestellt werden kann. Letzteres ist immer dann der Fall, wenn der BRat außerhalb seiner sachlichen Zuständigkeit gehandelt hat und Beschlüsse inhaltlich gesetzwidrig oder formell nicht ordnungsgemäß zustande gekommen sind. Allerdings gilt dies nicht bereits für jeden geringfügigen Formmangel, sondern nur bei groben formellen Verstößen gegen Grundsätze, deren Beachtung unerlässliche Voraussetzung einer Beschlussfassung ist (BAG 30.9.14 – 1 ABR 32/13, NZA 15, 370). Beispiele hierfür sind fehlende Beschlussfähigkeit, Beschlussfassung im Umlaufverfahren oder nicht ordnungsgemäße Ladung aller BRatMitglieder (BAG 29.4.04 – 1 ABR 30/02, NZA 04, 670). Einen geringfügigen Formmangel stellt zB die unterbliebene Aufnahme des Beschlusses in die Sitzungsniederschrift dar. Nach hM gehört hierzu auch die Nichtbeachtung des Prinzips der Nichtöffentlichkeit (→ Rn 19). Eine **Anfechtung** von Beschlüssen des BRat scheidet daneben aus. § 19 BetrVG ist nicht anwendbar (Hako-BetrVG/*Blanke* § 33 Rz 13).

16 **e) Sitzungen.** Vom Vorsitzenden werden Sitzungen des BRat **einberufen** und **geleitet.** Lediglich die konstituierende Sitzung beruft der Wahlvorstand ein und lädt alle als gewählt festgestellten Kandidaten. Geschieht dies nicht, können die gewählten Kandidaten selbst aktiv werden und eine konstituierende Sitzung einberufen. Die BRatSitzungen finden idR **während der Arbeitszeit** statt (§ 30 BetrVG). Über die **Anzahl** und Häufigkeit der Sitzungen entscheidet der BRat bzw der einladende Vorsitzende je nach Arbeitsanfall. Üblicherweise tagt der BRat turnusmäßig in regelmäßigen Zeitabständen, kann aber bei Bedarf weitere „außerplanmäßige" Sitzungen anberaumen. Der **Sitzungstermin** (nicht die Tagesordnung) ist dem ArbGeb vorher mitzuteilen. Auf betriebliche Notwendigkeiten ist gem § 30 Satz 2 BetrVG bei der Terminierung Rücksicht zu nehmen. Das kann in begründeten Einzelfällen zu zeitlichen Veränderungen des Sitzungstermins auf einen anderen Arbeitstag oder ausnahmsweise auf außerhalb der Arbeitszeit führen. Keinesfalls kann der ArbGeb eine für den Betriebsablauf zeitlich ungünstige BRatSitzung einseitig verhindern. Ähnlich wie bei einer gesetzwidrigen Betriebsversammlung bleibt ihm nur der Weg über eine einstweilige Verfügung des ArbG. Auch ein Lohneinbehalt der teilnehmenden BRat-Mitglieder scheidet aus, da diese jedenfalls BRatTätigkeit ausgeübt haben. Allerdings sind bei schuldhaft unterlassener Mitteilung Schadensersatzansprüche des ArbGeb denkbar. Schließlich ist der BRat auf Nachfrage des ArbGeb verpflichtet, die tatsächliche Dauer der BRatSitzung mitzuteilen, damit der ArbGeb die Vergütungsfortzahlung für die von der Arbeit befreiten BRatMitglieder berechnen kann. Das folgt zwar nicht aus der Mitteilungspflicht nach § 30 BetrVG, ist aber Ausfluss des Gebots der vertrauensvollen Zusammenarbeit nach § 2 Abs 1 BetrVG (*Richardi/Thüsing* § 30 Rz 8; aA *Fitting* § 30 Rz 14).

17 Dem Vorsitzenden obliegt die **Sitzungsleitung** und er legt die **Tagesordnung** der Sitzung fest (§ 29 Abs 2 BetrVG). Er hat die rechtzeitige Ladung der BRatMitglieder unter Mitteilung der Tagesordnung zu veranlassen. Eine Änderung oder Ergänzung der Tagesordnung ist bspw bei unterbliebener vorheriger Mitteilung der Tagesordnung in der Sitzung

immer dann noch möglich, wenn der BRat beschlussfähig iSd § 33 Abs 2 BetrVG ist und die Anwesenden die Änderung einstimmig beschließen (BAG 15.4.14 – 1 ABR 2/13, NZA 14, 551; aA *Joussen* NZA 14, 505: Mehrheitsentscheid genügt). Der 7. Senat des BAG hat seine strengere Rspr ausdrücklich aufgegeben (BAG 22.1.14 – 7 AS 6/13, NZA 14, 441). Einzelne BRatMitglieder können mangels entsprechender Antragsbefugnis im arbeitsgerichtlichen Beschlussverfahren nicht klären lassen, ob der jeweilige Leiter der BRatSitzung das Abstimmungsverhalten anderer BRatMitglieder zutreffend gewürdigt und die nach § 33 Abs 1 Satz 1 BetrVG erforderliche Mehrheit der Stimmen richtig festgestellt hat (BAG 7.6.16 – 1 ABR 30/14, NZA 16, 1350).

Teilnehmende BRatMitglieder müssen sich zur Teilnahme an der Sitzung bei ihrem Vorgesetzten **abmelden.** Zur Begründung genügt die Ausübung von BRatTätigkeit (→ *Betriebsratsfreistellung* Rn 21). 18

Die Sitzungen des BRat sind **nicht öffentlich** (§ 30 BetrVG). Daher können BRatSitzungen nicht im Wege der Telefon- oder Videokonferenz durchgeführt werden (*Jesgarzewski/Holzendorf* NZA 12, 1021; aA *Fündling/Sorber* NZA 17, 552; differenzierend *Thüsing/Beden* BB 19, 372). Außer den BRatMitgliedern dürfen nur der Schwerbehindertenvertreter (§ 32 BetrVG) sowie die Jugend- und Auszubildendenvertreter im Rahmen ihres gesetzlichen Teilnahmerechts an der Sitzung teilnehmen. Ein **Teilnahmerecht des Arbeitgebers** besteht nur bei den Sitzungen, die auf sein Verlangen anberaumt worden sind bzw bei ausdrücklicher Einladung durch den BRat. Er kann dann auch einen Vertreter des ArbGebVerbandes hinzuziehen. Auf Antrag eines Viertels der BRatMitglieder kann ein **Beauftragter** einer im BRat vertretenen **Gewerkschaft** an den Sitzungen beratend teilnehmen (§ 31 BetrVG). Schließlich darf der Vorsitzende, soweit im Einzelfall erforderlich, eine nicht dem BRat angehörende **Schreibkraft** als Protokollführer heranziehen. **Nicht teilnehmen** dürfen nicht konkret herangezogene Ersatzmitglieder oder Mitglieder des GBRat oder KBRat. 19

Die Beachtung des in § 30 BetrVG normierten Gebots der Nichtöffentlichkeit von BRatSitzungen ist grds als wesentlich für die Wirksamkeit eines in der BRatSitzung gefassten BRatBeschlusses anzusehen. Allerdings kommt ein zur Unwirksamkeit des gefassten Beschlusses führender Verstoß gegen § 30 Satz 4 BetrVG nur in Betracht, wenn zumindest ein BRatMitglied vor der Behandlung des Tagesordnungspunkts die Anwesenheit der nicht teilnahmeberechtigten Person ausdrücklich beanstandet hat und diese Person gleichwohl anwesend geblieben ist (BAG 30.9.14 – 1 ABR 32/13, NZA 15, 370).

Die beschränkten Teilnahmerechte hindern den BRat nicht, betroffene ArbN anzuhören sowie **Auskunftspersonen** und Sachverständige in der BRatSitzung zu befragen. Das wird meistens zu einzelnen Themen der Sitzung geschehen (→ *Sachverständiger* Rn 4 ff). Bei der Beschlussfassung dürfen nicht zum BRat gehörende Personen nicht anwesend sein. Das gilt insbesondere für den berechtigterweise an der Sitzung teilnehmenden ArbGeb, denn bereits seine Anwesenheit lässt eine unbefangene Beschlussfassung idR nicht mehr zu. Gleichwohl gefasste Beschlüsse sind unwirksam. 20

Es gilt die **allgemeine Geheimhaltungspflicht** des § 79 BetrVG. Ferner haben alle teilnehmenden Personen Stillschweigen zu bewahren soweit in der Sitzung persönliche Verhältnisse und Angelegenheiten der ArbN besprochen werden (zB Anhörung zu krankheitsbedingter Kündigung). 21

Gem § 34 BetrVG ist über jede Verhandlung des BRat eine **Sitzungsniederschrift** aufzunehmen, die mindestens den Wortlaut der Beschlüsse und die Stimmenmehrheit, mit der sie gefasst wurden, enthalten muss. Auch die abgelehnten Anträge sind im Wortlaut festzuhalten. In die Niederschrift können auch geheimhaltungspflichtige Umstände aufgenommen werden, da ein Einsichtsrecht Dritter nicht besteht. Wegen des hohen prozessualen Beweiswerts der Sitzungsniederschrift bedarf eine ordnungsgemäß protokollierte Beschlussfassung im Regelfall keiner weiteren Darlegungen, sondern vielmehr muss der ArbGeb den Beweiswert der Niederschrift erschüttern oder den Gegenbeweis führen (BAG 30.9.14 – 1 ABR 32/13, NZA 15, 370). **Tonbandaufnahmen** sind nur mit Zustimmung aller anwesenden BRatMitglieder zulässig. Der Niederschrift ist eine **Anwesenheitsliste** beizufügen, in die sich alle Anwesenden eigenhändig eintragen müssen. Die Niederschrift ist vom Vorsitzenden und einem weiteren Mitglied zu unterschreiben. 22

Hat der **Arbeitgeber** an einer BRatSitzung teilgenommen, erhält er eine vom BRat-Vorsitzenden unterzeichnete **Abschrift** der Sitzungsniederschrift. Beschränkte sich die Teil- 23 nahme auf einzelne Tagesordnungspunkte, erhält er lediglich die entsprechenden Auszüge aus der Niederschrift. Das Gleiche gilt für einen teilnehmenden Gewerkschaftsbeauftragten. Unterschreibt der ArbGeb diese Abschrift ist damit dem Formerfordernis des § 77 Abs 2 BetrVG Genüge getan. Gleichwohl erhält damit die gegengezeichnete Sitzungsniederschrift noch nicht die Qualität einer Betriebsvereinbarung, da der erforderliche Regelungscharakter fehlt. Letzteres kann nur im Wege der Auslegung ermittelt werden.

24 **Einwendungen** gegen die Richtigkeit der Niederschrift können von allen Sitzungsteilnehmern geltend gemacht werden und sind der Niederschrift beizufügen. Gem § 34 Abs 2 Satz 2 BetrVG muss dies unverzüglich und schriftlich geschehen. Der BRat befindet dann üblicherweise in seiner nächsten Sitzung über deren Berechtigung. Eine fortbestehende Meinungsverschiedenheit muss ggf im arbeitsgerichtlichen Beschlussverfahren geklärt werden.

25 **f) Sprechstunden.** Unabhängig von der Größe des Betriebes kann der BRat gem § 39 BetrVG für die ArbN während der Arbeitszeit feste Sprechstunden **einrichten.** Ob er von dieser Möglichkeit Gebrauch macht, liegt in seinem Ermessen. Die Zustimmung des ArbGeb ist hierfür nicht erforderlich. Die Betriebspartner müssen sich lediglich über Zeit (dh zeitliche Lage, Dauer und Häufigkeit) und Ort der Sprechstunde einigen. Gelingt das nicht, entscheidet die Einigungsstelle.

26 Die **Durchführung** der Sprechstunde ist originäre BRatTätigkeit, so dass § 37 Abs 2 BetrVG eingreift. Soweit die ArbN für den Besuch der Sprechstunde nach ordnungsgemäßer Abmeldung ihre Arbeit unterbrechen, ist der ArbGeb zur Fortzahlung der Vergütung verpflichtet. Das gilt nur für erforderliche Gespräche, wobei ein großzügiger Maßstab anzulegen ist, der lediglich missbräuchliches Verhalten sanktioniert. Im Rahmen der Erforderlichkeit können die Mitglieder des BRat trotz einer eingerichteten Sprechstunde ArbN auch weiterhin an ihrem Arbeitsplatz aufsuchen. Unter den gleichen Voraussetzungen sind die ArbN nicht grds gehindert, den BRat auch außerhalb der Sprechstunde zu konsultieren. Schließlich kann der BRat sachkundige ArbN oder **Sachverständige** nach § 80 Abs 2 und 3 BetrVG zur Sprechstunde hinzuziehen, soweit das für eine sachgerechte Beratung des ArbN erforderlich ist (*Fitting* § 39 Rz 9).

27 **g) Ausschüsse. aa) Betriebsausschuss.** BRäte mit neun oder mehr Mitgliedern müssen gem § 27 BetrVG einen Betriebsausschuss bilden, dessen personelle Stärke wiederum von der Größe des BRat abhängt. Das geschieht sinnvollerweise in der konstituierenden Sitzung des neugewählten BRat. Der BRatVorsitzende und sein Stellvertreter sind geborene Mitglieder des Betriebsausschusses. In kleineren BRäten ist die Bildung eines Betriebsausschusses (auch nicht gestützt auf § 28 BetrVG) ausgeschlossen (BAG 14.8.13 – 7 ABR 66/11, NZA 14, 161). Die weiteren **Ausschussmitglieder** werden vom BRat in geheimer **Wahl** nach den Grundsätzen der Verhältniswahl (Listenwahl) aus den Mitgliedern des BRat gewählt (LAG NdS 24.4.09 – 10 TaBV 55/08, NZA-RR 09, 532). Das Gleiche gilt für die weiteren Mitglieder des Gesamtbetriebsausschusses (BAG 21.7.04 – 7 ABR 62/03, NZA 05, 173), auch bei einer Vergrößerung des GBRat und des Gesamtbetriebsausschusses durch gem § 613a BGB hinzugekommene Betriebe (BAG 16.3.05 – 7 ABR 37/04, NZA 05, 1069). Wird nur eine Vorschlagsliste eingereicht, gilt das Prinzip der Mehrheitswahl. Die Wahl von Ersatzmitgliedern ist ausgeschlossen, solange sie nicht nachgerückt sind. Allerdings wird es allgemein für sinnvoll und sachgerecht erachtet, dass für die gewählten Ausschussmitglieder vorsorglich Ersatzmitglieder gewählt werden, um eine vollständige Besetzung des Ausschusses sicherzustellen (*Fitting* § 27 Rz 28). Das kann nur der BRat tun, der Ausschuss selbst kann keine Ersatzmitglieder bestimmen. Die Wahl der Ausschussmitglieder erfolgt grds für die Amtszeit des BRat. Eine vorherige **Abberufung** durch qualifizierten Mehrheitsbeschluss des BRat (§ 27 Abs 1 Satz 5 BetrVG) ist ebenso möglich wie die jederzeitige Amtsniederlegung der gewählten Mitglieder des Betriebsausschusses.

28 Der Betriebsausschuss ist keine zusätzliche, besondere Betriebsvertretung, sondern er ist ein **Organ des Betriebsrats.** Seine gesetzliche **Hauptaufgabe** ist die Führung der laufenden Geschäfte des BRat. Dieser Begriff ist nicht gesetzlich definiert. Die ganz hM versteht hierunter die internen organisatorischen und verwaltungsmäßigen Aufgaben des BRat, wie zB die Vorbereitung beabsichtigter Beschlüsse, Erstellung von Entwürfen einer Betriebsvereinbarung, Vorbereitung von Betriebsversammlungen, Vorbesprechungen mit dem ArbGeb, Entgegennahme von Anträgen aus der Belegschaft etc (ErfK/*Koch* § 27 BetrVG Rz 5).

Demgemäß zählen die monatlichen Besprechungen zwischen BRat und ArbGeb iSv § 74 Abs 1 BetrVG nicht zu den laufenden Geschäften iSv § 27 Abs 2 Satz 1 BetrVG, können aber nach Satz 2 übertragen werden (BAG 15.8.12 – 7 ABR 16/11, NZA 13, 284). Die Gegenmeinung, die auch die Ausübung materieller Mitwirkungs- und Mitbestimmungsrechte des BRat erfasst sieht (*Richardi/Thüsing* § 27 Rz 54), überzeugt in Anbetracht der gesetzlich ausdrücklich geregelten besonderen Übertragungsmöglichkeit von Aufgaben nicht. Denn neben der Führung der laufenden Geschäfte des BRat nimmt der Betriebsausschuss **Aufgaben** des BRat wahr, soweit der BRat ihm diese mit absoluter Stimmenmehrheit zur selbstständigen Erledigung **übertragen** hat. Auf die gleiche Weise kann der BRat die übertragenen Aufgaben jederzeit wieder an sich ziehen. Die Übertragung der Aufgaben muss schriftlich erfolgen und die übertragenen Befugnisse zweifelsfrei festlegen (BAG 17.3.05 – 2 AZR 275/04, NZA 05, 1065). Bei der Wahrnehmung solcher Aufgaben tritt der Betriebsausschuss an die Stelle des BRat und trifft eigene Entscheidungen. Eine zusätzliche Beteiligung des BRat ist dann nicht mehr erforderlich. Die Reichweite der Aufgabenübertragung ist gesetzlich nicht eingeschränkt und inhaltlich unbegrenzt. Natürlich kann auch nur eine inhaltlich beschränkte Teilaufgabe übertragen werden oder jede Entscheidung dem BRat vorbehalten bleiben. In jedem Fall sollte die Aufgabenstellung möglichst genau beschrieben sein. Kraft Gesetzes **ausgeschlossen** ist allein der Abschluss von **Betriebsvereinbarungen** durch den Betriebsausschuss (§ 27 Abs 2 Satz 2 BetrVG). An ihre immanenten Grenzen stößt die Aufgabenübertragung schließlich dort, wo der Kernbereich der BRatTätigkeit betroffen ist und dem BRat letztlich keine eigene Funktion mehr verbleibt (BAG 20.10.93 – 7 ABR 26/93, NZA 94, 567; 17.3.05 – 2 AZR 275/04, NZA 05, 1065).

Sämtliche BRatMitglieder haben das Recht zur jederzeitigen **Einsichtnahme** in die 29
Unterlagen des Betriebsausschusses (§ 34 Abs 3 BetrVG). Für die Teilnahme dritter Personen an Sitzungen des Betriebsausschusses gelten die Vorschriften für BRatSitzungen in §§ 29 Abs 4, 31 BetrVG entsprechend (*Fitting* § 27 Rz 56).

**bb) Sonstige Ausschüsse.** Nach § 28 BetrVG kann der BRat bereits in Betrieben mit 30
mehr als 100 ArbN Ausschüsse bilden und ihnen bestimmte Aufgaben übertragen. Im Gegensatz zu dem in größeren Betrieben zwingend vorgeschriebenen Betriebsausschuss ist die Bildung sonstiger Ausschüsse **optional** und obliegt dem freien Ermessen des BRat. Werden solche Ausschüsse eingerichtet, muss der BRat zunächst deren Größe und Aufgabenbereich genau festlegen. Sämtliche Ausschussmitglieder werden gem § 28 Abs 1 Satz 2 BetrVG in entsprechender Anwendung der Bestimmungen zum Betriebsausschuss gewählt. Der BRatVorsitzende und sein Stellvertreter sind keine geborenen Mitglieder (BAG 16.11.05 – 7 ABR 11/05, NZA 06, 445). Bei einer personellen Erweiterung eines nach den Grundsätzen der Verhältniswahl gewählten Ausschusses ist eine vollständige Neuwahl erforderlich (BAG 16.3.05 – 7 ABR 43/04, NZA 05, 1072).

Sofern ein Betriebsausschuss vorhanden ist, besteht auch im Rahmen des § 28 BetrVG 31
keine inhaltliche Beschränkung der **übertragbaren Aufgaben.** Es können sowohl organisatorische Vorbereitungsarbeiten als auch ganze Angelegenheiten zur selbstständigen Wahrnehmung und Entscheidung übertragen werden. Üblich sind zB in größeren Betrieb sog Personalausschüsse, die die personellen Einzelmaßnahmen behandeln. Es gelten allerdings dieselben Grenzen wie beim Betriebsausschuss (keine Betriebsvereinbarung, kein Eingriff in den Kernbereich der BRatAufgaben). Für die Aufgabenübertragung gelten ebenfalls die Regelungen zum Betriebsausschuss entsprechend. In den Betrieben ohne Betriebsausschuss mit einer Belegschaftsstärke zwischen 101 und 200 ArbN bleibt nur die Übertragung von Vorbereitungs- oder Durchführungsaufgaben.

Sofern einem Ausschuss Angelegenheiten zur selbstständigen Erledigung übertragen wor- 32
den sind, kann in entsprechender Anwendung des § 35 BetrVG die Aussetzung seiner **Beschlüsse** beantragt werden. Ebenso wie bei BRatSitzungen sind auch Ausschusssitzungen in einer **Niederschrift** zu protokollieren.

Nach § 28 Abs 2 ist die Bildung **gemeinsamer Ausschüsse** von BRat und ArbGeb 33
möglich. Auch solchen Ausschüssen können unter den og Voraussetzungen Angelegenheiten zur selbstständigen Erledigung übertragen werden. Typische Beispiele sind Akkordausschüsse oder Ausschüsse zur Verwaltung von Sozialeinrichtungen. Anders als die übrigen Ausschüsse sind sie jedoch kein Organ des BRat, sondern eine **eigenständige Einrichtung der**

**Betriebsverfassung** (BAG 20.10.93 – 7 ABR 26/93, NZA 94, 567). Sind Aufgaben zur selbstständigen Erledigung übertragen, muss der Ausschuss aus Sicht des BRat zumindest paritätisch besetzt sein, da ansonsten ein unzulässiger Verzicht auf die Wahrnehmung von Mitbestimmungsrechten vorläge. Die Bildung eines gemeinsamen Ausschusses mit Entscheidungsbefugnis kann nicht durch den Spruch einer Einigungsstelle erfolgen, sondern bedarf der freiwilligen Übereinkunft zwischen ArbGeb und BRat (BAG 22.3.16 – 1 ABR 14/14, NZA 16, 1283). Gesetzlich nicht geregelt ist die **Beschlussfassung** in gemeinsamen Ausschüssen. Dabei besteht Einigkeit, dass ein Vetorecht der entsandten BRatMitglieder von ArbGeb und BRat vereinbart werden kann. Im Übrigen sind die Meinungen im Schrifttum geteilt und reichen von einem zwingenden Erfordernis im vorgenannten Sinn (ErfK/*Koch* § 28 BetrVG Rz 2) bis zur ausreichenden einfachen Mehrheit aller Mitglieder des Ausschusses (*Fitting* § 28 Rz 47). Das BAG hat die Frage soweit ersichtlich bisher offen gelassen. Bei einer Pattsituation bleibt die Angelegenheit unentschieden und fällt an ArbGeb und BRat zurück (DKK/*Wedde* § 38 Rz 17).

**34** Schließlich können auch im BetrVG nicht vorgesehene **weitere Ausschüsse** errichtet werden. Das BAG hat das für einen sog Koordinierungsausschuss aller BRäte eines Unternehmens in einer bestimmten Region entschieden (BAG 15.1.92 – 7 ABR 24/91, NZA 92, 1091; ebenso LAG BaWü 10.4.13 – 2 TaBV 6/12, NZA-RR 13, 411).

**35** **h) Arbeitsgruppen.** Wie bei den sonstigen Ausschüssen liegt der Schwellenwert auch für die Übertragung von Aufgaben auf Arbeitsgruppen nach § 28a BetrVG bei einer Betriebsgröße von 100 ArbN. **Zielsetzung** der Vorschrift ist es, den Bedürfnissen der Praxis Rechnung zu tragen und dem Wunsch der ArbN nach mehr unmittelbarer Beteiligung Geltung zu verschaffen. Der gesetzlich nicht definierte **Begriff** der Arbeitsgruppe ist nach Sinn und Zweck der Regelung weit auszulegen und umfasst jede organisatorisch oder sonst abgrenzbare Mehrheit von ArbN, denen bestimmte Arbeitsaufgaben zur gemeinsamen Erledigung übertragen sind (*Fitting* § 28a Rz 11; DLW/*Wildschütz* I Rz 473; tendenziell enger DKK/*Wedde* § 28a Rz 15; HaKo-BetrVG/*Blanke* § 28a Rz 11; weiter *Richardi*/*Thüsing* § 28a Rz 8). Eine dauerhafte, organisatorische Verfestigung der Zusammenarbeit ist nicht erforderlich. Ob es sich um eine gezielte und gewollte Zusammenarbeit der ArbN handeln muss oder bereits die gemeinsame Ausübung einer gleichgerichteten Tätigkeit ausreicht, ist streitig (*Fitting* § 28a Rz 12). Jedenfalls ist eine Gruppenarbeit iSv § 87 Abs 1 Nr 13 BetrVG stets als Tätigkeit in einer Arbeitsgruppe anzusehen. Arbeitsgruppen sind nicht auf den Betrieb beschränkt, sondern können **betriebsübergreifend** gebildet werden (*Fitting* § 28a Rz 12a). Ein typisches Beispiel sind vorübergehend zusammengestellte Projektgruppen. **Unternehmensübergreifende** Arbeitsgruppen sind nur in gemeinsamen Betrieben oder in einer nach § 3 Abs 1 Nr 2 oder 3 BetrVG gebildeten besonderen Organisationseinheit möglich. In ihrer Funktion ist die Arbeitsgruppe mit einem BRat-Ausschuss vergleichbar, sie unterscheidet sich jedoch deutlich in der **personellen Zusammensetzung,** da eine Beschränkung auf BRatMitglieder nicht besteht. Gesetzliche Größenvorgaben existieren nicht.

**36** Die Übertragung der Aufgaben auf die Arbeitsgruppe erfolgt auf der Grundlage einer **Rahmenvereinbarung,** die in Form einer Betriebsvereinbarung zwischen ArbGeb und BRat für jede einzelne Arbeitsgruppe abgeschlossen wird (*Richardi* NZA 01, 346; *Thüsing* ZTR 02, 5; eine Mindermeinung hält eine Regelungsabrede für ausreichend, vgl *Raab* NZA 02, 474). In ihr werden die personelle Zusammensetzung der Gruppe und die von ihr wahrzunehmenden Aufgaben möglichst konkret benannt und sinnvollerweise Verfahrensregelungen vereinbart. Sie beruht auf einem mit einfacher Mehrheit zustande gekommenen BRatBeschluss. Als freiwillige Betriebsvereinbarung kann die Rahmenvereinbarung nicht gegen den Willen des ArbGeb erzwungen und ohne besonderen Grund sowie ohne gesetzliche Nachwirkung gekündigt und damit der Arbeitsgruppe die Tätigkeitsgrundlage entzogen werden.

**37** Ist die Arbeitsgruppe eingerichtet, kann ihr der BRat mit qualifizierter Stimmenmehrheit bestimmte Aufgaben übertragen. Der **Übertragungsbeschluss** bedarf ebenso wie der Widerruf als actus contrarius der Schriftform (§ 28a Abs 1 Satz 3 BetrVG). Der BRat entscheidet nach pflichtgemäßem Ermessen darüber, ob und welche Aufgaben er auf der Grundlage der Rahmenvereinbarung auf die Arbeitsgruppe delegiert. Innerhalb des durch die Rahmenvereinbarung eröffneten Regelungsbereichs bleibt der BRat im weiteren Verlauf

Herr des Übertragungsgeschehens. Er kann also die Rahmenvereinbarung auch insgesamt ungenutzt lassen oder nur eingeschränkte, mit konkreten Weisungen versehene Übertragungen vornehmen (*Fitting* § 28a Rz 23; aA *Richardi/Thüsing* § 28a Rz 20). Das wird an der jederzeitigen freien **Widerrufbarkeit** der Übertragung deutlich (HWK/*Reichold* § 28a Rz 11). Zusätzlich wird auf diese Weise ein innerbetrieblicher Kompetenzstreit vermieden.

**Inhaltlich** müssen die übertragenen Tätigkeiten nach § 28a Abs 1 Satz 2 BetrVG im Zusammenhang mit den von der Arbeitsgruppe zu erledigenden Tätigkeiten stehen. In der Begründung des Gesetzentwurfs werden Arbeitszeitfragen, Pausenregelung, Urlaubsplanung, Arbeitsgestaltung und ähnliche tätigkeits- und aufgabenbezogene Sachverhalte als Regelungsbeispiele angeführt. Weiterreichende, uU den ganzen Betrieb betreffende Materien scheiden aus. So kann zB die Beteiligung des BRat nach § 111 BetrVG bei einer Betriebsänderung selbst dann nicht auf eine Arbeitsgruppe übertragen werden, wenn es um deren Tätigkeitsbereich geht, denn es sind immer auch betriebliche Gesamtinteressen zu berücksichtigen. Das Gleiche gilt bei personellen Einzelmaßnahmen (HaKo-BetrVG/*Blanke* § 28a Rz 20). **38**

Durch die Übertragung von Aufgaben auf die Arbeitsgruppe erlangt diese innerhalb der Aufgabenzuweisung eine **eigenständige Regelungskompetenz.** Sie hat dieselben Befugnisse und Rechte, die auch dem BRat zustünden und handelt ähnlich wie ein BRatAusschuss. Sie ist daher auch an dieselben Grenzen wie der BRat, insbesondere Tarifvorbehalt und Tarifvorrang, gebunden. **Vereinbarungen** zwischen der Arbeitsgruppe und dem ArbGeb unterliegen keinem Formzwang. Sie bedürfen der qualifizierten Gruppenmehrheit. Sofern sie schriftlich erfolgen, haben sie die Qualität einer Betriebsvereinbarung. Das folgt aus der von § 28a Abs 2 Satz 2 BetrVG angeordneten entsprechenden Geltung des § 77 BetrVG (hM *Fitting* § 28a Rz 32; enger *Richardi/Thüsing* § 28a Rz 28, der ausschließlich schriftliche Vereinbarungen zulässt). **39**

**Schriftliche** Gruppenvereinbarungen haben damit unmittelbare und zwingende Wirkung und wirken in mitbestimmungspflichtigen Angelegenheiten nach (→ *Betriebsvereinbarung* Rn 3). Anders als bei Betriebsvereinbarungen besteht im Verhältnis zwischen ArbGeb und Arbeitsgruppe Einigungszwang, der im Konfliktfall nicht durch eine Einigungsstelle gelöst werden kann. Kommt eine Gruppenvereinbarungen nicht zustande, fällt die Regelungskompetenz gem § 28a Abs 2 Satz 3 BetrVG an den BRat zurück. Das gleiche gilt, wenn der BRat die Übertragung widerruft. Geschieht dies erst nach Abschluss einer Gruppenvereinbarung, bleibt diese in ihrer Wirksamkeit hiervon unberührt (*Neef* NZA 01, 361). Allerdings kann der BRat die Vereinbarung wie eine eigene Betriebsvereinbarung kündigen (*Engels/Trebinger/Löhr-Steinhaus* DB 01, 532; *Reichold* NZA 01, 857; *Raab* NZA 02, 474). **40**

Das **Rangverhältnis zwischen Betriebsvereinbarung und Gruppenvereinbarung** ist im Gesetz nicht geregelt. Bei inhaltlichen Überschneidungen ist unklar, welcher Regelung Vorrang zukommen soll. Als Konfliktlösungsmechanismus sind die Zeitkollisionsregel, der Spezialitätsgrundsatz oder das Rangprinzip denkbar. Die wohl hM favorisiert den Spezialitätsgrundsatz mit der Folge, dass die speziellere Gruppenvereinbarung der Betriebsvereinbarung unabhängig vom Abschlussdatum regelmäßig vorgeht (*Fitting* § 28a Rz 34; HWK/*Reichold* § 28a Rz 17). Überzeugender erscheint das Rangprinzip und damit im Ergebnis ein genereller Vorrang der Betriebsvereinbarung (*Richardi/Thüsing* § 28a Rz 29). Damit wird dem Umstand Rechnung getragen, dass die Tätigkeit der Arbeitsgruppe als solche auf der Delegation von Befugnissen durch den BRat beruht. Trifft eine neu abgeschlossene Betriebsvereinbarung auf eine für eine bestimmte Arbeitsgruppe geltende vorhandene Gruppenvereinbarung kann dies als (teilweise) Kündigung der Gruppenvereinbarung gewertet werden, so dass damit eine inhaltlich andere Betriebsvereinbarung möglich wird. Im anderen Fall dürfte dem Neuabschluss einer betriebsvereinbarungswidrigen Gruppenvereinbarung regelmäßig eine aus Sicht des BRat interessengerechte Auslegung der Übertragungsvereinbarung entgegenstehen. **41**

Ob die Beschlüsse der Arbeitsgruppe in förmlich einberufenen **Sitzungen** getroffen werden müssen oder eine Entscheidung auch im Umlaufverfahren herbeigeführt werden kann, ist streitig (DKK/*Wedde* § 28a Rz 74 einerseits, GK-BetrVG/*Raab* § 28a Rz 49 andererseits). Ebenso wie bei BRatSitzungen und Ausschusssitzungen sind aber jedenfalls die Verhandlungen und Beschlüsse von Arbeitsgruppen in einer Niederschrift zu protokollieren. **42**

Soweit der Arbeitsgruppe durch ihre Tätigkeit **Kosten** entstehen, trägt diese der ArbGeb in entsprechender Anwendung des § 40 BetrVG. Eine analoge Anwendung des § 37 Abs 6, **43**

7 BetrVG scheidet demgegenüber nach allgemeiner Ansicht aus (*Richardi/Thüsing* § 28a Rz 34). Anders als BRatMitglieder genießen die Mitglieder einer Arbeitsgruppe **keinen Sonderschutz,** insbes die Regelungen der §§ 103 BetrVG, 15 KSchG sind nicht entsprechend anwendbar. Es gelten jedoch die allgemeinen Behinderungs- und Benachteiligungsverbote der §§ 37 Abs 1–3, 78 BetrVG. Das Gleiche gilt für die Verschwiegenheitspflicht aus § 79 BetrVG.

44 **4. Allgemeine Aufgaben.** In § 80 BetrVG sind die allgemeinen Aufgaben des BRat aufgelistet. Neben den besonderen betriebsverfassungrechtlichen Mitwirkungs- und Mitbestimmungsrechten treffen den BRat nach § 80 Abs 1 BetrVG allgemeine Überwachungs- und Beratungsaufgaben (BAG 19.10.99 – 1 ABR 75/98, NZA 2000, 837; *Lelley/Bruck/Yildiz* BB 18, 2164). Sie obliegen dem örtlichen BRat, nicht dem GBRat (BAG 16.8.11 – 1 ABR 22/10, NZA 12, 342). Diese Vorschrift ist zwingendes nicht tarifdispositives Recht (BAG 21.10.03 – 1 ABR 39/03, NZA 04, 936). Dazu gehört ua die rechtliche Kontrolle der in Formulararbeitsverträgen enthaltenen Bestimmungen auf ihre Vereinbarkeit mit den Vorgaben des Nachweisgesetzes und der §§ 305 ff BGB (BAG 16.11.05 – 7 ABR 12/05, NZA 06, 553) oder die Unterrichtung über sämtliche Arbeitsunfälle einschließlich der im Betrieb eingesetzten Fremdpersonen (BAG 12.3.19 – 1 ABR 48/17, NZA 19, 850). Gemeinsam mit dem ArbGeb hat der BRat im Übrigen nach § 75 Abs 1 BetrVG darüber zu wachen, dass alle im Betrieb tätigen Personen nach Recht und Billigkeit behandelt werden und jegliche Diskriminierung unterbleibt (vgl zuletzt BAG 22.3.05 – 1 AZR 49/04, NZA 05, 773).

45 **a) Überwachungsaufgaben.** Diese entspringen einer Grundfunktion des BRat in der Betriebsverfassung. Er soll darüber wachen, dass das gesamte ArbNSchutzrecht eingehalten und angewandt wird. Gegenstand der Überwachung durch den BRat sind damit die geltenden **Gesetze** (einschließlich Grundgesetz und richterrechtlich entwickelten allgemeinen Grundsätzen wie zB dem arbeitsrechtlichen Gleichbehandlungsgrundsatz oder der ArbGeb-Seitigen Fürsorgepflicht) und **Verordnungen** (insbes die von den Berufsgenossenschaften erlassenen Unfallverhütungsvorschriften). Hierzu gehört bspw die Durchführung des BEM nach § 167 Abs 2 SGB IX durch den ArbGeb. Im Rahmen dieser Überwachungsaufgabe kann der BRat die namentliche Benennung aller aktuell hiervon betroffenen ArbN – unabhängig von deren Zustimmung – verlangen (BAG 7.2.12 – 1 ABR 46/10, NZA 12, 744). Darüber hinaus erstreckt sich der Überwachungsauftrag auf die Einhaltung der im jeweiligen Betrieb (kraft Tarifbindung, Allgemeinverbindlicherklärung oder allgemeiner Übung) bzw im einzelnen Arbeitsverhältnis (auch lediglich arbeitsvertraglicher Inbezugnahme) anwendbaren **Tarifverträge** durch den ArbGeb (BAG 6.5.03 – 1 ABR 13/02, NZA 03, 1348). Schließlich hat der BRat die Einhaltung und Durchführung von **Betriebsvereinbarungen** zu überwachen. Hierzu gehören sämtliche im Betrieb geltenden Betriebsvereinbarungen, mithin auch Gesamt- oder Konzernbetriebsvereinbarungen (BAG 20.12.88 – 1 ABR 63/87, NZA 89, 393). Das Gleiche gilt für Regelungsabreden und den Betriebsvereinbarungen gleichstehende Einigungsstellensprüche. Allerdings bezieht sich das Überwachungsrecht aus § 80 Abs 1 Nr 1 BetrVG regelmäßig nur auf die Einhaltung der jeweiligen Norm, nicht jedoch auf deren Überprüfung am Maßstab höherrangigen Rechts und damit zur Normenkontrolle der nicht von ihm abgeschlossenen Normen (BAG 5.3.13 – 1 ABR 75/11, BeckRS 2013, 69282). Aus dem dargestellten Überwachungsrecht des BRat folgt kein Unterlassungsanspruch gegenüber dem ArbGeb (BAG 22.8.17 – 1 ABR 24/16, NZA 18, 115).

46 **Abzugrenzen** ist die Überwachungsaufgabe von der Geltendmachung und Durchsetzung individualrechtlicher Rechtspositionen einzelner ArbN. Aus dem Überwachungsrecht folgt kein Anspruch des BRat auf Feststellung von tarifwidrigem Verhalten des ArbGeb gegenüber einzelnen ArbN. Das gilt auch soweit es um die Geltendmachung von Ansprüchen einzelner BRatMitglieder geht (BAG 21.3.17 – 7 ABR 17/15, NZA 17, 1014). Auf Grund der Überwachungsbefugnis ist der BRat darauf beschränkt, die fehlerhafte Durchführung des Tarifvertrags zu beanstanden und für die Zukunft auf Abhilfe zu drängen (BAG 28.5.02 – 1 ABR 32/01, NZA 03, 166; 9.12.03 – 1 ABR 44/02, NZA 04, 746). Denn der BRat ist nicht Prozessstandschafter der ArbN.

47 Mit diesem allgemeinen Überwachungsrecht korrespondiert eine weitreichende **Unterrichtungspflicht** des ArbGeb. Daten, die der BRat zur Wahrnehmung seiner Über-

wachungsaufgabe benötigt, kann der ArbGeb nicht mit der Begründung verweigern, er verzichte auf eine Erhebung der Daten, wenn er diese für die eigene Überprüfung der betrieblichen Abläufe auf Einhaltung der gesetzlichen Vorgaben erheben müsste (BAG 6.5.03 – 1 ABR 13/02, NZA 03, 1348; → *Auskunftspflichten Arbeitgeber* Rn 11 ff). Andererseits ist es dem BRat auch zuzumuten, aus Datenmaterial, das ihm der ArbGeb zur Verfügung gestellt hat, selbst Daten mittels einfacher Rechenvorgänge zu ermitteln (BAG 24.1.06 – 1 ABR 60/04, NZA 06, 1050).

**b) Antragsrechte.** Der BRat hat Antragsrechte bezüglich aller Maßnahmen, die dem Betrieb und der Belegschaft dienen. Maßnahmen zur Bekämpfung von Fremdenfeindlichkeit und Rassismus im Betrieb hebt das Gesetz dabei besonders hervor. Erzwingen kann der BRat die von ihm beantragten Maßnahmen allein auf Grund des Antragsrechts nicht. Jedoch ist der ArbGeb verpflichtet, sich mit den Anträgen des BRat ernsthaft zu befassen. Das folgt aus dem gesetzlichen Gebot der vertrauensvollen Zusammenarbeit. 48

**c) Weitere allgemeine Aufgaben.** Diese benennt der Gesetzgeber in § 80 Abs 1 BetrVG wie folgt: Der BRat soll die Durchsetzung der Gleichstellung von Frauen und Männern sowie die Vereinbarkeit von Erwerbstätigkeit und Familie und die Eingliederung behinderter Menschen und sonstiger besonders schutzbedürftiger Personen ebenso fördern wie die Beschäftigung älterer Menschen im Betrieb. Er soll Beschwerden und Vorschläge von ArbN und aus der JAV entgegen nehmen und auf deren Erledigung hinwirken, die Wahl der JAV durchführen und mit dieser Vertretung eng zusammenarbeiten, Maßnahmen des Arbeitsschutzes und betrieblichen Umweltschutzes fördern sowie schließlich die Beschäftigung im Betrieb insgesamt fördern und sichern. 49

**5. Allgemeine Grundsätze der Zusammenarbeit.** Beide Betriebspartner sind nach § 2 Abs 1 BetrVG zu einer vertrauensvollen Zusammenarbeit verpflichtet. Diese Vorschrift konkretisiert den Grundsatz von Treu und Glauben für die Betriebsverfassung. Sie ist dabei mehr als nur Programmsatz, sondern enthält für ArbGeb und BRat unmittelbar anwendbares Recht und dient als **grundlegende Auslegungsregel,** soweit es um Inhalt und Abgrenzung der Rechte der beiden Betriebspartner geht. Weitergehende Rechte vermag die Vorschrift allerdings für beide Betriebspartner nicht zu begründen. Weder kann der BRat gestützt auf § 2 Abs 1 BetrVG eine Ausweitung seiner Beteiligungsrechte verlangen, noch kann der ArbGeb den BRat zu einem Verzicht auf seinen gesetzlichen Kostenerstattungsanspruch aus § 40 BetrVG bewegen. Durch Mehrheitsbeschluss des BRat können sog BRatBeauftragte bestellt werden, deren Aufgabe darin besteht, den BRat in der Kommunikation mit der Belegschaft zu unterstützen, ohne über eigene betriebsverfassungsrechtliche Befugnisse zu verfügen. Sie sind keine zusätzliche ArbNVertretung iSd § 3 Abs 1 Nr 5 BetrVG, sondern lediglich Hilfspersonen des BRat, die allerdings auch nur vom gesamten BRat und nicht nur von der Mehrheitsfraktion herangezogen werden dürfen (BAG 29.4.15 – 7 ABR 102/12, NZA 15, 1397). 50

**Beispielsweise** verstößt der ArbGeb gegen den Grundsatz der vertrauensvollen Zusammenarbeit, wenn er das Mitbestimmungsrecht des BRat aus § 87 Abs 1 Nr 10 BetrVG bei der Anrechnung von Tariflohnerhöhungen auf übertarifliche Zulagen negiert und dem BRat eigene Verteilungsgrundsätze vorgibt, über die er Verhandlungen nicht zulässt (BAG 26.5.98 – 1 AZR 704/97, NZA 98, 1292), den BRat oder einzelne BRatMitglieder im Betrieb dahingehend diskreditiert, sie wollten das Unternehmen lahmlegen und hätten sich auf Kosten der Belegschaft externe Berater gekauft (LAG NdS 6.4.04 – 1 TaBV 64/03, NZA-RR 05, 78) oder wenn er den Zugang von BRatMitglieder zu den ArbN an ihren Arbeitsplätzen unsachgemäß beeinträchtigt (ArbG Stuttgart 19.2.02 – 20 BV 14/01, NZA-RR 02, 365). 51

Für den BRat folgt daraus, dass er innerbetriebliche Missstände nicht in die Öffentlichkeit trägt, sondern zunächst gemeinsam mit dem ArbGeb versucht Abhilfe zu schaffen. **Weitere tragende Gesichtspunkte** sind die Beachtung der geltenden Tarifverträge sowie das Zusammenwirken mit den im Betrieb vertretenen Gewerkschaften und ArbGebVerbänden. **Ziel** der Zusammenarbeit ist das Wohl der ArbN und des Betriebs. Über das Sozialstaatsprinzip sind die Betriebspartner schließlich auch dem Allgemeinwohl verpflichtet. Das gilt insbesondere in Betrieben von Krankenhäusern, Kindergärten, Verkehrs-, Ver- und Entsorgungsunternehmen. 52

53 **Konkretisierungen** des Grundsatzes der vertrauensvollen Zusammenarbeit sind in den §§ 74, 78 und 79 BetrVG enthalten. § 74 Abs 1 Satz 2 BetrVG beschreibt das vom Gesetz vorgesehene Verhandlungsmodell. Zwar besteht kein Einigungszwang, jedoch sind beide Betriebspartner verpflichtet, konstruktiv mit dem ernsten Willen zur Einigung zu verhandeln. Es besteht also eine **Einlassungs- und Erörterungspflicht.** Das hat zB zur Folge, dass vor der Einleitung eines Einigungsstellenverfahrens sämtliche Erörterungs- und Verhandlungsmöglichkeiten über den streitigen Gegenstand ausgeschöpft werden müssen (→ *Einigungsstelle* Rn 14). Eine weitere Ausgestaltung der Verhandlungspflicht ist das sog **Monatsgespräch** iSv § 74 Abs 1 Satz 1 BetrVG.

54 Eine vertrauensvolle Zusammenarbeit sichert des Weiteren die in § 74 Abs 2 BetrVG enthaltene betriebliche **Friedenspflicht.** Sie verbietet Arbeitskampfmaßnahmen und verlangt die Unterlassung von Betätigungen, durch die der Arbeitsablauf oder der Betriebsfrieden beeinträchtigt werden sowie darüber hinaus jegliche parteipolitische Betätigung (zuletzt *Schönhöft/Weyhing* BB 14, 762). Äußerungen allgemeinpolitischer Art ohne Bezug zu einer politischen Partei bleiben danach für den BRat zulässig (BAG 17.3.10 – 7 ABR 95/08, NZA 10, 1133; kritisch *Bauer/Willemsen* NZA 10, 1089). Das Gleiche gilt für die sachliche Information und Unterrichtung der Belegschaft über den Stand von Tarifverhandlungen zu den zulässigen tarifpolitischen Angelegenheiten iSd § 74 Abs 2 Satz 3 BetrVG (LAG Hamm 12.3.04 – 10 TaBV 161/03, BeckRS 2004, 3046374). Auch der Unterrichtungsanspruch des BRat aus § 80 Abs 2 Satz 1 BetrVG bleibt hiervon unberührt und besteht auch während der Dauer von Arbeitskampfmaßnahmen im Betrieb fort. Die Arbeitskampffreiheit des ArbGeb wird dadurch nicht eingeschränkt (BAG 10.12.02 – 1 ABR 7/02, NZA 04, 223).

55 § 78 BetrVG normiert ein grundlegendes **Behinderungs-, Benachteiligungs- und Begünstigungsverbot** von BRatMitgliedern (*Annuß* NZA 18, 134; *Oltmanns/Fuhlrott* DB 18, 1086). Danach ist grds jede objektive Schlechterstellung von BRatMitgliedern im Vergleich zu anderen ArbN unzulässig (BAG 25.10.17 – 7 AZR 731/15, NZA 18, 538). Der ArbGeb behindert die Tätigkeit des BRat, wenn er zB dessen Kosten betriebsintern einseitig und verzerrt darstellt, so dass der BRat als Kostentreiber erscheint (BAG 12.11.97 – 7 ABR 14/97, NZA 98, 559), den Zugang zum Betriebsgelände verweigert (BAG 21.9.89 – 1 ABR 32/89, NZA 90, 314), BRatMitglieder wegen ihrer BRatTätigkeit bei der Vergabe von Beförderungsstellen nicht berücksichtigt (LAG NdS 21.11.03 – 16 Sa 147/03, NZA-RR 04, 414), ein BRatMitglied sachgrundlos aus einem Einzelbüro in ein Großraumbüro umsetzt (LAG Köln 26.7.10 – 5 SaGa 10/10, NZA-RR 10, 641) oder Telefongespräche des BRat überwacht (BAG 1.8.90 – 7 ABR 99/88, AP Nr 20 zu Art 56 ZA-Nato-Truppenstatut). Unzulässig ist bereits jede objektive **Behinderung,** eine Behinderungsabsicht ist nicht erforderlich (BAG 10.11.15 – 3 AZR 574/14, BeckRS 2016, 66411). Der ArbGeb verstößt ferner gegen das Benachteiligungsverbot, wenn er Reisezeiten eines BRatMitglieds anders bewertet als sonstige Dienstreisen (BAG 27.7.16 – 7 AZR 255/14, NZA 16, 1418), bei einem befristeten Arbeitsverhältnis den Abschluss eines Folgevertrages wegen der BRTätigkeit ablehnt (BAG 25.6.14 – 7 AZR 847/12, NZA 14, 1209), ohne besonderen Anlass und außerhalb einer Stichprobenregelung eine Kontrolle der Telefondaten nur des BRat-Vorsitzenden vornimmt (LAG SachsAnh 23.11.99 – 8 TaBV 6/99, NZA-RR 2000, 476), die BRatTätigkeit gegen den Willen des BRatMitglieds im Zeugnis angibt (LAG Hamm 6.3.91 – 3 Sa 1279/90, LAGE § 630 BGB Nr 13), vom BRatMitglied eine längere durchschnittliche Wochenarbeitszeit verlangt als von sonstigen ArbN (BAG 25.10.17 – 7 AZR 731/15, NZA 18, 538) oder die dem BRatMitglied in einem erfolgreichen Beschwerdeverfahren nach § 103 BetrVG entstandenen Rechtsanwaltskosten nicht erstattet (BAG 31.1.90 – 7 ABR 39/89, NZA 91, 152). Gleiches gilt umgekehrt auch für ungerechtfertigte **Begünstigungen** von BRatMitgliedern (*Bittmann/Mujan* BB 12, 637; *Schweibert/Buse* NZA 07, 1080 mit Beispielen). So ist die Vereinbarung einer pauschalen Stundenvergütung zur Abgeltung von BRatTätigkeiten unzulässig, wenn sie ohne sachlichen Grund wegen der BRatTätigkeit gewährt wird und zu einer Verdiensterhöhung führt (BAG 8.11.17 – 5 AZR 11/17, NZA 18, 528). Zulässig ist demgegenüber die Vereinbarung eines Abfindungsvergleichs in einem Zustimmungsersetzungsverfahren nach § 103 BetrVG. Die günstigere Verhandlungsposition des BRatMitglieds gegenüber einem ArbN ohne BRatAmt beruht auf dem gesetzlich geregelten Sonderkündigungsschutz (BAG 21.3.18 – 7 AZR 590/16, NZA

18, 1019). Ebenfalls grds rechtlich unbedenklich ist die nachträgliche Befristung des Arbeitsverhältnisses eines BRatMitglieds über die Regelaltersgrenze hinaus (LAG Köln 18.7.19 – 6 TaBVGa 3/19, BeckRS 2019, 20856). Auch die in einem gerichtlichen Vergleich zwischen einem BRatMitglied und dem ArbGeb getroffene Vereinbarung, die außergerichtlichen Kosten des Rechtsstreits selbst zu tragen, verstößt nicht gegen § 78 Satz 2 BetrVG (BAG 20.1.10 – 7 ABR 68/08, NZA 10, 777).

Schließlich gehört zum Grundsatz der vertrauensvollen Zusammenarbeit die in § 79 BetrVG näher ausgestaltete **Verschwiegenheitspflicht** des BRat und seiner Mitglieder (LAG Hess 7.3.13 – 9 TaBV 197/12, BeckRS 2013, 72313; → *Betriebsgeheimnis* Rn 11). In diesem Zusammenhang ist auch die grds Geltung des BDSG hinsichtlich der Speicherung, Nutzung und Verarbeitung personenbezogener Daten durch den BRat zu erwähnen (grundlegend BAG 11.11.97 – 1 ABR 21/97, NZA 98, 385; → *Datenschutz* Rn 22). 56

## B. Lohnsteuerrecht *Weil*

**1. Arbeitslohn.** Zu der dem BRatMitglied nach dem **Lohnausfallprinzip** gezahlten Vergütung → *Betriebsratsfreistellung* Rn 38 ff. Kein Arbeitslohn liegt vor, wenn der ArbGeb dem ArbN sächliche Mittel, Räume und Büropersonal zur Verfügung stellt. Derartige Ausgaben tätigt der ArbGeb im sog eigenbetrieblichen Interesse (→ *Arbeitsentgelt* Rn 30 ff; → *Betriebsratskosten* Rn 26). Gezahlte Aufwandsentschädigung aus öffentlichen Kassen ist steuerfrei (§ 3 Nr 12 Satz 2 EStG; BFH 15.11.07 – VI R 91/04, BFH/NV 08, 767). BRatKosten sind beim ArbGeb Betriebsausgaben (§ 4 Abs 4 EStG). 61

Die Mitwirkung des BRat an der **Verschaffung von Preisvorteilen durch Dritte** (zB Einkaufsgutscheine oder Rabatte) führt nicht zur Annahme von Arbeitslohn, außer der ArbGeb verschafft die Preisvorteile durch Dritte (BMF 20.1.15, BStBl I 15, 143; → *Arbeitsentgelt* Rn 30 ff).

**2.** Zu **Betriebsvereinbarungen** zwischen ArbGeb und BRat *Betriebsvereinbarung.* 62

**3. Werbungskosten** des BRats. Aufwendungen, die der Wahl in den BRat dienen, auch kleinere Werbegeschenke, können Werbungskosten sein (FG Bln, Bbg 28.3.07 – 7 K 9184/06 B, EFG 07, 1323). Im Übrigen → *Betriebsratsfreistellung* Rn 38 ff; → *Ehrenamtliche Tätigkeit* Rn 11 ff. 63

**4. Gemischte Aufwendungen** → *Betriebsratsfreistellung* Rn 38 ff. 64

## C. Sozialversicherungsrecht *Voelzke*

**1. Antragsrecht im Arbeitsförderungsrecht.** Der BRat ist in das Bewilligungsverfahren für die Leistungen Kurzarbeitergeld (§§ 95 ff SGB III; Näheres: *Kurzarbeit*) einschließlich des Saison-Kurzarbeitergeldes (§§ 101, 102 SGB III) sowie für die Transferleistungen (§§ 110, 111 SGB III; Näheres: *Beschäftigungsgesellschaft*) eingebunden. Die Beteiligung des BRat dient der Wahrnehmung der Interessen der Betriebsvertretung und der nicht beteiligten ArbN sowie der Aufklärung der betrieblichen Leistungsvoraussetzungen (BSG 30.5.78 – 7/12 RAr 100/76, SozR 4100 § 63 Nr 1). Für das Kurzarbeitergeld regelt § 99 Abs 1 Satz 2 SGB III, dass ArbGeb oder Betriebsvertretung die **Arbeitsausfallanzeige** erstatten können. Erstattet der ArbGeb die Anzeige, so ist eine Stellungnahme der Betriebsvertretung beizufügen. Bei einer Anzeige durch den BRat ist die Vertretungsregelung in § 26 Abs 2 Satz 1 BetrVG zu beachten. Der BRat hat zur Anzeige des ArbGeb eine Stellungnahme abzugeben. Das Fehlen der Stellungnahme führt nicht zur Unwirksamkeit der Anzeige (*Hauck/Noftz/Petzold* SGB III, § 99 Rz 11). 71

Die Mitwirkungsmöglichkeiten des BRat setzen sich im Antragsverfahren, mit dem der Anspruch auf Auszahlung des Kurzarbeitergeldes realisiert wird, fort. Stellt der ArbGeb einen schriftlichen Antrag auf eine der genannten Leistungen, so hat er nach § 323 Abs 2 Satz 1 SGB III eine **Stellungnahme der Betriebsvertretung** beizufügen. Das Fehlen einer Stellungnahme macht den Antrag allerdings nicht unwirksam. Die BA hat jedoch die Betriebsvertretung zu unterrichten und ihr Gelegenheit zur Stellungnahme zu geben. In einem sozialgerichtlichen Verfahren ist die Betriebsvertretung notwendig beizuladen, wenn der ArbGeb klagt (BSG 6.3.97 – 7 RAr 42/96, SozR 3–4100 § 85 Nr 1). Die genannten Leistungen können auch unmittelbar **von der Betriebsvertretung beantragt** werden 72

(§ 323 Abs 2 Satz 2 SGB III). Zwar sind die betroffenen ArbN Anspruchsinhaber, jedoch macht der BRat (wie der ArbGeb) das den ArbN zustehende Recht nach Art einer Prozessstandschaft im eigenen Namen geltend (*Hauck/Noftz/Radüge* SGB III, § 323 Rz 26). Wird der Antrag von der Betriebsvertretung gestellt, ist die Beifügung einer Stellungnahme des ArbGeb nicht vorgeschrieben.

73 **2. Unfallversicherung.** Tätigkeiten, die ein Mitglied des BRat im Rahmen seiner gesetzlichen Aufgabenstellung ausübt, gehören zu den in der gesetzlichen UV **geschützten Tätigkeiten** (BSG 20.2.01 – B 2 U 7/00 R, NJW 02, 1446; *Schlegel/Voelzke/Wagner* § 8 SGB VII Rz 108). Die Rspr geht auch ohne ausdrückliche gesetzliche Regelung davon aus, dass die Tätigkeit eines ArbN, der die allgemeinen und besonderen Aufgaben des BRat nach dem Gesetz (insbes dem BetrVG) ausübt, stets den Interessen des Unternehmens zu dienen bestimmt ist und es folglich keines weiteren Nachweises der Verfolgung betrieblicher Interessen bedarf. Wird der ArbN zwar im Interesse des BRat, jedoch außerhalb seiner gesetzlich geregelten Aufgaben tätig, so besteht Versicherungsschutz nur dann, wenn eine wesentliche konkrete Beziehung zum Beschäftigungsverhältnis besteht. Eine Feier von Mitgliedern des BRat steht jedenfalls dann nicht unter Versicherungsschutz, wenn Kostentragung und Organisation der Feier allein in der Hand des BRat liegt (BSG 20.2.01 – B 2 U 7/00 R, NJW 02, 1446).

# Betriebsratsfreistellung

## A. Arbeitsrecht *Kreitner*

### Übersicht



1 **I. Vollständige Freistellung gemäß § 38 BetrVG. 1. Mindeststaffel.** § 38 Abs 1 BetrVG enthält eine Mindeststaffel vollständig von ihrer beruflichen Tätigkeit freizustellender BRatMitglieder, die sich an der Anzahl der im Betrieb beschäftigten ArbN im Zeitpunkt der Freistellungsentscheidung orientiert. Eine nicht nur vorübergehende Veränderung der ArbNZahl kann dazu führen, dass sich die Zahl der Freistellungen im Laufe einer Amtszeit – in beide Richtungen – ändert (LAG RhPf 14.5.13 – 6 SaGa 2/13, BeckRS 2013, 69966). Mit Wirkung zum 28.7.01 sind die Zahlenwerte der gesetzlichen Freistellungsstaffel insgesamt abgesenkt und der Schwellenwert ist von 300 auf 200 ArbN herabgesetzt worden. Gem § 14 Abs 2 Satz 4 AÜG sind regelmäßig im Entleiherbetrieb beschäftigte LeihArbN bei der Mindestzahl der freizustellenden BRatMitglieder nach § 38 BetrVG zu berücksichtigen. Bei den freigestellten BRatMitgliedern braucht die Erforderlichkeit der BRat-Tätigkeit nicht im Einzelfall nachgewiesen zu werden, sondern wird unwiderleglich vermutet (BAG 26.7.89, DB 90, 1290). Dies gilt jedoch nur für BRatTätigkeiten innerhalb des Betriebsgeländes.

2 Bei Tätigkeiten **außerhalb des Betriebsgeländes** ist aufgrund der auch für freigestellte BRatMitglieder grds geltenden Anwesenheitspflicht (BAG 19.5.83, DB 83, 2038; LAG BlnBbg 27.11.15 – 8 Sa 1391/15, BeckRS 2016, 66764) eine Erforderlichkeitsprüfung im Einzelfall anzustellen (BAG 28.8.91 – 7 ABR 46/90, NZA 92, 72).

Über die Mindeststaffel des § 38 Abs 1 BetrVG hinaus können **zusätzlich weitere Betriebsratsmitglieder freigestellt** werden. Dies bedarf jedoch einer Vereinbarung zwischen ArbGeb und BRat bzw des Nachweises durch den BRat im Rahmen eines arbeitsgerichtlichen Beschlussverfahrens, dass konkrete Arbeitsbefreiungen nach § 37 Abs 2 BetrVG nicht ausreichend sind, um sämtliche erforderliche BRatAufgaben ordnungsgemäß zu erfüllen (BAG 12.2.97 – 7 ABR 40/96, NZA 97, 782; LAG RhPf 16.7.15 – 5 TaBV 5/15, BeckRS 2015, 72789). Dabei sind die Betriebspartner nicht völlig frei, sondern müssen insbes das Begünstigungsverbot des § 78 Satz 2 BetrVG beachten, so dass nur erforderliche zusätzliche Freistellungen zulässig sind (*Bayreuther* NZA 19, 430). 3

Der BRat kann statt eines Mitgliedes auch **mehrere Mitglieder** jeweils **anteilig** freistellen, soweit hierdurch für den ArbGeb keine unzumutbaren Nachteile entstehen, denn oftmals wird es gerade aus der Sicht des einzelnen BRatMitglieds sinnvoll erscheinen, nicht völlig aus der beruflichen Tätigkeit auszuscheiden (§ 38 Abs 1 Satz 3 BetrVG). 4

Gem § 38 Abs 1 Satz 4 können **durch Tarifvertrag oder Betriebsvereinbarung andere Freistellungsregelungen** wirksam festgelegt werden, wobei diese auch eine geringere Zahl von Freistellungen vorsehen können (*Fitting* § 38 Rz 30). Letzteres gilt auch dann, wenn dadurch kein Mitglied einer Minderheitsliste freigestellt wird (BAG 11.6.97, NZA 97, 1301). Eine solche Freistellungsvereinbarung kann auch im Wege der formlosen Regelungsabrede erfolgen (LAG Köln 7.10.11 – 4 TaBV 52/11, NZA-RR 12, 135). Nicht zulässig ist der völlige Ausschluss von generellen Freistellungen (GK-BetrVG/*Weber* § 38 Rz 33). 5

Auch in **Betrieben mit weniger als 200 Arbeitnehmern** kann eine vollständige oder teilweise Freistellung eines BRatMitglieds in Betracht kommen (BAG 13.11.91, DB 92, 740). Die Rechtmäßigkeit einer solchen Freistellung ist jedoch nicht nach § 38 BetrVG, sondern nach § 37 Abs 2 BetrVG zu beurteilen. 6

Im Fall der Verhinderung eines freigestellten BRatMitglieds hat der BRat Anspruch auf **Ersatzfreistellung** eines anderen BRatMitglieds nur unter den Voraussetzungen des § 37 Abs 2 BetrVG (BAG 9.7.97 – 7 ABR 18/96, NZA 98, 164). 7

**Keine Anwendung** findet § 38 Abs 1 BetrVG auf den **Gesamtbetriebsrat** sowie den **Konzernbetriebsrat.** Die jeweiligen Verweisungsvorschriften der §§ 51 Abs 1 bzw 59 Abs 1 BetrVG nehmen § 38 BetrVG bewusst aus. Allerdings kann auch eine pauschale Freistellung nach §§ 51 Abs 1, 59 Abs 1, 37 Abs 2 BetrVG in Betracht kommen (BAG 23.5.18 – 7 ABR 14/17, NZA 18, 1281; 26.9.18 – 7 ABR 77/16, NZA 19, 117). 8

Gleiches gilt für die **Jugend- bzw Gesamtjugendvertretung** (§§ 65 Abs 1, 73 Abs 2).

**2. Wahl der freizustellenden Betriebsratsmitglieder.** Sie ist in § 38 Abs 2 BetrVG geregelt und hat geheim entweder durch den gesamten BRat oder, wenn die Voraussetzungen des § 38 Abs 2 Satz 4 BetrVG vorliegen, getrennt nach Gruppen zu erfolgen. Kandidatur und Freistellung setzen das Einverständnis des jeweiligen BRatMitglieds voraus. Für den GBRat gilt § 51 Abs 3 BetrVG (BAG 26.9.18 – 7 ABR 77/16, NZA 19, 117). 9

Vor der Wahl muss der BRat die bevorstehende Wahl mit dem ArbGeb **beraten,** um diesem die Möglichkeit zu geben, auf etwaige betriebliche Notwendigkeiten hinsichtlich einzelner Kandidaten hinzuweisen. Die Beratung einzelner BRatMitglieder mit dem ArbGeb genügt nicht (BAG 29.4.92, DB 93, 1527). Eine unterbliebene Beratung vor der Freistellungswahl bleibt sanktionslos und hat insbes weder die Nichtigkeit noch die Anfechtbarkeit der Wahl zur Folge, weil die Beratungspflicht keine wesentliche Vorschrift über das Wahlverfahren ist (BAG 22.11.17 – 7 ABR 26/16, NZA 18, 523). 10

**Endet** die Freistellung eines einzelnen BRatMitglieds infolge ordnungsgemäßer Abberufung oder aus sonstigen Gründen, rückt in entsprechender Anwendung des § 25 Abs 2 BetrVG das nächste Mitglied aus der Vorschlagsliste nach. Erst bei Erschöpfung der Liste hat bezüglich dieser Freistellung eine Neuwahl zu erfolgen (BAG 21.2.18 – 7 ABR 54/16, NZA 18, 951; 20.4.05 – 7 ABR 44/04, NZA 05, 1426). Bewilligt der ArbGeb während der laufenden Amtszeit des BRat die Freistellung eines neuen, weiteren BRatMitglieds, so ist die Neuwahl aller freizustellenden BRatMitglieder erforderlich, wenn die ursprüngliche Freistellungswahl nach den Grundsätzen der Verhältniswahl durchgeführt worden ist (BAG 20.4.05 – 7 ABR 47/04, NZA 05, 1013). 11

Die **Wahl** selbst muss zwingend in einem Wahlgang durchgeführt werden (BAG 20.6.18 – 7 ABR 48/16, BeckRS 2018, 26543). 12

13 Soweit der **Arbeitgeber** die durch den BRat beschlossene Freistellung für sachlich nicht vertretbar hält, kann er gem § 38 Abs 2 Satz 4 BetrVG binnen einer Frist von zwei Wochen (Ausschlussfrist) die *Einigungsstelle* anrufen. Der Spruch der Einigungsstelle unterliegt der Rechtskontrolle durch das ArbG. Ruft der ArbGeb die Einigungsstelle nicht an, so gilt gem § 38 Abs 2 Satz 6 BetrVG sein Einverständnis nach Ablauf der zwei Wochen als erteilt (*Fitting* § 38 Rz 65; aA LAG Nbg 19.11.97 – 4 TaBV 15/96, BB 98, 427: Zweiwochenfrist gilt nicht bei Rechtskontrolle). Außerdem kann die Wahl der freizustellenden BRatMitglieder analog § 19 BetrVG durch ein einzelnes oder mehrere **Betriebsratsmitglieder** angefochten werden (BAG 22.11.17 – 7 ABR 26/16, NZA 18, 523; 20.4.05 – 7 ABR 47/04, NZA 05, 1013). Eine mit der nach § 27 Abs 1 Satz 5 BetrVG erforderlichen Mehrheit erfolgte Neuwahl aller freizustellenden BRatMitglieder beinhaltet gleichzeitig eine Abberufung der zuvor Gewählten (BAG 13.11.91 – 7 ABR 18/91, NZA 92, 989; 20.4.05 – 7 ABR 44/04, NZA 05, 1426).

14 **3. Rechtsstellung der freigestellten Betriebsratsmitglieder. a) Allgemeines.** Die Freistellung entbindet das freigestellte BRatMitglied lediglich von der arbeitsvertraglichen Verpflichtung zur Arbeitsleistung; sämtliche übrigen Pflichten bleiben unberührt. Das BRatMitglied ist weiterhin verpflichtet die vertraglich vereinbarte Arbeits- und damit Anwesenheitszeit im Betrieb einzuhalten (BAG 24.2.16 – 7 ABR 20/14, NZA 16, 831). Anders lediglich bei Schichtarbeit, hier braucht die alte Schichteinteilung nicht beibehalten zu werden (*Fitting* § 38 Rz 78; *DKK/Wedde* § 38 Rz 62; ArbG Nienburg 20.10.99 – 1 Ca 242/99, BeckRS 1999, 30824683; aA GK-BetrVG/*Weber* § 38 Rz 77, der auch in diesen Fällen eine Änderungsvereinbarung verlangt) bzw bei Herausnahme von freigestellten BRatMitgliedern neben anderen ArbNGruppen aus einer betrieblichen Gleitzeitregelung (LAG Düsseldorf 26.5.93, NZA 94, 720 [LS]). Daher nehmen freigestellte BRatMitglieder auch an der betrieblichen Arbeitszeiterfassung teil (BAG 10.7.13 – 7 ABR 22/12, NZA 13, 1221). Die Klage eines freigestellten BRatMitglieds auf Beschäftigung mit bestimmten Tätigkeiten ist wegen offensichtlich fehlenden Rechtsschutzbedürfnisses unzulässig (BAG 23.9.14 – 9 AZR 1100/12, NZA 15, 179).

15 Die Anwesenheitspflicht zur Ausübung von BRatTätigkeit tritt letztlich als gesetzliche Rechtsfolge der Freistellung von der beruflichen Tätigkeit gem § 38 BetrVG ein. Sie kann je nach Art der arbeitsvertraglich geschuldeten Tätigkeit (zB Montage) eine Veränderung des Leistungsortes iSd § 269 BGB bewirken (BAG 28.8.91, BB 92, 921). Daher ist bei Verlassen des Betriebes während der Arbeitszeit eine **Abmeldung** erforderlich (BAG 24.2.16 – 7 ABR 20/14, NZA 16, 831). Nimmt das freigestellte BRatMitglied nach Abmeldung pflichtwidrig Privataufgaben wahr, besteht keine Vergütungspflicht und der ArbGeb kann das individualrechtliche Fehlverhalten abmahnen (→ *Amtspflichtverletzung (Betriebsrat)* Rn 2). Bei Wahrnehmung von BRatAufgaben außerhalb der Dienstzeit gilt § 37 Abs 3 BetrVG (→ Rn 25 ff) entsprechend. Widerspricht ein freigestelltes BRatMitglied bei einem Betriebsübergang iSv § 613a BGB dem Übergang seines Arbeitsverhältnisses, ändert die Freistellung bei weggefallener Beschäftigungsmöglichkeit nichts an der Anwendbarkeit des § 15 Abs 4 und 5 KSchG (BAG 18.9.97 – 2 ABR 15/97, NZA 98, 189).

16 **b) Vergütung.** Das freigestellte BRatMitglied hat nach dem Lohnausfallprinzip Anspruch auf die Vergütung, die es ohne die Freistellung erhalten hätte einschließlich etwaiger Mehrarbeitszuschläge oder sonstiger besonderer Leistungen des ArbGeb wie Gratifikationen und Zulagen (BAG 29.8.18 – 7 AZR 206/17, NZA 19, 253; 29.4.15 – 7 AZR 123/13, NZA 15, 1328; LAG Köln 21.2.2000 – 8 (13) Sa 907/99, NZA-RR 01, 222: kirchliche Mitarbeitervertretung; *Joussen* RdA 18, 193). Gleiches gilt für sonstige Leistungen wie zB Zusatzurlaub für Arbeit an gefährlichen Arbeitsplätzen (BAG 8.10.81, NJW 82, 1348). Auch bei einer freistellungsbedingten Änderung des Leistungsorts (bisher in auswärtigen Objekten tätige Reinigungskraft wechselt in BRatBüro im Verwaltungsgebäude) bleibt es bei dieser Vergleichsbetrachtung (aA LAG Hamm 2.7.97 – 3 Sa 903/97, BeckRS 1997, 31016657: Fortzahlung der Vergütung in den Schulferien trotz entgegenstehender arbeitsvertraglicher Vereinbarung für die Reinigungstätigkeit). Dabei können Entgeltansprüche freigestellter BRatMitglieder unter tarifliche Ausschlussfristen fallen (BAG 8.9.10 – 7 AZR 513/09, NZA 11, 159). Die Berechnung des **Urlaubs** richtet sich grds danach, welche Ansprüche das BRatMitglied ohne Freistellung hätte (BAG 20.8.02 – 9 AZR 261/01, NZA 03, 1046).

**c) Sonstiges.** § 38 Abs 3 und 4 BetrVG normiert unter bestimmten Voraussetzungen eine Verlängerung der Schutzfristen des § 37 Abs 4 und 5 BetrVG auf zwei Jahre sowie eine Sonderregelung zum Schutz der beruflichen Weiterbildung. 17

**II. Arbeitsbefreiung gemäß § 37 BetrVG. 1. Arbeitsbefreiung.** Gem § 37 Abs 2 BetrVG sind BRatMitglieder vorübergehend aus konkretem Anlass von ihrer beruflichen Tätigkeit zu befreien. Dies gilt auch für Ersatzmitglieder soweit sie nachgerückt sind (*Fitting* § 37 Rz 18) sowie für GBRat- und KBRatMitglieder (§§ 51 Abs 1, 59 Abs 1 BetrVG). Die Arbeitsbefreiung gem § 37 Abs 2 BetrVG kann beschränkt sein auf bestimmte Tätigkeiten eines BRatMitglieds wenn die Beeinträchtigung der BRatTätigkeit nur durch einzelne Tätigkeiten entsteht (BAG 27.6.90, DB 91, 973). Dies kann durch eine entsprechende pauschale Befreiung geschehen, sachgerecht ist allerdings auch die aufgrund einer im Nachhinein wöchentlich erfolgenden Beurteilung des Arbeitspensums eines Schadenssachbearbeiters einer Versicherung im Hinblick auf seine BRatTätigkeit vorgenommene Arbeitsentlastung (BAG 27.6.90, DB 91, 973). Für die Erforderlichkeit einer solchen pauschalen Freistellung ist der BRat darlegungspflichtig. Allein die Durchführung von BRatSprechstunden genügt nicht (BAG 13.11.91, DB 92, 740). Bei der Ausübung eines Restmandats kommen in entsprechender Anwendung des § 37 Abs 2 BetrVG Freistellungsansprüche auch gegenüber einem neuen ArbGeb in Betracht (*Auktor* NZA 03, 950). 18

**a) Voraussetzung** ist zum einen, dass die Arbeitsbefreiung der **Wahrnehmung von Betriebsratsaufgaben** dient, zB BRatSitzungen, Betriebsräteversammlungen, Betriebsversammlungen, Einigungsstellenverfahren, BRatSprechstunden, anwaltliche Beratungsgespräche uÄ. Auch Arbeitsgerichtsverhandlungen gehören hierzu, soweit der BRat Beteiligter des Verfahrens ist. Zum anderen muss die Arbeitsbefreiung aus Sicht des betroffenen BRat-Mitglieds bei gewissenhafter Überlegung und vernünftiger Würdigung aller Umstände des Einzelfalls **erforderlich** sein. Hieran fehlt es zB bei einer Veranstaltung, die auf Veranlassung der Gewerkschaft ohne konkreten betrieblichen Anlass (hier: BRäteKonferenz mehrerer BRäte verschiedener Unternehmen) stattfindet (LAG RhPf 10.9.09 – 2 Sa 340/09, NZA-RR 10, 78). 19

Die Dringlichkeit der beruflichen Tätigkeit und der Verrichtung von BRatTätigkeit sind gegeneinander abzuwägen, wobei im Zweifel die BRatArbeit Vorrang hat (BAG 11.6.97 – 7 AZR 229/96). Entscheidend sind immer die Umstände des Einzelfalles, wobei insbes Art und Größe des Betriebes sowie Umfang und Vielfalt der dem BRat konkret obliegenden Aufgaben zu berücksichtigen sind (GK-BetrVG/*Weber* § 37 Rz 36; *Fitting* § 37 Rz 38 jeweils mit Beispielen). 20

**b) Kein Zustimmungserfordernis.** Nicht erforderlich ist die Zustimmung des ArbGeb zu der Arbeitsbefreiung im Einzelfall. Das BRatMitglied ist lediglich verpflichtet, sich beim ArbGeb oder der dafür zuständigen Person rechtzeitig **abzumelden.** Etwas anderes kann ausnahmsweise dann gelten, wenn nach Art und Dauer der Arbeitsunterbrechung eine Umorganisation der Arbeit nicht ernsthaft in Betracht kommt (BAG 29.6.11 – 7 ABR 135/09, NZA 12, 47). Einen Anspruch auf persönliche Abmeldung hat der ArbGeb nicht (BAG 13.5.97, DB 97, 2131). Abwesenheitsgründe müssen anders als die voraussichtliche Abwesenheitsdauer und der Ort der BRatTätigkeit zunächst nicht mitgeteilt werden (BAG 15.3.95, DB 95, 1514). Vielmehr ist der ArbGeb erst im Nachhinein bei der Prüfung des Entgeltfortzahlungsanspruches nach § 37 Abs 2 BetrVG berechtigt, entsprechende Angaben zu fordern, wobei dann eine abgestufte Darlegungslast gilt (LAG Hamm 10.2.12 – 13 Sa 1412/11, NZA-RR 12, 305; LAG Bln 20.2.97 – 10 Sa 73 und 97/96, NZA-RR 98, 20). 21

Das BAG stützt damit im Ergebnis zu Recht die alleinige Entscheidungsbefugnis des BRatMitglieds über die Frage, ob BRatTätigkeiten anstehen und verlagert die Rechtsfrage der Erforderlichkeit auf die Ebene der Vergütungsfortzahlung bzw sonstigen Sanktionierung eines evtl Fehlverhaltens des BRatMitglieds. Lag keine erforderliche BRatTätigkeit vor, oder hat das BRatMitglied sogar private Angelegenheiten erledigt, besteht keine Vergütungspflicht und die Möglichkeit zur Erteilung einer Abmahnung (→ *Amtspflichtverletzung (Betriebsrat)* Rn 2). Nach Beendigung der BRatTätigkeit besteht eine entsprechende **Rückmeldepflicht** (LAG Düsseldorf 9.8.85, DB 85, 2463). Zum Verfahren bei Stempelkarten: ArbG Bln 9.8.83, DB 83, 2476; LAG Bln 9.1.84, DB 84, 2098. 22

23 **c) Vergütung.** Die Arbeitsbefreiung erfolgt unter Fortzahlung des Arbeitsentgelts, das das BRatMitglied erzielt hätte, wenn es gearbeitet hätte **(Lohnausfallprinzip)** (BAG 18.5.16 – 7 AZR 401/14, NZA 16, 1212; 29.4.15 – 7 AZR 123/13, NZA 15, 1328). Dabei begründet § 37 Abs 2 BetrVG keinen eigenständigen Vergütungsanspruch, sondern sichert den Entgeltanspruch des BRatMitglieds aus § 611 Abs 1 BGB iVm Arbeitsvertrag/Tarifvertrag, indem er dem ArbGeb den Einwand des nicht erfüllten Vertrages nimmt (BAG 17.8.10 – 9 AZR 401/09, NZA 11, 161). Das fortzuzahlende Entgelt beinhaltet sämtliche im Fall der Arbeitsleistung anfallenden Nebenleistungen wie zB Erschwerniszuschläge (BAG 5.4.2000 – 7 AZR 213/99, NZA 2000, 1174), Nachtzuschläge (LAG Köln 29.1.14 – 12 Sa 682/13, BeckRS 2013, 65952), Mehrarbeitszuschläge sowie sonstige allgemeine Zuwendungen wie Weihnachtsgratifikationen, Urlaubsgeld, Anwesenheitsprämien, Gewinnbeteiligungen, Sozialzulagen etc (*Fitting* § 37 Rz 63 f) sowie Zahlungen an einen angestellten Arzt aus einem sog Liquidationspool (BAG 17.2.93, DB 94, 1427). Ein Nettoentgeltausgleich für die im Rahmen der Freistellung gezahlten ansonsten steuerfreien Zulagen erfolgt nicht (BAG 15.1.97, NZA 97, 897), kann aber ohne Verstoß gegen § 78 Satz 2 BetrVG vereinbart werden (LAG BlnBbg 12.3.09 – 20 Sa 34/09, BeckRS 2011, 67100). Nehmen in Schichtarbeit arbeitende BRatMitglieder an einer BRatSitzung außerhalb ihrer persönlichen Arbeitszeit teil und ist es ihnen deswegen unzumutbar vor oder nach der BRatSitzung liegende Arbeitszeit einzuhalten, besteht auch für diese Zeiten gem § 37 Abs 2 BetrVG ein Anspruch auf bezahlte Arbeitsbefreiung (BAG 7.6.89, DB 90, 995; ArbG Lübeck 7.12.99 – 6 Ca 2589/99, NZA-RR 2000, 427). Ein vor der Freistellung auch zur privaten Nutzung überlassener Dienstwagen muss grds auch weiterhin zur Verfügung gestellt werden (BAG 23.6.04 – 7 AZR 514/03, NZA 04, 1287). Bei leistungsbezogener Vergütung (zB Bonus) ist eine hypothetische Betrachtung anzustellen, welche Ziele das BRatMitglied ohne die Arbeitsbefreiung zur Wahrnehmung von BRatAufgaben erfüllt hätte (LAG Köln 10.5.16 – 12 Sa 35/16, NZA-RR 16, 486). Bei schwankenden Bezügen ist ggf eine Schätzung nach § 287 Abs 2 ZPO vorzunehmen (BAG 29.4.15 – 7 AZR 123/13, NZA 15, 1328). § 37 Abs 4 BetrVG ist nicht anwendbar, da diese Vorschrift einen anderen Sachverhalt regelt (aA *Göpfert/Fellenberg/Klarmann* DB 09, 2041; *Jacobs/Frieling* NZA 15, 513 für unternehmensabhängige oder sonst gruppenbezogene Ziele sowie arbeitszeitunabhängige Provisionen).

24 **Nicht zu zahlen** sind Leistungen des ArbGeb, die als **Aufwendungsersatz** gezahlt werden (Wegegelder, Auslösungen uÄ), da diese Aufwendungen dem BRatMitglied tatsächlich nicht entstanden sind und ansonsten eine ungerechtfertigte Begünstigung des BRatMitglieds entstünde (anders lediglich hinsichtlich des stpfl Teils einer tariflichen Auslösung: BAG 10.2.88, DB 88, 2006; 14.9.88, NZA 89, 856). Mangels einer Tariföffnungsklausel in § 37 Abs 2 BetrVG kann der Begriff des fortzuzahlenden Entgelts auch nicht durch einen Tarifvertrag modifiziert werden (BAG 28.8.91 – 7 AZR 137/90, NZA 92, 709). Ebenfalls nicht vom ArbGeb zu tragen ist der Aufwand des freigestellten BRatMitglieds für seine regelmäßigen Fahrten vom Wohnort zum Betrieb (BAG 13.6.07 – 7 ABR 62/06, NZA 07, 1301; LAG Nürnberg 6.5.09 – 4 TaBV 18/08, NZA-RR 09, 590). Anders ist dies nur dann, wenn das BRatMitglied den Betrieb nur aufsuchen muss, um zB an einer BRatSitzung teilzunehmen. Dann ist der ArbGeb zur Erstattung der Reisekosten nach § 40 BetrVG verpflichtet (BAG 16.1.08 – 7 AZR 71/06, NZA 08, 546).

25 **2. Ausgleich für Betriebsratstätigkeit außerhalb der Arbeitszeit.** Gem § 37 Abs 3 BetrVG soll BRatTätigkeit grds während der Arbeitszeit erfolgen. Findet sie dennoch außerhalb der Arbeitszeit statt, so gewährt das Gesetz einen Ausgleichsanspruch auf entsprechende Arbeitsbefreiung. Die Vorschrift ist zwingend und kann weder durch Tarifvertrag noch durch Betriebsvereinbarung abgeändert werden. Dabei ist die BRatTätigkeit selbst keine Arbeitszeit iSd § 2 Abs 1 Satz 1 ArbZG (BAG 28.9.16 – 7 AZR 248/14, NZA 17, 335). Gleichwohl ist der ArbGeb verpflichtet, die Maßstäbe des ArbZG mittelbar zu beachten und eine Überschreitung der werktäglichen Höchstarbeitszeit nach § 3 ArbZG zu vermeiden sowie die gesetzliche Ruhezeit nach § 5 ArbZG zu beachten (BAG 18.1.17 – 7 AZR 224/15, NZA 17, 791: BRatTätigkeit zwischen zwei Nachtschichten; BAG 21.3.17 – 7 ABR 17/15, NZA 17,1014). Besteht Streit darüber, ob der ArbGeb von den Mitgliedern des BRat die Erbringung von Arbeitsleistungen verlangen darf, wenn diese vor Beginn ihrer Arbeitszeit an einer BRatSitzung teilgenommen haben und die Arbeitszeit unter Hinzurech-

nung der Dauer der Sitzungsteilnahme die Grenzen der zulässigen werktäglichen Höchstarbeitszeit überschreitet, so betrifft dieser Streit ausschließlich die individualvertraglichen Rechtsbeziehungen zwischen dem betroffenen BRatMitglied und dem ArbGeb und kann vom BRat mangels Antragsbefugnis nicht gerichtlich geklärt werden (BAG 21.3.17 – 7 AZR 17/15, NZA 17, 1014).

**a) Voraussetzungen. aa) Wahrnehmung von Betriebsratsaufgaben** (→ Rn 19). Insbes können auch Reise- und Wegezeiten auszugleichen sein soweit sie mit der Durchführung der ihnen zugrunde liegenden BRatTätigkeit in einem unmittelbaren Zusammenhang stehen (BAG 27.7.16 – 7 AZR 255/14, NZA 16, 1418). Der Ausgleich derartiger Reisezeiten richtet sich nach den jeweiligen vertraglichen oder betrieblichen Dienstreisebestimmungen (BAG 21.6.06 – 7 AZR 389/05, NZA 06, 1417; 16.4.03 – 7 AZR 423/01, NZA 04, 171; 12.8.09 – 7 AZR 218/08, NZA 09, 1284). Bestehen solche Regelungen nicht, greifen die gesetzlichen Regelungen der §§ 37 Abs 3, 6 BetrVG und es kommt auf deren Voraussetzungen an (BAG 10.11.04 – 7 AZR 131/04, NZA 05, 704). Auch die Tätigkeit als Mitglied des Wahlvorstands ist ausgleichspflichtig (BAG 26.4.95, NZA 96, 160). 26

**bb) Außerhalb der Arbeitszeit.** Die Tätigkeit muss außerhalb der Arbeitszeit ausgeübt werden, wobei die individuelle persönliche Arbeitszeit des einzelnen BRatMitglieds maßgeblich ist (BAG 8.11.17 – 5 AZR 11/17, NZA 18, 528; 15.5.19 – 7 AZR 369/17, NZA 19, 1497). Diese Voraussetzungen sind nicht erfüllt bei einem BRatMitglied, das während eines Kündigungsschutzprozesses unter Fortzahlung der Vergütung nicht beschäftigt wurde und gleichzeitig in seiner – fiktiven – persönlichen Arbeitszeit BRatAufgaben wahrgenommen hat (BAG 28.5.14 – 7 AZR 404/12, NZA 15, 564). Bei einem flexiblen Arbeitszeitmodell sind nur solche Stunden, die außerhalb der Gleitzeit oder eines Ausgleichszeitraums liegen, betroffen (BAG 28.9.16 – 7 AZR 248/14, NZA 17, 335; *Schönhöft/Oelze* NZA 17, 284). Zur persönlichen Arbeitszeit bei Lehrern: BAG 3.12.87, NZA 88, 437. 27

**cc) Betriebsbedingte Gründe.** Die zeitliche Lage der BRatTätigkeit muss auf betriebsbedingten Gründen beruhen. Solche Gründe liegen nur dann vor, wenn bestimmte Gegebenheiten und Sachzwänge des Betriebes die Undurchführbarkeit der BRatTätigkeit während der Arbeitszeit bedingen (BAG 19.3.14 – 7 AZR 480/12, BeckRS 2014, 69883: Zeitungszusteller) Beispiele sind besonderer Arbeitsanfall, Unabkömmlichkeit des BRatMitglieds während der Arbeitszeit wegen Schlüsselstellung oder bestimmter Arbeitsplatzorganisation, Schichtarbeit, Teilnahme an Besichtigungen der für den Arbeitsschutz zuständigen Stellen zur Nachtzeit (BAG 18.1.17 – 7 AZR 224/15, NZA 17; *Bengelsdorf* NZA 89, 905). Gleiches gilt für alle Umstände, die vom ArbGeb veranlasst sind, also in seiner Sphäre liegen, wie zB Festlegung von BRatSitzungen auf Wunsch des ArbGeb (GK-BetrVG/*Wiese/Weber* § 37 Rz 78; *Fitting* § 37 Rz 80). 28

Nach § 37 Abs 3 Satz 2 BetrVG liegen derartige betriebsbedingte Gründe auch bei **teilzeitbeschäftigten Betriebsratsmitgliedern** regelmäßig vor. Bei BRatSchulungen gilt die Sonderregelung des § 37 Abs 6 Satz 2 BetrVG (→ *Betriebsratsschulung* Rn 22). 29

**Keine betriebsbedingten Gründe** sind Umstände, die in der Person oder dem Verhalten des einzelnen BRatMitglieds ihre Ursache haben (BAG 26.1.94, DB 94, 1244) sowie sog betriebsratsbedingte Gründe (BAG 19.12.06 – 9 AZR 356/06, NZA-RR 07, 477). Dementsprechend geschieht die Wahrnehmung von BRatAufgaben während des Urlaubs regelmäßig nicht aus „betriebsbedingten Gründen" (BAG 28.5.14 – 7 AZR 404/12, NZA 15, 564). Beispiele für betriebsratsbedingte Gründe sind: unrichtige Verteilung der BRat-Arbeit durch den BRat, freier Entschluss des BRat zur Abhaltung der BRatSitzung außerhalb der Arbeitszeit, Übertragung einer Aufgabe auf ein BRatMitglied zur Erledigung außerhalb der Arbeitszeit obwohl dies für ein anderes BRatMitglied während der Arbeitszeit möglich wäre, Beauftragung von zwei BRatMitgliedern obwohl eines ausgereicht hätte. 30

Die Entscheidung darüber, ob betriebsbedingte Gründe vorliegen, obliegt nicht dem BRat, sondern es hat der ArbGeb ggf im Einvernehmen mit dem BRat darüber zu befinden (BAG 26.1.94, DB 94, 1244). Deshalb muss das BRatMitglied die außerhalb der Arbeitszeit geplante BRatTätigkeit rechtzeitig anzeigen. Diese Anzeige ist ausnahmsweise dann entbehrlich, wenn auch bei rechtzeitiger vorheriger Anzeige die BRatTätigkeit nicht während der Arbeitszeit hätte stattfinden können oder der ArbGeb eine Befreiung von der Arbeitspflicht im Vorhinein eindeutig und endgültig auch für zukünftige Fälle verweigert hat (BAG 31

3.12.87, NZA 88, 437). Eine pauschale Vereinbarung, dass entgegen § 37 Abs 3 BetrVG sog betriebsratsbedingte Gründe generell ausreichen, um einen Vergütungsanspruch zu begründen, ist allerdings wegen Verstoß gegen § 78 Abs 2 BetrVG unwirksam (LAG Köln 6.3.98 – 11/9 Sa 383/97, NZA-RR 99, 247 [LS]).

32 **b) Verfahren.** Liegen die vorgenannten Voraussetzungen vor, besteht ein Anspruch des BRatMitglieds auf entsprechende Arbeitsbefreiung, die binnen eines Monats vom ArbGeb zu gewähren ist. Hinsichtlich der zeitlichen Lage der Arbeitsbefreiung hat der ArbGeb ein Gestaltungsrecht, das gem § 106 GewO iVm § 315 Abs 3 BGB auszuüben ist. Dabei kann der Freizeitausgleichsanspruch nicht dadurch erfüllt werden, dass der ArbGeb das BRat-Mitglied in der der BRatTätigkeit vorangehenden Arbeitsschicht freistellt (BAG 15.5.19 – 7 AZR 369/17, NZA 19, 1497). Die Grundsätze der Urlaubsgewährung nach § 7 Abs 1 S 1 BUrlG sind nicht entsprechend anwendbar (BAG 15.2.12 – 7 AZR 774/10, NZA 12, 1112). Das BRatMitglied muss den Freizeitausgleich vom ArbGeb verlangen. Die bloße Anzeige über während der Freizeit geleistete BRatTätigkeit genügt nicht (BAG 16.4.03 – 7 AZR 423/01, NZA 04, 171). Keinesfalls darf es eigenmächtig der Arbeit fernbleiben, um auf diese Weise den Anspruch auf Arbeitsbefreiung durchzusetzen.

33 Der **Umfang** der Arbeitsbefreiung ist entsprechend der außerhalb der Arbeitszeit geleisteten BRatTätigkeit zu bemessen (BAG 26.9.18 – 7 AZR 829/16, NZA 19, 259).

34 **c) Sonderfall.** Ist ausnahmsweise die Gewährung von Arbeitsbefreiung aus betriebsbedingten Gründen nicht möglich, so ist die aufgewendete Zeit wie Mehrarbeit zu vergüten (ArbG Lörrach 19.12.95, AiB 96, 379: Beratungsgespräch bei auswärtigem Rechtsanwalt). Arbeitsbefreiung und Abgeltung stehen zwingend in einem Stufenverhältnis; es besteht weder ein Wahlrecht des ArbGeb noch des ArbN (BAG 11.1.95, BB 95, 1542). Der Freizeitausgleichsanspruch des BRat wandelt sich nach Ablauf der Monatsfrist des § 37 Abs 3 S 1 BetrVG auch nicht automatisch in einen Vergütungsanspruch um. Letzteres erfolgt nur, wenn der ArbGeb unter Berufung auf betriebsbedingte Gründe die Gewährung von Freizeitausgleich ablehnt. Bis dahin steht dem BRatMitglied lediglich ein Anspruch auf Freizeitausgleich zu, den es notfalls gerichtlich durchsetzen muss (BAG 25.8.99 – 7 AZR 713/97, NZA 2000, 554). Der BRat ist nicht befugt, derartige Ansprüche einzelner BRatMitglieder gegenüber dem ArbGeb geltend zu machen (BAG 21.3.17 – 7 ABR 17/15, NZA 17, 1014). Die Höhe des Mehrarbeitszuschlags richtet sich nach den bestehenden Vereinbarungen. Diese Ausgleichszahlungen sind bei der Ermittlung des Durchschnittsverdienstes eines BRat-Mitglieds zur Berechnung seines Urlaubsentgelts zu berücksichtigen (BAG 11.1.95, NZA 96, 105). Umstritten ist, ob die abzugeltende Zeit stets wie Mehrarbeit zu vergüten ist ohne Rücksicht darauf, ob durch sie die regelmäßige tägliche bzw wöchentliche Normalarbeitszeit der Vollzeitbeschäftigten überschritten worden wäre. Richtigerweise ist, wenn diese Voraussetzung nicht vorliegt, lediglich die Grundvergütung zu zahlen, da ansonsten die BRatMitglieder gegenüber solchen ArbN, die außerhalb ihrer Arbeitszeit zu Arbeiten herangezogen werden, begünstigt würden (BAG 7.2.85, DB 85, 1346; 15.2.89, DB 90, 1141; *Fitting* § 37 Rz 111; aA *Düwell/Wolmerath* § 37 Rz 23). Die außerhalb der persönlichen Arbeitszeit erbrachte BRatTätigkeit ist keine betrieblich bedingte Überarbeit und kann daher mit der vertraglich zu leistenden Arbeitszeit nicht zu einer Gesamtarbeitszeit zusammengerechnet werden (BAG 19.12.06 – 9 AZR 356/06, NZA-RR 07, 477). Erhält ein BRatMitglied nach § 37 Abs 3 S 3 Hs 2 BetrVG eine Abgeltung, kann er gem § 4 Abs 1a EFZG für diese Zeit im Krankheitsfall vom ArbGeb keine Entgeltfortzahlung verlangen. Etwas anderes gilt nur dann, wenn das BRatMitglied ständig zusätzlich zu seiner individuellen Arbeitszeit BRatTätigkeit leistet und regelmäßig eine bezahlte Arbeitsbefreiung nach näherer Maßgabe von § 37 Abs 3 BetrVG nicht gewährt werden kann (BAG 8.11.17 – 5 AZR 11/17, NZA 18, 528). Die urlaubsbedingt ausfallende Zeit der BRatTätigkeit außerhalb der individuellen Arbeitszeit des BRatMitglieds, für die nach § 37 Abs 3 S 3 Hs 2 BetrVG eine Abgeltung vom ArbGeb zu leisten wäre, ist bei der Bemessung des Urlaubsentgelts iSv § 11 Abs 1 BUrlG einzubeziehen (BAG 8.11.17 – 5 AZR 11/17, NZA 18, 528).

Der BRat im Restmandat kann nach beendetem Arbeitsverhältnis keine Vergütung für das mit der BRatTätigkeit verbundene Freizeitopfer verlangen (BAG 5.5.10 – 7 AZR 728/08, NZA 10, 1025). Mögliche Ausgleichsansprüche, die durch unbezahlte Freistellungen für Restmandatstätigkeiten beim neuen ArbGeb entstehen, hat das BAG ausdrücklich offen gelassen.

**3. Wirtschaftliche und berufliche Absicherung.** § 37 Abs 4 und 5 BetrVG regeln die wirtschaftliche und berufliche Absicherung von BRatMitgliedern und stellen sicher, dass diese durch die BRatTätigkeit gegenüber den sonstigen ArbN keine Nachteile erleiden. Sowohl hinsichtlich der Bemessung des Arbeitsentgelts als auch der Tätigkeit ist das BRat-Mitglied während der Dauer des BRatAmts sowie einschließlich eines Jahres nach Beendigung der Amtszeit einem vergleichbaren ArbN mit betriebsüblicher beruflicher Entwicklung gleichzubehandeln (BAG 21.2.18 – 7 AZR 496/16, NZA 18, 1012; 27.7.17 – 6 AZR 438/16, NZA 18, 248). Grds **vergleichbar** sind ArbN, die im Zeitpunkt der Amtsübernahme (nicht zum Zeitpunkt der Freistellung) ähnliche, im Wesentlichen gleich qualifizierte Tätigkeiten ausgeübt haben wie der Amtsträger und dafür in gleicher Weise wie dieser fachlich und persönlich qualifiziert waren (BAG 18.1.17 – 7 AZR 205/15, NZA 17, 935). Dabei muss der Geschehensablauf so typisch sein, dass aufgrund der betrieblichen Gegebenheiten und Gesetzmäßigkeiten zumindest in der überwiegenden Anzahl der vergleichbaren Fälle mit dieser Entwicklung gerechnet werden kann. Deshalb ist die Übertragung höherwertiger Tätigkeiten nur dann betriebsüblich, wenn diese dem BRatMitglied nach den betrieblichen Gepflogenheiten hätten übertragen werden müssen oder die Mehrzahl der vergleichbaren ArbN einen solchen Aufstieg erreicht (BAG 17.8.05 – 7 AZR 528/04, NZA 06, 448; LAG Hamm 19.3.10 – 13 Sa 686/09, BeckRS 2010, 70223; LAG RhPf 28.10.13 – 5 Sa 218/13, BeckRS 2014, 65483; *Bayreuther* NZA 14, 235; *Keilich* BB 14, 2229). Vergütungserhöhungen, auf die das BRatMitglied vor seiner Amtsübernahme keinen Anspruch hatte und wenn es arbeitete nicht hätte, bleiben bei der Bemessung des Arbeitsentgelts nach der Wahl zum BRatMitglied außer Betracht (BAG 27.7.17 – 6 AZR 438/16, NZA 18, 248). 35

Bei dieser Betrachtung ist der **berufliche Werdegang fiktiv nachzuzeichnen** (BAG 27.6.01 – 7 AZR 496/99, NZA 02, 107 zu § 46 BPersVG; *Bayreuther* DB 19, 1207). Einzelheiten können im Rahmen der gesetzlichen Vorgaben der §§ 37 Abs 4, 78 Satz 2 BetrVG in einer Betriebsvereinbarung geregelt werden (BAG 18.1.17 – 7 AZR 205/15, NZA 17, 935; Beispiel bei *Cox/Grimberg/Offermann* AiB 99, 30). Auch wenn die Freistellung zu einem Wegfall der Schichtarbeit führt (→ Rn 14), bleibt der in Schichtarbeit Beschäftigte der nach § 37 Abs 4 BetrVG zu vergleichende ArbN (LAG RhPf 4.2.98 – 8 Sa 867/97, NZA-RR 98, 503: besondere Altersfreizeit und Zusatzurlaub für SchichtArbN). Zum anzupassenden Entgelt gehören auch Leistungen der betrieblichen Altersversorgung (BAG 10.11.15 – 3 AZR 574/14, BeckRS 2016, 66411) oder Sachbezüge (LAG Hamm 17.2.12 – 10 Sa 1479/11, BeckRS 2012, 68192: DB-Netzkarte). Das Gleiche kann für Aktienoptionen einer ausländischen Muttergesellschaft gelten, wenn diese Bestandteil des Arbeitsvertrags sind (BAG 16.1.08 – 7 AZR 887/06, NZA 08, 836). Erhält ein freigestelltes BRatMitglied eine zulässige pauschale Abgeltung von Zeitzuschlägen richtet sich bei einem betriebsüblichen beruflichen Aufstieg die Höhe nach der Tätigkeit, in die das BRatMitglied aufgestiegen wäre. Ggf ist insoweit eine Schätzung nach § 287 Abs 2 ZPO vorzunehmen (BAG 29.8.18 – 7 AZR 206/17, NZA 19, 253). Im Sonderfall des zwischenzeitlich weggefallenen Arbeitsplatzes des BRatMitglieds durch Einstellung des gesamten Geschäftsbereichs, in dem das BRatMitglied ursprünglich tätig war, bemisst sich das aktuelle Arbeitsentgelt des BRatMitglieds nach der Tätigkeit, die ihm nach seinem Arbeitsvertrag ohne Freistellung aktuell übertragen werden müsste (LAG Köln 19.4.18 – 4 Sa 401/17, BeckRS 2018, 10889 – nicht rkr, Az beim BAG: 7 ABR 286/18).

In einem qualifizierten **Zeugnis** ist eine Freistellung dann vom ArbGeb zu dokumentieren, wenn diese insbes wegen ihrer Dauer dem ArbGeb eine umfassende Gesamtbeurteilung des ArbN objektiv unmöglich macht (*Witt* BB 96, 2194). Unterlässt der ArbGeb in einem solchen Fall im Zeugnis einen Hinweis auf die unterbliebene Tätigkeitsausübung, so stellt dies einen Verstoß gegen den Grundsatz der Zeugniswahrheit dar (→ *Zeugnis* Rn 25).

Bei **Ersatzmitgliedern** ist für die Vergleichsbetrachtung grds der Zeitraum ab dem erstmaligen Nachrücken in den BRat maßgeblich. Soweit das BRatMitglied nur zeitweise nachgerückt ist, ist jedenfalls dann auf die durchgehende Gehaltsentwicklung der Vergleichsperson im gesamten Zeitraum des erstmaligen Nachrückens abzustellen, wenn nach Beendigung des jeweiligen Verhinderungsfalls unter Einbeziehung des nachwirkenden einjährigen Schutzes ein durchgehender Schutzzeitraum bestand (BAG 21.2.18 – 7 ABR 496/16, NZA 18, 1012; kritisch *Annuß* NZA 18, 976).

36 **4. Verfahrensrechtliches.** Streitigkeiten **zwischen Betriebsratsmitgliedern und Arbeitgeber** bezüglich der Fortzahlung des Arbeitsentgelts gem § 37 Abs 2 BetrVG, der Gewährung von Freizeitausgleich bzw Abgeltung gem § 37 Abs 3 BetrVG, der Frage der Vergleichbarkeit des Arbeitsentgelts gem § 37 Abs 4 BetrVG sowie der Zuweisung eines unterwertigen Arbeitsplatzes gem § 37 Abs 5 BetrVG sind als individualrechtliche Streitigkeiten im Urteilsverfahren zu entscheiden (BAG 18.6.74, AP Nr 16 zu § 37 BetrVG 1972; LAG Düsseldorf 19.3.19 – 8 TaBV 70/18, BeckRS 2019, 10084). Beim Verfahren nach § 37 Abs 4 BetrVG kann es genügen, wenn das BRatMitglied mangels anderer Kenntnisse Referenzfälle schlüssig darlegt, aus denen sich auf eine betriebsübliche Beförderungspraxis schließen lässt. Lediglich abstrakte – gleichsam „ins Blaue" zielende – Behauptungen genügen nicht (BAG 4.11.15 – 7 AZR 972/13, NZA 16, 1339). Der Anspruch des BRatMitglieds auf Freizeitausgleich unterliegt tariflichen Ausschlussfristen (BAG 26.2.92, DB 93, 1424).

37 Streitigkeiten **zwischen Betriebsrat und Arbeitgeber** bezüglich der Erforderlichkeit der Arbeitsbefreiung gem § 37 Abs 2 BetrVG, des Vorliegens betriebsbedingter Gründe gem § 37 Abs 3 BetrVG sowie Verfahren betr § 37 Abs 6 und 7 BetrVG sind im arbeitsgerichtlichen Beschlussverfahren zu klären.

## B. Lohnsteuerrecht *Thomas*

38 **1. Arbeitslohn.** Die dem BRatMitglied nach dem Lohnausfallprinzip gezahlte Vergütung unterliegt als Arbeitslohn dem LStAbzug nach den allgemeinen Vorschriften. Soweit für bestimmte Lohnzuschläge Steuerbefreiungen vorgesehen sind, greifen sie auch beim BRatMitglied ein (zB Reisekostenersatz § 3 Nr 16 EStG usw), es sei denn, besondere Befreiungsvoraussetzungen liegen im konkreten Fall nicht vor, wie im Falle von Zuschlägen für Sonn- und Feiertagsarbeit (→ *Sonn- und Feiertagsarbeit* Rn 18) oder Nachtarbeit (→ *Nachtarbeit* Rn 13), weil zu diesen Zeiten Arbeitsleistungen tatsächlich erbracht werden müssen (§ 3b Abs 1 Satz 1 EStG).

39 **2. Werbungskosten. a) Wahrnehmung von Betriebsratsaufgaben.** Aufwendungen des freigestellten ArbN, die der Wahrnehmung von BRatAufgaben dienen, sind Werbungskosten. Werden diese Aufgaben außerhalb der ersten Tätigkeitsstätte wahrgenommen, greifen Dienstreisegrundsätze ein (→ *Dienstreise* Rn 18 ff). Wo sich die erste Tätigkeitsstätte eines BRatMitglieds befindet ist sowohl bei ganzer als auch bei teilweiser Freistellung nach allgemeinen Merkmalen, also der Zuordnung des ArbGeb bzw dem jeweiligen örtlichen Tätigkeitsumfang zu bestimmen.

40 **b) Anhangtätigkeiten.** Soweit ein BRatMitglied etwa als Gewerkschaftsfunktionär zusätzlich Verbandsaufgaben erledigt, hat der BFH 28.11.80 – VI R 193/77, BStBl II 81, 368 auch Aufwendungen aus diesem Zusammenhang als Werbungskosten angesehen. Es ist zweifelhaft, ob er hieran festhalten wird. Denn mit BFH-Urt 2.10.92 – VI R 11/90, BStBl II 93, 53 (BFH 13.8.93 – VI R 51/92, BStBl II 94, 33 und FG RhPf 26.4.95, EFG 95, 799 in derselben Sache) wurde entschieden, dass Aufwendungen eines ArbN im Zusammenhang mit einer ehrenamtlichen Tätigkeit in einem Wirtschaftsverband keine Werbungskosten bei den Einkünften aus nichtselbstständiger Arbeit sind. Dabei war nicht maßgebend, dass der diesbezügliche Verband ArbGebInteressen wahrgenommen hat, weil der Streitfall einen leitenden Angestellten betraf, für dessen Gehaltsentwicklung eine derartige Tätigkeit vorteilhaft sein kann. Vielmehr wird erkennbar, dass insbes wegen verfassungsrechtlicher Vorgaben (BVerfG 9.4.92 – 2 BvE 2/89, BStBl II 92, 766) eine Trennung der Funktion – ArbNTätigkeit einerseits und Verbandstätigkeit andererseits – vorgenommen wird (vgl dazu BFH 3.12.87 – IV R 41/85, BStBl II 88, 266 sowie BFH 25.3.93 – VI R 14/90, BStBl II 93, 559). Danach sind zwar die Gewerkschaftsbeiträge als solche nach § 9 Abs 1 Nr 3 EStG Werbungskosten (zum Berufsverband BFH 7.6.88 – VIII R 76/85, BStBl II 89, 97; zweifelhaft FG RhPf 18.3.92, EFG 92, 449; FG Köln 13.12.89, EFG 90, 299), nicht aber Aufwendungen im Rahmen der Gewerkschaftsarbeit, es sei denn, sie hängen mit stpfl Einnahmen aus einer solchen Tätigkeit zusammen.

41 Ebenfalls keine Werbungskosten sind Aufwendungen, die ein BRatMitglied aus Anlass von außerbetrieblichen **gesellschaftlichen Veranstaltungen** (zB Geburtstags-, Beförderungsfeiern usw) tätigt (BFH 23.1.91 – X R 6/84, BStBl II 91, 396; 4.12.92 – VI R 59/

92, BStBl II 93, 350; 1.7.94 – VI R 67/93, BStBl II 95, 273 und 15.7.94 – VI R 70/93, BStBl II 94, 896 mit Anm *MIT* DStR 94, 1418; FG Köln 26.10.88, EFG 89, 171, vom BFH bestätigt nach Art 1 Nr 7 BFHEntlG ohne Mitteilung von Gründen; → *Bewirtungsaufwendungen* Rn 15–17). Pauschaler Ersatz von Repräsentationskosten eines freigestellten Vorsitzenden des Gesamtpersonalrats durch die Stadtverwaltung soll nach § 3 Nr 12 EStG steuerfrei sein (BFH 15.11.07 – VI R 91/04, DStRE 08, 729 mit Anm *MIT*). Wird eine pauschale Aufwandsentschädigung für alle mit diesem Amt verbundene Kosten gewährt, sind Werbungskosten iHd steuerfrei zugewendeten Betrags nach § 3c EStG vom Abzug ausgeschlossen.

### C. Sozialversicherungsrecht *Schlegel*

**Fortzahlung von Entgelt.** Bedeutung hat die BRatFreistellung sozialversicherungs- 42
rechtlich insbes dann, wenn trotz der Freistellung Zuschläge etwa für tatsächlich nicht geleistete Nachtarbeit, Sonntags- und Feiertagsarbeit und sonstige Lohnzuschläge gewährt werden. Bei der Fortzahlung von Arbeitsentgelt unter Einschluss von **Zuschlägen** lt Arbeitsplan trotz Freistellung von der Arbeit (→ Rn 18), für die solche Zuschläge gewährt werden, gilt Folgendes: Grds gehören Zuschläge für Nacht-, Feiertags- und Sonntagsarbeit zum Arbeitsentgelt iSd § 14 SGB IV. § 1 Abs 1 Satz 1 Nr 1 SrEV (abgedruckt in *Aichberger* Nr 4/10) bestimmt aber für die KV, PflegeV, RV und ArblV, dass die Zulagen/Zuschläge im Normalfall hierfür nicht dem Arbeitsentgelt zuzurechnen sind, soweit sie LStfrei sind und 25 €/Stunde nicht übersteigen.

Damit unterliegen diese Zulagen/Zuschläge grds nicht der **Beitragspflicht** in diesen 43
Versicherungszweigen und werden auch bei der Berechnung von Lohnersatzleistungen nicht in die Bemessungsgrundlage miteinbezogen, wirken sich also auch nicht leistungserhöhend aus. § 1 Abs 1 Satz 1 Nr 1 SvEV nimmt die Zulagen vom Arbeitsentgelt jedoch nur insoweit aus, als sie LStfrei sind und nicht mehr als 25 €/Stunde betragen. Nach § 3b EStG sind Zuschläge aber nur steuerfrei für tatsächlich geleistete Sonntags-, Feiertags- und Nachtarbeit. Daraus folgt, dass Zuschläge, die – wie bei freigestellten BRatMitgliedern – für tatsächlich nicht geleistete Sonntags-, Feiertags- und Nachtarbeit gewährt werden, nicht steuerfrei und damit wieder beitragspflichtiges Arbeitsentgelt sind. Wegen der grds Identität des Begriffes Arbeitsentgelt im Leistungs- und Beitragsrecht sind diese Zuschläge dann auch bei der Bemessung der **Lohnersatzleistung** wieder zu berücksichtigen (so für das AlGeld BSG 21.4.88 – 7 RAr 71/86, SozR 4100 § 112 Nr 38 S 177).

## Betriebsratskosten

### A. Arbeitsrecht *Kreitner*

**Übersicht**



**1. Allgemeines.** Gem § 40 Abs 1 BetrVG ist der ArbGeb zur Tragung der durch die 1
Tätigkeit des BRat entstehenden Kosten verpflichtet. Hierbei handelt es sich um eine **zwingende** gesetzliche **Regelung,** die weder durch Tarifvertrag noch durch eine Betriebsvereinbarung abbedungen werden kann. Die Vorschrift gilt für sämtliche Arten der betrieb-

lichen Interessenvertretung, die das BetrVG kennt (GBRat, KBRat, Jugendvertretung etc) inklusive der entsprechenden Ausschüsse. Sie gilt in entsprechender Anwendung auch für Arbeitsgruppen gem § 28a BetrVG sowie die zusätzlichen Vertretungen iSv § 3 Abs 1 Nr 4 und 5 BetrVG, soweit keine andere Regelung auf betrieblicher oder tariflicher Ebene vereinbart ist (aA *Hanau* NJW 01, 2513). Für den Sprecherausschuss der leitenden Angestellten trifft § 14 Abs 2 SprAuG eine entsprechende Regelung. Das Gleiche gilt gem §§ 16, 30 EBRG für den EBRat. Der ArbGeb ist gem § 41 BetrVG nicht berechtigt, die BRatKosten auf die ArbN **umzulegen.** Das gilt auch für Troncentnahmen bei Spielbanken (BAG 14.8.02 – 7 ABR 29/01, NZA 03, 626). Die betriebsinterne Veröffentlichung von BRat-Kosten kann einen Verstoß gegen § 2 Abs 1 BetrVG darstellen. Entscheidend sind insoweit die Umstände des Einzelfalles, wobei der Art und Weise der Informationsgestaltung und -vermittlung besondere Bedeutung zukommt (BAG 19.7.95, DB 96, 431; 12.11.97 – 7 ABR 14/97, NZA 98, 559).

2 **2. Kostentragungspflicht des Arbeitgebers. a) Grundsatz.** Die Kostentragungspflicht des ArbGeb erstreckt sich sowohl auf Kosten, die aus der Tätigkeit des BRat entstehen, als auch auf solche, die ein einzelnes BRatMitglied verursacht hat. Die Verpflichtung zur Kostentragung gilt uneingeschränkt auch für einen BRat, der nach erfolgter Betriebsstilllegung ein sog **Restmandat** ausübt (LAG Hess 13.7.15 – 16 TaBVGa 165/14, BeckRS 2016 65758; LAG Brem 9.12.04 – 3 TaBV 15/04, BeckRS 2005, 41643). Unerheblich ist, ob die BRatWahl angefochten wurde. Auch nach dem **Ende seiner Amtszeit** bleibt der BRat in entsprechender Anwendung von §§ 22 BetrVG, 49 Abs 2 BGB befugt, noch nicht erfüllte Kostenerstattungsansprüche gegenüber dem ArbGeb geltend zu machen (BAG 24.10.01 – 7 ABR 20/00, NZA 03, 53). Bei einem Betriebsübergang geht die Kostentragungspflicht nach § 40 Abs 1 BetrVG auf den Betriebserwerber über. Der bisherige Betriebsinhaber haftet nicht gesamtschuldnerisch neben dem neuen Betriebsinhaber (BAG 20.8.14 – 7 ABR 60/12, NZA 15, 1530). Zur Frage der Entgeltfortzahlung für Verdienstausfälle wegen der Wahrnehmung von BRatAufgaben s iE → *Betriebsratsfreistellung* Rn 23.

3 **b) Erforderlichkeit/Verhältnismäßigkeit.** Obwohl dies in § 40 Abs 1 BetrVG nicht ausdrücklich erwähnt wird, ist der ArbGeb nur zur Tragung der erforderlichen Kosten verpflichtet. Die Erforderlichkeit einer Maßnahme des BRat ist nicht rückblickend zu beurteilen, sondern maßgeblich ist, ob der BRat im Zeitpunkt der Verursachung bei gewissenhafter Abwägung unter Anlegung eines verständigen Maßstabes die Maßnahme für erforderlich halten durfte (ständige Rspr BAG 18.7.12 – 7 ABR 23/11, NZA 13, 49; 19.3.03 – 7 ABR 15/02, NZA 03, 871). Er muss die Interessen der Belegschaft und die berechtigten Interessen des ArbGeb, auch soweit sie auf eine Begrenzung der Kostentragungspflicht gerichtet sind, gegeneinander abwägen (BAG 20.1.10 – 7 ABR 79/08, NZA 10, 709). Letztlich darf kein ebenso effektiver aber kostengünstigerer Weg bestehen. Nach einer neuen Grundsatzentscheidung des BGH können BRatMitglieder, die als Vertreter des BRat mit einem Beratungsunternehmen eine Beratung vereinbaren, die zur Erfüllung der Aufgaben des BRat nicht erforderlich ist, gegenüber dem Beratungsunternehmen entsprechend § 179 BGB persönlich haften. Dabei geht der BGH von einer Teilrechtsfähigkeit des BRat aus und legt bei der ex ante vorzunehmenden Erforderlichkeitsbetrachtung einen großzügigen Maßstab an (BGH 25.10.12 – III ZR 266/11, NZA 12, 1382 sowie die Folgeentscheidung des OLG Frankfurt 16.12.13 – 1 U 184/10, BeckRS 2014, 04909). Je nach Lage des Einzelfalls dürfte zugunsten des BRat eine Anwendung von § 179 Abs 3 BGB in Betracht kommen (*Fischer* NZA 14, 343; *Molkenbur/Weber* DB 14, 242; *Bergmann* NZA 13, 57; *Jaeger/Steinbrück* NZA 13, 401; *Richardi* RdA 13, 317; *Zange* BB 13, 384; *Müller/Jahner* BB 13, 440; *Dzida* NJW 13, 433; *Hayen* ArbuR 13, 95; weitergehend *Benecke* NZA 18, 1361: nur § 826 BGB).

Anders als bei der Beauftragung eines Sachverständigen iSd § 80 Abs 3 BetrVG bedarf der BRat hier **nicht** der vorherigen **Zustimmung des Arbeitgebers.** Lediglich bei außergewöhnlichen Aufwendungen kann im Einzelfall aufgrund des Gebots zur vertrauensvollen Zusammenarbeit gem § 2 Abs 1 BetrVG eine vorherige Absprache geboten sein.

4 **c) Nachweis/Pauschalierung.** Der BRat ist verpflichtet, die entsprechenden Kosten im Einzelnen nachzuweisen und abzurechnen (BAG 29.4.75, AP Nr 9 zu § 40 BetrVG 1972; 30.3.94 – 7 ABR 45/93, NZA 95, 382). Wegen des Verbots der versteckten Ver-

gütung der BRatTätigkeit gem § 37 Abs 1 BetrVG und dem Begünstigungsverbot des § 78 Satz 2 BetrVG wird eine Kostenpauschalierung von der Rspr äußerst restriktiv gehandhabt (LAG Köln 13.9.84, DB 85, 394; ArbG Stuttgart 13.12.12 – 24 Ca 5430/12, NZA-RR 13, 140). Werden allerdings Reiseaufwendungen im Unternehmen üblicherweise nach Maßgabe der steuerrechtlichen Vorschriften pauschaliert erstattet, so gilt dies grds auch für die Reisen von GBRatMitgliedern (LAG Köln 18.3.15 – 11 TaBV 44/14, NZA-RR 15, 581). Unzulässig ist ein Antrag des BRat auf gerichtliche Feststellung der generellen Berechtigung bestimmter Kosten ohne Berücksichtigung der konkreten Einzelfallumstände (LAG Frankfurt 13.7.89, LAGE Nr 29 zu § 40 BetrVG 1972).

**d) Vorschuss.** Aus dem Gebot der vertrauensvollen Zusammenarbeit des § 2 Abs 1 BetrVG folgt, dass der BRat hinsichtlich einzelner Aufwendungen einen angemessenen Vorschuss vom ArbGeb verlangen kann. Unbedenklich ist auch die Zurverfügungstellung eines Fonds, den der BRat regelmäßig gegenüber dem ArbGeb abrechnen muss. Ansprüche des BRat oder einzelner Mitglieder gegen den ArbGeb auf Kostenerstattung sind vom ArbGeb zu **verzinsen** (BAG 18.1.89, BB 89, 1618 unter ausdrücklicher Aufgabe der früheren Rspr des 6. Senats). Sie unterfallen regelmäßig nicht tariflichen Ausschlussfristen, da es sich nicht um Ansprüche aus dem Arbeitsverhältnis handelt (BAG 30.1.73, BB 73, 474); sie unterliegen jedoch der Verwirkung (BAG 14.11.78, BB 79, 577). 5

**3. Kosten des Betriebsrats** sind hauptsächlich die Kosten, die aus der laufenden Geschäftsführung des BRat entstehen. Dies sind neben den Sachkosten (→ Rn 15 ff) zB die Kosten für die Heranziehung eines Dolmetschers (LAG Düsseldorf/Köln 30.1.81, DB 81, 1093; ArbG Frankfurt/Main 5.3.97 – 14 BV 170/96, AiB 98, 524) oder die schriftliche Übersetzung eines Tätigkeitsberichts des BRat iSd § 43 Abs 1 BetrVG (ArbG München 14.3.74, DB 74, 1118). Gem § 20 Abs 3 BetrVG trägt der ArbGeb auch die Kosten der **Betriebsratswahl** inklusive der erforderlichen Kosten einer anwaltlichen Beratung des Wahlvorstands (BAG 11.11.09 – 7 ABR 26/08, NZA 10, 353) sowie der Kosten eines arbeitsgerichtlichen Beschlussverfahrens zur Klärung der Befugnis des Wahlvorstands (BAG 31.5.2000 – 7 ABR 8/99, NZA 01, 114). Bei der Nichtigkeit der Wahl scheidet eine Kostentragung durch den ArbGeb nur dann aus, wenn der Nichtigkeitsgrund für die BRat-Mitglieder offenkundig war (BAG 29.4.98 – 7 ABR 42/97, NZA 98, 1133). 6

Zu den BRatKosten gehören die Kosten von **Rechtsstreitigkeiten,** die der BRat in amtlicher Eigenschaft in betriebsverfassungsrechtlichen Angelegenheiten führt. Da Gerichtskosten im arbeitsgerichtlichen Beschlussverfahren gem § 2 Abs 2 GKG nicht erhoben werden, handelt es sich hierbei regelmäßig um die Gebühren des vom BRat beauftragten Rechtsanwalts, dessen Heranziehung der BRat für erforderlich halten durfte (BAG 18.3.15 – 7 ABR 4/13, NZA 15, 954; 7.2.12 – 7 ABR 83/10, NZA 12, 683; → *Rechtsanwaltskosten* Rn 9). Hierzu gehören sogar die **Rechtsanwaltskosten,** die durch die Erstattung einer Ordnungswidrigkeitsanzeige nach § 121 BetrVG entstehen (LAG SchlHol 14.11.2000 – 1 TaBV 22a/00, NZA-RR 01, 592). Der Ausgang des Rechtsstreits ist insoweit unerheblich. Die gleichzeitige Vertretung von BRat und betroffenem BRatMitglied im Zustimmungsersetzungsverfahren nach § 103 Abs 2 BetrVG hält das BAG jedenfalls solange für unbedenklich, wie beide Beteiligte die Zustimmungsersetzung verhindern wollen (BAG 25.8.04 – 7 ABR 60/03, NZA 05, 168; aA LAG RhPf 6.6.05 – 7 TaBV 15/04, NZA-RR 06, 199: Verstoß gegen § 46 Abs 2 Nr 1 BRAO). Ebenfalls unter § 40 Abs 1 BetrVG fallen die Kosten für die Beauftragung eines Rechtsanwalts bei arbeitsgerichtlichen Beschlussverfahren im Vorfeld einer BRatWahl (LAG Hamm 10.12.13 – 7 TaBV 85/13, BeckRS 2014, 67102). Eine Kostentragung durch den ArbGeb scheidet lediglich dann aus, wenn die Rechtsverfolgung mutwillig oder bei verständiger Würdigung offensichtlich aussichtslos erscheint (BAG 22.11.17 – 7 ABR 34/16, NZA 18, 461; 19.3.03 – 7 ABR 15/02, NZA 03, 871). Gleiches gilt, wenn der BRat unmittelbar den Rechtsweg beschreitet, ohne zuvor einen betrieblichen Einigungsversuch unternommen zu haben (LAG SchlHol 15.9.88, DB 89, 52 [LS]), oder wenn der Antrag auf Einleitung eines gerichtlichen Beschlussverfahrens so spät gestellt wird, dass ein dem Rechtsschutzziel des BRat gerecht werdender Beschluss bereits aus Zeitgründen nicht mehr möglich ist (LAG Frankfurt 15.10.92, DB 93, 1096). Für diese außergerichtlichen Kosten gibt es keinen prozessualen Kostenerstattungsanspruch. Rechtsanwaltskosten, die dadurch entstehen, dass der BRat während des Ruhens eines arbeits- 7 gerichtlichen Beschlussverfahrens den Rechtsanwalt wechselt, ohne dass zu diesem Zeitpunkt irgendetwas gegenüber dem ArbGeb oder dem ArbG zu veranlassen gewesen wäre, sind mutwillig (LAG Hess 18.4.16 – 16 TaBV 81/15, BeckRS 2016, 70209). Ebenfalls mutwillig ist die Rechtsverfolgung bei unzulässigem oder offensichtlich unbegründeten Rechtsmitteln (LAG Hess 18.4.16 – 16 TaBV 80/15, BeckRS 2016, 70208). Aus Kostengründen kann der BRat auch gehalten sein, anstelle von mehreren Einzelverfahren ein zusammengefasstes gerichtliches Verfahren durchzuführen (BAG 29.7.09 – 7 ABR 95/07, NZA 09, 1223). Sind anwaltliche Stundenhonorare vereinbart, kann der ArbGeb verlangen, dass die anwaltliche Tätigkeit in nachprüfbarer Weise dargelegt wird (BGH 4.2.10 – IX 18/09, NJW 10, 1364; *Hinrichs/Plitt* NZA 11, 1006). Eine Gewerkschaft kann die durch die gerichtliche Durchsetzung ihres betriebsverfassungsrechtlichen Zutrittsrechts nach § 2 Abs 2 BetrVG entstehenden Kosten auch nicht als Schaden nach § 280 Abs 1 BGB ersetzt verlangen (BAG 2.10.07 – 1 ABR 59/06, NZA 08, 372). Nimmt der Insolvenzverwalter ein nach § 240 ZPO unterbrochenes arbeitsgerichtliches Beschlussverfahren wieder auf, sind die gesamten Gebühren des Verfahrensbevollmächtigten des BRat unabhängig von ihrem Entstehensdatum Masseverbindlichkeiten iSv § 55 Abs 1 Nr 1 InsO (BAG 17.8.05 – 7 ABR 56/04, NZA 06, 109). Wird der Anspruch des BRat gegen den ArbGeb von dem Gläubiger gepfändet, für dessen Ansprüche ein Kostenerstattungsanspruch aus § 40 Abs 1 BetrVG besteht, unterfällt dieser Anspruch nicht dem Pfändungsverbot des § 850a Nr 3 ZPO (LG Frankfurt 4.3.15 – 2–09 T 566/14, BeckRS 2015, 05138).

8 Abzugrenzen von den in Rn 7 aufgeführten Rechtsanwaltskosten im Zusammenhang mit der gerichtlichen Inanspruchnahme bzw Durchsetzung von Rechten des BRat sind solche, die bei einer Hinzuziehung eines Rechtsanwalts zur **Beratung** des BRat entstehen. Derartige Kosten sind nur unter den weiteren Voraussetzungen des § 80 Abs 3 BetrVG als **Sachverständiger** erstattungsfähig (BAG 14.12.16 – 7 ABR 8/15, NZA 17, 544 mit Anm *Franzen* RdA 17, 368; → *Sachverständiger* Rn 5).

9 Auch die Kosten einer Einigungsstelle sind nach § 76a BetrVG vom ArbGeb zu tragen. IE → *Einigungsstelle* Rn 31–35. Zu den Kosten für Sachverständige, die vom BRat hinzugezogen werden → *Sachverständiger* Rn 11.

10 **4. Kosten einzelner Betriebsratsmitglieder** sind vom ArbGeb ebenfalls gem § 40 Abs 1 BetrVG zu erstatten, sofern diese dem BRatMitglied bei Ausübung seiner BRat-Aufgaben entstanden sind. Hierzu zählen insbes **Reisekosten** (Fahrt, Unterkunft, Verpflegung), die dem BRatMitglied bei der auswärtigen Wahrnehmung seiner Aufgaben entstehen, wie zB Sprechstunden in auswärtigen Betrieben oder Betriebsteilen, Teilnahme an Sitzungen des GBRat oder KBRat, an BRäteVersammlungen, an Gerichtsterminen uÄ (BAG 14.6.96 – 7 ABR 32/95, BeckRS 2008, 52059; 17.11.10 – 7 ABR 113/09, NZA 11, 816; LAG BlnBbg 30.1.14 – 8 TaBV 1052/13; LAG Hamm 23.11.12 – 10 TaBV 63/12, BeckRS 2013, 66915; LAG Hess 11.4.16 – 16 TaBV 162/15, NZA-RR 16, 533). Das kann auch die Kinderbetreuungskosten eines teilzeitbeschäftigten BRatMitglieds umfassen, die durch die Teilnahme an einer außerhalb der Arbeitszeit dieses BRatMitglieds stattfindenden BRatSitzung (LAG Hess 22.7.97 – 4/12 TaBV 146/96, NZA-RR 98, 121) oder einer mehrtägigen auswärtigen BRatTätigkeit (BAG 23.6.10 – 7 ABR 103/08, NZA 10, 1298; kritisch *Wiebauer* BB 11, 2104) entstehen. Bei größeren Entfernungen besteht keine Verpflichtung als Selbstfahrer den eigenen oder einen Firmen-Pkw zu benutzen (ArbG Nbg 16.6.95, NZA-RR 96, 174: GBRatSitzung in 500 km Entfernung). Stellt der ArbGeb einen Dienstwagen zur Verfügung, werden die Kosten, die durch die Nutzung eines privaten Pkw entstanden sind, nicht erstattet (LAG SchlHol 22.1.14 – 6 TaBV 4/13, BeckRS 2014, 70742). Die Kosten einer Auslandsreise eines KBRatMitglieds zu einem Treffen mit anderen ausländischen BRatMitgliedern eines konzernangehörigen Unternehmens, bei dem die Bildung eines EBRat besprochen werden soll, sind erstattungsfähig (ArbG Hbg 17.4.97 – 4 BV 1/97, AiB 98, 164). Nach einer Entscheidung als LAG NdS kann unter Berücksichtigung der Umstände des Einzelfalls (geplanter Unternehmenszusammenschluss) auch eine Reise des BRat zur EG nach Brüssel erforderlich sein, mit der Folge, dass der ArbGeb zur Kostentragung verpflichtet ist (LAG NdS 10.6.92, DB 93, 1043). Nicht erstattungsfähig ist der Aufwand, der einem freigestellten BRatMitglied aufgrund der regelmäßigen Fahrten zwischen seiner **Wohnung und dem Betrieb** entsteht (BAG 13.6.07 – 7 ABR 62/06,

NZA 07, 1301). Dies gilt auch dann, wenn das BRatMitglied ohne seine Freistellung auf auswärtigen Baustellen tätig gewesen wäre und ihm hierfür der Fahrtkostenaufwand erstattet worden wäre (BAG 28.8.91, BB 92, 921). Anders ist die Situation jedoch bei einem in Elternzeit befindlichen BRatMitglied (BAG 25.5.05 – 7 ABR 45/04, NZA 05, 1002) und in dem Fall, dass ein BRatMitglied den Betrieb allein wegen der Wahrnehmung seiner betriebsverfassungsrechtlichen Aufgaben, wie zB Teilnahme an einer BRatSitzung, außerhalb seiner Arbeitszeit aufsuchen muss (BAG 16.1.08 – 7 ABR 71/06, NZA 08, 546).

Soweit im Betrieb eine **Reisekostenordnung** existiert, ist diese auch auf Reisen von 11
BRatMitgliedern anzuwenden (BAG 28.3.07 – 7 ABR 33/06, AP Nr 89 zu § 40 BetrVG 1972; *Schweibert/Buse* NZA 07, 1080). Die Abrechnung hat dabei wegen § 78 Satz 2 BetrVG so zu erfolgen, als ob das BRatMitglied die Dienstreise als ArbN durchgeführt hätte. Dies gilt bspw für die Frage der Gewährung von Freizeitausgleich für Dienstreisen außerhalb der Arbeitszeit (LAG Sachs 4.7.01 – 3 Sa 876/00, NZA-RR 02, 471), der Benutzung der 1. Wagenklasse der Bahn (BAG 29.4.75, AP Nr 9 zu § 40 BetrVG 1972) oder der Zulässigkeit von Flugreisen und kann im Einzelfall dazu führen, dass verschiedene BRatMitglieder trotz Wahrnehmung derselben Aufgaben aufgrund ihrer unterschiedlichen arbeitsvertraglichen Stellung unterschiedliche Reisekostenansprüche bzw -befugnisse haben. In den Grenzen des § 78 Satz 2 BetrVG wird man hier eine gewisse Angleichung vornehmen können (ebenso GK-BetrVG/*Weber* § 40 Rz 42). Ein ausschließlich zur Durchführung der arbeitsvertraglich geschuldeten Tätigkeit vom ArbGeb zur Verfügung gestelltes Dienstfahrzeug darf ohne entsprechende Erlaubnis des ArbGeb nicht auch für BRatTätigkeit genutzt werden (BAG 25.2.09 – 7 AZR 954/07, AP Nr 146 zu § 37 BetrVG 1972).

Erstattungsfähig sind Kosten, die dem BRatMitglied zur **Wiederherstellung beschädigter Sachen** entstanden sind, wenn die Beschädigung in Ausübung des BRatAmt geschehen ist. Gleiches gilt für den Ersatz von Unfallschäden am eigenen Pkw des BRatMitglieds, wenn der ArbGeb die Pkw-Nutzung ausdrücklich gewünscht hat oder sie zur ordnungsgemäßen Ausübung der BRatAufgaben erforderlich war (BAG 3.3.83, DB 83, 1366; LAG Hamm 16.7.97, BB 97, 2007).

Hinsichtlich der **Kosten für Rechtsstreitigkeiten** gelten dieselben Grundsätze wie beim 12
BRat (→ Rn 7). Es besteht ein umfassender Erstattungsanspruch sowohl für Rechtsstreitigkeiten zwischen dem BRatMitglied und dem ArbGeb als auch bei betriebsratsinternen Streitigkeiten, wie zB bei einem Verfahren zur Überprüfung der Rechtmäßigkeit eines BRatBeschlusses (BAG 3.4.79, DB 79, 2091) oder einem Beschlussverfahren mit dem Ziel des Ausschlusses eines bestimmten Mitglieds aus dem BRat (BAG 19.4.89, DB 90, 740). Auch die Rechtsanwaltskosten, die einem gerichtlich auf Widerruf bzw Unterlassung in Anspruch BRatVorsitzenden entstehen, gehören hierzu, sofern es um Handlungen oder Äußerungen geht, die bei objektiver Betrachtung nicht dem privaten Bereich, sondern der Erledigung von BRatAufgaben zuzuordnen sind (LAG Düsseldorf 21.2.97, NZA-RR 97, 383: Klage einer BRatSekretärin; BAG 10.2.99 – 7 ABR 60/97, BeckRS 1999, 30368645: Klage eines der Bestechlichkeit bezichtigten Betriebsinspektors). Demgegenüber sind Rechtsanwaltskosten, die dem BRatMitglied aufgrund einer Lohnklage entstanden sind, auch dann nicht vom ArbGeb zu erstatten, wenn Gegenstand der Klage ausschließlich Vergütungsansprüche wegen BRatbedingter Arbeitsversäumnis waren (BAG 30.6.93, BB 93, 2449). Ebenfalls nicht vom ArbGeb zu erstatten sind Rechtsanwaltskosten, die einem Mitglied der JAV in einem Verfahren nach § 78a Abs 4 BetrVG entstanden sind (BAG 5.4.2000 – 7 ABR 6/99, NZA 2000, 1178; LAG Hamm 16.1.09 – 10 TaBV 37/08, BeckRS 2009, 59328). Jeglicher Erstattungsanspruch kann allerdings unter Umständen rechtsmissbräuchlich sein, wenn das Rechtsmittel als von vornherein aussichtslos zu beurteilen ist.

Auf dem Hintergrund des Benachteiligungsverbots des § 78 Satz 2 BetrVG sind auch in 13
einem **Zustimmungsersetzungsverfahren** nach § 103 Abs 2 BetrVG die im Beschwerdeverfahren entstandenen Rechtsanwaltskosten des BRatMitglieds vom ArbGeb zu erstatten, denn dieses Verfahren entfaltet insofern präjudizielle Wirkung für das spätere individualrechtliche Kündigungsschutzverfahren, als das betroffene BRatMitglied dort nur noch neue Tatsachen vortragen kann (BAG 31.1.90, BB 91, 205). Auch im zweitinstanzlichen Kündigungsschutzverfahren eines sonstigen ArbN wäre der ArbGeb gem § 91 ZPO als unterlegene Partei zur Tragung der Kosten des Rechtsstreits verpflichtet, so dass hier anderenfalls eine

Benachteiligung des BRatMitglied entstünde. Dies hat das BAG entschieden für den Fall, dass eine zustimmungsersetzende Entscheidung des ArbG vorliegt und nur das betroffene BRatMitglied, nicht aber der BRat Beschwerde einlegt (BAG 31.1.90, BB 91, 205). Die dem BRatMitglied durch seine Beteiligung am Zustimmungsersetzungsverfahren entstehenden Kosten sind daher keine Kosten der BRatTätigkeit iSd § 40 Abs 1 BetrVG.

**14** Zu den Kosten für die Beauftragung eines Rechtsanwalts durch das einzelne BRatMitglied → *Rechtsanwaltskosten* Rn 13 ff. Wegen der Kosten von Schulungs- und Bildungsveranstaltungen für einzelne BRatMitglieder → *Betriebsratsschulung* Rn 23–25, 31.

**15** **5. Kosten für Sachaufwand und Büropersonal. a) Allgemeines.** Gem § 40 Abs 2 BetrVG ist der ArbGeb verpflichtet, dem BRat die sächlichen Mittel, Räume und Büropersonal in erforderlichem Umfang zur Verfügung zu stellen. Das gilt auch für den lediglich ein Restmandat ausübenden BRat (LAG Brem 9.12.04 – 3 TaBV 15/04, DB 05, 1527 [LS]). Die Vorschrift ist nicht tarifdispositiv, sondern hat als betriebsverfassungsrechtliche Organisationsregelung zwingenden Charakter (BAG 9.6.99 – 7 ABR 66/97, NZA 99, 1292). Anders als im Bereich des § 40 Abs 1 BetrVG ist der BRat hier nicht berechtigt, von sich aus Arbeitsmittel anzuschaffen oder Büroräume anzumieten (BAG 21.4.83, DB 84, 248). Er kann lediglich im Rahmen der von ihm vorzunehmenden Erforderlichkeitsprüfung bestimmen, welches Sachmittel er für erforderlich hält. Diese Prüfungskompetenz eröffnet dem BRat einen gewissen, gerichtlich nur beschränkt überprüfbaren Beurteilungsspielraum, den er allerdings nicht aus seiner subjektiven Sichtweise ausfüllen darf. Vielmehr muss er unter sachgerechter Abwägung der Interessen der Belegschaft mit dem Interesse des ArbGeb an einer Kostenbegrenzung seine Entscheidung treffen (BAG 11.11.98 – 7 ABR 57/97, NZA 99, 945; 27.11.02 – 7 ABR 36/01, NZA 03, 803; 3.9.03 – 7 ABR 12/03, NZA 04, 278). Danach ist es grds Aufgabe des ArbGeb zu bestimmen, welches von mehreren sachgerechten Mitteln der BRat erhält (zB welche konkrete Schreibmaschine, welchen PC etc; LAG Nbg 10.12.02 – 2 TaBV 20/02, NZA-RR 03, 418, noch weitergehend wohl BAG 17.2.93 – 7 ABR 19/92, NZA 93, 854). Die Gegenmeinung (LAG BaWü 26.9.97 – 5 TaBV 1/97, NZA-RR 99, 486) lässt diesen unterschiedlichen Regelungsinhalt von § 40 Abs 1 und 2 BetrVG unberücksichtigt. Etwas anderes gilt lediglich bezüglich der Literaturauswahl aufgrund des dort bestehenden Ermessensspielraums des BRat (→ Rn 23). § 40 Abs 2 BetrVG gewährt **keine sogenannte Grund- oder Normalausstattung.** Auch aus dem Ausstattungsniveau des ArbGeb lässt sich der erforderliche Umfang eines Sachmittels nicht ausschließlich bestimmen (LAG NdS 9.3.07 – 3 TaBV 47/07, ArbuR 07, 222). Es bedarf in jedem Fall einer konkreten Erforderlichkeitsprüfung (BAG 11.3.98 – 7 ABR 59/96, NZA 98, 953). In dringenden Fällen kann der BRat gem § 85 Abs 2 ArbGG eine einstweilige Verfügung gegen den ArbGeb erwirken, um die Überlassung bestimmter Sachmittel etc zu erreichen.

**16** **b) Räume.** Dem BRat müssen entsprechende Räumlichkeiten zur Verfügung stehen, die ihm die Durchführung seiner Aufgaben ermöglichen. In größeren Betrieben müssen ihm daher ein oder mehrere abschließbare Räume zur ständigen Nutzung überlassen werden (LAG Köln 23.1.13 – 5 TaBV 7/12, BeckRS 2013, 67262; LAG SchlHol 19.9.07 – 6 TaBV 14/07, NZA-RR 08, 187). Für die Durchführung der BRatSitzungen genügt unter Umständen die zeitweise Überlassung eines entsprechenden Besprechungszimmers. Ein Anspruch der Minderheitenfraktion im BRat auf Zurverfügungstellung eines eigenen Raumes zur Durchführung sog „Fraktionssitzungen" besteht nicht (LAG Hess 4.2.19 – 16 TaBVGa 172/18, BeckRS 2019, 15589). In kleineren Betrieben kann eine zeitweise Überlassung eines anderweitig genutzten Raumes ausreichen. In diesem Fall ist jedoch mindestens ein abschließbarer **Schrank** zur Verfügung zu stellen. Die Räumlichkeiten müssen zudem so beschaffen sein, dass die Vertraulichkeit der BRatTätigkeit gewährleistet ist (LAG Köln 19.1.01 – 11 TaBV 75/00, NZA-RR 01, 482; ArbG Köln 13.12.18 – 10 BV 476/16, NZA-RR 19, 288). Der BRat hat keinen Anspruch auf bestimmte Räume; der ArbGeb kann ihm daher andere als die bisher genutzten Räume zuweisen (LAG Hamm 28.5.10 – 13 TaBV 102/09, BeckRS 2010, 71919; ArbG Dortmund 17.6.15 – 8 BV 83/14, BeckRS 2015, 69456, Grenze: Schikaneverbot). Keinesfalls kann er ein dem BRat zur Verfügung gestelltes Büro eigenmächtig räumen, da dem BRat an diesen Räumen das Hausrecht zusteht (LAG Hess 14.1.19 – 16 TaBVGa 6/19, BeckRs 2019, 16679; LAG Nbg 1.4.99 – 6

Ta 6/99, NZA 2000, 335). Verweigert der BRat die Herausgabe, bedarf es der gerichtlichen Geltendmachung (ArbG Freiburg 5.11.96, AiB 97, 413). Der ArbGeb muss auch den Zutritt eines Rechtsanwalts zum BRatBüro dulden, um diesem dort eine erforderliche Besprechung zu ermöglichen (BAG 20.10.99 – 7 ABR 37/98, BeckRS 2009, 56460). Die Räume müssen sich regelmäßig im Betrieb selbst befinden, nur bei Vorliegen sachlicher Gründe können auch außerbetriebliche Räume herangezogen werden (LAG SchlHol 31.5.17 – 1 TaBV 48/16, NZA-RR 17, 596). Diese müssen jedoch in der Nähe des Betriebes liegen (ArbG Würzburg 23.6.98 – 2 BV 1/97, AiB 99, 402: notfalls Anmietung eines Bürocontainers).

**c) Sachmittel.** Hierzu gehören die üblicherweise für einen Bürobetrieb benötigten **17** Gegenstände wie **Aktenschrank, Schreibmaterialien,** Schreibmaschine, Diktiergerät, Kopiergerät etc. Der konkrete Bedarf richtet sich insbes nach der Größe des Betriebes und damit dem jeweiligen Aufgabenbereich des BRat (vgl im Einzelnen die Aufzählung bei *Kort* NZA 90, 598 und *Beckschulze* DB 98, 1815). In gleichem Maße sinken mit steigender Betriebsgröße die Anforderungen an die Darlegung von Tatsachen für die Erforderlichkeit, ohne diese Prüfung jedoch entbehrlich zu machen (LAG Hamm 18.6.10 – 10 TaBV 11/10, NZA-RR 10, 521: PC-Drucker).

**d) Informations- und Kommunikationstechnik** hat in den letzten Jahren auch für **18** die Tätigkeit des BRat erheblich an Bedeutung gewonnen. Dem hat der Gesetzgeber mit der Neufassung des § 40 Abs 2 BetrVG zum 28.7.01 Rechnung getragen. Die ausdrückliche Erwähnung dieser Sachmittel dient der Klarstellung, dass dem BRat die Nutzung von Computern und sonstiger im Betrieb oder Unternehmen vorhandener moderner Kommunikationsmittel ermöglicht werden soll. **Ziel der Neuregelung** war es, die Arbeitsmöglichkeiten der BRäte zu verbessern. Das ergibt sich mehrfach aus der amtlichen Begründung des Regierungsentwurfs (BT-Drs 14/5741 S 26, 28, 41). Gleichwohl ist im Grundsatz die Rechtslage unverändert geblieben. Wie bei den sonstigen Sachmitteln muss der BRat auch in diesem Bereich den konkret erforderlichen Bedarf in jedem Einzelfall darlegen. Dabei gilt als Maßstab das Urteil eines objektiven Dritten, nicht die subjektive Sicht des betroffenen BRat.

Die bisherige Rspr des BAG zur Überlassung eines **PC** an den BRat bleibt daher **19** weiterhin aktuell (BAG 16.5.07 – 7 ABR 45/06, NZA 07, 1117; 11.3.98 – 7 ABR 59/96, NZA 98, 953; 11.11.98 – 7 ABR 57/97, NZA 99, 945; 12.5.99 – 7 ABR 36/97, NZA 99, 1290, *Weber* NZA 08, 280). Allerdings ist der gesetzgeberischen Intention insoweit Rechnung zu tragen, als im Grundsatz von einer Erforderlichkeit auszugehen ist (enger BAG 16.5.07 – 7 ABR 45/06, NZA 07, 1117). Das gilt erst recht für größere Betriebe und umfasst sowohl die hard- als auch der softwaremäßigen Ausstattung des PC (LAG Brem 4.6.09 – 3 TaBV 4/09, NZA-RR 09, 485; LAG Nürnberg 24.8.09 – 5 TaBV 32/06, BeckRS 2009, 72494; LAG Köln 9.1.08 – 7 TaBV 25/07, BeckRS 2008, 54045; LAG Düsseldorf 23.8.05 – 12 TaBV 23/05, NZA-RR 06, 139; so schon bisher LAG BaWü 19.9.95 – 7 TaBV 4/95, NZA-RR 96, 252; LAG Nbg 8.3.99 – 6/7 TaBV 15/98, NZA-RR 99, 310). **Laptops** und **Notebooks** gehören demgegenüber auch weiterhin nicht zum allgemeinen Standard eines jeden BRat. Die Erforderlichkeitsprüfung im Einzelfall kommt insoweit uneingeschränkt zu tragen (LAG Köln 17.10.97 – 11 TaBV 15/97, NZA-RR 98, 163). Auch eine besondere Verschlüsselungs-Software, die ein höheres Sicherheitsniveau als sonst im Unternehmen üblich gewährleistet, ist in der Regel nicht erforderlich (LAG Köln 9.7.10 – 4 TaBV 25/10, NZA-RR 11, 24).

Auch die Nutzung elektronischer Kommunikationssysteme soll mit der gesetzlichen Neu- **20** regelung erleichtert werden. Das **„Schwarze Brett"** als Grundinformationsmittel des BRat wird zunehmend durch moderne Kommunikationstechnik abgelöst (zum „Schwarzen Brett" zuletzt LAG Hess 15.3.07 – 9 TaBVGa 32/07, BeckRS 2007, 45468). Gleichwohl besteht kein genereller Anspruch des BRat auf Verwendung von LED-Bildschirmen anstelle von „Schwarzen Brettern" (LAG Hess 6.3.17 – 16 TaBV 176/16, BeckRS 2017, 108257). Sofern in einem Unternehmen ein sog **Intranet** als Kommunikationsmedium genutzt wird, muss es auch dem BRat zur Verfügung stehen, damit ein effektiver Informationsfluss gewährleistet ist (*Engels/Trebinger/Löhr-Steinhaus* DB 01, 532). In der InstanzRspr ist zuletzt der Anspruch des BRat eines Telekommunikationsunternehmens mit ca 1000 ArbN auf Einrichtung eines sog Funktionspostfaches zur Versendung eines monatlichen Newsletters bejaht worden (LAG SchlHol 8.10.15 – 5 TaBV 23/15, NZA-RR 16, 195). Die frühere restriktive Rspr des BAG (BAG 17.2.93 – 7 ABR 19/92, NZA 93, 854) ist mittlerweile überholt. Auch die Rspr zum **Internet**anschluss hat sich in den letzten Jahren weiterentwickelt (vgl zB BAG 3.9.03 – 7 ABR 8/03, NZA 04, 280; 23.8.06 – 7 ABR 55/05, NZA 07, 337; 18.7.12 – 7 ABR 23/11, NZA 13, 49). Zwar geht das BAG auch insoweit nach wie vor von der Maßgeblichkeit der Erforderlichkeit im Einzelfall aus. Gleichzeitig weist es aber mittlerweile auch darauf hin, dass die Nutzung des Internets der Informationsbeschaffung durch den BRat und damit der Erfüllung der ihm obliegenden betriebsverfassungsrechtlichen Aufgaben dient. Der BRat darf daher – wie das BAG ausdrücklich feststellt – einen Internetzugang regelmäßig für erforderlich halten, ohne dass es der Darlegung konkreter, sich ihm aktuell stellender Aufgaben bedarf, zu deren Erledigung Informationen aus dem Internet benötigt werden, sofern nicht ausnahmsweise berechtigte Interessen des ArbGeb entgegenstehen. Lediglich im Einzelfall, insbes bei kleinen Betrieben mit geringer wirtschaftlicher Leistungskraft, dessen Inhaber selbst aus Kostengründen auf den Einsatz teurer Informations- und Kommunikationsmittel verzichtet, kann es angemessen sein, ebenfalls nach der Forderung von deren Zurverfügungstellung abzusehen. Die abstrakte Gefahr, der BRat könne seinen Internetzugang missbrauchen, steht dem Anspruch auf Einrichtung eines solchen Internetzugangs ebenso wenig entgegen wie die gleichermaßen abstrakte Gefahr von Störungen durch Viren oder sog. Hackerangriffen (BAG 21.1.10 – 7 ABR 79/08, NZA 10, 709; 17.2.10 – 7 ABR 81/09, NZA-RR 10, 413; 17.2.10 – 7 ABR 54/09, AP Nr 103 zu § 40 BetrVG 1972; *Besgen* NZA 06, 959; → *Internet-/Telefonnutzung* Rn 26 f). Stellt der ArbGeb einen Internetanschluss über das betriebliche Intranet zur Verfügung, hat der BRat regelmäßig keinen Anspruch auf einen weiteren Internetanschluss über einen externen Provider (BAG 20.4.16 – 7 ABR 50/14, NZA 16, 1033).

21 Das Gleiche gilt für die Einrichtung eines eigenen **Telefaxanschlusses** des BRat. Auch insoweit bleiben die Umstände des Einzelfalls maßgeblich (LAG NdS 27.5.02 – 5 TaBV 21/02, NZA-RR 03, 250). Dieser kann bspw zur effektiven Betreuung der ArbN in räumlich getrennten Betriebsteilen erforderlich sein (LAG Hamm 14.5.97 – 3 TaBV 2/97, BB 97, 2052). Sind demgegenüber alle Arbeitsplätze per Intranet vernetzt, wird ein zusätzlicher Telefaxanschluss regelmäßig entbehrlich sein.

22 Der BRat hat grds Anspruch auf einen eigenen **Telefonanschluss,** nicht jedoch auf einen Amtsanschluss, sofern die Benutzung der betrieblichen Telefonanlage gewährleistet ist (BAG 20.4.16 – 7 ABR 50/14, NZA 16, 1033). Bei einem BRat, der ArbN in einer Vielzahl (hier: 18) räumlich voneinander entfernt liegenden Verkaufsstellen zu betreuen hat, muss der ArbGeb eine vorhandene innerbetriebliche Telefonanlage durch entsprechende Schaltung für den BRat zur Kontaktaufnahme mit den ArbN nutzbar machen. Die lediglich passive telefonische Erreichbarkeit des BRat genügt nicht (BAG 9.6.99 – 7 ABR 66/97, NZA 99, 1292; 8.3.2000 – 7 ABR 73/98; BAG 27.11.02 – 7 ABR 36/01, NZA 03, 803). Ein Mobiltelefon **(Handy)** kann der BRat allenfalls in besonderen Ausnahmesituationen verlangen (LAG Hess 28.11.11 – 16 TaBV 129/11, NZA-RR 12, 307: 16 Mobiltelefone für den BRat in einem Unternehmen, das konzernweit seinen Mitarbeitern 32 000 Mobiltelefone zur Verfügung stellt; ArbG Frankfurt/Main 12.8.97 – 18 BV 103/97, AiB 98, 223: freigestellte BRatMitglieder eines 27köpfigen BRat, die mehrere entfernt liegende Betriebsstätten zu betreuen haben und daher nur 2–3 Stunden pro Woche im BRatBüro anwesend sind; LAG Hess 13.3.17 – 16 TaBV 212/16, BeckRS 2017, 109503: freigestelltes BRat-Mitglied in Schichtbetrieb mit mehreren auswärtigen Betriebsstellen). Die leichtere Erreichbarkeit des mit einem Handy ausgestatteten BRatVorsitzenden kann auch für den ArbGeb entscheidende Vorteile bieten. Der Anschluss des BRatTelefon an einen automatischen Gebührenrechner ist zulässig (BAG 27.5.86, DB 86, 2080; LAG Hbg 17.3.86, DB 86, 1473).

23 e) **Fachliteratur** ist dem BRat ebenfalls in erforderlichem Umfang zur Verfügung zu stellen. Auch hier sind die Bedürfnisse des jeweiligen BRat maßgebend. Regelmäßig sind erforderlich Gesetzessammlungen zu den wichtigsten arbeitsrechtlichen Vorschriften nebst zugehöriger Kommentierung, jedenfalls aber ein aktueller Kommentar zum BetrVG, weiterhin der einschlägige Tarifvertrag ggf mit Kommentierung sowie UVV (BAG 24.1.96, DB 96, 2034: bei mehrköpfigem BRat eine grundlegende Gesetzessammlung – hier die Sammlung von *Kittner* – für jedes BRatMitglied). Anspruch besteht auch auf eine arbeits-

und sozialrechtliche Fachzeitschrift, unabhängig davon, ob sie in einem gewerkschaftlichen Verlag erscheint (LAG Bln 5.10.92, BB 93, 725 [LS]) sowie unabhängig davon, ob der BRat über einen Internetzugang verfügt (BAG 19.3.14 – 7 ABN 91/13, BeckRS 2014, 72947). Fordert der BRat den Bezug mehrerer Fachzeitschriften, trägt er die Darlegungs- und Beweislast für die Erforderlichkeit (BAG 25.1.95, DB 95, 1339: Zeitschrift „Arbeit und Ökologie-Briefe"; LAG Düsseldorf 30.9.97 – 8 TaBV 44/97, BB 98, 2002: Zeitschrift „Computer-Fachwissen für Betriebs- und Personalräte"). Gleiches gilt für den Bezug eines zweiten BetrVG-Kommentars (LAG Frankfurt 2.12.93, DB 94, 1044 [LS]) sowie anderer spezialgesetzlicher Kommentare (LAG RhPf 18.11.99 – 4 TaBV 22/99, NZA-RR 2000, 534: Kommentar zum MuSchG). Ein Anspruch auf persönliche Exemplare von aktuellen BetrVG-Kommentaren besteht idR auch für BRatMitglieder, die im Außendienst tätig sind, nicht. Es genügt, wenn diesen BRatMitgliedern jeweils ein Exemplar der Vorauflage zur Verfügung steht (ArbG Düsseldorf 18.11.03 – 3 BV 131/03, NZA-RR 04, 311). Die Literaturauswahl trifft der BRat. Die Auswahlentscheidung muss er nicht ausschließlich unter Kostengesichtspunkten treffen. Dem BRat steht vielmehr ein Ermessensspielraum zu, den er durch sachgerechte Kriterien (zB besondere Eignung eines Buches für die BRat-Arbeit; besondere Aktualität; Buch, das Argumentationshilfen für die ArbGebSeite liefert etc) ausüben kann (BAG 24.1.96, DB 96, 2034). Insoweit unterliegt er der arbeitsgerichtlichen Kontrolle (BAG 21.4.83, DB 83, 997; LAG Düsseldorf 12.4.88, DB 88, 1072). Bei der Beschaffung der Neuauflage eines Kommentars steht es dem BRat frei, sich für einen anderen Kommentar zu entscheiden, der ihm für seine Bedürfnisse geeigneter erscheint (BAG 26.10.94, DB 95, 581). Der Einwand des ArbGeb, er verfüge selbst nicht über dieses Buch und der BRat müsse daher aus Gründen der „Waffengleichheit" ebenfalls auf den Erwerb verzichten, trägt nicht (LAG Brem 3.5.96, BB 96, 2303 [LS]). Nicht erforderlich ist der regelmäßige Bezug der Tagespresse (BAG 29.11.89, DB 90, 1093: Handelsblatt). Dagegen kann der ArbGeb den BRat gegenüber berechtigten Ansprüchen auf Fachliteratur nicht auf den vorrangigen Besuch von Schulungsveranstaltungen oder die Inanspruchnahme von Sachverständigen verweisen (BAG 25.1.95, DB 95, 1339).

**f) Büropersonal.** Soweit der BRat zur Erledigung seiner Aufgaben Hilfskräften bedarf, 24
sind ihm diese zur Verfügung zu stellen (BAG 19.6.12 – 1 ABR 19/11, NZA 12, 1237). Dies kann in kleineren Betrieben durch die stundenweise Überlassung von Schreibkräften geschehen (zum Anspruch auf eine Protokollführerin für eine umfangreiche GBRatSitzung: ArbG Frankfurt 9.1.97, DB 97, 1723), in größeren Betrieben kann je nach Lage des Einzelfalls ein Anspruch auf eine eigene Bürokraft bestehen. Der BRat muss einen entsprechenden Beschäftigungsbedarf darlegen, wobei ihm allein die gerichtlich überprüfbare Entscheidung obliegt, ob und ggf welche Bürotätigkeiten einer Bürokraft übergeben werden. Diese Entscheidung trifft der BRat unter Berücksichtigung sowohl der Interessen der Belegschaft als auch der auf Kostenbegrenzung gerichteten Belange des ArbGeb (BAG 20.4.05 – 7 ABR 14/04, NZA 05, 1010; kritisch *Hunold* NZA 05, 1149; *Bayreuther* NZA 13, 758). Eingestellt wird die Bürokraft dann vom ArbGeb. Er behält grds das arbeitsvertragliche Weisungsrecht. Lediglich das Recht zu Ausübung **konkreter Arbeitsanweisungen** geht auf den BRat über (*Zumkeller/Lüber* BB 08, 2067). ArbN, die berechtigterweise nicht sein Vertrauen genießen, kann der BRat ablehnen (BAG 5.3.97, BB 97, 1538). Er hat ein Mitspracherecht bei der vom ArbGeb zu treffenden Personalauswahl. Eine eigene Auswahlentscheidung steht ihm nicht zu (*Pielenz* AiB 98, 421). Die Bürokräfte des BRat unterliegen denselben Verschwiegenheitspflichten im Hinblick auf Geschäftsgeheimnisse und Personaldaten wie der BRat selbst.

**6. Streitigkeiten** über die Kosten der BRatTätigkeit sind im arbeitsgerichtlichen Be- 25
schlussverfahren zu klären (BAG 21.11.78, DB 79, 507; 3.4.79, DB 79, 1706). Dies gilt unabhängig davon, ob es um die Kosten des BRat oder eines einzelnen BRatMitglied geht. Letzteres ist dann der Fall, wenn das BRatMitglied selbst eine Verbindlichkeit eingegangen ist und deshalb einen eigenen Freistellungsanspruch gegen den ArbGeb hat (LAG Hess 11.3.19 – 16 TaBV 201/18, NZA-RR 19, 537). In diesem Fall ist der BRat notwendiger Verfahrensbeteiligter (BAG 10.2.99 – 7 ABR 60/97, BeckRS 1999, 30368645). Auch der BRat kann Erstattungsansprüche seiner Mitglieder im eigenen Namen gerichtlich geltend machen, allerdings nur Freistellung bzw Zahlung an die einzelnen Mitglieder verlangen

(BAG 27.5.15 – 7 ABR 26/13, NZA 15, 1141). Die Auflösung des BRat ändert hieran nichts (BAG 24.10.01 – 7 ABR 20/00, DB 02, 849). Der Freistellungsanspruch setzt allerdings voraus, dass der BRat von seinem Gläubiger tatsächlich in Anspruch genommen wird. Dies erfordert eine Rechnungsstellung an den BRat. Die unmittelbare Übersendung der Rechnung an den ArbGeb reicht nicht aus (LAG Hess 24.4.17 – 16 TaBV 238/16, BeckRS 2017, 117410). Folge einer gerichtlichen Geltendmachung trotz fehlender Rechnungsstellung kann der endgültige Verlust der Forderung sein (LAG Hess 7.5.18 – 16 TaBV 64/17, BeckRS 2018, 13792).

Auch bei Abtretung der Kostenerstattungsansprüche des BRat an den beauftragten Rechtsanwalt zur eigenen Geltendmachung ist das Beschlussverfahren die richtige Verfahrensart (BAG 13.5.98 – 7 ABR 65/96, NZA 98, 900; LAG Hbg 26.4.17 – 6 TaBV 13/16, BeckRS 2017, 119698; LAG NdS 24.1.2000 – 5 TaBV 25/99, NZA-RR 2000, 309). Eine Abtretung ist nur an den beauftragten Rechtsanwalt, nicht an Dritte möglich (BGH 8.11.17 – VII ZB 9/15, NZA 18, 126). Fehlt es an einer wirksamen Abtretung, ist der antragstellende Rechtsanwalt nicht aktivlegitimiert und der Antrag unbegründet (LAG BlnBbg 9.10.14 – 21 TaBV 769/14, NZA-RR 15, 80). Erfüllt der ArbGeb den Gebührenanspruch des Rechtsanwalts nicht, so stellen die weiteren Rechtsverfolgungskosten keinen ersatzfähigen Verzugsschaden dar (BAG 1.8.18 – 7 ABR 41/17, BeckRS 2018, 28903). Bei entsprechender Erforderlichkeit besteht allerdings ein materiell-rechtlicher Anspruch nach § 40 Abs 1 BetrVG.

### B. Lohnsteuerrecht *Thomas*

26 BRatKosten sind beim ArbGeb Betriebsausgaben (§ 4 Abs 4 EStG). Beim BRatMitglied sind die weitergezahlten Vergütungen Arbeitslohn (→ *Betriebsratsfreistellung* Rn 38), nicht dagegen der von ihm dadurch ersparte Aufwand, dass der ArbGeb ihm sächliche Mittel, Räume und Büropersonal zur Verfügung stellen muss. Derartige Ausgaben tätigt der ArbGeb im sog eigenbetrieblichen Interesse (→ *Arbeitsentgelt* Rn 48). Soweit der ArbGeb dem BRatMitglied eigene Aufwendungen ersetzt, gelten die allgemeinen Bestimmungen über Werbungskostenersatz (→ *Aufwandsentschädigung* Rn 3 bzw → *Aufwendungsersatz* Rn 23).

### C. Sozialversicherungsrecht *Schlegel*

27 Die Verpflichtung des ArbGeb, BRatKosten zu tragen, hat keine sozialversicherungsrechtlichen Auswirkungen.

## Betriebsratsmitglied

### A. Arbeitsrecht *Kreitner*

**Übersicht**



1 **1. Betriebsratsamt und Ausübung.** In ein BRatAmt **wählbar** ist gem § 8 BetrVG jeder wahlberechtigte ArbN, der sechs Monate dem Betrieb angehört oder als Heimarbeiter in der Hauptsache für den Betrieb gearbeitet hat. Anders ist dies lediglich in Betrieben, die noch keine sechs Monate bestehen. Hier genügt nach § 8 Abs 2 BetrVG die Betriebszugehörigkeit im Zeitpunkt der Einleitung der BRatWahl. Wählbar ist auch der ordentlich gekündigte ArbN, sofern er eine Kündigungsschutzklage erhoben hat (BAG 10.11.04 – 7 ABR 12/04, NZA 05, 707). Zur Arbeitsleistung überlassene ArbN sind im Entleiherbetrieb nicht wählbar. Das gilt auch bei nicht gewerbsmäßiger Überlassung (BAG 17.2.10 – 7 ABR 51/08, NZA 10, 832). Jedes BRatMitglied übt sein Amt **ehrenamtlich** und

**unentgeltlich** aus (§ 37 Abs 1 BetrVG; BAG 28.9.16 – 7 AZR 248/14, NZA 17, 335; *Fischer* NZA 14, 71; *Byers* NZA 14, 65). Jegliche Vergütungszahlung wegen oder aufgrund des BRatAmtes ist damit ausgeschlossen. Das gilt auch für sonstige Vergünstigungen oder Benachteiligungen (*Moll/Roebers* NZA 12, 57; → *Betriebsrat* Rn 55). Dieses Prinzip wahrt sowohl die innere als auch die äußere Unabhängigkeit der BRäte und stärkt die Akzeptanz der vom BRat mit zu tragenden Entscheidungen in der Belegschaft (BAG 5.3.97 – 7 AZR 581/92, NZA 97, 1242). Die BRatTätigkeit ist keine Arbeitszeit iSd ArbZG (BAG 28.9.16 – 7 AZR 248/14, NZA 17, 335; BAG 18.1.17 – 7 AZR 224/15, NZA 17, 791; BAG 21.3.17 – 7 ABR 17/15, NZA 17, 1014).

Um dieses Ehrenamt sachgerecht ausüben zu können, muss das BRatMitglied von seiner arbeitsvertraglich geschuldeten Tätigkeit entlastet und bei der Ausübung der BRatTätigkeit **unterstützt** werden. Das stellt das BetrVG im Wesentlichen durch entsprechende Freistellungs- und Schulungsregelungen in § 37 Abs 2 und 3 bzw Abs 6 und 7 BetrVG sicher (→ *Betriebsratsfreistellung* Rn 1 ff und → *Betriebsratsschulung* Rn 1 ff). Daneben sind BRat-Mitglieder gem § 37 Abs 4 und 5 BetrVG in ihrer **wirtschaftlichen und beruflichen Entwicklung** gesetzlich dahin abgesichert, dass ihnen durch die BRatTätigkeit gegenüber den anderen ArbN keine Nachteile entstehen dürfen. Sowohl hinsichtlich der Bemessung des Arbeitsentgelts als auch in Bezug auf die Tätigkeit ist das BRatMitglied während der Dauer seiner Amtszeit sowie während eines Nachwirkungszeitraums von einem Jahr einem vergleichbaren ArbN mit betriebsüblicher beruflicher Entwicklung gleich zu behandeln. Der berufliche Werdegang ist fiktiv nachzuzeichnen (BAG 27.6.01 – 7 AZR 496/99, NZA 02, 107 zu § 46 BPersVG; → *Betriebsratsfreistellung* Rn 35). Aus der Unentgeltlichkeit folgt gleichzeitig die gesetzlich in § 40 BetrVG angeordnete **Kostentragungspflicht** des ArbGeb (→ *Betriebsratskosten* Rn 10 ff). Bei Kompetenzüberschreitungen kann allerdings eine persönliche Haftung in Betracht kommen (→ *Betriebsratskosten* Rn 3). Nach dieser Vorschrift muss der ArbGeb auch die erforderlichen Sachmittel zur Verfügung stellen und ggf auch Unterstützung in personeller Hinsicht gewähren (→ *Betriebsratskosten* Rn 15 ff). 2

Alle BRat- und Ersatzmitglieder trifft gem § 79 BetrVG eine besondere **Geheimhaltungspflicht,** die auch nach dem Ausscheiden aus dem BRat fortbesteht. Sie umfasst Betriebs- und Geschäftsgeheimnisse, die vom ArbGeb ausdrücklich als geheimhaltungsbedürftig bezeichnet worden sind (→ *Betriebsgeheimnis* Rn 11). Das können im Einzelfall ausnahmsweise auch Lohn- und Gehaltsdaten sein, wenn in bestimmten Unternehmensbereichen konkurrierende Unternehmen durch die Kenntnis der Vergütungsstruktur ihre Wettbewerbsfähigkeit steigern könnten (BAG 26.2.87 – 6 ABR 46/84, NZA 88, 63). **Ausgenommen** von der Geheimhaltungspflicht sind im Interesse der Funktionsfähigkeit des BRat gem § 79 Abs 1 Satz 3 und 4 BetrVG der interne Meinungsaustausch im BRat sowie die Kommunikation mit dem GBRat und dem KBRat sowie den ArbNVertretern im Aufsichtsrat und im Einigungsstellenverfahren. Obwohl im Ausnahmekatalog des § 79 BetrVG nicht ausdrücklich erwähnt, gehören auch die ArbNVertreter iSv § 3 Abs 1 Nr 2 BetrVG zu den informationsberechtigten Personen, da sie an die Stelle von BRäten treten und daher auch für sie die Geheimhaltspflicht des § 79 BetrVG originär gilt (ErfK/*Kania* § 79 BetrVG Rz 13). Unzulässig bleibt demgegenüber die Weitergabe derartiger Informationen an die JAV, den Wirtschaftsausschuss sowie die Vertreter von Gewerkschaften und ArbGebVerbänden (*Fitting* § 79 Rz 25). Ob im Einzelfall ein Betriebs- oder Geschäftsgeheimnis gegeben ist, unterliegt der arbeitsgerichtlichen Rechtskontrolle (BAG 11.7.2000 – 1 ABR 43/99, NZA 01, 402). 3

**Weitere Verschwiegenheitspflichten** ergeben sich aus spezielleren Regelungen in §§ 82 Abs 2 Satz 3, 83 Abs 1 Satz 3 sowie §§ 99 Abs 1 Satz 3 und 102 Abs 2 Satz 5 BetrVG. Danach ist über anlässlich der BRatTätigkeit zur Kenntnis gekommene persönlichen Daten der ArbN (zB Anhörung des BRat zu einer krankheitsbedingten Kündigung nach § 102 BetrVG oder zu einer Versetzung nach § 99 BetrVG; Kenntnis über besondere persönliche Situation von ArbN im Rahmen von Einzelgesprächen etc) Stillschweigen zu bewahren. Gleiches gilt aufgrund des allgemeinen Persönlichkeitsschutzes für Daten, die dem BRat-Mitglied von anderen ArbN ausdrücklich als vertraulich mitgeteilt worden sind. 4

Zur Gewährleistung von Transparenz und Kontrolle innerhalb des BRat haben die BRat-Mitglieder nach § 34 Abs 3 BetrVG ein jederzeitiges **Einsichtsrecht** in die Unterlagen des BRat und seiner Ausschüsse. Es umfasst auch Unterlagen von Arbeitsgruppen nach § 28a 5

BetrVG und von anderen BRatMitgliedern in gemeinsamen Ausschüssen iSv § 28 Abs 2 BetrVG. Unterlagen iSv § 34 Abs 3 BetrVG sind dabei nicht nur die in Papierform verkörperten Aufzeichnungen, sondern auch sämtliche auf Datenträgern gespeicherten Dateien sowie die Korrespondenz des BRat unter dessen E-Mail-Anschrift. Zum Einsichtsrecht zählt daher auch das elektronische Leserecht der Dateien und der E-Mail-Korrespondenz (BAG 12.8.09 – 7 ABR 15/08, NZA 09, 1218).

6 Schließlich gilt auch die Verpflichtung zur **vertrauensvollen Zusammenarbeit** mit dem ArbGeb aus § 2 Abs 1 BetrVG für jedes BRatMitglied unmittelbar (*Schaub/Koch* § 215 Rz 12). Die Vorschrift regelt jedoch nicht das Verhältnis einzelner BRatMitglieder zueinander und betrifft damit nicht die Zusammenarbeit im BRat selbst (*Richardi* § 2 Rz 8).

7 **2. Erlöschen des Betriebsratsamts. a) Gründe.** Für die Beendigung des BRatAmts beruhen die Gründe entweder auf Umständen, die den BRat als Ganzes betreffen oder sind individueller Natur.

**aa) Ablauf der Amtszeit des Betriebsrats.** Das regelmäßige oder vorzeitige Ende der Amtszeit des BRat beendet naturgemäß auch das Amt der einzelnen BRatMitglieder (§ 24 Nr 1 BetrVG). Besonderheiten gelten bei der teilweisen Betriebsstilllegung und dem Übergang von Betriebsteilen nach § 613a BGB wegen des dann eingreifenden Rest- bzw Übergangsmandats (→ *Betriebsübergang* Rn 56 sowie → *Restmandat/Übergangsmandat* Rn 1 ff).

8 **bb) Tod des Betriebsratsmitglieds.** Auch wenn in Einzelfällen ein Arbeitsverhältnis nach dem Tod des BRatMitglieds mit dem Erben fortgesetzt wird, tritt dieser nicht in das betriebsverfassungsrechtliche Mandat ein. Das BRatAmt endet gleichermaßen mit dem Eintritt der Geschäftsunfähigkeit des BRatMitglieds.

9 **cc) Niederlegung des Betriebsratsamtes** führt gem § 24 Nr 2 BetrVG zum Erlöschen der Mitgliedschaft. Eine solche Niederlegung ist jederzeit grundlos möglich und ist dem BRatVorsitzenden gegenüber formlos zu erklären. Besteht der BRat nur (noch) aus einem BRatMitglied, ist die Amtsniederlegung der Belegschaft zur Kenntnis zu geben; ist auch eine solche – wie zB bei einem Restmandat nach einer Betriebsstilllegung – nicht mehr vorhanden, kann die Erklärung gegenüber dem ArbGeb erfolgen (BAG 12.1.2000 – 7 ABR 61/98, NZA 2000, 669). Ist die Erklärung dem Adressaten zugegangen, kommt ein Widerruf oder eine Rücknahme nicht mehr in Betracht. Auch eine Anfechtung scheidet grds aus, da die personelle Zusammensetzung des BRat jederzeit unzweifelhaft feststehen muss. Legt ein BRatMitglied sein Mandat nieder, wird eine im Verfahren nach § 103 Abs 2 BetrVG wegen einer beabsichtigten außerordentlichen Kündigung bereits ergangene gerichtliche Entscheidung nicht gegenstandslos. Ein solches Ereignis hat nur Auswirkungen auf die Zulässigkeit des Antrags des ArbGeb nach § 103 Abs 2 BetrVG (BAG 16.11.17 – 2 AZR 14/17, NZA 18, 240).

10 **dd) Beendigung des Arbeitsverhältnisses.** Mit dem rechtskräftig festgestellten Ende des Arbeitsverhältnisses erlischt die Wählbarkeit zum BRat und damit gleichzeitig die Möglichkeit ein BRatAmt auszuüben. Auf den Beendigungsgrund kommt es ebenso wenig an wie auf die Art und Weise der Beendigung des Arbeitsverhältnisses (Kündigung, Befristung, Aufhebungsvertrag). Eine **Ausnahme** bildet insoweit das Restmandat nach einer Betriebsstilllegung, das auch nach Beendigung des Arbeitsverhältnisses noch fortbestehen kann. Das gleiche kann bei einem Übergangsmandat im Verhältnis zum Betriebs(teil)übernehmer gelten (→ *Restmandat/Übergangsmandat* Rn 8). Besteht zwischen dem BRatMitglied und dem ArbGeb Streit über die Wirksamkeit der Beendigung des Arbeitsverhältnisses, ist eine ArbGebSeitige Kündigung ggf erst nach rechtskräftigen Abschluss des gerichtlichen Zustimmungsersetzungsverfahrens nach § 103 BetrVG möglich. In diesem Fall ist das BRatMitglied trotz zunächst noch fortbestehenden Arbeitsverhältnisses an der Amtsausübung zeitweilig verhindert und ein Ersatzmitglied nimmt nach § 25 Abs 1 Satz 2 BetrVG die Geschäfte wahr. Etwas anderes gilt lediglich dann, wenn die beabsichtigte Kündigung offensichtlich unwirksam ist (LAG Hamm 17.1.96 – 3 TaBV 61/95, NZA-RR 96, 414). Kommt es nach einer wirksamen Beendigung des Arbeitsverhältnisses zu einer **Wiedereinstellung** des BRatMitglieds, lebt das BRatAmt auch dann nicht wieder auf, wenn dies von den Parteien gewollt ist.

11 **ee) Verlust der Wählbarkeit.** Da wählbar nur die betriebsangehörigen ArbN sind, führt jedes mehr als nur vorübergehende **Ausscheiden aus dem Betrieb** zum Verlust der Wähl-

barkeit. Praxisrelevante Fälle sind die Versetzung in einen anderen Betrieb oder ein anderes konzernangehöriges Unternehmen (BAG 27.7.16 – 7 ABR 55/14, NZA 17, 200), die Ausgliederung des Betriebsteils, in dem das BRatMitglied beschäftigt ist oder der Eintritt in die Freistellungsphase einer Altersteilzeit im Blockmodell (BAG 16.4.03 – 7 ABR 53/02, NZA 03, 1345; → *Altersteilzeit* Rn 17).

Das Gleiche gilt beim **Verlust der Arbeitnehmereigenschaft** iSv § 5 BetrVG als der anderen grds Wählbarkeitsvoraussetzung. Häufigster Anwendungsfall dürfte insoweit die Übertragung einer Stellung als leitender Angestellter nach § 5 Abs 3 BetrVG sein. Schließlich kann ein BRatMitglied die Wählbarkeit verlieren, wenn ihm aufgrund einer **strafgerichtlichen Verurteilung** die Fähigkeit entzogen worden ist, Rechte aus öffentlichen Wahlen zu erlangen. 12

**ff) Amtsenthebung.** Das BRatAmt erlischt, wenn das BRatMitglied gem § 23 Abs 1 BetrVG aufgrund einer Entscheidung des ArbG aus dem BRat ausgeschlossen oder der BRat insgesamt aufgelöst worden ist (→ *Amtspflichtverletzung (Betriebsrat)* Rn 4 ff). 13

**gg) Gerichtliche Feststellung der Nichtwählbarkeit.** Anders als beim Verlust der Wählbarkeit geht es hier um die von Anfang an fehlende Wählbarkeit des BRatMitglieds. Diese ist als Gegenstand eines arbeitsgerichtlichen Beschlussverfahrens mit rechtsgestaltender Wirkung festzustellen. Die Behandlung als Vorfrage im Rahmen eines anderen Rechtsstreits genügt nicht (BAG 29.9.83 – 2 AZR 212/82, AP Nr 15 zu § 15 KSchG 1969). Antragsberechtigt sind in diesem Beschlussverfahren nur die wahlanfechtungsberechtigten Personen. Ist der ursprünglich vorhandene Mangel zwischenzeitlich behoben, scheidet eine Feststellung nach § 24 Nr 6 BetrVG aus. Das BRatMitglied behält den Sonderkündigungsschutz bis zum rechtskräftigen Abschluss des Beschlussverfahrens (BAG 29.9.83 – 2 AZR 212/82, AP Nr 15 zu § 15 KSchG 1969). 14

**b) Rechtsfolgen** des Amtsverlusts sind zunächst das Ausscheiden aus allen Ämtern und Funktionen, die mit dem BRatAmt verbunden sind. Betroffen sind hiervon Mitgliedschaften im Betriebsausschuss, sonstigen Ausschüssen und Arbeitsgruppen sowie die Zugehörigkeit zum GBRat und KBRat. Bei einer Zugehörigkeit zum Wirtschaftsausschuss gilt das nur für das in § 107 Abs 1 BetrVG genannte notwendige Mitglied. Die Funktion als Beisitzer in einer Einigungsstelle endet demgegenüber nicht automatisch. Es bedarf vielmehr einer ausdrücklichen Abberufung durch den BRatVorsitzenden. Eine Mitgliedschaft im Aufsichtsrat bleibt vom Amtsverlust unberührt. 15

Mit dem Verlust des BRatAmts endet gleichzeitig der Sonderkündigungsschutz aus §§ 15 KSchG, 103 BetrVG. An seine Stelle tritt nach § 15 Abs 1 Satz 2 KSchG der **nachwirkende Kündigungsschutz,** sofern die Beendigung der Mitgliedschaft nicht auf einer gerichtlichen Entscheidung beruht (also in den unter → Rn 13 genannten Fällen). 16

**c) Streitigkeiten** über Beendigung oder Fortbestand der Mitgliedschaft im BRat sind im arbeitsgerichtlichen Beschlussverfahren zu klären. Mit Ausnahme der Fälle der gerichtlichen Feststellung der Nichtwählbarkeit und der Amtsenthebung kann über die Mitgliedschaft im BRat auch inzidenter zB im Rahmen eines Kündigungsschutzprozesses entschieden werden. 17

**3. Betriebsratsamt und Arbeitsverhältnis.** Jedes BRatMitglied ist gleichzeitig ArbN des Betriebes. Arbeitsvertragliche Pflichten überschneiden sich daher oftmals mit der Tätigkeit als BRat. Vorrangig bleibt aber immer das Individualarbeitsrecht. So gilt zB für das nach § 38 BetrVG freigestellte BRatMitglied weiterhin grds **Anwesenheitspflicht** während der Arbeitszeit (BAG 24.2.16 – 7 ABR 20/14, NZA 16, 831). Ein BRatMitglied kann für eine im BRatAmt begangene Fehlleistung nach bislang hM nicht **abgemahnt** werden. Allerdings bleibt die Abmahnung einer arbeitsvertraglichen Pflichtverletzung auch dann möglich, wenn sie im Zusammenhang mit der Ausübung von BRatTätigkeit steht (zB fehlende Abmeldung zur Ausübung von BRatTätigkeit; → *Amtspflichtverletzung (Betriebsrat)* Rn 2). Das Verhalten eines ArbN als BRatVorsitzender oder stellvertretender BRatVorsitzender kann ihn bei der Ausübung und Geltendmachung seiner ihm persönlich zustehenden Rechtspositionen nicht binden. Das gilt umso mehr, als der BRatVorsitzende nach § 26 Abs 2 S 1 BetrVG den BRat im Rahmen der von diesem gefassten Beschlüsse vertritt (BAG 13.10.16 – 3 AZR 439/15, BeckRS 2016, 110282). BRatTätigkeit ist nur auf Wunsch des ArbN in ein **Arbeitszeugnis** aufzunehmen. Sie hat keinen hinreichenden Bezug zur dort dokumentierten Arbeitsleistung des ArbN (BAG 19.8.92 – 7 AZR 262/91, NZA 93, 222; 18

→ *Zeugnis* Rn 30). Etwas anderes kann allenfalls bei einer langjährigen Freistellung nach § 38 BetrVG gelten. Ist in diesem Fall ansonsten eine Beurteilung des ArbN ausgeschlossen, kann die erfolgte Freistellung als BRatMitglied auch gegen den Wunsch des ArbN in einem qualifizierten Zeugnis Erwähnung finden (*Witt* BB 96, 2194).

19 Besonders hervorzuheben ist der **Sonderschutz,** den BRatMitglieder in ihrer individualrechtlichen Stellung haben. § 15 Abs 1 KSchG schließt die ordentliche **Kündigung** eines BRatMitglieds während der Amtszeit sowie für einen Zeitraum von einem Jahr nach Beendigung des BRatAmts grds aus. Ausnahmen gelten gem § 15 Abs 4 und 5 KSchG nur, wenn der gesamte Betrieb oder jedenfalls eine Betriebsabteilung stillgelegt wird. Im erstgenannten Fall ist die Kündigung frühestens zum Zeitpunkt der Stilllegung möglich, geht es um die Stilllegung einer Betriebsabteilung muss das BRatMitglied in eine andere Abteilung des Restbetriebs übernommen werden. Hier muss ggf ein Arbeitsplatz für das BRatMitglied freigekündigt werden (BAG 18.10.2000 – 2 AZR 494/99, NZA 01, 321; 13.6.02 – 2 AZR 391/01, NZA 03, 44). Das gilt allerdings nur für gleichwertige und nicht für höherwertige Arbeitsplätze (BAG 23.2.10 – 2 AZR 656/08, NZA 10, 1288).

20 Flankiert wird dieser individualrechtliche Kündigungsschutz von einer **weitergehenden Mitbestimmung** bei der danach regelmäßig allein möglichen außerordentlichen Kündigung. Über das Anhörungsrecht des § 102 BetrVG hinaus bedarf die außerordentliche Kündigung eines BRatMitglieds nach § 103 BetrVG der ausdrücklichen Zustimmung des BRat, die vom ArbGeb ggf im Rahmen eines arbeitsgerichtlichen Zustimmungsersetzungsverfahrens erstritten werden muss. Von der Beschlussfassung des BRat ist das betroffenen BRatMitglied ausgeschlossen. An seiner Stelle ist das Ersatzmitglied heranzuziehen. Der Ausspruch der Kündigung ist dabei erst nach Vorliegen einer rechtskräftigen gerichtlichen Zustimmungsersetzungsentscheidung möglich. Verweigert der BRat die Zustimmung zur beabsichtigten außerordentlichen Kündigung, sind an die einseitige **Freistellung** des zu kündigenden BRatMitglieds durch den ArbGeb besonders strenge Anforderungen zu stellen (LAG Köln 2.8.05 – 1 Sa 952/05, NZA-RR 06, 28; LAG Hess 28.6.10 – 16 SaGa 811/10, BeckRS 2010, 73262; → *Freistellung von der Arbeit* Rn 20). Die gleichzeitige Verhinderung von BRatTätigkeit (generelles Hausverbot) ist regelmäßig nicht zulässig. Seine **betriebsverfassungsrechtlichen Aufgaben** darf auch das von der Arbeitspflicht freigestellte BRat-Mitglied ausüben. Etwas anderes gilt in Ausnahmefällen nur unter Rechtsmissbrauchsgesichtspunkten, wenn die Gefahr der Beseitigung von Beweismitteln oder eine aufgrund konkreter Umstände drohende Störung des Betriebsfriedens zu befürchten ist (LAG München 19.3.03 – 7 TaBV 65/02, NZA-RR 03, 641; LAG Hamm 27.4.72 – 8 TaBV 6/72, LAGE § 103 BetrVG 1972 Nr 1). Für die Dauer der Suspendierung bleibt der ArbGeb grds zur Zahlung der arbeitsvertraglichen **Vergütung** verpflichtet, da die Freistellung ansonsten der kraft Gesetzes noch nicht möglichen fristlosen Kündigung gleichkäme und der Sonderkündigungsschutz so umgangen würde. Vor diesem Hintergrund erscheint ein gerichtliches Zustimmungsersetzungsverfahren zur Suspendierung ohne Fortzahlung der Vergütung in entsprechender Anwendung von § 103 BetrVG jedenfalls in extremen Fällen erwägenswert.

Soll das Arbeitsverhältnis des **einzigen Betriebsratsmitglieds** gekündigt werden und fehlt ein gewähltes Ersatzmitglied, muss der ArbGeb analog § 103 Abs 2 BetrVG unmittelbar ein auf Ersetzung der Zustimmung gerichtetes arbeitsgerichtliches Beschlussverfahren einleiten. Ein beteiligungsfähiger BRat existiert in diesem Fall nicht. Das – einzige – BRat-Mitglied kann wegen rechtlicher Verhinderung iSv § 25 Abs 1 Satz 2 BetrVG nicht beteiligt werden (BAG 25.4.18 – 2 AZR 401/17, NZA 18, 1087).

21 Das betroffene BRatMitglied ist am gerichtlichen Zustimmungsersetzungsverfahren zu beteiligen (BAG 11.5.2000 – 2 AZR 276/99, NZA 2000, 1106). Das Verfahren hat **Präklusionswirkung** im Verhältnis zum nachfolgenden Kündigungsschutzprozess. In diesem die Wirksamkeit der außerordentlichen Kündigung betreffenden Verfahren kann sich der ArbN nur auf solche Tatsachen berufen, die er im Zustimmungsersetzungsverfahren nicht geltend gemacht hat und auch nicht geltend machen konnte (BAG 15.8.02 – 2 AZR 214/01, NZA 03, 432).

22 Die **Versetzung** eines BRatMitglieds bedarf gem § 103 Abs 3 BetrVG ebenfalls der Zustimmung des BRat, wenn das betroffene BRatMiglied mit der Versetzung nicht einverstanden ist und sie zum Verlust des Amtes oder der Wählbarkeit führen würde. Im Fall der fehlenden Zustimmung des BRat kann der ArbGeb die gerichtliche Zustimmungserset-

zung betreiben, wenn die Versetzung aus dringenden betrieblichen Gründen notwendig ist. Da eine § 15 KSchG entsprechende Vorschrift für die Versetzung fehlt, endet der Versetzungsschutz mit Ausscheiden aus dem BRatAmt, ein nachwirkender Schutz existiert nicht.

Ein umfassendes **Behinderungs-** sowie **Benachteiligungs-** und **Begünstigungsverbot** 23
enthält § 78 BetrVG. BRatMitglieder dürfen in der Ausübung ihrer Tätigkeit nicht gestört oder behindert und wegen ihrer Tätigkeit nicht benachteiligt oder begünstigt werden (→ *Betriebsrat* Rn 55 und → *Unterlassungsanspruch* Rn 7).

**4. Ersatzmitglieder.** Diese sichern die Kontinuität der BRatArbeit und gewährleisten 24
eine möglichst vollständige und stetige Besetzung des BRat. Sie werden nicht gesondert gewählt, sondern sind die bei der letzten BRatWahl nicht gewählten Wahlbewerber. Für BRatAusschüsse nach § 28 BetrVG müssen keine Ersatzmitglieder gewählt werden, da der BRat auch eine völlige Neubesetzung des Ausschusses bei Ausscheiden eines Mitglieds beschließen kann (BAG 16.3.05 – 7 ABR 43/04, NZA 05, 1072). Gleichwohl erscheint die vorsorgliche Wahl von Ersatzmitgliedern sinnvoll (→ *Betriebsrat* Rn 27).

**a) Nachrücken.** Ersatzmitglieder rücken gem § 25 Abs 1 BetrVG kraft Gesetzes nach, 25
ohne dass ein besonderer BRatBeschluss hierfür notwendig ist, sobald ein Mitglied aus dem BRat ausscheidet. Der BRatVorsitzende zieht das Ersatzmitglied zu der anstehenden BRat-Tätigkeit heran. Je nach Lage des Einzelfalls kann eine gleichzeitige Information des ArbGeb sachgerecht sein, um späteren Streit über die Arbeitsbefreiung und Vergütungsfortzahlung für das Ersatzmitglied zu vermeiden. Das Ersatzmitglied rückt **endgültig** für den Rest der Amtszeit nach. Hierzu gehört auch der Eintritt eines in Altersteilzeit befindlichen BRat-Mitglieds in die Freistellungsphase im Blockmodell (BAG 16.4.03 – 7 ABR 53/02, NZA 03, 1345). Häufiger ist der Einsatz von Ersatzmitgliedern im Fall der vorübergehenden Verhinderung eines ordentlichen BRatMitglieds. Dann rückt das Ersatzmitglied nur **zeitweise** für die Dauer der Verhinderung nach (*Horstmeier* BB 19, 888). Die Verhinderung kann tatsächlicher (Krankheit, Urlaub etc) oder rechtlicher (Beschlussfassung in eigener Sache) Natur sein. Sie bezieht sich nicht nur auf die Beschlussfassung des BRat sondern auch auf die Beratung der Angelegenheit, denn anderenfalls müsste das Ersatzmitglied über eine Angelegenheit entscheiden, die es nicht mitberaten durfte (BAG 23.8.84 – 2 AZR 391/83, NZA 85, 254). Ein ohne Heranziehung des Ersatzmitglieds getroffener Beschluss des BRat ist unwirksam (BAG 24.4.13 – 7 ABR 82/11, NZA 13, 857). Ob das Gleiche auch für eine Beschlussfassung unter Mitwirkung eines rechtlich verhinderten BRatMitglieds gilt, hat das BAG ausdrücklich offengelassen (BAG 6.11.13 – 7 ABR 84/11, NZA-RR 14, 196). Eine Verhinderung wegen Urlaubs liegt jedenfalls immer dann vor, wenn das BRatMitglied nicht zuvor seine Bereitschaft angezeigt hat, trotz des Urlaubs für BRatTätigkeit zur Verfügung zu stehen. Anders ist die Rechtslage hinsichtlich der allgemein arbeitsfreien Zeit. Außerhalb der persönlichen Arbeitszeit ist einem BRatMitglied die Wahrnehmung von BRatAufgaben nicht grds unzumutbar (BAG 27.9.12 – 2 AZR 955/11, NZA 13, 425). Bei einem Zustimmungsersuchen des ArbGeb nach § 99 BetrVG ist das BRatMitglied nur dann ausgeschlossen, wenn es selbst die Person ist, auf die sich das Ersuchen des ArbGeb richtet (BAG 24.4.13 – 7 ABR 82/11, NZA 13, 857). Demgegenüber stellt die persönliche Betroffenheit bei einem Beschluss zur Einleitung eines Mitbestimmungssicherungsverfahrens nach § 101 BetrVG keine rechtliche Verhinderung dar (BAG 6.11.13 – 7 ABR 84/11, NZA-RR 14, 196).

Die Stellvertretung muss **notwendig** und darf nicht willkürlich sein. Die BRatMitglieder 26
oder der BRatVorsitzende können also nicht nach Belieben die Besetzung des BRat wechseln und Ersatzmitglieder heranziehen. Für ein BRatMitglied, das der Sitzung unentschuldigt fernbleibt ohne verhindert zu sein, ist **kein Ersatzmitglied** zu laden. Die Voraussetzungen für ein Nachrücken liegen dann nicht vor. Die Vertretung **endet,** sobald der Verhinderungsgrund weggefallen ist und das verhinderte BRatMitglied seine Tätigkeit wieder aufnimmt.

**b) Reihenfolge.** Die Ersatzmitglieder rücken in der von § 25 Abs 2 BetrVG angeord- 27
neten Reihenfolge nach, wobei zwischen Verhältnis- und Mehrheitswahl zu unterscheiden ist. Die Vorgabe des § 25 Abs 2 BetrVG ist zwingend (LAG SchlHol 1.11.12 – 5 TaBV 13/12, BeckRS 2012, 75871).

Wurde die BRatWahl als **Verhältniswahl** (Listenwahl) durchgeführt, rückt ein Ersatzmitglied aus der Liste des ausgeschiedenen oder verhinderten BRatMitglieds nach. Innerhalb der Liste ist die Reihenfolge der Listenplätze maßgeblich, wobei vorrangig die Geschlechterquote einzuhalten ist. Ist diese Liste (ggf auch für die Geschlechterquote) erschöpft, ist die Liste heranzuziehen, auf die nach den Grundsätzen der Verhältniswahl der nächste Sitz entfallen würde. Eine Neuwahl ist anstelle des Nachrückens aus der Liste ebenso wenig zulässig wie die nachträgliche Änderung der Reihenfolge einer einmal gewählten Liste (ArbG Bln 19.6.03 – 25 BV 6243/03, NZA-RR 04, 87). Scheidet ein im Wege der Verhältniswahl freigestelltes BRatMitglied aus, ist in entsprechender Anwendung von § 25 Abs 2 Satz 1 BetrVG das ersatzweise freizustellende Mitglied der Vorschlagsliste des ausscheidenden Mitglieds zu entnehmen (BAG 14.11.01 – 7 ABR 31/00, NZA 02, 755; 20.4.05 – 7 ABR 44/04, NZA 05, 1426). Ist die Vorschlagsliste erschöpft, kommt § 25 Abs 2 Satz 2 BetrVG zur Anwendung. Letzteres gilt nicht für BRatAusschüsse (BAG 16.3.05 – 7 ABR 43/04, NZA 05, 1072).

28 Fand eine **Mehrheitswahl** statt, tritt an die Stelle des ausgeschiedenen oder verhinderten Mitglieds das dem gleichen Geschlecht angehörende Ersatzmitglied mit der nächsthöchsten Stimmenzahl. Der Vorrang der Geschlechterquote folgt aus § 15 Abs 2 BetrVG, der nach Auffassung des BAG ebenso wie § 15 Abs 5 Nr 2 Satz 1 WahlO verfassungsgemäß ist (BAG 16.3.05 – 7 ABR 40/04, NZA 05, 1252). Ist **kein Ersatzmitglied mehr vorhanden,** das nachrücken könnte, und verfügt damit der BRat nicht mehr über die gesetzliche Anzahl von Mitgliedern, greift § 13 Abs 2 Nr 2 BetrVG ein und es kommt zur Neuwahl des BRat.

29 **c) Rechtsstellung des Ersatzmitglieds.** Während seiner Zeit „im Wartestand" **vor der Heranziehung** für ein verhindertes BRatMitglied hat das potenzielle Ersatzmitglied keine besondere betriebsverfassungsrechtliche Stellung. Es ist gerade nicht zum BRat gewählt worden (BAG 21.2.01 – 7 ABR 41/99, NZA 02, 282). Allerdings erhält es **mit seinem Nachrücken** in den BRat sofort die vollwertige Stellung eines BRatMitglieds. Es genießt dann den gleichen besonderen **Kündigungsschutz** wie die Vollmitglieder des BRat. Das gilt auch für den nachwirkenden Kündigungsschutz mit der Folge, dass auch für ein Ersatzmitglied bei einer Teilbetriebsstilllegung ein anderweitiger Arbeitsplatz freigekündigt werden muss (LAG Hbg 26.5.04 – 5 Sa 65/03, BeckRS 2004, 30802534). Dabei kommt es allein auf die tatsächliche Ausübung von BRatTätigkeit an. Stellt sich zB später heraus, dass das wegen Krankheit vertretene BRatMitglied tatsächlich gar nicht krankheitsbedingt verhindert war oder die Heranziehung des Ersatzmitglieds durch den BRatVorsitzenden grundlos erfolgte, behält das vorübergehend herangezogene Ersatzmitglied den nachwirkenden Kündigungsschutz (BAG 5.9.86 – 7 AZR 175/85, AP Nr 26 zu § 15 KSchG 1969; 12.2.04 – 2 AZR 163/03, BeckRS 2004, 40989). Dieser setzt jeweils mit dem Ende der Heranziehung ein und beginnt bei mehrfacher Heranziehung innerhalb einer Wahlperiode jeweils wieder neu. Aus dem vorübergehenden Eintritt in alle Rechte und Pflichten eines BRatMitglieds folgt auch ein je nach den Umständen des Einzelfalls möglicher Anspruch auf Teilnahme an **Betriebsratsschulungen** gem § 37 Abs 6 BetrVG (BAG 19.9.01 – 7 ABR 32/00, AP Nr 9 zu § 25 BetrVG 1972). Schließlich gilt § 24 BetrVG für das Ausscheiden des Ersatzmitglieds aus dem BRat entsprechend (GK-BetrVG/*Oetker* § 24 Rz 59 f).

## B. Lohnsteuerrecht *Weil*

41 S → *Betriebsrat* Rn 61 ff; → *Betriebsratsfreistellung* Rn 38 ff; → *Ehrenamtliche Tätigkeit* Rn 11 ff.

## C. Sozialversicherungsrecht *Voelzke*

46 Zur sozialversicherungsrechtlichen Bedeutung der Tätigkeit von BRatMitgliedern → *Betriebsrat* Rn 71.

# Betriebsratsschulung

## A. Arbeitsrecht

*Kreitner*

Übersicht



**1. Allgemeines.** Als Sonderfall der Arbeitsbefreiung für BRatTätigkeit regeln § 37 Abs 6 und 7 BetrVG die Teilnahme an Schulungs- und Bildungsveranstaltungen für BRat-Mitglieder. Hierunter sind Schulungen zu verstehen, die einen konkreten Bezug zur BRat-Tätigkeit haben und der ordnungsgemäßen Erfüllung der BRatAufgaben dienen. Reine gewerkschaftliche Strategieveranstaltungen, wie zB die Erörterung von Vorschlägen und Möglichkeiten der Einflussnahme des BRat auf unternehmerische Entscheidungen, werden nicht erfasst (LAG Bln 11.12.89, DB 90, 696). 1

Das Gesetz unterscheidet zwischen dem individuellen Anspruch des einzelnen BRatMitglieds auf bezahlte Freistellung zur Teilnahme an Schulungsveranstaltungen für drei bzw vier Wochen pro Amtszeit gem § 37 Abs 7 BetrVG und dem daneben bestehenden kollektiven Anspruch des BRat auf Befreiung einzelner Mitglieder von der beruflichen Tätigkeit zur Teilnahme an Schulungsveranstaltungen gem § 37 Abs 6 BetrVG. 2

**2. Schulungs- und Bildungsveranstaltungen gem § 37 Abs 6 BetrVG. a) Zulässiger Schulungsinhalt.** § 37 Abs 6 BetrVG gewährt einen Anspruch auf Arbeitsbefreiung unter Vergütungsfortzahlung seitens des ArbGeb für solche Veranstaltungen, die Kenntnisse vermitteln, die für die BRatTätigkeit **erforderlich** sind. Dies ist nach der ständigen Rspr des BAG der Fall, wenn diese unter Berücksichtigung der konkreten Verhältnisse im Betrieb und im BRat notwendig sind, damit der BRat seine gegenwärtigen oder in naher Zukunft anstehenden Aufgaben sach- und fachgerecht erfüllen kann (BAG 7.6.89, DB 90, 230; 14.1.15 – 7 ABR 95/12, NZA 15, 632: Mobbing). Bloße Nützlichkeit genügt ebenso wenig wie die rein theoretische Möglichkeit, dass bestimmte Probleme im Betrieb relevant werden können (LAG Köln 30.6.2000 – 11 (12) TaBV 18/00, NZA-RR 01, 255: Einführung in Sozialversicherungsrecht). Zu verlangen ist vielmehr ein aktueller betriebsbezogener Bezug (BAG 15.2.95 – 7 AZR 670/94, NZA 95, 1036; 15.1.97 – 7 ABR 14/96, NZA 97, 781; *Richter* BB 14, 2233). Nicht zur BRatTätigkeit gehört die Tätigkeit als Beisitzer in einer Einigungsstelle. Sie kann daher die Erforderlichkeit für eine Schulung iSv § 37 Abs 6 BetrVG nicht begründen (BAG 20.8.14 – 7 ABR 64/112, NZA 14, 1349). 3

Erforderlich im vorgenannten Sinne können sowohl Schulungsveranstaltungen zur Vermittlung von **Grundkenntnissen** sein, als auch solche die Spezialwissen vermitteln oder der Vertiefung vorhandener Kenntnisse dienen. Gleiches kann im Einzelfall für eine Wiederholungsschulung zur Auffrischung der Kenntnisse gelten. Unterschiede ergeben sich dabei lediglich hinsichtlich der Anforderungen, die an die Darlegung der Erforderlichkeit einer Schulung aufseiten des BRat zu stellen sind. Bei der Vermittlung von Grundwissen ist regelmäßig von der Erforderlichkeit der Schulung auszugehen (BAG 17.11.10 – 7 ABR 113/09, NZA 11, 816). Dies gilt zB für die Vermittlung allgemeiner Grundkenntnisse im BetrVG sowie im allgemeinen Arbeitsrecht oder im Arbeitsschutzrecht (BAG 4.6.03 – 7 ABR 43/02, NZA 03, 1284) und im AGG (*Besgen* BB 07, 213). Auch ein Lehrgang 4 zum BetrVG, der in zwei Abschnitte (Stufe I und II) aufgeteilt ist, gehört in diese Kategorie (BAG 7.6.89, DB 90, 230). Die Kenntnis der aktuellen Rspr des BAG gehört nicht zum Grundschulungsbedarf, kann aber im Einzelfall erforderlich sein (BAG 18.1.12 – 7 ABR 73/10, NZA 12, 813). Das Gleiche gilt für Schulungen zu speziellen Mitbestimmungsrechten (LAG Hamm 16.5.12 – 10 TaBV 11/12, BeckRS 2012, 73604: Überstunden-Mitbestimmung). Grundschulungen eines BRatMitglieds, dessen Amtszeit demnächst endet, sind nur dann nicht erforderlich, wenn absehbar ist, dass das BRatMitglied das vermittelte Wissen in der verbleibenden Amtszeit nicht mehr benötigt. Seine frühere, restriktivere Rspr hat das BAG aufgegeben (BAG 17.11.10 – 7 ABR 113/09, NZA 11, 816; 7.5.08 – 7 AZR 90/07, NZA-RR 09, 195; kritisch *Schiefer* DB 08, 2649). Auch die Vermittlung von Grundkenntnissen im Sozial- und Sozialversicherungsrecht weist keine hinreichend engen Bezüge zu den Aufgaben des BRat nach dem BetrVG auf, so dass die Darlegung eines konkreten betriebsbezogenen Anlasses nötig ist (BAG 4.6.03 – 7 ABR 42/02, NZA 03, 1284).

5 Bei der Ermittlung der Erforderlichkeit einer bestimmten Schulungsmaßnahme steht sowohl dem zunächst entscheidenden BRat als auch dem überprüfenden Gericht ein gewisser **Beurteilungsspielraum** zu (BAG 14.1.15 – 7 ABR 95/12, NZA 15, 632; 12.1.11 – 7 ABR 94/09, NZA 11, 813). Zu entscheiden ist dabei nicht aus der subjektiven Sicht des BRat, sondern dieser muss sich auf den Standpunkt eines vernünftigen Dritten im Zeitpunkt der BRatEntscheidung stellen, der die Interessen von Betrieb einerseits und BRat sowie ArbN andererseits gegeneinander abzuwägen hat (BAG 7.6.89, DB 90, 230; 15.2.95, BB 95, 1906). Ausnahmsweise können auch spätere Umstände berücksichtigt werden, wenn diese zur nachträglichen Richtigkeit einer ursprünglich fehlerhaften BRatEntscheidung führen (LAG Düsseldorf 6.2.09 – 9 TaBV 329/08, NZA-RR 09, 306). Außerdem sind die Verhältnisse des konkreten einzelnen Betriebes und das Schulungserfordernis hinsichtlich der Person des entsandten BRatMitglieds zu beurteilen (BAG 29.4.92, NZA 93, 375; 14.9.94, DB 95, 634). So hat bspw das LAG Hess bei einer aktuell wegen Neubildung des Wirtschaftsausschusses erforderlich werdenden Schulung mehrerer BRatMitglieder den arbeitgeberseitigen Verweis auf eine fünf Wochen später stattfindende, kostengünstigere Schulung für nicht zumutbar erachtet (LAG Hess 25.5.17 – 16 TaBVGa 116/17, BeckRS 2017, 124014).

6 Die Anerkennung der Schulungsmaßnahme nach § 37 Abs 7 BetrVG (→ Rn 28) schließt die Erforderlichkeit iSv § 37 Abs 6 BetrVG nicht aus (BAG 5.4.84, DB 84, 1785).

7 Die gerichtliche Überprüfung der Erforderlichkeit von Schulungsveranstaltungen hat zu einer Vielzahl von **Einzelfallentscheidungen** geführt. Vgl insoweit die umfassenden **Übersichten** bei *DKK/Wedde* § 37 Rz 108; *Fitting* § 37 Rz 149; GK-BetrVG/*Weber* § 37 Rz 158. Die Vielzahl der Rechtsstreitigkeiten zeigt, dass insoweit ein erhebliches Konfliktpotenzial besteht. Es erscheint daher sinnvoll, die Schulungsteilnahme grds durch eine Betriebsvereinbarung zu regeln und dabei insbesondere ein bestimmtes jährliches **Schulungskontingent** für den BRat oder das einzelne BRatMitglied festzulegen, das nur überschritten werden darf, wenn der BRat sowohl die Erforderlichkeit sämtlicher absolvierter Schulungen als auch der zusätzlich beanspruchten Schulung im Einzelnen darlegt (*Wichert* DB 97, 2325; aA *Peter* AiB 97, 527, die das Schulungskontingent nur als garantierten Mindestrahmen für den BRat versteht).

8 Bei lediglich **teilweise erforderlichen** Schulungen ist die Erforderlichkeit der Teilnahme grds einheitlich zu bewerten und eine Aufteilung der Schulung in einen erforderlichen und einen nicht erforderlichen Teil kommt nur dann in Betracht, wenn die Themen so klar voneinander abgegrenzt sind, dass ein zeitweiser Besuch der Schulungsveranstaltung möglich und sinnvoll ist. Anderenfalls ist maßgeblich, ob die erforderlichen Themen mit mehr als 50% überwiegen (BAG 28.9.16 – 7 AZR 699/14, NZA 17, 69).

9 **b) Teilnehmer/Anspruchsberechtigte.** Da sich der Schulungsanspruch gem § 37 Abs 6 BetrVG an den BRat richtet, erwirbt das einzelne BRatMitglied erst nach einer ordnungsgemäßen Beschlussfassung durch den BRat einen abgeleiteten Individualanspruch auf Teilnahme an einer bestimmten Schulungsveranstaltung. Der Beschluss muss das zu schulende BRatMitglied benennen und muss auf eine konkrete, nach Zeitpunkt und Ort bestimmte Schulung bezogen sein. Nicht umfasst sein muss dagegen die Festlegung des Verkehrsmittels, mit dem das BRatMitglied zum Schulungsort gelangt sowie die Frage der

Übernachtung am Schulungsort (BAG 27.5.15 – 7 ABR 26/13, NZA 15, 1142). Ist der BRatBeschluss, mit dem ein BRatMitglied zur Teilnahme an einer Schulung bestimmt wird, zB wegen eines Formmangels unwirksam, so wirkt sich dies auch auf die Schulungsveranstaltung aus und das BRatMitglied verliert für die Dauer der Schulung seine Entgeltansprüche (BAG 28.4.88, DB 88, 2259).

Teilnehmer von **Grundschulungen** kann jedes BRatMitglied sein, es sei denn, dass diese Kenntnisse bereits durch langjährige BRatTätigkeit erworben wurden. Das BRatMitglied kann hinsichtlich dieses Basiswissens nicht auf Selbststudium oder Unterrichtung durch andere erfahrene BRatMitglieder verwiesen werden (BAG 15.5.86, DB 86, 2496). Dies gilt auch für eine Schulungsveranstaltung, die sich mit der Erläuterung der aktuellen Rspr des BAG zu betriebsverfassungsrechtlichen Fragen und deren Umsetzung in der betrieblichen Praxis beschäftigt (BAG 20.12.95, DB 96, 1139). Ansonsten bestehen im Fall einer **Entsendung mehrerer Betriebsratsmitglieder** zur gleichen Schulungsveranstaltung (auch zeitversetzt) besondere Anforderungen an die Erforderlichkeit (LAG RhPf 8.2.18 – 5 TaBV 34/17, BeckRS 2017, 145186). Das Gleiche gilt, wenn die durch die Schulung zu erzielenden Kenntnisse bereits bei anderen BRatMitgliedern vorhanden sind (BAG 14.1.15 – 7 ABR 95/12, NZA 15, 632). Hat der BRat intern eine Aufgabenteilung nach **Fachgebieten** vorgenommen, so sind Fachseminare vorrangig von den jeweiligen „Spezialisten" wahrzunehmen (LAG Hamm 25.6.80, BB 80, 1374 [LS]; LAG Düsseldorf/Köln 15.4.80, DB 81, 119; aA *Peter* AiB 96, 467). Sind diese im Einzelfall anderweitig ausgelastet oder ist ein größerer Personenkreis betroffen, kommt auch eine Teilnahme weiterer BRatMitglieder in Betracht (*Wank/Maties* NZA 05, 1033). Regelmäßiger Schulungsbedarf besteht auch bei Mitgliedern des **Wahlvorstands** einer BRatWahl. Das gilt insbes bei erstmals berufenen Wahlvorstandsmitgliedern (LAG Hess 26.3.18 – 16 TaBVGa 57/18, BeckRS 2018, 9384). Allerdings ergibt sich die Verpflichtung zur Kostenübernahme für den ArbGeb hier aus § 20 Abs 3 BetrVG. 10

Nach dem Gesetz werden von § 37 Abs 6 BetrVG lediglich BRatMitglieder und Mitglieder der JAV (§ 65 Abs 1 BetrVG) erfasst (zu Letzteren *Christoffer* NZA-RR 09, 572). Für **Ersatzmitglieder** des BRat besteht eine Schulungsmöglichkeit grds nicht (BAG 14.12.94, DB 95, 834). Ausnahmen gelten nur dann, wenn wegen der zu erwartenden Häufigkeit und Dauer der Inanspruchnahme des Ersatzmitglieds bei Anlegung eines strengen Maßstabs eine Schulung notwendig erscheint (BAG 28.4.88, NZA 89, 221; 19.9.01 – 7 ABR 32/00, DB 02, 51; ArbG Brem 14.9.06 – 5 BVGa 28/06, NZA-RR 07, 22: einköpfiger BRat) bzw wenn ein Ersatzmitglied nahezu regelmäßig herangezogen wird (LAG SchlHol 26.4.16 – 1 TaBV 63/15, BeckRS 2016, 69234) oder wenn es für ein ausgeschiedenes Mitglied in den BRat nachgerückt ist (BAG 14.12.94, DB 95, 834). 11

Nach der Rspr des BAG besteht für **Mitglieder des Wirtschaftsausschusses,** die nicht BRatMitglieder sind, regelmäßig kein Schulungsanspruch nach § 37 Abs 6 BetrVG, da der Wirtschaftsausschuss kein eigenständiges Organ der Belegschaft sei (BAG 28.4.88, NZA 89, 221; 11.11.98 – 7 AZR 491/97, NZA 99, 1119). Richtigerweise sollte aber § 37 Abs 6 BetrVG auf diesen Personenkreis jedenfalls entsprechend angewendet werden soweit es um Schulungen geht, deren Thematik speziell für Mitglieder des Wirtschaftsausschusses notwendig ist (LAG Köln 1.12.08 – 5 TaBV 45/08, BeckRS 2009, 52083; LAG Hamm 5.12.08 – 10 TaBV 25/07, BeckRS 2008, 58112). Die Beschränkung des BAG auf Einzelfälle, in denen Mitglieder des Wirtschaftsausschusses Informationen des ArbGeb nicht verstehen, erscheint demgegenüber zu strikt (ähnlich *Fitting* § 37 Rz 180; *Wichert* DB 97, 2325). 12

Für Mitglieder der **Schwerbehindertenvertretung** gelten gem § 179 Abs 4 SGB IX die Grundsätze des § 37 Abs 6 BetrVG entsprechend (BAG 14.3.90, DB 90, 1623). 13

**Teilzeitbeschäftigte Betriebsratsmitglieder** haben grds den gleichen Schulungsanspruch wie Vollzeitbeschäftigte. Besonderheiten ergeben sich lediglich hinsichtlich der Vergütung (→ Rn 22). 14

**c) Schulungsdauer.** Die zulässige Dauer einer Schulungsmaßnahme richtet sich nach ihrer Erforderlichkeit und ist damit abhängig vom jeweiligen Schulungsinhalt, den betrieblichen Gegebenheiten und dem Kenntnisstand der einzelnen Schulungsteilnehmer. Allgemein erscheint eine vierwöchige Grundschulung zum BetrVG nicht unangemessen (zB vier jeweils einwöchige Veranstaltungen zum allgemeinen Betriebsverfassungsrecht sowie zur personellen, wirtschaftlichen und sozialen Mitbestimmung; LAG Hess – 9 TaBV 26/08, 15

BeckRS 2011, 71717; aA LAG Köln 12.4.96 – 11(13) TaBV 83/95, BeckRS 1996, 30907805).

16 **d) Einspruchs- und Unterrichtungsrecht des Arbeitgebers.** Der BRat ist verpflichtet, dem ArbGeb die Teilnahme des betreffenden BRatMitglieds so rechtzeitig bekannt zu geben, dass dieser noch vor Durchführung der Schulung prüfen kann, ob die Voraussetzungen einer Schulungsmaßnahme iSd § 37 Abs 6 BetrVG bei diesem konkreten BRat-Mitglied vorliegen. Ggf muss noch die Möglichkeit zur Anrufung der Einigungsstelle bestehen (BAG 18.3.77, DB 77, 1148; → Rn 33). Jedenfalls muss der ArbGeb entsprechende betrieblich, organisatorische Regelungen für die Abwesenheit des BRatMitglieds treffen können. Die Mitteilung an den ArbGeb sollte neben der Benennung der Teilnehmer Angaben über Zeit, Ort, Dauer und Themenplan der Veranstaltung sowie die Begründung für die Erforderlichkeit der Teilnahme des betreffenden BRatMitglieds enthalten.

17 Eine **Zustimmung** des ArbGeb zur Schulungsteilnahme ist **nicht erforderlich** (str, wie hier: BAG 30.1.73 – 1 ABR 1/73, AP Nr 3 zu § 40 BetrVG 1972; LAG Hamm 21.5.08 – 10 TaBVGa 7/08; LAG Köln 20.11.03 – 5 TaBV 9/03; LAG Düsseldorf 6.9.95 – 12 TaBV 69/95, NZA-RR 96, 12; aA LAG Hess 20.8.18 – 16 TaBVGa 159/18, NZA-RR 19, 94). Allerdings kann der ArbGeb später gegenüber dem Entgeltanspruch des BRatMitglieds die fehlende Erforderlichkeit der Schulungsmaßnahme einwenden (BAG 24.5.95 – 7 ABR 54/94, NZA 96, 783). Unterrichtet der BRat den ArbGeb nicht ordnungsgemäß, so führt dies nicht zur Unwirksamkeit der Schulungsteilnahme und lässt den Entgeltfortzahlungsanspruch der Teilnehmer unberührt (LAG BaWü 17.12.87, ArbuR 88, 258 [LS]; aA LAG Düsseldorf 19.6.75, BB 75, 1388, das unberücksichtigt lässt, dass die vermeintliche Unwirksamkeit von dem einzelnen Teilnehmer nicht beeinflussbar ist und daher richtigerweise nur Sanktionen gegen den BRat ggf nach § 23 Abs 1 BetrVG zur Folge haben kann).

18 **e) Träger der Veranstaltung** können sowohl Gewerkschaften wie ArbGebVerbände, als auch kirchliche, private oder sonstige Vereinigungen sein. Unerheblich ist, ob neben BRat-Mitgliedern noch andere Personen an den Schulungen teilnehmen.

19 **f) Entgeltfortzahlung.** Aufgrund des **Lohnausfallprinzips** (§ 37 Abs 2 BetrVG) ist der ArbGeb zur Fortzahlung des Arbeitsentgelts für die Dauer der Schulungsteilnahme verpflichtet. Das BRatMitglied ist so zu behandeln, als ob es während der Schulung gearbeitet hätte; daher erfolgt zB keine Kürzung von Anwesenheitsprämien (ArbG Ludwigshafen 22.4.74, ArbuR 74, 349 [LS]), vermögenswirksamen Leistungen (LAG Düsseldorf 16.4.74, DB 74, 1966) oder tariflichen Antrittsgebühren bei Schichtarbeiten (BAG 13.7.94, DB 95, 383). Bei BRatMitgliedern mit unregelmäßigen Arbeits- bzw Einsatzzeiten kann deren hypothetischer Einsatz im Schulungszeitraum anhand ihrer konkreten Einsätze in der Vergangenheit ermittelt werden. Eine unterbliebene Heranziehung im Dienstplan für den Schulungszeitraum hindert Entgeltfortzahlungsansprüche daher nicht (BAG 3.12.97 – 7 AZR 490/93, NZA 98, 558). Allgemein sind Kürzungen nur dann möglich, wenn die Schulung nicht erforderlich war (LAG Hamm 20.4.88, DB 88, 2058).

20 Ein **Streik** im Betrieb des ArbGeb während der Schulung bleibt ohne Einfluss auf den Entgeltfortzahlungsanspruch (BAG 15.1.91, DB 91, 1465; aA LAG Hamm 31.1.90, DB 90, 2274 [LS]). Fällt die Schulung in einen **Kurzarbeits**zeitraum, besteht lediglich ein Lohnzahlungsanspruch in Höhe des Kurzarbeitergeldes (LAG Hamm 2.12.92, DB 93, 1044 [LS]). Gleiches gilt für den Anspruch auf tarifliche Leistungen wie zB Schlechtwettergeld im Baugewerbe (BAG 31.7.86, DB 87, 1845).

21 § 37 Abs 6 BetrVG gewährt allein einen Anspruch auf Entgeltfortzahlung nach dem Lohnausfallprinzip. Ein Anspruch auf Freizeitausgleich oder Mehrarbeitsvergütung gem § 37 Abs 3 BetrVG besteht nicht, da § 37 Abs 6 BetrVG ausdrücklich nur auf § 37 Abs 2 BetrVG verweist (BAG 27.6.90, DB 91, 49).

22 Bei **teilzeitbeschäftigten Betriebsratsmitgliedern** besteht die Besonderheit, dass diese regelmäßig ein besonderes Freizeitopfer bringen müssen, da die Schulungen meist ganztägig erfolgen und somit zwar während der betrieblichen Vollarbeitszeit, aber jedenfalls teilweise außerhalb der individuellen Arbeitszeit der Teilzeitbeschäftigten liegen. Hier greift § 37 Abs 6 Satz 2 BetrVG ein und gewährt einen Ausgleich, der pro Schulungstag auf die Arbeitszeit eines vollzeitbeschäftigten ArbN begrenzt ist. Dabei kommt es auf die konkrete zeitliche Lage der Arbeitszeit eines vergleichbaren vollzeitbeschäftigten ArbN an dem betreffenden Schulungstag an (BAG 10.11.04 – 7 AZR 131/04, NZA 05, 704). Bei

fehlender einheitlicher betriebsüblicher Arbeitszeit ist auf die Arbeitszeit eines vollzeitbeschäftigten ArbN in der Abteilung abzustellen, der das teilzeitbeschäftigte BRatMitglied angehört (BAG 16.2.05 – 7 AZR 330/04, NZA 05, 936). Dabei ist nach § 37 Abs 3 BetrVG vorrangig Freizeitausgleich zu gewähren (LAG BlnBbg 11.6.10 – 6 Sa 675/10, BeckRS 2011, 67206). Eine Differenzierung nach dem Anlass für die Teilzeitbeschäftigung (zB § 8 TzBfG) kommt dabei nicht in Betracht (*Wlotzke/Preis/Kreft* § 37 Rz 74; HaKo-BetrVG/*Wolmerath* § 37 Rz 45; aA *Reichold* NZA 01, 857), da die Bestimmung des § 37 Abs 6 Satz 2 BetrVG im Jahr 2001 in Kenntnis der Teilzeitproblematik entsprechend geändert worden ist (zur Mitarbeitervertretung im kirchlichen Bereich BAG 1.6.17 – 6 AZR 495/16, NZA 17, 1212; BAG 11.11.08 – 1 AZR 646/07, BeckRS 2009, 56490; *Joussen* ZMV 17, 297).

**g) Kosten.** Der ArbGeb ist gem § 40 Abs 1 BetrVG zur Übernahme der durch die Teilnahme an einer nach § 37 Abs 6 BetrVG erforderlichen Schulungsveranstaltung entstehenden Kosten verpflichtet (daher kein Ersatz von Stornokosten, die durch Absage einer nicht erforderlichen Schulung entstanden sind; LAG Köln 18.1.02 – 11 (2) TaBV 66/01, NZA-RR 03, 141), sofern der BRat vor der Schulungsmaßnahme die Teilnahme dieses BRatMitglieds in Kenntnis des konkreten Schulungsgegenstandes beschlossen hat (LAG Hamm 18.1.13 – 13 TaBV 60/12, BeckRS 2013, 68161). Die nachträgliche Billigung der Teilnahme durch den BRat genügt nicht, um eine Kostenerstattungspflicht des ArbGeb zu begründen (BAG 8.3.2000 – 7 ABR 11/98, NZA 2000, 838 unter ausdrücklicher Aufgabe der früheren Rspr). Nicht zu ersetzen sind lediglich unverhältnismäßige Kosten (BAG 27.9.74, DB 75, 504). Aus einem vorhandenen Schulungsangebot muss daher der BRat nur bei aus seiner Sicht gleicher Schulungsqualität und konkreter Eignung das kostengünstigste Seminar auswählen (BAG 14.1.15 – 7 ABR 95/12, NZA 15, 632; LAG Hess 11.3.19 – 16 TaBV 201/18, NZA-RR 19, 537). Im Rechtsstreit um die Kostenübernahme muss der ArbGeb diesen Verstoß gegen den Verhältnismäßigkeitsgrundsatz substantiiert vortragen und kostengünstigere gleichwertige Schulungen benennen. 23

**Reisekosten** sind nach betrieblichen Reisekostenrichtlinien zu berechnen. Teilzeitbeschäftigte können eine Einzelabrechnung nach Belegen vornehmen, wenn sie durch eine Abrechnung nach Pauschbeträgen benachteiligt würden (LAG Frankfurt 6.10.88, DB 89, 2132). Das BRatMitglied muss grds das kostengünstigste zumutbare Verkehrsmittel nutzen. Daher scheidet ein Fahrtkostenersatz aus, wenn es mit seinem Privat-Pkw gefahren ist, obwohl eine Mitfahrt im Wagen anderer BRatMitglieder zumutbar und möglich war (BAG 24.10.18 – 7 ABR 23/17, NZA 19, 407). Auch bei der Anreise entstehende **Übernachtungskosten** können erstattungspflichtig sein. Allerdings hat der BRat insoweit das allgemeine Gebot zur sparsamen Wirtschaftsführung zu beachten (BAG 17.11.10 – 7 ABR 113/09, NZA 11, 816: Übernachtung nicht zwingend in Tagungshotel; LAG SchlHol 14.3.96, NZA-RR 97, 91: vierstündige Anreise am ersten Schulungstag ist bei einer um 11 Uhr beginnenden Schulungsveranstaltung zumutbar). Maßgeblich sind die konkreten Umstände zum Zeitpunkt der Schulung (BAG 27.5.15 – 7 ABR 26/13, NZA 15, 1142: bereits gebuchte Übernachtung wird erst durch aktuelle Wetterverhältnisse erforderlich). In jedem Fall kann der ArbGeb bei der Erstattung der notwendigen **Verpflegungskosten** ersparte eigene Aufwendungen des BRatMitglieds anrechnen. Dies sollte anhand § 2 SvEv geschehen, die eine aktuelle Bezugsgröße darstellt (LAG Köln 25.4.08 – 11 TaBv 10/08, BeckRS 2008, 56269; LAG BaWü 20.9.07 – 11 TaBv 5/07, BeckRS 2008, 50155; LAG Hamm 13.1.06 – 10 TaBv 65/05, NZA-RR 06, 249; aA bisher BAG 28.6.95 – 7 ABR 55/94, NZA 95, 1216: 20% der tatsächlichen Aufwendungen entsprechend der LStR). Auch insoweit sind allerdings allgemeine betriebliche Richtlinien oder tatsächliche Handhabungen bei auswärtigen Aufenthalten von NichtBRatMitgliedern zu beachten (§ 78 Satz 2 BetrVG). 24

Eine Besonderheit bezüglich der Kostentragungspflicht des ArbGeb besteht **bei gewerkschaftlich veranstalteten Schulungen.** Da dem ArbGeb eine allgemeine Finanzierung des sozialen Gegenspielers nicht zuzumuten ist, muss bei einer gewerkschaftlich veranstalteten Schulungsmaßnahme eine dezidierte Kostenaufstellung gemacht werden. Denn der ArbGeb hat lediglich die Kosten zu tragen, die der Gewerkschaft durch die konkrete Schulung tatsächlich entstehen (BAG 15.1.92, DB 92, 2504). Diese eingeschränkte Kostenerstattungspflicht gilt auch dann, wenn die Schulungsveranstaltung von einer GmbH durch- 25 geführt wird, deren Anteile von der Gewerkschaft gehalten werden (BAG 30.3.94, DB 94, 2295). In einem solchen Fall genügt die Vorlage eines vom Schulungsveranstalter vorgelegten Gutachtens einer unabhängigen Wirtschaftsprüfungsgesellschaft, in dem die schulungsbedingt angefallenen Selbstkosten des Veranstalters nach anerkannten kaufmännischen Grundsätzen ermittelt und testiert worden sind (BAG 17.6.98 – 7 ABR 25/97, NZA 99, 163). Ebenso hat das BAG in zwei Fällen entschieden, die die DGB-Bildungswerke in Hbg und NRW betrafen, die jeweils als eingetragene Vereine organisiert sind (BAG 28.6.95, DB 95, 2118 und 2121). In zwei weiteren, jeweils eingetragene Vereine betreffenden Entscheidungen vom 17.6.98 (– 7 ABR 20/97, NZA 99, 220 „Arbeit und Leben – DGB/Volkshochschule – Arbeitsgemeinschaft für politische und soziale Bildung im Land NRW eV" und 7 ABR 22/97, NZA 99, 161 „Bildungskooperative Alb-Donau-Bodensee eV") hat das BAG, die bisherige RsprLinie fortgeführt und weiter differenziert. Dies führte in beiden Fällen zur Verneinung einer besonderen Aufschlüsselungspflicht, da es an einer gewerkschaftlichen Dominanz in der Vereinsführung fehlte bzw der Verein ausschließlich die Durchführung betriebsverfassungsrechtlicher Schulungen bezweckte. Auch Anhaltspunkte für eine gezielte Vermeidung (Umgehung) einer Aufschlüsselungspflicht lagen nicht vor.

26 **3. Schulungs- und Bildungsveranstaltungen gemäß § 37 Absatz 7 BetrVG.** **a) Geeignetheit.** Anders als die konkrete Erforderlichkeit iSd § 37 Abs 6 BetrVG ist bei Schulungen nach § 37 Abs 7 BetrVG lediglich deren generelle Geeignetheit Voraussetzung des Teilnahmeanspruchs. Daher ist eine Eignung jedenfalls immer dann zu bejahen, wenn die Voraussetzungen des § 37 Abs 6 BetrVG vorliegen. **Geeignet** sind im Übrigen regelmäßig Veranstaltungen auf folgenden Sachgebieten:

27 Arbeitsrecht (inklusive Individualarbeitsrecht, kollektives Arbeitsrecht, Arbeitsschutzrecht, Arbeitsgerichtsverfahren, verfassungsrechtliche Grundlagen), betrieblicher Umweltschutz (BAG 11.10.95, ArbuR 96, 311), allgemeine Fragen der Arbeitswissenschaft und Arbeitsbewertung, Mitbestimmungs- und Gesellschaftsrecht, allgemeine Fragen des Sozialrechts, Versammlungspraxis und Versammlungsleitung (LAG SchlHol 21.1.99 – 4 TaBV 29/98, NZA-RR 99, 643), wirtschaftliche und betriebswirtschaftliche Fragen.

Anders als bei § 37 Abs 6 BetrVG (→ Rn 8) kann im Rahmen des § 37 Abs 7 BetrVG eine teilweise Geeignetheit nicht berücksichtigt werden. Nur eine in vollem Umfang geeignete Schulungsmaßnahme kann gem § 37 Abs 7 BetrVG behördlich anerkannt werden (BAG 11.8.93, DB 94, 535). Abzugrenzen sind derartige Schulungs- und Bildungsveranstaltungen von **allgemeinem Bildungsurlaub,** der nach dem unterschiedlichen ArbNWeiterbildungsgesetzen der Bundesländer allen ArbN zusteht (LAG Düsseldorf 8.10.91, DB 92, 636). Andererseits können auch derartige Weiterbildungsveranstaltungen geeignete Veranstaltungen iSv § 37 Abs 7 BetrVG sein (BAG 21.7.15 – 9 AZR 418/14, BeckRS 2016, 65024).

28 **b) Anerkennungsverfahren.** Die Veranstaltung muss gem § 37 Abs 7 BetrVG von der zuständigen obersten Arbeitsbehörde des Landes als geeignet anerkannt sein. Die Anerkennung geschieht auf Antrag des Schulungsträgers unter Beteiligung der Spitzenorganisationen von Gewerkschaften und ArbGebVerbänden. Diese können die Rechtmäßigkeit des Anerkennungsverfahrens im arbeitsgerichtlichen Beschlussverfahren überprüfen lassen (BAG 30.8.89, DB 90, 1241; 11.8.93, DB 94, 535).

29 **c) Schulungsdauer** beträgt drei Wochen, bei erstmaliger Wahl zum BRat vier Wochen. Bei verkürzter Amtszeit ist der dreiwöchige Schulungsanspruch anteilig zu kürzen. Auf die zusätzliche Woche bei erstmaliger BRatZugehörigkeit bleibt eine verkürzte Amtszeit ohne Auswirkung (BAG 19.4.89, DB 90, 696). Der Freistellungsanspruch nach § 37 Abs 7 BetrVG kann zusammenhängend oder in Teilabschnitten genommen werden. Restlicher Anspruch verfällt mit Ablauf der Amtszeit. Eine Übertragung auf die folgende Amtszeit ist gesetzlich nicht vorgesehen (aA *DKK/Wedde* § 37 Rz 155: bei dringenden betrieblichen oder persönlichen Gründen).

30 **d)** Hinsichtlich **Teilnehmer, Information des Arbeitgebers, Veranstaltungsträger** und **Entgeltfortzahlung** gelten dieselben Grundsätze wie im Rahmen von § 37 Abs 6 BetrVG (→ Rn 9 ff). Jedoch sind an eine Schulung gegen Ende der Amtsperiode eines BRatMitglieds geringere Aufforderungen zu stellen als im Rahmen des § 37 Abs 6 BetrVG (BAG 28.8.96, DB 97, 283). Endgültig nachgerückte Ersatzmitglieder verfügen über einen

Teilanspruch, der dem Anteil der verbleibenden Amtszeit an der gesamten Wahlperiode entspricht (*Peter* AiB 97, 223; *DKK/Wedde* § 37 Rz 156).

**e) Kosten.** Der ArbGeb ist grundsätzlich nicht zur Kostentragung bei Schulungs- und Bildungsmaßnahmen nach § 37 Abs 7 BetrVG verpflichtet, denn die Kostentragungspflicht setzt gem § 40 BetrVG die Erforderlichkeit der Maßnahme voraus, nach § 37 Abs 7 BetrVG genügt jedoch bereits die bloße Geeignetheit (BAG 6.11.73, DB 74, 633; aA *DKK/Wedde* § 40 Rz 54). Ausnahmsweise kann jedoch eine Erstattungspflicht des ArbGeb bestehen, wenn in einer Schulungsveranstaltung nach § 37 Abs 7 BetrVG zugleich erforderliche Kenntnisse iSv § 37 Abs 6 BetrVG vermittelt werden (BAG 25.4.78, DB 78, 1796). 31

**4. Streitigkeiten. Entgeltansprüche,** die ein BRatMitglied wegen der Teilnahme an einer Schulungs- oder Bildungsveranstaltung geltend macht, sind von dem einzelnen BRat-Mitglied im arbeitsgerichtlichen Urteilsverfahren zu verfolgen (BAG 28.4.88, DB 88, 2259). Fragen, die die Übernahme der **Schulungskosten** betreffen, sind demgegenüber im arbeitsgerichtlichen Beschlussverfahren zu klären (BAG 31.10.72, DB 73, 528; LAG Bln 10.10.88, DB 89, 683). Eine Abtretung des Anspruchs an die Gewerkschaft beeinflusst die Verfahrensart nicht (LAG Bln 10.10.88, DB 89, 683). 32

Streiten BRat und ArbGeb darüber, ob der BRat bei der **Festlegung der zeitlichen Lage** der Teilnahme einzelner BRatMitglieder die betrieblichen Notwendigkeiten ausreichend berücksichtigt hat, so entscheidet gem § 37 Abs 6 Satz 4 BetrVG die *Einigungsstelle.* Bestehen im Vorfeld einer Schulungsveranstaltung Meinungsverschiedenheiten über die **Erforderlichkeit,** können sowohl BRat als auch ArbGeb ein arbeitsgerichtliches Beschlussverfahren einleiten. Eine einstweilige Verfügung des BRat auf Feststellung der Erforderlichkeit einer Schulung ist nicht möglich, da der einstweilige Rechtsschutz nicht allgemein zur bloßen Klärung einer streitigen Rechtslage gedacht ist (LAG Köln 22.11.03 – 5 TaBV 69/03, DB 04, 551 [LS]; LAG Düsseldorf 6.9.95, NZA-RR 96, 12; ArbG Lörrach 23.3.16 – 5 BVGa 1/16, BeckRS 2016, 68540; *Heinze* RdA 86, 287; aA *Fitting* § 37 Rz 252; LAG Hess 5.8.13 – 16 TaBVGa 120/13, BeckRS 2013, 74925; ArbG Brem 25.2.2000 – 1 BVGa 4/00, AiB 2000, 288, die eine einstweilige Leistungsverfügung auf Freistellung des BRatMitglieds zur Schulungsveranstaltung bejahen, obwohl eine solche nicht erforderlich ist; → Rn 17). 33

## B. Lohnsteuerrecht *Thomas*

Schulungen, die einen konkreten Bezug zur BRatTätigkeit haben und für die das BRat-Mitglied deshalb freizustellen ist, sind steuerrechtlich wie die sonst zu erbringende Arbeit zu beurteilen, dh das fortgezahlte Entgelt ist Arbeitslohn und die mit der Fortbildung zusammenhängenden Aufwendungen sind Werbungskosten (→ *Betriebsratsfreistellung* Rn 39). Für Schulungs- oder Bildungsveranstaltungen gem § 37 Abs 7 BetrVG gelten die Ausführungen zum Stichwort → *Betriebliche Berufsbildung* Rn 21 mit der Maßgabe, dass auch insofern kein Arbeitslohn vorliegt, als der ArbGeb auch Fortbildungskosten im engeren Sinne (zB Kursgebühr) trägt. 34

## C. Sozialversicherungsrecht *Ruppelt*

**1. Unfallversicherungsrecht.** Da der BRat wesentlich in die Regelung der innerbetrieblichen Belange eingebunden ist, stehen die Mitglieder des BRat bei ihrer Tätigkeit unter dem Schutz der gesetzlichen UV. Die Teilnahme der BRatMitglieder an Schulungsvorträgen und an Schulungs- und Bildungsveranstaltungen dient unmittelbar dieser Tätigkeit und ist daher auch gesetzlich unfallversichert. Dies gilt neben der Teilnahme an Schulungsvorträgen für die Schulungs- und Bildungsmaßnahmen nach § 37 Abs 6 BetrVG und grds ebenso für die Maßnahme nach § 37 Abs 7 BetrVG. Eine Prüfung, ob im Einzelfall ein innerer Zusammenhang mit der beruflichen Tätigkeit gegeben ist, ist in diesen Fällen nicht erforderlich. Im Hinblick auf die von der obersten Arbeitsbehörde des Landes anerkannte Eignung der Veranstaltung zur Schulung und Bildung von BRäten ist das darauf gestützte Vertrauen des einzelnen BRatMitgliedes geschützt, die Veranstaltung sei zur Weiterbildung geeignet (→ Rn 28). Zu den allgemeinen Voraussetzungen des Versicherungsschutzes, insbes der Kausalität zwischen versicherter Verrichtung und Gesundheitsschädigung, → *Arbeitsunfall* Rn 31 ff. Hinsichtlich des Umfanges des Versicherungsschutzes und der Leistungen im 35

Versicherungsfall gelten die allgemeinen Regeln der gesetzlichen UV (→ *Unfallversicherung* Rn 26 ff; → *Wegeunfall* Rn 13 ff).

36 Auch Schulungen durch die **Gewerkschaften** sind versichert, wenn diese den Zweck verfolgen, Kenntnisse für die BRatTätigkeit zu vermitteln. Für Schulungen rein gewerkschaftlicher oder politischer Art besteht jedoch **kein Versicherungsschutz** in der gesetzlichen UV, da es insoweit am inneren Zusammenhang mit der betrieblichen Tätigkeit fehlt (→ *Arbeitsunfall* Rn 34). Gleiches gilt für die Teilnahme eines ArbN an reinen Delegiertentagungen der Gewerkschaften und BRatFeiern ohne Beteiligung der Unternehmensleitung oder Protestveranstaltungen (BSG 20.2.01 – B 2 U 7/00 R, NZS 01, 496; LSG NRW 17.6.15 – L 17 U 663/12, BeckRS 2016, 72124). Vgl → *Betriebsveranstaltung* Rn 21).

Die genannten Grundsätze gelten entsprechend für die Schwerbehindertenvertretung nach § 177 SGB IX.

37 **2. Beitragsrecht.** Die vom ArbGeb aufgewendeten Kosten für die Schulung des BRats sind kein Arbeitsentgelt und daher nicht beitragspflichtig (→ Rn 34).

## Betriebssport

### A. Arbeitsrecht

*Poeche*

1 **1. Begriff.** Betriebssport liegt arbeitsrechtlich vor, wenn der ArbGeb dem ArbN im Zusammenhang mit seinem Arbeitsverhältnis Gelegenheit gibt, sich während seiner **Freizeit** sportlich zu betätigen. Nicht hierher gehören die Fälle, in denen der ArbN aufgrund seines Arbeitsvertrages sportliche Leistungen zu erbringen hat oder er wegen der übertragenen Arbeitsaufgabe körperlich besonders leistungsfähig sein muss und Sport deshalb in die Arbeit integriert ist (zB Berufssportler, Werkschutz). Außer Acht bleiben auch vom ArbGeb vorgesehene Arbeitsunterbrechungen, in denen der ArbN innerhalb seiner Arbeitszeit am Arbeitsplatz oder einem vom ArbGeb bestimmten Ort gymnastische Entspannungsübungen oÄ verrichtet.

2 **2. Teilnahmepflicht.** Der ArbN ist nicht verpflichtet, am angebotenen Betriebssport teilzunehmen. Eine Teilnahmepflicht lässt sich auch nicht aus einer im eigenen Interesse des ArbN gebotenen Vorsorge zur Gesunderhaltung begründen. Das gilt ohne nähere Vereinbarung auch für ArbNGruppen wie etwa die der leitenden Angestellten, deren Gesundheit wegen der ihnen übertragenen unternehmenswichtigen Aufgaben und der Folgen eines krankheitsbedingten Ausfalls dem ArbGeb ein besonderes Anliegen ist. Ob eine Teilnahmepflicht am organisierten Betriebssport arbeitsvertraglich überhaupt vereinbart werden kann, erscheint jedenfalls dann problematisch, wenn der ArbN für die Bindung seiner Freizeit keinen besonderen Ausgleich erhält.

3 **3. Haftungsfragen.** Wegen der Freiwilligkeit der Sportausübung haftet der ArbN bei Beschädigung von ArbGebEigentum nach allgemeinem Recht, dh nicht nach den Grundsätzen der ***Arbeitnehmerhaftung.*** Eine Verletzung des ArbN kann sich als Arbeitsunfall iSd SGB VII darstellen (→ Rn 14 ff).

4 **4. Mitbestimmungsrechte.** Der BRat hat nach § 87 Abs 1 Nr 8 BetrVG mitzubestimmen bei Form, Ausgestaltung und Verwaltung von *Sozialeinrichtungen,* deren Wirkungsbereich auf den Betrieb, das Unternehmen oder den Konzern beschränkt ist. *Sozialeinrichtungen* in diesem Sinne sind auch vom ArbGeb für den Betriebssport zur Verfügung gestellte **Sportstätten** oder sonstige Räumlichkeiten wie etwa Fußballplatz, Schwimmhalle, Turnhalle usw. Hat sich der ArbGeb dem Grunde nach zur Einführung von Betriebssport entschlossen, erstreckt sich das Mitbestimmungsrecht auch auf die juristische Gestaltung, also etwa die Frage, ob der Betriebssport über eine Betriebsabteilung (idR Personal- oder Sozialabteilung) betreut wird oder auf der Grundlage eines rechtsfähigen/nicht rechtsfähigen Vereins. Frei ist der ArbGeb bei seiner Entscheidung über den finanziellen Rahmen seines Engagements, gebunden hinsichtlich der internen Organisation und Verwaltung. Eine Mitbestimmung nach § 87 Abs 1 Nr 7 BetrVG kommt hingegen nicht in Betracht, da diese nur im Rahmen bestehender gesetzlicher Regelungen des öffentlichen Arbeitsschutzrechts erfolgt (*Besgen* B+P 03/15, 163).

**B. Lohnsteuerrecht** *Thomas*

**1. Übersicht.** Sportliche Betätigung gehört zur privaten Lebensführung (§ 12 Nr 1 EStG), weshalb damit zusammenhängende Aufwendungen des ArbN grds nicht als Werbungskosten berücksichtigt werden können (BFH 10.1.12 – VI B 92/11, BFH/NV 12, 783: Jägerprüfung; BFH 9.6.93 – I B 13/93, BFH/NV 93, 723: Segeltörn eines Pfarrers auf sog kirchengemeindlichen Freizeiten; zweifelhaft BFH 22.6.06 – VI R 61/02, DStRE 06, 1045 mit Anm *MIT:* Snowboard-Anfängerkurs eines Sportlehrers; FG Nbg 13.1.93, EFG 93, 507 mit Anm *Rößler* DStZ 94, 158; FG Saarl 7.7.93, EFG 94, 102). Übernimmt der ArbGeb die Kosten privater sportlicher Betätigung seiner ArbN, wendet er regelmäßig Arbeitslohn zu. Zur Steuerbefreiung nach § 3 Nr 34 EStG für Maßnahmen zur Gesundheitsverbesserung → *Betriebliche Gesundheitsförderung* Rn 19. 5

**2. Arbeitslohn. a) Vereinsbeiträge** des ArbN, die der ArbGeb übernimmt, sind auch dann Arbeitslohn, wenn die Mitgliedschaft im Verein auch dem Beruf förderlich ist und der ArbGeb sie deshalb wünscht (BFH 21.3.13 – VI R 31/10, DStR 13, 1421: Mitgliedsbeitrag für Golfclub; einschränkend aber BFH 17.7.14 – VI R 69/13, DStR 14, 2059, wenn der Golfclub, an dem der ArbGeb – eine Bank – beteiligt ist, bei den ehemaligen Vorstandsmitgliedern der Bank auf Mitgliedsbeiträge verzichtet; beim Kommanditisten keine Betriebsausgaben FG Köln 16.6.11 – 10 K 3761/08, DStRE 12, 657). Etwas anderes gilt aber dann, wenn der ArbGeb dem ArbN den Vorteil unentgeltlicher Mitgliedschaft in einem Sportverein dergestalt aufdrängt, dass der ArbN sich dem nicht entziehen kann, ohne Nachteile in Kauf zu nehmen (BFH 15.5.92 – VI R 106/88, DStR 92, 1474; zur Mitgliedschaft in einem Industrieclub vgl BFH 20.9.85 – VI R 120/82, BStBl II 85, 718; diese Entscheidung wurde in BFH 4.6.93 – VI R 95/92, DStR 93, 1216 als „äußerster Grenzfall" bezeichnet unter 2, a, aa). Leistet der ArbGeb einem Sportverein – bspw zum Bau einer Sporthalle – einen Zuschuss und wird seinen ArbN deshalb vom Verein ein Beitragsnachlass gewährt, so ist die Differenz zum Normalbeitrag Arbeitslohn. Die Höhe des Zuschusses und ihre steuerliche Behandlung, zB als Spende, spielt dabei keine Rolle, sofern der Nachlass nur den ArbN dieses ArbGeb gewährt wird. Der Preisnachlass kann, wenn er unter 44 € monatlich liegt, nicht zu erfassen sein (§ 8 Abs 2 Satz 11 EStG), was aber für Bargeldzuschüsse nicht gilt (BFH 27.10.04 – VI R 51/03, DStR 05, 23). Der Rabattfreibetrag (§ 8 Abs 3 EStG) greift nur ein, wenn der ArbGeb solche Sportarten gewerblich betreibt. Arbeitslohn liegt ebenfalls vor, wenn der ArbGeb gewerbliche Tennis- und Squashplätze anmietet und der Belegschaft kostenlos überlässt (BFH 27.9.96 – VI R 44/96, DStR 96, 1969; BFH 8.11.96 – VI R 74/96, DStRE 97, 451; zum Skiwochenende als Arbeitslohn BFH 16.11.05 – VI R 151/00, DStR 06, 29). Es ergibt sich auch nichts anderes unter dem Gesichtspunkt der Betriebsveranstaltung, weil eine solche auf die Teilnahme der gesamten Belegschaft bzw ganzer organisatorisch geschlossener Teile der Belegschaft abzielt, während sich hier nur einzelne Betriebsangehörige treffen. Die Verwaltung unterscheidet zwischen Individual- und Mannschaftssportarten und verneint bei letzteren Arbeitslohn wegen der schwierigen persönlichen Zurechnung und des im Allgemeinen geringen persönlichen Vorteils (OFD Frankfurt 8.7.96, FR 96, 649). 6

**b) Eintrittskarten** zu Sportveranstaltungen oder zu einzelnen sportlichen Betätigungen, zB Fitnesscenter, Kegelbahn, Tennishalle (FG Münster 21.9.89, EFG 90, 178; zu Konzert- oder Theaterkarten FG Hbg 30.5.91, EFG 92, 129), die der ArbGeb finanziert, sind ebenfalls Arbeitslohn (FG Brem 21.9.17 – 1 K 20/17, DStRE 18, 1242 zum Besuch von Bundesliga-Fußballspielen). Das ist aber nicht der Fall, wenn es sich dabei um den Programmpunkt eines Betriebsausflugs (→ *Betriebsveranstaltung* Rn 2 ff) handelt und der Freibetrag pro ArbN nicht überschritten wird, oder wenn der Besuch solcher Veranstaltungen zum Dienst des ArbN gehört (→ *Arbeitsentgelt* Rn 51). 7

**c) Betriebliche Einrichtungen,** die die Ausübung eines Sports ermöglichen, können im Einzelfall einen geldwerten Vorteil und damit Arbeitslohn bewirken. Das wird zu bejahen sein, wenn für eine vergleichbare Nutzungsmöglichkeit üblicherweise etwas zu bezahlen ist und die betreffende Einrichtung nicht auch der Allgemeinheit unentgeltlich zur Verfügung steht. Insbes bei teuren Einrichtungen, die ständiger Wartung bedürfen und nur eine begrenzte Teilnehmerzahl gleichzeitig zulassen, wird Arbeitslohn anzunehmen sein, vor 8 allem, wenn der ArbGeb auch noch die Kosten eines entsprechenden Unterrichtungspersonals trägt. Das gilt bspw für die Nutzung von betriebseigenen Tennisplätzen, Segelbooten, Reitpferden usw.

9 Dagegen ist mangels Marktgängigkeit Arbeitslohn zu verneinen, wenn der ArbGeb lediglich die Nutzung von Räumlichkeiten bzw Freiflächen durch Betriebssportgruppen duldet, zB zu Ballspielen auf Hartplätzen oder Rasenflächen (Fußball, Volleyball, Basketball usw) oder zum Tischtennis in einem Kellerraum. Wo die Grenze zwischen nicht steuerbaren *Sozialeinrichtungen* und stpfl Arbeitslohn liegt, ist zweifelhaft. Rspr hierzu liegt, soweit ersichtlich, nicht vor, da die Verwaltung Grenzfälle offenbar nicht aufgreift.

10 **d) Personal,** das der ArbGeb zur Betreuung von Sporteinrichtungen oder von Sport ausübenden ArbN beschäftigt, sind ihrerseits ArbN, sofern organisatorische Eingliederung besteht (→ *Arbeitnehmer (Begriff)* Rn 33). Ihr Arbeitslohn ist nach den allgemeinen Vorschriften zu versteuern.

11 **3. Werbungskosten. a) Betriebssport.** Sportliche Betätigungen des ArbN werden nicht dadurch zu einer dem ArbGeb gegenüber geschuldeten und von ihm deshalb entlohnten Arbeit, dass der ArbGeb diese Betätigungen durch das Zurverfügungstellen von Einrichtungen oder in anderer Weise fördert (vgl die Kriterien zum Ausbildungsdienstverhältnis in BFH 9.10.92 – VI R 176/88, BStBl II 93, 115; kritisch *Theisen* KFR F 3 EStG, § 9 1/93 S 45; BFH 6.2.12 – VI B 110/11, BFH/NV 12, 946: Teilnahme an Fußballturnier unter Freistellung vom Dienst). Deshalb sind weder die laufenden Aufwendungen des ArbN für Ausrüstung, Fahrtkosten usw Werbungskosten, noch beim Sport erlittene Schäden bzw Aufwendungen zu deren Behebung (→ *Berufskrankheit* Rn 5).

12 Dagegen verliert eine Fahrt von der Arbeitsstätte zur Wohnung ihre berufliche Veranlassung nicht dadurch, dass sie wegen einer auf dem Betriebsgelände ausgeübten sportlichen Betätigung nicht im unmittelbaren Anschluss an den Dienst angetreten wurde. Bei Sportausübung mit Arbeitskollegen außerhalb des Betriebes gilt dies nicht.

13 **b) Berufssport.** Die berufsmäßige Ausübung von Sport führt zu stpfl Einkünften (*Lutz* DStZ 98, 279; zum Bergführer *März* DStR 94, 1177), bei Mannschaftssportarten wegen der damit verbundenen organisatorischen Eingliederung regelmäßig zu solchen aus nichtselbstständiger Arbeit (→ *Arbeitnehmer (Begriff)* Rn 50 „Lizenzfußballspieler", „Sportler"). Entgelte Dritter werden dem Stammverein eines Berufssportlers aber nur zugerechnet, wenn damit dem Verein geschuldete Tätigkeiten entgolten werden (FG Münster 25.3.17 – 7 K 3010/12, DStR 17, 273). Überlässt ein Dritter als sog Sponsor bei ihm nur pro forma angestellte und entlohnte ArbN einem Fußballverein als Spieler, Trainer oder Betreuer ohne einen Vergütungsersatz geltend zu machen, liegt im Verzicht eine freigebige Zuwendung an den Verein (BFH 30.8.17 – II R 46/15, DStR 17, 2606). Fußballschiedsrichter erzielen für im In- und Ausland geleitete Profifußballspiele gewerbliche Einkünfte, die der inländischen Besteuerung unterliegen, weil die inländische Wohnung des Schiedsrichters idR Geschäftsleitungsbetriebstätte ist. Auf den Sitz der sie anfordernden Verbände (DFB, UEFA, FIFA) kommt es nicht an, zumal Schiedsrichter keine „Sportler" sind (BFH 20.12.17 – I R 98/15, DStR 18, 449; *Roßmann/Bausche* DStR 18, 135). Zahlt ein Sportverein an seine Mitglieder Geldbeträge, liegt Arbeitslohn vor, wenn die Vergütungen die mit der Tätigkeit zusammenhängenden Aufwendungen nicht nur unwesentlich übersteigen (BFH 23.10.92 – VI R 59/91, DStR 93, 507; BFH 4.8.94 – VI R 94/93, BStBl II 94, 944; FG Brem 30.6.99 – 199024 K 6, EFG 99, 1125; FG Hess 16.10.2000 – 5 K 187/98, EFG 01, 683 und zu Ablösezahlungen FG Köln 28.8.98 – 15 K 4889/98, DStRE 99, 308; zum Verlust der Gemeinnützigkeit bei LStVerkürzung vgl BFH 27.9.01 – V R 17/99, BStBl II 02, 169 zur Steuerhinterziehung bei verschleierter Gehaltszahlung an Fußballspieler BGH 20.3.02 – 5 StR 448/01, HFR 02, 844; BGH 7.11.06 – 5 StR 164/06, NStZ-RR 07, 345). Der mit der Erzielung solcher Einnahmen verbundene Aufwand stellt dann Werbungskosten dar (→ *Arbeitsmittel* Rn 20).

## C. Sozialversicherungsrecht *Ruppelt*

14 **1. Betriebssport unterfällt dem Schutz der gesetzlichen Unfallversicherung,** wenn die sportliche Betätigung nicht nur den persönlichen Interessen der ArbN, sondern wegen der Kräftigung der körperlichen Leistungsfähigkeit auch dem Betriebsinteresse dient

(zur erforderlichen Kausalität zwischen der den Versicherungsschutz begründenden Tätigkeit und der Gesundheitsschädigung → *Arbeitsunfall* Rn 32 ff). Da sich jede sportliche Betätigung, die der Leistungsfähigkeit des Sporttreibenden angepasst ist und ihn nicht überfordert, regelmäßig günstig auf die körperliche und geistige Leistungsfähigkeit auswirkt und daher geeignet ist, die Beanspruchung durch die versicherte Tätigkeit im Unternehmen auszugleichen, hat die Rspr Merkmale entwickelt, nach denen der versicherte Betriebssport von der unversicherten sportlichen Betätigung abzugrenzen ist (BSG 13.12.05 – B 2 U 29/04 R, NJW 07, 399 mwN). Dennoch sind die Entscheidungen insbes der Instanzgerichte oft am Einzelfall orientiert. Eine zuverlässige Entscheidungsprognose ist schwierig. Die völlige Herausnahme des Betriebssports aus dem Schutz der gesetzlichen UV erscheint wegen des nur noch geringen betrieblichen Interesses im Vergleich zum persönlichen Interesse des ArbN an der sportlichen Betätigung geboten.

**2. Voraussetzungen des unfallversicherten Betriebssports. a) Zweck der sportlichen Betätigung** muss der Ausgleich für die körperliche, geistige oder nervliche Belastung durch die Betriebstätigkeit sein, nicht dagegen die Teilnahme am allgemeinen sportlichen Wettkampfverkehr oder die Erzielung von Spitzenleistungen. Der versicherte Betriebssport ist dabei jedoch nicht auf den reinen Ausgleichssport (Gymnastik, Lockerungsübungen) beschränkt. Aus der Art der gewählten Sportart und deren Durchführung ergeben sich allerdings im Einzelfall Anhaltspunkte für die Abgrenzung des Ausgleichssports zum allgemeinen sportlichen Wettkampf auf der einen, und zur Freizeitgestaltung auf der anderen Seite. Canyoning-Tour ist kein versicherter Betriebssport (HessLSG 30.4.09 – L 3 U 249/08, NZA 09, 890). **Fußballturnier** ist kein versicherter Betriebssport (LSG BaWü 8.5.17 – L 1 U 3909/16, BeckRS 2017, 114044, Rn 40; BayLSG 6.3.19 – L 2 U 148/17, BeckRS 2019, 8050). 15

Unter dem Schutz der gesetzlichen UV stehender Betriebssport liegt nur vor, wenn der Sport Ausgleichs- und nicht Wettkampfcharakter hat, regelmäßig stattfindet, der Teilnehmerkreis im Wesentlichen auf Unternehmensangehörige beschränkt ist, Übungszeit und Übungsdauer im Zusammenhang mit der betrieblichen Tätigkeit stehen und der Sport unternehmensbezogen organisiert ist. **Wettkämpfe** mit anderen Betriebssportgemeinschaften außerhalb der regelmäßigen Übungsstunden oder eine **mehrtägige Skiausfahrt** sind **nicht versichert** (BSG 13.12.05 – B 2 U 29/04 R, NJW 07, 399). Außerhalb der regelmäßigen Übungsstunden stattfindende Wettkämpfe mit anderen Betriebssportgemeinschaften sowie im Zusammenhang mit der Sportausübung stattfindende Freizeitveranstaltungen stehen nicht unter Versicherungsschutz. Die sportliche Betätigung dient nur dann dem erforderlichen Ausgleichszweck, wenn sie mit einer gewissen körperlichen Beanspruchung verbunden ist. Sog **Firmenläufe** (meist von Finanzdienstleistern organisierte Wettläufe ihrer überwiegend subalternen Mitarbeiter mitten durch die Städte mit entsprechender Belästigung der übrigen Bevölkerung) stehen einschließlich der üblichen Abschlussveranstaltung nicht unter dem Schutz der gesetzlichen UV (LSG Hessen 18.3.08 – L 3 U 123/05, NJW 08, 2524). Liegt kein versicherter Betriebssport vor, kann die Veranstaltung uU dennoch unter dem Schutz der gesetzlichen UV stehen, wenn es sich um eine **betriebliche Gemeinschaftsveranstaltung** handelt (→ *Betriebsveranstaltung* Rn 20 ff). Dazu muss die Veranstaltung aber konzeptionell auf die Teilnahme aller Betriebsangehörigen ausgerichtet sein (LSG BaWü 14.5.13 – L 9 U 2557/10, BeckRS 2013, 69336; 8.5.17 – L 1 U 3909/16, BeckRS 2017, 114044, Rn 43 ff jeweils zu einem Fußballturnier). Zum Versicherungsschutz eines Spitzensportlers, der auf einer Planstelle der Sportförderung des ArbGeb zur Hälfte von der regulären Arbeitszeit freigestellt ist: BSG 30.6.09 – B 2 U 22/08 R, NZA 09, 1252. 16

**b) Die Übungen müssen regelmäßig stattfinden.** Dem Ausgleichszweck wird nur Rechnung getragen, wenn die Abstände zwischen den sportlichen Betätigungen nicht zu groß sind. Grds ist zumindest einmal im Monat Gelegenheit zur Teilnahme erforderlich (LSG NRW 6.7.99 – L 15 U 101/98, BeckRS 1999, 30779595). 17

**c) Betriebsangehörige.** Der Teilnehmerkreis ist im Wesentlichen auf Betriebsangehörige beschränkt. Bei Betriebssportvereinen, die auch Dritten offen stehen, handelt es sich regelmäßig um Teilnahme am allgemeinen Sport (BSG 27.10.09 – B 2 U 29/08 R, WzS 10, 59; 15.11.16 – B 2 U 12/15 R, NJW 17, 1421). Die Bildung von Betriebssportgemeinschaften aus mehreren Unternehmen steht dem Versicherungsschutz nicht entgegen. 18

19 **d) Zeit und Dauer.** Die Übungszeiten müssen in einem dem Ausgleichszweck entsprechenden Zusammenhang mit der Betriebstätigkeit stehen. Es ist nicht erforderlich und auch nicht üblich, dass die Übungen während der Arbeitszeit stattfinden.

20 **e) Unternehmensbezogene Organisationen.** Die Übungen müssen im Rahmen einer unternehmensbezogenen Organisation stattfinden, zu der sich auch mehrere Unternehmen zusammenschließen können. Das kann auch die Gründung eines eingetragenen Sportvereins sein, sofern im Übrigen die Voraussetzungen des versicherten Betriebssports vorliegen (BSG 27.10.09 – B 2 U 29/08 R, WzS 10, 59). Hochschulsport immatrikulierter Studenten ist nach § 2 Abs 1 Nr 8 Buchst c SGB V versichert, wenn er im organisatorischen Verantwortungsbereich der Universität oder (Fach-)Hochschule stattfindet Zum Unfallversicherungsschutz bei der Teilnahme von Studenten (auch Doktoranden, eingeschriebene Gasthörer) am durch die Hochschule organisierten **Hochschulsport** vgl BSG 4.12.14 – B 2 U 10/13 R, SozR 4–2700 § 2 Nr 32; 4.12.14 – B 2 U 13/13 R, SozR 4–2700 § 2 Nr 31, 4.12.14 – B 2 U 14/13 R, SozR 4–2700 § 2 Nr 30 (ablehnend bei Organisation der Sportveranstaltung nur durch den ASTA). Sportausübung in allgemeinen Sportvereinen ist kein Betriebssport. Sportler als Beschäftigte von Sportvereinen sind nach allgemeinen Regeln versichert (→ *Unfallversicherung* Rn 27 ff; BSG 23.4.15 – B 2 U 5/14 R, SozR 4–2700 § 2 Nr 33).

21 Da vielfach betriebliche Aufgaben der Belegschaft zur eigenverantwortlichen Ausübung durch ihre Organe übertragen worden sind, kann auch eine vom BRat organisierte Sportausübung geeignet sein, UVSchutz zu begründen. Es ist nicht erforderlich, dass der Unternehmer selbst Veranstalter ist oder die Kosten des Betriebssports trägt, jedoch reicht eine bloße **stillschweigende Duldung** des von Betriebsangehörigen selbst organisierten Sports nicht aus. Zumindest muss eine gewisse Einflussnahme in Form von Bereitstellung von Einrichtungen, Überwachung, Organisation, ausdrücklicher Billigung oÄ verlangt werden.

22 **3. Der Versicherungsschutz** umfasst beim Betriebssport die Übungen selbst, die notwendigen Vorbereitungshandlungen und die Wege nach und von der Übungsstätte. Damit zusammenhängende Unfälle werden vom für das Unternehmen zuständigen UVTräger bei Vorliegen der sonstigen Voraussetzungen als Arbeitsunfälle entschädigt (→ *Arbeitsunfall* Rn 31 ff). Zum UVSchutz bei sportlicher Betätigung auf einer Dienstreise → *Dienstreise* Rn 71.

23 **4. Beitragsrecht.** Stellt der ArbGeb Einrichtungen zur Durchführung des Betriebssports zur Verfügung oder übernimmt er insoweit Kosten (zB Vereinsbeiträge) so handelt es sich nicht um beitragspflichtiges *Arbeitsentgelt* iSv § 14 SGB IV oder um beitragspflichtige Sachbezüge. Vielmehr erbringt der ArbGeb diese Leistungen im überwiegend betrieblichen Interesse, so dass insoweit kein beitragspflichtiger Ertrag der nichtselbstständigen Arbeit des ArbN vorliegt (→ *Sozialeinrichtungen* Rn 23 ff). Dies gilt nicht, wenn die Leistungen des ArbGeb nicht im Rahmen des Betriebssports erfolgen, sondern für den ArbN einen **geldwerten Vorteil** (→ Rn 8) darstellen.

24 Die Abgrenzung zwischen einer beitragsfreien Leistung iSe betrieblichen Sozialeinrichtung und einer Leistung, welche sich als Ertrag der nichtselbstständigen Arbeit des ArbN darstellt, kann im Einzelfall schwierig sein. Von einem Ertragsbestandteil wird insbes dann auszugehen sein, wenn der Prämien- oder Belohnungscharakter der Leistung im Vordergrund steht. Hinsichtlich der beitragsrechtlichen Behandlung dieser Leistung nach der SvEV vgl → *Arbeitsentgelt* Rn 124 ff.

# Betriebsstätte

## A. Arbeitsrecht

*Kreitner*

1 Der Begriff der Betriebsstätte wird im Arbeitsrecht nur vereinzelt verwandt. So macht zB § 2 Abs 1 HAG den Begriff des Heimarbeiters ua von einer Tätigkeit in einer selbstgewählten Betriebsstätte abhängig. Der Begriff der Betriebsstätte hat vereinzelt auch tarifliche Relevanz, wie etwa bei dem Tarifmerkmal von Tätigkeiten „außerhalb der stationären Betriebsstätte" im Tarifvertrag über das Sozialkassenverfahren im Baugewerbe (BAG

19.11.14 – 10 AZR 787/13, NZA-RR 15, 202). Ansonsten geht es stattdessen im Arbeitsrecht regelmäßig um die Begriffe → *Betrieb (Begriff)* Rn 1 ff und → *Betriebsteil* Rn 1 ff. Auswirkungen auf das Arbeitsrecht entfaltet der Begriff der Betriebsstätte in der gesetzlichen UV. Hier normiert § 106 Abs 3 SGB VII einen Haftungsausschluss bei vorübergehend betrieblichen Tätigkeiten mehrerer Unternehmen auf einer gemeinsamen Betriebsstätte (→ *Arbeitsunfall* Rn 6).

**B. Lohnsteuerrecht** *Seidel*

**1. Allgemeines.** Im LStRecht muss mit mehreren Betriebsstättenbegriffen gearbeitet werden. Die in § 41 Abs 2 EStG für das LStVerfahren definierte lohnsteuerliche Betriebsstätte ist für die Frage, wo der ArbGeb seine Pflicht zu erfüllen hat und welches FA (BetriebsstättenFA) für den ArbGeb zuständig ist, von Bedeutung. Demgegenüber steht der generelle steuerrechtliche Betriebsstättenbegriff des § 12 AO, nach dem sich (im LStRecht) richtet, ob ein ArbGeb im Inland eine Betriebsstätte unterhält und damit überhaupt als inländischer ArbGeb zur Einbehaltung und Abführung der LSt verpflichtet ist (§ 38 Abs 1 Nr 1 EStG; → *Lohnabzugsverfahren* Rn 6–11). Ferner ist bei Anwendung der DBA ein von § 12 AO bzw § 41 Abs 2 EStG abweichender Betriebsstättenbegriff zu beachten. 2

**2. Inländische Betriebsstätte** (§ 38 Abs 1 Nr 1 EStG iVm § 12 AO). Jeder (auch im Ausland ansässige) ArbGeb, der im Inland eine Betriebsstätte unterhält, ist inländischer ArbGeb und damit den lohnsteuerlichen Pflichten unterworfen. Inland ist dabei der Geltungsbereich des EStG, einschließlich des Festlandssockels (§ 1 Abs 1 Satz 2 EStG). Betriebsstätte iSd hier maßgebenden § 12 AO (§ 38 Abs 1 Nr 1 EStG) ist jede feste Geschäftseinrichtung oder Anlage, die der Tätigkeit eines Unternehmens dient. Besondere Baulichkeiten sind nicht erforderlich. Allerdings ist eine Geschäftseinrichtung oder Anlage nur fest, wenn sie eine Beziehung zu einem bestimmten Punkt der Erdoberfläche hat, die auf eine gewisse Dauer angelegt ist, zB Stätte der Geschäftsleitung, Zweigniederlassungen, Geschäftsstellen, Fabrikations- oder Werkstätten, Warenlager, Ein- und Verkaufsstellen, Bergwerke oder Steinbrüche oder andere Stätten der Gewinnung von Bodenschätzen, aber auch Bauausführungen oder Montagen, auch örtlich fortschreitende oder schwimmende, wenn 3

a) die einzelne Montage oder Bauausführung oder
b) eine von mehreren zeitlich nebeneinander bestehenden Bauausführungen oder Montage oder
c) mehrere ohne Unterbrechung aufeinander folgende Bauausführungen oder Montagen **länger als 6 Monate** dauern (§ 12 Satz 2 Nr 1–8 AO).

Bei entsprechenden Bauausführungen oder Montagen ausländischer ArbGeb im Inland ist der ausländische ArbGeb zugleich als inländischer ArbGeb anzusehen, gleichgültig, ob die Bauausführung oder Montage nach dem entsprechenden DBA eine Betriebsstätte begründet (→ Rn 10). Wird nach dem DBA keine Betriebsstätte begründet, sind die Löhne der ArbN, die sich an höchstens 183 Tagen im Kj, bei bestimmten DBA in einem 12-Monatszeitraum im Inland aufhalten von der LSt frei zu stellen (LStR 38.3 Abs 4; → *Lohnabzugsverfahren* Rn 22).

**Neben** den in § 12 Satz 2 AO aufgeführten Einrichtungen sind Betriebsstätten auch Landungsbrücken, Kontore und sonstige Geschäftseinrichtungen, die dem Unternehmer oder Mitunternehmer oder seinem ständigen Vertreter, zB einem Prokuristen, zur Ausübung des Gewerbes dienen (LStR 38.3 Abs 2). Gehören die Geschäftsräume nicht dem Unternehmer, liegt eine Betriebsstätte nur vor, wenn er über die Räumlichkeiten eine gewisse, nicht nur vorübergehende **Verfügungsmacht** hat (ständige Rspr; BFH 5.11.14 – IV R 30/11, BStBl I 15, 601, Rz 28 mwN). Alleinige Verfügungsmacht ist nicht erforderlich. Ihm muss aber eine Rechtsposition eingeräumt sein, die ihm ohne seine Mitwirkung nicht ohne weiteres entzogen werden kann. In Fällen ohne feste Anlagen (zB mobile Verkaufsstände) ist an andere in § 38 Abs 1 Nr 1 EStG genannte Merkmale anzuknüpfen (zB die Wohnung des ArbGeb; *HMW*/Betriebsstätte Rz 11; → *Lohnabzugsverfahren* Rn 7 ff).

**3. Lohnsteuerliche Betriebsstätte** (§ 41 Abs 2 EStG). Für das LStVerfahren (LStAbzug → *Lohnabzugsverfahren* Rn 2 ff) gilt ein eigener, von § 12 AO abweichender Betriebsstättenbegriff. Betriebsstätte iSd § 41 Abs 2 Satz 1 EStG ist der im Inland gelegene Betrieb oder 4

Teilbetrieb des ArbGeb, in dem der Arbeitslohn insgesamt ermittelt wird. Es kommt nicht darauf an, wo einzelne Lohnbestandteile ermittelt, die Berechnung der LSt vorgenommen und die für den LStAbzug maßgebenden Unterlagen aufbewahrt werden. Entscheidend ist, wo die einzelnen Lohnbestandteile zu dem für die Durchführung des LStAbzugs maßgebenden Arbeitslohn bzw bei maschineller Lohnabrechnung die Eingabewerte zusammengefasst werden (LStR 41.3). Ist der ArbGeb nur nach einem der in § 38 Abs 1 Nr 1 EStG genannten Merkmale inländischer ArbGeb (Wohnsitz, gewöhnlicher Aufenthalt, Geschäftsleitung, Sitz, Betriebsstätte iSd § 12 AO, ständiger Vertreter; → *Lohnabzugsverfahren* Rn 6–11) wird er dort idR auch den für den LStAbzug maßgebenden Arbeitslohn ermitteln, so dass dieser Ort auch die lohnsteuerliche Betriebsstätte darstellt (LStR 41.3 Satz 3 zum **ausländischen ArbGeb** mit ständigem Vertreter im Inland). Bei **Konzernunternehmen** kommt es auf die Betriebsstätte der jeweiligen Organgesellschaft als ArbGeb an und nicht auf die des Organträgers (→ *Konzernarbeitsverhältnis* Rn 21 ff; zur ArbGebStellung bei Entsendung von ArbN ausländischer Muttergesellschaften an eine deutsche Tochtergesellschaft → *Arbeitnehmerentsendung* Rn 18).

5 Bei **mehreren** in Betracht kommenden **Orten** nach § 38 Abs 1 Nr 1 EStG ist lohnsteuerliche Betriebsstätte der Ort, an dem der maßgebende Arbeitslohn ermittelt wird. Die Wahl dieses Ortes ist dem ArbGeb freigestellt.

6 **Mehrere** lohnsteuerliche **Betriebsstätten** iSd § 41 Abs 2 EStG können nur vorliegen, wenn die maßgebenden Arbeitslöhne in verschiedenen Betriebsteilen ermittelt werden, zB für Angestellte am Sitz der Hauptverwaltung, für gewerbliche ArbN am Sitz der Zweigniederlassung. Diese Gestaltung steht im Belieben des ArbGeb (*Littmann/Barein* § 41 Rz 22). Für den Fall, dass der maßgebende Arbeitslohn nicht im Betrieb des ArbGeb oder nicht im Inland ermittelt wird, fingiert § 41 Abs 2 Satz 2 EStG den Mittelpunkt der geschäftlichen Leitung als lohnsteuerliche Betriebsstätte. Dies gilt insbes in Fällen, in denen der maßgebliche Arbeitslohn vom Steuerberater ermittelt wird (*HMW*/Betriebsstätte Rz 16). Zu Matrixstrukturen → *Matrixorganisation* Rn 15 ff.

7 In den Fällen der gewerbsmäßigen **Arbeitnehmerüberlassung,** in denen auch ein ausländischer Verleiher die inländischen ArbGebPflichten zu erfüllen hat (§ 38 Abs 1 Nr 2 EStG; → *Arbeitnehmerüberlassung/Zeitarbeit* Rn 34 und → *Lohnabzugsverfahren* Rn 12), gilt als lohnsteuerliche Betriebsstätte der Ort im Inland, an dem die Arbeitsleistung ganz oder überwiegend stattfindet (§ 41 Abs 2 Satz 2 EStG). Allerdings ist hier die Zuständigkeit bei einem FA je Bundesland zentralisiert (s Aufstellung LStH 41.3: Zuständige FÄmter für ausländische Verleiher). Auch für **ausländische Bauunternehmer** gelten für die LSt zentrale Zuständigkeiten, die sich nach der Ansässigkeit richten (Aufstellung LStH 41.3: Zuständige Finanzämter für ausländische Bauunternehmer).

8 Wenn eine Reederei im Inland keine Niederlassung hat, gilt für deutsche **Handelsschiffe** der Heimathafen als lohnsteuerliche Betriebsstätte (§ 41 Abs 2 Satz 3 EStG).

9 Neben der Bedeutung für die Führung des Lohnkontos bestimmt sich nach dem Ort der lohnsteuerlichen Betriebsstätte auch das FA (BetriebsstättenFA, § 41a Abs 1 Nr 1 EStG), das zuständig ist

- für die Erteilung einer **Freistellungsbescheinigung** wegen Anwendung eines **DBA** oder des Auslandstätigkeitserlasses (→ *Auslandstätigkeit* Rn 43 ff);
- für die Bescheinigung der **Lohnsteuerabzugsmerkmale** bei unbeschränkt stpfl ArbN iSd § 1 Abs 2 EStG und auf Antrag als unbeschränkt stpfl zu behandelnden ArbN iSd § 1 Abs 3 EStG (§§ 39 Abs 3 39e Abs 8 EStG; → *Lohnsteuerberechnung* Rn 18 und → *Lohnsteuerabzugsmerkmale* Rn 26);
- für die Zulassung der LStPauschalierung nach § 40 Abs 1 EStG (→ *Lohnsteuerpauschalierung* Rn 13 ff);
- für die Entgegennahme der → *Lohnsteueranmeldung* Rn 2 ff und die → *Lohnsteuerabführung* Rn 2 ff (s § 41a EStG),
- für den Ersatz von Fehlbeträgen aus LStErstattungen (§ 41c Abs 2 EStG; → *Lohnsteuerjahresausgleich* Rn 11) und für haftungsbefreiende Anzeigen (§ 41c Abs 4 EStG; → *Lohnsteuerberechnung* Rn 25 und → *Anzeigepflichten Arbeitgeber* Rn 6 ff);
- für den Erlass von Haftungsbescheiden und Nachforderungs- bzw Pauschalierungsbescheiden (§ 42d Abs 3 EStG; → *Lohnsteuerhaftung* Rn 47–68; → *Lohnsteuernachforderung* Rn 14–16 sowie → *Lohnsteuerpauschalierung* Rn 6–12);

– für die Anrufungsauskunft (§ 42e EStG; → *Anrufungsauskunft* Rn 5–17);
– für die LStAußenprüfung (§ 42 f EStG; → *Lohnsteueraußenprüfung* Rn 2–19);
(*Littmann/Barein* § 41 Rz 25 und *HMW*/Betriebsstättenfinanzamt).

**4. Betriebsstätte nach Doppelbesteuerungsabkommen.** Der sich aus dem jeweiligen DBA ergebende Betriebsstättenbegriff ist bei Anwendung der sog 183-Tage-Klausel maßgebend (→ Rn 3: in Einzelfällen 12-Monatszeitraum). Bei nur vorübergehender (bis zu 183 Tage im Steuerjahr) nichtselbstständiger Arbeit in einem DBA-Staat bleibt das Besteuerungsrecht idR beim Wohnsitzstaat, wenn – neben anderen Voraussetzungen – der Arbeitslohn nicht von einer Betriebsstätte wirtschaftlich getragen wird, die der ArbGeb in dem anderen Staat hat (FG Hbg 22.11.01 – I 6/96, EFG 02, 445 mit Anm; → *Auslandstätigkeit* Rn 42 ff). Insbes enthalten die DBA hinsichtlich der Bau- und Montagestellen, die erst ab einer bestimmten Zeitdauer als Betriebsstätten gelten, unterschiedliche Regelungen (*HMW*/Betriebsstätte Rz 25). Strittig und ernstlich zweifelhaft ist, ob wegen der inländischen Betriebsstätte eines Unternehmens mit Sitz im Ausland (DBA-Staat) der ArbGeb als im Inland ansässiger ArbGeb iSd 183-Tageklauseln verschiedener DBA (so die Finanzverwaltung; FinMin NRW 5.7.82, DB 82, 1493) oder für die vorübergehende Auslandstätigkeit als ausländischer ArbGeb anzusehen ist (BFH 8.9.82, BStBl II 83, 71). 10

### C. Sozialversicherungsrecht *Ruppelt*

**Haftungsbefreiung für Personenschäden.** Im SozVRecht kommt der Betriebsstätte Bedeutung für die gesetzliche UV zu. Beschäftigte auf einer **gemeinsamen Betriebsstätte** haften einander nicht für Personenschäden, die Folge eines durch sie verursachten Arbeitsunfalls sind, wenn die Schädigung nicht vorsätzlich herbeigeführt worden ist. Einzelheiten → *Betrieb (Begriff)* Rn 31 f. S auch → *Arbeitsstätte* Rn 21; → *Fahrten zwischen Wohnung und Arbeitsstätte* Rn 39 f; → *Doppelte Haushaltsführung* Rn 36 f; → *Arbeitsunfall* Rn 31 ff. 11

## Betriebsstörung

### A. Arbeitsrecht *Poeche*

**1. Vorbemerkung.** Mit dem Begriff Betriebsstörung verbinden sich idR zwei gänzlich verschiedene Sachverhalte, die schlagwortartig mit „Betriebsrisiko" und „Betriebsfrieden" gekennzeichnet werden. Er findet sich außerdem in Tarifverträgen. 1

**2. Betriebsrisiko. a) Allgemeines.** Nach § 615 Satz 3 BGB gelten die Vorschriften des *Annahmeverzugs* entsprechend in den Fällen, in denen der ArbGeb das Risiko des Arbeitsausfalls zu tragen hat. Die Vorschrift erfasst das sog Betriebsrisiko, also das Risiko des ArbGeb, seinen Betrieb betreiben zu können (BAG 23.9.15 – 5 AZR 146/14, NZA 16, 293). Abweichend von § 326 BGB, dem zufolge beide Parteien leistungsfrei werden, wenn keine von ihnen die Unmöglichkeit der Leistung zu vertreten hat, hat der ArbGeb für das „Funktionieren" seines Betriebs einzustehen. Er schuldet dem ArbN auch dann das vereinbarte Entgelt, wenn der ArbN wegen einer **Betriebsstörung** nicht arbeiten kann (sog Annahmeunmöglichkeit des ArbGeb). Der Arbeitsausfall kann auf jedem von **außen einwirkenden Umstand** beruhen (Ausnahme: Arbeitskampf oder Verschulden des ArbN). In Betracht kommen technische Betriebsstörungen, Unterbrechungen der Energieversorgung, Maschinenausfall, Witterungsbedingungen (zB Hochwasser, *Mosch* NJW-Spezial 13, 434), Erdbeben, Brand usw, aber auch Rohstoff- oder Auftragsmangel sowie der Ausfall von Betriebsstoffen oder anderer für den Betriebsablauf notwendiger Betriebs- oder Produktionsmittel oder eine Betriebsstillegung aufgrund öffentlich-rechtlicher Vorschriften/Anordnungen, nicht jedoch der Entzug einer dem ArbN persönlich erteilten Einsatzgenehmigung (BAG 28.9.16 – 5 AZR 224/16, NZA 17, 124; 23.9.15 – 5 AZR 146/14, NZA 16, 293). Nimmt der ArbGeb die ihm vom ArbN angebotene Arbeit aus Gründen, die nicht betriebstechnischer Natur sind, nicht an, findet § 615 S 3 BGB keine Anwendung. Nicht zutreffend ist daher die Auffassung des LAG Hessen 15.2.11 – 13 Sa 1460/10, BeckRS 2011, 73343, wonach auch ein vom ArbN nicht zu vertretendes Hausverbot, welches ihn an der Erbringung der Arbeitsleistung hindert, zum Betriebsrisiko des ArbGeb gehört (aufgehoben durch 2

BAG 28.9.16 – 5 AZR 224/16, NZA 17, 124). Der ArbGeb trägt das Risiko auch, wenn er selbst den Betrieb aus Gründen, die in seinem betrieblichen oder **wirtschaftlichen Verantwortungsbereich** liegen, einschränkt oder stilllegt, etwa weil die Arbeit witterungsbedingt nicht sinnvoll fortgesetzt werden kann (BAG 9.7.08 – 5 AZR 810/07, NZA 08, 1407 zu einem Zement- und Baustoffhandel). Die Zuweisung des **Betriebsrisikos** rechtfertigt sich aus der Leitungs- und Anordnungsbefugnis des ArbGeb und insbes aus der Tatsache, dass er die **wirtschaftlichen Erträge** aus dem Betrieb zieht. Kein Fall des § 615 Satz 3 BGB liegt vor, wenn der ArbN auf einer Dienstreise wegen eines Naturereignisses an der Erbringung der Arbeitsleistung gehindert wird, da dem ArbGeb die Annahme möglich bleibt (aA *Pötters/Traut* DB 11, 1751). Das sog **Wirtschaftsrisiko** hat der ArbGeb bereits nach § 615 Satz 1 BGB zu tragen. Es verwirklicht sich, wenn die Arbeitsleistung betriebstechnisch möglich bleibt, die Fortsetzung des Betriebs wegen Auftrags- oder Absatzmangels aber wirtschaftlich sinnlos wird (BAG 7.12.05 – 5 AZR 535/04, NZA 06, 423; BAG 13.12.11 – 1 AZR 495/10, BeckRS 2012, 68155).

3 **b) Existenzgefährdung.** Nicht zuzustimmen ist der Rspr, nach der der ArbGeb **ausnahmsweise** dann von seiner Zahlungspflicht befreit sein soll, wenn Betriebsstörung und Entgeltfortzahlung die Existenz des Betriebs gefährden (BAG 9.3.83 – 4 AZR 301/08, DB 83, 395; BAG 30.1.91 – 4 AZR 338/90, DB 91, 1525). Es fehlt an jedem Sachgrund, die ArbN mit diesem Risiko zu belasten, solange sie nicht am Betriebsergebnis beteiligt werden (Erfk/*Preis* § 615 Rz 127). Im Übrigen dürfte bei einer solchen dramatischen Situation, deren Voraussetzungen vom BAG bisher in keinem Fall angenommen wurden, die Insolvenz der „richtige" Weg sein; ggf bietet sich *Kurzarbeit* an.

4 **c) Wegerisiko.** Zum Risiko des ArbN gehört es, seinen Arbeitsplatz zu erreichen. Der Entgeltanspruch entfällt, wenn er zB witterungsbedingt (Smog oder Hochwasser, vgl *Spielberger/Heer* AuA 13, 582 und *Gräf/Rögele* NZA 13, 1120) oder wegen Ausfalls der Verkehrsmittel die Arbeit nicht aufnehmen kann (BAG 8.12.82 – 4 AZR 134/80, NJW 83, 1079). Dazu auch → *Arbeitsverhinderung* Rn 8.

5 **d)** Zur **Abdingbarkeit** wird auf → *Annahmeverzug* Rn 21 verwiesen. Dass § 615 S 3 BGB durch TV oder Arbeitsvertrag abbedungen werden kann, hat das BAG ausdrücklich entschieden (BAG 25.1.12 – 5 AZR 671/10, BeckRS 2012, 68091 zu § 4 Nr 6 1 BRTV-Bau, BAG 9.7.08 – 5 AZR 810/07, NZA 08, 1407).

6 **e)** Die fehlende Beschäftigungsmöglichkeit aufgrund einer Betriebsstörung rechtfertigt nicht den Ausspruch einer fristlosen **Kündigung** (BAG 28.9.72 – 2 AZR 506/71, DB 73, 178).

7 **3. Betriebsfrieden.** Unter der Überschrift „Entfernung betriebsstörender Arbeitnehmer" wird dem BRat das Recht eingeräumt, vom ArbGeb die Entlassung oder Versetzung eines ArbN zu verlangen (§ 104 BetrVG). Näheres → *Mitbestimmung, personelle Angelegenheiten* Rn 35–38.

Die Kündigung auf **Verlangen Dritter** (zB Belegschaft, mehrere ArbN oder Auftraggeber) wird, soweit eine personen- oder verhaltensbedingte Entlassung nicht gerechtfertigt ist, teils als betriebsbedingte Kündigung (sog echte Druckkündigung, hierzu *Settekorn/Fasholz* ArbRAktuell 16, 521) zugelassen (BAG 18.7.13 – 6 AZR 420/12, BeckRS 2013, 70484 mit Anm *Hamacher* NZA 14, 134; 19.6.86 – 2 AZR 563/85, DB 86, 2498; BAG 26.6.97 – 2 AZR 502/96, RZK I 5i Nr 126; BAG 31.1.96 – 2 AZR 158/95, NZA 96, 581 zur personenbedingten außerordentlichen Änderungskündigung einer tariflich unkündbaren Kindergartenleiterin; → *Kündigung, verhaltensbedingte* Rn 30).

8 Dem ArbN, dessen Arbeitsverhältnis aufgrund einer Druckkündigung beendet worden ist, können gegen die „druckausübenden Personen" Schadensersatzansprüche wegen vorsätzlicher sittenwidriger Schädigung nach §§ 824, 826 BGB zustehen. Nicht entschieden hat das BAG bisher, ob auch Ansprüche nach § 823 Abs 1 BGB in Betracht kommen, ob also ein absolut geschütztes „Recht am Arbeitsplatz" oder „Recht am Arbeitsverhältnis" anzuerkennen ist (BAG 4.6.98 – 8 AZR 786/96, NZA 98, 113 mwN zum Schrifttum).

## B. Lohnsteuerrecht *Seidel*

10 Da die LSt an die Auszahlung des Arbeitslohns anknüpft (→ *Lohnzufluss* Rn 2 ff) und vom tatsächlich geleisteten Bruttolohn einzubehalten ist, ergeben sich bei der Weiterzahlung

von Arbeitslohn trotz Nichterbringens der Arbeitsleistung keine Besonderheiten. Es ist lediglich zu beachten, dass evtl gezahlte Zuschläge für Sonntags-, Feiertags- und Nachtarbeit nicht steuerfrei sind, wenn tatsächlich keine Arbeit zu den begünstigten Zeiten geleistet wird (→ *Sonn- und Feiertagsarbeit* Rn 29).

Kommt es zu Nachzahlungen im Rahmen eines Annahmeverzugs des ArbGeb, so gelten die unter → *Annahmeverzug* Rn 25 dargestellten Grundsätze. Verliert der ArbN wegen eines von ihm zu tragenden Arbeitskampfrisikos seinen Vergütungsanspruch (*Schaub* § 101 III 2 Rz 15), ist mangels Lohnzahlung auch lohnsteuerlich nicht veranlasst (→ *Arbeitskampf (Vergütung)* Rn 24 ff). Zur lohnsteuerrechtlichen Behandlung von Kurzarbeitergeld (→ Rn 13) → *Kurzarbeit* Rn 27. 11

## C. Sozialversicherungsrecht *Schlegel*

**1. Annahmeverzug.** Betriebsstörungen, die dazu führen, dass die Arbeit nicht oder nicht im vertraglich vereinbarten Umfang erbracht werden kann, führen zu den sozialversicherungsrechtlichen Folgen des Annahmeverzuges, wenn der ArbN weiterhin arbeitsbereit bleibt und er seine Arbeitskraft dem ArbGeb anbietet. Liegen diese Voraussetzungen vor, so ist es unerheblich, auf welchen Gründen der Annahmeverzug bzw die Betriebsstörung beruht (→ *Annahmeverzug* Rn 26 ff). Betriebsstörungen können Ansprüche auf Kurzarbeitergeld auslösen (Einzelheiten zum Kurzarbeitergeld → *Kurzarbeit* Rn 28 ff). 12

**2. Kurzarbeitergeld** nach Maßgabe der §§ 95 ff SGB III setzt voraus, dass die Betriebsstörung zu einem Arbeitsausfall führt, der Arbeitsausfall auf wirtschaftlichen Gründen oder einem unabwendbaren Ereignis beruht, der Arbeitsausfall unvermeidbar ist und der Agentur für Arbeit angezeigt worden ist, sofern in einem zusammenhängenden Zeitraum von mindestens vier Wochen für mindestens ein Drittel der im Betrieb tatsächlich beschäftigten ArbN jeweils mehr als 10 vH der Arbeitszeit ausfällt (§ 96 Abs 1 SGB III). 13

Wird diese Bagatellgrenze nicht erreicht, ist der Arbeitsausfall grds innerbetrieblich auszugleichen. Dem ArbN bleibt dann nur der Weg über den Annahmeverzug. Kurzarbeitergeld wird nicht gewährt, wenn der Arbeitsausfall überwiegend branchenüblich, betriebsüblich oder saisonbedingt ist oder ausschließlich auf betriebsorganisatorischen Gründen beruht (§ 96 Abs 4 Nr 1 SGB III). 14

**Unabwendbare Ereignisse** iSd § 96 Abs 1 SGB III sind zunächst Unglücksfälle wie Brände, Explosionen, Seuchen etc. Nach § 96 Abs 3 SGB III liegt ein unabwendbares Ereignis in diesem Sinne auch vor, wenn der Arbeitsausfall durch behördliche oder behördlich anerkannte Maßnahmen verursacht ist, die der ArbGeb nicht zu vertreten hat. Hierzu zählen etwa Einschränkungen der Wasser-, Gas- und Stromlieferung, Straßensperren, Fahrverbote oder allgemeine Produktionssperren nach einem Smog-Alarm. Nicht hierher gehört der Fall, dass die Tätigkeit des Unternehmers unter einem **Erlaubnisvorbehalt** steht und der ArbGeb die Voraussetzungen für die erforderliche Erlaubnis/Genehmigung nicht erfüllt oder wenn dem ArbGeb die Tätigkeit untersagt wird, weil er im polizeirechtlichen Sinne Störer ist. 15

Ein unabwendbares Ereignis liegt insbes vor, wenn ein Arbeitsausfall auf ungewöhnlichen, dem üblichen **Witterungsverlauf** nicht entsprechenden Witterungsgründen beruht (§ 96 Abs 3 Satz 1 SGB III), nicht jedoch dann, wenn der Arbeitsausfall durch den üblichen Witterungsverlauf verursacht ist. 16

Die Gewährung von Kurzarbeitergeld kommt weiter bei einem Arbeitsausfall infolge Arbeitsmangels aus vom ArbGeb nicht zu vermeidenden Umständen, für die die **wirtschaftlichen Verhältnisse (Wirtschafts- und Arbeitsmarktlage)** ursächlich sind, in Betracht. Desgleichen wird Kurzarbeitergeld gewährt bei Arbeitsausfällen infolge **betrieblicher Strukturveränderungen,** die durch die allgemeine wirtschaftliche Entwicklung bedingt sind (BT-Drs 14/2291 S 70). Auch die betriebliche Strukturveränderung muss auf einer (allgemeinen) wirtschaftlichen Ursache beruhen. Der Begriff der wirtschaftlichen Ursache schließt alle Arbeitsausfälle ein, die sich aus der Gesamtheit der laufenden Produktions- und Konjunkturvorgänge, den Veränderungen des Wirtschaftskreislaufes und damit aus der Teilnahme des Betriebs am Wirtschaftsleben ergeben. Der Begriff umfasst die externen Wirtschaftsprozesse mit ihren konjunkturellen, zyklisch verlaufenden Phasen sowie die hierfür verantwortlichen Strukturelemente wie die ökonomischen und außerökonomi- 17 schen Rahmenbedingungen (Bevölkerung, Rechtsordnung, technisches Wissen, Kapitalbestand). Hierzu zählen auch die wirtschaftlichen Auswirkungen politischer Entscheidungen. Es handelt sich insoweit um Wirtschaftsabläufe, die nicht mit betriebsspezifischen vom einzelnen Unternehmen zu verantwortenden Verläufen im Zusammenhang stehen, sondern um allgemeine wirtschaftliche Veränderungen, insbesondere um konjunkturelle und strukturelle Störungen der Gesamtwirtschaftslage. Als von außen einwirkende wirtschaftliche Ursachen in diesem Sinne sind: Auftragsmangel infolge Rezession, Exportrückgang wegen währungspolitischer Maßnahmen, Mangel an Betriebs- und Werkstoffen, Umstellung auf ein neues Produkt, Automatisierung – jeweils als Folge der Gesamtwirtschaftslage.

18 Ein allgemeiner **soziokultureller Akzeptanzverlust eines Produkts** stellt keine wirtschaftliche Ursache bzw keinen wirtschaftlichen Grund im og Sinne dar; Kurzarbeitergeld wird daher nicht gewährt, wenn ein Arbeitsausfall wesentlich darauf beruht, dass ein Produkt (hier: Rheumabandagen aus Katzenfell) aus der Mode kommt (BSG 15.12.05 – B 7a AL 10/05, R, SozR 4–4300 § 170 Nr 1). Gleiches gilt für einen **Bankenboykott gegen ein Unternehmen** (BSG 21.6.18 – B 11 AL 4/17 R, BeckRS 2018, 21647 zu Boykott gegen die MLPD).

19 Kurzarbeitergeldansprüche werden nicht ausgelöst durch reine **Management-Fehler** und wirtschaftliche Fehleinschätzungen der Betriebsleitung oder Ereignisse, die überwiegend betriebliche, branchenbedingte, saisonale oder organisatorische Gründe haben, denn es ist nicht Aufgabe des Kurzarbeitergeldes, Schwankungen der Beschäftigungslage aufzufangen, die durch die Eigenart des Betriebes bedingt sind oder regelmäßig wiederkehren (BSG 18.5.95 – 7 RAr 28/94, SozR 3–4100 § 64 Nr 2). Auch die **Erkrankung eines in eigener Praxis tätigen Selbstständigen** oder Freiberuflers ist kein von außen auf den „Betrieb“ einwirkendes Ereignis. Die Erkrankung ist vielmehr ein der selbstständigen freiberuflichen Betätigung innewohnendes Risiko, also ein innerbetriebliches Ereignis (BSG 11.12.14 – B 11 AL 3/14 R, SozR 4–4300 § 170 Nr 3: Kein Anspruch der Arzthelferinnen auf Kug bei schwerer Erkrankung des Arztes). Beim Zusammentreffen betrieblicher und außerbetrieblicher Gründe für den Arbeitsausfall ist entsprechend den Grundsätzen der Lehre von der wesentlichen Bedingung darauf abzustellen, in welchen Gründen der Arbeitsausfall seinen Schwerpunkt hat. **Leiharbeitnehmer** haben ebenfalls keinen Anspruch auf Kurzarbeitergeld, weil konjunkturell bedingte, vorübergehende Auftragsnachfragerückgänge bei Zeitarbeitsunternehmen für diese Branche typusbildend und normativ dem Risikobereich des ArbGeb zugeordnet sind (BSG 21.7.09 – 7 AL 3/08 R, SozR 4–4300 § 170 Nr 2).

# Betriebsteil

## A. Arbeitsrecht

*Kreitner*

1 **1. Abgrenzung/Begriff.** Der Begriff des Betriebsteils steht im engen Zusammenhang mit dem arbeitsrechtlichen Betriebsbegriff, der seinerseits zu den Grundbegriffen des Arbeitsrechts zählt (→ *Betrieb (Begriff)* Rn 1 ff). Eine allgemeine gesetzliche Definition des Begriffs „Betriebsteil“ existiert nicht. Hinsichtlich der drei wesentlichen Bereiche von BetrVG, KSchG und BGB ist wie folgt zu differenzieren:

2 **a) BetrVG. aa) Allgemeine Begriffsdefinition.** Betriebsteil ist ein unselbstständiger Teil eines Betriebes, der in den (Haupt)betrieb eingegliedert ist und dem eine Teilfunktion bei der Erreichung des Betriebszwecks zukommt. Er ist organisatorisch abgrenzbar und relativ verselbstständigt (BAG 21.7.04 – 7 ABR 57/03, AP Nr 15 zu § 4 BetrVG 1972). Entscheidend für die Abgrenzung zum Betrieb ist der Grad der Verselbstständigung, wie er im Umfang der Leitungsmacht zum Ausdruck kommt (BAG 18.1.12 – 7 ABR 72/10, NZA-RR 13, 133; 17.5.17 – 7 ABR 21/15, NZA 17, 1282). Kennzeichnend ist insbes die Verfolgung eines Zwecks, der dem Zweck des Betriebes ein- oder untergeordnet ist (BAG 23.9.82, BB 83, 1534); zB: Reparaturwerkstatt bei Speditionsbetrieb oder Lackiererei bei Automobilbetrieb.

3 **bb) Betriebsratsfähigkeit.** In Betriebsteilen ist grds kein gesonderter BRat zu wählen. Etwas anderes gilt gem § 4 Abs 1 Satz 1 BetrVG dann, wenn der Betriebsteil zum einen die Voraussetzungen des § 1 Abs 1 Satz 1 BetrVG erfüllt (mindestens fünf ständig wahlberech-

tigte ArbN, von denen drei wählbar sind) und er zum anderen entweder räumlich weit vom Hauptbetrieb entfernt oder durch Aufgabenbereich und Organisation selbstständig ist. In ihren rechtlichen Auswirkungen ist die Fiktion des § 4 Abs 1 Satz 1 BetrVG für das gesamte BetrVG von Bedeutung. Meist stellt sich die Abgrenzungsproblematik erstmalig bei der BRatWahl, sie kann jedoch auch anderweitig virulent werden (BAG 27.6.95, DB 96, 147: Betriebsstilllegung).

Eine hinreichende **räumliche Entfernung** wird von der Rspr immer dann bejaht, wenn wegen der Entfernung eine persönliche Kontaktaufnahme zwischen dem BRat im Hauptbetrieb und den ArbN im Betriebsteil so erschwert ist, dass eine ordnungsgemäße Betreuung der ArbN im Betriebsteil durch den BRat des Hauptbetriebs nicht mehr gewährleistet ist (BAG 17.5.17 – 7 ABR 21/15, NZA 17, 1282; BAG 14.1.04 – 7 ABR 26/03, BeckRS 2009, 55090). Maßgeblich ist dabei die Entfernung der Filialen zum Hauptbetrieb und nicht zum Büro des BRat (BAG 7.5.08 – 7 ABR 15/07, NZA 09, 328). Da § 4 Abs 1 Satz 1 Nr 1 BetrVG allein auf die räumliche Entfernung abstellt, kommt es auf die Möglichkeit der Kontaktaufnahme durch moderne Kommunikationsmittel nicht an (BAG 7.5.08, NZA 09, 328). Ausreichend sind regelmäßig Entfernungen von 260 oder 300 Kilometer (BAG 19.2.02 – 1 ABR 26/01, NZA 02, 1300; 15.12.11 – 8 AZR 692/10, BeckRS 2012, 69566). Maßgeblich sind die Wegezeiten, die bei den regelmäßigen Verkehrsverhältnissen anfallen (BAG 17.5.17 – 7 ABR 21/15, NZA 17, 1282: hier 50 Minuten). Letztlich sind sichere allgemeine Angaben dahingehend, ab wann eine ausreichende räumliche Entfernung iSd § 4 BetrVG vorliegt, nur schwer möglich. 4

Hinsichtlich des alternativ eingreifenden Merkmals **„eigenständiger Aufgabenbereich und Organisation"** sind nach der Rspr des BAG (29.5.91, DB 92, 231; LAG BaWü 26.3.96, DB 96, 2084) im Kern vergleichbare Kriterien heranzuziehen wie bei der Frage, ob zwei Unternehmen einen gemeinsamen Betrieb unterhalten (→ *Betrieb (Begriff)* Rn 15). Es kommt mithin auf eine institutionalisierte Leitungsmacht an (zuletzt BAG 14.5.97, NZA 97, 1245), wobei diese allerdings hier – anders als im Fall des Gemeinschaftsbetriebs – nicht den gesamten Kern der ArbGebFunktionen im personellen und sozialen Bereich erfassen muss, da es nur um die Selbstständigkeit eines Betriebsteils geht (BAG 9.5.96, NZA 96, 1145; LAG Bln 28.6.99 – 9 TaBV 479/99, NZA-RR 2000, 246). Anderenfalls läge bereits ein selbstständiger Betrieb vor (BAG 29.5.91, DB 92, 231). Zur BRatFähigkeit eines Orchesters vgl BAG 21.7.04 – 7 ABR 57/03, AP Nr 15 zu § 4 BetrVG 1972. 5

Zu beachten ist, dass trotz der alternativen Reihung von Nr 1 und Nr 2 („oder") das BAG in ständiger Rspr auch für § 4 Abs 1 Satz 1 Nr 1 BetrVG **zusätzlich** das Bestehen einer Leitung verlangt, die Weisungsrechte des ArbGeb ausübt (BAG 14.5.97 – 7 ABR 26/96, NZA 97, 1245; 19.2.02 – 1 ABR 26/01, NZA 02, 1300). Das Vorhandensein von gewissen **Leitungsstrukturen** stellt damit ein ungeschriebenes Tatbestandsmerkmal des Betriebsteilbegriffs dar. 6

**Optional** ist für ArbN in Betriebsteilen ohne eigenen BRat eine **Teilnahme an der Wahl** des BRat **im Hauptbetrieb,** wobei eine Abstimmung hierüber auch vom BRat des Hauptbetriebs veranlasst werden kann. Die eigentlich nach § 4 Abs 1 Satz 1 BetrVG eingetretene Verselbstständigung kann auf diese Weise rückgängig gemacht werden solange kein BRat besteht. Ein solcher Beschluss führt zur endgültigen Zuordnung zum Hauptbetrieb (BAG 17.9.13 – 1 ABR 21/12, NZA 14, 96). Er muss nicht in einer Betriebsversammlung gefasst werden (zB LAG Düsseldorf 13.1.16 – 12 TaBV 67/14, BeckRS 2016, 65718: beim gemeinsamen Frühstück); allerdings darf die Beschlussfassung nicht über einen längeren Zeitraum von mehreren Monaten stattfinden (LAG SchlHol 17.12.13 – 1 TaBV 35/12, NZA-RR 14, 242: ein Monat). Andere tarifliche oder betriebsverfassungsrechtliche Zuordnungen iSv § 3 BetrVG gehen vor (BT-Drs 14/5741 S 35).

**cc) Wesentlicher Betriebsteil.** Gem § 111 BetrVG stellen die Einschränkung, Stilllegung oder Verlegung eines wesentlichen Betriebsteils eine mitbestimmungspflichtige Betriebsänderung dar (→ *Betriebsänderung* Rn 16 ff). Nach der ständigen Rspr des BAG ist ein wesentlicher Betriebsteil immer dann betroffen, wenn die Zahlenwerte des § 17 Abs 1 KSchG überschritten werden (BAG 7.8.90, DB 91, 760; 31.5.07 – 2 AZR 254/06, NZA 07, 1307). 7

**b) KSchG.** Während der betriebsverfassungsrechtliche Betriebsbegriff gleichermaßen im Rahmen des KSchG Anwendung findet, ist der Begriff der **Betriebsabteilung** in § 15 8

Abs 5 KSchG nicht mit dem Begriff des Betriebsteils im oben dargestellten Sinn identisch. Ähnlich wie der Betriebsteil verlangt zwar auch der Begriff der Betriebsabteilung das Vorliegen einer gewissen organisatorisch abgegrenzten Einheit von Arbeitskräften und Betriebsmitteln. Darüber hinaus ist jedoch anders als beim Betriebsteil ein eigenständiger Zweck der Betriebsabteilung erforderlich, wobei dieser auch nur in einem bloßen Hilfszweck für den arbeitstechnischen Zweck des Gesamtbetriebes bestehen kann (BAG 23.2.10 – 2 AZR 656/08, NZA 10, 1288). Die betriebsverfassungsrechtliche Betriebsfiktion des § 4 BetrVG gilt im KSchG nicht (BAG 20.8.98 – 2 AZR 84/98, NZA 99, 255; 15.3.01 – 2 AZR 151/00, NZA 01, 831; LAG SachsAnh 11.1.2000 – 8 Sa 449/99, NZA-RR 01, 81; aA *Kania/Gilberg* NZA 2000, 678).

9 **c) Betriebsübergang gemäß § 613a BGB.** Praktische Relevanz erhält der Begriff des Betriebsteils auch beim rechtsgeschäftlichen Betriebsinhaberwechsel gem § 613a BGB, da bereits der Übergang eines Betriebsteils von dieser Vorschrift erfasst wird. Zu berücksichtigen ist hier, dass es als Bezugsobjekt des Betriebsteils auf eine selbstständig abtrennbare organisatorische Einheit ankommt, die innerhalb des betrieblichen Gesamtzwecks einen Teilzweck erfüllt (BAG 14.12.2000 – 8 AZR 200/00; 29.6.2000 – 8 AZR 520/99, BeckRS 2008, 52723), dass die organisatorische Teileinheit immer bereits beim Veräußerer vorhanden sein muss (BAG 27.1.11 – 8 AZR 326/09, NZA 11, 1162) und dass es keiner Fortführung der betrieblichen Organisation bedarf, sondern maßgeblich darauf abzustellen ist, dass die funktionelle Verknüpfung zwischen den Produktionsfaktoren erhalten bleibt (BAG 21.5.15 – 8 AZR 409/13, BeckRS 2015, 72506; 26.5.11 – 8 AZR 37/10, NZA 11, 1143; → *Betriebsübergang* Rn 10). Bei einem Leiharbeitsunternehmen stellt die Belegschaft allein keinen übergangsfähigen Betriebsteil dar (BAG 12.12.13 – 8 AZR 1023/12, NZA 14, 436). Schließlich ist bei § 613a BGB die Abgrenzung des Betriebsteils zu bloßen Betriebsmitteln des ArbGeb von Bedeutung (LAG Köln 28.3.06 – 9 (13) Sa 1361/05: einzelne Taxen eines Taxiunternehmers).

10 **2. Streitigkeiten.** Insoweit kann auf die Ausführungen zum Betrieb verwiesen werden (→ *Betrieb (Begriff)* Rn 19).

**B. Lohnsteuerrecht** *Weil*

11 Maßgebend für das LStRecht ist der Betriebsstättenbegriff. Zur Frage, ob und wo bei Auszahlung von Löhnen in einem Betriebsteil LSt anfällt, → *Betriebsstätte* Rn 2 ff. Zum Ort der Aufzeichnungspflichten beim LStAbzug → *Betriebsstätte* Rn 2 ff.

Leistet der bisherige ArbGeb anlässlich des Übergehens eines Betriebsteils an einen anderen ArbGeb Ausgleichszahlungen mit Rückzahlungsklausel an bisherige ArbN, weil die Vergütung des ArbN mit dem neuen ArbGeb geringer ist als zuvor, so können die Ausgleichszahlungen steuerbegünstigt sein (§§ 24 Nrn 1, 34 EStG; → *Außerordentliche Einkünfte* Rn 2 ff).

**C. Sozialversicherungsrecht** *Ruppelt*

12 Zu unterscheiden ist sozialversicherungsrechtlich zwischen **selbstständigem** und **unselbstständigem Betriebsteil** (→ *Betrieb (Begriff)* Rn 31 ff).

# Betriebsübergang

**A. Arbeitsrecht** *Kreitner*

**Übersicht**

1 **I. Allgemeines.** § 613a BGB regelt die Rechte und Pflichten von ArbGeb und ArbN beim Betriebsübergang. Die Vorschrift wurde im Jahr 1972 im Rahmen einer Neufassung des BetrVG in das BGB aufgenommen und im Jahr 1980 um die Regelungen in Abs 1 Sätze 2–4 sowie Abs 4 im Wege der Umsetzung der EG-Richtlinie 77/187/EWG vom 14.2.77 ergänzt. Änderungen sind durch die Richtlinie 98/50/EG vom 29.6.98 sowie zuletzt durch die Richtlinie 2001/23/EG vom 13.3.01 (ABl EG L 82/16 vom 22.3.01) erfolgt. Die erstgenannte Richtlinie ist mit der Regelung des Übergangsmandats für BRäte in § 21a BetrVG, die letztgenannte durch die zum 1.4.02 erfolgte Ergänzung des § 613a BGB um die Abs 5 und 6 umgesetzt worden.

2 **Sinn und Zweck** des § 613a BGB ist es, den sozialen Besitzstand der ArbN zu erhalten und einen lückenlosen Bestandsschutz zu gewähren (BAG 22.2.78, DB 78, 1453; 26.2.87, DB 87, 991), den Bestand des BRat und seiner Mitbestimmungsrechte zu garantieren (BAG 3.7.80, BB 81, 1466), die Funktionsfähigkeit und Kontinuität des Betriebes zu sichern durch Fortbestand der eingearbeiteten Belegschaft sowie Haftungsregelungen für ArbNAnsprüche gegen alten und neuen Betriebsinhaber zur Verfügung zu stellen (BAG 29.10.92, DB 93, 637). Mit den zuletzt hinzugefügten Abs 5 und 6 soll den betroffenen ArbN eine Entscheidungsgrundlage für die Ausübung des Widerspruchsrechts und dem ArbGeb Planungssicherheit für die personelle Abwicklung des Betriebsübergangs gegeben werden.

3 **Anwendbar** ist § 613a BGB auf alle im Zeitpunkt des Betriebsübergangs bestehenden Arbeitsverhältnisse (BAG 1.12.04 – 7 AZR 37/04, BeckRS 2005, 41174). Dementsprechend existiert in Zeiten zwischen dem Ablauf eines befristeten und der Neubegründung eines weiteren befristeten Arbeitsverhältnisses grds kein übergangsfähiges Arbeitsverhältnis (BAG 16.5.12 – 5 AZR 268/11, NZA 12, 974) und der Übergang eines einen Tag vor dem Betriebsübergang mit Befristungsablauf endenden Arbeitsverhältnisses ist grds nicht möglich (aA BAG 19.5.05 – 3 AZR 649/03, NZA-RR 06, 373). Maßgeblich ist die rechtliche Zugehörigkeit, nicht die tatsächliche Beschäftigung (EuGH 20.7.17 – C-416/16, NZA 17, 1175; LAG Sachs 8.3.96, NZA-RR 97, 4). Die Vorschrift gilt mithin auch für freigestellte ArbN im gekündigten Arbeitsverhältnis während des Laufes der Kündigungsfrist (BAG 18.12.03 – 8 AZR 621/02, NZA 04, 791), für Altersteilzeitverhältnisse in der Freistellungsphase (BAG 31.1.08 – 8 AZR 27/07, NZA 08, 705; 30.10.08 – 8 AZR 54/07, NZA 09, 432) einschließlich Wertguthaben aus der aktiven Phase (BAG 16.8.05 – 9 AZR 470/04, NZA 06, 1052) sowie für befristete Arbeitsverhältnisse. Dabei ist die Festlegung des ArbNBegriffs sowie der Begriffe „Arbeitsvertrag“ und „Arbeitsverhältnis“ Sache des na-

tionalen Rechts (EuGH 13.6.19 – C-317/18, NZA 19, 887 – Moreira). Mit den bestehenden Arbeitsverhältnissen übernimmt der Erwerber auch die Altersversorgungszusagen des Veräußerers inklusive der bereits zurückgelegten Betriebszugehörigkeitszeit (LAG RhPf 12.2.10 – 6 Sa 569/09, NZA-RR 10, 429). Erfasst werden alle ArbN, ohne zwischen Arbeitern und Angestellten oder Voll- und Teilzeitbeschäftigten zu unterscheiden. Die Vorschrift gilt für leitende Angestellte (BAG 19.1.88 – 3 AZR 263/86, NZA 88, 501) ebenso wie für Auszubildende (BAG 13.7.06 – 8 AZR 382/05, NZA 06, 1406) sowie Volontäre und Praktikanten. Das Gleiche gilt für Arbeitsverhältnisse von ArbN, die ins Ausland entsandt wurden (BAG 14.7.05 – 8 AZR 392/04, NZA 05, 1411). Auch bei grenzüberschreitenden Betriebsübergängen ist § 613a BGB grds anwendbar. Allerdings kann nach dem Betriebsübergang das Recht des neuen Betriebssitzes anwendbar sein (BAG 26.5.11 – 8 AZR 37/10, NZA 11, 1143; *Gaul/Mückl* DB 11, 2318; *Forst* SAE 12, 18; *Leuchten* ZESAR 12, 411; *Reinhardt-Kasperek/Domni* BB 17, 2868; zur Anwendbarkeit des § 613a BGB im kirchlichen Bereich BAG 23.11.17 – 6 AZR 683/16, NZA 18, 311; *Joussen* NJW 06, 1850.

4 **Nicht anwendbar** ist § 613a BGB auf Vertragsverhältnisse mit ArbNÄhnlichen Personen wie zB Heimarbeitern (BAG 24.3.98 – 9 AZR 218/97, NZA 98, 1001; aA *Heinze* DB 80, 205; *Bachner* AiB 96, 291) und auf Ruhestandsverhältnisse (BAG 18.3.03 – 3 AZR 313/02, NZA 04, 848; 23.3.04 – 3 AZR 151/03, AP Nr 265 zu § 613a BGB). Ebenfalls ausgeschlossen ist die Anwendbarkeit des § 613a BGB bei freien Mitarbeitern (BAG 13.2.03 – 8 AZR 59/02, NZA 03, 854), Werkvertragsnehmern und Handelsvertretern, Rechtsverhältnissen von Organmitgliedern (Geschäftsführer und Vorstände; BAG 13.2.03 – 8 AZR 654/01, NZA 03, 552), Mitinhaber des Unternehmens (BAG 17.8.2000 – 8 AZR 443/99: Tankstelle) sowie auf Beamte (LAG NdS 4.9.06 – 8 Sa 181/06, NZA-RR 07, 67). Auch Vereinbarungen zwischen den ArbN und einem weiteren konzernangehörigen Unternehmen gehen nicht nach § 613a BGB auf den Betriebserwerber über, da sie nicht Gegenstand des Arbeitsvertrages sind (BAG 12.2.03 – 10 AZR 299/02, NZA 03, 487: Aktienoptionszusage der Konzernmutter; *von Steinau-Steinrück* NZA 03, 473; *Willemsen/Müller-Bonanni* ZIP 03, 1177; *Annuß/Lembke* BB 03, 2230). Demgegenüber wendet der EuGH die Betriebsübergangsrichtlinie auch auf ein konzernangehöriges Unternehmen an, zu dem ArbN lediglich „abgestellt" waren, und meint, die Stellung als für die Tätigkeit der ArbN verantwortlicher „nichtvertraglicher ArbGeb" reiche für einen Inhaberwechsel aus (EuGH 21.10.10 – C-242/09, NZA 10, 1225 – Albron Catering).

Der gem § 23 Abs 1 KSchG von der Belegschaftsstärke abhängende Kündigungsschutz ist kein Recht iSd § 613a Abs 1 Satz 1 BGB. Ein beim Veräußerer bestehender Kündigungsschutz gilt daher bei einem unterhalb des Schwellenwerts liegenden Erwerberbetrieb nicht fort (BAG 15.2.07 – 8 AZR 397/06, NZA 07, 739). Das Ausscheiden eines Unternehmens aus einem Gemeinschaftsbetrieb führt nicht ohne weiteres zur Anwendbarkeit des § 613a BGB (BAG 27.11.03 – 2 AZR 48/03, NZA 04, 477). Schließlich ist der Erwerber durch § 613a BGB nicht daran gehindert mit ArbN, die nach erfolgtem Betriebsübergang neu eingestellt werden, andere Arbeitsbedingungen zu vereinbaren (BAG 23.9.03 – 1 ABR 35/02, NZA 04, 800: Tarifgeltung; LAG Köln 5.5.04 – 7 Sa 54/04: Betriebliche Altersversorgung). Selbst längere Zeit nach einem Betriebsübergang ist der ArbGeb nicht zu einer Angleichung der unterschiedlichen Arbeitsbedingungen verpflichtet. Eine Bindung an den Gleichbehandlungsgrundsatz entsteht erst dann, wenn der ArbGeb neue Vergütungsstrukturen schafft (BAG 31.8.05 – 5 AZR 517/04, NZA 06, 265). Ist eine Bonuszahlung, die die Leistung einer Gruppe von ArbN für einen bestimmten Zeitraum belohnen soll, vom Fortbestand des Arbeitsverhältnisses mit einem bestimmten ArbGeb abhängig, können ArbN, die im Wege des Betriebsübergangs das Unternehmen verlassen, ausgenommen werden (BAG 14.2.07 – 10 AZR 181/06, NZA 07, 558). Ebenso müssen beim Veräußerer geleistete Verdienstzeiten für eine Jubiläumsgabe des Erwerbers grds nicht angerechnet werden (BAG 26.9.07 – 10 AZR 657/06, NZA 07, 1426). Auch die Tarifpartner sind in der Entscheidung weitestgehend frei, ob sie für bestimmte, erstmals in der Zeit nach dem Betriebsübergang normierte Leistungen frühere Beschäftigungszeiten anrechnen (BAG 17.10.07 – 4 AZR 1005/06, NZA 08, 713). Unabhängig von § 613a BGB kann ein ArbGebWechsel natürlich immer im Wege eines dreiseitigen Rechtsgeschäfts durchgeführt werden (LAG Köln 20.3.03 – 6 Sa 82/03, NZA-RR 04, 491). Zum rechtlichen Schicksal des Datenschutzbeauftragten beim Betriebsübergang vgl *Liedtke* NZA 05, 390.

**II. Voraussetzungen eines Betriebsübergangs. 1. Betriebsinhaberwechsel.** Der Wechsel des Betriebsinhabers ist erste Voraussetzung, dh es muss eine Änderung in der Person desjenigen erfolgen, der über die arbeitsrechtliche Organisations- und Leitungsmacht verfügt (BAG 25.1.18 – 8 AZR 338/16, BeckRS 2018, 2098), ohne dass allerdings ein besonderer Übertragungsakt vorliegen muss (BAG 21.2.08 – 8 AZR 77/07, NZA 08, 825). Das ist regelmäßig derjenige, der den Betrieb im eigenen Namen führt. Entscheidend ist dabei die umfassende Nutzung des Betriebs nach außen (BAG 25.1.18 – 8 AZR 309/16, NZA 18, 933). Das Eigentum an den Betriebsmitteln ist dafür ohne Bedeutung (BAG 15.12.05 – 8 AZR 202/05, NZA 06, 597; → Rn 18). Gleichgültig ist dabei, ob es sich um eine natürliche Person, eine Gesamthand oder eine juristische Person handelt. Ein Betrieb oder ein Betriebsteil kann auch von einer Mehrheit von Erwerbern übernommen werden (LAG Düsseldorf 30.8.16 – 14 Sa 274/16, BeckRS 2016, 74007). Auch bei der Privatisierung öffentlicher Einrichtungen ist § 613a BGB uneingeschränkt anwendbar (BAG 10.5.12 – 8 AZR 434/11, NZA 12, 1161; LAG NdS 31.8.01 – 10 Sa 2899/98, NZA-RR 02, 630), denn auch solche Einrichtungen können Betriebe iSv § 613a BGB sein (BAG 26.3.15 – 2 AZR 783/13, NZA 15, 866; zur Privatisierung von Bühnen *Opolony* ZTR 04, 338). Gleiches gilt trotz des verfassungsrechtlichen Tendenzschutzes für Rundfunk- und Fernsehanstalten (BVerfG 19.7.2000 – 1 BvR 6/97, NZA 2000, 1049). Maßgeblich sind insofern allein die tatsächlichen Umstände (BAG 10.5.12 – 8 AZR 434/11, NZA 12, 1161). Auch die Richtlinie 77/187/EWG erfasst identitätswahrende Übernahmen innerhalb der öffentlichen Verwaltung sowie Reprivatisierungen (EuGH 14.9.2000 – C-343/98, NZA 2000, 1279 – Collino; 29.7.10 – C-151/09, NZA 10, 1014 – UGT-FSP; 13.6.19 – C-317/18, NZA 19, 887 – Moreira). 5

Diese Voraussetzung wird nicht erfüllt durch bloße Veränderungen in der **Rechtsform** eines Betriebsinhabers, beim **Wechsel von Gesellschaftern** (BAG 14.8.07 – 8 AZR 803/06, NZA 07, 1428; LAG Düsseldorf 16.6.16 – 11 Sa 352/15, BeckRS 2016, 107581) sowie bei einem sog echten **Betriebsführungsvertrag** (BAG 25.1.18 – 8 AZR 309/16, NZA 18 933 mit krit Anm von *Rieble* NZA 18, 1302; vgl auch LAG Thür 9.2.17 – 3 Sa 403/15, BeckRS 2017, 107165). Der bloße Erwerb von Anteilen an einer Gesellschaft und die Ausübung von Herrschaftsmacht über diese Gesellschaft durch eine andere Gesellschaft reichen nicht aus (BAG 23.3.17 – 8 AZR 91/15, NZA 17, 981). Gleichwohl kann mit dem Ausscheiden eines Unternehmers als Teilhaber eines Gemeinschaftsbetriebs aus demselben ein Betriebsteilübergang verbunden sein (BAG 26.8.99 – 8 AZR 588/98, BeckRS 1999, 30780253). Nicht notwendig ist eine Änderung der Eigentumsverhältnisse; andererseits bewirkt allein eine Sicherungsübereignung noch keinen Betriebsübergang (BAG 20.3.03 – 8 AZR 312/02, NZA 03, 1338). Ein Betriebsinhaberwechsel iSd § 613a BGB liegt auch im Fall des **Pächterwechsels** (BAG 26.2.87, DB 87, 991; allerdings **nicht** beim **Rückfall der Pachtsache** an den Verpächter ohne Fortführung des Betriebs BAG 18.3.99 – 8 AZR 159/98, NZA 99, 704; → Rn 12) sowie bei der Betriebsaufspaltung in Besitz- und Betriebsgesellschaft vor (BAG 19.1.88, DB 88, 1166; *Henssler* NZA 94, 294) oder der Verschmelzung von Gesellschaften (BAG 5.10.93, DB 94, 1683). Die Anwendbarkeit des § 613a Abs 1 BGB bei Verschmelzung, Spaltung oder Vermögensübertragung ist in § 324 UmwG gesetzlich normiert (→ *Umwandlung* Rn 7). 6

**2. Betriebs- oder Betriebsteilübergang.** Das Tatbestandsmerkmal des Betriebs- bzw Betriebsteilübergangs ist in der letzten Zeit von der höchstrichterlichen Rspr grundlegend neu strukturiert worden. Bei diesem Merkmal erfolgt die entscheidende Weichenstellung für oder gegen die Annahme eines Betriebsübergangs. 7

**a) Frühere Rechtsprechung des Bundesarbeitsgerichts.** Früher prüfte das BAG in zwei Stufen zunächst das Vorliegen eines Betriebs oder Betriebsteils und sodann dessen Übergang im Rechtssinn. Dabei griff es in ständiger Rspr auf den allgemeinen arbeitsrechtlichen **Betriebsbegriff** (→ *Betrieb (Begriff)* Rn 3) zurück und nahm lediglich die ArbN mit der Begründung aus, deren Übergang sei Rechtsfolge und könne daher keine Tatbestandsvoraussetzung sein (BAG 25.2.81, DB 81, 1140; 22.5.85, DB 85, 2409). Durchbrochen wurde der Grundsatz für ArbN mit Spezialkenntnissen, deren Know-how für den Betrieb von erheblicher Bedeutung war (BAG 27.7.94, DB 95, 431). Unter **Betriebsteil** iSv § 613a BGB verstand die frühere Rspr eine Teileinheit bzw Teilorganisation eines Betriebes, mit 8 der der neue Inhaber bestimmte arbeitstechnische Teilzwecke verfolgen kann (BAG 16.10.87, DB 88, 712; 9.2.94, DB 94, 1731). Es musste also eine organisatorische Untergliederung des Gesamtbetriebes übertragen werden. Einen **Übergang** bejahte das BAG immer dann, wenn der Erwerber die wesentlichen Betriebsmittel dergestalt übernommen hatte, dass ihm die Fortführung des Betriebs bzw Betriebsteils möglich war. Die Bedeutung der unterschiedlichen Betriebsmittel im Einzelfall sah das BAG dabei in Abhängigkeit vom jeweiligen Unternehmensgegenstand. Bei **Produktionsbetrieben** stellte es regelmäßig auf die Betriebsanlagen sowie je nach Branche und Spezialisierungsgrad auf das technische Know-how ab (BAG 22.5.85, DB 85, 2409; 9.2.94, DB 94, 1144). Bei **Handels- und Dienstleistungsbetrieben** standen demgegenüber die immateriellen Betriebsmittel im Vordergrund. Eine umfangreiche **Entscheidungsübersicht** über die frühere Rspr befindet sich im Personalbuch 1998 unter Betriebsübergang Rz 21 f und 24 f.

9 **b) Rechtsprechung des Europäischen Gerichtshofs.** Der EuGH hat demgegenüber seit jeher in ständiger Rspr das diesbezügliche Tatbestandsmerkmal der Richtlinie anders ausgelegt. Er hat bereits in einem Urteil vom 18.3.86 (C-24/85, EAS Nr 2 zu Art 1 RL 77/187/EWG – Spijkers) im Einzelnen ausgeführt, dass es entscheidend darauf ankomme, ob eine **wirtschaftliche Einheit** vorhanden sei, die trotz des Inhaberwechsels ihre **Identität bewahrt** habe. Hierfür seien sämtliche, den betreffenden Vorgang kennzeichnenden Tatsachen im Rahmen einer umfassenden Gesamtwürdigung zu berücksichtigen. Von Bedeutung seien dabei namentlich die Art des betreffenden Unternehmens oder Betriebes, der Übergang oder Nichtübergang der materiellen Aktiva wie Gebäude und bewegliche Güter, der Wert der immateriellen Aktiva zum Zeitpunkt des Übergangs, die Übernahme oder Nichtübernahme der Hauptbelegschaft durch den neuen Inhaber, der Übergang oder Nichtübergang der Kundschaft sowie der Grad der Ähnlichkeit zwischen der vor und der nach dem Übergang verrichteten Tätigkeit und die Dauer einer eventuellen Unterbrechung dieser Tätigkeit. In der Folgezeit hat der EuGH diese Grundsätze in verschiedenen Fallkonstellationen angewandt (EuGH 17.12.87 – C-287/86, EAS Nr 3 zu Art 1 RL 77/187/EWG – Ny Molle Kro; 10.2.88 – C-324/86, EAS Nr 4 zu Art 1 RL 77/187/EWG – Daddy's Dance Hall; 15.6.88 – C-101/87, EAS Nr 5 zu Art 1 RL 77/187/EWG – Bork) und dabei den og Kriterienkatalog mehrfach bestätigt (19.5.92 – C-29/91, NZA 94, 207 – Redmond Stichting; 12.11.92 – C-209/91, NZA 95, 475 – Watson Rask). Diese Rspr blieb weitestgehend unbeachtet und wurde erst durch die Christel Schmidt-Entscheidung vom 14.4.94 (C-392/92, NZA 95, 545) bekannt, in der der EuGH bei der erstmaligen Fremdvergabe der bisher von einer einzigen angestellten Reinigungskraft erledigten Reinigungsaufgaben einen Betriebsübergang bejahte und die Kündigung dieser ArbN für unwirksam hielt. Die deutliche Kritik, die diese Entscheidung im Schrifttum hervorrief (vgl die Nachweise im Personalbuch 1997 Betriebsübergang Rz 10), blieb nicht ohne Wirkung. In seinem Urt vom 11.3.97 (C-13/95, NZA 97, 433 – Ayse Süzen) führte der EuGH seine Rspr wieder auf die eingangs erwähnten Grundsätze zurück und bestätigte dies mit Urteilen vom 10.12.98 (C-173/96 – Hidalgo und C-247/96 – Ziemann, NZA 99, 189 sowie C-127/96, 229/96 und 74/97, NZA 99, 253); 2.12.99 (C-234/98 – Allen, NZA 2000, 587), 25.1.01 (C-172/99 – Liikenne, NZA 01, 249), 24.1.02 (C-51/00 – Imzilyen, NZA 02, 265), 13.9.07 (C-458/05 – Jouini, NZA 07, 1151), 20.1.11 (C-463/09 – MartinValor, NZA 11, 148) und vom 6.9.11 (C-108/10 – Ivana Scatttolon, NZA 11, 1077; *Steffan* NZA 12, 473; *Winter* RdA 13, 36; *Sittard/Flockenhaus* NZA 13, 652). Bei der Gesamtwürdigung kann nach Auffassung des EuGH im Einzelfall ein Kriterium von derart entscheidender Bedeutung sein, dass alle anderen Umstände in den Hintergrund treten (EuGH 25.1.01 – C-172/99, NZA 01, 249: Busse als Betriebsmittel bei Neuvergabe einer Buslinie; EuGH 20.11.03 – C-340/01 – Abler, NZA 03, 1385: Räumlichkeiten, Inventar und weitere unverzichtbare Betriebsmittel bei der Neuvergabe einer Krankenhauskantine). Dabei hat der EuGH die Bedeutung der betrieblichen Organisationsstruktur in problematischer Weise relativiert (EuGH 12.2.09 – C-466/07, NZA 10, 251 – Klarenberg; kritisch *Schiefer* DB 11, 54) und auch außerhalb von arbeitsvertraglichen Beziehungen einen Betriebsübergang angenommen (EuGH 21.10.10 – C-242/09, NZA 10, 1225 – Albron Catering; kritisch *Bauer/Medem* NZA 11, 20; *Gaul/Ludwig* DB 11, 298; *Forst* RdA 11, 228; *Willemsen* RdA 13, 36). In der Folge hat er seine RsprGrundsätze aus der Scattolon-Entscheidung zum Erfordernis der funktionellen Autonomie der wirtschaftlichen Einheit vor dem Betriebs(teil)übergang erneut bestätigt (EuGH

6.3.14 – C-458/12 – Lorenzo Amatori, NZA 14, 423; *Willemsen* NZA 14, 1010) und zuletzt weiter differenziert (EuGH 13.6.19 – C-664/17, NZA 19, 889 – Ellinika Nafpigeia). In einer weiteren Entscheidung hat er insbes die Geltung der Richtlinie auch für juristische Personen des öffentlichen Rechts bejaht und erneut die Bedeutung der Gesamtwürdigung hervorgehoben (EuGH 26.11.15 – C-509/14, NZA 16, 31 – ADIF). Sodann hat der EuGH nochmals die vorzunehmende Gesamtabwägung herausgestellt und hat dabei wesentlich auf die vorzunehmende Differenzierung zwischen betriebsmittelarmen und -geprägten Einheiten hingewiesen (EuGH 19.10.17 – C-200/16, NZA 17, 1379 – Securitas). In jüngsten Entscheidungen zu spanischen Vorlagen wird die Rspr zur Neuvergabe von Dienstleistungsaufträgen weitergeführt (EuGH 11.7.18 – C-60/17, NZA 18, 1053; EuGH 7.8.18 – C-472/16, NZA 18, 1123).

**c) Neuere Rechtsprechung des Bundesarbeitsgerichts. aa) Übernahme der EuGH-Rechtsprechung.** Der für Fragen des Betriebsübergangs zuständige 8. Senat des BAG hat erstmals in seinem Urt vom 22.5.97 (8 AZR 101/96, NZA 97, 1050) eine grundlegende Änderung der in → Rn 8 dargestellten bisherigen Rspr vollzogen und sich uneingeschränkt der Rspr des EuGH angeschlossen. An die Stelle des früheren Betriebsbegriffs ist damit auch in der nationalen Rspr das Merkmal der **auf Dauer angelegten wirtschaftlichen Einheit** getreten und entscheidendes Kriterium für einen rechtserheblichen Übergang ist die **Identitätswahrung.** Mit nahezu gleich lautenden Formulierungen greift das BAG auch auf den og Kriterienkatalog des EuGH zurück und nimmt in jedem Einzelfall eine **wertende Gesamtbetrachtung** aller Umstände vor. Schlagwortartig nennt das BAG in diesem Zusammenhang des weiteren Personal, Führungskräfte, Arbeitsorganisation, Betriebsmethoden und ggf zur Verfügung stehende Betriebsmittel (ständige Rspr BAG 13.8.19 – 8 AZN 171/19, BeckRS 2019, 19941; 26.5.11 – 8 AZR 37/10, NZA 11, 1143; 24.4.08 – 8 AZR 268/07, NZA 08, 1314). Eine Rangfolge der Kriterien gibt es dabei nicht. Ihre Gewichtung ist allein einzelfallabhängig (BAG 26.6.97 – 8 AZR 426/95, NZA 97, 1228; 13.11.97 – 8 AZR 435/95, BeckRS 1997, 30924776; 22.1.98 – 8 AZR 358/95, BeckRS 1998, 30368302). So hat das BAG zB bei der Neuvergabe eines Reinigungsauftrags die Übernahme größerer Belegschaftsteile allein nicht für ausreichend angesehen, um einen Betriebsübergang zu bejahen, solange nicht die Weiterführung der bisherigen Arbeitsorganisation feststeht (BAG 19.3.98 – 8 AZR 737/96, BeckRS 1998, 30368310; ähnlich bereits BAG 22.1.98 – 8 AZR 623/96, BeckRS 1998, 30368310 für einen Möbelauslieferer). Auch reine Änderungen der Arbeitszeit wie bspw andere Schichtplanregelungen sind für die Identität des Betriebs nicht prägend (BAG 6.4.06 – 8 AZR 222/04, NZA 06, 723). 10

Diese Grundsätze gelten in gleicher Weise für **Betriebsteile.** Auch insoweit ist es erforderlich, dass die wirtschaftliche Einheit ihre Identität bewahrt (BAG 10.11.11 – 8 AZR 546/10, NZA 12, 509; 30.10.08 – 8 AZR 855/07, NZA 09, 723; 17.12.09 – 8 AZR 1019/08, NZA 10, 499). Allerdings erfordert dies nach der neueren Rspr des EuGH, der sich das BAG angeschlossen hat, keine zwingende **Fortführung der Betriebsorganisation,** sondern es reicht aus, dass die funktionelle Verknüpfung zwischen den übertragenen Produktionsfaktoren erhalten bleibt (EuGH 12.2.09 – C-466/07, NZA 09, 251 – Klarenberg; BAG 22.1.09 – 8 AZR 158/07, NZA 09, 905). Diese RsprÄnderung führt mit ihrer konturlosen, kaum subsumierbaren tatbestandlichen Vorgabe zu einer unnötigen Unschärfe bei der Feststellung der Identitätskriterien und trägt so zu einer erheblichen Rechtsunsicherheit bei (ebenfalls kritisch *Willemsen* NZA 09, 289; *Wißmann/Schneider* BB 09, 1126; *Grobys* NJW 09, 2032; *Schiefer* DB 11, 54; aA *Salamon/Hoppe* NZA 10, 989). Das BAG hat die Rspr des EuGH übernommen. Nachdem es zunächst noch die Bedeutung der Gesamtbetrachtung und das Gewicht von betriebsorganisatorischen Veränderungen im Einzelfall betont hatte (BAG 17.12.09 – 8 AZR 1019/08, NZA 10, 499), stellt es mittlerweile maßgeblich auf die Beibehaltung der funktionalen Verknüpfung der Produktionsfaktoren ab (BAG 26.5.11 – 8 AZR 37/10, NZA 11, 1143; 7.4.11 – 8 AZR 730/09, NZA 11, 1231). Auch nach der neueren Rspr bleibt es aber bei dem Erfordernis, dass die übernommenen **Betriebsteile** immer bereits beim Veräußerer **als solche vorhanden gewesen** sein müssen, da nur eine existente, selbstständig abtrennbare, organisatorische Einheit übergehen kann (BAG 22.1.15 – 8 AZR 139/14, NZA 15, 1325; 21.8.14 – 8 AZR 648/13, NZA 15, 167; LAG BlnBbg 18.1.19 – 9 Sa 799/18, NZA-RR 19, 317). Aus diesem Grund hat das BAG zB einen Betriebsübergang verneint, wenn der bisherige alleinige Betreiber einer Müll- 11 sortieranlage die Hälfte der Sortiermenge an ein drittes Unternehmen vergibt (BAG 27.9.07 – 8 AZR 941/06, NZA 08, 1130). Auch die Belegschaft eines Leiharbeitsunternehmens stellt für sich betrachtet keinen abgrenzbaren Betriebsteil dar (BAG 12.12.13 – 8 AZR 1023/12, NZA 14, 436). Schließlich kommt es auch nicht darauf an, ob der verbleibende Restbetrieb noch lebensfähig ist (BAG 7.4.11 – 8 AZR 730/09, NZA 11, 1231). Vgl zu den Voraussetzungen eines Betriebsteilübergangs im öffentlichen Dienst zuletzt BAG 22.5.14 – 8 AZR 1069/12, NZA 14, 1335).

12 **bb) Abgrenzung zur Funktionsnachfolge.** An einer Fortführung der **betrieblichen Organisation** im vorgenannten Sinn fehlt es regelmäßig auch dann, wenn lediglich eine bestimmte Tätigkeit beim Erwerber fortgeführt wird. Es liegt dann eine bloße Funktionsnachfolge vor, die keinen Betriebs- bzw Betriebsteilübergang darstellt (EuGH 20.1.11 – Rs C-463/09, NZA 11,148; BAG 13.11.97 – 8 AZR 295/95, NZA 98, 251; LAG RhPf 6.11.17 – 3 Sa 273/17, BeckRS 2017, 146949 – Gebäudereinigung; 13.11.97 – 8 AZR 52/96 – Verpackungsabteilung; 11.12.97 – 8 AZR 699/96 – Buchhalter; 22.1.98 – 8 AZR 197/95 – Reinigungskraft in Schuhgeschäft; 23.4.98 – 8 AZR 665/96 – Auslieferungsfahrer im Einzelhandel; 14.5.98 – 8 AZR 418/96 – Bewachungsauftrag; 4.6.98 – 8 AZR 644/96 – Kinderklinik; 16.7.98 – 8 AZR 77/97 – EDV-Vertriebstätigkeit bei Verlag; 3.9.98 – 8 AZR 306/97, NZA 99, 147 – Möbelauslieferung und -montage; 21.1.99 – 8 AZR 680/97; 23.9.99 – 8 AZR 614/98 – Lehrer in Privatschule; 25.9.03 – 8 AZR 421/02, NZA 04, 316 – Schießplatz; 5.2.04 – 8 AZR 639/02, NZA 04, 845 – Schwimmtrainerin; 16.5.07 – 8 AZR 693/06, NZA 07, 1296 – Handling auf Großflughafen; 14.8.07 – 8 AZR 1043/06, NZA 07, 1431 – technische Dienstleistung in Universitätsklinik; 13.12.07 – 8 AZR 937/06, NZA 08, 1021 – Lagerbetrieb; LAG NdS 23.6.03 – 5 Sa 1938/02, NZA-RR 04, 185 – Call-Center; LAG Köln 24.7.03 – 10 Sa 86/03, NZA-RR 04, 236 – Kinderbetreuung; LAG Hess 19.12.03 – 17 (9) Sa 1029/03 – Franchisevertrag in Gastronomie; LAG Sachs 27.2.04 – 2 Sa 739/03 – Notfallrettung; LAG Bln 1.10.04 – 6 Sa 1191/04, NZA-RR 05, 295 – Gartencenter; LAG SachsAnh 6.10.16 – 6 Sa 55/15, BeckRS 2016, 74295 – Backshop; zur tariflichen Regelung derartiger Sachverhalte *Schweibert/Hermann* NZA 18, 1294).

13 **cc) Identitätskriterien.** Seit der grundlegenden Änderung seiner Rspr konkretisiert der 8. Senat des BAG in einer Vielzahl von Einzelfallentscheidungen die vorgenannten Identitätskriterien. So hat er bereits in der ersten Entscheidung vom 22.5.97 eine neunmonatige **Unterbrechung der betrieblichen Tätigkeit** bei einem Modefachgeschäft als übergangsschädlich angesehen (BAG 22.5.97 – 8 AZR 101/96, NZA 97, 1050). Der maßgebliche Schwellenwert ist dabei abhängig vom jeweiligen Unternehmensgegenstand. Bei einer Kindertagesstätte kann bereits eine dreimonatige Unterbrechung gegen einen Betriebsübergang sprechen (LAG Köln 2.10.97 – 10 Sa 643/97, NZA-RR 98, 290).

14 Die fehlende **Ähnlichkeit der betrieblichen Tätigkeit** verhinderte bei der Neuverpachtung einer Gaststätte einen Betriebsübergang, nachdem hier ein Wechsel von gutbürgerlicher deutscher Küche zu einem arabischen Spezialitätenrestaurant stattgefunden hatte (BAG 11.9.97 – 8 AZR 555/95, NZA 98, 31). Ebenso hat das BAG im Fall der Eröffnung einer Gaststätte und eines Hotels auf dem Gelände eines ehemaligen Ferienzentrums des FDGB entschieden (BAG 16.7.98 – 8 AZR 81/97, NZA 98, 1233). Das Gleiche gilt für die Änderung eines Gastronomiebetriebs in einen Integrationsbetrieb iSv § 215 SGB IX (LAG BlnBbg 4.3.10 – 26 Sa 2407/09, NZA-RR 11, 13). Auch bei einer Kantine ist ein Betriebsteilübergang verneint worden, wenn das Cateringunternehmen bei der vertraglichen Übernahme der Kantinenbewirtschaftung sämtliche Betriebsmittel neu anschafft und der Verpächter ein völlig neues Bewirtschaftungskonzept vertraglich vorgibt (LAG SchlHol 31.1.17 – 1 Sa 177/16, BeckRS 2017, 109083). Anders ist dies bei der Fortführung eines bisherigen Gemeinschaftsbetriebs zweier Unternehmen durch eines der beiden Unternehmen bei weitestgehend gleichbleibender Arbeitsorganisation (LAG Hess 16.4.97 – 8 Sa 1202/95, NZA-RR 98, 242). Bei einem Elektro-Einzelhandelsgeschäft kommt dem gleich bleibenden Warensortiment entscheidende Bedeutung zu (BAG 2.12.99 – 8 AZR 796/98, NZA 2000, 369). Demgegenüber ist im Möbeleinzelhandel der Wechsel von einem Vollsortiment zum Abholverkauf von Einzelstücken zu Discountpreisen identitätsschädlich (BAG 13.7.06 – 8 AZR 331/05, NZA 06, 1357). Auch der Auftragswechsel von einem Servicedienstleister mit 20 Beschäftigten auf ein Unternehmen mit 1900 Beschäftigten ist regelmäßig mit erheblichen organisatorischen Veränderungen verbunden (BAG 15.2.07 – 8 AZR 431/06,

NZA 07, 793; 14.8.07 – 8 AZR 1043/06, NZA 07, 1431). Wird eine Arztpraxis in derselben fachlichen Ausrichtung, in denselben Räumen mit den vorhandenen technischen Einrichtungen unter bewusster Heranziehung des bisherigen Patientenkreises fortgesetzt, ist von einer Identitätswahrung auszugehen (LAG Düsseldorf 29.2.2000 – 3 Sa 1896/99, NZA-RR 2000, 353). Ein Betriebsübergang auf einen Gemeinschaftsbetrieb scheidet regelmäßig aus, da auf eine reine Betriebsführungsgesellschaft nichts übertragen werden kann, was die Identität der wirtschaftlichen Einheit ausmacht (BAG 16.2.06 – 8 AZR 211/05, NZA 06, 592).

Hervorzuheben ist die weitgehende **Berücksichtigung des Personals** für die Beurteilung der Voraussetzungen eines Betriebsübergangs in betriebsmittelarmen Betrieben (BAG 27.1.11 – 8 AZR 326/09, NZA 11, 1162; 28.4.11 – 8 AZR 709/09, BeckRS 2011, 75933; 30.10.08 – 8 AZR 397/07, NZA 09, 485; *Steffan* NZA 18, 154). Bei betriebsmittelarmen Betrieben kommt es entscheidend darauf an, dass ein **nach Zahl und Sachkunde wesentlicher Teil** der Belegschaft vom Erwerber übernommen bzw neu eingestellt worden ist (BAG 22.1.15 – 8 AZR 139/14, NZA 15, 1325; 21.6.12 – 8 AZR 181/11, NZA-RR 13, 6). Ein typischer betriebsmittelarmer Bereich ist das Reinigungsgewerbe (BAG 21.5.08 – 8 AZR 481/07, NZA 09, 144). Gleiches gilt für Callcenter (BAG 25.6.09 – 8 AZR 258/08, NZA 09, 1412) und Arztpraxen (BAG 22.6.11 – 8 AZR 107/10, BeckRS 2011, 76229). Demgegenüber zählt bspw die Betreuung des Check-Ins sowie der Flugzeuge und ihrer Crews am Flughafen (sog Handling) nicht hierzu, da die umfangreiche Logistik des Flughafens und eigene weitere Betriebsmittel erforderlich sind (BAG 16.5.07 – 8 AZR 693/06, NZA 07, 1296). Andererseits zählen bei einer Fluggesellschaft die Flugzeuge zwar zu den wesentlichen identitätsprägenden Betriebsmitteln. Gleichwohl machen sie trotz ihres enorm hohen wirtschaftlichen Wertes nicht allein den Kern des zur Wertschöpfung erforderlichen Funktionszusammenhangs aus, da insbes auch die speziell ausgebildeten Piloten von identitätsstiftender Bedeutung sind (LAG Düsseldorf 25.4.19 – 11 Sa 481/18, BeckRS 2019, 10158 – nicht rkr, Az beim BAG: 6 AZR 208/19). Dementsprechend stellt allein die Weiternutzung eines oder mehrerer Flugzeuge durch ein anderes Luftverkehrsunternehmen keinen Teilbetriebsübergang iSv § 613a Abs 1 BGB dar (LAG BlnBbg 1.4.19 – 2 Sa 2387/18, BeckRS 2019, 9278). Auch eine Betriebskantine ist regelmäßig kein betriebsmittelarmer Betrieb (BAG 17.12.09 – 8 AZR 1019/08, NZA 10, 499). Das Gleiche gilt für den Möbeleinzelhandel (LAG Düsseldorf 30.8.16 – 14 Sa 2743/16, BeckRS 2016, 74007) sowie für einen Linienbusverkehr, so dass bei bloßer Neuvergabe der Buslinien kein Betriebsübergang vorliegt (LAG RhPf 1.2.16 – 3 Sa 257/15, BeckRS 2016, 68973). 15

Die Anforderungen hängen im **Einzelfall** von der Art und Qualifikation der Tätigkeit ab (BAG 21.6.12 – 8 AZR 181/11, NZA-RR 13, 6: 58 % der Servicetechniker, EDV-Servicemitarbeiter und Führungskräfte in IT-Service-Betrieb genügt; 29.6.2000 – 8 ABR 44/99, NZA 2000, 1180: 50 % der ArbN inklusive 50 % der Bauleiter und Poliere in Rohrleitungsbau genügt nicht; 19.3.98 – 8 AZR 737/96, BeckRS 1998, 30369227; 14.5.98 – 8 AZR 418/96, BeckRS 9998, 23464: 60 % genügt bei einfacher Reinigungstätigkeit nicht; LAG BaWü 18.9.18 – 19 Sa 76/17, BeckRS 2018, 28775: 40 % des ArbN inkl Objektleiter und mehreren Betreuern in Flüchtlingseinrichtung; LAG Köln 23.1.98 – 11/9 Sa 822/97, NZA-RR 98, 337: 4 von 7 Raumpflegerinnen genügt ohne die Übernahme von Führungskräften nicht; LAG Köln 26.3.98 – 5 Sa 1420/97, NZA-RR 98, 398: ebenso bei 50 % der Reinigungskräfte ohne Übernahme von Führungspersonal; BAG 4.6.98 – 8 AZR 644/96, BeckRS 1998, 30370414: Chefarzt und 50 % des Pflegepersonals und Azubis genügen bei Krankenhaus nicht; BAG 22.10.98 – 8 AZR 752/96, BeckRS 1998, 30776458: ebenso 57 % der Verwaltungskräfte und 43 % der Lehrer einer Einrichtung für Erwachsenenbildung; ähnlich BAG 23.9.99 – 8 AZR 614/98, BeckRS 1999, 30780839; BAG 21.1.99 – 8 AZR 680/97, BeckRS 1999, 15052: erst recht nicht 30 % der Lehrer bei Privatschule; BAG 10.12.98 – 8 AZR 676/97, NZA 99, 420: 75 % der Belegschaft reicht bei einem Hol- und Bringdienst bzw einem Spülküchenbetrieb im Reinigungsdienst eines Krankenhauses nicht aus; LAG Köln 14.3.2000 – 13 Sa 1356/99, NZA-RR 2000, 634: 9 von 15 Busfahrern genügen nicht; LAG Köln 12.7.05 – 9 Sa 1566/04, LAGE § 613a BGB 2002 Nr 8: 50 % des besonders ausgebildeten Personals aus allen Tätigkeitsbereichen der Personen- und Gepäckkontrolle an einem Flughafen genügt; deutlich geringere Anforderungen stellt *Gaul* ZTR 98, 1: Orientierung an § 17 KSchG). Insgesamt kommt im personellen Bereich der Über- 16 nahme der Führungskräfte und des damit verbundenen „Know-how" besondere Bedeutung zu (BAG 27.1.2000 – 8 AZR 106/99, BeckRS 2000, 30782776). Zum Betriebsübergang zweier Leiharbeitsunternehmen EuGH 13.9.07 – Rs C-458/05 – Jouini, NZA 07, 1151 sowie BAG 12.12.13 – 8 AZR 1023/12, NZA 14, 436.

**17** Dabei genügt die faktische „Weiterbeschäftigung" durch den Erwerber. Auf das rechtliche Bewusstsein der ArbN, ob sie auf neue Vertragsangebote des Erwerbers eingehen oder einem Betriebsübergang folgen wollen, kommt es nicht an (*Schipp* NZA 13, 238; aA *Niklas* BB 13, 2165). Umgekehrt kann aber aus der **unterbliebenen Übernahme** des Personals nicht generell darauf geschlossen werden, dass ein Betriebsübergang nicht vorliegt (LAG Köln 8.3.04 – 4 Sa 1115/03, NZA-RR 04, 464).

**18** Abhängig von der Art des Betriebs kommt der **Nutzung vorhandener Betriebsmittel** besondere Bedeutung bei der Identitätsprüfung zu. Betriebsmittelintensive Betriebe, also solche, bei denen der Einsatz von Betriebsmitteln für die Tätigkeit unerlässlich ist und den eigentlichen Kern des zur Wertschöpfung erforderlichen Funktionszusammenhangs ausmacht, werden gerade durch diese Betriebsmittel geprägt. Ihr Schicksal kann daher im Rahmen der Gesamtbetrachtung entscheidend sein. Dabei kommt es nicht auf das Eigentum an den Betriebsmitteln und deren eigenwirtschaftliche Nutzung an. Im Anschluss an die EuGH-Rspr (EuGH 20.11.03 – Rs C – 340/01 – Abler, NZA 03, 1385; 15.12.05 – Rs C-232, 233/04 – Güney-Görres, NZA 06, 29) hat dies das BAG mittlerweile mehrfach entschieden (BAG 4.6.06 – 8 AZR 222/04, NZA 06, 723 – Druckserviceunternehmen; 13.6.06 – 8 AZR 271/05, NZA 06, 1101 – Fluggastkontrolle; 15.2.07 – 8 AZR 431/06, NZA 07, 793 – Schlachthof; 13.12.07 – 8 AZR 937/06, NZA 08, 1021 – Lagerbetrieb; 23.5.13 – 8 AZR 207/12, BeckRS 2013, 72336 – Objektschutz; 22.8.13 – 8 AZR 521/12, BeckRS 2014, 65161 – Hafenumschlag und Stauerei; 25.8.16 – 8 AZR 53/15, NZA-RR 17, 123). Seine frühere gegenteilige Rspr (zuletzt BAG 14.5.98 – 8 AZR 418/96, NZA 99, 483; 29.6.2000 – 8 AZR 520/99, BeckRS 2008, 52723) hat es ausdrücklich aufgegeben. Sehr wohl ist demgegenüber danach zu differenzieren, ob es sich bei den Betriebsmitteln um unbedeutende Hilfsmittel oder um betriebsprägende Betriebsmittel handelt (BAG 19.3.15 – 8 AZR 150/14, BeckRS 2015, 70739; LAG Düsseldorf 25.4.19 – 11 Sa 481/18, BeckRS 2019, 10158 – nicht rkr, Az beim BAG: 6 AZR 208/19).

**19** Die Wahrung der Identität setzt schließlich zwingend eine **tatsächliche Fortführung** der fraglichen Einheit voraus. Anders als nach der früheren Rspr (BAG 22.2.78, DB 78, 1453) kann daher die reine Fortführungsmöglichkeit nicht mehr ausreichen (BAG 10.5.12 – 8 AZR 434/11, NZA 12, 1161; 8.8.02 – 8 AZR 583/01, NZA 03, 315; 21.2.08 – 8 AZR 77/07, NZA 08, 825). Der Übernehmer muss die Betriebsmittel tatsächlich weiter oder wieder nutzen und der bisherige Betriebsinhaber muss deren Nutzung einstellen (BAG 27.9.12 – 8 AZR 826/11, NZA 13, 961; aA für betriebsmittelarme Betriebe *Schipp* NZA 13, 238). Verfügt ein Betrieb nicht über besonders prägende Betriebsmittel, vermag daher die Veräußerung der vorhandenen Betriebsmittel an mehrere verschiedene Unternehmen keinen Betriebsübergang zu begründen (BAG 26.7.07 – 8 AZR 769/06, NZA 07, 1419).

**20** **dd) Outsourcing/Insourcing.** Keine Besonderheiten gelten im Hinblick auf das Erfordernis der Identitätswahrung bei der Überprüfung sog Outsourcing-Fälle. Gleiches gilt für die mittlerweile eingetretene gegenläufige Entwicklung zum Insourcing (BAG 17.4.03 – 8 AZR 253/02, AP Nr 253 zu § 613a BGB; 22.7.04 – 8 AZR 350/03, NZA 04, 1383).

**21** **d) Rechtsprechungsüberblick.** Ohne Anspruch auf Vollständigkeit wird im Folgenden die aktuelle Rspr des BAG zum Betriebsübergangstatbestand stichwortartig dargestellt (vgl auch *Grau/Flockenhaus* NZA-RR 19, 289). Sofern das BAG einen Betriebsübergang bejaht hat, ist dies mit einem (+) gekennzeichnet, anderenfalls mit einem (–); die Zurückverweisung an das Berufungsgericht ist mit einem (z) gekennzeichnet.

**22** **Anzeigenblatt** – 3.9.98 – 8 AZR 439/97, BeckRS 1998, 30810139 (–); **Apotheke** – 19.3.98 – 8 AZR 139/97, NZA 98, 750 (+); **Arbeitsvermittlung** – 22.5.14 – 8 AZR 1069/12, NZA 14, 1335 (+); **Armaturenherstellung** – 25.5.2000 – 8 AZR 335/99, BeckRS 2009, 67391 (–); **Arztpraxis** – 22.6.11 – 8 AZR 107/10, BeckRS 2011, 76229 (–); **Auslieferungslager** – 18.12.03 – 8 AZR 621/02, NZA 04, 791 (+); **Bauunternehmen** – 19.12.2000 – 3 AZR 451/99, NZA 02, 615 (+); **Bewachung** – 22.1.98 – 8 AZR 775/96, NZA 98, 638 (–); 22.1.98 – 8 ABR 83/96, BB 14, 61 (–); 14.5.98 – 8 AZR 418/96, NZA 99, 483 (z); 14.5.98 – 8 AZR 328/96, BeckRS 1998, 30369837 (–); 7.9.98 – 8

AZR 276/97 (–); 25.9.08 – 8 AZR 607/07, NZA-RR 09, 469 (–); 15.12.11 – 8 AZR 197/11, BeckRS 2012, 67383 (-); 23.5.13 – 8 AZR 207/12, BeckRS 2013, 72336 (+); 22.1.15 – 8 AZR 139/14, NZA 15, 1325 (z); **Bohrgesellschaft** – 8.8.02 – 8 AZR 583/01, NZA 03, 315 (z); **Bistrobewirtschaftung** bei der Bahn – 6.4.06 – 8 AZR 249/04, NZA 06, 1039 (–); **Brauerei** – 22.1.98 – 8 AZR 358/95, BeckRS 1998, 30368302 (–); **Buchhaltung** – 11.12.97 – 8 AZR 699/96, BeckRS 1997, 30773010 (–); **Callcenter** – 25.6.09 – 8 AZR 258/08, NZA 09, 1412 (+); **Catering** – 11.12.97 – 8 AZR 426/94, NZA 98, 532 (–); **Dachdecker** – 26.7.07 – 8 AZR 769/06, NZA 08, 112 (–); **Druckerei** – 18.3.99 – 8 AZR 306/98, NZA 99, 706 (+); **Druckserviceunternehmen** – 6.4.06 – 8 AZR 222/04, NZA 06, 723 (+); **Druckweiterverarbeitung** – 26.8.99 – 8 AZR 588/98, BeckRS 1999, 30780253 (z); **Einzelhandel** – 2.12.99 – 8 AZR 796/98, NZA 2000, 369 (z); 17.6.03 – 2 AZR 134/02, AP Nr 260 zu § 613a BGB (–); **Erwachsenenbildung** – 22.10.98 – 8 AZR 752/96, BeckRS 1998, 30776458 (–); 18.2.99 – 8 AZR 485/97, NZA 99, 648 (z); 23.9.99 – 8 AZR 614/98, BeckRS 1999, 30780839 (–); **Ferienzentrum** – 16.7.98 – 8 AZR 81/97, NZA 98, 1233 (–); **Fleischereigeschäft** – 18.2.99 – 8 AZR 732/97 (+); **Fluggastkontrolle** – 13.6.06 – 8 AZR 271/05, NZA 06, 1101 (+); **Flughafen (Handling)** – 16.5.07 – 8 AZR 693/06, NZA 07, 1296 (–); **Forschungsschiff** – 2.3.06 – 8 AZR 147/05, NZA 06, 1105 (+); **Frauenhaus** – 4.6.06 – 8 AZR 299/05, NZA 06, 1096 (–); **Gaststätte** – 11.9.97 – 8 AZR 555/95, NZA 98, 31; 20.3.03 – 8 AZR 312/02, NZA 03, 1338 (–); **Gebäudereinigung** – 13.11.97 – 8 AZR 295/95, NZA 98, 251 (+); 11.12.97 – 8 AZR 729/96, NZA 98, 534 (+); 11.12.97 – 8 AZR 156/95, NZA 99, 486 (z); 22.1.98 – 8 AZR 197/95 (–); 19.3.98 – 8 AZR 737/96, BeckRS 1998, 30369227 (–); 18.2.99 – 8 AZR 500/97 (–); 2.12.99 – 8 AZR 774/98, NZA 2000, 480 (+); 22.4.04 – 2 AZR 243/03, BeckRS 2004, 30341693 (–); 24.5.05 – 8 AZR 333/04, NZA 06, 31 (–); 21.5.08 – 8 AZR 481/07, NZA 09, 144 (+); **Gebäudetechnik** – 27.1.2000 – 8 AZR 106/99, BeckRS 2000, 30782776 (z); 22.1.09 – 8 AZR 158/07, NZA 09, 905 (–); **Gefahrstofflager** – 22.7.04 – 8 AZR 350/03, NZA 04, 1383 (+); **Getränkehandel** – 14.12.2000 – 8 AZR 220/00, BeckRS 2000, 30810919 (–); **Grundstücksverwaltung** – 18.3.99 – 8 AZR 196/98, NZA 99, 869 (–); 18.3.99 – 8 AZR 169/98, BeckRS 1999, 15049 (–); 15.11.12 – 8 AZR 683/11, BeckRS 2013, 67450 (–); **Hafenumschlag und Stauerei** – 22.8.13 – 8 AZR 521/12, BeckRS 2014, 65161 (-); **Hol- und Bringdienst** – 10.12.98 – 8 AZR 676/97, NZA 99, 420 (–); **Hotelbetrieb** – 14.12.2000 – 8 AZR 694/99, BeckRS 2000, 30810147 (–); 13.7.06 – 8 AZR 382/05, NZA 06, 1406 (+); 21.2.08 – 8 AZR 77/07, NZA 08, 825 (+); 21.8.08 – 8 AZR 201/07, NZA 09, 29 (z); **Installateur** – 16.2.06 – 8 AZR 211/05, NZA 06, 592 (–); **Instandhaltung** – 13.11.97 – 8 AZR 82/95, BeckRS 1997, 30772200 (z); **Instandsetzung/Bundeswehr** – 30.10.08 – 8 AZR 855/07, NZA 09, 723 (–); **IT-Service** – 21.6.12 – 8 AZR 181/11, NZA-RR 13, 6 (z); **Jugendwohnheim** – 23.9.99 – 8 AZR 750/98, RzK I 5e Nr 120 (–); **Kantine** – 25.5.2000 – 8 AZR 337/99, BeckRS 2000, 30785091 (+); 17.12.09 – 8 AZR 1019/08, NZA 10, 499 (–); **Kasernengelände** – 2.12.98 – 7 AZR 579/97, NZA 99, 926 (+); **Kindertagesstätte** – 20.3.14 – 8 AZR 1/13, NZA 14, 1095 (+); **Kommissionsbetrieb** – 29.6.2000 – 8 AZR 520/99, BeckRS 2008, 52723 (–); **Krankenhaus** – 4.6.98 – 8 AZR 644/96, BeckRS 1998, 30370414 (–); 25.5.2000 – 8 AZR 416/99, NZA 2000, 1115 (+); 21.5.08 – 8 AZR 481/07, NZA 09, 144 (+); **Kundendienst** – 22.1.98 – 8 AZR 243/95, NZA 98, 536 (–); **Lagerhaltung** – 13.12.07 – 8 AZR 937/06, NZA 08, 1021 (+); **Lagerverwaltung** – 17.4.03 – 8 AZR 253/02, AP Nr 253 zu § 613a BGB (–); **Lebensmittellager** – 14.8.07 – 8 AZR 803/06, NZA 07, 1428 (–); **Leiharbeit** – 12.12.13 – 8 AZR 1023/12, NZA 14, 436 (-); **Malerei** – 20.6.02 – 8 AZR 459/01, NZA 03, 318 (+); **Maschinenbau** – 12.11.98 – 8 AZR 301/97, NZA 99, 715 (–); 23.9.10 – 8 AZR 567/09, NZA 11, 197 (-); **Metallbau** – 27.9.12 – 8 AZR 826/11, NZA 13, 961 (–); **Modefachgeschäft** – 22.5.97 – 8 AZR 101/96, NZA 97, 1050 (–); 12.11.98 – 8 AZR 282/97, NZA 99, 310 (z); **Mess- und Regeltechnik** – 13.10.11 – 8 AZR 455/10, NZA 12, 504; **Möbelauslieferung** und **-montage** – 22.1.98 – 8 AZR 623/96, BeckRS 1998, 30368310 (–); 3.9.98 – 8 AZR 306/97, NZA 99, 147 (–); **Möbeleinzelhandel** – 13.7.06 – 8 AZR 331/05, NZA 06, 1357 (–); **Müllsortieranlage** – 27.9.07 – 8 AZR 941/06, NZA 08, 1130 (–); **Notariat** – 26.8.99 – 8 AZR 827/98, NZA 2000, 371 (–); **Privatschule** – 21.1.99 – 8 AZR 680/97, BeckRS 1999, 15052 (–); **Rechtsanwaltskanzlei** – 30.10.08 – 8 AZR 397/07, NZA 09, 485 (–); **Reisebüro** – 15.12.11 – 8

AZR 692/10, NZA-RR 12, 570 (–); **Rettungsdienst** – 25.8.16 – 8 AZR 53/15, NZA-RR 17, 123 (-); **Rohrleitungsbau** – 29.6.2000 – 8 ABR 44/99, NZA 2000, 1180 (–); **Schießplatz** – 25.9.03 – 8 AZR 421/02, NZA 04, 316 (–); **Schlachthof** – 15.2.07 – 8 AZR 431/06, NZA 07, 793 (+); 29.3.07 – 8 AZR 519/06, NZA 07, 927 (+); **Schuhproduktion** – 16.5.02 – 8 AZR 319/01, NZA 03, 93 (–); 13.5.04 – 8 AZR 331/03, NZA 04, 1295 (Ls) (–); **Tankstelle in Überseehafen** – 18.9.14 – 8 AZR 733/13, NZA 15, 97 (–); **Theater** – 23.9.99 – 8 AZR 135/99 (–); **Servicedienstleister** – 14.8.07 – 8 AZR 1043/06, NZA 07, 1431 (–); 21.5.08 – 8 AZR 481/07, NZA 09, 144 (+); **Tiernahrungsproduktion** – 23.9.99 – 8 AZR 650/98, BeckRS 1999, 30780902 (–); **Transportunternehmen** – 26.8.99 – 8 AZR 718/98, NZA 2000, 144 (–); 21.5.15 – 8 AZR 409/13, BeckRS 2015, 72506 (–); **Treuhandanstalt** – 24.8.06 – 8 AZR 317/05, NZA 07, 1287 (–); **Vertriebsunternehmen** – 13.11.97 – 8 AZR 52/96, BeckRS 1997, 30922651 (–); 13.11.97 – 8 AZR 435/95, BeckRS 1997, 30924776 (–); 28.5.09 – 8 AZR 273/08, BeckRS 2009, 69440 (–); **Verpackung** – 24.4.08 – 8 AZR 268/07, NZA 08, 1314 (–); **Verwaltung** – 26.6.97 – 8 AZR 426/95, NZA 97, 1228 (–); **Warenauslieferung** – 23.4.98 – 8 AZR 665/96, BeckRS 1998, 30369633 (–); **Wasserversorgung** – 10.11.11 – 8 AZR 546/10, NZA 12, 509 (–); **Werkstofffertigung** – 25.1.18 – 8 AZR 309/16, NZA 18, 933 (-); **Zeitungszustellung** – 19.3.15 – 8 AZR 150/14, BeckRS 2015, 70739 (–); **Zementwerk** – 3.11.98 – 3 AZR 484/97, BeckRS 1998, 30367932 (–).

23 **e) Zeitpunkt.** Maßgeblicher Zeitpunkt und damit auslösendes Moment für die Rechtsfolgen des § 613a BGB ist der Zeitpunkt, in dem der **Wechsel in der Person des Betriebsinhabers** erfolgt. Der bisherige Inhaber muss seine wirtschaftliche Betätigung in Bezug auf diesen Betrieb oder Betriebsteil einstellen und der neue Inhaber die wirtschaftliche Einheit nutzen und fortführen. Dieser Zeitpunkt ist nicht disponibel (BAG 21.2.08 – 8 AZR 77/07, NZA 08, 825). Auch ein nachträglich einschlägiger Wirksamkeitsvorbehalt im Unternehmenskaufvertrag hindert bei tatsächlicher Fortführung das Vorliegen eines Betriebsübergangs nicht (BAG 31.1.08 – 8 AZR 2/07, AP Nr 339 zu § 613a BGB). In diesem Sinn hat auch der EuGH bezüglich Art 3 Abs 1 der Richtlinie entschieden und auf den Zeitpunkt abgestellt, zu dem die Inhaberschaft (Verantwortung für den Betrieb der betreffenden Einheit) auf den Erwerber übergeht (EuGH 26.5.05 – Rs C-478/03, NZA 05, 681 – John Astley ua). Bei einer Übertragung in mehreren Schritten kommt es auf den Übergang der wesentlichen, zur Fortführung des Betriebs erforderlichen Betriebsmittel an (BAG 27.10.05 – 8 AZR 568/04, NZA 06, 668). Einer besonderen Übertragung einer irgendwie gearteten **Leitungsmacht** bedarf es nach der Rspr des BAG daneben nicht (BAG 25.10.07 – 8 AZR 917/06, NZA-RR 08, 367; 21.2.08 – 8 AZR 77/07, NZA 08, 825). Erst recht führt eine Vereinbarung mehrerer Unternehmen über eine gemeinsame Betriebsführung nicht zu einem Betriebsübergang, da hierdurch keine Übertragung des Direktionsrechts erfolgt, sondern lediglich die Tätigkeit der Unternehmen koordiniert wird (BAG 26.8.99 – 8 AZR 588/98, BeckRS 1999, 30780253; 24.2.2000 – 8 AZR 162/99, BeckRS 2009, 67932).

24 **3. Zuordnung.** Liegen die Voraussetzungen eines Betriebsübergangs bzw eines Betriebsteilübergangs vor, so gehen jeweils die Arbeitsverhältnisse derjenigen ArbN über, die dem konkreten Betrieb oder Betriebsteil zuzuordnen sind (BAG 13.11.97 – 8 AZR 375/96, NZA 98, 249; 28.10.04 – 8 AZR 391/03, NZA 05, 285; 21.2.06 – 3 AZR 216/05, AP Nr 58 zu § 16 BetrAVG). Eine solche Zuordnung ist unproblematisch, sofern zwischen ArbGeb und ArbN Einigkeit über die Zugehörigkeit zu einem bestimmten Betriebsteil besteht. In diesem Fall ist der **Parteiwille** maßgeblich (BAG 18.3.97 – 3 AZR 729/95, NZA 98, 97; LAG Düsseldorf 14.5.04 – 9 (14) Sa 1691/03, LAGE § 613a BGB 2002 Nr 4). Ist die Zuordnung streitig, entscheidet das BAG nach **objektiven Kriterien** (BAG 8.8.02 – 8 AZR 583/01, NZA 03, 315; 28.10.04 – 8 AZR 391/03, NZA 05, 285). Es kommt darauf an, ob der ArbN dem Betriebsteil angehört. Es kommt darauf an, dass er in den übergegangenen Betrieb oder Betriebsteil tatsächlich eingegliedert war (BAG 18.10.12 – 6 AZR 41/11, NZA 13, 1007). Die bloße Tätigkeit für einen Betriebsteil genügt nicht (BAG 21.6.12 – 8 AZR 181/11, NZA-RR 13, 6; 7.4.11 – 8 AZR 730/09, NZA 11, 1231; LAG MeVo 7.12.17 – 5 Sa 35/17, BeckRS 2017, 139700). Letztlich entscheidet der ArbGeb die Zuordnung durch ausdrückliche oder konkludente Ausübung seines Direktionsrechts (BAG

17.10.13 – 8 AZR 763/12, NZA-RR 14, 175; LAG Nbg 12.4.16 – 7 Sa 649/14, NZA-RR 16, 517; LAG Köln 4.12.18 – 4 Sa 962/17, BeckRS 2018, 38284; vgl im Einzelnen auch *Kreitner* FS Küttner 2006, S 399, kritisch wegen Umgehungsbedenken *Elking* NZA 14, 295). AU oder Erwerbsunfähigkeit im Zeitpunkt des Betriebsübergangs sind dabei rechtlich ebenso unerheblich wie Erholungsurlaub des ArbN (BAG 21.2.06 – 3 AZR 216/05, NZA 07, 931; 2.3.06 – 8 AZR 147/05, NZA 06, 1105). Im Fall des Widerspruchs bedarf es einer erneuten Zuordnungsentscheidung des ArbGeb (BAG 25.9.03 – 8 AZR 446/02, BeckRS 2003, 41875; 13.2.03 – 8 AZR 102/02, BeckRS 2003, 40650). Dabei hat der widersprechende ArbN keinen Anspruch auf Zuordnung zu einem bestimmten Betrieb oder Betriebsteil des Veräußerers (BAG 21.2.13 – 877/11, NZA 13, 617). Auch das rechtliche Schicksal des nach einem Betriebsteilübergangs verbleibenden Restbetriebs des Veräußerers hat keinen Einfluss auf die Zuordnungsfrage (BAG 17.6.03 – 2 AZR 134/02, BeckRS 2004, 40374). Im Ergebnis werden damit oftmals ArbN in sog Stabs-, Verwaltungs- oder Overheadfunktionen nicht von Betriebsteilübergängen erfasst (BAG 13.11.97 – 8 AZR 375/96, NZA 98, 249: Leiter Finanz- und Rechnungswesen; 21.1.99 – 8 AZR 298/98: Leiter Finanz- und Personalbuchhaltung; 17.6.03 – 2 AZR 134/02, AP Nr 260 zu § 613a BGB).

Auch bei **freigestellten Betriebsratsmitgliedern** knüpft das BAG an den Betrieb bzw 25
Betriebsteil an, dem das BRatMitglied vor seiner Freistellung angehörte (BAG 18.9.97 – 2 ABR 15/97, NZA 98, 189). Das Gleiche gilt für **Altersteilzeitarbeitnehmern** in der Freistellungsphase (BAG 31.1.08 – 8 AZR 27/07, NZA 08, 705). Dem ist grds zuzustimmen. Bei langjährig freigestellten BRatMitgliedern kann es oftmals durch betriebliche Umorganisation während der Freistellungsphase zum ersatzlosen Wegfall des früheren Arbeitsplatzes und damit dem betrieblichen Anknüpfungspunkt für die Zuordnungsentscheidung kommen. Hier bedarf es einer neuen Zuordnungsentscheidung des ArbGeb. Abzulehnen ist demgegenüber die von *Natzel* (NZA 2000, 77) vertretene Zuordnung zum Gesamtbetrieb. Sie stellt letztlich ohne rechtliche Grundlage allein auf die betriebsverfassungsrechtliche Mandatsausübung ab und vernachlässigt den Fortbestand des individualrechtlichen Arbeitsverhältnisses.

§ 323 Abs 2 UmwG ermöglicht in Fällen der **Verschmelzung, Spaltung** oder **Ver-** 26
**mögensübertragung** die Zuordnung von ArbN zu bestimmten Betrieben oder Betriebsteilen durch namentliche Bezeichnung in einem *Interessenausgleich*. Diese von den Betriebspartnern vorgenommene Zuordnung kann nach dem Gesetzeswortlaut durch das ArbG nur auf „grobe Fehlerhaftigkeit" überprüft werden. Der Gesetzgeber hat sich insoweit an der Insolvenzordnung orientiert (vgl weiterführend *Neye* ZIP 94, 917; *Bauer/Lingemann* NZA 94, 1057), die im Rahmen der gerichtlichen Überprüfung der Sozialauswahl ebenfalls den Kontrollmaßstab der „groben Fehlerhaftigkeit" vorgibt (→ *Umwandlung* Rn 14).

**4. Rechtsgeschäft.** Gem § 613a Abs 1 Satz 1 BGB führt nur ein rechtsgeschäftlicher 27
Betriebsübergang zum Eintritt des Erwerbers kraft Gesetzes in die bestehenden Arbeitsverhältnisse. Daher scheidet eine Anwendung des § 613a BGB auf die **öffentlich-rechtliche Funktionsnachfolge** aus, denn diese beruht idR auf Rechtsnormen und nicht auf einem Rechtsgeschäft (BAG 8.5.01 – 9 AZR 95/00, NZA 01, 1200; 18.12.08 – 8 AZR 660/07, BeckRS 2009, 58466; LAG Köln 2.8.16 – 12 Sa 78/16, BeckRS 2016, 74610; jedoch BAG 7.9.95, NZA 96, 424: öffentlich-rechtliche Verwaltungsvereinbarung genügt; vgl auch EuGH 15.10.96, BB 97, 1742). Auch der Übergang eines Notariats geschieht durch einen Verwaltungsakt der Landesjustizverwaltung und damit hoheitlich (BAG 26.8.99 – 8 AZR 827/98, NZA 2000, 371). Entscheidend ist, ob wesentliche Betriebsmittel aufgrund vertraglicher Vereinbarungen oder aufgrund eines hoheitlichen Aktes genutzt werden (BAG 13.6.06 – 8 AZR 271/05, NZA 06, 1101). Auch bei einem solchen gesetzlichen Übergang muss der Gesetzgeber aber den Gleichbehandlungsgrundsatz beachten (BAG 18.12.08 – 8 AZR 660/07, AP Nr 366 zu § 613a BGB). Jedenfalls bei einem gesetzlich angeordneten Wechsel von einem öffentlichen zu einem privaten ArbGeb kann die Einräumung eines Widerspruchsrechts erforderlich sein (BVerfG 25.1.11 – 1 BvR 1741/09, NZA 11, 400).

Das Rechtsgeschäft, das dem Betriebsübergang zugrunde liegen muss, ist der einverständ- 28
liche **Wechsel der Inhaberschaft.** Daher scheidet ein Betriebsübergang mangels rechtsgeschäftlicher Übertragung immer dann aus, wenn der Wechsel in der Person des Betriebs-

inhabers nicht auf eine Willensäußerung des bisherigen Betriebsinhabers zurückzuführen ist, wie bspw im Fall der Betriebsbesetzung. Typische Beispiele für Rechtsgeschäfte sind: Kauf-, Pacht-, Nießbrauchs- oder Schenkungsverträge, Vermächtnisse sowie Regelungen im Rahmen von Gesellschaftsverträgen.

**29** Dieses Tatbestandsmerkmal ist sehr weit zu verstehen (BAG 25.10.07 – 8 AZR 917/06, NZA-RR 08, 367). Dabei kann sich der Inhaberwechsel auch aus einem **Bündel von Rechtsgeschäften mit mehreren Dritten** ergeben (BAG 22.5.85, DB 85, 2407; 18.2.99 – 8 AZR 485/97, NZA 99, 648; 21.6.12 – 8 AZR 181/11, NZA-RR 13, 6) soweit mit diesen der Übergang eines funktionsfähigen Betriebes bzw Betriebsteils bezweckt wird. § 613a BGB verlangt weiterhin nicht das Vorliegen eines zweiseitigen Rechtsgeschäfts, eine vom bisherigen Betriebsinhaber erteilte Ermächtigung zur Fortführung des Betriebes reicht aus (ArbG Köln 29.7.76, DB 76, 2021; aA LAG Hamm 10.1.75, DB 75, 604). Erst recht muss sich das Rechtsgeschäft nicht auf die Übernahme der Arbeitsverhältnisse beziehen (LAG Thür 14.11.2000 – 5 Sa 55/99, NZA-RR 01, 122).

**30** Die **Unwirksamkeit des Rechtsgeschäfts** führt nicht zum Ausschluss der Rechtsfolgen des § 613a BGB (BAG 6.2.85 – 5 AZR 411/83, NZA 85, 735). Auch ein nichtiges Rechtsgeschäft eines Geschäftsunfähigen soll danach die Voraussetzungen des § 613a BGB erfüllen. Wegen der überragenden Bedeutung, die ansonsten durch die Rechtsordnung dem Schutz des Geschäftsunfähigen gewährt wird erscheint diese Rspr bedenklich (kritisch ebenfalls *Schröder* NZA 86, 206; *Staudinger/Richardi/Annuß* § 613a Rz 94). Zum richtigen Ergebnis führt diese Rspr demgegenüber im Fall der Anfechtung eines Unternehmenskaufvertrages. Für das Vorliegen eines Betriebsübergangs kommt es insoweit allein auf die tatsächliche Fortführung der übernommenen wirtschaftlichen Einheit an (BAG 25.10.07 – 8 AZR 917/06, NZA-RR 08, 367). Daher ist auch ein vereinbartes Rücktrittsrecht des Betriebserwerbes für die Beurteilung des Betriebsübergangs ebenso unbeachtlich (BAG 15.12.05 – 8 AZR 202/05, NZA 06, 597) wie die aufschiebende Bedingung der vollständigen Kaufpreiszahlung (BAG 13.12.07 – 8 AZR 1107/06, AP Nr 338 zu § 613a BGB).

**31** Im Schrifttum wird unter Berufung auf das Fehlen eines Rechtsgeschäfts die **Anwendbarkeit des § 613a BGB im Rahmen der Zwangsvollstreckung** generell verneint (*Mohrbutter* NZA 85, 105). Richtigerweise ist die Rechtslage wie folgt zu beurteilen: Bei der **Zwangsversteigerung** eines Betriebsgrundstücks (zB Hotelgrundstück) erfolgt der Übergang durch staatlichen Hoheitsakt, § 90 Abs 1 ZVG. Der den Zuschlag erhaltende Ersteher erwirbt somit nicht auf rechtsgeschäftliche Weise. Damit ist jedoch noch nichts über die Arbeitsverhältnisse gesagt, da sich die Zwangsversteigerung ausschließlich auf das Grundstück und die gem §§ 90 Abs 2, 55 Abs 1, 20 Abs 2 ZVG, 1120, 97 Abs 1 BGB miterfassten Gegenstände erstreckt.

**32** Hier ist zu differenzieren: Nutzt der neue Inhaber lediglich die im Wege der Zwangsvollstreckung erworbenen Gegenstände, um damit einen ähnlichen, eigenen Betrieb führen zu können, so fehlt es am Übergang eines funktionsfähigen Betriebes; § 613a BGB ist nicht anwendbar. Nutzt der Ersteher jedoch die vorhandene betriebliche Einheit, so ist ein Betriebsübergang iSd § 613a BGB gegeben, da dann rechtsgeschäftliche Vereinbarungen hinsichtlich dieser wesentlichen Betriebsmittel vorliegen. Gleiches gilt für die **Zwangsverwaltung.** Auch hier erwirbt der Zwangsverwalter im Wege der Beschlagnahme, also nicht durch Rechtsgeschäft. Obwohl der Zwangsverwalter grds nur die Verfügungsbefugnis über das Betriebsgrundstück erhält, kann er berechtigt sein, einen grundstücksbezogenen Gewerbebetrieb fortzuführen (BGH 14.4.05 – V ZB 16/05, NJW-RR 05, 1175: Hotel mit Restaurants). Hierfür bedarf er grds der rechtsgeschäftlichen Mitwirkung des Schuldners (BAG 18.8.11 – 8 AZR 230/10, NJW 11, 3596; LAG Köln 11.5.99 – 10 Sa 14/99, NZA 2000, 36; kritisch *Drasdo* NZA 12, 239).

**33** **5. Unterrichtungspflicht des Arbeitgebers.** Gem § 613a Abs 5 BGB ist der ArbGeb unabhängig von der Betriebsgröße und unabhängig von dem Vorhandensein eines BRat verpflichtet, die von einem Übergang betroffenen ArbN zu informieren, um ihnen eine ausreichende Wissensgrundlage für die Ausübung des Widerspruchsrechts zu verschaffen (grundlegend BAG 14.12.06 – 8 AZR 763/05, NZA 07, 682 sowie aus dem Schrifttum *Grau* Unterrichtung und Widerspruchsrecht der ArbN bei Betriebsübergang 2005; *Kania/*

*Joppich* FS Küttner 2006 S 383 ff; *Willemsen* FS Küttner S 417 ff; *Fuhlrott/Ritz* BB 12, 2689). Gemeint sind damit nur die ArbN des Veräußerers im übergehenden Betrieb bzw Betriebsteil (*Jaeger* ZIP 04, 433; *Franzen* RdA 02, 258). Die Unterrichtungspflicht stellt eine **Rechtspflicht** dar, deren Verletzung nach § 280 BGB schadensersatzpflichtig machen kann (BAG 31.1.08 – 8 AZR 1116/06, NZA 08, 642; aA *Grobys* BB 02, 726; *Bauer/von Steinau-Steinrück* NZA 03 Beilage S 72; *Riesenhuber* RdA 04, 340, die wie vor der Gesetzesänderung nur eine Obliegenheit des ArbGeb annehmen). Für die Information ist **Textform** gem § 126b BGB vorgeschrieben, so dass zwar keine unterschriebene Erklärung erforderlich ist, gleichwohl aber die Person des Erklärenden durch eine Nachbildung der Unterschrift oder auf andere Weise als Abschluss der Erklärung erkennbar sein muss. Ermöglicht wird damit insbes eine Unterrichtung der ArbN per E-Mail oder Intranet bzw Kopie oder Telefax. Eine Übersetzung für ausländische ArbN ist nicht vorgeschrieben, kann aber im Einzelfall im eigenen Interesse des ArbGeb sinnvoll sein (enger *Langner* DB 08, 2082). Die mündliche Information zB in einer Betriebsversammlung reicht daher nicht aus. Der ArbGeb muss sicherstellen, dass **jeder** von dem Betriebsübergang betroffene **Arbeitnehmer** von der Information Kenntnis erlangt. Dies kann unter Verwendung von Standardschreiben geschehen, sofern sichergestellt ist, dass etwaige Besonderheiten einzelner Arbeitsverhältnisse erfasst sind (BAG 13.7.06 – 8 AZR 305/05, NZA 06, 1268). Eine individuelle Rechtsberatung wird vom Gesetz nicht verlangt (BAG 9.2.06 – 6 AZR 281/05, BeckRS 2006, 42337). Jedenfalls empfiehlt sich aus Beweisgründen ein Informationsschreiben in Papierform (möglichst gegen Empfangsquittung). Eine Information des BRat genügt den gesetzlichen Anforderungen nicht, kann aber über § 242 BGB bei nachgewiesener Weitergabe der Information an die ArbN erheblich sein (*Hauck* AuA 04, 14). § 613a Abs 5 BGB gibt dem ArbN grds keinen Anspruch auf Auskunft über die Höhe seiner Betriebsrentenanwartschaften, da diese nicht Folge des Betriebsübergangs sind (BAG 22.5.07 – 3 AZR 834/05, NZA 07, 1283; 22.5.07 – 3 AZR 357/06, NZA 07, 1285; → *Rentenauskunft* Rn 3).

Die Unterrichtungspflicht trifft gleichermaßen den **Veräußerer und** den **Erwerber** als **34** Gesamtschuldner. Da die Unterrichtung vor dem Betriebsübergang stattfinden soll, wird sie im Regelfall durch den Betriebsveräußerer erfolgen. Sofern beide ArbGeb informieren, sollte dies gemeinsam geschehen, um inhomogene Informationen und daraus resultierende Schadensersatzrisiken zu vermeiden. Problematisch ist dies insbes bei sog feindlichen Betriebsübergängen, die durch eine „Auftragsnachfolge" entstehen und bei denen idR keine direkte Rechtsbeziehung zwischen Käufer und Erwerber besteht (*Meyer* NZA 17, 960; *Göpfert/Giese* NZA 17, 966). Maßgeblich ist der **Kenntnisstand** im Zeitpunkt der Unterrichtung (BAG 13.7.06 – 8 AZR 303/05, NZA 06, 1273). Beide ArbGeb sind für die Erfüllung der Unterrichtungspflicht **darlegungs- und beweispflichtig.** Ebenso wie bei § 102 BetrVG gilt dabei eine abgestufte Darlegungslast, wonach seitens des ArbN näher dargelegte Einwände vom ArbGeb mit entsprechenden Darlegungen und Beweisantritten zu entkräften sind, es sei denn, die Unterrichtung ist offensichtlich fehlerhaft (BAG 10.11.11 – 8 AZR 430/10, BeckRS 2012, 66397). Dann ist der Fehler von Amts wegen zu berücksichtigen (BAG 24.7.08 – 8 AZR 1020/06; 13.7.06 – 8 AZR 305/05, NZA 06, 1268; 14.12.06 – 8 AZR 763/05, NZA 07, 682). Letzteres hat das BAG bislang regelmäßig angenommen.

Der erforderliche **Mindestinhalt der Unterrichtung** ist unter Berücksichtigung von **35** Sinn und Zweck der Unterrichtung und Auslegung des **4-Punkte-Katalogs** zu ermitteln (BAG 10.11.11 – 8 AZR 277/10, BeckRS 2011, 77782; *Lingemann* NZA 12, 546; *Elking/Aszmons* BB 14, 2041; *Grau/Schaut* NZA 18, 216). Grundvoraussetzung ist danach, dass die ArbN über die Identität des Betriebserwerbers so informiert werden, dass sie in der Lage sind, über ihren möglichen neuen ArbGeb Erkundigungen einzuholen. Dazu gehört bei Gesellschaften die Firma, die Angabe des Firmensitzes sowie die Geschäftsadresse (BAG 21.8.08 – 8 AZR 407/07, NZA-RR 09, 62; 23.7.09 – 8 AZR 538/08, NZA 10, 89). Bei Bezugnahmen auf das Handelsregister müssen auch das zuständige Register und die den Erwerber betreffende Registernummer fehlerfrei angegeben werden (BAG 14.11.13 – 8 AZR 824/12, NZA 14, 610). Ist ein Erwerber entgegen der ausdrücklichen Bezeichnung im Unterrichtungsschreiben (noch) nicht im Handelsregister eingetragen, ist die Unterrichtung ebenfalls in erheblicher Weise fehlerhaft (LAG BlnBbg 13.9.18 – 21 Sa 391/18, BeckRS 2019, 30219).

36 Der gesetzliche Anforderungskatalog verlangt in **Nr 1** die Mitteilung des (geplanten) Übergangszeitpunkts. Dies dürfte in der Praxis keine Schwierigkeiten bereiten, da zwar eine möglichst genaue, aber ungefähre Zeitangabe ausreicht.

37 Nach **Nr 2** ist über den Übergangsgrund zu informieren. Dies wird allgemein dahingehend verstanden, dass eine für die ArbN verständlich formulierte Information über den Rechtsgrund der Übertragung (Verkauf, Umwandlung oÄ) erfolgen muss. Es geht um eine schlagwortartige Schilderung derjenigen unternehmerischen Gründe für den Betriebsübergang, die sich im Falle des Widerspruchs auf den Arbeitsplatz auswirken können (BAG 13.7.06 – 8 AZR 305/05, NZA 06, 1268; 14.12.06 – 8 AZR 763/05, NZA 07, 682; *Meyer* SAE 07, 315; *Lindemann/Wolter-Roßteutscher* BB 07, 938). Hierfür sind zwischen Betriebsveräußerer und -erwerber geschlossene Vereinbarungen darzustellen (BAG 23.7.09 – 8 AZR 538/08, NZA 10, 89).

38 **Nr 3** verpflichtet die ArbGeb weitergehend zu einer Unterrichtung über die rechtlichen, wirtschaftlichen und sozialen Folgen des Übergangs für die ArbN. Dies stellt letztlich eine Umschreibung der in § 613a Abs 1–4 und 6 BGB geregelten Rechtslage dar. Auch insoweit wird man eine verständliche Information über die **unmittelbaren Auswirkungen** des Betriebsübergangs auf die Arbeitsverhältnisse der betroffenen ArbN verlangen müssen. Sicherlich nicht ausreichend ist dabei die bloße Wiedergabe des Gesetzeswortlauts. Gleichermaßen unzweifelhaft zu weitgehend ist auf der anderen Seite eine individuelle, rechtsverbindliche objektive Rechtsberatung der ArbN. Enthalten sollte die Information aber jedenfalls erläuternde Hinweise auf den grds unveränderten, gesetzlichen Übergang der Arbeitsverträge auf den Erwerber, den kollektivrechtlichen Fortbestand oder die Transformation bisher geltender kollektivrechtlicher Regelungen, die Haftungsregelung in § 613a Abs 2 BGB sowie den besonderen Kündigungsschutz nach § 613a Abs 4 Satz 1 BGB und die daneben nach § 613a Abs 4 Satz 2 BGB fortbestehenden Kündigungsmöglichkeiten (BAG 23.7.09 – 8 AZR 538/08, NZA 10, 89; 22.1.09 – 8 AZR 807/07, NZA 09, 547; 27.11.08 – 8 AZR 174/07, NZA 09, 552; 27.11.08 – 8 AZR 188/07, NZA 08, 1354; 24.7.08 – 8 AZR 755/07, NZA-RR 09, 294). **Maßgebliches Kriterium** zur inhaltlichen Bestimmung der Unterrichtungspflicht ist dabei deren Sinn und Zweck, dem ArbN eine ausreichende Kenntnisgrundlage zur Entscheidung über die Ausübung des Widerspruchsrechts zu verschaffen. Hiervon ausgehend muss der ArbN grds nicht in jedem Fall im Einzelnen über die wirtschaftliche und finanzielle Lage des Erwerbers informiert werden. Anders ist dies etwa dann, wenn dieser sich in einer wirtschaftlichen Notlage befindet (BAG 15.12.16 – 8 AZR 612/15, NZA 17, 783; 31.1.08 – 8 AZR 1116/06, NZA 08, 642). Von Bedeutung für die Ausübung des Widerspruchsrechts ist auch die beim Erwerber vorhandene Haftungsmasse. Daher muss die Haftungsverteilung zwischen Veräußerer und Erwerber erläutert werden (BAG 28.2.19 – 8 AZR 201/18, BeckRS 2019, 16663; 22.1.09 – 8 AZR 808/07, NZA 09, 547). Insbes ist darüber zu informieren, ob wesentliche Vermögensgegenstände (zB Grundvermögen) des bisherigen Betriebs übergehen (BAG 31.1.08 – 8 AZR 1116/06, NZA 08, 642). Das Gleiche gilt für den Fall, dass der Erwerber erhebliche finanzielle Unterstützungsleistungen vom Veräußerer erhält oder ein sog negativer Kaufpreis (der Veräußerer zahlt für den Erwerb des Betriebs) vereinbart wird (LAG München 27.2.09 – 6 Sa 457/08, nv). Zu den wirtschaftlichen und sozialen Folgen zählen des weiteren Informationen über das Vorhandensein eines BRat beim Erwerber, bestehende Tarifbindung, Größenangaben der Belegschaft zu maßgeblichen Schwellenwerten, Kenntnis über laufende oder konkret bevorstehende Insolvenzverfahren beim Erwerber (*Worzalla* NZA 02, 353; enger *Jaeger* ZIP 04, 433). Danach sind Informationen bezüglich der wirtschaftlichen Situation des Erwerbers jedenfalls immer dann erforderlich, wenn eine konkrete Gefährdung der übergehenden Arbeitsplätze droht (*Kania/Joppich* FS Küttner S 393; LAG Köln 4.6.07 – 14 Sa 1225/06, BeckRS 2007, 47107). Das Gleiche gilt bei einem Betriebsteilübergang, wenn die betroffenen ArbN im Kleinbetrieb des Erwerbers nach § 23 KSchG keinen Kündigungsschutz mehr genießen werden (LAG Düsseldorf 9.1.18 – 3 Sa 251/17, BeckRS 2018, 8214). Bei einem Betriebsübergang auf ein neugegründetes Unternehmen iSv § 112a Abs 2 BetrVG ist unabhängig von konkreten dahingehenden Planungen zwingend über die fehlende Sozialplanpflicht zu informieren. Die einmonatige Widerspruchsfrist beginnt dann mit Ablauf des vierjährigen Privilegierungszeitraums (BAG 15.12.16 – 8 AZR 612/15, NZA 17, 783 mit Anm von *Annuß* NZA 17, 976). Es ist immer auch über das Wider-

spruchsrecht nach § 613a Abs 6 BGB und die möglichen Rechtsfolgen einer Ausübung dieses Rechts zu unterrichten (BAG 24.7.08 – 8 AZR 73/07, AP Nr 345 zu § 613a BGB; vgl zuletzt BAG 10.11.11 – 8 AZR 417/10, BeckRS 2012, 66997 und BAG 10.11.11 – 8 AZR 309/10, BeckRS 2012, 67546 309/10). Außerdem kann über **mittelbare Folgen** im Falle eines Widerspruchs zu informieren sein (BAG 26.3.15 – 2 AZR 783/13, NZA 15, 866; großzügiger *Gaul* RdA 15, 206). Das gilt zB für einen im Fall der betriebsbedingten Kündigung nach Ausübung des Widerspruchs beim Veräußerer zum Tragen kommenden Sozialplan (BAG 13.7.06 – 8 AZR 303/05, NZA 06, 1273).

In engem Zusammenhang hiermit steht die in **Nr 4** geforderte Unterrichtung über die hinsichtlich der ArbN in Aussicht genommenen Maßnahmen. Die Gesetzesbegründung spricht insoweit beispielhaft von Weiterbildungsmaßnahmen im Zusammenhang mit geplanten Produktionsumstellungen oder Umstrukturierungen und andere Maßnahmen, die die berufliche Entwicklung des ArbN betreffen. Gleichermaßen dürften hierunter auch sonstige unternehmerische Maßnahmen fallen, die nicht unmittelbar mit dem Betriebsübergang zusammenhängen, die übergehenden Arbeitsverhältnisse aber betreffen, wie zB eine bereits vor einem eingliedernden Betriebsteilübergang geplante Fremdvergabe bestimmter Tätigkeiten (*Adam* ArbuR 03, 441; aA *Bauer/von Steinau-Steinrück* ZIP 02, 457). Dabei kann auch auf etwa bereits vorhandene Sozialpläne Bezug genommen werden (*Gaul/Otto* DB 02, 634). Da es nur um „in Aussicht genommene" Maßnahmen geht, müssen diese sich in einem konkreten Planungsstadium befinden (*Hohenstatt/Grau* NZA 07, 13; *Hergenröder* RdA 07, 218). 39

Zum **Unterrichtungszeitpunkt** enthält das Gesetz keine Regelung. Wie sich aus dem Zusammenhang mit § 613a Abs 6 BGB ergibt, sollte die Unterrichtung aber mindestens einen Monat vor dem geplanten Betriebsübergang erfolgen, um Klarheit über den Kreis der widersprechenden ArbN zu haben (zutreffend *Willemsen/Lembke* NJW 02, 1159). Eine deutlich frühere Unterrichtung zwingt einerseits die ArbN zu einer frühzeitigen Entscheidung über die Ausübung ihres Widerspruchsrechts und schafft damit frühe Planungssicherheit für den ArbGeb, birgt aber andererseits die Gefahr von erheblichen Veränderungen der Verkaufsmodalitäten und erhöht damit für den ArbGeb das Risiko einer insgesamt fehlerhaften Unterrichtung. Letzteres gilt aber nur bei derart grundlegenden Veränderungen wie zB der Veräußerung an einen anderen Erwerber, die einen neuen Betriebsübergang begründen, da die ursprüngliche gesetzliche Unterrichtungspflicht mit der ersten, dem seinerzeitigen Kenntnisstand entsprechenden Information nach § 362 Abs 1 BGB erfüllt worden ist (BAG 13.7.06 – 8 AZR 303/05, NZA 06, 1273; zur „Nachunterrichtung" *Leßmann* DB 11, 2378). 40

Auch die **Rechtsfolgen** einer unterbliebenen oder fehlerhaften Unterrichtung sind im Gesetz nur unvollständig geregelt. Grds gilt, dass nur eine form- und fristgerecht erfolgte sowie **inhaltlich zutreffende** und iSv § 613a Abs 5 BGB **vollständige** Unterrichtung die Monatsfrist für die Ausübung des Widerspruchsrechts in Gang setzt (BAG 10.11.11 – 8 AZR 430/10, BeckRS 2012, 66397; 13.7.06 – 8 AZR 305/05, NZA 06, 1268; LAG BaWü 4.4.11 – 9 Sa 96/10, BeckRS 2011, 74248: zwei einander widersprechende Unterrichtungsschreiben). Die Vollständigkeit und inhaltliche Richtigkeit der Unterrichtung ist objektiv zu ermitteln. Die Grds der subjektiven Determinierung, wie bei der BRatAnhörung gelten hier nicht (*Lindemann/Wolter-Roßteutscher* BB 07, 938; aA *Willemsen* FS Küttner 2006 S 417; *Pröpper* DB 03, 2011). Es reicht auch nicht aus, dass die Unterrichtung mindestens „im Kern richtig" ist (BAG 14.12.06 – 8 AZR 763/05, NZA 07, 682). Die Unterrichtung muss präzise sein und darf keine juristischen Fehler enthalten (BAG 22.1.09 – 8 AZR 808/07, NZA 09, 547). Bei der Darstellung komplexer Rechtsfragen genügt es, wenn der ArbGeb nach angemessener Prüfung der Rechtslage insoweit eine rechtlich vertretbare Position einnimmt (BAG 26.3.15 – 2 AZR 783/13, NZA 15, 866). Nach der Rspr des BAG ist eine **Kausalität** zwischen Fehlen oder Fehlerhaftigkeit der Unterrichtung und unterlassenem Widerspruch nicht erforderlich (BAG 24.8.17 – 8 AZR 265/16, NZA 18, 168; 20.3.08 – 8 AZR 1016/06, BB 08, 2072; 24.7.08 – 8 AZR 755/07, NZA-RR 09, 294). Dies wird im Schrifttum zu Recht kritisiert (*Schnitker/Grau* BB 07, 1343; *Grobys* NJW-Spezial 07, 321). Jedenfalls sofern der ArbGeb eine fehlende Kausalität nachweist oder es sich um offensichtlich unerhebliche Unterrichtungsfehler handelt, sollte dies den Fristablauf nicht beeinträchtigen. Davon unabhängig können jegliche Unterrichtungsmängel zu 41

**Schadensersatzansprüchen** der betroffenen ArbN führen (*Klocke* RdA 17, 311). Hierfür ist dann aber immer ein Kausalitätsnachweis durch den ArbN nötig (BAG 20.3.08 – 8 AZR 1022/06, NZA 08, 1297; 13.7.06 – 8 AZR 382/05, NZA 06, 1406; 24.7.08 – 8 AZR 109/07, AP Nr 346 zu § 613a BGB). Hat der ArbN sein Widerspruchsrecht verwirkt (→ Rn 47) kommt auch ein auf Fortsetzung des Arbeitsverhältnisses mit dem Betriebsveräußerer gerichteter Schadensersatzanspruch nicht in Betracht (BAG 2.4.09 – 8 AZR 220/07, BeckRS 2009, 72151). Ein Kündigungsverbot ist § 613a Abs 5 BGB demgegenüber nicht zu entnehmen (BAG 24.5.05 – 8 AZR 398/04, NZA 05, 1302).

42 **6. Widerspruchsrecht.** Das früher nur richterrechtlich geregelte Widerspruchsrecht ist ebenfalls seit dem 1.4.02 in § 613a Abs 6 BGB kodifiziert (Einzelheiten zur früheren Rechtslage in Personalbuch 2002 Betriebsübergang Rz 30 ff). Entsprechend der Klarstellung in § 324 UmwG gilt es gleichermaßen auch für Unternehmensumwandlungen. Nicht anwendbar ist § 613a Abs 6 BGB auf Fälle eines gesetzlich angeordneten und nicht rechtsgeschäftlich erfolgenden Betriebsübergangs (BAG 2.3.06 – 8 AZR 124/05, NZA 06, 848; 18.12.08 – 8 AZR 660/07, AP Nr 366 zu § 613a BGB). Dort kann es allerdings verfassungsrechtlich geboten sein (BVerfG 25.1.11 – 1 BvR 1741/09, NZA 11, 400; BAG 26.9.13 – 8 AZR 775/12, BeckRS 2013, 73861). Eine Anwendung der Vorschrift (auch im Wege der Analogie) scheidet ebenfalls aus, wenn bei einem fehlenden Betriebsübergang der vermeintliche Veräußerer und/oder der vermeintliche Erwerber den ArbN über einen rechtsirrig angenommenen Betriebsübergang unterrichtet haben (BAG 25.1.18 – 8 AZR 309/16, NZA 18, 933).

43 Das Widerspruchsrecht ist ein **Gestaltungsrecht** des ArbN, das durch eine einseitige, empfangsbedürftige Willenserklärung **ausgeübt** wird (BAG 13.7.06 – 8 AZR 382/05, NZA 06, 1406). Als solches ist es grds bedingungsfeindlich und kann nur unbedingt erklärt werden. Die Abhängigkeit von einer zulässigen Rechtsbedingung (Widerspruch für den Fall eines Betriebsübergangs) ist demgegenüber unproblematisch (BAG 13.7.06 – 8 AZR 382/05, NZA 06, 1406). Ein einseitiger **Widerruf** ist nicht möglich (BAG 30.10.03 – 8 AZR 491/02, NZA 04, 481). Eine Beseitigung des erklärten Widerspruchs kann nur durch **dreiseitige Vereinbarung** zwischen ArbN, Veräußerer und Erwerber erfolgen (LAG Hamm 15.1.04 – 16 Sa 391/03, BeckRS 2004, 30460049). Arbeitet ein ArbN trotz erklärten Widerspruchs mehrere Monate vorbehaltslos beim Betriebserwerber, kann er sich auf den Fortbestand des Arbeitsverhältnisses gegenüber dem Veräußerer nicht mehr berufen. Mit dem Erwerber ist vielmehr ein neues Arbeitsverhältnis entstanden (LAG SchlHol 30.10.02 – 5 Sa 206c/02, BeckRS 2003, 40071). Eine **Anfechtung** nach §§ 119, 123 BGB ist grds möglich (BAG 15.12.11 – 8 AZR 220/11, NZA 12, 1101; *Salamon/Hoppe* NZA 11, 128). Der Widerspruch bedarf der **Schriftform** und kann nicht konkludent durch bloße Weiterarbeit bei dem Betriebsveräußerer ausgeübt werden. Auch die einfache Vergütungsklage gegen den Veräußerer stellt keinen Widerspruch dar, allerdings kann weitergehender schriftsätzlicher Prozessvortrag als Widerspruch gem §§ 133, 157 BGB auszulegen sein (BAG 13.7.06 – 8 AZR 382/05, NZA 06, 1406).

44 Möglicher **Adressat des Widerspruchs** ist sowohl der bisherige als auch der neue ArbGeb. Das gilt unabhängig davon, welcher ArbGeb die Unterrichtung vorgenommen hat und ob der Widerspruch vor oder nach dem Betriebsübergang erfolgt. Im letztgenannten Fall wirkt er auf den Zeitpunkt des Betriebsübergangs zurück (BAG 11.12.14 – 8 AZR 943/13, NZA 15, 481; 22.1.09 – 8 AZR 808/07, NZA 09, 547; aA *Rieble* NZA 04, 1). Allerdings muss im Zeitpunkt des Widerspruchs das Arbeitsverhältnis mit dem Erwerber noch bestehen (LAG BlnBbg 20.7.07 – 6 Sa 680/07, NZA-RR 07, 626; LAG Köln 5.10.07 – 11 Sa 257/07, NZA-RR 08, 5). „Bisheriger Inhaber" iSd Gesetzes ist nur der letzte Inhaber vor dem Betriebsübergang, „neuer Inhaber" stets derjenige, der den Betrieb beim letzten Betriebsübergang erworben hat (BAG 19.11.15 – 8 AZR 773/14, NZA 16, 647). Gegenüber einem ehemaligen ArbGeb kann mit Bezug auf einen früheren Betriebsübergang ein Widerspruch nicht mehr erklärt werden, sofern dem ArbN bezogen auf den aktuellen und den vorhergehenden Betriebsübergang die grundlegenden Informationen in Textform übermittelt worden sind und die Monatsfrist des § 613a Abs 6 S 1 BGB noch vor dem aktuellen Betriebsübergang abgelaufen ist (BAG 19.11.15 – 8 AZR 773/14, NZA 16, 647; weitergehend vorher BAG 11.12.14 – 8 AZR 943/13, NZA 15, 481; zustimmend *Steffan*

NZA 16, 608; differenzierend *Moll/Katerndahl* RdA 17, 324). Die Abwicklung der bereits geleisteten Arbeit erfolgt nach den Grundsätzen des faktischen Arbeitsverhältnisses (LAG Köln 11.6.04 – 12 Sa 374/04, LAGE § 613a BGB 2002 Nr 5). Mögliche weitergehende Vergütungsansprüche gegen den Veräußerer können insbes bei späten Widersprüchen nach § 615 BGB bestehen, wenn man ein tatsächliches Arbeitskraftangebot des widersprechenden ArbN gem § 162 BGB als entbehrlich ansieht (BAG 13.7.06 – 8 AZR 382/05, NZA 06, 1406) oder als Schadensersatzanspruch nach § 280 BGB (*Schneider/Sittard* BB 07, 2230).

Der Widerspruch bedarf keiner **Begründung** (BAG 19.2.09 – 8 AZR 176/08, NZA 09, 1095; 27.11.08 – 8 AZR 1021/06, AP Nr 361 zu § 613a BGB). Nach der früheren Rspr des BAG war der Widerspruchsgrund insoweit von Bedeutung, als die grundlose Aufgabe des Arbeitsplatzes beim Erwerber zu einem Malus in der Sozialauswahl mit vergleichbaren ArbN im Restbetrieb des Veräußerers führte (zuletzt BAG 22.4.04 – 2 AZR 243/03, BeckRS 2004, 30341693; Näheres s Personalbuch 2007 Betriebsübergang Rz 36). Diese Rspr hat das BAG grundlegend geändert. Aufgrund der seit dem 1.1.04 abschließend in § 1 Abs 3 KSchG vorgegebenen vier Sozialauswahlkriterien können andere Umstände bei der sozialen Auswahl nicht mehr berücksichtigt werden und auch eine Berücksichtigung über § 1 Abs 3 Satz 2 KSchG kommt nicht in Betracht. Letzteres kann allenfalls bei notwendig werdenden tiefgreifenden Umorganisationen, bspw ausgelöst durch einen Widerspruch einer größeren Anzahl von ArbN, ausnahmsweise der Fall sein (BAG 31.5.07 – 2 AZR 276/05, NZA 08, 33; *Eylert* BB 08, 50; aA *Schumacher-Mohr/Urban* NZA 08, 513 für offensichtlich unsachgemäße Widerspruchsgründe). **45**

Nach wie vor negative Berücksichtigung kann ein grundloser Widerspruch bei der **Auslegung eines Sozialplans** finden. Schließt der Sozialplan Leistungen bei Ablehnung eines zumutbaren Arbeitsplatzes aus, so gilt dies gleichermaßen für den auf den Erwerber übergegangenen Arbeitsplatz. Dieser ist idR zumutbar (BAG 24.5.12 – 2 AZR 62/11, NZA 13, 277; 5.2.97 – 10 AZR 553/96, NZA 98, 158; ähnlich BAG 19.2.98 – 6 AZR 367/96, NZA 98, 1239 für einen Rationalisierungsschutztarifvertrag). Ohne derartige Bestimmungen ist ein widersprechender ArbN generell nicht von den Sozialplanleistungen ausgeschlossen (BAG 15.12.98 – 1 AZR 332/98, NZA 99, 667). **46**

Der Widerspruch ist fristgebunden. An Stelle der früheren richterrechtlich festgelegten Frist von 3 Wochen gilt nunmehr nach erfolgtem Zugang der Unterrichtung gem § 613a Abs 5 BGB eine **Monatsfrist,** binnen der der Widerspruch beim Adressaten eingegangen sein muss. Diese Frist ist zwingend und kann nicht einseitig vom ArbGeb verkürzt werden (*Gaul/Otto* DB 02, 634). Die Monatsfrist beginnt mit Zugang der ordnungsgemäßen Unterrichtung (BAG 16.10.14 – 8 AZR 696/13, NZA 15, 433; → Rn 41). Das gilt auch dann, wenn die Unterrichtung fehlerhafterweise erst nach dem Betriebsübergang erfolgt (*Hauck* NZA 04 Beilage 1, 43). Eine absolute zeitliche Obergrenze existiert nicht. Die teilweise im Schrifttum vertretene Auffassung, in entsprechender Anwendung zu § 5 Abs 3 KSchG eine sechsmonatige Ausschlussfrist zugrunde zu legen (*Worzalla* NZA 02, 353; *Bauer/von Steinau-Steinrück* NZA 03 Beilage S 72) scheitert am gegenteiligen Willen des Gesetzgebers, der entsprechende Vorschläge im Gesetzgebungsverfahren bewusst nicht aufgegriffen hat (BAG 22.4.10 – 8 AZR 805/07, AP Nr 14 zu § 613a BGB Widerspruch). In extremen Fällen bleiben allein die Rechtsinstitute des Rechtsmissbrauchs und der **Verwirkung** (BAG 13.7.06 – 8 AZR 382/05, NZA 06, 1406; 14.12.06 – 8 AZR 763/05, NZA 07, 682; *Bauer/Ernst* NZA 18, 1243; *Rudkowski* NZA 10, 739; *Nebeling/Kille* NZA-RR 13, 1). Die Länge des Zeitablaufs steht dabei in Wechselwirkung zu der Bedeutung des Umstandsmoments (BAG 15.3.12 – 8 AZR 700/10, NZA 12, 1097; 24.7.08 – 8 AZR 205/07, NZA 08, 1294; 27.11.08 – 8 AZR 174/07, NZA 09, 552). **47**

Schon früh hat das BAG entschieden, dass die bloße Weiterarbeit für den Erwerber **keinen erheblichen Verwirkungsumstand** darstellt (BAG 14.12.06 – 8 AZR 763/05, NZA 07, 682; 20.5.10 – 8 AZR 734/08, NZA 10, 1295; 15.3.12 – 8 AZR 700/10, NZA 12, 1097; kritisch *Grosjean/Biester* DB 07, 1466; *Dzida* NZA 09, 641). Das schließt übliche Anpassungen der Vertragsregelungen ohne grundlegende Änderungen des rechtlichen Bestands des Arbeitsverhältnisses mit ein (BAG 15.3.12 – 8 AZR 700/10, NZA 12, 1097). Das Gleiche gilt für die Klage auf Feststellung bestimmter Arbeitsbedingungen (BAG 11.12.14 – 8 AZR 943/13, NZA 15, 481), gegen eine Kündigung des Betriebserwerbers (BAG 2.4.09 – 8 AZR 178/07, AP Nr 9 zu § 613a BGB Widerspruch) oder den zunächst erfolgenden Widerspruch gegenüber dem Zweiterwerber bei zwei aufeinanderfolgenden Betriebsübergängen (BAG 26.5.11 – 8 AZR 18/10, BeckRS 2011, 75483). An diesem Grundsatz hält das BAG auch weiterhin fest, stellt jedoch in einer neuen Entscheidung klar, dass bei Hinzutreten weiterer Umstände sehr wohl Verwirkungsrelevanz eintreten kann. Dies ist jedenfalls dann der Fall, wenn der ArbN im Rahmen einer Unterrichtung nach § 613a Abs 5 BGB über den Übergang seines Arbeitsverhältnisses unter Mitteilung des (geplanten) Zeitpunkts sowie des Gegenstands des Betriebsübergangs und des Betriebsübernehmers (grundlegende Informationen) in Kenntnis gesetzt und nach § 613a Abs 6 BGB belehrt worden ist (BAG 24.8.17 – 8 AZR 265/16, NZA 18, 168; LAG Thür 15.2.18 – 3 Sa 373/17, BeckRS 2018, 5467). Die maßgebliche Frist für die Verwirkungsbeurteilung beginnt bei einer widerspruchslosen Weiterarbeit frühestens mit dem Betriebsübergang. Läuft die Frist des § 613a Abs 6 BGB erst nach dem Betriebsübergang ab, ist der Zeitpunkt des Ablaufs dieser Frist entscheidend (BAG 24.8.17 – 8 AZR 265/16, NZA 18, 168). Unter den vorgenannten Voraussetzungen reicht eine siebenjährige widerspruchslose Weiterarbeit beim Erwerber zur Bejahung der Verwirkung aus (BAG 21.12.17 – 8 AZR 700/16, NZA 18, 854).

48 Typischerweise **verwirkungsrelevant** sind demgegenüber zwischenzeitlich erfolgte Dispositionen des ArbN über sein Arbeitsverhältnis (BAG 23.7.09 – 8 AZR 357/08, NZA 10, 393; 21.1.10 – 8 AZR 63/08, AP Nr 385 zu § 613a BGB; 24.2.11 – 8 AZR 469/09, NZA 11, 973: Aufhebungsvertrag mit Erwerber; 17.10.13 – 8 AZR 974/12, NZA 14, 774: Klage gegen den Erwerber auf Feststellung eines Arbeitsverhältnisses mit anschließender vergleichsweiser Regelung bei tatsächlich erfolgtem Betriebsübergang; 24.7.08 – 8 AZR 205/07, NZA 08, 1294: anwaltlich geltend gemachte Gesamtschuldnerhaftung gem § 613a Abs 2 Satz 1 BGB; 27.11.08 – 8 AZR 225/07, AP Nr 364 zu § 613a BGB; 22.4.10 – 8 AZR 805/07, AP Nr 14 zu § 613a BGB Widerspruch; 9.12.10 – 8 AZR 152/08, BeckRS 2011, 70756: nicht angegriffene Kündigung des Erwerbers; 27.11.08 – 8 AZR 174/07, NZA 09, 552; 2.4.09 – 8 AZR 262/07, NZA 09, 1149; 18.3.10 – 8 AZR 840/08, BeckRS 2010, 71906: Aufnahme einer neuen Beschäftigung bei drittem Unternehmen; BAG 21.12.17 – 8 AZR 762/16, BeckRS 2017, 147373: örtliche Versetzung mit Änderung der persönlichen Lebensumstände bei acht Jahre zurückliegendem Betriebsübergang). Von geringerer, aber gleichwohl bedeutsamer Verwirkungsrelevanz kann ein mehrjähriger Konflikt mit dem Betriebserwerber sein, der seine Ursache in der veränderten Rechtslage des Betriebserwerbers hat (BAG 15.3.12 – 8 AZR 700/10, NZA 12, 1097). Dabei reicht es aus, dass das Umstandsmoment bei Veräußerer oder Erwerber verwirklicht ist (BAG 27.11.08 – 8 AZR 225/07, AP Nr 364 zu § 613a BGB; 20.5.10 – 8 AZR 1011/08, BeckRS 2010, 73530). Eine im Vertrauen auf den unterbleibenden Widerspruch erfolgte Vermögensdisposition des ArbGeb ist nicht erforderlich (BAG 22.6.11 – 8 AZR 752/09, BeckRS 2011, 76521). Da die Unterrichtung tatbestandliche Voraussetzung für den Fristbeginn ist, bleibt jegliche anderweitige Kenntnis der ArbN ohne Relevanz (*Gaul/Otto* DB 02, 634). Auch für einen durch Medien oder Gewerkschaften oder sonstige berufliche Spezialkenntnisse gut informierten ArbN beginnt die Widerspruchsfrist erst mit Zugang der Unterrichtung seitens des ArbGeb. Hat der ArbN sein Widerspruchsrecht verwirkt, so kann er nicht im Wege des Schadensersatzes verlangen, so gestellt zu werden, als habe er dem Übergang widersprochen (BAG 12.11.09 – 8 AZR 751/07, AP Nr 12 zu § 613a BGB Widerspruch; 20.5.10 – 8 AZR 1011/08, BeckRS 2010, 73530).

49 Auf Grund des zwingenden Charakters des § 613a BGB als ArbNSchutzvorschrift scheidet ein allgemeiner, im Voraus erfolgender **Verzicht** auf das Widerspruchsrecht aus. Dies gilt sowohl für eine entsprechende arbeitsvertragliche Regelung wie auch für Betriebsvereinbarungen oder Tarifverträge (*Gaul/Otto* DB 02, 634; *Olbertz/Ungnad* BB 04, 213; aA *Pröpper* DB 2000, 2322). Zulässig bleibt demgegenüber der aus Anlass eines konkreten Betriebsübergangs erklärte Verzicht (BAG 28.2.19 – 8 AZR 201/18, NZA 19, 1279; 30.10.03 – 8 AZR 491/02, NZA 04, 481). Dieser muss jedoch in entsprechender Anwendung des § 613a Abs 6 BGB ebenfalls schriftlich erfolgen (*Gaul/Otto* DB 02, 634; aA *Pils* BB 14, 185). Als Ausgleich erhalten die ArbN vom bisherigen ArbGeb oftmals zeitlich befristete Rückkehrzusagen. Unabhängig von einer solchen Vereinbarung kann die Berufung des ArbN auf sein gesetzliches Widerspruchsrecht allenfalls bei einer **rechtsmissbräuchlichen Ausübung** ausgeschlossen sein. Das kann der Fall sein, wenn das Wider-

spruchsrecht durch mehrere ArbN als kollektives Druckmittel eingesetzt wird, um auf diese Weise besondere Vergünstigungen zu erhalten. Wird er dagegen nur als Mittel zur Vermeidung des ArbGebWechsels eingesetzt, ist auch der kollektive Widerspruch wirksam (BAG 30.9.04 – 8 AZR 462/03, NZA 05, 44; *Hidalgo/Kobler* NZA 14, 290; *Melot de Beauregard* BB 05, 826). Auch eine Widerspruchsausübung, die eine Verbesserung der Verhandlungsposition gegenüber dem Erwerber im Hinblick auf eigene Vertragskonditionen zum Ziel hat, wird vom BAG akzeptiert (BAG 19.2.09 – 8 AZR 176/08, NZA 09, 1095). Unerheblich ist, ob das Arbeitsverhältnis zum Zeitpunkt der Widerspruchserklärung bereits beendet ist (BAG 24.7.08 – 8 AZR 755/07, NZA-RR 09, 294; kritisch *Löwisch* BB 09, 326).

**Rechtsfolge** des erklärten Widerspruchs ist, dass das Arbeitsverhältnis des widersprechen- 50
den ArbN **nicht** auf den Betriebserwerber **übergeht,** sondern er weiterhin ArbN des Betriebs- bzw Betriebsteilveräußerers bleibt. Der widersprechende ArbN geht damit das Risiko einer **betriebsbedingten Kündigung** durch den bisherigen ArbGeb ein, sofern dieser nicht über eine anderweitige Beschäftigungsmöglichkeit verfügt (BAG 12.8.99 – 2 AZR 748/98, NZA 99, 1267; 24.2.2000 – 8 AZR 167/99, NZA 2000, 764; *Steffan* NZA 16, 608). Letzteres ist lediglich dann der Fall, wenn entweder nur einer von mehreren Betriebsteilen oder einer von mehreren Betrieben veräußert worden ist. Als freie Stellen sind dabei auch solche Arbeitsplätze zu berücksichtigen, die im Vorfeld des Betriebsübergangs zu besetzen sind. Der ArbGeb darf diese nicht kurz vor dem Betriebsübergang anderweitig besetzen, um so den sozial schwächeren, widersprechenden ArbN kündigen zu können (§ 162 BGB; BAG 25.4.02 – 2 AZR 260/01, NZA 03, 605). Dies sollte jedenfalls für die Zeit zwischen der Unterrichtung nach § 613a Abs 5 BGB und dem Ablauf der Frist des § 613a Abs 6 Satz 1 BGB gelten (BAG 15.8.02 – 2 AZR 159/01, NZA 03, 430; aA *Pomberg* DB 03, 2177). Keinesfalls hat der widersprechende ArbN Anspruch auf Zuordnung zu einem anderen Betrieb, um so einer drohenden Kündigung zu entgehen (BAG 21.2.13 – 8 AZR 877/11, NZA 13, 617). Geringer ist das Kündigungsrisiko bei einem Teilbetriebsübergang innerhalb eines Gemeinschaftsbetriebs, da betriebsbezogen der Beschäftigungsbedarf nicht wegfällt (BAG 15.2.07 – 8 AZR 310/06, AP Nr 2 zu § 613a BGB Widerspruch). Ist der widersprechende ArbN zB aufgrund eines Tarifvertrags ordentlich unkündbar, muss der Veräußerer alle zumutbaren eine Weiterbeschäftigung ermöglichenden Mittel ausschöpfen (BAG 24.9.15 – 2 AZR 562/14, NZA 16, 366; 29.3.07 – 8 AZR 538/06, NZA 08, 48) und ggf sogar einen vergleichbaren Arbeitsplatz freimachen, der mit einem ArbN ohne tariflichen Sonderkündigungsschutz besetzt ist (BAG 17.9.98 – 2 AZR 419/97, DB 99, 154). Außerdem kann die unterlassene Tätigkeit beim Erwerber während der Kündigungsfrist gem § 615 Satz 2 BGB als böswilliges Unterlassen Annahmeverzugsansprüche mindern bzw ausschließen (BAG 19.8.98 – 8 AZR 139/97, NZA 98, 750; 29.3.07 – 2 AZR 31/06, NZA 07, 855). Nach der neueren Rspr des BSG löst der Widerspruch keine **Sperrzeit** bzgl des AlGeld aus (BSG 8.7.09 – B 11 AL 17/08 R, NJW 10, 2459).

Durch den Widerspruch kann sich die Frage nach der **Anhörung** des richtigen **Be-** 51
**triebsrats** für die beabsichtigte Kündigung stellen. Ist der einzige vorhandene Betrieb veräußert worden, ist eine BRatAnhörung nicht erforderlich. Der BRat besitzt insoweit weder ein Rest-, noch ein Übergangsmandat (BAG 8.5.14 – 2 AZR 1005/12, NZA 15, 889; *Elking* BB 15, 64). Ist einer von mehreren Betrieben oder lediglich ein Betriebsteil veräußert worden, kommt es darauf an, welchem verbliebenen Betrieb der widersprechende ArbN zuzuordnen ist, und ob in diesem Betrieb ein BRat vorhanden ist. Dieser ist dann zu beteiligen. Anderenfalls scheidet eine BRatBeteiligung aus. Allein die Erklärung des Widerspruchs ist für sich genommen kein Vorgang, an den ein Restmandat anknüpfen könnte (BAG 24.5.12 – 2 AZR 62/11, NZA 13, 277). Das Restmandat des ehemaligen BRat greift nach seinem Normzweck gem § 21b BetrVG nicht ein. Es entsteht keine Mitbestimmungslücke, sondern der widersprechende ArbN ist lediglich einem vorhandenen, betriebsratslosen Betrieb zuzuordnen. Schließlich gibt es auch keine „Auffangzuständigkeit" eines möglicherweise vorhandenen GBRat (BAG 21.3.96, DB 96, 2230). Insgesamt kann also der Widerspruch in Ausnahmefällen zu einer Verschlechterung des Schutzes nach § 102 BetrVG führen. Ansonsten gelten auch bei der betriebsbedingten Kündigung eines widersprechenden ArbN für § 102 BetrVG die allgemeinen Grundsätze der subjektiven Determinierung (BAG 24.2.2000 – 8 AZR 167/99, NZA 2000, 764; → *Mitbestimmung, personelle Angelegen-*

*heiten* Rn 28). Widersprechen ausreichend viele ArbN, können die dann erforderlich werdenden betriebsbedingten Kündigungen interessenausgleichs- und sozialplanpflichtig sowie massenentlassungsrelevant iSd §§ 17 ff KSchG sein. Schließlich kann ein nach Betriebsübergang erfolgender Widerspruch aufgrund seiner ex-tunc-Wirkung zu erheblichen Abwicklungsproblemen im Rahmen des § 4a Abs 2, 3 TVG führen (*Gräf* NZA 16, 327).

52 **7. Beweislast.** Der ArbN, der sich auf das Vorliegen eines Betriebsübergangs beruft, ist für die anspruchsbegründenden Tatsachen darlegungs- und beweisbelastet. Er muss darlegen und beweisen, dass ein rechtsgeschäftlicher Betriebsübergang erfolgt ist und ein Wechsel des Betriebsinhabers stattgefunden hat (LAG RhPf 18.10.18 – 5 Sa 143/18, BeckRS 2018, 29531). Lediglich hinsichtlich des Merkmals „durch Rechtsgeschäft" stellt das BAG geringere Anforderungen. Die rechtsgeschäftliche Übertragung von wesentlichen Betriebsmitteln entspreche im Geschäftsleben der Lebenserfahrung, so dass dem ArbN insoweit die Grundsätze des **Anscheinsbeweises** zugute kommen (BAG 15.5.85 – 5 AZR 276/84, AP Nr 41 zu § 613a BGB mit kritischer Anm *von Hoyningen-Huene,* der allenfalls einen Indizienbeweis zu Gunsten des ArbN zulassen will). Demgegenüber trägt der ArbGeb die Darlegungs- und Beweislast für die ordnungsgemäße Unterrichtung iSv § 613a Abs 5 BGB und deren Zugang bei den betroffenen ArbN.

53 **8. Abweichende Vereinbarungen von § 613a Absatz 1 BGB.** Derartige Vereinbarungen können von Betriebsveräußerer und -erwerber zulasten der ArbN nicht getroffen werden. § 613a Abs 1 BGB ist insoweit zwingend (BAG 20.3.14 – 8 AZR 1/13, NZA 14, 1095; 19.3.09 – 8 AZR 722/07, NZA 09, 1091 mit Anm *Bunte* NZA 10, 319; ebenso zur EG-Richtlinie EuGH 14.11.96, DB 96, 2546; 6.11.03 – Rs C-4/01 – Serene Martin ua, NZA 03, 1325). Daher ist der Verzicht auf rückständige Vergütungen für den Fall, dass es zu einem Betriebsübergang auf einen Dritten kommt, gem § 134 BGB nichtig (BAG 20.3.14, NZA 14, 1095). Aus demselben Grund ist ein mit dem bisherigen Betriebsinhaber geschlossener Aufhebungsvertrag unwirksam, wenn zwischen den Parteien feststeht, dass der ArbN bei dem Betriebserwerber weiterbeschäftigt werden soll (BAG 21.5.08 – 8 AZR 481/07, NZA 09, 144). Der BGH hat die formularmäßige Verpflichtung eines Tankstellenpächters, bei Vertragsbeendigung die mit Familienmitgliedern eingegangenen Arbeitsverhältnisse „auf seine Kosten zu beenden" bzw anderenfalls den Verpächter oder den Nachfolgebetreiber „von allen daraus entstehenden Kosten freizuhalten" nach § 307 Abs 1 Satz 1 BGB für unwirksam erachtet (BGH 23.3.06 – III ZR 102/05, NZA 06, 551). Unwirksam kann auch eine dreiseitige Vereinbarung unter Einbeziehung der ArbN sein, bspw die Eigenkündigung sämtlicher ArbN mit gleichzeitiger Wiedereinstellungszusage beim Erwerber zu schlechteren Arbeitsbedingungen – sog **Lemgoer Modell** (BAG 28.4.87 – 3 AZR 75/86, NZA 88, 198; 12.5.92 – 3 AZR 247/91, NZA 92, 1080 betr betriebliche Altersversorgung; zuletzt nochmals bestätigt durch BAG 27.9.12 – 8 AZR 826/11, NZA 13, 961). Dies gilt auch im Rahmen einer Unternehmenssanierung (aA *Hanau* ZIP 98, 1817). Andererseits können ArbN uU Ansprüche aus einer zwischen Veräußerer und Erwerber getroffenen Vereinbarung haben (LAG Düsseldorf 16.8.06 – 9 (10) Sa 134/06, NZA-RR 07, 188; *Meyer* NZA 07, 1408). Auch eine im Voraus erfolgende allgemeine **Abbedingung** von § 613a Abs 1 BGB zwischen ArbN und ArbGeb bei Abschluss des Arbeitsvertrages ohne Bezug zu einem konkreten Betriebsübergang ist wegen der zwingenden Wirkung der Vorschrift unwirksam (BAG 29.10.75, DB 76, 391; *Meyer* NZA 02, 246). Demgegenüber ist eine Vereinbarung zwischen ArbN und Betriebserwerber, dass ein Arbeitsverhältnis nicht besteht, zulässig und unterliegt nicht der Schriftform des § 623 BGB (LAG Hamm 22.5.02 – 3 Sa 1900/01, LAGE § 623 BGB Nr 3). Rechtlich unbedenklich ist auch ein zwischen ArbN und Betriebsveräußerer geschlossener **Aufhebungsvertrag,** der auf eine Beendigung des Arbeitsverhältnisses gerichtet ist, ohne dass eine Weiterarbeit zu geänderten Arbeitsbedingungen beim Betriebserwerber im Raum steht, rechtswirksam (BAG 25.10.07 – 8 AZR 917/06, NZA-RR 08, 367).

54 Das Gleiche gilt grds beim **Wechsel in eine Beschäftigungsgesellschaft** (BAG 21.1.99 – 8 AZR 218/98, ZIP 99, 1572; 18.8.05 – 8 AZR 523/04, NZA 06, 145; 23.11.06 – 8 AZR 349/06, NZA 07, 866; *Gaul/Otto* ZIP 06, 644; *Meyer* SAE 06, 102; → *Beschäftigungsgesellschaft* Rn 6). Eine Umgehung von § 613a BGB liegt dann nicht vor (BAG 11.12.97 – 8 AZR 654/95, NZA 99, 262; 10.12.98 – 8 AZR 324/97, NZA 99, 422; *Hanau* ZIP 99,

324; *Ullrich* SAE 07, 344). Allerdings darf die Beschäftigungsgesellschaft nicht rechtsmissbräuchlich genutzt werden. Daher ist ein praktiziertes Modell rechtsunwirksam, bei dem im Rahmen eines dreiseitigen Vertrags die Arbeitsverhältnisse mit dem ursprünglichen ArbGeb aufgelöst, neue befristete Arbeitsverhältnisse mit einer Beschäftigungsgesellschaft begründet und gleichzeitig von den ArbN mehrere vom ArbGeb vorbereitete Vertragsangebote für ein neues Arbeitsverhältnis mit einem dritten Unternehmen, dem potentiellen Erwerber, abgegeben werden (BAG 18.8.11 – 8 AZR 312/10, NZA 12, 152; 25.10.12 – 8 AZR 572/11, BeckRS 2013, 65736; kritisch *Willemsen* NZA 13, 242; *Thum* BB 13, 1525 und *Fuhlrott* BB 13, 2042). Ergänzend können ArbGeb und BRat anlässlich eines bevorstehenden Betriebsübergangs in einer Betriebsvereinbarung regeln, dass den vom Übergang betroffenen ArbN unter bestimmten Voraussetzungen ein **Rückkehrrecht** zum Betriebsveräußerer zusteht (BAG 24.4.13 – 7 AZR 523/11, NZA 14, 532).

Auch die **Befristung** eines Arbeitsverhältnisses, die im Hinblick auf einen bevorstehen- 55
den Betriebsübergang vereinbart wird, bedarf wegen der möglichen Umgehung des § 613a Abs 4 BGB eines sachlichen Grundes (BAG 2.12.98 – 7 AZR 579/97, NZA 99, 926). Rechtlich zulässig bleiben lediglich Änderungsvereinbarungen bzgl **künftig** noch zu erbringender Arbeitsleistungen (BAG 7.11.07 – 5 AZR 1007/06, NZA 08, 530; *Dzida/Wagner* NZA 08, 571). Verbesserte Arbeitsbedingungen können beim Betriebserwerber auch durch vorbehaltlose Weiterbeschäftigung konkludenter Vertragsbestandteil werden. Das gilt selbst dann, wenn der Erwerber für die Annahmeerklärung Schriftform verlangt hatte (BAG 19.12.07 – 5 AZR 1008/06, NZA 08, 464).

**9. Auswirkungen des Betriebsübergangs auf einzelne Rechtspositionen. a) Indi-** 56
**vidualarbeitsrecht.** Noch nicht durch den Veräußerer abgewickelter **Erholungsurlaub** ist in den Grenzen des § 7 Abs 3 BUrlG vom Erwerber zu erteilen. Dabei ist es Sache des Betriebserwerbers den bislang nicht abgewickelten Urlaub auf das dem Urlaubsjahr folgende Vierteljahr zu übertragen und zur Abwicklung zu bringen (BAG 25.8.87, DB 88, 447; zum Ausgleich im Innenverhältnis zwischen Betriebsveräußerer und -erwerber BGH 25.3.99 – III ZR 27/98, NZA 99, 817; kritisch *Schmalz/Ebener* DB 2000, 1711). Eine Urlaubsabgeltung scheidet aufgrund des gesetzlich angeordneten Fortbestands des Arbeitsverhältnisses insgesamt aus (BAG 18.11.03 – 9 AZR 95/03, NZA 04, 651). Das gilt selbst dann, wenn der ArbN eine Kündigung des Betriebsveräußerers nicht angreift (BAG 2.12.99 – 8 AZR 774/98, NZA 2000, 480). Frühere Zusagen des Veräußerers bezüglich **Sonderurlaubs,** der zeitlich nach dem Betriebsübergang angetreten werden sollte, bleiben auch für den Erwerber bindend. Auch eine vorherige **Freistellung** des ArbN muss sich der Übernehmer regelmäßig zurechnen lassen (LAG RhPf 11.2.10 – 11 Sa 620/09, BeckRS 2010, 67988).

Für die **Entgeltfortzahlung im Krankheitsfall** sind bei der Ermittlung einer Fortset- 57
zungserkrankung zugunsten des Betriebserwerbers krankheitsbedingte Fehlzeiten des ArbN beim Veräußerer zu berücksichtigen (BAG 2.3.83, DB 83, 1445). Erkrankt ein widersprechender ArbN, kann Entgeltfortzahlung nicht mit der Begründung abgelehnt werden, es fehle am nötigen Arbeitswillen des ArbN (BAG 24.3.04 – 5 AZR 355/03, AP Nr 22 zu § 3 EntgeltFG). Der Betriebserwerber tritt auch ohne Weiteres in einen zum Zeitpunkt des Betriebsübergangs bestehenden **Annahmeverzug** gegenüber dem ArbN ein (BAG 22.10.09 – 8 AZR 766/08, NZA-RR 10, 660). Ein arbeitsvertragliches **Wettbewerbsverbot** bindet grds auch den Betriebserwerber. Ist der Betriebsübergang mit einem Branchenwechsel verbunden, gilt das Wettbewerbsverbot regelmäßig nunmehr für die neue Branche des Erwerbers (*Fuhlrott* FA Arbeitsrecht 12, 162). Auch **nachvertragliche** Wettbewerbsverbote werden mit Ausnahme der bei Betriebsübergang bereits ausgeschiedenen ArbN erfasst (streitig; LAG Köln 8.7.11 – 10 Sa 398/11, BeckRS 2011, 76976; LAG Hess 3.5.93, NZA 94, 1033; *Gaul/Ludwig* NZA 13, 489).

Gleiches gilt bezüglich **Nebentätigkeitsgenehmigungen** des ArbN, die vor dem Be- 58
triebsübergang vom Veräußerer erteilt wurden. Zu berücksichtigen ist hier allerdings anhand des Billigkeitsmaßstabs des § 315 BGB, ob aufgrund einer möglicherweise anderen Konkurrenz- und Wettbewerbssituation beim Betriebserwerber Modifizierungen vorzunehmen sind (Widerruf von Nebentätigkeitsgenehmigung einerseits, fehlende Konkurrenzsituation andererseits).

59 Ob ein **Arbeitgeberdarlehen** auf den Erwerber übergeht, hängt von der vertraglichen Vereinbarung im Einzelfall ab (BAG 21.1.99 – 8 AZR 373/97, BeckRS 1999, 30368263; LAG Köln 18.5.2000 – 10 Sa 50/00, NZA-RR 01, 174). Problematisch können diejenigen Fälle sein, in denen der Betriebsveräußerer besondere Leistungen gewährt hat, die der Erwerber nicht übernommen hat. In Betracht kommen zB **Werkswohnungen, Dienstwagen, Sozialeinrichtungen** etc. Auch insoweit bleibt der Betriebserwerber grds zur Leistung verpflichtet. Ggf muss er die ArbN im Wege des Schadensersatzes zB durch Zahlung der Mietdifferenz finanziell gleichstellen (*Bachner* AiB 96, 291). Die jeweilige Leistung kann allerdings auch unter dem vertraglichen Vorbehalt stehen, dass sie vom ArbGeb selbst hergestellt oder geleistet werden kann. Das hat das BAG für die Gewährung von sog **Personalrabatt** (Jahreswagen und Flugtickets) bejaht (BAG 7.9.04 – 9 AZR 631/03, NZA 05, 941; 13.12.06 – 10 AZR 792/05, NZA 07, 325; *Gaul/Naumann* NZA 11, 121).

60 **Lohnpfändungen,** die vor dem Betriebsübergang gegenüber dem Betriebsveräußerer durchgeführt wurden, gelten auch gegenüber dem Erwerber (LAG Hess 22.7.99 – 5 Sa 13/99, NZA 2000, 615). Es bedarf keiner neuen Pfändung.

61 War das Arbeitsverhältnis im Zeitpunkt des Betriebsübergangs anfechtbar (zB wegen arglistiger Täuschung des ArbN bei Vertragsabschluss), so geht dieses **Anfechtungsrecht** des ArbGeb auf den Betriebserwerber über und kann nunmehr von diesem ausgeübt werden.

62 Auch im Zeitpunkt des Betriebsübergangs bestehende **Kündigungsbeschränkungen** (zB § 168 SGB IX) bleiben unberührt, so dass das Arbeitsverhältnis nur mit dieser Beschränkung übergehen kann (BAG 11.12.08 – 2 AZR 395/07, NZA 09, 556). Sofern der Veräußerer bereits vor dem Betriebsübergang das Verfahren beim Integrationsamt einleitet, sollte er auf den beabsichtigten Betriebsübergang hinweisen, damit das Integrationsamt auch den potenziellen Erwerber am Verfahren beteiligt und ihm ggf den Bescheid zustellt (BAG 15.11.12 – 8 AZR 827/11, NZA 13, 505).

63 Für **Verjährungsfristen,** tarifliche oder einzelvertragliche **Ausschlussfristen** und **Verwirkungstatbestände** ist der Betriebsübergang unerheblich (BAG 21.3.91 – 2 AZR 577/90, NZA 91, 726; 13.2.03 – 8 AZR 236/02, AP Nr 244 zu § 613a BGB). Haftet der Betriebserwerber neben dem Veräußerer nach § 613a Abs 2 BGB als Gesamtschuldner für Vergütungsansprüche, ist die Einwendung des Verfalls für jeden Schuldner gesondert zu beurteilen (BAG 22.8.12 – 5 AZR 526/11, NZA 13, 376). Werden Ansprüche allein gegen den Betriebsveräußerer erhoben, müssen diese fristgerecht geltend gemacht werden, wobei mit Betriebsübergang (→ Rn 23) der Fristablauf beginnt (BAG 10.8.94, DB 95, 379). Bei streitigem Betriebsübergang wahrt ein Feststellungsverfahren wegen des Betriebsübergangs eine zweistufige Ausschlussfrist gegenüber dem Erwerber nicht (BAG 12.12.2000 – 9 AZR 1/00, NZA 01, 1082; zu vertraglichen Ausschlussfristen ist insoweit die geänderte Rspr des 5. Senats zu beachten: BAG 19.3.08 – 5 AZR 429/07, NZA 08, 757). Allerdings läuft die Frist für die gerichtliche Geltendmachung nicht vor Fälligkeit des Anspruchs; für widersprechende ArbN also bezüglich Ansprüchen, die von dem Widerspruch abhängen, erst ab Zugang des Widerspruchs. Die Rückwirkung des Widerspruchs gem § 613a Abs 6 BGB ändert daran nichts (BAG 16.4.13 – 9 AZR 731/11, NZA 13, 850). Auch das gesetzliche Verbot aus § 4 Abs 4 Satz 1 TVG gilt bei einem Betriebsübergang uneingeschränkt (BAG 12.2.14 – 4 AZR 317/12, NZA 14, 613).

64 Von einem Betriebsübergang werden auch arbeitsvertragliche **Gratifikationszusagen** erfasst (BAG 18.4.12 – 10 AZR 47/11, NZA 12, 791). Schließlich tritt der Betriebserwerber auch in die Versorgungszusagen des Betriebsveräußerers bezüglich einer bestehenden **betrieblichen Altersversorgung** unabhängig von der Art der konkreten Versorgungszusage ein (BAG 18.9.01 – 3 AZR 689/00, NZA 02, 1391; *Rolfs* NZA 08, Beilage 4, 164). Dies schließt die Anpassungsverpflichtung nach § 16 BetrAVG ein (BAG 21.2.06 – 3 AZR 216/05, NZA 07, 931). Dabei wird insbes die Dauer der Betriebszugehörigkeit durch einen Wechsel des Betriebsinhabers nicht unterbrochen (BAG 20.7.93, DB 94, 151). Besondere Auskunftsansprüche bezüglich der Anwartschaftshöhe begründet § 613a Abs 5 BGB nicht (BAG 22.5.07 – 3 AZR 834/05, NZA 07, 1283; → *Rentenauskunft* Rn 3). Hinsichtlich der im Zeitpunkt des Betriebsübergangs bereits ausgeschiedenen Ruheständler ist § 613a BGB nicht anwendbar (→ Rn 4) und es bleibt bei der Haftung des Veräußerers (BAG 23.3.04 – 3

AZR 151/03, AP Nr 265 zu § 613a BGB). Erhalten ArbN erstmals nach dem Betriebsübergang eine Versorgungszusage, so kann der neue ArbGeb die früheren Beschäftigungszeiten als wertbildenden Faktor außer Ansatz lassen (BAG 19.4.05 – 3 AZR 469/04, AP Nr 19 zu § 1 BetrAVG Betriebsveräußerung).

Der ArbN hat keinen gesetzlichen Anspruch auf Erteilung eines **Zeugnisses,** da es an der gem § 109 Abs 1 GewO erforderlichen Beendigung des Arbeitsverhältnisses fehlt. Die Erteilung eines Zwischenzeugnisses ist demgegenüber regelmäßig sach- und interessengerecht (*Jüchser* NZA 12, 244; → *Zeugnis* Rn 11). Der Betriebserwerber ist ebenso wie der frühere ArbGeb für die spätere Erteilung an den Inhalt des Zwischenzeugnisses gebunden (BAG 16.10.07 – 9 AZR 248/07, NZA 08, 298). 65

**b) Betriebsratsmandat.** Die betriebsverfassungsrechtliche Stellung der BRatMitglieder wird durch einen Betriebsübergang grds nicht beeinflusst, da der Betrieb regelmäßig in seiner **Identität erhalten bleibt** (BAG 8.5.14 – 2 AZR 1005/12, NZA 15, 889; 24.5.12 – 2 AZR 62/11, NZA 13, 277; vgl zum zusätzlichen Merkmal der Selbstständigkeit des Betriebs oder Betriebsteils zuletzt EuGH 29.7.10 – C-151/09, NZA 10, 1014 – UGT-FSP). Das gilt auch für den Fortbestand des **Gesamtbetriebsrats** beim Übergang eines aus mehreren Betrieben bestehenden Unternehmens. Ändern sich jedoch die betrieblichen Strukturen, endet auch das Amt des GBRat (BAG 5.6.02 – 7 ABR 17/01, NZA 03, 336; *Giesen* SAE 03, 217). Besteht Streit über das Vorliegen eines Betriebsübergangs bzw den Übergang des Arbeitsverhältnisses eines BRatMitglieds, so ist dieser für die Dauer des Rechtsstreits an der Ausübung des BRatAmts beim bisherigen ArbGeb gem § 25 Abs 1 Satz 2 BetrVG zeitweilig verhindert und die Amtsgeschäfte sind von einem Ersatzmitglied wahrzunehmen (LAG Köln 27.6.97 – 11 TaBV 75/96, NZA-RR 98, 266). Vergrößert sich die Zahl der GBRatMitglieder und dadurch auch die Zahl der Mitglieder im Gesamtbetriebsausschuss durch im Wege des Betriebsübergangs hinzugekommene Betriebe, sind alle weiteren Mitglieder des Gesamtbetriebsausschusses neu zu wählen (BAG 16.3.05 – 7 ABR 37/04, NZA 05, 1069). Die Pflicht zur Tragung der **Betriebsratskosten** nach § 40 Abs 1 BetrVG trifft den ArbGeb als Inhaber des Betriebs. Sie geht bei einem Betriebsübergang daher auf den Betriebserwerber über (BAG 20.8.14 – 7 ABR 60/12, BeckRS 2014, 73517). 66

Die Auswirkungen eines Betriebs- oder Betriebsteilübergangs, mit dem ein **Verlust der Betriebsidentität** verbunden war, auf die Stellung der BRatMitglieder waren bis 2001 ungeklärt (iE Personalbuch 2001 Betriebsübergang Rz 47 ff). Seither gelten gem §§ 21a, 21b BetrVG umfassende Übergangs- und Restmandate des BRat (LAG RhPf 18.4.05 – 2 TaBV 15/05, NZA-RR 05, 529; *Fuhlrott/Oltmanns* BB 15, 1013; Näheres s *Restmandat/Übergangsmandat* Rn 1 ff). Geblieben sind die mit der Einführung des Übergangsmandats verbundenen rechtlichen **Folgeprobleme,** auf die bereits in der Vergangenheit hingewiesen worden ist (*Feudner* DB 03, 882). So muss der Erwerber mit einem BRat zusammenarbeiten, den er nicht kennt. Die BRatMitglieder arbeiten – je nach Umfang des Betriebsteilübergangs – uU nicht im übergegangenen Betriebsteil und kennen daher ihrerseits die betrieblichen Strukturen und Probleme beim Erwerber nicht. Wegen der fehlenden Betriebszugehörigkeit zum Erwerberbetrieb besteht zudem die Gefahr einer unsachgerechten Interessenvertretung aufgrund möglicherweise persönlicher Interessenkonflikte. Es können größere Entfernungen zum Erwerberbetrieb bestehen, die eine ordnungsgemäße Interessenvertretung behindern. Schließlich ergeben sich Fragen ua bezüglich der personellen Besetzung des BRat bei der Spaltung, bei Freistellungen und im Hinblick auf die Kostentragung (*Rieble* NZA 02, 233). 67

Als zusätzlicher Sonderfall ist die Mandatsstellung von BRatMitgliedern zu beachten, die dem **Übergang** ihres Arbeitsverhältnisses **widersprochen** haben. Geht es dabei um den **Übergang des gesamten Betriebes,** erlischt das BRatMandat mit Erklärung des Widerspruchs gem § 24 Nr 4 BetrVG wegen fehlenden betrieblichen Substrats beim Veräußerer (BAG 25.5.2000 – 8 AZR 416/99, NZA 2000, 1115 zum Personalvertretungsrecht; *Moll/Ersfeld* DB 11, 1108). Gleichzeitig scheidet auch ein nachwirkender Kündigungsschutz für das widersprechende BRatMitglied iSv § 15 Abs 1 Satz 2 KSchG aus, da nach erfolgter Betriebsveräußerung für das widersprechende BRatMitglied keine Beschäftigungsmöglichkeit besteht und damit eine dem § 15 Abs 4 KSchG identische Situation vorliegt (LAG RhPf 7.5.19 – 8 TaBV 20/18, BeckRS 2019, 16091). Etwas anderes kann in kündigungs- 68 schutzrechtlicher Hinsicht allenfalls bei der **Veräußerung eines von mehreren Betrieben** bzw bei der **Betriebsteilveräußerung** gelten. Im letzteren Fall besteht gem § 15 Abs 5 Satz 1 KSchG grds im Rahmen des § 15 Abs 5 Satz 2 KSchG eine Übernahmeverpflichtung bezüglich des widersprechenden BRatMitglieds in eine andere Betriebsabteilung. Hier sollte im Rahmen der Übernahmeprüfung der Widerspruchsgrund Berücksichtigung finden (LAG Düsseldorf 25.11.97 – 8 Sa 1358/97, NZA-RR 98, 539; *Kreitner* Kündigungsrechtliche Probleme beim Betriebsinhaberwechsel, 1989, S 169 f; aA *Feudner* DB 94, 1570; *Annuß* DB 99, 798).

69 **III. Auswirkungen des Betriebsübergangs auf Tarifverträge und Betriebsvereinbarungen. 1. Transformation.** Nach § 613a Abs 1 Satz 2 BGB findet durch den Betriebsübergang eine Transformation von Regelungen in Tarifverträgen und Betriebsvereinbarungen auf die Ebene des Einzelarbeitsverhältnisses statt mit einer gleichzeitigen einjährigen Veränderungssperre zum Nachteil des ArbN. Diese Transformation erfolgt nach dem Gesetzeswortlaut **„in das Arbeitsverhältnis"** und nicht in den Arbeitsvertrag. Dementsprechend behalten die transformierten Normen auch beim Betriebserwerber ihren grds kollektivrechtlichen Charakter und der Erwerber ist an diese Regelungen in einer Weise gebunden, die der Nachbindung des aus einem tarifschließenden Arbeitgeberverband ausgetretenen ArbGeb gem § 3 Abs 3 TVG weitgehend entspricht; Letzteres allerdings begrenzt auf die Höchstdauer von einem Jahr (BAG 22.4.09 – 4 AZR 100/08, NZA 10, 41; 26.8.09 – 5 AZR 969/08, NZA 10, 173; *Hohenstatt* NZA 10, 23; *Meyer* DB 10, 1404). Dies gilt auch für nachwirkende (§ 4 Abs 5 TVG) Tarifnormen (BAG 24.11.99 – 4 AZR 666/98, NZA 2000, 435; 1.8.01 – 4 AZR 82/00, NZA 02, 42; vgl zuletzt EuGH 11.9.14 – C-328/13, NZA 14, 1092 auf eine österreichische Vorlage). Sie gehen dabei statisch mit dem Inhalt in die Arbeitsverträge ein, den sie im Zeitpunkt des Betriebsübergangs hatten (BAG 8.12.09 – 1 ABR 66/08, NZA 10, 404; *Bepler* RdA 09, 65). Spätere Änderungen der tariflichen Regelungen haben keinen Einfluss auf die weitere Anwendbarkeit des transformierten Normenbestandes (BAG 3.7.13 – 4 AZR 961/11, NZA-RR 14, 80). Demgemäß kann auch ein rückwirkend nach dem Betriebsübergang in Kraft getretener Tarifvertrag an einem zwischenzeitlich erfolgten Betriebsübergang nicht teilhaben (BAG 16.5.12 – 4 AZR 321/10, NZA 12, 923). Eine in der Regelung selbst enthaltene Dynamik gilt allerdings weiter fort (BAG 14.11.07 – 4 AZR 828/06, NZA 08, 420; 19.9.07 – 4 AZR 711/06, NZA 08, 241; *Jacobs* NZA 09, Beilage 1, 45). Für den Betriebserwerber besteht keine Verpflichtung zur Gleichbehandlung aller ArbN und Anpassung der transformierten früheren Betriebsvereinbarung an die vorhandenen Arbeitsbedingungen der eigenen „AltArbN" (BAG 31.8.05 – 5 AZR 517/04, NZA 06, 265). Zwar stellt allein die Anknüpfung an die beiden ArbNGruppen kein sachliches Differenzierungsmerkmal dar, jedoch ist die unterschiedliche Behandlung regelmäßig mit einer bezweckten Anpassung der Arbeitsbedingungen insgesamt begründbar (BAG 14.3.07 – 5 AZR 420/06, NZA 07, 862; 14.3.07 – 5 AZR 791/05, NZA 07, 981; 19.1.10 – 3 ABR 19/08, NZA-RR 10, 356).

70 Nach Ablauf der Veränderungssperre können die transformierten Regelungen im Wege der individualrechtlichen Änderungskündigung geändert werden. Daneben bleiben auch kollektive **Ablösungen** möglich, da anderenfalls durch den Betriebsübergang eine Verfestigung der Rechtspositionen entstanden wäre, § 613a BGB aber lediglich den Bestandsschutz (status quo) sicherstellen will (BAG 14.8.01 – 1 AZR 619/00, NZA 02, 276; 12.6.19 – 1 AZR 154/17, NZA 19, 1203; *Grau/Fischer* NZA 19, 1469). Bei fehlendem BRat kann der ArbGeb eine einseitige Lossagung gegenüber allen ArbN vornehmen (LAG Köln 8.4.03 – 1 Sa 1219/02, NZA-RR 03, 657; *Völksen* NZA 13, 1182; *Moll/Leisbrock* RdA 03, 301). Zu Sonderproblemen im Bereich der betrieblichen Altersversorgung vgl BAG 24.7.01 – 3 AZR 660/00, NZA 02, 520; *Gaul/Kühnreich* NZA 02, 495. Eine streitige Transformation tariflicher Regelungen kann im Wege der arbeitsgerichtlichen Feststellungsklage geklärt werden (BAG 3.7.13 – 4 AZR 961/11, NZA 14, 163).

71 § 613a Abs 1 Satz 2 BGB gilt nicht für sog **Regelungsabreden** zwischen ArbGeb und BRat (ErfK/*Preis* § 613a BGB Rn 118), da diese gerade keine den Betriebsvereinbarungen oder Tarifverträgen vergleichbare Rechtsnormqualität aufweisen. Das Schicksal **freiwilliger Betriebsvereinbarungen** beim Betriebsübergang ist bislang noch ungeklärt. Die Meinungen im Schrifttum sind geteilt (*Heinze* DB 98, 1861: automatisches Erlöschen; *Moll* RdA

96, 275: normale Transformation; *Bauer/von Steinau-Steinrück* NZA 2000, 505; *Hertzfeld* DB 06, 2177: begrenzte Transformation). Die letztgenannten Autoren heben zu Recht den auf eine Sicherung des status quo gerichteten Zweck des § 613a BGB hervor, der einer Besserstellung der ArbN entgegensteht, die durch eine Transformation auf die arbeitsvertragliche Ebene und die hierdurch erfolgende Anspruchsverfestigung aber eintreten würde und weisen gleichzeitig auf die mit der erstgenannten Lösung verbundene statusverschlechternde Wirkung des Betriebsübergangs hin.

**2. Kollektivrechtliche Fortgeltung.** Ausnahmsweise kommt es trotz der gesetzlichen 72
Regelung in § 613a Abs 1 Satz 2 BGB zu einer kollektivrechtlichen Fortgeltung soweit Betriebserwerber und ArbN tarifgebunden sind (hM; vgl zuletzt BAG 21.2.01 – 4 AZR 18/00, NZA 01, 1318; 11.5.05 – 4 AZR 315/04, NZA 05, 1363; 9.4.08 – 4 AZR 164/07, BeckRS 200856177; zustimmend *Moll* RdA 07, 48; *Schiefer* DB 05, 2134; aA *Prange* NZA 02, 817). Darüber hinaus ist immer dann eine kollektivrechtliche Fortgeltung zu bejahen, wenn die Betriebsidentität beim Erwerber erhalten bleibt (BAG 14.8.01 – 1 AZR 619/00, NZA 02, 276; 15.1.02 – 1 AZR 58/01, NZA 02, 1034; 14.8.13 – 7 ABR 56/11, BeckRS 2013, 74041; noch weitergehend *Mues* DB 03, 1273, der eine bloße Identifizierbarkeit des übergegangenen Betriebs oder Betriebsteils beim Erwerber ausreichen lässt). Dies rechtfertigt sich aus dem Charakter des § 613a Abs 1 Satz 2–4 BGB als Auffangtatbestand, der Lücken im Betriebsverfassungs- und Tarifrecht schließen soll, ohne die Rechtsstellung des BRat und der ArbN einzuschränken. **Gesamtbetriebsvereinbarungen,** die in den Betrieben eines abgebenden Unternehmens gelten, bleiben grds als solche erhalten, sofern alle oder mehrere Betriebe übernommen werden. Bei der auf einen Betrieb beschränkten Übernahme gelten sie dort als Einzelbetriebsvereinbarung weiter (BAG 5.5.15 – 1 AZR 763/13, NZA 15, 1331; 18.9.02 – 1 ABR 54/01, NZA 03, 670; *Meyer* NZA 16, 749; *Thüsing* DB 04, 2474; *Niklas/Mückl* DB 08, 2250; aA *Preis/Richter* ZIP 04, 925; *Hohenstatt/Müller-Bonanni* NZA 03, 766). Ob dies auch – wie vom BAG angenommen (BAG 14.8.13 – 7 ABR 56/11, BeckRS 2013, 740111) – bei der selbstständigen Fortführung übernommener Betriebsteile gilt, ist allerdings vor dem Hintergrund fehlender Betriebsidentität zweifelhaft (*Preis/Richter* ZIP 04, 925). Jedenfalls scheidet eine kollektive Weitergeltung aus, wenn der übernommene Betriebsteil eingegliedert wird (*Richardi/Kortstock* RdA 04, 173). Eine betriebsbezogene Weitergeltung scheidet jedenfalls aus, wenn der Regelungsgenstand der Gesamtbetriebsvereinbarung zwingend an eine bei dem Veräußerer bestehende Unternehmens- und betriebsverfassungsrechtliche Struktur anknüpft, die beim Erwerber nicht besteht (BAG 24.1.17 – 1 ABR 24/15, NZA-RR 17, 413). Diese Grundsätze gelten für Konzernbetriebsvereinbarungen gleichermaßen (LAG Düsseldorf 6.7.18 – 6 TaBV 4/18, BeckRS 2018, 27606; *Salamon* NZA 09, 471). Zu möglichen Auswirkungen des neuen Tarifeinheitsgesetzes (§ 4a Abs 2 TVG) zuletzt *Gräf* NZA 16, 327.

Anders ist die Situation beim **Firmentarifvertrag.** Dieser kann kollektivrechtlich nur 73
durch Übernahme oder Neuabschluss durch den Erwerber Bindungswirkung entfalten (*Wank* NZA 87, 507; aA *Moll* RdA 96, 275: Erhaltung der Betriebsidentität reicht aus). Der Betriebserwerber tritt nicht automatisch in den Firmentarifvertrag ein. Es kommt vielmehr regelmäßig zur Transformation mit dem Tarifinhalt zum Zeitpunkt des Betriebsübergangs (BAG 26.8.09 – 4 AZR 280/08, NZA 10, 238; 26.8.09 – 5 AZR 969/08, NZA 10, 173; 10.6.09 – 4 ABR 21/08, NZA 10, 51; aA *Däubler* RdA 02, 303). Eine kollektivrechtliche Fortgeltung scheidet aus, wenn der übernommene Betrieb beim Betriebserwerber nicht mehr dem Geltungsanspruch des BetrVG unterfällt; zB bei Übernahme durch eine Anstalt, Stiftung oder Körperschaft des öffentlichen Rechts (BAG 9.2.82, DB 82, 1414).

Etwas anderes gilt für einen im Zeitpunkt des Betriebsübergangs beim Erwerber geltenden Firmentarifvertrag. Erfasst dieser nach seinem Geltungsbereich auch den erworbenen Betrieb, gilt er auch für die Arbeitsverhältnisse der übernommenen ArbN (BAG 20.2.18 – 1 ABR 53/16, NZA 18, 954).

**3. Vorhandene kollektivrechtliche Regelung.** Ausgeschlossen ist die Weitergeltung 74
iSd § 613a Abs 1 Satz 2 BGB gem Satz 3, wenn die Materie beim Betriebserwerber bereits kollektivrechtlich geregelt ist. Das setzt aber immer die normative Geltung zB der Tarifregelungen vor dem Betriebsübergang voraus. Arbeitsvertragliche Bezugnahmen reichen hierfür nicht aus (BAG 29.8.07 – 4 AZR 767/06, NZA 08, 364; 17.11.10 – 4 AZR 391/09, NZA

11, 356). Erforderlich ist weiter, dass sowohl beim Betriebsveräußerer als auch beim Betriebserwerber inhaltlich auf dieselbe Materie bezogene Regelungen bestanden (BAG 12.6.19 – 1 AZR 154/17, NZA 19, 1203). Die konkreten Anforderungen, die an eine solche **Regelungsidentität** im Einzelfall zu stellen sind, sind streitig (*Meyer* DB 04, 1886; *Freckmann/Wörz* BB 13, 2549). Das bloße Fehlen einer Regelung beim Erwerber genügt nicht (BAG 20.4.94 – 4 AZR 342/93, NZA 94, 1140; 1.8.01 – 4 AZR 82/00, NZA 02, 42). Demgegenüber reicht es aus, wenn die Tarifbindung an den neuen Tarifvertrag erst Monate nach dem Betriebsübergang entsteht (BAG 19.3.86, DB 86, 1575). Mithin kann auch eine bereits nach § 613a Abs 1 Satz 2 BGB transformierte kollektivrechtliche Regelung durch eine spätere, gleichrangige kollektivrechtliche Regelung geändert werden, ohne dass die einjährige Veränderungssperre eingreift (BAG 13.3.12 – 1 AZR 659/10, NZA 12, 990; 18.11.03 – 1 AZR 604/02, NZA 04, 803). Liegen diese Voraussetzungen vor, so kann eine Ablösung auch dann erfolgen, wenn die ursprüngliche Regelung für die ArbN günstiger war; nach der Rspr des BAG gilt kein Verschlechterungsverbot (BAG 23.1.19 – 4 AZR 445/17, NZA 19, 922; 11.5.05 – 4 AZR 315/04, NZA 05, 1363). Ob dies auch europarechtlich gilt, ist unklar (vgl EuGH 6.9.11 – C-108/10, NZA 11, 1077 – Scattolon; EuGH 6.4.17 – C-336/15, NZA 17, 585 – Unionen; *Witschen* NZA 19, 1180). Inhaltlich sind die Tarifpartner bei der späteren Vereinbarung tariflicher Leistungen weitestgehend frei, ob sie frühere Beschäftigungszeiten berücksichtigen wollen (BAG 17.10.07 – 4 AZR 1005/06, NZA 08, 713). § 77 Abs 3 BetrVG bleibt ebenfalls unberücksichtigt, denn § 613a Abs 1 Satz 3 BGB geht insoweit als speziellere Norm vor. Ob auch eine **sog „Über-Kreuz-Ablösung"** einer tariflichen Regelung durch eine Betriebsvereinbarung möglich ist, ist seit langem umstritten (dagegen: LAG Düsseldorf 16.8.07 – 15 Sa 630/07, NZA-RR 08, 23; dafür: *Döring/Grau* BB 09, 158; *Bauer/Medem* DB 10, 2560). Das BAG lehnt jedenfalls im Bereich der lediglich teilmitbestimmten ArbGebLeistungen eine solche Ablösung ab (BAG 3.7.13 – 4 AZR 961/11, NZA 14, 163; 13.11.07 – 3 AZR 191/06, NZA 08, 600; 6.11.07 – 1 AZR 826/06, NZA 08, 542; kritisch *Müller-Bonanni/Mehrens* NZA 12, 1194). Unproblematisch ist demgegenüber die Ablösung eines Firmentarifvertrags durch einen Verbandstarifvertrag (*Moll* RdA 96, 275). Das gilt bspw für einen allgemeinverbindlichen Tarifvertrag, an den nach einem Betriebsübergang ArbN und Erwerber gebunden sind (BAG 7.7.10 – 4 AZR 1023/08, NZA-RR 11, 30). Eine beim Betriebserwerber vorhandene Betriebsvereinbarung löst die durch Betriebsvereinbarung geregelte Versorgungsordnung des Veräußerers ab. Allerdings gelten bei einer solchen Ablösung im Bereich der betrieblichen Altersversorgung die Grundsätze des Vertrauensschutzes und der Verhältnismäßigkeit (BAG 22.10.19 – 3 AZR 429/18, Pressemitteilung Nr 34/19; → *Betriebliche Altersversorgung* Rn 74).

75 **Gem § 613a Abs 1 Satz 4 BGB** können auf Betriebsvereinbarung und Tarifvertrag beruhende Rechte geändert werden, wenn die ursprünglichen kollektivrechtlichen Regelungen nicht mehr gelten. Dies entspricht der auch ohne eine derartige Vorschrift bestehenden Nachwirkung (§ 4 Abs 5 TVG, § 77 Abs 6 BetrVG) mit Folge der jederzeitigen arbeitsvertraglichen Änderungsmöglichkeit. Gleiches ist nach der 2. Alternative des § 613a Abs 1 Satz 4 BGB möglich, wenn der Betriebserwerber mit den übernommenen ArbN die Geltung des in seinem Betrieb für die dort vorhandenen ArbN geltenden Tarifvertrags vereinbart. Treffen demgegenüber bislang arbeitsvertraglich geregelte Arbeitsbedingungen nach einem Betriebsübergang auf normativ geltende Tarifregelungen, gilt das allgemeine Günstigkeitsprinzip des § 4 Abs 3 TVG (BAG 12.12.07 – 4 AZR 998/06, NZA 08, 649).

76 **4. Außenseiter.** Für nicht gewerkschaftlich organisierte ArbN (sog Außenseiter) gelten tarifliche Arbeitsbedingungen soweit Tarifverträge nicht für allgemeinverbindlich erklärt sind (§ 5 TVG) nur kraft arbeitsvertraglicher Vereinbarung. Dies geschieht durch sog statische oder dynamische **Bezugnahmeklauseln** (→ *Arbeitsvertrag* Rn 40). Fehlen im konkreten Fall eindeutige Hinweise, die für eine statische Bezugnahme sprechen könnten, ist eine Bezugnahmeklausel in der Regel dynamisch zu verstehen (BAG 30.8.17 – 4 AZR 443/15, NZA 18, 363). In diese vertragliche Vereinbarung tritt der Erwerber gem § 613a Abs 1 Satz 1 BGB ein (BAG 23.9.09 – 4 AZR 331/08, NZA 10, 513; 24.2.10 – 4 AZR 691/08, NZA 10, 530; *Rinck* RdA 10, 216). Maßgeblich für die Bezugnahme ist immer der beim bisherigen ArbGeb anzuwendende Regelungsbestand „im Zeitpunkt des Übergangs".

Dazu gehört eine bereits vereinbarte, jedoch erst angesichts des Betriebsübergangs wirksam werdende Tarifvertragsbestimmung nicht (BAG 20.6.12 – 4 AZR 657/10, BeckRS 2012, 74961; 5.9.12 – 4 AZR 749/10, NZA-RR 13, 285). Problematisch sind insoweit die sog kleinen dynamischen Bezugnahmeklauseln. Nach dem früheren Konzept des 4. Senats des BAG waren derartige Klauseln im Zweifel als Gleichstellungsabreden auszulegen, mit der Folge einer lediglich statischen Weitergeltung bei einem Betriebsübergang auf einen nicht tarifgebundenen Erwerber (BAG 24.11.99 – AZR 666/98, NZA 2000, 435; 16.10.02 – 4 AZR 467/01, NZA 03, 390; Näheres s Personalbuch 2006, Betriebsübergang Rz 64). In der Folgezeit hat die **Rechtsprechung** eine **wechselhafte Entwicklung** genommen (*Eylert/Schinz* RdA 17, 140).

Mit Urt vom 14.12.05 hat der 4. Senat des **BAG** zunächst eine grundlegende Rechtsprechungsänderung dahingehend angekündigt, dass diese Auslegungsregel auf die ab dem 1.1.02 mit Inkrafttreten der Schuldrechtsreform abgeschlossenen Arbeitsverträge nicht mehr anzuwenden sei (BAG 14.12.05 – 4 AZR 536/04, NZA 06, 607). Begründet hat das BAG dies im Wesentlichen mit den geänderten Rahmenbedingungen und den nunmehr zu beachtenden Wertungen des Rechts der Allgemeinen Geschäftsbedingungen. Für vor dem 1.1.02 abgeschlossene Altverträge bleibt es unter Vertrauensschutzgesichtspunkten bei der bisherigen Rspr (zuletzt BAG 14.12.11 – 4 AZR 79/10, BeckRS 2012, 69243; aA *Simon/Kock/Halbsguth* BB 06, 2354; *Spiegelberger* NZA 07, 387: Vertrauensschutz bis 14.12.05).

Obwohl der **EuGH** nur wenige Monate nach dieser BAG-Entscheidung erneut die lediglich statische Wirkung einer Bezugnahmeklausel bejaht und dabei die Bedeutung der negativen Koalitionsfreiheit betont hatte (EuGH 9.3.06 – Rs C-499/04 – Werhof, NZA 06, 376), hielt das **BAG** in der Folgezeit an seiner letzten Rspr ausdrücklich fest (BAG 18.4.07 – 4 AZR 652/05, NZA 07, 965; 21.10.09 – 4 AZR 396/08, NZA-RR 10, 361; 17.11.10 – 4 AZR 127/09, NZA 11, 457; ausführliche Nachweise zum Schrifttum in Personalbuch 2017, Betriebsübergang Rz 76). Der **EuGH** blieb ebenfalls bei seiner Linie und lehnte auf eine Vorlage aus Großbritannien eine dynamische Wirkung der Bezugnahmeklausel mit der Begründung ab, dass der Erwerber in diesem Fall nicht die Möglichkeit gehabt habe, an den Verhandlungen über die nach dem Übergang abgeschlossenen Kollektivverträge teilzunehmen (EuGH 18.7.13 – C-426/11, NZA 13, 835 – Alemo-Herron). Dies gab Anlass zu einer nochmaligen Vorlage nunmehr durch das BAG (BAG 17.6.15 – 4 AZR 61/14 (A), NZA 16, 373). In seiner Antwort hielt der **EuGH** jetzt eine dynamische Fortgeltung beim Erwerber für möglich, nahm aber dabei ausdrücklich auf die vom BAG in der Vorlagefrage unterstellte einvernehmliche oder einseitige Abänderbarkeit der Bezugnahmeklausel für den Erwerber Bezug (EuGH 27.4.17 – C-680/15, NZA 17, 571 – Asklepios; insofern kritisch auch *Wißmann/Niklas* NZA 17, 697; *de Groot* BB 17, 1152; *Busch/Gerlach* BB 17, 2356; *Reufels* ArbRB 17, 222; *Flockenhaus* RdA 17, 316). Den Schlusspunkt dieser Entwicklung setzt bislang das **BAG** mit der Entscheidung im Ausgangsverfahren dahingehend, dass die zwischen dem Betriebsveräußerer und dem ArbN vereinbarte Klausel, die dynamisch auf einen Tarifvertrag verweist, nicht allein durch den Betriebsübergang ihre Dynamik verliere (BAG 30.8.17 – 4 AZR 95/14, NZA 18, 255 mit Anm *Wahlig/Brune* NZA 18, 221; BAG 16.5.18 – 4 AZR 209/15, NZA 18, 1489; *Löwisch/Wegmann* BB 19, 1844; kritisch *Busch/Gerlach* BB 18, 1780; *Willemsen/Krois/Mehrens* RdA 18, 151). Auch das BAG betont weiterhin die Möglichkeit des Erwerbers zur Vornahme der erforderlichen Anpassungen im Wege des einvernehmlichen Änderungsvertrages oder der einseitigen – sozial gerechtfertigten – Änderungskündigung und weist in Erwiderung auf Kritik aus dem Schrifttum darauf hin, dass eine solche Änderungskündigung lediglich der Aufrechterhaltung des bisherigen Entgeltniveaus dient und von daher Zweifel bestehen, ob die höheren Anforderungen an eine Änderungskündigung wegen Entgeltabsenkung gelten würden. Ergänzend hat es zuletzt klargestellt, dass auch eine analoge Anwendung von § 613a Abs 1 S 3 BGB nicht in Betracht kommt (BAG 16.5.18 – 4 AZR 209/15, NZA 18, 1489).

Allgemein zur Bezugnahme aufgrund betrieblicher Übung zuletzt LAG RhPf 16.7.15 – 5 Sa 692/14, BeckRS 2015, 72542; *Sutschet* NZA 08, 679. Bei einem Betriebsübergang von einem **kirchlichen Veräußerer** auf einen weltlichen Erwerber gilt bei im Arbeitsvertrag dynamisch in Bezug genommenen kirchlichen Arbeitsvertragsrechtlinien (AVR) diese Verweisung auch beim Erwerber weiter (BAG 21.6.18 – 6 AZR 38/17, BeckRS 2018, 23259; 23.11.17 – 6 AZR 683/16, NZA 18, 311; 23.11.17 – 6 AZR 739/15, NZA 18, 301). Das

Gleiche gilt bei der Inbezugnahme des BAT-KF und dessen Fortgeltung beim nichtkirchlichen Erwerber (LAG RhPf 12.4.18 – 5 Sa 295/17, BeckRS 208, 15005). Allerdings ist ein solcher Arbeitsvertrag nicht grds betriebsvereinbarungsoffen, da das BetrVG gem § 118 Abs 2 BetrVG keine Anwendung auf Religionsgemeinschaften und ihre Einrichtungen findet (BAG 11.7.19 – 6 AZR 40/17, NZA-RR 19, 590).

77 **IV. Haftung. 1. § 613a Absatz 2 BGB.** Der Betriebserwerber übernimmt die Arbeitsverhältnisse so, wie sie zum Zeitpunkt des Betriebsübergangs bestehen (BAG 27.10.94, NZA 95, 735 für ein gem EV ruhendes Arbeitsverhältnis), dh, er haftet grds für bestehende Verbindlichkeiten des Betriebsveräußerers. Letzterer haftet für bestehende Verpflichtungen aus der Zeit vor dem Betriebsübergang unbeschränkt weiter. Werden diese Ansprüche erst nach dem Betriebsübergang fällig, gilt gem § 613a Abs 2 BGB eine einjährige Haftungsbegrenzung. Dabei haftet der Betriebsveräußerer jedoch nur in dem Umfang, der dem im Zeitpunkt des Betriebsübergangs abgelaufenen Bemessungszeitraum entspricht. Anwendungsfälle: Weihnachtsgeld, 13. Monatseinkommen, Urlaubsgeld uÄ. Die Fälligkeit ist nach allgemeinen bürgerlich-rechtlichen Grundsätzen zu bestimmen, § 271 BGB. Die Haftungsbeschränkung nach § 613a Abs 2 BGB gilt auch für den in seiner Eigenschaft als Gesellschafter einer früheren Betriebsinhaberin haftenden ehemaligen Gesellschafter (BAG 13.2.14 – 8 AZR 144/13, NZA 14, 733).

78 Im **Innenverhältnis** zwischen Betriebsveräußerer und -erwerber gelten die Regelungen der §§ 421 ff BGB. Danach erfolgt die Haftungsverteilung im Innenverhältnis im Zweifel gem § 426 Abs 1 Satz 1 BGB zu gleichen Teilen, soweit keine anderweitige vertragliche Vereinbarung getroffen wurde (zum Urlaub → Rn 46). § 613a Abs 2 BGB ist zu Gunsten der ArbN zwingend und kann weder durch Betriebsveräußerer und -erwerber, noch im Vorhinein arbeitsvertraglich mit den einzelnen ArbN abbedungen werden (zu Besonderheiten in der Insolvenz → Rn 107 ff).

79 **2. Besondere Haftungsgründe.** Nach der Aufhebung des § 419 BGB zum 1.1.99 ist für Betriebsübergänge seither lediglich **§ 25 HGB** zu beachten, der den Fall des Erwerbs eines Handelsgeschäfts unter Fortführung der bisherigen Firma betrifft. Für Vermögensübernahmen aus der Zeit vor dem 1.1.99 ist **§ 419 BGB** weiter anwendbar.

80 **V. Kündigungsschutz beim Betriebsübergang. 1. Kündigungsverbot gem § 613a Absatz 4 Satz 1 BGB. a) Definition.** § 613a Abs 4 Satz 1 BGB verbietet ausdrücklich die Kündigung „wegen des Übergangs eines Betriebs oder Betriebsteils". Nach der Rspr des BAG liegt eine solche betriebsübergangsbedingte Kündigung vor, wenn das Motiv der Kündigung wesentlich durch den Betriebsübergang bedingt ist. Letzteres ist immer dann der Fall, wenn es nicht neben dem Betriebsübergang einen sachlichen Grund gibt, der aus sich heraus die Kündigung rechtfertigt, so dass sich der Betriebsübergang lediglich als äußerer Anlass für die Kündigung, nicht jedoch als tragender Grund darstellt (BAG 26.8.99 – 8 AZR 827/98, NZA 2000, 371; 27.10.05 – 8 AZR 568/04, NZA 06, 668; LAG Köln 19.1.18 – 4 Sa 354/17, BeckRS 2018, 1685). Dabei kommt es nach der Rspr allein auf die objektive Rechtslage an. Die Begründung durch den ArbGeb soll nicht maßgeblich sein (BAG 9.5.88, DB 89, 934). Gleichwohl wird man der deutlichen Benennung des Kündigungsgrundes durch den ArbGeb (zB im Kündigungsschreiben) erhebliche Indizwirkung beimessen müssen (vgl etwa LAG Köln 13.10.04 – 7 (9) Sa 1423/03, BeckRS 2005, 42312).

81 **b) Rechtsnatur.** § 613a Abs 4 Satz 1 BGB enthält einen selbstständigen Unwirksamkeitsgrund (BAG 31.1.85, DB 85, 1842). Dies bedeutet, dass sich auch solche ArbN, die nicht dem Geltungsbereich des KSchG unterfallen, auf das Kündigungsverbot des § 613a Abs 4 Satz 1 BGB berufen können. Allerdings gilt seit 1.1.04 auch insoweit die dreiwöchige Klagefrist des § 4 KSchG (zu europarechtlichen Bedenken *Kamanabrou* NZA 04, 950).

82 **c) Geltungsbereich.** § 613a Abs 4 Satz 1 BGB gilt sowohl für ordentliche als auch für außerordentliche Kündigungen. Er findet entsprechende Anwendung auf die Überführung einer Einrichtung nach dem EV (BAG 21.7.94, DB 95, 381). Auf Grund seiner Komplementärfunktion zum ersten Absatz der Vorschrift wendet das BAG die Vorschrift analog auf Aufhebungsverträge und Befristungsvereinbarungen an, wenn diese darauf abzielen, die Bestandsschutzsicherung des § 613a Abs 1 BGB zu vereiteln (BAG 15.2.95 – 7 AZR 680/94, NZA 95, 987). Ferner werden über den Bestandsschutz hinaus auch inhaltliche Änderungen des Arbeitsverhältnisses und somit auch Änderungskündigungen von § 613a Abs 4

BGB erfasst (LAG Köln 12.10.95, NZA-RR 96, 327). Im Übrigen gelten die oben zum ersten Absatz der Vorschrift genannten Erwägungen entsprechend. Zur Anwendung des § 613a Abs 4 BGB im kirchlichen Bereich sowie bei Betriebsveräußerungen an ausländische Erwerber vgl *Kreitner* Kündigungsrechtliche Probleme beim Betriebsinhaberwechsel, 1989, S 252 ff, 258 ff.

**d) Maßgeblicher Zeitpunkt.** Für die Beurteilung der Rechtmäßigkeit der Kündigung ist auch hinsichtlich der Frage, ob eine Kündigung wegen des Betriebsübergangs vorliegt, nach der gefestigten Rspr des BAG allein der Zeitpunkt des **Zugangs der Kündigung** maßgeblich (BAG 28.4.88, DB 89, 430; 3.9.98 – 8 AZR 306/97, NZA 99, 147). Allerdings hat das BAG diesen Grundsatz teilweise in Anlehnung an die Rspr bei betriebsbedingten Kündigungen wegen einer bevorstehenden Betriebsstilllegung (BAG 19.6.91 – 2 AZR 127/91, NZA 91, 891; 3.9.98 – 8 AZR 439/97, BeckRS 1998, 30810139) insoweit modifiziert, als auch ein Betriebsübergang, der im Kündigungszeitpunkt lediglich „greifbare Formen" angenommen hat, zum Eingreifen des Kündigungsverbots nach § 613a Abs 4 BGB führen kann (BAG 10.12.98 – 8 AZR 264/98, BeckRS 2008, 54839; 21.1.99 – 8 AZR 298/98, BeckRS 1999, 30810121; 26.8.99 – 8 AZR 827/98, NZA 2000, 371). **83**

Die spätere tatsächliche Entwicklung ist grds unerheblich, sie kann allerdings für einen **Wiedereinstellungsanspruch** des gekündigten ArbN Bedeutung erlangen (BAG 11.12.98 – 8 AZR 265/97, NZA 99, 311). Bei späterem Scheitern eines zunächst erwarteten und eingeleiteten Betriebsübergangs ist daher eine seinerzeit ausgesprochene Kündigung gem § 613a Abs 4 BGB unwirksam (BAG 9.5.88, DB 89, 934) während bei beabsichtigter Betriebsstilllegung und später doch noch erfolgendem Betriebsübergang die Kündigung nicht gegen § 613a Abs 4 BGB verstößt und regelmäßig gem § 1 Abs 2 KSchG wirksam ist (BAG 19.6.91, DB 91, 2442). Erfolgt der Betriebsübergang innerhalb der Kündigungsfrist, bejaht das BAG einen Wiedereinstellungs- bzw Fortsetzungsanspruch (BAG 27.2.97 – 2 AZR 160/96, NZA 97, 757; 15.12.11 – 8 AZR 197/11, BeckRS 2012, 67383). Das Gleiche gilt bei einem späteren Betriebsübergang, wenn die Weiterbeschäftigungsmöglichkeit schon innerhalb der Kündigungsfrist entstanden ist (BAG 21.8.08 – 8 AZR 201/07, NZA 09, 29; 25.9.08 – 8 AZR 607/07, NZA-RR 09, 469). Entstehen anderweitige Beschäftigungsmöglichkeiten erst danach, ist die BAG-Rspr uneinheitlich. Während der 7. Senat einen Wiedereinstellungsanspruch in diesen Fällen ablehnt (BAG 6.8.97 – 7 AZR 557/96, NZA 98, 254; 28.6.2000 – 7 AZR 904/98, NZA 2000, 1097) und der 2. Senat die Frage offen gelassen hat (BAG 4.12.97 – 2 AZR 140/97, NZA 98, 701), differenziert der für die Fragen des Betriebsübergangs zuständige 8. Senat des BAG danach, ob der Betriebsübergang gerade durch die willentliche Übernahme der Hauptbelegschaft eingetreten ist und lässt in diesem Fall den Fortsetzungs-/Wiedereinstellungsanspruch auch noch nach Ablauf der Kündigungsfrist zu (BAG 12.11.98 – 8 AZR 265/97, NZA 99, 311; 13.5.04 – 8 AZR 198/03, AP Nr 264 zu § 613a BGB). Im Übrigen folgt er der Auffassung des 7. Senats (BAG 25.10.07 – 8 AZR 989/06, NZA 08, 357). Auch im Insolvenzfall scheidet ein Wiedereinstellungsanspruch nach Ablauf der Kündigungsfrist aus (BAG 13.5.04 – 8 AZR 198/03, AP Nr 264 zu § 613a BGB). Ein solcher Wiedereinstellungsanspruch besteht nicht, wenn berechtigte Interessen des ArbGeb der Wiedereinstellung entgegenstehen (BAG 28.6.2000 – 7 AZR 904/98, NZA 2000, 1097; aA wohl LAG Düsseldorf 29.4.09 – 12 Sa 1551/08, NZA-RR 09, 637). Das ist immer dann anzunehmen, wenn der ArbGeb bereits anderweitige Dispositionen getroffen hat. Daher erlischt ein etwa entstandener Wiedereinstellungsanspruch mit der anderweitigen Besetzung des Arbeitsplatzes (Ausnahme: treuwidriges Verhalten). Das Gleiche gilt hinsichtlich der Festlegung des Anforderungsprofils für den zu besetzenden Arbeitsplatz (BAG 4.5.06 – 8 AZR 299/05, NZA 06, 1096). Grds ausgeschlossen ist er auch, wenn der ArbN im Zeitpunkt des Zugangs der Kündigung keinen Kündigungsschutz nach dem KSchG hat (BAG 19.10.17 – 8 AZR 845/15, NZA 18, 436). **84**

**Geltend machen** muss der ArbN den Wiedereinstellungsanspruch unverzüglich nach Kenntniserlangung der für den Betriebsübergang maßgeblichen Umstände. Das BAG hat hierfür zunächst in Anlehnung an die Rspr zum Widerspruchsrecht § 4 KSchG analog angewandt (BAG 11.12.98 – 8 AZR 265/97, NZA 99, 311). Seit Geltung des § 613a Abs 6 BGB ist in entsprechender Anwendung auf die **Monatsfrist** abzustellen (BAG 21.8.08 – 8 AZR 201/07, NZA 09, 29). Bei fehlender Unterrichtung nach § 613a Abs 5 BGB **85**

beginnt die Monatsfrist auch insoweit nicht (BAG 27.1.11 – 8 AZR 326/09, NZA 11, 1162; *Krieger/Willemsen* NZA 11, 1128). Keine Frist gilt für Fortsetzungsverlangen gegenüber dem Betriebserwerber im ungekündigten Arbeitsverhältnis (BAG 18.12.03 – 8 AZR 621/02, NZA 04, 791). Hier kann allenfalls eine Verwirkung in Betracht kommen. Eine weitergehende Pflicht zur klageweise gerichtlichen Geltendmachung besteht nicht (aA *Luke* NZA 05, 92). Mitbestimmungsrechte des BRat nach § 99 BetrVG können im Einzelfall immer dann bestehen, wenn der ArbGeb eine Auswahlentscheidung zwischen mehreren in Frage kommenden zunächst gekündigten ArbN treffen muss (aA *Kleinebrink* FA Arbeitsrecht 99, 139). Bei der Auswahl muss der ArbGeb zudem gem §§ 242, 315 BGB die Umstände des Einzelfalls berücksichtigen (BAG 28.6.2000 – 7 AZR 904/98, NZA 2000, 1097; 4.5.06 – 8 AZR 299/05, NZA 06, 1096).

86 **2. Kündigung aus anderen Gründen im Sinne des § 613a Absatz 4 Satz 2 BGB. a) Fehlender allgemeiner Kündigungsschutz.** Bei ArbN, die entweder aufgrund noch nicht erfüllter sechsmonatiger Wartezeit oder wegen der geringen Betriebsgröße nicht dem Geltungsbereich des KSchG unterfallen, bleiben Kündigungen, bei denen der Betriebsübergang nicht den tragenden Grund darstellt, im Rahmen der allgemeinen Grenzen der §§ 134, 138, 242 BGB grds möglich und wirksam. Bei der Berechnung der Wartezeit nach § 1 Abs 1 KSchG sind die beim Betriebsveräußerer erbrachten Beschäftigungszeiten bei einer Kündigung des Erwerbers zu berücksichtigen (BAG 27.6.02 – 2 AZR 270/01, NZA 03, 145; ebenso für die Richtlinie 2001/23/EG EuGH 6.4.17 – C-336/15, NZA 17, 585 – Unionen). Das Gleiche gilt für die Berechnung der Kündigungsfrist (BAG 18.9.03 – 2 AZR 330/02, NZA 04, 319).

87 **b) Verhaltens- und personenbedingte Kündigungen.** Diese bleiben ebenso möglich wie außerordentliche Kündigungen. Vor dem Betriebsübergang von dem Betriebsveräußerer ausgesprochene **Abmahnungen** behalten grds ihre Bedeutung für eine spätere verhaltensbedingte Kündigung des Erwerbers, denn die einzelnen ArbN sollen durch § 613a BGB keine Besserstellung erfahren. Zu beachten ist lediglich, dass Abmahnungsgründe des alten Betriebsinhabers beim Betriebserwerber aufgrund anderer betrieblicher Organisationsstrukturen andere Relevanz entfalten können (zur Geltendmachung des Entfernungsanspruchs BAG 11.12.98 – 8 AZR 265/97, NZA 99, 311).

88 **c) Betriebsbedingte Kündigungen.** Zu den anderweitigen Kündigungen iSd § 613a Abs 4 Satz 2 BGB zählen auch betriebsbedingte Kündigungen. Bereits erwähnt wurde die zulässige und regelmäßig wirksame Kündigung von dem Betriebsübergang widersprechenden ArbN durch den Betriebsveräußerer (→ Rn 50). Das Gleiche gilt für die Kündigung von ArbN in nicht veräußerten Betriebsteilen, deren Arbeitsbedarf aufgrund der Betriebsteilveräußerung zurückgeht (BAG 17.6.03 – 2 AZR 134/02, AP Nr 260 zu § 613a BGB: ArbN in betriebsteilübergreifender Stabsstelle).

89 Bei **Betriebsverlagerungen** hat das BAG zunächst darauf abgestellt, ob die bestehende Betriebsgemeinschaft im Wesentlichen erhalten geblieben ist (BAG 12.2.87, DB 88, 126; ebenso LAG Düsseldorf 16.2.95, NZA-RR 96, 241). Richtigerweise dürfte vorrangig die Frage zu stellen sein, ob die ArbN überhaupt arbeitsvertraglich verpflichtet sind, der Betriebsverlagerung Folge zu leisten und ein dahingehendes Weisungsrecht des ArbGeb besteht. Dies wird regelmäßig zu verneinen sein (*Hillebrecht* NZA 89 Beilage 4, 10), so dass unabhängig von der Frage des Betriebsübergangs immer eine Änderungskündigung seitens des ArbGeb erforderlich wird. Lehnen die ArbN allerdings definitiv einen Wechsel des Arbeitsorts ab, so ist eine Beendigungskündigung möglich (LAG Hamm 27.5.04 – 8 Sa 204/04, BeckRS 2004, 31044024). Die Sachlage entspricht derjenigen beim Widerspruch des ArbN gegen den Betriebsübergang (BAG 20.4.89, DB 89, 2334).

90 **Rationalisierungsmaßnahmen** durch den Veräußerer vor bzw durch den Erwerber nach dem Betriebsübergang bleiben uneingeschränkt möglich. Kündigt der bisherige ArbGeb, um den Betrieb „verkaufsfähig“ zu machen (*Hillebrecht* ZIP 85, 263; *Lipinski* NZA 02, 75) gelten die allgemeinen Anforderungen für betriebsbedingte Kündigungen bzw Änderungskündigungen (BAG 20.9.06 – 6 AZR 249/05, NZA 07, 387; → *Kündigung, betriebsbedingte* Rn 1 ff sowie → *Änderungskündigung* Rn 21 ff). Allein der fehlende Übernahmewille des Erwerbers stellt keinen betriebsbedingten Kündigungsgrund des Veräußerers dar. Beruht die Kündigung allein auf dem Druck des Erwerbers, den Betrieb andernfalls nicht zu

übernehmen, da ihm der Arbeitsplatz des gekündigten ArbN „zu teuer" sei, ist die Kündigung gem § 613a Abs 4 Satz 1 BGB unwirksam (BAG 20.3.03 – 8 AZR 97/02, NZA 03, 1027; *Schumacher-Mohr* NZA 04, 629). Im Übrigen ist aber nach der Rspr des BAG eine **Kündigung** des Betriebsveräußerers **nach dem Erwerberkonzept** möglich. Ursprünglich hat das BAG insoweit verlangt, dass das Sanierungskonzept des Erwerbers auch vom Betriebsveräußerer durchgeführt werden könnte (BAG 26.5.83 – 2 AZR 477/81, AP Nr 34 zu § 613a BGB). Diese Einschränkung hat der 8. Senat des BAG später – jedenfalls in der Insolvenz – ausdrücklich aufgegeben (BAG 20.3.03 – 8 AZR 97/02, NZA 03, 1027). Die Argumentation des BAG lässt überdies eine Ausdehnung dieser Rspr auf sämtliche Sanierungsfälle auch außerhalb der Insolvenz erwarten, sofern ansonsten eine endgültige Betriebsstilllegung droht (aA LAG Köln 17.6.03 – 9 Sa 443/03, ZIP 03, 2042; kritisch *Mauer* EWiR 04, 273). Die hM im Schrifttum hat bereits zuvor ein hinreichend konkretisiertes, zwischen Betriebsveräußerer und -erwerber abgesprochenes Konzept als Kündigungsbegründung ausreichen lassen (*Henssler* NZA 94, 913; *Lipinski* NZA 02, 75). In jedem Fall muss sich der Veräußerer aber „konzeptgetreu" verhalten (LAG Köln 11.9.13 – 5 Sa 1128/12, BeckRS 2014, 65169). Diese sanierungsfreundliche Normauslegung überzeugt nicht. Sie lässt den Schutzzweck des § 613a BGB (→ Rn 2) außer Acht und erweitert die gesetzliche Kündigungsmöglichkeit anstatt Bestandsschutz für die betroffenen Arbeitsverhältnisse zu gewährleisten. Entgegen der Auffassung des BAG geht es nicht um eine „künstliche Verlängerung" des Arbeitsverhältnisses, sondern die Veräußererkündigung nach Erwerberkonzept ermöglicht eine vorgezogene Beendigung. Besonders deutlich wird dies im Bereich der Sozialauswahl nach § 1 Abs 3 KSchG, die nach Auffassung der Vertreter der hM auf den Betrieb des Veräußerers beschränkt sein soll (*Sieger/Hasselbach* DB 99, 430). Konsequent wäre aber eine umfassende, auch den aufnehmenden Erwerberbetrieb einbeziehende Sozialauswahl (*Kreitner* Kündigungsrechtliche Probleme beim Betriebsinhaberwechsel, 1989, S 110 ff; differenzierend auch *Gaul/Bonanni/Naumann* DB 03, 1902; *Annuß/Stamer* NZA 03, 1247; *Meyer* SAE 04, 176; *Schumacher-Mohr* NZA 04, 629). Jedenfalls zu weit geht eine LAG-Entscheidung, nach der eine Kündigung auch dann wirksam ist, wenn der bisherige ArbGeb sie mit dem Ziel ausspricht, sich selbst auf diese Weise eine Beschäftigungsmöglichkeit beim Erwerber zu sichern und den Arbeitsplatz des gekündigten ArbN zu übernehmen (LAG MeVo 9.1.13 – 2 Sa 166/12, NZA-RR 13, 238).

Problematischster Fall der betriebsbedingten Kündigung ist die Kündigung wegen **Be- 91
triebsstilllegung.** Betriebsstilllegung und Betriebsübergang schließen sich tatbestandsmäßig gegenseitig aus (BAG 15.12.11 – 8 AZR 692/10, NZA-RR 12, 570; 26.5.11 – 8 AZR 37/10, NZA 11, 1143). Das BAG bewältigt diese Abgrenzung durch eine genaue Prüfung des Vorliegens einer (beabsichtigten) Betriebsstilllegung. Ausgehend von dem gefestigten arbeitsrechtlichen Betriebsstilllegungsbegriff (→ *Kündigung, betriebsbedingte* Rn 50; → *Betriebsänderung* Rn 16) nimmt das BAG eine rechtlich erhebliche Stilllegung immer dann an, wenn die betrieblichen Umstände greifbare Formen angenommen haben und eine vernünftige, betriebswirtschaftliche Betrachtung die Prognose rechtfertigt, bis zum Ablauf der Kündigungsfrist seien die geplanten Maßnahmen durchgeführt und die ArbN damit entbehrlich (BAG 19.6.91, DB 91, 2442).

**Maßgebliche Kriterien** für die Betriebsstilllegung sind dabei: bei alsbaldiger Wieder- 92
eröffnung bzw Fortsetzung der Betriebstätigkeit spricht eine tatsächliche Vermutung gegen eine ernsthafte Stilllegungsabsicht (BAG 27.9.84, DB 85, 1399; 5.12.85, DB 86, 1290); das Gleiche gilt, wenn dem Insolvenzverwalter vor Ausspruch der Kündigung ein Übernahmeangebot eines Interessenten vorliegt, das wenige Tage später zu konkreten Verhandlungen mit dem Ergebnis einer teilweisen Betriebsübernahme führt (BAG 29.9.05 – 8 AZR 647/04, NZA 06, 720); Kündigungsbegründung des ArbGeb (BAG 27.2.87, DB 87, 1896); **nicht maßgeblich** sind: Abschluss und Durchführung eines Sozialplans (BAG 5.12.85, DB 86, 1290; 22.5.97 – 8 AZR 101/96, NZA 97, 1050; zu Recht differenzierend nach dem jeweiligen Unternehmensgegenstand *Wank* SAE 98, 209); überwiegende Identität der Belegschaft aufgrund formaler Neueinstellungen durch den neuen ArbGeb (*Hillebrecht* NZA 89 Beilage 4, 10); Konkursantragstellung sowie Gewerbeabmeldung und Löschung in der Handwerksrolle (BAG 3.7.86, DB 87, 99). Das BAG hat bei der Fortführung von Aufgaben der früheren Treuhandanstalt durch das Bundesamt zur Regelung offener Vermögensfragen eine Stilllegung bejaht (BAG 24.8.06 – 8 AZR 317/05, NZA 07, 1287). Das

LAG BlnBbg hat einen endgültigen Stilllegungsbeschluss so lange verneint, wie potenzielle Investoren noch durch den Betrieb geführt wurden (LAG BlnBbg 2.4.14 – 15 Sa 275/14, NZA-RR 14, 422).

93 Zusätzliche Probleme ergeben sich bei einer **Teilbetriebsstillegung** und einem gleichzeitigen **Betriebsteilübergang** hinsichtlich der **Sozialauswahl** der zu kündigenden ArbN. Richtigerweise kommt § 1 Abs 3 KSchG auch in diesem Fall uneingeschränkt zur Anwendung, so dass auch ArbN aus dem übergehenden Betriebsteil in die Sozialauswahl einzubeziehen sind. Das folgt aus dem Schutzzweck der Sozialauswahl (BAG 28.10.04 – 8 AZR 391/03, NZA 05, 285; aA *Stahlhacke/Preis/Vossen* Rz 1057; differenzierend *Schmädicke* NZA 14, 515). Auf den vom Betriebsteilübergang nicht betroffenen Restbetrieb beschränkt ist die Sozialauswahl – von Rechtsmissbrauchsfällen abgesehen – nur dann, wenn der Betriebsteilübergang vor dem Zugang der Kündigung vollzogen ist und ein Wechsel in der ArbGebStellung bereits stattgefunden hat. Der so von der Kündigung verschont gebliebene ArbN verbleibt allerdings beim Betriebsteilveräußerer, da die Sozialauswahl als solche nicht zu einer geänderten Zuordnung des ArbN zu dem veräußerten Betriebsteil führt. Hierfür bedarf es einer Ausübung des arbeitgeberseitigen Direktionsrechts oder einer einvernehmlichen Arbeitsplatzänderung vor Vollzug des Betriebsteilübergangs (*Kreitner* FS Küttner, S 399).

94 **3. Beweislast.** Es gelten die allgemeinen Grundsätze der Darlegungs- und Beweislast. Jede Partei muss die Voraussetzungen der ihr günstigen Norm im Prozess darlegen und ggf beweisen. Macht der ArbN den Übergang seines Arbeitsverhältnisses geltend oder beruft er sich auf den Unwirksamkeitsgrund des § 613a Abs 4 Satz 1 BGB, ist er darlegungs- und beweispflichtig (BAG 16.5.02 – 8 AZR 319/01, NZA 03, 93; 22.6.11 – 8 AZR 107/10, NZA-RR 12, 119; LAG RhPf 18.10.18 – 5 Sa 143/18, BeckRS 2018, 29531). Der ArbGeb muss sich allerdings substantiiert einlassen und darf sich nicht mit einem einfachen Bestreiten begnügen. Außerdem kann zugunsten des ArbN bezüglich einzelner Tatbestandsmerkmale ein auf Indizien gestützter Anscheinsbeweis eingreifen, wenn es um Tatsachen geht, die in der Sphäre des ArbGeb liegen (BAG 5.12.85 – 2 AZR 3/85, NZA 85, 736: Rechtsgeschäft; LAG Köln 3.3.97 – 3 Sa 1063/96, LAGE Nr 59 zu § 613a BGB; ArbG Kaiserslautern 19.1.94, BB 94, 1503: Kausalität). Macht demgegenüber der ArbN jedoch die Sozialwidrigkeit der Kündigung iSd § 1 Abs 2 KSchG geltend, bleibt der ArbGeb in vollem Umfang hinsichtlich der Kündigungsgründe darlegungs- und beweispflichtig (BAG 9.2.94 – 2 AZR 666/93, NZA 94, 686; LAG Köln 21.1.05 – 4 Sa 1036/04, BeckRS 2005, 41460).

95 **4. Prozessuales.** Insbes für Kündigungsschutzklagen stellt sich die Frage nach dem zu verklagenden ArbGeb.

96 Richtigerweise ist – unabhängig davon, ob die Kündigung vom Betriebsveräußerer oder -erwerber stammt – wie folgt zu differenzieren: Wendet sich der ArbN gegen eine **vor Betriebsübergang ausgesprochene Kündigung** und erhebt er noch **vor dem Übergang** der Leitungsmacht auf den Betriebserwerber **Klage,** so ist diese gegen den Betriebsveräußerer zu richten (BAG 20.9.06 – 6 AZR 249/05, NZA 07, 387). Da der Betriebsübergang im Zeitpunkt der Klageerhebung noch nicht stattgefunden hat, ist der Betriebsveräußerer (noch) der aktuelle und damit maßgebliche ArbGeb. Kommt es dann im Verlauf des Rechtsstreits zum Betriebsübergang, kann der Rechtsstreit gegen den Veräußerer weitergeführt werden und eine rechtskräftige Entscheidung wirkt gem § 325 ZPO auch gegenüber dem Betriebserwerber, der nach Rechtshängigkeit der Klage Rechtsnachfolger des bisherigen ArbGeb geworden ist (BAG 13.4.00 – 2 AZR 215/99, NZA 01, 144; 18.5.10 – 1 AZR 864/08, NJW 10, 2909; 19.11.14 – 4 AZR 761/12, NZA 15, 950). Auch die spätere vergleichsweise Beendigung des Arbeitsverhältnisses bleibt im Rechtsstreit mit dem Betriebsveräußerer möglich (BAG 24.8.06 – 8 AZR 574/05, NZA 2007, 328). Um einen gegen den alten ArbGeb titulierten Anspruch auch gegenüber dem Erwerber vollstrecken zu können, muss der ArbN eine vollstreckbare Ausfertigung des Urt gem §§ 727, 731 ZPO beantragen (LAG Düsseldorf 10.7.95, NZA-RR 96, 242).

97 Erfolgt die **Klageerhebung** demgegenüber bei einer vor Betriebsübergang ausgesprochenen Kündigung erst **nach dem Übergang,** ist der Betriebserwerber der richtige Beklagte. Er ist in diesem Zeitpunkt der in Anspruch genommene ArbGeb (*Müller-Glöge* NZA 99, 449; *Fischer* DB 01, 331). § 325 ZPO ist in diesem Fall nicht einschlägig (BAG 18.2.99

– 8 AZR 485/97, NZA 99, 648; 18.3.99 – 8 AZR 306/98, NZA 99, 706; LAG Hamm 22.3.01 – 4 Sa 579/00, NZA-RR 02, 82). Dabei ist ohne Einfluss auf die Passivlegitimation, ob der Betriebsübergang noch innerhalb der Kündigungsfrist erfolgt ist (*Kreitner* FA Arbeitsrecht 98, 2).

Ist schließlich die **Kündigung** dem ArbN erst **nach** vollzogenem **Betriebsübergang** **98** zugegangen, muss die Klage ebenfalls gegen den Betriebserwerber gerichtet werden (LAG Köln 18.3.94 – 13 Sa 924/93, NZA 94, 815; LAG Hamm 2.12.99 – 4 Sa 1153/99, NZA-RR 2000, 265; LAG Düsseldorf 20.11.02 – 4 (5) Sa 1095/02, ZIP 03, 861; aA LAG Köln 3.8.01 – 11 Sa 215/01, NZA-RR 02, 240; LAG Hamm 28.5.98 – 8 Sa 2257/97, NZA-RR 99, 71). Das gilt auch für eine Kündigung des Veräußerers (BAG 18.4.02 – 8 AZR 346/01, NZA 02, 1207; 24.5.05 – 8 AZR 398/04, NZA 05, 1302; 15.12.05 – 8 AZR 202/05, NZA 06, 597). Für eine isolierte Feststellungsklage gegen den Betriebsveräußerer dürfte ein Rechtsschutzbedürfnis nur im Fall des widersprechenden ArbN bestehen (LAG Hamm 9.3.89, NZA 89, 823 [LS]; LAG Hamm 17.5.93, ArbuR 93, 306: grds Klärung von Ansprüchen gegen den bisherigen ArbGeb).

Oftmals ist aus Sicht des ArbN die **Sach- und Rechtslage** in Bezug auf einen möglichen **99** Betriebsübergang **unklar.** In diesem Fall erscheint es sachgerecht und für den klagenden ArbN empfehlenswert, im Wege der subjektiven Klagehäufung gleichzeitig gegen Betriebsveräußerer und -erwerber vorzugehen (BAG 24.6.04 – 2 AZR 215/03, AP Nr 278 zu § 613a BGB). Zwischen beiden Beklagten besteht keine notwendige Streitgenossenschaft nach § 62 ZPO, so dass bei gemeinsamen Unterliegen ggf beide Beklagte Rechtsmittel einlegen müssen (BAG 4.3.93 – 2 AZR 507/92, NZA 94, 260). Haben Betriebsveräußerer und -erwerber verschiedene allgemeine Gerichtsstände, ist das zuständige Gericht nach § 36 Abs 3 ZPO zu bestimmen (BAG 25.4.96 – 5 AS 1/96, NZA 96, 1062). Im laufenden Prozess kann der ArbN ggf auf gerichtlichen Hinweis die Klage teilweise zurücknehmen bzw muss eine teilweise Klageabweisung wegen fehlenden Rechtsschutzinteresses in Kauf nehmen. Hat ein ArbN Betriebsveräußerer und -erwerber gesondert verklagt, so ist im Prozess gegen den Erwerber die Wirksamkeit einer vom Betriebsveräußerer ausgesprochenen Kündigung als Vorfrage zu prüfen. Eine eventuelle Rechtshängigkeit des Rechtsstreits gegen den Veräußerer ist dabei gem § 261 Abs 3 Nr 1 ZPO unerheblich. Insbes bestehen insoweit keine Zweifel hinsichtlich des Vorliegens eines Rechtsschutzinteresses des ArbN (BAG 14.7.94, NZA 95, 27). Schließt ein ArbN mit dem Betriebsveräußerer im Rahmen eines Kündigungsschutzprozesses einen gerichtlichen Beendigungsvergleich, so wirkt dieser hinsichtlich der Beendigung jedenfalls immer dann auch für und gegen den Betriebserwerber, wenn dieser die Vereinbarung zumindest konkludent nach § 177 BGB genehmigt (BAG 24.8.06 – 8 AZR 574/05, NZA 07, 328).

Schließlich kann es sein, dass der gekündigte ArbN von dem erfolgten Betriebsübergang **100** nichts erfahren und er daher den falschen, nämlich seinen bisherigen ArbGeb verklagt hat. Hier hilft in aller Regel ein **Antrag auf nachträgliche Zulassung** nach § 5 KSchG, der allerdings alsbald nach Kenntniserlangung zu stellen ist. Nur dann, wenn bereits die absolute sechsmonatige Zulassungsfrist des § 5 Abs 3 Satz 2 KSchG verstrichen ist, bleibt es gem § 7 KSchG bei der Wirksamkeit der Kündigung (*Kreitner* FA Arbeitsrecht 98, 2 mwN).

Auch der verklagte **Arbeitgeber** kann sich zur Verteidigung auf einen Betriebsübergang **101** berufen. Er muss dann den vermeintlichen Betriebserwerber im Wege der sog **Drittwiderklage** in den Prozess einbeziehen (LAG Köln 26.3.98 – 5 Sa 1420/97, NZA-RR 98, 398).

Besonderheiten sind bei dem **Auflösungsantrag** nach § 9 KSchG zu beachten. Nach **102** erfolgtem Betriebsübergang kommt ein Auflösungsantrag gegen den Betriebsveräußerer nicht mehr in Betracht, da ein solcher Antrag ein mit dem Beklagten bestehendes Arbeitsverhältnis voraussetzt (BAG 20.3.97 – 8 AZR 769/95, NZA 97, 937). Das Gleiche gilt für den nach Rechtshängigkeit des Auflösungsantrags erfolgenden Betriebsübergang, da die Entscheidung darüber, ob die Fortsetzung des Arbeitsverhältnisses zumutbar ist nicht ohne den Erwerber getroffen werden kann (*Löwisch/Neumann* DB 96, 474). Will der ArbN dennoch sogleich die gerichtliche Auflösung des Arbeitsverhältnisses betreiben, muss er den Betriebserwerber in den Prozess einbeziehen oder dem Übergang seines Arbeitsverhältnisses widersprechen (BAG 20.3.97 – 8 AZR 769/95, NZA 97, 937). Der Betriebserwerber kann jedenfalls dann die Auflösung beantragen, wenn er bereits Partei im Prozess ist und der Betriebsübergang vor dem Ablauf der Kündigungsfrist erfolgt ist (LAG Köln, 1.3.16 – 12 Sa

835/15, BeckRS 2016, 69466). Der Betriebsveräußerer kann auch nach erfolgtem Betriebsübergang im laufenden Kündigungsschutzprozess noch bis zum Schluss der mündlichen Verhandlung in der Tatsacheninstanz einen Auflösungsantrag stellen. Das gilt jedenfalls dann, wenn der Auflösungszeitpunkt und die maßgeblichen Auflösungsgründe zeitlich vor dem Betriebsübergang liegen (BAG 24.5.05 – 8 AZR 246/04, NZA 05, 1178). Liegt der Auflösungszeitpunkt nach dem Betriebsübergang, scheidet ein Auflösungsantrag des Betriebsveräußerers aus (LAG BaWü 24.5.18 – 17 Sa 105/17, BeckRS 2018, 14067).

**103** Bei einem **Leistungsantrag** verhindert die in § 613a Abs 2 BGB angeordnete gesamtschuldnerische Haftung des bisherigen ArbGeb für den dort genannten Zeitraum ein Eingreifen der §§ 265, 325 ZPO wegen fehlender Rechtsnachfolge (*Zeuner* FS Schwab, 1990, S 575). Etwas anderes gilt nur bei besonders betriebsbezogenen Verpflichtungen, die nur vom jeweiligen Betriebsinhaber erfüllt werden können (zB vertragsgemäße Weiterbeschäftigung; LAG Düsseldorf 12.3.01 – 5 Sa 230/00, DB 01, 1732).

**104** Zu beachten ist der jedenfalls beim Wegfall des Kündigungsgrundes innerhalb der Kündigungsfrist bestehende **Wiedereinstellungsanspruch** des ArbN (*Krieger/Willemsen* NZA 11, 1128; *Bonanni/Niklas* DB 10, 1826; → Rn 71). Das gilt nicht bei einer Betriebsveräußerung in der Insolvenz, sofern der Betriebsübergang nach Ablauf der Kündigungsfrist erfolgt (BAG 13.5.04 – 8 AZR 198/03, AP Nr 264 zu § 613a BGB). Kommt es trotz wirksamer Kündigung wegen einer beabsichtigten Betriebsstilllegung innerhalb der Kündigungsfrist dennoch zu einem Betriebsübergang, ist der Wiedereinstellungs- bzw Fortsetzungsanspruch gegenüber dem Erwerber klageweise geltend zu machen (BAG 13.11.97 – 8 AZR 295/95, NZA 98, 251; 12.11.98 – 8 AZR 265/97, NZA 99, 311). Die Klage muss in entsprechender Anwendung von § 613a Abs 6 BGB innerhalb von einem Monat nach Zugang der Unterrichtung oder Kenntnis der betriebsübergangsrelevanten Tatsachen erfolgen (→ Rn 83).

**105** Findet der Betriebsübergang im Verlauf eines **arbeitsgerichtlichen Beschlussverfahrens** statt, kommt es nach der Rspr des BAG zu einem gleichzeitigen Wechsel in der Beteiligtenstellung. Der Betriebserwerber tritt ebenso wie in die betriebsverfassungsrechtliche auch in die verfahrensrechtliche Stellung des Betriebsveräußerers ein (BAG 9.12.08 – 1 ABR 75/07, NZA 09, 254; 20.8.14 – 7 ABR 60/12, BeckRS 2014, 73517). Gleiches gilt für den BRat des aufnehmenden Betriebes bei der Eingliederung des bisherigen Veräußererbetriebs in einen größeren Erwerberbetrieb (BAG 21.1.03 – 1 ABR 9/02, NZA 03, 1097).

**106** Zur Frage der **Prozessverwirkung** im Fall des § 613a BGB vgl BAG 20.5.88 – 2 AZR 711/87, NZA 89, 16 (11 Monate); 27.1.2000 – 8 AZR 106/99: 1 Jahr; 18.12.03 – 8 AZR 621/02, NZA 04, 791 (4 Monate); LAG BlnBbg 15.4.16 – 2 Sa 2118/15, BeckRS 2016, 70011: 4 Jahre; LAG Köln 17.6.03 – 13 (12) Sa 1146/02, NZA-RR 04, 38 (10 Monate); 12.5.10 – 3 Sa 1310/09, BeckRS 2010, 72976 (22 Monate); LAG Hamm 21.9.98 – 19 Sa 664/98, NZA-RR 99, 297 (3 Monate); LAG RhPf 24.5.07 – 11 Sa 55/07, NZA-RR 07, 566 (2 Monate). Nimmt ein ArbN den Betriebserwerber erst nach einem Obsiegen im zuvor gegen den Veräußerer geführten Kündigungsschutzprozess, der wegen Betriebsstilllegung gekündigt hatte, in Anspruch, begründet dies allein keinen Verwirkungsumstand (LAG Köln 11.8.08 – 5 Sa 1323/07, NZA-RR 09, 182).

**107** **VI. Betriebsübergang in der Insolvenz.** Zur Rechtslage bezüglich Konkurs-, Vergleichs- und Gesamtvollstreckungsverfahren, die vor dem 1.1.99 beantragt worden sind, wird auf die 9. Auflage (Personalbuch 2002 Betriebsübergang Rz 88 ff) verwiesen. Seither gilt ausschließlich neues Insolvenzrecht. Danach ist die Fortführung eines Betriebs durch den Insolvenzverwalter selbst kein Betriebsübergang iSd § 613a BGB. Erst wenn der Insolvenzverwalter den von ihm zunächst fortgeführten Betrieb veräußert, kommt § 613a BGB zur Anwendung, soweit es um den **Übergang der Arbeitsverhältnisse** geht (LAG Sachs 29.6.01 – 2 Sa 836/00, NZA-RR 02, 265, LAG Hamm 4.6.02 – 4 Sa 81/02, NZA-RR 03, 293; *Danko/Cramer* BB 04, Special 4, 9; ebenso EuGH 22.6.17 – C-126/16, NZA 17, 843 für den Sonderfall eines vor der Insolvenz vorbereiteten und danach vollzogenen Betriebsübergangs).

**108** Besonderheiten gelten im Bereich der **Haftung.** Wegen des Vorrangs des insolvenzrechtlichen Grundsatzes der gleichmäßigen Befriedigung aller Insolvenzgläubiger ist § 613a

Abs 2 BGB nicht anwendbar (BAG 15.1.02 – 1 AZR 58/01, NZA 02, 1034; 20.6.02 – 8 AZR 459/01, NZA 03, 318; 19.12.06 – 9 AZR 230/05, BB 07, 1281; *Lembke* BB 07, 1333). Das gilt nicht bei mangels Masse unterbleibender Insolvenzeröffnung. Hier bleibt es bei der uneingeschränkten Anwendbarkeit des § 613a BGB (BAG 28.4.87, DB 87, 2313; 27.4.88, DB 88, 1653); anders jedoch bei der nachträglichen Einstellung des Insolvenzverfahrens gem § 207 InsO (BAG 11.2.92 – 3 AZR 117/91, NZA 93, 20 zu § 204 KO). Im Übrigen gilt die Haftungserleichterung naturgemäß nur bezogen auf Insolvenzforderungen, nicht jedoch für Masseschulden (BAG 9.12.09 – 7 ABR 90/07, NZA 10, 461). Wird bei Altersteilzeit im Blockmodell die Insolvenz noch während der Arbeitsphase eröffnet, haftet der Betriebserwerber für die Entgeltansprüche der restlichen Arbeitsphase sowie spiegelbildlich für den entsprechenden Teil der Freistellungsphase. Bei einer erst in der Freistellungsphase eröffneten Insolvenz greift demgegenüber die Haftungsbeschränkung (BAG 19.10.04 – 9 AZR 647/03, NZA 05, 408; 19.12.06 – 9 AZR 230/06, BB 07, 1281; 30.10.08 – 8 AZR 54/07, NZA 09, 432). Für **Sozialplanansprüche** kommt der insolvenzrechtliche Haftungsvorrang voll zum Tragen. Das gilt unabhängig davon, ob der Sozialplan vor oder nach der Insolvenzeröffnung abgeschlossen worden ist (BAG 15.1.02 – 1 ABR 58/01, NZA 02, 1034 noch zur KO). Anders ist das beim **Urlaubsanspruch.** Dieser geht auch in der Insolvenz auf den Erwerber über, ohne dass eine Haftungsbeschränkung eingreift (BAG 18.11.03 – 9 AZR 95/03, NZA 04, 651; 18.11.03 – 9 AZR 347/03, NZA 04, 654; LAG Hamm 15.9.04 – 18 Sa 389/04, NZA-RR 06, 65). Erwirbt ein ArbN für Zeiten nach der Insolvenzeröffnung Anwartschaften auf **betriebliche Altersversorgung,** gilt im Fall des späteren Betriebsübergangs § 613a Abs 1 Satz 1 BGB. Die Insolvenzmasse haftet dann nur für den Anspruch auf Zahlung von Betriebsrenten, die im Jahr nach dem Betriebsübergang fällig werden (BAG 19.5.05 – 3 AZR 649/03, AP Nr 283 zu § 613a BGB). Für die im Zeitpunkt der Insolvenzeröffnung bereits erdiente endgehaltsbezogene Dynamik haftet der Erwerber nach bisheriger Rspr nicht. Wegen europarechtlicher Bedenken hat das BAG insoweit nunmehr den EuGH um Klärung ersucht (BAG 16.10.18 – 3 AZR 139/17 (A) und 3 AZR 878/16 (A), BeckRS 2018, 26879; Vorinstanz LAG Düsseldorf 20.1.17 – 6 Sa 582/16, NZA-RR 17, 549).

Auch der **Kündigungsschutz** gilt in der Insolvenz nur mit Einschränkungen. Zwar gilt **109**
§ 613a Abs 4 BGB auch in der Insolvenz (BAG 20.3.03 – 8 AZR 97/02, NZA 03, 1027) aber der Insolvenzverwalter kann nach der Rspr des BAG eine Kündigung einschränkungslos mit dem Sanierungskonzept des Erwerbers begründen (BAG 20.9.06 – 6 AZR 249/05, NZA 07, 387; → Rn 76). Außerdem sind die Besonderheiten der InsO zu beachten. Das gilt bspw für die Vorschrift des **§ 128 Abs 1 InsO,** die die Stellung des Betriebserwerbers verbessern und auf diese Weise Betriebs- und Betriebsteilveräußerungen erleichtern soll. So ermöglicht § 128 Abs 1 InsO dem Insolvenzverwalter bereits vor dem Betriebsübergang den Ausspruch von Kündigungen, die erst durch eine vom späteren Betriebserwerber durchgeführte Betriebsänderung bedingt sind. An einem Verfahren nach § 126 InsO ist der Erwerber gem § 128 Abs 1 Satz 2 InsO beteiligt. Allgemein hinzuweisen ist insoweit auf eine neuere Entscheidung des EuGH, der auf eine belgische Vorlage eine nationale Regelung für europarechtswidrig erklärt hat, die dem Erwerber in der Insolvenz erlaubt, die ArbN auszuwählen, die er übernehmen möchte (EuGH 16.5.19 – C-509/17, BeckRS 2019, 8738).

Darüber hinaus erstreckt **§ 128 Abs 2 InsO** die Vermutungswirkung des § 125 Abs 1 **110**
Satz 1 Nr 1 InsO auch darauf, dass die vom Insolvenzverwalter ausgesprochene Kündigung nicht wegen des Betriebsübergangs iSv § 613a Abs 4 BGB erfolgt ist. Der ArbN muss also den vollen Gegenbeweis führen (LAG Düsseldorf 23.1.03 – 11 (12) Sa 1057/02, LAGE § 125 InsO Nr 3). Das Gleiche gilt für die gerichtliche Feststellung nach § 126 Abs 1 Satz 1 InsO. Der Insolvenzverwalter kann das Feststellungsverfahren auch noch nach Ausspruch der Kündigungen einleiten (BAG 29.6.2000 – 8 ABR 44/99, NZA 2000, 1180).

Insolvenzrechtliche Besonderheiten sind auch beim **Wiedereinstellungsanspruch** ge- **111**
kündigter ArbN (→ Rn 83) zu beachten. Im Insolvenzfall scheidet ein solcher Anspruch bei einem Betriebsübergang nach Ablauf der Kündigungsfrist generell aus (BAG 13.5.04 – 8 AZR 198/03, AP Nr 264 zu § 613a BGB). Ob das vom BAG zur Begründung in den Vordergrund gestellte Interesse an einer beschleunigten und rechtssicheren Abwicklung von Beendigungsstreitigkeiten in der Insolvenz auch bei einem noch während der laufenden

Kündigungsfrist erfolgenden Betriebsübergang greift, erscheint fraglich (offen gelassen von BAG 28.10.04 – 8 AZR 199/04, NZA 05, 405). Das LAG Köln hat einen solchen Anspruch zuletzt verneint (LAG Köln 13.10.04 – 7 (5) Sa 273/04, LAGE § 1 KSchG Wiedereinstellungsanspruch Nr 6).

112 Außerhalb des Arbeitsrechts sind gem §§ 162 f InsO bei Betriebsveräußerungen an besondere, am Insolvenzverfahren beteiligte Personen oder bei solchen, die unter Wert erfolgen sollen, zusätzliche Anforderungen zu beachten. Zu weitgehend ist die Auffassung von *Hanau* (ZIP 98, 1817), der aus diesen Kündigungserleichterungen auf einen Wegfall des vom BAG anerkannten Wiedereinstellungsanspruchs (→ Rn 83) schließt.

113 **VII. Allgemeine betriebsverfassungsrechtliche Auswirkungen des Betriebsübergangs.** Der bisherige Betriebsinhaber ist verpflichtet, gem §§ 2 Abs 1, 74 Abs 1 sowie ggf § 92 Abs 1 BetrVG den **Betriebsrat** hinsichtlich des bevorstehenden Betriebsübergangs zu **informieren.** Gleiches gilt für den Betriebserwerber. Besteht im Unternehmen des Betriebsveräußerers ein **Wirtschaftsausschuss,** so ist auch dieser rechtzeitig und umfassend gem § 106 Abs 2 BetrVG zu **informieren.**

114 **Mitbestimmungsrechte des Betriebsrats nach §§ 111, 112 BetrVG** werden durch einen Betriebsübergang allein nicht ausgelöst (aA *Gaul* BB 99, 582). Etwas anderes gilt nur dann, wenn mit dem Wechsel des Betriebsinhabers weitere organisatorische Maßnahmen verbunden sind, die dann für sich betrachtet einen der Tatbestände des § 111 BetrVG erfüllen (BAG 19.1.99 – 1 AZR 342/98, NZA 99, 949; 25.1.2000 – 1 ABR 1/99, NZA 2000, 1069; 26.4.07 – 8 AZR 695/05, DB 07, 2379; *Kleinebrink/Commandeur* NZA 07, 113; *Moll* RdA 03, 129; → *Betriebsänderung* Rn 12). Auch aus Art 7 Abs 1 der EG-Richtlinie 2001/23/EG resultiert kein Informationsrecht des BRat, da insoweit die „überobligationsmäßige“ individualrechtliche Umsetzung der Richtlinie durch § 613a Abs 5 BGB genügt (*Hanau/Steinmeyer/Wank* § 18 Rz 16 f; aA *Düwell* FA Arbeitsrecht 02, 172).

115 Die Befreiung von der Sozialplanpflicht gem **§ 112a BetrVG** gilt auch, wenn ein neu gegründetes Unternehmen innerhalb der vierjährigen Frist einen Betrieb übernimmt, der selbst schon länger als vier Jahre besteht (BAG 13.6.89, DB 89, 2335).

116 **VIII. Neue Bundesländer.** Gem Art 232 § 5 EGBGB galt § 613a BGB in den neuen Bundesländern befristet bis zum 31.12.98 in modifizierter Form (wegen hieraus resultierender Besonderheiten s Personalbuch 2004 Betriebsübergang Rz 97 ff).

### B. Lohnsteuerrecht *Weil*

126 **Fortführung bestehender Arbeitsverhältnisse.** Bei einem Betriebsübergang ist grds davon auszugehen, dass das bisherige Arbeitsverhältnis mit dem Betriebserwerber als neuem ArbGeb fortgesetzt wird (BFH 8.7.05 – XI B 32/03, BFH/NV 05, 1859). Das gilt insbes, wenn trotz formalen Wechsels des ArbGeb das Arbeitsverhältnis im Übrigen in Bezug auf Arbeitsbereich, Entlohnung und Wahrung des sozialen Besitzstandes im Wesentlichen unverändert fortgesetzt wird (BFH 13.12.05 – XI R 8/05, BFH/NV 06, 1071). Anders ist dies nur in den Fällen des management-buy-out oder des Wechsels eines leitenden Angestellten in den Geschäftsbetrieb einer neu gegründeten GmbH des bisherigen ArbGeb (BFH 2.4.08 – IX R 82/07, BFH/NV 08, 1325). Für das fortgesetzte Arbeitsverhältnis fällt der Wechsel der ArbGebStellung, der für die lohnsteuerlichen ArbGebPflichten entscheidend ist, auf den **Zeitpunkt des Betriebsübergangs** („Besitz, Nutzen, Lasten gehen über am …“). Der Zeitpunkt der Anzeige des Betriebsübergangs gegenüber Behörden (§§ 137, 138 AO) ist demgegenüber unbeachtlich. Auch bei Verpachtung des Betriebs kann ein Betriebsübergang mit dem Wechsel der ArbGebStellung vom Verpächter auf den Pächter vorliegen, ebenso bei Betriebsüberlassung- und Betriebsführungsverträgen (BFH 6.5.86 – VIII R 300/82, BStBl II 86, 891). Der Verpächter kann zum ArbN des Pächters werden und der Veräußerer zum ArbN des Erwerbers (BFH 17.7.08 – X R 40/07, DStR 08, 2254). Zur Betriebsaufspaltung → *Umwandlung* Rn 27. Entscheidend ist, ob der Betriebsübergeber oder der Betriebsübernehmer als ArbGeb anzusehen ist (→ *Arbeitgeber* Rn 19 ff). Hiernach entscheiden sich auch die **Outsourcing**-Fälle. Bei Widerspruch des ArbN gegen den Übergang seines Arbeitsverhältnisses bleibt der Betriebsübergeber ArbGeb mit den lohnsteuerlichen Pflichten, bis die Stellung des ArbN geklärt ist. Zu Abfindungszahlungen anlässlich Betriebsübergang → *Abfindung* Rn 41 ff. Auch die Übernahme von Personal und Geschäftsausstat-

tung auf Grund „bewährter Geschäftsbeziehung" ist als Betriebsübergang zu behandeln (BFH 30.1.08 – IX B 245/07, BFH/NV 08, 944).

Ausgleichszahlungen, die ein ArbN für den Wechsel seines Arbeitsplatzes anlässlich des Betriebsübergangs erhält, sind nicht als Entschädigung ermäßigt zu besteuern. Es kommt allenfalls eine Verteilung der Einkünfte nach § 34 Abs 3 EStG in Betracht (BFH 10.10.01 – XI R 54/00, BStBl II 02, 181). Die Vervielfältigungsregelung des § 40b Abs 2 Satz 3 EStG (→ *Lohnsteuerpauschalierung* Rn 5 ff) ist anzuwenden (BFH 30.10.08 – VI R 53/05, DStRE 09, 193). Aufwendungen eines ArbN zur Erhaltung seines Arbeitsplatzes beim Betriebsübernehmer können Werbungskosten sein (BFH 2.3.05 – VI R 36/01, DStRE 05, 1440). Zu Zahlungen anlässlich des Übergangs eines Betriebsteils → *Betriebsteil* Rn 11. **127**

Vorgänge **nach dem Betriebsübergang** betreffen den Betriebsübergeber lohnsteuerlich nicht mehr, außer die ArbGebStellung des Betriebsübergebers bleibt (partiell) bestehen. Dies hängt von den Vereinbarungen anlässlich des Betriebsübergabevertrags ab.Zur Übertragung von Versorgungszusagen → *Betriebliche Altersversorgung* Rn 121 ff. Zur Altersversorgung der zum Zeitpunkt des Betriebsübergangs bereits ausgeschiedenen ArbN s BFH 29.7.92 – I R 28/92, BStBl II 93, 247; zu übernommenen ArbN BFH 16.12.02 – VIII R 14/01, BStBl II 03, 347; zum Betriebsübergang zwischen Familienangehörigen s BFH 11.9.91 – XI R 32,33/89, BFH/NV 92, 168; einschließlich Rentenverpflichtung BFH 16.12.92 – XI R 34/92, DB 93, 1267; Zahlungen eines Betriebsübernehmers in eine Zusatzversorgungskasse zum Ersatz von Versorgungsansprüchen der ArbN, die durch den ArbGebWechsel entfallen sind, stellen keinen (erneuten) Arbeitslohn dar (FG Köln 17.1.01 – 11 K 793/98, EFG 01, 635; → *Betriebliche Altersversorgung* Rn 121 ff). **128**

Ab dem Zeitpunkt des Betriebsübergangs gehen die **Arbeitgeberpflichten auf den Betriebsübernehmer** über. **129**

**Beispiel:** Bei Betriebsübergang zum 1.1. muss der Betriebsübernehmer die LStAnmeldung zum 10.1. betreffend LSt Dezember vornehmen und die LStBescheinigungen des abgelaufenen Jahres übermitteln. **130**

Der **Betriebsübernehmer haftet** für LSt begründende Vorgänge aus der Zeit **vor dem Betriebsübergang** nach § 75 AO einschließlich KirchenLSt (BFH 17.3.08 – V B 173/06, BFH/NV 08, 1108). Die Haftung setzt die Übertragung der wesentlichen Betriebsgrundlagen voraus (BFH 18.7.08 – VII B 184/07, BFH/NV 08, 1805). Der Erwerber haftet hierbei subsidiär gegenüber dem Betriebsübergeber (§ 219 AO; *T/K* § 75 AO Rz 49). Die Haftung gegenüber dem FA ist nicht abdingbar. Vereinbarungen wirken nur zwischen Betriebsübergeber und Betriebsübernehmer zB durch Schadensersatz, Haftungsfreistellung uÄ (Einzelheiten → *Lohnsteuerhaftung* Rn 2 ff). Zum Verfahren bei Haftung wegen Betriebsübergangs → *Lohnsteuerhaftung* Rn 2 ff. Keine Haftung besteht bei einem Erwerb aus einer Insolvenzmasse und für Erwerbe im Vollstreckungsverfahren (§ 75 Abs 2 AO) sowie bei einem Erwerb vom Sequester, wenn sich die Eröffnung des Insolvenzverfahrens unmittelbar anschließt (BFH 23.7.98 – VII R 143/97, BStBl II 98, 765; → *Insolvenz des Arbeitgebers* Rn 22 ff). **131**

Eine Haftung des Betriebsübernehmers für die LSt des Betriebsübergebers kann sich auch aus **§ 25 HGB** ergeben. Hierzu muss der Erwerber das Handelsgeschäft unter der bisherigen Firma fortführen. Unbeachtlich ist es, wenn der ursprünglichen Firma ein Nachfolgezusatz angefügt wird oder wenn der Name nur unwesentlich verändert wird. Der Betriebsübernehmer haftet persönlich mit seinem ganzen Vermögen. Die Haftung kann jedoch wirksam ausgeschlossen werden (§ 25 Abs 2 HGB), wenn der Ausschluss in das Handelsregister eingetragen ist oder wenn der Ausschluss der Haftung unverzüglich nach der Betriebsübernahme dem FA mitgeteilt wird. **132**

## C. Sozialversicherungsrecht

*Schlegel*

**1. Haftung für sozialrechtliche Forderungen. a) § 613a BGB.** Aus § 613a BGB können keine Ansprüche der SozVTräger gegen den Übernehmer eines Betriebes hergeleitet werden, sofern die Ansprüche bereits vor Betriebsübergang begründet wurden. § 613a BGB regelt nur die Rechte und Pflichten im Verhältnis zwischen altem/neuem ArbGeb und ArbN. Die Vorschrift erfasst jedoch nicht sämtliche, nur mittelbar auf dem Arbeitsverhältnis **136**

beruhende öffentlich-rechtliche Ansprüche Dritter. Insbes können SozVBeiträge vom „alten" ArbGeb nur für die Zeit bis zum Betriebsübergang verlangt werden. Da er nach Betriebsübergang zur Einbehaltung der ArbNAnteile im Lohnabzugsverfahren nicht mehr berechtigt, hierzu vielmehr nur noch der „neue" ArbGeb in der Lage ist, sollte insoweit im Rahmen der Übergabevereinbarungen entweder ein Freistellungsanspruch des alten ArbGeb oder eine Schuldübernahme durch den neuen ArbGeb gegenüber der Einzugsstelle vereinbart werden.

137 **b) Sonderfall: Zeiten der Betriebszugehörigkeit als Anknüpfungspunkt sozialrechtlicher Folgen.** Sofern sozialrechtliche Folgen von der Betriebszugehörigkeit abhängen, vertritt das BSG die Ansicht, dass der Betriebsübernehmer nicht nur in die Vertragsstellung des Arbeitsvertrages eintritt, sondern in alle in der Vergangenheit erworbenen Rechte und Pflichten aus dem Arbeitsverhältnis; insbes muss der Übernehmer die beim bisherigen Betriebsinhaber zurückgelegte Betriebszugehörigkeit (auch gegenüber den Trägern der SozV) gegen sich gelten lassen. Die aus der Dauer der Betriebszugehörigkeit erwachsende Fürsorgepflicht als Nebenpflicht des ArbGeb im Arbeitsverhältnis ist vom Übergang nicht ausgenommen (BSG 18.9.97 – 11 RAr 55/96, SozR 3–4100 § 128 Nr 3).

138 **c) Sperrzeit – Widerspruch des Arbeitnehmers.** Widerspricht ein ArbN bei einem Betriebsübergang dem Übergang seines Arbeitsverhältnisses schriftlich ohne Angabe von Gründen mit der Folge, dass das Arbeitsverhältnis mit der bisherigen ArbGeb bestehen bleibt (zum Begriff des ArbGeb nach Widerspruch gegen einen Betriebsübergang BSG 23.2.11 – B 11 AL 14/10 R, SozR 4–4170 § 3 Nr 3), und wird das Arbeitsverhältnis anschließend gegen Zahlung einer Abfindung durch Aufhebungsvertrag unter Einhaltung der ordentlichen Kündigungsfrist beendet, gilt hinsichtlich des Eintritts einer Sperrzeit Folgendes: Der Widerspruch eines ArbN bei Betriebsübergang als solcher stellt keinen sperrzeitrelevanten Sachverhalt dar. Allerdings besteht ein wichtiger Grund zur Lösung des Beschäftigungsverhältnisses durch Aufhebungsvertrag nur, wenn dem ArbN anderenfalls objektiv rechtmäßig zum selben Zeitpunkt gekündigt worden und ihm die Hinnahme der Kündigung nicht zumutbar gewesen wäre (BSG 8.7.09 – B 11 AL 17/08 R, 4–4300 § 144 Nr 20).

139 **2. Besonderheiten in der Unfallversicherung** bestehen nach Maßgabe des § 150 Abs 4 SGB VII iVm § 192 Abs 4 SGB VII. Nach § 192 Abs 4 SGB VII sind der Unternehmer und sein Nachfolger verpflichtet, dem UVTräger den Unternehmenswechsel innerhalb von vier Wochen anzuzeigen. Der Unternehmensbegriff in diesem Sinne umfasst auch denjenigen des arbeitsrechtlichen Betriebsbegriffs (zum Unternehmensbegriff s BSG 25.2.76 – 8 RU 86/75, SozR 2200 § 536 Nr 2; 9.8.73 – 2 RU 5/72, SozR Nr 1 zu § 653 RVO).

140 Kommt der bisherige Unternehmer oder ein hinzutretender neuer Unternehmer dieser **Anzeigepflicht** nicht nach, ist er dennoch zur Zahlung der Beiträge bis zum Ablauf des Geschäftsjahres, in dem der Wechsel angezeigt wird, neben seinem Nachfolger als Gesamtschuldner verpflichtet (§ 150 Abs 4 SGB VII). Erfasst werden wegen des Umlageverfahrens die Beiträge für das gesamte Geschäftsjahr/Kj. Wird die Anzeige im Kj des Unternehmenswechsels versäumt, haftet der ausgeschiedene Unternehmer auch noch für die Beitragsforderung des folgenden Kj, wenn erst in dem folgenden Kj die Anzeige nach § 192 Abs 4 SGB VII erfolgt.

141 Hat der UVTräger allerdings anderweitig als durch Anzeige nach § 192 Abs 4 SGB VII von einem Wechsel in der Person des Unternehmers Kenntnis erlangt, wird er sich, falls die förmliche Anzeige unterbleibt, nicht über den Ablauf des Kj des Unternehmenswechsels hinaus auf die Haftung nach § 150 Abs 4 SGB VII berufen können; § 150 Abs 4 SGB VII stellt nämlich keinen Rechtsscheintatbestand – wie etwa § 15 HGB – dar.

# Betriebsurlaub

## A. Arbeitsrecht *Poeche*

1 **1. Begriff.** Betriebsurlaub (oft auch Werksferien genannt) ist gegeben, wenn der Betrieb ganz oder teilweise vorübergehend geschlossen wird und der ArbGeb den ArbN in dieser

Zeit einheitlich Erholungsurlaub gewährt. In der Praxis bleiben bei größeren Betrieben zumindest Teile der Verwaltung (zB Personalbereich), sowie Not- und Wartungsdienste in Funktion. Zeitlich aufeinander abgestimmte Arbeitsabläufe können zu einer arbeitsplatz- oder abteilungsbezogenen Staffelung des Betriebsurlaubs führen. Betriebsurlaub wird vom ArbN oft negativ beurteilt, weil er ihn ggf zum Urlaub während der (teuren) Hochsaison zwingt. Für den ArbGeb bietet er sich dagegen an, wenn sich die uneingeschränkte Fortführung des Betriebs zB wegen der Abhängigkeit von Kunden oder Lieferanten wirtschaftlich nicht rechnet. Anordnung, Dauer und zeitliche Lage des Betriebsurlaubs müssen diesem Interessenkonflikt Rechnung tragen. Die zwingenden Vorschriften des Urlaubsrechts (§ 7 Abs 1 BUrlG) bleiben beachtlich (Näheres *Urlaubsgewährung*). Zu gewährleisten ist, dass dem ArbN noch ausreichend **Urlaubstage zur freien Verfügung** verbleiben. Ggf bietet sich an, den Betriebsurlaub bereits im **Arbeitsvertrag** anzusprechen. In Formularverträgen ist allerdings § 307 BGB zu beachten. So verstößt etwa die Regelung, der ArbN habe während der Ferien unbezahlten Urlaub zu nehmen, gegen diese Vorschrift (LAG MeVo 28.6.05 – 5 Sa 376/04, BeckRS 2005, 30804552). Die rechtlichen Möglichkeiten des ArbGeb zur Einführung von Betriebsurlaub hängen maßgeblich davon ab, ob ein BRat gebildet ist.

**2. Betriebsratloser Betrieb.** Der ArbGeb kann Betriebsferien einseitig anordnen. Unter welchen Voraussetzungen er dies darf, ist streitig. Nach § 7 Abs 1 BUrlG hat der ArbGeb bei der Festlegung von Urlaub die Wünsche des ArbN zu berücksichtigen. Einen konkret geäußerten Urlaubswunsch kann er nur aus dringenden betrieblichen Gründen ablehnen (→ *Urlaubsgewährung* Rn 7). Das gilt auch für die Anordnung von Betriebsferien, die sich dann als einheitliche Urlaubserteilung an alle ArbN darstellt. Dem ArbGeb steht **kein Weisungsrecht** zu (aA LAG RhPf 6.12.18 – 5 Sa 204/18, BeckRS 2018, 36707, das prüft, ob die Festlegung von Lage und Dauer der Betriebsferien der Billigkeit entspricht). Er kann einseitig Betriebsferien nur beim Vorliegen **dringender betrieblicher Gründe** einführen (aA LAG Düsseldorf 20.6.02 – 11 Sa 378/02, BB 03, 156; HWK/*Lembke* GewO § 106 Rz 40; wie hier zweifelnd auch ErfK/*Gallner* BUrlG § 7 Rz 18). In Betracht kommen notwendig abgestimmte Anwesenheitszeiten von ArbGeb und ArbN (Arztpraxis, Handwerk), Werksferien bei Zulieferer oder Kunden; Kundenfrequenz während der Haupturlaubszeiten (Einzelhandel). Die Tatsachen, aus denen sich solche Gründe ergeben sollen, sind vom ArbGeb darzulegen und im Rechtsstreit voll überprüfbar. 2

**3. Betrieb mit Betriebsrat.** Einführung, zeitliche Lage und Dauer von Betriebsurlaub sowie die Frage, ob der Urlaub in den Betriebsferien zu nehmen ist, unterliegen der zwingenden Mitbestimmung des BRat (§ 87 Abs 1 Nr 5 BetrVG; „Aufstellen von allgemeinen Urlaubsgrundsätzen", BAG 28.7.81 – 1 ABR 79/79, NJW 82, 959). Die Zuständigkeit des **Gesamtbetriebsrats** kommt in Betracht, wenn die betriebsübergreifend gestalteten Arbeitsabläufe eine unternehmenseinheitliche Urlaubsregelung erfordern (§ 50 Abs 1 BetrVG). Richtigerweise steht dem BRat bei der Einführung von Betriebsurlaub kein Initiativrecht zu (→ *Mitbestimmung, soziale Angelegenheiten* Rn 16). Der ArbGeb kann gegen seinen Willen nicht zur (vorübergehenden) Betriebsschließung gezwungen werden (aA *Fitting* § 87 Rz 198; wie hier: *Richardi* § 87 Rn 454). Der BRat kann die Einführung allenfalls verhindern und ein Initiativrecht hinsichtlich Lage und Dauer geltend machen (LAG NdS 26.2.85 – 6 TaBV 2/84, BeckRS 1985, 30712917). Der ArbGeb umgeht das Mitbestimmungsrecht des BRat, wenn er alle ArbN veranlasst, für einen bestimmten Zeitraum individuelle Urlaubsanträge einzureichen (so der Sachverhalt bei LAG RhPf 6.7.11 – 7 TaBV 50/10, BeckRS 2011, 75334). Ordnet er Betriebsurlaub an, ohne den BRat zu beteiligen, liegt keine wirksame Freistellung des ArbN zu Lasten seines Urlaubsanspruchs vor (LAG Nürnberg 21.2.14 – 6 Sa 588/13, BeckRS 2014, 68606). 3

Die **Festlegung** erfolgt (ggfs über die Einigungsstelle) durch **Betriebsvereinbarung.** Dauer und Lage des Urlaubs des Einzelnen sind mit ihr verbindlich festgelegt. Im Streitfall wird nicht geprüft, ob der ArbGeb einen Urlaubswunsch des ArbN wegen eines mitbestimmt eingeführten Urlaubs zu Recht aus dringenden betrieblichen Gründen abgelehnt hat. Die Betriebsvereinbarung als solche begründet die entgegenstehenden dringenden betrieblichen Interessen (BAG 28.7.81 – 1 ABR 79/79, NJW 82, 959). Das BAG hat in dieser Entscheidung nicht beanstandet, wenn die Betriebsvereinbarung **drei Fünftel des** 4

**Jahresurlaubs** umfasst und der Betriebsurlaub bereits für die folgenden vier Jahre (während der Sommerferien) verbindlich festgelegt wird.

5 **4. Vergütung.** Deckt der Urlaubsanspruch des ArbN die Dauer des Betriebsurlaubs, bestehen keine Besonderheiten. Der ArbN hat Anspruch auf *Urlaubsentgelt*. Erkrankt er arbeitsunfähig, greift § 9 BUrlG ein. Der ArbGeb schuldet *Entgeltfortzahlung*. Krankheitsbedingt nicht realisierter Urlaub ist nachzugewähren (LAG Nds 21.11.08 – 10 Sa 289/08, BeckRS 2009, 52336). Hat der (arbeitsbereite) ArbN keinen (Rest-)Urlaub, den er einbringen könnte, behält er wegen seines Anspruchs auf Beschäftigung grds seinen Entgeltanspruch aus *Annahmeverzug* (BAG 2.10.74 – 5 AZR 507/73, DB 75, 157). Auch der noch nicht urlaubsberechtigte, aber arbeitsbereite ArbN hat einen Anspruch auf Annahmeverzugslohn, wenn ihn der ArbGeb während der Betriebsferien nicht beschäftigt (LAG RhPf 27.4.17 – 5 Sa 497/16, BeckRS 2017, 113814). Hiervon kann einvernehmlich nur nach Abwägung der beiderseitigen Interessen abgewichen werden (BAG 30.6.76 – 5 AZR 246/75, DB 76, 2167). Gewährt der ArbGeb dem **nicht urlaubsberechtigten** ArbN während des Betriebsurlaubs Urlaub, kann er das hierfür gezahlte **Urlaubsentgelt** nicht zurückverlangen, wenn der ArbN vorzeitig, also vor Erwerb eines entsprechenden Urlaubsanspruchs ausscheidet (LAG Nds 20.8.80 – 5 Sa 38/80, DB 80, 2395).

6 **5. Betriebsurlaub und personelle Mitbestimmung.** Der BRat kann seine Beteiligungsrechte nur wahrnehmen, wenn er auch funktionsfähig ist. Daran fehlt es, wenn wegen des Betriebsurlaubs alle BRatMitglieder urlaubsabwesend und nicht erreichbar sind. Für personelle Maßnahmen ist in dieser Zeit nach dem Grundsatz der vertrauensvollen Zusammenarbeit kein Raum (§ 2 Abs 1 BetrVG). Der ArbGeb, der die Funktionsunfähigkeit des BRat mitzuvertreten hat, muss das Urlaubsende abwarten. Das gilt grds auch für die Anhörung des BRat nach § 102 Abs 1 BetrVG. Bei zwingenden und unvorhersehbaren Gründen hat der ArbGeb allerdings die Möglichkeit, ohne Mitwirkung des BRat zu kündigen, zB wenn andernfalls der Ablauf der zweiwöchigen Ausschlussfrist zum Ausspruch einer außerordentlichen Kündigung versäumt wird (KR/*Etzel* § 102 Rz 24d; aA *Fitting* § 102 Rz 7 und 68: Anhörungsfristen und Ausschlussfrist des § 626 Abs 2 BGB laufen nicht). Im Anwendungsbereich des § 99 BetrVG besteht das Mitbestimmungsrecht uneingeschränkt fort. Denn der ArbGeb kann die personelle Maßnahme nach § 100 Abs 1 und 2 BetrVG zunächst ohne Zustimmung des BRat vorläufig durchführen (BAG 19.1.10 – 1 ABR 55/08, NZA 10, 659; → *Mitbestimmung, personelle* Rn 12).

### B. Lohnsteuerrecht *Seidel*

7 Lohnsteuerrechtlich ergeben sich aus der Anordnung oder Vereinbarung von Betriebsurlaub keine Besonderheiten. Auch → *Freistellung von der Arbeit* Rn 33 sowie → *Urlaubsentgelt* Rn 19 und → *Urlaubsgeld* Rn 6, 7.

### C. Sozialversicherungsrecht *Ruppelt*

8 **1. Beitrags- und versicherungsrechtlich** besteht während des Betriebsurlaubs mit Anspruch auf Urlaubsentgelt das SozVVerhältnis fort, da die Verfügungsgewalt des ArbGeb hinsichtlich Art, Zeit und Ort der zu leistenden Arbeit durch den Betriebsurlaub nicht unterbrochen wird. Gleiches gilt für den individuell vereinbarten Erholungsurlaub unter Fortzahlung der Vergütung, so dass insoweit für den Betriebsurlaub keine Besonderheiten gegeben sind. Im Krankheitsfall besteht Anspruch auf Entgeltfortzahlung und ggf Anspruch auf Krankengeld. Ein ArbN ist während eines Betriebsurlaubs auch dann nicht arbeitslos, wenn er mangels eines Urlaubsanspruchs in jener Zeit ohne Entgelt nicht beschäftigt wird. Das für die Dauer des Urlaubs zu zahlende Urlaubsentgelt ist **laufendes Arbeitsentgelt** und wird mit dem für die Zeit vor und nach dem Urlaub im Abrechnungszeitraum erarbeiteten Entgelt bis zur Beitragsbemessungsgrenze (→ *Beitragsbemessungsgrenzen* Rn 5 ff; → *Urlaubsentgelt* Rn 25) berücksichtigt. Vgl auch → *Urlaubsregelungen* Rn 19 ff; → *Urlaubsgeld* Rn 16 ff.

9 **2. Versicherungsschutz der gesetzlichen Unfallversicherung** besteht während des Betriebsurlaubs nach den allgemeinen Vorschriften, dh grds nur dann, wenn sich ein Arbeitsunfall (→ *Arbeitsunfall* Rn 32) ereignet. Dies ist bei einem Unfall während des

(Betriebs-)Urlaubs regelmäßig nicht der Fall, da dabei der **eigenwirtschaftliche Erholungszweck** im Vordergrund steht. Das gilt auch in den Fällen, in denen der Betrieb für die Unterbringung seiner Belegschaftsangehörigen im Urlaub eigene Einrichtungen zur Verfügung stellt oder vertragliche Abmachungen mit Beherbergungsunternehmen trifft, um den Betriebsangehörigen einen günstigen Urlaub zu ermöglichen.

## Betriebsveranstaltung

### A. Arbeitsrecht *Kreitner*

Der Begriff der Betriebsveranstaltung hat im Arbeitsrecht keine eigenständige Bedeutung. 1
Erfasst werden sämtliche Gemeinschaftsveranstaltungen der ArbN, die in unmittelbarem oder mittelbarem Zusammenhang mit betrieblichen Interessen stehen. Dies sind insbes Betriebsversammlungen (→ *Betriebsversammlung* Rn 1 ff) einerseits und jegliche Arten von Betriebsfeiern andererseits (zB Weihnachtsfeier, dazu *Laber/Santon* ArbRB 17, 350). Wegen der im Zusammenhang mit Betriebsfeiern entstehenden arbeitsrechtlichen Probleme wird auf die Ausführungen zu dem Stichwort *Betriebsausflug* verwiesen.

### B. Lohnsteuerrecht *Thomas*

**1. Arbeitslohn.** Steuerpflicht liegt vor, wenn aus Anlass einer Betriebsveranstaltung 2
Zuwendungen erfolgen, deren Charakter oder Höhe den Schluss rechtfertigen, dass es sich um Vorteile handelt, die „für" eine Beschäftigung (§ 19 Abs 1 Nr 1 EStG) gewährt werden. Die Änderung der diesbezüglichen bisherigen Rspr hatte mit Wirkung ab 2015 eine geänderte gesetzliche Regelung zur Folge (dazu BMF 14.10.15, DStR 15, 2387; *Plenker* DB 15, 2530).

**a) Freibetragsregelung.** Vor 2015 wurde in typisierender Auslegung Arbeitslohn erst – 3
dann aber in voller Höhe – angenommen, wenn Zuwendungen pro Kopf eine Freigrenze von 110 € überschritten. Das konnte bei geringfügig höheren Zuwendungen zu misslichen Ergebnissen führen. Deswegen wurde in § 19 Abs 1 Nr 1a Satz 3 EStG statt der Freigrenze ein Freibetrag eingeführt, bei dem nur noch Zuwendungen oberhalb des Grenzbetrages erfasst werden. Während die Freigrenze auf Rechtsprechung und Anweisungen der Verwaltung beruhte und deshalb von diesen auch angepasst werden konnte, ist ihnen das bei dem im Gesetz selbst geregelten Freibetrag nicht mehr möglich.

**b) Einzubeziehende Kosten.** Bisher wurden alle Aufwendungen des ArbGeb einbezo- 4
gen, die aus Anlass der Betriebsveranstaltung anfallen, also nicht nur übernommene Verzehr- und Beförderungskosten, sondern auch solche für den äußeren Rahmen, wie Saalmiete, Musikkapelle, Ausschmückungen sowie für künstlerische oder artistische Darbietungen, wenn die Darbietungen nicht der wesentliche Zweck der Betriebsveranstaltung sind. Nachdem der BFH durch Änderung der Rspr dazu übergegangen ist, einzelne Aufwendungen von den einzubeziehenden Kosten auszunehmen, wurde dies durch Einfügen von § 19 Abs 1 Nr 1a Satz 2 EStG korrigiert. Danach ist Ausgangsbetrag wieder die Summe aller Aufwendungen des ArbGeb für die Betriebsveranstaltung einschließlich der Kosten für den äußeren Rahmen, für die Erfüllung behördlicher Auflagen, für Sanitäter, Stornokosten, Trinkgeld nicht dagegen für rechnerische Selbstkosten (zB der Lohnbuchhaltung) oder für Energie oder Wasserverbrauch in den Räumlichkeiten des ArbGeb. Zu Zuwendungen ohne funktionalen Bezug zur Betriebsveranstaltung → Rn 13. Wird eine Betriebsveranstaltung und eine sonstige betrieblich veranlasste Veranstaltung kombiniert, sind die jeweils angefallenen Kosten gesondert zu würdigen (BFH 30.4.09 – VI R 55/07, DStR 09, 1358). Für die Einhaltung des Freibetrags von 110 € bzw die Pauschalierungsbefugnis (→ Rn 13) sind nur die auf die Betriebsveranstaltung entfallenden Kosten heranzuziehen.

**c) Aufteilung nach Köpfen.** Es werden die Gesamtkosten durch die Teilnehmer geteilt. 5
Dabei werden auch zugelassene Gäste wie Kunden oder Geschäftsfreunde des ArbGeb oder Angehörige der ArbN einbezogen und es kann nicht eingewendet werden, einzelne Personen hätten von bestimmten Zuwendungen weniger oder gar nichts gehabt. Werden die Kosten nach der Anzahl derjenigen ArbN kalkuliert, die ihre Teilnahme zugesagt hatten und

sagen einzelne dieser ArbN nachträglich ab, dann sollen Kosten, die auf diese ArbN entfallen nicht in die Bemessung des geldwerten Vorteils eingehen, sondern als fehlgeschlagene Anforderungen des ArbGeb außer Ansatz bleiben (FG Köln 27.6.18 – 3 K 870/17, DStR 18, 2199; Az BFH VI R 31/18). Das ist zweifelhaft, weil in § 19 Abs 1 Nr 1a EStG die einzubeziehenden Kosten (in Satz 2) und die Aufteilung auf die Teilnehmer (in Satz 5) getrennt geregelt werden, wobei nach Satz 2 nicht kalkulativale Kosten, sondern „alle Aufwendungen des ArbGeb“ zu beurteilen sind.

6 **d) Zurechnung als Lohn.** Zugerechnet wurden bisher dem einzelnen ArbN sein Pro-Kopf-Anteil und der Anteil aller Personen, die auf seine Veranlassung teilnehmen durften. Dabei waren eigene Finanzierungsanteile der Belegschaft auszuscheiden (BFH 16.11.05 – VI R 157/98, DStRE 06, 405). Ebenfalls als Korrektur der Rspr (BFH 16.5.13 – VI R 7/11, DStR 13, 2172) wird in § 19 Abs 1 Nr 1a Satz 5 EStG bestimmt, dass die auf die Begleitperson des ArbN entfallenden Zuwendungen dem ArbN zugerechnet werden. Da der Freibetrag von 110 € beim ArbN mit Begleitperson nicht verdoppelt wird, fällt Lohn bereits an, wenn die Zuwendungen pro Person mehr als (110 € : 2 =) 55 € betragen. Auf den zu erfassenden Lohn ist die 44 €-Freigrenze des § 8 Abs 2 Satz 11 EStG nicht anwendbar.

7 **e) Kostenübernahme der Belegschaft.** Eine Besteuerung kann dadurch vermieden werden, dass die ArbN dem ArbGeb den 110 € übersteigenden Kostenanteil erstatten. Kosten einer Betriebsbesichtigung bei einem Kunden, die Teil einer Betriebsveranstaltung ist, können herausgerechnet werden (BFH 16.11.05 – VI R 118/01, DStR 06, 413).

8 **2. Betriebsveranstaltungen** müssen, damit begrenzte Zuwendungen nicht Arbeitslohn darstellen, grds allen ArbN offen stehen, da der Bevorzugung einzelner ein Entlohnungsmoment entnommen werden kann (BFH 4.8.94 – VI R 61/92, BStBl II 95, 59).

9 **a) Begrenzung des Teilnehmerkreises.** Diese ist unschädlich, wenn sie – wie bei Trennung nach Organisationseinheiten – betrieblichen Erfordernissen Rechnung trägt. Bei Teilnahmebefugnis nur von Personen der Leitungsebene liegt eine schädliche Bevorzugung einer bestimmten ArbNGruppe vor (BFH 15.1.09 – VI R 22/06, DStR 09, 629), nicht hingegen bei Beschränkung auf langjährige Mitarbeiter. Teilnehmer solcher Jubilarfeiern dürfen nach R 19.5 Abs 2 Nr 3 Satz 3 LStR auch solche Personen sein, die ein 40-, 50- oder 60-jähriges ArbN-Jubiläum innerhalb der nächsten 5 Jahre erreichen.

10 **b) Sonderveranstaltungen.** Richtet der ArbGeb aus Anlass seines eigenen Geburtstages ein Fest aus, führt das grds nicht zu Betriebsausgaben (BFH 12.12.91 – IV R 58/88, BStBl II 92, 524; BFH 28.11.91 – I R 13/90, BStBl II 92, 359; BFH 29.7.94 – VIII B 71/93, BFH/NV 95, 118; BFH 4.11.98 – IV B 30/98, BFH/NV 99, 467). Übernimmt eine GmbH die Kosten der betrieblichen Geburtstagsfeier ihres beherrschenden Gesellschafters, sind die Aufwendungen auch dann eine verdeckte Gewinnausschüttung, wenn die Teilnehmer überwiegend ArbN der GmbH sind (BFH 14.7.04 – I R 57/03, DStR 04, 1691). Lädt ein Unternehmen Mitarbeiter und Geschäftspartner aus repräsentiven Gründen zu einer Schiffsreise ein, liegen nach § 4 Abs 5 Nr 4 EStG nicht abziehbare Betriebsausgaben vor (BFH 2.8.12 – IV R 25/09, DStR 12, 1911). Eine Betriebsveranstaltung im obigen Sinne würde hier voraussetzen, dass die ganze Belegschaft teilnehmen darf.

Richtet der ArbGeb dem ArbN ein privates Fest aus, wendet er Arbeitslohn zu (BFH 16.9.98 – VI B 155/97, DStRE 99, 165). Bei einem Fest des ArbN aus Anlass seiner Beförderung wurden Werbungskosten verneint (BFH 15.7.94 – VI R 70/93, DStR 94, 1417), bei einem solchen aus Anlass seiner Verabschiedung aber bejaht (BFH 19.6.08 – VI R 48/07, BStBl II 08, 870).

11 Dienstjubiläen wurden einerseits der Berufssphäre (BFH 1.2.07 – VI R 25/03, DStR 07, 575), andererseits aber der Privatsphäre zugeordnet (BFH 24.9.13 – VI R 35/11, BFH/NV 14, 500). Nunmehr lässt der BFH Aufwendungen des ArbN bei Einladung von Arbeitskollegen zum Abzug zu, wenn die Auswahl der Eingeladenen nach funktionalen und nicht nach persönlichen Kriterien erfolgt (zB alle ArbN einer Abteilung, alle Außendienstler, alle Azubi usw und nicht bestimmte persönlich verbundene ArbN) (BFH 20.1.16 – VI R 24/15, DStRE 16, 1025). Dabei wird zu Unrecht maßgebend darauf abgestellt, dass das Dienstjubiläum ein berufsbezogenes Ereignis ist. Letzteres liegt zwar auf der Hand und führt dazu, dass Arbeitslohn vorliegt, wenn der ArbGeb wegen des Dienstjubiläums ein Sonderhonorar gewährt. Eine andere Frage ist aber, ob der ArbN seine Aufwendungen für das Fest zur

Erwerbung, Sicherung oder Erhaltung seiner Einnahmen tätigt oder lediglich persönlichen Repräsentationsbedürfnissen nachkommt. Tatsächlich haben die Kosten des Festes – was dem ArbN bewusst ist – weder auf seinen bisherigen, noch seinen künftigen Lohn Einfluss. Ob der ArbN wegen des Dienstjubiläums überhaupt ein Fest ausrichtet und bejahendenfalls in welchem Stil, hängt demgegenüber nur davon ab, wie er bei seinen Arbeitskollegen dastehen will.

Demgegenüber sind Kosten eines Festes, bei dem der Geburtstag eines leitenden ArbN lediglich zum Anlass für eine Selbstdarstellung des Unternehmens genommen wird, nicht dem ArbN als Lohn zuzurechnen (BFH 28.1.03 – VI R 48/99, BStBl II 03, 724). Zuwendungen, die der ArbGeb einer privilegierten Gruppe von ArbN gewährt (zB Arbeitsessen; BFH 5.5.94 – VI R 55–56/92, BStBl II 94, 771; BFH 4.8.94 – VI R 61/92, BStBl II 95, 59), können, obwohl keine Betriebsveranstaltung im lohnsteuerrechtlichen Sinne vorliegt, aus anderen Gründen nicht steuerbar oder steuerbefreit sein (→ *Bewirtungsaufwendungen* Rn 7–14).

**c) Häufigkeit und Dauer** von Betriebsveranstaltungen mit Zuwendungen können ebenfalls ein Entlohnungsindiz sein. Deshalb gilt der Freibetrag von 110 € nur für bis zu zwei Betriebsveranstaltungen jährlich (§ 19 Abs 1 Nr 1a Satz 4 EStG), wobei die Übertragung eines nicht ausgeschöpften „Kontingents" nicht in Betracht kommt (BFH 18.12.87 – VI R 204/83, BStBl II 88, 379). Nicht zu Lohn führt der Besuch von mehr als zwei Betriebsveranstaltungen, wenn er nur wegen einer anderen Gruppenzugehörigkeit (Versetzung, Pensionierung) erfolgt oder wenn funktionale Gründe (Anwesenheit als Repräsentant des ArbGeb oder als BRat) ausschlaggebend sind (BFH 16.11.05 – VI R 68/00, BStBl II 06, 440 = DStRE 06, 403). Demgegenüber dürfte ein mehr als zweitägiger Kurzurlaub der Belegschaft auf Kosten des ArbGeb keine Betriebsveranstaltung im herkömmlichen Sinne mehr sein. 12

**3. Pauschalierung.** Sofern nach obigen Grundsätzen Arbeitslohn zu bejahen ist, kommt nach § 40 Abs 2 Nr 2 EStG eine Pauschalierung mit einem Pauschsteuerersatz von 25 vH in Betracht (→ *Lohnsteuerpauschalierung* Rn 33). Die Pauschalierungsbefugnis erstreckt sich aber nur auf Zuwendungen, die in funktionalem Zusammenhang mit der durchgeführten Betriebsveranstaltung stehen. Geldgeschenke, die kein zweckgebundenes Zehrgeld sind, also lediglich bei Gelegenheit der Betriebsveranstaltung übergeben werden, können nicht pauschaliert werden (BFH 7.2.97 – VI R 3/96, BStBl II 97, 365). Das gilt auch für Goldmünzen, die auf einer Weihnachtsfeier verteilt werden (BFH 7.11.06 – VI R 58/04, BStBl II 07, 128 = DStRE 07, 95), oder für Wertgutscheine, die nicht teilnehmenden ArbN als Ausgleich gewährt werden (FG München 4.9.11 – 8 K 2633/08, DStR 11, 1131). Die zu Arbeitslohn führende Bewirtung ausgewählter ArbN (Meeting von Führungskräften BFH 15.1.09 – VI R 22/06, DStR 09, 629) ist ebenfalls keine die Pauschalierungsbefugnis begründende Betriebsveranstaltung. 13

**4. Werbungskosten** kann der ArbN für eigene Aufwendungen aus Anlass einer Betriebsveranstaltung regelmäßig nicht geltend machen. Ob für ArbN, die zB als Personalchef oder BRatMitglied (R 19.5 Abs 3 Satz 6 LStR) besondere berufliche Aufgaben übernehmen, etwas anderes gilt, ist noch nicht entschieden. 14

**a) Reisekosten.** Da eine Betriebsveranstaltung „Dienst" ist, weshalb auch das Gehalt insofern weiterbezahlt wird, könnte man bei einem Betriebsausflug, der außerhalb der ersten Tätigkeitsstätte stattfindet, eine Dienstreise (→ *Dienstreise* Rn 12 ff) annehmen, mit der Folge, dass Fahrt-, Übernachtungskosten und Verpflegungspauschalen nach § 3 Nr 13, 16 EStG steuerfrei zugewendet werden könnten. Hiervon wird aber offenbar wegen des gesellschaftlichen Moments der Veranstaltung nirgendwo ausgegangen. Möglicherweise kommt insofern auch § 3c EStG zum Zug. Ungeachtet dessen, ob eine Dienstreise vorliegt, ist die Fahrt zu einer Betriebsveranstaltung jedenfalls beruflich veranlasst, weshalb ein Unfallschaden auf dieser Fahrt Werbungskosten begründet (BFH 28.10.94 – VI R 54/94, BFH/NV 95, 668). 15

Die Rspr (BFH 25.5.92 – VI R 91/89, DStR 92, 1236) sieht auch die **Anreise auswärtiger Arbeitnehmer** – der Streitfall betraf einen ArbGeb mit mehreren Niederlassungen – nicht als Dienstreise an. Demgegenüber behandelt R 19.5 Abs 5 Nr 3 LStR jedenfalls deren Fahrtkosten als Reisekosten. Dem schließt sich der BFH an (BFH 16.5.13 – VI R 94/10, DStR 13, 2170), wobei offenbleibt, ob damit lediglich die Anreise auswärtiger ArbN gemeint ist, oder alle Beförderungsaufwendungen zum Veranstaltungsort. 16

17 **b) Außerbetriebliche Veranstaltungen.** Keine berufliche Veranlassung und damit keine Werbungskosten liegen vor, wenn sich einzelne ArbN desselben ArbGeb zu sportlichen, musischen, geselligen oder ähnlichen Zwecken gelegentlich oder regelmäßig treffen. Das kann aber anders sein bei Arbeitsgemeinschaften zur Fortbildung; → *Betriebliche Berufsbildung* Rn 17.

18 **5. Begrenzte Betriebsfeiern.** Die Verwaltung sieht Sonderregeln für Betriebsfeiern vor, die durch ihren Anlass – Diensteinführung, Amts- oder Funktionswechsel, Ehrung eines einzelnen Jubilars aus Anlass eines runden ArbNJubiläums (10-, 20-, 25-, 30-, 40-, 50-, 60-jähriges) oder Verabschiedung eines ArbN – geprägt sind (R 19.3 Abs 2 Nr 3 LStR). Für einen Empfang anlässlich eines runden Geburtstags eines ArbN gelten entsprechende Regelungen (R 19.3 Abs 2 Nr 4 LStR). Es werden bei derartigen Feiern übliche Sachleistungen bis 110 € je teilnehmender Person nicht als Arbeitslohn, sondern als im eigenbetrieblichen Interesse des ArbGeb erbracht angesehen. Wird die Freigrenze von 110 €, in die auch Geschenke bis zum Wert von 60 € einzubeziehen sind, überschritten, führt die Sachleistung beim ArbN insgesamt zu Arbeitslohn. Anders als Betriebsveranstaltungen müssen diese Feiern nicht generell allen ArbN offen stehen und es gilt nicht die Begrenzung auf zwei Veranstaltungen jährlich, solange ein betreffender Anlass gegeben ist. Ebenfalls wird einem ArbN nicht der Anteil eines ihn begleitenden Angehörigen zugerechnet, so dass insofern eine Gleichbehandlung aller Anwesenden stattfindet.

19 Sind geldwerte Vorteile aus Anlass einer Betriebsfeier weder wegen des Zwecks der Feier (zB Diensteinführung, Jubiläumsfeier usw) noch wegen des Charakters als Betriebsveranstaltung (→ Rn 8) begünstigt, kommt gleichwohl eine Pauschalierung nach § 37b EStG mit eine Pauschalsteuersatz von 30 % in Betracht (→ *Lohnsteuerpauschalierung* Rn 60). Dabei sind bei der Ermittlung des geldwerten Vorteils auch Aufwendungen für den äußeren Rahmen der Veranstaltung einzubeziehen (FG Münster 27.11.18 – 15 K 3383/17 L, DStRE 19, 612, Rus VI R 4/19).

## C. Sozialversicherungsrecht *Ruppelt*

20 **1. Unfallversicherung.** Gemeinschaftsveranstaltungen der Betriebsangehörigen (Weihnachtsfeiern, Betriebsfeste uÄ) ohne unmittelbaren betrieblich bedingten Anlass (zu Veranstaltungen im unmittelbaren betrieblichen Interesse vgl → *Betriebsversammlung* Rn 37; zu sportlichen Veranstaltungen vgl → *Betriebssport* Rn 14) unterstehen als Betriebsveranstaltungen der gesetzlichen UV, wenn sie der **Verbundenheit zwischen Betriebsleitung und -angehörigen** und damit dem Betriebsklima dienen. Weitere Voraussetzung ist, dass die Veranstaltung vom Unternehmer organisiert oder zumindest mit seiner ausdrücklichen **Billigung und Förderung** stattfindet (BSG 26.6.14 – B 2 U 7/13 R, NJW 15, 1407; LSG BaWü 15.11.18 – L 6 U 260/18, BeckRS 2018, 29900). Ferner muss die Veranstaltung – soll Versicherungsschutz bestehen – allen Angehörigen des Betriebs oder Betriebsteils offenstehen (BayLSG 18.10.17 – L 2 U 308/16, BeckRS 2017, 136000). Grds ist die Teilnahme der Unternehmensleitung oder einer von ihr beauftragten Person an der Veranstaltung erforderlich (BSG 22.9.09 – B 2 U 4/08 R, NZA 10, 326; 26.6.14 – B 2 U 7/13 R, NJW 15, 1407; LSG Bln-Bbg 29.11.12 – L 2 U 52/11, BeckRS 2013, 66575). Wird der ArbN zu einer **Fortbildungsveranstaltung** abgeordnet, steht er unter dem Schutz der gesetzlichen UV nach den für Geschäfts- und Dienstreisen maßgebenden Kriterien (→ *Dienstreise* Rn 64 ff).

21 Ein geselliges Beisammensein von Abteilungsleitern und Substituten auf Einladung der Geschäftsführung ist keine der versicherten Tätigkeit zuzurechnende Betriebsveranstaltung (LSG Hess 20.7.15 – L 9 U 69/14, BeckRS 2015, 70874). Bei größeren und organisatorisch unterteilten Betrieben sind auch Veranstaltungen von Betriebsteilen oder einzelner Filialen versichert, sofern die genannten Voraussetzungen für einen einzelnen Betriebsteil erfüllt sind. Eine im Einvernehmen mit der Betriebsleitung von einem Sachgebiet veranstaltete Weihnachtsfeier steht unter dem Schutz der gesetzlichen UV, wenn die Teilnahme allen Angehörigen des Sachgebiets offen steht und der Sachgebietsleiter teilnimmt (BSG 5.7.16 – B 2 U 19/14 R, NZS 17, 25). Teilnehmer an einer Feier des BRat, an der nur BRat-Mitglieder teilnehmen, stehen jedenfalls dann nicht unter Versicherungsschutz, wenn der Unternehmer am Zustandekommen und Ablauf der Veranstaltung nicht beteiligt ist (BSG 20.2.01 – B 2 U 7/00 R, NZS 01, 496).

Gleiches gilt, wenn die Veranstaltung von vornherein auch nicht dem Unternehmen angehörenden Personen, etwa Familienangehörigen oder Bekannten, offensteht (BSG 15.11.16 – B 2U 12/15 R, NJW 17, 1421). 22

Veranstaltungen, die lediglich der Verbundenheit der **Arbeitnehmer** untereinander dienen, sind nicht versichert. Das gilt auch dann, wenn diese Veranstaltung mit Billigung und Förderung der Betriebsleitung stattfindet, da eine solche Veranstaltung nicht im betrieblichen Interesse iSd gesetzlichen UV steht. Die Zuordnung kann im Einzelfall schwierig sein (zu Einzelfällen *Krasney* Versicherungsschutz bei betrieblichen Gemeinschaftsveranstaltungen, NZS 06, 57; s auch BSG 26.10.04 – B 2 U 16/04 R, SozR 4–1500 § 163 Nr 1 zu den Anforderungen an ein Fußballturnier als versicherte Gemeinschaftsveranstaltung). **Richtfeste** gehören zu den versicherten Betriebsveranstaltungen auch dann, wenn sie nicht vom Bauunternehmer, sondern vom Bauherrn veranstaltet und finanziert werden, wenn an ihnen nur diejenigen teilnehmen, die an dem betreffenden Bauwerk mitgewirkt haben. Sog Firmenläufe (→ *Betriebssport* Rn 16) sind nicht in der gesetzlichen UV versichert. Zum Versicherungsschutz bei einer betriebsinternen Geburtstagsfeier LSG Sachs 7.10.15 – L 6 U 183/13, BeckRS 2015, 72543 (im konkreten Fall verneint). 23

**Der Versicherungsschutz umfasst** bei versicherten Gemeinschaftsveranstaltungen alle Tätigkeiten, die mit Art und Zweck der Veranstaltung zusammenhängen. Dazu gehören der Weg von und zu der Veranstaltung und alle bei solchen Veranstaltungen üblichen Verrichtungen (Tanz, sportliche Betätigung, Besichtigungen, gemeinsames Wandern uÄ). Zwischen versicherter Tätigkeit (Betriebsveranstaltung) und unfallbringendem Verhalten muss ein innerer Zusammenhang (→ *Arbeitsunfall* Rn 31) bestehen. Handlungen, die **nicht mit dem Veranstaltungszweck zusammenhängen,** sind nicht versichert. Vgl LSG BaWü 15.11.18 – L 6 U 441/18, BeckRS 2018, 29897 zur nicht versicherten Bergwanderung aus Anlass eines „Meetings"; LSG BaWü 15.11.18 – L 6 U 2237/18, BeckRS 2018, 42889 zum nichtversicherten Skifahren in Zusammenhang mit einem „Townhall-Meeting". Der Versicherungsschutz dauert bis zur Beendigung der Veranstaltung. Beendet ist die Veranstaltung, wenn sie nicht mehr von der Autorität des Unternehmens getragen ist (zB nach Beendigungserklärung). Weiteres Beisammensein der Betriebsangehörigen ist nicht versichert. 24

**2. Beitragsrecht.** Zuwendungen des ArbGeb im Rahmen von Betriebsveranstaltungen liegen im ganz überwiegenden betrieblichen Interesse des ArbGeb und gehören nicht zum beitragspflichtigen Arbeitsentgelt iSv § 14 SGB IV, wenn es sich um für Betriebsveranstaltungen **übliche Zuwendungen** handelt. Verneint für die Ausgabe von Goldmünzen im Wert eines halben Monatsgehalts im Rahmen einer Weihnachtsfeier (HessLSG 14.7.05 – L 8/14 KR 399/03, *Breithaupt* 06, 1; LSG NdSBrem 25.9.09 – L 4 KR 109/07, NZA 09, 1406). Hierbei sind auch für das SozVRecht die steuerrechtlichen Höchstbeträge heranzuziehen (→ Rn 3). Werden die Höchstbeträge überschritten, und stellen sich daher die Zuwendungen als Arbeitsentgelt dar, kommt die Pauschalierung der LSt u KiSt in Betracht (→ Rn 13). Wird hiervon Gebrauch gemacht, gehören die Zuwendungen nicht zum beitragspflichtigen Arbeitsentgelt (→ *Lohnsteuerpauschalierung* Rn 72). 25

# Betriebsvereinbarung

## A. Arbeitsrecht

*Kreitner*

### Übersicht

1 **1. Begriff und Rechtsnatur.** Der Begriff der Betriebsvereinbarung wird im Gesetz nicht definiert, sondern die Betriebsvereinbarung wird vielmehr als Rechtsinstitut vorausgesetzt, mit dem ArbGeb und BRat die betriebliche und betriebsverfassungsrechtliche Ordnung sowie die individuellen Rechtsbeziehungen zwischen ArbGeb und ArbN regeln und gestalten. Sie kann ihrer Natur nach nur generelle, dh kollektive Regelungen enthalten. Hinsichtlich der Rechtsnatur besteht nach wie vor Streit zwischen der sog Vertragstheorie und der Satzungstheorie (zum Meinungsstreit *Fitting* § 77 Rz 13 f mwN). Unstreitig ist demgegenüber die in § 77 Abs 4 Satz 1 BetrVG gesetzlich angeordnete unmittelbare und zwingende Wirkung der Betriebsvereinbarung zugunsten der ArbN des Betriebes (BAG 3.6.03 – 1 AZR 349/02, NZA 03, 1155: Grundlage für Überstundenanordnung). Lediglich günstigere einzelvertragliche Vereinbarungen gehen vor; sog *Günstigkeitsprinzip*. Wegen ihres Normencharakters unterliegen Betriebsvereinbarungen dem Grundsatz der Normenklarheit (BAG 26.6.19 – 5 AZR 452/18, NZA 19, 1361: unwirksame Betriebsvereinbarung über pauschalen Überstundenausgleich).

2 Abzugrenzen ist die Betriebsvereinbarung von der sog **Regelungsabrede.** Diese bedarf keiner Form, sollte jedoch aus Beweisgründen möglichst schriftlich erfolgen. Sie setzt ferner eine auf Zustimmung zu einer Maßnahme des ArbGeb gerichtete Beschlussfassung des BRat und deren Verlautbarung gegenüber dem ArbGeb voraus. Die bloße Hinnahme eines mitbestimmungswidrigen Verhaltens genügt nicht (BAG 23.10.18 – 1 ABR 26/17, NZA 19, 483). Die Regelungsabrede ist ein schuldrechtlicher Vertrag und hat keine der Betriebsvereinbarung vergleichbare normative Wirkung (BAG 14.8.01 – 1 AZR 744/00, NZA 02, 342; 21.1.03 – 1 ABR 9/02, NZA 03, 1097). Sie ist allerdings wie eine Betriebsvereinbarung analog § 77 Abs 5 BetrVG kündbar (BAG 10.3.92 – 1 ABR 31/91, NZA 92, 952; LAG BlnBbg 20.6.19 – 10 TaBVGa 1001/19, BeckRS 2019, 18582). Sie wirkt allerdings (auch in mitbestimmungspflichtigen Angelegenheiten) nicht entsprechend § 77 Abs 6 BetrVG nach (BAG 13.8.19 – 1 ABR 10/18, NZA 19, 1651). Anders als bei der Betriebsvereinbarung können im Rahmen von Regelungsabreden auch individuelle Regelungen getroffen werden. **Protokollnotizen** zu Betriebsvereinbarungen können entweder lediglich erläuternden Charakter haben oder ihrerseits eine Betriebsvereinbarung darstellen. Das ist wie bei Protokollnotizen zu Tarifverträgen im Wege der Auslegung zu ermitteln (BAG 9.12.97 – 1 AZR 330/97, NZA 98, 609). Eine **betriebliche Übung** scheidet als Gestaltungsmittel im Betriebsverfassungsrecht aus (BAG 19.2.02 – 1 ABR 26/01, NZA 02, 1300).

3 In Unternehmen mit mehr als 100 ArbN hat der BRat gem § 28a Abs 1 BetrVG die Möglichkeit, Aufgaben auf Arbeitsgruppen zu übertragen, die ihrerseits mit dem ArbGeb sog **Gruppenvereinbarungen** abschließen können. Es handelt sich dabei nicht um Ausschüsse des BRat, so dass die Gruppenmitglieder auch nicht BRatMitglieder sein müssen (→ *Betriebsrat* Rn 35 ff). Nach § 28a Abs 2 Satz 2 BetrVG gilt für diese Gruppenvereinbarungen § 77 BetrVG entsprechend. Sie haben mithin unmittelbare und zwingende Wirkung und wirken in mitbestimmungspflichtigen Angelegenheiten nach. Anders als bei Betriebsvereinbarungen besteht im Verhältnis zwischen ArbGeb und Arbeitsgruppe Einigungszwang, der im Konfliktfall nicht durch eine Einigungsstelle gelöst werden kann. Kommt eine Gruppenvereinbarung nicht zustande, fällt die Regelungskompetenz vielmehr gem § 28a Abs 2 Satz 3 BetrVG an den BRat zurück. Der BRat kann die Aufgabendelegation an die Arbeitsgruppe jederzeit ohne Grund widerrufen. Zieht er die Kompetenz wieder an sich, ändert dies zunächst an der Wirksamkeit von zwischenzeitlich abgeschlossenen Gruppenvereinbarungen nichts (*Neef* NZA 01, 361). Allerdings kann der BRat abgeschlossene Gruppenvereinbarungen kündigen (*Engels/Trebinger/Löhr-Steinhaus* DB 01, 532; *Raab* NZA 02, 474).

**2. Geltungsbereich. a) Räumlich.** In räumlicher Hinsicht gilt die Betriebsvereinbarung jeweils in dem Betrieb, für den sie abgeschlossen wurde. Gesamt- und Konzernbetriebsvereinbarungen gelten entsprechend unternehmens- bzw konzernweit. In §§ 50 Abs 1, 58 Abs 1 BetrVG ist nunmehr klargestellt, dass auch betriebsratslose Betriebe bzw konzernangehörige Unternehmen ohne GBRat vom Geltungsbereich einer Gesamt- bzw Konzernbetriebsvereinbarung erfasst werden. Damit ist ein langjähriger Meinungsstreit beigelegt worden (Näheres s Personalbuch 2001 Betriebsvereinbarung Rz 3). Zu grenzüberschreitenden „europäischen Betriebsvereinbarungen" zuletzt *Rehberg* NZA 13, 73. 4

**b) Personell.** In personeller Hinsicht erstreckt sich die Betriebsvereinbarung grds auf alle ArbN des Betriebes iSd § 5 Abs 1 BetrVG, unabhängig von deren Gewerkschaftszugehörigkeit. Dies gilt auch für Betriebsvereinbarungen, die in Ausübung eines Tarifvertrags vereinbart werden (BAG 18.8.87, DB 87, 2257). Die Tarifvertragsparteien delegieren insoweit ihre Normsetzungsbefugnisse auf die Betriebspartner. Unerheblich ist, ob das Arbeitsverhältnis bei Abschluss der Betriebsvereinbarung bereits bestanden hat, denn auch für später eintretende ArbN entfaltet die bestehende Betriebsvereinbarung normative Wirkung. 5

Betriebsvereinbarungen **gelten nicht** für Pensionäre (→ *Betriebliche Altersversorgung* Rn 81) sowie für ArbN, die im Zeitpunkt des Inkrafttretens der Betriebsvereinbarung bereits ausgeschieden sind (aA *Waltermann* NZA 96, 357; differenzierend *Blomeyer/Huep* SAE 99, 75). Zu Sonderproblemen im Bereich der betrieblichen Altersversorgung → *Betriebliche Altersversorgung* Rn 13. Allerdings erwirbt der ArbN mit seinem Ausscheiden gegenüber dem ArbGeb einen selbstständig-schuldrechtlichen Anspruch aus der Betriebsvereinbarung, der über die Geltungsdauer der Betriebsvereinbarung hinaus besteht (BAG 25.10.88, BB 89, 1548). Dieser Anspruch ist betrieblicher Gestaltung nur noch insoweit zugänglich, als auch die aktive Belegschaft Kürzungen hinnehmen muss (BAG 13.5.97, BB 97, 2328). Unanwendbar sind Betriebsvereinbarungen für leitende Angestellte. Daher werden diese zB nicht von einem Sozialplan erfasst (BAG 31.1.79, BB 79, 833; § 32 Abs 2 SprAuG). Schließlich können Betriebsvereinbarungen keine normativen Ansprüche gegenüber Dritten begründen (BAG 11.1.11 – 1 AZR 375/09, BeckRS 2011, 72399). 6

**3. Regelungsbereich. a) Allgemeines.** Betriebsvereinbarungen können Bestimmungen über den Inhalt, Abschluss und die Beendigung von Arbeitsverhältnissen sowie über betriebliche und betriebsverfassungsrechtliche Fragen enthalten. Nicht umfasst ist lediglich der außerbetriebliche Lebensbereich des ArbN (BAG 12.12.06 – 1 AZR 96/06, NZA 07, 453). Grds können alle materiellen oder formellen Arbeitsbedingungen Gegenstand einer Betriebsvereinbarung sein (BAG GS 7.11.89 – GS 3/85, AP Nr 46 zu § 77 BetrVG 1972; 19.10.05 – 7 AZR 32/05, NZA 06, 393; aA *Diehn* BB 06, 1794 für den Wiedereinstellungsanspruch). Zu unterscheiden sind einerseits erzwingbare Betriebsvereinbarungen, die diejenigen betrieblichen Angelegenheiten behandeln, bei denen der BRat ein „echtes" Mitbestimmungsrecht hat. Letzteres ist immer dann der Fall, wenn bei Meinungsverschiedenheiten zwischen ArbGeb und BRat über das Mitbestimmungsrecht die Entscheidung der Einigungsstelle vorgeschrieben ist. Das Gegenstück bilden **freiwillige Betriebsvereinbarungen.** Insoweit besteht eine umfassende Regelungskompetenz der Betriebsparteien. Sie können im Rahmen ihrer Zuständigkeit die betriebsverfassungsrechtlichen Beteiligungsrechte erweitern und sind dabei insbes nicht auf die in § 88 BetrVG genannten Regelungsgegenstände beschränkt (BAG 18.8.09 – 1 ABR 49/08, NZA 10, 112). So können die Betriebsparteien anlässlich einer Betriebsänderung zusätzlich zu einem Sozialplan in einer freiwilligen Betriebsvereinbarung weitere Leistungen (sog Turboprämien) davon abhängig machen, dass der ArbN von der Erhebung einer Kündigungsschutzklage absieht (BAG 31.5.05 – 1 AZR 254/04, NZA 05, 997; 3.5.06 – 4 AZR 189/05, NZA 06, 1420; 18.5.10 – 1 AZR 187/09, NZA 10, 1304). Im Rahmen der Mitbestimmung nach § 99 BetrVG können die Betriebspartner bspw weitere Zustimmungsverweigerungsgründe normieren, die nicht in § 99 Abs 2 BetrVG genannt sind (BAG 23.8.16 – 1 ABR 22/14, NZA 17, 194). Weitere typische Beispiele sind die Regelung einer auf das Rentenalter bezogenen Altersgrenze (BAG 21.2.17 – 1 AZR 292/15, NZA 17, 738) oder mitbestimmungsneutrale Verfahrensregelungen zu Gegenständen der erzwingbaren Mitbestimmung (BAG 23.10.18 – 1 ABR 10/17, NZA 19, 186). Die Regelung eines Widerrufsvorbehalts in einer Betriebsvereinbarung unterliegt gem § 310 Abs 4 Satz 1 BGB nicht der Inhaltskontrolle nach 7

§§ 305 ff BGB (BAG 1.2.06 – 5 AZR 187/05, NZA 06, 564). Knüpfen die Parteien die in einer freiwilligen Betriebsvereinbarung festgelegten einzelnen Leistungen an die Erfüllung weiterer Voraussetzungen, gehen damit ggf weitere Gruppenbildungen einher, deren Wirksamkeit an den mit ihnen verfolgten Zwecken zu messen ist (BAG 9.12.14 – 1 AZR 146/13, NZA 15, 438). Abzugrenzen sind die Aufgabenbereiche von **Gesamt- und Konzernbetriebsrat** (§§ 50 Abs 1, 58 Abs 1 BetrVG). Soweit keine Delegation von Aufgaben erfolgt (§§ 50 Abs 2, 58 Abs 2 BetrVG), müssen die funktionalen Zuständigkeitsvoraussetzungen aus §§ 50 Abs 1, 58 Abs 1 BetrVG erfüllt sein (BAG 25.9.12 – 1 ABR 45/11, NZA 13, 275; 15.1.02 – 1 ABR 10/01, NZA 02, 988). Ein Über-/Unterordnungsverhältnis existiert nicht. Besteht zwischen BRat, GBRat und ggf KBRat Streit um die Regelungskompetenz im Einzelfall, so kann diese Frage im Rahmen eines arbeitsgerichtlichen Beschlussverfahrens geklärt werden (BAG 5.5.77, DB 77, 1610; 18.10.94, NZA 95, 390: zur Kompetenzabgrenzung BRat/GBRat).

8 **b) Auslegung.** Bei Unklarheiten über den Inhalt einer Betriebsvereinbarung ist diese auszulegen. Die Auslegung hat wie bei Gesetzen oder Tarifverträgen zu erfolgen, dh es ist der objektive Gehalt der Betriebsvereinbarung zu ermitteln, wie er im Wortlaut wenigstens andeutungsweise zum Ausdruck kommt (BAG 11.10.16 – 1 ABR 49/14, NZA 17, 135; 8.12.15 – 3 AZR 267/14, NZA-RR 16, 374). Ein eventuell abweichender Wille der Betriebspartner ist unerheblich (BAG 20.4.10 – 1 AZR 988/08, NZA 10, 1018; 30.9.08 – 1 AZR 684/07, NZA 09, 386; 24.7.08 – 8 AZR 109/07, AP Nr 346 zu § 613a BGB: Auslegung eines Sozialplans; 21.3.01 – 10 AZR 89/00, NZA 01, 1031: Betriebsvereinbarung über Gratifikationsgewährung; 21.1.03 – 1 ABR 5/02, NZA 03, 810: Betriebsvereinbarung über Gehaltssystem für außertarifliche Mitarbeiter; LAG SchlHol 11.5.04 – 5 Sa 540/03, NZA-RR 05, 142: Betriebsvereinbarung über Kurzarbeit). Werden in einer Betriebsvereinbarung Gesetzesbegriffe gebraucht, spricht eine Vermutung dafür, dass sie im gesetzlichen Sinn gemeint sind (LAG Köln 14.2.97, NZA-RR 97, 391). Das Gleiche gilt für den allgemein üblichen arbeitsrechtlichen Sprachgebrauch (BAG 17.11.98 – 1 AZR 221/98, NZA 99, 609: Kündigungstermin). Maßgeblich ist aber immer der Sprachgebrauch im jeweiligen Geltungsbereich der Betriebsvereinbarung (BAG 28.10.08 – 3 AZR 903/07, NZA-RR 09, 327). Auch aus der Vollzugspraxis des ArbGeb können Rückschlüsse auf den Regelungsinhalt einer Betriebsvereinbarung gezogen werden (BAG 22.1.02 – 3 AZR 554/00, NZA 02, 1224 zu Sonderproblemen bei einer Konzernbetriebsvereinbarung). Schließen BRat, ArbGeb und Gewerkschaft einen dreiseitigen sog Konsolidierungsvertrag, der eine Verkürzung tariflicher Ansprüche vorsieht, handelt es sich im Zweifel um einen Tarifvertrag, da eine Betriebsvereinbarung mit diesem Inhalt nach § 77 Abs 3 BetrVG unwirksam wäre (BAG 7.11.2000 – 1 AZR 175/00, NZA 01, 727). ArbGeb und BRat können vereinbaren, dass bei Meinungsverschiedenheiten über die Auslegung und Anwendung einer Betriebsvereinbarung zunächst ein innerbetriebliches Schlichtungsverfahren durchzuführen ist und erst nach dessen Scheitern ein arbeitsgerichtliches Beschlussverfahren eingeleitet werden kann (BAG 11.2.14 – 1 ABR 76/12, NZA-RR 15, 26).

9 **c) Grenze.** Begrenzt wird der Regelungsbereich der Betriebsvereinbarung durch den Vorrang des Gesetzes und des Tarifvertrages gem § 77 Abs 3 sowie § 87 Abs 1 Einleitungssatz BetrVG. Dementsprechend kann durch kollektivrechtliche Regelungen in Betriebsvereinbarungen zwingendes Kündigungsschutzrecht nicht beschränkt werden (LAG BlnBbg 19.12.11 – 15 Sa 1264/11, NZA-RR 12, 130). Die gleiche Sperrwirkung wie Gesetze entfalten behördliche Entscheidungen. Auch sie schränken den Regelungsspielraum des ArbGeb und damit gleichzeitig das Mitbestimmungsrecht des BRat ein (BAG 11.12.12 – 1 ABR 78/11, NZA 13, 913). Im Bereich des **§ 87 BetrVG** findet § 77 Abs 3 BetrVG keine Anwendung (BAG 29.10.02 – 1 AZR 573/01, NZA 03, 393). Dort sind Betriebsvereinbarungen nur ausgeschlossen, soweit eine gesetzliche oder tarifliche Regelung besteht, die eine bestimmte Frage abschließend regelt (BAG 5.3.91, DB 91, 2044). Lediglich nachwirkende Tarifverträge entfalten keine Sperrwirkung iSd § 87 Abs 1 BetrVG (BAG 24.11.87, DB 88, 813). Gem **§ 77 Abs 3 Satz 1 BetrVG** können Arbeitsentgelte und sonstige Arbeitsbedingungen, die zumindest üblicherweise durch **Tarifvertrag** geregelt werden, nicht Gegenstand einer Betriebsvereinbarung sein (BAG 23.1.18 – 1 AZR 65/17, NZA 18, 871; 10.10.06 – 1 ABR 59/05, NZA 07, 523; LAG Köln 17.4.96, NZA-RR 97, 12: Betriebsvereinbarung über die Zahlung von Tariflöhnen; LAG BaWü 14.7.97 – 15 Sa

29/97, NZA-RR 98, 264: durch Betriebsvereinbarung um 10 % abgesenkte Sonderzahlung; LAG Hamm 9.3.2000 – 8 Sa 1895/99, NZA-RR 01, 42: ersatzlose Streichung angesammelter Arbeitszeitkonten). Dies gilt unabhängig davon, ob der ArbGeb tarifgebunden ist oder nicht, da § 77 Abs 3 BetrVG allgemein die Funktionsfähigkeit der Tarifautonomie gewährleisten will (BAG 15.5.18 – 1 ABR 75/16, NZA 18, 1150). Allerdings ist die Sperrwirkung des § 77 Abs 3 BetrVG begrenzt auf den räumlichen, betrieblichen, fachlichen und persönlichen Geltungsbereich des Tarifvertrages (LAG Köln 16.3.99 – 13 TaBV 27/98, NZA-RR 99, 481). Sie wird auch durch Firmentarifverträge erzeugt (BAG 21.1.03 – 1 ABR 9/02, NZA 03, 1097). Demgegenüber sind die Betriebspartner durch § 77 Abs 3 BetrVG nicht gehindert, die Anrechnung von Tariferhöhungen auf übertarifliche Zulagen auszuschließen (BAG 9.12.97 – 1 AZR 319/97, NZA 98, 661). Die Regelungssperre des § 77 Abs 3 BetrVG wirkt auch dann, wenn entsprechende Tarifbestimmungen erst später in Kraft treten. In diesem Fall verliert eine bestehende vortarifliche Bestimmung mit Inkrafttreten des Tarifvertrags ihre Wirksamkeit (LAG Düsseldorf 19.4.16 – 3 Sa 467/15, BeckRS 2016, 71237). Eine Ausnahme besteht gem § 77 Abs 3 Satz 2 BetrVG auch dann, wenn der Tarifvertrag entsprechende **Öffnungsklauseln** enthält und Betriebsvereinbarungen ausdrücklich zulässt (BAG 20.4.99 – 1 AZR 631/98, NZA 99, 1059; 20.2.01 – 1 AZR 233/00, NZA 01, 903; zur Zuständigkeit von örtlichem BRat, GBRat oder KBRat bei der Umsetzung tariflicher Öffnungsklauseln *Röder/Siegrist* DB 08, 1098). Eine solche Öffnungsklausel hat das BAG bspw bei einer Tarifregelung angenommen, die mehrere Lohnarten gleichberechtigt nebeneinander vorsah und damit eine bestimmte tarifliche Vorgabe bewusst unterließ (BAG 26.8.08 – 1 AZR 353/07, NZA-RR 09, 300).

Die Regelungsbefugnis der Betriebsparteien unterliegt weiteren **Binnenschranken** 10
(*Preis/Ulber* RdA 13, 211). Gem § 75 BetrVG sind die grundrechtlich geschützten Freiheitsrechte der ArbN zu wahren und es ist insbes die allgemeine Handlungsfreiheit der ArbN aus Art 2 Abs 1 GG zu beachten (BAG 12.12.06 – 1 ABR 96/06, NZA 07, 453). Daher sind auch Ansprüche des ArbGeb auf Erstattung von Bearbeitungskosten bei Lohn- und Gehaltspfändungen in einer freiwilligen Betriebsvereinbarung nicht regelbar (BAG 18.7.06 – 1 AZR 578/05, NZA 07, 462: Verstoß gegen § 75 Abs 2 BetrVG) und die Auszahlung des verdienten Entgelts darf nicht von der Erfüllung weiterer Zwecke abhängig gemacht werden (BAG 12.4.11 – 1 AZR 412/09, NZA 11, 989). In gleicher Weise kommt der in § 75 Abs 1 BetrVG geregelte und auf den allgemeinen Gleichheitssatz des Art 3 Abs 1 GG zurückzuführende betriebsverfassungsrechtliche Gleichbehandlungsgrundsatz zur Anwendung (BAG 26.4.16 – 1 AZR 435/14, NZA 16, 1160). Nach diesen Grundsätzen ist bspw die Herausnahme von ArbN, die von einem Betriebsübergang betroffen sind, regelmäßig sachlich gerechtfertigt (BAG 19.1.10 – 3 ABR 19/08, NZA-RR 10, 356).

Sog **dynamische Blankettverweisungen** in einer Betriebsvereinbarung auf den jeweils 11
geltenden Rahmentarifvertrag sind unzulässig, denn der BRat muss sein Mandat höchstpersönlich ausüben (BAG 23.6.92, DB 93, 441). Etwas anderes soll nach der Rspr des 4. Senats des BAG ausnahmsweise dann gelten, wenn ein enger sachlicher Zusammenhang zu den Tarifnormen besteht (BAG 10.11.82, DB 83, 717; offen gelassen in der Entscheidung des 1. Senats vom 23.6.92, DB 93, 441). Schließlich darf sich der BRat seiner Mitbestimmungsrechte nicht in der Substanz begeben. Eine Vereinbarung, die dem ArbGeb im Kernbereich des Mitbestimmungstatbestands die **Letztentscheidungsbefugnis** überlässt, ist unwirksam (BAG 26.4.05 – 1 AZR 76/04, NZA 05, 892; 14.11.06 – 1 ABR 4/06, NZA 07, 399). Aus demselben Grund ist auch eine Betriebsvereinbarung unwirksam, die auf die jeweils gültigen Betriebsvereinbarungen eines anderen Unternehmens verweist (BAG 22.8.06 – 3 AZR 319/05, NZA 07, 1187). Dasselbe gilt für eine Vereinbarung, die beinhaltet, dass eine Regelung gelten soll, die in künftigen Normen getroffen wird (BAG 21.2.17 – 3 AZR 542/15, NZA 17, 944) sowie für eine Klausel, die vorsieht, dass ein Streit über Inhalt oder Wirksamkeit von Regelungen einer Betriebsvereinbarung vor Anrufung der Arbeitsgerichte durch eine paritätische Kommission mittels einer Mehrheitsentscheidung gelöst werden soll, ohne dass ein weitergehender Konfliktlösungsmechanismus existiert (BAG 11.12.18 – 1 ABR 12/17, NZA 19, 480).

**d) Unwirksamkeit.** Sind bestimmte Teile einer Betriebsvereinbarung unwirksam, so 12
führt dies regelmäßig nicht zur Unwirksamkeit der gesamten Betriebsvereinbarung. Entscheidend ist vielmehr, ob der wirksame Teil der Betriebsvereinbarung auch ohne die

unwirksamen Bestimmungen eine sinnvolle und in sich geschlossene Regelung enthält. Ist dies der Fall, so bleibt die „Restbetriebsvereinbarung" wirksam (BAG 25.1.2000 – 1 ABR 1/99, NZA 2000, 1068; 22.7.03 – 1 ABR 28/02, NZA 04, 507; 10.2.09 – 3 AZR 653/07, NZA 09, 796).

13 Ist eine Betriebsvereinbarung insgesamt unwirksam, so kann sie nach der Rspr des BAG im Wege der **Umdeutung** analog § 140 BGB Inhalt der Einzelverträge werden (vertragliche Einheitsregelung). Voraussetzung hierfür ist allerdings, dass tatsächliche Umstände vorliegen, aus denen ein besonderer Verpflichtungswille des ArbGeb erkennbar ist, der über den Abschluss einer Betriebsvereinbarung hinausgeht (BAG 23.1.18 – 1 AZR 65/17, NZA 18, 871; 26.1.17 – 2 AZR 405/16, NZA 17, 522; 23.2.16 – 3 AZR 960/13, NZA 16, 642; kritisch *Moll* RdA 19, 229; *Moll/Kreitner* Anm zu BAG EzA Nr 16 zu § 140 BGB). Der BRat kann die Unwirksamkeit einer von einer anderen ArbNVertretung (zB GBRat) abgeschlossenen Betriebsvereinbarung nur dann gerichtlich überprüfen lassen, wenn diese seine eigene Regelungsbefugnis verletzt. Ein allgemeines Normenkontrollrecht steht ihm nicht zu (BAG 5.3.13 – 1 ABR 75/11, BeckRS 2013, 69282).

14 Verstößt eine Betriebsvereinbarung über die Grundsätze der Dienstplangestaltung gegen das Verbot der Altersdiskriminierung, hat dies die Unwirksamkeit der Regelung zur Folge. Allerdings haben die benachteiligten jüngeren ArbN keinen Anspruch darauf künftig ebenso wie die begünstigten älteren ArbN behandelt zu werden, wenn hierdurch der Betriebsablauf zum Erliegen käme. Sofern der ArbGeb gleichwohl die altersdiskriminierende Dienstplangestaltung fortführt, steht den benachteiligten ArbN ein Leistungsverweigerungsrecht zu (BAG 14.5.13 – 1 AZR 44/12, NZA 13, 1160). Ebenfalls unwirksam ist die Bestimmung in einer Betriebsvereinbarung, nach der ein ArbGeb zu einem Personalgespräch, dass der Vorbereitung einer „disziplinarischen" Maßnahme dient, zeitgleich den BRat einladen muss (BAG 11.12.18 – 1 ABR 12/17, NZA 19, 480: Verstoß gegen § 75 Abs 2 BetrVG). Besondere Anforderungen stellt das BAG an **mehrgliedrige Kollektivvereinbarungen**. Hier verlangt das Gebot der Rechtsquellenklarheit, dass sich aus dem Inhalt der Kollektivvereinbarung zweifelsfrei ergeben muss, welche Regelung von welchem Betriebsverfassungsorgan (BRat, GBRat, KBRat) vereinbart worden ist. Anderenfalls ist die Vereinbarung unwirksam (BAG 26.9.17 – 1 AZR 717/15, NZA 18, 803).

15 **4. Verhältnis zum Arbeitsvertrag. a) Einzelvertragliche Regelungen.** Eine Betriebsvereinbarung verdrängt nur solche einzelvertragliche Vereinbarungen, die für den ArbN ungünstiger sind; sog *Günstigkeitsprinzip* (BAG 22.4.09 – 5 AZR 292/08, AP Nr 11 zu § 611 BGB Wegezeiten; 5.8.09 – 10 AZR 483/08, NZA 09, 1105). Dies gilt sowohl für bestehende Arbeitsverhältnisse, die durch eine Betriebsvereinbarung geändert werden sollen, als auch für arbeitsvertragliche Vereinbarungen, die nach Inkrafttreten einer Betriebsvereinbarung getroffen werden (BAG GS 16.9.86, DB 87, 383). Dabei wird jedoch nach der Rspr des BAG die bestehende vertragliche Regelung lediglich für die Wirkungsdauer der Betriebsvereinbarung verdrängt und bleibt latent bestehen (BAG 19.7.16 – 3 AZR 134/15, NZA 16, 1475; 28.3.2000 – 1 AZR 366/99, NZA 01, 49; kritisch *Annuß* NZA 01, 756; *Merten/Schwartz* DB 01, 646). Unzulässig ist eine Betriebsvereinbarung über Vertragsstrafen, wenn diese bestimmt, dass im Einzelfall für den ArbN ungünstigere einzelvertragliche Strafversprechen vorgehen. Der Sinn der Betriebsvereinbarung, einen bestimmten betrieblichen Mindeststandard zu garantieren, liefe sonst leer (BAG 6.8.91, BB 92, 427). Gem § 77 Abs 4 Satz 2 BetrVG ist ein Verzicht des einzelnen ArbN auf Rechte aus einer Betriebsvereinbarung grds ausgeschlossen. Etwas anderes gilt nur bei Zustimmung des BRat, entsprechender Regelung in einer späteren Betriebsvereinbarung (BAG 11.12.07 – 1 AZR 824/06, NZA-RR 08, 298), Vorliegen eines Tatsachenvergleichs (BAG 31.7.96, DB 97, 882), oder wenn zweifelsfrei feststellbar ist, dass die abweichende Regelung für den ArbN objektiv günstiger ist (BAG 27.1.04 – 1 AZR 148/03, NZA 04, 667). Der zustimmende Beschluss des BRat ist nur wirksam, wenn der BRat über den Umfang des Verzichts ordnungsgemäß unterrichtet worden ist (BAG 15.10.13 – 1 AZR 405/12, NZA 14, 217). Wird in einem Arbeitsvertrag auf eine Betriebsvereinbarung Bezug genommen, hat dies regelmäßig nur deklaratorischen Charakter (BAG 21.1.97, BB 97, 1368). Unabhängig davon können die arbeitsvertraglichen Absprachen eine Abänderung durch betriebliche Normen gestatten. Das kann ausdrücklich oder konkludent erfolgen, wobei letzteres nach der neueren Rspr des

1. Senats des BAG regelmäßig dann anzunehmen sein soll, wenn die Öffnungsklausel im Rahmen von allgemeinen Geschäftsbedingungen erfolgt und ein kollektiver Bezug besteht (BAG 5.3.13 – 1 AZR 417/12, NZA 13, 916 – hier: Altersgrenze; LAG Düsseldorf 14.12.18 – 10 Sa 96/18, NZA-RR 19, 202 – nicht rkr, Az beim BAG: 5 AZR 36/19; *Linsenmaier* RdA 14, 336; *Hromadka* NZA 13, 1061; *Meinel/Kiehn* NZA 14, 509; *Bürger/Biebl* DB 18, 1793; zu Recht kritisch *Preis/Ulber* NZA 14, 6; *Creutzfeld* NZA 18, 1111). Diese Rspr hat der 4. Senat des BAG zuletzt relativiert (nach der Diktion des Senats „kritisch weitergeführt") und entschieden, dass eine derartige konkludent vereinbarte Betriebsvereinbarungsoffenheit nicht in Betracht kommt, wenn arbeitsvertraglich die Bezugnahme eines Tarifvertrags vereinbart ist oder wenn betriebliche Regelungen nur nachrangig (bspw „im Übrigen" oder nur „soweit keine anderen Vereinbarungen getroffen worden sind") Anwendung finden sollen (BAG 11.4.18 – 4 AZR 119/17, NZA 18, 1273).

**b) Arbeitsvertragliche Einheitsregelungen/Gesamtzusagen.** Der vorgenannte Grundsatz gilt auch für das Verhältnis zwischen Betriebsvereinbarung und arbeitsvertraglicher Einheitsregelung. Hierunter sind Zusagen des ArbGeb an alle oder eine Gruppe von ArbN eines Betriebs zu verstehen, die in allgemeiner Form zB über das schwarze Brett oder per Intranet erfolgen. Da es sich hierbei um vertragliche Ansprüche handelt, können solche Zusagen eigentlich nur auf individualrechtlichem Weg geändert werden. Allerdings hat das BAG in seiner neueren Rspr **Gesamtzusagen** als Allgemeine Geschäftsbedingungen qualifiziert (vgl dazu *Hromadka* NZA 19, 1336). Daraus folgt einerseits, dass sie nach ihrem objektiven Inhalt und typischen Sinn einheitlich so auszulegen sind, wie sie von rechtsunkundigen, verständigen und redlichen Vertragspartnern unter Abwägung der Interessen der normalerweise beteiligten Verkehrskreis verstanden werden. Andererseits folgt aus dieser rechtlichen Einordnung regelmäßig die **Betriebsvereinbarungsoffenheit** der Gesamtzusage. Zu beachten bleibt lediglich, dass die Betriebsparteien bei der Vereinbarung einer ablösenden Betriebsvereinbarung nicht unverhältnismäßig in grundrechtlich geschützte Freiheitsrechte der zuvor begünstigten ArbN eingreifen und auch den Grundsatz des Vertrauensschutzes nicht verletzen dürfen (BAG 30.1.19 – 5 AZR 450/17, NZA 19, 1065; 30.1.19 – 5 AZR 442/17, NZA 19, 1076). Zuvor hatte das BAG bereits für den Bereich der betrieblichen Altersversorgung eine grds Betriebsvereinbarungsoffenheit von Gesamtzusagen angenommen (BAG 10.3.15 – 3 AZR 56/14, NZA-RR 15, 371). Das Gleiche gilt für eine Leistungszusage auf Basis einer **vertraglichen Einheitsregelung.** Auch sie ist regelmäßig offen für eine Ablösung durch eine Betriebsvereinbarung (BAG 11.12.18 – 3 AZR 380/17, NZA 19, 1082). Im Übrigen können natürlich auch in solchen Regelungen ausdrückliche Abänderungsvorbehalte enthalten sein. 16

**5. Zustandekommen. a) Vereinbarung.** Die Betriebsvereinbarung kommt durch übereinstimmende Beschlüsse von ArbGeb und BRat (§ 33 BetrVG) zustande. Das kann auch rückwirkend geschehen; im Einzelfall sogar zu Ungunsten der ArbN, wenn dabei die Grundsätze des Rückwirkungsverbots und des Vertrauensschutzes beachtet werden (BAG 20.4.99 – 1 AZR 631/98, DB 99, 1660: Genehmigung einer Betriebsvereinbarung durch rückwirkende Tariföffnungsklausel). Im Rahmen der erzwingbaren Mitbestimmung kann der BRat von seinem **Initiativrecht** Gebrauch machen. Dies gilt auch dann, wenn er lediglich die bisherige betriebliche Praxis zum Inhalt einer Betriebsvereinbarung machen will (BAG 8.8.89, DB 90, 281). Fehlt es an einem wirksamen Beschluss des BRat, so kann die Betriebsvereinbarung vom BRat auch durch schlüssiges Verhalten gebilligt und dadurch wirksam werden (LAG Köln 5.10.88, LAGE Nr 1 zu § 26 BetrVG). 17

**b) Schriftform.** Die Betriebsvereinbarung muss schriftlich niedergelegt und von ArbGeb und BRat unterzeichnet werden (§ 77 Abs 2 BetrVG). Bei fehlender Schriftform kann die formnichtige Betriebsvereinbarung unter Umständen als formlose Regelungsabrede wirksam sein. Besteht die Betriebsvereinbarung aus **mehreren Seiten,** so genügt zwar die einmalige Unterschrift auf der letzten Seite, jedoch müssen die einzelnen Textseiten fest miteinander verbunden sein (LAG Frankfurt 20.6.89, DB 90, 637 [LS]). Bei Bezugnahme auf einen bestimmten Tarifvertrag, eine andere Betriebsvereinbarung oder eine schriftliche Gesamtzusage müssen diese nicht als Anlage beigefügt werden (BAG 3.6.97 – 3 AZR 25/96, NZA 98, 382). Vielmehr genügt bei einer dynamischen Verweisung auf außerhalb der Betriebsvereinbarung existierende Bestimmungen zur Wahrung des Schriftformgebots, 18 wenn die einbezogenen Regelungen bei Abschluss der Betriebsvereinbarung in schriftlicher Form vorliegen und damit ein Bezug auf spätere Fassungen sichergestellt ist (BAG 21.2.17 – 3 AZR 542/15, NZA 17, 944).

19 **c) Aushang.** Darüber hinaus ist der ArbGeb verpflichtet, die Betriebsvereinbarungen an geeigneter Stelle im Betrieb auszulegen; § 77 Abs 2 Satz 3 BetrVG. Er muss dafür Sorge tragen, dass jeder ArbN in der Lage ist, ohne besondere Umstände Kenntnis vom Inhalt der Betriebsvereinbarung zu erlangen. Die bloße Herausgabe auf Nachfrage des ArbN genügt nicht. Da die Bekanntmachungspflicht lediglich eine **Ordnungsvorschrift** darstellt, führt ein Verstoß des ArbGeb nicht zur Unwirksamkeit der Betriebsvereinbarung (BAG 17.4.12 – 3 AZR 400/10, BeckRS 2012, 73017). Er kann jedoch Schadensersatzansprüche eines ArbN oder Maßnahmen nach § 23 Abs 3 BetrVG auslösen.

20 **6. Durchführung.** Gem § 77 Abs 1 BetrVG obliegt die Durchführung der Betriebsvereinbarung grds dem ArbGeb (grundlegend *Goebel* Der betriebsverfassungsrechtliche Durchführungsanspruch gem § 77 Abs 1 Satz 1 BetrVG, 2006; zuletzt *Roloff* RdA 15, 252; *Ahrendt* NZA 11, 774). Das gilt gleichermaßen für Regelungsabreden (offengelassen von BAG 18.3.14 – 1 ABR 75/12, NZA 14, 984). Dementsprechend muss der ArbGeb bei einer Betriebsvereinbarung über die betriebliche Arbeitszeit dafür sorgen, dass sich die ArbN an die festgelegten Arbeitszeiten halten (LAG Köln 8.2.10 – 5 TaBV 28/09, NZA-RR 10, 303). Eine Übertragung der Durchführungsaufgabe auf den BRat ist möglich (zB Werkskantine: BAG 24.4.86, DB 86, 2680).

21 Den Durchführungsanspruch kann der BRat gegenüber dem ArbGeb in einem **arbeitsgerichtlichen Beschlussverfahren** durchsetzen (BAG 18.1.05 – 3 ABR 21/04, NZA 06, 167; LAG Köln 2.2.18 – 9 TaBV 34/17, BeckRS 2018, 3709). Gleichzeitig besteht regelmäßig ein Anspruch auf Unterlassung von Maßnahmen, die gegen die Betriebsvereinbarung verstoßen (LAG Düsseldorf 19.4.16 – 14 TaBV 6/16, BeckRS 2016, 69578; → *Unterlassungsanspruch* Rn 1 ff). Dieser kann auch im Verfahren des einstweiligen Rechtsschutzes geltend gemacht werden (LAG Düsseldorf 9.1.18 – 3 TaBVGa 6/17, NZA-RR 18, 368). Anspruchsberechtigt ist immer das Gremium, das selbst Partei der Betriebsvereinbarung ist oder dem betriebsverfassungsrechtliche Rechte eingeräumt werden, also uU auch der GBRat oder der KBRat (BAG 18.5.10 – 1 ABR 6/09, NZA 10, 1433). Bei zwischenzeitlicher Regelung der streitigen Durchführungsfrage in einer Folgebetriebsvereinbarung fehlt es allerdings an dem erforderlichen Rechtsschutzinteresse (LAG Bln 10.4.95, NZA-RR 96, 215). Der Durchführungsanspruch gilt auch für den Spruch einer Einigungsstelle (hier: Sozialplan). Ist dieser angefochten, ist eine Vollstreckung allerdings erst nach Rechtskraft des Anfechtungsverfahrens möglich (BAG 22.1.13 – 1 ABR 92/11, BeckRS 2013, 68702). Aus § 77 Abs 1 BetrVG resultiert auch ein Anspruch des BRat gegen den ArbGeb auf Überwachung der Durchführung von Betriebsvereinbarungen. Stichproben sind dabei auch ohne konkrete Anhaltspunkte für ein ArbGebSeitiges Fehlverhalten zulässig (LAG Frankfurt 18.3.93, BB 94, 66 [LS]). Allerdings besteht keine Befugnis des BRat, vom ArbGeb die Erfüllung der Ansprüche der einzelnen ArbN aus einer Betriebsvereinbarung zu verlangen, da er sonst ohne entsprechende gesetzliche Ermächtigung die Rolle eines Prozessstandschafters der ArbN einnähme (BAG 18.1.05 – 3 ABR 21/04, NZA 06, 167: Betriebsrentenansprüche; 18.2.03 – 1 ABR 17/02, NZA 04, 336; LAG Köln 1.12.03 – 4 TaBV 35/03, BeckRS 2004, 40936: Zahlung einer Leistungsprämie; LAG SchlHol 15.9.09 – 5 TaBV 9/09, NZA-RR 10, 24: Tariferhöhung für AT-Angestellte). Auch die Weitergewährung eines mitbestimmungswidrig eingeführten Vergütungsbestandteils lässt sich nicht auf den Durchführungsanspruch stützen (BAG 18.3.14 – 1 ABR 75/12, NZA 14, 984). Ist jedoch in einem Beschlussverfahren eine rechtskräftige gerichtliche Entscheidung über den Inhalt einer Betriebsvereinbarung ergangen, so wirkt diese auch gegenüber ArbN, die Ansprüche aus der Betriebsvereinbarung geltend machen (BAG 17.2.92, DB 92, 1833). Schließlich ist auch ein negativer Feststellungsantrag dahingehend, dass eine Betriebsvereinbarung auf die Arbeitsverhältnisse keine Anwendung findet prozessual unzulässig, da hiermit regelmäßig keine Klärung des zwischen den Beteiligten bestehenden Streits erreicht werden kann (BAG 20.2.18 – 1 AZR 361/16, NZA 18, 607).

22 Die **Gewerkschaft** kann vom ArbGeb verlangen, die Durchführung einer tarifwidrigen Betriebsvereinbarung zu unterlassen. Das hat der 1. Senat des BAG in einer Grundsatz-

entscheidung vom 20.4.99 (1 ABR 72/98, NZA 99, 887) festgestellt und in einer Folgeentscheidung im Jahr 2001 nochmals bestätigt (BAG 13.3.01 – 1 AZB 19/00, NZA 01, 1037; → *Unterlassungsanspruch* Rn 20). Sie kann bei groben Verstößen den ArbGeb gem § 23 Abs 3 BetrVG ebenfalls auf ordnungsgemäße Durchführung der Betriebsvereinbarung in Anspruch nehmen (BAG 29.4.04 – 1 ABR 30/02, NZA 04, 670).

**7. Beendigung.** Im Einzelnen sind folgende Beendigungsgründe zu unterscheiden: 23

**a) Ablösung durch eine nachfolgende Betriebsvereinbarung.** Für das Verhältnis zweier Betriebsvereinbarungen zueinander gilt die sog **Zeitkollisionsregel,** wonach die jüngere Norm die ältere verdrängt (BAG 15.4.08 – 9 AZR 26/07, NZA-RR 08, 580; 23.1.08 – 1 AZR 988/06, NZA 08, 709). Wird auf diese Weise eine Verschlechterung bewirkt, sind die Grundsätze der Verhältnismäßigkeit und des Vertrauensschutzes zu berücksichtigen (BAG 15.11.2000 – 5 AZR 310/99, NZA 01, 900). Danach darf lediglich ein abgestufter Eingriff in erworbene Besitzstände erfolgen (BAG 17.3.87, DB 87, 1639). Letzteres wird insbes im Bereich Betriebliche Altersversorgung (→ *Betriebliche Altersversorgung* Rn 71) virulent. Durch eine **formlose Regelungsabrede** kann eine bestehende Betriebsvereinbarung grds nicht abgelöst werden (BAG 20.11.90, DB 91, 1229).

**b) Verlust der Betriebsidentität.** Wird ein Betrieb aufgelöst, fehlt es an dem erforder- 24
lichen Substrat, der zwingend notwendigen Grundlage für die Geltung einer Betriebsvereinbarung, so dass deren Wirkung endet. Das ist unproblematisch für den Fall der Betriebsstilllegung (*Richardi* § 77 Rz 210). Alle anderen Fälle, bei denen die Identität eines Betriebes durch Umorganisationen im Unternehmen möglicherweise betroffen ist, werden im Schrifttum kontrovers diskutiert. Das betrifft bspw die Zusammenfassung mehrerer Betriebe zu einem Gemeinschaftsbetrieb, die Einführung neuer tariflicher Betriebsstrukturen nach § 3 BetrVG oder auch nur die Neustrukturierung vorhandener Betriebsteile durch Eingliederung in andere bereits bestehende Betriebe (zum Meinungsstand *Fitting* § 77 Rz 163 ff; HaKo-BetrVG/*Lorenz* § 77 Rz 77 ff; *Lange* NZA 17, 288; *Schönhöft/Brahmstaedt* NZA 10, 851). Richtigerweise sollte entscheidend darauf abgestellt werden, ob insbes die Organisation der Arbeitsabläufe, der Betriebszweck und die Leitungsstruktur unverändert geblieben sind (BAG 7.6.11 – 1 ABR 110/09, NZA 12, 110).

**c) Kündigung.** Soweit keine andere Regelung vereinbart ist, sind Betriebsvereinbarun- 25
gen gem § 77 Abs 5 BetrVG mit einer Frist von drei Monaten kündbar. Dies gilt in entsprechender Anwendung der Vorschrift auch für Regelungsabreden (BAG 10.3.92, DB 92, 1734). Die Kündigung muss unmissverständlich und eindeutig sein (BAG 19.2.08 – 1 AZR 114/07, NZA 08, 412). Sie bedarf keine Begründung (BAG 26.4.90, DB 90, 1871; 17.1.95, NZA 95, 1010). Das gilt auch im Bereich der betrieblichen Altersversorgung (BAG 17.8.99 – 3 ABR 55/98, NZA 2000, 498; 21.8.01 – 3 ABR 44/00, BB 02, 1319). Wird durch die Kündigung in bestehende Besitzstände eingegriffen, gilt dasselbe wie im Fall der Ablösung (BAG 11.5.99 – 3 AZR 21/98, NZA 2000, 322; 18.9.01 – 3 AZR 728/00, NZA 02, 1165). Demgegenüber sind bei einer Betriebsvereinbarung über Altersteilzeit die Folgen einer Kündigung nicht nach den Grundsätzen der Verhältnismäßigkeit und des Vertrauensschutzes zu begrenzen (BAG 29.4.15 – 9 AZR 999/13, NZA 15, 1204).

Liegen besonders schwerwiegende Gründe vor, die eine sofortige Beendigung der Be- 26
triebsvereinbarung unabdingbar machen, ist eine **außerordentliche Kündigung** möglich. Dabei sind an das Vorliegen eines wichtigen Grundes strenge Anforderungen zu stellen; bloße Kalkulationsfehler oÄ genügen nicht (LAG Köln 10.5.16 – 12 Sa 864/15, BeckRS 2016, 69902). Regelmäßig ausgeschlossen sind **Teilkündigungen** einzelner Bereiche einer Betriebsvereinbarung. Etwas anderes gilt nur dann, wenn deren Zulässigkeit ausdrücklich vereinbart worden ist oder sie einen selbstständigen Teilkomplex betrifft (BAG 6.11.07 – 1 AZR 826/06, NZA 08, 422; LAG Hbg 10.8.06 – 8 Sa 9/06, LAGE § 77 BetrVG 2001 Nr 6). Soll im letztgenannten Fall eine Teilkündigung ausgeschlossen sein, muss dies ausdrücklich geregelt werden. Durch einzelvertragliche Änderungskündigungen kann eine Betriebsvereinbarung nicht beseitigt werden (LAG Düsseldorf 11.9.74, DB 75, 747). Zur Kündigung von GBRatVereinbarungen s BAG 18.9.02 – 1 ABR 54/01, NZA 03, 670; LAG Düsseldorf 28.4.04 – 17 Sa 1952/03, NZA-RR 04, 480.

**d) Anfechtung.** Eine Betriebsvereinbarung kann gem §§ 119, 123 BGB wegen Irrtums 27
sowie arglistiger Täuschung oder Drohung angefochten werden. Dies geschieht lediglich

mit der Besonderheit, dass ähnlich wie im faktischen Arbeitsverhältnis die Beendigung nur mit Wirkung für die Zukunft erfolgt.

28 **e) Aufhebungsvertrag.** Im Wege eines Aufhebungsvertrages zwischen BRat und ArbGeb kann eine Betriebsvereinbarung jederzeit beendet werden. Dieser bedarf der Schriftform (umstritten; wie hier: *Schaub/Koch* § 231 Rz 40; GK-BetrVG/*Kreutz* § 77 Rz 355; offengelassen, aber mit ähnlicher Tendenz BAG 20.11.90, NZA 91, 426). Möglich ist auch ein Verzicht auf Ansprüche aus bestehenden Betriebsvereinbarungen (LAG Chemnitz 24.11.93, DB 94, 588 [LS]).

29 **f) Zeitablauf.** Die Betriebsvereinbarung endet mit Zeitablauf, wenn sie befristet für eine bestimmte Dauer abgeschlossen wurde. Gleiches gilt bei Erreichung des mit ihr verfolgten Zwecks, wie bspw bei einer Betriebsvereinbarung über den jährlichen Urlaubsplan nach Ablauf des Urlaubsjahres (BAG 20.12.61, DB 62, 375). Mehrjährig befristete Betriebsvereinbarungen können einem unzulässigen Verzicht des BRat auf Mitbestimmungsrechte gleichkommen. Entscheidend ist die Ausgestaltung der Regelung. Das Mitbestimmungsrecht darf nicht in seiner Substanz verletzt werden (BAG 3.6.03 – 1 AZR 349/02, NZA 03, 1155).

30 **g) Betriebsübergang.** Wegen der fortbestehenden Betriebsidentität führt ein Betriebsübergang iSd § 613a BGB nicht zur Beendigung geltender Betriebsvereinbarungen (→ *Betriebsübergang* Rn 72). Anders ist dies regelmäßig beim Betriebsteilübergang, da er zwangsläufig die vorhandene Betriebsstruktur zerstört (→ Rn 24).

31 **8. Nachwirkung.** Mit ihrer Beendigung verliert die Betriebsvereinbarung grds ihre unmittelbare und zwingende Wirkung (BAG 26.4.90, DB 90, 1871). Gem § 77 Abs 6 BetrVG entfalten Betriebsvereinbarungen im Bereich der **erzwingbaren Mitbestimmung** jedoch Nachwirkung, dh sie gelten fort, bis sie durch eine andere Abmachung, die nicht eine Betriebsvereinbarung sein muss, ersetzt werden. Dies gilt nach zutreffender hM auch für befristete Betriebsvereinbarungen, die mit Zeitablauf enden (*Fitting* § 77 Rz 179; aA *SW* § 77 Rz 44), nicht jedoch im Fall der Anfechtung. Die Nachwirkung kann in der Betriebsvereinbarung selbst ausgeschlossen werden (BAG 17.1.95, NZA 95, 1010). Sie kann dann durch eine Regelungsabrede nicht neu begründet werden (BAG 6.5.03 – 1 AZR 340/02, NZA 03, 1422). Ein Wegfall der Geschäftsgrundlage beendet weder die Betriebsvereinbarung noch deren Nachwirkung, sondern hat nur die Notwendigkeit ihrer Anpassung an die geänderten Umstände zur Folge (BAG 29.9.04 – 1 AZR 445/03, NZA 05, 533). Die Geltung einer Betriebsvereinbarung kraft Nachwirkung kann Gegenstand eines darauf bezogenen gerichtlichen Feststellungsantrags sein, wenn sie die Rechtsbeziehungen der Betriebsparteien in Bezug auf eine dem Mitbestimmungsrecht des BRat unterliegende Maßnahme des ArbGeb ausgestaltet (BAG 9.12.14 – 1 ABR 19/13, NZA 15, 368).

32 **Freiwillige Betriebsvereinbarungen** gelten demgegenüber nach ihrem Ablauf nicht fort (BAG 17.1.95 – 1 ABR 29/94, NZA 95, 1010). Jedoch kann die Nachwirkung auch sowohl in einer erzwingbaren Betriebsvereinbarung ausgeschlossen als in einer freiwilligen Betriebsvereinbarung ausdrücklich vereinbart werden (einerseits BAG 9.2.84, BB 84, 1746; LAG SchlHol 20.8.87, NZA 88, 35; andererseits BAG 28.4.98 – 1 ABR 43/97, NZA 98, 1348; *Boemke/Kursawe* DB 2000, 1405; *Trebeck/von Broich* NZA 12, 1018; aA *Loritz* DB 97, 2074; *Schöne/Klaes* BB 97, 2374). Kommt es in einem solchen Fall nicht zu einer einvernehmlichen Neuregelung, entscheidet die Einigungsstelle (BAG 28.4.98 – 1 ABR 43/97, NZA 98, 1348; differenzierend *Bauer/von Steinau-Steinrück* NZA 2000, 505: je nach Auslegung der Nachwirkungsvereinbarung; aA *Jakobs* NZA 2000, 69: Kündigung möglich, da Nachwirkungsabrede als Umwandlung der Betriebsvereinbarung in Regelungsabrede zu verstehen ist; *Kort* NZA 01, 477 zum Sonderfall einer freiwilligen Betriebsvereinbarung aufgrund einer beschränkten tariflichen Öffnungsklausel).

33 Bei sog **teilmitbestimmungspflichtigen Betriebsvereinbarungen** handelt es sich um Bereiche, die nur zum Teil der erzwingbaren Mitbestimmung unterliegen, wie zB die Mitbestimmung bei der Gewährung von freiwilligen Leistungen des ArbGeb gem § 87 Abs 1 Nr 10 BetrVG, wo der BRat lediglich hinsichtlich des sog Leistungsplans ein erzwingbares Mitbestimmungsrecht besitzt, der sog Dotierungsrahmen jedoch als ArbGebEntscheidung mitbestimmungsfrei bleibt. Stellt der ArbGeb die Leistung insgesamt ein, scheidet eine Nachwirkung aus. Sie liefe dem Mitbestimmungssystem zuwider (BAG 9.12.08 – 3

AZR 384/07, NZA 09, 1341; 23.6.09 – 1 AZR 214/08, NZA 09, 1159; 29.4.15 – 9 AZR 999/13, NZA 15, 1204; LAG BlnBbg 20.7.17 – 26 Sa 1932/16, BeckRS 2017, 123478). Die Nachwirkung endet jedoch erst mit der Erklärung des ArbGeb, die Leistung insgesamt einzustellen (BAG 5.10.10 – 1 ABR 20/09, NZA 11, 598 mit Anm *Grau/Sittard* RdA 13, 118). Stellt der ArbGeb demgegenüber die freiwillige Leistung zumindest teilweise weiterhin zur Verfügung und besteht lediglich Streit hinsichtlich des Leistungsplans, greift die Nachwirkung ein, da sie insoweit in vollem Umfang systemkonform ist (BAG 10.12.13 – 1 ABR 39/12, NZA 14, 1040; 18.11.03 – 1 AZR 604/02, NZA 04, 803; *Heither* DB 08, 2705; *Salamon* NZA 10, 745). Ist eine Betriebsvereinbarung nicht eindeutig in einen nachwirkenden und einen nachwirkungslosen Teil aufspaltbar, wirkt sie zur Sicherung der Mitbestimmung insgesamt nach (BAG 10.11.09 – 1 AZR 511/08, NZA 11, 475). Regelungen in einer teilmitbestimmten Betriebsvereinbarung, in denen das Verfahren für die Entscheidung des ArbGeb ausgestaltet wird, ob er finanzielle Leistungen zur Verfügung stellt, begründen regelmäßig keine Leistungs- oder Verhaltenspflichten des ArbGeb zu Gunsten der ArbN, deren Verletzung zu einem Schadensersatzanspruch führen könnte (BAG 13.12.11 – 1 AZR 508/10, NZA 12, 876).

Zur Nachwirkung einer Dienstvereinbarung im **öffentlichen Dienst** vgl BAG 5.5.88, DB 89, 633.

**9. Neue Bundesländer.** Mit Beschluss vom 28.4.92 hat das BAG anlässlich einer Überprüfung einer GBRatVereinbarung der ÖTV (als ArbGeb) grundlegend zur Frage der Weitergeltung von Betriebsvereinbarungen über den 3.10.90 hinaus in den neuen Bundesländern Stellung genommen (BAG 28.4.92, DB 92, 2641). 34

**10. Muster.** S Online-Musterformular *„M25.2 Betriebsvereinbarung Betriebliches Vorschlagswesen (BVW)“*. 35

## B. Lohnsteuerrecht

*Weil*

**Arbeitslohn.** Leistungen, die aufgrund einer Betriebsvereinbarung dem ArbN zufließen (zB Zulagen, Gratifikationen, Sachbezüge, Aufmerksamkeiten, Ersatz von Aufwendungen, Abfindungen uÄ), sind nach allgemeinen lohnsteuerlichen Kriterien zu beurteilen, ob stpfl Arbeitslohn (→ *Arbeitsentgelt* Rn 30 ff; → *Steuerfreie Einnahmen* Rn 4 ff) vorliegt. Für die Besteuerung ist es unerheblich, ob die Betriebsvereinbarung wirksam (zustande gekommen) ist (§ 41 AO). Entscheidend ist der **Zufluss der Leistung** beim ArbN. Zu Entschädigungen, die auf Grund einer Betriebsvereinbarung gezahlt werden → *Abfindung* Rn 41 ff. Das **Günstigkeitsprinzip** gilt auch im Steuerrecht (BFH 11.11.09 – IX R 1/09, BStBl II 10, 746). 36

Da für Betriebsvereinbarungen der **Vorrang des Gesetzes** gilt und privatrechtliche Vereinbarungen öffentliches Recht und damit zwingende steuerliche Vorschriften nicht zur Disposition stellen können, ist bei vom geltenden Steuerrecht abweichenden Betriebsvereinbarungen mit steuerlichem Inhalt (zB in der Betriebsvereinbarung werden für Reisekosten höhere Pauschbeträge zugesagt und gezahlt, als das Steuerrecht sie vorsieht; vgl hierzu BFH 8.11.91, BStBl II 92, 204) zweifelhaft, was gelten soll. 37

In einer von lohnsteuerlichen Vorschriften abweichenden Betriebsvereinbarung kann eine *Nettolohnvereinbarung* liegen. Dies ist aber nicht zwingend. Ist eine Nettolohnvereinbarung nicht nachweisbar (BFH 28.2.92 – VI R 146/87, BStBl II 92, 733), treffen die steuerlichen Folgen einer vom geltenden Steuerrecht abweichenden Vereinbarung in erster Linie den ArbN, über die Haftung aber auch den ArbGeb. Um Steuernachzahlungsrisiken für beide Seiten auszuschließen, sollten in Betriebsvereinbarungen keine Regelungen enthalten sein, die vom geltenden Steuerrecht abweichen. Eine einschränkende Auslegung der Betriebsvereinbarung, die von steuerlichen Vorschriften abweicht, ist nur für künftige Leistungen möglich. Was dem ArbN bereits zugeflossen ist, muss bei ihm als Zufluss versteuert werden. Bei Änderung der gesetzlichen Vorschriften sind Betriebsvereinbarungen ggf anzupassen, zB bei Fahrtkostenersatz (→ *Fahrten zwischen Wohnung und Arbeitsstätte* Rn 4 ff). 38

Leistungen, die aufgrund von **Regelungsabreden** erbracht werden, sind wie Leistungen aufgrund von Betriebsvereinbarungen zu behandeln. Entsprechendes gilt für Leistungen aufgrund eines **Tarifvertrags.** Bei Betriebsvereinbarungen aufgrund einer Öffnungsklausel im Tarifvertrag gelten im Zweifel die Regelungen des Tarifvertrags (FG Münster 22.6.89 – IV 1004/88, EFG 89, 619). S auch → *Sozialplan* Rn 61 ff. 39

### C. Sozialversicherungsrecht *Schlegel*

40 Betriebsvereinbarungen können im Sozialrecht Auswirkung im Rahmen des Altersteilzeitrechts erlangen (→ *Altersteilzeit* Rn 32 ff). Betriebsvereinbarungen dürfen – wie auch sonst Verträge zwischen ArbGeb und ArbN nicht den Charakter eines Vertrages zu Lasten der Solidargemeinschaft annehmen. So ist etwa eine nach Eintritt der Zahlungsunfähigkeit des ArbGeb geschlossene Betriebsvereinbarung, die den Fälligkeitszeitpunkt einer Jahressonderzahlung in den Insolvenzgeldzeitraum vorverlegt, wegen Verstoßes gegen die guten Sitten nichtig, weil dies allein zu Lasten der Solidargemeinschaft ginge (BSG 18.3.04 – B 11 AL 57/03 R, SozR 4–4300 § 183 Nr 3).

## Betriebsversammlung

### A. Arbeitsrecht *Kreitner*

**Übersicht**



1 **1. Funktion und Arten.** Die Betriebsversammlung ist ein Organ der Betriebsverfassung ohne eigene Funktion nach außen. Sie hat **keine Vertretungsmacht** und kann keine rechtsgeschäftlichen Erklärungen mit Wirkung für die ArbN des Betriebes abgeben (allgemein zur Betriebsversammlung *Lunk* Die Betriebsversammlung, 1991; *Brötzmann* BB 90, 1055; *Bischof* BB 93, 1937). Sie kann insbes keine Betriebsvereinbarungen abschließen (BAG 27.6.89, DB 89, 2543). Die Betriebsversammlung ist letztlich ein Forum der innerbetrieblichen Aussprache zwischen Belegschaft, BRat und ArbGeb. Das Gesetz definiert Betriebsversammlung, Teilversammlung und Abteilungsversammlung in § 42 Abs 1 und 2 BetrVG. Zu Problemen im Zusammenhang mit JAV vgl *Lunk* NZA 92, 534.

2 **Zu unterscheiden** sind die **regelmäßigen,** vierteljährlichen Betriebsversammlungen (§ 43 Abs 1 Satz 1 BetrVG), weitere Versammlungen auf Initiative des BRat aus **besonderen** Gründen nach Maßgabe des § 43 Abs 1 Satz 4 BetrVG sowie **außerordentliche** Versammlungen auf Wunsch des ArbGeb oder mindestens eines Viertels der wahlberechtigten ArbN des Betriebes bzw der Abteilung gem § 43 Abs 3 BetrVG, wenn im Betrieb Fragen anstehen, die eine kurzfristige Aussprache in der Betriebsversammlung erforderlich machen.

3 Betriebsversammlungen iSd §§ 42 ff BetrVG setzen das Bestehen eines BRat voraus. Die §§ 42 ff BetrVG sind keine abschließende Regelung, so dass andere Versammlungen möglich sind. Insbes sind sog **Mitarbeiterversammlungen,** die vom ArbGeb einberufen werden, zulässig, solange sie nicht als Gegenveranstaltung zu Betriebsversammlungen missbraucht werden (BAG 27.6.89, DB 89, 2543; ArbG Darmstadt 6.5.96, AiB 96, 609; *Rieble* ArbuR 95, 245; enger *Richardi/Annuß* § 42 Rz 73, der nur solche Veranstaltungen zulassen will, die sich nicht mit Fragen befassen, die zum Aufgabenbereich des BRat gehören). Deutliches Indiz für eine Gegenveranstaltung ist dabei ein enger zeitlicher und thematischer Zusammenhang mit der angekündigten Betriebsversammlung (ArbG Osnabrück 25.6.97 – 4 BVGa 3/97, AiB 98, 109). Finden solche Veranstaltungen außerhalb der betriebsüblichen Arbeitszeit statt und sind die ArbN zur Teilnahme verpflichtet, sind derartige Mit-

arbeiterversammlungen nach § 87 Abs 1 Nr 3 BetrVG mitbestimmungspflichtig (BAG 13.3.01 – 1 ABR 33/00, NZA 01, 976).

Gesetzlich geregelt ist demgegenüber die Sonderfunktion der Betriebsversammlung bei der **Betriebsratswahl.** Gem § 17 Abs 2 BetrVG wird bei der erstmaligen Wahl eines BRat in Betrieben mit mehr als 50 ArbN der Wahlvorstand in einer Betriebsversammlung gewählt, sofern weder ein GBRat noch ein KBRat existiert. In Kleinbetrieben bis 50 ArbN ist in diesem Fall im Rahmen des vereinfachten Wahlverfahrens eine sog Wahlversammlung gem §§ 14a, 17a BetrVG durchzuführen. Erfolgt diese Betriebsversammlung auf Einladung einer im Betrieb vertretenen Gewerkschaft, so ist dem Gewerkschaftssekretär Zutritt zum Betrieb zu gewähren, um das Einladungsschreiben auszuhängen (LAG RhPf 11.1.13 – 9 TaBVGa 2/12, BeckRS 2013, 67861). Sie findet im Betrieb statt (LAG Hamm 12.4.13 – 13 TaBV 64/12, BeckRS 2013, 69957). 4

**2. Einberufung und Ablauf. a) Einberufen** wird die Betriebsversammlung durch **Beschluss des Betriebsrats** (§ 43 Abs 1 Satz 1 BetrVG), den der BRatVorsitzende ausführt. Besondere Formerfordernisse sind nicht zu beachten. Die Einberufung erfolgt nach pflichtgemäßem Ermessen des BRat in betriebsüblicher Form (Schwarzes Brett, Rundschreiben, Werkszeitung etc). Sie hat so rechtzeitig zu erfolgen, dass alle ArbN Kenntnis nehmen können (ArbG Hbg 7.1.15 – 27 BVGa 5/14, NZA-RR 15, 137). Der ArbGeb ist unter Mitteilung der Tagesordnung einzuladen (§ 43 Abs 2 Satz 1 BetrVG). Den im Betrieb vertretenen Gewerkschaften sind Zeitpunkt, Ort und Tagesordnung rechtzeitig schriftlich mitzuteilen (§ 46 Abs 2 BetrVG). Evtl Einberufungsmängel haben keine Auswirkungen auf die Vergütungspflicht des § 44 BetrVG (LAG BaWü 17.2.87, DB 87, 1441). 5

**b) Leitung.** Geleitet wird die Betriebsversammlung vom BRatVorsitzenden (§ 42 Abs 1 Satz 1 BetrVG), im Verhinderungsfall von dessen Stellvertreter oder bei dessen Verhinderung von einem anderen BRatMitglied (BAG 19.5.78, DB 78, 2032). Der BRatVorsitzende übt während der Betriebsversammlung das **Hausrecht** aus (BAG 18.3.64, BB 64, 804; 13.9.77, DB 77, 2452; LAG Hamm 17.3.05 – 10 TaBV 51/05, BeckRS 2005, 41754), das sich auch auf die Zugangswege zum Versammlungsraum erstreckt (*Fitting* § 42 Rz 36a; aA GK-BetrVG/*Weber* § 42 Rz 39; *Richardi/Annuß* § 42 Rz 29, die insoweit aber eine entsprechende Verpflichtung des ArbGeb bejahen). Streit über den Umfang des Zutrittsrechts zu sonstigen Räumen im Zusammenhang mit einer Betriebsversammlung ist mit dem ArbGeb zu klären (BAG 22.5.12 – 1 ABR 11/11, NZA 12, 1176). Vorschriften über die Gestaltung der Betriebsversammlung im Einzelnen bestehen nicht. Dies kann durch eine Geschäftsordnung geregelt werden; ansonsten ist nach parlamentarischem Brauch zu verfahren (*Mußler* NZA 85, 445). 6

Eine **Aufzeichnung** der Betriebsversammlung auf Bild- oder Tonträger ist nur mit Zustimmung des Versammlungsleiters möglich, der die Tatsache der Aufnahme vor Sitzungsbeginn mitteilen muss (LAG München 15.11.77, DB 78, 894). Im Schrifttum wird teilweise darüber hinaus gefordert, dass sämtliche Teilnehmer (*Gaul* DB 75, 980) zustimmen. Persönliche Aufzeichnungen darf jeder Teilnehmer (auch der ArbGeb) vornehmen. Ein vollständiges Wortprotokoll erscheint aus Gründen des Persönlichkeitsrechts und wegen § 2 Abs 1 BetrVG bedenklich (LAG Hamm 9.7.86, NZA 86, 842; LAG Düsseldorf 4.9.91, DB 91, 2552 [LS]; aA LAG BaWü 27.10.78, DB 79, 316). 7

**3. Teilnahmeberechtigt** an der Betriebsversammlung bzw Abteilungsversammlung sind sämtliche ArbN des Betriebes bzw der Abteilung mit Ausnahme der leitenden Angestellten (§ 5 Abs 3 BetrVG), deren Teilnahmeberechtigung aber vereinbart werden kann. Gem § 14 Abs 2 Satz 2 AÜG dürfen auch LeihArbN teilnehmen. Diese Vorschrift gilt entsprechend für Auszubildende eines reinen Ausbildungsbetriebs, die zur praktischen Ausbildung zeitweilig dem Betrieb eines anderen Konzernunternehmens zugewiesen sind, bezüglich dort stattfindender Betriebsversammlungen (BAG 24.8.11 – 7 ABR 8/10, NZA 12, 223). Auch ein gekündigter ArbN, der gegen die Kündigung Kündigungsschutzklage erhoben hat, darf bis zur rechtskräftigen Entscheidung über die Wirksamkeit der Kündigung an Betriebsversammlungen teilnehmen (LAG MeVo 30.1.17 – 3 TaBVGa 1/17, BeckRS 2017, 104838). 8

Der **Arbeitgeber** hat das Recht, an allen regelmäßigen Betriebsversammlungen (§ 43 Abs 2 Satz 1 BetrVG), den weiteren Betriebsversammlungen iSd § 43 Abs 1 Satz 4 BetrVG sowie den auf seinen Antrag anberaumten außerordentlichen Betriebsversammlungen (§ 43

Abs 3 Satz 1 BetrVG) teilzunehmen (LAG Hess 27.2.17 – 16 TaBV 76/16, BeckRS 2017, 117411). Ein gesetzliches Teilnahmerecht des ArbGeb hinsichtlich der übrigen Betriebsversammlungen besteht nicht (BAG 27.6.89, DB 89, 2543). Nimmt der ArbGeb an einer Betriebsversammlung teil, kann er vom Versammlungsleiter verlangen, dass an seiner Stelle einem von ihm hinzugezogenen Beauftragten des ArbGebVerbandes das Wort erteilt wird (BAG 19.5.78, DB 78, 2032).

9 Die Betriebsversammlung ist **nicht öffentlich** (§ 42 Abs 1 Satz 2 BetrVG). Daher ist die Hinzuziehung von Presse-, Rundfunk- und Fernsehvertretern generell unzulässig. Die Teilnahme betriebsfremder Mitglieder des GBRat/KBRat ist kein Verstoß gegen den Grundsatz der Nichtöffentlichkeit (BAG 28.11.78, DB 79, 1185; LAG BlnBbg 24.8.18 – 9 TaBV 157/18, BeckRS 2018, 23729). Im Schrifttum wird auch die Möglichkeit einer „virtuellen" Betriebsversammlung unter Nutzung einer Videokonferenzschaltung für zulässig erachtet (*Thüsing/Beden* BB 19, 372).

10 Gem § 46 BetrVG sind Beauftragte von **Arbeitgeberverbänden** bei Hinzuziehung durch den ArbGeb bzw **Gewerkschaften,** soweit sie im Betrieb vertreten sind, teilnahmeberechtigt. Gewerkschaften iSd Vorschrift sind nur tariffähige ArbNKoalitionen (BAG 19.9.06 – 1 ABR 53/05, NZA 07, 518). Beruht die Personalvertretung auf einem Tarifvertrag (hier: Fluggewerkschaft), kann das Zutrittsrecht zu Personalversammlungen für im Betrieb vertretene Gewerkschaften nicht auf die tarifschließende Gewerkschaft begrenzt werden (LAG BlnBbg 19.9.17 – 7 TaBV 91/17, NZA-RR 18, 147). Im Übrigen können im Einzelfall **Sachverständige** oder sonstige **Gäste** teilnehmen. Bei der Einladung von Sachverständigen durch den BRat ist wegen der Kostentragung § 80 Abs 3 BetrVG zu beachten (BAG 19.4.89, DB 89, 1774). Die Teilnahme eines externen Referenten ist auch gegen den Widerspruch des ArbGeb möglich (BAG 13.9.77, DB 77, 2452). Die Hinzuziehung eines **Dolmetschers** für ausländische ArbN ist zulässig (ArbG Stuttgart 27.2.86, ArbuR 86, 316 [LS]). Das Gleiche gilt für einen ausländischen Referenten (LAG BaWü 16.1.98 – 5 TaBV 14/96, NZA-RR 98, 306: BRatMitglieder aus ausländischem Schwesterunternehmen).

11 **4. Ort/Kosten.** Die Betriebsversammlung findet regelmäßig im Betrieb statt. § 40 Abs 2 BetrVG gilt entsprechend. Der BRat hat demgemäß einen Anspruch auf Überlassung von Räumlichkeiten, die geeignet sind, eine Betriebsversammlung ordnungsgemäß durchzuführen (LAG Hess 10.10.13 – 5 TaBV 323/12, BeckRS 2015, 70500). Sind keine geeigneten Räume vorhanden, muss der ArbGeb außerhalb des Betriebes Räume und/oder Mobiliar anmieten (LAG RhPf 23.3.10 – 3 TaBV 48/09, BeckRS 2010, 68204: Stehtische). Der ArbGeb ist grds nicht verpflichtet, die Kosten der Bewirtung der Teilnehmer zu tragen (LAG Nbg 25.4.12 – 4 TaBV 58/11, NZA-RR 12, 524). Nach der Rspr des BAG können Betriebsversammlungen für vorübergehend ins Ausland entsandte ArbN nicht im **Ausland** stattfinden (BAG 27.5.82, DB 82, 2519; zuletzt offen gelassen von LAG München 7.7.10 – 5 TaBV 18/09, BeckRS 2010, 32441). Diese Ansicht ist bereits aus Praktikabilitätsgründen abzulehnen, da ansonsten häufige Auslandsreisen von BRatMitgliedern notwendig sein dürften (→ *Auslandstätigkeit* Rn 18).

12 **5. Zeitpunkt. a) Regelmäßige Betriebsversammlungen** (§ 43 Abs 1 Satz 1 BetrVG) sowie Betriebsversammlungen auf Wunsch des ArbGeb (§ 43 Abs 3 BetrVG) finden grds **während der Arbeitszeit** (§ 44 Abs 1 Satz 1 BetrVG) statt. „Arbeitszeit" meint die betriebliche Arbeitszeit, während der ein erheblicher Teil der ArbN arbeitet (BAG 27.11.87, DB 88, 810).

13 Nach pflichtgemäßem Ermessen soll der BRat den Zeitpunkt der regelmäßigen Betriebsversammlung so wählen, dass möglichst viele ArbN während ihrer persönlichen Arbeitszeit an der Betriebsversammlung teilnehmen können (BAG 27.11.87, DB 88, 810). Gesetzliche Vorgaben bezüglich der höchstzulässigen **Dauer** einer Betriebsversammlung bestehen nicht (*Fitting* § 44 Rz 10 f; *DKK/Berg* § 44 Rz 3). Auch eine Vertagung ist möglich, wenn die Tagesordnung beim ersten Termin nicht abschließend behandelt werden konnte (*Ludwig/Forschner* DB 19, 907). Der BRat muss auf betriebliche Notwendigkeiten Rücksicht nehmen, um die entstehenden Betriebsablaufstörungen so gering wie möglich zu halten. Zweckmäßigerweise wird er daher die Betriebsversammlung an den Beginn oder an das Ende der Arbeitszeit legen. Betriebsversammlungen, die nach der Tagesordnung voraussicht-

lich nicht länger als 8 Stunden dauern, sind grds an einem Kalendertag abzuhalten (LAG MeVo 15.10.08 – 2 TaBV 2/08, BeckRS 2008, 57712).

Bei **Schichtarbeit** entscheidet der BRat, in welche Schicht die Betriebsversammlung gelegt werden soll (BAG 5.5.87, DB 87, 1945). Oft wird hier eine „überlappende" Betriebsversammlung zwischen den Schichten sinnvoll sein (LAG SchlHol 30.5.91, DB 91, 2247 [LS]; *Bischof* BB 93, 1937). Bei **gleitender Arbeitszeit** sollte die Betriebsversammlung in die Kernarbeitszeit gelegt werden. Auch bei **Teilzeitarbeitnehmern** gelten die vorgenannten Grundsätze; es besteht kein Erfordernis, die Betriebsversammlung wegen der TeilzeitArbN grds außerhalb der Arbeitszeit durchzuführen (BAG 27.11.87, DB 88, 810; *Lipke* NZA 90, 758). 14

Auch bei **Einzelhandelsunternehmen** können Betriebsversammlungen grds während der Arbeitszeit stattfinden. Dem steht nicht die Eigenart dieser Betriebe (§ 44 Abs 1 Satz 1 BetrVG) entgegen (BAG 9.3.76, DB 76, 1291). Allerdings sind hier Betriebsablaufstörungen nach dem Grundsatz der Verhältnismäßigkeit besonders zu berücksichtigen (Schlussverkauf, Weihnachtsgeschäft, besondere Stoßzeiten). Einen Anspruch auf Schließung des Betriebes (zB Kaufhaus) während der gesetzlichen Ladenöffnungszeiten hat der BRat aus § 44 BetrVG nicht (LAG Köln 23.10.85, LAGE Nr 3 zu § 44 BetrVG; LAG Köln 19.4.88, LAGE Nr 4 zu § 44 BetrVG). 15

**Außerhalb der Arbeitszeit** ist eine regelmäßige Betriebsversammlung nur zulässig, wenn zwingende, in der Eigenart des Betriebes liegende Gründe entgegenstehen (§ 44 Abs 1 BetrVG). Hier ist ein **strenger Maßstab** anzulegen (BAG 27.11.87, DB 88, 810). Das Entstehen von Produktions- und Umsatzeinbußen genügt ebenso wenig wie die außergewöhnliche Größe des Betriebs (ArbG Darmstadt 7.5.09 – 7 BVGa 13/09, BeckRS 2009, 66084: Logistik-Unternehmen im Just-in-Time-System; 27.11.03 – 5 BVGa 39/03, AiB 04, 754: Betriebsversammlung im Einzelhandel in erster Dezemberwoche; ArbG Wuppertal 9.7.96, AiB 97, 347: Postniederlassung mit ca 2500 Beschäftigten; ArbG Essen 14.4.11 – 2 BVGa 3/11, NZA-RR 11, 579: Küche in Klinikum). Erforderlich sind vielmehr technisch untragbare Störungen des Betriebsablaufs und in Ausnahmefällen auch absolute wirtschaftliche Unzumutbarkeit (LAG SchlHol 28.10.96, AiB 97, 348; vgl außerdem die Einzelbeispiele bei GK-BetrVG/*Weber* § 44 Rz 18; *Hunold* AR-Blattei Betriebsverfassung XI C). 16

**b) Außerordentliche Betriebsversammlungen,** die der BRat auf eigene Initiative oder auf Antrag eines Viertels der Belegschaft einberuft, finden grds außerhalb der Arbeitszeit statt, es sei denn, der ArbGeb stimmt der Abhaltung während der Arbeitszeit zu (§ 44 Abs 2 BetrVG). An die erforderliche Dringlichkeit der zu behandelnden Angelegenheit einer weiteren Betriebsversammlung iSd § 43 Abs 1 Satz 4 BetrVG sind hohe Anforderungen zu stellen (BAG 23.10.91, DB 92, 689). 17

**6. Themen von Betriebs- und Abteilungsversammlungen** können gem § 45 BetrVG Angelegenheiten sein, die den Betrieb oder seine ArbN unmittelbar betreffen einschließlich solcher tarifpolitischer, sozialpolitischer, umweltpolitischer und wirtschaftlicher Art unter Berücksichtigung der Grundsätze des § 74 Abs 2 BetrVG sowie Gleichstellungs- und Integrationsangelegenheiten. Die Aufzählung der Themen in § 45 BetrVG ist lediglich beispielhaft und nicht abschließend. Unproblematisch zulässig sind alle Fragen, die zu dem Aufgabenbereich des BRat gehören. 18

Zu den **tarifpolitischen Angelegenheiten** zählen sämtliche Informationen über Bestrebungen der Tarifpartner bezüglich Abschluss oder Änderung von einschlägigen Tarifverträgen wie zB eine Information über den Stand aktueller Tarifverhandlungen (ArbG Oldenburg 29.5.89, NZA 89, 652; zu Unrecht differenzierend ArbG Wilhelmshaven 27.10.88, NZA 89, 571, wonach ein Bericht über Einzelforderungen des ArbGeb in Tarifverhandlungen unzulässig ist). Eine Betriebsversammlung zur Erörterung möglicher Arbeitskampfmaßnahmen verstößt demgegenüber gegen die arbeitskampfrechtliche Neutralitätspflicht des BRat (ArbG Neumünster 25.1.94, DB 94, 436). 19

Der Begriff der **sozialpolitischen Angelegenheiten** ist weit zu verstehen und umfasst bspw ein Referat über aktuelle Fragen der gesetzlichen RV (LAG Brem 5.3.82, DB 82, 1573), über die Wahlfreiheit in der KV (ArbG Paderborn 24.10.96 – 2 BVGa 4/96, NZA-RR 98, 23), über das Gesetz zur Verbesserung der betrieblichen Altersversorgung (BAG 13.9.77, DB 77, 2452), über die Auswirkungen einer bevorstehenden sozial- bzw arbeits- 20 rechtlichen Gesetzesänderung (GK-BetrVG/*Weber* § 45 Rz 14; aA ArbG München 3.2.86, NZA 86, 235; ArbG Minden 2.7.96, AiB 96, 555).

21 **Umweltpolitische Angelegenheiten** sind sämtliche mit dem betrieblichen Umweltschutz zusammenhängenden Fragen. § 89 Abs 3 BetrVG enthält insoweit eine weitreichende gesetzliche Legaldefinition.

**Wirtschaftliche Angelegenheiten** sind schließlich sowohl konkrete wirtschaftliche Maßnahmen des ArbGeb (zB bevorstehender Betriebsübergang, Betriebsänderungen etc) als auch gesetzgeberische und wirtschaftspolitische Maßnahmen. Sämtliche Angelegenheiten müssen jedoch immer einen unmittelbaren Bezug zu dem Betrieb oder zu seinen ArbN haben.

22 Die **Themenkontrolle und -überwachung** obliegt dem BRatVorsitzenden. Die ArbN dürfen auf der Betriebsversammlung ihre Meinung zu allen betrieblichen Angelegenheiten frei äußern. Dies beinhaltet auch das Recht zur sachlichen Kritik am ArbGeb, wobei kein kleinlicher Maßstab anzulegen ist.

23 Gem § 43 Abs 2 Satz 3 BetrVG ist der ArbGeb verpflichtet, einmal jährlich in einer Betriebsversammlung umfassend über das **Personal- und Sozialwesen** sowie die wirtschaftliche Lage und Entwicklung des Betriebes und über den betrieblichen Umweltschutz zu berichten. Bei Bestehen eines einheitlichen Betriebes für mehrere Unternehmen muss dieser Bericht durch sämtliche betroffenen ArbGeb erfolgen (LAG Hbg 15.12.88, NZA 89, 733 [LS]). In diesem Zusammenhang kann der ArbGeb uU die Beschäftigten über die Kosten der Amtsführung des BRat informieren. Hierbei muss er jedoch die berechtigten Belange des BRat beachten und darf durch Art und Weise der Informationsgestaltung und -vermittlung den BRat nicht in seiner Amtsführung beeinträchtigen (zB einseitige Information der ArbN durch Heraushebung der BRatKosten; BAG 12.11.97 – 7 ABR 14/97, NZA 98, 559; zu Unrecht kritisch *Hunold* BB 99, 1492).

24 **Rechtsfolge** der Behandlung eines **unzulässigen Themas** ist insbes der Verlust von Vergütungsansprüchen der ArbN (→ Rn 29 ff), wenn es sich um eine wesentliche Überschreitung handelt und die Veranstaltung hierdurch ihren Charakter als Betriebsversammlung verliert (LAG Hamm 5.11.86, LAGE Nr 4 zu § 44 BetrVG; LAG Düsseldorf 10.3.81, DB 81, 1729).

25 **7. Vergütungsansprüche. a) Grundsatz.** Die Teilnahme an einer Betriebsversammlung stellt keine Arbeitsleistung dar. Dementsprechend ist nach § 44 Abs 1 S 2 BetrVG die Zeit der Teilnahme „wie Arbeitszeit" zu vergüten und § 44 Abs 1 Satz 2 und 3 BetrVG sind keine Ausprägung des Lohnausfallprinzips, sondern enthalten eine eigenständige kollektivrechtliche Vergütungsregelung (BAG 14.11.06 – 1 ABR 5/06, NZA 07, 458; 31.5.89, DB 90, 793; kritisch *Bengelsdorf* NZA 89, 905; *Buchner* SAE 88, 10). Der ArbN erfüllt danach die Voraussetzungen des Vergütungsanspruchs allein durch die Teilnahme an der Betriebsversammlung, ohne dass zu prüfen ist, ob er für den Fall der Nichtteilnahme einen Lohnanspruch erworben hätte.

26 Der Lohnanspruch besteht sowohl bei Betriebsversammlungen während Kurzarbeit (BAG 5.5.87, NZA 87, 714), während eines Streiks (BAG 5.5.87, NZA 87, 853) sowie während Erholungs- oder Erziehungsurlaub (BAG 5.5.87, NZA 87, 712 und 31.5.89, DB 90, 793). Einen Vergütungsanspruch haben auch Teilzeitbeschäftigte und Kapovaz-ArbN, wobei bei letzteren allerdings eine Anrechnung der Dauer der Betriebsversammlung auf das Arbeitsdeputat in Betracht kommt (*Lipke* NZA 90, 758).

27 **b) Umfang.** Es wird lediglich die betriebsübliche Arbeitszeit vergütet, dh ein Anspruch auf Sonntagszuschlag besteht nur, wenn die Betriebsversammlung in einer Freischicht am Sonntag stattfindet (BAG 1.10.74, DB 75, 310). Auch ein Anspruch auf Mehrarbeitszuschlag besteht nicht, da die Betriebsversammlung nur „wie Arbeitszeit" zu vergüten ist, jedoch keine Arbeitszeit darstellt und Arbeitszeitvorschriften nicht gelten (BAG 5.5.87, NZA 87, 712 und 853; *Bartz/Stratmann* NZA-RR 13, 281; *Wiebauer* NZA 13, 540; aA OVG Münster 10.5.11 – 4 A 1403/08, BeckRS 2011, 51413).

28 **c) Fahrtkosten.** Bei Betriebsversammlungen außerhalb der Arbeitszeit sind gem § 44 Abs 1 Satz 3 BetrVG zusätzlich Fahrtkosten zu vergüten.

29 **d) Wegfall.** Ausnahmsweise entfällt der Vergütungsanspruch des ArbN aus § 44 Abs 1 und 2 BetrVG, wenn die tatbestandlichen Voraussetzungen des § 43 BetrVG für die abge-

haltene Betriebsversammlung nicht vorgelegen haben. Der ArbN trägt insoweit das Risiko der Fehleinschätzung der Rechtslage durch den BRat. Dabei kommt es nicht darauf an, ob uU in der Person des ArbN ein schuldloser Rechtsirrtum vorliegt, denn fehlendes Verschulden kann einen gegen ihn gerichteten Schadensersatzanspruch ausschließen, vermag jedoch nicht die fehlende gesetzliche Anspruchsvoraussetzung für den Vergütungsanspruch zu ersetzen (BAG 23.10.91, DB 92, 689).

Demgemäß scheidet eine Vergütungspflicht des ArbGeb bei einer weiteren Betriebsversammlung iSd § 43 Abs 1 Satz 4 BetrVG aus, wenn es für eine solche Versammlung an der nötigen besonderen **Dringlichkeit** der Angelegenheit fehlt (BAG 23.10.91, DB 92, 689). 30

Ein Vergütungsanspruch entfällt auch dann, wenn die Betriebsversammlung außerhalb der Arbeitszeit stattgefunden hat, obwohl dies nach der Eigenart des Betriebs nicht erforderlich war. Entscheidend ist auch dabei ein objektiver Maßstab, nicht die subjektive Vorstellung des BRat (BAG 27.11.87, DB 88, 810). Gleiches gilt im umgekehrten Fall einer ausnahmsweise zu Unrecht während der Arbeitszeit stattfindenden Betriebsversammlung. 31

**Voraussetzung** für den Fortfall des Vergütungsanspruchs ist jedoch, dass der ArbGeb auf die Unrechtmäßigkeit der Betriebsversammlung und die vergütungsmäßigen Konsequenzen **hingewiesen** hat (LAG BaWü 17.2.87, DB 87, 1441; LAG Brem 5.3.82, DB 82, 1573). Dies ergibt sich aus der *Fürsorgepflicht.* Unter dem Gesichtspunkt des Vertrauensschutzes kann schließlich trotz fehlender gesetzlicher Voraussetzungen eine Vergütungspflicht bestehen, wenn der ArbGeb den Eindruck erweckt hat, er sei mit der Durchführung der Versammlung einverstanden (BAG 23.10.91, DB 92, 689). 32

**8. Einstweiliger Rechtsschutz.** In vielen Fällen reicht der Fortfall der Vergütungsansprüche der ArbN nicht aus, um die Rechtsposition des ArbGeb hinreichend zu sichern. Hier gewährt die Rspr dem ArbGeb die Möglichkeit, mit Hilfe einer einstweiligen Verfügung im Rahmen eines arbeitsgerichtlichen Beschlussverfahrens noch vor der Durchführung der Betriebsversammlung diese in gesetzmäßige Bahnen zu lenken. So kann zB der ArbGeb in Zweischichtbetrieben Teilversammlungen verhindern (LAG SchlHol 26.6.91, AiB 91, 391). Das Gleiche gilt, wenn die Betriebsversammlung zu einem fehlerhaften Zeitpunkt einberufen wird (LAG Düsseldorf 24.10.72, DB 72, 2212; *Bischof* BB 93, 1937). Auch eine Betriebsversammlung mit unzulässiger Thematik oder unzulässigen Referenten kann auf diese Weise verhindert werden. Umgekehrt kann sich der BRat mit denselben rechtlichen Mitteln unter Berufung auf den allgemeinen Unterlassungsanspruch (→ *Unterlassungsanspruch* Rn 14 ff) gegen rechtswidrige ArbGebVersammlungen (→ Rn 3) zur Wehr setzen (*Rieble* ArbuR 95, 245). 33

**9. Betriebsräteversammlung.** Um in größeren **Unternehmen** einer größeren Zahl von BRatMitgliedern die Möglichkeit einer unmittelbaren Information über die Tätigkeit des GBRat und die wirtschaftliche Lage und Entwicklung des Unternehmens zu geben, schreibt § 53 BetrVG mindestens einmal jährlich die Durchführung einer BRäteVersammlung vor. Außerdem soll der allgemeine Gedankenaustausch zwischen den verschiedenen BRatMitgliedern eines Unternehmens gefördert werden. Wegen der Arbeitsversäumnis der teilnehmenden BRatMitglieder gelten die Grundsätze des § 37 Abs 2 und 3 BetrVG (ArbG Siegen 16.1.98 – 1 Ca 278/97, NZA-RR 98, 360). Die Erstattung der Reisekosten richtet sich nach § 40 BetrVG (*Fitting* § 53 Rz 41). Eine **konzernweite** Betriebsversammlung ist auch bei Existenz eines KBRat vom Gesetz **nicht** vorgesehen. Gem § 53 Abs 3 Satz 1 BetrVG können BRäteVersammlungen auch in Form von **Teilversammlungen** durchgeführt werden. 34

**Streitigkeiten** hinsichtlich Einberufung und Durchführung der BRäteVersammlung sind im arbeitsgerichtlichen Beschlussverfahren bei dem ArbG zu führen, in dessen Bezirk sich der Unternehmenssitz befindet. Besteht Streit um die Teilnahmeberechtigung einzelner BRatMitglieder, ist das ArbG der jeweiligen Betriebsstätte örtlich zuständig (*Fitting* § 53 Rz 46). 35

## B. Lohnsteuerrecht

*Thomas*

Sofern die Betriebsversammlung mit Zuwendungen des ArbGeb verbunden ist, gelten die zum Stichwort → *Betriebsveranstaltung* Rn 2 ff dargelegten Grundsätze. Fehlen solche und damit das gesellschaftliche Element oder sind sie nur unbedeutend (der Kaffee in der Pause), 36 können bei Anreise auswärtiger ArbN Reisekosten steuerfrei zugewendet bzw als Werbungskosten geltend gemacht werden (BMF 16.5.72, BB 72, 697). Wird eine Betriebsversammlung (Teilnahmepflicht) mit einem Betriebsausflug (Teilnahme freigestellt) verbunden, sind Zuwendungen funktional zu trennen und zuzuordnen (BFH 30.4.09 – VI R 55/07, BStBl II 09, 726 = DStR 09, 1358).

### C. Sozialversicherungsrecht *Ruppelt*

37 **1. Versicherungsschutz** der gesetzlichen UV besteht für Teilnehmer an Betriebsversammlungen oder Abteilungsversammlungen iSv §§ 42 ff BetrVG. Gleiches gilt für Mitarbeiterversammlungen (→ Rn 3). Voraussetzung ist, dass die Betriebs- oder Mitarbeiterversammlung vom BRat oder ArbGeb einberufen wird, weil nur dann gewährleistet ist, dass es sich um ein Zusammentreffen in betrieblichem Interesse handelt. Betriebliches Interesse liegt auch vor, wenn die Versammlung nur den Interessen der ArbN des Betriebs dient, denn die Wahrnehmung der Belange der ArbN gehört zu den betrieblichen Gemeinschaftsaufgaben. Das gilt nicht bei einer Feier des BRat, zu der **nur dessen Mitglieder** eingeladen sind (BSG 20.2.01 – B 2 U 7/00 R, NJW 02, 1446). Freiwilligkeit der Teilnahme lässt den Versicherungsschutz ebenso wenig entfallen wie Versammlungen außerhalb der Arbeitszeit. Zu den allgemeinen Voraussetzungen des Versicherungsschutzes, insbes der Kausalität zwischen versicherter Verrichtung und Gesundheitsschädigung, → *Arbeitsunfall* Rn 31 ff. Hinsichtlich des Umfanges des Versicherungsschutzes und der Leistungen im Versicherungsfall gelten die allgemeinen Regeln der gesetzlichen UV (→ *Unfallversicherung* Rn 26 ff; → *Wegeunfall* Rn 13 ff).

38 **2. Betriebliche Gemeinschaftsveranstaltungen** sind von den Betriebsversammlungen im dargelegten Sinn zu unterscheiden. Betriebliche Gemeinschaftsveranstaltungen dienen der Verbundenheit von Betriebsleitung und Belegschaft (Betriebsfeste, Betriebsausflüge). Einzelheiten → *Betriebsveranstaltung* Rn 20 ff.

39 **3. Versammlungen von Berufsverbänden** sind unfallversichert, wenn der Teilnehmer im Auftrag oder auf Anordnung seines Betriebes teilnimmt. Ansonsten ist der Teilnehmer nur versichert, wenn ihm Kenntnisse vermittelt werden sollen, die für seinen Betrieb von wirtschaftlichem Nutzen sind und die er entsprechend verwenden kann. Das ist bei allg sozialpolitischen Veranstaltungen (Gewerkschaftskongress, Demonstration, Protestkundgebung) nicht der Fall (LSG NRW 17.6.15 – 17 U 663/12, BeckRS 2015, 72124). Auch die Teilnahme am Streik ist grds unversichert (anders Streikhelfer im Verhältnis zur Gewerkschaft nach § 2 Abs 2 Satz 1 SGB VII).

# Bewerbung

### A. Arbeitsrecht *Poeche*

1 **1. Allgemeines.** Mit einer Bewerbung bringt der ArbN sein Interesse an der Aufnahme eines Arbeitsverhältnisses zum Ausdruck. Sie ist je nach dem Einzelfall nur ein Vorfühlen, ob der ArbGeb überhaupt einen freien Arbeitsplatz zur Verfügung stellen kann, oder Reaktion auf eine öffentliche oder innerbetriebliche Ausschreibung. Sie kann auch bloße Befolgung eines Vermittlungsvorschlags der Agentur für Arbeit sein. Mit jeder Bewerbung entstehen mehr oder weniger verdichtete Rechtsbeziehungen, die auch dann zu Rechtsansprüchen führen können, wenn es nicht zum Abschluss eines Arbeitsvertrages kommt. Bewirbt sich der ArbN aus einem bestehenden Arbeitsverhältnis heraus, ist zugleich die Rechtsposition zum bisherigen ArbGeb betroffen (→ *Stellensuche* Rn 1–8).

2 **2. Bewerbungsunterlagen.** Das sind regelmäßig das Bewerbungsschreiben, Lebenslauf, Arbeitszeugnisse, Schul- oder Hochschulbescheinigungen, Ausbildungsnachweise, Referenzen usw. Die **Beschaffungskosten** (Kopien, Lichtbild) trägt der **Bewerber,** einschließlich der erforderlichen Übermittlungskosten. Das gilt auch für ein vom ArbGeb verlangtes Führungszeugnis (zur Zulässigkeit → *Auskunftspflichten Arbeitnehmer* Rn 28). Eine Abwälzung auf den ArbGeb kommt nur in Betracht, wenn es sich um völlig außergewöhnliche

Unterlagen handelt. Das wird auch dann zu gelten haben, wenn die Kosten sehr hoch sind und eine Übernahme durch die Agentur für Arbeit ausscheidet (zB medizinisch-psychologisches Eignungsgutachten für eine Ausbildung zum Kraftomnibusfahrer); zumindest muss der ArbGeb ausdrücklich auf die Kostenpflicht des ArbN hinweisen. Zum datenschutzrechtlichen Umgang mit Bewerberdaten: *Grimm/Kühne* ArbRB 18, 245; *Hafenmeyer* DB 19, 2354; *Haußmann/Kartwatzki/Ernst* DB 18, 2697; beim sog E-Recruiting: *Göpfert/Koops* ArbRAktuell 17, 185 sowie bei Bewerberdaten aus dem Internet: *Gola* NZA 19, 654.

**3. Verwahrung und Rücksendung.** Auf unverlangt eingehende Bewerbungen braucht der ArbGeb nicht zu reagieren; die Bewerbungsunterlagen sind nur zurückzusenden, wenn der Bewerber einen Freiumschlag beigelegt hat. Eine Rechtspflicht besteht allerdings nicht. Meldet sich der Bewerber innerhalb angemessener Frist nicht erneut, können die Unterlagen vernichtet werden. Das dürfte auch für Originale gelten (*Laber/Klein* ArbRB 02, 171). Anderes gilt bei Bewerbungen, zu denen der ArbGeb – wenn auch allgemein über Inserat, Agentur für Arbeit oÄ – aufgefordert hat. Das **Anbahnungsverhältnis** begründet Verhaltenspflichten. Neben einer üblichen Eingangsbestätigung sind dem ArbN die Unterlagen nach Abschluss des (erfolglosen) Bewerbungsverfahrens vollständig auf Kosten des ArbGeb zuzuleiten. In der Zwischenzeit sind die Unterlagen sorgfältig zu verwahren; bei Beschädigungen oder Verlust ist Ersatz zu leisten. Führt die Bewerbung zur Einstellung des ArbN, werden sie Gegenstand der Personalakte (→ *Personalakte* Rn 4). Führt die Bewerbung nicht zur Einstellung, sind die Daten nach Ablauf des Zeitraums der zulässigen Dauer der Speicherung zu löschen. Die Frage, wie lange die Daten gespeichert werden dürfen, wird allerdings nicht einheitlich beantwortet. Zulässig ist es, die Daten solange zu speichern, wie mit Rechtsstreitigkeiten mit dem Bewerber, etwa nach dem AGG, gerechnet werden kann, also mindestens zwei Monate und höchstens sechs Monate (zum Meinungsstand siehe *Faas/Henseler* BB 18, 2292; *Greßling* BB 15, 117; *Juli/Gömöry* PuR 01/17, 4). Die Speicherung von Bewerbungsunterlagen in einer Bewerberdatenbank darf grds nur mit Einwilligung des Bewerbers erfolgen (*Juli/Gömöry* PuR 01/17, 4). 3

**4. Vorstellungskosten. a) Grundsätze.** Fordert der ArbGeb den ArbN auf, sich persönlich vorzustellen, werden die hiermit verbundenen Aufwendungen auch ohne besondere Vereinbarung **verkehrsüblich** vom ArbGeb von vornherein übernommen oder gegen Beleg erstattet. Hierzu ist er nach ganz hM verpflichtet; auf die Vorschriften des Auftragsrechts wird zurückgegriffen (§§ 662–670 BGB; BAG 29.6.88 – 5 AZR 433/87, NZA 89, 468; LAG Nbg 25.7.95 – 2 Sa 73/94, LAGE § 670 BGB Nr 12; aA *Sieber/Wagner* NZA 03, 1312). Das gilt auch dann, wenn die Aufforderung des ArbGeb auf eine Initiativbewerbung des ArbN zurückgeht. Unerheblich ist, ob es zur Einstellung des Bewerbers kommt. Der ArbGeb kann den Anspruch **ausschließen,** indem er vorher den Bewerber ausdrücklich darauf hinweist, dass etwaige Kosten nicht übernommen werden (ArbG Kempten 12.4.94 – 4 Ca 720/94, DB 94, 1504). Hierzu genügt es nicht, wenn er ihn zu einer „unverbindlichen Rücksprache" bittet oder zum Ausdruck bringt, er stelle dem Bewerber ein Vorstellungsgespräch „anheim". Anders liegt es, wenn der ArbN ausdrücklich bittet, vorsprechen zu dürfen und der ArbGeb lediglich seine Zustimmung erteilt. Ebenso wenig wird ein Erstattungsanspruch begründet, wenn der ArbN den Betrieb unmittelbar auf eine Anzeige oder einen Vermittlungsvorschlag der Agentur für Arbeit hin aufsucht. Ausführlich zur Erstattung von Vorstellungskosten: *Roepert* NJW 17, 2076. 4

**b) Art und Höhe.** Zu erstatten sind die verkehrsüblichen und erforderlichen Auslagen. Hierzu gehören die **Fahrtkosten,** soweit der ArbN von dem Ort anreist, der dem ArbGeb bekannt ist. Regelmäßig sind bei Benutzung des Pkw die km zu erstatten; auf die steuerliche Pauschale kann zurückgegriffen werden. Angesichts der Üblichkeit der Pkw-Nutzung beschränkt sich der Anspruch des ArbN auf die niedrigeren Kosten öffentlicher Verkehrsmittel nur bei einem entsprechenden vorherigen Hinweis des ArbGeb. Zu **Taxikosten** ArbG Köln 20.5.05 – 2 Ca 10220/04, NZA-RR 05, 577. **Flugkosten** sind idR nur zu erstatten, wenn der ArbGeb ihre Übernahme zugesagt hat (ArbG Hbg 2.11.94 – 13 Ca 24/94, NZA 95, 428; ArbG Düsseldorf 15.5.12 – 2 Ca 2404/12, BeckRS 2012, 70405). **Übernachtungskosten** sind zu übernehmen, wenn dem ArbN nach der zeitlichen Lage des Vorstellungsgesprächs erkennbar eine taggleiche An- und Abreise nicht zumutbar ist. Im Ergebnis kann daher die Benutzung des Flugzeugs kostengünstiger sein; eine vorherige Abklärung ist 5 empfehlenswert. Regelmäßig ist der **Verpflegungsaufwand** nach Beleg oder steuerlicher Pauschale zu erstatten. Die Verjährungsfrist beträgt drei Jahre (§ 195 BGB).

Der dem ArbN entstehende **Zeitaufwand** ist **nicht** auszugleichen, und zwar weder ein genommener Urlaubstag noch ein etwaiger **Verdienstausfall.** Mit derartigen Kosten braucht der ArbGeb idR nicht zu rechnen; sie sind nicht verkehrsüblich, zumal der ArbN von seinem bisherigen ArbGeb gem §§ 629, 616 BGB bezahlte Freizeit zur Stellensuche beanspruchen kann (→ *Stellensuche* Rn 7). Wird dem ArbN ausnahmsweise Verdienstausfall erstattet, entfällt der Anspruch gegen den bisherigen ArbGeb. Ein gerichtlicher Vergleich, mit dem „alle eventuellen Ansprüche aus dem Arbeitsverhältnis und seiner Beendigung ausgeglichen" sind, erfasst idR auch Vorstellungskosten (LAG Nbg 29.9.03 – 6 Sa 882/02, NZA-RR 04, 290).

6 **c) Verweisung auf Leistungen der Bundesagentur für Arbeit.** Grds gilt, dass der ArbGeb vorab klarzustellen hat, wenn er üblicherweise zu übernehmende Kosten nicht trägt. Auch die Möglichkeit für den Bewerber, Leistungen von der BA zu erlangen, sollte daher vorher angesprochen werden. Entstehen dem ArbN infolge einer Leistungsgewährung durch die BA tatsächlich keine Kosten, entfällt der Aufwendungsersatzanspruch gegen den ArbGeb.

7 **5. Entschädigungsansprüche des Bewerbers.** Zur Vermeidung von Entschädigungsansprüchen muss der ArbGeb auf eine diskriminierungsfreie Behandlung der Bewerber achten (umfassend *Krieger/Rudnik* ArbRAktuell 17, 427, 451; *Korinth* ArbRB 19, 82). Es ist jeder Anschein zu vermeiden, die *Personalauswahl* orientiere sich an einem der nach § 1 AGG verbotenen Merkmale (BAG 17.12.09 – 8 AZR 670/08, NZA 10, 383; BAG 24.1.13 – 8 AZR 429/11, BeckRS 2013, 67925; → *Diskriminierung* Rn 1 ff). Auch die in einem Online-Bewerbungsportal des ArbGeb verlangten Angaben können grds Indizien für eine Benachteiligung begründen (BAG 15.12.16 – 8 AZR 418/15, BeckRS 2016, 119064 mit Anm *Fuhlrott* ArbRAktuell 17, 287; zum Einsatz von Algorithmen im Bewerbungsverfahren: *Dzida/Groh* NJW 18, 1917; *Dzida* NZA 17, 541). Eine Person, die lediglich den formalen Status als Bewerber erlangen will, um Entschädigungsansprüche geltend machen zu können, kann Ansprüche aus dem AGG nicht geltend machen. Diese Zielsetzung ist anzunehmen, wenn die Bewerbung dem geforderten Anforderungsprofil vollkommen zuwider läuft oder andere auf einen Rechtsmissbrauch deutende Umstände vorliegen (EuGH 28.7.16 – C-423/15 Kratzer, NZA 16, 1014). Ein Anspruch aus § 15 Abs 1 und 2 AGG setzt aber nicht die objektive Eignung des Bewerbers voraus (BAG 19.5.16 – 8 AZR 470/14, NZA 16, 1394). Bewirbt sich ein schwerbehinderter Mensch, so haben der private ArbGeb § 164 SGB IX und der öffentliche ArbGeb zusätzlich § 165 SGB IX zu beachten (zu den dort geregelten Pflichten bei der Einstellung eines schwerbehinderten ArbN: *Lützeler/Wasser* öAT 17, 158). In der Praxis wird immer noch häufig gegen die dort normierten Pflichten verstoßen. Wird ein konfessionsloser Bewerber um eine Stelle bei einer Kirche abgelehnt, haben die Gerichte trotz des Selbstbestimmungsrecht der Kirchen im Einzelfall zu prüfen, ob die Konfessionszugehörigkeit des Bewerbers notwendig und angesichts des Ethos der Kirche aufgrund der Art der in Rede stehenden Tätigkeit oder der Umstände ihrer Ausübung objektiv geboten ist (EuGH 17.4.18 – C-414/16, NZA 18, 569).

Die vom BAG (20.5.10 – 8 AZR 287/08 (A), NZA 10, 1006) dem EuGH vorgelegte Frage, ob der Bewerber gegen den ArbGeb einen **Auskunftsanspruch** zur Vorbereitung eines Entschädigungsanspruchs hat, hat der EuGH (19.4.12 – C-415/10, NZA 12, 493) verneint. Er hat allerdings darauf hingewiesen, dass die Verweigerung jeglicher Information die Vermutung einer Diskriminierung mitbegründen kann. Das BAG hat daraufhin betont, dass allein die Verweigerung einer Auskunft noch kein Indiz iSd § 22 AGG darstellt; der Anspruchsteller muss vielmehr weitere Anhaltspunkte dartun (BAG 25.4.13 – 8 AZR 287/08, BeckRS 2013, 68457). Einen Anspruch des unterlegenen Bewerbers um eine Berufsbildungsmaßnahme auf Herausgabe von Informationen über die übrigen Bewerber hat der EuGH auf der Grundlage der Gleichbehandlungsrichtlinie ebenfalls verneint (EuGH 21.7.11 – C-104/10, BeckRS 2011, 81408, vgl hierzu auch *Gola* NZA 13, 360).

8 **6. Bewerbungsverfahrensanspruch.** Dem Bewerber um ein Amt im öffentlichen Dienst steht ein sog Bewerbungsverfahrensanspruch zu, aus dem ein subjektives Recht eines jeden Bewerbers auf ermessens- und beurteilungsfehlerfreie Einbeziehung in die Bewerber-

auswahl und somit auf chancengleiche Teilnahme am Bewerbungsverfahren folgt (BAG 19.5.15 – 9 AZR 837/13, NZA 15, 1074, umfassend *Matschiner* ZTR 19, 135). Denn nach Art 33 Abs 2 GG hat jeder Deutsche nach seiner Eignung, Befähigung und fachlichen Leistung gleichen Zugang zu jedem öffentlichen Amt, so dass jede Bewerbung nach diesen Kriterien beurteilt werden muss. Öffentliche Ämter iS des GG sind nicht nur Beamtenstellen, sondern auch Stellen die von ArbN besetzt werden können. Öffentliche Ämter können dabei auch Stellen bei öffentlichen Betrieben in privater Rechtsform sein (BAG 12.4.16 – 9 AZR 673/14, NZA 16, 1279). Um den Zugang zu einem öffentlichen Amt geht es aber nicht, wenn lediglich bei der befristeten Erhöhung der vertraglich vereinbarten Arbeitszeit eine Auswahl zu treffen ist (BAG 27.2.18 – 9 AZR 167/17, NZA 18, 1075). Der Bewerbungsverfahrensanspruch kann zB durch Fehler im Anforderungsprofil verletzt werden, denn auch dann beruhen die Auswahlerwägungen auf sachfremden, nicht am Leistungsgrundsatz orientierten Gesichtspunkten (BAG 10.2.15 – 9 AZR 554/13, BeckRS 2015, 68905; 6.5.14 – 9 AZR 724/12, NZA 15, 446). Verfahrensfehlerhaft sind auch die nicht ordnungsgemäße, weil zB § 9 Abs 2 LGG NRW widersprechende Besetzung der Auswahlkommission (LAG Hamm 1.6.17 – 11 Sa 1023/16, NZA-RR 17, 622), der grundlose Abbruch des Auswahlverfahrens (BAG 20.3.18 – 9 AZR 249/17, BeckRS 2018, 11168) und die fehlende Niederlegung der maßgeblichen Auswahlkriterien (ausführlich *Hauck-Scholz* öAT 16, 112 und öAT 17, 111 sowie öAT 19, 114; *Kalenbach* öAT 13, 7). Eine Verletzung des Anspruchs wird regelmäßig in sog arbeitsrechtlichen Konkurrentenklageverfahren geltend gemacht, wobei der Antrag auf die Einbeziehung in ein bestimmtes Bewerbungsverfahren (ausnahmsweise auf Verfahrenswiederherstellung, dh. erneute Entscheidung über die Auswahl der Bewerber, vgl LAG SchlHol 8.6.16 – 3 Sa 9/16, BeckRS 2016, 74179) und auf vorläufige Nichtbesetzung der ausgeschriebenen Stelle gerichtet ist. Da der Anspruch untergeht, wenn der öffentliche ArbGeb die Stelle besetzt hat (zu einer Ausnahme LAG SchlHol 8.6.16 – 3 Sa 9/16, BeckRS 2016, 74179), wird der Bewerber regelmäßig einstweiligen Rechtsschutz in Anspruch nehmen.

**7. Gerichtsstand.** Zuständig für einen Rechtsstreit gegen den ArbGeb im Zusammen- 9
hang mit einer erfolglosen Bewerbung ist das ArbG am Sitz des ArbGeb (ArbG Hanau 21.12.95 – 2 Ca 699/95, NZA-RR 96, 186). Dagegen sind die ordentlichen Gerichte zuständig für die **Auskunftsklage** eines Bewerbers gegen einen Rechtsanwalt, der im Namen eines namentlich nicht benannten ArbGeb eine Stellenanzeige schaltet. Dies gilt auch dann, wenn die Auskunft die Durchsetzung einen Entschädigungsanspruchs gem § 15 AGG gegen den ArbGeb vorbereiten soll (BAG 27.8.08 – 5 AZB 71/08, NZA 08, 1259). Die Entschädigungsklage nach § 15 Abs 2 AGG ist gegen den potentiellen ArbGeb, nicht gegen einen Vermittler zu richten (BAG 23.1.14 – 8 AZR 118/13, BB 14, 1534).

**8.** Zur **Anfechtbarkeit einer Einstellungserklärung** wegen unrichtiger Beantwortung 10
der vom ArbGeb zulässig gestellten Fragen und zu den Offenbarungspflichten des ArbN bei einer Bewerbung → *Personalauswahl* Rn 10–18.

**9. Mitbestimmungsrechte.** Nach § 99 Abs 1 BetrVG hat der ArbGeb den BRat ua bei 11
einer Einstellung zu beteiligen (→ *Mitbestimmung, personelle Angelegenheiten* Rn 6; → *Einstellung* Rn 2). Er leitet dieses Beteiligungsverfahren nur dann ordnungsgemäß ein, wenn er dem BRat die erforderlichen **Bewerbungsunterlagen** vorlegt. Dazu gehören nicht nur die von den Bewerbern eingereichten Unterlagen, sondern idR auch solche, die der ArbGeb über die Person erstellt hat (BAG 14.12.04 – 1 ABR 55/03, NZA 05, 827), nicht aber bloße Notizen, die anlässlich des Bewerbungsgesprächs von dem Personalsachbearbeiter als Erinnerungsstütze erstellt worden sind (BAG 14.4.15 – 1 ABR 58/13, NZA 15, 1081). Die Schwerbehindertenvertretung hat nach § 95 Abs 2 SGB IX aF (jetzt § 178 Abs 2 S 4 SGB IX) ein Recht auf Teilnahme an allen Bewerbungsgesprächen, wenn sich ein schwerbehinderter/gleichgestellt behinderter Mensch bewirbt und dieser mit der Teilnahme einverstanden ist (näheres: Hess LAG 17.3.16 – 9 TaBV 128/15, BeckRS 2016, 70210). Die Schwerbehindertenvertretung entscheidet allerdings selbst, ob und auf welche Weise sie sich im Bewerbungsverfahren einschaltet. Der ArbGeb ist nicht gehalten, etwa eine Teilnahme am Bewerbungsgespräch zu erwirken (LAG Hamm 26.11.15 – 15 Sa 803/15, BeckRS 2016, 67324).

**B. Lohnsteuerrecht** *Thomas*

16 **1. Charakter.** Bewerbungskosten sind **vorweggenommene Werbungskosten,** die nach § 9 Abs 1 Satz 1 EStG abziehbar sind, auch wenn es nicht zu den erstrebten Einnahmen kommt (BFH 15.4.92 – III R 96/88, BStBl II 92, 819; BFH 18.4.96 – VI R 5/95, BStBl II 96, 482 und BFH 18.4.96 – VI R 75/95, BStBl II 96, 529). Abweichendes gilt bei der – schwer nachweisbaren – nicht ernst gemeinten Bewerbung zur Erschleichung von Auslagenersatz, weil sie nicht der Erzielung steuerbarer Einnahmen dient.

17 **2. Abziehbare Kosten.** Zu den zu berücksichtigenden Aufwendungen des ArbN gehören neben den dem Einstellungsgespräch vorausgehenden Kosten (Fertigung und Versendung von Unterlagen, Telefon usw) die mit dem Einstellungsgespräch verbundenen Reisekosten (Fahrt-, Übernachtungskosten, Verpflegungspauschalen; → *Dienstreise* Rn 16). Auch wenn der ArbN keine erste Tätigkeitsstätte besitzt, führt er insofern eine Dienstreise durch (R 9.4 Abs 1 Satz 2 LStR; FG Nbg 1.12.94, EFG 95, 512). Dagegen führt eine Fahrt ohne Bewerbungsgespräch, die nur dazu dient, das Umfeld eines künftigen Arbeitsplatzes kennen zu lernen als privater Ausflug nicht zu Werbungskosten (FG BaWü 28.3.96, EFG 96, 850).

18 **3. Steuerfreiheit.** Soweit der künftige ArbGeb Reisekosten gem § 3 Nr 16 EStG oder die BA nach § 53 AFG Zuschüsse gem § 3 Nr 2 EStG steuerfrei ersetzt, ist der Werbungskostenabzug nach § 3c EStG ausgeschlossen. Das Gleiche gilt, wenn die Bewerbung im Ausland erfolgt und die dortigen Bezüge nicht der inländischen Besteuerung unterliegen (BFH 24.4.92 – VI R 141/89, BStBl II 92, 666; vgl aber BFH 28.7.11 – VI R 5/10, DStR 11, 1745).

**C. Sozialversicherungsrecht** *Voelzke*

19 **1. Leistungsrecht.** Die BA gewährt nach § 44 SGB III Ausbildungsuchenden, von Arbeitslosigkeit bedrohten Arbeitsuchenden und Arbeitslosen aus dem *Vermittlungsbudget* Förderungsleistungen für die **Anbahnung oder Aufnahme** einer versicherungspflichtigen Beschäftigung, wenn dies für die berufliche Eingliederung notwendig ist (zum Erfordernis der Aufnahme einer versicherungspflichtigen Beschäftigung BSG 12.12.13 – B 4 AS 7/13 R, BeckRS 2014, 68494). Mit diesem Instrument sollen Hemmnisse beseitigt werden, die einer Arbeits- oder Ausbildungsaufnahme entgegenstehen (BT-Drs 16/10810 zu Art 1 § 44). Zum Leistungsspektrum des § 44 SGB III gehört auch die Übernahme von Bewerbungskosten.

Die **Anbahnung** einer versicherungspflichtigen Beschäftigung muss noch nicht auf einen bestimmten Arbeitgeber gerichtet sein, vielmehr reicht eine offen gestaltete Anbahnung aus (*Schlegel/Voelzke/Herbst* SGB III § 44 Rz 84). Es werden alle Aktivitäten umfasst, die die Aufnahme einer versicherungspflichtigen Beschäftigung unterstützen.

20 Die Vorschrift des § 44 SGB III verzichtet bewusst auf die zentrale Vorgabe von **Pauschalen** für die Förderungstatbestände (Näheres: *Vermittlungsbudget*). Die Entscheidung über die Förderungshöhe kann die Bedürftigkeit des Bewerbers einbeziehen. Leistungen aus dem Vermittlungsbudget können nur erbracht werden, wenn der ArbGeb gleichartige Leistungen nicht oder voraussichtlich nicht erbringt (*Hauck/Noftz/Rademacker* SGB III, § 44 Rz 33).

21 **2. Sperrzeit.** Der ArbN, der Leistungen wegen Arbeitslosigkeit bezieht, im Rahmen der von der Agentur für Arbeit geforderten Eigenbemühungen gehalten, sich selbst darum zu bemühen, seine Beschäftigungslosigkeit zu beenden sowie auf Vermittlungsvorschläge der Agentur für Arbeit zu reagieren und sich ggf zu bewerben. Diese versicherungsrechtlichen Obliegenheiten werden durch die Sperrzeit bei Arbeitsablehnung (§ 159 Abs 1 Satz 2 Nr 2 SGB III; → *Sperrzeit* Rn 15 ff) abgesichert. Nach Auffassung des BSG steht ein **Bewerbungsschreiben,** das auch negative Umstände aus der Berufsbiographie enthält, einer Nichtbewerbung nur bei groben Unrichtigkeiten oder demonstrativ herausgestellten negativen Gesichtspunkten gleich (BSG 9.12.03 – B 7 AL 106/02 R, SozR 4–4100 § 119 Nr 3). Der Arbeitslose ist jedoch andererseits gehalten, alles zu unterlassen, was beim ArbGeb den Eindruck einer Ablehnung des Beschäftigungsangebots erwecken könnte (BSG 5.9.06 – B 7a AL 14/05 R, NZA 07, 268).

Der Umfang der Obliegenheit von arbeitslosen Leistungsempfängern, sich eigeninitiativ bei ArbGeb zu bewerben, wird in einer zwischen der Agentur für Arbeit und dem ArbN geschlossenen **Eingliederungsvereinbarung** konkretisiert (§ 37 Abs 2 SGB III). Die Verletzung von durch eine Eingliederungsvereinbarung konkretisierte Obliegenheiten kann durch die Sperrzeit bei unzureichenden Eigenbemühungen (§ 159 Abs 1 Satz 2 Nr 3 SGB III) sanktioniert werden. Es fehlt regelmäßig an der Grundlage für eine Sperrzeitentscheidung, wenn die Agentur für Arbeit in der Eingliederungsvereinbarung keine angemessene Gegenleistung – insbes eine Bewerbungskostenerstattung – zusagt (BSG 4.4.17 – B 11 AL 5/16 R – NZS 17, 707).

**3. Beitragsrecht.** Aufwendungen, die ein ArbGeb einem Stellenbewerber für ein Vorstellungsgespräch erstattet, sind nicht dem der Beitragspflicht unterliegenden Arbeitsentgelt hinzuzurechnen. 22

**4. Unfallversicherung.** Unfälle, die sich im Zusammenhang mit der Bewerbung ereignen, stehen nicht unter Versicherungsschutz in der gesetzlichen UV (vgl zu der kontrovers diskutierten Frage des Versicherungsschutzes bei der Arbeitsplatzsuche *Schulin* Bd 2/ *Schulin* § 30 RdNr 51). Hierfür ist unerheblich, ob zu einem späteren Zeitpunkt ein Beschäftigungsverhältnis begründet wird, weil regelmäßig bis zum Abschluss des Arbeitsvertrages kein Versicherungsverhältnis nach § 2 Abs 1 Nr 1 SGB VII besteht. Da die Bewerbung in erster Linie eigenen Belangen des ArbN dient, kann auch kein Versicherungsschutz „wie ein Beschäftigter" nach § 2 Abs 2 SGB VII angenommen werden (→ *Arbeitnehmerähnliche Personen* Rn 28 ff). Schließlich fällt eine im Zusammenhang mit der Bewerbung durchgeführte Arbeitsplatzbesichtigung nicht unter einen durch Satzungsrecht der BG begründeten UVSchutz für „Teilnehmer an Besichtigungen des Unternehmens" (BSG 25.8.94 – 2 RU 32/93, NZS 95, 84). Jedoch ist bei Hospitations- und Probearbeitstagen im Rahmen eines laufenden Bewerbungsverfahrens eine für den UVSchutz erforderliche betriebliche Eingliederung zu bejahen (BSG 14.11.13 – B 2 U 15/12 R, SozR 4–2700 § 2 Nr 27). 23

# Bewirtungsaufwendungen

## A. Arbeitsrecht *Griese*

**1. Allgemeines.** Aufwendungen zur Bewirtung entstehen, wenn ArbN oder ArbGeb Geschäftspartner zu Geschäftsessen einladen (zum Begriff der *Bewirtungsaufwendungen* → Rn 7, 8). Spricht ein ArbN im betrieblichen Interesse des ArbG eine entsprechende Einladung aus und übernimmt die hieraus entstehenden Kosten, kann er unter den Voraussetzungen des § 670 BGB eine Erstattung als Aufwendungsersatz (→ *Aufwendungsersatz* Rn 2) vom ArbGeb verlangen. Der ArbN muss diese Kosten regelmäßig nicht von seiner Vergütung bestreiten, da diese Kosten nicht zum persönlichen Lebensbedarf des ArbN gehören, sondern durch die jeweilige Arbeitsaufgabe veranlasst sind. 1

Anders wird die Rechtslage zu beurteilen sein, wenn der ArbN für den mit seiner Tätigkeit verbundenen Bewirtungs- und Repräsentationsaufwand eine besondere Vergütung oder **Pauschale** erhält (sa *Pauschbeträge*). 2

**2. Voraussetzungen des Erstattungsanspruchs.** Nach § 670 BGB, der im Arbeitsverhältnis anzuwenden ist (BAG 12.3.13 – 9 AZR 455/11, NZA 13, 1086), hat der ArbN Anspruch auf Ersatz derjenigen Aufwendungen, die er zweckgerichtet im Hinblick auf die Arbeitsaufgabe erbringt, die er den Umständen nach für erforderlich halten durfte und die nicht durch die Vergütung abgegolten sind. 3

Erforderlich ist also zunächst, dass die Bewirtung im Hinblick auf die **Arbeitsaufgabe** erfolgt. Bei den Eingeladenen muss es sich um Geschäftspartner handeln, mit denen der ArbN bei Ausführung seiner Arbeit zu tun hat. Die Einladung muss im **betrieblichen Interesse** liegen. 4

Ersatzfähig sind weiterhin nur diejenigen Bewirtungsaufwendungen, die der ArbN den Umständen nach für erforderlich halten durfte. Damit werden **Luxusaufwendungen** von der Erstattungspflicht ausgenommen. Was für erforderlich gehalten werden darf, richtet sich 5 nach den Umständen des Einzelfalls, insbes nach den im Betrieb bestehenden Üblichkeiten und dem Stellenwert der Eingeladenen für den Betrieb. Im Zweifel ist dem ArbN zu empfehlen, vorher die Genehmigung des ArbGeb einzuholen. Existieren im Betrieb Compliance-Richtlinien, sind diese zu beachten; der darin gesetzte Rahmen darf nicht überschritten werden (→ *Compliance* Rn 15)

**Manipulative Maßnahmen** bei der Abrechnung von Bewirtungsaufwendungen (Erstellung einer fingierten Gästeliste, LAG BaWü 29.3.06 – 12 Sa 135/04, BeckRS 2009, 54521) können einen **Grund zur fristlosen Kündigung** ergeben.

6 Die Aufwendungen dürfen nicht den Charakter eines Schmiergeldes (→ *Schmiergeld* Rn 3) annehmen, etwa kostenlose Gewährung von Ferienunterkunft und -verpflegung. Unabhängig von der Strafbarkeit von Schmiergeldzahlungen nach § 299 StGB besteht **kein Anspruch auf Ersatz von Schmiergeldaufwendungen.** Denn Aufwendungen, die mit der Rechtsordnung nicht in Einklang stehen, sind, weil sie gegen ein gesetzliches Verbot (§ 134 BGB) bzw gegen die guten Sitten verstoßen (§ 138 BGB), nicht erstattungsfähig, selbst wenn sie zum Erfolg geführt haben (HWK/*Thüsing* § 611 BGB Rz 364).

**B. Lohnsteuerrecht** *Weil*

7 **1. Bewirtung durch den Arbeitgeber. a) Innerbetriebliche** Bewirtung, dh eine Bewirtung, zu der der ArbGeb nur die ArbN seines Unternehmens einlädt, führt **nicht zu Arbeitslohn,** soweit es sich bei der Bewirtung um eine nicht steuerbare **Aufmerksamkeit** handelt (R 19.6 Abs 2 LStR; Einzelheiten → *Arbeitsentgelt* Rn 50). Hierunter fallen Getränke und Genussmittel, die der ArbGeb den ArbN zum Verzehr im Betrieb unentgeltlich oder verbilligt überlässt. Dazu gehören auch Bewirtungen, die der ArbGeb den ArbN anlässlich und während eines außergewöhnlichen Arbeitseinsatzes, zB während einer außergewöhnlichen betrieblichen Besprechung oder Sitzung oder anlässlich unvorhergesehener Überstunden, zum Verzehr im Betrieb unentgeltlich oder verbilligt zukommen lässt und deren Wert 60 € pro Person nicht überschreitet (sog **Arbeitsessen;** R 19.6 Abs 2 Satz 2 LStR). Bei Überschreiten der **60 €**-Grenze kommt die LSt-Pauschalierung nach § 37b EStG in Betracht (BMF 29.4.08, BStBl I 08, 566; → *Lohnsteuerpauschalierung* Rn 60 ff). Auch Bewirtungen im Rahmen einer Betriebsveranstaltung führen bis zu einem Freibetrag von 110 € pro Teilnehmer nicht zu Arbeitslohn( → *Betriebsveranstaltung* Rn 2 ff; vgl auch BMF 14.10.15 BStBl I 2015, 832 zur lohnsteuerlichen Behandlung von → *Betriebsveranstaltungen* Rn 2 ff). Bei Überschreiten des Freibetrags ist eine LSt-Pauschalierung mit einem Pauschsteuersatz von 25 % nach § 40 Abs 2 Nr 2 EStG möglich.

8 Auch die Bewirtung, deren Wert die 60 €-Grenze übersteigt, die als Gegenleistung für das Zurverfügungstellen der individuellen Arbeitskraft des ArbN anzusehen ist, führt zu Arbeitslohn (R 8.1 Abs 8 Nr 2 LStR), zB die Bewirtung in einem Restaurant anlässlich regelmäßiger Geschäftsleitungssitzungen (BFH 4.8.94 – VI R 61/92, BStBl II 95, 59) oder nach einem Geschäftsabschluss oder zum Jahresende, um das Betriebsergebnis zu würdigen; ebenso bei unentgeltlicher Verpflegung von Profifußballern anlässlich Heim- u Auswärtsspiele sowie Trainingslager (FG München 3.5.13 – 8 K 4017/09, DStRE 14, 713). Bemessungsgrundlage der LSt für den zu erfassenden Arbeitslohn ist der jeweilige tatsächliche Preis der einzelnen Bewirtung. Zahlt der ArbN etwas dazu, ist die Differenz zum tatsächlich höheren Preis als zu versteuernder Arbeitslohn zu erfassen (R 8.1 Abs 8 Nr 2 Satz 3 LStR). Wird vom ArbGeb oder auf dessen Veranlassung von einem Dritten nur ein Essen, aber kein Getränk gestellt, ist das Entgelt, das der ArbN für ein Getränk bei der Mahlzeit zahlt, nicht auf den tatsächlichen Preis der Mahlzeit anzurechnen (R 8.1 Abs 8 Nr 2 Satz 4 LStR).

9 Für den ArbGeb stellen die Aufwendungen **in vollem Umfang Betriebsausgaben** dar, auch soweit sie der ArbN nicht versteuern muss. Die innerbetriebliche Bewirtung gehört nicht zu den Bewirtungen aus geschäftlichem Anlass iSd § 4 Abs 5 Satz 1 Nr 2 EStG, so dass die Aufwendungen in voller Höhe als Betriebsausgaben abzugsfähig sind.

10 **b) Externe Bewirtung.** Nimmt der ArbN an einer geschäftlich veranlassten Bewirtung betriebsfremder Personen teil (§ 4 Abs 5 Nr 2 EStG; s hierzu BMF 21.11.94 Anhang 16 II EStR), so führt die Teilnahme **nicht zu Arbeitslohn** für den ArbN (R 8.1 Abs 8 Nr 1 LStR), auch nicht in Höhe der Haushaltsersparnis. Zur Bewirtung während einer **Aus-**

**wärtstätigkeit** (→ *Dienstreise* Rn 36 ff). Entscheidend für die Abgrenzung betrieblich-privat ist der **Anlass** der Bewirtung (BFH 26.1.10 – VI B 95/09 BeckRS 2010, 25016021), der für die Abzugsfähigkeit in jedem Fall aufzuzeichnen ist (FG BlnBbg 11.5.11 – 12 K 12209/10, BeckRS 2011, 95944).

Für den ArbGeb gelten die Beschränkungen des § 4 Abs 5 Nr 2 (**70 %-Grenze;** BFH 18.9.07 – I R 75/06, DStR 08, 34; FG Münster 28.11.14 – 14 K 2477/12 EU, BeckRS 2015, 94264) sowie die dort normierten besonderen Aufzeichnungspflichten (BFH 13.5.04 – IV R 47/02, BFH/NV 04, 1402), auch bei Bewirtungen im **Ausland.** Im Fall der Gaststättenbewirtung ist eine ordnungsgemäße Rechnung über die Bewirtung beizufügen (§ 4 Abs 5 Nr 2 Satz 3 EStG, BFH 18.4.12 – X R 57/09, DStR 12, 1904). Ausnahmen sind zulässig, soweit die Formalvoraussetzungen nicht durchsetzbar und erfüllbar sind, zB maschinell erstellte Rechnung in Ostturkestan. Die unterbliebene Angabe des Bewirtenden auf dem Vordruck ist nachholbar (BFH 19.3.98 – IV R 40/95, DStR 98, 965; BFH 1.9.98 – VIII R 46/93, BFH/NV 99, 596). Speisen und Getränke müssen auf der maschinell erstellten und registrierten Rechnung (R 4.10 Abs 8 Satz 8 EStR) einzeln aufgeführt sein (R 4.10 Abs 8 Satz 9 EStR). Fehlt die laufende RegistrierNr auf der Rechnung, so ist dies unschädlich (BMF 30.6.95, DStR 95, 1151). Auch gilt § 4 Abs 5 Nr 7 EStG (Angemessenheit; vgl hierzu BFH 16.2.90 – III R 21/86, BStBl II 90, 575). Hiervon erfasst sind auch die eigenen Bewirtungskosten des ArbGeb und die seiner aus betrieblichen Gründen teilnehmenden Ehefrau sowie die seiner ArbN (BFH 30.1.86 – IV R 150/85, BStBl II 86, 488). Hierbei gilt als Bewirtung nur, wenn die Darreichung von Speisen und/oder Getränken und nicht andere Leistungen (Nachtlokalbesuch oÄ) eindeutig im Vordergrund stehen (BFH 16.2.90 – III R 21/86, BStBl II 90, 575; 29.3.94 – VIII R 7/92, BStBl II 94, 843; *Ludewig* DB 94, 1440; großzügiger BFH 3.2.93 – I R 57/92, BFH/NV 93, 530; BFH 24.4.97 – I B 121/96, BFH/NV 97, 751). 11

**c) Gemischt veranlasste Veranstaltungen.** Bei einer gemischt veranlassten Veranstaltung (geschäftlich-privat) sind die Aufwendungen nach Zeit-, Mengen- oder Flächenanteilen oder nach Köpfen **aufzuteilen** (BMF 6.7.10, BStBl I 10, 614 mit Beispiel unter Rz 15; s auch die Beispiele bei OFD Hannover 15.4.04 – S 2332 – 278 – StH 212, S 2332 – 198 – StO 211, LSt-Kartei Nds § 19 EStG Fach 2 Nr 16). Treffen **Geschenke mit einer Bewirtung** zusammen, ist gem § 4 Abs 5 Nr 1 und Nr 2 EStG entsprechend aufzuteilen (BFH 17.2.10 – I R 79/08, BFH/NV 10, 1307). Eine rein betrieblich ausgerichtete Geburtstagsfeier führt beim Geehrten nicht zu Arbeitslohn (BFH 28.1.03 – VI R 48/99, BFH/NV 03, 712). Unter Bewirtung fällt auch die Ausgabe von Gutscheinen für Essen und Getränke **(Verzehrgutschein)** im Rahmen einer Veranstaltung (FG München 23.1.97, EFG 97, 1099). 12

**d)** Für **Gastwirte** und ähnliche berufsmäßig gegen Entgelt bewirtende Unternehmer gelten die Beschränkungen des § 4 Abs 5 Satz 1 Nr 2 EStG nicht. Diese Berufsgruppe kann Bewirtungsaufwendungen voll als Betriebsausgaben abziehen, soweit diese betrieblich veranlasst sind (§ 4 Abs 5 Sätze 2 und 3 EStG; FG BlnBbg 19.1.11 – 12 K 8371/06 B, EFG 11, 1140). Andererseits greift die Abzugsbeschränkung ein, wenn die Bewirtung im Zusammenhang mit einem Betriebsjubiläum des einladenden Gastwirts steht, BFH 7.9.11 – I R 12/11, BeckRS 2012, 94151. 13

**2. Bewirtung durch Arbeitnehmer. a) Externe Bewirtung.** Gehört die Bewirtung durch den ArbN zu dessen beruflichen Pflichten oder Obliegenheiten (zB Firmenrepräsentant, Reisender), so stellt der Kostenersatz durch den ArbGeb **steuerfreien Auslagenersatz** dar (§ 3 Nr 50 EStG) mit der Folge, dass die Aufwendungen des ArbN steuerlich unbeachtlich sind, soweit sie durch den ArbGebErsatz gedeckt sind (§ 3c EStG). Erstattet der ArbGeb die Kosten nicht, unabhängig davon, ob der ArbN dafür ein entsprechend höheres Gehalt erhält, so können die Aufwendungen bei beruflicher Veranlassung **Werbungskosten** sein (BFH 16.3.84 – VI R 174/80, BStBl II 84, 433). Es gelten dann die Beschränkungen des § 9 Abs 5 EStG iVm § 4 Abs 5 Nr 2 EStG (→ Rn 12; BFH 24.3.03 – VI B 163/02, BeckRS 2003, 25001755) mit entsprechendem Belegnachweis (BFH 12.4.07 – VI R 77/04, DStRE 07, 1082). Das **Pressegeheimnis** (Art 5 Abs 1 Satz 2 GG) rechtfertigt es nicht, die Angaben zu Teilnehmern und Anlass der Bewirtung zu verweigern (BFH 15.1.98 – IV R 81/96, BStBl II 98, 263), ebenso nicht die berufliche Schweigepflicht (BFH 26.2.04 – IV 14

R 50/01, BStBl II 04, 502; FG Münster 28.11.14 – 14 K 2477/12 EU, BeckRS 2015, 94264).

15 **b) Interne Bewirtung.** Die **Bewirtung von Kollegen und Mitarbeitern,** auch von Vorgesetzten und des ArbGeb führt nicht zu stpfl Lohn beim Eingeladenen. Beim Einladenden können die Aufwendungen Werbungskosten sein. Entscheidend für den steuerlichen Abzug ist der berufsbezogene Anlass und die berufsbezogenen Umstände des Einzelfalls. So können Aufwendungen für eine betriebsinterne Feier anlässlich eines Dienstjubiläums nahezu ausschließlich beruflich veranlasst und damit als Werbungskosten bei den Einkünften aus nichtselbständiger Arbeit zu berücksichtigen sein, wenn der Arbeitnehmer die Gäste nach abstrakten berufsbezogenen Kriterien einlädt. Die Abzugsbeschränkung gem § 9 Abs. 5 EStG iVm § 4 Abs 5 Satz 1 Nr 2 Satz 1 EStG (70 % der angemessenen Aufwendungen) kommt nicht zur Anwendung, wenn ein Arbeitnehmer aus beruflichem Anlass Aufwendungen für die Bewirtung von Arbeitskollegen trägt (BFH 20.1.2016 – VI R 24/15, BStBl II 2016, 1729). Auch Aufwendungen eines ArbN für eine **Feier aus beruflichem und privatem Anlass** können teilweise als Werbungskosten abziehbar sein. Der als Werbungskosten abziehbare Betrag der Aufwendungen kann anhand der Herkunft der Gäste aus dem beruflichen/privaten Umfeld des Steuerpflichtigen abgegrenzt werden, wenn die Einladung der Gäste aus dem beruflichen Umfeld (nahezu) ausschließlich beruflich veranlasst ist. Hiervon kann insbes dann auszugehen sein, wenn nicht nur ausgesuchte Gäste aus dem beruflichen Umfeld eingeladen werden, sondern die Einladungen nach abstrakten berufsbezogenen Kriterien (zB alle Auszubildenden, alle Zugehörigen einer bestimmten Abteilung) ausgesprochen werden (BHF 8.7.15 – VI R 46/14, DStR 2015, 2484: Feier anlässlich des Geburtstags und der Bestellung zum Steuerberater; BFH 18.8.16 – VI R 52/15, BFH/NV 17, 151: Aufwendungen für eine Habilitationsfeier eines Arztes).

### C. Sozialversicherungsrecht *Voelzke*

18 Bewirtungsaufwendungen, die dem ArbN für die Durchführung eines Geschäftsessens vom ArbGeb erstattet werden, gehören nicht zum beitragspflichtigen Arbeitsentgelt iSd § 14 SGB IV, da sie **keine Gegenleistung** für geleistete Arbeit darstellen (→ *Aufwendungsersatz* Rn 35). Dies gilt auch für die Teilnahme von ArbN an der Bewirtung von Geschäftsfreunden des ArbGeb. Hingegen gehören sog „Arbeitsessen" von Mitarbeitern zum beitragspflichtigen Arbeitsentgelt (*Schlegel/Voelzke/Werner* SGB IV § 14 Rz 140).

## Bildschirmarbeitsplatz

### A. Arbeitsrecht *Kreitner*

1 **1. Allgemeines.** Nach intensiver Diskussion in den achtziger Jahren wurde die Einrichtung bzw Gestaltung von Bildschirmarbeitsplätzen nach In-Kraft-Treten der **EG-Richtlinie 90/270/EWG vom 29.5.1990** über die Mindestvorschriften bezüglich der Sicherheit und des Gesundheitsschutzes bei der Arbeit an Bildschirmgeräten (ABl Nr L 156/14 vom 21.6.90; zur Auslegung der Richtlinie EuGH 12.12.96 – Rs C-74/95 und 129/95, NZA 97, 307) neu thematisiert. In Umsetzung mehrerer EG-Richtlinien trat sodann im Jahr 1996 das **Arbeitsschutzgesetz** in Kraft, das in § 19 eine Ermächtigung an die Bundesregierung zum Erlass von Rechtsverordnungen zur Umsetzung von Rechtsakten der EU enthält. Eine derartige „Verordnung über Sicherheit und Gesundheitsschutz bei der Arbeit an Bildschirmgeräten (BildScharbV)" ist mW zum 20.12.96 erlassen worden (BGBl I 96, 1843). Sie ist mW zum 3.12.16 außer Kraft getreten (BGBl I 16, 2681) und seither im Anhang 6 zur **Arbeitsstättenverordnung** im Einzelnen geregelt. Vgl zu Sonderproblemen bei der mobilen Bildschirmarbeit zuletzt *Lambach/Prümper* RdA 14, 345.

2 **2. Individualarbeitsrechtlich** ist die Einführung von Bildschirmarbeitsplätzen weitestgehend unproblematisch. Eventuelle Beschränkungen können sich insoweit uU im Falle besonderer arbeitsvertraglicher Vereinbarungen ergeben. In Einzelfällen kann die arbeitsvertragliche Fürsorgepflicht des ArbGeb (→ *Fürsorgepflicht* Rn 8 ff) besondere Arbeitsplatzgestaltungen erforderlich machen. Im Wesentlichen sind es Fragen des Arbeitsschutzrechts

und teilweise damit zusammenhängende Probleme kollektivrechtlicher Natur, die in der betrieblichen Praxis Beachtung verlangen.

**3. Arbeitsschutzrecht.** Das ArbSchG enthält **Generalklauseln,** die der Verwirklichung des Gesetzeszwecks, die Sicherheit und den Gesundheitsschutz der Beschäftigten zu sichern und zu verbessern (§ 1 Abs 1 ArbSchG) dienen sollen. 3

§ 3 Abs 1 ArbSchG schreibt als **Grundpflicht des Arbeitgebers** fest, die erforderlichen Maßnahmen des Arbeitsschutzes unter Berücksichtigung der Umstände zu treffen, die Sicherheit und Gesundheit der Beschäftigten bei der Arbeit beeinflussen. Dabei soll der ArbGeb eine Verbesserung von Sicherheit und Gesundheitsschutz der Beschäftigten anstreben. Gem § 4 Nr 1 ArbSchG ist die Arbeit so zu gestalten, dass eine Gefährdung für Leben und Gesundheit möglichst vermieden und die verbleibende Gefährdung möglichst gering gehalten wird (→ *Arbeitssicherheit/Arbeitsschutz* Rn 9). Kann ein ArbN aus gesundheitlichen Gründen nur stundenweise am Bildschirm arbeiten, sind nur echte Mischtätigkeiten zumutbar; die Einräumung zusätzlicher Bildschirmpausen genügt dann nicht (LAG BlnBbg 24.4.14 – 21 Sa 1689/13, BeckRS 2014, 71444). 4

Die **konkrete Ausgestaltung** dieser Generalklausel erfolgte in Bezug auf Bildschirmarbeitsplätze bis zum Jahr 2016 in verspäteter Umsetzung der EG-Bildschirmrichtlinie vom 29.5.90 durch die BildScharbV vom 4.12.96 (BGBl I 96, 1843). Dabei ging die BildScharbV ebenso wie die EG-Richtlinie von einem umfassenden Anwendungsbereich aus. Auf den Vorlagebeschluss des ArbG Siegen (7.1.99 – 1 Ca 2299/97, NZA-RR 2000, 183 betreffend eine Cutterin bei einer Fernsehanstalt) hat der EuGH zur Auslegung des **Bildschirmbegriffs** iSd Richtlinie Stellung genommen. Danach ist der Begriff des Bildschirms zur Grafikdarstellung entsprechend dem Regelungszweck der Richtlinie weit und der Ausnahmetatbestand des Fahrer- und Bedienerplatzes von Fahrzeugen und Maschinen demgegenüber eng auszulegen (EuGH 6.7.2000 – Rs C-11/99 Margit Dietrich, NZA 2000, 877; ArbG Siegen 8.5.01 – 1 Ca 2299/97, NZA-RR 01, 629). 5

Diese **Bildschirmarbeitsverordnung** orientierte sich weitestgehend am Wortlaut der EG-Bildschirmrichtlinie bzw an den im Anhang der Richtlinie enthaltenen sog Mindestvorschriften zur Arbeitsplatzgestaltung (Näheres zur Rechtslage bis 2016 unter Geltung der BildScharbV s Personalbuch 2017, Bildschirmarbeitsplatz Rn 6 ff). 6

Seit dem 4.12.16 sind die Vorgaben zur näheren Ausgestaltung der Bildschirmarbeitsplätze im **Anhang 6 zur Arbeitsstättenverordnung** enthalten. Im Einzelnen werden dort dezidiert die allgemeinen Anforderungen an Bildschirmarbeitsplätze, Bildschirme und Bildschirmgeräte sowie besondere Anforderungen für deren ortsgebundene bzw ortsveränderliche Verwendung aufgeführt. Hinzu kommen besondere Anforderungen an die Benutzerfreundlichkeit von Bildschirmarbeitsplätzen. So ist zB vorgeschrieben, dass die Grundsätze der Ergonomie anzuwenden sind und der ArbGeb dafür zu sorgen hat, dass die Bildschirmtätigkeiten durch andere Tätigkeiten oder regelmäßige Erholungszeiten unterbrochen werden. Bildschirmgeräte sind so aufzustellen, dass sie frei von Reflexionen sind und auch die Arbeitstische und -flächen müssen eine reflexionsarme Oberfläche haben. Gleichzeitig muss die Beleuchtung der Art der Arbeitsaufgabe entsprechen und an das Sehvermögen der ArbN angepasst sein. Auch die Verpflichtung des ArbGeb zur regelmäßigen Durchführung von Augenuntersuchungen und ggf Beschaffung spezieller Sehhilfen besteht weiterhin. Auch ohne den weggefallenen Hinweis in § 6 BildscharbV folgt die Verpflichtung unverändert aus der fortgeltenden VO zur arbeitsmedizinischen Vorsorge vom 18.12.08 (BGBl I 08, 2768). Zudem wird sich eine entsprechende Verpflichtung des ArbGeb auch regelmäßig aus § 3 Abs 1 S 4 ArbStättVO ergeben (vgl zum Sonderfall eines Gerichtsvollziehers BVerwG 4.7.19 – 2 C 38/17, NZA-RR 19/614). 7

Kommt der ArbGeb diesen Arbeitsschutzanforderungen nicht nach und handelt es sich hierbei nicht lediglich um einen kurzfristigen, geringfügigen Verstoß, hat dies gem § 134 BGB die Nichtigkeit der konkreten Arbeitsanweisung zur Folge und führt gleichzeitig zum **Fortfall der Arbeitspflicht** des ArbN bei fortbestehender Vergütungspflicht (→ *Leistungsverweigerungsrecht* Rn 4). Darüber hinaus besteht für den ArbN gem § 84 BetrVG die Möglichkeit einer förmlichen **Beschwerde** sowie nach vorheriger Ausschöpfung sämtlicher innerbetrieblicher Klärungsmöglichkeiten (ebenso *Krasshöfer* AiB 95, 440 sowie in anderem Zusammenhang LAG BaWü 20.10.76, EzA Nr 8 zu § 1 KSchG Verhaltensbedingte Kündi- 8 gung; LAG BaWü 3.2.87, NZA 87, 756) die direkte Beschwerde bei den staatlichen Aufsichtsämtern. Schließlich sind die ArbGebSeitigen Pflichten nach § 25 Abs 1 Nr 1 ArbSchG als Ordnungswidrigkeit bußgeldbewährt und Verstöße können bei vorsätzlicher Gesundheitsgefährdung sogar den Straftatbestand des § 26 Nr 2 ArbSchG erfüllen.

9 **4. Kollektivrechtlich** bedarf es für die Frage, ob und ggf in welchem Umfang der BRat bei der Einrichtung und Ausgestaltung von Bildschirmarbeitsplätzen zu beteiligen ist, einer differenzierten Betrachtung.

10 **a) Vor der Einrichtung** eines oder mehrerer Bildschirmarbeitsplätze bestehen Mitwirkungsrechte des BRat gem **§ 90 BetrVG.** Dabei muss der ArbGeb gem § 90 Abs 1 BetrVG den BRat über die Planung der Arbeitsplätze unterrichten und die vorgesehene Maßnahme gem § 90 Abs 2 BetrVG mit dem BRat beraten. Dies umfasst auch die Einrichtung von Bildschirmarbeitsplätzen, wobei im Schrifttum zT auf § 90 Abs 1 Nr 2 BetrVG (*DKK/Klebe* § 90 Rz 9) und zT auf § 90 Abs 1 Nr 4 BetrVG (*Fitting* § 90 Rz 33) abgestellt wird. Wichtig ist, dass die Information so rechtzeitig erfolgt, dass noch Einfluss nicht nur auf die Maßnahme selbst, sondern bereits auf die Planerstellung genommen werden kann (zutreffend *Fitting* § 90 Rz 34).

11 **b) Bei der Einrichtung** von Bildschirmarbeitsplätzen kann unter Umständen ein erzwingbares Mitbestimmungsrecht des BRat gem **§ 91 BetrVG** bestehen. Dies setzt allerdings voraus, dass die Maßnahme den gesicherten arbeitswissenschaftlichen Erkenntnissen über die menschengerechte Gestaltung der Arbeit offensichtlich widerspricht und hierdurch die ArbN besonders belastet werden. Für die Ausfüllung des Merkmals der „gesicherten arbeitswissenschaftlichen Erkenntnisse" wird im Schrifttum zu Recht auf die Bedeutung der Sicherheitsregeln der Verwaltungs-Berufsgenossenschaft (ZH 1/618) sowie der ISO-Norm 9241 hingewiesen (vgl insbes *DKK/Klebe* § 91 Rz 12; *Landerer/Ganz* AiB 90, 57). Bei Bedenken kann der BRat im Rahmen des § 80 Abs 3 BetrVG auf Kosten des ArbGeb einen sachkundigen ArbN oder ggf einen Sachverständigen hinzuziehen (*Feldhoff/Kohte* AiB 91, 389; allgemein zur Verfahrensweise bei Sachverständigen → *Sachverständiger* Rn 4 ff).

12 Abhängig vom Ausmaß der beabsichtigten Maßnahme kann es sich hierbei um eine **Betriebsänderung** iSd § 111 Satz 3 Nr 4 BetrVG handeln (→ *Betriebsänderung* Rn 27 ff). Zu den Betriebsanlagen iSd Vorschrift zählen alle technischen Hilfsmittel, die im Arbeitsprozess Verwendung finden, mithin also auch Bildschirmgeräte (BAG 26.10.82, DB 83, 1766). Allerdings kann von der insoweit erforderlichen grundlegenden Änderung nach der Rspr des BAG erst dann gesprochen werden, wenn sie in qualitativer oder quantitativer Hinsicht erheblich ist. Bei der Einführung von Bildschirmarbeitsplätzen wird es daher für die Anwendbarkeit des § 111 BetrVG oftmals auf die Zahl der betroffenen ArbN ankommen.

13 **c) Bereits vorhandene Bildschirmarbeitsplätze** unterfallen der Mitbestimmung des BRat in sozialen Angelegenheiten gem § 87 BetrVG. Diese ist naturgemäß auch bei der Neueinrichtung derartiger Arbeitsplätze zu beachten.

14 **Zentralnorm** ist insoweit **§ 87 Abs 1 Nr 7 BetrVG.** Danach hat der BRat ein erzwingbares Mitbestimmungsrecht, soweit im Betrieb im Rahmen der gesetzlichen Vorschriften oder Unfallverhütungsvorschriften Regelungen über den Gesundheitsschutz getroffen werden. Es müssen mithin ausfüllungsbedürftige Rahmenvorschriften vorhanden sein, die den Betriebspartnern einen entsprechenden Regelungsspielraum belassen (BAG 28.7.81, DB 82, 386; 6.12.83, DB 84, 775).

15 Bereits die Bildschirmarbeitsverordnung enthielt eine Vielzahl solcher Rahmenvorschriften. Das Gleiche gilt für die nunmehr geltenden Regelungen im **Anhang 6 zur Arbeitsstättenverordnung**, so dass der langjährige Meinungsstreit um den Rechtscharakter des § 120a GewO gegenstandslos geworden ist. Dabei bleibt für die Betriebspartner ein ausreichender Gestaltungsspielraum (*Fabricius* BB 97, 1254; *Merten/Klein* DB 98, 673; *Siemes* NZA 98, 232; *Wagner* DB 98, 2366 mwN aus der instanzgerichtlichen Rspr). Insofern ist die Argumentation des BAG in dem noch die Auslegung der EG-Richtlinie betreffenden Beschluss vom 2.4.96 (1 ABR 47/95, NZA 96, 998) jedenfalls grds übertragbar. Mitbestimmungspflichtig ist daher zB die Gefährdungsbeurteilung von Bildschirmarbeitsplätzen gem § 5 ArbSchG iVm § 3 ArbStättV (BAG 8.6.04 – 1 ABR 13/03, NZA 04, 1175; *Schierbaum/Franz* ArbuR 99, 82; aA *Geyer* FA Arbeitsrecht 05, 104).

**Im konkreten Anwendungsfall** bedarf es aber für die Beurteilung der Frage, ob tatsächlich ein erzwingbares Mitbestimmungsrecht des BRat besteht, jeweils einer genauen Auslegung der im Einzelfall einschlägigen Vorschrift (grundlegend LAG Hbg 21.9.2000 – 7 TaBV 3/98, NZA-RR 01, 190). Für Augenuntersuchungen ist dies wegen der im Anhang 4 zur ArbMedVV geforderten Angemessenheit und des hierin liegenden Regelungsspielraums der Fall (*Börgmann* Anm zu AP Nr 5 zu § 87 BetrVG 1972 Gesundheitsschutz; *Löwisch/Neumann* SAE 97, 85). In anderem Zusammenhang (§ 6 Abs 5 ArbZG) hat das BAG bei der Frage der Angemessenheit eine Regelungskompetenz des BRat verneint und die Ausfüllung des Begriffs im Einzelfall den ArbG zugewiesen (BAG 26.8.97 – 1 ABR 16/97, NZA 98, 441). Ein Mitbestimmungsrecht besteht auch bezüglich der Unterbrechung der Bildschirmtätigkeit durch Pausen oder andere Tätigkeiten, soweit es um die Organisation der Mischarbeit geht (*Siemes* NZA 98, 232; vgl auch BVerwG 8.1.01 – 6 P 6/00, NZA 01, 570) sowie für die Generalklausel in Ziffer 6.1 Abs 1 Anhang 6 zur ArbStättV (LAG NdS 11.1.17 – 13 TaBV 109/15, BeckRS 2017, 103691 noch zur BildScharbV). 16

Neben Gesundheitsschutzaspekten kann die Einführung von Bildschirmarbeitsplätzen unter dem Gesichtspunkt einer möglichen Leistungskontrolle der ArbN Mitbestimmungsrechte des BRat auslösen, sofern die tatbestandlichen Voraussetzungen des **§ 87 Absatz 1 Nummer 6 BetrVG** im Einzelfall erfüllt sind (*Gaul* Anm zu EzA Nr 1 zu § 87 BetrVG 1972 Bildschirmarbeit). Zu den Einzelheiten → *Kontrolle des Arbeitnehmers* Rn 1 ff. 17

**5. Hinweis.** Auf Grund der jeweils zu berücksichtigenden Einzelfallumstände erscheint der Abdruck einer „Musterbetriebsvereinbarung" nicht angezeigt. Anregungen lassen sich jedoch im konkreten Anwendungsfall einem in AiB 95, 433 ff abgedruckten Einigungsstellenspruch einer Bildschirmarbeitsregelung bei der Deutschen Welle sowie dem in AiB 96, 410 abgedruckten Betriebsvereinbarungsentwurf von *Berger/Zabel/Biermann* bzw einem weiteren in AuA 97, 91 abgedruckten Einigungsstellenspruch entnehmen. 18

## B. Lohnsteuerrecht *Seidel*

Der während der erforderlichen Unterbrechungen der Arbeit am Bildschirm weiter gewährte Arbeitslohn unterliegt dem üblichen LStAbzug (→ *Pause* Rn 12). Wird der ArbN bei Fortfall der Arbeitspflicht nicht tätig, erhält er aber trotzdem seine Vergütung (→ Rn 8), ergeben sich lohnsteuerlich keine Besonderheiten, da die Lohnversteuerung vom Zufluss des Arbeitslohns abhängt (→ *Arbeitspflicht* Rn 24). Aufwendungen des ArbGeb zur Ausgestaltung des Arbeitsplatzes und zur Arbeitssicherheit stellen keinen stpfl Arbeitslohn dar (→ *Fürsorgepflicht* Rn 22). Dies gilt auch für vom ArbGeb übernommene Kosten für eine spezielle Sehhilfe gem § 3 Abs 2 Nr 1 und Abs 3 ArbSchG iVm § 6 Abs 1 BildScharbV (LStR 19.3 Abs 2 Nr 2; → Rn 6) und im Einzelfall für Massagen (BFH 30.5.01 – VI R 177/99, BStBl II 01, 671). Vom ArbN getragene Aufwendungen für eine Bildschirmarbeitsbrille sind nicht als Werbungskosten abzugsfähig (BFH 20.7.05 – VI R 50/03, BFH/NV 05, 2185). Zu vom ArbGeb getragenen Aufwendungen für erforderliche Augenuntersuchungen und evtl für eine Brille s im Übrigen → *Gesundheitsvorsorge* Rn 15 ff und → *Telearbeit* Rn 14. Bußgeldzahlungen des ArbGeb (→ Rn 8) sind nicht als Betriebsausgaben abzugsfähig (§ 4 Abs 5 Nr 8 EStG). 19

## C. Sozialversicherungsrecht *Voelzke*

Die arbeitsschutzrechtlichen Anforderungen an Bildschirmarbeitsplätze innerhalb des Betriebes haben für das SozVRecht keine unmittelbare Bedeutung. Zur sozialversicherungsrechtlichen Behandlung der Arbeit am häuslichen Arbeitsplatz s *Homeoffice*. 20

# Bildungsurlaub

## A. Arbeitsrecht

*Poeche*

### Übersicht



1 **1. Allgemeines.** Bereits 1976 hat die BRD das Übereinkommen der Internationalen Arbeitsorganisation (ILO) aus dem Jahre 1974 ratifiziert, mit dem sich die Mitgliedstaaten zur schrittweisen Einführung von Bildungsurlaub zum Zweck der beruflichen, politischen, allgemeinen und gewerkschaftlichen Bildung verpflichten (hierzu *Zimmer* ZESAR 15, 69 102). Unter Bildungsurlaub wird dabei die vom ArbGeb **bezahlte Freistellung** des ArbN zur Teilnahme an einer Weiterbildungsmaßnahme verstanden. Eine Umsetzung dieser völkerrechtlichen Verpflichtung in Bundesrecht ist nicht zu erwarten.

2 **2. Landesgesetze.** Aufgrund der den Ländern zustehenden Gesetzgebungskompetenz (Art 74 Nr 12, 72 Abs 1 GG) haben eine Reihe von Bundesländern Landesregelungen geschaffen. Derzeit bestehen Bildungsurlaubsgesetze in Bln (GVBl 90, 2209), Bbg (GVBl 93, 498), Brem (GBl 74, 349; 85, 97; 10, 269), Hbg (GVBl 74, 6 und 91, 113), Hess (HBUG, GVBl I 1998, 2944), MeVO (GVOBl 13, 691), NdS (GVBl 91, 29), RhPf (GVBl 93, 157); in BaWü das Bildungszeitgesetz Baden-Württemberg (BzG BW, GBl 15, 161; hierzu *Kutzki* öAT 15, 136, *Merkel/Dodt* BB 16, 693); in NRW gibt es das Gesetz zur Freistellung von ArbN zum Zwecke der beruflichen und politischen Weiterbildung (AWbG NRW, GVBl 84, 678, 09: 752, 2000, 361), im Saarl das Saarländische Bildungsfreistellungsgesetz (SBFG, ABl 10, 28), in SachsAnh das Gesetz zur Freistellung von der Arbeit für Maßnahmen der Weiterbildung (BildungsfreistellungsG, GVBl 98, 92), in SchlHol das Weiterbildungsgesetz (WBG, GVOBl 12, 282) und in Thüringen das Thüringer Bildungsfreistellungsgesetz (ThürBfG, GVBl 15, 114), das am 1.1.16 in Kraft getreten ist. In Bayern und Sachsen gibt es keine Bildungsurlaubsgesetze. Die unterschiedliche Bezeichnung der Bildungsgesetze ist inhaltlich ohne Bedeutung. Mit der Betonung der „Freistellung zur Weiterbildung" soll in Abgrenzung zum Erholungsurlaub verdeutlicht werden, dass Bildungsurlaub nicht der beliebigen Freizeitgestaltung dient.

3 **3. Verfassungsgemäßheit.** Die Belastung des ArbGeb mit den Kosten beruflicher und politischer ArbNWeiterbildung ist verfassungskonform (BVerfG 15.12.87 – 1 BvR 563/85, NZA 88, 355 zum HBUG und AWbG). Das gilt auch, soweit ArbN zum Zweck der allgemeinen Weiterbildung bezahlt freizustellen sind (BAG 15.3.05 – 9 AZR 104/04, NZA 06, 496 zu NdS). Der Eingriff in die Berufsausübungsfreiheit des ArbGeb (Art 12 GG) rechtfertigt sich aus Gründen des Gemeinwohls. Im Vordergrund steht das vom Gesetzgeber bezweckte „lebenslange Lernen", das auch der ArbGebSeite zugutekommt.

4 Vom Bildungsurlaub zu unterscheiden ist der ebenfalls landesrechtlich geregelte Anspruch (ehrenamtlicher) Mitarbeiter in der **Jugendarbeit** auf unbezahlten **Sonderurlaub.** Landesrechtliche Bestimmungen, wonach der ArbGeb den ArbN hierfür bezahlt freistellen muss, hat das BVerfG für verfassungswidrig erklärt (BVerfG 11.2.92 – 1 BvR 890/84 und 1 BvR 74/87, DB 92, 841; 15.7.97 – 1 BvL 20/94 und 6/96, NZA 98, 27 zum SonderUrlG Hess).

Das BVerfG hat auch nicht die dortige Regelung akzeptiert, wonach private ArbGeb einen Anspruch auf Erstattung der gezahlten Vergütung aus einem Ausgleichsfonds haben, zu dessen finanzieller Ausstattung alle privaten ArbGeb mit mehr als 50 ArbN beizutragen haben. Eine solche Sonderabgabe ist wegen Verstoßes gegen die Finanzverfassung des GG unzulässig (BVerfG 9.11.99 – 2 BvL 5/95, NZA 2000, 139).

**4. Inhalt der Weiterbildung.** Der Bildungsurlaub dient in allen Bundesländern der politischen und der beruflichen ArbNWeiterbildung, teils deren Verbindung. In Brem und SchlHol ist auch die allgemeine Weiterbildung genannt, in Bbg die kulturelle. Was unter beruflicher und politischer Weiterbildung zu verstehen ist, wird in den Landesgesetzen unterschiedlich umschrieben, inhaltlich entsprechen sich die Begriffe aber weitgehend. Die Landesgesetze Hess, NRW und Saarl enthalten zusätzlich einen Katalog der Veranstaltungen, deren Anerkennung (→ Rn 10) ausgeschlossen ist. 5

**a) Berufliche Weiterbildung.** Soweit das Landesgesetz keine gesonderten Voraussetzungen aufstellt, sind hierunter in Anlehnung an die Begriffe des Berufsbildungsrechts Maßnahmen der *Fortbildung* und der *Umschulung* zu verstehen. Berufliche Weiterbildung zielt damit darauf ab, die beruflichen Kenntnisse und Fertigkeiten des ArbN zu erhalten, zu erweitern und sie den sich wandelnden Anforderungen anzupassen. Einbezogen sind sowohl der berufliche Aufstieg als auch die berufliche Umorientierung. Der ArbN soll in die Lage versetzt werden, die Möglichkeiten einer Mitsprache und Mitverantwortung in seinem Beruf zu verbessern. Es geht, wie in § 1 Abs 3 AWbG NRW formuliert ist, um die Förderung der **berufsbezogenen Handlungskompetenz.** Die Bildungsinhalte müssen sich allerdings nicht unmittelbar auf die ausgeübte berufliche Tätigkeit beziehen. Eingeschlossen sind auch Bildungsinhalte, die zum Vorteil des ArbGeb verwendet werden können. Dabei genügt es, wenn dieser Vorteil mittelbar wirkt und nur als gering einzuschätzen ist. Ein **Mindestmaß greifbarer Vorteile** genügt also. Zu den zulässigen Inhalten können daher auch Veranstaltungen gehören, die auf die Steigerung der Eigeninitiative und der Verantwortungsbereitschaft des ArbN in seinem beruflichen Umfeld gerichtet sind („Anpassungsfähigkeit und Selbstbehauptung": LAG BlnBbg 11.4.19 – 10 Sa 2076/18, BeckRS 2019, 6163). Ob diese Voraussetzungen vorliegen, bestimmt sich nach den Verhältnissen bei dem in Anspruch genommenen ArbGeb. Der Wechsel zu einem anderen ArbGeb braucht nicht gefördert zu werden (BAG 18.5.99 – 9 AZR 381/98, NZA 2000, 98). 6

**b) Politische Weiterbildung.** Sie dient der Orientierung des Einzelnen in Staat und Gesellschaft und Beruf. Sie soll ihm ermöglichen, soziale, politische und gesellschaftliche Verhältnisse zu erkennen und zu beurteilen. Es geht um die Befähigung des ArbN zur Wahrnehmung staatsbürgerlicher Rechte und Pflichten, um die **Teilhabe an der Willensbildung** und damit um die Sicherung der Demokratie und der Entwicklung des sozialen Rechtsstaates (BVerfG 15.12.87 – 1 BvR 563/85, 582/85, 974/86, 3/86, DB 88, 709). Vorbehaltlich landesrechtlicher Besonderheiten betrifft politische Weiterbildung damit Inhalte des Gemeinschaftsrechts und der Staatsbürgerkunde sowie Themen, die sich mit der Stellung des ArbN als abhängig Beschäftigten befassen. Hierauf beschränkt sie sich aber nicht. Auch andere gesellschaftspolitische Themen wie zB zur Gefährdung der Umwelt und der Abwehr solcher Gefahren können zulässiger Inhalt von ArbNWeiterbildung sein. 7

**c) Allgemeine Weiterbildung.** Nach § 3 Abs 3 WBG SchlHol zielt sie ab auf die Förderung der Selbstentfaltung des Einzelnen, indem sie zur Auseinandersetzung insbes mit sozialen, kulturellen, wirtschaftlichen und ökologischen Fragen befähigt und zum Handeln in diesen Bereichen anregt. Sie soll auch befähigen, soziale Entwicklungen mit zu gestalten. Auch in Brem ist Bildungsurlaub zur allgemeinen Weiterbildung zu gewähren, in Bbg wird die kulturelle Weiterbildung ausdrücklich gesondert genannt. In BaWü und Thüringen kann Bildungsurlaub beansprucht werden, um sich zur Wahrnehmung ehrenamtlicher Tätigkeiten zu qualifizieren. Zum NBildUG BAG 15.3.05 – 9 AZR 104/04, NZA 06, 496 mit abl Anm *Joussen* SAE 05, 276. 8

**5. Anerkennung.** Bildungsurlaub kann stets nur für Veranstaltungen beansprucht werden, die entweder von einem anerkannten Träger durchgeführt werden oder die selbst als Weiterbildungsmaßnahme von der hierfür bestimmten Behörde anerkannt worden sind. Eine solche Anerkennung des Trägers oder der Einzelveranstaltung bindet die Gerichte für Arbeitssachen nicht, soweit es um die Vereinbarkeit der Bildungsmaßnahme mit den vom 9

BVerfG gezogenen Grenzen zulässiger Bildungsinhalte geht (BAG 3.8.89 – 8 AZR 249/87, NZA 90, 317 zum AWbG NRW; 9.2.93 – 9 AZR 648/90, NZA 93, 1032 zum HBUG). Eine andere Frage ist, ob die Gerichte für Arbeitssachen auch die Einhaltung der Ausschlusstatbestände zu prüfen haben. Das wird jedenfalls dann zu bejahen sein, wenn die Behörde nicht die einzelne Veranstaltung als Bildungsmaßnahme anerkannt hat, sondern lediglich der Träger anerkannt ist.

10 Nach den Weiterbildungsgesetzen einiger Länder werden Träger von Weiterbildung nur dann finanziell unterstützt, wenn **„jedermann"** Zugang zu ihren Bildungsveranstaltungen hat. Der Träger muss Gewähr dafür leisten, dass Interessierte teilnehmen können. Das setzt die öffentliche Bekanntgabe des Angebots voraus. Die Zielgruppe, nämlich Beschäftigte in Betrieben und Verwaltung, muss erreicht werden (Publikation durch Plakatierung, Programmaushang am schwarzen Brett uÄ; vgl LAG Düsseldorf 16.3.95 – 5 Sa 4/95, NZA 95, 995 [LS] = LAGE Nr 24 zu § 7 AWbG NRW; Möglichkeit der Anmeldung über das Internet: BAG 21.7.15 – 9 AZR 418/14, BeckRS 2016, 65024). Unschädlich ist es, wenn ein einzelner Betrieb nicht erreicht wird. Vom Träger verlangte **Teilnahmevoraussetzungen** müssen in der Sache begründet sein, etwa Aufnahmekapazität der Lerngruppe oder Inhalt der behandelten Themen. Aufbauseminare dürfen vom Besuch eines Grundseminars abhängig gemacht werden. Die Jedermannzugänglichkeit des Aufbaukurses ist allerdings nur gegeben, wenn auch das Grundseminar für alle zugänglich war (BAG 9.11.93 – 9 AZR 9/92, DB 94, 736). Zielgruppenarbeit ist gestattet (LAG Köln 17.6.94 – 4 Sa 222/94, LAGE Nr 22 zu § 7 AWbG NRW). Unzulässig sind personenbezogene Kriterien wie Mitgliedschaft in Gewerkschaft (BAG 21.7.15 – 9 AZR 418/14, BeckRS 2016, 65024), Trägerverein, Kirche. Dagegen ist unschädlich, wenn ein gewerkschaftlicher Träger von Nichtmitgliedern Unterbringungskosten/Pauschalen verlangt. Die Entgeltfortzahlung während der Bildungsmaßnahme ermöglicht dem ArbN, die Vergütung für seine Weiterbildung zu verwenden. Bildung ist nicht kostenfrei zu erhalten. Die Differenzierung gegenüber Gewerkschaftsmitgliedern rechtfertigt sich auch aus deren monatlichem Gewerkschaftsbeitrag (BAG 21.10.97 – 9 AZR 253/96, NZA 98, 760).

11 **6. Gestaltung der Bildungsmaßnahme.** Jede Bildungsmaßnahme ist auf der Grundlage des Lehrplans **einheitlich** zu bewerten; eine systematische, auf ein Lernziel ausgerichtete Wissensvermittlung muss stattfinden. Die zeitliche Beanspruchung darf nicht wesentlich hinter der eines normalen Arbeitstages zurückbleiben; teils machen die Landesgesetze konkrete Vorgaben. Eine Lohnkürzung für einzelne Tage mit verkürztem Bildungsangebot kommt nicht in Betracht. Unschädlich ist es, wenn am Abreisetag nur 3$^{1}/_{2}$ Stunden, im Übrigen aber sechs Zeitstunden und mehr gearbeitet wurde (BAG 11.5.93 – 9 AZR 289/89, NZA 93, 990). Dabei ist bei einer bloßen Trägeranerkennung erforderlich, dass dieser auf Inhalt und Organisation der Bildungsveranstaltung rechtlich oder tatsächlich beherrschenden Einfluss hat (BAG 16.8.90 – 8 AZR 654/88, DB 90, 2325).

12 **7. Überblick über die Ländergesetze. a) Anspruchsinhalt.** Der Anspruch ist höchstpersönlich, nicht abtretbar und nicht abdingbar. Er ist an den nach LandesG vorgesehenen Bezugszeitraum gebunden, überwiegend damit an das Kalenderjahr. Mit Fristablauf erlischt er. Gerichtet ist der Anspruch auf die **Gewährung bezahlter Freistellung** von der geschuldeten Arbeit zum Zweck der Weiterbildung. Ein Selbstbeurlaubungsrecht besteht nicht. Auch genügt regelmäßig nicht das Schweigen des ArbGeb auf eine Mitteilung hin, der ArbN werde an einer bestimmten Bildungsveranstaltung teilnehmen. Vielmehr bedarf es einer **Freistellungserklärung** des ArbGeb. Mit der Freistellungserklärung erfüllt der ArbGeb den Anspruch des ArbN.

13 **b) Anspruchsberechtigt** sind ArbN, wobei teils ausdrücklich vorausgesetzt wird, dass der Schwerpunkt des Beschäftigungsverhältnisses im Bundesland liegt. Bei fliegendem Personal richtet sich das nach dem dienstlichen Wohnsitz, dem Ort der Einsatzplanung und der Personalverwaltung (BAG 18.11.08 – 9 AZR 815/07, NZA-RR 10, 56). Heimarbeiter und die ihnen Gleichgestellten sowie sonstige ArbNÄhnliche Personen werden mit Ausnahme Bln und Hbg einbezogen. Auszubildende, Umschüler, Praktikanten und Volontäre werden in NRW ausdrücklich ausgenommen, in den anderen Bundesländern – teils unter Beschränkung auf politische Bildung – berücksichtigt. BaWü, MeVO und Saarl erfassen teils auch Beamte. Dienstordnungsangestellte sind nach dem AWbG NRW nicht begünstigt (BAG

19.10.93 – 9 AZR 476/91, NZA 94, 791). In Thüringen sind auch die in anerkannten Werkstätten für Behinderte Tätigen anspruchsberechtigt. Der Anspruch entsteht einheitlich nach einer **Wartezeit** von sechs Monaten (BaWü und Saarl: 12 Monate).

**c) Dauer.** Der Bildungsurlaub beträgt regelmäßig fünf Arbeitstage im Kj (Saarl: grds drei Arbeitstage; in BaWü und NRW fünf Arbeitstage für die gesamte Ausbildungszeit für Auszubildende; in Thüringen drei Arbeitstage), in Bln bis zum 25. Lebensjahr des ArbN zehn Tage, anschließend – wie Bbg, Brem, Hbg und RhPf – zehn Tage innerhalb zwei aufeinander folgender Kj. Der Zweijahreszeitraum beginnt mir Ablauf der Wartezeit (LAG BlnBbg 21.5.10 – 13 Sa 38/10, DB 10, 1836 [s], BeckRS 2010, 72268). NdS eröffnet die Möglichkeit, mit Einverständnis des ArbGeb den Anspruch von vier Jahren im vierten Jahr zusammenzulegen. Vorgesehen ist – außer in BaWü – eine **Übertragung** des Anspruchs auf das folgende Kj, wenn der Bildungsurlaub wegen betrieblicher Belange nicht gewährt werden konnte; in Brem und Hbg ohne weitere Voraussetzung. In Bbg können die Ansprüche auch kommender Jahre durch schriftliche Vereinbarung zusammengefasst werden. **14**

Die Ansprüche aus zwei Kj können auch in den Ländern zusammengefasst werden, die den Anspruch pro Kj gewähren. Der ArbN muss im laufenden Jahr dem ArbGeb mitteilen, dass er den Anspruch im folgenden Jahr für eine längere Freistellung verwenden werde. Die Erklärung ist nicht formgebunden; die beabsichtigte Bildungsmaßnahme braucht weder nach Inhalt noch nach Zeitraum mitgeteilt zu werden (LAG Köln 7.6.90 – 10 Sa 247/90, DB 90, 1973; LAG Hamm 2.10.91 – 3 Sa 1560/87, DB 92, 2347). Der nach dem AWbG NRW zusammengefasste Anspruch darf nur zur Teilnahme an einer mehr als fünftägigen Bildungsveranstaltung oder an mehreren zusammenhängenden Veranstaltungen von insgesamt mehr als fünftägiger Dauer genutzt werden (BAG 11.5.93 – 9 AZR 126/89, DB 93, 1825). Realisiert der ArbN im Folgejahr nur den einwöchigen Bildungsurlaub des laufenden Kalenderjahres, geht der „verblockte" anteilige Bildungsurlaub aus dem Vorjahr mit Ablauf des laufenden Jahres unter (LAG SchlHol 20.11.07 – 5 Sa 285/07, NZA-RR 08, 288). **15**

**d) Sonstiges.** Der Vermeidung von **Doppelansprüchen** bei Wechsel des ArbGeb dient die Bildungsurlaubsbescheinigung des VorArbGeb. **Überlastungsschutz-/Kleinbetriebsklauseln** existieren in BaWü, Bln, Bbg, Hess, NdS, NRW, RhPf, Saarl, SachsAnh und Thüringen. **Freistellungen für Bildungs- und Schulungsveranstaltungen** aufgrund anderer Vorschriften werden unterschiedlich berücksichtigt. Sie werden in NdS und Saarl angerechnet, wenn der ArbN hierfür einen Anspruch auf Fortzahlung des Entgelts hat. Bln und RhPf schließen jede Anrechnung aus; in anderen Ländern wird sie davon abhängig gemacht, dass der gesetzliche Zweck der Weiterbildung gewährleistet ist und die andere Vorschrift die Anrechnung ausdrücklich anordnet. In Bbg setzt die Anrechnung voraus, dass die Maßnahme den Grundsätzen der Weiterbildung iSd Gesetzes entspricht und ein Entgeltfortzahlungsanspruch besteht. **16**

**e) Entgelt.** Die **Höhe** des fortzuzahlenden Entgelts bestimmt sich in BaWü, Brem, Hbg, Hess, RhPf, SchlHol und Thüringen nach der Urlaubsvergütung (§§ 11, 12 BUrlG), sonst nach dem Lohnausfallprinzip. Zu beachten ist, dass der ArbN einen Anspruch auf bezahlte Freistellung von der Arbeitspflicht hat. Hat er an einem oder mehreren Tagen der Bildungsveranstaltung nicht zu arbeiten (zB wegen Schichtdienstes), hat er keinen Anspruch gegen den ArbGeb auf Freizeitausgleich, also auf bezahlte Freistellung von der Arbeit für einen anderen Tag (BAG 21.9.99 – 9 AZR 765/98, NZA 2000, 1012). **17**

**f) Verfahren für Geltendmachung und Ablehnung.** Die Landesgesetze sind zwar gleich angelegt, unterscheiden sich aber hinsichtlich einzuhaltender Fristen und Formvorschriften. Der Anspruch ist rechtzeitig, zwischen vier und acht Wochen vor Beginn der Veranstaltung, dem ArbGeb anzumelden und die Teilnahme nachzuweisen (Vorlage der Anmeldung und des Programms). Die **Anmeldefrist** wird nach § 187 Abs 2, § 188 Abs 2 2. Hs BGB berechnet, dh zwischen dem Zugang des Freistellungsantrags beim ArbGeb und dem Beginn der Maßnahme müssen volle vier (sechs oder acht) Wochen liegen. Hat der ArbN seine Teilnahmeabsicht an einer Bildungsveranstaltung nicht rechtzeitig mitgeteilt, kann er für diese Maßnahme keine Freistellung verlangen; unberührt bleibt sein Anspruch auf Teilnahme an einer anderen Bildungsveranstaltung (BAG 9.11.99 – 9 AZR 917/98, DB 2000, 979). Hat der ArbN dem Antrag nicht die nach Landesrecht erforderlichen Unterlagen beigefügt, so fehlt es an einem formgerechten Antrag, der die Ankündigungsfrist in **18**

Gang setzt (LAG Hamm 29.6.18 – 10 Sa 1811/17, BeckRS 2018, 23230 zu § 5 AWbG NW). Der ArbGeb hat unverzüglich zu reagieren, wobei eine Ablehnung teils schriftlich begründet und fristgebunden zu erfolgen hat (BaWü, Bln, Hess, NdS, SchlHol). Als **Ablehnungsgründe** kommen idR nur betriebliche Belange in Betracht, wobei trotz unterschiedlicher Wortwahl (dringende/zwingende) in der Praxis sich keine Unterschiede feststellen lassen werden. In einigen Ländern werden als Ablehnungsgrund ausdrücklich noch entgegenstehende Urlaubswünsche anderer ArbN genannt, die aus sozialen Gründen Vorrang verdienen (dazu LAG SchlHol 20.11.07 – 5 Sa 285/07, NZA-RR 08, 288). In BaWü und Thüringen gilt die Bewilligung als erteilt, sofern der ArbGeb seine Entscheidung nicht innerhalb der Frist formgerecht mitteilt (§ 7 Abs 4 S 3 BzG BW und § 6 Abs 4 S 3 ThürBfG).

19 **g) Freistellung.** Hat der ArbGeb den ArbN vorbehaltlos freigestellt, ist er hieran gebunden. Der ArbN erwirbt Anspruch auf Vergütung. Der ArbGeb kann nicht im Nachhinein geltend machen, die gesetzlichen Voraussetzungen für eine Bildungsmaßnahme hätten nicht vorgelegen (BAG 11.5.93 – 9 AZR 231/89, DB 93, 1825; 21.9.93 – 9 AZR 335/91, DB 94, 52). Die aufgrund der Freistellung des ArbGeb gewährte Freizeit kann nicht wegen ungerechtfertigter Bereicherung (§ 812 BGB) zurückverlangt werden. Das gilt auch für den Fall, dass der ArbGeb den ArbN auf eine erwirkte einstweilige Verfügung hin ausdrücklich freistellt, ohne dass deren Vollziehung bewirkt oder angedroht war (BAG 7.12.93 – 9 AZR 325/92, DB 94, 737). Als ausreichende Erfüllungshandlung hat das BAG auch eine Freistellungserklärung angesehen, die als „Bescheid über die Freistellung nach dem Bildungsurlaubsgesetz NRW" überschrieben war und auf die von dem ArbN mitgeteilte Bildungsveranstaltung Bezug nahm, auch wenn im Text des Anschreibens unter Hinweis auf verfassungsrechtliche Bedenken des ArbGeb lediglich eine unbezahlte Freistellung erfolgte (BAG 9.11.93 – 9 AZR 306/89, DB 94, 738).

20 Daraus ergibt sich zugleich die **Risikoverteilung** bei späterer Unmöglichkeit. Nach den LandesG werden lediglich AUZeiten nicht auf den geplanten und bewilligten Bildungsurlaub angerechnet. Wird dem ArbGeb die bezahlte Freistellung aus anderen Gründen nachträglich unverschuldet unmöglich, entfällt insoweit der Vergütungsanspruch. Auch eine Nachgewährung kommt nicht in Betracht (BAG 1.6.93 – 9 AZR 65/90, DB 93, 2237: Freistellung für eine später vereinbarte Feierschicht).

21 Bei Streit über die Anspruchsvoraussetzungen haben sich sog **Freistellungsvereinbarungen** eingebürgert: Der ArbN wird zunächst unbezahlt freigestellt und die Zahlungspflicht einvernehmlich von der gerichtlichen Klärung abhängig gemacht (BAG 9.2.93 – 9 AZR 648/90, DB 93, 1573). Hier ist auf klare Absprachen zu achten, um unerwünschte Rechtsfolgen zu vermeiden. Instruktiv BAG 7.12.93 – 9 AZR 325/92, DB 94, 737: Ablehnung der Freistellung durch den ArbGeb und Angebot von unbezahltem Sonderurlaub. Die ohne weitere Äußerung durch den ArbN erfolgte Teilnahme an der Maßnahme hat das BAG als stillschweigende Annahme des Angebots auf unbezahlten Urlaub beurteilt.

22 **h) Selbstbeurlaubung.** Bleibt der ArbN seiner Arbeit fern und besucht stattdessen die Bildungsmaßnahme, obwohl der ArbGeb jede Freistellung abgelehnt hat, entsteht für die Zeit der Abwesenheit kein Anspruch auf Vergütung nach den Bildungsurlaubsgesetzen oder auf Schadensersatz in Geld (BAG 21.9.93 – 9 AZR 429/91, DB 94, 51). Eine nachträgliche Gewährung von Erholungsurlaub für diese Zeit ist unzulässig (BAG 25.10.94 – 9 AZR 339/93, DB 95, 226). Neue Wege hat der Gesetzgeber NRW beschritten. Nach § 5 Abs 4 AWbG NRW kann der ArbN, wenn der ArbGeb aus anderen als dringenden betrieblichen/dienstlichen Gründen die Freistellung ablehnt, dem ArbGeb binnen einer Woche seit Zugang der Ablehnung schriftlich mitteilen, er werde gleichwohl an der Bildungsveranstaltung teilnehmen. In diesem Fall darf er auch ohne Freistellung der Arbeit fernbleiben, es sei denn, der ArbGeb erwirkt eine gerichtliche Entscheidung, die einer Teilnahme des ArbN entgegensteht. Zum AWbG 2000 *Mittag* AiB 01, 1 ff.

23 **i) Schadensersatz.** Ersatzansprüche des ArbN kommen in Betracht, wenn der ArbGeb die bezahlte Freistellung zu Unrecht ablehnt. Das BAG wendet die Normen über den Schuldnerverzug an und verweist hierzu auf seine Rspr zum Erholungsurlaub: Der ArbGeb gerät in Schuldnerverzug, wenn er dem form- und fristgerechten begründeten Antrag auf Arbeitsbefreiung nicht entspricht. Bei Nichterfüllung des fortbestehenden Anspruchs auf ArbNWeiterbildung im laufenden Jahr hat der ArbGeb den Untergang des Anspruchs zum

Ende des Bezugszeitraums zu vertreten. Der ArbN erwirbt einen Ersatzanspruch auf Freistellung für eine beliebige andere Bildungsmaßnahme, der neben den mit dem Jahresbeginn entstehenden Weiterbildungsanspruch tritt. Da Naturalrestitution geschuldet wird, kommt eine Geldentschädigung erst bei Beendigung des Arbeitsverhältnisses in Betracht (st Rspr BAG 5.12.95 – 9 AZR 666/94, DB 96, 1421).

Der Schadensersatzanspruch verjährt vorbehaltlich § 199 BGB nach § 195 BGB in 24
3 Jahren. Tarifliche **Ausschlussfristen** für den Ersatzanspruch sind regelmäßig bereits durch die Geltendmachung der ursprünglichen Freistellung gewahrt (BAG 24.10.95 – 9 AZR 547/94, NZA 96, 254).

**8. Prozessuales.** Der Freistellungsanspruch ist im Klageverfahren vor dem ArbG zu 25
verfolgen, ggf im Wege der einstweiligen Verfügung. Eine auf die Feststellung der Anspruchsvoraussetzungen gerichtete Klage ist nach allgemeinen Grundsätzen zulässig, nach dem Besuch der Veranstaltung nur bei dargelegten Folgewirkungen (BAG 21.9.93 – 9 AZR 580/90, DB 94, 2352). Das BAG verneint das Feststellungsinteresse, soweit der ArbN seine künftige Teilnahmeberechtigung an einer bestimmten, derzeit aber nicht angebotenen Veranstaltung geklärt wissen will (BAG 19.10.93 – 9 AZR 478/91, DB 94, 737). Darlegungs- und Beweislast für die anspruchsbegründenden Voraussetzungen liegen beim ArbN (ständige Rspr BAG 16.8.90 – 8 AZR 220/88, DB 90, 2326).

**9. Mitbestimmungsrechte** des BRat bestehen nach § 87 Abs 1 Nr 5 BetrVG für die 26
Aufstellung von **allgemeinen Grundsätzen** zur Inanspruchnahme von Freistellungen. Hierzu gehören ua der Kreis der Anspruchsberechtigten, die für die Weiterbildung in Betracht kommenden Veranstaltungen, Anmelde- und Bewilligungsverfahren oder der Widerruf einer bewilligten Freistellung (BAG 28.5.02 – 1 ABR 37/01, NZA 03, 171). Die Rechte des BRat werden im Übrigen durch die zwingenden Festlegungen des jeweiligen BildungsurlaubsG beschränkt (*Zumbeck* AiB 08, 131). Die Beteiligung des BRat bei betrieblichen Bildungsmaßnahmen erfasst den Bildungsurlaub nicht, da der ArbN einen zwingenden individualrechtlichen Anspruch auf Bildungsurlaub hat (Näheres s *Betriebliche Berufsbildung*).

**10. Rechtsprechungsübersicht** 27

**Aktiv im Betrieb**. ArbG Stuttgart 7.4.17 – 26 Ca 1506/16, BeckRS 2017 107013: Mitwirkungsmöglichkeiten von ArbN sowie ihre Interessenvertretung, Beteiligungsmöglichkeiten in Betriebsversammlungen *(ja)*.

**Architektur/Städtebau.** BAG 24.10.95 – 9 AZR 431/94, DB 96, 145: „Architektur, Städtebau und aktuelle Situation in den neuen Bundesländern". Ablauf der Veranstaltung: Busrundreise durch Sachsen mit Mikrofonerläuterungen *(nein)*.

**Auslandsseminar.** BAG 16.3.99 – 9 AZR 166/98, NZA 2000, 32: „Zur aktuellen politischen und sozialen Situation in Cuba" *(nein);* BAG 16.5.2000 – 9 AZR 241/99, NZA 01, 148: „Arbeitsmarkt und Beschäftigungspolitik am Beispiel Österreichs" *(ja,* wenn ein hinreichender Bezug zu den Verhältnissen der BRD hergestellt wird); LAG Köln 30.6.94 – 10 Sa 115/94, LAGE Nr 23 zu § 7 AWbG: „Wien: Österreichische Hauptstadt und weltpolitisches Zentrum" *(nein)*. LAG Köln 16.10.91 – 2/5 Sa 772/91, LAGE Nr 12 zu § 7 AWbG: Studienreise UdSSR *(nein)*.

**Deutschlandseminar.** LAG Düsseldorf 20.7.94 – 4 Sa 689/94, BB 94, 2208 *(ja)*.

**EDV.** LAG Düsseldorf 1.12.95 – 17 (5) Sa 1171/95, LAGE Nr 26 zu § 7 AWbG: „PC-Praxis für Einsteiger (Windows)"; angelernte Pflegehilfe im Altenheim *(nein)*.

**Gesellschaft, Stellung.** BAG 9.2.93 – 9 AZR 648/90, DB 93, 1573 (und jetzt auch LAG BaWü 9.8.17 – 2 Sa 4/17, BeckRS 2017, 127524). „ArbN in Betrieb, Wirtschaft und Gesellschaft I" *(ja)*. Hierzu im Ergebnis zu Unrecht kritisch *Kania* Anm EzA Nr 16 zu § 7 AWbG. LAG Düsseldorf 10.3.94 – 13 Sa 1803/93, LAGE Nr 16 zu § 7 AWbG: „Wann ist ein Mann ein Mann? – Zur Rolle des Mannes in Staat, Gesellschaft und Familie" *(nein)*.

**Gesundheitstraining.** BAG 9.5.95 – 9 AZR 185/94, DB 95, 2072: „Mit dem Fahrrad auf Gesundheitskurs" *(nein)*.

**Ratgeberkurse.** BAG 15.6.93 – 9 AZR 411/89, DB 93, 2236: „Rund um den ökologischen Alltag" *(nein);* LAG Hamm 6.6.91 – 4 Sa 45/91, zitiert nach *Schiefer* DB 92,

944: Existenzgründungsseminar für türkische ArbN *(nein);* LAG Düsseldorf 27.2.91 – 11 Sa 1674/90, LAGE Nr 11 zu § 7 AWbG: Fachberater für das Kleingartenwesen *(nein).*

**Rhetorik.** LAG Köln 17.6.94 – 4 Sa 222/94, LAGE Nr 22 zu § 7 AWbG: „Rhetorik und Kommunikation für Frauen" *(ja)*; ArbG Herford 9.10.15 – 1 Ca 645/15, BeckRS 2015, 72869; „Souveränität und Kampfrhetorik *(ja)*; LAG Hamm 13.9.96 – 15 Sa 2186/94, NZA 97, 464 (*nein* für CNC-ArbN).

**Schlüsselqualifikationen** wie Einführung in die EDV/PC-Handhabung oder Sprachkurse genügen nicht für sich, erforderlich ist der berufliche Zusammenhang (BAG 21.9.93 – 9 AZR 258/91, NZA 94, 690; LAG Düsseldorf 1.12.95 – 17 (5) Sa 1171/95, LAGE Nr 26 zu § 7 AWbG).

**Sprachkurse.** Berufliche Bildung: BAG 18.5.99 – 9 AZR 381/98, NZA 2000, 98: Spanisch für Programmierer *(nein);* BAG 21.10.97 – 9 AZR 510/96, NZA 98, 758: Spanisch für städtische Journalistin; *(ja);* BAG 17.2.98 – 9 AZR 100/97, NZA 1999, 87: Spanisch für Bankkauffrau *(ja);* BAG 15.6.93 – 9 AZR 261/90, DB 93, 2235: Italienisch für Krankenschwester zur besseren Kommunikation mit Patienten *(ja);* BAG 24.8.93 – 9 AZR 473/90, DB 94, 583: Schwedisch für Ingenieur wegen fehlender Verwertbarkeit im Beruf *(nein);* BAG21.9.93 – 9 AZR 258/91, AP Nr 68 zu § 611 BGB Dienstordnungs-Angestellte: „Frankreich – Sprache und Politik" für Mitarbeiter einer KV *(nein)*; LAG Hamm 25.7.07 – 18 Sa 1994/06, BeckRS 2007, 45632: Französisch für Pilot wegen fehlender Verwertbarkeit im Beruf *(nein);* LAG Düsseldorf 21.3.91 – 12 (3) Sa 1600/90, DB 91, 1578: Französisch für Hauptvermittler bei der BA *(ja);* LAG Hamm 13.2.91 – 3 (4) Sa 376/90, DB 91, 1178: Spanisch für städtischen Jugendpfleger *(ja).* Allgemeine Bildung: BAG 15.3.05 – 9 AZR 104/04, MDR 05, 1358 Schwedisch *(ja).*

**Stressseminar.** BAG 24.10.95, – 9 AZR 244/94 DB 96, 888: „Anti-Stress-Training für den Beruf" *(ja).*

**Technologie.** LAG Köln 15.12.92 – 9 (4) Sa 560/92, LAGE Nr 14 zu § 7 AWbG: „Einführung in die Bio- und Gentechnologie" *(ja).*

**Yoga.** LAG BlnBbg 11.4.19 – 10 Sa 2076/18, BeckRS 2019, 6163 ***(ja)***.

**Umweltseminare.** BAG 19.5.98 – 9 AZR 395/97, BeckRS 1998, 30369887: Regionalentwicklung des Spreewaldes im Spannungsfeld zwischen Ökonomie und Ökologie *(ja);* BAG 24.10.95 – 9 AZR 433/94, DB 96, 786: „Das Meer – Ressource und Abfalleimer". Ablauf der Veranstaltung: überwiegend Tauchgänge im Mittelmeer und nur begleitende Vermittlung umwelt- und gesellschaftspolitischer Aufgaben *(nein)*. BAG 24.8.93 – 9 AZR 240/90, DB 94, 583: „Ökologische Wattenmeerexkursion" *(ja).* LAG Düsseldorf 30.11.93 – 16 (13) Sa 608/93, DB 94, 436: „Der Berg ruft nicht mehr – er kommt! – Sanfter (Alpen-)tourismus als Chance für eine bedrohte Region *(ja).* BAG 5.12.95 – 9 AZR 666/94, DB 96, 1421: „Nordsee – Müllkippe Europas!?" *(ja).* LAG Köln 31.5.94 – 11 (7) Sa 470/93, LAGE Nr 20 zu § 7 AWbG: „Sylt – eine Insel in Not – Lehrstück einer Umweltzerstörung" *(ja).* Vgl auch LAG Hess 29.2.00 – 15 Sa 1219/99, NZA-RR 01, 181 zur Frage, ob im Einzelfall ein „Bildungsbedürfnis" vorliegen muss.

**Verkehrspolitik.** LAG Hamm 25.9.95 – 15 Sa 1731/95, LAGE Nr 25 zu § 7 AWbG: „Auf neuen Wegen mobil. Der Verkehr der Zukunft zwischen Fahrrad und Transrapid" *(ja).*

### B. Lohnsteuerrecht

*Thomas*

31 Wird während einer Bildungsmaßnahme des ArbN das Entgelt fortgezahlt, sei es bei einem für Schulungs- oder Bildungsveranstaltungen freigestellten BRatMitglied (→ *Betriebsratsschulung* Rn 34), sei es bei einem sonstigen ArbN für die Dauer einer ganzen Ausbildung (→ *Ausbildungsverhältnis* Rn 86 ff) oder nur für die Dauer einzelner Fortbildungsveranstaltungen, liegt jeweils **Arbeitslohn** vor, der dem LStAbzug nach den allgemeinen Vorschriften zu unterwerfen ist. Zu Besonderheiten bei Bildungsmaßnahmen Behinderter s FG Münster 24.11.93, EFG 94, 658. Zusätzlich kann darin Arbeitslohn liegen, dass der ArbGeb auch die Kosten Dritter, bei denen die Bildungsmaßnahme erfolgt, übernimmt (→ *Betriebliche Berufsbildung* Rn 21).

32 Ist die Finanzierung der Ausbildung durch den ArbGeb mit der Verpflichtung des ArbN verbunden, später bei diesem ArbGeb zu arbeiten, so führt eine wegen Verletzung der Dienstpflicht entrichtete Vertragsstrafe zu **Werbungskosten** (BFH 7.12.05 – I R 34/05,

BFH/NV 06, 1068; BFH 22.6.06 – VI R 5/03, DStRE 06, 1371; → *Vertragsstrafe* Rn 23 ff; *Richter* DStR 84, 516; *Dendl* DStR 2000, 1253 zur Rückzahlung von Studienkosten eines Soldaten). Ob an der Versagung von Werbungskosten festzuhalten ist, wenn mit der Vertragsstrafe die Verschaffung eines sonst nicht zustehenden Studienplatzes abgegolten wird (so noch BFH 28.2.92 – VI R 97/89, BStBl II 92, 834) erscheint nach Änderung der Rspr zur Behandlung beruflich veranlasster Ausbildungskosten (→ *Betriebliche Berufsbildung* Rn 19) zweifelhaft.

## C. Sozialversicherungsrecht *Schlegel*

**1. Bildungsurlaub für Betriebsratsmitglieder.** Ein derartiger Urlaub lässt den sozialversicherungsrechtlichen Status des BRatMitglieds während des Bildungsurlaubs unverändert; da während des Bildungsurlaubes nach den Grundsätzen des Lohnausfallprinzips Anspruch auf Vergütungsfortzahlung besteht, sind unverändert SozVBeiträge und Beiträge zur BA wie bei Lohnfortzahlung im Krankheitsfall zu zahlen. Für sonstige Beschäftigte bleibt die Versicherungs- und Beitragspflicht mE bestehen, wenn der ArbN von der Arbeit freigestellt und er weiterhin bezahlt wird. Besteht zwar das Arbeitsverhältnis fort, wird jedoch kein Arbeitsentgelt mehr bezahlt, endet die Versicherungs- und Beitragspflicht spätestens mit Ablauf des Monats des letzten Arbeitstages (§ 7 Abs 3 Satz 1 SGB IV). 33

**Versicherungsschutz in der Unfallversicherung.** Für BRatMitglieder besteht UV-Schutz nicht nur bei Teilnahme an BRatSitzungen, BRatVersammlungen, GBRatSitzungen und Besprechungen mit Gewerkschaften (BSG 20.5.76 – 8 RU 76/75, SozR 2200 § 539 Nr 19), sondern auch bei der Teilnahme an Schulungs- und Bildungsveranstaltungen iSd § 37 Abs 6 BetrVG. Auch insoweit ist die für den UVSchutz erforderliche Voraussetzung gegeben, dass die Tätigkeit des BRat der Regelung innerbetrieblicher Belange dient oder zumindest einen mittelbaren Bezug zum Betrieb oder zum Aufgabenbereich des BRat hat. Es kommt hierbei nicht darauf an, ob die Bildungs- oder Schulungsveranstaltung wesentlich dem Beschäftigungsverhältnis dient, sondern maßgeblich ist, ob sie der BRatTätigkeit dient. 34

**2. ILO.** Bildungsurlaub nach Übereinkommen 140 der ILO vom 24.6.74 kraft länderrechtlicher Regelungen (→ Rn 2) beseitigt den Versicherungsschutz nicht. Da in diesen Fällen das Beschäftigungsverhältnis fortbesteht und der ArbN Anspruch auf Entgeltfortzahlung hat, liegt auch für die Zeit des Bildungsurlaubs ein versicherungs- und beitragspflichtiges Beschäftigungsverhältnis iSd §§ 5 Abs 1 Nr 1 SGB V; 1 Satz 1 SGB VI; § 25 Abs 1 SGB III vor. 35

**Unfallversicherungsschutz** ist allerdings nur dann anzunehmen, wenn der Bildungsurlaub seinen inhaltlichen Zielen nach den Bildungs- oder Schulungsveranstaltungen für BRatMitglieder vergleichbar ist. Erforderlich ist insoweit, dass der Bildungsurlaub der betrieblichen Tätigkeit zugutekommt und nicht allein der Allgemeinbildung des ArbN dient. 36

**3. Sonstiger Bildungsurlaub.** Wird Bildungsurlaub zB zum Zweck der Durchführung einer Fortbildung gewährt, unterliegt der Versicherungs- und Beitragspflicht nur in eingeschränktem Umfang; erforderlich ist, dass das Arbeitsverhältnis formal fortbesteht, der ArbN sich weiterhin nach Abschluss der Fortbildung dem Weisungsrecht des ArbGeb unterstellen und die Arbeit fortsetzen will. In diesem Fall besteht das Beschäftigungsverhältnis (§ 7 SGB IV) fort, doch ist für das Vorliegen von Versicherungs- und Beitragspflicht weiter erforderlich, dass ein Entgelt erzielt wird (§§ 5 Abs 1 Nr 1 SGB V; 1 Satz 1 Nr 1 SGB VI; § 25 Abs 1 SGB III). Das Arbeitsentgelt muss im Hinblick auf die Fortbildung des ArbN gezahlt werden (BSG 12.11.75 – 3/12 RK 13/74, SozR 2200 § 165 Nr 8 für ein bezahltes Studium eines Ingenieurs, der sich gegenüber dem Land verpflichtet hatte, nach Abschluss eines Lehrerstudiums mindestens fünf Jahre im Schuldienst des Landes zu verbleiben und während des Studiums nach BAT Vb bezahlt wurde; BSG 18.4.75 – 3/12 RK 10/73, SozR 2200 § 172 Nr 2: Beurlaubung eines Versicherungskaufmanns zum Studium der Betriebswirtschaft unter Zahlung von Ausbildungszuschüssen). Wird eine Vergütung in Form eines Entgelts oder von Zuschüssen zum Studium seitens des ArbGeb nicht gewährt, scheidet für diese Zeiten des Bildungsurlaubs Versicherungs- und Beitragspflicht nach den genannten Vorschriften aus. Insoweit kommt dann nur eine Versicherungspflicht für Studenten oder Praktikanten in Betracht (*Studentenbeschäftigung; Praktikant*). 37

## Bruttolohnvereinbarung

### A. Arbeitsrecht *Griese*

1 **1. Begriff.** Die Bruttovergütung bezeichnet die Gesamtvergütung des ArbN vor Abzug der öffentlichrechtlichen Steuern und Abgaben. Sie ist abzugrenzen von der Nettovergütung, also demjenigen Vergütungsteil, der dem ArbN nach Abzug von Steuern und ArbNAnteilen zur SozV verbleibt.

2 **2. Bruttovergütung als Regelfall.** Die Bruttovergütung ist der Regelfall im Arbeitsrecht (BAG 17.2.16 – 5 AZN 981/15, NZA 16,574). Jegliche Vergütungsabrede gilt grds als Bruttolohnvereinbarung. Auch wenn die Parteien keine ausdrückliche Vereinbarung treffen, ist die zugesagte Vergütung eine Bruttovergütung. Denn die Bruttovergütung ist der Normalfall im Arbeitsrecht, die Höhe der Auszüge und Steuern hängt von den individuellen Verhältnissen des ArbN ab, die außerhalb des Einflussbereiches des ArbGeb liegen.

3 Es bedarf daher einer besonderen, **vom Arbeitnehmer zu beweisenden Nettolohnvereinbarung** (→ *Nettolohnvereinbarung* Rn 2), wenn ausnahmsweise der ArbGeb die Steuern und die SozVBeitragsteile des ArbN übernehmen soll (BAG 16.6.04 – 5 AZR 521/03, NZA 04, 1274). Das Erfordernis einer gesonderten Vereinbarung, falls von dem Regelfall der Bruttovergütung abgewichen werden soll, wird ferner durch § 14 Abs 2 SGB IV belegt, wonach **Nettoarbeitsentgelt vereinbart sein muss.** Nimmt der ArbGeb wiederholt und ausschließlich eine Bar-Auszahlung der vereinbarten Vergütung ohne Abzüge und ohne Erstellung einer Abrechnung vor, spricht dies vermutungsweise für eine Netto-Vereinbarung (LAG RhPf 12.3.15 – 3 Sa 437/14, BeckRS 2015, 70512). **Erfahrungssätze zugunsten einer Nettolohnvereinbarung können sich darüber hinaus aus branchenüblichen Verfahrensweisen** wie zB bei Aushilfstätigkeiten oder **geringfügigen Beschäftigungsverhältnissen** ergeben (*Hanau,* Münchener Handbuch zum Arbeitsrecht § 64 Rz 52). Werden solche Arbeitsverhältnisse branchen- oder betriebsüblich durchgehend als Nettolohnarbeitsverhältnisse praktiziert, wie zB die *geringfügige Beschäftigung*, spricht dies für die Abweichung vom Normalfall der Bruttoentgeltvereinbarung. Bei Üblichkeit der Nettovergütung wäre die hiervon abweichende Überwälzung von ArbNAnteilen zur SozV und Steuern auf den ArbN in einem Formulararbeitsvertrag eine unzulässige überraschende Klausel gem § 305c Abs 1 BGB und darüber hinaus wegen mangelnder Transparenz gem § 307 Abs 1 Satz 2 BGB unzulässig. Eine gesetzgeberische Reform der *geringfügigen Beschäftigung*, die die Sozialversicherungsfreiheit beseitigt und geringfügige Beschäftigungsverhältnisse als gesetzliche Nettoarbeitsverhältnisse ausgestaltet, würde an die übliche Praxis anknüpfen und ist dringlich (*Griese/Preis/Kruchen* NZA 13, 113).

Zur Frage, ob eine Schwarzgeldabrede als Nettolohnvereinbarung gewertet werden kann, → *Nettolohnvereinbarung* Rn 4 u *Körner* NJW 14, 313.

Aufstockungsleistungen können in der Form vereinbart werden, dass aus der Bruttogrundleistung und dem Aufstockungsbetrag ein Mindestnettobetrag resultiert (BAG 11.8.15 – 9 AZR 952/13, AP Nr 66 zu § 1 TVG Altersteilzeit).

4 Konsequenz der Bruttovergütung ist, dass der ArbGeb von dem Bruttobetrag die darauf entfallenden Steuern und die ArbNAnteile zur SozV abzuziehen und ebenso wie die ArbGebAnteile zur SozV abzuführen hat. Dabei ist der ArbGeb kraft seiner **Fürsorgepflicht** auch arbeitsrechtlich gegenüber dem ArbN verpflichtet, die Abzüge vom Lohn oder Gehalt des ArbN richtig zu berechnen und vollständig abzuführen (BAG 16.6.04 – 5 AZR 521/03, NZA 04, 1274). In Zweifelsfällen besteht die Möglichkeit, eine Auskunft des FA und der Einzugsstelle der SozV (§ 28h SGB IV iVm § 15 SGB I) einzuholen (→ *Anrufungsauskunft* Rn 1 und → *Sozialversicherungsbeiträge* Rn 3).

5 **3. Zu niedrige Abführung von Steuern oder Abgaben.** Hat der ArbGeb Steuern oder SozVAbgaben **fehlerhaft zu niedrig** berechnet und demzufolge einen zu hohen Nettolohn an den ArbN ausgezahlt, stellt sich die Frage, ob die zu wenig von der Bruttovergütung in Abzug gebrachten Steuern und SozVBeiträge nachträglich vom ArbN verlangt

werden können, wenn der ArbGeb von FA oder der Einzugsstelle für die SozVBeiträge, der Krankenkasse (§ 28h SGB IV), in Anspruch genommen worden ist. Hierbei ist zwischen Steuern und SozVBeiträgen zu unterscheiden.

6 **a) Sozialversicherungsbeiträge.** Hier liegt eine **ausdrückliche gesetzliche Regelung** vor. Nach § 28g Satz 2 SGB IV kann der Beitragsanteil des ArbN in der SozV nur in engen zeitlichen Grenzen und **nur durch Abzug vom Arbeitsentgelt** geltend gemacht werden. Eine separate klageweise Geltendmachung ist daher nicht möglich. Nach § 28g Satz 3 SGB IV darf ein unterbliebener Beitragsabzug **nur bei den drei nächsten Lohn- und Gehaltszahlungen nachgeholt werden,** danach nur dann, wenn den ArbGeb an dem ganz oder teilweise unterbliebenen Beitragsabzug kein Verschulden trifft. Der ArbGeb kann den Verschuldensvorwurf idR nur vermeiden, wenn er zuvor eine Auskunft der Einzugsstelle nach § 28h Abs 2 SGB IV eingeholt hat (BAG 30.4.08 – 5 AZR 725/07, NZA 08, 884). Die Pfändungsfreigrenzen (§ 394 Satz 1 BGB, § 850c ZPO; → *Pfändung* Rn 20) sind dabei zu beachten.

Ist der **Arbeitnehmer ausgeschieden, besteht folglich kein Erstattungsanspruch des Arbeitgebers** mehr.

7 Ausnahmsweise ist ein direkter Anspruch des ArbGeb hinsichtlich der ArbNAnteile zur SozV gegeben, wenn die unrichtige Beitragsabführung auf einer vorsätzlichen oder grob fahrlässigen **Meldepflichtverletzung** des ArbN beruht (§ 28g Satz 4 iVm § 28o Abs 1 Satz 1 SGB IV). Ein Erstattungsanspruch ist aber selbst dann ausgeschlossen, wenn die Parteien irrtümlich ihr Vertragsverhältnis nicht für ein Arbeitsverhältnis gehalten haben (BAG 14.1.88 – 8 AZR 238/85, NZA 88, 803).

8 Der ArbGeb trägt also das gesamte Sozialversicherungsrisiko, wenn sich zB ein **freies Mitarbeiterverhältnis** als Arbeitsverhältnis herausstellt, so dass es in seinem eigenen Interesse liegt, sehr sorgfältig zu prüfen, ob tatsächlich ein freies Mitarbeiterverhältnis vorliegt. Zur Klärung und Risikominimierung bietet sich das Antragsverfahren nach § 7a SGB IV an.

Die Tatsache, dass nachträglich gerichtlich festgestellt wird, dass es sich nicht um ein freies Mitarbeiterverhältnis, sondern um ein Arbeitsverhältnis handelt, rechtfertigt auch keine Vergütungsreduzierung; die bisher vereinbarte Vergütung ist dann die vertraglich geschuldete Bruttovergütung (LAG RhPf 12.3.15 – 3 Sa 437/14, BeckRS 2015, 70512). Zusätzlich sind Ausschlussfristen und die regelmäßige dreijährige Verjährungsfrist des § 195 BGB zu beachten. Zur Frage eines Schadensersatzanspruchs für einen Schaden, den der ArbN in der SozV durch zu geringe Beitragsabführung erleidet, → *Sozialversicherungsbeiträge* Rn 8 ff.

9 **b) Steuern.** Werden zu **wenig Steuern** von der Bruttovergütung abgezogen und abgeführt, entsteht nach der Rspr ein Ausgleichsanspruch im Gesamtschuldverhältnis (§ 42d Abs 3 EStG) des ArbGeb gegen den ArbN nach § 426 Abs 2 BGB (BAG 17.2.16 – 5 AZN 981/15, NJW 16,1262; BAG 16.6.04 – 5 AZR 521/03, NZA 04, 1274). Leistet der ArbGeb aufgrund eines arbeitsgerichtlichen Urteils v**ersehentlich den vollen Bruttobetrag einschließlich Lohnsteuer und Arbeitnehmeranteil des** Gesamtsozialversicherungsbeitrags an den ArbN, ist dieser insoweit ungerechtfertigt bereichert. kann sich aber auf Entreicherung gem § 818 Absatz 3 BGB berufen, wenn er die entsprechenden Beträge an die zuständigen Stellen weitergeleitet hat (BAG 21.12.16 – 5 AZR 273/16, NZA 17, 449).

10 Im **Innenverhältnis** ist der ArbN bei einer Bruttovergütung allein zahlungsverpflichtet, da er allein die Steuern zu tragen hat. Hat der ArbGeb die Steuer nachentrichtet, wandelt sich der Freistellungsanspruch in einen Erstattungsanspruch des ArbGeb gegen den ArbN. Die Fälligkeit des Erstattungsanspruchs tritt erst mit der Nachentrichtung durch den ArbGeb ein (BAG 14.11.18 – 5 AZR 301/17, NZA 19, 250). Soweit **aufgrund eines Verschuldens des Arbeitgebers** zu wenig Steuern entrichtet worden sind, wird eine Aufrechnung des ArbN mit einem Schadensersatzanspruch nach § 280 BGB (richtige Berechnung und Abführung ist Nebenpflicht aus dem Arbeitsverhältnis – s BAG 16.6.04 – 5 AZR 521/03, NZA 04, 1274) in Betracht kommen, soweit der ArbN darlegen kann, dass er im Vertrauen auf die Richtigkeit des Steuerabzuges Ausgaben getätigt hat, die er bei von vorneherein richtiger Steuerberechnung nicht vorgenommen hätte (→ *Entgeltrückzahlung* Rn 9). Verjährungs- und Verfallfristen sind anwendbar. Dabei richtet sich der Verjährungsbeginn nach § 199 BGB.

11 **4. Zu hohe Abführungen von Steuern oder Sozialversicherungsbeiträgen.** Bei zu hohen Abzügen von der Bruttovergütung kann der ArbN die nach seiner Ansicht zu Unrecht einbehaltenen und abgeführten Bestandteile nicht mehr mit der arbeitsgerichtlichen Vergütungsklage, sondern nur mit steuer- und sozialrechtlichen Rechtsbehelfen verlangen; es liegt insoweit ein besonderer Erfüllungseinwand vor. Will der ArbN geltend machen, dass die Lohnsteuerbescheinigung falsch ausgefüllt und zuviel Steuern abgeführt wurden, ist der Finanzrechtsweg gegeben (BAG 7.5.13 – 10 AZB 8/13, NZA 13, 862).

**Mit Abzug und Abführung von Lohnsteuer erfüllt der Arbeitgeber gegenüber dem Arbeitnehmer seine Vergütungspflicht.** Die Abführung begründet einen besonderen Erfüllungseinwand gegenüber dem ArbN. Der ArbGeb kann sich auf diesen besonderen Erfüllungseinwand des Abzugs und der Abführung von LSt nur für den abzurechnenden Kalendermonat und ggf. als Korrektur für den Vormonat berufen, nicht aber für Nachberechnungen für weiter zurückliegende Zeiträume. Solche unzulässigen Nachberechnungen und Nachbelastungen kann der ArbN mit der arbeitsgerichtlichen Entgeltklage angreifen (BAG 21.12.2016 – 5 AZR 266/16, NZA 17, 531).

Allerdings haftet der ArbGeb nach § 280 BGB auf Schadensersatz, wenn er bei der Berechnung und Abführung schuldhaft Nebenpflichten verletzt (BAG 30.4.08 – 5 AZR 725/07, NZA 08, 844). Ein Anspruch besteht nicht, wenn der ArbGeb eine Auskunft des zuständigen FA eingeholt und hiernach die Berechnung und Abführung vorgenommen hat. Eine möglicherweise unrichtige Information des FA durch den ArbGeb ist unschädlich, wenn der ArbN Gelegenheit hatte, hierzu gegenüber dem FA Stellung zu nehmen (BAG 11.10.89 – 5 AZR 585/88, NZA 90, 309).

12 **5. Gerichtliche Geltendmachung.** Zahlt der ArbGeb die Vergütung nicht, kann der ArbN grds die Bruttovergütung einklagen. Auf die Bruttosumme bezogen kann der gesetzliche Zinssatz geltend gemacht werden (BAG, Großer Senat 7.3.01 – GS 1/00, NZA 01, 1195; andernfalls würde der säumige ArbGeb prämiert). Hat der ArbGeb nur Teilzahlungen erbracht, kann die Verurteilung zur Zahlung des Bruttobetrages abzüglich des erhaltenen Nettobetrages, der freilich ebenfalls zu beziffern ist, beantragt werden. Der Zinssatz beträgt gem § 288 Abs 2 BGB 5 Prozentpunkte über dem Basiszinssatz (§ 247 BGB). Da der Arbeitsvertrag als Verbrauchervertrag gewertet wird (BAG 25.5.05 – 5 AZR 572/04, NZA 05, 1111), kommt der höhere Zinssatz des § 288 Abs 2 BGB nicht zur Anwendung. Der Basiszins muss im Klageantrag nicht angegeben werden, da er aufgrund der regelmäßigen Bekanntgabe durch die Bundesbank (§ 247 Abs 2 BGB) ausreichend bestimmt ist (BAG 1.10.02 – 9 AZR 215/01, NZA 03, 567).

13 Die Zwangsvollstreckung richtet sich ebenfalls auf den Bruttobetrag. Hat der **Arbeitnehmer den Bruttobetrag vollstreckt,** ist er für die **richtige Abführung** der Steuern und der ArbNAnteile zur SozV **selbst verantwortlich.** Der Sicherung des Steueranspruchs dient es, dass der Gerichtsvollzieher das FA vor Abführung der vollstreckten Beträge an den Gläubiger benachrichtigen muss, wenn es sich nicht um Bagatellbeträge handelt.

14 Zahlt der ArbGeb den aus der Bruttovergütung folgenden Nettolohn aus, führt jedoch Steuern und Abgaben nicht ab, ist zu empfehlen, die Bruttovergütung abzüglich des erhaltenen Nettobetrages einzuklagen und den daraus resultierenden Betrag zu vollstrecken und an das FA und die Einzugsstelle abzuführen. Die Zwangsvollstreckung ist einzustellen, wenn der ArbGeb durch Quittungen oder sonstige Zahlungsbelege nachweist, dass die öffentlich-rechtlichen Lohnabzüge abgeführt worden sind.

15 Die ArbGebAnteile zur SozV können auf diesem Weg allerdings nicht geltend gemacht werden, da sie nicht zur Bruttovergütung gehören. Diesbezüglich muss der ArbN bei Nichtabführung die Einzugsstelle (Krankenkasse) zum Tätigwerden veranlassen und ggf im **sozialgerichtlichen** Verfahren dazu zwingen.

16 Die Nichtabführung der ArbNAnteile von SozVBeiträgen erfüllt darüber hinaus den **Straftatbestand des § 266a Abs 1 StGB.** Dabei liegt Vorsatz bereits dann vor, wenn die Nichtabführung der Beiträge zum Fälligkeitszeitpunkt dem Verantwortlichen bekannt ist (→ *Sozialversicherungsbeiträge* Rn 11). Selbst die Zahlungsunfähigkeit hebt die zivilrechtliche Haftung nach § 823 Abs 2 BGB iVm § 266a Abs 1 StGB nicht auf, wenn zwischen dem Zeitpunkt der Auszahlung der Löhne und der Fälligkeit der SozVBeiträge Leistungen an

andere Gläubiger erbracht wurden, ggf müssen Rücklagen gebildet werden (BGH 25.9.06 – II ZR 108/05, ZIP 06, 2127).

Soweit ein gesetzlicher ***Mindestlohn*** nicht gezahlt und dadurch SozialVersBeiträge für den ArbN der SozV vorenthalten werden, greift ebenfalls die Strafbarkeit nach § 266a StGB ein (BGH 12.9.12 – 5 StR 363/12 NStZ 2013, 408).

## B. Lohnsteuerrecht *Seidel*

Im **Regelfall** vereinbart der ArbGeb mit dem ArbN die Zahlung eines Bruttoarbeitslohnes, in dem die LSt, die KiSt, der SolZ und die ArbNAnteile zur gesetzlichen SozV enthalten sind. Eine Nettolohnvereinbarung, bei der der ArbGeb sich verpflichtet, sämtliche oder bestimmte gesetzliche Abzüge zu tragen, ist nur ausnahmsweise anzunehmen (→ *Nettolohnvereinbarung* Rn 10 ff). Auch der steuerrechtlichen Definition des Arbeitslohns in § 2 LStDV liegt der genannte Bruttoarbeitslohnbegriff zugrunde. 17

Zum Umfang des in der LStBescheinigung einzutragenden Bruttoarbeitslohns → *Lohnsteuerbescheinigung* Rn 17, 18. Zu sog schwarzen Lohnzahlungen → *Schwarzarbeit* Rn 7. 18

Zur Haftung des ArbGeb gegenüber dem FA, bei zu geringer Einbehaltung und Abführung von LSt, SolZ und ggf KiSt → *Lohnsteuerhaftung* Rn 4–28. Zur nachträglichen Einbehaltung zu gering erhobener LSt bzw Erstattung zu viel abgeführter LSt im Rahmen des LStAbzugsverfahrens → *Lohnsteuerberechnung* Rn 23–25. 19

Wird der ArbGeb zur Zahlung der **Bruttovergütung verurteilt,** so hat er bei der Lohnzahlung trotzdem die LSt einzubehalten und abzuführen, auch wenn ein entsprechender Vorbehalt im Urteil fehlt (*HMW*/Arbeitsgerichte Rz 2). Lässt der ArbN im Wege der Zwangsvollstreckung durch den Gerichtsvollzieher den Bruttoarbeitslohn beim ArbGeb einziehen, so kann der ArbGeb bei Vorlage eines entsprechendes Nachweises über die Einzahlung der LSt die Beschränkung der Vollstreckung auf den um die LSt geminderten Betrag erreichen (→ *Pfändung* Rn 40). Hat er die LSt noch nicht abgeführt und wird der Bruttoarbeitslohn durch den ArbN vollstreckt, so ist bei sachgerechter Ermessensausübung der ArbN für die LSt in Anspruch zu nehmen (*Schmidt/Krüger* § 42d Rz 19; BFH 18.6.93 – VI R 67/90, BStBl II 94, 182). 20

Erhält der ArbN aufgrund einer **Nettolohnklage** nur den als netto bezeichneten Arbeitslohn zugesprochen, ist dagegen nur dieser der LSt zu unterwerfen (so wohl BFH 18.6.93, BStBl II 94, 182). 21

## C. Sozialversicherungsrecht *Schlegel*

**Arbeitsentgelt** iSd SozV und ArblV ist im Normalfall das vereinbarte Bruttoarbeitsentgelt. § 14 SBG IV definiert sowohl den Begriff des Bruttoarbeitsentgelts als auch den des Nettoarbeitsentgelts, wobei das Nettoarbeitsentgelt keine selbstständige Berechnungsgröße, sondern das um die gesetzlichen Abzüge verminderte Bruttoarbeitsentgelt ist (BSG 19.12.91 – 4/1 RA 85/80, SozR 3–5765 § 6 Nr 1 mwN). 22

Ist in den SozVGesetzen von Arbeitsentgelt, Entgelt oder vergleichbaren Begriffen die Rede, ist in aller Regel das Bruttoarbeitsentgelt iSd § 14 SGB IV gemeint; dem Gesetzgeber ist es insoweit bislang nicht gelungen, eine einheitliche Terminologie durchzusetzen. Auf das Nettoarbeitsentgelt ist nur dort abzustellen, wo dies vom Gesetzgeber ausdrücklich gefordert wird (→ *Nettolohnvereinbarung* Rn 21 ff). Zum Umfang des Bruttolohnes → *Arbeitsentgelt* Rn 61 ff. Bruttoarbeitsentgelt ist das **nicht** nur um Abgaben, Werbungskosten und ähnliche Abzugsposten verminderte, zwischen ArbGeb und ArbN vereinbarte oder durch Tarifvertrag festgesetzte Arbeitsentgelt. 23

# Compliance

## A. Arbeitsrecht

*Kreitner*

**1. Begriff.** Compliance ist seit längerem im deutschen Wirtschaftsrecht bekannt. Der Begriff stammt ursprünglich aus dem amerikanischen Recht und bedeutet soviel wie „Einhaltung, Gesetzestreue, Befolgung, Übereinstimmung". Im Kern ist damit nichts anderes gemeint, als dass sich die Unternehmen insgesamt gesetzeskonform bzw rechtmäßig verhalten. Nicht die Unternehmenspolitik und -strategie iSv richtigen oder falschen Unternehmerentscheidungen ist dabei Gegenstand von Compliance, sondern es geht ausschließlich um die Sicherstellung rechtskonformen Handelns durch das Management (grundlegend zur Pflicht des Aufsichtsrats zur Verfolgung von Schadensersatzansprüchen gegenüber Vorstandsmitgliedern BGH 21.4.97 – II ZR 175/95, NJW 97, 1926 – ARAG/Garmenbeck; weiterführend *Hauschka,* Corporate Compliance, 3. Aufl 2016). Dies wird in den USA mittels umfangreicher interner Ermittlungen überprüft, die bei international tätigen Unternehmen auch grenzüberschreitend durchgeführt werden können. Am Ende drohen dabei oft Strafen in mehrstelliger Millionen- oder sogar Milliardenhöhe (informativ *Wybitul* BB 09, 606). Dass unabhängig von diesem internationalen Aspekt Compliance-Verstöße auch auf nationaler Ebene für die Unternehmensführung sogar strafrechtlich relevant sein können, hat der BGH eindrucksvoll bestätigt (BGH 17.7.09 – 5 StR 394/08, NJW 09, 3173). Insofern erfüllen Compliance-Regelungen auch eine Schutzfunktion für das Unternehmen selbst und seine Verantwortungsträger (*Hauschka* ZIP 04, 877; *Mengel/Hagemeister* BB 06, 2466). 1

Compliance muss in Deutschland im Zusammenhang mit dem **Deutschen Government Kodex** gesehen werden. Dieser stellt einen sog „Code of Best Practice" dar, der von einer vom Bundesministerium für Justiz einberufenen Regierungskommission erstmalig im August 2002 veröffentlicht worden ist und seither regelmäßig aktualisiert wird. Er soll dazu beitragen, dass die in Deutschland geltenden Regeln für die Unternehmensleitung und -überwachung sowohl für nationale als auch für international Investoren transparent gemacht werden und so das Vertrauen in die Unternehmensführung deutscher Gesellschaften und damit mittelbar in den deutschen Kapitalmarkt gestärkt wird. Der Begriff der Compliance wird dabei unter Nr 4.1.3 als Kodex dahingehend definiert, dass der Vorstand für die Einhaltung der gesetzlichen Bestimmungen und der unternehmensinternen Richtlinien zu sorgen und auf deren Beachtung durch die Konzernunternehmen hinzuwirken habe. Die aktuelle Fassung datiert vom 9.5.19 (vgl www.corporate-governance-code.de). Aber auch andere überregionale Codices gewinnen an Bedeutung (*Fabritius* BB 09, 2030). 2

**2. Bedeutung im Arbeitsrecht.** Natürlich ist Compliance nicht auf das Wirtschaftsrecht beschränkt, sondern wirkt sich in erheblichem Maße auch im Arbeitsrecht aus (grundlegend *Mengel,* Compliance und Arbeitsrecht, 2009; *Schneider* Die arbeitsrechtliche Implementierung von Compliance- und Ethikrichtlinien, 2009; *Aszmous/Wiehmann/Rieks* DB 18, 2635; *Eufinger* RdA 17, 223; *Göpfert/Landauer* NZA 11 Beilage 1, 16; *Schaupensteiner* NZA 11 Beilage 1, 8; *Heldmann* DB 10, 1235). Auch in arbeitsrechtlicher Hinsicht besteht ein allgemeines Interesse an umfassend rechtskonformem Verhalten (vgl auch den exemplarischen arbeitsrechtlichen Fragenkatalog bei *Umnuß,* Corporate Compliance Checklisten, 2008, S 1–46). Als typische Compliance-Themen lassen sich dabei die nachfolgenden Bereiche nennen: 3

**a) Individualarbeitsrecht.** Besondere Erwähnung verdient insoweit zunächst das Arbeitsvertragsrecht iwS, da es aufgrund seiner Zersplitterung in eine Vielzahl von spezialgesetzlichen Regelungen besonders anfällig für Rechtsverstöße seitens des ArbGeb ist. 4

**aa) Persönlichkeitsrechtsschutz.** An erster Stelle ist dabei die Beachtung des verfassungsrechtlich gewährleisteten allgemeinen Persönlichkeitsrechts des ArbN im Arbeitsverhältnis zu nennen. Seine aktuellen Ausprägungen findet er insbesondere im AGG, das ua einen umfassenden Schutz vor Diskriminierung, sexueller Belästigung und Mobbing bietet (→ *Diskriminierung* Rn 1 ff, Rn 59 ff; → *Mobbing* Rn 1 ff). Insbes bei amerikanischen Unternehmen mit einem entsprechend geprägten Compliance-Vorverständnis ist in diesem Zusammenhang die Rechtmäßigkeit von sog **Ethikrichtlinien** bzw Verhaltensrichtlinien in jüngerer Vergangenheit problematisiert worden (BAG 22.7.08 – 1 ABR 40/07, NZA 08, 1248 – Honeywell; *Steffen/Stöhr* RdA 17, 43). Hier bedarf es im Einzelfall einer genauen Rechtmäßigkeitskontrolle am Maßstab des individuellen Persönlichkeitsrechts.

**5** Zu weitgehend sind dabei etwa Vorgaben, die ausschließlich den privaten Bereich der ArbN betreffen, ohne sich im betrieblichen Bereich auszuwirken (*Müller-Bonanni/Sagan* BB 08 Beilage 5, 28). Deutlich wird dies bspw an Klauseln, die Mitarbeitern eines Unternehmens allgemein verbieten, gemeinsam auszugehen oder private Beziehungen/Liebesbeziehungen zu unterhalten (LAG Düsseldorf 14.11.05 – 10 TaBV 46/05, NZA-RR 06, 81 – Walmart). Andererseits hat der ArbGeb ein berechtigtes Interesse, im Einzelfall darüber entscheiden zu können, ob Lebenspartner ggf unmittelbar weisungsabhängig miteinander arbeiten sollen und muss daher erfahren, ob eine solche Beziehung vorliegt. Erst recht gilt das im Verhältnis von Ausbilder zu Auszubildenden (*Mengel/Hagemeister* BB 07, 1386).

**6** Rechtlich problematisch sind auch sog **Whistleblowing-Klauseln,** die die ArbN zur unaufgeforderten Mitteilung über verschiedenste Umstände anhalten (→ *Whistleblowing* Rn 1 ff). Zwar entspricht es der gefestigten Rspr des BAG, dass der ArbN aufgrund arbeitsvertraglicher Nebenpflichten ua zur Rücksichtnahme verpflichtet ist und den ArbGeb über alle wesentlichen Vorkommnisse im Betrieb informieren muss, um so Schäden des ArbGeb zu verhindern (BAG 3.7.03 – 2 AZR 235/02, NZA 04, 427; BAG 7.12.06 – 2 AZR 400/05, NZA 07, 502). Andererseits ist eine generelle, jegliche auch unwesentliche Vorkommnisse betreffende Meldepflicht unverhältnismäßig (*Schulz* BB 11, 629). Zudem bestehen insbesondere im Hinblick auf die oftmals anonym möglichen Mitteilungen erhebliche datenschutzrechtliche Bedenken (ebenso *Mahnhold* NZA 08, 737). Keinesfalls muss sich der ArbN zudem bei Fragen zu Wahrnehmungen außerhalb seines Arbeitsbereichs selbst bezichtigen (*Oberthür* ArbRB 11, 184; *Rudkowski* NZA 11, 612). Anderenfalls bestünde die Gefahr, dass der ArbN dem ArbGeb Tatsachen liefern müsste, um diesem seine eigene Kündigung „schlüssig" zu machen. Eine derartige arbeitsvertragliche Nebenpflicht existiert nicht (BAG 23.10.08 – 2 AZR 483/07, NZA-RR 09, 362; *Dann/Schmidt* NJW 09, 1851). Dem steht nicht entgegen, dass im Zusammenhang mit Einstellungen die Frage an den ArbN nach laufenden Ermittlungsverfahren unter einschränkenden Voraussetzungen im Einzelfall zulässig sein kann (BAG 27.7.05 – 7 AZR 508/04, NZA 05, 1243). Demgegenüber dürften Fragen, die in unmittelbarem Zusammenhang mit dem konkreten Arbeits- und betrieblichen Ordnungsverhalten des ArbN stehen, in aller Regel rechtmäßig und deren Beantwortung dem ArbN zumutbar sein (zu den näheren Voraussetzungen BAG 7.9.95 – 8 AZR 828/93, NZA 96, 637; → *Auskunftspflichten Arbeitnehmer* Rn 34 f). Auch generelle sog Kronzeugenregelungen, die einen arbeitsrechtlichen Sanktionsverzicht zusagen, sind unwirksam (*Göpfert/Merten/Siegrist* NJW 08, 1703). Im Fall der Kündigung einer Altenpflegerin nach einer von ihr gegen ihren ArbGeb erstatteten Strafanzeige hat der Europäische Gerichtshof für Menschenrechte Deutschland zur Zahlung einer Entschädigung verurteilt. Zuvor hatten die Arbeitsgerichte die Kündigung für rechtswirksam erklärt (EGMR 21.7.11 – 28274/08, NZA 11, 1269; vgl dazu *Ulber* NZA 11, 962; *Simon/Schilling* BB 11, 2421). Im Anschluss an diese Entscheidung des EGMR hat zuletzt das LAG Köln betont, dass für die Beurteilung der Frage, ob eine gegen den ArbGeb gerichtete Strafanzeige des ArbN einen wichtigen Kündigungsgrund iSv § 626 Abs 1 BGB bildet, eine an den Grundrechten orientierte umfassende Interessenabwägung unter besonderer Berücksichtigung der Interessen der Allgemeinheit zu erfolgen hat (LAG Köln 2.2.12 – 6 Sa 304/11, NZA-RR 12, 298). Vgl allgemein zur arbeitgeberseitigen Kündigung nach Compliance-Verstößen der ArbN zuletzt *Benecke/Groß* BB 15, 693.

**7** Ebenfalls zu erwähnen sind in diesem Zusammenhang Fragen der Zulässigkeit von Videoüberwachungen am Arbeitsplatz, der Einsichtnahme in elektronischen Schriftverkehr und das Mithören von Telefongesprächen (→ *Kontrolle des Arbeitnehmers* Rn 3; → *Internet-/Telefonnutzung* Rn 30; *de Wolf* NZA 10, 1206; *Behling* BB 10, 892; *Dann/Gastell* NJW 08,

2945; *Nolte/Becker* BB 08, Beilage 5, 23 zur IT-Compliance) sowie der generellen Abgleichung von ArbNKontendaten (*Diller* BB 09, 438; *Steinkühler* BB 09, 1294).

**bb) Datenschutz.** Letztlich ebenfalls ein Ausfluss des allgemeinen Persönlichkeitsrechts ist der vom ArbGeb sicherzustellende Datenschutz im Arbeitsverhältnis (→ *Datenschutz* Rn 1 ff). Das gilt natürlich auch für die Compliance-Überwachung selbst, die ihrerseits oftmals den Datenschutz tangiert (*Heinson* BB 10, 3084; *Kort* DB 11, 651; *Wybitul* NZA 14, 225; *Schmidt* BB 09, 1295). 8

**cc) Arbeitssicherheit/Arbeitsschutz.** Der ArbGeb hat für die Beachtung des Arbeitsschutzes auf allen Betriebsebenen Sorge zu tragen. Dabei hat er auf seine Kosten für eine geeignete Organisation zu sorgen, um den Arbeitsschutz effektiv umsetzen zu können. Diese weitreichenden Fürsorgepflichten bergen eine Vielzahl von Compliance-Risiken (→ *Arbeitssicherheit/Arbeitsschutz* Rn 9 ff). 9

**dd) Sonstige besondere Schutzbereiche.** Weitere zusätzliche ArbNSchutzvorschriften finden sich im Bereich der Arbeitszeit (→ *Arbeitszeit* Rn 1 ff), sowie des Schwerbehindertenrechts (→ *Behinderte* Rn 1 ff), Mutterschutz- und Elternzeitrechts (→ *Mutterschutz* Rn 1 ff; → *Elternzeit* Rn 1 ff) und des Jugendarbeitsschutzrechts (→ *Jugendarbeitsschutz* Rn 1 ff). 10

**ee) Weitere Compliance-Risiken.** Schließlich bleiben die allgemeinen Risiken um die Formulierung von Arbeitsverträgen (→ *Arbeitsvertrag* Rn 20 ff) einschließlich der Gewährung einer betrieblichen Altersversorgung (→ *Betriebliche Altersversorgung* Rn 5 ff), die Reichweite arbeitgeberseitiger Auskunfts- und Aushangpflichten (→ *Auskunftspflichten Arbeitgeber* Rn 2; → *Aushänge im Betrieb* Rn 2 ff), die Abwicklung von Betriebs- und Betriebsteilübergängen (→ *Betriebsübergang* Rn 5 ff), die Durchführung von Massenentlassungen (→ *Massenentlassung* Rn 1 ff), die Einhaltung der zweiwöchigen Kündigungserklärungsfrist des § 626 Abs 2 BGB bei unternehmensinternen Ermittlungen (*Heinemeyer/Thomas* BB 12, 1218), im Umgang mit Werkverträgen (*Werths* BB 14, 697), bei grenzüberschreitender ArbNÜberlassung (*Behrendt/Weyhing* BB 17, 2485) usw. 11

**b) Kollektives Arbeitsrecht.** In kollektivrechtlicher Hinsicht stellen sich Fragen der Compliance sowohl im Betriebsverfassungsrecht als auch im Tarifrecht. 12

**c) BetrVG.** Das Betriebsverfassungsrecht ist unmittelbar compliancerelevant (*Neufeld/Knitter* BB 13, 821). Das gilt sowohl für das BRatAmt als solches und seine Ausübung durch die BRatMitglieder als auch für die Beachtung der einzelnen Beteiligungsrechte durch den ArbGeb (*Zimmer/Heymann* BB 10, 1853). Der erstgenannte Bereich ist in letzter Zeit vor dem Hintergrund von Korruptions- und Bestechungsfällen diskutiert worden, wobei besonders auf die Strafvorschrift des § 119 BetrVG hingewiesen wird (*Rieble* NZA 08, 276; *ders* BB 09, 1016; *Schemmel/Slowinski* BB 09, 830). Als schärfste Sanktion droht dabei der Ausschluss aus dem BRatAmt (→ *Amtspflichtverletzung (Betriebsrat)* Rn 4 ff). Die Beteiligungsrechte des BRat sind in vielfältiger Weise tangiert. Besonders hervorzuheben sind insoweit die Mitbestimmungsrechte aus § 87 Abs 1 Nr 1 BetrVG bei der Vereinbarung sog Ethikrichtlinien (BAG 22.7.08 – 1 ABR 40/07, NZA 08, 1248 – Honeywell), da es hierbei nicht nur um die Frage kollektivrechtlich rechtmäßigen Verhaltens des ArbGeb geht, sondern zusätzlich auch ein individualrechtlich compliancerelevantes Thema aus dem Bereich des Persönlichkeitsrechts angesprochen ist, mithin also eine doppelte Compliance besteht. Aktuell ist auf die Neuregelung in § 5 Nr 3 GeschGehG (BGBl I 19, 466) hinzuweisen, der die Offenlegung von Geschäftsgeheimnissen durch ArbN gegenüber dem BRat betrifft.

**d) TVG.** Aber auch das Tarifrecht stellt keineswegs einen compliancefreien Rechtsbereich dar. Compliance-Regelungen finden sich hier bspw soweit es um den Informationsaustausch innerhalb des jeweiligen Verbandes geht. Ein solcher Austausch ist zwar im Rahmen von Tarifverhandlungen zwingend notwendig, um die tariflichen Ziele möglichst effektiv an den einzelnen Mitgliederinteressen ausrichten zu können. Gleichzeitig ist aber zu bedenken, dass die einzelnen Mitglieder eines ArbGebVerbandes in aller Regel am Markt als Wettbewerber auftreten und daher die Preisgabe wirtschaftlicher Unternehmensdaten immer auch mit dem Risiko von Wettbewerbsnachteilen und -verzerrungen verbunden ist. Verbandsinterne Compliance-Regelungen können hier für Abhilfe sorgen (*Andritzky* NZA 09, 990). 13

**3. Organisation und Instrumentarium.** Mit der Einrichtung eines Compliance-Systems im Unternehmen verfolgt die Unternehmensführung regelmäßig mehrere Ziele. Zu- 14 nächst dient das **Compliance-System** dem allgemeinen Risikomanagement. Es soll Risiken in Form von Sanktionen und Rufschädigungen vom Unternehmen abwenden und dabei gleichzeitig die Außenwirkung des Unternehmens verbessern. Darüber hinaus sollen mit Hilfe des Compliance-Systems transparente Strukturen geschaffen werden, die eine möglichst effektive Information der Geschäftsführung, der Anteilseigner sowie der ArbN und ihrer Vertretung gewährleisten. Schließlich erleichtern straffe Compliance-Systeme die Durchführung einer effektiven Kontrolle und Überwachung des gesamten Unternehmens (*Wisskirchen/Glaser* DB 11, 1392, 1447; *Bergmoser/Theusinger/Gushurst* BB 08, Beilage 5, 1).

**15** Ein solches Compliance-System besteht regelmäßig aus einem Compliance-Verantwortlichen, dem sog Compliance-Officer, sowie je nach Unternehmensgröße weiteren ihm zugeordneten Mitarbeitern. Diese agieren regelmäßig auf der Grundlage bestimmter **Compliance-Richtlinien,** die gleichzeitig die Compliance inhaltlich ausgestalten. Diese Richtlinien können für einzelne Unternehmensbereiche oder Arbeitsverhältnisse unterschiedlich ausgestaltet sein, angepasst an die Anforderungen der jeweiligen Arbeitsaufgabe. Auf ihre Ausgestaltung ist besondere Sorgfalt zu verwenden, um die Compliance-Officer vor drohenden Vorwürfen von Kompetenzüberschreitungen und Datenschutzverletzungen zu bewahren (ArbG Bln 18.2.10 – 38 Ca 12879/09, BeckRS 2010, 68681; *Meier* NZA 11, 779; *Zimmermann* BB 11, 634; *Krieger* NZA 10, 367; *Wybitul* BB 09, 2590). Verstöße einzelner ArbN gegen derartige Richtlinien können nach Abmahnung kündigungsrelevant sein (LAG RhPf 26.2.16 – 1 Sa 358/15, BeckRS 2016, 68356). Ein wesentliches Instrument zur Sicherung von Compliance ist die Einrichtung einer umfassenden **Beschwerdestelle** für die ArbN, deren Aufgaben über die der gesetzlich in § 13 AGG sowie § 84 BetrVG geregelten Beschwerdestelle hinausgehen (ebenso *Müller-Bonanni/Sagan* BB 08, Beilage 5, 28). Auch eine sog Whistleblowing-Hotline findet sich oft in amerikanisch geprägten Compliance-Richtlinien (*Mahnhold* NZA 08, 737; *Mengel/Hagemeister* BB 07, 1386). Im deutschen Arbeitsrecht stoßen entsprechende Klauseln aber an rechtliche Grenzen (→ Rn 6).

**16** Unbedenklich sind demgegenüber besondere **Schulungsmaßnahmen** für ArbN, die der Erläuterung der Compliance-Richtlinien dienen. Soweit es dabei um Schulungen für BRat-Mitglieder geht, können diese auch unter den Regelungsbereich des § 37 Abs 6 BetrVG fallen (LAG Köln 21.1.08 – 14 TaBV 44/07, BeckRS 2008, 52737 zu §§ 119, 120 BetrVG). Ein Mitbestimmungsrecht des BRat nach § 98 BetrVG besteht insoweit nicht. Ob der ArbGeb mit der Einführung von Ethikrichtlinien teilweise seinen Schulungspflichten nach § 12 AGG nachkommt, erscheint zweifelhaft (so aber *Schneider/Sittard* NZA 07, 654).

**17** **4. Umsetzung/Durchsetzung.** Will der ArbGeb Compliance-Richtlinien iwS zur Anwendung bringen, so kann er dies auf individual- oder kollektivrechtlichem Weg tun. Die Entscheidung zwischen diesen beiden Alternativen kann nur einzelfallbezogen getroffen werden und hängt wesentlich von der Unternehmens- bzw Betriebsstruktur sowie den vorhandenen arbeitsvertraglichen Vorgaben ab (*Hohmuth* BB 14, 3061; *Reinhard* NZA 16, 1233; *Steffen/Stöhr* RdA 17, 43). Generell erleichtern individualvertragliche Vereinbarungen oder Anordnungen eher eine differenziertere Handhabung (zB nur für bestimmte Führungskräfte oder ArbN in bestimmten Arbeitsbereichen), wohingegen kollektivrechtliche Regelungen die Einführung und Abänderbarkeit von Compliance-Regeln vereinfachen (zur Umsetzung im Konzern *Fett/Theusinger* BB 10 Special 4, 6).

**18** **a) Individualarbeitsrecht.** Auf der Ebene des Arbeitsvertrages bestehen grds zwei Möglichkeiten zur Implementierung von Compliance-Regeln.

**aa) Vereinbarung.** Unabhängig von den sonstigen Umständen können Compliance-Regeln immer im Wege einer Vereinbarung zwischen ArbGeb und ArbN Gegenstand des Arbeitsvertrags werden. Im Rahmen der geltenden Vertragsfreiheit werden rechtliche Grenzen nur durch die allgemeinen Gesetze gezogen (zB Art 2 GG, §§ 138, 242 BGB). Besonders zu beachten sind allerdings die **AGB-rechtlichen Vorgaben** der §§ 305 ff BGB. Auch compliancerechtliche Klauseln dürfen nicht überraschend und mehrdeutig sein (§ 305c BGB) und dürfen den ArbN insbes nicht unangemessen benachteiligen iSd § 307 Abs 1 BGB (→ *Arbeitsvertrag* Rn 23 ff). Wegen ihres regelmäßig kollektiven Charakters bleibt auch bei einzelvertraglichen Vereinbarungen immer das je nach Regelungsinhalt eingreifende Mitbestimmungsrecht des BRat zu beachten.

**bb) Direktionsrecht.** Als einfachster Umsetzungsweg aus ArbGebSicht bietet sich die einseitige Inkraftsetzung von Compliance-Bestimmungen gestützt auf das Direktions- oder Weisungsrecht des ArbGeb nach § 106 GewO an (*Schreiber* NZA-RR 10, 617). Nach dieser Vorschrift kann der ArbGeb Inhalt, Ort und Zeit der Arbeitsleistung nach billigem Ermessen bestimmen und dabei insbes auch Vorgaben hinsichtlich der Ordnung und des Verhaltens der ArbN im Betrieb machen. Auf dieser Grundlage können daher entsprechende Bestimmungen vom ArbGeb, ohne dass eine Zustimmung des ArbN erforderlich wäre, zur Anwendung gebracht werden. Dies geschieht regelmäßig durch Aushang, Einstellung ins Intranet, E-Mail oder persönliche, quittierte Übergabe an den ArbN. Letzteres verschafft dem ArbGeb gleichzeitig einen entsprechenden Zugangsnachweis. 19

Allerdings ist das Direktionsrecht an enge **rechtliche Grenzen** gebunden. Es gilt nur, soweit höherrangiges Recht nicht verletzt wird. Arbeitsvertragliche Vereinbarungen, Betriebsvereinbarungen, Tarifverträge und gesetzliche Bestimmungen gehen ihm vor (→ *Weisungsrecht* Rn 6 ff). Die wesentliche Grenze bildet damit jedenfalls bei den bereits bestehenden Arbeitsverhältnissen der jeweilige **Arbeitsvertrag.** Nur soweit dieser entweder keine Regelung oder eine zulässige Öffnungsklausel enthält, kann das Direktionsrecht im Wege einer inhaltlichen Ausgestaltung dieses Arbeitsvertrags als Rechtsgrundlage für eine einseitige Anordnung des ArbGeb dienen. Beim Abschluss neuer Arbeitsverträge besteht demgegenüber im Rahmen des oben dargestellten AGB-Rechts ein weiterer Regelungsspielraum. Selbstverständlich gelten insofern auch die og allgemeinen rechtlichen Grenzen. 20

**b) Kollektives Arbeitsrecht.** Insoweit stehen die formlose Regelungsabrede sowie die schriftliche Betriebsvereinbarung zur Verfügung, wobei letztere wegen ihrer unmittelbaren und zwingenden Wirkung nach § 77 Abs 4 BetrVG jedenfalls vorzugswürdig ist (zur Abgrenzung → *Betriebsvereinbarung* Rn 2). Im Vergleich zur individualvertraglichen Einführung von Compliance-Regeln bieten **Betriebsvereinbarungen** zwei wesentliche Vorteile, nämlich die sofortige Geltung für alle Arbeitsverhältnisse außer denjenigen der leitenden Angestellten einerseits sowie die deutlich leichtere Abänderbarkeit andererseits. Der Abschluss einer Betriebsvereinbarung bietet sich umso mehr an, als Compliance-Richtlinien ohnehin in weiten Bereichen mitbestimmungspflichtig sein werden (*Kempter/Steinat* NZA 17, 1505; *Schreiber* NZA-RR 10, 617; → Rn 12). Da es dabei in den meisten Fällen um eine betriebsübergreifende, unternehmens- oder sogar konzernweite Geltung der Richtlinien gehen wird, ist der GBRat oder der KBRat zuständig (→ *Gesamtbetriebsrat* Rn 12 ff sowie → *Konzernbetriebsrat* Rn 13 ff). 21

## B. Lohnsteuerrecht

*Thomas*

**1. Steuerliche Relevanz.** Steuerlich erheblich ist nicht das unter dem Sammelbegriff Compliance zusammengefasste Einhalten gesetzlicher Bestimmungen bzw unternehmerischer Richtlinien (→ Rn 1 f), sondern der Verstoß dagegen, insbes daraus folgende Ersatzansprüche. 30

**2. Ersatzanspruch des Arbeitgebers.** Stehen dem ArbGeb aus dem Beschäftigungsverhältnis gegen den ArbN Ansprüche zu und macht er sie mit Rücksicht auf das Dienstverhältnis nicht geltend, wendet er in Höhe des Verzichts Lohn zu (→ *Arbeitnehmerhaftung* Rn 28, → *Arbeitsentgelt* Rn 54 ff). Ist der Anspruch nach Grund und/oder Höhe zweifelhaft, kann der Verzicht (zur Befugnis, auf Schadensersatzansprüche gegen Organmitglieder zu verzichten, *Hasselbach* DB 10, 2037) aber auch darauf beruhen, dass der ArbGeb das prozessuale Risiko scheut oder einen Imageverlust befürchtet (zB Rückgriffsverzicht gegenüber dem beim ArbGeb beschäftigten gedopten Sportler oder gegenüber dem Geschäftsführer, der seinen Aufsichtspflichten nicht nachgekommen ist). Dann braucht der beim ArbN damit einhergehende Vorteil nicht Ertrag der Arbeit zu sein, sondern kann auch darauf beruhen, dass der ArbGeb im eigenbetrieblichen Interesse davon absieht, Ersatz zu fordern (*Loritz/Wagner* DStR 12, 2205). Beim konkludenten Forderungsverzicht ist dessen Veranlassung durch das Dienstverhältnis („für" eine Beschäftigung iSv § 19 Abs 1 Nr 1 EStG) weniger eindeutig als in den Fällen, in denen der ArbGeb Einkommensverwendungen des ArbN (zB dessen Geldbußen) aktiv übernimmt. 31

32 **3. Ersatzanspruch des Arbeitnehmers.** Während echte Schadensersatzleistungen des ArbGeb, bspw weil dieser den ArbN selbst verletzt oder seine Güter beschädigt hat, außerhalb des Beschäftigungsverhältnisses anfallen (BFH 26.11.08 – X R 31/07, DStRE 09, 205), und deshalb keinen Lohncharakter haben, ist ein Ausgleich wegen der Verletzung arbeitsvertraglicher Pflichten, wie er sich aus einem Verstoß gegen das Diskriminierungsverbot nach § 7 Abs 3 AGG ergeben kann (→ Rn 5), regelmäßig Lohn. Danach bedarf es einer Würdigung der Umstände des Einzelfalles, ob ein Angriff des ArbGeb auf das Persönlichkeitsrecht des ArbN (zB Mobbing, Beleidigung, Rufmord usw) im Rahmen oder außerhalb des Dienstverhältnisses stattgefunden hat. Dessen Ergebnis bestimmt, ob Lohn oder nicht steuerbarer Schadensersatz gegeben ist.

33 **4. Ersatzleistung des Arbeitnehmers.** Hat der ArbN Ersatz für ein schuldhaftes Verhalten zu leisten (zum Verantwortungsbereich des ArbN *Oppenheim* DStR 14, 1063; *Meyer* DB 14, 1063; *Richter/Welling* FR 15, 297), das im Rahmen seiner beruflichen Aufgabenerfüllung lag, sind seine diesbezüglichen Aufwendungen beruflich veranlasst (BFH 18.10.07 – VI R 42/04, DStR 07, 2254) und stellen deshalb Werbungskosten dar. Nicht im Rahmen beruflicher Aufgabenerfüllung liegen eigennützige Handlungen des ArbN, die gegen die Interessen des ArbGeb gerichtet sind, wie zB die Annahme von Bestechungs- oder Schmiergeldern. Die Annahme solcher Vorteile begründet keinen Lohn (→ *Schmiergeld* Rn 9), weshalb umgekehrt deren Rückgewähr bzw andere damit zusammenhängende Sanktionen keine Werbungskosten bei den Einkünften aus nichtselbstständiger Arbeit sind, sondern in der privaten Vermögenssphäre des ArbN erfolgen (zu Werbungskosten bei den Einkünften nach § 22 Nr 3 EStG vgl BFH 16.6.15 – IX R 26/14, DStR 15, 2321; BFH 14.5.14 – X R 23/12, DStRE 14, 1156; *Schneider/Perrar* DB 14, 2428). Im Rahmen beruflicher Aufgabenerfüllung können ArbGebnützige Verhaltensweisen auch dann liegen, wenn sie mit Rechtsverstößen verbunden sind. Allerdings sind Strafen oder Geldbußen in diesem Zusammenhang, obwohl beruflich veranlasst, nach § § 12 Nr 4 EStG vom Abzug ausgeschlossen (zu Kartellbußen *Schönfeld/Haus/Bergmann* DStR 14, 2323), während Verfahrenskosten zur Abwehr strafrechtlicher Vorwürfe abziehbar bleiben, ebenso wie Geldauflagen, die im Rahmen eines Strafverfahrens zur Wiedergutmachung eines zivilrechtlichen Schadens verhängt werden (BFH 15.1.09 – VI R 37/06, DStR 09, 736, *Bergkemper* FR 09, 820; *Bruschke* DStZ 09, 489). Ob auch solche Verhaltensweisen, die zwar ArbGebnützig sein können (zB das Einrichten schwarzer Kassen zur Finanzierung von Schmiergeldern), aber nach den Compliance-Regeln des Unternehmens ausdrücklich verboten werden, noch als im Rahmen beruflicher Aufgabenerfüllung erbracht gelten können, ist noch nicht ausdrücklich entschieden. Die Frage dürfte jedenfalls dann zu verneinen sein, wenn es Aufgabe des ArbN ist, das Einhalten von entgegenstehenden Compliance-Regeln zu überwachen, insbes wenn ein Verstoß gegen solche Regeln dazu führen kann, dass gegen das Unternehmen erhebliche Strafen festgesetzt werden können.

34 **5. Versicherung.** Bei einer **D&O-Versicherung** (Directors and Officers Liability Insurance) liegt die Beitragsleistung des ArbGeb in dessen eigenbetrieblichem Interesse (kein Lohn; zu zivilrechtlichen Rahmenbedingungen *Franz* DB 11, 1961 ff, 2019 ff), wenn nur Schadensersatzansprüche Dritter gegen das Unternehmen abgesichert werden. Sind jedoch Schadensersatzansprüche des Unternehmens gegen seine leitenden Angestellten versichert, stellt die Beitragsübernahme durch den ArbGeb Lohn dar (BMF-Schreiben vom 24.1.02 an die Spitzenverbände, *Lange* DStR 02, 1626; *ders* DB 03, 1833). In der Literatur wird bei Übernahme der Beiträge einer D&O-Versicherung durch den ArbGeb ein Lohnzuschuss teilweise bejaht (*Hohenstatt/Naber* DB 10, 2321) und teilweise verneint (*Harzenetter* DStR 10, 653), wobei – zu Unrecht – nicht nach der Art der versicherten Risiken unterschieden wird. Soweit nach § 93 Abs 2 Satz 3 AktG für Vorstandsmitglieder ein zwingender Selbstbehalt (von mindestens 10% des Schadens bis mindestens zur Höhe des Eineinhalbfachen der festen jährlichen Vergütung) besteht, führt eine ArbGebfinanzierte gesonderte Versicherung dieses Selbstbehaltes jedenfalls zu Lohn, weil dieser Risikoanteil kraft Gesetzes ausdrücklich dem ArbN zugewiesen ist. Im Versicherungsfall beruhen die Leistungen dann auf dem Versicherungs- und nicht dem Dienstverhältnis und haben deshalb keinen Lohncharakter. Dienen die Beiträge sowohl eigenbetrieblichen Interessen des ArbGeb als auch dem Versicherungsschutz des ArbN, ist eine Aufteilung möglich, wenn die Kalkulation des

Versicherers einen hinreichend sicheren Schluss darauf zulässt, welcher Beitragsanteil der Finanzierung der jeweiligen Risiken dient (BFH 19.2.93 – VI R 42/92, DStR 93, 1098; BFH 20.5.09 – VIII R 6/07, DStR 09, 1632). Soweit Risiken des ArbN versichert sind, die im Rahmen dessen beruflicher Aufgabenerfüllung anfallen, führen die für ihn verwendeten Beiträge bei ihm zu Werbungskosten.

### C. Sozialversicherungsrecht *Ruppelt*

**1. Begriff.** Die unscharfe Bezeichnung beschreibt im Grunde die Selbstverständlichkeit, dass sich unternehmerisches Handeln an Recht und Gesetz auszurichten hat (→ Rn 1). Ergeben sich aus rechts- oder gesetzeswidrigem unternehmerischen Handeln Ersatzansprüche, bleibt nach allgemeinen sozialversicherungsrechtlichen Grundsätzen zu prüfen, ob der Befriedigung dieser Ersatzansprüche **beitragsrechtliche Bedeutung** zukommt. 40

**2. Beitragsrecht.** Beitragsrechtlich zu berücksichtigen sind Zuwendungen an Beschäftigte, wenn es sich um Arbeitsentgelt iSv § 14 Abs 1 Satz 1 SGB IV handelt. Das sind „alle laufenden oder einmaligen Einnahmen aus einer Beschäftigung, gleichgültig, ob ein Rechtsanspruch auf die Einnahmen besteht, unter welcher Bezeichnung oder in welcher Form sie geleistet werden und ob sie unmittelbar aus der Beschäftigung oder im Zusammenhang mit ihr erzielt werden" (→ *Arbeitsentgelt* Rn 85 ff). Schadensersatz- oder Entschädigungsansprüche des Beschäftigten gegen seinen ArbGeb, etwa nach § 15 Abs 1 oder 2 AGG (→ *Diskriminierung* Rn 1) wegen Verletzung des Diskriminierungsverbots, stellen regelmäßig kein beitragspflichtiges Arbeitsentgelt dar. Zwar stehen auch diese Ansprüche in Zusammenhang mit der Beschäftigung, sie sind jedoch keine Gegenleistung für geleistete Arbeit, sondern beruhen auf gesetzlicher Grundlage. Sie sind daher grds weder bei der Beitrags- noch der Leistungsbemessung zu berücksichtigen (→ *Arbeitgeberhaftung* Rn 35). Etwas anderes kommt nur dann und nur insoweit in Betracht, als Ersatz für entgangenen Lohn geleistet wird (zum Steuerrecht → Rn 31 f, → *Diskriminierung* Rn 141). Verzichtet der ArbGeb auf die Durchsetzung von Ersatzansprüchen, die ihm **gegen den Beschäftigten** wegen der Verletzung von gesetzlichen oder vertraglichen Pflichten zustehen, ist dieser Verzicht nur dann beitragspflichtig, wenn der Anspruch nach Grund und Höhe feststeht. 41

## Crowdsourcing

### A. Arbeitsrecht *Röller*

**1. Begriff.** Crowdsourcing bezeichnet die Auslagerung traditionell interner Teilaufgaben über eine Internetplattform an eine Gruppe freiwilliger User (die „Crowdworker"), die in Zusammenarbeit oder wettbewerbsorientiert an Lösungen arbeiten. Es kann sich um eine Vielzahl von Teilaufgaben aber auch um hochkomplexe, schwierige Aufgaben handeln, die nur durch das Netzwerk der User, Spezialwissen und Ideenreichtum lösbar sind. Crowdsourcing kann intern im Unternehmen mit festangestellten Mitarbeitern, extern oder in einer Kombination erfolgen. In der arbeitsrechtlichen Lit s *Ruland,* NZS 19, 681; *Bourazeri* NZA 19, 741; *Schubert* RdA 18, 200; *Deinert* RdA 17, 65; *Krause* NZA-Beilage 17, 53; *Kocher/Hensel* NZA 16, 984; *Klebe* AuR 16, 277; *Bauschke* öAT 16, 225; *Günther/Böglmüller* NZA 15, 1025; *Däubler/Klebe* NZA 15, 1032; *Klebe/Neugebauer* AuR 14, 4. 1

**2. Rechtliche Rahmenbedingungen.** Externes Crowdsourcing erfolgt üblicherweise über Internetplattformen, die als Vermittler zwischen dem Unternehmen und dem Crowdworker fungieren. Der externe Crowdworker ist idR Selbstständiger, kein ArbN. Er ist auch keine ArbNÄhnliche Person, da sich seine wirtschaftliche Abhängigkeit nicht auf wenige Personen begrenzen lässt und wegen der Anonymität der Auftraggeber auch nicht nachzuweisen wäre (*Bourazeri* NZA 19, 741; *Schubert* RdA 18, 200; *Günther/Böglmüller* NZA 15, 1025; *Däubler/Klebe* NZA 15, 1032; *Klebe/Neugebauer* AuR 14, 4). Dies wurde nunmehr auch durch das Urteil des LAG München bestätigt (LAG Mü 4.12.19 – 8 Sa 146/19, FD-ArbR 19, 422688). Der Crowdworker ist idR auch keine ArbNÄhnliche Person, da es an der wirtschaftlichen Abhängigkeit vom Unternehmen fehlen wird (*Bourazeri* NZA 19, 741; *Deinert* RdA 17, 65). Arbeitsrecht findet deshalb auf externe Crowdworker idR keine 2

Anwendung. Mindestlöhne gelten für sie nicht. Crowdworker können ArbNÄhnliche Personen sein, wenn das vom Auftraggeber bezogene Einkommen die entscheidende Existenzgrundlage ist.

3 Die Rechtsbeziehungen werden idR in AGB geregelt, so dass eine Kontrolle gem §§ 305 ff BGB vorzunehmen ist, sofern deutsches Recht Anwendung findet und der Crowdworker Verbraucher iSd § 13 BGB ist. Dies kann der Fall sein, wenn er sich nur hin und wieder um einen Auftrag bemüht und nicht in Ausübung einer planmäßigen selbstständigen beruflichen Tätigkeit handelt (*Däubler/Klebe* NZA 15, 1032). Die Geltung ausländischen Rechts kann vereinbart werden. Die freie Rechtswahl findet bei einem Inlandsbezug jedoch eine Einschränkung durch den ordre public (Art 21 Rom I-VO; *Klebe/Neugebauer* AuR 14, 4).

4 **3. Mitbestimmungsrechte des Betriebsrats.** Bei internem Crowdsourcing hat der BRat die Mitbestimmungsrechte gem §§ 80, 90, 92, 92a BetrVG. Darüber hinaus können Mitbestimmungsrechte gem § 87 BetrVG bei Arbeitszeit- und/oder Vergütungsfragen bestehen (*Däubler/Klebe* NZA 15, 1032). § 90 BetrVG kann einschlägig sein, wenn Beschäftigtenprofile in Skilldatenbanken gestellt oder eine Bewertung der Einsätze erfolgt. Beim externen Crowdsourcing können Mitbestimmungsrechte gem § 95 BetrVG bei der Festlegung des Anteils der Fremdfirmenmitarbeiter entstehen (*Klebe/Neugebauer* AuR 14, 4). Bei einem Einsatz von Crowdworkern im Betrieb kommt ein Auskunftsanspruch des BRat gem § 80 Abs 2 BetrVG in Betracht.

## B. Lohnsteuerrecht *Seidel*

10 Da beim externen Crowdsourcing die jeweiligen Crowdworker nicht als ArbN bzw arbeitnehmerähnliche Personen des Unternehmens, sondern als Selbstständige tätig werden (→ Rn 2), gelten für sie die Vorschriften über den Steuerabzug vom Arbeitslohn (§§ 38 ff EStG) nicht.

Soweit eigene ArbN des Unternehmens im Rahmen des internen Crowdsourcing tätig werden (→ Rn 1), ergeben sich lohnsteuerlich keine Besonderheiten. Zur Frage von etwaigen Erfindervergütungen → *Arbeitnehmererfindung* Rn 31 ff. Zu Matrixstrukturen → *Matrixorganisation* Rn 3 ff.

## C. Sozialversicherungsrecht *Schlegel*

15 Bestimmte Formen des Crowdsourcings können die Frage aufwerfen, ob die im Rahmen des Crowdsourcings erbrachten Dienstleistungen oder hergestellten Ergebnisse (Werke) sozialversicherungsrechtlich unter dem Aspekt der Versicherungs- und Beitragspflicht relevant werden können. Dabei wird es regelmäßig an einer Eingliederung in den Betrieb des Auftraggebers/Auslobenden oder an einer Unterwerfung unter dessen Weisungsrecht insbes bzgl Ort, Zeit und Art der Tätigkeit fehlen und damit Versicherungs- sowie Beitragspflicht auf Grund abhängiger Beschäftigung ausscheiden (§ 7 Abs 1 SGB IV).

16 Handelt es sich bei denjenigen, die im Rahmen des Crowdsourcings Dienstleistungen anbieten um Selbstständige, kommt Versicherungs- und Beitragspflicht nur dann in Betracht, wenn das deutsche Recht 1.) für selbstständig Tätige ausnahmsweise Versicherungspflicht anordnet und 2.) das Rechtsverhältnis dem deutschen Recht unterfällt, weil die Dienstleistung im Geltungsbereich des SGB erbracht oder europäisches oder internationales Recht die Geltung deutschen Rechts anordnet. Versicherungspflicht für bestimmte Selbstständige sieht vor allen die RV vor (§ 2 SGB VI); Crowdsourcing ist insoweit allenfalls denkbar, wenn die Dienste auf Dauer und im Wesentlichen nur für einen Auftraggeber erbracht werden (§ 2 Satz 1 Nr 9 SGB VI).

# Datenschutz

## A. Arbeitsrecht

*Griese*

### Übersicht



**1. Begriff.** Der Begriff Datenschutz umschreibt den Schutz personenbezogener Daten 1
vor missbräuchlicher Verwendung. Zweck des Datenschutzes ist es, den Einzelnen davor zu schützen, dass er durch den rechtswidrigen oder missbräuchlichen Umgang mit seinen personenbezogenen Daten in seinem Persönlichkeitsrecht beeinträchtigt wird.

**a) Datenschutz als Grundrecht.** Der Datenschutz ist Teil des Persönlichkeitsrechts- 2
schutzes; dieses ist verfassungsrechtlich durch Art 2 Abs 1 GG gewährleistet (*Jarass/Pieroth,* GG, Art 2 Rz 38 ff). Es wird als informationelles Selbstbestimmungsrecht bezeichnet. Das BVerfG hat durch die Entscheidung zur Vorratsdatenspeicherung (BVerfG, Beschl v 11.3.08 – 1 BvR 256/08, NVwZ 08, 543) und zur anlasslosen Datenerfassung (BVerfG 11.3.08 – 1 BvR 2074/05, 1 BvR 1254/07, NJW 08, 1505) der Datenerfassung und -speicherung zutreffend enge verfassungsrechtliche Grenzen gesetzt. Ergänzt wird dieser verfassungsrechtliche Schutz durch das Grundrecht auf Gewährleistung der Vertraulichkeit und Integrität informationstechnischer Systeme (online-Durchsuchung, BVerfG 20.4.16 – 1 BvR 966/09, NJW 16, 1781; BVerfG 27.2.08 – 1 BvR 595/07, NJW 08, 822). Die verfassungsrechtlich abgesicherten Datenschutzgrundrechte wirken sich auch im Privatrechtsverhältnis aus. Die Schutzbedürftigkeit ist in besonderem Maße bei elektronischer Datenverarbeitung gegeben, da insoweit spezifische Risiken bestehen, insbes im Hinblick auf die Vielzahl und die Qualität der verarbeiteten Daten, die Kombinations- und Auswertungsmöglichkeiten, den Kontextverlust bei elektronisch verarbeiteten Daten sowie deren zeitlich unbegrenzte Verfügbarkeit (Näher: *Griese* Zur Notwendigkeit und Effektivität eines verbesserten datenrechtlichen Persönlichkeitsschutzes im Arbeitsrecht, S 35 ff). Zur Rechtsentwicklung des Datenschutzrechts s *Gola/Klug* NJW 2018, 2608.

**b) Datenschutz im Europäischen Recht.** Der Schutz personenbezogener Daten ist 3
Inhalt der Art 7 u 8 der **Grundrechtscharta der EU.** Darüber hinaus ist er europarechtlich in Art 16 Abs 1 AEUV abgesichert und damit für alle Mitgliedsstaaten bindend. Der EuGH hat die EU-Richtlinie zur Vorratsdatenspeicherung als Verstoß gegen Art 8 der Grundrechtscharta der EU für ungültig erklärt (EuGH 8.4.14 – C-293/12, C-594/12, NJW 14, 2169). Gesetzlichen Regelungen der Mitgliedsstaaten der EU zur Vorratsdatenspeicherung sind enge Grenzen gesetzt (EuGH 21.12.16 – C 203/15 u C 698/15, NJW 17, 717).

Am 25.5.2016 ist mit Wirkung zum 25.5.2018 die **EU-Datenschutz-Grundverordnung (DSGVO)** in Kraft getreten (*Schantz* NJW 16, 1841; *Düwell/Brink* NZA 16, 665;

*Kort* DB 16, 711). Sie löst die bisher geltende EU-Datenschutz-RL ab und ist ab 25.5.2018 in der gesamten EU gem Art 288 Abs 2 AEUV unmittelbar geltendes Recht. Nationales Recht, insbes das BDSG hat nur Bestand, soweit es die Anforderungen der EU-Datenschutz-Grundverordnung erfüllt (*Wytibul/Haß/Albrecht*, NJW 18, 113). Im Übrigen ist ein erheblicher mitgliedsstaatlicher Regelungsspielraum eröffnet (*Körner* NZA 16, 1383), der aber grundsätzlich nicht zur Absenkung der materiellen Schutzstandards führen darf (*Schantz* NJW 16, 1841).

Mit Inkrafttreten des deutschen Umsetzungsgesetzes (BGBl 2017 I, 2097 ff) ebenfalls zum 25.5.2018 ändern sich die bisherigen Bestimmungen des BDSG in der Abfolge und Bezeichnung, ohne dass bezogen auf das Arbeitsrecht dadurch gravierende materielle Änderungen eintreten (*Düwell/Brink* NZA 17, 1081), wohl aber ein deutlich gestiegener Informations- und Nachweisaufwand.

4 **2. Anwendungsvoraussetzungen des BDSG.** Das BDSG regelt die Grundsätze des Datenschutzes (*Braun* in Heckmann jurisPK-Internetrecht Kap 7 Rn 11). Bereichsbezogene Bestimmungen ergeben sich ergänzend aus anderen Rechtsvorschriften, insbes aus den gesetzlichen Regelungen zur Personalakte (→ *Personalakte* Rn 8) und dem Persönlichkeitsrecht (→ *Persönlichkeitsrecht* Rn 1 ff). Das Gesetz findet Anwendung auf die Erhebung, Verarbeitung und Nutzung personenbezogener Daten durch öffentliche Stellen und durch nichtöffentliche Stellen.

5 **3. Pflichten des ArbGeb bei der Datenverarbeitung.** Die DSGVO sieht eine Reihe von Pflichten für den Daten verarbeitenden ArbGeb vor.

**a) Gewährleistung der Datensicherheit gem Art 32 DSGVO.** Der ArbGeb ist verpflichtet, eine Reihe von organisatorischen Vorkehrungen zu treffen, um eine unzulässige Datenspeicherung, -nutzung oder -übermittlung auszuschließen. Beispielhaft werden in Art 32 Abs 1 Buchstabe a bis d erforderliche Maßnahmen aufgeführt, insbes Maßnahmen, die die Fähigkeit, die Vertraulichkeit, Integrität, Verfügbarkeit und Belastbarkeit der Datenverarbeitung sicherzustellen.

Der ArbGeb hat unter den Voraussetzungen des § 38 BDSG einen betrieblichen Beauftragten für den Datenschutz zu bestellen (→ *Betriebsbeauftragte* Rn 24–26).

Beauftragt der ArbGeb Dritte mit der Datenverarbeitung, so ist er gleichwohl für die Einhaltung aller Datenschutzvorschriften verantwortlich. Der ArbGeb muss die Tätigkeit des beauftragten Dritten daher sorgfältig kontrollieren und überwachen. Er ist auch für die Datenverarbeitung auf einer von ihm eingerichteten Fanpage verantwortlich (EuGH 5.6.18 – C – 210/16, NZA 18, 919).

6 **b) Informationspflichten gem Art 12 ff DSGVO.** Der ArbGeb muss die Beschäftigten über die Datenverarbeitung transparent und verständlich informieren. Dazu gehörten nicht nur Informationen über Rechtsgrundlage, Zweck und Dauer der Datenverarbeitung, sondern zB auch gem Art 13 DSGVO Angaben über Datenempfänger, Angaben über Verantwortliche und Datenschutzbeauftragte sowie Belehrung über Beschwerderechte und die Widerrufbarkeit einer erteilten Einwilligung.

Die Informationspflichten bestehen nicht nur gegenüber ArbN sondern gegenüber allen Beschäftigten gem der Beschäftigtendefinition des § 26 Abs 8 BDSG, also ua auch LeihArbN, arbeitnehmerähnliche Personen (*Fuhltrott/Remy* NZA 18,609).

Soweit die Beschäftigten bereits informiert sind, besteht gem Art 13 Abs 4 u 14 Abs 5 DSGVO keine Informationspflicht.

7 **c) Dokumentations- und Nachweispflichten gem Art 30 u 5 Abs 2 DSGVO.** Der ArbGeb muss gem Art 30 DSGVO ein Verzeichnis über die durchgeführten Verarbeitungstätigkeiten führen. Dies ist auch deshalb von Bedeutung, weil er gem Art 5 Abs 2 DSGVO zur Rechenschaft über die Einhaltung der Rechtmäßigkeitsvoraussetzungen der Datenverarbeitung verpflichtet ist.

8 **d) Melde- und Benachrichtigungspflichten bei Datenschutzverletzungen gem Art 33 u 34 DSGVO.** Ist eine Verletzung des Schutzes personenbezogener Daten bei der Datenverarbeitung aufgetreten, muss der ArbGeb dies gem Art 33 DSGVO unverzüglich der Aufsichtsbehörde melden. Soweit durch die Verletzung ein hohes Risiko für die Rechte und Freiheiten natürlicher Personen drohen, so müssen zusätzlich gem Art 34 DSGVO die betroffenen Personen vom ArbGeb benachrichtigt werden.

**e) Berichtigungs- und Löschungspflichten gem Art 16, 17 DSGVO.** Art 16 DSGVO verpflichtet den ArbGeb zur Berichtigung unrichtiger Daten. Soweit die Löschungsvoraussetzungen gem Art 17 DSGVO vorliegen, ist eine Löschung der Daten vorzunehmen. 9

**4. Rechte der Beschäftigten.** Die DSGVO und ihr folgend das BDSG statuieren eine Reihe von Rechten der von der Datenverarbeitung betroffenen ArbN. 10

**a) Benachrichtigung.** Der Betroffene ist von der Datenspeicherung zu benachrichtigen, wenn erstmals personenbezogene Daten über ihn gespeichert werden oder erstmals an Dritte übermittelt werden (Art 13, 14 DSGVO, §§ 32, 33 BDSG). 11

**b) Auskunft.** Der Betroffene kann (Art 15 DSGVO, § 34 BDSG) von allen Stellen, die Daten über ihn gespeichert haben, Auskunft über die zu seiner Person gespeicherten Daten, die Herkunft, die Empfänger, den Zweck der Speicherung, sowie diejenigen Personen und Stellen, an die die Daten regelmäßig übermittelt werden, verlangen. Die Auskunft ist idR schriftlich zu erteilen und für den Betroffenen kostenlos. 12

**c) Berichtigung und Löschung von Daten.** Unrichtige Daten sind (§ 35 BDSG) zu berichtigen bzw zu löschen. Von der Berichtigung sind die regelmäßigen Datenempfänger zu benachrichtigen. Besondere Restriktionen gelten für besonders sensible Daten, zB Daten über gesundheitliche Verhältnisse oder religiöse oder politische Anschauungen (*Düwell/Brink* NZA 17, 1081). 13

**d) Widerspruchsrecht.** Neben den Berichtigungs- und Löschungsanspruch tritt als weitere Kategorie das Widerspruchsrecht (Art 21 DSGVO, § 36 BDSG). Es greift insbesondere bei ausgeschiedenen ArbN hinsichtlich nicht mehr benötigter Daten ein, es sei denn, der ArbGeb kann gem Art 21 Abs 1 Satz 2 DSGVO zwingende schutzwürdige Gründe für die weitere Verarbeitung nachweisen oder die Verarbeitung dient der Geltendmachung, Ausübung oder Verteidigung von Rechtsansprüchen. 14

**e) Schadensersatz.** Art 82 DSGVO legt eine umfassende Schadensersatzpflicht für jeden Verstoß gegen die DSGVO fest. Deshalb kann jeder Verstoß gegen die vielfältigen Vorgaben der DSGVO, zB Informations-, Dokumentations-, Benachrichtigungs- und Löschungspflichten einen Schadensersatzanspruch des Beschäftigten gegen den ArbGeb auslösen (*Wytibul/Haß/Albrecht* NJW 18, 113). Ebenso gilt dies für unrichtige oder unzulässige Datenerhebung, -speicherung, -nutzung, -verarbeitung oder -übermittlung. 15

Voraussetzung ist stets, dass ein Beschäftigter einen Schaden erlitten hat.

Die Ersatzpflicht besteht nach dem ausdrücklichen Wortlaut des Art 82 DSGVO sowohl für materielle als auch für immaterielle Schäden. Damit ist anders als im früheren deutschen Recht immer ein Schmerzensgeldanspruch möglich. Im früheren deutschen Recht war dies nur bei schwerer Persönlichkeitsverletzung gegeben (*Oberwetter* NZA 09, 1120).

Der immaterielle Schaden kann insbesondere in einer Rufschädigung, sozialer Diskriminierung oder Hemmung der freien Persönlichkeitsentfaltung bestehen.

Der Nachweis rechtswidriger Datenverarbeitung wird durch die Rechenschaftspflicht des Datenverarbeiters gem Art 5 Abs 2 DSGVO erleichtert.

Liegt in einer rechtswidrigen Datenverarbeitung zugleich ein Verstoß gegen das Allgemeine Persönlichkeitsrecht des ArbN, folgt daraus im Prozess ein Beweisverwertungsverbot (BAG 13.12.07 – 2 AZR 537/06, NZA 08, 1008; *Chandna-Hoppe* NZA 18, 614).

**5. Rechtmäßigkeitsvoraussetzungen der Datenverarbeitung im Einzelnen.** Da die Datenverarbeitung grundrechtsrelevant ist, bedarf sie jeweils einer Rechtsgrundlage. Dafür bestehen grundsätzlich zwei Möglichkeiten: Entweder eine rechtswirksame **Einwilligung des Betroffenen oder eine gesetzliche Ermächtigung.** 16

**a) Einwilligung.** Die Einwilligung muss gem § 26 Abs 2 Satz 3 BDSG schriftlich oder elektronisch (zur Definition *Thüsing/Rombey* NZA 19, 1399) erfolgen und ist nach den Maßstäben des § 26 Abs 2 Satz 1 u 2 BDSG zu prüfen. Eine vom ArbN erteilte Einwilligung erlischt nicht automatisch mit dem Ende des Arbeitsverhältnisses, kann aber jederzeit widerrufen werden (BAG 11.12.14 – 8 AZR 1010/13, NZA 15, 604; s ferner Art 7 Abs 3 DSGVO). 17

**b) Gesetzliche Ermächtigung.** Als gesetzliche Ermächtigungsgrundlage für die Verarbeitung und Nutzung personenbezogener Daten ist im Arbeitsverhältnis sind Art 6 Abs 1 DSGVO und § 26 BDSG (früher § 32 BDSG) maßgebend. Daneben können auch spezialgesetzliche Ermächtigungen in Betracht kommen. 18

§ 26 BDSG erlaubt unabhängig von einer Einwilligung, personenbezogene Daten eines Beschäftigten für Zwecke des Beschäftigungsverhältnisses zu erheben, zu verarbeiten oder zu nutzen, wenn dies für die Entscheidung über die Begründung eines Beschäftigungsverhältnisses oder nach Begründung des Beschäftigungsverhältnisses für dessen Durchführung oder Beendigung erforderlich ist.

Damit sind zwei Grundsätze statuiert, nämlich die Bindung an den Zweck des Vertragsverhältnisses (Zweckbindung gem Art 6 Abs 1 Buchstabe a DSGVO) und die Erforderlichkeit (Art 6 Abs 1 Buchstabe b DSGVO). § 26 Abs 1 Satz 1 BDSG enthält den zentralen Erlaubnistatbestand, unter dem die Datenspeicherung, -übermittlung und -nutzung zulässig sind, nämlich das Erforderlichkeitskriterium. Die Speicherung, Übermittlung oder Nutzung muss jeweils zur Entscheidung über die Begründung des Arbeitsverhältnisses oder nach Begründung für die Durchführung oder Beendigung erforderlich sein. Von der Erforderlichkeit her ist es gerechtfertigt, Daten des ArbN bzgl Geschlecht, Familienstand, Schule, Ausbildung in Lehr- und anderen Berufen, Fachschulausbildung/Fachrichtung/Abschluss sowie Sprachkenntnisse zu speichern, denn diese Daten sind für Personaleinsatzplanung, Personalauswahl und Sozialauswahl bei Kündigungen erforderlich.

19 Zur Aufdeckung von Straftaten dürfen gem § 26 Abs 1 S 2 BDSG personenbezogene Daten eines Beschäftigten nur dann erhoben, verarbeitet oder genutzt werden, wenn zu dokumentierende tatsächliche Anhaltspunkte den Verdacht begründen, dass der Betroffene im Beschäftigungsverhältnis eine Straftat begangen hat, die Erhebung, Verarbeitung oder Nutzung zur Aufdeckung erforderlich ist und das schutzwürdige Interesse des Beschäftigten an dem Ausschluss der Erhebung, Verarbeitung oder Nutzung nicht überwiegt, insbes Art und Ausmaß im Hinblick auf den Anlass nicht unverhältnismäßig sind. Diese Vorgaben gelten auch, wenn personenbezogene Daten erhoben, verarbeitet oder genutzt werden, ohne dass sie automatisiert verarbeitet oder in oder aus einer nicht automatisierten Datei verarbeitet, genutzt oder für die Verarbeitung oder Nutzung in einer solchen Datei erhoben werden (*Thüsing* NZA 09, 865). Der in Art 6 der DSGVO statuierte Grundsatz, dass jegliche Datenverarbeitung durch die Erforderlichkeit im Hinblick auf das Vertragsverhältnis begrenzt wird, ist damit durch § 26 BDSG umgesetzt (*Düwell/Brink* NZA 17, 1081).

Gerechtfertigt ist weiterhin die Datenerhebung über Tätigkeiten im ehemaligen Ministerium für Staatssicherheit (MfS) oder über Funktionen in der SED (BVerfG 8.7.97 – 1 BvR 2111/94, NJW 97, 2307).

20 **c) Einzelfälle. aa) Datenerhebung und Fragerecht.** Vom BDSG unmittelbar erfasst ist gem § 26 Abs 1 S 1 bereits die Phase der Datenerhebung. Hier wirkt die Begrenzung des ArbGebSeitigen Fragerechts (→ *Auskunftspflichten Arbeitnehmer* Rn 13 ff) auch als Grenze der Datenerhebung: Diejenigen Daten, die der ArbGeb im Anbahnungsverhältnis nicht erfragen darf, darf er sich auch nicht auf andere Art und Weise verschaffen (*Däubler* NZA 17, 1481; zur Datenbeschaffung im Internet *Gola*, NZA 19, 654). Nur die in rechtlich zulässiger Weise erhobenen Daten dürfen alsdann gespeichert werden (BAG 22.10.86 – AZR 660/85, DB 87, 1048). So darf bei Anbahnung des Arbeitsverhältnisses nicht nach Partei- oder Gewerkschaftszugehörigkeit gefragt werden; entsprechende Datenerhebungen sind unzulässig (ErfK/*Preis* § 611a BGB Rz 386);

Die Einschränkungen des Fragerechts gem § 41 SGB III wirken sich als Erhebungssperre aus.

21 **bb) Genomanalysen.** Diese oder darauf beruhende Daten (DNA-Analysen – s dazu *Ronellenfitsch* NJW 06, 321) dürfen wegen des damit verbundenen gravierenden Eingriffs in das Persönlichkeitsrecht des ArbN nicht erhoben (→ *Auskunftspflichten Arbeitnehmer* Rn 17) und zB zum Beweis von Pflichtverletzungen verwertet werden (VGH BaWü 28.11.2000 – PL 15 S 2838/99, ArbuR 01, 469). § 19 des ab 1.2.10 geltenden Gendiagnostikgesetzes (BGBl I 09, 2529) bestimmt ein generelles Verbot der Anordnung und Verwertung genetischer Untersuchungen im Arbeitsverhältnis. Der ArbGeb darf danach von Beschäftigten weder vor noch nach Begründung des Beschäftigungsverhältnisses die Vornahme genetischer Untersuchungen oder Analysen fordern oder die Mitteilung von Ergebnissen bereits vorgenommener genetischer Untersuchungen oder Analysen verlangen, solche Ergebnisse entgegennehmen oder verwenden. § 20 Gendiagnostikgesetz erlaubt unter besonderen Voraussetzungen gentechnische Untersuchungen im Rahmen von arbeitsmedizinischen Vorsorgeuntersuchungen. Verstöße können zu Schadensersatzansprüchen führen, die durch

Beweiserleichterungen nach dem Vorbild von § 22 AGG begleitet werden (§ 21 Gendiagnostikgesetz iVm §§ 15, 22 AGG).

**cc) Polizeiliches Führungszeugnis.** Bei der Einstellung kann der ArbGeb vom ArbN die Vorlage eines polizeilichen Führungszeugnisses gem § 30 BZRG verlangen. Die dadurch vorliegende gesetzliche Ermächtigung ist zugleich die Rechtsgrundlage für die Verarbeitung der daraus hervorgehenden Daten. Fragen nach relevanten Vorstrafen oder Ermittlungsverfahren und die Verarbeitung dieser Daten sind ebenfalls erlaubt (BAG 6.9.12 – 2 AZR 270/11, NJW 13, 1115). 22

**dd) Daten über Fehlzeiten.** Der Zweck des Arbeitsverhältnisses rechtfertigt es auch, Daten über krankheitsbedingte Fehlzeiten zu verarbeiten. Dies gilt nicht nur, soweit hiermit eine korrekte Lohn- und Gehaltsabrechnung bezweckt wird. Es trifft auch zu auf Datenläufe, mit denen auf einzelne ArbN bezogene Aussagen über krankheitsbedingte Fehlzeiten, attestfreie Fehlzeiten und unentschuldigte Fehlzeiten erarbeitet werden sollen (BAG 11.3.86 – 1 ABR 12/84, DB 86, 1469). Allerdings ist insoweit das Mitbestimmungsrecht des BRat gem § 87 Abs 1 Ziff 6 BetrVG zu beachten. 23

Der Verhältnismäßigkeitsgrundsatz ist nicht gewahrt, wenn das Bundesamt für Verfassungsschutz den ArbGeb unter Preisgabe personenbezogener Daten informiert, um einen Gesprächskontakt zum ArbN herzustellen (BVerwG 19.11.97 – 1 C 25/95, NJW 98, 919).

Besonders sensible Gesundheitsdaten, zB über Sucht- oder Alkoholerkrankungen, sind in besonderer Weise geschützt zu speichern und gegen die zufällige Kenntnisnahme zu sichern; der informationsberechtigte Personenkreis ist insoweit zu beschränken (BAG 12.9.06 – 9 AZR 271/06, NZA 07, 269).

**ee) Videoüberwachung.** In § 4 BDSG ist die Videoüberwachung öffentlich zugänglicher Räume geregelt und streng an den Datenerhebungszweck gebunden. Die Regelung zeigt, dass die Videoüberwachung nicht unzulässig ist. 24

An die heimliche Videoüberwachung wird man allerdings sehr viel strengere Anforderungen stellen müssen als an die offene, für den Betroffenen erkennbare Videoüberwachung (*Fischer* FS Küttner, 82). Die heimliche Videoüberwachung kommt nur in Betracht, wenn sie das einzige Mittel ist, eine schwere Straftat oder Verfehlung aufzuklären (BAG 20.10.16 – 2 AZR 395/15, NZA 17,443). Die daraus gewonnenen Daten sind nur dann verwertbar, wenn das Aufklärungsinteresse des ArbGeb im Einzelfall das informationelle Selbstbestimmungsrecht des ArbN überwiegt; die Nichteinhaltung der Pflichten aus dem BDSG (Hinweispflicht bei verdeckter Videoüberwachung an öffentlich zugänglichen Stellen) allein führt noch nicht zu einem Verwertungsverbot (BAG 21.6.12 – 2 AZR 153/11, DB 2012, 2227). Ein Verwertungsverbot kann sich aber aus der Abwägung des Aufklärungsinteresses mit dem allgemeinen Persönlichkeitsrecht des Arbeitnehmers ergeben. Zufallsfunde bei heimlicher Videoüberwachung können je nach Einzelfall verwertbar (BAG 22.9.16 – 2 AZR 848/15, NZA 17, 112) oder unverwertbar sein (BAG 21.11.13 – 2 AZR 797/11, NZA 14, 243).

Die Observation und heimliche Videoüberwachung durch einen vom ArbGeb beauftragten Detektiv ohne konkreten, auf Tatsachen beruhenden Tatverdacht ist rechtswidrig und führt zu einem Schmerzensgeldanspruch des ArbN gegen den ArbGeb (BAG 19.2.15 – 8 AZR 1007/13, NJW 15, 2749; anders bei konkretem Verdacht, BAG 29.6.17 – 2 AZR 597/16, NZA 17, 1179).

Bei der erkennbaren, offenen Videoüberwachung besteht in der Regel kein Verwertungsverbot; die Verwertung wird nicht durch bloßen Zeitablauf unzulässig (BAG 23.8.18 – 2 AZR 133/18, NZA 18, 1329). Der Eingriff in das Persönlichkeitsrecht des ArbN setzt überwiegende schutzwürdige Belange des ArbGeb voraus, die bei der Post darin liegen können, das Entwenden von Postsendungen zu verhindern (BAG 14.12.04 – 1 ABR 34/03, NZA 05, 839). Insofern ist eine präventive offene Videoüberwachung nicht zu beanstanden (*Thüsing/Schmidt* NZA 17, 1027). Sie darf allerdings keinen solchen Überwachungsdruck erzeugen, dass sie einer heimlichen Videoüberwachung gleichkommt (BAG 28.3.19 – 8 AZR 421/17, NZA 19, 1212).

Eine Betriebs- oder Dienstvereinbarung, die die Videoüberwachung erlaubt, darf die Grenzen des Eingriffs in Persönlichkeitsrechte nicht überschreiten (BAG 29.6.04 – 1 ABR 21/03, NZA 04, 1278; BAG 26.8.08 – 1 ABR 16/07, DB 08, 2144). Hier kommt es auch auf die Art, Technik und zeitliche Intensität der Videoüberwachung an. Eine flächendeckende Videoüberwachung auf Vorrat aus präventiven Gesichtspunkten, wie sie von verschiedenen Lebensmitteldiscountern praktiziert wurde, ist rechtswidrig. Zu beachten ist auch die Strafvorschrift des § 201a StGB (*Oberwetter* NZA 08, 609). Eine rechtswidrige Videoüberwachung löst Unterlassungs-, Folgenbeseitigungs- und Schadensersatzansprüche aus (*Fischer,* FS Küttner, 75 ff, 94).

25 **ff) Telefon- und Internetdaten.** Das heimliche Mithören lassen von Telefongesprächen zwischen ArbN und ArbGeb verletzt das allgemeine Persönlichkeitsrecht und ist unzulässig; auf diese Weise erlangte Beweismittel dürfen nicht verwertet werden (BAG 23.4.09 – 6 AZR 189/08, NZA 09, 974; zur Einsicht in kennwortgeschützte Privatdaten des ArbN *Weißgerber* NZA 03, 1005). Mitbestimmungswidrig erlangte Daten dürfen im Prozess nur verwertet werden, wenn bei ihrer Erhebung nicht gegen Persönlichkeitsrechte des ArbN verstoßen worden ist (BAG 13.12.07 – 2 AZR 537/06, NZA 08, 1008).

Das anlasslose und dauerhafte Mitloggen und Speichern des Internet-Traffic des ArbN durch Keylogger ist unzulässig (BAG 27.7.17 – 2 AZR 681/16, NZA 17, 1327; EGMR 5.9.17 – 61496/08, NZA 17, 1443; *Fuhlrott* NZA 17, 1308). Zulässig ist die Einsichtnahme von Daten auf einem dem ArbN zur Verfügung gestellten Rechner, wenn dies zur Gefahrenabwehr oder Aufdeckung erheblicher Straftaten oder Vertragsverstöße erforderlich ist (EGMR 22.2.18 – 588/13, NZA 18, 1609).

26 **6. Betriebsrat und Arbeitnehmerdatenschutz.** Zur Wahrnehmung seiner Befugnisse hat der BRat Informations- und Auskunftsrechte ua gem § 80 Abs BetrVG. Diese können nicht unter Berufung auf Betriebs- und Geschäftsgeheimnisse verweigert werden (BAG 5.2.91 – 1 ABR 32/90, AP BGB § 613a Nr 89; zur gesetzlichen Definition von Betriebs- und Geschäftsgeheimnissen s Geschäftsgeheimnisgesetz v 18.4.19, BGBl 2019, 466 u *Betriebsgeheimnis*). Begehrt der Rat Auskunft über sensible personenbezogene ArbNDaten, muss er angemessene und spezifische Schutzmaßnahmen zur Wahrung der Vertraulichkeit ergreifen (BAG 9.4.19 – 1 ABR 51/17, NZA 19, 1055).

Soweit in Betriebsvereinbarungen (zu den Voraussetzungen s *Körner* NZA 19, 1389) die Verarbeitung von Daten zugelassen wird, liegt darin zugleich gem § 26 Abs 1 S 1 BDSG die rechtliche Ermächtigung gegenüber den betroffenen ArbN.

Der BRat hat bei der Speicherung, Nutzung und Verarbeitung von personenbezogenen ArbNDaten ein umfassendes Mitbestimmungsrecht gem § 87 Abs 1 Nr 6 BetrVG (BAG 14.11.06 – 1 ABR 4/06, NZA 07, 399; → *Personalinformationssystem* Rn 1 ff).

Keine Mitbestimmungsrechte des BRat bestehen, wenn eine Videoüberwachung durch Unfallverhütungsvorschrift vorgegeben ist (BAG 11.12.12 – 1 ABR 78/11, DB 13, 2014). Der örtliche BRat, nicht der Konzernbetriebsrat ist zuständig, wenn Überwachungskameras nur in einem konzernangehörigen Unternehmen installiert werden sollen (BAG 26.1.16 – 1 ABR 68/13, NZA 16,498).

Der ArbGeb kann mitbestimmungsfrei festlegen, dass IT-Betriebsmittel nur dienstlich und nicht privat genutzt werden dürfen (*Kramer* NZA 18, 637).

Da Betriebs- und Personalräte durch ihre Aufgabenwahrnehmung personenbezogene Daten verarbeiten, sind sie selbst Verantwortliche Stellen iSd § 4 Nr 7 DS-GVO (s auch *Meinhold* NZA 19, 670; *Brink/Joos* NZA 19, 1395).

## B. Lohnsteuerrecht *Weil*

30 **1. Rechtsstellung des Arbeitgebers.** Für Zwecke der LSt hat der ArbGeb für jeden ArbN ein Lohnkonto (→ *Lohnkonto* Rn 2–12) zu führen (§ 41 Abs 1 EStG; § 4 LStDV). Die darin aufgenommenen Daten unterliegen ab 25.5.18 dem Anwendungsbereich der DSGVO, soweit diese aufgrund des Einsatzes von automatisierter sowie nichtautomatisierter Verarbeitung personenbezogener Daten anwendbar ist (Art 2 DSGVO). Nach Art 6 Abs 1 Buchst c DSGVO ist die Verarbeitung der personenbezogenen Daten durch den ArbGeb rechtmäßig, da sie zur Erfüllung einer rechtlichen Verpflichtung (§ 41 Abs 1 EStG) erforderlich ist. Das Gleiche gilt für die Vorgänge im Rahmen von ELStAM (§ 39e EStG; → *Lohnsteuerabzugsmerkmale* Rn 2 ff;) sowie für die Durchführung des LStJahresausgleichs (→ *Lohnsteuerjahresausgleich* Rn 7–13; → *Persönlichkeitsrecht* Rn 15 ff). Nur der aktuelle ArbGeb ist berechtigt, die ELStAM abzurufen (Einzelheiten → *Lohnsteuerabzugsmerkmale* Rn 2 ff).

Im Rahmen der **Lohnsteueranmeldung** (§ 41a EStG; → *Lohnsteueranmeldung* Rn 2 ff) werden keine personenbezogenen Daten offenbart. Das Gleiche gilt, soweit der ArbGeb die LStAnmeldung durch ein von ihm beauftragtes **Rechenzentrum,** durch Datenträger oder durch Datenfernübertragung erstellt (s hierzu die Steuerdaten-ÜbermittlungsVO – StDÜV, LStR Anh 13b und BMF 16.11.11, BStBl I 2011, 1063). 31

Im Rahmen der **Lohnsteueraußenprüfung** (§ 42f EStG iVm § 200 AO) hat der ArbGeb alle Unterlagen zur Verfügung zu stellen und Auskünfte zu erteilen, die für die Einbehaltung und Abführung der LSt relevant sein können. Bei einer Außenprüfung nach §§ 193 ff AO gilt Entsprechendes für die laut Prüfungsanordnung zu prüfenden Steuern (zur Mitwirkungspflicht Anhang 70 AO-Hdbuch). Zur Befugnis des Prüfers auf den **Datenzugriff** des Stpfl s § 147 Abs 6 AO; hierzu BFH 24.6.09 – VIII R 80/06, DStR 09, 2006; BFH 16.12.14 – X R 42/13, BeckRS 2015, 94644. § 42f EStG iVm § 200 AO bzw §§ 193 ff AO sind rechtliche Verpflichtungen iSd Art 6 DSGVO, ebenso § 147 Abs 6 AO. In diesem Zusammenhang sind bspw alle Daten gegenüber dem FA offenzulegen, denen **steuerfreie Zahlungen** des ArbGeb zugrunde liegen. So muss der ArbGeb Vorgänge und Unterlagen über zB das Mutterschaftsgeld (§ 3 Nr 1d EStG), die doppelte Haushaltsführung eines ArbN (§ 3 Nr 16 EStG), die Sonntagsarbeit betr (§ 3b EStG) usw vorlegen (→ *Personalakte* Rn 24 ff). 32

Bei **Streit über die Mitwirkungspflicht** des ArbGeb dem Grunde und dem Umfang nach (zB Vorlage bestimmter Verträge) kann der Prüfer einen entsprechenden anfechtbaren Verwaltungsakt erlassen (BFH 23.2.84 – IV R 154/82, BStBl II 84, 512; FG Nds 10.5.12 – 6 K 27/12, BeckRS 2012, 95604), ggf kann ein **Verzögerungsgeld** festgesetzt werden (§ 146 Abs 2b AO). Verwertet der Prüfer Daten, auf die er nicht hätte Zugriff nehmen dürfen, kann ein **Verwertungsverbot** bestehen (BFH 19.8.09 – I R 106/08, BFH/NV 10, 5). Bei **Telefonüberwachung** nach § 100a StPO besteht ein absolutes Verwertungsverbot für die Besteuerung (BFH 19.2.04 – VII B 260/03, BFH/NV 04, 807). 33

Im Rahmen einer Außenprüfung kann sich der geprüfte Stpfl nicht auf **Auskunftsverweigerungsrechte** zum Schutz bestimmter Berufsgeheimnisse (§ 102 AO) berufen. So kann bspw ein Arzt den Einblick in die Patientenkartei nicht verweigern, soweit darin für seine Besteuerung als ArbGeb relevante Daten enthalten sind (vgl zu diesem Problemkreis *T/K* § 200 AO Rz 30; BFH 16.12.14 –VIII R 52/12, DStR 15, 1920). 34

Wird der ArbGeb im Rahmen eines Besteuerungsverfahrens des ArbN, also als Dritter, um **Auskunft** oder um Vorlage von Unterlagen ersucht (§§ 93, 97 AO), also nicht in einem Haftungsverfahren gegen ihn als ArbGeb, so braucht er seiner Mitwirkungspflicht erst zu genügen, wenn das FA im Rahmen seines Ersuchens dargelegt hat, dass die Sachverhaltsaufklärung durch den beteiligten Stpfl (ArbN) nicht zum Ziel führt oder keinen Erfolg verspricht (§ 93 Abs 1 Satz 3 AO). 35

**2. Rechtsstellung des Arbeitnehmers.** Soweit die beim ArbGeb gespeicherten Daten für die Lohnbesteuerung des ArbN erforderlich sind (zB Familienstand, Anzahl der Kinder), sind die Daten gegenüber dem FA nicht geschützt. Im Rahmen einer LStAußenprüfung hat auch der ArbN Mitwirkungspflichten (§ 42f Abs 2 Satz 2 EStG). Der ArbN soll aber erst dann zu Auskünften und Vorlage von Unterlagen herangezogen werden, wenn dies zur weiteren Sachaufklärung erforderlich ist. Dies hat das FA auf Verlangen des ArbN darzulegen. Bei Streit hierüber kann das FA einen anfechtbaren Verwaltungsakt gegenüber dem ArbN erlassen. Hinsichtlich des **Verwertungsverbots** gilt das beim ArbGeb Gesagte entsprechend (→ Rn 30). Wegen des Steuergeheimnisses kann der Stpfl sich im Hinblick auf unvollständige Fahrtaufzeichnungen nicht auf Datenschutz, dem er sich unterworfen hat, berufen (FG Saarl 17.7.97, EFG 97, 1435; FG Hess 3.12.13 – 3 K 1184/11, BeckRS 2014, 95154). Daher genügen Eintragungen ins Fahrtenbuch wie zB „Patientenbesuch", „Kundentermin" uÄ nicht (BFH 16.3.06 – VI R 88/04, nv; sa Parallelentscheidung BFH 16.3.06 – VI R 87/04, DStR 06, 749; zum Pressegeheimnis → *Bewirtungsaufwendungen* Rn 15), auch nicht, wenn dem Stpfl ein Auskunftsverweigerungsrecht nach § 102 Abs 1 Nr 3 AO zusteht (OFD Frankfurt 19.1.11, BeckVerw 247417). Auch **Dritte** können zur Mitwirkung verpflichtet sein, wenn der Stpfl oder dessen Einkünfte unbekannt sind und ein hinreichender Anlass zwecks Besteuerung aufgrund konkreter Umstände oder allgemeiner, auch branchenspezifischer Erfahrungen besteht (BFH 4.10.06 – VIII R 53/04, DStR 06, 2302). 36

37 **3. Rechtsstellung des Finanzamtes.** Allgemeine Informationen zur Umsetzung der DSGVO in der Steuerverwaltung enthält das BMF-Schreiben vom 1.5.18 (BeckVerw 355880).

**a) Steuergeheimnis, § 30 AO.** Dem Amtsermittlungsgrundsatz (§ 88 AO) und den weitgehenden Mitwirkungspflichten des Stpfl im Besteuerungsverfahren (§§ 90, 93 ff, 97 AO, insbes § 200 AO im Rahmen von Außenprüfungen) entspricht die Verpflichtung des FA, die ihm bekanntgewordenen Besteuerungsgrundlagen, das sind die tatsächlichen und rechtlichen Verhältnisse, die für die Steuerpflicht und für die Bemessung der Steuer maßgebend sind (§ 199 Abs 1 AO), gegenüber **Kenntnisnahme Dritter** zu schützen. Der Schutz personenbezogener Daten bestimmt sich vorrangig nach § 30 AO (§ 2a AO). Das Steuergeheimnis ist aber iS effektiven Verwaltungshandelns vielfach eingeschränkt, wobei das Persönlichkeitsrecht des Einzelnen zu wahren ist. Im Einzelnen können hinsichtlich des Arbeitsverhältnisses folgende Fälle das Steuergeheimnis einschränken:

38 **aa) Ua** durch Bundesgesetz oder Recht der EU **ausdrücklich zugelassen** (§ 30 Abs 4 Nr 2 AO). Einschlägige Fälle s Nr 5 des AEAO zu § 30. Zum internationalen Datenaustausch → *Ausländer* Rn 40. Zum Anspruch des Stpfl auf Mitteilung der über ihn gespeicherten Daten § 32a AO.

39 **bb)** Bei **Zustimmung des Betroffenen** (§ 30 Abs 4 Nr 3 AO). Die Zustimmung kann formlos erfolgen, muss aber ausdrücklich gegenüber dem FA vor der Offenbarung erklärt werden.

**Beispiele:** Auskunft an die BA bei Zuverlässigkeitsüberprüfungen im Erlaubniserteilungsverfahren für gewerbliche ArbNÜberlassung nach § 3 Abs 1 AÜG (→ *Arbeitnehmerüberlassung/Zeitarbeit* Rn 81); Bescheinigungen auf Antrag des Stpfl über seine Zuverlässigkeit nach §§ 34a, 34b GewO, § 4 Abs 1 GaststG.

40 **cc)** Bei Durchführung eines **Strafverfahrens** wegen einer Tat, die keine Steuerstraftat ist (§ 30 Abs 4 Nr 4 AO, § 31a und § 31b AO; → Rn 42). Die Zulässigkeit der Weitergabe von Daten zu diesem Zweck (zB bei Verstoß gegen das AÜG uÄ) ist sehr differenziert geregelt. Grundtendenz: Solange ein Verfahren wegen einer Steuerstraftat oder einer Steuerordnungswidrigkeit gegen den Stpfl noch nicht eingeleitet worden ist (§§ 397, 410 Abs 1 Nr 6 AO), ist die Weitergabe von Daten an die Strafverfolgungsbehörden unzulässig. Ist ein Strafverfahren eingeleitet, besteht eine Mitteilungspflicht des FA an das Bundeszentralregister (§ 399 AO; iVm § 474 Abs 3 StPO). Bei Verdacht auf **Schmiergeldzahlungen** besteht die Mitteilungspflicht des FA an die Strafverfolgungsbehörden (§ 4 Abs 5 Nr 10 Satz 3 EStG; BFH 14.7.08 – VII B 92/08, DStR 08, 1734; → *Schmiergeld* Rn 9 ff).

41 **dd)** Bei **zwingendem öffentlichen Interesse** (§ 30 Abs 4 Nr 5 AO). Hierunter fallen nur Fälle schwerer Kriminalität, zB Auskünfte an Gewerbebehörden zwecks Untersagung des Gewerbebetriebs nach § 35 GewO (BMF 19.12.2013, BStBl I 2014, 19; BFH 29.7.03 – VII R 39, 43/02, BStBl II 03, 828). Bei der übrigen Kriminalität verbleibt es bei § 30 Abs 4 Nr 4 AO, der ansonsten ausgehöhlt würde. Sind Verhältnisse in der Öffentlichkeit bereits bekannt, besteht keine weitere Geheimhaltungsverpflichtung (BFH 14.4.08 – VII B 226/07, BFH/NV 08, 1295).

42 **ee)** Ein Verstoß gegen das Steuergeheimnis stellt eine Straftat dar (§§ 355, 358 StGB), zieht disziplinarrechtliche Folgen nach sich, die über die Verletzung der allgemeinen Amtsverschwiegenheit hinausgehen können, und löst Schadensersatzansprüche aus (§ 839 BGB iVm Art 34 GG oder §§ 823 Abs 1, 831 BGB iVm § 30 AO oder §§ 823 Abs 2, 31, 89 BGB iVm § 30 AO).

43 **b)** Durch die **ELStAM** (→ *Lohnsteuerabzugsmerkmale* Rn 8 ff) werden keine zusätzlichen, bisher nicht erhobenen Daten erfasst. Die bisherigen Daten mittels LStKarte werden stattdessen nunmehr elektronisch erhoben. Welche ELStAM zentral gespeichert sind und welcher ArbGeb diese in den letzten zwei Jahren abgerufen hat, können ArbN über http://www.elsteronline.de einsehen. Das FA ist zudem Ansprechpartner des ArbN, falls dieser Auskünfte über die gespeicherten ELStAM einholen möchte. ArbN können beim zuständigen FA darüber hinaus beantragen, konkrete ArbGeb zu benennen oder vom Abruf ihrer ELStAM auszuschließen.

44 **c) Mitteilungspflichten des FA. aa)** Das FA hat gegenüber den Trägern der gesetzlichen SozV einschließlich BA und Künstlersozialkasse und anderen Körperschaften des

öffentlichen Rechts zum Zweck der Festsetzung von Steuern und Beiträgen Mitteilungspflichten (§ 31 AO; AEAO zu § 31 AO BMF 5.9.16, BStBl I 16, 974) sowie zwecks Bekämpfung der **Schwarzarbeit,** der illegalen Beschäftigung und des Leistungsmissbrauchs und bei Verstößen gegen das AÜG gegenüber der BA (§ 31a AO; Einzelheiten BMF 30.7.09 – § 31a AEAO). Dies ist verfassungsgemäß (BFH 4.10.07 – VII B 110/07, DStR 07, 2009; → Rn 44 und 46 sowie → *Arbeitslosengeld* Rn 9; → *Schwarzarbeit* Rn 6). Ab 1.7.02 besteht eine Mitteilungspflicht zur Bekämpfung der Geldwäsche nach § 261 StGB (§ 31b AO; BMF 2.1.09 – § 31b AEAO). Zu Mitteilungen des FA an die Ausländerbehörde → *Ausländer* Rn 40, innerhalb der EU → *EU-Recht* Rn 30. Auch bei der **Vollstreckung** außersteuerlicher Forderungen durch das FA ist das Steuergeheimnis eingeschränkt (§ 249 Abs 2 Satz 2 AO), ebenso zur Mitteilung **verdeckter Gewinnausschüttungen** durch das BetriebsFA an das WohnsitzFA des Gesellschafters (§ 3 Nr 40 Satz 1 lit d EStG, § 32a KStG: korrespondierende Besteuerung) sowie zur statistischen Auswertung von Daten, die dem FA im Rahmen des Besteuerungsverfahrens bekannt geworden sind (BFH 27.10.93 – I R 25/92, BStBl II 94, 210; hierzu Verwaltungsdatenverwendungsgesetz BStBl I 10, 1480). Zur Mitteilungsbefugnis über Freistellungsaufträge → *Arbeitslosengeld II* Rn 5. Zur Durchführung dienstrechtlicher Maßnahmen gegenüber Angehörigen des öffentlichen Dienstes ist die Weitergabe von amtlichen Informationen an den Dienstvorgesetzten zulässig (BFH 15.1.08 – VII B 149/07, BStBl II 08, 337; Einzelheiten BMF 12.3.10, BStBl I 2010, 222 mit Ergänzung vom 20.6.11, BStBl I 11, 574).

**bb)** Ein Auskunftsanspruch gegenüber dem FA auf Benennung des Namens eines Anzeigenerstatters besteht grds nicht (BFH 28.12.06 – VII B 44/03, BFH/NV 07, 853), aber ein Einsichtsrecht bei Gericht in Strafakten in eigener Sache (BFH 20.8.99 – VI B 4/99, BFH/NV 2000, 214; § 78 FGO), aber nicht mehr bei einem rechtskräftig abgeschlossenem Verfahren (BFH 20.10.05 – VI B 207/05, BStBl II 06, 41). Zur Akteneinsicht bei Gericht (§ 78 FGO) BFH 15.7.08 – X B 5/08, BFH/NV 08, 1695. Ein Anzeigenerstatter hat keinen Anspruch auf Auskunft über den Ermittlungsstand (BFH 19.1.07 – VII B 72/06, BFH/NV 07, 857). Für eine Streitigkeit wegen Akteneinsicht beim FA ist der Finanzrechtsweg gegeben (BFH 7.12.06 – V B 163/05, DStR 07, 195). ArbGeb und ArbN haben beim FA kein **Akteneinsichtsrecht,** nur ein Recht auf fehlerfreie Ermessensentscheidung (BFH 4.6.03 – VII B 138/01, BStBl II 03, 790; FG München 11.5.16 – 3 K 3 85/13, BeckRS 2016, 94847). Ausnahmsweise kann ein **Auskunftsanspruch** hinsichtlich der Besteuerung eines **Konkurrenten** bestehen, wenn Wettbewerbsnachteile zu besorgen sind und eine Konkurrentenklage zulässig wäre (BFH 5.10.06 – VII R 24/03, DStR 06, 2310; *Sinewe/Frase* BB 11, 1567). Die **Identifikationsnummer** (§ 139b AO) ist trotz verfassungsrechtlicher Zweifel anzuwenden (FG Köln 7.7.10 – 2 K 3093/08, BB 10, 2334). 45

**4. Mitteilungspflichten von Behörden.** Behörden und öffentlich-rechtliche Rundfunkanstalten sind verpflichtet, Vorgänge, die für die Besteuerung von Bedeutung sein können, also insbes gezahlte Vergütungen, Honorare uÄ, dem WohnsitzFA des Empfängers mitzuteilen (§ 93a AO und MV; BMF 25.3.02, BStBl I 02, 477), geändert BMF 25.3.04, BStBl I 04, 418 = Anhang 50 AO-HdBuch; § 2 **SchwarzArbG,** BStBl I 04, 906; hierzu → *Schwarzarbeit* Rn 6 ff). 46

**Keine Mitteilungspflicht besteht:** 47

- bei personenbezogenen Daten, die dem Sozialgeheimnis (§ 35 SGB I) unterliegen und bei nach Landesrecht zu erbringenden Sozialleistungen (§ 1 Abs 2 MV). Dieses Mitteilungsverbot ist jedoch für Besteuerungszwecke einschließlich Vollstreckung durch § 35 Abs 2 SGB I iVm § 71 I SGB X durchbrochen. Hiernach haben die SozVTräger die Pflicht, Sozialdaten den Finanzbehörden nicht nur auf Anfrage mitzuteilen, soweit die Übermittlung zur Sicherung des Steueraufkommens erforderlich ist. Die Mitteilungspflicht erstreckt sich auch auf Tatsachen, die den Verdacht einer Steuerstraftat begründen (OFD Koblenz 20.4.95, DStR 95, 1352),
- wenn der LStAbzug durchgeführt worden ist (§ 2 Satz 3, § 3 Abs 1 Satz 2 MV),
- bei Zahlungen an Körperschaften usw betr steuerbegünstigte Zwecke gem §§ 51 AO, also hauptsächlich bei steuerbegünstigten Spenden (§ 7 Abs 1 MV),
- bei Zahlungen von weniger als 1500 € pro Kj (§ 7 Abs 2 MV).

Der betroffene Stpfl ist über bestehende Mitteilungspflichten und über die jeweilige Mitteilung von der mitteilungspflichtigen Behörde zu unterrichten (§§ 11, 12 MV).

48 In einer Reihe von Gesetzen sind Mitteilungsbefugnisse bzw -pflichten an die Finanzverwaltung ausgesprochen, zB § 8 Abs 4 Sätze 2 und 3 AÜG, § 24 Abs 3 Arbeitssicherstellungsgesetz. Das mW zum 1.4.2005 eingeführte **Kontenabrufverfahren** (§ 93 Abs 7 AO iV mit § 93b AO ist verfassungsgemäß (BFH 29.11.05 – IX R 49/04, BStBl II 06, 178; BVerfG 13.6.07 – 1 BvR 1550/03, 1 BvR 2357/04, 1 BvR 603/05, NJW 07, 2464). Zu Einzelheiten des Kontenabrufs BMF-AEAO zu § 93 Abs 7 AO.

49 Neben den Mitteilungspflichten nach § 93a AO, MV und Einzelgesetzen sind Gerichte und Behörden zur **Amtshilfe** verpflichtet (§§ 111 ff AO und § 4 Abs 5 Satz 1 Nr 10 Satz 2 EStG; AEAO zu § 111 AO). Zur Amtshilfe innerhalb der EU → *EU-Recht* Rn 30, zur internationalen Amtshilfe → *Ausländer*Rn 40.

Literaturhinweis: Schreiben betr Datenschutz im Steuerverwaltungsverfahren ab dem 25. Mai 2018; Neuregelungen durch die Datenschutz-Grundverordnung und Änderungen der AO, BMF 12.1.2018 BeckVerw 351355.

## C. Sozialversicherungsrecht *Voelzke*

55 **1. Rechtsgrundlagen.** Der in allen Mitgliedstaaten unmittelbar geltenden Datenschutz-GrundVO kommt ein **Anwendungsvorrang** gegenüber den nach nationalem Recht geltenden datenschutzrechtlichen Bestimmungen zu. Die infolge des europäischen Rechts erforderlichen bereichsspezifischen Anpassungen des allgemeinen innerstaatlichen Sozialdatenschutzrechts wurden durch eine Neufassung der einschlägigen Regelungen im SGB I und SGB X bereits umgesetzt (Art 19 und 24 des Gesetzes zur Änderung des Bundesversorgungsgesetzes, BGBl I 17, 2541). Eine Anpassung der besonderen Teile des SGB ist durch das Gesetz vom 20.11.19 (BGBl I 19, 1626).

56 **2. Datenschutz-Grundverordnung.** Für die Geltung der Datenschutz-GrundVO bedurfte es keines mitgliedstaatlichen Umsetzungsaktes. Aufgrund der unmittelbaren innerstaatlichen Geltung der Datenschutz-GrundVO ist das Datenschutzrecht in stärkerem Maße nach europarechtlichen Maßstäben auszulegen. Hierbei sind die innerstaatlichen Behörden und Gerichte insbesondere an die **primärrechtlichen Grundrechte** der Charta der Grundrechte der Europäischen Union gebunden (*Freund/Shagdar* SGb 18, 197). Von Bedeutung ist insoweit insbes das Grundrecht auf den Schutz personenbezogener Daten (Art 8).

57 Die Datenschutz-GrundVO gilt nach deren Art 2 und 3 nur für die Verarbeitung personenbezogener Daten, sofern diese ganz oder teilweise automatisiert erfolgt, sowie für die nichtautomatisierte Verarbeitung solcher Daten, die in einem Dateisystem gespeichert werden oder gespeichert werden sollen. Aufgrund der Datenschutz-GrundVO gilt der Grundsatz des **Verbots mit Erlaubnisvorbehalt.** Danach ist die Verarbeitung von personenbezogenen Daten nur erlaubt, wenn eine Rechtsvorschrift die Verarbeitung erlaubt oder die betroffene Person hierzu ihre Einwilligung erteilt.

Die Datenschutz-GrundVO regelt den Sozialdatenschutz nicht in allen Bereichen abschließend, sondern versteht sich selbst als Grundlage für bereichsspezifisches Recht (*Freund/Shagdar* SGb 18, 197). Die Datenschutz-GrundVO lässt den Mitgliedstaaten deshalb im Rahmen der **Öffnungsklauseln** Raum für eigene Regelungen.

58 **3. Sozialdatenschutz. a) Recht auf informationelle Selbstbestimmung.** Auf **verfassungsrechtlicher Ebene** folgt der Schutz des Rechtes auf informationelle Selbstbestimmung aus Art 2 Abs 1 iVm Art 1 Abs 1 GG. Es gewährleistet die Befugnis des Einzelnen, grds selbst über die Preisgabe und Verwendung seiner persönlichen Daten zu bestimmen. Eingriffe in das Recht auf informationelle Selbstbestimmung bedürfen einer gesetzlichen Grundlage und müssen verhältnismäßig sein (grundlegend das sog Volkszählungsurteil des BVerfG 15.12.83 – 1 BvR 209/83 ua, BVerfGE 65, 1; vgl zur elektronischen Gesundheitskarte BSG 18.11.14 – B 1 KR 35/13 R, SozR 4–2500 § 291a Nr 1; LSG BaWü 24.1.17 – L 11 KR 3562/16, BeckRS 2017, 105768 zur verpflichtenden Ausstellung der Karte mit Lichtbild; zum Anspruch auf Entfernung der Kontoauszüge aus

der SGB II-Leistungsakte LSG Berl-Bbg 8.3.18 – L 18 AS 2312/17, BeckRS 2018, 5033).

**b) Sozialgeheimnis.** Die Grundnorm des innerstaatlichen Datenschutzes bleibt auf der Ebene des einfachen Rechts auch nach dem Inkrafttreten der Datenschutz-GrundVO die für alle sozialen Leistungsbereiche geltende Regelung in § 35 SGB I. Die Norm begründet ein von denjenigen Institutionen, die in den Besitz von zT außerordentlich sensiblen Sozialdaten gelangen, zu wahrendes **Sozialgeheimnis.** Betriebs- und Geschäftsgeheimnisse stehen Sozialdaten aufgrund ausdrücklicher Regelung in § 35 Abs 4 SGB I gleich. Die zuletzt genannten Daten dürfen nicht offenkundig sein, und es muss ein begründetes Interesse an der Geheimhaltung gegeben sein (bspw Bilanzen, Kurzarbeit, Krankenstand usw). Nicht unter den Sozialdatenschutz nach § 35 SGB I fallen personenbezogene Daten, die die in der Vorschrift genannten Stellen zB als ArbGeb oder für fiskalische Handlungen erheben, verarbeiten oder nutzen (*Schlegel/Voelzke/Paulus* SGB I § 35 Rz 23). § 35 SGB I wird durch die Regelungen des zweiten Kapitels des SGB X über den Schutz der Sozialdaten ergänzt und konkretisiert (§§ 67 ff SGB X). 59

Der sozialrechtliche Datenschutz wird zudem durch konkretisierende Bestimmungen in den besonderen Teilen des SGB ergänzt (zum Datenschutz in der KV §§ 284, 285 SGB V – zur Auskunfts- und Einsichtnahmerechten von Patienten im digitalisierten Gesundheitswesen *Cornelius/Spitz* GesR 19, 69; zur Haftung bei telemedizinischen Anwendungen *Stellpflug* GesR 19, 76; zur Datenverwendung bei den Pflegekassen § 93 ff SGB XI; zur RV §§ 147–152 SGB VI; zur UV §§ 199–208 SGB VII). Bei der Durchführung der Arbeitsvermittlung sind die Geheimhaltungspflichten eingeschränkt; die Einschränkung wird aber auf das für eine ordnungsgemäße Vermittlung erforderliche Maß begrenzt. Der Datenschutz ist bei der Durchführung der Grundsicherung für Arbeitsuchende zugunsten einer effektiven Missbrauchskontrolle stark eingeschränkt (*Schoch* ZFSH/SGB 05, 67). Datenschutzrechtliche Fragen stellen sich auch bei der Durchführung sozialgerichtlicher Verfahren (zum Sachverständigenbeweis *Erkelenz* NZS 19, 926). Schließlich sind für den Sozialdatenschutz die Vorschriften des **öffentlichen Dienstrechts** über die dienstrechtliche Verschwiegenheitspflicht und des ärztlichen Berufsrechts über die **ärztliche Schweigepflicht** von Bedeutung (§ 35 Abs 2a SGB I). 60

**c) Verarbeitung von Sozialdaten.** Innerhalb des Systems des Datenschutzrechts enthält das 2. Kapitel des SGB X keine abschließenden Erlaubnistatbestände für die Verarbeitung von Sozialdaten mehr. Vielmehr existiert hinsichtlich des Sozialdatenschutzes ein **Mehrebenensystem,** weil das nationale Recht auf der Datenschutz-GrundVO aufbaut und das 2. Kapitel des SGB X dessen Regelungen lediglich konkretisiert und ergänzt (vgl zum Mehrebenensystem *Bieresborn* NZS 18, 888). 61

Die Verarbeitung von Sozialdaten ist aufgrund einer **Einwilligung** zulässig (Art 6 Abs 1 lit a Datenschutz-GrundVO). Einwilligung ist nach der Legaldefinition in Art 4 Nr 11 Datenschutz-GrundVO jede freiwillig für den bestimmten Fall, in informierter Weise und unmissverständlich abgegebene Willensbekundung in Form einer Erklärung oder einer sonstigen eindeutig bestätigenden Handlung, mit der die betroffene Person zu verstehen gibt, dass sie mit der Verarbeitung der sie betreffenden personenbezogenen Daten einverstanden ist (hierzu *Hoffmann* NZS 18, 807). Grundsätzlich ist die Einwilligung höchstpersönlich zu erteilen, während eine Vertretung nur bei Minderjährigen oder betreuten Personen zulässig ist (*Bieresborn* NZS 18, 930). Die Einwilligung der betroffenen Person kann grundsätzlich formfrei erteilt werden. Allerdings muss der Datenverantwortliche nachweisen können, dass die die betroffene Person in die Verarbeitung eingewilligt hat (Art 7 Abs 1 Datenschutz-GrundVO). Ergänzende Regelungen zur Einwilligung enthält § 67b Abs 2 SGB X. Nach Satz 2 der Regelung ist die betroffene Person auf den Zweck der vorgesehenen Verarbeitung, auf die Folgen der Verweigerung der Einwilligung sowie auf die jederzeitige Widerrufsmöglichkeit gemäß § 7 Abs 3 Datenschutz-GrundVO hinzuweisen. 62

Zentrale Bedeutung kommt den Erlaubnistatbeständen nach § 6 Abs 1 lit c und e Datenschutz-GrundVO zu. Nach diesen Regelungen ist die Datenverarbeitung rechtmäßig, wenn diese zur **Erfüllung einer rechtlichen Verpflichtung** erforderlich ist, der der Verantwortliche unterliegt, oder wenn sie für die Wahrnehmung einer Aufgabe erforderlich ist, die im **öffentlichen Interesse** liegt oder in **Ausübung öffentlicher Gewalt** erfolgt, die dem

Verantwortlichen übertragen wurde. Zu diesen Grundregeln sind als spezifische Regelungen die §§ 67a–78 SGB X zu beachten, die vorrangig anzuwenden sind (*Freund/Shagdar* SGb 18, 201).

63 Die Rechtmäßigkeit der Verarbeitung **besonderer Kategorien personenbezogener Daten** (zB rassische oder ethnische Herkunft; politische Meinungen; genetische oder biometrische Daten; Daten zur sexuellen Orientierung) ergibt sich aus Art 9 Datenschutz-GrundVO. Die Verarbeitung derartiger Daten wird durch Art 9 Abs 1 Datenschutz-GrundVO grundsätzlich untersagt. Ausnahmen hierzu ergeben sich aus Art 9 Abs 2 Datenschutz-GrundVO. Eine Ausnahme gilt hiernach ua, wenn die betroffene Person in die Verarbeitung der sie betreffenden Daten für einen oder mehrere festgelegte Zwecke ausdrücklich eingewilligt hat. Trotz einer ausdrücklichen Einwilligung darf die Verwaltung nur im Rahmen der ausdrücklich festgelegten Aufgaben tätig werden; eine Erweiterung des Aufgabenbereichs findet auch durch eine Einwilligung nicht statt (*Freund/Shagdar* SGb 18, 197). Zur Geltendmachung, Ausübung oder Verteidigung von Rechtsansprüchen oder bei einer Erforderlichkeit im Rahmen der justiziellen Tätigkeit der Gerichte ist die Verarbeitung ebenfalls zulässig.

Eine **Lockerung des Zweckbindungsgrundsatzes** enthält die Regelung über die zweckverändernde Weiterverarbeitung von personenbezogenen Daten in Art 6 Abs 4 Datenschutz-GrundVO (kritisch gegenüber einer weiten Auslegung als Generalklausel *Bieresborn/Giesberts-Kaminski,* SGb 18, 454).

Eine gesetzliche Offenbarungsbefugnis der SozVTräger gegenüber dem **Arbeitgeber** sehen weder die Datenschutz-GrundVO noch die §§ 67 ff SGB X vor.

64 **4. Verantwortliche.** Zur Einhaltung der Anforderungen der Datenschutz-GrundVO bei der Verarbeitung personenbezogener Daten ist der jeweilige Verantwortliche verpflichtet. Dies ist nach Art 4 Nr 7 Datenschutz-Grund-VO die **natürliche oder juristische Person,** Behörde, Einrichtung oder andere Stelle, die allein oder gemeinsam mit anderen über Zwecke und Mittel der Verarbeitung von personenbezogenen Daten entscheidet. Hierzu gehören auch die Gerichte, die die sich aus der Datenschutz-GrundVO ergebenden Pflichten zur erfüllen sowie Rechte der betroffenen Personen zu beachten haben (*Bieresborn/Giesberts-Kaminski* SGb 18, 449; *Leopold* NZS 18, 357).

Verpflichtete sind nach Maßgabe des § 35 SGB I sind nicht nur die **Leistungsträger des SGB**, sondern der Geheimhaltungsanspruch richtet sich zB auch gegen die Verbände und Arbeitsgemeinschaften der Leistungsträger, die Datenstelle der Deutschen RV, öffentlich-rechtliche Vereinigungen von Nichtleistungsträgern, Integrationsfachdienste, die Künstlersozialkasse, die Deutsche Post AG, soweit sie mit der Berechnung oder Auszahlung von Sozialleistungen betraut ist, die Behörden der Zollverwaltung, die Versicherungsämter und Gemeindebehörden, soweit sie Aufgaben nach dem SGB wahrnehmen, anerkannte Adoptionsvermittlungsstellen sowie Stellen, die Aufgaben nach § 67c Abs 3 SGB X wahrnehmen (§ 35 Abs 1 Satz 4 SGB I). Die Verpflichteten müssen innerhalb ihrer Organisation sicherstellen, dass die Sozialdaten nur Befugten zugänglich sind und nur an diese weitergegeben werden. Die Aufzählung in § 35 Abs 1 SGB I ist nicht analogiefähig (*Schlegel/Voelzke/Paulus* SGB I § 35 Rz 28).

65 Darüber hinaus gilt ein **verlängerter Sozialdatenschutz**, denn § 78 Abs 1 Satz 1 SGB X verpflichtet alle Empfänger von Sozialdaten, diese nur zu dem Zweck zu verarbeiten, zu dem die Daten befugt übermittelt wurden, und diese im gleichen Umfang geheim zu halten, wie die übermittelnde Stelle. Ausnahmen von der absoluten Zweckbindung gelten für die Gerichte. Insbesondere können von den Gerichten Entscheidungen, die Sozialdaten enthalten, weiter übermitteln, wenn eine in § 35 SGB I genannte Stelle zur Übermittlung an den weiteren Dritten befugt wäre (*Bieresborn/Giesberts-Kaminski* SGb 18, 452).

66 **5. Rechte der betroffenen Personen.** Die Regelungen zu den Rechten der betroffenen Personen finden sich unmittelbar in den Art 12 bis 22 und 34 Datenschutz-GrundVO. Lediglich ergänzende Bestimmungen enthalten die §§ 82 bis 84 SGB X (zu den Datenschutzrechtsbehelfen nach der Datenschutz-GrundVO und §§ 81a, 81b SGB X s *Leopold* ZESAR 18, 326; *Bieresborn/Giesberts-Kaminski* SGB 18, 609). In diesem Zusammenhang enthält Art 12 Datenschutz-GrundVO ua **Informationspflichten** der Leistungsträger.

Bei der Direkterhebung von Daten ist der Verantwortliche nach Maßgabe des Art 13 Datenschutz-GrundVO verpflichtet, der betroffenen Person von sich aus bestimmte Informationen mitzuteilen. Diese Informationspflichten bilden die Grundlage für die Ausübung weiterer Betroffenenrechte. Zu den **Pflichtangaben** gehören Name und Kontaktdaten des Verantwortlichen, dessen Datenschutzbeauftragter, Zwecke der Datenverarbeitung usw. Die genannten Informationspflichten bestehen nicht, wenn die betroffene Person über die fraglichen Informationen verfügt (vgl zu weiteren Beschränkungen § 82 SGB X). Werden die personenbezogenen Daten nicht bei der betroffenen Person erhoben, ergeben sich die Informationspflichten aus Art 14 Datenschutz-GrundVO.

Aus Art 15 Datenschutz-GrundVO ergibt sich ein **Auskunftsrecht** der betroffenen 67
Person. Das Auskunftsrecht ist mehrstufig aufgebaut (*Freund/Shagdar* SGb 18, 274). Das Recht auf Auskunft besteht nach § 83 Abs 1 SGB X ua nicht, wenn die Sozialdaten nur deshalb nicht gespeichert sind, weil sie auf Grund gesetzlicher oder satzungsmäßiger Aufbewahrungsvorschriften nicht gelöscht werden dürfen oder sie ausschließlich Zwecken der Datensicherung oder der Datenschutzkontrolle dienen. Die genannten Ausnahmen setzen zusätzlich voraus, dass die Auskunftserteilung einen unverhältnismäßigen Aufwand erfordern würde sowie eine Verarbeitung zu anderen Zwecken durch geeignete technische und organisatorische Maßnahmen ausgeschlossen ist.

Auf der Grundlage des Art 15 Datenschutz-GrundVO besteht ein **Recht auf Berichtigung** hinsichtlich unrichtiger Daten und ein Recht auf Vervollständigung unvollständiger Daten. Ausnahmen von den Berichtigungsrechten sieht die Datenschutz-GrundVO nicht vor. Für die Leistungsträger folgt eine Berichtigungspflicht unmittelbar aus dem Amtsermittlungsgrundsatz des § 20 SGB X (*Bieresborn* NZS 18, 13).

Ein Recht auf **Löschung von Sozialdaten** (Recht auf Vergessenwerden) ergibt sich aus 68
Art 16 Datenschutz-GrundVO in den dort ausdrücklich geregelten Fällen (zur Anwendbarkeit in Übergangsfällen LSG Berl-Bbg 6.12.18 – L 32 AS 2045/16, ZD 19, 425). Als Gründe für einen Löschungsanspruch werden das Entfallen des Zwecks für die Verarbeitung, der Widerruf der Einwilligung, der Widerspruch gegen die Datenverarbeitung oder die unrechtmäßige Verarbeitung genannt. Ausnahmen vom Löschungsanspruch werden in Art 17 Abs 3 Datenschutz-GrundVO sowie in § 84 SGB X genannt. Art 18 Datenschutz-GrundVO räumt den betroffenen Personen als milderes Mittel zusätzlich ein **Recht auf Einschränkung in der Verarbeitung** ein.

Ein **Widerspruchsrecht** kann die betroffene Person nach Art 21 Datenschutz-GrundVO 69
aus Gründen, die sich aus ihrer besonderen Situation ergeben, geltend machen, soweit die Verarbeitung der Daten auf der Grundlage des Art 6 Abs 1 lit e und f Datenschutz-GrundVO erfolgt. Im Falle eines Widerspruchs darf der Verantwortliche die vom Widerspruch erfassten Daten grundsätzlich nicht mehr verarbeiten. § 84 Abs 5 SGB X schränkt das Widerspruchsrecht gegenüber einer öffentlichen Stelle insofern ein, als an der Verarbeitung ein öffentliches Interesse besteht, das die Interessen der betroffenen Person überwiegt, oder eine Rechtsvorschrift zur Verarbeitung von Sozialdaten verpflichtet.

Der Anspruch auf **Schadensersatz** ergibt sich unmittelbar aus Art 82 Datenschutz-GrundVO. Die Norm verpflichtet Verantwortliche und Auftragsverarbeiter zum Ersatz der durch Verstöße gegen datenschutzrechtliche Bestimmungen der betroffenen Person kausal verursachten Schäden. Der Ersatzpflicht unterliegen auch immaterielle Schäden.

**6. Sanktionen.** Die datenschutzrechtliche Sanktionierung von Verstößen ist in den 70
Art 83 und 84 Datenschutz-GrundVO abschließend geregelt. Die umsetzenden Bestimmungen zu **Strafen und Geldbußen** sind in den §§ 85, 85a SGB X niedergelegt.

**7. Datenschutzbeauftragte.** Öffentliche Stellen haben nach Art 37 Abs 1 lit a Daten- 71
schutz-GrundVO einen Datenschutzbeauftragten zu bestellen, wenn ihre Kerntätigkeit darin besteht, personenbezogene Daten zu bestellen (hierzu *Bieresborn* NZS 18, 15; *Heberlein* jM 18, 19; zu Datenschutzbeauftragten in der Sozialgerichtsbarkeit *Leopold* ZFSH/SGB 18, 139; zur Meldepflicht gegenüber der Rechts- oder Fachaufsichtsbehörde nach § 83a SGB X *Engelbrecht* NZS 19, 693).

# Dienstfahrrad

## A. Arbeitsrecht

*Griese*

1 **1. Allgemeines.** Der ArbGeb kann im Rahmen seines Weisungsrechts nach billigem Ermessen gem § 106 GewO bei der Zurücklegung von Dienstgängen und Dienstreisen das Verkehrsmittel vorgeben. So wie er die Benutzung von Pkw oder des ÖPNV vorgeben kann, kann er auch die Benutzung eines Dienstfahrrades vorgeben, insbes, wenn es sich um kurze innerörtliche Wegstrecken handelt. Er kann dies auch dadurch erreichen, dass er den Beschäftigten einen Pool von Dienstfahrrädern zur Verfügung stellt oder den betroffenen Mitarbeitern ein persönliches Dienstfahrrad – ggf auch zur privaten Nutzung – überlässt. Neben normalen Fahrrädern können dies auch E-Bikes (§ 1 Abs 3 StrVG – elektromotorische Geschwindigkeit maximal 25 km/h) oder Pedelecs (Fahrräder mit Elektromotor über 25 km/h) sein. Die verstärkte Nutzung von Dienstfahrrädern bietet sich deshalb an, weil insbes mit E-Bikes und Pedelecs komfortabel deutlich höhere Wegedistanzen zu bewältigen sind und sie im verdichteten regionalen Raum zeit- und kostensparender gegenüber der Pkw-Nutzung sind.

2 **2. Anspruchsgrundlagen. a) Vertrag.** Ein Anspruch auf einen Dienstfahrrad besteht, wenn eine entsprechende vertragliche Absprache zwischen den Parteien zustande gekommen ist. Aus dieser vertraglichen Zusage ergibt sich, was der ArbN iE beanspruchen kann (zB E-Bike oder Pedelec). Wird dem ArbN die Auswahl überlassen, empfiehlt es sich, eine Preisgrenze festzulegen, die bei der Anschaffung nicht überschritten werden darf.

Der vertraglichen Regelung der Parteien obliegt es ferner, festzulegen, ob der ArbN das Dienstfahrrad zu **Privatfahrten** nutzen darf. Ist insoweit keine vertragliche Absprache getroffen und besteht auch keine diesbezügliche *Betriebliche Übung,* kann der ArbN das Dienstfahrrad nur auf Dienstfahrten benutzen. Hierzu gehören grds nicht die Fahrten zwischen Wohnung und Arbeitsstätte.

Denkbar ist auch ein Anspruch aus Gesamtzusage oder Allgemeinen Arbeitsbedingungen.

Ist die Privatnutzung vertraglich zugesagt, besteht sie auch bei Arbeitsabwesenheit weiter, sofern es sich um Zeiträume handelt, für die der ArbGeb das Entgelt fortzahlen muss (Erholungsurlaub, Arbeitsunfähigkeit bis zum Ablauf der Entgeltfortzahlungsfrist, bezahlte Freistellung etc, BAG 14.12.10 – 9 AZR 631/09, NZA 2011, 569 für Dienstwagen).

3 **b) Betriebsvereinbarung.** Die Betriebspartner können durch Betriebsvereinbarung Ansprüche auf Dienstfahrräder begründen und dabei den Kreis der Berechtigten und die Nutzungsbedingungen festlegen.

4 **3. Haftung bei Beschädigung.** Bei der Beschädigung oder Verlust eines Dienstfahrrades sind die Grundsätze des innerbetrieblichen Schadensausgleichs (→ *Arbeitnehmerhaftung* Rn 11) zu beachten. Wird das Fahrrad ohne Verschulden des ArbN beschädigt, haftet der ArbN nicht.

Nach der BAG Rspr gilt bei Verschulden des ArbN ein vierstufiges Haftungsmodell (BAG 15.11.12 – 8 AZR 705/11, DB 13,705; BAG 15.9.16 – 8 AZR 187/15, AP BGB § 611 Haftung des Arbeitnehmers Nr 143 Rn 53–56): Bei leichtester Fahrlässigkeit haftet der ArbN nicht, bei mittlerer Fahrlässigkeit anteilige Haftung, bei grober Fahrlässigkeit volle Haftung mit ausnahmsweiser Minderungsmöglichkeit und bei Vorsatz volle Haftung. Von Bedeutung ist zudem, dass der ArbGeb sich so behandeln lassen muss, als habe er eine übliche und zumutbare Versicherung abgeschlossen (BAG 15.9.16 – 8 AZR 187/15, AP BGB § 611 Haftung des Arbeitnehmers Nr 143 Rn 53–56). Bei Dienstfahrrädern wird das auf eine Diebstahlsversicherung zutreffen.

Da die Grundsätze des innerbetrieblichen Schadensausgleichs zwingendes Recht sind, ist eine einzel- oder kollektivrechtliche Vereinbarung unzulässig, die die Haftung des ArbN auch bei leichtester Fahrlässigkeit bezweckt (BAG 5.2.04 – 8 AZR 91/03, NZA 04, 649).

5 **4. Rücknahme der privaten Nutzungsmöglichkeit.** Die einzelvertragliche Zusage der Privatnutzung kann nicht einseitig widerrufen, sondern nur durch Änderungskündigung oder Änderungsvereinbarung beseitigt werden. Für die Vereinbarung des Widerrufs der

Privatnutzung in einem Formulararbeitsvertrag müssen die Widerrufsgründe im Vertrag selbst angegeben und sachlich gerechtfertigt sein (BAG 24.1.17 – 1 AZR 774/14, NZA 17, 777). Eine in einem Formulararbeitsvertrag enthaltene Klausel, die eine jederzeitige Widerrufbarkeit der Privatnutzung vorsieht, hält der Inhaltskontrolle nach §§ 307 iVm 308 Nr 4 BGB nicht stand (BAG 19.12.06 – 9 AZR 294/06, BB 07, 1624 für Dienstwagen).

Beruht die Privatnutzung auf einer Gesamtzusage, kann sie durch eine nachfolgende BV abgelöst und verschlechtert werden, da eine Gesamtzusage in Form allgemeiner Geschäftsbedingungen regelmäßig betriebsvereinbarungsoffen ist (BAG 30.1.19 – 5 AZR 450/17, NZA 19, 1065).

## B. Lohnsteuerrecht

*Thomas*

**1. Begriff.** Dienstfahrrad ist ein Fahrrad, das der ArbGeb dem ArbN unentgeltlich oder verbilligt zur Nutzung überlässt. Wie beim Dienstwagen (→ *Dienstwagen* Rn 21 f) kann das ein ArbGebeigenes oder ein von einem Dritten auf Rechnung des ArbGeb überlassenes (zB geleastes) Fahrrad sein. Verschafft dagegen ein Dritter dem ArbN auf eigene Kosten eine günstige Nutzung, liegt – wie immer bei Lohnzahlungen Dritter – ein steuerbarer Vorteil nur vor, wenn die Nutzungsüberlassung nicht aus eigenem Marktinteresse des Dritten erfolgt, sondern als zusätzliche Entlohnung der Dienste, die der ArbN dem ArbGeb schuldet (→ *Arbeitsentgelt* Rn 71; → *Sachbezug* Rn 14). Die Verwaltung geht in Leasingfällen von einem Dienstfahrrad aus, wenn seine Nutzung arbeitsvertraglicher Vergütungsbestandteil ist (LfSt Bayern 10.4.19, DStR 19, 1579). Jedenfalls liegt kein Dienstfahrrad vor, wenn der ArbGeb nicht eine Nutzungsmöglichkeit verschafft, sondern lediglich Barzuschüsse zu den (ggf allen) Kosten des ArbN leistet. Solche Zuschüsse unterliegen mit dem Barwert dem LStRegelabzug. 10

**2. Arten.** Die obersten Finanzbehörden der Länder haben mit Zustimmung des BMF auf der Grundlage von § 8 Abs 2 Satz 10 EStG für die Vorteilsbewertung von Elektrofahrrädern monatliche Durchschnittswerte festgelegt (gleichlautender Erlass 13.3.19 DStR 19, 625). Danach ist maßgebend, ob das Fahrrad verkehrsrechtlich als Kfz einzuordnen ist. Das ist bei einem Elektrofahrrad der Fall, wenn der Motor eine Geschwindigkeit über 25 km pro Stunde unterstützt und deshalb Kennzeichnungs- und Versicherungspflicht besteht (BMF 17.11.17, DStR 17, 2553), was auch für eScooter gilt. 11

**a) Dienstfahrrad ohne KfzCharakter.** Der Nutzungsvorteil eines Fahrrads ohne Motor oder eines Fahrrads mit Motorunterstützung nur bis 25 km/h ist nach § 3 Nr 37 EStG steuerfrei, wenn er zusätzlich zum ohnehin geschuldeten Arbeitslohn gewährt wird. Die Befreiung erfasst sowohl die Privatnutzung als auch alle Fahrten, auf die die Entfernungspauschale anwendbar ist. Die Nutzung zu anderen beruflichen Fahrten (zB Dienstreisen) ist bereits nach § 3 Nr 13 bzw Nr 16 EStG befreit. Fallen Werbungskosten für den Weg zur Arbeit in Höhe der (verkehrsmittelunabhängigen) Entfernungspauschale an, sind diese nicht wegen der Steuerbefreiung des § 3 Nr 37 EStG zu kürzen (vgl sonst → *Fahrten zwischen Wohnung und Arbeitsstätte* Rn 44), zumal die Befreiung aus Vereinfachungsgründen und als Anreiz zu umweltfreundlichem Verhalten geschaffen wurde. Da sie keine Deckelung enthält, greift sie auch bei Fahrrädern einer gehobenen Preisklasse ein. Wegen des Zusätzlichkeitserfordernisses vgl → *Arbeitgeberzuschuss* Rn 5 ff. 12

**b) Dienstfahrrad mit KfzCharakter.** Ist ein Elektrofahrrad als Kfz einzuordnen, greifen für die Bewertung des geldwerten Vorteils § 8 Abs 2 Sätze 2 bis 5 iVm § 6 Abs 1 Nr 4 Satz 2 EStG ein, dh es kommen Nutzungspauschalen entsprechend wie beim Dienstwagen in Betracht, wobei für ein nach 2018 überlassenes Fahrrad als Bemessungsgrundlage nur ein Viertel des Listenpreises anzusetzen ist. Ob auch ein Einzelnachweis möglich ist erscheint zweifelhaft. Die Steuerbefreiung des § 3 Nr 37 EStG greift hier nicht ein. Die Sachbezugsfreigrenze des § 8 Abs 2 Satz 11 EStG von 44 € im Kalendermonat ist nicht anwendbar. Dagegen kann die Personalrabattregelung des § 8 Abs 3 EStG einschließlich Rabattfreibetrag (1080 € im Kj) zum Zuge kommen, wenn der ArbGeb Fahrradverleiher ist. Dann ist aber auch als Bemessungsgrundlage der Angebotspreis an fremde Dritte (→ *Sachbezug* Rn 47) zugrunde zu legen. 13

14 **3. Übereignung.** Übereignet der ArbGeb ein Dienstfahrrad unentgeltlich oder verbilligt an den ArbN, greifen die an die Nutzungsüberlassung anknüpfenden Bewertungs- bzw Befreiungsvorschriften nicht ein. Vielmehr ist der geldwerte Vorteil aus der ermäßigten Übereignung durch einen Vergleich mit dem üblichen Endpreis am Abgabeort (§ 8 Abs 2 Satz 1 EStG) zu ermitteln (→ *Sachbezug* Rn 29 ff), sofern nicht die Personalrabattregelung des § 8 Abs 3 EStG zum Zuge kommt (vgl → Rn 13). Ein bei der Übereignung entstehender geldwerter Vorteil kann vom ArbGeb mit 25% abgeltend pauschal erfasst werden, wenn der Vorteil zusätzlich zum ohnehin geschuldeten Lohn gewährt wird.

### C. Sozialversicherungsrecht *Schlegel*

20 Stellt der ArbGeb seinem ArbN ein Dienstfahrrad zur Verfügung, ist in Anlehnung an das Steuerrecht zu prüfen, ob dies **Kfz-Charakter** hat oder nicht.

21 Liegt ein Dienstfahrrad ohne Kfz-Charakter vor, ist der darin liegende **geldwerte Vorteil** steuerfrei (vgl § 3 Nr 37 EStG. Wird dieser Vorteil zusätzlich zum laufenden Lohn/Gehalt gezahlt, ist dieser nicht dem Arbeitsentgelt (§ 14 SGB IV) zuzurechnen und damit beitragsfrei (§ 1 Nr 1 SvEV).

22 Weist das Dienstfahrrad Kfz-Charakter auf, ist der geldwert Vorteil gem § 3 Abs 1 SvEV iVm § 8 EStG wie bei Dienstwagen zu ermitteln und wird insoweit iRd Beitragsbemessungsgrenzen als Arbeitsentgelt beitragspflichtig.

## Dienstreise

### A. Arbeitsrecht *Griese*

1 **1. Begriff.** Die Dienstreise ist arbeitsrechtlich nicht definiert, jedoch bietet es sich an, die Begriffsbildung aus dem für den öffentlichen Dienst geltenden § 2 des **Bundesreisekostengesetzes** zu übernehmen: Danach liegt eine Dienstreise vor, wenn der Mitarbeiter zur Erledigung von Dienstgeschäften an einen Ort außerhalb des Dienstortes reist. Muss der Mitarbeiter Dienstgeschäfte außerhalb der Dienststelle aber am Wohn- oder Dienstort verrichten, handelt es sich um einen **Dienstgang.**

2 **2. Verpflichtung zu Dienstreisen.** Zu Dienstreisen ist der ArbN verpflichtet, wenn der Arbeitsvertrag dies vorsieht. Dabei muss diese Verpflichtung nicht ausdrücklich vereinbart sein. Sie kann sich aus dem Berufsbild oder Tätigkeitsfeld ergeben. So beinhaltet die Tätigkeit in der Einkaufs- oder Verkaufsabteilung eines Unternehmens die Verpflichtung zu entsprechenden Dienstreisen.

3 Dienstreisen kann der ArbGeb im Rahmen der arbeitsvertraglichen Verpflichtung mittels seines **Direktionsrechts** anordnen. Insoweit steht dem ArbGeb ein weiter Raum zur Ausfüllung der Gestaltung der Arbeitsbedingungen im Rahmen der vereinbarten Arbeitsaufgabe zu, wobei das Direktionsrecht im Rahmen billigen Ermessens nach § 106 GewO auszuüben ist (→ *Weisungsrecht* Rn 3).

4 **3. Vergütungspflicht für Reisezeiten. a) Ohne einzel- oder kollektivvertragliche Regelung.** Bei Fehlen einer ausdrücklichen Regelung ist der ArbGeb verpflichtet, Reisezeiten, die in die reguläre Arbeitszeit fallen, als Arbeitszeit zu vergüten. Der Vergütungsanspruch folgt unmittelbar aus § 611 BGB iVm der geltenden Vergütungsregelung. Denn der ArbGeb macht durch die Anordnung einer Dienstreise von seinem Direktionsrecht Gebrauch, folglich konkretisiert sich die Arbeitspflicht auf die Ausführung der Dienstreise, wofür der ArbGeb die Gegenleistung – die Vergütung – schuldet.

Zudem verliert der ArbN während der Dienstreise die Möglichkeit, über seine Zeit zu disponieren, er erfüllt ein fremdes, nicht ein eigenes Bedürfnis, weil er dem ArbGeb seine Zeit zur Durchführung der Dienstreise zur Verfügung stellt (BAG 22.4.09 – 5 AZR 292/08, NZA-RR 10, 231). **Dienstreisezeit** ist daher als **Arbeitszeit** zu vergüten (BAG 17.10.18 – 5 AZR 553/17, NZA 19, 159). Deshalb ist es unerheblich, ob der ArbN selbst ein Fahrzeug steuert oder andere Verkehrsmittel benutzt, zumal auch bei der Reise mit anderen Verkehrsmitteln als dem Pkw erhebliche Belastungen auftreten können, zB Überfüllung in öffentlichen Verkehrsmitteln, Schlangestehen am Abfertigungsschalter im Flughafen usw.

Auch die vom ArbGeb während der Reise veranlasste Untätigkeit, während derer der ArbN anwesend sein muss und nicht frei über die Nutzung seiner Zeit bestimmen kann, er also weder eine Pause iSd ArbZG noch Freizeit hat, ist vergütungspflichtige Arbeit, denn der ArbGeb beansprucht die Anwesenheit und die Zeit des ArbN (BAG 20.4.11 – 5 AZR 200/10, NZA 11, 917 – Beifahrer als zweiter Fahrer im Lkw). Auch bei Montagestammarbeitern gehört die Fahrt zu auswärtigen Arbeitstellen zur vergütungspflichtigen Hauptleistungspflicht (BAG 25.4.18 – 5 AZR 424/17, NZA 18, 1211).

Begrenzt wird die Anrechnung von Dienstreisezeiten als Arbeitszeiten dadurch, dass bei langdauernden oder mehrtägigen Reisen **Pausen, Ruhens- und Schlafenszeiten,** die auf einer Reise regelmäßig möglich sind, in Abzug zu bringen sind. Hinsichtlich der Reisedauer ist der ArbN verpflichtet, im Rahmen des Zumutbaren die zeitlich kürzeste Reiseroute zu wählen (BAG 17.10.18 – 5 AZR 553/17, NZA 19, 159).

Die Vergütungspflicht besteht auch für **sonstige Wegezeiten,** die während der Arbeitszeit, etwa für Fahrten zu auswärtigen Arbeitsorten, Einsatzstellen, Terminen oder Beratungs- und Mandantengesprächen, die zB **von Außendienstmitarbeitern, Monteuren, IT-Servicetechnikern, Kundendienst-, Unternehmensberatungs- oder Schulungskräften** zurückgelegt werden (BAG 22.4.09 – 5 AZR 292/08, NZA-RR 10, 231) oder anläßlich von **Fortbildungsveranstaltungen** anfallen (BAG 15.11.18 – 6 AZR 294/17, NZA 19, 486; LAG Sachsen 16.5.17 – 3 Sa 611/16). Denn die **Fahrt zu Kunden und Auftraggebern ist Teil der geschuldeten Tätigkeit,** infolgedessen kann sie nicht, auch **nicht durch entgegenstehende vertragliche Regelung, zu Freizeit umdeklariert werden.** Bei ArbN, die **keinen festen oder gewöhnlichen Arbeitsort** haben, ist auch **die tägliche Fahrt zwischen Wohnort und dem Standort des ersten und des letzten vom Arbeitgeber bestimmten Kunden als Arbeitszeit anzurechnen.** Diese Zeiten werden vom EuGH (EuGH 10.9.15 – C-266/14, NZA 15, 1177; s auch ErfK/*Preis* § 611a BGB Rn 516 f) sogar als Arbeitszeiten im Sinne des Arbeitszeitrechts gewertet, woraus sich erst recht die Vergütungspflicht ergibt). 5

Dies gilt auch im Rahmen der **Arbeitnehmerüberlassung,** wenn ein LeihArbN zu verschiedenen Einsatzstellen oder verschiedenen Entleihbetrieben fahren muss. Arbeitsvertragliche Klauseln, die die Vergütung für Reisezeiten während der regulären Arbeitszeit ausschließen, sind als **unangemessene Benachteiligung gem § 307 Abs 2 Nr 1 BGB rechtsunwirksam** (*Heins/Leder* NZA 07, 249). Bei Außendienstmitarbeitern, angestellten Handels- und Versicherungsvertretern oder Kundendienstbeschäftigten oder in **der externen Unternehmens- und IT-Beratung** gehört die Reisetätigkeit ohnehin zur vergütungspflichtigen Haupttätigkeit (BAG 22.4.09 – 5 AZR 292/08, DB 09, 1602; *Fandel/Hausch,* jurisPK-BGB, 7. Aufl. 2014, § 611 BGB Rz 271).

**b) Abweichende Regelungen.** Durch **Tarifvertrag** kann festgelegt werden, dass Dienstreisen, soweit sie mehr als die regelmäßige tägliche Arbeitszeit in Anspruch nehmen, keine Arbeitszeit sind, wie dies in § 44 Abs 2 Satz 1 u 2 **TVöD**-BT-V geschehen ist, so dass damit durch Dienstreisen **keine Überstundenentgeltansprüche entstehen können** (BAG 11.7.06 – 9 AZR 519/05, BB 07, 272). Freizeitausgleich ist nach § 44 Abs 2 Satz 3 TVöD-BT-V bei nichtanrechenbarer Reisezeit von mehr als 15 Stunden pro Monat aber möglich. Eine Regelungsvariante enthält § 6.3.1 des **Bundesmontagetarifvertrages,** der festlegt, dass Reisezeit bis zu 12 Stunden je Kalendertag bezahlt wird, wobei Reisezeit außerhalb der regelmäßigen betrieblichen Arbeitszeit ohne Zuschläge bezahlt wird (zu Sonderregelungen bei Nahmontage BAG 25.4.18 – 5 AZR 424/17, NZA 18, 1211). 6

Durch Arbeits- oder Tarifvertrag kann im Rahmen gesetzlicher Grenzen (zB MiLoG, AGB-Kontrolle) festgelegt werden, dass die Reisezeit geringer vergütet wird als die reguläre Tätigkeit. Fehlt eine solche Regelung, ist die Reisezeit wie die sonstige Vollarbeit des ArbN zu vergüten (BAG 15.11.18 – 6 AZR 294/17, NZA 19, 486). Mit einer *Auslösung* kann durch über den Zweck der Abgeltung von Unterkunfts- und Verpflegungsmehraufwand hinaus auch pauschal **das Entgelt von Reisezeiten** abgegolten werden (BAG 12.12.12 – 5 AZR 355/12, NZA 13, 1158).

Abweichende Regelungen sind ferner durch **Betriebsvereinbarung** möglich. 7

Eine Abweichung vom Vergütungsgrundsatz kann sich aus der Auslegung des Arbeitsvertrages selbst ergeben. Das BAG (3.9.97 – 5 AZR 428/96, NZA 98, 540) hat unter

Berufung auf § 612 Abs 1 BGB bei einem höheren gut verdienenden Angestellten angenommen, dass zwei Reisestunden täglich zusätzlich zur regulären Arbeitszeit als nicht gesondert vergütungspflichtig angesehen werden können.

Einzelvertragliche Abweichungen in Allgemeinen Geschäftsbedingungen müssen der Inhaltskontrolle nach § 307 BGB standhalten. Die in Allgemeinen Geschäftsbedingungen des ArbGeb enthaltene Klausel, **Reisezeiten seien mit der Bruttomonatsvergütung abgegolten, ist intransparent und damit rechtsunwirksam nach § 307 Abs 1 Satz 2 BGB,** wenn sich aus dem Arbeitsvertrag nicht ergibt, welche Reisetätigkeit von ihr in welchem Umfang erfasst werden soll (BAG 20.4.11 – 5 AZR 200/10, NZA 11, 917).

Von vorneherein **nicht vergütungspflichtig** ist die Zeit, die der ArbN für den Weg zwischen **Wohnung und Arbeitsstätte** zurücklegt (BAG 14.6.16 – 9 AZR 409/15, ZTR 16, 569).

8 **4. Anwendung des Arbeitszeitrechts.** Die Vorschriften des ArbZG (→ *Arbeitszeit* Rn 1 ff) können auf Dienstreisezeiten nicht schematisch angewandt werden. Aufgrund des unterschiedlichen Schutzzwecks des ArbZG, das den Schutz des ArbN vor übermäßiger Arbeitsbelastung bezweckt, und der Tatsache, dass die Belastung auf Reisen wesentlich geringer ist als bei normaler Arbeitsleistung, besteht keine Deckungsgleichheit zwischen dem Maßstab des ArbZG und der Vergütungspflicht (ErfK/*Wank* § 2 ArbZG Rz 31). Dienstreisezeiten können deshalb im Rahmen des ArbZG als vergütungspflichtige Arbeitsbereitschaft gewertet werden.

9 **5. Aufwendungen des Arbeitnehmers.** Die Erstattung der Kosten der Dienstreise schuldet der ArbGeb dem ArbN aus § 670 BGB (→ *Aufwendungsersatz* Rn 2–4). Der Verzicht darauf ist zulässig. Anderes soll gelten, wenn im Tarifvertrag auf eine beamtenrechtliche Reisekostenregelung Bezug genommen wird (BAG 11.9.03 – 6 AZR 323/02, NZA 04, 326); dabei wird nicht berücksichtigt, dass auch der Beamte auf Reisekosten verzichten oder den Anspruch verfallen lassen kann. Bei Verzichtserklärungen darf der ArbGeb allerdings keine unangemessene Drucksituation schaffen (BAG 16.10.12 – 9 AZR 183/11, NZA 13, 42 Genehmigung von Klassenfahrten von Lehrern nur bei vorherigem Reisekostenverzicht). Eine Vereinbarung im Formulararbeitsvertrag, die die Erstattung von Fahrtkosten ausschließt, ist als unangemessene Benachteiligung gem § 307 Abs 1 S 1 BGB rechtsunwirksam (für LeihArbN LAG Hamm 30.1.06 – 5 Sa 1437/15, LAGE § 307 BGB 2002 Nr 49).

Zum Anspruch auf die „große Wegstreckenentschädigung" von 0,30 €/km im öffentlichen Dienst s BAG 15.9.09 – 9 AZR 645/08, NZA-RR 10, 271.

10 **6. Mitbestimmungsrechte des Betriebsrats.** Soweit Dienstreisen nicht zu den vertraglichen Hauptleistungspflichten eines ArbN gehören, soll die dafür benötigte Zeit keine Arbeitszeit nach § 87 Abs 1 Nr 2 BetrVG sein, weil nur die Freizeit und kein Verhalten der ArbN betr die Arbeitsleistung betroffen sei, so dass kein Mitbestimmungsrecht durchsetzbar gegeben sei (BAG 14.11.06 – 1 ABR 5/06, NZA 07, 458).

## B. Lohnsteuerrecht

*Thomas*

**Übersicht**

**I. Rechtsentwicklung.** Durch das Gesetz zur Änderung ua des Reisekostenrechts vom 20.2.13 wurden mit Wirkung ab 2014 insbes Voraussetzungen und Rechtsfolgen der Dienstreise modifiziert (dazu Einführungserlass BMF 30.9.13 BStBl I 13, 1279; Ergänzung BMF 24.10.14, BStBl I 14, 1412; BMF 19.5.15, DStR 15, 1188; Zur Gewinnermittlung BMF 23.12.14, DStR 15, 122; zu entsandten ArbN OFD NRW 8.12.14, DB 14, 2929; zur Literatur → *Fahrten zwischen Wohnung und Arbeitsstätte* Rn 4). Die Ersetzung des bisher maßgebenden Abgrenzungsbegriffs der regelmäßigen Arbeitsstätte durch den abweichenden Begriff der ersten Tätigkeitsstätte führt zu einem veränderten Anwendungsbereich der Dienstreise. Außerdem wurde die bisher dreistufige auf eine zweistufige Staffelung der Verpflegungspauschalen reduziert bei gleichzeitiger Vereinfachung der Dreimonatsfrist. Ebenfalls neu ist die gesetzliche Regelung der Mahlzeitengestellung, ihres Verhältnisses zu den Verpflegungspauschalen und der pauschalen km-Sätze bei den Fahrtkosten. 12

**II. Dienstreise. 1. Begriff.** Wie bisher wird die Dienstreise als solche nicht gesetzlich definiert, sondern es knüpfen deren Rechtsfolgen (Fahrt-, Unterkunfts-, Verpflegungsmehrkosten usw) an einen vorgegebenen Begriff (§ 3 Nr 13 und 16 EStG „Reisekosten") an, der verkürzt als Abwesenheit von der ersten Tätigkeitsstätte verstanden werden kann. 13

**a) Auswärtstätigkeit im Dienst. aa) Erste Tätigkeitsstätte.** Der ArbN befindet sich auf Dienstreise, wenn er seinen arbeits/dienstrechtlichen Verpflichtungen an Orten nachkommt, die keine erste Tätigkeitsstätte darstellen. Zur Abgrenzung wird insofern auf die Ausführungen in → *Fahrten zwischen Wohnung und Arbeitsstätte* Rn 4 ff verwiesen. Die Mitnahme einer privaten Begleitperson berührt den Dienstreisecharakter einer beruflich veranlassten Reise regelmäßig nicht. Deren Aufwendungen sind aber keine Werbungskosten (BFH 30.6.95 – VI R 26/95, BStBl II 95, 744) und ihre Anwesenheit kann ein Indiz dafür sein, dass nicht die gesamte Reise beruflich veranlasst ist (BFH 18.7.97 – VI R 10/97, DStRE 97, 954). Dient eine Reise sowohl beruflichen als auch privaten Zwecken, ist ggf eine Aufteilung vorzunehmen (→ *Incentivereise* Rn 10). Erstattet der ArbGeb die Reisekosten, fällt bei Mitnahme einer Begleitperson nur Arbeitslohn an, wenn durch sie höhere Aufwendungen entstanden sind. 14

**bb) Sammelpunkt und weiträumiges Tätigkeitsgebiet.** Hat ein ArbN, der keine erste Tätigkeitsstätte besitzt, zur Aufnahme seiner Berufstätigkeit dauerhaft denselben Ort oder dasselbe weiträumige Tätigkeitsgebiet typischerweise arbeitstäglich aufzusuchen (→ *Fahrten zwischen Wohnung und Arbeitsstättte* Rn 23 ff), ist auf diese Fahrten die Entfernungspauschale anzuwenden (§ 9 Abs 1 Nr 4a Satz 3 EStG). Da aber mit dieser Vorschrift – anders als bei der Bildungseinrichtung des § 9 Abs 4 Satz 8 EStG – keine erste Tätigkeitsstätte fingiert wird, bleiben im Übrigen Dienstreisegrundsätze anwendbar. 15

**b) Auswärtstätigkeit außerhalb des Dienstes.** Als Dienstreise behandelt werden auch andere beruflich veranlasste Fahrten, als solche, für die der ArbN bezahlt wird, wie zB Fahrten zur Bewerbung oder Fahrten, mit denen der ArbN eigenverantwortlich Fortbildungsziele verfolgt. Das gilt aber nicht für Fortbildungen am Ort der ersten Tätigkeitsstätte (BFH 26.2.03 – VI R 30/02, DStR 03, 732) und für Orte, an denen ein Vollstudium oder eine andere vollzeitige Bildungsmaßnahme durchgeführt werden, weil diese Orte als erste Tätigkeitsstätte gelten (§ 9 Abs 4 Satz 8 EStG). 16

**2. Geschäftsreise.** Gegenstück zur Dienstreise ist bei Selbstständigen die Geschäftsreise (R 4.12 Abs 2 EStR). Weil es für Selbstständige kein dienst- oder arbeitsrechtliches Weisungsrecht gibt, können die für ArbN geregelten Kriterien nicht analog übernommen werden (BMF 23.12.14, DStR 15, 122). Geschäftsreisen können auch bei Mieteinkünften (BFH 15.12.65 – I R 106/63, HFR 66, 210) bzw zu Kapitaleinkünften anfallen (zu Fahrten eines wesentlich Beteiligten BFH 2.5.01 – VIII R 32/00, BStBl II 01, 668). 17

18 **III. Rechtsfolgen. 1. Berücksichtigungsfähige Kosten** sind Verpflegungsmehraufwendungen, Fahrt- Übernachtungs- und Reisenebenkosten. Nicht abziehbar sind Aufwendungen für persönliche Anschaffungen aus Anlass einer Dienstreise (Bekleidung, Taschen, Koffer usw), sofern es sich nicht um Arbeitsmittel handelt. Zum Nachweis sind Anlass und Art der beruflichen Tätigkeit, Reisedauer und Reiseweg aufzuzeichnen und anhand geeigneter Unterlagen zu belegen (R 9.4 Abs 1 Satz 6 LStR). Das Risiko der Nichterweislichkeit trägt der ArbN (BFH 14.5.99 – VI B 258/98, DStR 99, 1309 mit Anm *MIT*). Der Kostennachweis ist bei der EStVeranlagung auch insoweit zu führen, als der ArbGeb Kostenerstattungen beim LStAbzug steuerfrei behandelt hat (BFH 3.8.2000 – VI B 72/00, BFH/NV 01, 36).

19 **2. Fahrtkosten. a) Einzelnachweis.** Es sind die tatsächlichen Kosten zu berücksichtigen. Die Wahl des Beförderungsmittels (auch Flugzeug, Taxi) und die Tarifklasse stehen dem ArbN – jedenfalls steuerrechtlich – frei. Allerdings kann ein ArbGeb, der die Beförderungskosten zu tragen hat, im Umfang seines Weisungsrechts das Verkehrsmittel bestimmen (→ Rn 3 und BAG 22.6.11 – 8 AZR 102/10, NZA 12, 91). Bei Benutzung eines selbst geflogenen Flugzeugs kann nach § 4 Abs 5 Nr 7 iVm § 9 Abs 5 EStG ein Unangemessenheitsabschlag vorzunehmen sein (BFH 19.1.17 – VI R 37/15, DStR 17, 928 → *Arbeitnehmerbeförderung* Rn 9). Soweit Preisnachlässe Dritter (→ *Arbeitsentgelt* Rn 73) zu Arbeitslohn führen, werden damit finanzierte Fahrten aus versteuertem Einkommen also mit eigenen Aufwendungen des ArbN getätigt.

20 **aa) Gesamtkosten.** Werden Dienstreisen mit dem Pkw durchgeführt, sind zur Ermittlung der Kosten pro km die Gesamtkosten auf die Jahresfahrleistung zu verteilen; das Ergebnis ist mit den Dienstreise-km zu multiplizieren. Zu den Gesamtkosten gehören Betriebsmittel (Treibstoff, Strom, Öl), Kfz-Steuer, Haftpflicht- und Kaskoversicherung, Pflege- Wartungs- und Reparaturkosten, Kosten der Garage am Wohnort einschließlich Ladestation, Zinsen für Anschaffungsdarlehen (BFH 1.10.82, BStBl II 83, 17), Leasingsonderzahlungen (BFH 5.5.94, BStBl II 94, 643) und die AfA. Zu letzterer geht die Rspr im Normalfall von einer Nutzungsdauer von 8 Jahren (JahresAfA 12,5 % der Anschaffungskosten) aus (BFH 19.11.97 – X R 78/94, BStBl II 98, 59), während die Verwaltung zu Gunsten des Stpfl eine Nutzungsdauer von 5 Jahren (AfA 20 %) für gerechtfertigt hält. Dem ist der BFH auch nach nochmaliger Überprüfung nicht gefolgt (BFH 2.10.01 – VI B 111/01, BFH/NV 02, 190, Nichtannahmebeschluss BVerfG 22.4.02 – 2 BvR 2172/01, DStZ 02, 686). Zur AfA bei sehr hohen Fahrleistungen vgl FG Münster 20.6.96, EFG 96, 1157; FG Münster 16.11.99 – 6 K 3576/97 E, EFG 2000, 350.

21 Im Rahmen des Einzelnachweises kann im Hinblick auf einzelne Kostenarten auch eine **Teilschätzung** erfolgen (BFH 7.4.92 – VI R 113/88, DStR 92, 980). Nicht zu den in die Durchschnittsermittlung eingehenden Gesamtkosten, sondern zu den gesondert zu berücksichtigenden Reisenebenkosten gehören Park- und Straßenbenutzungsgebühren (BFH 14.9.05 – VI R 37/03, DStR 05, 1933, *Thomas* DB 06, Beilage 6 zu Heft 39, 62; *Urban* FR 06, 84), Aufwendungen für Insassen- und Unfallversicherungen und Unfallschäden (BFH 1.12.05 – IV R 26/04, BStBl II 06, 182). Gar nicht abziehbar sind Verwarnungs-, Ordnungs- und Bußgelder. Gar nicht zu erfassen sind Erlöse aus der Veräußerung des Kfz.

22 **bb) Außergewöhnliche Kosten** gehen nicht in die Berechnung des individuellen km-Satzes und auch nicht in die km-Pauschale von 0,30 € ein, sondern können neben diesen berücksichtigt werden. In Betracht kommen **Unfallkosten** bis zum Ende der Dienstreise, ggf auch Schäden bei Einfahrt in die häusliche Garage, aber nicht mehr danach (BFH 28.1.94, BStBl II 94, 355 = DStR 94, 1345 mit Anm *MIT*: an der Dienstwohnung abgestellter Pkw), zB beim Parken an einer sog Laternengarage. Ein Austauschmotor zählt in aller Regel zum normalen Verschleiß bzw Bedienungsfehler, die einen gesonderten Abzug ausschließen (BFH 17.10.73, BStBl II 74, 186 und 188; BFH 24.4.92, BFH/NV 93, 291). Die Rspr, dass ein Schwerbehinderter Kfzkosten über den Pauschbetrag iHv 0,30 €/km hinaus als außergewöhnliche Belastung nur geltend machen kann, wenn sie die für ein Mittelklassefahrzeug durchschnittlich entstehenden Aufwendungen wesentlich überschreiten (BFH 21.11.18 – VI R 28/16, DStRE 19, 1129; FinBeh Hbg 15.5.19 DStR 19, 2085) betrifft nicht berufliche, sondern private Fahrtkosten.

**b) Pauschalierung.** An Stelle der individuellen Mobilitätskosten können die pauschalen km-Sätze angesetzt werden, die für das benutzte Fahrzeug als höchste Wegstreckenentschädigung nach dem Bundesreisekostengesetz (nicht dem einzelner Länder) festgesetzt sind (§ 9 Abs 1 Nr 4a Satz 2 EStG). Das sind beim Pkw 0,30 € und anderen motorgetriebenen Fahrzeugen 0,20 € je gefahrenen km. Der für einen Pkw vorgesehene Pauschalwert kommt aber nicht zum Zuge, wenn tatsächlich öffentliche Verkehrsmittel benutzt wurden (FG Hbg 2.11.18 – 5 K 99/16, DStRK 19, 67 Rev VI R 50/18). Die bisher (BMF 20.8.01 BStBl I 01, 541) geltenden km-Sätze von 0,13 € für Motorradroller, von 0,08 € für Moped/Mofa und von 0,05 € für Fahrrad sind entfallen (*Niermann* DB 13, 2357 unter II. 2. b). Anders als bei der vor 2014 erfolgten Pauschalierung auf Verwaltungsebene ist bei der jetzigen gesetzlichen Pauschalierung nicht mehr zu prüfen, ob sie zu einer offensichtlich unzutreffenden Besteuerung führen könnte (BMF 30.9.13 BStBl I 13, 1279 Rz 36). Die Gewährung von Versicherungsschutz durch den ArbGeb, die sich nur auf die Verwendung des Kfz auf Dienstreisen bezieht, stellt keinen stpfl Arbeitslohn dar (BFH 19.2.93 – VI R 42/92, DStR 93, 1098) und führt auch nicht zu einer Kürzung der gesetzlichen km-Pauschale (BMF 9.9.15, DStR 15, 2134). Das Wahlrecht zwischen Einzelnachweis und gesetzlicher km-Pauschale schließt zwar eine anderweitige Pauschalierung, aber keinen Einzelnachweis mit Teilschätzung aus (BFH 7.4.92 – VI R 113/88, DStR 92, 980). 23

**c) Sonderfahrten.** Reisekosten sind die Fahrtkosten zwischen der auswärtigen Tätigkeitsstätte oder Unterkunft und der ersten Tätigkeitsstätte oder stattdessen von der Wohnung, wenn die Dienstreise direkt von der Wohnung angetreten wird bzw dort endet. Erfolgen aber Berührungen an der ersten Tätigkeitsstätte, so ist die Fahrt zwischen Wohnung und erster Tätigkeitsstätte nur im Rahmen § 9 Abs 1 Nr 4 EStG zu berücksichtigen. Zur Dienstreise gehört auch die Fahrt zwischen der auswärtigen Tätigkeitsstätte und der auswärtigen Unterkunft im Einzugsbereich des Zielortes (BFH 17.12.76, BStBl II 77, 294). Eine Fahrt zwischen Wohnung und erster Tätigkeitsstätte wird aber nicht dadurch zur Dienstreise, dass auf dem Weg berufliche Angelegenheiten erledigt werden. Nur berufliche Mehrwege sind zusätzlich abziehbar (BFH 25.6.02 – X B 30/01, BFH/NV 02, 1303). 24

Dienstreisen sind schließlich **Zwischenheimfahrten.** Dabei kommt es weder auf die Dauer der Dienstreise an noch besteht eine Begrenzung auf eine Heimfahrt pro Woche (BFH 15.11.91 – VI R 144/89, DStR 92, 286). Eine Abzugsbeschränkung findet auch nicht deswegen statt, weil der ArbN die Zwischenheimfahrt nicht zu seiner Wohnung am Ort seiner ersten Tätigkeitsstätte vornimmt, sondern zu der weiter entfernt liegenden Wohnung wo sich der Mittelpunkt seiner Lebensführung befindet (BFH 24.4.92 – VI R 105/89, DStR 92, 980). 25

**3. Verpflegungsmehraufwendungen.** Seit 2014 erfolgt die Grundregelung nicht mehr bei den Selbstständigen (so noch § 4 Abs 5 Nr 5 EStG aF) sondern bei den ArbN (§ 9 Abs 4a EStG) mit jeweils umgekehrter Verweisung. 26

**a) Pauschalen.** Wie bisher ist der individuelle Nachweis berufsbedingten Mehraufwands von Verpflegungskosten ausgeschlossen (§ 9 Abs 4a Satz 1 EStG). Im Übrigen wurden sowohl die Pauschalen als auch die Dreimonatsfrist vereinfacht. Fallen Auswärtstätigkeit und doppelte Haushaltsführung zusammen, kann jeweils nur die höchste Pauschale angesetzt werden (§ 9 Abs 4a Satz 12 EStG). Eine Beschränkung der Abzugsbeträge wegen offensichtlich unzutreffender Besteuerung ist nicht vorgesehen (BFH 4.4.06 – VI R 44/03, DStRE 06, 782). 27

**aa) Eintägige Auswärtstätigkeit.** Ist der ArbN mehr als 8 Stunden von seiner Wohnung und seiner ersten Tätigkeitsstätte abwesend, kann eine Pauschale von 14 € vom ArbGeb steuerfrei ersetzt bzw vom ArbN als Werbungskosten abgezogen werden (§ 9 Abs 4a Satz 3 Nr 3 EStG). Die Verpflegungspauschale gilt entsprechend, wenn der ArbN keine erste Tätigkeitsstätte besitzt (§ 9 Abs 4a Satz 4 EStG). Beginnt die Auswärtstätigkeit an einem Kalendertag und endet sie – ohne Übernachtung – am Folgetag, ist die Pauschale dem Tag mit der überwiegenden Abwesenheitszeit zuzuordnen **(Mitternachtsregelung).** Bei mehreren Auswärtstätigkeiten am selben Kalendertag werden die Abwesenheitszeiten zusammengerechnet (BMF 24.10.14, BStBl I 14, 1412 Beispiele 29–32). 28

**bb) Mehrtägige Auswärtstätigkeit.** Bei einer Auswärtstätigkeit mit Übernachtung ist für den An- und Abreisetag die Pauschale von 14 € zu gewähren (§ 9 Abs 4a Satz 3 Nr 2 29

EStG), unabhängig davon, ob die Reise von der Wohnung, der ersten oder einer anderen Tätigkeitsstätte angetreten wird. Aus Vereinfachungsgründen kommt es bei An- bzw Abreisetagen weder auf die Abwesenheitsdauer an, noch darauf, ob an diesen Tagen selbst eine Übernachtung stattgefunden hat, was bei solchen An- bzw Rückreisen der Fall sein kann, die längere Zeit in Anspruch nehmen. An den restlichen Tagen der mehrtägigen Auswärtstätigkeit beträgt die Verpflegungspauschale 28 € (BMF 24.10.14, BStBl I 14, 1412 Beispiele 33 und 34). Zum Auslandseinsatz → *Auslandsreise* Rn 24.

30 **b) Dreimonatsfrist.** Der Abzug von Verpflegungspauschalen ist gem § 9 Abs 4a Satz 6 EStG „auf die ersten drei Monate einer längerfristigen beruflichen Tätigkeit an derselben Tätigkeitsstätte" beschränkt. Eine **Unterbrechung** dieser Berufstätigkeit führt zu einem Neubeginn der Dreimonatsfrist, wenn die Unterbrechung mindestens vier Wochen dauert (§ 9 Abs 4a Satz 7 EStG). Diese – neue – Unterbrechungsregelung ist als Vereinfachung gedacht, weil nur noch die Unterbrechungsdauer zählt, nicht aber der Unterbrechungsgrund (zB Krankheit, Urlaub, Tätigkeit an einer anderen Tätigkeitsstätte).

31 Allerdings hält die Verwaltung die Dreimonatsfrist samt Unterbrechungsregelung nur für anwendbar, wenn eine in dem Sinn *umfangreiche* längerfristige Tätigkeit vorliegt, dass der ArbN regelmäßig mindestens an drei Tagen wöchentlich tätig wird/werden soll (BMF 30.9.13 BStBl I 13, 1279 Rz 54; bisher: an mehr als (ein bis) zwei Tagen wöchentlich, R 9.6 Abs 4 Satz 1, 2 Hs LStR). Des Weiteren verneint die Verwaltung das Vorliegen einer Tätigkeitsstätte, wenn sie – wie Fahrzeuge, Flugzeuge oder Schiffe – nicht ortsfeste betriebliche Einrichtungen darstellen (BMF 30.9.13, BStBl I 13, 1279 Rz 55); anders aber bei ortsfesten betrieblichen Einrichtungen von Kunden bzw Auftraggebern des ArbGeb, die auch dann gesondert beurteilt werden, wenn sie nahe beieinanderliegen, wie zB Einfamilienhäuser, die der ArbGeb auf einem Neubaugelände für 30 verschiedene Kunden errichtet. Dagegen gelten ortsfeste betriebliche Einrichtungen innerhalb eines großräumigen Werksgeländes des ArbGeb als eine einzige Tätigkeitsstätte (BMF 24.10.14, BStBl I 14, 1412 Rz 52 ff mit Beispielen; *Niermann* DB 14, 2793 unter II.2. aE).

32 Derartige Kriterien, die sich am Begriff der ersten Tätigkeitsstätte kraft Weisungsrechts des ArbGeb (§ 9 Abs 4 Satz 1 EStG) bzw kraft quantitativer Merkmale (§ 9 Abs 4 Satz 4 EStG) orientieren, sind dem Tatbestandsmerkmal „Tätigkeit an derselben Tätigkeitsstätte" nicht zu entnehmen. Möglicherweise ist die Auffassung der Verwaltung durch nachwirkende frühere Vorstellungen bzw durch die vor 2014 unterschiedlich geregelte Anwendungsdauer von Pauschalen bei Dienstreisen einerseits und bei Fahr- bzw Einsatzwechseltätigkeit andererseits geprägt (vgl dazu Personalbuch 2013, Dienstreise Rz 27 f, Fahrtätigkeit Rz 16, Einsatzwechseltätigkeit Rz 21). Nach der neuen Terminologie wird zwischen „erster" und anderen Tätigkeitsstätten unterschieden, die unterschiedlich definiert sind. Deshalb kann der für die Begrenzung von Pauschalen gewählte Begriff der Tätigkeitsstätte nicht durch einen abweichenden Begriff ersetzt werden, der dem der ersten Tätigkeitsstätte gleicht oder angenähert ist, zumal Pauschalen auch zu gewähren sein können, wenn gar keine erste Tätigkeitsstätte vorliegt (*Thomas* SPA 19/2014, 149 ff).

33 Nach dem naheliegenden Wortsinn ist Tätigkeitsstätte ein Ort, an dem der ArbN eben auch – wenn auch nicht ständig in großem Umfang – berufstätig wird. Dagegen wird eine flüchtige Berührung wie zB bei einem Post- oder Zeitungszusteller schon nach dem Wortsinn nicht als seine Tätigkeitsstätte bezeichnet werden können. Andererseits ist die Dreimonatsfrist berührt, wenn ein ArbN über einen längeren Zeitraum immer wieder die gleiche Tätigkeitsstätte aufsucht, um dort für seinen ArbGeb nachhaltig tätig zu werden, zB die gleiche Baustelle oder den gleichen Kunden (BFH 28.2.13 – III R 94/10, DStR 13, 1014) und der jeweils nächste Arbeitseinsatz an dieser Tätigkeitsstelle innerhalb der Vierwochenfrist liegt. Keine Tätigkeitsstätten sind aber Sammelpunkte oder ein weiträumiges Tätigkeitsgebiet, weshalb auch Kundendienstmechaniker, Handwerker, Warenzusteller, Vertreter usw, die in ihrem weiträumigen Aufgabengebiet an immer anderen Orten tätig werden, von der Ausschlussregelung regelmäßig nicht betroffen sind.

34 **c) Abgeltender Pauschsteuersatz.** Bei einer Auswärtstätigkeit, nicht aber bei doppelter Haushaltsführung, kann der ArbGeb Verpflegungsvergütungen bis zur Höhe der jeweils steuerfreien Verpflegungspauschale mit einem Pauschsteuersatz von 25 % abgeltend versteuern (§ 40 Abs 2 Nr 4 EStG). Nach Ablauf der Dreimonatsfrist ist das nicht mehr möglich.

**Beispiel:** Der ArbGeb leistet bei einer 9-stündigen Dienstreise eine Verpflegungsvergütung von 30 €. Es sind 14 € steuerfrei (§ 3 Nr 16 iVm § 9 Abs 4a Satz 3 Nr 3 EStG), 14 € pauschalierbar (§ 40 Abs 2 Nr 4 EStG) und die restlichen 2 € dem LStRegelabzug zu unterwerfen. 35

**4. Gestellung von Mahlzeiten.** Falls eine dem ArbN zur Verfügung gestellte Mahlzeit Lohn darstellt und wenn sie bei Auswärtstätigkeit des ArbN auf Veranlassung des ArbGeb gewährt wird und ihr Preis 60 € nicht übersteigt, ist der Sachbezugswert nach § 2 SvEV anzusetzen (§ 8 Abs 2 Satz 8 EStG). Damit ist einerseits die entgegenstehende Rspr (BFH 19.11.08 – VI R 80/06, DStR 09, 29) und andererseits das bisherige Wahlrecht der Verwaltung (BMF 13.7.09 BStBl I 09, 771) gegenstandslos. Steht dem ArbN eine Verpflegungspauschale zu, entfällt der Ansatz eines geldwerten Vorteils mit dem Sachbezugswert (§ 8 Abs 2 Satz 9 EStG). Ggf ist die Verpflegungspauschale anteilig zu kürzen (§ 9 Abs 4a Satz 8 EStG). Sachbezugswerte, die aus anderen Gründen zum Ansatz kommen, bleiben hiervon unberührt. 36

**a) Lohncharakter.** Die Beköstigung des ArbN durch den ArbGeb führt regelmäßig zu Lohn. Das ist aber nicht der Fall, wenn sie nicht als Entlohnung sondern aus betriebsfunktionalen Gründen erfolgt wie bspw bei Testessen, bei sog Arbeitsessen, bei Geschäftsessen mit Kunden oder bei Mahlzeiten im Rahmen herkömmlicher Betriebsveranstaltungen (→ *Arbeitsentgelt* Rn 37, → *Bewirtungsaufwendungen* Rn 7 ff, → *Verpflegungsmehraufwendungen* Rn 5). Dagegen erfolgt eine Beköstigung nicht schon deshalb im ganz überwiegend eigenbetrieblichen Interesse des ArbGeb, weil die ArbN wie zB eine Schiffsbesatzung oder kasernierte Soldaten aus tatsächlichen Gründen eine Mahlzeit nicht selbst zubereiten können (BFH 24.3.11 – VI R 11/10, DStRE 11, 863 einerseits und BFH 21.1.10 – VI R 51/08, DStR 10, 640 andererseits). Anders als in den oben genannten Fällen ist hier die Beköstigung nicht Teil der Arbeit (zu hiervon abweichender Rspr der FG → *Arbeitsentgelt* Rn 37). 37

**b) Übliche Mahlzeit.** Der Ansatz des Sachbezugswert setzt eine in dem Sinn übliche Mahlzeit voraus, dass ihr Preis 60 € nicht übersteigt. Der Betrag gilt Brutto für Speisen und Getränke (zweifelhaft Trinkgeld). Eine Zuzahlung des ArbN berührt die 60 €-Grenze nicht, wohl aber den zu erfassenden Betrag. Ist die Mahlzeit in einem Gesamtpreis, zB für eine Fortbildungsveranstaltung enthalten, ist ggf im Wege der Schätzung festzustellen, ob die Üblichkeitsgrenze überschritten ist. Ist dies der Fall, liegt ein „Belohnungsessen" vor, das mit dem tatsächlichen Preis (§ 8 Abs 2 Satz 1 EStG) zu bewerten ist. 38

**c) Auf Veranlassung des Arbeitgebers.** Die Bewertung nach § 8 Abs 2 Satz 8 EStG (Sachbezugswert) setzt die Mahlzeitgewährung während einer Auswärtstätigkeit (also nicht bei doppelter Haushaltsführung) unmittelbar durch den ArbGeb oder auf dessen Veranlassung von einem Dritten, zB ein Fortbildungsveranstalter, voraus. Die Gestellung der Mahlzeit ist vom ArbGeb veranlasst, wenn er Tag und Ort der Beköstigung bestimmt. Hiervon ist regelmäßig auszugehen, wenn die Verpflegungskosten arbeits- bzw dienstrechtlich vom ArbGeb erstattet werden und die Rechnung auf ihn ausgestellt ist oder es sich um eine Kleinbetragsrechnung handelt, dessen Original sich beim ArbGeb befindet. Unerheblich ist dagegen, wie die Rechnung beglichen wird. Deswegen liegt eine vom ArbGeb veranlasst Mahlzeitgestellung auch vor, wenn die – etwa bei einer Fortbildungsveranstaltung – auf den ArbGeb ausgestellte Rechnung vom ArbN bezahlt und dann diesem vom ArbGeb erstattet wird. 39

**d) Vorrang der Verpflegungspauschale.** Der Ansatz des Sachbezugswerts für die Gewährung von Mahlzeiten bei Auswärtstätigkeit entfällt, wenn dem ArbN ein Verpflegungspauschbetrag zustände (§ 8 Abs 2 Satz 9 EStG). In welcher Höhe dem ArbN insofern Werbungskosten tatsächlich verbleiben, ist ebenso unbeachtlich, wie der Betrag, um den Verpflegungspauschalen im Einzelfall wegen zur Verfügung gestellter Mahlzeit nach § 9 Abs 4a Satz 8 ff EStG zu kürzen sind. Entscheidend ist allein, dass eine Verpflegungspauschale in Betracht käme. Das ist nicht der Fall, wenn die 8 Stundengrenze unterschritten bzw die Dreimonatsfrist überschritten ist. Dann bleibt es beim Ansatz des Sachbezugswerts, der vom ArbGeb nach § 40 Abs 2 Nr 1a EStG mit einem Pauschsteuersatz von 25 % abgeltend erhoben werden kann. Hat der ArbN für die Mahlzeit dem ArbGeb ein Entgelt zu entrichten, mindert es den zu versteuernden Sachbezug. Ist es höher als der Sachbezug, verbleibt kein Lohn; der übersteigende Betrag kann aber nicht als Werbungskosten abgezogen werden. 40

41 Ist eine Reise gemischt veranlasst und kann eine Aufteilung in beruflich veranlasste Werbungskosten und nicht abziehbare Lebenshaltungskosten vorgenommen werden, führt dies zu einer entsprechenden Herabsetzung der Verpflegungspauschalen (BMF 30.9.13, BStBl I 13, 1279 Rz 82). Auch bei gekürzten Pauschalen entfällt der Ansatz des Sachbezugswerts für Mahlzeiten. Sind bei einer Reise nur die Fahrtkosten gemischt veranlasst, während im Übrigen ein rein beruflicher und ein rein privater Teil (Urlaub) feststeht, dürfte hinsichtlich der Pauschalen eine tageweise Betrachtung vorzunehmen sein.

42 **5. Kürzung der Verpflegungspauschalen.** Die bei Auswärtstätigkeit zustehenden Verpflegungspauschalen kann entweder der ArbGeb steuerfrei erstatten oder der ArbN als Werbungskosten abziehen. Sie sind zu kürzen, wenn der ArbGeb oder auf seine Veranlassung ein Dritter eine Mahlzeit zur Verfügung gestellt hat (§ 9 Abs 4a Satz 8 EStG). Die Kürzung erfolgt auch, wenn der ArbN – wie zB Seeleute – keine erste Tätigkeitsstätte besitzt (Nds FG 2.7.19 – 15 K 266/16, EFG 19, 1537 Rev VI 27/19). Auf die Verpflegungspauschalen bei doppelter Haushaltsführung ist die Kürzung nicht anwendbar, weil hierauf in § 9 Abs 4a Satz 12 EStG nicht ebenfalls verwiesen wurde.

43 **a) Kürzungspflichtige Mahlzeiten.** Anders als bei der Bewertung gestellter Mahlzeiten kommt es für die Kürzung nicht darauf an, ob diesbezügliche Vorteile Arbeitslohn sind. Deshalb erfolgt eine Kürzung auch bei sog Arbeits- oder Geschäftsessen wie auch bei Mahlzeiten, bei denen der Sachbezugswert nach § 40 Abs 2 Nr 1a EStG pauschaliert besteuert wurde. Dagegen ist keine Kürzung vorzunehmen, wenn die Bewirtung von einem Dritten auf eigene Kosten, also nicht auf Veranlassung des ArbGeb durchgeführt wird. Die Kürzung unterbleibt auch bei einer Mahlzeit über der Üblichkeitsgrenze von 60 €, die individuell versteuert wird (BMF 30.9.13, BStBl I 13, 1279 Rz 80). Ebenfalls keine Kürzung erfolgt, wenn eine Mahlzeit vom ArbGeb am Rückreisetag nach Beendigung der Auswärtstätigkeit gewährt wird. Das kann anders sein, wenn der ArbGeb eine erfolgreiche Dienstreise zum Anlass nimmt, anschließend den Teilnehmern mit einem Essen zu danken (vgl § 9 Abs 4a Satz 8 EStG „anlässlich oder während").

Als Mahlzeit, die zur Kürzung führt, kann auch ein vom ArbGeb gestellter Imbiss (zB belegte Brötchen, Kuchen, Obst) angesehen werden, wobei die Einordnung als Frühstück, Mittag- oder Abendessen nicht nach der Uhr erfolgt sondern danach, ob der Imbiss an die Stelle der Mahlzeit tritt, die üblicherweise zu der entsprechenden Zeit eingenommen wird. Kürzungspflichtige Mahlzeiten sind auch solche, die in Flugzeug, Zug oder Schiff auf Rechnung des ArbGeb zur Verfügung gestellt werden, wobei auf innerdeutschen Flügen gereichte Tüten mit Chips, Salzgebäck oÄ oder der Kuchen zum Nachmittagskaffee nicht als Mahlzeiten gelten (BMF 19.5.15, DStR 15, 1188). Ebenfalls keine Mahlzeit liegt vor, wenn der ArbGeb lediglich unbelegte Backwaren nebst Heißgetränk zum sofortigen Verzehr im Betrieb zur Verfügung stellt (BFH 3.7.19 – VI R 36/17, DStR 19, 1961). Entscheidend ist nicht, welche Mahlzeit der einzelne ArbN tatsächlich verzehrt, sondern welche der ArbGeb zur Verfügung stellt. Letzteres geschieht nicht, wenn der ArbGeb die betreffende Mahlzeit abbestellt hat oder der ArbN die Mahlzeit selbst veranlasst und bezahlt. Auch die im Rahmen einer Auswärtstätigkeit begebenen Essensmarken werden idR lediglich als Verbilligung einer vom ArbN selbst veranlassten und bezahlten Mahlzeit angesehen.

44 **b) Kürzungsbetrag.** Es wird die für die 24-stündige Abwesenheit geltende höchste Verpflegungspauschale (28 €) bei gestellter Mahlzeit für ein Frühstück um 20 % und für ein Mittag- und Abendessen jeweils um 40 % gekürzt, betragsmäßig also um 5,60 € bzw je 11,20 € (§ 9 Abs 4a Satz 8 EStG). Der jeweilige Kürzungsbetrag kann um ein für die Gewährung der Mahlzeit vereinbartes und vom ArbN tatsächlich gezahltes Entgelt gemindert werden. Dabei kann das Entgelt auch dadurch entrichtet werden, dass es im abgekürzten Zahlungsweg vom ArbGeb unmittelbar aus dem Nettolohn des ArbN entnommen wird. Dagegen entrichtet der ArbN nicht schon dadurch ein Entgelt, dass der ArbGeb sonst zustehende Reisevergütungen lediglich gekürzt auszahlt. Ist das Entgelt höher als der Kürzungsbetrag verbleibt als Kürzung Null. Umgekehrt sind mögliche Kürzungsbeträge durch die Höhe der Verpflegungspauschale begrenzt.

45 **Beispiel:** Der ArbGeb hat für eine dreitägige Schulung des ArbN in einem Hotel zwei Übernachtungen jeweils mit Frühstück sowie am Zwischentag ein Mittag- und ein Abendessen gebucht und bezahlt. Die Verpflegungspauschalen betragen (Anreisetag 14 € + Zwischentag 28 € + Abreisetag 14 €

=) 56 €. Die Kürzung beträgt (Frühstück 5,60 € × 2 = 11,20 € + Mittagessen 11,20 € + Abendessen 11,20 € =) 33,60 €. Es verbleiben (56 € ./. 33,60 € =) 22,40 €, die der ArbGeb steuerfrei zuwenden oder der ArbN als Werbungskosten abziehen kann. Will der ArbGeb ohne Entgeltvereinbarung für die Mahlzeiten den möglichen Erstattungsbetrag (22,40 €) um den Sachbezugswert der zugewendeten Mahlzeiten ermäßigen, nämlich um (Frühstück 1,80 € × 2 = 3,60 € + Mittag/Abendessen 3,40 € × 2 = 6,80 €, zusammen =) 10,40 €, wendet er die Differenz iHv (22,40 € ./. 10,40 € =) 12 € steuerfrei zu und es verbleiben dem ArbN Werbungskosten iHv (22,40 € ./. 12 € =) 10,40 €.

**Abwandlung:** Sachverhalt wie oben, aber der ArbN vereinbart und zahlt für das Mittag- und das Abendessen je 5 €. Pauschalen wie oben 56 €. Kürzung (Frühstück 5,60 € × 2 = 11,20 € zzgl Mittagessen 11,20 € ./. 5 € = 6,20 € zzgl Abendessen 11,20 € ./. 5 € = 6,20 €, zusammen =) 23,60 €. Es verbleiben steuerfrei zuwendbar oder Werbungskosten des ArbN (56 € ./. 23,60 € =) 32,40 €.

**Abwandlung:** Sachverhalt wie oben, aber der ArbN vereinbart und zahlt für das Mittag- und Abendessen je 11,20 €. Pauschalen 56 €; Kürzung (Frühstück 5,60 € × 2 = 11,20 € + Mittag/Abendessen je 11,20 € ./. 12 € = 0, zusammen =) 11,20 €. Es verbleiben (56 € ./. 11,20 € =) 44,20 € steuerfreier Ersatz oder Werbungskosten.

In sämtlichen Beispielen ist für die Beköstigung, da übliche Mahlzeiten vorliegen, kein geldwerter Vorteil zu erfassen (§ 8 Abs 2 Satz 9 EStG). So weit auf Mahlzeiten während der Auswärtstätigkeit Sachbezugswerte zur Anwendung kommen können, hat der ArbGeb auf der LStBescheinigung den Großbuchstaben M zu bescheinigen (§ 41b Abs 1 Nr 8 EStG), damit bei der EStVeranlagung des ArbN die vorzunehmende Kürzung der Werbungskosten erkannt werden kann. 46

**6. Unterkunftskosten.** Während deren Behandlung bisher aus dem allgemeinen Werbungskostenbegriff abgeleitet wurde, ist ab 2014 die Übernachtung bei Auswärtstätigkeit in § 9 Abs 1 Nr 5a EStG gesondert geregelt. 47

**a) Berufliche Veranlassung.** Notwendige Mehraufwendungen für beruflich veranlasste Übernachtungskosten entstehen, wenn zu den Kosten der Wohnung am Lebensmittelpunkt durch die Auswärtstätigkeit Unterkunftskosten hinzukommen. Das ist nicht der Fall, wenn sich der Lebensmittelpunkt am auswärtigen Tätigkeitsort befindet. 48

**Beispiel:** Ein ArbN ist an vier Wochentagen an seiner ersten Tätigkeitsstätte in A und an einem Wochentag an einer weiteren Tätigkeitsstätte in dem 60 km entfernten B tätig, wo er mit seiner Familie wohnt. Nach A fährt er jeweils mit dem eigenen Kfz. Die Tätigkeit in B ist Auswärtstätigkeit. Das Wohnen in B ist aber privat veranlasst. 49

**Beispiel:** Ein ArbN wohnt in der Großstadt G, wo er im ganzen Stadtgebiet an ständig wechselnden Tätigkeitsstätten arbeitet. Er ist auswärts tätig, da er keine erste Tätigkeitsstätte besitzt. Trotzdem sind die Wohnkosten privat veranlasst. 50

In § 9 Abs 1 Nr 5a EStG wurden die Kriterien, die bei der doppelten Haushaltsführung einen eigenen Hausstand begründen (§ 9 Abs 1 Nr 5 Satz 3 EStG) nicht wiederholt. Daraus wird geschlossen, dass Unterkunftskosten bei Auswärtstätigkeit auch dann zu berücksichtigen sind, wenn der ArbN andernorts im Haushalt seiner Eltern umsonst wohnen darf (BMF 30.9.13, BStBl I 13, 1279 Rz 108). Allerdings kann der dortige Lebensmittelpunkt nicht ohne weiteres unterstellt werden, sondern ist nach den jeweiligen Wohnverhältnissen, Aufenthaltsdauern, persönlichen Bindungen usw festzustellen. 51

**b) Berücksichtigungsfähige Kosten.** Es können alle Aufwendungen für das Wohnen einschließlich Wohnnebenkosten, Kurtaxe usw berücksichtigt werden. Maßgebend sind die tatsächlichen Aufwendungen. Eine Angemessenheitsprüfung (Hotelkategorie, Größe der Unterkunft) findet nicht statt. Es besteht auch keine Kostenobergrenze (siehe aber → Rn 53). Offenbar wird der Begriff „notwendige" Mehraufwendungen auf andere als Übernachtungskosten bezogen. Bei gemeinsamer Nutzung der Unterkunft durch mehrere Personen beschränkt sich der Abzug auf die Kosten, die bei alleiniger Nutzung des ArbN angefallen wären (§ 9 Abs 1 Nr 5a Satz 3 EStG). Das bedeutet bei Mitnahme einer privaten Begleitperson auf eine Dienstreise die Kosten eines Einzel- statt Doppelzimmers. Bei gemeinsamer Nutzung einer Wohnung durch mehrere Personen erfolgt eine entsprechende Kostenteilung. Dementsprechend sind die Kosten eines aus Anlass einer Auwärtstätigkeit angemieteten Hauses, das von Angehörigen mitgenutzt wird, nicht abziehbar, soweit sie auf jene entfallen (BFH 3.7.18 – VI R 55/16, BFH/NV 18, 1145). 52

**c) Kostenbegrenzung.** Nach 48 Monaten einer Auswärtstätigkeit an derselben Tätigkeitsstätte tritt – wenn nicht eine Unterbrechung von sechs Monaten (aus welchen Gründen 53 auch immer) stattgefunden hat – eine Kostenbegrenzung auf 1000 € monatlich ein (§ 9 Abs 1 Nr 5a Sätze 4 und 5 EStG). Die 48-Monatsfrist endet erst mit Ablauf des letzten vollen Monats. Nach Auffassung der Verwaltung soll die Begrenzung auf 1000 € monatlich nur gelten, wenn der ArbN an der betreffenden Tätigkeitsstätte regelmäßig mindestens an drei Tagen wöchentliche tätig werden soll oder tätig wird (BMF 30.9.13, BStBl I 13, 1279 Rz 113). Diese Ansicht wird weder durch den Wortlaut noch den Zweck der typisierenden Zeitgrenzen von 48 bzw 6 Monaten gestützt.

54 **d) Pauschalen.** Wie bisher darf der ArbGeb unabhängig von den tatsächlichen Aufwendungen pauschal eine Übernachtungsvergütung von 20 € steuerfrei zuwenden (R 9.7 Abs 3 LStR). Für den Werbungskostenabzug beim ArbN ist diese Pauschale nicht vorgesehen (BFH 12.9.01 – VI R 72/97, DStR 01, 1930). Der ArbN kann auch bei Auslandsübernachtungen nicht die Differenz zwischen den diesbezüglichen Übernachtungspauschalen und den vom ArbGeb vollständig erstatteten Kosten abziehen (BFH 8.7.10 – VI R 24/09, DStR 10, 2347; zu anderen Fällen einer offensichtlich unzutreffenden Besteuerung BFH 22.4.04 – VI B 13/04, DStRE 04, 932). Ab 2020 wurde in § 9 Abs 1 Nr 5b EStG eine Pauschale von 8 € für Übernachtungen im Kfz eingeführt (vgl → *Fahrttätigkeit* Rn 12). Bei Benutzung eines Schlafwagens oder einer Schlafkabine ist pauschaler steuerfreier Ersatz nur zulässig, wenn die Übernachtung in einer anderen Unterkunft begonnen oder beendet wurde (R 9.7 Abs 3 Sätze 6–8 LStR). Auf der nämlichen Dienstreise kann zwischen Einzelnachweis und Pauschalerstattung gewechselt werden, zB wenn auf einer Dienstreise eine Nacht im Hotel und eine andere Nacht unentgeltlich bei Freunden übernachtet wurde.

55 **7. Reisenebenkosten.** Neben den ggf pauschalierten Fahrtkosten können zusätzlich anfallende, durch die Dienstreise veranlasste Aufwendungen abgezogen werden, zB für Beförderung und Aufbewahrung von Gepäck, Porto, Telefon (BFH 5.7.12 – VI R 50/10, DStR 12, 2586 zum Marinesoldaten), Park- und Straßengebühren, Versicherungsschutz (Unfall- und Reisegepäckversicherung, die auf die Auswärtstätigkeit beschränkt sind: BFH 19.2.93 – VI R 42/92, DStR 93, 1098; BFH 31.1.97 – VI R 97/94, DStR 97, 1077; allgemein zur UV BMF 18.2.97, DStR 97, 371), Verkehrsmittel am Zielort usw. Nicht abziehbar sind Geldbußen, Ordnungsgelder oder Verwarnungsgelder, soweit sie nicht lediglich der Vorteilsabschöpfung dienen (H 9.8 LStR iVm R 4.13 EStR).

56 **8. Schäden.** Wird wegen des Risikos, auf einer Dienstreise einen Schaden zu erleiden, eine Versicherung abgeschlossen, sind Beiträge hierfür, sofern sie vom ArbGeb getragen werden, steuerfreier Reisekostenersatz und sofern sie vom ArbN getragen werden, Werbungskosten, vorausgesetzt, die Versicherung ist auf Dienstreisen beschränkt. Andernfalls ist der auf berufliche Risiken entfallende Anteil der Beiträge nur zu berücksichtigen, wenn er abgrenzbar ist. Leistungen aus einer solchen Versicherung für Schäden, die auf einer Dienstreise eingetreten sind, gehören nicht zum Arbeitslohn (aA BMF 17.7.2000 BStBl I 2000, 1204 unter 4.1.2).

57 Schäden (Beschädigungen oder Diebstahlsverluste), die dem ArbN an Gegenständen entstehen, die er auf einer Dienstreise mit sich führt, begründen Werbungskosten, wenn es sich um beruflich genutzte Gegenstände handelt, oder solche, die zur gewöhnlichen Ausstattung eines Dienstreisenden gehören (Bekleidung, Toilettenartikel; keine Sportgeräte), sofern sich der Schaden als Konkretisierung einer reisespezifischen Gefährdung erweist und nicht nur gelegentlich der Reise eingetreten ist (aA FG München 11.12.85, EFG 86, 229; zum Privatschmuck einer Schauspielerin FG München 7.7.99 – 1 K 3088/98, EFG 99, 1216). Bspw gilt dies beim Diebstahl eines privaten Pkw auf einer Dienstreise (BFH 25.5.92 – VI R 171/88, DStR 92, 1583). Anders ist es bei Schäden an Gegenständen einer Begleitperson oder an solchen, die auf besonderer Leichtfertigkeit des ArbN beruhen (BFH 30.6.95 – VI R 26/95, DStR 95, 1427).

58 Entschädigungen durch den ArbGeb, die beim ArbN Werbungskosten wären, sind nach § 3 Nr 16 EStG steuerbefreit (BFH 30.11.93 – VI R 21/92, DStR 94, 316). Als Schaden ersetzbar sind höchstens die fortgeschriebenen Anschaffungskosten (→ *Arbeitskleidung* Rn 22). Deshalb wird es für den ArbGeb regelmäßig weniger verwaltungsaufwändig und für den ArbN günstiger sein, wenn der ArbGeb nicht die Schäden selbst ersetzt, sondern Versicherungsschutz für Dienstreisen gewährt, weil die Versicherungsleistung selbst nicht steuerbar ist. Noch nicht abschließend entschieden ist, in wie weit der Diebstahl von Geld

auf einer Dienstreise zu Werbungskosten führt (ablehnend BFH 4.7.86 – VI R 227/83, BStBl II 86, 771; BFH 28.11.91 – XI R 35/89, BStBl II 92, 343; *Bormann* DStZ 82, 97; *Glanegger* DStZ 84, 583; *Flies* DStR 96, 89; *Uhländer* FR 96, 301), da insofern Abgrenzungen nicht möglich sind.

**C. Sozialversicherungsrecht** *Ruppelt*

**1. Unfallversicherung. a) Allgemeines.** Auf Wegen und Reisen außerhalb der Betriebsstätte, die in Ausübung der versicherten Tätigkeit (idR des Beschäftigungsverhältnisses iSv § 2 Abs 1 Nr 1 SGB VII) zurückgelegt werden (*Dienstreisen*), unterliegt der Versicherte dem Versicherungsschutz der gesetzlichen UV, weil diese Wege Bestandteil der betrieblichen Tätigkeit sind (Betriebswege). Solche Wege sind Lieferfahrten, Montagereisen, Botengänge, Dienst- und Geschäftsreisen usw (BSG 19.8.03 – B 2 U 43/02 R, NZS 04, 273; 18.3.08 – B 2 U 2/07 R, NZS 09, 230). Dies gilt auch für solche Reisen ins Ausland. 64

Davon zu unterscheiden sind die Fahrten zwischen Wohnung und Arbeitsstätte. Bei diesen Fahrten handelt es sich nicht um unmittelbare betriebliche Tätigkeit, sondern um Verrichtungen, die der betrieblichen Tätigkeit notwendig vorausgehen (→ *Wegeunfall* Rn 13 ff). Grundsätzlich gilt, dass es sich bei **betrieblich veranlassten Wegen** innerhalb und außerhalb der Betriebsstätte (etwa Wege zu und von auswärtiger Montage, Aufsuchen von Kunden usw), um Betriebs- oder Arbeitswege handelt, die ggf nach § 8 Abs 1 S 1 SGB VII versichert sind. Gleiches gilt für die Wege in Zusammenhang mit einer betrieblich veranlassten Reise. Daher sind betrieblich veranlasste Reisen und die damit verbundenen Wege unfallversicherungsrechtlich wie Betriebs-oder Arbeitswege nach den Grundsätzen der Beschäftigtenunfallversicherung zu beurteilen und unterliegen nicht denen der Wegeunfallversicherung des § 8 Abs 2 SGB VII für Wege von und zur Arbeitsstätte. Dies gilt auch in Ansehung des Umstandes, dass in beiden Fällen weitgehend gleiche Grundsätze, etwa hinsichtlich des ursächlichen Zusammenhangs zwischen versicherter Tätigkeit und unfallbringendem Weg, Beginn und Ende des versicherten Weges, Unterbrechung, Um- und Abweg gelten (→ *Wegeunfall* Rn 14 ff). **Nicht versichert** ist allerdings die Unterbrechung eines **Betriebsweges,** um ein im gemeinsamen Haushalt lebendes Kind fremder Obhut anzuvertrauen. Bei einer solchen Unterbrechung des Betriebswegs unterliegt der Versicherte – anders als bei einem Weg zwischen Wohnung und Arbeitsstätte (→ *Wegeunfall* Rn 20) nicht dem Schutz der gesetzlichen UV (BSG 12.1.10 – B 2 U 35/08 R, NJW 11, 105). **Beitragsrechtlich und haftungsrechtlich** ist zwischen Betriebswegen (*Dienstreisen*) und den Wegen zwischen Wohnung und Arbeitsstätte zu unterscheiden, da Unfälle auf Betriebswegen und Geschäftsreisen bei den Beitragszuschlägen berücksichtigt werden, Unfälle bei Fahrten zwischen Wohnung und Arbeitsstätte hingegen nicht (§ 162 Abs 1 Satz 2 SGB VII). Ferner gilt das Haftungsprivileg (→ *Unfallversicherung* Rn 31) für ArbGeb und Arbeitskollegen nur auf Betriebswegen (§§ 104 Abs 1 Satz 1 SGB VII, 105 Abs 1, 106 Abs 3 SGB VII), nicht jedoch auf Wegen von und zur Arbeitsstätte nach § 8 Abs 2 Nrn 1–4 SGB VII (BGH 2.12.03 – VI ZR 349/02, NJW 04, 949; 25.10.05 – VI ZR 334/04, DB 06, 168; BAG 19.8.04 – 8 AZR 349/03, AP Nr 4 zu § 104 SGB VII). Keine Dienstreise liegt vor, wenn der Versicherte bei einem durch die versicherte Tätigkeit bedingten, längeren zeitlichen Aufenthalt an einem auswärtigen Ort in diesem oder in dessen Nähe eine Wohnung bzw eine Unterkunft bezieht (BSG 4.9.07 – B 2 U 39/06 R, BeckRS 2007, 49186). Der besondere Versicherungsschutz während einer Dienstreise (→ Rn 66–72) kann während des Aufenthalts an diesem Ort nicht in Anspruch genommen werden. Es gelten vielmehr die allgemeinen Vorschriften für die Fahrten zwischen Unterkunft und Betriebstätte, bzw Unterkunft und Familienwohnung (→ *Wegeunfall* Rn 13 ff, → *Doppelte Haushaltsführung* Rn 36). 65

**b) Betriebsbedingte Reisevorbereitungen** (Aufgeben von Gepäck, Beschaffung von Fahrausweisen usw) sind ebenfalls versichert. 66

**c) Ausgangs- und Endpunkt** der Dienstreise kann die regelmäßige Arbeitsstätte, die Wohnung oder auch ein sonstiger Ort sein, wenn im letzteren Fall der Reiseweg nicht wesentlich verlängert wird (BSG 7.11.2000 – B 2 U 39/99 R, NZA 01, 436). 67

**d) Vorverlegung des Reisebeginns** lässt den Versicherungsschutz (auf der Hinfahrt) nur dann entfallen, wenn diese Vorverlegung auf privaten Interessen beruht **und** so erheb- 68 lich ist, dass unter Berücksichtigung der Gesamtreisedauer der betriebliche Charakter hinter die privaten Interessen zurücktritt. Entsprechendes gilt für die aus privaten Interessen verzögerte Rückfahrt. Ein wenige Stunden dauerndes privates Treffen innerhalb einer drei Tage dauernden Dienstreise lässt den Versicherungsschutz für die anschließende Fahrt ins Tagungshotel nicht entfallen (LSG Nds-Brem 18.9.12 – L 3 U 28/12, ArbuR 13, 129). Das gilt jedoch nicht, wenn aus der Dauer und der Art der privaten Unternehmung auf eine endgültige Lösung des Zusammenhangs mit der versicherten Tätigkeit geschlossen werden muss (BSG 10.10.06 – B 2 U 20/05 R, SozR 4–2700 § 8 Nr 19).

69 **e) Verrichtungen während der Dienstreise** sind nur versichert, wenn die unfallbringende Betätigung mit dem Beschäftigungsverhältnis rechtlich wesentlich zusammenhängt. Die Tatsache, dass der Versicherte einen Unfall während einer Dienst- bzw Geschäftsreise erlitten hat, reicht für sich alleine zur Begründung eines rechtlich bedeutsamen inneren Zusammenhanges mit der versicherten Tätigkeit nicht aus. Ein lückenloser Versicherungsschutz auf Dienstreisen mit der Erwägung, dass der Reisende gezwungen sei, sich an einem fremden Ort in einer fremden Umgebung aufzuhalten, besteht nicht. Vielmehr kommt es darauf an, ob die Betätigung, bei der der Unfall eintritt, eine rechtlich bedeutsame Beziehung zu der betrieblichen Tätigkeit am auswärtigen Dienstort aufweist, welche die Annahme eines **inneren Zusammenhangs mit dem Beschäftigungsverhältnis** rechtfertigt. Auch bei Dienstreisen ist zwischen Betätigungen zu unterscheiden, die mit dem Beschäftigungsverhältnis wesentlich zusammenhängen, und solchem Verhalten, das der Privatsphäre des Reisenden zugehörig ist. Kein Versicherungsschutz besteht, wenn sich der Versicherte auf der Geschäftsreise rein persönlichen, von der grundsätzlich versicherten Tätigkeit nicht mehr beeinflussten Belangen widmet (BSG 30.3.17 – B 2 U 15/15 R, NJW 17, 2858; BayLSG 24.5.16 – L 3 U 175/13, NZS 16, 710; 16.6.15 – L 2 U 298/14, BeckRS 2015, 70795; 6.11.17 – L 3 U 52/15, BeckRS 2017, 134463).

70 **Versichert** sind grds alle mit der Reise und dem Dienstgeschäft notwendig verbundenen Tätigkeiten, wie zB Kongressteilnahme, Unterkunftssuche, Besprechungsteilnahme, notwendige Wege zwischen Unterkunft und Ort des Dienstgeschäfts, angemessene Wege zur Einnahme der üblichen Mahlzeiten, **nicht** jedoch die Einnahme der Mahlzeit selbst. Während der Teilnahme an einem **betrieblichen Zwecken** dienenden **Arbeitsessen** besteht allerdings auch auf einer Dienstreise Versicherungsschutz. Das gilt auch für die damit zusammenhängenden Wege zu und von dem Ort der Essenseinnahme (LSG Hess 11.3.19 – L 9 U 118/18, jurisPR-SozR 13/2019 Anm 3 (*Ruppelt*) zum UVSchutz auf Wegen nach Barbesuch).

71 **Unversichert** sind private Tätigkeiten, wie nächtlicher Aufenthalt im Hotel, Ankleiden, Nahrungsaufnahme, Erholung oder Freizeitgestaltung. Dazu gehört auch ein abendliches geselliges Beisammensein mit Kollegen, soweit es nicht unmittelbar mit betrieblichen Belangen in Zusammenhang steht (BSG 30.3.17 – B 2 U 15/15 R, NJW 17, 2858). Grds unversichert sind sportliche Betätigungen und sonstige Freizeitveranstaltungen während der Dienstreise, auch wenn sie vom Veranstalter organisiert sind (ThürLSG 18.2.16 – L 1 U 1241/15, NZA 16, 1008).

72 **f) Besondere Gefahren** des auswärtigen Aufenthalts können ausnahmsweise zum Versicherungsschutz auch bei **privaten Verrichtungen** während der Dienstreise führen, wenn diese – vor allem wegen mangelnder Vertrautheit mit der Umgebung – rechtlich wesentlich zum Unfall des Reisenden beigetragen haben (BSG 18.3.08 – B 2 U 13/07 R, NZS 09, 288, Rn 18; 18.11.08 – B 2 U 31/07 R, BeckRS 2009, 59258).

73 **2. Krankenversicherungs- und Beitragsrecht.** Insoweit treten bei der Dienstreise grds keine Besonderheiten auf, da es sich bei der Dienstreise um die geschuldete Arbeitsleistung des ArbN handelt, welcher der entsprechende Vergütungsanspruch gegen den ArbGeb gegenübersteht. Dies gilt allerdings nur mit Einschränkungen hinsichtlich der Leistungen der gesetzlichen KV bei einer **Dienstreise ins Ausland,** da der Anspruch auf Leistungen grds ruht, solange sich der Versicherte im Ausland aufhält und dort erkrankt (§ 16 Abs 1 Nr 1 SGB V), es sei denn, aufgrund supranationalen oder zwischenstaatlichen Rechts sind besondere Regelungen getroffen (→ *Auslandsreise* Rn 26 ff). Handelt es sich bei der Dienstreise zugleich um eine Beschäftigung im Ausland, erhalten **Mitglieder** der gesetzlichen KV Leistungen wegen Krankheit zunächst von ihrem ArbGeb (→ *Krankenbehandlung* Rn 15).

**Literaturhinweis:** *Krasney* Zum Versicherungsschutz auf Dienstreisen, ZTR 04, 292; *Plagemann* Unfallversicherungsschutz auf Dienstreisen, ArbuR 15, 38; KassKomm/*Ricke* § 8 SGB VII Rn 124 ff mit zahlreichen Hinweisen auf die umfangreiche Rspr.

# Dienstwagen

## A. Arbeitsrecht

*Griese*

**1. Allgemeines.** Der ArbGeb kann dem ArbN zur Erledigung seiner Aufgaben einen Dienstwagen zur Verfügung stellen. Das ist gerade dann zweckmäßig, wenn der ArbN zur Erfüllung seiner Arbeitsaufgabe häufig unterwegs ist und hierfür ein Kraftfahrzeug benötigt, etwa bei Außendienstmitarbeitern oder Servicetechnikern. Da der Einsatz eines eigenen Kfz des ArbN für Dienstaufgaben Aufwendungsersatzansprüche des ArbN gegen den ArbGeb auslöst (→ *Aufwendungsersatz* Rn 9 ff), ist die Anschaffung eines Dienstwagens häufig die kostengünstigere Lösung. 1

**2. Vertraglicher Anspruch.** Ein Anspruch auf einen Dienstwagen besteht, wenn eine entsprechende vertragliche Absprache zwischen den Parteien zustande gekommen ist. Aus dieser vertraglichen Zusage ergibt sich, welchen Dienstwagen der ArbN beanspruchen kann. Um Unklarheiten zu vermeiden, ist es zweckmäßig, in dieser Absprache möglichst konkret festzulegen, welche Pkw-Kategorie (Fabrikat, Typ, Ausstattung etc) geschuldet wird und wer die Auswahl des Dienstwagens vornimmt (ArbGeb oder ArbN). Wird dem ArbN die Auswahl des Dienstwagens überlassen, empfiehlt es sich, eine Preisgrenze festzulegen, die bei der Anschaffung nicht überschritten werden darf. Ist nach der vertraglichen Absprache ein bestimmtes Modell geschuldet, das nicht mehr gebaut wird, ist im Wege der ergänzenden Vertragsauslegung der Anspruch auf ein **gleichwertiges Fahrzeug** zu ermitteln. 2

Der vertraglichen Regelung der Parteien obliegt es ferner, festzulegen, ob der ArbN den Dienstwagen zu **Privatfahrten** nutzen darf. Ist insoweit keine vertragliche Absprache getroffen, kann der ArbN den Dienstwagen nur auf Dienstfahrten benutzen. Hierzu gehören grds nicht die Fahrten zwischen **Wohnung und Arbeitsstätte.** Die Arbeitsvertragsparteien können aber vereinbaren, dass der ArbN auch zu Privatfahrten ermächtigt ist. Eine solche vertragliche Absprache beinhaltet die Zusage eines geldwerten Vorteils in Form eines Sachbezuges und stellt einen Vergütungsbestandteil dar. Deshalb kann auch ein ArbN, dem das Recht auf Privatnutzung eingeräumt wurde, weiterhin ein Firmenfahrzeug beanspruchen, wenn er als BRatMitglied freigestellt wird (BAG 23.6.04 – 7 AZR 514/03, NZA 04, 1287). Soweit mit der kostenlosen Überlassung eines Dienstwagens zu Privatfahrten Entgeltansprüche abgegolten werden sollen, ist § 107 Abs 2 S 1 GewO zu beachten (*Sachbezug*). 3

Die Zusage der Privatnutzung **kann nicht einseitig widerrufen,** sondern nur durch Änderungskündigung oder Änderungsvereinbarung beseitigt werden. Das Recht zur privaten Nutzung besteht auch bei **Arbeitsabwesenheit** weiter, sofern es sich um Zeiträume handelt, für die der ArbGeb das Entgelt fortzahlen muss (**Erholungsurlaub, Arbeitsunfähigkeit bis zum Ablauf der Entgeltfortzahlungsfrist, bezahlte Freistellung etc,** BAG 14.12.10 – 9 AZR 631/09, NZA 2011, 569). Dies gilt auch für die Beschäftigungsverbote der §§ 3 Abs 1, 4 MuSchG und die Mutterschutzfristen der §§ 3 Abs 2, 6 Abs 1 MuSchG (BAG 11.10.2000 – 5 AZR 240/99, NZA 01, 445). Zulässig dürfte aber eine vertragliche Vereinbarung sein, die es dem ArbGeb gestattet, während solcher Entgeltfortzahlungszeiträume die tatsächliche Nutzung durch die Vergütung des Nutzungswertes zu ersetzen. Die zugesagte Privatnutzung eines Dienstwagens kann nicht durch die Überlassung eines Leichenwagens erfüllt werden (LAG Köln 19.11.09 – 7 Sa 879/09, BeckRS 2010, 73541). Besteht kein Anspruch auf Überlassung mehr, ist zumindest eine kurze Ankündigungsfrist zu wahren (BAG 14.12.10 – 9 AZR 631/09, NZA 2011,569).

Für die **Vereinbarung des Widerrufs der Privatnutzung** in einem Formulararbeitsvertrag müssen die Widerrufsgründe im Vertrag selbst angegeben und sachlich gerechtfertigt sein (BAG 13.4.10 – 9 AZR 113/09, DB 10,1943; BAG 24.1.17 – 1 AZR 774/14, NZA 17, 777). Eine in einem Formulararbeitsvertrag enthaltene Klausel, die eine **jederzeitige Widerrufbarkeit** der Privatnutzung vorsieht, hält der **Inhaltskontrolle nach §§ 307 iVm**

**308 Nr 4 BGB nicht stand** (BAG 19.12.06 – 9 AZR 294/06, BB 07, 1624). Ein an ausreichende Gründe geknüpfter Widerrufsvorbehalt hält darüber hinaus der Inhaltskontrolle nicht stand, wenn der geldwerte Vorteil mehr als 25 % des Gesamtverdienstes ausmacht (BAG 11.1.06 – 5 AZR 721/05, NZA 07, 87). Die Änderung der Überlassungsbedingungen ist grds nicht einseitig möglich, auch nicht durch den vertraglichen Verweis auf eine Dienstwagenordnung in ihrer jeweiligen Fassung (BAG 11.2.09 – 10 AZR 222/08, NZA 09, 428).

Für die Zeit einer **Freistellung nach Ausspruch einer Kündigung** kann hingegen ein Widerruf der Privatnutzung vereinbart werden, wenn eine angemessene Auslauffrist gewahrt wird (BAG 21.3.12 – 5 AZR 651/10, DB 12, 1274).

4 Im Rahmen der Vertragsfreiheit liegt es schließlich, Nutzungsentgelte für Privatfahrten festzulegen. Werden hierfür keine Nutzungsentgelte erhoben, handelt es sich um einen zusätzlichen Vergütungsbestandteil (→ *Geldwerter Vorteil* Rn 1), über dessen Wert und Zusammensetzung der ArbN vom ArbGeb Auskunft verlangen kann, wenn er dies für seine Steuererklärung beim FA benötigt (BAG 19.4.05 – 9 AZR 188/04, NZA 05, 983). Dieser zusätzliche Vergütungsbestandteil muss bei der Berechnung der **betrieblichen Altersversorgung** berücksichtigt werden, wenn die Versorgungsordnung dies explizit vorsieht (LAG Köln 29.6.09 – 5 Sa 22/09, NZA-RR 09, 606). Wird dort der Begriff des ruhegeldfähigen Einkommens eng gefasst und sind dort zB Zuschläge und Urlaubsgeld ausgeklammert, ist auch der Wert der Privatnutzung des Dienstwagens nicht ruhegehaltfähig (BAG 14.8.90 – 3 AZR 321/89, NZA 91, 104).

Bei der Berechnung der **pfändbaren Bezüge** des ArbN darf der geldwerte Vorteil eines Firmenwagens wegen § 107 Abs 2 Satz 5 GewO nicht auf den unpfändbaren Teil des Entgelts angerechnet werden (BAG 24.3.09 – 9 AZR 733/07, NZA 09, 861; s ferner § 850e Abs 3 Satz 2 ZPO).

5 Vom Umfang des **Direktionsrechts** soll es gedeckt sein, den ArbN mit der Führung des Dienst-Kfz zu beauftragen und anzuweisen, Arbeitskollegen mitzunehmen (BAG 29.8.91 – 6 AZR 593/88, DB 92, 147), was angesichts der Gefährlichkeit und der straf- und ordnungswidrigkeitsrechtlichen Haftungsrisiken des Straßenverkehrs nicht unproblematisch ist.

6 **3. Haftung bei Beschädigung.** Bei der Beschädigung eines Dienstwagens sind die Grundsätze des **innerbetrieblichen Schadensausgleichs** (→ *Arbeitnehmerhaftung* Rn 11) zu beachten. Wird das Fahrzeug ohne Verschulden des ArbN beschädigt, haftet der ArbN nicht. Bei leichtester Fahrlässigkeit haftet der ArbN ebenfalls nicht (BAG 24.11.87 – 8 AZR 524/82, DB 88, 1603). Bei **mittlerer Fahrlässigkeit** ist der Schaden nach den Umständen des Einzelfalls zwischen ArbN und ArbGeb zu verteilen. Dabei erlangt hier die Rspr große Bedeutung, wonach der ArbGeb sich so behandeln lassen muss, als habe er eine **übliche und zumutbare Versicherung** (BAG 24.11.87 – 8 AZR 66/82, DB 88, 1606) abgeschlossen. Daraus folgt im Kfz-Bereich eine Obliegenheit zum Abschluss einer Vollkaskoversicherung mit dem üblichen Selbstbehalt (LAG Köln 22.12.04 – 7 Sa 859/04, BB 06, 335). Da die Grundsätze des innerbetrieblichen Schadensausgleichs zwingendes Recht sind, ist eine einzel- oder kollektivrechtliche Vereinbarung unzulässig, die die Haftung des ArbN auch bei leichtester Fahrlässigkeit bezweckt (BAG 5.2.04 – 8 AZR 91/03, NZA 04, 649).

7 Die Haftung des ArbN beschränkt sich auf die übliche **Selbstbeteiligung** (bis 500 €). Dies gilt auch, wenn der Dienstwagen geleast ist und der Leasinggeber den ArbN unmittelbar in Anspruch nehmen will, weil der ArbGeb insolvent geworden ist. Denn ein den Schadensersatzanspruch ausschließendes Mitverschulden des Leasinggebers kann vorliegen, wenn der Leasinggeber es unterlassen hat, eine zumutbare und übliche Versicherung des Leasinggutes entweder selbst vorzunehmen oder dem Leasingnehmer vertraglich aufzuerlegen. Eine solche Obliegenheit ist gerade dann anzunehmen, wenn dem Leasingnehmer bewusst sein muss, dass eine Beschädigung nicht unwahrscheinlich ist und zum normalen Benutzerrisiko gehört (aA BGH 19.9.89 – VI ZR 349/88, NZA 90, 100). Bei **grober Fahrlässigkeit** haftet der ArbN regelmäßig voll. Eine Haftungserleichterung ist aber nicht generell ausgeschlossen. Sie kommt bei deutlichem Missverhältnis zwischen Verdienst und Höhe des Schadens in Betracht, wenn die Existenz des ArbN bei voller Inanspruchnahme bedroht ist (BAG 15.11.12 – 8 AZR 705/11, DB 13, 705; zu Gesetzesvorschlägen zur summenmäßigen Begrenzung s *Griese* NZA 96, 803 ff, 808 f).

Ein **Mitverschulden** des ArbGeb ist nach § 254 BGB zu berücksichtigen, etwa die Überlassung eines nicht verkehrssicheren Fahrzeugs oder die Anstiftung zu einer Fahrt ohne Fahrerlaubnis (BAG 23.6.88 – 8 AZR 300/85, DB 89, 280). 8

**4. Rechtslage bei Beendigung des Arbeitsverhältnisses.** Wird das Arbeitsverhältnis beendet, hat der ArbN den Dienstwagen zum Beendigungszeitpunkt **herauszugeben** (§ 985 BGB). Dies bereitet keine Probleme, wenn das Arbeitsverhältnis einvernehmlich oder durch ArbGebSeitige Kündigung, die vom ArbN nicht angegriffen wird, sein Ende findet. Ist die Frage der Beendigung des Arbeitsverhältnisses zwischen den Arbeitsvertragsparteien hingegen streitig, ist zu differenzieren; sofern die **Privatnutzung** des Dienstwagens **nicht vereinbart** ist, kann der ArbGeb den Dienstwagen jederzeit herausverlangen. Es handelt sich dann um ein Arbeitsmittel, an dem der ArbN kein Recht zum Besitz mehr hat, da er nach § 855 BGB Besitzdiener ist (*Becker-Schaffner* DB 93, 2078). Macht der ArbGeb durch das Herausgabeverlangen dem ArbN die Erfüllung seiner Arbeitspflicht bis zum Beendigungszeitpunkt unmöglich, schuldet er gleichwohl die Vergütung (§ 615 BGB), die ggf nach dem in der Vergangenheit erzielten Durchschnittsverdienst zu berechnen ist. 9

Ist eine **Privatnutzung vereinbart worden,** kann der ArbN den Dienstwagen bis zum Beendigungszeitpunkt nutzen. Da die Privatnutzung ein Vergütungsbestandteil ist, hat der ArbN hierauf bis zur Beendigung des Vertragsverhältnisses Anspruch (BGH 9.4.90 – II ZR 1/89, DB 90, 1126). Bedeutung hat dies insbesondere, wenn der ArbGeb eine fristgerechte Kündigung ausspricht und den ArbN in der Kündigungsfrist von der Arbeitsverpflichtung freistellt. Er muss dem ArbN im **Freistellungszeitraum** den Dienstwagen **weiterhin zur Privatnutzung zur Verfügung stellen** und die Unterhaltungs- und Reparaturkosten tragen (BGH 9.4.90 – II ZR 1/89, DB 90, 1126). Man wird dem ArbGeb allerdings ein Wahlrecht dahingehend einräumen können, statt der Überlassung des Dienstwagens diese Verpflichtung durch die Zahlung des Privatnutzungswertes in Geld zu erfüllen (offen gelassen für den Geschäftsführer von BGH 9.4.90 – II ZR 1/89, DB 90, 1126). 10

Mit dem Beendigungszeitpunkt, dh bei rechtswirksamer außerordentlicher Kündigung sofort, bei der ordentlichen Kündigung mit Ablauf der Kündigungsfrist, muss der ArbN den Dienstwagen herausgeben. Erweist sich allerdings im Nachhinein die Kündigung als unwirksam, stellt sich der Entzug des Dienstwagens als eine gem § 280 Abs 1 S 1 BGB zum Schadensersatz verpflichtende Vertragsverletzung dar, so dass der ArbGeb dem ArbN den Nutzungswert der Privatnutzung zu erstatten hat (BAG 21.3.12 – 5 AZR 651/10, NZA 12,616). Der Anspruch kann durch Beendigungsvergleich ausgeschlossen werden (BAG 5.9.02 – 8 AZR 702/01, NZA 03, 973). 11

Nach Ende des Arbeitsverhältnisses kann der ArbN zur Erstattung von danach anfallenden Mehrkosten nicht herangezogen werden; es ist auch unzulässig, die Rückgabe des Fahrzeugs und gleichzeitig die nach Ende des Arbeitsverhältnisses anfallenden Leasingraten zu verlangen (BAG 9.9.03 – 9 AZR 574/02, NZA 04, 484). Der ArbGeb kann auch nicht aufgrund einer Vereinbarung Mehrkosten verlangen, die durch die vorzeitige Beendigung des Leasingvertrages vor Ablauf der Leasingperiode entstehen, denn dies wäre eine unzulässige Kündigungserschwerung (LAG Köln 10.3.08 – 14 Sa 1331/07, BeckRS 2008, 55834).

**Höhe der Nutzungsentschädigung.** Bei der Ermittlung der Höhe des Nutzungswertes ist auf die **lohnsteuerrechtliche Vorteilsermittlung** abzustellen (BAG 21.3.12 – 5 AZR 651/10, NZA 12, 616; BAG 19.11.06 – 9 AZR 294/06, NZA 07,809). Man wird die Arbeitsvertragsparteien an der von ihnen gewählten Besteuerungsmethode (→ Rn 19 ff) festhalten können, da davon auszugehen ist, dass die Parteien mit der gewählten Besteuerung den Vorteil realitätsgerecht und angepasst an die jeweiligen Verhältnisse bewertet haben. Es wäre auch nicht hinnehmbar, wenn den Arbeitsvertragsparteien erlaubt wäre, untereinander den geldwerten Vorteil der Privatnutzung anders zu bemessen als gegenüber den Finanzbehörden, und damit einer Steuerverkürzung Vorschub zu leisten. Daher ist der nutzungswert bei fossil betriebenen Pkw gem § 6 Abs 1 Nr 4 EStG mit 1 % des Listenpreises, bei Hybrid- und Elektro-Pkw mit 0,5 % des Listenpreises anzusetzen. 12

Umgekehrt ist auch der ArbN dem ArbGeb unter dem Gesichtspunkt des Schadenersatzes zur Nutzungsentschädigung nach denselben Grundsätzen, dh **begrenzt durch die lohnsteuerrechtliche Vorteilsermittlung,** verpflichtet, wenn er den Dienstwagen trotz rechtswirksamer Kündigung und **abgelaufener Kündigungsfrist nicht herausgibt.** Zur Streitvermeidung empfiehlt sich, die Höhe der Nutzungsentschädigung vertraglich festzulegen.

13 Hat der ArbGeb nach einer der Möglichkeiten der lohnsteuerrechtlichen Vorteilsermittlung den geldwerten Vorteil ermittelt und auf dieser Basis den LStabzug vorgenommen, kann er nicht später rückwirkend eine Nachberechnung und weitere LStabzüge vornehmen. Denn mit Abzug und Abführung von LSt erfüllt der ArbGeb gegenüber dem ArbN seine Vergütungspflicht. Die Abführung begründet einen besonderen Erfüllungseinwand gegenüber dem ArbN. Der ArbGeb kann sich auf diesen besonderen Erfüllungseinwand des Abzugs und der Abführung von LSt für den geldwerten Vorteil der Dienstwagennutzung nur für den abzurechnenden Kalendermonat und ggf. als Korrektur für den Vormonat berufen, nicht aber für Nachberechnungen für weiter zurückliegende Zeiträume, die schon durch die jährliche LStbescheinigung abgeschlossen sind. Solche unzulässigen Nachberechnungen und Nachbelastungen kann der ArbN mit der arbeitsgerichtlichen Entgeltklage angreifen (BAG 21.12.2016 – 5 AZR 266/16, NZA 17, 531).

14 **5. Durchsetzung des Herausgabeanspruchs.** Gibt der ArbN den Dienstwagen nicht heraus, obwohl er hierzu verpflichtet ist, kann der ArbGeb auf Herausgabe klagen. Ein *Zurückbehaltungsrecht* wegen Gegenansprüchen kann dem ArbN nur dann zustehen, wenn er zur Privatnutzung berechtigt und damit nicht nur Besitzdiener nach § 855 BGB sondern Besitzer nach § 868 BGB ist (*Becker-Schaffner* DB 93, 2078). Der ArbGeb kann eine einstweilige Verfügung auf Herausgabe beantragen, muss dann aber darlegen, dass die Nichtherausgabe zu einer Rechtsvereitelung oder wesentlichen -erschwerung führen könnte oder aus sonstigen Gründen dringend erforderlich ist (§§ 935, 940 ZPO). Ggf kann der Haftpflichtversicherungsvertrag gekündigt und damit die Straßenverkehrsbehörde zur Stilllegung des Fahrzeugs zu veranlasst werden.

15 **6. Mitbestimmung des Betriebsrats.** Die Entscheidung des ArbGeb, ob und welchen ArbN Dienstwagen zugeteilt werden und welche Pkw-Kategorie vorgegeben wird, unterliegt nicht der Mitbestimmung. Mitbestimmungsfrei sind ferner Regelungen, die den ArbN zum Ersatz der Kosten bei Privatfahrten verpflichten, da es dabei um die Realisierung des Aufwandsersatzanspruchs des ArbGeb geht. Höchstrichterlich noch nicht entschieden ist die Frage, ob die Mitbestimmung dann eingreift, wenn der ArbGeb den ArbN die kostenlose oder verbilligte Nutzung der Dienst-Pkw für Privatfahrten gestattet. Da hierin ein geldwerter Vorteil liegen kann, ist es möglich, dass die Frage der betrieblichen Lohngestaltung nach § 87 Abs 1 Nr 10 BetrVG betroffen sein kann. Zumindest dann, wenn lediglich dem ArbN eine der steuerrechtlichen Abrechnungsoptionen zur Wahl gestellt wird, erscheint es aber zweifelhaft, ob es sich um eine **eigenständige betriebliche** Lohngestaltung handelt.

## B. Lohnsteuerrecht

*Thomas*

### Übersicht



20 **I. Arbeitslohn. 1. Nutzungsüberlassung.** Arbeitslohn liegt dem Grunde nach (zur Höhe → Rn 29 ff) vor, wenn der ArbGeb ein betriebliches Kfz dem ArbN für private Zwecke und/oder für Fahrten zwischen Wohnung und erster Tätigkeitsstätte überlässt.

**a) Betriebliches Kfz** ist im Normalfall das dem ArbGeb gehörende, aber auch ein von einem Dritten auf Rechnung des ArbGeb überlassenes Kfz (*Thomas* DB 06 Heft 39 Beilage 6, 58 ff; zu Leasingfällen BMF 15.12.16, DStR 16, 2971), selbst wenn der ArbN Leasingnehmer ist, der ArbGeb aber wirtschaftlich betrachtet die Nutzungsbefugnis vermittelt (BFH 6.11.01 – VI R 62/96, DStR 02, 581). Wird im sog Behördenleasing ein Kfz überlassen, ist wirtschaftlicher Eigentümer, wer im Innenverhältnis die wesentlichen Rechte und Pflichten eines Leasingnehmers hat, also für die Leasingraten und die Instandhaltung aufkommt und wen die Gefahr bei Mängeln, Beschädigung oder Verlust trifft (BFH 18.12.14 – VI R 75/13, DStR 15, 941). 21

Stellt der ArbGeb kein betriebliches Kfz, sondern leistet er lediglich einen Zuschuss für die Kosten des privaten Kfz des ArbN (laufend oder zu den Anschaffungskosten; zu sicherheitsrelevantem Zubehör FG Hbg 13.3.97, EFG 97, 856), liegt **Barlohn** vor, der mit dem Nominalwert und nicht den Sachbezugswerten für Dienstwagen bewertet wird (BFH 6.11.01 – VI R 54/00, DStR 02, 210). Gleiches gilt, wenn der ArbGeb im Rahmen einer Kündigungsschutzklage Ersatz für die Entziehung des Dienstwagens leistet (FG Köln 11.11.09 – 7 K 3651/08, EFG 10, 482). Die für die Entnahmeregelung des § 6 Abs 1 Nr 4 Satz 2 EStG (wenn der ArbGeb das Kfz selbst privat nutzt) maßgebende Frage, ob das Kfz zu mehr als 50 % betrieblich genutzt wird (BFH 26.4.06 – X R 35/05, DStR 06, 1876; BFH 15.5.18 – X R 28/15, DStR 18, 1220) stellt sich hier nicht, weil mit der Überlassung an den ArbN ja nur betriebliche Zwecke (Entlohnung) verfolgt werden. 22

**b) Überlassung** erfolgt, wenn dem ArbN arbeitsvertraglich eine Nutzungsbefugnis eingeräumt wird. Auf die tatsächlichen Nutzungsverhältnisse kommt es dann nicht an (FG Hbg 26.2.19 – 2 K 273/17, DStRE 19, 1140). Die Überlassung muss nicht ausdrücklich, insbes nicht schriftlich erteilt werden sondern kann auch konkludent erfolgen. Problematisch sind die Fälle, in denen die Privatnutzung arbeitsrechtlich ausdrücklich verboten wird, bei denen aber, wie zB beim Geschäftsführer und alleinigen Gesellschafter einer GmbH mangels Kontrollinstanz (*Geserich* DStR 13, 1425) Zweifel an der Ernsthaftigkeit des Verbots aufkommen können. Dann kann nach den Grundsätzen des Anscheinsbeweises auf eine tatsächliche Nutzung zu schließen sein (BFH 7.11.06 – VI R 19/05, DStRE 07,94; zu Grenzen des Anscheinsbeweises BFH 19.5.09 – VIII R 60/06, DStR 09, 1357; BFH 21.4.10 – VI R 46/08, DStR 10, 1568; BFH 6.2.14 – VI R 39/13, DStRE 14, 598). Beispielsweise kann wegen krankheitsbedingter Fahruntüchtigkeit eine Nutzung entfallen (FG Düsseldorf 24.1.17 – 10 K 1932/16 E, EFG 17, 458). Das Vorhandensein privater Fahrzeuge als solches erschüttert den Anscheinsbeweis nicht (BFH 22.2.12 – VIII B 66/11, BFH/NV 12, 988; FG Nds 20.3.19 – 9 K 125/18, DStRE 19, 1191 NZB VIII B 61/19; mit Anm *Kreft* DB 19, 1354). 23

Die vertraglich geregelte Privatnutzung durch den beherrschenden Gesellschafter-Geschäftsführer führt zu Lohn (BFH 21.10.09 – VI B 26/09, BFH/NV 10, 199), die vertraglich nicht geregelte zu einer verdeckten Gewinnausschüttung, deren Vorteil nach Fremdvergleichsmaßstäben zu bewerten ist (BMF 3.4.12, DStR 12, 803; BFH 9.1.08 – I R 8/06, DStR 08, 865 mit Anm *Pezzer* FR 08,964; vgl aber BFH 23.4.09 – VI R 81/06, DStR 09, 1355 und BFH 11.2.10 – VI R 43/09, DStR 10, 643 zur nachhaltigen Privatnutzung trotz formalen Nutzungsverbots). Die Einordnung als verdeckte Gewinnausschüttung schließt aber nicht aus, bei der Veranlagung des Gesellschafters den Vorteil nach der 1 vH-Methode zu bemessen. 24

**c) Nutzungsarten.** Geldwerte Vorteile fallen an bei der Privatnutzung und bei Fahrten zwischen Wohnung und erster Tätigkeitsstätte. Das gilt bei Letzteren auch, wenn der ArbN den Dienstwagen wegen Sondereinsätzen ständig zur Verfügung haben muss (BFH 20.12.91 – VI R 116/89, DStR 92, 390) oder wenn der Pkw büromäßig ausgestattet ist (BFH 27.9.96 – VI R 84/95, DStR 96, 1930), jedoch nicht, wenn der Pkw nicht generell für Fahrten zur Arbeit überlassen wird, sondern nur an den Tagen, an denen er zB bei Bereitschaftsdienst für dienstliche Fahrten benötigt wird (BFH 25.5.2000 – VI R 195/98, DStR 2000, 1641; BMF 28.5.96, BStBl I 96, 654 unter 1.4), oder bei einem „Werkstattwagen" (BFH 18.12.08 – VI R 34/07, DStR 09, 261). 25

Wird der Dienstwagen glaubhaft nur für Fahrten zur Arbeit, nicht jedoch für Privatfahrten überlassen, fällt für letztere auch kein geldwerter Vorteil an (BFH 6.10.11 – VI R 56/10, DStR 12, 29). Entsprechendes gilt umgekehrt, zB beim Arbeitsplatz in der Nähe der 26

Wohnung, da die beiden Nutzungsarten nicht zusammenfallen müssen. Innerhalb einer Nutzungsart kommt eine Beschränkung des Nutzungsumfangs aber nur beim Einzelnachweis in Betracht (BFH 21.3.13 – VI R 31/10, DStR 13, 1421; BFH 21.3.13 – VI R 46/11, DStR 13, 1425; BFH 21.3.13 – VI R 23/12, DStRE 13, 1031; BFH 21.3.13 – VI 42/12, DStRE 13, 1033; *Eismann* DStR 13, 2740; *Kanzler* FR 13, 1042), weil es bei der Nutzungspauschale auf den Umfang der Nutzung nicht ankommt. Kein geldwerter Vorteil entsteht, wenn das betriebliche Kfz nur zu Dienstreisen überlassen wird, einschließlich etwaiger Zwischenheimfahrten (BFH 15.11.91 – VI R 144/89, DStR 92, 286).

27 **d) Werbungskostenabzug.** Wird die Überlassung des Dienstwagens für den Weg zur Arbeit als geldwerter Vorteil erfasst, erfolgt die KfzNutzung aus versteuertem Einkommen des ArbN, weshalb ihm für diesen Weg (bei Privatfahrten entstehen keine Werbungskosten) der Werbungskostenabzug verbleibt. Das ist anders, wenn der geldwerte Vorteil vom ArbGeb nach § 40 Abs 2 Satz 2 EStG mit abgeltendem Pauschsteuersatz von 15 % erfasst wird. Da für den Weg zur Arbeit Werbungskosten nur in Höhe der Entfernungspauschale abziehbar sind und der Pauschalierungsrahmen des § 40 Abs 2 Satz 2 EStG ebenfalls hierauf begrenzt ist, muss ein diesen Betrag übersteigender geldwerter Vorteil beim LStRegelabzug erfasst werden (*Niermann* StuW 06, 339, 344; *Thomas* DStR 95,1859, 1862). Gleichwohl ist der Werbungskostenabzug durch die Pauschalierung verbraucht.

28 **2. Übereignung.** Wird, etwa aus Anlass der Anschaffung eines neuen Dienstwagens, der bisherige dem ArbN verbilligt übereignet, stellt die Differenz zum Zeitwert Arbeitslohn dar. Der Bewertungsabschlag und der Rabattfreibetrag nach § 8 Abs 3 EStG kommen nur zum Zug, wenn Gebrauchtwagen des ArbGeb nicht überwiegend an ArbN gehen (→ *Sachbezug* Rn 32). Beschädigt der ArbN den Dienstwagen und führt das zu einem Schadensersatzanspruch des ArbGeb (zu Haftungsbeschränkungen → *Arbeitnehmerhaftung* Rn 8 ff), begründet der Verzicht auf die Durchsetzung dieses Anspruchs ebenfalls Lohn (BFH 24.5.07 – VI R 73/05, DStR 07, 1159).

29 **II. Vorteilsermittlung. 1. Methoden.** Der Wert der Nutzung ist durch Einzelnachweis oder mittels Nutzungspauschalen zu bestimmen, wobei der Einzelnachweis insofern nachrangig ist, als er Zusatzanforderung (Belegnachweis und ordnungsgemäßes Fahrtenbuch) enthält. Werden diese nicht erfüllt, ist nur die pauschale Wertermittlung zulässig. Für Fahrzeuge mit Elektroantrieb (→ Rn 67 ff) und für Zuzahlungen des ArbN (→ Rn 60 ff) sind Besonderheiten zu beachten. Ein **Wechsel** der Ermittlungsmethode ist nur zum Jahresende oder bei einem KfzWechsel zulässig (BFH 20.3.14 – VI R 35/12, DStRE 14, 1271; R 8.1 Abs 9 Nr 3 LStR). Die beim LStAbzug gewählte Methode bindet den ArbN aber nicht bei seiner Veranlagung. Bei einem unterjährigen Wechsel sind beim Einzelnachweis Kosten zeitlich zuzuordnen, wenn sie für einen längeren Zeitraum entrichtet werden (zB Afa, Unfallkosten, Steuern und Versicherungsbeiträge). Soweit eine genaue Erfassung monatlich nicht möglich ist kann beim LStAbzug monatlich ein Zwölftel des Vorjahresbetrags zu Grunde gelegt werden. Dann ist aber am Ende des Kj bzw des Dienstverhältnisses der tatsächliche Nutzungswert nachzuermitteln und eine LStDifferenz nach §§ 41c, 42b EStG auszugleichen (R 8.1 Abs 9 Nr 3 Satz 2 f LStR).

30 **2. Einzelnachweis** (R 8.1 Abs 9 Nr 2 LStR).Dieser setzt voraus, dass die durch das Kfz insgesamt entstandenen Aufwendungen durch Belege und das Verhältnis der privaten Fahrten und der Fahrten, auf die die Entfernungspauschale anzuwenden ist zu den übrigen Fahrten durch ein ordnungsgemäßes Fahrtenbuch nachgewiesen werden (§ 8 Abs 2 Satz 4 EStG). Unter die Entfernungspauschale fallen die Fahrten zur ersten Tätigkeitsstätte (§ 9 Abs 1 Nr 4 Satz 2 EStG) einschließlich Bildungseinrichtung (§ 9 Abs 4 Satz 8 EStG), sowie Fahrten zum Sammelpunkt und zum weiträumigen Tätigkeitsgebiet (§ 9 Abs 1 Nr 4a Satz 3 EStG). Der Belegnachweis erfordert eine individuelle Kostenermittlung (FG München 29.1.18 – 7 K 3118/16, DStRE 19, 539).

31 Zwar ist auf eine Familienheimfahrt im Rahmen einer doppelten Haushaltsführung ebenfalls die Entfernungspauschale anzuwenden (§ 9 Abs 1 Nr 5 Satz 6 EStG). Der Nutzungsvorteil iHv 0,002 vH des Listenpreises je Entfernungskm ist aber nur für Heimfahrten anzuwenden, für die keine Werbungskosten berücksichtigt werden (§ 8 Abs 2 Satz 5, zweiter Hs EStG). Deswegen kommt die 0,002 vH-Regelung nur zum Zug, wenn mehr als eine Fahrt wöchentlich erfolgt (BFH 28.2.13 – VI R 33/11, DStR 13, 1222). Umgekehrt

können bei einem überlassenen Kfz auch keine Werbungskosten abgezogen werden (§ 9 Abs 1 Nr 5 Satz 8 EStG). Es verstößt nicht gegen den allgemeinen Gleichheitssatz, dass bei Selbständigen – anders als bei ArbN – der Nutzungsvorteil aus der Familienheimfahrt erfasst wird (BFH 19.6.13 – VIII R 24/09, DStRE 13, 1284 mit Anm *Kempermann* FR 13, 1035).

**a) Zu belegende Aufwendungen. aa) Kfz Kosten** sind nur die mit dem Halten und Betreiben des Kfz verbundenen Aufwendungen wie Afa, Treibstoff, Wartung, Reparatur, Versicherung, Steuer usw. Dabei ist beim vorsteuerabzugsberechtigten ArbGeb jeweils die Umsatzsteuer hinzuzurechnen. Bei der Afa ist von den tatsächlichen Anschaffungskosten, ggf nach Rabattgewährung, also nicht vom Listenpreis auszugehen. Was die Nutzungsdauer betrifft, legt die Rspr im Normalfall 8 Jahre, die Verwaltung 5 Jahre zu Grunde; jedoch sollen bei der Ermittlung des privaten Nutzungsvorteils 8 Jahre zum Zuge kommen (H 8.1 Abs 9 „Gesamtkosten" LStR). Da die tatsächlichen Aufwendungen maßgebend sind, dürfte von der Handhabung des ArbGeb auszugehen sein. Unfallkosten zählt die Verwaltung grundsätzlich nicht zu den KfzKosten behandelt sie aber wie Reparaturkosten, wenn nach Erstattung Dritter je Schadensfall 1000 € zzgl USt nicht überschritten werden (R 8.1 Abs 9 Nr 2 Satz 12 LStR; *Niermann/Plenker* DB 10, 1228; *Hartmann* DStR 10, 2550). Auch hier dürfte maßgebend sein, was der ArbGeb nach Reparatur/Restabschreibung zzgl USt abzüglich Erstattung seitens einer Versicherung oder ggf seitens des ArbN tatsächlich trägt. 32

Nicht zu den KfzKosten gehören Straßen- oder Tunnelbenutzungsgebühren und die Kosten eines auf den ArbN ausgestellten Schutzbriefs. Entsprechendes dürfte für vergleichbare Kosten gelten wie Fähre, Reisezug, Parkgebühren, Stadtteilparklizenz usw. Das deckt sich damit, dass solche Kosten – wenn der ArbGeb sie beim privaten Pkw des ArbN übernimmt – jeweils gesondert zu Lohn führen (BFH 14.9.05 – VI R 37/03, DStR 05, 1933 mit Anm *Bergkemper* FR 06, 86; aA *Urban* Fr 06, 84 zu Straßenbenutzungsgebühren) und dass sie bei Dienstreisen neben den individuellen oder pauschalen km-Sätzen als Reisenebenkosten berücksichtigt werden (→ *Dienstreise* Rn 55). 33

Lt Verwaltung (BMF 21.9.17, DStR 17, 2121 unter Rz 5) zählen – anders als Mautgebühren – zu den KfzKosten auch Garagen – bzw Stellplatzmiete und Anwohnerparkberechtigung, was fraglich ist. Allerdings soll bei einem vom ArbGeb neben dem Dienstwagen gewährten Garagengeld kein Arbeitslohn vorliegen (BFH 7.6.02 – VI R 145/99, DStR 02, 1567 mit Anm *MIT;* → *Arbeitsentgelt* Rn 63). 34

**bb) Belegnachweis.** Da nach § 8 Abs 2 Satz 3 EStG die durch das Kfz „insgesamt" entstehenden Aufwendungen durch Belege nachgewiesen werden müssen, gilt dies auch, wenn der ArbN solche Aufwendungen getragen hat, zB Treibstoffkosten oder einen Teil der Anschaffungskosten. Das ist aber anders, wenn der ArbN pauschale Zuzahlungen vornimmt zB pro Monat, pro km usw, weil er damit nicht selbst KfzKosten trägt, sondern zu den vom ArbGeb getragenen Kfz-Aufwendungen einen Zuschuss leistet. Diese Auslegung entspricht dem Sinn der erhöhten Nachweisanforderung, der gewährleistet, dass sämtliche Kfz-Aufwendungen leicht überprüfbar sind. Denn nur so kann eine Plausibilitätskontrolle der gesamten Aufwendungen gerade des zu bewertenden Kfz erfolgen. Ob und ggf wann ein unvollständiger Belegnachweis durch Zuschätzungen geheilt werden kann, ist noch nicht ausdrücklich entschieden. 35

Ist die Vorteilsermittlung beim LStAbzug pauschaliert erfolgt und will der ArbN bei seiner Veranlagung einen Einzelnachweis führen, ist er auf die Mitwirkung des ArbGeb angewiesen. Dieser mag arbeitsrechtlich verpflichtet sein, Auskunft zu erteilen, dagegen eher nicht, Belege herauszugeben. Im Einzelnen ist noch zweifelhaft welche Maßstäbe an die Beweisführung anzulegen sind. Eine andere Frage ist, ob sich der ArbGeb schadensersatzpflichtig macht, wenn er nicht für ein ordnungsgemäßes Fahrtenbuch sorgt und der ArbN deshalb mehr Steuern zahlen muss (BFH 25.4.18 – VI R 34/16, DStR 18, 1706). 36

**b) Ordnungsgemäßes Fahrtenbuch** (R 8.1 Abs 9 Nr 2; H 8.1. Abs 9 LStR; BMF 28.5.96, BStBl I 96, 454 Rz 52; BMF 4.4.18, BeckVerw 355270, DB 18, 924; *Niermann* DB 18,914). Mangels Legaldefinition haben sich die Anforderungen am Gesetzeszweck zu orientieren, den Betrag, der sich aus den belegten Kfz Kosten pro km ergibt, zuverlässig den jeweiligen Nutzungszwecken des Dienstwagens zuzuordnen. In Übereinstimmung hiermit hat die Rspr formelle und inhaltliche Kriterien entwickelt. 37

**aa) Formelle Kriterien** betreffen die Erstellung des Fahrtenbuches als solches. Dieses muss zeitnah und in geschlossener äußerer Form, also als „Buch" erfolgen (BFH 9.11.05 – 38

VI R 27/05, DStR 06, 409; BFH 21.4.09 – VIII R 66/06, BFH/NV 09, 1422). Dem entsprechend genügen weder lose geführte Aufzeichnungen (BFH 10.6.13 – X B 258/12, BFH/NV 13, 1412), noch können für einen repräsentativen Zeitraum festgehaltene Kosten weitergeführt werden. Beim elektronischen Fahrtenbuch muss sichergestellt sein, dass nachträgliche Änderungen ausgeschlossen oder als solche kenntlich gemacht sind (BFH 16.11.05 – VI R 64/04, DStR 06, 411 zur Excel-Tabelle). Außerdem müssen nicht nur die Fahrtwege, sondern auch die Fahrtanlässe zeitnah erfasst werden (FG Nds 23.1.19 – 3 K 107/18, DStRE 19, 938 NZB VI B 25/19). Unleserliche Aufzeichnungen oder unverständliche Abkürzungen erfüllen nicht die Dokumentierungsanforderungen.

**39** Zeitnah heißt idR unverzüglich. Danach genügt nicht, wenn das Fahrtenbuch anhand loser Aufzeichnungen oder anhand eines Terminkalenders nachträglich gefertigt wird. Gleiches gilt, wenn der ArbGeb die dienstlich gefahrenen km im Rahmen der Spesenabrechnung überprüft (BFH 31.5.05 – VI B 65/04, DStRE 05, 978) oder wenn nur mit Straßennamen gekennzeichnete Fahrtziele nachträglich präzisiert werden (BFH 1.3.12 – VI R 33/10, DStR 12, 1011) oder wenn ein Staatssekretär die Richtigkeit nicht präzise eingetragener Dienstfahrten bestätigt (BFH 28.6.07 – VI B 112/06, BFH/NV 07, 1654).

**40** **bb) Inhaltliche Kriterien** zielen vor allem darauf ab, den Teil der KfzNutzung, der zu geldwerten Vorteilen führt, dadurch leicht nachprüfbar von dem andern Teil (Dienstreisen) abzugrenzen, dass dessen Voraussetzungen auf Grund der Aufzeichnungen im Fahrtenbuch einer Plausibilitätsprüfung unterzogen werden können. Deshalb genügt bei Privatfahrten die km-Angabe und bei Fahrten zur ersten Tätigkeitsstätte und dieser gleichgestellten weiteren Tätigkeitsstätten ein diesbezüglicher Hinweis. Dagegen müssen für jede betriebliche Fahrt neben dem Datum, dem km-Stand zu Beginn und am Ende, dem Fahrtziel (bei Umwegen auch der Reiseroute) der aufgesuchte Geschäftspartner bzw der Gegenstand der betrieblichen Verwendung (Besuch einer Behörde, Baustelle usw) festgehalten werden (BFH 16.3.06 – VI R 87/04, DStR 06, 749 mit Anm *Bergkemper* FR 06, 597; *Thomas* Inf 06, 406.)

**41** Zur Vermeidung eines unangemessenen Dokumentationsaufwands werden bestimmten – abschließend aufgeführten – Berufsgruppen beim Fahrtenbuch **Erleichterungen** eingeräumt. Das betrifft Automatenlieferanten, Kundendienstfahrer, Handelsvertreter, Kundendienstmonteure und Pflegedienstmitarbeiter mit täglich wechselnden Auswärtstätigkeiten, Taxifahrer im sog Pflichtfahrgebiet, Fahrlehrer und sicherheitsgefährdete Personen (H 8.1 Abs 9 „Erleichterungen" LStR). Dagegen dürfen Ärzte, Anwälte usw nicht unter Berufung auf ihre Verschwiegenheitspflicht davon absehen, Namen und Besuchsort ihrer Mandanten aufzuzeichnen (BFH 3.1.07 – XI B 128/06, BFH/NV 07,706; *Bilsdorfer* DStR 12, 1477).

**42** Stellen sich erforderliche Angaben als unzutreffend heraus oder ergeben sich Widersprüche zu vorgelegten Belegen, führen gravierende **Mängel** zur Verwerfung des Fahrtenbuchs (BFH 15.3.07 – VI R 94/94, BFH/NV 07, 1302). Dagegen werden kleinere Mängel hingenommen, wenn die Angaben insgesamt plausibel sind und eine hinreichende Gewähr für die Vollständigkeit und Richtigkeit der Angaben verbleibt (BFH 10.4.08 – VI R 38/06, DStR 09, 1373; FG Düsseldorf 7.11.08 – 12 K 4479/07 E, EFG 09, 324 zu Umwegen; *Urban* FR 97,670).

**43** **3. Nutzungspauschalen.** Diese betragen je Kalendermonat für die Privatnutzung eines Kfz (auch Motorrad) 1 vH des Listenpreises und für Fahrten, für die die Entfernungspauschale gilt (→ Rn 30) 0,03 vH des Listenpreises je Entfernungs-km, also für Hin- und Rückfahrt (§ 8 Abs 2 Sätze 2 und 3 EStG). Der Betrag von 0,002 vH des Listenpreises je Entfernungs-km einer einzelnen Familienheimfahrt kann hier wegen Bedeutungslosigkeit (→ Rn 31) vernachlässigt werden. Überlässt der ArbGeb dem ArbN mehr als ein Kfz zur Privatnutzung, ist der geldwerte Vorteil für jedes Fahrzeug nach der 1vH-Regelung zu berechnen (BFH 24.5.19 – VI B 101/18, BFH/NV 19, 1072).

**44** Die Pauschalierbarkeit entfällt nicht, wenn der ArbN auf einen Teil seines Barlohns verzichtet und dafür einen Dienstwagen gestellt bekommt (Barlohnumwandlung, BFH 20.8.97 – VI B 83/97, DStR 97, 1642; FG Nds 12.11.15 – 7 K 94/13, DStRE 17, 205). Beim Ehegatten-Arbeitsverhältnis wird der Nutzungsvorteil dem ArbN-Ehegatten zugerechnet, wenn die eingeräumte Pkw Nutzung fremdüblich ist (BFH 21.1.14 – X B 181/13, BFH/NV 14, 523). Beschäftigt der ArbGeb seine Lebensgefährtin zu einem Monatslohn von 400 € und stellt er einen Dienstwagen, dessen nach der 1 vH-Methode ermittelter

Nutzungswert mit dem Barlohn verrechnet wird, können die KfzKosten nicht als Betriebsausgaben abgezogen werden (BFH 21.12.17 – III B 27/17, BFH/NV 18, 432). Die Überlassung eines Dienstwagens zur unbeschränkten und selbstbeteiligungsfreien Privatnutzung ist im Rahmen eines Ehegatten-Minijob-Beschäftigungsverhältnisses fremdunüblich (BFH 10.10.18 – X R 44–45/17, DStR 19, 430).

**a) Listenpreis** ist der inländische Listenpreis im Zeitpunkt der Erstzulassung (vgl aber → Rn 68) zzgl Sonderausstattung einschließlich USt (§ 6 Abs 1 Nr 4 Satz 2 EStG). Bei Importfahrzeugen ohne inländischen Listenpreis kann ein Schätzpreis zugrunde gelegt werden, der sich an den typischen Bruttoabgabepreisen orientiert, die Importeure von Endverbrauchern verlangen (BFH 9.11.17 – III R 20/16, DStR 18, 512; *Görke* BFH/PR 18, 127; *Wendl* DStRK 18, 110). Bei der Privatnutzung von Taxen ist der Listenpreis maßgebend, zu dem der StPfl das Fahrzeug als Privatkunde erwerben könnte (BFH 8.11.18 – III R 13/16, DStR 19, 552, *Görke* BFH/PR 19, 122). 45

Da der Listenpreis, also die Preisempfehlung des Herstellers bei Erstzulassung maßgebend ist, spielt – anders als beim Einzelnachweis – weder eine Rolle, ob beim Neuwagenkauf Rabatte eingeräumt werden (BFH 25.5.92 – VI R 146/88, DStR 92, 113; BFH 16.5.13 – X B 172/11, BFH/NV 13, 1404) noch, ob ein Gebrauchtwagen überlassen wird (BFH 18.12.07 – XI B 178/06, BFH/NV 08, 562) noch, ob das Kfz schon abgeschrieben ist (BFH 25.5.05 – IV B 214/03, BFH/NV 05, 1788) noch ob es sich um einen sog Geländewagen handelt (BFH 13.2.03 – X R 23/01, DStRE 03, 712). Die Abgrenzung erfolgt nicht nach der Kfzsteuerlichen Behandlung, sondern nach der typischerweise bestehenden Eignung für Privatfahrten. 46

Die an den Listenpreis – und nicht an den jeweiligen Wert des Kfz – anknüpfende Pauschalierung hält sich als Typisierung im Rahmen des gesetzgeberischen Ermessens (aA *Weber* Beilage 7/96 zu BB 96 Heft 15). Abgesehen vom Vereinfachungseffekt ist sie auch insofern sachgerecht, als sie bewirkt, dass der Nutzungsvorteil für ein baugleiches Kfz bei ArbN, deren ArbGeb als Großabnehmer hohe Rabatte erlangt, ebenso hoch ist wie bei ArbN, deren ArbGeb kein vergleichbarer Nachlass eingeräumt wird und weil berücksichtigt wird, dass bei einem bereits abgeschriebenen Kfz höhere Reparaturkosten anfallen können. Die **Verfassungskonformität** der Pauschalierung ist zu bejahen, zumal sie durch den Einzelnachweis ersetzt werden kann (BFH 24.2.2000 – III R 59/98, DStR 2000, 765; BFH 1.3.01 – IV R 27/00, DStR 01, 745; BFH 3.12.12. – VI R 51/11, DStR 13, 456). 47

**Abgeltung.** Die 1 vH-Methode hat für den vom ArbGeb vermittelten Nutzungsvorteil abgeltende Wirkung. Ob diese auch vom ArbGeb übernommene Mautgebühren, Garagenkosten, Bußgelder und Ähnliches einschließt oder ob diese Kosten außerhalb der Pauschalierung als Lohn zu erfassen sind, hängt davon ab, ob man die betreffenden Aufwendungen als „für die Nutzung eines betrieblichen Kfz" (§ 8 Abs 2 Satz 3 EStG) ausgegeben ansieht. Dies dürfte ebenso zu entscheiden sein, wie die Frage, was beim Einzelnachweis „KfzKosten" sind (→ Rn 33 f). Während es dort nur darum geht, was unter den Belegnachweis fällt, ist hier auch die Höhe des Lohns betroffen. Überführungs- und Zulassungskosten sind KfzKosten, die weder zum Listenpreis noch zur Sonderausstattung gehören und deshalb die Bemessungsgrundlage der Pauschalierung nicht erhöhen (*Habert/Neyer* DStR 95, 795). 48

**Sonderausstattungen** sind dem Listenpreis hinzuzurechnen, wenn sie bereits werkseitig eingebaut sind. Dazu gehören weder nachträgliche Einbauten (BFH 13.10.10 – VI R 12/09, DStR 11, 207 Umrüstung auf Flüssiggas; zur behindertengerechten Umrüstung vgl BFH 22.10.09 – VI R 7/09, DStR 10, 47; BayLfSt 28.5.10, DStR 10, 1741) noch ein weiterer Satz Reifen mit Felgen. Mehrkosten für ein aus Sicherheitsgründen gepanzertes Kfz bleiben außer Ansatz. Eingebaute Navigations- und Kombigeräte bleiben trotz der Steuerbefreiung des § 3 Nr 45 EStG Sonderausstattung (BFH 16.2.05 – VI R 37/04, DStR 05, 1135; ebenso zur Diebstahlsicherung OFD Bln 11.4.03 DStR 03, 1297). Dass ein eingebautes Autotelefon nebst Freisprecheinrichtung nicht zur Sonderausstattung gehören soll (so aber R 8.1 Abs 9 Nr 1 Satz 6 LStR) ist fraglich. 49

**b) Privatfahrten.** Der geldwerte Vorteil beträgt monatlich 1 vH des auf volle 100 € abgerundeten Bruttolistenpreises (→ Rn 44 ff), bei einem Listenpreis von zB 42 198 € also 421 €. 50

**aa) Monatsbetrag.** Es ist idR der volle Monatsbetrag anzusetzen. Das gilt auch, wenn dem ArbN mehr als ein betriebliches Kfz überlassen wird (BFH 9.3.10 – VIII R 24/08, DStR 10, 800; BFH 13.6.13 – VI R 17/12, DStR 13, 2267). In diesem Fall kann die 1 vH- 51

Methode auch angewendet werden, wenn für ein anderes Kfz der Einzelnachweis geführt wird (BFH 3.8.2000 – III R 2/00, DStR 2000, 1908). Beim nämlichen Kfz kann die Privatnutzung und die Zusatznutzung für den Weg zur Arbeit aber nur einheitlich bewertet werden, also durchgehend pauschal oder mit Einzelnachweis. Darüber hinaus lässt die Verwaltung zu, den Listenpreis des überwiegend genutzten Kfz (nicht das Kfz mit dem höchsten Listenpreis) zugrunde zu legen, wenn die Nutzung der Fahrzeuge durch andere zur Privatsphäre des ArbN gehörende Personen so gut wie ausgeschlossen ist (H 8.1 Abs 9 „Überlassung mehrerer Kfz" LStR). Entsprechendes gilt beim Fahrzeugwechsel im Laufe eines Kalendermonats.

**52** **bb) Gelegentliche Nutzung** (H 8.1 Abs 9 LStR). Wird das Kfz nicht generell, sondern gelegentlich von Fall zu Fall überlassen, nämlich aus einem bestimmten Anlass (etwa die Hochzeit der Tochter) oder zu einem bestimmten Zweck (ein Umzug, ein Kurzurlaub) lässt die Verwaltung eine Bewertung mit 0,001 vH des Listenpreises je Fahrkm zu, wobei die km-Stände festgehalten werden müssen. Sollte diese Regelung keine Gesetzesgrundlage haben (es wird eine abschließende gesetzliche Pauschalierung durch eine Verwaltungspauschalierung ersetzt, vgl → *Pauschbetrag* Rn 18), kann jedenfalls der ArbGeb beim LStAbzug nicht in Haftung genommen werden (BFH 15.10.85 – VI R 30/82, DStR 86, 127).

**53** **cc) Fahrzeugpool.** Steht ein betriebliches Kfz mehreren ArbN neben einander zur Verfügung, ist der Nutzungsvorteil fahrzeugbezogen zu ermitteln (BFH 15.5.02 – VI R 132/00, DStR 02, 1127), dh es wird nicht bei jedem ArbN der nach der 1 vH-Methode ermittelte Vorteil erfasst, sondern der nach dem Listenpreis dieses Kfz ermittelte Vorteil wird auf die Nutzer aufgeteilt. Werden mehrere betriebliche Kfz von mehreren ArbN privat genutzt, ist die Summe der nach ihrem jeweiligen Listenpreis ermittelten Werte auf die Nutzungsberechtigten nach Köpfen aufzuteilen (vgl aber → Rn 43).

**54** **dd) Kostendeckelung.** Die Verwaltung lässt zu, dass die nach § 8 Abs 2 Sätze 2 und 3 EStG pauschal ermittelten Nutzungswerte auf die dem ArbGeb für das Fahrzeug insgesamt entstanden Kosten begrenzt werden (zweifelhaft: *Söhn* 97, 250; *Seitz* DStR 96, 3). Die Rspr sieht hierin eine Billigkeitsregelung, die aus Gründen der Gleichbehandlung zu einer Selbstbindung der Verwaltung führt (BFH 18.9.12 – VIII R 28/10, DStR 12, 2530; BFH 14.3.07 – XI R 59/04, BFH/NV 07, 1838). Allerdings ist eine abweichende Steuerfestsetzung aus Billigkeitsgründen in einem eigenständigen Verfahren zu verfolgen und kann nicht im Verfahren über die Rechtmäßigkeit der Steuerfestsetzung überprüft werden.

**55** **c) Weg zur Arbeit** (§ 8 Abs 2 Satz 3 EStG). Wird das betriebliche Kfz dem ArbN für Fahrten überlassen, für die die Entfernungspauschale gilt (→ Rn 30), beträgt der Nutzungsvorteil hierfür monatlich 0,03 vH des Listenpreises je Entfernungskm.

**56** **aa) Monatswert.** Die 0,03 vH-Regelung erfasst den Nutzungsvorteil für den gesamten Monat und die ganze Wegstrecke, wobei der tatsächliche individuelle Nutzungsumfang und dessen Kosten grundsätzlich unbeachtlich sind. Abweichend hiervon wendet der BFH die 0,03 vH-Regelung nur auf eine Teilstrecke an, wenn das Kfz glaubhaft auch nur für diese eingesetzt worden ist (BFH 4.4.08 – VI R 68/05, DStR 08, 1182). Wird das Kfz im Monat an weniger als 15 Tagen benutzt, wendet der BFH statt der Monats- eine Tagespauschale von 0,002 vH des Listenpreises je Entfernungskm an (BFH 4.4.08 – VI R 85/04, DStR 08, 1185). Diese individualisierenden Einschränkungen der 0,03 vH-Methode werden damit begründet, dass die Zuschlagserfassung des § 8 Abs 2 Satz 3 EStG lediglich einen Ausgleich für den Werbungskostenabzug bezwecke.

**57** Das trifft indessen weder dem Grunde noch der Höhe nach zu. Mit dem genannten Gesetzeszweck ist weder vereinbar, die Einnahmen pro Monat aber die Aufwendungen pro Arbeitstag (→ *Fahrten zwischen Wohnung und Arbeitsstätte* Rn 30) zu pauschalieren, noch, die Nutzungspauschalen je nach Listenpreis über oder unter dem möglichen Werbungskostenabzug zu bemessen und erst recht nicht, bei der gesetzlichen 0,002 vH-Methode für Familienheimfahrten Werbungskosten insgesamt zu versagen (vgl iE *Thomas* DStR 11, 1341; *Bilsdorfer* DStR 12, 1417; *Urban* FR 18, 1103). Deswegen ist der VIII. Senat der vom VI. Senat vorgenommenen teleologischen Reduktion zu Recht nicht gefolgt (BFH 12.6.18 – VIII R 14/15, DStR 18, 2195). Da die gesetzlichen Nutzungspauschalen allgemein als verfassungskonform angesehen werden (→ Rn 47) besteht kein Grund, sie gegen den Gesetzeswortlaut in Einzelfällen durch eine abweichende richterliche Pauschalierung zu korrigieren.

Nach vorausgegangenem Nichtanwendungserlass werden die obigen Entscheidungen von der Verwaltung modifiziert übernommen (BMF 1.4.11, DStR 11, 672). Danach darf der ArbGeb beim LStAbzug nach wie vor bei der Monatspauschalierung mit 0,03 vH bleiben. Für die Ersatzpauschalierung mit 0,002 vH bei Nutzung an weniger als 15 Tagen im Monat reicht nicht die Angabe der Anzahl der Nutzungstage. Vielmehr muss eine Erklärung des ArbN, an welchen Tagen (mit Datumsangabe) das Kfz tatsächlich genutzt worden ist, zum Lohnkonto genommen werden. Hiernach richtet sich dann auch die Pauschalierung nach § 40 Abs 2 Satz 2 EStG. Die pauschale Erfassung nur einer Teilstrecke im Park and Ride-Fall setzt voraus, dass das Kfz auch nur hierfür überlassen worden ist. Für die Reststrecke muss der ArbGeb die Einhaltung des Nutzungsverbots überwachen und der ArbN muss den Nachweis erbringen, dass hierfür ein anderes Verkehrsmittel verwendet worden ist. Das kann zB durch eine auf den ArbN ausgestellte Jahres-Bahnfahrkarte geschehen. Im Veranlagungsverfahren hat der ArbN zusätzlich zu den obigen Erfordernissen durch geeignete Belege glaubhaft zu machen, wie die Vorteilsbewertung beim LStAbzug erfolgt ist. 58

**bb) Mehrere Kfz, mehrere Nutzer.** Es gelten die zu Privatfahrten dargelegten Grundsätze (→ Rn 43, 53) mit der Maßgabe, dass beim Fahrzeugpool der auf den einzelnen Nutzer entfallende Wert mit der Zahl seiner Entfernungskm zu multiplizieren ist. 59

**4. Zuzahlungen des ArbN. a) Entwicklung.** Der BFH hat Nutzungsentgelte, die nach Nutzungszeit (zB Monat) oder nach Nutzungsumfang (zB km-Leistung) bemessen sein können zum Abzug zugelassen (BFH 7.11.06 – VI R 95/04, DStR 07, 104) sowie Zuzahlungen des ArbN zu den Anschaffungskosten des Kfz (BFH 18.10.07 – VI R 59/06, DStR 07, 2319). Dagegen wurde die Berücksichtigung einzelner vom ArbN selbst getragener Kfz-Kosten (zB Treibstoffkosten) zunächst abgelehnt (BFH 18.10.07 – VI R 96/04, DStR 07, 2371), später aber zugelassen (BFH 30.11.16 – VI R 2/15, DStR 17, 371; *Niermann* DB 17, 510; *Bergkemper* FR 17, 789; *Geserich* BFH/PR 17, 142; *Eismann* DStRK 17, 104). Die Kostentragung des ArbN kann allerdings nicht zu einem negativen Betrag führen (BFH 30.11.16 – VI R 24/14, BFH/NV 17, 448), was auch für den Einzelnachweis gilt (BFH 15.2.17 – VI R 50/15, BFH/NV 17, 1155). Die Verwaltung erkennt die RsprÄnderung mit der Maßgabe an, dass die Kostenübernahme durch den ArbN zuvor arbeitsvertraglich vereinbart sein muss (BMF 21.9.17, DStR 17, 2121). Danach können nicht vereinbarte sondern lediglich faktisch übernommene Aufwendungen den geldwerten Vorteil nicht kürzen. 60

**b) Stellungnahme.** Zu unterscheiden sind Kosten, die der ArbN für ein fremdes Kfz auf eigene Rechnung trägt von Nutzungsentgelten, mit denen er die vom ArbGeb insgesamt getragenen KfzKosten bezuschusst. Solche Nutzungsentgelte zählen nicht zu den KfzKosten, die in den pauschal oder durch Einzelnachweis ermittelten Nutzungswert des Kfz eingehen, sondern kommen erst nach dieser Ermittlung zum Zuge, wie bspw ein Mietzuschuss zu einer weitgehend unentgeltlich überlassenen Wohnung, der den am Marktwert ermittelten Wohnwert mindert. 61

Es ist allgemein anerkannt, dass solche Nutzungsentgelte den – wie auch immer ermittelten – Nutzungswert mindern. Da es sich nicht um Aufwendungen zur Erzielung von Einkünften handelt, können sie nicht zu einem negativen Betrag führen. Das Nutzungsentgelt kann auch so bemessen sein, dass es den pauschal ermittelten Nutzungsvorteil auf Null bringt. Dann wird der sonst zu erfassende geldwerte Vorteil durch in gleicher Höhe erfolgte Zuzahlungen aus versteuertem Einkommen eliminiert, mit der Folge, dass die auf den geldwerten Vorteil sonst zu entrichtende Steuer entfällt. 62

Das ist anders bei Kosten des betrieblichen Kfz, die der ArbN auf eigene Rechnung trägt. Was zusätzliche **Anschaffungskosten** betrifft, kann sie der ArbN nur dann wie ein Wirtschaftsgut abschreiben, wenn er sie selbst getragen hat. Insofern hat der ArbGeb mangels eigener Aufwendungen keine AfaBefugnis. Das ist aber anders, wenn der ArbN zu den Anschaffungskosten des ArbGeb lediglich einen Zuschuss leistet. Von Letzterem geht anscheinend die Verwaltung aus, wenn sie den Kostenbeitrag des ArbN nicht auf die Nutzungsdauer verteilt, sondern auf den gesamten Nutzungsvorteil des Zahlungsjahres anrechnet und – falls noch nicht verbraucht – auch auf spätere Jahre (R 8.1 Abs 9 Nr 4 LStR). 63

Handelt es sich um vom ArbN selbstgetragene Anschaffungskosten, zB für zusätzliche Sonderausstattungen oder eine stärkere Motorisierung, erhöhen diese auch den Nutzungs- 64 wert des Kfz (evtl auch die Reparatur- und Treibstoffkosten). Der ArbN nutzt ein wertvolleres Auto. Da die Sonderfinanzierung zu den „insgesamt entstehenden Aufwendungen" iSv § 8 Abs 2 Satz 3 EStG gehört, ist sie nicht nur in die Nutzungsbewertung einzubeziehen, sondern unterliegt bei der Einzelbewertung auch dem Belegnachweis (→ Rn 32).

65 Es mag angehen, den auf den ArbN entfallenden Anteil der AfA auch bei der Vorteilspauschalierung wie ein echtes Nutzungsentgelt zu behandeln, weil dieser Anteil leicht nachweisbar ist. Das trifft aber nicht auf **laufende KfzKosten** zu, die der ArbN für Treibstoff, Wartung, Pflege usw übernimmt. Jedenfalls ist der geldwerte Vorteil der Dienstwagenüberlassung nicht um anteilig auf die Garage des ArbN entfallende Grundstückskosten zu mindern (FG Münster 14.3.19 – 10K 2990/17E, DStRE 19, 1051). Beim Einzelnachweis sind Feststellungen möglich, welche Aufwendungen für das Kfz insgesamt belegt sind und wer sie getragen hat. Die Pauschalierung bietet für beides keine Handhabe.

66 Welche Auswirkung die neue Rspr (BFH 30.11.16 – VI R 2/15, DStR 17, 371) zur Berücksichtigung selbst getragener laufender KfzKosten auch bei der Pauschalierung hat, zeigt der entschiedene Streitfall. Dort standen bei einem Listenpreis von 52 300 € und einem entsprechenden Nutzungsvorteil von (523x 12 = ) 6276 € selbstgetragene Treibstoffkosten von 5599 € gegenüber, sodass für den Rest (AfA, Steuer, Versicherung, Wartung, Pflege usw) für das ganze Jahr 677 € verbleiben; für einen Mittelklasse-Pkw eher steueroptimal. Jedenfalls ist der geldwerte Vorteil der Dienstwagenüberlassung nicht um anteilig auf die Garage des ArbN entfallende Grundstückskosten zu mindern (FG Münster 14.3.19 – 10 K 2990/17 E, DStRE 19, 1051). Beim Einzelnachweis wären die Kraftstoffkosten zunächst neben allen anderen belegten KfzKosten in dem Gesamtwert pro km eingegangen. Danach wären vom Gesamtbetrag, der nicht auf Dienstreisen entfällt, die Kraftstoffkosten abgezogen worden. Bei der Pauschalierung wäre eine sachgerechte Zuordnung einzelner Kosten nur durch einen virtuellen Einzelnachweis möglich. Da dies nicht geschah, wird die Pauschalierung systemwidrig durch individuelle Teilaspekte verfälscht.

67 **5. Elektromobilität. a) Elektrofahrzeuge** sind solche, die mit einem Elektromotor angetrieben werden, auch wenn sie zusätzlich einen Verbrennungsmotor besitzen (Hybridelektrofahrzeug). Einbezogen sind auch Brennstoffzellenfahrzeuge (BMF 24.1.18, DStR 18, 252), bei denen Strom durch eine Brennstoffzelle erzeugt wird und **Elektrofahrräder,** deren Motor eine Geschwindigkeit über 25 km pro Stunde unterstützt und die deshalb unter die Kennzeichnungs- und Versicherungspflicht fallen (vgl → *Dienstfahrrad* Rn 11 ff).

68 **b) Nutzungsvorteil. aa) Anschaffungskosten.** Bei der 1 vH-Methode wurde der Listenpreis bisher um Kosten für das Batteriesystem des PKW gemindert, wobei der Abzugsbetrag nach Jahren gestaffelt von der Leistung abhing (BMF 5.6.18, BStBl I 14, 835; *Schiefer/Buse* DB 17, 2097). Beim Einzelnachweis erfolgte eine entsprechende Ermäßigung der individuellen Anschaffungskosten. Diese Regelung wurde für die Jahre 2019 bis 2021 ausgesetzt. Statt dessen wird für ein betriebliches Kfz, das nach 2018 angeschafft wurde, die Vorteilsbewertung nach dem halben Listenpreis – beim Einzelnachweis nach der Hälfte der tatsächlichen Anschaffungskosten – bemessen. Für reine Elektrofahrzeuge (also nicht für Hybridfahrzeuge), die nach 2018 angeschafft wurden, ist sogar nur ein Viertel des Listenpreises zugrunde zu legen, wenn der Listenpreis nicht mehr als 40000 € beträgt (Einzelheiten zu Begünstigungszeiträumen, Sonderabschreibung insbes bei Elektrolieferfahrzeugen und USt bei *Reiling/Brucker/Looser* DB19, 2822). Der ArbGeb kann aber seine Anschaffungskosten ungekürzt abschreiben, da die Regelung nur für die Ermittlung des Nutzungsvorteils gilt. Zeitpunkt der Anschaffung ist der der Lieferung und nicht der der Bestellung. Die Regelung gilt für neue, wie für Gebrauchtfahrzeuge. Bei einem geleasten oder gemieteten Kfz werden die Leasing- bzw, Mietkosten zur Hälfte angesetzt (*Niermann* DB 18, 2894).

69 **bb) Ladestrom** (BMF 14.12.16, DStR 16, 2969). Wird der Nutzungsvorteil des Dienstwagens nach der 1 vH-Methode ermittelt, ist der Ladestrom abgegolten, unabhängig davon, wer ihn getragen hat. Beim Einzelnachweis gehört der Ladestrom (wie die Treibstoffkosten) zu den zu belegenden KfzKosten. Er ist jedoch nach § 3 Nr 46 EStG steuerbefreit, wenn er über eine ortsfeste betriebliche Einrichtung des ArbGeb oder eines mit diesem verbundenen Unternehmen oder vom LeihArbN im Betrieb des Entleihers bezogen wird. Die Steuerbefreiung erfolgt unter dem sog Zusätzlichkeitsvorbehalt. Die Verwaltung nimmt an, dass damit ein arbeitsrechtlich wirksam vereinbarter Barlohnverzicht zugunsten von Sachbezügen

in Form von Ladestrom (Barlohnumwandlung) schädlich sei. Diese Auffassung ist zweifelhaft. (→ *Arbeitgeberzuschuss* Rn 5 ff; *Thomas* DStR 18, 1342 unter 3.3.2). Ladevorrichtungen Dritter, auch des ArbN, sind nicht einbezogen.

Der ArbGeb kann die Stromkosten dem ArbN aber nach § 3 Nr 50 EStG als Auslagenersatz steuerfrei erstatten. Da dieser grundsätzlich nicht pauschal erfolgen kann (→ *Aufwendungsersatz* Rn 27), ist eine Abrechnung über einen Stromzähler erforderlich (*Wünnemann* DB 16, 2438). Die Verwaltung lässt jedoch zu, die monatlich vermutlich anfallenden Kosten mit Pauschalen abzuziehen, die danach gestaffelt sind ob ein Elektro- oder ein Hybridfahrzeug benutzt wird und ob eine zusätzliche Ladevorrichtung beim ArbGeb vorhanden ist (*Geserich* DB 18, 531 unter III. 3. d). Die Steuerbefreiung des § 3 Nr 46 EStG greift auch ein, wenn der ArbGeb keinen Dienstwagen stellt, sondern dem ArbN für sein privates Kfz Ladestrom zuwendet. 70

**cc) Ladevorrichtungen.** Die Befreiung des § 3 Nr 46 EStG gilt auch für die Nutzung von Ladevorrichtungen des ArbGeb. **Übereignet** der ArbGeb dem ArbN unentgeltlich oder verbilligt eine Ladevorrichtung oder gibt er dem ArbN einen Zuschuss für Erwerb und Nutzung dessen eigener Ladevorrichtung, kann der diesbezügliche Vorteil nach § 40 Abs 2 Nr 6 EStG mit abgeltendem Pauschsteuersatz von 25 vH erhoben werden. Der Zusätzlichkeitsvorbehalt gilt auch hier (→ Rn 69). Die bei Dienstreisen des ArbN mit seinem privaten Kfz abziehbaren pauschalen kmSätze (→ *Dienstreise* Rn 23) werden nicht gekürzt, wenn Kosten nach § 3 Nr 46 EStG steuerbefreit oder nach § 40 Abs 2 Nr 6 EStG pauschaliert besteuert wurden. 71

**6. Fahrergestellung** (R 8. 1 Abs 10 LStR). Stellt der ArbGeb neben dem Kfz auch einen Fahrer zur Verfügung, wird der geldwerte Vorteil für Privatfahrten je nach in Anspruchnahme des Fahrers um 25–50 vH erhöht. Für Fahrten auf dem Weg zur Arbeit beträgt der Aufschlag durchgehen 50 vH. Anfängliche Zweifel, ob auch für diese Fahrten ein Zuschlag gerechtfertigt ist, werden nicht mehr aufrechterhalten (BFH 15.5.13 – VI R 44/11, DStR 13, 1777). 72

Da die Aufwendungen für den Fahrer keine KfzKosten sind, müsste das Zuschlagssystem eigentlich durch einen geschätzten Wert der Dienstleistung ersetzt werden. Dem folgt nun grds auch die Verwaltung, lässt aber (nicht nur?) aus Vereinfachungsgründen weiterhin die bisherige Zuschlagsregelung zu (BMF 15.7.14 DStR 14, 1496; *Plenker* DB 14, 1645). Bei einem sondergeschützten (gepanzerten) Pkw erfolgt für die Fahrergestellung auch bei Privatfahrten kein Zuschlag. Offenbar wird davon ausgegangen, dass diese Fahrergestellung im eigenbetrieblichen Interesse des ArbGeb liegt (→ *Arbeitsentgelt* Rn 46). 73

## C. Sozialversicherungsrecht *Schlegel*

**1. Beitragsrecht.** Wird dem ArbN ein Dienstwagen nicht ausschließlich für dienstliche Fahrten, sondern auch zur privaten Nutzung und zu Fahrten zwischen seiner Wohnung und der Arbeitsstätte überlassen, führt dies zu einem geldwerten Vorteil des ArbN. 80

**a) Bewertung des Vorteils.** Die Bewertung des geldwerten Vorteiles, der in der privaten Nutzung liegt, bereitet allerdings Schwierigkeiten. In Betracht kommen dabei Einzelnachweis und Pauschalierung (Einzelheiten → Rn 20–36).

**b) Einzelnachweis** des Gesamtaufwandes und des privaten Nutzungsanteiles führt dazu, dass der nachgewiesene private Nutzungsanteil als Arbeitsentgelt der Beitragspflicht unterliegt. Zur Wertermittlung → Rn 23,33. 81

**c) Pauschalierung.** Die Gestellung eines Dienstwagens ist ein geldwerter Vorteil, der nach § 40 Abs 2 Satz 2 EStG in den Grenzen des § 9 Abs 1 Satz 3 Nr 4 EStG pauschaliert besteuert werden kann. Soweit die in der Gestellung eines Dienstwagens zu sehenden Einnahmen iSv § 40 Abs 2 EStG vom ArbGeb mit dem vorgesehenen Pauschsteuersatz versteuert werden, sind sie gem § 1 Abs 1 Nr 3 SvEV nicht dem Arbeitsentgelt zuzurechnen und somit in der SozV beitragsfrei. 82

**2. Leistungsrecht.** Sozialleistungen sind unter Berücksichtigung des geldwerten Vorteils zu berechnen, wenn und soweit diese Vorteile Arbeitsentgelt iSd § 14 SGB IV sind. Insoweit ist auf die Ausführungen zur Beitragsberechnung Bezug zu nehmen. Eine Erhöhung der Sozialleistungen durch den Vorteil privater Nutzungsmöglichkeiten eines Dienst- 83 wagens ist allerdings dann ausgeschlossen, wenn der ArbN auch während des Bezugs dieser Sozialleistungen den Dienstwagen weiterhin benutzen kann, ihm der Vorteil also auch weiterhin „in Natur“ zugutekommt. Zum Anspruch des ArbN auf Berücksichtigung verauslagter Reparaturkosten für einen Firmenwagen bei Insolvenz vgl BSG 8.9.2010 – B 11 AL 34/09 R, NZA-RR 11, 437.

## Dienstwohnung

### A. Arbeitsrecht

*Griese*

1 **1. Begriff.** Nach dem Mietrecht des BGB ist zwischen **Werkmietwohnungen** (§ 576 BGB) und **Werkdienstwohnungen** (§ 576b BGB) zu unterscheiden. Eine Werkmietwohnung liegt vor, wenn über das Arbeitsverhältnis und das Mietverhältnis **zwei getrennte und selbstständige Verträge** vorliegen, wenngleich das Mietverhältnis mit Rücksicht auf das Arbeitsverhältnis begründet worden ist.

2 Die Werkmietwohnung kann sowohl eine gewöhnliche Werkswohnung als auch eine **funktionsgebundene Werkmietwohnung** sein. Letztere ist in § 576 Abs 1 Nr 2 BGB definiert und liegt vor, wenn das Dienstverhältnis seiner Art nach die Überlassung eines Wohnraums erfordert, der in unmittelbarer Beziehung oder Nähe zur Stätte der Dienstleistung steht.

3 Demgegenüber ist die **Werkdienstwohnung** dadurch gekennzeichnet, dass die Wohnraumnutzung Bestandteil des Arbeitsvertrages und Teil des Arbeitsentgelts ist und ein **einheitlicher gemischter Vertrag** vorliegt, in dem das Arbeitsverhältnis vorherrscht. Für die Abgrenzung kommt es nicht auf die von den Parteien gewählte Bezeichnung, sondern auf den materiellen, durch Auslegung zu ermittelnden Gehalt der Vereinbarung an (BAG 28.11.07 – 5 AZB 44/07, NZA 08, 843).

Konsequenzen hat die Unterscheidung insbes bei der Beendigung von Miet- bzw Arbeitsverhältnis. Handelt es sich um eine Werkdienstwohnung, kann der ArbN nicht das Mietverhältnis isoliert kündigen. Da ein einheitlicher Vertrag zugrunde liegt, wäre dies eine unzulässige Teilkündigung (BAG 23.8.89 – 5 AZR 569/88, NZA 90, 191). Nicht zugestimmt werden kann dem BAG allerdings, wenn es in der vorzitierten Entscheidung die funktionsgebundene Werkmietwohnung (§ 565c Nr 2 BGB) als Werkdienstwohnung behandelt. Das ist nach der Gesetzessystematik nicht haltbar, die streng zwischen Werkmietwohnung und Werkdienstwohnung unterscheidet und die funktionsgebundene Werkmietwohnung dem ersteren Bereich zuordnet.

4 Eine **Pflicht zur Benutzung** einer Dienstwohnung besteht nur, wenn es sich um eine Werkdienstwohnung handelt oder wenn sich der ArbN vertraglich, insbes im Fall einer funktionsgebundenen Werkmietwohnung, zur Nutzung verpflichtet hat. Besteht eine Verpflichtung zur Nutzung, kann aus § 670 BGB dem ArbGeb die Verpflichtung erwachsen, die Umzugskosten zu erstatten (→ *Umzugskosten* Rn 4), wenn der ArbGeb aus betrieblichen Gründen die Benutzung der Dienstwohnung verlangt.

5 **2. Nutzungsbedingungen.** Für den Inhalt der mietvertraglichen Verpflichtungen gilt bei Werkmietwohnungen das allgemeine Mietrecht. Die **Höhe des Mietzinses ist vertraglich festzulegen** (§ 535 BGB). In **Gebieten mit angespanntem Wohnungsmarkt** darf **nach § 556d Abs 1 BGB in der Fassung ab 1.6.15 bei Neuabschluss eines Mietvertrages die vereinbarte Miete die örtliche Vergleichsmiete um höchstens 10 % übersteigen**. Die Gebiete mit angespanntem Wohnungsmarkt werden durch Landesverordnung gem § 556d Abs 2 BGB festgelegt (*Heilmann* in Herberger/Martinek/Rüßmann ua, jurisPK-BGB, 8. Aufl 2017, § 556d BGB; zu den Ausnahmen s § 556f BGB). Diese Mietpreisbremse ist verfassungsgemäß (BVerfG 20.8.19 – 1 BvL1/18, 1 BvL4/18, 1 BvR 1595/18).

Der Vermieter haftet für Mängel gem §§ 536 ff BGB, insbes steht dem Mieter in diesem Fall das Recht der Mietminderung zu. Ohne vertragliche Regelung trifft den Vermieter gem § 535 Abs 1 Satz 2 BGB die Pflicht zur Erhaltung der Mietsache in vertragsgemäßem Zustand, insbes zur Ausführung der jeweils notwendigen **Schönheitsreparaturen.** Abweichende vertragliche Regelungen über Schönheitsreparaturen **benachteiligen den Mieter**

**gem § 307 BGB** unangemessen, wenn sie einen starren Fristenplan ohne Berücksichtigung des tatsächlichen Renovierungsbedarfs enthalten (BGH 5.4.06 – VIII ZR 178/05, NJW 06, 1728). Renoviert der ArbN die Wohnung entsprechend den vertraglich vorgesehenen Intervallen und endet das Mietverhältnis vor Ablauf des nächsten Intervalls, hat der ArbN einen Anspruch auf Bereicherungsausgleich (BGH 27.5.09 – VIII ZR 302/07, NZM 09, 541).

Unzulässig ist die vertragliche Abwälzung von **Kleinreparaturen** auf den Mieter (BGH 6.5.92 – VIII RZ 129/91, NJW 92, 1759; *Sonnenschein* NJW 98, 2181). Die Übernahme der **Betriebskosten** durch den Mieter kann gem § 556 BGB vereinbart werden. Sind Vorauszahlungen vereinbart, ist darüber spätestens 12 Monate nach Ende des Abrechnungszeitraums abzurechnen. Gem § 556 Abs 3 BGB ist nach Ablauf dieser Frist eine **Nachforderung durch den Vermieter ausgeschlossen,** es sei denn, der Vermieter hat die verspätete Geltendmachung nicht zu vertreten.

**Mieterhöhungen** sind einseitig nicht zulässig, auch eine Kündigung des Vermieters aus diesem Grund nicht (§ 557 BGB). Der ArbGeb kann jedoch wie jeder andere Vermieter die Zustimmung des Mieters zur Erhöhung der Miete unter den Voraussetzungen der §§ 558 ff BGB verlangen, es sei denn, dass eine Mieterhöhung vertraglich (auch stillschweigend) ausgeschlossen wurde. So besteht die Möglichkeit, die Miete wegen Veränderung der wirtschaftlichen Verhältnisse auf die ortsübliche **Vergleichsmiete** anzuheben, wobei die Mietsteigerung nach der Reform des Mietrechts zum 1.9.01 innerhalb von **3 Jahren maximal 20 %** gem § 558 Abs 3 BGB betragen durfte. Durch die ab dem 1.5.2013 eingeführte Regelung in § 558 Abs 3 Satz 2 BGB sind die Landesregierungen ermächtigt, die Kappungsgrenze in Gebieten mit besonderer Wohnungsknappheit auf 15 % zu senken. 6

Bei der Errechnung der ortsüblichen Vergleichsmiete ist auf Werkswohnungen abzustellen, wenn insoweit ein Teilmarkt existiert. Voraussetzung ist stets ein ordnungsgemäßes, schriftlich erläutertes Erhöhungsverlangen. Wird die Zustimmung verweigert, kann der Vermieter auf Erteilung der Zustimmung zur Erhöhung klagen.

Einseitige Erhöhungsmöglichkeiten bestehen bei Modernisierungsmaßnahmen nach § 559 BGB in der ab dem 1.5.13 geltenden Fassung (BGBl I 434) und bei Erhöhung der Betriebskosten nach § 560 BGB. Zu den Modernisierungsmaßnahmen gehören nach § 555b Nr 1, 2 u 3 BGB **Investitionen zur Energie- und Wassereinsparung.** Der ArbN ist zur Duldung der Modernisierungsmaßnahmen gem § 554 Abs 2 BGB verpflichtet. Die jährliche Miete kann um bis zu 11 % der für die Wohnung aufgewendeten Kosten erhöht werden. Bei unterlassener rechtzeitiger Ankündigung (seit 1.5.2013 folgend aus § 555c BGB) der Modernisierung verlängert sich der Eintritt der Mieterhöhung (BGH 19.9.07 – VII ZR 6/07, MDR 07, 1413).

Bei Werkdienstwohnungen ist die Nutzungsmöglichkeit Teil des dem ArbN zustehenden Entgelts. Eine Erhöhung des für die Nutzungsmöglichkeit in Ansatz zu bringenden Wertes stellt eine Änderung der Vergütung dar, die nur mit arbeitsvertraglichen Instrumentarien, also Änderungsvertrag oder Änderungskündigung, bewerkstelligt werden kann (ArbG Nürnberg 11.10.12 – 9 Ca 663/12, BeckRS 2013, 06468; ArbG Hannover 14.1.90, BB 91, 554). Ist dem ArbN eine unentgeltliche Dienstwohnung zugesagt, steht ihm dieses Recht während der AU **auch nach Ablauf des sechswöchigen Entgeltfortzahlungszeitraums** zu (*Schmitt* § 4 EFZG Rz 101). 7

Für Werkmietwohnungen und Werkdienstwohnungen besteht nach § 5a Energieeinsparungsgesetz iVm der Energieeinsparverordnung die Pflicht, einen **Energieausweis** erstellen zu lassen.

**3. Beendigung des Mietverhältnisses. a) Werkmietwohnung.** Da der Mietvertrag bei der Werkmietwohnung unabhängig vom Arbeitsvertrag besteht, ist eine Beendigung auch bei Fortbestehen des Arbeitsverhältnisses möglich, es sei denn, die Parteien haben eine Benutzungspflicht vereinbart. Auf der anderen Seite zieht die Beendigung des Arbeitsverhältnisses nicht automatisch die Beendigung des Mietverhältnisses nach sich. Weil zwei getrennte Verträge bestehen, sind jeweils **separate Kündigungserklärungen** oder Beendigungsvereinbarungen erforderlich. Das Gesetz stellt lediglich in §§ 576 ff BGB erleichterte Beendigungsmöglichkeiten zur Verfügung. 8

**Unzulässig** ist jedoch wegen § 572 Abs 2 BGB die Vereinbarung einer auflösenden Bedingung, wonach das Mietverhältnis automatisch bei Ende des Arbeitsverhältnisses enden 9 soll, es sei denn, es handelt sich um Wohnraum zum vorübergehenden Gebrauch, zB Unterkunft für Montagearbeiter, oder um solchen, der Teil der vom Vermieter bewohnten Wohnung ist, von diesem mit Einrichtungsgegenständen ausgestattet ist und nicht zum Wohnen für eine Familie bestimmt ist, zB Zimmer für einen Kellner in der Wohnung des Gastwirts.

10 **Während** des laufenden **Arbeitsverhältnisses** kann das Mietverhältnis wie jedes normale Mietverhältnis gekündigt werden. Der Kündigungsschutz des § 573 BGB, wonach für die Kündigung ein berechtigtes Interesse vorliegen muss, findet in vollem Umfang Anwendung. Möglich ist daher zB eine Kündigung wegen erheblicher schuldhafter **Pflichtverletzung** des Mieters (§ 573 Abs 2 Nr 1 BGB) oder wegen **Eigenbedarfs** gem § 573 Abs 2 Nr 2 BGB (AG Berlin-Mitte 11.4.14 – 23 C 90/13, BeckRS 2014, 21805). Andererseits kann sich der Mieter auf die Sozialklausel des § 574 BGB berufen, wenn der Verlust der Wohnung für den Mieter oder seine Familie eine Härte bedeuten würde, die trotz der berechtigten Interessen des ArbGeb nicht zu rechtfertigen ist, und hierdurch idR eine nur befristete Verlängerung des Mietverhältnisses erreichen.

11 Die **Kündigungsfrist** folgt aus § 573c BGB. Die Kündigung muss spätestens am dritten Werktag eines Kalendermonats zum Ablauf des übernächsten Kalendermonats erfolgen, beträgt also mindestens knapp drei Monate und verlängert sich für den Vermieter (§ 573c S 2 BGB) – nicht für den Mieter – um jeweils drei Monate nach fünf-, acht- und zehnjähriger Dauer des Mietverhältnisses.

12 Endet das Arbeitsverhältnis, folgt aus dem **Betriebsbedarf** an der Vergabe der Wohnung an einen anderen ArbN ein berechtigtes Kündigungsinteresse gem § 564b Abs 1 BGB.

13 **Nach Beendigung des Arbeitsverhältnisses** erleichtert § 576 BGB die Kündigung durch **Abkürzung der Kündigungsfristen.** Für normale Werkmietwohnungen, die der Mieter nicht länger als 10 Jahre bewohnt hat, verkürzt § 576 Abs 1 Nr 1 BGB die Kündigungsfrist auf knapp drei Monate zum Monatsende, wenn der Wohnraum für einen anderen Dienstverpflichteten benötigt wird. Für funktionsgebundene Werkmietwohnungen, die für einen anderen Mitarbeiter benötigt werden, legt § 576 Abs 1 Nr 2 BGB die Kündigungsfrist auf knapp einen Monat zum Monatsende fest (Kündigung spätestens am 3. Werktag des Monats für den Ablauf dieses Monats). Nach dem Wortlaut des § 576 BGB kann die Abkürzung der Mietkündigungsfrist erst nach Beendigung des Arbeitsverhältnisses, also nach Ablauf der Kündigungsfrist des Arbeitsverhältnisses in Anspruch genommen werden (*Palandt/Weidenkaff* § 576 BGB Rz 3). Die **Sozialklausel des § 574 BGB findet keine Anwendung** auf funktionsgebundene Werkmietwohnungen gem § 576a Abs 2 Nr 1 BGB sowie dann, wenn der ArbN das Arbeitsverhältnis gelöst oder durch einen ausreichenden verhaltensbedingten Grund zur Lösung des Arbeitsverhältnisses Anlass gegeben hat (§ 576a Abs 2 Nr 2 BGB). Jede Vermieterkündigung muss schriftlich und unter Angabe der Gründe erfolgen.

14 **b) Werkdienstwohnung.** Da Dienstverhältnis und Mietverhältnis bei der Werkdienstwohnung eine **vertragliche Einheit** bilden, endet das Nutzungsrecht nur mit der rechtswirksamen Beendigung des Arbeitsverhältnisses. Die Überlassung einer Werkdienstwohnung kann mit einem Widerrufsvorbehalt verbunden werden. Der Widerrufsvorbehalt unterliegt der Inhaltskontrolle nach §§ 307, 308 BGB und der Ausübungskontrolle im Einzelfall gem § 315 BGB (LAG Köln 4.3.08 – 11 Sa 582/07, BeckRS 2008, 54044). § 576b BGB erklärt jedoch die oben geschilderten Mietrechtsvorschriften auch im Fall der Beendigung des Arbeitsverhältnisses (BAG 18.9.07 – 9 AZR 822/06, AP BGB § 310 Nr 10 m Anm *Boemke*; LAG Hamm 11.6.12 – 17 Sa 1100/11, BeckRS 2012, 70642) für anwendbar, wenn der ArbN die Wohnung überwiegend mit eigenen Einrichtungsgegenständen ausgestattet hat oder dort mit seiner Familie einen Hausstand führt. Das Mietverhältnis kann dann nur unter den og Voraussetzungen und Fristen gelöst werden.

Ein formularmäßiges Verbot, gegen Mietzinsforderungen aufrechnen zu dürfen, hält der **Inhaltskontrolle nach §§ 307, 309 Nr 3 BGB nicht stand** (BGH 27.6.07 – XII ZR 54/05, NJW 07, 3421).

15 **4. Mitbestimmung des Betriebsrats.** Nach § 87 Abs 1 Nr 8 BetrVG hat der BRat über Werkswohnungen mitzubestimmen, soweit diese als Sozialeinrichtungen (→ *Sozialeinrichtungen* Rn 6) betrieben werden. Unabhängig hiervon folgt sein Mitbestimmungsrecht

aus § 87 Abs 1 Nr 9 BetrVG. Danach hat der BRat mitzubestimmen bei Zuweisung und Kündigungen von Wohnräumen sowie der Festlegung allgemeiner **Nutzungsbedingungen.** Die Mitbestimmungskompetenz betrifft nach dem Gesetzestext, der als Voraussetzung die Formulierung des § 576 BGB übernimmt, nur auf Werkmietwohnungen zu, nicht auf Werkdienstwohnungen. Wegen der Vergütungskomponente kann eine solche im letzteren Fall aber aus § 87 Abs 1 Nr 10 BetrVG folgen. Das Mitbestimmungsrecht greift unabhängig davon ein, ob der ArbGeb den ArbN die Wohnungen verbilligt überlässt.

Die Mitbestimmung erstreckt sich auf jede Art von Wohnraum, so dass zB bei der Festlegung von Übernachtungsgebühren für Monteure in einem möblierten betrieblichen Wohnheim der BRat beteiligt werden muss. Zu den mitbestimmungspflichtigen Nutzungsbedingungen gehören insbes die Höhe des Mietzinses und Mieterhöhungen. Gegenstände der Mitbestimmung sind ferner die **Zuweisung und die Kündigung** der Wohnungen. Für die Kündigung von Werkmietwohnungen hat dies zur Konsequenz, dass eine ohne Zustimmung des BRat ausgesprochene Kündigung des Mietverhältnisses **rechtsunwirksam** nach § 182 BGB ist. Das Zustimmungserfordernis ist auch dann zu beachten, wenn der ArbGeb das Arbeitsverhältnis gekündigt hat, aber Streit um die Rechtswirksamkeit der Beendigung besteht. Verweigert der BRat die Zustimmung zur Kündigung, bleibt dem ArbGeb die Möglichkeit, die Zustimmung mit Hilfe der *Einigungsstelle* zu erreichen. Das Mitbestimmungsrecht ist nicht dadurch ausgeschlossen, dass Wohnungen nicht nur an ArbN, sondern auch an betriebsfremde Personen vermietet werden. Es erstreckt sich auf die Vergabe von Wohnungen an betriebsfremde Personen, nicht jedoch auf die Festlegung der diesbezüglichen Nutzungsbedingungen (BAG 28.7.92 – 1 ABR 22/92, BB 93, 75 LS). 16

Zu restriktiv will das BAG (23.3.93 – 1 ABR 65/92, DB 93, 1829) jedoch dann ein Mitbestimmungsrecht verneinen, wenn ein ArbGeb sich entschließt, bestimmte Wohnungen nur noch an leitende Angestellte zu vergeben. Zwar ist richtig, dass der ArbGeb mitbestimmungsfrei die Schließung oder Teilschließung von Werkmietwohnungen festlegen kann. Eine solche Entscheidung liegt jedoch nicht vor, wenn die Wohnungen künftig nur innerhalb der Beschäftigten einer bestimmten Gruppe, für die der BRat nicht zuständig ist, zugewiesen werden sollen. 17

**5. Prozessuales.** Für Rechtsstreitigkeiten hinsichtlich Werkmietwohnungen sind nach § 29a ZPO die **Amtsgerichte** ausschließlich zuständig, für solche aus Werkdienstwohnungen hingegen die **Arbeitsgerichte** (BAG 24.1.90 – 5 AZR 749/87, NZA 90, 539). Nach Beendigung des Mietverhältnisses kann die Räumung der Dienstwohnung nicht im Wege der Selbsthilfe erzwungen werden, der ArbGeb muss vielmehr einen Räumungstitel (zB durch Räumungsklage ein Räumungsurteil) erwerben, um die Räumung zwangsweise durchsetzen zu können. 18

Wird über die Rechtswirksamkeit der Kündigung des Arbeitsverhältnisses vor dem ArbG gestritten, ist der mietrechtliche Räumungsprozess vor dem Amtsgericht idR bis zur rechtskräftigen arbeitsgerichtlichen Entscheidung nach § 148 ZPO auszusetzen. Eine Aussetzung einer Mieterhöhungsklage aufgrund derselben Norm ist regelmäßig geboten, wenn die erforderliche Zustimmung des BRat noch nicht vorliegt bzw im Einigungsstellenverfahren noch nicht erreicht worden ist. 19

## B. Lohnsteuerrecht

*Thomas*

**1. Steuerliche Einordnung. a) Arbeitslohn.** Für das Wohnen hat der ArbN selbst aufzukommen. Nimmt der ArbGeb dem ArbN Aufwendungen für das Wohnen ganz oder teilweise ab, wendet er Arbeitslohn zu, es sei denn der ArbGeb handelt ausnahmsweise im überwiegend eigenbetrieblichen Interesse (→ *Arbeitsentgelt* Rn 48). Letzteres – also kein Arbeitslohn – kann angenommen werden, wenn eine Übernachtungsmöglichkeit nur eine Art Ausgestaltung des Arbeitsplatzes ist, wie bspw die Schlafmöglichkeit beim Nachtdienst in einer Apotheke, im Lkw eines Fernfahrers oder im Schlafwagen für das Zugpersonal. 20

Aus anderen Gründen kein Arbeitslohn liegt vor, wenn der ArbGeb dem ArbN eine Wohnung zwar unter ortsüblichen Preisen vermietet, der Preisnachlass aber nicht auf dem Dienstverhältnis beruht, sondern darauf, dass bspw eine Gemeinde mit ihrem Wohnbestand das Mietzinsniveau zu senken versucht und dabei **vergleichbar günstige Bedingungen** auch **anderen** Personen als ihren ArbN einräumt (R 8.1 Abs 6 Satz 6 LStR). Deswegen 21 liegt kein geldwerter Vorteil vor, solange der Mietzins den unteren kommunalen Mietspiegelrahmen nicht unterschreitet (BFH 17.8.05 – IX R 10/05, DStRE 06, 132; BFH 11.9.07 – IX B 4/07, BFH/NV 07, 2291). Ob der Umstand, dass ganz vereinzelt zu den gleichen Bedingungen an einen Betriebsfremden vermietet wird, als Indiz für die Ortsüblichkeit gelten kann, ist Tatfrage (BFH 11.5.11 – VI R 65/09, DStR 11, 1849 zu einer vermeintlichen 10% Grenze; BFH 8.9.94 – IV R 16/94, DStR 95, 844 zur Teilwertermittlung bei Vorzugspreisen der Gemeinde).

22 Ebenfalls kein Arbeitslohn sind Mietersparnisse, die auf weitergegebene **Subventionen** zurückzuführen sind, wie zB bei Mietbindungen aufgrund verbilligter Baudarlehn oder bei verbilligter Grundstückübertragung in Erfüllung von Ansprüchen aus dem Bergarbeiterwohnungsbaugesetz (BFH 25.5.92 – VI R 18/90, DStR 92, 1647). Überlässt der ArbGeb dem ArbN zu eigenen Wohnzwecken eine Wohnung, wird ein Sachbezug nicht angesetzt, soweit das vom ArbN gezahlte Entgelt mindestens zwei Drittel des ortsüblichen Mietwerts und dieser nicht mehr als 25 € je qm (ohne Nebenkosten) beträgt (§ 8 Abs 2 Satz 12 EStG neu).

Die Steuerfreiheit von Zinsvergünstigungen eines ArbGebWohnbaudarlehens kann nach § 3 Nr 58 EStG nur gewährt werden, wenn die Einkommensgrenzen der im Einzelfall einschlägigen Wohraumförderungsgesetze eingehalten sind (BFH 3.7.19 – VI R 37/16, DStRE 20,1). Nach § 3 Nr 59 EStG sind Vorteile steuerfrei, die ein ArbN durch verbilligte Wohnungsüberlassung erhält, soweit die Vorteile aus einer Förderung nach dem Zweiten Wohnungsbaugesetz und anderer Wohnraumförderungsgesetzen nicht überschritten werden (BFH 16.2.05 – VI R 58/03, DStRE 05, 623 mit Anm *Bergkemper* HFR 05, 522). Die günstigere Regelung in R 3.59 Sätze 3 ff LStR, nach der es genügte, dass eine Förderung in Betracht kam, also nicht auch stattgefunden hat, wendet die Vwtg weiterhin an (BMF 10.10.05, BStBl I 05, 959; *Niermann* DB 96, 1842).

23 **b) Werbungskostenersatz.** Zwar sind Aufwendungen für das Wohnen grds als Lebensführungskosten (§ 12 Nr 1 EStG) nicht abziehbar (BFH 11.2.14 – IX R 24/13, DStR 14, 1331). Jedoch liegen Werbungskosten vor, wenn wegen des Berufs – wie beispielsweise bei Auswärtstätigkeit, Doppelter Haushaltsführung oder beruflich veranlasstem Umzug – Mehraufwendungen anfallen. Erstattungen des ArbGeb hierfür sind im Rahmen des § 3 Nr 13 und 16 EStG steuerfrei. Soweit im öffentlichen Dienst weitergehende Befreiungen gewährt werden als im privaten (FinMin Bbg 10.6.96, DB 96, 2056; Dienstzimmerentschädigung an Forstbedienstete) ist dies dann bedenklich (BFH 29.11.06 – VI R 3/04, DStR 07, 63; BFH 12.4.07 – VI R 53/04, DStRE 07, 809), wenn die Kostenübernahme nicht im eigenbetrieblichen Interesse des ArbGeb liegt (BFH 19.10.01 – VI R 131/00, DStR 01, 2196 zur Vermietung eines Büros an den ArbGeb; allerdings ist zu prüfen, ob der ArbN in Einkünfteerzielungsabsicht vermietet BFH 17.4.18 – IX R 9/17, DStR 18, 1758). Im Übrigen sind Mietaufwendungen nicht schon deswegen beruflich veranlasst, weil sich ein beruflicher Umzug verzögert (BFH 26.5.03 – VI B 13/03, BFH/NV 03, 1182; FG Thür 27.1.16 – 3 K 693/15, DStRE 17, 519 zur Zwischenwohnung beim Umzug in Etappen).

24 Liegt die Lebensmittelpunktwohnung des ArbN so weit vom Arbeitsplatz entfernt, dass sie bei **Schichtdienst** oder **Rufbereitschaft** nicht mehr erreicht werden kann und wird deshalb an diesen Tagen eine am Arbeitsort vorhandene Unterkunftsmöglichkeit genutzt, so besteht ein Wahlrecht, die bei doppelter Haushaltsführung zulässigen Abzugsbeträge mit einer Familienheimfahrt wöchentlich, oder die Kosten für häufigere Fahrten zur Lebensmittelpunktwohnung (BFH 2.10.92 – VI R 11/91, DStR 93, 90) geltend zu machen. Dabei ist nicht entscheidend, ob die Unterkunft am Arbeitsort üblichen Komfortansprüchen entspricht, sofern noch von einem „Wohnen" die Rede sein kann und es sich nicht nur um eine der oben (→ Rn 20) beschriebenen bloßen Schlafstellen handelt.

25 **2. Zuwendungsformen.** Der ArbGeb kann dadurch Arbeitslohn zuwenden, dass er dem ArbN verbilligt ein Grundstück überlässt, ein Wohnrecht einräumt, Mietnachlass gewährt (ebenso Mietnachlass durch Tochtergesellschaft BFH 7.11.06 – VI R 70/02, DStRE 07, 405; zur Mietzahlung als verdeckte Gewinnausschüttung BFH 19.1.07 – I B 55/06, BFH/NV 07, 978), oder sich sonst an den Kosten des Wohnens beteiligt, zB durch Übernahme von Schönheitsreparaturen (BFH 17.8.73, BStBl II 74, 8), von Anschaffungsnebenkosten (BFH 22.1.88, BStBl II 88, 525 unter 4.), durch Verzicht auf Ersatz von

Nebenkosten oder durch Zinszuschüsse. Ein geldwerter Vorteil entsteht aber nur, wenn die Summe aller Mietkosten des ArbN den unteren Mietspiegelrahmen für vergleichbare Wohnungen zuzüglich umlegbarer Nebenkosten unterschreitet (BFH 22.1.88 – VI R 135/84, DStR 88, 302 = BStBl II 88, 525).

Wird ein **Grundstück** unter dem ortsüblichen Marktpreis veräußert, so fließt der diesbezügliche geldwerte Vorteil mit der Verschaffung des wirtschaftlichen Eigentums zu, also sobald Besitz, Gefahr, Nutzen und Lasten übergehen (BFH 10.11.89 – VI R 155/85, BFH/NV 90, 290; *Offerhaus* StuW 06, 318). Hat der ArbN in dem vom ArbGeb an ihn veräußerten Haus bereits zuvor gewohnt, ist als Marktpreis der Wert eines leer stehenden und nicht der eines vermieteten Hauses anzusetzen (BFH 15.3.2000 – VI B 119/98, DStRE 2000, 892). Eine Kaufpreisermäßigung, die darauf zurückzuführen ist, dass der ArbN zuvor als Mieter werterhöhende Maßnahmen durchgeführt hat, führt nicht zu Arbeitslohn (BFH 27.8.97 – X R 138–139/94, BFH/NV 98, 443). Bei Einräumung einer **Option** auf Erwerb eines verbilligten Grundstücks entsteht der geldwerte Vorteil erst mit der Erfüllung des Optionsrechts (BFH 23.7.99 – VI B 116/99, BStBl II 99, 684; *Thomas* DStZ 99, 710). 26

Demgegenüber ist bei Bestellung eines **Erbbaurechts** der sich aus einem unangemessen niederen Erbbauzins ergebende Vorteil bereits voll im Jahr der Bestellung zu erfassen (BFH 10.7.83, BStBl II 83, 642). Hierzu nicht im Widerspruch steht, dass bei einem unentgeltlich eingeräumten lebenslänglichen **obligatorischen Nutzungsrecht** als geldwerter Vorteil lediglich monatlich die ersparte ortsübliche Miete zufließt, denn anders als hier kann der Vorteil aus der Erbbaurechtsbestellung sofort durch Beleihung oder Veräußerung realisiert werden (BFH 22.1.88 – VI R 135/84, BStBl II 88, 525). Ein monatlicher Zufluss ist auch anzunehmen, wenn das obligatorische Nutzungsrecht durch eine beschränkte persönliche Dienstbarkeit nach § 1093 BGB abgesichert ist (BFH 19.8.04 – VI R 33/97, DStR 04, 1825). Ebenso wie das obligatorische Wohnrecht ist auch der unentgeltliche **Nießbrauch** an einer Wohnung zu behandeln (BFH 26.5.93 – VI R 118/92, DStR 93, 1251). Wird im Fall des Wohnrechts nunmehr auch das Grundstück übertragen und dabei der Kaufpreis wegen des Wohnrechts gemindert, so fließt in diesem Zeitpunkt noch der verbliebene Kapitalwert des Wohnrechts als geldwerter Vorteil zu. Die genannten Beispiele zeigen, dass ArbGeb und ArbN im Einvernehmen den Zuflusszeitpunkt von Vorteilen aus Grundstücksnutzungen gestalten können. 27

**3. Bewertung des Vorteils. a) Sachbezugswerte.** Es wird zwischen Unterkunft und Wohnung unterschieden. Der Wert einer freien **Unterkunft** beträgt gem § 2 Abs 3 SvEV 235 € monatlich, der sich in bestimmten Fällen (Aufnahme in den Haushalt des ArbGeb, Gemeinschaftsunterkunft, Jugendliche, Mehrfachbelegung, vgl § 2 Abs 3 SvEV) prozentual vermindert. Die Sachbezugswerte für eine Unterkunft sind nach § 8 Abs 2 Satz 6 EStG auch dann verbindlich, wenn sie im Einzelfall über dem Marktpreis liegen sollten (BFH 23.8.07 – VI R 74/04, DStRE 07, 1482). Demgegenüber ist eine **Wohnung** (→ Rn 37) mit dem ortsüblichen Mietpreis unter Berücksichtigung der sich aus der Lage zum Betrieb ergebenden Beeinträchtigungen zu bewerten (§ 2 Abs 4 SvEV). Ist die Bewertung des ortsüblichen Mietpreises mit außergewöhnlichen Schwierigkeiten verbunden, werden feste Quadratmeterpreise monatlich (4,12 € bei normaler bzw bei einfacher Ausstattung – keine Sammelheizung oder kein Bad oder Dusche – 3,37 € § 2 Abs 4 Satz 2 SvEV) zugrundegelegt. 28

Lediglich eine Unterkunft ist ein Wohnraum mit Mitbenutzung von Bad, Toilette und Küche, während ein Einzimmerappartement mit Küchenzeile und WC als Nebenraum eine Wohnung darstellt (R 8.1 Abs 6 Satz 4 LStR). Werden Unterkunft oder Wohnung verbilligt überlassen, ist der Unterschiedsbetrag zwischen dem vereinbarten Preis und den obigen Werten als Lohn zu erfassen. 29

**b) Schätzung.** Die diesbezügliche Verfügung zur Pfarrdienstwohnungen (OFD Frankfurt aM 13.7.17, DStR 17, 2282) enthält allgemeine Hinweise, die auch für andere Dienstwohnungen von Bedeutung sein können. Hat der ArbGeb eine Wohnung von dritter Seite angemietet, so kann regelmäßig davon ausgegangen werden, dass dies zum ortsüblichen Preis geschehen ist (BFH 18.1.85 – VI R 188/79, BFH/NV 85, 54). Etwas anderes kann bspw anzunehmen sein, wenn die Wohnung von einem verbundenen Unternehmen überlassen worden ist (BFH 7.2.86 – VI R 178/82, BFH/NV 86, 494; FG Hess 29.9.97, EFG 98, 463 30 zu Grundstücksübergang bei Vorkaufsrecht und Gebäude unter Denkmalschutz; FG Münster 5.2.97, EFG 97, 1511 bei Übertragung außerhalb des normalen Geschäftsverkehrs). Gehört demgegenüber die Wohnung dem ArbGeb, ist die Marktmiete zu schätzen, um festzustellen, ob und ggf in welcher Höhe durch Mietnachlass Arbeitslohn zugewendet wird. Marktmiete ist dabei grundsätzlich der günstigste Preis, der am Ort für eine vergleichbare Wohnung zu entrichten ist (BFH 4.5.06 – VI R 28/05, DStR 06, 1594). Werden Nebenkosten nicht erhoben ist Vergleichswert die ortsübliche Kaltmiete plus umlagefähige Nebenkosten (BFH 11.5.11 – VI R 65/09, DStR 11, 1849).

**31** Ob bei besonders **aufwändigen Häusern** statt der Marktmiete (BFH 11.10.77, BStBl II 77, 860) ausnahmsweise die höhere Kostenmiete anzusetzen ist (für die Ermittlung der Einkünfte aus **Vermietung und Verpachtung** BFH 21.1.86, BStBl II 86, 394; für die dem Vorstand einer AG überlassene Villa BFH 8.3.68, BStBl II 68, 435), ist streitig (ablehnend *Barein* DB 88, 1353). Jedenfalls dürfte ein Abschlag weder deswegen vorzunehmen sein, weil der ArbN auf eigene Kosten weniger aufwändig wohnen würde (BFH 2.2.90, BStBl II 90, 472), noch aus dem Grunde, dass die Wohnung den persönlichen Bedürfnissen des ArbN nicht entspricht, weil sie ihm zu groß ist (BFH 2.10.68, BStBl II 69, 73; fraglich, wenn einzelne Räume nachweislich nicht oder nur für den ArbGeb genutzt werden), noch deswegen, weil der ArbGeb eigene **Repräsentationszwecke** mit der Unterkunft verbindet (BFH 9.3.90, BStBl II 90, 712 einerseits und 20.9.85, BStBl II 85, 718 andererseits). Auch eine **Residenzpflicht** des ArbN oder die Tatsache, dass er – wie etwa ein Pfarrer – aus dienstlichen Gründen in der Wohnung zu sprechen sein muss, rechtfertigt keinen Abschlag (BFH 29.3.85 – VI R 69/82, BFH/NV 86, 52).

**32** Ob bei einer **Hausmeisterwohnung** wegen Zugangsbeschränkungen oder sonstigen Nutzungsbeeinträchtigungen ein Abschlag vorzunehmen ist, ist Tatfrage (BFH 16.2.05 – VI R 46/03, DStR 05, 917 auch zum Rabattfreibetrag, → Rn 34). Bei der Ermittlung der Marktmiete ist im Übrigen nicht von Bedeutung, ob der ArbGeb aus tarifrechtlichen oder sonstigen Gründen für die Bewertung von Dienstwohnungen zu Besoldungszwecken nach bestimmten Regeln verfährt (BFH 15.12.78, BStBl II 79, 629; BFH 16.3.62, BStBl III 62, 284). Die verbilligte Vermietung einer Wohnung an den Gesellschafter-Geschäftsführer stellt eine verdeckte Gewinnausschüttung dar (BFH 17.11.04 – I R 56/03, DStR 05, 594). Überlässt der ArbGeb dem ArbN im Rahmen einer Auslandstätigkeit eine Wohnung im Ausland, wird nach R 8.1 Abs 6 Satz 10 LStR hinsichtlich des Wohnwerts eine Deckelung vorgenommen.

**33** **c) Rabattfreibetrag.** Nutzungsüberlassungen, also auch die verbilligte oder unentgeltliche Überlassung von Wohnungen gehörten ebenfalls zu den Dienstleistungen iSv § 8 Abs 3 EStG, weshalb auf diesen Vorteil auch der Rabattfreibetrag von 1080 € angewendet werden kann, wenn das Vermieten zur Produktpalette des ArbGeb gehört (BFH 4.11.94 – VI R 81/93, DStR 95, 90). Die Verwaltung hat ihre davor abweichende Auffassung aufgegeben (R 8.2 Abs 1 Nr 2 Satz 3 LStR).

### C. Sozialversicherungsrecht *Schlegel*

**35** **1. Beitragspflichtiger geldwerter Vorteil.** Arbeitsentgelt iSd § 14 SGB IV sind auch Sachbezüge, die der ArbN von seinem ArbGeb kostenlos oder jedenfalls verbilligt erhält. Dazu zählt auch die Überlassung einer Wohnung. In welcher Höhe der Sachbezug dem Arbeitsentgelt zuzurechnen ist, richtet sich nach den Bestimmungen der SozialversicherungsentgeltVO (§ 2 SvEV, dazu ausführlich unter *Sachbezug*). Sind bestimmte Vorteile ganz oder teilweise steuerfrei (§ 3 Nr 59 EStG für Vorteile aus der Förderung von Wohnraum, dazu → Rn 22, oder weil der ArbGeb Wohnungen geschäftsmäßig vermietet, dazu Rabattfreibetrag → Rn 34), sind sie auch in der SozV nicht beitragspflichtig. Im Einzelnen gilt für die Wertermittlung Folgendes:

**36** **a) Sachbezüge.** Zu unterscheiden ist zwischen Unterkunft und Wohnung. Dabei wird der Begriff der Wohnung für in sich geschlossene Einheiten von Räumen verwandt, in denen ein selbstständiger Haushalt geführt werden kann, mit der Folge, dass dieser Sachbezug nach dem ortsüblichen Mietpreis bewertet wird. Soweit diese Voraussetzungen nicht erfüllt sind, handelt es sich um Unterkünfte, für die ein amtlicher Sachbezugswert bestimmt wird.

**b) Freie Wohnung.** Eine Wohnung ist eine in sich geschlossene Einheit von Räumen, 37
in denen ein selbstständiger Haushalt geführt werden kann. Wesentlich ist, dass eine Wasserversorgung und -entsorgung, zumindest eine einer Küche vergleichbare Kochgelegenheit sowie eine Toilette vorhanden sind. Danach stellt zB ein Einzimmerappartement mit Küchenzeile und WC als Nebenraum eine Wohnung dar, nicht dagegen ein Wohnraum bei bloßer Mitbenutzung von Bad, Toilette und Küche. Eine Wohnung ist mit dem **ortsüblichen Mietpreis** unter Berücksichtigung der sich aus der Lage der Wohnung zum Betrieb ergebenden Beeinträchtigungen zu bewerten. Ist im Einzelfall die Feststellung des ortsüblichen Mietpreises mit außergewöhnlichen Schwierigkeiten verbunden, kann die Wohnung mit den aus der SvEV ersichtlichen Werten angesetzt werden. Bestehen gesetzliche Mietpreisbeschränkungen, sind die durch diese Beschränkungen festgelegten Mietpreise als Wert anzusetzen. Dies gilt auch für die vertraglichen Mietpreisbeschränkungen im sozialen Wohnungsbau, die nach den jeweiligen Förderrichtlinien des Landes für den betreffenden Förderjahrgang sowie für die mit Wohnungsfürsorgemitteln aus öffentlichen Haushalten geförderten Wohnungen vorgesehen sind. Für **Energie, Wasser und sonstige Nebenkosten** ist der übliche Preis am Abgabeort anzusetzen.

**c) Freie Unterkunft.** Die einem ArbN zur Verfügung gestellte freie Unterkunft ist von 38
Art und Größe her mit dem beheizbaren Zimmer eines Untermieters vergleichbar. Die SvEV gibt an, welcher Wert hierfür als geldwerter Vorteil (Arbeitsentgelt) anzusetzen ist. Der Wert für die Unterkunft schließt auch die früher besonders bewertete Beleuchtung ein. Zu den maßgeblichen Werten → *Sachbezug* Rn 39 ff.

**d) Sammelunterkünfte.** Der in der SvEV genannte Wert (→ *Sachbezug* Rn 39 ff) für 39
freie Unterkunft vermindert sich, wenn es sich um eine Sammelunterkunft handelt (§ 2 Abs 3 SvEV).

**e) Verbilligte Wohnung oder Unterkunft.** Werden Unterkunft oder Wohnung ver- 40
billigt als Sachbezug zur Verfügung gestellt, ist der Unterschiedsbetrag zwischen dem vereinbarten Preis und dem Wert, der sich bei freiem Bezug nach den § 2 Abs 3–5 SvEV ergeben würde, dem Arbeitsentgelt zuzurechnen.

**2. Beitragsrecht.** Der geldwerte Vorteil, der dem ArbN durch freie oder verbilligte 41
Wohnung in Form des Sachbezuges zukommt, ist als laufend gezahltes Arbeitsentgelt zu behandeln und in demjenigen Abrechnungszeitraum zu berücksichtigen, in dem dem ArbN die Wohnung zur Verfügung gestellt wurde (→ *Sachbezug* Rn 39 ff). Er ist zum sonstigen Bruttoarbeitsentgelt zu addieren und dann Teil der Beitragsbemessungsgrundlage vgl auch *Schlegel/Voelzke* SGB IV, § 28g Rz 17.

# Diskriminierung

## A. Arbeitsrecht

*Kania*

### Übersicht

1 **I. Allgemeines.** Mit Inkrafttreten des Allgemeinen Gleichbehandlungsgesetzes (AGG) am 18.8.06 ist das nationale Arbeitsrecht mit einer eigenständigen Kodifikation des Antidiskriminierungsrechts ausgestattet worden. Das Gesetz dient der Umsetzung der europäischen Richtlinien 2000/43/EG vom 29.6.2000 (ABl EG Nr L 180 S 22), 2000/78/EG vom 27.11.2000 (ABl EG Nr L 303 S 16) und der RL 76/207/EWG idF der RL 2002/73/EG vom 23.9.2002 (ABl EG Nr L 269 S 15) sowie der RL 2004/113/EG vom 13.12.2004 (ABl EU Nr L 373 S 37). Ziel des Gesetzes ist es, einen umfassenden Schutz vor Benachteiligungen aus Gründen der Rasse oder wegen der ethnischen Herkunft, des Geschlechts, der Religion oder Weltanschauung, einer Behinderung, des Alters oder der sexuellen Identität sowohl im Zivil- als auch im Arbeitsrecht zu schaffen.

2 Im Zuge der Richtlinienumsetzung durch das AGG wurden die §§ 611a, 611b, 612 Abs 3 BGB sowie das Beschäftigtenschutzgesetz aufgehoben und ins AGG integriert. § 164 Abs 2 SGB IX verweist nunmehr zur näheren Ausgestaltung des Diskriminierungsverbots Schwerbehinderter in Satz 2 auf die Regelungen des AGG. Ebenfalls modifiziert wurde § 75 Abs 1 BetrVG. § 75 Abs 1 S 1 BetrVG wurde an die Merkmale des AGG angepasst. Zugleich wurde § 75 Abs 1 S 2 BetrVG, der das Verbot wegen Benachteiligung der Überschreitung einer Altersgrenze vorsah, gestrichen. Dies ist dem Verbot der Altersdiskriminierung immanent.

3 **II. Anwendungsbereich des Allgemeinen Gleichbehandlungsgesetzes. 1. Zeitlich.** Das AGG entfaltete mit Inkrafttreten Wirkung für alle individuellen und kollektiven Vereinbarungen, die zu diesem Zeitpunkt schon bestanden. Dabei reicht es aus, wenn der ArbN zwar vor Inkrafttreten des AGG aus dem Arbeitsverhältnis ausgeschieden ist, als Betriebsrentner aber noch in einem fortdauernden Anwartschafts- oder Versorgungsverhältnis steht (BAG 17.4.12 – 3 AZR 481/10, NZA 12, 929).

4 **Übergangsregelungen** enthält § 33 AGG. Danach müssen Benachteiligungen, die vor Inkrafttreten des AGG stattgefunden haben, nach altem Recht beurteilt werden. Wirken in bestehenden Dauerschuldverhältnissen bereits vor dem 18.8.06 eingetretene Benachteiligungen noch **gegenwärtig fort**, ist der Anwendungsbereich des AGG „ex nunc" eröffnet; eine Rückwirkung auf einen Zeitpunkt vor seinem Inkrafttreten kennt das AGG aber nicht (LAG Düsseldorf 9.4.10 – 9 Sa 690/09, NZA-RR 10, 653). Gewährt ein TV, der vor dem 18.8.06 abgeschlossen wurde, mit steigendem Lebensalter eine höhere Grundvergütung, ist diese benachteiligende Regelung insoweit gem § 7 Abs 2 AGG unwirksam; dann können die benachteiligten Beschäftigten ab dem 18.8.06 eine Gleichstellung mit dem Meistbegünstigten verlangen (LAG Bln-Bbg 11.9.08 – 20 Sa 2244/07, NZA-RR 09, 378; → Rn 90, 117).

5 **2. Sachlich. a) Auswahl, Einstellung und beruflicher Aufstieg.** Der sachliche Geltungsbereich des AGG umfasst gem § 2 Abs 1 Nr 1 AGG alle Bedingungen, einschließlich Auswahlkriterien und Einstellungsbedingungen, die den Zugang zur selbstständigen und unselbstständigen Erwerbstätigkeit sowie für den beruflichen Aufstieg regeln. Der Diskriminierungsschutz der Beschäftigten erstreckt sich folglich in den vorvertraglichen Bereich, so

dass Bewerbung, Einstellung und Auswahl, unabhängig von der Art der Tätigkeit oder der beruflichen Position, dem Benachteiligungsverbot unterliegen. Das **Fragerecht des ArbGeb** wird infolgedessen dahingehend eingeschränkt, dass er hinsichtlich eines unzulässigen Differenzierungsmerkmals keine Auskunft fordern darf, es sei denn, die Ungleichbehandlung selbst wäre gerechtfertigt. Näheres zum Fragerecht → *Auskunftspflichten Arbeitnehmer* Rn 13 ff; zur Schwerbehindertenfrage → Rn 40 und → *Behinderte* Rn 25. Schließlich verpflichtet § 11 AGG zur **benachteiligungsfreien Arbeitsplatzausschreibung** (→ Rn 107 und → *Ausschreibung* Rn 2). Der berufliche Aufstieg beinhaltet nur Veränderungen im Tätigkeits- und Verantwortungsbereich. Eine Erhöhung allein der Gegenleistung ist lediglich eine Veränderung des Entgelts, betrifft mithin die Arbeitsbedingung und nicht den beruflichen Aufstieg (ErfK/*Schlachter* § 2 AGG Rn 7).

**b) Beschäftigungs- und Arbeitsbedingungen.** Zudem müssen alle Beschäftigungs- und Arbeitsbedingungen, einschließlich Arbeitsentgelt und Entlassungsbedingungen (§ 2 Abs 1 Nr 2 AGG), frei von Benachteiligungen sein. Ausdrücklich erwähnt das AGG individual- und kollektivvertragliche Vereinbarungen und Maßnahmen (§ 2 Abs 1 Nr 2 Hs 2 AGG). Somit berührt das Benachteiligungsverbot des AGG im Gegensatz zum Gleichbehandlungsgrundsatz, der stets eines kollektiven Bezuges bedarf (→ *Gleichbehandlung* Rn 4 ff), den Bereich der Individualvereinbarungen sowie individueller Maßnahmen. 6

**Arbeitsbedingungen** sind nach der EuGH-Rspr zur RL 76/207 EWG solche, die im Arbeitsverhältnis enthalten oder vom ArbGeb im Rahmen des Beschäftigungsverhältnisses anzuwenden sind (*Senner* RdA 02, 80), Leistungen die notwendig mit einem Arbeitsverhältnis verbunden sind (EuGH 13.7.95 – Rs C-116/94 „Meyers", AP Nr 69 zu Art 119 EWG-Vertrag) sowie sonstige Rahmenbedingungen, soweit sie rechtlich beeinflussbar sind (*Lingscheid* Antidiskriminierung im Arbeitsrecht 04, 89). 7

Der **Begriff der Vereinbarung** ist weit zu verstehen und umfasst alle Rechtsgeschäfte, zB Vertragsabschluss, -änderung, -beendigung, betriebliche Übung, Gesamtzusagen, Betriebsvereinbarungen usw (ErfK/*Schlachter* § 2 AGG Rn 10; *Löwisch* DB 06, 1729). Erfasst sind daher Vereinbarungen zwischen ArbGeb und ArbN, aber auch Tarifverträge und vergleichbare kollektive Regelungen (BT-Drs 16/1780 S 31). Infolgedessen ist das Benachteiligungsverbot bei Personalfragebögen, Beurteilungsgrundsätzen (§ 94 BetrVG) und Auswahlrichtlinien (§ 95 BetrVG) zu beachten. Maßnahmen dagegen bezeichnen jedes tatsächliche ArbGebVerhalten. Dem Benachteiligungsverbot unterliegen somit auch das Weisungsrecht und die Erteilung von Abmahnungen (ErfK/*Schlachter* § 2 AGG Rn 10). Weiterhin ist das billige Ermessen in § 315 BGB unter Berücksichtigung des AGG zu beurteilen. 8

Erfasst sind alle Beschäftigungs- und Arbeitsbedingungen von der Durchführung bis zur Beendigung des Arbeitsverhältnisses. Anders als noch bei § 611a BGB aF beansprucht das Benachteiligungsverbot auch für Vereinbarungen und Maßnahmen Geltung, die **über den Beendigungszeitpunkt hinaus** nachwirkende Folgen haben, wie zB Arbeitszeugnisse oder Wettbewerbsverbote (BT-Drs 16/1780 S 31). 9

**c) Arbeitsentgelt.** Die eigenständige Erwähnung des Arbeitsentgelts in § 2 Abs 1 Nr 2 AGG ist keine Erweiterung des Anwendungsbereichs, sondern dient lediglich dem Hinweis auf diesen besonderen Bereich der Arbeitsbedingungen (ErfK/*Schlachter* § 2 AGG Rn 8). Das Arbeitsentgelt ist in Art 141 Abs 2 EG-Vertrag legal definiert. Demnach sind unter Arbeitsentgelt alle üblichen Löhne und Gehälter sowie alle sonstigen Vergütungen zu verstehen, die der ArbGeb aufgrund des Dienstverhältnisses dem ArbN unmittelbar oder mittelbar in bar oder als Sachleistung zahlt. Diese Begriffsbestimmung des Arbeitsentgelts ist auch für das AGG maßgeblich. 10

Eine unterschiedliche Vergütung für **gleiche oder gleichwertige Arbeit** wegen eines unzulässigen Differenzierungsmerkmals ist unzulässig, solange sie nicht durch einen dem Diskriminierungsverbot immanenten Rechtfertigungsgrund legitimiert ist. Schutzpflichten des ArbGeb, die gegenüber einem Beschäftigen bestehen, rechtfertigen keine unterschiedliche Vergütung bei gleicher oder gleichwertiger Arbeit (§ 8 Abs 2 AGG). Zudem hat der Gesetzgeber das früher bereits in § 612 Abs 3 S 1 BGB aF enthaltene Verbot der geschlechtsbezogenen Entgeltdiskriminierung durch das zum 6.7.17 in Kraft getretene EntgelttransparenzG (EntgTranspG – BGBl I 17, 2152) umfassend geregelt und einen rechtlichen Rahmen für die Durchsetzung der **Entgeltgleichheit zwischen Männern und** 11

**Frauen** geschaffen. Das AGG bleibt aber gem § 2 Abs 2 S 1 EntgTranspG ausdrücklich unberührt und findet bei einer Entgeltdiskriminierung wegen des Geschlechts grds Anwendung. Im Einzelnen → *Entgelttransparenz* Rn 1 ff.

12 Für die Frage der **Vergleichbarkeit der Tätigkeit** kann – auch soweit es nicht um eine Entgeltdiskriminierung wegen des Geschlechts geht – auf die Regelungen in § 4 Abs 1 und 2 EntgTranspG und die bisherige Rspr zur Geschlechtsdiskriminierung zurückgegriffen werden. So liegt eine gleiche Arbeit vor, wenn ArbN an verschiedenen oder nacheinander an denselben Arbeitsplätzen identische oder gleichartige Tätigkeiten ausüben. Ob die Arbeit gleich ist, ist durch einen Gesamtvergleich zu ermitteln. Ausschlaggebend hierfür sind die jeweiligen Arbeitsvorgänge und ihr Verhältnis zueinander (BAG 26.1.05 – 4 AZR 171/03, NZA 05, 1059). Eine gleichwertige Arbeit beurteilt sich nach demselben Arbeitswert (BT-Drs 8/3317 S 10). Verrichten die Beschäftigten hingegen unterschiedliche Tätigkeiten oder liegen unterschiedliche Qualifikationen vor, so ist dies keine vergleichbare Situation und das Diskriminierungsverbot steht der unterschiedlichen Vergütung nicht entgegen, soweit sie nicht zusätzlich wegen eines verpönten Merkmals erfolgt.

13 Erfasst werden **sämtliche Vergütungsformen** wie zB Sachbezüge, Zulagen, Gratifikationen oder Prämien. Ausdrücklich betont der EuGH, dass der Grundsatz gleichen Entgelts auch von den TVParteien zu beachten ist. Allerdings kann der Umstand, dass ein Vergütungssystem in Verhandlungen zwischen Kollektivorganisationen ausgehandelt worden ist, ein Indiz dafür sein, dass Vergütungsunterschiede auf objektiven Kriterien beruhen, die nichts mit einer Diskriminierung aufgrund des Geschlechts (bzw eines unzulässigen Merkmals) zu tun haben (EuGH 31.5.95 – C-400/93, BB 95, 1484). Auch das EntgTranspG privilegiert insoweit den tarifgebundenen oder tarifanwendenden ArbGeb (iE → *Entgelttransparenz* Rn 10 ff).

14 Für die Vermutung eines diskriminierenden Verhaltens nach der Beweisregel des § 22 AGG reicht es, wenn ArbN eines bestimmten Merkmals zahlenmäßig wesentlich häufiger geringer entlohnt werden und die Entlohnungspraxis des ArbGeb für die ArbN nicht durchschaubar ist (BAG 23.9.92 – 4 AZR 30/92, DB 93, 737). Dasselbe gilt, wenn eine gleichwertige Tätigkeit erheblich unterschiedlich vergütet wird und die eine Tätigkeit überwiegend von einer Personengruppe mit einem verpönten Merkmal ausgeübt wird. So kann eine **mittelbare Geschlechtsdiskriminierung** in einem Betrieb, in dem über die individuelle Arbeitszeit hinausgehende Mehrarbeit geringer vergütet wird, darin liegen, dass Teilzeitbeschäftigte für bis zur Grenze der Regelarbeitszeit der Vollzeitbeschäftigten erbrachte Mehrarbeit eine niedrigere Vergütung erhalten, wenn Vollzeitbeschäftigte bei gleicher Mehrarbeitszeit eine höhere Vergütung erhalten (EuGH 6.12.07 – Rs C-300/06 „Voß", NZA 08, 31). Der ArbGeb muss sodann den Nachweis erbringen, dass dieser Unterschied durch Faktoren sachlich gerechtfertigt ist, die nicht auf einem unzulässigen Merkmal beruhen (zur Geschlechterdiskriminierung EuGH 27.10.93 – Rs C-127/92 „Enderby", NZA 94, 797; zur Darlegungs- und Beweislast → Rn 53 ff, 130 ff).

15 **d) Entlassungsbedingungen.** Entlassung bedeutet nicht nur die einseitige ordentliche oder außerordentliche (Änderungs-)Kündigung, sondern auch die Beendigung durch Befristung, Anfechtung, Nichtigkeit des Arbeitsverhältnisses (EuGH 16.2.82 – Rs C-19/81 „Burton", NJW 82, 2726; *Senner* RdA 02, 80) sowie die Beendigung durch einvernehmliche freiwillige Aufhebung ggf gegen Gewährung einer Geldleistung (EuGH 8.9.05 – Rs C-191/03, NZA 05, 1105).

16 **e) Berufsausbildung, Beschäftigten- und Arbeitgebervereinigungen.** In Anlehnung an Art 3 Abs 1b der Richtlinien erfasst § 2 Abs 1 Nr 3 AGG den Zugang zu allen Formen und allen Ebenen der Berufsausbildung, der beruflichen Weiterbildung und der Umschulung einschließlich der praktischen Berufserfahrung. Einbezogen werden allerdings nur diejenigen Bereiche, die vom ArbGeb beeinflussbar sind.

17 Schließlich findet das Benachteiligungsverbot Anwendung auf die **Mitgliedschaft** und **Mitwirkung** in Beschäftigten- und ArbGebVereinigungen oder Vereinigungen, deren Mitglieder bestimmten Berufsgruppen angehören. Ebenfalls erfasst ist die Inanspruchnahme der **Leistungen** solcher Vereinigungen (§ 2 Abs 1 Nr 4 AGG). § 18 Abs 1 Nr 1 und 2 AGG erstreckt das Benachteiligungsverbot auf die Mitgliedschaft und die Mitwirkung in einer TVPartei oder in Vereinigungen deren Mitglieder einer bestimmten Berufsgruppe angehören oder die eine überragende Machtstellung im wirtschaftlichen oder sozialen Bereich

innehaben, wenn ein grundlegendes Interesse am Erwerb der Mitgliedschaft besteht, sowie auf deren jeweilige Zusammenschlüsse.

**3. Bereichsausnahme. a) Kündigungen.** Lange war **umstritten,** ob das AGG auch bei Kündigungen anwendbar ist, da der Gesetzgeber mit § 2 Abs 4 AGG den Schutz vor diskriminierenden Kündigungen dem allgemeinen und besonderen Kündigungsschutz überantwortet hat. Allgemeiner Kündigungsschutz iSd § 2 Abs 4 AGG bezeichnet sowohl den von der Rspr aus §§ 138, 242 BGB abgeleiteten Mindestkündigungsschutz als auch den durch das KSchG gewährten Schutz (*Diller/Krieger/Arnold* NZA 06, 887). Zum besonderen Kündigungsschutz zählen Kündigungsschutzbestimmungen wie zB § 9 MuSchG, §§ 168 ff SGB IX (*Löwisch* BB 06, 2189; *Willemsen/Schweibert* NJW 06, 2583). Da im Unterschied zum nationalen deutschen Recht die europäischen Richtlinien Kündigungen in den Geltungsbereich der Diskriminierungsverbote miteinbeziehen, steht die in § 2 Abs 4 AGG enthaltene Bereichsausnahme nicht im Einklang mit den europarechtlichen Vorgaben (*Annuß* BB 06, 1629; *Diller/Krieger/Arnold* NZA 06, 887; *Hein* NZA 08, 1033). 18

In richtlinienkonformer Auslegung finden daher nach gefestigter Rspr die Diskriminierungsverbote des AGG **im Rahmen des Kündigungsschutzes** Anwendung. § 2 Abs 4 AGG wird nicht iS eines gänzlichen Anwendungsausschlusses des AGG verstanden, sondern die Norm soll eine Kohärenz zwischen dem Antidiskriminierungsrecht des AGG einerseits und dem Kündigungsrecht andererseits herstellen und die Diskriminierungsverbote in das bisherige System des Kündigungsschutzrechts einpassen (BAG 5.11.09 – 2 AZR 676/08, NZA 10, 457; BAG 6.11.08 – 2 AZR 523/07, NZA 09, 361). Verstöße gegen die Diskriminierungsverbote des AGG (§§ 1–10 AGG) sind also für den Bereich des KSchG im Zusammenhang mit der Frage zu erörtern, ob die **Kündigung sozial gerechtfertigt** ist oder nicht. Die Unwirksamkeit diskriminierender Kündigungen ist nach Maßgabe des KSchG durch Kündigungsschutzklage geltend zu machen. Die Diskriminierungsverbote finden daneben nicht als eigene Unwirksamkeitsnormen Anwendung; es tritt weder eine „Diskriminierungsklage" neben die Kündigungsschutzklage noch dürfen die besonderen Beschwerderechte nach dem AGG irgendetwas an der kündigungsrechtlichen Dogmatik ändern. Etwas anderes gilt, soweit der Geltungsbereich des 1. Abschnitts des KSchG nicht eröffnet ist, also im Kleinbetrieb und bei Wartezeitkündigung (BAG 23.7.15 – 6 AZR 457/14, NZA 15, 1380). Ebenfalls ist eine (zusätzliche) Klage auf Entschädigung gem § 15 Abs 2 AGG im Anwendungsbereich des KSchG zulässig (BAG 19.12.13 – 6 AZR 190/12, NZA 14, 373). 19

Bei der Berechnung der **Kündigungsfrist** müssen entgegen § 622 Abs 2 S 2 BGB auch Beschäftigungszeiten vor Vollendung des 25. Lebensjahres berücksichtigt werden. Mit Urteil im Rechtsstreit Kücükdeveci hat der EuGH Rechtsklarheit geschaffen und § 622 Abs 2 S 2 BGB für europarechtswidrig erklärt, da in der Nichtberücksichtigung dieser Beschäftigungszeiten eine verbotene Altersdiskriminierung liegt (EuGH 19.1.10 – C-555/07, NZA 10, 85). Die Vorschrift darf daher nicht mehr angewendet werden. Gegen die Staffelung der Kündigungsfristen nach der Beschäftigungsdauer bestehen keine Bedenken (BAG 18.9.14 – 6 AZR 636/13, NZA 14, 1400). 20

**b) Betriebliche Altersversorgung.** Zur Auslegung des unglücklich formulierten § 2 Abs 2 S 2 AGG hat das BAG klargestellt, dass das AGG bei der betrieblichen Altersversorgung – neben dem BetrAVG – Anwendung findet (BAG 11.12.07 – 3 AZR 249/06, NZA 08, 532). 21

**c) Leistungen nach dem Sozialgesetzbuch.** Soweit es um Leistungen nach dem Sozialgesetzbuch geht, gelten ausschließlich die neu eingeführten Regelungen der § 33c SGB I und § 19a SGB IV, die den Anforderungen der Richtlinien im Bereich des Sozialschutzes gerecht werden sollen (BT-Drs 16/1780 S 32). 22

**4. Personeller Geltungsbereich.** Den persönlichen Geltungsbereich für das Arbeitsrecht legt § 6 AGG fest. Demnach gilt das AGG für Beschäftigte und für ArbGeb der Privatwirtschaft sowie des öffentlichen Dienstes. **Beschäftigte** in diesem Sinne sind ArbN (§ 6 Abs 1 Nr 1 AGG), Auszubildende (§ 6 Abs 1 Nr 2 AGG), die wegen ihrer wirtschaftlichen Unselbstständigkeit als arbeitnehmerähnlich bezeichneten Personen, einschließlich der in Heimarbeit Beschäftigten und die ihnen Gleichgestellten (§ 6 Abs 1 Nr 3 AGG). Für Beamte des Bundes, der Länder, der Gemeinden, der Gemeindeverbände sowie der 23 sonstigen der Aufsicht des Bundes oder eines Landes unterstehenden Körperschaften, Anstalten und Stiftungen des öffentlichen Rechts und für Richter findet das AGG unter besonderer Berücksichtigung ihrer Rechtsstellung Anwendung (§ 24 AGG).

24 Ebenfalls Beschäftigte iSd AGG sind **Bewerber** oder **ehemalige Arbeitnehmer,** deren Beschäftigungsverhältnis bereits beendet ist (§ 6 Abs 1 S 2 AGG). Bei Letztgenannten können sich aus dem beendeten Arbeitsverhältnis noch Rechtswirkungen ergeben, zB bei Aufhebungs- und Abwicklungsverträgen, der betrieblichen Altersversorgung. Um im Anbahnungsverhältnis einem Missbrauch dieses weiten Anwendungsbereichs entgegenzuwirken, sollen nur Personen erfasst werden, die auch potentiell Opfer einer Benachteiligung iSd § 3 AGG werden können. Das sind nur solche Bewerber, die sich subjektiv ernsthaft beworben haben und objektiv für die zu besetzende Stelle in Betracht kommen (BAG 19.8.10 – 8 AZR 466/09, NZA 11, 203; LAG Bln 14.7.04 – 15 Sa 417/04, NZA-RR 05, 124; → Rn 123).

25 Das AGG findet zudem Anwendung für **Selbstständige** und **Organmitglieder,** insbes Geschäftsführer und Vorstände. Der Anwendungsbereich ist jedoch auf solche Regelungen beschränkt, die Bedingungen für den Zugang zur Erwerbstätigkeit oder den beruflichen Aufstieg beinhalten (§ 6 Abs 3 AGG) und den Abschluss des Dienstvertrages betreffen (keine Geltung für die Organbestellung). Die Vertragsdurchführung und die Beschäftigungsbedingungen, wie zB Arbeitsentgelt, bleiben indes bei Selbstständigen und Organmitgliedern vom Verbot der Benachteiligung unberührt (*Willemsen/Schweibert* NJW 06, 2583; ausführlich zur Stellung der Organmitglieder im AGG vgl auch *Bauer/Göpfert/Krieger* DB 05, 595; *Thüsing* Sonderbeilage NZA Heft 22/2004, 1). **Keine Anwendung** findet das AGG auf die **Beendigung** des Dienstverhältnisses. Grds unzulässig ist demnach die Ablehnung einer Anstellung aus Altersgründen, während die Kündigung wegen Erreichens einer bestimmten Altersgrenze zulässig ist (BGH 23.4.12 – II ZR 163/10, NZA 12, 797). Würde sich der Gekündigte erneut bewerben, dürfte er daher nicht wegen seines Alters abgelehnt werden. Eine solche Differenzierung ist an sich widersprüchlich und praxisfern. Allerdings hat der BGH die unterbliebene Wiederbestellung bzw Nichtverlängerung des Dienstverhältnisses nach Ablauf der Vertragslaufzeit als „– neuen – Zugang zu dieser Tätigkeit" gewertet und damit dem Diskriminierungsschutz des AGG unterstellt (BGH 23.4.12 – II ZR 163/10, NZA 12, 797).

26 **Arbeitgeber** gem § 6 Abs 2 S 1 AGG sind natürliche und juristische Personen sowie rechtsfähige Personengesellschaften, die Personen nach Abs 1 beschäftigen. ArbGeb im Bereich der Leiharbeit ist auch der entleihende ArbGeb (Abs 2 S 2). Für die in Heimarbeit Beschäftigten und die ihnen Gleichgestellten, tritt gem § 6 Abs 2 S 3 AGG an die Stelle des ArbGeb der Auftraggeber oder Zwischenmeister.

27 **III. Unzulässige Differenzierungsmerkmale.** Anders als der allgemeine Gleichbehandlungsgrundsatz verbietet das AGG nicht allgemein die Ungleichbehandlung wegen eines sachfremden Grundes, sondern nur Ungleichbehandlungen, die wegen eines bestimmten in § 1 AGG **abschließend aufgezählten Merkmals** (sog verpönte Merkmale) erfolgen. Demnach sind Ungleichbehandlungen verboten, die an die Merkmale Rasse, ethnische Herkunft, Geschlecht, Religion, Weltanschauung, Behinderung, Alter oder sexuelle Ausrichtung anknüpfen. Eine Legaldefinition dieser Begriffe fehlt sowohl in den Richtlinien als auch im AGG.

28 **1. Rasse oder ethnische Herkunft.** Der Begriff der **Rasse** entzieht sich einer eindeutigen Definition. Sowohl die Gesetzes- als auch die Richtlinienbegründung (zur sog Antirassismusrichtlinie 2000/43/EG) weisen lediglich darauf hin, dass der gewählte Begriff der Rasse weit zu verstehen ist und nicht die Akzeptanz von Rassentheorien impliziert. Ziel ist es, rassistische Tendenzen zu bekämpfen (BT-Drs 16/1780 S 31) und rassistisches Verhalten zu sanktionieren. Erfasst wird daher die durch Vorurteile geprägte Vorstellung über Rassen und deren spezifische Eigenschaften. Die Vorstellung von „Rassen" knüpft regelmäßig an äußere körperliche Merkmale an, wie zB die Hautfarbe, die Augenform oder die Körpergröße (*Annuß* BB 06, 1629). Diese Auslegung steht mit dem Rassenbegriff des Art 3 Abs 3 GG in Einklang, nach dem der Begriff der Rasse gruppenspezifische tatsächliche sowie auch nur behauptete biologisch vererbbare Merkmale umschreibt (*Sachs/Osterloh* Art 3 GG Rz 293).

Das Merkmal der **ethnischen Herkunft** umschreibt die Zugehörigkeit zu einer kulturellen räumlich begrenzten Völkergruppe oder einem Stamm und ist nach hM, entsprechend der Begriffsverwendung in völkerrechtlichen Abkommen (vgl insbes: Die Allgemeine Erklärung der Menschenrechte und die Konvention über die Eliminierung aller Formen von Rassendiskriminierung „CERD"), weit zu verstehen (AGG/*Däubler,* § 1 Rz 25ff mwN). Wegen der ethnischen Herkunft benachteiligt, wer nach der Zugehörigkeit zu einer durch sprachliche bzw kulturelle Merkmale oder durch soziale Gebräuche und Sitten verbundenen Gemeinschaft differenziert. Erfasst sind jedenfalls Benachteiligungen aufgrund der Rasse, der Hautfarbe, der Abstammung, des nationalen Ursprungs oder des Volkstums (*Annuß* BB 06, 1629). Entscheidend ist, ob die Merkmale zu Vorurteilen in der jeweiligen Umgebung führen können oder bereits geführt haben. **29**

Nimmt ein Ausländer die deutsche Staatsangehörigkeit an, ändert sich die ethnische Zugehörigkeit dadurch nicht. Eine Diskriminierung wegen der Rasse oder ethnischen Herkunft liegt auch dann vor, wenn die Benachteiligung nicht wegen einer ganz bestimmten ethnischen Zugehörigkeit erfolgt, sondern alle Personen betrifft, die nicht als Deutsche qualifiziert werden. Erklärt ein ArbGeb ganz allgemein, er wolle keine Ausländer einstellen, hat diese Aussage diskriminierenden Charakter (EuGH 10.7.08 – C 54/07 „Feryn", NZA 08, 929), ebenso wie die Ablehnung eines Bewerbers, weil er kein **„deutscher Muttersprachler"** ist (BAG 29.6.17 – 8 AZR 402/15, NZA 18, 33). Der Begriff „Ossi" bezeichnet keine Ethnie, da die gesellschaftspolitisch unterschiedlichen Entwicklungen der damaligen DDR und der Bundesrepublik Deutschland zu keiner abgrenzbaren kulturellen Völkergruppe geführt haben (ArbG Stuttgart 15.4.10 – 17 Ca 8907/09, NZA-RR 10, 344). Inwieweit eine Diskriminierung vorliegt, wenn der ArbGeb die Einstellung an das **Vorliegen deutscher Sprachkenntnisse** knüpft, wird von der Rspr unterschiedlich beantwortet. Teilweise wird in der Ablehnung eines Bewerbers aufgrund mangelnder Deutschkenntnisse keine unzulässige Benachteiligung wegen der Ethnie gesehen, da er ja gerade nicht wegen seiner Muttersprache als Merkmal seiner Herkunft, sondern wegen fehlender Sprachkenntnisse in einer anderen Fremdsprache abgelehnt wird (BAG 28.1.10 – 2 AZR 764/08, NZA 10, 625; ArbG Berlin, 26.9.07 – 14 Ca 10 356/07, ArbuR 08, 112; *Adomeit/Mohr* NZA 07, 182). Die Gegenansicht sieht eine mittelbare Diskriminierung wegen der Ethnie allein in der Ablehnung des Bewerbers aufgrund mangelnder Deutschkenntnisse, wenn dem Bewerber im Bewerbungsverfahren keine adäquate Möglichkeit gewährt wird, seine den Anforderungen der Stelle entsprechenden Sprachfähigkeiten unter Beweis zu stellen (so bei Absage nach kurzem telefonischen Erstkontakt, ArbG Hbg 16.1.10 – 25 Ca 282/09, ArbuR 10, 223; LAG Hamm 17.7.08 – 16 Sa 544/08, NZA-RR 09, 13). Auch wenn das BAG dem ArbGeb hinsichtlich des Anforderungsprofils für die zu besetzende Stelle grds eine Einschätzungsprärogative zuerkennt, sollten die in Frage stehenden beruflichen Fähigkeiten einen engen Tätigkeitsbezug aufweisen: Deutschkenntnisse in Wort und Schrift sollten nur in dem Maße verlangt werden, als sie tatsächlich für die Erbringung der Arbeitsleistung notwendige Voraussetzung sind, zB bei einem Arbeitsplatz mit Publikumsverkehr. Ein bloß ausländischer Akzent ist genauso wenig ein Ablehnungsgrund wie das Argument der besseren Verständigung zwischen ArbGeb und ArbN. Vor dem Hintergrund der hohen Anforderungen an die Darlegungslast des ArbGeb, insbes hinsichtlich der Transparenz der Einstellungskriterien, sollte sich dieser nicht nur bei der Stellenausschreibung, sondern auch im nachfolgenden Auswahlverfahren an den tatsächlichen Anforderungen für die ausgeschriebene Stelle orientieren. **30**

Das Merkmal der **Nationalität** fällt begrifflich nicht unter die Merkmale Rasse oder ethnische Herkunft und wird im AGG auch nicht ausdrücklich angesprochen. Gem Art 3 Abs 2 der Antirassismusrichtlinie (RL 2000/43/EG) wird die unterschiedliche Behandlung aus Gründen der Staatsangehörigkeit auch nicht von dem dort angeordneten Diskriminierungsverbot erfasst. Der Sinn dieser Regelung liegt darin, das Recht der Mitgliedstaaten, ihre Einwanderungspolitik zu bestimmen, unberührt zu lassen. Diese Vorschrift ist insoweit restriktiv auszulegen, dass nur nationale Regelungen des Asyl- und Ausländerrechts von dem Benachteiligungsverbot ausgenommen sind. Die Ablehnung eines Bewerbers aus einem Drittstaat wegen fehlender, aber erforderlicher Arbeitserlaubnis ist zulässig. Soweit sich Drittstaatenangehörige erlaubterweise im Gebiet der EU aufhalten und am Arbeitsmarkt partizipieren können, gelten die Diskriminierungsverbote auch für sie. Stellt ein ArbGeb bei **31** der Bewerberauswahl auf die ausländische Staatsangehörigkeit ab, indem er erklärt, er wolle „keine Türken" einstellen, liegt darin regelmäßig eine unmittelbare Diskriminierung wegen der ethnischen Herkunft. Wird der fragliche ausländische Staat durch ein „Staatsvolk" charakterisiert, das die Voraussetzungen einer „Ethnie" erfüllt, ist jedenfalls auch ein verpöntes Merkmal betroffen.

32 Legitime unmittelbare Benachteiligungen wegen der Rasse oder der ethnischen Herkunft werden in der Praxis nur selten anzutreffen sein (*Schiek* AuR 03, 44; *Thüsing* ZfA 01, 397). Auch die Rechtfertigung wegen einer wesentlichen und entscheidenden beruflichen Anforderung wird nur in geringem Maße Anwendung finden (→ Rn 69 ff). Besondere Bedeutung wird die mittelbare Benachteiligung bei Stellenausschreibungen entfalten. Deshalb sind ArbGeb gehalten, **Ausschreibungskriterien** daraufhin zu **überprüfen,** ob sich hinter bestimmten Kriterien der Ausschluss einer Gruppe von Menschen bestimmter Herkunft oder Abstammung verbirgt und somit eine Rechtfertigung dieser Regelung erforderlich ist.

33 **2. Geschlecht.** Die Gleichbehandlung von Mann und Frau im Berufsleben hat als anerkannter Grundsatz der Sozialrechtsordnung eine Reihe normativer Ausprägungen erfahren. Unterscheiden lässt sich zwischen dem in verfassungs- oder europarechtlichen Normen niedergelegten Gleichberechtigungsgrundsatz und seiner einfachrechtlichen Umsetzung im Zivilrecht. Vor Einführung des AGG regelte § 611a BGB aF das Verbot der geschlechtsbezogenen Benachteiligung, § 611b BGB aF das Gebot der geschlechtsneutralen Ausschreibung und § 612 Abs 3 BGB aF den Grundsatz „gleicher Lohn für gleiche Arbeit". Unionsrechtlich hat der Gleichberechtigungsgrundsatz ua Ausgestaltung in Art 4 Nr 3 der Europäischen Sozialcharta vom 18.10.61, in Art 157 AEUV und in diversen EU-Richtlinien (maßgeblich in RL 2006/54/EG zur Verwirklichung der Chancengleichheit und Gleichbehandlung von Männern und Frauen in Arbeits- und Beschäftigungsfragen vom 5.7.06) erfahren. In Umsetzung der EU-rechtlichen Vorgaben hat der deutsche Gesetzgeber mit dem zum 6.7.17 in Kraft getretenen EntgelttransparenzG (EntgTranspG – BGBl I 17, 2152) einen Rahmen für die Durchsetzung der **Entgeltgleichheit** zwischen Männern und Frauen geschaffen (→ *Entgelttransparenz* Rn 1 ff). Zur Frauenquote in Führungspositionen → Rn 104. Das unzulässige Differenzierungsmerkmal des Geschlechts verbietet nach europarechtlicher Auslegung nicht nur Diskriminierungen, die sich aus der Zugehörigkeit zu dem einen oder anderen Geschlecht ergeben, sondern auch solche, die ihre Ursachen in einer Geschlechtsumwandlung haben (EuGH 17.2.98 – Rs C-249/96, EuZW 98, 212). Zur sexuellen Identität → Rn 41.

34 Anerkannt und im AGG positivrechtlich verankert (§ 3 Abs 1 S 2 AGG) ist, dass Ungleichbehandlungen wegen einer **Schwangerschaft** eine unmittelbare Geschlechtsdiskriminierung darstellen (EuGH 8.11.90 – Rs C-177/88 „Dekker" NZA 91, 171; 14.7.94, AP MuSchG 1986 § Nr 21; 14.10.01, NZA 01, 1241). Unzulässig ist die Frage nach einer Schwangerschaft bei der Einstellung (BAG 16.2.12 – 6 AZR 553/10, NZA 12, 555) und zwar selbst dann, wenn eine befristete Einstellung als Schwangerschaftsvertretung vorgesehen ist (LAG Köln 11.10.12 – 6 Sa 641/12, NZA-RR 13, 232). Nicht als Diskriminierung wegen des Geschlechts wird hingegen eine Regelung über Krankheitsurlaub verstanden, die eine Kürzung der Vergütung genauso für weibliche ArbN, die vor dem Mutterschaftsurlaub wegen einer mit der Schwangerschaft in Zusammenhang stehenden Krankheit, wie für männliche ArbN, die infolge irgendeiner anderen Krankheit fehlen, vorsieht, sofern die ArbN*in* mit den ArbN gleich behandelt wird und die Kürzung der Zahlung nicht das Ziel des Schutzes schwangerer ArbN gefährdet (EuGH 8.9.05 – Rs C-191/03 „Mc Kenna" NZA 05, 1105).

35 **3. Religion oder Weltanschauung.** Mangels Legaldefinition ist in Anlehnung an die deutsche Rspr und Literatur zu Art 4 GG von einem **weiten Religionsbegriff** auszugehen (zum Religionsbegriff BAG 22.3.95 – 5 AZB 21/94, NJW 96, 143 mwN). Kennzeichnend für den religiösen Glauben sei der transzendente Bezug, mithin die subjektive Gewissheit von der Eingliederung des Einzelnen in einen jenseitigen, nicht mit von den Menschen gesetzten Maßstäben zu beurteilenden und durch wissenschaftliche Erkenntnisquellen nicht erschöpfend zu erklärenden Zusammenhang (*Sachs/Kokott* GG Art 4 Rn 17). Der Religion liegt somit „eine den Menschen überschreitende und umgreifende („transzendente") Wirk-

lichkeit zugrunde, während sich die Weltanschauung auf innerweltliche („immanente") Bezüge beschränkt" (BAG 22.3.95 – 5 AZB 21/94, NJW 96, 143). Der Begriff der Religion umfasst damit jedes religiöse, konfessionelle Bekenntnis sowie die Zugehörigkeit zu einer Kirche oder Glaubensgemeinschaft (*Thüsing* NZA 04, Sonderbeilage S 9).

Als Weltanschauung wird ein subjektiv verbindliches Gedankensystem, das sich mit Fragen nach dem Sinnganzen der Welt und insbes des Lebens der Menschen in dieser Welt befasst und das zu sinnentsprechenden Werturteilen führt, verstanden. In Anlehnung an Art 4 Abs 1 GG dürften nur **Fundamentalkonzepte** über die Ordnung des gesellschaftlichen Zusammenlebens, die in Geschlossenheit und Sinngebungskraft einer **Religion vergleichbar** sind, vom AGG erfasst sein (*Annuß* BB 06, 1629). Überzeugungen zu einzelnen Teilaspekten des Lebens genügen nicht (BVerwG 19.2.92 – 6 C 5/91, NVwZ 92, 1192). Hierfür spricht auch die Systematik des Gesetzes, welches die Religion und Weltanschauung als komplementäres Begriffspaar aufzählt. Auf eine Zugehörigkeit zu einer Gemeinschaft kommt es nicht an (ErfK/*Schlachter* § 1 AGG, Rn 8). Allerdings muss der Weltanschauung eine Gewissensentscheidung zugrunde liegen (BVerwG 19.2.92 – 6 C 5/91, NVwZ 92, 1192). Eine bloße (zB politische) Überzeugung dürfte eher nicht ausreichen (*Thüsing* Diskriminierungsschutz Rn 199; aA ArbG Berlin 30.7.09 – 33 Ca 5772/09, NZA-RR 10, 70 für die politische Überzeugung „Marxismus-Leninismus" als gesamtgesellschaftliche Theorie; *Runggaldier* in FS für Doralt 04, 521). 36

In der Praxis wird hinsichtlich der Religion das Gebot der Gleichbehandlung größere Probleme als die tatsächliche Ungleichbehandlung aufwerfen (*Thüsing* ZfA 01, 397). So liegt eine mittelbare Diskriminierung vor, wenn Aufnahmeprüfungen an **religiösen Feiertagen** stattfinden, obwohl der Prüfling der Behörde rechtzeitig mitteilt, dass er aufgrund seines Glaubens an diesen Tagen weder arbeiten noch schreiben dürfe (EuGH 27.10.76 – Rs C-130/75 „Prais/Rat", Slg 76, 1589). Im Einzelnen → Rn 78, 80 ff. 37

**4. Behinderung.** Eine Behinderung ist eine Einschränkung, die insbes auf **physische, seelische, geistige** oder **psychische Beeinträchtigungen** zurückzuführen ist und die ein Hindernis für die Teilhabe des Betreffenden am Leben in der Gesellschaft und daher auch im Beruf bildet (BAG 19.12.13 – 6 AZR 190/12, NZA 14, 373; EuGH 11.4.13 – C-335/11, C-337/11, NZA 13, 553). Anders als noch § 2 SGB IX aF stellt der neue § 2 Abs 1 S 2 SGB IX in Anlehnung an die EuGH-Rspr nun auf die Abweichung zu dem für ein Lebensalter typischen Zustand ab. Dabei muss die Beeinträchtigung mindestens 6 Monate andauern. Insoweit stellt das SGB IX geringere Anforderungen als der EuGH, der in einer 8 Monate andauernden Beeinträchtigung noch nicht die geforderte lange Dauer sah. 38

Allerdings unterscheidet das Europarecht nicht zwischen Behinderung und Schwerbehinderung. Ein **Schwellenwert,** wie ihn der Schwerbehindertenbegriff des SGB IX erfordert, ist daher für das AGG **nicht erforderlich** (ErfK/*Schlachter* § 1 AGG, Rn 10). Der Schutz vor Diskriminierungen nach dem AGG kommt mithin allen Behinderten, unabhängig vom Grad ihrer Behinderung, zu (ArbG Bln 13.7.05 – 86 Ca 24618/04, NZA-RR 05, 608; *Thüsing/Wege* NZA 06, 136; *Schiek* NZA 04, 873). Nach einem Urteil des EuGH kann das Diskriminierungsverbot auch Personen erfassen, die ein behindertes Kind zu betreuen haben und aus diesem Grund benachteiligt werden. Damit erweitert der EuGH den Schutzbereich insoweit, dass auch ein Dritter, der außerhalb des Arbeitsverhältnisses steht, Merkmalsträger sein kann (EuGH 17.7.08 – C-303/06, NZA 08, 932). Ein an die Gewährung einer Erwerbsminderungsrente geknüpfter Beendigungstatbestand stellt keine Benachteiligung wegen einer Behinderung dar (BAG 18.12.14 – 7 AZR 1002/12, NZA-RR 16, 83). 39

Die **Frage nach einer etwaigen Behinderung,** Schwerbehinderteneigenschaft oder Gleichstellung gem § 151 Abs 2 SGB IX stellt nach hM bereits eine unmittelbare Benachteiligung des Bewerbers dar und braucht von diesem nicht wahrheitsgemäß beantwortet zu werden (ArbG Bln 7.10.08 – 8 Ca 12611/08, AE 09, 47; *Bissels/Lützeler* BB 5.7.10 mwN. Eine Frage ist nur bei **Vorliegen konkreter Rechtfertigungsgründe** nach § 8 Abs 1 AGG zulässig und nur, soweit die ordnungsgemäße Erfüllung des Arbeitsvertrags ausgeschlossen oder beeinträchtigt ist (→ Rn 74); dagegen ausdrücklich erlaubt nach sechsmonatigem Bestehen des Arbeitsverhältnisses wegen der ArbGebPflichten aus §§ 168 ff SGB IX, BAG 16.2.12 – 6 AZR 553/10, NZA 12, 555). Eine Stellenausschreibung, die für die Stelle eines Kfz-Mechanikers die **Eigenschaften „flexibel und belastbar"** aufführt, 40 stellt noch kein hinreichendes Indiz für eine Benachteiligung wegen der Behinderung dar (LAG Nürnberg 19.2.08 – 6 Sa 675/07, NZA 09, 148). Allerdings kann bereits die unterbliebene Einladung eines schwerbehinderten Bewerbers zu einem Vorstellungsgespräch und die nicht erfolgte Unterrichtung der Schwerbehindertenvertretung die Vermutung einer Benachteiligung wegen der Behinderung begründen; ausreichend sei bereits ein objektiver **Verstoß** gegen die **Arbeitgeberpflichten aus § 164 Absatz 1 Satz 4 SGB IX** (BAG 16.9.08 – 9 AZR 791/07, NZA 09, 79). Bei Unkenntnis des ArbGeb von der Schwerbehinderung muss der Bewerber diesen aber, will er die besonderen Förder- und Schutzpflichten auslösen, deutlich darauf hinweisen (BAG 26.9.13 – 8 AZR 650/12, NZA 14, 258). Nicht geschützt ist die Benachteiligung wegen der Nicht-Behinderung. Wird demnach ein Behinderter bevorzugt, kann sich der gesunde Mensch nicht auf das Benachteiligungsverbot wegen einer Behinderung berufen. Ferner ist auch eine Benachteiligung wegen **Krankheit nicht vom Schutz** des AGG **erfasst.** Ausdrücklich hat der EuGH klargestellt, dass der Begriff der Behinderung nicht die Krankheit umfasst (EuGH 11.7.06 – Rs C-13/05 „Navas", NZA 06, 839). Danach ist die Frage nach einer Krankheit mit Blick auf die gesundheitliche Eignung für die zu besetzende Stelle grds zulässig. Der Übergang von einer (chronischen) Erkrankung zu einer Behinderung ist jedoch fließend. Bei Anwendung des weiten Behindertenbegriffs ist auch eine chronische Erkrankung wie die symptomlose HIV-Infektion eine Behinderung (BAG 19.12.13 – 6 AZR 190/12, NZA 14, 373). Die Frage nach einer bestimmten gesundheitlichen Beeinträchtigung, hinter der der ArbGeb eine Behinderung vermutet, kann bereits die Indizwirkung des § 22 AGG auslösen. Das gilt selbst dann, wenn das Vorliegen der Behinderung nur angenommen wird (§ 7 Abs 1 Hs 2 AGG): Der Versuch am untauglichen Objekt stellt bereits eine unzulässige Diskriminierung dar (BAG 17.12.09 – 8 AZR 670/08, NZA 10, 383). Grds sind Regelungen zulässig, die Vergünstigungen für ArbN gewähren, welche sich durch geringe Fehlzeiten auszeichnen, allerdings nur soweit sie behinderte Menschen und Frauen wegen Schwangerschaft und/oder Mutterschaft nicht benachteiligen.

41 **5. Sexuelle Identität.** Während der Begriff des Geschlechts die biologische Beschaffenheit meint, wird unter der sexuellen Identität die identitätsprägende sexuelle Ausrichtung verstanden. Der Gesetzgeber hat sich mit der Anknüpfung an das **Selbstverständnis des eigenen Geschlechts** für einen weiten Anwendungsbereich entschieden; erfasst werden homosexuelle, bisexuelle, transsexuelle und zwischengeschlechtliche Menschen (BT-Drs 16/1780 S 31). Auch wenn das Merkmal der **Transsexualität** nicht ausdrücklich in § 1 AGG genannt wird und das Unionsrecht die Transsexualität dem Merkmal „Geschlecht" zuordnet (EuGH 30.4.96 – Rs C-13/94, NZA 96, 659), kann bei einer hieran anknüpfenden Benachteiligung unter unionsrechtskonformer Auslegung sowohl auf das Geschlecht wie auch die sexuelle Identität abgestellt werden (BAG 17.12.15 – 8 AZR 421/14, NZA 14, 888). Auch das BVerfG hat inzwischen die Existenz eines dritten Geschlechts in der Rechtsordnung anerkannt, damit transsexuellen oder intersexuellen Menschen der Konflikt einer Zuordnung erspart werden solle (BVerfG 10.10.17 – 1 BvR 2019/16, NJW 17, 3643; *Körlings* NZA 18, 282). Geschützt ist auch die heterosexuelle Ausrichtung. Daher kann sich ein heterosexueller ArbN auf das Benachteiligungsverbot berufen, wenn der ArbGeb Homosexuelle bevorzugt. Aus dem Schutzbereich des AGG ausgenommen sind aber solche sexuellen Ausrichtungen (zB Pädophilie), die im nationalen Recht und im europäischen Konsens strafbewehrt sind (*Bauer/Krieger* § 1 AGG Rn 52).

42 **6. Alter.** Das Differenzierungsmerkmal des Alters, gemeint ist das Lebensalter, ist neutral und schützt sowohl ältere als auch jüngere ArbN vor Benachteiligungen (ErfK/*Schlachter* § 1 AGG, Rn 12; *Thüsing* Sonderbeilage NZA Heft 22/2004, 12). Das Verbot der Altersdiskriminierung hat durch die Umsetzung der RL 2000/78/EG zentrale Bedeutung insbes in den Bereichen Einstellungspraxis, Entgeltregelungen und Kündigungsbedingungen erlangt. Dem hat der Gesetzgeber durch die Schaffung spezieller Ausnahmetatbestände in § 10 AGG in Anlehnung an die Richtlinie Rechnung getragen (hierzu → Rn 83 ff; zu § 8 AGG vgl → Rn 79).

43 **IV. Unzulässige Benachteiligungsformen. § 7 Absatz 1 AGG** normiert das unabdingbare (§ 31 AGG) Verbot der Benachteiligung in Beschäftigung und Beruf. Demnach dürfen individual- und kollektivvertragliche Vereinbarungen oder Maßnahmen Beschäftigte

nicht wegen ihrer Rasse, ethnischen Herkunft, Religion, Weltanschauung, Behinderung, sexuellen Identität, ihren Alters oder Geschlechts benachteiligen. Entgegen den Richtlinien spricht das AGG nicht von Diskriminierung, sondern von Benachteiligungen. Eine sachliche Abweichung geht damit nicht einher.

Die **einzelnen Benachteiligungstatbestände** wurden in **§ 3 AGG** weitgehend wört- 44
lich aus den RL 2000/78/EG, 2000/43/EG, 2002/73/EG übernommen. Adressaten des Verbots sind nach dem AGG ArbGeb, Arbeitskollegen und Dritte, zB Kunden des ArbGeb (BT-Drs 16/1780 S 34). Weder das tatsächliche Vorliegen noch die sichere Kenntnis des Benachteiligenden vom verbotenen Merkmal soll Voraussetzung für einen Verstoß gegen das Benachteiligungsverbot sein. Vielmehr reiche die Annahme aus, ein in § 1 AGG bezeichneter Grund läge vor (§ 7 Abs 1 Hs 2 AGG).

**1. Unmittelbare Benachteiligung.** Eine Benachteiligung ist nach der Legaldefinition 45
dann unmittelbar, wenn eine Person wegen eines unzulässigen Merkmals eine weniger günstige Behandlung als eine andere Person in einer vergleichbaren Situation erfährt, erfahren hat oder erfahren würde **(§ 3 Absatz 1 Satz 1 AGG).** Anders als bei der mittelbaren Benachteiligung muss das **Differenzierungsmerkmal direkter Anknüpfungspunkt** der Ungleichbehandlung sein (ErfK/*Schlachter* § 3 AGG Rn 2).

Die **differenzierende Behandlung** muss für den Betroffenen „weniger günstig" sein. Es 46
muss folglich ein qualitativer Unterschied zu Lasten des Betroffenen durch die Ungleichbehandlung entstanden sein. Dafür ist die tatsächliche Behandlung des Anspruchsstellers zu vergleichen mit einer gegenwärtigen, vergangenen oder hypothetischen Behandlung („erfährt, erfahren hat oder erfahren würde") einer anderen Person oder Personengruppe. Entsprechend der Umsetzung der europäischen Vorgaben liegt eine unmittelbare Benachteiligung auch dann vor, wenn eine Vergleichsperson gem § 3 Abs 1 S 1 AGG eine bessere Behandlung lediglich „erfahren würde". Gibt es aktuell keine konkrete Vergleichsperson im Betrieb, genügt daher das Vorliegen einer sog **hypothetischen Vergleichsperson,** deren gedachte Existenz belegen kann, dass die betroffene Person schlechter behandelt wird (ErfK/*Schlachter* § 3 AGG Rn 5). Dabei muss die gedachte Vergleichsperson das unzulässige Differenzierungsmerkmal nicht selbst aufweisen. Dies war früher nur in den Schwangerschaftsfällen anerkannt, in denen es eine männliche Vergleichsperson naturgemäß nicht geben kann (EuGH 27.3.80 – Rs 129/79, NJW 80, 2014). So kann die Ablehnung einer Schwangeren eine unzulässige Benachteiligung wegen des Geschlechts darstellen, wenn der ArbGeb Männer anders behandeln würde, gleichgültig, ob sich nur Männer oder Frauen und Männer beworben haben (nunmehr ausdrücklich geregelt in § 3 Abs 1 S 2 AGG; BAG 15.10.92 – 2 AZR 227/92, AP Nr 8 zu § 611a BGB). Der Rückgriff auf eine fiktive Vergleichsperson ist in der Praxis vor allem bei **merkmalshomogen zusammengesetzten Berufsfeldern,** die traditionell überwiegend von Angehörigen eines bestimmten Merkmals besetzt werden (im sog „geschlechtsspezifischen Arbeitsmarkt" zB Putzhilfe im Reinigungsgewerbe, Arzthelferin), von Bedeutung.

Die Feststellung der **„vergleichbaren Situation"** kann in der praktischen Anwendung, 47
insbes beim Rückgriff auf eine fiktive Vergleichsperson, erhebliche Schwierigkeiten bereiten. Voraussetzung ist eine vergleichbare, nicht notwendigerweise identische Situation (EuGH 9.12.04 – Rs C-19/02 „Hlozek", BB 05, 273). Sind zwei Situationen in einem bestimmten Punkt nicht vergleichbar und erfolgt die Benachteiligung gerade aus diesem Grunde, so fehlt der Bezug zu dem verbotenen Diskriminierungsmerkmal. Vergleichbarkeit muss hinsichtlich der wesentlichen Punkte gegeben sein. So kann eine Differenzierung zulässig sein, wenn sich Arbeitsmarktbedingungen verändern und zB plötzlich Knappheit/Überangebot von bestimmten Qualifikationen eintreten (ErfK/*Schlachter* § 3 AGG Rn 4).

Auch bei der Heranziehung einer hypothetischen Vergleichsperson ist **nur die tatsäch-** 48
**lich eingetretene** Benachteiligung des Anspruchstellers erfasst; hinsichtlich des Zeitmomentes der Ungleichbehandlung soll § 3 Abs 1 S 1 AGG mit der Formulierung „erfahren würde" nicht die bloß hypothetische Ungleichbehandlung des Betroffenen sanktionieren (*Thüsing* FA Beilage zu Heft 4/2005, 1). Die §§ 7 und 15 AGG knüpfen an eine konkrete Benachteiligung und nicht an die bloße Gefahr einer Benachteiligung durch zukünftig geplante Maßnahmen. Das Diskriminierungsverbot soll nicht auf einen Zeitpunkt vorverlagert werden, zu welchem noch keine Ungleichbehandlung stattgefunden hat; auf dieses

Merkmal kann nicht verzichtet werden (ErfK/*Schlachter* § 3 AGG Rn 5; aA AGG/*Schrader/Schubert*/AGG § 3 Rn 27).

49 Hat die **Benachteiligung in der Vergangenheit** stattgefunden, muss sie entweder noch andauern bzw Auswirkungen in die Gegenwart entfalten (Entwurfsbegründung BR-Drs 329/06 S 33, BT-Drs 16/1780 S 32). Wurde die Vergleichsperson in der Vergangenheit günstiger behandelt und ist dieser Vorgang ohne Auswirkungen auf die Gegenwart abgeschlossen, ist diese Ungleichbehandlung nicht zu kompensieren. Würde also ein ArbN 2010 erfahren, dass er gegenüber einer Vergleichsperson im Jahre 2006 benachteiligt worden ist, hat er keinen Gleichbehandlungsanspruch für die Zukunft. In der Vergangenheit entstandene Ansprüche bleiben aber unberührt.

50 Schließlich hat die Benachteiligung **„wegen"** eines verbotenen Merkmals zu erfolgen. Sie muss also durch eines oder mehrere dieser Merkmale motiviert sein bzw der Benachteiligende muss seine Handlung hieran anknüpfen (BT-Drs 16/1780 S 32). Beruht die unterschiedliche Behandlung auch auf anderen zulässigen Gründen (sog Motivbündel), genügt die Mitursächlichkeit. Einer Diskriminierungsabsicht bedarf es nach überwiegender Auffassung nicht (ErfK/*Schlachter* § 7 AGG Rn 3; *Worzalla* AGG S 55).

51 Jedoch kann auch die Anknüpfung an ein **nicht ausdrücklich genanntes Merkmal** zur unmittelbaren Diskriminierung führen. Dies liegt vor, wenn die Behandlung an ein untrennbar mit dem unzulässigen Kriterium verbundenen Merkmal anknüpft. Probleme bei der Abgrenzung zwischen unmittelbarer und mittelbarer Benachteiligung können bei den sog **Teilgruppendiskriminierungen** auftreten. Hier wird an eine Eigenschaft (zB Schwangerschaft) angeknüpft, die nur bei einer Merkmalsausprägung (Frau) vorliegt, jedoch nicht bei allen Merkmalsträgern. Als Abgrenzungskriterium könnte die Frage dienen, ob das benutzte zusätzliche Unterscheidungskriterium repräsentativ für das verpönte Merkmal ist (*Thüsing* Diskriminierungsschutz Rn 243).

52 Zudem hatte der EuGH festgestellt, dass eine Bestimmung, nach der nur Frauen mit unbefristetem Vertrag für eine Teilzeitbeschäftigung eingestellt werden, nicht notwendigerweise eine unzulässige Diskriminierung wegen des Geschlechts sein muss. Allerdings kann der spätere Ausschluss von der Möglichkeit einer Eingliederung in das planmäßige Personal durch **anscheinend geschlechtsneutrale** Bezugnahme auf eine Gruppe von ArbN, hier Teilzeitbeschäftigte, die aufgrund einer nationalen Regelung mit Gesetzeskraft ausschließlich aus Frauen besteht, eine unmittelbare Diskriminierung wegen des Geschlechts darstellen (EuGH 10.3.05 – Rs C-196/02 „Nikoloudi", NZA 05, 807).

53 **2. Mittelbare Benachteiligung.** Der Begriff der mittelbaren Benachteiligung wurde in den RL 2000/43/EG, 2000/78/EG, 2002/73/EG (Art 2 Abs 2 der RL) **legaldefiniert.** Diese Definition übernimmt **§ 3 Abs 2 AGG.** Demnach liegt eine mittelbare Benachteiligung vor, wenn dem Anschein nach neutrale Vorschriften, Kriterien oder Verfahren Personen wegen eines unzulässigen Differenzierungsmerkmals gegenüber anderen Personen in besonderer Weise benachteiligen können, es sei denn, die betreffenden Vorschriften, Kriterien oder Verfahren sind durch ein rechtmäßiges sachliches Ziel gerechtfertigt und die Mittel sind zur Erreichung dieses Ziels angemessen und erforderlich.

54 Die Prüfung einer mittelbaren Benachteiligung erfolgt in **zwei Schritten** (*Schiek* NZA 04, 873). **Zuerst** ist festzustellen, ob die **scheinbar neutralen Kriterien,** Vorschriften oder Verfahren geeignet sind, eine Person wegen eines unzulässigen Diskriminierungsmerkmals in besonderer Weise gegenüber anderen Personen benachteiligen zu können (Geeignetheitsprüfung). Anscheinend neutrale Kriterien, Vorschriften oder Verfahren liegen vor, wenn diese nicht an unzulässige Differenzierungsmerkmale anknüpfen, sondern an Alternativkriterien, die neutral erscheinen, aber gleichwohl in ihrem Vollzug faktisch einige Menschen benachteiligen (*Bauer/Krieger* § 3 AGG Rz 22). So kann zB eine Regelung, die an Sprache oder Körpergröße anknüpft, eine unzulässige Diskriminierung aufgrund des Merkmals Rasse darstellen, in der Begrenzung einer Stellenausschreibung auf Bewerber im 1. Berufsjahr eine mittelbare Benachteiligung wegen des Alters (BAG 18.8.09 – 1 ABR 47/08, DB 10, 284). Die mittelbare Benachteiligung muss den Benachteiligten „in besonderer Weise" benachteiligen. Anders als bei der Beweislastrichtlinie 97/80/EG und der Rspr zur Gleichbehandlungsrichtlinie 76/207/EWG (EuGH 10.3.05 – C-196/02, NZA 05, 807 mwN) scheint nunmehr ein qualitativer Unterschied ohne statistischen Nachweis ausreichend

(*Wank* in FS für *Wissmann* 05, 599; *Schiek* NZA 04, 873; kritisch: *Thüsing* Sonderbeilage NZA Heft 22/2004, 6; zweifelnd *Nicolai* AGG § 1 Rz 67). Auch wenn scheinbar auf den statistischen Nachweis verzichtet wird, befreit dies nicht von dem Erfordernis einer tatsächlich zur Benachteiligung geeigneten Maßnahme. Eine nur potenziell geeignete Maßnahme dürfte nicht erfasst sein (*Annuß* BB 06, 1629). Ist die Prüfung im ersten Schritt positiv, so gilt die **widerlegbare Vermutung** der verbotenen Benachteiligung.

Um diesen weiten Anwendungsbereich der Vorschrift einzuschränken, kann die Vermutung in einem **2. Schritt durch sachlich rechtfertigende Gründe widerlegt** werden, mit der Folge, dass der Tatbestand des § 3 Abs 2 AGG bereits nicht erfüllt ist und zwar unabhängig vom Vorliegen spezieller Rechtfertigungsgründe. Das ist nach dem – im Vergleich zur unmittelbaren Benachteiligung – erleichtertem Rechtfertigungsmaßstab bereits dann der Fall, wenn die benachteiligenden Vorschriften usw. durch ein rechtmäßiges Ziel sachlich gerechtfertigt und verhältnismäßig, dh zur Erreichung dieses Ziels erforderlich und angemessen, sind. Ist die Ungleichbehandlung hiernach nicht gerechtfertigt, kommt auch keine Rechtfertigung nach §§ 8, 9, 10 AGG in Betracht. Der Tatbestand der unmittelbaren Benachteiligung aus § 3 Abs 1 AGG hat wegen des strengeren Rechtfertigungsmaßstabs gegenüber der mittelbaren Benachteiligung Vorrang. 55

**3. Belästigung.** Die Mitgliedstaaten sind verpflichtet den Diskriminierungsschutz derart zu gestalten, dass Personen im Geltungsbereich der Richtlinien ausreichend vor Belästigungen wegen eines verpönten Merkmals geschützt sind. § 3 Abs 3 AGG definiert die Belästigung als unerwünschte Verhaltensweisen, die mit einem **verbotenen Differenzierungsmerkmal im Zusammenhang** stehen und bezwecken oder bewirken, dass die Würde der betreffenden Person verletzt wird und ein von Einschüchterungen, Anfeindungen, Erniedrigungen, Entwürdigungen oder Beleidigungen gekennzeichnetes Umfeld geschaffen wird. Belästigungen können sowohl nonverbaler als auch verbaler Art sein wie zB Verleumdungen, Beleidigungen und abwertende Äußerungen, Anfeindungen, Drohungen und körperliche Übergriffe, die im Zusammenhang mit einem in § 1 AGG genannten Grund stehen. §§ 823 Abs 1, 253 Abs 2 BGB bleiben davon unberührt (BT-Drs 16/1780 S 32). Anders als die mittelbare und unmittelbare Diskriminierung ist die Belästigung kein Gleichbehandlungstatbestand (*Bauer/Krieger* § 3 AGG Rn 39). Bei ihr wird das Unrecht aus der Interaktion selbst deutlich und bedarf grds keiner Vergleichsgruppe oder Vergleichsperson (*Thüsing* ZfA 01, 397). 56

§ 3 Abs 3 AGG setzt eine **die Würde verletzende Verhaltensweise** voraus, wobei dieser nicht die Qualität einer Verletzung der Menschenwürde iSd Art 1 GG zukommen muss. Ausreichend ist ein Verhalten, das abstrakt geeignet ist, die Menschenwürde zu verletzen; eine tatsächliche Verletzung ist nicht erforderlich. Erfasst sind sowohl die Fälle, in denen die Würdeverletzung subjektiv bezweckt ist, als auch die Fälle, in denen die Verletzung ohne Vorsatz des Belästigers objektiv eintritt. Ausreichend ist, wenn der Handelnde aus Sicht eines objektiven Betrachters davon ausgehen muss, dass sein Verhalten unerwünscht ist (BT-Drs 16/1780 S 33; ErfK/*Schlachter* § 3 AGG Rn 17; *Nickel* NJW 01, 2668). Dabei scheiden wohl geringfügige Eingriffe bereits als Belästigungstatbestand aus, zB ein einmaliger ausländerfeindlicher Witz (*Bauer/Krieger* AGG, § 3 Rz 43). Zweck ist es, nicht jede Verhaltensweise zu verbieten, sondern nur solche, die eine gewisse Erheblichkeitsschwelle überschreiten (BT-Drs 16/1780 S 33; ErfK/*Schlachter* § 3 AGG Rn 17). 57

Als weitere Tatbestandsvoraussetzung muss kumulativ ein **sog „feindliches Umfeld“** vorliegen, wobei dieses Merkmal nicht lediglich eine Konkretisierung des Maßstabes für den Schweregrad der Belästigung darstellt (BAG 24.9.09 – 8 AZR 705/08, NZA 10, 387). Maßgeblich ist, ob eine bestimmte Verhaltensweise oder ein bestimmter Vorfall das Arbeitsumfeld kennzeichnen, also für dieses charakteristisch oder typisch sind. Das Verhalten muss also in einem sachlichen Zusammenhang zum Arbeitsleben stehen; ein fehlender Bezug zu arbeitsrechtlichen Pflichten ist unbeachtlich. Für die Schaffung eines Umfeldes ist regelmäßig ein Verhalten von gewisser Dauer erforderlich. Ein einmaliges Verhalten – bis auf besonders schwerwiegende Fälle – ist grds nicht geeignet, vielmehr wird eine gewisse Handlungssystematik vorausgesetzt. So wird zB Mobbing erfasst, wenn die einzelnen Tathandlungen aufeinander aufbauen und ineinander greifen (*Bauer/Krieger* AGG, § 3 Rz 46). Aber auch Toilettenschmierereien mit Hakenkreuz und der Schrift „Scheiß Kanaken“ können ein 58

Umfeld kennzeichnen, wenn der ArbGeb diese zwar nicht erkennbar billigt, jedoch untätig bleibt und Desinteresse an diesem Vorgang äußert (BAG 24.9.09 – 8 AZR 705/08, NZA 10, 387).

59 **4. Sexuelle Belästigung. Das AGG schützt** in Umsetzung des Art 2 Abs 2 RL 2002/73/EG – wie früher schon § 2 Abs 2 S 2 BeschSchG – vor sexueller Belästigung und definiert den Schutzbereich in § 3 Abs 4 AGG. Eine sexuelle Belästigung am Arbeitsplatz ist hiernach **jedes unerwünschte sexuell bestimmte Verhalten,** das die Würde von Beschäftigten am Arbeitsplatz verletzt. Dazu gehören sexuelle Handlungen und Verhaltensweisen, die nach den strafgesetzlichen Vorschriften unter Strafe gestellt sind, sowie sonstige sexuelle Handlungen und Aufforderungen zu diesen, sexuell bestimmte körperliche Berührungen und Bemerkungen sowie das Zeigen pornografischer Darstellungen. Dabei kommt es auf das Fehlen eigener sexueller Motive grds nicht an (BAG 29.6.17 – 2 AZR 302/16, NZA 17, 1121). Anders als bei der „einfachen" Belästigung ist das von Einschüchterungen, Anfeindungen, Erniedrigungen, Entwürdigungen und Beleidigungen gekennzeichnete Umfeld nicht Voraussetzung, sondern lediglich unwiderlegbares Indiz einer die Würde verletzenden Verhaltensweise, so dass eine einmalige Handlung den Tatbestand der sexuellen Belästigung erfüllen kann. Da ausweislich der Gesetzesbegründung an den Schutzbereich des früheren § 2 Abs 2 BeschSchG angeknüpft werden sollte, kann die bisherige Rspr uneingeschränkt herangezogen werden:

60 **Sexuelle Handlungen und Aufforderungen zu solchen.** BAG 25.3.04 – 2 AZR 341/03, NZA 04, 1214 (Vornahme sexueller Handlungen); BAG 9.1.86 – 2 ABR 24/85, NZA 86, 467 (Hochziehen des T-Shirts, Griffe unter den Rock); LAG Sachs 10.3.2000 – 2 Sa 635/99, NZA-RR 2000, 468 (Berührungen und Kussversuche); LAG Hess 27.1.04 – 13 TaBV 113/03; ArbG Lübeck 2.11.2000 – 1 Ca 2479/00, NZA-RR 01, 140 (Übergriffe begleitet durch anzügliche Bemerkungen); LAG RhPf 15.2.06 – 9 Sa 990/05 (Schuldnerberater, der sich von Klientin massieren lässt); LAG RhPf 13.10.03 – 7 Sa 467/03 (gewaltsam erzwungener Körperkontakt).

61 **Körperliche Berührungen.** LAG Hamm 13.2.97 – 17 Sa 1544/96, NZA-RR 97, 250 (Armumlegen und Streicheln); LAG Hamm 22.10.96 – 6 Sa 730/96, NZA 97, 769 (Schlag mit Handrücken auf die Brust); LAG BaWü 30.8.04 – 15 Sa 12/04 (Griff an die Brust mit abfälliger Bemerkung); LAG Köln 7.7.05 – 7 Sa 508/04, NZA-RR 06, 237 (Klaps auf den Po); ArbG Würzburg 29.4.05 – 3 Ca 2094/04 S (Küssen und Öffnen der Haare); ArbG Hbg 23.2.05 – 18 Ca 131/04, NZA-RR 05, 306 (diverse Berührungen).

62 **Bemerkungen sexuellen Inhalts.** LAG Bln 3.3.06 – 13 Sa 1906/05 („Ich kann mir viele oder gar tausend Arten vorstellen, Sie zu erniedrigen oder zu demütigen"); LAG Hamm 10.3.99 – 18 Sa 2328/98, NZA-RR 99, 623 (beleidigende Briefe sexuellen Inhalts); LAG RhPf 24.10.01 – 9 Sa 853/01 (SMS obszönen Inhalts); LAG RhPf 13.10.03 – 7 Sa 467/03 („Na meine schwarze Stute").

63 **Zeigen und sichtbares Anbringen von pornografischen Darstellungen.** Als pornografisch ist eine Darstellung anzusehen, wenn sie unter Ausklammerung aller sonstigen menschlichen Bezüge sexuelle Vorgänge in grob aufdringlicher Weise in den Vordergrund rückt und ihre Gesamttendenz ausschließlich oder überwiegend auf das lüsterne Interesse an sexuellen Dingen abzielt (BGH 21.6.90 – 1 StR 477/89, NJW 90, 3026; BVerwG 20.2.02 – 6 C 13/01, NJW 02, 2922). Dabei wird der Mensch inhaltlich zum bloßen (auswechselbaren) Objekt geschlechtlicher Begierde degradiert (OLG Karlsruhe 27.11.86 – 4 Ss 184/86, NJW 87, 1957) und dies formal vergröbernd, aufdringlich, übersteigert oder jedenfalls plump-vordergründig dargestellt (*Schönke/Schröder/Lenckner/Perron* § 184 Rn 4; BVerwG 4.4.01 – 1 D 15/00).

64 **5. Anweisung zur Benachteiligung.** Eine nach § 3 Abs 5 AGG verbotene Anweisung zur Benachteiligung liegt insbes vor, wenn jemand dazu bestimmt wird, einen Beschäftigten wegen eines in § 1 AGG genannten Grundes zu benachteiligen. Eine unzulässige Anweisung liegt demnach vor, wenn der ArbGeb seinem leitenden Angestellten aufträgt, keine Türkinnen einzustellen (anders noch ArbG Wuppertal 10.12.03 – 3 Ca 4927/03 nv, welches die Rechtmäßigkeit einer Kündigung bestätigte, die aufgrund der Weigerung des leitenden Angestellten, keine Türkinnen einzustellen, ausgesprochen wurde). Die Weisung muss vom Vorsatz umfasst sein (BT-Drs 16/1780 S 33), nicht jedoch die Tatsache, dass die konkrete

Verhaltensweise als Benachteiligung wegen eines Merkmals des § 1 AGG verboten ist (ErfK/*Schlachter* § 3 AGG Rz 23). Weder aus dem Wortlaut der Richtlinien noch aus dem AGG lässt sich die Frage beantworten, ob eine unzulässige Anweisung eine Weisungsbefugnis des Anweisenden voraussetzt. Für eine solche Voraussetzung spricht die ansonsten bestehende Gefahr einer ausufernden Haftung des ArbGeb (*Thüsing* Sonderbeilage NZA Heft 22/2004, 8).

Eindeutig ist hingegen, dass **nur** die Anweisung zur **Benachteiligung eines Beschäftigten** verboten ist. So ist es zB keine unzulässige Benachteiligung, wenn ein Filialleiter seine Angestellten anweist, keine Autos an ethnischen Minderheiten entstammende Kunden zu verleihen (*Thüsing* Sonderbeilage NZA Heft 22/2004, 8). Dritten können jedoch Ansprüche aus den Vorschriften zum Schutz vor Benachteiligungen im Zivilrecht (§§ 20–22 AGG) oder aus allgemeinen Vorschriften (bspw § 1004 BGB) zustehen. 65

**Unerheblich** ist, ob der Angewiesene die Handlung **tatsächlich ausführt** (BT-Drs 16/1780 S 33). Dies ist richtig und steht mit den europarechtlichen Vorgaben im Einklang, da die Zulässigkeit solcher Anweisungen durch den ArbGeb nicht davon abhängig gemacht werden kann, ob der Angewiesene dieser Aufforderung folgt oder nicht. Problematisch ist sodann, wie sich der Schaden des zu Benachteiligenden berechnet. Hier wird wohl in Anlehnung an Benachteiligungen bei Bewerbungen nur ein immaterieller Schaden zu befürworten sein (*Thüsing* Sonderbeilage NZA Heft 22/2004, 8). Die Bemessung der Schadenshöhe bleibt jedoch der Rspr überlassen. Mangels eigener Haftungsgrundlage im AGG für den Angewiesenen, können diese nur nach allgemeinen Regeln (insbes § 823 BGB) haftbar gemacht werden kann. Darüber hinaus ist die Anweisung gem § 7 Abs 1 AGG iVm § 134 BGB unwirksam und der Angewiesene braucht sie nicht zu befolgen. 66

**V. Zulässige Ungleichbehandlung.** Das Benachteiligungsverbot bedeutet mehr als Gleichbehandlung. Während der Gleichbehandlungsgrundsatz nur die willkürliche, dh ohne sachlichen Grund erfolgende Differenzierung verbietet, verwehrt das Verbot der Benachteiligung grds jede Anknüpfung an ein unzulässiges Differenzierungsmerkmal als Grundlage unterschiedlicher Behandlung, solange und soweit nicht eine **gesetzliche Ausnahme** (→ Rn 69 ff) besteht. Infolgedessen bewirkt eine richtlinienkonforme Umsetzung eine Einschränkung des Gleichbehandlungsgrundsatzes dahingehend, dass bei Ungleichbehandlungen aufgrund eines verpönten Merkmals ein sachlicher Grund alleine nicht ausreichend ist; erforderlich ist vielmehr eine Verhältnismäßigkeitsprüfung (→ Rn 69). In dieser liegt der elementare **Unterschied zum allgemeinen arbeitsrechtlichen Gleichbehandlungsgrundsatz.** Für letzteren reicht ein vernünftiger rechtfertigender Grund (*Thüsing* NZA 01, 1061, → *Gleichbehandlung* Rn 4 ff). Somit ist das Benachteiligungsverbot durch die Beschränkung auf den abschließenden Rechtfertigungskatalog der §§ 8 ff AGG enger als der allgemeine Gleichbehandlungsgrundsatz. Die unzulässige Benachteiligung sowie der allgemeine arbeitsrechtliche Gleichbehandlungsgrundsatz müssen daher jeweils nach ihren eigenen Voraussetzungen überprüft werden. 67

Der nationale Gesetzgeber hat von den **Ausnahmetatbeständen** der Richtlinien Gebrauch gemacht und zulässige Ungleichbehandlungen in den **§§ 5, 8, 9, 10 AGG** normiert. Über das AGG hinausgehende Rechtfertigungsgründe existieren nicht. Grds kommt eine **Rechtfertigung** nur bei unmittelbarer und mittelbarer Benachteiligung in Betracht. Während bei der mittelbaren Diskriminierung die fehlende sachliche Rechtfertigung der Benachteiligung zum Tatbestand gehört (§ 3 Abs 2 AGG; → Rn 55), ist bei der unmittelbaren Benachteiligung die Rechtfertigung auf einer weiteren Stufe zu prüfen. Belästigungen oder sexuelle Belästigungen sind Rechtfertigungen regelmäßig nicht zugänglich (BT-Drs 16/1780 S 35). Erfolgt eine Ungleichbehandlung wegen mehrerer unzulässiger Gründe (Mehrfachdiskriminierung), so ist gem § 4 AGG die Zulässigkeit für jedes einzelne Merkmal gesondert zu überprüfen. Die Rechtfertigung eines Merkmals begründet nicht die zulässige unterschiedliche Behandlung aus einem anderen unzulässigen Merkmal. Dies gilt unabhängig von der Benachteiligungsform. 68

**1. Wegen wesentlicher und entscheidender beruflicher Anforderung,** § 8 Abs 1 AGG. **a) Allgemeines.** Ausnahmsweise kann gem **§ 8 Absatz 1 AGG** die Ungleichbehandlung wegen eines verpönten Merkmals zulässig sein, wenn das betreffende Merkmal wegen der Art der auszuübenden Tätigkeit oder der Bedingung ihrer Ausübung eine 69 wesentliche und entscheidende berufliche Anforderung darstellt, sofern der Zweck rechtmäßig und die Anforderung angemessen ist. Das Erfordernis der wesentlichen und entscheidenden beruflichen Anforderung verdeutlicht, dass Ungleichbehandlungen nicht aus bloßen Zweckmäßigkeitserwägungen zulässig sind. „Vielmehr muss die an den Beschäftigten gestellte Anforderung erforderlich sein und dem **Grundsatz der Verhältnismäßigkeit** zwischen Zweck der Anforderung und Schutz vor Benachteiligungen standhalten" (BT-Drs 16/1780 S 35); allein sachliche Gründe sind unzureichend (*Richardi* NZA 06, 881).

70 **Entscheidend** sind berufliche Anforderungen, wenn sie für die vertragsmäßig zu erbringende Leistung erforderlich sind. **Wesentlich** sind sie, wenn ein hinreichend großer Teil der Gesamtanforderungen des Arbeitsplatzes betroffen sind (ErfK/*Schlachter* § 8 AGG Rn 6 mit Verweis auf ArbG Bln 13.7.05, NZA-RR 05, 608). Dies gilt insbes für Authentizitätsmerkmale wie bspw bei Schauspielern, Sängern etc. Ebenfalls ist es gerechtfertigt, wenn für das Vorzeigen von Damenmode nur Damen und für Herrenmode nur Herren eingestellt werden (*Richardi* NZA 06, 881; *Wisskirchen* DB 06, 1491; *Annuß* BB 06, 1629). **Bedingung der auszuübenden Tätigkeit** sind Beschäftigungsverbote und sonstige Arbeitsschutzvorschriften. Soweit Beschäftigungsverbote für Frauen bestehen (zB nach MuSchG, zT für Seeleute, dagegen dürfen Frauen nunmehr auch unter Tage arbeiten), liegt keine Diskriminierung vor, wenn der ArbGeb aus diesen rechtlichen Gründen nicht einstellt. Bedingung der auszuübenden Tätigkeit kann es sein, wenn im Rahmen von Erziehungsaufgaben Betreuer beider Geschlechter vorhanden sein müssen (*Richardi* NZA 06, 881).

71 Ein **unternehmerisches Konzept** kann nur in engen Grenzen den Anforderungen des § 8 Abs 1 AGG genügen. Nicht beeinträchtigt wird die Marktausrichtung des Unternehmens; sie erfolgt ohne Bindung an die Wertungen des AGG. Allerdings ermächtigt sie nicht zugleich nur ArbN auszuwählen, mit denen diese Marktausrichtung am leichtesten verwirklicht werden kann. Wesentlich und entscheidend sind die auf der Marktausrichtung beruhenden Anforderungen nur, wenn sie für den Unternehmenserfolg erweislich entscheidend sind (ErfK/*Schlachter* § 8 AGG Rn 5; *Annuß* BB 06, 1629). Hinsichtlich der Frage, ob eine **Anforderung bestandswichtig** ist, muss dem Unternehmer eine Einschätzungsprärogative zuerkannt werden (*Annuß* BB 06, 1629). In Anbetracht der restriktiven Handhabung des § 8 Abs 1 AGG ist es jedoch notwendig, dass die Anforderung einen engen Tätigkeitsbezug aufweist (ErfK/*Schlachter* § 8 AGG, Rn 5). Besteht das Unternehmenskonzept in der Beratung gewisser Merkmalsträger durch Angehörige derselben Gruppe (ArbG Bonn 8.3.01 – 1 Ca 2980/00, NZA-RR 02, 100: Kundenberaterin bei Frauenfinanzdienstleistungsunternehmen; ArbG Köln 5.8.08 – 9 Ca 7687/07, BeckRS 2008, 58106: Beraterin mit Migrationshintergrund für Frauen in Gewalt- und Ausbeutungsverhältnissen), so kann dies die Ablehnung eines Bewerbers, der über das Merkmal nicht verfügt, nur rechtfertigen, wenn das Merkmal einen Tätigkeitsbezug aufweist. Die Ablehnung eines im Hintergrund fungierenden Hausmeisters dürfte unzulässig sein. Hier fehlt der Bezug zur beratenden Tätigkeit. Wesentlich und entscheidend kann das Merkmal jedoch sein, wenn der ArbN eine Position innehat, in der er das Unternehmen glaubhaft repräsentieren muss.

72 Nicht identisch, aber damit eng verbunden ist die Frage, ob besondere **Kundenwünsche** („Customer preferences") eine wesentliche und entscheidende berufliche Anforderung darstellen können. Auch dies wird nur in bestandsentscheidenden Fällen zulässig sein. Andernfalls würden Anforderungen in der jeweiligen Branche von den Vorlieben des Kunden abhängig sein (*Novara* NZA 15, 142; *Wisskirchen* DB 06, 1491). Es bleibt zu berücksichtigen, dass die Ausnahmeregelung des § 8 Abs 1 AGG **restriktiv** zu handhaben und im jeweiligen Einzelfall auf seine Verhältnismäßigkeit zu prüfen ist. Als Faustregel kann hier gelten: Beruht die schlechtere Eignung eines Merkmalträgers auf diskriminierenden Vorstellungen von Kunden oder sonstigen Dritten, kann die Ungleichbehandlung regelmäßig nicht nach § 8 Abs 1 AGG gerechtfertigt sein (*Bauer/Krieger* § 8 AGG, Rn 29; mit Beispielen: *Thüsing* Diskriminierungsschutz Rn 336). Der Kundenwunsch nach einer jungen attraktiven weiblichen Flugbegleiterin ist daher kein anerkennenswerter Rechtfertigungsgrund. Ist dagegen ein bestimmtes Merkmal aus Gründen der Authentizität oder des Schamgefühls von Kunden Voraussetzung der Tätigkeit und sind die Kundenwünsche für das Unternehmen bestandswichtig, so kann die Ungleichbehandlung gerechtfertigt sein. So kann es zulässig sein, einen Mann für Auslandstätigkeiten auszuwählen, wenn Frauen dort als Verhandlungspartner abgelehnt werden oder dort mit der vorgesehenen Tätigkeit nicht beschäftigt werden

können (*Richardi* NZA 06, 811; *Worzalla* AGG S 103). Dies muss jedoch auf Tätigkeiten in Drittstaaten begrenzt werden, da andernfalls Sinn und Zweck der Richtlinien, Diskriminierungsschutz in der gesamten EU zu schaffen, untergraben würde. Kann der ArbGeb nicht darlegen, dass mit der Einstellung des abgelehnten Bewerbers erhebliche wirtschaftliche Einbußen verbunden sind, ist die Benachteiligung unverhältnismäßig.

**b) Einzelfälle.** Eine Benachteiligung wegen des **Geschlechts** war bereits vor Einführung des AGG zulässig, soweit ein bestimmtes Geschlecht unverzichtbare Voraussetzung für die Art oder Bedingung der auszuübenden Tätigkeit war (§ 611a BGB aF). Nach hM deckt sich das Tatbestandsmerkmal der Unverzichtbarkeit aus § 611a BGB aF mit dem Begriff der wesentlichen und entscheidenden beruflichen Anforderung nach § 8 Abs 1 AGG, womit für die Prüfung des Rechtfertigungsgrundes, in Einklang mit der bisherigen restriktiven Rspr des BAG, die gleichen hohen Anforderungen gelten (*Bauer/Krieger* § 8 AGG, Rn 7 ff mwN; *Annuß* BB 06, 1629). So erkannte das BAG das Geschlecht nicht als unverzichtbare Voraussetzung zur Bestellung einer Gleichstellungsbeauftragten an (BAG 12.11.98 – 8 AZR 365/97, NZA 99, 371; anders aber: BAG 18.3.10 – 8 AZR 77/09, NZA 10, 872 bei zu erbringender Integrationsarbeit mit muslimischen Frauen). Ein Merkmal sei nur dann unverzichtbar, wenn ein Angehöriger des jeweils anderen Geschlechts die vertragsgemäße Leistung nicht erbringen konnte und dieses Unvermögen auf Gründen beruht, die ihrerseits der gesetzlichen Wertentscheidung der Gleichberechtigung beider Geschlechter genügen (BAG 12.11.98 – 8 AZR 365/97, NZA 99, 371). Entsprechend verneint wird eine Benachteiligung wegen des Geschlechts bei der Ablehnung eines männlichen Bewerbers auf die Stelle einer Sozialpädagogin für ein Mädcheninternat, wenn ein nicht unerheblicher Teil der Arbeitszeit im Nachtdienst liegt (LAG RhPf 20.3.08 – 2 Sa 51/08, ZTR 08, 5009). Auch die Nichtberücksichtigung der Elternzeiten bei der Ermittlung der Berufsjahre stellt keine mittelbare Geschlechtsdiskriminierung bei der Eingruppierung einer Bankangestellten iSv §§ 1, 3 Abs 2 AGG dar, da die unterschiedliche Behandlung in Hinblick auf die Bedeutung der Berufserfahrung als wesentliche berufliche Anforderung nach § 8 Abs 1 GG gerechtfertigt ist (LAG Stuttgart 17.6.09 – 12 Sa 8/09, BeckRS 2011, 65754; ArbG Heilbronn 3.4.07 – 5 Ca 12/07, ArbuR 07, 391). **73**

Im Falle der Ungleichbehandlung wegen einer **Behinderung** ist § 8 Abs 1 AGG dergestalt zu lesen, dass die wesentliche und entscheidende berufliche Anforderung, die körperliche oder seelische Gesundheit, mithin die Abwesenheit von Behinderung ist (*Kania/Merten* ZIP 07, 8). Infolgedessen kann der ArbGeb einen Behinderten ablehnen, wenn er aufgrund seiner körperlichen oder seelischen Beeinträchtigung nicht imstande ist, die vorhergesehene Leistung zu erbringen (→ Rn 40). Allerdings wird der Rechtfertigungsgrund der wesentlichen und entscheidenden beruflichen Anforderungen durch die Pflicht des ArbGeb, angemessene Vorkehrungen und Maßnahmen zu treffen, eingeschränkt (→ Rn 108 ff). **74**

Die Rechtfertigung einer unmittelbaren Benachteiligung wegen der **sexuellen Orientierung** ist nur in wenigen Ausnahmefällen möglich (*Bauer/Krieger* § 8 AGG, Rn 38). In Anlehnung an das Unternehmenskonzept ist es möglich, dass die sexuelle Ausrichtung für das Unternehmenskonzept entscheidend wäre, zB Beratung in der Homosexuellenszene. Nicht ausreichend wird jedoch sein, wenn der Betrieb ein bestimmtes Image erzeugen will, ohne dass es auf die konkret zu betreuende Kundschaft ankommt, zB nur homosexuelle Verkäufer in einem Möbelhaus. **75**

Bedeutsam sind in diesem Bereich Regelungen, die wie zahlreiche Betriebsvereinbarungen und Tarifverträge an das **Differenzierungsmerkmal der Ehe** anknüpfen. Solche Regelungen sind grds dazu geeignet, mehr homosexuelle Menschen als heterosexuelle Partner zu benachteiligen. Während die deutschen Gerichte bislang die unterschiedliche Behandlung auch der eingetragenen Lebenspartnerschaft mit verfassungsrechtlichen Erwägungen aus Art 6 GG überwiegend als gerechtfertigt ansehen (LAG München 10.5.07 – 2 Sa 1253/06, BeckRS 2009, 61882; BVerfG 20.9.07 – 2 BvR 855/06, NJW 08, 209; BAG 15.5.97 – 6 AZR 26/96, NJW 98, 1012), hat der EuGH bei der Hinterbliebenenversorgung eine unzulässige Benachteiligung dann bejaht, wenn eine Vergleichbarkeit der Versorgungssituation der eingetragenen Lebenspartnerschaft mit der Ehe gegeben ist (EuGH 10.5.11 – C 147/08, NZA 11, 557; 1.4.08 – C 267/06 „Maruko", NZA 08, 459). Das BAG hat auf Grundlage dieser Rspr nunmehr eine Vergleichbarkeit von Ehe und eingetragener Lebens- **76** partnerschaft bejaht (BAG 15.9.09 – 3 AZR 294/09, NZA 10, 216; BAG 14.1.09 – 3 AZR 20/07, BB 09, 954). Auch der Gesetzgeber hat mit dem „Gesetz zur Überarbeitung des Lebenspartnerschaftsrechts" ab dem 1.1.05 für eingetragene Lebenspartner den Versorgungsausgleich eingeführt und damit in der gesetzlichen RV eine Gleichstellung bewirkt. Dies muss richtungweisend für berufsständische Versorgungssysteme gelten. Eine unzulässige Benachteiligung läge demnach auch vor, wenn ein ArbGeb im Rahmen der Sozialauswahl die dem Lebenspartner entstehenden Unterhaltspflichten nicht, wohl aber die des Ehepartners berücksichtigt (*Nicolai* AGG, Rz 423).

**77** Auch eine Ungleichbehandlung wegen der **Rasse** oder der **ethnischen Herkunft** wird nur selten zulässig sein. Ausnahmsweise kommt eine Ungleichbehandlung im Falle sog Authentizitätsmerkmale in Betracht, zB bei der Auswahl eines Schauspielers nach äußeren Merkmalen, der seine Charaktere authentisch darstellen soll (*Schiek* AuR 03, 44). Ebenfalls kann das chinesische Spezialitätenrestaurant ausschließlich asiatisch aussehendes Personal einstellen (*Nicolai* AGG, § 2 Rz 401; zweifelnd *Schiefer/Ettwig/Krych* § 8 Rz 426). Hingegen greift nicht allein das Konzept, lieber Inder zu beschäftigten, ohne dass es einen Bezug zur Tätigkeit hat. Anderseits kann das Argument der Bindung und Betreuung des Kundenkreises eine Ungleichbehandlung rechtfertigen (*Nicolai* AGG, Rz 400). Aber auch dann können „muttersprachliche" Kenntnisse keine wesentliche und entscheidende berufliche Anforderung darstellen (aA wohl *Nicolai* § 2 Rz 402). Das Kriterium der Muttersprache indiziert nur die Herkunft, nicht jedoch die sprachliche Fähigkeit des Einzelnen (→ Rn 30).

**78** In Betrieben, die nicht von § 9 AGG erfasst sind (→ Rn 80), ist eine Ungleichbehandlung wegen der **Religion** oder **Weltanschauung** nach § 8 Abs 1 AGG möglich. Hierbei kann teilweise auf die im Arbeitsrecht bekannte Abwägung zwischen Direktionsrecht (§ 106 GewO) und Gewissensfreiheit des ArbN zurückgegriffen werden, nach der ArbGeb Gewissenskonflikte der ArbN zu berücksichtigen haben (BAG 24.5.89 – 2 AZR 285/88, AP Nr 1 zu § 611 BGB Gewissensfreiheit, → *Gewissensfreiheit* Rn 2 ff). Das BAG bejaht auch einen Anwendungsfall des § 8 Abs 1 AGG, wenn zwar nicht eine bestimmte Religionszugehörigkeit oder deren Fehlen Voraussetzung für die Ausübung der fraglichen Tätigkeit ist, sondern ein Unterlassen der Religionsausübung eine wesentliche berufliche Anforderung darstellt. Hier sind die Fälle angesiedelt, in denen der ArbGeb den Betreffenden die **äußere Kundgabe der eigenen religiösen Überzeugung,** zB das Tragen von Kopftuch, Turban oder Kippa, untersagt (BAG 10.12.09 – 2 AZR 55/09, NZA-RR 10, 383; BAG 12.8.10 – 2 AZR 593/09, NZA-RR 11, 162). Das BVerfG hat ein generelles Kopftuchverbot für Lehrkräfte an **staatlichen Schulen** mit dem Grundrecht der Glaubens- und Bekenntnisfreiheit aus Art 4 GG für unvereinbar erklärt. Ein solches sei nicht durch das im öffentlich-rechtlichen Schulrecht (zB §§ 58, 57 Abs 4 SchulG NRW, NeutralitätsG Berlin) verankerte Neutralitätsgebot gegenüber Religionen und sonstigen Weltanschauungen gerechtfertigt, sondern erfordere eine hinreichend konkrete Gefährdung des Schulfriedens im Einzelfall. Läge über das bloße äußere Erscheinungsbild keine aktive Werbung oder Beeinflussung der Schüler vor, sei das Tragen des Kopftuchs in der Schule hinzunehmen; das Neutralitätsgebot sei entspr restriktiv auszulegen (BVerfG 18.10.16 – 1 BvR 354/11, NZA 16, 1522; 27.1.15 – 1 BvR 471/10, NJW 15, 275; ebenso LAG Berlin-Bbg 27.11.18 – 7 Sa 963/18, NZA-RR 19, 280). Das Neutralitätsgebot gilt allerdings nicht in der **Privatwirtschaft;** hier gelten weiterhin die vor Inkrafttreten des AGG aus Art 4 GG entwickelten Wertungsmaßstäbe. Macht ein ArbGeb seinen Beschäftigten Vorschriften, welche Kleidung am Arbeitsplatz zu tragen ist, kann hierin eine Benachteiligung bestimmter religiöser Gruppen liegen. Ein sachlicher Grund für Kleidervorschriften kann sich aus Gründen der Arbeitssicherheit ergeben, dagegen reichten bislang rein unternehmerische Gründe nicht (BAG 10.10.02 – 2 AZR 472/01, NZA 03, 483). Nun hat der EuGH entschieden, dass ein allgemeines Kopftuchverbot durch das Neutralitätsbegehren des privaten Unternehmers gerechtfertigt sein könne: Eine unternehmensinterne Regel, die allgemein und undifferenziert das Tragen neutraler Kleidung vorschreibe, sei grds zur Gewährleistung einer Politik der politischen, philosophischen oder religiösen Neutralität geeignet. Allerdings reiche nicht der bloße Wille des ArbGeb, insoweit Kundenwünschen nachzukommen (EuGH 14.3.17 – C-188/15, NZA 17, 373 und EuGH – C-157/15, NZA 17, 373; zu den EuGH-Urteilen: *Stein* NZA 17, 828). Dessen ungeachtet hat das LAG Nürnberg die Anordnung eines Kopftuch-Verbots in einem Drogeriemarkt im Interesse einer Politik der religiösen Neutralität für unwirksam erklärt (LAG Nürnberg 27.3.18 – 7 Sa 304/17, NZA-RR 18, 356). Das hierauf angerufene BAG hat den EuGH um Vorabentscheidung ersucht: BAG 30.1.19 – 10 AZR 299/18 (A), NZA 19, 693. Für kirchliche Einrichtungen gilt der speziellere § 9 AGG; → Rn 80 ff.

Eine zulässige Ungleichbehandlung wegen des **Alters** gem § 8 Abs 1 AGG ist haupt- **79**
sächlich in Berufen zulässig, bei denen die körperliche Belastbarkeit mit der Altersgrenze in engem Zusammenhang steht. Dies dürfte nur in Berufen möglich sein, die dem Schutz der öffentlichen Sicherheit und Ordnung dienen, sowie in Berufen, in denen ein Abwarten bis zur tatsächlich schwindenden körperlichen Belastbarkeit erheblichen Schaden verursachen kann. Somit ist eine Altersgrenze für Polizisten, Feuerwehrmänner, Piloten etc eine zulässige Ungleichbehandlung aufgrund wesentlicher und entscheidender beruflicher Anforderungen (*Wiedemann/Thüsing* NZA 02, 1234; → Rn 88). Allerdings hat der EuGH entschieden, dass eine tarifvertragliche Altersbegrenzung für Piloten auf das vollendete 60. Lebensjahr, während nationale und internationale Regelungen dieses Alter auf 65 Jahre festlegen, eine unverhältnismäßige Anforderung hinsichtlich der notwendigen körperlichen Fähigkeiten zur Ausübung des Pilotenberufs an das Alter darstellt (EuGH 13.9.11 – C-447/09, NZA 11, 1039). Diese Entscheidung wird die Zulässigkeit der Altersgrenze von 68 Jahren für flugmedizinische Sachverständige wohl nicht berühren (OVG NdS 13.9.06 – ME 275/06, ArbuR 07, 69); bei Flugbegleitern wurde bereits die Unzulässigkeit der Altersgrenze von 60 Jahren anerkannt (LAG Düsseldorf 5.11.08 – 12 Sa 860/08, ArbuR 09, 102). Das Alter stellt ebenfalls eine wesentliche und entscheidende berufliche Anforderung dar, wenn es um die authentische Darstellung eines Schauspielers geht (*Schmidt/Senne* RdA 02, 80). Darüber hinaus können auch im Rahmen der Altersdiskriminierung in engen Grenzen die „Customer preferences" Berücksichtigung finden, soweit auch unter Beachtung des Grundsatzes der Verhältnismäßigkeit ein bestimmtes Alter eine wesentliche und entscheidende Voraussetzung einer Tätigkeit ist (zB Moderator bei einem Musiksender, Verkäufer in einem Geschäft für Jugendmode). Mögen Altersdiskriminierungen zwar teilweise nach § 8 AGG zu rechtfertigen sein, so kommt zusätzlich und bevorzugt eine Rechtfertigung nach § 10 AGG in Betracht, die an weniger strenge Voraussetzungen geknüpft ist; → Rn 83 ff).

**2. Wegen der Religion oder Weltanschauung.** § 9 AGG vermittelt Kirchen und **80**
Religionsgemeinschaften besondere Rechtfertigungsgründe für eine unterschiedliche Behandlung wegen der Religion oder Weltanschauung. **§ 9 Absatz 1 AGG** erlaubt dem kirchlichen ArbGeb, die Religion oder Weltanschauung **als berufliche Anforderung** festzulegen und so die Begründung des Arbeitsverhältnisses von der Konfessionszugehörigkeit abhängig zu machen. Privilegiert sind Kirchen, sonstige Religionsgesellschaften sowie die ihnen zugeordneten Einrichtungen, ohne Rücksicht auf ihre Rechtsform. Auf diesen Ausnahmetatbestand können sich mithin auch Einrichtungen der Caritas und der Diakonie berufen. Einbezogen werden weiter auch konfessionelle Vereinigungen, die nicht einer Kirche zugeordnet sind und sich die gemeinschaftliche Pflege einer Religion oder Weltanschauung zur Aufgabe gemacht haben. Nicht erfasst sind hingegen Tendenzbetriebe iSd § 118 Abs 1 BetrVG, so dass in diesen Betrieben eine Ablehnung allein wegen der politischen Weltanschauung unzulässig ist (*Wisskirchen* DB 06, 1491).

Problematisch ist, dass nach dem Wortlaut des Absatz 1 die festgelegte Anforderung für **81**
die Ausübung der Tätigkeit im Hinblick auf das **Selbstbestimmungsrecht der Kirche** oder durch die **Art der Tätigkeit** gerechtfertigt sein kann. So erlaubt die Vorschrift einer Religionsgemeinschaft sich allein auf ihr glaubensdefiniertes Selbstverständnis zu stützen und weicht damit vom Richtlinientext in Art 4 Abs 2 RL 2000/78/EG ab, der einen Bezug zur Tätigkeit fordert. Insoweit war die Reichweite der Rechtfertigungsmöglichkeiten nach § 9 Abs 1 AGG lange Zeit ungeklärt. Inzwischen hat der EuGH im Rahmen eines deutschen Rechtsstreits klargestellt, dass die Anforderungen des kirchlichen ArbGeb für die Ausübung der Tätigkeit nach Unionsrecht „wesentlich, rechtmäßig und gerechtfertigt" sein müssen. Daher sei eine Ungleichbehandlung wegen der Religion nur zulässig, wenn objektiv ein direkter Zusammenhang zwischen den religiös bestimmten Anforderungen und der fraglichen Tätigkeit bestehe. Insoweit müsse eine wirksame gerichtliche Kontrolle gewährleistet sein (EuGH 17.4.18 – C-414/16, NZA 18, 569 „Egenberger"). Das BAG hat nun die Vorgaben des EuGH umgesetzt und entschieden, dass § 9 Abs 1 Alt 1 nicht unionsrechtskonform ausgelegt werden könne und daher unangewendet bleiben muss. Künftig wird von

der Kirche eine Mitgliedschaft nur noch gefordert werden können, wenn die konkrete Tätigkeit mit der Verkündung ihres Ethos in engem Zusammenhang steht (→ *Kirchenarbeitsrecht* Rn 14 ff).

82 Weiter privilegiert **§ 9 Absatz 2 AGG** Religionsgemeinschaften, indem er sie ermächtigt, von den für sie arbeitenden Personen ein **loyales und aufrichtiges Verhalten** iS ihres Selbstverständnisses zu verlangen. Auch hier hat das BAG inzwischen entspr dem vom EuGH vorgegebenen Prüfprogramm (EuGH 11.9.18 – C-68/17, NJW 18, 3086) entschieden, dass die auferlegte Loyalitätspflicht gerade für die konkret ausgeübte Tätigkeit eine wesentliche, rechtmäßige und gerechtfertigte berufliche Anforderung sein müsse (BAG 20.2.19 – 2 AZR 746/14, NZA 19, 901 zur Kündigung bei Wiederheirat; anders noch BAG 25.4.13 – 2 AZR 579/12, NZA 13, 1131 zum Kirchenaustritt; im Einzelnen → *Kirchenarbeitsrecht* Rn 7 ff).

83 **3. Wegen des Alters.** Insbes das Verbot der Benachteiligung wegen des Alters ist eine der komplexesten Regelungen des AGG. Das Alter ist vielfach Anknüpfungspunkt einer Differenzierung in gesetzlichen, tarifvertraglichen und einzelvertraglichen Regelungen sowie Betriebsvereinbarungen. Diesem Umstand trägt die RL 2000/78/EG durch einen weit reichenden Ausnahmetatbestand (Art 6 RL 2000/78/EG) Rechnung. Das AGG hat diese Vorgaben in § 10 S 1 und 2 sowie in den Regelbeispielen Satz 3 Nr 1–4 weitgehend übernommen.

84 **a) Generalklausel. § 10 Satz 1 und 2 AGG** regeln den **allgemeinen Rechtfertigungsgrund** für eine differenzierende Behandlung wegen des Alters. Danach ist eine Benachteiligung – unabhängig von einer möglichen Rechtfertigung schon nach § 8 AGG – zulässig, wenn sie objektiv, angemessen und durch ein legitimes Ziel gerechtfertigt ist. Des Weiteren müssen die Mittel zur Erreichung dieses Ziels angemessen und erforderlich sein. Damit schafft der Gesetzgeber eine ausfüllungsbedürftige Generalklausel, die weitestgehend einer Verhältnismäßigkeitsprüfung gleicht. Nach der Rspr des BAG sind **legitime Ziele** iSd § 10 S 1 AGG sowohl solche, die im Interesse der Allgemeinheit liegen (zB Beschäftigungspolitik, Arbeitsmarkt und berufliche Bildung), als auch betriebs- und unternehmensbezogene Interessen, wobei es sich nicht nur um gesetzlich anerkannte Interessen handeln muss (zB Sicherung der Personalstruktur, Bindung bestimmter ArbN an den Betrieb: BAG 6.11.08 – 2 AZR 701/07, NZA 09, 361; BAG 11.4.06 – 9 AZR 528/05, NZA 06, 1217; BAG 15.12.11 – 2 AZR 42/10, NZA 12, 1044). Das verfolgte Interesse muss („objektiv") auf tatsächlichen und nachvollziehbaren Erwägungen beruhen und muss in einem angemessenen Verhältnis zu der Ungleichbehandlung stehen (BAG 22.1.09 – 8 AZR 906/07, NZA 09, 945). Allerdings steht die Anerkennung reiner ArbGebInteressen nicht mit der Rspr des EuGH in Einklang, der nur sozialpolitische Ziele wie solche aus den Bereichen Beschäftigungspolitik, Arbeitsmarkt oder berufliche Bildung in Betracht zieht (EuGH 18.6.09 – C-88/08 „Hütter", NZA 09, 891; 5.3.09 – C-388/07 „Age Concern England", NZA 09, 305).

85 Einer Berücksichtigung des Lebensalters bei der **Sozialauswahl nach § 1 Absatz 3 KSchG** steht das Verbot der Altersdiskriminierung grds nicht entgegen (BAG 5.11.09 – 2 AZR 676/08, NZA 10, 457; BAG 13.10.09 – 9 AZR 722/08, NZA 10, 327). Eine im Rahmen der Sozialauswahl vorgenommene **Altersgruppenbildung** kann nach § 10 S 1 und 2 AGG gerechtfertigt sein, wenn dadurch der Überalterung des Betriebs entgegengewirkt und zugleich die Bevorzugung älterer ArbN relativiert wird. Das ArbGebInteresse an einer altersmäßig ausgewogenen Personalstruktur im Betrieb und einem kontinuierlichen Austausch- und Alterungsprozess wird vom BAG als legitimes Ziel iSd § 10 S 1 AGG anerkannt (BAG 6.11.08 – 2 AZR 523/07, NZA 09, 361; BAG 19.6.07 – 2 AZR 304/06, NZA 08, 103). Dies ist jedenfalls bei Massenkündigungen aufgrund einer Betriebsänderung anzunehmen. Damit der Altersdurchschnitt insgesamt erhalten bleibt, wird die Sozialauswahl segmentiert nach Altersgruppen durchgeführt. Dafür wird jeweils innerhalb der Altersgruppen eine dem prozentualen Anteil an der Gesamtbelegschaft entsprechende Anzahl von ArbN zur Kündigung ausgewählt. Das Mittel der Gruppenbildung ist aber nur dann geeignet, wenn eine proportionale Berücksichtigung aller Altersgruppen auch innerhalb der einzelnen Vergleichsgruppe möglich ist. Soweit in einer betroffenen Vergleichsgruppe weniger ArbN zu kündigen sind als Altersgruppen gebildet wurden, kann das die Sozialauswahl

grob fehlerhaft machen (BAG 19.7.12 – 2 AZR 252/11, BeckRS 2012, 76170). S auch → Rn 98.

Das BAG hat weiterhin klargestellt, dass das Lebensalter als Auswahlkriterium auch durchgehend „linear" berücksichtigt werden kann, indem mit steigendem Lebensalter das Gewicht des Alters gleichmäßig zunimmt **(lineares Punkteschema).** Das Lebensalter sei ein geeignetes und erforderliches Kriterium, um die individuellen Arbeitsmarktchancen bei der sozialen Auswahl in die Abwägung mit einzubeziehen. Die Zuteilung von Alterspunkten führe mit einer hinnehmbaren Unschärfe zur Berücksichtigung von Chancen auf dem Arbeitsmarkt und im Zusammenspiel mit den übrigen sozialen Gesichtspunkten, wie Betriebszugehörigkeit, Unterhaltsverpflichtungen und Schwerbehinderung, nicht zu einer Überbewertung des Lebensalters (BAG 5.11.09 – 2 AZR 676/08, NZA 10, 457; BAG 13.10.09 – 9 AZR 722/08, NZA 10, 327). Dies entspricht in etwa der bereits vor Inkrafttreten des AGG überwiegenden Auffassung (*Kamanabrou* RdA 06, 27; *Bayreuther* DB 06, 1845; BAG 2.12.99 – 2 AZR 757/98, NZA 00, 531; BAG 5.12.02 – 2 AZR 549/01, NZA 03, 791). **Einfache Punkteschemata,** die eine Berücksichtigung des Einzelfalls hinsichtlich der Arbeitsmarktchancen gänzlich ausschließen, sind daher auch nach Aufhebung des § 10 S 3 Nr 6 AGG aF nicht rechtssicher (*Bayreuther* DB 06, 1842; *Annuß* BB 06, 1629; *Willemsen/Schweibert* NJW 06, 2583). Zudem hat der EuGH in der Rs Mangold betont, dass Regelungen, die das Alter als einziges Kriterium festlegen, über das hinausgehen, was zur Erreichung des verfolgten Zieles angemessen und erforderlich ist, wenn nicht nachgewiesen wäre, „dass die Festlegung einer Altersgrenze als solche unabhängig von anderen Erwägungen im Zusammenhang mit der Struktur des jeweiligen Arbeitsmarktes und der persönlichen Situation des Betroffenen zur Erreichung des Zieles der beruflichen Eingliederung arbeitsloser älterer ArbN objektiv erforderlich ist" (EuGH 22.11.05 – Rs C-144/04, NZA 05, 1345). In der bisherigen Rspr seit Inkrafttreten des AGG wurden allerdings einfache Punkteschemata letztlich nicht beanstandet (LAG NdS 13.7.07 – 16 Sa 269/07, ArbuR 07, 388; ArbG Bielefeld 25.4.07 – 6 Ca 2886/06, NZA-RR 07, 466; BAG 19.6.07 – 2 AZR 304/06, NZA 08, 103). Es ist anzuraten, eine relativ gleiche Gewichtung aller Kriterien vorzunehmen und abschließend das Ergebnis dahingehend zu überprüfen, ob es im Hinblick auf die Arbeitsmarktchancen der danach zu entlassenden Beschäftigten diskriminierungsrechtliche Bedenken geben könnte. Verstößt das Punktesystem gegen das AGG, führt dies allenfalls zur groben Fehlerhaftigkeit der Sozialauswahl, nicht jedoch zur Unwirksamkeit von Namensliste und Interessenausgleich und damit zum Wegfall der Vermutungswirkung nach § 1 Abs 5 S 1 KSchG (BAG 5.11.09 – 2 AZR 676/08, NZA 10, 457). 86

Individual- und kollektivvertragliche **Unkündbarkeitsklauseln,** die die Unkündbarkeit von Beschäftigten eines bestimmten Alters und einer bestimmten Betriebszugehörigkeit regeln, waren nach § 10 S 3 Nr 7 AGG aF nicht dem Benachteiligungsverbot unterworfen. Sie sind aber auch nach Aufhebung dieses Regelbeispiels zulässig, da sie dem Schutz älterer ArbN dienen, soweit der Kündigungsschutz jüngerer ArbN im Rahmen der Sozialauswahl nach § 1 Abs 3 KSchG dadurch nicht grob fehlerhaft gemindert wird (BAG 20.6.13 – 2 AZR 295/12, NZA 14, 208). Die Streichung der Vorschrift hat im Ergebnis keine Änderung der Rechtslage zur Folge (→ *Unkündbarkeit* Rn 4 ff; *Bauer/Krieger* § 10 AGG Rn 46 ff). Ebenso liegt bei einem Personalabbau durch freiwillige Aufhebungsverträge unter Zahlung attraktiver Abfindungen in der Herausnahme älterer ArbN noch keine Benachteiligung gegenüber jüngeren iSd § 3 Abs 1 S 1 AGG (BAG 25.2.10 – 6 AZR 911/08, NZA 10, 561). 87

**Altersgrenzen** können der Sicherung eines wichtigen Gemeinschaftsguts dienen. So können niedrigere als die gesetzlich vorgesehenen Altersgrenzen zulässig sein, soweit ein überwiegendes öffentliches Schutzinteresse besteht. Ist eine Rechtfertigung bereits nach § 8 AGG möglich, weil das Alter eine „wesentliche und entscheidende" berufliche Anforderung darstellt (zB bei Polizisten, Fluglotsen, Feuerwehr) ist eine Prüfung des § 10 S 1 und 2 AGG entbehrlich. Es stellt keinen Rechtfertigungsgrund dar, dass das wirtschaftliche Risiko krankheitsbedingter Ausfälle im Alter zunimmt (ArbG Frankfurt aM 25.6.07 – 11 Ca 8952/06, DSB 07, Nr 9, 20). Zur automatischen Beendigung des Arbeitsverhältnisses durch individual- oder tarifvertragliche Pensionsgrenzen → Rn 96. 88

**b) Die Regelbeispiele Nr 1–6.** Die Regelbeispiele Nr 1–4 sind im Wesentlichen Art 6 der RL 20000/78/EG entnommen und enthalten zusammen mit Nr 5 und 6 eine bei- 89 spielhafte, nicht abschließende Aufzählung von zulässigen Differenzierungen wegen des Alters. Ist ein Regelbeispiel seinem Wortlaut nach einschlägig, ist gleichwohl die Verhältnismäßigkeit im Einzelfall zu prüfen (*Bauer/Krieger* § 10 AGG, Rz 25).

90 **§ 10 Satz 3 Nr 1 AGG** nennt als legitimes Ziel die Förderung der beruflichen Eingliederung oder die Sicherstellung des Schutzes von Jugendlichen, älteren Beschäftigten und Personen mit Fürsorgepflichten. Die Erreichung dieses Ziels darf durch die Festlegung besonderer Bedingungen für den **Zugang zur Beschäftigung** und zur **beruflichen Bildung** oder besonderer **Beschäftigungs- und Arbeitsbedingungen** einschließlich **Entlohnungs- und Entlassungsbedingungen** erfolgen, solange diese objektiv und angemessen sind. Eine besondere Arbeitsbedingung stellt zB § 14 Abs 1 JArbSchG dar. Infolgedessen verstößt ein Verbot der Nachtarbeit für Jugendliche nicht gegen den Grundsatz der Gleichbehandlung. Allerdings darf die Inanspruchnahme von Diskriminierungsschutz nicht zu Nachteilen für die ArbN führen (*Thüsing* NZA 02, 1234; s zur Geschlechterdiskriminierung EuGH 25.7.91 – Rs C-345/89, EuZW 91, 666 „Nachtarbeitsverbot für Frauen"; BVerfG 28.1.92 – 1 BvR 1025/82, NZA 92, 270).

91 **Reduzierte Wochenarbeitszeiten,** eine nach Altersstufen **gestaffelte Urlaubsdauer** und **Zusatzurlaub** für ältere ArbN begünstigen diese im Vergleich zu jüngeren ArbN. Ein pauschal höheres Erholungsbedürfnis von ArbN jenseits der 50 lehnt das BAG ab. Es gebe keinen allgemeinen Erfahrungssatz, der unabhängig von der ausgeübten Tätigkeit ein erhöhtes Erholungsbedürfnis begründe (BAG 25.10.18 – 8 AZR 501/14, NZA 19, 455; BAG 21.10.14 – 9 AZR 956/12, NZA 15, 297). Kollektive Regelungen müssen daher künftig zwischen einzelnen Beschäftigungsgruppen, in Abhängigkeit von ihrer jeweiligen körperlichen Beanspruchung, differenzieren. Im Übrigen bedarf es einer Verhältnismäßigkeitsprüfung im Einzelfall. Die Verhältnismäßigkeit des Mittels bemisst sich nicht nur am Ziel des Schutzes älterer ArbN als besonderes sozialpolitischen Anliegen, sondern zugleich an der beeinträchtigten Rechtsposition der Jüngeren und an der Art der Vergünstigung. Eine geringere Vergünstigung wird nicht so strengen Prüfungsmaßstäben wie eine weiter reichende Vergünstigung unterworfen sein. Beruht die diskriminierende Wirkung allein auf der Altersstaffelung, kann der Verstoß regelmäßig nur durch **Anpassung „nach oben"** beseitigt werden (BAG 27.4.17 – 6 AZR 119/16, NZA 17, 1116; BAG 20.3.12 – 9 AZR 529/10, NZA 12, 803). Kein Anspruch besteht auf vorzeitigen Abschluss eines Altersteilzeitvertrages, wenn einschlägiger TV Anspruch erst mit Vollendung des 60. Lebensjahres vorsieht (LAG SchlHol 4.11.09 – 6 Sa 18/09, BeckRS 2009, 74284). Keine unzulässigen besonderen Entlohnungsbedingungen stellen Verdienstsicherungen für ältere ArbN dar. Diese dienen vielmehr dem Schutz älterer ArbN und sind somit gem § 10 Nr 1 AGG gerechtfertigt (*Leuchten* NZA 02, 1254 zu Art 6 RL 2000/78/EG).

**§ 10 Satz 3 Nr 2 AGG** erlaubt die Festlegung von **Mindestanforderungen an das Alter,** die Berufserfahrung oder das Dienstalter für den Zugang zur Beschäftigung oder für bestimmte mit der Beschäftigung verbundene Vorteile. Ein legitimes Ziel nennt Nr 2 nicht, dennoch ergibt sich dessen Notwendigkeit aus der Generalklausel des § 10 S 1 AGG. Im Bereich des Zugangs zur Beschäftigung kommt insbes die Gesundheit und Sicherheit Dritter, die mit der Arbeit in Berührung kommen, sowie das Gemeinwesen als legitimes Ziel in Betracht. Das Ziel, Schutz für jüngere oder ältere ArbN zu gewährleisten, ist bereits durch Nr 1 gedeckt (*Kamanabrou* RdA 06, 25).

92 Die **Einkommensstaffelung** nach dem Lebensalter stellt eine unzulässige Altersdiskriminierung dar und ist nicht nach § 10 S 3 Nr 2 AGG gerechtfertigt. Anders als bei der Anknüpfung an das Dienstalter oder die Dauer der Betriebszugehörigkeit ist eine solche an das tatsächliche Alter nicht geeignet, eine größere Berufs- bzw Lebenserfahrung – auch nicht in typisierender Weise – zu honorieren (BAG 18.2.16 – 6 AZR 700/14, NZA 16, 709; BAG 15.11.12 – 6 AZR 359/1, NZA 13, 629). Die Anknüpfung an das Kriterium der Berufserfahrung ist gerechtfertigt, wenn diese dem legitimen Ziel der Honorierung der beruflichen Qualifikation dient (*Waltermann* NZA 05, 1265; *Linsenmaier* RdA 03, Beil 5, S 22). Bei einer Entlohnung nach dem Dienstalter müssen objektive Kriterien hinzutreten, durch die eine relevante Beziehung zwischen Tätigkeit und Dienstalter deutlich wird (EuGH 7.2.91 – C-184/89 „Nimz", NZA 91, 461). Die Differenzierung nach dem Dienstalter innerhalb einer einfachen Tätigkeit ist daher eher unzulässig als die innerhalb einer qualifizierten Tätigkeit. Ungleichbehandlungen, die an das Kriterium der Beschäftigungs-

dauer knüpfen, können gerechtfertigt sein, wenn damit das legitime Ziel der Honorierung der Betriebstreue verfolgt wird (*Schmidt/Senne* RdA 02, 80). Bislang musste nach hM bis zur Einführung eines diskriminierungsfreien Systems eine **Überleitung** nach dem sog **Meistbegünstigungsprinzip** in der Form erfolgen, dass die leistungsgewährenden, nicht benachteiligenden TVBestimmungen auf diejenigen ArbN anzuwenden sind, die unter Verstoß gegen die Diskriminierungsverbote von den Leistungen ausgeschlossen waren. Das BAG bejahte auch dann eine „Anpassung nach oben", wenn die benachteiligte Gruppe groß und der Kreis der gleichheitswidrig Begünstigten klein war (BAG 10.11.11 – 6 AZR 148/09, NZA 12, 161 zur Überleitung in den TV-L, mit der Konsequenz einer erheblichen Belastung der Länderhaushalte). Dagegen hat der EuGH über eine Überleitungsregelung nach deutschem Besoldungsrecht entschieden und in der Überführung sog Bestandsbeamter in das neue Entgeltsystem unter Zugrundelegung ihres alten Grundgehalts keinen Verstoß gegen das Verbot der Altersdiskriminierung gesehen: Eine Beseitigung der Diskriminierung durch Gleichstellung mit den ältesten Beamten sei nicht zwingend, da es an einem gültigen Bezugsystem für eine solche Anpassung fehle. Die in der Überleitung liegende Benachteiligung sah der EuGH aus Gründen der Besitzstandswahrung und der Erwartungen bzgl künftiger Entgeltentwicklungen als gerechtfertigt an und ließ damit erstmalig auch fiskalische Erwägungen zu. Auch die Festlegung einer Ausschlussfrist für die Geltendmachung von Ansprüchen wegen Altersdiskriminierung auf das Ende des laufenden Haushaltsjahrs sei unionsrechtkonform (EuGH 19.6.14 – C-501/12, C-502/12, NZA 14, 831; dazu *Lingemann* NZA 14, 827). Das BAG hat allerdings diese Rspr nicht nachvollzogen, sondern hält bislang an einer Angleichung nach oben fest (BAG 18.2.16 – 6 AZR 700/14, NZA 16, 709).

Gem **§ 10 Satz 3 Nr 3 AGG** sind **Höchstaltersgrenzen zur Einstellung** aufgrund spezifischer Ausbildungsanforderungen eines bestimmten Arbeitsplatzes oder aufgrund der Notwendigkeit einer angemessenen Beschäftigungszeit vor dem Eintritt in den Ruhestand zulässig. Die Bevorzugung von Berufsanfängern kann zulässig sein (LAG Hessen 16.1.12 – 7 Sa 615/11, NZA-RR 12, 464). Der Wunsch des ArbGeb, dass der ArbN nach dem Ausbildungs- oder Laufbahnkonzept noch eine angemessene Zeit auf der Stelle arbeitet, ist ein legitimes Ziel (*Linsenmaier* RdA 03, 28). Eine Ungleichbehandlung aufgrund spezifischer Ausbildungsanforderung ist möglich, wenn sich der finanzielle Aufwand einer spezifischen Ausbildung durch eine lange Beschäftigungsdauer rentieren soll. Mit dem Erfordernis einer angemessenen Beschäftigungszeit wird ua dem Umstand Rechnung getragen, dass einer aufwändigen Einarbeitung am Arbeitsplatz auch eine betriebswirtschaftlich sinnvolle Mindestdauer einer produktiven Arbeitsleistung gegenüber stehen muss (zur Zulässigkeit einer Höchstaltersgrenze von 35 Jahren für die Übernahme in ein Beamtenverhältnis OVG Münster 15.3.07 – 6 A 942/05, BeckRS 2007, 22662). Der ArbGeb muss sich gegebenenfalls entgegenhalten lassen, dass die übliche Verweildauer im Betrieb kürzer ist als die Zeit, die ein Bewerber bis zum Eintritt in den Ruhestand normalerweise bleiben könnte. Besondere Sorgfalt muss bei der Gestaltung der Höchstaltersgrenzen darauf gelegt werden, dass es durch diese nicht zu einer mittelbaren Geschlechterdiskriminierung, bspw durch Nichtberücksichtigung von Kindererziehungszeiten (*Schmidt/Senne* RdA 02, 80), kommt. Für diesen Fall bedürfte es zusätzlich einer Rechtfertigung wegen einer Benachteiligung aufgrund des Geschlechts, welche jedoch nicht mit der Beschäftigungsunterbrechung aufgrund der Kinderziehung begründet werden kann. 93

Entsprechend Art 6 Abs 2 der RL 2000/78/EG lässt **§ 10 Satz 3 Nr 4 AGG** ausdrücklich Altersgrenzen in betrieblichen Systemen der sozialen Sicherheit, insbes in der **betrieblichen Altersvorsorge** zu, solange diese nicht eine Benachteiligung wegen des Geschlechts zur Folge haben. Somit ist auch nach dem 18.8.2006 eine **Versorgungsordnung,** welche die Teilhabe bei Überschreitung eines bestimmten Lebensalters ausschließt, zulässig (so schon BAG 14.1.86 – 3 AZR 456/84, DB 86, 2030). Daran hält das BAG jedenfalls für den Fall fest, dass die Erteilung der Versorgungszusage von der Erreichbarkeit einer mindestens 15-jährigen Betriebszugehörigkeit bis zum Erreichen der Regelaltersgrenze in der gesetzlichen Rentenversicherung abhängig gemacht wird (BAG 12.2.13 – 3 AZR 100/11, BeckRS 2013, 68637). Dagegen diskriminiert eine Versorgungsordnung, die einen Anspruch auf Altersrente ausschließt, wenn der ArbN bei Erfüllung der 10-jährigen Wartezeit das 55. Lebensjahr vollendet hat, solche ArbN, die bei Beginn des Arbeitsverhältnisses älter als 45 Jahre 94 waren (BAG 18.3.14 – 3 AZR 69/12, NZA 14, 606). Eine mittelbare Diskriminierung aufgrund des Geschlechts kann vorliegen, wenn eine Versorgungszusage Teilzeitbeschäftigte ausschließt, weil diese überwiegend weibliche ArbN besonders benachteiligen würde (EuGH 13.5.86 – Rs C-170/84 „Bilka", AP Nr 10 zu EWG-Vertrag Art 119). Ebenfalls unzulässig ist eine Versorgungszusage, die zwischen Männern und Frauen hinsichtlich der Anrechnung von Dienstjahren und der Festsetzung des Alters für die Aufnahme in ein Versorgungswerk unterscheidet (BAG 6.4.82 – 3 AZR 134/97, DB 82, 1466). Zudem liegt eine an das Alter anknüpfende und zugleich geschlechtsdiskriminierende Regelung vor, wenn die Leistungsordnung der Pensionskassen als Voraussetzung für die Inanspruchnahme der Versorgungsleitung für Männer und Frauen ein unterschiedliches Mindestalter fordert (EuGH 17.5.90 – Rs C-262/88 „Barber", NZA 90, 775; 6.10.93 – Rs C-1091/91 „Ten Over", NZA 93, 1125; nun auch BAG 7.9.04 – 3 AZR 550/03).

95 Nachdem das BAG bereits mit Urteil vom 16.10.18 eine gleitende **Altersabstandsklausel** in einer Versorgungsordnung gebilligt hatte, die dem Hinterbliebenen eine ungeminderte Rente nur dann gewährte, wenn der Altersunterschied zum verstorbenen ArbN weniger als 15 Jahre betrug, und iÜ eine schrittweise Verringerung mit größerem Abstand vorsah (BAG 16.10.18 – 3 AZR 520/17, NZA 19, 176), hat es nun eine solche Klausel bereits mit einem Altersabstand von 10 Jahren für rechtmäßig erklärt (BAG 11.12.18 – 3 AZR 400/17, NZA 19, 537). Ein rechtfertigendes legitimes Interesse stelle die Wahrung der Leistungsfähigkeit der Hinterbliebenenversorgung dar. Gleichwohl bestehen hier Bedenken, da ein vergleichsweise größerer Anteil der männlichen ArbN einen jüngeren Partner aufweisen wird. Diese können ihrem Fürsorgeinteresse nicht nachkommen. Das BAG hatte die Frage der Richtlinienkonformität solcher Abstandsklauseln bereits dem EuGH vorgelegt (BAG 27.6.06 – 3 AZR 352/05, NZA 06, 1276), jedoch brachte die Entscheidung keinen Aufschluss, da nach Auffassung des EuGH die zu prüfende Versorgungsrichtlinie nicht der Umsetzung der RL 2000/78/EG diente und der Anwendungsbereich des Gemeinschaftsrechts nicht betroffen war (EuGH 23.9.08 – C-427/06, NZA 08, 1119).

96 Anders liegt der Fall bei der sog **Spätehenklausel,** nach der die Ehe mindestens zehn Jahre bestanden haben muss, wenn sie nach Vollendung des 50. Lebensjahr des Beschäftigten geschlossen wurde. Hier wird ausdrücklich an das Lebensalter des Beschäftigten angeknüpft. Hatte das BAG eine derartige Klausel zunächst noch für zulässig erklärt (BAG 28.7.05 – 3 AZR 457/04, DB 06, 2018) hat es später in Abkehr von seiner bisherigen Rspr darin eine übermäßige Beeinträchtigung der legitimen Interessen der versorgungsberechtigten ArbN gesehen (BAG 4.8.15 – 3 AZR 137/13, NZA 15, 1447).

97 § 1b BetrAVG macht den Erwerb einer unverfallbaren **Versorgungsanwartschaft** von der Vollendung des 25. Lebensjahres abhängig. Durch das Gesetz zur Förderung der betrieblichen Altersversorgung vom 10.12.07 ist das Alter von bisher 30 auf 25 herabgesetzt worden, um den europarechtlichen Bedenken in Hinblick auf eine Benachteiligung jüngerer ArbN – insbes junger Frauen – und der geplanten EU-Portabilitätsrichtlinie, die ein Mindestalter von 21 Jahren vorsieht, Rechnung zu tragen. Dagegen ist eine mittelbare Benachteiligung jüngerer ArbN durch die ratierliche Kürzung der Versorgungsanwartschaft bei vorzeitigem Ausscheiden auch nach europarechtlichen Vorgaben unter dem Aspekt der Honorierung der Betriebstreue gerechtfertigt (BAG 19.7.11 – 3 AZR 434/09, NZA 12, 155; bestätigt durch BVerfG 29.5.12 – 1 BvR 3201/11, NZA 13, 164).

98 Gem **§ 10 Satz 3 Nr 5 AGG** sind individual- und kollektivvertragliche **Altersgrenzen,** die eine automatische Beendigung des Arbeitsverhältnisses ohne Kündigung vorsehen, zulässig, soweit auf das Erreichen der Regelaltersgrenze der gesetzlichen Rentenversicherung abgestellt wird. Maßgebliches Kriterium ist die bloße Rentenberechtigung, nicht der tatsächliche Rentenbezug. Dies entspricht der st nationalen Rspr (BAG 5.3.13 – 1 AZR 417/12, NZA 13, 916; 27.5.05 – 7 AZR 443/04, NZA 06, 37; 19.11.03 – 7 AZR 296/03, NZA 04, 1336; LAG Düsseldorf 24.4.09 – 4 Sa 1764/08, BeckRS 2009, 67083 zur Altersgrenze nach § 33 Abs 1a TVöD). Lange wurde die Europarechtskonformität dieser Regelung bezweifelt (ErfK/*Schlachter* AGG, § 10 Rn 12) und eine Rechtfertigung wegen berechenbarer Personal- und Nachwuchsplanung überwiegend abgelehnt (*Schmidt/Senne* RdA 02, 80; wegen „Age Concern"-Entscheidung des EuGH 5.3.09 – C-388/07, NZA 09, 305 fraglich, ob Rechtfertigung allein durch sozialpolitische Ziele zulässig). Mit seiner Entscheidung in der Rechtssache „Rosenbladt" hat der EuGH (EuGH 12.10.10 – C-45/09,

NZA 10, 1167) die Europarechtskonformität des § 10 S 3 Nr 5 AGG bestätigt und eine automatische Beendigung des Arbeitsverhältnisses mit Erreichen der Altersgrenze durch beschäftigungspolitische Ziele gerechtfertigt angesehen, und das unabhängig von der Höhe des Rentenanspruchs (bestätigt durch EuGH 5.7.12 – C-141/11, NZA 12, 785). Problematisch in dieser Entscheidung ist ein eventueller Vorbehalt der zulässigen Anschlussbewerbung (*Bauer/Diller* DB 10, 2727); ein solcher würde die Zielsetzung derartiger Klauseln unterlaufen. Mit der Neuregelung in § 41 S 3 SGB VI zum 1.7.14 hat der Gesetzgeber die arbeitsrechtlichen Altersgrenzen allerdings flexibilisiert und ein mehrfaches vertragliches Hinausschieben der Beendigung des Arbeitsverhältnisses ermöglicht (→ *Altersgrenze* Rn 5 ff; s auch Überblick *Waltermann* RdA 15, 343). Regelmäßig gelten aber Abreden, die eine Beendigung mit Erreichen des 65. Lebensjahres vorsehen, als auf das Erreichen der Regelaltersgrenze abgeschlossen (BAG 9.12.15 – 7 AZR 68/14, NZA 16, 695; § 41 S 2 SGB VI).

**§ 10 Satz 3 Nr 6 AGG** erlaubt unter bestimmten Voraussetzungen Differenzierungen **99** von Leistungen in **Sozialplänen** nach dem Alter oder der Dauer der Betriebszugehörigkeit der Beschäftigten. Durch die Zulässigkeit **gestaffelter Abfindungsregelungen** ermöglicht der Gesetzgeber die Berücksichtigung der vom Alter abhängigen Chancen auf dem Arbeitsmarkt durch eine verhältnismäßig stärkere oder schwächere Betonung des Lebensalters oder (zu lesen: und/oder) der Betriebszugehörigkeit in Sozialplänen. Der Entstehungsgeschichte der Vorschrift ist zu entnehmen, dass die bisherige Sozialplanpraxis bestätigt werden sollte (BT-Drs 16/1780 S 36). Auch wurden keine über § 75 BetrVG hinausgehenden Anforderungen bzgl der Altersdifferenzierungen geschaffen. Die Erhöhung einer Sozialplanabfindung mit steigendem Alter dient dem Ausgleich des entspr wachsenden Risikos längerer Arbeitslosigkeit und ist insoweit zulässig (BAG 26.5.08 – 1 AZR 198/08, NZA 09, 849). Auf dem Prüfstand stehen grds Sozialplanregelungen, die mit einem nach dem Alter gestaffelten Divisor arbeiten (für ihre Zulässigkeit *Löwisch* DB 06, 1729; zweifelnd *Willemsen/Schweibert* NJW 06, 2583; ablehnend *Annuß* BB 06, 1634). Teilweise wird empfohlen, anstelle der stark pauschalierten Divisorformel an den Vermittlungschancen orientierte Altersgruppen zu bilden (*Willemsen/Schweibert* NJW 06, 2583).

Mit der Rspr zu § 10 S 3 Nr 6 AGG ist es nach wie vor zulässig, ältere ArbN ganz von **100** Sozialplanleistungen auszunehmen, wenn sie nach Beendigung des Arbeitsverhältnisses nach dem Bezug vom AlGeld rentenberechtigt und damit wirtschaftlich bereits hinreichend abgesichert sind (BAG 31.7.96 – 10 AZR 838/98, AP Nr 135 zu § 112 BetrVG 1972). Haben ältere ArbN einen Anspruch auf **vorgezogenes Altersruhegeld,** so kann dies nach ständiger Rspr des BAG **anspruchsmindernd berücksichtigt** werden oder sogar zum völligen Ausschluss der Leistung führen, und zwar selbst dann, wenn ein Frühverrentungsabschlag zu erheblichen finanziellen Einbußen bei der Rentenhöhe führt. Es sei ein legitimes sozialpolitisches Ziel iSd § 10 S 3 Nr 6 AGG, den Betriebsparteien, mit Blick auf die zukunftsgerichtete Ausgleichs- und Überbrückungsfunktion von Sozialplänen, einen Beurteilungsspielraum hinsichtlich der den ArbN durch die Betriebsänderung voraussichtlich entstehenden wirtschaftlichen Nachteile zu eröffnen (BAG 11.11.08 – 1 AZR 475/07, NZA 09, 210; 23.3.10 – 1 AZR 832/08, NZA 10, 774). Auch der EuGH sieht eine geminderte Entlassungsabfindung für rentennahe ArbN wegen der Notwendigkeit einer gerechten Verteilung der begrenzten finanziellen Mittel eines Sozialplans gerechtfertigt (EuGH 6.12.12 – C 152/11 „Odar", NZA 12, 1435: Minderung der Standardabfindung um 50% zulässig; weitergehend aber: BAG 26.3.13 – 1 AZR 813/11, BeckRS 2013, 69157, das einen Nettoausgleich für das nach Entlassung und AlGeld entfallende Entgelt bis zum frühestmöglichen Bezug der gesetzlichen Altersrente als ausreichend ansieht; BAG 9.12.14 – 1 AZR 102/13, NZA 15, 365 bejaht völligen Ausschluss bei angebotener vorübergehender Weiterbeschäftigung an anderem Unternehmensstandort). Gleichwohl wird man einen unverhältnismäßigen oder gar vollständigen Ausschluss wegen der bloßen Möglichkeit eines vorgezogenen Altersruhegeldes ablehnen müssen. Ein solcher führt nämlich zu einem unverhältnismäßigen Zwang in die Frühverrentung und damit zu einem Verstoß gegen die RL 2000/78/EG. Das hat der EuGH jedenfalls in einem vergleichbaren dänischen Rechtsfall angenommen (EuGH 12.10.10 – C-499/08 „Andersen", NZA 10, 1341; dazu *Kania/Kania* ZESAR 12, 62). Keinesfalls berücksichtigt werden darf hingegen die Möglichkeit einer **vorzeitigen Altersrente wegen Behinderung.** Der Abfindungsanspruch des schwerbehinderten ArbN ist aber auf die Leistungen begrenzt, die gleichaltrige ArbN ohne Schwerbehinderung nach dem maßgeblichen Bezugssystem erhalten würden (BAG 16.7.19 – 1 AZR 842/16, NZA 19, 1432; BAG 17.11.15 – 1 AZR 938/13, NZA 16, 501; EuGH 6.12.12 – C-152/11 „Odar“, NZA 12, 1435). Eine die Abfindungshöhe begrenzende Höchstbetragsklausel in Sozialplänen, die eine unter Umständen herbeigeführte Besserstellung älterer ArbN gegenüber jüngeren Mitarbeitern eingrenzt, bewirkt keine Diskriminierung älterer ArbN (LAG Hessen 27.11.07 – 4 Sa 1014/07). Wenngleich das Gesetz lediglich von Sozialplänen iSd BetrVG spricht, werden auch Sozialpläne außerhalb des Geltungsbereichs des BetrVG (§§ 32, 28 SprAuG und tarifliche Sozialpläne) zulässig sein, soweit sie den Anforderungen der Nr 6 gerecht werden (*Löwisch* DB 06, 1729).

**101** § 10 AGG enthielt in seiner **ursprünglichen Fassung** zwei weitere Regelbeispiele: **Nr 6 und 7 aF.** Sie betrafen die Beendigung des Arbeitsverhältnisses und erlaubten in bestimmten Grenzen eine Berücksichtigung des Alters bei der Sozialauswahl gem § 1 Abs 3 KSchG (Nr 6 aF) bzw bei individual- oder kollektivrechtlichen Unkündbarkeitsregelungen (Nr 7 aF). Diese Vorschriften wurden durch das Zweite Gesetz zur Änderung des Betriebsrentengesetzes vom 2.12.06 (BGBl I 06, S 2742) gestrichen mit der Begründung, diese Vorschriften seien wegen der in § 2 Abs 4 AGG enthaltenen Bereichsausnahme für Kündigungen ein Redaktionsversehen gewesen. Nach inzwischen gefestigter Rspr des BAG finden die Diskriminierungsverbote des AGG im Rahmen des Kündigungsschutzes nach dem KSchG Anwendung (→ Rn 18 ff).

**102** **4. Positive Maßnahmen.** Über die Rechtfertigungsgründe der §§ 8–10 hinaus sollen gem § 5 AGG Ungleichbehandlungen in Form sog positiver Maßnahmen zulässig sein. Solche liegen vor, wenn sie dem Zweck der **Verhinderung oder Beseitigung bestehender** tatsächlicher oder struktureller **Nachteile** wegen eines in § 1 AGG genannten Grundes dienen. Sie müssen nach objektivem Maßstab angemessen und geeignet sein und bedürfen der Abwägung mit den Rechtspositionen des im konkreten Fall von ihnen negativ Betroffenen (BT-Drs 16/1780 S 34). Allerdings ist bei einer Rechtfertigung gem § 5 AGG Vorsicht geboten. Anders als nach den Richtlinien sind gem § 5 AGG nicht nur der Gesetzgeber, sondern auch ArbGeb, Tarifvertrags- und Betriebspartner sowie die Parteien eines privatrechtlichen Vertrags zum Erlass positiver Maßnahmen befugt (BT-Drs 16/1780 S 34). Eine Delegationsbefugnis enthält Art 7 der RL 2000/787/EG jedoch nicht. Infolgedessen wird die Europarechtskonformität des § 5 AGG bezweifelt (*Annuß* BB 06, 1629). Unter Berücksichtigung der Entscheidung des EuGH vom 22.11.05 (Rs C-144/04, NZA 05, 1345) kann auf eine uneingeschränkte Anwendung der Norm nicht vertraut werden.

**103** Positive Maßnahmen können sowohl repressiver als auch präventiver Art sein. Anerkannt ist, dass eine absolute Förderung einer benachteiligten Gruppe durch Regelungen, welche die benachteiligte Gruppe bis zum Erreichen einer gewissen Quote ohne Ausnahme bevorzugt, ausgeschlossen ist (EuGH 17.10.95 – Rs C-450/93 „Kalanke“, AP Nr 172 zu § 99 BetrVG 1972; auch BT-Drs 16/1780 S 34). Eine **sog weiche Quotenregelung,** die den Einzelfall berücksichtigt, ist hingegen zulässig (EuGH 11.11.97 – Rs C-409/95 „Marshall“, AP Nr 14 zu EWG-RL 76/207). Dieser Rspr hat sich auch das BAG angeschlossen (BAG 21.1.03 – 9 AZR 307/02, AuR 03, 318).

**104** Die **Frauenförderung** als Prototyp der positiven Diskriminierung ist insbes durch Maßnahmen wie die og Quotenregel populär geworden. Nach umstrittener Auffassung verlangt schon das Gleichbehandlungsgebot des Art 3 Abs 2 GG die Herstellung einer realen Gleichheit. Nachteile, die auf biologischen oder gesellschaftlichen Unterschieden beruhen, sollen durch eine entsprechende Förderung der Frauen ausgeglichen werden. Dies ist Gegenstand diverser Frauenförderungsgesetze der Länder sowie des Bundesgleichstellungsgesetzes, jeweils beschränkt auf den öffentlichen Dienst. Eine fixe Frauenquote wurde durch das Gesetz für die gleichberechtigte Teilhabe von Frauen und Männern an Führungspositionen in der Privatwirtschaft und im öffentlichen Dienst vom 1.5.15 eingeführt. Danach müssen börsennotierte und paritätisch mitbestimmte Kapitalgesellschaften ab 2016 im Aufsichtsrat eine Frauenquote von 30 % erfüllen sowie Zielgrößen für den Frauenanteil in den oberen Führungsebenen festlegen (*Küster/Zimmermann* ArbRAktuell 15, 264; *Olbrich/Krois* NZA 15, 1288). Ebenfalls als zulässige positive Maßnahme zur Frauenförderung hat der EuGH die bevorzugte Unterstützung von Frauen bei der Kinderbetreuung angesehen (EuGH 19.3.02

– Rs C-476/99 „Lommers", NZA 02, 501) sowie die Zahlung einer Geburtsbeihilfe nur an Arbeitnehmerinnen, wenn diese dazu bestimmt war, die beruflichen Nachteile auszugleichen, die den Arbeitnehmerinnen aus ihrer Abwesenheit vom Arbeitsplatz entstehen (EuGH 16.9.99 – Rs C-218/98 „Aboulaye", NZA 99, 1280).

Zur **Förderung von Menschen mit Behinderung** gibt die RL 2000/78/EG in Art 5 Abs 2 vor, dass ArbGeb angemessene Vorkehrungen zu treffen haben, dh dass sie die geeigneten und im konkreten Fall erforderlichen Maßnahmen ergreifen, um Menschen mit Behinderung den Zugang zur Beschäftigung, die Ausübung eines Berufes, den beruflichen Aufstieg und die Teilnahme an Aus- und Weiterbildungsmaßnahmen zu ermöglichen, es sei denn, diese Maßnahmen würden den ArbGeb unverhältnismäßig belasten. Diese Kompensationsverpflichtung hat der nationale Gesetzgeber im AGG nicht explizit übernommen. Dennoch wird sie im Wege einer europarechtskonformen Auslegung im Rahmen des § 8 AGG Bedeutung erlangen. Liegen mögliche und dem ArbGeb zumutbare und verhältnismäßige Maßnahmen iSd Art 5 RL 2000/78/EG vor, wird eine Ungleichbehandlung wegen der Behinderung nicht gem § 8 AGG aufgrund fehlender wesentlicher und entscheidender Anforderungen zulässig sein. Unzumutbar sind Maßnahmen, wenn sie den ArbGeb finanziell erheblich belasten, andere Arbeitsplätze gefährden sowie zu unzumutbaren Belastungen für das Unternehmen oder dessen Mitarbeiter führen (*Wisskirchen* DB 06, 1491). Die Unzumutbarkeit der Beschäftigung ist vom ArbGeb substantiiert vorzutragen (BAG 14.3.06 – 9 AZR 411/05 zu § 81 Abs 4 S 1 Nr 1 SGB IX aF). **105**

Der darüber hinaus in **§ 164 Absatz 4 Nr 1–5 SGB IX** (nF seit dem 1.1.18) verankerte Anspruch des **Schwerbehinderten** auf geeignete und erforderliche Maßnahmen wird den Richtlinienvorgaben nicht gänzlich gerecht (*Thüsing* FA 04, 1). Zum einen erfasst § 164 Abs 4 SGB IX nicht den Zugang zur Beschäftigung und zum anderen gewährt er lediglich Schwerbehinderten iSd SGB IX einen solchen Individualanspruch (→ *Behinderte* Rn 28). **106**

**VI. Organisationspflichten des Arbeitgebers. 1. Ausschreibung.** Gem **§ 11 AGG** ist der ArbGeb verpflichtet, Stellenausschreibungen derart zu gestalten, dass sie nicht gegen das Benachteiligungsverbot des § 7 Abs 1 AGG verstoßen (*Kania/Merten* ZIP 07, 8). Das Gebot zur **geschlechtsneutralen** Ausschreibung ist verletzt, wenn nur „männliche" oder „weibliche" Bewerber angesprochen werden bzw die Berufsbezeichnung nur in männlicher oder weiblicher Form verwendet wird (bejaht bei „Geschäftsführer": OLG Karlsruhe 13.9.11 – 17 U 99/10, NZA-RR 11, 632). Wird im allgemeinen Sprachgebrauch eine männliche Bezeichnung als Oberbegriff verwendet, ist der Zusatz „/in" oder „m/w" erforderlich. Besondere Aufmerksamkeit muss hier **umschreibenden Merkmalen** gewidmet werden. So kann das Stellengesuch nach einer langjährig berufserfahrenen Verstärkung eine mittelbare Diskriminierung wegen des Alters darstellen (iE → Rn 132). Ebenfalls unzulässig kann die Ausschreibung nach einem Muttersprachler sein, da sie möglicherweise mittelbar wegen der Herkunft diskriminiert (→ Rn 30). Auch kann die **Art der Ausschreibung** benachteiligend sein. Die nur in einer an junge Frauen gerichteten Fachzeitschrift veröffentlichte Ausschreibung begegnet Bedenken hinsichtlich einer mittelbaren Geschlechtsdiskriminierung (*Bauer/Thüsing/Schunder* NZA 06, 774; zur Diskriminierung durch Ausrichtung auf bestimmte Zielgruppen: *Romeis/Keßenich* DB 18, 445). Bedient sich der ArbGeb zur Ausschreibung eines **Dritten** und verstößt dieser gegen ein Benachteiligungsverbot, wird das dem ArbGeb zugerechnet; insoweit trägt der ArbGeb die Überwachungspflicht. Hierzu → Rn 124. **107**

**2. Maßnahmen und Pflichten.** Der ArbGeb hat gem **§ 12 AGG** geeignete, erforderliche und angemessene Maßnahmen bei durch ihn selbst, durch Beschäftigte (§ 12 Abs 3 AGG) sowie durch Dritte (§ 12 Abs 4 AGG) verübten Benachteiligungen zu ergreifen, wenn diese während der Ausübung der Tätigkeit erfolgten. Ob die vom ArbGeb gewählte Maßnahme erforderlich ist, bemisst sich nach objektiven Kriterien. Hingegen kann die Frage nach der Angemessenheit von der Größe des Betriebs abhängig sein. Und schließlich soll die Verpflichtung des ArbGeb durch seine rechtliche und tatsächliche Möglichkeit zu dieser Pflichterfüllung begrenzt sein (BT-Drs 16/1780 S 37). **108**

§ 12 AGG umfasst auch **präventive Maßnahmen.** Dazu zählt die in § 12 Abs 2 S 2 AGG genannte Schulung der Beschäftigten. Hat der ArbGeb seine Beschäftigten in geeigneter Weise zum Zwecke der Verhinderung von Benachteiligungen geschult, gilt dies als **109**

Erfüllung seiner Pflichten nach Abs 1 (§ 12 Abs 2 S 2 AGG; *Grobys* NJW 06, 2950). Eine Konkretisierung dieser Pflicht findet sich weder im Gesetz noch in der Gesetzesbegründung.

110 Verstößt ein Beschäftigter gegen § 7 Abs 1 AGG, zählt § 12 Abs 3 AGG beispielhaft die **Abmahnung, Umsetzung, Versetzung** oder **Kündigung** als geeignete bzw erforderliche Maßnahme des ArbGeb auf. Bei der Wahl der Mittel ist die Schwere des Verstoßes zu berücksichtigen (*Wisskirchen* DB 06, 1491). Hinsichtlich der Kündigung gilt, dass sie nicht allein auf die Unzumutbarkeit der Weiterbeschäftigung gestützt werden kann, wenn die gesetzlichen Voraussetzungen im Übrigen nicht vorliegen (BAG 8.6.2000 – 2 ABR 1/00, AP Nr 3 zu § 2 BeschSchG). Die Grenze der Unzumutbarkeit ist bei diskriminierenden Äußerungen jedoch gering. Ein ArbN kann zB nicht damit rechnen, der ArbGeb würde ausländerfeindliche Äußerungen dulden und eine Herabsetzung von anderen Mitarbeitern im Betrieb oder gar seiner eigenen Person hinnehmen (ArbG Bln 5.9.06 – 96 Ca 23147/05, BB 06, 2140). Die Mitwirkungsrechte des BRat müssen auch im Falle einer Kündigung wegen Benachteiligung gewahrt bleiben, selbst wenn § 12 Abs 2 AGG anders als früher § 4 BeschSchG auf die ausdrückliche Erwähnung dieser Voraussetzung verzichtet. Vor der Kündigung sollte die Entscheidung der Beschwerdestelle abgewartet werden. § 12 Abs 5 AGG enthält eine Bekanntmachungspflicht des ArbGeb über das AGG, § 61b des ArbGG sowie über die nach § 13 AGG zuständigen Stellen im Betrieb oder der Dienststelle.

111 **VII. Rechtsfolgen. 1. Beschwerde-, Leistungsverweigerungsrecht und Maßregelungsverbot. § 13 Absatz 1 AGG** normiert das Recht der Beschäftigten, sich bei den zuständigen Stellen des Betriebes, des Unternehmens oder der Dienststelle zu beschweren, wenn sie sich im Zusammenhang mit ihrem Beschäftigungsverhältnis vom ArbGeb, von Vorgesetzten, anderen Beschäftigten oder von Dritten wegen eines in § 1 AGG genannten Grundes benachteiligt fühlen. Zuständige Stellen können bspw der Vorgesetzte, ein Gleichstellungsbeauftragter oder eine **betriebliche Beschwerdestelle** sein. Auch der BRat kann Beschwerdestelle sein. Wird eine betriebliche Beschwerdestelle eingerichtet, so stellt sich die Frage nach der Mitbestimmung eines (Gesamt-)BRates nach § 87 Abs 1 Nr 1 BetrVG. Die Schaffung sei nach Ansicht des LAG Hamburg als reiner Gesetzesvollzug mitbestimmungsfrei, nicht so die Frage der Besetzung sowie des Beschwerdeverfahrens (LAG Hbg 17.4.07 – 3 TaBV 6/07, NZA-RR 07, 413; *Ehrich/Frieters* DB 07, 1026; abweichend noch ArbG Hbg 20.2.07 – 9 BV 3/07, BB 07, 779). Stellt die Beschwerdestelle eine tatsächliche Benachteiligung fest, so löst dies die Verpflichtung des ArbGeb nach § 12 AGG aus.

112 Entsprechend dem inzwischen aufgehobenen BeschSchG in § 4 Abs 2 enthält **§ 14 AGG** ein **Leistungsverweigerungsrecht** der benachteiligten ArbN, dh sie können ihre Tätigkeit ohne Verlust des Arbeitsentgelts einstellen, wenn der ArbGeb keine geeigneten und erforderlichen Maßnahmen zur Unterbindung einer Belästigung oder sexuellen Belästigung ergriffen hat und die Einstellung der Tätigkeit zum Schutz des Beschäftigten erforderlich ist. Das Risiko der Fehleinschätzung trägt der ArbN (ErfK/*Schlachter* § 14 AGG Rn 1). Das Leistungsverweigerungsrecht aus § 273 BGB bleibt unberührt.

113 **§ 16 Absatz 1 AGG** verbietet wie § 612a BGB die Benachteiligung Betroffener wegen Inanspruchnahme ihrer Rechte nach diesem Gesetz oder solcher Beschäftigter, die sich einer Anweisung zur Benachteiligung widersetzen **(Maßregelungsverbot).** Darüber hinaus erfasst § 16 Abs 1 S 2 AGG auch Personen, welche die Beschäftigten bei der Inanspruchnahme ihrer Rechte unterstützen oder als Zeuge aussagen. Beruft sich der ArbN auf die Unwirksamkeit einer gegen § 16 AGG verstoßenden Maßnahme, so greift auch hier die in § 22 AGG geregelte Beweislastverteilung (§ 16 Abs 3 AGG).

114 **2. Unwirksamkeit benachteiligender Regelungen.** Gegen das Benachteiligungsverbot verstoßende individual- oder kollektivvertragliche Vereinbarungen sind gem **§ 7 Absatz 2 AGG** nichtig. Die Regelung entspricht der ständigen Rspr des BAG, nach der eine Verletzung des Gleichbehandlungsgrundsatzes die **Unwirksamkeit der Regelung** nach sich zieht (*Willemsen/Schweibert* NJW 06, 2583). Die Nichtigkeit ergreift nur die verbotswidrige Vereinbarung und nicht den gesamten Arbeitsvertrag (§ 139 BGB). Ein befristetes Arbeitsverhältnis, das nur aufgrund eines verpönten Merkmals befristet geschlossen wurde, besteht deshalb als unbefristetes weiter (LAG Köln 26.5.94 – 10 Sa 244/94, NZA 95, 1105; LAG Köln 12.2.09 – 7 Sa 1132/08, BeckRS 2009, 68222; dagegen führt die Nichtver-

längerung infolge einer Diskriminierung nicht dazu, dass ein unbefristetes Arbeitsverhältnis entsteht: LAG Hamm 26.2.09 – 17 Sa 923/08, BeckRS 2010, 72245). Einseitige Rechtsgeschäfte und Maßnahmen, die gegen das Benachteiligungsverbot verstoßen, sind gem § 134 BGB iVm § 7 Abs 2 AGG nichtig (zur Kündigung → Rn 18 f), so dass das Arbeitsverhältnis fortbesteht. Bei Betriebsvereinbarungen und -absprachen bedarf es hingegen eines Rückgriffs auf § 134 BGB nicht (aA *Worzalla* AGG S 92). Als kollektivvertragliche Vereinbarung unterliegen sie der Unwirksamkeitsanordnung des § 7 Abs 2 AGG.

115 Ebenfalls nichtig ist eine benachteiligende Entgeltvereinbarung. Hier wird eine **Wiederherstellung der Entgeltgleichheit** als Schadensersatz in Betracht gezogen. Anders als im Falle des § 611a BGB aF kann der Benachteiligte zudem einen Entschädigungsanspruch gem § 15 Abs 2 AGG geltend machen. Mithin hat die benachteiligte Person Anspruch auf die höhere Vergütung auch für die Vergangenheit, solange der ArbGeb an die begünstigende Regelung gebunden bleibt (BAG 14.10.86 – 3 AZR 66/83, AP EWG-Vertrag Art Nr 11; 20.8.02 EzA EG-Vertrag 1999 Nr 13).

116 Die durch die Unwirksamkeit entstandenen Lücken in individualvertraglichen Vereinbarungen können ggf durch **ergänzende Vertragsauslegung** geschlossen werden. Nicht so eindeutig ist die Rechtsfolge kollektivvertraglicher Regelungen, aufgrund derer einzelnen ArbN oder ArbNGruppen eine Vergünstigung vorenthalten wurde. Die in § 7 Abs 2 des Entwurfs vom 18.3.05 zum AGG noch enthaltene Regelung, dass an die Stelle der unwirksamen kollektivvertraglichen Regelung das treten solle, was die Parteien bei Kenntnis der Unwirksamkeit vereinbart hätten, wurde gestrichen. Demzufolge gelten die allgemeinen Regeln (*Worzalla* AGG S 9). Ist eine kollektivvertragliche Norm teilnichtig, so sind die Benachteiligten nach den Regeln zu behandeln, welche für die Bevorzugten gelten. Ist die Regelung hingegen insgesamt nichtig, so muss eine Neuregelung getroffen werden (*Kamanabrou* ZfA 06, 327).

117 **Für die Vergangenheit** kommt nach den Grundsätzen der Rspr des EuGH und BAG grds nur eine **Anpassung nach oben** in Betracht (EuGH 13.12.89 – Rs C-102/88, NZA 91, 59; 27.6.91 – Rs C-33/89, NZA 90, 771; BAG 13.11.85 – 4 AZR 234/84, NZA 86, 321; 7.3.95 – 3 AZR 282/94, NZA 96, 48; zum Meistbegünstigungsprinzip → Rn 92). Ausnahmsweise hat das BAG eine **Übergangsfrist** zur Herstellung der Gleichbehandlung dort gewährt, wo den ArbGeb andernfalls eine unverhältnismäßige finanzielle Belastung getroffen hätte (BAG 25.1.84 – 5 AZR 44/82, NZA 84, 327). Übergangsregelungen, nach denen die diskriminierenden Auswirkungen für einen befristeten Zeitraum Bestand haben, um die Überführung in ein auf objektive Kriterien gestütztes Vergütungssystem zu ermöglichen, werden Tarifparteien vom EuGH zugestanden (EuGH 8.9.11 – C-297/10, C-298/10, NZA 11, 1100). Das BVerfG hat auf das Mangold-Urteil des EuGH zur Altersdiskriminierung erwogen, bei rückwirkender Nichtanwendung gesetzlicher Regelungen mangels Richtlinienkonformität Vertrauensschutz durch eine innerstaatliche Entschädigung zu gewähren (BVerfG 6.7.10 – 2 BvR 2661/06, NZA 10, 995). Für die Zukunft ist es dem ArbGeb anheimgestellt, eine Neuregelung einzuführen. Dies kann auch durch Absenkung des ganzen Niveaus geschehen. Nach Auffassung des LAG Hessen soll zumindest die Ausschlussfrist zur Geltendmachung des Anspruchs auf höhere Vergütung mit Inkrafttreten des AGG zu laufen beginnen und nicht ab dem Zeitpunkt der Kenntnis von der Nichtigkeit der Tarifregelung (LAG Hessen 6.1.10 – 2 Sa 1121/09, BeckRS 2010, 74788).

118 **§ 15 Absatz 3 AGG** ist für Ansprüche, die aufgrund unwirksamer Vereinbarungen entstehen, nicht anwendbar. Dieser gilt nur für Schadensersatzansprüche (*Löwisch* DB 06, 1729).

119 **3. Entschädigung und Schadensersatz.** Als zentrale Rechtsfolge für Verstöße gegen das Benachteiligungsverbot sieht **§ 15 AGG** Schadensersatz- und Entschädigungsansprüche vor. Entgegen § 611a BGB aF sind diese nicht auf Benachteiligungen bei Begründung des Arbeitsverhältnisses beschränkt. Sie gelten für jeden Verstoß gegen das Benachteiligungsverbot.

120 Gem **§ 15 Absatz 1 AGG** hat der ArbGeb **Vermögensschäden,** die aus der Verletzung des Benachteiligungsverbotes entstanden sind, verschuldensabhängig (§§ 276, 278 BGB) zu ersetzen. Entsprechend § 280 Abs 1 S 2 BGB wird das **Verschulden des ArbGeb** widerlegbar vermutet (§ 15 Abs 1 S 2 AGG). Diese verschuldensabhängige Haftung begegnet

jedoch erheblichen europarechtlichen Bedenken. Der EuGH hatte bereits zur Regelung des § 611a BGB aF entschieden, dass es zur effektiven Durchsetzung des Gleichbehandlungsgrundsatzes einer verschuldensunabhängigen Haftung des ArbGeb bedürfe.

121 Zwar formulieren die Antidiskriminierungsrichtlinien keine konkreten Vorgaben für die Ausgestaltung der **Sanktionen bei Zuwiderhandlungen.** Sehe allerdings der nationale Gesetzgeber bei der Umsetzung der Richtlinien Schadensersatzleistungen als Rechtsfolge vor, müsse ein Verstoß gegen das Verbot der Ungleichbehandlung für sich genommen ausreichen, um die volle Haftung auszulösen, ohne dass Rechtfertigungsgründe des nationalen Rechts Berücksichtigung fänden. Dabei solle der Schaden auf eine wirksame, abschreckende und angemessene Art und Weise ausgeglichen werden (EuGH 8.11.90 – C-177/88 „Dekker“, NZA 91, 171; EuGH 22.4.97 – C-180/95 „Draempaehl“, NZA 97, 645). In richtlinienkonformer Auslegung wird daher in Teilen des Schrifttums das Verschuldenserfordernis abgelehnt (*Däubler/Bertzbach/Deinert* § 15 Rn 30 mwN; *Thüsing* Beilage zu NZA 04, 3; ErfK/*Schlachter* § 15 AGG Rn 1). Die Gegenansicht setzt einen schuldhaften Verstoß des ArbGeb voraus, zT da wegen des eindeutigen Wortlauts und der vom Gesetzgeber bewusst angelegten Systematik des § 15 Abs 1 AGG kein Raum für eine richtlinienkonforme Auslegung sei (*Stoffels* RdA 09, 204 mwN), zT weil sich das aus der nationalen Schadensersatzsystematik und der Entstehungsgeschichte der Norm ergebe (*Bauer/Krieger* § 15 Rn 15 ff;) oder weil der europarechtlichen Forderung nach einer wirksam ausgestalteten Sanktion durch den verschuldensunabhängigen Entschädigungsanspruch aus § 15 Abs 2 AGG hinreichend Rechnung getragen würde (*Walker* NZA 09, 5). Eine höchstrichterliche Entscheidung zu § 15 Abs 1 AGG steht noch aus.

122 Zu ersetzen ist das **sog positive Interesse,** daher ist der benachteiligte Beschäftigte so zu stellen, wie er ohne die benachteiligende Handlung stände. Die Höhe des Schadens hat der Gesetzgeber nicht begrenzt. Jedoch wurde bislang in Fällen der Einstellung oder Beförderung dem **bestqualifizierten Bewerber** in Anlehnung an die Rspr zu § 611a BGB aF nur ein zeitlich begrenzter Anspruch auf Ersatz des entstandenen Verdienstausfalls zugesprochen. Dabei wurde entweder auf den Rechtsgedanken aus § 628 BGB bzw §§ 9, 10 KSchG oder die Möglichkeit der ersten Kündigung zurückgegriffen (*Willemsen/Schweibert* NJW 06, 2583; *Bauer/Krieger* NZA 16, 1041 mwN). Teilweise wird vertreten, dass ein Anspruch auf Ersatz des entstandenen Verdienstausfalls ohne zeitliche Begrenzung bestehe. Dies entspräche der ständigen Rspr in vergleichbaren Fällen zu Art 33 Abs 2 GG (BeckOK/*Roloff*, AGG § 15 Rn 4). Das hatte auch das LAG Bln-Bbg so gesehen (26.11.08 – 15 Sa 517/08, NZA 09, 43), allerdings in einer aus anderen Gründen vom BAG kassierten Entscheidung, wobei das BAG diese Frage offen gelassen hat (BAG 22.7.10 – 8 AZR 1012/08, NZA 11, 93). Es bleibt daher abzuwarten, ob das BAG einen solchen „Endlosschaden“ billigen wird.

123 Gem **§ 15 Absatz 2 AGG** haftet der ArbGeb auch für Nichtvermögensschäden. Anders als Abs 1 setzt der **Entschädigungsanspruch** nach Abs 2 keinen schuldhaften Verstoß des ArbGeb gegen das Benachteiligungsverbot voraus; auch ein dem ArbGeb bloß zurechenbares Verhalten wird sanktioniert (BAG 22.1.09 – 8 AZR 906/07, NZA 09, 945; LAG NdS 15.9.08 – 14 Sa 1769/07, NZA-RR 09, 126; BT-Drs 16/1780 S 38). § 15 Abs 2 S 1 AGG enthält eine eigenständige Anspruchsgrundlage. Tatbestandsvoraussetzung ist ein Verstoß gegen das Benachteiligungsverbot gem § 7 Abs 1 iVm § 1 AGG; die Grundsätze für den Anspruch auf Schmerzensgeld bei Verletzung des allgemeinen Persönlichkeitsrechts sind nicht anwendbar. Subjektiv nicht ernsthafte Scheinbewerber (sog **„AGG-Hopper“**) handeln rechtsmissbräuchlich, wenn ihre Bewerbung von vornherein auf die Geltendmachung von Entschädigungsansprüchen gerichtet ist (EuGH 28.7.16 – C-423/15, NZA 16, 1014). Das BAG stellt allerdings auf einen rein formalen Bewerberbegriff ab und wendet – in ausdrücklicher Abkehr von seiner bisherigen Rspr – nicht mehr das Korrektiv der objektiven Eignung des Bewerbers für die zu besetzende Stelle bei der Beurteilung der Vergleichbarkeit der Auswahlsituation zu den Mitbewerbern nach §§ 15, 6 Abs 1, 3 Abs. 1 und 2 AGG an (BAG 11.8.16 – 8 AZR 4/15, NZA 17, 310). Damit erhält auch ein Bewerber, der sich keine ernsthaften Chancen auf die ausgeschriebene Stelle ausrechnen durfte, einen Anspruch aus § 15 AGG. Dem treuwidrig erworbenen Bewerberstatus kann nur der **Einwand des Rechtsmissbrauchs** entgegengehalten werden. Der ArbGeb muss dem Bewerber grds ein erkennbar systematisches Vorgehen nachweisen, zB (fast) ausschließliche Bewerbungen auf diskriminierende Anzeigen; dagegen reiche nicht allein, dass der Bewerber

bereits mehrere Entschädigungsprozesse geführt habe (BAG 11.8.16 – 8 AZR 4/15, NZA 17, 310). Hier müssen weitere Indizien für eine Scheinbewerbung hinzutreten, zB eine offensichtliche Über- und Unterqualifikation, unvollständige Bewerbungsunterlagen, deplatzierte Angaben in der Bewerbung (OLG Karlsruhe 13.9.11 – 17 U 99/10, NZA-RR 11, 632). Jedoch stellt das BAG an eine die Absage geradezu provozierende Bewerbung keine allzu hohen Anforderungen (BAG 25.10.18 – 8 AZR 562/16, NZA 19, 527). Fordert der ArbGeb den zunächst unter Verstoß gegen das AGG abgelehnten Bewerber auf, sich erneut zu bewerben, beseitigt das nicht die zuvor erfolgte Diskriminierung (LAG Hamm 19.5.11 – 14 Ta 519/10, NZA-RR 11, 399). Bei der **Festsetzung der angemessenen Entschädigung** sind alle Umstände des Einzelfalls zu berücksichtigen, zB Art und Schwere, Dauer und Folgen, Anlass und Beweggrund der Benachteiligung, der Grad der Verantwortlichkeit des ArbGeb, etwa geleistete Wiedergutmachung, das Vorliegen eines Wiederholungsfalls und das Erzielen einer abschreckenden Wirkung unter Berücksichtigung des Sanktionszwecks der Norm (BAG 22.1.09 – 8 AZR 906/07, NZA 09, 945; *Bauer/Krieger* § 15 Rn 34 ff). Lediglich für die Diskriminierung eines Bewerbers, der auch bei benachteiligungsfreier Auswahl nicht eingestellt worden wäre, stellt das Gesetz eine Höchstgrenze für die Entschädigung von drei Monatsverdiensten auf. In Anlehnung an § 611a Abs 3 BGB aF gilt als Monatsverdienst, was dem Bewerber bei regelmäßiger Arbeitszeit in dem Monat, in dem das Arbeitsverhältnis hätte begründet werden sollen, an Geld und Sachbezügen zugestanden hätte. Bei mehrjähriger geschlechtsbezogener Diskriminierung soll nach Auffassung des LAG RhPf die Entschädigungshöhe nicht zwingend von Vergütungshöhe oder -differenz beeinflusst werden; insoweit kann die zugesprochene Entschädigung iHv 6.000 Euro als Richtwert betrachtet werden (LAG RhPf 14.8.14 – 5 Sa 509/13, NZA-RR 15, 14).

Das eine Benachteiligung indizierende **Verhalten durch Beschäftigte, Organe** oder **Dritte** kann dem ArbGeb nach Maßgabe der allgemeinen Regeln gem §§ 278, 31 BGB (oder entsprechend aus dem AGG abzuleitenden Zurechnungsstrukturen) zugerechnet werden (mwN LAG NdS 15.9.08 – 14 Sa 1769/07, NZA-RR 09, 126). Bejaht wurde dies auch bei einer im Auftrag des Unternehmens nicht geschlechtsneutral ausgestalteten Stellenanzeige durch die BA (BAG 5.2.04 – 8 AZR 112/03, NZA 04, 540); dagegen gelte keine Zweckveranlasserhaftung, wenn ein privates Internetportal die Stellenausschreibung in diskriminierender Weise modifiziere (LAG Hamm 24.4.08 – 11 Sa 95/08, ArbuR 08, 360). **124**

**§ 15 Absatz 3 AGG** sieht eine **Haftungserleichterung** vor, wenn die Benachteiligung allein auf der Anwendung kollektivrechtlicher Vereinbarungen beruht. Den ArbGeb trifft nur dann eine Entschädigungspflicht (Abs 2), wenn er vorsätzlich oder grob fahrlässig gehandelt hat, also wenn er benachteiligende kollektivrechtliche Vorschriften anwendet, obwohl ihm ihre benachteiligende Wirkung bekannt (Vorsatz) oder infolge grober Fahrlässigkeit nicht bekannt ist (ErfK/*Schlachter* § 15 AGG, Rn 14). Die Privilegierung greift auch, wenn TV lediglich kraft Verweisungsklausel oder Allgemeinverbindlicherklärung im Arbeitsverhältnis gelten. Auch hier wird die Europarechtskonformität dieser Haftungserleichterung angezweifelt (das BAG hat in seiner Entscheidung vom 22.1.09 – 8 AZR 906/07, NZA 09, 945 die Frage offen gelassen). Die Praxisrelevanz des § 15 Abs 3 AGG dürfte jedoch eher gering sein, weil es ArbN bei diskriminierenden TV und Betriebsvereinbarungen weniger auf den Ersatz des immateriellen als des materiellen Schadens ankommen wird. **125**

Erfolgt die Benachteiligung bei Begründung des Beschäftigungsverhältnisses bzw des Berufsausbildungsverhältnisses oder beim beruflichen Aufstieg, besteht gem **§ 15 Absatz 6 AGG** kein Anspruch auf Begründung eines Beschäftigungsverhältnisses bzw Berufsausbildungsverhältnisses oder einen beruflichen Aufstieg. Abweichend hiervon hat der Betroffene gem § 18 Abs 2 AGG einen Anspruch auf Zugang oder Mitwirkung zu den in § 18 Abs 1 AGG genannten Organisationen. **126**

**4. Konkurrenzen.** Gem **§ 15 Absatz 5 AGG** bleiben die Rechte der Beschäftigten, die sich aus sonstigen allgemeinen Ansprüchen ergeben, unberührt. In Betracht kommen sowohl Unterlassungsansprüche gem § 1004 BGB als auch ein immaterieller Schadensersatzanspruch gem §§ 253, 823 BGB wegen Verletzung des Persönlichkeitsrechts (zur Anwendung der Ausschlussfrist des § 15 Abs 4 AGG; → Rn 135). Vertragliche Schadensersatzansprüche aus §§ 280 Abs 1, 241 Abs 2, 311 Abs 2 BGB werden dagegen durch den **127**

spezielleren § 15 Abs 1 AGG verdrängt (BAG 21.6.12 – 8 AZR 188/11, NZA 12, 1211). Neben Ansprüchen gegen den ArbGeb können Ansprüche des Betroffenen sowohl gegen benachteiligende Beschäftigte als auch Dritte nach den allgemeinen Regeln treten.

128 **5. Prozessuales. Klagebefugt** ist grds der Benachteiligte. Eine Besonderheit sieht das AGG für den BRat oder eine im Betrieb vertretene Gewerkschaft vor. In einem Betrieb mit mindestens 5 ArbN sind sie gem § 17 Abs 2 AGG bei einem groben Verstoß des ArbGeb gegen Vorschriften aus dem AGG befugt, unter den Voraussetzungen des § 23 Abs 3 S 1 BetrVG vor dem ArbG auf Unterlassen, Vornahme oder Duldung einer Handlung zu klagen. Gem § 17 Abs 2 Hs 2 AGG gelten zudem § 23 Abs 3 S 2–5 BetrVG entsprechend, so dass der ArbGeb bei Zuwiderhandlung gegen die rechtskräftige Entscheidung mit einem Ordnungsgeld belegt werden kann. Ausdrücklich regelt § 17 Abs 2 S 2, dass BRat und die im Betrieb vertretene Gewerkschaft keine Rechte des Benachteiligten geltend machen dürfen (*Klumpp* NZA 06, 904).

129 Ebenfalls neu ist die Einführung sog **Antidiskriminierungsverbände. § 23 Absatz 1 AGG** setzt die Anforderungen an einen solchen Verband fest. Demnach darf sich der Verband nicht gewerbsmäßig betätigen, muss sich dauerhaft den besonderen Interessen benachteiligter Gruppen annehmen und mindestens 75 Mitglieder aufweisen. Ihnen soll entgegen einiger Forderungen keine gesetzliche Prozessstandschaft und kein Verbandsklagerecht zukommen (§ 23 Abs 1 AGG). § 23 Abs 2 AGG räumt diesen Verbänden lediglich die Befugnis ein, in zivilrechtlichen Verfahren, in denen eine Vertretung durch Anwälte nicht geboten ist, als Bevollmächtigte oder Beistände in der Verhandlung aufzutreten. Die Schaffung solcher Mitwirkungsbefugnisse ist von den Richtlinien vorgegeben. Um eine effektive Interessenvertretung durch die Antidiskriminierungsverbände zu gewährleisten, nimmt § 23 Abs 3 AGG diese Verbände konsequenterweise von dem Verbot der gewerbsmäßigen Besorgung fremder Rechtsangelegenheiten aus.

130 Die **Darlegungs- und Beweislast** ist in **§ 22 AGG** geregelt und findet auf alle Fälle aus dem AGG Anwendung. § 22 AGG teilt, wie bereits zuvor § 611a BGB aF die Beweislast zwischen ArbGeb und ArbN auf. Allerdings verlangt er – anders als § 611a BGB aF – nicht das Glaubhaftmachen von Tatsachen zur Beweisführung. Gem § 22 AGG muss der Benachteiligte „… Indizien beweisen, die eine Benachteiligung wegen eines in § 1 AGG genannten Grundes vermuten lassen". Ein Beispiel sind öffentliche Äußerungen zu einer diskriminierenden Einstellungspolitik (EuGH 10.7.08 – C-54/07, NZA 08, 929). Gelingt dies, so trägt die andere Partei die Beweislast dafür, dass keine Benachteiligung vorlag oder aber eine solche gerechtfertigt war. Nach der wohl hM genügt es zur **Umkehr der Beweislast**, dass die eine Vermutung begründenden Tatsachen **(Indizien)** überwiegend wahrscheinlich sind (ArbG Berlin 12.11.07 – 86 Ca 4035/07, NZA 08, 492). Diese von § 611a BGB aF sprachliche Abweichung stellt nach Ansicht des Gesetzgebers jedoch keine inhaltliche Änderung dar. Vielmehr soll klargestellt werden, dass § 294 ZPO nicht unmittelbar anwendbar ist (BT-Drs 16/2022 S 30; ArbG Berlin 12.11.07 – 86 Ca 4035/07, NZA 08, 492). Infolgedessen kann grds auf die zu § 611a BGB ergangene Rspr zurückgegriffen werden. Bereits bei § 611a BGB aF bestand Einigkeit, dass die bloße Glaubhaftmachung iSd § 294 ZPO unzureichend ist und die eidesstattliche Versicherung als „Beweismittel" ausscheidet. Das Gericht muss vielmehr die Überzeugung einer überwiegenden Wahrscheinlichkeit für die Kausalität zwischen unzulässigem Merkmal und Nachteil gewinnen (BAG 15.2.05 – 9 AZR 635/03, NZA 05, 870; 5.2.04 – 8 AZR 112/03, NZA 04, 540).

131 Eine Vermutung für ein regelhaft die Merkmalsträgergruppe benachteiligendes Verhalten kann sich grds auch aus **Quoten und Statistiken** ergeben, soweit eine Aussagekraft über den Zusammenhang mit Stellenbesetzungen in bestimmten Bewerbungsverfahren besteht. Allein die bloße Unterrepräsentation einer Gruppe reicht nicht; diese kann zB auch auf einer individuellen Präferenz der Gruppenmitglieder für eine bestimmte Branche beruhen, der Bewerberlage oder den im Betrieb anfallenden Arbeiten (BAG 21.6.12 – 8 AZR 364/11, NZA 12, 1345 zur Beschäftigungsquote ausländischer ArbN; BAG 22.7.10 – 8 AZR 1012/08, NZA 11, 93 zur „gläsernen Decke"). Bei feststehender **Ungleichbehandlung wegen des Geschlechts** reicht regelmäßig der Vortrag bestimmter Hilfstatsachen für die Glaubhaftmachung geschlechtsbezogener Gründe aus, zB eine geschlechtsspezifische Ausschreibung (BAG 5.2.04 – 8 AZR 112/03, NZA 04, 540; iE → Rn 107), geschlechts-

diskriminierende Äußerungen, ein unterdurchschnittlicher Frauenanteil im Betrieb (LAG Bln-Bbg 12.2.09 – 2 Sa 2070/08, NZA-RR 09, 357). Das bloße Vorliegen einer Schwangerschaft allein indiziert noch nicht eine Benachteiligung der unterlegenen Bewerberin aufgrund des Geschlechts (BAG 24.4.08 – 8 AZR 257/07, NZA 08, 1351). Wird dagegen das befristete Arbeitsverhältnis einer schwangeren ArbN als einziges nicht verlängert, reicht diese Indiztatsache für sich genommen aus, um die Beweislastumkehr nach § 22 AGG auszulösen (LAG Köln 6.4.09 – 5 Ta 89/09, NZA-RR 09, 526); ebenso liegt in der Missachtung der Schutzvorschrift des § 9 MuSchG ein ausreichendes Indiz (LAG Berlin-Bbg 16.9.15 – 23 Sa 1045/15, BeckRS 2015, 71755).

Der bloße Ausspruch einer personenbedingten Kündigung wegen häufiger AUZeiten ist 132 allein noch kein Indiz für die Benachteiligung wegen einer Behinderung; es müssen weitere Anhaltspunkte hinzutreten (BAG 22.10.09 – 8 AZR 642/08, NZA 10, 280). Bei der Bewerbung eines **schwerbehinderten Stellenbewerbers** ist die unterbliebene Beteiligung der Schwerbehindertenvertretung bzw die nicht frühzeitige Kontaktaufnahme mit der BA (§ 164 Abs 1 S 2, 4 SGB IX; LAG Ba Wü 1.2.11 – 22 Sa 67/10, NZA-RR 11, 237) hinreichendes Indiz iSd § 22 AGG; gleiches gilt für die fehlende Unterrichtung der Beteiligten über die getroffene Besetzungsentscheidung, sofern sämtliche Voraussetzungen nach § 164 Abs 1 S 9 iVm S 7 SGB IX vorliegen (BAG 28.9.17 – 8 AZR 492/16, NZA 18, 519; BAG 21.2.13 – 8 AZR 180/12, NZA 13, 840); dagegen keine Berufung auf diese Vermutungstatsachen durch „Einfach-Behinderte". Der ArbGeb kann sich nicht damit entlasten, dass er den Hinweis des Bewerbers auf seine Schwerbehinderung übersehen habe; der objektive Pflichtverstoß reiche insoweit aus (LAG München 19.11.08 – 5 Sa 556/08, nv). Die Nichteinladung eines Schwerbehinderten zum Vorstellungsgespräch ist für den **öffentlichen ArbGeb** gem § 165 S 2 SGB IX idR Indiz für eine Benachteiligung (BAG 22.10.15 – 8 AZR 384/14, NZA 16, 624); eine Heilung durch spätere Einbeziehung in das laufende Bewerbungsverfahren soll möglich sein (LAG Köln 29.1.09 – 7 Sa 980/08, AE 09, 326). In einer Stellenanzeige indiziert das Merkmal „junge(r) Bewerber(in)" die **Altersdiskriminierung** (BAG 19.8.10 – 8 AZR 530/09, NZA 10, 1412) ebenso wie die Formulierung „junges dynamisches Team" (BAG 11.8.16 – 8 AZR 406/14, NZA-RR 17, 133). Umso mehr überrascht, dass das BAG in der Stellenausschreibung eines sich selbst als „junges, dynamisches Unternehmen" bezeichnenden Unternehmens keine Altersdiskriminierung gesehen hat – das BAG begründet diesen Unterschied damit, dass es sich im einen Fall um die Eigenschaft des Unternehmens und im anderen Fall um die Eigenschaft von (einer Gruppe von) Mitarbeitern handele (BAG 23.11.17 – 8 AZR 604/16, NZA 18, 584). Weiter lässt das BAG auch ohne direkten Bezug auf das Alter die an „Berufsanfänger" gerichtete Stellenanzeige für ein Traineeprogramm (BAG 24.1.13 – 8 AZR 429/11, NZA 13, 498) oder die explizite Suche nach einem Bewerber ohne Berufserfahrung (BAG 15.12.16 – 8 AZR 454/15, NZA 17, 715) als Indiztatsache gelten, nicht aber die Formulierung „erste einschlägige Berufserfahrung" (BAG 26.1.17 – 8 AZR 73/16, NZA-RR 17, 342). Der rein objektive Verstoß gegen eine tarifliche Beförderungsregel, die eine bestimmte Anzahl von Berufsjahren vorschreibt, befreit nicht von der Darlegung der daraus konkret erfolgten Altersdiskriminierung (LAG Bln-Bbg 18.2.11 – 13 Sa 2049/10, NZA-RR 11, 286).

Allein die Zugehörigkeit zu einer durch das AGG geschützten Gruppe oder die **Behauptung** einer vermeintlichen Benachteiligung **„ins Blaue hinein"** reichen dagegen nicht aus, 133 um Indizien für eine Benachteiligung zu beweisen. Gelangen bei mehrstufigen Bewerbungsverfahren Mitbewerber, die das gleiche Diskriminierungsmerkmal aufweisen wie der abgelehnte Bewerber, in die nächste Auswahlstufe, steht fest, dass das verpönte Merkmal für die Auswahl nicht ausschlaggebend war (LAG Köln 13.12.10 – 2 Sa 924/10, NZA-RR 11, 175). Es gibt auch keinen allgemeinen Anspruch des abgelehnten Bewerbers gegen den ArbGeb auf Auskunft, warum seine Bewerbung nicht erfolgreich war, oder auf Vorlage der Bewerbungsunterlagen des ausgewählten Kandidaten, um den eigenen Vortrag zu substantiieren. Allerdings kann die Verweigerung jeglicher Informationen ein Indiz iSd § 22 AGG darstellen (EuGH 19.4.12 – C-415/10, NZA 12, 493; LAG Hamburg 9.11.97 – H 3 Sa 102/07, AuA 08, 179). Bei einem Schadensersatzanspruch des abgelehnten Bewerbers auf das positive Interesse, zB die Vergütungsdifferenz, ist von einer gestuften Darlegungs- und Beweislast auszugehen: Zuerst muss dieser darlegen, dass er der bestqualifizierte Bewerber sei. Auf der zweiten Stufe muss der ArbGeb, da nur er Einblick in das gesamte Stellenbesetzungsverfahren habe, den Ablehnungs- bzw Differenzierungsgrund offenlegen. Der ArbGeb trägt zudem die Beweislast dafür, dass der Bewerber selbst im Falle benachteiligungsfreier Auswahl nicht eingestellt worden wäre (EuGH 22.4.97 – C-180/95 „Draempaehl", NZA 97, 645). Ein nachträglich vorgebrachtes Kriterium, das weder in der Ausschreibung noch im Auswahlverfahren bekannt gegeben worden war, kann idR nicht als „sachlich" angesehen werden (BVerfG 16.11.93 – 1 BvR 258/86, NJW 94, 647; LAG Bln-Bbg 26.11.08 – 15 Sa 517/08, ArbuR 09, 134; BAG 21.6.12 – 8 AZR 364/11, NZA 12, 1345).

134 **Klagen mehrere Bewerber,** so wird auf Antrag des ArbGeb das ArbG, bei dem die erste Klage erhoben ist, auch für die übrigen Klagen ausschließlich zuständig. Die Rechtsstreitigkeiten sind vAw an dieses ArbG zu verweisen; die Prozesse sind zur gleichzeitigen Verhandlung und Entscheidung zu verbinden.

135 Gem **§ 15 Absatz 4 AGG** muss der benachteiligte ArbN die Ansprüche aus § 15 Abs 1 oder 2 AGG innerhalb einer **Frist von zwei Monaten** schriftlich geltend machen, es sei denn die TVParteien haben etwas anderes vereinbart. Es genügt die Geldmachung in Textform nach § 126b BGB (BAG 27.1.11 – 8 AZR 580/09, NZA 11, 737). Die Schriftform kann auch durch Klage gewahrt werden, § 167 ZPO findet Anwendung (BAG 22.5.14 – 8 AZR 662/13, NZA 14, 924 unter Abkehr von BAG 21.6.12 – 8 AZR 188/11, NZA 12, 1211). Die **Frist beginnt** gem § 15 Abs 4 S 2 AGG im Falle der Bewerbung oder des beruflichen Aufstiegs mit dem **Zugang der Ablehnung.** Dabei setzt nur eine ausreichend deutliche Erklärung, dass die Bewerbung keine Erfolgsaussichten mehr habe, den Fristlauf in Gang (BAG 29.6.17 – 8 AZR 402/15, NZA 18, 33). Um den Fristbeginn belegen zu können empfiehlt es sich, Datum und Inhalt einer erteilten Absage sorgfältig zu dokumentieren. Im Übrigen beginnt die Frist zu dem Zeitpunkt, in dem der Beschäftigte **von der Benachteiligung Kenntnis** erlangt; hier soll die Kenntnis von Indizien gem § 22 AGG ausreichen (BAG 15.3.12 – 8 AZR 37/11, NZA 12, 910 – zur Richtlinienkonformität der Ausschlussfrist s EuGH 8.7.10 – C-246/09, NZA 10, 869: danach soll eine 2-Monats-Ausschlussfrist nicht grds dem unionsrechtlichen Grundsatz der effektiven Rechtsverfolgung entgegenstehen, wenn es für den Fristbeginn nicht zwangsläufig auf den Zugang der Ablehnung – hier auf eine Bewerbung –, sondern auf den Zeitpunkt der Kenntniserlangung von der behaupteten Diskriminierung ankommt). Bei der **Lohndiskriminierung** handelt es sich um einen **Dauertatbestand,** so dass die Ausschlussfrist erst mit Beseitigung der Diskriminierung in Gang gesetzt wird (LAG RhPf 13.8.14 – 4 Sa 519/13, NZA 15, 236); gleiches gilt bei fortgesetztem **Mobbing** mit Abschluss der letzten Belästigungshandlung (BAG 18.5.17 – 8 AZR 74/16, NZA 17, 1530). Ging das BAG früher davon aus, dass die Ausschlussfrist des § 15 Abs 4 AGG auch auf konkurrierende, demselben Lebenssachverhalt beruhende Ansprüche aus unerlaubter Handlung anzuwenden ist, damit die kurze Verjährungsfrist nicht unterlaufen werde (BAG 21.6.12 – 8 AZR 188/11, NZA 12, 1211), ist der Senat nun mit Entscheidung vom 18.5.17 hiervon abgerückt. So hat das Gericht klargestellt, dass die 2-Monats-Frist **keine Anwendung auf Schadensersatzansprüche** aus § 280 Abs 1 BGB **oder deliktische Ansprüche** aus § 823 BGB finde. Die Ausschlussfrist stehe in unmittelbarem Zusammenhang mit der Beweiserleichterung des § 22 AGG und könne daher immer dann keine Geltung beanspruchen, wenn die Beweisregel keine Anwendung finde. Da § 22 AGG auf Ansprüche außerhalb des AGG grds nicht anwendbar sei, gelte daher auch nicht die Beschränkung des § 15 Abs 4 AGG (BAG 18.5.17 – 8 AZR 74/16, NZA 17, 1530). Die Entscheidung ist wohl so zu verstehen, dass die 2-Monats-Frist zwar regelmäßig nicht für deliktische Ansprüche gilt, die Frist gleichwohl aber dann Anwendung findet, wenn sich der Schadensersatzanspruch gerade auf die Verletzung der §§ 1, 7 AGG als Schutzgesetz iSd § 823 Abs 2 BGB stützt. Gleichfalls **nicht erfasst** sind Ansprüche aus anderen Benachteiligungsverboten oder auf Unterlassen (BAG 21.6.12 – 8 AZR 188/11, NZA 12, 1211) sowie Erfüllungs- oder Nachzahlungsansprüche auf Lohn, Urlaubsgeld und Sonderzahlungen (LAG RhPf 13.1.16 – 4 Sa 616/14, NZA-RR 16, 347). Die Ausschlussfrist findet auch keine Anwendung auf andere Ansprüche aus dem AGG wie zB solche nach § 17 Abs 2 AGG oder nach § 12 AGG. Will der Benachteiligte seine Ansprüche gerichtlich geltend machen, so muss er die **Klage auf Entschädigung** nach § 15 AGG innerhalb von **drei Monaten,** nachdem der Anspruch schriftlich geltend gemacht wurde, erheben (§ 61b ArbGG). Wenngleich in § 61b ArbGG nur die Entschädi-

gung genannt ist, muss die Ausschlussfrist auch für Schadensersatzansprüche gelten (*Willemsen/Schweibert* NJW 06, 2583).

**B. Lohnsteuerrecht** *Weil*

**I. Nationales Recht.** Das AGG (→ Rn 1) ist im Steuerrecht nicht unmittelbar anwendbar. Steuerrechtlich gilt: Das Diskriminierungsverbot als unmittelbar geltender – wenn auch ungeschriebener – Rechtssatz hat seine Rechtsgrundlage in Art 3 GG. Gesetzgeber und Verwaltung sind dazu verpflichtet, den Gleichheitssatz im Steuerrecht zu wahren, wodurch der Grundsatz der Gleichmäßigkeit der Besteuerung zum Tragen kommt (→ *Gleichbehandlung* Rn 43). Konkrete Ausprägung des Diskriminierungsverbots ist zB die steuerliche Behandlung von Arbeits- und anderen (Miet-, Darlehens- usw)-Verträgen zwischen Partnern einer nichtehelichen Lebensgemeinschaft. Es stellt einerseits keine Diskriminierung der Ehe dar, wenn Verträge unter Ehegatten einem strengeren Maßstab unterliegen als Verträge unter Partnern einer nichtehelichen Lebensgemeinschaft (BFH 27.11.89 – GrS 1/88, BStB1 II 90, 160; → *Familiäre Mitarbeit* Rn 29 ff). Andererseits liegt keine Diskriminierung von Partnern der nichtehelichen Lebensgemeinschaft vor, wenn deren Arbeits- usw -Verträge nach den Grundsätzen zu Verträgen unter nahen Angehörigen überprüft werden (BFH 15.3.07, VI R 31/05, BStBl II 07, 533; → *Lebensgemeinschaft (nichteheliche)* Rn 11 ff). In der Abzugsbeschränkung für Arbeitszimmer, die auch im Rahmen von Ehegatten-Arbeitsverhältnissen gilt, liegt keine Diskriminierung der Ehe (BFH 29.4.10 – VI B 153/09, BFH/NV 10, 1442), ebenso nicht bei Zusammenveranlagung in der Reihenfolge der Nennung der Ehegatten (FG Bln/Bbg 14.1.09 – 3 K 1147/06 B, EFG 09, 766). 141

**Schadensersatz nach § 15 Abs 1 AGG** (→ Rn 119) kann nach § 24 Nr 1 Buchst a) EStG stpfl sein, nämlich wenn die Entschädigung ihrem Inhalt nach Ersatz für entgehende Einnahmen ist, insbes eine Abfindung bei Entlassung aus dem Dienstverhältnis. Entscheidend ist, was gewollt ist, nicht die Bezeichnung der Zahlung (§ 41 Abs 2 AO; → *Abfindung* Rn 41). Eine **Entschädigung nach § 15 Abs 2 AGG** (→ Rn 123) ist grds nicht stpfl, weil die Zahlung nicht „für eine Beschäftigung" iSd § 19 Abs 1 Nr 1 EStG gewährt wird (FG Rhpfl 21.3.17 – 5 K 1594/14, BeckRS 2017, 94581; → *Arbeitsentgelt* Rn 54 ff; → *Gleichbehandlung* Rn 42).

Zur steuerlichen Behandlung von Schadensersatzleistungen bei sexueller Belästigung → *Arbeitgeberhaftung* Rn 19; → *Arbeitnehmerhaftung* Rn 27; → *Arbeitsentgelt* Rn 54 ff; für den Fall einer Betriebsbuße → *Betriebsbuße* Rn 11, 12.

**II. Internationales Recht. 1. DBA.** Es ist auf das Diskriminierungsverbot in Art 24 OECD-MA 17 (DB 18, 1171) hinzuweisen, das in den einzelnen Absätzen konkrete Ausprägungen beinhaltet, so in Art 24 Abs 1, 2 Diskriminierungsverbot betr Staatsangehörigkeit. Art 15 Abs 2 (183-Tage-Klausel; → *Auslandstätigkeit* Rn 40) und Art 15 Abs 3 (Arbeit an Bord von Seeschiffen und Luftfahrzeugen; → *Auslandstätigkeit* Rn 50) sowie Grenzgängerregelungen (→ *Grenzgänger* Rn 2 ff) stehen auf dem Prüfstand der Übereinstimmung mit dem EUV, insbes Art 45 AEUV: Freizügigkeit der ArbN; → Rn 144 und → *EU-Recht* Rn 28). 142

**2. EU-Recht.** Das Diskriminierungsverbot in Art 18 AEUV wirkt über Normen des EU-Rechts (→ *EU-Recht* Rn 28 ff) in das deutsche Steuerrecht hinein, bezüglich ArbN insbes über Art 45 AEUV: Freizügigkeit der ArbN; → *Arbeitnehmerüberlassung/Zeitarbeit* Rn 71 ff). Das Diskriminierungsverbot hat hauptsächlich bei folgenden Personengruppen und Vorgängen Bedeutung: 143

**a) Beschränkt steuerpflichtigen Arbeitnehmern** (§ 1 Abs 4 EStG) steht auf Grund EuGH 1.7.04 – C-169/03, IStR 04, 688; BFH 19.11.03 – I R 34/02, BStBl II 04, 773 nunmehr der Grundfreibetrag (§ 32a Abs 1 EStG) zu (§ 50 Abs 1 Satz 2 EStG; → *EU-Recht* Rn 28). Zur Veranlagung fiktiv unbeschränkt stpfl ArbN (§ 1 Abs 3, § 1a EStG) zwecks Anrechnung von KapESt und KöSt → *Ausländer* Rn 38. Zu **Grenzgängern** → *Grenzgänger* Rn 2 ff. 144

**b) Ausländische Künstler, Sportler, Artisten** (§ 50a Abs 1 Nr 1 EStG) s → *Ausländer* Rn 45. 145

146 **c) Zusammenveranlagung.** Hat einer der Ehegatten seinen Wohnsitz im Inland, genügend auch Zweitwohnsitz im Rahmen einer doppelten Haushaltsführung, und ist der andere Ehegatte Staatsangehöriger eines EU/EWR-Staates (§ 1 Abs 3, § 1a EStG), so ist die Zusammenveranlagung der Ehegatten (§ 26b EStG) im Inland auf Antrag möglich (BFH 8.9.10 – I R 28/10, BeckRS 2010, 24004221). Das Diskriminierungsverbot erfordert aber nicht eine Zusammenveranlagung eines im Inland wohnhaften Türken mit seiner in der Türkei lebenden Ehefrau (FG München 30.9.98 – 1 K 3801/97, EFG 99, 167).

147 **d) Zukunftssicherungsleistungen.** Gesetzlich nicht geforderte Beiträge der ArbGeb an einen ausländischen SozVTräger, die auf vertraglicher Grundlage beruhen, sind stpfl Lohn und nicht nach § 3 Nr 62 Satz 1 EStG steuerbefreit. Dies verstößt nicht gegen EU-Grundfreiheiten (BFH 28.5.09 – VI R 27/06, DStR 09, 1845). Die Steuerfreiheit gilt aber für ArbGebZuschüsse zu einer privaten KV nach § 257 Abs 2a SGB V (BFH 22.7.08 – VI R 56/05, DStR 08, 1825). Steht auf Grund gesetzlicher Vorschrift die Erhöhung des Ruhegeldes im Rahmen der betrieblichen Altersversorgung nur einem Verheirateten zu, nicht aber einem Partner einer eingetragenen Lebensgemeinschaft, so liegt hierin ein Verstoß gegen das Diskriminierungsverbot (Art 13 EGV, nun Art 19 Abs 1 AEUV; EuGH 10.5.2011 – C-147/08, BeckRS 2011, 80476). Zur Riester-Rente für einpendelnde Grenzgänger und im EU-Ausland Wohnende → *Altersvorsorgevermögen* Rn 7, 16. Zur beschränkten Abzugsfähigkeit der Vorsorgeleistungen im Inland und Rentenbesteuerung im Ausland → *Altersrente* Rn 18, → *Grenzgänger* Rn 23.

148 **e) Abfindung.** Steht einem ArbN bei eigener Kündigung kein Abfindungsanspruch zu, so liegt hierin kein Verstoß gegen Art 39 EGV, nunmehr Art 45 AEUV (EuGH 27.1.2000 – C-190/98, IStR 2000, 127, Fall **Volker Graf/Filzmoser**).

149 **f) Unterhaltsleistungen** an den im EU-Heimatland wohnenden geschiedenen Ehepartner sind wie bei Inländern abziehbar (§ 1a Abs 1 Nr 1 EStG; → *Grenzgänger* Rn 17). Zur steuerlichen Abzugsfähigkeit von Unterhaltszahlungen ins Ausland gem § 33a Abs 1 EStG → *Ausländer* Rn 49. Beim **Realsplitting** (§ 10 Abs 1 Nr 1, § 22 Nr 1a EStG) liegt im Abzugsverbot beim inländischen Geber kein Verstoß gegen das Diskriminierungsverbot vor, wenn die Unterhaltszahlungen beim Empfänger im EU-Ausland nicht zu versteuern sind (EuGH 12.7.05 – C-403/03, Fall Eugen Schempp, DStR 05, 1265; BFH 13.12.05 – XI R 5/02, DStRE 06, 769).

150 **g) Invalidenrenten.** Es kann einen Verstoß gegen das Diskriminierungsverbot des EGV darstellen, wenn nur Invalidenrenten aus deutschen Kassen (§ 3 Nr 6 EStG) und nicht auch gleichartige aus den Kassen anderer EU-Mitgliedstaaten steuerfrei sind (Anm zu BFH 22.1.97, IStR 97, 302, 303).

151 **h) Ausländische Verluste.** Die Nichtberücksichtigung ausländischer Verluste aus Vermietung und Verpachtung kann auch bei einem ArbN gegen Art 39 EGV, nun Art 45 AEUV, verstoßen (EuGH 18.7.07 – C 182/06, DStR 07, 1339). Vgl nunmehr § 32b Abs 1 Nr 5 EStG.

152 **i) Sonstige. Auslandsschulen** → *Kindervergünstigungen* Rn 29; **Auslandskinder** → *Kindergeld* Rn 6, 7; **Behinderte Kinder** → *Kindervergünstigungen* Rn 35; **Auslandsreisen** → *Auslandsreise* Rn 19, → *Fortbildung* Rn 29; **Progressionsvorbehalt** → *Ausländer* Rn 41, → *Auslandstätigkeit* Rn 44; **Altersrenten** → *Altersrente* Rn 18; **Nebentätigkeit im Ausland** → *Auslandstätigkeit* Rn 48; **Berufskraftfahrer** → *Auslandstätigkeit* Rn 51.

## C. Sozialversicherungsrecht

*Schlegel*

156 **1. Ausländerdiskriminierung.** Im Bereich der EU ist die **Diskriminierung von Angehörigen anderer EU-Staaten** durch Art 4 VO (EG) 883/2004 untersagt; danach haben Personen, für welche die VO gilt, die gleichen Rechte und Pflichten aufgrund der Rechtsvorschriften des Mitgliedstaates wie die (eigenen) Staatsangehörigen dieses Staates, soweit nicht die VO selbst spezielle Regelungen für Ausländer enthält. Dieses Gleichbehandlungsgebot verbietet die Ausländerdiskriminierung auf normativer Ebene, spricht also die gesetzgebenden Körperschaften an. Werden Ausländer innerhalb der bestehenden Gesetze durch die arbeitsvertraglichen Regelungen gegenüber deutschen ArbN diskriminiert, bietet die VO hiergegen keinen Schutz oder Anspruch auf weitergehende sozialrechtliche Ansprüche.

**2. Frauendiskriminierung.** Auf EU-Ebene soll eine Diskriminierung von Frauen wegen ihres Geschlechts in Arbeits- und Beschäftigungsfragen durch die Gleichbehandlungsrichtlinie 2006/54/EG vom 5.7.06 (ABl Nr L 204/23) beseitigt werden. Die Richtlinie richtet sich zunächst an die gesetzgebenden Körperschaften der EU-Mitgliedstaaten; sie hat jedoch unter bestimmten Voraussetzungen (Fristablauf; → *EU-Recht* Rn 44 ff) auch unmittelbare Wirkung zugunsten der einzelnen Bürger und schafft so subjektive Rechte. Die Richtlinie hat das Ziel, dass auf dem Gebiet der sozialen Sicherheit und den sonstigen Bestandteilen der sozialen Sicherung (Krankheit, Invalidität, Alter, Arbeitsunfall, Berufskrankheit, Arbeitslosigkeit und ergänzende Sozialhilfe) der Grundsatz der Gleichbehandlung zwischen Männern und Frauen schrittweise verwirklicht wird. 157

Eine **mittelbare Diskriminierung** von Frauen wegen ihres Geschlechts iSd Art 4 Abs 1 EWG-Richtlinie liegt dann vor, „wenn eine ihrem Wortlaut nach neutrale Vorschrift ein Kriterium oder ein Verfahren enthält, das für die Person eines Geschlechts, insbes wegen des Bezugs auf den Ehe- oder Familienstand, tatsächlich eine unverhältnismäßig nachteilige Wirkung hat, die nicht durch zwingende Gründe oder Umstände gerechtfertigt ist, die in keinem Zusammenhang mit dem Geschlecht der betroffenen Personen stehen“ (so Art 5 Abs 1 des Entwurfs einer Richtlinie des Rates zur Beweislast im Bereich gleichen Entgelts und der Gleichbehandlung von Frauen und Männern, BR-Drs 304/88 S 12). Der Anschein der Diskriminierung ist widerlegt, wenn die in Rede stehende Regelung durch Faktoren sachlich gerechtfertigt ist, die nichts mit einer Diskriminierung auf Grund des Geschlechts zu tun haben (EuGH, NJW 08, 499, 501 mwN). Letzteres ist der Fall, wenn die gewählten Mittel einem legitimen **Ziel der Sozialpolitik** des betreffenden Mitgliedstaats dienen und zur Erreichung dieses Ziels geeignet und erforderlich sind (EuGH 14.12.95 – C-444/93, Slg I 1995, 4741 = SozR 3–6083 Art 4 Nr 12 mwN). 158

Eine solche mittelbare Diskriminierung hat das BSG für die besondere Vorversicherungszeit für Renten wegen Berufs- oder Erwerbsunfähigkeit (§ 43 Abs 1 Nr 3, Abs 3, § 44 Abs 4 SGB VI) verneint (BSG 27.6.91 – 4 DA 48/90 – nv). Gleiches gilt für die Regelungen über die Beitragsfreiheit kurzfristiger Beschäftigungen und den Zugang zu Leistungen bei Arbeitslosigkeit nach AFG aF (BSG 18.5.2000 – B 11 AL 61/99 R, SozR 3–6083 Art 4 Nr 15). Eine mittelbare Diskriminierung liegt auch nicht vor, wenn bei einer Arbeitnehmerin, die zunächst „gut“ verdient hatte und im Anschluss an Mutterschutz und Erziehungsurlaub nach kurzer Beschäftigung arbeitslos wurde, das AlGeld ausgehend von einer fiktiven Bemessung des Arbeitsentgelts nach Qualifikationsgruppen berechnet wurde, weil innerhalb von zwei Jahren nach Anspruchsbeginn nicht mindestens 150 Tage mit Anspruch auf Arbeitsentgelt feststellbar waren (BSG 29.5.08 – B 11a AL 23/07 R, NZS 09, 464). 159

**3. Assoziierungsrechtliche Diskriminierungsverbote.** Aus Art 3 Abs 1 Beschluss Nr 3/80 des Assoziationsrats vom 19.9.80 über die Anwendung der Systeme der sozialen Sicherheit der Mitgliedstaaten der EG auf die **türkischen Arbeitnehmer** und auf deren Familienangehörige (ABl EG C 1983, 1160/60 ff) folgt nach der Entscheidung des EuGH, dass türkische Staatsangehörige, die im Gebiet eines Mitgliedstaates wohnen und für die der ARB gilt, im Wohnsitzstaat Anspruch auf Leistungen der sozialen Sicherheit nach den Rechtsvorschriften dieses Staates unter den gleichen Voraussetzungen wie dessen eigene Staatsangehörige haben (EuGH 5.5.99 – C-262/96 – Rechtssache Sürül, Slg 99, I-2743 = SozR 3–6935 Allg Nr 4 S 49 f; allgemein zu Art 3 ARB EuGH 28.4.04 – C-372/02 Rechtssache Öztürk; *Schlegel* in jPR SozR 31/2004 Anm 1). 160

**4. Stellenangebote an Arbeitslose.** Im Bereich der **Vermittlung Arbeitsloser** ist zu beachten, dass die BA gem § 36 Abs 2 SGB III **Einschränkungen des Arbeitgebers bei Stellenangeboten** für Arbeitslose gegenüber der BA nicht berücksichtigen darf, wenn diese diskriminierenden Charakter aufweisen (Einzelheiten → *Personalauswahl* Rn 34; → *Tendenzbetrieb* Rn 24 ff). 161

**5. Soziale Rechte.** Der auf die Umsetzung der **GleichbehandlungsRL** zurückgehende **§ 33c Satz 1 SGB I** verbietet es, jemanden bei der Inanspruchnahme sozialer Rechte auf Gründen der Rasse, wegen ethnischer Herkunft oder Behinderung zu benachteiligen (zum Verhältnis Art 3 GG jPR-SozR 21/2006 *Weselski* in *Schlegel/Voelzke* SGB I § 33c). 162

# Doppelte Haushaltsführung

## A. Arbeitsrecht

*Griese*

1 Führt der ArbN aus berufsbedingten Gründen an einem anderen Ort einen zweiten Haushalt (zu den Voraussetzungen s → Rn 7 u BFH 16.11.2017 – VI R 31/16, DStR 18, 178), kann sich der ArbGeb **vertraglich** zur Kostenbeteiligung, insbesondere im Hinblick auf zusätzliche Miet- und Fahrtkosten, verpflichten. Dies wird in Betracht kommen, wenn die doppelte Haushaltsführung auch im betrieblichen Interesse liegt. Bei einer Versetzung in einen anderen, örtlich entfernt liegenden Betrieb, die allein im betrieblichen Interesse liegt, besteht unter dem Gesichtspunkt des **Aufwendungsersatzes** nach **§ 670 BGB ein gesetzlicher Anspruch** auf Ersatz der Umzugskosten (→ *Umzugskosten* Rn 2–6). Unter diesem Gesichtspunkt kann der ArbGeb auch verpflichtet sein, sich für einen vorübergehenden Zeitraum bis zum zumutbaren Umzugstermin an den Kosten der doppelten Haushaltsführung zu beteiligen.

2 Als **Anspruchsgrundlage** kommen ferner alle sonstigen individual- oder kollektivrechtlichen Verpflichtungstatbestände in Betracht (Vertrag, Gesamtzusage, arbeitsvertragliche Einheitsregelung, Betriebliche Übung, Tarifvertrag, Betriebsvereinbarung), schließlich der Gleichbehandlungsgrundsatz. So verpflichtet § 7 Nr 4.4 des für allgemeinverbindlich erklärten Bundesrahmentarifvertrages für das Baugewerbe (BRTV Bau 2002) zu einer Fahrtkostenabgeltung für **Wochenendheimfahrten** iHv 0,30 € je Entfernungskilometer (BAG 24.1.07 – 4 AZR 50/06, DB 07, 2042). Dabei kann der Anspruchsumfang von den steuerrechtlichen Regelungen über den Werbungskostenersatz bei doppelter Haushaltsführung abweichen oder anders **pauschaliert** sein.

3 Erbringt der ArbGeb als freiwillige Leistung Mietzuschüsse oder Kosten für Familienheimfahrten, auf die kein gesetzlicher Aufwendungsersatzanspruch nach § 670 BGB besteht, handelt es sich um Vergütung im weiteren Sinne, so dass die betriebliche Lohngestaltung nach § 87 Abs 1 Nr 10 BetrVG betroffen ist. Dies hat zur Folge, dass die Ausgestaltung der Bezugsbedingungen der **Mitbestimmung** des BRat unterliegt (BAG 10.6.86 – 1 ABR 65/84, DB 86, 2340).

Bei der Entscheidung über arbeitsgerichtliche Prozesskostenhilfe ist eine beruflich bedingte doppelte Haushaltsführung als besondere Belastung gem § 115 Abs 1 Satz 2 Nr 5 ZPO zu berücksichtigen (LAG Hamm 9.1.18 – 5 Ta 641/17, NZA 18, 215).

## B. Lohnsteuerrecht

*Thomas*

### Übersicht



4 **I. Rechtsentwicklung.** Durch das Gesetz zur Änderung ua des Reisekostenrechts vom 20.2.13 wurden mit Wirkung ab 2014 auch Voraussetzungen und Rechtsfolgen der doppelten Haushaltsführung modifiziert (dazu Einführungserlass BMF 30.9.13 BStBl I 13, 1279 BeckVerw 276583; Ergänzung BMF 24.10.14 BStBl I 14, 1412; *Harder-Buschner/Schramm* NWB Beilage zu 9/2013, 2; *Harder-Buschner/Schramm* NWB 48/2012, 3848; *Niermann* DB 13, 1015; *Niermann* DB 13, 2357; *Niermann* DB 14, 2793; *Paintner* DStR 13, 217; *Schneider* NWB Beilage zu 9/2013, 53; *Weber* NWB Beilage zu 9/2013, 21; *Wirfler* DStR 12, 2037;

*Wirfler* DStR 13, 2037; *Wünnemann* DB 12, 421; *Wünnemann/Gödtel* NWB Beilage zu 9/2013, 36).

Während bisher lediglich vorausgesetzt wurde, dass der ArbN bei beibehaltenem eigenem Hausstand (= Lebensmittelpunkt) „am Beschäftigungsort wohnt" (§ 9 Abs 1 Nr 5 Satz 2 EStG aF), muss ab 2014 der Beschäftigungsort gleichzeitig Ort der ersten Tätigkeitsstätte iSv § 9 Abs 4 EStG sein (§ 9 Abs 1 Nr 5 Satz 2 EStG). Wohnt der ArbN an einer Arbeitsstätte, die nicht erste Tätigkeitsstätte ist, greifen nicht die Rechtsfolgen der doppelten Haushaltsführung ein, sondern es kommen Dienstreisegrundsätze des neu geschaffenen § 9 Abs 1 Nr 5a EStG zum Zug, der nicht näher beschriebene „notwendige" Mehraufwendungen als Übernachtungskosten zulässt (→ *Dienstreise* Rn 47). 5

Des Weiteren ist nicht mehr entscheidend, dass der doppelte Haushalt „aus beruflichem Anlass begründet" wurde, gleichgültig aus welchen Gründen er beibehalten wird. Vielmehr genügt ab 2014, dass die doppelte Haushaltsführung „beruflich veranlasst" ist. Neu ist auch, dass näher beschrieben wird, wann ein eigener Hausstand unterhalten wird (§ 9 Abs 1 Nr 5 Satz 3 EStG) und dass für Unterkunftskosten eine feste Monatsobergrenze eingeführt wurde (§ 9 Abs 1 Nr 5 Satz 4 EStG). 6

**II. Voraussetzungen.** Nach § 9 Abs 1 Satz 3 Nr 5 Satz 1 EStG können notwendige Mehraufwendungen wegen einer beruflich veranlassten doppelten Haushaltsführung als Werbungskosten abgezogen werden. „Doppelt" besagt, dass zwei Wohnungen nötig sind, nämlich eine außerhalb und eine am Ort der ersten Tätigkeitsstätte. Die Anforderungen an letztere sind gering. Nach § 9 Abs 1 Satz 3 Nr 5 Satz 2 EStG genügt, dass der ArbN dort „auch" wohnt, während an ersterer ein eigener Hausstand unterhalten werden muss, was besagt, dass sich dort der Lebensmittelpunkt des ArbN befinden muss (→ Rn 12 ff). 7

**1. Berufliches Wohnen.** Der Werbungskostenabzug beruht darauf, dass durch den Beruf zusätzlicher Wohnaufwand entsteht. Die Regeln der doppelten Haushaltsführung greifen aber nur für das Wohnen an der ersten Tätigkeitsstätte ein; sonst gelten Dienstreisegrundsätze (→ Rn 5). Zum Begriff erste Tätigkeitsstätte wird auf → *Fahrten zwischen Wohnung und Arbeitsstätte* Rn 4 ff verwiesen. Wird während der Elternzeit nicht gearbeitet, weswegen keine erste Tätigkeitsstätte und damit auch keine doppelte Haushaltsführung vorliegt, können Kosten für das Vorhalten einer Wohnung am bisherigen Arbeitsort ausnahmsweise nach § 9 Abs 1 Satz 1 EStG zu Werbungskosten führen (FG BlnBbg 1.6.17 – 3 K 3278/14, DStRE 18, 454, Rev VI R1/18); ähnlich zur Arbeitsplatzsuche nach Beendigung einer doppelten Haushaltsführung (FG Münster 12.6.19 – 7 K 57/18 E, DStRE 19, 1113, EFG 19, 1278). 8

**a) Wohnung.** Es genügt, wenn eine irgendwie geartete Unterkunft (möbiliertes Zimmer, Gemeinschaftsunterkunft, Hotel oder Wohnung) zur Übernachtung genutzt wird, von der der ArbN seinen Arbeitsplatz aufsucht. Auf die Eigentumsverhältnisse bzw Ausstattung und Komfort kommt es nicht an. Die Wohnung muss auch nicht an der Mehrzahl der Arbeitstage genutzt werden (BFH 2.5.02 – VI B 158/99, BFH/NV 02, 1051). 9

**b) Ort der Tätigkeitsstätte.** Die Rspr legt den Begriff „Ort" iSv Einzugsbereich aus. Danach kommt es nicht auf politische Gemeinde- oder Landesgrenzen an, sondern darauf, ob der ArbN üblicherweise täglich zu der Tätigkeitsstätte fahren kann, was bei einer Wegezeit von etwa einer Stunde zu bejahen sein kann. Es sind die Umstände des Einzelfalles, insbes die individuellen Verkehrsverbindungen und Wegezeiten zu berücksichtigen (BFH 19.4.12 – VI R 59/11, DStR 12, 1383). Dem folgt die Verwaltung und nimmt im übrigen hin, wenn die Entfernung zwischen Tätigkeitsstätte und Zweitwohnung weniger als die Hälfte der Entfernung zur Hauptwohnung beträgt (BMF 24.10.14, BStBl I 14, 1412). 10

**c) Vor- und Nachteile.** Die großzügige Auslegung des Begriffs „Ort" hat zur Folge, dass vergleichsweise große Entfernungen zwischen Tätigkeitsstätte und Zweitwohnung dem Werbungskostenabzug nicht entgegen stehen müssen. Andererseits entfällt dieser aber, wenn die Tätigkeitsstätte im Einzugsbereich der Hauptwohnung (= Lebensmittelpunkt) liegt, weil diese nach § 9 Abs 1 Satz 3 Nr 5 Satz 2 EStG außerhalb des Orts der Tätigkeitsstätte unterhalten werden muss (BFH 16.11.17 – VI R 31/16, DStR 18, 179; zur Beweisführung in solchen Fällen vgl BFH 16.1.18 – VI R 2/16, BFH/NV 18, 712). 11

**2. Beibehaltene Lebensmittelpunktwohnung.** Nach der Legaldefinition des § 9 Abs 1 Nr 5 Satz 3 EStG setzt das Vorliegen eines eigenen Hausstandes das Innehaben einer Wohnung sowie eine finanzielle Beteiligung an den Kosten der Lebensführung voraus. 12

Außerdem muss sich nach der ständigen Rspr an diesem Hausstand der Lebensmittelpunkt des ArbN befinden.

13 **a) Eigener Hausstand. aa) Innehaben einer Wohnung.** Ein ArbN hat eine Wohnung inne, wenn er sie aus eigenem Recht als Eigentümer oder Mieter oder aus abgeleitetem Recht als Ehegatte, Lebenspartner oder Lebensgefährte nutzt (BMF 30.9.13 BStBl I 13, 1279 Rz 94). Maßgebend ist, dass die Wohnung gleichberechtigt genutzt wird und ein Verbleib in der Wohnung sichergestellt ist (BFH 14.10.04 – VI R 82/02, BStBl II 05, 98 = DStR 04, 2091). Die Regelvermutung, dass ein Kind die Führung des Haushalts maßgeblich mitbestimmt, wird erst bei älteren, wirtschaftlich selbstständigen, berufstätigen Kindern ausgelöst. Weder spielen das Eintreten der Volljährigkeit noch das Erreichen einer bestimmten Altersgrenze ein Rolle (BFH 1.3.17 – VI B 74/16, BFH/NV 17, 903). Demgegenüber hat jemand eine Wohnung nicht inne, in der er lediglich zu Besuch ist oder in der er Gefälligkeits halber vorübergehend, dh alsbald beendbar übernachten darf. Inwieweit ein dauerhaftes Bleibendürfen anzunehmen ist, ist Tatfrage. Mitglieder einer Wohngemeinschaft (die regelmäßig Mit- oder Untermieter sind) unterhalten einen eigenen Hausstand auch, wenn sie an Gemeinschaftsräumen (Küche, Bad, WC) kein alleiniges Nutzungsrecht haben. Ein dauernd getrennt lebender oder geschiedener Ehegatte hat die von ihm persönlich nicht mehr genutzte ehemalige Familienwohnung selbst dann nicht inne, wenn er Wohnungseigentümer ist oder sie durch Unterhaltsleistungen vollständig finanziert.

14 **bb) Finanzielle Beteiligung.** Während die Rspr früher für das Unterhalten eines eigenen Hausstandes einen finanziellen Beitrag zu den Wohnkosten gefordert und später in diesem nur noch ein Indiz für den „eigenen" Hausstand gesehen hat, sollte zuletzt genügen, dass die gemeinsame Haushaltsführung wesentlich mitbestimmt wird, was auch bei kostenlosem Wohnendürfen erwachsener berufstätiger Kinder regelmäßig unterstellt wurde (BFH 16.1.13 – VI R 46/12, DStR 13, 852). Diese Rspr ist ab 2014 überholt (BMF 30.9.13 BStBl I 13, 1279 Rz 94; BT-Drs 17/10774, 14).

15 Allerdings ist der Gesetzeswortlaut insofern irreführend, als eine finanzielle Beteiligung nicht an den Wohnkosten, sondern den Kosten der Lebensführung verlangt wird. Das verwirrt, weil eine doppelte Haushaltsführung keine Haushaltsgemeinschaft mit Dritten voraussetzt. Auch ein Alleinstehender kann einen doppelten Haushalt führen (seit BFH 5.10.94 – VI R 62/90, BStBl II 95, 180 = DStR 94, 1888 ständige Rspr). Die finanzielle Beteiligung an den Kosten der eigenen Lebensführung kann aus zwei Gründen nicht gemeint sein. Zum einen ist diese mit dem Grundfreibetrag abgegolten. Und zum anderen ist selbstverständlich, dass der ArbN für seine eigene Lebensführung aufkommt, weshalb das Erfordernis einer solchen Kostenbeteiligung ins Leere liefe. Anders als bei den Kosten des Wohnens entsteht bei den übrigen laufenden Kosten der Lebensführung nicht dadurch ein beruflich veranlasster Mehraufwand, dass diese Kosten an unterschiedlichen Orten anfallen. Nach der vom Gesetz bezweckten Korrektur der Rspr (→ Rn 14) dürfte mit der finanziellen Beteiligung nicht die Beteiligung an den gesamten Lebensführungskosten, sondern die an den Wohnkosten also an den Kosten der Erstwohnung gemeint sein. Denn wer außerhalb des Beschäftigungsort umsonst wohnt hat am Beschäftigungsort keinen beruflich veranlassten Mehraufwand. Für diese Interpretation spricht insbes, dass die Regelung Teil der Definition des „eigenen" Hausstandes ist.

16 Ist schon vage, welche Kostenart gemeint ist, an der sich der ArbN zu beteiligen hat, so gilt entsprechendes leider auch für die Höhe. Die Forderung, dass sich der ArbN „beteiligen" muss, eröffnet einen Auslegungsspielraum von einige bis alle Kosten. Nicht weniger kryptisch ist die Interpretationshilfe der Verwaltung, dass Bagatellbeträge nicht ausreichend sind (BMF 30.9.13, BStBl I 13, 1279 Rz 94). Teilweise wird vertreten, dass die Bagatellgrenze bei 10% der monatlich regelmäßig anfallenden laufenden Kosten der Haushaltsführung (zB Miete, Mietnebenkosten, Kosten für Lebensmittel und andere Dinge des täglichen Bedarfs) liege (*Niermann* DB 13, 2357 ff, 2362; *Plenker* DB Nr 21/2014, M 9). Warum Lebensmittel, die abschließend in § 9 Abs 4a EStG geregelt sind und andere Dinge des täglichen Bedarfs einzubeziehen seien, bei denen kein beruflicher Mehrbedarf entsteht, ist schwer einzusehen. Der Auslegungsrahmen könnte sich zwischen einer Untergrenze bewegen, nach welcher mindestens die Nebenkosten zu tragen sind, die üblicherweise Mieterseits übernommen werden, und einer Obergrenze, die orientiert am Rechtsgedanken des § 21 Abs 2 EStG rd zwei Drittel der ortsüblichen Marktmiete zum Maßstab nimmt.

Offen ist schließlich, in wie weit die Kostenbeteiligung dem ArbN, der eine doppelte Haushaltsführung in Anspruch nimmt, individuell zurechenbar sein muss. Bei Lebensgemeinschaften, die „aus einem Topf" wirtschaften (regelmäßig Ehegatten, eingetragene Lebenspartner, nicht verheiratete Eltern mit gemeinsamem Kind) dürften finanzielle Beiträge eines Partners auch als solche des anderen Partners anzusehen sein, so dass es nicht darauf ankommt, wessen finanzielle Mittel für den laufenden Lebensbedarf einschließlich Wohnkosten verwendet wurden, während andere Mittel Anschaffungen, Rücklagen, Urlaubskosten usw dienen. Bei anderen Wohngemeinschaften wie bspw zwischen Eltern und Kindern, zwischen Geschwistern oder sonstigen Partnern kann nicht von einem Wirtschaften aus einem Topf ausgegangen werden. Der Frage individuell zuordenbarer Kostenbeiträge dürfte kein großes Gewicht zu kommen, da das Vorliegen eines „eigenen" Hausstandes in erster Linie bei Alleinstehenden problematisch sein wird. Wer Gefälligkeits halber umsonst wohnen darf und ebenfalls Gefälligkeits halber sich durch Dienste oder Geschenke einbringt, erbringt damit keine finanzielle Kostenbeteiligung. Ebenso wenig dürften dadurch eigene Wohnkostenbeiträge des ArbN anzunehmen sein, dass ein freies Wohnendürfen als Mittelverwendung von Unterhaltsleistungen angesehen wird (so wohl *Schneider* NWB Beilage zu 9/2013 44 ff, 49), abgesehen davon, dass einem berufstätigen Kind regelmäßig keine Unterhaltsansprüche gegen seine Eltern zu stehen. 17

**b) Lebensmittelpunkt.** Nach allgemeiner Auffassung muss sich in der außerhalb des Beschäftigungsorts unterhaltenen Erstwohnung der Lebensmittelpunkt des ArbN befinden. Das beruht darauf, dass die doppelte Haushaltsführung beruflich veranlasst sein muss, was nicht der Fall ist, wenn eine zusätzliche Wohnung nicht dauernd zu Wohnzwecken genutzt, sondern nur für den Urlaub oder aus anderen Gründen vorgehalten wird. 18

Indizien für den Lebensmittelpunkt sind Ausstattung und Größe dieses Hausstandes auch im Vergleich zur Wohnung am Arbeitsplatz, Anzahl der Heimfahrten, gesellschaftliche Bindungen usw (BFH 9.8.07 – VI R 10/06, DStR 07, 1568; BFH 28.8.07 – VI B 52/07, BFH/NV 07, 2111). Für ArbN mit entferntem Heimatland reicht eine Heimfahrt im Kj, bei weit entfernten Ländern alle zwei Jahre und bei Asylbewerbern wurden bisher etwa fünf Jahre keine nachteiligen Schlüsse gezogen, wenn sie anderweitige Kontakte (Briefe, Telefonate) glaubhaft machten. Dem ist der BFH mit der Maßgabe gefolgt, dass auch bei wenigen Heimfahrten der Lebensmittelpunkt ausnahmsweise im Heimatland verblieben sein kann, wenn sich dies aus den Gesamtumständen herleiten lässt (BFH 10.2.2000 – VI R 60/98, DStR 2000, 728). Das FG München (30.9.97 – 16 K 1318/94, EFG 98, 188) verneint bei einem ledigen Asylbewerber mit unbefristetem Arbeitsverhältnis eine doppelte Haushaltsführung; ebenso bei 25-jährigem ledigen ArbN, der seine Lebensgefährtin in die Wohnung am Beschäftigungsort aufgenommen hat (FG München 29.9.13 – 5 K 2141/12, BeckRS 2013, 96410). Haben Ehegatten neben der Wohnung am gemeinsamen Arbeitsplatz eine weitere Wohnung, die sie am Wochenende sowie im Urlaub nutzen, ist im Allgemeinen davon auszugehen, dass sich ihr Lebensmittelpunkt in der Wohnung befindet, von der beide regelmäßig ihren Arbeitsplatz aufsuchen (BFH 9.2.15 – VI B 80/14, BFH/NV 15, 675; BFH 7.5.15 – VI R 71/14, BFH/NV 15, 1240; BFH 20.1.16 – VI B 61/15, BFH/NV 16, 747). Im Übrigen spricht bei einem Verheirateten eine widerlegbare Vermutung dafür, dass die gemeinsame Wohnung mit dem Ehepartner auch seinen Lebensmittelpunkt darstellt (BFH 1.2.12 – VI B 88/11 BFH/NV 12, 945). Entsprechendes gilt für Partner einer eingetragenen Lebensgemeinschaft (BFH 8.10.14 – VI R 16/14, DStR 15, 214). 19

Ein beibehaltener Lebensmittelpunkt ist zu verneinen, wenn ein ArbN neben der von ihm finanzierten Wohnung, in der seine Familie lebt, am Beschäftigungsort eine weitere Wohnung unterhält, die er mit seinem Lebenspartner und gemeinsamen Kindern bewohnt (BFH 25.3.88 – VI R 32/85, DStR 88, 366), wenn bei zwei rechtsgültigen Ehen eine Familie am Beschäftigungsort und eine weitere im Ausland lebt (BFH 25.3.88 – VI R 142/87, DStR 88, 366) oder wenn ein ArbN bei bevorstehender Scheidung die bisherige Wohnung nur noch gelegentlich besuchsweise aufsucht. Haben Ehegatten einen zweiten Wohnsitz begründet und sucht der berufstätige Ehegatte den bisherigen Wohnsitz wegen seiner starken beruflichen Belastung nicht mehr auf, führt er auch keinen doppelten Haushalt mehr. Dann bewirken auch Besuchsfahrten des anderen Ehegatten keine Werbungskosten (FG Thür 11.5.17 – 1 K 408/15, EFG 17, 1152). Dessen ungeachtet hält der BFH den Lebensmittelpunkt außerhalb des Beschäftigungsortes bei einem verheirateten 20

ArbN, dessen (später geschiedener) Ehegatte mit den gemeinsamen Kindern und des Eltern des ArbN zusammen wohnt, dort auch dann für möglich, wenn der ArbN am Beschäftigungsort mit einer mit ihm befreundeten Arbeitskollegin und deren Kindern eine gemeinschaftliche Wohnung anmietet (BFH 28.3.12 – VI R 25/11, DStR 12, 1436). Dem Urteil ist zwar zu entnehmen, dass der ArbN für sich nur die „notwendigen" Mehraufwendungen abziehen kann, nicht jedoch ob aus dem Gesamtwohnaufwand zunächst die Kosten auszuschließen sind, die gefälligkeitshalber (also aus privaten Gründen) für die Arbeitskollegin und ihre Kinder übernommen wurden (FG Münster 15.11.13 – 14 K 1196/10 E, DStRE 15, 331).

21 **3. Berufliche Veranlassung.** Es wurde nicht kommuniziert, warum das Gesetz ab 2014 statt einer „aus beruflichem Anlass begründeten" nur eine „beruflich veranlasste" doppelte Haushaltsführung verlangt und warum der Zusatz „unabhängig davon, aus welchen Gründen sie beibehalten wird" entfallen ist. Möglicherweise sollte der fragwürdigen RsprÄnderung (vgl dazu Personalbuch 2013 Doppelte Haushaltsführung Rz 21) zu den Wegverlegungsfällen (BFH 5.3.09 – VI R 58/06, DStR 09, 1083; BFH 5.3.09 – VI R 23/07, DStRE 09, 710) Rechnung getragen werden. Jedenfalls sind Aufwendungen für eine Vorfälligkeitsentschädigung nicht beruflich veranlasst, wenn sie angefallen ist, weil die Wohnung am Beschäftigungsort nach Beendigung der doppelten Haushaltsführung veräußert worden ist (BFH 3.4.19 – VI R 15/17, DStR 19, 1133).

22 Der BFH hat bestätigt, dass eine doppelte Haushaltsführung auch dann aus beruflichem Anlass begründet sein kann, wenn der Haupthausstand aus privaten Gründen (hier: nach einer Eheschließung) vom Beschäftigungsort weg verlegt wird. Dann sind auch drei Monate Verpflegungspauschalen zu gewähren (BFH 8.10.14 – VI R 7/13, DStR 14, 2557).

23 **III. Abziehbare Aufwendungen.** Da die Rechtsfolgen der doppelten Haushaltsführung nur eingreifen, wenn der Arbeitsplatz erste Tätigkeitsstätte ist, wird sich die Rspr künftig mit den Zweifelsfällen auseinander zu setzen haben, in denen ArbGeb bzw ArbN diese Klassifizierung des Arbeitsplatzes verneinen. Hieran besteht dann ein Interesse, wenn die tatsächlichen Mobilitätskosten über den Abzugsbeträgen der Entfernungspauschale und die Unterkunftskosten über der Monatsgrenze des § 9 Abs 1 Nr 5 Satz 4 EStG von 1000 € liegen und wenn bei Gewährung eines Dienstwagens der pauschale Nutzungsvorteil für den Weg zur Arbeit entfällt. Insofern kann die Neuregelung getrost als Arbeitsbeschaffungsprogramm für Fortbilder, Berater und Gerichte verstanden werden.

24 **1. Fahrtkosten. a) Fahrten zur Tätigkeitsstätte.** Auf diese sind, weil der Beschäftigungsort bei der doppelten Haushaltsführung erste Tätigkeitsstätte sein muss, wie bisher die Regeln über die Entfernungspauschale anzuwenden. Denn auch die Zweitwohnung am Arbeitsort ist eine Wohnung iS des § 9 Abs 1 Nr 4 Satz 1 EStG.

25 **b) Familienheimfahrten.** Nach § 9 Abs 1 Nr 5 Satz 5 EStG kann jeweils nur eine Familienheimfahrt wöchentlich abgezogen werden. Diese Regelung geht § 9 Abs 1 Nr 4 Satz 6 EStG vor, wonach bei Fahrten zu der von Arbeitsplatz entfernteren Wohnung pauschale km Aufwendungen ohne Begrenzung auf eine Fahrt wöchentlich abziehbar sind, wenn diese Wohnung den Mittelpunkt der Lebensinteressen des ArbN bildet. Dies beruht darauf, dass der ArbN bei der doppelten Haushaltsführung kürzere Wegstrecken bewältigen muss, weil er bereits die Unterkunft an der Zweitwohnung steuerlich berücksichtigt bekommt. Im Übrigen hat der ArbN ein Wahlrecht zwischen Nr 4 und Nr 5 des § 9 Abs 1 EStG, also zwischen einer Familienheimfahrt wöchentlich und mehreren solchen in der Woche, dann aber ohne Unterkunftskosten (BFH 9.6.88, BStBl II 88, 990). Der ArbN kann das Wahlrecht bei derselben doppelten Haushaltsführung für jedes Kj nur einmal ausüben (R 9.11 Abs 10 Satz 3 LStR).

Auf die Familienheimfahrt sind die Regeln der Entfernungspauschale anwendbar (§ 9 Abs 1 Nr 5 Satz 6 EStG). Deshalb kommt es bei tatsächlich durchgeführter Familienheimfahrt nicht darauf an, ob bzw welche Aufwendungen der ArbN selbst gehabt hat zB bei kostenloser Mitfahrgelegenheit. Allerdings sind steuerfrei geleistete Reisevergütungen und steuerfrei gewährte Freifahrten auf die Entfernungspauschale anzurechnen (BFH 18.4.13 – VI R 29/12, DStR 13, 1373). Bei Benutzung eines Dienstwagens entfällt der Abzug; es ist aber auch kein Nutzungsvorteil anzusetzen (BFH 28.2.13 – VI R 33/11, DStR 13, 1222). Das gilt aber nur für ArbN und nicht für Familienheimfahrten von Selbstständigen (BFH

19.6.13 – VIII R 24/09, DStR 13, 1284). Diese offensichtliche Ungleichbehandlung (*Pezzer* BFH/PR 13, 389) mag, wie der BFH ausführt, bei Selbstständigen verfassungskonform sein. Eine andere Frage ist ob die Bevorzugung der ArbN, die mit steigenden Fahrzeugkosten wächst, tatsächlich durch Vereinfachungszwecke zu rechtfertigen ist, zumal die Ausnahme nur die Familienheimfahrt betrifft und nicht den ungleich häufigeren Normalfall der Fahrten zwischen Wohnung und Tätigkeitsstätte.

Wird die Familienheimfahrt mit einer Dienstreise verbunden, ist die ganze Fahrtstrecke mit tatsächlichen Kosten abziehbar, wenn die Fahrt durch die Dienstreise geprägt wird, andernfalls nur die Umwegstrecke, während es im Übrigen bei den Entfernungspauschalen bleibt (BFH 12.10.90, BStBl II 91, 134 mwN). 26

**c) Sonderfahrten. aa) Besuchsfahrten.** Anders als früher sieht der BFH Besuchsfahrten des anderen Ehegatten vom gemeinsamen Lebensmittelpunkt zum Beschäftigungsort des ArbN weder als Familienheimfahrten, noch als sonst beruflich veranlasste Fahrten an (BFH 2.2.11 – VI R 15/10, DStR 11, 562; *Geserich* DStR 12, 1737 unter 2.1). Offengelassen wurde ob ausnahmsweise etwas Anderes gilt, wenn bei dem am Arbeitsort unabkömmlichen ArbN mit dem Ehegatten private Dinge geregelt werden müssen (BFH 22.10.15 – VI R 22/14, DStR 16, 77). Allerdings ist fraglich, ob die Besprechung von Maßnahmen zB wegen schwerer Erkrankung eines Kindes eine Besuchsfahrt erfordert. Jedenfalls soll bei ausgefallener Familienheimfahrt der ArbN selbst Telefonkosten für ein Ferngespräch mit Angehörigen bis zur Dauer von 15 Minuten berücksichtigt bekommen (BFH 8.11.96 – VI R 48/96, DStRE 97, 488), wobei nicht unterstellt werden kann, dass regelmäßig telefoniert worden ist (BFH 29.6.93 – VI R 44/89, BFH/NV 94, 19). Ob andere Ersatztelefonate, zB eines Alleinstehenden mit dem Freundeskreis entsprechend behandelt werden, ist eher fraglich. Es spricht einiges dafür, dass Mobilitätskosten durch die Familienheimfahrt abschließend geregelt sind und andere Aufwendungen nur berücksichtigt werden, wenn es sich um Unterkunftskosten handelt. 27

**bb) Antritts- und Abschlussfahrten** bei Beginn bzw Ende einer doppelten Haushaltsführung können vom ArbN in tatsächlicher Höhe abgezogen werden (R 9. 11 Abs 6 Nr 1 LStR). Ihrem Charakter nach handelt es sich um umzugsähnliche Fahrten (zum Rückumzug aus Anlass der Auflösung eines doppelten Haushalts vgl BFH 8.11.96 – VI R 65/94, DStR 97, 322 mit Anm *MIT*). 28

**2. Verpflegungspauschalen.** Nach § 9 Abs 4a Satz 3 EStG stehen dem ArbN bei auswärtiger beruflicher Tätigkeit Verpflegungspauschalen gestaffelt nach Abwesenheitszeiten von 14 bzw 28 € zu. Der Abzug ist bei Tätigwerden an derselben Tätigkeitsstätte auf drei Monate beschränkt (§ 9 Abs 4a Satz 6 EStG). Die Verpflegungspauschalen und die Dreimonatsfrist gelten auch bei einer doppelten Haushaltsführung (§ 9 Abs 4a Satz 12 EStG). Darauf ob tatsächlich ein Mehraufwand entsteht, kommt es nicht an (BFH 4.4.06 – VI R 44/03, DStRE 06, 782). Die Begrenzung auf drei Monate ist verfassungskonform (BFH 8.7.10 – VI R 10/08, DStRE 11, 6). Schließt sich eine doppelte Haushaltsführung an eine Auswärtstätigkeit am gleichen Tätigkeitsort an, ist diese auf die Dreimonatsfrist anzurechnen. Die bei Auswärtstätigkeit dem ArbGeb eingeräumte Befugnis, Auslösungen zusätzlich zu den steuerfrei gewährbaren Verpflegungspauschalen gem § 40 Abs 2 Nr 4 EStG bis zu deren Höhe mit einem Pauschsteuersatz von 25 vH zu erheben, besteht bei der doppelten Haushaltsführung nicht. 29

**3. Unterkunftskosten.** Es können im Inland die tatsächlichen Aufwendungen für die Nutzung der Unterkunft angesetzt werden, höchstens 1000 € im Monat (§ 9 Abs 1 Nr 5 Satz 4 EStG). Die vor 2014 geltende Begrenzung auf den Durchschnittsmietzins einer 60 qm-Wohnung (BFH 9.8.07 – VI R 10/06, DStR 07, 1568) ist nur noch im Ausland anzuwenden. Wohnt der ArbN am Beschäftigungsort im eigenen Haus/Wohnung, sind ebenfalls die tatsächlichen Aufwendungen (Afa, Reparaturkosten, Zinsen, Nebenkosten) bis zur Höchstgrenze maßgebend (BFH 24.5.2000 – VI R 28/97, DStR 2000, 1469; Nds FG 21.10.14 – 12 K 79/13, DB 15, 1931 Rew VI R 10/15). Aufwendungen, die ausschließlich ein Dritter getragen hat (sog Drittaufwand) können nicht berücksichtigt werden (BFH 23.8.99 – GrS 1/97, GrS 2/97, GrS 3/97 und GrS 5/97, BStBl II 99, 778, 782, 787 und 774; zum Mietvertrag, den der Vater im eigenen Namen für seine Tochter abschließt FG Nds 25.2.16 – 1 K 169/15, DStRE 17, 1096). 30

In den Höchstbetrag einzubeziehende Aufwendungen sind solche für die Miete, Mietnebenkosten, Reinigung und Pflege der Wohnung, AfA für notwendige Einrichtungsgegenstände, Zweitwohnungssteuer, Rundfunkbeiträge, Kfz-Stellplätze, Garten, nicht aber ein häusliches Arbeitszimmer, dessen Beurteilung sich weiterhin nach § 4 Abs 5 Nr 6b EStG richtet (BFH 9.8.07 – VI R 23/05, BStBl II 09, 722). Außerhalb des Höchstbetrages abziehbar sind Aufwendungen für Hausrat und Wohnungseinrichtung, weil sie keine „Unterkunftskosten" sind (BFH 4.4.19 – VI R 18/17, DStR 19, 1194). Wird eine Wohnung möbliert vermietet, ist (so ein obiter dictum) notfalls im Schätzungswege festzustellen, welcher Anteil auf die Überlassung der Wohnung und welcher auf die Überlassung der Möbel (zusätzlich abziehbar) entfällt. Die Entscheidung ermöglicht Gestaltungen insbes bei solchem Hausrat, der als GWG sofort abgeschrieben werden kann. Da das LStRecht keine Entnahmen kennt, können Neuanschaffungen des Vorjahres notfalls gegen ein funktionsgleiches Sammelsurium aus der Lebensmittelpunktwohnung ausgetauscht werden. Dass nur „notwendige" Mehraufwendungen zu berücksichtigen sind, dürfte dabei nicht stören. Ein separat angemieteter Garagenstellplatz ist ebenso wie ein zur Wohnung gehörender Kfz-Stellplatz zu behandeln. Das anderslautende BFH Urteil vom 13.11.12 – VI R 50/11, DStR 13, 350 ist überholt (BMF 30.9.13, BStBl I 13, 1279 Rz 98).

31 Der Höchstbetrag von 1000 € ist als Monatsbetrag nicht auf einen Kalendertag umzurechnen und gilt für jede doppelte Haushaltsführung gesondert, auch wenn betroffene ArbN eine Wohngemeinschaft bilden, dh er ist auf die jeweiligen Aufwendungen des einzelnen ArbN anzuwenden.

32 **IV. Kostenübernahme des Arbeitgebers.** Obwohl Voraussetzungen und Umfang des Werbungskostenabzugs durch den ArbGeb nur mit Schwierigkeiten festzustellen sind, sehen § 3 Nr 13 und 16 EStG die Möglichkeit steuerfreien Werbungskostenersatzes vor. Dabei wird beim LStAbzug nach der LStKarte III, IV, und V – nicht aber bei der Veranlagung – unterstellt, dass der ArbN einen eigenen Hausstand innehat, an dem er sich auch finanziell beteiligt. Andere ArbN müssen dem ArbGeb schriftlich bestätigen, dass die genannten Voraussetzungen vorliegen. Die Erklärung ist als Beleg beim Lohnkonto aufzubewahren (R 9.11 Abs 10 Satz 10 LStR).

33 Der ArbGeb kann statt der tatsächlichen Unterkunftskosten je Übernachtung im Inland eine Pauschale (drei Monate 20 € danach 5 €) steuerfrei erstatten, sofern die Zweitwohnung dem ArbN nicht ganz oder teilweise unentgeltlich zur Verfügung gestellt wurde (R 9.11 Abs 10 Satz 7 Nr 3 LStR). Auch in diesem Fall sind bei der Veranlagung alle Unterkunftskosten vom ArbN zu belegen (BFH 12.9.01 – VI R 72/97, BStBl II 01, 775).

## C. Sozialversicherungsrecht *Ruppelt*

36 **Dem Versicherungsschutz der gesetzlichen Unfallversicherung** auf dem Weg von und zu der Familienwohnung steht nicht entgegen, dass der Versicherte wegen der Entfernung seiner ständigen Familienwohnung von dem Ort der Tätigkeit an diesem oder in dessen Nähe eine Unterkunft hat (§ 8 Abs 2 Nr 4 SGB VII). Damit soll dem Umstand Rechnung getragen werden, dass **Tätigkeitsort** und **Lebensmittelpunkt** des Versicherten weit auseinander liegen können und eine tägliche Rückkehr zur Familienwohnung nicht möglich ist. Die **Familienwohnung** ist an dem Ort begründet, der Mittelpunkt der Lebensgestaltung des Versicherten ist (BSG 10.10.06 – 8 2 U 20/05 R, SozR 4–2700 § 8 Nr 19 Rn 24, 25; LSG BlnBbg 15.6.12 – L 3 U 328/09, BeckRS 2012, 71029). Die Fahrten zwischen Familienwohnung und Arbeitsstelle stehen somit, wie die Fahrten zwischen Unterkunft am Tätigkeitsort und Arbeitsstelle unter Versicherungsschutz, wenn die übrigen Voraussetzungen der Wegeunfallversicherung erfüllt sind (→ *Wegeunfall* Rn 13 ff). Dem kommt gerade in einer Zeit, in welcher – wegen der stark verbesserten Verkehrsverbindungen – häufiger denn je Familienwohn- und Arbeitsort voneinander getrennt sind, große praktische Bedeutung zu. Auch wenn der Versicherte aus **besonderen Gründen,** die in seinen **familiären Verhältnissen** liegen, den Weg zur Arbeit gewöhnlich von wechselnden Ausgangspunkten aus zurücklegen muss, ohne dass einer für sich genommen den Mittelpunkt der Lebensverhältnisse bildet, kann dieser Weg gesetzlich unfallversichert sein (BayLSG 8.3.17 – L 2 U 26/16, NZV 18, 248).

Unfallversicherungsrechtlich werden diese Fahrten wie Fahrten zwischen Wohnung und Arbeitsstätte behandelt, und zwar auch dann, wenn vor oder nach der Familienheimfahrt zunächst die Unterkunft am Arbeitsort und nicht die Arbeitsstätte direkt angefahren wird. Erforderlich ist jedoch in jedem Fall der innere **ursächliche Zusammenhang zwischen Fahrt und versicherter Tätigkeit,** dh der Versicherte muss die Fahrt durchgeführt haben, um an seine Arbeitsstelle bzw zur Unterkunft zu gelangen (BSG 4.9.07 – B 2 U 39/06 R, BeckRS 2007, 49186; 12.5.09 – B 2 U 11/08 R, SozR 4–2700 § 8 Nr 34). Vgl → *Fahrten zwischen Wohnung und Arbeitsstätte* Rn 40; → *Wegeunfall* Rn 13 ff. 37

# Ehrenamtliche Tätigkeit

## A. Arbeitsrecht *Röller*

**1. Begriff.** Eine gesetzliche Definition des Begriffes Ehrenamt fehlt. Im ursprünglichen Sinne ist es ein öffentliches Amt, für das kein Gehalt, aber eine Aufwandsentschädigung gezahlt wird. Heute wird Ehrenamt als freiwilliges Handeln im gemeinnützigen Bereich verstanden und zunehmend auch Freiwilligenarbeit, bürgerschaftliches Engagement oder zivilgesellschaftliches Engagement genannt. Ehrenamtliche sind Mitarbeiter von Organisationen, Vereinen, Glaubensgemeinschaften, sozialen Diensten oder staatlichen Organen, die ihre Tätigkeit unbezahlt verrichten. Beispiele: Vereinsvorsitzende, Mitglieder der freiwilligen Feuerwehr, Sanitätshelfer, Gemeindehelfer, Personen, die einen freiwilligen Dienst leisten usw. Erfolgt die unentgeltliche Tätigkeit für eine juristische Person des öffentlichen Rechts zur Erfüllung öffentlicher Aufgaben und aufgrund behördlicher Bestellung wird ein **öffentliches Ehrenamt** ausgeübt (BAG 7.11.91 – 6 AZR 496/89, NZA 92, 464). Beispiele: Ehrenbeamter iSd § 5 Abs 3 BBG (§ 3 Abs 2 BRRG und entsprechende landesrechtliche Vorschriften); ehrenamtlicher Bürgermeister, ehrenamtlicher Richter. Ein Anspruch auf Übertragung eines öffentlichen Ehrenamtes besteht aufgrund Art 33 Abs 2 GG nicht (OVG Hbg 11.2.03 – 1 Bs 36/03, BeckRS 2003, 25206). **Ehrenämter besonderer Art** üben der Vertrauensmann der Schwerbehinderten (§ 179 SGB IX), die BRatMitglieder (§ 37 Abs 1 BetrVG) und die innerbetrieblichen Beisitzer einer Einigungsstelle (§ 76a Abs 2 BetrVG) aus. Für ehrenamtlich tätige **Vereinsvorstände** gilt seit 30.9.09 eine besondere **Haftungsbegrenzung** nach § 31a BGB (BGBl I 09, 3161). 1

**2. Abgrenzung zum Arbeitsverhältnis.** ArbN ist, wer aufgrund eines privatrechtlichen Vertrages im Dienste eines anderen zur fremdbestimmten Arbeit in persönlicher Abhängigkeit verpflichtet ist (→ *Arbeitnehmer (Begriff)* Rn 1 ff). Die ehrenamtliche Tätigkeit wird idR freiwillig, weisungsunabhängig und unentgeltlich (ausgenommen Aufwandsentschädigung) verrichtet. Sie begründet deshalb kein Arbeitsverhältnis (BAG 29.8.12 – 10 AZR 499/11, NZA 12, 1433). Dies schließt nicht aus, dass im Einzelfall die Ausübung einer ehrenamtlichen Tätigkeit im Rahmen eines Arbeitsverhältnisses erfolgt, wenn die betreffende Person zur weisungsgebundenen Wahrnehmung der Aufgaben verpflichtet und in eine betriebliche Organisation eingegliedert ist. Ob ein Arbeitsverhältnis vorliegt, ist im Rahmen einer Gesamtwürdigung aller Umstände des Einzelfalls unter Berücksichtigung der Ausgestaltung des Ehrenamtes zu beurteilen (*Greiner* NZA 15, 285). Zu den Abgrenzungsmerkmalen → *Arbeitnehmer (Begriff)* Rn 1 ff und → *Freie Mitarbeit* Rn 1 ff. Schwierig kann die Abgrenzung dann sein, wenn eine Verpflichtung zur Erbringung einer Tätigkeit aufgrund der **Mitgliedschaft in einem Verein** besteht. Der Mitgliedsbeitrag kann auch in der Leistung von Diensten bestehen (§ 58 Abs 2 BGB). Die Begründung vereinsrechtlicher Pflichten und die Beauftragung ehrenamtlicher Tätigkeit dürfen nicht zur Umgehung arbeitsrechtlicher Schutzbestimmungen führen (BAG 29.8.12, NZA 12, 1433). Verneint wurde die ArbN Eigenschaft von **Rot-Kreuz-Schwestern** (BAG 21.2.17 – 1 ABR 62/12, NZA 17, 662; 17.3.15 – 1 ABR 62/12 (A), BeckRS 2015, 68729), bejaht hingegen bei hauptamtlichen außerordentlichen Mitgliedern von **Scientology** (BAG 22.3.95 – 5 AZR 21/94, NZA 95, 823). **Rettungssanitäter** sind idR abhängig beschäftigt und nicht ehrenamtlich tätig, wenn sie in den betrieblichen Ablauf der Wache integriert und Weisungen unterworfen sind (LAG SchlHol 23.11.16 – 3 Sa 214/16, BeckRS 2016, 113736; BSG 11.11.96 – 11 RAv 111/95, NZA-RR 97, 62). **Ehrenamtliche Bürgermeister** werden für den Bereich des SozVRechts als abhängig Beschäftigte angesehen (BSG 22.2.96 – 12 RK 6/95, NZS 96, 531). Arbeitsrechtlich sind sie gesetzliche Vertreter der Gemeinde und damit deren Organe. 2

Ehrenamtlich Tätige haben gem § 22 Abs 3 MiLoG keinen Anspruch auf den gesetzlichen Mindestlohn.

**3. Ausübung der ehrenamtlichen Tätigkeit neben einem bestehenden Arbeitsverhältnis. a) Aufnahme der ehrenamtlichen Tätigkeit.** Wird die ehrenamtliche Tätig- 3 keit neben einem bestehenden Arbeitsverhältnis ausgeübt, liegt eine Nebentätigkeit vor. Ihre Ausübung kann nicht von der Genehmigung des ArbGeb abhängig gemacht werden (*Hunold* NZA-RR 02, 505; *Wertheimer/Krug* BB 2000, 1462). Eine Klausel, die die Ausübung einer Nebenbeschäftigung von der Zustimmung des ArbGeb abhängig macht, stellt nur eine berufliche Tätigkeit unter Erlaubnisvorbehalt und zielt nicht auf die Übernahme von Ehrenämtern oder politischen Wahlämtern ab (BAG 11.12.01 – 9 ARZ 464/00, NZA 02, 965).

4 **b) Anspruch auf Arbeitsbefreiung.** Nach Art 160 WRV hatte der ArbN Anspruch auf die zur Wahrnehmung öffentlicher Ämter notwendige Freizeit, sofern dadurch der Betrieb nicht erheblich geschädigt wurde. Eine entsprechende Vorschrift im GG fehlt. Für einzelne ehrenamtliche Tätigkeiten gibt es spezialgesetzliche Regelungen, zB für die Mitarbeit im Technischen Hilfswerk (§ 3 Abs 1 Satz 2 THWG) oder bei den freiwilligen Feuerwehren (zB § 20 Abs 2 Satz 2 BHKG), oder tarifvertragliche Regelungen (zur Tarifregelung für einen Ratsherrn in NdS BAG 20.6.90 – 3 AZR 857/94, NZA 96, 383; zu einer tarifvertraglichen Regelung zur Mitarbeit in einer Gewerkschaft BAG 11.9.85 – 4 AZR 147/85, AP Nr 67 zu § 616 BGB; zu landesrechtlichen Regelungen für Tätigkeiten bei einer freiwilligen Feuerwehr BAG 10.5.05 – 9 AZR 251/04, NZA 06, 439; 13.2.96 – 9 AZR 900/93, NZA 96, 1046). Bei einer Kollision der Arbeitspflicht mit einer ehrenamtlichen Tätigkeit, zB Wahrnehmung einer Aufgabe in einem privaten Verein besteht deshalb im Grundsatz kein Anspruch auf bezahlte Freistellung gem § 616 BGB, auch nicht im Rahmen einer Kandidatur für ein öffentliches Amt (ErfK/Preis § 616 BGB Rn 5). Eine **persönliche Verhinderung** iSv § 616 BGB wird für die Tätigkeit in der **Selbstverwaltung der Sozialversicherung** angenommen (ErfK/*Preis* § 616 BGB Rn 5). **Ehrenamtliche Richter** sind gem § 45 Abs 1a DRiG für die Zeit ihrer Amtstätigkeit von ihrem ArbGeb von der Arbeitsleistung freizustellen.

5 **c) Kündigung.** Die Übernahme eines öffentlichen Ehrenamtes rechtfertigt keine personenbedingte Kündigung, auch wenn mit der Ausübung der Tätigkeit Versäumnisse der Arbeitszeit eintreten. Eine Kündigung würde gegen das Maßregelungsverbot (§ 612a BGB) verstoßen (ErfK/*Oetker* § 1 KSchG Rn 161; KR-*Etzel* § 1 KSchG Rn 302). Die Wahrnehmung von Ehrenämtern in Vereinigungen mit karitativer, künstlerischer, religiöser und sportlicher Zielsetzung ist gleichfalls kein Kündigungsgrund. Eine Verlagerung bestimmter Tätigkeiten von Haupt- auf ehrenamtliche Mitarbeiter kann die betriebsbedingte Kündigung eines ArbN rechtfertigen (BAG 18.9.08 – 2 AZR 560/07, NZA 09, 142).

6 **d) Besonderer Kündigungsschutz.** Nach Art 48 Abs 2 GG, § 2 Abs 3 AbgG ist eine Kündigung oder Entlassung wegen der Annahme oder Ausübung eines Abgeordnetenmandats unwirksam. Viele Gemeinde- und Landkreisordnungen sehen in Anlehnung an diese Bestimmung ausdrückliche Kündigungsverbote vor. Üblicherweise werden nur solche Kündigungen verboten, deren Gründe in Zusammenhang mit der Ausübung des Ehrenamtes stehen. Einen besonderen Kündigungsschutz sehen häufig auch tarifvertragliche Regelungen vor.

## B. Lohnsteuerrecht *Weil*

11 **1. Übersicht.** Die ehrenamtliche Tätigkeit ist im EStG nicht ausdrücklich geregelt. Im UStG ist ehrenamtliche Tätigkeit umsatzsteuerfrei (§ 4 Nr 26 UStG; *Leisner* NWB 11, 2871). Im EStG wird die ehrenamtliche Tätigkeit – soweit stpfl – durch partielle Steuerbefreiungen gefördert (§ 3 Nr 12 Satz 2, Nr 26, Nr 26a EStG). Aus einkommensteuerlicher Sicht kommt es bei den verschiedenen Erscheinungsformen der ehrenamtlichen Tätigkeit (→ Rn 1) darauf an, ob für die entsprechende Tätigkeit eine Vergütung bezahlt oder ein anderer beliebiger Vorteil erbracht wird. **Grundsatz** bei ehrenamtlicher Tätigkeit im Privatbereich (Vereinsarbeit uÄ): Erfolgt die ehrenamtliche Tätigkeit **ohne** jede Gegenleistung, also zB auch keine Fahrkostenerstattung oÄ, ist sie steuerlich irrelevant. Es handelt sich in einem solchen Fall um eine **nicht steuerbare Tätigkeit.** Aufwendungen des ehrenamtlich Tätigen in diesem Zusammenhang wirken sich steuerlich nicht aus (→ Rn 24). Wird eine Gegenleistung für die ehrenamtliche Tätigkeit erbracht, kann die Tätigkeit nicht steuerbar oder steuerfrei oder stpfl sein. Auch bei Steuerfreiheit bleiben die Aufwendungen des ehrenamtlich Tätigen grds außer Betracht (§ 3c EStG; s aber → Rn 24). Bei Steuerpflicht der ehrenamtlichen Tätigkeit kann es sich um gewerbliche Einkünfte (§ 15 EStG), um selbst-

ständige Einkünfte (§ 18 Abs 1 Nr 3 EStG), um nichtselbstständige Einkünfte (§ 19 Abs 1 Nr 1 EStG) oder um Sonstige Einkünfte (§ 22 Nr 3 EStG) handeln. Die Art der Tätigkeit bestimmt die Einordnung in die jeweilige Einkunftsart. Eigene Aufwendungen des ehrenamtlich Tätigen mindern die entsprechenden Einnahmen.

**2. Kein Entgelt.** Erhält der ehrenamtlich Tätige für seine Tätigkeit kein Entgelt, auch nicht in Form zB von Fahrkostenerstattung oder Aufwandsentschädigung oder sonstigen Vorteilen, ist die Tätigkeit nicht steuerbar, dh sie fällt unter keine der sieben Einkunftsarten des § 2 EStG. Die Tätigkeit wird in einem solchen Fall ohne Einkünfteerzielungsabsicht ausgeübt. Tätigkeiten aus Altruismus, Idealismus oder Liebhaberei (Hobby) sind steuerlich unbeachtlich. Aufwendungen des ehrenamtlich Tätigen in diesem Zusammenhang wirken sich steuerlich nicht aus (§ 12 Nr 1 Satz 2 EStG). So bleiben zB auch bei umfangreicher ehrenamtlicher Tätigkeit die Aufwendungen des ehrenamtlich Tätigen für sein häusliches Arbeitszimmer außer Betracht (BFH 19.7.05 – VI B 175/04, BFH/NV 05, 2000) und es steht ihm auch nicht der Freibetrag nach § 3 Nr 26a EStG zu (BFH 25.4.12 – VIII B 202/11, BeckRS 2012, 95457). Der **Zeitaufwand** für eine ehrenamtliche Betreuung kann nicht als außergewöhnliche Belastung (§ 33 EStG) gewertet werden (FG Hess 11.3.11 – 11 K 1850/10, BeckRS 2011, 95439). 12

**3. Entgelt in Form von Selbstkostenersatz.** Werden dem ehrenamtlich Tätigen die Kosten nur in der Höhe erstattet, die ihm durch seine ehrenamtliche Tätigkeit tatsächlich entstanden sind, so wird auch eine solche Tätigkeit ohne Einkünfteerzielungsabsicht ausgeübt mit der Folge der steuerlichen Unerheblichkeit. Voraussetzung hierfür ist der Nachweis der Selbstkosten, zB durch ein Fahrtenbuch bei Fahrkostenersatz oder durch privatschriftliche Aufzeichnungen für entstandene andere Aufwendungen, zB Reisekosten, Verpflegungsmehraufwendungen und Übernachtungskosten nach den Grundsätzen der Auswärtstätigkeit (→ *Dienstreise* Rn 36 ff) sowie Telefonkosten, Büromaterial und Porti. Der Aufwendungsersatz ist nicht steuerbar. Darüber hinausgehende selbst getragene Aufwendungen des ehrenamtlich Tätigen bleiben außer Betracht (§ 12 Nr 1 Satz 2 EStG). 13

**4. Entgelt in Form von pauschalem Kostenersatz.** Werden dem ehrenamtlich Tätigen in pauschaler Höhe die Kosten ersetzt, so ist für die steuerliche Beurteilung entscheidend, ob der pauschale Kostenersatz die tatsächlich entstandenen Kosten im Wesentlichen abdeckt oder beachtlich übersteigt. Bei tatsächlicher Kostendeckung ohne Einnahmenüberhang ist die ehrenamtliche Tätigkeit nicht steuerbar. 14

**Beispiel:** Pauschale Reisekostenvergütungen (BFH 8.10.08 – VIII R 58/06, BStBl II 09, 405).

Im Fall, dass der Kostenersatz die tatsächlich aufgewendeten Kosten wesentlich übersteigt, ist von Einkünfteerzielungsabsicht des ehrenamtlich Tätigen auszugehen, so dass die Tätigkeit steuerlich zu erfassen ist (BFH 8.10.08 – VIII R 58/06, BStBl II 09, 405). Sie kann **steuerfrei** sein, zB nach § 3 Nr 26 EStG als Übungsleiter oder Ausbilder im Nebenberuf (→ *Ausbilder* Rn 12 ff; → *Nebentätigkeit* Rn 20 ff; → Rn 17 ff), nach § 3 Nr 26a EStG zB als Funktionär in einem gemeinnützigen Verein (→ Rn 23) oder nach § 3 Nr 26b EStG als ehrenamtlicher Betreuer. Ist die Tätigkeit gesetzlich nicht steuerfrei, ist sie der zutreffenden Einkunftsart zuzuordnen und die Einkünfte sind entsprechend zu ermitteln und zu versteuern. Das Gleiche gilt für den Steuerfreibetrag übersteigende Beträge. 15

**5. Entgelt in Form von gesetzlich vorgesehener Aufwandsentschädigung (§ 3 Nr 12 Satz 2 EStG).** Aufwandsentschädigungen aus öffentlichen Kassen an öffentliche Dienste leistende Personen sind steuerfrei, wenn sie nicht für Verdienstausfall oder Zeitverlust gezahlt werden und nicht den Aufwand, der dem Empfänger erwächst, offenbar übersteigen (BFH 8.10.08 – VIII R 58/06, BStBl II 09, 405). Stpfl sind hiernach Sitzungsgelder von gewählten oder bestellten Organen von Körperschaften des öffentlichen Rechts (Gemeinderat, Kreistag, kommunale Spitzenverbände; BFH 14.4.11 – VIII B 110/10, BFH/NV 11, 1138), Vergütungen für die ehrenamtliche Tätigkeit bei Körperschaften des öffentlichen Rechts, zB ehrenamtlicher Bürgermeister (FG Köln 2.9.07 – 5 K 1290/05, BeckRS 2007, 26024457). Die Einnahmen hieraus sind nach Verwaltungsregelung in Höhe von $^{1}/_{3}$ der gewährten Aufwandsentschädigung, mindestens iHv 200 € monatlich steuerfrei (R 3.12 Abs 3 Nr 2 LStR). Entsprechende Aufwendungen sind bei nicht kleinlich zu prüfendem Nachweis steuermindernd abziehbar (R 3.12 Abs 2 LStR; kritisch hierzu *Thomas* HFR 08, 16

23). Bei nur gelegentlich ehrenamtlicher Tätigkeit sind bis zu 6 € täglich steuerfrei (R 3.12 Abs 5 LStR). Gemeinderäte und Kreistagsabgeordnete üben eine selbstständige Tätigkeit aus (§ 18 Abs 1 Nr 3 EStG; BFH 25.1.96 – IV R 15/95, BStBl II 96, 431; Thür Landesfinanzdirektion 24.1.08 – S 2337, S 2121).

**Beispiele: stpfl:** Wahlkampfkosten eines Bewerbers um ein ehrenamtliches Stadtratsmandat (BFH 25.1.96 – IV R 15/95, BStBl II 96, 431); ehrenamtliche Tätigkeit als Oberbürgermeister BFH 3.12.87 – IV R 41/85, BStBl II 88, 266. Aufwandsentschädigung eines Personalratsvorsitzenden einer Kommune (BFH 15.11.07 – VI R 91/04, DStRE 08, 729); Übergangsgeld eines nicht wiedergewählten Bürgermeisters (BFH 23.8.07 – VI R 11/05, BFH/NV 07, 2110). **steuerfrei:** Schulweghelfer bzw Schulbusbegleiter FinMinBay 17.1.2000, BeckVerw 157607; Ehrenamt bei SozVTräger OFD Frankfurt 20.5.11, BeckVerw 250501; Nachbarschaftshilfe BFH 12.5.09 – I B 112/08, BeckRS 2009, 25015274; Erhebungsbeauftragte für den Zensus in 2011 OFD Nds 18.1.11, BeckVerw 246794.

17 **6. Vertraglich vereinbarte Aufwandsentschädigung.** Gezahlte Aufwandsentschädigung für ehrenamtliche Tätigkeit ist neben der voll unentgeltlichen Tätigkeit die häufigste Erscheinungsform des Entgelts für ehrenamtliche Tätigkeit. Die Einnahmen hieraus sind grds stpfl, selbst getragene, nicht erstattete Aufwendungen als Werbungskosten/Betriebsausgaben abzugsfähig. Bei nebenberuflicher ehrenamtlicher Tätigkeit sind **2400 € pro Jahr steuerfrei,** sog **Übungsleiterpauschale § 3 Nr 26 EStG** (Einzelheiten → *Aufwandsentschädigung* Rn 12, zur Jahresberechnung → *Ausbilder* Rn 15, 16).

**Beispiele:** Aufwandsentschädigung für den ehrenamtlichen Präsidenten eines Industrieverbands (BFH 14.5.08 – XI R 70/07, DStRE 08, 1276); ehrenamtliche Gewerkschaftstätigkeit (BFH 28.11.80 – VI R 193/77, BStBl II 81, 368; → *Gewerkschaftsrechte (im Betrieb)* Rn 22 ff).

18 **a) Einkunftsart.** Übt der ehrenamtlich Tätige die fragliche Tätigkeit **unabhängig von seiner beruflichen und sozialen Stellung** aus, gelten die allgemeinen Abgrenzungskriterien für die Zuordnung der entsprechenden Einkunftsart (→ *Arbeitnehmer (Begriff)* Rn 29 ff; → *Nebentätigkeit* Rn 20 ff).

**Beispiele:** Sanitätshelfer des Deutschen Roten Kreuzes als ArbN (BFH 4.8.94 – VI R 94/93, BStBl II 94, 944); Freiwillige Helfer im Katastrophenschutz sind keine ArbN (FG Bbg 17.5.01 – 6 K 331, EFG 01, 1280).

19 Ist der ehrenamtlich Tätige hierbei als ArbN tätig, treffen den Träger der ehrenamtlichen Tätigkeit die allgemeinen LStPflichten.

**Beispiele:** Tätigkeit eines Vorstands eines gemeinnützigen Vereins als nichtselbstständige Tätigkeit (BFH 17.6.05 – VI S 3/05, BStBl II 05, 614). Dies kann bedeutsam für die Haftung des Vorstandes nach §§ 34, 35 AO sein (BFH 13.3.03 – VII R 46/02, BStBl II 03, 556; BFH 23.6.98 – VII R 4/98, BFH/NV 98, 761).

Bei Vorliegen der Voraussetzungen gelten die Regeln für einen Minijob (→ *Geringfügige Beschäftigung* Rn 20 ff).

20 Steht die ehrenamtliche Tätigkeit mit der **Hauptberufstätigkeit des Steuerpflichtigen im Zusammenhang,** so sind Einnahmen und Ausgaben aus der ehrenamtlichen Tätigkeit im Rahmen der beruflichen Haupttätigkeit zu erfassen.

**Beispiele:** Der ehrenamtlich tätige Präsident einer Berufskammer, der Inhaber eines gewerblichen Unternehmens dieser Berufskammer ist, bezieht aus der ehrenamtlichen Tätigkeit gewerbliche Einkünfte (BFH 26.2.88 – III R 241/84, BStBl II 88, 615). Ist der Präsident Kommanditist und Geschäftsführer einer KG, sind die Einnahmen aus der ehrenamtlichen Tätigkeit Sonderbetriebseinnahmen gem § 15 Abs 1 Nr 2 EStG (BFH 15.6.04 – VIII R 72/03, BFH/NV 05, 29; enger aber BFH 2.10.92 – VI R 11/90, BStBl II 93, 53).

21 Die Bezüge der **Parlamentarier** bei Bund, Ländern und EU gehören nicht hierher; sie fallen unter § 22 Nr 4 EStG.

22 **b) Einnahmen.** Auf die Bezeichnung kommt es für die Steuerpflicht nicht an, zB (Aufwands-)Entschädigung, Kostenersatz, Spesen, Vergütung uÄ. Die Einnahmen können – teilweise – **steuerfrei** sein, zB aus **nebenberuflicher** Ausbildertätigkeit (§ 3 Nr 26 EStG: **2400 € pro Jahr;** → *Nebentätigkeit* Rn 20; s die beispielhafte Aufzählung OFD Hannover 28.7.11, ESt-Kartei Nds § 3 EStG Nr 1, 16). Die gezahlte Vergütung kann als sog Rückspende an den ArbGeb/Auftraggeber zurückfließen. Zu den Regelungen des Spenden-

abzugs nach § 10b EStG BMF 18.12.08, BStBl I 09, 16. Die nebenberuflich ausgeübte Geschäftsführung einer als gemeinnützig anerkannten Stiftung ist nicht gem § 3 Nr 26 EStG steuerfrei (BFH 1.6.04 – XI B 117/02, BFH/NV 04, 1405).

**Seit 2007 gilt** zusätzlich (§ 3 Nr 26a EStG): Einnahmen aus nebenberuflicher Tätigkeit im Dienst oder Auftrag einer inländischen juristischen Person des öffentlichen Rechts oder einer steuerlich anerkannten **gemeinnützigen,** mildtätigen oder kirchlichen Zwecken dienenden Einrichtung (§ 5 Abs 1 Nr 9 KStG) sind bis insgesamt **720 € pro Jahr steuerfrei,** sog **Ehrenamtspauschale** (keine zeitanteilige Kürzung). Zum Begriff der Nebenberuflichkeit → *Nebentätigkeit* Rn 20. Typisches Beispiel: Vorsitzender, Schatzmeister, Schriftführer eines Vereins. Die Tätigkeitsvergütungen müssen aber bis spätestens 31.12.10 in der Satzung verankert sein, anderenfalls verliert der Verein die Gemeinützigkeit (BMF 14.10.09, DStR 09, 2254; *Wörle-Himmel/Endres* DStR 10, 759). Nicht begünstigt sind Tätigkeiten für Berufsverbände (zB ArbGeb-Verband, Gewerkschaften) oder für Parteien. Die Steuerfreiheit nach § 3 Nr 26a EStG ist ausgeschlossen, wenn für die Einnahmen aus derselben Tätigkeit ganz oder teilweise eine Steuerbefreiung nach § 3 Nr 12 EStG (→ Rn 16) oder nach § 3 Nr 26 EStG (→ Rn 17; → *Ausbilder* Rn 14) gewährt wird (§ 3 Nr 26a Sätze 1 und 2 EStG). 23

**Beispiel:** X ist nebenberuflich Vorturner für Gymnastik im gemeinnützigen Sportverein und auch Kassier des gleichen Sportvereins. § 3 Nr 26 EStG und § 3 Nr 26a EStG schließen sich hier nicht aus, da unterschiedliche Tätigkeiten.

Die Steuerfreiheit gilt seit 2009 auch für eine Tätigkeit im EU-Ausland und in der Schweiz. Eine Tätigkeit im Dienst oder Auftrag einer steuerbegünstigten Körperschaft muss für deren ideellen Bereich einschließlich ihrer Zweckbetriebe und eines Betriebs gewerblicher Art (§ 4 KStG) ausgeübt werden. Tätigkeiten in einem stpfl wirtschaftlichen Geschäftsbetrieb und bei der Verwaltung des Vermögens sind nicht begünstigt. Bei mehreren begünstigten Tätigkeiten hat der ArbGeb ggf die Erklärung des ArbN, dass der Freibetrag nicht in einem anderen Dienst- oder Auftragsverhältnis bereits in Anspruch genommen wurde, zum Lohnkonto zu nehmen.

**Seit 2011 gilt** zusätzlich nach § 3 Nr 26b EStG (§ 52 Abs 4b Satz 2 EStG) für ehrenamtliche Betreuer (§§ 1896 ff BGB), Vormunde (§ 1793 BGB) und Pfleger (§ 1909 BGB) für deren Aufwandsentschädigung (§ 1835a BGB) ein Steuerfreibetrag von 2400 €, auf den aber steuerfreie Einnahmen nach § 3 Nr 26 EStG anzurechnen sind; dh für alle in §§ 3 Nr 26 und Nr 26b EStG genannten Tätigkeiten gilt insgesamt nur ein Freibetrag iHv 2400 €. § 3 Nr 26b EStG kann auch nicht neben § 3 Nr 26a EStG angewendet werden. Instruktive Beispiele in OFD Nds 16.8.11, BeckVerw 252504.

**c) Ausgaben.** Stehen Ausgaben mit steuerfreien Einnahmen im wirtschaftlichen Zusammenhang, können sie steuerlich grds nicht berücksichtigt werden (§ 3c EStG). Sind die Einnahmen aus einer mit Einkünfteerzielungsabsicht ausgeübten Übungsleitertätigkeit unterhalb des Steuerfreibetrags (→ Rn 22, 23), können die damit zusammenhängenden Aufwendungen insoweit abgezogen werden, als sie die Einnahmen übersteigen (BFH 20.12.17 III R 23/15, DStR 18, 782; entgegen R 3.26 Abs 9 LStR). Die Verwaltung lässt einen monatlichen Abzugsbetrag von 200 € zu, wenn die Einnahmen aus öffentlichen Kassen stammen (R 3.12 Abs 3 Satz 3 LStR). Wird dieser Betrag monatlich nicht ausgenutzt, kann er auf spätere Monate übertragen werden. Beispiel in H 3.12 LStR. Zum häuslichen **Arbeitszimmer** bei ehrenamtlicher Tätigkeit s → *Arbeitszimmer* Rn 25. Entstehen Aufwendungen sowohl für eine steuerfreie ehrenamtliche Tätigkeit, als auch für steuerpflichtige Tätigkeiten, so sind die Aufwendungen schätzungsweise aufzuteilen. Vorab entstandene Betriebsausgaben/Werbungskosten können bei stpfl Aufwandsentschädigung zu berücksichtigen sein (BFH 25.1.96 – IV R 15/95, BStBl II 96, 431). **Ehrenamtliche Betreuer** gem § 1896 BGB erhalten eine jährliche pauschale Aufwandsentschädigung (§ 1835a BGB; ab 1.8.13 399 €). Diese ist grds als Einkünfte aus sonstiger selbstständiger Arbeit (§ 18 Abs 1 Nr 3 EStG) stpfl (BFH 17.10.12 – VIII R 57/09, DStR 13, 84). Wegen des Steuerfreibetrags iHv 2400 € (§ 3 Nr 26b EStG) entfällt bei einer Betreuung die Besteuerung. 24

Bei nichtselbstständiger Tätigkeit ist der **Arbeitnehmer-Pauschbetrag** (§ 9a Nr 1a EStG) zu berücksichtigen, soweit er nicht durch höhere Werbungskosten oder ein anderes Arbeitsverhältnis verbraucht ist, mit der Folge, dass bei nebenberuflicher Ehrenamtstätigkeit 25 gem § 3 Nr 26 EStG ein gesetzlicher Abzugsbetrag von 3400 € (2400 € + 1000 €) und gem § 3 Nr 26a EStG 1720 € (720 € + 1000 €) eingreift. Die Finanzverwaltung lässt allerdings 25 % der Einnahmen pauschal zum Ausgabenabzug zu (FinMin Bay 7.4.04 – 31/34 – S 2337 – 156 – 15–628/04). Bei privater Überlagerung der Ausgaben durch gesellschaftliche Repräsentation uÄ entfällt der steuerliche Abzug (§ 12 Nr 1 Satz 2 EStG), zB bei Bewirtungs- und Geschenkkosten in unverhältnismäßiger Höhe zu den Einnahmen (BFH 23.1.91 – X R 6/84, BStBl II 91, 396) oder Repräsentationsaufwendungen eines Wahl- oder Honorarkonsuls (*Schmidt/Loschelder* EStG § 12 Rn 25 Stichwort Ehrenamt).

**26** **d) Ausbildung** zu ehrenamtlicher Vereinsarbeit oder sonstiger ehrenamtlicher Tätigkeit, die im Wesentlichen durch den Ausgleich der Aufwendungen mit entsprechenden Einnahmen geprägt ist (→ *Aufwendungsersatz* Rn 23 ff; → *Aufwandsentschädigung* Rn 3 ff), ist steuerlich nicht zu berücksichtigen (BFH 22.9.95 – VI R 13/93, BStBl II 96, 8). Sie fällt nicht unter § 10 Abs 1 Nr 7 EStG (→ *Ausbildungskosten* Rn 10). Derartige Kosten sind nicht abzugsfähig (BFH 22.9.95 – VI R 13/93, BStBl II 06, 8).

**27** **e) Zwangsläufige Übernahme.** Die Übernahme eines Ehrenamtes kann zwangsläufig iSd § 33 EStG sein, so bei einer amtlich verpflichtend übertragenen Vormundschaft oder Pflegschaft (FinMin NdS 4.12.84, DB 85, 88 = FR 85, 17). Zu Pflegeleistungen, die der Stpfl (unentgeltlich) erbringt (§ 35a Abs 2 Satz 1, 2. Halbsatz EStG) → *Pflegeversicherungsleistungen* Rn 2 ff. S im Übrigen → *Aufwandsentschädigung* Rn 3 ff, → *Fortbildung* Rn 27, → *Gewerkschaftsrechte (im Betrieb)* Rn 23, Personalbuch 2013 Werbungskostenersatz Rn 2 ff.

**28** **7. Haftung.** Zivilrechtlich haften Vereinsvorstände gemeinnütziger Organisationen nur noch für Vorsatz und grobe Fahrlässigkeit, soweit ihre Vergütung 720 € jährlich nicht übersteigt (§ 31a BGB). Die Haftung für Steuerschulden richtet sich ohne Haftungserleichterung nach §§ 34, 69 AO. Einzelheiten *Möllmann* DStR 09, 2125.

**Literaturhinweis:** BMF 21.11.2014, BStBl I 14, 1581.

## C. Sozialversicherungsrecht *Ruppelt*

**31** **1. Allgemeines.** Begrifflich ist das **Ehrenamt** gekennzeichnet durch ein freiwilliges Tätigwerden in einem Bereich, der im weitesten Sinn als gemeinnützig bezeichnet werden kann. Ehrenamtliche Tätigkeiten werden in erster Linie verrichtet für soziale Dienste, privatrechtliche Vereine, Glaubensgemeinschaften und sonstige öffentlich-rechtliche Körperschaften. Ehrenamtlich tätig sind zum einen Personen in Wahlämtern (zB ehrenamtliche Bürgermeister, ehrenamtliche Gemeinderäte, Elternbeiräte, Vereinsvorsitzende usw) zum anderen Personen, die kontinuierlich Aufgaben als Mitglieder von Vereinen, öffentlichen Einrichtungen, Parteien oder Kirchen übernehmen (Mitglieder der freiwilligen Feuerwehr, Sanitätshelfer, Gemeindehelfer usw). Zu Tätigkeiten im Rahmen der **Jugendfreiwilligendienste** bzw des **Bundesfreiwilligendienstes** → *Freiwilligendienste* Rn 15 ff.

**32** **2. Sozialversicherungspflicht. a) Grundsätze.** Eine ehrenamtliche Tätigkeit ist sozialversicherungsfrei, wenn sie **unentgeltlich** verrichtet wird. Wird für die Tätigkeit eine **Gegenleistung** gewährt, unterliegt die Tätigkeit dem Grunde nach der SozVPflicht, wenn es sich dabei um eine **Beschäftigung** iSv § 7 Abs 1 SGB IV handelt. Dies gilt unabhängig von der Bezeichnung der Gegenleistung (meist werden die Begriffe Aufwandsentschädigung, Aufwendungsersatz, Verdienstausfallentschädigung uä verwendet). § 14 Abs 1 SGB IV und die hierzu ergangene SvEV nehmen Aufwandsentschädigungen nicht von den Einnahmen aus, die grds als Arbeitsentgelt anzusehen sind. Zur Versicherungsfreiheit bei geringfügiger Beschäftigung → *Geringfügige Beschäftigung* Rn 27 ff; zur Aufwandsentschädigung an Ehrenbeamte und Übungsleiter → *Aufwandsentschädigung* Rn 18 ff.

**33** Eine **Beschäftigung** iSv § 7 Abs 1 SGB IV liegt vor, wenn die ehrenamtliche Tätigkeit im weiteren Sinn in einen Betriebsablauf eingegliedert und einem Zeit, Dauer und Ort der Ausführung umfassenden **Weisungsrecht** unterliegt (→ *Arbeitnehmer (Begriff)* Rn 59 ff). Dieses Weisungsrecht kann bei ehrenamtlichen Diensten höherer Art zu einer funktionsgerecht dienenden Teilhabe am Arbeitsprozess verfeinert sein. Die bisherige Rspr zur sozverpflichtigen Einordnung von **Ehrenämtern** (zB ehrenamtlich tätige Bürgermeister ua), wonach eine abhängige Beschäftigung idR dann vorliege, wenn ein ehrenamtlich Tätiger neben Repräsentationsaufgaben zugleich allgemeine Verwaltungsaufgaben übernommen und zudem für die Ausübung dieser Tätigkeiten eine Aufwandsentschädigung erhalten habe, hat das BSG in einer Entscheidung zu einem ehrenamtlich tätigen **Kreishandwerksmeister** ausdrücklich modifiziert (BSG 16.8.17 – B 12 KR 14/16 R, NZS 18, 572 mit Anm *Kluth* NZS 18, 553 und Anm *Plagemann* FD SozVR 2017, 398406; LSG NdsBrem 4.9.19 – L2BA 106/18, BeckRS 2019, 23107). Danach ist in Fällen, in denen eine Tätigkeit nicht auf der Grundlage eines Arbeitsvertrages, sondern auf sonstiger Grundlage (zB Vereinsmitgliedschaft) erbracht wird, bei **fehlender Entgeltlichkeit oder fehlender Erwerbsabsicht** idR nicht von einem sozverspflichtigen Beschäftigungsverhältnis auszugehen. Sofern **finanzielle Zuwendungen** erfolgen, schließen diese die Unentgeltlichkeit des ehrenamtlichen Engagements nicht prinzipiell aus. Sie sind unschädlich, wenn sie in Form von Aufwendungsersatz konkrete oder pauschal berechnete Aufwände abdecken. Im Rahmen einer **Aufwandsentschädigung** kann auch ein pauschaler Ausgleich für die übernommene Verpflichtung gewährt werden, ohne dass wegen Entgeltlichkeit zwingend von einem sozverspflichtigen Beschäftigungsverhältnis ausgegangen werden muss. Auch die Übernahme von allgemeinen Verwaltungsaufgaben ist insoweit idR unschädlich. Vgl → *Aufwandsentschädigung* Rn 25.

**b) Beitragspflicht.** Steuerfreie Aufwandsentschädigungen und die in § 3 Nr 26 EStG genannten **steuerfreien Einnahmen** gelten nicht als Arbeitsentgelt. Für zahlreiche ehrenamtliche Tätigkeiten bleiben Aufwandsentschädigungen jedenfalls zum Teil nach § 3 Nr 12 und Nr 26 EStG steuerfrei (→ Rn 16 ff). Sie unterliegen insoweit auch nicht der Beitragspflicht (§ 14 Abs 1 Satz 3 SGB IV). Betroffen sind bestimmte Aufwandsentschädigungen aus öffentlichen Kassen sowie Einnahmen aus nebenberuflich ausgeübten Tätigkeiten als Übungsleiter, Ausbilder, Betreuer oder ähnliches im Dienste einer juristischen Person des öffentlichen Rechts oder einer Einrichtung zur Förderung gemeinnütziger, mildtätiger und kirchlicher Zwecke (→ *Aufwandsentschädigung* Rn 18 ff, 23). 34

**c) Nachteilsausgleich in der Rentenversicherung.** Bei ehrenamtlichen Tätigkeiten für Körperschaften, Anstalten oder Stiftungen des öffentlichen Rechts, deren Verbände einschließlich der Spitzenverbände oder ihrer Arbeitsgemeinschaften, Parteien, Gewerkschaften sowie Körperschaften, Personenvereinigungen und Vermögensmassen, die wegen des ausschließlichen und unmittelbaren Dienstes für gemeinnützige, mildtätige oder kirchliche Zwecke von der Körperschaftssteuer befreit sind und die **neben einer versicherungspflichtigen Beschäftigung** ausgeübt werden, sieht § 163 Abs 3 SGB VI den Ausgleich von Nachteilen vor, die dem ehrenamtlich Tätigen in der RV dadurch entstehen, dass durch die Übernahme des Ehrenamtes im Hauptberuf eine Entgeltminderung eintritt. **Auf Antrag** hat der ArbGeb in den genannten Fällen auch den Unterschiedsbetrag zwischen tatsächlich erzieltem Entgelt und dem Entgelt, das ohne die ehrenamtliche Tätigkeit erreicht worden wäre, der Beitragsberechnung zur RV bis zur Beitragsbemessungsgrenze zu Grunde zu legen. Eine weitere Möglichkeit zur Berücksichtigung **fiktiven Arbeitsentgelts** bei der Beitragsberechnung zur RV sieht § 163 Abs 4 SGB VI für ehrenamtlich Tätige vor, die dieses Ehrenamt in einem versicherungspflichtigen Beschäftigungsverhältnis ausüben und vorher freiwillige Beiträge zur RV geleistet haben. 35

**3. Unfallversicherung. a) Grundsätze.** Nach näherer Bestimmung in § 2 Abs 1 Nr 10 SGB VII sind kraft Gesetzes versichert Personen, die für Körperschaften, Anstalten oder Stiftungen des öffentlichen Rechts oder deren Verbände oder Arbeitsgemeinschaften ehrenamtlich tätig sind. Gleiches gilt für ehrenamtliche Tätigkeiten in Einrichtungen des Bildungswesens wie Schulen oder Universitäten (zum ehrenamtlichen Mitglied einer universitären Prüfungskommission: BSG 7.9.04 – B 2 U 45/03 R, SozR 4–2700 § 2 Nr 3). Die ehrenamtliche Tätigkeit für privatrechtliche Organisationen ist versichert, wenn diese im Auftrag oder mit Genehmigung von Gebietskörperschaften erfolgt. Ebenso die ehrenamtliche Tätigkeit für öffentlich-rechtliche Religionsgemeinschaften und für privatrechtliche Organisationen in deren Auftrag oder mit deren Genehmigung. Nach § 2 Abs 1 Nr 12 SGB VII sind versichert Personen, die in Unternehmen zur Hilfe bei Unglücksfällen oder im Zivilschutz ehrenamtlich tätig sind (Freiwillige Feuerwehr, Bergwacht uÄ). Gleiches gilt nach § 2 Abs 1 Nr 9 SGB VII für Personen, die ehrenamtlich im Gesundheitswesen oder in der Wohlfahrtspflege tätig sind (Deutsches Rotes Kreuz, Arbeiter-Samariter-Bund uÄ). Auch die Teilnahme an Ausbildungsveranstaltungen dieser Unternehmen ist versichert, nicht 36 jedoch ein bloßes geselliges Beisammensein oder eine sonstige Freizeitgestaltung der Mitglieder der Hilfsorganisation (LSG RhPf 25.5.09 – L 2 U 25/08, BeckRS 2009, 74111). Die Satzung kann für die genannten Personenkreise zum Ausgleich von Unfallfolgen nach § 94 SGB VII **Mehrleistungen** vorsehen. Hinsichtlich des Umfangs des Versicherungsschutzes und des notwendigen inneren Zusammenhangs zwischen unfallbringender Vorrichtung und versicherter Tätigkeit gelten die allgemeinen Regeln der gesetzlichen UV (→ *Arbeitsunfall* Rn 33, 34; → *Unfallversicherung* Rn 48 ff; → *Wegeunfall* Rn 13 ff).

37 **b) Unentgeltlichkeit.** Unfallversichert im genannten Sinn ist nur die unentgeltliche ehrenamtliche Tätigkeit. Die (auch pauschale) Erstattung barer Auslagen sowie des Verdienstausfalls ist allerdings ebenso unschädlich wie die Zahlungen zur Abgeltung von Mehraufwendungen, die konkret durch das Ehrenamt bedingt sind (echte Aufwandsentschädigungen). Unechte Aufwandsentschädigungen haben Entgeltcharakter und stehen dem Versicherungsschutz nach § 2 Abs 1 Nr 10 SGB VII entgegen (→ Rn 27, → *Aufwandsentschädigung* Rn 18 ff). In diesen Fällen kommt aber eine versicherungspflichtige Beschäftigung in Betracht, die ihrerseits den gesetzlichen UVSchutz nach allgemeinen Regeln auslöst (BSG 6.9.18 – B 2 U 18/17 R, SozR 4–2700 § 2 Nr 47).

38 **c) Freiwillige Versicherung.** Die satzungsgemäße Tätigkeit von Mitgliedern oder Vorstand in einem Verein ist nach wie vor grds nicht gesetzlich unfallversichert. **Gewählte Ehrenamtsträger** in gemeinnützigen Organisationen (und Vereinen) können nach § 6 Abs 1 Nr 3 SGB VII freiwillig der gesetzlichen UV beitreten. Es muss sich um gewählte Amtsträger handeln, etwa Vorstandsmitglieder eines gemeinnützigen Vereins. Diese Regelung ergänzt den Versicherungsschutz nach § 2 Abs 1 Nr 9 und 10 SGB VII, der auf bestimmte Bereiche der ehrenamtlichen Tätigkeit begrenzt ist, sowie die Versicherung von **Vereinsmitgliedern** als „Wie-Beschäftigte" nach § 2 Abs 2 SGB V (→ *Unfallversicherung* Rn 45), wenn sie wie Beschäftigte über ihre satzungsmäßigen Verpflichtungen hinaus für ihren Verein tätig werden (BayLSG 18.10.18 – L 7 U 34/14, BeckRS 2018, 31410; LSG SchlHol 5.8.19 – L 8 U 51/16, BeckRS 2019, 21387). Schiedsrichter, Kampfrichter oder Wertungsrichter eines Sportvereins sind nicht unfallversichert, weil sie kein gewähltes Amt ausüben und idR auch nicht bei dem Verein beschäftigt sind. Freiwillig versichern können sich nach § 6 Abs 1 Nr 4 SGB VII auch Personen, die in Verbandsgremien und Kommissionen für ArbGebOrganisationen oder Gewerkschaften ehrenamtlich tätig sind. Die Tätigkeit in Verbandsgremien oä kann uU auch nach § 2 Abs 1 Nr 1 SGB VII und damit unabhängig von einem freiwilligen Versicherungsantrag versichert sein, wenn die konkrete Tätigkeit in dem Gremium betriebsdienlich ist (BSG 18.3.08 – B 2 U 2/07 R, NZS 09, 230 Rn 21 mwN). Freiwillig versichern können sich auch Personen, die ehrenamtlich für Parteien iSd Parteiengesetzes tätig sind oder an Ausbildungsveranstaltungen für diese Tätigkeit teilnehmen (§ 6 Abs 1 Nr 5 SGB VII). Der Versicherungsantrag ist schriftlich vom Betroffenen zu stellen und wird auch durch Eingang bei einem unzuständigen UVTräger wirksam. Die Beitragserhebung erfolgt nach § 154 Abs 1 SGB VII.

# Ein-Euro-Job

## A. Arbeitsrecht

*Poeche*

1 **1. Allgemeines.** Nach § 16d Abs 1 SGB II kann die BA dem erwerbsfähigen Leistungsberechtigten „Arbeitsgelegenheiten" zuweisen. Dem Erwerbssuchenden ist zusätzlich zum *Arbeitslosengeld II* eine angemessene Entschädigung für **Mehraufwendungen** zu zahlen (§ 16d Abs 7 SGB II). Die in der Eingliederungsvereinbarung zwischen der BA und dem erwerbsfähigen Leistungsberechtigten nach § 15 SGB II (→ *Arbeitsförderung* Rn 23) festzulegende Entschädigung beträgt idR 1 bis 2 Euro pro Arbeitsstunde – deshalb der Begriff „Ein-Euro-Job". Zwischenzeitlich hat sich auch der Begriff „MAE-Kräfte" (von Mehraufwandsentschädigung) eingebürgert.

2 **2. Inhalt des Rechtsverhältnisses.** Nach der ausdrücklichen gesetzlichen Anordnung in § 16d Abs 7 Satz 2 SGB II begründet ein Ein-Euro-Job kein Arbeitsverhältnis zwischen dem erwerbsfähigen Leistungsberechtigten und dem Anbieter der Arbeitsgelegenheit. Viel-

mehr liegt ein vom öffentlichen Recht geprägtes Rechtsverhältnis vor (st Rspr BAG 26.9.07 – 5 AZR 857/06, NZA 07, 1422; 20.2.08 – 5 AZR 290/07, NZA-RR 08, 401). Das gilt auch dann, wenn die sozialrechtlichen Voraussetzungen des § 16d Abs 3 Satz 2 SGB II (→ Rn 7 f) nicht vorliegen. Auch ein faktisches Vertragsverhältnis wäre jedenfalls nicht zivilrechtlicher Natur. Anzuwenden sind dagegen, wie ebenfalls ausdrücklich geregelt, die Vorschriften des **Arbeitsschutzes** (*Arbeitssicherheit/Arbeitsschutz; Arbeitsstätte; Arbeitsstoffe, gefährliche*) und das **Bundesurlaubsgesetz** mit Ausnahme der Regelungen zum Urlaubsentgelt.

**3. Prozessuales.** Streitigkeiten zwischen dem Erwerbssuchenden und dem Anbieter der Arbeitsgelegenheit über die Beendigung des zwischen ihnen bestehenden Rechtsverhältnisses sind vor dem SozG auszutragen (BAG 8.11.06 – 5 AZR 36/06, NZA 07, 53). Die Zuständigkeit der SozG dürfte wegen des fehlenden Arbeitsverhältnisses auch bei einem Streit über Vorschriften des Arbeitsschutzes oder über den Urlaubsanspruch des Hilfsbedürftigen gegeben sein. Mit der Frage des zulässigen Rechtswegs in verschiedenen Sachverhaltskonstellationen sowie den Folgen einer Verweisung an das SG befassen sich ausführlich *Steppler/Denecke* NZA 13, 482. 3

**4. Betriebsverfassung.** Auch wenn Ein-Euro-Jobber keine ArbN sind, hat der BRat bei der Aufnahme ihrer Beschäftigung nach § 99 BetrVG mitzubestimmen (BAG 2.10.07 – 1 ABR 60/06, NZA 08, 244; ebenso für das Personalvertretungsrecht BVerwG 21.3.07 – 6 P 4/06, NZA-RR 07, 499 und auch dann, wenn ein zwischengeschalteter privater Dritter als Maßnahmeträger die sog MAE-Kräfte an die Dienststelle vermittelt, so BVerwG 2.5.14 – 6 PB 11/14, BeckRS 2014, 51973). 4

**B. Lohnsteuerrecht** *Weil*

Die zusätzlich zum AlGeld II gezahlte **Mehraufwandsentschädigung** ist **steuerfrei** (§ 3 Nr 2d EStG; → *Arbeitslosengeld II* Rn 5) und unterliegt nicht dem Progressionsvorbehalt (R 32b Abs 1 Satz 3 EStR; → *Lohnersatzleistungen* Rn 2). Dies gilt auch für vergleichbare Leistungen ausländischer Rechtsträger, die ihren Sitz in einem EU-/EWR-Staat oder in der Schweiz haben (§ 3 Nr 2 Buchst e EStG). Ohne zusätzliche Vereinbarungen zwischen dem Empfänger der Mehraufwandsentschädigung und dem Anbieter der Arbeitsgelegenheit entsteht steuerrechtlich kein Arbeitsverhältnis. Für den beschäftigten Hilfsbedürftigen besteht keine Verpflichtung zur Abgabe seiner steuerlichen Identifikationsnummer zum Abruf und der Anwendung des ELSTAM-Verfahrens. Die Mehraufwandsentschädigung ist kein Arbeitsentgelt iSd § 19 Abs 1 Nr 1 EStG. Es wird unterstellt, dass der Auftraggeber lediglich die von der Agentur für Arbeit geleisteten Zuschüsse weiterleitet. Aufgrund der Steuerfreiheit der Mehraufwandsentschädigung entstehen auch durch die Weiterleitung der Zuschüsse keine lohnsteuerlichen Pflichten. Aufwendungen des Hilfsbedürftigen aus einer solchen Beschäftigung, zB Fahrtkosten, sind nicht als Werbungskosten abzugsfähig, da sie im Zusammenhang mit steuerfreien Einnahmen anfallen (§ 3c EStG). Nur wenn eine höhere Vergütung gezahlt wird, ist die Vergütung, sofern ein Arbeitsverhältnis vorliegt, steuerpflichtiger Lohn. 5

**Literaturhinweise:** OFD Koblenz v 29.11.2004, DStZ 2005, 89; *Berlit/Bieritz-Harder/Trenk-Hinterberger* Recht und Praxis der Ein-Euro-Jobs, 2006.

**C. Sozialversicherungsrecht** *Voelzke*

**1. Einordnung.** Bei den Arbeitsgelegenheiten gegen Mehraufwandsentschädigung nach § 16d SGB II (sog Ein-Euro-Jobs) handelt es sich um eine **Eingliederungsleistung,** die an erwerbsfähige Leistungsberechtigte iSd § 7 SGB II zu deren Eingliederung in den Arbeitsmarkt gewährt wird. Der Lebensunterhalt des Teilnehmers an einer Arbeitsgelegenheit wird während der Dauer der Eingliederungsmaßnahme durch das AlGeld II sichergestellt (zu den Voraussetzungen für die Gewährung eines Mehrbedarfs BSG 12.11.15 – B 14 AS 34/14 R, SozR 4–4200 § 21 Nr 23). Die Mehraufwandsentschädigung dient nur zum Ausgleich der durch die Tätigkeit entstehenden Mehraufwendungen. Die Ein-Euro-Jobs sind nach Voraussetzungen und Leistungsumfang abzugrenzen von der Förderung von Arbeitsverhältnissen 6 für die Beschäftigung von zugewiesenen erwerbsfähigen Leistungsberechtigten durch Zuschüsse zum Arbeitsentgelt nach §§ 16e und 16i SGB II (Näheres: *Lohnkostenzuschüsse*).

Die Rechtsbeziehungen zwischen dem SGB II-Träger und dem Leistungsberechtigten werden bei den Arbeitsgelegenheiten durch eine Eingliederungsvereinbarung (§ 15 SGB II) oder einen die Eingliederungsvereinbarung ersetzenden Verwaltungsakt begründet und gehören dem öffentlichen Recht an. Auch das Rechtsverhältnis des Leistungsberechtigten zum Maßnahmeträger (ArbGeb) ist öffentlich-rechtlicher Natur. Insoweit gilt kraft ausdrücklicher gesetzlicher Regelung gem § 16d Abs 7 Satz 2 SGB II, dass kein Arbeitsverhältnis iSd Arbeitsrechts begründet wird. Vielmehr wird die Tätigkeit gegen Zahlung einer Mehraufwandsentschädigung von der hM zu Recht als **öffentlich-rechtliches Beschäftigungsverhältnis** qualifiziert (→ Rn 2; *Schlegel/Voelzke/Harks* SGB II Rn 62), wobei dem Träger der Maßnahme als Leistungserbringer die Rolle eines Verwaltungshelfers zukommt (*Rixen/Pananis* NJW 05, 2179). In dieser Funktion steht ihm ein Weisungsrecht hinsichtlich der Einzelheiten der auszuübenden Tätigkeit zu (*Hauck/Noftz/Voelzke* § 16d SGB II Rn 126).

7 **2. Voraussetzungen.** Bei den Voraussetzungen für die Gewährung von Eingliederungsleistungen ist zwischen den auf die Person des Leistungsberechtigten und den auf die Maßnahme bezogenen Anforderungen zu unterscheiden. Die Bewilligung der Leistung vollzieht sich entweder durch eine vom Jobcenter mit dem Leistungsberechtigten geschlossene **Eingliederungsvereinbarung** oder durch einen die Leistung bewilligenden Verwaltungsakt (*Hauck/Noftz/Voelzke* § 16d SGB II Rn 32).

Die Förderung durch Arbeitsgelegenheiten betrifft nur Berechtigte, die sämtliche **Anspruchsvoraussetzungen des § 7 SGB II** erfüllen. Die Maßnahmen sollen nach § 16d Abs 1 Satz 1 SGB II zur Erhaltung oder Wiedererlangung der Beschäftigungsfähigkeit gewährt werden. Sie dienen insoweit der Erzielung von Integrationsfortschritten (BT-Drs 17/6277 S 115).

8 Ferner setzt die Begründung einer Arbeitsgelegenheit positiv voraus, dass die Leistung für die Eingliederung in Arbeit **erforderlich** ist. Danach sind Arbeitsgelegenheiten grds Leistungsberechtigten vorbehalten, die sich selbst vergeblich um eine reguläre Erwerbsarbeit bemüht haben und bei denen im Regelfall auch der SGB II-Träger Eingliederungsbemühungen unternommen hat (*Hauck/Noftz/Voelzke* § 16d SGB II Rn 27). Es wird sich in erster Linie um Leistungsberechtigte mit mehreren Vermittlungshemmnissen handeln. Es besteht nach § 16d Abs 5 SGB II ein Vorrang von Eingliederungsleistungen, mit denen die Aufnahme einer Erwerbstätigkeit auf dem allgemeinen Arbeitsmarkt unmittelbar unterstützt werden kann.

Bei den in § 16d Abs 1 SGB II genannten Merkmalen des **öffentlichen Interesses** und der **Zusätzlichkeit** handelt es sich um maßnahmebezogene Anspruchsvoraussetzungen, die die Förderungsfähigkeit der Eingliederungsleistung im Verhältnis von Grundsicherungsträger und Träger der Eingliederungsmaßnahme betreffen. Die Anforderungen an die Zusätzlichkeit von Maßnahmen sind in § 16d Abs 2 SGB II niedergelegt. Es gilt der Grundsatz des § 16d Abs 2 Satz 1 SGB II, wonach Arbeiten zusätzlich sind, wenn sie ohne die Förderung nicht, nicht in diesem Umfang oder erst zu einem späteren Zeitpunkt durchgeführt werden. Die Merkmale des öffentlichen Interesses sind in § 16d Abs 3 SGB II niedergelegt. Schließlich fordert die Förderung eine Wettbewerbsneutralität der Arbeitsgelegenheiten (§ 16d Abs 4 SGB II).

9 Ein **Rechtsanspruch auf Schaffung von Arbeitsgelegenheiten** oder auf Zuweisung in eine bestimmte Arbeitsgelegenheit steht den Leistungsberechtigten nicht zu (*Hauck/Noftz/Voelzke* § 16d SGB II Rn 43). Es besteht jedoch bei Vorliegen sämtlicher Anspruchsvoraussetzungen ein Anspruch auf eine ermessensfehlerfreie Entscheidung des SGB II-Trägers über die Zuweisung in eine bereits eingerichtete Arbeitsgelegenheit.

10 **3. Umfang und Dauer.** Ausdrückliche Regelungen zu den Grenzen der zeitlichen Inanspruchnahme des erwerbsfähigen Leistungsberechtigten durch den Ein-Euro-Job enthält das Gesetz nicht. Hinsichtlich der zulässigen Wochenarbeitszeit hat das BSG klargestellt, dass es den für Arbeitsgelegenheiten geltenden Prinzipien nicht grds widerspricht, wenn für die wöchentliche Arbeitszeit ein **zeitlicher Umfang von bis zu 30 Stunden** angesetzt wird

(BSG 16.12.08 – B 4 AS 60/07 R, SGb 09, 744). Zutreffender Maßstab für die Bestimmung des zulässigen zeitlichen Höchstumfangs ist vielmehr der Eingliederungserfolg.

Auch eine starre Grenze der zulässigen **Höchstzuweisungsdauer** ist abzulehnen. Eine mittelbare Begrenzung des Umfangs von Arbeitsgelegenheiten ergibt sich jedoch aus § 16d Abs 6 Satz 1 SGB II, wonach erwerbsfähige Leistungsberechtigte innerhalb eines Zeitraums von fünf Jahren nicht länger als insgesamt 24 Monate in Arbeitsgelegenheiten zugewiesen werden. Eine Verlängerung um weitere zwölf Monate ist möglich (§ 16d Abs 6 Satz 3 SGB II).

**4. Mehraufwandsentschädigung.** Bei der Mehraufwandsentschädigung (§ 16d Abs 7 Satz 1 SGB II) handelt es sich nicht um ein Entgelt für die im Rahmen der Arbeitsgelegenheit erbrachte Arbeitsleistung, sondern um den Teilaspekt einer Sozialleistung (*Hauck/Noftz/Voelzke* § 16d SGB II Rn 75). Der Anspruch auf die Mehraufwandsentschädigung richtet sich gegen den SGB II-Leistungsträger, auch wenn die Abrechnung bzw die Auszahlung durch den Maßnahmeträger erfolgt. Die Mehraufwandsentschädigung ist zumindest so zu bemessen, dass die durch den Ein-Euro-Job ausgelösten zusätzlichen **tatsächlichen Aufwendungen** nicht aus der Regelleistung bestritten werden müssen (BSG 13.11.08 – B 14 AS 66/07 R, NJW 09, 2478). Es kann auch ein über den tatsächlichen Aufwand hinausgehender finanzieller Anreiz gesetzt werden (*Hauck/Noftz/Voelzke* § 16d SGB II Rn 107). 11

Die Mehraufwandsentschädigung wird nur für die Zeit **tatsächlicher Arbeit** geleistet. Ein Anspruch auf Fortzahlung der Entschädigung bei Krankheitstagen oder Urlaub besteht nicht (KKW/*Hahn* § 16d SGB II Rn 7). Handelt es sich nicht um zusätzliche Arbeiten, so kann der Leistungsberechtigte einen öffentlich-rechtlichen Erstattungsanspruch geltend machen, der auf Wertersatz für die geleistete Arbeit gerichtet ist (BSG 27.8.11 – B 4 AS 1/10 R, SozR 4–4200 § 16 Nr 9). Ein Rechtsgrund für die geleistete Arbeit kann allerdings in einer Eingliederungsvereinbarung oder einem bestandskräftigen Zuweisungsbescheid liegen (BSG 13.4.11 – B 14 AS 101/10 R, SozR 4–4200 § 16 Nr 8).

**5. Sozialversicherungspflicht.** Anknüpfungspunkt für die soziale Sicherung der Leistungsberechtigten in einer Arbeitsgelegenheit ist der **Bezug von Arbeitslosengeld II,** der Versicherungsschutz in der KV und PflegeV verschafft (→ *Arbeitslosengeld II* Rn 36). Hingegen wird kein Beschäftigungsverhältnis iSd § 7 SGB IV begründet. In der gesetzlichen UV gehören Ein-Euro-Jobber als „Wie-Beschäftigte" nach § 2 Abs 2 Satz 1 SGB VII zum versicherten Personenkreis. 12

**6. Sanktionen.** Eine Absenkung des AlGeld II erfolgt nach Maßgabe des § 31 Abs 1 Satz 2 Nr 2 SGB II, wenn der Leistungsberechtigte sich trotz Belehrung über die Rechtsfolgen weigert, eine Arbeitsgelegenheit aufzunehmen oder fortzuführen. Eine konkludente Ablehnung reicht aus (*Hauck/Noftz/Valgolio* SGB II, § 31 Rn 132). 13

# Eingruppierung

## A. Arbeitsrecht

*Griese*

**Übersicht**



**1. Definition.** Eingruppierung ist die erste Einstufung des ArbN nach der Einstellung oder nach einer Versetzung in eine bestimmte tarifliche oder betriebliche Lohn- oder Vergütungsgruppe. Nicht hierher gehören die Fälle, in denen die Vergütung zwischen ArbN 1 und ArbGeb individuell vereinbart wird, also nicht nach einer Entgeltgruppe bemessen wird.

2 Voraussetzung für eine Eingruppierung ist, dass eine für den Betrieb verbindliche Lohn- und Gehaltsgruppeneinteilung, also ein **kollektives Entgeltschema** (BAG 12.1.11 – 7 ABR 34/09, AP Nr 49 zu § 99 BetrVG 1972 Eingruppierung), existiert. Eine solche kann aufgrund eines Tarifvertrages oder einer Betriebsvereinbarung bestehen. Hierbei ist unerheblich, ob der entsprechende Tarifvertrag kraft Tarifbindung oder aufgrund einer Betriebsvereinbarung oder einer einzelvertraglichen Vereinbarung zwischen ArbN und ArbGeb gilt. Eine für die Eingruppierung erforderliche Lohn- und Gehaltsgruppeneinteilung kann aber auch auf einer sonstigen betrieblichen Regelung, insbes einer Betrieblichen Übung (BAG 23.11.93 – 1 ABR 34/93, DB 94, 1575), beruhen. **Das betriebliche Eingruppierungssystem ist als Teil der betrieblichen Lohngestaltung mitbestimmungspflichtig gem § 87 Abs 1 Nr 10 BetrVG**, es sei denn, es liegt eine zwingende und abschließende tarifliche Regelung gem § 87 Abs 1 Eingangssatz BetrVG vor (BAG 18.11.15 – 4 AZR 534/13, NZA 16, 310).

Soweit für **außertarifliche Angestellte** betriebliche Gehaltsgruppen bestehen, handelt es sich bei der Zuordnung zu diesen Gehaltsgruppen ebenfalls um Eingruppierung.

3 **2. Pflicht zur Eingruppierung.** Individualrechtlich ist die Eingruppierung in eine bestimmte Lohn- oder Gehaltgruppe kein konstitutiver Rechtsakt, sondern hat nur deklaratorische Bedeutung (Ausnahme, wenn kein Eingruppierungssystem vorhanden ist, BAG 16.5.02 – 8 AZR 460/01, NZA 03, 221). Die Eingruppierung ist keine vom ArbGeb vorzunehmende Handlung, sondern sie ergibt sich von selbst aus der vom ArbN auszuübenden Tätigkeit. Folglich kann ein ArbN, der eine bestimmte Vergütungsgruppe begehrt, nicht den Rechtsakt der Eingruppierung in diese Vergütungsgruppe verlangen. Er muss vielmehr auf Vergütung nach der von ihm begehrten Vergütungsgruppe klagen. Die Vergütungsgruppe muss nicht unbedingt in den Arbeitsnachweis nach § 2 Abs 1 Nr 5 NachwG aufgenommen werden; es reicht die Arbeitsplatz- oder Stellenbeschreibung (BAG 8.6.05 – 4 AZR 406/04, NZA 06, 53).

4 **Betriebsverfassungsrechtlich** ist der ArbGeb verpflichtet, eine Eingruppierung vorzunehmen, wenn die vom ArbN zu verrichtende Tätigkeit von einer im Betrieb anzuwendenden Lohn- oder Gehaltsgruppenordnung erfasst wird. Er kann sich dieser Pflicht nicht dadurch entziehen, dass er eine Eingruppierungsentscheidung unterlässt und den neu eingestellten ArbN besser als in der vorhandenen Vergütungsordnung vorgesehen bezahlt. Gelten im Betrieb **mehrere konkurrierende Tarifverträge mit unterschiedlichen Vergütungsordnungen (Tarifpluralität), ist der ArbGeb betriebsverfassungsrechtlich verpflichtet, die ArbN den Entgeltgruppen beider Vergütungsordnungen zuzuordnen** (BAG 27.9.17 – 7 ABR 8/16, NZA 18, 533; BAG 14.4.15 – 1 ABR 66/13, NZA 15, 1077).

5 Die Pflicht zur Eingruppierung besteht auch für **geringfügig Beschäftigte** (BAG 18.6.91 – 1 ABR 60/90, BB 91, 1860). Sie sind wie alle anderen ArbN zu behandeln, es handelt sich um **vollwertige und gleich zu behandelnde Arbeitsverhältnisse** (→ *Geringfügige Beschäftigung* Rn 3 ff). Dem steht nicht entgegen, dass geringfügig Beschäftigte häufig auf Nettolohnbasis tätig werden. Die Pflicht zur Eingruppierung schließt es nicht aus, eine Nettolohnvereinbarung zu treffen, die gegenüber der Bruttovergütung, die sich aus der Eingruppierung ergibt, günstiger ist. Die Eingruppierung erleichtert es dem BRat, zu erkennen, ob im Einzelfall die individuell vereinbarte Vergütung über derjenigen liegt, die aus der Lohn- und Gehaltsgruppeneinteilung folgt.

6 Die Eingruppierung richtet sich nach den in der Vergütungsordnung vorgesehenen **Tätigkeitsmerkmalen** und den ggf dort aufgeführten **Beispielstätigkeiten.** Die Auslegung von in Tarifverträgen verwendeten Begriffen obliegt den Gerichten. Der Begriff Unterhaltsreinigung umfasst auch die Reinigung von Ausstattung und Arbeitsmitteln, so dass davon auch die Tätigkeit einer Laborspülkraft erfasst ist (BAG 30.1.13 – 4 AZR 272/11, NZA 2013, 808). Bei der Beurteilung der Tätigkeitsmerkmale kann nicht allein auf eine vom ArbGeb verfasste Stellenbeschreibung (BAG 24.8.16 – 4 AZR 251/15, NZA 16, 1472; BAG 18.11.15 – 4 AZR 534/13, NZA 16, 310) oder die gezahlte Vergütung (BAG 30.9.15 – 4 AZR 641/13, AP Nr 28 abgestellt werden zu § 1 TVG Tarifverträge: Gebäuderei-

nigung). Sind in der Vergütungsordnung im Anschluss an allgemeine Tätigkeitsmerkmale Beispielstätigkeiten aufgeführt, so reicht es, wenn der ArbN die Beispielstätigkeit erfüllt. Erfüllt er diese nicht, so bleibt ihm die Möglichkeit, die Erfüllung der allgemeinen Tätigkeitsmerkmale nachzuweisen (BAG 18.2.15 – 4 AZR 778/13, NJOZ 15, 1217). Maßgeblich ist allein das betriebliche Entgeltschema; Änderungen einzelner Vergütungselemente ändern hieran nichts (BAG 28.4.09 – 1 ABR 97/07, NZA 09, 1102).

Soweit für eine Vergütungsgruppe das Merkmal der Unterstellung von Mitarbeitern gegeben sein muss, ist die dienstlich-organisierte Weisungsbefugnis innerhalb derselben Organisationseinheit erforderlich (BAG 22.3.2000 – 4 AZR 118/99, NZA 01, 282 – Referatsleiter beim Bundessprachenamt). Zu Besonderheiten der Lehrereingruppierung s BAG 13.5.04 – 8 AZR 92/03, NZA 04, 944. Verlangt die Vergütungsordnung eine Spezialausbildung, muss sie für die konkrete Tätigkeit qualifizieren (BAG 20.5.09 – 4 AZR 184/08, NZA-RR 09, 651 zu Schuldnerberatung).

Üblicherweise ist von der überwiegend ausgeübten Tätigkeit des ArbN auszugehen, **7**
mithin von der Tätigkeit, die **mehr als die Hälfte der Gesamtarbeitszeit** des ArbN in Anspruch nimmt. Dabei kommt es auf den Umfang der einheitlichen Arbeitsvorgänge an, nicht auf die einzelnen Elemente eines Arbeitsvorgangs (BAG 24.2.16 – 4 AZR 485/13, NZA-RR 16, 488; BAG 17.6.15 – 4 AZR 371/13, NZA-RR 16, 24; BAG 21.8.13 – 4 AZR 933/11 – Bezirkssozialarbeiter, NZA-RR 2014, 302). Ein einheitlicher Arbeitsvorgang darf nicht durch Zerlegung in Teiltätigkeiten atomisiert werden (BAG 17.5.17 – 4 AZR 798/14, NZA 18, 472).

Bei **gleichbleibender Tätigkeit kann idR keine Höhergruppierung** beansprucht werden (BAG 16.11.16 – 4 AZR 127/15, NZA 17, 870)

Die Vergütungsordnung ist gerichtlich nicht auf ihre Zweckmäßigkeit zu überprüfen, muss sich aber im Rahmen des höherrangigen Rechts halten, insbes den **arbeitsrechtlichen Gleichbehandlungsgrundsatz** und das **Verbot der Geschlechterdiskriminierung** beachten. Gegen den arbeitsrechtlichen Gleichbehandlungsgrundsatz verstößt es, wenn nach einer Vergütungsordnung der höher qualifizierte ArbN schlechter als der niedriger qualifizierte ArbN vergütet wird (BAG 24.4.91 – 4 AZR 570/90, NZA 91, 896). Der „Nichterfüller-Erlass" des Landes NRW verstösst gegen den Gleichbehandlungsgrundsatz, weil er angestellte Lehrkräfte, die herkunftssprachlichen Unterricht erteilen, ohne sachlichen Grund schlechter stellt (BAG 25.6.15 – 6 AZR 383/14, MDR 15, 1307).

Kein Verstoß gegen den Gleichbehandlungsgrundsatz liegt vor, wenn Lehrkräfte an Fachhochschulen einerseits und wissenschaftliche Mitarbeiter in Forschung und Lehre andererseits unterschiedlich eingruppiert werden (BAG 3.12.97 – 10 AZR 563/96, NZA 98, 438). Ein Eingruppierungserlass muss den **Transparenzanforderungen genügen** (BAG 26.1.17 – 6 AZR 671/15, NZA 17, 1285).

Es ist auch zulässig, bei einer tariflichen Stufenzuordnung die bei **demselben ArbGeb verbrachten Beschäftigungszeiten höher zu gewichten** (BAG 23.2.17 – 6 AZR 843/15, NZA 17, 1013). Darin liegt auch kein Verstoß gegen das Verbot der sog. Inländerdiskriminierung (BAG 25.1.18 – 6 AZR 791/16, NZA 18, 1200).

§ 7 Abs 2 AGG untersagt Vereinbarungen, die gegen ein Benachteiligungsverbot verstoßen. Ein ArbGeb kann daher nicht mit neu eingestellten behinderten ArbN nur noch eine auf 80 % herabgesenkte Vergütung gemäß der Richtlinien für Arbeitsverträge in den Einrichtungen des Deutschen Caritasverbandes (AVR – juris: DCVArbVtrRL) vereinbaren, während im Gegensatz dazu nicht behinderte neu eingestellte ArbN Anspruch auf 100 % der AVR-Vergütung haben sollen. Denn eine solche Vergütungsvereinbarung benachteiligt den behinderten ArbN unmittelbar allein wegen seiner Behinderung, verstößt gegen § 7 Abs 2 AGG und ist deswegen unwirksam. Auch der Umstand, dass es sich um einen Integrationsbetrieb handelt, rechtfertigt die Ungleichbehandlung nicht, weil der Wert der Arbeitsleistung nicht per se davon abhängt, ob sie ein behinderter oder nicht behinderter ArbN erbringt. Für die Berücksichtigung **tatsächlicher Leistungsunterschiede steht die tarifliche Eingruppierung als Instrument zur Verfügung** (BAG 21.6.11 – 9 AZR 226/10, Behindertenrecht 2012, 65).

Die Eingruppierung in eine Vergütungsgruppe kann von der Erfüllung von tariflich festgelegten Ausbildungsvoraussetzungen abhängig gemacht werden (BAG 16.4.97, ArbuR 97, 335 – Rettungssanitäter). Sieht ein TV einen **Zeitaufstieg** vor, können Auslandsdienstzeiten anrechenbar sein (EuGH 15.1.98 – Rs C-44/96, NZA 98, 205). Für den **Bewährungsaufstieg** wird vorausgesetzt, dass sich der ArbN in dieser Tätigkeit tatsächlich bewährt hat (BAG 25.3.98 – 4 AZR 128/97, NZA 98, 1072). Nimmt der ArbGeb **Höhergruppierungen** vor, darf er dabei nicht gegen das **Benachteiligungsverbot** des § 612a BGB verstoßen, indem er zB nur diejenigen ArbN höhergruppiert, die keine Klage erhoben haben (BAG 23.2.2000 – 10 AZR 1/99, NZA 01, 680).

8 Ein Vertrauensschutz auf die bestehenden Eingruppierungsvoraussetzungen besteht nicht. Ändern zB die Tarifvertragsparteien die Eingruppierungsvoraussetzungen, kann sich hierdurch die Notwendigkeit zu einer **Umgruppierung** (s *Umgruppierung)* ergeben. Beruht eine solche Umgruppierung auf einem **veränderten Tarifvertrag,** besteht kein Vertrauensschutz dahingehend, dass die tariflichen Regelungen zur Bewertung einer bestimmten Berufstätigkeit stets auf dem Stand bei Abschluss eines Arbeitsvertrages verbleiben, wenn arbeitsvertraglich die Anwendbarkeit der jeweils gültigen Tarifverträge vereinbart ist. Solange die Tarifvertragsparteien nicht andere Verfassungsgrundsätze verletzen, können sie **auch Verschlechterungen von vergütungsrelevanten Eingruppierungsmerkmalen vorsehen** (BAG 19.5.10 – 4 AZR 903/08, NZA-RR 11, 56). Zur befristeten Übertragung einer höherwertigen Tätigkeit s BAG 27.1.16 – 4 AZR 468/14, NZA 16, 903 u BAG 24.2.16 – 7 AZR 253/14, NZA 16, 814.

In Tarifverträgen können betriebliche Einrichtungen wie zB paritätische Kommissionen geschaffen werden, die bei Streit über die Eingruppierung ein **Schiedsgutachten** erstellen, das bei ausreichender Begründung gerichtlich nur begrenzt überprüfbar ist (BAG 17.3.05 – 8 AZR 179/04, NZA 05, 896).

9 **3. Mitbestimmungsrecht des Betriebsrats.** Nach § 99 Abs 1 S 1 BetrVG hat der BRat **bei jeder individualrechtlichen Eingruppierungsentscheidung ein Mitbestimmungsrecht.** Zweck dieses Mitbestimmungsrechts ist es zum einen, dem BRat die **Kontrolle der Richtigkeit** der Eingruppierungsentscheidung des ArbGeb zu ermöglichen. Zum anderen dient das Mitbestimmungsrecht auch der Verwirklichung der Vergütungstransparenz im Betrieb und damit der Lohngerechtigkeit. Denn der BRat kann durch sein Beteiligungsrecht unter Zuhilfenahme seines Einblickrechts in die Bruttolohn- und Gehaltslisten feststellen, ob und in welchem Umfang der ArbGeb einzelne ArbN übertariflich entlohnt. Die Mitbestimmungspflichtigkeit entfällt nicht deshalb, weil der ArbGeb sich auf den Standpunkt stellt, die Tätigkeit übersteige die Qualifikationsmerkmale der obersten Vergütungsgruppe (BAG 31.10.95 – 1 ABR 5/95, NZA 96, 890). Keine mitbestimmungspflichtige Eingruppierung liegt bei der Bewertung von Arbeitsplätzen vor, die mit **Beamten** besetzt sind (BAG 12.12.95 – 1 ABR 31/95, NZA 96, 837).

10 **a) Unterrichtungspflicht des Arbeitgebers.** Der ArbGeb hat den BRat vor jeder Eingruppierung nach § 99 Abs 1 BetrVG im Einzelnen zu unterrichten und Auskunft über die Person des Beteiligten zu geben. Hierbei hat er dem BRat auch die erforderlichen Unterlagen vorzulegen. Voraussetzung für die Mitbestimmung nach § 99 BetrVG ist allerdings, dass im Betrieb ständig mehr als 20 wahlberechtigte ArbN (dh ArbN über 18 Jahre gem § 7 BetrVG) beschäftigt sind. Kurzfristige Schwankungen der Belegschaftsstärke haben auf das Mitbestimmungsrecht keinen Einfluss. Das Mitbestimmungsrecht entfällt jedoch, wenn die Belegschaftsstärke dauerhaft unter zwanzig ArbN abgesunken ist.

Die Unterrichtung muss so rechtzeitig und umfassend erfolgen, dass der BRat sich vor Realisierung der Maßnahme über eine qualifizierte Stellungnahme schlüssig werden kann. Aufgrund der Frist des § 99 Abs 3 BetrVG muss der ArbGeb den BRat daher spätestens eine Woche vor der geplanten Maßnahme unterrichten. Die Unterrichtung hat der ArbGeb mit dem Antrag an den BRat zu verbinden, der vorgesehenen Eingruppierung zuzustimmen.

11 **b) Gründe für die Zustimmungsverweigerung.** Die Gründe für eine Zustimmungsverweigerung sind abschließend in § 99 Abs 2 BetrVG aufgeführt. Für die Eingruppierung findet sich der wichtigste Zustimmungsverweigerungsgrund in § 99 Abs 2 Ziff 1 BetrVG. Danach kann der BRat seine Zustimmung unter anderem dann verweigern, wenn die vorgesehene Eingruppierung gegen eine Bestimmung in einem Tarifvertrag oder einer Betriebsvereinbarung verstößt. Gerade in diesem Zustimmungsverweigerungsrecht kommt die Funktion der Richtigkeitskontrolle durch den BRat zum Ausdruck. Kein Zustimmungsverweigerungsrecht ergibt sich, wenn der ArbGeb den ArbN zutreffend eingruppiert aber

eine längere als die bisher betriebsübliche Wochenarbeitszeit vereinbaren will (BAG 28.6.06 – 10 ABR 42/05, BB 06, 1913). Der BRat kann hingegen die Zustimmung verweigern, wenn der ArbGeb eine Eingruppierung in eine einseitig unter Verstoß gegen das Mitbestimmungsrecht aus § 87 Abs 1 Nr 10 BetrVG aufgestellte Vergütungsordnung erstrebt (BAG 24.4.01 – 1 ABR 37/00, NJOZ 02, 519).

Kein Zustimmungsverweigerungsgrund gem § 99 Abs 2 Nr 1 BetrVG ist für den BRat gegeben, wenn der ArbGeb den ArbN tarifrechtlich richtig umgruppiert, aber eine übertarifliche Zulage zahlt, weil die Mitbestimmung bei Eingruppierung und Umgruppierung nur auf die nach der jeweils geltenden Vergütungsordnung geschuldete Mindestvergütung abzielt (BAG 21.3.18 – 7 ABR 38/16, NZA 18, 1090).

Die Eingruppierung ist in aller Regel mit einer **weiteren** mitbestimmungspflichtigen **personellen Einzelmaßnahme** verbunden, nämlich einer Einstellung oder einer Versetzung. Der BRat hat gleichwohl hinsichtlich Eingruppierung auf der einen Seite und Einstellung bzw Versetzung auf der anderen Seite jeweils getrennt zu prüfen, ob ein ausreichender Zustimmungsverweigerungsgrund vorliegt. So kann der BRat, wenn er die für einen Bewerber vom ArbGeb vorgesehene Eingruppierung für falsch hält, nicht die Zustimmung zur Einstellung verweigern (BAG 20.12.88 – 1 ABR 68/87, BB 89, 1549). Der BRat muss vielmehr in diesem Fall der Einstellung zustimmen, der geplanten Eingruppierung hingegen unter Hinweis auf § 99 Abs 2 Nr 1 BetrVG widersprechen. Will der BRat der geplanten Eingruppierung widersprechen, so muss er dies nach § 99 Abs 3 BetrVG unter Angabe von Gründen innerhalb einer Woche tun. 12

Die **Wochenfrist** beginnt freilich nur zu laufen, wenn der ArbGeb zuvor seine Informationspflichten ordnungsgemäß erfüllt hat (BAG 28.6.05 – 1 ABR 26/04, NZA 06,111). Hinsichtlich der Eingruppierung beginnt die Wochenfrist daher erst, wenn der ArbGeb dem BRat alle für die Eingruppierung relevanten Daten mitgeteilt hat. Die Zustimmungsverweigerung des BRat muss schriftlich erfolgen. Dabei muss auf einen der im Gesetz aufgeführten Zustimmungsverweigerungsgründe Bezug genommen werden. 13

Die Verweigerung der Zustimmung des BRat zu einer personellen Einzelmaßnahme ist schon dann ausreichend begründet, wenn die vom BRat für die Verweigerung seiner Zustimmung vorgetragene **Begründung** es als möglich erscheinen lässt, dass einer der in § 99 Abs 2 BetrVG abschließend genannten Zustimmungsverweigerungsgründe geltend gemacht wird. 14

Nur eine Begründung, die offensichtlich auf keinen der Verweigerungsgründe Bezug nimmt, ist unbeachtlich mit der Folge, dass die Zustimmung des BRat als erteilt gilt. Die Wiederholung des Gesetzeswortlautes reicht insoweit nicht. Hat der BRat fristgerecht die Zustimmung verweigert, kann er nach Ablauf der Wochenfrist seine Zustimmungsverweigerung ergänzend auf rechtliche Argumente stützen, die er im Verweigerungsschreiben noch nicht angeführt hatte (BAG 28.4.98 – 1 ABR 50/97, NZA 99, 52). 15

Da bei der Zustimmungsverweigerung **Schriftform** vorgesehen ist, muss das Schreiben des BRat, in dem die Zustimmung verweigert wird, vom Vorsitzenden des BRat bzw vom Vorsitzenden des zuständigen BRatsAusschusses unterzeichnet sein. Für die Erfüllung des Schriftlichkeitsgebots des § 99 Abs 3 Satz 1 BetrVG genügt eine Mitteilung per E-Mail, wenn diese den Erfordernissen der **Textform nach § 126b BGB** entspricht (BAG 10.3.09 – 1 ABR 93/07, DB 09, 1301). Ein Nachschieben von Zustimmungsverweigerungsgründen ist ausgeschlossen (BAG 23.1.19 – 4 ABR 56/17, NJOZ 19, 611). 16

Wird die Zustimmung vom BRat form- und fristgerecht verweigert, muss der ArbGeb das nach § 99 Abs 4 BetrVG vorgeschriebene gerichtliche **Zustimmungsersetzungsverfahren** einleiten. Er muss hierzu beim zuständigen ArbG beantragen, die Zustimmung des BRat zu der geplanten Eingruppierung zu ersetzen. Die Feststellung, ob die Zustimmungsverweigerung rechtmäßig war oder die Zustimmung des BRat zu der geplanten Eingruppierung zu ersetzen ist, trifft das ArbG im Beschlussverfahren nach §§ 80 ff ArbGG.

Das Zustimmungsersetzungsverfahren hat nur beschränkte Rechtskraft, es bindet den an dem Beschlussverfahren nicht beteiligten, einzugruppierenden ArbN nicht. Der ArbN, der eingruppiert werden soll, kann daher unabhängig von einem gerichtlichen Zustimmungsersetzungsverfahren die seines Erachtens nach richtige Lohn- oder Gehaltsgruppe im arbeitsgerichtlichen **Urteilsverfahren** geltend machen. 17

18 **c) Rechte des Betriebsrats bei Missachtung des Mitbestimmungsrechts.** Ignoriert der ArbGeb das Mitbestimmungsrecht bei personellen Einzelmaßnahmen des § 99 BetrVG, so ordnet § 101 BetrVG an, dass der BRat die Aufhebung derjenigen personellen Maßnahme verlangen kann, die der ArbGeb ohne Beachtung des Mitbestimmungsrechts des BRat durchgeführt hat. Dies gilt hinsichtlich der personellen Einzelmaßnahmen Eingruppierung und Umgruppierung jedoch nur eingeschränkt. Da die Eingruppierung kein konstitutiver Rechtsakt ist, kann der BRat nur verlangen, dass der ArbGeb das erforderliche Mitbestimmungsverfahren nachholt (BAG 20.9.90 – 1 ABR 17/90, NZA 91, 244).

19 Hat der ArbGeb den BRat an der geplanten Eingruppierung **überhaupt nicht beteiligt,** so kann der BRat daher die nachträgliche Einholung der Zustimmung des BRat verlangen. Hat der ArbGeb sich über eine Zustimmungsverweigerung des BRat hinweggesetzt, ohne das gerichtliche Zustimmungsersetzungsverfahren zu betreiben, kann der BRat die Durchführung dieses Zustimmungsersetzungsverfahrens nach § 99 Abs 4 BetrVG erzwingen. Hat der ArbGeb die Eingruppierung eines neu eingestellten ArbN pflichtwidrig unterlassen, kann der BRat im Beschlussverfahren beantragen, dem ArbGeb aufzugeben, den ArbN einzugruppieren. Hat der ArbGeb ein erstes Zustimmungsersetzungsverfahren erfolglos betrieben, weil er von der falschen Vergütungsgruppe ausgegangen ist, kann der BRat eine Wiederholung des Eingruppierungsverfahrens verlangen (BAG 3.5.94 – 1 ABR 58/93, DB 95, 1669).

20 Personelle Maßnahmen können, wenn dies aus sachlichen Gründen dringend geboten ist, unter den Voraussetzungen des § 100 BetrVG **vorläufig durchgeführt** werden. Bei Ein- und Umgruppierungen wird dies jedoch nicht praktisch werden, da diese grds nicht unaufschiebbar sind.

21 **4. Korrektur fehlerhafter Eingruppierung.** Ist der ArbN nach einer bestimmten Vergütungsgruppe bezahlt worden und ist der ArbGeb nunmehr der Auffassung, dass der ArbN fehlerhaft zu hoch eingruppiert worden ist, so kann der ArbGeb diese fehlerhafte Eingruppierung nicht einfach dadurch korrigieren, dass er nunmehr nach der von ihm für angemessen gehaltenen Vergütungsgruppe bezahlt, denn die Vergütung nach der ursprünglich festgelegten Vergütungsgruppe ist regelmäßig Vertragsbestandteil geworden.

22 Eine Korrektur, die zu einer niedrigeren Vergütung führen soll, ist daher nur dadurch möglich, dass der ArbGeb eine entsprechende **Änderungskündigung** ausspricht (BAG 15.3.91 – 2 AZR 582/90, NZA 92, 120) und dabei das **Mitbestimmungsrecht des Betriebsrats** bei einer solchen sog **korrigierenden Rückgruppierung** beachtet (BAG 30.5.90 – 4 AZR 74/90, BB 90, 2043). Die allgemeinen Voraussetzungen der Änderungskündigung gem § 2 KSchG müssen dabei eingehalten werden (Einzelheiten → *Änderungskündigung* Rn 1 ff). Für den **Öffentlichen Dienst** hält das BAG (16.10.02 – 4 AZR 447/01, NZA 03, 688) eine korrigierende Rückgruppierung auch ohne Änderungskündigung für zulässig. Dies überzeugt nicht, weil die Festlegung einer Vergütungsgruppe im Arbeitsvertrag von den Arbeitsvertragsparteien als bindend gewollt ist. Schon nach **§ 2 Nr 6 NachwG** ist der ArbGeb verpflichtet, die **Berechnungsgrundlagen des Arbeitsentgelts im Arbeitsnachweis** anzugeben; auf dieser vertraglichen Grundlage arbeitet der ArbN. Auch unter Vertrauensschutzgesichtspunkten ist es nicht zu rechtfertigen, die Angabe der Vergütungsgruppe im Arbeitsvertrag lediglich als unverbindliche Mitteilung zu qualifizieren. Sie ist vielmehr Vertragsgrundlage und kann nur durch Änderungskündigung korrigiert werden. Eine Annäherung hat das BAG durch das Urt v 21.8.13 (– 4 AZR 656/11, NZA 14, 561) vollzogen, indem es die Nennung der Entgeltgruppe nur dann als nicht konstitutiv ansieht, wenn sich aus dem Arbeitsvertrag eindeutig ergibt, dass die Eingruppierungsbestimmungen maßgebend sein sollen. Auf dieser Linie liegt es auch, eine korrigierende Rückgruppierung ohne Änderungskündigung bei einer fehlerhaften Stufenzuordnung, die auf einer Ermessensentscheidung beruht, nicht mehr zuzulassen (BAG 5.6.14 – 6 AZR 1008/12, BeckRS 2014, 71101), die Beweislast dem ArbGeb aufzuerlegen (BAG 11.7.18 – 4 AZR 488/17, BeckRS 2018, 29823) und den Gedanken der Treuwidrigkeit bei entgegenstehender Vertragspraxis zur Anwendung zu bringen (BAG 13.12.17 – 4 AZR 576/16, NZA 18, 601).

23 Spricht der ArbGeb in einem solchen Fall eine Änderungskündigung aus, ist dem ArbN zu empfehlen, das Änderungsangebot fristgerecht, dh innerhalb der Kündigungsfrist, spätes-

tens jedoch innerhalb von drei Wochen nach Zugang der Kündigung, unter dem Vorbehalt der gerichtlichen Überprüfung der sozialen Rechtfertigung der Änderungskündigung anzunehmen und zugleich eine entsprechende Änderungskündigungsschutzklage zu erheben.

Eine solche Änderungskündigung ist sozial gerechtfertigt und daher nur rechtswirksam, wenn für die Korrektur der fehlerhaften Eingruppierung ein **dringendes betriebliches Erfordernis** gegeben ist. Ein solches dringendes betriebliches Erfordernis ist von der Rspr zutreffend unter dem Gesichtspunkt bejaht worden, dass die ungerechtfertigte höhere Eingruppierung eines einzelnen ArbN zu Missstimmungen bei den anderen ArbN, die korrekt eingruppiert sind, führt. Dem ArbGeb wird ein legitimes Interesse daran zugestanden, eine hierdurch im Betrieb entstehende Unruhe erst gar nicht aufkommen zu lassen (BAG 15.3.91 – 2 AZR 582/90, NZA 92, 120). 24

Im Bereich des öffentlichen Dienstes ist ein zusätzliches dringendes betriebliches Erfordernis darin zu sehen, dass der öffentliche ArbGeb nach Haushaltsrecht gehalten ist, mit den Haushaltsmitteln sparsam umzugehen. Von der sozialen Rechtfertigung der Änderungskündigung her kann es geboten sein, dem zurückzugruppierenden ArbN eine **Übergangsregelung** dergestalt anzubieten, dass der ArbN seine ursprüngliche Vergütung behält und der über die richtige Vergütungsgruppe hinausgehende Vergütungsteil mit Tariflohnerhöhungen verrechnet wird. Hat der ArbGeb den ArbN hingegen bewusst übertariflich eingruppiert, und den ArbN damit bewusst aus dem allgemeinen Lohngefüge herausgehoben, so bleibt er an diese vertragliche Festlegung gebunden und kann diesbezüglich kein dringendes betriebliches Erfordernis zur Rechtfertigung einer entsprechenden Änderungskündigung geltend machen (BAG 1.7.99 – 2 AZR 826/98, NZA 99, 1336). 25

Will der ArbN geltend machen, dass er fehlerhaft zu niedrig eingruppiert worden ist, so kann er die seines Erachtens nach zutreffende Vergütungsgruppe gerichtlich geltend machen. Anlass für ein solches Höhergruppierungsverlangen kann sowohl sein, dass der ArbN von Anfang an fehlerhaft eingruppiert worden ist, als auch, dass sich durch Übernahme höherwertiger Tätigkeiten im Laufe der Zeit eine höhere Vergütungsgruppe rechtfertigt. Die Klage ist auf die Feststellung zu richten, dass der ArbGeb den ArbN nach einer bestimmten Vergütungsgruppe zu vergüten hat. 26

Eine solche **Eingruppierungsfeststellungsklage** ist nicht nur im Bereich des öffentlichen Dienstes, sondern auch im Bereich der Privatwirtschaft allgemein üblich und zulässig (BAG 22.1.03 – 4 AZR 700/01, NZA 03, 1111). Sie ist idR als Zwischenfeststellungsklage auch im Rahmen einer Hauptklage auf Zahlung der Vergütungsdifferenz zulässig (BAG 24.4.96 – 4 AZR 876/94, NZA 97, 50). Für die Richtigkeit der von ihm erstrebten Vergütungsgruppe trägt der ArbN im Prozess die Darlegungs- und Beweislast. Er muss daher im Einzelnen diejenigen Tätigkeitsmerkmale detailliert darlegen und beweisen, die die Höhergruppierung rechtfertigen sollen, die Bezugnahme auf eine Arbeitsplatzbeschreibung reicht nicht (BAG 24.8.16 – 4 AZR 251/15, NZA 16, 1472; BAG 18.11.15 – 4 AZR 534/13, NZA 16,310). 27

Hat sich die Tätigkeit des ArbN im Laufe der Zeit geändert, so hat der BRat **kein Initiativrecht** über § 99 BetrVG, mit dem er eine Höhergruppierung als Umgruppierung verlangen könnte. Der BRat kann insoweit nicht stellvertretend für den ArbN tätig werden. Der ArbN muss vielmehr selbst seine Höhergruppierung betreiben, wenn er die bisherige Einstufung für unzutreffend hält. Zur vorübergehenden Übertragung höherwertiger Tätigkeit (BAG 17.4.02 – 4 AZR 174/01, NZA 03, 159). 28

## B. Lohnsteuerrecht *Seidel*

Kommt es wegen nachträglicher Höhergruppierung zu Lohnnachzahlungen → *Entgeltnachzahlung* Rn 6 ff. Zur Änderungskündigung → *Änderungskündigung* Rn 43. 30

## C. Sozialversicherungsrecht *Voelzke*

**1. Beitragsrecht.** Ist wegen einer Änderung der Eingruppierung laufendes Arbeitsentgelt nachzuentrichten, so ist das **nachgezahlte Arbeitsentgelt** nicht als Einmalzahlung zu behandeln, sondern der Nachzahlungsbetrag ist auf die zurückliegenden Lohnabrechnungs- 31 zeiträume zu verteilen. Es gelten die für die Lohnnachzahlung (→ *Entgeltnachzahlung* Rn 10 ff) geltenden Grundsätze.

Hingegen gilt für die Beurteilung der Frage, ob durch das Überschreiten der **Jahresarbeitsentgeltgrenze** gem § 6 Abs 1 Nr 1 SGB V Versicherungsfreiheit in der KV besteht, grds eine vorausschauende Betrachtungsweise. Die mit Sicherheit zu erwartenden Änderungen sind zu berücksichtigen (*Schlegel/Voelzke/Felix* SGB V, § 6 Rn 17). Nach § 6 Abs 4 Satz 3 SGB V endet die Versicherungspflicht bei rückwirkender Erhöhung des Entgelts erst mit dem Ablauf des Kj, in dem der Anspruch auf das erhöhte Entgelt entstanden ist, nicht also schon zu dem Zeitpunkt, auf den die Erhöhung zurückwirkt.

32 **2. Leistungsrecht.** Führt die fehlerhafte Eingruppierung zu einer Nachzahlung von Arbeitsentgelt, so ist hinsichtlich der Berücksichtigung der Zahlung bei der Höhe des AlGelds die Regelung über das Bemessungsentgelt (§ 151 SGB III) einschlägig. § 151 Abs 1 Satz 2 SGB III ordnet an, dass Arbeitsentgelte bei der Berechnung des AlGeldes zu berücksichtigen sind, soweit der Arbeitslose beim Ausscheiden aus dem Beschäftigungsverhältnis Anspruch auf sie hatte und sie ihm (nachträglich) zugeflossen oder nur wegen Zahlungsunfähigkeit des ArbGeb nicht zugeflossen sind. Führt eine arbeitsgerichtliche Klage auf Höhergruppierung mit Wirkung für den Bemessungszeitraum nach Beendigung des Arbeitsverhältnisses zum Erfolg und fließt das Arbeitsentgelt dem ArbN nachträglich zu, so muss folglich auch die Bemessung der Leistungen bei Arbeitslosigkeit entsprechend rückwirkend geändert werden. Das gleiche Ergebnis tritt ein, wenn der ArbGeb wegen Zahlungsunfähigkeit die fällige Vergütung nicht auszahlt (*Hauck/Noftz/Valgolio* SGB III § 151 Rz 48).

# Einigungsstelle

## A. Arbeitsrecht *Kreitner*

### Übersicht



1 **1. Allgemeines.** Die Einigungsstelle ist ein **Organ der Betriebsverfassung** und hat die Funktion einer innerbetrieblichen Schlichtungsstelle (§ 76 BetrVG). Nach § 74 Abs 1 Satz 2 BetrVG sollen ArbGeb und BRat zunächst über streitige Fragen verhandeln und sie möglichst auf diesem Wege einer Lösung zuführen. Scheitern derartige Verhandlungen, so kommt in bestimmten Fällen die Einigungsstelle als Konfliktlösungsorgan zum Tragen.

2 Die Einigungsstelle ist zuständig zur Beilegung von Meinungsstreitigkeiten zwischen ArbGeb und BRat bzw im jeweiligen Zuständigkeitsbereich GBRat und KBRat. Letzteres kann zB bei Betriebsänderungen problematisch sein, die mehrere Betriebe eines Unternehmens betreffen (BAG 23.10.02 – 7 ABR 55/01, BeckRS 2003, 40645; LAG Hess 13.4.99 – 4 TaBV 41/99, NZA-RR 2000, 83). Keine Zuständigkeit der Einigungsstelle besteht bei Streitigkeiten zwischen ArbGeb und Jugend- und Auszubildendenvertretung, ArbGeb und ArbN oder BRat und ArbN. Beschlüsse der Einigungsstelle sind **keine Vollstreckungstitel** und bedürfen zu ihrer zwangsweisen Durchsetzung der Durchführung eines arbeitsgerichtlichen Beschlussverfahrens bzw im Eilfall einer einstweiligen Verfügung (LAG Bln 8.11.90 – 14 TaBV 5/90, BB 91, 206; LAG Köln 20.4.99 – 13 Ta 243/98, NZA-RR 2000, 311).

3 **2. Aufgabenbereich.** Die Einigungsstelle beschäftigt sich in den meisten Fällen mit **Regelungsstreitigkeiten,** wie zB Regelungen der betrieblichen Arbeitszeit, betrieblichen Ordnungsmaßnahmen, Sozialeinrichtungen etc. Doch auch **Rechtsfragen** können zum

Aufgabenbereich der Einigungsstelle gehören, wie zB im Bereich der Schulungsmaßnahmen nach § 37 Abs 6 und 7 BetrVG. Allgemein zu unterscheiden ist ferner zwischen dem erzwingbaren (§ 76 Abs 5 BetrVG) und dem freiwilligen (§ 76 Abs 6 BetrVG) Einigungsstellenverfahren.

**a) Erzwingbares Verfahren.** Hierunter versteht man die im BetrVG genauer bezeichneten Fälle, in denen die Einigungsstelle bereits auf Antrag einer Seite (ArbGeb oder BRat) tätig wird. Es sind dies: 4

| | |
|---|---|
| – § 37 Abs 6 und 7 BetrVG: | Schulungs- und Bildungsveranstaltungen für BRat-Mitglieder |
| – § 38 Abs 2 BetrVG: | Freistellung von BRatMitgliedern |
| – § 39 Abs 1 BetrVG: | Zeit und Ort der BRatSprechstunden |
| – § 47 Abs 6 BetrVG: | Herabsetzung der Zahl der GBRatMitglieder |
| – § 55 Abs 4 BetrVG: | Herabsetzung der Zahl der KBRatMitglieder |
| – § 65 Abs 1 BetrVG: | Schulungs- und Bildungsveranstaltungen JAVMitglieder |
| – § 69 BetrVG: | Zeit und Ort der Sprechstunden der JAV |
| – § 72 Abs 6 BetrVG: | Herabsetzung der Mitgliederzahl der GJAV |
| – § 85 Abs 2 BetrVG: | Berechtigung der Beschwerde eines ArbN |
| – § 87 Abs 2 BetrVG: | Mitbestimmung in sozialen Angelegenheiten |
| – § 91 Satz 2 BetrVG: | Maßnahmen bei Änderung von Arbeitsablauf und Arbeitsumgebung |
| – § 94 Abs 1, 2 BetrVG: | Mitbestimmung bei Personalfragebögen, persönlichen Angaben in Formulararbeitsverträgen und bei Aufstellung allgemeiner Beurteilungsgrundsätze |
| – § 95 Abs 1 und 2 BetrVG: | Mitbestimmung bei Auswahlrichtlinien |
| – § 98 Abs 4 BetrVG: | Mitbestimmung bei Durchführung und Teilnehmerauswahl von betrieblichen Bildungsmaßnahmen |
| – § 109 BetrVG: | Auskunft über wirtschaftliche Angelegenheiten |
| – § 112 Abs 4 BetrVG: | Aufstellung eines Sozialplans |
| – § 116 Abs 3 Nr 2, 4, 8 BetrVG: | SeeBRat |
| – § 9 Abs 3 ASiG: | Bestellung und Abberufung der Betriebsärzte und Fachkräfte für Arbeitssicherheit sowie Erweiterung oder Einschränkung ihres Aufgabenbereichs |

Ob im Rahmen eines Sozialplans auch die Einbeziehung einer Transfergesellschaft im Wege eines Einigungsstellenspruchs erzwingbar ist, erscheint fraglich (dafür *Schütte* NZA 13, 249). Der vorgenannte Katalog kann durch Tarifvertrag erweitert werden (BAG 18.8.87 – 1 ABR 30/86, NZA 87, 779; 10.2.88 – 1 ABR 70/86, NZA 88, 699; 9.5.95 – 1 ABR 56/94, NZA 96, 156; anders gem § 3 BPersVG im öffentlichen Dienst: BAG 10.10.06 – 1 AZR 811/05, NZA 07, 637). 5

**b) Freiwilliges Verfahren.** Voraussetzung für das Tätigwerden der Einigungsstelle außerhalb des Bereichs der erzwingbaren Mitbestimmung ist die einvernehmliche Beantragung durch ArbGeb und BRat (vgl zB LAG Hamm 14.7.15 – 7 TaBV 25/15, BeckRS 2015, 70665). Dieses Einvernehmen muss für die gesamte Dauer des Einigungsstellenverfahrens bestehen. Widerrufen entweder ArbGeb oder BRat ihre Zustimmung, ist das freiwillige Verfahren beendet. 6

Gem § 76 Abs 6 Satz 2 BetrVG ist der Spruch der freiwilligen Einigungsstelle zunächst **unverbindlich.** Bindende Wirkung entfaltet er nur bei vorheriger Unterwerfung oder nachträglicher Annahme seitens ArbGeb und BRat. Das gilt auch im Bereich der teilmitbestimmten Angelegenheiten (BAG 11.12.18 – 1 ABR 17/17, NZA 19, 714). Beides kann formlos erklärt werden. Aufseiten des BRat ist ein vorheriger Beschluss (§ 33 BetrVG) erforderlich. 7

Besonderheiten gelten für die Einigungsstelle im Rahmen eines **Interessenausgleichverfahrens** nach § 112 Abs 2 BetrVG. Die Einigungsstelle wird hier bereits auf Antrag einer Seite tätig, ihr Spruch hat jedoch nur die Wirkung des § 76 Abs 6 Satz 2 BetrVG. 8

9 **3. Personelle Zusammensetzung.** § 76 Abs 2 BetrVG schreibt lediglich vor, dass die Einigungsstelle aus einem unparteiischen **Vorsitzenden** und der gleichen Anzahl von **Beisitzern** besteht, die von ArbGeb und BRat gestellt werden. Sowohl hinsichtlich der Person des Vorsitzenden als auch der Zahl der Beisitzer müssen sich ArbGeb und BRat einigen. Ansonsten entscheidet hierüber das ArbG im Beschlussverfahren nach § 100 ArbGG.

10 Da das Gesetz ausdrücklich die Unparteilichkeit des **Vorsitzenden** verlangt, ist regelmäßig die Benennung eines nichtbetriebsangehörigen Dritten zu empfehlen. In der Praxis werden meistens **Berufsrichter** der Arbeitsgerichtsbarkeit benannt, die zur Ausübung des Amts einer Nebentätigkeitsgenehmigung nach § 40 DRiG bedürfen. Dies können auch Richter desselben ArbGBezirks sein. Beschränkungen gelten insoweit allerdings im gerichtlichen Bestellungsverfahren nach § 100 Abs 1 Satz 5 ArbGG (→ Rn 15). Eine Verpflichtung zur Übernahme des Amts besteht nicht. Stellt sich während des Einigungsstellenverfahrens die Parteilichkeit des Vorsitzenden heraus, ist eine Ablehnung wegen **Befangenheit** möglich und ggf im arbeitsgerichtlichen Beschlussverfahren durchsetzbar (BAG 17.11.10 – 7 ABR 100/09, NZA 11, 940; 11.9.01 – 1 ABR 5/01, NZA 02, 572; aA *Deeg* RdA 11, 221). Zu verfahren ist dabei grds nach den gesetzlichen Regeln des schiedsrichterlichen Verfahrens gem §§ 1036 ff ZPO. Gem § 1037 Abs 2 Satz 1 ZPO müssen die Befangenheitsgründe binnen zwei Wochen ab Bekanntwerden schriftlich gegenüber der Einigungsstelle dargelegt werden. Antragsbefugt sind dabei nur die beiden Betriebspartner und nicht die in die Einigungsstelle entsandten Beisitzer (BAG 29.1.02 – 1 ABR 18/01, BeckRS 2002, 41156; LAG Köln 11.7.01 – 8 TaBV 4/01, NZA-RR 02, 270). Entschieden wird sodann über den Befangenheitsantrag in einem einzigen Abstimmungsgang ohne Beteiligung des Vorsitzenden. Kommt dabei eine Mehrheit nicht zustande (Patt), ist der Antrag abgelehnt. Hinsichtlich des möglichen **Befangenheitsgrundes** sind die Besonderheiten des Einigungsstellenverfahrens (Versuch einer „Zwangsschlichtung" durch den Vorsitzenden) zu berücksichtigen, die eine Befangenheit nur in eng begrenzten, gravierenden Ausnahmefällen als denkbar erscheinen lassen. Wollte man hier denselben Maßstab wie im gerichtlichen Verfahren (vgl insoweit *Zöller/Vollkommer* § 42 Rn 8 ff) anwenden, wäre nahezu jede Einigungsstelle von vornherein zum Scheitern verurteilt.

11 Die Zahl der **Beisitzer** wird vom Gesetz nicht festgelegt. Maßgebliche Kriterien stellen im Einzelfall die Schwierigkeit der Regelungsmaterie sowie die notwendigen Fachkenntnisse und Erfahrungen dar. Zwar gibt es **keine Regelbesetzung** für Einigungsstellen. Üblicherweise haben Einigungsstellen mit durchschnittlichem Schwierigkeitsgrad jedoch jeweils zwei Beisitzer für jede Seite (LAG Hamm 17.6.13 – 13 TaBV 48/13, BeckRS 2013, 72468; LAG Düsseldorf 8.5.18 – 3 TaBV 15/18, BeckRS 2018, 10882; LAG NdS 15.8.06 – 1 TaBV 43/06, NZA-RR 06, 644; aA LAG SchlHol 13.9.90, DB 91, 287; *Hennige* Das Verfahrensrecht der Einigungsstelle, 1996, S 113: ein Beisitzer). Bei einfachen Streitigkeiten kann jeweils ein Beisitzer ausreichend sein, schwierige Streitgegenstände können drei oder vier Beisitzer je Seite erforderlich machen (LAG Hbg 13.1.99 – 4 TaBV 9/98, BeckRS 1999, 30458872).

12 Die Beisitzer werden jeweils von ArbGeb und BRat benannt. In Betracht kommen betriebsangehörige oder dritte Personen, auch Verbandsmitglieder (ArbGebVerband oder Gewerkschaft) sowie Rechtsanwälte. BRatMitglieder dürfen als Beisitzer in Einigungsstellen anderer Betriebe des ArbGeb tätig sein (BAG 13.5.15 – 2 ABR 38/14, NZA 16, 116). Beisitzer können von den Betriebspartnern kurzfristig ausgetauscht werden (*Faulenbach* NZA 12, 953; *Fischer* FA Arbeitsrecht 05, 391; aA *Tschöpe* NZA 04, 945: Sachgrund erforderlich). Dies geschieht oftmals bei größeren Einigungsstellen, die sich über einen längeren Zeitraum erstrecken wegen Terminierungsschwierigkeiten. Aber auch andere Gründe, wie zB besondere Sachkundeerfordernisse für einzelne Verhandlungspunkte, können einen Austausch der Beisitzer ratsam erscheinen lassen. Eine Ablehnungsmöglichkeit wegen Befangenheit besteht für die Gegenseite nicht (LAG BaWü 4.9.01 – 8 TaBV 2/01, BeckRS 2001, 30793183). Allerdings folgt aus dem Grundsatz der vertrauensvollen Zusammenarbeit, dass die Betriebsparteien keine Beisitzer benennen dürfen, die offensichtlich ungeeignet sind (BAG 28.5.14 – 7 ABR 36/12, NZA 14, 1213). Im **Insolvenzfall** haben Vertreter der Gläubiger kein Teilnahmerecht als Beisitzer (BAG 6.5.86, DB 86, 2027). Ebenso wie der Vorsitzende können auch die Beisitzer die Übernahme des Amtes ablehnen.

**Vorsitzender und Beisitzer** sind als Mitglieder der Einigungsstelle an **Aufträge und Weisungen** nicht gebunden. Sie sind in dieser Funktion keine Vertreter des ArbGeb oder des BRat (BAG 27.6.95, DB 95, 2219; 15.5.01 – 1 ABR 39/00, NZA 01, 1154). Von daher richten sich Äußerungen der ArbGebSeite in der Einigungsstelle nicht an den BRat, sondern an die ArbNSeite der Einigungsstelle (BAG 10.11.92, DB 93, 439), so dass eine Ausübung betriebsverfassungsrechtlicher Mitbestimmungsrechte durch BRatMitglieder in der Einigungsstellenverhandlung nicht erfolgen kann. Die Tätigkeit eines BRatMitglieds als Beisitzer in der Einigungsstelle gehört nicht zu den Aufgaben des BRat bzw seiner Mitglieder und kann daher die Erforderlichkeit einer BRatSchulung nicht begründen. Da es aber zu den Aufgaben des BRat gehört die Verhandlungen in der Einigungsstelle zu begleiten und sich mit Vorschlägen der Einigungsstelle kritisch auseinanderzusetzen, kann zur Wahrnehmung dieser Aufgabe die Schulung eines – in die Einigungsstelle entsandten – BRatMitglieds erforderlich sein (BAG 20.8.14 – 7 ABR 64/12, NZA 14, 1349). Für die Mitglieder der Einigungsstelle gilt in entsprechender Anwendung das Begünstigungs- und Benachteiligungsverbot des § 78 BetrVG (*Hunold* NZA 99, 785). Sie unterliegen nach § 79 Abs 2 BetrVG derselben Geheimhaltungspflicht wie der BRat. Die persönliche Haftung ist auf Vorsatz und grobe Fahrlässigkeit beschränkt (aA *Schipp* NZA 11, 271; *Sprenger* BB 10, 2110). 13

**4. Errichtung der Einigungsstelle. a) Innerbetriebliche Einigung.** Bevor eine Einigungsstelle eingerichtet wird sind die Betriebspartner gehalten, zunächst eine innerbetriebliche Einigung zu erzielen. Erst nach Scheitern dieser Verhandlungen kommt die Errichtung einer Einigungsstelle in Betracht (LAG Hess 30.9.14 – 4 TaBV 157/14, BeckRS 2015, 70688; LAG SchlHol 2.8.16 – 1 TaBV 17/16, BeckRS 2016, 74185; LAG Düsseldorf 16.7.19 – 3 TaBV 36/19, BeckRS 2019, 19654). Etwas anderes gilt nur dann, wenn einer der Betriebspartner innerbetriebliche Verhandlungen von vornherein ablehnt (LAG Hamm 9.8.04 – 10 TaBV 81/04; LAG Hess 14.2.06 – 4 TaBV 1/06; LAG Sachs 12.10.01 – 3 TaBV 22/01, NZA-RR 02, 362; LAG München 4.4.07 – 8 TaBV 13/07, NZA-RR 08, 71; aA LAG NdS 7.12.98 – 1 TaBV 74/98, LAGE § 98 ArbGG 1979 Nr 35; *Tschöpe* NZA 04, 945) oder Verhandlungen aus anderen Gründen aussichtslos sind (LAG NdS 25.10.05 – 1 TaBV 48/05, NZA-RR 06, 142). An die prozessuale Verwirkung des Rechts zur Anrufung der Einigungsstelle sind strenge Anforderungen zu stellen (LAG Köln 25.11.04 – 6 TaBV 62/04). Die Errichtung erfolgt regelmäßig **für jeden konkreten Fall.** Dabei ist darauf zu achten, dass der **Regelungsgegenstand** eindeutig festgelegt wird, da anderenfalls ein wirksamer Spruch im Falle der Nichteinigung nicht getroffen werden kann (BAG 28.3.17 – 1 ABR 25/15, NZA 17, 1132). Zwar ist auch die Einrichtung einer **ständigen Einigungsstelle** zulässig, in der Praxis aber bislang die Ausnahme. Um eine mögliche Verzögerungstaktik des BRat über § 100 ArbGG (langwieriges Bestellungsverfahren) von vornherein auszuschließen, kann dies jedoch empfehlenswert sein. Die Besetzung einer ständigen oder zukünftig für bestimmte Gegenstände zuständigen Einigungsstelle kann nicht durch den Spruch einer Einigungsstelle festgelegt werden (BAG 9.7.13 – 1 ABR 19/12, BeckRS 2013, 72625; 26.8.08 – 1 ABR 16/07, NZA 08, 1187; *Kühn* BB 09, 2651). 14

**b) Verfahren nach § 100 ArbGG.** Die Einigungsstelle entsteht durch die Einigung beider Betriebspartner auf die Person eines Vorsitzenden und die Anzahl der Beisitzer. Kommt es insoweit nicht zu einer Einigung, so können ArbGeb oder BRat das **arbeitsgerichtliche Beschlussverfahren nach § 100 ArbGG** einleiten. Dabei muss insbes der Verfahrensgegenstand konkret bezeichnet werden (LAG SchlHol 2.8.16 – 1 TaBV 17/16, BeckRS 2016, 74185; aA *Meyer* RdA 18, 175). Mit Ausnahme von § 37 Abs 6 und 7 BetrVG sowie § 38 Abs 2 BetrVG ist die Anrufung des ArbG nicht fristgebunden. Nach Gewährung rechtlichen Gehörs in mündlicher Verhandlung bestimmt das Gericht einen Vorsitzenden und legt die Zahl der Beisitzer fest. Mit Einverständnis der Beteiligten kann gem § 83 Abs 4 Satz 3 ArbGG eine Entscheidung auch im schriftlichen Verfahren erfolgen. Die Auswahl der Beisitzer obliegt weiter allein den Betriebspartnern. Im Tenor der Entscheidung ist zweckmäßigerweise der **Regelungsgegenstand** der Einigungsstelle zu benennen. Das Gericht ist bei seiner Entscheidung an Vorschläge nicht gebunden, sollte diesen jedoch folgen, soweit keine begründeten Bedenken bestehen (LAG BaWü 28.9.17 – 12 TaBV 7/17, BeckRS 2017, 141221; LAG MeVo 22.4.15 – 3 TaBV 1/15, BeckRS 2015, 15

68339; LAG Hamm 10.8.15 – 7 TaBV 43/15, BeckRS 2015, 71472; LAG BlnBbg 18.6.15 – 21 TaBV 745/15, BeckRS 2015, 70329; LAG BlnBbg 10.9.14 – 3 TaBV 8/14, BeckRS 2014, 73731; LAG Köln 24.2.17 – 9 TaBV 11/17, BeckRS 2017, 105809); aA: LAG BlnBbg 4.6.10 – 6 TaBV 901/10, BeckRS 2010, 72017: immer Benennung einer dritten Person, um jede mögliche Belastung des Einigungsstellenverfahrens zu vermeiden; mit ähnlicher Tendenz *Tschöpe* NZA 04, 945; auch LAG Düsseldorf 25.8.14 – 9 TaBV 39/14, NZA-RR 14, 647). Bedenken, die die richterliche Spruchtätigkeit eines Vorsitzenden betreffen (zB, dass der Richter schon zu Ungunsten eines Beteiligten entschieden habe), sind für sich allein nicht geeignet, ein fehlendes Vertrauen in die Überparteilichkeit und neutrale Verhandlungsführung in der Einigungsstelle zu begründen (LAG Köln 4.6.18 – 9 TaBV 25/18, BeckRS 2018, 15928). Zu beachten ist ferner, dass nach § 100 Abs 1 Satz 5 ArbGG ein Richter nur dann bestellt werden darf, wenn eine spätere Befassung mit dem Einigungsstellenspruch in seiner Funktion als Richter ausgeschlossen ist. Das kann durch eine entsprechende Regelung im gerichtlichen Geschäftsverteilungsplan sichergestellt werden (LAG Bln 12.9.01 – 4 TaBV 1436/01, NZA-RR 02, 25). Auch wenn mehrere ArbGeb (zB Gemeinschaftsbetrieb) an der Errichtung einer Einigungsstelle beteiligt sind, beschränkt sich das Verfahren nach § 100 ArbGG auf die Person des Vorsitzenden und die Zahl der Beisitzer. Um ein möglichst **schnelles Verfahren** zu gewährleisten, entscheidet das Gericht in beiden Instanzen durch den Kammervorsitzenden allein ohne Beteiligung der ehrenamtlichen Richter, sind die Einlassungs- und Ladungsfristen zwingend auf 48 Stunden verkürzt und soll die Zustellung der begründeten Entscheidung des Gerichts nach zwei bzw muss spätestens nach vier Wochen erfolgen.

**16** Auch nach der gerichtlichen Bestimmung eines Vorsitzenden besteht für diesen **keine Verpflichtung zur Amtsübernahme.** Lehnt er ab, so ist ein neues Verfahren nach § 100 ArbGG durchzuführen, es sei denn, die Betriebspartner haben sich zwischenzeitlich auf einen Vorsitzenden geeinigt. In diesem Fall ist das Verfahren nach §§ 100, 83a ArbGG einzustellen.

Die gerichtliche Einrichtung der Einigungsstelle scheidet nach § 100 Abs 1 Satz 2 ArbGG nur dann aus, wenn die Einigungsstelle **offensichtlich unzuständig** ist. Dies ist der Fall, wenn sich dies bereits aus dem eigenen Tatsachenvorbringen des Antragstellers auf der Grundlage einer gefestigten Rechtsmeinung ergibt, zu der eine Gegenmeinung nicht existiert oder nicht ernsthaft vertretbar erscheint, oder aber dann, wenn die zuständigkeitsbegründende Tatsachengrundlage zwar streitig ist, die Richtigkeit der für die Unzuständigkeit der Einigungsstelle sprechenden Tatsachen dem Gericht iSv § 291 ZPO jedoch offenkundig ist oder gemacht wird (LAG Köln 5.12.01 – 7 TaBV 71/01, NZA-RR 02, 586; 15.11.13 – 4 TaBV 61/13, BeckRS 2014, 66035; LAG Hamm 12.12.11 – 10 TaBV 87/11, BeckRS 2012, 65703). Wird eine Rechtsfrage vom BAG bislang nur vereinzelt behandelt und wird diese Rspr in der InstanzRspr und im Schrifttum in beachtlicher Weise kritisiert, besteht jedenfalls keine Offensichtlichkeit im vorgenannten Sinn (LAG NdS 19.12.12 – 1 TaBV 112/12, BeckRS 2013, 66028). Dieser Offensichtlichkeitsmaßstab gilt für alle in dem Verfahren zu entscheidenden Fragen (LAG Hamm 22.3.10 – 10 TaBV 13/10, BeckRS 2010, 71823). Beim Streit um die Zuständigkeit zwischen örtlichem BRat und GBRat spricht bei beiderseits fehlender offensichtlicher Unzuständigkeit eine gesetzliche Vermutung für den örtlichen BRat. Auf diese Weise wird eine systemwidrige parallele Einsetzung zweier Einigungsstellen vermieden (LAG NdS 26.8.08 – 1 TaBV 62/08, BeckRS 2008, 57013). Streitige Tatsachen sind im Verfahren nach § 100 ArbGG nur einer Schlüssigkeitsprüfung zu unterziehen. Es besteht kein Raum für eine Beweisaufnahme (LAG Hess 15.7.08 – 4 TaBV 128/08, BeckRS 2008, 57221; weitergehend *Lerch/Weinbrenner* NZA 15, 1228, allerdings beschränkt auf Urkundenbeweis oder Einholung amtlicher Auskünfte). Die unterlegene Seite muss die Einigungsstellenverhandlung notfalls unter dem Vorbehalt der vertragsrechtlich zulässigen Umsetzung durchführen (BAG 23.9.97 – 3 ABR 85/96, NZA 98, 719; aA LAG Düsseldorf 10.12.97 – 12 TaBV 61/97, NZA-RR 98, 319). Die von der Einigungsstelle vertretene Rechtsauffassung unterliegt dann der uneingeschränkten gerichtlichen Überprüfung, die jederzeit sowohl von den Betriebspartnern als auch einzelnen ArbN verlangt werden kann (→ Rn 35).

**17** Wegen des lediglich zwei Instanzen umfassenden Rechtswegs ist die **LAG-Rechtsprechung** zum Einsetzungsverfahren nach § 100 ArbGG äußerst umfangreich. Es ist zu beachten, dass die Rspr **nicht einheitlich** ist und zu manchen Themenbereichen von den verschiedenen LAGs unterschiedliche Auffassungen vertreten werden. Im folgenden **Rechtsprechungs-ABC** werden beispielhaft die wichtigsten veröffentlichten Entscheidungen seit dem Jahr 2000 aufgelistet. Wegen früherer Rspr wird auf die Ausführungen im Personalbuch 2016 zum Stichwort Einigungsstelle Rn 18 verwiesen.

In den folgenden Fällen hat die **Rechtsprechung** eine **offensichtliche Unzuständigkeit** der Einigungsstelle **bejaht:**

Ausgestaltung der überbetrieblichen **Arbeitsschutzorganisation** (LAG Hbg 28.6.17 – 5 TaBV 4/17, BeckRS 2017, 128142), **Beschwerden von Arbeitnehmern** über unterbliebene Einführung einer betrieblichen Altersversorgung (LAG Köln 7.5.08 – 7 TaBV 20/08, BeckRS 2008, 57360), **Beschwerde** eines ArbN wegen Nichtverlängerung eines Dienstwagenleasingvertrages (LAG Sachs 6.2.04 – 3 TaBV 33/03, BeckRS 2004, 31043719), **Beschwerde** eines ArbN wegen ausgesprochener Abmahnung (LAG BlnBbg 15.8.17 – 7 TaBV 860/17, BeckRS 2017, 124104), **Beschwerde** eines ArbN wegen Zuweisung nicht tarifgemäßer Tätigkeiten (LAG Hess 16.5.17 – 4 TaBV 75/17, BeckRS 2017, 124011), **Beschwerde** wegen Tätigkeitsentzug (LAG BlnBbg 3.7.07 – 12 TaBV 1166/07, BeckRS 2008, 54695), Errichtung der **Beschwerdestelle** nach § 13 AGG (LAG Nbg 19.2.08 – 6 TaBV 80/07, BeckRS 2008, 56105), durch das LAG im einstweiligen Verfügungsverfahren verneintes Vorliegen einer **Betriebsänderung** (LAG Hbg 26.3.14 – 5 TaBV 3/14, BeckRS 2014, 67984), **Betriebsänderung** ohne wesentliche Nachteile für die betroffenen ArbN (LAG NdS 2.11.06 – 1 TaBV 83/06, NZA-RR 07, 134), nicht erreichte Grenzwerte des § 17 Abs 1 KSchG für eine **Betriebsänderung** wegen Personalabbau (LAG Hamm 28.4.06 – 10 TaBV 25/06, BeckRS 2006, 42426), **Betriebsänderung,** ohne hinreichenden Vortrag des BRat zu Tatsachen, die eine Betriebsänderung zumindest möglich erscheinen lassen könnten (LAG BlnBbg 7.11.16 – 1 TaBV 1310/16, BeckRS 2016, 111901), **Betriebsänderung** bei streitiger Betroffenheit „erheblicher Teile der Belegschaft" (LAG Düsseldorf 19.6.18 – 3 TaBV 27/18, BeckRS 2018, 19186), **Betriebsstilllegung** entgegen Standortgarantie in geltender Betriebsvereinbarung (LAG Köln 11.5.17 – 8 TaBV 32/17, BeckRS 2017, 112320), bei **vorhandener,** nicht ergänzungsbedürftiger **Betriebsvereinbarung** (LAG Köln 26.4.19 – 9 TaBV 12/19, BeckRS 2019, 10492; 7.4.16 – 12 TaBV 86/15, BeckRS 2016, 68644; LAG NdS 29.7.08 – 1 TaBV 47/08, BeckRS 2008, 56433; LAG Hess 20.5.08 – 4 TaBV 97/08, BeckRS 2008, 55972), Anleitung zur Maschinenbedienung als **betriebliche Berufsbildungsmaßnahme** (LAG Hamm 8.11.02 – 10 (13) TaBV 59/02, NZA-RR 03, 543), **Coachingmaßnahme** (sog side-by-side-coaching) durch Mithören von Kundentelefonaten (LAG Köln 16.1.17 – 9 TaBV 77/16, BeckRS 2017, 104763), Teilweise Überschneidung des zu regelnden Gegenstands mit einer bereits existierenden **Einigungsstelle** (LAG Hbg 12.1.15 – 8 TaBV 14/14, BeckRS 2015, 66240), **Freistellung** der ArbN durch Insolvenzverwalter im Hinblick auf eine beabsichtigte Betriebsstilllegung bei Masseunzulänglichkeit (LAG Hamm 20.9.02 – 10 TaBV 95/02, NZA-RR 03, 422), Einführung von **Gehaltsstrukturen für AT-Angestellte** bei vorhandener Gesamtbetriebsvereinbarung (LAG Köln 5.7.04 – 2 TaBV 38/04 für örtlichen BRat), **Interessenausgleichsversuch** nach erfolgter Betriebsstilllegung wegen Aufgabe des Standorts (LAG NdS 14.2.06 – 1 TaBV 105/05, LAGE § 98 ArbGG 1979 Nr 46), **Sozialplan** durch BRat nach Übertragung auf GBRat (LAG Köln 3.3.08 – 14 TaBV 83/07, BB 08, 1570), **Sozialplan** vor Beginn der Verhandlungen über einen Interessenausgleich (LAG BlnBbg 16.11.18 – 6 TaBV 1496/18, BeckRS 2018, 38219), **Interessenausgleich und Sozialplan** nach erfolgten Entlassungen und fehlender Erzwingbarkeit nach § 112a BetrVG (LAG Nbg 21.8.01 – 6 TaBV 24/01, NZA-RR 02, 138), **Leistungs- und Verhaltenskontrolle** eines bestimmten Mitarbeiters sowie Verstoß gegen eine Betriebsvereinbarung (LAG Köln 9.4.18 – 9 TaBV 8/18, BeckRS 2018, 8204), **Personalabbau** durch Auslaufen von befristeten Verträgen (LAG BlnBbg 6.10.17 – 7 TaBV 1215/17, BeckRS 2017, 132541), Existenz einer abschließenden **Tarifregelung** iSv § 87 Abs 1 BetrVG (LAG Köln 17.8.2000 – 6 TaBV 46/00, NZA-RR 01, 481), Nichtbeachtung des **Tarifvorbehalts** (LAG Köln 16.10.07 – 9 TaBV 52/07, BeckRS 2008, 52850), Streit über Kürzungsrecht bei **tariflicher Sonderzahlung** (LAG RhPf 20.7.17 – 5 TaBV 18/17, BeckRS 2017, 119668), Regelungsgegenstand ist nur **Teil einer mitbestimmungspflichtigen Angelegenheit** (LAG Hess 22.3.16 – 4 TaBV 20/16, BeckRS 2016, 70862), Verteilung von **Trinkgeldern** (LAG Hamm 14.5.14 – 7 TaBV 31/

14, BeckRS 2014, 70498), Berechnung der **Urlaubsdauer** (LAG Hamm 12.12.11 – 10 TaBV 87/11, BeckRS 2012, 65703), **Veranstaltung** „Modernes Verkaufen für Verkaufsaußendienstmitarbeiter" (LAG Hamm 16.12.14 – 7 TaBV 73/14, BeckRS 2015, 65527), Auskunftsverlangen eines **Wirtschaftsausschusses** (LAG Düsseldorf 26.2.16 – 4 TaBV 8/16, BeckRS 2016, 67519; LAG SchlHol 24.11.16 – 4 TaBV 40/16, BeckRS 2016, 74959), Bestellung eines **Wirtschaftsausschusses** (LAG NdS 19.2.13 – 1 TaBV 155/12, BeckRS 2013, 67263; LAG Hess 1.8.06 – 4 TaBV 111/06, NZA-RR 07, 199), bei **Zuständigkeit des GBRat** bezüglich eines vom BRat geltend gemachten Mitbestimmungsrechts (LAG RhPf 22.2.18 – 2 TaBV 38/17, BeckRS 2018, 11841; LAG Düsseldorf 3.7.02 – 12 TaBV 22/02, NZA-RR 03, 83; ArbG Frankfurt am Main 13.1.2000 – 11 BV 830/99, NZA-RR 2000, 592).

18 In den folgenden Fällen hat die **Rechtsprechung** eine **offensichtliche Unzuständigkeit** der Einigungsstelle **verneint:**

Einsatz der Fachkraft für **Arbeitssicherheit** und des Betriebsarztes (LAG SchlHol 21.1.14 – 1 TaBV 47/13, BeckRS 2014, 67279), konkrete betriebliche Regelung zur Wärmeentlastung in Ausfüllung von § 3a **ArbStättVO** (LAG SchlHol 1.10.13 – 1 TaBV 33/13, BeckRS 2013, 73708), Verkürzung der Frist zur Vorlage einer **Arbeitsunfähigkeitsbescheinigung** auf weniger als drei Tage (LAG Köln 1.2.16 – 9 TaBV 102/15, BeckRS 2016, 67771), Einführung oder Änderung der elektronischen **Arbeitszeiterfassung** auf Initiative des BRat (LAG BlnBbg 22.1.15 – 10 TaBV 1812/14; 10 TaBV 2124/14, BeckRS 2015, 68190; LAG Hamm 4.6.19 – 7 TaBV 93/18, BeckRS 2019, 15021), weitere Flexibilisierung einer bestehenden kollektivrechtlichen **Arbeitszeitregelung** (LAG Hamm 16.10.07 – 10 TaBV 85/07, BB 08, 340), Sonntagsöffnung im Einzelhandel bei Existenz einer ungekündigten Betriebsvereinbarung zur regelmäßigen **Arbeitszeit** (LAG NdS 22.10.13 – 1 TaBV 61/13, BeckRS 2013, 74912), **Auswahlrichtlinie** zur Sozialauswahl bei betriebsbedingten Kündigungen (LAG RhPf 8.3.12 – 11 TaBV 5/12, BeckRS 2012, 67726), **Beschwerde** eines Arbeitnehmers wegen totaler Arbeitsüberlastung (LAG Hamm 21.8.01 – 13 TaBV 78/01, NZA-RR 02, 139), **Beschwerde** eines ArbN über die Behandlung durch andere ArbN (LAG RhPf 11.12.14 – 3 TaBV 8/14, BeckRS 2015, 66247), **Beschwerde** eines ArbN zum Thema „Mobbing" (LAG Düsseldorf 22.7.04 – 5 TaBV 38/04, BeckRS 2004, 31053926), **Beschwerde** eines ArbN, wenn der ArbGeb grds verhandlungsunwillig ist (LAG BlnBbg 9.4.14 – 4 TaBV 638/14, BeckRS 2014, 71378), **Beschwerde** eines ArbN wegen fehlender Anerkennung und Unterstützung durch die Geschäftsführung (LAG Hamm 30.5.16 – 7 TaBV 29/16, BeckRS 2016, 71241), Regelung des **Beschwerdeverfahrens** nach § 13 AGG (LAG Hbg 17.4.07 – 3 Ta BV 6/07, NZA-RR 07, 413; LAG Hess 8.5.07 – 4 TaBV 70/07, BeckRS 2007, 47236), Aufstellung eines formalisierten Verfahrens für das **betriebliche Eingliederungsmanagement** iSv § 84 Abs 2 SGB IX (LAG SchlHol 19.12.06 – 6 TaBV 14/06; LAG Hamm 17.12.13 – 7 TaBV 91/13, BeckRS 2014, 67178), mögliche **Betriebsänderung** (LAG RhPf 29.1.08 – 3 TaBV 66/07, BeckRS 2008, 51641), Überschreitung des Schwellenwertes von 20 ArbN gem § 111 BetrVG bei einer **Betriebsänderung** nur unter Zusammenrechnung aller ArbN mehrerer Unternehmen eines Gemeinschaftsbetriebs (LAG Bln 23.1.03 – 18 TaBV 2141/02, NZA-RR 03, 477), Stilllegung eines wesentlichen **Betriebsteils** (LAG RhPf 9.11.16 – 7 TaBV 22/16, BeckRS 2016, 110822), Änderung und Ergänzung einer bestehenden ungekündigten **Betriebsvereinbarung** (LAG Köln 3.12.14 – 11 TaBV 64/14, BeckRS 2015, 68851), Verbot bestimmte Plaketten **(Buttons)** zu tragen (LAG Hamm 26.5.08 – 10 TaBV 51/08, BeckRS 2008, 55451), Gewährung von **Entgelterhöhungen** (LAG Saarland 27.7.16 – 2 TaBV 2/16, BeckRS 2016, 112645), Regelungen zur **Gefährdungsbeurteilung** (LAG Hamm 15.7.11 – 10 TaBV 41/11, BeckRS 2011, 76549), **Gefährdungsbeurteilung** für Arbeitsschutzmaßnahmen (LAG SchlHol 8.2.12 – 6 TaBV 47/11, BeckRS 2012, 66427), Durchführung einer **Gefährdungsbeurteilung** bei bereits bestehender Konzernbetriebsvereinbarung zum Gesundheitsschutz (LAG Köln 20.10.17 – 9 TaBV 69/17, BeckRS 2017, 132849), Streit über das Bestehen eines **Gemeinschaftsbetriebs** (LAG München 31.1.03 – 9 TaBV 59/02, AiB 04, 695), **Gesundheitsgefährdung** durch dauerhaft stehende Tätigkeit im Einzelhandel (LAG NdS 21.1.11 – 1 TaBV 68/10, NZA-RR 11, 247), Regelung zum betrieblichen **Gesundheitsschutz** (LAG SchlHol 1.10.13 – 1 TaBV 33/13, BeckRS 2013, 73708), Regelungen über den **Gesundheitsschutz** bei unstreitigen Gefährdungen auch ohne vorherige Gefährdungsbeurteilung (LAG Köln 20.8.18 – 9 TaBV 32/18, BeckRS 2018, 25278), **Initiativrecht** des BRat zur Einführung einer **elektronischen Zeiterfassung** (LAG Hamm 4.6.19 – 7 TaBV 93/18, BeckRS 2019, 15021), Anbringen einer **Kameraattrappe** im Außenbereich (LAG MeVo 12.11.14 – 3 TaBV 5/14, NZA-RR 15, 196), Austausch herkömmlicher **Kassen im Einzelhandel** gegen Selbstbedienungskassen unter Hilfestellung mit Überwachung (LAG NdS 5.5.09 – 1 TaBV 28/09, NZA-RR 09, 531), **Kurzarbeit** auf Initiative des BRat (LAG Hamm 18.2.14 – 7 TaBV 1/14, BeckRS 2014, 67457), Unterbringung von **Monteuren** auf auswärtigen Baustellen (LAG Hamm 26.7.04 – 10 TaBV 73/04, BeckRS 2004, 31042860), Zahlung von **Prämien** aufgrund von Zielvereinbarungen (LAG Hamm 20.6.11 – 10 TaBV 39/11, BeckRS 2011, 75224), Auswirkungen einer teilweisen **Produktionsverlagerung** im Planungsstadium (ArbG Stuttgart 15.7.04 – 21 BV 175/04, NZA-RR 04, 537), Regelung über **Rauchverbot** (LAG RhPf 21.9.18 – 5 TaBV 13/18, BeckRS 2018, 29537; 24.6.13 – 5 TaBV 8/13, BeckRS 2013, 71278), Mitbestimmungsrecht aus **Restmandat** (LAG Köln 14.8.07 – 9 TaBV 27/07, BeckRS 2008, 50521), Gestaltung zukünftiger **Sonderzahlungen** (LAG NdS 30.4.13 – 1 TaBV 142/12, BeckRS 2013, 68973), **Sozialplanzuständigkeit** bei streitiger Betriebsstruktur (LAG München 26.1.11 – 11 TaBV 77/10, NZA-RR 11, 299), **Sozialplan** wegen Abspaltung eines kleinen Betriebsteils (LAG Hamm 31.1.14 – 13 TaBV 114/13, BeckRS 2014, 67454), **Sozialplanverhandlung** wegen Umzugs eines Betriebs in eine 350m weit entfernte neue Betriebsstätte (LAG Köln 27.10.16 – 7 TaBV 54/16, BeckRS 2016, 115616), **Interessenausgleich und Sozialplan** bei erstmalig nach der Betriebsänderung gewähltem BRat (LAG Köln 5.3.07 – 2 TaBV 10/07, BeckRS 2007, 43861; LAG Köln 29.6.09 – 3 TaBV 40/09, BeckRS 2009, 69330), Regelung der **Umkleidezeiten** (LAG RhPf 10.9.18 – 8 TaBV 14/18, BeckRS 2018, 30394), Gewährung von Zusatz**urlaub** bei Schichtarbeit nach § 27 Abs 3 TVöD-K (LAG BaWü 20.12.12 – 1 TaBV 1/12, BeckRS 2013, 65150), Unterlagen für den **Wirtschaftsausschuss** (LAG Köln 14.1.04 – 8 TaBV 72/03, NZA-RR 05, 33), Information des **Wirtschaftsausschusses** (LAG Köln 27.5.16 – 10 TaBV 28/16, BeckRS 2016, 72528), Auskunftsbegehren gegenüber dem **Wirtschaftsausschuss** (LAG NdS 3.11.09 – 1 TaBV 63/09, NZA-RR 10, 142), Gewährung von **Zulagen** (LAG Hamm 31.3.15 – 7 TaBV 15/15, BeckRS 2015, 68402).

Das **Verfahren** nach § 100 ArbGG ist unabhängig davon durchzuführen, ob die Parteien 19
in einem weiteren arbeitsgerichtlichen Beschlussverfahren über das Bestehen des geltend gemachten Mitbestimmungsrechts streiten (BAG 24.11.81, DB 82, 1413; LAG Hamm 16.6.08 – 10 TaBV 59/08, BeckRS 2008, 55728; *Kempter/Merkel* DB 14, 1807: **keine Aussetzung** gem § 148 ZPO). Denn Sinn und Zweck des § 100 ArbGG ist es, ein beschleunigtes Verfahren zur Errichtung der Einigungsstelle zu gewährleisten. Aus diesem Grund kann der Antragsgegner in dem Verfahren nach § 100 ArbGG auch nicht die Feststellung der Unzuständigkeit der Einigungsstelle beantragen (LAG Hamm 7.7.03 – 10 TaBV 85/03, NZA-RR 03, 637). Die Entscheidung im Bestellungsverfahren nach § 100 ArbGG ist andererseits für das sog Vorabentscheidungsverfahren wegen des Bestehens eines Mitbestimmungsrechts nicht bindend (BAG 25.4.89, DB 89, 1928; 4.7.89, DB 90, 485; 9.5.95, DB 95, 2610). Hat die Einigungsstelle jedoch ihr Verfahren zur Einholung einer gerichtlichen Vorabentscheidung ausgesetzt, ist ein rechtliches Interesse iSv § 256 ZPO erst recht gegeben (BAG 1.7.03 – 1 ABR 20/02, NZA 04, 620).

Hat das ArbG in einem gleichzeitig anhängigen, noch nicht rechtskräftig entschiedenen 20
Beschlussverfahren das Mitbestimmungsrecht, um das die Beteiligten streiten, bejaht, scheidet eine Zurückweisung des Antrags im Verfahren nach § 100 ArbGG wegen offensichtlicher Unzuständigkeit auch in zweiter Instanz aus (LAG Köln 11.2.92, NZA 92, 1103 [LS]). Ist demgegenüber eine Angelegenheit in einer Einigungsstelle einvernehmlich geregelt worden, begründet allein die dem Grunde nach fortbestehende Meinungsverschiedenheit der Betriebspartner über das Bestehen eines Mitbestimmungsrechts kein hinreichendes rechtliches Interesse für eine gerichtliche Klärung dieser Rechtsfrage (BAG 19.2.02 – 1 ABR 20/01, NZA 03, 1159; 11.6.02 – 1 ABR 44/01, AP Nr 70 zu § 256 ZPO 1977: **keine** abstrakten **Rechtsgutachten des Gerichts**).

Die Einigungsstelle kann auch nicht im Wege einer **einstweiligen Verfügung** einge- 21
richtet werden, da § 100 ArbGG lediglich die §§ 80–84 ArbGG, nicht jedoch § 85 Abs 2 ArbGG für entsprechend anwendbar erklärt (streitig, wie hier: ArbG Siegburg 15.11.01

– 5 BVGa 6/01, DB 02, 278; ArbG Düsseldorf 24.6.92, NZA 92, 907; ArbG Ludwigshafen 20.11.96, DB 97, 1188 [LS]).

22 Gegen die Entscheidung des ArbG nach § 100 ArbGG ist binnen zwei Wochen die **Beschwerde** beim LAG möglich, die von einem Rechtsanwalt oder Verbandsvertreter unterzeichnet sein muss. Die Beschwerde muss auch innerhalb der Zweiwochenfrist begründet werden. Die Frist kann auf Antrag verlängert werden (LAG Köln 3.8.17 – 9 TaBV 63/17, BeckRS 2017, 121423). Bei Fristversäumnis ist eine Wiedereinsetzung in den vorigen Stand nach § 87 Abs 2 ArbGG möglich. Ebenso wie bereits im erstinstanzlichen Verfahren ist auch in der Beschwerdeinstanz wegen des beschleunigten Verfahrens jeglicher Gegenantrag (hier: Anschlussbeschwerde) unzulässig (LAG Hess 15.11.16 – 4 TaBV 250/16, BeckRS 2016, 120509). Der zweitinstanzliche Beschluss ist unanfechtbar. Eine gerichtliche Rechtsmittelbelehrung über die Begründungsfrist ist nicht erforderlich (LAG Düsseldorf 31.5.13 – 12 TaBV 49/13, BeckRS 2013, 70072).

Die **Gegenstandswertfestsetzung** für das arbeitsgerichtliche Beschlussverfahren nach § 100 ArbGG erfolgt in Anlehnung an § 23 Abs 3 RVG unter Berücksichtigung der besonderen Interessenlage des Antragstellers im Einzelfall. Nach dem unverbindlichen Streitwertkatalog (→ *Rechtsanwaltskosten* Rn 2) ist die Geltendmachung der offensichtlichen Unzuständigkeit höchstens mit 5000 € und der Streit um die die Person des Vorsitzenden sowie die Anzahl der Beisitzer mit jeweils 1250 € zu bewerten (ebenso LAG BaWü 14.11.17 – 5 Ta 124/17, BeckRS 2017, 131575; LAG Köln 16.6.16 – 4 Ta 117/16, BeckRS 2016, 70213; LAG RhPf 8.4.16 – 5 Ta 38/16, BeckRS 2016, 68012; LAG Hamm 4.3.15 – 13 Ta 48/15, BeckRS 2015, 66713).

23 **5. Verfahren.** Ort und Zeit einer Sitzung der Einigungsstelle werden üblicherweise zwischen allen Mitgliedern abgesprochen. Ist dies ausnahmsweise nicht möglich, so hat der Vorsitzende für die ordnungsgemäße Einladung der Beisitzer zu sorgen. Zur Vermeidung von Verzögerungen zwischen Bildung der Einigungsstelle und der Aufnahme ihrer Tätigkeit schreibt § 76 Abs 3 Satz 1 BetrVG vor, dass die Einigungsstelle **unverzüglich** tätig werden muss. Fehlt es an einer ordnungsgemäßen Ladung und haben nicht alle Beisitzer an der Sitzung teilgenommen, so ist ein gleichwohl beschlossener Spruch der Einigungsstelle unwirksam (BAG 27.6.95, DB 95, 2219). Sind dagegen alle Einigungsstellenmitglieder zum Termin erschienen, prüft die gesamte Einigungsstelle als Erstes selbst die Frage ihrer **Zuständigkeit** (BAG 4.7.89 – 1 ABR 40/88, NZA 90, 29). Eine Vereinbarung der Betriebsparteien über ein Alleinentscheidungsrecht des Einigungsstellenvorsitzenden ist rechtsunwirksam (LAG Köln 26.4.19 – 9 TaBV 12/19, BeckRS 2019, 10492). Erklärt sich die Einigungsstelle für unzuständig, so beschließt sie die Einstellung des Verfahrens. Der Einstellungsbeschluss kann ohne Einhaltung einer Frist beim ArbG angefochten werden. Ob die bejahte Zuständigkeit durch Zwischenbeschluss förmlich festgestellt wird, steht im freien Ermessen der Einigungsstelle (BAG 28.5.02 – 1 ABR 37/01, NZA 03, 171). Ein solcher Beschluss ist gerichtlich nicht isoliert anfechtbar (BAG 22.11.05 – 1 ABR 50/04, NZA 06, 803). Das BAG legt einen dahingehenden Antrag regelmäßig iS einer Feststellung des Bestehens/Nichtbestehens eines Mitbestimmungsrechts aus (BAG 26.9.17 – 1 ABR 57/15, NZA 18, 194; 17.9.13 – 1 ABR 21/12, NZA 14, 96).

24 Bejaht die Einigungsstelle ihre Zuständigkeit, so erfolgt eine eingehende **mündliche Beratung,** die mehrere Termine und ggf auch die Einholung von Sachverständigengutachten oder Zeugenvernehmungen umfassen kann (BAG 4.7.89 – 1 ABR 40/88, NZA 90, 29; 13.11.91 – 7 ABR 70/90, NZA 92, 459). Beide Parteien können sich durch Verbandsvertreter oder Rechtsanwälte vertreten lassen (BAG 21.6.89, DB 89, 2436). Die Sitzungen sind nach hM nicht allgemein- oder betriebsöffentlich, sondern lediglich parteiöffentlich (BAG 18.1.94, DB 94, 838). Das Verfahren kann gem § 76 Abs 4 BetrVG durch eine Betriebsvereinbarung näher geregelt werden. Anderenfalls gelten die in § 76 Abs 3 BetrVG festgeschriebenen Prinzipien im Rahmen der allgemein anerkannten, sich aus dem Rechtsstaatsgebot und der Funktion der Einigungsstelle ergebenden **elementaren Grundsätze** (BAG 7.5.19 – 1 ABR 54/17, NZA 19, 1295). Hierzu gehören die rechtzeitige und ordnungsgemäße Unterrichtung der Einigungsstellenmitglieder über Ort und Zeit der Sitzungen, die Gewährung rechtlichen Gehörs, die Entscheidung über einen Zeitrahmen oder die Verlegung der Sitzung, die Beschlussfassung aufgrund nichtöffentlicher Beratung und die

Bescheidung von Befangenheitsanträgen (BAG 29.1.02 – 1 ABR 18/01, AP Nr 19 zu § 76 BetrVG 1972 Einigungsstelle; LAG Köln 26.7.05 – 9 TaBV 5/05, NZA-RR 06, 197) sowie ein allgemeines Beschleunigungsgebot (*Hinrichs/Boltze* DB 13, 814). **Verfahrensbegleitende Beschlüsse** der Einigungsstelle, die nicht deren Zuständigkeit zum Gegenstand haben, sind nicht gesondert gerichtlich anfechtbar (BAG 22.11.05 – 1 ABR 50/04, NZA 06, 803; LAG Hbg 7.2.12 – 4 TaBV 12/11, BeckRS 2012, 68654; LAG BlnBbg 1.7.11 – 8 TaBV 656/11, BeckRS 2011, 76125). Das gilt bspw für die Zurückweisung eines Antrag des BRat auf Hinzuziehung eines Sachverständigen in der Einigungsstelle (BAG 7.5.19 – 1 ABR 54/17, NZA 19, 1295).

**Inhaltlich** wird die Einigungsstelle durch den **Verfahrensgegenstand** begrenzt. Inner- 25
halb dieser Materie ist sie jedoch nicht an die Anträge der Beteiligten gebunden, sondern verpflichtet, den Verfahrensgegenstand voll auszuschöpfen und den Konflikt vollständig zu lösen (BAG 11.2.14 – 1 ABR 72/12, NZA 14, 989; 11.1.11 – 1 ABR 104/09, NZA 11, 651). Sie hat in eigener Zuständigkeit darüber zu befinden, auf welche Weise sie ihren Regelungsauftrag erfüllt, ohne dass dies vorab gerichtlich geklärt werden kann (BAG 17.9.13 – 1 ABR 24/12, BeckRS 2013, 73979). Bei einem Sozialplan darf die Einigungsstelle nicht nur Bestimmungen über die Verteilung eines möglichen Sozialplanvolumens treffen, sondern muss auch den Umfang der vom Unternehmen zur Verfügung zu stellenden Finanzmittel festlegen (BAG 26.5.09 – 1 ABR 12/08 NZA-RR 09, 588). Bei Regelungen zur Dienstkleidung darf sie die Festlegung des dienstkleidungspflichtigen Personenkreises nicht dem ArbGeb überlassen (BAG 17.1.12 – 1 ABR 45/10, NZA 12, 687). Bei der Regelung eines Dienstplans müssen regelmäßig auch Regelungen getroffen werden, wie bei der Abweichung von einem beschlossenen Dienstplan verfahren werden soll (BAG 9.7.13 – 1 ABR 19/12, BeckRS 2013, 72625). Andererseits ist die Einigungsstelle nicht an inhaltliche Vorgaben der Betriebsparteien gebunden. Dementsprechend fehlt es für eine gerichtliche Entscheidung darüber, ob eine Einigungsstelle gehalten ist, einem bestimmten Regelungsverlangen einer Betriebspartei vollständig oder teilweise nachzukommen, regelmäßig an dem erforderlichen Feststellungsinteresse (BAG 17.9.13 – 1 ABR 24/12, NZA 14, 740). Die Mitbestimmungsrechte des BRat kann die Einigungsstelle gegen dessen Willen nicht erweitern (BAG 15.5.01 – 1 ABR 39/00, NZA 01, 1154). Soweit der Einigungsstellenspruch dem ArbGeb einen Spielraum hinsichtlich der konkreten Ausfüllung überlässt, muss diese so weit durch die Entscheidung der Einigungsstelle selbst vorgezeichnet sein, dass von einer eigenen Gestaltung des Regelungsgegenstandes durch die Einigungsstelle gesprochen werden kann (BAG 8.6.04 – 1 ABR 4/03, NZA 05, 227). Sie darf sich insbesondere nicht damit begnügen, den Antrag einer Seite zurückzuweisen (BAG 30.1.90, DB 90, 1090).

Nach § 76 Abs 3 BetrVG ist folgende **Verfahrensweise** bei der Beschlussfassung in der 26
Einigungsstelle einzuhalten: Um zunächst eine „innerbetriebliche" Einigung zu ermöglichen, hat eine **erste Abstimmung** ohne Beteiligung des Vorsitzenden zu erfolgen. Ergibt sich keine Mehrheit, so haben die Beteiligten erneut in die Beratung einzutreten. Die fehlende Möglichkeit zur Zwischenberatung kann zur Aufhebung des Einigungsstellenspruchs führen (BAG 18.12.90 – 1 ABR 11/90, NZA 91, 484; 11.9.01 – 1 ABR 5/01, NZA 02, 572). Sodann erfolgt eine **zweite,** entscheidende **Abstimmung,** bei der der Vorsitzende mitstimmt und ggf den Ausschlag gibt. Stimmenthaltungen, insbes des Vorsitzenden, sind nicht zulässig. Geschehen sie dennoch, so sind sie insgesamt unberücksichtigt zu lassen (BAG 17.9.91, BB 92, 1133). Es genügt die Mehrheit der abgegebenen Stimmen; eine **Stimmenthaltung** ist jedoch keine Stimmabgabe. Gleiches gilt, wenn die von einer Seite benannten Beisitzer zur Beschlussfassung nicht erscheinen. Im Übrigen bestimmt der Vorsitzende Inhalt und Ablauf des Verfahrens im Interesse einer effektiven Schlichtung nach pflichtgemäßem Ermessen (BAG 11.2.92, DB 92, 1730; weiterführend *Hennige* Das Verfahrensrecht der Einigungsstelle, 1996, S 211 ff). Dabei bestehen gegen Einzelgespräche des Vorsitzenden mit den jeweiligen Beteiligten keine rechtliche Bedenken (ArbG Köln 20.4.94 – 13 BV 167/93; *Faulenbach* NZA 12, 953: „Pendeldiplomatie"). Zwingend müssen Schlussberatung und Beschlussfassung in Abwesenheit der Vertreter der Betriebsparteien erfolgen. Dies folgert das BAG aus der Schlichtungsfunktion der Einigungsstelle. Ein Verstoß gegen diesen elementaren Verfahrensgrundsatz hat die Unwirksamkeit des Einigungsstellenspruchs zur Folge (BAG 18.1.94, DB 94, 838).

27 Zu empfehlen ist eine förmliche Beschlussfassung im Rahmen einer Schlussabstimmung, da nur auf diese Weise zweifelsfrei gewährleistet werden kann, dass der Einigungsstellenspruch, wie vom Gesetz verlangt, von der Mehrheit der Einigungsstellenmitglieder getragen wird (BAG 18.4.89, DB 89, 1926; 6.11.90, DB 91, 758). Es genügt die einfache Mehrheit. Eine Unterbrechung der Sitzung zwecks vorheriger Beschlussfassung des BRat ist nicht erforderlich. Es reicht aus, wenn die Beisitzer des BRat die „Linie" der Verhandlungen in der Einigungsstelle zuvor im BRat abgestimmt haben (BAG 24.2.2000 – 8 AZR 180/99, DB 2000, 1287). Der Einigungsstellenspruch ist **schriftlich niederzulegen,** vom Vorsitzenden zu unterschreiben und ArbGeb sowie BRat zuzuleiten (BAG 14.9.10 – 1 ABR 30/09, NZA-RR 11, 526). Weder elektronische, noch Textform genügen (BAG 5.10.10 – 1 ABR 31/09, NZA 11, 420; *Tschöpe/Geißler* NZA 11, 545). Auch die Übersendung des Spruchs in Form einer pdf-Datei genügt nicht den gesetzlichen Anforderungen (BAG 13.3.12 – 1 ABR 78/10, NZA 12, 748). Der Einigungsstellenvorsitzende ist auch nicht zu einer nachträglichen Berichtigung des Spruchs nach dessen Zustellung an die Betriebsparteien berechtigt (BAG 10.12.13 – 1 ABR 45/12, NZA 14, 862). Zur Erleichterung einer evtl gerichtlichen Überprüfung sollte der Einigungsstellenspruch **begründet** werden.

28 **6. Tarifliche Schlichtungsstelle.** Nach § 76 Abs 8 BetrVG kann durch Tarifvertrag eine tarifliche Schlichtungsstelle an die Stelle der betrieblichen Einigungsstelle treten und deren Aufgaben übernehmen (iE *Rieble* RdA 93, 140). Die Einzelheiten bestimmen sich dann nach den jeweiligen tariflichen Regelungen. Scheitert die Einrichtung einer tariflichen Einigungsstelle im Einzelfall, fällt die Kompetenz an die betriebliche Einigungsstelle zurück und es gelten die allgemeinen Bestimmungen des § 76 BetrVG. Sprüche der tariflichen Schlichtungsstelle unterliegen derselben gerichtlichen Überprüfung wie Sprüche der Einigungsstelle (BAG 18.12.90, DB 91, 1076).

29 **7. Kosten.** Die Kosten der Einigungsstelle trägt gem § 76a Abs 1 BetrVG der ArbGeb. Hierzu gehören der gesamte **Sachaufwand** für die Tätigkeit der Einigungsstelle sowie im Grundsatz die Kosten für die Vertretung durch Rechtsanwälte (→ *Rechtsanwaltskosten* Rn 15–18) oder für Sachverständige (BAG 13.11.91, DB 92, 789; → *Sachverständiger* Rn 10). Allerdings müssen die Kosten erforderlich sein. Nach dem Gebot zur vertrauensvollen Zusammenarbeit kann es geboten sein, an sich selbstständige, aber parallel liegende und sachlich zusammenhänge Angelegenheiten nicht in einer Vielzahl von Einigungsstellen, sondern zusammengefasst in einer Einigungsstelle zu verhandeln (LAG Hess 1.3.16 – 4 TaBV 258/15, BeckRS 2016, 71481: zusammenhängende Dienstplanfragen in 23 Einigungsstellen).

30 Gem § 76a Abs 2 BetrVG erhalten **betriebsangehörige Beisitzer** keine Vergütung für ihre Tätigkeit, sondern werden lediglich unter Fortzahlung ihres Entgelts gem § 37 Abs 2 und 3 BetrVG für die Einigungsstelle freigestellt.

31 Der **Vorsitzende** und die **betriebsfremden Beisitzer** haben nach § 76a Abs 3 BetrVG einen gesetzlichen Vergütungsanspruch gegenüber dem ArbGeb, der auch einen Anspruch auf Erstattung der MwSt umfasst (BAG 14.2.96, DB 96, 2233). Als betriebsfremder Beisitzer gilt auch der in einem anderen Betrieb desselben Unternehmens oder Konzerns beschäftigte ArbN (BAG 21.6.89, DB 89, 2438). Gleiches gilt für Aufsichtsratsmitglieder, die nicht dem Unternehmen angehören. Die Tätigkeit als Einigungsstellenbeisitzer stellt keine originäre Aufsichtsratstätigkeit dar (→ *Aufsichtsratsvergütung (Arbeitnehmer)* Rn 4), so dass ein Honoraranspruch nach § 76a BetrVG besteht. Bei arbeitgeberseitigen Einigungsstellenbeisitzern erscheint aufgrund des Normzwecks eine analoge Anwendung des § 114 AktG (Zustimmung des gesamten Aufsichtsrats) bedenkenswert. Der BRat kann auch mehrere betriebsfremde Beisitzer benennen. Eine Erforderlichkeitsprüfung findet auch unter Honorargesichtspunkten insoweit nicht statt (BAG 24.4.96, DB 96, 2232). Einzige Voraussetzung ist ein wirksamer BRatBeschluss. Fehlt es hieran jedoch, besteht seitens des fehlerhaft bestellten Beisitzers kein Vergütungsanspruch (BAG 22.11.17 – 7 ABR 46/16, NZA 18, 732). Demgegenüber soll nach einer neueren Instanzentscheidung die Benennung ausschließlich externer Beisitzer im Einzelfall einen Verstoß gegen den Grundsatz der vertrauensvollen Zusammenarbeit mit Haftungsfolgen für die sachwidrig handelnden BRatMitglieder darstellen können (LAG Nbg 19.9.17 – 2 TaBV 75/16, NZA-RR 18, 28 – nicht rkr, Az beim BAG: 7 ABR 52/17; *Schmitt* JM 19, 364).

Die Höhe der Vergütung soll gem § 76a Abs 4 BetrVG durch eine Rechtsverordnung des BMAS geregelt werden. Da eine solche Rechtsverordnung nach wie vor nicht existiert, sind die Vergütungen nach den Kriterien des § 76a Abs 4 Satz 3–5 BetrVG (Zeitaufwand, Schwierigkeit der Tätigkeit, Verdienstausfall) privatrechtlich zu vereinbaren.

Sinnvoll erscheint eine Vergütung nach **Stunden- oder Tagessätzen,** wobei für die 32
Beisitzer regelmäßig eine geringere Vergütung (§ 76a Abs 4 Satz 4 BetrVG) in Höhe von $^{7}/_{10}$ des Vorsitzendenhonorars angemessen erscheint (BAG 20.2.91, NZA 91, 651; 14.2.96 – 7 ABR 24/95, NZA 96, 1225; LAG Hess 11.6.12 – 16 TaBV 203/11, BeckRS 2012, 72134).

Die konkrete Festlegung der Vergütung ist problematisch. Aus Gründen der Rechtsklarheit ist es empfehlenswert, die Vergütungsabrede (Pauschalhonorar oder Stundensatz) mit dem Vorsitzenden vorweg zu treffen (*Kleinebrink* ArbRB 17, 29). Die gegenteilige Auffassung, bei noch offener Honorierungsfrage sei eher sichergestellt, dass der Vorsitzende „vorsichtig und korrekt“ agiere (so *Tschöpe* NZA 04, 945) überzeugt nicht. Ohne vorherige Vergütungsvereinbarung steht dem Einigungsstellenvorsitzenden ein Leistungsbestimmungsrecht gem §§ 315, 316 BGB zu, das nach den Grundsätzen billigen Ermessens auszuüben ist. In der Literatur werden Tagespauschalen von 2000 € bis 4000 € vorgeschlagen. Bei den Stundensätzen besteht eine deutlich größere Spanne zwischen 50 € und 400 €. In der Praxis liegen die üblichen Stundensätze zwischen 200 € und 400 € (LAG RhPf 19.6.17 – 3 TaBV 3/17, BeckRS 2017, 127070; ErfK/*Kania* § 76a BetrVG Rn 5). Plausibel erscheint auch der Vorschlag im aktuellen Schrifttum, bei einer Staffelung nach Schwierigkeitsgraden von einem Mindeststundensatz von 125 € bei einfachsten Angelegenheiten auszugehen, 250 € pro Stunde bei einer mittleren Schwierigkeit sowie einen Höchststundensatz von 375 € zu Grunde zu legen (*Wenning-Morgenthaler* Die Einigungsstelle, 7. Aufl 2017, Rn 548 mwN). Zu berücksichtigen sind dabei neben dem Zeitaufwand für die Einigungsstellensitzung selbst auch die erforderlichen Vorbereitungs- und Nacharbeitszeiten für Protokollanfertigung, Spruchbegründung etc (BAG 28.8.96 – 7 ABR 42/95, NZA 97, 222). In der Insolvenz des ArbGeb ist der Honoraranspruch Masseforderung iSv § 55 Abs 1 Nr 1 InsO (LAG RhPf 19.6.17 – 3 TaBV 3/17, BeckRS 2017, 127070).

Einigungsstellenmitglieder haben gem § 76a BetrVG auch einen Anspruch auf **Auslagenersatz** für diejenigen Kosten (zB Reisekosten, Übernachtungskosten, Tagesspesen), die durch die Teilnahme an Einigungsstellenverhandlungen tatsächlich entstanden sind (BAG 14.2.96, DB 96, 2233).

Die Vergütungspflicht für betriebsfremde Beisitzer gilt uneingeschränkt auch für **Rechts-** 33
**anwälte** (→ *Rechtsanwaltskosten* Rn 16–18) und **Verbandsvertreter** (ArbGebVerband oder Gewerkschaft), bei Letzteren unabhängig davon, ob diese die Vergütung ganz oder teilweise an die Verbände abführen (BAG 14.12.88, DB 89, 888 [LS]). Nach LAG RhPf ist die Gewährung unterschiedlich hoher Vergütungen für die Beisitzer der ArbGeb- und BRatSeite unzulässig (LAG RhPf 24.5.91, DB 91, 1992; aA *Bauer* NZA 92, 433). Dies erscheint jedenfalls im Hinblick auf den zu berücksichtigenden uU höchst unterschiedlichen Verdienstausfall bedenklich (anders wohl BAG 20.2.91, NZA 91, 651). Andererseits enthält § 76a Abs 4 BetrVG kein gesetzliches Verbot, an Beisitzer ein höheres Honorar als an den Vorsitzenden zu zahlen (LAG Hamm 20.1.06 – 10 TaBV 131/05, NZA-RR 06, 323). Zudem ist die Möglichkeit zur Vereinbarung abweichender Vergütungsregelungen in Tarifverträgen, Betriebsvereinbarungen oder Einzelverträgen allgemein anerkannt. Kosten, die im Rahmen der Durchsetzung des Vergütungsanspruchs eines Einigungsstellenmitglieds gegenüber dem ArbGeb entstanden sind, sind (zB Rechtsanwaltskosten), sind im arbeitsgerichtlichen Beschlussverfahren geltend zu machen und können als Schadensersatzanspruch gem §§ 280, 286 BGB berechtigt sein (BAG 27.7.94, DB 95, 835; LAG RhPf 19.6.17 – 3 TaBV 3/17, BeckRS 2017, 127070). Für die Erstattung auch dieser Kosten durch den ArbGeb kommt es auf deren Erforderlichkeit und Verhältnismäßigkeit an (LAG Frankfurt 3.9.92, DB 93, 1096). Die ArbG sind ebenfalls sachlich zuständig für Rückzahlungsansprüche des ArbGeb bzw Konkursverwalters nach erfolgter Anfechtung gegenüber einem Mitglied der Einigungsstelle (LG Frankfurt 25.6.93, NZA 94, 96).

**8. Streitigkeiten.** Die Beschlüsse der Einigungsstelle, mit denen diese ihre **Zuständig-** 34
**keit** bejaht oder verneint, sind einer gerichtlichen Feststellung entzogen. Das Gleiche gilt

für verfahrensleitende Maßnahmen der Einigungsstelle wie Beweisbeschlüsse uä (→ Rn 24). Entscheiden kann das ArbG jedoch über das Bestehen eines Mitbestimmungsrechts, dass seinerseits wiederum entscheidend für die Beurteilung der Zuständigkeit der Einigungsstelle ist (BAG 23.2.16 – 1 ABR 18/14, NZA 16, 838).

35 Der **Spruch der Einigungsstelle** unterliegt einer uneingeschränkten **Rechtskontrolle** und einer fristgebundenen **Ermessenskontrolle** durch das ArbG. Die Betriebspartner und die Einigungsstelle haben höherrangiges Recht zu beachten (BAG 29.6.04 – 1 ABR 21/03, NZA 04, 1278). Dabei ist allein maßgeblich, ob sich der Spruch der Einigungsstelle selbst innerhalb der gesetzlichen Grenzen hält. Ob die dem Spruch zugrunde liegenden Erwägungen folgerichtig waren und eine erschöpfende Würdigung des Sachverhalts beinhalten, ist nicht entscheidend (BAG 6.5.03 – 1 ABR 11/02, NZA 04, 108; 7.5.19 – 1 ABR 54/17, NZA 19, 1295). Maßgeblich ist vielmehr, ob der Spruch der Einigungsstelle dem Schutzzweck des einschlägigen Mitbestimmungsrechts Rechnung trägt (BAG 30.8.95, DB 96, 333). Um die notwendige **Spruchkompetenz** der Einigungsstelle feststellen zu können, bedarf es eines hinreichend klar gefassten Regelungsgegenstands, der unmissverständlich festschreibt, über welchen Gegenstand die Einigungsstelle verhandeln und ggf durch Spruch befinden soll. Fehlt es hieran, ist ein Spruch unwirksam (BAG 28.3.17 – 1 ABR 25/15, NZA 17, 1132).

**Gegenstand der gerichtlichen Überprüfung** ist grds nicht das Verfahren der Einigungsstelle als solches und die den Regelungen der Einigungsstelle zugrunde liegenden tatsächlichen oder rechtlichen Annahmen und Erwägungen, sondern allein die von der Einigungsstelle beschlossene inhaltliche Regelung (BAG 6.5.03 – 1 ABR 11/02, NZA 04, 108; 22.7.03 – 1 ABR 28/02, NZA 04, 507; 7.5.19 – 1 ABR 54/17, NZA 19, 1295). Dies ist durch einen Feststellungsantrag und nicht im Wege der Aufhebungsklage zu klären (BAG 28.5.02 – 1 ABR 37/01, NZA 03, 171; 15.3.06 – 7 ABR 24/05, NZA 06, 1422; 18.5.10 – 1 ABR 96/08, NZA 11, 171). Auch eine auf abgrenzbare Teile des Einigungsstellenspruchs beschränkte Teilanfechtung ist möglich (BAG 30.5.06 – 1 ABR 21/05, NZA 06, 1240). Allerdings müssen die verbleibenden Teile des Spruchs weiterhin eine in sich geschlossene, sinnvolle Regelung darstellen (BAG 8.12.15 – 1 ABR 2/14, BeckRS 2016, 68740).

36 Bei Sozialplänen stellt ein Verstoß gegen die Leitlinien des § 112 Abs 5 BetrVG einen **Ermessensfehler** dar, der die Unwirksamkeit des Spruchs der Einigungsstelle zur Folge hat (BAG 6.5.03 – 1 ABR 11/02, NZA 04, 108; *Scholz* BB 06, 1498). Der BRat kann den Spruch der Einigungsstelle mit der Begründung anfechten, dessen Gesamtvolumen sei zu gering. Grundsätzlich ist zu beachten, dass die Einigungsstelle – ebenso wie die Betriebsparteien – über einen Gestaltungsspielraum verfügt und es im Ermessen der Einigungsstelle liegt, ob und welche Nachteile ganz oder teilweise ausgeglichen und welche lediglich gemildert werden sollen. Allerdings darf ein Sozialplan auch nicht den Normzweck des § 112 Abs 1 Satz 2 BetrVG verfehlen, die wirtschaftlichen Nachteile der ArbN zumindest zu mildern (BAG 7.5.19 – 1 ABR 54/17, NZA 19, 1295). Von daher ist ein Sozialplan nur dann ermessensfehlerfrei, wenn er wenigstens eine substanzielle Milderung der wirtschaftlichen Nachteile vorsieht (BAG 24.8.04 – 1 ABR 23/03, NZA 05, 503). Ficht der ArbGeb einen Sozialplan wegen mangelnder wirtschaftlicher Vertretbarkeit an, muss er entweder darlegen, dass eine Überkompensation der eingetretenen Nachteile erfolgt oder die Grenze der wirtschaftlichen Vertretbarkeit für das Unternehmen (selbst bei einem möglichen Bemessungsdurchgriff auf Konzernobergesellschaften) überschritten ist (BAG 22.1.13 – 1 ABR 85/11, NZA-RR 13, 409; zum zulässigen Inhalt von Sozialplänen iE → *Sozialplan* Rn 18 ff). Will der ArbGeb eine freiwillige Zusatzleistung einführen, mit der die Übernahme von Führungsverantwortung honoriert werden soll, überschreitet die Einigungsstelle ihr Ermessen, wenn sie die Leistungsgewährung von einer mindestens 10-jährigen Konzernzugehörigkeit abhängig machen will (LAG Köln 13.7.05 – 7 TaBV 74/04, NZA-RR 06, 415). Wegen der grds bestehenden Zuständigkeit des örtlichen BRat für die Regelung der Vergütung von AT-Angestellten ist ein unter Beteiligung des GBRat zustande gekommener Einigungsstellenspruch zu diesem Regelungsgegenstand unwirksam (BAG 23.3.10 – 1 ABR 82/08, NZA 11, 642; 18.5.10 – 1 ABR 96/08, NZA 11, 171). Ermessensfehlerhaft ist auch ein Einigungsstellenspruch, der einen ArbGeb zu Gefährdungsschulungen nach § 12 ArbSchG verpflichtet, bevor konkrete Gefährdungen für den jeweils zu schulenden ArbN festgestellt wurden (LAG Köln 3.5.10 – 2 TaBV 90/09, BeckRS 2010, 70830). Bei einer Einigungsstelle über

Organisations- und Verfahrensregelungen des Arbeitsschutzausschusses ist ein Spruch unwirksam, der Regelungen über eine Teilnahmepflicht des Betriebsarztes und der Fachkraft für Arbeitssicherheit an den gesetzlich vorgesehenen Mindestsitzungen des Arbeitsschutzausschusses enthält, da insoweit kein erzwingbares Mitbestimmungsrecht besteht (LAG RhPf 7.4.16 – 5 TaBV 21/15, BeckRS 2016, 68967). Auch kann durch Spruch einer Einigungsstelle nicht das Verfahren nach § 167 Abs 2 S 1 SGB IX (BEM) auf ein Gremium übertragen werden, auch wenn dieses aus Mitgliedern besteht, die ArbGeb und BRat jeweils benennen (BAG 22.3.16 – 1 ABR 14/14, NZA 16, 1283). Ferner kann der ArbGeb in einem Einigungsstellenspruch nicht ermächtigt werden, einen Dienstplan ohne Zustimmung des BRat bis zur Entscheidung der Einigungsstelle vorläufig durchzuführen (BAG 9.7.13 – 1 ABR 19/12, NZA 14, 99). Für die Ermessensausübung durch den Vorsitzenden ist es ohne Bedeutung, ob dieser sich in der Einigungsstelle ausreichend mit den von einer Seite erhobenen Einwendungen auseinandergesetzt oder sich vorzeitig auf die später beschlossene Fassung festgelegt hat (BAG 14.1.14 – 1 ABR 49/12, NZA-RR 14, 356).

Wollen ArbGeb oder BRat die Überschreitung der **Grenzen des Ermessens** durch die **37** Einigungsstelle geltend machen, so muss dies durch einen begründeten Antrag innerhalb einer materiell-rechtlichen **Ausschlussfrist von zwei Wochen** beim ArbG geschehen. Die Versäumung dieser Frist führt zum endgültigen Erlöschen des Anfechtungsrechts (BAG 25.7.89, DB 90, 791; LAG BlnBbg 7.7.16 – 21 TaBV 195/16, NZA-RR 16, 644). Eine Wiedereinsetzung ist nicht möglich (*Weber/Burmester* BB 95, 2268). Außerhalb der Frist kann nur das Fehlen einer gesetzlichen Grundlage für die von der Einigungsstelle beanspruchte Regelungskompetenz gerügt werden. Ist dies der Fall, so liegt ein rechtswidriger Einigungsstellenspruch vor, der von Anfang an unwirksam ist (*Schüren* RdA 96, 14; aA LAG Bln 6.12.84, BB 85, 1199; LAG Frankfurt 24.9.87, BB 88, 347). Insoweit kann der BRat die Unwirksamkeit eines Einigungsstellenspruchs auch mit der Begründung geltend machen, er habe bezüglich des Regelungsgegenstands der Einigungsstelle gar kein Mitbestimmungsrecht (BAG 20.7.99 – 1 ABR 66/98, NZA 2000, 495; 22.7.03 – 1 ABR 28/02, NZA 04, 507). Das gilt bspw bei einer Einigungsstelle zu § 87 Abs 1 Nr 7 BetrVG, wenn diese durch Spruch eine personelle Mindestbesetzung festlegt (LAG SchlHol 25.4.18 – 6 TaBV 21/17, BeckRS 2018, 7727 – nicht rkr, Az beim BAG: 1 ABR 22/18; *Dahl* BB 18, 1972). Möglich ist auch eine teilweise Unwirksamkeit. Es gelten die allgemeinen Grundsätze wie auch sonst bei Betriebsvereinbarungen (BAG; 20.7.99 – 1 ABR 66/98, NZA 2000, 495; 28.5.02 – 1 ABR 37/01, NZA 03, 171; 22.7.03 – 1 ABR 28/02, NZA 04, 507; → *Betriebsvereinbarung* Rn 11). Kommt es zwischenzeitlich zur Stilllegung des betroffenen Betriebs ist damit auch ein Anfechtungsverfahren erledigt (BAG 19.6.01 – 1 ABR 48/00, NZA 02, 756).

Ein rechtliches Interesse an der Feststellung der Unwirksamkeit besteht, soweit und **38** solange diesem ein betriebsverfassungsrechtlicher Konflikt zugrunde liegt und dieser fortbesteht. Da der ArbGeb nach § 77 Abs 1 BetrVG verpflichtet ist den Einigungsstellenspruch bis zur Feststellung seiner Unwirksamkeit durchzuführen, gilt dies sogar dann, wenn beide Beteiligten von der Unwirksamkeit des Spruchs ausgehen (BAG 18.11.14 – 1 ABR 21/13, NZA 15, 694). Der **Streitwert** bemisst sich dabei nach dem Sozialplanvolumen, beschränkt auf die Höhe des streitigen Betrags unter Beachtung der Höchstgrenze für nichtvermögensrechtliche Streitigkeiten von 500 000 € (BAG 9.11.04 – 1 ABR 11/02 (A), NZA 05, 70). Eine auf Verhinderung der Durchführung eines Einigungsstellenspruchs gerichtete **einstweilige Verfügung** kommt nur in äußerst engen Grenzen in Betracht, wenn der Einigungsstellenspruch offensichtlich rechtswidrig ist (LAG Köln 30.7.99 – 11 TaBV 35/99, NZA 2000, 334). Im Gesetz keine Stütze findet eine Mindermeinung im Schrifttum, die für eine aufschiebende Wirkung der gerichtlichen Überprüfung eines Einigungsstellenspruchs plädiert (*Zeppenfeld/Fries* NZA 15, 647).

Die Betriebspartner können in einer Betriebsvereinbarung vereinbaren, dass bei Streitig- **39** keiten um die **Auslegung einer Betriebsvereinbarung** zunächst eine Einigungsstelle diese Rechtsfrage klären soll. Allerdings muss die gerichtliche Überprüfung möglich bleiben, da die Klausel ansonsten als Schiedsabrede nach § 4 ArbGG unzulässig wäre (BAG 8.11.88, DB 89, 587; 20.11.90, DB 91, 1025).

**9. Muster.** S Online-Musterformulare *„M19 Einigungsstelle"* **40**

**B. Lohnsteuerrecht** *Weil*

51 Soweit ein Beschluss der Einigungsstelle Auswirkung auf den Lohn des ArbN hat, sind die entsprechenden lohnsteuerlichen Pflichten vom ArbGeb zu erfüllen → *Arbeitsentgelt* Rn 30 ff. Da betriebsangehörige Beisitzer keine (zusätzliche) Vergütung für die Tätigkeit in der Einigungsstelle erhalten, bestehen lohnsteuerrechtlich insoweit keine Auswirkungen. Der betriebsfremde Vorsitzende der Einigungsstelle sowie die betriebsfremden Beisitzer der Einigungsstelle sind idR keine ArbN, so dass die Vergütung kein Arbeitsentgelt iSd § 19 Abs 1 Nr 1 EStG ist und damit auch keine lohnsteuerlichen Pflichten bestehen. Die Kosten der Einigungsstelle sind Betriebsausgaben (§ 4 Abs 4 EStG) des ArbGeb.

**C. Sozialversicherungsrecht** *Schlegel*

56 Der Tätigkeit von Einigungsstellen kommt im Sozialrecht keine unmittelbare Bedeutung zu.

# Einmalzahlungen

**A. Arbeitsrecht** *Griese*

### Übersicht



1 **1. Begriff.** Unter dem Begriff Einmalzahlungen werden Sonderzuwendungen verstanden, die aus bestimmten Anlässen – meistens einmal jährlich – zusätzlich zum laufenden Entgelt gezahlt werden (zur sozialversicherungsrechtlichen Legaldefinition § 23a SGB IV. Hierher gehören als wichtigste Fälle die jährliche **Sonderzuwendung,** die **Gratifikation oder das Weihnachtsgeld,** ferner das *Urlaubsgeld* und die **Jubiläumszahlung,** ebenso wie Gewinnbeteiligungen, Jahresprämien, einmal jährlich gezahlte Anwesenheitsprämien oder 13. und 14. Monatsgehälter.

2 **2. Rechtsgrundlage.** Charakteristisch für Einmalzahlungen ist, dass es für sie keine **gesetzliche** Anspruchsgrundlage gibt. Sie können in einem Tarifvertrag oder einer Betriebsvereinbarung ihre rechtliche Grundlage haben. Die arbeitsvertragliche Zusage kann sich auch aus der vertraglichen Einbeziehung von Tarifverträgen ergeben (BAG 27.10.04 – 10 AZR 138/04, NJOZ 05, 1464).

Ein Anspruch kann ferner aus einer **betrieblichen Übung** (BAG 24.3.10 – 10 AZR 43/09, NZA 10, 759) entstehen. Eine von vorneherein auf das jeweilige Kj bezogene Zusage einer Einmalzahlung begründet keine betriebliche Übung (BAG 16.4.97 – 10 AZR 705/96, NZA 98, 423). Eine *Betriebliche Übung* kann auch dann entstehen, wenn dreimal in völlig unterschiedlicher Höhe gezahlt wird (BAG 13.5.15 – 10 AZR 266/14, NZA 15, 992 unter Aufgabe der früheren Rspr BAG 28.2.96 – 10 AZR 516/95, NZA 96, 758). Eine Betriebliche Übung kann für Betriebsrentner eintreten (BAG 16.2.10 – 3 AZR 118/08, DB 10, 1947). Erbringt ein ArbGeb über mehrere Jahre vorbehaltlos Zahlungen aus Anlass von

Dienstjubiläen der ArbN, entsteht hieraus eine **betriebliche Übung,** auf die sich nachfolgende ArbN, die das Dienstjubiläum erreichen, berufen können. Aus der lediglich zweimal erfolgten Jubiläumszahlung kann, auch wenn sie durch ein Kj unterbrochen wird, in dem kein ArbN das Betriebsjubiläum erreichte, keine betriebliche Übung abgeleitet werden (BAG 28.7.04 – 10 AZR 19/04, NZA 04, 1152; für zusätzliche Urlaubstage ebenso BAG 17.11.05 – 9 AZR 947/14, NZA 16, 308).

Anspruchsgrundlage kann weiterhin eine vertragliche Einheitsregelung sein. Ferner kann der ArbGeb eine Zahlungsverpflichtung dadurch begründen, dass er durch einseitige Erklärung an die Belegschaft (Gesamtzusage) eine Einmalzahlung aus einem bestimmten Anlass zusagt. Der Anspruch auf eine Einmalzahlung kann des Weiteren aus dem Arbeitsvertrag oder einer arbeitsvertraglichen Zusage folgen. Die Rechtsgrundlage gibt zugleich Auskunft über die Zwecksetzung der Einmalzahlung. Die Einmalzahlung kann der ArbGeb schließlich als freiwillige zusätzliche Leistung erbringen. Die **vertragliche Ausgestaltung unterliegt der Kontrolle gem §§ 305 ff BGB.** So liegt eine unangemessene Benachteiligung gem § 307 BGB vor, wenn ein Arbeitsvertrag auf ein ergänzendes Regelwerk in seiner jeweiligen Fassung (Jeweiligkeitsklausel) verweist, das dem ArbGeb ermöglichen soll, einseitig die Höhe von Einmalzahlungen oder sonstigen Vergütungsbestandteilen zu verändern (BAG 11.2.09 – 10 AZR 222/08, NZA 09, 428).

**3. Bindung an den Gleichbehandlungsgrundsatz.** Eine Zusage aus einem Tarifvertrag, einer Betriebsvereinbarung, aufgrund vertraglicher Einheitsregelung, Gesamtzusage oder betrieblicher Übung darf daher nicht in einer gegen Art 3 GG verstoßenden Weise bestimmte Beschäftigte oder Beschäftigtengruppen von der Einmalzahlung ausschließen (BAG 30.7.08 – 10 AZR 497/07, NZA 08, 1412 – keine Differenzierung danach, ob der ArbN verschlechternde Arbeitsbedingungen akzeptiert hat; BAG 1.4.09 – 10 AZR 353/08, NZA 09, 1409). Schlechtere Arbeitsbedingungen oder **geringere laufende Vergütung** dürfen aber durch Einmalzahlungen **kompensiert** werden (BAG 5.8.09 – 10 AZR 666/08, NZA 09, 1135). 3

Viel spricht dafür, den Gleichbehandlungsgrundsatz nicht auf den einzelnen Betrieb zu beschränken, sondern betriebsübergreifend auf das ganze Unternehmen anzuwenden (BAG 17.11.98 – 1 AZR 147/98, NZA 99, 606). Bestehen in einem Betrieb aus sachlichen Gründen, zB Übernahme eines zusätzlichen Betriebsteils, voneinander unabhängige Vergütungssysteme, sind daraus resultierende unterschiedliche Einmalzahlungen nicht zu beanstanden (BAG 18.11.03 – 1 AZR 604/02, NZA 04, 803). Ein Verstoß gegen Art 3 GG liegt vor, wenn die Ungleichbehandlung nicht durch sachliche Gründe gerechtfertigt ist. So stellt das unterschiedliche Arbeitspensum von Teilzeitbeschäftigten gegenüber Vollzeitbeschäftigten keinen sachlichen Grund für eine Differenzierung dar, so dass **Teilzeitbeschäftigte, auch geringfügig Beschäftigte, von einer Einmalzahlungsregelung nicht ausgeschlossen werden** können, sondern – je nach Verwendungszweck anteilig entsprechend ihrer Arbeitszeit (BAG 22.10.08 – 10 AZR 734/07, NZA 09, 168) – ebenfalls einen Einmalzahlungsanspruch haben (BAG 6.12.90 – 6 AZR 159/89, BB 91, 2299). Dies gilt auch für **Jubiläumszuwendungen** (BAG 22.5.96 – 10 AZR 618/95, NZA 96, 938). Soll aufgrund nachfolgender tariflicher Regelung eine tarifliche Einmalzahlung gekürzt werden, muss dies proportional zum Beschäftigungsumfang erfolgen; eine Verkürzung um einen Einheitsbetrag von 1000 DM (511 €) einheitlich für Vollzeit- und Teilzeitbeschäftigte benachteiligt die Teilzeitbeschäftigten und ist deshalb unwirksam (BAG 24.5.2000 – 10 AZR 629/99, NZA 01, 216). Tarifvertraglich begründete Einmalzahlungen können durch einen nachfolgenden (Sanierungs-)Tarifvertrag auch rückwirkend, dh am Ende des Kj für das laufende Kj verschlechtert werden (BAG 14.11.01 – 10 AZR 698/00, NZA 02, 1056). Bei Beachtung des Vertrauensschutzprinzips ist durch einen **Sanierungstarifvertrag** sogar eine Beseitigung entstandener, aber noch nicht ausgezahlter Einmalzahlungsansprüche möglich (BAG 22.10.03 – 10 AZR 152/03, NZA 04, 444). Bei einer **Betriebsabspaltung** ist es unter Gleichbehandlungsgesichtspunkten zulässig, nur den **verbleibenden ArbN** zur Motivation für die Zukunft eine Sonderzahlung zu gewähren (BAG 14.2.07 – AZR 181/06, NJW 07, 1548).

Die **nebenberufliche Tätigkeit** eines Teilzeitbeschäftigten ist allein ebenfalls kein sachlicher Grund für den Ausschluss von einer Einmalzahlungszusage (BAG 6.12.90 – 6 AZR 159/89, BB 91, 2299). Durch § 4 Abs 1 TzBfG ist dies auch gesetzlich festgelegt und 4 umfasst nach § 2 Abs 2 TzBfG auch die **geringfügig Beschäftigten.** Die unterschiedliche Behandlung von gewerblichen ArbN und Angestellten ist grds sachlich nicht gerechtfertigt (BAG 25.1.84 – 5 AZR 251/82, DB 84, 2355) eine entsprechende Gruppenbildung scheitert meistens an ausreichenden sachlichen Gründen (BAG 12.10.05 – 10 AZR 640/04, NZA 05, 1418). Zur sachlichen Rechtfertigung kann sich der ArbGeb insbes nicht auf den unterschiedlichen Fluktuationsgrad oder darauf berufen, dass die begünstigte Gruppe kleiner als die benachteiligte sei (BAG 25.1.84, NZA 84, 323). Deshalb hat es das BAG auch als unzulässig beurteilt, dass ein Fruchtgroßhandel als Urlaubs- und Weihnachtsgratifikation den Angestellten ein 13. Monatsgehalt, den Fahrern und Lagerarbeitern 1500 DM (767 €) und den Obstsortiererinnen etwas Obst und eine Flasche Kirschlikör zuwenden und dies damit begründen wollte, man habe bei Obstsortiererinnen kein Interesse, eine Fluktuation zu vermeiden (BAG 30.3.94 – 10 AZR 681/92, NZA 94, 786). Eine Gruppendifferenzierung dergestalt, dass die Fernfahrer eines Betriebes als Einmalzahlung 2,94 % des Bruttojahresverdienstes, die übrigen Mitarbeiter hingegen 4 % des Bruttojahresverdienstes als Einmalzahlung erhalten sollen, ist unzulässig (BAG 26.4.16 – 1 AZR 435/14, NZA 16, 1160 – Verstoß gegen § 75 Abs 1 BetrVG).

5 Ein **sachlicher Differenzierungsgrund** kann dann angenommen werden, wenn der ArbGeb eine bestimmte ArbNGruppe an den Betrieb stärker binden will, weil deren Weggang zu besonderen Belastungen führen würde (BAG 19.3.03 – 10 AZR 365/02, NZA 03, 724), oder wenn dadurch höhere übertarifliche Leistungen einer anderen ArbNGruppe ausgeglichen werden sollen (BAG 30.3.94 – 10 AZR 681/92, NZA 94, 786). Gewährt ein Zeitungsvertrieb seinen Innendienstangestellten ein Weihnachtsgeld, den Zeitungszustellern jedoch nicht, ist diese Differenzierung gerechtfertigt, wenn die Zeitungszusteller die Möglichkeit haben, zur Weihnachtszeit von den Abonnenten ein nicht unerhebliches Trinkgeld zu erhalten (BAG 19.4.95 – 10 AZR 344/94, NZA 95, 985). Das BVerfG (Beschluss vom 1.9.97 – 1 BvR 1929/95, NZA 97, 1339) akzeptiert eine Differenzierung wegen unterschiedlicher Krankenstände nur, wenn feststeht, dass der hohe Krankenstand nicht auf gesundheitsschädlichen Arbeitsbedingungen beruht. Will der ArbGeb nach Leistung differenzieren, muss er hierfür sachlich gerechtfertigte und nachvollziehbare Kriterien, die sich objektivieren lassen, transparent machen.

6 Die Differenzierung muss dem Leistungszweck entsprechen. Gestaltet der ArbGeb die Einmalzahlung als Anwesenheitsprämie aus, um leichtfertigen Krankmeldungen vorzubeugen, verletzt der ArbGeb den arbeitsrechtlichen Gleichbehandlungsgrundsatz, wenn er ArbN, die einer Arbeitszeitverlängerung nicht zugestimmt haben, von der Einmalzahlung ausnehmen will (BAG 26.9.07 – 10 AZR 569/06, NZA 07, 1424).

Ein sachlicher Grund für eine unterschiedliche Behandlung kann daraus folgen, dass einige Arbeitsverhältnisse drittmittelfinanziert sind, andere nicht (BAG 21.5.03 – 10 AZR 524/02, NJW 03, 3150).

Sachlich gerechtfertigt ist eine unterschiedliche Behandlung, wenn sie diejenigen ArbN besser stellt, die in der Vergangenheit Lohn- und Gehaltsverzicht geleistet haben (BAG 20.9.17 – 10 AZR 610/15, NZA 18, 670).

Eine tarifliche Regelung, die den Anspruch auf eine Sonderzahlung vom Bestand des Arbeitsverhältnisses am 1. Dezember des Jahres abhängt macht, führt zu keiner sachwidrigen Benachteiligung der ArbN, die vor diesem Stichtag wegen Erreichens des gesetzlichen Rentenalters aus dem Arbeitsverhältnis ausscheiden, und stellt deshalb **keine unzulässige Altersdiskriminierung** dar (BAG 12.12.12 – 10 AZR 718/11, NZA 13, 577).

**Von Kürzungsmöglichkeiten kann nur Gebrauch gemacht werden, wenn sie einheitlich angewandt** werden (BAG 11.11.15 – 10 AZR 719/14, NZA 16, 243).

7 **4. Transparenzgebot und Widerrufsvorbehalte.** Einschränkungen bei der Entstehung eines Anspruchs auf eine Einmalzahlung müssen bei vom ArbGeb vorformulierten Arbeitsverträgen dem Transparenzgebot entsprechen, andernfalls entsteht der Anspruch ohne Einschränkung. Das **Transparenzgebot des § 307 Abs 1 Satz 2 BGB** ist verletzt, wenn in einem Formulararbeitsvertrag einerseits ein Anspruch zugesagt wird und es an anderer Stelle im Vertrag heißt, dass der ArbN keinen Rechtsanspruch habe (BAG 30.7.08 – 10 AZR 606/07, NZA 08, 1173).

Zulässig ist unter dem Blickwinkel der ABG-Kontrolle eine Klausel, die einem ArbGeb bei einer Einmalzahlung ein einseitiges Leistungsbestimmungsrecht einräumt, insbes wenn die Zahlung keinen Entgelt- sondern Gratifikationscharakter hat; die Leistungsbestimmung richtet sich dann nach § 315 Abs 3 BGB (BAG 16.1.13 – 10 AZR 26/12, NJW 13, 1020).

Die Vereinbarung eines **Widerrufsvorbehalts** ist gem § 308 Nr 4 BGB unzulässig, 8
soweit der im Gegenseitigkeitsverhältnis stehende widerrufliche Teil des Gesamtverdienstes bei mehr als 25 % liegt oder der Tariflohn unterschritten wird (BAG 11.10.06 – 5 AZR 721/05, NZA 07, 87). Ferner müssen die Widerrufsgründe im Vertrag angegeben sein (BAG 24.1.17 – 1 AZR 774/14, NZA 17, 777). Fehlt ein Freiwilligkeits- oder Widerrufsvorbehalt, kann eine Zusage, die durch Arbeitsvertrag, arbeitsvertragliche Einheitsregelung oder Gesamtzusage begründet worden ist, **für die Zukunft nicht einseitig beseitigt werden.** Es bedarf insoweit einer Änderungskündigung oder einer einverständlichen Vertragsänderung mit den ArbN. Gleiches gilt, wenn aufgrund mehrjähriger vorbehaltloser Zahlung eine betriebliche Übung entstanden ist. Eine betriebliche Übung kann durch eine **„umgedrehte" betriebliche Übung** nicht wieder aufgehoben werden (BAG 18.3.09 – 10 AZR 281/08, NZA 09, 601 unter Abänderung früherer Rspr); die dreimalige Deklarierung einer Einmalzahlung als freiwillige Leistung führt nicht zu einem wirksamen Freiwilligkeitsvorbehalt, wenn die Einmalzahlung in den Jahren zuvor ohne diesen Vorbehalt erbracht und damit zu einem Rechtsanspruch aus betrieblicher Übung geführt hat.

Wenn die Einmalzahlung auf Tarifvertrag oder Betriebsvereinbarung beruht, kann eine Änderung, auch Verschlechterung dadurch herbeigeführt werden, dass ein neuer Tarifvertrag bzw eine neue Betriebsvereinbarung, ggf nach Kündigung des alten Tarifvertrages bzw der alten Betriebsvereinbarung, abgeschlossen wird. Die Kündigung eines Tarifvertrags führt zu dessen Nachwirkung nach § 4 Abs 5 TVG. Die Tarifvertragsparteien können während des laufenden Jahres rückwirkend auf den Jahresanfang eine Verschlechterung der am Jahresende zu zahlenden Einmalzahlung wirksam vereinbaren (BAG 17.5.2000 – 4 AZR 216/99, NZA 2000, 1297). Bei der Kündigung einer Betriebsvereinbarung ist zu differenzieren: Handelt es sich bei der Einmalzahlung um eine freiwillige Leistung und beabsichtigt der ArbGeb mit der Kündigung, die Einmalzahlung vollständig entfallen zu lassen, tritt keine Nachwirkung nach § 77 Abs 6 BetrVG ein. Anders ist es hingegen, wenn der ArbGeb mit der Kündigung lediglich eine Änderung des Volumens oder des Verteilungsschlüssels erstrebt (teilmitbestimmte Betriebsvereinbarung, BAG 26.10.93 – 1 AZR 46/93, NZA 94, 572).

Zu Freiwilligkeitsvorbehalten *Freiwillige Leistungen.*

**5. Anspruchskürzungen und -ausschlüsse. a) Begrenzende Bedingungen.** In der 9
jeweiligen Rechtsgrundlage der Einmalzahlung können Bedingungen für deren Bezug vorgesehen werden. Bei der Beurteilung der rechtlichen Zulässigkeit spielt **der mit der Einmalzahlung verfolgte Leistungszweck eine entscheidende Rolle** (BAG 16.1.13 – 10 AZR 26/12, NJW 13, 1020). Der Leistungszweck kann einerseits in der Zuwendung eines zusätzlichen Entgelts bestehen (zB 13. Monatsgehalt, Sonderzuwendung), das als **weitere Gegenleistung für die erbrachte Arbeitsleistung** gemeint ist. Andererseits kann der Leistungszweck darin bestehen, eine Gratifikation zuzuwenden, also **die erbrachte Betriebstreue zu belohnen** (zB Jubiläumszahlung). **Mischformen** (Zuwendungen mit Mischcharakter) sind ebenfalls möglich. Aus der Zahlung jeweils am Ende des Kj kann nicht ohne weitere Anhaltspunkte darauf geschlossen werden, dass Zweck der Zahlung die Honorierung der Betriebstreue sein sollte (BAG 13.5.15 – 10 AZR 266/14, NZA 15, 992).

Bei der Zahlung aus Anlass eines **Dienstjubiläums** ist idR alleiniger Zweck die Honorierung der erbrachten Betriebstreue (zur Anrechnung von Vordienstzeiten s BAG 24.5.2000 – 10 AZR 402/99, NZA 01, 45). Dies schließt es einerseits aus, denjenigen ArbN, die kurz vor dem Dienstjubiläum ausscheiden, einen anteiligen Anspruch zu gewähren, andererseits hat es zur Konsequenz, dass krankheitsbedingte Fehlzeiten und Zeiträume, in denen das Arbeitsverhältnis geruht hat (Wehrdienst, Pflegezeit, Elternzeit), nicht anspruchsmindernd berücksichtigt werden können. Denn der ArbN hat die allein anspruchsbegründende Betriebstreue erbracht, wenn das Arbeitsverhältnis bis zum Dienstjubiläumstag **rechtlich** ununterbrochen bestanden hat, so dass es auch geschuldet wird, wenn der ArbN sich zB schon in der Freistellungsphase einer Altersteilzeit befindet (BAG 9.4.14 – 10 AZR 635/10, NZA 14, 1038).

Eine **Wartezeit** kann festgelegt werden (BAG 27.10.04 – 10 AZR 171/04, NZA 05, 239 LS). Die Leistung kann an zusätzliche Bedingungen geknüpft werden. So können die Betriebspartner vereinbaren, dass eine Sonderzahlung an Fahrer nur bei unfallfreiem Fahren und unter der zusätzlichen Bedingung gezahlt wird, dass das Arbeitsverhältnis nicht durch Eigenkündigung des ArbN im Bezugszeitraum endet (BAG 10.1.91 – 6 AZR 205/89, BB 91, 1045). Macht eine tarifliche Regelung den Anspruch auf die Jahresleistung davon abhängig, dass das Arbeitsverhältnis an einem Stichtag **ungekündigt** ist, steht ein vor dem Stichtag geschlossener Aufhebungsvertrag einer Kündigung nicht gleich und lässt sich dem Anspruch nicht entgegensetzen (BAG 7.10.92 – 10 AZR 186/91, BB 93, 220). Auch der Ablauf eines befristeten Arbeitsverhältnisses nach dem tarifvertraglich festgelegten Stichtag lässt sich nicht mit einer Kündigung gleichsetzen, so dass ein hiervon betroffener ArbN die Jahressonderzuwendung verlangen kann, da er sich am Stichtag nicht in einem gekündigten Arbeitsverhältnis befindet (BAG 14.12.93 – 10 AZR 661/92, NZA 94, 463).
Eine Bemessungsobergrenze kann festgelegt und mit einer Zusage der Überprüfung im zweijährigen Rhythmus zugesagt werden. Aus einer solchen Überprüfungszusage erwächst kein Erhöhungsanspruch (BAG 27.2.19 – 10 AZR 341/18, NZA 19, 914).

Zur Kürzung von Ansprüchen wegen Fehlzeiten s → *Anwesenheitsprämie* Rn 10 ff.

10 **b) Ausscheiden vor einem festgelegten Stichtag.** Scheidet ein ArbN vor einem festgelegten Stichtag aus, stellt sich die Frage, ob er eine anteilige Einmalzahlung entsprechend der zurückgelegten Zeit fordern kann. Dabei ist nach dem **Leistungszweck zu differenzieren.** Soll die Einmalzahlung allein die geleisteten Dienste zusätzlich honorieren und stellt damit zusätzliches Arbeitsentgelt dar (zB 13. Monatsgehalt), so ist der Leistungszweck zumindest teilweise erbracht worden, infolgedessen besteht auch ein **anteiliger** Zahlungsanspruch. Eine vertragliche Regelung, die gleichwohl den gesamten Anspruch bei Ausscheiden vor dem Stichtag ausschließen will, hält der Inhaltskontrolle nach § 307 Abs 1 Satz 1 BGB nicht stand (BAG 18.1.12 – 10 AZR 667/10, NZA 12, 620). Die Inhaltskontrolle greift nicht, wenn der Anspruch auf einem TV beruht (BAG 3.7.19 – 10 AZR 300/18, NZA 19, 1440). Bei einem ArbGebWechsel von einem ArbGeb des öffentlichen Dienstes zu einem anderen ArbGeb des öffentlichen Dienstes im laufenden Kj kann nicht die volle Einmalzahlung, sondern nur die anteilige Einmalzahlung verlangt werden (BAG 11.7.12 – 10 AZR 488/11, NZA-RR 12, 661).

Ist vom Leistungszweck her **allein die Belohnung der Betriebstreue gewollt** (Gratifikation), was durch eine Stichtagsregelung zum Ausdruck kommen kann, hat der ArbN die bezweckte Leistung, nämlich die Erbringung der Betriebstreue bis zum Stichtag, nicht erbracht, so dass kein anteiliger Zahlungsanspruch in Betracht kommt (BAG 10.12.08 – 10 AZR 15/08, NZA 09, 322) und eine entsprechende vertragliche Formularausschlussklausel zulässig ist (BAG 18.1.12 – 10 AZR 667/10, NZA 12, 620). Der Grund des vorzeitigen Ausscheidens ist unerheblich. Soweit durch eine solche Regelung auch ArbN, die im Kj vorzeitig wegen Eintritts in den Ruhestand ausscheiden, keinen Gratifikationsanspruch haben, stellt dies **keine Altersdiskriminierung** dar (BAG 12.12.12 – 10 AZR 718/11, NZA 13, 577). Durch Tarifvertrag ist eine günstigere Regelung möglich (BAG 15.1.14 – 10 AZR 297/13, NZA 14, 818).

Wird in einem Arbeitsvertrag allein die Zahlung eines Weihnachtsgeldes zugesagt, so ist dies regelmäßig so zu verstehen, dass der Anspruch voraussetzt, dass das Arbeitsverhältnis zu Weihnachten noch besteht (BAG 30.3.94 – 10 AZR 134/93, NZA 94, 651). Eine Einmalzahlung kann daran gebunden werden, dass das Arbeitsverhältnis zum Ende des Geschäftsjahres noch besteht (BAG 6.5.09 – 10 AZR 443/08, NZA 09, 783). Unter Gleichbehandlungsgesichtspunkten ist es nicht zu beanstanden, wenn ein ArbGeb nach den von ihm aufgestellten Bedingungen für eine freiwillige Leistung zwar den im Laufe des Kj neu eintretenden ArbN eine anteilige Leistung gewährt, nicht aber den vor Ablauf des Kj ausscheidenden ArbN (BAG 8.3.95 – 10 AZR 208/94, NJW 96, 948).

Sind beide Zweckelemente gewollt – **Gratifikation mit Mischcharakter** –, ist bei vorzeitigem Ausscheiden das Leistungselement erfüllt, so dass eine anteilige Zahlung in Betracht kommt (BAG 18.1.12 – 10 AZR 612/10, BB 12, 2250 unter Aufgabe früherer Rspr). Eine Klausel in Allgemeinen Geschäftsbedingungen, wonach eine **Sonderzahlung mit Mischcharakter von dem Erreichen eines Stichtages abhängen soll, ist eine unangemessene Benachteiligung iSd § 307 Abs 1 BGB** und daher rechtsunwirksam

(BAG 13.11.13 – 10 AZR 848/12, NZA 14, 368). Berücksichtigt werden muss auch ein entstandener Vertrauensschutz (BAG 6.12.17 – 10 AZR 575/16, NZA 18, 321). Tarifliche Stichtagsregelungen sind hingegen zulässig, da Tarifverträge nicht der Inhaltskontrolle des § 307 BGB unterliegen (BAG 27.6.18 – 10 AZR 290/17, NZA 18, 1344).

**c) Ausscheiden zum Stichtag oder Ende des Kalenderjahres aufgrund betriebsbedingter Kündigung.** Ein solches Ausscheiden beeinträchtigt den Anspruch des ArbN nicht, wenn Zweck der Einmalzahlung allein die zusätzliche Vergütung der geleisteten Arbeit ist **(reiner Entgeltzweck),** da der Zweck durch die Arbeitsleistung bis zum Stichtag bzw zum Ende des Kj erreicht wird. Anders will das BAG entscheiden, wenn die Belohnung der Betriebstreue allein oder jedenfalls auch (Gratifikation mit Mischcharakter) bezweckt war. Danach soll eine Bestimmung in einem Tarifvertrag oder einer Betriebsvereinbarung zulässig sein, die betriebsbedingt gekündigte ArbN von dem Anspruch ausschließt (BAG 25.4.91, DB 91, 1574). Damit hat das BAG seine frühere Rspr aufgegeben, wonach das Ausscheiden aufgrund betriebsbedingter Kündigung den Weihnachtsgeldanspruch nicht zu Fall bringen konnte (BAG 26.6.75, DB 75, 2089). Andererseits befürwortet das BAG (Urt vom 14.11.01 – 10 AZR 238/01, NZA 02, 337) eine für den ArbN günstige weite Auslegung von gratifikationserhaltenden Tarifvertragsklauseln. Das BAG neigt dazu, seine Rspr auch auf einzelvertragliche Zusagen zu übertragen (so explizit BAG 19.11.92 – 10 AZR 264/91, NZA 93, 353). Mit Recht wird dem BAG kritisch entgegengehalten, dass es schwer erträglich ist, einem ArbN, der im gesamten Bezugszeitraum im Arbeitsverhältnis gestanden und daher die bezweckte Betriebstreue erbracht hat, den Anspruch zu entziehen, weil er die zukünftige Betriebstreue aufgrund betriebsbedingter Kündigung nicht erbringen kann. Sowohl der Rechtsgedanke des § 162 BGB als auch die Überlegung, dass der ArbN die angestrebten Zweckelemente ganz überwiegend erfüllt hat und die vollständige Erfüllung an Umständen aus der betrieblichen Sphäre gescheitert ist, müssten zu dem Ergebnis führen, dass entsprechende Regelungen in Betriebsvereinbarungen oder Arbeitsverträgen der Billigkeitskontrolle nicht standhalten. Anders mag es bei Tarifverträgen sein, die nur einer begrenzten richterlichen Kontrolle unterliegen (wie hier *Hanau/Vossen* DB 92, 221). Eine Vertragsklausel, die den Anspruch bei Kündigung des ArbN oder einer vom ArbN veranlassten Kündigung des ArbGeb entfallen lässt, ergreift nicht den Fall der betriebsbedingten Kündigung oder des Befristungsablaufs zum Ende des Kj (BAG 28.3.07 – 10 AZR 261/06, NZA 07, 687). 11

**d) Ruhen des Arbeitsverhältnisses.** Hat die Einmalzahlung von der Zwecksetzung her **reinen Entgeltcharakter,** kann es für jeden Monat, in dem das Arbeitsverhältnis geruht hat, um $^{1}/_{12}$ gekürzt werden (BAG 24.10.90 – 6 AZR 418/89, DB 91, 446 für die Inanspruchnahme von Elternzeit). Die Rspr wird man auch auf alle anderen Ruhenstatbestände, zB unbezahlten Urlaub oder unbezahlte Pflegezeit nach § 3 PflegeZG anwenden können. Das Kürzungsrecht muss nicht vertraglich vereinbart sein, es ergibt sich bereits aus dem zugrunde liegenden, reinen Entgeltzweck (BAG 19.4.95 – 10 AZR 49/94, NZA 95, 1098). Das Kürzungsrecht führt dazu, dass der Anspruch insgesamt entfällt, wenn das Arbeitsverhältnis während des ganzen Jahres geruht hat. 12

Wird im Arbeitsvertrag eindeutig festgelegt, unter welchen Voraussetzungen der Anspruch auf eine Sonderzahlung entsteht und aus welchen Gründen die Leistung wieder zurückzuzahlen ist, ist damit abschließend der Zweck der Leistung definiert, so dass nicht im Nachhinein weitere Anspruchsvoraussetzungen aufgestellt werden können. Ist danach nur die rechtliche Beendigung des Arbeitsverhältnisses bis zu einem bestimmten Datum für die Sonderzahlung schädlich, steht dem ein Ruhen wegen Elternzeit nicht gleich (BAG 10.12.08 – 10 AZR 35/08, NZA 09, 258).

Ist alleiniger Zweck der Zuwendung die Honorierung von Betriebstreue, kann die Einmalzahlung nicht für Zeiträume, in denen das Arbeitsverhältnis geruht hat, gekürzt werden. Denn der ArbN hat die bezweckte Leistung – Erbringung der Betriebstreue – trotz ruhenden Arbeitsverhältnisses erbracht, er hat daher Anspruch auf die volle Zuwendung. Ein Kürzungsrecht kann daher nicht vereinbart werden (*Hanau/Vossen* DB 92, 218), ggf jedoch ein vereinbarter Freiwilligkeitsvorbehalt zum Tragen kommen (BAG 12.1.2000 – 10 AZR 840/98, NZA 2000, 944).

Bei **Zuwendungen mit Mischcharakter** entsteht ein Kürzungsrecht für Ruhenstatbestände nicht automatisch, es muss jeweils in der Rechtsgrundlage (Tarifvertrag, Betriebs- 13 vereinbarung, Arbeitsvertrag) vereinbart sein (BAG 10.2.93 – 10 AZR 207/91, NZA 93, 803) und wird bei Formulararbeitsverträgen regelmäßig an § 307 Abs 1 Satz 1 BGB scheitern (BAG 18.1.12 – 10 AZR 612/10, NZA 12, 620). Eine Kürzungsvereinbarung, die nicht ausdrücklich getroffen worden ist, kann auch nicht unter Bezugnahme auf den Willen der (Tarifvertrags-)Parteien oder unter Hinweis auf allgemeine Rechtsgrundsätze in die Anspruchsgrundlage hineininterpretiert werden (BAG 8.12.93 – 10 AZR 66/93, NZA 94, 421). Diese Grundsätze gelten auch, wenn eine Einmalzahlung unter den Vorbehalt des Widerrufs gestellt und ein Rechtsanspruch ausgeschlossen wird (BAG 10.5.95 – 10 AZR 648/94, NJW 96, 276). Macht eine tarifliche Regelung die Jahres-Sonderzahlung allein vom rechtlichen Bestand des Arbeitsverhältnisses abhängig, ist die Zahlung auch für Zeiten zu gewähren, in denen das Arbeitsverhältnis wegen eines Arbeitskampfes geruht hat (BAG 20.12.95 – 1 AZR 742/94, NZA 96, 491). Liegt hingegen eine Sonderzuwendung mit Entgeltcharakter vor, ist eine anteilige Kürzungsvereinbarung für Ruhenstatbestände auch auf die Streikteilnahme anwendbar (BAG 3.8.99 – 1 AZR 735/95 und 1 AZR 290/99, ArbuR 99, 351). Tarifvertraglich kann eine anteilige Kürzung auch für Monate festgelegt werden, in denen der ArbN Verletztengeld nach § 45 SGB VII bezogen hat (BAG 25.4.07 – 10 AZR 110/06, NZA-RR 07, 474). Keine Kürzung ist ohne Vereinbarung für die Fehlzeiten möglich, die durch die **Mutterschutzfristen** der §§ 3, 6 MuschG entstehen (BAG 25.11.98 – 10 AZR 595/97, NZA 99, 766). Eine entsprechende Vereinbarung würde als unzulässige mittelbare Diskriminierung gegen Art 119 EG-Vertrag verstoßen (EuGH 21.10.99 – Rs C-333/97, ArbuR 2000, 66). Die Schutzfristen sind insoweit wie tatsächlich geleistete Arbeit zu behandeln.

14 **e) Langdauernde Arbeitsunfähigkeit.** In diesem Problemfeld ist die Zwecksetzung der Einmalzahlung ebenfalls von zentraler Bedeutung. Wird mit der Zuwendung ein reiner Entgeltzweck verfolgt, entfällt der Anspruch, wenn der ArbN im ganzen Kj arbeitsunfähig war und deswegen keine Arbeitsleistungen erbracht hat. Dazu bedarf es keiner ausdrücklichen Vereinbarung (BAG 21.3.01 – 10 AZR 28/00, NZA 01, 785; *Vossen* NZA 05, 734), da dies schon aus dem Synallagma von Arbeitsleistung und Entgelt folgt. Dasselbe kann sich aus den Anspruchsvoraussetzungen eines TV ergeben (für den TV-L s BAG 11.11.15 – 10 AZR 645/14, ZTR 16, 145).

Auf der anderen Seite ist eine langdauernde, ganzjährige AU für den Anspruch unschädlich, wenn allein das Zweckelement **Betriebstreue** gefördert werden sollte, denn auch der arbeitsunfähige, selbst der erwerbsunfähige (BAG 26.1.05 – 10 AZR 215/04, NZA 05, 655 LS) ArbN erfüllt dieses Zweckelement. Eine Kürzungsvereinbarung wäre deshalb nicht möglich.

15 Bei Einmalzahlungen mit **Mischcharakter** besteht der Anspruch nach der Rspr grds, auch wenn der ArbN im Kj überhaupt nicht gearbeitet hat. **Vertragliche, insbes tarifvertragliche Kürzungsvereinbarungen sind möglich, müssen aber eindeutig sein** (BAG 25.9.13 – 10 AZR 850/12, NZA 14, 52). Ohne Kürzungsvereinbarung muss die Gratifikation im Fall langdauernder AU ungekürzt ausgezahlt werden (BAG 5.8.92 – 10 AZR 88/90, BB 92, 2218). Richtigerweise müsste darauf abgestellt werden, dass bei Fehlen jeglicher Arbeitsleistung das zweite Zweckelement, die zusätzliche Vergütung für die geleistete Arbeit, fehlt und deshalb eine der beiden kumulativ zu erfüllenden Anspruchsvoraussetzungen nicht gegeben ist. Die Rspr des BAG führt allerdings dazu, dass die Vertragspartner bei der Gestaltung von Einmalzahlungen im Hinblick auf langdauernde AU einen **erweiterten Gestaltungsspielraum** haben. Eine Kürzungsregelung, nach der Zeiten des Mutterschutzes und der Elternzeit anspruchserhaltend, Zeiten einer AU ohne Entgeltfortzahlungsanspruch hingegen anspruchsmindernd wirken, verstößt nicht gegen den Gleichheitssatz des Art 3 Abs 1 GG (BAG 14.9.94 – 10 AZR 216/93, BB 95, 100). Tariflich kann festgelegt werden, daß der ArbN für den Anspruch im Kalenderjahr mindestens 6 Monate gearbeitet haben muss. Diese Bedingung ist erfüllt, wenn der ArbN an mindestens der Hälfte der auf das Kalenderjahr entfallenden Arbeitstage gearbeitet hat, wobei Tage des gesetzlichen Mindesturlaubs mitzuzählen sind (BAG 30.1.19 – 10 AZR 596/17, AP BGB § 611 Gratifikation Nr 314).

Ohne Kürzungsregelung besteht der Anspruch selbst dann, wenn wegen der Krankheit Erwerbsunfähigkeitsrente auf Zeit bewilligt wurde (BAG 11.10.95 – 10 AZR 985/94, NZA 96, 542). Eine Ausnahme von diesen Grundsätzen will das BAG nur dann machen, wenn das Arbeitsverhältnis trotz rechtlichen Fortbestandes faktisch bereits beendet wurde, so wenn der ArbGeb bei andauernder AU auf sein Weisungsrecht gegenüber dem ArbN verzichtet, um diesem den Bezug von AlGeld bis zum Beginn der Berufs- oder Erwerbsunfähigkeitsrente zu ermöglichen (BAG 10.4.96 – 10 AZR 600/95, NZA 96, 498). Schließt eine tarifliche Regelung den Anspruch auf eine Sonderzahlung aus, wenn im Kj aus „sonstigen Gründen" nicht gearbeitet wurde, so gilt dies auch bei ganzjähriger Kurzarbeit mit „Null-Stunden"-Arbeitszeit (BAG 19.4.95 – 10 AZR 259/94, NZA 95, 997; 10.5.95 – 10 AZR 648/94, NZA 95, 1096). Zur Frage, inwieweit **krankheitsbedingte Fehltage** den Anspruch auf die Einmalzahlung mindern und zur Anwendung von § 4a EFZG → *Anwesenheitsprämie* Rn 10 ff.

Soweit eine gesetzliche Krankenkasse an einen ArbN erhöhtes Krankengeld zahlt gem § 46 Abs 2 S 6 SGB V, weil der ArbN gegen den ArbGeb einen Anspruch auf eine Einmalzahlung, zB Weihnachtsgeld hat, geht der Einmalzahlungsanspruch in Höhe der von der Krankenkasse erbrachten Leistung vom ArbN auf die Krankenkasse **nach § 115 SGB X über** (LAG Köln 10.5.10 – 5 Sa 7/10, BeckRS 2010, 70866).

**f) Anrechnung auf anderweitige Leistungen.** Ist der Anspruch auf eine Sonder- 16
zuwendung **tariflich** begründet, kann der Tarifvertrag zugleich bestimmen, dass auf die tarifliche Leistung gleichgerichtete betriebliche Leistungen angerechnet werden können. So kann ein Tarifvertrag vorsehen, dass auf die tarifliche Jahressonderzahlung alle betrieblichen Leistungen wie Weihnachtsgratifikationen, Jahresabschlussvergütungen, Ergebnisbeteiligungen, Tantiemen, dreizehnte Monatsgehälter und dergleichen angerechnet werden können. In diesem Fall kann auch eine aufgrund betrieblicher Übung einmal jährlich zu zahlende Treueprämie, die nach der Dauer der Betriebszugehörigkeit gestaffelt ist, angerechnet werden (BAG 3.3.93 – 10 AZR 42/92, NZA 93, 805). Die Anrechnung ist ausgeschlossen, wenn die betriebliche Leistung als „tariffest" (anrechnungsfest) vereinbart worden ist. Die Anrechnung scheidet ferner aus, wenn die betriebliche Leistung einen anderen Zweck verfolgt. Deshalb kann auf einen tariflichen Sonderzahlungsanspruch zum Weihnachtsfest nicht ein betrieblicher Anspruch auf eine Jubiläumszahlung (Treuegeld), die einmalig nach Erreichen der zehnjährigen Betriebszugehörigkeit fällig wird, angerechnet werden (BAG 10.2.93, NZA 93, 803).

**6. Rückzahlungsklauseln.** Vor allem bei jährlichen Sonderzahlungen und Weihnachts- 17
gratifikationen finden sich Rückzahlungspflichten für den Fall, dass das Arbeitsverhältnis vor Ablauf einer Mindestfrist (meist vor Ablauf des 31.3. des Folgejahres) vom ArbN beendet wird. Solche Einmalzahlungen stehen nicht automatisch unter dem Vorbehalt der Rückzahlung, falls der ArbN nach Ablauf des Bezugszeitraums aus dem Arbeitsverhältnis ausscheidet. Die Rückzahlungs- oder **Bindungsklausel** (BAG 28.4.04 – 10 AZR 356/03, NZA 04, 924) muss vielmehr **ausdrücklich vereinbart** sein und muss der Inhaltskontrolle nach §§ 305 ff BGB standhalten (BAG 25.4.07 – 10 AZR 634/06, NZA 07, 875). Die Rspr hat hierdurch die Anwendung von Rückzahlungsklauseln erheblich eingeschränkt. Eine Sonderzahlung, die jedenfalls auch die Vergütung der erbrachten Arbeitsleistung bezweckt (Gratifikation mit Mischcharakter), kann keiner vertraglichen Rückzahlungsklausel unterworfen werden. Denn darin liegt eine unangemessene Benachteiligung gem § 307 Abs 1 S 1 BGB, weil dem ArbN rückwirkend das Entgelt für geleistete Arbeit entzogen wird (BAG 27.6.18 – 10 AZR 290/17, DB 18, 2311 mAnm v *Rüschenbaum,* jurisPR-ArbR 40/2018 Anm 5; LAG Hamm 21.4.16 – 15 Sa 1780/15, BeckRS 2016, 71263). Sie unterliegt zudem richterlicher Kontrolle im Hinblick darauf, dass eine Rückzahlungsklausel keine **unzumutbare Kündigungserschwerung** (BAG 18.1.12 – 10 AZR 612/10, BB 12, 2250) für den ArbN beinhalten darf, da das Grundrecht des ArbN auf freie Wahl des Arbeitsplatzes nach Art 12 Abs 1 GG betroffen ist.

Rückzahlungsklauseln kommen daher nur in Betracht, **wenn der Gratifikationszweck eindeutig der alleinige Zweck der Zahlung ist.** Dabei ist zu beachten, dass der ausschließliche Gratifikationszweck unmissverständlich aus der zugrunde liegenden Vereinbarung hervorgehen muss (BAG 13.5.15 – 10 AZR 266/14, NJW 15, 3326).

Etwas anderes gilt nur, wenn ein Tarifvertrag Grundlage der Rückzahlungsverpflichtung ist, denn Tarifverträge unterliegen nicht der Inhaltskontrolle des § 307 BGB (BAG 27.6.18 – 10 AZR 290/17, DB 18, 2311).

Soweit Rückzahlungsklauseln danach noch zulässig sind, ist von folgendem Rahmen auszugehen:

Kleingratifikationen dürfen keiner Rückzahlung unterworfen werden (BAG 17.3.82, BB 82, 1666 = DB 82, 2144 = NJW 83, 67), wobei das BAG damals von einer Grenze von 200 DM ausgegangen ist. Diese Grenze dürfte heute angesichts der seither eingetretenen Geldentwertung bei 1.000 € liegen.

18 Bindungsfristen über den 30.6. des Folgejahres hinaus sind unzulässig. Bei Weihnachtsgratifikationen von weniger als einem Monatsgehalt ist eine Bindungsfrist bis zum 31.3. des Folgejahres zulässig (BAG 25.4.07 – 10 AZR 634/06, NZA 07, 875). Beträgt die Weihnachtsgratifikation ein volles Monatsgehalt oder mehr, ist eine Bindung bis maximal zum 30.6. des Folgejahres zulässig (BAG 25.9.02 – 10 AZR 7/02, NZA 03, 617). Ist die Bindung bis zum 31.3. des Folgejahres zulässig, muss die Rückzahlungsklausel ein Ausscheiden am 31.3. des Folgejahres ermöglichen, andernfalls ist sie unwirksam. Die Rückzahlung einer Jahresleistung in Höhe eines halben Monatsgehaltes kann daher nicht verlangt werden, wenn der ArbN zum 31.3. des Folgejahres kündigt (BAG 9.6.93 – 10 AZR 529/92, NZA 93, 935). Wird eine Einmalzahlung in Teilbeträgen zu unterschiedlichen Zeitpunkten fällig, sind die Teilbeträge getrennt zu betrachten (BAG 21.5.03 – 10 AZR 390/02, NZA 03, 1032).

19 Ist der ArbN aufgrund der zuvor dargestellten Grundsätze bei einem Weihnachtsgeld iH eines Monatsgehalts oder mehr über den 31.3. des Folgejahres hinaus gebunden, darf er zum ersten darauf folgenden Beendigungstermin ausscheiden. Richtigerweise knüpft deshalb die neuere Rspr (BAG 28.4.04 – 10 AZR 356/03, NZA 04, 924) an die vereinbarte Kündigungsfrist und den nächstzulässigen Kündigungstermin nach dem 31.3. an, so dass sich hieraus bei Geltung der gesetzlichen Kündigungsfrist nach § 622 Abs 1 BGB regelmäßig die Unzulässigkeit der Bindung über den 30.4. hinaus ableitet.

20 Beruht die Rückzahlungsklausel auf einem Tarifvertrag, belässt die Rspr den Tarifvertragsparteien aufgrund der Tarifautonomie einen größeren Spielraum. Die Rückzahlungsklausel kann so formuliert werden, dass sie nicht nur die arbeitnehmerseitige Kündigung erfasst, sondern auch die arbeitgeberseitige Kündigung, die der ArbN durch sein Verhalten verschuldet hat. In letzterem Fall entsteht ein Rückzahlungsanspruch nur, wenn das schuldhafte Verhalten des ArbN unmittelbar ausschlaggebend für die ArbGebKündigung ist (BAG 23.1.92 – 6 AZR 539/89, BB 92, 922). Unzutreffend ist jedoch die vom BAG angedeutete Auffassung, wonach die Rückzahlung auch für den Fall der betriebsbedingten Kündigung vereinbart werden kann (BAG 25.4.91 – 6 AZR 183/90, DB 91, 1574). Dem stehen bei betriebsbedingter Kündigung zusätzlich Vertrauensschutzgesichtspunkte entgegen. Eine Rückzahlungsklausel in einem formularmäßigen Arbeitsvertrag, die auch bei betriebsbedingter Kündigung eingreifen soll, ist eine unangemessene Benachteiligung gem § 307 Abs 1 S 1 BGB (LAG Düsseldorf 19.7.11 – 16 Sa 607/11, NZA – RR 11, 630).

Im öffentlichen Dienst ist nach dem dort geltenden Zuwendungstarifvertrag die Rückzahlung ausgeschlossen, wenn der ArbN krankheitsbedingt kündigt; hierfür reicht aus, wenn er aufgrund seiner individuellen körperlichen Veranlagung infolge von Einwirkungen an seinem Arbeitsplatz immer wieder erkrankt und daher seine Einsatzfähigkeit erheblich herabgesetzt ist (BAG 12.3.97 – 10 AZR 575/96, NZA 97, 1293). Der Zuwendungstarifvertrag für den öffentlichen Dienst schließt den Rückforderungsanspruch zudem aus, wenn der ArbN zu einem anderen ArbGeb des öffentlichen Dienstes wechselt, der einen Tarifvertrag mit im Wesentlichen gleichen Inhalt anwendet (BAG 23.6.04 – 10 AZR 553/03, NZA 04, 1404). Soweit eine – tarifvertragliche – Rückzahlungsklausel existiert, kann ihr nicht der Entreicherungseinwand des § 818 Abs 3 BGB entgegengesetzt werden (LAG Frankfurt aM 27.3.92, NZA 93, 78).

21 **7. Unpfändbarkeit.** Eine Einmalzahlung in Form eines Weihnachtsgeldes – nicht in der Form einer Sonderzahlung mit Entgeltzweck (BAG 18.5.16 – 10 AZR 233/15, NZA 16, 840) – ist nach § 850a Nr 4 ZPO bis zur Hälfte der monatlichen Bezüge, maximal aber bis 500 € unpfändbar. Die Einmalzahlung unterliegt den für das Arbeitsverhältnis geltenden Ausschlussfristen (BAG 13.12.00 – 10 AZR 168/00, NZA 01, 723). Muss die Einmalzahlung aufgrund einer Rückzahlungsklausel zurückgezahlt werden, kann dies mit späteren Gehaltsansprüchen nur im Wege der Aufrechnung unter Beachtung der **Pfändungsfreigrenzen** verrechnet werden (BAG 25.9.02 – 10 AZR 7/02, NZA 03, 617).

**8. Mitbestimmungsrechte des Betriebsrats.** Ob der BRat bei der Gewährung von Einmalzahlungen ein Mitbestimmungsrecht hat, hängt von der Rechtsgrundlage der Einmalzahlung ab. 22

**a) Einmalzahlung aufgrund eines Tarifvertrages.** Beruht die Einmalzahlung auf einem Tarifvertrag, der das Arbeitsverhältnis erfasst, besteht aufgrund des § 87 Abs 1 Eingangssatz BetrVG („soweit eine … tarifliche Regelung nicht besteht") und des § 77 Abs 3 BetrVG kein Mitbestimmungsrecht. Insoweit greift der Tarifvorrang ein, der den Vorrang der tariflichen Normsetzungsbefugnis festlegt und damit die Tarifautonomie sichert. Der Tarifvorrang ist jedoch nur zu beachten, sofern der Tarifvertrag eine abschließende Regelung enthält. In einem Tarifvertrag offengelassene Teilfragen und Modalitäten einer Zusage können daher in einer ergänzenden Betriebsvereinbarung geregelt werden.

**b) Andere Rechtsgrundlagen.** Sind diese maßgebend (Arbeitsvertrag, vertragliche Ein- 23
heitsregelung, Gesamtzusage, betriebliche Übung), kommt das Mitbestimmungsrecht des BRat nach § 87 Abs 1 Nr 10 BetrVG zur Anwendung. Dass Einmalzahlungen üblicherweise durch Tarifvertrag geregelt werden, steht der Rechtssetzungsbefugnis der Betriebspartner nicht entgegen. Denn der Tarifüblichkeitsvorbehalt in § 77 Abs 3 BetrVG findet im Bereich der **erzwingbaren Mitbestimmung** in sozialen Angelegenheiten keine Anwendung, da § 87 Abs 1 Eingangssatz Spezialregelung ist (BAG 29.10.03 – 1 AZR 573/01, NZA 03, 393; *DKKS/Berg* § 77 Rn 38; *Heinze* NZA 89, 41).

Denn Zweck des Mitbestimmungsrechtes nach § 87 Abs 1 Nr 10 BetrVG ist die Her- 24
stellung der **Entgeltgerechtigkeit.** Durch das Mitbestimmungsrecht soll der BRat auf eine gerechte Lohn- und Vergütungsverteilung hinwirken können.

**Mitbestimmungspflichtig ist folglich die Festlegung abstrakter, kollektiver Regelungen zur Verteilung von Einmalzahlungen.** Dadurch erhält der BRat insbes die Möglichkeit, zu verhindern, dass unter Nichtbeachtung des Gleichbehandlungsgrundsatzes bestimmte Beschäftigte oder Beschäftigtengruppen von Einmalzahlungen ausgeschlossen werden. Der BRat gewinnt dadurch ferner Einfluss auf die Zwecksetzung der Einmalzahlung, er kann insbes mitbestimmen, ob eine Gratifikation nur das Zweckelement „zusätzliche Vergütung für geleistete Dienste", nur das Zweckelement „Belohnung der Betriebstreue" oder beide Zweckelemente (Gratifikation mit Mischcharakter) beinhalten soll. Im Streitfall entscheidet die Einigungsstelle. Der Spruch der Einigungsstelle darf zwar nicht die individuelle Höhe der Jahressondervergütung festlegen, er muss aber selbst regeln, in welchem Verhältnis die Sondervergütungen der einzelnen ArbN zueinander stehen sollen und – bei unterschiedlicher Höhe der Jahressondervergütungen – welche Kriterien hierfür zur Anwendung kommen sollen (BAG 11.2.92 – 1 ABR 51/91, DB 92, 1730).

**c) Grenzen des Mitbestimmungsrechts nach § 87 Abs 1 Nr 10 BetrVG.** Eine Ein- 25
schränkung des Mitbestimmungsrechtes ergibt sich, wenn es sich bei den Einmalzahlungen um freiwillige zusätzliche Leistungen, auf die **kein Rechtsanspruch** besteht, handelt, etwa Übertariflichkeit oder wegen eines Freiwilligkeits- oder Widerrufsbehaltes. Die **Ausübung eines rechtmäßig vereinbarten Widerrufsrechts wird allerdings mitbestimmungspflichtig,** wenn es zu einer Änderung der Entgeltstruktur im Betrieb führt (BAG 24.1.17 – 1 AZR 772/14, NZA 17, 931). Die in einer Regelung vorgesehene Ausübung eines arbeitgeberseitigen Ermessens ist nicht mitbestimmungspflichtig (BAG 23.8.17 – 10 AZR 136/17, NZA 18, 44).

Der ArbGeb kann bei einer freiwilligen zusätzlichen Leistung den **Gratifikationsanlass** 26
(zB Weihnachten, Urlaub, Jubiläum) und den **Dotierungsrahmen,** also den Umfang der Mittel, die der Betrieb insgesamt für diese Einmalzahlung aufbringen will, mitbestimmungsfrei festlegen. Aus dem Zweck des Mitbestimmungsrechts, der Herstellung von **Entgeltgerechtigkeit,** ergibt sich, daß, der BRat über Gruppendifferenzierungen mitbestimmen darf, zumal der BRat die Einhaltung des Gleichbehandlungsgrundsatzes gem § 75 Abs 1 BetrVG durchsetzen können muss. Betriebsvereinbarungen, die unter Verletzung des Gleichbehandlungsgrundsatzes eine Gruppendifferenzierung vornehmen (zB dadurch, dass die Fernfahrer eines Betriebes als Einmalzahlung 2,94 % des Bruttojahresverdienstes, die übrigen Mitarbeiter hingegen 4 % des Bruttojahresverdienstes als Einmalzahlung erhalten sollen) sind unzulässig (BAG 26.4.16 – 1 AZR 435/14, NZA 16, 1160).

Der BRat kann ferner bei der Frage mitbestimmen, ob und welchen Einfluss Fehlzeiten auf den Gratifikationsanspruch haben (*Gaul* DB 94, 1140; hinsichtlich der Anrechnung von

Tariflohnerhöhungen auf übertarifliche Gehaltsbestandteile wegen Fehlzeiten ebenso BAG 22.9.92 – 1 AZR 460/90, NZA 93, 568).

Hinsichtlich des Umfangs der Leistungen **(Dotierungsrahmen)** ist unabhängig hiervon bei freiwilligen zusätzlichen Leistungen zu beachten, dass dieser festliegt, wenn der ArbGeb bereits Auszahlungen vorgenommen hat und Änderungen hieran nur für zukünftige Bezugszeiträume vorgenommen werden können. Das Mitbestimmungsrecht schließt ein Initiativrecht des BRat ein, freilich erlaubt es dem BRat nicht, die Einführung einer zusätzlichen Einmalzahlung zu erzwingen.

## B. Lohnsteuerrecht *Seidel*

31 **Einmalige Arbeitslohnzahlungen** stellen steuerrechtlich regelmäßig sonstige Bezüge dar, die im Zeitpunkt der Zahlung zufließen (LStR 39b.2 Abs 2 Satz 1; → *Sonstige Bezüge* Rn 2–11; → *Leistungsorientierte Vergütung* Rn 11; → *Lohnzufluss* Rn 2 ff). Zur lohnsteuerlichen Behandlung → *Sonstige Bezüge* Rn 2 ff.

32 Formen von Einmalzahlungen sind neben den dreizehnten und vierzehnten Monatsgehältern sowie den **Abfindungen oder Entschädigungen** (→ *Außerordentliche Einkünfte* Rn 2 ff), insbes **Prämien,** zB Erfindervergütungen (→ *Entgeltzuschläge* Rn 2, → *Verbesserungsvorschläge* Rn 12; → *Arbeitnehmererfindungen* Rn 31), **Provisionen** (→ *Provisionen* Rn 31), **Jubiläumszahlungen,** zB für Dienstjubiläen (→ *Steuerfreie Einnahmen* Rn 18) sowie **Gratifikationen** als Sondervergütungen wie zB Weihnachtsgeld, Urlaubsgeld (LStR 39b.2 Abs 2 Satz 2). Sie sind grds stpfl Arbeitslohn. Das gilt für **Tantiemen** und **Boni,** die sich von den Gratifikationen dadurch unterscheiden, dass sie nach dem Betriebsergebnis des Unternehmens bemessen werden, auch dann, wenn Sonderzahlungen von einer – inländischen oder ausländischen – Konzerngesellschaft nach einem Bonussystem geleistet werden. Dabei spielt für die Wertung als Arbeitslohn keine Rolle, ob die Zusatzentlohnung vom ArbGeb oder nur von der Konzerngesellschaft geschuldet wird (zum LStAbzug bei Lohnzahlung an Dritte → *Sachbezug* Rn 15). Wird die Tantieme rückwirkend für die Zeit zwischen Schluss des Geschäftsjahres und dem Tag der Beschlussfassung in der Hauptversammlung **verzinst,** handelt es sich insofern ebenfalls um Arbeitslohn und nicht um Einnahmen aus Kapitalvermögen (FG BaWü 25.9.97 – 10 K 32/95, nv). Muss eine Gratifikation in einem späteren Kj ganz oder teilweise **zurückgezahlt** werden, bleibt die Besteuerung im Jahr des Zuflusses unverändert (BFH 4.5.06 – VI R 19/03, BStBl II 06, 832; BFH 14.4.16 – VI R 13/14, DStR 16, 1744 Rn 17). Im Rückzahlungsjahr liegen negative Einnahmen vor, die mit positiven Einnahmen (Arbeitslohn oder andere) zu verrechnen sind (BFH 26.1.2000 – IX R 87/95, BStBl II 2000, 396; BFH 14.4.16 – VI R 13/14, DStR 16, 1744 Rn 17).

33 Bei **Lohnnachzahlungen** oder **Lohnvorauszahlungen** gilt dies allerdings nur, wenn sich der Gesamtbetrag oder ein Teilbetrag auf Lohnzahlungszeiträume (→ *Lohnsteuerberechnung* Rn 6) bezieht, die in einem anderen Jahr als dem der Zahlung enden und die Nachzahlung nicht innerhalb der ersten 3 Wochen des Folgejahres zufließt (LStR 39b.2 Abs 2 Nr 8; → *Entgeltnachzahlung* Rn 8, 9), ansonsten sind sie als laufender Arbeitslohn (→ *Lohnsteuerberechnung* Rn 4, 12–14) zu besteuern (LStR 39b.2 Abs 1 Nr 6 und 7; → *Entgeltnachzahlung* Rn 8).

Unter die Einmalzahlungen fallen schließlich auch die **Ausgleichszahlungen** für die in der Arbeitsphase erbrachten Vorleistungen im Rahmen eines vor Ablauf der vereinbarten Zeit beendeten **Altersteilzeitverhältnisses** im Blockmodell (LStR 39b.2 Abs 2 Nr 9; → *Altersteilzeit* Rn 27).

## C. Sozialversicherungsrecht *Schlegel*

**Übersicht**

**1. Einmalig gezahltes Arbeitsentgelt. a) Legaldefinition.** Einmalig gezahltes Arbeitsentgelt sind nach der Legaldefinition des § 23a Abs 1 SGB IV „Zuwendungen, die dem Arbeitsentgelt zuzurechnen sind und nicht für die Arbeit in einem einzelnen Entgeltabrechnungszeitraum gezahlt werden." § 23a SGB IV gilt gem § 1 Abs 1 SGB IV für die KV, RV, UV, PflegeV und die ArblV; zum Begriff der Einmalzahlung vgl BVerfG 11.1.95 – 1 BvR 892/88, SozR 3–2200 § 385 Nr 6 = BVerfGE 92, 53; zur Entstehung des § 23a SGB IV *Schlegel* NZS 97, 201). Die wichtigsten Einmalzahlungen sind das Weihnachts- und Urlaubsgeld, Urlaubsabgeltung, Tantiemen, Gratifikationen und zusätzliche Monatsgehälter. 36

**Abfindungen,** die wegen Beendigung des versicherungspflichtigen Beschäftigungsverhältnisses **für den Verlust des Arbeitsplatzes** gezahlt werden (sog **echte Abfindungen**), können zeitlich nicht der früheren Beschäftigung zugeordnet werden; sie sind daher kein Arbeitsentgelt und auch keine Einmalzahlung (BSG 21.2.90 – 12 RK 20/88, SozR 3–2400 § 14 Nr 2). Dagegen sind Abfindungen, die bei fortbestehendem Arbeitsverhältnis wegen der Verschlechterung von Arbeitsbedingungen (zB Verringerung der Arbeitszeit, Umsetzung auf geringer qualifizierte Arbeitsplätze) erbracht werden, Arbeitsentgelt iSd § 14 SGB IV. Derartige Abfindungen sind regelmäßig als Einmalzahlungen zu qualifizieren, weil sie in aller Regel nicht für die Arbeit in einem einzelnen Entgeltabrechnungszeitraum gezahlt werden. Sie werden beitragsrechtlich dem Entgeltabrechnungszeitraum der Zahlung und der Vergangenheit zugeordnet, auch wenn der Zweck der Einmalzahlung im Einzelfall eher zukunftsgerichtet ist (BSG 28.1.99 – 12 KR 6/98 R, SozR 3–2400 § 2400 § 14 Nr 16). 37

**b) Qualität von Arbeitsentgelt.** Beitragspflicht besteht für diese Zuwendungen in der gesetzlichen RV, KV, PflegeV sowie der ArblV nur dann, wenn sie nach der Legaldefinition des § 14 SGB IV als Arbeitsentgelt anzusehen sind und nicht kraft ausdrücklicher gesetzlicher Regelung in § 17 Abs 1 SGB IV iVm der SvEV hiervon wieder ausgenommen sind. Einnahmen/Zahlungen, die zwar unmittelbar aus der Beschäftigung oder im Zusammenhang mit ihr erzielt werden, bleiben beitragsfrei, wenn sie nach der SvEV dem Arbeitsentgelt nicht zuzurechnen sind, obgleich an sich die Voraussetzungen des § 14 SGB IV vorliegen. Dies trifft für eine Reihe von Zuwendungen zu, zB *Beihilfeleistungen, Jubiläumszahlung*; ausführlich zur SvEV → *Arbeitsentgelt* Rn 124 ff. 38

**c) Abgrenzung laufendes/einmalig gezahltes Arbeitsentgelt.** Die Abgrenzung zwischen laufendem Arbeitsentgelt und einmalig gezahltem Arbeitsentgelt differenziert danach, ob die Zuwendung der konkreten Arbeitsleistung in einem bestimmten Entgeltabrechnungszeitraum zugeordnet werden kann oder ob dies nicht der Fall ist. Zwar könnte der Wortlaut des § 23a SGB IV auch auf die Zuwendungen bezogen werden, die nicht für Arbeitsleistungen in einem einzelnen Abrechnungszeitraum, sondern für Arbeiten in mehreren Zeiträumen und dann auf „einmal", dh in einer Summe, gezahlt werden. Richtig muss er aber dahin verstanden werden, dass nicht der Zeitpunkt der Auszahlung – alsbald nach Ablauf des jeweiligen Abrechnungszeitraums oder erst später – das entscheidende Merkmal des einmalig gezahlten Arbeitsentgelts ist. Vielmehr kommt es darauf an, ob das gezahlte Entgelt eine Vergütung für die in einem einzelnen, dh einem bestimmten Abrechnungszeitraum geleistete Arbeit ist, oder ob eine solche **Beziehung zu einem bestimmten einzelnen Abrechnungszeitraum** nicht besteht, wie insbes bei den jährlich gezahlten Sonderzuwendungen. Zum laufenden Arbeitsentgelt gehören insbes Akkordspitzen, Zuschläge für Nacht- und Mehrarbeit, Schmutz- und Erschwerniszulagen etc, und zwar selbst dann, wenn sie erst nach Erreichen eines bestimmten Stichtages gezahlt werden (BSG 15.5.84 – 12 RK 28/83, SozR 2200 § 385 Nr 9; 1.4.93 – 1 RK 38/92, SozR 3–2200 § 182 Nr 16, *Entgeltnachzahlung*). **Ein leistungsbezogenes Entgelt,** das vom Erreichen für das Geschäftsjahr vereinbarter Ziele abhängig ist und als sog variables Entgelt während des Geschäftsjahrs in gleich hohen Abschlagszahlungen und nach Ablauf des Geschäftsjahrs in 39 einer Endzahlung erbracht wird, ist insgesamt als Einmalzahlung anzusehen (BSG 3.6.2009 – B 12 R 12/07 R, BSGE 103, 229).

40 **Nachzahlungen** ändern die Qualität laufenden Arbeitsentgelts nicht: Laufendes Arbeitsentgelt liegt auch dann noch vor, wenn es in mehreren einzelnen Abrechnungszeiträumen erarbeitet, aber in einer Summe gezahlt worden und dann auf die Zeiträume zu verteilen ist, in denen es erarbeitet wurde (BSG 7.2.02 – B 12 KR 12/01 R, SozR 3–2400 § 28 f Nr 3; 27.10.89 – 12 RK 9/88, SozR 2200 § 385 Nr 22 S 115 zur Nachzahlung laufenden Entgelts). Bei Zuwendungen hingegen, auf die ein Anspruch nicht ausschließlich durch die Arbeit in konkreten Abrechnungszeiträumen erworben worden ist, lässt das Gesetz entsprechend der Eigenschaft als allgemeine Zuwendung für größere Zeiträume eine Verteilung auf zurückliegende Abrechnungszeiträume zu (→ Rn 15 ff). Ebenso wenig liegt eine Einmalzahlung vor, wenn der ArbGeb bei Leiharbeit nachträglich einen **„equal pay"-Anspruch** erfüllt (BSG 4.9.18 – B 12 R 4/17 R, BeckRS 2018, 30350).

41 **Pauschal versteuerte Einmalzahlungen.** Nach § 1 Abs 1 Nr 2 SvEV sind sonstige Bezüge nach § 40 Abs 1 Satz 1 Nr 1 EStG, die nicht einmalig gezahltes Arbeitsentgelt nach § 23a SGB IV sind, nicht dem Arbeitsentgelt zuzurechnen und damit beitragsfrei. Als Reaktion auf Rspr des BSG (BSG 7.2.02 – B 12 KR 12/01 R, NZS 2002, 593): kostenlosen Kontoführung bei einer Sparkasse, BSG 7.2.02 – B 12 KR 6/01, NZS 2002, 537: verbilligte Flüge bei einer Fluggesellschaft, BSG 26.1.05 – B 12 RK 3/04 R) hat der Gesetzgeber mWv 1.1.03 in § 23a Abs 1 SGB IV ausdrücklich angeordnet, dass bestimmte Zuwendungen, die der Sache nach zwar die Voraussetzungen einer Einmalzahlung erfüllen, kraft gesetzlicher Anordnung dennoch nicht als Einmalzahlungen gelten. Diese Zuwendungen sind dadurch, dass sie nach § 23a Abs 1 Satz 2 SGB IV nicht als Einmalzahlungen gelten, weiterhin bei Pauschalbesteuerung durch den ArbGeb gem § 1 SvEV nicht dem Arbeitsentgelt zuzurechnen und damit beitragsfrei (BT-Drs 15/91 S 18 zu Art 2 Nr 7a; zum Ganzen BSG 31.10.12 – B 12 R 15/11 R, SozR 4–2400 § 23a Nr 6).

42 Beitragsfreiheit tritt somit gem § 23a Abs 1 Satz 2 SGB IV iVm § 1 Abs 1 Nr 2 SvEV bei Zuwendungen ein, wenn sie vom ArbGeb

- üblicherweise zur **Abgeltung bestimmter Aufwendungen** des Beschäftigten, die auch im Zusammenhang mit der Beschäftigung stehen (§ 23a Abs 1 Satz 2 Nr 1 SGB IV) erbracht werden,
- als **Waren und Dienstleistungen** erbracht werden, die vom ArbGeb nicht überwiegend für den Bedarf seiner Beschäftigten hergestellt, vertrieben oder erbracht werden und monatlich in Anspruch genommen werden können (§ 23a Abs 1 Satz 2 Nr 2 SGB IV),
- bei **sonstigen Sachbezügen** (§ 23a Abs 1 Satz 2 Nr 3 SGB IV, BSG 31.10.12 – B 12 R 15/11 R, NZA-RR 13, 539) zu pauschal versteuerten Belobigungsprämien, die ein ArbGeb seinen Mitarbeitern eines Verkaufsteams anlassbezogen gewährt und die das Team für Gemeinschaftsveranstaltungen einsetzte) oder
- als **vermögenswirksame Leistungen** erbracht werden.

Der oben genannten Rspr, zB zu Freiflügen und zur Kontoführung, ist damit für Sachverhalte seit 1.1.03 die Grundlage entzogen.

43 **d) Frühere Bedeutung der Unterscheidung.** Die Unterscheidung zwischen einmalig und laufend gezahltem Arbeitsentgelt hatte bis zum Inkrafttreten des Einmalzahlungs-NeuregelungsG vom 21.12.2000 (BGBl I 2000, 1971) sowohl beitragsrechtliche als auch leistungsrechtliche Auswirkungen. Zwar wurden seit In-Kraft-Treten des § 385 Abs 1a RVO nach dem nachfolgend unter → Rn 15 ff beschriebenen Verfahren bis zur anteiligen Jahres-Beitragsbemessungsgrenze Beiträge auch aus Einmalzahlungen erhoben, Einmalzahlungen bei der Berechnung kurzfristiger Lohnersatzleistungen wie dem AlGeld, dem Kranken- und Unterhaltsgeld aber nicht berücksichtigt (Rspr hierzu vgl Personalbuch 2000, Einmalzahlungen Rn 13). Hierdurch konnte es bei Personengruppe mit insgesamt gleich hoher Belastung ihres Arbeitsentgelts mit SozVBeiträgen zu unterschiedlich hohen Kranken-, Unterhaltsgeld oder AlGeld kommen, je nachdem, wie sich ihr beitragspflichtiges Arbeitsentgelt zusammensetzte.

44 Das BVerfG sah hierin einen **Verstoß gegen Artikel 3 Absatz 1 GG** (BVerfG 11.1.95 – 1 BvR 892/88, BVerfGE 92, 53) und hat gefordert, dass einmalig gezahltes Arbeitsentgelt bei der Berechnung kurzfristiger, beitragsfinanzierter Lohnersatzleistungen berücksichtigt werden muss, wenn es zu SozVBeiträgen herangezogen worden ist (hierzu *Schlegel*

DStR 2000, 1353). Mit dem **Einmalzahlungs-Neuregelungsgesetz** vom 21.12.2000 (BGBl I 2000, 1971) hat der Gesetzgeber dem Rechnung getragen: Beitragsrechtlich wurde die bisherige Beitragserhebung auf Einmalzahlungen beibehalten; auf der Leistungsseite wurde einmalig gezahltes Arbeitsentgelt in die Bemessung des AlGeld, das Unterhalts- und Übergangsgeld sowie in die Bemessung des Krankengeldes einbezogen.

**2. Beitragsrecht.** Bei der Beurteilung der Frage, ob die Geringfügigkeitsgrenze mit Sonderzahlungen überschritten wird und Versicherungspflicht eintritt, sind auch die dem ArbN zustehenden tariflichen Sonderzahlungen zu berücksichtigen (BSG 14.7.04 – B 12 KR 7/04 R, BeckRS 2004, 41466). Gleiches gilt für das Überschreiten der JAEGrenze (vgl *Jahresarbeitsentgelt*). Beitragsrechtlich wirkt sich die Unterscheidung zwischen Einmalzahlungen und dem laufend gezahlten Arbeitsentgelt dadurch aus, dass für einmalig und laufend gezahltes Arbeitsentgelt **verschiedene Verteilungsmaßstäbe** gelten, dh die Verwaltung eine Zuwendung je nach ihrer Einordnung als einmaliges oder laufendes Arbeitsentgelt auf verschiedene Weise verteilen muss. Die Frage, welchem Zeitraum ein Entgelt zuzuordnen ist, kann wiederum ganz erhebliche Auswirkungen auf die Beitragspflicht haben, weil die Beitragsbemessungsgrenzen (JAEGrenzen in der KV, der PflegeV, der RV und der ArblV) auf das Arbeitsentgelt angewendet werden, das für den jeweiligen Abrechnungszeitraum zu berücksichtigen ist. Diese Unterschiede in der Beitragsbelastung des einzelnen ArbN sind auch endgültig, weil es im Beitragsrecht einen nachträglichen Jahresausgleich wie im LStRecht nicht gibt (BSG 27.10.89 – 12 RK 9/88, SozR 2200 § 385 RVO Nr 22). Eine Vereinheitlichung der Verteilungsmaßstäbe hat das BSG abgelehnt, obgleich die verschiedenen Maßstäbe ungeachtet unterschiedlicher Ergebnisse im Einzelfall bei einer Gesamtbetrachtung im Ergebnis zu einem in etwa gleich hohen Beitragsaufkommen führen (BSG 27.10.89, SozR 2200 § 385 Nr 22). 45

**a) Verteilungsmaßstab für laufendes Entgelt.** Laufendes Entgelt ist dem Zeitraum zuzuordnen, in dem es verdient wurde. Erfolgt eine Nachzahlung, so ist es auch rückwirkend auf diejenigen Zeiträume zu verteilen, in denen es im Einzelnen erarbeitet wurde (→ *Entgeltnachzahlung* Rn 10 ff). In Fällen, in denen – aus welchen Gründen auch immer – das arbeitsvertraglich maßgebliche Abrechnungsverfahren dazu geführt hat, dass die Beiträge die Verdienste nicht sachgerecht widerspiegeln, kann es nicht auf den Zeitpunkt ankommen, an dem die Entgelte fällig werden, gezahlt oder steuerrechtlich zu berücksichtigen sind, sondern allein darauf, wann sie verdient wurden. Sind diese Zeiträume nicht exakt zu ermitteln, so ist jedenfalls ein Verfahren zu wählen, das einer gleichmäßigen Verteilung der Arbeit, mit der der Verdienst erzielt wurde, möglichst nahekommt. Übersteigt das Arbeitsentgelt einzelner Abrechnungszeiträume die monatliche Beitragsbemessungsgrenze, ist es insoweit endgültig beitragsfrei. 46

**b) Verteilungsmaßstab für einmalig gezahltes Entgelt (§ 23a SGB IV).** Einmalig gezahltes Arbeitsentgelt versicherungspflichtig Beschäftigter ist nach dem Entgeltabrechnungszeitraum zuzuordnen, in dem es gezahlt wird, soweit nichts Abweichendes bestimmt ist (§ 23a Abs 1 Satz 2 SGB IV). 47

**aa) Grundsatz: Zuordnung zum Auszahlungsmonat.** § 23a Abs 1 Satz 2 SGB IV bestimmt, dass einmalig gezahltes Arbeitsentgelt vorbehaltlich der Abs 2–4 dem Entgeltabrechnungszeitraum zuzuordnen ist, in dem es gezahlt wird. Eine Einmalzahlung wird danach grds demjenigen Kalendermonat zugeordnet, in dem sie gezahlt wird. 48

**bb) Ausnahmen: Verteilung auf zurückliegende Zeiträume:** Nur wenn die Einmalzahlung im Monat ihrer Auszahlung zusammen mit dem laufenden Arbeitsentgelt dieses Kalendermonats die monatlichen Beitragsbemessungsgrenzen übersteigt, wird sie früheren Kalendermonaten desselben Jahres oder – bei Auszahlung bis zum 31. März eines Jahres – auch dem Vorjahr zugeordnet. Eine Einmalzahlung ab April eines Kj ist nur dem jeweiligen Auszahlungsmonat und den zurückliegenden Monaten dieses Kj zuzuordnen. Eine Zurechnung solcher Einmalzahlungen zum vorigen Kj sieht das Gesetz nicht vor. Eine Zuordnung zu Monaten nach der Auszahlung ist allgemein ausgeschlossen. 49

Es kommt somit für Beitragsansprüche auf Einmalzahlungen und für die Frage, ob ihre Verteilung auf zurückliegende Zeiträume möglich ist, maßgeblich auf den **Monat der Auszahlung** an: erst jetzt kann über die konkrete Zuordnungsfähigkeit sowie die Betragshöhe für Einmalzahlungen entschieden werden (BSG 14.5.02 – B 12 KR 15/01 R, NZS 50

2003, 153). Erst in dem Zeitpunkt, in dem die Einmalzahlung gezahlt wird, kann auch der Beitragsanspruch entstehen und fällig werden. § 22 Abs 1 SGB IV bestimmt insoweit: Beitragsansprüche entstehen bei einmalig gezahltem Arbeitsentgelt, sobald sie ausgezahlt worden sind.

51 **cc) Überschreiten der Beitragsbemessungsgrenze im Auszahlungszeitraum.** Wird mit der Summe des laufenden und des einmalig gezahlten Arbeitsentgelts die monatliche Beitragsbemessungsgrenze des Abrechnungszeitraumes überschritten, ist die Berechnung der Beitragspflicht nach § 23a Abs 3 SGB IV vorzunehmen. Die Vorschrift hat folgenden, nicht ohne weiteres verständlichen Text: Das einmalig gezahlte Arbeitsentgelt ist bei der Feststellung des beitragspflichtigen Arbeitsentgelts für versicherungspflichtig Beschäftigte zu berücksichtigen, soweit das bisher gezahlte beitragspflichtige Arbeitsentgelt die anteilige Beitragsbemessungsgrenze nicht erreicht. Die anteilige Beitragsbemessungsgrenze ist der Teil der Beitragsbemessungsgrenze, der der Dauer aller Beschäftigungsverhältnisse bei demselben ArbGeb im laufenden Kj bis zum Ablauf des Entgeltabrechnungszeitraums entspricht, dem einmalig gezahltes Arbeitsentgelt zuzuordnen ist; auszunehmen sind Zeiten, die nicht mit Beiträgen aus laufendem (nicht einmalig gezahltem) Arbeitsentgelt belegt sind.

52 Das bedeutet: Übersteigt die Summe des laufenden und des einmalig gezahlten Arbeitsentgelts im Abrechnungszeitraum die anteilige Beitragsbemessungsgrenze, ist zunächst die bis zum Ende des Monats der Auszahlung aufgelaufene Beitragsbemessungsgrenze festzustellen. Danach ist dieser anteiligen Beitragsbemessungsgrenze das in demselben Zeitraum zugeflossene beitragspflichtige Arbeitsentgelt ohne die Einmalzahlung gegenüberzustellen. Ergibt sich dann noch ein Differenzbetrag, so ist das einmalig gezahlte Arbeitsentgelt insoweit beitragspflichtig; darüber hinaus ist es beitragsfrei.

53 Da in der KV, PflegeV, RV und ArblV verschiedene Beitragsbemessungsgrenzen gelten, sind diese Rechenvorgänge für die verschiedenen Beiträge gesondert vorzunehmen.

54 **dd) März-Regelung** (§ 23a Abs 4 SGB IV): Wird einmalig gezahltes Arbeitsentgelt in der Zeit vom 1.1. bis 31.3. eines Jahres gezahlt, ist es dem letzten Entgeltabrechnungszeitraum des vergangenen Kj zuzuordnen, wenn es vom ArbGeb dieses Entgeltabrechnungszeitraumes gezahlt wird und zusammen mit dem sonstigen, für das laufende Kj festgestellten beitragspflichtigen Arbeitsentgelt die anteilige Beitragsbemessungsgrenze nach übersteigt (§ 23a Abs 4 SGB IV). Damit soll vermieden werden, dass aus Gründen der Beitragsersparnis sämtliche im Laufe des Jahres anfallenden Einmalzahlungen bereits im Januar des Jahres ausgezahlt werden (Begründung zu § 385 RVO aF, BR-Drs 302/88 S 71). Gäbe es diese Regelung nicht, wäre die Einmalzahlung nur insoweit beitragspflichtig, als sie zusammen mit den Grundgehaltsanteilen die monatliche Beitragsbemessungsgrenze des Monats Januar nicht übersteigt.

55 **c) Entstehungszeitpunkt des Beitragsanspruchs. Grundsatz: Geltung der Zuflusstheorie:** Nach § 22 Abs 1 SGB IV entstehen Beitragsansprüche im Regelfall, sobald ihre im Gesetz oder aufgrund eines Gesetzes bestimmten Voraussetzungen vorliegen, dh mit der Ausübung der versicherungs- und beitragspflichtigen Beschäftigung gegen Entgelt. Eine Ausnahme hiervon gilt für Einmalzahlungen seit der Neufassung des § 22 Abs 1 SGB IV mit Wirkung seit 1.1.03. Danach entsteht der Beitragsanspruch bei einmalig gezahltem Arbeitsentgelt, sobald dieses ausgezahlt worden ist (zur Begründung der Gesetzentwurf BT-Drs 15/26 S 24 zu Nr 6 – § 22). **Ausnahme:** Soweit das einmalig gezahlte Arbeitsentgelt nur wegen eines Insolvenzereignisses vom ArbGeb nicht ausgezahlt worden ist, entsteht der Beitragsanspruch nicht mit dem Zufluss, sondern bereits mit Entstehen des arbeitsrechtlichen Anspruchs auf die Leistung. Dh die BA hat die Beiträge auf Einmalzahlungen auch dann zu zahlen, wenn der ArbGeb den an sich entstandenen Anspruch auf eine Einmalzahlung wegen Eintritt seiner **Insolvenz** nicht mehr erfüllt hat.

56 **3. Leistungsrecht.** Mit dem am 1.1.01 in Kraft getretenen Einmalzahlungs-NeuregelungsG vom 21.12.2000 (BGBl I 2000, 1971) wurden diejenigen Vorschriften aus dem SGB III, SGB V und SGB VI gestrichen, nach denen einmalig gezahltes Arbeitsentgelt aus der Bemessungsgrundlage für das AlGeld, das Kranken-, Unterhalts- und Übergangsgeld ausgenommen wurden.

57 **a) Arbeitslosenversicherung.** In die Bemessungsgrundlage des **Arbeitslosengeldes** gehen auch beitragspflichtige Einmalzahlungen ein, dh soweit auf sie Beiträge erhoben und

sie im Bemessungszeitraum erzielt wurden. Beim Ausscheiden aus dem jeweiligen Beschäftigungsverhältnis noch nicht abgerechnete Sonderzahlungen (zB Weihnachtsgeld) bleiben weiterhin außer Betracht (BSG 8.7.09 – B 11 AL 14/08 R, BeckRS 2009, 75024). Bei Beziehern von AlGeld, die neben dem AlGeld ein Nebeneinkommen beziehen, werden auch beitragspflichtige Einmalzahlungen aus dem Nebeneinkommen auf das AlGeld angerechnet (§ 155 Abs 1 SGB III).

Sind Einmalzahlungen Teil einer Entlassungsentschädigung, können sie nach Maßgabe des § 158 SGB III zum Ruhen des Anspruchs auf AlGeld führen (BSG 18.12.03 – B 11 AL 25/03 R, BeckRS 2004, 40304). 58

Bei der Berechnung von **Kurzarbeitergeld** bleiben Einmalzahlungen außer Betracht (§ 106 Abs 1 Satz 3 SGB III), weil ihre Berücksichtigung nicht zu höheren Leistungen, sondern zu Nachteilen führen könnte. Beim Soll- und Ist-Entgelt könnte die Beitragsbemessungsgrenze überschritten sein und damit kein durch das Kurzarbeitergeld auszugleichender Entgeltausfall mehr vorliegen (BT-Drs 14/4371 S 13 zu § 179 SGB III). 59

**b) Krankenversicherung.** Beim **Krankengeld** wird einmalig gezahltes Arbeitsentgelt berücksichtigt, indem zur allgemeinen Bemessungsgrundlage (Regelentgelt im letzten vor Beginn der AU abgerechneten Entgeltabrechnungszeitraum) die beitragspflichtigen Einmalzahlungen der letzten 12 Kalendermonate vor der AU anteilig hinzugerechnet werden (Einzelheiten § 47 SGB V; BT-Drs 14/4371 S 15; *Krankengeld*). 60

Bei der Frage, ob das Krankengeld bei Berücksichtigung von Einmalzahlungen auf 90 vH des kumulierten kalendertäglichen Nettoarbeitsentgeltes oder 100 vH des zuletzt gezahlten laufenden Nettoarbeitsentgelts zu begrenzen ist, kommt es maßgeblich auf die **Art und Zusammensetzung der Einmalzahlungen** an; das BSG verlangt insoweit eine verfassungskonforme Auslegung des § 47 Abs 2 SGB V (BSG 21.2.06 – B 1 KR 11/05 R, BeckRS 2006, 42656). 61

**c) Rentenversicherung/Unfallversicherung.** Die Berechnung des **Übergangsgeldes** bei berufsfördernden und medizinischen Reha-Maßnahmen der RV und des **Verletztengeldes** der UV erfolgt wie die Berechnung des Krankengeldes (§ 20 Abs 1a, § 21 SGB VI; § 47 Abs 1a SGB VII). Anspruch auf **Altersrente** vor Erreichen der Regelaltersgrenze (vgl *Altersgrenze* Anm C) besteht nur, wenn bestimmte **Hinzuverdienstgrenzen** nicht überschritten werden (§ 34 Abs 2 SGB VI, vgl dazu BSG 26.6.08 – B 13 R 119/07 R, NZS 2009, 505). Einmalig gezahltes Arbeitsentgelt, das nicht aus einer während des Rentenbezuges noch bestehenden Beschäftigung stammt, ist kein rentenschädlicher Hinzuverdienst iSv § 96a SGB VI (bzgl BSG 10.7.12 – B 13 R 85/11 R, NZA-RR 13, 307 (Ls) für eine nach Beginn einer Erwerbsminderungsrenten gezahlte Urlaubsabfindung). 62

**4. Beitragserhebung bei freiwillig Krankenversicherten.** Bei freiwillig Versicherten kann abweichend vom § 23a SGB IV bei der Einstufung des freiwilligen Mitglieds in Beitragsklassen das im Laufe des Jahres zu erwartende einmalig gezahlte Arbeitsentgelt ohne Rücksicht auf den Zeitpunkt des Zuflusses monatlich mit $^{1}/_{12}$ berücksichtigt werden (BSG 11.9.95 – 12 RK 11/95, SozR 3–2500 § 240 Nr 22). 63

Zur Verbeitragung von Auszahlungen aus einem **Arbeitszeitguthaben** („Kurzzeitguthaben") zur Verstetigung des Arbeitslohnes bei schwankender Arbeitsleistung nach den Vorschriften für Einmalzahlungen bei Ausscheiden aus des Arbeitsverhältnis vgl BSG 10.12.2019 – B 12 R 9/18 R, → *Entgeltnachzahlung* Rn 12; → *Wertguthaben* Rn 16. 64

## Einsatzwechseltätigkeit

### A. Arbeitsrecht

*Griese*

**1. Arbeitsrechtliche Verpflichtung.** Der ArbN ist zur Tätigkeit an wechselnden Einsatzstellen verpflichtet, wenn dies im Arbeitsvertrag festgelegt oder vorbehalten ist oder sich aus dem Berufsbild oder Tätigkeitsfeld ergibt. Dann kann der ArbGeb den ArbN kraft seines Weisungsrechts gem § 106 GewO anweisen, an jeweils wechselnden Einsatzorten tätig zu werden. Eine solche Weisung, die sich im Rahmen der allgemeinen Grenzen des Weisungsrechts halten muss (→ *Weisungsrecht* Rn 3), stellt **keine Versetzung** dar. 1

2 Nach § 95 Abs 3 Satz 2 BetrVG gilt die Festlegung des jeweiligen Arbeitsplatzes von ArbN, die nach der Eigenart ihres Arbeitsverhältnisses üblicherweise nicht ständig an einem bestimmten Arbeitsplatz bzw Arbeitsort beschäftigt werden, **nicht als Versetzung.** Daraus folgt, dass dem BRat diesbezüglich auch kein Mitbestimmungsrecht zusteht.

3 **2. Ersatz der Aufwendungen.** Der ArbN hat Anspruch auf Ersatz der Mehraufwendungen, die aus der Tätigkeit an wechselnden Einsatzstellen entstehen. Insoweit wird verwiesen auf die Ausführungen zu → *Aufwendungsersatz* Rn 1 ff, → *Verpflegungsmehraufwendungen* Rn 1 ff und → *Auslösung* Rn 1 ff. Ist eine Pauschale vereinbart (zB Verpflegungspauschale), kommt es nicht auf die Zahl oder Dauer der Einsätze an (BAG 30.1.02 – 10 AZR 441/01, NZA 02, 815). Voraussetzung ist, dass der konkrete Einsatzort tatsächlich ständig wechselt. Die Tätigkeit in einem Forstrevier an verschiedenen Stellen innerhalb eines Forstamtsbezirks ist keine Einsatzwechseltätigkeit (BAG 20.3.12 – 9 AZR 518/10, ZTR 12, 390). Eine Vereinbarung, die die Erstattung von Fahrtkosten ausschließt, ist als unangemessene Benachteiligung gem § 307 Abs 1 S 1 BGB rechtsunwirksam (für LeihArbN LAG Hamm 13.1.16 – 5 Sa 1437/15, BeckRS 2016, 67439).

4 Muss der ArbN Wege zu anderen Einsatz- oder Arbeitsstellen zurücklegen, ist die **Wegezeit** als **Arbeitszeit** zu vergüten (EuGH 10.9.15 – C-266/14, NZA 15, 1177; BAG 25.4.18 – 5 AZR 424/17, NZA 18, 1211; → *Dienstreise* Rn 4).

## B. Lohnsteuerrecht

*Thomas*

5 Bislang war die Einsatzwechseltätigkeit lediglich in § 4 Abs 5 Nr 5 Satz 3 iVm § 9 Abs 5 EStG aF ausdrücklich geregelt, wonach Verpflegungspauschalen vorgesehen waren, wenn der Stpfl bei seiner beruflichen „Tätigkeit typischerweise nur an ständig wechselnden Tätigkeitsstätten" tätig wird. Ab 2014 ist diese Regelung entfallen. Nunmehr wird hinsichtlich der **Verpflegungspauschalen** nicht mehr auf das berufliche Tätigkeitsbild abgestellt, sondern darauf ob der ArbN keine erste Tätigkeitsstätte hat (§ 9 Abs 4a Satz 4 EStG) oder außerhalb einer vorhandenen ersten Tätigkeitsstätte beruflich tätig wird (§ 9 Abs 4a Satz 2 EStG). Hierzu wird auf das Stichwort → *Dienstreise* Rn 12 ff verwiesen.

6 Hinsichtlich der Frage, wann für die Fahrt zur Arbeit bei ArbN mit Einsatzwechseltätigkeit die **Entfernungspauschale** zum Zuge kommt, hat die Rspr wiederholt gewechselt (vgl Personalbuch 2013 Einsatzwechseltätigkeit Rn 15 ff). Nunmehr wird bei typischerweise ständig wechselnden Tätigkeitsstätten regelmäßig keine erste Tätigkeitsstätte vorliegen, also nicht die Entfernungspauschale sondern die individuellen Fahrtaufwendungen zum Ansatz kommen. Zu Einzelheiten wird auf → *Fahrten zwischen Wohnung und Arbeitsstätte* Rn 4 ff verwiesen.

## C. Sozialversicherungsrecht

*Schlegel*

26 **1. Beitragsrecht. Auslösungen für Fahrtkosten** bei Einsatzwechseltätigkeit (zum Begriff → Rn 5) sind nicht dem Arbeitsentgelt iSd § 14 SGB IV zuzurechnen, wenn und soweit es sich um steuerfreie Reisekostenerstattung handelt.

27 Die Gleichstellung der Fahrtkosten für Einsatzwechseltätigkeit mit Reisekostenersatz gilt auch dann, wenn dem ArbN nicht der tatsächliche Aufwand ersetzt wird; ein Unkostennachweis ist nicht erforderlich, wenn die gezahlten Beträge so gering sind, dass Aufwendungen in dieser Höhe unvermeidlich erscheinen (BSG 18.1.18 – B 12 R 3/16 R, BeckRS 2018, 15685 Fahrtkostenerstattung für Leiharbeitnehmer; BSG 9.7.80 – 12 RK 17/79, USK 80186). Die in den LStR festgesetzten pauschalen km-Sätze sind auch für die SozV als angemessen zu übernehmen. **Beitragspflichtiges Arbeitsentgelt** liegt allerdings dann vor, wenn die Kostenerstattung diese Pauschbeträge überschreitet.

28 **2. Leistungsrecht.** Die Erstattungsbeträge bei einer Kostenerstattung für Einsatzwechseltätigkeit sind bei der Berechnung von Lohnersatzleistungen nur dann in die Bemessungsgrundlage miteinzubeziehen, wenn und soweit es sich hierbei um Arbeitsentgelt iSd § 14 SGB IV handelt. Dies ist insbesondere dann der Fall, wenn die Kostenerstattung in größerem Umfang gewährt wird, als der ArbN im Rahmen einer Reisekostenerstattung verlangen könnte.

**3. Unfallversicherungsschutz.** Der Umstand allein, dass sich ein Versicherter im Verlauf einer Dienstreise oder während einer Einsatzwechseltätigkeit verletzt hat, besagt nicht, dass bereits deshalb die unfallbringende Betätigung als eine versicherte Tätigkeit anzusehen und der Unfall als **Arbeitsunfall** anzuerkennen ist. Auch insoweit ist zwischen Betätigungen zu unterscheiden, die mit dem Beschäftigungsverhältnis wesentlich zusammenhängen und solchem Verhalten, das der Privatsphäre des Reisenden zugehörig ist. So lassen sich gerade bei längeren Reisen im Ablauf der einzelnen Tage idR Verrichtungen unterscheiden, die mit der Tätigkeit für das Unternehmen wesentlich im Zusammenhang stehen, und solchen, bei denen dieser Zusammenhang in den Hintergrund tritt. Der Versicherungsschutz entfällt, wenn sich der Versicherte rein persönlichen, von der Betriebstätigkeit nicht mehr beeinflussten Belangen widmet (BSG 19.8.03 – B 2 U 43/02 R, SozR 4–2200 § 550 Nr 1). 29

# Einstellung

## A. Arbeitsrecht

*Kania*

**1. Allgemeines.** Individualarbeitsrechtlich umfasst die Einstellung von ArbN grds den gesamten Vorgang der **Anbahnung eines Arbeitsverhältnisses,** ausgehend von der Bewerbung, dem Einstellungsgespräch usw bis hin zum Abschluss des Arbeitsvertrages mit dem ausgewählten Bewerber und dessen Eingliederung in den Betrieb. Jedoch hat der Begriff der Einstellung insofern neben den einzelnen Schritten der Begründung des Arbeitsverhältnisses keine eigenständige Bedeutung; Näheres dazu → *Bewerbung* Rn 1 ff, → *Personalauswahl* Rn 1 ff, → *Arbeitsvertrag* Rn 1 ff, → *Auskunftspflichten Arbeitgeber* Rn 1 ff, → *Auskunftspflichten Arbeitnehmer* Rn 1 ff. Relevanz erlangt der Begriff der Einstellung überwiegend in kollektivrechtlicher Hinsicht wegen der in § 99 BetrVG vorgeschriebenen **Mitbestimmung des Betriebsrates.** Zum Mitbestimmungsverfahren → *Mitbestimmung, personelle Angelegenheiten* Rn 11 ff. 1

**2. Einstellung im Sinne des § 99 BetrVG. a) Grundsatz.** § 99 Abs 1 BetrVG verpflichtet den ArbGeb, den BRat in Unternehmen mit idR mehr als 20 wahlberechtigten ArbN vor jeder Einstellung zu beteiligen. Unter Einstellung in diesem Sinne kann sowohl die Begründung des Arbeitsverhältnisses durch Abschluss des Arbeitsvertrages, als auch die **tatsächliche Eingliederung** in den Betrieb verstanden werden. Während das BAG zunächst in Übereinstimmung mit einem Teil der Literatur (*Fitting* § 99 Rn 32; GK-BetrVG/*Raab* § 99 Rn 27) davon ausging, dass die jeweils zeitlich erste Maßnahme mitbestimmungspflichtig sei, stellt das Gericht inzwischen in ständiger Rspr allein auf die tatsächliche Beschäftigung im Betrieb ab (grundlegend BAG 28.4.92 – 1 ABR 73/91, NZA 92, 1141). 2

Diese liegt vor, wenn Personen in den Betrieb **eingegliedert** werden, um zusammen mit den im Betrieb schon beschäftigten ArbN den arbeitstechnischen Zweck des Betriebes durch weisungsgebundene Tätigkeit zu verwirklichen (BAG 9.10.13 – 7 ABR 12/12, NZA 14, 795). Wechselt deshalb ein ArbN von einem Betrieb in einen anderen Betrieb desselben Unternehmens, kommt es im aufnehmenden Betrieb zu einer Eingliederung, so dass der dortige BRat gem § 99 wegen einer Einstellung zu beteiligen ist (BAG 22.11.05 – 1 ABR 49/04, NZA 06, 389). Bei betriebsübergreifender Tätigkeit kommt es darauf an, wo der arbeitstechnische Zweck erfüllt wird. Für die Annahme einer Eingliederung ist es aber nicht erforderlich, dass der ArbN seine Tätigkeit innerhalb der Betriebsräume verrichtet oder dort seinen Dienstsitz hat (BAG 12.6.19 – 1 ABR 5/18, NZA 19, 1288). 3

**b) Einzelfälle. aa) Einstellung aufgrund wirksamen Arbeitsvertrags.** Beteiligungspflichtige Einstellung ist grds jede Beschäftigung eines ArbN, sei es unbefristet, befristet, zur Probe, Aushilfe, Ausbildung usw (anders für Ausbildungsverhältnisse in reinen Ausbildungsbetrieben BAG 21.7.93 – 7 ABR 35/92, NZA 94, 713). Das BAG stellt zwar – wie dargelegt – auch bei der Einstellung aufgrund eines Arbeitsvertrages ausschließlich auf die tatsächliche Beschäftigung im Betrieb ab. Allerdings soll der BRat bereits **vor Abschluss des Arbeitsvertrages zu beteiligen** und seine Zustimmung zu der geplanten Beschäftigung einzuholen sein (BAG 28.4.92 – 1 ABR 73/91, NZA 92, 1141). Damit wird im 4

Interesse des ArbGeb vermieden, dass die Beschäftigung des ArbN trotz eines formell wirksamen Arbeitsvertrages an der fehlenden Zustimmung des BRat scheitert.

5 Insofern befindet sich das BAG bei der Einstellung aufgrund Arbeitsvertrages im Ergebnis im Regelfall in Übereinstimmung mit der Gegenauffassung in der Literatur, wonach bei zeitlichem Auseinanderfallen von Vertragsschluss und Eingliederung jeweils die zeitlich erste Maßnahme des ArbGeb mitbestimmungspflichtig sein soll (*Fitting* § 99 Rn 32; DKK/*Bachner* § 99 Rn 37).

6 **bb) Fortsetzung des Arbeitsverhältnisses.** Eine Einstellung iSd § 99 BetrVG liegt auch vor bei der Verlängerung von zunächst befristet abgeschlossenen Arbeitsverträgen (BAG 27.10.10 – 7 ABR 86/09, NZA 11, 418; zum Sonderfall der Probezeit BAG 7.8.90 – 1 ABR 68/89, DB 91, 46), der Beschäftigung über die vertraglich vereinbarte oder tarifliche Altersgrenze hinaus (BAG 10.3.92 – 1 ABR 67/91, NZA 92, 992), der vorübergehenden Beschäftigung von ArbN im Betrieb aus einem anderen Konzernunternehmen, der Übernahme in ein Arbeitsverhältnis nach Beendigung des Berufsausbildungsverhältnisses oder der Vereinbarung einer Teilzeitbeschäftigung während der Elternzeit auf dem bisherigen Arbeitsplatz (BAG 28.4.98 – 1 ABR 63/97, NZA 98, 1352), da diesen Maßnahmen jeweils eine **neue Arbeitgeberentscheidung** zugrunde liegt. Einer solchen Entscheidung bedarf es nicht bei der Wiederaufnahme eines ruhenden Arbeitsverhältnisses, zB nach Ende der Elternzeit (*Fitting* § 99 Rn 44) oder bei Übergang des Arbeitsverhältnisses im Falle des Betriebsübergangs nach § 613a BGB (*Fitting* § 99 Rn 46). Hierbei handelt es sich folglich nicht um Einstellungen iSd § 99 BetrVG. Nach Auffassung des BAG soll auch eine nach Dauer und Umfang nicht unerhebliche **Erhöhung der Arbeitszeit** eine neue Einstellung sein; die Erheblichkeitsschwelle sieht das BAG bei mindestens 10 Stunden pro Woche (BAG 9.12.08 – 1 ABR 74/07, NZA-RR 09, 260); die gegenläufige Verminderung des Arbeitszeitvolumens unterfällt dagegen nicht der Mitbestimmung gem § 99 BetrVG (BAG 25.1.05 – 1 ABR 59/03, NZA 05, 945).

7 **cc) Einstellung ohne Arbeitsvertrag.** Problematisch wird der Tatbestand der Einstellung jedoch dann, wenn der Arbeitsvertrag unwirksam ist oder ein solcher aufgrund des immer häufigeren Einsatzes von ArbN fremder Firmen im Betrieb gar nicht existiert. Nach BAG kommt es auf das Rechtsverhältnis, in dem der Beschäftigte zum ArbGeb steht, insbes die ArbNEigenschaft, gerade nicht an. Auch die Hereinnahme von **Nicht-Arbeitnehmern** in die betriebliche Tätigkeit unterstellt das BAG dem Zustimmungsvorbehalt des BRat, da das kollektive Interesse der Belegschaft unabhängig davon berührt wird, auf welcher vertraglichen Grundlage die in die betriebliche Arbeit eingeschalteten Personen tätig werden (BAG 9.10.13 – 7 ABR 12/12, NZA 14, 795). Entscheidend ist allein, ob „Personen in den Betrieb eingegliedert werden, um zusammen mit den im Betrieb schon beschäftigten ArbN den arbeitstechnischen Zweck des Betriebes durch weisungsgebundene Tätigkeit zu verwirklichen" (grundlegend BAG 28.4.92 – 1 ABR 73/91, NZA 92, 1141). Dies trifft zB auch auf sog Ein-Euro-Jobber (BAG 2.10.07 – 1 ABR 60/06, NZA 08, 244) oder DRK-Schwestern zu (BAG 9.10.13 – 7 ABR 12/12, NZA 14, 795), obwohl gerade kein Arbeitsverhältnis mit dem Beschäftigungsunternehmen zustande kommt.

8 Die Arbeitsaufnahme von **unechten oder echten Leiharbeitnehmern** im Entleiherbetrieb hat das BAG dementsprechend unabhängig von den Regelungen des AÜG wegen ihrer faktischen Eingliederung in den Betrieb als Einstellung angesehen (BAG 9.3.2011 – 7 ABR 137/09, NZA 11, 871). § 14 Abs 3 AÜG regelt das Zustimmungserfordernis gem § 99 BetrVG dementsprechend für die gewerbliche Leiharbeit nur deklaratorisch. Näheres → *Arbeitnehmerüberlassung/Zeitarbeit* Rn 49 ff.

9 Auch die Beschäftigung von **freien Mitarbeitern,** uU sogar von **selbstständigen Unternehmern** (BAG 15.4.86, DB 86, 2497 – Taxifahrer), sollte nach der älteren Rspr des BAG eine Einstellung iSd § 99 BetrVG darstellen können. Das BAG ließ es genügen, wenn die Tätigkeit „ihrer Art nach weisungsgebunden" sei; darauf, ob tatsächlich im Einzelfall Weisungen gegeben werden, komme es nicht an (BAG 27.7.93, DB 94, 332; 18.10.94, DB 95, 382). Zwischenzeitlich hat das BAG aber klargestellt, dass **normalerweise** die Beschäftigung freier Mitarbeiter keine Einstellung iSd § 99 BetrVG darstellt. Nur wenn sich die Tätigkeit nicht nennenswert von der weisungsabhängigen Tätigkeit vergleichbarer ArbN desselben Betriebes unterscheidet und eine ArbNtypische teilweise Einbindung in die betriebliche Organisation vorliegt, könne ausnahmsweise bei der Beschäftigung freier Mit-

arbeiter oder Selbstständiger eine Einstellung vorliegen (BAG 30.8.94 – 1 ABR 3/94, NZA 95, 649 zum Handelsvertreter). In Wirklichkeit dürfte es sich dann aber nicht mehr um freie Mitarbeit, sondern eher um eine Scheinselbstständigkeitskonstellation handeln (ErfK/*Kania* § 99 BetrVG Rn 8). Um das Eingreifen des Mitbestimmungsrechts prüfen zu können, hat der BRat auch und gerade bei Einsatz freier Mitarbeiter Anspruch auf Unterrichtung gem § 80 Abs 2 BetrVG (BAG 15.12.98 – 1 ABR 9/98, NZA 99, 722). Dazu gehört auch ein Anspruch des BRat auf Vertragseinsicht, was durch Neufassung von § 80 Abs 2 BetrVG mit Wirkung ab dem 1.4.17 gesetzlich klargestellt worden ist.

In Bezug auf **Fremdfirmenarbeitnehmer,** die im Rahmen von Werk- oder Dienst- 10
verträgen auf dem Betriebsgelände des Kundenunternehmens tätig werden, hat das BAG ebenfalls erst nach längerem Schwanken zu einer einheitlichen Linie gefunden. Teilweise hatte das Gericht für die Anwendung des § 99 BetrVG darauf abgestellt, ob sich die Aufgaben von Fremdfirmen auf „absonderbare Tätigkeitsbereiche", die nicht unmittelbar der Verwirklichung des Betriebszwecks dienten, beziehen (BAG 28.11.89, DB 90, 1139). Teilweise sollte es für die Anwendung des § 99 BetrVG ausreichen, wenn die von Fremdfirmen-ArbN ausgeübte Tätigkeit ihrer Art nach weisungsgebunden sei, gleichgültig, von wem die Fremdfirmen-ArbN tatsächlich ihre Weisungen erhalten (BAG 1.8.89, BB 90, 419). Die Wende zu einer restriktiven Anwendung des § 99 BetrVG vollzog das BAG mit Urt vom 5.3.91 (1 ABR 39/90, DB 91, 1334). Seither kommt es für die Anwendung des § 99 BetrVG maßgeblich darauf an, ob Personen, die als Erfüllungsgehilfen eines Dienst- oder Werknehmers im Betrieb des Auftraggebers tätig werden, so in die Arbeitsorganisation des Auftraggebers eingegliedert werden, dass dieser die **für ein Arbeitsverhältnis typischen Entscheidungen** über deren Arbeitseinsatz auch nach Zeit und Ort zu treffen hat (BAG 13.12.05 – 1 ABR 51/04, NZA 06, 1369).

**Typische Weisungen über den Arbeitseinsatz** sind solche, mit denen die individuelle 11
Arbeitspflicht nach Gegenstand, Ort und Zeit konkretisiert wird, etwa die Bestimmung des täglichen Arbeitsbeginns, die Zuweisung einer bestimmten Aufgabe oder die Reihenfolge der Arbeitsschritte. Nicht den konkreten Arbeitseinsatz betreffen dagegen Weisungen, die sich auf die Person des ArbN beziehen, etwa die Gewährung von Freizeiten oder die Festlegung des Urlaubs. Auch wenn solche Weisungen beim Vertrags-ArbGeb bleiben, steht dies einer Einstellung iSd § 99 BetrVG nicht entgegen. **Für die Praxis** bleibt die Schwierigkeit, im Streitfall festzustellen, wer tatsächlich die „typischen Weisungen über den Arbeitseinsatz" zu treffen hatte. Will man eine betriebsverfassungsrechtliche Einstellung bei der Tätigkeit von Fremdfirmen-ArbN vermeiden, empfiehlt es sich, das Verbleiben der arbeitsrechtlichen Weisungsbefugnisse beim Auftragnehmer im Rahmen der Vertragsgestaltung transparent zu machen. Eine Möglichkeit ist, dass der Auftragnehmer einen verantwortlichen Einsatzleiter stellt, der als fachlicher und disziplinarischer Vorgesetzter für alle ArbN des Auftragnehmers zuständig ist und für Absprachen mit dem Auftraggeber ausschließlich zur Verfügung steht (so der Sachverhalt von BAG 18.10.94 – 1 ABR 9/94, NZA 95, 281).

**3. Muster.** S Online-Musterformulare *„M21 Einstellung"*. 12

**B. Lohnsteuerrecht** *Thomas*

Lohnsteuerlich gelten die zu den Stichworten *Bewerbung, Umzugskosten* und *Versetzung* 13
dargelegten Grundsätze.

**C. Sozialversicherungsrecht** *Voelzke*

**1. Arbeitsvermittlung.** Der ArbGeb kann sich zur Anwerbung von Arbeitskräften der 14
Arbeitsvermittlung der Agenturen für Arbeit bedienen (§§ 35 ff SGB III; → *Stellensuche* Rn 10 ff). Anspruch auf die Vermittlungsdienste der BA besteht auch für Leistungsempfänger nach dem SGB II. Die bestehenden Vermittlungsdienste der BA bleiben durch die nunmehr weitgehend unbeschränkt zulässige private Arbeitsvermittlung (Näheres: → *Arbeitsvermittlung (private)* Rn 14 ff) unberührt. Der Vermittlungsauftrag an die Agentur für Arbeit kann in jeder Form, auch mündlich oder telefonisch aufgegeben werden. Hierbei sollte der zu besetzende Arbeitsplatz möglichst genau beschrieben werden. Der ArbGeb teilt

der Agentur für Arbeit mit, ob er die Einreichung schriftlicher Bewerbungsunterlagen oder eine direkte persönliche Vorstellung der Arbeitssuchenden wünscht. Eine Verpflichtung, einen von der Agentur für Arbeit vorgeschlagenen Bewerber einzustellen, besteht nicht. Die Agentur für Arbeit kann gem § 44 SGB III die durch die Vorstellung entstehenden Kosten des Arbeitssuchenden tragen (→ *Bewerbung* Rn 19 ff).

15 **2. Arbeitgeberpflichten.** Der ArbGeb hat bei Beginn der Beschäftigung gegenüber der Einzugsstelle die erforderliche Meldung zu erstatten (→ *Meldepflichten Arbeitgeber* Rn 3 ff).

## Einstellungsuntersuchung

### A. Arbeitsrecht

*Poeche*

1 **1. Begriff.** Einstellungs- oder Eignungsuntersuchungen sind (noch) weit verbreitet. Sie werden auf Verlangen des ArbGeb durchgeführt, der sich vergewissern will, ob der Bewerber physisch und psychisch den Anforderungen des (künftigen) Arbeitsplatzes gewachsen ist, und der deshalb den Abschluss des Arbeitsvertrags vom positiven Ergebnis einer ärztlichen Untersuchung abhängig macht (zur Zulässigkeit von Persönlichkeitstests *Bausewein* ArbRAktuell 14, 556, 607; zum Einsatz einer Persönlichkeitsanalysesoftware im Bewerbungsverfahren, zB „Precire“: *Grimm/Göbel* JM 18, 278). Solche vor Begründung des Arbeitsverhältnisses durchgeführten Untersuchungen sind **Mittel der Personalauswahl** (dazu allgemein *Personalauswahl*). Hiervon zu unterscheiden sind die **arbeitsmedizinischen Vorsorgeuntersuchungen** iSd ArbmedVV (sowie zB iSd §§ 37 ff RöV, § 60 StrlSchV; näheres *Betriebliche Gesundheitsförderung*). Dies ist in der Neufassung der ArbMedVV ausdrücklich klargestellt worden (vgl hierzu *Behrens* NZA 14, 401; *Beckschulze* BB 14, 1013). Ebenfalls sind hiervon die vorrangig dem Schutz Dritter und der Allgemeinheit dienenden Untersuchungen nach den einschlägigen Spezialgesetzen (§ 4 LuftVG iVm § 24a LuftVZO; § 43 IfSG; § 12 SeeArbG) zu unterscheiden. Eine fehlende gesundheitliche Eignung begründet in diesen Fällen idR ein Beschäftigungsverbot. Zu den ärztlichen Untersuchungen Jugendlicher nach §§ 32 ff JArbSchG (→ *Jugendarbeitsschutz* Rn 39 f).

2 **2. Arbeitsrechtliche Ausgangslage.** Einstellungsuntersuchungen beeinträchtigen das grundrechtlich (Art 2 GG) geschützte Persönlichkeitsrecht des Stellenbewerbers. Sie sind deshalb nur eingeschränkt zulässig. In den Gesetzgebungsmaterialien zur ArbMedVV ist daher ausdrücklich davon die Rede, dass das Untersuchungsverlangen des ArbGeb zur Feststellung der Eignung eines Beschäftigten für eine bestimmte Tätigkeit einer Rechtsgrundlage bedarf, die allerdings auch in allgemeinen arbeitsrechtlichen Grundsätzen bestehen kann (BR-Drs 643/08, 27). Der Konflikt zwischen dem nachvollziehbaren Interesse des ArbGeb an möglichst umfassender Information über den Bewerber einerseits und dem Wunsch des Bewerbers auf Achtung seiner Privatsphäre andererseits wird bisher nach den zum Fragerecht des ArbGeb entwickelten Grundsätzen gelöst (→ *Auskunftspflichten Arbeitgeber* Rn 2, 3; → *Personalauswahl* Rn 14 ff; *Beckschulze* BB 14, 1013). Einstellungsuntersuchungen sind nur mit **Einwilligung** des Bewerbers zulässig und können verlangt werden, soweit der ArbGeb an der Feststellung der gesundheitlichen Eignung ein berechtigtes, billigenswertes und schutzwürdiges Interesse hat, das gegenüber dem Interesse des ArbN an der Unverletzlichkeit seiner Intimsphäre Vorrang hat. Das BAG ließ bislang folgende Fragen zu: Liegt eine Krankheit oder eine Beeinträchtigung des Gesundheitszustandes vor, durch die die Eignung für die vorgesehene Tätigkeit auf Dauer oder in periodisch wiederkehrenden Abständen eingeschränkt ist? Liegen ansteckende Krankheiten vor, die zwar nicht die Leistungsfähigkeit beeinträchtigen, jedoch die zukünftigen Kollegen oder Kunden gefährden? Ist zum Zeitpunkt des Dienstantritts oder in absehbarer Zeit mit einem Ausfall zu rechnen, etwa wegen einer Operation, eines Kurantritts oder einer akuten Erkrankung (schon BAG 7.6.84 – 2 AZR 270/83, NZA 85, 57; zu weiteren wohl zulässigen Anlässen für eine Untersuchung: *Behrens* NZA 14, 401). Hiervon ist das BAG wegen des Benachteiligungsverbots Behinderter (§ 1 AGG) abgerückt (zum Behindertenbegriff → *Diskriminierung* Rn 38) und hat die Frage des ArbGeb nach dem Vorliegen einer **chronischen Erkrankung** („Morbus Bechterew“) als Indiz iSv § 22 AGG für eine Benachteiligung

wegen (vom ArbGeb vermuteter) Behinderung beurteilt (BAG 17.12.09 – 8 AZR 670/08, NZA 10, 383). Die Frage und damit das Verlangen einer hierauf gerichteten Einstellungsuntersuchung ist nur zulässig, wenn das Nichtvorhandensein einer Behinderung eine wesentliche und entscheidende Anforderung für die angestrebte Tätigkeit iSv § 8 Abs 1 AGG darstellt. Das entspricht der inzwischen kodifizierten Rechtslage (*Bayreuther* NZA 10, 679). Die Untersuchung darf nur auf die Feststellung der gesundheitlichen Eignung für die konkret beabsichtigte Tätigkeit gerichtet sein. Wird allein dieser Zweck verfolgt, liegt auch keine Benachteiligung wegen einer Behinderung vor (*Pauken* ArbRAktuell 16, 129). Erklärt sich der Bewerber mit einer Untersuchung einverstanden, ist er aus dem vorvertraglichen Schuldverhältnis zum ArbGeb auch zur ordnungsgemäßen Mitwirkung verpflichtet (*Aligbe* ArbRAktuell 15, 115). Eine **Verpflichtung** des Bewerbers, sich untersuchen zu lassen, besteht nicht. Freilich verschlechtert er bei einer Ablehnung seine Chance, den Arbeitsplatz zu erhalten.

**Inhaltlich** bestimmen sich Art und Ausmaß zulässiger Untersuchungen nach objektiven 3
beruflichen Kriterien und dem vom ArbGeb festgelegten Anforderungsprofil. Maßgebend sollte der vorgesehene Arbeitsplatz sein. Dem ArbGeb sollte damit verwehrt sein, jede Stellenbesetzung ohne Rücksicht auf tätigkeitsbezogene Anforderungen von einer vorhergehenden Einstellungsuntersuchung abhängig zu machen. Auch die abstrakte Befürchtung, der ArbN werde künftig periodisch erheblich krankheitsbedingt ausfallen, sollte grundsätzlich nicht das Verlangen nach einer unspezifischen Einstellungsuntersuchung rechtfertigen (anders bezogen auf das Fragerecht nach bisherigen Erkrankungen wegen des Wertungswiderspruchs zur Zulässigkeit einer krankheitsbedingten Kündigung *Bayreuther* NZA 10, 679). Zulässig sollten lediglich spezifisch auf den einzelnen Arbeitsplatz bezogene Untersuchungen sein. Das sollte auch für **Urin, Blut- und Leberwerte** oder **Haarproben** gelten. Dem ArbGeb sollte nicht das generell bestehende Risiko abgenommen werden, der Bewerber werde möglicherweise aufgrund Alkohol- oder Drogenkonsums Schlechtleistungen erbringen (so schon zum bisherigen Recht *Diller/Powietzka* NZA 01, 1227). Anhaltspunkt sollte das Gefährdungspotenzial der Tätigkeit, insbes für Dritte, aber auch für den ArbGeb, wenn Fehlleistungen des ArbN besonders schadensträchtig sind, sein.

**Beispiele.** Farbenblindheit kann untersucht werden, wenn der Aufgabenbereich die 4
Fähigkeit zur Farbunterscheidung verlangt (Elektriker, Forschungsbereich), Gleichgewichtsstörungen/Höhenkrankheit (Dachdecker, Glasreiniger), Alkohol-, Medikamenten- oder Drogenabhängigkeit bei sicherheitsrelevanten Arbeitsbereichen (Umgang mit Waffen, explosiven Chemikalien, Fahrpersonal, Piloten) oder bei einem Einsatz im Sozialbereich (Suchtprävention). Das Vorliegen einer HIV-Infektion soll bei einem Chirurgen ermittelt werden dürfen. Belastungs- oder Reaktionstests sind zulässig bei Piloten oder Feuerwehrleuten, nicht aber bei Büroangestellten. Mehlallergie im Bäckerbereich, Lösungsmittel im Friseurhandwerk. Rückenerkrankungen bei schwerer körperlicher Arbeit.

**3. Datenschutzrecht. a) Grundlagen.** Die Untersuchung muss nicht nur arbeitsrecht- 5
lich, sondern auch datenschutzrechtlich zulässig sein. Nach dem zum 1.9.09 in Kraft getretenen § 32 BDSG durften (Gesundheits-)daten erhoben, verarbeitet und genutzt werden, wenn sie für die Begründung des Beschäftigungsverhältnisses **erforderlich** waren (kritisch hierzu *Thüsing* NZA 09, 865; *Traschko-Luscher/Kiekenbeck* NZA 09, 1239). Das BDSG sollte nach einem Gesetzentwurf der Bundesregierung aus dem Jahr 2010 (BT-Drs 17/4230) einen zweiten Unterabschnitt „Datenerhebung, -verarbeitung und -nutzung für Zwecke des Beschäftigungsverhältnisses" erhalten. Dessen § 32a Abs 1 betraf die Zulässigkeitsvoraussetzungen von Einstellungsuntersuchungen und § 32b die Verwertung und Nutzung der nach §§ 32, 32a erhobenen Daten, die auch ausschließlich papiergebunden sein konnten. Dieses Vorhaben ist im Zuge der seit 22.5.18 unmittelbar geltenden **EU-Datenschutz-Grundverordnung** (EU-DSGVO; hierzu *Düwell/Brink* NZA 16, 665; *Sörup/Marquardt* ArbRAktuell 16, 103; *Taeger/Rose* BB 16, 819; *Besgen* B+P 17, 595) nicht mehr weiterverfolgt worden. Die in Kapitel II der EU-DSGVO enthaltenen Grundsätze gelten auch für die Datenverarbeitung durch den ArbGeb. Allerdings sieht Art 88 vor, dass die Mitgliedstaaten spezifischere Regelungen zur Datenverarbeitung im Beschäftigungskontext, ua „insbesondere zum Zwecke der Einstellung" vorsehen können. Für sensible Daten, zu denen auch Gesundheitsdaten gehören, sieht die EU-DSGVO in Art 9 überdies besondere

Regelungen mit einem besonderen Erlaubnistatbestand für das Arbeitsrecht – neben der Einwilligung – vor. Am 30.6.17 hat der BT das Gesetz zur Anpassung des Datenschutzrechts an die Verordnung (EU) 2016/679 und zur Umsetzung der Richtlinie (EU) 2016/680 (**Datenschutz-Anpassungs- und Umsetzungsgesetz EU – DSAnpUG-EU)** beschlossen, in dessen Art 1 das BDSG neugefasst wird (BGBl 2017 I, 2097). Mit Wirkung zum 25.5.18 ist dieses neue BDSG in Kraft treten. Von der in der DSGVO eingeräumten Möglichkeit zur Schaffung spezifischerer Regelungen zum Beschäftigtendatenschutz wurde in § 26 BDSG nF Gebrauch gemacht (hierzu *Wybitul* NZA 17, 413; *Gaul/Pitzer* ArbRB 17, 241; *Düwell/Brink* NZA 17, 1081; *Gola* BB 17, 1462; *Benkert* NJW-Spezial 18, 562). Die Neuregelung entspricht im wesentlichen § 32 BDSG aF.

6 **b) § 26 BDSG nF.** Die Norm regelt die Datenverarbeitung für Zwecke des Beschäftigungsverhältnisses. § 26 Abs 1 BDSG nF übernimmt im wesentlichen § 32 BDSG aF, allerdings mit der Besonderheit, dass als Rechtfertigungsgrund auch die Erfüllung einer gesetzlichen oder kollektivrechtlichen Pflicht gilt. Generell dürfen personenbezogene Daten eines Beschäftigten – dies sind nach Abs 8 S 2 auch Bewerber – für Zwecke des Beschäftigungsverhältnisses ua verarbeitet werden, wenn dies erforderlich für die Entscheidung über die Begründung desselben ist. Erfolgt die Verarbeitung auf der Grundlage der Einwilligung des Beschäftigten, so bedarf diese regelmäßig der Schriftform (§ 26 Abs 2 BDSG nF; zur Einwilligung: *Middel* AuR 18, 411; *Kamps/Bonanni* ArbRB 18, 50; *Grimm/Kühne* ARbRB 18, 218; *Kleinebrink* DB 18, 1729; *Kort* NZA 18, 1097). § 26 Abs 3 BDSG trifft Regelungen zum Umgang mit besonderen Kategorien personenbezogener Daten. Hierzu gehören Daten, die die Gesundheit des Beschäftigten betreffen. Hier ist der ArbGeb verpflichtet, besondere Maßnahmen zum Schutz dieser Daten zu ergreifen. Die Einwilligung muss sich außerdem ausdrücklich auf die besonders sensiblen Daten iSd Abs 3 beziehen. Danach kann der ArbGeb die Erhebung von Gesundheitsdaten im Bewerbungsverfahren nur verlangen, wenn die Kenntnis dieser bestimmten Daten für die Feststellung der Eignung des Bewerbers für die vorgesehene Tätigkeit erforderlich ist. Die Erfüllung bestimmter gesundheitlicher Voraussetzungen muss also wegen der Art der auszuübenden Tätigkeit oder der Bedingungen ihrer Ausübung erforderlich sein und zwar bezogen auf den Zeitpunkt der Arbeitsaufnahme. Die Erforderlichkeitsprüfung kann sich aber auch auf künftige Tätigkeiten beziehen, wenn diese bereits vorgesehen sind (Tropentauglichkeit wegen eines in Aussicht genommenen Auslandseinsatzes). Die Untersuchung darf daher nicht allgemein der Klärung des Gesundheitszustandes dienen. Sie kann nur mit Einwilligung des Bewerbers erfolgen (*Kort* NZA Beilage 2/16, 62).

7 **4. Arztwahl.** Einstellungsuntersuchungen dürfen nur von Ärzten vorgenommen werden. Zweckmäßig ist die Beauftragung des **Betriebsarztes,** der die betrieblichen Verhältnisse kennt und einen einheitlichen Standard gewährleistet. Die Tätigkeit gehört nicht zu seinem gesetzlich bestimmten Aufgabenbereich. Die Zusatzaufgabe ist daher vertraglich ausdrücklich zu regeln und bei der Festlegung der Einsatzzeiten zu berücksichtigen (→ *Betriebsarzt* Rn 6–11). Anstelle des Betriebsarztes können Vertrauens-, Amts- oder frei praktizierende Ärzte beauftragt werden.

8 **5. Untersuchungsverlauf/Mitteilung des Untersuchungsergebnisses.** Ärztliche Untersuchungen ermöglichen ein objektives und uneingeschränktes Bild über den Gesundheitszustand des Bewerbers. Er soll deshalb über Art und Umfang der ärztlichen Untersuchung aufgeklärt werden. Auch muss er in die Weitergabe des Untersuchungsergebnisses an den ArbGeb einwilligen. Der Arzt soll keine weitergehenden Fragen stellen dürfen als dem ArbGeb selbst gestattet sein sollte. Zusätzliche Informationen, die der Arzt anlässlich der Untersuchung gewinnt, sog Zufallsbefunde, darf er dem ArbGeb nicht mitteilen oder auf andere Weise verwerten (*Fuhlrott/Hoppe* ArbRAktuell 10, 183). Das gilt etwa auch für eine festgestellte Schwangerschaft. Der Arzt unterliegt der ärztlichen Schweigepflicht. Dem ArbGeb darf nur mitgeteilt werden, ob der Bewerber für die vorgesehenen Tätigkeiten „geeignet" ist. Die erhobenen Befunde selbst dürfen nicht mitgeteilt werden (*Kort* NZA Beilage 2/16, 62).

9 **6. Sonstiges.** Die Zulässigkeit **genetischer Untersuchungen** bestimmt sich unverändert nach dem GenDG. Danach sind Genuntersuchungen bei Bewerbern mit Ausnahme

der in § 20 geregelten Fälle untersagt (→ *Datenschutz* Rn 8; → *Betriebliche Gesundheitsförderung* Rn 12; → *Personalauswahl* Rn 17; *Fuhlrott/Hoppe* ArbR 10, 181).

Für den **öffentlichen Dienst** sah § 7 BAT eine Einstellungsuntersuchung auf Verlangen des ArbGeb vor. Das geltende öffentliche Tarifrecht enthält eine derartige Vorschrift nicht mehr, so dass auch hier nunmehr die oben dargestellten allgemeinen Grundsätze gelten (Näheres *Weber/Wocken* NZA 12, 191).

**7. Rechtsfolgen unzulässig verlangter Einstellungsuntersuchungen.** Ein Einstellungsanspruch des aufgrund einer unzulässig verlangten Einstellungsuntersuchung abgelehnten Bewerbers besteht nicht. In Betracht kommen Schadensersatzansprüche nach allgemeinen Grundsätzen und nach dem BDSG (→ *Datenschutz* Rn 19). Ersatzansprüche nach §§ 15 ff AGG bestehen bei einer Verletzung des Benachteiligungsverbots Behinderter iSv § 1 AGG (*Raif* ArbRAktuell 10, 617). 10

**8. Auflösende Bedingung.** Vielfach wird angenommen, der Arbeitsvertrag könne unter der auflösenden Bedingung der festgestellten gesundheitlichen Eignung geschlossen werden (*Fuhlrott/Hoppe* ArbRAktuell 10, 301737 mwN; unter strengen Voraussetzungen ebenso *Aligbe* ArbRAktuell 15, 542). Das erscheint allerdings nicht zutreffend. Eine auflösende Bedingung ist nach § 21 iVm § 14 TzBfG nur bei Vorliegen eines sachlichen Grundes wirksam. Vorausgesetzt ist ein anerkennenswertes Interesse des ArbGeb an der Auflösungsmöglichkeit. Daran fehlt es, wenn sich die Bedingung auf Umstände erstreckt, die der ArbGeb bei gebotener Sorgfalt schon vor dem Vertragsschluss hätte erkennen und deshalb den Abschluss hätte ablehnen können (BAG 27.7.05 – 7 AZR 488/04, NZA 06, 539 zu dem mit einer auflösenden Bedingung vergleichbaren Rücktrittsvorbehalt iSv § 308 Nr 3 BGB; str, anders LAG Hess 8.12.94 – 12 Sa 1103/94, ZTR 95, 373). Einstellungsuntersuchungen müssen deshalb grds zeitlich vor dem Abschluss des Arbeitsvertrags durchgeführt werden (ebenso *Steinigen* ZTR 12, 67; aA *Fuhlrott/Hoppe* ArbR 10, 181). 11

**9. Kosten.** Die Kosten der Einstellungsuntersuchung trägt der ArbGeb nach §§ 675, 670 BGB (BAG 9.2.06 – 6 AZR 283/05, NZA 06, 1207). 12

**10. Mitbestimmungsrechte.** Das Verlangen nach einer positiven Einstellungsuntersuchung ist eine **Auswahlrichtlinie** iSv § 95 BetrVG (§ 95 Rn 10; LAG BaWü 13.12.02 – 16 TaBV 4/02, NZA-RR 03, 417; → *Personalauswahl* Rn 20; zur Mitbestimmung des Personalrats bei Einstellungsuntersuchungen im öffentlichen Dienst *Weber/Wocken* NZA 12, 191). Nicht mitbestimmt sind ärztliche Fragebogen für die Einstellungsuntersuchung. Deren Formulierung obliegt dem Arzt; für den ArbGeb besteht kein Handlungsspielraum. Mitbestimmungsrechte nach § 87 Abs 1 Nr 7 BetrVG und § 9 ASiG kommen nicht in Betracht (ErfK/*Preis* § 611 Rn 298). 13

**11. Muster.** S Online-Musterformular *„M21.3 Einverständniserklärung des einzustellenden Arbeitnehmers zu einer ärztlichen Untersuchung"*. 14

## B. Lohnsteuerrecht *Thomas*

Soweit Einstellungsuntersuchungen gesetzlich oder tarifvertraglich angeordnet oder nach der Art der Verwendung (zB bei Berufssportlern) geboten sind, führt eine diesbezügliche Kostentragung des ArbGeb nicht zu Arbeitslohn. Im Übrigen gelten die Ausführungen zum Gesundheitszeugnis (→ *Gesundheitszeugnis* Rn 13 ff) entsprechend. 21

## C. Sozialversicherungsrecht *Ruppelt*

Das Ergebnis einer Einstellungsuntersuchung hat keine unmittelbaren sozialversicherungsrechtlichen Auswirkungen. Die Versicherungspflicht in den einzelnen Zweigen der SozV und der ArblV entsteht grds erst mit Beginn des Beschäftigungsverhältnisses, das ist regelmäßig der Tag der Arbeitsaufnahme (→ *Krankenversicherungspflicht* Rn 6; → *Gesundheitszeugnis* Rn 16). 26

# Einwanderung

## A. Arbeitsrecht

*Röller*

1 **1. Allgemeines.** Unter Einwanderung wird umgangssprachlich die Zuwanderung von Ausländern nach Deutschland verstanden, um in Deutschland einen festen oder vorübergehenden Wohnsitz zu nehmen, in der Regel auch um eine Erwerbstätigkeit auszuüben. Die Zuwanderung von Ausländern nach Deutschland ist gesetzlich reglementiert durch das ZuwandG v 30.7.04 (BGBl I 04, 1950), das am 1.1.05 in Kraft trat und mit dem das Ausländerrecht neu gestaltet wurde. Das ZuwandG enthält die Erstfassungen des AufenthG (Art 1 ZuwandG) und das FreizügG/EU (Art 2 ZuwandG), welche das zuvor geltende AuslG und das AufenthG/EWG ersetzten. Das AufenthG wurde durch das Gesetz zur Umsetzung aufenthaltsrechtlicher Richtlinien der EU zur Arbeitsmigration vom 12.5.17 (BGBl I 17, 1106, zuletzt geändert durch G v 12.7.18, BGBl I 18, 1147) umfassend geändert. Zur Ausführung des AufenthG ist ua die BeschVO v 6.6.13 (BGBl I 13, 1499) erlassen worden. Wesentliche Änderungen erfährt das AufenthG durch das FEG (BGBl I 19, 1307), das am 7.6.19 durch den Bundestag iRd sog Migrationspakts verabschiedet wurde. Das FEG tritt in wesentlichen Teilen am 1.3.20 in Kraft.

2 **2. Geltungsbereich des Aufenthaltsgesetzes.** Ausländische ArbN, das heißt ArbN ohne deutsche Staatsangehörigkeit (§ 2 AufenthG) bedürfen für die Einreise und den Aufenthalt im Bundesgebiet eines Aufenthaltstitels, sofern nicht durch das Recht der EU oder durch RechtsV etwas anderes bestimmt oder aufgrund des Abkommens vom 12.9.63 zur Gründung einer Assoziation zwischen der EWG und der Türkei (Assoziationsabkommen EWG/Türkei) ein Aufenthaltsrecht besteht (§ 4 Abs 1 AufenthG). Von dem **Erfordernis eines Aufenthaltstitels** sind damit alle Staatsangehörigen umfasst, die nicht der EU, dem EWR und der Schweiz angehören (sog **Drittstaatsangehörige**). Ausländer dürfen gem § 4 Abs 3 Satz 1 AufenthG eine Erwerbstätigkeit nur ausüben, wenn der Aufenthaltstitel sie dazu berechtigt. Ausländer dürfen nur beschäftigt oder mit anderen entgeltlichen Dienst- oder Werkleistungen beauftragt werden, wenn sie einen solchen Aufenthaltstitel besitzen (Satz 2).

3 **3. Aufenthaltstitel.** Für die Einreise und den Aufenthalt ist der Besitz eines Aufenthaltstitels notwendig. Nach § 4 Abs 1 Satz 2 AufenthG existieren folgenden Aufenthaltstitel: Schengen-Visum (es dient kurzfristigen Aufenthalten und erlaubt idR keine Erwerbstätigkeit, § 6 Abs 2a AufenthG), Nationales Visum (es dient der Prüfung, ob die Voraussetzungen für längerfristige Migration vorliegen, § 6 Abs 3 AufenthG), Aufenthaltserlaubnis (sie wird für verschiedene Zwecke erteilt, etwa Ausbildung, Erwerbstätigkeit oder Familiennachzug, § 7 iVm §§ 16 ff AufenthG), Blaue Karte EU (besonderer Aufenthaltstitel für Ausländer mit Hochschulabschluss, die im Inland beschäftigt werden; die Rahmenbedingungen sind europarechtlich vorgegeben durch die sog hochqualifizierten-RL (RL 2009/50/EG v 25.5.2009), § 18b Abs 2 AufenthG), ICT-Karte (besonderer Aufenthaltstitel für unternehmensintern transferierte Mitarbeiter, die in Deutschland mit ausländischem Arbeitsvertrag eingesetzt werden; die Rahmenbedingungen sind europarechtlich vorgegeben durch die sog ICT-RL (RL 2014/66/EU), § 19 AufenthG), Mobile ICT-Karte (besonderer Aufenthaltstitel für unternehmensintern transferierte Mitarbeiter, die in Deutschland mit ausländischem Arbeitsvertrag eingesetzt werden in Ausübung der sog Binnenmobilität nach Art 22 ICT-RL, § 19b AufenthG), Niederlassungserlaubnis (unbefristeter Aufenthaltstitel allein durch nationales Recht geregelt, § 9 AufenthG bzw jeweilige Sonderregelung) und Erlaubnis zum Daueraufenthalt-EU (unbefristeter Aufenthaltstitel, Rahmenbedingungen europarechtlich vorgegeben durch die sog Daueraufenthalts-RL (RL 2003/109/EG v 25.11.2003), § 9a AufenthG).

4 **4. Fachkräfteeinwanderung.** Das FEG soll qualifizierten ArbN aus Nicht-EU-Staaten den Weg nach Deutschland ebnen. Die Beschränkung der Fachkräftezuwanderung auf Engpassberufe soll ebenso entfallen wie die Vorrangprüfung. Wer deutsch kann und ausreichend qualifiziert ist, kann für bis zu sechs Monate zur Jobsuche nach Deutschland

kommen. Durch den neu eingeführten § 4a Abs 1 Satz 1 AufenthG findet eine Abkehr vom bisher gültigen Verbot mit Erlaubnisvorbehalt statt. Nach Erteilung einer Aufenthaltserlaubnis ist nunmehr die Ausübung einer Tätigkeit grundsätzlich erlaubt, kann jedoch verboten oder eingeschränkt werden (Verbotsvorbehalt). Daraus folgt, dass bei allen Formen derjenigen Aufenthaltstitel nach dem AufenthG, bei denen keine Einschränkung zum Arbeitsmarktzugang vorhanden ist, dieser nach § 4a Abs 1 Satz 1 AufenthG automatisch besteht. Bei Aufenthaltstiteln mit einem Verbot sowie einem Erlaubnisvorbehalt, wie zB in § 25 Abs 4 AufenthG, kann gem § 4a Abs 1 AufenthG die Ausübung einer Erwerbstätigkeit im Ermessenswege erlaubt werden. Einzelheiten zum FEG s *Klaus* NJOZ 19, 753; *Qualmann* DB 19, 1680.

**5. Spurwechsel für abgelehnte Asylbewerber und ausreisepflichtige Ausländer.** 5
Bestandteil des Mirgrationspakts ist die Ausbildungs- und Beschäftigungsduldung. Unabhängig vom FEG soll mit der Ausbildungs- und Beschäftigungsduldung vor allem ausreisepflichtigen abgelehnten Asylbewerbern und ihren engen Familienmitgliedern eine Bleibeperspektive in Deutschland eröffnet werden. Die Ausbildungsduldung (§ 60b AufenthG) wird gegenüber der bisherigen Regelung wesentlich erweitert und erfasst auch Ausländer, die noch im Asylverfahren eine Ausbildung begonnen haben, sowie Helfertätigkeiten in Engpassberufen. Die Beschäftigungsduldung (§ 60c AufenthG) bietet hingegen unqualifizierten ausreisepflichtigen Ausländern mit ihren Familien eine Bleibeperspektive, wenn sie ihren Lebensunterhalt mindestens 18 Monate aus Erwerbstätigkeit gesichert haben. Die Beschäftigungsduldung kann nur erhalten, wer vor dem 1.1.18 eingereist ist. Einzelheiten s *Dietz* NVwZ 19, 1080.

## B. Lohnsteuerrecht

*Weil*

10 Ausländer, die im Inland ihren gewöhnlichen Aufenthalt (§ 9 AO) oder Wohnsitz (§ 8 AO) begründen, sind **unbeschränkt steuerpflichtig** (§ 1 Abs 1 Satz 1 EStG; vgl → *Ausländer* Rn 35 ff). Wird der ausländische Arbeitnehmer iRe **Dienstverhältnisses** unselbständig tätig, erzielt er Einnahmen aus **nichtselbständiger Arbeit** (§ 19 Abs 1 Nr 1 EStG). Zur Definition des Dienstverhältnisses siehe → *Arbeitnehmer (Begriff)* Rn 30 ff. Der ArbGeb hat in diesen Beschäftigungsverhältnissen die Lohnsteuer vom Arbeitslohn einzubehalten, anzumelden und abzuführen. Zu den Einzelheiten vgl → *Lohnsteueranmeldung* Rn 2 ff und → *Lohnsteuerabführung* Rn 2 ff.

## C. Sozialversicherungsrecht

*Voelzke*

15 **1. Allgemeines.** Die Einwanderung zum Zwecke der Ausübung einer Erwerbstätigkeit wird durch das Fachkräfteeinwanderungsgesetz vom 15.8.19 (BGBl I, 1307) erleichtert (s dazu *Kluth* NVwZ 19, 1305; *Neundorf* SGb 19, 373; vgl auch → *Ausländer* Rn 52). Die durch das Fachkräfteeinwanderungsgesetz bewirkten Änderungen werden überwiegend zum 1.3.20 in Kraft treten. Künftig darf in Deutschland grundsätzlich derjenige arbeiten, der eine **Aufenthaltserlaubnis** besitzt (→ Rn 3). Die Gesetzesänderungen erfolgten vor dem Hintergrund, dass der deutsche Arbeitsmarkt qualifizierte Fachkräfte in großer Zahl benötigt.

16 Ermöglicht wird nach Maßgabe der §§ 18 ff AufenthG nicht nur die Einwanderung von Fachkräften mit akademischem Abschluss, sondern auch von Fachkräften mit einer mindestens **zweijährigen Berufsausbildung.** Ferner können IT-Experten privilegiert einwandern, wenn sie einen Arbeitsplatz mit einem Mindesteinkommen von derzeit 4020 Euro je Monat erzielen. Schließlich wird Fachkräften auch ohne schon feststehenden Arbeitsplatz Aufenthalt und Beschäftigungssuche für einen Zeitraum von sechs bis achtzehn Monaten ermöglicht.

17 Die BA hat in den gesetzlich geregelten Fällen keine **Vorrangprüfung** für Deutsche und Unionsbürger mehr vorzunehmen (§ 39 Abs 1 Satz 1 AufenthG).

Der Gesetzgeber hat in § 81a AufenthG Regelungen zur Verwaltungsvereinfachung und **Verfahrensbeschleunigung** getroffen. ArbGeb in Deutschland können gegen eine erhöhte Gebühr von 411 € schneller als bisher die erforderlichen Genehmigungen für die Einreise und den Aufenthalt einer von ihnen benötigten Fachkraft erhalten. Grundlage des beschleunigten Verfahrens ist eine zwischen dem ArbGeb und der zuständigen Ausländerbehörde zu schließenden Verwaltungsvereinbarung (§ 81a Abs 2 AufenthG).

18 **2. Flankierende Regelungen.** Zu den das neue Einwanderungsrecht flankierenden neuen Regelungen des SozVRechts gehört, dass die sich an ArbN wendende **Berufsberatung** nach § 30 Nr 1 SGB III auch die Möglichkeiten der Anerkennung ausländischer Berufsabschlüsse umfasst. Die durch die Agenturen für Arbeit durchzuführende **Arbeitsmarktberatung** umfasst nach § 34 Abs 1 Satz 2 Nr 2 SGB III auch die Beschäftigungsmöglichkeiten von ArbN aus dem Ausland.

19 **3. Beschäftigungsförderung.** Die **Integration von Ausländern in den Arbeitsmarkt** durch Fördermaßnahmen ist durch das Ausländerbeschäftigungsförderungsgesetz vom 8.7.19 (BGBl I 19, 1029) gestärkt worden. Hiervon betroffen sind ua die Sprachförderung des Bundes, der leichtere Zugang zur Ausbildungsförderung und die frühzeitige Förderung von Gestatteten mit guter Bleibeperspektive durch bestimmte vermittlungsunterstützende Leistungen der aktiven Arbeitsförderung.

20 Insbesondere wird durch einen neuen § 39a SGB III eine **frühzeitige Förderung** von Ausländern mit einer Aufenthaltsgestattung ermöglicht. Erfasst werden nur Asylbewerber, bei denen ein rechtmäßiger und dauerhafter Aufenthalt zu erwarten ist (*Hauck/Noftz/Siefert* SGB III Rz 10).

# Elterngeld

## A. Arbeitsrecht

*Poeche*

1 Mit Wirkung zum 1.1.07 ist das **Gesetz zum Elterngeld und zur Elternzeit** (Bundeselterngeld- und Elternzeitgesetz – BEEG) in Kraft getreten. Es gilt für die ab 1.1.07 geborenen oder zur Adoption angenommenen Kinder und wurde zum 1.1.15 durch das **„Gesetz zur Einführung des Elterngeld Plus mit Partnerschaftsbonus und einer flexibleren Elternzeit im Bundeselterngeld- und Elternteilzeitgesetz"** vom 18.12.14 (BGBl I 14, 2325) neu gefasst (hierzu *Forst* DB 15, 68). Es gilt für Kinder, die ab dem 1.7.15 geboren werden. Für die vor diesem Zeitpunkt geborenen Kinder gilt das BEEG aF.

2 **Mitwirkungspflichten des ArbGeb.** Nach § 9 BEEG ist der ArbGeb verpflichtet, den bei ihm beschäftigten Elterngeldberechtigten Bescheinigungen über das Arbeitsentgelt und die Arbeitszeit auszustellen. Gleiches gilt für den Auftraggeber/Zwischenmeister der in Heimarbeit Beschäftigten und die ihnen Gleichgestellten. Vorsätzliche oder fahrlässige Falschbescheinigung sind nach § 14 Abs 1 Nr 1 BEEG als Ordnungswidrigkeit zu verfolgen (Rahmen: bis zu 2000 Euro).

## B. Lohnsteuerrecht

*Weil*

6 **1. Allgemeines.** Das Elterngeld nach dem BEEG ist nach der Zielsetzung des Gesetzgebers, die durch die erforderliche Kinderbetreuung entgangenen Einkünfte jedenfalls teilweise auszugleichen, als Einkünfteersatz zu qualifizieren (BFH 20.10.16 – VI R 57/15, DStR 2016, 2899).

7 **2. Steuerfreiheit § 3 Nr 67 Buchst b EStG.** Das Elterngeld nach dem BEEG und vergleichbare Leistungen der Länder sind steuerfrei. Wegen des Verweises auf das BEEG erfasst die Steuerbefreiung auch das sog Elterngeld Plus. Steuerfrei ist als vergleichbare Leistung der Länder iSd Regelung auch das bay. Landesbetreuungsgeld. Kommunale Leistungen sind nach dem Wortlaut der Regelung nicht steuerbefreit. Auch das Betreuungsgeld des Bundes würde zu den vergleichbaren steuerfreien Leistungen gehören. Die entsprechenden Regelungen des § 4 Buchst a–d BEEG sind aufgrund der fehlenden Gesetzgebungskompetenz des Bundes verfassungswidrig und nichtig (BVerfG 21.7.15 – 1 BvF 2/13, BGBl I 2015, 1565).

8 **3. Progressionsvorbehalt (§ 32b Abs 1 Nr 1 Buchst j EStG).** Zur Sicherstellung der Besteuerung nach der Leistungsfähigkeit werden vom Gesetzgeber auch steuerfreie Sozialleistungen – wie das Elterngeld –– in die Berechnung des Steuersatzes einbezogen. Das

Elterngeld bleibt zwar steuerfrei, wird aber zur Berechnung des Steuersatzes zum zu versteuernden Einkommen hinzugerechnet. Für das so (erhöhte) Einkommen wird der (besondere) Steuersatz ermittelt. Dieser besondere Steuersatz wird dann auf das tatsächlich zu versteuernde Einkommen (ohne Elterngeld) angewandt (BFH – III R 61/12, DStR 14, 2382; Verfassungsbeschwerde eingelegt BVerfG: 2 BvR 3057/14). Bei der Ermittlung des (erhöhten) Einkommens darf der Arbeitnehmer-Pauschbetrag (§ 9a Satz 1 Nr 1 EStG) vom Elterngeld abgezogen werden, soweit er nicht bei der Ermittlung der Einkünfte aus nichtselbständiger Arbeit abziehbar ist (§ 32 Abs 2 S 1 Nr 1 EStG) bzw der Steuerpflichtige den Pauschbetrag übersteigende Werbungskosten geltend gemacht hat (BFH – III R 61/12, BeckRS 2014, 96335).

**4. Steuerklassenwahl.** Nachdem sich das Elterngeld aus dem bisherigen Nettolohn errechnet, kann es sich bei beiderseits berufstätigen Verheirateten für den Ehegatten, der das Kind nach der Geburt betreut, empfehlen, so früh wie möglich (mindestens 7 Monate vor der Geburt des Kindes, § 2c Abs 3 Satz 2 BEEG) die **Steuerklasse III** zu wählen (→ *Lohnsteuerklassen* Rn 14), um zu einem höheren Nettogehalt zu gelangen. Der Steuerklassenwechsel ist kein Missbrauch gem § 42 AO (BSG 25.6.09 – B 10 EG 3/08 E, DStR 09, 2263). Haben berufstätige Ehegatten aber bereits einen Antrag auf Wechsel der Lohnsteuerklasse im Kalenderjahr gestellt, ist ein weiterer Steuerklassenwechsel im Kalenderjahr (zB bei Kenntnis von einer Schwangerschaft nach der ersten Antragstellung) mit dem Ziel der Aufstockung der Bemessungsgrundlage für Elterngeld nicht zulässig (FG Köln 25.10.16 – 3 K 887/16, EFG 2017, 66, bestätigt BFH 9.3.17 – VI S 21/16 (PKH), BeckRS 2017, 94657). Nach § 39 Abs 6 S 3 EStG können Ehegatten nur einmalig im Kalenderjahr die Änderung der Steuerklassen beantragen. Die Beschränkung des Antragsrechts dient als verfahrensrechtliche Sicherung gegen unüberlegte Änderungsanträge und soll den Verwaltungsaufwand in Grenzen halten (FG Köln 25.10.16 – 3 K 887/16, BeckRS 2017, 94054). Der zulässige Antrag muss bis zum 30.11. gestellt sein, wenn er noch im laufenden Jahr berücksichtigt werden soll (§ 39 Abs 6 S 6 EStG). Die Änderung ist mit Wirkung vom Beginn des auf die Antragstellung folgenden Kalendermonats vorzunehmen (§ 39 Abs 6 S 5 EStG). Nachteile, die dadurch entstehen, dass die LStKlasse V für den anderen Ehegatten zu höherer LSt führt, werden bei der Einkommensteuerveranlagung ausgeglichen (→ *Antragsveranlagung* Rn 2 ff). 9

**5. Arbeitsverhältnis.** Dem **Arbeitgeber** erwachsen aus der Gewährung des Elterngeldes keine steuerlichen Pflichten. Er kann aber verpflichtet sein, für das Elterngeld erforderliche Bescheinigungen auszustellen (→ Rn 2). Das Dienstverhältnis ruht während der Dauer der Elternzeit (→ *Elternzeit* Rn 5). Während des Bezugs von Elterngeld weitergezahltes Arbeitsentgelt und weitergewährte Sachbezüge sind lohnsteuerpflichtig (→ *Elternzeit* Rn 81 ff). 10

## C. Sozialversicherungsrecht

*Voelzke*

**1. Allgemeines.** Bei dem im BEEG (in der ab 1.1.18 geltenden Fassung vom 23.5.17, BGBl I 17, 1228) geregelte Elterngeld handelt es sich um eine familienpolitische Leistung mit der das Ziel verfolgt wird, Familien bei der **Sicherung ihrer Lebensgrundlage** zu unterstützen, wenn sich Eltern vorrangig um die Betreuung ihrer Kinder kümmern (*Dau* SGb 09, 261). Mit dem Elterngeld soll Familien gerade im ersten Lebensjahr des Kindes mehr Geld zur Verfügung gestellt werden und Einkommensbeschränkungen im Vergleich zu kinderlosen Paaren und kinderlosen Frauen stärker kompensiert werden (kritisch zu der familienpolitischen Zielsetzung des BEEG *Müller-Heine* Gesundheits- und Sozialpolitik 06, 57; zu verfassungsrechtlichen Fragen *Pernice-Warnke* FamRZ 14, 263). Verfassungsrechtliche Bedenken gegen die Ausgestaltung des Elterngeldes als Einkommensersatzleistung bestehen nicht (BVerfG 9.11.11 – 1 BvR 1853/11, NJW 12, 214). 11

**2. Anspruchsberechtigte.** Zum Bezug des Elterngeldes grds berechtigt sind nach § 1 Abs 1 BEEG Personen, die ihren Wohnsitz oder gewöhnlichen Aufenthalt in Deutschland haben (Nr 1), mit ihrem Kind in einem Haushalt leben (Nr 2), dieses Kind selbst betreuen und erziehen (Nr 3) und keine oder keine volle Erwerbstätigkeit ausüben (Nr 4). Elterngeld erhalten nicht nur ArbN, sondern auch selbstständig Tätige, Beamte, Studierende oder 12

Personen, die keine Erwerbstätigkeit ausüben. Der Anspruch entfällt nach § 1 Abs 8 BEEG, wenn die berechtigte Person ein zu versteuerndes Einkommen von mehr als 250 000 Euro erzielt hat (bei zwei berechtigten Personen 500 000 €).

13 **a) Wohnsitz oder Aufenthalt.** Die Anwendbarkeit des BEEG hängt nicht von der Staatsangehörigkeit des Antragstellers ab, sondern ausschlaggebend ist, ob ein **Wohnsitz** oder gewöhnlicher Aufenthalt **in Deutschland** begründet wird. Für die Konkretisierung der genannten Voraussetzungen findet die Legaldefinition des § 30 SGB I Anwendung (eingehend zum Begriff des Wohnsitzes oder gewöhnlichen Aufenthaltes *Schlegel/Voelzke/Pitz* SGB I, § 30 Rn 31 ff). Da es sich um eine Familienleistung iSd VO (EG) 883/04 handelt, kommt das Gesetz auch für *Grenzgänger* zur Anwendung, die ein Arbeitsverhältnis in Deutschland, ihren Wohnsitz aber im EU-Ausland haben (BT-Drs 16/1889 S 18).

14 In bestimmten Fällen sieht der Gesetzgeber nach Maßgabe des § 1 Abs 2 BErzGG von der Anforderung, es müsse ein inländischer Wohnsitz oder gewöhnlicher Aufenthalt vorliegen, ab. Wichtigster Erweiterungsfall ist das Fortbestehen der SozVPflicht wegen einer **Entsendung** des ArbN iSd § 4 SGB IV ins Ausland (zu den Voraussetzungen des § 4 SGB IV → *Auslandstätigkeit* Rn 116 ff; *Schlegel/Voelzke/Dietrich* SGB IV, § 4 Rn 14 ff). Weitere Erweiterungen gelten für die vorübergehende Abordnung, Versetzung oder Kommandierung im Rahmen eines öffentlich-rechtlichen Dienst- oder Amtsverhältnisses, die Tätigkeit als Entwicklungshelfer oder als Missionar sowie die vorübergehende Tätigkeit von deutschen Staatsangehörigen bei einer zwischen- oder überstaatlichen Organisation. Die Erweiterung erstreckt sich nach § 1 Abs 2 Satz 2 BEEG auch auf mit dem Berechtigten in einem Haushalt lebende Ehegatten und Lebenspartner. Dies gilt unabhängig von der Staatsangehörigkeit der Partner.

15 Für bestimmte nicht freizügigkeitsberechtigte **Ausländer** gelten die in § 1 Abs 7 BEEG geregelten Ausnahmen von der Bezugsberechtigung. Diese Vorschrift folgt dem Grundsatz, dass Familienleistungen nur an solche Eltern gezahlt werden, die sich voraussichtlich dauerhaft im Inland aufhalten (BT-Drs 16/1889 S 19; kritisch *Werner* InfAuslR 07, 112; *Gutmann* InfAuslR 07, 309).

16 **b) Anspruchsbegründende Kinder.** Nach dem Grundsatz des § 1 Abs 1 Nr 2 BEEG hat nur derjenige Anspruch auf Elterngeld, der **mit seinem Kind in einem Haushalt** lebt. § 1 Abs 3 BEEG erstreckt die Anspruchsberechtigung zusätzlich auf bestimmte Personen, die (noch) nicht mit dem Kind verwandt sind (Zusammenleben mit dem Ziel der Annahme als Kind; Aufnahme eines Kindes des Ehegatten oder des Lebenspartners in den Haushalt; Zeitraum vor Feststellung der Vaterschaft). Bei angenommenen Kindern tritt bei der Anwendung des Gesetzes an den Zeitpunkt der Geburt der Zeitpunkt der Aufnahme des Kindes bei der berechtigten Person. Eltern von Zwillingen, die beide die Anspruchsvoraussetzungen für Elterngeld erfüllen, steht nach ausdrücklicher gesetzlicher Anordnung nur ein Anspruch auf Elterngeld zu (§ 1 Abs 1 S 2 BEEG). Der Gesetzgeber hat damit die Entscheidung des BSG vom 27.6.13 (– B 10 EG 8/12 R, SozR 4–7837 § 1 Nr 4) korrigiert.

17 **c) Betreuung und Erziehung.** Der Anspruch auf Elterngeld setzt voraus, dass der jeweilige Antragsteller das Kind selbst betreut und erzieht. Kann der Berechtigte aus wichtigem Grund die Betreuung und Erziehung des Kindes vorübergehend nicht aufnehmen oder muss er sie unterbrechen (zB wegen eines Krankenhaus- oder Kuraufenthalts), so bleibt der Anspruch nach § 1 Abs 5 BEEG unberührt. Verwandte bis zum dritten Grad und ihre Ehegatten bzw Lebenspartner haben Anspruch auf Elterngeld, wenn die Eltern wegen einer schweren Krankheit, Schwerbehinderung oder Tod ihr Kind nicht betreuen können (§ 1 Abs 4 BEEG).

18 **d) Erwerbstätigkeit.** Der Berechtigte hat nach § 1 Abs 1 Nr 4 BEEG nur Anspruch auf AlGeld, wenn er keine oder keine volle Erwerbstätigkeit ausübt. Zulässig ist eine Beschäftigung, deren Arbeitszeit im Durchschnitt des Monats **30 Wochenstunden** nicht übersteigt (§ 1 Abs 6 BEEG). Der Erholungsurlaub im Vollzeitarbeitsverhältnis unterbricht die Ausübung einer den Anspruch auf Elterngeld ausschließenden Erwerbstätigkeit nicht (BSG 15.12.15 – B 10 EG 3/14 R, NJW 16, 3117). Zur Feststellung der anspruchsschädlichen Grenze ist bei Berufstätigkeiten, bei denen typischerweise weitere mit der Arbeit in Zusammenhang stehende Aufgaben zu erfüllen sind, auf den gesamten Zeitaufwand abzustellen. Bei Lehrern erschöpft sich die Arbeitszeit zB nicht allein in der Erfüllung

der Unterrichtsverpflichtung, sondern auch die Vor- und Nachbereitung und sonstige berufstypische Aufgaben sind einzubeziehen (zum Erziehungsgeld BSG 10.2.05 – B 10 EG 5/03 R, SozR 4–7833 § 1 Nr 8). Maßgebend ist ein ArbN mit durchschnittlichen Fähigkeiten. Vergütete Zeiten ohne Arbeitsverpflichtung (sog Stillzeiten) sind dagegen nicht in Ansatz zu bringen.

Die zur Berufsbildung Beschäftigten üben ebenfalls keine volle Erwerbstätigkeit iSd Elterngeldrechts aus. Diese Regelung soll es Auszubildenden ermöglichen, ohne Unterbrechung ihrer Ausbildung Elterngeld in Anspruch zu nehmen. Der Begriff der **Berufsbildung** wird vom BSG in vergleichbarem Zusammenhang weit ausgelegt und umfasst auch die Weiterbildung nach einem Hochschulabschluss (Urt vom 3.11.93 – 14b REg 4/93, SozR 3–7833 § 2 Nr 1) und die Teilnahme an einem Sprachkurs für Aussiedler (BSG 10.7.96 – 14 REg 11/95, SozR 3–7833 § 2 Nr 4). Eine neben einem Hochschulstudium ausgeübte Erwerbstätigkeit innerhalb der maßgebenden Grenzen steht dem Bezug von Elterngeld nicht entgegen (so zum Erziehungsgeld BSG 13.5.98 – B 14 EG 2/97 R, SozR 3–7833 § 2 Nr 6). 19

Dem Anspruch auf Elterngeld steht es nach § 1 Abs 6 BEEG ferner nicht entgegen, wenn der leistungsberechtigte Elternteil als **Tagespflegeperson** iS des § 23 SGB VIII tätig ist. Allerdings dürfen in einem derartigen Fall maximal fünf Kinder in Tagespflege betreut werden. 20

**3. Leistungsumfang.** Das Elterngeld ist grds als **Entgeltersatzleistung** konzipiert und knüpft insofern an das bisher erzielte Einkommen an (§ 2 BEEG). Das Elterngeld orientiert sich am individuellen Einkommen vor der Geburt. 21

Auszugehen ist von dem Grundsatz des § 2 Abs 1 Satz 1 BEEG, wonach das Elterngeld iHv **67 Prozent** des in den zwölf Kalendermonaten vor der Geburt des Kindes durchschnittlich erzielten monatlichen (Netto-)Einkommens aus Erwerbstätigkeit gezahlt wird. Pauschale Abzüge für Sozialausgaben sind auch bei Einnahmen aus geringfügigen selbständigen Tätigkeiten in Ansatz zu bringen (BSG 29.6.17 – B 10 EG 4/16 R, NZS 18, 183). 22

Der **Bemessungszeitraum** umfasst auch bei Nichtberücksichtigung bestimmter Kalendermonate vor dem Monat der Geburt stets zwölf Kalendermonate (BSG 18.8.11 – B 10 EG 7/10 R, BeckRS 2011, 78488). Als Bemessungszeitraum ist bei Mischeinkünften aus nichtselbstständiger und selbstständiger Tätigkeit der letzte abgeschlossene steuerliche Veranlagungszeitraum vor der Geburt des Kindes maßgeblich (BSG 27.10.16 – B 10 EG 4/15 R, NJW 2017, 1342; zu dieser Entscheidung *Koppenfels-Spies* NZS 17, 156; zu den unterschiedlichen Bemessungszeiträumen bei Einkommen aus selbständiger und nichtselbständiger Tätigkeit BSG 28.3.19 – B 10 EG 6/18 R, SozR 4–7837 § 2b Nr 5). Zu einer Verschiebung des Bemessungszeitraums kann es infolge einer depressiven Erkrankung, die durch eine Fehlgeburt ausgelöst wurde, kommen (BSG 16.3.17 – B 10 EG 9/15 R, NZFam 17, 823).

Hierbei wird der allgemeine Gleichheitssatz nicht dadurch verletzt, dass sich bei Wahrnehmung der Elternzeit über den Bezugszeitraum des Elterngeldes hinaus uU ein geringeres Elterngeld für ein weiteres Kind ergibt (BVerfG 6.6.11 – 1 BvR 2712/09, NJW 11, 2869).

Bei der **Einkommensermittlung** werden auch Zeiten eines vorherigen Elterngeldbezugs berücksichtigt (BSG 25.6.09 – B 10 EG 8/08 R, SozR 4–7837 § 2 Nr 2). Ein während der Schwangerschaft veranlasster Wechsel der LStKlasse ist zu berücksichtigen (BSG 25.6.09 – B 10 EG 3/08 R, DStR 09, 2263). Außerdem wird das Elterngeld nicht bis zu jeder Höhe des berücksichtigungsfähigen Einkommens gezahlt, sondern es ist auf einen Höchstbetrag von 1800 € begrenzt.

Die Ermittlung des zu berücksichtigenden **Erwerbseinkommens** folgt den Grundsätzen in §§ 2–2 f BEEG (zur Behandlung von Provisionen *Koppenfels-Spies* NZS 17, 641). Lohn- und Gehaltsbestandteile, die nach den lstrechtlichen Vorgaben als sonstige Bezüge zu behandeln sind, sind von der Berücksichtigung ausgenommen (§ 2c Abs 1 S 2 BEEG; zur Behandlung sonstiger Bezüge *Schmidt* ZFSH/SGB 18, 308). Als sonstige Bezüge nicht zu berücksichtigen sind einmalig gezahltes Urlaubs- oder Weihnachtsgeld (BSG 29.6.17 – B 10 EG 5/16 R, NJW 18, 189; vgl zu pauschal besteuerten Bezügen auch BSG 8.3.18 – B 10 EG 8/16 R, hierzu *Koppenfels-Spies* NZS 19, 26). Unberücksichtigt bleiben bei der Ermittlung des maßgebenden Einkommens steuerfreie Beitragszahlungen des ArbGeb an eine Pensionskasse zum Aufbau einer betrieblichen Altersversorgung des ArbN (BSG 25.6.09 – B 10 EG 9/08 R, SozR 4–7837 § 2 Nr 3). Hingegen sind Umsatzbeteiligungen, die einem ArbN neben einem monatlichen Grundgehalt für kürzere Zeiträume als ein Jahr nach festgelegten Berechnungsstichtagen regelmäßig gezahlt werden, berücksichtigungsfähig (BSG 3.12.09 – B 10 EG 3/09 R, SozR 4–7837 § 2 Nr 4).

Der Gesetzgeber hat der Rspr des BSG, wonach auch bereits erarbeitetes, aber **außerhalb des Bemessungszeitraums zufließendes Arbeitsentgelt** bei der Bemessung des Elterngeldes zu berücksichtigen ist, durch die Neufassung des § 2 Abs 1 BEEG grds den Boden entzogen (s aber zur Aufrechnung mit einer Rückforderung BSG 20.5.14 – B 10 EG 11/13 R, BeckRS 2014, 71068). Gleichwohl sind Gehaltsnachzahlungen bei der Bemessung des Elterngelds zu berücksichtigen (BSG 27.6.19 – B 10 EG 1/18 R, BeckRS 2011, 72191). Kein Einkommen aus Erwerbstätigkeit stellen Streikgeld (BSG 17.2.11 – B 10 EG 17/09 R, SozR 4–7837 § 2 Nr 7), Krankengeld (BSG 17.2.11 – B 10 EG 20/09 R, SGb 12, 84) und AlGeld (BSG 17.2.11 – B 10 EG 21/09 R, DB 11, 1984) dar. Auch im Bemessungszeitraum bezogenes Insolvenzgeld ist bei der Berechnung des Elterngeldes nicht zu berücksichtigen (BSG 21.2.13 – B 10 EG 12/12 R, SozR 4–7837 § 2 Nr 19). Ist die LStAnmeldung bestandskräftig geworden, sind die Beteiligten des Elterngeldverfahrens an die Behandlung von Entgeltbestandteilen gebunden (BSG 14.12.2017 – B 10 EG 7/17 R, DStR 18, 819). Steuerlich wirksame Absetzungen für Abnutzung mindern das steuerlich relevante Einkommen aus selbstständiger Erwerbstätigkeit (BSG 15.12.15 – B 10 EG 6/14 R, SozR 4–7837 § 2 Nr 30).

**23** Gegenüber der regelmäßig vorzunehmenden Berechnung des Elterngeldes enthält § 2 Abs 2 Satz 1 BEEG eine Besserstellung für **Berechtigte mit niedrigem Einkommen.** Liegt das zu berücksichtigende Einkommen unter 1000 €, wird der prozentuale Anteil stufenweise erhöht. Hierzu ist zunächst der Betrag zu ermitteln, um den das zu berücksichtigende monatliche Nettoeinkommen 1000 € unterschreitet. Für je zwei € der Differenz wird die Entgeltersatzrate um 0,1 Prozentpunkte erhöht. Die Obergrenze von 100 Prozent wird bei 340 € erreicht. Die erhöhte Entgeltersatzrate für niedrige Einkommen nach § 2 Abs 2 BEEG kommt bei Ausübung einer Erwerbstätigkeit nur zur Anwendung, wenn das Einkommen vor der Geburt unter 1000 € betragen hatte.

**Beispiel:** Erzielt ein ArbN im Referenzzeitraum ein berücksichtigungsfähiges monatliches (Netto-) Einkommen von 600 €, erhöht sich die maßgebende Ersatzquote auf 87 Prozent. Das Elterngeld beträgt in einem derartigen Fall 522 €.

**24** Nach § 2 Abs 2 Satz 2 BEEG sinkt das durchschnittlich erzielte Einkommen um 0,1 Prozentpunkte für je zwei €, wenn das maßgebliche Einkommen 1200 € überschreitet. Der Leistungssatz kann auf bis zu 65 Prozent abgesenkt werden. Das BSG hat einen Verstoß gegen das GG durch die Anwendung auf laufende Leistungsfälle verneint (BSG 4.9.13 – B 10 EG 6/12 R, SozR 4–7837 § 2 Nr 24).

Das Elterngeld kann auch für Monate gezahlt werden, in denen der betreuende Elternteil die **Erwerbstätigkeit nicht vollständig unterbricht,** sondern nur (auf bis zu 30 Stunden wöchentlich) einschränkt. Maßstab für die Höhe des Elterngeldes ist auch in diesen Fällen der tatsächliche Einkommensausfall. Verglichen wird dabei das durchschnittliche Einkommen vor der Geburt mit dem voraussichtlichen durchschnittlichen Einkommen nach der Geburt (§ 2 Abs 3 BEEG). Als zu berücksichtigendes Einkommen vor der Geburt gilt höchstens ein Betrag iHv 2770 €.

**Beispiel:** Ein ArbN erzielte im Referenzzeitraum vor der Geburt ein berücksichtigungsfähiges monatliches (Netto-)Einkommen von 2000 €. Nach der Geburt übt er eine Halbtagsbeschäftigung aus, mit der er nur noch 900 € netto erzielt. Sein Elterngeld beträgt in diesem Fall 737 €.

**25** Der **Mindestbetrag** des Elterngeldes folgt aus § 2 Abs 4 BEEG, denn nach dieser Vorschrift wird das Elterngeld mindestens iHv 300 € gezahlt. Der Mindestbetrag wird auch gezahlt, wenn vor der Geburt des Kindes kein Einkommen erzielt wird.

**26** Eine Erhöhung des Elterngeldes erfolgt bei Vorliegen der im § 2a BEEG geregelten Voraussetzungen durch den **Geschwisterbonus** oder den Mehrlingszuschlag. Erfüllen bei der Geburt von Zwillingen beide Eltern die Anspruchsvoraussetzungen für das Elterngeld, steht für jedes Kind Elterngeld in gesetzlichem Umfang zu (BSG 27.6.13 – B 10 EG 8/12 R, SozR 4–5528 § 2a Nr 1).

Grundlage der Ermittlung der nach den §§ 2e und 2f BEEG erforderlichen **Abzugsmerkmale** für Steuern und Sozialabgaben sind nach § 2c Abs 3 Satz 1 BEEG die Angaben in der Lohn- und Gehaltsbescheinigung, die für den letzten Monat im Bemessungszeitraum mit Einnahmen nach Absatz 1 erstellt wurde. Ein Abzugsmerkmal für Sozialabgaben ist auch dann zu berücksichtigen, wenn es ausweislich des Entgeltnachweises des ArbGeb in einem Monat nur teilweise gegolten hat (BSG 13.12.18 – B 10 EG 10/17 R, NZS 19, 458).

**4. Verhältnis zu anderen Leistungen.** Das Kindergeld wird zusätzlich zum Elterngeld gezahlt. Das im Zeitraum nach der Geburt gezahlte **Mutterschaftsgeld** wird nach Maßgabe des § 3 Abs 1 BEEG auf das Elterngeld angerechnet (BSG 20.12.12 – B 10 EG 19/11 R, SozR 4–7837 § 3 Nr 1). Ebenfalls angerechnet werden Einnahmen, die nach ihrer Zweckbestimmung an die Stelle von Einkommen aus einer Erwerbstätigkeit treten, das vor der Geburt erzielt worden ist (§ 3 Abs 2 BEEG). Hierbei ist an alle Leistungen gedacht, die dem Ausgleich des weggefallenen Einkommens dienen (zB *Arbeitslosengeld* oder *Krankengeld*). Allerdings wird bei diesen Leistungen nur der 300 € übersteigende Betrag auf das Elterngeld angerechnet. 27

Bei Sozialleistungen, deren **Zahlung einkommensabhängig** erfolgt, bleibt das Elterngeld nach § 10 Abs 1 und 2 BEEG unberücksichtigt. Bei den Leistungen nach dem SGB II, SGB XII und beim Kinderzuschlag nach § 6a BKGG erfolgt eine Anrechnung nach Maßgabe des § 10 Abs 5 BEEG. 28

**5. Bezugszeitraum.** Hinsichtlich des Bezugszeitraums ist zwischen dem herkömmlichen Elterngeld (Basiselterngeld) und dem Elterngeld Plus (→ Rn 31) zu unterscheiden. Eltern können sich zwischen beiden Alternativen entscheiden oder sie kombinieren. 29

Ein Elternteil kann nach § 4 BEEG während des Bezugszeitraums, der bei leiblichen Kindern vom Tag der Geburt ausgehend berechnet wird, grds nur für zwölf Monate Elterngeld beziehen. Das Elterngeld kann **14 Monate lang** bezogen werden, wenn von einem Elternteil zumindest für zwei Monate eine vor der Geburt ausgeübte Erwerbstätigkeit unterbrochen oder eingeschränkt wird. Dies bedeutet im Ergebnis, dass von den 14 Monaten, die beiden Eltern gemeinsam zustehen, mindestens zwei Monate als „Partnermonate" dem anderen Elternteil zustehen. Durch diese Regelung setzt der Gesetzgeber einen Anreiz, nicht allein einem Elternteil die Erwerbsarbeit und dem anderen Teil die Betreuungsarbeit zu überlassen (BT-Drs 16/1889 S 23).

Nach näherer Maßgabe des § 4 Abs 6 BEEG kann ein Elternteil allein nur dann Anspruch auf Elterngeld für mehr als zwölf Lebensmonate des Kindes haben, wenn der andere Elternteil aus tatsächlichen oder rechtlichen Gründen für eine Betreuung des Kindes nicht zur Verfügung steht (die Vereinbarkeit mit dem GG bejaht BSG 26.5.11 – B 10 EG 3/10 R, SozR 4–7837 § 4 Nr 1). Pflegetätigkeiten für die Eltern sind anderweitige Tätigkeiten des Elternteils, die bei der Feststellung der Unmöglichkeit außer Betracht bleiben (BSG 26.3.14 – B 10 EG 6/13 R, SozR 4–7837 § 4 Nr 5). Wird eine Adoptionspflege beendet, besteht der Elterngeldanspruch bis zum Ablauf des Ereignismonats fort, wenn der damit verbundene Verlust des Kindes vom Elterngeldberechtigten nicht zu verantworten ist (BSG 8.3.18 – B 10 EG 7/16 R, SozR 4–7837 § 4 Nr 7). Der Gesetzgeber war nicht gehalten, eine besondere Regelung zum doppelten Anspruchsverbrauch bei gleichzeitig teilzeitbeschäftigten Ehegatten zu schaffen (BSG 15.12.11 – B 10 EG 1/11 R, BeckRS 2012, 66154). 30

Das **Zusammentreffen von Ansprüchen** während des 14-monatigen Bezugszeitraums ist in § 5 BEEG geregelt. Diese Vorschrift geht von dem Grundsatz aus, dass die Elternteile im Antrag bestimmen, wer von den Anspruchsberechtigten welche Monatsbeträge in Anspruch nimmt. Hierbei ist die im Antrag getroffene Entscheidung grds verbindlich und kann nur in Fällen besonderer Härte einmalig bis zum Ende des Bezugszeitraums geändert werden. Für den Fall, dass die Eltern keine einvernehmliche Regelung erzielen, greift § 5 Abs 2 BEEG ein. Soweit beide Eltern die Anspruchsvoraussetzungen erfüllen und Ansprüche geltend machen, werden ihnen die Zahlungsansprüche in gleicher Weise zugeordnet.

**6. Elterngeld Plus.** Das Elterngeld Plus ist für ArbN konzipiert, die jeweils nach der Geburt eine **Teilzeittätigkeit** ausüben wollen (vgl hierzu *Dau* jurisPR-SozR 12/2015 Anm 1; *Forst* DB 15, 68; *Richter* DStR 15, 368). 31

Das Elterngeld Plus ist hinsichtlich der **Anspruchshöhe** höchstens halb so hoch wie das Basiselterngeld ohne Zuverdienst (zu Einzelheiten § 4 Abs 3 BEEG). Es halbieren sich auch der Mindestbetrag von 300 Euro, der Mindestgeschwisterbonus, der Mehrlingszuschlag, der von der Anrechnung ausgenommene Betrag nach § 3 Abs 2 BEEG und die Freibeträge des § 10 Abs 3 und 5 BEEG.

Das Elterngeld Plus kann über den bisherigen **Bezugszeitraum** hinaus bezogen werden, soweit es in aufeinanderfolgenden Monaten von mindestens einem Elternteil bezogen wird. Die Bezugsdauer kann also einschließlich Partnerschaftsbonus bis zu 28 Monate betragen. Das Elterngeld Plus muss mit dem Antrag auf Elterngeld festgelegt werden. Eine Änderung ist nur in den Grenzen des § 7 Abs 2 BEEG möglich.

Das Elterngeld Plus kann mit dem klassischen Elterngeld **kombiniert** werden. So kann zB ein Partner in den ersten sechs Monaten bei Ausübung einer Erwerbstätigkeit auf die Ausübung einer Erwerbstätigkeit verzichten und danach zur Variante Teilzeit und Elterngeld Plus übergehen.

Für das Elterngeld Plus gilt nach § 4 Abs 4 Satz 3 BEEG eine abweichende Regelung zum **Partnerschaftsbonus.** Danach kann jeder Elternteil vier Monate zusätzliches Elterngeld Plus beanspruchen, wenn er mindestens vier aufeinanderfolgende Monate nicht weniger als 25 und nicht mehr als 30 Wochenstunden im Durchschnitt des Monats erwerbstätig ist und die Voraussetzungen des § 1 BEEG erfüllt. Die Teilzeittätigkeit muss von beiden Elternteilen in dieser Zeit fortlaufend und gleichzeitig ausgeübt werden. Das Elterngeld Plus wird für diese vier Monate vorläufig gezahlt (§ 8 Abs 3 Nr 4 BEEG). Unter den Voraussetzungen des § 4 Abs 6 Satz 2 BEEG haben auch Alleinerziehende Anspruch auf einen Partnerschaftsbonus.

32 **7. Verfahren.** Das Elterngeld wird auf **schriftlichen Antrag** geleistet (§ 7 BEEG). Eine rückwirkende Zahlung ist nur für die letzten drei Monate vor Beginn des Antragsmonats möglich. In dem Antrag muss angegeben werden, für welche Monate Elterngeld beantragt wird. Der Gesetzgeber räumt den Eltern einmal bis zum Ende des Bezugszeitraums eine Änderung der Entscheidung ohne Angabe von Gründen ein (§ 7 Abs 2 Satz 2 BEEG). Eine weitere Änderung ist in Fällen besonderer Härte zulässig. Um zu gewährleisten, dass beide berechtigte Personen gegenseitig Kenntnis von den von der jeweils anderen Person erhobenen Ansprüchen erhalten, ist der Antrag von beiden Anspruchsberechtigten zu unterschreiben.

33 Die besonderen **Auskunftspflichten** von Berechtigten, die während des Bezugszeitraums Einkommen erzielen, sind in § 8 BEEG geregelt. Da das Elterngeld seiner Höhe nach vom während des Bezugszeitraums erzielten Einkommen abhängig ist, ist der Berechtigte bereits nach § 60 SGB I zu Angaben über seine Einkünfte einschließlich etwaiger Änderungen verpflichtet. Darüber hinaus verpflichtet § 8 Abs 1 BEEG dazu, im Antrag gemachte Angaben zum voraussichtlichen Einkommen aus Erwerbstätigkeit nach Ablauf des Bezugszeitraums nachzuweisen. Enthält der Antrag die Angabe, dass voraussichtlich kein Einkommen aus Erwerbstätigkeit erzielt wird, wird das Elterngeld unter dem Vorbehalt des Widerrufs gezahlt. Es kann dann ggf aufgrund der geänderten Verhältnisse zurückgefordert werden (§ 8 Abs 2 BEEG). Soweit das voraussichtliche Einkommen aus der Erwerbstätigkeit nicht zuverlässig ermittelt werden kann, wird das Elterngeld nach § 8 Abs 3 BEEG bis zum Nachweis des tatsächlich erzielten Einkommens vorläufig unter Zugrundelegung des glaubhaft gemachten Einkommens gezahlt.

34 Den ArbGeb treffen im Rahmen des Nachweises der Anspruchsvoraussetzungen für das Elterngeld durch den ArbN die in § 9 BEEG geregelten **Auskunfts- und Nachweispflichten.** Danach hat der ArbGeb dem ArbN das Arbeitsentgelt, die abgezogene LSt, den ArbNAnteil der SozVBeiträge sowie die Arbeitszeit zu bescheinigen. Die Verpflichtung entsteht durch ein darauf gerichtetes Verlangen des Beschäftigten. Sie ist ggf auch vom ehemaligen ArbGeb zu erfüllen. Die Richtigkeit und Vollständigkeit der vom ArbGeb zu machenden Angaben sind nach § 14 bußgeldbewehrt. Es kann ein Bußgeld bis zu 2000 € verhängt werden (§ 14 BEEG).

# Elternzeit

## A. Arbeitsrecht

*Poeche*

### Übersicht



**I. Allgemeines.** Elternzeit (bis 31.12.2000 Erziehungsurlaub) hat den **Zweck,** erwerbstätigen Eltern die Betreuung und Erziehung ihres Kindes zu erleichtern. Neben der Möglichkeit zum Bezug von staatlichem *Elterngeld* haben sie einen von dieser finanziellen Förderung abgekoppelten unabdingbaren privatrechtlichen Anspruch gegen den ArbGeb auf unbezahlte Freistellung von der Arbeit. Der Anspruch ist **unverzichtbar.** Verboten sind nicht nur Vereinbarungen, die den Anspruch auf Elternzeit unmittelbar betreffen. Untersagt sind auch Regelungen, die sich auf die arbeitsrechtliche Stellung des ArbN vor oder nach der Elternzeit nachteilig auswirken (BAG 26.11.03 – 4 AZR 693/02, ZTR 04, 426: Ausfluss Art 6 Abs 1 GG; LAG BlnBbg 15.11.18 – 14 Sa 654/18, NZA-RR 19, 125). Das gilt sowohl für Individualvereinbarungen als auch für Betriebsvereinbarungen und Tarifverträge. 1

An diesem Befund hat das zum 1.1.07 in Kraft getretene **Gesetz zum Elterngeld und zur Elternzeit** (Bundeselterngeld- und Elternzeitgesetz – BEEG vom 5.12.06 (BGBl I 06, 2748)) nichts geändert. Das BEEG gilt für ab 1.1.07 geborene oder zur Adoption angenommene Kinder. Für die vor dem Stichtag geborenen/angenommenen Kinder bleiben der

Erste und der Dritte Abschnitt des BErzGG weiter anwendbar (§ 27 BEEG). Dagegen sind der arbeitsrechtliche Teil (Zweiter Abschnitt) am 31.12.06 und die sozialrechtlichen und allgemeinen Schlussvorschriften am 31.12.08 außer Kraft getreten; zur Übergangsregelung BAG 15.4.08 – 9 AZR 380/07, NZA 08, 998. Mit dem **Gesetz zur Einführung des Elterngeld Plus mit Partnerschaftsbonus und einer flexibleren Elternzeit im Bundeselterngeld- und Elternzeitgesetz** v 18.12.14 (BGBl I 14, 2325) sind die Möglichkeiten zur Inanspruchnahme der Elternzeit weiter flexibilisiert worden. Nach dem neuen § 15 Abs 2 S 2 BEEG kann ein Anteil von bis zu 24 Monaten zwischen dem dritten und dem vollendeten achten Lebensjahr des Kindes – ohne Zustimmung des ArbGeb – in Anspruch genommen werden. Nach dem neuen § 16 Abs 1 BEEG kann jeder Elternteil die Elternzeit auf drei Zeitabschnitte verteilen. Für den Teilzeitanspruch ist nun auch eine Zustimmungsfiktion entsprechend der Regelung in § 8 Abs 5 TzBfG geregelt, § 15 Abs 7 S 5 BEEG. Das Gesetz ist am 1.1.15 in Kraft getreten und gilt für Geburten ab dem 1.7.15. Zu beachten ist also, dass für vor dem 1.7.15 geborene Kinder oder mit dem Ziel der Adoption aufgenommene Kinder die §§ 2–22 BEEG in der bis zum 31.12.14 geltenden Fassung weiter anzuwenden sind. § 15 BEEG aF wird daher noch mehrere Jahre Geltung beanspruchen (*Sievers* TzBfG Anh 3 Rn 3).

2 **II. Anwendungsvoraussetzungen. 1. Sachlich.** Der arbeitsrechtliche Teil des BEEG (§§ 15–21) betrifft ein dem deutschen Arbeitsrecht unterliegendes Arbeitsverhältnis im allgemein arbeitsrechtlichen Sinn. Als ArbN gelten auch die zu ihrer Berufsbildung Beschäftigten (§ 20 Abs 1). Zur Berufsbildung gehören berufliche Fortbildung, berufliche Umschulung und Berufsausbildung iSd § 1 Abs 1 BBiG. Das BEEG findet ferner Anwendung auf Heimarbeiter und ihnen Gleichgestellte, soweit sie am Stück mitarbeiten (§§ 1, 2 HAG, § 20 Abs 2 BEEG).

3 **2. Persönlich.** Anspruchsberechtigt ist, wer das Kind im eigenen Familienhaushalt selbst betreut und erzieht (§ 15 Abs 1 Ziff 2 BEEG). Kurzfristige Unterbrechungen wie Krankenhausaufenthalt oder Kurabwesenheit heben die häusliche Gemeinschaft und die eigene Betreuungsleistung nicht auf. Anderes gilt für eine auf Dauer angelegte Heimunterbringung des Kindes. Erforderlich ist weiter eine enge **personale Beziehung** zum Kind: Personensorgerecht iSd BGB; Adoptionspflege oder Vollzeitpflege iSv § 1744 BGB, § 33 SGB VIII (aA zur Vollzeitpflege: LAG BlnBbg 2.8.17 – 4 Sa 447/17, BeckRS 2017, 132536); Kind des Ehegatten oder Lebenspartners; leibliches Kind ohne Sorgerecht (dann bedarf die Elternzeit der Zustimmung des sorgeberechtigten Elternteils); Härtefälle iSd § 1 Abs 4 BEEG, die ausnahmsweise zum Bezug von Elterngeld berechtigen (→ *Elterngeld* Rn 17).

Seit dem 1.1.09 (BGBl I 09, 61) können **Großeltern** Elternzeit nehmen, ohne dass ein Härtefall vorliegen müsste, wenn sie mit dem Enkelkind in einem Haushalt leben und das Kind selbst betreuen und erziehen. Minderjährigen und jungen volljährigen Eltern soll damit geholfen werden, eine schulische oder berufliche Ausbildung ohne erhebliche Verzögerung zu beenden. § 15 Abs 1a BEEG unterscheidet zwei Sachverhalte: Der Anspruch auf Elternzeit (nicht auf Elterngeld!) besteht, wenn die Großeltern mit ihrem Enkelkind in einem Haushalt leben, dieses Kind selbst betreuen und erziehen und ein Elternteil des Kindes minderjährig ist (Nr 1) oder wenn sich ein Elternteil im letzten oder vorletzten Jahr seiner Ausbildung befindet, die vor Vollendung des 18. Lebensjahres begonnen wurde (aF) bzw wenn die Ausbildung vor Vollendung des 18. Lebensjahres des Elternteils begonnen wurde (nF) und die Arbeitskraft des Elternteils im Allgemeinen voll in Anspruch genommen wird (Nr 2). Ausgeschlossen ist Großelternzeit, wenn einer der Elternteile des Kindes selbst Elternzeit beansprucht (Satz 2). Ein gemeinsamer Haushalt aller Betroffenen, also von Großeltern, Eltern und Kind ist nicht vorausgesetzt. **Ausbildung** iSv § 15 Abs 1a Nr 2 BEEG ist zunächst jede Berufsbildung iSv § 1 Abs 1 BBiG. Nach dem Regelungsziel des Gesetzes wird jede schulische Ausbildung erfasst, die innerhalb der nächsten zwei Jahre regulär abgeschlossen werden soll (berechnet ab dem ersten Tag der „Großelternzeit"). Der Anspruch wird auch vermittelt, wenn ein junger Erwachsener bereits als Minderjähriger (Jungstudent) ein Hochschulstudium aufgenommen hat, dessen Regelstudienzeit fristgerecht endet (BR-Drs 341/08, 8; *Düwell* FA 09, 11). Eine **Zustimmung** der sorgeberechtigten Eltern (§ 15 Abs 1 Satz 2 BEEG) ist nicht erforderlich (*Genenger* ZRP 08, 180, die insoweit zu Recht eine fehlende Harmonisierung der Vorschriften bemängelt). Im Übrigen entsprechen die

Rechte der Großeltern den Rechten der Eltern. Sie können allein/gemeinsam/im Wechsel (§ 15 Abs 3) Elternzeit beanspruchen und unter den Voraussetzungen des § 15 Abs 7 BEEG in Teilzeit arbeiten.

**III. Rechtscharakter.** Elternzeit bedeutet inhaltlich **Freistellung** des ArbN von der vertraglichen Arbeitspflicht. Anders als der Sprachgebrauch des Gesetzes suggeriert, geht es nicht um einen Anspruch des ArbN iSv § 194 BGB, ist also nicht auf ein Tun oder Unterlassen des ArbGeb gerichtet. Der ArbN hat vielmehr einen Anspruch auf **Gestaltung** (BAG 15.4.08 – 9 AZR 380/07, NZA 08, 998). Er kann der Arbeit ohne jede Reaktion des ArbGeb fernbleiben, wenn die sachlichen und persönlichen Voraussetzungen des § 15 BEEG erfüllt sind und er die Elternzeit form- und fristgerecht „verlangt" hat, wie es in § 16 Abs 1 Satz 1 BEEG heißt. 4

**IV. Rechtsfolgen. 1. Individualrecht.** Der Bestand des Arbeitsverhältnisses wird durch die Inanspruchnahme von Elternzeit nicht berührt. Während der Elternzeit sind die beiderseitigen Hauptpflichten iSv § 611 BGB, also Arbeitspflicht des ArbN und Entgeltpflicht des ArbGeb suspendiert; das **Arbeitsverhältnis ruht** (ständige Rspr seit BAG 22.6.88 – 5 AZR 526/87, NZA 89, 13). Das schließt das Bestehen von Entgeltansprüchen im Einzelfall nicht aus (vgl Rechtsprechungs-ABC). Im Übrigen bleiben die arbeitsvertraglichen Nebenpflichten beider Arbeitsvertragsparteien aufrechterhalten. Für den ArbN sind das insbes Geheimhaltungspflicht und Wettbewerbsverbot, für den ArbGeb vor allem Informationspflichten. So hat er den ArbN während der Elternzeit über die aufgrund einer geplanten Änderung der Arbeitsabläufe vorgesehenen Maßnahmen zu unterrichten und Anpassungsmaßnahmen zu erörtern. Verletzt der ArbGeb diese Verpflichtung, kann er sich gegenüber dem ArbN nach Rückkehr in den Betrieb nicht darauf berufen, andere vergleichbare ArbN hätten sich durch betriebliche Schulungen weiterqualifiziert und seien deshalb als Leistungsträger aus der sozialen Auswahl herauszunehmen (ArbG Bochum 20.4.06 – 4 Ca 3329/05, NZA-RR 06, 643). 5

**2. Kollektives Recht.** Der ArbN behält das **aktive und passive Wahlrecht.** Er bleibt auch Mitglied im **Betriebsrat.** Nimmt der ArbN an BRatSitzungen teil, sind ihm nach § 40 BetrVG die Fahrtkosten zu ersetzen (BAG 25.5.05 – 7 ABR 45/04, NZA 05, 1002). Seine Rechtsstellung ist mit der eines ArbN in Altersteilzeit, dessen Ausscheiden aus dem Betrieb mit Beginn der Freistellungsphase feststeht, nicht vergleichbar (→ *Altersteilzeit* Rn 7). Der ArbN ist auch bei vollständigem Aussetzen mit der Arbeit für die Dauer der Elternzeit nicht ohne weiteres zeitweilig verhindert iSv § 25 Abs 1 S 2 BetrVG. Er kann vielmehr entscheiden, ob er trotz der Elternzeit grds weiter für BRatArbeit zur Verfügung steht (LAG München 22.7.04 – 2 TaBV 5/04, NZA-RR 05, 29; *Fitting* § 25 Rn 17). Richtigerweise kann der BRatVorsitzende von der Verhinderung des ArbN ausgehen, solange ihm nicht positiv angezeigt wird, dass der ArbN trotz Elternzeit sein Amt aktiv wahrnehmen wird (LAG Bln 1.3.05 – 7 TaBV 2220/04, ZTR 05, 606 [LS]; LAG Düsseldorf 26.4.10 – 16 Sa 59/10, NZA-RR 10, 419). 6

**V. Elternzeit. 1. Umfang.** Der Anspruch umfasst nach § 15 Abs 2 BEEG den Zeitraum bis zur Vollendung des dritten Lebensjahres des Kindes, das ist der Tag vor dem 3. Geburtstag des Kindes, § 187 Abs 2 BGB. Bei einem angenommenen Kind und bei einem Kind in Vollzeit- oder Adoptionspflege kann Elternzeit ab der Inobhutnahme beansprucht werden, längstens bis zur **Vollendung des achten Lebensjahres** des Kindes. Auch dann beträgt die Dauer der Freistellung drei Jahre. Den Eltern ist die Entscheidung überlassen, ob und wie die Elternzeit im Interesse der Familie und des Kindes genutzt wird. Sie können sich in der Kindesbetreuung ablösen, also untereinander wechseln, und auch ganz oder teilweise gleichzeitig mit der Arbeit aussetzen oder arbeiten. 7

**a) Mehrere Kinder.** § 15 Abs 3 Satz 1 BEEG stellt klar, dass jeder Anspruchsberechtigte einen eigenständigen persönlichen Anspruch gegen seinen ArbGeb auf Elternzeit hat. Dieser Anspruch besteht bei **mehreren Kindern** für **jedes Kind,** auch wenn sich die Drei- oder Achtjahreszeiträume überschneiden (§ 15 Abs 2 Satz 3) und gilt, wie ausdrücklich in § 15 Abs 2 S 1 geregelt ist, nicht nur für die leiblichen Eltern, sondern (selbstverständlich) auch für alle anderen Anspruchsberechtigten. Bei **Mehrlingsgeburten** verlängert sich der Anspruchszeitraum nicht. Dies ist mit dem Unionsrecht vereinbar (EuGH 16.9.10 – C-149/10, EuZW 11, 62). Die Möglichkeit, den Zeitraum bis zur Vollendung des dritten Lebensjahres der Kinder auszuschöpfen und mit Zustimmung des ArbGeb einen Anteil von zwölf – und 8 für ab dem 1.7.15 geborene Kinder von 24 – Monaten zu übertragen, wahrt die Bedürfnisse der Mehrlingseltern hinreichend (zur Übertragung → Rn 10).

9 **b) Mutterschutzfrist.** Das Beschäftigungsverbot nach § 6 Abs 1 MuSchG steht der Inanspruchnahme der Elternzeit durch den Vater im unmittelbaren Anschluss an die Geburt nicht entgegen. Diese Zeit wird für die Elternzeit der Mutter aber auf die drei Jahre angerechnet (§ 16 Abs 1 S 3 BEEG aF). Bisher war str, ob die Anrechnung auch für die Elternzeit des Vaters erfolgt. Nun regelt § 15 Abs 2 S 3 BEEG, dass Zeiten des Mutterschutzes nur auf den Elternzeitanspruch der Mutter angerechnet werden (*Forst* DB 15, 68). Nimmt die Mutter im Anschluss an das Beschäftigungsverbot **Erholungsurlaub,** so wird auch diese Zeit auf den Dreijahreszeitraum angerechnet (§ 16 Abs 1 S 5 BEGG).

10 **c) Übertragung.** Für Eltern von Kindern, die nach dem 30.6.15 geboren wurden, besteht die Möglichkeit, einen Anteil der Elternzeit von bis zu 24 Monaten auf die Zeit bis zur **Vollendung des achten Lebensjahres** des Kindes zu übertragen. Diese Regelung soll den Eltern ermöglichen, sich dem Kind bei einem späteren erhöhten Betreuungsbedarf zu widmen, etwa während seines ersten Schuljahres. Eine solche Übertragung setzt nach der Neufassung des Gesetzes vom 18.12.14 für nach dem 30.6.15 geborene Kinder nicht mehr die **Zustimmung des ArbGeb** voraus (s aber § 15 Abs 2 S 4 BEEG aF). Der ArbN muss auch nicht ankündigen, dass er beabsichtigt, nach dem dritten Lebensjahr des Kindes Elternzeit in Anspruch zu nehmen. Eine Einschränkung gilt lediglich nach neuem Recht für den Fall, dass der ArbN den dritten Abschnitt seiner Elternzeit in den Zeitraum zwischen dem dritten Geburtstag und dem vollendeten achten Lebensjahr des Kindes legen möchte. Der ArbGeb kann dies innerhalb von acht Wochen nach Zugang des Antrags aus dringenden betrieblichen Gründen ablehnen, § 16 Abs 1 S 7 BEEG nF. Das für Eltern von Kindern, die vor dem 1.7.15 geboren wurden erforderliche Einverständnis des ArbGeb in die Übertragung eines Anteils von 12 Monaten auf die Zeit bis zur Vollendung des achten Lebensjahres bezieht sich allein auf die Übertragung der Elternzeit und nicht auf deren spätere zeitliche Lage. Im Gesetz in der bisher geltenden Fassung wird kein Anspruch des ArbN auf Zustimmung des ArbGeb begründet. Die Verweigerung der Zustimmung ist an billiges Ermessen iSv § 315 BGB gebunden (BAG 21.4.09 – 9 AZR 391/08, FamRZ 09, 1824, zur Klage auf Zustimmung zur Übertragung nicht verbrauchter Elternzeit s LAG RhPf 10.4.13 – 8 Sa 325/12, BeckRS 2013, 71017).

Für den ArbN war unter Geltung der aF des Gesetzes zu beachten, dass nur der zustimmende ArbGeb und seine Rechtsnachfolger an das erklärte Einverständnis gebunden sind, zB im Falle des Betriebsübergangs *(Betriebsübergang)* oder der *Umwandlung.* Die anteilige Rückstellung der Elternzeit kann daher dazu führen, dass bei einem **Wechsel des Arbeitsplatzes** die übertragene Elternzeit nicht zur Verfügung steht, weil der neue ArbGeb einer Freistellung nicht zustimmt (*Gaul/Wisskirchen* BB 2000, 2426). Da nach der Neufassung des BEEG zum 1.1.15 eine Zustimmung nicht mehr erforderlich ist, bleibt der „übertragene" Anteil der Elternzeit auch im Falle eines ArbGeb-Wechsels erhalten. Der neue ArbGeb kann nach § 16 Abs 1 S 9 BEEG nF bei der Anmeldung der Elternzeit jedoch eine Bescheinigung des früheren ArbGeb über bereits genommene Elternzeit verlangen. Das bedeutet zugleich, dass eine solche Bescheinigung nicht früher, dh insbesondere auch nicht bei der Einstellung, verlangt werden kann (*Kalenbach* öAT 15, 114).

11 **2. Inanspruchnahme der Elternzeit. a) Inhalt der Erklärung. aa) § 16 Abs 1 BEEG aF (Geltung für vor dem 1.7.15 geborene Kinder).** Die Inanspruchnahme setzt **inhaltlich** voraus, dass der ArbN die Elternzeit verlangt und gleichzeitig mitteilt, für welche Zeiten sie **innerhalb von zwei Jahren** genommen wird (§ 16 Abs 1 S 1 BEEG). Anzugeben sind mithin die konkreten Daten für Beginn und Ende. Die Mitteilung einer arbeitsunfähig erkrankten ArbN, sie werde Elternzeit antreten, sobald ihr Arzt sie für arbeitsfähig halte, genügt diesen Anforderungen nicht. Sie begründet kein Recht, der Arbeit ohne weiteres fernzubleiben (BAG 17.10.90 – 5 AZR 10/90, NZA 91, 320). § 16 Abs 1 S 5 BEEG ermöglicht, von vornherein die Elternzeit auf **zwei Zeiträume** zu verteilen. Bei der Inanspruchnahme nach § 16 Abs 1 S 1 BEEG kann der ArbN daher festlegen, dass er nach sechs Monaten Elternzeit für die Dauer von drei Monaten arbeitet und anschließend erneut mit der Arbeit aussetzt. Das gilt für Vollzeit- und Teilzeitbeschäftigte in gleicher Weise. Der ArbGeb hat in diesen Fällen **kein Ablehnungsrecht.**

**bb) § 16 Abs 1 BEEG nF (Geltung für ab dem 1.7.15 geborene Kinder).** Sofern der ArbN Elternzeit vor Vollendung des dritten Lebensjahres in Anspruch nimmt, muss er auch nach neuem Recht erklären, für welche Zeiten innerhalb von zwei Jahren Elternzeit genommen wird (§ 16 Abs 1 S 1 Nr 1, S 2 BEEG nF). Nach § 15 Abs 2 S 2 BEEG nF kann ein Anteil von bis zu 24 Monaten zwischen dem dritten Geburtstag und dem vollendeten achten Lebensjahr genommen werden. Auch dieser Anteil der Elternzeit ist schriftlich zu beanspruchen.

**b) Bindung an die Erklärung.** Das Verlangen nach Elternzeit wird als einseitige, emp- 12
fangsbedürftige Willenserklärung mit Zugang beim ArbGeb (§ 130 BGB) wirksam. **Adressat** der Erklärung ist der ArbGeb. Empfangsberechtigt sind außerdem seine Vertreter, die für Personalsachen zuständigen ArbN und mit Personalkompetenz ausgestattete Vorgesetzte. Eine Mitteilung an Vorarbeiter, Kollegen, BRat oder Betriebsarzt genügt nicht. Mit Zugang wird das Elternzeitverlangen **unwiderruflich.** Der ArbN bleibt auch dann an seine Erklärung gebunden, wenn er sich im Interesse des ArbGeb lange vor den gesetzlichen Mindestfristen festgelegt hat. Der ArbGeb muss sich in seinen Dispositionen auf die angekündigte Fehlzeit einrichten können. Allerdings ist dem ArbN das Recht zum „Widerruf" einzuräumen, soweit ein Anspruch auf **vorzeitige Beendigung** der Elternzeit besteht (→ Rn 17).

Eltern sind nicht gehindert, die Elternzeit von vornherein bis zum vollendeten dritten Lebensjahr des Kindes zu nehmen. Das Verlangen nach Elternzeit ist in einem solchen Fall nicht unwirksam, BAG 27.4.04 – 9 AZR 21/04, NZA 04, 1039. Die Verkürzung der gesetzlich bestimmten Mindestbindung von früher drei (BErzGG) auf zwei Jahre dient allein den Interessen der Eltern und des Kindes. Hiervon können die Anspruchsberechtigten Gebrauch machen, müssen es aber nicht. Entscheidet sich ein Anspruchsberechtigter mithin, die Elternzeit in vollem Umfang zu nehmen und teilt er das dem ArbGeb mit, ist er an diese Erklärung für den gesamten Zeitraum gebunden. Anderes lässt sich mit dem Interesse des ArbGeb nicht vereinbaren, der die vom ArbN mitgeteilte Abwesenheitszeit und damit den Ausfall seiner Arbeitskraft überbrücken muss.

**c) Verteilung der Elternzeit. aa) BEEG aF.** § 16 Abs 1 S 5 knüpft an § 15 Abs 3 an, 13
wonach die beiden Anspruchsberechtigten allein oder auch gemeinsam Elternzeit beanspruchen können. Die zum 1.1.04 neu gefasste Vorschrift stellt klar, dass „die Elternzeit auf zwei Zeitabschnitte" verteilt werden kann. Der ArbN braucht also den Anspruchszeitraum von drei Jahren nicht auszuschöpfen, sondern kann die Elternzeit unterbrechen und arbeiten. Die Eltern haben damit einen erheblichen Gestaltungsspielraum, der mit Zustimmung des ArbGeb erweitert werden kann.

**bb) BEEG nF.** Nach der Neufassung kann die Elternzeit ohne Zustimmung des ArbGeb auf drei Zeitabschnitte, mit seiner Zustimmung auch auf weitere Abschnitte verteilt werden, § 16 Abs 1 S 6 BEEG nF. Nimmt der ArbN den dritten Abschnitt seiner Elternzeit zwischen Vollendung des dritten und des achten Lebensjahres in Anspruch, kann der ArbGeb dieses Verlangen innerhalb von acht Wochen aus dringenden betrieblichen Gründen ablehnen. Ein Anteil der Elternzeit von bis zu 24 Monaten kann ohne Zustimmung des ArbGeb im Zeitraum zwischen dem vollendeten dritten und dem achten Lebensjahr des Kindes beansprucht werden, § 15 Abs 2 S 2 BEEG. Die Inanspruchnahme kann jederzeit mit der Ankündigungsfrist von 13 Wochen herbeigeführt werden. Der ArbGeb kann den Beginn der Elternzeit nicht vorschreiben (LAG BlnBbg 15.11.18 – 14 Sa 654/18, NZA-RR 19, 127).

**d) Fristen.** Die **Ankündigungsfrist** zur Inanspruchnahme beträgt grds **sieben Wo-** 14
**chen.** Das gilt auch, wenn sich die Elternzeit unmittelbar an das Beschäftigungsverbot anschließen soll (zum Elternzeitantrag des Vaters „ab Geburt des Kindes": *Sowka* PuR 02/16, 33). Eine **angemessene kürzere Frist** ist ausnahmsweise möglich, wenn die Regelfrist aus **dringenden Gründen** nicht eingehalten werden kann. Zu denken ist an eine zwar beantragte, aber unerwartet schnelle Vermittlung eines Kindes zur Adoptionspflege (vgl etwa BAG 17.2.94 – 2 AZR 616/93, NJW 94, 2783) oder an den Ausfall der Betreuungsperson infolge ernsthafter Erkrankung, die nunmehr den Einsatz von Mutter oder Vater notwendig macht. Eine **weitere Ausnahme** enthält § 16 Abs 2 BEEG. Kann die sich unmittelbar an die Schutzfrist des § 6 Abs 1 MuSchG anschließende Elternzeit aus einem Grund (der vom ArbN nicht zu vertreten ist) nicht rechtzeitig verlangt werden, kann die Mitteilung innerhalb einer Woche nach Wegfall des Grundes verlangt werden.

Das hindernde Ereignis muss sich auf die Inanspruchnahme selbst beziehen; AU der Mutter hindert daher bspw idR nicht an der Anmeldung der Elternzeit zum Ende der Schutzfrist. Wird Elternzeit für den Zeitraum zwischen dem dritten und dem achten Geburtstag des Kindes geltend gemacht, verlängert sich die Frist auf 13 Wochen, § 16 Abs 1 S 1 Nr 2 BEEG nF.

15 **e) Formvorschriften.** Nach § 16 Abs 1 S 1 muss der ArbN die Elternzeit schriftlich verlangen, nach § 16 Abs 1 S 6 hat der ArbGeb die Elternzeit zu bescheinigen. Die Dokumentation soll den Arbeitsvertragsparteien erleichtern, Lage und Dauer der Freistellung zu überblicken (BT-Drs 14/3118 S 21). Die Einhaltung der Schriftform durch den ArbN ist nach der Rspr des BAG **Wirksamkeitsvoraussetzung** für sein berechtigtes Aussetzen mit der Arbeit (BAG 27.4.04 – 9 AZR 21/04, NZA 04, 1039; 26.6.08 – 2 AZR 23/07, NZA 08, 1241). Das Elternzeitverlangen erfordert die strenge Schriftform des § 126 Abs 1 BGB. Ein Telefax oder eine Email wahrt diese Form nicht (BAG 10.5.16 – 9 AZR 145/15, NZA 16, 1137). Die Folgen einer fehlenden „Bescheinigung" des ArbGeb sind vom ArbG im Einzelfall zu würdigen. Sie ist in keinem Fall konstitutiv für die Wirksamkeit der Inanspruchnahme der Elternzeit.

16 **3. Dauer der Elternzeit. a) Regelfall.** Elternzeit beginnt und endet zu den vom ArbN mitgeteilten Daten. Hiervon kann mit Zustimmung des ArbGeb jederzeit abgewichen werden. Das gilt für eine vorzeitige Beendigung ebenso wie für eine Verlängerung. Hat der ArbGeb auf Wunsch der Frau ihrer vorzeitigen Rückkehr zugestimmt, kann er seine Erklärung nicht nach §§ 119, 123 BGB anfechten, wenn die ArbN wegen einer neuen (nicht offenbarten) Schwangerschaft nur vorübergehend und wegen der gesundheitsgefährdenden Arbeitsbedingungen (Krankenschwester) nur eingeschränkt zur Verfügung steht (EuGH 27.2.03 – Rs C-320/01, NZA 03, 373).

17 **b) Vorzeitige Beendigung der Elternzeit. aa) Allgemeines.** Die Arbeitsvertragsparteien können jederzeit die vorzeitige Rückkehr des ArbN aus der Elternzeit in das bisherige oder modifizierte Arbeitsverhältnis vereinbaren. **Gesetzlich** endet die Elternzeit mit der Beendigung des Arbeitsverhältnisses und, falls das Kind verstirbt, spätestens drei Wochen nach seinem **Tod** (§ 16 Abs 4 BEEG; es handelt sich nicht allein um eine Suspendierung der Arbeitspflicht: ArbG Bonn – 3 Ca 1935/16, BeckRS 2016, 113917). Der ArbN hat den ArbGeb hierüber unverzüglich zu unterrichten. Ansonsten hat der ArbN unter den gesetzlich bestimmten Voraussetzungen lediglich einen **Anspruch** auf vorzeitige Beendigung der Elternzeit, den der ArbGeb form- und fristgebunden aus dringenden betrieblichen Gründen ablehnen kann. Die Elternzeit endet in diesem Fall also nicht automatisch.

18 **bb) Härtefall.** Der ArbN hat nach § 16 Abs 3 S 2 BEEG Anspruch auf vorzeitige Beendigung der Elternzeit bei Eintritt eines Härtefalls iSv § 7 Abs 2 S 3 BEEG. Das kommt in Betracht, wenn bei einer Fortführung der unbezahlten Freistellung die wirtschaftliche Existenz des ArbN erheblich gefährdet ist (BAG 6.9.94 – 9 AZR 221/93, NZA 95, 953).

19 **cc) Geburt eines weiteren Kindes.** Anspruch auf vorzeitige Beendigung der Elternzeit begründet außerdem die Geburt eines weiteren Kindes (§ 16 Abs 3 S 2 BEEG). Sie wird berücksichtigt, weil die neue familiäre Situation häufig Umplanungen der festgelegten Betreuung verlangt (BT-Drs 14/1338 S 22). Die ArbN konnte allerdings nach § 16 Abs 3 S 3 Hs 1 BEEG aF ihre Elternzeit **nicht wegen der Mutterschutzfristen** vor und nach der Entbindung (§ 3 Abs 2 und § 6 Abs 1 MuSchG) vorzeitig beenden. Die Vorschrift sollte möglichem Missbrauch vorbeugen. Die Regelung war unionsrechtlich nicht haltbar (VG München 21.3.13 – M 15 K 12.3453, BeckRS 2013, 51388; *Niklas* BB 13, 951; aA *Joussen* EuZA 08, 375). Ein durch das Gemeinschaftsrecht gewährleisteter Urlaub (Mutterschutzfristen) darf nicht durch einen ebenfalls gemeinschaftsrechtlichen gewährleisteten Urlaub (Elternzeit) beeinträchtigt werden. Der Frau dürfen die mit dem Mutterschaftsurlaub verbundenen Rechte nicht genommen werden (EuGH 20.9.07 – C 116/06, NZA 07, 1274 in Fortführung EuGH 18.3.04 – C 342/02 NZA 04, 535; 14.4.05 – C 519/03, NZA 04, 587; *Franzen* EuZA 08, 7; *Göhle-Sander* jurisPR-ArbR 17/2008 Anm 1). Durch das Gesetz zur Vereinfachung des Elterngeldvollzugs (BGBl I, 1878) vom 10.9.12 ist dieser Widerspruch zum Unionsrecht aufgehoben worden. Zur Inanspruchnahme der Schutzfristen des § 3 Abs 1 und des § 3 Abs 2 MuSchG nF kann die Elternzeit nun auch ohne Zustimmung des ArbGeb vorzeitig beendet werden. Notwendig ist allein eine rechtzeitige Mitteilung der

Beendigung der Elternzeit. Die Beendigung kann auch rückwirkend erklärt werden (LAG Sachsen 30.7.15 – 6 Sa 35/15). Allerdings muss das weitere Kind entbunden sein, damit ein Recht zur vorzeitigen Beendigung der Elternzeit besteht (BAG 8.5.18 – 9 AZR 8/18, NZA 18, 1195).

**dd) Wegfall der Voraussetzungen.** Kein Anspruch auf Abbruch der Elternzeit besteht 20
bei **Wegfall der gesetzlichen Voraussetzungen** nach § 15 Abs 1 S 1 BEEG wie etwa Verlust des Sorgerechts, Aufhebung der häuslichen Gemeinschaft mit dem Kind, es sei denn, es liegt zugleich eine **besondere Härte** vor (aA ErfK/*Gallner* § 16 BEEG Rn 8). Das ergibt sich unmittelbar aus der gestaltenden Wirkung der Inanspruchnahme und wird bestätigt durch einen Gegenschluss aus der Beendigung der Elternzeit bei Tod des Kindes kraft Gesetzes. Nach § 16 Abs 5 BEEG hat der ArbN dem ArbGeb außerdem eine Änderung in der Anspruchsberechtigung lediglich mitzuteilen; dazu gehört auch der Wegfall der Anspruchsberechtigung. Nach der Konzeption des § 16 BEEG ist das Dispositionsinteresse des ArbGeb vorrangig. Er kann den ArbN auffordern, die Arbeit aufzunehmen. Eine Rechtspflicht besteht nicht (*Zmarzlik/Zipperer/Viethen* MuSchG, Mutterschaftsleistungen, Bundeserziehungsgeld G, 9. Aufl, § 16 Rn 13 ff).

**ee) Ablehnungsrecht des Arbeitgebers.** Liegen die Voraussetzungen für den Anspruch 21
auf Abbruch der Elternzeit vor, kann der ArbN seine Rückkehr auf den Arbeitsplatz vom ArbGeb verlangen. Die **Ablehnung** des ArbGeb ist **form- und fristgebunden.** Er muss sie innerhalb von **vier Wochen** erklären. Die Frist beginnt mit Zugang der Mitteilung des ArbN beim ArbGeb. Adressat seiner Erklärung ist derselbe Empfängerkreis, der auch für die Entgegennahme des Elternzeitverlangens zuständig ist. Ob der ArbGeb dem Antrag auf Abbruch der Elternzeit zustimmt, liegt nicht in seinem Belieben. Die Ablehnung bedarf der **Schriftform** und kann ebenso wie die Ablehnung einer vom ArbN gewünschten Elternteilzeit nur auf **dringende betriebliche Gründe** gestützt werden. Als ein solcher Grund kommt insbesondere eine fehlende Beschäftigungsmöglichkeit in Betracht. Lehnt der ArbGeb die vorzeitige Beendigung der Elternzeit nicht form- oder fristgerecht oder nicht aus dringenden betrieblichen Gründen ab, wird die Elternzeit auf Grund der Gestaltungserklärung des ArbN beendet. Eine Zustimmung des ArbGeb zur vorzeitigen Beendigung ist nicht erforderlich (BAG 21.4.09 – 9 AZR 391/08, NZA 09, 155).

**c) Verlängerung der Elternzeit.** Mit Zustimmung des ArbGeb kann die Elternzeit 22
verlängert werden. Nach § 16 Abs 3 S 4 BEEG kann der ArbN eine Verlängerung verlangen, wenn ein „vorgesehener Wechsel in der Anspruchsberechtigung" aus einem wichtigen Grund nicht erfolgen kann. Die Formulierung der Vorschrift ist missglückt. Einen „Wechsel in der Anspruchsberechtigung" gibt es nicht. Beide Eltern können gleichzeitig Elternzeit beanspruchen. Gemeint sein kann deshalb nur der Fall, dass ein ArbN Elternzeit deshalb für eine kürzere Zeit als zwei oder drei Jahre genommen hat, weil das Kind anschließend vom Partner betreut werden sollte. Zu beachten ist, dass eine **Verlängerung** iSd Gesetzes nur vorliegt, wenn der ArbN die Zweijahresfrist (§ 16 Abs 1 BEEG) nicht ausgeschöpft hat und nunmehr über den mitgeteilten Zeitraum hinaus mit der Arbeit aussetzen will. Nicht erfasst wird also die Inanspruchnahme der über die zwei Jahre hinausgehenden und daher noch „nicht verbrauchten" Elternzeit. Diese ist zustimmungsfrei (LAG BlnBbg 20.9.18 – 21 Sa 390/18, NZA-RR 19, 75; LAG Düsseldorf 24.1.11 – 14 Sa 1399/10, BeckRS 2011, 70516, LAG Nds 13.11.06 – 5 Sa 402/06, BeckRS 2007, 41260; LAG BaWü 14.4.10 – 10 Sa 59/09, BeckRS 2010, 70690; Rundschreiben des BMI v 24.8.11; *Fecker/Scheffzek* NZA 15, 778; aA ErfK/*Gallner* § 16 Rn 4 mwN).

Der **wichtige Grund** verlangt keine „Unzumutbarkeit" iSv § 626 Abs 1 BGB (LAG Bln 7.6.01 – 10 Sa 2770/00, NZA-RR 01, 625 zu § 16 BErzGG aF). Die tatsächlichen Umstände müssen aber von solchem Gewicht sein, dass es gerechtfertigt ist, dem Freistellungsinteresse des ArbN gegenüber dem Dispositionsinteresse des ArbGeb den Vorrang einzuräumen (ErfK/*Gallner* § 16 BEEG Rn 11). In Betracht kommen insbes Erkrankung des Partners, Wegfall der Anspruchsvoraussetzungen in seiner Person (der wohl häufigste Fall: Aufhebung der häuslichen Gemeinschaft). Ob das Kind von Dritten (Hort, Großeltern) betreut werden könnte, ist unerheblich. Ein wichtiger Grund kann auch eine Erkrankung des Kindes sein, die eine Betreuung durch die Mutter verlangt (LAG Bln 7.6.01 – 10 Sa 2777/00, NZA-RR 01, 625). Nicht ausreichend ist, wenn der andere Elternteil die Elternzeit bei seinem ArbGeb rechtzeitig geltend gemacht hat, dieser ArbGeb aber den ArbN aus dienstlichen Gründen nicht „freistellt". Eine solche Freistellung ist gerade nicht erforderlich (ArbG Bonn 9.1.02 – 2 Ca 3328/01, NZA-RR 03, 14).

23 Die beanspruchte Verlängerung ist unverzüglich beim ArbGeb zu beantragen. Ihm sind die Tatsachen mitzuteilen, aus denen sich der wichtige Grund ergeben soll. Stimmt der ArbGeb dem Antrag nicht zu, ist der ArbN berechtigt, der Arbeit fernzubleiben (ErfK/*Gallner* § 16 BEEG Rn 13). Insoweit gilt nichts anderes als für die Inanspruchnahme der Elternzeit. Der ArbN handelt insoweit aber auf eigenes Risiko. Hat er keinen wichtigen Grund, so kann der ArbGeb die üblichen arbeitsrechtlichen Mittel ergreifen (Abmahnung, Kündigung vorbehaltlich des Kündigungsverbots des § 18 BEEG). Hat der ArbN keinen Verlängerungsanspruch, kann der ArbGeb die weitere Freistellung ablehnen. Bei seiner Ablehnungsentscheidung soll er an die Grundsätze **billigen Ermessens** iSv § 315 BGB gebunden sein (BAG 18.10.11 – 9 AZR 315/10, NZA 12, 262). Begründet wird die Entscheidung mit Verweis auf die vergleichbare Situation der Elternzeit, auf die Zeit bis zur Vollendung des achten Lebensjahres des Kindes (→ Rn 10), mit der Entstehungsgeschichte und dem generell den §§ 15, 16 BEEG zu entnehmenden Ziel, Elternzeit im Interesse der besseren Vereinbarkeit von Familie und Beruf flexibel zu gestalten. Das erscheint zumindest zweifelhaft. Die Arbeitsvertragsparteien stehen sich bei dem „Aushandeln" der gesetzlich nicht vorgeschriebenen Verlängerung grundsätzlich gleichberechtigt gegenüber, so dass jede Partei ihre eigenen Interessen verfolgen darf.

24 **4. Restliche Elternzeit. Rechtslage nach dem BEEG aF.** Hat der ArbN Elternzeit zunächst für die Dauer von zwei Jahren (oder für einen kürzeren Zeitraum) verlangt, so ist der noch nicht verbrauchte Anspruch von maximal zwölf Monaten erneut **fristgebunden** geltend zu machen, also spätestens **sieben Wochen** vor dem Beginn. Das gilt unabhängig davon, ob der Anspruch bis zur Vollendung des dritten Lebensjahres des Kindes verwirklicht wird oder ob sich der ArbN mit dem ArbGeb auf die Übertragung bis zum achten Lebensjahr geeinigt hat (LAG Düsseldorf 24.1.11 – 14 Sa 1399/10, BeckRS 2011, 70516; LAG RhPf 4.11.04 – 4 Sa 606/04, BeckRS 2005, 42229; LAG NdS 13.11.06 – 5 Sa 402/06, BeckRS 2007, 41260 [str]). Das Freistellungsverlangen bedarf keiner Begründung; es handelt sich um **keine Verlängerung** iSv § 16 Abs 3 BEEG (→ Rn 22). Mit der umstrittenen Frage, ob die Inanspruchnahme der noch nicht verbrauchten Elternzeit im Anschluss an das zweite Jahr der Zustimmung des ArbGeb bedarf, setzt sich *Aschmoneit* NZA 12, 247 auseinander. Zur Übertragung restlicher Elternzeit nach § 15 Abs 2 S 2 BEEG nF → Rn 10.

25 **5. Einvernehmliche Teilerwerbstätigkeit (Konsensverfahren). a) Beim Arbeitgeber.** Gestattet ist nach § 15 Abs 4 BEEG eine Teilzeitbeschäftigung bis zu dreißig Stunden/Woche im Durchschnitt eines Monats; sog Tagesmütter können die Höchstgrenze überschreiten. Die Erhöhung des Stundenkontingents gegenüber dem Erziehungsurlaub (19 Stunden/Woche) soll die Inanspruchnahme von Elternzeit für Väter attraktiver machen und so deren Bereitschaft fördern, familiäre Aufgaben zu übernehmen. Insbes Frauen in qualifizierten Berufen soll der berufliche Anschluss erleichtert werden. Ohne Elternzeit in Anspruch zu nehmen, können bereits in Teilzeit arbeitende ArbN daher ihre bisherige Arbeit beibehalten, soweit die Arbeitszeit dreißig Stunden nicht übersteigt. Diese Möglichkeit wird in § 15 Abs 5 S 4 BEEG klarstellend genannt (zum Kündigungsverbot in diesen Fällen → *Elternzeit* Rn 35).

26 Die **Arbeitsbedingungen** können im Rahmen der üblichen arbeitsrechtlichen Grenzen (Tarifvertrag oder Betriebsvereinbarung) frei vereinbart werden. Eine Herabsetzung der bisherigen Stundenzahl bei sonst unveränderten Arbeitsbedingungen ist ebenso möglich wie ein Wechsel in der Beschäftigungsart und eine Anpassung an eine etwaige niedrigere tarifliche Vergütung. Die Stundenreduzierung begründet kein „zweites", rechtlich gesondert zu beurteilendes Arbeitsverhältnis (BAG 22.10.08 – 10 AZR 360/08, NZA 09, 962). Bei jeder Teilzeitbeschäftigung handelt es sich um ein voll gültiges Arbeitsverhältnis, auf das alle arbeitsrechtlichen Vorschriften zur Anwendung gelangen. Anwendbar ist damit auch das BEEG selbst mit der Folge, dass der Teilzeitbeschäftigte bei der Geburt eines weiteren Kindes für dieses erneut Elternzeit in Anspruch nehmen kann. Er ist hierfür nicht an eine etwa für die Teilzeittätigkeit vereinbarte Kündigungsfrist gebunden, sondern kann auf die

Inanspruchnahmefrist zurückgreifen. Bei der Umsetzung der neuen Vertragsbedingungen sind die **Mitbestimmungsrechte** des BRat zu beachten; → Rn 57.

**b) Arbeitsaufnahme bei einem Dritten.** Mit Zustimmung des ArbGeb kann der ArbN bei einem anderen ArbGeb in Teilzeit oder auch als Selbstständiger arbeiten. Damit der ArbGeb über einen solchen Wunsch des ArbN befinden kann, muss der ArbN die Daten der beabsichtigten Beschäftigung angeben. Mitzuteilen sind die konkrete Art der Tätigkeit und deren zeitlicher Umfang sowie der in Aussicht genommene ArbGeb. Die Ablehnung der Zustimmung muss innerhalb von vier Wochen erfolgen. Die **Frist** berechnet sich nach dem Zugang des Antrags des ArbN. Die **Ablehnung** des ArbGeb bedarf der **Schriftform** und kann nur mit entgegenstehenden dringenden **betrieblichen Interessen** begründet werden (§ 15 Abs 4 S 4 BEEG). Das können wettbewerbliche Interessen sein wie auch eigener Bedarf an der Beschäftigung des ArbN (LAG Düsseldorf 8.10.03 – 12 (9) Sa 1034/03, LAGReport 04, 170: Tätigkeit einer angestellten Rechtsanwältin beim Mieterverein; Schwerpunkt der ArbGebKanzlei ist die Vertretung von Vermietern; Näheres *Nebentätigkeit*). Ein möglicher Anspruch ist durch Klage auf Zustimmung des ArbGeb nach § 894 ZPO zu verfolgen. Bei nicht form- oder fristgerechter Erklärung des ArbGeb entfällt das Zustimmungserfordernis (befristetes Verbot mit Erlaubnisvorbehalt). Der ArbN kann die andere Tätigkeit aufnehmen. Schadensersatzansprüche wegen entgangenen Verdienstes stehen ihm nicht zu, wenn er die vorgesehene Beschäftigung unterlässt (BAG 26.6.97 – 8 AZR 506/97, NZA 97, 1156). 27

**6. Streitige Teilerwerbstätigkeit (sog Anspruchsverfahren). a) Voraussetzungen der Elternteilzeit.** Der Gesetzgeber geht von einem erheblichen Interesse der Eltern aus, während der ersten Lebensjahre des Kindes durch Verringerung der bisherigen Arbeitszeit über ein Mehr an Freizeit zu verfügen, ohne den beruflichen Kontakt zu verlieren. Dem dient zunächst § 15 Abs 5 S 2 BEEG. ArbGeb und ArbN sollen sich über einen Antrag des ArbN auf Verringerung der Arbeitszeit und deren Ausgestaltung (also ihre zeitliche Lage) innerhalb von vier Wochen einigen (Konsensverfahren). Der ArbGeb kann den Antrag allerdings ohne nähere Begründung ablehnen. Kommt keine Einigung zustande, greift § 15 Abs 6 BEEG ein. Soweit eine Einigung nicht möglich ist, kann der ArbN während der Gesamtdauer der Elternzeit **zweimal** eine **Verringerung der Arbeitszeit** beanspruchen (Anspruchsverfahren). Einvernehmliche Reduzierungen sind nicht anzurechnen (BAG 19.2.13 – 9 AZR 461/11, NZA 13, 907). Das Verfahren zur Durchsetzung dieses Anspruchs ist geprägt durch Form- und Fristbestimmungen. Zu vielen Rechtsfragen hat sich noch keine einheitliche Meinung gebildet. Die **Anspruchsvoraussetzungen** während der Elternzeit ergeben sich aus der ausdrücklichen Benennung in § 15 Abs 7 BEEG. Das sind im Einzelnen: 28

**aa) Abs 7 Satz 1 Nr 1:** Der ArbGeb beschäftigt idR mehr als **fünfzehn Arbeitnehmer** ausschließlich der zu ihrer Berufsausbildung beschäftigten Personen. Maßgebend ist also nicht die Zahl der ArbN im Beschäftigungsbetrieb, sondern die Zahl des VertragsArbGeb. Auf Voll- oder Teilzeitbeschäftigung kommt es ebenfalls nicht an. Es zählen alle „Köpfe". **Nr 2** verlangt eine **Wartezeit.** Das Arbeitsverhältnis des ArbN in demselben Betrieb oder Unternehmen muss mindestens ohne Unterbrechung sechs Monate bestehen. **Nr 3** betrifft **Dauer und Umfang** der vom ArbN gewünschten Arbeitszeitverringerung. Sie „soll" einen Zeitraum von mindestens **zwei Monaten** und eine wöchentliche Arbeitszeit von mindestens fünfzehn Stunden und höchstens dreißig Stunden im Durchschnitt des Monats umfassen. Mit der Mindestdauer von zwei Monaten wird dem Dispositionsbedürfnis des ArbGeb Rechnung getragen, um ein erfahrungsgemäß schwer planbares „Hin und Her" zu vermeiden. Bleibt der Antrag des ArbN dahinter zurück, soll er nicht allein deshalb aus dringenden betrieblichen Gründen abgelehnt werden können. Dagegen spricht der Zweck der Mindestdauer. Richtigerweise steht es den Arbeitsvertragsparteien zwar frei, eine geringere wöchentliche Arbeitszeit oder weniger als zwei Monate Elternzeit zu vereinbaren, der ArbN kann eine solche Vertragsgestaltung aber nicht beanspruchen (LAG SchlHol 18.6.08 – 6 Sa 43/08, BeckRS 2008, 56511). Nach **Nr 4** dürfen dem Antrag keine dringenden betrieblichen Gründe entgegenstehen (→ Rn 31 ff). 29

**bb) Ankündigungsfrist. Inhalt und Form.** Nach **Abs 7 Satz 1 Nr 5** setzt der Anspruch auf Arbeitszeitverringerung weiter voraus, dass er „dem Arbeitgeber sieben Wochen vorher schriftlich mitgeteilt wurde". Die Fristen für die Inanspruchnahme der Elternzeit und die Ankündigungsfrist decken sich seit 1.1.04. Die siebenwöchige Ankündigungsfrist gilt nach der zum 1.1.15 in Kraft tretenden Neuregelung nur für die Zeit vor dem dritten Geburtstag des Kindes (§ 15 Abs 5 Ziff 5a BEEG nF). Für den Zeitraum zwischen dem dritten Geburtstag und dem vollendeten achten Lebensjahr des Kindes beträgt sie 13 Wochen (§ 15 Abs 5 Ziff 5b BEEG nF). Außerdem ist ausdrücklich bestimmt, dass der Verringerungsantrag „mit der schriftlichen Mitteilung“ verbunden werden „kann“ (§ 15 Abs 5 Satz 3). Der Streit, ob der Antrag erst nach Scheitern der Verhandlungen mit dem ArbGeb gestellt werden kann, ist damit überholt. Streitig bleiben die **Rechtsfolgen** einer mangelnden Fristwahrung. Richtigerweise verschiebt sich der Beginn der Elternzeit lediglich um die an der Mindestfrist fehlenden Tage (BAG 18.10.11 – 9 AZR 315/10, NZA 12, 262; zum Verringerungsanspruch nach § 8 TzBfG → *Teilzeitbeschäftigung* Rn 27 ff). Der **Inhalt** des Verringerungsantrags bestimmt sich nach § 15 Abs 7 Satz 2 BEEG: Beginn und Umfang der verringerten Arbeitszeit müssen angegeben werden, die gewünschte Verteilung der Arbeitszeit soll angegeben werden. Fehlt es daran, ist davon auszugehen, dass der ArbGeb die verbleibende Arbeitszeit nach § 106 GewO festlegen kann. Die vorgeschriebene **schriftliche Mitteilung** ist nach BAG 27.4.04 – 9 AZR 21/04, NZA 04, 1039 konstitutiv.

30 **b) Verhältnis zum Anspruch auf Elternzeit.** Dem Gesetz liegt die sog Vertragslösung zugrunde: ArbN und ArbGeb sollen sich über die Beschäftigung des ArbN mit verringerter Arbeitszeit während der Elternzeit einigen. Gelingt dies nicht, hat der ArbN Anspruch auf Vertragsänderung (BAG 15.4.08 – 9 AZR 380/07, NZA 08, 998). Sein Antrag auf Verringerung der Arbeitszeit muss dem Bestimmtheitsgebot (§ 145 BGB) genügen, anzugeben sind mithin die genaue Anzahl der gewünschten Wochenarbeitsstunden sowie Beginn und Ende der Elternteilzeit, andernfalls ist das Teilzeitverlangen unwirksam (st Rspr, BAG 16.4.13 – 9 AZR 535/11, BeckRS 2013, 71116). Der Anspruch kann **zeitlich** mit der Inanspruchnahme von Elternzeit verbunden werden; eine frühere Geltendmachung kommt nicht in Betracht (BAG 5.6.07 – 9 AZR 82/07, NZA 07, 1352). Dagegen kann der Anspruch auch später während einer bereits laufenden Elternzeit erhoben werden (BAG 19.4.05 – 9 AZR 233/04, NZA 05, 1354; 9.5.06 – 9 AZR 278/05, NJW 06, 3595). Der ArbN läuft dann allerdings Gefahr, dass sein Arbeitsplatz zwischenzeitlich mit einer befristet eingestellten Ersatzkraft besetzt ist und seine Weiterbeschäftigung mit verringerter Arbeitszeit deshalb abgelehnt wird (→ Rn 32). Die Ansprüche können **inhaltlich** verknüpft werden, indem die Inanspruchnahme der Elternzeit von der Zustimmung des ArbGeb zu der gewünschten Arbeitszeitverringerung abhängig gemacht wird (BAG 15.4.08 – 9 AZR 380/07, NZA 08, 998).

31 **c) Ablehnung des Arbeitgebers. aa) Voraussetzungen.** Der ArbGeb kann das Teilzeitverlangen ablehnen, wenn **dringende betriebliche Gründe** entgegenstehen. Gemeint sind objektiv gewichtige Umstände. Sie müssen der gewünschten Arbeitszeitregelung zwingend entgegenstehen (BAG 18.3.03 – 9 AZR 126/02, DB 04, 319 zu § 15b BAT). Nach der Rspr ist bei den Ablehnungsgründen zu unterscheiden: Macht der ArbGeb geltend, der Arbeitsplatz sei unteilbar oder die gewünschte Arbeitszeitverteilung unvereinbar mit den betrieblichen Arbeitszeitmodellen, sind seine Darlegungen nach dem zum allgemeinen Verringerungsanspruch entwickelten Dreistufenschema zu beurteilen (→ *Teilzeitbeschäftigung* Rn 34). Beruft er sich darauf, er habe für den ArbN keine Beschäftigungsmöglichkeit, kommt es nicht auf einen Vergleich der vertraglich vereinbarten Arbeitszeit mit der vom ArbN nunmehr verlangten Teilzeitbeschäftigung an. Zu vergleichen ist vielmehr das vollständige Ruhen der Beschäftigungspflicht des ArbN bis zum Ende der Elternzeit mit der verlangten Teilzeitarbeit. Dieser Beschäftigungspflicht müssen dringende betriebliche Gründe entgegenstehen (BAG 15.12.09 – 9 AZR 72/09, NZA 10, 447). Dem ArbGeb wird mithin nicht zugemutet, den ArbN während der Elternzeit in Teilzeit zu beschäftigen, obwohl er keinen Beschäftigungsbedarf hat. Hierfür ist unerheblich, ob er den Arbeitsplatz des zunächst vollständig mit der Arbeit aussetzenden ArbN befristet mit einer Ersatzkraft besetzt hat (BAG 19.4.05 – 9 AZR 233/03, NZA 05, 1354), oder ob der Beschäftigungsbedarf aufgrund organisatorischer Maßnahmen weggefallen ist (BAG 15.4.08 – 9 AZR 380/07, NZA 08, 998). Deckt der ArbGeb seinen Beschäftigungsbedarf teilweise durch LeihArbN, hat er zumindest darzulegen, weshalb die Leiharbeit nicht im Umfang der beantragten Teiltätigkeit zurückgefahren werden kann (ArbG Ludwigshafen 30.3.11 – 3 Ca 1515/10, NZA-RR 11, 635).

**bb) Form und Frist.** Die Ablehnung der vom ArbN beantragten Arbeitszeit hat der ArbGeb **schriftlich zu begründen.** Sie bedarf der Schriftform des § 126 Abs 1 BGB (ausdrücklich nochmal BAG 11.12.18 – 9 AZR 298/18, NZA 19, 616). Hierfür steht dem ArbGeb eine Frist von **vier bzw acht Wochen** zur Verfügung, § 15 Abs 7 S 4 und 5 BEEG. Die die dringenden betrieblichen Gründe ausmachenden Tatsachen müssen eindeutig beschrieben werden und so formuliert sein, dass der ArbN die Erfolgsaussichten einer Klage prüfen kann. Allein die Wiedergabe des Gesetzestextes genügt also nicht (Hess LAG 22.12.12 – 20 Sa 418/12, BeckRS 2013, 67652). Stimmt der ArbGeb der Verringerung der Arbeitszeit nicht zu, so kann der ArbN Klage vor den Gerichten für Arbeitssachen erheben. Nach der aF des § 15 Abs 7 war Rechtsfolge einer nicht rechtzeitigen Ablehnung nicht die Fiktion der Zustimmung des ArbGeb, wie in § 8 Abs 5 Satz 2 TzBfG, sondern allein die Eröffnung des Klageweges. Mit der **Neufassung** des BEEG ab dem 1.1.15 wurde eine **Zustimmungsfiktion** eingeführt, § 15 Abs 7 S 5 BEEG nF. Lehnt der ArbGeb das Begehren des ArbN nicht rechtzeitig unter Beachtung der Fristen des § 15 Abs 7 S 5 BEEG nF und schriftlich ab, gelten die Verringerung und die Verteilung der verringerten Arbeitszeit entsprechend den Wünschen des ArbN als festgelegt. Die Zustimmung wird nicht fingiert, wenn der ArbGeb zwar rechtzeitig schriftlich, aber ohne Begründung abgelehnt hat (*Sievers* TzBfG Anh 3 Rn 107). Soweit der ArbGeb den Antrag auf Verringerung oder Verteilung rechtzeitig ablehnt, kann Klage erhoben werden. Weshalb der Gesetzgeber diese Klagemöglichkeit ausdrücklich nennt, ist schwer nachvollziehbar. Ansprüche können regelmäßig durch Klage geltend gemacht werden, es sei denn, die Klagbarkeit ist ausnahmsweise ausgeschlossen. Deshalb wird erwogen, der ArbN habe ein einseitiges Gestaltungsrecht (*Düwell* AuA 02, 58). 32

**d) Lage der verringerten Arbeitszeit.** Anders als in § 8 TzBfG (→ *Teilzeitbeschäftigung* Rn 24 f) wurde die eminent wichtige Verteilung der verringerten Arbeitszeit in § 15 BEEG aF nur rudimentär angesprochen. Für die seit dem 1.7.15 geborenen Kinder muss der ArbGeb die gewünschte Verteilung der Arbeitszeit innerhalb der Zeiträume des § 15 Abs 7 S 5 BEEG schriftlich ablehnen. Die Verteilung der Arbeitszeit gilt gem den Wünschen des ArbN als festgelegt, wenn der ArbGeb die Verteilung nicht fristgerecht schriftlich ablehnt, § 15 Abs 7 S 6 BEEG. Ausgehend vom Weisungsrecht des ArbGeb (§ 106 GewO iVm § 315 BGB), die Lage der Arbeitszeit nach billigem Ermessen festzulegen, kann der ArbGeb nach der früheren Rspr des BAG bei seiner Ermessensentscheidung über den vom ArbN gewünschten Verteilungswunsch nur Umstände von erheblichem Gewicht iSv dringenden betrieblichen Gründen berücksichtigen (BAG 9.5.06 – 9 AZR 278/05, NZA 06, 1413). Nunmehr geht das BAG davon aus, dass das BEEG unmittelbar auch einen Anspruch auf eine bestimmte Verteilung der verringerten Arbeitszeit zuerkennt (BAG 19.2.13 – 9 AZR 461/11, NZA 13, 907). Der ArbGeb kann daher die Verteilung der Arbeitszeit nicht nach billigem Ermessen bestimmen. Der ArbN hat einen Anspruch auf eine die Verteilung der Arbeitszeit betreffende Vertragsänderung, wenn keine dringenden betrieblichen Gründe entgegenstehen (Hess LAG 29.2.16 – 16 Sa 689/15, BeckRS 2016, 70205). Ist im Antrag die gewünschte Verteilung der verringerten Arbeitszeit allerdings nicht angegeben, verbleibt es allerdings hinsichtlich der Festlegung der Lage der Arbeitszeit beim Direktionsrecht des ArbGeb. Stehen der im Antrag angegebenen Verteilung der verringerten Arbeitszeit dringende betriebliche Gründe entgegen, besteht – wie auch schon bisher – kein Anspruch auf Verringerung der Arbeitszeit. 33

**e) Prozessuales.** Der Klageantrag richtet sich auf Abgabe der Zustimmungserklärung des ArbGeb, einer Willenserklärung iSv § 894 ZPO. Dabei verlangt das Bestimmtheitsgebot des § 253 Abs 2 Nr 2 ZPO, dass die Dauer der Wochenarbeitszeit und der Endzeitpunkt der Arbeitszeitreduzierung in den Antrag aufgenommen werden. Nach der mit Urteil des BAG vom 19.2.13 (– 9 AZR 461/11, NZA 13, 907) erfolgten „Klarstellung", sollte der ArbN nun auch die gewünschte Verteilung der Arbeitszeit in den Antrag aufnehmen, wenn er die Verringerung nur für den Fall beantragen will, dass die Verteilung wie gewünscht erfolgt. Insoweit gelten die gleichen Grundsätze wie bei § 8 TzBfG (→ *Teilzeitbeschäftigung* Rn 50). Im Antrag ist der **Beginn** der verringerten Arbeitszeit anzugeben. Zwar gilt die Zustimmung des ArbGeb erst mit Rechtskraft des Urteils (§ 894 ZPO) als erteilt. Das betrifft aber nur die „Vollstreckung" des Titels. Zu welchem Zeitpunkt der Arbeitsvertrag geändert wird, richtet sich nach dem Inhalt des geltend gemachten Anspruchs. Der Anspruch kann im Wege 34 der Leistungsklage auch rückwirkend verfolgt werden (BAG 27.4.04 – 9 AZR 522/03, NZA 04, 1225). Dies bietet sich regelmäßig an, weil der ArbGeb in einem solchen Fall automatisch rückwirkend in *Annahmeverzug* gerät und dementsprechend Entgelt für die bereits verstrichene Zeit schuldet (BAG 9.5.06 – 9 AZR 278/05, NZA 06, 1414; insoweit abl *Sievers* jurisPR-ArbR 52/2006 Anm 3). Das BAG hält an dieser Rspr trotz der Rspr des 5. Senats (19.8.15 – 5 AZR 975/13, NZA 15, 460), der zufolge Ansprüche aus Annahmeverzug ein erfüllbares, dh tatsächlich durchführbares Arbeitsverhältnis voraussetzen fest (BAG 11.12.18 – 9 AZR 298/18, NZA 19, 616; das LAG Köln hat dies zutreffend in Frage gestellt und der Verfolgung des Teilzeitanspruchs während der Elternzeit nach Ablauf derselben das Rechtsschutzbedürfnis abgesprochen: LAG Köln 14.3.18 – 5 Sa 240/17, BeckRS 2018, 9784).

**35** Richtigerweise ist davon auszugehen, dass der ArbGeb im Rechtsstreit nur auf die Gründe zurückgreifen kann, die er dem ArbN vorher schriftlich entgegengehalten hat (so jetzt auch BAG 11.12.18 – 9 AZR 298/18, NZA 19, 616; ebenso *Gaul/Wisskirchen* BB 2000, 2466; aA *Leßmann* DB 01, 95; *Menke* ArbR 11, 112). Fehlte – bei Geltung des § 15 Abs 7 BEEG aF – eine schriftliche Begründung ganz, hat dies zur Folge, dass der ArbGeb im Prozess mit der Geltendmachung der entgegenstehenden dringenden betrieblichen Gründe ausgeschlossen ist (Hess LAG 22.12.12 – 20 Sa 418/12, BeckRS 2013, 67652). Auch wenn im Gesetz nicht ausdrücklich von **Präklusion** die Rede ist, so ergibt sich diese Rechtsfolge aus dem mit der Schriftform verfolgten Zweck. Zwar braucht der ArbN seinen Antrag auf Verringerung der Arbeitszeit nicht zu begründen. Der Gesetzgeber geht aber davon aus, dass der ArbN die vermehrte Freizeit zur Betreuung seines Kleinkindes benötigt. Das wird nur gewährleistet, wenn er eine gewisse Planungssicherheit hat. Hierzu soll er durch die schriftliche Begründung des ArbGeb in die Lage versetzt werden. Er soll abschätzen können, ob eine gerichtliche Verfolgung seines Anspruchs Erfolg verspricht. Das gilt umso mehr, als die für eine gerichtliche Klärung zur Verfügung stehende Zeit wegen der Begrenzung der Elternzeit auf drei Jahre nur kurz ist. Dem ArbGeb ist daher dringend zu raten, seine Ablehnungsgründe vollständig und schriftlich darzustellen.

**36** Aus dem **Verbot des Nachschiebens** von Ablehnungsgründen ergeben sich zugleich Rechtsfolgen für den **Beurteilungszeitpunkt,** den das Gericht seiner Entscheidung zugrunde zu legen hat. Das ist grds der Zeitpunkt, zu dem der ArbGeb den Antrag des ArbN abgelehnt hat (BAG 15.12.09 – 9 AZR 72/09, NZA 10, 447; aA ArbG HH 8.5.14 – 29 Ca 577/13, BeckRS 2014, 69483). Hatte der ArbGeb keinen Zustimmungsverweigerungsgrund oder wurde der Anspruch des ArbN nicht form- oder fristgerecht abgelehnt, so ist die Klage auch dann begründet, wenn später Ablehnungsgründe entstehen. Hierfür ist unerheblich, dass das Tatsachengericht seiner Entscheidung regelmäßig den Tatsachenstoff zum Schluss seiner mündlichen Verhandlung zugrunde zu legen hat. Das gilt dann nicht, wenn das materielle Recht wie hier etwas anderes bestimmt (zum Verringerungsanspruch nach § 8 TzBfG → *Teilzeitbeschäftigung* Rn 24 f). **Darlegungs- und Beweislast** für das Bestehen von Ablehnungsgründen liegen trotz des Wortlauts in § 15 Abs 7 Nr 4 BErzGG beim ArbGeb (negative Anspruchsvoraussetzung). Neben dem auf die Abgabe der Zustimmungserklärung gerichteten Antrag kommt ein Antrag auf interimsweise vorläufige Beschäftigung in Teilzeit nicht in Betracht (ArbG Bln 11.11.15 – 60 Ca 10222/15, BeckRS 2016, 72568).

**37** **Einstweiliger Rechtsschutz** soll ausscheiden, weil der Erlass einer einstweiligen Verfügung die Hauptsache vorwegnehme (*Peters-Lange/Rolfs* NZA 2000, 684). Das trifft so nicht zu. Eine einstweilige Regelung kann nach § 940 ZPO stets dann erlassen werden, wenn sie (pauschal gesprochen) notwendig ist, um wesentliche Nachteile vom Anspruchsinhaber abzuwenden (*Panzer-Heemeier/Trost* NZA 18 1378; *Grobys/Bram* NZA 01, 1175, auch zur Formulierung des Antrags; *Gotthardt* NZA 01, 1183 sowie *Sievers* TzBfG § 15 Rn 76 ff; s auch ArbG Solingen 15.1.16 – 3 Ga 20/15, BeckRS 2016, 65323 und HessLAG 17.7.19 – 10 SaGa 738/19, NZA-RR 19, 567 zur einstweiligen Verfügung nach Eintritt der Fiktion des § 15 Abs 7 S 5 BEEG). Solche wesentlichen Nachteile, die den Erlass einer einstweiligen Verfügung im Zusammenhang mit der Inanspruchnahme von Elternzeit rechtfertigen, lassen sich im Zusammenhang mit der Reduzierung der Vertragsarbeitszeit gleichwohl schwer begründen. Das wird aus den möglichen Konfliktfällen deutlich. Eine erhebliche Gefährdung der Interessen des ArbN kommt in Betracht, wenn er seine Vertragsarbeitszeit wegen der Betreuung des Kindes nicht beibehalten kann, er aber zugleich auf die Einkünfte aus der (reduzierten) Arbeitszeit dringlich angewiesen ist. Da die (vorläufige) Verurteilung des ArbGeb zur

Zustimmung der Arbeitszeitreduzierung nur ein „Zwischenschritt" zum Entgeltanspruch ist, ist ein solcher Konflikt nach den für Geldansprüche allgemein geltenden Grundsätzen des einstweiligen Rechtsschutzes zu lösen. Möglich erscheint auch der Fall, dass der ArbGeb dem ArbN, der ihm seine Absicht angekündigt hat, seine Arbeitszeit herabzusetzen und die Arbeit vorzeitig zu beenden, mit arbeitsrechtlichen Maßnahmen (Abmahnung, Kündigung) droht. Betroffen ist dann das Interesse des ArbN an der (vorläufigen) Klärung, der ArbGeb sei zu solchen angekündigten arbeitsrechtlichen Maßnahmen nicht berechtigt. Das kann im summarischen Verfahren regelmäßig nicht geklärt werden. Gegenstand des einstweiligen Verfügungsverfahrens kann auch die Verteilung der verringerten Arbeitszeit sein (Hess LAG 18.5.15 – 16 SaGa 376/15, BeckRS 2016, 65661).

**f) Sonstige Ansprüche bei unberechtigter Ablehnung.** Der ArbGeb, der die Herabsetzung der Arbeitszeit zu Unrecht (schuldhaft) ablehnt, hat dem ArbN den hierdurch entstehenden Schaden zu ersetzen. Dabei erscheint die Annahme zutreffend, dass der ArbGeb die Zustimmung aufgrund des bestehenden Arbeitsvertrags als Nebenpflicht schuldet (*Leßmann* DB 01, 95), der Anspruch also im Ergebnis auf positiver Forderungsverletzung (§ 280 BGB) beruht. Der Umfang des nach §§ 249 ff BGB zu ersetzenden Schadens hängt ua davon ab, ob der ArbN wegen des Verhaltens des ArbGeb mit der Arbeit insgesamt ausgesetzt hat oder gegenläufig mit der Vertragsarbeitszeit weiter gearbeitet hat. Im ersteren Fall kommt der **entgangene Verdienst** als Schadensposition in Betracht. Hat der ArbN weiter gearbeitet, sind beispielhaft **Mehraufwendungen** des ArbN auszugleichen, die ihm durch die dann notwendige Fremdbetreuung des Kindes entstehen. Der ArbN hat außerdem Anspruch auf **Annahmeverzugslohn,** soweit die Zustimmung des ArbGeb vom Gericht zu einem in der Vergangenheit liegenden Zeitpunkt ersetzt wird (aA *Sievers* TzBfG Anh 3 Rn 97 ff; LAG Köln 14.3.18 – 5 Sa 240/17, BeckRS 2018, 9784, nrkr). Der ArbGeb geht daher ein nicht unerhebliches Risiko ein, wenn er den Verringerungsantrag grundlos ablehnt. Dem ArbN ist dann auch ohne Arbeitsleistung der entgangene Lohn zu zahlen. 38

**7. Beibehaltung der Arbeitszeit.** In § 15 Abs 5 Satz 4 BEEG wird klargestellt, dass der ArbN selbstverständlich seine bisherige Arbeitszeit beibehalten kann, soweit die Höchstdauer von dreißig Stunden nicht überschritten wird. Ebenso selbstverständlich ist die weitere Aussage im Gesetz, der ArbN könne nach der Elternzeit zu der ursprünglichen Arbeitszeit zurückkehren. 39

**8. Auswirkungen auf den Erholungsurlaub. a) Kürzungsrecht.** Der ArbGeb ist berechtigt, den Erholungsurlaub, der dem ArbN für das Urlaubsjahr zusteht, für jeden vollen Kalendermonat der Elternzeit um ein Zwölftel zu kürzen (§ 17 Abs 1 BEEG). Angebrochene Monate gewähren kein Kürzungsrecht; je nach zeitlicher Lage begründet Elternzeit von sechs Monaten ein Kürzungsrecht um sechs oder fünf Zwölftel. Die Kürzung ist für jedes Urlaubsjahr gesondert zu ermitteln. Sie tritt nicht automatisch ein, sondern der ArbGeb muss das ihm zustehende Recht ausüben. Er ist dabei an das Gleichbehandlungsgebot gebunden. Der ArbGeb ist nicht verpflichtet, seine Kürzungsabsicht vor Antritt der Elternzeit mitzuteilen (BAG 28.7.92 – 9 AZR 340/91, DB 93, 642). Er kann den Urlaub vielmehr vor, während oder nach dem Ende der Elternzeit durch Abgabe einer empfangsbedürftigen (rechtsgeschäftlichen) Erklärung kürzen, jedoch nicht mehr nach Beendigung des Arbeitsverhältnisses (BAG 19.3.19 – 9 AZR 495/17, NZA 19, 1136; 19.5.15 – 9 AZR 725/13, NZA 15, 989). Da die Geburt eines weiteren Kindes die Elternzeit nicht unterbricht, besteht das Kürzungsrecht auch für den Fall, dass die ArbN während der Elternzeit erneut schwanger wird und deshalb einem Beschäftigungsverbot unterliegt. Der erst jüngst geäußerten Ansicht, das Kürzungsrecht könne bereits im ArbV geregelt werden, es müsse dann nicht nochmal im Zusammenhang mit dem Antritt der konkreten Elternzeit ausgeübt werden (LAG Hamm 23.1.19 – 5 Sa 951/18, BeckRS 2019, 19128), dürfte die Entscheidung des BAG vom 19.3.19 (– 9 AZR 495/17, NZA 19, 1136) entgegenstehen, wonach das Kürzungsrecht nicht vor der Erklärung des ArbN, Elternzeit in Anspruch zu nehmen, ausgeübt werden kann. Solange die Parteien keine von § 17 Abs 1 S 1 BEEG abweichende arbeitsvertragliche Regelung getroffen haben, bezieht sich das Kürzungsrecht auch auf den übergesetzlichen Mehrurlaub (BAG 19.3.19 – 9 AZR 362/18, NZA 19, 1141). Nun ist auch höchstrichterlich geklärt, dass das Kürzungsrecht nicht gegen Europarecht verstößt (BAG 19.3.19 – 9 AZR 362/18, NZA 19, 1141; bisher schon: LAG SchlHol 12.1.16 – 1 Sa 40

88a/15, BeckRS 2016, 68037; LAG Nds 16.11.10 – 3 Sa 1288/10, BeckRS 2011, 68526; LAG Hamm 27.6.13 – 16 Sa 51/13, BeckRS 2014, 73277; LAG RhPf 16.1.14 – 5 Sa 180/13, BeckRS 2014, 66090; LAG BlnBbg 15.6.18 – 3 Sa 42/18, BeckRS 2018, 27941 sowie LAG BlnBbg 7.6.18 – 26 Sa 1655/17, BeckRS 2018, 39633). Mit dem Urteil des EuGH in Sachen Dicu (4.10.18 – C-12/17, NZA 18, 1323), wonach es europarechtlich nicht zu beanstanden ist, wenn für Zeiten der Elternzeit kein Urlaubsanspruch entsteht, war insoweit bereits Klärung eingetreten.

41 **b) Übertragung und Abgeltung.** Soweit der ArbN vor Antritt der Elternzeit seinen Erholungsurlaub nicht vollständig abgewickelt hat, ist der Resturlaub nach der Elternzeit im laufenden oder folgenden Jahr zu gewähren oder bei Ausscheiden zum Ende der Elternzeit abzugelten (§ 17 Abs 2 und 3 BEEG). Resturlaub ist nur der Urlaub, der wegen der Elternzeit nicht genommen werden konnte. Bestand zB bei Beginn der Elternzeit am 26.3. noch Resturlaub aus dem Vorjahr, der nach den maßgeblichen Urlaubsbestimmungen bis zum 31.3. abgewickelt sein musste, andernfalls verfiel, bleibt der Urlaub nur in Höhe der bis zum 31.3. zur Verfügung stehenden Urlaubstage erhalten, der Rest verfällt (BAG 1.10.91 – 9 AZR 365/90, DB 92, 584). Nach neuer Auffassung des BAG beschränkt sich der **Übertragungszeitraum** nicht auf das Jahresende des Folgejahres nach Beendigung der Elternzeit. Hat der ArbN nahtlos an eine in Anspruch genommene Elternzeit für ein weiteres Kind ebenfalls Elternzeit in Anspruch genommen, wird der vor der ersten Elternzeit entstandene Resturlaub auf die Zeit nach der weiteren Elternzeit übertragen (BAG 20.5.08 – 9 AZR 219/07, NZA 08, 1237). Erkrankt der ArbN nach Beendigung der Elternzeit dauerhaft, so verfällt der gem § 17 Abs 2 BEEG übertragene Urlaub erst 15 Monate nach Ablauf des Folgejahres, in dem er aus der Elternzeit zurückgekehrt ist (BAG 15.12.15 – 9 AZR 52/15, NZA 16, 433). Das Folgejahr ist das für das Fristenregime des § 7 Abs 3 BUrlG maßgebliche Urlaubsjahr.

42 **c) Höhe des Urlaubsentgelts.** Insoweit enthält das BEEG keine gesonderten Regelungen; anzuwenden sind die allgemeinen urlaubsrechtlichen Bestimmungen (→ *Urlaubsentgelt* Rn 3–13).

43 **d) Mehrurlaub.** Hat der ArbN vor Beginn der Elternzeit mehr Urlaub erhalten, als er unter Berücksichtigung der Kürzungsregel des § 17 Abs 1 BEEG verlangen kann, ist der ArbGeb zur Kürzung des Erholungsurlaubs um die zu viel gewährten Tage berechtigt (§ 17 Abs 4 BEEG). Die Vorschrift bezieht sich ausschließlich auf die Gewährung neuen Urlaubs nach Wiederaufleben des Arbeitsverhältnisses. Wird es nach der Elternzeit nicht fortgesetzt, kann das für die zu viel gewährten Tage gezahlte Urlaubsentgelt nicht zurückverlangt werden.

44 **9. Sonderkündigungsschutz. a) Beginn des Kündigungsschutzes.** Der ArbGeb darf das Arbeitsverhältnis ab dem Zeitpunkt, von dem an Elternzeit verlangt worden ist, höchstens jedoch acht Wochen vor dem Beginn (einer Elternzeit bis zum vollendeten dritten Lebensjahr des Kindes bei Geltung der Neufassung), und während der Elternzeit nicht kündigen (§ 18 Abs 1 BEEG). Bei einer Elternzeit zwischen dem dritten Geburtstag und dem vollendeten achten Lebensjahr des Kindes beginnt der Kündigungsschutz nach § 18 Abs 1 S 2 Nr 2 BEEG frühestens 14 Wochen vor Beginn der Elternzeit. Vorausgesetzt wird ein **formwirksames Elternzeitverlangen** (BAG 26.6.08 – 2 AZR 23/07, NZA 08, 1241). Der ArbGeb kann allerdings nach Treu und Glauben (§ 242 BGB) gehindert sein, sich auf die fehlende Schriftform zu berufen. Rechtsmissbrauch hat das BAG angenommen, weil die beklagte RA-Kanzlei der BKK die Inanspruchnahme der Elternzeit durch die ArbN mitgeteilt hatte. Die Kündigung kann in **besonderen Fällen** von der zuständigen Behörde für **zulässig** erklärt werden, eine ohne behördliche Gestattung erklärte Kündigung ist **nichtig** (§ 134 BGB). Der Kündigungsschutz **beginnt** mit Zugang der Erklärung des ArbN beim ArbGeb, er nehme Elternzeit in Anspruch, allerdings begrenzt auf einen Zeitraum von **acht Wochen** vor Antritt der Elternzeit. Die Frist berechnet sich, sofern Elternzeit bereits vor der Entbindung des Kindes formgerecht angemeldet worden ist, nach dem voraussichtlichen und nicht nach dem tatsächlichen Entbindungstermin (BAG 12.5.11 – 2 AZR 384/10, NZA 12, 208). Die Ankündigungsfrist gilt sowohl für die erstmalige Inanspruchnahme von Elternzeit innerhalb der abzudeckenden zwei Jahre (§ 16 Abs 1 BEEG) als auch für die Inanspruchnahme des „dritten Jahres" (zum Meinungsstreit, ob es sich dabei um eine „Ver-

längerung“ handelt, → *Elternzeit* Rn 22) sowie für die Inanspruchnahme einer bis zur Vollendung des 8. Lebensjahres des Kindes übertragenen Elternzeit. Streitig ist auch die Behandlung der Fälle, in denen der ArbN sich von vornherein dafür entscheidet, die Elternzeit nicht in einem Stück von zwei Jahren zu nehmen, sondern zu unterbrechen (zwölf Monate Elternzeit, sechs Monate Arbeit, sechs Monate Elternzeit). Nach überwiegender Ansicht gilt im Hinblick auf den zweiten Abschnitt der Elternzeit kein um acht Wochen vorverlagerter Kündigungsschutz, sondern nur während der Freistellung als solcher (LAG Bln 15.12.04 – 17 Sa 1929/04, NZA-RR 05, 474 mwN). Diese restriktive Lösung ist vom Wortlaut der Vorschrift nicht zwingend geboten. Sie erscheint auch von ihrem Zweck nicht gedeckt. Vor einer höchstrichterlichen Klärung sollte vorsorglich die behördliche Gestattung eingeholt werden. Ein Antrag auf **Verlängerung** der Elternzeit führt dagegen dann zu keiner Vorverlagerung des Kündigungsschutzes, wenn der ArbN auf eine solche Verlängerung keinen gesetzlichen Anspruch hat. Dagegen ist unschädlich, wenn bei der Inanspruchnahme die **Ankündigungsfrist** von sieben Wochen (§ 16 Abs 1 BEEG) **nicht eingehalten** wird. Der Zeitpunkt des Beginns der Elternzeit verschiebt sich insoweit lediglich um die fehlenden Tage; der Kündigungsschutz selbst greift ein (BAG 17.2.94 – 2 AZR 616/93, NZA 94, 656). Wird Elternzeit nur bedingt für den Fall einer **Elternteilzeit** beansprucht (→ Rn 30) und lehnt der ArbGeb das Teilzeitbegehren wirksam ab, besteht kein Sonderkündigungsschutz. Das gilt auch für den Schwebezeitraum zwischen Stellung und Ablehnung des bedingten Antrags (BAG 12.5.11 – 2 AZR 384/10, NZA 12, 208). Der Kündigungsschutz **endet** mit Ende der Elternzeit ohne jede Nachwirkung. Eine dann erklärte Kündigung ist ausschließlich nach allgemein geltendem Kündigungsrecht zu beurteilen. Zu beachten ist allerdings die Möglichkeit einer erneuten Schwangerschaft der Frau mit dem sich daraus ergebenen mutterschutzrechtlichem Kündigungsverbot des § 17 MuSchG nF; die Kündigung muss nach beiden Vorschriften für zulässig erklärt worden sein (LAG BlnBbg 6.4.11 – 15 Sa 2454/10, DB 11, 1587; → *Mutterschutz* Rn 40–43).

**b) Inhalt des Kündigungsverbots.** Das Verbot umfasst jede **Kündigung.** Es gilt auch **45** bei Massenentlassungen oder in der Insolvenz sowie während eines Arbeitskampfes. Hat die zuständige Behörde eine Kündigung nach § 18 BEEG für zulässig erklärt und ist eine daraufhin vom Rechtsanwalt des ArbGeb erklärte Kündigung nach § 174 BGB unwirksam (fehlende Originalvollmacht), so kann der ArbGeb das Arbeitsverhältnis ohne neuerliche Einholung der behördlichen Zustimmung kündigen, wenn die Kündigung auf demselben Sachverhalt beruht (LAG Köln 21.4.06 – 11 Sa 143/06, NZA-RR 06, 469 (Ls)).

**c) Arbeitgeber** iSv § 18 BErzGG ist derjenige, bei dem der ArbN Elternzeit in An- **46** spruch nimmt, also nicht notwendig der ArbGeb zZ der Geburt des Kindes, sondern auch jeder FolgeArbGeb (BAG 11.3.99 – 2 AZR 19/98, NZA 99, 1047; 27.3.03 – 2 AZR 627/01, NZA 04, 41). Dagegen genießt der ArbN, der während der Elternzeit bei einem Dritten arbeitet, in diesem Arbeitsverhältnis keinen besonderen Kündigungsschutz (BAG 2.2.06 – 2 AZR 596/04, NZA 06, 678).

**d) Teilzeit. aa) Während der Elternzeit.** Kündigungsschutz genießen nach § 18 Abs 2 **47** Nr 1 BEEG auch ArbN, die während der Elternzeit bei ihrem bisherigen ArbGeb Teilzeit leisten. Erfasst wird die Gruppe der ArbN, die während der Elternzeit nicht vollständig mit der Arbeit aussetzt, sondern ganz oder teilweise mit einer verringerten Arbeitszeit weiterarbeitet. Die verbleibende Arbeitszeit darf nicht mehr als 30 Stunden/Woche betragen, wie sich aus der Höchstgrenze zulässiger Erwerbstätigkeit während der Elternzeit in § 15 Abs 4 Satz 1 BEEG ergibt. Gelegentliche Überschreitungen der zulässigen Arbeitszeit sind unschädlich. Teils wird angenommen, die Arbeitsvertragsparteien könnten die Geltung von § 18 bei einer höheren Arbeitszeit als 30 Stunden/Woche arbeitsvertraglich vereinbaren (ErfK/*Gallner* BEEG § 18 Rn 6). Das erscheint nicht richtig. Privatpersonen können die Zuständigkeit einer Behörde über deren gesetzlichen Auftrag hinaus nicht regeln. Eine zeitliche Untergrenze besteht nicht. **Gegenstand des Kündigungsverbots** ist „das Arbeitsverhältnis“. Gemeint ist die Gesamtheit der zwischen ArbGeb und ArbN bestehenden Rechtsbeziehungen. Der Bestandsschutz erstreckt sich damit sowohl auf das ruhende Arbeitsverhältnis als auch auf die Gesamtheit der Arbeitsbedingungen, die die Parteien für die Dauer der Elternzeit vereinbart haben. Eine „völlige Neuordnung“ der Rechtsbeziehungen ändert nichts an dem umfassenden Kündigungsschutz (unklar BAG 22.10.08 – 10 AZR 360/08, NZA 09, 962 zum sog einheitlichen Arbeitsverhältnis).

48 **bb) Ohne Inanspruchnahme von Elternzeit.** Nach Nr 2 gilt das Kündigungsverbot auch für ArbN, die ohne Inanspruchnahme von Elternzeit Teilzeit leisten. Vorausgesetzt ist weiter, dass ein Anspruch auf Elterngeld (§ 1) während des Bezugszeitraums des § 4 Abs 1 besteht. Zielgruppe sind die ArbN, die ohne Änderung ihres Arbeitszeitregimes familiäre und berufliche Pflichten vereinbaren können und deshalb weiterarbeiten. Der Bestandsschutz verkürzt sich gem § 18 Abs 2 Nr 2 BEEG auf die Höchstdauer des Elterngeldbezugs von zwölf/vierzehn Monaten. Legt der ArbN dem ArbGeb die Tatsachen, aus denen sich sein Bestandsschutz ergibt, nicht offen, stellt sich bei einer ArbGebKündigung die Frage, ob sich der ArbN fristgebunden auf den Sonderkündigungsschutz berufen muss (*Buchner/Becker* BEEG § 18 Rn 37: „angemessene Zeitspanne"). Dagegen spricht, dass den Interessen des ArbGeb durch die Klagefrist des § 4 KSchG hinreichend Rechnung getragen wird.

49 **e) Zulässigkeitserklärung.** Die Kündigung kann von der nach Landesrecht zuständigen Behörde bei Vorliegen eines besonderen Grundes für zulässig erklärt werden (ausführlich hierzu *Wiebauer* BB 13, 1784). Nach den Allgemeinen Verwaltungsvorschriften zu § 18 Abs 1 S 6 BEEG liegt ein besonderer Grund beispielhaft vor bei: Betriebsstilllegung, Stilllegung der Betriebsabteilung ohne Weiterbeschäftigungsmöglichkeit, Verlagerungen von Betrieb oder Betriebsabteilung, Ablehnung einer zumutbaren Weiterbeschäftigung. Die Behörde muss prüfen, ob eine Beschäftigungsmöglichkeit endgültig entfällt. Ein Einsatz des ArbN nach seiner Rückkehr aus der Elternzeit muss ausgeschlossen sein (BVerwG 27.3.09 – 7 K 4198/08, BeckRS 2009, 34813). Die Behörde kann die Kündigung mit dem Vorbehalt zulassen, dass die (vom ArbGeb behauptete) Stilllegung vorliegt und kein Betriebsübergang. Insoweit handelt es sich um einen „vorsorglichen" **Verwaltungsakt,** mit dem die Behörde zum Ausdruck bringt, dass die Zulässigkeitserklärung nur dann Wirkung entfaltet, wenn das ArbG im Streitfall nicht rechtskräftig das Vorliegen eines Betriebsübergangs feststellt (BAG 18.10.12 – 6 AZR 41/11, NZA 13, 1007; 22.6.11 – 8 AZR 107/10, NZA 12, 119). Die Gerichte sind an den **Verwaltungsakt** – vorbehaltlich der Nichtigkeit – gebunden. Der ArbGeb kann bereits vor Bestandskraft kündigen (BAG 17.6.03 – 2 AZR 245/02, NZA 03, 1329 zu § 9 MuSchG). Gegenläufig muss die Kündigung auch nicht innerhalb einer bestimmten Frist ab Zustellung der Zulässigkeitserklärung ausgesprochen werden (BAG 22.6.11 – 8 AZR 107/10, NZA 12, 119). Zur gebotenen Einstellung des Verfahrens nach § 18 Abs 1 S 2 BEEG bei gleichzeitiger Betreibung des Verfahrens nach § 9 Abs 3 S 1 MuSchG (§ 17 Abs 2 MuSchG nF): VG Darmstadt 26.1.12 – 5 K 1830/11 DA, BeckRS 2012, 335216 m zust Anm *Brodtrück* ArbRAktuell 12, 412.

Kündigungsschutzrechtlich ist die ordentliche Kündigung wegen Betriebsstilllegung regelmäßig sozial gerechtfertigt. Eine längere Auslauffrist – etwa zum Ende der Elternzeit – braucht der ArbGeb nicht einzuhalten (BAG 20.1.05 – 2 AZR 500/03, NZA 05, 687). Dem entspricht die Rspr des BVerwG. Danach handelt die zuständige Behörde ermessensfehlerhaft, wenn sie eine (berechtigte) betriebsbedingte Kündigung erst zum Ende der Elternzeit zulässt (BVerwG 30.9.09 – 5 C 32.08, NJW 10, 2074). Nach LAG Nds (4.10.15 – 16 Sa 281/15, BeckRS 2015, 73489) kann eine betriebsbedingte Kündigung trotz Wegfalls der Beschäftigungsmöglichkeit sozial ungerechtfertigt sein, wenn nicht ausgeschlossen werden kann, dass sich zum Ende der Elternzeit eine neue Beschäftigungsmöglichkeit ergibt. Der **Insolvenzverwalter** kann mit der Frist des § 113 S 2 InsO kündigen, auch wenn dem ArbN, der Elternzeit in Anspruch nimmt, durch die abgekürzte Kündigungsfrist sozialversicherungsrechtliche Nachteile entstehen (BAG 27.2.14 – 6 AZR 301/12, NZI 14, 467).

Für die Annahme eines besonderen Falles bei **verhaltensbedingten Kündigungen** werden schwere Pflichtverstöße des in Elternzeit befindlichen ArbN vorausgesetzt, wie dies etwa bei betriebsbezogenen Straftaten oder beharrlich wiederholten, schwerwiegenden Verletzungen arbeitsvertraglicher Pflichten angenommen werden kann. Nicht jeder wichtige Grund iSd § 626 BGB reicht hierzu aus. Auch der Verdacht einer Straftat genügt nicht (OVG NRW 13.6.13 – 12 A 1659/12, BeckRS 2013, 53084).

50 **f) Klagefrist.** Nach § 4 Satz 1 KSchG ist jede schriftliche Kündigung innerhalb von drei Wochen nach Zugang beim ArbN anzugreifen. Bedarf die Kündigung der Zustimmung einer Behörde, läuft die Frist erst ab der Bekanntgabe der behördlichen Entscheidung an den ArbN. Die Frist läuft auch dann nicht, wenn der ArbGeb die Zulässigerklärung gar nicht beantragt hat (BAG 3.7.03 – 2 AZR 487/02, NZA 03, 1335 zu dem inhaltsgleichen § 113 InsO). Der ArbN kann die Unwirksamkeit der Kündigung wegen fehlender behörd-

licher Zulassung dann bis zur Grenze der Verwirkung im (nicht innerhalb von drei Wochen nach Kündigungszugang) eingeleiteten Rechtsstreit geltend machen. Zum Tatbestand der Verwirkung BAG 25.3.04 – 2 AZR 295/03, NZA 04, 1064 (LS).

**10. Sonderkündigungsrecht.** Im Interesse einer nahtlosen Betreuung des Kindes kann der ArbN das Arbeitsverhältnis zum Ende der Elternzeit mit einer Frist von drei Monaten kündigen (§ 19 BEEG). Die Frist berechnet sich nach §§ 187 Abs 2, 188 Abs 2 Satz 1 BGB: Die Kündigung muss dem ArbGeb einen Tag vor dem Tag zugehen, der in seiner Benennung dem Ende der Elternzeit entspricht (Ende: 14.4., Zugang: 13.1.). Unberührt bleibt das Recht des ArbN zur Kündigung nach den gesetzlichen oder vereinbarten Fristen. Der ArbGeb darf an die Sonderkündigung keine nachteiligen Folgen knüpfen (Wegfall von Zinsvergünstigungen: BAG 16.10.91 – 5 AZR 35/91, DB 92, 1000; LAG Düsseldorf 29.11.90 – 5 Sa 1200/90, DB 91, 813). **51**

**11. Ersatzeinstellung. a) Befristungsgrund.** Für die Dauer der Beschäftigungsverbote nach dem MuSchG, der gesetzlichen Elternzeit, Freistellungen zur Kindesbetreuung aufgrund Tarifvertrag, Betriebsvereinbarung oder Einzelarbeitsvertrag können ArbN befristet als Vertretung eingestellt werden, und zwar für die gesamte Zeit oder für Teile davon (§ 21 Abs 1 BEEG). Eine gesonderte Wirksamkeitskontrolle nach dem TzBfG entfällt (§ 23 TzBfG; *Befristetes Arbeitsverhältnis*). Entscheidend ist der konkrete Vertretungsbedarf. Eine „Ringvertretung" kann genügen. Zusammenfassend zu den Voraussetzungen einer zulässigen Befristung wegen Vertretung BAG 15.2.06 – 7 AZR 232/05, NZA 06, 781). Die Entscheidung kann auch für § 21 BEEG fruchtbar gemacht werden: Die Ersatzeinstellung muss durch den (vorübergehenden) Ausfall der Stammkraft verursacht sein. Eine sog mittelbare Vertretung genügt. Bei ihr werden die Aufgaben der Stammkraft ganz oder teilweise anderen ArbN übertragen, deren Aufgaben wiederum von der Ersatzkraft erledigt werden. Ausreichend ist auch, wenn die Ersatzkraft (andere) Aufgaben übernimmt, die der Stammkraft bei ihrer Rückkehr tatsächlich und rechtlich übertragen werden können. Der ArbGeb ist nicht verpflichtet, eine Prognose über mögliche künftige Vertretungsfälle infolge Mutterschutz oder Elternzeit anzustellen und braucht auch bei vorhersehbaren künftigem Bedarf keinen unbefristeten Arbeitsvertrag abzuschließen (LAG Köln 13.9.95 – 2 Sa 568/95, DB 96, 1144). Entscheidend ist, ob mit der Rückkehr des Elternzeitlers zu rechnen ist. Davon kann der ArbGeb grds ausgehen (BAG 9.7.97 – 7 AZR 806/95, ZTR 98, 41). Die Befristung ist nur dann unwirksam, wenn der Vertretene verbindlich erklärt hat, er werde seine Tätigkeit nicht wieder aufnehmen (BAG 2.7.03 – 7 AZR 529/02, NZA 04, 1055). Auch eine mehrmalige Befristung ist zulässig. Die Frist kann kalendermäßig bestimmt oder bestimmbar sein; eine **Zweckbefristung** genügt. Nicht notwendig ist zur wirksamen Befristung, dass die Stammkraft zum Zeitpunkt des Abschlusses des Arbeitsvertrags mit der Vertretungskraft bereits ein den Anforderungen des § 16 Abs 1 S 1 BEEG genügendes Elternzeitverlangen geäußert hat (BAG 9.9.15 – 7 AZR 148/15, NZA 16, 169). **52**

**b) Schriftform.** Der befristete Arbeitsvertrag bedarf der Schriftform (§ 14 Abs 4 TzBfG). Andernfalls ist die Befristungsabrede unwirksam. **53**

**c) Vorzeitige Beendigung.** Das befristete Arbeitsverhältnis kann unter Einhaltung einer Frist von drei Wochen gekündigt werden, wenn die Elternzeit ohne Zustimmung des ArbGeb beendet werden kann und der ArbN die vorzeitige Beendigung der Elternzeit dem ArbGeb mitgeteilt hat; die Kündigung ist frühestens zum Ende der Elternzeit möglich. Das KSchG gilt insoweit nicht (§ 21 Abs 4 und 5 BEEG). **54**

**d) Beschäftigtenzahl und Arbeitsplätze.** Kommt es bei der Anwendung arbeitsrechtlicher Gesetze oder Verordnungen auf die Zahl der beschäftigten ArbN oder die Zahl der Arbeitsplätze an, werden Elternzeitler oder Freigestellte nicht mitgezählt, wenn für sie ein Vertreter eingestellt ist. Ist dieser nicht einzuberechnen, wird der abwesende ArbN einbezogen (§ 21 Abs 7 BEEG). Damit wird sichergestellt, dass keine Doppelzählung erfolgt. Anwendungsbereiche: zB § 23 KSchG; §§ 9, 89, 99, 111 BetrVG. Ob dies auch gilt, wenn es aufgrund tariflicher Vorschriften auf die Anzahl der ArbN bzw der Arbeitsplätze ankommt, richtet sich nach dem jeweilig zu ermittelnden Sinn der Vorschrift (BAG 26.5.92 – 9 AZR 102/91, BB 92, 2149: Überforderungsschutz/Vorruhestand). § 21 Abs 7 BEEG ist nicht anzuwenden, wenn ArbN nur aus Anlass der Elternzeit eines ArbN unbefristet eingestellt werden (LAG Hamm 18.3.98 – 3 TaBV 42/98, BB 98, 1211; LAG RhPf 5.2.04 – 6 Sa **55**

1226/03, LAGReport 04, 305). Der Mitarbeiter, der den in Elternzeit befindlichen ArbN vertritt, muss aber nicht befristet mit dem Sachgrund des § 21 Abs 1 BEEG eingestellt worden sein. Vertritt er den abwesenden ArbN, egal auf welcher Rechtsgrundlage, findet keine Doppelzählung statt. Es genügt sogar, wenn der ArbN durch einen vorhandenen anderen ArbN vertreten wird (LAG Nürnberg 16.2.16 – 7 Sa 225/15, BeckRS 2016, 67373; LAG Hamm 21.4.16 – 17 Sa 106/16, BeckRS 2016, 71240). Ebenso soll es genügen, wenn ein unbefristet eingestellter ArbN die Elternzeitvertretung iSd § 21 Abs 7 BEEG übernimmt (LAG Chemnitz 21.9.16 – 8 Sa 291/16, BeckRS 2016, 111844).

56 **12. Rechtslage nach Elternzeit.** Mit Beendigung der Elternzeit tritt das Arbeitsverhältnis in vollem Umfang in Kraft, es sei denn, das Arbeitsverhältnis ist aufgrund Kündigung oder Aufhebungsvertrag beendet. Ein gesetzlicher Anspruch des Elternzeitlers auf Reduzierung seiner Arbeitszeit zur Harmonisierung von Arbeitsvertrags- und Familienpflichten kommt nach allgemeinem Recht in Betracht (→ *Teilzeitbeschäftigung* Rn 20–30). Teils bestehen tarifliche und betriebliche Regelungen. Es besteht kein Anspruch auf den früheren Arbeitsplatz. Der ArbGeb kann im Rahmen des ihm zustehenden Weisungsrechtes andere Arbeiten zuweisen (LAG SchlHol 5.4.01 – 4 Sa 497/00, FA 02, 179). Für einen bestimmten Zeitraum nach Ende der Elternzeit muss er aber zB hinsichtlich der Lage der Arbeitszeit auf die Interessen des „Rückkehrers" Rücksicht nehmen (LAG Nbg 8.3.99 – 6 Sa 259/97, ARSt 99, 122). Der EuGH hat nun in einer Entscheidung (EuGH 13.2.14 – C-512/11, NZA 14, 316) erwähnt, dass unionsrechtlich ein Anspruch auf Rückkehr an den früheren Arbeitsplatz, oder wenn dies nicht möglich ist, die Zuweisung einer gleichwertigen oder ähnlichen Arbeit gewährleistet ist.

57 **13. Mitbestimmungsrechte.** Der BRat kann bezogen auf die Lage der neuen Arbeitszeit nach § 87 Abs 1 Nr 2/3 BetrVG zu beteiligen sein; → *Arbeitszeit* Rn 36 ff. Wird dem ArbN im Wege der *Versetzung* ein anderer Arbeitsbereich zugewiesen, ist er nach § 99 BetrVG zu beteiligen (→ *Mitbestimmung, personelle Angelegenheiten* Rn 8–13 und → *Versetzung* Rn 12–22). Eine mitbestimmungspflichtige Einstellung iSv § 99 BetrVG hat das BAG für den Fall angenommen, dass der ArbN während der Elternzeit aufgrund einer nachträglichen Vereinbarung mit dem ArbGeb vorübergehend zur Aushilfe auf dem bisherigen Arbeitsplatz eingesetzt wird (BAG 28.4.98 – 1 ABR 63/97, DB 98, 2278; ebenso LAG Köln 18.4.12 – 3 TaBV 92/11, BeckRS 2012, 72668; dazu auch → *Teilzeitbeschäftigung* Rn 24 f). Für die Aufnahme der Teilzeittätigkeit während der Elternzeit gilt nichts anderes (LAG Köln 18.4.12 – 3 TaBV 92/11, BeckRS 2012, 72668). Beabsichtigt der ArbGeb den Arbeitsplatz eines in Elternzeit befindlichen ArbN unbefristet neu zu besetzen, so kann der BRat der Einstellung nach § 99 Abs 2 Nr 3 BetrVG ggf widersprechen (LAG BaWü 14.8.13 – 4 TaBV 4/13, NZA-RR 14, 73, nrkr).

## VI. Rechtsprechungs-ABC

58 **Arbeitsentgelt** einschließlich der Sachbezüge entfällt. Das gilt auch für alle anderen Vergütungen, die sich als Gegenleistung des ArbGeb für erbrachte Arbeit darstellen und mit denen auch kein weitergehender Zweck iSd Belohnung oder Förderung der Betriebstreue verfolgt wird (BAG 24.10.90 – 6 AZR156/89, DB 91, 446 zum einzelvertraglich vereinbarten 13. Gehalt; Abgrenzung zur Gratifikation).

59 **Arbeitsunfähigkeit** bei Beginn der Elternzeit verändert deren zeitliche Lage nicht; ein Anspruch auf Entgeltfortzahlung entfällt, da auch ohne Erkrankung ein Vergütungsanspruch nicht besteht (BAG 22.6.88 – 5 AZR 526/87, DB 88, 2365). Hat die ArbN während des Beschäftigungsverbots auf ihre Arbeitsunfähigkeit hingewiesen und erklärt, der Erziehungsurlaub werde erst nach Gesundung angetreten, soll für die sich an das Beschäftigungsverbot anschließende Zeit der AU Anspruch auf Entgeltfortzahlung bestehen. Das ist wohl nicht richtig, weil die ArbN nicht leistungswillig ist (zum *Annahmeverzug* BAG 19.5.04 – 5 AZR 434/03, NZA 04, 1064 [Ls]). Dagegen besteht Anspruch auf Entgeltfortzahlung im Krankheitsfall, wenn der ArbN während der Elternzeit arbeitsunfähig erkrankt und die Erkrankung über die Beendigung der Elternzeit hinaus andauert. Der 6-Wochenzeitraum beginnt

nach Wiederaufheben des Arbeitsverhältnisses (BAG 29.9.04 – 5 AZR 558/03, NZA 05, 225).

**Betriebliche Altersversorgung.** ArbGebBeiträge sind nicht zu entrichten. Der Lauf der Unverfallbarkeitsfrist gem § 1 BetrAVG und die Dauer der Betriebszugehörigkeit iSd § 2 BetrAVG werden nicht unterbrochen. Zulässig ist eine Regelung, die Elternzeit von Steigerungen der Anwartschaft ausnimmt; sie verstößt auch nicht gegen EU-Recht (BAG 15.2.94 – 3 AZR 708/93, DB 94, 1479; *Hoppach* DB 94, 1672). **60**

**Berufsbildungszeiten** verlängern sich um die Dauer der Elternzeit (§ 20 Abs 1 BErzGG). **61**

**Betriebsrat.** Das Amt des ArbN in Elternzeit besteht unverändert fort. Der ArbN kann daher auch an den Sitzungen des BRat teilnehmen; die hierdurch entstehenden Fahrtkosten zwischen Wohnung und Betrieb hat der ArbGeb nach § 40 Abs 1 BetrVG zu tragen (BAG 25.5.05 – 7 ABR 45/04, NZA 05, 1002). Daran ändern ein zwischenzeitlicher Umzug und deshalb längerer Anfahrweg des ArbN nichts (so schon LAG München 22.7.04 – 2 TaBV 5/04, NZA-RR 05, 29). Etwas anderes kann je nach gesetzlicher Regelung für die Personalratsmitgliedschaft gelten (vgl für NW: OVG NW 10.11.14 – 20 A 679/14.PVL, NZA-RR 15, 334 zum Verlust der Mitgliedschaft bei einer über sechs Monate andauernden Elternzeit). **62**

**Betriebsversammlung.** Die Zeit der Teilnahme ist nach § 44 Abs 2 BetrVG zu vergüten (BAG 31.5.89 – 7 AZR 574/88, DB 90, 793). **63**

**Bewährungszeiten/Stufenlaufzeit.** Die Anrechnung der Elternzeit auf Laufzeiten zur tariflichen Höherstufung oder -gruppierung bestimmt sich nach dem jeweiligen **Zweck** der Wartezeit. Anrechnung, wenn die Höherstufung nicht ausschließlich den mit einer tatsächlichen Tätigkeit verbundenen Qualifikationszuwachs ausgleichen soll (BAG 21.10.92 – 4 AZR 73/92, DB 93, 690). Keine Anrechnung, wenn die (höhere) Vergütung Erfahrungswissen honorieren soll (BAG 21.11.13 – 6 AZR 89/12 BeckRS 2014, 66052; 27.1.11 – 6 AZR 526/09, NZA 11, 1361; 21.5.08 – 5 AZR 187/07, NZA 08, 955). Dies stellt auch keine mittelbare Diskriminierung von Frauen dar (BAG 21.11.13 – 6 AZR 89/12, BeckRS 2014, 66052). § 23a S 2 Nr 4 S 2 lit d BAT verletzte das Benachteiligungsverbot des § 15 Abs 2 S 6 BEEG, soweit danach die Inanspruchnahme von Elternzeit unter Überschreitung einer Gesamtdauer von fünf Jahren zum Verlust der gesamten bis dahin zurückgelegten Bewährungszeit führte (BAG 12.4.16 – 6 AZR 731/13, BeckRS 2016, 69500). **64**

**Dienstwagen** sind auch dann an den ArbGeb zurückzugeben, wenn dem ArbN die Privatnutzung überlassen ist, vgl BAG 14.12.10 – 9 AZR 631/09, NZA 11, 569 zum vergleichbaren Fall des krankheitsbedingten Arbeitsausfalls ohne Entgeltanspruch. **65**

**Erholungsurlaub** → Rn 40 ff. **66**

**Gratifikationen/Jahressonderleistungen** können je nach Inhalt und Zweck der zugrunde liegenden Vereinbarung (Tarifvertrag, Betriebsvereinbarung oder Arbeitsvertrag) um Zeiten des Erziehungsurlaubs/der Elternzeit anteilig gekürzt werden. Weder das Maßregelungsverbot des § 612a BGB noch das Verbot der mittelbaren Diskriminierung verbieten entsprechende Regelungen (ständige Rspr BAG vgl 12.1.2000 – 10 AZR 840/98, NZA 2000, 944). Näheres zu Begriff und Abgrenzung der Sonderleistungen → *Einmalzahlungen* Rn 1. Eine Kürzungsmöglichkeit für Wehr- oder Ersatzdienstzeiten erfasst die Elternzeit nicht (BAG 24.3.93 – 10 AZR 160/92, DB 93, 2489). Fehlende Arbeitsleistung im gesamten Kj ist unbeachtlich, wenn nicht ausdrücklich eine Mindestarbeitsleistung vorausgesetzt wird (BAG 12.5.93 – 10 AZR 528/91, DB 93, 2339). **67**

**Hochschulrecht.** Nach § 2 Abs 5 Nr 3 WZVG verlängert sich im Einverständnis mit dem wissenschaftlichen Mitarbeiter die jeweilige Dauer eines befristeten Arbeitsvertrags um Zeiten einer Elternzeit. Das heißt, dass das befristete Arbeitsverhältnis über das vereinbarte Fristende hinaus zunächst für die in Anspruch genommene Elternzeit fortdauert und sich danach noch um die vor dem vereinbarten Fristende liegende Dauer der Elternzeit verlängert. Es erfolgt also mit dem Fristablauf keine Unterbrechung des Arbeitsverhältnisses (BAG 28.5.14 – 7 AZR 456/12, BeckRS 2014, 72270). Das erforderliche Einverständnis muss noch vor Ablauf des befristeten Vertrags vorliegen. **68**

**Karenzentschädigung.** Hat der ArbN während der Elternzeit in Teilzeit bei seinem ArbGeb gearbeitet und endet das Arbeitsverhältnis in dieser Zeit, soll sich die Karenzentschädigung (→ *Wettbewerbsverbot* Rn 31) nach der Teilzeitvergütung richten (BAG 22.10.08 – 10 AZR 360/08, NZA 09, 962). **69**

70 **Kündigungsschutz** iSd § 1 KSchG knüpft an den rechtlichen Bestand des Arbeitsverhältnisses, sodass die Wartezeit durch die Elternzeit nicht unterbrochen wird. Wird der/die ArbN in Elternzeit im Rahmen eines Massenentlassungsverfahrens gekündigt und geht die Kündigung nur deswegen außerhalb des 30-Tage-Zeitraums des § 17 Abs 1 S 1 KSchG zu, weil zunächst das Verfahren nach § 18 Abs 2 S 4 BEEG durchzuführen war, ist die Kündigung so zu behandeln, als gelten für sie die Regeln des Massenentlassungsschutzes (BVerfG 8.6.16 – 1 BvR 3634/13, NZA 16, 939). Das BAG hat im Anschluss hieran entschieden, dass bei ArbN in Elternzeit die Entlassung iSd § 17 KSchG bereits der Eingang des Antrags auf Zustimmung zur Kündigung bei der zuständigen Behörde ist (BAG 26.1.17 – 6 AZR 442/16, NZA 17, 577).

71 **Lohnabsicherung.** Zeiten der Elternzeit können berücksichtigt werden, wenn der bisherige Lohn wegen der Umstellung von Leistungs- auf Zeitlohn nur für die Dauer von zwölf Monaten gesichert wird (LAG Bln 14.11.03 – 13 Sa 1382/03, LAGReport 04, 190).

72 **Mutterschutz.** Die wegen eines anderen Kindes laufende Elternzeit wird durch eine neuerliche Schwangerschaft/Geburt eines weiteren Kindes und die hierfür nach § 3 Abs 2 und § 6 Abs 1 MuSchG geltenden Beschäftigungsverbote nicht unterbrochen (BAG 15.4.03 – 9 AZR 137/02, NZA 04, 47 zur Kürzung von Urlaubsgeld). Ansprüche auf Mutterschutzlohn scheiden schon deshalb aus, weil der Verdienstausfall nicht auf dem Beschäftigungsverbot, sondern auf der Elternzeit beruht. Dies stellt § 14 Abs 4 MuSchG für den Zuschuss zum Mutterschaftsgeld ausdrücklich klar. Allerdings kann die ArbN nach der seit dem 16.9.12 geltenden Fassung des § 16 Abs 3 S 3 BEEG ihre Elternzeit zur Inanspruchnahme neuerlicher Mutterschutzzeiten vorzeitig ohne Zustimmung des ArbGeb beenden.

73 **Sozialplan.** Haben die Betriebsparteien in einem Sozialplan für die Höhe der Abfindung auch auf die Dauer der Beschäftigung abgestellt, verstößt es gegen die Grundsätze von Recht und Billigkeit (§ 75 BetrVG), wenn sie davon Zeiten der Elternzeit ausnehmen (BAG 12.11.02 – 1 AZR 58/02, NZA 03, 1287; 21.10.03 – 1 AZR 407/02, NZA 04, 559 zum Umfang der finanziell hinzunehmenden Belastung des ArbGeb). Ob diese Rspr auf einen vom betriebsratlosen ArbGeb freiwillig erstellten „Sozialplan" anzuwenden ist, ist höchstrichterlich nicht entschieden. Die Teilzeittätigkeit während der Elternzeit darf nicht zu einer geringeren Bemessung von Sozialplansprüchen führen als bei ArbN in Elternzeit, die überhaupt nicht tätig werden (BAG 15.5.18 – 1 AZR 20/17, NZA 18, 1098; ähnlich nun zu einem gesetzlichen Anspruch auf Zahlung einer Entlassungsentschädigung nach belgischem Recht EuGH 27.2.14 – C-588/12, NZA 14, 395). Nach Auffassung des BAG (5.5.15 – 1 AZR 826/13, BeckRS 2015, 71662) ist jedenfalls eine Gleichbehandlung von Elternzeitbeschäftigten und sonstigen Teilzeitbeschäftigten bei der Bemessung der Sozialplanabfindung nicht grds geboten.

74 **Übergangsgeld.** Elternzeit/Erziehungsurlaub entspricht der Beurlaubung iSv § 63 Abs 3 Satz 1 BAT und berechtigt zur zeitanteiligen Kürzung (BAG 21.2.91 – 6 AZR 406/89, NZA 91, 595; 10.11.94 – 6 AZR 486/97, NZA 95, 693).

75 **Unbezahlter Urlaub.** Elternzeit ist nicht gleichzustellen (BAG 26.11.03 – 4 AZR 693/02, ZTR 04, 426).

76 **Urlaubsgeld.** Nach BAG 6.9.94 – 9 AZR 92/93, DB 95, 936 steht dem Elternzeitler nach dem TVEinzelhandel Hess das ungekürzte Urlaubsgeld auch dann zu, wenn der ArbGeb den Erholungsurlaub wegen der Elternzeit zu Recht kürzt (→ Rn 22). Der Anspruch kann bei ganzjährigem Erziehungsurlaub entfallen; entscheidend ist die jeweils zugrunde liegende Regelung (BAG 14.8.96 – 10 AZR 70/96, DB 97, 234; 18.3.97 – 9 AZR 84/96, NZA 97, 1168; 11.4.2000 – 9 AZR 225/99, NZA 01, 512). Hätte der ArbN, der während der Elternzeit vollständig mit der Arbeit aussetzt, Anspruch auf das volle Urlaubsgeld, so gilt das auch dann, wenn er mit verringerter Arbeitszeit weiter arbeitet (BAG 19.3.02 – 9 AZR 29/01, AP BAT § 22 Urlaubsgeld Nr 2).

77 **Vermögenswirksame Leistungen** entfallen idR wegen ihres Entgeltcharakters, es sei denn, die Auslegung der zugrunde liegenden Bestimmung ergibt, dass sie auch bei einer Freistellung von der Arbeit zu gewähren sind.

78 **Wohnung.** Hat der ArbN eine Wohnung mietzinsfrei oder verbilligt erhalten, kann der ArbGeb das Nutzungsverhältnis nicht wegen des Erziehungsurlaubs/Elternzeit kündigen. Für seine Dauer ist der übliche Mietzins zu entrichten.

**Zeugnis.** Nach LAG Hess (19.2.04 – 11 Sa 734/03, BeckRS 2004, 30991317) darf Elternzeit im Zeugnis dann erwähnt werden, wenn die tatsächliche Unterbrechung zwei Drittel (33 von 50 Monaten) der Gesamtdauer des Arbeitsverhältnisses ausmacht. Das BAG hat das Urt bestätigt (10.5.05 – 9 AZR 261/04, NZA 05, 1237). Die Elternzeit darf auch angegeben werden, wenn der ArbN vor der Beendigung des Arbeitsverhältnisses mehr als ein Jahr ausfiel und es nach dem Berufsbild (Software-Entwickler) auf den aktuellen Wissensstand im praktizierten Beruf ankommt (LAG Köln 4.5.12 – 4 Sa 114/12, NZA-RR 12, 563). 79

**VII. Muster.** S Online-Musterformular *„M23.1 Elternteilzeitvereinbarung"*. 80

## B. Lohnsteuerrecht *Thomas*

Wird trotz der Elternzeit freiwillig Lohn weiter entrichtet, so unterliegt er auch dem LStAbzug. Da die Dienstpflicht nur ruht, handelt es sich nicht um Versorgungsbezüge (§ 19 Abs 2 Satz 2 EStG). Erfolgen nur Sachbezüge, zB KfzGestellung oder Wohnverbilligung, muss der ArbN dem ArbGeb die Mittel für die LStAbführung zur Verfügung stellen (→ *Lohnabzugsverfahren* Rn 26). Andernfalls muss der ArbGeb dem FA das Vorliegen unzulänglichen Barlohns anzeigen (BFH 9.10.02 – VI R 112/99, DStR 02, 2167). 81

Bei Teilzeitbeschäftigung (→ Rn 20 ff) kann, wenn die Grenzen des § 40a Abs 2 EStG nicht überschritten werden (→ *Geringfügige Beschäftigung* Rn 20 ff), mit abgeltender Wirkung pauschaliert werden (BFH 27.7.90, BStBl II 90, 931), wobei ein freiwillig weiter entrichteter Lohn aber in die Pauschalierungsgrenzen einzubeziehen ist. Der Übergang vom LStRegelabzug zur Pauschalierung im laufenden Jahr dürfte in diesem Fall nicht missbräuchlich sein (dazu BFH 20.12.91, BStBl II 92, 695). Dieser Übergang empfiehlt sich vor allem dann, wenn im Verlaufe des Jahres ein LStRegelabzug, mit dem die diesbezüglichen Freibeträge ausgeschöpft werden, schon stattgefunden hat oder noch stattfinden wird. Ein Pauschalierungsverbot nach § 40a Abs 4 Nr 2 EStG greift nicht ein, weil es nur eine nach (und nicht neben) der Haupttätigkeit ausgeübte Nebentätigkeit betrifft. Zur Steuerbefreiung des § 3 Nr 39 EStG bei geringfügiger Beschäftigung vgl BFH 26.3.02 – VI B 1/02 (DStR 02, 758; *Kanzler* FR 02, 684) und BFH 29.5.08 – VI R 57/05, DStRE 08, 1050. Kindergeldrechtlich ist Elternzeit der Berufsausbildung nicht gleichgestellt (BFH 15.7.03 – VIII R 47/02, BStBl II 03 848 mit kritischer Anm *Greite* FR 03, 1292; BFH 14.10.03 – VIII R 56/01, DStRE 04, 88). 82

Aufwendungen während der Elternzeit, die dazu dienen, berufliche Qualifikationen zu erhalten, sind vorab entstandene Werbungskosten (BFH 22.7.03 – VI R 50/02, DStR 03, 1612). Wird dabei ein häusliches Arbeitszimmer benutzt, ist hinsichtlich der Abzugsbeschränkungen des § 4 Abs 5 Satz 1 Nr 6b EStG darauf abzustellen, unter welchen Verhältnissen die spätere berufliche Tätigkeit ausgeübt werden wird (BFH 2.12.05 – VI R 63/03, DStRE 06, 391). Wird während der Elternzeit am bisherigen Arbeitsort eine Wohnung vorbehalten, die nicht anderweit benutzt wird, können deren Kosten beruflich veranlasst sein (FG BlnBbg 1.6.17 – 3 K 3278/14, DStRE 18, 454 Rev VI R 1/18). 83

## C. Sozialversicherungsrecht *Ruppelt*

**1. Allgemeines.** Die elternzeitrechtlichen Vorschriften des BEEG (§§ 15–21 BEEG) begründen einen **arbeitsrechtlichen** Anspruch der ArbN, welche Kinder selbst betreuen und erziehen, auf vollständige oder teilweise Freistellung von der Arbeit (Elternzeit). Der (Gestaltungs-) Anspruch ist gegenüber dem ArbGeb geltend zu machen. Zu den Voraussetzungen und zum Umfang der Elternzeit → Rn 2 ff. Der durch die Freistellung eintretende Einkommensverlust kann durch die **sozialrechtliche** Entgeltersatzleistung Elterngeld bzw Elterngeld plus zT ausgeglichen werden (→ *Elterngeld* Rn 11 ff). 84

**2. Krankenversicherung.** Die Mitgliedschaft Versicherungspflichtiger in der gesetzlichen KV bleibt erhalten, solange Elternzeit in Anspruch genommen oder Elterngeld bezogen wird (§ 192 Abs 1 Nr 2 SGB V). Voraussetzung ist das **Bestehen einer Pflichtmitgliedschaft** in der gesetzlichen KV vor Eintritt des Erhaltungstatbestandes. Grds kommen alle Tatbestände, die eine Pflichtmitgliedschaft in der gesetzlichen KV auslösen, in Betracht (→ *Krankenversicherungspflicht* Rn 3 ff). IdR wird jedoch die Mitgliedschaft aus einem entgeltlichen Beschäftigungsverhältnis erhalten bleiben, weil der Anspruch auf Eltern- 85 zeit das Bestehen eines solchen voraussetzt (→ Rn 2). Die erhaltene Mitgliedschaft ist trotz Beitragsfreiheit (§ 224 Abs 1 SGB V) eine vollwertige Pflichtmitgliedschaft. Während der Schwangerschaft bleibt die Mitgliedschaft Versicherungspflichtiger auch erhalten, wenn das Beschäftigungsverhältnis vom ArbGeb zulässig aufgelöst oder das Mitglied unter Wegfall des Arbeitsentgelts beurlaubt worden ist (§ 192 Abs 2 SGB V). Nach § 49 Abs 1 Nr 2 Hs 1 SGB V ruht der Anspruch auf **Krankengeld,** solange Versicherte Elternzeit nach BEEG in Anspruch nehmen, es sei denn die AU ist vor Beginn der Elternzeit eingetreten (LSG BlnBbg 10.12.14 – L 9 KR 323/12, BeckRS 2015, 65137).

**86** Die Versicherung von **Familienangehörigen** nach § 10 SGB V (→ *Familienversicherung* Rn 5 ff) ist keine Mitgliedschaft Versicherungspflichtiger iSd § 192 SGB V. Gleiches gilt für eine freiwillige Mitgliedschaft **Versicherungsberechtigter** nach § 9 SGB V, die aber durch die Inanspruchnahme von Elternzeit ohnehin nicht beendet wird. Die Mitgliedschaft Versicherungspflichtiger bleibt während der Inanspruchnahme der Elternzeit lediglich erhalten, so dass die Elternzeit unmittelbar an die Pflichtmitgliedschaft anschließen muss. Die **Begründung** einer Mitgliedschaft in der gesetzlichen KV ist durch Elternzeit nicht möglich.

**87** **3. Rentenversicherung.** Unabhängig von der Inanspruchnahme von Elternzeit/Elterngeld nach dem BEEG gelten **Kindererziehungszeiten** im Inland nach § 56 SGB VI als Pflichtbeitragszeiten in der gesetzlichen RV. Dadurch soll allen Müttern – oder Vätern – der Aufbau von Rentenanwartschaften ermöglicht werden, wenn sie wegen der Kindererziehung keiner Erwerbstätigkeit nachgehen konnten. Die Zeiten wirken anspruchsbegründend und anspruchserhöhend. Den Berechtigten können für **Geburten ab 1.1.92** bis zu 36 Monate Kindererziehungszeiten angerechnet werden (→ *Kindervergünstigungen* Rn 51 ff). Die Anrechnung und Gutschrift erfolgt **ohne weitere versicherungsrechtliche Voraussetzungen,** dh eine vor- oder nachbestehende RVPflicht oder RVBerechtigung der Begünstigten ist nicht erforderlich. Treffen Kindererziehungszeiten mit Beitragszeiten zusammen, ist die Summe der Entgeltpunkte aus Beitragszeiten und Kindererziehungszeiten durch die Beitragsbemessungsgrenze begrenzt. Um diese einzuhalten, werden die Entgeltpunkte für Kindererziehungszeiten gegebenenfalls gemindert. Dies kann zur völligen Nichtberücksichtigung der Kindererziehungszeit führen (LSGSachs 25.10.18 – 4R 321/17, BeckRS 2018, 38056). Durch das **RV-Leistungsverbesserungs- und -Stabilisierungsgesetz** vom 28.11.18 (BGBl I 2018, 2016) wurde der Umfang anrechenbarer Kindererziehungszeiten für **vor 1992 geborene Kinder** (sog Mütterrente) für Rentenneuzugänge ab 2019 um 6 Monate auf 30 Monate (nochmals) erhöht (§ 249 Abs 1 SGB VI). Für Bestandsrenten sowie für die auf eine Bestandsrente folgende Rente, die die Voraussetzungen des § 88 Abs 1 u 2 SGB VI erfüllt, erfolgt eine vergleichbare Rentenerhöhung in pauschalisierter Form nach Maßgabe von § 307d SGB VI. Damit profitieren zunächst vor allem Ältere von den Leistungssteigerungen. S → *Rentenversicherungsrechtliche Zeiten* Rn 14; → *Kindervergünstigungen* Rn 51.

**88** Die Kindererziehungszeit ist dem Elternteil zuzuordnen, der das Kind erzogen hat. Haben die Eltern ihr Kind gemeinsam erzogen, können sie durch eine übereinstimmende Erklärung bestimmen, welchem Elternteil die Erziehungszeit zuzuordnen ist (§ 56 Abs 2 SGB VI). Eine „doppelte" Zuordnung in vollem Umfang sowohl zur Mutter als auch zum Vater ist rentenrechtlich nicht möglich (LSGThür 10.1.19 – L 2 R 760/17, BeckRS 2019, 6649). Sinnvoll ist idR die Zuordnung auf denjenigen Elternteil, der die Elternzeit in Anspruch nimmt, da der andere Elternteil durch Erwerbstätigkeit weiter Rentenanwartschaften erwerben kann. Von der Anrechnung ausgeschlossen sind ua Elternteile, die rentenversicherungsfrei oder von der RVpflicht befreit sind. Das sind in erster Linie Beamte und ihnen gleichgestellte Personen (§ 56 Abs 4 SGB VI).

# Entgeltabtretung

## A. Arbeitsrecht

*Griese*

**1** **1. Begriff.** Die Abtretung ist ein Verfügungsgeschäft. Mit der Entgeltabtretung verfügt der ArbN **rechtsgeschäftlich** über seine Vergütungsansprüche. Es bedarf dazu eines Rechtsgeschäfts zwischen dem ArbN (Zedenten) und dem neuen Gläubiger (Zessionar).

Die Entgeltabtretung hat große Bedeutung durch die Kreditwirtschaft. Banken, Versandhäuser und Einzelhandelsgeschäfte lassen sich zur Sicherung ihrer Darlehenszurückzahlungs- bzw Kaufpreisforderungen von ihren Kunden deren Entgeltansprüche abtreten.

**2. Voraussetzungen der Entgeltabtretung.** Die Abtretung von Entgeltforderungen ist grds zulässig. Da die Abtretung künftig fällig werdender Forderungen möglich ist (Vorausabtretung), können künftig fällig werdende Vergütungsansprüche abgetreten werden. Die Abtretung setzt einen Vertrag zwischen dem ArbN und dem neuen Gläubiger voraus. Dabei sind folgende Umstände zu beachten: 2

**a) Bestimmtheit** bzw **Bestimmbarkeit der Forderung.** Ein Abtretungsvertrag ist nur wirksam, wenn die abgetretene Forderung ausreichend bestimmt bzw bestimmbar ist. Es muss im Voraus feststehen bzw eindeutig bestimmbar sein, welche Forderung in welcher Höhe abgetreten worden ist. Bedeutung hat dies vor allem für die **Sicherungsabtretung,** mit der der Kreditnehmer oder Ratenkäufer seine zukünftigen Lohn- und Gehaltsansprüche zur Sicherung abtritt. Hier muss insbes klargestellt sein, wegen **welcher Forderungen** die Sicherungsabtretung erfolgt. Aus der Abtretungsvereinbarung muss hervorgehen, ob die Abtretung zur Sicherung einer Forderung aus einem Kredit- oder Ratenkreditvertrag oder zur Sicherung aller Forderungen des Kreditinstituts oder des Verkäufers erfolgt; lässt eine Abtretungsformulierung dies nicht mit ausreichender Klarheit erkennen, ist die Abtretung **mangels Bestimmtheit unwirksam** (BGH 22.6.89 – III ZR 72/88, NJW 89, 2383). Auch wenn für einen Entgeltabtretungsvertrag kein konstitutives Schriftformerfordernis besteht, wird die Bestimmtheit in aller Regel nur durch einen **schriftlichen Vertrag** zu gewährleisten sein. Es spricht im Übrigen viel dafür, dass die Auszahlung eines Teils der Vergütung an einen Dritten Teil der **nachweispflichtigen Regelung über das Arbeitsentgelt** (§ 2 Abs 1 Nr 6 NachwG: Zusammensetzung, Höhe und Fälligkeit des Arbeitsentgelts) ist. 3

Eine formularmäßige Abtretung zukünftiger Entgeltansprüche erfasst nicht ohne Weiteres **Abfindungsansprüche** (LAG Köln 27.3.06 – 14 (9) Sa 1335/05, NZA-RR 06, 365). Erstreckt sich die Abtretungserklärung ausdrücklich auf Abfindungen, bleibt diese gem § 114 Abs 1 InsO („Bezüge aus dem Dienstverhältnis") in der Insolvenz wirksam (BGH 11.5.10 – IX ZR 139/09, NZA-RR 2010, 425).

**b) Verbot der Übersicherung.** Die Entgeltabtretung darf nicht zu einer **Übersicherung** des Kreditgebers führen. Eine solche Übersicherung hat die Unwirksamkeit der Abtretung nach § 138 BGB wegen Verstoßes gegen die guten Sitten zur Folge. Eine solche sittenwidrige Übersicherung dürfte anzunehmen sein, wenn der Kreditgeber bereits über andere effektive Sicherungsmittel (zB Eigentumsvorbehalt, Grundschuld) verfügt und ein krasses Missverhältnis zwischen zu sichernder und abgetretener Forderung besteht. Eine Abtretung ist ferner dann **sittenwidrig** gem § 138 BGB, wenn der ArbN damit in eine Mithaftung für die Verbindlichkeit eines Ehepartners oder Lebensgefährten genommen wird und sich damit möglicherweise bis zum Lebensende wirtschaftlich ruiniert (BGH 25.1.05 – XI ZR 325/03, NJW 05, 973). 4

**c) Keine unangemessene Benachteiligung nach § 307 BGB.** Ist eine Entgeltabtretung in **Allgemeinen Geschäftsbedingungen** als **Formularklausel** enthalten, gelten zusätzlich die Beschränkungen der Inhaltskontrolle gem §§ 305 ff BGB, damit auch § 307 BGB. Danach sind Klauseln von den Gerichten daraufhin zu überprüfen, ob sie die Vertragspartei des Verwenders entgegen den Geboten von Treu und Glauben unangemessen benachteiligen. Eine unangemessene Benachteiligung ist im Zweifel anzunehmen, wenn die Bestimmung mit wesentlichen Grundgedanken der gesetzlichen Regelung, von der abgewichen wird, nicht vereinbar ist, oder wesentliche Rechte oder Pflichten, die sich aus der Natur des Vertrages ergeben, so einschränkt, dass die Erreichung des Vertragszwecks gefährdet ist. 5

An diesem gegenüber § 138 BGB wesentlichen **schärferen Maßstab der Inhaltskontrolle** hat der BGH bereits nach dem früheren AGB-Gesetz (Vorgängerregelung zu §§ 305 ff BGB) mit Recht eine Formularabtretung scheitern lassen, die keine zeitliche oder betragsmäßige Begrenzung der Entgeltabtretung enthielt (BGH 22.6.89 – III ZR 72/88, NJW 89, 2383). Darüber hinaus hat der BGH gefordert, dass eine Formularabtretung der Tatsache, dass das Sicherungsinteresse mit fortschreitender Tilgung abnimmt, durch eine **geeignete Freigabeklausel** Rechnung zu tragen hat, und dass eine Übersicherung ebenfalls zur Unwirksamkeit der Lohnabtretung führt. Gleiches gilt für **AGB von Banken** 6

(Schutz des Kreditnehmers vor **unangemessener Übersicherung** BGH 7.7.92 – XI ZR 274/91, NJW 92, 2626).

7 Eine weitere unangemessene Benachteiligung liegt darin, dass die **Offenlegung und Verwertung** der Entgeltabtretung an keinerlei einschränkende Voraussetzungen gebunden ist (BGH 7.7.92 – XI ZR 274/91, NJW 92, 2626: ebenso *Kohte* BB 89, 2259). Eine Formularabtretungsklausel zur Kreditsicherung muss insoweit die Grenzen des Verbraucherkreditschutzrechts (§ 498 BGB) berücksichtigen und aufnehmen. Danach ist eine Gesamtfälligstellung eines Kredits erst möglich, wenn der Kreditgeber mit mindestens zwei Teilzahlungen ganz oder mit 10% der Kreditsumme (bei Laufzeiten über drei Jahre 5% der Kreditsumme) in Verzug ist und der Kreditgeber erfolglos eine zweiwöchige Frist zum Ausgleich der rückständigen Beträge unter Hinweis auf die weiteren Folgen des Zahlungsverzuges gesetzt hat. Diese Grenzen sind auch für die Offenlegung und Verwertung der Lohnabtretung als Sicherungsmittel angemessen.

8 **d) Ausschluss der Abtretung unpfändbarer Forderungen.** Nach § 400 BGB kann eine Forderung nicht abgetreten werden, soweit sie der Pfändung nicht unterworfen ist. Für die Entgeltabtretung bedeutet dies, dass der **unpfändbare** Teil des Lohn- und Gehaltsanspruchs nicht abgetreten werden kann. Eine entgegenstehende Vereinbarung ist nach § 134 BGB nichtig, selbst wenn die unpfändbaren Einkommensbestandteile an den Vermieter zwecks Mietzahlung abgetreten waren (BAG 21.11.2000 – 9 AZR 692/99, NZA 01, 654). Formularabtretungsklauseln in Allgemeinen Geschäftsbedingungen müssen die Beschränkung auf den pfändbaren Teil ausdrücklich enthalten. Der unpfändbare und nicht abtretbare Teil des Arbeitseinkommens ist im Fall der Offenlegung und Verwertung der Entgeltabtretung anhand der Vorschriften der §§ 850ff ZPO und der hierzu als Anlage zu § 850c ZPO erlassenen Pfändungstabelle zu ermitteln (→ *Pfändung* Rn 20). Eine Erhöhung des unpfändbaren Teils der Bezüge nach § 850f Abs 1 ZPO ist in einem Rechtsstreit zwischen ArbN und ArbGeb nicht möglich, sondern kann nur vom Vollstreckungsgericht oder in einem Rechtsstreit zwischen ArbN und Abtretungsgläubiger vorgenommen werden (BAG 6.2.91 – 4 AZR 348/90, NJW 91, 2038). Erteilt ein ArbN zusammen mit einer Gehaltsabtretung zugunsten seines Darlehensgläubigers seinem ArbGeb den Auftrag, die laufenden Darlehensraten vom Gehalt zu überweisen, erstreckt sich dieser Auftrag von vorneherein nicht auf den unpfändbaren Teil des Gehalts. Führt der ArbGeb in diesem Fall auch den unpfändbaren Teil des Gehalts an den Darlehensgläubiger ab, ist dies gegenüber dem ArbN unwirksam mit der Folge, dass der ArbGeb den unpfändbaren Teil des Gehalts nochmals an den ArbN auszahlen muss (BAG 23.11.88 – 5 AZR 723/87, NJW 89, 1501).

9 **3. Abtretungsverbote.** Die Abtretbarkeit von Entgeltansprüchen kann nach § 399 BGB ausgeschlossen werden, auch in Allgemeinen Geschäftsbedingungen (BGH 13.7.06 – VII ZR 51/05, DB 06, 2345). Dies ist möglich durch einzelvertragliche Vereinbarung zwischen ArbN und ArbGeb, etwa im Arbeitsvertrag oder durch gesonderte vertragliche Festlegung. Möglich ist ferner, ein Abtretungsverbot für alle ArbN in einer Betriebsvereinbarung festzulegen, soweit es um Lohnansprüche geht, die nach Inkrafttreten der **Betriebsvereinbarung** bestehen. Dem BRat ist diesbezüglich gem § 87 Abs 1 Nr 4 BetrVG die Regelungsmacht zuzugestehen, den Ausschluss der Abtretbarkeit als **Entgeltsicherungsmaßnahme** mit Wirkung für alle ArbN zu vereinbaren (zweifelnd ErfK/*Preis* § 611a BGB Rn 462), denn es handelt sich um eine Modalität der Auszahlung der Arbeitsentgelte, die nicht in die Entgelthöhe zu Lasten des ArbN eingreift (anders als im Fall von in einer BV festgelegten Entgeltabzügen zB BAG 18.7.06 – 1 AZR 578/05, NZA 07,462). Schließlich können Tarifverträge Einschränkungen oder Verbote der Entgeltabtretung enthalten. Bspw bestimmt § 5 Ziff 12 des für allgemein verbindlich erklärten Bundesrahmentarifvertrages für das Baugewerbe, dass eine Abtretung von Lohnansprüchen nur mit Zustimmung des ArbGeb möglich ist. Ein tarifliches Entgeltabtretungsverbot ergreift alle Ansprüche, die nach Inkrafttreten des Tarifvertrages fällig werden (LAG Köln 27.3.06, NZA-RR 06, 383).

10 **4. Wirkungen der Entgeltabtretung. a) Unwirksame Abtretung.** Eine unwirksame Lohnabtretung entfaltet keine Wirkungen, der ArbGeb hat die Vergütung vollständig an den ArbN auszuzahlen. Zahlt er trotz unwirksamer Entgeltabtretung an den Zessionar, befreit ihn dies nicht von der Leistungspflicht an den ArbN. Bei nicht auf Fahrlässigkeit beruhender Unsicherheit über die Wirksamkeit der Abtretung bleibt ggf nach § 372 BGB die Möglich-

keit der Hinterlegung (*Kohte* BB 89, 2263). Hat sich der ArbGeb eine Abtretungsurkunde vorlegen lassen, gibt § 409 Abs 1 Satz 2 BGB dem ArbGeb die Möglichkeit, die Abtretung trotz ihrer Unwirksamkeit als wirksam zu behandeln. Mit Recht weist *Kohte* (BB 89, 2263) darauf hin, dass diese Vorschrift auf eine nicht gesondert unterschriebene, nur in den AGB enthaltene Formularabtretungsklausel nicht anwendbar ist. Sie ist ferner nicht anwendbar, wenn die Abtretung gegen ein gesetzliches Verbot verstößt (BAG 6.2.91 – 4 AZR 348/90, NJW 91, 2038).

**b) Wirksame Abtretung.** Ist die Abtretung wirksam, muss der ArbGeb nach Offenle- **11**
gung und Kenntniserlangung von der Abtretung den abgetretenen Teil der Vergütungsforderung an den Zessionar abführen, eine Leistung an den ArbN befreit ihn nicht mehr. Der Anspruch des Zessionars ist auf die aus der Bruttovergütung resultierende Nettovergütung abzüglich des unpfändbaren Teils zu richten. Der ArbGeb kann nach § 410 BGB die Auszahlung an den Zessionar von der **Vorlegung einer Abtretungsurkunde** abhängig machen. Der ArbGeb kann dem Abtretungsgläubiger gem § 404 BGB alle Einwendungen entgegensetzen, die er gegenüber dem Gehaltsanspruch des ArbN gehabt hätte, zB Verfall, Verzicht oder mit Schadensersatzansprüchen aufrechnen.

**Trifft eine Entgeltabtretung mit einer Gehaltspfändung** (→ *Pfändung* Rn 33) **zu- 12**
**sammen,** gilt der Grundsatz der **zeitlichen Priorität.** Dabei kommt es bei der Entgeltabtretung nicht darauf an, wann sie offen gelegt wurde, sondern wann sie tatsächlich erfolgte. Ist dies vor der Pfändung geschehen, ist die Abtretung ab dem Zeitpunkt der Offenlegung zuerst zu bedienen. Die Mehrarbeit, die dem ArbGeb durch die Bearbeitung von Entgeltabtretungen entsteht, ist nicht erstattungsfähig und berechtigt auch nicht zu Sanktionen oder einer Kündigung des ArbN (Pfändung s BAG 18.7.06 – 1 AZR 578/05, BB 07, 221). Der ArbGeb kann dies nur durch die Vereinbarung von **Abtretungsverboten** vermeiden.

### B. Lohnsteuerrecht *Seidel*

Die **Abtretung** des Anspruchs auf Arbeitslohn ist zwar zivilrechtlicher Natur (§ 398 **13**
BGB), umfasst allerdings idR auch etwaige spätere **Lohnsteuererstattungsansprüche** an das FA (weiterhin BFH 4.12.79, BStBl II 80, 488) und stellt grds die persönliche Zurechnung nicht in Frage. Mit dem Zufluss der abgetretenen Forderung beim neuen Gläubiger ist sie dem alten Gläubiger (ArbN) zuzurechnen (*Schmidt/Krüger* § 11 Rn 50 Abtretung und führt bei diesem aufgrund des Lohnzuflusses (→ *Lohnzufluss* Rn 6: Abtretung) zur Entstehung der LSt (§ 38 Abs 2 Satz 2 EStG), die der ArbGeb mit der Zahlung an den neuen Gläubiger wie bei einer direkten Zahlung an den ArbN zu berechnen und einzubehalten hat. Steuerrechtlich ergeben sich keine Unterschiede, dh die einbehaltene LSt ist bei der EStVeranlagung des ArbN anzurechnen und der ArbGeb hat sowohl den abgetretenen Lohnteil als auch die einbehaltene LSt wie üblich in die LStBescheinigung (→ *Lohnsteuerbescheinigung* Rn 17, 18) einzutragen. Die generelle Abtretung des **Einkommensteuererstattungsanspruchs** des ArbN an den ArbGeb ist jedoch aufgrund der Unzulässigkeit des geschäftsmäßigen Erwerbs von Erstattungsansprüchen (§ 46 Abs 4 Satz 1 AO) unwirksam. Dies gilt auch, wenn der Anspruch aufgrund eines nach ausländischem Recht zu beurteilenden Arbeitsvertrags (Nettolohn) dem ArbGeb zusteht (weiterhin BFH 4.2.99 – VII R 112/97, BStBl II 99, 430). Zur Rückforderung der erstatteten LSt vom Abtretenden bzw vom Abtretungsempfänger s § 37 Abs 2 AO und FG Bln 14.5.04 – 3 K 3425/02, DStRE 05, 911.

Mit der hM ist von der Entstehung der LSt bei Zahlung an den neuen Gläubiger auch für **14**
den Fall auszugehen, dass die **Lohnabtretung vor der Entstehung des Lohnanspruchs entgeltlich** erfolgt, so dass nicht das Abtretungsentgelt nach § 24 Nr 1a EStG, § 2 Abs 2 Nr 4 LStDV als Ersatz für entgangenen Arbeitslohn, sondern bei Auszahlung des geschuldeten Arbeitslohns an den Abtretungsempfänger die darauf entfallende LSt nach den LStAbzugsmerkmalen des ArbN einzubehalten, abzuführen und der LStBescheinigung zugrunde zu legen ist. Das Abtretungsentgelt wird zur Vermeidung einer doppelten Besteuerung steuerlich nicht erfasst (*HMW*/Abtretung des Arbeitslohns Rn 4).

Im Gegensatz zur bisherigen Regelung sind nunmehr auch die Leistungen des Insolvenz- **15**
verwalters bzw des ehemaligen ArbGeb an die Agentur für Arbeit aufgrund des **gesetzlichen Forderungsübergangs** hinsichtlich des Arbeitslohns sowie die Zahlung von **Insolvenzgeld** an die ArbN durch die Agentur für Arbeit steuerfrei (§ 3 Nr 2 EStG; LStR 3.2

Abs 2; → *Insolvenz des Arbeitgebers* Rn 34 und → *Erstattungsanspruch der Agentur für Arbeit* Rn 11). Über das Zufließen von Arbeitslohn bei Abtretung einer Forderung des ArbGeb → *Lohnzufluss* Rn 6.

**C. Sozialversicherungsrecht** *Schlegel*

16 **1. Abtretung von Entgeltansprüchen.** Der Umstand, dass ein ArbN seinen Anspruch auf Arbeitsentgelt (§ 14 SGB IV) an Dritte abgetreten hat, beeinflusst im Grundsatz weder seine Versicherungs- noch seine Beitragspflicht. Mit der Erbringung der Arbeit sind die Beiträge zur SozV und ArblV entstanden (§ 22 Abs 1 Satz 1 SGB IV). Bei einmalig gezahltem Arbeitsentgelt (zB Weihnachtsgeld) sowie bei Arbeitsentgelt, das aus Arbeitszeitguthaben abgeleiteten Entgeltguthaben errechnet wird, entstehen die Beitragsansprüche, sobald dieses ausgezahlt worden ist (§ 22 Abs 1 Satz 2 SGB IV, insoweit Geltung des Zuflussprinzips). Die Beitragspflicht entfällt weder bei **abgetretenem laufendem Arbeitsentgelt** noch bei **abgetretener Einmalzahlung,** jedoch werden die Beiträge aus abgetretenen Einmalzahlungen erst mit deren Auszahlung (an den Abtretungsgläubiger) fällig (zur Fälligkeit § 23 SGB IV). Der Lohn- oder Gehaltsanspruch wird von vornherein mit den sich aus den §§ 28a ff SGB IV ergebenden Beschränkungen (Belastungen) abgetreten; der ArbGeb ist deshalb auch bei der Lohnabtretung berechtigt und verpflichtet, die auf den ArbN entfallenden Beitragsanteile vom Arbeitsentgelt abzuziehen (Einzelheiten → *Lohnabzugsverfahren* Rn 23–33). Entsprechend ist er auch berechtigt, einen unterlassenen Beitragsabzug in den Grenzen des § 28g Sätze 3 und 4 SGB IV bei späteren Lohnzahlungen nachzuholen. Die Meldungen sind zu erstatten, wie wenn die Zahlung nicht an den Dritten, sondern an den ArbN erfolgen würde.

17 **2. Einfluss der Entgeltabtretung auf Lohnersatzleistungen.** Lohnersatzleistungen sind nach dem erzielten Arbeitsentgelt zu berechnen; hierzu zählen auch diejenigen Lohnbestandteile, die der ArbN an Dritte abgetreten und die der ArbGeb deshalb nicht an den ArbN, sondern an den Abtretungsgläubiger ausgezahlt hat. Tritt ein Versicherungsfall ein und erwirbt der ArbN Anspruch auf Lohnersatzleistungen (zB Krankengeld, AlGeld), erstreckt sich die Entgeltabtretung nicht auf die an die Stelle des Arbeitsentgelts tretende Lohnersatzleistung; einen Rechtssatz oder eine ausdrückliche Vorschrift, dass Lohnersatzleistungen als Surrogat an die Stelle des abgetretenen Lohnes treten, soweit eine Entgeltabtretung im Raum steht, gibt es nicht (vgl jedoch § 170 SGB III für die Abtretung des Arbeitsentgeltanspruchs und die Erstreckung der Abtretung auf das Insolvenzgeld, Einzelheiten hierzu → *Insolvenz des Arbeitgebers* Rn 81 ff). Allerdings ist es möglich, auch Lohnersatzleistungen bzw Sozialleistungen abzutreten, sofern es sich um Geldleistungen (nicht Dienst- und Sachleistungen) handelt. Unter welchen Voraussetzungen eine **Abtretung von Ansprüchen auf Sozialleistungen** zulässig ist, regelt § 53 SGB I.

18 **3. Insolvenz des Arbeitgebers.** Zur Abtretung von Versorgungsbezügen (zB Betriebsrente) im Rahmen des schuldrechtlichen Versorgungsausgleichs vgl BSG 21.12.93 – 12 RK 28/93, SozR 3–2500 § 237 Nr 3; BVerfG 22.2.95 – 1 BvR 117/95, FamRZ 95, 664. Die Abtretung von künftigen Ansprüchen der ArbN auf Arbeitsentgelt zur Vorfinanzierung der Arbeitsentgelte im Rahmen einer **Insolvenz des Arbeitgebers** bedarf der Zustimmung der BA (§ 188 Abs 2 SGB III; dazu → *Insolvenz des Arbeitgebers* Rn 61 ff).

# Entgeltfortzahlung

**A. Arbeitsrecht** *Griese*

**Übersicht**

**I. Rechtsgrundlagen.** Unter dem Begriff Entgeltfortzahlung sind seit dem am 1.6.94 in Kraft getretenen EFZG die **Vergütungsfortzahlung im Krankheitsfall** und die **Entgeltfortzahlung an Feiertagen** für alle ArbNGruppen zusammengefasst und einheitlich festgelegt worden. Seither stehen diese Ansprüche auch **geringfügig beschäftigten Arbeitnehmern** zu. Trotz dieser seither bestehenden Verpflichtung, auch für geringfügig beschäftigte ArbN Entgeltfortzahlung zu leisten, ist das Ausmaß der Gesetzesverstöße ist gravierend. Nach einer im März 2013 vorgestellten Studie des RWI zahlen 40 Prozent der ArbGeb geringfügig beschäftigten ArbN kein Entgelt, wenn der Arbeitstag auf einen Feiertag fällt, 39 Prozent gewähren keine Entgeltfortzahlung im Krankheitsfall. Eine gesetzgeberische Reform, die auch die Sozialversicherungsfreiheit beseitigt, ist daher dringlich (*Griese/Preis/Kruchen* NZA 2013, 113). 1

Die Entgeltfortzahlung an Feiertagen (Feiertagslohn) ist von der Bezahlung zusätzlicher Arbeit an Sonn- und Feiertagen (→ *Sonn- und Feiertagsarbeit* Rn 14) zu unterscheiden. Im Gegensatz zur Sonn- und Feiertagsarbeit, die zusätzlich und ggf mit Zuschlägen zu bezahlen ist, bezweckt der Feiertagslohn, dass dem ArbN der Entgeltausfall durch den ArbGeb ausgeglichen wird, der durch die **Nichtarbeit** an einem gesetzlichen Feiertag entsteht.

**II. Voraussetzungen und Umfang der Vergütungsfortzahlung im Krankheitsfall.** 2
**1. Arbeitsunfähigkeit infolge Krankheit.** Nach § 3 Abs 1 EFZG ist Voraussetzung, dass der ArbN **infolge Krankheit arbeitsunfähig** ist. Damit ist zugleich klargestellt, dass nicht jede Krankheit zur AU führt, sondern nur eine solche, die den ArbN an der Ausführung seiner Arbeit hindert (→ *Arbeitsunfähigkeit* Rn 1 ff). AU ist daher gerade auch dann gegeben, wenn die Krankheit vorübergehend oder dauerhaft zur vollen Erwerbsminderung führt (BAG 29.9.04 – 5 AZR 558/03, NZA 05, 225). Die Entgeltfortzahlung bei einem Schwangerschaftsabbruch (→ *Schwangerschaftsabbruch* Rn 3–6) regelt § 3 Abs 2 EFZG. Für **Gewebe- oder Organspenden,** die mit einer AU einhergehen, gilt seit 1.8.2012 die Sonderegel des § 3a EFZG; danach bestehen Entgeltfortzahlungsansprüche des ArbN gegen den ArbGeb und Erstattungsansprüche des ArbGeb gegen die Krankenkasse des Empfängers.

Der ArbN hat die **Arbeitsunfähigkeit unverzüglich dem ArbGeb mitzuteilen** (→ *Arbeitsunfähigkeit* Rn 5–9) und durch ärztliche AUBescheinigung (→ *Arbeitsunfähigkeitsbescheinigung* Rn 1) nachzuweisen. Die Krankheit und die darauf beruhende AU müssen für die Nichtarbeit des ArbN **monokausal** sein (*Müller-Glöge* RdA 06, 105 ff); eine tariflich günstigere Regelung ist möglich (BAG 9.10.02 – 5 AZR 356/01, NZA 03, 978). Hätte der ArbN aus anderen Gründen ohnehin an den Krankheitstagen nicht gearbeitet, so entfällt sein Entgeltfortzahlungsanspruch (BAG 25.2.04 – 5 AZR 179/03, NZA 04, 808). So hat der ArbN keinen Entgeltfortzahlungsanspruch im Krankheitsfall, wenn die Arbeit, auch wenn er gesund gewesen wäre, infolge einer rechtmäßigen Arbeitszeitverlegung (BAG 7.9.88 – 5 AZR 558/87, BB 89, 69 für Arbeitsausfall infolge vorgeholter Arbeitszeit), infolge witterungsbedingter Gründe (BAG 30.8.73, DB 73, 2404), wegen einer mit dem BRat vereinbarten Betriebsruhe (BAG 28.1.04 – 5 AZR 58/03, NZA 05, 656) oder aufgrund einer Arbeitsaussetzung infolge Kurzarbeit (BAG 6.10.76, DB 77, 262) ausfällt. Bei teilweisem Arbeitsausfall infolge Kurzarbeit reduziert sich der Anspruch entsprechend (§ 4 Abs 3 Satz 1 EFZG). 3

4 Kein Anspruch besteht, wenn das Arbeitsverhältnis des ArbN vereinbarungsgemäß **ruht, zB wegen unbezahlten Urlaubs** oder der ArbN sich in **Elternzeit** oder **Pflegezeit** befindet. Eine Ruhensvereinbarung, zB eine Bestimmung, wonach das Arbeitsverhältnis und die sich daraus ergebenden Arbeits- und Lohnzahlungspflichten während der Ferienzeiten ruhen sollen, soweit diese Zeiten nicht durch bezahlten Urlaub ausgefüllt werden, muss aber der Inhaltskontrolle gem § 305 ff BGB standhalten. Sie ist nur dann hinreichend klar und verständlich, wenn der ArbN erkennen kann, zu welchen Zeiten nicht gearbeitet wird und ob in diesen Zeiten Entgeltansprüche aufgrund Urlaubsgewährung bestehen. Sie ist erst recht intransparent und damit unwirksam gem § 307 Abs 1 S 2 BGB, wenn sich der ArbGeb die Zuweisung eines anderen Einsatzes ohne Einschränkung des Arbeitsorts und der Tätigkeit vorbehält (BAG 26.10.16 – 5 AZR 456/15, NJW 17, 504 Rn 25).

5 Hat der ArbN vor Eintritt der **Arbeitsunfähigkeit mehrere Tage unentschuldigt gefehlt** und dadurch die Vermutung begründet, dass er ohnehin arbeitsunwillig ist, so entfällt der Entgeltfortzahlungsanspruch, es sei denn, dass der ArbN nachweist, dass er ab dem Erkrankungszeitraum, wenn die Erkrankung nicht eingetreten wäre, arbeitswillig und arbeitsfähig gewesen wäre (BAG 20.3.85 – 5 AZR 229/83, DB 85, 2694). Anspruchsausschließende Arbeitsunwilligkeit ist im Verhältnis zum Betriebserwerber gegeben, wenn ein ArbN einem Betriebsübergang widersprochen hat (BAG 4.12.02 – 5 AZR 494/01, NZA 03, 632). Für den Fall eines Arbeitskampfes gilt, dass der Entgeltfortzahlungsanspruch entfällt, wenn der ArbGeb nachweisen kann, dass der ArbN, wäre er gesund gewesen, sich an dem Streik beteiligt bzw von der rechtmäßigen Aussperrung betroffen gewesen wäre, und deshalb ohnehin keinen Entgeltanspruch hätte erwerben können (BAG 1.10.91 – 1 AZR 147/91, NZA 92, 163).

6 **2. Unverschuldete Arbeitsunfähigkeit.** Ein Entgeltfortzahlungsanspruch besteht nur, wenn die AU unverschuldet eingetreten ist. Dabei versteht die Rspr in diesem Kontext unter „Verschulden" nicht das Verschulden des § 276 BGB, also jede Art von Fahrlässigkeit und Vorsatz, sondern nur ein **grobes Verschulden gegen sich selbst,** nämlich ein unverständliches, leichtfertiges Verhalten des ArbN, das vorliegt, wenn der ArbN in gröblicher Weise gegen das von einem verständigen Menschen im eigenen Interesse zu erwartende Verhalten verstößt (BAG 26.10.16 – 5 AZR 167/16, NJW 17, 1129 ). Bei Verkehrsunfällen ist ein Verschulden gegeben, wenn der Verkehrsunfall durch grob fahrlässiges Verhalten des ArbN verursacht worden ist (BAG 30.3.88, DB 88, 1403). Ein solches grobes Verschulden ist anzunehmen, wenn der Verkehrsunfall auf **alkoholbedingte Fahruntüchtigkeit** (BAG 15.11.12 – 8 AZR 705/11, DB 13,705) zurückzuführen ist. Gleiches gilt für erhebliche Geschwindigkeitsüberschreitungen (BAG 5.4.62, DB 62, 971), für das Überfahren einer **Rotlicht zeigenden Ampel** (BGH 8.7.92, NJW 92, 2418), für das Überholen an unübersichtlicher Stelle, das Abkommen von der Straße oder für die Benutzung eines verkehrsunsicheren Fahrzeuges (ArbG Marburg 24.8.90, DB 91, 869).
**Bei einer In-vitro-Fertilisation, die nach allgemein anerkannten medizinischen Standards vom Arzt oder auf ärztliche Anordnung vorgenommen wird, liegt ein Verschulden im Sinne von § 3 Abs 1 S 1 Halbs 2 EFZG nicht vor, wenn dabei eine zur Arbeitsunfähigkeit führende Erkrankung auftritt, mit deren Eintritt nicht gerechnet werden musste (**BAG 26.10.16 – 5 AZR 456/15, NJW 17, 504 Rn 25 mit im wesentlichen zust Anm v *Sievers,* jurisPR-ArbR 5/2017 Anm. 1).

7 Das **Nichtanlegen des Sicherheitsgurtes** begründet ebenfalls ein den Entgeltfortzahlungsanspruch ausschließendes Verschulden, wenn die Verletzungen gerade darauf zurückzuführen sind, dass der Sicherheitsgurt nicht angelegt war (BAG 7.10.81, DB 82, 496). Ein Verschulden ist auch gegeben, wenn ein ArbN sich als Beifahrer einem wegen Alkoholgenusses fahruntüchtigen Fahrer anvertraut und infolge seiner Alkoholisierung die Fahruntüchtigkeit des Fahrers nicht erkennt (LAG Frankfurt aM 24.4.89, DB 89, 2031). Auch sonstige auf **Alkoholmissbrauch beruhende Unfälle** sind schuldhaft, etwa der Sturz auf einer Treppe (ArbG Bln 20.5.80, BB 80, 1858) oder der auf Alkoholmissbrauch beruhende Sturz in einer Gaststätte (BAG 11.3.87, BB 87, 1389).

8 Bei einer **Alkoholerkrankung** kann nicht ohne weiteres von einer verschuldeten AU ausgegangen werden, da es keinen Erfahrungssatz gibt, dass eine Alkoholerkrankung stets verschuldet ist (BAG 18.3.15 – 10 AZR 99/14, NJW 15, 2444). Maßgebend für die

Beurteilung des Verschuldens ist das Verhalten, das vor dem Zeitpunkt liegt, in dem die als Krankheit zu bewertende Alkoholabhängigkeit eingetreten ist, wobei der ArbN durch Erteilung näherer Auskünfte und Entbindung seiner Ärzte von der Schweigepflicht an der Aufklärung dieser Umstände mitwirken muss (BAG 7.8.91, DB 91, 2488). Ein **Verschulden** kann jedoch vorliegen, wenn ein ArbN **nach durchgeführter Entziehungskur erneut rückfällig wird** (BAG 18.3.15 – 10 AZR 99/14, NJW 15, 2444). Eine selbst verschuldete AU liegt bei einem alkoholkranken ArbN ferner vor, wenn er in alkoholisiertem Zustand mit seinem Kfz einen Verkehrsunfall verursacht. Der Schuldvorwurf liegt dann darin, dass der ArbN überhaupt noch ein Kfz benutzte, da er hätte wissen müssen, dass er aufgrund seiner Alkoholabhängigkeit erhebliche Alkoholmengen konsumieren und damit eine erhebliche Gefahr im Straßenverkehr darstellen würde (BAG 15.11.12 – 8 AZR 705/11, DB 13,705). Bei sonstigen Suchterkrankungen kann ebenfalls nicht automatisch ein Verschulden unterstellt werden. Ein ArbN handelt jedoch schuldhaft, wenn er die zur Behandlung dieser Erkrankung ergehenden ärztlichen Anordnungen und Empfehlungen nicht beachtet, wenn er etwa **trotz ärztlicher Untersagung des Rauchens weiterhin raucht** (BAG 17.4.85, DB 86, 976). Nikotinsucht sollte ebenso behandelt werden wie Alkoholsucht (*Schmitt* § 3 EFZG Rn 146). Auch bei Erkrankungen, die auf anderen Suchtformen beruhen, zB Fettsucht, ist derselbe Maßstab anzulegen.

Recht großzügig geht die Rspr mit Sportverletzungen um. Zwar soll die Ausübung besonders gefährlicher Sportarten ein grobes Verschulden sein. Praktisch ist jedoch keine reguläre Sportart als gefährlich eingestuft worden.

**Sportliche Betätigungen** sind bis hin zum Amateurboxen (BAG 1.12.76, AP 42 zu § 1 9
LFZG) und Drachenfliegen (BAG 7.10.81, DB 82, 706) hinzunehmen, sofern der ArbN richtig ausgerüstet und mit der Sportart nicht offensichtlich überfordert ist. Hingegen ist das Kick-Boxen mit Recht als gefährliche Sportart qualifiziert worden, so dass hierbei erlittene Verletzungen selbstverschuldet sind (ArbG Hagen 5.9.89, NZA 90, 311). Ein Eigenverschulden liegt ferner vor, wenn die AU durch die Teilnahme an einer **Rauferei** eintritt (LAG Köln 22.6.88, DB 88, 1703). Bei Betriebsunfällen kommt ein Ausschluss des Entgeltfortzahlungsanspruchs in Betracht, wenn der ArbN **grob fahrlässig Unfallverhütungsvorschriften nicht eingehalten hat** (LAG Bln 31.3.81, DB 82, 707). Der Entgeltfortzahlungsanspruch wird nicht dadurch gehindert, dass die AU bei privaten Betätigungen eintritt. Freilich sind auch hier die jedem verständigen Menschen einleuchtenden Sicherheitsmaßregeln zu beachten (LAG BaWü 18.11.86, BB 87, 477: Schneiden von Obstbäumen). Nach der Rspr des BAG ist der Entgeltfortzahlungsanspruch auch gegeben, wenn der ArbN bei **zulässiger Nebentätigkeit** gesundheitlich zu Schaden kommt (BAG 21.4.82, DB 82, 1729).

**3. Maßnahmen der medizinischen Vorsorge und Rehabilitation.** Nach § 9 EFZG 10
(→ *Rehabilitation, medizinische* Rn 1 ff) gelten die Bestimmungen des EFZG auch für Maßnahmen der medizinischen Vorsorge und Reha (Kuren), die von einem SozVTräger bewilligt und stationär durchgeführt werden. Die stationäre Durchführung setzt voraus, dass in der Einrichtung Verpflegung und medizinische Anwendung erbracht werden und die tatsächliche Durchführung der Maßnahme die Lebensführung des ArbN während des Aufenthaltes maßgeblich gestaltet (BAG 19.1.2000 – 5 AZR 685/98, NZA 2000, 773). Auch eine **ambulante Kur** führt zu einem Entgeltfortzahlungsanspruch. Dies setzt aber voraus, dass die Maßnahme durch eine Einrichtung der medizinischen Vorsorge und Rehabilitation gem § 107 Abs 2 SGB V durchgeführt wird (BAG 25.5.16 – 5 AZR 298/15, NZA 16, 1028 – kein Anspruch bei privatem Kur- und Wellnesscenter).

**4. Höhe des Anspruchs. In § 4 Abs 1 EFZG ist der Grundsatz der 100 %igen 11
Entgeltzahlung** festgeschrieben. Er sieht vor, dass dem ArbN das ihm bei der für ihn maßgebenden regelmäßigen Arbeitszeit zustehende Arbeitsentgelt fortzuzahlen ist.

Eine Begrenzung des Lohnausfallprinzips erfolgt durch § 4 Abs 1a EFZG. Danach blei- 12
ben Überstunden, die im Erkrankungszeitraum angefallen wären, einschließlich etwaiger Zuschläge bei der Berechnung außer Betracht. Der Gesetzgeber ist damit einer verbreiteten Tarifpraxis gefolgt (*Däubler* NJW 99, 605).

**5. Bestandteile und Berechnung der Vergütungsfortzahlung.** Fortzuzahlen ist die 13
Vergütung, die bei der individuell maßgebenden regulären Arbeitszeit angefallen wäre. Bei

einer Monatsvergütung ist dies die auf den jeweiligen Krankheitstag entfallende Vergütung, so dass der Monatsverdienst ungeachtet der AU fortzuzahlen ist. Bei einer stundenbezogenen Vergütung ist der Stundensatz mit der Zahl der ausgefallenen Arbeitsstunden zu multiplizieren. Soweit der ArbN einen **Mindestlohn** (s dort) zu beanspruchen hat, ist dieser Mindestlohn wird nicht nur für die tatsächlich geleisteten Arbeitsstunden geschuldet, sondern auch für alle Zeiträume, für die die Vergütung fortzuzahlen ist, also **auch bei der Entgeltfortzahlung im Krankheitsfall** (BAG 13.5.15 – 10 AZR 191/14, DB 15, 2276) oder an Feiertagen (BAG 30.1.19 – 5 AZR 43/18, NZA 19, 768).

**Überstundenzuschläge und -vergütungen außerhalb der regelmäßigen Arbeitszeit bleiben nach § 4 Abs 1a EFZG außer Betracht,** sowohl bei monats- wie auch bei stundenbezogener Vergütung (BAG 26.6.02 – 5 AZR 153/01, NZA 03, 156) ebenso bei der Verlängerung der vorübergehenden Verlängerung der Arbeitszeit durch Betriebsvereinbarung (BAG 16.7.14 – 10 AZR 242/13, NZA 15, 499); anders bei dauerhaft anfallenden Überstunden (BAG 21.11.01 – 5 AZR 457/00, NZA 02, 439). Auch nicht dauerhaft außerhalb der regulären Arbeitszeit geleistete Betriebsratsarbeit bleibt außer Betracht (BAG 8.11.17 – 5 AZR 11/17, NZA 18, 528).

Über die gesetzliche Regelung hinausgehend kann in Tarifverträgen ein pauschaler auf den Kalendertag umgelegter Zusatzbetrag zur Abgeltung von Mehrarbeitsvergütung vereinbart werden (BAG 20.6.18 – 4 AZR 339/17, NZA 19, 264). Durch Tarifvertrag kann vereinbart werden, dass sich die Entgeltfortzahlung nicht nach der individuellen regelmäßigen, sondern der regelmäßigen tariflichen Arbeitszeit bestimmt (BAG 24.3.04 – 5 AZR 346/03, NZA 04, 1042). In das Referenzentgelt gem **§ 21 TV-L** ist das für Zeiten der tatsächlichen Inanspruchnahme während einer **Rufbereitschaft** zustehende Entgelt nicht einzurechnen (BAG 10.4.13 – 5 AZR 97/12, NZA 13, 911). Bei **Arbeitszeitkonten** sind die regelmäßig anfallenden Arbeitsstunden, die infolge Krankheit ausfallen, als gearbeitete Stunden gutzuschreiben, nicht hingegen betriebliche Zusatzschichten (BAG 13.2.02 – 5 AZR 470/00, NZA 02, 683). **Feiertagszuschläge** zählen zum fortzuzahlenden Entgelt (BAG 1.12.04 – 5 AZR 68/04, NZA 05, 1315), ebenso Sonn- und Feiertagszuschläge (BAG 14.1.09 – 5 AZR 89/08, DB 09, 909) oder eine **Besitzstandszulage** (BAG 27.4.16 – 5 AZR 229/15, NZA 16, 1214).

14 Bei einer **leistungsbezogenen Vergütung** (Akkordlohn, Provision) ist von dem in dem Erkrankungszeitraum erzielbaren Durchschnittsverdienst auszugehen (§ 4 Abs 1a Satz 2 EFZG; zu Akkordgruppe s BAG 26.2.03 – 5 AZR 162/02, DB 03, 1121). Auch laufende Leistungsprämien oder Leistungszulagen müssen während der AU fortgezahlt werden (zu Anwesenheitsprämien → *Anwesenheitsprämie* Rn 6). Bei Berufsfußballspielern gehören dazu auch Prämien für jeden gewonnenen Meisterschaftspunkt (BAG 6.12.95 – 5 AZR 237/94, NJW 96, 2388; BAG 19.1.2000 – 5 AZR 637/98, NZA 2000, 771). Die Entgeltfortzahlung umfasst während der Arbeit bezahlte Kurzzeitpausen (BAG 24.5.07 – 6 AZR 706/06, BAGE 122, 371). Sinn dieser Regelung ist, dass dem ArbN während der AU sein volles Einkommen erhalten bleibt (zu rechtspolitischen Überlegungen *Wank* BB 92, 1992). Nicht fortzuzahlen sind daher Auslösungen, Schmutzzulagen und ähnliche Leistungen, die dem ArbN nicht entstehen, wenn er nicht arbeitet. Dies gilt ebenso für Essens- und Fahrtkostenzuschüsse (§ 4 Abs 1a Satz 1 EFZG). Die Zahlungspflicht des ArbGeb reduziert sich bzw entfällt ferner, wenn im Betrieb wegen Kurzarbeit (§ 4 Abs 3 Satz 1 EFZG) oder aus sonstigen Gründen (Schlechtwetter im Baubereich) ohnehin nur teilweise oder gar nicht gearbeitet worden wäre. Der Entgeltfortzahlungsanspruch ist ein Bruttoanspruch: Wie bei der normalen Vergütung sind Steuern und SozVBeiträge zu entrichten. Soweit ein Entgeltfortzahlungsanspruch besteht, ist auch ein vertraglich zugesagter Firmenwagen weiterhin zur Verfügung zu stellen (BAG 14.12.10 – 9 AZR 631/09, DB 11, 939; *Herbert*, jurisPR-ArbR 39/2011 Anm. 2).

15 **6. Wartezeit.** Nach § 3 Abs 3 EFZG entsteht der Entgeltfortzahlungsanspruch nach vierwöchiger ununterbrochener Dauer des Arbeitsverhältnisses.

Nach der Rspr bedeutet dies, dass in bis zu vier Wochen dauernden Arbeitsverhältnissen die Entgeltfortzahlung entfällt. Auch hier ist aber § 8 EFZG zu beachten, so dass eine Kündigung aus Anlass der AU den Entgeltfortzahlungsanspruch nicht beseitigt, soweit sie länger als vier Wochen (§ 3 Abs 3 EFZG) dauert (BAG 26.5.99 – 5 AZR 476/98, NZA 99,

1273). Dauert das Arbeitsverhältnis länger als vier Wochen und erkrankt der ArbN in den ersten vier Wochen, hat er Anspruch auf Entgeltfortzahlung erst ab dem ersten Tag der 5. Woche für dann maximal sechs Wochen (BAG 26.5.99 – 5 AZR 338/98, ArbuR 99, 445; ErfK/*Dörner* § 3 EFZG Rn 33). Besteht zwischen einem beendeten und einem neu begründeten Arbeitsverhältnis zu demselben ArbGeb ein enger zeitlicher und sachlicher Zusammenhang, beginnt die Wartezeit nicht erneut (BAG 22.8.01 – 5 AZR 699/99, NZA 02, 610; für Ausbildungsverhältnis und anschließendes Arbeitsverhältnis BAG 20.8.03 – 5 AZR 436/02, NJW 04, 1405).

**7. Anspruchsdauer.** Die Entgeltfortzahlung wird für die Dauer der Erkrankung vom ersten Krankheitstag an, maximal für **sechs Wochen** geleistet. Ist eine Freistellung vereinbart, bleibt es bei der Anspruchsdauer von sechs Wochen; soll die Freistellungsvereinbarung einen Entgeltanspruch über die gesetzlichen, tarifvertraglichen oder arbeitsvertraglichen Voraussetzungen hinaus begründen, bedarf dies einer besonderen Regelung (BAG 23.1.08 – 5 AZR 393/07, NJW 08, 1550). Dauert die Erkrankung länger als sechs Wochen, zahlt ab der siebten Krankheitswoche die Krankenkasse **Krankengeld.** Die maximale Leistungsdauer von sechs Wochen verlängert sich nicht dadurch, dass in die Sechswochenfrist Schlechtwetterperioden, Arbeitskämpfe oder sonstige Ausfallzeiten fallen, für die dem ArbN keine Lohnfortzahlung zusteht. Erkrankt der ArbN während des ruhenden Arbeitsverhältnisses (zB während der Elternzeit, beginnt die Sechs-Wochenfrist nicht mit der Erkrankung, sondern erst mit der tatsächlichen Verhinderung an der Arbeitsleistung infolge Krankheit (BAG 29.9.04 – 5 AZR 558/03, NZA 05, 225). 16

Die Anspruchsdauer kann durch Tarifvertrag oder Betriebsvereinbarung verlängert werden, eine Verschlechterung aufgrund einer nachfolgenden Vereinbarung derselben Rechtsqualität ist bis zum gesetzlichen Mindeststandard möglich (BAG 15.11.2000 – 5 AZR 310/99, NZA 01, 900). Wird in einem Vergleich die unwiderrufliche Freistellung von der Arbeit unter Fortzahlung der Vergütung vereinbart, liegt darin nicht eine vertragliche Verlängerung des Sechs-Wochen-Zeitraums (BAG 29.9.04 – 5 AZR 99/04, NZA 05, 104).

Verstößt der ArbN gegen die **Pflicht zum heilungsfördernden Verhalten** (LAG Hamm 28.8.91, BB 92, 279), besteht der Entgeltfortzahlungsanspruch nicht für den gesamten AUZeitraum, sondern nur für die Zeit, die die Krankheit bei pflichtgemäßem Verhalten gedauert hätte. Andererseits wird die Dauer des Entgeltfortzahlungszeitraumes nicht dadurch beeinträchtigt, dass der ArbGeb das Arbeitsverhältnis zu einem Zeitpunkt vor Ablauf der AU aus **Anlass der Arbeitsunfähigkeit kündigt** (§ 8 EFZG). Sinn dieser Regelung ist es, den ArbGeb daran zu hindern, sich durch die Kündigung der Entgeltfortzahlungspflicht zu entziehen. Eine **Anlasskündigung** liegt dann vor, wenn sich die AU als eine die Kündigung wesentlich mitbestimmende Bedingung erweist und wird vermutet, wenn der ArbGeb in nahem zeitlichen Zusammenhang mit einer ihm bekannten eingetretenen oder bevorstehenden (zB mitgeteilter Operationstermin) AU kündigt (BAG 17.4.02 – 5 AZR 2/01, NZA 02, 899). Der ArbGeb muss diese Vermutung entkräften, indem er darlegt und beweist, dass andere Gründe seinen Kündigungsentschluss bestimmt haben (BAG 5.2.98 – 2 AZR 270/97, NZA 98, 644). 17

**8. Mehrfache Erkrankung. a) Arbeitsunfähigkeitszeiten aufgrund verschiedener Erkrankungen.** Treten nacheinander mehrere jeweils neue Erkrankungen auf, liegen **wiederholte Erkrankungen** vor, mit der Folge, dass für jede Erkrankung der Entgeltfortzahlungszeitraum von maximal sechs Wochen neu beginnt. Anders ist es, wenn die zweite Erkrankung eintritt, während der ArbN noch aufgrund der ersten Erkrankung arbeitsunfähig ist. **Dann beschränkt sich der Entgeltfortzahlungszeitraum auf einmalig sechs Wochen – Einheit des Verhinderungsfalls** BAG 25.5.16 – 5 AZR 318/15, NZA 16, 1076). Für eine zweite Bezugsdauer soll es nach problematischer Rspr des BAG nicht erforderlich sein, dass der ArbN zwischen der ersten und zweiten Erkrankung gearbeitet hat; es soll ausreichen, wenn der ArbN für wenige, in der Freizeit liegende Stunden arbeitsfähig gewesen ist (BAG 12.7.89 – 5 AZR 377/88, NZA 89, 927). Nur teilweise aufgefangen wird dies dadurch, dass im Regelfall davon auszugehen ist, dass die ärztliche AUBescheinigung unabhängig von der Arbeitszeit bis zum Ende des letzten bescheinigten Kalendertages reicht (BAG 25.5.16 – 5 AZR 318/15, NZA 16, 1076). 18

19 **b) Erkrankungen aufgrund desselben Grundleidens.** Liegt eine **Fortsetzungserkrankung** vor, also eine Erkrankung, die auf **demselben Grundleiden** beruht, so entsteht nach § 3 Abs 1 Nrn 1 und 2 EFZG der **Anspruch für weitere sechs Wochen,** wenn der ArbN vor der erneuten AU **mindestens sechs Monate nicht wegen derselben Krankheit arbeitsunfähig war oder seit Beginn der ersten Arbeitsunfähigkeit infolge derselben Krankheit eine Frist von zwölf Monaten abgelaufen ist und er nach dieser Frist erneut arbeitsunfähig wird** (BAG 14.3.07 – 5 AZR 514/06, DB 07, 1360). Bei der Berechnung sind auch solche AU als Teil der Fortsetzungserkrankung mitzuzählen, in denen gleichzeitig noch eine andere als die Fortsetzungserkrankung bestand (BAG 2.2.94 – 5 AZR 345/93, DB 94, 1039).

**Diese Grundsätze gelten auch bei Zusammentreffen von Arbeitsunfähigkeit und einer auf derselben Krankheit beruhenden Kur** (BAG 10.9.14 – 10 AZR 651/12, NZA 14, 1139). Dabei ist der SozVTräger gegenüber dem ArbGeb nicht verpflichtet, für einen Beginn der Kur binnen sechs Monaten nach dem Ende der früheren Erkrankung zu sorgen, um einen erneuten Entgeltfortzahlungsanspruch unter dem Gesichtspunkt der Wiederholungserkrankung zu Lasten des ArbGeb zu vermeiden (BAG 18.1.95, BB 95, 729).

Hohe, über mehrere Jahre anfallende Entgeltfortzahlungskosten können eine *personenbedingte Kündigung* (s dort u BAG 25.4.18 – 2 AZR 6/18, NZA 18, 1056) rechtfertigen.

20 **c) Beweislast.** Ist der ArbN länger als sechs Wochen arbeitsunfähig, gilt eine abgestufte Darlegungs- und Beweislast. Will der ArbN sich auf verschiedene Krankheiten berufen, muss er darlegen, dass er zwischen den bescheinigten AUZeiten arbeitsfähig gewesen ist und unterschiedliche Krankheiten vorlagen. Hierzu kann er eine ärztliche Bescheinigung vorlegen. Bestreitet der ArbGeb dass eine neue Erkrankung vorliegt, hat der **Arbeitnehmer Tatsachen vorzutragen, die den Schluss erlauben, es habe keine Fortsetzungserkrankung bestanden. Hierzu hat er den behandelnden Arzt von der Schweigepflicht zu entbinden.** Gleiches gilt, wenn eine Arbeitsverhinderung wegen einer Maßnahme der medizinischen Vorsorge und Rehabilitation und einer AU infolge Krankheit innerhalb der Zeiträume des § 3 Abs 1 Satz 2 Nr 1 und Nr. 2 EFZG zusammentreffen. Auch insoweit ist für den ArbGeb regelmäßig mangels Kenntnis von den Ursachen der AU und dem Anlass der Bewilligung der Kur nicht erkennbar, ob eine Fortsetzungserkrankung vorliegt. Die Schweigepflichtsentbindung hat sich deshalb auf den Träger der Maßnahme zu erstrecken (BAG 10.9.14 – 10 AZR 651/12, NZA 14, 1139 Rn 27). **Damit trägt am Ende der ArbN die Beweislast dafür, dass keine Fortsetzungserkrankung vorliegt** (BAG 25.5.16 – 5 AZR 318/15, NZA 16, 1076).

21 **9. Kleinbetriebe.** Für solche mit nicht mehr als 20 ArbN bestand nach dem bis 31.12.2005 fortgeltenden §§ 10, 14 LFZG ein **Erstattungs- und Umlageverfahren.** Ab 1.1.2006 ist an die Stelle des LFZG das Gesetz über den Ausgleich von ArbGebAufwendungen – **Arbeitgeberaufwendungsgesetz (AAG)** getreten (BGBl I 05, 3686). Das Umlage- und Erstattungsverfahren ist auf Betriebe bis zu **30 Arbeitnehmern** erweitert, zugleich sind die Angestellten in das Verfahren einbezogen worden. Dadurch ist der Anwendungsbereich des Umlageverfahrens ganz erheblich ausgeweitet worden. Zudem werden getrennte Umlagen für die Aufwendungen für **Krankheit** und **Mutterschaft** erhoben.

22 **10. Fälligkeit und Unabdingbarkeit.** Der Entgeltfortzahlungsanspruch ist wie der normale Vergütungsanspruch fällig. der ArbGeb kann jedoch die Leistung vorläufig gem § 7 EFZG verweigern, wenn der ArbN seinen Mitwirkungspflichten nicht nachkommt, insbes die ärztliche *Arbeitsunfähigkeitsbescheinigung* nicht vorlegt oder den *Forderungsübergang bei Dritthaftung* verhindert (§ 6 EFZG) oder bei Auslandserkrankung entgegen § 5 Abs 2 EFZG die Urlaubsadresse nicht mitteilt (BAG 19.2.97 – 5 AZR 747/93, NZA 97, 705). Zu beachten ist, dass es sich dabei nur um ein vorläufiges Leistungsverweigerungsrecht handelt. Holt der ArbN die zunächst unterlassene Mitwirkungspflicht nach, muss die Entgeltfortzahlung nachgeleistet werden. Anders ist es, wenn der Beweiswert der nachträglich eingereichten AU-Bescheinigung aus anderen Gründen erschüttert ist (→ *Arbeitsunfähigkeitsbescheinigung* Rn 8 ff – zB Skiurlaub während der AU, BAG 2.3.06 – 2 AZR 53/05, DB 06, 2183). Zahlt der ArbGeb trotz bestehender Verpflichtung nicht, tritt die Krankenkasse mit *Krankengeld* in Vorlage und wird dies vom ArbGeb zurückfordern.

Die Entgeltfortzahlungsansprüche sind **unabdingbar.** Arbeitszeitmodelle, die im Krankheitsfall eine nicht ausreichende Gutschrift auf das Arbeitszeitkonto (BAG 13.2.02 – 5 AZR 470/00, NZA 02, 683) oder eine teilweise Verpflichtung zur Nacharbeit (BAG 26.9.01 – 5 AZR 539/00, NZA 02, 387) vorsehen, sind unwirksam. Die Höhe des fortzahlenden Entgelts ist allerdings **tariflich** abweichend regelbar (*Müller-Glöge* RdA 06, 112). Nach § 4 Abs 4 EFZG ergreift die **Tarifdispositivität** die Bemessungsgrundlage, setzt aber eine eindeutige und klare tarifliche Regelung voraus (BAG 20.1.10 – 5 AZR 53/09, NZA 10, 455) Im Tarifvertrag kann daher zB bestimmt werden, dass bestimmte Vergütungsbestandteile (BAG 10.12.13 – 9 AZR 279/12), etwa Leistungsprämien oder Nachtarbeitszuschläge (BAG 13.3.02 – 5 AZR 648/00, NZA 02, 744) bei der Berechnung nicht berücksichtigt werden. Wird für die Berechnung in einem Tarifvertrag auf die tatsächlich in den letzten 6 Monaten geleisteten Arbeitsstunden abgestellt, sind urlaubs- und krankheitsbedingte Ausfallzeiten in Höhe der regulären Arbeitszeit mitzurechnen (BAG 20.8.14 – 10 AZR 583/13, NZA 15, 58). Ein nachträglicher Verzicht des ArbN in einer Ausgleichsquittung ist nur in sehr engen Grenzen möglich (→ *Ausgleichsquittung* Rn 1 ff). Zur Regelung in einem Vergleich s → *Vergleich* Rn 1–11. Entgeltfortzahlungsansprüche können aber einer zwischen den Parteien geltenden *Ausschlussfrist* (BAG 16.1.02 – 5 AZR 430/00, ArbuR 02, 156) unterfallen. 23

Der in dem Entgeltfortzahlungsanspruch enthaltene Mindestlohn wird aber von einer tariflichen oder vertraglichen Ausschlussfrist wegen der Regelung des § 3 S 1 MiLoG nicht erfasst (BAG 20.6.18 – 5 AZR 377/18, NZA 18, 1494).

Hat ein Dritter die AU verursacht, kann der ArbGeb bei diesem Regress nehmen gem § 6 EFZG (s *Forderungsübergang bei Dritthaftung*).

Zu Unrecht geleistete *Entgeltfortzahlung* ist **zurückzuerstatten.** Dabei sind die Gerichte in gleichem Umfang wie der ArbGeb an eine ärztliche *Arbeitsunfähigkeitsbescheinigung* gebunden. Dies gilt auch bei der Rückforderung von *Entgeltfortzahlung,* die aus Sicht des ArbGeb zu Unrecht geleistet worden ist, weil der ArbN tatsächlich nicht arbeitsunfähig war (BAG 11.10.06 – 5 AZR 755/05, DB 07, 1313).

**III. Voraussetzungen und Umfang der Vergütungsfortzahlung an Feiertagen.** 24
**1. Ausfall der Arbeit infolge eines Feiertages.** Nach § 2 Abs 1 EFZG (früher § 1 des Gesetzes zur Regelung der Lohnzahlung an Feiertagen) muss die Arbeit **infolge eines gesetzlichen Feiertages** ausfallen. Betroffen sind lediglich die in den Feiertagsgesetzen der Länder geregelten gesetzlichen Feiertage, **nicht** hingegen **kirchliche Feiertage** oder Brauchtumstage. Der 24.12. ist kein gesetzlicher Feiertag (BAG 30.5.84, DB 84, 2357). Die Regelung gilt für alle ArbN, auch für TeilzeitArbN und **geringfügig Beschäftigte.** Der Vergütungsfortzahlungsanspruch setzt voraus, dass der Feiertag die Ursache für den Arbeitsausfall ist. Es ist also jeweils zu prüfen, ob der ArbN, wenn kein Feiertag gewesen wäre, gearbeitet hätte. So besteht kein Anspruch, wenn der ArbN an dem Feiertag seinen turnusmäßig freien Tag hatte, oder nach dem Schicht- oder Dienstplan nicht zu arbeiten hatte (BAG 24.1.01 – 4 AZR 538/99, NZA 01, 1026). Eine Ausnahme ist dann zu machen, wenn der Dienst- oder Schichtplan gerade wegen des Feiertages geändert worden ist. Nur wenn sich die Arbeitsbefreiung aus einem von der Feiertagsruhe unabhängigen Schema ergibt, entfällt der Anspruch (BAG 9.10.96, NZA 97, 444). Bei Arbeit auf Abruf muss der ArbN darlegen, dass seine Arbeitskraft ohne Feiertag mit hoher Wahrscheinlichkeit abgerufen worden wäre (BAG 24.10.01 – 5 AZR 245/00, ArbuR 02, 197).

Die **Arbeit muss nicht unbedingt am Feiertag selbst ausfallen,** es genügt, wenn sie infolge des Feiertags entfällt. Die Voraussetzung ist daher auch erfüllt, wenn eine in den Feiertag hereinragende oder aus ihm herausragende Schicht ausfällt (BAG 17.5.73, BB 73, 1260). 25

Wegen eines Feiertages fällt daher auch eine Schicht aus, die planmäßig am Sonntag vorgesehen ist, weil am Montag ein Feiertag ist (LAG München 11.4.91, DB 91, 2193). Für Zeitungszusteller fällt die Arbeit feiertagsbedingt aus, wenn wegen eines Feiertages keine Zeitung produziert wird und deshalb an dem auf den Feiertag folgenden Werktag nicht ausgetragen werden muss.

Fällt in einen gewährten Erholungsurlaub ein Feiertag, entsteht hierfür ebenfalls ein Feiertagsvergütungsfortzahlungsanspruch (BAG 26.10.16 – 5 AZR 456/15, NJW 17, 504 Rn 14).

An dem Ursachenzusammenhang fehlt es, wenn die Arbeit aufgrund eines **vom Arbeitnehmer gewünschten unbezahlten Urlaubs** ausfällt. Eine solche Ruhensvereinbarung, zB eine Bestimmung, wonach das Arbeitsverhältnis und die sich daraus ergebenden Arbeits- und Lohnzahlungspflichten während der Ferienzeiten ruhen sollen, soweit diese Zeiten nicht durch bezahlten Urlaub ausgefüllt werden, muss der Inhaltskontrolle gem § 305 ff BGB standhalten. Sie ist nur dann hinreichend klar und verständlich, wenn der ArbN erkennen kann, zu welchen Zeiten nicht gearbeitet wird und ob in diesen Zeiten Entgeltansprüche aufgrund Urlaubsgewährung bestehen. Sie ist erst recht intransparent und damit unwirksam gem § 307 Abs 1 S 2 BGB, wenn sich der ArbGeb die Zuweisung eines anderen Einsatzes ohne Einschränkung des Arbeitsorts und der Tätigkeit vorbehält (BAG 26.10.16 – 5 AZR 456/15, NJW 17, 504 Rn 25). Geht die Vereinbarung über die Gewährung unbezahlten Urlaubs auf den Wunsch oder das Interesse des ArbGeb zurück, müssen die in den unbezahlten Urlaub fallenden Feiertage ohnehin bezahlt werden (BAG 6.4.82 – 3 AZR 1079/79, DB 82, 1676).

26 Eine ausdrückliche Ausnahme vom Ursächlichkeitsprinzip macht § 2 Abs 2 EFZG für die **Kurzarbeit.** Danach hat der ArbN, wenn an einem Feiertag die Arbeit infolge Kurzarbeit ausfällt, Anspruch auf die Feiertagsvergütung. Ist der ArbN an einem Feiertag **arbeitsunfähig krank,** ist der gesetzliche Feiertag gem § 4 Abs 2 EFZG iHd Feiertagsentgeltfortzahlung zu bezahlen, wenn der Feiertag noch in die Lohnfortzahlungsperiode fällt. Anerkannt ist ferner, dass Feiertage, die in einen **bezahlten Erholungsurlaub** fallen, zu vergüten sind (BAG 31.5.88 – 1 AZR 200/87, NZA 88, 887). Wird die infolge des Feiertages ausfallende Arbeit **vor- oder nachgeholt,** ändert dies an dem Feiertagslohnanspruch nichts, die vor- oder nachgeholte Arbeitszeit ist **zusätzlich** zu vergüten (BAG 25.6.85, DB 85, 2694).

27 **2. Kein unentschuldigtes Fernbleiben.** Nach § 2 Abs 3 EFZG entfällt der Anspruch auf die Feiertagsbezahlung, wenn der ArbN am letzten Arbeitstag vor oder am ersten Arbeitstag nach dem Feiertag unentschuldigt fehlt. Unentschuldigtes Fehlen liegt immer dann vor, wenn das Fernbleiben **objektiv pflichtwidrig** war. Darauf, ob der ArbN sein Fehlen hinterher entschuldigt, oder ob der ArbN ohne eigenes Verschulden objektiv pflichtwidrig gefehlt hat, kommt es nicht an (*Matthes* Lohnzahlung ohne Arbeit Rn 287). Auch ein Teilarbeitsversäumnis von mehr als der Hälfte der täglichen Arbeitszeit schließt den Anspruch aus (BAG 28.10.66, BB 67, 209). Entscheidend ist der letzte individuelle Arbeitstag des ArbN vor oder nach dem Feiertag, nicht der erste generelle Arbeitstag im Betrieb vor oder nach dem Feiertag.

28 **3. Höhe der Feiertagsvergütung.** Für die Berechnung der Feiertagsvergütung ist das **Lohnausfallprinzip** maßgebend. Der ArbN hat die Vergütung zu beanspruchen, die er bekommen hätte, wenn die Arbeit feiertagsbedingt nicht ausgefallen wäre. Bei festen Wochen- oder Monatsbezügen erhält der ArbN die Feiertagsvergütung dadurch, dass die Bezüge ungekürzt durchgezahlt werden. Für gewerbliche ArbN, die im Stundenlohn beschäftigt sind, müssen die infolge des Feiertages ausgefallenen Arbeitsstunden mit dem regulären Stundenlohn in Ansatz gebracht werden. Soweit nur **Mindestlohn** geschuldet wird, ist dieser auch für die Berechnung der Feiertagsvergütung maßgebend (BAG 13.5.15 – 10 AZR 191/14, DB 15, 2276).

Wären am Feiertag **Überstunden** angefallen, wofür der ArbN die Darlegungs- und Beweislast trägt, sind diese **einschließlich etwaiger Zuschläge hinzuzurechnen** (BAG 18.3.92, DB 92, 1939).

Bei leistungsabhängigen Vergütungsbestandteilen (Akkord, Prämie, Provision etc) ist die ausgefallene Vergütung anhand der Durchschnittswerte der Vergangenheit zu schätzen, wobei sich als Zeitrahmen die Parallele zu § 11 BUrlG anbietet, der auf die letzten 13 Wochen abstellt.

29 Wie bei der Entgeltfortzahlung im Krankheitsfall sind Vergütungszuschläge fortzuzahlen, soweit sie nicht einen besonderen Aufwand abdecken, der bei Nichtarbeit nicht anfällt (§ 4 Abs 1 Satz 2 EFZG, früher § 2 LFZG; Beispiel: Fahrtkostenzuschuss, Schmutzzulage). Fällt auf den Feiertag **Kurzarbeit,** ist Feiertagsvergütung in Höhe des Kurzarbeitergeldes zu zahlen. Der ArbGeb muss insoweit die gesamten SozVBeiträge übernehmen, nicht jedoch die anfallende LSt (BAG 8.5.84, NZA 85, 62).

Der Anspruch auf Freizeitausgleich wegen Vorfeiertagsarbeit und schichtplanfreien Wochenfeiertagen kann in einem Jahresarbeitszeitkonto durch entsprechende Verringerung der geschuldeten Grundarbeitszeitstunden erfüllt werden (BAG 11.2.09 – 5 AZR 341/08, NZA 10, 120 (Ls)). 30

**4. Feiertagsvergütung im Arbeitskampf.** S dazu → *Arbeitskampf/Streik* Rn 18. 31

**5. Fälligkeit und Unabdingbarkeit.** Die Fälligkeit der Feiertagsvergütung folgt der des Entgelts, das der ArbN erhalten hätte, wenn er an dem gesetzlichen Feiertag gearbeitet hätte. Die Fälligkeit tritt daher zu dem üblichen Fälligkeitszeitpunkt für die Entgeltzahlung ein. Die Feiertagsvergütung ist weder nach Grund noch nach Höhe **abdingbar** (§ 12 EFZG). Unzulässig ist es daher Vor- oder Nacharbeit zu verlangen oder das Arbeitszeitkonto negativ zu belasten (BAG 14.8.02 – 5 AZR 417/01, NZA 03, 232). § 12 EFZG verbietet nur Abweichungen zuungunsten des ArbN, so dass die abweichende Regelung nicht stets günstiger sein muss; es reicht wenn sie neutral ist (BAG 6.12.17 – 5 AZR 118/17, NZA 18, 597). 32

## B. Lohnsteuerrecht *Weil*

**1. Entgeltfortzahlung.** Die vom Arbeitgeber gezahlte Entgeltfortzahlung gehört in voller Höhe zum steuerpflichtigen Entgelt (§ 19 Abs 1 Nr 1 EStG, § 2 Abs 2 LStDV). 41

**2. An Feiertagen (§ 2 EFZG).** Das für den Arbeitsausfall an Feiertagen gezahlte Arbeitsentgelt unterliegt nach allgemeinen Grundsätzen der LSt. Wird kein Arbeitsentgelt gezahlt (zB nach § 2 Abs 3 EFZG; → Rn 26), ist auch lohnsteuerlich insoweit nichts veranlasst. Zur lohnsteuerlichen Behandlung der Zuschläge für an Feiertagen tatsächlich geleistete Arbeit → *Sonn- und Feiertagsarbeit* Rn 17 ff. 42

**3. Im Krankheitsfall** (§§ 3 ff EFZG). Solange der ArbGeb den Lohn nach den einschlägigen Bestimmungen fortzahlt (§§ 3, 4 EFZG), aber auch wenn er ohne rechtliche Verpflichtung bzw unter dem Vorbehalt der Rückzahlung den Lohn fortzahlt, gelten die allgemeinen Regelungen über den LStAbzug (→ *Krankengeld* Rn 6). Entscheidend ist der Lohnzufluss und dessen Höhe beim ArbN (→ *Lohnzufluss* Rn 2). Verweigert der ArbGeb die Lohnfortzahlung (§ 7 EFZG), ist mangels Lohnzufluss beim ArbN steuerlich nichts veranlasst. Zu Aufwendungen zwecks Erlangung der Entgeltfortzahlung → *Rechtsanwaltskosten* Rn 22. Wird der Lohn teilweise gezahlt bzw der Lohn gekürzt, ist die Teilzahlung bzw der gekürzte Lohn Bemessungsgrundlage für die LSt. Bezieht der ArbN Lohnersatzleistungen, also insbes Krankengeld oÄ, richtet sich die Besteuerung nach diesen Regelungen (→ *Krankengeld* Rn 6; → *Lohnersatzleistungen* Rn 6). Für Leistungen anlässlich Kur und Schonungszeiten (§ 9 EFZG) gilt das Ausgeführte entsprechend. Gehaltsfortzahlungen an einen im Ausland wohnhaften, erkrankten ArbN gehören zu dessen inländischen Einkünften (→ *Ausländer* Rn 42). Zum Krankengeld bei Auslandstätigkeit → *Krankengeld* Rn 6. Zurückzuzahlende Entgeltfortzahlung ist erst im Jahr der Rückzahlung steuermindernd zu berücksichtigen (BFH 4.5.06 – VI R 19/03, DStRE 06, 909). Zum Krankentagegeld eines Grenzgängers in die Schweiz → *Grenzgänger* Rn 23. 43

**4. Zur Arbeitsplatzsuche (§ 629 BGB).** Wird das Arbeitsentgelt aufgrund gesetzlicher Verpflichtung (§ 616 BGB) oder freiwillig fortgezahlt, gelten für den LStAbzug keine Besonderheiten. Die LStPflicht entfällt mit Einstellung der Entgeltzahlung. 44

**5. Im Todesfall.** → *Sterbegeld* Rn 4 ff. 45

**6. Andere Fälle.** → *Freistellung von der Arbeit* Rn 33. 46

## C. Sozialversicherungsrecht *Ruppelt*

**1. Ruhen des Krankengeldanspruches.** Der Anspruch arbeitsunfähiger Beschäftigter auf Krankengeld (→ *Arbeitsunfähigkeit* Rn 19 ff; → *Krankengeld* Rn 11 ff) ruht, soweit und solange Versicherte **beitragspflichtiges Arbeitsentgelt oder Arbeitseinkommen** erhalten (§ 49 Abs 1 Nr 1 SGB V). Bei der Vergütungsfortzahlung im Krankheitsfall nach arbeitsrechtlichen Vorschriften handelt es sich um **beitragspflichtiges Arbeitsentgelt,** so dass für den Fortzahlungszeitraum Krankengeld vom KVTräger nicht beansprucht werden kann. Da sowohl der Anspruch auf die Entgeltfortzahlung im Krankheitsfall als auch der 51

Anspruch auf Krankengeld grds die **Arbeitsunfähigkeit** (→ *Arbeitsunfähigkeit* Rn 19 ff) des Versicherten voraussetzen, wird damit eine doppelte wirtschaftliche Absicherung im Krankheitsfalle vermieden.

52 Der Anspruch auf Krankengeld ruht trotz Anspruchs auf Entgeltfortzahlung **nicht,** wenn der ArbN **tatsächlich keine oder zu geringe Leistungen** vom ArbGeb erhält; maßgebend ist der tatsächliche Bezug des Arbeitsentgelts. Hat der ArbN die AU durch grobes Verschulden herbeigeführt und deshalb keinen Anspruch auf Entgeltfortzahlung (→ Rn 6 ff), ruht der Anspruch auf Krankengeld gleichfalls nicht (s aber § 52 Abs 1 SGB V bei vorsätzlich herbeigeführter Krankheit). Nur wenn der ArbN durch eine schuldhafte Verletzung einer **sozialversicherungsrechtlichen Nebenpflicht** (Fristversäumung, Verzicht auf Entgeltfortzahlung in einer Ausgleichsquittung) die Vergütungsfortzahlung verhindert, erhält er weder Vergütungsfortzahlung noch Krankengeld.

53 Der ArbN hat Anspruch auf das ihm bei regelmäßiger Arbeitszeit zustehende Arbeitsentgelt (also ohne Überstunden- oder Mehrarbeitsvergütung) in **voller Höhe** (§ 4 Abs 1 EFZG). Zu Einzelheiten → Rn 11.

54 Der Anspruch auf Entgeltfortzahlung entsteht erst nach **vierwöchiger ununterbrochener Dauer** (→ Rn 15) des Arbeitsverhältnisses (§ 3 Abs 3 EFZG). **Geringfügig Beschäftigte** haben grds Anspruch auf Entgeltfortzahlung, soweit die Voraussetzungen im Übrigen erfüllt sind (→ Rn 1), grds jedoch nicht auf **Krankengeld** (→ *Krankengeld* Rn 19).

55 **2. Erstattungsanspruch.** Soweit der ArbGeb den Anspruch des ArbN auf Vergütungsfortzahlung nicht erfüllt und der KVTräger deshalb Sozialleistungen erbracht hat, geht der Anspruch des ArbN gegen den ArbGeb auf den KVTräger bis zur Höhe der erbrachten Leistung über. Der Übergang wird nicht dadurch ausgeschlossen, dass der Anspruch nicht übertragen, verpfändet oder gepfändet werden kann (§ 115 Abs 1 und 2 SGB X). Anstelle des Anspruchs auf Sachbezüge tritt der Wert der Sachbezüge (Abs 3). Auch gegenüber einem auf den KVTräger übergegangenen Anspruch des ArbN auf Vergütungsfortzahlung kann der ArbGeb mit eigenen Ansprüchen aufrechnen, jedoch sind auch dabei die Pfändungsfreigrenzen zu beachten. Hinsichtlich der übergegangenen Ansprüche ist der Rechtsweg zu den ArbG gegeben, da es sich um – übergeleitete – Ansprüche aus Arbeitsvertrag handelt.

56 **3. Verletztengeld.** Das Verletztengeld nach einem Arbeitsunfall (→ *Unfallversicherung* Rn 51) entspricht nach Leistungsgrund und -zweck dem Krankengeld aus der gesetzlichen KV. Der Verletztengeldanspruch entsteht mit der unfallbedingten AU des Verletzten. Auf das Verletztengeld wird gleichzeitig erzieltes Arbeitsentgelt – also auch die Entgeltfortzahlung – angerechnet. Bei ArbN wird das Arbeitsentgelt nur insoweit angerechnet, als es um die gesetzlichen Abzüge vermindert ist (§ 52 Nr 1 SGB VII).

57 **4. Ausgleichsverfahren.** Die ArbGebAufwendungen zur Entgeltfortzahlung werden bei Kleinbetrieben (→ *Kleinbetrieb* Rn 17) durch die Entgeltfortzahlungsversicherung der Krankenkassen zu grds 80 vH erstattet. Das Ausgleichs- und Erstattungsverfahren ist im AAG geregelt. Am Ausgleichsverfahren der Entgeltfortzahlung im Krankheitsfall (U 1) nehmen alle ArbGeb teil, die **regelmäßig nicht mehr als 30 ArbN** beschäftigten. Eine Heraufsetzung dieser Zahl durch Satzung ist nicht möglich. Auch die Entgeltfortzahlung im **Krankheitsfall der Angestellten** ist versichert, und die Ersatz- und Betriebskrankenkassen (nicht jedoch die landwirtschaftlichen Krankenkassen) sind in das Ausgleichsverfahren einbezogen. Vom Ausgleichsverfahren ausgeschlossen sind öffentlich-rechtliche ArbGeb iSv § 11 Abs 1 Nr 1 AAG (BSG 31.5.16 – B 1 KR 17/15 R, SozR 4–7862 § 11 Nr 1). **Zuständige Ausgleichskasse** ist nach § 2 Abs 1 Satz 1 AAG die Krankenkasse, bei der der jeweilige ArbN versichert ist. Übertragung der Zuständigkeit ist möglich. Die Zuständigkeit gilt sowohl für das Feststellungs- als auch für das Erstattungsverfahren. Für geringfügig Beschäftigte ist immer die Deutsche Rentenversicherung Knappschaft-Bahn-See zuständig.

58 **Erstattungsfähig zu 80 vH** sind nach § 1 Abs 1 AAG das vom ArbGeb nach § 3 und § 9 Abs 1 EFZG weitergezahlte Entgelt im Krankheitsfall und die darauf entfallenden ArbGebAnteile zur Kranken-, Renten- und Pflegeversicherung und zur ArblV. Darüber hinaus sind zu 80 vH erstattungsfähig der ArbGebAnteil zu einem berufständischen Versorgungswerk nach Maßgabe des § 172 Abs 2 SGB VI und die Beitragszuschüsse nach § 257 SGB V und § 61 SGB XI für freiwillige Mitglieder der gesetzlichen KV und privat Pflegeversicher-

te. Nach § 9 Abs 2 Nr 1 AAG kann **die Satzung** der Krankenkasse anstelle der gesetzlich vorgesehenen Erstattung von 80 vH **geringere Werte** vorsehen, die 40 vH nicht unterschreiten dürfen, was sich auf die Höhe des Umlagesatzes auswirkt ( BSG 13.12.11 – B 1 KR 3/11 R, Breithaupt 2012, 601). Die Mittel zur Durchführung des Ausgleichs werden kostendeckend nach dem vermutlich entstehenden Bedarf durch eine Umlage der am Ausgleichsverfahren beteiligten ArbGeb aufgebracht. Einzelheiten des Ausgleichsverfahrens → *Kleinbetrieb* Rn 17 ff.

**5. Antragsverfahren.** Die Erstattung wird nach § 2 Abs 2 Satz 1 AAG auf Antrag erbracht, sobald der ArbGeb Entgeltfortzahlung geleistet hat. Der ArbGeb hat den Antrag durch Datenübertragung nach § 28a Abs 1 Satz 3 u 4 SGB IV an die zuständige Krankenkasse zu übermitteln (§ 2 Abs 3 Satz 1 AAG). Die Rückforderung zu Unrecht geleisteter Erstattungen ist in § 4 AAG geregelt und geht den allg sozialrechtlichen Rückforderungsregeln nach § 50 iVm §§ 45, 48 SGB X vor (LSG Sachs 13.8.14 – L 1 KR 192/11, nv). 59

**6. Beiträge für Sonntags-, Feiertags- und Nachtzuschläge.** Diese Zuschlagszahlungen sind Arbeitsentgelt. Sie sind deshalb bei der Berechnung der Höhe der Entgeltfortzahlung in vollem Umfang zu berücksichtigen (→ Rn 24 ff). Auch wenn diese Zuschläge nach § 3b EStG iVm § 1 Abs 1 Nr 1 SvEV grds lohnsteuer- und sozialversicherungsfrei sind (→ *Sonn- und Feiertagsarbeit* Rn 33 f), unterfallen diese im Rahmen der Entgeltfortzahlung erbrachten Zuschläge der **Beitragspflicht zu allen Zweigen der Sozialversicherung**, weil sie in diesem Fall nicht für **tatsächlich geleistete,** sondern nur zur Berechnung der Entgeltersatzleistung berücksichtigte fiktive Sonntags-, Feiertags- und Nachtarbeit gezahlt werden. 60

**7. Organspende.** Wegen Organ/Gewebespende bzw Blutspende zur Gewinnung von Blutbestandteilen arbeitsunfähige ArbN haben bei Vorliegen der Voraussetzungen im Übrigen Anspruch auf Entgeltfortzahlung nach § 3a Abs 1 EFZG, wenn die Spende von Organen und Geweben nach §§ 8 und 8a TransplantationsG bzw § 9 des TransfusionsG erfolgt. Nach Maßgabe von § 3a Abs 2 EFZG steht dem ArbGeb auf Antrag Erstattung des fortgezahlten Arbeitsentgelts und des ArbGebAnteils der SozVBeiträge sowie der betrieblichen Alters- und Hinterbliebenenversorgung gegen den Kostenträger des Organempfängers zu. 61

## Entgeltnachzahlung

### A. Arbeitsrecht *Griese*

**1. Problemstellung.** Entgeltnachzahlungen führen arbeitsrechtlich zu Problemen, wenn durch sie höhere Abzüge vom Bruttolohn des ArbN hervorgerufen werden. Hinsichtlich der SozVBeiträge entstehen diese Probleme regelmäßig nicht, da diese prozentual vom Bruttoeinkommen berechnet werden und **linear** mit steigendem Bruttoeinkommen steigen. Probleme können hier lediglich bei gesetzlichen Änderungen der Beitragssätze von einem auf das andere Kj entstehen. Zu Problemen kann eine Entgeltnachzahlung jedoch vor allem beim Abzug der LSt führen, da im Steuerrecht das **Zuflussprinzip** gilt. Für den Steuerabzug ist der Zuflusszeitpunkt maßgebend, so dass aufgrund des progressiv **gestaffelten** Steuertarifs ein höherer Steuerabzug anfällt, wenn das Entgelt nicht bei Fälligkeit, sondern erst in einer folgenden Gehaltsperiode **im folgenden Kalenderjahr ausgezahlt wird.** Ein Schaden kann auch dadurch entstehen, dass durch die Auszahlung erst im nachfolgenden Kj eine zusätzliche Steuerbelastung durch eine neu eingeführte oder erhöhte Steuer (zB Solidaritätszuschlag) entsteht. 1

**2. Zusätzliche Ansprüche des Arbeitnehmers bei Entgeltnachzahlung.** Anspruchsgrundlage für Ansprüche wegen verspäteter Entgeltzahlung ist § 288 Abs 4 BGB iVm §§ 280 Abs 2, 286 BGB. 2

**a)** Für einen Anspruch ist **Verzug** des ArbGeb gem 286 BGB Voraussetzung. Bei Arbeitsentgeltansprüchen handelt es sich um **kalenderbestimmte Leistungen** iSd § 286 Abs 2 Nr 1 BGB, so dass der ArbGeb in **Verzug** kommt, wenn er bei Fälligkeit nicht leistet. Entgeltnachzahlungen, die erst später fällig werden, etwa rückwirkende Erhöhung der Vergütung, rückwirkende Tariferhöhung oder vertragliche Festlegung, dass bestimmte Vergütungsteile (zB Prämien) erst später berechnet und fällig werden, begründen, soweit die Ansprüche bei Fälligkeit erfüllt werden, keinen Verzug.

Eine **verfrühte Zahlung löst keinen Schadensersatzanspruch** aus (BAG 23.6.16 – 8 AZR 757/14, NZA 16, 1459).

**b)** Von dem für den **Verzug** nach § 286 Abs 4 BGB notwendigen Verschulden ist regelmäßig auszugehen.

Der ArbGeb hat die Beweislast dafür, wenn er ausnahmsweise darlegen will, die Leistung bei Fälligkeit sei infolge eines Umstandes unterblieben, den er nicht zu vertreten gehabt habe. Bedeutung erlangt dies insbes, wenn der ArbGeb zunächst nicht zahlt, weil er von der Wirksamkeit einer von ihm ausgesprochenen Kündigung ausgeht, die später gerichtlich für unwirksam erklärt wird, so dass der ArbGeb aufgrund des eingetretenen Annahmeverzugs (→ *Annahmeverzug* Rn 14) die Vergütung nachzahlen muss.

Der ArbGeb kann sich zur Entschuldigung grds nicht darauf berufen, er habe auf die Wirksamkeit der Kündigung vertraut. Es entlastet ihn nur, wenn er einen **unverschuldeten Rechtsirrtum** geltend machen kann. Das setzt eine objektiv schwierige Rechtslage und eine sorgfältige Prüfung durch den ArbGeb voraus (BAG 13.6.02 – 2 AZR 391/01, NZA 03, 44).

3 **c)** Eine Schadensersatzpflicht setzt voraus, dass dem ArbN dauerhaft ein Schaden verbleibt. Von einem dauerhaften Schaden kann nicht ausgegangen werden, wenn der ArbN zunächst zur Überbrückung SGB II – Leistungen bezieht, dann das nachzuzahlende Entgelt in voller Höhe vom ArbGeb erhält und daraufhin die erhaltenen SGB II – Leistungen zurückzahlen muss (BAG 17.1.18 – 5 AZR 205/17, NZA 18, 784). Bei **Nichtzahlung trotz Fälligkeit und späterer Nachzahlung** hat der ArbN die Möglichkeit, diesen höheren Steuerabzug durch den vom ArbGeb durchzuführenden LStJahresausgleich bzw die **Antragsveranlagung** beim FA auszugleichen. Die Steuerabzüge erweisen sich insoweit nur als Vorschüsse auf den endgültig festzusetzenden Betrag der Jahreslohn- und -einkommensteuer. Es verbleibt dann nur der Zinsschaden, der durch die vorläufige Zuvielabführung der Steuern entsteht. Entsteht ein **endgültiger Steuerschaden,** kann dieser nach § 280 Abs 2 iVm § 286 BGB geltend gemacht werden (BAG 20.6.02 – 8 AZR 488/01, NZA 03, 268). Zu dem auszugleichenden **Verzugsschaden** gehört es dann, den ArbN hinsichtlich der ihm zustehenden Nettovergütung so zu stellen, als sei jeweils bei Fälligkeit abgerechnet und bezahlt worden.

4 **3. Verzinsung der Entgeltnachzahlung gem § 288 Abs 1 BGB.** Zum Verzugsschaden gehört die Verzinsung der Entgeltnachzahlung. Die Verzinsung beginnt mit dem Eintritt des Verzuges, also mangels Entschuldigungsgründen regelmäßig mit dem Ablauf des Kalendermonats, für den zu zahlen ist. Der Zinssatz beträgt **fünf** Prozentpunkte oberhalb des Basiszinssatzes (§ 247 BGB) gem § 288 Abs 1 BGB. § 288 Abs 2 BGB findet keine Anwendung (*Däubler* NZA 01, 1329), weil der Arbeitsvertrag als Verbrauchervertrag einzustufen ist (BAG 25.5.05 – 5 AZR 572/04, NZA 05, 1111). **Der Arbeitnehmer ist Verbraucher iSd § 13 BGB** (BVerfG 23.11.06 – 1 BvR 1909/06, NZA 07, 85).

Ab **Rechtshängigkeit werden gem § 291 BGB Prozesszinsen** in derselben Höhe geschuldet, ohne dass es auf Verzug und damit Verschulden noch ankommt.

Erfolgt die Festlegung eines Entgeltbestandteils erst durch Gestaltungsurteil, zB Festsetzung einer Bonuszahlung nach billigem Ermessen durch das Gericht, können Verzugs- und Prozesszinsen erst ab Rechtskraft des Gestaltungsurteils verlangt werden (BAG 24.10.18 – 10 AZR 285/16, NZA 19, 387).

5 **4. Verzugspauschale gem § 288 Abs 5 BGB.** Ob die zusätzliche Verzugspauschale von 40 € gem § 288 Abs 5 BGB (Geltung gem Art 229 § 34 EGBGB ab 1.7.16) verlangt werden kann, ist umstritten. Aus der Regelung des § 12a Abs 1 ArbGG kann abgeleitet werden, dass Kosten der Anspruchsverfolgung bis zum Abschluss der ersten Instanz nicht erstattungsfähig sind (LAG Köln 4.10.17 – 5 Sa 229/17, BeckRS 2017, 132843; zust *Ulrici* jurisPR – ArbR 8/2018 Anm 7). Die gegenteilige Auffassung nimmt auf den Verbraucherstatus des ArbN und die historische Auslegung der zugrunde liegenden EU-Richtlinie 2011/17/EU Bezug (Hess LAG 10.11.17 – 10 Sa 964/17, Rn 68, BeckRS 2017, 146035).

Das BAG (25.9.18 – 8 AZR 26/18, NZA 19, 121; aA LAG Sachsen 17.7.19 – 2 Sa 364/18, NZA 19, 1448) hat sich der erstgenannten Auffassung angeschlossen und einen Anspruch aus § 288 Abs 5 BGB auf erstinstanzlich angefallene Ansprüche abgelehnt.

## B. Lohnsteuerrecht *Seidel*

**1. Laufenden Arbeitslohn** stellen Lohnnachzahlungen dar, wenn sie sich ausschließlich auf Lohnzahlungszeiträume beziehen, die im Kj der Zahlung enden. Dies gilt auch, wenn Arbeitslohn für Lohnzahlungszeiträume des abgelaufenen Kj **innerhalb der ersten 3 Wochen des nachfolgenden** Kj zufließt (LStR 39b.2 Abs 1 Nr 6 und 7). Die LSt ist bei der Zahlung einzubehalten (→ *Lohnzufluss* Rn 2 und → *Lohnsteuerberechnung* Rn 12–14). Für die Berechnung der LSt ist die Nachzahlung den Lohnzahlungszeiträumen zuzurechnen, für die sie geleistet wird (LStR 39b.5 Abs 4). 6

**Beispiel:** Der Monatslohn iHv 2100 € eines ArbN mit Steuerklasse III wird im Juni 2018 rückwirkend zum 1.1. um 5 % erhöht. Die Nachzahlung für Januar bis Mai beträgt 500 € (5 × 100 €) und wird mit den Juni-Bezügen ausbezahlt. Die LSt von 2100 € beträgt 18,00 € und von 2200 € 33,00 €. Auf die anteilige Nachzahlung von monatlich 100 € entfallen 15,00 € (33,00 € – 18,00 €). Dieser Betrag ist mit der Zahl der Nachzahlungsmonate zu vervielfachen: Das ergibt eine LSt von 75,00 € (15,00 € × 5). Der ArbGeb muss daher für Juni 108,00 € (33,00 € + 75,00 €) an LSt einbehalten. Hinzu kommen noch der SolZ und ggf die KiSt. Zur Bemessungsgrundlage → *Solidaritätszuschlag* Rn 5.

LStR 39b.5 Abs 4 Satz 2 lässt zu, die Nachzahlungen als sonstige Bezüge zu behandeln, wenn nicht der ArbN eine Besteuerung als laufender Bezug verlangt; eine Pauschalierung nach § 40 Abs 1 S 1 Nr 1 EStG ist jedoch unzulässig. Wird eine Nachzahlung erst nach dem Ausscheiden des ArbN gezahlt und betrifft diese ausschließlich Lohnzahlungszeiträume, die im Kj der Zahlung enden, so kann (muss aber nicht) entsprechend dem dargestellten Beispiel verfahren werden, wenn der ArbN keinen Arbeitslohn von einem anderen ArbGeb bezieht; ansonsten erfolgt regelmäßig eine Besteuerung als sonstiger Bezug (*HMW*/Nachzahlung von Arbeitslohn Rn 3). Zu den Besonderheiten bei einem nachträglichen Zufluss von Arbeitslohn beim international mobilen ArbN s *Neyer* FR 07, 382. 7

**2. Sonstige Bezüge** stellen Lohnnachzahlungen dar, wenn sich der **Gesamtbetrag oder** ein **Teilbetrag** der Nachzahlung auf Lohnzahlungszeiträume bezieht, die in einem anderen Kj als dem der Zahlung enden oder **später als 3 Wochen nach Ablauf des Kalenderjahres** für Lohnzahlungszeiträume des abgelaufenen Kj zufließen (LStR 39b.2 Abs 2 Nr 8; → *Einmalzahlungen* Rn 33). Erfolgt daher im oben dargestellten Beispiel die Gehaltszahlung rückwirkend zum 1.10. des Vorjahres, so darf keine Nacherhebung der LSt für die Lohnzahlungszeiträume ab 1.10. des Vorjahres und auch nicht ab 1.1. des Kj erfolgen, sondern die Nachzahlung iHv 800 € (8 × 100 €) ist als sonstiger Bezug im Jahr der Nachzahlung zu versteuern (*HMW*/Nachzahlung von Arbeitslohn Rn 4), außer die Nachzahlung für Oktober–Dezember erfolgt innerhalb von 3 Wochen und Ablauf des Kj (→ Rn 6). Dies gilt auch bei Gehaltsnachzahlungen für frühere Jahre wegen unwirksamer Kündigung (BFH 22.7.93, BStBl II 93, 795; → Rn 9). Dabei sind die Besteuerungsmerkmale des Zuflussjahres zugrunde zu legen (BFH 29.5.98 – VI B 275/97, BFH/NV 98, 1477; BFH 15.12.11 – VI R 26/11, BStBl II 12, 415 Rn 12). Zur Besteuerung als sonstiger Bezug bei ausgeschiedenen ArbN → *Sonstige Bezüge* Rn 11. 8

**3.** Nachzahlungen für eine **mehrjährige Tätigkeit** (zB nach einer unwirksamen Kündigung; BFH 22.7.93 – VI R 104/92, BStBl II 93, 795, die Verfassungsbeschwerde wurde nicht zur Entscheidung angenommen, BVerfG 28.1.94 – 2 BvR 2202/93, HFR 94, 551) führen gem § 34 Abs 1 und 2 Nr 4 EStG zu einer (Steuer-)**Tarifbegünstigung** (→ *Außerordentliche Einkünfte* Rn 17–21). Der ArbGeb kann die (Steuer-)Tarifermäßigung bereits beim LStAbzug berücksichtigen (→ *Sonstige Bezüge* Rn 10). Unter die Begünstigung fallen auch Nachzahlungen, die darauf beruhen, dass rückwirkende Tarifvereinbarungen getroffen oder Löhne mangels flüssiger Mittel früher nicht in voller Höhe ausgezahlt wurden. Lohnnachzahlungen aus dem Vorjahr gehören aber nicht schon deswegen zu den nach § 34 Abs 1 EStG begünstigten Einkünften, weil sie im Zuflussjahr mit laufenden Lohnzahlungen zusammentreffen. Darin liegt keine Entlohnung für einen längeren Zeitraum als ein Jahr (BFH 9

6.12.91, BFH/NV 92, 381). Eine Lohnnachzahlung ist **keine Entschädigung** iSd § 24 Nr 1a EStG und kann daher nicht zu einer Steuerermäßigung gem § 34 Abs 1 und 2 Nr 2 EStG führen (→ *Außerordentliche Einkünfte* Rn 5–16).

**C. Sozialversicherungsrecht** *Schlegel*

10 **1. Beitragsrecht.** Lohnnachzahlungen können darauf beruhen, dass der ArbGeb geschuldetes Arbeitsentgelt zum Fälligkeitstermin zunächst nicht zahlt, oder Arbeitsentgelt zwar erarbeitet, aber erst später berechnet und fällig wird. Möglich ist auch, dass sich eine Lohnnachzahlung aus einer rückwirkenden Lohnerhöhung ergibt.

11 **a) Nichtzahlung des Arbeitsentgelts bei Fälligkeit** lässt die Pflicht des ArbGeb unberührt, aus dem geschuldeten Arbeitsentgelt GesamtSozVBeiträge zu entrichten. Das im Steuerrecht maßgebliche Zuflussprinzip gilt insoweit aus sozialen Schutzerwägungen zugunsten des Beschäftigten nicht. Dies ergibt sich ua aus § 175 SGB III, wonach die Beitragspflicht für nicht gezahltes Arbeitsentgelt trotz Zahlung von Insolvenzgeld fortbesteht (BSG 26.11.85 – 12 RK 51/83, DB 86, 867; 26.10.82 – 12 RK 8/81, SozR 2200 § 393 Nr 9). Die Beiträge sind an den durch die Kassensatzung bestimmten Zahlungstagen zu entrichten (§ 23 SGB IV). Dies gilt selbst dann, wenn der ArbN vom ArbGeb das Arbeitsentgelt wegen einer tariflichen Ausschlussklausel nicht mehr verlangen kann (BSG 30.8.94 – 12 RK 59/92, SozR 3–2200 § 385 Nr 5; Einzelheiten → *Lohnzufluss* Rn 21).

12 **b) Hinausgeschobene Fälligkeit.** Laufend erarbeitetes, aber erst später fällig gewordenes und ausgezahltes Entgelt ist auch noch nachträglich auf die Zeit, in der es erarbeitet wurde, zu verteilen. Die Nachzahlung ist nicht als Einmalzahlung zur Beitragszahlung heranzuziehen (BSG 27.10.89 – 12 RK 9/88, SozR 2200 § 385 Nr 22; → *Lohnzufluss* Rn 23 ff). Wird zB eine Montagebeteiligung, die sich nach dem Baufortschritt in den einzelnen Abrechnungszeiträumen bemisst, erst nach Fertigstellung eines Bauabschnitts berechnet und in einer Summe für alle früheren Abrechnungszeiträume ausbezahlt, muss die Gesamtsumme auf die einzelnen zurückliegenden Entgeltabrechnungszeiträume verteilt werden. Entsprechendes gilt für Akkordspitzen, die erst später (zB nach Ablauf der Gewährleistungspflicht für ein Bauwerk) abgerechnet werden (BSG 9.3.83 – 12 RK 28/83, NZA 85, 102). Anders verhält es sich, wenn ein leistungsbezogenes, vom Erreichen für das Geschäftsjahr vereinbarter Ziele abhängiges sog **variables Entgelt** während des Geschäftsjahrs zunächst in mehreren **Abschlagszahlungen** und erst nach Ablauf des Geschäftsjahrs, wenn die Höhe des Entgelts endgültig feststeht, in einer Endzahlung erbracht wird: hierbei handelt es sich sowohl bei den Abschlagszahlungen als auch bei der Schlusszahlung um Einmalzahlungen (BSG 3.6.09 – B 12 R 12/07 R, BSGE 103, 229). Haben die Arbeitsvertragsparteien zB in Betrieben des Gartenbaus oder sonstiger Saisonbetriebe **Arbeitszeitkonten zur Verstetigung des Arbeitslohns** durch Ausgleich witterungs- und jahreszeitlich bedingter Schwankungen vereinbart, liegt kein Wertguthaben iSd § 7b SGB IV vor. So hatten zB im Fall BSG 10.12.2019 – B 12 R9/18 R die Arbeitsvertragsparteien eine **Jahresarbeitszeitvereinbarungen** Arbeitszeitsoll laufend saldiert wurden. Die Abrechnung und Auszahlung des Arbeitsentgelts erfolgte als verstetigter Monatslohn auf der Grundlage einer fiktiven durchschnittlichen geschuldeten Stundenzahl. Die erbrachte Mehrarbeit wurde bei konstantem Lohn grundsätzlich allein durch entsprechenden Freizeitausgleich kompensiert. Scheidet ein ArbN aus dem Betrieb aus und hat er zu diesem Zeitpunkt ein positives Guthaben, ist eine Verteilung des Guthabens auf frühere Zeiträume, in denen die Arbeit tatsächlich erbracht wurde, wenn idR unmöglich, jedenfalls aber sehr unpraktikabel. Das BSG hält es für gerechtfertigt Zahlungen in solchen Fällen den für Einmalzahlungen geltenden beitragsrechtlichen Vorschriften zu unterwerfen (BSG 10.12.19 – B 12 R 9/18 R).

13 **c) Nachzahlungen aufgrund rückwirkender Tariferhöhungen** führen zu einer nachträglichen Zuordnung der Nachzahlung auf diejenigen Monate, auf die die Nachzahlung im Tarifvertrag bzw Einzelarbeitsvertrag entfällt; derartige Nachzahlungen waren nach früherer Ansicht des BSG nur in demjenigen Monat zu berücksichtigen, in dem die Nachzahlung dem ArbN tatsächlich zufloss bzw fällig wurde (BSG 17.12.74 – 3 RK 74/60, BSGE 22, 162; BSG 25.1.95 – 12 RK 51/93, SozR 3–2400 § 26 Nr 6). Dem kann jedenfalls dann nicht zugestimmt werden, wenn ein Tarifvertrag gekündigt und zunächst das Arbeitsentgelt – nur vorläufig – auf der Grundlage des gekündigten Tarifvertrags bis zum

Abschluss eines neuen Tarifvertrags weitergezahlt wird. Individuell berechnete Nachzahlungen für einzelne Kalendermonate aufgrund rückwirkend in Kraft getretener Tarifverträge sind kein einmalig gezahltes Arbeitsentgelt iSd §§ 227 SGB V, 164 SGB VI. Sie sind auf diejenigen Entgeltabrechnungszeiträume zu verteilen, in denen sie verdient wurden (BSG 9.2.94 – 11 RAr 43/93, BeckRS 1994, 30747865; zu einer pauschalierten Gehaltsnachzahlung; BSG 15.2.90 – 7 RAr 78/88, SozR 3–7825 § 3 Nr 1; Gehaltsnachzahlung aufgrund tarifvertraglicher Gehaltserhöhung). Sollte aus Vereinfachungsgründen von den Einzugsstellen gleichwohl die Vorschriften der §§ 227 SGB V, 164 SGB VI angewendet werden, kann dem nicht zugestimmt werden. Nachzahlungen aufgrund rückwirkender Tariferhöhungen können insoweit nicht anders beurteilt werden als die Nachzahlungen sonstigen Arbeitsentgelts.

Anders ist dies nur dann, wenn der neue Tarifvertrag für zurückliegende Zeiten eine **pauschale Zuwendung** vorsieht, die sich den einzelnen Lohnabrechnungszeiträumen nicht konkret und nach individueller Arbeitsleistung zurechnen lässt. In diesem Fall ist die Pauschale als Einmalzahlung zu behandeln. Die Beiträge auf diese einmalige Nachzahlung entstehen gem § 22 Abs 1 Satz 2 SGB IV erst wenn gezahlt worden ist. 14

**2. Leistungsrecht.** Im Leistungsrecht herrschte früher der Grundsatz, dass Lohnnachzahlungen nach Eintritt des Versicherungsfalles bzw nach dem für die Bemessung einer Lohnersatzleistung maßgeblichen Bemessungszeitpunkt im Grundsatz nicht zu einer Erhöhung der Lohnersatzleistungen führen. 15

**a) Arbeitslosengeld** wurde früher nur auf der Grundlage des beim Ausscheiden bereits erzielten und abgerechneten Arbeitsentgelts berechnet. 16

Mit Urt vom 28.6.95 (– 7 RA 102/94, SozR 3–4100 § 112 Nr 22 = NZS 96, 182) hat das BSG jedoch in Abgrenzung hiervon entschieden, dass das einem Arbeitslosen nach dem Ausscheiden aus dem Beschäftigungsverhältnis zugeflossene Entgelt bei der Bestimmung der Leistungshöhe zu berücksichtigen ist, wenn mit dem zusätzlich gewährten Entgelt der Vertrag nachträglich erfüllt wurde. Für Fälle rückwirkender Vertragsänderung hielt das BSG an seiner bisherigen Linie fest (BSG 28.6.95 – 7 RAr 20/94, SozR 3–4100 § 249e Nr 7 = NZS 96, 178). 17

Nach § 151 Abs 1 Satz 2 SGB III gelten Arbeitsentgelte jetzt als erzielt, wenn der Arbeitslose bei Ausscheiden aus dem Beschäftigungsverhältnis Anspruch darauf hatte, wenn das Arbeitsentgelt danach tatsächlich zufließt (Fall der nachträglichen Vertragserfüllung) oder nur wegen Zahlungsunfähigkeit des ArbGeb nicht mehr zufließt. In der 2. Variante (Zahlungsunfähigkeit) verlangt das BSG, dass die Zahlungsunfähigkeit alleinige Ursache des unterbliebenen Zuflusses ist (BSG 8.2.07 – B 7a AL 28/06 R, BeckRS 2007, 42006; zum Beschluss der Annahme eines Härtefalls bei Fehlen dieser Voraussetzungen BSG 29.1.08 – B 7/7a AL 40/06 R, NZS 09, 117). 18

**b) Krankengeld, Verletztengeld der Unfallversicherung und Übergangsgeld bei medizinischen Rehabilitationsmaßnahmen** werden demgegenüber im Grundsatz nur aufgrund des im maßgeblichen Bemessungszeitraum (das ist idR der Letzte vor Eintritt der AU abgerechnete Entgeltabrechnungszeitraum) „erzielten regelmäßigen" Arbeitsentgelts berechnet (§ 47 SGB V; § 21 SGB VI iVm § 47 SGB V). Dh es bleiben nachträgliche Lohnerhöhungen unberücksichtigt (BSG 22.6.73 – 3 RK 105/71, SozR Nr 60 zu § 182 RVO; 23.3.77 – 4 RJ 177/75, SozR 2200 § 1241 Nr 3: Keine Erhöhung des Übergangsgeldes durch eine nach dem Bemessungszeitraum ausgezahlte LStErstattung aufgrund des LStJahresausgleichs; BSG 16.9.81 – 4 RJ 55/80, SozR 2200 § 182 Nr 75; 27.9.68 – 7 RAr 30/67, SozR Nr 1 zu § 121 AVAVG: Keine Berücksichtigung rückwirkender Lohnerhöhungen und daraus resultierender Nachzahlungen bei der Bemessung des Kurzarbeitergeldes; EuGH vom 18.1.07 – C-332/05 Celozzi zur ausnahmsweisen Neuberechnung des Krankengeldes bei WanderArbN nach LStKlassenwechsel). Allerdings ist bei der Bemessung des Krankengeldes zunächst vorenthaltenes Arbeitsentgelt ausnahmsweise dann zu berücksichtigen, wenn es dem Versicherten für den maßgeblichen Bemessungszeitraum bei Annahmeverzug des ArbGeb zur nachträglichen Vertragserfüllung zugeflossen ist (BSG 16.2.05 – B 1 KR 19/03 R, NZS 06, 29). 19

# Entgeltrückzahlung

## A. Arbeitsrecht

*Griese*

1 **1. Rechtsgrundlage.** Hat ein ArbN mehr Entgelt erhalten, als ihm zustand, kann auf unterschiedlicher Rechtsgrundlage ein Anspruch auf Entgeltrückzahlung entstehen.

2 **a) Vertraglicher Anspruch.** Die Arbeitsvertragsparteien können bereits im Arbeitsvertrag vereinbaren, dass der ArbN zu viel erhaltenes Entgelt ohne Rücksicht auf die noch vorhandene Bereicherung zurückzahlen muss. Zweck einer solchen vertraglichen Rückzahlungsverpflichtung ist es, dem ArbN im Fall einer Überzahlung den Einwand der Entreicherung (§ 818 Abs 3 BGB) abzuschneiden, der auf vertragliche Ansprüche keine Anwendung findet. Aus einer Rückzahlungsvereinbarung kann der ArbGeb im Fall der Überzahlung unmittelbar vom ArbN die Rückzahlung verlangen. Ein solcher vertraglicher Anspruch ist freilich nur gegeben, wenn es sich um eine **irrtümliche Überzahlung** handelt oder wenn die Leistungsvoraussetzungen nachträglich weggefallen sind, etwa beim Weihnachtsgeld (*Einmalzahlungen*) mit zulässiger Bindungsklausel durch Ausscheiden vor dem 31.3. des Folgejahres. Handelt es sich hingegen um eine **bewusste Überzahlung,** besteht kein Rückzahlungsanspruch, insoweit wird eine vom ArbGeb stillschweigend angebotene und vom ArbN stillschweigend angenommene Vertragsergänzung anzunehmen sein und im übrigen § 814 BGB greifen.

3 Bei vertraglicher Rückzahlungsverpflichtung kann der ArbN mit **Schadensersatzansprüchen aufrechnen,** wenn er infolge einer zunächst fehlerhaften Entgeltberechnung und -auszahlung im Vertrauen auf deren Richtigkeit Ausgaben tätigt, die er bei Kenntnis der Entgeltüberzahlung nicht gemacht hätte. Denn die richtige Berechnung und Auszahlung der Vergütung ist Teil der Fürsorgepflicht (→ *Fürsorgepflicht* Rn 14). Der Schadensersatzanspruch nach § 280 BGB setzt **Fahrlässigkeit** des ArbGeb oder seiner Erfüllungsgehilfen gem § 278 BGB (dies können auch vom ArbGeb beauftragte Steuerberater sein) bei der Entgeltabrechnung und -auszahlung voraus. Gem § 276 BGB genügt für die Haftung jede – auch leichte – Fahrlässigkeit.

4 Eine Haftungsmilderung für den ArbGeb kann nicht in eine Rückzahlungsvereinbarung hineininterpretiert werden, sondern müsste **ausdrücklich** vereinbart sein. Sie würde der Inhaltskontrolle regelmäßig nicht standhalten, weil vom wesentlichen Grundgedanken der gesetzlichen Haftungsregelung abgewichen würde (§ 307 Abs 2 Nr 1 BGB). Zudem dürfte nach § 307 BGB die Überprüfung einer formularmäßigen Rückzahlungsvereinbarung ergeben, dass der Einwand der Entreicherung nur ausgeschlossen werden kann, soweit die Überzahlung dem ArbN erkennbar war (ErfK/*Preis* §§ 305–310 BGB Rn 93). Handelt es sich um die Rückzahlung von nicht verdienten **Vorschüssen,** besteht der Rückzahlungsanspruch aus der Vorschussvereinbarung (→ *Vorschuss* Rn 7–10 und → *Provision* Rn 28–30). Ein Rückzahlungsanspruch kann sich ferner aus einem TV ergeben (BAG 7.2.07 – 5 AZR 260/06, NZA 07, 1007).

Eine gesetzliche Sonderregelung für Risikoträgern bei Banken enthält die auf einer Änderung des Kreditwesengesetzes beruhende Institutsvergütungsverordnung mit Wirkung ab 4.8.2017 (BGBl I 2017, 3042). Sie verpflichtet Banken, mit ihren Risikoträgern sog. Clawback-Regelungen zu treffen, wonach variable Vergütungsbestandteile bei Fehlverhalten, das zu Verlusten oder externen Sanktionen geführt hat, bis zu sieben Jahren später zurückgefordert werden können (s dazu *Löw* NZA 17, 1365).

5 **b) Ungerechtfertigte Bereicherung.** Ohne vertragliche Rückzahlungsverpflichtung ergibt sich der Entgeltrückzahlungsanspruch aus § 812 BGB. Was der ArbN ohne Rechtsgrund erhalten hat, muss er an den ArbGeb zurückerstatten. Das gilt sowohl, wenn der ArbGeb die Vergütung fehlerhaft berechnet, als auch wenn er zu viel ausgezahlt hat oder irrtümlich glaubte, aufgrund tariflicher Vorschrift zur Leistung verpflichtet zu sein. Gleiches gilt, wenn er im Vorgriff auf eine erwartete Erstattung von ArbNAnteilen zur SozV eine Zahlung an den ArbN leistet und sich nachträglich herausstellt, dass kein Erstattungsanspruch besteht (BAG 1.2.06 – 5 AZR 395/05, ZTR 06, 434).

Leistet der ArbGeb aufgrund eines arbeitsgerichtlichen Urteils **versehentlich den vollen Bruttobetrag einschließlich Lohnsteuer und Arbeitnehmeranteil des Gesamtsozialversicherungsbeitrags** an den ArbN, ist dieser insoweit ungerechtfertigt bereichert (BAG 21.12.16 – 5 AZR 273/16, NZA 17, 449).

Zu Unrecht geleistete **Krankenbezüge** sind ebenso zurückzuerstatten. Dabei sind die Gerichte in gleichem Umfang wie der ArbGeb an eine ärztliche *Arbeitsunfähigkeitsbescheinigung* gebunden. Dies gilt auch bei der Rückforderung von *Entgeltfortzahlung,* die aus Sicht des ArbGeb zu Unrecht geleistet worden ist (BAG 11.10.06 – 5 AZR 755/05, DB 07, 1313).

Bei **irrtümlicher Eingruppierung** in eine zu hohe Vergütungsgruppe bedarf es jedoch zunächst einer **Änderungskündigung,** ehe nach der richtigen Vergütungsgruppe gezahlt und die Vergütung gesenkt werden kann (BAG 15.3.91 – 2 AZR 582/90, NZA 92, 120; s aber → *Eingruppierung* Rn 22 ff). Eine Entgeltüberzahlung kann erst ab Wirksamwerden der Änderungskündigung geltend gemacht werden. 6

Der Anspruch aus ungerechtfertigter Bereicherung ist nach § 814 BGB ausgeschlossen, wenn der ArbGeb in Kenntnis der Überzahlung leistet **(bewusste Überzahlung).** Ein solcher Fall liegt nicht vor, wenn ein ArbGeb zunächst in der Annahme war, das Arbeitsverhältnis sei ein freies Mitarbeiterverhältnis gewesen und später nach gerichtlicher Feststellung eines Arbeitsverhältnisses die gezahlten Honorare, soweit sie das aus dem Arbeitsverhältnis geschuldete Entgelt übersteigen, zurückfordert (BAG 9.2.05 – 5 AZR 175/04, NZA 05, 814). 7

Der Anspruch ist ferner ausgeschlossen, wenn die Zahlung zu gesetzes- oder **sittenwidrigen Zwecken** erfolgt ist (§ 817 Satz 2 BGB). Dies kann der Fall sein, wenn der ArbGeb die Zahlung erbringt, um den ArbN zu einer gesetzeswidrigen Arbeit zu veranlassen, etwa zur Arbeit als Lkw-Fahrer unter Verstoß gegen die gesetzlich vorgeschriebenen Lenk- und Ruhezeiten oder zu illegaler Ausländerarbeit. 8

Gegenüber dem Bereicherungsanspruch kann sich der ArbN gem § 818 Abs 3 BGB auf den **Wegfall der Bereicherung** berufen. Die vorformulierte vom ArbN unterschriebene Klausel, ihm sei bekannt, dass er alle Bezüge zurückzahlen müsse, die er infolge unterlassener, verspäteter oder fehlerhafter Meldung zu viel erhalten habe, enthält keine Vereinbarung über den Ausschluss des Entreicherungseinwandes nach § 818 Abs 3 BGB (BAG 18.9.86 – 6 AZR 517/83, DB 87, 589). Um sich auf Entreicherung berufen zu können, muss der ArbN dartun, dass er das zu viel empfangene Geld verbraucht hat und nicht ausgegeben hätte, wenn er von der Zuvielzahlung gewusst hätte. Vom Fortbestehen der Bereicherung ist gleichwohl auszugehen, wenn der ArbN mit der Ausgabe der Zuvielzahlung anderweitige Aufwendungen erspart hat. Daraus ergibt sich, dass insbesondere Luxusaufwendungen, die der ArbN bei Kenntnis der Sachlage nicht gemacht hätte, zum Wegfall der Bereicherung führen.

Ist die Überzahlung bei ArbN der unteren oder mittleren Einkommensgruppen **geringfügig,** so ist **ohne nähere Darlegung** davon auszugehen, dass die zu viel empfangenen Beträge für den Lebensunterhalt ausgegeben worden sind und eine Bereicherung nicht mehr vorhanden ist (BAG 18.9.86 – 6 AZR 517/83, DB 87, 589; LAG Köln 10.5.10 – 5 Sa 1295/09, BeckRS 2010, 72979). Anhaltspunkt für die Geringfügigkeit der Überzahlung sind in erster Linie die vom ArbGeb selbst gesetzten oder tarifvertraglich vorgegebenen Richtlinien (10% der dem ArbN zustehenden Bezüge in den Fällen des BAG 18.9.86, DB 87, 589 und LAG Frankfurt aM 29.9.89, DB 89, 1826). Diese Erleichterungen der Darlegungs- und Beweislast finden nur bei ArbN der unteren und mittleren Einkommensgruppen Anwendung. Sie gelten nicht für Besserverdienende, weil bei dieser ArbNGruppe, anders als bei der zuvor genannten ArbNGruppe, nicht davon ausgegangen werden kann, dass Mehreinkünfte unmittelbar für eine bessere Lebenshaltung ausgegeben werden (BAG 25.4.01 – 5 AZR 497/99, NZA 01, 966). 9

Die Berufung auf Entreicherung ist nach § 819 Abs 1 BGB ausgeschlossen, wenn der ArbN die Lohnüberzahlung erkannt hat. Dies wird insbes auf sehr **hohe und auffällige Entgeltüberzahlungen** zutreffen, etwa die versehentliche Doppelzahlung der Vergütung in einem Monat oder die Fortzahlung der Vergütung trotz Beendigung des Arbeitsverhältnisses.

Auf Entreicherung kann sich der ArbN berufen, wenn er den empfangegen Vorteil an die zuständigen Empfänger weitergegeben hat, wenn zB der ArbGeb aufgrund eines arbeitsgerichtlichen Urteils **versehentlich den vollen Bruttobetrag einschließlich Lohnsteuer**

**und Arbeitnehmeranteil des Gesamtsozialversicherungsbeitrags** an den ArbN gezahlt hat und dieser die entsprechenden Beträge an die zuständigen Stellen weitergeleitet hat (BAG 21.12.16 – 5 AZR 273/16, NZA 17, 449).

10 **c) Schadensersatzanspruch des Arbeitgebers.** Unter dem Gesichtspunkt des Schadensersatzes wegen **Nebenpflichtverletzung** kann der ArbN zur Lohnrückzahlung verpflichtet sein, wenn er es fahrlässig unterlässt, seinen **Mitteilungspflichten** nachzukommen und dadurch die Lohnüberzahlung herbeiführt. Dies trifft zu, wenn es der ArbN pflichtwidrig versäumt hat, für die Vergütung maßgebliche Tatsachenänderungen mitzuteilen. Dies hat insbes Bedeutung, wenn der ArbN Änderungen der für die Gewährung von Sozialzulagen erheblichen Verhältnisse nicht mitteilt. Hierunter fallen auch schuldhafte Versäumnisse bei der Mitteilung von anderweitigem Verdienst im Fall des Annahmeverzugs oder des Bezugs von Karenzentschädigung oder beim Bezug von Lohnersatzleistungen. Auch die schuldhafte Verletzung der Auskunftspflicht eines Ruhegeldempfängers über anderweitigen Rentenbezug begründet eine solche Schadensersatzverpflichtung (BAG 27.3.90 – 3 AZR 187/88, NZA 90, 776).

11 **2. Umfang der Rückzahlungsverpflichtung.** Der Umfang der Entgeltrückzahlungsverpflichtung ist auf den zu viel erhaltenen **Nettobetrag** gerichtet, nicht auf den daraus resultierenden **Bruttobetrag** (BAG NZA 21.1.15 – 10 AZR 84/14, NZA 15, 875 – bzgl ArbNAnteile zur SozV nur Anspruch auf Abtretung des Erstattungsanspruchs).

12 Entscheidend ist, dass der ArbN gem § 812 Abs 1 S 1 BGB das zurückzuzahlen hat, was er erlangt hat. Das ist der **Nettobetrag** und hierauf bezieht sich der Rückzahlungsanspruch (*Groß* ZIP 87, 5; *Lüderitz* BB 10, 2629). Die Zahlung an Dritte, nämlich an das FA und die Einzugsstelle für die SozVBeiträge, bereichert den ArbN nicht unmittelbar, es befreit ihn auch nicht von einer Verbindlichkeit. Der ArbGeb kommt mit der Abführung von Steuern und SozVBeiträgen vielmehr seiner eigenen Verpflichtung zur Abführung nach (§ 41a EStG, §§ 28e und 28h SGB IV). Zutreffend ist deshalb, wenn bei überzahlten SozVBeiträgen der ArbGeb darauf verwiesen wird, sich den Erstattungsanspruch gem § 26 Abs 2 SGB IV vom ArbN abtreten zu lassen (BAG 21.1.15 – 10 AZR 84/14, NZA 15, 875; BAG 29.3.01 – 6 AZR 653/99, NZA 03, 105). Dem entspricht es auch, dass der ArbGeb gegen eine Nettoforderung des ArbN nicht mit einer Bruttoforderung zB auf Entgeltrückzahlung aufrechnen kann, weil Brutto- und Nettoforderungen nicht miteinander verrechnet oder aufgerechnet werden können (BAG 15.3.05 – 9 AZR 502/03, NZA 05, 683; LAG Köln 17.12.12 – 5 Sa 697/12, BeckRS 2013, 68370).

13 Bei einer Entgeltrückzahlung ist der ArbGeb folglich gehalten, die darauf entfallenden Steuern vom FA unmittelbar im Wege der Direktkondiktion zurückzufordern. Hinsichtlich der SozVBeiträge kann sich der ArbGeb den GesamtSozVBeitrag (ArbGeb- und ArbNAnteile) zurückerstatten lassen. Dies ist angesichts des dort praktizierten vereinfachten Erstattungsverfahrens (→ Rn 26) ohne weiteres zumutbar. Eine Klage auf Rückzahlung der Bruttovergütung einschließlich der ArbN-Anteile zur SozV ist daher unzulässig; der ArbGeb kann vielmehr nur den **Nettobetrag einklagen** und muss hinsichtlich der zu beziffernden ArbN-Anteile zur SozV die **Abtretung des Erstattungsanspruchs** gegen den Träger der SozV beantragen (BAG 21.1.15 – 10 AZR 84/14, NZA 15, 875).

Hat sich der ArbN allerdings den zu Unrecht geleisteten ArbNAnteil zur SozV bereits nach § 26 SGB IV erstatten lassen, muss er ihn im Rahmen der Entgeltrückzahlung an den ArbGeb zurückzahlen (BAG 9.4.08 – 4 AZR 164/07, ZTR 09, 95).

14 Insgesamt ist die Lösung, den ArbN im Fall der **Entgeltrückzahlung nur auf den Nettobetrag** haften zu lassen, interessengerecht: Der ArbN hat in aller Regel die Entgeltüberzahlung nicht veranlasst. Dem ArbGeb sind daher der Aufwand und das Risiko der Rückabwicklung in steuerlicher und sozialversicherungsrechtlicher Hinsicht aufzubürden.

15 Anders wird sich die Situation darstellen, wenn der ArbN die Überzahlung veranlasst hat, etwa durch falsche Angaben oder die unterlassene Mitteilung von geänderten tatsächlichen Umständen, die sich auf die Vergütung auswirken. Bei einer solchen auf einem Schadensersatzanspruch beruhenden Rückzahlungsverpflichtung sind die abgeführten und **anders nicht realisierbaren Erstattungsansprüche** bezüglich der abgeführten Steuern und SozVBeiträge Teil des zu ersetzenden Schadens. Bei einer **Lohnsteuernachforderung des Finanzamts** entsteht ein Erstattungsanspruch des ArbGeb gegen den ArbN, wenn der

ArbGeb eine Steuerschuld des ArbN tilgt und den Innenausgleich im Gesamtschuldverhältnis nach § 426 Abs 1 Satz 1 BGB iVm § 42d Abs 1 Nr 1 EStG verlangt (BAG 16.6.04 – 5 AZR 521/03, NZA 04, 1274).

**3. Verjährung und Verfall.** Entgeltrückzahlungsansprüche unterliegen tariflichen Verfallfristen, wenn für das Arbeitsverhältnis ein entsprechender Tarifvertrag gilt. Die einseitige Erklärung des ArbGeb „Zahlung unter Vorbehalt" schließt die Anwendung tariflicher Verfallfristen nicht aus (BAG 27.3.96 – 5 AZR 336/94, NZA 97, 45). Soweit tarifvertragliche Verfallfristen Ansprüche aus vorsätzlicher unerlaubter Handlung ausnehmen, verfällt ein Entgeltrückzahlungsanspruch nicht, der auf eine vorsätzliche Falschinformation durch den ArbN zur Erzielung eines dem ArbN nicht zustehenden Vergütungsbestandteils gestützt wird (§ 823 Abs 2 BGB iVm § 263 StGB). Darüber hinaus kann im Einzelfall aufgrund von § 242 BGB ein Verfall nicht eintreten, wenn es der ArbN grob pflichtwidrig unterlassen hat, auf ungewöhnliche, die Rückzahlung begründende Umstände hinzuweisen, zB eine auffällig hohe Überzahlung (BAG 1.6.95 – 6 AZR 912/94, NZA 96, 135); insoweit fallen Entstehung des Anspruchs und Fälligkeit des Anspruchs auseinander, weil Letztere voraussetzt, dass der ArbGeb überhaupt hätte erkennen können, dass ihm ein Rückzahlungsanspruch zusteht (BAG 19.2.04 – 6 AZR 664/02, NZA 04, 1120). Erhält der ArbGeb anderweitig Kenntnis von der Überzahlung, beginnt nicht die tarifvertragliche Ausschlussfrist neu; der ArbGeb muss vielmehr in kurzer Frist den Anspruch geltend machen (BAG 10.3.05 – 6 AZR 217/04, NZA 05, 812). Für Entgeltrückzahlungsansprüche, die auf ungerechtfertigter Bereicherung beruhen, gilt die regelmäßige Verjährungsfrist von **drei** Jahren beginnend ab Kenntnis oder grob fahrlässiger Unkenntnis, maximal **zehn** Jahre (§§ 195, 199 Abs 2 und 3 BGB). 16

Tarifliche Verfallfristen greifen nicht, wenn es sich um Rückforderungsansprüche des Insolvenzverwalters nach § 131 Abs 1 Nr 2 InsO handelt (BAG 8.5.14 – 6 AZR 722/12, NZA-RR 14, 482).

## B. Lohnsteuerrecht *Seidel*

**1. Rückzahlung von Arbeitslohn** ist grds im Zeitpunkt der Rückzahlung einkünftemindernd zu berücksichtigen (BFH 7.11.06 – VI R 2/05, BStBl II 07, 315). Bewirkt der Stpfl die einkommensteuerliche Berücksichtigung der Rückzahlung durch das FA bereits im Jahr der Überzahlung, handelt er treuwidrig, wenn er die Rückzahlung im Zeitpunkt der tatsächlichen Leistung nochmals einkünftemindernd geltend macht (BFH 29.1.09 – VI R 12/06, BFH/NV 09, 1105; BFH 12.2.15 – V R 28/04, DStRE 15, 817 Rn 31). Dies gilt auch für den Erben, der aus dem Nachlass Gehaltsbezüge des Erblassers zurückzahlt (weiterhin BFH 19.12.75, BStBl II 76, 322). Zahlt ein ArbN aber Bezüge zurück, die zu Recht oder Unrecht bei der Zahlung steuerfrei belassen wurden (zB Reisekosten), wirkt sich die Rückzahlung steuerlich nicht aus (*HMW*/Rückzahlung von Arbeitslohn Rn 1). Sind allerdings steuerfreie Einnahmen zu Unrecht der Besteuerung unterworfen worden, muss sich auch die Rückzahlung steuermindernd auswirken (*Schmidt/Loschelder* § 9 Rn 63 mwN). Zur Rückzahlung steuerfreier Lohnersatzleistungen und den Auswirkungen auf den Progressionsvorbehalt → *Lohnersatzleistungen* Rn 13 und weiterhin BFH 12.10.95, BStBl II 96, 201. Zur Rückzahlung von im Jahr der Überzahlung nicht versteuertem Arbeitslohn s FG Düsseldorf 13.4.10 – 17 K 1654/09 F, EFG 10, 1783. 17

Zahlt der ArbN versteuerten Arbeitslohn zurück, handelt es sich nach Auffassung der Finanzverwaltung um **negative Einnahmen** aus nichtselbstständiger Arbeit, die den ArbNPauschbetrag (→ *Werbungskosten* Rn 6, 20) nicht verbrauchen (FinMin NdS 12.3.86, DB 86, 725; OFD Erfurt 19.12.96, FR 97, 240; aA wohl *Schmidt/Loschelder* § 9 Rn 108, § 9a Rn 6 mwN). Der BFH hat die Frage in seinen Entscheidungen offengelassen (BFH 4.5.06 – VI R 33/03, BStBl II 06, 911 Rn 14). Negative Einnahmen liegen auch für den Fall der Rückübertragung von zuvor durch den ArbN im Rahmen eines Mitarbeiterbeteiligungsprogramms vom ArbGeb vergünstigt erworbenen Aktien auf den ArbGeb vor, wobei deren Höhe auf den ursprünglich auf Grund der Gewährung der Aktien als Arbeitslohn berücksichtigten Betrag begrenzt ist und nicht um eine zwischenzeitlich eingetretene Wertsteigerung erhöht wird (BFH 17.9.09 – VI R 17/08, DStR 09, 2529 Rn 10; aA FG Düsseldorf 20.3.08 – 16 K 4752/05 E, EFG 08, 1194 mit Anm *Wagner:* Werbungskosten: 18

offen gelassen BFH 17.9.09 – VI R 24/08, BStBl II 10, 198; dagegen BFH 25.8.15 – VIII R 3/14, DStR 15, 2278: keine Werbungskosten). **Voraussetzung** für die Annahme einer Entgeltrückzahlung ist, dass sich der Vorgang als **actus contrarius zur Lohnzahlung** darstellt, dh der ArbN muss an den ArbGeb Leistungen zurückzahlen, die bei ihm als Lohnzahlung zu qualifizieren waren. Schließt der ArbN mit seinem ArbGeb einen Kaufvertrag über eine Eigentumswohnung und erfüllt der ArbGeb die fällige Gehaltsforderung des ArbN durch Verrechnung der ihm zustehenden Kaufpreisforderung, scheitert jedoch die zivilrechtliche Übertragung des Eigentums an der Wohnung auf den ArbN, stellt die Zwangsversteigerung der Wohnung durch den ArbGeb bzw Insolvenzverwalter **keine Lohnrückzahlung** dar, denn der Veranlassungszusammenhang zum Arbeitsverhältnis wird durch den rechtlich selbständigen zum Arbeitsverhältnis hinzukommenden Abschluss des Kaufvertrags unterbrochen. Dass der Kaufvertrag zivilrechtlich nicht erfüllt wurde führt dazu, dass die Ursache für den Verlust des ArbN letztlich im Kaufvertrag und nicht im Arbeitsverhältnis begründet liegt (BFH 10.8.10 – VI R 1/08, DB 10, 2030). Entsprechendes gilt für die Kündigung einer Direktversicherung bei Einsatz des erstatteten Rückkaufswerts für eine andere betriebliche Altersversorgung des ArbN durch den ArbGeb (FG München 11.2.09 – 8 K 1412/07, EFG 09, 1010). Zu Gewinnausschüttungen betrieblicher Versorgungseinrichtungen s BMF 28.9.10, BStBl I 10, 760; LStR 40b.1 Abs 13. Auch die darlehens- oder schenkweise Zurverfügungstellung des Arbeitslohns an den ArbGeb stellt keine Lohnrückzahlung dar. Bei Arbeitsverhältnissen unter Ehegatten/Lebenspartnern kann dies aber zur steuerrechtlichen Nichtanerkennung des Arbeitsverhältnisses führen (→ *Familiäre Mitarbeit* Rn 36).

19 **2. Bruttolohnvereinbarung. a) Verfahren.** Steht der ArbN noch **im selben Dienstverhältnis** und erfolgt die Rückzahlung durch Verrechnung mit dem laufenden Arbeitslohn, ist die LSt von dem um den gesamten Rückzahlungsbetrag einschließlich der darauf entfallenden Steuerabzugsbeträge gekürzten Arbeitslohn zu berechnen (BeckPersHB/Bd II Kap IV StW Rückzahlung von Arbeitslohn und → Rn 11 ff). Dies kann auch noch im Wege des LStJahresausgleichs durch den ArbGeb erfolgen (→ *Lohnsteuerjahresausgleich* Rn 2 ff; FinMin NdS DB 86, 725 Tz 2). In der LStBescheinigung (→ *Lohnsteuerbescheinigung* Rn 11 ff) ist vom ArbGeb der saldierte stpfl Arbeitslohn zu bescheinigen. Steht der ArbN **nicht** mehr **im (selben) Dienstverhältnis,** so kann keine Verrechnung erfolgen. Der zurückgezahlte Betrag kann dann entweder in den ELStAM als Freibetrag gespeichert werden (→ *Lohnsteuerermäßigung* Rn 7) oder ist bei der EStVeranlagung des ArbN zu berücksichtigen. Hat der ArbN im Rückzahlungsjahr keine positiven Einkünfte erzielt, kann er nach Beantragung einer EStVeranlagung für das betreffende Jahr eine Erstattung der LSt im Rahmen eines Verlustrück- bzw -vortrags erlangen (→ *Antragsveranlagung* Rn 2; *HMW/* Rückzahlung von Arbeitslohn Rn 7; FinMin NdS 12.3.86, DB 86, 725 Tz 2.4.3). Die Rückzahlung stellt kein rückwirkendes Ereignis iSd § 175 Nr 2 AO dar (BFH 4.5.06 – VI R 33/03, BStBl II 06, 911 und VI R 17/03, BStBl II 06, 830); eine Änderung der EStVeranlagung für das Jahr, für das die Rückzahlung zu leisten ist, kommt daher nicht in Betracht.

20 **b) Billigkeitsmaßnahmen.** Führt das genannte Verfahren nicht zu einem vollen steuerlichen Ausgleich, kommt eine zusätzliche Steuererstattung aus sachlichen Billigkeitsgründen nicht in Betracht (aA BeckPersHB/Bd II Kap IV StW Rückzahlung von Arbeitslohn). Dies schließt eine Billigkeitsmaßnahme aus persönlichen Gründen (zB Existenzgefährdung, § 227 AO) nicht aus (FinMin NdS 12.3.86, DB 86, 725 Tz 3).

21 **c) Sozialversicherungsbeiträge.** Fordert der ArbGeb mit dem Arbeitslohn auch den ArbNAnteil zur SozV zurück und erstattet er diesen dem ArbN später wieder, weil er ihn gegenüber dem SozVTräger berücksichtigt hat (Verrechnung oder Erstattung), so ist die Rückerstattung kein stpfl Arbeitslohn. Fordert der ArbGeb nur den um den ArbNAnteil gekürzten Arbeitslohn zurück und behält er den durch Verrechnung zurückerhaltenen ArbNAnteil zurück, stellt der ArbNAnteil ebenfalls zurückgezahlten Arbeitslohn dar, unabhängig davon, ob die SozVBeiträge im selben oder im folgenden Kj verrechnet werden. Zurückgezahlte ArbNAnteile zur SozV mindern im Rückzahlungsjahr die als Vorsorgeaufwendungen abziehbaren SozVB (→ *Sozialversicherungsbeiträge* Rn 14 und → *Sonderausgaben* Rn 5). Ist eine Kompensation nicht möglich, ist der Sonderausgabenabzug des ursprünglichen Abzugsjahres zu mindern (BFH 28.5.98 – X R 7/96, BStBl II 99, 95). Dies gilt auch

nach Änderung des Sonderausgabenabzugs durch das Bürgerentlastungsgesetz durch § 10 Abs 1 Nr 3 EStG (unbegrenzter Abzug der Basisabsicherung) und § 10 Abs 1 Nr 3a EStG (Berücksichtigung zusätzlicher Aufwendungen; BFH 3.8.16 – X R 35/15, BeckRS 2016, 95472 Rn 30, 42). Die Erstattung des ArbGebAnteils durch den SozVTräger an den ArbGeb kann sich nur im Rahmen des Vorwegabzugs bei der Berücksichtigung der Sonderausgaben auswirken. Der ArbGeb hat aber auch dies bei der Bescheinigung der ArbGebAnteile zur SozV zu berücksichtigen (FinMin NdS DB 86, 725 Tz 4; OFD Erfurt 19.12.96, FR 97, 240 Tz 3).

**3. Nettolohnvereinbarung.** Die genannten Grundsätze gelten entsprechend, da der ArbN auch hier Steuerschuldner und damit Erstattungsberechtigter ist (→ *Nettolohnvereinbarung* Rn 10 ff sowie OFD Düsseldorf 29.11.05, DStZ 06, 84 Tz 3, 4). 22

**4. Lohnsteuerpauschalierung.** Die Rückzahlung von Arbeitslohn führt zu einem Steuererstattungsanspruch des ArbGeb, da dieser hier Steuerschuldner ist. Soweit bei der Pauschalierung nach §§ 40 Abs 2, 40a Abs 2a und 40b EStG (→ *Lohnsteuerpauschalierung* Rn 28–58) eine Verrechnung mit Zahlungen im gleichen LStAnmeldungszeitraum nicht möglich ist, ergibt sich ein Erstattungsanspruch, dem der im Zeitpunkt der Rückzahlung geltende Pauschsteuersatz zugrunde zu legen ist. Im Fall des § 40 Abs 1 EStG (→ *Lohnsteuerpauschalierung* Rn 14–27) darf eine Verrechnung nicht erfolgen; daher kommt es hier bei der Rückzahlung von Arbeitslohn generell zu einem Steuererstattungsanspruch (FinMin NdS DB 86, 725 Tz 6). Ob die arbeitsrechtlich zulässige Überwälzung der pauschalen LSt auf den ArbN steuerrechtlich eine Lohnrückzahlung darstellt s → *Lohnsteuerpauschalierung* Rn 29. Zur Arbeitslohnrückzahlung im Zusammenhang mit Zukunftssicherungsleistungen, insbes auch bei Pauschalierung nach § 40b EStG, s LStR 40b.1 Abs 13–16; BFH 12.11.09 – VI R 20/07, BStBl II 10, 845: Gewinnausschüttungen einer Versorgungskasse an das Trägerunternehmen sind keine Arbeitslohnrückzahlungen. Der Verlust des durch eine Direktversicherung eingeräumten Bezugsrechts bei Insolvenz des ArbGeb löst aufgrund der Besonderheiten der Insolvenzsicherung keine lohnsteuerrechtlichen Folgen aus (weiterhin BFH 5.7.07 – VI R 58/05, BStBl II 07, 774 – offen gelassen, ob der ersatzlose Verlust des Bezugsrechts aus einer Direktversicherung in anderen Fällen Arbeitslohnrückzahlung darstellt). 23

## C. Sozialversicherungsrecht *Schlegel*

**Beitragserstattungsansprüche als Folge einer Entgeltrückzahlung.** Hat der ArbN zunächst zu viel Lohn erhalten, sind regelmäßig hinsichtlich des Arbeitsentgelts insgesamt (bei vollständiger Rückzahlung) oder hinsichtlich der auf die Überzahlung eines Teils des Arbeitsentgelts (bei teilweiser Rückzahlung) bereits SozVBeiträge vom ArbGeb im Wege des Lohnabzugsverfahrens an die Einzugsstellen abgeführt worden. Soweit eine Rückzahlung erfolgt, steht dem ArbN hinsichtlich der von ihm getragenen Beitragsanteile ein Beitragserstattungsanspruch gegen die Einzugsstelle bzw den zuständigen Leistungsträger zu; ein entsprechender Beitragserstattungsanspruch entsteht auch in der Person des ArbGeb für die von ihm getragenen Beitragsanteile (§ 26 SGB IV; → *Sozialversicherungsbeiträge* Rn 31 ff; vgl jedoch auch → *Rückzahlungsklausel* Rn 27). 24

Aus Gründen der Praktikabilität gestatten die Versicherungsträger dem ArbGeb ein vereinfachtes Erstattungsverfahren. Entsprechend den „Gemeinsamen Grundsätzen der Spitzenverbände für die Berechnung und Erstattung zu Unrecht gezahlter Beiträge“ vom 8.10.91 wird es von den Versicherungsträgern gebilligt, dass die ArbGeb die für alle ArbN ihres Betriebes abzuführenden SozVBeiträge um den für einen einzelnen ArbN zu viel gezahlten Betrag kürzen und den zu viel entrichteten ArbNAnteil dem ArbN erstatten, gleichgültig, ob der zu viel gezahlte Arbeitslohn im gleichen oder in einem späteren Kj zurückgezahlt wird. Aus Vereinfachungsgründen fordern die ArbGeb dann von ihrem ArbN von vornherein nur den um den ArbNAnteil gekürzten Bruttoarbeitslohn zurück (Einzelheiten zu diesem Verfahren → *Sozialversicherungsbeiträge* Rn 31 ff). Das Erstattungsverfahren wird also anstatt von den Versicherungsträgern „kurzerhand“ von den ArbGeb durchgeführt. 25

Da dieses Verfahren, für das es keine gesetzliche Grundlage gibt, die Mitwirkung des ArbN vorsieht, indem dem ArbGeb bei der Verrechnung bestimmte Erklärungen des ArbN vorliegen müssen, ist der ArbN hinreichend informiert. Er kann, wenn er dies will, seine 26

Mitwirkung zum Verrechnungsverfahren versagen. Er hat dann die Möglichkeit, den ihm zustehenden Erstattungsanspruch direkt beim Versicherungsträger geltend zu machen. Allerdings umfasst dann der Lohnrückzahlungsanspruch des ArbGeb gegen den ArbN auch die ArbNAnteile und den Beitrag des ArbN zur BA.

# Entgelttransparenz

## A. Arbeitsrecht *Kania*

Übersicht



1 **1. Allgemeines.** Das 2017 in Kraft getretene Entgelttransparenzgesetz (EntgTranspG – BGBl I 17, 2152) schafft einen rechtlichen Rahmen für die Durchsetzung der **Entgeltgleichheit zwischen Männern und Frauen** im Betrieb und verbietet die unmittelbare und mittelbare Entgeltbenachteiligung wegen des Geschlechts (§ 3 EntgTranspG). Ziel ist die Verringerung der statistisch bestehenden Entgeltdifferenz als Folge geschlechtsspezifischer Diskriminierung (BT-Drs 18/11133). Der Gesetzgeber hat damit die EU-rechtlichen Vorgaben zur Herstellung der Entgeltgleichheit gem Art 157 Abs 1 AEUV sowie RL 2006/54/EG umgesetzt und anders als im AGG ausdrücklich das Gebot der Entgeltgleichheit – wie früher bereits in § 612 Abs 3 Satz 1 BGB aF – als subjektives Recht normiert. Insoweit gewährt § 7 EntgTranspG den männlichen und weiblichen ArbN gegenüber dem ArbGeb einen **Erfüllungsanspruch,** bei gleicher oder gleichwertiger Arbeit ohne Rücksicht auf das Geschlecht gleich entlohnt zu werden. Vereinbarungen, die gegen das Entgeltgleichheitsgebot verstoßen, sind **unwirksam** (§ 8 EntgTranspG). Zudem verbietet das **Maßregelungsverbot** in § 9 EntgTranspG die Benachteiligung von Beschäftigten wegen der Inanspruchnahme von Rechten aus diesem Gesetz.

2 Das **AGG** bleibt gem § 2 Abs 2 Satz 1 EntgTranspG unberührt und findet auch bei einer Entgeltdiskriminierung wegen des Geschlechts weiterhin Anwendung. Damit stehen die Benachteiligungsverbote grds nebeneinander. Die **spezielleren Regelungen des Entgelttransparenzgesetzes** zu Fragen der Entgeltdiskriminierung haben jedoch, soweit sie abschließend sind, als lex specialis Anwendungsvorrang (zB Auskunftsanspruch, Beteiligung des BRat, betriebliches Prüfverfahren). Ergeben die nach dem EntgTranspG gewonnenen Informationen eine Entgeltdiskriminierung, können Schadensersatzansprüche nach §§ 15, 22 AGG geltend gemacht werden (ErfK/*Schlachter* EntgTranspG § 1 Rn 3; *Bauer/Romero* NZA 17, 409; → Rn 17 ff und → *Diskriminierung* Rn 33 ff, 119 ff). Ansprüche aus dem Benachteiligungsverbot des § 4 TzBfG bleiben gleichfalls unberührt (§ 2 Abs 2 Satz 2 EntgTranspG).

3 **2. Auskunftsanspruch. a) Voraussetzungen und Geltendmachung. aa) Betriebsbezogener Schwellenwert.** § 10 EntgTranspG gewährt als Kernstück zur Durchsetzung der Entgeltgleichheit dem einzelnen Beschäftigten einen **individuellen Auskunftsanspruch**. Dieser hat in Betrieben mit regelmäßig mehr als 200 ArbN einen Anspruch darauf zu erfahren, was Mitarbeiter mit gleicher bzw gleichwertiger Arbeit (sog Vergleichstätigkeit) verdienen (§§ 10 Abs 1, 12 Abs 1 EntgTranspG.). Die gesetzlichen Voraussetzungen ergeben sich im Einzelnen aus §§ 10–16 EntgTranspG. Insbes ist der Anspruch rein **betriebsbezogen** und nicht etwa unternehmensweit; eine Auskunftspflicht besteht nur in Betrieben, die den Schwellenwert **von in der Regel mehr als 200 Beschäftigten bei**

**demselben Arbeitgeber** erreichen (§ 12 Abs 1 EntgTranspG). Beschäftigte anderer Betriebe oder anderer ArbGeb können nicht in den Vergleich mit einbezogen werden. In Gemeinschaftsbetrieben mehrerer ArbGeb muss nach dem Wortlaut der Vorschrift der VertragsArbGeb selbst die erforderliche Anzahl Mitarbeiter beschäftigten. Das macht auch Sinn, da Entgeltregelungen grds mit dem jeweiligen VertragsArbGeb unterschiedlich geregelt werden können. LeihArbN sind – obwohl es sich um Beschäftigte iSd EntgTranspG nach dessen § 5 Abs 2 Nr 1 handelt – bei der Ermittlung der Betriebsgröße nicht zu berücksichtigen, da sie hinsichtlich der Vergütung dem Verleiher zuzuordnen sind und somit keine Beschäftigten „bei demselben ArbGeb" iSd § 12 EntgTranspG sind (aA Erfk/*Schlachter* EntgTranspG § 12 Rn 1).

**bb) Ermittlung der Vergleichstätigkeit.** Nur wenn eine **gleiche oder gleichwertige Tätigkeit** iSv § 4 Abs 1 und 2 EntgTranspG ausgeübt wird, kann eine Entgeltdiskriminierung festgestellt werden. Eine gleiche Arbeit wird indes nur bei standardisierten oder automatisierten Arbeitsprozessen mit wiederkehrenden, gleichartig ausgeführten Handgriffen vorliegen. Ansonsten muss der Nachweis einer vergleichbaren Tätigkeit geführt werden. Soweit hier nicht auf tarifliche Eingruppierungsmale zurückgegriffen werden kann, ist eine **Gesamtschau aller Faktoren** notwendig, wie zB Art der Arbeit, Ausbildungsanforderungen, Fertigkeiten, Qualifikation, Arbeitsbedingungen, physische und psychische Belastungen usw. Dies dürfte in der Praxis erhebliche Schwierigkeiten bereiten. Hier kann der ArbGeb eventuell bestehende betriebliche Entgelt- bzw Einstufungssysteme oder Stellenbeschreibungen heranziehen. Jedoch lässt sich der Wert einer Tätigkeit nicht immer nach objektiven Faktoren bestimmen. Dem ArbGeb wird jedoch ein gewisser **Ermessensspielraum** zuerkannt (BT-Drs 18/11133 S 51 ff). Es muss ihm unbenommen sein, leistungsbezogene Kriterien oder besondere Kompetenzen für eine Differenzierung bei der Vergütung (etwa durch Leistungszulagen) zugrundezulegen oder eine längere Berufserfahrung bzw Betriebszugehörigkeit zu berücksichtigen; die unterschiedliche Vergütung darf nur nicht wegen des Geschlechts erfolgen (*Bauer/Günther/Romero* NZA 17, 809 mwN). 4

Voraussetzung für den Auskunftsanspruch ist, dass die **Vergleichsgruppe aus mindestens sechs Mitarbeitern** des jeweils **anderen Geschlechts** besteht (§ 12 Abs 3 Satz 2 EntgTranspG). Ansonsten besteht der Auskunftsanspruch nicht, da sonst mit dem Datenschutz unvereinbare Rückschlüsse auf einzelne ArbN und deren Arbeitsentgelt möglich wären. **Verneint der Arbeitgeber** die Vergleichbarkeit, muss der tariffreie ArbGeb dies gem § 15 Abs 4 Satz 2 EntgTranspG nachvollziehbar begründen und ggf die von ihm für zutreffend gehaltene Vergleichsgruppe benennen. Wird seiner Ansicht nach die Vergleichstätigkeit vom anderen Geschlecht nicht oder von weniger als sechs Personen ausgeübt, sind – mangels gesetzlicher Regelung – in entspr Anwendung der Vorschrift die gleichen Anforderungen an die begründete Darlegung zu stellen. Hingegen privilegiert das Gesetz den tarifgebundenen/anwendenden ArbGeb, für den eine derartige Darlegungspflicht nicht besteht. 5

**cc) Auskunftsverlangen.** Das Auskunftsverlangen muss in **Textform** gestellt werden und kann gem § 10 Abs 2 EntgTranspG grds nur **alle zwei Jahre** erfolgen. Da das Gesetz für den Fristbeginn auf das Einreichen des ersten Auskunftsverlangens abstellt, hat auch eine längere Bearbeitungsdauer zur Auskunftserteilung auf den Beginn der Sperrfrist keinen Einfluss. Die Übergangsregelung des § 25 Abs 1 EntgTransG erlaubt die Geltendmachung erstmalig zum 7.1.18 und **verlängert die Wartefrist** bei einem Ankunftsverlangen in den ersten drei Jahren auf weitere drei Jahre. Diese Wartefrist gilt aber nicht, wenn der ArbN darlegen kann, dass sich die Voraussetzungen wesentlich verändert haben. Sein Auskunftsbegehr richtet der ArbN **grundsätzlich an den Betriebsrat.** Etwas anderes gilt dann, wenn kein BRat besteht; dann ist der ArbGeb Adressat (§§ 14 Abs 1 Satz 1, 15 Abs 1 und 2 EntgTranspG). Zur Zuständigkeit für die Auskunftserteilung s → Rn 12. Der ArbN hat eine **gleiche oder gleichwertige Tätigkeit in zumutbarer Weise zu benennen.** Da der ArbN idR keinen ausreichenden betrieblichen Einblick hat, reicht eine möglichst konkrete – nicht willkürliche – Angabe der Vergleichstätigkeit (BT-Drs 18/11133 S 58). 6

**b) Inhalt und Reichweite. aa) Vergleichsentgelt.** Die Auskunftspflicht erfasst gem § 11 EntgTranspG **Angaben zur Entgeltfindung und zum Vergleichsentgelt** aller Beschäftigten des jeweils anderen Geschlechts, die die ermittelte Vergleichstätigkeit **in demselben Betrieb** bei demselben ArbGeb ausüben; regional unterschiedliche Entgelt- 7 regelungen bleiben außer Betracht (§ 12 Abs 2 EntgTranspG). Das Vergleichsentgelt errechnet sich aus dem **durchschnittlichen monatlichen Bruttoentgelt** nach § 5 Abs 1 EntgTranspG und bis zu zwei weiteren vom auskunftsverlangenden ArbN **benannten Entgeltbestandteilen,** jeweils bezogen auf das letzte abgeschlossene Kj (§ 11 Abs 3 EntgTranspG). Der **Begriff des Entgelts ist weit** auszulegen. Unter das Bruttoentgelt fallen nach der Legaldefinition des § 5 Abs 1 EntgTranspG alle Grund- oder Mindestarbeitsentgelte sowie alle sonstigen Vergütungen, die unmittelbar oder mittelbar in bar oder in Sachleistungen gewährt werden. Erfasst wird daher nicht nur das Grundgehalt, sondern auch sonstige zusätzliche Entgeltbestandteile, zB Einmalzahlungen, variable Vergütungen, Aktienoptionen usw. Daneben ist der Bruttobetrag für gesondert nachgefragte Entgeltbestandteile anzugeben (zB betriebliche Altersversorgung). Abgesehen von der Frage, inwieweit Leistungs- oder Überstundenzuschläge als Vergleichsentgelt aussagekräftig sind, dürfte zudem das Herunterbrechen individueller Leistungen (Dienstwagen, Nutzung des werkseigenen Kindergartens) erhebliche Probleme bereiten.

8 Von diesen Beträgen ist der auf eine Vollzeittätigkeit (Vollzeitäquivalent) hochgerechnete **statistische Median** zu bilden. Der Median ist nicht der Durchschnitt, sondern der Wert, der an mittlerer Stelle steht, wenn man die Werte der Größe nach sortiert; bei einer geraden Anzahl von Werten wird aus den zwei mittleren Werten der Mittelwert gebildet. Diese Berechnungsweise hat jedoch schon reichlich Kritik erfahren. So kann bereits die Aussagefähigkeit des ermittelten Wertes in Zweifel gezogen werden, da für den Anspruchssteller nicht ersichtlich wird, ob eine Vergleichsgruppe desselben Geschlechts nicht tatsächlich gleich viel verdient und er sich dort zufällig am unteren Rand des Vergütungsniveaus befindet (*Bauer/Romero* NZA 17, 409; *Thüsing* BB 17, 565).

9 **bb) Angaben zur Entgeltfindung.** Der Auskunftsanspruch erstreckt sich zudem auf Informationen über **Kriterien und Verfahren zur Festlegung des Entgelts** für die Vergleichstätigkeit sowie des eigenen Entgelts (§ 11 Abs 2 Satz 1 EntgTranspG). Bei tariflichen oder gesetzlichen Entgeltregelungen reicht die Nennung der maßgeblichen Regelungen und die Angabe, wo sie eingesehen werden können, § 11 Abs 2 EntgTranspG; vgl → Rn 10. Für ArbGeb, die sich nicht auf Tarifverträge stützen können, empfiehlt sich – um den bürokratischen und finanziellen Aufwand künftig gering zu halten – anhand von Stellenbeschreibungen Tätigkeit und Anforderungsprofil präzise festzulegen und die jeweiligen Kriterien für die Entgeltermittlung zu dokumentieren. Bei jeder Einstellung oder Beförderung kann auf dieser Grundlage eine aktuelle Bestandsaufnahme erfolgen.

10 **cc) Privilegierung tarifgebundener/tarifanwendender Arbeitgeber.** Die erforderlichen Angaben unterscheiden danach, ob es sich um einen tarifgebundenen bzw tarifanwendenden ArbGeb handelt oder um einen sonstigen ArbGeb §§ 14, 15 iVm 5 Abs 3 und 4 EntgTranspG: Bei ersteren reicht die Angabe des Vergleichsentgelts der Beschäftigten der **gleichen Entgeltgruppe** gem §§ 11 Abs 3 Nr 1, 14 EntgTranspG sowie für die Angaben zur Entgeltfindung der **Verweis auf den Tarifvertrag** (zur Reichweite tarifbezogener Privilegierung: *Weigert* NZA 18, 210). Dagegen muss der **tariffreie Arbeitgeber** die geforderten Angaben bezogen auf das Bruttoentgelt sowie die benannten Entgeltbestandteile aller ArbN des anderen Geschlechts machen, insbes das Verfahren im Einzelnen beschreiben, alle VergleichsArbN ermitteln und den errechneten Median angeben (§§ 11 Abs 3 Nr 2, 15 EntgTranspG). Die Privilegierung erstreckt sich gem § 11 Abs 4 EntgTranspG auch auf kollektiv-rechtliche Regelungen kirchlicher ArbGeb. Entgeltregelungen in **Betriebsvereinbarungen** sind nicht ausdrückl geregelt. Es spricht viel dafür, von einer unbewussten Gesetzeslücke auszugehen und Betriebsvereinbarungen Tarifverträgen gleichzustellen (so BeckOK/*Roloff* § 5 EntgTranspG Rn 13).

11 Unklar ist die **Zuordnung bei AT-Angestellten**, die sich beim tarifgebundenen/tarifanwendenden ArbGeb außerhalb des persönlichen Geltungsbereichs der tariflichen Reglung befinden. Hier wird der ArbGeb Vergleichsentgelt wie auch Kriterien und Verfahren der Entgeltfindung spezifisch darlegen und erläutern müssen, da die Einordnung in eine Entgeltgruppe des einschlägigen TV nicht in Betracht kommt (*Franzen* NZA 17, 814, 817). Ebenfalls ist problematisch, wie bei **übertariflichen Vergütungsbestandteilen** die Vergleichsgruppe zu bilden ist: Stellt man hier auf die in dieselbe Entgeltgruppe eingruppierten ArbN ab (§ 11 Abs 3 Nr 1 EntgTranspG) oder handelt es sich um einen außerhalb des Tarifvertrags liegenden Regelungsgegenstand, mit der Folge, dass die gesetzliche Privilegie-

rung keine Anwendung findet? Wortlaut und Ratio des Gesetzes sprechen dafür, bei Leistungen außerhalb des tariflichen Entgeltsystems gleichfalls die zutreffende Entgeltgruppe des Tarifvertrags als Vergleichsgruppe heranzuziehen, da ansonsten die Gewährung übertariflicher Leistungen für viele ArbGeb zum Fallstrick würde. Allerdings muss der ArbGeb, wenn Auskunft über die benannten übertariflichen Entgeltbestandteile nach § 10 Abs 1 Satz 3 EntgTranspG verlangt wird, über Kriterien und Verfahren der Entgeltfindung nach § 11 Abs 2 EntgTranspG informieren (ausführlich *Franzen* NZA 17, 814, 817).

**c) Zuständigkeit.** Nach der gesetzlichen Konzeption **erteilt regelmäßig der Betriebsrat** die Auskunft (§§ 13 Abs 1, 14 Abs 1 EntgTranspG). Das gilt im Grundsatz immer dann, wenn ein BRat gewählt ist und zwar auch, soweit ein Betrieb tariffrei ist und das Gesetz in diesem Fall primär dem ArbGeb die Auskunftspflicht übertragen hat (§ 15 Abs 1 und 2 EntgTranspG). Zuständig ist stets der örtliche BRat; das ergibt sich aus dem in § 12 EntgTranspG geregelten betrieblichen Bezug. Zur Zuständigkeitsverteilung beim betrieblichen Prüfverfahren s → Rn 23. 12

Damit der BRat seiner Auskunftspflicht nachkommen kann, muss der ArbGeb ihm gegenüber erklären, ob Tarifverträge in Bezug genommen werden (§ 13 Abs 5 EntgTranspG). Da der BRat idR über die notwendigen Informationen nicht selbst verfügt, räumt ihm das Gesetz ergänzend zu § 80 Abs 1 Nr 2a) und Abs 2 BetrVG in § 13 Entgelttransparenzgesetz **erweiterte Einsichts- und Informationsrechte** zur Durchsetzung der Entgeltgleichheit ein. So hat er ein Recht auf Einblick in die Lohn- und Gehaltslisten in Bezug auf alle Entgeltbestandteile, einschließlich individuell ausgehandelter Entgelte. Dieses Recht besteht auch dann, wenn der BRat nicht selbst die Auskunft erteilt (ErfK/*Kania* BetrVG § 80 Rn 26). § 13 Abs 3 EntgTranspG verpflichtet nunmehr den ArbGeb ausdrücklich, nach Geschlecht aufgeschlüsselte **Entgeltlisten vorzuhalten.** Damit der Betriebsausschuss seinen Auftrag aus § 13 Abs 3 Satz 3 EntgTranspG ordnungsgemäß erfüllen kann, benötigt er aufbereitete aussagekräftige Listen. Diese müssen eine auf Vollzeitäquivalente hochgerechnete und nach Gehaltshöhe sortierte Auflistung enthalten, mit der der Median des durchschnittlichen monatlichen Bruttogehalts, ggf unter Zuhilfenahme elektronischer Hilfsmittel, berechnet werden kann. Nach dem Gesetzeswortlaut und in Anlehnung an § 80 BetrVG besteht ein bloßes Einsichtsrecht, dagegen kein Anspruch auf Aushändigung der Entgeltlisten. Erlaubt ist lediglich die Anfertigung von Notizen, nicht aber eine Kopie, Abschrift oder das Anfertigen von Fotos (*Kania* NZA 17, 819; LAG Bln-Bbg 1.8.19 – 5 TaBV 313/19, NZA-RR 19, 657). 13

Alternativ kann der BRat verlangen, dass der **Arbeitgeber die Auskunftspflicht übernimmt** (§ 14 Abs 1 Satz 4 EntgTranspG). Es kann aber auch der ArbGeb die Adressatenstellung generell oder in Einzelfällen an sich ziehen, wenn er dies zuvor gegenüber dem BRat erläutert hat (§ 14 Abs 2 Satz 1 EntgTranspG). Will der ArbGeb die Auskunftshoheit behalten, muss er die Übernahme der Pflicht für jede Amtsperiode des BRat erneut erklären. Die Betriebspartner haben sich wechselseitig über eingehende Auskunftsverlangen umfassend zu informieren. Zudem hat der ArbGeb den BRat über seine Antwort zu informieren (§ 14 Abs 2 EntgTranspG). Da das Zusammenspiel der Betriebspartner komplex ist, empfiehlt sich der Abschluss einer freiwilligen Betriebsvereinbarung, die zugleich die Beschäftigten – wie gesetzlich vorgeschrieben – über die Zuständigkeit der Auskunftserteilung informiert. 14

Besteht **kein Betriebsrat,** so ist der ArbGeb Ansprechpartner, der aber – soweit er tarifgebunden ist – die zuständigen Tarifparteien informieren muss. Nach näherer Vereinbarung können diese auch die Auskunft übernehmen (§ 14 Abs 3 und 4 EntgTranspG). Fraglich ist indes, ob eine Informationspflicht – wie der Wortlaut des Gesetzes vermuten lässt – auch für den die Tarifverträge lediglich in Bezug nehmenden ArbGeb besteht. Hier werden die Verbände an einer Übernahme der Auskunftspflicht meist ohnehin nicht interessiert sein. Zudem setzt die Informationspflicht gem § 14 Abs 3 Satz 4 EntgTranspG nach dessen Satz 3 die vorherige (einvernehmliche) Übertragung der Auskunftspflicht an die Vertreter der Tarifparteien voraus. Das bedeutet, dass der ArbGeb nur bei einer Übertragung der Auskunftspflicht an die Tarifparteien diese auch rechtzeitig und umfassend über eingehende Auskunftsverlangen informieren muss (ErfK/*Schlachter* EntgTranspG § 14 Rn 7). 15

**d) Antwortfrist.** Zum Zeitrahmen für die Erteilung der begehrten Auskunft trifft das Gesetz in § 15 Abs 3 EntgTranspG **lediglich für den tariffreien Arbeitgeber** eine 16

Regelung: danach müssen BRat oder ArbGeb die Auskunft innerhalb von drei Monaten nach Zugang des Auskunftsverlangens erteilen. Bei drohender Fristversäumnis ist der ArbN zu informieren und die begehrte Auskunft ist dann ohne weitere Verzögerung zu erteilen. Für den tarifgebundenen/anwendenen ArbGeb bestimmt das Gesetz dagegen keine Antwortfrist. Auch wenn es sich dabei nicht um einen redaktionellen Fehler, sondern um eine gewollte Privilegierung der Tarifbindung handelt, wird man keine unbegrenzte Auskunftsfrist zugestehen können; denn das Gebot der gegenseitigen Rücksichtnahme gebietet auch hier eine zeitnahe Beantwortung im Rahmen billigen Ermessens (ErfK/*Schlachter* EntgTranspG § 10 Rn 6; aA *Müller* BB 17, 2101 für ebenfalls drei Monate), zumal ein Rückgriff auf die Tarife die geforderte Auskunft ungleich einfacher erteilen lässt. Echte Sanktionen bei Fristversäumnis drohen aber in keinem der Fälle. Ggf kann der ArbN dann Auskunftsklage erheben.

17 **e) Rechtsfolgen und gerichtliche Durchsetzung. aa) Vergütungsanpassung.** Hat der ArbGeb die gewünschte Auskunft erteilt und ergibt sich aus den gewonnen Informationen, dass trotz gleicher oder gleichwertiger Arbeit ein geringeres Entgelt bezahlt wird, kommt eine **Vergütungsanpassung nach den Grundsätzen des AGG** in Betracht. Das EntgTranspG selbst sieht nämlich keinen Anspruch auf gleichen Lohn vor. Aber auch nach § 15 Abs 2 iVm §§ 1, 7 AGG kann der ArbN das vorenthaltene Entgelt nur dann verlangen, wenn die Schlechterstellung gerade wegen des Geschlechts erfolgt und nicht durch einen anderen sachlichen Grund gerechtfertigt ist.

18 Für die Kausalität zwischen Nachteil und verbotenem Differenzierungsmerkmal hat **§ 22 AGG eine Beweislastregelung** getroffen, wonach es ausreicht, dass der ArbN Indizien vorträgt, die mit überwiegender Wahrscheinlichkeit eine Benachteiligung wegen des verbotenen Merkmals vermuten lassen. Sodann trägt der ArbGeb die volle Darlegungs- und Beweislast dafür, dass ausschließlich andere Gründe zu einer ungünstigeren Behandlung geführt haben. Zweifelhaft ist, ob der mitgeteilte **Entgeltmedian allein ein Indiz** iSv § 22 AGG darstellen kann. Zwar erkennt das BAG statistisch belegte Tatsachen grds als Indizien für eine Geschlechterdiskriminierung an (BAG 22.7.10 – 8 AZR 1012/08, NZA 11, 93). Allerdings bestehen hier bereits Zweifel an der **Aussagekraft des Median** für eine überwiegende Wahrscheinlichkeit der Entgeltbenachteiligung iSd § 22 AGG. So belegt ein über dem Entgelt des benachteiligten ArbN liegender Median allein die Existenz von ArbN des anderen Geschlechts, die ein höheres Entgelt enthalten, wie auch von solchen, die weniger erhalten. Dagegen lässt sich aus dem Median nicht die eigene Benachteiligung ablesen, soweit weder der Durchschnittsverdienst des anderen Geschlechts bekannt ist noch der Median für die ArbN desselben Geschlechts (*Bauer/Romero* NZA 17, 409; *Thüsing* BB 17, 565). Zudem knüpft das EntgTranspG eine mit § 22 AGG vergleichbare Beweislastverlagerung nur an die Nichterfüllung der Auskunftspflicht beim tariffreien ArbGeb (§ 15 Abs 5 EntgTranspG), da insoweit Zweifel an dessen Rechtstreue bestehen. Im Umkehrschluss vermag daher bei erteilter Auskunft nicht schon deren Inhalt eine ebensolche Rechtsfolge auszulösen (LAG Nds 1.8.19 – 5 Sa 196/19, NZA-RR 19/629; *Franzen* NZA 17, 814, 816).

19 Legt man zudem die **Maßstäbe des Europäischen Gerichtshofs** für eine veränderte Beweislastverteilung zugrunde, so müssen zusätzlich zu einem höheren Vergleichsmedian beim anderen Geschlecht – entsprechend der EuGH-Rspr bei feststehender höherer Durchschnittsvergütung – **weitere Indizien hinzukommen,** wie zB intransparente Entlohnungssysteme (EuGH 17.10.89 – 109/88, BeckRS 2004, 70708), unklare Berechnungsfaktoren (EuGH 31.5.95 – C-400/93, BeckRS 2004, 77045) oder ein deutlicher Unterschied in der Durchschnittsvergütung (EuGH 27.10.93 – C 127/92, NZA 94, 797). Weiter wird man eine Vernachlässigung der in § 4 Abs 4 EntgTranspG benannten Anforderungen an die Ausgestaltung betrieblicher Entgeltsysteme als Indiz werten können. Ebenso können sich aus dem Unterlassen organisatorischer Maßnahmen iSd §§ 17 ff EntgTranspG Indizien ergeben (ausführlich *Franzen* NZA 17, 814).

20 **bb) Rechtfertigungsgründe.** Besteht nach dem Vortrag des benachteiligten ArbN die Vermutung der Entgeltbenachteiligung iSd § 22 AGG, liegt es in der Folge beim ArbGeb zu beweisen, dass entweder die ausgeübten Tätigkeiten in Wirklichkeit **nicht vergleichbar** sind oder dass der festgestellte Entlohnungsunterschied durch **objektive Faktoren gerechtfertigt** ist. Nicht jeder festgestellte Vergütungsunterschied stellt eine verbotene Entgeltbenachteiligung dar. Jedenfalls in den Fällen der mittelbaren Diskriminierung kommt gem § 3

Abs 3 EntgTranspG eine Rechtfertigung in Betracht, wenn eine Differenzierung aus sachlichem Grund erfolgt und die angewandten Kriterien und Verfahren diesem Ziel in angemessener Weise entsprechen. Anerkannt ist etwa, dass eine längere Betriebszugehörigkeit ein höheres Entgelt rechtfertigen kann (EuGH 3.10.06 – C-17/05, NZA 06, 1205) oder dass Zulagen eine erhöhte Flexibilität in Bezug auf Arbeitszeit und -ort belohnen können; → Rn 4; → *Diskriminierung* Rn 1 ff).

**cc) Ausschlussfrist.** Der Anspruch auf Vergütungsanpassung unterliegt der **Regelverjährung** und nicht der Ausschlussfrist des § 15 Abs 4 AGG; letztere gilt nur für Ansprüche aus § 15 Abs 1 und 2 AGG und nicht für Erfüllungsansprüche (→ *Diskriminierung* Rn 135). Eine Abbedingung ist (kollektiv)vertraglich wohl zulässig, da im Gegensatz zur ersten Entwurfsfassung des EntgTranspG – wo in § 7 Abs 2 noch die zwingende Geltung der §§ 195, 199 BGB vorgesehen war – diese Klarstellung in der endgültigen Gesetzesfassung entfallen ist (*Bauer/Günther/Romero* NZA 17, 809). 21

**f) Unrichtige oder unterlassene Auskunft.** Die Rechtsfolge **unterlassener Auskunftserteilung** ist nur beim nicht tarifgebundenen/anwendenden ArbGeb, dass dieser dann im Streitfall die **Beweislast** dafür trägt, dass kein Verstoß gegen das Entgeltgleichheitsgebot vorliegt, § 15 Abs 5 EntgTranspG. Auf die **Richtigkeit** der gemachten Berechnungen und Angaben kommt es aber nicht an (BT-Drs 18/11133 S 71). 22

**3. Betriebliches Prüfverfahren. a) Freiwilligkeit.** ArbGeb mit idR **mehr als 500 Beschäftigten** sind gem § 17 Abs 1 Satz 1 EntgTranspG „aufgefordert", aber nicht verpflichtet, mit Hilfe betrieblicher Prüfverfahren die Entgeltgleichheit zu überprüfen. Die Vorschrift hat nur Appellfunktion, der ArbGeb kann daher eigenverantwortlich über die Durchführung des Verfahrens nach §§ 17, 18 EntgTranspG entscheiden. Ebenso braucht der ArbGeb das Prüfverfahren wegen § 18 Abs 3 Satz 3 iVm § 12 Abs 2 EntgTranspG nicht auf alle Betriebe zu erstrecken. Erleichterungen bei einheitlicher Vergütungsgestaltung innerhalb eines Konzerns sind nach Maßgabe des § 17 Abs 1 Satz 2 EntgTranspG möglich. Hilfreiche Hinweise zur Durchführung eines betrieblichen Prüfungsverfahrens hat die Hans-Böckler-Stiftung unter dem Stichwort „eg-Scheck.de" veröffentlicht. 23

**b) Informations- und Berichtspflichten.** Zu beachten ist aber, dass im Fall einer Durchführung des Prüfverfahrens **zwingende** Informations- und Berichtspflichten zu beachten sind. So ist der BRat so rechtzeitig bei der Planung und unter Vorlage der erforderlichen Unterlagen zu unterrichten, dass er seine Beteiligungsrechte auch tatsächlich ausüben kann (§ 20 Abs 1 EntgTranspG). Zudem sind die Beschäftigten über das Ergebnis der Prüfung gem § 20 Abs 2 EntgTranspG zu informieren. Unklar ist, ob ein ArbGeb – in Anbetracht der Freiwilligkeit des Prüfverfahrens nach § 17 EntgTranspG – unabhängig von den gesetzlichen Regelungen eine interne Bestandsaufnahme bzw Evaluierung seines Entgeltssystems vornehmen kann, ohne zugleich die zwingenden Berichtspflichten auszulösen. Da das EntgTranspG keine Aussage darüber trifft, wann eine Evaluierung unter den 3. Abschnitt des Gesetzes fällt, kann theoretisch jede systematische Prüfung erfasst sein, die eine Aufschlüsselung nach dem Geschlecht enthält. 24

**c) Betriebsratsbeteiligung.** Das Prüfverfahren soll gem § 18 Abs 2 EntgTranspG unter **Berücksichtigung betrieblicher Mitwirkungsrechte** erfolgen. Allerdings etabliert der Gesetzgeber hiermit kein neues Mitbestimmungsrecht iSd § 87 BetrVG (BT-Drs 18/11133 S 69). Solange sich der ArbGeb auf eine reine Bestandsaufnahme und Analyse des gelebten Vergütungssystems beschränkt, unterliegt die Ausgestaltung des Prüfverfahrens nicht der Mitbestimmung. Bei einem IT-gestützten Prüfverfahren ist § 87 Abs 1 Nr 6 BetrVG zu beachten, wenn das IT-Tool bereits objektiv zur Leistungsüberwachung geeignet ist; entscheidend ist daher nicht, ob das Prüfverfahren mit Hilfe eines eigens hierfür entwickelten Programms durchgeführt wird (*Kania* NZA 17, 819). Werden dagegen in Anlehnung an § 4 Abs 4 EntgTranspG Kriterien zur künftigen Vermeidung von Entgeltbenachteiligung oder sonstige Entlohnungsgrundsätze und -methoden festgeschrieben, ist die Mitbestimmung nach § 87 Nr 10 BetrVG eröffnet (ErfK/*Kania* BetrVG § 87 Rn 21a, 101). Angesichts der Möglichkeit der Durchführung eines einheitlichen Verfahrens für alle Konzernunternehmen unter den Voraussetzungen des § 17 Abs 1 Satz 2 EntgTranspG kommt es für eine Beteiligung von örtlichem, Gesamt- oder Konzern-BRat auf die Entscheidung des ArbGeb an, ob er das Verfahren konzernweit durchführt. 25

26 **4. Berichtspflichten des Arbeitgebers.** ArbGeb mit regelmäßig mehr als 500 Beschäftigten, die nach §§ 264, 289 HGB lageberichtspflichtig sind, müssen nach Maßgabe des § 21 EntgTranspG einen Bericht zur Gleichstellung und Entgeltgleichheit verfassen. Dieser Bericht muss die ergriffenen Maßnahmen zur Förderung der Gleichstellung enthalten und gem § 22 EntgTranspG von tarifgebundenen/anwendenden ArbGeb alle fünf Jahre, von allen anderen alle drei Jahre erstellt werden. Werden keine Fördermaßnahmen durchgeführt, ist dies im Bericht nachvollziehbar zu begründen. Das Gesetz regelt aber für den Fall der Nichtbeachtung keine Rechtsfolge.

**B. Lohnsteuerrecht** *Seidel*

30 Lohnsteuerlich ergeben sich keine Besonderheiten, da es auf den tatsächlich gezahlten Lohn ankommt. Dieser wird im → *Lohnkonto* Rn 2 ff aufgezeichnet. Sollte es zu einer Vergütungsanpassung kommen (→ Rn 17–21), ist dies lohnsteuerlich durch eine Korrektur der LStAnmeldung zu erfolgen (→ *Lohnsteueranmeldung* Rn 10 ff). S auch → *Entgeltnachzahlung* Rn 6 ff und → *Entgeltrückzahlung* Rn 17 ff.

**C. Sozialversicherungsrecht** *Voelzke*

35 Die Regelungen des EntgTranspG habe für das SozVRecht keine unmittelbare Bedeutung. Kommt es aufgrund der Durchsetzung von Entgeltgleichheit zu einer Nachzahlung von Arbeitsentgelt, gelten hinsichtlich der Erhebung von SozVBeiträgen die für die *Entgeltnachzahlung* (→ Rn 10) geltenden Grundsätze.

# Entgeltverzicht

**A. Arbeitsrecht** *Griese*

1 **1. Rechtliche Einordnung.** Der Entgeltverzicht ist rechtlich ein **Erlassvertrag** nach § 397 Abs 1 BGB. Mit ihm verzichtet der ArbN auf ihm zustehende Entgeltansprüche. Ein Entgeltverzicht kann auch in einem gerichtlichen oder außergerichtlichen *Vergleich* oder einer *Ausgleichsquittung* enthalten sein.

2 Vom Entgeltverzicht ist die **Lohnverwirkungsabrede** zu unterscheiden. Sie liegt vor, wenn das Entfallen des Entgeltanspruchs für den Fall vertragswidrigen Verhaltens des ArbN vereinbart wird, und ist nur in sehr engen Grenzen zulässig. Da es sich um eine der *Vertragsstrafe* (→ *Vertragsstrafe* Rn 10) gleichstehende Abrede handelt (ErfK/*Preis* § 611a BGB Rn 469), kann sie gem § 309 Nr 6 BGB nicht durch Formulararbeitsverträge, sondern nur durch individuellen Vertrag vereinbart werden, darf nicht den unpfändbaren Teil des Arbeitseinkommens gem § 850c ZPO erfassen und unterliegt der Inhaltskontrolle, insbes im Hinblick auf eine **unangemessene Benachteiligung gem § 307 BGB.**

3 Für den im Verzicht liegenden Erlassvertrag gelten die allgemeinen Vertragsregeln. Die Willenserklärungen der Parteien müssen **eindeutig einen Verzichtswillen** zum Ausdruck bringen, an dessen Feststellung strenge Anforderungen zu stellen sind. Es ist ein Erfahrungssatz, dass ein Verzicht **nicht zu vermuten und im Zweifel eng auszulegen** ist. Dies gilt grds bei Entgeltverzichtserklärungen in Ausgleichsquittungen (→ *Ausgleichsquittung* Rn 7 ff; s aber auch BAG 28.7.04 – 10 AZR 661/03, NZA 04, 1097). Übersendet der ArbGeb über einen Teilbetrag der ausstehenden Vergütung einen Scheck und unterbreitet in einem Begleitschreiben über den Restbetrag ein Erlassangebot, so liegt in der Einlösung des Schecks regelmäßig keine Annahme des Erlassvertragsangebots (*Frings* BB 96, 809). Der Erlassvertrag bedarf keiner Form. **Die Anfechtung ist nach § 119 BGB (Inhalts- oder Erklärungsirrtum) oder nach § 123 BGB (Anfechtung wegen arglistiger Täuschung oder rechtswidriger Drohung) möglich.** Eine am Arbeitsplatz geschlossene Verzichtsvereinbarung ist ebenso wie eine dort geschlossene Beendigungsvereinbarung (BAG 27.11.03 – 2 AZR 135/03, NZA 04, 597) kein **Haustürgeschäft,** so dass kein Widerrufsrecht nach § 312 Abs 1 Nr 1 BGB gegeben ist.

**2. Grenzen des Entgeltverzichts.** Entgeltverzichtsvereinbarungen unterliegen unterschiedlich restriktiven Grenzen, je nachdem, auf welcher Rechtsgrundlage die Entgeltansprüche beruhen. 4

**a) Gesetzliche Ansprüche.** Soweit die Ansprüche auf Vergütung auf Gesetz beruhen, ist ein Verzicht nicht möglich, wenn die gesetzliche Regelung zwingend ist. Letzteres ist im Arbeitsrecht die Regel, zudem schließen **verschiedene gesetzliche Vorschriften einen Verzicht ausdrücklich aus, so § 3 MiLoG für Mindestlohnansprüche,** § 12 EFZG für die Entgeltfortzahlung im Krankheitsfall und § 13 Abs 1 BUrlG für Urlaubsentgeltansprüche (→ *Verzicht* Rn 2).

**b) Ansprüche aus Kollektivverträgen.** Tarifverträge und Betriebsvereinbarungen gelten nach § 4 Abs 1 TVG bzw § 77 Abs 4 Satz 1 BetrVG unmittelbar und zwingend. Tarifverträge, die den Betrieb vom Geltungsbereich her erfassen, und für die unmittelbare, nicht lediglich nachwirkende Tarifbindung besteht, sowie im Betrieb geltende Betriebsvereinbarungen können daher nicht durch Entgeltverzichtsvereinbarungen unterlaufen werden. Für den Verzicht auf entstandene tarifvertragliche Rechte schreibt § 4 Abs 4 TVG vor, dass dieser nur in einem **von den Tarifvertragsparteien gebilligten Vergleich zulässig ist.** Von einer Billigung des Vergleichs durch die Tarifvertragsparteien ist im Regelfall dann auszugehen, wenn die Prozessparteien im ArbGVerfahren durch Beauftragte der jeweiligen Tarifvertragsparteien vertreten waren und die Beauftragten zur Abgabe von entsprechenden Erklärungen bevollmächtigt sind. Für Rechte und damit auch **Entgeltansprüche aus Betriebsvereinbarungen** bestimmt § 77 Abs 4 Satz 2 BetrVG, dass ein Verzicht **nur mit Zustimmung des Betriebsrats** möglich ist. Von einem Verzicht auf **bestehende** Ansprüche ist die Einigung über die **tatsächlichen** Grundlagen eines Anspruchs zu unterscheiden (zB ob überhaupt nach Tarifvertrag entgeltpflichtige Überstunden geleistet worden sind); insoweit sind vertragliche, die tatsächlichen Grundlagen betreffende Einigungen jederzeit möglich (BAG 5.11.97 – 4 AZR 682/95, NZA 98, 434). 5

**c) Individualrechtliche Ansprüche.** Beruhen die Lohnansprüche auf individualrechtlicher Grundlage (Vertrag, Gesamtzusage, vertragliche Einheitsregelung, Betriebliche Übung oder Gleichbehandlungsgrundsatz), ist ein Entgeltverzicht grds möglich. Dies hat zur Folge, dass insbes übertarifliche Vergütungsbestandteile verzichtbar sind. Mit entsprechenden Entgeltverzichtsverträgen bzgl übertariflicher Leistungen kann die Belegschaft im Fall einer **wirtschaftlichen Krise** des Betriebes dessen Überleben sichern. Bei späteren Entgelterhöhungen darf der ArbGeb die Gruppe, die Entgeltverzicht geleistet hat, bis zur Kompensation der Verzichtsbeträge besser stellen (BAG 17.3.10 – 5 AZR 168/09, NZA 10, 696). 6

Mit Entgeltverzichtsverträgen darf jedoch nicht gegen höherrangiges Recht verstoßen werden. So ist es unter dem Gesichtspunkt des Verbotes der Kündigungserschwerung unzulässig, im Vorhinein eine **rückwirkende Entgeltminderung oder** einen rückwirkenden **Entgeltverzicht** für den Fall der Beendigung des Arbeitsverhältnisses zu vereinbaren (BAG 27.4.82 – 3 AZR 814/79, DB 82, 2406). Entgeltverzichtsverträge, die in einer vertraglichen Einheitsregelung enthalten sind, können wegen unangemessener Benachteiligung gem § 307 BGB unwirksam sein. Die Berufung auf eine vom ArbN abgegebene Verzichtserklärung kann eine unzulässige Rechtsausübung sein, wenn der ArbGeb eine für den ArbN **unzumutbare Drucksituation** herbeiführt (BAG 16.10.12 – 9 AZR 183/11, BB 12, 435 mit Anm von *Burkart,* jurisPR-ArbR 4/2013 – Genehmigung von Klassenfahrten für Lehrer nur bei für Reisekostenverzicht). 7

Bei vorformulierten Verzichtserklärungen ist die AGB-Kontrolle gem §§ 305 ff BGB zu berücksichtigen.

Ein vor der Arbeitslosigkeit vereinbarter Lohnverzicht, der das Ziel hatte, den Arbeitsplatz zu erhalten, darf bei der Beendigung des Arbeitslosengeldes nicht zum Nachteil des ArbN berücksichtigt werden (BSG 24.8.17 – B 11 Al 16/16 R, NZS 18, 405; *Ricken* NZA 18, 1186).

## B. Lohnsteuerrecht *Weil*

**1. Lohnverzicht ohne Verwendungsauflage** (H 38.2 LStR).Im Falle eines bedingungsfreien Lohnverzichts, liegt **keine steuerpflichtige Einnahme** vor, da es für die Besteuerung auf den Zufluss beim ArbN ankommt (→ *Lohnzufluss* Rn 2, § 38 Abs 2 Satz 2 8

EStG). Dies gilt auch dann, wenn nach tarifvertraglichen Vorschriften ein Entgeltverzicht unzulässig ist (§ 40 AO). Der ArbN darf keine Bedingungen an die Verwendung der freigewordenen Mittel knüpfen (BFH 23.9.98 – XI R 18/98, BStBl II 1999, 98; sa FG Münster 16.9.15 – 7 K 2113/13 L, BeckRS 2015, 95958). Auf das Motiv des Verzichts (eigen- oder fremdnützig) kommt es nicht an. Daher liegt auch ein Entgeltverzicht vor, wenn ArbN zwecks Stärkung der finanziellen Leistungskraft ihres ArbGeb mit einem Vorabzug eines Teils ihres Lohns aufgrund (kollektiver) vorher geschlossener Vereinbarungen einverstanden sind (sog **Sanierungsbeitrag;** BFH 25.11.93 – VI 3/92, BStBl II 94, 242). Fiktive Einnahmen werden nicht angesetzt. Zu den Folgen eines langzeitigen Auszahlungsverzichts des Lohns im Rahmen von **Ehegatten-Arbeitsverhältnissen** → *Familiäre Mitarbeit* Rn 36, bei Entgeltverzicht des ArbNEhegatten zugunsten einer **Nur-Pension** (BFH 25.7.95 – VIII R 38/93, BStBl II 96, 153; → *Betriebliche Altersversorgung* Rn 173, 159). Zum Entgeltverzicht im Rahmen einer **geringfügigen Beschäftigung,** um die 450 €-Grenze nicht zu überschreiten, zB Verzicht auf Weihnachtsgeld, Urlaubsgeld, s BFH 29.5.08 – VI R 57/05, BStBl II 09, 147.

Mangels Zufluss und damit mangels Einnahme beim ArbN entstehen korrespondierend **keine Betriebsausgaben** des ArbG für den nicht gezahlten Lohn (BFH 5.12.90 – I R 5/88, BStBl II 91, 308; FG Hess 23.11.98 – 4 K 6322/97, EFG 99, 459).

9 Bei **teilweisem** Verzicht ist die LSt auf der Grundlage der geminderten Bruttobeträge zu berechnen. Eine Entschädigungszahlung für den Verzicht ist nicht steuerbegünstigt (BFH 10.10.01 – XI R 50/99, BFH/NV 02, 698). Bei **zeitweisem Verzicht** bzw **Stundung** des Lohns, bei vereinbartem Sicherheitseinbehalt durch den ArbGeb kommt es auf den späteren Zufluss beim ArbN an. Auch ein **nachträglicher** Verzicht nach Stundung auf die Lohnzahlungsforderung löst mangels Zufluss keine Einnahme und damit keine Steuer aus. In Höhe des Gehaltsverzichts liegen keine Werbungskosten vor (BFH 21.10.80 – VIII R 190/78, BStBl II 81, 160). Zur Umwandlung von gestundetem Lohn in ein Darlehen mit darauf folgenden Darlehensverlust → *Arbeitnehmerdarlehen* Rn 8 ff. Zur Lohngutschrift auf ein **Arbeitszeitkonto** → *Arbeitszeitmodelle* Rn 17.

10 Bei **Gewährung einer anderen Leistung anstelle Lohn,** zB günstige Bezugsbedingungen, Reisen, unentgeltliches Wohnen, Pkw-Nutzung uÄ (s hierzu → *Sachbezug* Rn 3 ff), liegt **kein Verzicht** vor (FG SchlHol 21.3.95, EFG 95, 836; sa FG Münster 16.9.15 – 7 K 2113/13 L, BeckRS 2015, 95958: Umwandlung von Arbeitslohn in Versorgungslohn). In diesen Fällen fällt also LSt aus dem Wert des Sachbezugs an (→ *Sachbezug* Rn 11 ff), außer die Ersatzleistung des ArbGeb stellt keinen geldwerten Vorteil dar, wie zB beim Verzicht auf Überstundenvergütung zugunsten von **Freizeitausgleich.** Bei einem Wahlrecht des ArbN zwischen Barlohn und einer anderen Art der Vergütung, zB Sachlohn oder Deputatware, ist im Einzelfall zu entscheiden, mit welchem Wert die erhaltene Vergütung anzusetzen ist (BFH 6.3.08 – VI R 6/05, BStBl II 08, 530, BFH 10.6.08 – VI B 113/07, BFH/NV 08, 1482). Beitragsermäßigungen bei der Krankenkasse führen zum Lohnzufluss, auch wenn die ArbN im Gegenzug auf Beihilfe verzichtet haben (BFH 28.10.04 – VI B 176/03, BFH/NV 05, 205). Stellt die Bruttogehaltskürzung das Nutzungsentgelt für die Überlassung eines Pkw dar, so ist diese **Barlohnumwandlung** steuerlich wirksam (→ *Dienstwagen* Rn 26 aE; zur Barlohnumwandlung → *Arbeitgeberzuschuss* Rn 6).

11 **2. Verzicht unter Lohnverwendungsabrede.** Bei Verzicht auf Lohn **zugunsten eines Dritten,** also wenn Zufluss beim Dritten vorliegt, kann entweder nach Besteuerung beim ArbN eine steuerlich abzugsfähige **Spende** des ArbN iSd § 10b EStG zugunsten des Dritten vorliegen oder aber ein Entgeltverzicht mit der Folge, dass nur der um den Verzicht gekürzte Lohn stpfl ist, also die Zahlung an den Dritten beim Stpfl eine LStMinderung bewirkt.

**Beispiele:** Der ArbN beauftragt den ArbGeb, sein Weihnachtsgeld einem gemeinnützigen Verein zu überweisen.

Der ArbN setzt seinen eigenen Pkw unentgeltlich für Fahrten im Auftrag des ArbGeb ein: 0,30 € je gefahrener km (OFD Frankfurt 21.2.02, DStR 02, 805).

Entscheidend, ob Entgeltverzicht oder voller Lohn anzunehmen ist, ist die der Zahlung an den Dritten zugrunde liegende Vereinbarung zwischen ArbGeb und ArbN. Erfüllt der ArbGeb eine **Lohnverwendungsabrede,** das bedeutet: Ist der ArbGeb hinsichtlich des Adressaten der Zahlung an die Vorgabe des ArbN gebunden, liegt kein Entgeltverzicht, sondern voller Lohn vor (FG Münster 24.3.11 – 8 K 3696/10 E, EFG 11, 1712). Unterliegt der ArbGeb keinen Vorgaben hinsichtlich der Verwendung der Zahlung an den Dritten, liegt Entgeltverzicht vor. Die Verwendungsvereinbarung muss **vor der Fälligkeit** des Lohns getroffen werden und beim Lohnkonto des ArbGeb nachgewiesen sein, um nicht Zufluss anzunehmen (BFH 30.7.93 – VI R 87/92, BStBl II 93, 884; BFH 23.9.98 – XI R 18/98, BStBl II 99, 98). Im Spendenfall kann LStMinderung durch Eintragung eines Freibetrags mittels ELStAM iHd Spende erreicht werden (→ *Lohnsteuerermäßigung* Rn 3 ff). Spenden für **Katastrophengeschädigte** sind Sonderausgaben (§ 50 Abs 2 Satz 1 Nr 1, Abs 2a EStDV, seit 2011).

Ist bei einem entgeltlichen **Schülerpraktikum** vereinbart, dass die Vergütung einem gemeinnützigen Träger als Spende gezahlt wird, verzichtet die Verwaltung aus Billigkeits- und Vereinfachungsgründen bei bestimmten Projekten (ua „Sozialer Tag") auf die Versteuerung des stpfl Arbeitslohns. Die Vergütungen sind von den ArbGeb direkt an die Einrichtung iSd § 10b Abs 1 Satz 1 EStG zu überweisen und unterliegen nicht dem LStAbzug. Die Vergütungen dürfen nicht als Spende berücksichtigt werden (OFD Frankfurt 16.10.12 – S 2332 A – 88 – St 211, ofix HE EStG/19/5). Aus humanitären Gründen lässt die FinBeh ArbLohnspenden in Einzelfällen stfrei, ua **Erdbebenopfer** BMF 19.5.15, BStBl I 15, 466; **Flüchtlinge** BMF 22.9.15, BStBl I 15, 745.

**3. Verzicht unter Bedingung der Rückzahlung.** An einem Zufluss fehlt es nur bei 12
einem **bedingungsfreien Verzicht.** Bei Zufluss unter einer Bedingung der Rückzahlung ist der Lohn mit steuerlicher Wirkung gezahlt, also LStPflicht, ebenso bei Hinterlegung des Lohns nach § 378 BGB. Bei Bedingungseintritt führt die Rückzahlung zu negativen Einnahmen im Zeitpunkt des Abflusses beim ArbN (→ *Entgeltrückzahlung* Rn 17 ff).

**4. Rückzahlung von ausbezahltem Lohn.** Ist der Lohn bereits ausbezahlt worden und 13
bezahlt ihn der ArbN zurück, liegt grds kein Entgeltverzicht mehr vor, vielmehr *Lohnzufluss* und Lohnrückzahlung. Ausnahmsweise kann nach der Rspr bei Rückzahlung des Lohns dann ein Entgeltverzicht vorliegen (also keine Einnahmen und damit keine Steuer beim ArbN, keine Betriebsausgaben beim ArbGeb), wenn der Lohn sofort, dh in engstem zeitlichem Zusammenhang mit seiner Auszahlung wieder zurückgeleitet wird (BFH 5.12.90 – I R 5/88, BStBl II 91, 308). Der Entscheidung des BFH kann unter der engen Voraussetzung zugestimmt werden, dass die Lohnzahlung nur zum Schein erfolgt (§ 41 Abs 2 AO) und der Lohn deshalb unmittelbar wieder zurückgeleitet wird. Ansonsten wird man Lohnzufluss und Lohnrückzahlung annehmen müssen (OFD Köln 12.10.92, DStR 92, 1687; → *Entgeltrückzahlung* Rn 17 ff).

**5.** Bei einem **nicht beherrschenden Gesellschafter-Geschäftsführer** einer Kapitalge- 14
sellschaft (bis zu 50 % am Kapital beteiligt) kommt es auf den **tatsächlichen Zufluss** an, nicht (wie beim beherrschenden, → Rn 15) auf die Fälligkeit (BFH 3.2.2011 – VI 4/10, DStR 2011, 618). Bei einem Gehaltsverzicht kann eine zum Zufluss von Arbeitslohn führende verdeckte Einlage nur dann gegeben sein, wenn der Stpfl nach Entstehung seines Gehaltsanspruchs aus gesellschaftsrechtlichen Gründen auf diese verzichtet. Verzichtet der Stpfl dagegen bereits vor Entstehung seines Gehaltsanspruchs auf diese, wird er unentgeltlich tätig und es kommt nicht zum fiktiven Zufluss von Arbeitslohn beim Gesellschafter-Geschäftsführer BFH 15.6.16 – VI R 6/13, DStR 16, 2036.

**6.** Verzichtet ein **beherrschender Gesellschafter-Geschäftsführer** einer Kapitalgesell- 15
schaft (BFH 5.10.04 – VIII R 9/03, BFH-NV 05, 526) nach Fälligkeit der Gehaltsforderung auf die (momentane) Auszahlung seines Gehalts oder einer anderen vereinbarten Leistung, zB auf die Tantieme, um die Liquidität der Gesellschaft nicht zu gefährden, wozu er aus Treuegesichtspunkten verpflichtet sein kann (FG München 25.3.03 – 6 K 3812/01, BeckRS 2003, 21014057; OLG Köln 6.11.07 – 18 U 131/07, DStR 08, 1298), so führt der Gehaltsverzicht zu einer verdeckten Einlage bei der GmbH und damit zu nachträglichen Anschaffungskosten iSd § 17 EStG (BFH 19.7.94 – VIII R 58/92, BStBl II 95, 362). Trotz Verzicht gilt hiernach das Gehalt beim beherrschenden Gesellschafter-Geschäftsführer als **zugeflossen,** wenn es **fällig** war und sich gegen eine zahlungsfähige Gesellschaft richtet (BFH 3.2.11 – VI R 66/09, DStR 11, 805; *Bergkemper* FR 11, 578). Ob sich der Vorgang in der Bilanz der Kapitalgesellschaft tatsächlich gewinnmindernd ausgewirkt hat, ist für die Zuflussfiktion unerheblich, sofern eine solche Verbindlichkeit nach den Grundsätzen ordnungsgemäßer

Buchführung hätte gebildet werden müssen (BMF 12.5.2014, DStR 2014, 1113). Ist die Gehaltsforderung nicht mehr vollwertig, zB wegen Zahlungsunfähigkeit der GmbH, gilt das Gehalt in Höhe des noch werthaltigen Teils der Forderung als zugeflossen (BFH 9.6.97 – GrS 1/94, BStBl II 98, 307). Um bei Werthaltigkeit der Forderung der (momentanen) Besteuerung zu entgehen, empfiehlt sich ein Verzicht mit **Besserungsklausel** (BFH 18.12.02 – I R 27/02, BFH/NV 03, 824 mit Anm *Hoffmann* GmbHR 03, 548; *Kohlhaas* GmbHR 09, 685), die Stundung der Vergütung mit späterer Zuwendung nach wiedererlangter Liquidität (BFH 2.9.94 – VI R 35/94, BFH/NV 95, 208) einschließlich Verzinsung und Sicherheitsleistung (FG Hess 16.8.2000 – 4 K 5124/99, DStRE 03, 161) oder die Vereinbarung eines Darlehens iHd jeweils nicht gezahlten Gehalts (→ *Arbeitnehmerdarlehen* Rn 15). Bei einem nicht an der GmbH beteiligten Geschäftsführer führt der Verzicht auf die Tantiemen zugunsten einer Pensionszusage nicht zu Lohnzufluss (FG Hbg 27.2.03 – V 272/98, EFG 03, 1000). **Kein Zufluss** liegt vor bei Verzicht auf die Vergütung vor Fälligkeit auf Grund von Liquiditätsproblemen der GmbH (BFH 22.11.83 – VIII R 133/82, BB 84, 513). Ebenso kein Zufluss von Urlaubs- und Weihnachtsgeld als Arbeitslohn bei einvernehmlicher Aufhebung einer entsprechenden Zusage vor dem Zeitpunkt der Entstehung dieser Sonderzuwendungen (BFH 15.5.13 – VI R 24/12, DStR 2013, 1722). Der Verzicht auf das Gehalt kann auch Auswirkung auf eine **Pensionszusage** haben (BFH 12.10.10 – I R 17, 18/10, BFH/NV 11, 452). Ist durch den Gehaltsverzicht die 75%-Grenze nicht mehr eingehalten (→ *Betriebliche Altersversorgung* Rn 173), ist die Pensionszusage entsprechend zu kürzen, mit der Folge einer ertragswirksamen Auflösung in der Bilanz der GmbH, nicht jedoch mit der Folge eines entsprechenden Zuflusses beim Gesellschafter-Geschäftsführer. Wird die Anpassung nicht vorgenommen, liegt hierin eine verdeckte Gewinnausschüttung (BFH 15.9.04 – I R 62/03, DStR 05, 63). Der Verzicht auf das laufende Gehalt in voller Höhe zugunsten einer Versorgungszusage, also die **„Nur-Pension"** als Vergütung für aktive Dienste, ist jedenfalls dann verdeckte Gewinnausschüttung, wenn die Pensionsanwartschaft nicht durch eine Rückdeckungsversicherung abgesichert ist (BFH 15.9.04 – I R 62/03, DStR 05, 63; hierzu BMF 28.1.05, DStR 05, 248 = BStBl I 05, 387). Auch eine anfängliche Nur-Pension ist verdeckte Gewinnausschüttung (BFH 9.11.05 – I R 89/04, DStR 06, 83; OFD Frankfurt 8.9.08, BeckVerw 126779). Verzichtet der Gesellschafter-Geschäftsführer auf Pensionsansprüche, um künftig verdeckte Gewinnausschüttungen zu vermeiden, weil das FA eine ursprüngliche Pensionszusage nicht anerkannte, also zwecks Anpassung der Vorgaben des FA, so ist der Verzicht keine verdeckte Gewinnausschüttung, sondern steuerlich anzuerkennen (BFH 19.5.98 – I R 36/97, BStBl II 98, 689). Der Verzicht des Geschäftsführers zugunsten des Gesellschafters ist verdeckte Gewinnausschüttung (FG BaWü 18.8.94, EFG 95, 287), ebenfalls der Verzicht auf das Festgehalt zugunsten einer gewinnabsaugenden **Tantieme** (BFH 27.3.01 – I R 27/99, BStBl II 02, 111; BMF 1.2.02, BStBl I 02, 219; BVerfG 7.3.02 – 1 BvR 1563/01, DStZ 02, 342). Erfüllt eine GmbH aus eigenem Entschluss und entgegen dem Willen des Anspruchsberechtigten die fällig werdenden Betriebsrentenansprüche nicht, kann ein Zufluss im Wege der Novation selbst dann nicht angenommen werden, wenn der Anspruchsberechtigte die Möglichkeit hätte, die Forderung gerichtlich durchzusetzen, eine solche streitige Durchsetzung seiner Ansprüche aber aus persönlichen Gründen unterlässt (FG BaWü 8.2.11 – 4 K 264/09, EFG 11, 1156).

16 **7.** Zum Verzicht auf eine **Pensionszusage** → *Betriebliche Altersversorgung* Rn 185; zum Entgeltverzicht zugunsten einer Pensionszusage (sog **arbeitnehmer-finanzierte** Pensionszusage, → *Betriebliche Altersversorgung* Rn 123; zum Verzicht im Zusammenhang mit einer **Rente** → *Rentenanpassung* Rn 2; zum Verzicht auf rückständigen Lohn einschließlich Urlaubsgeld zugunsten einer **Abfindung** → *Außerordentliche Einkünfte* Rn 6; zur **darlehensweisen** Überlassung → *Arbeitnehmerdarlehen* Rn 8 ff; zu anderen Arten des Verzichts (Aufwendungsersatz, Schadensersatzforderung, Verzicht des ArbGeb uÄ) → *Verzicht* Rn 13 ff.

## C. Sozialversicherungsrecht *Schlegel*

17 **1. Bedeutung des Entgeltverzichts in der Sozialversicherung.** Ein Entgeltverzicht kommt aus sozialrechtlichen Erwägungen in der **Praxis** zB vor, wenn Auszubildende mit ihrem ArbGeb eine geringere als tarifvertraglich vorgesehene Ausbildungsvergütung oder

die Nichtzahlung vermögenswirksamer Leistung vereinbaren, um noch in den Genuss des **Kindergeldes** zu kommen. Entsprechendes gilt, wenn bei eigenem Erwerbseinkommen Leistungsansprüche erst gar nicht entstehen, zum Ruhen kommen oder Erlöschen, wie dies zB bei den **Hinterbliebenenrenten** selbst erwerbstätiger Witwen und Witwern der Fall sein kann (§§ 18a ff SGB IV). Bisweilen sieht das Gesetz allerdings vor, dass Sozialleistungen nicht gewährt werden, wenn die hierfür maßgeblichen Einkommensgrenzen nur deshalb nicht überschritten werden, weil auf einen Teil des Arbeitsentgelts etc verzichtet worden ist (vgl zB § 2 Abs 2 Satz 6 BKGG).

**2. Unterscheidung echter/unechter Entgeltverzicht.** In der SozV kommt es sowohl 18
für das Leistungs- als auch für das Beitragsrecht darauf an, ob der ArbN auf einen Teil des vereinbarten und bereits erarbeiteten Arbeitsentgelts verzichtet **(echter Verzicht)** oder ob von vornherein für die Zukunft ein geringeres als beabsichtigt oder tarifvertraglich vorgesehenes Arbeitsentgelt vereinbart wird **(unechter Verzicht).** In beiden Fällen bedarf es einer **einvernehmlichen Regelung** zwischen ArbGeb und ArbN, sei es nach § 305 iVm § 397 BGB oder iS eines Änderungsvertrages. Daher kann zB auf einen Zuschuss des ArbGeb an einen nicht krankenversicherungspflichtigen ArbN nach § 257 SGB V nicht durch einseitige Erklärung des ArbN gegenüber dem ArbGeb verzichtet werden (BSG 8.10.98 – B 12 KR 19/97 R, SozR 3–2500 § 257 Nr 5). Zur insolvenzrechtlichen Behandlung von Lohnbestandteilen, auf die im Rahmen eines Sanierungs- oder **Restrukturierungs-Tarifvertrages** verzichtet wurde, wenn der Sanierungserfolg nicht eintritt und der Verzicht wieder entfallen soll vgl BSG 4.3.09 – B 11 AL 8/08 R, NJW 09, 3740.

**3. Abgrenzung des Entgeltverzichts zur Verwendungsabrede.** Wird vom ArbGeb 19
verabredungsgemäß ein Teil des **Barlohns** nicht ausgezahlt, sondern stattdessen ein **Sachbezug** (zB private Kfz-Nutzung etc) zugewandt, so ist die Verminderung des Barlohns sowohl im Steuerrecht als auch im Sozialversicherungsrecht nur dann beachtlich, wenn wirksam vereinbart wurde, dass auf den Barlohnanspruch verzichtet und stattdessen ein Sachlohn gewährt wird. Für die Berechnung der SozVBeiträge ist als Entgelt nur noch der verbliebene reduzierte Barlohn und der Wert des Sachbezuges zugrunde zu legen. Liegt dagegen lediglich eine Abrede über die Verwendung des vereinbarten und erarbeiteten Barlohns vor, ist für die Beitragserhebung unverändert nur der Barlohn zu berücksichtigen (BSG 2.3.10 – B 12 R 5/09 R, BeckRS 2010, 72501; zur Novation auch BSG 4.7.04 – B 12 KR 10/02 R, BSGE 93, 109 = SozR 4–5375 § 2 Nr 1).

**4. Sozialrechtliche Zulässigkeit.** § 46 Abs 1 SGB I steht weder einem echten noch 20
einem unechten Entgeltverzicht entgegen. § 46 Abs 1 SGB I regelt den Verzicht auf Sozialleistungen. Dieser ist unwirksam, soweit durch ihn andere Personen oder Leistungsträger belastet oder Rechtsvorschriften umgangen werden (§ 46 Abs 2 SGB I). Auf einen Verzicht auf Arbeitsentgelt findet § 46 SGB I weder direkt noch analog Anwendung (BSG 12.4.2000 – B 14 KG 4/99 R, SozR 3–5870 § 2 Nr 44; 28.2.90 – 10 RKg 15/89, SozR 3–5870 § 2 Nr 4).

**5. Beitragsrechtliche Folgen. a) Unechter Verzicht.** Im Fall eines unechten Verzichts 21
entsteht der Anspruch von vornherein nur in geringerer Höhe (BSG 12.4.2000 – B 14 KG 4/99 R, SozR 3–5870 § 2 Nr 44). Darauf, ob der Verzicht tarifvertraglich wirksam ist, kommt es nach der Rspr des BSG nicht an (BSG 27.11.86 – 5a RKnU 6/85, SozR 2200 § 583 Nr 5). In die Zukunft wirkende Vereinbarungen sind auch beitragsrechtlich relevant, weil in Wirklichkeit Beiträge nur aus dem tatsächlich verdienten Arbeitsentgelt, das für die Zukunft in anderer Höhe festgesetzt wird, zu entrichten sind. In diesen Fällen liegt kein Entgeltverzicht, sondern eine **Änderung des Arbeitsvertrages bezüglich der Entlohnung** vor.

**b) Echter Erlassvertrag.** Anders verhält es sich bei einem echten Erlassvertrag, bei dem 22
der ArbN auf bereits erarbeitetes Arbeitsentgelt verzichtet. In diesem Fall ist die **Beitragsentstehung vom Lohnzufluss und damit von einem Entgeltverzicht unabhängig.** Gem § 22 Abs 1 SGB IV entstehen Beitragsansprüche der Versicherungsträger bzgl des **laufenden Arbeitsentgelts,** sobald die in einem Gesetz oder aufgrund eines Gesetzes bestimmten Voraussetzungen vorliegen, dh mit der Arbeitsleistung (BSG 21.5.96 – 12 RK 64/94, SozR 3–2500 § 226 Nr 2; *Lohnzufluss*).

Beiträge zur SozV und ArblV sind auch für geschuldetes, bei Fälligkeit aber nicht gezahltes Arbeitsentgelt zu entrichten (BSG 14.7.04 – B 12 KR 7/04 R, SozR 4–2400 § 22 Nr 1; → *Annahmeverzug* Rn 29). Sind die Beiträge gem **§ 22 Absatz 1 SGB IV** erst einmal entstanden, so steht der Beitragsanspruch nicht zur Disposition der Arbeitsvertragsparteien; der Anspruch ist von der Beitragseinzugsstelle zugunsten der einzelnen Versicherungsträger geltend zu machen, wobei die SozVBeiträge nicht nur dem Versicherungsschutz des einzelnen ArbN iSe individuellen, personenbezogenen Versicherungsposition, sondern auch der Versichertengemeinschaft zur Deckung ihres Finanzbedarfes dienen. Eine Verfügungsbefugnis der Arbeitsvertragsparteien hierüber besteht nicht, so dass ein Verzicht auf Entgeltbestandteile, die der ArbN durch geleistete Arbeit bereits erworben hat, die Beitragspflicht hinsichtlich dieser Entgeltbestandteile nicht nachträglich wieder beseitigen kann.

**23** Etwas anderes gilt nur für die auf **Einmalzahlungen** zu entrichtenden Beiträge. Nach § 22 Abs 1, 2. Hs SGB IV entsteht der Beitragsanspruch bei einmalig gezahltem Arbeitsentgelt erst, sobald dieses ausgezahlt worden ist (zur Begründung der Gesetzentwurf BT-Drs 15/26 S 24 zu Nr 6 – § 22). Verzichtet ein ArbN auf entstandene Ansprüche auf Einmalzahlungen vor deren Auszahlung, entsteht insoweit auch kein Anspruch der Einzugsstelle auf GesamtSozVBeiträge.

## Entgeltzahlungsformen

### A. Arbeitsrecht

*Griese*

**1** **1. Grundsatz.** Gem § 107 Abs 1 GewO hat der ArbGeb das **Arbeitsentgelt in Euro zu berechnen und auszuzahlen.** Weder die Bezahlung in Fremdwährung noch die Gewährung von Sachleistungen (Ausnahme § 107 Abs 2 GewO) haben Erfüllungswirkung.

Der ArbGeb hat verschiedene Möglichkeiten, seine Verpflichtung zur Entgeltzahlung zu erfüllen. Er kann die Vergütung **bar** auszahlen. Dies stellt jedoch in der Praxis inzwischen den Ausnahmefall dar. Überwiegend wird stattdessen die **bargeldlose Entgeltzahlung** praktiziert, bei der der ArbGeb die Vergütung auf ein Bankkonto des ArbN überweist.

**2** Bei einer **Überweisung** ist die Erfüllung erst eingetreten, wenn der überwiesene Geldbetrag dem Konto des ArbN **vorbehaltlos gutgeschrieben** ist. Der ArbGeb trägt das Verlustrisiko, etwa bei Fehlgehen der Überweisung, es sei denn, dies beruht auf Umständen aus der Sphäre des ArbN, etwa Angabe der falschen Kontonummer.

**3** **2. Vereinbarung von Sachleistungen.** Zulässig ist es unter den Voraussetzungen des § 107 Abs 2 Satz 1 GewO, **aufgrund entsprechender Vereinbarung,** einen Teil der Vergütung durch **Naturalleistungen,** zB Verpflegung, Unterkunft, zu erbringen (→ *Sachbezug* Rn 1 ff und → *Geldwerter Vorteil* Rn 1 ff), wenn dies dem Interesse des ArbN oder der Eigenart des Arbeitsverhältnisses entspricht (*Schöne* NZA 02, 829). Der **pfändungsfreie Betrag muss gem § 107 Abs 2 Satz 5 GewO auf jeden Fall ausgezahlt werden** (BAG 24.3.09 – 9 AZR 733/07, NZA 09, 861). Die Vereinbarung, mit Aktienoptionen das monatlichen Grundgehalt abzugelten, verstößt regelmäßig gegen § 107 GewO (LAG Düsseldorf 30.10.08, – 5 Sa 977/08, DB 09, 687). Auch sonstige Lohnverwendungsabreden sind unzulässig (BAG 18.7.06 – 1 AZR 578/05, NZA 07, 462; BAG 11.7.2000 – 1 AZR 551/99, NZA 01, 462).

**4** **3. Kreditierungsverbot.** Auf Missbräuche zu Beginn der Industrialisierung geht das in § 107 Abs 2 Satz 2 GewO festgeschriebene Kreditierungsverbot zurück. Es verbietet dem ArbGeb, den ArbN Waren zu kreditieren. Es ist also nicht erlaubt, dem ArbN Waren des ArbGeb auf Kredit zu verkaufen und zu vereinbaren, dass der Kaufpreis durch Kreditraten, die vom Entgelt abgezogen werden, getilgt werden soll. Das Kreditierungsverbot ist verfassungsrechtlich unbedenklich (BVerfG 24.2.92 – 1 BvR 980/88, NJW 92, 2143; s auch *Sachbezug*).

**5** **Unter Anrechnung auf die Vergütung** dürfen den ArbN nach Vereinbarung Waren mindestens mittlerer Art und Güte zu den **durchschnittlichen Selbstkosten** (§ 107 Abs 2 Satz 3 GewO) veräußert werden. Die Begrenzung auf die durchschnittlichen Selbstkosten soll verhindern, dass der ArbGeb mit Gewinninteresse dem ArbN Waren aufdrängt und dadurch zusätzliche Einnahmen auf Kosten des Arbeitsentgelts erzielt.

Der Verkauf von Waren gegen **unmittelbare Bezahlung durch den Arbeitnehmer** 6 bleibt hingegen zulässig. Die AGB-Kontrolle gem §§ 305–310 BGB ist auf mit dem ArbN geschlossenen Kaufverträge anwendbar (so schon BAG 26.5.93 – 5 AZR 219/92, BB 93, 1659 zur früheren AGB-Kontrolle).

Verstöße gegen die Bestimmungen des § 107 Abs 2 GewO führen dazu, dass der ArbGeb die Differenz zum urspr vollen Entgeltanspruch nachleisten muss (ErfK/*Preis* § 107 GewO Rn 7).

**4. Mitbestimmung des Betriebsrats.** Der BRat hat, soweit keine tarifliche oder 7 gesetzliche Regelung besteht (BAG 22.7.14 – 1 ABR 96/12, NZA 14, 1151), nach § 87 Abs 1 Nr 4 BetrVG ein erzwingbares Mitbestimmungsrecht bei der Regelung von Zeit, Ort und Art der Auszahlung der Arbeitsentgelte. Dies bedeutet, dass der BRat mitbestimmen kann bei der **Fälligkeit** der Arbeitsentgelte, beim **Leistungsort** und bei der **Auszahlungsform.** Zu der Auszahlungsform gehört die Regelung, ob die Arbeitsentgelte bar oder bargeldlos, also durch Überweisung, gezahlt werden. Von der Mitbestimmungskompetenz ist umfasst die Frage der Kosten für die Überweisung und Kontoführung. Eine Pauschalierung ist zulässig (BAG 5.3.91 – 1 ABR 41/90, NZA 91, 611).

## B. Lohnsteuerrecht *Seidel*

Auf die Ausführungen unter → *Lohnzufluss* Rn 2–18 wird Bezug genommen. 11

## C. Sozialversicherungsrecht *Voelzke*

Sozialversicherungsrechtlich haben die unterschiedlichen Entgeltzahlungsformen keine 12 Bedeutung. Zur Behandlung von Sachbezügen → *Sachbezug* Rn 39 ff.

# Entgeltzuschläge

## A. Arbeitsrecht *Griese*

**1. Rechtsgrundlage.** Ein Rechtsanspruch auf Vergütungszuschläge kann kraft Gesetzes, 1 kollektiver oder einzelvertraglicher Grundlage oder aufgrund des Gleichbehandlungsgrundsatzes bestehen. Keinen Verstoß gegen den Gleichbehandlungsgrundsatz hat das BAG (15.5.97 – 6 AZR 26/96, NZA 98, 207) darin gesehen, dass der für verheiratete Angestellte vorgesehene Ortszuschlag des BAT nicht auch den Angestellten gewährt wird, die in gleich geschlechtlicher Partnerschaft leben. Anders ist es bei **Eingetragener Lebenspartnerschaft;** die durch die Einführung dieser gesetzlichen Möglichkeit entstandene Tariflücke ist durch Rechtsanalogie zu schließen (BAG 29.4.04 – 6 AZR 101/03, NZA 05, 57; nicht überzeugend abweichend für den kirchlichen Bereich BAG 26.10.06 – 6 AZR 307/06, NZA 07, 1179). Eine trotz gleicher Tätigkeit unterschiedliche Zulagengewährung muss sachliche Gründe haben (BAG 21.3.01 – 10 AZR 444/00, NZA 01, 782), sie kann sich sonst als **unzulässige mittelbare Diskriminierung** darstellen (EuGH 26.6.01 – Rs C-381/99, NZA 01, 883).

Die der Gewährung von Entgeltzuschlägen zugrunde liegende **Zwecksetzung** ist unter- 2 schiedlich: Der Zweck kann zB in der Belohnung besonderer Leistungen des ArbN (Leistungszulagen), im Ausgleich ungünstiger Arbeitsumstände (zB Schmutzzulage, Gefahrenzulage, Erschwerniszulage, Schichtzulage, Zuschläge für Nacht-, Sonn- und Feiertagsarbeit), im Ausgleich besonderer Belastungsumstände (zB Geriatriezulage BAG 31.1.18 – 9 AZR 387/17, NZA-RR 18, 256) in der Belohnung der Qualität der Arbeit (Prämien, Zuschläge für sparsamen Ressourcenverbrauch oder geringe Beanstandungs- oder Schadensquote), in der Förderung eines bestimmten Verhaltens der ArbN liegen (zB *Anwesenheitsprämie*) oder auf sozialen Überlegungen beruhen (Sozialzulagen, *Kindervergünstigungen*).

Das ArbZG sieht für Nachtarbeit und Sonn- und Feiertagsbeschäftigung nach § 6 Abs 5 3 und § 11 Abs 2 ArbZG als Ausgleich eine angemessene Zahl freier Tage oder einen angemessenen **Zuschlag** auf das in dieser Zeit anfallende Bruttoentgelt vor. Bei dauerhafter Nachtarbeit ist ein Zuschlag von 30% angemessen (BAG 25.4.18 – 5 AZR 25/17, NJW 18, 2745 – Zeitungszusteller). Ansonsten finden sich Entgeltzuschlagsregelungen vor allem in Tarifverträgen, die im Einzelnen Voraussetzungen und Umfang der Entgeltzuschläge regeln. Dies gilt insbes für Überstunden, Sonn- und Feiertagsarbeit und Nachtarbeit (→ *Überstunden* Rn 12; → *Sonn- und Feiertagsarbeit* Rn 14; → *Nachtarbeit* Rn 5).

Die Abgeltung von Zuschlägen kann **pauschaliert** werden (BAG 31.8.05 – 5 AZR 545/04, ArbuR 05, 381). Eine solche Pauschalierungsvereinbarung muss den Transparenzanforderungen des § 307 Abs 1 S 2 BGB genügen und darf nicht sittenwidrig gem § 138 BGB sein (BAG 18.11.15 – 5 AZR 751//13, NZA 16, 487). Zur Anrechnung von Zuschlägen auf Tariflohnerhöhungen oder Tarifveränderungen → *Anrechnung übertariflicher Entgelte* Rn 1 ff u BAG 3.9.14 – 5 AZR 109/13, NJOZ 15, 1063).

Eine tarifliche Regelung, die ArbN, die sich schon vorher aufgrund ihres Lebensalters in der tariflichen Verdienstsicherung befunden haben, von einer neu eingeführten Leistungszulage ausnimmt, verstößt nicht gegen höherrangiges Recht (BAG 26.4.2000 – 4 AZR 177/99, NZA 01, 369). Zulässig ist es auch, eine **Gefahrenzulage** für die Arbeit in psychiatrischen Kliniken auf die ArbN zu beschränken, die ständig einer erhöhten Gefahr ausgesetzt sind (BAG 12.6.02 – 10 AZR 503/01, NZA 02, 1112).

Die **Schicht- und Wechselschichtzulage** steht Teilzeitbeschäftigten im öffentlichen Dienst aufgrund von § 24 Abs 2 TVÖD nur anteilig entsprechend ihrer individuellen Arbeitszeit im Verhältnis zur Regelarbeitszeit zu (BAG 24.9.08 – 10 AZR 634/07, NZA 08, 1422). Einer tariflich vorgesehenen Schichtzulage steht bei Abrufarbeit nicht der fehlende regelmäßige Einsatz entgegen (BAG 24.9.08 – 10 AZR 106/08, NZA 08, 1424). Soweit eine Zulage den gesetzlichen Ausgleichsanspruch des § 6 Abs 5 ArbZG abdeckt, hat der ArbGeb ein Wahlrecht, den Anspruch durch Geld oder Freizeit auszugleichen (BAG 13.1.16 – 10 AZR 792/14, NZA-RR 16, 333). Eine **Einsatzerschwerniszulage** entsteht erst beim Einsatz, nicht beim Bereithalten für einen Einsatz (BAG 11.2.09 – 10 AZR 48/08, ZTR 09, 323).

4 Soweit keine tarifliche Regelung besteht, hat der BRat bei der Gestaltung von Entgeltzuschlägen ein **Mitbestimmungsrecht** nach § 87 Abs 1 Nr 10 BetrVG (*Entgeltzahlungsformen*). Das Mitbestimmungsrecht erstreckt sich auf alle Arten von Zuschlägen und Zulagen.

5 Für Leistungszulagen kann sich das Mitbestimmungsrecht nach § 87 Abs 1 Nr 11 BetrVG erweitern. Die **Ausübung eines rechtmäßig vereinbarten Widerrufsrechts ist mitbestimmungspflichtig**, wenn es zu einer Änderung der Entgeltstruktur im Betrieb führt (BAG 24.1.17 – 1 AZR 772/14, NZA 17, 931).

6 **2. Kürzung oder Abschaffung von Entgeltzuschlägen.** Beruhen die Entgeltzuschläge auf Kollektivvertrag (Tarifvertrag oder Betriebsvereinbarung), kann eine Änderung nur durch Kündigung des Tarifvertrages durch eine Tarifvertragspartei, bzw bei Betriebsvereinbarungen durch Kündigung der Betriebsvereinbarung durch den ArbGeb, erreicht werden. Bis zu einer Neuregelung bleiben die Regelungen aufgrund der gesetzlich vorgesehenen Nachwirkung (§ 4 Abs 5 TVG, § 77 Abs 6 BetrVG) in Kraft. Die Nachwirkung ist bei Betriebsvereinbarungen über freiwillige Leistungen allerdings eingeschränkt. Zu einer Nachwirkung kommt es nur, wenn der ArbGeb beabsichtigt, das Zulagenvolumen insgesamt zu ändern oder neu zu verteilen. Ist hingegen beabsichtigt, die freiwillige Leistung vollständig entfallen zu lassen, tritt keine Nachwirkung ein (BAG 26.10.93 – 1 AZR 46/93, DB 94, 987). Beabsichtigt der ArbGeb, Entgeltzuschläge für neu eingestellte ArbN entfallen zu lassen, löst dies die Mitbestimmung nach § 87 Abs 1 Nr 10 BetrVG aus (BAG 28.2.06 – 1 ABR 4/05, NZA 06, 1426).

7 **Vertraglich zugesagte** Entgeltzuschläge können nur durch Änderungsvereinbarung oder **Änderungskündigung** beseitigt oder geändert werden. Dies gilt grds auch für Ansprüche aus Gesamtzusage, vertraglicher Einheitsregelung oder Betrieblicher Übung. Eine Abänderung durch umstrukturierende Betriebsvereinbarung ist möglich bei Gesamtzusage und betrieblicher Einheitsregelung , weil diese Rechtsgrundlagen regelmäßig **betriebsvereinbarungsoffen** sind (BAG 30.1.19 – 5 AZR 450/17, NZA 19, 1065; kritisch *Preis/Ulber* NZA 14, 6).

Ist die Zusage von vorneherein eingeschränkt oder an Bedingungen geknüpft, kann sie bei deren Wegfall eingestellt werden (BAG 25.7.97 – 6 AZR 774/95, NZA 97, 619 – Ballungsraumzulage unter der Bedingung verfügbarer Haushaltsmittel). 8

Für vom ArbGeb vorgegebene (§ 310 Abs 3 Nr 2 BGB) oder vorformulierte Vertragsbedingungen, insbes in **Formulararbeitsverträgen** ist die Zumutbarkeitsklausel des § 308 Nr 4 BGB zu beachten (*Preis* NZA 04, 1014). Danach kann eine **jederzeitige unbeschränkte Widerruflichkeit nicht vereinbart werden;** eine Widerrufsklausel darf maximal 25 % des Gesamtverdienstes erlassen, weil sonst die Grenze zur Änderungskündigung überschritten würde, sie darf nicht zur Unterschreitung des Tarifniveaus führen und muss an im Arbeitsvertrag zumindest umrissene, triftige Gründe, zB Verschlechterung der wirtschaftlichen Lage, geknüpft sein (BAG 24.1.17 – 1 AZR 774/14, NZA 17, 777; BAG 20.4.11 – 5 AZR 191/10 NZA 11, 796). Die sich daraus für den ArbGeb ergebenden Begrenzungen sind verfassungsgemäß (BVerfG 23.11.06 – 1 BvR 1909/06, NZA 07, 85). Ein **Freiwilligkeitsvorbehalt ist unzulässig wegen § 307 Abs 1 Satz 1 BGB** (BAG 25.4.07 – 5 AZR 627/06, BB 07, 1900; *Krause* JA 08, 652).

Der ArbGeb benötigt für den Widerruf **sachliche Gründe.** Er ist insbes an den Gleichbehandlungsgrundsatz gebunden. Der BRat hat nach § 87 Abs 1 Nr 10 BetrVG **mitzubestimmen,** wenn der ArbGeb jederzeit widerrufliche Zulagen widerruft, um sie anschließend nach neuen Verteilungsgrundsätzen verteilen zu können. Missachtet der ArbGeb das Mitbestimmungsrecht, ist der Widerruf unwirksam mit der Folge, dass die Zulage im bisherigen Umfang weitergewährt werden muss (BAG 26.1.05 – 10 AZR 331/04, ArbuR 05, 108). Wird in einer Betriebsvereinbarung ein Widerrufsrecht vereinbart, unterliegt dies wegen § 310 Abs 4 Satz 1 BGB nicht der Inhaltskontrolle nach §§ 305 ff BGB (BAG 1.2.06 – 5 AZR 187/05, NJW 06, 2060). Sieht ein vom ArbGeb vorformulierter Arbeitsvertrag eine monatlich zu zahlende Leistungszulage unter Ausschluss jeden Rechtsanspruchs vor, benachteiligt dies den ArbN unangemessen und ist unwirksam (BAG 25.4.07 – 5 AZR 627/06, NZA 07, 853). 9

Die Einstellung **irrtümlich gezahlter Entgeltzuschläge,** für die die Voraussetzungen nicht gegeben waren, ist für die Zukunft jederzeit möglich (BAG 7.6.90 – 6 AZR 423/88, BB 90, 1775 [LS]), die Rückforderung für die Vergangenheit nur ausnahmsweise (→ *Entgeltrückzahlung* Rn 5 ff). Der Anspruch auf einen Entgeltzuschlag kann schließlich dadurch entfallen, dass der ArbGeb dem ArbN kraft seines Weisungsrecht andere Arbeiten oder Arbeitszeiten zuweist und dadurch die Voraussetzungen für einen Entgeltzuschlag wegfallen lässt, vorausgesetzt, der ArbGeb hält dabei die Grenzen des Weisungsrechts ein (→ *Weisungsrecht* Rn 6 ff). So reduziert sich die Vergütung automatisch, wenn ein Tarifvertrag die Höhe der Vergütung nach der Zahl der unterstellten Mitarbeiter staffelt und der ArbGeb eine Reduzierung der unterstellten Mitarbeiter vornimmt (BAG 7.11.01 – 4 AZR 724/00, NZA 02, 860). Entsprechendes gilt, wenn die vorgesehene Schülerzahl (BAG 14.9.05 – 4 AZR 102/04, NZA 06, 160) oder die zu betreuende Zahl von Krankenkassenmitgliedern (BAG 22.6.05 – 10 AZR 570/04, NJOZ 06, 8) unter die in dem jeweiligen Tarifvertrag festgelegte Größenordnung sinkt. Die Tarifvertragsparteien können eine degressiv gestaltete Besitzstandszulage festlegen (BAG 21.3.13 – 6 AZR 618/11, NZA-RR 13, 609). 10

Ebenso ist es möglich, dass ein ArbGeb, soweit tarifliche oder vertragliche Bestimmungen nicht entgegenstehen und die Mitbestimmungsrechte des BRat gewahrt sind, die **Lage der Arbeitszeit** kraft seines Weisungsrechts verändert und dadurch den Anspruch auf Zuschläge verringert. 11

Aus der Anbindung solcher Maßnahmen an das ArbGebSeitige Weisungsrecht folgt allerdings, dass Voraussetzung für die Rechtswirksamkeit dieser Maßnahmen stets die Einhaltung der Grundsätze des billigen Ermessens nach § 106 GewO (→ *Weisungsrecht* Rn 6 ff). 12

## B. Lohnsteuerrecht *Seidel*

Entgelt- bzw Lohnzuschläge und Lohnzulagen sind steuerrechtlich grds stpfl **Arbeitslohn.** Eine ausdrückliche Regelung enthält § 2 Abs 2 Nr 6 und 7 LStDV. Danach gehören zum Arbeitslohn auch besondere Entlohnungen für Dienste, die über die regelmäßige Arbeitszeit hinaus geleistet werden (Mehrarbeit), wie Entlohnung für Überstunden, Überschichten, Sonntagsarbeit sowie Lohnzuschläge, die wegen der Besonderheit der Arbeit 13 gewährt werden, zB Erschwerniszuschläge wie Hitze-, Wasser-, Gefahren- und Schmutzzuschläge. Ob die Zuschläge als laufender Arbeitslohn (→ *Lohnsteuerberechnung* Rn 12–14) oder sonstige Bezüge (→ *Sonstige Bezüge* Rn 2) der LSt unterliegen, hängt von der Art der Zahlung ab (→ *Einmalzahlungen* Rn 31).

14 Für gewisse Zuschläge besteht unter bestimmten Voraussetzungen (partielle) **Steuerfreiheit:**

– § 3b EStG: Zuschläge für → *Sonn- und Feiertagsarbeit* Rn 17 ff und → *Nachtarbeit* Rn 13.
– § 3 Nr 30 EStG: Entschädigungen für die betriebliche Benutzung von Werkzeugen des ArbN **(Werkzeuggeld),** soweit sie die entsprechenden Aufwendungen des ArbN nicht offensichtlich übersteigen, pauschale Entschädigungen, soweit sie die regelmäßige AfA, die üblichen Betriebs-, Instandhaltungs- und Instandsetzungskosten sowie die Kosten der Beförderung zwischen Wohnung und Einsatzstelle abgelten. Entschädigungen für damit zusammenhängenden Zeitaufwand des ArbN sind allerdings stpfl. Instrumentengelder fallen nicht unter § 3 Nr 30 EStG, da Musikinstrumente keine Werkzeuge darstellen (LStR 3.30; BFH 21.8.95, BStBl II 95, 906; BFH 28.3.06 – VI R 24/03, BStBl II 06, 473 zur Erstattung aufgrund einer Betriebsvereinbarung).

15 – Zu weiteren steuerfreien Zahlungen des ArbGeb, zB Auslagenersatz (§ 3 Nr 50 EStG), Reisekosten- und ähnlichen Vergütungen (§ 3 Nr 13 und 16 EStG), Leistungen zur betrieblichen Gesundheitsförderung (§ 3 Nr 34 EStG), die nicht unter den arbeitsrechtlichen Begriff der Entgelt- bzw Lohnzuschläge bzw Lohnzulagen fallen, aber zusätzlich zum Arbeitslohn gezahlt werden, → *Steuerfreie Einnahmen* Rn 8 ff, → *Aufwendungsersatz* Rn 23 ff, und → *Betriebliche Gesundheitsförderung* Rn 15.

## C. Sozialversicherungsrecht *Schlegel*

16 **1. Leistungsrecht.** Hängt die Höhe einer Lohnersatzleistung von der Höhe des im maßgeblichen Bemessungszeitraum vor Eintritt des Versicherungsfalles (zB krankheitsbedingte AU, Arbeitslosigkeit) erzielten Arbeitsentgeltes ab, ist zu differenzieren nach dem Zweck der Zulage und danach, ob sie lstpflichtig oder lstfrei ist.

17 **a) Regelmäßig gezahlte lohnsteuerfreie Zulagen** zum Lohn und Gehalt sind nicht dem Arbeitsentgelt zuzurechnen; dies ergibt sich für die UV, RV, PflegeV, ArblV und KV aus §§ 14, 17 SGB IV iVm § 1 Abs 1 Satz 1 Nr 1 SvEV. **Ausnahme:** Dies gilt nicht für Sonntags-, Feiertags- und Nachtarbeitszuschläge, soweit das Entgelt, auf dem sie berechnet werden, mehr als **25 €** beträgt. Somit ist bei **Zuschlägen für Sonn- und Feiertagsarbeit** wie folgt vorzugehen: Es ist zu prüfen, ob das Entgelt pro Stunde (Stundengrundlohn iSv § 3b EStG), für das die Zuschläge gezahlt werden, über 25 € liegt; ist dies nicht der Fall, sind die Zuschläge nicht dem Arbeitsentgelt zuzurechnen und damit auch beitragsfrei, soweit sie steuerfrei sind. Liegt das Entgelt pro Stunde (Stundengrundlohn), für das die Zuschläge gezahlt werden, über 25 €, sind nur die auf einen Grundlohn-Betrag von bis 25 € entfallenden Zuschläge, nicht jedoch die auf den Betrag von über 25 € entfallenden Zuschläge im Rahmen ihrer Steuerfreiheit auch beitragsfrei.

18 **b) Regelmäßig gezahlte lohnsteuerpflichtige Zulagen** dagegen gehen in die Leistungsbemessung der Lohnersatzleistungen ein. Werden an sich lohnsteuerfreie Zulagen (zB für Nacht- und Sonntagsarbeit) an den ArbN erbracht, obwohl er die Arbeit tatsächlich nicht geleistet hat (zB wegen Freistellung), soll ausnahmsweise keine Steuerfreiheit vorliegen vgl (BSG 21.4.88 – 7 RAr 71/86, SozR 4100 § 112 Nr 38) dies hätte die rechtspolitisch wenig befriedigende Konsequenz, dass in diesem Fall die Zulage ausnahmsweise dem Arbeitsentgelt zuzurechnen ist und mithin in die Leistungsbemessung für Lohnersatzleistungen eingeht, der ArbN im Versicherungsfall also besser steht, als wenn er tatsächlich gearbeitet hätte. Gegen diese Rspr spricht zudem der Wortlaut der Norm, der nicht erkennen lässt, dass es auf tatsächliche Arbeitsleistung ankommen soll.

19 **2. Beitragsrecht. Beitragspflicht** besteht für Zulagen, die dem Arbeitsentgelt zuzurechnen sind. Dies ist grds für alle Zulagen der Fall. Eine Ausnahme besteht insoweit, als auch in beitragsrechtlicher Hinsicht lohnsteuerfreie Zulagen nicht dem Arbeitsentgelt zuzurechnen sind (§ 1 Abs 1 Satz 1 Nr 1 SvEV iVm § 14 SGB IV), die Zulage also insoweit auch nicht in die Beitragsbemessungsgrundlage eingeht (zur Steuerfreiheit von Zulagen → Rn 14, 15).

**Nachgezahlte Zuschläge** sind bei verspäteter Auszahlung demjenigen Entgeltabrechnungszeitraum zuzurechnen, in dem die erschwerten Arbeitsbedingungen (zB Nacht- oder Sonntagsarbeit) vorlagen (Einzelheiten hierzu → *Entgeltnachzahlung* Rn 11–15). 20

# Equal-pay

## A. Arbeitsrecht

*Röller*

**1. Allgemeines.** Mit dem Ersten Gesetz für moderne Dienstleistungen am Arbeitsmarkt v 23.12.02 (BGBl I 02, 4607) fügte der Gesetzgeber das Lohngleichbehandlungsgebot in das AÜG ein. Gem §§ 3 Abs 1 Nr 3, 9 Nr 2 AÜG aF mussten die wesentlichen Arbeitsbedingungen einschließlich des Arbeitsentgelts von LeihArbN den Arbeitsbedingungen entsprechen, die im Betrieb des Entleihers für vergleichbar Beschäftigte gelten („Equal pay"). § 10 Abs 4 AÜG aF gab dem LeihArbN für den Zeitraum der Überlassung einen entsprechenden Rechtsanspruch gegen den Verleiher. Durch das Gesetz zur Änderung des AÜG und anderer Gesetze (BGBl I 2017, 258) wurde der Equal-pay-Grundsatz ab 1.4.17 in § 8 AÜG verankert. Die Vorschrift betrifft nicht nur den Fall der illegalen ArbNÜberlassung nach § 9 Abs 1 Nr 1 bis Nr 1b AÜG, sondern auch die zulässige ArbNÜberlassung, die mit Erlaubnis nach § 1 AÜG durchgeführt wird einschl der gemeinnützigen ArbNÜberlassung im Rahmen einer wirtschaftlichen Tätigkeit. Auf die zulässige erlaubnisfreie ArbNÜberlassung gem § 1 Abs 3 AÜG ist die Vorschrift nicht anwendbar. Zur Neuregelung s *Bayreuther* NZA 17, 18; *Wank* RdA 17, 100. 1

Erlaubnisrechtlich ist in § 3 Abs 1 Nr 3 AÜG verankert, dass einem Verleiher, der einem LeihArbN nicht die im Betrieb des Entleihers für einen vergleichbaren ArbN des Entleihers geltenden Arbeitsbedingungen gewährt, die Verleiherlaubnis zu versagen ist und eine bestehende Erlaubnis iVm §§ 4, 5 AÜG zurückgenommen oder widerrufen werden kann.

**2. Gewährung der wesentlichen Arbeitsbedingungen. a) Begriff.** Der Verleiher ist gem § 8 Abs 1 Satz 1 AÜG verpflichtet, dem LeihArbN für die Zeit der Überlassung die im Betrieb des Entleihers für einen vergleichbaren ArbN geltenden wesentlichen Arbeitsbedingungen einschließlich des Arbeitsentgelts zu gewähren. Wesentliche Arbeitsbedingungen sind ausschließlich die in Art 3 Abs 1 f RL 2008/104/EG genannten Regelungsgegenstände (BAG 19.2.14 – 5 AZR 1046/12, NZA 11, 850; *Wank* RdA 17, 100). Unter Arbeitsentgelt ist nach der Gesetzesbegründung das Entgelt zu verstehen, das der LeihArbN erhalten hätte, wenn er für die gleiche Tätigkeit beim Entleiher eingestellt worden wäre (BT-Drs 18/9232). Das entspricht der bisherigen Rspr (BAG 21.10.15 – 5 AZR 604/14, NZA 16, 422; 19.2.14, NZA 14, 1097 – 5 AZR 700/12, NZA 14, 1097). Zum Arbeitsentgelt zählt somit nicht nur das laufende Arbeitsentgelt, sondern jede Vergütung, die aus Anlass des Arbeitsverhältnisses gewährt wird bzw aufgrund gesetzlicher Entgeltfortzahlungstatbestände gewährt werden muss. Daher sind sämtliche auf den Lohn-/Gehaltsabrechnungen ausgewiesenen Bruttovergütungsbestandteile einzubeziehen. Es ist ein **Gesamtvergleich der Entgelte** im Überlassungszeitraum vorzunehmen (BAG 21.10.15, NZA 16, 422; 24.9.14 – 5 AZR 254/13, BeckRS 2014, 73720; 19.2.14, NZA 14, 1097). Weitere Kriterien sind nur dann von Bedeutung, wenn der Entleiher diese bei der Ermittlung der Vergütung von vergleichbaren StammArbN als vergütungsrelevant berücksichtigen würde, zB die betriebliche Altersversorgung (*Greiner* RdA 17, 153; *Giese/Orth* DB 17, 693). Zu den wesentlichen Arbeitsbedingungen zählen im Übrigen diejenigen zur Arbeitszeit wie Überstunden, Pausen, Nachtarbeit, Urlaub und arbeitsfreie Tage (Art 3 Abs 1 f RL 2008/104/EG). Einzelheiten *Thüsing/Kock/Greiner* § 8 Rn 13 ff; *Schüren/Hamann/Schüren* § 8 Rn 26 ff.) 2

Problematisch war in der Vergangenheit die Umsetzung des Rechtsanspruchs bei im Betrieb des Entleihers gewährten Sachbezügen im Verhältnis zwischen dem LeihArbN und seinem ArbGeb, dem Entleiher. Diesem ist es nur dann möglich, Sachleistungen dem LeihArbN zu gewähren, wenn der Verleiher freiwillig diese Leistungen dem LeihArbN gewährt. Es wurde deshalb die Auffassung vertreten, dass nur die Möglichkeit bleibt, den Geldwert sonstiger Entgeltbestandteile zu ermitteln und dem LeihArbN auszuzahlen. § 8 Abs 1 Satz 3 AÜG bestätigt dies und legt fest, dass bei Gewährung von Sachbezügen ein 3

Wertausgleich in Euro erfolgen muss. Was unter Sachbezügen zu verstehen ist, ergibt sich aus der Norm nicht. Denkbar sind zB vergünstigtes Kantinenessen, Werks-/Dienstwohnungen, Dienstwagen, verbilligter Personaleinkauf, Aktienoptionen etc. S *Bayreuther* NZA 17, 18; zum alten Recht *Rieble/Klebeck* NZA 03, 23; *Lembke* BB 03, 98; *Gaul/Otto* DB 02, 2487.

Den praktischen Schwierigkeiten bei der Umsetzung des Rechtsanspruchs gegen den Verleiher, insbes bei Sachleistungen, hat der Gesetzgeber durch § 13b AÜG Rechnung getragen. Diese Bestimmung normiert einen einklagbaren Anspruch des LeihArbN auf Zugang zu Gemeinschaftseinrichtungen und Gemeinschaftsdiensten unmittelbar gegenüber dem Entleiher (→ *Arbeitnehmerüberlassung/Zeitarbeit* Rn 45).

Bei der Geltendmachung der wesentlichen Arbeitsbedingungen, wie sie der Entleiher vergleichbaren eigenen ArbN gewährt, muss der LeihArbN gegenüber dem Verleiher, seinem Vertragsarbeitgeber, die im Entleiherbetrieb geltenden Ausschlussfristen nicht einhalten. **Ausschlussfristen** sind **keine wesentlichen Arbeitsbedingungen** iSv § 10 Abs 4 AÜG (BAG 23.3.11 – AZR 7/10, NZA 14, 850).

Für die StammArbN des Entleihers kollektivvertraglich geregelte Arbeitsbedingungen (Betriebsvereinbarungen und Tarifverträge) gelten im Verhältnis zwischen Verleiher und LeihArbN nicht normativ.

4 **b) Vergleichsmaßstab: Vergleichbare Arbeitnehmer des Entleihers.** Dies sind solche ArbN des Entleihers, die dieselbe oder zumindest ähnliche Tätigkeiten wie der LeihArbN ausführen (*Thüsing/Kock/Greiner* § 8 Rn 26; FW AÜG Ziff 8.1 Abs 5). Weiterhin ist erforderlich, dass für LeihArbN und StammArbN des Entleihers ähnliche Bedingungen hinsichtlich Arbeitsort sowie Lage und Dauer der Arbeitszeit vereinbart sind. Ein teilzeitbeschäftigter LeihArbN ist deshalb nicht mit einem vollzeitbeschäftigten StammArbN des Entleihers vergleichbar. Gilt im tarifgebundenen Entleihunternehmen ein Tarifvertrag, können die Eingruppierungsmerkmale wertendes Indiz für oder gegen die Vergleichbarkeit von Tätigkeiten sein (FW AÜG Ziff 8.1 Abs 5).

Gibt es im Betrieb des Entleihers keine vergleichbaren ArbN, kann der LeihArbN die Vergütung beanspruchen, die für ihn gelten würde, wenn er vom Entleiher für die gleiche Tätigkeit eingestellt worden wäre (zu § 10 Abs 4 AÜG aF BAG 21.10.15 – 5 AZR 604/14, NZA 16, 422; 19.2.14 – 5 AZR 1047/12, NZA 14, 915; ErfK/*Wank* § 3 AÜG Rn 16; *Thüsing/Pelzner* § 3 Rn 68; *Röder/Krieger* DB 06, 2122; *Lembke* BB 03, 98; aA 17 *Thüsing* DB 03, 446; *Rieble/Kleebeck* NZA 03, 23: nach dieser Ansicht läuft die Regelung bei Fehlen vergleichbarer ArbN ins Leere). Wendet der Entleiher ein allg, zB ein tarifvertragsliches Vergütungsschema an, ist darauf abzustellen, wie der LeihArbN fiktiv in dieses eingruppiert worden wäre (BAG 19.2.14 – 5 AZR 1047/12, NZA 14, 915). Gibt es im Betrieb des Entleihers mehrere vergleichbare ArbN, für die jedoch unterschiedliche individuell ausgehandelte Arbeitsbedingungen gelten, erscheint es sachgerecht, auf den StammArbN, der zuletzt eingestellt worden ist, abzustellen, da angenommen werden kann, dass der LeihArbN ebenfalls zu diesen Arbeitsbedingungen eingestellt worden wäre (*Thüsing/Kock/Greiner* § 8 Rn 27; *Bayreuther* NZA 17, 18; *Schüren/Wank* RdA 11, 1). Nach anderer Auffassung ist es sachgerecht, sich am Minimum und nicht am Maximum oder am Mittelwert zu orientieren, da es nicht Sinn des Gleichbehandlungsgrundsatzes ist, den LeihArbN besser als einige StammArbN im Entleiherbetrieb zu stellen (*Bayreuther* NJW 17, 18; *Röder/Krieger* DB 06, 2122; *Lembke* BB 03, 98; LAG SchlHol 12.2.14 – 6 Sa 325/13, BeckRS 2014, 68048).

5 **c) Zeitlicher Umfang des Gleichbehandlungsgrundsatzes.** Das Equal-pay-Gebot von LeihArbN und StammArbN des Entleihers besteht nur für die Zeit der Überlassung an einen Verleiher (§§ 3 Abs 1 Nr 3, 8 Abs 1 Satz 1 AÜG). In verleihfreien Zeiten gelten die mit dem Verleiher als ArbGeb für verleihfreie Zeiten vereinbarten Arbeitsbedingungen, es sei denn, auf das Leiharbeitsverhältnis finden Tarifverträge Anwendung. Eine Vereinbarung im Leiharbeitsvertrag, die zwischen den Arbeitsbedingungen für Zeiten der Überlassung und für verleihfreie Zeiten unterscheidet, ist rechtlich zulässig, wie § 11 Abs 1 Nr 2 AÜG zu entnehmen ist (LAG Dü 22.2.17 – 4 Sa 563/16, BeckRS 2017, 113942). Es ist jedoch § 11 Abs 4 AÜG zu beachten, dh die gesetzlichen Regelungen über den Annahmeverzug (§ 615 BGB) dürfen nicht abbedungen werden. → *Arbeitnehmerüberlassung/Zeitarbeit* Rn 32).

6 **d) Erfüllungsvermutung.** Gem § 8 Abs 1 Satz 2 AÜG wird vermutet, dass der LeihArbN hinsichtlich des Arbeitsentgelts gleichgestellt ist, wenn er das für einen vergleich-

baren StammArbN geschuldete tarifvertragliche Arbeitsentgelt erhält. Gleiches gilt in einem nicht tarifgebundenen Einsatzunternehmen, wenn der LeihArbN das für vergleichbare ArbN in der Einsatzbranche geltende tarifvertragliche Arbeitsentgelt erhält. Die anderen wesentlichen Arbeitsbedingungen sind nicht erfasst (*Greiner* RdA 17, 157). Vergütet der Entleiher nicht nach Tarif, greift die Vermutung auch dann ein, wenn der LeihArbN das ansonsten in der Einsatzbranche vorherrschende Arbeitsentgelt erhält. Abzustellen ist damit auf eine hypothetische tarifliche Vergütung. Die Vermutung ist gem § 292 ZPO widerlegbar. Darlegungs- und beweispflichtig ist der LeihArbN (*Bayreuther* NZA 17, 18).

**e) Darlegungslast.** Für Equal-Pay-Ansprüche liegt diese beim LeihArbN (BAG 21.10.15 – 5 AZR 604/14, NZA 16, 422 zu § 10 Abs 4 AÜG aF). Er kann sich dabei auf eine Auskunft des Entleihers nach § 13 AÜG stützen. Anderenfalls muss der LeihArbN alle zur Berechnung erforderlichen Tatsachen vortragen, vorrangig die Benennung eines vergleichbaren StammArbN und die Höhe des diesem vom Entleiher gewährten Entgelts (BAG 13.3.13 – 5 AZR 146/12, NZA 13, 782). 7

**f) Ausschlussfristen/Verjährung/Verzicht.** Equal-Pay-Ansprüche sind innerhalb anwendbarer Ausschlussfristen geltend zu machen. Der Anspruch wird zu dem im Arbeitsvertrag für die Vergütung bestimmten Zeitpunkt fällig (BAG 24.9.14 – 5 AZR 506/12, BeckRS 2014, 73280). Die Verjährung richtet sich nach § 195 BGB. Ausreichende Kenntnis iSv § 199 Abs 1 Nr 2 BGB liegt vor, wenn der LeihArbN Kenntnis von der Tatsache hat, dass vergleichbare StammArbN des Entleihers mehr verdienen als er (BAG 20.11.13 – 5 AZR 776/12, BeckRS 2014, 65868; *Stoffels* NZA 11, 1057). Eine umfassende **Ausgleichsklausel** in einem Prozessvergleich erfasst auch Equal-pay-Ansprüche (BAG 27.5.15 – 5 AZR 137/14, NZA 15, 1125). Ein beiderseitiger Forderungsverzicht in einem Aufhebungsvertrag, der auch Equal-pay-Ansprüche erfasst, ist zulässig (BAG 24.2.16 – 5 AZR 258/14, NZA 16, 762). Ein einseitiger, kompensationsloser Verzicht ist allerdings unwirksam (BAG 27.1.16 – 5 AZR 277/17, NZA 16, 679). 8

**3. Ausnahmen. a) Allgemeines.** Der Gleichbehandlungsgrundsatz gilt nicht, wenn im Verhältnis von Verleiher und LeihArbN ein Tarifvertrag zur Anwendung kommt, der zuungunsten des LeihArbN abweichende Regelungen trifft (§ 8 Abs 2 AÜG). Der Tarifvertrag kann entweder durch normative Geltung oder durch Inbezugnahme im Einzelarbeitsvertrag auf das Leiharbeitsverhältnis Anwendung finden. Die **Tariföffnungsklausel** ist mehrfach eingeschränkt. Der Tarifvertrag kann keine Vergütung unterhalb einer nach § 3a Abs 2 AÜG festgesetzten Lohnuntergrenze festlegen (§ 8 Abs 5 AÜG). Er kann keine abweichenden Regelungen für LeihArbN treffen, die in den letzten 6 Monaten vor der Überlassung an den Entleiher aus einem Arbeitsverhältnis mit diesem oder einem ArbGeb, der mit dem Entleiher einen Konzern bildet, ausscheidet (§ 8 Abs 3 AÜG). Die Möglichkeit zur Abwendung vom Equal-pay-Gebot durch Tarifvertrag besteht nur für die ersten 9 Monate der Überlassung (§ 8 Abs 4 Satz 1 AÜG). Überlassungszeiten vor dem 1.4.17 werden allerdings nicht berücksichtigt (§ 19 Abs 2 AÜG). Eine längere Abweichung ist gem § 8 Abs 2 Satz 2 AÜG durch einen Tarifvertrag möglich, sofern nach einer Einarbeitungszeit von längstens sechs Wochen eine stufenweise Heranführung an das tarifliche Arbeitsentgelt beim Entleiher beginnt und nach spätestens fünfzehn Monaten das beim Entleiher geltende tarifliche Entgeltniveau erreicht ist. 9

**b) Wirksamer und einschlägiger Tarifvertrag. aa) Wirksamkeit.** Der Tarifvertrag muss wirksam sein, damit er eine Abweichung vom Equal-Pay-Gebot ermöglicht (BAG 13.3.13 – 5 AZR 554/11, NZA 13, 680). Dies setzt die **Tariffähigkeit** und **Tarifzuständigkeit** der Tarifvertragsparteien voraus (*Greiner* NZA 11, 825; *Ulber* RdA 11, 353; *Rolfs/Witschen* DB 10, 1180). Auf Gewerkschaftsseite wurde von Beginn an die Tariffähigkeit der christlichen Gewerkschaften infrage gestellt. Die CGZP hatten nach Inkrafttreten des Equal-Pay-Gebots insbes mit der AMP beziehungsweise dessen Vorgänger Flächentarifverträge sowie zahlreiche Haustarifverträge abgeschlossen, mit denen deutlich vom Equal-Pay-Gebot abgewichen wurde. Die Tarifverträge wurden als Billigtarifverträge gebrandmarkt (*Däubler* DB 08, 1914; *Böhm* DB 05, 2033; *Schüren/Behrend* NZA 03, 521). Durch Beschluss v 14.12.10 stellte das BAG fest, dass die CGZP keine Spitzenorganisation iSd § 2 Abs 3 TVG ist (BAG 14.12.10 – 1 ABR 19/10, NZA 11, 289). Die Tarifunfähigkeit wurde zunächst nur für die Zeit ab dem 7.12.09 festgestellt. Das LAG Bln-Bbg stellte die Tarifunfähigkeit der 10

CGZP dann auch im zeitlichen Geltungsbereich ihrer früheren Satzungen vom 5.12.05 und 11.12.08 fest (LAG Bln-Bbg 9.1.12 – 24 TaBV 1285/11, DB 12, 693). Die Nichtzulassungsbeschwerde wurde vom BAG zurückgewiesen (BAG 22.5.12 – 1 ABN 27/12, BeckRS 2012, 70480). In zwei weiteren Entscheidungen v 22.5.12 stellte das BAG fest, dass durch seinen Beschluss vom 14.12.10 und die rechtskräftige Entscheidung des LAG Bln-Bbg die fehlende Tariffähigkeit der CGZP seit ihrer Gründung rechtskräftig festgestellt ist (BAG 23.5.12 – 1 AZB 67/11, NZA 12, 625; 23.5.12 – 1 AZB 58/11, NZA 12, 623). Die von der CGZP eingelegte Verfassungsbeschwerde wurde zurückgewiesen (BVerfG 25.4.15 – 1 BvR 2314/12, NZA 15, 757).

Nach dem Beschluss des BAG v 14.12.10 versuchten verschiedene in der CGZP zusammengeschlossene christliche Gewerkschaften, mehrgliedrige Tarifverträge abzuschließen. Diese Praxis wurde nach skeptischen erstinstanzlichen Entscheidungen (ArbG Herford 4.5.11 – 2 Ca 144/11, BeckRS 2011, 72557) aufgegeben; die Tarifverträge wurden mit Wirkung zum 31.3.2013 ohne Nachwirkung aufgehoben. Eine Abweichung vom Equal-Pay-Gebot aufgrund der Anwendung der AMP-Tarifverträge ist damit nicht mehr möglich.

Der gute Glaube an die Tariffähigkeit wird nicht geschützt. Die Lehre vom fehlerhaften Tarifvertrag, nach welcher die Unwirksamkeit aus Vertrauensschutzgründen nur ex nunc wirkt, findet auf die unwirksamen Tarifverträge der CGZP keine Anwendung (BAG 13.3.13 – 5 AZR 954/11, NZA 13, 680; aA *Rieble* BB 12, 2945; *Lützeler/Bissels* DB 11, 1636).

**11** Das finanzielle Risiko eines unwirksamen Tarifvertrages trägt grds der Verleiher. Ihn trifft die gesetzliche Haftung des § 8 Abs 1 S 1 AÜG, dh er schuldet dem LeihArbN die im Betrieb des Entleihers für vergleichbare StammArbN geltenden wesentlichen Arbeitsbedingungen. Für diese Vergütung müssen SozVersAbgaben abgeführt werden. Der Entleiher haftet hierfür als selbstschuldnerischer Bürge (§ 28e Abs 2 S 2 SGB IV). Die Haftung auf SozVersAbgaben besteht unabhängig von der Geltendmachung von Nachzahlungsansprüchen durch die einzelnen LeihArbN. Der Verleiher kann sich nicht auf einen Vertrauensschutz berufen (BSG 16.12.15 – B 12 R 11/14 R, BeckRS 2016, 67791; *Schlegel* NZA 11, 380). Die Nachforderungsansprüche der SoZVersTräger verjähren gem § 25 Abs 1 SGB IV in 4 Jahren (BSG 16.12.15, BeckRS 2016, 67791).

Heute dominieren in der Zeitarbeitsbranche die von verschiedenen **DGB-Gewerkschaften** als Tarifgemeinschaft mit den Arbeitgeberverbänden BAP sowie iGZ abgeschlossenen Tarifverträge. Anders als in der Vergangenheit bei der CGZP agiert auf Gewerkschaftsseite keine Spitzenorganisation. Die Tariffähigkeit der DGB-Gewerkschaften wird ernsthaft nicht in Zweifel gestellt. Diskutiert wird jedoch die Frage der Tarifzuständigkeit der DGB-Gewerkschaften (Tarifzuständigkeit von ver.di offenlassend BAG 20.1.16 – 1 ABR 13/14, NZA 16, 842; im Schrifttum bejahend *Bayreuther* NZA 17, 2017; verneinend *Fischer* RdA 13, 23).

**12** **bb) Einschlägiger Tarifvertrag.** Der Tarifvertrag muss das Arbeitsverhältnis des LeihArbN erfassen, dh es muss unter den räumlichen, fachlichen und persönlichen Geltungsbereich des Tarifvertrages fallen. Bei **Mischbetrieben** war aufgrund des früher geltenden Grundsatzes der Tarifeinheit entscheidend, mit welchen Tätigkeiten die ArbN im Kj überwiegend beschäftigt wurden. Lag der betriebliche Schwerpunkt nicht in der Überlassung von Arbeitskräften, schied die Anwendung eines Tarifvertrags der Zeitarbeitsbranche aus; dies galt auch in Fällen der Tarifpluralität (BAG 20.3.91 – 4 AZR 455/90, NZA 91, 736). Im Jahr 2010 gab das BAG den Grundsatz der Tarifeinheit auf (BAG 7.7.10 – 4 AZR 549/08, NZA 10, 1068). Mischbetriebe können deshalb auch dann unter den Geltungsbereich eines Tarifvertrages der Zeitarbeitsbranche fallen, wenn ArbNÜberlassung nicht überwiegend betrieben wird (BSG 12.10.16 – B 11 AL 6/15 R, NZA-RR 17, 426; so auch FW AÜG Ziff 1b.2, Ziff 8.5 Abs 5). Damit entfällt das Erfordernis, eine eigenständige Organisationseinheit, zB eine selbständige Betriebsabteilung bei ArbNÜberlassung zu bilden.

**cc) Normative Geltung.** Erforderlich ist die beiderseitige Tarifbindung von Verleiher und LeihArbN (§ 4 Abs 1 TVG). Die einseitige Tarifbindung des Verleihers genügt nicht (FW AÜG Ziff 8.2 Abs 3.1).

**13** **dd) Keine Inhaltskontrolle.** Eine Inhaltskontrolle der im Tarifvertrag geregelten Arbeitsbedingungen findet nicht statt. Die tarifvertraglichen Regelungen dürfen jedoch nicht gegen höherrangiges Recht verstoßen. Art 5 Abs 3 RL 2008/104/EG verlangt, dass die Tarifverträge den Gesamtschutz von LeihArbN in Bezug auf die Arbeits- und Beschäftigungsbedingungen beachten. Der deutsche Gesetzgeber verlangte bei Einführung des Equal-Pay-Gebots, dass nur dann durch tarifvertragliche Regelung von ihm abgewichen werden darf, wenn ein **angemessenes Schutzniveau** für die LeihArbN gewährleistet bleibt (BT-Drs 15/25, 24). Nach wohl hM wurde dieser Anforderung dadurch nachgekommen, dass der Gesetzgeber nur solche Tarifverträge privilegierte, die bestimmte Mindestarbeitsentgelte (§ 3a AÜG) vorsehen (idS LAG BaWü 6.12.18 – 14 Sa 27/18, Revision anhängig; ArbG Gießen 14.2.18 – 7 Ca 246/17, BeckRS 2018, 1875; *Hamann* EuZA 09, 287; *Thüsing* RdA 09, 118; aA ErfK/*Wank* § 8 Rn 22; *Ulber/J. Ulber* § 9 Rn 212; LAG Nürnberg 20.2.19 – 2 Sa 402/18, BeckRS 2019, 8729). Die Möglichkeit durch Tarifvertrag vom Equal-Pay-Gebot abzuweichen, ist durch die seit 1.4.17 geltende Fassung des § 8 AÜG eingeschränkt worden. Nach Abs 4 Satz 1 ist eine Abweichung nur für die ersten neun Monate und danach nur noch auf Grundlage qualifizierter Branchenzuschlagstarifverträge zulässig, die eine stufenweise Heranführung an das Equal-Pay-Gebot vorsehen. Aufgrund dessen wird davon ausgegangen, dass durch diese Einschränkung des Gestaltungsspielraums die Einhaltung des Gesamtschutzes der LeihArbN gesichert ist (LAG BaWü 6.12.18 – 14 Sa 27/19; ArbG Gießen 14.2.18 – 7 Ca 246/17, BeckRS 2018, 1875; BeckOK ArbR/*Motz* § 8 AÜG Rn 58 ff). Allg wird angenommen, dass jedenfalls durch die Tarifwerke BAP/DGB und IGZ/DGB der Gesamtschutz iSd Art 5 Abs 3 RL 2008/104/EG gewahrt ist (LAG Nürnberg 20.2.19 – 2 Sa 402/18, BeckRS 2019, 8729; BeckOK ArbR/*Motz* § 8 AÜG Rn 58.3).

Für die Wirksamkeit des Tarifvertrages ist keine völlige Deckungsgleichheit mit den im Entleiherbetrieb geltenden Regelungen notwendig. Regelt der Tarifvertrag daher zwar im Wesentlichen die Arbeitsbedingungen, nicht jedoch kleine Teilbereiche (zB Reisekosten, Verpflegungsaufwand etc), sind nach Sinn und Zweck der Ausnahme vom Equal-Pay-Gebot die gesetzlichen Bestimmungen (zB § 670 BGB) anzuwenden. Regelt der Tarifvertrag dagegen wichtige Bereiche wie Entgelt, Arbeitszeit oder Urlaub nicht, gilt für die übrigen wesentlichen Arbeitsbedingungen weiterhin das Equal-Pay-Gebot (FW AÜG Ziff 8.5 Abs 12).

**c) Inbezugnahme eines Tarifvertrages.** Vom Equal-Pay-Gebot kann gem § 8 Abs 2 S 3 AÜG durch einzelvertragliche Bezugnahme auf einen Tarifvertrag abgewichen werden, wenn im Ganzen auf den für den Betrieb des Verleihers räumlich, fachlich, persönlich und zeitlich geltenden Tarifvertrag verwiesen wird (BAG 12.1.06 – 2 AZR 126/05, NZA 06, 587). Eine Teilinbezugnahme reicht nicht aus (BAG 16.10.19 – 4 AZR 66/18, ArbRAktuell 19, 532; *Thüsing/Kock/Greiner* § 8 Rn 76; FW AÜG Ziff 8.2 Abs 3.2), ebenso nicht die Bezugnahme auf einen branchenfremden Tarifvertrag (*Thüsing/Koch/Greiner* § 8 Rn 74). **14**

Die Bezugnahmeklausel muss hinreichend transparent iSv § 307 Abs 1 S 2 BGB sein. Der Verweis in AGB auf ein tarifliches Regelwerk führt für sich genommen nicht zur Intransparenz, auch wenn die Bezugnahme dynamisch ausgestaltet ist und damit bei Vertragsabschluss noch nicht absehbar ist, welchen zukünftigen Inhalt die in Bezug genommenen Tarifregelungen haben werden (BAG 14.11.12 – 5 AZR 107/11, BeckRS 2013, 67225). Zum CGZP-Tarifwerk hatte das BAG entschieden, dass die in den Arbeitsverträgen enthaltenen Inbezugnahmeklauseln intransparent waren. Es handelte sich um einen mehrgliedrigen Tarifvertrag, bei dem mehrere selbständige Tarifverträge lediglich in einer Urkunde zusammengefasst waren. Bei Inbezugnahme eines mehrgliedrigen Tarifwerks auf das Arbeitsverhältnis ist eine Kollisionsregelung notwendig, der sich entnehmen lässt, welches der in Bezug genommenen tariflichen Regelwerke sich bei widersprechenden Regelungen jeweils durchsetzen und gelten soll (BAG 13.3.13 – 5 AZR 954/11, NZA 13, 680).

Von der Rechtsprechung des BAG ist bislang noch nicht geklärt, ob es sich bei den Tarifwerken DAP/DGB und iGZ/DGB um Einheitstarifverträge oder um mehrgliedrige Tarifverträge handelt und welche Anforderungen an deren arbeitsvertragliche Inbezugnahme zu stellen sind. Nach wohl hM handelt es sich bei den Tarifwerken DAP/DGB und iGZ/DGB jeweils um **Einheitstarifverträge,** so dass die Rspr des BAG zur Inbezugnahme der mehrgliedrigen Tarifverträge AMP/CGZP/CGB auf die Inbezugnahme der Tarifwerke BAP/DGB und iGZ/DGB nicht übertragbar sind, mit der Folge, dass die Inbezugnahmeklausel keine Kollisionsregelung erfordert (LAG Dü 7.12.18 – 10 Sa 995/17, LSK 2018, 43631; LAG SachsAnh 28.6.16 – 2 Sa 421/15, BeckRS 2016, 72014; *Schüren/Hamann/Schüren* § 8 Rn 131 ff; *Bayreuther* DB 14, 717). Nach anderer Auffassung handelt es sich um **mehrgliedrige Tarifverträge im engeren Sinn** (LAG BaWü 16.1.18 – 15 Sa 9/17, **15**

BeckRS 2018, 5443; HessLAG 4.9.14 – 9 TaBV 91/14, BeckRS 2015, 68348). Überwiegend wird dabei dennoch davon ausgegangen, dass eine Kollisionsregelung in der Bezugnahmeklausel nicht erforderlich ist (LAG BaWü 6.12.18 – 14 Sa 27/18; *Bayreuther* DB 14, 717; iE s BeckOK ArbR/*Motz* § 8 AÜG Rn 69 ff).

16 **d) Zeitliche Begrenzung der Tarifdispositivität. aa) Grundsatz.** Gem § 8 Abs 4 Satz 1 AÜG kann durch Tarifvertrag für die ersten neun Monate vom Equal-Pay-Gebot abgewichen werden. Die Fristberechnung erfolgt **unternehmensbezogen.** Einsatzzeiträume in verschiedenen Betrieben des Entleihers sind zusammenzurechnen. Überlassungszeiten vor dem 1.4.17 werden gem der Übergangsvorschrift des § 19 Abs 2 AÜG nicht berücksichtigt. Die Fristberechnung erfolgt gem §§ 187 Abs 1, 188 Abs 2 Alt 1 BGB. Bei Unterbrechungen des Einsatzes werden Einsatzzeiten nicht zusammengerechnet, wenn zwischen den Einsätzen mehr als drei Monate liegen. Für den neuen Einsatz steht dann die volle neunmonatige Frist wieder zur Verfügung (FW AÜG Ziff 8.4 Abs 5). Bei einem Einsatz vor Ablauf der Dreimonatsfrist wird die Unterbrechungszeit nicht angerechnet. Einzelheiten zur Fristberechung s *Thüsing/Greiner* § 8 Rn 112 ff; *Bayreuther* NZA 17, 18.

**bb) Stufenweise Heranführung.** Gem § 8 Abs 4 Satz 2 AÜG verlängert sich die zulässige Abweichung durch Tarifvertrag auf fünfzehn Monate, wenn tarifvertraglich festgelegt ist, dass nach einer Einarbeitungszeit von längstens sechs Wochen eine stufenweise Heranführung an das Equal-Pay-Niveau beginnt und nach längstens fünfzehn Monaten Einsatzdauer ein Entgeltniveau erreicht wird, das von den Tarifvertragsparteien als dem Equal-Pay-Niveau **gleichwertig** festgelegt wird. Die Tarifvertragsparteien haben damit die Möglichkeit zur Festsetzung eines eigenen Entgelts, das in Art und Umfang dauerhaft vom gesetzlichen Equal-Pay-Grundsatz abweichen kann. Nicht geklärt ist die Frage, unter welchen Voraussetzungen von einer Gleichwertigkeit ausgegangen werden kann und ob eine gerichtliche Evidenz- und Missbrauchskontrolle besteht. Einzelheiten s *Thüsing* NZA 18, 404; *Greiner* RdA 17, 153; *Henssler* RdA 17, 83.

17 **e) Arbeitnehmerentsendung.** Beschäftigt der Entleiher den LeihArbN mit Tätigkeiten, die in den Geltungsbereich eines für allgemeinverbindlich erklärten Tarifvertrags oder einer RVO nach dem AEntG fallen, orientieren sich die zu gewährenden Arbeitsbedingungen in Bezug auf die Mindestentgeltsätze zwingend an dem allgemeinverbindlichen Tarifvertrag oder der entsprechenden RVO. Durch einen Tarifvertrag kann nicht zu Ungunsten des LeihArbN von den festgelegten Mindestbedingungen abgewichen werden. § 8 Abs 3 AEntG hat als speziellere Norm Anwendungsvorrang (FW AÜG Ziff 8.5 Abs 8). Dies gilt unabhängig davon, ob der Verleiher seinen Sitz im In- oder Ausland hat (*Bayreuther* DB 09, 678).

18 **f) Ausländische Verleiher.** Verleiher mit Sitz in der EU bzw im EWR können aufgrund der EU-Niederlassungsfreiheit unter den gleichen Voraussetzungen wie ein in der BRD ansässiger Verleiher durch einen Tarifvertrag vom Gleichbehandlungsgrundsatz abweichen (EuGH 24.1.02 – C-164/99, NZA 02, 207). Ein ausländischer Tarifvertrag muss jedoch gewisse Mindestanforderungen erfüllen, dh in etwa gleicher Weise wie deutsche Tarifverträge die Arbeitsbedingungen regeln und sich am Grundsatz der Gleichstellung orientieren (*Böhm* NZA 10, 1218; FW AÜG Ziff 3.1.8 Nr 9). Einen deutschen Tarifvertrag kann der ausländische Verleiher idR nur dann in Bezug nehmen, wenn er in der BRD einen Betriebssitz hat, weil die Tarifvertragsparteien den räumlichen Geltungsbereich meist auf das Gebiet der BRD beschränken. §§ 1, 2 Nr 4 AEntG räumen den Tarifvertragsparteien wegen der Erstreckung des Geltungsbereichs auf ausländische ArbGeb jedoch die Regelungskompetenz auch für im Ausland ansässige Verleiher ein, wenn diese ArbN im räumlichen Geltungsbereich des Tarifvertrages einsetzen (BAG 9.7.03 – 10 AZR 593/02, BeckRS 2003, 41472). Die vertragliche Bezugnahme auf einen deutschen Tarifvertrag ist dann gestattet, wenn der fachlich-betriebliche und der persönliche Geltungsbereich einschlägig und die Inbezugnahme des Tarifvertrags für die Zeit der Überlassung nach Deutschland im Arbeitsvertrag vereinbart ist (FW AÜG Ziff 3.1.8 Nr 10; *Ricken* NZA 12, 784).

## B. Lohnsteuerrecht *Seidel*

20 Da es beim Equal-pay im Rahmen der ArbNÜberlassung darum geht, einem LeihArbN für die Zeit der Überlassung an den Entleiher ein Arbeitsentgelt in gleicher Höhe zu zahlen

wie einem vergleichbaren StammArbN des Entleihers, ergeben sich lohnsteuerlich keine Besonderheiten. Zur Frage der ArbGebEigenschaft des Verleihers bzw Entleihers und damit zur Frage, wer die lohnsteuerlichen Pflichten zu erfüllen hat, → *Arbeitnehmerüberlassung/Zeitarbeit* Rn 71 ff.

### C. Sozialversicherungsrecht *Voelzke*

**1. Beitragsrecht.** Die erlaubte ArbNÜberlassung begründet sozialversicherungsrechtlich die ArbGebEigenschaft des Verleihers. Der **Verleiher** hat dementsprechend nach § 28e Abs 1 SGB IV den GesamtSozVBeitrag für den LeihArbN zu zahlen (→ *Arbeitnehmerüberlassung/Zeitarbeit* Rn 94). Hingegen führt die unerlaubte ArbNÜberlassung zur ArbGebEigenschaft des Verleihers (→ *Arbeitnehmerüberlassung/Zeitarbeit* Rn 97). 26

Ausgangspunkt der Beitragsberechnung ist nach dem für das Beitragsrecht geltenden Entstehungsprinzip jeweils das vom ArbN zu **beanspruchende Arbeitsentgelt,** während ein Zufluss des Arbeitsentgelts nicht erforderlich ist (→ *Lohnzufluss* Rn 20). Auch entsteht der Anspruch unabhängig davon, ob der ArbN das Arbeitsentgelt verlangt hat oder es rechtlich noch verlangen könnte. Deshalb ist es für die Beitragserhebung insbes unerheblich, ob der ArbN den einmal entstandenen Entgeltanspruch wegen tarifvertraglicher Verfallklauseln oder wegen Verjährung noch realisieren kann. Kann der ArbN nach dem Equal-pay/Equal-treatment Gebot (§ 10 Abs 4 Satz 1 AÜG; → Rn 1) ein höheres als das vereinbarte Arbeitsentgelt beanspruchen, schuldet der Beitragsschuldner Beiträge und Umlagen auf der Grundlage des arbeitsrechtlich zu beanspruchenden Arbeitsentgelts. Auf der Grundlage des Entstehensprinzips geschuldet wird auch das vom Verleiher für die Zeit der Überlassung nach § 10 Abs 4 AÜG geschuldete, den im Betrieb des Entleihers für einen vergleichbaren ArbN des Entleihers geltenden wesentlichen Arbeitsbedingungen entsprechende Arbeitsentgelt. Unter Berücksichtigung dieser Grundsätze hat das BSG Nachforderungen der DRV wegen Tarifunfähigkeit der CZP gebilligt (BSG 16.12.15 – B 12 R 11/14 R, SozR 4–2400 § 28p Nr 6; zu dieser Entscheidung *Bissels* DB 16, 231; *Diepenbrock* jurisPR-ArbR 22/2016 Anm 1; *Seewald* SGb 17, 78). Hingegen unterliegt einmalig zu zahlende Arbeitsentgelt nicht dem Entstehungsprinzip der Beitragspflicht (BSG 4.9.18 – B 12 R 4/17 R, SozR 4–7815 § 10 Nr 3, hierzu *Bissels/Falter* DB 19, 74). Ferner sind sog echte Aufwendungen, die den LeihArbN durch seine Tätigkeit im Betrieb des Entleihers tatsächlich entstanden sind (für Fahrten, Übernachtung und Verpflegung) entstehen, kein Arbeitsentgelt und deshalb beim equal-pay-Anspruch nicht zu berücksichtigen (BSG 18.1.18 – B 12 R 3/16 R, BeckRS 2018, 15685).

Eine **Abweichung vom Gebot der Gleichbehandlung** ist wegen eines Tarifvertrages nach § 3 Abs 1 Nr 3 AÜG zwar grds eröffnet. Insoweit kommt allerdings der Feststellung des Fehlens der Tariffähigkeit einer Gewerkschaft durch die Gerichte der Arbeitsgerichtsbarkeit nach § 97 ArbGG Bindungswirkung auch gegenüber den Gerichten der Sozialgerichtsbarkeit zu (BSG 16.12.15 – B 12 R 11/14 R, SozR 4–2400 § 28p Nr 6). 27

Da das Beitragsrecht allein auf das zentrale Entstehensprinzip abstellt, kommt es auf ein **Verschulden** des ArbGeb hinsichtlich der Beitragsnachforderungen nicht an. Auch ein Vertrauen des Verleihers in die Tariffähigkeit der Gewerkschaft ist regelmäßig nicht geschützt (BSG 16.12.15 – B 12 R 11/14 R, SozR 4–2400 § 28p Nr 6 zur Feststellung der Tariffähigkeit der CGZP). Insbes hat das BSG seine bisherige Rspr nochmals bestätigt, dass ein in der Vergangenheit ergangener bestandskräftiger Nachforderungsbescheid einer derartigen Forderung nicht entgegensteht. Offengelassen hat das BSG allerdings, ob den Klägern möglicherweise ein aus dem Europarecht abzuleitender Vertrauensschutz zuzubilligen ist (BSG 16.12.15 – B 12 R 11/14 R, SozR 4–2400 § 28p Nr 699; hierzu *Rieble* BB 12, 2949).

Hinsichtlich der **Verjährung** der Beitragsansprüche (§ 25 Abs 1 SGB IV; → *Verjährung* Rn 48) hat das BSG klargestellt, dass das bloße Wissen um den CGZP-Beschluss des BAG und das Anschreiben der DRV vom 23.12.2010 nicht ausgereicht hat, um den Vorsatz für die 30-jährige Verjährungsfrist zu indizieren (BSG 16.12.15 – B 12 R 11/14 R, SozR 4–2400 § 28p Nr 6). Das Wissen um die (bloße) Möglichkeit einer Beitragserhebung steht dem vorsatzindizierenden sicheren Wissen um die Verpflichtung zur Beitragszahlung nicht gleich.

**2. Erlaubnisverfahren.** Die BA ist berechtigt, im Rahmen des Erlaubnisverfahrens für den Verleiher (→ *Arbeitnehmerüberlassung/Zeitarbeit* Rn 87 ff) auf die Einhaltung des Equal- 28 pay-Grundsatzes hinzuwirken. Sie kann hierzu auch **Auflagen** durch Verwaltungsakt erlassen. Zur der Untersagung einer arbeitsvertraglich vereinbarten Geltung des zwischen dem Bundesverband Zeitarbeit/Personal-Dienstleistungen und den DGB-Gewerkschaften vereinbarten Tarifvertrages in einem Mischbetrieb hat das BSG entschieden, dass die hierdurch bewirkte Abweichung vom Gleichbehandlungsgebot nicht zu beanstanden ist (BSG 12.10.16 – B 11 AL 6/15 R, NZS 17, 306).

## Erstattungsanspruch der Agentur für Arbeit

### A. Arbeitsrecht

*Griese*

1 **1. Anwendungsbereich nach SGB II und SGB III.** Der Erstattungsanspruch der Agentur für Arbeit bzw des Jobcenters gegen den ArbGeb für Zeiten, für die der ArbN *Arbeitslosengeld* oder *Arbeitslosengeld II* bezogen hat und gleichzeitig noch Arbeitsentgelt oder Urlaubsabgeltung zu beanspruchen hatte, ergibt sich aus **§ 115 SGB X.** Den für die Erstattung des Insolvenzgeldes notwendigen Anspruchsübergang regelt § 169 SGB III (BAG 13.11.14 – 6 AZR 872/13, NZA 15, 940; *E. Schneider* in *Schlegel/Voelzke*, jurisPK-SGB III 169 SGB III Rn 20); zur Erstattung bei Karenzentschädigung – Wettbewerbsverbot – s BAG 14.9.11 – 10 AZR 198/10, NZA-RR 12, 98 u LAG Köln 30.1.14 – 13 Sa 744/13, NZS 14, 396.

Grundgedanke ist jeweils, dass die Agentur für Arbeit bzw das Jobcenter die an den ArbN erbrachten Leistungen vom ArbGeb zurückbekommen soll, wenn für den ArbN **in demselben Zeitraum noch Entgeltansprüche bestanden, die der ArbGeb nicht erfüllt hat.** In Höhe der als Vorleistung erbrachten Zahlungen geht der Entgeltanspruch insoweit gem § 115 Abs 1 SGB X auf die Agentur für Arbeit über. Dies umfasst auch die darauf entfallenden Teile des SozVBeitrages gem § 335 Abs 3, 5 SGB III. Einmalzahlungen gehen zeitanteilig bezogen auf die Zeiträume des Sozialleistungsbezugs über (entsprechend § 47 Abs 2 Satz 6 SGB V; LAG Köln 10.5.10 – 5 Sa 7/10, BeckRS 2010, 70866; BeckOK SGB X/*Pohl*, § 115 SGB X).

§ 115 SGB X knüpft den Erstattungsanspruch an **erbrachte Sozialleistungen** an. Gefordert wird eine **sachliche und zeitliche Kongruenz zwischen der Sozialleistung und dem Entgeltanspruch**. Diese ist auch bei der Gewährung eines Existenzgründungszuschusses durch die Agentur für Arbeit gegeben (BAG 29.4.15 – 5 AZR 756/13, NZA 15, 938).

Der Anspruchsübergang und damit der Erstattungsanspruch ist begrenzt durch die von der Agentur für Arbeit für den ArbN selbst erbrachten Leistungen. Deshalb können Leistungen **nicht übergehen und nicht als Erstattung beansprucht werden, soweit sie der Arbeitnehmer nicht für sich, sondern für mit ihm in einer Bedarfsgemeinschaft lebende Angehörige erhalten hat** (LAG Köln 16.9.10 – 7 Sa 385/09; zustimmend *Kohte/Beetz*, jurisPR-ArbR 17/2011 Anm 6; teilweise abweichend und unzutreffend BAG 21.3.12 – 5 AZR 61/11, NZA 12, 729). Die teilweise abweichende Ansicht des BAG würde darauf hinauslaufen, dass die BA sich Leistungen erstatten lassen kann, die sie gar nicht an den ArbN erbringt, sondern an diesen nur als Zahlstelle zur Weiterleitung an Angehörige gegeben hat. Auf diese Weise wurden Ansprüche außenstehender Familienangehöriger systemwidrig zum Gegenstand eines arbeitsrechtlichen Erstattungsanspruchs.

Durch die Regelung in § 34c SGB II ist mit Wirkung ab 1.8.16 die Berechnungsweise in Bezug auf das Arbeitslosengeld II verändert und weiter verkompliziert worden. Zu berücksichtigen **sind die Absetzbeträge des § 11b SGB II, insbes Unterhaltspflichten** (*Maul-Satori* NZA 17, 91).

Die Agentur für Arbeit kann ihren Erstattungsanspruch vor den Arbeitsgerichten einklagen. Alternativ ist es möglich, dass der ArbN hinsichtlich des auf die BA übergegangenen Vergütungsanspruchs im Wege der **gewillkürten Prozessstandschaft** mit Zustimmung der BA gegen den ArbGeb auf Zahlung an die BA klagt (BAG 19.3.08 – 5 AZR 432/07, NJW 08, 2204).

2 **2. Einfluss von vertraglichen Vereinbarungen zwischen Arbeitnehmer und Arbeitgeber auf den Erstattungsanspruch.** Grds gilt, dass der Erstattungsanspruch der

Agentur für Arbeit durch vertragliche Vereinbarungen zwischen ArbGeb und ArbN nicht außer Kraft gesetzt werden kann. So ist eine Vereinbarung zwischen ArbGeb und ArbN, wonach sich der ArbN verpflichtet, keinen AlGeld Anspruch (auch AlGeld II) zu stellen, um den Erstattungsanspruch zu vermeiden, rechtsunwirksam (BSG 24.3.88, BB 88, 1964; *Gagel* BB 88, 1957).

Bei Aufhebungsverträgen ist es zwar zulässig, das Ende des Arbeitsverhältnisses durch einvernehmlichen Verzicht auf eine Kündigungsfrist vorzuverlegen und dadurch den Übergang von Vergütungsansprüchen auf die Agentur für Arbeit zu verhindern (*Waltermann* NJW 92, 1141). Eine solche Regelung kann auch in einem Prozessvergleich getroffen werden. Wird jedoch eine Abfindung gezahlt, führt dies unweigerlich zur Anrechnung auf den AlGeld Anspruch (auch AlGeld II) nach § 143a SGB III. Zahlt der ArbGeb dann trotz Kenntnis von den Leistungen der Agentur für Arbeit an den ArbN die Abfindung ungekürzt aus, steht der Agentur für Arbeit ein Erstattungsanspruch iHd anrechenbaren Betrages zu. 3

Der ArbGeb seinerseits kann, wenn sich im Nachhinein herausstellt, dass eine bereits gezahlte Abfindung zu einem Erstattungsanspruch führt, die der Agentur für Arbeit erstatteten Leistungen vom ArbN **zurückverlangen,** denn es bedarf einer ausdrücklichen Vereinbarung, wenn eine Abfindung entgegen der Anrechnungsvorschrift (§ 158 SGB III, früher § 143a SGB III) nicht um den darauf entfallenden Anteil der Arbeitslosenunterstützung gekürzt werden soll, sondern die auf die BA übergegangenen Ansprüche vom ArbGeb getragen werden sollen (BAG 25.3.92 – 5 AZR 294/91, BB 92, 1794, auch bei Vereinbarung in einem gerichtlichen Vergleich). Nicht zugestimmt werden kann dem BAG allerdings, wenn es in der vorzitierten Entscheidung einen Rückforderungsanspruch des ArbGeb gegen den ArbN auch dann bejahen will, wenn die Parteien vereinbart haben, dass die Abfindung abzugsfrei gezahlt werden soll und zudem eine Ausgleichsklausel in den Vergleich aufnehmen. Mit solchen zusätzlichen Regelungen ist hinreichend klargestellt, dass einen eventuellen Erstattungsanspruch der Agentur für Arbeit im Innenverhältnis ArbGeb/ArbN allein der ArbGeb übernehmen soll. 4

Eine zwischen ArbGeb und ArbN **vereinbarte Vorverlegung des Beendigungszeitpunktes** des Arbeitsverhältnisses führt nicht zu einem Wegfall des Erstattungsanspruchs der Agentur für Arbeit, wenn dieser im Zeitpunkt der Vorverlegungsvereinbarung schon entstanden war. Hat etwa ein ArbGeb eine Kündigung im Einverständnis mit dem ArbN zurückgenommen, ist vom Fortbestand des Arbeitsverhältnisses und von der Vergütungsfortzahlungspflicht aus Annahmeverzug nach § 615 BGB auszugehen. Dies hat zur Folge, dass für die Zeit der Nichtbeschäftigung ein Erstattungsanspruch der Agentur für Arbeit nach § 115 SGB X iVm § 158 SGB III entsteht, soweit die Agentur für Arbeit für diese Zeit Leistungen erbracht hat. Diesen durch Anspruchsübergang entstandenen Erstattungsanspruch können ArbGeb und ArbN nicht durch eine nachträgliche Vereinbarung über die Vorverlegung des Beendigungszeitpunktes wieder beseitigen. Eine nachträgliche Änderung braucht sich die Agentur für Arbeit wegen §§ 404, 412 BGB nicht entgegenhalten zu lassen. 5

**3. Geltendmachung eines Erstattungsanspruchs.** Der Erstattungsanspruch wird durch arbeitsgerichtliche Klage geltend gemacht. Diese Möglichkeit besteht auch dann, wenn ein ArbN eine **sittenwidrig zu niedrige Vergütung** (s *Mindestlohn*) und ergänzende Leistungen zur Sicherung des Lebensunterhalts nach SGB II erhält. Dann kann das Jobcenter bzw die Agentur für Arbeit **aus übergegangenem Recht in Höhe der gezahlten Leistungen gem § 115 Abs 1 SGB X die Vergütungsdifferenz zur üblichen Vergütung arbeitsgerichtlich gegen den ArbGeb einklagen** (LAG Berlin-Brandenburg 20.4.16 – 15 Sa 2258/15, BeckRS 2016, 68134; ArbG Stralsund 10.2.09 – 1 Ca 313/08, ArbuR 09, 182; *Kohte* jurisPR-ArbR 6/2014 Anm 2). 6

**4. Freistellungsanspruch des ArbN.** Der ArbN hat keinen Freistellungsanspruch gegen den ArbGeb, wenn der ArbN bei ausgebliebener Entgeltzahlung zunächst zur Überbrückung SGB II – Leistungen bezieht, dann das nachzuzahlende Entgelt in voller Höhe vom ArbgeG erhält und daraufhin die erhaltenen SGB II – Leistungen zurückzahlen muss (BAG 17.1.18 – 5 AZR 205/17, NZA 18, 784). 7

## B. Lohnsteuerrecht *Seidel*

11 **1. Insolvenzgeld** (§ 165 SGB III; → *Insolvenz des Arbeitgebers* Rn 34). Zahlt der ArbGeb oder der Insolvenzverwalter das Arbeitsentgelt aufgrund des gesetzlichen Forderungsübergangs nach § 169 Satz 1 SGB III an die BA, sind die Leistungen nach § 3 Nr 2 EStG steuerfrei (LStR 3.2 Abs 2). Gleiches gilt für die von der Agentur für Arbeit für die letzten drei Monate vor Insolvenzeröffnung an die Einzugsstelle entrichteten Pflichtbeiträge zum GesamtSozVBeitrag, die der ArbGeb oder der Insolvenzverwalter nach § 175 Abs 2 SGB III an die Einzugsstelle abführt und von dieser der Agentur für Arbeit zurückerstattet werden (§ 175 Abs 2 Satz 2 SGB III; → *Entgeltabtretung* Rn 15).

12 **2. Arbeitslosengeld, Arbeitslosengeld II** (Näheres → *Arbeitslosengeld* Rn 4–10; → *Arbeitslosengeld II* Rn 5, 6). Zahlt der **Arbeitgeber** das Arbeitsentgelt oder Teile hiervon an die BA, weil der Anspruch nach § 115 Abs 1 SGB X auf den Leistungsträger (BA) übergegangen ist, soweit dieser Sozialleistungen erbracht hat, sind die Zahlungen stpfl Arbeitslohn (BFH 16.3.93, BStBl II 93, 507; → *Krankengeld* Rn 9), der als Rückzahlung des AlGeldes dem negativen Progressionsvorbehalt unterliegt (FG Bbg 23.2.05 – 4 K 401/02, EFG 05, 1056; → Rn 13). Zum Zuflusszeitpunkt s weiterhin BFH 15.11.07 – VI R 66/03, BStBl II 08, 375; → *Lohnzufluss* Rn 8: Forderung). Die Besteuerung erfolgt als sonstiger Bezug, wobei insbes auf die Besteuerung bei ausgeschiedenen ArbN hinzuweisen ist (→ *Sonstige Bezüge* Rn 4 ff und 11). Die Zahlungen sind aber steuerfrei, wenn über das Vermögen des ArbGeb das Insolvenzverfahren eröffnet worden ist oder einer der Fälle des § 165 Abs 1 Satz 1 Nrn 2 oder 3 SGB III vorliegt (LStR 3.2 Abs 1 Satz 2 und → *Insolvenz des Arbeitgebers* Rn 43, 48–51).

13 Zahlt der **Arbeitnehmer** AlGeld an die BA zurück, das ihm trotz des Ruhens des Anspruchs auf AlGeld nach § 157 Abs 1 und 2 SGB III gezahlt wurde (§ 157 Abs 3 SGB III), weil der ArbGeb ungeachtet des Rechtsübergangs (§ 115 Abs 1 SGB X) die übergegangenen Leistungen an den ArbN erbringt (§ 157 Abs 3 SGB III), bleibt die Rückzahlung grds ohne steuerliche Auswirkung (§ 3c EStG). Allerdings hat die Rückzahlung Auswirkungen auf den Progressionsvorbehalt (→ *Lohnersatzleistungen* Rn 13). Der nachgezahlte Arbeitslohn ist jedoch grds stpfl (LStR 3.2 Abs 1 Satz 3; → *Entgeltnachzahlung* Rn 6 ff).

14 **3. Kurzarbeiter- und Wintergeld.** Rückzahlungen des **Arbeitnehmers** bleiben – wegen der Steuerfreiheit dieser Leistungen bei ihrer Gewährung (→ *Kurzarbeit* Rn 27; → *Wintergeld* Rn 5) – steuerlich mit Ausnahme des Progressionsvorbehalts ohne Auswirkungen (→ *Lohnersatzleistungen* Rn 13). Zahlt der **Arbeitgeber** gem § 108 Abs 3 SGB III die Leistungen an den Leistungsträger zurück, ist dies lohnsteuerlich ohne Bedeutung. Der ArbGeb kann sie jedoch insoweit als Betriebsausgaben abziehen, als er sie vom ArbN nicht mehr zurückerhält, da sie bei ihrer Gewährung durch den Leistungsträger Betriebseinnahmen darstellen (→ *Arbeitsförderung* Rn 8).

15 **4. Arbeitgeberleistungen** (→ Rn 34, 35). Lohnsteuerlich ist bei der Rückzahlung nur dem ArbGeb gewährter Leistungen nach dem SGB III nichts veranlasst. Da diese Leistungen bei ihrer Gewährung aber Betriebseinnahmen des ArbGeb darstellen (→ *Lohnkostenzuschuss* Rn 5), kann dieser sie bei Rückzahlung als Betriebsausgaben abziehen.

16 **5. Unrichtige Bescheinigungen** (→ Rn 36). In diesen Fällen ist bei einer Zahlung von Schadensersatz an die BA durch den ArbGeb lohnsteuerlich nichts veranlasst. Regelmäßig dürfte es sich aber um Betriebsausgaben des ArbGeb handeln.

## C. Sozialversicherungsrecht *Voelzke*

**Übersicht**

**I. Allgemeines.** Das SozVRecht enthält umfassende Regelungen über die Erstattung von Leistungen, die sich in erster Linie im Verhältnis von Leistungsträger und Leistungsempfänger, jedoch auch zwischen den Leistungsträgern und im Verhältnis von Leistungsträgern zu Dritten vollziehen kann. Soweit die gesetzlichen Regelungen die Inanspruchnahme Dritter vorsehen, dienen sie der Durchsetzung des **Subsidiaritätsprinzips,** das für das gesamte Sozialrecht Geltung beansprucht. Hiernach wird zwar im Interesse einer zügigen Deckung des beim Leistungsempfänger bestehenden Bedarfs die Leistung an den Berechtigten erbracht, jedoch der Dritte, der beim Eintritt des Versicherungsfalls mitgewirkt oder eine Überzahlung von Leistungen bewirkt hat, hierfür nachträglich in Anspruch genommen. 17

Diese Grundsätze gelten auch für die hier zu behandelnden Ansprüche der BA gegen ArbGeb. In diesem Zusammenhang ist allerdings zu berücksichtigen, dass der ArbGeb hinsichtlich des Risikos Arbeitslosigkeit bereits mit der Beitragslast zur BA belastet wird. Erstattungspflichten verletzen daher das verfassungsrechtliche Übermaßverbot nur dann nicht, wenn den ArbGeb eine **besondere Verantwortung** für den Eintritt des Versicherungsfalls und die Gewährung der zu erstattenden Leistung trifft (BVerfG 23.1.90 – 1 BvL 44/86 und 1 BvL 48/87, NZA 90, 161 zu § 128 AFG aF). Hieraus folgt, dass bei der Anwendung der Erstattungsregelungen dem Grundsatz der Verhältnismäßigkeit besondere Bedeutung zukommt (BSG 13.3.90 – 11 RAr 50/86, NZA 90, 906). 18

**II. Arbeitslosengeld.** Gewährt die Agentur für Arbeit oder ein anderer Leistungsträger **Lohnersatzleistungen** für Zeiten, in denen noch ein Anspruch auf Arbeitsentgelt besteht (insbes bei der sog Gleichwohlgewährung gem §§ 157 Abs 3, 158 Abs 4 SGB III), so tritt dieser in die Gläubigerstellung des Arbeitslosen ein (→ *Forderungsübergang bei Dritthaftung* Rn 20 ff). Dem Leistungsträger steht gem § 115 SGB X ein arbeitsrechtlicher Regressanspruch gegen den ArbGeb zu. Entsprechende Ansprüche der Agentur für Arbeit entstehen, wenn der ArbGeb eine dem ArbN zustehende Urlaubsabgeltung oder *Abfindung* nicht zahlt. 19

Das im Wege der Gleichwohlgewährung gezahlte AlGeld mindert die **Anspruchsdauer,** wenn der ArbGeb der BA das AlGeld nicht erstattet. Diese Folge kann der Arbeitslose dadurch vermeiden, dass er gegen den ArbGeb auf Zahlung der übergegangenen Entgeltansprüche an die BA klagt (BSG 29.11.88 – 11/7 RAr 79/87, SozR 4100 § 117 Nr 23). Weitere Nachteile, die dem ArbN durch die frühzeitige Geltendmachung des AlGeldes entstehen können, werden nicht korrigiert (kritisch *Schmidt* NZA 02, 380). 20

Wird AlGeld im Wege der Gleichwohlgewährung geleistet, so wird der ArbGeb infolge des Anspruchsübergangs nach § 115 SGB X Schuldner der BA in Höhe der gewährten Leistungen. Daneben bleibt er dem ArbN hinsichtlich des übersteigenden Spitzbetrages verpflichtet. Erfüllt der ArbGeb – zB während einer Auseinandersetzung über den Fortbestand des Arbeitsverhältnisses – Ansprüche auf Arbeitsentgelt nicht und tritt wegen des Anspruchs auf Arbeitsentgelt ein Ruhen nach § 157 Abs 1 SGB III ein, so ist der ArbGeb im Falle der Gleichwohlgewährung nach Klärung der Frage, zu welchem Zeitpunkt das Arbeitsverhältnis beendet worden ist, **vier verschiedenen Ansprüchen** (*Gagel/Kallert* SGB III, § 335 Rn 34a) ausgesetzt: 21

- Der Arbeitsentgeltanspruch geht in Höhe des gezahlten AlGeld auf die BA über (§ 115 SGB X).
- Da der Arbeitsentgeltanspruch das AlGeld in aller Regel übersteigt, bleibt der ArbN insoweit Inhaber der Forderung (sog Spitzbetrag). Der Spitzbetrag ist an den ArbN auszuzahlen.
- Der ArbGeb hat der BA die infolge des Leistungsbezugs gezahlten Beiträge nach § 335 Abs 3 und 5 SGB III zu erstatten, soweit er für dieselbe Zeit Beiträge zu entrichten hätte.
- Der Einzugsstelle schuldet der ArbGeb die sich aufgrund des Arbeitsentgeltanspruchs ergebenden überschießenden Beitragsanteile.

**1. Forderungsübergang.** Wird AlGeld im Wege der Gleichwohlgewährung gezahlt, so hat dies zur Folge, dass der Anspruch des Arbeitslosen auf Zahlung des Arbeitsentgelts (Urlaubsabgeltung, Entlassungsentschädigung) in Höhe des geleisteten AlGeld auf die BA übergeht (§ 115 SGB X). Mit dem Anspruchsübergang wird die BA Inhaberin der Forderung. Der Anspruch des Arbeitslosen auf die Leistung des ArbGeb geht **kraft Gesetzes** auf 22 die BA über, ohne dass es hierzu eines feststellenden Verwaltungsaktes bedürfte oder ein solcher überhaupt zulässig wäre (BSG 14.7.94 – 7 RAr 104/93, SozR 3–4100 § 117 Nr 11). Für den Forderungsübergang ist unerheblich, ob die Voraussetzungen der Gleichwohlgewährung bereits im Bewilligungszeitpunkt feststehen. Ausreichend ist, wenn sich nachträglich ergibt, dass der Leistungsanspruch geruht hat. Der gesetzliche Forderungsübergang vollzieht sich unabhängig von einer Mitwirkung durch den ArbN oder den ArbGeb. Eine Begrenzung durch die Pfändungsfreigrenzen findet nicht statt.

23 **Gegenstand** des Rechtsübergangs ist nicht der von der BA erfüllte öffentlich-rechtliche Anspruch auf AlGeld, sondern der privatrechtliche Anspruch des ArbN auf die vom ArbGeb geschuldete Leistung. Der Anspruchsübergang vollzieht sich im Zeitpunkt der Gewährung des AlGeld. Eine Leistung ist gewährt, wenn sie tatsächlich gezahlt wird (BSG 3.3.93 – 11 RAr 57/92, SozR 3–4100 § 117 Nr 10). Die bloße Bewilligung des Anspruchs genügt nicht. Die BA wird mit der Zahlung von AlGeld Inhaberin der Forderung, ohne dass es einer Überleitungsanzeige bedürfte. Da das AlGeld nach § 337 Abs 2 SGB III monatlich nachträglich gezahlt wird, gehen die Ansprüche aus dem Arbeitsverhältnis ggf sukzessive in Höhe des jeweiligen Zahlbetrages auf die BA über. Der Forderungsübergang setzt nicht voraus, dass AlGeld rechtmäßig bewilligt worden ist; die tatsächliche Zahlung wegen Nichterhalts der vom ArbGeb zu leistenden Zahlung reicht aus. Durch den Anspruchsübergang verändert der auf die BA übergegangene Arbeitsentgeltanspruch seinen Rechtscharakter nicht. Die Forderung kann deshalb nicht mit einem Verwaltungsakt geltend gemacht werden, sondern muss von der BA vor den Gerichten der Arbeitsgerichtsbarkeit durchgesetzt werden.

Die BA muss sich nach § 404 BGB alle **Einwendungen und Einreden** entgegenhalten lassen, die der ArbGeb auch gegenüber dem ArbN zum Zeitpunkt des Anspruchsübergangs hätte geltend machen können (zB Verjährung, Verwirkung, Stundung oder Aufrechnung). Auch bereits auf die BA übergegangene Ansprüche können noch wegen laufender tariflicher Ausschluss- oder Verfallfristen erlöschen.

Der auf die BA übergegangene Anspruch erlischt im Übrigen durch **Erfüllung** an die BA (§ 362 Abs 1 BGB).

24 Die Anspruchsberechtigung der Agentur für Arbeit wird in **zeitlicher und sachlicher Hinsicht** begrenzt. § 115 SGB X findet nur auf Zeiten der Leistungsgewährung Anwendung und beschränkt den Forderungsübergang auch der Höhe nach auf die gezahlten Leistungen. Soweit der Anspruch auf Arbeitsentgelt höher als das gewährte AlGeld ist, bleibt der ArbN in Höhe des überschießenden Betrages anspruchsberechtigt. Der Anspruch auf Arbeitsentgelt, der für Zeiten nachgezahlt wird, für die kein AlGeld gezahlt wurde, geht ebenfalls nicht auf die BA über. Nur in Höhe der von der Agentur für Arbeit geleisteten Zahlungen verliert der ArbN seine Verfügungsbefugnis, da der Anspruch insoweit der BA zusteht.

25 Nach erfolgtem Anspruchsübergang bestehen **Gestaltungsmöglichkeiten** der Arbeitsvertragsparteien zulasten der BA grds nicht mehr. Der ArbGeb kann der BA keine Verfügungen des ArbN entgegenhalten, die dieser nach dem Anspruchsübergang getroffen hat (BSG 13.3.90 – 11 RAr 125/89, SozR 3–4100 § 117 Nr 1). Insbes ist ein vom ArbN erklärter Verzicht auf fällige Entgeltansprüche unwirksam. Das Gleiche gilt für die Übertragung oder Verpfändung des Entgeltanspruchs durch den ArbN, soweit die Verfügung den auf die BA übergegangenen Teil betrifft. Eine Rückdatierung des Endes des Arbeitsverhältnisses auf einen Zeitpunkt vor Ende des durch die ursprüngliche Kündigung fixierten Termins ist regelmäßig als rechtsmissbräuchlich anzusehen (BSG 14.7.94 – 7 RAr 104/93, SozR 3–4100 § 117 Nr 11). Ein Verzicht auf fällige Ansprüche gegen den ArbGeb ist dagegen nach erfolgtem Anspruchsübergang noch möglich, wenn der ArbGeb bei Abschluss des Erlassvertrages – zB zum Zeitpunkt der Unterzeichnung einer Ausgleichsklausel oder eines arbeitsgerichtlichen Vergleichs – noch keine Kenntnis von der Gewährung des AlGeld an den ArbN hat und folglich gutgläubig iSd § 407 BGB ist.

Der Forderungsübergang nach § 115 SGB X erstreckt sich nicht auf die von der BA infolge der Gleichwohlgewährung nach § 157 Abs 3 SGB III gezahlten **Beiträge.** Aus diesem Grunde räumen § 335 Abs 3 und 5 SGB III der BA einen Ersatzanspruch auf die wegen des Leistungsbezuges gezahlten Beiträge ein. Diesen Anspruch kann die BA jedoch nur geltend machen, soweit der ArbGeb für dieselbe Zeit Beiträge zur Kranken-, Renten-

und PflegeV bzw einen Beitragszuschuss nach § 257 SGB V zu leisten hatte. Beiträge schuldet der ArbGeb längstens bis zum Ende des Beschäftigungsverhältnisses im beitragsrechtlichen Sinne. Durch die Befriedigung des Ersatzanspruches wird der ArbGeb in Höhe der geleisteten Zahlungen von seiner Verpflichtung befreit, Beiträge zu entrichten.

**2. Erstattungsanspruch gegen den Arbeitnehmer.** Hat der ArbGeb trotz des Rechtsübergangs mit befreiender Wirkung an den ArbN gezahlt, muss der ArbN in Höhe des erhaltenen AlGeld an die BA zahlen, was der BA aufgrund des gesetzlichen Anspruchsübergangs zugestanden hat (BSG 8.2.01 – B 11 AL 59/00 R, SozR 3–4100 § 117 Nr 23). Die §§ 157 Abs 3 Satz 2, 158 Abs 4 Satz 2 SGB III begründen einen Erstattungsanspruch ohne Aufhebung des Bewilligungsbescheides, sofern der ArbGeb Arbeitsentgelt für die Zeit des Bezuges von AlGeld **mit befreiender Wirkung** an den ArbN oder einen Dritten gezahlt hat. Der Erstattungsanspruch dient dazu, eine wegen der Unkenntnis des ArbGeb von dem Rechtsübergang auf die BA an den Arbeitslosen mit befreiender Wirkung eingetretene Doppelleistung rückgängig zu machen. 26

Der ArbGeb hat mit **befreiender Wirkung** an den ArbN gezahlt, wenn er bei der Zahlung von dem gesetzlichen Forderungsübergang keine Kenntnis hatte. Der ArbN wird auch dann Schuldner des Erstattungsanspruchs, wenn der ArbGeb mit befreiender Wirkung an einen Dritten – zB an den vorrangig berechtigten Pfändungsgläubiger des Arbeitslosen – gezahlt hat. Ferner liegt auch in der rechtswirksamen Aufrechnung mit einer Forderung gegen den Arbeitslosen eine Zahlung durch den ArbGeb. Verschuldete Unkenntnis von der Gleichwohlgewährung steht der Kenntnis nicht gleich. Andererseits genügt es, wenn dem Schuldner diejenigen Umstände bekannt sind, aus denen sich der gesetzliche Forderungsübergang ergibt. Ausreichend ist demnach – abhängig von den Umständen des Einzelfalles –, dass der ArbGeb Kenntnis davon erlangt, dass der ArbN AlGeld in Anspruch nimmt bzw in Anspruch genommen hat, weil sich mit der Zahlung der Anspruchsübergang vollzieht (BSG 29.8.91 – 7 RAr 130/90, SozR 3–4100 § 117 Nr 6). 27

Zahlt der ArbGeb ohne befreiende Wirkung an den ArbN, so eröffnet die Rspr des BSG der BA gleichwohl den Zugriff auf den ArbN, weil sie dieser die Befugnis zubilligt, die Einziehung der Forderung durch einen Dritten nach § 185 BGB zu genehmigen (BSG 8.2.01 – B 11 AL 59/00 R, SozR 3–4100 § 117 Nr 23). Die Genehmigungsmöglichkeit wird der BA auch zugebilligt, wenn der frühere ArbGeb in Kenntnis des Forderungsübergangs an einen Gläubiger des Arbeitslosen zahlt (BSG 24.6.99 – B 11 AL 7/99 R, SozR 3–4100 § 117 Nr 18). Die **Genehmigung der Zahlung** hat zur Folge, dass die Zahlung der BA gegenüber wirksam wird und der ArbGeb mit befreiender Wirkung an den ArbN (bzw einen Dritten) gezahlt hat. Genehmigt die BA nach Eintritt des Anspruchsübergang die Zahlung des ArbGeb und macht sie auf dieser Grundlage einen Erstattungsanspruch gegenüber dem ArbN geltend, so wird nach der Rspr des BSG nicht vorausgesetzt, dass sie ihren Anspruch zunächst gegenüber dem ArbGeb durchzusetzen versucht hat (BSG 22.10.98 – B 7 AL 106/97 R, SozR 3–4100 § 117 Nr 16; kritisch hierzu KassHB SGB III/*Voelzke* § 12 Rn 80).

**III. Insolvenzgeld.** Abweichend von § 115 SGB X gehen die dem Insolvenzgeld zugrunde liegenden Arbeitsentgeltsansprüche nicht erst mit der Gewährung der Leistung, sondern bereits mit dem **Antrag** auf Insolvenzgeld auf die BA über (§ 169 SGB III). Die Ablehnung des Antrags auf Insolvenzgeld ist auflösende Bedingung für den Forderungsübergang (*Hauck/Noftz/Voelzke* § 169 SGB III Rn 14). Ausreichend für den Übergang ist es nach der weiterhin aktuellen Rspr des BSG bereits, wenn eine entfernte Möglichkeit besteht, dass die Leistung von Insolvenzgeld in Betracht kommt (BSG 17.7.79 – 12 RAr 15/78, SozR 4100 § 141b Nr 11). Der BA kommt damit die Aufgabe zu, treuhänderisch ArbNAnsprüche bei Insolvenz der Unternehmen zu realisieren. Hierzu gehört es ggf auch, einen Antrag auf Eröffnung des Insolvenzverfahrens zu stellen. Der Anspruchsübergang vollzieht sich auch in Höhe des Teils der Lohnforderung, der bei Zahlung von Arbeitsentgelt als LSt zu entrichten wäre (BAG 11.2.98 – 5 AZR 159/87, AP Nr 19 zu § 611 BGB Lohnanspruch; BSG 20.6.01 – B 11 AL 97/00 R, SozR 3–4100 § 141 m Nr 3). 28

**IV. Kurzarbeitergeld.** Bei der Rückabwicklung dieser Leistung ergibt sich eine Besonderheit dadurch, dass sie zwar dem ArbN zusteht, jedoch durch den ArbGeb ausgezahlt wird. Der ArbGeb hat auch gegenüber der Agentur für Arbeit die für die Leistungsgewäh- 29 rung wesentlichen Angaben zu machen. Da das Verwaltungsverfahrensrecht des SGB X lediglich die Rückabwicklung von Ansprüchen zwischen dem Leistungsempfänger und dem Leistungsträger kennt, enthält § 108 Abs 3 SGB III zur Herstellung der materiell richtigen Rechtslage einen Erstattungsanspruch gegen den ArbGeb, der auch Elemente eines Schadensersatzanspruches beinhaltet. Neben diesem Erstattungsanspruch finden die allgemeinen Regelungen des Verwaltungsverfahrensrechts (§§ 45, 50 SGB X) keine Anwendung. Es ist auch unzulässig, wenn die Agentur für Arbeit sich bei sog Vorwegzahlung global die spätere Aufhebung und Rückforderung für den Fall des Fehlens oder Wegfalls von Anspruchsvoraussetzungen vorbehält (BSG 25.6.98 – 7 AL 126/95 R, SozR 3–4100 § 71 Nr 2; *Bieback* SGb 99, 393). Der ArbGeb haftet für die Handlungen der von ihm ausdrücklich bestellten Personen als Erfüllungsgehilfen (*Hauck/Noftz/Petzold* SGB III, § 108 Rn 9). Verletzt der ArbGeb die ihm bei der Auszahlung der Leistung obliegenden Verfahrenspflichten, so findet der Schadensersatzanspruch gem § 321 Nr 3 SGB III Anwendung.

30 **1. Erstattungsanspruch.** Der Ersatzanspruch nach § 108 Abs 3 SGB III ist öffentlich-rechtlicher Natur und kann durch Verwaltungsakt geltend gemacht werden (BSG 11.6.87 – 7 RAr 105/85, NZA 88, 292). Der Rückforderungsanspruch setzt voraus, dass der ArbGeb oder eine von ihm bestellte Person durch Erfüllung der in § 45 Abs 2 Satz 3 SGB X genannten Tatbestände bewirkt hat, dass Kurzarbeitergeld zu Unrecht geleistet worden ist. Erfasst sind hiermit die arglistige Täuschung, Drohung und Bestechung (Nr 1), Angaben, die vorsätzlich oder grob fahrlässig in wesentlicher Beziehung unrichtig oder unvollständig gemacht wurden (Nr 2) und die Kenntnis oder grob fahrlässige Unkenntnis der Rechtswidrigkeit der Bewilligung (Nr 3). Leichte Fahrlässigkeit löst die Haftung nicht aus.

31 Ein **grob fahrlässiges Handeln** ist nicht anzunehmen, wenn der ArbGeb Leistungen beantragt, obgleich er die Umlagepflicht bestritten und die Umlagebescheide angefochten hat (BSG 12.12.90 – 11 RAr 73/89, NZA 91, 701). Für eine bestellte Person haftet der ArbGeb nur, wenn diese mit der Abwicklung der Leistung besonders beauftragt wurde; hierdurch wird eine Haftung für Handlungen des BRat, der ebenfalls zur Anzeige berechtigt ist, ausgeschlossen.

32 Ein **Mitverschulden** der BA sollte entsprechend § 254 BGB Berücksichtigung finden (aA *Schlegel/Voelzke/Müller-Grune*, SGB III, § 108 Rn 28). ArbGeb und ArbN haften, soweit beide ausgleichsverpflichtet sind, als Gesamtschuldner (§ 108 Abs 3 Satz 2 SGB III). Die BA kann die an den ArbGeb ausgezahlten Leistungen nach § 108 Abs 4 SGB III nach Eröffnung des Insolvenzverfahrens aus der Insolvenzmasse zurückfordern, wenn der ArbGeb den Betrag noch nicht an die ArbN weitergeleitet hat.

33 **2. Schadensersatzanspruch.** Verletzt der ArbGeb seine Berechnungs-, Auszahlungs- und Aufzeichnungspflichten bei Kurzarbeitergeld und Wintergeld, so haftet er bei Vorsatz oder Fahrlässigkeit für den der BA entstandenen Schaden (§ 321 Nr 3 SGB III). Ausreichend ist hier das Vorliegen **leichter Fahrlässigkeit,** die idR zu bejahen ist, wenn der ArbGeb die in den Merkblättern der BA enthaltenen Hinweise nicht beachtet. Auch hier haftet der ArbGeb für das Verschulden von Erfüllungsgehilfen. Der Ersatzanspruch kann von der BA durch Verwaltungsakt geltend gemacht werden.

34 **V. Arbeitgeberleistungen. 1. Allgemeiner Erstattungsanspruch.** Leistungen nach dem SGB III, die nicht dem ArbN, sondern dem ArbGeb gewährt werden, sind nach den allgemeinen Regeln des Verwaltungsverfahrensrechts, die durch § 330 SGB III ergänzt werden, zu erstatten. Zu Unrecht erbrachte Leistungen können hiernach nur dann gem § 50 SGB X zurückgefordert werden, wenn der Bewilligungsbescheid nach den §§ 45 ff SGB X aufgehoben wurde. Die damit verbundene Durchbrechung der Bestandskraft von Verwaltungsakten setzt idR die Beachtung des Vertrauensschutzes voraus.

35 **2. Eingliederungszuschuss.** Nach § 92 Abs 2 SGB III ist der dem ArbGeb als Lohnkostenzuschuss gezahlte *Lohnkostenzuschuss* teilweise zurückzuzahlen, wenn das Beschäftigungsverhältnis während des Förderungszeitraums oder innerhalb eines Zeitraums, der der Förderungsdauer entspricht, längstens jedoch von zwölf Monaten, nach Ende des Förderungszeitraums beendet wird (zu Einzelheiten *Hauck/Noftz/Voelzke* SGB III, § 92 Rn 26 ff). Die Rückzahlungspflicht besteht nicht, wenn der ArbGeb berechtigt war, das Arbeitsverhältnis aus Gründen, die in der Person oder dem Verhalten des ArbN liegen, oder aus dringenden betrieblichen Erfordernissen, die einer Weiterbeschäftigung in diesem Be-

trieb entgegenstehen, zu kündigen oder die Beendigung des Arbeitsverhältnisses auf das Bestreben des ArbN hin erfolgte, ohne dass der ArbGeb den Grund hierfür zu vertreten hat oder der ArbN das Mindestalter für den Bezug der gesetzlichen Altersrente erreicht hat. Der Rückzahlungsbetrag ist nach § 92 Abs 2 Satz 3 und 4 SGB III auf die Hälfte des Förderungsbetrages, höchstens aber den in den letzten zwölf Monaten vor der Beendigung des Beschäftigungsverhältnisses gewährten Förderungsbetrag begrenzt. Ferner sind ungeförderte Nachbeschäftigungszeiten anteilig zu berücksichtigen.

**VI. Unrichtige Bescheinigungen.** Führt die unrichtige Bescheinigung von Tatsachen 36
oder eine Verletzung von Auskunftspflichten zu einem Schaden der BA, so wird bei vorsätzlicher oder fahrlässiger Verletzung der Verpflichtung ein Schadensersatzanspruch nach § 321 Nr 1 und 2 SGB III begründet. Der Schadensersatzanspruch umfasst sowohl das Unterlassen der Mitwirkungspflichten als auch deren unrichtige Erfüllung (*Hauck/Noftz/Voelzke* SGB III § 321 Rz 15). Hinsichtlich der Bescheinigungspflichten wird das nicht richtige oder nicht vollständige Ausfüllen der *Arbeitsbescheinigung* nach § 312 SGB III, der Nebeneinkommensbescheinigung nach § 313 SGB III und der Insolvenzgeldbescheinigung nach § 314 SGB III erfasst. Ein gegen den ArbGeb gerichteter Schadenersatzanspruch bei unrichtiger oder unvollständiger Ausfüllung einer Einkommensbescheinigung besteht auch für Leistungsempfänger nach dem SGB II (§ 62 Nr 1 SGB II).

## Erwerbsminderung

### A. Arbeitsrecht

*Poeche*

**1. Begriff.** Erwerbsminderung ist ein Begriff des SozVRecht. Im Arbeitsrecht hat er 1
keine eigenständige Bedeutung und wird deshalb im Zweifel iSd sozialversicherungsrechtlichen Definition verstanden und angewendet (BAG 19.1.11 – 3 AZR 83/09, BeckRS 2011, 73039; 24.6.98 – 3 AZR 288/97, NZA 99, 318; 14.12.99 – 3 AZR 742/98, NZA 01, 326). Obgleich seit 1.1.01 das Rentenrecht, abgesehen von Übergangsregelungen, nur noch die Rente wegen teilweiser Erwerbsminderung und die Rente wegen voller Erwerbsminderung kennt, knüpfen arbeitsvertragliche Regelungen, insbes in Tarifverträgen und Altersversorgungszusagen, teils noch an das alte Recht mit den Begriffen Berufs- und Erwerbsunfähigkeit an. Ob die Regelungen anzuwenden sind, ist durch einen Vergleich der zugrunde liegenden rentenrechtlichen Voraussetzungen und Folgen nach altem und neuem Recht zu ermitteln. Die Ergänzung einer durch die Gesetzesänderung entstandenen „Lücke" eines Tarifvertrags hat das BAG abgelehnt (BAG 15.11.05 – 3 AZR 520/04, BeckRS 2006, 1064). Der Begriff „Dienstunfähigkeit" in der Leistungsordnung des Bochumer Verbands ist mit den sozialrechtlichen Begriffen „Erwerbs-/Berufsunfähigkeit" oder „Erwerbsminderung" nicht vergleichbar (BAG 20.4.10 – 3 AZR 553/08, BeckRS 2010, 72543). Zur Unterscheidung der Erwerbsminderung von der Arbeitsunfähigkeit: *Wergin* ArbRAktuell 13, 488 sowie BAG 13.5.15 – 2 AZR 565/14, BeckRS 2015, 71891.

**2. Inhalt des Arbeitsverhältnisses.** Die vereinbarten Arbeitsbedingungen werden re- 2
gelmäßig durch Eintritt oder Feststellung der Erwerbsminderung **nicht automatisch** verändert. Auch eine mit der Erwerbsminderung verbundene andauernde AU oder die Bewilligung einer Rente auf Dauer oder auf Zeit führen nicht zum *Ruhen des Arbeitsverhältnisses* (BAG 11.10.95 – 10 AZR 985/94, NZA 96, 542). Ist der ArbGeb mit der Annahme der Dienste des ArbN in Verzug, so ist der **Annahmeverzugslohn** nicht um eine in dieser Zeit bezogene Rente zu kürzen (BAG 24.9.03 – 5 AZR 282/02, NZA 03, 1332 zur Berufsunfähigkeitsrente). Die Rente hat zwar Lohnersatzfunktion. Sie steht einem anderweitigen Verdienst iSv § 615 Satz 2 BGB, § 11 Nr 1 KSchG aber nicht gleich und ist auch keine öffentlich-rechtliche Leistung, die der ArbN iSv § 11 Nr 3 KSchG „infolge Arbeitslosigkeit" erhält (→ *Annahmeverzug* Rn 16, 18).

**3. Beendigung des Arbeitsverhältnisses. a) Unbefristete Rente.** Die Zuerkennung 3
einer Rente wegen Erwerbsminderung führt idR nicht zur Beendigung des Arbeitsverhältnisses. Es bedarf der Kündigung oder eines Auflösungsvertrags (§ 623 BGB). Höchstrichterlich nicht entschieden ist die Wirksamkeit einer **arbeitsvertraglichen Beendigungsklau-**

**sel,** die den Bestand des Arbeitsvertrags vom „Rentenbezug" abhängig macht. Nach § 21 TzBfG sind auf **auflösende Bedingungen** die Bestimmungen über das befristete Arbeitsverhältnis entsprechend anzuwenden. Erforderlich ist deshalb ein **sachlicher Grund** (§ 14 Abs 1 Satz 1 TzBfG). In einem **Formularvertrag** wird eine Beendigungsklausel schon an § 307 BGB (unangemessene Benachteiligung des ArbN) scheitern, weil der Rentenbezug als solcher keine endgültige Aussage über die Leistungsfähigkeit des ArbN enthält. **Tarifverträge** unterliegen dagegen keiner AGB-Kontrolle. Das BAG bejaht die Wirksamkeit tariflicher Beendigungsklauseln, wenn der ArbN eine **unbefristete Rente** wegen voller Erwerbsminderung bezieht (BAG 23.3.16 – 7 AZR 827/13, BeckRS 2016, 70141; 18.12.14 – 7 AZR 1002/12, BeckRS 2015, 68086; 1.12.04 – 7 AZR 135/04, NZA 06, 211; 26.9.01 – 4 AZR 497/00, NZA 02, 584). In diesem Fall liegt ein Sachgrund iSd §§ 21, 14 Abs 1 TzBfG für die auflösende Bedingung vor. Die tarifliche Unkündbarkeit des ArbN hindert die Beendigung durch die auflösende Bedingung nicht (LAG München 21.9.16 – 11 Sa 90/16, ZTR 17, 167). Die Regelung muss nicht für den Fall der späteren Wiederherstellung der Erwerbsfähigkeit einen Wiedereinstellungsanspruch vorsehen und stellt auch keine Benachteiligung wegen einer Behinderung des ArbN dar (BAG 20.6.18 – 7 AZR 737/16, NZA 19, 207; 14.1.2015 – 7 AZR 880/13, BeckRS 2015, 68754; 10.12.14 – 7 AZR 1002/12, BeckRS 2015, 68086). Dabei hat das BAG auf das (anerkennenswerte) Interesse des ArbGeb abgestellt, sich von leistungsgeminderten ArbN zu trennen, und dies mit dem Bestandsschutzinteresse des ArbN abgewogen. Vorausgesetzt wird **tatsächlicher Rentenbezug.** Solange der Bescheid des SozVTrägers nicht rechtsbeständig ist, bleibt der ArbN „Herr" seines sozialrechtlichen Anspruchs, über den er verfügen kann. Eine Rücknahme des Rentenantrags während der Widerspruchsfrist oder die Beschränkung des Antrags auf die Bewilligung einer Rente auf Zeit verhindern die Beendigung des Arbeitsverhältnisses (BAG 10.12.14 – 7 AZR 1002/12, BeckRS 2015, 68086; 11.3.98 – 7 AZR 101/97, NZA 98, 1180; 23.2.2000 – 7 AZR 906/98, NZA 2000, 821). Legt der ArbN innerhalb der Frist des § 84 SGG Widerspruch gegen den Rentenbescheid ein und nimmt er den Rentenantrag erst nach Ablauf der Widerspruchsfrist zurück oder schränkt ihn ein, so verhindert dies jedoch nur die Beendigung des Arbeitsverhältnisses aufgrund auflösender Bedingung, wenn die Rücknahme oder Einschränkung noch vor Beendigung des Arbeitsverhältnisses erfolgt und der ArbN den ArbGeb innerhalb der Klagefrist hiervon in Kenntnis setzt (BAG 23.3.16 – 7 AZR 827/13, BeckRS 2016, 70141).

Andererseits wird das Arbeitsverhältnis dann beendet, wenn der Rentenbescheid nach der formellen Bestandskraft vom RVTräger zurückgenommen und dem ArbN nunmehr eine befristete Rente bewilligt wird (BAG 3.9.03 – 7 AZR 661/02, NZA 04, 328; 23.6.04 – 7 AZR 440/03, NZA 05, 520). In Betracht kommt allenfalls ein Anspruch auf Wiedereinstellung. Allerdings entfaltet ein nichtiger Rentenbescheid keinerlei Bestandskraft, so dass er – auch wenn er formell bestandskräftig ist – nicht zur Beendigung des Arbeitsverhältnisses führen kann (BAG 10.10.12 – 7 AZR 602/11, BeckRS 2013, 65638). Die auf „Dauer" zu beziehende Rente muss keine Leistung der gesetzlichen RV sein. Hier kommt es auf den Wortlaut der Tarifnorm an. So kann eine sonstige Leistung ausreichend sein, wenn sie der Höhe nach den ArbN wirtschaftlich sichert, der ArbN die erhaltenen Leistungen auch im Fall des späteren Wegfalls der Anspruchsvoraussetzungen behalten darf und auch im Übrigen seine Interessen im Fall des Erlöschens des Rentenanspruchs hinreichend gesichert sind (BAG 6.12.2000 – 7 AZR 302/99, NZA 01, 792 zur Versorgungsrente der Deutschen Bundespost). Stellt die Tarifnorm darauf ab, dass die Erwerbsminderungsrente durch Bescheid des RVTrägers zuerkannt wird, so tritt eine Beendigung des Arbeitsverhältnisses nur ein, wenn ein Bescheid des Trägers der gesetzlichen Rentenversicherung vorliegt (LAG Hamm 11.3.14 – 7 Sa 1277/13, BeckRS 2014, 68741). Trotz der Bewilligung einer Rente auf Dauer endet das Arbeitsverhältnis aber dann nicht, wenn der ArbN einen Arbeitsplatz innehat, der nach den Feststellungen des RVTrägers seinem Leistungsvermögen entspricht (hier: 12,5 Stunden wöchentliche Arbeitszeit – BAG 9.8.2000 – 7 AZR 214/99, BB 2000, 2474). Gleiches gilt, wenn der ArbN auf seinem bisherigen oder einem anderen freien Arbeitsplatz beschäftigt werden kann und er vom ArbGeb rechtzeitig, nämlich noch vor Zustellung des Rentenbescheids, seine **Weiterbeschäftigung** verlangt (BAG 31.7.02 – 7 AZR 118/01, NZA 03, 620). Nach den Tarifbestimmungen des öffentlichen Dienstes ist das Verlangen auf Weiterbeschäftigung auf einem gesundheitlich geeigneten Arbeitsplatz

**schriftlich** zu beantragen (s zu § 33 Abs 3 TV-L und § 33 TVöD: *Seel* NZS 13, 373 und *Lorenz-Schmidt/Schmidt* ZTR 18, 564; ebenso § 18 der „Richtlinien für Arbeitsverträge in den Einrichtungen des Deutschen Caritasverbandes [AVR]", vgl hierzu LAG RhPf 6.3.12 – 3 Sa 639/11 BeckRS 2012, 68370). Eine mündliche Erklärung ist formunwirksam (BAG 1.12.04 – 7 AZR 135/04, NZA 06, 211). Zur Wahrung der tariflich verlangten Schriftform genügt aber ein Weiterbeschäftigungsverlangen unter Einhaltung der Textform gem § 126b BGB (BAG 27.7.16 – 7 AZR 276/14, NZA-RR 17, 84). Zum Anwendungsbereich vgl auch BAG 15.3.06 – 7 AZR 322/05, BB 06, 2760. Die **Frist** für das Weiterbeschäftigungsverlangen nach § 33 Abs 2 TV-L wird entgegen dem Wortlaut der Tarifnorm erst durch die Beendigungsmitteilung des Arbeitgebers in Lauf gesetzt und nicht schon durch den Rentenbescheid (BAG 23.7.14 – 7 AZR 771/12, NZA 14, 1341). Bei form- und fristgerecht beantragter Weiterbeschäftigung tritt die Beendigung des Arbeitsverhältnisses bei teilweiser Erwerbsminderung nur dann ein, wenn keine dem ArbGeb zumutbare Möglichkeit der Weiterbeschäftigung auf dem bisherigen oder einem freien Arbeitsplatz besteht. Hat der ArbGeb ein an sich notwendiges bEM unterlassen, so trifft ihn insoweit eine erweiterte Darlegungslast (BAG 30.8.17 – 7 AZR 204/16, BeckRS 2017, 140420).

**b) Befristete Rente.** Grds ist nach Auffassung des BAG die Beendigung des Arbeits- 4
verhältnisses durch auflösende Bedingung bei Erwerbsminderung nur gerechtfertigt, wenn der ArbN die Rente dauerhaft erhalten soll. Soweit im Tarifvertrag die Beendigung des Arbeitsverhältnisses auch für die **Bewilligung einer Zeitrente** bestimmt ist, beurteilt das BAG dies allerdings dann als rechtswirksam, wenn der ArbN nach Wiederherstellung der Erwerbsfähigkeit oder Ablaufs des Rentenbezugs einen **Wiedereinstellungsanspruch** hat. Dabei genügt es, wenn der Anspruch auf einen geeigneten freien Arbeitsplatz gerichtet ist (BAG 15.3.06 – 7 AZR 322/05, BB 06, 2760; 23.2.2000 – 7 AZR 126/99, NZA 2000, 776). Teils wird dem Rentenbescheid das Gutachten eines **Amtsarztes** gleichgestellt, wenn der ArbN den Rentenantrag schuldhaft verzögert. Das Gutachten ist dann nicht bindend, wenn der ArbN seine fortbestehende Erwerbsfähigkeit durch einen Ablehnungsbescheid des SozVTrägers nachweist (LAG RhPf 29.5.98 – 3 Sa 1165/97, ZTR 99, 135).

**c) Schriftform.** Die einzelvertragliche Abrede über die Beendigung des Arbeitsverhält- 5
nisses infolge Erwerbsminderung unterliegt der Schriftform iSv § 126 BGB (→ *Befristetes Arbeitsverhältnis* Rn 8). Streitig ist, ob bei einer arbeitsvertraglichen Geltung des einschlägigen Tarifvertrags eine schriftliche Bezugnahme auf den Tarifvertrag genügt oder ob der Beendigungstatbestand „Erwerbsminderung" in dem Arbeitsvertrag ausdrücklich genannt werden muss. Vor einer höchstrichterlichen Klärung sollte vorsorglich die **Tarifvorschrift im Wortlaut** wiederholt oder zumindest auf die tarifliche Beendigungsnorm hingewiesen werden (*Dörner* Der befristete Arbeitsvertrag Rn 83).

**d)** Bei **schwerbehinderten Arbeitnehmern** ist § 175 SGB IX zu beachten. Die Be- 6
endigung des Arbeitsverhältnisses im Fall des Eintritts einer teilweisen Erwerbsminderung, der Erwerbsminderung auf Zeit, der Berufsunfähigkeit oder der Erwerbsunfähigkeit auf Zeit bedarf auch ohne Kündigung der Zustimmung des Integrationsamts. Bei Eintritt einer „vollen" Erwerbsminderung bedarf es der Zustimmung nicht (st Rspr, BAG 20.6.18 – 7 AZR 737/16, NZA 19, 207; 10.12.14 – 7 AZR 1002/12, BeckRS 2015, 68086; 27.7.11 – 7 AZR 402/10, BeckRS 2012, 65214). Die Zustimmung ist immer dann einzuholen, wenn bei Zugang der schriftlichen Mitteilung des ArbN durch den ArbGeb über den Eintritt der auflösenden Bedingung die Anerkennung der Schwerbehinderung oder die Gleichstellung erfolgt ist oder die entsprechende Antragstellung mindestens drei Wochen zurückliegt (BAG 16.1.18 – 7 AZR 622/15, BeckRS 2018, 10057).

**4. Ruhen des Arbeitsverhältnisses.** Regelungen, nach denen das Arbeitsverhältnis bei 7
Bewilligung einer Zeitrente zum Ruhen kommt, sind grds zulässig (zu § 33 Abs 2 TVöD: BAG 17.3.16 – 6 AZR 221/15, BeckRS 2016, 68982). Dies gilt auch bei der Bewilligung einer Rente wegen nur teilweiser Erwerbsminderung und unabhängig von der Höhe der Rente, wenn die Ruhensregelung ein „verfassungsrechtliches Korrektiv" enthält, wie etwa den Weiterbeschäftigungsanspruch bei § 33 Abs 2 TVöD. Anderes gilt, wenn damit in den Anspruch des schwerbehinderten Menschen auf (geänderte) Beschäftigung eingegriffen wird (BAG 10.5.05 – 9 AZR 230/04, NZA 06, 145; 14.10.03 – 9 AZR 100/03, NZA 04, 614; s *Behinderte*). Der schwerbehinderte Mensch kann gem § 164 Abs 5 S 3 iVm Abs 4 S 1 Nr 1

SGB IX jederzeit ohne Bindung an Formen und Fristen verlangen, in einem seiner Behinderung Rechnung tragenden zeitlichen Umfang eingesetzt zu werden (BAG 17.3.16 – 6 AZR 221/15, BeckRS 2016, 68982). Führt die Bewilligung einer Rente auf Zeit zum **Ruhen des Arbeitsverhältnisses,** schließt dieser Umstand gleichwohl eine **Kündigung** bei Vorliegen der gesetzlichen Voraussetzungen, etwa wegen andauernder Arbeitsunfähigkeit (BAG 3.12.98 – 2 AZR 773/97, NZA 99, 440) oder aus betriebsbedingten Gründen (BAG 9.9.2010 – 2 AZR 493/09, BeckRS 2011, 75378) nicht aus. Vor Ausspruch einer Kündigung aus krankheitsbedingten Gründen ist aber zunächst zu prüfen, ob eine Änderungskündigung, etwa mit einem reduzierten Beschäftigungsumfang, ausgesprochen werden kann (BAG 13.5.15 – 2 AZR 565/14, BeckRS 2015, 71891). Näheres zu den Rechtsfolgen des Ruhens → *Ruhen des Arbeitsverhältnisses* Rn 14.

8 **5. Klagefrist bei Beendigung des Arbeitsverhältnisses.** Die Klagefrist von drei Wochen des § 17 TzBfG gilt auch für **auflösend bedingte** Arbeitsverhältnisse (§ 21 TzBfG). Der ArbN muss innerhalb von drei Wochen nach der vorgesehenen Beendigung beim ArbG Klage auf Fortbestehen des Arbeitsverhältnisses erheben („Bedingungskontrollklage"). Die Klage kann vor Eintritt der auflösenden Bedingung erhoben werden (BAG 1.12.04 – 7 AZR 135/04, ZTR 05, 372). Seine frühere Rechtsprechung, nach der die Klagefrist nicht galt, wenn die Parteien ausschließlich über den tatsächlichen Eintritt der auflösenden Bedingung streiten (BAG 23.6.04 – 7 AZR 440/03, NZA 05, 520), hat das BAG aufgegeben (BAG 6.4.11 – 7 AZR 704/09, BeckRS 2011, 74721; 27.7.11 – 7 AZR 402/10, BeckRS 2012, 65214). Die Klagefrist ist damit nicht nur für die Geltendmachung der Rechtsunwirksamkeit der Bedingungsabrede, sondern auch für den Streit über den tatsächlichen Eintritt der auflösenden Bedingung maßgeblich. Die Klagefrist **beginnt** auch in diesen Fällen mit Eintritt der auflösenden Bedingung oder, sofern die Bedingung vor Ablauf der Zweiwochenfrist der §§ 21, 15 Abs 2 TzBfG eingetreten ist, erst mit Zugang der schriftlichen Erklärung des ArbGeb, dass das Arbeitsverhältnis aufgrund des Eintritts der Bedingung beendet sei (BAG 15.8.12 – 7 AZN 956/12, NZA 12, 1116; 10.10.12 – 7 AZR 602/11, BeckRS 2013, 65638).

9 **6. Betriebsrente.** Sieht eine Ruhegeldordnung die Zahlung einer Rente vor, wenn der ArbN „wegen" dauernder Erwerbsminderung ausscheidet, so gilt die sog **Einmündungstheorie.** Dh der ArbN erwirbt den Anspruch bereits dann, ggf auch auf eine erhöhte Rente, wenn das Arbeitsverhältnis aus gesundheitlichen Gründen durch Kündigung oder Aufhebungsvertrag beendet wird und die Erwerbsminderung (Berufs-/Erwerbsunfähigkeit) erst später rückwirkend auf einen Zeitpunkt im laufenden Arbeitsverhältnis durch den SozV-Träger festgestellt wird (BAG 22.10.02 – 3 AZR 629/01, BeckRS 2003, 41159). Der Gesundheitszustand des ArbN muss für die Beendigung des Arbeitsverhältnisses eine entscheidende Rolle gespielt haben (vgl aber zur Auslegung einer Ruhegeldordnung, die lediglich vorsieht, dass die Rente „nach Auflösung des Arbeitsverhältnisses" gezahlt wird: BAG 9.10.12 – 3 AZR 539/10, NZA-RR 13, 256). Zur Auslegung des TV Bundespost zum Beginn der Betriebsrente BAG 15.6.04 – 3 AZR 403/03, ZTR 05, 203. Sieht eine Versorgungsordnung aus den Jahren vor Inkrafttreten des Rentenreformgesetzes am 1.1.01 Leistungen für den Fall der Erwerbsunfähigkeit vor, ist diese Voraussetzung erfüllt, wenn der ArbN voll erwerbsgemindert iSv § 43 Abs 2 SGB VI ist (BAG 19.5.16 – 3 AZR 794/14, BeckRS 2016, 71525; 11.10.11 – 3 AZR 795/09, BeckRS 2012, 67609; 28.6.11 – 3 AZR 385/09, BeckRS 2011, 75824). Da ein Erwerbsunfähiger auch stets berufsunfähig ist, liegt bei dem nach neuem Recht voll erwerbsgeminderten ArbN auch „Berufsunfähigkeit" iSd alten Rechtslage vor (BAG 19.5.16 – 3 AZR 794/14, BeckRS 2016, 71525). Die Befristung der Erwerbsminderungsrente ist hierfür unerheblich (BAG 19.5.16 – 3 AZR 794/14, BeckRS 2016, 71525; 19.1.11 – 3 AZR 83/09, BeckRS 2011, 73039). Selbst die Zahlung einer Rente wegen teilweiser Erwerbsminderung kann einen Anspruch auf Zahlung einer betrieblichen „Berufs- oder Erwerbsunfähigkeitsrente" bei Auflösung des Arbeitsverhältnisses zur Folge haben, wenn die Ruhegeldordnung eine in jeder Hinsicht dynamische Verweisung auf die sozialversicherungsrechtlich maßgeblichen Tatbestände enthält, was durch Auslegung zu ermitteln ist (BAG 9.10.12 – 3 AZR 539/10, NZA-RR 13, 256).

Die Zahlung der Invaliditätsrente kann an die **Vollendung eines bestimmten Mindestalters** gebunden werden (BAG 20.10.87 – 3 AZR 208/86, NZA 88, 394). Sie darf auch neben dem Eintritt der Erwerbsminderung von weiteren Voraussetzungen abhängig gemacht werden, wie Beendigung des Arbeitsverhältnisses oder Beendigung der Verpflichtung des ArbGeb zur Vergütungszahlung (BAG 6.6.89 – 3 AZR 401/87, DB 89, 2618). Zur Zulässigkeit einer **Wartezeit** und deren Erfüllung → *Betriebliche Altersversorgung* Rn 34.

**7. Sonstiges.** ArbN, die eine befristete, volle Erwerbsminderungsrente beziehen und bei 10
denen mit einer Wiederherstellung der Arbeitsfähigkeit nicht zu rechnen ist, können von **Sozialplanleistungen** ohne Verstoß gegen § 75 BetrVG und das AGG ausgenommen werden (BAG 7.6.11 – 1 AZR 34/10, NZA 11, 1370; BVerfG 25.3.15 – 1 BvR 2803/11, BeckRS 2015, 51257). Auch in einem wegen des Bezugs einer befristeten Erwerbsminderungsrente nach den maßgeblichen tariflichen Vorschriften ruhenden Arbeitsverhältnis entsteht der gesetzliche **Urlaubsanspruch** (BAG 22.9.15 – 9 AZR 170/14, NZA 16, 37; 7.8.12 – 9 AZR 353/10, NZA 12, 1216). Ob der Urlaubsanspruch in diesem Fall auch erst 15 Monate nach Ablauf des Urlaubsjahres verfällt, steht nun zur Entscheidung durch das BAG an (vgl LAG Hessen 7.3.19 – 9 Sa 145/17, nrk). Das Ruhen des Arbeitsverhältnisses führt aber nicht bereits zur Begründung eines Urlaubsabgeltungsanspruchs (LAG BlnBbg 16.5.19 – 5 Sa 1709/18, BeckRS 2019, 19419). Dies setzt die Beendigung des Arbeitsverhältnisses voraus. § 22 Abs 4 S 2 TVöD, wonach der **Krankengeldzuschuss** nicht über den Zeitpunkt hinaus gezahlt wird, von dem an der Beschäftigte eine Rente erhält, gilt auch bei Erhalt einer Rente wegen Erwerbsminderung (BAG 12.5.16 – 6 AZR 365/15, BeckRS 2016, 70258).

## B. Lohnsteuerrecht

*Seidel*

**1. Steuerliche Vergünstigungen.** Hat der ArbN für **Bausparbeiträge** eine Woh- 11
nungsbauprämie in Anspruch genommen, muss er diese zurückzuzahlen, wenn er die geleisteten Beträge vor Ablauf von sieben Jahren seit Vertragsschluss nicht zum begünstigten Zweck verwendet. Die vorzeitige Auszahlung, Rückzahlung, Abtretung oder Beleihung ist jedoch unschädlich, wenn der ArbN oder sein von ihm nicht dauernd getrennt lebender Ehegatte nach Vertragsschluss völlig erwerbsunfähig geworden ist (§ 2 Abs 2 Satz 5WoPG; → *Vermögenswirksame Leistungen* Rn 50). Als völlige Erwerbsunfähigkeit gilt ein GdB von mindestens 95, der durch einen Ausweis nach § 69 Abs 5 SGB IX oder durch einen Bescheid der für die Durchführung des BVG zuständigen Behörde (idR Versorgungsamt) nachzuweisen ist (BMF 23.7.14, BStBl I 14, 1175, Abschn 20 Nr 4). Zu den Vergünstigungen für ArbN bei **Körperbehinderung** → *Behinderte* Rn 70 ff. Hinsichtlich der Möglichkeit zur Absicherung durch eine sog Basisrente (Rürup) → *Altersrente* Rn 22.

**2.** Erhält der ArbN von der gesetzlichen RV eine **Rente** wegen teilweiser oder voller 12
**Erwerbsminderung** bzw weiterhin eine vor dem 1.1.01 begonnene Berufsunfähigkeits- oder Erwerbsunfähigkeitsrente (→ Rn 15 ff), so unterliegt diese als abgekürzte Leibrente seit Ergehen des AltEinkG seit dem Jahr 2005 mit dem in § 22 Nr 1 Satz 3 Buchst a) aa) Satz 3 zu ermittelnden Anteil der Besteuerung (BFH 13.4.11 – X R 33/09, BFH/NV 11, 1496 und X R 54/09, BFH/NV 11, 1576; die eingelegte Verfassungsbeschwerde Az 2 BvR 1808/11 wurde nicht zur Entscheidung angenommen). Die Rentenbescheide sind jedoch im Hinblick auf die Rentenbezugsdauer keine Grundlagenbescheide iSv § 175 Abs 1 Satz 1 Nr 1 AO für die ESt-Festsetzung (weiterhin BFH 27.5.09 – X R 34/06, BFH/NV 09, 1826). Für das Ende der Laufzeit wird davon ausgegangen, dass mit Vollendung des 65. Lebensjahres die Umwandlung in eine Altersrente erfolgt (EStR 22.4 Abs 5). Anders wohl bei einer Rente wegen teilweiser Erwerbsminderung, da sie zunächst nur für drei Jahre gewährt wird (→ Rn 33). Die Besteuerung erfolgt im Wege der EStVeranlagung des ArbN.

Zur Behandlung von Erwerbsunfähigkeitsrenten, die von **früheren Arbeitgebern** oder aus einer betrieblichen Unterstützungskasse gezahlt werden als Arbeitslohn (Versorgungsbezüge iSd § 19 Abs 2 Nr 2 EStG) → *Arbeitsentgelt* Rn 65–67 und → *Altersgrenze* Rn 17. Zur Besteuerung des Hinzuverdienstes → *Rentnerbeschäftigung* Rn 4–6.

**3. Sonstige Zahlungen. Schadensersatzrenten** nach § 843 BGB wegen Erwerbsmin- 13
derung oder Erwerbsunfähigkeit stellen wiederkehrende Bezüge iSd § 22 Nr 1 EStG dar und unterliegen – anders als Kapitalabfindungen – der Besteuerung. Die Mehrbedarfsrente nach § 843 Abs 1 2. Alternative BGB ist nicht steuerbar (BFH 15.10.94, BStBl II 95, 121;

bestätigt 20.1.16 – VI R 14/13, BFH/NV 16, 1142 Rn 20). Bezüge aus der **gesetzlichen Unfallversicherung** in Renten- und Kapitalform sind steuerfrei (§ 3 Nr 1a EStG; → *Unfallversicherung* Rn 6 und → *Unfallrente* Rn 8). Zu Leistungen im Zusammenhang mit einer GruppenUV s weiterhin BFH 11.12.08 – VI R 19/06, BFH/NV 09, 905.

Einmalige Unfallentschädigungen oder Ausgleichszahlungen an **Beamte** nach § 43 bzw § 48 Abs 1 Beamtenversorgungsgesetz sind nach § 3 Nr 3d und Nr 6 EStG ebenso steuerfrei wie gesetzliche Bezüge aus öffentlichen Mitteln, die versorgungshalber an **Wehrdienst- und Zivildienstbeschädigte** oder ihre Hinterbliebenen, **Kriegsdienstbeschädigte** oder Kriegshinterbliebene und ihnen gleichgestellte Personen gezahlt werden, soweit sie nicht aufgrund der Dienstzeit geleistet werden, zB Gehalt nach einem Dienstunfall (§ 3 Nr 6 EStG; s auch Aufzählung in LStR 3.6).

## C. Sozialversicherungsrecht

*Ruppelt*

**Übersicht**



14 **1. Begriff.** Aus sozialrechtlicher Sicht bezeichnet Erwerbsminderung den durch gesundheitliche Einschränkungen (körperlicher, seelischer oder geistiger Art) hervorgerufenen Verlust an Erwerbsmöglichkeiten auf dem Arbeitsmarkt. Es muss sich um eine Einschränkung auf Dauer oder doch zumindest grds auf nicht absehbare Zeit handeln, so dass eine vorübergehende krankheitsbedingte AU (→ *Arbeitsunfähigkeit* Rn 17 ff) nicht erfasst wird (HessLSG 22.2.13 – L 5 R 211/12, BeckRS 2013, 68938).

15 In den einzelnen Zweigen der SozV und der sozialen Entschädigung wird das Vorliegen einer Erwerbsminderung nach unterschiedlichen Kriterien und ihr Ausmaß nach unterschiedlichen Maßstäben beurteilt. Daher kann von einer arbeitsunfallbedingten MdE (→ *Unfallversicherung* Rn 45) von 100 vH nicht auf verminderte Erwerbsfähigkeit iSd RV geschlossen werden. Gleiches gilt für die Erwerbsminderung bzw Berufsunfähigkeit iS privater Unfall- bzw Berufsunfähigkeitsversicherungen im Verhältnis zur gesetzlichen UV bzw RV und für den Grad der Behinderung nach dem SGB IX (→ *Behinderte* Rn 98). Dieser GdB besagt nichts über die konkrete Leistungsfähigkeit des Behinderten am Arbeitsplatz.

16 **2. Rentenversicherung.** Zum 1.1.01 wurde das System der Invalidenrenten umfassend geändert (Personalbuch 2001 Erwerbsunfähigkeit Rn 12). Die früheren Renten wegen Berufs- oder Erwerbsunfähigkeit sind durch eine zweistufige Erwerbsminderungsrente ersetzt worden, die grds nur befristet gewährt wird. Eine (in der Höhe verminderte) Rente wegen teilweiser Erwerbsminderung bei Berufsunfähigkeit können Versicherte nur noch erhalten, wenn sie vor dem 2.1.61 geboren sind (§ 240 Abs 1 SGB VI). Für Bergleute sieht § 45 SGB VI nach wie vor die besondere **Rente für Bergleute** bei verminderter bergmännischer Berufsfähigkeit vor.

17 • Bei Erwerbsminderung besteht unter Erfüllung der versicherungsrechtlichen Voraussetzungen Anspruch auf eine zweistufige Erwerbsminderungsrente **(Rente wegen teilweiser Erwerbsminderung** und **Rente wegen voller Erwerbsminderung),** die grds nur

befristet gewährt wird. Beide Stufen dieser befristeten Rente werden nicht vor Beginn des **siebten Kalendermonats** nach Eintritt der Erwerbsminderung geleistet (§ 101 Abs 1 SGB VI), weil in dem halbjährigen Wartezeitraum idR Anspruch auf Krankengeld besteht. Die Rente wird auch an **versicherte Selbstständige** gezahlt. Sonderregeln gelten für vor dem 2.1.61 geborene Versicherte. Diese können bei Berufsunfähigkeit eine **Rente wegen teilweiser Erwerbsminderung bei Berufsunfähigkeit** in Anspruch nehmen (→ Rn 35 ff).

- Anspruch auf Rente wegen **teilweiser Erwerbsminderung** haben Versicherte, die auf dem allgemeinen Arbeitsmarkt wegen Krankheit oder Behinderung außerstande sind, mindestens **sechs Stunden täglich** erwerbstätig zu sein. Die Rentenhöhe beläuft sich auf die Hälfte der vollen Erwerbsminderungsrente.
- Anspruch auf Rente wegen **voller Erwerbsminderung** haben Versicherte, die auf dem allgemeinen Arbeitsmarkt wegen Krankheit oder Behinderung außerstande sind, mindestens **drei Stunden täglich** erwerbstätig zu sein. Die Rentenhöhe entspricht einer vorzeitig in Anspruch genommenen Altersrente.
- Die Rente wegen **voller Erwerbsminderung** wird auch an Versicherte gezahlt, die noch mindestens drei, aber nicht mehr sechs Stunden täglich arbeiten können (also teilweise erwerbsgemindert sind), dieses Restleistungsvermögen **wegen Arbeitslosigkeit** jedoch nicht in Erwerbseinkommen umsetzen können.

Eine Rentenleistung wegen Erwerbsminderung kommt für nach dem 1.1.61 geborene Versicherte somit nur noch in Betracht, wenn ihr Restleistungsvermögen für den **allgemeinen Arbeitsmarkt** auf **unter sechs Stunden** täglich herabgesunken ist. Berufsschutz wird diesem Versichertenkreis nicht mehr gewährt. Erwerbsgemindert ist nicht, wer unter den üblichen Bedingungen des allgemeinen Arbeitsmarktes mindestens sechs Stunden täglich erwerbstätig sein kann. Dabei ist nicht entscheidend, ob dem Versicherten ein entsprechender Arbeitsplatz vermittelt werden kann (§ 43 Abs 3 SGB VI). 18

**3. Rente wegen teilweiser Erwerbsminderung.** Versicherte haben nach § 43 Abs 1 SGB VI Anspruch auf Rente wegen teilweiser Erwerbsminderung, wenn sie teilweise erwerbsgemindert sind und die versicherungsrechtlichen Voraussetzungen erfüllen (→ Rn 25). Eine teilweise Erwerbsminderung liegt vor, wenn der Versicherte wegen Krankheit oder Behinderung auf nicht absehbare Zeit nur noch **zwischen 3 bis unter 6 Stunden** täglich im Rahmen einer 5-Tage-Woche unter den üblichen Bedingungen des allgemeinen Arbeitsmarktes erwerbstätig sein kann. Bei einer Leistungsfähigkeit von 3 bis unter 6 Stunden kann aus gesundheitlichen Gründen also nur noch eine Teilzeitarbeit ausgeübt werden. Die Rentenhöhe entspricht der Hälfte einer Rente wegen voller Erwerbsminderung. Ist der Versicherte mit diesem Restleistungsvermögen arbeitslos, erhält er, obwohl nur teilweise erwerbsgemindert, die Rente wegen voller Erwerbsminderung, wenn weder der RVTräger noch die Arbeitsagentur ihm innerhalb eines Jahres einen für ihn in Betracht kommenden Arbeitsplatz anbieten können (→ Rn 22). Die RVTräger gehen ohne weitere Ermittlungen davon aus, dass innerhalb eines Jahres die Vermittlung eines solchen Arbeitsplatzes nicht möglich ist, es sei denn, der Versicherte hätte einen leistungsgerechten Teilzeitarbeitsplatz inne. Daher erhalten bereits Versicherte mit einem Restleistungsvermögen von unter sechs Stunden idR Rente wegen voller Erwerbsminderung, ohne dass die einjährige Vermittlungsfrist abgewartet werden müsste. Gibt ein teilweise Erwerbsgeminderter seinen zumutbaren Teilzeitarbeitsplatz ohne triftigen Grund während eines laufenden Verfahrens auf, ist er so zu behandeln, als hätte er einen solchen Arbeitsplatz noch inne. Der Teilzeitarbeitsmarkt ist für ihn nicht verschlossen und ihm steht lediglich eine teilweise Erwerbsminderungsrente zu (LSG Sachs 5.4.17 – L 6 R 118/16, BeckRS 2017, 107943). Die Rente wird in jedem Fall auf Zeit geleistet (→ Rn 33), auch wenn unwahrscheinlich ist, dass die Erwerbsminderung behoben werden kann (§ 102 Abs 2 Satz 5 SGB VI). 19

**4. Rente wegen voller Erwerbsminderung.** Versicherte haben nach § 43 Abs 2 SGB VI Anspruch auf Rente wegen voller Erwerbsminderung, wenn sie voll erwerbsgemindert sind und die versicherungsrechtlichen Voraussetzungen erfüllen. **Voll erwerbsgemindert** sind Versicherte, die wegen Krankheit oder Behinderung auf nicht absehbare Zeit außerstande sind, unter den üblichen Bedingungen des allgemeinen Arbeitsmarktes **mindestens drei Stunden** täglich erwerbstätig zu sein. Psychische Erkrankungen werden 20 insoweit erst dann relevant, wenn trotz adäquater Behandlung (medikamentös, therapeutisch, ambulant oder stationär) davon auszugehen ist, dass der Versicherte die psychischen Einschränkungen weder aus eigener Kraft noch mit ärztlicher oder therapeutischer Hilfe dauerhaft überwinden kann (BayLSG 27.7.16 – L 19 R 395/14, BeckRS, 2016, 72737). Auch diese Rente wird auf Zeit geleistet (→ Rn 33).

21 **5. Arbeitsmarkt. a) Allgemeiner Arbeitsmarkt.** Maßstab für die Feststellung des Leistungsvermögens ist die Erwerbsfähigkeit des Versicherten auf dem **allgemeinen Arbeitsmarkt.** Ob dem Versicherten nach der Arbeitsmarktlage eine entsprechende Stelle vermittelt werden kann, ist grds nicht entscheidend (Ausnahme: Teilzeitarbeitsplätze). Es kommt grds jede Tätigkeit in Betracht, die auf dem Arbeitsmarkt vorhanden ist. Einen damit verbundenen sozialen Abstieg hat auch der ausgebildete Versicherte in Kauf zu nehmen. Allerdings braucht er sich nicht auf sozial ganz außergewöhnlich gering bewertete Tätigkeiten verweisen zu lassen.

22 **b) Verschlossener Arbeitsmarkt.** Die konkrete Situation des (Teilzeit-)Arbeitsmarktes ist bei der Frage zu berücksichtigen, ob der **teilweise erwerbsgeminderte** Versicherte mit einem Restleistungsvermögen zwischen drei und sechs Stunden täglich, der grds nur Anspruch auf Rente wegen teilweiser Erwerbsminderung hat, wegen der Unmöglichkeit, das verbliebene Restleistungsvermögen in Erwerbseinkommen umzusetzen, die **volle Erwerbsminderungsrente** beanspruchen kann (→ Rn 19). Keine Rolle spielt die Arbeitsmarktlage für Versicherte, die noch mindestens sechs Stunden täglich erwerbstätig sein können. Diese erhalten keine Erwerbsminderungsrente (§ 43 Abs 3 SGB VI).

23 **6. Besondere Einschränkungen.** Trotz sechsstündiger Einsatzfähigkeit für körperlich leichte Tätigkeiten ist der Versicherte erwerbsgemindert, wenn eine Summierung ungewöhnlicher Leistungseinschränkungen oder eine schwere spezifische Leistungsbehinderung vorliegt und eine leistungsgerechte Verweisungstätigkeit vom RVTräger nicht benannt werden kann (BSG 9.5.12 – B 5 R 68/11 R, SozR 4–2600 § 43 Nr 18; LSG BaWü 20.1.15 – L 11 R 2944/12, BeckRS 2015, 67322). Unter dem Begriff **„schwere spezifische Leistungsbehinderung“** werden diejenigen Fälle erfasst, bei denen bereits eine schwere Behinderung ein weites Feld von Verweisungstätigkeiten versperrt (etwa erhebliche Einschränkungen der Arm- und Handbeweglichkeit, hochgradige Sehschwäche oder das Erfordernis, zwei zusätzliche Arbeitspausen von je 15 Minuten einzulegen (LSG SachsAnh 27.4.17 – L 1 R 278/13, BeckRS 2017, 118953; LSG BaWü 5.7.17 – L 13 R 1079/16, BeckRS 2017, 116518 mit Anm *Lau* NZS 17, 872; LSG Sachs 14.8.17 – L 5 R 336/16, NZS 17, 793; LSG BlnBbg 27.6.18 – L 16 R 1022/15, BeckRS 2018, 17717; LSG SachsAnh 18.1.18 – L 1 R 5/15, BeckRS 2018, 13344). Das Merkmal **„Summierung ungewöhnlicher Leistungseinschränkungen“** trägt dem Umstand Rechnung, dass auch eine Mehrzahl von Einschränkungen, die jeweils nur einzelne Verrichtungen und Arbeitsbedingungen betreffen, zusammengenommen das noch mögliche Arbeitsfeld in erheblichem Umfang zusätzlich einengen können. In diesen Fällen ist eine konkrete Verweisungstätigkeit zu benennen, weil fraglich ist, ob es Tätigkeiten gibt, deren Anforderungen der Versicherte gewachsen ist. Gibt es einen solchen Arbeitsplatz auf dem allgemeinen Arbeitsmarkt, kommt es nicht darauf an, ob dieser dem Versicherten auch vermittelt werden kann (BSG 9.5.12 – B 5 R 68/11 R, SozR 4–2600 § 43 Nr 18). Wenn feststeht, dass AUZeiten so häufig auftreten werden, dass die während eines Arbeitsjahres zu erbringenden Arbeitsleistungen nicht mehr den betriebsüblichen Mindestanforderungen entsprechen, ist trotz eines vollschichtigen Leistungsvermögens eine Verweisungstätigkeit zu benennen. Ist dies dem RVTräger (ggf nach entsprechenden arbeitsmarkt- und berufskundlichen Ermittlungen) nicht möglich, ist der Versicherte wegen Verschlossenheit des Arbeitsmarktes (voll) erwerbsgemindert, auch wenn die voraussichtlichen AUZeiten insgesamt sechs Monate im Jahr nicht überschreiten (BSG 31.10.12 – B 13 R 107/12 B, SozR 4–2600 § 43 Nr 19; LSG SchlHol 13.1.15 – L 7 R 103/13, BeckRS 2015, 67404).

24 **7. Arbeitsweg.** Erwerbsgemindert ist auch, wer krankheitsbedingt den **üblichen Weg zur Arbeitsstelle** nicht zurücklegen kann. Auf den konkreten Weg vom Wohnort zur Arbeitsstelle oder zur Haltestelle eines öffentlichen Verkehrsmittels kommt es angesichts des maßgeblichen gesamten deutschen Arbeitsmarktes nicht an. Erwerbsfähigkeit setzt grds die Fähigkeit des Versicherten voraus, viermal am Tag Wegstrecken **von mehr als 500 Metern**

in jeweils weniger als 20 Minuten zu Fuß bewältigen und zweimal täglich während der Hauptverkehrszeit mit öffentlichen Verkehrsmittel fahren zu können (BSG 12.12.11 – B 13 R 21/10 R, WzS 12, 55; LSG BaWü 22.3.16 – L 13 R 2903/14, NZS 16, 428). Die Einschränkung der Wegefähigkeit im dargestellten Umfang führt zu keiner Erwerbsminderung, wenn der Versicherte einen Arbeitsplatz innehat, den er trotz Einschränkung seiner Gehfähigkeit konkret erreichen kann oder mit einem KFZ erreicht oder erreichen könnte. Sind nicht zu Fuß zurücklegbare Strecken mit der Benutzung eines Kfz kompensierbar, ist der Arbeitsmarkt nicht verschlossen. Der RVTräger kann durch Anbieten geeigneter Leistungen der Teilhabe am Arbeitsleben, die den Versicherten in die Lage versetzen, trotz der Einschränkung seiner Gehfähigkeit eine Erwerbstätigkeit wieder aufzunehmen (etwa Übernahme der Beförderungskosten bei einem Versicherten, der kein KFZ zur Verfügung hat), die Wegefähigkeit des Versicherten wiederherstellen. (BSG 12.12.11 – B 13 R 79/11 R, SozR 4–2600 § 43 Nr 17; LSG SachsAnh 25.9.13 – L 3 R 346/11, BeckRS 2014, 65707; LSG RhPf 12.9.18 – L 6 R 62/18, BeckRS 2018, 22161).

**8. Versicherungsrechtliche Voraussetzungen.** Ein Anspruch auf (volle oder teilweise) 25
Erwerbsminderungsrente besteht grds nur dann, wenn der Versicherte neben der Erwerbsminderung die Regelaltersgrenze noch nicht erreicht, die **allgemeine Wartezeit** erfüllt, in den **letzten fünf Jahren vor Eintritt der Erwerbsunfähigkeit** mindestens drei Jahre Pflichtbeitragszeiten in einer versicherten Beschäftigung oder Tätigkeit zurückgelegt und Rentenantrag gestellt hat (§ 43 Abs 1 Satz 1, Abs 2 Satz 1 SGB VI; LSG SachsAnh 6.10.11 – L 10 KN 25/07, BeckRS 2012, 73417).

Die **allgemeine Wartezeit** beträgt nach § 50 Abs 1 SGB VI insgesamt fünf Jahre Ver- 26
sicherungszeit. Diese fünf Jahre müssen nicht unmittelbar vor dem Versicherungsfall und auch nicht zusammenhängend zurückgelegt worden sein. Auf die allgemeine Wartezeit anrechenbare Zeiten sind Beitragszeiten (dazu gehören auch Zeiten, für die Beiträge zu einem System der gesetzlichen RV im Beitrittsgebiet gezahlt worden sind und nach dem Fremdrentengesetz von Vertriebenen und Spätaussiedlern zurückgelegte Beschäftigungszeiten). Die vorzeitige Wartezeiterfüllung (zB wegen eines Arbeitsunfalls) ist in § 53 SGB VI, die Wartezeiterfüllung durch Versorgungsausgleich in § 52 SGB VI geregelt. Wer wegen der **Folgen eines Arbeitsunfalls** oder einer Berufskrankheit erwerbsgemindert wird, muss für den Anspruch auf Rente wegen Erwerbsminderung nicht nachweisen innerhalb der letzten fünf Jahre vor dem Versicherungsfall mindestens drei Jahre Pflichtbeiträge zur RV gezahlt zu haben (2LGHess 15.12.17 – L 5 R 165/15, BeckRS 2017, 137975).

Bei den letzten **fünf Jahren vor Eintritt der Erwerbsminderung,** wovon mindestens 27
**drei Jahre mit Pflichtbeiträgen** belegt sein müssen, handelt es sich nicht um Kalender-, sondern um **Zeitjahre,** die ab dem Tag des Eintritts des Versicherungsfalles zurückgerechnet werden.

Versicherte, die bereits vor Erfüllung der allgemeinen Wartezeit voll erwerbsgemindert 28
waren und seitdem ununterbrochen erwerbsunfähig sind, haben Anspruch auf Rente, wenn sie eine **Wartezeit von 20 Jahren** erfüllt haben (§ 43 Abs 6 SGB VI). Diese Vorschrift hat Bedeutung insbesondere für Behinderte, da die Erfüllung der verlängerten Wartezeit auch auf freiwilligen Beiträgen beruhen kann, die nach Stellung des Rentenantrags entrichtet werden (BayLSG 13.11.18 – L 19 R 72/16, BeckRS 2018, 41549).

Die **Pflichtbeiträge** brauchen nicht für einen zusammenhängenden Zeitraum entrichtet 29
worden zu sein. Nach § 55 Satz 2 SGB VI reichen Zeiten aus, für die Pflichtbeiträge nach besonderen Vorschriften als gezahlt gelten. **Ausländische Versicherungszeiten** stehen deutschen Beitragszeiten gleich, wenn sie in EU-Mitgliedstaaten zurückgelegt sind oder in zwischenstaatlichen SozVersAbkommen die multilaterale Zusammenrechnung der Zeiten vorgesehen ist (→ *EU-Recht* Rn 48 f). Dies gilt für **freiwillige** Beitragszeiten zum türkischen SozVersTräger nicht (LSG BaWü 11.6.16 – L 10 R 2324/14, NZS 16, 709). Der Fünf-Jahres-Zeitraum, in dem die drei Jahre Pflichtbeitragszeiten liegen müssen, kann sich zu Gunsten des Versicherten durch die Anrechnung von **Aufschubzeiten** nach § 43 Abs 4 SGB VI verlängern (LSG SachsAnh 27.10.16 – L 3 R 167/14, BeckRS 2016, 122642).

**9. Rentenhöhe.** Grds entspricht die Höhe der **Rente wegen voller Erwerbsmin-** 30
**derung** der Höhe der vorzeitig in Anspruch genommenen Altersrenten. Ebenso wie bei diesen Renten verringert sich der Zugangsfaktor 1,0 (§ 67 Nr 3 SGB VI) für jeden Kalen-

dermonat, für den die Rente vor Ablauf des Kalendermonats der für den Versicherten jeweils geltenden Altersgrenze in Anspruch genommen wird, um 0,3 vH (§ 77 Abs 2 Satz 1 Nr 3 SGB VI iVm § 264d SGB VI). Die **Verminderung des Zugangsfaktors** ist auf höchstens 10,8 vH beschränkt und gilt auch für Erwerbsminderungsrenten, die vor dem 60. Lebensjahr bezogen werden (LSG BaWü 18.10.18 – L 10 R 2783/16, BeckRS 2018, 35392). Entsprechend der Anhebung der Altersgrenzen für den Bezug der Altersrenten durch das RV-Altersgrenzenanpassungsgesetz vom 20.4.07 (BGBl I 07, 554) werden auch für die Erwerbsminderungsrenten die Altersgrenzen für den abschlagfreien Bezug dieser Renten seit 2012 angehoben (§ 77 Abs 2 Satz 1 Nr 3 SGB VI). Die Anhebung erfolgt stufenweise von der Vollendung des 63. Lebensjahres auf die Vollendung des 65. Lebensjahres nach Maßgabe der Tabelle in § 264c SGB VI. Mit dem Jahre 2024 ist die Anpassung abgeschlossen und ein abschlagsfreier Bezug einer Erwerbsminderungsrente ist dann grds nur noch bei einem Rentenbeginn nach Vollendung des 65. Lebensjahres möglich. Die Altersgrenze von 63 Jahren für den abschlagsfreien Bezug einer Erwerbsminderungsrente bleibt auch künftig maßgebend, wenn der Rentenberechnung 40 Jahre Pflichtbeitragszeiten wegen versicherungspflichtiger Beschäftigung zugrunde liegen (§ 77 Abs 4 SGB VI). Anrechnungszeiten, freiwillige Beitragszeiten, Pflichtbeiträge wegen des Bezugs von Sozialleistungen oder Ersatzzeiten bleiben dabei unberücksichtigt. Um die **Verminderung des Zugangsfaktors** für erwerbsgeminderte Versicherte zu mildern, die gesundheitsbedingt vorzeitig aus dem Erwerbsleben ausgeschieden sind, wird die Zeit zwischen dem Versicherungsfall (idR die gesundheitsbedingte Aufgabe der Erwerbstätigkeit) und der Altersgrenze als **Zurechnungszeit** berücksichtigt (→ *Rentenversicherungsrechtliche Zeiten* Rn 23). Durch das **RV-Leistungsverbesserungs- und -Stabilisierungsgesetz** vom 28.11.18 (BGBl I 2018, 2016) wurde für Rentenneuzugänge wegen verminderter Erwerbsfähigkeit ab dem Jahr 2019 die Zurechnungszeit **nochmals verlängert,** nachdem dies bereits durch das EM-Leistungsverbesserungsgesetz vom 17.7.17 (BGBl I 2017, 2509) für Rentenneuzugänge ab dem Jahr 2018 geschehen war und die dort vorgesehenen Anhebungsschritte noch nicht einmal ausgeschöpft worden sind. Entsprechendes gilt für Erziehungs- und Hinterbliebenenrenten. Beginnt eine Rente wegen verminderter Erwerbsfähigkeit oder eine Erziehungsrente im Jahr 2019 oder ist bei einer Hinterbliebenenrente der Versicherte im Jahr 2019 verstorben, endet die Zurechnungszeit mit Vollendung des 65. Lebensjahres und 8 Monaten (§ 253a Abs 2 SGB VI). Anschließend wird ab dem Jahr 2020 bis zum Jahr 2031 das Ende der Zurechnungszeit nach Maßgabe von § 253a Abs 3 SGB VI schrittweise auf das vollendete 67. Lebensjahr angehoben (§ 59 Abs 2 Satz 2 SGB VI). Im Jahr **2020** endet die Zurechnungszeit mit 65 Jahren und neun Monaten. Von den Neuregelungen profitieren nur Rentenneuzugänge. Zurechnungszeiten werden bei der Rentenberechnung grds so behandelt, als seien in diesen Zeiten Beiträge nach dem Durchschnitt des Versicherungslebens entrichtet worden (§ 71 Abs 1 Satz 1 SGB VI). Sonderregelungen gelten für Bergleute (§ 86a SGB VI). Der Zugangsfaktor **für Renten wegen teilweiser Erwerbsminderung** beträgt 0,5 (§ 67 Nr 2 SGB VI). Die Berechnung entspricht ansonsten den Renten wegen voller Erwerbsminderung, so dass die Rente wegen teilweiser Erwerbsminderung grds die Hälfte der Rente wegen voller Erwerbsminderung ausmacht.

31 **10. Hinzuverdienst.** Durch das **Flexirentengesetz** vom 8.12.16 (BGBl I, 2838) sind die Hinzuverdienstregelungen für Rentenbezieher ab 1.7.17 einer tiefgreifenden Neuregelung unterzogen worden. Neben einer Rente wegen verminderter Erwerbsfähigkeit darf nach wie vor nur in begrenztem Umfang rentenunschädlich hinzuverdient werden (§ 96a SGB VI). Zum Hinzuverdienst zählen neben dem **Arbeitsentgelt** aus einer **abhängigen Beschäftigung** das **Einkommen** aus einer **selbstständigen Tätigkeit** und vergleichbare Einkommen. Dazu gehören grds auch **Lohnersatzleistungen** (zB Krankengeld, AlGeld). Dabei wird als Hinzuverdienst nicht die Lohnersatzleistung selbst, sondern das ihr zu Grunde liegende Arbeitseinkommen berücksichtigt. Auch nach Inkrafttreten des Flexirentengesetzes werden die Rentenkürzungen (das Gesetz spricht von Rententeilleistungen) bei Überschreiten der Hinzuverdienstgrenzen für jeden Rentenbezieher individuell ermittelt (→ *Rentnerbeschäftigung* Rn 32).

32 Die kalenderjährliche rentenunschädliche Hinzuverdienstgrenze beträgt bei einer Rente wegen **voller Erwerbsminderung** 6.300 €. Bei einer Rente wegen **teilweiser Erwerbs-**

**minderung** beträgt die rentenunschädliche Hinzuverdienstgrenze das 0,81-fache der jährlichen Bezugsgröße verfielfältigt mit den Entgeltpukten des Kj mit den höchsten Entgeltpunkten aus den letzten 15 Kjen vor Eintritt der Erwerbsminderung, mindestens jedoch mit 0,5 Entgeltpunkten (§ 96a Abs 1c SGB VI). Im Einzelnen: *Rolfs* Die neue Flexirente, NZS 17, 164; *Marburger* Änderungen durch das Flexirentengesetz, Die Beiträge 17, 249; → *Rentnerbeschäftigung* Rn 31 ff.

**11. Befristung.** Renten wegen verminderter Erwerbsfähigkeit werden auf Zeit geleistet (§ 102 Abs 2 SGB VI). Die Befristung erfolgt für längstens drei Jahre nach Rentenbeginn. Sie kann wiederholt werden. Renten, auf die ein Anspruch unabhängig von der jeweiligen Arbeitsmarktlage besteht (in erster Linie Renten wegen voller Erwerbsminderung), werden unbefristet geleistet, wenn unwahrscheinlich ist, dass die Minderung der Erwerbsfähigkeit behoben werden kann; hiervon ist nach einer Gesamtdauer der Befristung von neun Jahren auszugehen. 33

**12. Rente für Bergleute** wird bei verminderter bergmännischer Berufsfähigkeit unter den weiteren Voraussetzungen des § 45 Abs 1 SGB VI oder nach Vollendung des 50. Lebensjahres unter den Voraussetzungen des § 45 Abs 3 SGB VI gewährt (Hess LSG 4.3.11 – L 5 R 390/09, NZS 11, 548). 34

**13. Rente wegen teilweiser Erwerbsminderung bei Berufsunfähigkeit.** Anspruch auf diese Rente haben nach § 240 SGB VI bei Erfüllung der **versicherungsrechtlichen Voraussetzungen** nur noch Versicherte, die **berufsunfähig** und **vor dem 2.1.1961** geboren sind. 35

**a) Berufsunfähigkeit.** Berufsunfähig sind nach § 240 Abs 2 Sätze 1–3 SGB VI Versicherte, deren Erwerbsfähigkeit wegen Krankheit oder Behinderung im Vergleich zur Erwerbsfähigkeit von körperlich, geistig und seelisch gesunden Versicherten mit **ähnlicher Ausbildung** und **gleichwertigen Kenntnissen und Fähigkeiten** auf **weniger als sechs Stunden** gesunken ist. Der Kreis der Tätigkeiten, nach denen die Erwerbsfähigkeit von Versicherten zu beurteilen ist, umfasst alle Tätigkeiten, die ihren Kräften und Fähigkeiten entsprechen und ihnen unter Berücksichtigung der Dauer und des Umfangs ihrer Ausbildung sowie ihres **bisherigen Berufs** und den besonderen Anforderungen ihrer bisherigen Berufstätigkeit zugemutet werden können (LSG Thür 25.11.14 – L 6 R 1592/12, BeckRS 2015, 66754; LSG SachsAnh 27.6.18 – L 3 R 344/15, BeckRS 2018, 40444 Rn 33). Zumutbar ist stets eine Tätigkeit, für die der Versicherte durch Leistungen zur Teilhabe am Arbeitsleben mit Erfolg ausgebildet oder umgeschult worden ist (LSG Bayern 29.11.11 – L 6 R 1038/09, NZS 12, 389). 36

**b) Bisheriger Beruf** ist idR die letzte versicherungspflichtige Beschäftigung oder Tätigkeit, von der auch bei nur kurzfristiger Ausübung auszugehen ist, wenn sie zugleich die qualitativ höchste im Berufsleben des Versicherten gewesen ist (BSG 27.3.07 – B 13 R 63/06 R, BeckRS 2007, 44141). Wurden **mehrere Berufe** verrichtet, ist der **Hauptberuf** zu ermitteln. Das ist idR die zuletzt **versicherungspflichtig** ausgeübte Tätigkeit, es sei denn, der Versicherte musste **gesundheitsbedingt** einen früher ausgeübten – qualitativ höherwertigen – Beruf aufgeben. Beschäftigungen, die nicht der deutschen Versicherungspflicht unterlagen, bleiben unberücksichtigt, es sei denn, die Beschäftigung unterlag in einem anderen Mitgliedstaat der EU der Versicherungspflicht (BayLSG 21.1.10 – L 14 R 583/09, BeckRS 2010, 67794; LSG BaWü 28.8.14 – L 13 R 3020/13, BeckRS 2014, 72142). 37

Hat sich der Versicherte gesundheitsunabhängig endgültig einer anderen Berufstätigkeit zugewandt, liegt eine Lösung vom bisherigen Beruf vor, mit der Folge, dass dieser nicht mehr als Hauptberuf angesehen werden kann (LSG SachsAnh 6.10.11 – L 10 KN 25/07, BeckRS 2012, 73417; LSG SachsAnh 18.8.16 – L 3 R 207/15, BeckRS 2016, 117355). 38

**c) Der qualitative Wert des bisherigen Berufes** und damit der Kreis der zumutbaren Verweisungstätigkeiten bestimmt sich nach dem von der Rspr zur alten Berufsunfähigkeitsrente entwickelten **Mehrstufenschema,** wonach der Kreis der Tätigkeiten, nach denen die Erwerbsfähigkeit von Versicherten zu beurteilen ist, alle Tätigkeiten umfasst, die ihren Kräften und Fähigkeiten entsprechen und ihnen unter Berücksichtigung der Dauer und des Umfanges ihrer Ausbildung sowie ihres bisherigen Berufes und der besonderen Anforderungen ihrer bisherigen Berufstätigkeit zugemutet werden können. Hierzu untergliedert das 39

Mehrstufenschema die Arbeiterberufe in vier Gruppen: (1) **Facharbeiter mit Vorgesetztenfunktion** bzw besonders hoch qualifizierte Facharbeiter, (2) **Facharbeiter,** die einen anerkannten Ausbildungsberuf mit einer Ausbildungszeit von mehr als zwei Jahren ausüben, (3) **angelernte Arbeiter,** die einen Ausbildungsberuf mit einer vorgeschriebenen Regelausbildungszeit bis zu zwei Jahren ausüben, (4) **ungelernte** Arbeiter (LSG BaWü 2.12.11 – L 4 R 3833/08, BeckRS 2012, 66043; LSG BaWü 25.9.12 – L 13 R 6087/09, NZS 13, 106; LSG Thür 15.12.14 – L 6 R 633/09, BeckRS 2015, 68796).

Eine entsprechende Einteilung gilt für die **Angestelltenberufe,** wobei die Angestellten, deren Bruttoarbeitsentgelt aus der versicherungspflichtigen Beschäftigung die Beitragsbemessungsgrenze der RV übersteigt, die erste Berufsgruppe (Angestelltenberufe von hoher Qualität) bilden (BSG 27.3.07 – B 13 R 63/06 R, BeckRS 2007, 44141).

**40** Ausschlaggebend für die **Zuordnung** einer bestimmten Tätigkeit zu einer der Gruppen des Mehrstufenschemas ist allein die Qualität der verrichteten Arbeit, dh der aus einer Mehrzahl von Faktoren zu ermittelnde qualitative Wert der Arbeit für den Betrieb. Hierzu kommt nach der Rspr des BSG der **tarifvertraglichen Einstufung des Berufs** entscheidende Bedeutung zu, weil die Tarifparteien als die unmittelbar am Arbeitsleben Beteiligten die Bewertung von Berufstätigkeiten zuverlässig vornehmen. Soweit ein bestimmter Beruf im Tarifvertrag aufgeführt und einer Tarifgruppe zugeordnet ist, ist daher davon auszugehen, dass die tarifvertragliche Einstufung die Qualität des Berufes unabhängig von der Dauer der erforderlichen Ausbildung wiedergibt (LSG Bln-Bbg 13.3.08 – L 3 R 1282/07, BeckRS 2008, 52858, zur Einstufung einer Krankenpflegehelferin in den unteren Bereich der Gruppe der Angelernten; BayLSG 17.2.09 – 6 L R 532/07, BeckRS 2009, 66324, zur Einstufung eines Betonpumpenmaschinisten in den unteren Bereich der Gruppe der Angelernten; BayLSG 24.2.10 – L 1 R 1/09, BeckRS 2010, 69361, zur Einstufung eines Lichtbogenhandschweißers in den unteren Bereich der Gruppe der Angelernten; LSG Sachs 21.1.14 – L 5 R 689/12, BeckRS 2014, 66689 zur Einstufung eines Berufskraftfahrers DDR als Facharbeiter; LSG BaWü 13.12.18 – L 10 R 411/15, BeckRS 2018, 35389 zur Einstufung eines Küchenchefs als Facharbeiter mit Vorgesetztenfunktion).

**41** Handelt es sich um einen nach Qualitätsstufen geordneten Tarifvertrag, ist die Einstufung des zuletzt ausgeübten Berufs durch die **Tarifparteien** für den RVTräger und die Gerichte bindend. Von dieser **abstrakten** tarifvertraglichen Einstufung eines Berufs ist die vom ArbGeb (uU zusammen mit dem BRat) vorgenommene **konkrete** Einstufung des Versicherten in eine bestimmte Lohn- oder Gehaltsgruppe des Tarifvertrags zu unterscheiden. Dieser Einstufung können nämlich Motive zugrunde liegen, die mit der Qualität der Arbeit in keinem Zusammenhang stehen (soziale Erwägungen, Dauer der Betriebszugehörigkeit usw). Diese Einstufung ist daher für die Zuordnung einer bestimmten Tätigkeit in das Mehrstufenschema nicht bindend, ihr kann aber Indizwirkung zukommen (BSG 20.7.05 – B 13 RJ 29/04 R, SozR 4–2600 § 43 Nr 4). Für nicht nach Tarif entlohnte Versicherte bestimmt sich die Einordnung in das Mehrstufenschema nach dem Tarifvertrag, in den sie hätten eingeordnet werden können.

**42** **d) Zumutbarer Verweisungsberuf.** Zumutbar iSv § 240 Abs 2 Satz 2 SGB, und damit einer Rentengewährung wegen Berufsunfähigkeit entgegenstehend, ist grds eine Tätigkeit in der nächstniederen Berufsgruppe, soweit sie den Versicherten weder nach seinem beruflichen Können noch hinsichtlich seiner gesundheitlichen Kräfte überfordert (BayLSG 27.1.10 – L 20 R 79/07, BeckRS 2010, 68976; Bay LSG 6.10.10 – L 13 R 596/09, BeckRS 2011, 68433; BayLSG 14.11.12 – L 20 R 578/10 ZVW, BeckRS 2013, 67469). Erst wenn der Versicherte nicht mehr auf eine in diesem Sinne zumutbare Tätigkeit sechs Stunden täglich verwiesen werden kann, ist er berufsunfähig. Der Versicherte hat somit einen **beruflichen Abstieg** hinzunehmen, wenn er seine bisherige Berufstätigkeit aus gesundheitlichen Gründen nicht mehr verrichten kann. Allerdings muss die ins Auge gefasste Verweisungstätigkeit dem Versicherten auch objektiv zumutbar sein, dh sie muss seinen Kräften und Fähigkeiten entsprechen. Eine mehr als dreimonatige Einarbeitungs- bzw Einweisungszeit braucht nicht hingenommen zu werden. So setzt die Verweisung auf die Tätigkeit eines Mitarbeiters einer Poststelle in einer Behörde oder öffentlichen Verwaltung mit schwierigeren Arbeitsaufgaben voraus, dass der konkrete Versicherte über kaufmännische oder organisatorische Grundkenntnisse verfügt. Daher kommt diese Verweisungstätigkeit nicht für solche Facharbeiter in Betracht, deren bisheriger beruflicher Werdegang sich im Tätigkeitsbereich von handwerklichen, handwerklich-technischen oder baugewerblichen Arbeiten vollzog (LSG Sachs 11.12.17 – L 5 R 20/16, BeckRS 2017, 135564). Weitere Beispiele aus der Rspr: LSG BaWü 16.12.14 – L 13 R 516/14, BeckRS 2015, 69098; Hess LSG 15.4.11 – L 5 R 331/09, BeckRS 2011, 71839 zur Verweisungsmöglichkeit eines Metallbauschlossers; LSG BlnBbg 17.11.11 – L 4 R 380/11, BeckRS 2011, 78436 zur Verweisungsmöglichkeit eines Baufacharbeiters; LSG SachsAnh 21.3.13 – L 1 R 191/11, BeckRS 2013, 70123 zur Verweisbarkeit eines Kranfahrers auf den allgemeinen Arbeitsmarkt; LSG BlnBbg 16.6.16 – L 2 R 848/13, NZS 16,743, zur Verweisbarkeit eines Fernmeldeelektronikers auf die Tätigkeit eines Montierers; LSG Thür 27.9.16 – L 6 R 1782/12, BeckRS 2016, 111484, zur Verweisbarkeit eines angelernten Maurers auf die Tätigkeit eines Poststellenmitarbeiters; Bay LSG 14.12.17 – L 19 R 679/16, BeckRS 2017, 141232, zur Verweisbarkeit eines Schreiners auf die Tätigkeit eines Poststellenmitarbeiters; LSG SachsAnh 23.11.17 – L 3 R 511/15, BeckRS 2017, 141013 zur Verweisbarkeit einer Zahnarzthelferin.

Dabei bleiben mangelnde **deutsche Sprachkenntnisse** außer Betracht, da die dadurch hervorgerufene Einschränkung der Arbeitsmöglichkeiten ausländischer ArbN auf nichtversicherten außergesundheitlichen Gründen beruht (BSG 9.5.12 – B 5 R 68/11 R, SozR 4–2600 § 43 Nr 18). Für einen zumutbaren Berufswechsel muss die erforderliche Anpassungs- und Umstellungsfähigkeit des Versicherten vorliegen. Hierzu sind uU auch **psychologische Eignungstests** erforderlich. Aus den dargestellten Kriterien folgt, je qualifizierter ein Beruf ist und je spezieller die dafür erforderlichen Kenntnisse und Fähigkeiten sind, desto geringer ist die Zahl der möglichen Verweisungstätigkeiten, wenn der Versicherte seinen erlernten Beruf aus gesundheitlichen Gründen nicht mehr mindestens sechs Stunden täglich verrichten kann. So kann etwa ein Facharbeiter mit Vorgesetztenfunktion im Regelfall nicht auf eine **fachfremde Facharbeitertätigkeit** verwiesen werden, weil ihm insoweit die notwendigen Fachkenntnisse fehlen. Eine Facharbeitertätigkeit in seinem erlernten Beruf wird im Regelfall aus gesundheitlichen Gründen nicht in Betracht kommen, wenn schon die entsprechende Tätigkeit mit Vorgesetztenfunktion aus Gesundheitsgründen nicht mehr verrichtet werden kann. 43

**e) Arbeitsmarkt.** Ist der Versicherte trotz Leistungsminderung noch in der Lage, einen zumutbaren Verweisungsberuf mindestens sechs Stunden täglich auszuüben, liegt Berufsunfähigkeit nicht vor. Dabei ist die **Arbeitsmarktlage grundsätzlich nicht zu berücksichtigen** (§ 240 Abs 2 Satz 4 SGB VI), dh, es kommt nicht darauf an, ob in hinreichender Anzahl leistungsgerechte (Teilzeit-)Arbeitsplätze auf dem Arbeitsmarkt vorhanden sind und ob dem Versicherten ein konkreter Arbeitsplatz auch vermittelt werden kann (→ Rn 45, 23). Das gilt jedenfalls dann, wenn die Verweisungstätigkeit in **Tarifverträgen** erfasst ist, und die Tätigkeit unter **betriebsüblichen Bedingungen** verrichtet werden kann. Letzteres ist zB nicht der Fall, wenn der Versicherte die Tätigkeit voraussichtlich nur unter häufigen, mit vollständiger Leistungsunfähigkeit verbundenen Zeiten der AU verrichten könnte (→ Rn 23). Begründen die voraussichtlichen Zeiten der AU ernsthafte Zweifel, ob der Versicherte noch unter den üblichen Bedingungen des allgemeinen Arbeitsmarktes in einem Betrieb einsetzbar ist, muss mindestens eine geeignete Verweisungstätigkeit konkret benannt werden (BSG 31.10.12 – B 13 R 107/12 B, SozR 4–2600 § 43 Nr 19). Eine Verweisung auf die bei RVTrägern und Gerichten beliebte Tätigkeit eines Pförtners an der Nebenpforte kommt nicht mehr in Betracht. Diese Tätigkeit wird auf dem allgemeinen Arbeitsmarkt nicht mehr angeboten (LSG SachsAnh 26.7.18 – L3 R 428/15, NZS 19, 354). 44

**f) Qualitative Leistungseinschränkungen und eingeschränkter Arbeitsweg.** Bestehen schwere spezifische Leistungsbehinderungen oder liegt eine **Summierung ungewöhnlicher Leistungseinschränkungen** vor, welche einer Tätigkeit im Verweisungsberuf unter den Bedingungen des allgemeinen Arbeitsmarktes entgegenstehen, oder ist die Fähigkeit eingeschränkt, den üblichen Weg zur Arbeitsstelle zurückzulegen, können die Voraussetzungen der Rente wegen teilweiser Erwerbsminderung wegen Berufsunfähigkeit bzw wegen voller Erwerbsminderung auch dann vorliegen, wenn der Versicherte noch mehr als sechs Stunden täglich tätig sein kann (→ Rn 23). 45

**g) Die versicherungsrechtlichen Voraussetzungen** entsprechen den Renten wegen Erwerbsminderung (→ Rn 25 ff). 46

## Essenszuschuss

### A. Arbeitsrecht *Griese*

1 **1. Essenszuschuss als zusätzliche Leistung des ArbGeb.** Die Verpflegung gehört grds zum **persönlichen Lebensbedarf** des ArbN. Abgesehen von der Fallgestaltung des Aufwendungsersatzes (→ *Aufwendungsersatz* Rn 1) besteht keine gesetzliche Verpflichtung des ArbGeb, Essenszuschüsse zu leisten. Der ArbGeb kann eine solche Verpflichtung durch Arbeitsvertrag, durch vorbehaltlose, längerfristige Gewährung (→ *Betriebliche Übung* Rn 4) oder durch Betriebsvereinbarung übernehmen.

2 Der Essenszuschuss kann als Barleistung oder in Form eines **verbilligten Kantinenessens** gewährt werden. Der Ausschluss von Teilzeitbeschäftigten ist nicht zulässig (BAG 26.9.01 – 10 AZR 714/00, ArbuR 02, 37). Eine Kantine ist eine **mitbestimmungspflichtige** Sozialeinrichtung (→ *Sozialeinrichtung* Rn 6) nach § 87 Abs 1 Nr 8 BetrVG). Innerhalb des zur Verfügung gestellten Dotierungsrahmens hat der BRat über die **Kantinenpreise** und **sonstigen Nutzungsentgelte** und damit über die in den Preisen enthaltenen Essenszuschüsse mitzubestimmen (BAG 15.1.87 – 6 AZR 589/84, BB 87, 2092). Kommt eine Einigung zwischen ArbGeb und BRat nicht zustande, entscheidet die Einigungsstelle.

Unzulässig ist es, ArbN durch BV zu verpflichten, Kostenpauschalen für Kantinenessen vom Entgelt abzuziehen, auch wenn sie es nicht in Anspruch nehmen (BAG 11.7.2000 – 1 AZR 551/99, NZA 01, 462).

3 Essenszuschüsse können schließlich in **Tarifverträgen** festgelegt werden, so etwa in § 7 Nr 3.2 des Bundesrahmentarifvertrages für das Baugewerbe (→ *Verpflegungsmehraufwendungen* Rn 3 u *Auslösung*).

**2. Verschlechterung oder Streichung von Essenszuschüssen.** Die **Streichung von zugesagten Essenszuschüssen** kann, wenn ein Tarifvertrag oder eine Betriebsvereinbarung die Rechtsgrundlage bildet, nur durch Kündigung oder Aufhebung des Tarifvertrages bzw der Betriebsvereinbarung erreicht werden. Bei einer arbeitsvertraglichen Verpflichtung bleibt – gegen den Willen des ArbN – nur der Weg der Änderungskündigung.

4 Bildet eine **betriebliche Übung,** eine Gesamtzusage oder eine **vertragliche Einheitsregelung** des ArbGeb die Rechtsgrundlage für die Gewährung von Essenszuschüssen, ist eine Verschlechterung oder Beendigung möglich, wenn sich der ArbGeb den **Widerruf explizit vorbehalten** hatte, oder die Geschäftsgrundlage weggefallen ist.

Eine verschlechternde Betriebsvereinbarung ist idR bei Gesamtzusage und vertraglicher Einheitsregelung zulässig, weil diese Anspruchsgrundlagen regelmäßig als **betriebsvereinbarungsoffen** angesehen werden können (BAG 30.1.19 – 5 AZR 450/17, NZA 19, 1065; BAG 5.3.13 – 1 AZR 417/12, NZA 13, 916; kritisch *Preis/Ulber* NZA 14, 6; *Creutzfeldt* NZA 18, 1111; Einzelheiten → *Günstigkeitsprinzip* Rn 11).

5 Handelt es sich bei den Essenszuschüssen um eine **freiwillige Leistung,** auf die kein Rechtsanspruch besteht, kann der ArbGeb einseitig und **mitbestimmungsfrei den Dotierungsrahmen ändern** und das Essenszuschussvolumen insgesamt verringern (BAG 15.1.87 – 6 AZR 589/84, BB 87, 2092). Hinsichtlich der Verteilung des veränderten Zuschussvolumens setzt die Mitbestimmung des BRat ein.

### B. Lohnsteuerrecht *Weil*

7 **1. Überblick.** Der vom ArbGeb dem ArbN gewährte Essenszuschuss ist grds eine **zu versteuernde Einnahme** (§ 8 Abs 1 EStG). Dies gilt insbes dann, wenn der ArbGeb den Essenszuschuss in bar als Lohnbestandteil vergütet (§ 40 Abs 2 Nr 1 Satz 2 EStG). Verschafft der ArbGeb dem ArbN die Möglichkeit, dass dieser kostenlos oder verbilligt essen kann, erfolgt die Besteuerung der arbeitstäglich an die ArbN unentgeltlich oder verbilligt abgegebenen Mahlzeiten wie folgt:

Entweder hat der ArbN den Essenswert nach der SvEV zu versteuern (§ 8 Abs 2 Satz 6 EStG; → Rn 9 ff) oder der ArbGeb versteuert den Essenswert durch LStPauschalierung (§ 40 Abs 2 Nr 1 EStG; → Rn 15 und → *Lohnsteuerpauschalierung* Rn 28 ff). Für die Besteuerung des ArbN gilt (R 8.1 Abs 7 LStR): 8

**2. Abgabe von Speisen durch den Arbeitgeber** (R 8.1 Abs 7 Nr 1 LStR).Mahlzeiten, die durch eine vom ArbGeb **selbstbetriebene** Kantine, Gaststätte oder vergleichbare Einrichtung abgegeben werden, sind mit dem maßgebenden amtlichen Sachbezugswert nach der SvEV zu bewerten. Der amtliche Sachbezugswert beträgt in 2020 für ein Frühstück 1,80 € und für ein Mittag- oder Abendessen 3,40 € (Sachbezugswerte 2020 vgl BMF vom 17.12.19 – IV L5 – S 2334/19/10010 – 001. 9

Stellt der ArbG seinen ArbN unbelegte Backwaren wie Brötchen und Rosinenbrot nebst Heißgetränken zum sofortigen Verzehr im Betrieb bereit, handelt es sich nicht um ein Frühstück iSv § 2 Abs 1 Satz 2 Nr 1 SvEV und damit bei den zugewandten Vorteilen nicht um Arbeitslohn, sondern um nicht steuerbare Aufmerksamkeiten. Für die Annahme eines (einfachen) Frühstücks muss jedenfalls ein Aufstrich oder Belag hinzutreten (BFH 3.7.19 – VI R 36/17, DStR 2019, 1961).

Die vom ArbGeb gestellte Personalverpflegung stellt **keinen zu versteuernden Arbeitslohn** dar, wenn die Verpflegung auf Grund der besonderen Tatumstände **im ganz überwiegend eigenbetrieblichen Interesse des Arbeitgebers** zugewendet wird (BFH 21.1.10 – VI R 51/08, DStR 2010, 510: zur Verpflegung des Personals auf einem Flusskreuzfahrtschiff; FG Nds 19.2.09 – 11 K 384/07, BeckRS 2009, 26029104: zur Verpflegung von Beaufsichtigungspersonen beim Essen in einem Kindergarten; FG Hbg 17.9.15 2 K 54/15, DStRE 16, 1031: zur Mahlzeitengestellung an Mitarbeiter auf einer Offshore-Plattform). Bei Annahme von Arbeitslohn kann der Personalrabatt (§ 8 Abs 3 EStG) in Betracht kommen → *Sachbezug* Rn 27; im Übrigen → Rn 18 und → *Verpflegungsmehraufwendungen* Rn 5. Zur Abgrenzung → *Arbeitsentgelt* Rn 48.

**3. Abgabe von Speisen durch Dritte** (R 8.1 Abs 7 Nr 2 LStR).Der amtliche Sachbezugswert ist auch anzusetzen, wenn der ArbGeb eine Kantine, Gaststätte oder vergleichbare Einrichtung **nicht selbst betreibt,** sondern zur Verbilligung des Essens beiträgt, indem er einem Dritten, der die Mahlzeiten bereitstellt (zB Gaststätte, betriebsfremde Kantine, Essen auf Rädern oÄ) aufgrund vertraglicher Beziehungen Barzuschüsse oder andere Leistungen, zB verbilligte Überlassung von Räumen, Energie oder Einrichtungsgegenstände erbringt. Es ist nicht erforderlich, dass die Mahlzeiten im Rahmen eines Reihengeschäfts zunächst an den ArbGeb und danach von diesem an die ArbN abgegeben werden. 10

**4. Versteuerung** (R 8.1 Abs 7 Nr 3 LStR).In den eben aufgezeigten Fällen ist der zu versteuernde geldwerte Vorteil unabhängig vom Essenspreis iHd amtlichen Sachbezugswerts zu erfassen, wenn der ArbN beim Bezug der Mahlzeiten nichts dazuzahlt, und ansonsten iHd Differenz zwischen der Zuzahlung des ArbN und dem amtlichen Sachbezugswert bis zu dieser Höhe. Eine **Besteuerung entfällt** somit, wenn gewährleistet ist, dass der ArbN für jede Mahlzeit mindestens den Preis iHd amtlichen Sachbezugswerts bezahlt. 11

**5. Ausgabe von Essenmarken** (Essensgutscheine, Restaurantschecks R 8.1 Abs 7 Nr 4 LStR): 12

**a) Sachbezugsbewertung.** Erhält ein ArbN von seinem ArbGeb Essenmarken (Essensgutscheine, Restaurantschecks), die von einer Gaststätte oder vergleichbaren Einrichtung (im Folgenden: Annahmestelle) bei der Abgabe von Mahlzeiten in Zahlung genommen werden, so ist unter den nachfolgenden Voraussetzungen nicht die Essenmarke mit ihrem ausgewiesenen Verrechnungswert, sondern die Mahlzeit als Sachbezug dem Arbeitslohn zuzurechnen und mit dem amtlichen Sachbezugswert anzusetzen.

Der Ansatz des Sachbezugswerts setzt voraus (vgl R 8.1 (7) Nr 4 LStR), dass

1. tatsächlich Mahlzeiten abgegeben werden.
2. für jede Mahlzeit lediglich eine Essenmarke täglich in Zahlung genommen wird, hierzu FG Düsseldorf 19.5.10 – 15 K 1185/09, BB 10, 2206;
3. der Verrechnungswert der Essensmarke den amtlichen Sachbezugswert einer Mittagsmahlzeit um nicht mehr als 3,10 € übersteigt und
4. die Essenmarken nicht an ArbN ausgegeben werden, die eine Auswärtstätigkeit ausüben.

Jedoch sind bei einer längerfristigen beruflichen Auswärtstätigkeit des ArbN an derselben

Tätigkeitsstätte die Essensmarken nach Ablauf von 3 Monaten mit dem Sachbezugswert zu bewerten, wenn die übrigen Voraussetzungen nach 1. bis 3. vorliegen (BMF 5.1.2015, DStR 2015, 172).

Zur Erfüllung der Voraussetzungen nach 2. hat der ArbGeb für jeden ArbN die Tage der Abwesenheit zB infolge von Auswärtstätigkeiten, Urlaub oder Erkrankung festzustellen und die für diese Tage ausgegebenen Essenmarken zurückzufordern oder die Zahl der im Folgemonat auszugebenden Essenmarken um die Zahl der Abwesenheitstage zu vermindern. Die Pflicht zur Feststellung der Abwesenheitstage und zur Anpassung der Zahl der Essenmarken im Folgemonat entfällt für ArbN, die im Kj durchschnittlich an nicht mehr als drei Arbeitstagen je Kalendermonat Auswärtstätigkeiten ausüben, wenn keiner dieser ArbN im Kalendermonat mehr als 15 Essenmarken erhält. Bei elektronischer Berechtigung zu arbeitstäglichen Mahlzeiten ua durch Apps ohne Papieressensmarken s OFD Frankfurt/Main 11.7.16, DStR 16, 1870.

13 **b) Barlohnverzicht.** Entscheidend für die steuerliche Behandlung der Essenmarken ist, welche Abrede dem Barlohnverzicht zugrunde liegt. Wird der **Arbeitsvertrag** dahingehend **abgeändert,** dass der ArbN anstelle von Barlohn Essenmarken erhält, so vermindert sich dadurch der Barlohn in entsprechender Höhe (BFH 20.8.97 – VI B 83/97, BStBl II 97, 667). Die Essenmarken bis zu einer Höhe des Sachbezugswerts plus 3,10 € sind mit dem Sachbezugswert anzusetzen, bei einem darüberliegenden Wert mit ihrem ausgewiesenen Wert.

**Beispiel** (s H 8.1 (7) LStR): Der ArbGeb gibt dem ArbN monatlich 15 Essenmarken. Im Arbeitsvertrag ist der Barlohn von 3500 € im Hinblick auf die Essensmarken um 60 € auf 3440 € herabgesetzt worden. Beträgt der Verrechnungswert der Essensmarken jeweils 5 €, so ist dem Barlohn von 3440 € der Wert der Mahlzeit mit dem Sachbezugswert (15 × 3,30 € -Sachbezugswert 2019-) = 49,50 € hinzuzurechnen, sodass der zu versteuernde Monatslohn 3489,5 € beträgt.

Beträgt der Verrechnungswert der Essenmarken jeweils 7 €, so ist dem Barlohn von 3440 € der Verrechnungswert der Essenmarken (15 × 7 €) = 105 € hinzuzurechnen, so dass der zu versteuernde Monatslohn 3545 € beträgt.

Wird der **Arbeitsvertrag nicht abgeändert,** führt der Austausch von Barlohn durch Essenmarken nicht zu einer Herabsetzung des stpfl Barlohns (BFH 30.7.93 – VI R 87/92, BStBl II 93, 884 betr Gehaltsverzicht mit Verwendungsauflage). Der Betrag, um den sich der ausgezahlte Barlohn verringert, ist als Entgelt für die Mahlzeit bzw Essenmarke anzusehen und vom Sachbezugswert bzw von dem für die Essenmarke anzusetzenden Verrechnungswert abzusetzen. Beispiele: Barzuschüssen in Form von Essenmarken (Essensgutscheine, Restaurantschecks) vgl H 8.1 (7) LStR.

14 **c) Aufbewahrungserleichterungen.** Die von Annahmestellen eingelösten Essenmarken brauchen nicht an den ArbGeb zurückgegeben und von ihm nicht aufbewahrt zu werden, wenn der ArbGeb eine Abrechnung erhält, aus der sich ergibt, wieviel Essenmarken mit welchem Verrechnungswert eingelöst worden sind, und diese aufbewahrt. Dasselbe gilt, wenn ein Essenmarkenemittent eingeschaltet ist, und der ArbGeb von diesem eine entsprechende Abrechnung erhält und aufbewahrt (R 8.1 Abs 7 Nr 4d LStR).

15 **6. Pauschalbesteuerung.** Der zu versteuernde geldwerte Vorteil kann durch den ArbGeb mit 25 % pauschal besteuert werden (§ 40 Abs 2 Nr 1 EStG; → *Lohnsteuerpauschalierung* Rn 28–32).

Zum Ansatz eines Durchschnittswerts für die Pauschalbesteuerung → *Lohnsteuerpauschalierung* Rn 28.

16 **7. Ausnahmen.** Die Besteuerung nach obigen Grundsätzen greift in den folgenden Fällen **nicht** ein (R 8.1 Abs 8 LStR):

**a) Einmalige Bewirtungen**, zB aus Anlass eines **Betriebsausflugs;** zur Besteuerung in diesem Fall einschließlich LStPauschalierung nach § 40 Abs 2 Nr 2 EStG → *Betriebsveranstaltung* Rn 2–15). Zur Bewirtung ohne Steuerermäßigung → *Bewirtungsaufwendungen* Rn 9.

17 **b) Aufmerksamkeiten.** Bei der Beköstigung handelt es sich um eine Aufmerksamkeit, die im Wert bis 60 € nicht der ESt/LSt unterliegt (Einzelheiten hierzu → *Bewirtungsaufwendungen* Rn 7).

**c) Steuerfreie Bezüge. aa)** Im **Einsatz gewährte Verpflegung und Verpflegungszuschüsse** bei Angehörigen der Bundeswehr, des Bundesgrenzschutzes, der Bereitschaftspolizei der Länder, der Vollzugspolizei und der Berufsfeuerwehr der Länder und Gemeinden und bei Vollzugsbeamten der Kriminalpolizei des Bundes, der Länder und Gemeinden (§ 3 Nr 4c EStG) sind steuerfrei. Zivilbediensteten steht die Steuerfreiheit hiernach nicht zu (R 3.4 Satz 2 LStR). 18

**bb)** Aus Öffentlichen Kassen gezahlte Aufwandsentschädigungen und **Reisekostenvergütungen** (§ 3 Nr 12 und Nr 13 EStG) sind steuerfrei.

**cc) Verpflegungsmehraufwendungen** sind steuerfrei, die im Rahmen von Reisekosten von privaten ArbGeb gezahlt werden (§ 3 Nr 16 EStG; → *Verpflegungsmehraufwendungen* Rn 8; zum Ansatz des Sachbezugswerts → Rn 19).

**dd) Einnahmen** für nebenberufliche Tätigkeit, soweit diese in Essensform gewährt werden (§ 3 Nr 26 EStG; → *Nebentätigkeit* Rn 22), sind ebenfalls steuerfrei.

**d) Geschäftliche Veranlassung.** Bei Beteiligung des ArbN an einer geschäftlich veranlassten Bewirtung betriebsfremder Personen → *Bewirtungsaufwendungen* Rn 11. Zur **Gestellung von Mahlzeiten** während einer Auswärtstätigkeit oder doppelten Haushaltsführung (BMF 24.10.14, BStBl I 14, 1412 Rn 61 ff): Ansatz des Werts des Essens nach SvEV als Einnahme wenn der Wert der Mahlzeit die maßgebende Grenze für ein sog Arbeitsessen von 60 € nicht übersteigt und der ArbN keine Verpflegungspauschale beanspruchen kann (§ 8 Abs 2 Satz 8 EStG). Zahlt der ArbN in diesen Fällen ein Entgelt für die erhaltene Mahlzeit, mindert dieses Entgelt den stpfl geldwerten Vorteil. Zur Pauschalbesteuerungsmöglichkeit s § 40 Abs 2 Satz 1 Nr 1a EStG. Auf die Versteuerung der Mahlzeit wird verzichtet, wenn der ArbN für die betreffende Auswärtstätigkeit dem Grunde nach eine Verpflegungspauschale nach § 9 Abs 4a EStG als Werbungskosten geltend machen könnte (§ 8 Abs 2 Satz 9 EStG) – im Gegenzug werden die Pauschalen gekürzt (§ 9 Abs 4a Satz 8 EStG s auch → *Dienstreise* Rn 36 ff). Wurde eine Mahlzeit zu Verfügung gestellt, muss im Lohnkonto der Großbuchstabe „M“ aufgezeichnet und in der LStBescheinigung bescheinigt werden (§ 41b Abs 1 Nr 8 EStG). 19

**e) Abgabe auch an Nichtarbeitnehmer.** Wenn der ArbGeb Kantinenessen auch an NichtArbN zu gleichen Bedingungen wie an ArbN abgibt, liegt in der Essensgewährung an die ArbN kein LStVorteil (*E. Schmidt* BB 85, 1709). Den ansonsten anzusetzenden steuerlichen Vorteil kann der ArbGeb aber nicht dadurch aushebeln, dass er einen nicht ins Gewicht fallenden Anteil von NichtArbN als Essensteilnehmer zulässt, um auf diese Weise seinen ArbN einen Lohnbestandteil (nämlich den Wert des Essens) steuerfrei zukommen zu lassen (*Schmidt/Drenseck* § 19 Anm 50 Stichwort Essensfreibetrag). Bei verbilligter Abgabe an ArbN und Normalpreis für NichtArbN soll für die ArbN der Lohnvorteil unter den Rabattfreibetrag (§ 8 Abs 3 EStG) fallen (FG Leipzig 27.1.94, EFG 94, 468; s hierzu → *Sachbezug* Rn 28). 20

**f) Bildungsmaßnahmen. Bei** unentgeltlich oder verbilligt abgegebenen Mahlzeiten während **Bildungsmaßnahmen** des ArbGeb (→ *Betriebliche Berufsbildung* Rn 21; → *Fortbildung* Rn 36) gelten die Regeln → Rn 19). 21

Bei einer Schulungsveranstaltung von freien Mitarbeitern kann der Unternehmer Bewirtungskosten nur beschränkt nach § 4 Abs 5 Satz 1 Nr 2 EStG als Betriebsausgaben geltend machen (BFH 18.9.07 – I R 75/06, DStR 08, 34).

**g) Seeschifffahrt und Fischerei.** Zur Bewertung der Beköstigung im Bereich der Seeschifffahrt und Fischerei → *Sachbezug* Rn 24. 22

## C. Sozialversicherungsrecht *Schlegel*

**Beitragspflichtiges Arbeitsentgelt.** Gewährt der ArbGeb dem ArbN einen Essenszuschuss, ist dieser regelmäßig als aus der Beschäftigung erlangt und somit als Arbeitsentgelt iSv § 14 Abs 1 Satz 1 SGB IV anzusehen. Denn die Essensaufnahme und Ernährung ist grds der Privatsphäre der ArbN zuzurechnen, für die der ArbGeb nicht aufzukommen hat. Der steuerrechtliche Essensfreibetrag wurde mWv 1.1.90 gestrichen, so dass mangels LStFreiheit die Vorschrift des § 1 Abs 1 Satz 1 Nr 1 SvEV (lohnsteuerfreie Zuschüsse sind nicht dem sozialversicherungsrechtlichen Arbeitsentgelt zuzurechnen; → *Entgeltzuschläge* Rn 17 ff) nicht eingreift. Entsprechendes gilt, wenn der ArbGeb an seinen ArbN unentgeltlich oder 23 jedenfalls verbilligt Mahlzeiten (zB in Form eines Kantinenessens) abgibt. Ein Vorteil und damit beitragspflichtiges Arbeitsentgelt liegt insoweit vor, als der ArbN für die Mahlzeit einen Betrag zahlt, der unter dem amtlichen SozialversicherungsentgeltVO (SvEV) liegt (BSG 24.9.86 – 10 RKg 9/85, SozR 5870 § 2 Nr 47). Muss der ArbN einen höheren als den in der SachBezV angegebenen Betrag oder jedenfalls den dort angegebenen Betrag zahlen, liegt kein geldwerter Vorteil mehr vor (*Sachbezug*).

24 **Pauschalbesteuerung.** Werden Essenszuschüsse, unentgeltliche oder verbilligt abgegebene Mahlzeiten nach § 40 Abs 2 Nr 2 EStG pauschal besteuert (→ Rn 13), führt dies dazu, dass der geldwerte Vorteil, den der ArbN aus der Verbilligung oder dem Zuschuss zieht, gem § 1 Abs 1 Satz 1 Nr 3 SvEV nicht dem beitragspflichtigen Arbeitsentgelt iSd SozV und ArblV zuzurechnen ist.

# EU-Recht

## A. Arbeitsrecht

*Kania*

### Übersicht



1 **1. Primär- und Sekundärrecht.** Eingebürgert hat sich im Europarecht die Unterscheidung zwischen Primär- und Sekundärrecht. Als **Primärrecht** bezeichnete man früher die Gründungsverträge der Europäischen Gemeinschaften, wobei für das Arbeitsrecht insbes der EGV mit seinen diversen Änderungen maßgeblich war. Mit Inkrafttreten des Vertrags von Lissabon (vom 13.12.07) am 1.12.09 ist die EU in die Rechtsstellung der EG eingetreten. Der Begriff „Gemeinschaftsrecht" hat seine Bedeutung verloren und an dessen Stelle tritt nun das „Unionsrecht". Das Primärrecht bildet die Rechtsgrundlage für die Existenz der Union und ihrer Organe sowie für das Verhältnis zwischen Mitgliedstaat und Union; zu den formellen Rechtsquellen gehören der neue **Vertrag über die EU (EUV)** und der **Vertrag über die Arbeitsweise der EU (AEUV),** in den der Vertrag zur Gründung der EG umbenannt wurde, einschließlich der Anhänge, Zusatzprotokolle und -vereinbarungen. Arbeitsrechtlich relevante Regelungsbereiche sind vor allem das Recht der Freizügigkeit (Art 45 AEUV), der Grundsatz gleichen Entgelts für Männer und Frauen bei gleicher Arbeit (Art 157 AEUV) und der Schutz vor Diskriminierungen (Art 18, 19 AEUV). Zugleich wurde mit dem Vertrag von Lissabon die **Charta der Grundrechte der EU (GRCh)** formell anerkannt und somit gleichrangiger Teil des Primärrechts; ihr umfangreicher Grundrechtskatalog hat vielfach auch arbeitsrechtliche Bedeutung, zB Schutz personenbezogener Daten (Art 8 GRCh), Vereinigungsfreiheit (Art 12 GRCh), Diskriminierungsverbot sowie Gleichheit von Mann und Frau (Art 21, 23 GRCh), Recht der ArbN auf Unterrichtung und Anhörung, Kollektivverhandlungen/-maßnahmen sowie Entlassungsschutz und angemessene Arbeitsbedingungen (Art 27, 28, 30, 31 GRCh), und gilt zunächst für die EU-Organe, ist aber auch von den Mitgliedstaaten der EU bei der Durchführung von Unionsrecht zu beachten (*Hanau* NZA 10, 1). Anders als im deutschen Recht im Verhältnis von GG zu einfachem Gesetz gibt es keine Normenhierarchie zwischen den europäischen Grundrechten und den Verträgen; insoweit bleibt der formale Geltungsanspruch der GRCh deutlich hinter dem Geltungsanspruch der Grundrechte des GG zurück (zur Bedeutung der Unionsgrundrechte im Arbeitsrecht *Hilbrandt* NZA 19, 1168). Zum Primärrecht gehören

weiterhin auch die **(ungeschriebenen) allgemeinen Grundsätze des Unionsrechts.** Diese sind in der Rspr anerkannt und bestehen auch nach der Kodifizierung der GRCh fort (EuGH 26.1.10 – C-118/08, BeckRS 2010, 90089 „Transportes Urbanos"). Hierzu gehören zB der Allgemeine Gleichheitssatz (der EuGH hat im Urteil „Mangold" das Verbot einer Diskriminierung in Beschäftigung und Beruf wegen des Alters als allgemeinen Grundsatz des Gemeinschaftsrechts angesehen, EuGH 22.11.05 – C-144/04, NZA 05, 1345; dazu → Rn 5), das Gebot der Verhältnismäßigkeit, Vertrauensschutz und Rechtssicherheit. Auch diese allgemeinen Grundsätze sind für die Mitgliedstaaten im Anwendungsbereich des Unionsrechts verbindlich. Schließlich sind die Grundrechte, wie sie in der **Europäischen Menschenrechtskonvention (EMRK)** gewährleistet sind und wie sie sich aus den gemeinsamen Verfassungsüberlieferungen der Mitgliedstaaten ergeben (Art 6 Abs 3 EUV) gleichrangiges Primärrecht. Da das Unionsrecht innerhalb des Primärrechts keine Normenhierarchie kennt, sind Konflikte von Grundrechten und/oder Grundfreiheiten durch eine Abwägung der im Einzelfall in Frage stehenden Interessen zu lösen.

Als **sekundäres Unionsrecht** bezeichnet man das von den Organen der Union nach Maßgabe des Primärrechts erlassene Recht. Hierzu zählen die vom Rat und dem Europäischen Parlament gemeinsam erlassenen Gesetze (Art 16 Abs 1 EUV). Für das Arbeitsrecht maßgebliche Regelungsinstrumente sind die EU-Richtlinie und EU-Verordnung. Der Unterschied der beiden Rechtssetzungsinstrumente liegt in der unterschiedlichen Verbindlichkeit gegenüber den Mitgliedstaaten und ihren Bürgern. Die **Richtlinie** entfaltet gegenüber den Mitgliedstaaten Rechtsverbindlichkeit hinsichtlich ihrer Ziele, überlässt jedoch den Mitgliedstaaten die Wahl der Form und der Mittel, wie sie in das nationale Recht umgesetzt werden muss (Art 288 Abs 3 AEUV). Demgegenüber entfaltet die **Verordnung** gem Art 288 Abs 2 AEUV unmittelbare Rechtsverbindlichkeit auch gegenüber natürlichen oder juristischen Personen der Mitgliedstaaten. Eine Umsetzung in nationales Recht ist grds nicht erforderlich (Näheres zur Rechtswirkung → Rn 3). Allerdings bleibt auch bei der Rechtssetzung in Form der Verordnung die Möglichkeit, dem nationalen Gesetzgeber aufzugeben, bestimmte Lücken der Verordnung im Wege der nationalen Gesetzgebung auszufüllen (sog hinkende Verordnung). Verordnungen spielen aufgrund fehlender Ermächtigungsnormen im Primärrecht nur eine untergeordnete Rolle im Arbeitsrecht. Wesentlich durch Verordnungen ausgestaltet ist allein das Recht der Freizügigkeit, für das Art 46 AEUV ausdrücklich eine Verordnungsermächtigung bereithält. Daneben beruhen auf Verordnungen einzelne Sozialvorschriften im Straßenverkehr. Im Übrigen erfolgt die europäische Rechtssetzung auf dem Gebiet des Arbeitsrechts meist durch Richtlinien. Weiterhin gehören die mit internationalen Organisationen oder Drittstaaten geschlossenen **völkerrechtlichen Verträge** (mit Ausnahme der Beitrittsverträge) zum Sekundärrecht; diese haben Vorrang vor dem übrigen Sekundärrecht. Hierzu zählt die Verfahrensordnung des EuGH und die vom Rat, der Kommission, dem EuGH und den sonstigen Organen ergangenen Rechtsakte, Entscheidungen, Empfehlungen und Stellungnahmen (Art 288 Abs 1 AEUV). 2

**2. Rechtswirkung von EU-Rechtsnormen.** Hinsichtlich der Rechtswirkung von EU-Rechtsnormen sind zwei Fragen zu unterscheiden: Zum einen die Frage, ob EU-Recht oder nationalem Recht bei einer Kollision der Vorrang gebührt. Insofern gilt der Grundsatz: **„EU-Recht bricht nationales Recht"**, und zwar unabhängig davon, ob es sich um primäres oder sekundäres EU-Recht handelt (EuGH 15.7.64, Slg 64, 1251 „Costa"; *Krimphove* Europäisches Arbeitsrecht, S 67). Dieser Vorrang des Unionsrechts führt dazu, dass entgegenstehendes nationales Recht der Mitgliedstaaten verdrängt und dessen wirksames Entstehen in der Zukunft verhindert wird (MünchArbR/*Oetker* § 10 Rn 21 ff). Dies gilt freilich nur für wirksame europäische Rechtsakte, wobei umstritten ist, welches Gericht (EuGH oder nationales Gericht) über eine mögliche Kompetenzüberschreitung der rechtssetzenden Organe der Union entscheidet (→ Rn 11). 3

Die andere Frage ist, **wem gegenüber** eine EU-Rechtsnorm verbindliche Rechtswirkung entfaltet. Grds ist dies der Fall gegenüber den Mitgliedstaaten. Ob ein Rechtsakt darüber hinaus auch für natürliche und juristische Personen des Privatrechts in den Mitgliedstaaten unmittelbar geltende Rechte und Pflichten enthält, hängt von Inhalt und Rechtsnatur der einzelnen Rechtsnorm ab. Für **Normen des primären Unionsrechts** ist hier bei jeder einzelnen Vorschrift im Wege der Auslegung zu ermitteln, ob eine unmittel- 4 bare Anwendbarkeit gewollt ist. Für die arbeitsrechtlichen Vorschriften des Primärrechts, das Grundrecht auf Freizügigkeit gem Art 45 AEUV und den Grundsatz gleichen Entgelts für Männer und Frauen bei gleicher Arbeit gem Art 157 AEUV, ist die unmittelbare Anwendbarkeit anerkannt (EuGH 4.12.74 – Rs 41/74 „van Duyn“, BeckRS 2004, 71134 zu Art 48 EGV aF; EuGH 8.4.76 – Rs 43/75 „Defrenne II“, BeckRS 2004, 71181 zu Art 119 EGV aF). Keine unmittelbare Geltung für das Arbeitsverhältnis hat die Grundrechtscharta (GRCh); sie ist primär an die Organe der Union gerichtet und bindet die Mitgliedstaaten bei der Durchführung des Unionsrechts. Dagegen hat der EGMR wiederholt entschieden, dass die durch Art 10 EMRK geschützte Freiheit der Meinungsäußerung grds auch am Arbeitsplatz gilt (EGMR 21.7.11 – 28274/08, NZA 11, 1269 zur Offenlegung von Missständen am Arbeitsplatz). Für **Verordnungen** ist die unmittelbare Rechtsverbindlichkeit auch gegenüber natürlichen und juristischen Personen der Mitgliedstaaten gem Art 288 Abs 2 AEUV – wie eingangs dargelegt – prägend.

5 Demgegenüber äußert die **Richtlinie** gem Art 288 Abs 3 AEUV im Allgemeinen nur unmittelbare Rechtswirkung gegenüber den Mitgliedstaaten, nicht aber gegenüber natürlichen oder juristischen Personen des Privatrechts. Allerdings ist der EuGH vor dem Hintergrund, dass Richtlinien von den Mitgliedstaaten häufig nicht oder nicht fristgerecht in nationales Recht umgesetzt werden, dazu übergegangen, die Wirkung der Richtlinien in den Mitgliedstaaten zu verstärken. Einmal können sich die einzelnen Unions-Bürger in Fällen, in denen Vergünstigungen begründende Richtlinien inhaltlich unbedingt und hinreichend genau bestimmt sind, **gegenüber dem Staat** auf diese Bestimmungen berufen, wenn der Staat die Richtlinien nicht fristgemäß oder nur unzulänglich in innerstaatliches Recht umgesetzt hat **(unmittelbare vertikale Direktwirkung).** Der Mitgliedstaat hat dann den Schaden des einzelnen zu ersetzen, der durch eine nicht fristgerechte Umsetzung der Richtlinie entstanden ist (EuGH 19.11.91 – C-6/90 „Francovic“, BeckRS 2004, 77605; EuGH 16.12.93 – C-334/92, NJW 94, 921). Dies gilt auch für den öffentlichen ArbGeb (EuGH 26.2.86 – Rs 152/84, NJW 86, 2178). Weiter wird die Wirkung von Richtlinien dadurch verstärkt, dass nationales Recht **richtlinienkonform auszulegen** ist (EuGH 10.4.84 – Rs 14/83, NZA 84, 157; BAG 2.4.96, DB 96, 1725), und zwar ab Ablauf der Umsetzungsfrist (EuGH 4.7.06 – C-212/04, NZA 06, 909). Und für den Fall, dass eine richtlinienkonforme Auslegung nicht mehr möglich ist, genießt die Richtlinie gegenüber nationalem Recht **Anwendungsvorrang** (EuGH 22.4.97 – C-180/95 „Draehmpaehl“, NZA 97, 645). Dieser Anwendungsvorrang kann als Reflex auch unter Privatpersonen zu einer **„negativen“ horizontalen Direktwirkung** der Richtlinie führen. So dürfen nationale Vorschriften, die nicht richtlinienkonform ausgelegt werden können, auch in einem Rechtsstreit zwischen Privaten nicht angewendet werden (EuGH 17.4.18 – C-414/16, NZA 18, 569 „Egenberger“; EuGH 22.11.05 – C-144/04 „Mangold“, NZA 05, 1345). Eine Richtlinie kann allerdings keine Verpflichtung des einzelnen EU-Bürgers begründen; hieraus folgt, dass ein Einzelner sich nicht auf eine Richtlinie gegenüber einer anderen natürlichen oder juristischen Person des privaten Rechts berufen kann; es gibt **keine unmittelbare „positive“ horizontale Direktwirkung** (EuGH 14.7.94 – C-91/92, NJW 94, 2473). Schließlich ist nach Auffassung des EuGH zu prüfen, ob hinter einer (nicht umgesetzten) Richtlinie allgemeine **Rechtsprinzipien** stehen, die sich aus den gemeinsamen Verfassungstraditionen der Mitgliedstaaten ergeben und die **im Range des Primärrechts unmittelbare Geltung** beanspruchen (*Riesenhuber* Europäisches Arbeitsrecht § 1 Rn 66 f, § 11 Rn 49). Ist dies, wie zB bei dem Verbot der Altersdiskriminierung der Fall, scheide die Anwendung jeder entgegenstehenden Norm des nationalen Rechts auch zwischen Personen des Privatrechts aus (EuGH 22.11.05 – C-144/04 „Mangold“, NZA 05, 1345; EuGH 19.1.10 – C-555/07 „Kücükdeveci“, NZA 10, 85; → *Diskriminierung* Rn 20; kritisch *Preis* NZA 06, 401).

6 **3. Rechtssetzungskompetenzen im Arbeitsrecht.** Eine umfassende Ermächtigung zur Rechtssetzung auf dem Gebiet des Arbeits- oder Sozialrechts kennt das Unions-Recht nicht. Die einzige in erster Linie sozialpolitisch motivierte Kompetenznorm stellte lange Zeit der durch die Einheitliche Europäische Akte von 1987 in Kraft getretene Art 154 AEUV dar, welcher der Gemeinschaft die Möglichkeit zum Erlass von Richtlinien zur Verbesserung der Arbeitsumwelt einräumt. Eine spezielle, wenn auch wirtschaftspolitisch

motivierte Zuweisung enthält weiter Art 46 AEUV zur Umsetzung der in Art 45 AEUV garantierten Freizügigkeit. Die meisten arbeitsrechtlichen Regelungen der Union beruhen allerdings nicht auf diesen Spezialzuweisungen, sondern auf den **allgemeinen Kompetenznormen zur Rechtsangleichung** in Art 115, 114 AEUV. Danach besteht (auch für das Arbeitsrecht) eine Rechtssetzungszuständigkeit der EU, wenn die Errichtung oder das Funktionieren des Gemeinsamen Marktes (Art 115 AEUV) bzw des Binnenmarktes (Art 114 AEUV) durch nationales Recht behindert werden. Welche arbeitsrechtlichen Fragen der Harmonisierung nach Art 115, 114 AEUV dienen, ist in einem weit gesteckten Rahmen eine politische Frage und liegt insoweit im Ermessen des Rates. Eine Kompetenzausweitung für bestimmte Bereiche des Arbeitsrechts (zB Gleichbehandlung von Männern und Frauen, Arbeitsbedingungen) enthalten Art 151 ff AEUV. Diese Vorschriften haben ihren Ursprung in dem Protokoll über die Sozialpolitik, das dem Maastricht-Vertrag beigefügt war und nicht für Großbritannien galt. Die **Vereinheitlichung der Rechtsgrundlagen für alle Mitgliedstaaten** erfolgte durch den Vertrag von Amsterdam. Ausdrücklich ausgeschlossen wird die Zuständigkeit der Union für „das Arbeitsentgelt, das Koalitionsrecht, das Streikrecht sowie das Aussperrungsrecht" (Art 153 Abs 5 AEUV).

Unabhängig davon, auf welche Ermächtigungsgrundlage der europäische Gesetzgeber zurückgreift, unterliegt er bei seiner Rechtssetzungstätigkeit dem Subsidiaritätsprinzip und dem Grundsatz der Verhältnismäßigkeit. Das **Subsidiaritätsprinzip** bedeutet insbes, dass in den Bereichen, die nicht in die ausschließliche Zuständigkeit der EU fallen, diese nur tätig wird, sofern und soweit die Ziele der in Betracht gezogenen Maßnahmen auf Ebene der Mitgliedstaaten nicht ausreichend erreicht werden können, sondern wegen ihres Umfanges oder ihrer Wirkungen besser auf Unionsebene zu verwirklichen sind (Art 5 Abs 3 EUV). Der **Grundsatz der Verhältnismäßigkeit** gebietet, dass die Maßnahmen der Union nicht über das für die Erreichung der Ziele der Verträge erforderliche Maß hinausgehen dürfen (Art 5 Abs 4 EUV). **7**

**4. Europäischer Gerichtshof und nationale Gerichtsbarkeit.** Der EuGH ist das rechtsprechende Organ der EU und zuständig für die Wahrung des Rechtes bei der Auslegung und Anwendung des Unionsrechtes (Art 19 EUV). Die Zuständigkeit des Gerichtshofs ist abschließend aufgezählt und ergibt sich im Einzelnen aus Art 258, 259, 261, 263, 265, 267–279 AEUV, wobei von besonderer Bedeutung das Vertragsverletzungsverfahren gem Art 258 AEUV und das Vorabentscheidungsverfahren gem Art 267 AEUV sind. Gem Art 256 AEUV ist dem EuGH ein Gericht 1. Instanz (EuG) beigeordnet; das Gericht 1. Instanz ist nicht zuständig für Vorabentscheidungen nach Art 267 AEUV (Art 256 Abs 1 Satz 2 AEUV). **8**

Für das Arbeitsrecht von besonderer Bedeutung ist das **Vorabentscheidungsverfahren** gem § 267 AEUV. Auch wenn der einzelne ArbGeb oder ArbN nicht vor dem EuGH klagen bzw verklagt werden kann, bedeutet dies nicht, dass die Wahrung und Auslegung von Unionsrecht in die Hände der nationalen (Arbeits)Gerichte gelegt wäre. Vielmehr sind die nationalen Arbeitsgerichte zur Aussetzung des Rechtsstreits und zur Vorlage an den EuGH berechtigt bzw verpflichtet, soweit ein Rechtsstreit von der Auslegung oder Gültigkeit von europäischen Rechtsnormen abhängt. **Zur Vorlage verpflichtet** sind alle Gerichte, deren Entscheidungen selbst nicht mehr mit Rechtsmitteln des innerstaatlichen Rechts angefochten werden können (Art 267 Abs 3 AEUV). Vorlageverpflichtet sind damit nicht nur die obersten Gerichte, sondern auch Instanzgerichte, soweit gegen deren Entscheidungen kein ordentliches Rechtsmittel mehr gegeben ist. Das LAG ist damit zur Vorlage verpflichtet, soweit es die Revision zum BAG nicht zulässt (streitig, wie hier *Geiger* EG-Vertrag, Art 234 Rn 14). Kommt ein letztinstanzliches Gericht seiner Vorlagepflicht gem Art 267 Abs 3 AEUV nicht nach, stellt dies eine Verletzung des Rechts auf den gesetzlichen Richter gem Art 101 Abs 1 Satz 2 GG dar (BVerfG 22.10.86 – 2 BvR 197/83, NJW 87, 577). Dies hat das BVerfG bejaht, soweit das BAG in einer Rechtsfrage des Unionsrechts (hier zur Auslegung der durch § 17 KSchG umgesetzten MERL) eine eigene Lösung entwickelt, die nicht auf die bestehende EuGH-Rspr zurückgeführt werden kann und insoweit die Voraussetzungen einer Vorlagepflicht verkennt (BVerfG 25.2.10 – 1 BvR 230/09, NZA 10, 439; *Thüsing/Pötters/Traut* NZA 10, 930). Legt die betroffene Partei erfolgreich **Verfassungsbeschwerde** gegen die ablehnende Entscheidung des letzt- **9** instanzlichen Gerichts ein, so wird dieses gezwungen, die Vorlage an den EuGH nach Aufhebung seiner Entscheidung durch das BVerfG nachzuholen (MünchArbR/*Birk* § 18 Rn 129). Das BVerfG hat jedoch jüngst klargestellt, dass nicht jede Verletzung der unionsrechtlichen Vorlagepflicht einen Verstoß gegen Art 101 Abs 1 Satz 2 GG darstelle. Nur wenn die Nichtvorlage willkürlich erscheine, komme eine Beanstandung in Frage; das seien die Fälle, in denen das letztinstanzliche Hauptsachegericht die Vorlagepflicht verkenne, obwohl es Zweifel hinsichtlich der entscheidungserheblichen Rechtsfrage hege, bewusst von der EuGH-Rspr abweiche oder seinen Beurteilungsrahmen in unvertretbarer Weise überschreite. Das BVerfG sieht sich nicht als „oberstes Vorlagenkontrollgericht" (BVerfG 6.7.10 – 2 BvR 2661/06, NZA 10, 995; BVerfG 29.5.12 – 1 BvR 3201/11, NZA 13, 164).

**10** Voraussetzung für eine Vorlageverpflichtung bzw -berechtigung ist, dass die europarechtliche Vorfrage **entscheidungserheblich** ist (EuGH 24.5.77 – Rs 107/76, NJW 77, 1585). Dem nationalen Gericht kommt hier ein Beurteilungsermessen zu (EuGH 16.12.81 – C-JO24/08, BeckEuRS 1981, 89978). Der EuGH lehnt ein vorgelegtes Vorabentscheidungsverfahren nur ab, wenn offensichtlich kein Zusammenhang zwischen der von diesem Gericht erwogenen Auslegung des Unionsrechts oder der Prüfung der Gültigkeit einer Vorschrift desselben einerseits und dem Gegenstand des Ausgangsrechtsstreits andererseits besteht (EuGH 26.1.90 – 286/88, BeckRS 2004, 72936). Die **Vorlagepflicht entfällt** auch dann, wenn bereits eine gesicherte Rspr des EuGH zu der entscheidungserheblichen Frage des Unionsrechts besteht oder wenn die richtige Anwendung des Unionsrechts derart offenkundig ist, dass keinerlei Raum für einen vernünftigen Zweifel an der Entscheidung der gestellten Frage besteht (EuGH 6.10.82 – Rs 283/81, NJW 83, 1257, sog **acte clair**). Darüber hinaus hat der EuGH in der Rechtssache Kücükdeveci einen weiteren Tatbestand für den Wegfall der Vorlagepflicht geschaffen: Ein nationales Gericht sei nicht verpflichtet, um Vorabentscheidung zu ersuchen, wenn der allgemeine **primärrechtliche Grundsatz der Altersdiskriminierung** einer nationalen Vorschrift entgegenstehe; dem nationalen Gericht stehe insoweit eine Verwerfungskompetenz zu (EuGH 19.1.10 – C-555/07, NZA 10, 85). Dieser Ansatz ist bedenklich und führt zu Rechtsunsicherheit, da zahlreiche Gleichheits- und Freiheitsrechte als allgemeine Grundsätze des Unionsrechts aus den völkerrechtlichen Vereinbarungen abgeleitet werden können. Zum anderen kann nach bisherigem Verständnis eine nationale Norm nur nach einer Vorlage zum BVerfG gem Art 100 GG als verfassungswidrig verworfen werden. Die Berechtigung des nationalen Gerichts zu einer **erneuten Vorlage** wird durch eine zu derselben Frage ergangene Entscheidung des EuGH nicht tangiert (EuGH 27.3.83, Slg 83, 63); ist in einem anderen Rechtsstreit zur selben Rechtsfrage bereits ein Vorabentscheidungsverfahren anhängig, ist die Aussetzung des Verfahrens gem § 148 ZPO analog zulässig (BAG 20.5.10 – 6 AZR 481/09, NZA 11, 710). Die Entscheidung des EuGH im Vorlageverfahren wirkt grds ex tunc; zur Sicherung des verfassungsrechtlichen Vertrauensschutzes s BVerfG 6.7.10 – 2 BvR 2661/06, NZA 10, 995.

**11** Problematisch kann die **Kompetenzabgrenzung** zwischen EuGH und nationalem (Verfassungs-)Gericht werden, wenn der EuGH rechtsfortbildend tätig wird und damit die Frage entsteht, ob die Rechtsfortbildung noch von einer EU-rechtlichen Kompetenzzuweisung gedeckt ist. Insofern reklamiert das BVerfG im Maastricht-Urteil für sich die Befugnis zu überprüfen, ob in der jeweiligen Rechtsfortbildung eine Änderung des Primärrechts zu sehen sei, die nicht mehr von Art 23 GG gedeckt und damit in Deutschland unverbindlich ist (BVerfG 12.10.93 – 2 BvR 2134/92 und 2 BvR 2159/92, NJW 93, 3047; zur grds Berechtigung einer sog **„Ultra-vires-Kontrolle"** und deren zurückhaltender Ausübung: BVerfG 6.7.10 – 2 BvR 2661/06, NZA 10, 995). Ob diese Doppelkompetenz angesichts der Vorlageverpflichtung auch des BVerfG durchgehalten werden kann, erscheint zweifelhaft (ausführlich zum Streitstand *Kirchhof* ZfA 92, 459; *Lenz* NJW 93, 3038). Gleichfalls Probleme bereitete unlängst die Berücksichtigung eines Urteils des **Europäischen Gerichtshofs für Menschenrechte (EGMR),** das auf **Konventionsverletzung durch die deutschen Arbeitsgerichte** in einem Kündigungsrechtsstreit erkannt hatte. Trotz festgestellter Verletzung lehnte das BAG eine Restitution ab, da eine Wiedereinstellung des Klägers dem rechtskräftigen klageabweisenden Urteil und damit der nationalen Rechtsordnung entgegenstehe (BAG 20.10.15 – 9 AZR 743/14, NZA 16, 299; iE → *Kirchenarbeitsrecht* Rn 14). Wegen des zum 1.1.07 eingeführten § 580 Nr 8 ZPO werden Neufälle bei entgegenstehendem EGMR-Urteil trotz eines rechtskräftig abgeschlossenen Verfahrens möglicherweise wieder aufgerollt werden müssen.

**5. Regelungsbereiche des EU-Arbeitsrechts.** Wie dargelegt existiert kein systematisches EU-Arbeitsrecht. Vielmehr sind die einzelnen Regelungsbereiche, in denen das deutsche nationale Arbeitsrecht durch EU-Recht überlagert bzw gestaltet wird, Ausdruck der lückenhaften und nur teilweise arbeitsrechtlich motivierten Ermächtigungsgrundlagen des europäischen Primärrechts. Im Folgenden soll ein Überblick in alphabetischer Reihenfolge über die durch EU-Recht ausgestalteten Bereiche des deutschen Arbeitsrechts gegeben werden; zT sind die Einzelheiten, soweit sie für die Personalarbeit von Relevanz sind, im systematischen Zusammenhang bei den jeweiligen Stichworten abgehandelt, auf die hier verwiesen werden kann. Ein ausführlicher Überblick über die Regelungen des EU-Arbeitsrechts mit Erläuterungen findet sich bei MünchArbR/*Oetker* § 10 Rn 25 ff. 12

**a) Arbeitsschutz.** Im Bereich des Arbeitsschutzes besteht ein relativ dichtes Netz von Normen zur Harmonisierung der Sicherheit am Arbeitsplatz. Ein Konzept lassen diese Regelungen allerdings erst ab 1980 erkennen, als der europäische Gesetzgeber dazu überging, unterschiedliche Einzelrichtlinien durch Rahmenrichtlinien zu verknüpfen. Die wichtige Rahmenrichtlinie über die Gefährdung durch Arbeitsstoffe 80/1107 vom 27.10.80 (ABlEG 80 Nr L 183/1) ist ins deutsche Recht durch die GefahrstoffVO umgesetzt. Die sog Arbeitsschutzrahmenrichtlinie vom 12.6.89 (ABlEG 89 Nr L 183/1), welche durch ausführende Einzelrichtlinien weitere Maßnahmen zur Verbesserung der Sicherheit am Arbeitsplatz vorsieht, ist jetzt durch das ArbSchG umgesetzt. Eine ausführende Einzelrichtlinie ist die sog Mutterschutz-RL vom 19.10.92 (ABlEG 92 Nr L 348/1), die zu einer Änderung des MuSchG durch Art 1 des Gesetzes zur Änderung des Mutterschaftsrechts vom 20.12.96 (BGBl I 96, 2110) geführt hat (dazu *Zmarzlik* DB 97, 474). Am 20.12.96 ist die VO zur Umsetzung von EG-Einzelrichtlinien (BGBl I 96, 1841) in Kraft getreten; mit dieser VO werden die RL 89/656/EWG vom 30.11.89 (ABlEG Nr L 393/18), 90/269/EWG vom 29.5.90 (ABlEG Nr L 156/9), 90/270/EWG vom 29.5.90 (ABlEG Nr L 156/14) und 89/654/EWG vom 30.11.1989 (ABlEG Nr L 393/1) zu Sicherheit und Gesundheitsschutz an bestimmten Arbeitsplätzen umgesetzt. Zu Einzelheiten → *Arbeitssicherheit/Arbeitsschutz* Rn 1 ff; → *Arbeitsstoffe, gefährliche* Rn 1 ff; → *Mutterschutz* Rn 1 ff. 13

**b) Arbeitsvertrag.** Die Nachweisrichtlinie vom 14.10.91 (ABlEG 91 Nr L 288/32) verpflichtet die Mitgliedstaaten sicherzustellen, dass die wesentlichen Bedingungen des Arbeitsvertrages schriftlich fixiert werden. Ein entsprechendes Schriftstück ist dem ArbN spätestens zwei Monate nach Aufnahme der Arbeit auszuhändigen. Die Umsetzung in deutsches Recht erfolgte durch das NachwG, das im Rahmen des Gesetzes zur Anpassung arbeitsrechtlicher Bestimmungen an das EG-Recht vom 20.7.95 (BGBl I 95, 946 ff) verabschiedet wurde. Einzelheiten → *Arbeitsvertrag* Rn 13, 44 ff. Die am 28.6.99 verabschiedete EG-Richtlinie 99/70 über befristete Arbeitsverhältnisse basiert auf einer Vereinbarung der europäischen Sozialpartner. Sie ist durch das zum 1.1.01 in Kraft getretene Gesetz über Teilzeitarbeit und Befristung (TzBfG) in deutsches Recht umgesetzt worden. 14

**c) Arbeitszeit.** Maßgeblich ist hier die RL 03/88/EG vom 4.11.03 über bestimmte Aspekte der Arbeitszeitgestaltung (ABlEU Nr L 299; hierdurch wurde die RL 93/104/EG abgelöst, durch deren Umsetzung am 1.7.94 das ArbZG in Kraft trat). Die Richtlinie stellt zum Schutz der Gesundheit der ArbN Mindeststandards auf, etwa über Ruhepausen, Höchstarbeitszeiten und Mindesturlaub. 15

**d) Betriebsübergang.** Bedeutsam ist insbes die RL 01/23/EG über die Wahrung von Ansprüchen der ArbN beim Übergang von Unternehmen, Betrieben oder Betriebsteilen vom 12.3.01 (ABlEG Nr L 82/16). Diese trat an die Stelle der RL 77/187/EWG vom 14.2.77 und schützt den ArbN davor, dass der Inhaberwechsel den Bestand des Arbeitsverhältnisses gefährdet, indem sie regelt, dass der neue Inhaber in dieses eintritt, kollektivvertragliche Arbeitsbedingungen fortgelten und Kündigungen aus Anlass des Betriebsübergangs unzulässig sind. Die Umsetzung der Richtlinien erfolgte vor allem durch Modifizierungen des § 613a BGB. Bereits mit der RL 98/50/EG vom 29.6.98 wurden bedeutsame Neuerungen für das deutsche Recht eingeführt, zB die Gewährleistung eines Übergangsmandats des BRats bei Teilbetriebsübergängen (Umsetzung durch § 21a BetrVG), Einschränkung des § 613a in der Insolvenz der ArbGeb durch § 128 InsO. 16

17 **e) Beschäftigtendatenschutz.** Seit dem 25.5.18 schafft die **Datenschutz-GrundVO** (DSGVO) in allen Mitgliedstaaten der EU ein gleichwertiges Schutzniveau bei der Verarbeitung personenbezogener Daten und beansprucht dort auch im Arbeitsverhältnis unmittelbare Geltung. Allerdings enthält die VO keine spezifischen ArbNDatenschutzregelungen, jedoch eine Öffnungsklausel in Art 88 DSGVO, die den Mitgliedsstaaten insoweit in engen Grenzen erlaubt, eigenständige Vorschriften im Beschäftigungskontext zu erlassen. Hiervon hat der deutsche Gesetzgeber durch das Datenschutz-Anpassungs- und -Umsetzungsgesetz EU (DSAnpUG vom 30.6.17 – BGBl I 17, 2097) Gebrauch gemacht und mit Wirkung zum 25.5.18 ein neues BDSG erlassen. Nunmehr sind in § 26 BDSG nF Regelungen zum Umgang mit personenbezogenen Daten im Beschäftigungsverhältnis enthalten. Die Rechtmäßigkeit der Datenverarbeitung wird sich somit künftig sowohl am BDSG nF wie auch an der DSGVO messen lassen müssen. Hierzu *Düwell/Brink* NZA 17, 1081; → *Datenschutz* Rn 3 ff.

18 **f) Europäischer Betriebsrat.** Am 22.9.94 wurde die RL 94/45/EG (ABlEG 94 Nr L 254/64) über die Einsetzung eines Europäischen BRat oder die Schaffung eines Verfahrens zur Unterrichtung und Anhörung der ArbN in gemeinschaftsweit operierenden Unternehmen und Unternehmensgruppen verabschiedet. Die Richtlinie findet ihre Ermächtigungsgrundlage in dem Protokoll über die Sozialpolitik, das dem Vertrag über die EU beigefügt ist. Die Umsetzung der Richtlinie in Deutschland erfolgte durch das Gesetz über Europäische Betriebsräte (EBRG) vom 28.10.96 (BGBl I 96, 1548 ff). Das Gesetz gilt gem §§ 2, 3 EBRG für unionsweit tätige Unternehmen mit Sitz im Inland bzw für unionsweit tätige Unternehmensgruppen mit Sitz des herrschenden Unternehmens im Inland, wenn das Unternehmen bzw die Unternehmensgruppe mindesten 1000 ArbN in den Mitgliedstaaten und jeweils mindesten 150 ArbN in mindestens zwei Mitgliedstaaten beschäftigt. Die Installation eines Europäischen BRat ist nur subsidiär vorgesehen. Nach der Konzeption des Gesetzes (ebenso wie der Richtlinie) vorrangig ist eine Vereinbarung zwischen der zentralen Unternehmensleitung und einem besonderen Verhandlungsgremium der ArbNSeite, in der die Strukturen und Kompetenzen der ArbNVertretung festgelegt werden. Nur wenn eine solche Vereinbarung nicht zustande kommt, ist ein Europäischer BRat gem §§ 22, 23 EBRG zu errichten. Dem kraft Gesetzes errichteten Europäischen BRat stehen nur Unterrichtungs- und Anhörungsrechte zu (§§ 29, 30 EBRG).

19 Als Folge der neugefassten RL 09/38/EG vom 6.5.09 (ABl EU 09 Nr L 122/28) sind am 18.6.11 **Neuregelungen des EBRG** (BGBl I 11, 1050) in Kraft getreten; deren wesentlicher Inhalt ist die rechtzeitige Information und Anhörung des Europäischen BRat über geplante Maßnahmen des Unternehmens, die die ArbN betreffen (zB Umstrukurierungen). Hierdurch wird sichergestellt, dass die Interessen der ArbN in europaweit tätigen Unternehmen ausreichend berücksichtigt werden und bereits in die Entscheidungsfindung der Unternehmen miteinfließen. Neu ist ebenfalls das Recht auf Teilnahme an erforderlichen Schulungen.

20 **g) Freizügigkeit.** Das Recht der Freizügigkeit ist in Art 45, 46 AEUV normiert und wird durch die sog Freizügigkeitsverordnung 1612/68, die sog Verbleibeverordnung 1251/70 sowie durch eine Reihe von Richtlinien für das Einreise- und Aufenthaltsrecht ausgestaltet. Soweit eine Umsetzung des EURechts erforderlich war, erfolgte sie in Deutschland durch das Gesetz über die allgemeine Freizügigkeit von Unionsbürgern (FreizügG/EU) und das AufenthG/EWG. Die Freizügigkeit beinhaltet zunächst das Recht, sich zur Ausübung einer Beschäftigung innerhalb der Union frei zu bewegen. Für den **ArbN selbst** ergibt sich dieses Recht unmittelbar aus Art 45 Abs 3 AEUV; die Vorschriften des FreizügG/EU dienen nur der näheren Ausgestaltung. So bedürfen Unionsbürger gem § 2 Abs 4 FreizügG/EU für die Einreise keines Visums und für den Aufenthalt keines Aufenthaltstitels. Für **Familienangehörige** des ArbN ergibt sich das Aufenthaltsrecht aus der RL 04/38/EG (zuvor Art 10–12 der VO 1612/68) und § 3 FreizügG/EU. Hierbei handelt es sich um eine abgeleitete Freizügigkeit, welche vom Aufenthaltsrecht des ArbN in Grund und Ausmaß abhängig ist. Art 17 RL 04/38/EG, umgesetzt durch §§ 2, 4, 4a FreizügG/EU, gewährt dem ArbN und seinen Familienangehörigen im Hoheitsgebiet eines Mitgliedstaates unter gewissen Voraussetzungen ein Bleiberecht für die Zeit nach dem Ende der Beschäftigung.

21 Das Aufenthaltsrecht steht gem Art 45 Abs 3 AEUV unter dem **Vorbehalt der öffentlichen Ordnung,** Sicherheit und Gesundheit. Die danach zulässigen Beschränkungen von Einreise- und Aufenthalt von Ausländern sind konkretisiert durch Art 27 ff RL 04/38/EG

und durch § 6 FreizügG/EU in deutsches Recht umgesetzt worden. Der Vorbehalt ist eng auszulegen und wird durch das Verhältnismäßigkeitsprinzip beschränkt.

Neben der Bewegungsfreiheit innerhalb der Gemeinschaft umfasst die Freizügigkeit weiter das Recht des ArbN auf **freien Zugang zu einer Beschäftigung** in einem anderen Mitgliedstaat. Dieses ist ausdrücklich in Art 1 Abs 1 der VO 1612/68/EWG normiert. Für ausländische ArbN aus Mitgliedstaaten dürfen gem Art 6 Abs 1 der VO 1612/68 keine strengeren Anforderungen gelten als für inländische. Auch bei identischen Bedingungen für in- und ausländische ArbN kann eine mit dem Freizügigkeitsrecht nicht zu vereinbarende Behinderung vorliegen (vgl zu den [früheren] Transferentschädigungsregeln im Profifußball EuGH 15.12.95 – Rs C-415/93 „Bosman", NZA 96, 191). Allerdings ist es den Mitgliedstaaten derzeit zT noch möglich, aufgrund nationalen Rechts besondere Befähigungsnachweise zu verlangen, soweit die Union hierzu keine Regeln aufgestellt hat. Der europäische Gesetzgeber hat hier in den letzten Jahren durch verschiedene Einzelrichtlinien, insbes zur wechselseitigen Anerkennung von Hochschuldiplomen, nachgebessert (Nachweise bei *Krimphove* Europäisches Arbeitsrecht, S 123). 22

Der dritte Aspekt der Freizügigkeit ist die **Gleichbehandlung bei der Ausübung der Beschäftigung.** Gem Art 39 Abs 2 EGV, Art 7 der VO 1612/68/EWG bezieht sich die Pflicht zur Gleichbehandlung sowohl auf die individualrechtliche Begründung und Ausgestaltung des Arbeitsverhältnisses als auch auf die Ausgestaltung des Arbeitsverhältnisses durch die Tarifvertragsparteien und den BRat. Art 8 Abs 1 Satz 1 der VO 1612/68/EWG erweitert die Verpflichtung zur Gleichbehandlung insoweit, als jeder ArbN aus einem Mitgliedsland Anspruch auf gleiche Behandlung hinsichtlich der Zugehörigkeit zu Gewerkschaften und der Ausübung gewerkschaftlicher Rechte einschließlich des Wahlrechts sowie des Zugangs zur Verwaltung oder zur Leitung von Gewerkschaften hat. 23

**h) Gleichbehandlung.** Im AEUV ist lediglich in Art 157 der **Grundsatz der Lohngleichheit zwischen Mann und Frau** verankert. Niederschlag fand dieser Grundsatz zunächst in der RL 75/117/EWG vom 10.2.75, zudem erfolgte eine Ausweitung dieses Gesichtspunkts zum umfassenden Grundsatz der Gleichbehandlung der Geschlechter vor allem durch die RL 76/207/EG zur Verwirklichung des Grundsatzes der Gleichbehandlung von Männern und Frauen hinsichtlich des Zugangs zur Beschäftigung, zur Berufsbildung und zum beruflichen Aufstieg sowie in Bezug auf die Arbeitsbedingungen vom 9.2.76. Mit der RL 2006/54/EG zur Verwirklichung der Chancengleichheit und Gleichbehandlung von Männern und Frauen in Arbeits- und Beschäftigungsfragen vom 5.7.06 wurden ua diese beiden RL mit Wirkung vom 15.8.09 aufgehoben und die bisherigen Bestimmungen in einer einheitlichen Regelung neugefasst. Nunmehr hat der deutsche Gesetzgeber in Umsetzung der EU-rechtlichen Vorgaben mit dem zum 6.7.17 in Kraft getretenen Entgelttransparenzgesetz (EntgTranspG – BGBl I 17, 2152) einen rechtlichen Rahmen für die Durchsetzung der Entgeltgleichheit zwischen Männern und Frauen im Betrieb geschaffen (→ *Entgelttransparenz* Rn 1 ff). 24

Der **Verhinderung von Benachteiligungen** wegen Rasse und ethnischer Herkunft dient die RL 2000/43/EG; zudem schützt die RL 2000/78/EG vor Benachteiligung wegen Religion, Weltanschauung, Behinderung, Alter und sexueller Ausrichtung. Beide Richtlinien, die an sich schon im Jahre 2003 umzusetzen waren, sind in dem am 18.8.06 in Kraft getretenen Allgemeinen Gleichbehandlungsgesetz (AGG) in nationales Recht umgesetzt worden (→ *Diskriminierung* Rn 1 ff). 25

**i) Massenentlassungen.** § 17 KSchG erhielt seine frühere Fassung im Wege der Umsetzung der RL 75/129/EWG über Massenentlassungen vom 17.2.75 (ABlEG 75 Nr L 48/29). Die Änderung dieser Richtlinie durch die RL 92/56/EWG zur Angleichung der Rechtsvorschriften der Mitgliedstaaten über Massenentlassungen vom 24.6.92 (ABlEG 92 Nr L 245/3) veranlasste den Gesetzgeber zur Anpassung des § 17 KSchG durch das Gesetz zur Anpassung arbeitsrechtlicher Bestimmungen an das EG-Recht vom 20.7.95 (BGBl I 95, 946). Schließlich sind mit der am 1.5.99 in Kraft getretenen RL 98/59/EG (vom 20.7.98, ABlEG 98 Nr L 225/16) die Texte der RL 75/129/EWG und 92/56/EWG zusammengefasst und abgelöst worden. Ziel waren zum einen ein verbesserter ArbNSchutz (Erwägungsgrund Nr 2) zum anderen der Abbau von Unterschieden in nationalen Regelungen im Interesse des Binnenmarktes (Erwägungsgründe Nr 3 und 4). Die RL 98/59/EG schafft für den deutschen Gesetzgeber wohl keinen neuen Regelungsbedarf, ist aber Maßstab für die 26

Europarechtskonformität der §§ 17 ff. Anpassungsbedarf ergibt sich im Hinblick auf die Junk-Entscheidung des EuGH (EuGH 27.1.05 – Rs C-188/03, NZA 05, 212). Einzelheiten → *Massenentlassung* Rn 8 ff.

27 **j) Sozialvorschriften im Straßenverkehr.** Arbeitsrechtliche Regelungen für den Bereich des Straßenverkehrs enthalten die VO 3820/85 und 3821/85. Regelungsgegenstand ist vor allem die Sicherheit des Fahrpersonals durch Vorschriften über Lenk- und Ruhezeiten sowie das Verbot sicherheitsbeeinträchtigender Leistungslohnsysteme. Bei den VO handelt es sich um „hinkende Verordnungen", welche durch den Erlass nationaler Vorschriften ausgefüllt werden müssen.

**B. Lohnsteuerrecht** *Weil*

28 **1. Allgemeines.** Im Gegensatz zur Umsatzsteuer und anderen Verbrauchsteuern (Art 113 AEUV) enthalten EUV und AEUV keine Ermächtigung zur Steuerharmonisierung der ESt, so dass den EU-Organen keine Kompetenz zu einer europaweit einheitlichen Besteuerung der ArbN zusteht (*Frenz/Distelrath* DStZ 10, 246). Allerdings finden materielle Direktiven des AEUV, nämlich das **Diskriminierungsverbot** (Art 18 AEUV; → *Diskriminierung* Rn 143 ff), das Recht auf **Arbeitnehmer-Freizügigkeit** (Art 45 AEUV) und auf **Dienstleistungsfreiheit** (Art 56 AEUV) unmittelbare Anwendung auf nationales Recht (EuGH 5.7.07 – C-522/04, NJW 08, 1059). Sie bestimmen und begrenzen den Ermessensspielraum des nationalen Gesetzgebers (→ *Diskriminierung* Rn 143 ff; *Gosch* DStR 07, 1553; EuGH 18.7.07 – C-182/06, DStR 07, 1339). Die Grundfreiheiten des AEUV sind in den Mitgliedstaaten der EU unmittelbar geltendes Recht (BFH 28.5.09 – VI R 27/06, BStBl II 09, 857). EU-Recht geht dem innerstaatlichen Recht und den DBA vor (BFH 21.10.08 – X R 15/08, BFH/NV 09, 559; zu den Auswirkungen *Rüping* IStR 08, 575). Art 45 AEUV ist in den Mitgliedstaaten der EU unmittelbar geltendes Recht (BFH 24.3.98 – I B 100/97, DStR 98, 1016), ebenso Art 56 AEUV. Die Charta der Grundrechte der Europäischen Union (Grundrechtecharta), die im Zusammenhang mit dem **Vertrag von Lissabon** vom 13.12.07 von allen EU-Staaten verabschiedet und ratifiziert wurde und in Kraft ist seit 1.12.09, erlangt durch alle Mitgliedstaaten der EU Rechtsverbindlichkeit (BVerfG 30.6.09 – 2 BvE 2/08, NJW 09, 2267). Das Prinzip des Vorrangs des EU-Rechts gilt auch bei der Auslegung von § 9 Abs 1 und § 12 Nr 1 EStG (BFH 13.6.02 – VI R 168/00, BFH/NV 02, 1517; → *Auslandsreise* Rn 19; → *Fortbildung* Rn 29) sowie von § 10 Abs 1 EStG (EuGH 13.11.03 – C-209/01, IStR 04, 60 zu § 10 Abs 1 Nr 8 EStG bis 2001 und BFH 26.5.04 – I R 113/03, BStBl II 04, 994 zu § 10 Abs 1 Nr 6 EStG; → *Ausländer* Rn 47) und § 10 Abs 2 EStG, s → *Sonderausgaben* Rn 7, → *Diskriminierung* Rn 147. Nur wenn EU-Recht, also eine EU-RL, den Vorrang nationalen Rechts anerkennt, geht insoweit nationales Recht dem EU-Recht vor (BFH 4.6.03 – VII B 138/01, BStBl II 03, 790 zum Datenschutz; → *Datenschutz* Rn 42). So stehen alle Vorschriften des EStG, die Inländern gegenüber EU-Ausländern eine Bevorzugung gewähren, auf dem Prüfstand mit EU-Konformität (*Kessler/Spengel* DB 11, Beilage Nr 1, 1 ff; → *Diskriminierung* Rn 144 ff). Das Gesetz zur Änderung steuerlicher EU-Vorgaben (BGBl I 10, 386) hat die beschränkte Steuerpflicht (§ 1 Abs 4 EStG) erweitert (→ *Ausländer* Rn 42) sowie Öffnungen bei der Riester-Rente gebracht (→ *Altersvorsorgevermögen* Rn 7). Zum Einfluss von EU-Recht auf die Pfändung einer Altersrente s → *Altersrente* Rn 15, → *Pfändung* Rn 44.

29 **2. EU-Richtlinien** (Art 288 AEUV), die für die Besteuerung der ArbN bedeutsam sind:

30 **a) Amtshilfe.** Die zuständigen Behörden der Mitgliedstaaten erteilen sich auf Grund einer EU-Richtlinie gegenseitig alle Auskünfte, die für die zutreffende Festsetzung der Steuern geeignet sein können; s hierzu das **EUAHiG** (→ *Datenschutz* Rn 46; → *Ausländer* Rn 40; zum *Spendenabzug* ins EU-Ausland § 10b Abs 1 Satz 2 ff EStG). Dem Auskunftsaustausch steht das **Bankgeheimnis** (§ 30a AO) nicht entgegen (BFH 4.9.2000 – I B 17/00, BStBl II 2000, 648). Die Finanzbehörden haben seit 2006 die Möglichkeit, im Rahmen eines Steuerstrafverfahrens Bankkonten im EU-Ausland mittels Auskunftsersuchen aufzuspüren und der inländischen Besteuerung zuzuführen (*Kutzner* DStR 06, 639). Aufgrund der Richtlinie 2010/24 v 16.3.10 ist das Gesetz zur Umsetzung der Beitreibungsrichtlinie erlassen worden, das die EU-weite Amtshilfe bei der Steuererhebung (Beitreibung) (AO-Handbuch Anhang 10) regelt. Die Amtshilfe innerhalb der EU erstreckt sich auf alle Steuern

einschließlich steuerliche Nebenleistungen (§ 3 Abs 4 AO). Sie unterliegt dem Steuergeheimnis (§ 30 AO). Der Informationsaustausch erfolgt durch elektronische Übermittlung von Sprachbarrieren überwindenden Formblättern. Ein einheitlicher Titel für Vollstreckungsmaßnahmen sichert die Zustellung von Dokumenten. Es werden Beitreibungs- und Sicherungsmaßnahmen über die Grenze ermöglicht. Der Stpfl hat somit keinen Anspruch auf Unterbindung des grenzüberschreitenden Informationsaustausches. Zur bisherigen (Un-)Zulässigkeit von EU-Amtshilfe BFH 3.11.10 – VII R 21/10, BStBl II 11, 401; zum Rechtsschutz bei EU-Rechtsfragen BFH 30.9.10 – III R39/08, BStBl II 11, 11; hierzu *Wedelstadt* DB 11, 396.

**b) Grenzgängerbesteuerung** → *Grenzgänger* Rn 2 ff; → *Ausländer* Rn 38, 39, 45. 31

**c) Entsendung** → *Arbeitnehmerentsendung* Rn 18; → *Ausländer* Rn 46; → *Auslandstätigkeit* Rn 44. 32

**d) Andere Bereiche. aa)** Stipendien (§ 3 Nr 44 EStG) s → *Berufsausbildungsförderung* Rn 6. 33

**bb)** Für einen bestandskräftigen Steuerbescheid, der gegen EU-Recht verstößt, gilt kein günstigeres Änderungssystem als §§ 172 ff AO. Die nachträgliche Erkenntnis des Verstoßes gegen EU-Recht ist kein eigener Änderungsgrund (BFH 16.9.10 – V R 57/09, DStR 10, 2400; hierzu *Geuenich* BB 11, 100; *Levedag* HFR 11, 262).

**cc)** Die Vergütung von EU-Bediensteten ist im Inland steuerfrei (Art 343 AEUV), so dass Aufwendungen, die mit dieser Tätigkeit im Zusammenhang stehen, im Inland nicht als Werbungskosten berücksichtigt werden können (§ 3c EStG; → *Auslandstätigkeit* Rn 61).

**dd)** Kindergeld (§§ 62 ff EStG) s → *Kindergeld* Rn 4 ff.

**ee)** Zu Fragen des Verhältnisses zwischen EU und der **Schweiz** ua EuGH 28.2.13 C-425/11, DStR 13, 514; 19.11.15 – C-241/14, DStRE 16, 338; 21.9.16 C-478/15, DStR 16, 2331.

**3. EU-Verordnungen** (Art 288 AEUV) betr die Besteuerung von ArbN bestehen gegenwärtig nicht. 34

## C. Sozialversicherungsrecht *Ruppelt*

**I. Allgemeines. 1. Rechtsquellen.** Für den gesamten Regelungsbereich des SGB bestimmt § 30 Abs 2 SGB I den **Vorrang des primären und sekundären Unionsrechts** gegenüber dem innerstaatlichen Recht. Das **primäre Unionsrecht** sind die Verträge zwischen den vertragsschließenden Staaten. Das ist der Vertrag über die Europäische Union vom 7.4.92 idF des Vertrags von Lissabon vom 13.12.07 (EUV) und der Vertrag über die Arbeitsweise der Europäischen Union (AEUV), der an die Stelle des EG-Vertrages getreten ist. **Sekundäres Unionsrecht** ist das von den EU-Organen gesetzte Recht (EU-Richtlinien, EU-Verordnungen). Da durch die Europäischen Verträge in Gestalt der EU eine supranationale, gegenüber der Staatsgewalt der Mitgliedstaaten selbstständige, öffentliche Gewalt entstanden ist, wird nationales Recht **verdrängt,** soweit dieses mit primärem oder sekundärem Unionsrecht nicht in Einklang steht. Im Bereich des koordinierenden Sozialrechts (→ Rn 39) bleiben nationale Rechtsvorschriften allerdings weiterhin anwendbar, wenn diese im Vergleich zum Sekundärrecht weitergehende Ansprüche vorsehen. So begründen die sekundärrechtlichen Normen hinsichtlich des Umfangs eines sachleistungsersetzenden Kostenerstattungsanspruchs im KV-Recht lediglich eine Mindesthöhe (BSG 30.6.09 – B 1 KR 22/08 R, SozR 4–2500 § 13 Nr 23; LSG BaWü 26.6.12 – L 11 KR 2811/11, BeckRS 2012, 71688). 36

**2. Die Überordnung des Unionsrechts** über nationales Recht hat zur Folge, dass die EU-Bürger sich vor ihren nationalen Gerichten auf geltendes Unionsrecht berufen können, wenn nationales Recht ihrem Begehren entgegensteht. **Verfassungsrechtlich** ergibt sich der Vorrang des Unionsrechts aus den Zustimmungsgesetzen zu den Gründungsverträgen der EU iVm Art 24 Abs 1 GG. Daraus folgt die Verpflichtung deutscher Gerichte, das Unionsrecht anzuwenden und diesem den Vorrang vor kollidierenden nationalen Rechten einzuräumen. Ist Auslegung oder Gültigkeit des supranationalen Rechts im konkreten Fall zweifelhaft, die Beantwortung dieser Fragen aber entscheidungserheblich, so ist das nationale 37

Gericht berechtigt (das letztinstanzliche nationale Gericht verpflichtet), eine **Vorabentscheidung** des EuGH einzuholen.

38 **II. Grundprinzipien des EU-Rechts.** Grundprinzipen des sozialrechtlichen Unionsrechts sind die **Gleichbehandlung** (Art 18 ff AEUV) und die **Freizügigkeit** (Art 45 AEUV) der Unionsbürger in den Mitgliedstaaten (Art 20 Abs 2 Satz 2 AEUV). Daraus folgt die Rechtswidrigkeit aller Regelungen und Maßnahmen, die einen Staatsangehörigen eines Mitgliedstaats davon abhalten können oder daran hindern, seinen Herkunftsstaat zu verlassen, wenn sie unabhängig von der Staatsangehörigkeit der Betroffenen Anwendung finden. Mit Art 45 AEUV soll nämlich verhindert werden, dass ein Arbeitnehmer, der von seinem Recht auf Freizügigkeit Gebrauch gemacht hat und in mehr als einem Mitgliedstaat beschäftigt war oder ist, ohne objektiven Grund schlechter gestellt wird als ein Arbeitnehmer, der seine gesamte berufliche Laufbahn in einem einzigen Mitgliedstaat zurückgelegt hat (EuGH 7.3.18 – C-651/16, BeckRS 2018, 2450). Hinzu tritt die **Freiheit des Dienstleistungs- und Warenverkehrs** (Art 56 ff AEUV). Ursprünglich bedeutete Freizügigkeit das Recht der Unionsbürger, sich zur Ausübung einer Beschäftigung oder Erwerbstätigkeit innerhalb der Union frei zu bewegen. Nunmehr umfasst die **Freizügigkeit** auch alle Unionsbürger, die sich im weitesten Sinne in Zusammenhang mit einer Beschäftigung oder Erwerbstätigkeit in einem Unionsstaat aufhalten (etwa Arbeitssuchende, Rentner, Familienangehörige, vorübergehend Erwerbsunfähige). Ein unbeschränktes freies Daueraufenthaltsrecht für alle Unionsbürger innerhalb der Union gibt es jedoch nach wie vor nicht. Näheres regelt das FreizügG/EU (BGBl I 04, 1950) auch hinsichtlich der Einschränkungen des Freizügigkeitsrechts für Staatsangehörige von Beitrittsstaaten. S → Rn 19 ff.

Der Grundsatz der **Gleichbehandlung der Unionsbürger** innerhalb der Union (Art 18 ff AEUV) steht sowohl unmittelbaren wie mittelbaren Diskriminierungen aufgrund der Staatsangehörigkeit entgegen. Dies bedeutet, dass nicht nur „offene" Ungleichbehandlungen von EU-Ausländern gegenüber Inländern mit dem Gemeinschaftsrecht unvereinbar sind, sondern auch indirekte Diskriminierungen, dh Regelungen, die nicht an die Staatsangehörigkeit anknüpfen, die aber aufgrund ihrer Ausgestaltung – zB der Anknüpfung an den Wohnort im Inland oder an einen anderen inlands- oder inländerbezogenen Gesichtspunkt – typischerweise von Ausländern nicht oder signifikant seltener erfüllt werden als von Inländern. Das Verbot der **mittelbaren Diskriminierung** erfasst mithin auch solche Tatbestände, die bei formaler Gleichbehandlung von Inländern und EU-Ausländern dazu führen, dass EU-Ausländer häufiger vom Bezug von Leistungen ausgeschlossen werden als Inländer. Gleichbehandlung von Beschäftigten innerhalb der EU bedeutet auf dem Gebiet des Sozialrechts somit, dass Beschäftigte aus anderen EU-Staaten im Rahmen des Systems der sozialen Sicherheit ihres Beschäftigungsstaates die gleiche Behandlung erfahren müssen wie solche Beschäftigte, die ihr ganzes Leben im Beschäftigungsstaat gelebt und gearbeitet haben. Gleiches gilt für selbstständig Erwerbstätige. So haben aus- und einwandernde Beschäftigte und Selbstständige aus EU-Staaten einen Anspruch darauf, dass die Rechte, die ihnen aufgrund des jeweiligen nationalen Sozialrechts zustehen, in derselben Weise festgestellt werden, wie dies bei inländischen Erwerbstätigen geschieht. Wohn-, Beschäftigungs- und Versicherungszeiten, die ein Beschäftigter in einem anderen Mitgliedstaat zurückgelegt hat und in seinen jetzigen Beschäftigungsstaat „mitbringt", sind deshalb von dem zuständigen Träger dieses Beschäftigungsstaates grds in derselben Weise zu berücksichtigen, als wären sie innerhalb seines Staatsgebiets und nach seinem Recht zurückgelegt worden. Zugleich haben aus- und einwandernde Erwerbstätige auch für ihre Familienmitglieder, die in einem anderen Mitgliedstaat als dem zuständigen Staat (idR dem Beschäftigungsstaat) wohnen, Anspruch auf Leistungen – insbes Familienleistungen – in demselben Umfang, wie sie für Familienangehörige gewährt werden, die in dem zuständigen Staat selbst wohnen. Werden im Wohnstaat ebenfalls entsprechende Leistungen gewährt, so steht dem Betroffenen in dem Fall, dass die entsprechenden Leistungen des Beschäftigungsstaates höher sind als diejenigen des Wohnsitzstaates, ein entsprechender Differenzbetrag zu.

39 **III. Sekundärrechtliche Regelungen der sozialen Sicherheit. 1. Koordination sozialer Sicherheit.** In der Folge des Vertrages von Lissabon und der damit verbundenen Veränderung der primärrechtlichen Grundlage gilt seit 2010 zur Koordination der Systeme

der sozialen Sicherheit die **VO (EG) 883/2004**, welche die VO (EWG) 1408/71 ersetzt hat. Wesentliches Merkmal ist die auf einzelne Sozialleistungsbereiche beschränkte **Koordinierung** des in den Unionsstaaten vielfältig geregelten Sozialrechts. Gleichwohl hat dies auch Auswirkungen auf die Ausgestaltung des nationalen SozVRechts. Das gilt insbes für den territorialen Anwendungsbereich, aber auch für das Leistungsrecht. Eine **Harmonisierung** des Sozialrechts der Mitgliedstaaten ist weder erfolgt noch angestrebt. Deshalb verdrängen sekundärrechtliche Ansprüche weitergehende nationale Ansprüche auf Leistungen nicht (→ Rn 36).

**2. Grundbestimmungen der VO (EG) 883/2004.** Für die einzelnen Leistungszweige der sozialen Sicherung gelten die Grundbestimmungen der VO (Art 5–10) jeweils vorbehaltlich der speziellen Regelungen dieser Leistungszweige (im Folgenden sind Art ohne Zusatz solche der VO (EG) 883/2004). 40

**a)** Nach Art 5 gilt innerhalb der Union auf dem Gebiet der sozialen Sicherheit grundsätzlich die **Tatbestandsgleichstellung.** Hat nach den Rechtsvorschriften des zuständigen Mitgliedstaats der Eintritt bestimmter Sachverhalte oder Ereignisse Rechtswirkungen, so berücksichtigt dieser Mitgliedstaat die in einem anderen Mitgliedstaat eingetretenen entsprechenden Sachverhalte oder Ereignisse, als ob sie im eigenen Hoheitsgebiet eingetreten wären. Gleiches gilt für den Bezug von Leistungen der sozialen Sicherheit. Hat nach den Rechtsvorschriften des zuständigen Mitgliedstaats der Bezug von Leistungen der sozialen Sicherheit oder sonstiger Einkünfte bestimmte Rechtswirkungen, so sind die entsprechenden Rechtsvorschriften auch bei Bezug von nach den Rechtsvorschriften eines anderen Mitgliedstaats gewährten gleichartigen Leistungen oder bei Bezug von in einem anderen Mitgliedstaat erzielten Einkünften anwendbar. Das gilt jedoch nur wenn die Leistungen ihrer Art nach vergleichbar sind. Das ist bei Vorruhestandsgeld und Altersrente nicht der Fall (EuGH 30.5.18 – C-517/16, BeckRS 2018, 9657) 41

**b)** Art 6 bestimmt den Grundsatz der **Zusammenrechnung** von Versicherungs-, Beschäftigungs- und Wohnzeiten sowie Zeiten einer selbstständigen Erwerbstätigkeit innerhalb der Union, sofern hiervon bestimmte sozialversicherungsrechtliche Ansprüche abhängig sind. 42

**c)** Art 7 verbietet im Rahmen der Gewährung von Geldleistungen vorbehaltlich von speziellen Regelungen (ausgenommen sind zB Geldleistungen bei Arbeitslosigkeit) die Anwendung von **Wohnortklauseln.** Geldleistungen dürfen nicht mit der Begründung verweigert werden, der Berechtigte wohne außerhalb des Leistungsstaates. Art 7 gilt nicht für **beitragsunabhängige Grundsicherungsleistungen**, die den notwendigen Lebensbedarf zu sichern bestimmt sind. Diese Geldleistungen sind nicht exportierbar (Art 70). 43

**d)** Art 10 schließt einen Anspruch auf mehrere Leistungen aus denselben Pflichtversicherungszeiten aus **(Verbot des Zusammentreffens von Leistungen).** 44

**3. Persönlicher Geltungsbereich.** Die in allen Mitgliedstaaten verbindliche VO (EG) 883/2004 gilt für alle Staatsangehörigen der Mitgliedstaaten, die in ein System der sozialen Sicherung eines Mitgliedstaates einbezogen sind oder waren (Art 2). Unter dieser Voraussetzung auch für aufgenommene Flüchtlinge oder Staatenlose. Die VO gilt für Beschäftigte und selbstständig Erwerbstätige sowie deren Familienangehörige und Hinterbliebene gleichermaßen. Entsprechendes gilt für Bürger des **Europäischen Wirtschaftsraums** (Norwegen, Island, Lichtenstein) und der **Schweiz**. 45

**4. Sachlicher Geltungsbereich.** Die Verordnung gilt nach Art 3 für 46

- Leistungen bei Krankheit (einschließlich Pflegebedürftigkeit) sowie Leistungen bei Mutterschaft und gleichgestellte Leistungen bei Vaterschaft (Art 17–35);
- Leistungen bei Invalidität (Art 44–49);
- Leistungen bei Alter und Leistungen an Hinterbliebene (Art 50–60);
- Leistungen bei Arbeitsunfällen und Berufskrankheiten (Art 36–41);
- Sterbegeld (Art 42–43);
- Leistungen bei Arbeitslosigkeit (Art 61–65);
- Vorruhestandsleistungen (Art 66);
- Familienleistungen (Art 67–69).

Keine Anwendung findet die Verordnung auf Leistung der sozialen Entschädigung, wie Kriegs-, Gewaltopfer- oder Verfolgungsentschädigung. Das Gemeinschaftsrecht regelt die

Fälle der Verwirklichung eines sozialrechtlichen Ausgleichstatbestandes in einem anderen Mitgliedstaat nicht durch Generalklauseln, sondern durch auf die besonderen sozialrechtlichen Leistungsarten beschränkte Einzelregelungen.

47 **5. Bestimmung des Sozialrechtsstatuts (Art 11–16).** Das anwendbare nationale (Sozial-)Recht für abhängig Beschäftigte und selbstständig Erwerbstätige bestimmt sich nach dem Beschäftigungsstaat bzw. dem Staat, in dem der selbstständig Erwerbstätige seinen (Firmen-)Sitz hat (Art 11). Subsidiär findet das Recht des Wohnsitzstaates Anwendung, wenn ein Beschäftigungsstaat mangels Erwerbstätigkeit nicht feststellbar ist (→ *Auslandstätigkeit* Rn 75 ff).

In **Entsendungsfällen** ist ein Beschäftigter, der in einem anderen Mitgliedstaat auf Weisung des ArbG eine Beschäftigung ausübt, weiterhin dem Sozialrecht des entsendenden Staates unterworfen, sofern die Dauer der Entsendung 24 Monate (Verlängerung uU möglich: BSG 16.8.17 – B 12 KR 19/16 R, NZS 18, 366 mit Anm *Fuchs*) weder überschreitet, noch der entsandte Beschäftigte einen anderen Entsandten ablöst (Art 12). Entsprechendes gilt für selbstständig Erwerbstätige. Art 13 regelt die Zuständigkeit bei **Mehrfachbeschäftigten** in unterschiedlichen Staaten während eines Beitragsabrechnungszeitraums. Es findet das Recht des Staates Anwendung, in dem der wesentliche Teil der Erwerbstätigkeit ausgeübt wird (→ *Auslandstätigkeit* Rn 116 ff; → *A1-Bescheinigung* Rn 15 ff). Entsendebescheinigungen sind gds auch dann verbindlich, wenn der ausstellende Träger sie trotz nachträglicher Erkenntnis ihrer offensichtlichen materiellen Unrichtigkeit nicht zurücknimmt (EuGH 27.4.17 – C-620/15, BeckRS 2017, 108055; 6.2.18 – C-359/16, NZS 18, 544 mit Anm *Klein*). Hiervon kann allenfalls bei Betrug und Rechtsmißbrauch abgewichen werden (EuGH 9.6.18 – C-527/16, BeckRS 2018, 34508)

48 **6. Prinzipien Rentenversicherung (Art 44–60). a) Leistungen bei Invalidität (Art 44–49).** Bei der Gewährung von Invaliditätsleistungen an Versicherte, die in mehreren EU-Staaten Rentenversicherungsverläufe aufzuweisen haben, ist zunächst festzustellen, nach welchen Rechtsvorschriften die Versicherungszeiten zurückgelegt worden sind. Sehen diese Rechtsvorschriften eine Invaliditätsleistung in ihrer Höhe unabhängig von der Dauer- und Wohnzeit vor, ist die Leistung ausschließlich nach dem Recht des Staates zu gewähren, in dem die Invalidität eingetreten ist (Art 44 Abs 2). Liegen dagegen (auch) Versicherungszeiten vor, die unter Rechtsvorschriften zurückgelegt worden sind, welche die Höhe einer Invaliditätsleistung von der Versicherungsdauer abhängig machen, so wird die Rente nach den für die Alters- und Hinterbliebenenrenten geltenden Vorschriften (also zeitanteilig) berechnet (Art 46 Abs 1). Vgl EuGH 3.3.11 – C-440/09, NJW 11, 2635; EuGH 21.2.13 – C-282/11, NZS 13, 338; EuGH 7.3.13 – C-127/11, BeckRS 2013, 80479 zur Einkommensanrechnung bei inländischer Hinterbliebenenrente und mitgliedstaatlicher Altersrente.

49 **b) Alters- und Hinterbliebenenrenten (Art 50–60).** Zur Leistungsberechnung und zur Aufteilung der Ansprüche auf die beteiligten Versicherungsträger gilt folgendes Prinzip, das im Einzelnen und unter Berücksichtigung zahlreicher Sonderfälle in den Art 50–58 geregelt ist: Wird nach einer Versicherungsbiografie in mehreren EU-Staaten ein Leistungsantrag gestellt, so stellen alle zuständigen Träger die Leistungsansprüche nach den Rechtsvorschriften aller Mitgliedstaaten fest, die für die betreffende Person galten (Art 50 Abs 1 Satz 1). Zur Ermittlung der Rentenhöhe ist der theoretische Betrag zu ermitteln, den der Versicherte erhalten würde, wenn er alle Versicherungszeiten in nur einem Mitgliedstaat zurückgelegt hätte (Art 52 Abs 1 Buchstabe b). Diese Berechnung nehmen alle beteiligten Versicherungsträger vor. Zur Vermeidung von Doppelleistungen berücksichtigt sodann jeder beteiligte Versicherungsträger, dass der Versicherte nur einen Teil der anzurechnenden Versicherungszeiten im Zuständigkeitsbereich des Versicherungsträgers zurückgelegt hat. Der dem Versicherten tatsächlich geschuldete Betrag ist der Teil des theoretischen Betrags, der sich aus dem Verhältnis zwischen den im Zuständigkeitsbereich des jeweiligen Versicherungsträgers zurückgelegten Zeiten und den insgesamt in den verschiedenen Mitgliedstaaten zurückgelegten Zeiten ergibt. Diese **Pro-rata-temporis** Berechnung verteilt die insgesamt zu zahlende Rente auf die beteiligten Versicherungsträger nach dem Verhältnis der in den einzelnen Mitgliedstaaten zurückgelegten Zeiten unter Zugrundelegung des nationalen Rechts. Hat also ein ArbN von den 40 Jahren seines Berufslebens 10 Jahre in Deutschland,

20 Jahre in Frankreich und 10 Jahre in Italien verbracht, so berechnen alle drei Versicherungsträger die Rente auf der Basis von 40 Versicherungsjahren nach ihren Rechtsvorschriften. Der deutsche RV-Träger zahlt dann den von ihm berechneten Betrag zu 25 vH aus, ebenso der italienische Versicherungsträger. Der französische Versicherungsträger hat 50 vH des von ihm errechneten Betrags auszuzahlen. In den Fällen, in denen ein Rentenanspruch allein nach den innerstaatlichen Rechtsvorschriften bereits erfüllt ist, findet ein Vergleich zwischen dem sich daraus ergebenden Betrag und dem pro-rata-temporis Betrag statt. Nur der höhere Betrag wird gezahlt. Die Summe der Rentenansprüche eines Versicherten in den verschiedenen Mitgliedstaaten darf den höchsten theoretischen Betrag nicht übersteigen (→ *Auslandstätigkeit* Rn 158 ff). In einem anderen Mitgliedstaat verbrachte rentenrechtliche Zeiten werden nur mit der Wirkung und dem zeitlichen Umfang übernommen, wie sie das Recht des Mitgliedstaats vorsieht und wie sie vom Träger dieses Staats als anspruchsbegründend mitgeteilt worden sind (LSG BaWü 21.2.17 – L 9 R 3758/16. BeckRS 2017, 108427). Versicherungszeiten, die von einem Wanderarbeitnehmer nach dem Recht eines jetzigen Mitgliedstaats zurückgelegt worden sind, müssen nach nationalem Recht nur dann berücksichtigt werden, wenn dieser Staat, dessen Staatsangehörigkeit der Wanderarbeitnehmer besitzt, der EU vor der Zurücklegung dieser Versicherungszeiten beigetreten ist (EuGH 27.10.16 – C-465/14, BeckRS 2016, 82548). Vgl auch *Bokeloh* Witwen- und Witwerrenten im Europäischen Kontext, WzS 19, 221.

**7. Prinzipien Krankenversicherung- und Pflegeversicherung (Art 17–35).** Sachleistungen bei Krankheit (und Pflegebedürftigkeit) werden außerhalb des zuständigen (Beschäftigungs-)Staates im anderen Mitgliedstaat (auch Europäischer Wirtschaftsraum und Schweiz) grds nur erbracht, wenn der Unionsbürger dort wohnt (Art 18), ein akuter Notfall vorliegt (Art 19) oder der zuständige KVTräger die Inanspruchnahme genehmigt hat (Art 20). Ein Versicherter oder seine Familienangehörigen, die in einem anderen als dem zuständigen Beschäftigungsmitgliedstaat wohnen, erhalten in dem Wohnmitgliedstaat Sachleistungen, die vom Träger des Wohnorts nach den für ihn geltenden Rechtsvorschriften für Rechnung des zuständigen Trägers erbracht werden, als ob sie nach diesen Rechtsvorschriften versichert wären (Art 17). Das koordinierende Recht der EU statuiert als Grundsatz, dass Versicherte Sachleistungen der KV immer von der KV des Mitgliedstaates erhalten, in dem sie wohnen. Dies gilt nach Art 18 auch für Familienangehörige. Nach § 13 Abs 4 SGB V sind alle Versicherten der gesetzlichen KV berechtigt, Erbringer **ambulanter Leistungen** in anderen Staaten im Geltungsbereich der VO (EG) 883/04 **im Wege der Kostenerstattung** in Anspruch zu nehmen, und zwar auch dann, wenn sie nicht für das Kostenerstattungsverfahren optiert haben (→ *Krankenbehandlung* Rn 9). Für die KV der Rentner (einschließlich Familienangehöriger) gilt nach Art 23 die Primärzuständigkeit des Wohnstaates (EuGH 10.10.2013 – C-321/12, NZS 14, 176), jedoch ermöglicht Art 27 Abs 2 bei vorübergehendem Aufenthalt die Anspruchsbegründung im zuständigen Staat, wenn dieser die Kosten der Krankheit zu tragen hat (Art 24 Abs 2). Beitragserhebung des zuständigen Staates von in anderen Mitgliedstaaten wohnenden Versicherten ist möglich (Art 30). **Stationäre Leistungen** bedürfen nach § 13 Abs 5 SGB V der vorherigen Zustimmung der Kasse (BSG 30.6.09 – B 1 KR 22/08 R, BSGE 104, 1), die nicht grundlos verweigert werden darf (EuGH 5.10.10 – C-173/09, EuZW 10, 907). Durch die Kostenerstattung wird der **Leistungsanspruch** nicht verändert. Der Erstattungsanspruch besteht daher nur für Leistungen in der inländischen Sachleistung entsprechenden Höhe (→ *Krankenbehandlung* Rn 15 ff; → *Arbeitsunfähigkeitsbescheinigung* Rn 23). Der Fortzahlung von Krankengeld steht der Aufenthalt in einem Mitgliedstaat nicht entgegen (LSG RhPf 6.7.17 – L 5 KR 135/16, NZA 17, 1590). 50

**Geldleistungen bei Pflegebedürftigkeit** nach dem SGB XI werden in andere Mitgliedstaaten nur insoweit geleistet, als sie nicht von Sachleistungsansprüchen gegen den Träger im Wohnstaat verdrängt werden (EuGH 16.7.09 – C-208/07, SozR 4–6050 Art 19 Nr 3 mit Anm *Bassen* NZS 10, 479). Der für die Geldleistung zuständige Träger der Pflegeversicherung nach dem SGB XI hat in Höhe des Sachleistungsanteils Kostenersatz an den Träger des Wohnstaates zu leisten (Art 34). S → *Auslandstätigkeit* Rn 150.

**8. Prinzipien Unfallversicherung (Art 36–41).** Hat nach den Rechtsvorschriften des zuständigen Mitgliedstaats der Eintritt bestimmter Sachverhalte oder Ereignisse Rechtswir- 51 kungen, so berücksichtigt dieser Mitgliedstaat die in einem anderen Mitgliedstaat eingetretenen entsprechenden Sachverhalte oder Ereignisse, als ob sie im eigenen Hoheitsgebiet eingetreten wären (Art 5 Satz 2). Ein Versicherter, der einen **Arbeitsunfall** erlitten oder sich eine **Berufskrankheit** zugezogen hat und in einem anderen als dem zuständigen Mitgliedstaat wohnt oder sich dort aufhält, hat Anspruch auf die besonderen Sachleistungen bei Arbeitsunfällen und Berufskrankheiten, die vom Träger des Wohn- oder Aufenthaltsorts nach den für ihn geltenden Rechtsvorschriften für Rechnung des zuständigen Trägers erbracht werden, als ob die betreffende Person nach diesen Rechtsvorschriften versichert wäre (Art 36 Abs 2). Bei der Entschädigung von **Berufskrankheiten** ist der Mitgliedstaat der letzten Beschäftigung zuständig. Hat ein Versicherter, der sich eine Berufskrankheit zugezogen hat, nach den Rechtsvorschriften von zwei oder mehr Mitgliedstaaten eine Tätigkeit ausgeübt, die ihrer Art nach geeignet ist, eine solche Krankheit zu verursachen, so werden die Leistungen, auf die sie oder ihre Hinterbliebenen Anspruch haben, ausschließlich nach den Rechtsvorschriften des letzten dieser Mitgliedstaaten gewährt, dessen Voraussetzungen erfüllt sind (Art 38). Dabei sind die in anderen Mitgliedstaaten zurückgelegten Zeiten der Gefahrexposition so zu berücksichtigen, wie wenn sie nach dessen Recht zurückgelegt worden wären.

52 **9. Prinzipien Arbeitslosenversicherung (Art 61–65).** Zuständig ist grds der Mitgliedstaat der letzten Beschäftigung oder selbstständigen Tätigkeit vor Eintritt der Arbeitslosigkeit. Grds werden Erwerbs-, Beschäftigungs- und Versicherungszeiten aus anderen Mitgliedstaaten berücksichtigt (Art 61). Für **Vollarbeitslose,** die in einem anderen als dem Staat ihrer bisherigen Beschäftigung wohnen, ist der Wohnmitgliedstaat zuständig (Art 65 Abs 2). Der Grundsatz des **Leistungsexports** (→ Rn 38, 43) ist bei Geldleistungen wegen Arbeitslosigkeit eingeschränkt, weil der Arbeitslose der Arbeitsverwaltung zur Vermittlung zur Verfügung zu stehen hat und Meldepflichten unterliegt (Art 63). Allerdings ist die Arbeitssuche mit Leistungsbezug außerhalb des zuständigen Mietgliedstaates bei Vollarbeitslosigkeit unter den Voraussetzungen von Art 64 Abs 1 möglich. Ohne Anspruch auf Arbeitslosenunterstützung kann sich der Arbeitslose zusätzlich der Arbeitsverwaltung des letzten Beschäftigungsmitgliedstaates zur Verfügung stellen, um dort Wiedereingliederungsleistungen (Vermittlung) in Anspruch zu nehmen (EuGH 11.4.13 – C-443/11, NZS 13, 420). Zum (eingeschränkten) Anspruch von EU-Bürgern ohne bestehenden oder fortwirkenden Erwerbstätigenstatus auf Grundsicherung für Arbeitssuchende (ALGeld II) → *Arbeitslosengeld II* Rn 22. Von Leistungen nach dem SGB II ausgeschlossene erwerbsfähige EU-Ausländer haben Zugang zu Leistungen für den Lebensunterhalt nach dem SGB 12, soweit sie nicht auch hiervon ausgeschlossen sind (BSG 30.8.2017 – B 14 AS 31/16 R, NZS 18, 64), Materiell nicht freizügigkeitsberechtigte Unionsbürger können im Einzelfall Hilfe zum Lebensunterhalt nach dem Recht der Sozialhilfe als Ermessensleistung beanspruchen (BSG 9.8.18 – B 14 AS 32/17 R, SozR 4–4200 § 7 Nr 57).

53 **10. Prinzipien Familienleistungen (Art 67–69).** Für die Zuerkennung von Familienleistungen sind die in einem anderen Mitgliedstaat wohnenden Familienangehörigen wie die im zuständigen Mitgliedstaat wohnenden Angehörigen zu behandeln (Art 67). Zuständig ist in erster Linie der Beschäftigungsstaat bzw der Staat, in dem eine selbstständige Beschäftigung ausgeübt wird (Art 68 Abs 1). Vgl *Vießmann/Merkel.* Die europarechtliche Koordinierung von Familienleistungen nach der Verordnung (EG) Nr 883/2004, NZS 12, 572.

**Literaturhinweise:** *Bokeloh,* Die zwischen den Mitgliedstaaten abgeschlossenen Sozialversicherungsabkommen und ihr Verhältnis zum koordinierenden Europäischen Sozialrecht, NZS 15, 321; *Tiedemann* Europäische Koordinierung der Systeme der sozialen Sicherheit in der aktuellen Judikatur, ZFSH/SGB 17, 742 (Teil 1), ZFSH/SGB 18, 14 (Teil 2); *Fuchs* NZS-Jahresrevue 2018: Die Rechtsprechung des Gerichtshofs der Europäischen Union zum Sozialrecht, NZS 19, 81. *Bokeloh* Witwen- und Witwerrenten im Europäischen Kontext, WzS 19, 221.

# Europäischer Betriebsrat

## A. Arbeitsrecht

*Schmidt*

### Übersicht



**1. Vorbemerkung.** Das Gesetz über Europäische Betriebsräte (Europäische Betriebsräte–Gesetz; EBRG) regelt die **Beteiligung** von ArbN im europäischen Wirtschaftsraum. Es soll – über Unterrichtungs- und Beratungsrechte und ohne weiterreichende Mitbestimmung wie Veto- oder Initiativrechte – verhindern, dass nationale Mitbestimmungsrechte bei grenzüberschreitenden Sachverhalten leerlaufen, weil unternehmerische Entscheidungen im Ausland getroffen werden, an welche die inländischen Betriebs- und Unternehmensleitungen gebunden sind. Die grenzüberschreitende Mitwirkung wird vorrangig durch Vereinbarung der Beteiligten erreicht **(Vereinbarungslösung)**. Hierfür sind zwei Formen vorgesehen: der **zentrale Europäische Betriebsrat** (**EBRat**; zuweilen auch Euro-Betriebsrat genannt) oder ein **dezentrales Unterrichtungs- und Anhörungsverfahren.** Kommen die unmittelbar Betroffenen nicht zu einer Einigung, ist nach § 1 Abs 1 S 2 EBRG ein EBRat **kraft Gesetzes** zu errichten. 1

Der EBRat wurde 1994 durch die Richtlinie 94/45/EG eingeführt, die von den Mitgliedstaaten bis September 1996 in nationales Recht umzusetzen war. Hierauf beruht in Deutschland das **EBRG,** welches aufgrund der Richtlinie 2009/38/EG im Jahr 2011 durchgreifend geändert wurde. Durch Art. 5 des EM-Leistungsverbesserungsgesetzes vom 17. Juli 2017 (BGBl I, 2512) ist es um den am 10.10.17 in Kraft getretenen § 41a EBRG (Besondere Regelungen für Besatzungsmitglieder von Seeschiffen) ergänzt worden, mit dem eine Vorgabe in der EU-Richtlinie 2015/1794 umgesetzt ist. Die **Änderung** betrifft Mitglieder von ArbNVertretungen iSd EBRG, die **Besatzungsmitglieder eines Seeschiffs** sind. Mit ihr ist – weitergehend als im nationalen formellen Betriebsverfassungsrecht – unter bestimmten Voraussetzungen die Zulässigkeit einer Sitzungsteilnahme „mittels neuer Informations- und Kommunikationstechnologien" vorgesehen (Videokonferenzen). Dem wird eine gewisse „Symbolwirkung" zugesprochen (*Düwell* jurisPR-ArbR 28/2017 Anm. 1). 2

**2. Geltungsbereich.** Das Gesetz erfasst nach § 1 Abs 2 EBRG Angelegenheiten, welche mindestens zwei Betriebe bzw Unternehmen gemeinschaftsweit tätiger Unternehmen oder Unternehmensgruppen in verschiedenen Mitgliedstaaten betreffen. Nach § 2 Abs 3 EBRG sind damit 28 **Mitgliedstaaten** der **Europäischen Union** sowie die über das Abkommen zum Europäischen Wirtschaftsraum (EWR) verbundenen Staaten Island, Liechtenstein und Norwegen angesprochen. Die Auswirkungen des **Brexits** auf die EBRäte hängen davon ab, welche rechtliche Stellung das Vereinigte Königreich Großbritannien und Nordirland nach seinem Austritt aus der EU in Europa innehaben wird (zu möglichen Szenarien *Wolff* BB 2016, 1784). 3

Das EBRG ist grundsätzlich weder auf eine Europäische Gesellschaft (SE) noch auf eine Europäische Genossenschaft (SEC) anzuwenden; dort gelten die besonderen Beteiligungsgesetze SEBG vom 22.12.04 (BGBl I, 3675, 3686) und SCEBG vom 14.8.06 (BGBl I, 1911, 1917). Es kann zur Anwendung kommen, wenn das im SEBG oder SCEBG vorgesehene besondere Verhandlungsgremium (BVG) Verhandlungen mit der Unternehmensleitung nicht aufnimmt oder abbricht (*Fitting* EBRG Rn 5, 6). Nach § 2 Abs 1 EBRG gilt das Gesetz für gemeinschaftsweit tätige Unternehmen mit **Sitz in Deutschland** und gemeinschaftsweit tätige Unternehmensgruppen, deren herrschendes Unternehmen ihren Sitz im Inland haben. Zu diesen Unternehmen oder Unternehmensgruppen gehörende Betriebe und Unternehmen mit Sitz in Drittstaaten werden vom EBRG grundsätzlich nicht erfasst. Dies kann aber nach § 14 EBRG vereinbart werden (*Fitting* EBRG Rn 20). Bei Euro-Unternehmen bzw Unternehmensgruppen mit Betrieben in der Bundesrepublik und **Sitz in einem anderen Mitgliedstaat** bestimmt sich die Ausgestaltung der grenzüberschreitenden Mitbestimmung nach dem Umsetzungsrecht dieses Staates (*Fitting* EBRG Rn 23). Einzelne Bestimmungen des EBRG gelten nach § 2 Abs 4 EBRG auch in diesem Fall weiter. Liegt die zentrale Leitung multinationaler Unternehmen oder Unternehmensgruppen **in einem Drittstaat,** ist nach § 2 Abs 2 EBRG das Gesetz anzuwenden, wenn die nachgeordnete Leitung – zB die Europa-Zentrale eines US-Konzerns – in Deutschland liegt, die zentrale Leitung einen Betrieb oder Unternehmen in Deutschland ausdrücklich als ihren Vertreter benennt oder wenn der Betrieb oder das Unternehmen im Inland liegt, in dem verglichen mit anderen in den Mitgliedstaaten liegenden Betrieben des Unternehmens die meisten ArbN beschäftigt sind. Diese bilden die zentrale Leitung, welche die Beteiligung des EBRats sicherzustellen hat.

4 Die Mitbestimmung des EBRats setzt nach § 1 Abs 6 EBRG bei der zentralen Leitung an. Damit wird das gemeinschaftsweit tätige Unternehmen bzw das herrschende Unternehmen einer gemeinschaftsweit tätigen Unternehmensgruppe angesprochen. Sie sind nach § 9 EBRG Ansprechpartner für den Antrag auf Bildung des BVG und zuständig für die Beteiligung der nach dem EBRG geschaffenen ArbNVertretung.

Bei einem **Unternehmen** handelt es sich um eine „jede wirtschaftliche Tätigkeit ausübende Einheit, unabhängig von der Rechtsform und der Art ihrer Finanzierung" (EuGH 11.12.97 – Rs C-55/96 (Job Centre) Slg 97, I-7119, 7147). Eine **Unternehmensgruppe** besteht nach § 6 Abs 1 EBRG aus einem herrschenden Unternehmen und den von diesem abhängigen Unternehmen. Auf die Rechtsform der Unternehmen kommt es nicht an. Auch eine natürliche Person kann „Unternehmer" iSd EBRG sein (BAG 30.3.04 – 1 ABR 61/01, NZA 04, 863). Eine tatsächliche Zusammenfassung von Unternehmen unter einheitlicher Leitung des herrschenden Unternehmens ist nach § 6 Abs 1 EBRG nicht erforderlich. Die Möglichkeit der Beherrschung genügt (BAG 30.3.04 – 1 ABR 61/01, NZA 04, 863). Der beherrschende Einfluss wird unter den Voraussetzungen des § 6 Abs 2 EBRG vermutet. Erfüllen mehrere Unternehmen eine der Vermutungsvoraussetzungen, bestimmt sich das herrschende Unternehmen nach der numerischen Rangfolge der Vermutungstatbestände (*Fitting* EBRG Rn 28). Gleichordnungskonzerne werden als solche nicht erfasst. Die Vermutung des § 6 Abs 2 EBRG geht teilweise über die des § 17 Abs 1 AktG hinaus (Einzelheiten BAG 30.3.04 – 1 ABR 61/01, NZA 04, 863). Bei einer gemeinschaftsweit tätigen Unternehmensgruppe mit mehreren gemeinschaftsweit tätigen Unternehmen wird der EBRat nach § 7 EBRG nur bei dem herrschenden Unternehmen gebildet, sofern nichts anderes vereinbart ist. Gemeinschaftsunternehmen (joint ventures) können nicht in die Unternehmensgruppe der an ihnen beteiligten Muttergesellschaften einbezogen werden, wenn keine der Muttergesellschaften die andere beherrscht. Das Gesetz ist nur anzuwenden, wenn das Gemeinschaftsunternehmen selbst die gesetzlichen Voraussetzungen erfüllt (*Fitting* EBRG Rn 30).

5 Nach § 3 Abs 1 EBRG ist ein Unternehmen **gemeinschaftsweit** tätig, wenn es in den Mitgliedstaaten insgesamt mindestens 1000 ArbN und davon jeweils mindestens 150 in mehr als einem Mitgliedstaat beschäftigt. Bei der Unternehmensgruppe muss nach § 3 Abs 2 EBRG zu den mindestens 1000 Beschäftigten in den Mitgliedstaaten hinzukommen, dass ihr mindestens zwei Unternehmen mit Sitz in verschiedenen Mitgliedstaaten angehören, die jeweils mindestens je 150 ArbN in verschiedenen Mitgliedstaaten beschäftigen. Entscheidend ist nach § 4 EBRG die Zahl der im Durchschnitt der letzten zwei Jahre vor Bildung des besonderen Verhandlungsgremiums nach § 9 Abs 2 EBRG Beschäftigten. Die Formel lautet: Zahl der je Tag beschäftigten ArbN, geteilt durch 730 (*Fitting* EBRG Rn 21).

6 Wer **Arbeitnehmer** ist, richtet sich nach dem Recht des jeweiligen Mitgliedstaates (*Fitting* EBRG Rn 22). § 4 EBRG verweist für die ArbN im Inland auf § 5 Abs 1 BetrVG. Leitende Angestellte werden nicht erfasst (Schaub/*Koch* § 256 Rn 6). Sie können aber nach § 11 Abs 4 EBRG Mitglied im BVG werden und nach § 23 Abs 6 EBRG unter den dort genannten Voraussetzungen mit Rederecht an den Sitzungen zur Unterrichtung und Anhö-

rung des EBRats teilnehmen. Bei Schwellenwerten sind LeihArbN im Entleiherbetrieb mitzuzählen.

**3. Europäischer Betriebsrat kraft Vereinbarung.** Die grenzüberschreitende Beteiligung von ArbN soll in erster Linie **auf freiwilliger Basis** zustande kommen. Insofern begründet § 5 EBRG zunächst einen **Auskunftsanspruch** der ArbNVertretungen gegenüber der zentralen Leitung sowie gegenüber der örtlichen Betriebs- oder Unternehmensleitung, um in Erfahrung zu ringen, ob die Voraussetzungen für einen die grenzübergreifende Unterrichtung und Anhörung begründenden Sachverhalt vorliegen. Der Anspruch besteht unabhängig davon, ob im Zeitpunkt des Auskunftsbegehrens die Voraussetzungen der §§ 2 und 3 EBRG vorliegen (EuGH 13.1.2004 – Rs C-440/00 Kühne & Nagel). Eine gewisse tatsächliche Wahrscheinlichkeit dafür reicht aus (BAG 30.3.04 – 1 ABR 61/01, NZA 04, 863). Der Anspruch umfasst Auskünfte über die durchschnittliche Gesamtzahl der ArbN, ihre Verteilung auf die Mitgliedstaaten, Unternehmen und Betriebe sowie die Struktur einer Unternehmensgruppe und über das Bestehen eines Gleichordnungskonzerns bzw darüber, ob ein Unternehmen iSv § 6 EBRG herrschend ist (BAG 30.3.04 – 1 ABR 61/01, NZA 04, 863). Dabei muss sich die nach § 2 Abs 2 EBRG fingierte zentrale Leitung einer gemeinschaftsweit tätigen Unternehmensgruppe die erforderlichen Kenntnisse von den anderen Unternehmen der Gruppe beschaffen (BAG 29.6.04 – 1 ABR 32/99, NZA 05, 118). 7

Die Aufgabe, eine **Vereinbarung** über die grenzübergreifende Unterrichtung und Anhörung der ArbN abzuschließen, ist nach § 8 Abs 1 EBRG dem **besonderen Verhandlungsgremium** (BVG) übertragen. Es wird nach § 9 Abs 1 EBRG auf Initiative der zentralen Leitung oder der ArbN bzw ihren Vertretern (örtlicher BRat oder überörtlicher GBRat bzw KBRat) – nicht der Gewerkschaften – gebildet. Der Antrag ist von den ArbN schriftlich – ggf über die örtliche Betriebs- oder Unternehmensleitung – bei der zentralen Leitung zu stellen und erfordert das in § 9 Abs 2 EBRG festgelegte Quorum. Die zentrale Leitung muss dann nach den §§ 9 Abs 3, 12 S 2 EBRG die dort angesprochenen Stellen über die Bildung des BVG und nach seiner Besetzung über seine personelle Zusammensetzung unterrichten.

**a) Zusammensetzung und Amtszeit.** Nach § 10 EBRG entsenden die in einem Mitgliedstaat beschäftigten ArbN für jeweils 10% oder einen Bruchteil der insgesamt in allen Mitgliedstaaten Beschäftigten des gemeinschaftsweit tätigen Unternehmens oder der Unternehmensgruppe einen Vertreter in das BVG. So sind auch die ArbN aus den Mitgliedstaaten vertreten, in denen die Mindestzahl nicht erreicht wird. In einem gemeinschaftsweit tätigen Unternehmen erfolgt die **Bestellung** der auf das Inland entfallenden Mitglieder des BVG nach § 11 Abs 1 EBRG durch den GBRat bzw den BRat. Für gemeinschaftsweit tätige Unternehmensgruppen ist dies nach § 11 Abs 2 EBRG Aufgabe des KBRats. Dort nicht vertretene (Gesamt-)BRäte entsenden zu diesem Zweck ihren Vorsitzenden und seinen Stellvertreter. Fehlt ein KBRat, ist nach § 11 Abs 3 EBRG die jeweils nächstniedrigere ArbNVertretung zuständig. Mehrere Vertretungen gleicher Stufe wählen gemeinsam, dort nicht repräsentierte Vertretungen entsenden wiederum ihren Vorsitzenden und seinen Stellvertreter. Zu Mitgliedern des BVG können nach § 11 Abs 4 EBRG auch leitende Angestellte bestellt werden. Stehen die Mitglieder des BVG fest, müssen nach § 12 EBRG der zentralen Leitung ihre Namen, Anschriften und die Betriebszugehörigkeit mitgeteilt werden, die ihrerseits die örtlichen Betriebs- und Unternehmensleitungen, die ArbNVertretungen und die in den inländischen Betrieben vertretenen Gewerkschaften unterrichten muss. 8

Die zentrale Leitung lädt nach § 13 Abs 1 EBRG zur konstituierenden Sitzung des BVG ein und unterrichtet die zuständigen europäischen Gewerkschaften und ArbGebVerbände über die Zusammensetzung des BVG. Vor und nach jeder Verhandlung mit der zentralen Leitung kann das BVG nach § 13 Abs 2 EBRG eine Sitzung durchführen. Beschlüsse des BVG werden nach § 13 Abs 3 EBRG grundsätzlich mit der Mehrheit der Stimmen seiner Mitglieder gefasst. Das BVG kann sich nach § 13 Abs 4 EBRG – soweit erforderlich – durch einen Sachverständigen seiner Wahl unterstützen lassen, bei dem es sich auch um ein Gewerkschaftsmitglied handeln kann. 9

Die **Amtszeit** des BVG endet grds mit Abschluss der freiwilligen Vereinbarung nach den §§ 17 ff EBRG. Sie endet ebenso, wenn dieses Gremium nach § 15 Abs 1 EBRG mit zwei 10

Drittel der Stimmen seiner Mitglieder beschlossen hat, keine Verhandlungen aufzunehmen oder sie zu beenden. Ein neuer Antrag auf „Bildung eines besonderen Verhandlungsgremiums" kann nach § 15 Abs 2 EBRG grds erst zwei Jahre später gestellt werden.

11 **b) Rechte und Pflichten.** Auf seiner konstituierenden Sitzung, zu der die zentrale Leitung einlädt, wählt das BVG nach § 13 Abs 1 EBRG aus seiner Mitte einen **Vorsitzenden** und kann sich eine Geschäftsordnung geben. Die zentrale Leitung ist nach § 8 Abs 2 EBRG verpflichtet, ihm rechtzeitig alle zur Durchführung seiner Aufgaben erforderlichen **Auskünfte** zu erteilen und die erforderlichen Unterlagen zur Verfügung zu stellen. Sie hat nach § 16 Abs 1 EBRG die für die Sitzungen des BVG erforderlichen **Mittel** – Räume, Sachmittel, Büropersonal und Dolmetscher – zur Verfügung zu stellen. Sie trägt die durch Bildung und Tätigkeit des Gremiums entstandenen **Kosten.** Dabei können sich aus dem Inland entsandte Mitglieder des Gremiums unabhängig vom Sitz der zentralen Leitung nach § 16 Abs 2 EBRG wegen der Kosten stets an den inländischen ArbGeb halten und diesen Anspruch nach § 2a Abs 1 Nr 3b ArbGG vor deutschen ArbG verfolgen (*Fitting* EBRG Rn 62). Das Gremium darf nach § 13 Abs 4 EBRG **Sachverständige** hinzuziehen, soweit dies zur ordnungsgemäßen Erfüllung seiner Aufgaben erforderlich ist. Dabei kann es sich auch um Gewerkschaftsmitglieder handeln. Nach Art 5 Abs 6 RL 2009/38/EG und § 16 Abs 1 EBRG trägt die zentrale Leitung nur die Kosten für einen Sachverständigen.

12 **c) Vereinbarungen.** Zeitpunkt, Häufigkeit und Ort der Verhandlungen legen die zentrale Leitung und das BVG nach § 8 Abs 3 EBRG einvernehmlich fest.

Mit der freiwilligen Vereinbarung können sich zentrale Leitung und BVG nach § 17 Satz 3 EBRG für einen EBRat, für ein Verfahren zur Anhörung und Unterrichtung oder für Mischformen entscheiden (*Fitting* EBRG Rn 64). Sie sind nach § 17 Satz 1 EBRG dabei nicht an die Bestimmungen der §§ 21–33 EBRG gebunden. Die Vereinbarung muss sich nach § 17 Satz 1 und 2 EBRG aber auf **alle in den Mitgliedstaaten beschäftigten Arbeitnehmer** erstrecken und zumindest eine **grenzüberschreitende Unterrichtung und Anhörung** vorsehen.

13 Ein dezentrales **Verfahren zur Unterrichtung und Anhörung** der ArbN muss nach § 19 EBRG schriftlich vereinbart werden und den in der Vorschrift vorgesehenen Mindestvoraussetzungen entsprechen. Es muss ua Regelungen darüber enthalten, wonach sich die Unterrichtung insbesondere auf grenzüberschreitende Angelegenheiten zu erstrecken hat, die erhebliche Auswirkungen auf die Interessen der ArbN haben. Für die schriftliche Vereinbarung über die Errichtung eines Europäischen Betriebsrates nach § 18 Abs 1 Satz 1 EBRG wird den Beteiligten in den Ziffern 1–7 ein Katalog von Regelungsgegenständen zur Verfügung gestellt. Es handelt sich um eine Orientierungshilfe. Ein Verstoß gegen diese Soll-Vorschrift ist unschädlich (*Fitting* EBRG Rn 65). Enthalten Vereinbarungen nach § 17 EBRG keine **Übergangsregelung,** gelten sie nach § 20 EBRG fort, wenn vor ihrer Beendigung das Antrags- und Initiativrecht zur Bildung eines BVG nach § 9 Abs 1 EBRG ausgeübt wurde. Die Fortgeltung endet, wenn die bestehende Vereinbarung durch eine neue ersetzt wird, ein EBRat kraft Gesetzes errichtet wird oder das BVG einen Beschluss nach § 15 Abs 1 EBRG fasst.

14 **4. Europäischer Betriebsrat kraft Gesetzes.** Gem § 21 Abs 1 S 1 EBRG ist ein EBRat **von Gesetzes wegen** zu errichten, wenn die zentrale Leitung die Aufnahme von Verhandlungen innerhalb von sechs Monaten nach Antragstellung verweigert. Nach § 21 Abs 1 S 2 EBRG gilt das Gleiche, wenn innerhalb von drei Jahren nach Antragstellung keine Vereinbarung nach § 18 EBRG oder § 19 EBRG zustande kommt oder die zentrale Leitung und das BVG das vorzeitige Scheitern der Verhandlungen erklären. Die Errichtung eines EBRats kraft Gesetzes ist damit als Auffangtatbestand für den Fall der Kooperationsverweigerung seitens der zentralen Leitung oder der Nichteinigung zwischen der Leitung und der ArbNVertretung im BVG konzipiert (ArbG Berlin 15.7.16 – 26 BV 4223/16; zust Anm *Bittner* ZESAR 2017, 249; *Blanke* EBRG § 21 Rn 7). Für die Errichtung ist eine entsprechende Initiative der ArbN bzw des ArbGeb erforderlich. Ohne sie kommt trotz des imperativen Auftrags des Gesetzes ein EBRat kraft Gesetzes nicht zustande. Ein Umsetzungszwang besteht nicht (HWK/*Giesen* EBRG Rn 5; Schaub/*Koch* § 256 Rn 2).

Anders als die ArbNVertreter im besonderen Gremium nach § 10 EBRG können nach § 22 Abs 1 EBRG nur ArbN des gemeinschaftsweit tätigen Unternehmens bzw der Unternehmensgruppe Mitglied des EBRat werden. Für jeweils 10% oder einen Bruchteil der insgesamt in allen Mitgliedstaaten Beschäftigten des gemeinschaftsweit tätigen Unternehmens oder der Unternehmensgruppe entsenden nach § 22 Abs 2 EBRG die in einem Mitgliedstaat beschäftigten ArbN einen Vertreter in den EBRat. So sind dort auch die ArbN aus den Mitgliedstaaten vertreten, in denen die Mindestzahl nicht erreicht wird. Die deutschen Mitglieder des EBRat werden nach den §§ 11 und 23 EBRG für den EBRat kraft Gesetz nach den gleichen Regeln wie für das BVG bestellt. Ihre Bestellung ist nach § 23 Abs 1 EBRG in gemeinschaftsweit tätigen Unternehmen Aufgabe des GBRat, nach § 23 Abs 2 Satz 1 EBRG in gemeinschaftsweit tätigen Unternehmensgruppen Aufgabe des KBRat. Fehlt er, werden die inländischen ArbNVertreter nach § 23 Abs 3a EBRG bei Bestehen mehrerer GBRäte auf einer gemeinsamen Sitzung der GBRäte bestellt, zu welcher der GBRVorsitzende des nach der Zahl wahlberechtigter ArbN größten inländischen Unternehmens einladen muss; besteht daneben noch mindestens ein in den GBRäten nicht vertretener BRat, sind dessen Vorsitzender und sein Vertreter einzuladen (BAG 18.4.07 – 7 ABR 30/06, NZA 07, 1375). **Leitende Angestellte** können grundsätzlich nicht Mitglied des EBRat sein. Befindet sich die zentrale Leitung in Deutschland, kann das zuständige Sprecherausschussgremium jedoch nach § 23 Abs 6 EBRG bei mindestens fünf inländischen ArbNVertretern zusätzlich einen leitenden Angestellten entsenden. Der leitende Angestellte bleibt ohne Sitz und Stimme, hat aber nach § 23 Abs 6 EBRG ein Rederecht.

**a) Dauer.** Bei dem EBRat handelt es sich grds um eine **Dauereinrichtung** ohne feste Amtszeit (*Fitting* EBRG Rn 76). Er endet jedoch in zwei Fällen: Bei Wegfall einer der in § 3 EBRG genannten Voraussetzungen entfällt er sofort und ersatzlos (*Fitting* EBRG Rn 79). Ändert sich die Struktur des gemeinschaftlich tätigen Unternehmens oder der Unternehmensgruppe wesentlich, sieht § 37 Abs 1 EBRG die Neuverhandlung der Vereinbarung eines EBRat nach § 18 EBRG oder eines Verfahrens zur Unterrichtung und Anhörung nach § 19 EBRG vor. Kommt es zu keiner Vereinbarung, ist nach § 37 Abs 4 EBRG ein EBRat kraft Gesetzes zu errichten. Während der Verhandlungen über die Vereinbarung nimmt der EBRat eine Doppelrolle ein. Er nimmt für die Dauer der Verhandlungen nach § 37 Abs 3 EBRG ein Übergangsmandat wahr und ist zugleich BVG mit allen Rechten und Pflichten (*Fitting* EBRG Rn 80). Als wesentliche Strukturänderung nennt das Gesetz beispielhaft den Zusammenschluss, die Spaltung oder Stilllegung von Unternehmen oder Unternehmensgruppen, ihre Verlegung in einen anderen Staat und die Verlegung oder Stilllegung von Betrieben, soweit sie Auswirkungen auf die Zusammensetzung des EBRats haben können. Die **Dauer der Mitgliedschaft** im EBR beträgt nach § 32 Abs 1 EBRG vier Jahre, soweit sie nicht durch Abberufung, Niederlegung des Amtes oder Beendigung des Arbeitsverhältnisses endet. Die erneute Bestellung ist zulässig (*Fitting* EBRG Rn 76). Das Ende der Mitgliedschaft kann sich nach § 32 Abs 2 EBRG auch aus einer veränderten Sitzverteilung ergeben, die auf einer Erweiterung, Verkleinerung oder Strukturveränderung des gemeinschaftlich tätigen Unternehmens oder der Unternehmensgruppe beruht. Dies muss die zentrale Leitung alle zwei Jahre überprüfen. Entspricht die Sitzverteilung nicht mehr § 22 Abs 2 EBRG, sind die Mitglieder des EBRat in diesem Mitgliedstaat neu zu bestellen. 15

**b) Geschäftsführung.** Zur konstituierenden Sitzung des EBRat lädt nach § 25 Abs 1 EBRG die zentrale Leitung ein. Auf dieser Sitzung werden aus der Mitte des Gremiums der Vorsitzende und sein Stellvertreter gewählt. Der EBRat bildet nach § 26 EBRG einen **Ausschuss,** bestehend aus dem Vorsitzenden und zwei bis vier seiner Mitglieder, die in verschiedenen Mitgliedsländern beschäftigt sein sollen. Der Ausschuss führt die laufenden Geschäfte. **Vorsitzender** und sein Stellvertreter vertreten den EBRat nach § 25 Abs 1 EBRG im Rahmen der von ihm gefassten Beschlüsse und nehmen Erklärungen an, die dem EBRat gegenüber abzugeben sind (*Fitting* EBRG Rn 83). Sie sind nur **Vertreter in der Erklärung,** nicht im Willen. 16

Die **Sitzungen** des EBRat sind nach § 27 Abs 1 Satz 5 EBRG **nicht öffentlich.** Der EBRat hat nach § 27 Abs 1 Satz 1–3 EBRG im Zusammenhang mit seiner Unterrichtung und Anhörung nach den §§ 29 und 30 EBRG das Recht, eine Sitzung durchzuführen. Zeitpunkt und Ort müssen mit der zentralen Leitung abgestimmt werden. Weitere Treffen erfordern nach § 27 Abs 1 Satz 4 EBRG deren Zustimmung. Nach § 27 Abs 2 EBRG gilt für den geschäftsführenden Ausschuss dasselbe. 17

18 Der EBRat fasst seine **Beschlüsse** nach § 28 Satz 1 EBRG grds mit der Mehrheit der Stimmen seiner anwesenden Mitglieder. Die Beschlüsse zur Verabschiedung seiner Geschäftsordnung und zur Aufnahme von Verhandlungen über eine Vereinbarung nach § 17 EBRG fasst er nach § 28 Satz 2 EBRG und § 33 Satz 1 EBRG jeweils mit absoluter Mehrheit. Die durch Bildung und Tätigkeit des EBRats und des Ausschusses entstehenden **Kosten** trägt nach § 39 Abs 1 EBRG die zentrale Leitung. Dazu gehören insbes die Reise- und Aufenthaltskosten. EBRat und Ausschuss können sich nach § 39 Abs 2 EBRG – soweit erforderlich – durch Sachverständige ihrer Wahl unterstützen lassen. Dabei muss die zentrale Leitung nur die Kosten für einen Sachverständigen tragen. BVG und EBRat können nach § 38 EBRG an Schulungs- und Bildungsveranstaltungen teilnehmen, soweit diese Kenntnisse vermitteln, die für ihre Arbeit erforderlich sind.

19 **c) Mitwirkungsrechte.** Die zentrale Leitung und EBRat arbeiten nach § 34 EBRG vertrauensvoll zusammen. Damit sind Arbeitskampfmaßnahmen ausgeschlossen (*Fitting* EBRG Rn 94). Die Mitglieder und Ersatzmitglieder des EBRats, des BVG, die ArbNVertreter im Rahmen eines Verfahrens nach § 19 EBRG, die Sachverständigen und Dolmetscher dürfen nach § 35 Abs 2–4 EBRG die ihnen aufgrund ihrer Funktion bekannt gewordenen **Betriebs- und Geschäftsgeheimnisse** weder offenbaren noch verwerten, soweit sie von der zentralen Leitung ausdrücklich als geheimhaltungsbedürftig bezeichnet worden sind. Für die Kommunikation innerhalb der ArbNSchaft sind in § 35 Abs 1 S 3–4 und in Abs 4 EBRG Ausnahmen von der Geheimhaltungspflicht vorgesehen. Die **Information** der örtlichen ArbNVertretungen regelt § 36 EBRG. Nach § 36 Abs 1 EBRG berichtet der EBRat oder sein Ausschuss den örtlichen ArbNVertretern, wenn diese fehlen den ArbN direkt. Es besteht kein Vorrang der Unterrichtung durch den Ausschuss (LAG BW 2.10.14 – 11 TaBV 5/14 FD-Arb 15, 371328 (Ls)). § 36 Abs 2 EBRG stellt die Unterrichtung der leitenden Angestellten sicher. Ein Anspruch auf mündliche Unterrichtung besteht nicht (LAG BW 2.10.14 – 11 TaBV 5/14).

20 Die **Beteiligungsrechte** des EBRat beschränken sich nach § 1 Abs 2 Satz 1 EBRG auf **Angelegenheiten mit grenzüberschreitender Auswirkung.** Der EBRat hat **nur Unterrichtungs- und Anhörungsrechte,** keine Mitbestimmungsrechte. Eine Mitwirkung findet bei allen unternehmerischen Entscheidungen statt, die in einem Mitgliedstaat getroffen werden und sich in mindestens einem anderen auswirken. Wird die Entscheidung in einem Drittstaat getroffen, müssen sich nach § 1 Abs 2 Satz 2 EBRG Auswirkungen in mindestens zwei Betrieben in verschiedenen Mitgliedstaaten ergeben. **Einmal im Kalenderjahr** hat die zentrale Leitung den EBRat nach § 29 EBRG unter rechtzeitiger Vorlage der erforderlichen Unterlagen ua über die Entwicklung der Geschäfts-, Produktions- und Absatzlage zu **unterrichten** und ihn dazu **anzuhören.** Den Begriff der Unterrichtung definiert § 1 Abs 4 EBRG, den der Anhörung § 1 Abs 5 EBRG. Nach § 1 Abs 7 EBRG erfolgen beide spätestens gleichzeitig mit der der nationalen ArbNVertretung. Die **Gegenstände der Beteiligung** sind in § 29 Abs 2 EBRG nicht abschließend zusammengefasst. Diese Konkretisierung entspricht im Wesentlichen den wirtschaftlichen Angelegenheiten des § 106 Abs 3 BetrVG. Einzelne Vorschriften sind enger gefasst. In Nrn 5, 7 und 9 werden nur „grundlegende" Änderungen der Organisation und sowie die Einschränkung, Stilllegung und Verlegung von „wesentlichen" Betriebsteilen angesprochen. Zu der turnusmäßigen Beteiligung tritt nach § 30 EBRG die Unterrichtung und auf Verlangen die **Anhörung über außergewöhnliche Umstände,** welche erhebliche Auswirkungen auf die Interessen der ArbN haben. Dazu gehören insbesondere Massenentlassungen sowie die Verlegung oder Stilllegung von Unternehmen, Betrieben oder wesentlichen Betriebsteilen. Besteht ein Ausschuss nach § 26 EBRG, ist er in diesem Fall zu beteiligen. Die Beteiligung nach § 30 EBRG muss **„rechtzeitig"** erfolgen. Vorschläge und Bedenken der ArbNVertretung müssen noch berücksichtigt werden können, bevor eine unternehmerische Entscheidung getroffen wird (*Fitting* EBRG Rn 90). Mit der Beteiligung darf nicht so lange gewartet werden, bis vollendete Tatsachen geschaffen sind. Gefasste Beschlüsse müssen noch umkehrbar sein (*Fitting* Rn 71). Nach § 1 Abs 7 EBRG sind Unterrichtung und Anhörung des EBRat „spätestens gleichzeitig mit der nationalen ArbNVertretung durchzuführen". Für Verstöße gegen diese Unterrichtungspflichten sieht § 45 EBRG ein Bußgeld von bis zu 15 Tsd Euro vor. Ob die Beteiligungsrechte durch einen Unterlassungsanspruch gesichert sind, ist umstritten (dafür Schaub/*Koch* § 256 Rn 22; dagegen LAG BW 12.10.15 – 9 TaBV 2/

15, NZA-RR 16, 358 [über die vom LAG zugelassene Rechtsbeschwerde hatte das BAG wegen Erledigung der Sache und entsprechender Verfahrenserklärung der Beteiligten nicht mehr zu entscheiden]; LAG Köln 8.9.11 – 13 Ta 267/11, LAGE EBRG § 30 Nr 1). Der EBRat kann seine Ansprüche auf Unterrichtung und Anhörung aber mit einer einstweiligen Verfügung sichern (*Fitting* Rn 90a).

Die **Unterrichtung** dient nach § 1 Abs 4 EBRG der Übermittlung von Informationen zur Kenntnis und Prüfung durch die ArbNVertreter. Sie hat zu einem Zeitpunkt und in einer Art und Weise zu erfolgen, die ihrem Zweck angemessen ist. Zu dieser Unterrichtung gehört auch, dass die Ursachen für eine bestimmte Entwicklung angesprochen und die wichtigsten Entscheidungsmöglichkeiten aufgezeigt werden. Es reicht jedenfalls nicht aus, die ArbNVertretung mit unkommentiertem Zahlenmaterial gewissermaßen „zuzuwerfen". So wird sichergestellt, dass die ArbNVertretung die Informationen eingehend bewerten und eine Anhörung vorbereiten können. Bei der **Anhörung** handelt es sich nach § 1 Abs 4 EBRG um einen **Meinungsaustausch** und die Errichtung eines Dialogs zwischen den ArbNVertretern und der zentralen Leitung oder einer anderen geeigneten Leitungsebene. Gemeint ist weder eine Anhörung noch eine Beratung iSd BetrVG, sondern eine **Konsultation,** dh eine „gemeinsame Beratung". Bei ihr muss die zentrale Leitung von sich aus nach der Meinung der ArbNVertreter fragen und deren Meinung gemeinsam erörtern. Sie muss auf alle Einwände der Gegenseite eingehen und sich mit ihnen auseinandersetzen, ohne eine Vorauswahl zu treffen (HWK/*Giesen* EBRG Rn 14). 21

Für **Tendenzunternehmen** schränkt § 31 EBRG die Beteiligungsrechte ein. Unterrichtung und Anhörung müssen nur über den Ausgleich oder die Milderung wirtschaftlicher Nachteile erfolgen, die den ArbN als Folge einer Unternehmens- oder Betriebsänderung nach § 29 Abs 2 Nr 5–10 und § 30 EBRG entstehen. Den Informationsfluss vom EBRat bzw dem engeren Ausschuss zu den Beschäftigten sichert § 36 EBRG. 22

**d) Schutzbestimmungen.** Inländische ArbNVertreter im EBRat sind nach § 40 Abs 1 EBRG wie BRatMitglieder geschützt. Sie genießen **Entgelt- und Tätigkeitsschutz,** Schutz vor Behinderung und Benachteiligung sowie den besonderen **Kündigungsschutz.** § 37 Abs 6 BetrVG ist nicht in Bezug genommen. Ein **Schulungsanspruch** der ArbNVertreter im EBRat lässt sich damit allein aus § 38 EBRG herleiten. Denselben Schutz genießen nach § 40 Abs 2 EBRG die Mitglieder des BVG und die ArbNVertreter im Rahmen eines Verfahrens zur Unterrichtung und Anhörung, soweit sie im Inland beschäftigt sind. Diese Regelung gilt nach § 2 Abs 4 EBRG auch, wenn die zentrale Leitung nicht im Inland liegt. Mit den §§ 42–45 EBRG werden Errichtung und Tätigkeit des EBRat, des BVG und das Verfahren nach § 19 EBRG mit den aus dem BetrVG bekannten Sanktionen geschützt. 23

**5. „Alt"vereinbarungen.** Auf Vereinbarungen, die vor dem 22.9.1996 abgeschlossen wurden, ist das Gesetz nach § 41 Abs 1 EBRG nicht anzuwenden. Dies gilt nach § 41 Abs 2 EBRG auch dann, wenn diese Vereinbarung auf Seiten der ArbN von einer Vertretung nach dem BetrVG und/oder mehrere Vereinbarungen abgeschlossen wurden. § 41 Abs 3–6 EBRG enthält Nachbesserung-, Strukturanpassungs- und Verlängerungsklauseln, die für den Bestand der Vereinbarung über den Stichtag hinaus sorgen. Für Vereinbarungen, die zwischen dem 6.6.09 und dem 5.5.11 unterzeichnet oder überarbeitet worden sind, gilt nach § 41 Abs 8 EBRG weiterhin das EBRG 1996; ausgenommen sind die Fälle des § 37 EBRG. § 41 Abs 7 EBRG enthält eine besondere Regelung für Unternehmen, die deshalb erstmalig in den Geltungsbereich des Gesetzes fallen, weil in Großbritannien und Irland liegende Unternehmen zu berücksichtigen sind. Zum Brexit → Rn 2. 24

## B. Lohnsteuerrecht

*Weil*

S → *Betriebsrat* Rn 61. 31

## C. Sozialversicherungsrecht

*Voelzke*

Zur sozialversicherungsrechtlichen Bedeutung der Tätigkeit von BRatMitgliedern → *Betriebsrat* Rn 71 ff. 36

# Fahrgemeinschaft

## A. Arbeitsrecht

*Griese*

**1. Bedeutung.** Zum Zwecke der Fahrtkostenersparnis bilden ArbN häufiger Fahrgemeinschaften, sowohl für den Weg von und zur Arbeitsstelle als auch für Fahrten zu auswärtigen Arbeits-, Tagungs- oder Lehrgangsorten. 1

**2. Rechtliche Einordnung.** Die Fahrgemeinschaft ist ein **Gefälligkeitsverhältnis** ohne rechtlichen Bindungswillen, wenn die Mitnahme nur gelegentlich und ohne Kostenbeteiligung oder Gegenleistung erfolgt. Denn regelmäßig wollen sich die Parteien bei einer solchen sporadischen Fahrgemeinschaft nicht rechtsgeschäftlich binden. Dies gilt auch, wenn ein ArbN einen Arbeitskollegen, mit dem er an sich eine Fahrgemeinschaft gegen Unkostenbeteiligung bildet, auf dessen besonderen Wunsch hin vor Ablauf der Arbeitszeit nach Hause bringt, weil dieser sich nicht arbeitsfähig fühlt (BGH 14.11.91 – III ZR 4/91, NJW 92, 498). 2

Dies hat zur Konsequenz, dass sich beide Seiten von der Fahrgemeinschaft jederzeit lösen können. Hieraus folgt weiter, dass eine **Kostenbeteiligung** nur verlangt werden kann, wenn sie vereinbart war. Denn mangels rechtsgeschäftlichen Bindungswillens ist das Auftragsrecht (§§ 662 ff BGB) nicht anwendbar, insbes hat der Fahrer gegen den Mitfahrer keinen **Aufwendungsersatzanspruch** gem § 670 BGB. Dies gilt auch, wenn sein Pkw auf einer solchen Fahrt beschädigt wird (BGH 14.11.91 – III ZR 4/91, NJW 92, 498). 3

Handelt sich es hingegen um eine **regelmäßige Fahrgemeinschaft** mit Kostenbeteiligung des Mitfahrers oder um eine solche, bei der abwechselnd ein Teilnehmer der Fahrgemeinschaft sein Fahrzeug zur Verfügung stellt und fährt, ist ein beidseitiger Bindungswille, eine rechtsgeschäftliche Verpflichtung einzugehen, idR gegeben. Dies folgt sowohl aus der zeitlichen Dimension wie auch aus dem Umstand, dass die Teilnehmer einer Fahrgemeinschaft gegenüber dem ArbGeb die Verpflichtung haben, an jedem Arbeitstag pünktlich zur Arbeit zu erscheinen, und sich deshalb auf die Fahrgemeinschaft verlassen können wollen (BGH 14.11.91 – III ZR 4/91, NJW 92, 498 unter 2b der Gründe). Die Fahrten der Fahrgemeinschaft beruhen dann auf einem Rechtsverhältnis; in Betracht kommt je nach den Umständen des Einzelfalls ein – ggf wechselseitiger – Beförderungsvertrag iSd § 631 BGB oder Auftrag iSd § 662 BGB, jedoch in aller Regel kein Gesellschaftsverhältnis iSd § 705 BGB (aA *Mädrich* NJW 82, 860). 4

Ist **keine feste Zeitdauer** der Fahrgemeinschaft vereinbart, kann sich jede Seite von der vertraglichen Verpflichtung jederzeit lösen; der Fahrer darf die Fahrgemeinschaft allerdings nicht zur Unzeit beenden (§ 671 Abs 2 BGB, zB Absetzen auf halber Strecke). Der Fahrer hat keinen Aufwendungsersatzanspruch gegen die Mitfahrer aus § 670 BGB, wenn sein Pkw auf einer Fahrt beschädigt wird (offen gelassen von BGH 14.11.91 – III ZR 4/91, NJW 92, 498). Es handelt sich um die Verwirklichung eines allgemeinen Lebensrisikos (MüKo/*Seiler* § 670 BGH Rn 14 ff), das nicht den Mitfahrern zugerechnet werden kann. Eine Aufwendungsersatzpflicht scheitert auch daran, dass der Fahrer die Fahrt nicht nur in fremdem Interesse (der Mitfahrer), sondern überwiegend im eigenen Interesse unternimmt. 5

**3. Kostenerstattung durch den ArbGeb. Gegen** den **ArbGeb** können Kostenerstattungsansprüche (nach § 670 BGB) nur geltend gemacht werden, wenn die Benutzung des Pkw vom ArbGeb angeordnet oder aufgrund betrieblicher Veranlassung unabweisbar notwendig ist (Einzelheiten → *Aufwendungsersatz* Rn 2). Ist der ArbGeb zur Kostenerstattung verpflichtet, kann er zur Kostenersparnis die Bildung von Fahrgemeinschaften verlangen. Dies gilt zB auch für die Reisekosten von mehreren Betriebsratsmitgliedern zu einer gemeinsamen Fortbildungsveranstaltung (BAG 24.10.18 – 7 ABR 23/17, NZA 19, 407). 6

**4. Schadensersatzansprüche des Mitfahrers.** Kommt der Mitfahrer aufgrund eines Unfalls zu Schaden, so greift der **gesetzliche Haftungsausschluss** des § 105 SGB VII iVm § 8 Abs 2 Nr 2b SGB VII nicht ein, da der Unfall auf dem nach § 8 Abs 2 Nr 2b SGB VII versicherten Weg aufgetreten ist. Das gilt auch für Umwege, die wegen der Fahrgemeinschaft gemacht werden. 7

Entgegen dem Wortlaut des § 8 Abs 2 Nr 1 SGB VII will das BAG (Urt v 19.8.04 – 8 AZR 349/03, AP Nr 4 zu § 104 SGB VII) Wege zu auswärtigen Einsatzstellen und Dienstreisen nicht als versicherte Wege anerkennen. Damit wird den Geschädigten entgegen der gesetzlichen Intention ein Schmerzensgeldanspruch gegen die Kfz-Haftpflichtversicherung entzogen (zur Kritik im Einzelnen *Griese* in FS Küttner, 165 ff; HWK/*Giesen* Vor §§ 104–113 SGB VII Rn 4; → *Arbeitgeberhaftung* Rn 9).

8 Die gesetzliche **Haftung des Fahrers** ist eine Haftung für jede Art von Verschulden und richtet sich nach § 823 Abs 1 und 2 BGB, § 253 Abs 2 BGB (Schmerzensgeld) und § 18 Abs 1 StVG, wobei nach § 18 Abs 1 S 2 StVG das Verschulden des Fahrers vermutet wird. Hinzu kommt die Gefährdungshaftung des Pkw-Halters gem § 7 StVG. Durch das ab 1.8.02 geltende Zweite Gesetz zur Änderung schadensersatzrechtlicher Vorschriften (BGBl I 02, 2674) ist § 8a StVG so geändert worden, dass grds auch **bei unentgeltlicher, nicht geschäftsmäßiger Beförderung gehaftet wird**.

Soweit die Fahrgemeinschaft auf einem Rechtsverhältnis beruht, kommt die **vertragliche Haftung** hinzu.

9 Getragen wird die Schadensersatzpflicht für **alle** Schäden jedoch **nicht vom Arbeitnehmer** selbst als Fahrer oder Halter, sondern von der **Kfz-Haftpflichtversicherung,** die die Ansprüche gegen **Fahrer und Halter abdeckt** und vom Geschädigten direkt in Anspruch genommen werden kann (§§ 1, 3 Pflichtversicherungsgesetz), daneben von der gesetzlichen **Unfallversicherung,** da es sich um einen **Unfall auf dem versicherten Weg** nach § 8 Abs 2 SGB VII handelt (BSG 26.1.88 – 2 RU 12/87, NJW 88, 2759; auch für den Mitfahrer, der nur vorübergehend wie ein ArbN für den Betrieb tätig geworden ist).

10 Da die Haftpflichtversicherung die Schadensersatzansprüche des Mitfahrers abdeckt, kann **kein stillschweigend vereinbarter Haftungsausschluss** angenommen werden. Gerade dort, wo der Schädiger gegen Haftpflicht versichert ist (erst recht, wenn wie beim Betrieb von Kfz eine Pflichtversicherung besteht, die dem Schutz des Unfallopfers dienen soll), entspricht es weder dem Anliegen der Versicherungspflicht noch dem Willen der Beteiligten, durch – letztlich fingierte – Verzichtsabreden den Haftpflichtversicherer zu entlasten. Deshalb spricht das Bestehen eines Haftpflichtversicherungsschutzes für den Schädiger in aller Regel **gegen eine stillschweigende Haftungsbeschränkung** (BGH 13.7.93 – VI ZR 278/92, NJW 93, 3067; *Unberath* in BeckOK BGB § 276 Rn 50). Allenfalls ist zu erwägen, ob eine stillschweigend vereinbarte Haftungsbeschränkung auf die Haftungshöchstgrenzen der Kfz-Haftpflichtversicherung anzunehmen ist. In diesem Umfang können **vertraglich vereinbarte Haftungsbeschränkungen** Sinn machen, da sie eine persönliche Haftung des Fahrers über den Versicherungsumfang hinaus verhindern. Darüber hinausgehende vollständige Haftungsausschlüsse durch Vertrag sind hingegen nicht ratsam, da sie dem Mitfahrer Schadensersatzansprüche und insbes Schmerzensgeldansprüche, die die gesetzliche UV nicht abdeckt, nehmen würde, ohne dass dies durch die Interessen des Fahrers, dessen Haftungsrisiko durch die Kfz-Haftpflichtversicherung gesichert ist, gerechtfertigt wäre.

## B. Lohnsteuerrecht *Thomas*

11 Seit Einführung einer verkehrsmittelunabhängigen Entfernungspauschale ab 2001 kommt es für Fahrten zwischen Wohnung und erster Tätigkeitsstätte (vor 2014: regelmäßiger Arbeitsstätte) grds nicht mehr darauf an, welche Kosten angefallen sind bzw wer sie getragen hat. Dementsprechend steht die Entfernungspauschale jedem Teilnehmer der Fahrgemeinschaft zu, unabhängig davon, in wessen Pkw gefahren wurde. Verrechnungen unter den Mitgliedern haben zivilrechtliche, aber keine steuerliche Auswirkung mehr. Unterschiede bestehen aber noch hinsichtlich des Höchstbetrages von 4500 €, weil dieser nur mit Fahrten überschritten werden kann, die der betreffende ArbN mit dem eigenen Kfz zurückgelegt hat (Beispiel bei BMF 31.8.09, BStBl I 09, 891 unter 1.5), was die Pauschalierung ad absurdum führt. Unfallkosten sind nach Ansicht der Rspr (BFH 20.3.14 – VI R 29/13, DStR 14, 1274) durch die Entfernungspauschale abgegolten, während sie nach Auffassung der Verwaltung (BMF 31.10.13, DStR 13, 2463 = Anl zu LStH 9.10 unter 4.) zusätzlich abgezogen werden können. Letzteres lässt sich dem Wortlaut des § 9 Abs 2 Satz 1 EStG nicht entnehmen (*Kettler* DStZ 02, 676). Bei anderen beruflichen Fahrten, wie zB Dienstreisen, bleibt es

beim Abzug der dem jeweiligen ArbN tatsächlich entstandenen Kosten. Eine evtle Verwaltungspraxis, nach der aus öffentlichen Kassen gezahlte Mitnahmepauschalen nach § 3 Nr 13 EStG als steuerfrei behandelt werden, ist nicht bindend (FG RhPf 8.11.16 – 3 K 2578/14, DStRE 18/257).

## C. Sozialversicherungsrecht

*Voelzke*

**1. Begriff.** Der Zusammenschluss von ArbN zu Fahrgemeinschaften für den Weg von und nach dem Ort der Tätigkeit wird in der gesetzlichen UV in der Weise berücksichtigt, dass die durch Fahrgemeinschaften bedingten **Wegeabweichungen** (→ *Wegeunfall* Rn 15 ff) nicht als sog eigenwirtschaftliche Tätigkeit den ansonsten bei Wegeunfällen gegebenen UV-Schutz ausschließen (§ 8 Abs 2 Nr 2 Buchst b SGB VII). Als Fahrgemeinschaft gelten Zusammenschlüsse von Personen zur gemeinsamen Zurücklegung des Weges zum oder vom Ort der Tätigkeit. An der Fahrgemeinschaft können alle versicherten (zB Kinder) oder berufstätigen (zB Beamte) Personen beteiligt sein. Nach § 8 Abs 2 Nr 2 Buchst a SGB VII ist versicherte Tätigkeit auch die Abweichung von einem unmittelbaren Weg nach und von dem Ort der Tätigkeit, um im Haushalt lebende Kinder wegen der beruflichen Tätigkeit fremder Obhut anzuvertrauen. Die Beförderung der Obhutsperson wird hingegen nicht erfasst (BSG 28.4.04 – B 2 U 20/03 R, SozR 4–2700 § 8 Nr 4). 13

Der ArbGeb und der **Ort der Tätigkeit** brauchen bei den einzelnen Mitgliedern der Fahrgemeinschaft nicht übereinzustimmen. Das Motiv für die Bildung der Fahrgemeinschaft ist unerheblich (*Schlegel/Voelzke/Wagner,* SGB VII § 8 Rn 231). Ausreichend für die Annahme einer Fahrgemeinschaft ist die gelegentliche Mitnahme von versicherten oder berufstätigen Personen (BSG 30.9.80 – 2 RU 23/79, SozR 2200 § 550 Nr 45). Nicht zu den versicherten Teilnehmern einer Fahrgemeinschaft zählt derjenige, der Arbeitskollegen oder den Ehegatten an einem arbeitsfreien Tag zur Arbeit bringt, auch wenn er gewöhnlich Mitglied der Fahrgemeinschaft ist (BSG 8.12.83 – 2 RU 75/82, NZA 84, 63). 14

**2. Versicherte Fahrten.** Der UV-Schutz für Teilnehmer einer Fahrgemeinschaft ist nicht davon abhängig, dass hierdurch eine Energieeinsparung oder eine Verminderung des Unfallrisikos bewirkt wird. Auch der Umfang der durch die Bildung der Fahrgemeinschaft bedingten Abweichung vom direkten Weg führt nicht zu einer Begrenzung des Versicherungsschutzes, solange der Abweg nicht unvertretbar ist (BSG 15.6.83 – 9b/8 RU 56/81, SozR 2200 § 550 Nr 56: Vervielfachung des Arbeitsweges schadet nicht). Allerdings muss die Abweichung durch die Fahrgemeinschaft bedingt sein. Zusätzlich sind vom UV-Schutz für alle versicherten Beifahrer Wegeteile erfasst, die lediglich für einen Teilnehmer versichert sind (zB Abheben eines Geldbetrages beim Geldinstitut: BSG 26.1.88 – 2 RU 12/87, NZA 88, 747), während Umwege oder Abwege aus eigenwirtschaftlichen Gründen für alle Teilnehmer der Fahrgemeinschaft unversichert sind (zum Transport einer privaten Sache BSG 27.6.84 – 9b RU 28/83, NZA 84, 336). Der UV-Schutz ist nicht auf „eine" Fahrgemeinschaft beschränkt (BSG 5.5.10 – B 2 U 36/08 R, NZS 10, 569). Der Fahrer einer Fahrgemeinschaft verliert nicht dadurch seinen UV-Schutz, dass er eine Person zu deren Zielort bringt, um dann zu einer weiteren Person zu fahren, um mit dieser eine zusätzliche Fahrgemeinschaft zu bilden (*Schlegel/Voelzke/Wagner* SGB VII § 8 Rz 233). 15

Kein UV-Schutz besteht zB, wenn der Fahrer einen **Umweg** fährt, um günstiger zu tanken, der Umweg auch für den Mitfahrer im eigenwirtschaftlichen Interesse liegt und es ihm zumutbar war, den Fahrer zu bitten, ihn vorher zu Hause abzusetzen (LSG Saarl 20.9.06 – L 2 U 130/04, NJOZ 07, 1321). Etwas anderes wird hier zu gelten haben, wenn den Beifahrern einer Fahrgemeinschaft eine Einflussnahme nicht möglich oder zumutbar ist (so auch KassKomm/*Ricke* § 8 SGB VII Rn 229).

Längere **Wartezeiten,** die ansonsten zu einer Unterbrechung des Heimweges und zu einem endgültigen Verlust des UV-Schutzes führen, sind unschädlich, wenn sie mit dem Weg der Gemeinschaft vom oder zum Ort der Tätigkeit zusammenhängen (BSG 28.3.85 – 2 RU 30/84, NZA 85, 607). 16

# Fahrtätigkeit

## A. Arbeitsrecht

*Poeche*

1 **1. Allgemeines.** Die mit der Führung eines Kfz im öffentlichen Straßenverkehr verbundenen erheblichen Gefahren für Leben und Gesundheit der Verkehrsteilnehmer und für Sachwerte schlagen sich arbeitsrechtlich vor allem im **Haftungsbereich** und im **Arbeitszeitrecht** für das sog Fahrpersonal nieder. Da die Beförderung von Menschen und Gütern ohne großen zusätzlichen Aufwand sich grenzüberschreitend anbieten lässt, können unterschiedliche soziale Bestimmungen in den Ländern zu einem gefahrerhöhenden Unterbietungswettbewerb führen. Das Arbeitsschutzrecht wird deshalb maßgeblich durch unmittelbar geltendes EU-Recht bestimmt, das durch innerstaatliche Regelungen ergänzt wird.

Als Besonderheit ist festzuhalten, dass die Vorschriften des Fahrpersonalrechts im Interesse der Sicherheit im Straßenverkehr grds sowohl für abhängig Beschäftigte (ArbN) als auch für Selbstständige gelten. Letztere werden zusätzlich gesondert von der Richtlinie 2002/15/EG (ab 23.3.09) erfasst. Die Erstreckung auf **selbstständige Kraftfahrer** ist mit dem Gemeinschaftsrecht vereinbar (EuGH 9.9.04 – C-184/02 und C-223/02, AuR 04, 464). Seit dem 1.11.12 gilt außerdem das G zur Regelung der Arbeitszeit von selbstständigen Kraftfahrern v 11.7.12 (BGBl I 12, 1479). Dazu ausführlich *Wiebauer* NZA 12, 1331.

2 **2. Europarecht.** Die nach Art 288 Abs 2 AEUV unmittelbar geltende VO (→ *EU-Recht* Rn 1) Nr 561/2006/EG des Europäischen Parlaments und des Rates v 15.3.06 zur Harmonisierung bestimmter Sozialvorschriften im Straßenverkehr und zur Änderung der VO Nr 3821/85/EWG und Nr 2135/98/EG des Rates sowie zur Aufhebung der VO Nr 3820/85/EWG gilt seit dem 11.4.07. Sie betrifft die Güterbeförderung mit Fahrzeugen, deren zulässige Höchstmasse einschließlich Anhänger oder Sattelanhänger 3,5 Tonnen übersteigt sowie die Beförderung von mehr als neun Personen im Straßenverkehr, Art 2. Die Ausnahmen ergeben sich aus Art 3. Dazu gehören ua die Personenbeförderung im Linienverkehr auf Strecken mit nicht mehr als 50 km sowie Straßenbahnen. Art 4 enthält die für die Anwendung der VO maßgebenden Begriffsbestimmungen. Art 6–9 regeln die arbeitszeitrechtlichen Grenzen (Lenkzeit, Fahrtunterbrechungen, Ruhezeit und Ruhezeitunterbrechungen). Zur Bewertung der Wegezeit (Anfahrt zur Hauptbetriebsstätte) als Ruhezeit EuGH 29.4.10 – C-124/09, EuZW 10, 746. Die Fahrzeuge sind mit digitalen **Kontrollgeräten** zur Aufzeichnungen aller Lenkzeiten auszustatten. Fahrzeuge, die unter den Anwendungsbereich dieser VO fallen, sind gem der VO Nr 165/2014 vom 4.2.14, in Kraft getreten am 1.3.14, mit Fahrtenschreibern auszustatten.

3 **3. Fahrpersonalgesetz/-Verordnung.** Neben dem nur Mindestanforderungen enthaltenden EU-Recht gelten das FPersG und die FPersV. Beide haben einen von der VO Nr 561/2006/EG abweichenden Anwendungsbereich und erfassen selbst unterschiedliche Sachverhalte. Das FPersG gilt ohne Beschränkung ab Überschreitung eines zulässigen Gesamtgewichts oder einer zu befördernden Mindestzahl von Personen für alle ArbN. Abgesehen vom **Verbot bestimmter Lohnformen** (§ 3) enthält es keine Arbeitsschutzbestimmungen. Es ermächtigt den BM für Verkehr, Bau und Stadtentwicklung zum Erlass von **Rechtsverordnungen,** ua zur Umsetzung des EU-Rechts einschließlich des Europäischen Übereinkommens über die Arbeit des im internationalen Straßenverkehr beschäftigten Fahrpersonals (AETR v 1.7.70, BGBl II 1974, 1473). Die Verordnungen können außerdem Regelungen zur Gewährleistung der Sicherheit im Straßenverkehr, zum Schutz von Leben und Gesundheit des Fahrpersonals sowie zu den Kontrollgeräten enthalten (§ 2). Die auf dieser Grundlage fußende FPersV gilt ua für Fahrzeuge ab 2,8t Gesamtgewicht und im Personenlinienverkehr mit einer Streckenlänge bis zu 50 km. § 1 Abs 1 ordnet die Anwendung der Vorschriften über Lenkzeiten, Fahrtunterbrechungen (LAG BaWü 5.4.12 – 3 Sa 138/11, BeckRS 2012, 72774) und Ruhezeiten der VO Nr 561/2006/EG an. Der in Bezug genommene Art 4 der EG-VO enthält sämtliche für die Beförderung im Straßenverkehr maßgebenden Begriffsbestimmungen. Das Fahrpersonal von **Straßenbahnen** wird deshalb nicht vom Anwendungsbereich der FPersV erfasst (BAG 14.11.08 – 9 AZR 737/07,

NZA-RR 09, 354). Die Einsatzbedingungen des fahrenden Personals im interoperablen grenzüberschreitenden **Eisenbahnverkehr** ergeben sich aus der Eisenbahn-FahrpersonalV (EFPV), BGBl I 09, 2957). Nach Auffassung des LAG RhPf (8.2.17 – 1 Sa 490/16, BeckRS 2017, 106874) hat der ArbGeb gegen den ArbN keinen einklagbaren Anspruch auf Herausgabe der nach § 1 Abs 6 FPersV vorzunehmenden Aufzeichnungen. Vor dem Hintergrund der in S 6 normierten Verpflichtung des Fahrers auf Aushändigung aller Aufzeichnungen ist dies nur schwer nachvollziehbar.

**4. Arbeitszeitgesetz.** Nach § 21a Abs 1 ArbZG sind für die „Beschäftigung im Straßentransport" die VO Nr 561/2006/EG und das AETR maßgeblich. Dazu kommen die besonderen Regelungen des § 21a ArbZG und ergänzend die allgemeinen Arbeitszeitbestimmungen. Das Nebeneinander beruht auf dem unterschiedlichen Ansatz: das EU-Recht betrifft die Modalitäten von Lenkzeiten, das ArbZG die von Arbeitszeiten. Abweichend von § 2 Abs 1 ArbZG sind **keine Arbeitszeiten:** Zeiten, in denen sich der ArbN am Arbeitsplatz (oder an einem anderen Ort) aufhalten muss, um seine Tätigkeit (nach Anweisung) aufzunehmen, vorausgesetzt, die voraussichtliche Dauer der „Wartezeit" ist spätestens unmittelbar vor Beginn des betreffenden Zeitraums bekannt. Bei ArbN, die sich beim Fahren abwechseln, ist keine Arbeitszeit iSd öffentlich-rechtlichen Arbeitszeitschutzes die Zeit, die der ArbN während der Fahrt neben dem Fahrer oder in der Schlafkabine verbringt (Abs 3). Zu beachten ist, dass es sich dabei gleichwohl um **vergütungspflichtige Reisezeiten** handelt, BAG 20.4.11 – 5 AZR 200/10, NZA 11, 917, denn § 21a Abs 3 ArbZG hat nur arbeitsschutzrechtliche Bedeutung und ist für die Vergütungspflicht des ArbGeb ohne Relevanz (BAG 21.12.16 – 5 AZR 362/16, NZA-RR 17, 233). Die grundsätzlich auf 48 Stunden/Woche (das ist der Zeitraum von Montag 0 Uhr bis Sonntag 24 Uhr) begrenzte Arbeitszeit kann bis auf 60 Stunden/Woche verlängert werden, wenn innerhalb von vier Kalendermonaten oder 16 Wochen im Durchschnitt 48 Stunden wöchentlich nicht überschritten werden (Abs 4). Abweichende Regelungen können tariflich vereinbart werden (Abs 6). Nach zutreffender, aber str Auffassung (VG Hamburg 12.3.15 – 17 K 3507/14, BeckRS 2015, 42769) gilt auch für angestellte Kraftfahrer, deren wöchentliche Arbeitszeit nach § 21a Abs 4 ArbZG begrenzt ist, § 3 ArbZG, dh auch ihre werktägliche Arbeitszeit darf 10 Stunden nicht überschreiten. Für den ArbGeb besteht die besondere **Aufzeichnungspflicht,** die Arbeitszeit des ArbN (vollständig) zu dokumentieren (→ *Arbeitszeit* Rn 26). Dem ArbN ist auf seinen Wunsch eine Kopie auszuhändigen (Abs 7, s hierzu LAG Köln 19.6.12 – 11 Sa 148/12, BeckRS 2012, 75998). Bei mehreren ArbGeb geleistete Arbeitszeiten werden zusammengerechnet (→ *Arbeitszeit* Rn 12). Nach Abs 8 „fordert der ArbGeb den ArbN schriftlich auf, ihm eine Aufstellung der bei einem anderen ArbGeb geleisteten Arbeitszeit vorzulegen." Vorzulegen ist also die nach Abs 7 erhaltene Kopie. Keine Kontrolle der Gesamtarbeitszeit erfolgt bei einer zusätzlichen Tätigkeit des ArbN als Selbstständiger. Insoweit greifen die Aufzeichnungspflichten des EU-Rechts. Zu den Voraussetzungen, nach denen **Lenkzeitunterbrechungen** als Ruhepause zu beurteilen sind BAG 13.10.09 – 9 AZR 139/08, AP ArbZG § 2 Nr 4. Die Aufzeichnungen iSd § 21a Abs 7 ArbZG sind sowohl für den ArbN als auch für den ArbGeb ein geeignetes Hilfsinstrument bei der Rekonstruktion und Darlegung der Arbeitszeit, allerdings steht der Nachweis der Unrichtigkeit der Aufzeichnungen jeder Seite offen (BAG 21.12.16 – 5 AZR 362/16, NZA-RR 17, 233). Den sich aus § 21a Abs 7 ArbZG ergebenden Auskunftsanspruch kann der ArbN gerichtlich auf der ersten Stufe einer Stufenklage geltend machen. (BAG 28.8.19 – 5 AZR 425/18, NZA 19, 1645). 4

**5. Sanktionen.** Verstöße des ArbN und des ArbGeb gegen die zwingenden Bestimmungen sind bußgeldbewehrt nach § 8 und § 8a FPersG. Zur Verantwortlichkeit des Unternehmers OLG Düsseldorf 21.12.07 – IV-2 Sa (OWi) 8/07, NZA-RR 08, 534. 5

**6. Ortungssysteme.** Güter- und Personenverkehr sind ohne Ortungssysteme, mit deren Hilfe der geografische Standort eines ArbN oder des Fahrzeugs bestimmt werden kann, kaum mehr vorstellbar. Deren Zulässigkeit sollte nach dem Gesetzentwurf aus dem Jahr 2010, der nach der am 14.4.16 durch das Europäische Parlament verabschiedeten **EU-Datenschutz-Grundverordnung** (EU-DSGVO) und im Zuge der Arbeiten an dem Datenschutz-Anpassungs- und Umsetzungsgesetz EU – DSAnpUG-EU, welches am 25.5.18 in Kraft getreten ist, endgültig aufgegeben wurde, ausführlich im BDSG geregelt werden. 6

Daten des Fahrpersonals durften danach durch Ortungssysteme (zB mit GPS über Handy oder im Fahrzeug eingebaute Sender) erhoben, verarbeitet und genutzt werden, wenn dies aus betrieblichen Gründen zur Sicherheit des Beschäftigten oder zur Koordinierung seines Einsatzes erforderlich sein sollte und schutzwürdige Interessen des Beschäftigten am Ausschluss der Datenerhebung, -verarbeitung oder -nutzung nicht überwogen hätten. Erlaubt sollte die Ortung ausschließlich während der Arbeitszeit oder der Bereitschaft, nicht also während der Freizeit oder im Urlaub sein. Der ArbGeb sollte den Einsatz des Ortungssystems durch geeignete Maßnahmen erkennbar machen und die Beschäftigten darüber informieren, wie er die Ortungsdaten nutzt. Außerdem sollten Ortungssysteme auch zum Schutz der Arbeitsmittel und der sonstigen beweglichen Sachen, die sich in der Obhut des Beschäftigten befinden (zB Fracht), eingesetzt werden dürfen. Das zum 25.5.18 in Kraft getretene BDSG nF enthält keine gesonderten Vorschriften zur Datenerhebung mit Hilfe von Ortungssystemen. Nach bisher geltender Gesetzeslage konnte der Einsatz von Ortungssystemen mit Einwilligung des ArbN, § 4 Abs 1 BDSG aF, auf der Grundlage etwa einer Betriebsvereinbarung oder auf der Grundlage von §§ 32, 28 BDSG aF zulässig sein. Eine Rechtfertigung allein durch § 32 BDSG aF wurde angesichts der hohen Eingriffsintensität in das Persönlichkeitsrecht des ArbN nur in Ausnahmefällen, etwa bei Geldtransporten, angenommen (*Grimm* jM 16, 17; weniger streng: *Göpfert/Papst* DB 16, 1015; *WHW/Byers* B. V.). An dieser Rechtslage hat sich angesichts der wenigen inhaltlichen Änderungen im BDSG nF nichts geändert. Nunmehr bemisst sich die Zulässigkeit nach § 26 Abs 1 S 1 BDSG bzw, sofern die Ortung aufgrund der unionsrechtlichen Vorgaben über den digitalen Tachografen erfolgt, bereits nach Art 6 Abs 1 S 1 lit b DSGVO (*Kort* RdA 18, 24). Ausführlich zur Ortung externer Beschäftigte *Gola* ZD 12, 308; *Göpfert/Papst* DB 16, 1015 sowie VG Lüneburg 19.3.19 – 4 A 12/19, BeckRS 2019, 3816.

7 **7. Gefahrguttransporte.** Besondere Anforderungen gelten im Zusammenhang mit dem Transport von Gefahrgut. Maßgeblich sind das GefahrgutbeförderungsG (GGBfG, BGBl I 09, 1774, 3975) und die auf seiner Grundlage erlassenen VO, ua die VO über die Bestellung von **Gefahrgutbeauftragten** (GbV, BGBl I 11, 341), gütig ab 1.9.11. Gefahrgüter im Straßenverkehr darf nur führen, wer über einen entsprechenden Gefahrgutführerschein verfügt (gültig für fünf Jahre). Ein Verstoß gegen das „Null-Alkohol"-Gebot kann eine außerordentliche Kündigung rechtfertigen (LAG Köln 8.11.10 – 2 Sa 612/10, BeckRS 2011, 65463). Es stellt auch einen schweren Arbeitsvertragsverstoß dar, wenn der ArbN dem ArbGeb das negative Ergebnis einer betriebsärztlichen Untersuchung über die gesundheitliche Eignung als Fahrer von Gefahrguttransporten verschweigt (LAG Köln 20.8.15 – 7 Sa 217/15, BeckRS 2016, 69287). Beschäftigt der ArbGeb einen ArbN, dem betriebsärztlich bescheinigt wurde, gesundheitlich nicht zum Führen von Gefahrguttransporten geeignet zu sein, nicht, gerät er nicht in Annahmeverzug (LAG Köln 4.9.15 – 4 Sa 823/14, BeckRS 2015, 72901). Konsumiert der ArbN Drogen und führt er dennoch ein Fahrzeug des ArbGeb, kommt es nicht darauf an, ob seine Fahrtüchtigkeit konkret gefährdet ist. Die massive Gefährdung der Fahrtüchtigkeit stellt bereits einen schweren Pflichtverstoß dar (BAG 20.10.16 – 6 AZR 471/15, NZA 16, 1527).

8 **8. Personenbeförderung.** Die Beförderung von Fahrgästen mit Kfz bedarf der besonderen Erlaubnis zur Personenbeförderung (§§ 15d ff StVZO). Sie wird jeweils für nicht mehr als drei Jahre erteilt. Verlust oder Nichtverlängerung der gesetzlichen Erlaubnis begründen ein Beschäftigungsverbot. Der ArbGeb gerät nicht in *Annahmeverzug*; bei gleichzeitiger krankheitsbedingter Arbeitsunfähigkeit besteht kein Anspruch auf *Entgeltfortzahlung*. Eine **personenbedingte Kündigung** kann gerechtfertigt sein. Der Entzug einer sog **betrieblichen Fahrerlaubnis** steht dem Verlust einer gesetzlich vorgeschriebenen Fahrerlaubnis nicht gleich (BAG 5.6.08 – 2 AZR 984/06, AP BGB § 626 Nr 212; NJW-Spezial 08, 595).

9 **9. Berufskraftfahrerqualifizierung.** Entsprechend europarechtlicher Vorgaben ist sicherzustellen, dass das Fahrpersonal stets über die körperlichen und geistigen Fähigkeiten verfügt, um den erheblichen Anforderungen des Straßenverkehrs gerecht zu werden. Bestimmte Fahrergruppen unterliegen deshalb einer regelmäßigen **Fortbildungspflicht** (§ 5 BKrFQG v 14.8.06, BGBl I 06, 1958, idF v 25.5.11, BGBl I 11, 952 ber 1374). Ohne den Nachweis der Qualifizierung darf der Fahrer nicht arbeiten, der Unternehmer den Fahrer

nicht beschäftigen. Verstöße sind sanktionsbewehrt (bis zu 5000 Euro für den Fahrer und bis zu 20 000 Euro für den Unternehmer). Das BKrFQG regelt nicht, wer die **Kosten** der Lehrgänge (35 Pflichtstunden in fünf Jahren, regelmäßig verteilt auf 5 × 7 Stunden/Kj) trägt. Die Gesetzesmaterialien sind unergiebig. In der Praxis werden die Lehrgänge vielfach vom ArbGeb schon im eigenen Interesse organisiert und finanziert, weil die Einhaltung der Fortbildungspflicht und damit die zulässige Beschäftigung des ArbN nur so gewährleistet ist. Es spricht viel dafür, dass die Praxis der Rechtslage entspricht. Ein ArbN muss zwar grds selbst dafür sorgen, dass er die vertraglich vereinbarte Arbeitsleistung tatsächlich erbringen kann, und die hierfür notwendigen Kosten tragen. Eine solche auf den Einzelnen abstellende Betrachtung berücksichtigt indessen nicht, dass die Qualifizierung kraft Gesetzes in das Berufsbild „Kraftfahrer" implementiert worden ist. Auf diesen „Dauerzustand" kann und muss sich der ArbGeb einstellen, da er ohne das gesetzlich fortgebildete Fahrpersonal seinen gewerblichen Personen- oder Güterkraftverkehrsbetrieb nicht führen kann.

**10. Individualrechtliche Fragen.** Die Zusage des ArbGeb, eine **Geldbuße** zu erstatten, 10
die gegen den ArbN wegen der Überschreitung von Lenkzeiten verhängt wird, ist nach § 138 BGB nichtig. Der ArbN kann daher keine Erstattung verlangen (→ *Aufwendungsersatz* Rn 18–21). In Ausnahmefällen kommt ein **Schadensersatzanspruch** nach § 826 BGB in Betracht (BAG 25.1.01 – 8 AZR 465/00, NZA 01, 653; LAG RhPf 10.4.08 – 10 Sa 892/06, VRR 08, 242 [Ls]). Der Kraftfahrer kann nicht rechtswirksam angewiesen werden, unterwegs eingehende **Telefonanrufe** noch während des Führens des Fahrzeugs oder während der Lenkzeitunterbrechungen und/oder der Ruhepausen in schriftliche Telefonlisten einzutragen (LAG Hamm 5.7.01 – 17 Sa 455/01, NZA-RR 03, 436). In einem Tarifvertrag kann rechtswirksam ein **Nebentätigkeitsverbot** vereinbart werden, das vollzeitbeschäftigten Kraftfahrern die Aufnahme einer weiteren Tätigkeit als Kraftfahrer untersagt (BAG 26.6.01 – 9 AZR 343/00, NZA 02, 98). Die Einführung von **Namensschildern** auf der Dienstkleidung des Fahrpersonals im öffentlichen Personennahverkehr ist mitbestimmungspflichtig nach § 87 Abs 1 Nr 1 BetrVG (BAG 11.6.02 – 1 ABR 46/01, NZA 02, 1299). Ein ArbGeb des öffentlichen Dienstes kann kraft Direktionsrechts berechtigt sein, im Rahmen billigen Ermessens anzuordnen, dass ein Verwaltungsangestellter auf Dienstreisen einen Dienstwagen selbst führt und Kollegen mitnimmt (BAG 29.8.91 – 6 AZR 593/88, DB 92, 147). Der ArbN wird dadurch nicht zum „Kraftfahrer". Richtet sich die vertragliche Arbeitszeit nach dem ArbZG, ist für die Frage, ob der ArbN **Überstunden** geleistet hat, § 21a ArbZG einschließlich der dort geregelten Ausgleichszeiträume von vier Monaten/16 Wochen heranzuziehen. Maßgeblich ist also nicht die kalendertägliche oder wöchentliche Zeitspanne (BAG 18.4.12 – 5 AZR 195/11, NZA 12, 796; 21.12.16 – 5 AZR 362/16, NZA-RR 17, 233). Zur Darlegung für die tatsächliche Leistung von Überstunden → *Überstunden* Rn 16.

Ein **Busfahrer,** der sich, ohne ein eigenes Fahrzeug zu besitzen, für nur eine Busreise bei einem Busunternehmen beworben hat, ist nicht ArbN (LAG Hessen 14.2.19 – 10 Ta 350/18, NZA-RR 19, 505).

Zum Betrieb des Aufzeichnungsgeräts ist neben einer Unternehmenskarte (§ 9 FPersV) eine **Fahrerkarte** (§ 5 FPersV) erforderlich. Die Fahrerkarte (EC-Kartenformat) enthält ein Lichtbild des Fahrers und seine persönlichen Daten in maschinenlesbarer Form. Sie steht in seinem Eigentum, ist nicht an ein bestimmtes Fahrzeug gebunden, darf keinem Dritten zur Nutzung überlassen werden und ist während der Fahrt mitzuführen. Die Fahrerkarte kann direkt beim Kraftfahrtbundesamt oder der nach Landesrecht zuständigen Behörde, das ist oft die örtliche Führerscheinstelle, beantragt werden. Die **Kosten** hat der ArbN zu tragen (BAG 16.10.07 – 9 AZR 170/07, NZA 08, 1012).

**11. Internationales Privatrecht.** Zum Schutz des ArbN schränkt Art 8 der VO (EG) 11
Nr 593/2008 des Europäischen Parlaments und des Rates v 17.6.08 über das auf vertragliche Schuldverhältnisse anzuwendende Recht (Rom I; ABlEG 08, Nr L 177 S 6) die Befugnis der Arbeitsvertragsparteien zur Rechtswahl ein. Das wird insbes im internationalen Warenverkehr praktisch, wenn der ArbN in mehreren Vertragsstaaten tätig wird. Ungeachtet einer anderen Rechtswahl ist maßgeblich das Recht des Staates, in dem der ArbN „gewöhnlich seine Arbeit verrichtet". Der Begriff ist „weit" auszulegen (EuGH 15.3.11 – C-29/10, NZA 11, 625 – Koelzsch; Anm *Arnold* ArbRAktuell 11, 192). Der EuGH stellt ausdrücklich

klar, dass die noch zu Art 6 Abs 2 lit b des Übereinkommens von Rom (80/934/EWG) ergangene Entscheidung auch für Art 8 gilt (→ *Auslandstätigkeit* Rn 8). Festzustellen ist der Staat, in dem der ArbN im Wesentlichen seine Arbeitspflicht gegenüber dem ArbGeb erfüllt. Zu berücksichtigen sind sämtliche Gesichtspunkte, die die Tätigkeit des ArbN kennzeichnen, insbes, in welchem Staat der Ort liegt, in dem oder von dem aus der ArbN seine Transportfahrten durchführt, Anweisungen zu diesen Fahrten erhält und seine Arbeit organisiert und an dem sich die Arbeitsmittel (LKWs) befinden. Von Bedeutung kann auch sein, an welche Orte die Waren hauptsächlich transportiert werden und wohin der ArbN nach seinen Fahrten zurückkehrt. Auf den Sitz des ArbGeb kommt es nicht an.

**B. Lohnsteuerrecht** *Thomas*

12 Bislang war die Fahrtätigkeit lediglich in § 4 Abs 5 Nr 5 Satz 3 iVm § 9 Abs 5 EStG aF ausdrücklich geregelt, wonach Verpflegungspauschalen vorgesehen waren, wenn der StPfl bei seiner beruflichen „Tätigkeit typischerweise nur … auf einem Fahrzeug" tätig wird. Ab 2014 entfällt diese Regelung. Nunmehr wird hinsichtlich der **Verpflegungspauschalen** nicht mehr auf das berufliche Tätigkeitsbild abgestellt, sondern darauf ob der ArbN keine erste Tätigkeitsstätte hat (§ 9 Abs 4a Satz 4 EStG) oder außerhalb einer vorhandenen ersten Tätigkeitsstätte beruflich tätig wird (§ 9 Abs 4a Satz 2 EStG). Übernachtet ein ArbN mit auswärtiger beruflicher Tätigkeit auf einer Dienstreise nicht in einer Unterkunft (dazu → *Dienstreise* Rn 54), sondern im Kfz des ArbGeb oder eines beauftragten Dritten, steht dem ArbN eine **Übernachtungspauschale** von 8 € zu (§ 9 Abs 1 Nr 5b EStG neu), sofern er nicht höhere tatsächliche Aufwendungen (zB für Hygieneeinrichtungen am Rastplatz) nachweist.

13 Hinsichtlich der Frage, wann für die Fahrt zur Arbeit beim ArbN mit Fahrtätigkeit die **Entfernungspauschale** zum Zuge kommt, hat die Rspr wiederholt gewechselt (vgl Personalbuch 2013 Fahrtätigkeit Rn 12). Nunmehr ist die Entfernungspauschale bei Fahrtätigkeit anwendbar, wenn der ArbN dem Ort der Übernahme des Fahrzeugs arbeitsrechtlich dauerhaft zugeordnet ist (§ 9 Abs 4 Satz 1 EStG) oder wenn er diesen Ort nach dem Weisungsrecht des ArbGeb typischerweise arbeitstäglich aufzusuchen hat (§ 9 Abs 1 Nr 4a Satz 3 EStG). Zu Einzelheiten wird auf → *Fahrten zwischen Wohnung und Arbeitsstätte* Rn 4 ff verwiesen.

**C. Sozialversicherungsrecht** *Schlegel*

19 **Sozialversicherungsrechtlich** bestehen **keine Besonderheiten** für eine Fahrtätigkeit, da die SozV und ArblV nicht auf die konkrete Art der verrichteten Arbeit/Tätigkeit, sondern nur darauf abstellen, ob eine Beschäftigung in abhängiger oder selbstständiger Tätigkeit ausgeübt wird. **Besondere Vergütungsbestandteile** für Fahrtätigkeit sind bei der Beitrags- und Leistungsberechnung nur dann nicht als Arbeitsentgelt anzusehen, wenn und soweit diesbezüglich **Steuerfreiheit** besteht. Zahlt ein ArbGeb ein gegen seinen als Fahrer beschäftigten ArbN (im Ausland verhängtes) Bußgeld, ist diese Zuwendung nicht beitragspflichtig, wenn die Zahlung überwiegend im eigenbetrieblichen Interesse des ArbGeb erfolgt (BSG 1.12.09 – B 12 R 8/08R, BSGE 105, 66).

## Fahrten zwischen Wohnung und Arbeitsstätte

**A. Arbeitsrecht** *Griese*

1 Die Fahrt des ArbN von seiner Wohnung zur Arbeitsstätte und zurück gehört zum **privaten Lebensbereich** des ArbN, weil die Wohnortwahl Sache des ArbN ist (BAG 14.6.16 – 9 AZR 409/15, ZRT 16, 569). Sie rechnet weder zur Arbeitszeit noch besteht für die dafür aufgewandte Zeit ein Vergütungsanspruch. Auch die Fahrtkosten fallen grds dem ArbN zur Last (BAG 20.3.12 – AZR 518/10, NZA-RR 12, 616). Fahrten zwischen Wohnung und dem in der Betriebsstätte gelegenen Betriebsratsbüro sind keine ersatzpflichtigen Kosten der Betriebsratsarbeit (BAG 13.6.07 – 7 ABR 62/06, NZA 07, 1301). Der Weg von und zur Arbeitsstätte ist jedoch gem § 8 Abs 2 SGB VII durch die **gesetzliche Unfallversicherung versichert** (→ Rn 32 ff).

Der ArbGeb kann gleichwohl die Fahrtkosten ganz oder teilweise übernehmen (→ *Fahrtkostenzuschuss* Rn 1). Ebenso kann er selbst Transportmöglichkeiten zur Verfügung stellen (→ *Arbeitnehmerbeförderung* Rn 1), ein Transportunternehmen beauftragen (zur Haftung BGH 30.4.13 – VI ZR 155/12, NZA 13, 1218) oder ein **job-ticket,** zB auf der Basis eines Konzerntarifvertrages oder einer (Gesamt-)Betriebsvereinbarung (BAG 22.3.18 – 6 AZR 29/17, NZA 18, 722).verbilligt **oder kostenlos anbieten.** Ein Benutzungszwang besteht nicht, da der private Lebensbereich des ArbN betroffen ist. Aus diesem Grund kann der ArbGeb dem ArbN auch ansonsten keine Vorgaben machen, wie dieser den Weg von und zur Arbeitsstelle zurücklegt. Umgekehrt bestehen auch keine Haftungsansprüche für **Sachschäden des Arbeitnehmers** gegen den ArbGeb, die der ArbN auf dem Weg von und zur Arbeitsstätte erleidet. 2

Kann der ArbN infolge von **Verkehrsstörungen** die Arbeit nicht rechtzeitig aufnehmen, schuldet der ArbGeb für die dadurch ausgefallene Arbeitszeit keine Arbeitsvergütung. Insofern gelten die für die Arbeitsverhinderung dargestellten Grundsätze (→ *Arbeitsverhinderung* Rn 8). 3

Fahrten von der Wohnung zu **auswärtigen Arbeitsstellen oder Kundenbesuchen** sind hingegen dienstliche Tätigkeit und daher vergütungspflichtige Arbeitszeit. Das gilt unabhängig davon, ob die Fahrt von der Wohnung aus beginnt oder zur Wohnung zurückführt (BAG 24.5.18 – 5 AZR 424/17, NZA 18, 1211; BAG 17.10.18 – 5 AZR 533/17, NZA 19, 159). Neben der Vergütung für die Wegezeiten muss der ArbGeb auch die Fahrtkosten des ArbN übernehmen (s *Aufwendungsersatz*).

## B. Lohnsteuerrecht

*Thomas*

**Übersicht**



**I. Rechtsentwicklung. 1. Gesetzesänderung.** Durch das Gesetz zur Änderung ua des Reisekostenrechts vom 20.2.13 wurden mit Wirkung ab 2014 Voraussetzungen und Rechtsfolgen der Fahrten zwischen Wohnung und Arbeitsstätte modifiziert (*Arens/Pelke* DStR 14, 1239; *Bergkemper* FR 13, 1017; *Harder-Buschner/Schramm* NWB Beilage zu 9/2013, 2; *Harder-Buschner/Schramm* NWB 48/2012, 3848; *Isenhardt* DB 14, 1316; *Niermann* DB 13, 1015; *Niermann* DB 13, 2357; *Paintner* DStR 13, 217; *Schneider* NWB Beilage zu 9/2013, 53; *Thomas* DStR 14, 497; *Weber* NWB Beilage zu 9/2013, 21; *Wirfler* DStR 12, 2037; *Wirfler* DStR 13, 2660; *Wünnemann* DB 12, 421; *Wünnemann/Gödtel* NWB Beilage zu 9/2013, 36). Die wesentlichste Änderung betrifft den Anwendungsbereich der Entfernungspauschale, indem der bisher maßgebende Begriff der „regelmäßigen Arbeitsstätte" durch den abweichenden Begriff der „ersten Tätigkeitsstätte" ersetzt wurde (dazu Einführungserlass BMF 30.9.13, BStBl I 13, 1279; BeckVerw 276583, Ergänzung BMF 24.10.14, BStBl I 14, 1412, dazu *Niermann* DB 14, 2793), während die Rechtsfolgen der Entfernungspauschale im großen Ganzen weitergeführt wurden (BMF 31.10.13, DStR 13, 2463). Mit 4 dem neuen Abgrenzungsmerkmal reagierte der Gesetzgeber auf die RsprÄnderungen zur bisherigen Rechtslage, die teilweise übernommen und teilweise korrigiert wurden. Im April 2019 sind hierzu die ersten BFH-Urt ergangen (*Geserich* NWB 19, 2925; *Krüger* DB 19, 2143; vgl iE → Rn 9 ff).

5 **2. Der Weg zur Arbeit. a) Zweck der Regelung.** Die Tatbestandsmerkmale regelmäßige Arbeitsstätte bzw erste Tätigkeitsstätte dienten bzw dienen dazu, Kosten für den Weg zur Arbeit von Kosten für Wege in der Arbeit abzugrenzen und – nur für Erstere – eine abgeltende Entfernungspauschale vorzuschreiben. Ausgangspunkt war bzw ist dabei, dass der Weg zur Arbeit arbeitsrechtlich Sache des ArbN ist (→ Rn 1), während Wege in der Arbeit in den Verantwortungsbereich des ArbGeb fallen. Folgerichtig stellt die Übernahme der Kosten für den Weg zur Arbeit durch den ArbGeb Lohn dar (*Thomas* DStR 11, 1341 unter 2.2), während sie bei Wegen in der Arbeit im eigenbetrieblichen Interesse des ArbGeb erfolgt, und nicht als Entlohnung für die Beschäftigung.

6 **b) Pauschalierungsbefugnis.** Mit der Entfernungspauschale werden zwei Hauptziele verfolgt, nämlich Gleichbehandlung und Vereinfachung. Diese werden dadurch bewirkt, dass für jeden ArbN pro Entfernungskm unabhängig von den tatsächlichen Kosten des individuellen Beförderungsmittels der gleiche Abzugsbetrag anzusetzen ist. Die Befugnis zu einer derartigen Typisierung beruht auf der privaten Mitveranlassung der Kosten. Wie das BVerfG ausführt, wird „die Höhe der Werbungskosten in erheblichem Maße auch durch individuelle Entscheidungen des Stpfl beeinflusst, wozu die Wahl des Verkehrsmittels ebenso gehört wie die Wahl des Wohnorts" (BVerfG 9.12.08 – 2 BvL 1/07, 2 BvL 2/07, 2 BvL 1/08, 2 BvL 2/08, DStR 08, 2460, dort Rn 74). Mit der „auch mit Blick auf das estrechtliche Nettoprinzip unbedenklichen Bewertung der Wegekosten … eröffnen sich dem Gesetzgeber … erhebliche Typisierungsspielräume" (BVerfG 9.12.08, DStR 08, 2460 Rn 75).

7 **c) Korrekturen des BFH.** Der Anwendungsbereich der Entfernungspauschale wurde von den obigen – an Wortlaut, Gesetzeszweck und Systematik orientierten Grundsätzen – jahrzehntelang geprägt, bis der BFH den Begriff der Arbeitsstätte einschränkte, indem er (erstens) darunter nur ortsfeste Einrichtungen des eigenen ArbGeb verstand, die (zweitens) den ortsgebundenen Mittelpunkt der beruflichen Arbeit des ArbN bilden müssen, der (drittens) auf Dauer und Nachhaltigkeit angelegt sein muss, damit der ArbN sich hierauf einstellen und auf die Minderung der Wegekosten einwirken kann (zu Einzelheiten und Kritik vgl Personalbuch 2019 Fahrten zwischen Wohnung und Arbeitsstätte Rn 6–8).

8 **d) Reaktion des Gesetzgebers.** Übernommen wurde das Erfordernis der ortsfesten betrieblichen Einrichtung, allerdings nicht nur des eigenen ArbGeb, sondern auch Dritter bzw einer Bildungseinrichtung. Was das Merkmal Berufsmittelpunkt betrifft wurde zwar einerseits angeordnet, dass der ArbN nur eine erste Tätigkeitsstätte haben kann. Diese muss aber nicht Mittelpunkt der beruflichen Tätigkeit des ArbN sein. Schließlich wurde das Merkmal der Dauerhaftigkeit modifiziert eingeführt. Ein wesentlicher Unterschied gegenüber der bisherigen Rechtslage besteht darin, dass das Abgrenzungsmerkmal „regelmäßige Arbeitsstätte" nur die Mobilitätskosten betraf, während die Verpflegungsmehraufwendungen an bestimmte berufliche Betätigungsformen anknüpften.

9 **II. Erste Tätigkeitsstätte. 1. Auswirkungen.** Das Gesetz macht vom Vorliegen bzw Nichtvorliegen einer ersten Tätigkeitsstätte die Behandlung der Mobilitätskosten (tatsächliche Aufwendungen oder Entfernungspauschale, § 9 Abs 1 Nr 4 Satz 1 EStG), der Unterkunftskosten (tatsächliche oder auf 1000 € monatlich begrenzte), die Gewährung von Verpflegungspauschalen (§ 9 Abs 4a EStG) die Regeln der doppelten Haushaltsführung (§ 9 Abs 1 Nr 5 EStG) und die Erfassung eines geldwerten Vorteils beim Dienstwagen (§ 8 Abs 2 Satz 3 EStG) abhängig. Bei einem ins Ausland entsendeten ArbN kann das Vorliegen einer ersten Tätigkeitsstätte für die Höhe der Werbungskosten und damit für den Umfang des Progressionsvorbehalts (§ 32b Abs. 1 Nr 3 EStG) von Bedeutung sein (NdsFG 19.4.18 – 5 K 262/16, EFG 19, 36 Rev VI R 21/18).

10 **2. Begriff.** Die erste Tätigkeitsstätte wird bestimmt durch die Tatbestandsmerkmale ortsfeste betriebliche Einrichtung und dauerhafte Zuordnung (§ 9 Abs 4 Satz 1 EStG) hilfsweise durch die Bildungseinrichtung (§ 9 Abs 4 Satz 8 EStG).

11 **a) Ortsfeste betriebliche Einrichtung.** Das häusliche Arbeitszimmer bzw ein Homeoffice des ArbN ist keine betriebliche Einrichtung eines Dritten und damit nicht erste

Tätigkeitsstätte, selbst wenn sich dort der Erwerbsmittelpunkt des ArbN befindet. Das gilt auch für ein von einem angestellten Versicherungskaufmann angemietetes Servicebüro, wenn es nicht für Rechnung des ArbGeb betrieben wird (FG BlnBbg 9.4.19 – 5 K 5269/17, DStRE 19, 1054). Anders kann zu beurteilen sein, wenn der ArbGeb beim ArbN ein Büro anmietet (→ *Arbeitsentgelt* Rn 63; aA *Niermann* DB 13, 2357).

Fahrzeuge, Flugzeuge und Schiffe sind nicht ortsfest und damit keine Tätigkeitsstätten iSv § 9 Abs 4 Satz 1 EStG. Sie können sich aber an oder in ortsfesten betrieblichen Einrichtungen wie Werksanlagen, Betriebsgelände, Bahnhof oder Flughafen befinden und dort eine erste Tätigkeitsstätte begründen (BFH 10.4.19 – VI R 17/17, BFH/NV 19, 904 Flugbegleiterin; BFH 11.4.19 – VI R 40/16, DStR 19, 1510 Flugzeugführerin; BFH 11.4.19 – VI R 12/17, DStRE 19, 943 Luftsicherheitskontrollkraft; FG BlnBbg 23.5.19 – 4 K 4259/17, EFG 19, 1442 Rev VI R 25/19 Betriebshof beim Müllwerker). Ein Verkaufsanhänger, ein Hotelschiff oder ein Hausboot können betriebliche Einrichtung sein, wenn sie langfristig am Stell- bzw Liegeplatz verbleiben oder so ortsgebunden wie ein Gebäude genutzt werden (*Krüger* DB 19, 2143 unter III.2.a).

**b) Des Arbeitgebers oder Dritter.** Die betriebliche Einrichtung kann die des ArbGeb, 12
eines verbundenen Unternehmens oder eines vom ArbGeb bestimmten Dritten sein. Damit wurde die bisherige Rspr zum LeihArbN, zur Beschäftigung beim Kunden des ArbGeb und zum Outsourcing jedenfalls bei dauerhafter dortiger Verwendung gegenstandslos. Beim selbständigen Gewerbetreibenden, bei dem die Rechtsfolgen (nicht aber die Voraussetzungen) der Entfernungspauschale für die Wege zwischen Wohnung und Betriebsstätte entsprechend anzuwenden sind (§ 4 Abs 5 Nr 6 Satz 2 EStG), kann wie bisher Betriebsstätte auch dann das Gelände seines einzigen Auftraggebers sein, wenn der StPfl über dieses Gelände keine eigene Verfügungsmacht besitzt (FG Düsseldorf 11.3.19 – 9 K 1960/17 E, G, DStRE 19, 1253 Rev X R 14/19).

**c) Bildungseinrichtung.** Diese gilt als erste Tätigkeitsstätte, wenn sie außerhalb eines 13
Dienstverhältnisses (zur Bildungseinrichtung innerhalb eines Dienstverhältnisses BFH 10.4.14 – III R 35/13, DStR 14, 1487) zum Zwecke eines Vollstudiums oder einer vollzeitigen Bildungsmaßnahme aufgesucht wird (§ 9 Abs 4 Satz 8 EStG). Damit erfolgt eine Abgrenzung einerseits gegenüber Fortbildungsmaßnahmen des ArbGeb; im Rahmen eines dualen Ausbildungsdienstverhältnisses gibt es ohnehin nur noch eine erste Tätigkeitsstätte. Und andererseits gegenüber einzelnen Fortbildungsmaßnahmen auf eigene Kosten und Initiative des ArbN. Beim Auslandssemester im Rahmen eines Studiums (kein Dienstverhältnis!) gilt die Hochschule als erste Tätigkeitsstätte (FG Münster 24.1.18 – 7 K 1007/17 E, F, BeckRS 2018, 1205 Rev VI 3/18; aA *Maciejewski* FR 18, 452). Ein Stipendium oder Zuschuss eines künftigen ArbGeb ohne Dienstverpflichtungen erfolgt außerhalb des Dienstverhältnisses. Von der BA geförderte Bildungsmaßnahmen bleiben insofern unberührt, als sie idR unter die Steuerbefreiung des § 3 Nr 2 EStG fallen. Ob der Verwaltung darin zu folgen ist, dass die Vollzeitigkeit der Bildungsmaßnahme vom Umfang beibehaltener Erwerbstätigkeit (bis zu 20 Stunden wöchentlich bzw im Rahmen eines geringfügigen Beschäftigungsverhältnisses, BMF 30.9.13, BStBl I 13, 1279 Rz 33) abhängt, ist zweifelhaft (*Niermann* DB 13, 2357, 2359).

**3. Dauerhafte Zuordnung.** Die Zuordnung erfolgt vorrangig durch Ausübung des 14
Direktionsrechts des ArbGeb (§ 9 Abs 4 Satz 2 EStG, Zuordnungsgrundfall) und hilfsweise nach anderen Kriterien (§ 9 Abs 4 Sätze 4, 6 und 7 EStG, Zuordnungssurrogate vgl → Rn 25 ff). Außerdem muss sie dauerhaft iSv § 9 Abs 4 Satz 3 EStG sein.

**a) Zuordnungsgrundfall.** Die Zuordnung wird „durch die dienst- oder arbeitsrecht- 15
lichen Festlegungen sowie die diese ausfüllenden Absprachen und Weisungen bestimmt" (§ 9 Abs 4 Satz 2 EStG), also durch Konkretisierung des Direktionsrecht. Während sich aus dem Direktionsrechts als solchem ergibt, was der ArbGeb vom ArbN nach Zeit, Ort, Inhalt und Art und Weise verlangen kann (→ *Weisungsrecht* Rn 2 ff; BAG 21.2.13 – 8 AZR 877/11, DB 13, 1178), besagt die Zuordnung, welchen Gebrauch der ArbGeb davon im Hinblick auf den Tätigkeitsort des ArbN im Einzelfall tatsächlich gemacht hat. Das ergibt sich daraus, dass nicht nur auf die „Festlegungen" abzustellen ist, also auf den Rechtsrahmen, der sich aus dem Gesetz bzw den individual- und kollektivvertraglichen Regelungen ergibt, sondern auch auf die „ausfüllenden Absprachen und Weisungen", also darauf wie der

ArbGeb die Möglichkeiten des Rechtsrahmens hinsichtlich des Tätigkeitsorts konkret genutzt hat.

16 **aa) Maßgeblichkeit des Arbeitsrechts.** Aus der arbeitsrechtlichen Gestaltung ergibt sich die steuerliche Zuordnung, ohne dass sich der ArbGeb der steuerlichen Folgen seiner Entscheidung bewusst sein muss. Erst recht bedarf ihre steuerliche Wirksamkeit keiner besonderen Dokumentation. Zwar kann die Zuordnung ausdrücklich bzw schriftlich, aber eben auch konkludent getroffen werden. Dem entsprechend ist ihr Inhalt durch Würdigung aller Umstände des Einzelfalls und mittels aller zugelassenen Beweismittel festzustellen und hängt nicht vom Einhalten bestimmter Förmlichkeiten ab (BFH 11.4.19 – VI R 40/16, DStR 19, 1510). Dabei entspricht es regelmäßig der Lebenswirklichkeit, dass der ArbN der betrieblichen Einrichtung zugeordnet ist, in der er tatsächlich tätig ist (BFH 4.4.19 – VI R 27/17, DStR 19, 1507).

17 **bb) Erwerbsmittelpunkt nicht erforderlich.** Entsprechend dem Wortsinn des Begriffs Tätigkeitsstätte ist zwar ein Tätigwerden erforderlich. Jedoch muss sich dort weder der Erwerbsmittelpunkt des ArbN befinden, noch muss der ArbN dort den überwiegenden Teil seiner Arbeitszeit verbringen. Andernfalls hätte sich das gesonderte Erfordernis der Dauerhaftigkeit erübrigt. Vielmehr genügt, wenn zumindest in geringem Umfang Dienste erbracht werden, die zum ausgeübten Berufsbild des ArbN gehören (BFH 4.4.19 – VI R 27/17, DStR 19, 1507 Polizeiinspektion des Streifenbeamten; BFH 11.4.19 – VI R 12/17, DStRE 19, 943 Sicherheitskontrollkraft im Flughafen; FG BlnBbg 23.5.19 – 4 K 4259/17, EFG 19, 1442 Rev VI R 25/19 Müllwerker am Betriebshof; FG BaWü 23.7.18 – 10 K 1935/17, EFG 19, 530 Rev VI R 35/18 Amtsgericht beim Gerichtsvollzieher; FG Nürnberg 3.5.18 – 6 K 1033/17, EFG 19, 1576 Rev VI R 10/19 Zustellpunkt beim Postboten).

Dagegen begründet eine lediglich organisatorische Zuordnung zu einer Geschäftsstelle, an der der ArbN nicht dauerhaft arbeitet, keine erste Tätigkeitsstätte (FG BlnBbg 9.4.19 – 5 K 5269/17, DStRE 19, 1054 Versicherungskaufmann mit Außendienst). Fraglich ist, ob bei Beurteilung des Tätigkeitsumfangs zwischen „eigentlichen" und „uneigentlichen" beruflichen Tätigkeiten unterschieden werden kann, bspw beim Kundendienstmonteur zwischen der Übernahme von Aufträgen, Material und Kundendienstfahrzeug und dem „eigentlichen" Kundendienst (so BMF 30.9.13, BStB I 13, 1279 Rz 26; aA *Niermann* DB 13, 2357, 2358 li Sp). Richtigerweise dürfte das Berufsbild von allen Diensten geprägt sein, die vom ArbN verlangt werden können.

18 **b) Dauerhaftigkeit.** „Von einer dauerhaften Zuordnung ist insbes auszugehen, wenn der ArbN unbefristet, für die Dauer des Dienstverhältnisses oder über einen Zeitraum von 48 Monaten hinaus an einer solchen Tätigkeitsstätte (dh einer ortsfesten betrieblichen Einrichtung) tätig werden soll" (§ 9 Abs 4 Satz 3 EStG). Aus der Formulierung „tätig werden soll" ergibt sich, dass auf die zum Zeitpunkt der Zuordnung beabsichtigte Verwendung an der betreffenden Tätigkeitsstätte abzustellen ist (Ex ante Prognose). Das bedeutet, dass im Einzelfall anhand der Absprachen und Weisungen festzustellen ist, für welche Zeitspanne der ArbGeb dem ArbN eine bestimmte Tätigkeitsstätte arbeitsrechtlich und damit gleichzeitig steuerlich zugewiesen hat. Da die steuerliche Zuordnung nicht von dokumentierten Förmlichkeiten sondern von der tatsächlichen arbeitsrechtlichen Gestaltung abhängt, ist auch bei einer vor 2014 (gesetzliche Neuregelung) erfolgten Zuordnung darauf abzustellen, welche Verwendung damals beabsichtigt war.

19 **aa) Zuordnungsmöglichkeiten** sind insbes die unbefristete Zuordnung, die Zuordnung für die Dauer des Dienstverhältnisses und die Zuordnung über 48 Monate hinaus. Dass weitere Alternativen in Betracht kommen, was die Formulierung „insbesondere" nahelegt, dürfte kaum praktische Bedeutung haben, zumal die drei genannten Alternativen höchst unterschiedliche Dauer haben können.

Jedenfalls bezieht sich der Begriff „dauerhaft" nicht darauf, wie lange das Dienstverhältnis dauert sondern darauf, wie lange nach der ex ante zu treffenden Prognose dem ArbN die zugewiesene Tätigkeitsstätte zugeordnet bleiben soll. Denn § 9 Abs 4 Satz 3 EStG beschreibt nicht die Voraussetzungen einer dauerhaften Beschäftigung, sondern die einer dauerhaften Zuordnung. Darüber, ob das Beschäftigungsverhältnis selbst befristet oder unbefristet ist, bedarf es keiner Prognose, da sich das idR schon aus dem Arbeitsvertrag ergibt.

20 **bb) Unbefristete Zuordnung.** Die Zuordnung einer Tätigkeitsstätte ist befristet, wenn die Verwendungsprognose ergibt, dass die Zuordnung zu einem bestimmten Zeitpunkt

endet. Ist das nicht der Fall, zB wenn die Zuordnung „bis auf Weiteres" erfolgt, ist sie unbefristet. Nach den gleichen Grundsätzen ist zu entscheiden, wenn eine neue (andere) Tätigkeitsstätte zugewiesen wird.

Sofern dem BFH-Urt zum befristeten Leiharbeitsverhältnis zu entnehmen sein sollte, dass bei einem befristeten Arbeitsverhältnis eine unbefristete Zuordnung generell nicht in Betracht komme (BFH 10.4.19 – VI R 6/17, DStR 19, 1514 unter Rz 26), ist dem nicht zu folgen. Ähnlich stellt das FG Münster bei einem jahrelang auf derselben Baustelle beschäftigten Elektromonteur nicht auf die Dauerhaftigkeit der Zuordnung zu dieser Tätigkeitsstelle ab, sondern auf die fehlende Dauerhaftigkeit des befristeten Beschäftigungsverhältnisses (FG Münster 25.3.19 – 1 K 447/16 E, DStRE 19, 1255).

Dabei ist zu bedenken, dass sehr viele wenn nicht gar die allermeisten Beschäftigungsverhältnisse dadurch befristet sind, dass ihr Ende durch gesetzlich angeordnete oder durch kollektiv- bzw einzelvertraglich festgelegte Regelaltersgrenzen bestimmt ist. Hinzu kommen Zeitbefristungen, die nach dem Kalender bestimmbar sind und Zweckbefristungen, bei denen das Beschäftigungsverhältnis endet, wenn sich der Beschäftigungszweck erledigt hat. Es ist schwer vorstellbar, dass alle diese Beschäftigungsverhältnisse vom Hauptanwendungsfall der dauerhaften Zuordnung ausgenommen sein sollen, zumal sich der Begriff „unbefristet" auf die Dauer der Zuordnung und nicht der Beschäftigung bezieht.

Ergeben bspw bei einem auf fünf Jahre befristeten Arbeitsverhältnis die „Festlegungen" 21
(→ Rn 15), dass der ArbGeb unterschiedliche Tätigkeitsstätten zuordnen kann, dann ist die getroffene Zuordnung nur dann ebenfalls befristet, wenn die zu treffende Prognose ergibt, dass das Ende der Zuordnung auf das Ende der Beschäftigung fällt, dh dass sich der ArbGeb – was die Zuordnung der Tätigkeitsstätte betrifft – arbeitsrechtlich abschließend gebunden hat. Überlässt der ArbGeb dem ArbN (zB einem Vorstandsmitglied mit Fünfjahresvertrag) die Wahl der Tätigkeitsstätte, dann führt auch dessen Entscheidung zu einer unbefristeten Zuordnung, wenn nicht ausgeschlossen ist, dass im Verlaufe der Beschäftigung noch andere Zuordnungen getroffen werden können.

Die Befristung des Zuordnungszeitraums wird auch nicht schon dadurch bewirkt, dass der ArbGeb aus steuerlichen Gründen eine Erklärung zum Lohnkonto nimmt, dass seine Zuordnung nur für eine bestimmte Zeitspanne (zB ein halbes Jahr) gelten soll. Denn maßgebend ist auch hier (vgl → Rn 16), ob bei Würdigung aller Umstände des Einzelfalls arbeitsrechtlich eine vorläufige oder eine endgültige Entscheidung getroffen worden ist. Wenn für die Zeit nach dem vermeintlichen Ablauf der Zuordnung trotz weiterlaufender Beschäftigung nicht eine konkrete andere Tätigkeitsstätte zugeordnet worden war, kann regelmäßig davon ausgegangen werden, dass im Rahmen der vorzunehmenden Prognose auf eine unbefristete Zuordnung zu schließen ist, zumal nicht entscheidend ist, was nur auf dem Papier steht, sondern vielmehr, was der Lebenswirklichkeit entspricht.

**cc) Zuordnung für die Dauer des Dienstverhältnisses** ist gegeben, wenn nach der 22
Prognose über die Zuordnungsdauer die zugewiesene Tätigkeitsstätte bis zum Ende des Dienstverhältnisses nicht mehr geändert wird. Das wird vor allem bei Dienstverhältnissen von kurzer Dauer der Fall sein, zB wenn ein ArbN für die Dauer einer Messe als Wachmann oder für die Dauer des Oktoberfestes als Bedienung in einem Festzelt beschäftigt wird. Danach kann eine erste Tätigkeitsstätte auch vorliegen, wenn die Beschäftigung nur einen Tag dauert (BFH 11.4.19 – VI R 36/16, DStRE 19, 946 Gesamthafenarbeiter). Der BFH hat hier zu Recht seine frühere Rspr zur regelmäßigen Arbeitsstätte nicht fortgeführt, dass eine solche auf Dauer und Nachhaltigkeit angelegt sein müsse, damit sich der ArbN auf die Tätigkeitsstätte einstellen und auf die Minderung der Wegekosten einwirken kann (vgl BFH 9.2.12 – VI R 22/10, DStRE 12, 913).

Bei einer längeren Beschäftigung, etwa für eine viele Jahre in Anspruch nehmende Groß- 23
baustelle (zB die Schnellbahntrasse München-Berlin, der Bahnhof Stuttgart 21 usw) kann die obige Prognose anders ausfallen. Insbes kann für dasselbe Projekt die Prognose für einzelne ArbN (zB den Projektleiter gegenüber einzelnen Bauausführenden) unterschiedlich ausfallen. Allerdings ist zweifelhaft ob dem BFH zu folgen ist, dass bei einem befristeten Beschäftigungsverhältnis mit mehrfacher Verlängerung eine Zuordnung für die Dauer der Beschäftigung nur vorliegt, wenn sie für die ganze und nicht nur für die verbleibende Dauer des Beschäftigungsverhältnisses ausgesprochen wird (so BFH 10.4.19 – VI R 6/17, DStR 19, 1514 unter Rz 33). Denn die Prognose für jede Zuordnung (also auch eine abweichende

neue) kann jeweils nur für Zukunft erfolgen. Zutreffend ist jedenfalls, wenn es (in Rz 31) heißt, dass das Vorliegen eines befristeten Leiharbeitsverhältnisses die Annahme einer dauerhaften Zuordnung nicht generell ausschließt und dass der dauerhaften Zuordnung an sich nicht entgegensteht, wenn nach dem Arbeitsvertrag die jederzeitige Umsetzung oder Versetzung vorbehalten ist.

24 **dd) Zuordnung über 48 Monate hinaus.** Angesichts der Tatsache, dass nach § 9 Abs 4 Satz 3 EStG eine unbefristete Zuordnung (erste Alternative) und eine Zuordnung für die Dauer des Beschäftigungsverhältnisses (zweite Alternative) zur Dauerhaftigkeit führt, dürften für die dritte Alternative (48-Monat-Frist) wenig Anwendungsfälle übrig bleiben (vgl aber zur Kettenabordnung BMF 30.9.13, BStBl I 13, 1279 Rz 18), zumal eine Verwendungsprognose für einen derart langen Zeitraum nur schwer zu treffen sein dürfte. Jedenfalls ist die Formalerklärung, dass die vorgenommene Zuordnung nicht länger als 48 Monate gilt nur von Bedeutung, wenn ihr eine plausible arbeitsrechtliche Bindung entspricht (vgl → Rn 21).

25 **c) Zuordnungssurogate.** Ist dem ArbN eine betriebliche Einrichtung nicht dauerhaft zugeordnet, kann sich eine erste Tätigkeitsstätte ersatzweise daraus ergeben, dass an einer betrieblichen Einrichtung ein bestimmter Mindestumfang an Arbeit stattfinden soll (§ 9 Abs 4 Satz 4 EStG). Da das Gesetz je Dienstverhältnis höchstens eine erste Tätigkeitsstätte zulässt (§ 9 Abs 4 Satz 5 EStG), muss eine Auswahl getroffen werden, wenn mehr als eine Tätigkeitsstätte die Voraussetzungen einer ersten Tätigkeitsstätte (kraft Zuordnung oder kraft Mindestumfang an Arbeit) erfüllt. Die Auswahl trifft der ArbGeb nach freiem Ermessen. Übt er sein Wahlrecht nicht aus, entscheidet die Nähe zur Wohnung (§ 9 Abs 4 Satz 7 EStG). Sind zur Aufnahme der Berufstätigkeit derselbe Ort oder dasselbe weiträumige Tätigkeitsgebiet typischerweise arbeitstäglich aufzusuchen (§ 9 Abs 1 Nr 4a Satz 3 EStG), begründet das zwar keine erste Tätigkeitsstätte; es treten aber zwei ihrer Rechtsfolgen ein, nämlich die Anwendbarkeit der Entfernungspauschale und der Vorteilsbewertung beim Dienstwagen (§ 8 Abs 2 Satz 3 EStG). Dass es je Dienstverhältnis höchstens eine erste Tätigkeitsstätte geben kann tangiert die Bildungseinrichtung (→ Rn 13) nicht, da sie außerhalb eines Dienstverhältnisses aufgesucht wird.

26 **aa) Mindestumfang an Arbeit.** Eine erste Tätigkeitsstätte wird hilfsweise begründet, wenn der ArbN an einer betrieblichen Einrichtung dauerhaft entweder typischerweise arbeitstäglich (nicht ganztägig) oder je Arbeitswoche zwei volle Arbeitstage oder mindestens ein Drittel seiner vereinbarten regelmäßigen Arbeitszeit tätig werden soll (§ 9 Abs 4 Satz 4 EStG). Aus der Formulierung „tätig werden soll" folgt, dass auch hier eine Tätigkeitsprognose (→ Rn 18) vorzunehmen ist. Dem Begriff des Tätigwerdens ist zu entnehmen, dass dort zumindest in geringem Umfang Dienste geleistet werden müssen (→ Rn 17). Reine Übergabepunkte reichen dafür nicht (vgl dazu → Rn 29). Andererseits wird auf Arbeitszeiten abgestellt, weshalb es nicht auf die Qualität bzw das Gewicht dieser Tätigkeit im Vergleich zur Gesamttätigkeit ankommt.

27 „Typischerweise arbeitstäglich" verweist auf einen Beschäftigungstyp, bei dem das tägliche Aufsuchen die Regel ist und nur ausnahmsweise (zB Urlaub, Krankheit oder einzelne Dienstreisen) ausbleiben kann. Danach reicht nicht, wenn die betriebliche Einrichtung nur einmal wöchentlich aufgesucht und im Übrigen auf Baustellen gearbeitet wird (FG Nürnberg 8.7.16 – 4 K 1836/15, DStRE 17, 1029). Entsprechendes wird angenommen, wenn ein Kraftfahrer seinen Lkw nur jeden zweiten oder dritten Tag (insges an 114 von 242 Arbeitstagen) am Firmensitz abholt (FG Nds 15.6.17 – 10 K 139/16, DStRE 18, 967).

28 **bb) Wohnungsnähe.** Erfüllen mehrere Tätigkeitsstätten die Voraussetzungen einer ersten Tätigkeitsstätte und macht der ArbG von seinem Recht auf Stichentscheid nicht Gebrauch, ist nur diejenige „erste" Tätigkeitsstätte, die der Wohnung des ArbN am nächsten liegt (§ 9 Abs 4 Satz 7 EStG). Das bedeutet, dass für alle in Betracht kommenden betrieblichen Einrichtungen ihre Befähigung zur „ersten" Tätigkeitsstätte und ihre Entfernung zur Wohnung festgestellt werden muss.

29 **cc) Typischerweise arbeitstägliche Anfahrtswege.** Hat der ArbN keine erste Tätigkeitsstätte, ist er aber angewiesen, zur Aufnahme der Arbeit dauerhaft denselben Ort oder dasselbe weiträumige Tätigkeitsgebiet typischerweise arbeitstäglich aufzusuchen, ist auf diese Wege die Entfernungspauschale anzuwenden (§ 9 Abs 1 Nr 4a Satz 3 EStG). Anders als an der ersten Tätigkeitsstätte muss an dem Kontaktpunkt selbst keine Arbeitsleistung erbracht

werden. Fahrten erfolgen typischerweise arbeitstäglich, wenn der Kontaktpunkt nur ausnahmsweise nicht an jedem Arbeitstag aufgesucht wird (vgl → Rn 27; Thür FG 5.12.18 – 1 K 594/16, EFG 19, 261 Rev VI R 6/19; Thür FG 28.2.19 – 1 K 498/17, EFG 19, 883 Rev VI R 14/19).

*(1) Derselbe Ort* (Sammelstelle) kann ein Treffpunkt zum betrieblichen Sammeltransport etwa von Bauarbeitern sein, der Ort einer Fahrzeugübernahme (Busdepot, Fährhafen, Schiffsanlegeplatz, Lotsenstation usw), oder der Ort der Übernahme von Material (Zeitungszusteller, Kundendienstmonteur). Der Treffpunkt einer privaten Fahrgemeinschaft ist mangels Weisung des ArbGeb kein derartiger Sammelpunkt. Bei Piloten im internationalen Einsatz und bei Fernfahrern mit länderübergreifenden Fahrtrouten wird der Standort nur ausnahmsweise typischerweise arbeitstäglich aufgesucht werden. In solchen Fällen ist vorrangig zu prüfen ob eine erste Tätigkeitsstätte vorliegt, weil sich die Übernahmestelle an einer ortsfesten betrieblichen Einrichtung mit dauerhafter Zuordnung befindet (→ Rn 17). **30**

*(2) Weiträumiges Tätigkeitsgebiet.* Dieses ist von der großräumigen Tätigkeitsstätte und einzelnen ortsfesten betrieblichen Einrichtungen innerhalb eines Bezirks zu unterscheiden. Nach wie vor eine einzige – möglicherweise erste – Tätigkeitsstätte ist ein größeres in sich geschlossenes Areal zB eines Werksgeländes (BFH 18.6.09 – VI R 61/06, DStRE 09, 1228), eines Messegeländes oder ein Bürokomplex. Dieses Gelände unterscheidet sich vom weiträumigen Tätigkeitsgebiet durch Geschlossenheit und Überschaubarkeit, während jenes Arbeitsleistungen auf einer weiträumigen Fläche zB einem Hafen, einem Forstgebiet, einem Straßenreinigungs-Müllabfuhr- oder Zustellbezirk uä betrifft. Warum der Kehrbezirk eines Schornsteinfegers nicht dazu gehören soll (so BMF 30.9.13, BStBl I 13, 1279 Rz 41), bedarf der Begründung. Hat der ArbN nicht wechselnd im betreffenden weiträumigen Gebiet zu tun, sondern nur an bestimmten ortsfesten betrieblichen Einrichtungen wie Filialen, Pflegestationen usw, bleibt es bei deren gesonderten Beurteilung als Tätigkeitsstätte. **31**

Beim weiträumigen Tätigkeitsgebiet sind Fahrten bis zum und Fahrten innerhalb des Tätigkeitsgebiets zu unterscheiden, weil für letztere die Entfernungspauschale nicht zum Zuge kommt (§ 9 Abs 1 Nr 4a Satz 4 EStG). Für die Entfernungsberechnung ist bei Fahrten von der Wohnung zum Sammelpunkt dessen Entfernung und bei Fahrten von der Wohnung zum weiträumigen Tätigkeitsgebiet dessen nächstgelegener Zugang maßgebend. Es entspricht dem Vereinfachungszweck der Entfernungspauschale für den Hin- und Rückweg nicht jeweils die halbe km-Pauschale der tatsächlichen Fahrtroute, sondern generell die ganze km-Pauschale für den nächstgelegenen Zugang zu Grunde zulegen und die zusätzlichen Strecken mit den tatsächlichen Kosten abzuziehen. **32**

**III. Entfernungspauschale. 1. Wege zwischen Wohnung und erster Tätigkeitsstätte.** Für diese Wege tritt (von Ausnahmen abgesehen) an die Stelle der tatsächlichen Aufwendungen des ArbN eine verkehrsmittelunabhängige abgeltende km-Pauschale. Diese kommt auch bei den Einkünften aus Vermietung und Verpachtung zum Zug, wenn das Vermietungsobjekt den ortsgebundenen Mittelpunkt der dauerhaft auf Überschusserzielung angelegten Vermietungstätigkeit darstellt (BFH 1.12.15 – IX R 18/05, DStR 16, 908). Die Pauschalierung ist verfassungskonform (vgl → Rn 6 und BFH 11.4.19 – VI R 36/16, DStRE 19, 946 Rz 32 ff). **33**

**a) Wohnung** iSv § 9 Abs 1 Nr 4 EStG ist jede Unterkunft, die zur Übernachtung genutzt wird und von der der ArbN seinen Arbeitsplatz aufsucht. Handelt es sich um die einzige Wohnung des ArbN, kommt es auf Eigentums- und Besitzverhältnisse, besondere Ausstattung oder Komfort und auf die Nutzungsdauer nicht an. Da – anders als bei der doppelten Haushaltsführung – kein eigener Hausstand mit finanzieller Beteiligung des ArbN gefordert wird, kann das auch die Wohnung der Eltern sein, ein vorübergehendes unentgeltliches Unterkommen bei Freunden, ein möbliertes Zimmer (BFH 4.8.67, BStBl III 67, 727), ein Schiff (BFH 17.12.71, BStBl II 72, 245), ein Wohnwagen (BFH 15.11.74, BStBl II 75, 278), eine Gemeinschaftsbaracke (BFH 10.11.78, BStBl II 79, 224), eine Kaserne (BFH 20.12.82, BStBl II 83, 269) oder ein Baustellenwagen (BFH 3.10.85, BStBl II 86, 369). **34**

**b) Mehrere Wohnungen.** Hat der ArbN mehrere Wohnungen ist die nächstgelegene maßgeblich, es sei denn die entferntere bildet den Lebensmittelpunkt und wird nicht nur gelegentlich aufgesucht (§ 9 Abs 1 Nr 4 Satz 6 EStG). **35**

**aa) Lebensmittelpunkt.** Dieser bestimmt sich durch Würdigung aller Umstände des Einzelfalls wie persönlicher und wirtschaftlicher Beziehungen, Aufenthaltsdauer, Ausstattung der jeweiligen Wohnung usw (→ *Doppelte Haushaltsführung* Rn 19). Darauf, ob der ArbN im Hinblick auf die zurückzulegende Entfernung die Fahrt zum Lebensmittelpunkt auch auf Dauer arbeitstäglich zurücklegen kann, kommt es nicht an (BFH 22.6.90, BFH/NV 91, 33).

**bb) Gelegentliches Aufsuchen.** Dieses Erfordernis, das zum Lebensmittelpunkt hinzukommen muss, ist eine Regelung zu Lasten verheirateter Gastarbeiter, bei denen nach ursprünglichem Verständnis die Voraussetzungen einer doppelten Haushaltsführung nicht vorlagen (BFH 8.11.96 – VI R 43/94, DStR 97, 733 mit Anm *MIT*). Denn bei einer doppelten Haushaltsführung können derartige Fahrten ohnehin als Familienheimfahrten berücksichtigt werden und bei anderen ArbN, die ihre weiter entfernt liegende Wohnung nur gelegentlich aufsuchen, stellt diese schon deshalb nicht den Lebensmittelpunkt dar. Entgegen R 9.10 Abs 1 Satz 5 LStR (mindestens sechs Mal im Kj) sieht der BFH bereits fünf Fahrten im Kj als ausreichend an (BFH 26.11.03 – VI R 152/99, BStBl II 04, 233 = DStR 04, 219 mit Anm *MIT).* Dabei soll auch eine besonders große Entfernung beachtlich sein. Das ist zweifelhaft, weil der Ausschluss bewusst zusätzlich zum Lebensmittelpunkt geregelt wurde, um gerade in den Fällen einzugreifen, in denen wegen der weiten Entfernung keine häufigen Fahrten möglich sind.

36 **2. Gesamtpauschalierung.** Es ist grds (zu Ausnahmen → Rn 39) eine verkehrsmittel- und kostenunabhängige Gesamtpauschalierung vorzunehmen, bei der arbeitstäglich 0,30 € je vollständigen (nicht je angefangenen) Entfernungskm des Weges zwischen Wohnung und erster Tätigkeitsstätte angesetzt werden. Nach 2020 erhöht sich der Betrag ab dem 21. km auf 0,35 € und nach 2023 auf 0,38 €.

**a) Wegeberechnung.** Maßgebend ist grds die kürzeste Straßenverbindung (§ 9 Abs 1 Nr 4 Satz 4 EStG). Als „Straßen"verbindung gilt auch eine Fähre (BFH 19.4.12 – VI R 19/11, DStR 12, 176) oder ein Tunnel. Bei der Fähre soll aber die Fährstrecke nicht in die Entfernungsberechnung eingehen und stattdessen die Fährkosten neben die Entfernungspauschale angesetzt werden (BMF 31.10.13, DStR 13, 2463 Tz 1.4 Beispiel 2). Dagegen sind Mautentgelte oder Tunnelgebühren nicht neben der Entfernungspauschale zu berücksichtigen. Die kürzeste Straßenverbindung ist auch dann maßgeblich, wenn sie mautpflichtig ist oder mit dem vom ArbN verwendeten Verkehrsmittel nicht benutzt werden darf (BFH 24.9.13 – VI R 20/13, DStRE 14, 402).

37 **aa) Tagespauschale** („für jeden Arbeitstag" § 9 Abs 1 Nr 4 Satz 2 EStG). Diese gilt auch, wenn der ArbN die Fahrt wegen der Eigenart der geschuldeten Arbeit typischerweise zweimal am Tag zurücklegt (BFH 11.9.03 – VI B 101/03, BStBl II 03, 893), da die früheren Ausnahmen für einen zusätzlichen Arbeitseinsatz bzw eine längere Arbeitszeitunterbrechung entfallen sind. Arbeitstag ist ein solcher, an dem tatsächlich gearbeitet wird. Daher greift die Entfernungspauschale bei Rufbereitschaft nur ein, wenn die erste Tätigkeitsstätte auch aufgesucht wird. Die halbe Pauschale kommt zur Anwendung, wenn wegen einer Dienstreise oder bei Schichtdienst an einem Kalendertag nur eine Hin- oder Rückfahrt erfolgt. Erfolgt bei Flugpersonal Hin- und Rückfahrt an unterschiedlichen Tagen, soll die Entfernungspauschale nur für die Hinfahrt gelten (FG Münster 14.7.17 – 6 K 3009/15 E, EFG 17, 1582 Rev VI R 42/17).

Da ein ArbN mit mehreren Dienstverhältnissen je Dienstverhältnis eine erste Tätigkeitsstätte haben kann, zB in unterschiedlichen Filialen, Büros usw, kommt jeweils eine eigene Entfernungspauschale in Betracht. Werden die Tätigkeitsstätten jeweils an unterschiedlichen Wochentagen (zB Montag bis Mittwoch in A und Donnerstag bis Samstag in B) oder jeweils arbeitstäglich, aber mit zwischenzeitlicher Rückkehr in die Wohnung angefahren, ist jeweils die volle Entfernungspauschale anzusetzen. Fährt ein ArbN an 220 Tagen im Kj mit seinem Kfz von der Wohnung in A zur 30 km entfernten Tätigkeitsstätte in B, sowie weiter zur 40 km entfernten Tätigkeitsstätte in C und von dort zurück zur 50 km entfernten Wohnung, behandelt die Verwaltung die Fahrt nach B als Umwegstrecke zur Fahrt nach C und legt der Entfernungspauschale nur die Hälfte der Gesamtstrecke, also (30 + 40 + 50 = 120 : 2 =) 60 km zugrunde, wenn diese niedriger ist, als die Summe der Einzelentfernungen zur Wohnung (hier: 30 + 50 = 80 km). Das ergibt (220 Tage × 60 km × 0,30 € =) 3960 €

(BMF 31.10.13, DStR 13, 2463 Tz 1.8). Das ist zweifelhaft, weil bei der Fahrt von B nach C kein Weg von oder zu einer Wohnung gegeben ist. Deshalb wäre denkbar, für D und C jeweils die halbe Entfernungspauschale iHv (15 + 25 = 40 × 0,30 × 220 =) 2640 € und für die Strecke B nach C die tatsächlichen Kosten (beim Kfz mindestens 0,30 €/km), also (40 × 0,30 × 220 =) 2640 €, zusammen somit 5280 € anzusetzen.

**bb) Offensichtlich verkehrsgünstigere Strecke.** Diese kann statt der kürzesten Straßenverbindung zugrunde gelegt werden, wenn sie vom ArbN regelmäßig benutzt wird (§ 9 Abs 1 Nr 4 Satz 4, 2. Hs EStG). „Verkehrsgünstiger" ist eine Strecke, die idR schneller und pünktlicher erreicht werden kann. Das ist „offensichtlich", wenn die Vorteilhaftigkeit so auf der Hand liegt, dass sich ein verständiger Verkehrsteilnehmer unter den gegebenen Verkehrsverhältnissen ebenfalls für diese Strecke entschieden hätte. Danach braucht keine bestimmte absolute Zeitersparnis (zB 20 Minuten) erreicht zu werden, zumal die gesamte Wegstrecke in diesem Zeitrahmen liegen kann. Eine minimale Zeitersparnis von unter 10 % gegenüber der kürzesten Strecke reicht jedoch regelmäßig nicht (BFH 16.11.11 – VI R 19/11, DStR 12, 176 und VI R 46/10, DStRE 12, 336). Ob persönliche Wahrnehmungen darüber, dass die gewählte längere Stecke angenehmer und stressfreier sei, ebenfalls maßgebend sind (so *Geserich* DStR 12, 278) ist zweifelhaft, weil das nicht zuletzt vom eigenen Fahrstil abhängt und die Wegstrecke auch nicht schneller und pünktlicher macht. Umwege aus persönlichen Gründen (FG Hbg 23.3.03 – II 61/02, DStRE 03, 968 Höhenangst auf einer Brücke) oder wegen des gewählten Verkehrsmittels (Moped, das in einem Tunnel nicht benutzt werden darf) dürften unbeachtlich sein, zumal das Gesetz auf die kürzeste Straßenverbindung und nicht mehr wie früher auf die kürzeste benutzbare Straßenverbindung abstellt und zumal das benutzte Verkehrsmittel für die Entfernungspauschale irrelevant ist. Der ArbN trägt die Feststellungslast sowohl zum Merkmal offensichtlich verkehrsgünstiger als auch zu regelmäßig benutzt (FG RhPf 21.2.13 – 4 K 1810/11, DStRE 13, 1414). 38

Obwohl sich die Privilegierung der verkehrsgünstigeren Strecke historisch (vor der 2001 eingeführten Gesamtpauschalierung) nur auf die Benutzung des eigenen Kfz bezogen hatte, ist sie jetzt nicht mehr ausdrücklich an ein bestimmtes Verkehrsmittel gebunden, sondern bestimmt nur die maßgebenden Entfernungskm. Gleichwohl wird sie auf andere Verkehrsmittel (zB Bus oder Straßenbahn) selbst dann nicht angewendet, wenn diese der verkehrsgünstigsten Strecke folgen (BMF 31.10.13, DStR 13, 2463 Tz 1.4). Entsprechendes gilt für Umwege im park&ride-Verkehr (BMF 31.10.13, DStR 13, 2463 Rz 1.6). Dort werden Teilstrecken, soweit die Privilegierung öffentlicher Verkehrsmittel oder die Kostendeckelung auf 4500 € betroffen ist, einer für eine Pauschalierung absurd anmutenden Sonderbehandlung zugeführt.

**b) Ausnahmen.** Die Entfernungspauschale ist nicht auf eine Flugstrecke und steuerfreie Sammelbeförderung anzuwenden (§ 9 Abs 1 Nr 4 Satz 3 EStG); zum Job-Ticket → *Arbeitnehmerbeförderung* Rn 13. 39

**aa) Flugstrecke.** Diese Ausnahme wurde ursprünglich geschaffen, um bei Familienheimfahrten von Gastarbeitern mit dem Flugzeug über Tausende von km zu vermeiden, dass der Abzugsbetrag die tatsächlichen Aufwendungen um ein Vielfaches übersteigt. Im Inland ist schwer zu begründen, warum das Flugzeug anders als die Bahn oder das Kfz behandelt werden soll, zumal schwer zu kontrollieren ist, welches Verkehrsmittel tatsächlich benutzt wurde. Gleichwohl wird eine verfassungswidrige Ungleichbehandlung verneint (BFH 26.3.09 – VI R 42/07, DStRE 09, 776 und VI R 15/07, DStR 09, 1030). Daher sind für die Flugstrecke die tatsächlichen Kosten maßgebend, während es für den Weg zum und vom Flughafen bei der Entfernungspauschale bleibt.

**bb) Steuerfreie Sammelbeförderung.** Diese ist ausgenommen, weil die ganze oder teilweise Kostenübernahme durch den ArbGeb wegen § 3 Nr 32 EStG beim ArbN nicht als geldwerter Vorteil erfasst wird. Keine steuerfreie Sammelbeförderung ist gegeben, wenn ein ArbN mit Dienstwagen Arbeitskollegen zur Arbeitsstätte mitzunehmen hat (BFH 29.1.09 – VI R 56/07, BStBl II 10, 1067).

**c) Kostendeckelung.** Der als Entfernungspauschale abziehbare Betrag ist auf 4500 € im Kj begrenzt; ein höherer Betrag ist aber anzusetzen, soweit der ArbN einen eigenen Kraftwagen (nicht Kfz, also auch nicht Motorrad) benutzt (§ 9 Abs 1 Nr 4 Satz 2 EStG). Die Kappungsgrenze ist verfassungskonform (FG Nürnberg 11.8.11 – 4 K 258/10, DStRE 12, 531; Sachs FG 14.11.11 – 4 V 989/11, DStRE 12, 531). In die Kappungsgrenze sind nur die 40

Entfernungskm einzubeziehen, die pauschaliert werden, also zB nicht Flugstrecke, Fährstrecke usw.

Wird die zu pauschalierende Wegstrecke sowohl mit dem eigenen Kraftwagen als auch mit anderen Verkehrsmitteln zurückgelegt, gilt die Begrenzung von 4500 € nur für die mit anderen Verkehrsmitteln zurückgelegte Fahrstrecke (BMF 31.10.13, DStR 13, 2463 Tz 1.6 mit Beispielen 1–4). Zur Vermeidung der Deckelung ist nachzuweisen, in welchem Umfang ein eigener Kraftwagen benutzt worden ist, was streitanfällig und verwaltungsaufwändig ist und die Vorteile einer Pauschale einschränkt, zumal bei Fahrgemeinschaften die Ausnahme von der Kostendeckelung nur bei Benutzung des eigenen Kraftwagens und nicht für Umwegstrecken zum Abholen gilt (BMF 31.10.13, DStR 13, 2463 Tz 1.5 mit Beispielen).

41 **3. Abgeltung.** Die Entfernungspauschale hat grds abgeltende Wirkung, wobei es weder auf das benutzte Verkehrsmittel noch auf die angefallenen Kosten ankommt (§ 9 Abs 2 Satz 1 EStG). Das gilt auch für Leasingsonderzahlungen (BFH 15.4.10 – VI R 20/08, DStR 10, 1328 mit Anm *Urban* FR 10, 713), Parkgebühren, Finanzierungskosten, Versicherungsbeiträge usw.

**a) Außergewöhnliche Kosten** bei Aufwendungen infolge Diebstahls oder zur Behebung eines Motorschadens sind ebenfalls abgegolten. Entsprechendes gilt für Kosten einer Falschbetankung (BFH 20.3.14 – VI R 29/13, DStR 14, 1274) und – wie sich aus der Begründung ergibt – für einen Unfall auf dem Weg zur Arbeit. Das schließt auch unfallbedingte Krankheitskosten ein (FG RhPf 23.2.16 – 1 K 2078/15, DStRE 17, 714; SächsFG 18.5.18 – 4 K 194/18, EFG 19, 685 Rev VI R 40/18), sofern es sich um Mobilitätskosten handelt. Dagegen lässt die Verwaltung Unfallkosten gesondert zum Abzug zu (BMF 31.10.13, DStR 13, 2463 Tz 4). Das soll auch für einen Unfall auf dem Umweg zum Abholen eines Mitfahrers gelten (*Niermann* DB 07, 17 unter 5). Die Ausnahme Unfallkosten ist nach Wortlaut und Zweck der Regelung nicht gerechtfertigt (*Kettler* DStZ 02, 676). Die Verwaltung kann sich insoweit auch nicht auf die Entscheidung zur Schadensberechnung beim nicht mehr reparierten Fahrzeug (BFH 21.8.12 – VIII R 33/09, DStR 12, 2423) berufen. Denn diese betraf das Streitjahr 1999, während die Gesamtpauschalierung erst 2001 eingeführt wurde. Die Streitfrage kann trotz der Ansicht der Verwaltung entscheidungserheblich werden, wenn streitig ist, wo sich der Unfall ereignet hat.

42 **b) Öffentliche Verkehrsmittel.** Auch bei der Benutzung öffentlicher Verkehrsmittel ist primär die Entfernungspauschale anzusetzen. Es können jedoch ggf Mehrkosten abgezogen werden. Diese 2007 entfallene Möglichkeit wurde (aus steuersystematischer Sicht leider) rückwirkend wieder eingeführt. Ab 2012 ist der Günstigervergleich jahresbezogen und nicht arbeits- bzw teilstreckenbezogen vorzunehmen. Dabei wird der Betrag, der sich für die Entfernungspauschale sämtlicher Arbeitstage ergibt den in diesem Kj insgesamt entstandenen Aufwendungen für benutzte öffentliche Verkehrsmittel gegenüber gestellt (BMF 31.10.13, DStR 13, 2463 Tz 1.6). Die für öffentliche Verkehrsmittel getroffene Ausnahme von der Entfernungspauschale verstößt nicht gegen Art 3 Abs 1 GG (BFH 15.11.16 – VI R 4/15, DStR 17, 93).

43 **c) Behindertenprivileg.** Personen, deren GdB mindesten 50 beträgt und die zusätzlich in ihrer Bewegungsfähigkeit im Straßenverkehr erheblich beeinträchtigt sind oder bei denen der GdB mindestens 70 beträgt, können zwischen der Entfernungspauschale und dem Ansatz tatsächlicher Kosten wählen (§ 9 Abs 2 Satz 3 EStG). Für den Nachweis der Behinderung gelten die für die Gewährung der Pauschbeträge nach § 33b EStG aufgestellten Regeln. Dabei können Behinderte im Verlaufe des Kj jeweils das günstigste Ergebnis auswählen. Jedoch muss bei Teilstrecken mit unterschiedlichen Verkehrsmitteln jeweils einheitlich (pauschale oder tatsächliche Kosten) verfahren werden (BFH 5.5.09 – VI R 77/06, BStBl II 09, 729 = DStR 09, 1189; Beispiel in BMF 31.10.13, DStR 13, 2463 Tz 3).

In die tatsächlichen Kosten gehen auch Leerfahrten des bringenden oder abholenden Ehegatten ein, wenn der ArbN keine Fahrerlaubnis besitzt oder von ihr wegen seiner Behinderung keinen Gebrauch machen kann (BFH 2.12.77, BStBl II 78, 260). Werden die tatsächlichen Aufwendungen nicht pauschal (mit 0,30 €/km) sondern individuell ermittelt, sind für die Berechnung der AfA die Anschaffungskosten um Leistungen nach der KfzhilfeVO für die Beschaffung bzw Ausstattung des Fahrzeugs zu kürzen (BFH 14.6.12 – VI R 89/10, DStRE 12, 1371).

Der Ansatz der Entfernungspauschale wird insbes dann günstiger sein, wenn der Behinderte eine stark ermäßigte Jahresfahrberechtigung im öffentlichen Nahverkehr erwerben kann. Da die Entfernungspauschale nur auf berufliche Fahrten (Weg zur Arbeit) anzuwenden ist, betrifft sie nicht die Berücksichtigung **privater** Kfz-Kosten Gehbehinderter als außergewöhnliche Belastung (dazu BFH 21.11.18 – VI R 28/16, DStRE 19, 1129).

**4. Anrechnung steuerfreien Ersatzes.** Die Entfernungspauschale ist insoweit zu kürzen, als der Weg zur Arbeit durch den ArbGeb steuerfrei finanziert wird nach § 8 Abs 2 Satz 11 EStG (Sachbezugsfreigrenze bis zu 44 €) oder nach § 8 Abs 3 EStG (Rabattfreibetrag bis zu 1080 €) oder soweit der ArbGeb Beförderungskosten nach § 40 Abs 2 Satz 2 EStG mit einem Pauschsteuersatz von 15 % erhebt. Ist der ArbGeb selbst Verkehrsträger und überlässt er seinem ArbN zB verbilligte Monatskarten, ist der Ausgangsbetrag für die Anrechnung nicht der Preis am Markt, sondern ein ggf geringerer Betrag, den ein dritter ArbGeb an den Verkehrsträger zu entrichten hätte (§ 9 Abs 1 Nr 4 Satz 5 EStG). 44

**5. Erfassung mit einem Pauschsteuersatz.** Der ArbGeb kann übernommene Beförderungskosten für die Wege des ArbN zwischen Wohnung und erster Tätigkeitsstätte in Form von Sachbezügen (zB Dienstwagen) oder Zuschüssen insoweit nach § 40 Abs 2 Satz 2 EStG mit einem Pauschsteuersatz erheben, als dem ArbN für diese Wege Werbungskosten zuständen. Dabei kann der ArbGeb aus Vereinfachungsgründen unterstellen, dass diese Wege (trotz Urlaub, Dienstreisen, Krankheit) jedenfalls an 15 Tagen monatlich zurückgelegt wurden. Bei der Ermittlung der höchstens zulässigen Werbungskosten greift die Kostendeckelung auf 4500 € bei ausschließlicher Benutzung eines Kraftwagens (nicht aber bei Motorrad, Roller, Moped, Mofa) nicht ein und bei ausschließlicher Benutzung öffentlicher Verkehrsmittel, bei Flugstrecken, bei entgeltlicher Sammelbeförderung und bei Behinderten ist ein Pauschsteuersatz auf die tatsächlichen Aufwendungen möglich. Das Recht des ArbGeb statt des LStRegelabzugs einen Pauschsteuersatz zu wählen, wird nicht durch einen diesbezüglichen Antrag ausgeübt, sondern durch Abgabe einer LStAnmeldung mit Pauschsteuersatz (BFH 24.9.15 – VI R 69/14, DStR 15, 2709). 45

## C. Sozialversicherungsrecht *Ruppelt*

**1. Wegeunfall.** Versichert in der gesetzlichen UV ist auch das Zurücklegen der mit der versicherten Tätigkeit zusammenhängenden **unmittelbaren** Wege nach und von dem Beschäftigungsort. Es handelt sich typischerweise um den Weg zwischen Wohnung und Arbeitsstätte, aber auch alle anderen Wege in Zusammenhang mit einer versicherten Tätigkeit nach §§ 2, 3 und 6 SGB VII sind von § 8 Abs 2 Nr 1 SGB VII erfasst (zum Zusammenhang zwischen unfallbringender Verrichtung und versicherter Tätigkeit sowie den weiteren Voraussetzungen der Wegeunfallversicherung → *Wegeunfall* Rn 13 ff). Kein Wegeunfall ist der Unfall, der sich auf einem Betriebsweg ereignet, dh auf einem Weg, der Bestandteil der betrieblichen Tätigkeit ist (Lieferfahrten, Montagereisen, Botenwege, Dienstreisen usw). Unfälle auf solchen Wegen sind nach § 8 Abs 1 SGB VII versichert (iE → *Dienstreise* Rn 64 ff). Versichert kann nach § 8 Abs 2 Nr 2 SGB VII auch das Zurücklegen eines vom **unmittelbaren Weg von und nach dem Ort der Tätigkeit** abweichenden Weges sein, um ein Kind in fremde Obhut (zB Tagesmutter, Kindergarten) zu bringen oder abzuholen. Gleiches gilt für Wegeabweichungen zur Bildung einer Fahrgemeinschaft (iE → *Wegeunfall* Rn 20). 50

**2. Familienwohnung.** Hat der Versicherte wegen der Entfernung seiner ständigen Familienwohnung von dem Ort der Tätigkeit an diesem oder in dessen Nähe eine Unterkunft, so ist **auch der Weg zur Familienwohnung** versichert, wenn er im rechtlich wesentlichen Zusammenhang mit der versicherten Tätigkeit steht, dh von der Absicht geprägt ist, die Arbeitsstätte aufzusuchen oder von ihr zurückzukehren (§ 8 Abs 2 Nr 4 SGB VII; iE → *Doppelte Haushaltsführung* Rn 36 f; BSG 10.10.06 – B 2 U 20/05 R, SozR 4–2700 § 8 Nr 19 Rn 24; LSG MeVo 16.2.16 – L 6 KR 46/12, BeckRS 2016, 67415). Ständige Familienwohnung ist eine Wohnung, die für nicht unerhebliche Zeit den Mittelpunkt der Lebensverhältnisse des Versicherten bildet; die Beurteilung, ob die hiernach erforderlichen Voraussetzungen gegeben sind, richtet sich nach **der tatsächlichen Gestaltung der Lebensverhältnisse** des Versicherten zur Unfallzeit, die insbesondere durch die 51 persönlichen Absichten und Gegebenheiten ihren Ausdruck finden. Daneben sind aber bei der Feststellung des Mittelpunktes der Lebensverhältnisse in gleicher Weise objektive Kriterien in die Wertung mit einzubeziehen, in denen dann die subjektiven Verhältnisse uU ihre Bestätigung finden. So kann bspw die Gestaltung der Wohnverhältnisse (Größe des Wohnraums, Einrichtung, Anzahl der Wohnungsnutzer etc) darüber Auskunft geben, ob eine ständige Familienwohnung vorliegt oder nicht (BSG 3.12.02 – B 2 U 18/02 R, NJW 03, 2260; 10.10.02 – B 2 U 16/02 R, SozR 3–2200 § 550 Nr 22). Bei einem **verheirateten Versicherten** befindet sich daher der Mittelpunkt der Lebensverhältnisse im Allgemeinen an dem Ort, an dem sich der Ehepartner und – ggf – die gemeinsamen Kinder nicht nur vorübergehend aufhalten. Nach Maßgabe der tatsächlichen Verhältnisse kann jedoch die Wohnung der oder des Geliebten auch bei verheirateten Versicherten den Mittelpunkt der Lebensverhältnisse bilden (LSG BlnBbg 9.12.14 – L 2 U 87/14, BeckRS 2016, 71918). Bei einem **Ledigen** kann die Familienwohnung weiterhin bei den Eltern sein, wenn dieser seine Freizeit regelmäßig dort verbringt, die Bindung zu den Eltern nicht gelockert ist und er am Ort der Tätigkeit nicht einen neuen Lebensmittelpunkt gefunden hat. Aus einer polizeilichen Anmeldung von Wohnsitzen lässt sich idR demgegenüber noch kein verlässlicher Rückschluss auf die tatsächliche Wohnsituation ziehen (BSG 3.12.02 – B 2 U 18/02 R, NJW 03, 2260 mwN). Familienwohnung kann bei ausländischen ArbN nach diesen Grundsätzen auch eine **Wohnung im Ausland** sein, so dass auch eine mehrtägige Reise in das Ausland unter den genannten Umständen versichert sein kann (BSG 28.6.84 – 2 RU 13/83, NZA 85,167 – keine neuere höchstrichterliche Rspr bekannt –). Zum Versicherungsschutz für Wege vom Ort der Tätigkeit zu einem anderen Ort als der Wohnung → *Wegeunfall* Rn 16.

# Fahrtkostenzuschuss

## A. Arbeitsrecht

*Griese*

1 **1. Anspruch auf Fahrtkostenzuschuss.** Für die Fahrten zwischen Wohnung und Arbeitsstätte und zurück schuldet der ArbGeb von Gesetzes wegen keinen Fahrtkostenzuschuss, da diese Fahrten zum privaten Lebensbereich des ArbN gehören und der ArbN die Kosten dafür von seinem Arbeitsentgelt bestreiten muss (BAG 14.6.16 – 9 AZR 409/15, ZTR 16, 569; BAG 20.3.12 – 9 AZR 518/10, NZA-RR 12, 616; anders bei Fahrten zu auswärtigen Arbeitsstellen und Kundenbesuchen s BAG 24.5.18 – 5 AZR 424/17, NZA 18, 1211; BAG 17.10.18 – 5 AZR 533/17, becklink 2011240).

Gleichwohl kann der ArbGeb **freiwillig** Fahrtkostenzuschüsse leisten, die einen Teil oder sämtliche Fahrtkosten abdecken, oder kostenlose oder verbilligte Fahrkarten zur Verfügung stellen. Tut er dies, ist er an den **Gleichbehandlungsgrundsatz** gebunden. Das gilt auch, soweit der ArbGeb einen Fahrtkostenzuschuss in Gestalt eines **Job-Tickets** gewährt (BAG 11.8.98 – 9 AZR 39/97, NZA 99, 474). Nach Auffassung des EuGH soll es nicht gegen das Diskriminierungsverbot des Art 119 EGV verstoßen, wenn ein ArbGeb nur den ArbN, die in fester Beziehung mit einer Person des anderen Geschlechts eine Lebensgemeinschaft bilden, nicht aber ArbN, die in **gleichgeschlechtlicher** Beziehung leben, eine Fahrtkostenvergünstigung gewährt (EuGH 17.2.98 – Rs C-2249/96, NZA 98, 301).

Der ArbGeb kann eine entsprechende Verpflichtung zur Fahrtkostenbezuschussung in einer Betriebsvereinbarung eingehen oder durch Tarifvertrag (zB Fahrtkosten zwischen Wohnung und Arbeitsort, BAG 14.6.16 – 9 AZR 409/15, ZTR 16, 569) dazu verpflichtet sein. So verpflichtet § 7 Nr 4.4 des für allgemeinverbindlich erklärten Bundesrahmentarifvertrages für das Baugewerbe zu einer Fahrtkostenabgeltung für **Wochenendheimfahrten** iHv 0,30 € je Entfernungskilometer (BAG 24.1.07 – 4 AZR 50/06, DB 07, 2042).

2 Ein gesetzlicher **Aufwendungsersatzanspruch** nach § 670 BGB ergibt sich hingegen, wenn es sich um Fahrten im betrieblichen Interesse handelt, etwa Fahrten zu auswärtigen Einsatz-, Baustellen oder Lehrgangsorten. Der ArbN hat dann Anspruch auf Ersatz der Fahrtaufwendungen, die er den Umständen nach für erforderlich halten durfte, und muss diese, wenn es keine generelle Regelung (Reisekostenrichtlinien) gibt, iE darlegen und belegen (→ *Aufwendungsersatz* Rn 3).

Werden im Betrieb üblicherweise die nach den steuerrechtlichen Regelungen steuerfrei möglichen Fahrtkostenerstattungen und -pauschalen (die verfassungsgemäß sind s BFH 15.11.16 – VI R 4/15, DStR 17, 93; zustimmend *Itermann,* NZA 17, 166) gezahlt, hat der einzelne ArbN aufgrund des Gleichbehandlungsgrundsatzes Anspruch auf die Höhe dieser Erstattungsbeträge. Die steuerlichen Pauschalen können zudem die zutreffende Grundlage für eine Schätzung gem § 287 ZPO der tatsächlich entstandenen Aufwendungen sein (LAG RLP 17.5.17 – 7 Sa 410/15, BeckRS 2017, 130810). 3

Ein tariflicher Anspruch gem § 7 Nr 3.1 BRTV für die Fahrt von der Wohnung zu einer mindestens 10 km von der Wohnung des ArbN entfernten Baustelle besteht nicht, wenn die Möglichkeit der kostenlosen Beförderung mit einem vom ArbGeb gestellten ordnungsgemäßen Fahrzeug angeboten wird. Dies gilt nicht nur bei einer Beförderungsmöglichkeit ab der Wohnung des ArbN, sondern auch bei einer kostenlose Beförderung vom Betriebssitz iSv § 7 Nr 2.2 BRTV zur Baustelle (BAG 17.1.17 – 9 AZR 325/16, NZA 2017, 798).

An **vertraglich zugesagte Fahrtkostenzuschüsse** bleibt der ArbGeb gebunden. Die Vereinbarung eines **Widerrufsvorbehalts** ist gem § 308 Nr 4 BGB unzulässig, soweit der nicht im Gegenseitigkeitsverhältnis stehende widerrufliche Teil des Gesamtverdienstes bei mehr als 30 % liegt oder der Tariflohn unterschritten wird und Aufwendungen abdeckt, die normalerweise der ArbN tragen müsste (BAG 11.10.06 – 5 AZR 721/05, NZA 07, 87; BAG 24.1.17 – 1 AZR 774/14, NZA 17, 777). Ferner müssen die Widerrufsgründe im Vertrag angegeben sein (BAG 12.1.05 – 5 AZR 364/04, NZA 05, 465). Ein aus **betrieblicher Übung entstandener Fahrtkostenzuschuss kann durch einen späteren Firmentarifvertrag abgelöst werden** (BAG 20.10.15 – 9 AZR 655/14, BeckRS 2016, 66949).

Beruhen die Fahrtkostenzuschüsse auf einer Gesamtzusage, können sie durch eine nachfolgende BV abgelöst und verschlechtert werden, da eine Gesamtzusage in Form allgemeiner Geschäftsbedingungen regelmäßig betriebsvereinbarungsoffen ist (BAG 30.1.19 – 5 AZR 450/17, NZA 19, 1065).

**2. Mitbestimmungspflicht bei freiwillig gewährten Fahrtkostenzuschüssen.** Sofern der ArbGeb freiwillig Fahrtkostenzuschüsse für die Fahrten zwischen Wohnung und Arbeitsstätte an Belegschaftsmitglieder gewährt, ist dies mitbestimmungspflichtig. Nach § 87 Abs 1 Nr 10 BetrVG besteht ein Mitbestimmungsrecht des BRat bei der betrieblichen Lohngestaltung. Diese ist betroffen, wenn es um eine freiwillige zusätzliche Leistung des ArbGeb geht, so dass hierher auch Fahrtkostenzuschüsse gehören, auf die kein Rechtsanspruch besteht. Zwar ist der ArbGeb frei in der Entscheidung, **ob** er überhaupt freiwillige Fahrtkostenzuschüsse leistet. Hat er sich hierzu jedoch entschlossen, besteht das Recht des BRat darin, mitzubestimmen, **wie** im Einzelnen die Fahrtkostenzuschüsse vergeben werden, insbesondere den Kreis der Bezugsberechtigten unter Beachtung des Gleichbehandlungsgrundsatzes gemeinsam mit dem ArbGeb festzulegen. Ein Initiativrecht auf Einführung von – freiwilligen – Fahrtkostenzuschüssen hat der BRat indessen nicht. Zum Job-Ticket → *Arbeitnehmerbeförderung* Rn 1. 4

## B. Lohnsteuerrecht *Thomas*

Lohnsteuerrechtlich gelten die Grundsätze, die zum Stichwort *Arbeitnehmerbeförderung* dargelegt worden sind. 5

## C. Sozialversicherungsrecht *Schlegel*

**1. Fahrtkostenerstattung durch Leistungsträger.** Sozialversicherungsrechtlich können Fahrtkosten/Reisekosten Sozialleistung oder akzessorische Nebenleistung (zB zur Krankenbehandlung) sein. Nach § 60 SGB V übernimmt die Krankenkasse die Kosten für Fahrten einschließlich der Krankentransporte nach § 133 SGB V, wenn sie im Zusammenhang mit einer Leistung der Krankenkasse aus zwingenden medizinischen Gründen notwendig sind (zu den Einzelheiten hierzu s Kommentare zu § 60 SGB V; zu Rettungsfahrten BSG 2.11.07 – B 1 KR 4/07 R, NZS 08, 598 (Ls)). Ebenso sind Reisekosten im Rahmen medizinischer und beruflicher RehaMaßnahmen von und zum Ort der RehaMaßnahme zu ersetzen (vgl zB §§ 28 Nr 2, 30 SGB VI; § 43 SGB VII; §§ 63, 85, SGB III). Im Rahmen 6 der PflegeV umfasst die teilstationäre Pflege auch die notwendige Beförderung der Pflegebedürftigen von ihrer Wohnung zur Einrichtung der Tages- oder Nachtpflege und zurück (§ 41 Abs 1 SGB XI).

7 **2. Fahrtkostenerstattung durch die Gerichte.** § 9 des Gesetzes über die Entschädigung von Zeugen und Sachverständigen regelt für diese Personen und in § 3 des Gesetzes über die Entschädigung der ehrenamtlichen Richter ebenfalls die Erstattung von Fahrkosten.

8 **3. Kostenerstattung durch Arbeitgeber. a) Dienstreisen.** Werden dem ArbN die tatsächlichen Kosten einer für den ArbGeb durchgeführten Dienst- oder Geschäftsreise erstattet, hat der ArbN hiervon keinen ihm verbleibenden geldwerten Vorteil. Es liegt insoweit auch kein beitragspflichtiges Arbeitsentgelt vor.

9 Für den Fall, dass der ArbN ein eigenes Kfz benutzt oder Flug-, Bahn oder Taxikosten ausgelegt hat, sind Erstattungen des ArbGeb nach § 3 Nr 13, 16 oder 50 EStG steuerfrei und damit nach § 1 Abs 1 Satz 1 Nr 1 SvEV nicht dem Arbeitsentgelt zuzurechnen (→ *Arbeitnehmerbeförderung* Rn 9). Ersetzt der ArbGeb geringere als die in § 9 EStG angesetzten Beträge, kann der ArbN zusätzlich in Höhe der Differenz Werbungskosten geltend machen; diese mindern das beitragspflichtige Arbeitsentgelt jedoch nicht. Dabei ist an sich die Beitragspflicht für jede Reise gesondert zu beurteilen. Erstattet der ArbGeb dem ArbN die Kosten mehrerer Reisen und liegt die Kostenerstattung teils über, teils unter den nach § 9 iVm § 3 Nr 13, 16 EStG steuerfreien Beträgen, ist steuerrechtlich eine Gesamtrechnung zulässig; die Spitzenverbände übertragen dieses Saldierungsverfahren zwecks einheitlicher Handhabung im Steuer- und Beitragsrecht auch auf die SozV, so dass nicht jede Kostenerstattung gesondert zu betrachten ist (vgl Besprechungsergebnis vom 21./22.11.01, Die Beiträge 02, 85).

10 **b) Fahrten zwischen Wohnung und Arbeitsstätte.** Zuschüsse zu den hierfür aufzuwendenden Kosten sind grds dem beitragspflichtigen Arbeitsentgelt zuzurechnen, denn es ist grds Sache des ArbN diese Fahrten selbst zu finanzieren.

Ausnahmen bestehen nur, soweit eine Sammelbeförderung durch den ArbGeb (§ 3 Nr 32 EStG) steuerfrei und damit der darin liegende geldwerte Vorteil nach § 1 Abs 1 Satz 1 Nr 1 SvEV nicht dem Arbeitsentgelt zuzurechnen ist. Entsprechendes gilt gem § 1 Abs 1 Satz 1 Nr 3 SvEV, wenn und soweit der ArbGeb von ihm gewährte Fahrtkostenzuschüsse nach § 40 Abs 2 Sätze 2 und 3 EStG pauschal versteuert (dazu → *Arbeitnehmerbeförderung* Rn 16 ff; → *Lohnsteuerpauschalierung* Rn 1 f).

## Faktisches Arbeitsverhältnis

### A. Arbeitsrecht

*Röller*

1 **1. Begriff.** Von einem faktischen (fehlerhaften) Arbeitsverhältnis wird gesprochen, wenn der ArbN Arbeit ohne wirksame Vertragsgrundlage leistet. Die Grundsätze des faktischen Arbeitsverhältnisses dienen der Bewältigung der Rechtsfolgen eines übereinstimmend in Vollzug gesetzten Arbeitsvertrages, der wegen Rechtsverstoß (§§ 134, 138 BGB) nichtig oder rückwirkend wegen Anfechtung (§ 142 Abs 1 BGB) vernichtet worden ist (BAG 3.11.04 – 5 AZR 592/03, NZA 05, 1409; 30.4.97 – 7 AZR 122/96, NZA 98, 199). Fehlt jede rechtsgeschäftliche Übereinkunft, liegt kein faktisches Arbeitsverhältnis vor (BAG 6.9.07 – 5 AZR 857/06, NZA 07, 1422).

2 **2. Anwendungsbereiche.** Die Grundsätze des faktischen Arbeitsverhältnisses sind bei allen Nichtigkeitsgründen anwendbar, zB **Geschäftsunfähigkeit** des ArbN, **Formmangel, gesetzlichen Verboten** iSd § 134 BGB, zB Abschluss eines Anlernvertrages in einem anerkannten Ausbildungsberuf (BAG 27.7.10 – 3 AZR 317/08, BeckRS 2010, 71531), Aufnahme einer Tätigkeit trotz vereinbarter Schriftform für den Arbeitsvertrag (BAG 7.10.15 – 7 AZR 40/14, NZA 16, 358), **Nichtvorliegen öffentlich-rechtlicher Erlaubnisse** (BAG 3.11.04, NZA 05, 1409). Bei einem **besonders schweren Mangel** finden die Grundsätze des faktischen Arbeitsverhältnisses **keine Anwendung,** so zB bei einem bewussten Verstoß gegen Straf-/Verbotsgesetze (BAG 3.11.04, NZA 05, 1409; ärztliche Tätig-

keit ohne Approbation) und bei krasser Sittenwidrigkeit (BAG 1.4.76 – 4 AZR 96/75, DB 76, 1680) oder Aufnahme einer Tätigkeit im Rahmen eines vorgesehenen befristeten Arbeitsverhältnis vor Vertragsunterzeichnung (BAG 7.10.15 – 7 AZR 40/14, NZA 16, 358; LAG Nds 29.11.16 – 10 Sa 216/16, BeckRS 2016, 113549).

**3. Quasi-vertragliche Abwicklung des faktischen Arbeitsverhältnisses.** Für die Dauer des vollzogenen fehlerhaften Arbeitsverhältnisses bestehen die **gleichen Rechte und Pflichten wie im wirksam begründeten Arbeitsverhältnis.** Der ArbN kann die vereinbarte bzw übliche Vergütung (§ 612 Abs 2 BGB) verlangen, zB die tarifvertraglich geschuldete Vergütung (BAG 27.7.10, BeckRS 2010, 71531; 10.3.87, DB 87, 1045). Arbeitsrechtliche Schutznormen sind ohne Einschränkung anzuwenden; insbes bestehen Ansprüche nach dem EFZG und BUrlG (BAG 15.1.89, DB 86, 1393). Bei **besonders schweren Mängeln** erfolgt die **Rückabwicklung** der erbrachten Leistungen **nach Bereicherungsrecht.** Gem § 817 Satz 2 BGB ist die Rückforderung des Wertes der Arbeitsleistung ausgeschlossen, wenn mit der Erbringung der Arbeitsleistung vorsätzlich gegen ein Verbotsgesetz verstoßen wurde. Im Einzelfall kann nach Treu und Glauben eine Einschränkung des Ausschlusses der Rückforderung in Betracht kommen (BAG 3.11.04, NZA 05, 1409). 3

**4. Beendigung des faktischen Arbeitsverhältnisses.** ArbGeb und ArbN können sich jederzeit durch einseitige Erklärung vom faktischen Arbeitsverhältnis lösen. Dieses endet mit Zugang der Erklärung; die **Einhaltung einer Frist** ist **nicht erforderlich** (BAG 7.10.15 – 7 AZR 40/14, NZA 16, 358; BGH 3.7.2000 – II ZR 282/98, NZA 2000, 945). Im Falle der Anfechtung liegt in der Anfechtungserklärung die einseitige Lösung vom faktischen Arbeitsverhältnis. Allgemeiner Kündigungsschutz und Kündigungsbeschränkungen (zB §§ 168 ff SGB IX, § 9 MuSchG) greifen nicht; eine Anhörung des BRat (§ 102 BetrVG) ist nicht erforderlich (ErfK/*Preis* § 611a BGB Rn 147). 4

**5. Weiterbeschäftigung im gekündigten Arbeitsverhältnis.** Die gerichtlich erzwungene Weiterbeschäftigung während des Kündigungsschutzverfahrens begründet ein gesetzliches Beschäftigungsverhältnis. Wird die Kündigungsschutzklage rechtskräftig abgewiesen, wird dieses nach den Grundsätzen des Bereicherungsrechts abgewickelt (BAG 12.2.92 – 5 AZR 297/90, DB 92, 2298). Die Grundsätze des faktischen Arbeitsverhältnisses finden keine Anwendung. Die vereinbarte Weiterbeschäftigung führt zur Begründung eines befristeten Arbeitsverhältnisses, bei dem die Formpflicht des § 14 Abs 4 TzBfG zu beachten ist (BAG 22.10.03 – 7 AZR 113/03, DB 04, 2815). Näheres s *Weiterbeschäftigungsanspruch.* 5

## B. Lohnsteuerrecht *Seidel*

Da das Steuerrecht auf die tatsächlichen Verhältnisse abstellt, ist es für die Besteuerung unerheblich, ob der Arbeitsvertrag zivilrechtlich unwirksam ist oder geworden ist (zB bei Minderjährigen, → *Minderjährige* Rn 32, 33; bei Sittenwidrigkeit oder bei Beendigung). Lassen die Beteiligten das wirtschaftliche Ergebnis eines Rechtsgeschäfts trotz dessen Unwirksamkeit eintreten und bestehen, unterliegt es gem § 41 Abs 1 AO der üblichen Besteuerung. Hinsichtlich der Beteiligten am faktischen Arbeitsverhältnis ist daher anhand der üblichen Kriterien zu prüfen, ob sie steuerrechtlich ArbGeb bzw ArbN sind. Ggf haben sie auch alle sich hieraus ergebenden steuerlichen Pflichten zu erfüllen (zB → *Lohnsteuerabführung* Rn 2 ff). 11

Eine Ausnahme stellen allerdings Arbeitsverhältnisse zwischen nahen Angehörigen dar (→ *Familiäre Mitarbeit* Rn 30 ff). 12

## C. Sozialversicherungsrecht *Voelzke*

Das faktische Arbeitsverhältnis erfüllt als Arbeitsverhältnis iSd § 7 Abs 1 SGB IV sämtliche Merkmale eines die SozVPflicht auslösenden Beschäftigungsverhältnisses. Für das faktische Arbeitsverhältnis gelten mithin die Ausführungen zum Arbeitsverhältnis mit einem wirksamen Arbeitsvertrag (→ *Arbeitsvertrag* Rn 88–91) entsprechend. 13

# Familiäre Mitarbeit

## A. Arbeitsrecht

*Röller*

1 **1. Begriff.** Familiäre Mitarbeit ist die Beschäftigung des Ehegatten im Beruf oder Geschäft des anderen Ehegatten und/oder von Kindern im Hauswesen und Geschäft der Eltern oder eines Elternteils auf familien-, gesellschafts- oder arbeitsrechtlicher Grundlage.

2 **2. Verpflichtung zur familiären Mitarbeit. a) Ehegatte im Beruf oder Geschäft des anderen Ehegatten.** Eine familienrechtliche Verpflichtung zur Tätigkeit im Unternehmen des Ehegatten wird aus der allgemeinen Beistandspflicht des § 1353 Abs 1 Satz 2 BGB sowie aus der Verpflichtung zum Familienunterhalt (§ 1360 BGB) abgeleitet (*Palandt/Budermüller* § 1360 Rn 13). Die Arbeitsleistung ist dann der Beitrag zum Unterhalt der Familie (BGH 20.5.80, NJW 80, 2196, 2197). Die Verpflichtung zur Mitarbeit beschränkt sich in beiden Fällen auf besondere **Zwangssituationen.** Dies kann der Fall sein bei Erkrankung des Ehepartners, beim Aufbau eines Anwaltsbüros oder einer Arztpraxis, bei Personalmangel oder fehlenden Mitteln für die Einstellung einer Hilfskraft (*Palandt/Brudermüller* § 1356 Rn 7).

3 **b) Kind im Hauswesen und Geschäft der Eltern.** Kinder sind, solange sie dem elterlichen Hausstand angehören und von den Eltern erzogen oder unterhalten werden, verpflichtet, in einer ihren Kräften und ihrer Lebensstellung entsprechenden Weise den Eltern in ihrem Hauswesen und Geschäft Dienste zu leisten (§ 1619 BGB). Diese Regelung über die Mitarbeit von Kindern gilt für minderjährige und volljährige Kinder gleichermaßen (*Palandt/Götz* § 1619 Rn 2 ff). Der Umfang der Dienstleistungspflicht des Kindes bestimmt sich einerseits nach den körperlichen und geistigen Fähigkeiten des Kindes, also nach Alter, Gesundheit, Erziehungsbedürftigkeit und Ausbildung, andererseits nach dem Bedarf der Eltern. Ein Anspruch auf Vergütung besteht nicht (*Palandt/Götz* § 1619 Rn 5).

4 **c) Familienrechtliche Grundlage.** Die Leistung von Diensten auf rein familienrechtlicher Grundlage unterfällt nicht dem Arbeits- und SozVRecht, wenn sie entsprechend dem Wesen der Ehe als gleichberechtigter Partnerschaft gleichgeordnet auf gesellschaftsrechtlicher Ebene (zB Ehegatteninnengesellschaft: BGH 9.10.74, NJW 74, 2278) oder im Rahmen einer selbstständigen Tätigkeit, vergleichbar der Freien Mitarbeit, erfolgt.

5 **d) Abgrenzung zum Arbeitsverhältnis.** Ob eine Tätigkeit auf familienrechtlicher Grundlage oder ein Arbeitsverhältnis vorliegt, ist durch eine wertende Betrachtungsweise zu ermitteln. Zu berücksichtigen sind die gesamten Umstände des Einzelfalls, zB ob neben der Eingliederung in den Betrieb und einem (ggf abgeschwächten) Weisungsrecht des ArbGeb ein Entgelt gezahlt wird, das einen angemessenen Ausgleich für die geleistete Arbeit darstellt, dh über einen freien Unterhalt, ein Taschengeld hinausgeht. Weitere Kriterien sind, ob ein schriftlicher Arbeitsvertrag abgeschlossen ist, ob das gestellte Entgelt als Betriebsausgabe verbucht wird und ob der Angehörige eine fremde Arbeitskraft ersetzt (LAG SchlHol 30.8.06 – 3 Sa 156/06, NZA-RR 07, 9; LAG RhPf 26.1.02 – 7 Sa 1390/01, DB 02, 2050; LAG Köln 19.7.02 – 11 Sa 1147/01, NZA-RR 03, 259, MüKoBGB/*v Sachsen Gesaphe* § 1619 Rn 32 f).

6 **e) Rechtsstreitigkeiten.** Aus Beschäftigungsverhältnissen mit familienrechtlicher Grundlage sind diese vor den Zivilgerichten auszutragen. Der arbeitende Ehegatte kann aber wegen seiner wirtschaftlichen Unselbstständigkeit ggf als ArbNÄhnliche Person anzusehen sein; dann sind die ArbG zuständig (§ 5 Abs 1 Satz 2 ArbGG).

7 **3. Ehegattenarbeitsverhältnis. a) Vorteile gegenüber familiärer Mithilfe.** Der Abschluss eines Ehegattenarbeitsvertrages ist für beide Parteien vorteilhaft. Der mitarbeitende Ehegatte kann bereits während der Ehe über den auf seine Arbeitsleistung beruhenden Anteil am gemeinsamen Ertrag, das Arbeitsentgelt, frei verfügen. Das Arbeitsentgelt ist bei dem gesetzlichen Güterstand der Zugewinngemeinschaft der Verwaltung und Nutzung durch den anderen Ehegatten nach §§ 1363 II, 1364 BGB entzogen. Der ArbNEhegatte wird in die SozV aufgenommen, wenn er eine versicherungspflichtige Beschäftigung ausübt.

Schließt der ArbGebEhegatte eine Direktversicherung für den ArbNEhegatten ab oder sagt er sonst Leistungen der betrieblichen Altersversorgung zu, so kann der ArbGebEhegatte die Aufwendungen als Betriebsausgabe berücksichtigen und zugleich den ArbNEhegatten sozial absichern (BAG 20.7.93, DB 94, 151; BFH 8.10.86, NJW 87, 2607). Schließlich mindert sich durch Anstellung des ArbNEhegatten der Gewerbeertrag und damit auch die Gewerbesteuer, die der ArbGebEhegatte abzuführen hat (MüKoBGB/*Wacke* § 1357 Rn 28). Grds bedarf es für den Abschluss eines Arbeitsvertrages keiner Schriftform. Jedoch sollten die Parteien einen schriftlichen Arbeitsvertrag schließen, weil an die steuerrechtliche Anerkennung im Hinblick auf Ausgestaltung und Durchführung des Vertragsverhältnisses strenge Anforderungen gestellt werden (→ Rn 30; BAG 20.7.93, DB 94, 151), so dass durch die Arbeitsvertragsurkunde der Nachweis eines Arbeitsverhältnisses erleichtert wird. Der Vertrag sollte den sich aus § 2 Abs 1–3 NachwG ergebenden Anforderungen an einen Arbeitsvertrag entsprechen, tatsächlich vollzogen und das Entgelt an den ArbNEhegatten ausgezahlt werden (BAG 20.7.93, DB 94, 151).

**b) Scheingeschäft.** Soweit ein Ehegatte in dem Unternehmen des anderen tätig wird, 8
können die Beteiligten durch die vertragliche Gestaltung die steuerlichen und sozialversicherungsrechtlichen Rechtsfolgen beeinflussen. Der zwischen den Ehegatten abgeschlossene Arbeitsvertrag ist jedoch nach § 117 Abs 1 BGB nichtig, wenn er nur zum Schein, dh ohne den Willen, ihn tatsächlich durchzuführen, geschlossen wird (*Schaub/Linck* § 32 Rn 13). Beruft sich der ArbGebEhemann bei Mitarbeit der Ehefrau oder Lebensgefährtin darauf, bei dem abgeschlossenen Arbeitsvertrag handele es sich um ein Scheingeschäft iSd § 117 BGB, so trägt er dafür die Darlegungs- und Beweislast (BAG 9.2.95, NZA 96, 249; LAG SchlHol 7.9.95, 1 Sa 401/95, BeckRS 1995, 30817547).

**c) Kündigungsschutz.** Zugunsten des ArbNEhegatten gilt das KSchG, wenn die Vo- 9
raussetzungen der §§ 1 Abs 1, 23 Abs 1 KSchG erfüllt sind. In die Anzahl der im Betrieb beschäftigten ArbN sind Familienangehörige, die kraft Arbeitsvertrages im Betrieb mitarbeiten, einzubeziehen (LAG Bln 26.6.89, NZA 89, 849).

Die soziale Rechtfertigung einer Kündigung gem § 1 KSchG kann im Zusammenhang 10
mit einer **Ehescheidung** vorliegen. Denn auch Umstände, die ihre Ursache primär in der Beziehung der Ehegatten untereinander und damit in der ehelichen Lebensgemeinschaft haben, sind geeignet, eine Kündigung des Arbeitsverhältnisses sozial gerechtfertigt erscheinen zu lassen. Voraussetzung ist eine Störung im Leistungs- oder Vertrauensbereich (BAG 9.2.95, NZA 96, 249). Hat der ArbNEhegatte sich ehe- und treuewidrig verhalten und dadurch einen nicht unerheblichen Anteil an der Zerrüttung der Ehe zu tragen, so kann dem ArbGebEhegatten die weitere tägliche Zusammenarbeit mit dem ArbNEhegatten über den Ablauf der Kündigungsfrist hinaus unzumutbar sein (ArbG Siegburg 8.7.86, NJW-RR 87, 73, 74; *Menken* DB 93, 161). Bei Auflösung eines Ehegattenarbeitsverhältnisses nach §§ 9, 10 KSchG bemisst sich die Höhe der Abfindung nach allgemeinen Grundsätzen (LAG Köln 15.9.94, BB 95, 523 [LS]).

**4. Ehegatteninnengesellschaft.** Diese kann vorliegen, wenn die Ehegatten einen über 11
den typischen Rahmen der ehelichen Lebens- bzw Familiengemeinschaft hinausgehenden Zweck mit der Folge vereinbart haben, dass nach den Umständen des einzelnen Falls eine schuldrechtliche Sonderverbindung besteht, die über das hinausgeht, wozu die Ehegatten nach familiären Regeln verpflichtet sind (BGH 9.10.74, NJW 74, 2278; *Palandt/Sprau* § 705 Rn 27). Eine Innengesellschaft wurde bei etwa gleichgeordneter Mitarbeit eines Ehegatten im Geschäft des anderen bejaht (BGH 22.2.67, BGHZ 47, 157, 163). Die Annahme einer schlüssig zustande gekommenen Ehegatteninnengesellschaft scheidet dann aus, wenn zwischen den Ehegatten ein schriftlicher Arbeitsvertrag besteht, der einem Fremdvergleich standhält (BGH 26.4.95, FamRZ 95, 1062).

**Ausgleichsansprüche des mitarbeitenden Ehegatten** können bei Scheitern der Ehe 12
bestehen. Der ausscheidende Ehegattenmitarbeiter hat ggf einen Anspruch auf Zahlung des Auseinandersetzungsguthabens (§§ 738 ff BGB), das sich am Wert seiner Beteiligung an dem gemeinsam erarbeiteten Vermögen orientiert. Der Betrieb verbleibt dem Inhaber. Haben die Ehegatten in Gütertrennung gelebt, steht einem gesellschaftsrechtlichen Ausgleichsanspruch der Vorrang güterrechtlicher Ansprüche nicht entgegen. Bei gesetzlichem Güterstand führt idR bereits der Zugewinnausgleich zu sachgerechten Ergebnissen, so dass es der

Inanspruchnahme eines gesellschaftsrechtlichen Ausgleichsanspruchs nicht bedarf (ausführlich *Wever* FamRZ 96, 906).

13 Erbringt ein Ehegatte außerhalb eines gesellschaftsrechtlichen Verhältnisses in größerem Umfang Arbeitsleistungen, die das Vermögen des anderen mehren, kommt bei einer Trennung ein Ausgleichsanspruch wegen Wegfalls der Geschäftsgrundlage nach § 313 BGB über den Weg der Annahme eines stillschweigend geschlossenen **familienrechtlichen Vertrages besonderer Art** in Betracht, wenn mit dem Scheitern der Ehe die Geschäftsgrundlage entfällt (BGH 13.7.94, FamRZ 94, 1167).

Der Ausgleichsanspruch ist vor den allgemeinen Zivilgerichten geltend zu machen (BGH 13.7.94, FamRZ 94, 1167).

14 **5. Arbeit von Kindern im elterlichen Hauswesen und Geschäft.** Zwischen den Eltern und dem Kind kann mündlich oder schriftlich, auch stillschweigend, ein Arbeitsvertrag über die Mitarbeit im elterlichen Haushalt und Geschäft geschlossen werden (BGH 21.1.58, FamRZ 58, 173, 174; BFH 17.2.55, NJW 55, 1615, 1616; LG Konstanz 17.5.68, VersR 69, 1126). Schließen die Eltern mit ihrem minderjährigen Kind einen Arbeitsvertrag ab, ist § 181 BGB zu beachten. Danach sind sog In-sich-Geschäfte unwirksam, somit auch ein Arbeitsvertrag, den die Eltern als die ArbGeb mit dem Minderjährigen, gesetzlich vertreten durch seine Eltern, schließen. Ein gleichwohl geschlossener Arbeitsvertrag ist bis zur Genehmigung durch einen Pfleger (§ 1909 BGB) schwebend unwirksam (§ 177 Abs 1 BGB).

15 **6. Betriebsverfassung.** Auch wenn ein echtes Arbeitsverhältnis besteht, gelten der Ehegatte und die Kinder des ArbGeb nicht als ArbN iSd Betriebsverfassung, wenn sie mit ihm in häuslicher Gemeinschaft leben (§ 5 Abs 2 Nr 5 BetrVG). Besteht die häusliche Gemeinschaft nicht mehr, bspw bei Trennung der Ehegatten, finden die Vorschriften des BetrVG Anwendung.

16 **7. Eheähnliche Lebensgemeinschaft.** Im Rahmen einer solchen Beziehung ist der Arbeitsvertrag ebenfalls nur eine von mehreren denkbaren Grundlagen für die Leistungserbringung. Es ist denkbar, dass die beabsichtigten familienrechtlichen Beziehungen zur Grundlage gemacht werden. Daneben kommen gesellschaftsvertragliche und dienstrechtliche Beziehungen in Betracht. Ein Arbeitsvertrag liegt nur vor, wenn die Dienste in persönlicher Abhängigkeit erbracht werden. Für die Frage, ob ein Arbeitsverhältnis vorliegt, gelten die in → Rn 6 genannten Grundsätze (LAG Köln 14.3.08 – 4 Sa 1585/07, BeckRS 2008, 55736; LAG RhPf 18.11.98 – 3 Ta 191/98, FA 99, 324).

## B. Lohnsteuerrecht *Seidel*

29 **1. Allgemeines.** Arbeitsverträge mit nahen Angehörigen sind grds steuerlich berücksichtigungsfähig. Wegen des Fehlens eines natürlichen Interessengegensatz und zum Ausschluss der steuerlichen Berücksichtigung privater, auf familienrechtlicher Grundlage beruhender Zuwendungen und Dienstleistungen, unterliegen sowohl die Vereinbarungen als auch die Durchführung von Arbeitsverhältnissen unter nahen Angehörigen einer strengen Prüfung und zwar auch bei nur mittelbarem Leistungsaustausch zB über eine Kapitalgesellschaft (BFH 10.3.05 – X B 182/03, BFH/NV 05, 1068; s aber auch BFH 7.5.15 – VI R 55/14, BFH/NV 15, 1556 Rn 21, Rn 41). Der Güterstand bei Ehegatten ist grds unerheblich. Gehört jedoch ein land- und forstwirtschaftlicher Betrieb bzw ein Gewerbebetrieb zum Gesamtgut der Ehegatten, ist das einem mitarbeitenden Ehegatten gezahlte Gehalt aufgrund eines behaupteten Arbeitsverhältnisses steuerrechtlich seinem Gewinnanteil gem § 13 Abs 5 iVm/bzw § 15 Abs 1 Nr 2 EStG und nicht den Einkünften aus nichtselbstständiger Arbeit zuzurechnen (weiterhin BFH 23.6.71, BStBl II 71, 730; → Rn 39). Zu Gestaltungen bei mitarbeitenden Familienangehörigen zur sinnvollen Nutzung der Kombination von Einkünften aus nichtselbstständiger Arbeit und SozVFreiheit s *Tomik/Nickel/Klufke* DStR 04, 1809.

30 **2. Ehegattenarbeitsverhältnis.** Der Abschluss wechselseitiger Arbeitsverträge zwischen Ehegatten ist trotz des regelmäßig fehlenden Interessengegensatzes der Parteien möglich, sofern die Verträge klare, eindeutige ernsthafte und zwischen Fremden übliche Vereinbarungen beinhalten, die auch tatsächlich vollzogen werden (weiterhin BFH 12.10.88,

BStBl II 89, 354; EStH 4.8: Fremdvergleich; *Schmidt/Heinicke* § 4 Rn 520 Angehörige; *Littmann/Barein* § 19 Rn 57; *HMW*/Arbeitnehmer Rn 68; generell zu Ehegattenarbeitsverhältnissen s auch *Schoor* Inf 04, 25). Nicht jede geringfügige Abweichung vom Üblichen führt dabei für sich allein stets zur steuerlichen Nichtanerkennung von Vertragsverhältnissen unter nahen Angehörigen (BFH 21.10.14 – VIII R 21/12, BStBl II 15, 638 Rn 29). Die Entscheidung ist auch bei Teilzeitarbeitsverträgen (→ *Teilzeitbeschäftigung* Rn 114 ff) unter **Würdigung aller Umstände** zu treffen (BFH 18.10.07 – VI R 59/06, DStR 07, 2319; FG BaWü 6.11.03 – 8 K 462/98, EFG 04, 484 zum Fremdvergleich und EStH 4.8: Arbeitsverhältnisse zwischen Ehegatten). Die folgenden Grundsätze gelten mE auch für **Unterarbeitsverhältnisse** zwischen Ehegatten, dh, wenn der arbeitgebende Ehegatte nichtselbstständig tätig ist und ihm der arbeitnehmende Ehegatte hierfür Hilfsdienste leistet (FG NdS 15.8.96, EFG 97, 529; FG RhPf 24.1.96, EFG 96, 743; FG BaWü 18.11.93, EFG 94, 652; FG Brem 21.2.91, EFG 91, 314; ablehnend FG Köln 26.10.05 – 10 K 8005/00, EFG 07, 753 mwN; die Revision wurde als unzulässig; offen gelassen BFH 22.11.96, BStBl II 97, 187 und FG Köln 28.6.2000 – 15 K 4044/94, EFG 2000, 994 – Verletzung beruflicher Geheimhaltungspflichten; EStH 4.8: Arbeitsverhältnisse zwischen Ehegatten, Unterarbeitsverhältnis) sowie für Unterarbeitsverhältnisse mit Kindern (BFH 6.3.95, BStBl II 95, 394).

Nach den Beschlüssen des BVerfG 7.5.2013 – 2 BvR 909/06; 2 BvR 1981/06; 2 BvR 288/07, DStR 2013, 1228 müssen Ehegatten und **eingetragene Lebenspartnerschaften** für die Anwendung des Ehegattensplittings gleichbehandelt werden. Der BT hat mit § 2 Abs 8 EStG die rückwirkende einkommensteuerliche Gleichstellung von Ehen und eingetragenen Lebenspartnerschaften umgesetzt (BStBl I 13, 898), so dass mE die Grundsätze zu den nahen Angehörigen auch auf Vertragsverhältnisse zwischen eingetragenen Lebenspartnern anzuwenden sind. **31**

**a)** Die **Vereinbarung** muss zu Beginn des Dienstverhältnisses erfolgen (BFH 21.8.85, BStBl II 86, 250) und sollte zum Ausschluss von Zweifeln hinsichtlich des Bindungswillens und des Inhalts trotz zivilrechtlicher Formfreiheit schriftlich geschehen (BFH 24.3.83, BStBl II 83, 663; s aber BFH 21.1.99 – IV R 15/98, BFH/NV 99, 919). Mängel an der zivilrechtlich vorgeschriebenen Form können als Beweisanzeichen mit verstärkter Wirkung den Vertragsparteien anzulasten sein (BFH 11.5.10 – IX R 19/09, BStBl II 10, 823 zur Unterbeteiligung; BMF 23.12.10, BStBl I 11, 37). Die Vereinbarung hat die wesentlichen Rechte und Pflichten zu enthalten, insbes Art und Umfang der Arbeiten sowie Höhe und Fälligkeit des Arbeitslohns (*HMW*/Arbeitnehmer Rn 78; s zur Gestaltung von Ehegattenarbeitsverträgen auch *Schoor* Inf 04, 25). Bei Ausübung einer geschäftsleitenden Funktion kann auch eine Tantiemevereinbarung anzuerkennen sein (FG BaWü 29.9.95, EFG 96, 133). **32**

**Gelegentliche Hilfeleistungen,** die üblicherweise auf familienrechtlicher Grundlage (→ Rn 2 ff) erbracht werden, **können nicht Inhalt** des Dienstverhältnisses **sein** (zB Reinigung des Arbeitszimmers durch die Ehefrau, BFH 27.10.78, BStBl II 79, 80; BFH 17.3.88, BStBl II 88, 632 und 25.1.89, BStBl II 89, 453 bzgl Arbeitsverträgen mit Kindern).

Die Vereinbarung eines **unüblich niedrigen Arbeitslohns** führt nur dann zur steuerrechtlichen Nichtanerkennung des Dienstverhältnisses, wenn der vereinbarte Betrag so niedrig ist, dass er nicht mehr als Gegenleistung angesehen werden kann (BFH 22.3.90, BStBl II 90, 776 mwN) und deshalb angenommen werden muss, dass sich die Beteiligten nicht rechtsgeschäftlich binden wollten (BFH 17.7.13 – X R 31/12, BStBl II 13, 1015). Beim ArbGeb hat für die Abziehbarkeit als Betriebsausgaben ggf eine Aufteilung des Arbeitslohns stattzufinden (BFH 25.7.95 –VIII R 38/93, BStBl II 1996, 153 Rn 28). **33**

Ein **zu hoher Lohn** bzw einzelne überhöhte Zuwendungen führen zu einer Reduzierung auf den im Vergleich zu Dritten angemessenen Betrag (BFH 26.2.88, BStBl II 88, 606 und FG Saarl 5.7.96, EFG 97, 268), berührt jedoch die steuerliche Anerkennung des Arbeitsverhältnisses mit dem Ehegatten/Lebenspartner nicht (FG Nds 7.1.14 – 9 K 135/12, EFG 14, 822). Vereinbarte Zukunftssicherungsleistungen sind in die Prüfung einzubeziehen; dabei sind Aufwendungen für eine Direktversicherung, die im Wege der Umwandlung von Barlohn geleistet werden, nur insoweit betrieblich veranlasst, als sie zu keiner Überversorgung führen (BFH 5.2.87, BStBl II 87, 557, 16.5.95, BStBl II 95, 873; anders für die echte Barlohnumwandlung BFH 10.6.08 – VIII R 68/06, BStBl II 08, 973: Direktversicherung; → *Betriebliche Altersversorgung* Rn 107 ff; BFH 14.7.89, BStBl II 89, 969: Pensionszusage). **34**

Auch die Vereinbarung über die Fälligkeit des Arbeitslohns muss dem zwischen Fremden Üblichen entsprechen (BFH 5.2.86, BFH/NV 86, 601).

35 **b) Tatsächliche Erbringung** der vereinbarten Leistungen (Dienstleistung; Arbeitslohn, auch in Form von vermögenswirksamen Leistungen) ist weitere Voraussetzung für die steuerrechtliche Anerkennung. Der Lohn muss aus der wirtschaftlichen Verfügungsmacht des ArbGeb in den alleinigen Einkommens- und Vermögensbereich des ArbNEhegatten gelangen. Der Zufluss auf ein Konto des ArbGebEhegatten, über das der ArbNEhegatte kein Mitverfügungrecht besitzt, genügt nicht (BFH 5.2.97, BFH/NV 97, 347; BFH 27.11.89 – GrS 1/88, BStBl II 90, 160). Ein Mitverfügungsrecht oder die Überweisung auf ein gemeinsames Konto der Ehegatten **(Oderkonto)** ist bei im Übrigen ernsthaft und tatsächlich durchgeführtem Arbeitsverhältnis ausreichend (BVerfG 7.11.95, BStBl II 96, 34; EStH 4.8: Arbeitsverhältnisse zwischen Ehegatten). **Schädlich** ist es, wenn der ArbNEhegatte vom betrieblichen Bankkonto einen Geldbetrag abhebt und ihn dann selbst in den zustehenden Arbeitslohn und das benötigte Haushaltsgeld aufteilt (BFH 20.4.89, BStBl II 89, 655; 15.8.96, DB 96, 2470; s aber BFH 26.8.04 – IV R 68/02, DStRE 05, 328: Barquittungen) oder der Arbeitslohn wechselnd bar und auf ein gemeinschaftliches Konto ausgezahlt wird; jedoch kann für zusammenhängende Zeiträume der Barauszahlung bei klarer Trennung der Einkommens- und Vermögenssphäre der Ehegatten ein Arbeitsverhältnis anerkannt werden (BFH 16.5.90, BStBl II 90, 908; s auch EStH 4.8: Arbeitsverhältnisse zwischen Ehegatten).

36 Wird das Entgelt im Betrieb des ArbGebEhegatten stehen gelassen, ist für die Anerkennung des Arbeitsverhältnisses ein wie unter Fremden üblicher **Darlehensvertrag** erforderlich (BFH 17.7.84, BStBl II 86, 48; s dazu auch BMF 23.12.10, BStBl I 11, 37, geändert durch BMF 29.4.14, BStBl I 14, 809). Die Intensität der Prüfung des Fremdvergleichs hängt vom Anlass der Darlehensaufnahme ab. Bei Schenkung der Darlehensmittel oder Ersetzung der Auszahlung durch eine Darlehensvereinbarung in einem Rechtsverhältnis, für das die laufende Auszahlung der geschuldeten Vergütung charakteristisch ist (zB Arbeits-, Miet-, Pachtvertrag) bedarf es eines strikten Fremdvergleichs. Bei Angehörigendarlehen zur Finanzierung der Anschaffungs- bzw Herstellungskosten von Wirtschaftsgütern ist die tatsächliche Durchführung der Zinsvereinbarung und die fremdübliche Verteilung der Vertragschancen entscheidend (BFH 22.10.13 – X R 26/11, BStBl II 14, 374; Anwendung durch BMF 29.4.14, BStBl I 14, 809). Bei unmittelbar durch die Erzielung von Einkünften veranlasstem Vertragsschluss sind bei der steuerrechtlichen Prüfung der Fremdüblichkeit dagegen großzügigere Maßstäbe anzulegen (BFH 22.10.13 – X R 26/11, BStBl II 14, 374). Eine langzeitige Nichtauszahlung ohne Vorliegen eines anzuerkennenden Darlehensvertrages oder unregelmäßige Zahlungen führen zur steuerrechtlichen Nichtanerkennung des Arbeitsverhältnisses (BFH 25.7.91, BStBl II 91, 842; BFH 7.9.95, BFH/NV 96, 320; FG Saarl 30.5.96, EFG 96, 863). Trotz verspäteter Lohnauszahlungen kann aber aufgrund einer Gesamtabwägung aller Umstände des Einzelfalles ein anzuerkennendes Ehegattenarbeitsverhältnis vorliegen (BFH 26.6.96, BFH/NV 97, 182). Die fehlende Abführung der SozVBeiträge und der LSt kann ein Indiz gegen die Ernsthaftigkeit des Arbeitsverhältnisses sein, reicht aber allein nicht aus (BFH 29.11.88, BStBl II 89, 281). Zur tatsächlichen Durchführung eines **Treuhandvertrags** s BFH 14.3.12 – IX R 37/11, BStBl II 12, 487.

37 **c)** Für ein Dienstverhältnis mit einer **Personengesellschaft** gelten die genannten Grundsätze entsprechend, wenn der andere Ehegatte die Gesellschaft wirtschaftlich beherrscht (zB Beteiligung über 50%; EStR 4.8 Abs 2; zu Ehegattenarbeitsverhältnissen bei ZweipersonenGbR zu je 50% s BFH 20.4.99 – VIII R 81/94, BFH/NV 99, 1457). Beherrscht ein Angehöriger die Personengesellschaft nicht allein, reicht die Beherrschung durch mehrere Familienangehörige bei Regelung eines Gegenstandes von gemeinsamen Interesse in gegenseitiger Abstimmung aus (BFH 13.7.99 – VIII R 29/97, BStBl II 2000, 386). Unschädlich war hier schon immer die Zahlung des Arbeitslohns auf ein Oderkonto (BFH 24.3.83, BStBl II 83, 663; → Rn 35). Beherrscht der andere Ehegatte die Gesellschaft nicht, so kann idR davon ausgegangen werden, dass der ArbNEhegatte die gleiche Stellung wie ein fremder ArbN hat. Unabhängig davon ist jedoch in diesen Fällen besonders sorgfältig zu prüfen, ob nicht der mitarbeitende Ehegatte selbst Gesellschafter bzw Mitunternehmer und damit steuerrechtlich kein ArbN ist (→ *Arbeitnehmer (Begriff)* Rn 36).

38 Allein die Mitarbeit begründet noch keine steuerliche **Mitunternehmerschaft.** Kennzeichnend dafür sind die Mitunternehmerinitiative und das Mitunternehmerrisiko. Diese

liegt jedenfalls bei einem zivilrechtlichen Gesellschaftsverhältnis (OHG, KG, GbR) vor, kann aber auch im Rahmen eines wirtschaftlich damit vergleichbaren Verhältnisses gegeben sein, sofern der Betreffende zusammen mit Anderen Unternehmerinitiative entfalten kann und ein Unternehmerrisiko trägt. Dabei bedeutet **Mitunternehmerinitiative** die Teilnahme an unternehmerischen Entscheidungen und **Mitunternehmerrisiko** die Teilhabe am Erfolg oder Misserfolg eines Unternehmens, idR durch Beteiligung am Gewinn (*Schmidt/Wacker* § 15 Rn 263, 264 mwN).

Leben Ehegatten im gesetzlichen Güterstand der **Zugewinngemeinschaft** oder haben sie Gütertrennung vereinbart, sind sie einkommensteuerrechtlich nur dann als Mitunternehmer anzusehen, wenn das zivilrechtliche Gesellschaftsverhältnis ernsthaft und klar vereinbart ist (*Schmidt/Wacker* § 15 Rn 375 mwN). Gehört jedoch im Fall der **Gütergemeinschaft** der Betrieb zum Gesamtgut und nicht zum Vorbehalts- oder Sondergut (häufig in der Land- und Forstwirtschaft), ist der andere Ehegatte steuerrechtlich als Mitunternehmer und nicht als ArbN anzusehen, obwohl zivilrechtlich kein Gesellschaftsverhältnis vorliegt, denn aufgrund des Güterstandes hat er an den Erträgen und wegen der dinglichen Mitberechtigung am Gesamtgut auch an den stillen Reserven des Betriebsvermögens teil. Zudem haftet das Gesamtgut für betriebliche Schulden (*Schmidt/Wacker* § 15 Rn 376 ff mwN). Zur Frage der Mitunternehmerschaft zwischen Ehegatten in der Land- und Forstwirtschaft s BMF 18.12.09, BStBl I 09, 1593. 39

Auch im Rahmen einer **freiberuflichen Tätigkeit** (§ 18 Abs 1 Nr 1 EStG) eines Ehegatten kommen diese Grundsätze nicht zum Tragen. Zur Eigentums- und Vermögensgemeinschaft der ehemaligen DDR s Personalbuch 2013. Zur steuerrechtlichen Anerkennung von Familiengesellschaften s im Übrigen EStR und EStH 15.9. 40

**d)** Ist ein Ehegatte Alleingesellschafter oder Mitgesellschafter einer **Kapitalgesellschaft** (AG, GmbH), so sind ernsthaft vereinbarte und tatsächlich durchgeführte Dienstverhältnisse regelmäßig anzuerkennen. Dabei spielt es keine Rolle, wenn der Gesellschafterehegatte selbst ArbN der Kapitalgesellschaft ist (→ *Geschäftsführer* Rn 35, 36). 41

**e)** Auf **Verlobte und in eheähnlicher Gemeinschaft Lebende** können die für Ehegattenarbeitsverhältnisse entwickelten Grundsätze nicht übertragen werden (weiterhin BFH 14.4.88, BStBl II 88, 670; s aber auch *Wälzholz* DStR 02, 333 Tz 2.2.2; FG RhPf 24.1.96, EFG 96, 743; zu wechselseitigen Arbeitsverträgen → Rn 30). Ebenso wenig sind sie anzuwenden, wenn ein vorhergehendes Arbeitsverhältnis nach der Eheschließung zwischen ArbGeb und ArbN unverändert fortgesetzt wird. 42

**3. Nahe Angehörige.** Bei Verträgen zwischen nahen Angehörigen (Eltern, Kinder, Geschwister) finden die für Ehegatten entwickelten Grundsätze, insbesondere zu gelegentlichen Hilfeleistungen (§ 1619 BGB; → Rn 32), entsprechende Anwendung (BFH 11.4.97, BFH/NV 97, 667 und 23.9.98 – XI R 1/98, DStRE 99, 162; *HMW*/Arbeitnehmer Rn 105, 117, 121). Dabei ist die Intensität der erforderlichen Prüfung der Fremdüblichkeit der Vertragsbedingungen auch vom **Anlass des Vertragsschlusses** abhängig, so zB davon, ob der Stpfl bei Nichtanstellung des Angehörigen einen fremden Dritten hätte einstellen müssen. Ein bloßes Näheverhältnis zwischen ArbGeb und ArbN reicht allerdings für die Anwendung der Grundsätze für die steuerliche Anerkennung von Angehörigenverträgen allerdings nicht aus, da die Grundsätze auf Arbeitsverhältnisse zwischen fremden Dritten **nicht anwendbar** sind. Die Anwendung scheidet daher aus, wenn zwischen ArbGeb und ArbN eine **ehemalige nichteheliche Lebensgemeinschaft** bestanden hat (FG NdS 16.11.16 – 9 K 316/15, EFG 17, 482). 43

**Unbezahlte Mehrarbeit** über die vertragliche Stundenzahl hinaus steht der Annahme der tatsächlichen Durchführung des Arbeitsverhältnisses nicht entgegen (BFH 17.7.13 – X R 31/12, DStR 13, 2261). Bei Kindern unter 15 Jahren scheitert die steuerrechtliche Anerkennung am arbeitsrechtlichen Verbot der Kinderarbeit (EStR 4.8 Abs 3). Bei minderjährigen Kindern ist für die bürgerrechtliche Wirksamkeit eines Ausbildungs- oder Arbeitsvertrags nach Auffassung der Finanzverwaltung keine Bestellung eines Ergänzungspflegers erforderlich (EStR 4.8 Abs 3; *Schall* DStZ 94, 179; aA FG RhPf 12.12.88, EFG 89, 274; → Rn 25). Zum Vorliegen eines Dienstverhältnisses bei wegen fehlgeschlagener Vergütungserwerbung vom ArbG ersatzweise zugesprochenem Vergütungsanspruch s → *Arbeitnehmer (Begriff)* Rn 30. 44

Erfolgt die **Mitarbeit** jedoch im Rahmen eines wirksam vereinbarten, tatsächlich durchgeführten Arbeitsverhältnisses, kann dieses steuerrechtlich anerkannt werden, auch wenn die Tätigkeit nach Art und Umfang noch in den Bereich des § 1619 BGB fällt, wenn es seinem Inhalt nach auch unter Fremden üblich ist (BFH 25.1.89, BStBl II 89, 453 für eine Aushilfstätigkeit als Buchhalterin und Verkäuferin; BFH 17.7.13 – X R 31/12, BStBl II 13, 1015: Bürohilfskraft). Der Stpfl kann entscheiden, ob er mit den Familienmitgliedern Arbeitsverträge abschließt oder die Leistungen im Rahmen der Unterhaltspflicht erbringt; im zweiten Fall sind die Aufwendungen steuerrechtlich nicht anzuerkennen (zB Kost, Kleidung, Unterkunft und Taschengeld, s BFH 19.8.71, BStBl II 72, 172 und BFH 21.1.99 – IV R 15/98, BFH/NV 99, 919 Rn 13).

45 Für die steuerrechtliche Anerkennung eines Dienstverhältnisses zwischen einer berufstätigen Tochter und ihrer Mutter stellt der BFH ua darauf ab, dass beide nicht im selben Haushalt wohnen und die Mutter eine fremde Arbeitskraft für die Führung des Haushalts und die Betreuung der minderjährigen Kinder ersetzt (BFH 6.10.61, BStBl III 61, 549, bestätigt 21.1.99 – IV R 15/98, DStRE 99, 457 Rn 19). Insbes volljährige Kinder können aber auch Gesellschafter im elterlichen Betrieb sein (*HMW*/Arbeitnehmer Rn 105). Hier gilt das oben zu Ehegatten Dargestellte (→ Rn 37 ff) entsprechend. Zur steuerrechtlichen Anerkennung von Familienpersonengesellschaften s EStR und EStH 15.9.

## C. Sozialversicherungsrecht *Schlegel*

46 **1. Beschäftigungsverhältnisse unter Ehegatten und nahen Angehörigen. a) Besondere Meldepflicht mit obligatorischem Anfrageverfahren.** Die Meldepflicht des ArbGeb gegenüber der Einzugsstelle nach § 28a SGB IV muss seit 1.1.05 auch die Angabe enthalten, ob der Beschäftigte zum ArbGeb in einer Beziehung als Ehegatte, Lebenspartner, Verwandter oder Verschwägerter in gerader Linie bis zum zweiten Grad steht (§ 28a Abs 3 Satz 2 Nr 1d) SGB IV). Außerdem ist in der ArbGebMeldung für den Beschäftigten anzugeben, ob er als geschäftsführender Gesellschafter einer GmbH tätig ist (§ 28a Abs 3 Satz 2 Nr 1e) SGB IV). Ergibt sich, dass der Beschäftigte Angehöriger des ArbGeb ist, muss die Einzugsstelle als Adressat der Meldung bei der DRV-Bund ein Statusfeststellungsverfahren nach § 7a SGB IV beantragen (allgemein zum Anfrageverfahren nach § 7a SGB IV → *Scheinselbstständigkeit* Rn 15). Kommt die für das Anfrageverfahren zuständige DRV-Bund im Anfrageverfahren zu dem Ergebnis, dass Versicherungspflicht vorliegt, ist die BA hieran leistungsrechtlich gebunden, solange der die Versicherungspflicht feststellende Verwaltungsakt der DRV-Bund wirksam ist (§ 336 SGB III). Damit will der Gesetzgeber möglichst ausschließen, dass mitarbeitende Familienangehörigen oder GmbH-Geschäftsführer jahrelang Beiträge zahlen und sie im Falle der Arbeitslosigkeit dennoch kein AlGeld.

47 **b) Materielle Abgrenzungskriterien.** Auch bei Familienangehörigen setzt abhängige Beschäftigung die Eingliederung des ArbN in einen Betrieb voraus. Hierfür wiederum ist von Bedeutung, ob der Dienstleistende seine Tätigkeit im Wesentlichen frei gestalten und seine Arbeitszeit bestimmen kann oder ob er einem „Zeit, Dauer, Ort und Art der Ausführung" umfassenden Weisungsrecht des ArbGeb unterliegt. Die Vorschrift des § 175 RVO aF, nach der die Beschäftigung eines Ehegatten durch den anderen keine Versicherungspflicht in der gesetzlichen KV begründete, hat das BVerfG teilweise mit Art 3, 6 GG unvereinbar erklärt (Beschluss vom 26.11.64 – 1 BvL 14/62, SozR Nr 55 zu Art 3 GG). Auch wenn ein solches Arbeitsverhältnis durch die eheliche Gemeinschaft modifiziert wird, bleibt es nach Ansicht des BVerfG ein echtes Arbeitsverhältnis mit allen sonst daran anknüpfenden Folgen, auch solchen sozialrechtlicher Art. Allerdings dürften an den Nachweis eines solchen Beschäftigungsverhältnisses strenge Anforderungen gestellt werden. IE geht es darum ein Beschäftigungsverhältnis mit Entgeltzahlung von der bloßen familienhaften Mithilfe, zu der Ehegatten einander und Kinder ihren Eltern nach den Vorschriften des bürgerlichen Rechts verpflichtet sein können, abzugrenzen. Diese Abgrenzung hängt nach der Rspr des BSG von den gesamten Umständen des Einzelfalles ab (hierzu BSG 23.6.94 – 12 RK 50/93, SozR 3–2500 § 5 Nr 17). Entscheidend ist auch insoweit die **Rechtsmacht;** so würde zB abhängige Beschäftigung eines im allein seiner Mutter gehörenden **Familienunternehmen** auf Grund eines Arbeitsvertrages tätigen Sohnes selbst dann nicht ausgeschlossen, wenn der Sohn in diesem Einzelunternehmen weitreichende Entscheidungs-

befugnisse, jedoch nur ein geringes Entgelt hat (BSG 30.4.13 – B 12 KR 19/11 R, SozR 4–2400 § 7 Nr 21 Rn 16). **Ausgangspunkt** der Prüfung ist zunächst das Vertragsverhältnis der Beteiligten, wie es sich aus den **getroffenen Vereinbarungen** (Vertrag, zB Arbeitsvertrag, freier Dienstvertrag, Werkvertrag etc) ergibt oder sich aus ihrer gelebten Beziehung erschließen lässt. Keine Probleme gibt es, wenn der **Vertrag tatsächlich gelebt wird,** „wie er auf dem Papier" steht; dann liegt zB abhängige Beschäftigung vor, wenn die Beteiligten einen Arbeitsvertrag geschlossen haben; dies ist nicht der Fall, wenn eine Werk geliefert oder selbstständige Dienstleistungen erbracht werden. Gibt es einen **Widerspruch zwischen den tatsächlichen Verhältnissen und der ursprünglich getroffenen Vereinbarung** (wird zB tatsächlich abhängige Arbeit geleistet, nicht aber ein vereinbartes Werk erbracht), geht die Beurteilung der tatsächlichen Verhältnisse vor: Nicht die Bezeichnung und Qualifizierung des Vertragsverhältnisses durch die Beteiligten entscheidet, sondern die „wahre rechtliche" Natur der gelebten Verhältnisse. Letzteres gilt allerdings nur, wenn und soweit die Beteiligten die von ihnen formell getroffene Vereinbarung (zB notariell geschlossenen Gesellschaftsvertrag) formlos abbedingen/abändern können. Können vereinbarte Rechte nicht formlos abgeändert oder aufgehoben werden, bleiben sei wirksam, auch wenn sie nicht gelebt und praktiziert werden: das formell Vereinbarte gibt und behält den Ausschlag. Deshalb spielt etwa die Nichtausübung eines (formell vereinbarten) Rechts für die Beurteilung des Vertragsverhältnisses solange keine Rolle, solange es nicht förmlich abbedungen ist. Lassen die tatsächlichen Verhältnisse allerdings sowohl die Wertung zu, dass abhängige Beschäftigung vorliegt als auch, dass eine solche nicht vorliegt, sprechen also etwas genauso viele Gesichtspunkte für wie gegen abhängige Beschäftigung, sollten dem **Willen der Beteiligten** Rechnung getragen werden und danach gefragt werden, ob sie ein Verhältnis abhängiger Beschäftigung eingehen wollen oder ob dies nicht der Fall war. Gleiches gilt für **Au-pair-Kräfte** (vgl dazu *Erdmann* Die Beiträge, 01, 321 ff; → *Hauswirtschaftliches Beschäftigungsverhältnis* Rn 18) oder familiäre Mithilfe bei der Beurteilung von angeblichen) Pflegeverträgen zwischen Familienangehörigen (BGH 4.2.98 – B 9 V 28/96 R, SozR 3–3100 § 35 Nr 8).

Ein **abhängiges Beschäftigungsverhältnis** ist anzunehmen, wenn der Beschäftigte auf die Verwertung seiner Arbeitskraft angewiesen ist, er in den Betrieb nach Art eines ArbN eingegliedert und dementsprechend dem Weisungsrecht des Betriebsinhabers – wenn auch in abgeschwächter Form – unterworfen ist und schließlich für seine Mitarbeit Arbeitsentgelt bezieht (BSG 16.12.60 – 3 RK 47/56, SozR Nr 22 zu § 165 RVO: Größere Freiheiten des als ArbN tätigen Familienangehörigen im Vergleich zu anderen ArbN sind unschädlich; 31.7.63 – 3 RK 46/59, SozR Nr 39 zu § 165 RVO: Die Arbeitskraft muss im Dienst des Unternehmens eingesetzt und es müssen Aufgaben erfüllt werden, die sich aus der Organisation bzw direkten Anweisung des ArbGeb ergeben; ähnlich jetzt BSG 10.5.07 – B 7a AL 8/06 R, BeckRS 2007, 45798). Zum Ganzen vgl *Schlegel/Voelzke* SGB IV, § 7 Rn 116 ff. 48

**c) Indizwirkung des Arbeitsentgelts.** Für die Feststellung, ob die dem Ehegatten oder mitarbeitenden Verwandten gewährten Leistungen Entgelt – dh einen Gegenwert – für die geleistete Arbeit darstellen, ist insbes die Höhe der gewährten Leistungen (Geld- und Sachbezüge) sowie ihr Verhältnis zu Umfang und Arbeit der im Betrieb verrichteten Tätigkeit von Bedeutung. Wird den im Haushalt des Betriebsinhabers lebenden und im Betrieb tätigen Ehegatten oder Kindern nur freier Unterhalt einschließlich eines geringfügigen Taschengeldes gewährt, wird man das Vorliegen eines entgeltlichen Beschäftigungsverhältnisses verneinen können. 49

Es gibt zwar keinen Rechtssatz des Inhalts, dass eine untertarifliche oder eine erheblich untertarifliche Bezahlung des Ehegatten die Annahme eines beitragspflichtigen Beschäftigungsverhältnisses zwingend ausschließt (BSG vom 12.9.96 – 7 RAr 120/95 = DBlR 4475, AFG § 168). Andererseits ist die Zahlung **verhältnismäßig nicht geringfügiger laufender Bezüge,** insbes in Höhe des ortsüblichen oder des tariflichen Lohnes, ein wesentliches Merkmal für das Bestehen eines entgeltlichen Beschäftigungsverhältnisses (BSG 29.3.62 – 3 RK 83/59, SozR Nr 31 zu § 165 RVO; 19.2.87 – 12 RK 45/85, SozR 2200 Nr 90 zu § 165 RVO: Annähernd **leistungsgerechte Entlohnung** als unverzichtbare Mindestanforderung an ein Beschäftigungsverhältnis; BSG 17.12.02 – B 7 AL 34/02 R mwN zur Indizwirkung des Arbeitsentgelts). Weitere Indizien eines echten Beschäftigungsverhältnisses sind: Die Verbuchung der Vergütung an Ehegatten/Kinder als Betriebsausgabe und die 50

Entrichtung von LSt (BSG 16.12.60 – 3 RK 47/56, SozR Nr 22 zu § 165 RVO) sowie die Lohnzahlung auf ein Konto zur freien Verfügung des ArbNEhegatten (BSG 17.5.01 – B 12 KR 34/00 R, SozR 3–2400 § 7 Nr 17).

51 Die Entlohnung muss der **Entlohnung familienfremder Arbeitnehmer** nicht völlig entsprechen. Sie darf hiervon aber auch nicht wesentlich abweichen. Insoweit kann das geringfügige Zurückbleiben der Entlohnung des Ehegatten als Kompensation für eine nur gemilderte Handhabung und Form des Weisungsrechts des ArbGeb angesehen werden. Entscheidungen der Beitragseinzugsstelle nach § 28h Abs 2 SGB IV über das Bestehen von Versicherungs- und Beitragspflicht können und sollten vom ArbGeb in allen Zweifelsfällen eingeholt werden. Um evtl Schwierigkeiten zu begegnen, sollten die Arbeitsverträge schriftlich geschlossen werden und die Bezahlung unbar erfolgen. Zu achten ist auch darauf, dass dem ArbN Arbeitsentgelt auch tatsächlich zur freien Verfügung gestellt wird. Für den Bereich der **Pflegeversicherung** besteht eine widerlegbare Vermutung, dass eine versicherungspflichtige Beschäftigung nach § 20 Abs 1 Nrn 1, 3 oder 4 SGB XI nicht vorliegt, wenn eine Person, die in den letzten zehn Jahren nicht in der sozialen PflegeV oder KV versichert war, eine dem äußeren Anschein nach versicherungspflichtige Beschäftigung oder selbstständige Tätigkeit von „untergeordneter wirtschaftlicher Bedeutung" – insbes bei einem Familienangehörigen – aufnimmt (§ 20 Abs 4 SGB XI).

52 **d) Güterstand.** Ein abhängiges Beschäftigungsverhältnis zwischen Ehegatten wird nicht zwingend dadurch ausgeschlossen, dass sie im Güterstand der **Gütergemeinschaft** leben und der Betrieb zum Gesamtgut gehört (BSG 9.12.03 – B 7 AL 22/03 R, SozR 4–4100 § 168 Nr 2; BSG 28.1.92 – 11 RAr 133/90, WzS 93, 183 (L)). In derartigen Fällen wird das Geschäft zwar auch im Namen und auf Rechnung des mitarbeitenden Ehegatten geführt, unabhängig davon, ob und wie sich dieser nach außen oder innen am Geschäftsbetrieb beteiligt, so dass regelmäßig Mitunternehmerschaft anzunehmen ist (BSG 24.6.83 – 5b RJ 50/81, BSGE 55, 174). Etwas anderes gilt aber dann, wenn im (Gewerbe-)Betrieb kein nennenswertes, ins Gesamtgut fallendes Kapital eingesetzt wird, dort vielmehr die persönliche Arbeitsleistung eines Ehegatten überwiegt (BSG 10.11.82 – 11 RK 1/82, BSGE 54, 173, 175 im Anschluss an Rspr des BFH); in diesen Fällen ist nach den allgemeinen Kriterien (Weisungsrecht, Eingliederung etc) wertend zu prüfen, ob das Gesamtbild mehr für ein abhängiges Beschäftigungsverhältnis, für familiäre Mitarbeit oder für eine Beschäftigung auf (Mit-) Unternehmerbasis spricht. Bei der Mitarbeit von Ehegatten bzw Familiengangehörigen in einer **GmbH** gelten keine Besonderheiten; insbesondere spielt bei der Versicherungspflicht der Geschäftsführer von Familiengesellschaften die sog Kopf und Seele-Rechtsprechung keine Rolle (vgl BSG 19.9.2019 – B 12 R 25/18 R, BeckRS 2019, 22527).

53 **2. Leistungsrecht. Arbeitslosengeld** eines arbeitslos gewordenen, bei seinem Ehegatten oder Verwandten in gerader Linie beschäftigt gewesenen ArbN wurde bis Ende 2004 nach der Sondervorschrift des § 134 Abs 2 Nr 1 SGB III aF berechnet. Die Vorschrift wurde ab 1.1.05 aufgehoben, so dass nunmehr das tatsächlich erzielte und nicht ein – fiktiv – begrenztes Arbeitsentgelt der Ehegatten für das AlGeld maßgeblich ist.

## Familienversicherung

### A. Arbeitsrecht

*Griese*

1 Über die in der gesetzliche SozV festgelegte Familienversicherung (→ Rn 5 ff) hinausgehend kann der ArbGeb als **freiwillige Leistung** den ArbN **und seine Angehörigen zusätzlich versichern,** insbes eine Lebens- oder Berufsunfähigkeitsversicherung für den ArbN abschließen und damit Familienangehörige des ArbN zusätzlich absichern. Ein Rechtsanspruch besteht nur bei einzel- oder kollektivrechtlicher Verpflichtung oder soweit sich der ArbN auf den Gleichbehandlungsgrundsatz stützen kann. Bei ArbN, die die Verdienstgrenze zur SozV überschreiten, schuldet der ArbGeb keinen Beitragszuschuss zu den Versicherungskosten des Kindes des ArbN, soweit dieses bei dem Ehepartner des ArbN familienversichert ist (BAG 21.1.03 – 9 AZR 695/01, BB 03, 1236).

**B. Lohnsteuerrecht** *Seidel*

Zur lohnsteuerlichen Behandlung der **Beiträge** zur gesetzlichen KV, die sich nach § 10 SGB V auch auf mitversicherte Familienangehörige erstreckt, sowie der Beiträge zur Familienversicherung bei privaten Krankenkassen → *Krankenversicherungsbeiträge* Rn 3–9 (LStR 3.62 Abs 2). Hinsichtlich der Beiträge zur PflegeV bei der Familienangehörige ebenfalls beitragsfrei mitversichert sind, → *Pflegeversicherungsbeiträge* Rn 7, 8 sowie LStR 3.62 Abs 2. Zur steuerlichen Behandlung der Leistungen hieraus → *Pflegeversicherungsleistungen* Rn 2. 2

**Krankenversicherungsleistungen** für den ArbN und seine mitversicherten Angehörigen durch gesetzliche (einschließlich Ersatzkassen) oder private Versicherungen, die Schutz vor Krankheit bieten, sind steuerfrei (§ 3 Nr 1a EStG). Darunter fallen auch Leistungen aus der **Krankenhaustagegeldversicherung** zur Abgeltung der Krankenhauskosten (*Schmidt/Heinicke* § 3 Krankheitskostenersatz). Zahlungen der **Krankentagegeldversicherung** zum Ausgleich des Verdienstausfalls (die Beiträge sind als Sonderausgaben, nicht als Werbungskosten abzugsfähig, EStH 10.4; BFH 15.10.13 – VI B 20/13, BFH/NV 14, 327) sind ebenfalls steuerfrei, da auch sie Leistungen aus einer KV gem § 3 Nr 1a EStG darstellen (*K/S* § 3 Nr 1a Rz B 1a/13, 17 Krankentagegeldversicherung; offen gelassen BFH 7.10.82, BStBl II 83, 101, ebenso BFH 15.10.13 – VI B 20/13, BFH/NV 14, 327). Krankentagegelder einer Betriebskrankenkasse sind jedenfalls dann kein Arbeitslohn, wenn der ArbN die Beiträge selbst trägt (BFH 26.5.98 – VI R 9/96, BStBl II 98, 581). Zur Steuerfreiheit des Krankengeldes aus der gesetzlichen KV (§ 3 Nr 1a EStG) und dessen Berücksichtigung im Rahmen des Progressionsvorbehalts (§ 32b Abs 1 Nr 1b EStG) → *Krankengeld* Rn 8 ff. 3

Zur Behandlung von **weiteren Aufwendungen** des ArbGeb zur Zukunftssicherung des ArbN (Unfall, Invalidität, Alter, Tod) als Arbeitslohn (§ 2 Abs 2 Nr 3 LStDV) → *Betriebliche Altersversorgung* Rn 101 ff; → *Unfallversicherung* Rn 6–9, 12–15 sowie → *Lohnsteuerpauschalierung* Rn 41–58. 4

**C. Sozialversicherungsrecht** *Ruppelt*

**1. Allgemeines.** Die beitragsfreie KV und PflegeV der Familienangehörigen von Versicherten in der gesetzlichen KV bzw in der sozialen PflegeV ist ein wesentliches Element des **Familienlastenausgleichs.** Durch die Regelungen des § 10 SGB V erhalten die Angehörigen eines Stammversicherten unter den dort aufgeführten Voraussetzungen einen eigenen Versichertenstatus und können aus eigenem Recht Leistungsansprüche gegen die Krankenkasse geltend machen. Zur entsprechenden Mitversicherung der Familienangehörigen in der PflegeV → *Pflegeversicherungspflicht* Rn 14. 5

Allerdings werden die versicherten Angehörigen **nicht zu Mitgliedern der Krankenversicherung,** können daher grds keine eigene Familienversicherung vermitteln (zur Ausnahme bei Kindern von familienversicherten Kinder → Rn 7), und ihr Versichertenstatus ist hinsichtlich Beginn und Ende zur Stammversicherung akzessorisch. Soweit im SGB V oder anderen Gesetzen keine besonderen Regelungen getroffen sind, sondern generell auf versicherte Personen abgestellt wird, sind die Familienversicherten leistungsrechtlich den Versicherten gleichgestellt. Sie haben allerdings keinen Anspruch auf Krankengeld (LSG BaWü 12.3.12 – L 11 KR 3638/11, BeckRS 2012, 68 996). 6

**2. Sachliche Voraussetzungen.** Berechtigt sind **Ehegatten, Lebenspartner** nach dem Lebenspartnerschaftsgesetz und die **Kinder** von Mitgliedern der gesetzlichen KV (das sind auch die freiwillig Versicherten), wenn diese ihren **Wohnsitz oder gewöhnlichen Aufenthalt im Inland** haben (§ 10 Abs 1 Satz 1 Nr 1 SGB V) und die übrigen Voraussetzungen des § 10 Abs 1–4 SGB V erfüllen (→ Rn 8 ff). Familienversichert sind auch die Kinder von familienversicherten Kindern. Von der Voraussetzung des Inlandswohnsitzes kann durch zwischenstaatliche Regelung abgewichen werden (so zB durch das Deutsch-Türkische SozVAbkommen). Es darf **keine eigene KVPflicht** oder freiwillige Mitgliedschaft des Familienmitgliedes in der gesetzlichen KV iSv § 10 Abs 1 Satz 2 Nr 2 SGB V bestehen (ausgenommen Studenten und Praktikanten nach § 5 Abs 1 Nrn 9 und 10 SGB V), dh die Familienversicherung ist grds **subsidiär,** Ferner ist nicht familienversichert, wer **versicherungsfrei** ist (§ 10 Abs 1 Satz 1 Nr 3) oder nach beamtenrechtlichen Vor- 7 schriften beihilfeberechtigt ist. Dies gilt allerdings nicht für eine Versicherungsfreiheit nach § 7 SGB V wegen einer geringfügigen Beschäftigung (→ *Geringfügige Beschäftigung* Rn 25 ff). Eine **geringfügige Beschäftigung** iSd genannten Vorschrift steht also einer (weiter fortbestehenden) Familienversicherung grds nicht entgegen.

8 Eine Familienversicherung kann nur begründet werden, wenn das zu versichernde Familienmitglied keiner hauptberuflichen **selbstständigen Erwerbstätigkeit** nachgeht (das Wahrnehmen von auf Kapitalbeteiligungen beruhenden gesellschaftsrechtlichen Pflichten ist unschädlich: BSG 29.2.12 – B 12 KR 4/10 R, SozR 4–2500 § 10 Nr 10) und kein Gesamteinkommen hat (auch aus Vermietung und Verpachtung und unter Berücksichtigung von Einkünften aus Kapitalvermögen), das regelmäßig im Monat **ein Siebtel der monatlichen Bezugsgröße** nach § 18 SGB IV oder im Rahmen einer Beschäftigung die Geringfügigkeitsgrenze nach § 8 Abs 1 Nr 1, § 8a SGB IV überschreitet (§ 10 Abs 1 Satz 1 Nr 4 u Nr 5; BSG 22.5.03 – B 12 KR 13/02 R, NJW 03, 2835; 29.6.16 – B 12 KR 1/15 R, SozR 4–2500 § 10 Nr 12). Bei Renten wird der Zahlbetrag ohne den auf Entgeltpunkte für Kindererziehungszeiten entfallenden Teil berücksichtigt; das gilt auch für Betriebsrenten. Zur Berechnung des Gesamteinkommens unter Berücksichtigung des Rentenzahlbetrags vgl KassKomm/*Peters* § 10 SGB V Rn 23 ff.

9 **3. Persönliche Voraussetzungen. Ehegatten** sind bei Erfüllung der sachlichen Voraussetzungen bis zur Rechtskraft des Scheidungsurteils bzw der Nichtigerklärung der Ehe versichert. Dies gilt auch für Ehefrauen in einer nach internationalem Privatrecht gültigen polygamen Ehe (§ 34 Abs 1 SGB I). Ein eheähnliches Verhältnis genügt nicht. Ehegatten sind für die Dauer der Schutzfristen des MuSchG (→ *Mutterschutz* Rn 18) und der Elternzeit (→ *Elternzeit* Rn 85) nur dann familienversichert, wenn sie zuletzt vor diesen Zeiträumen gesetzlich krankenversichert waren (§ 10 Abs 1 Satz 4 SGB V).

10 **Kinder** sind bis zur Vollendung des 18. Lebensjahres, falls sie keiner Erwerbstätigkeit nachgehen bis zur Vollendung des 23. Lebensjahres versichert (§ 10 Abs 2 Nr 1 und 2 SGB V). Bis zur Vollendung des 25. Lebensjahres besteht die Familienversicherung, wenn sich die Kinder in Schul- oder Berufsausbildung befinden oder ein freiwilliges soziales oder ökologisches Jahr leisten; wird die Schul- oder Berufsausbildung durch Erfüllung einer gesetzlichen Dienstpflicht, freiwilligen Wehrdienst nach § 58b SoldatenG oder sonstigen Freiwilligendienst iSv von § 10 Abs 2 Nr 3 SGB V unterbrochen oder verzögert, besteht die Versicherung auch für einen der Dauer dieses Dienstes entsprechenden Zeitraum über das 25. Lebensjahr hinaus (LSG Sachs 26.8.16 – L 1 KR 179/15, BeckRS 2016, 72777). Promotionsvorbereitung ist keine Berufsausbildung (LSG Sachs 7.3.12 – L 1 KR 186/11, BeckRS 2012, 68 711). **Stiefkinder** und **Enkel** gelten als Kinder, wenn ihnen der Stammversicherte überwiegenden Unterhalt gewährt. **Pflegekinder** sind mitversichert, wenn sie im Rahmen eines auf längere Dauer angelegten Pflegeverhältnisses in die häusliche Gemeinschaft aufgenommen sind. Stiefkinder sind auch die Kinder des Lebenspartners eines Stammversicherten (§ 10 Abs 4 Satz 3 SGB V).

11 **Keine Altersgrenze** besteht, wenn das Kind wegen einer Behinderung außerstande ist, sich selbst zu unterhalten. Voraussetzung ist jedoch, dass bei Eintritt der Behinderung eine Familienversicherung des Kindes nach § 10 Abs 2 Nr 1–3 SGB V bestand.

12 **Kinder sind nicht familienversichert,** wenn der **mit den Kindern verwandte** Ehegatte oder eingetragene Lebenspartner des Mitgliedes nicht Mitglied der gesetzlichen KV ist und **sein** Gesamteinkommen regelmäßig im Monat ein Zwölftel der JAEGrenze (→ *Beitragsbemessungsgrenzen* Rn 7 ff) übersteigt **und** regelmäßig **höher als das Gesamteinkommen des Mitglieds** ist (§ 10 Abs 3 SGB V). Bei Renten wird der Zahlbetrag berücksichtigt. Zur Berechnung des Gesamteinkommens vgl BSG 29.7.03 – B 12 KR 16/02 R, SozR 4–2500 § 10 Nr 3; 25.8.04 – B 12 KR 36/03 R, NZA 05, 98). Zur Berücksichtigung einer Abfindung bei der Berechnung des Gesamteinkommens s BSG 25.1.06 – B 12 KR 2/05 R, SozR 4–2500 § 10 Nr 6. Damit wird erreicht, dass die Versicherung der Kinder an die Einkünfte des Ehegatten geknüpft wird, der den Lebensunterhalt der Familie überwiegend bestreitet. Da **Stiefkinder** mit dem Stiefelternteil nicht verwandt sind, ist die Familienversicherung für diese Kinder nicht ausgeschlossen, wenn nur der leibliche Elternteil pflichtversichert ist und obwohl der Stiefelternteil den Ausschlusstatbestand des § 10 Abs 3 SGB V erfüllt. Der Ausschlusstatbestand erfasst nur die Kinder verheirateter oder in

Lebenspartnerschaft nach dem LPartG lebenden Eltern bzw Elternteile. Er gilt nicht für Kinder von Eltern in **nichtehelicher Lebensgemeinschaft** (BSG 25.1.01 – B 12 KR 12/00 R, NZS 01, 489); dies verstößt nicht gegen Art 3 Abs 1 iVm Art 6 Abs 1 GG (BVerfG 14.6.11 – 1 BvR 429/11, NJW 11, 2867). Die Höhe des **Gesamteinkommens** iSd § 10 Abs 3 SGB V als Voraussetzung für das Bestehen einer Familienversicherung kann gds nur mit dem amtlichen EStBescheid und nicht mit anderen Unterlagen, wie Berechnungen eines Steuerberaters, nachgewiesen werden (LSG BaWü 27.4.16 – L 5 KR 3462/15, BeckRS 2016, 68761). Zur Feststellung der Voraussetzungen der Familienversicherung ist somit eine vorausschauende Betrachtung anhand des zeitlich letzten EStBescheids geboten (LSG BlnBbg 8.5.19 – L 9 KR 422/17, BeckRS 2019, 19552). § 10 Abs 3 SGB V verstößt nicht gegen höherrangiges Recht (BverfG 14.6.11 – 1 BvR 429/11, NZS 11, 936).

**4. Ende der Familienversicherung.** Mit dem Ende der Mitgliedschaft des Stammversicherten endet auch die Versicherung der familienversicherten Mitglieder. Danach setzt sich die Versicherung nach § 188 Abs 4 Satz 1 SGB V als freiwillige Versicherung fort, es sei denn, das Mitglied erklärt innerhalb zwei Wochen nach Hinweis der Kasse auf die Austrittsmöglichkeit seinen Austritt. Der Austritt wird nur wirksam bei Nachweis einer anderen Absicherung im Krankheitsfall (zB private Versicherung). Die Beiträge für die freiwillige Versicherung ergeben sich aus § 240 SGB V (→ *Krankenversicherungsbeiträge* Rn 16 ff). 13

# Fehlgeldentschädigung

## A. Arbeitsrecht

*Griese*

**1. Begriff.** Fehlgeldentschädigung umschreibt die zusätzliche Vergütung, die der ArbGeb dafür erbringt, dass der ArbN **zusätzliche Haftungsrisiken** beim Verwalten einer Kasse, von Geld oder auch von Waren übernimmt. Die Fehlgeldentschädigung, die auch als Mankogeld bezeichnet wird, ist der vertraglich festgelegte Ausgleich für die **Mankohaftung** des ArbN. 1

**2. Vertragliche Abrede über Fehlgeldentschädigung.** Unproblematisch ist die Fehlgeldentschädigung, soweit sie als zusätzliche Vergütung (Prämie) dafür gewährt wird, dass im Arbeitsbereich des ArbN kein Kassen- oder auch Warenmanko auftritt, ohne dass hiermit erweiterte Haftungsregelungen verbunden sind. Eine solche Fehlgeldentschädigung ist ohne weiteres zulässig, unterliegt aber als Frage der betrieblichen Lohngestaltung der Mitbestimmung des BRat nach § 87 Abs 1 Nr 10 BetrVG. 2

Wird hingegen die Zusage einer Fehlgeldentschädigung mit einer **Haftungsverschärfung** für den ArbN verknüpft, bedarf dies einer vertragliche Rechtsgrundlage, die von der Rspr einer **strengen Kontrolle** unterzogen wird. Die vertragliche Grundlage bildet die sog **Mankoabrede** zwischen ArbGeb und ArbN. Sie beinhaltet die Erweiterung der Haftung des ArbN: Während den ArbN grds nur eine verschuldensabhängige Haftung trifft, die zudem durch die Grundsätze des innerbetrieblichen Schadensausgleich gemildert ist (→ *Arbeitnehmerhaftung* Rn 11), **soll der Arbeitnehmer durch die Mankoabrede eine Garantiehaftung für das ihm anvertraute Geld oder die im anvertrauten Waren übernehmen;** er soll auch und gerade dann für einen Fehlbestand haften, wenn ihn kein Verschulden trifft bzw ihm dies nicht nachgewiesen werden kann. Problematisch sind Mankoabreden, weil damit ein typisches ArbGebRisiko auf den ArbN verlagert wird. 3

Die Rspr hält solche **Mankoabreden** mit Recht nur in **engen Grenzen** für zulässig (BAG 2.12.99 – 8 AZR 386/99, NZA 2000, 715; *Krause* RdA 13,129). 4

Danach ist Rechtmäßigkeitsvoraussetzung, dass der ArbN für das zusätzlich übernommene Haftungsrisiko einen **angemessenen wirtschaftlichen Ausgleich,** die Fehlgeldentschädigung, erhält. Diese muss so bemessen sein, dass der ArbN aus ihr notfalls ein auftretendes Manko voll abdecken kann. Ansonsten liegt eine unverhältnismäßige Benachteiligung vor, da der ArbN ein besonderes Risiko übernimmt, ohne hierfür einen gleichwertigen wirtschaftlichen Vorteil zu erlangen (BAG 17.9.98 – 8 AZR 175/97, NJW 99, 1049). Dies bedeutet, dass die Fehlgeldentschädigung die absolute **Obergrenze** der vertraglichen Mankohaftung darstellt (BAG 17.9.98 – 8 AZR 175/97, NJW 99, 1049). Die 5

Mankovereinbarung bedeutet daher im Ergebnis allein die Chance für den ArbN durch erfolgreiche Verwaltung eines Kassen- oder Warenbestandes eine zusätzliche Vergütung zu erzielen (BAG 2.12.99 – 8 AZR 386/98, NZA 2000, 715); **die Fehlgeldentschädigung ist daher eine Fehlbestands-Vermeidungsprämie.**

6 Weitere Voraussetzung ist, dass der ArbN die **alleinige Verfügungsgewalt** und den **alleinigen Zugang** zu den ihm anvertrauten Geld- oder Warenbeständen hat. Nur dann hat der ArbN effektive Möglichkeiten, ein Manko zu verhindern. So kann eine Verkaufsstellenverwalterin über eine Mankovereinbarung nicht für einen Fehlbestand haftbar gemacht werden, wenn an der Kasse in Wechselschicht mehrere Verkäuferinnen eingesetzt sind, die die Verkaufsstellenverwalterin nicht ausreichend überwachen kann (BAG 22.11.73, DB 74, 778). Eine Mankovereinbarung ist ferner insoweit rechtsunwirksam, als sie zu einer Unterschreitung der Tarifvergütung führt.

Die Fehlgeldentschädigung ist Teil des Arbeitsentgelts nach § 2 Abs 1 Nr 6 NachwG. Eine Mankoabrede ist daher in die **Vertragsniederschrift** aufzunehmen. Soweit sie in Formulararbeitsverträgen enthalten ist, unterliegt sie der **Inhaltskontrolle nach §§ 305 ff BGB.**

7 **3. Mankohaftung. a) Haftung aufgrund Mankoabrede.** Tritt ein Manko auf, kann die Haftung des ArbN auf eine vertragliche Mankoabrede gestützt werden. Dies setzt voraus, dass die Rechtmäßigkeitsvoraussetzungen der Mankoabrede eingehalten worden sind, insbes eine angemessene Fehlgeldentschädigung gezahlt worden ist. Die Haftung ist auf die Höhe des Mankogeldes begrenzt (BAG 2.12.99 – 8 AZR 386/98, NZA 2000, 715). Fehlt es an einer Mankoabrede oder ist sie rechtsunwirksam, kommt nur die übliche vertragliche und deliktische Haftung des ArbN in Betracht.

8 **b) Verschuldenshaftung.** Sowohl die vertragliche als auch die deliktische Haftung setzen eine **schuldhafte Pflichtverletzung** des ArbN voraus. Die vertragliche Haftung kann sich auf § 280 BGB, aber auch auf Schlechterfüllung von Obhuts- und Verwahrungspflichten (§ 688 BGB) oder Abrechnungs- und Herausgabepflichten (§ 667 BGB) gründen. Die deliktische Haftung fußt auf der Verschuldensnorm des § 823 BGB. Zur Haftung erforderlich ist ein pflichtwidriges und schuldhaftes Verhalten des ArbN. Für den Verschuldensgrad sind die für die *Arbeitnehmerhaftung (s dort)* geltenden Regelungen der Rspr (keine Haftung bei leichtester Fahrlässigkeit, nur anteilige Haftung bei mittlerer Fahrlässigkeit) zu beachten. Ein ausreichend fahrlässiges Verhalten ist bspw gegeben, wenn ein Busfahrer das eingenommene Geld ohne zusätzliche Sicherungsmaßnahmen während der Pause im Bus zurücklässt, obwohl sich der Bus mit einem leicht zu beschaffenden Vierkantschlüssel öffnen lässt (BAG 28.9.89 – 8 AZR 73/88, BB 90, 925). Haftungsvoraussetzung ist jeweils der alleinige Zugang im Zeitraum des Verlustes (LAG RhPf 29.10.15 – 3 Sa 464/14, BeckRS 2016, 67460; LAG Köln 29.5.15 – 4 Sa 136/15, BeckRS 2015, 71659).

Ohne den Beweis eines Verschuldens durch den ArbGeb kommt eine Haftung nicht in Betracht. Eine durch Arbeitsvertrag in Bezug genommene Regelung, wonach ein Kassierer eines Automaten-Spiel-Casinos für Fehlbeträge haftet, entfaltet deshalb keine Wirkungen, wenn nicht entweder ein angemessenes Mankogeld zugesagt worden ist oder ein konkretes schuldhaftes Verhalten nachgewiesen wird (BAG 17.9.98 – 8 AZR 175/97, NJW 99, 1049).

9 Hinsichtlich der Verschuldenshaftung wollte die ältere Rspr zwischen selbstständigen und unselbstständigen ArbN Unterschiede machen (BAG 29.1.85, NZA 86, 23). Der **wirtschaftlich selbstständige Arbeitnehmer,** dem die selbstständige Verwaltung und Verwahrung von Geld oder Waren anvertraut ist, soll über die Verwahrungs- (§ 688 BGB) und Auftragsvorschriften (§§ 675, 666, 667 BGB) zur Haftung herangezogen werden können, da in den Arbeitsverträgen Elemente von Verwahrung und Auftrag enthalten seien. Demgegenüber hafte der **wirtschaftlich unselbstständige Arbeitnehmer** nur nach den Grundsätzen der Schlechterfüllung.

10 Die Unterscheidung überzeugt nicht. Den unselbstständigen ArbN treffen ebenfalls Obhuts-, Verwahrungs- und Herausgabepflichten hinsichtlich der im Eigentum des ArbGeb stehenden Sachen. Es handelt sich um Nebenpflichten des ArbN, für deren **schuldhafte Schlechterfüllung** der ArbN nach § 280 BGB haftet. Materiellrechtlich bedeutet es daher keinen Unterschied, ob eine Verwahrungs- oder Herausgabepflicht durch einen selbstständig oder unselbstständig handelnden ArbN schuldhaft verletzt worden ist. Er haftet wegen von

ihm zu vertretender Pflichtverletzung gem § 280 BGB, **nicht aber verschuldensunabhängig**. In beiden Fällen ist wegen der Grundsätze des innerbetrieblichen Schadensausgleichs **Verschulden erforderlich,** und zwar **mindestens mittlere Fahrlässigkeit**.

**c) Mitverschulden.** Der Haftungsanspruch des ArbGeb ist gemindert oder ausgeschlossen, wenn ein mitwirkendes Verschulden gem § 254 BGB vorliegt. Dies gilt sowohl für die Haftung aufgrund einer Mankoabrede als auch für die vertragliche und deliktische Haftung des ArbN. Ein mitwirkendes Verschulden ist insbes gegeben, wenn der ArbGeb Organisationsmängel nicht abstellt, den ArbN überlastet, Sicherungsmaßnahmen nicht ergreift, regelmäßige Kontrollen und Inventuren unterlässt oder Zweitschlüssel zu vom ArbN verwalteten Kassen ohne strenge Sicherungsmaßnahmen vorrätig hält. 11

**d) Grundsätze des innerbetrieblichen Schadensausgleichs.** Auf die Mankohaftung die sind Grundsätze des innerbetrieblichen Schadensausgleichs (→ *Arbeitnehmerhaftung* Rn 11 ff) anzuwenden (BAG 22.5.97 – 8 AZR 562/95, NJW 98, 1011). 12

Folglich gelten die Haftungsausschlüsse und -milderungen für einfache und mittlere und ausnahmsweise für grobe Fahrlässigkeit auch für Mankofälle (BAG 17.9.98 – 8 AZR 175/97, NZA 99, 141). Haftet der ArbN hingegen aufgrund einer **rechtswirksamen** Mankoabrede, entfällt der Haftungsausschluss für einfachste und die Haftungsmilderung für mittlere Fahrlässigkeit, da der ArbN insoweit ein weitergehendes Haftungsrisiko vertraglich übernommen hat. 13

In Anlehnung an die Möglichkeit der Haftungseinschränkung bei grober Fahrlässigkeit aufgrund einer **Existenzgefährdung des Arbeitnehmers** (BAG 12.10.89 – 8 AZR 276/88, BB 90, 65; BAG 22.5.97 – 8 AZR 562/95, NJW 98, 1011; → *Arbeitnehmerhaftung* Rn 13) ist jedoch, wenn kein Vorsatz vorliegt, die Haftung zu beschränken, wenn ein deutliches Missverhältnis zwischen Verdienst und Höhe des Schadens besteht und bei voller Inanspruchnahme des ArbN dessen Existenz bedroht wäre. 14

Grobe Fahrlässigkeit ist zB gegeben, wenn ein Zug-Restaurantleiter die Einnahmen nicht in dem dafür vorgesehenen abschließbaren Schrank, sondern in einem anderen Schiebetürenschrank ablegt und das Zugrestaurant für kurze Zeit verlässt und dadurch das Geld abhandenkommt (BAG 15.11.01 – 8 AZR 95/01, NZA 02, 612). 15

**4. Darlegungs- und Beweislast.** Von entscheidender Bedeutung ist die Darlegungs- und Beweislast, da sich gerade in Mankofällen häufig Pflichtverletzung, Ursächlichkeit des ArbN und Verschulden nicht nachweisen lassen. Durch § 619a BGB ist klargestellt, dass der ArbGeb die Beweislast hat. Vertragliche Vereinbarungen über die Beweislast sind wegen § 309 Nr 12 BGB unzulässig. 16

**a) Haftung aufgrund wirksamer Mankoabrede.** Tritt ein Manko auf, muss der ArbGeb neben der Wirksamkeit der Mankovereinbarung zusätzlich die alleinige Verfügungsgewalt und den alleinigen Zugang des ArbN zu der verwalteten Kasse oder den verwalteten Waren beweisen. Ferner muss er darlegen, dass tatsächlich ein Manko eingetreten ist, das nicht auf anderen Ursachen beruht. Es muss ein tatsächlicher, nicht nur ein buchmäßiger Fehlbetrag vorliegen. Die Verwendung von Computern bei der Aufstellung und Auswertung von Inventuren führt grds nicht zu einer Minderung der Anforderungen an die Darlegungs- und Beweislast (BAG 13.2.74, DB 74, 1728). Zudem muss der ArbGeb darlegen und beweisen, dass die gezahlte Fehlgeldentschädigung mindestens so hoch ist wie der vom ArbGeb begehrte Mankobetrag. Dabei wird ein Vergleichszeitraum von bis zu einem Kalenderjahr für vertraglich regelbar gehalten (BAG 17.9.98 – 8 AZR 175/97, NJW 99, 1049). 17

**b) Haftung ohne Mankoabrede.** Fehlt eine besondere Mankoabrede, hat der ArbGeb grds eine Pflichtwidrigkeit des ArbN, einen durch den ArbN verursachten Schaden sowie ein Verschulden des ArbN zu beweisen, und zwar mindestens mittlere Fahrlässigkeit, da unterhalb dieser Schwelle die Haftung nach den Grundsätzen des innerbetrieblichen Schadensausgleichs ausgeschlossen ist (BAG 17.9.98 – 8 AZR 175/97, NJW 99, 1049). Die alleinige Beherrschbarkeit eines Geld- oder Warenbestandes ist ein Indiz, dass auf eine Pflichtverletzung des ArbN hindeuten kann. Ist der Fehlbestand angesichts des Gesamtumsatzes bei diesem Geld- oder Warenbestand gering, spricht dies aber nur für leichte Fahrlässigkeit und führt nicht zur Haftung. Ist ein ausreichender Verschuldensgrad dargelegt, muss der ArbN einen Geschehensablauf darlegen, aus dem sich ergibt, dass der Fehlbestand 18 nicht durch einen entsprechenden Verschuldensgrad entstanden ist (BAG 6.6.84 – 7 AZR 292/81, NZA 85, 183; *Otto* Gutachten zum 56. Deutschen Juristentag, E 77). Zum Beweis der alleinigen Beherrschbarkeit gehört bei einem Geldtransportfahrer auch, dass der ArbGeb die Behauptung des ArbN widerlegt, er habe die Geldkassette an seinen Vorgesetzten weitergegeben (BAG 22.5.97 – 8 AZR 562/95, NJW 98, 1011).

Eine Beweislastumkehr zulasten des ArbN ist wegen der zwingenden Risikoverteilung im Arbeitsrecht nicht zulässig (BAG 17.9.98 – 8 AZR 175/97, NJW 99, 1049). Dem ArbGeb kann aber der Anscheinsbeweis zur Hilfe kommen, etwa bei einer überstürzten Abreise eines ArbN, der erhebliche Geldbeträge bei sich führt (BAG 3.8.71 – 1 AZR 122/71, BB 71, 1506). In diesem Fall kann ein Anscheinsbeweis für eine pflichtwidrige unberechtigte Entnahme gegeben sein, auch wenn theoretisch ein Dritter Zugang zur Kasse hatte.

**19** **5. Anerkenntnis und Vergleich.** Der ArbN kann hinsichtlich eines Mankos ein **Schuldanerkenntnis** abgeben. Dieses kann ein deklaratorisches oder konstitutives Schuldanerkenntnis sein, je nachdem, ob eine Schuldbestätigung unter Ausschluss aller bekannten oder erkennbaren Einwendungen oder die Schaffung eines neuen unabhängigen Schuldgrundes gewollt ist. Ein Schuldanerkenntnis ist **anfechtbar,** wenn es durch Drohung oder Täuschung nach § 123 BGB erreicht worden ist. Maßstab muss hierfür sein, ob der ArbGeb nach den Grundsätzen der ArbNHaftung und der Fehlgeldentschädigung von einer Haftung ausgehen durfte. Die Drohung mit einer Strafanzeige ist zumindest dann zulässig, wenn eine Straftat des ArbN aufgrund objektiver Anhaltspunkte möglich erscheint (BAG 22.7.10 – 8 AZR 144/09, NZA 11, 743).

**20** Ein **Vergleich** über eine Mankoschuld ist ebenfalls möglich. Ein solcher Vergleich kann außer aufgrund erklärter Anfechtung wegen Täuschung oder Drohung (§ 123 BGB) aufgrund von Sittenwidrigkeit unwirksam sein (§ 138 BGB). Sittenwidrigkeit ist anzunehmen, wenn ein auffälliges Missverhältnis des beiderseitigen Nachgebens besteht, das auf eine verwerfliche Gesinnung des ArbGeb schließen lässt. Bewertungsmaßstab ist dabei, welchen Höchstschaden der ArbGeb bei Vergleichsabschluss in Betracht gezogen hat, nicht, ob er diesen auch beweisen konnte (BAG 11.9.84 – 3 AZR 184/82, BB 85, 802).

## B. Lohnsteuerrecht *Thomas*

**25** **1. Arbeitslohn. a) Prämien.** Zahlt der ArbGeb an ArbN, die für ihn Geld oder Waren verwalten, für Lohnabschnitte Prämien, in denen kein Manko aufgetreten ist, so sind diese Prämien Arbeitslohn (BFH 11.3.88, BStBl II 88, 726 zu Unfallverhütungsprämien).

**26** **b) Haftungsbeitrag.** Wendet der ArbGeb dem ArbN laufend Geldbeträge zu, welche das beim Verwalten einer Kasse entstehende normale Haftungsrisiko des ArbN abgelten, so sind diese Zahlungen grds ebenso Arbeitslohn wie Zuschüsse, welche der ArbGeb an eine diesbezügliche Versicherung des ArbN entrichten würde. Dies ist aber nicht zweifelsfrei. Werbungskosten stehen dem nur gegenüber, wenn der ArbN tatsächlich eine Versicherung abgeschlossen hat und dafür Beiträge entrichten, weil nur dann Anforderungen vorliegen.

**27** Demgegenüber dürfte Arbeitslohn zu verneinen sein, wenn der ArbN aufgrund einer **Mankoabrede** (→ Rn 3) eine **Haftungsverschärfung** auf sich nimmt und der ArbGeb hierfür einen Risikobeitrag in Form einer Fehlgeldentschädigung zahlt. Denn in diesem Fall wird die Zahlung des ArbGeb in seinem eigenbetrieblichen Interesse liegen (→ *Arbeitsentgeltgesetz* Rn 46 ff), da die Zuwendung ein normalerweise den ArbGeb treffendes Haftungsrisiko abdeckt. Problematisch ist hierbei die Abgrenzung zum Grundrisiko, das den ArbN trifft, und die Behandlung im Schadensfall. Die Fehlgeldentschädigung ist als einheitliche Leistung im Falle der **Mankoabrede** – aber auch nur in diesem (BFH 11.7.69, BStBl II 70, 69) – insgesamt nicht als Arbeitslohn anzusehen, sofern sich die Zuwendungshöhe im Rahmen des Haftungsrisikos hält, was notfalls durch ein Gutachten geklärt werden müsste. Realisiert sich das Risiko und leistet der ArbN Schadensersatz, hat er Werbungskosten, die nicht um gezahlte Fehlgeldentschädigungen zu kürzen sind.

**28** **c) Pauschale Fehlgeldentschädigung,** die ArbN im Kassen- und Zähldienst gezahlt werden, gehören nach R 19.3 Abs 1 Nr 4 LStR nur zum Arbeitslohn, soweit sie **16 € im Monat** übersteigen. Die LStR gehen somit von einem Freibetrag aus, da nur der 16 € übersteigende Betrag als Arbeitslohn erfasst wird. Dem liegt die Vorstellung zugrunde, dass der ArbGeb bis zu 16 € monatlich nur das von ihm zu verantwortende Haftungsrisiko finanziert und deshalb noch keinen Arbeitslohn zuwendet. Der BFH (11.7.69, BStBl II 70, 69) hat bei Fehlgeldentschädigungen die Voraussetzungen steuerfreien Auslagenersatz (§ 3 Nr 50 EStG) bejaht, jedoch grds verlangt, dass über die ausgelegten Beträge im Einzelnen abgerechnet werden muss (anders aber zur Wagenpflegepauschale beim überlassenen Kfz BFH 26.7.01 – VI R 122/98, BStBl II 01, 844). Da Fehlgeldentschädigungen einen Zuschuss zum Haftungsrisiko darstellen, könnte eine „Abrechnung" nur in einer versicherungsmathematischen Einschätzung des betreffenden Risikos liegen.

**2. Werbungskosten** des ArbN sind gegeben, wenn dieser aufgrund einer Verletzung seiner dienstvertraglichen Nebenpflichten dem ArbGeb Schadensersatz leistet; nicht jedoch, wenn wegen eines von ihm begangenen Diebstahls oder einer Unterschlagung Ersatz geleistet wird, so wie umgekehrt unterschlagene Gelder keinen Arbeitslohn begründen (BFH 3.7.91, BStBl II 91, 802). 29

### C. Sozialversicherungsrecht *Schlegel*

**1. Beitragspflichtiges Arbeitsentgelt.** Fehlgeldentschädigungen sind Arbeitsentgelt, wenn sie dem ArbN in Form einer monatlichen Pauschale unabhängig von den tatsächlichen Kassenfehlbeständen gezahlt werden (zu den Voraussetzungen der Mankohaftung des ArbN *Lansnicker/Schwiitzek* BB 99, 259). Die in Abschn 70 Abs 1 Nr 4 LStR getroffene Verwaltungsregelung, wonach zum Arbeitslohn (iSd Steuerrechts) pauschale Fehlgeldentschädigungen, die ArbN im Kassen- und Zähldienst gezahlt werden, nur dann gehören, wenn sie einen bestimmten Betrag im Monat übersteigen, ist nicht ins Recht der SozV und ArblV zu übernehmen. So praktikabel und angemessen diese Regelung im Hinblick auf die bei Kassenpersonal regelmäßig zu erwartenden Fehlbeträge auch sein mag, ist gleichwohl davon auszugehen, dass dem Arbeitsentgelt iSd § 14 SGB IV nach § 1 SvEV nur solche Zuschüsse und Zulagen nicht hinzugerechnet werden können, deren Steuerfreiheit durch Gesetz oder RechtsVO vorgesehen ist; dazu zählen die LStR nicht (anders LSG RhPf 14.11.01 – L 4 RA 16/01, das allein darauf abstellt, in welchem Umfang tatsächlich Steuern zu zahlen sind). 32

**2. Beitragsfreier Aufwendungsersatz.** Diese und durchlaufende Gelder sind Fehlgeldentschädigungen, wenn die Entschädigung nicht als Pauschale, sondern im konkreten Einzelfall anhand des tatsächlichen Kassenfehlbestandes durch den ArbGeb ersetzt wird, nachdem der ArbN in Vorlage treten musste (§ 14 SGB IV iVm §§ 1 Abs 1 SvEV, 3 Nr 50 EStG). 33

## Flexirente

### A. Arbeitsrecht *Griese*

**1. Allgemeines.** Mit dem Flexirentengesetz vom 8.12.16 (BGBl I 16, 2838) soll das flexible Arbeiten bis zum Erreichen der Regelaltersgrenze bei besserer Gesundheit erleichtert und gefördert werden. Zugleich soll das Weiterarbeiten über die Regelaltersgrenze hinaus attraktiver gemacht werden. 1

Das Flexirentengesetz ist ein rentenversicherungsrechtliches Änderungsgesetz, das Änderungen im SGB VI und weiteren Rentengesetzen vornimmt.

Unmittelbare arbeitsrechtliche Auswirkungen hat es nicht. Die Förderung der Arbeit bis zur Regelaltersgrenze wird durch sozialversicherungsrechtliche Leistungen sowie durch die Anhebung der Hinzuverdienstgrenzen während des gleichzeitigen Bezuges von Rente und Arbeitsverdienst gefördert. Mittelbare Anreize für eine längere Arbeitsphase sollen zudem durch Verbesserungen bei den SozVBeiträgen entstehen.

**2. Regelungsinhalt.** Die arbeitsrechtliche Position von Rentenbezieher, die parallel in einem Arbeitsverhältnis stehen, wird durch das Flexirentengesetz nicht tangiert. Das **Arbeitsverhältnis eines Rentenbeziehers ist ein vollwertiges Arbeitsverhältnis** mit allen Rechten und Pflichten, auch, wenn eine Teilzeitbeschäftigung bis hin zur geringfügigen 2

Beschäftigung oder eine **Kombination von Teilrente und Beschäftigung** nach dem *Flexirentengesetz* vorliegt.

Auch bei **geringfügiger Beschäftigung eines Rentenbeziehers** sind die ArbNRechte nicht eingeschränkt. Der geringfügig Beschäftigte hat grds **dieselben arbeitsrechtlichen Ansprüche wie ein Vollzeitarbeitnehmer,** etwa in Bezug auf Entgelt, bezahlten Urlaub, Entgeltfortzahlung im Krankheitsfall oder an Feiertagen und Kündigungsschutz (→ *Rentnerbeschäftigung* Rn 1 ff, → *Geringfügige Beschäftigung* Rn 5 ff).

3 Für den Rentenbezug vor Erreichen der Altersgrenze hebt das Flexirentengesetz das **anrechnungsfreie kalenderjährliche Arbeitseinkommen** auf **6.300 € an.** Damit wird allerdings kaum mehr als eine geringfügige Beschäftigung während der Rentenbezugsphase vor Erreichen der Regelaltersgrenze möglich.

Für die Rentenbezugsphase nach Erreichen der Regelaltersgrenze bestand schon vor dem Flexirentengesetz keine Hinzuverdienstgrenze. Dabei bleibt es auch. Attraktiver wird die Arbeitstätigkeit in dieser Phase durch die Regelung im Flexirentengesetz, wonach wegen der Arbeitstätigkeit abzuführenden RVBeiträge rentenerhöhend wirken (zu den Einzelheiten bzgl neuer Hinzuverdienstgrenzen und RVBeiträgen s → Rn 20 ff).

## B. Lohnsteuerrecht

*Weil*

10 **1. Rentenbesteuerung.** Der Bezug der Rente unterliegt der nachgelagerten Besteuerung (→ *Altersrente* Rn 8 ff).

11 **2. Besteuerung des Hinzuverdienst.** Der Hinzuverdienst ist nach den allgemeinen Regeln zu versteuern (→ *Arbeitsentgelt* Rn 30 ff, → *Lohnsteuerabführung* Rn 2 ff). Soweit der Arbeitslohn 450 € im Monat nicht übersteigt, ist die lohnsteuerliche Behandlung unter dem Stichwort → *Geringfügige Beschäftigung* Rn 20 ff dargestellt. Zu weiteren steuerlichen Vergünstigungen → *Altersentlastungsbetrag* Rn 6 ff, zur Besteuerung der Altersteilzeit → *Altersteilzeit* Rn 26 ff.

12 **3. Beiträge zur Rentenversicherung.** Zur Steuerfreiheit der Beiträge des ArbGeb → *Rentenversicherungsbeiträge* Rn 4 ff, zum Abzug der Beiträge der ArbN zur RV sowie zu Sonderzahlungen zum Ausgleich von Rentenabschlägen → *Rentenversicherungsbeiträge* Rn 2 ff, → *Sonderausgabenabzug* Rn 2 ff.

## C. Sozialversicherungsrecht

*Schlegel*

20 Durch das **Flexirentengesetz** vom 8.12.16 (BGBl I 2838) wurden die Vorschriften über Hinzuverdienste von Rentnern aus einer Rentnerbeschäftigung sowie über Versicherungsfreiheit wegen Bezuges einer Altersrente umfassend geändert (zur Rechtslage bis 31.12.2016 bzw bis 30.7.2017 bzgl Hinzuverdienst vgl Personalbuch 2016 → *Rentnerbeschäftigung* Rn 11 ff).

Bezieht ein ArbN bereits eine **Vollrente wegen Alters,** tritt **Versicherungsfreiheit** bzgl seiner (Rentner-)Beschäftigung erst nach Ablauf des Monats ein, in welchem der ArbN die **Regelaltersgrenze** erreicht hat (§ 5 Abs 4 Nr 1 SGB VI nF). Der ArbGeb hat trotz Versicherungsfreiheit aber weiterhin ArbGeb-Beiträge zu zahlen (§ 172 Abs 1 Satz 1 SGB VI). Der ArbN hat die Möglichkeit, auf die Versicherungsfreiheit zu verzichten. Macht er hiervon Gebrauch, werden die vom ArbN und vom ArbGeb aus der Beschäftigung zu zahlenden **Pflichtbeiträge** in Form von Zuschlägen an Entgeltpunkten **rentenwirksam.** Die **Zuschläge an Entgeltpunkten** werden erstmals mit Ablauf des Kalendermonats des Erreichens der Regelaltersgrenze – und wenn der Rentner auch darüber hinaus versicherungspflichtig beschäftigt bleibt – anschließend jährlich jeweils zum 1. Juli berücksichtigt (§ 66 Abs 3a SGB VI).

21 Hingegen besteht für ArbN in einer dem Grunde nach versicherungspflichtigen Beschäftigung **keine Versicherungsfreiheit,** wenn sie eine Vollrente oder eine Teilrente wegen Alters **vor Erreichen der Regelaltersgrenze** beziehen; sie sind nicht versicherungsfrei und haben folglich reguläre Pflichtbeiträge aus der (Rentner-)Beschäftigung zu zahlen.

22 In der ArblV bestand schon immer Versicherungsfreiheit für Personen, die die Regelaltersgrenze erreicht haben und noch einer Rentnerbeschäftigung nachgehen (§ 28 Nr 1 SGB III), jedoch war der ArbGeb bis Ende 2016 verpflichtet, einen **Arbeitgeberanteil an**

**Beiträgen zur BA** zu zahlen, wie wenn der Rentner versicherungspflichtig wäre (§ 346 Abs 3 SGB III). Diese Regelung ist bis zum 31.12.2021 nicht anzuwenden (§ 346 Abs 3 Satz 3 SGB III), so dass bis zu diesem Zeitpunkt keine ArbGebBeiträge mehr zu zahlen sind.

Bei Personen, die Altersrente oder eine Rente wegen geminderter Erwerbsfähigkeit 23 beziehen, stellen sich ua folgende Fragen: Wie wirkt sich der Verdienst aus einer dem Grunde nach versicherungspflichtigen Beschäftigung (ebenso bei einer versicherungspflichtigen selbstständigen Tätigkeit) auf die Rente aus? Wird der (Hinzu-)verdienst auf die Rente angerechnet, wenn ja, in welchem Umfang oder erlischt der Rentenanspruch dem Grund nach? Besteht in der neben den Rentenbezug ausgeübten Beschäftigung Versicherungs- und Beitragspflicht? Welche Gestaltungsmöglichkeiten gibt es insoweit für Versicherte/Rentner (Verzicht auf Versicherungsfreiheit)? Wir wirken sich vom ArbGeb und ArbN aus einer Rentnerbeschäftigung zu zahlende Beiträge auf die Höhe der aktuellen oder einer künftig veränderten (Teil- oder Voll-)Rente aus? Vgl dazu → *Rentnerbeschäftigung* Rn 12 ff.

## Forderungsübergang bei Dritthaftung

### A. Arbeitsrecht *Griese*

**1. Begriff.** Der Begriff des Forderungsübergangs bei Dritthaftung kommt aus dem 1 **Recht der Entgeltfortzahlung im Krankheitsfall** (→ *Entgeltfortzahlung* Rn 1 ff). Er kennzeichnet die Situation, in der der ArbN arbeitsunfähig krank wird und ein Dritter hierfür schadensersatzrechtlich verantwortlich ist. Der ArbGeb muss in diesen Fällen an den ArbN Entgeltfortzahlung im Krankheitsfall leisten, da die Entgeltfortzahlung im Krankheitsfall nicht durch eine Verantwortlichkeit eines Dritten für die Erkrankung aufgehoben wird. Der ArbGeb hat jedoch aufgrund des gesetzlich geregelten Forderungsübergangs bei Dritthaftung die Möglichkeit, die geleisteten Entgeltfortzahlungsaufwendungen von dem Dritten zurückzuerhalten, da der Schadensersatzanspruch des ArbN insoweit durch **gesetzlichen Forderungsübergang** auf den ArbGeb übergeht.

**2. Rechtsgrundlage.** Der Forderungsübergang ist für **alle Arbeitsverhältnisse,** auch 2 Geringfügig Beschäftigte, in **§ 6 EFZG** geregelt. Da der Forderungsübergang nur den **gesetzlichen** Entgeltfortzahlungsanspruch betrifft, ist der ArbGeb hinsichtlich darüber hinausgehender arbeits- oder tarifvertraglicher Entgeltfortzahlungsbestandteile, zB tarifliche Krankengeldzuschüsse nach Ablauf der sechswöchigen Entgeltfortzahlungsdauer, darauf angewiesen, dass der ArbN den Ersatzanspruch gegen den Schädiger insoweit abtritt.

**3. Einzelheiten des Forderungsübergangs bei Dritthaftung. a) Haftpflicht eines 3 Dritten.** Voraussetzung für den gesetzlichen Forderungsübergang ist, dass ein Dritter für den durch die Erkrankung erlittenen Verdienstausfall des ArbN **schadensersatzpflichtig** ist. Diese Schadensersatzpflicht kann auf vielfältigen Haftungsgrundlagen beruhen.

Die Schadensersatzpflicht des Dritten kann sich aus **unerlaubter Handlung** ergeben, 4 etwa vorsätzlich oder fahrlässig begangener Körperverletzung (§ 823 Abs 1 BGB), sie kann auf Gefährdungshaftung beruhen (etwa §§ 1–3 Haftpflichtgesetz, § 7 StVG, § 1 Umwelthaftungsgesetz, § 1 Produkthaftungsgesetz). Ist der Dritte schadensersatzpflichtig, weil der ArbN infolge AU einen Verdienstausfall erleidet, so entfällt der Schadensersatzanspruch nicht deshalb, weil der ArbN durch Entgeltfortzahlungsansprüche gegen den ArbGeb – teilweise – abgesichert ist. Der Vorteil, den der ArbN hierdurch erlangt, kann aufgrund des normativen Schadensbegriffs nicht zugunsten des Schädigers gewertet werden.

Vielmehr ergibt sich aus den gesetzlichen Vorschriften zum Forderungsübergang, dass **der** 5 **Schadensersatzanspruch auf Verdienstausfallschaden,** soweit der ArbGeb ihn durch Gewährung von Entgeltfortzahlung im Krankheitsfall erfüllt hat, von dem ArbN auf den ArbGeb übergeht. Zum Beweis der AU kann sich der ArbGeb gegenüber dem Schädiger auf die vom ArbN vorgelegten ärztlichen AUBescheinigungen berufen (BGH 16.10.01 – VI ZR 408/00, NZA 02, 40). Zu dem auf den ArbGeb übergehenden Anspruch gehört nicht nur der dem ArbN im Entgeltfortzahlungszeitraum gewährte Nettolohn. § 6 Abs 1 EFZG ordnet insoweit an, dass der **Anspruchsübergang die Arbeitgeberanteile der Sozial-**

**versicherung erfasst.** Die ArbNAnteile gehören ohnehin zu dem geschuldeten Arbeitsverdienst.

6 Voraussetzung für den Forderungsübergang ist gem § 6 Abs 1 S 1 EFZG stets, dass der ArbGeb die **Entgeltfortzahlungsansprüche** des ArbN einschließlich der Beiträge zur SozV **tatsächlich erfüllt** hat.

7 Der Forderungsübergang wird nicht dadurch beeinträchtigt, dass ArbGeb und ArbN sich wegen der AU auf eine Beendigung des Arbeitsverhältnisses einigen und der ArbGeb hierfür eine Abfindung zahlt. Eine solche Abfindung ist auf den übergegangenen Schadensersatzanspruch auch nicht anrechenbar (BGH 16.1.90 – VI ZR 170/89, NJW 90, 1360).

Weitergehende, über den Verdienstausfallschaden hinausgehende Schadensersatzansprüche werden vom Forderungsübergang nach § 6 EFZG nicht erfasst.

8 **b) Ausnahmen vom Forderungsübergang.** Der Forderungsübergang findet ausnahmsweise nicht statt, wenn sich der Schadensersatzanspruch gegen einen in häuslicher Gemeinschaft mit dem ArbN lebende Person richtet. Dies wird aus einer entsprechenden Anwendung des **§ 86 Abs 2 Versicherungsvertragsgesetz** hergeleitet, im Verhältnis zu übergegangenen Ansprüchen der SozV ist es in **§ 116 Abs 6 SGB X** – dort **Familienprivileg** – statuiert. Sinn dieses **Familienprivilegs** ist es, die Familiengemeinschaft nicht durch Schadensersatzansprüche untereinander zu belasten. Es wird weit ausgelegt und erfasst alle in häuslicher Gemeinschaft mit dem Haftungsschuldner lebenden Personen, auch weitläufigere Verwandte und Verschwägerte, Stiefeltern und Stiefkinder, Pflegekinder und Partner einer nichtehelichen Lebensgemeinschaft (BGH 5.2.13 – VI ZR 274/12, MDR 13, 517; *Halbach* in Freymann/Wellner, jurisPK-StrVerkR, 1. Aufl. 2016, § 116 SGB X Rn 75). Das Familienprivileg wirkt nur bei nicht vorsätzlichen Schädigungen.

9 Der Forderungsübergang kann ferner nicht zum **Nachteil des Arbeitnehmers geltend gemacht werden** (§ 6 Abs 3 EFZG). Dies bedeutet, dass durch einen evtl Forderungsübergang sonstige Ansprüche des ArbN nicht beeinträchtigt sein dürfen. Dieses Quotenvorrecht des ArbN wirkt sich aus, wenn etwa der ArbN aufgrund der Schädigung durch einen Dritten nicht nur einen Verdienstausfallschaden erleidet, sondern darüber hinaus Sachschadens- oder Schmerzensgeldansprüche gegen den Schädiger stellen kann und **das Vermögen des Schädigers für die Befriedigung aller Ansprüche nicht ausreicht.**

10 Hier ist es dem ArbN gestattet, zunächst seine über den Verdienstausfallschaden hinausgehenden Ansprüche zu realisieren; erst nach vollständiger Befriedung dieser Ansprüche kann der ArbGeb im Wege des Forderungsübergangs die Erstattung der Entgeltfortzahlungskosten verlangen. Die gleiche Situation tritt auf, wenn die Haftung des Dritten aufgrund einer Haftungshöchstgrenze oder aufgrund eines Mitverschuldens des ArbN begrenzt ist.

11 **c) Zusammentreffen mit der Sozialversicherung.** Die Ansprüche des ArbGeb und ArbN können schließlich mit Ansprüchen der SozV konkurrieren, zB Regressansprüchen gegen den Schädiger aus Krankengeld- oder Verletztengeldzahlungen an den geschädigten ArbN. Soweit diese Leistungen den Verdienstausfallschaden abdecken und bereits ein Forderungsübergang nach § 116 Abs 1 SGB X auf den SozVTräger stattgefunden hat, kommt ein späterer Forderungsübergang auf den ArbGeb nicht mehr in Betracht (BGH 2.12.08 – VI ZR 312/07, VersR 09, 230).

Ist die Haftungsmasse des Dritten begrenzt, etwa wegen mangelnden Vermögens, wegen einer Haftungshöchstgrenze oder wegen eines Mitverschulden des ArbN, findet nach § 116 Abs 2 SGB X ein Anspruchsübergang bei einer gesetzlichen Haftungshöchstgrenze zugunsten des SozVTrägers nur statt, soweit die Haftungsmasse nicht zum Ausgleich des Schadens des ArbN oder seiner Hinterbliebenen erforderlich ist.

12 Ansprüche des **Arbeitnehmers haben insoweit Vorrang vor Ansprüchen eines Sozialversicherungsträgers.** Bei einem Mitverschulden des ArbN geht nach § 116 Abs 3 SGB X der Anteil des Ersatzanspruchs über, welcher dem Prozentsatz entspricht, für den der Schädiger einstandspflichtig ist. Stehen der Durchsetzung der Ansprüche gegen den Schädiger tatsächliche Hindernisse entgegen, hat nach § 116 Abs 4 SGB X der ArbN mit seinen Ansprüchen Vorrang vor den übergegangenen Ansprüchen des SozVTrägers. Der Vorrang gilt für den gesamten Schaden des Geschädigten (BGH 8.4.97 – VI ZR 112/96, NJW 97, 1785).

13 **d) Pflichten des Arbeitnehmers beim Forderungsübergang.** Der ArbN hat dem ArbGeb bei einer AU, für die ein Dritter haftpflichtig ist, unverzüglich die zur Geltungs-

machung des Schadensersatzanspruches erforderlichen Angaben zu machen (§ 6 Abs 2 EFZG). Verletzt der ArbN diese Pflichten, berechtigt dies den **ArbGeb** zur temporären Leistungsverweigerung bei der Entgeltfortzahlung (§ 7 Abs 1 Nr 2 EFZG).

Das Leistungsverweigerungsrecht ist nicht gegeben, wenn der ArbN die Pflichtverletzung nicht zu vertreten hat. Der ArbN darf schließlich nicht den Forderungsübergang dadurch unmöglich machen, dass er mit der Versicherung des Schädigers einen **Abfindungsvergleich** abschließt, der sämtliche aus dem Schadensfall herrührenden Ansprüche betrifft, obwohl er damit rechnen muss, dass infolge des schädigenden Ereignisses entgeltfortzahlungspflichtige Erkrankungen entstehen (BAG 7.12.88 – 5 AZR 757/87, BB 89, 630). 14

## B. Lohnsteuerrecht *Seidel*

**1. Lohn-(Entgelt-)fortzahlung Arbeitgeber.** Der dem ArbN im Rahmen der Lohnfortzahlung durch den ArbGeb gezahlte Arbeitslohn unterliegt dem LStAbzug regelmäßig wie das während der Erbringung der Arbeitsleistung gezahlte Entgelt (→ *Entgeltfortzahlung* Rn 42). Erhält der ArbGeb aufgrund des Forderungsübergangs von einem Dritten den an den ArbN weitergezahlten Arbeitslohn ersetzt (→ Rn 1), so ist **lohnsteuerlich nichts veranlasst.** Die LSt war vom ArbGeb bei der Lohnfortzahlung vom Arbeitslohn bereits einzubehalten (→ *Lohnabzugsverfahren* Rn 19 ff). Wird sie dem ArbGeb als Teil des dem ArbN geschuldeten Arbeitslohns im Rahmen des Forderungsübergangs von dem Schädiger ersetzt, führt dies lediglich zu einer Verminderung der Aufwendungen des ArbGeb. Dies gilt auch bei einer Nettolohnvereinbarung, da hier die LSt ebenfalls Teil des dem ArbN zustehenden Arbeitslohns ist und der ArbN gegenüber dem FA Schuldner der LSt bleibt (→ *Nettolohnvereinbarung* Rn 14). 15

Soweit die Entgeltfortzahlung **pauschal besteuerten Arbeitslohn** betrifft, ist die LSt nicht Teil des Arbeitslohns des ArbN. Vielmehr ist hier der ArbGeb Schuldner der LSt (→ *Lohnsteuerpauschalierung* Rn 5). ME kann der Forderungsübergang bei Dritthaftung, der nur den vom ArbGeb dem ArbN geschuldeten Arbeitslohn betrifft, bzgl der LSt in diesen Fällen nicht zum Tragen kommen. Ob der ArbGeb von dem schädigenden Dritten die pauschale LSt ersetzt erhalten kann, ist daher keine Frage des Forderungsübergangs bei Dritthaftung, sondern des allgemeinen **Schadensersatzrechts.** 16

**2. Ansprüche der Leistungsträger gegen den Arbeitgeber** (→ Rn 19 ff).Zum gesetzlichen Forderungsübergang gem § 115 SGB X (AlGeld, AlGeld II) und gem § 169 SGB III (Insolvenzgeld) → *Erstattungsanspruch der Agentur für Arbeit* Rn 11 ff. Zu Schadensersatzleistungen des ArbGeb an den ArbN bzw an die BA → *Arbeitgeberhaftung* Rn 19–21. 17

Soweit **Ansprüche gegen Schadensersatzpflichtige** gem § 116 SGB X auf Versicherungsträger übergehen, die aufgrund des Schadensereignisses Sozialleistungen zu erbringen hatten (→ Rn 27), ist dies lohnsteuerlich unerheblich, da sich die lohnsteuerliche Behandlung nach der bereits bei der Gewährung der Sozialleistungen durch den Leistungsträger maßgeblichen Rechtslage richtet. Handelt es sich bei dem übergegangenen **Schadensersatzanspruch** jedoch um eine **Arbeitslohnforderung,** sind die **Zahlungen stpfl Arbeitslohn** (BFH 16.3.93 – XI R 52/88, BStBl II 93, 507 und 1.3.12 – VI R 4/11, BStBl II 12, 596; BFH 15.11.07 – VI R 66/03, BStBl II 08, 375 zur Steuerberechnung beim Zusammenfallen von Tarifermäßigung und negativem Progressionsvorbehalt; → *Erstattungsanspruch der Agentur für Arbeit* Rn 12).

## C. Sozialversicherungsrecht *Schlegel*

**1. Erstattungs- und Ersatzansprüche der Leistungsträger gegen Dritte** sieht der Dritte Abschn des SGB X in Form von Ansprüchen gegen den ArbGeb (§ 115 SGB X) und als Ansprüche gegen Schadensersatzpflichtige vor (§ 116 SGB X), wobei § 119 SGB X eine Spezialvorschrift für den Übergang von Beitragsansprüchen enthält. 18

**2. Ansprüche gegen den Arbeitgeber.** Soweit der ArbGeb den Anspruch des ArbN auf Arbeitsentgelt nicht erfüllt und deshalb ein Leistungsträger Sozialleistungen erbracht hat, geht der Anspruch des ArbN gegen den ArbGeb auf den Leistungsträger gem § 115 Abs 1 SGB X bis zur Höhe der erbrachten Sozialleistungen über. 19

20 **a) Anwendungsbereich/Übergangsvoraussetzungen.** § 115 SGB X gilt für das gesamte Sozialrecht (Ausnahme: § 23 Abs 2 WohnGG). Eine Spezialvorschrift enthält § 169 SGB III hinsichtlich des Zeitpunkts des Anspruchsübergangs; danach gehen die Ansprüche auf Arbeitsentgelt, die den Anspruch auf Insolvenzgeld begründen, bereits mit der Stellung des Antrages auf Insolvenzgeld auf die BA über und nicht, wie dies in § 115 Abs 1 SGB X vorgesehen ist, mit der Leistungserbringung durch den Leistungsträger. § 93 Abs 4 SGB XI stellt für den Bereich der Sozialhilfe und § 33 Abs 5 für die Grundsicherung für Arbeitsuchende klar, dass die Legalzession nach § 115 SGB X Vorrang genießt vor der Überleitung von Ansprüchen nach § 93 SGB XII und der Legalzession nach § 33 Abs 1 SGB II. § 115 SGB X erfasst nicht nur Entgeltfortzahlungsansprüche, sondern auch Entgeltansprüche; diese müssen fällig und entstanden sein. Der Anspruchsübergang setzt voraus, dass der Leistungsträger zur Erbringung der Leistung berechtigt ist, soweit der ArbGeb seinen Leistungsverpflichtungen unberechtigterweise nicht nachgekommen ist. Der Anspruchsübergang erfolgt nicht, wenn der Leistungsträger die Sozialleistung bereits zu einem Zeitpunkt erbringt, zu dem der ArbGeb noch nicht leistungspflichtig war; hier kann sich der Leistungsträger nur an den Leistungsempfänger halten.

21 **b) Umfang des Anspruchsübergangs.** Dieser richtet sich nach der Höhe der erbrachten Sozialleistung. Soweit der Anspruch auf Arbeitsentgelt höher ist als die Sozialleistung, bleibt der ArbN iHd überschießenden Betrages anspruchsberechtigt; im Übrigen verliert er seine Verfügungsbefugnis über den Anspruch, der nun dem Sozialleistungsträger zusteht. Der Leistungsträger muss sich nach § 404 BGB alle Einwendungen und Einreden entgegenhalten lassen, die der ArbGeb auch gegenüber dem ArbN entgegenhalten könnte (zB tarifliche Ausschlussfristen, Verjährung, Verwirkung, Stundung, Aufrechnung oder eine befreiende Zahlung an den ArbN gem §§ 404, 407 BGB).

22 § 115 Abs 2 SGB X stellt klar, dass beim Anspruchsübergang **keine Begrenzung durch Pfändungsgrenzen,** dh auf den pfändbaren Betrag (§ 400 BGB), stattfindet; der Anspruchsübergang ist nicht dadurch ausgeschlossen, dass der Anspruch gegen den ArbGeb nicht übertragen, verpfändet oder gepfändet werden kann.

23 **c) Ansprüche auf Sachleistungen** (Sachbezüge) gehen auf den Leistungsträger nicht als solche über, sondern werden durch einen Anspruch auf Geld ersetzt; dessen Höhe richtet sich nach § 17 Abs 1 Nr 3 SGB IV iVm der SachBezV (§ 115 Abs 3 SGB X).

24 **d) Gestaltungsmöglichkeiten der Arbeitsvertragsparteien zulasten des Leistungsträgers** nach dem Anspruchsübergang sind nur noch begrenzt zulässig. Dies betrifft insbes Fragen der Verzichtsmöglichkeit. Ein Verzicht auf noch nicht fällige Entgeltansprüche ist unwirksam (BAG 28.11.79, AP Nr 10 zu § 6 LFZG); dagegen ist ein Verzicht auf fällige Ansprüche gegen den ArbGeb nach Beendigung des Arbeitsverhältnisses (zB in einer Ausgleichsquittung) zulässig, sofern der ArbGeb bei Abschluss des Erlassvertrages (Verzichts) noch nichts von der Erbringung der Sozialleistung an den ArbN weiß, der ArbGeb also iSd § 407 BGB gutgläubig ist (BAG 14.4.86 – 2 AZR 308/85, DB 86, 2240); der Leistungsträger kann hier die Gutgläubigkeit des ArbGeb durch entsprechende Mitteilung der Leistungserbringung (ggf bereits bevor die Auszahlung erfolgt) beenden.

25 **e) Hauptanwendungsfälle.** Der ArbN kann im Fall der Nichtzahlung des Arbeitsentgelts bei **Annahmeverzug des Arbeitgebers,** idR während der Zeit eines Kündigungsschutzprozesses oder bei Zahlungsunfähigkeit des ArbGeb, AlGeld in Anspruch nehmen, obgleich er nicht arbeitslos ist (vgl Gleichwohlgewährung § 143 Abs 3 SGB III; Einzelheiten s *Annahmeverzug*). Entsprechendes gilt für den Zeitraum, in dem der ArbN Anspruch auf Lohnfortzahlung wegen Krankheit, medizinischen Reha-Maßnahmen, Schwangerschaft, Mutterschaft, Beaufsichtigung und Pflege eines erkrankten Kindes hat; soweit die Lohnfortzahlung nicht erfolgt, tritt hier kein Ruhen des Krankengeldanspruches nach § 49 Abs 1 Nr 1 SGB V ein; das gewährte Krankengeld löst dann den Anspruchsübergang nach § 115 SGB X aus.

26 **f) Rechtsweg.** Bei den nach § 115 SGB X übergegangenen Ansprüchen handelt es sich um Ansprüche aus Arbeitsverträgen, so dass der Rechtsweg zu den ArbG gegeben ist.

27 **3. Ansprüche gegen Schadensersatzpflichtige.** § 116 SGB X enthält eine dem § 6 EFZG vergleichbare Vorschrift. Danach geht ein auf anderen gesetzlichen Vorschriften

beruhender Anspruch auf Ersatz eines Schadens (zB § 823 BGB, § 7 StVG, § 1 Haftpflichtgesetz, § 33 Luftverkehrsgesetz) auf den Versicherungsträger oder Träger der Sozialhilfe über, soweit dieser aufgrund des Schadensereignisses Sozialleistungen zu erbringen hat, die der Behebung eines Schadens der gleichen Art dienen und sich auf denselben Zeitraum wie der vom Schädiger zu leistende Schadensersatz beziehen. Nach dieser Vorschrift gehen auf den Sozialleistungsträger diejenigen Schadensersatzansprüche über, die der Schädiger deshalb nicht zu befriedigen hat, weil bereits der Leistungsträger sachlich und zeitlich kongruente Leistungen an den Geschädigten erbracht hat bzw für die Zukunft zu erbringen hat.

Im Arbeitsverhältnis gilt Folgendes: Schadensersatzansprüche des ArbN gegen den ArbGeb sind ausgeschlossen, soweit es sich um einen Arbeitsunfall handelt. Nach § 104 Abs 1 SGB VII (früher § 636 RVO) ist der Unternehmer den in seinem Unternehmen tätigen Angehörigen und Hinterbliebenen nach anderen gesetzlichen Vorschriften (dies sind insbes die §§ 823 ff, 249 ff BGB) zum Ersatz des Personenschadens, den ein Versicherungsfall verursacht hat, nur verpflichtet, wenn er den Versicherungsfall vorsätzlich oder auf einem nach § 8 Abs 2 Nr 1–4 SGB VII versicherten Weg herbeigeführt hat. Nach § 8 Abs 2 Nr 1 SGB VII sind sog **Wegeunfälle,** dh Wege von und zum Betrieb versichert, während sog Betriebs- oder Dienstwege, Dienst- oder Geschäftsreisen sowie der Werksverkehr bereits nach § 8 Abs 1 SGB VII versichert sind. Nach § 636 Abs 1 Satz 1 RVO, der Vorgängerregelung des § 104 Abs 2 Satz 1 SGB VII erstreckte sich der **Haftungsausschluss** nicht auf die sog Teilnahme am allgemeinen Verkehr; der ArbN sollte haftungsrechtlich nicht dadurch schlechter stehen, dass er bei der Teilnahme am allgemeinen Verkehr gerade von seinem ArbG geschädigt wurde. Die Rspr verstand unter der Teilnahme am allgemeinen Verkehr nur sog Wegeunfälle, nicht dagegen sog Betriebswege. Dies wird nunmehr durch § 104 Abs 2 Satz 1 SGB VII klar gestellt (vgl Begründung des Gesetzentwurfs BT-Drs 13/2204 S 100). 28

Vom Unternehmer verursachte Schäden, die für den ArbN Wegeunfälle sind, bleiben vom Haftungsausschluss ausgenommen, mit der Konsequenz, dass der ArbN vom Unternehmer in diesen Fällen auch Schmerzensgeld verlangen kann. Die vom Unternehmer „herbeigeführten" Wegeunfälle nach § 8 Abs 2 Nr 1–4 SGB VII sind von der Haftungsbeschränkung ausgenommen worden, weil die betrieblichen Risiken dort keine Rolle spielen und dem Versicherten unter diesen Voraussetzungen möglicherweise bestehende weitergehende Ansprüche nicht abgeschnitten werden sollten. Folgerichtig umfasst die Ausnahme von der Haftungsbeschränkung (§ 104 Abs 1 Satz 1 letzter Hs zweite Alternative iVm § 8 Abs 2 Nr 1–4 SGB VII) andererseits nicht die Betriebswege, die Teil der den Versicherungsschutz nach §§ 2, 3 oder 6 SGB VII begründenden Tätigkeit und damit bereits gem § 8 Abs 1 Satz 1 SGB VII versicherte Tätigkeit sind. Für die Unterscheidung, ob der Versicherungsfall bei einem, in die Haftungsbeschränkung des § 104 Abs 1 Satz 1 SGB VII einbezogenen Betriebsweg, oder einem von der Haftungsbeschränkung ausgenommenen nach § 8 Abs 2 Nr 1–4 SGB VII versicherten Weg eingetreten ist, kann hinsichtlich der Kriterien innerbetrieblicher Vorgänge die zu § 636 Abs 1 Satz 1 RVO ergangene Rspr herangezogen werden (BGH 12.10.2000 – III ZR 39/00, BGHZ 145, 311 = NJW 01, 442). 29

Selbst wenn gem § 104 Abs 1 SGB VII kein Ausschluss der Haftung des ArbGeb wegen Vorsatz oder wegen Verletzung auf einem Weg iSd § 8 Abs 2 Nr 1–4 SGB VII stattfindet, vermindert sich der Schadensersatzanspruch des Versicherten, seiner Angehörigen oder Hinterbliebenen um die Leistungen, die sie nach dem Gesetz oder Satzung infolge des Versicherungsfalls von Trägern der UV erhalten (§ 104 Abs 3 SGB VII). Es bleibt auch insoweit beim Grundsatz, dass die „Versicherungslösung" dem zivilrechtlichen Haftungsrecht vorgeht. Werden die Leistungen des SozVTräger auf den Schadensersatzanspruch des ArbN gegen den Unternehmer angerechnet, können auf die SozVTräger wegen ihrer Leistungen keine Ansprüche nach § 116 SGB X übergehen (§ 104 Abs 1 Satz 2 SGB VII). Ein Regress gegen den Unternehmer ist ausgeschlossen. Der Unternehmer soll von den SozVTrägern nur in den in § 110 SGB VII genannten Fällen in Anspruch genommen werden können; zu diesen gehören zwar regelmäßig die Vorsatzfälle des § 104 Abs 1 Satz 1 SGB VII, nicht aber zwangsläufig auch die Wegeunfälle.

# Fortbildung

## A. Arbeitsrecht

*Poeche*

1 **1. Allgemeines.** Fortbildung gehört zu dem durch Gesetz und RechtsVO geregelten Berufsbildungsrecht. Von Fortbildung wird bei inner- oder außerbetrieblichen Schulungsmaßnahmen wie auch bei schulischen Lehrgängen gesprochen. Zur Abklärung der anwendbaren Rechtssätze ist deshalb auf den jeweiligen Zusammenhang der Bildungsmaßnahme und die zugrunde liegenden Vereinbarungen zu achten. Die auf Fortbildung abzielenden Vereinbarungen können zusammenfassend als Fortbildungsvertrag bezeichnet werden. Die Berufsbildungsförderung der BA unterscheidet seit der Überführung des AFG in das SGB III nicht mehr zwischen *Fortbildung* und *Umschulung.* Die Leistungen sind unter dem Begriff Weiterbildung vereinheitlicht (→ *Weiterbildung* Rn 6 ff). Zur Abgrenzung einer arbeitsrechtlich geprägten Fortbildung sind deshalb die im Einzelnen vereinbarten Rechte und Pflichten der Vertragsparteien zu beurteilen (BAG 17.7.07 – 9 AZR 1031/06, NZA 08, 416: keine Anwendung von Arbeitsrecht bei der „Ausbildung" zur Tätowiererin). Auch ein Fortbildungsvertrag zwischen einer Rehabilitandin und einer gemeinnützigen Einrichtung der beruflichen Rehabilitation begründet kein Arbeits- oder Berufsausbildungsverhältnis (LAG Köln 18.1.19 – 7 Ta 200/17, BeckRS 2019, 7507).

2 **2. Berufliche Fortbildung** ist neben der Berufsausbildung und der beruflichen Umschulung Teil der Berufsbildung (§ 1 Abs 1 BBiG). Ihr Ziel ist es, berufliche Kenntnisse und Fertigkeiten zu erhalten, zu erweitern, technischen Entwicklungen anzupassen oder beruflich aufzusteigen, § 1 Abs 4 BBiG. Sie dient damit nicht der beruflichen Neu- oder Umorientierung (→ *Umschulung* Rn 1), sondern baut als in sich selbstständige Bildungsform auf einer regelmäßig bereits abgeschlossenen Berufsausbildung und gewonnener Berufserfahrung auf (BAG 29.4.15 – 9 AZR 78/14, BeckRS 2015, 71693). Am 1.1.20 wird das Gesetz zur Modernisierung und Stärkung der beruflichen Bildung (BGBl I 19, 2522) in Kraft treten. Es unterscheidet zwischen der Anpassungsfortbildung zur Erhaltung der beruflichen Handlungsfähigkeit und der Fortbildung der höherqualifizierenden Berufsbildung mit dem Ziel des beruflichen Aufstiegs. Konkret sollen drei berufliche Fortbildungsstufen mit eigenständigen Abschlussbezeichnungen eingeführt werden: „geprüfter Berufsspezialist", „Bachelor Professional" und „Master Professional".

3 **Vorgaben** für die berufliche Fortbildung enthält das BBiG nicht. Es ermächtigt den Gesetzgeber zum Erlass von **Rechtsverordnungen** über inhaltliche Prüfungsanforderungen, Prüfungsverfahren, Zulassung und Bezeichnung des Abschlusses. Fernunterricht kann vorgesehen werden; er kann auf zugelassene oder als geeignet anerkannte Fernlehrgänge beschränkt werden (FernunterrichtsSchutzG). **Zum Nachweis** der durch berufliche Fortbildung erworbenen Kenntnisse, Fähigkeiten und Erfahrungen können die für die Berufsbildung zuständigen Stellen Prüfungen durchführen und deren Inhalt, Ziel, Anforderungen und Zulassungsvoraussetzungen bestimmen (§§ 53, 54 BBiG, 42 HandwO). Typische Abschlüsse sind Industrie- und Handwerksmeister sowie Techniker der verschiedenen Fachgebiete.

4 **3. Abschluss und Inhalt des Fortbildungsvertrages.** Inhalt und Umfang der Fortbildung bestimmen sich unter Berücksichtigung der allgemeinen arbeitsrechtlichen Grundsätze nach den getroffenen Vereinbarungen. Da keine Erstausbildung vermittelt wird und wegen der systematischen Stellung von § 53 BBiG finden die für das Berufsausbildungsverhältnis geltenden §§ 10 ff BBiG auch nicht über § 26 BBiG Anwendung. Dem breiten Feld möglicher beruflicher Fortbildung entspricht die betriebliche Praxis: Abschluss eines auf die Dauer der Fortbildung geschlossenen Arbeitsvertrages mit/ohne Option für die Zukunft für ArbGeb/ArbN (Facharztausbildung), langfristige Fortbildung auf der Grundlage eines bestehenden Arbeitsvertrages mit/ohne völlige oder teilweise Freistellung des ArbN, mit/ohne Zusage des beruflichen Aufstiegs nach Qualifizierung (Meisterposition, Ingenieur), interne oder externe Schulung für Tage/Wochen mit/ohne Freistellung (zur Fortbildungsvereinbarung *Klinkhammer/Peters* ArbRAktuell 15, 369).

**a) Hauptpflicht des Arbeitgebers** ist, den ArbN auf dem vereinbarten Gebiet zu schulen oder schulen zu lassen. Der Umfang der von ihm zu tragenden Aufwendungen bestimmt sich nach dem Vertrag. Regelmäßig übernimmt der ArbGeb die Gesamtkosten der Fortbildung, also die Kosten der betrieblichen Lehr- und Lernmittel, der Schulung selbst, der Reise, Übernachtung und Verpflegung. Durch die Fortbildung ausfallende Arbeitszeit wird vergütet. Etwas anderes gilt gelegentlich bei völliger Freistellung des ArbN zur Wahrnehmung einer außerbetrieblichen längerfristigen Fortbildung und Vereinbarung unbezahlten Urlaubs. Da die Fortbildung sich auf der Grundlage eines Arbeitsvertrages vollzieht, sind Urlaub und Entgelt bei Krankheit und an Feiertagen zu gewähren. 5

**b) Hauptpflicht des Arbeitnehmers** ist, sich zu bemühen, und alles hierfür zu tun, das Ziel der Fortbildung zu erreichen. Die Fortbildungsveranstaltungen sind pünktlich und zuverlässig zu besuchen, der Unterrichtsstoff ist zu erarbeiten. 6

**c) Beendigung des Fortbildungsvertrages. aa) Befristung.** Der Fortbildungsvertrag endet, wenn sein Zweck erfüllt ist, der ArbN also vorgeschriebene Prüfungen erfolgreich abgelegt hat. Ist der Fortbildungsvertrag für eine bestimmte Zeit abgeschlossen, endet er mit deren Ablauf (§ 620 BGB). Dies ist auch dann anzunehmen, wenn der ArbN zu diesem Zeitpunkt notwendige Prüfungen noch nicht abgelegt hat. Der ArbGeb ist nicht verpflichtet, eine weitere Fortbildung oder Wiederholungsprüfung zu finanzieren. Wohl ist der ArbN für eine Wiederholungsprüfung freizustellen. 7

**bb) Kündigung.** Das Recht zur **ordentlichen Kündigung** ist für die Dauer der Fortbildung regelmäßig ausgeschlossen (zum Umschulungsvertrag BAG 15.3.91 – 2 AZR 516/90, DB 92, 896). Außerordentlich kann aus wichtigem Grund gekündigt werden (§ 626 Abs 1 BGB). Es kann einen wichtigen Grund darstellen, wenn der fortzubildende ArbN schuldhaft seine Pflichten verletzt, so dass er nach den bisher gezeigten Leistungen bei objektiver Betrachtung das vereinbarte Fortbildungsziel nicht erreichen wird. 8

Hat der ArbGeb zu Unrecht gekündigt und gerät er wegen Unterbrechung der Fortbildung in Schuldnerverzug, ist der daraus entstehende Ausbildungsschaden zu ersetzen. Es ist nicht als schadensmitverursachend anzurechnen, wenn der ArbN während des länger dauernden Streits über die Berechtigung der Unterbrechung ein Studium aufnimmt (BAG 30.5.75 – 3 AZR 280/74, AP Nr 2 zu § 284 BGB). In Anlehnung an die **Berufsaufgabekündigung** des Auszubildenden (§ 22 Abs 2 Nr 2 BBiG) wird dem Fortzubildenden ein Recht zur außerordentlichen Kündigung zustehen, wenn er die berufliche Fortbildung nicht weiterführen will. Zur Wirksamkeit einer für diesen Fall vereinbarten Rückzahlungsklausel (→ *Rückzahlungsklausel* Rn 17). 9

**cc) Rechtsfolgen.** Mit Beendigung der Fortbildung tritt das weiterbestehende, für deren Dauer nur modifizierte, Arbeitsverhältnis in vollem Umfang wieder in Kraft. Hat der ArbN zuvor sein Arbeitsverhältnis aufgelöst, um an einem zweijährigen Fortbildungslehrgang teilzunehmen, der von der Agentur für Arbeit im Betrieb seines früheren ArbGeb durchgeführt wird, so hat er nach Ablauf des Lehrganges nicht ohne weiteres Anspruch auf Wiedereinstellung (BAG 10.11.77 – 3 AZR 329/76, DB 78, 700). 10

**4. Sonstige Schulungen und Lehrgänge** sind Fortbildungsmaßnahmen, wenn sie nicht nur die bloße Einweisung oder Einarbeitung des ArbN iSv § 81 BetrVG in einen neuen Arbeitsbereich bezwecken (→ *Betriebliche Berufsbildung* Rn 3). Die Abgrenzung kann im Einzelfall schwierig sein. Zur Fortbildung werden zB gerechnet: Erwerb von Führerschein der verschiedenen Klassen (außerhalb der Berufsausbildung zum Berufskraftfahrer), Schweißerzeugnis, Aufbaukurse, EDV-Schulung uÄ. **Inhalt und Umfang** der beiderseitigen Rechte und Pflichten bestimmen sich vorbehaltlich höherrangigen Rechts nach den getroffenen Vereinbarungen und entsprechen grds denjenigen, wie sie für die berufliche Fortbildung gelten. Für die Frage, ob das Kündigungsrecht für die Dauer der Maßnahme ausgeschlossen ist, kommt es auf die Umstände an (zB kein Kündigungsausschluss bei lediglich betriebsinternen Aufbaukursen, anders ggf bei Führerscheinerwerb). 11

**5. Rückzahlungsklauseln** werden bei beruflicher Fortbildung iSv § 1 Abs 1 BBiG wie auch bei sonstiger Fortbildung oft vereinbart. Der ArbN verpflichtet sich, die Fortbildungskosten ganz oder teilweise zu erstatten, wenn er aus in seiner Person liegenden Gründen vorzeitig aus dem Dienst des ArbGeb ausscheidet. Zur Zulässigkeit → *Rückzahlungsklausel* Rn 5–10. 12

13 **6. Schulische Ausbildung** im Rahmen der beruflichen Fortbildung wird meist außerhalb eines bestehenden Arbeitsverhältnisses vermittelt. Grundlage ist idR ein privat-rechtlicher Dienstvertrag zwischen dem Schulträger und dem zu Unterrichtenden, auf den allgemeines Zivilrecht, nicht Arbeitsrecht zur Anwendung gelangt. Ansprüche des Fortzubildenden wegen vorzeitiger Beendigung der Bildungsmaßnahme oder auf Erteilung eines Zeugnisses sind vor den ordentlichen Gerichten zu verfolgen.

14 **7. Anspruch auf Fortbildung/Pflicht zur Fortbildung.** Fehlt es an einer Regelung durch Tarifvertrag, Betriebsvereinbarung oder Arbeitsvertrag kann sich ein Anspruch aus **Gleichbehandlung** ergeben. Das gilt etwa im Bereich der Luftfahrt. Dort führt der Weg zum beruflichen Aufstieg der Flugzeugführer idR nur über eine erfolgreiche Teilnahme an Fortbildungsmaßnahmen. Der ArbGeb kann die Teilnahme von einem erfolgreich bestandenen innerbetrieblichen Test abhängig machen (LAG München 20.4.04 – 8 Sa 1273/03, NZA-RR 05, 466 m Anm *Schmidt*). Zur Pflicht des ArbGeb, zur Abwendung einer sonst notwendigen betriebs- oder personenbedingten **Kündigung** dem ArbN eine Fortbildung anzubieten → *Kündigung, betriebsbedingte* Rn 15, 16; → *Kündigung, personenbedingte* Rn 4.

15 Steht fest, dass sich die Tätigkeit des ArbN ändern wird und seine beruflichen Kenntnisse und Fähigkeiten zur Erfüllung seiner Aufgabe nicht ausreichen, ist mit ihm zu erörtern, wie sie im Rahmen der betrieblichen Möglichkeiten den künftigen Anforderungen angepasst werden können (§ 81 Abs 2 Satz 2 BetrVG). Verletzt der ArbGeb diese **Erörterungspflicht,** kann er sich im Kündigungsschutzrechtsstreit regelmäßig nicht darauf berufen, der ArbN verfüge nicht über die notwendige Befähigung. Gehören Arbeiten, die dem ArbN übertragen werden sollen, zu seinem Berufsbild, verfügt er aber wegen der Entwicklung neuer Techniken nicht über die erforderlichen Fähigkeiten und Kenntnisse, kann der ArbGeb zur Vorbereitung auf die Arbeit eine entsprechende Schulung verlangen (ArbG Bonn 4.7.90 – 4 Ca 751/90, NZA 91, 512).

16 Eine gesetzliche **Pflicht** zur Fortbildung haben ua Betriebsärzte, Fachkräfte für Sicherheit (§§ 2, 4, 7 ASiG) und Fachanwälte (§§ 43a, 43c BRAO). Zur Fortbildungspflicht von Fahrpersonal → *Fahrtätigkeit* Rn 9. Der ArbGeb kann die Teilnahme an einer Fortbildung auch im Rahmen seines Direktionsrechts anweisen, etwa dann, wenn die Fortbildung Kenntnisse vermitteln soll, die zur Erbringung der Arbeitsleistung erforderlich sind (so zutreffend *Klinkhammer/Peters* ArbRAktuell 15, 369; LAG RhPf 27.6.17 – 8 Sa 4/17, BeckRS 2017, 123929). Ggf ist der ArbN auch verpflichtet, an die Maßnahme abschließenden Leistungskontrollen teilzunehmen (LAG RhPf 23.1.13 – 8 Sa 355/12, BeckRS 2013, 69196).

Die **Fortbildungspflicht** besteht idR nur gegenüber dem ArbGeb. Ein Beschäftigungsverbot oder eine staatliche Zugangsvoraussetzung sind wegen der einschneidenden Folgen für den ArbN (Verlust des Entgeltanspruchs) nur anzunehmen, wenn sich dies aus der staatlichen Regelung unzweifelhaft ergibt. Der ArbGeb kann die Beschäftigung des (nicht fortgebildeten) ArbN verweigern, dieses Recht allerdings nicht rückwirkend geltend machen. Die fehlende Fortbildung macht dem ArbN die Arbeitsleistung als solche nicht unmöglich iSv § 275 BGB. Er hat deshalb Anspruch auf **Annahmeverzugslohn,** wenn die Arbeitsleistung aus anderen Gründen nicht erbracht wird (BAG 18.3.09 – 5 AZR 192/08, NJW 09, 2907 zur Fortbildung von Rettungsassistenten nach dem Landesrecht NRW).

17 **8. Kündigungsschutz.** Ob die Zeiten eines Fortbildungsverhältnisses auf die Wartezeit nach § 1 Abs 1 KSchG anzurechnen ist, bestimmt sich nach den zugrundeliegenden Vereinbarungen. Das BAG rechnet ein betriebliches Praktikum, das der beruflichen Fortbildung iSv § 53 BBiG gedient hat, nur an, wenn es im Rahmen eines Arbeitsverhältnisses abgeleistet worden ist (BAG 18.11.99 – 2 AZR 89/99, NZA 2000, 529).

18 **9. Mitbestimmungsrechte** des BRat ergeben sich bei betrieblicher oder überbetrieblicher Fortbildung aus §§ 96 ff BetrVG (→ *Betriebliche Berufsbildung* Rn 8 ff). Zur personalvertretungsrechtlichen Abgrenzung von Fortbildung und Schulung: BVerwG 16.10.13 – 6 PB 20/13, BeckRS 2013, 57994.

19 **10. Muster.** S Online-Musterformular *„M9.13 Rückzahlungsklausel in einer Fortbildungsvereinbarung"*.

**B. Lohnsteuerrecht** *Weil*

**1. Allgemeines.** Steuerlich ist zu differenzieren zwischen Aus- und Fortbildung (R 9.2 Abs 1 LStR). Weiterbildung ist Fortbildung, → *Weiterbildung* Rn 6. Während Aufwendungen für die **erstmalige Berufsausbildung** nur begrenzt bis 6000 € im Kj als Sonderausgaben (→ *Sonderausgaben* Rn 2 ff) geltend gemacht werden können (§ 10 Abs 1 Nr 7 EStG; → *Ausbildungskosten* Rn 6 ff), sind Aufwendungen für die Fortbildung in einem bereits **erlernten und ausgeübten Beruf** in tatsächlicher Höhe als Werbungskosten (§ 9 Abs 1 S 1 EStG) abzugsfähig, unabhängig davon, ob ein Dienstverhältnis besteht. Die unterschiedliche steuerliche Behandlung zwischen Ausbildungs- und Fortbildungskosten, die als verfassungsgemäß (BVerfG 8.7.93 – 2 BvR 773/93, DStR 93, 1403) angesehen wurde, hat der Gesetzgeber entgegen BFH 28.7.11 – VI 38/10, VI R 5/10 und VI R 7/10, DStRE 11, 1116, DStR 11, 1745 und 1559 (→ *Ausbildungskosten* Rn 10 ff) in § 4 Abs 9 und § 9 Abs 6 EStG festgeschrieben. Fortbildungskosten sind auch von den **nicht abzugsfähigen** privaten Lebenshaltungskosten (§ 12 Nr 1 EStG) abzugrenzen. Entscheidend ist die unmittelbare berufliche Bezogenheit der Fortbildungsmaßnahme (BFH 28.8.08 – VI R 35/05, DStR 08, 2157). Bei einem evidenten Missverhältnis der Aufwendungen zu den Einnahmen kommt eine **Kürzung der Aufwendungen** auf eine im Verhältnis zu den Einnahmen angemessenen Höhe in Betracht (BFH 17.7.92 – VI R 12/91, BStBl II 92, 1036). 20

**2. Abgrenzungsfragen zur Berufsausbildung** (§ 10 Abs 1 Nr 7 EStG) → *Ausbildungskosten* Rn 6 ff; → *Umschulung* Rn 13 ff; → *Weiterbildung* Rn 6. 21

**3. Fortbildungskosten** sind Werbungskosten, wenn die Aufwendungen getätigt werden, um die Kenntnisse und Fertigkeiten im erlernten und ausgeübten Beruf zu erhalten, zu erweitern oder den sich ändernden Anforderungen anzupassen. Wird eine Ausbildung durch Teilabschlüsse gesplittet, führt dies nicht dazu, dass teilweise Fortbildungskosten entstehen. 22

Als **Maßnahmen** der Berufsfortbildung kommen in Betracht: der Besuch von Lehrgängen, Kursen, Tagungen, Vortragsveranstaltungen sowie von Tages- und Abendschulen, wenn berufsbezogener Lernstoff vermittelt wird. Voraussetzung für die Annahme von Fortbildungskosten ist grds eine abgeschlossene Berufsausbildung sowie, dass bisherige Berufskenntnisse (zB durch ein **Aufbau- bzw Zweitstudium**) aufbauend ergänzt und vertieft werden, auch wenn dadurch ein Wechsel in eine andere Berufsart erfolgt (BFH 4.12.02 – VI R 120/01, BStBl II 03, 403). Folgende Aufwendungen kommen zum Abzug in Betracht: Gebühren und Reisekosten für den Besuch von Kursen und Repetitorien, hierbei Aufwendungen für Fahrten zwischen Wohnung und Arbeitsstätte, wenn die Fortbildung dort stattfindet, mit den Pauschbeträgen des § 9 Abs 1 S 3 Nr 4 EStG (BFH 26.2.03 – VI R 30/02, BStBl II 03, 495), im Übrigen → *Betriebliche Berufsbildung* Rn 22, Verpflegungsmehraufwendungen, soweit eine auswärtige berufliche Tätigkeit vorliegt → *Dienstreise* Rn 13 ff, Aufwendungen wegen doppelter Haushaltsführung oder Reisekosten, zB bei einem Wechsel der Ausbildungsstätten, Aufwendungen zur Vorbereitung auf eine im Rahmen dieser Bildungsmaßnahme vorgesehene Abschlussprüfung, zB Aufwendungen für Fachliteratur. Zur Behandlung von → *Arbeitsmitteln* Rn 5 ff. Zur Fortbildung im häuslichen Arbeitszimmer → *Arbeitszimmer* Rn 14. Die Entnahme von Stunden aus dem persönlichen Zeitsaldo für betriebliche Fortbildung begründet keine Werbungskosten, da kein tatsächlicher Aufwand in Geld entstanden ist (OFD NRW 20.3.14, DB 2014, 747). Fortbildungskosten einer Krankenschwester zur Lehrerin für Pflegeberufe sind Werbungskosten (BFH 22.7.03 – VI R 190/97, BStBl II 04, 886). Bei Aufwendungen einer Flugbegleiterin zur Pilotin ist ab 2015 § 9 Abs 6 EStG zu beachten (→ *Ausbildungskosten* Rn 6 ff). Aufwendungen für eine Tätigkeit als Referendar im Ausland können nur insoweit als Werbungskosten berücksichtigt werden, als sie sich auf die inländische Vergütung beziehen, BFH 11.2.2009 – I R 25/08, BStBl II 2010, 536. Auch ein Zweitstudium kann Fortbildung sein (BFH 19.6.97 – IV R 4/97, BStBl II 98, 239; BFH 16.1.98 – VI R 92/96, BFH/NV 98, 844), nicht aber ein Erststudium (§ 9 Abs 6 EStG; → *Betriebliche Berufsbildung* Rn 19). S nunmehr R 9.2 LStR. Aufwendungen für ein Studium mit dem Abschluss **„Master of Business Administration“** können Fortbildungskosten sein, wenn ein abgeschlossenes Hochschulstudium Zulassungsvoraussetzung ist (BFH 19.4.96 – VI R 24/95, BStBl II 96, 452), ebenso ein **Auslandsstudium** (**Master of Law;** BFH 22.7.03 – VI R 4/02, BFH/NV 04, 32). Ein 23

Psychodrama-**Supervisions**-Lehrgang kann Fortbildung sein, wenn er auf die Vermittlung berufsspezifischer Erkenntnisse ausgerichtet ist (BFH 20.9.96, BFH/NV 97, 110; ebenso ein psychologisches Seminar (BFH 24.8.01 – VI R 40/94, BFH/NV 02, 182), ein Neuro-Linguistischer Kurs (BFH 28.8.08 – VI R 44/04, DStRE 08, 1440) und ein Kurs zur **Persönlichkeitsentfaltung** (BFH 28.8.08 – VI R 35/05, DStR 08, 2157).

**24** Gesellentätigkeit erfolgt aufgrund abgeschlossener Berufsausbildung, so dass Aufwendungen zur Erlangung der **Meisterprüfung** voll abziehbare Fortbildungskosten darstellen (→ *Ausbildungskosten* Rn 21). Dies gilt auch dann, wenn der Stpfl vor Lehrgangsbeginn vorübergehend in einem anderen Beruf tätig und nach Abschluss des Lehrgangs kurzfristig **arbeitslos** gewesen ist (BFH 18.4.96, BStBl II 96, 529; → *Arbeitslosengeld* Rn 8). Zum **Meister-BAföG** und zur Aufstiegsfortbildung → *Berufsausbildungsförderung* Rn 5, 7. Aufwendungen zur Erlangung des Doktortitels **(Dissertation, Promotion)** sind Sonderausgaben nach § 10 Abs 1 Nr 7 EStG, außer das Promotionsstudium oder die Dissertation ist Gegenstand eines Dienstverhältnisses (BFH 22.11.2000 – VI B 174/00, BFH/NV 01, 451) oder baut auf bisheriger Berufstätigkeit auf und dient dieser (BFH 4.11.03 – VI R 96/01, BStBl II 04, 891; → *Ausbildungsverhältnis* Rn 86 ff). Entsprechendes gilt für die **Habilitation** (FG Brem 25.8.94, EFG 95, 11). Wird die Weiterbildung durchgeführt, um im erlernten Beruf auf dem Laufenden zu bleiben, aber ohne nach Abschluss der Bildungsmaßnahme dem Arbeitsmarkt unmittelbar zur Verfügung zu stehen, zB während der **Elternzeit** oder um Anstellungschancen auszuloten, so handelt es sich um Werbungskosten, wenn der berufliche Bezug detailliert dargelegt wird (BFH 22.7.03 – VI R 137/99, BStBl II 04, 888; BFH 22.6.06 – VI R 71/04, DStRE 06, 1111), ansonsten um beschränkt abzugsfähige Sonderausgaben nach § 10 Abs 1 Nr 7 EStG (BFH 18.4.96, BStBl II 96, 482; 19.4.96, BStBl II 96, 452; → *Ausbildungskosten* Rn 6 ff.

**25** Fortbildung liegt auch vor, wenn Berufsverbände und Berufsstände Veranstaltungen zu dem Zweck durchführen, die Teilnehmer im Beruf fortzubilden, zB Vorlesungen an Verwaltungsakademien oder Volkshochschulen, Fortbildungslehrgänge, fachwissenschaftliche Lehrgänge, fachliche Vorträge usw (R 9.3 Abs 2 LStR). Zu Ausbildungs- und Fortbildungsmaßnahmen in der **Bankwirtschaft** OFD Frankfurt 18.2.97, DB 97, 849.

**26** Zu Aufwendungen eines ArbN in Zusammenhang mit seiner **ehrenamtlichen** Tätigkeit für seine Gewerkschaft oder seinen Berufsverband → *Ehrenamtliche Tätigkeit* Rn 16, 24; → *Betriebsratsfreistellung* Rn 40; → *Gewerkschaftsrechte (im Betrieb)* Rn 23 ff. Aufwendungen **ausländischer Arbeitnehmer** für die Erlernung der deutschen Sprache können nur im Ausnahmefall als abzugsfähige Fortbildungskosten berücksichtigt werden, wenn sie berufsbedingt sind und durch geeignete Unterlagen nachgewiesen werden (BFH 5.7.07 – VI R 72/06, BFH/NV 07, 2096; → *Ausländer* Rn 47; → *Ausbildungskosten* Rn 14).

**27** Umgekehrt sind Aufwendungen für einen **Fremdsprachenunterricht** nur bei einem konkreten Bezug zur Berufstätigkeit Fortbildungskosten, auch bei einem **Sprachkurs im Ausland,** auch wenn es sich nur um im Beruf erforderliche Grundkenntnisse bzw allgemeine Kenntnisse handelt (BFH 24.2.11 – VI R 12/10, BStBl II 11, 796; → *Auslandsreise* Rn 19), nicht aber bei Fremdsprachenunterricht im häuslichen Bereich (BFH 8.10.93 – VI R 10/90, BStBl II 94, 114). Wird die Fremdsprache wegen einer unmittelbar im Ausland angestrebten Tätigkeit erlernt, entfällt nach bisheriger Rspr jeglicher Abzug, da die im Ausland angestrebte Tätigkeit nicht der deutschen Besteuerung unterliegt (BFH 20.9.06 – I R 59/05, DB 07, 145; anders nun BFH 28.7.11 – VI R 5/10, DStR 11, 1745; → Rn 20).

**28** Findet die Fortbildungsmaßnahme **im Rahmen einer Reise** statt, zB in einem beliebten Touristikort oder auf einem Schiff, ist darauf abzustellen, ob die Fortbildungsmaßnahme so im Vordergrund gestanden hat, dass der private (Erholungs-)Aspekt keine oder nur eine untergeordnete Rolle gespielt hat (BFH 21.4.10 – VI R 66/04, BStBl II 10, 685; → *Auslandsreise* Rn 19 ff). Ein unterschiedlicher Beurteilungsmaßstab für Inlands- und Auslandsreisen innerhalb der EU ist als Verstoß gegen die Dienstleistungsfreiheit (Art 56 AEUV) europarechtswidrig (EuGH 28.10.99 – C 55/98, IStR 99, 694, Fall **Vestergaard;** → Rn 28 und → *Auslandsreise* Rn 19). Daher kann bei ausschließlicher Berufsbezogenheit die Teilnahme an einem psychologischen Seminar oder an einer Exkursion im Ausland, die laut Studienordnung vorgeschrieben ist, steuerlich als Werbungskosten zu berücksichtigen sein (BFH 24.8.01 – VI R 40/94, BFH/NV 02, 182; BFH 3.7.02 – VI R 93/00, BFH/NV 02, 1444; BFH 27.8.02 – VI R 22/01, BStBl II 03, 369), ebenso eine Auslandsreise eines

Hochschullehrers zur Durchführung eines Forschungsauftrags (BFH 6.5.02 – VI B 34/00, BFH/NV 02, 1030). Bei zeitlichem Nach- oder Nebeneinander von Fortbildung und Urlaub sind die Aufwendungen **zeitanteilig,** ggf geschätzt, **aufzuteilen** (BFH 21.9.09 – GrS 1/06, DStR 10, 101 und → Rn 28); s im Übrigen → *Auslandsreise* Rn 20 ff, insbes zur Behandlung bei gemischtem Anlass der Reise (privat-beruflich).

**4. a) Betriebliche Fort- und Weiterbildungsleistungen** des ArbGeb stellen **keinen Arbeitslohn** dar, wenn diese Bildungsmaßnahme im ganz überwiegenden betrieblichen Interesse des ArbGeb durchgeführt wird. Die Bildungsmaßnahme kann am Arbeitsplatz, in zentralen betrieblichen oder außerbetrieblichen Einrichtungen oder durch fremde Unternehmer auf Rechnung des ArbGeb erbracht werden (R 19.7 Abs 1 LStR; → *Betriebliche Berufsbildung* Rn 19 ff). Steht der Fortzubildende in keinem Arbeitsverhältnis zum ArbGeb, wird man ein ganz überwiegend betriebliches Interesse des ArbGeb an der Fortbildung dem ersten Anschein nach wohl verneinen müssen, wobei im Einzelfall der Gegenbeweis möglich ist. 29

Unter welchen Voraussetzungen ein ganz überwiegend betriebliches Interesse des ArbGeb an der Bildungsmaßnahme anzunehmen ist, s R 19.7 Abs 2 LStR und → *Betriebliche Berufsbildung* Rn 19 ff. Bei dem SGB III entsprechenden Qualifikations- und Trainingsmaßnahmen, die der ArbGeb oder eine zwischengeschaltete Beschäftigungsgesellschaft im Zusammenhang mit **Auflösungsvereinbarungen** erbringt, liegt ein ganz überwiegendes betriebliches Interesse vor (R 19.7 Abs 2 S 5 LStR). Dies gilt auch dann, wenn der ArbN Rechnungsempfänger der Fortbildungsmaßnahme ist und der ArbGeb die Kostenübernahme vor Vertragsschluss schriftlich zugesagt hat (R 19.7 Abs 1 S 4 LStR). Hierzu ist die Rechnung zum Lohnkonto zu nehmen. Durch die Kostenübernahme durch den ArbGeb entfällt für den ArbN der Abzug der Kosten als Werbungskosten. Um in solchen Fällen einen ungerechtfertigten Werbungskostenabzug zu verhindern, ist der ArbGeb verpflichtet, nach obligater Vorlage der Originalrechnung durch den ArbN die Kostenübernahme zu bestätigen und eine Kopie der Rechnung zum Lohnkonto zu nehmen. 30

Zur Behandlung der Fortzahlung des Lohns während der Fortbildungsmaßnahme → *Freistellung von der Arbeit* Rn 33 ff. Zum Verzicht auf Urlaub zugunsten der Teilnahme an einer Fortbildungsveranstaltung → *Verzicht* Rn 19. 31

**Allgemeinbildende Kenntnisse** und Fähigkeiten, die durch eine Fortbildungsveranstaltung vermittelt werden (zB Sprachkurs, Benimmkurs, PC-Kurs, Kurs über Sprechbewältigung, autogenes Training, Yoga, Raucherentwöhnung), können dann als ganz im überwiegenden betrieblichen Interesse des ArbGeb erfolgt angesehen werden, wenn sie dazu dienen, das Betriebsklima zu fördern, so dass aus diesem Grund Arbeitslohn zu verneinen ist (BFH 22.3.85, BStBl II 85, 532; FG Saarl 7.7.93, EFG 94, 26; → Rn 20). 32

**b) Steuerfreie Leistungen des Arbeitgebers.** Die Aufwendungen für im ganz überwiegenden Interesse des ArbGeb liegende Fortbildungsmaßnahmen (→ Rn 30, 31) kann der ArbGeb auf dreierlei Weise steuerfrei gegenüber dem ArbN erbringen: 33

- als Sachleistung, indem er die Fortbildungsmaßnahme selbst durchführt und finanziert;
- durch Abrechnung der Kosten gegenüber dem fremden Unternehmer, der die Fortbildung durchführt;
- durch Erstattung der dem ArbN anlässlich der Fortbildung entstandenen Kosten.

Zum steuerfreien Ersatz oder Zuschuss des ArbGeb → *Betriebliche Berufsbildung* Rn 22. 34

**c) Steuerpflichtige Leistungen des Arbeitgebers.** Liegt die Fortbildungsveranstaltung nicht im ganz überwiegenden betrieblichen Interesse des ArbGeb, so stellt die Kostenübernahme der Fortbildungsmaßnahme durch den ArbGeb einen stpfl → *Sachbezug* Rn 11 dar (→ *Arbeitsentgelt* Rn 37 ff; → *Incentivereisen* Rn 4 ff). Auch ersetzte Aufwendungen sind als stpfl Einnahmen zu erfassen (→ *Betriebliche Berufsbildung* Rn 19 ff). In gleicher Höhe kann der ArbN den Wert der Fortbildungsmaßnahme und seine Aufwendungen als Werbungskosten bei seinen Einkünften aus nichtselbstständiger Arbeit geltend machen (R 19.7 Abs 2 Satz 7 LStR; FinMin NRW 31.10.07, NZA 08, 864). 35

Fortbildungsfinanzierung durch einen Dritten eines zu diesem Zweck **freigestellten** ArbN können bei diesem zu sonstigen Einkünften (§ 22 Nr 3 EStG) führen, wenn sie nicht steuerfrei sind, wie zB Fördermittel aus dem Europäischen Sozialfond (§ 3 Nr 2 EStG; BFH 13.2.08 – IX R 63/06, BFH/NV 08, 1138). 36

## C. Sozialversicherungsrecht *Voelzke*

37 **1. Förderung.** Fortbildungsmaßnahmen sind auf der Grundlage des Förderungsrechts des SGB III als Weiterbildungsmaßnahmen (§§ 81 ff SGB III) förderbar. Zur Auswahl des Maßnahmeträgers kann dem ArbN ein Bildungsgutschein erteilt werden (§ 82 Abs 4 SGB III). Die Regelungen über die **Förderung der beruflichen Weiterbildung** sehen bei der Teilnahme an einer Maßnahme der beruflichen Weiterbildung die Gewährung von Weiterbildungskosten, Lehrgangskosten, Fahrkosten, Kosten für auswärtige Unterbringung und Verpflegung, Kinderbetreuungskosten (zu Voraussetzungen und Leistungsumfang → *Weiterbildung* Rn 9 ff) als übernahmefähige Maßnahmekosten und zur Sicherstellung des Lebensunterhalts das *Arbeitslosengeld* bei beruflicher Weiterbildung als Lohnersatzleistung vor. Nach dem Ausbau der Weiterbildungsförderung durch das Qualifizierungschancengesetz vom 18.12.18 (BGBl I 18, 2651) eröffnet § 82 Abs 3 SGB III auch die Förderung durch Zuschüsse zum Arbeitsentgelt. Beruht die Erforderlichkeit der beruflichen Weiterbildung auf einer körperlichen, geistigen oder seelischen Behinderung des ArbN, so besteht Anspruch auf Leistungen zur Teilhabe am Arbeitsleben (*Teilhabe und Inklusion*). Eine Anspruchsgrundlage für die Förderung von Weiterbildungsmaßnahmen existiert auch für Leistungsberechtigte nach dem SGB II (§ 16 Abs 1 Satz 2 Nr 4 SGB II; *Hauck/Noftz/Voelzke* SGB II § 16 Rn 198 ff).

38 **2. Sozialversicherungspflicht.** Erfolgt während der beruflichen Fortbildung die Zahlung von *Arbeitslosengeld* bei beruflicher Weiterbildung durch die BA oder von *Übergangsgeld* durch einen SozVTräger, so unterliegt der Teilnehmer regelmäßig der Versicherungspflicht in der KV, RV und sozialen PflegeV. Zur SozVPflicht bei beruflichen Bildungsmaßnahmen ohne Leistungsbezug → *Weiterbildung* Rn 28 ff.

39 **3. Aufstiegsfortbildung.** Durch das AFBG (Bekanntmachung der Neufassung vom 15.6.2016, BGBl I 16, 1450, zuletzt geändert durch Art 39 des Gesetzes vom 20.11.19, BGBl I 19, 1626) werden Bildungsmaßnahmen gefördert, die einen Abschluss auf dem Niveau einer Facharbeiter, Gesellen- oder Gehilfenprüfung voraussetzen und auf eine herausgehobene Berufstätigkeit vorbereiten (zB als Meister, Techniker usw). Das AFBG wurde durch das Dritte Gesetz zur Änderung des AFBG vom 4.4.16 (BGBl I 16, 585) grundlegend reformiert. Nach den Neuregelungen durch das Qualifizierungschancengesetz vom 18.12.18 (BGBl I 18, 2651) ist die SGB III-Förderung von beschäftigten ArbN ausgeschlossen, wenn die berufliche Weiterbildung auf ein nach § 2 Abs 1 AFBG förderfähiges Förderungsziel vorbereitet (§ 22 Abs 1a SGB III).

Die Fortbildungsmaßnahme wird Vollzeitform nbis zur Dauer von 24 Kalendermonaten gefördert; in Teilzeitform ist die Förderungshöchstdauer auf 48 Kalendermonate festgelegt (§ 11 Abs 1 AFBG). Die Teilnehmer an Vollzeitmaßnahmen erhalten als Leistungen Beiträge zu den Kosten der Lehrveranstaltung und zur Deckung des Unterhaltsbedarfs, die vom Einkommen und Vermögen abhängig sind. Ein Teil des Unterhaltsbeitrages wird als **Zuschuss** ohne Rückzahlungsverpflichtung, ein Teil als **Darlehen** gezahlt. Für Voll- und Teilzeitmaßnahmen ist ein Darlehen zur Finanzierung der Lehrgangs- und Prüfungsgebühren und ein Zuschuss zu den Kinderbetreuungskosten vorgesehen. Während der Fortbildung und einer anschließenden Karenzzeit von zwei Jahren ist das Darlehen für den Antragsteller zins- und tilgungsfrei. Gründet oder übernimmt der Darlehensnehmer innerhalb von drei Jahren nach Beendigung der Maßnahme ein Unternehmen oder eine freiberufliche Existenz und trägt er dafür überwiegend die unternehmerische Verantwortung, so wird ihm nach Maßgabe des § 13b Abs 2 AFBG ein Teil des Restdarlehens erlassen.

# Freie Mitarbeit

## A. Arbeitsrecht *Röller*

1 **1. Begriff. Freie Mitarbeit** ist selbstständige Erbringung einer Dienst- oder Werkleistung in wirtschaftlicher und sozialer Selbstständigkeit durch eine natürlichen Person für

ihren Auftraggeber (ErfK/*Preis* § 611 BGB Rn 2). Vertragliche Grundlage der Tätigkeit ist nicht ein Arbeitsvertrag, sondern je nach Tätigkeit, ein Dienst- oder Werkvertrag.

**2. Abgrenzung der freien Mitarbeit vom Arbeitsverhältnis. a) Selbstständigkeit des Freien Mitarbeiters.** Durch das Merkmal der selbstständigen (unternehmerischen) Tätigkeit unterscheidet sich der Freie Mitarbeiter grundlegend von dem in persönlicher Abhängigkeit stehenden ArbN, der seine Dienstleistung im Rahmen einer von Dritten bestimmten Arbeitsorganisation erbringt. Ein Arbeitsverhältnis unterscheidet sich von dem Rechtsverhältnis eines freien Dienstnehmers damit durch den Grad der persönlichen Abhängigkeit, in der sich der zur Dienstleistung Verpflichtete befindet. ArbN ist, wer auf Grundlage eines privatrechtlichen Vertrags im Dienste eines anderen zur Leistung weisungsgebundener, fremdbestimmter Arbeit in persönlicher Abhängigkeit verpflichtet ist. Das Weisungsrecht kann Inhalt, Durchführung, Zeit, Dauer und Ort der Tätigkeit betreffen. ArbN ist derjenige, der nicht im Wesentlichen frei seine Arbeitszeit bestimmen kann. Der Grad der persönlichen Abhängigkeit hängt auch von der Eigenart der Tätigkeit ab. Für die Beantwortung der Frage, welches Rechtsverhältnis im konkreten Fall vorliegt, kommt es auf eine Gesamtwürdigung aller maßgeblichen Umstände des Einzelfalls an (st Rspr BAG 21.5.19 – 9 AZR 295/18, NZA 19, 1411; 21.1.19 – 9 AZB 23/18, NZA 19, 490; 21.11.17 – 9 AZR 117/17, NZA 18, 448; 17.10.17 – 9 AZR 792/16, NZA 17, 1461. 2

Regeln die Vertragspartner grundlegende Fragen ihrer Vertragsbeziehung in einem Rahmenvertrag, ist für die rechtliche Einordnung des Vertrages maßgeblich, ob der Rahmenvertrag der einen Partei das Recht zubilligt, frei über die Annahme künftiger Einzelaufträge zu entscheiden, oder ob einer Partei ein Weisungsrecht zustehen soll, in Folge dessen sie die zu erbringende Leistung einseitig und verbindlich festlegen kann (BAG 21.5.19, NZA 19, 1411).

§ 611a BGB, in Kraft getreten durch das Gesetz zur Änderung des AÜG und anderer Gesetze (BT-Drs 18/9957), spiegelt diese Rechtsgrundsätze wieder (BT-Drs 18/10064, 4 1:1 – Kodifizierung). Zur gesetzlichen Neuregelung s *Richardi* NZA 18, 974, *Preis* NZA 18, 817; *Wank* AuR 17, 140; → *Arbeitnehmer (Begriff)* Rn 1 ff. Es ist rechtlich nicht von vornherein ausgeschlossen, dass ein ArbN mit seinem ArbGeb ein freies Dienstverhältnis begründet, das neben dem Arbeitsverhältnis besteht. Voraussetzung hierfür ist allerdings, dass das dem ArbGeb eingeräumte Weisungsrecht nicht für die Tätigkeiten gilt, die der Vertragspartner aufgrund des Dienstverhältnisses schuldet (BAG 27.6.17, NZA 17, 1463).

**b) Bedeutung der praktischen Handhabung einer Vertragsbeziehung.** Für die rechtliche Einordnung ist die von den Parteien **getroffene Bezeichnung nicht entscheidend.** Abzustellen ist vielmehr auf die **praktische Durchführung des Vertrages.** Widersprechen sich Vertragsbezeichnung und Vertragsdurchführung, so ist gem § 611a Abs 1 Satz 6 BGB die tatsächliche Durchführung des Vertrages maßgebend, weil sich aus der praktischen Handhabung der Vertragsbeziehungen am ehesten Rückschlüsse darauf ziehen lassen, von welchen Rechten und Pflichten die Vertragsparteien ausgegangen sind, was sie tatsächlich wollten (BAG 21.5.19 – 9 AZR 295/18, NZA 19, 1411; 21.11.17 – 9 AZR 117/17, NZA 18, 448; 27.6.17 – 9 AZR 851/16, NZA 17, 1463). Einzelne Vorgänge der Vertragsabwicklung sind zur Erststellung eines vom Wortlaut abweichenden Geschäftsinhalts nur geeignet, wenn es sich dabei nicht um untypische Einzelfälle handelt, sondern um beispielhafte Erscheinungsformen einer durchgehend geübten Vertragspraxis (BAG 11.8.15 – 9 AZR 98/14, NZA-RR 16, 288). Bei einer **Umwandlung** eines Arbeitsverhältnisses in ein freies Mitarbeiterverhältnis muss dies unzweideutig vereinbart und auch umgesetzt werden. Eine bloß andere Bezeichnung des Rechtsverhältnisses reicht nicht aus. Die Bedingungen, unter denen die Dienste erbracht werden, müssen so gestaltet werden, dass eine Eingliederung in fremde Arbeitsorganisation nicht mehr stattfindet (BAG 12.9.96, DB 97, 47; LAG Thür 6.2.98, NZA-RR 98, 296). 3

**c) Abgrenzungsmerkmale.** § 611a Abs 1 BGB benennt drei Kriterien, die die ArbNEigenschaft begründen und damit von der freien Mitarbeit abgrenzen sollen: persönliche Abhängigkeit, Weisungsbindung und Fremdbestimmung. 4

**aa) Persönliche Abhängigkeit.** Sie liegt dann vor, wenn statt der freien Tätigkeitsbestimmung die Eingliederung in eine fremde Arbeitsorganisation vorliegt, die sich regelmäßg (nicht notwendig) aus dem Weisungsrecht des ArbGeb bzgl Inhalt, Durchführung, zeitliche Lage und Ort der Tätigkeit ergibt (BAG 30.11.94 – 5 AZR 704/93, NZA 95,

622). Mit dem Begriff der persönlichen Abhängigkeit wird damit das für ein Arbeitsverhältnis typische Abhängigkeitsverhältnis definiert. Ob ein Arbeitsverhältnis oder freie Mitarbeit vorliegt, bestimmt sich nach der Weisungsbefugnis und der Fremdbestimmung (*Preis* NZA 18, 817; *Wank* AuR 17, 140). Keine persönliche Abhängikeit liegt vor, wenn der Vertragspartner dem Dienstnehmer das Recht einräumt, Dritte in die Leistungserbringung einzubeziehen, oder der Dienstnehmer berechtigt ist, während der Laufzeit des Vertrags andere berufliche und gewerbliche Aktivität zu entfalten (BAG 11.8.15 – 9 AZR 98/14, NZA-RR 16, 288; 12.12.01 – 5 AZR 253/00, NZA 02, 787).

Die Frage der wirtschaftlichen Abhängigkeit ist für die Abgrenzung nicht erheblich. Wirtschaftliche Abhängigkeit ist für eine ArbNEigenschaft, auch wenn sie in den meisten Fällen gegeben sein wird, weder erforderlich noch ausreichend (BAG 13.3.08 – 2 AZR 1037/06, NZA 08, 878).

5 **bb) Weisungsbindung.** Zentrales Merkmal der persönlichen Abhängigkeit und damit der ArbNEigenschaft ist die Weisungsbindung, § 611a Abs 1 Satz 1 bis 4 BGB. Unterschieden wird zwischen fachlicher, zeitlicher und örtlicher Weisungsbindung. Es müssen nicht alle Kriterien erfüllt sein, um das Bestehen eines Arbeitsverhältnisses festzustellen. Je nach Eigenart der Tätigkeit kann ein dominanter Weisungsbereich für die Annahme persönlicher Abhängkeit ausreichen.

**(1) Fachliche Weisungsbindung.** Der ArbGeb kann im Rahmen des ihm zustehenden Direktionsrechts die Art der Leistung bestimmen und fachliche Weisungen erteilen, dh anordnen die Leistung in einer bestimmten Art und Weise auszuüben. Solche personenbezogenen Anordnungen sind charakteristisch für ein Arbeitsverhältnis. Bei Führungskräften und Diensten höherer Art lässt die größere Selbstständigkeit in fachlicher Hinsicht die persönliche Abhängikeit nicht entfallen (ErfK/*Preis* § 611a BGB Rn 39). Die arbeitsvertraglichen Weisungen sind von den projektbezogenen werkvertraglichen Anweisungen gem § 645 Abs 1 BGB zu unterscheiden (BAG 18.1.12 – 7 AZR 723/10, NZA-RR 12, 455). Die werkvertragliche Anweisung ist sachbezogen und ergebnisorientiert, das arbeitsvertragliche Weisungsrecht personenbezogen, ablauf- und verfahrensorientiert. Bei einem freien Handelsvertreter bestehen fachliche Weisungsrechte bezüglich der Personen der Geschäftspartner, der Bedingungen der Verträge, der Kundenwerbung und -betreuung. Derartige Weisungen dürfen nicht so eng sein, dass sie die Selbstständigkeit des Handelsvertreters in ihrem Kerngehalt beeinträchtigen (BAG 15.12.99 – 5 AZR 169/99, NZA 2000, 481).

An einer fachlichen Weisungsbefugnis kann es fehlen, wenn die vom Dienstverpflichteten zu erbringende Leistung so konkret beschieben ist, dass für Weisungen des Auftraggebers kein Raum mehr bleibt (BAG 11.8.15 – 9 AZR 98/14, NZA-RR 16, 288; 30.10.91 – 7 ABR 19/91, NZA 92, 407; kritisch (ErfK/*Preis* § 611a BGB Rn 33). Ist hingegen der vertraglich festgelegte Leistungsgegenstand derart unbestimmt, dass er erst durch Weisungen des Auftraggebers konkretisiert wird, spricht dies für ein Arbeitsverhältnis (BAG 25.9.13 – 10 AZR 282/12, NZA 13, 1348). Je mehr der Dienstberechtigte den Inhalt der Leistung einseitig bestimmen und dem Dienstverpflichteten weitere Aufgaben übertragen kann, umso mehr spricht dies für ein Arbeitsverhältnis (BAG 13.11.91 – 1 ABR 3/91, NZA 92, 1125).

6 **(2) Zeitliche Weisungsgebundenheit.** Sie ist dann gegeben, wenn der Dienstberechtigte Dauer und zeitliche Lage der zu erbringenden Leistung im Rahmen der vertraglichen Vereinbarung bestimmen kann. Die bloße Festlegung des zeitlichen Umfangs der Tätigkeit berührt die persönliche Unabhängigkeit nicht, wenn der Mitarbeiter innerhalb des vereinbarten zeitlichen Rahmens die Zeit seiner Tätigkeit frei bestimmen kann. Eine abhängige Beschäftigung liegt jedoch vor bei strengeren zeitlichen Vorgaben, die dazu führen, dass der Mitarbeiter keine Zeitsouveränität mehr besitzt (BAG 13.3.08 – 2 AZR 1037/06, NZA 08, 878; 19.11.97 – 5 AZR 653/96, NZA 98, 364). Dies ist der Fall, wenn ständige Dienstbereitschaft erwartet wird oder wenn der Mitarbeiter in nicht unerheblichem Umfang auch ohne entsprechende Vereinbarung zur Dienstleistung herangezogen wird (BAG 20.5.09 – 5 AZR 31/08, NZA 10, 172). Ein starkes Indiz für die ArbNEigenschaft ist insbes dann gegeben, wenn der Einsatz des Mitarbeiters durch Dienst-/Stundenpläne geregelt wird, die ohne seine Mitwirkung erstellt werden (BAG 17.4.13 – 10 AZR 272/12, NZA 13, 903; 15.2.12 – 10 AZR 301/10, NZA 12, 731). Besonders eng ist die Weisungsbindung bei allen Formen der Arbeitskraft, Rufbereitschaft, des Bereitschaftsdienstes und der Abrufarbeit (ErfK/*Preis* § 611a BGB Rn 36).

**(3) Örtliche Weisungsgebundenheit.** Kann der Dienstverpflichtete den Ort der zu erbringenden Leistung nicht selbst bestimmen, liegt idR ein Arbeitsverältnis vor. Eine Eingliederung in eine räumlich festgelegte Arbeitsorganisation ist dabei nicht erforderlich, wie zB bei Außendienst- oder Montagemitarbeitern (BAG 6.5.98 – 5 AZR 247/97, NZA 99, 205). Kann jedoch die geschuldete Tätigkeit nur in den vom Auftraggeber zur Verfügung gestellten Räumen verrichtet werden und sind diese damit an einen bestimmten Ort gebunden, besagt diese Bindung nichts über die persönliche Abhängigkeit (BAG 21.5.19 – 9 AZR 295/18, NZA 19, 1411; 21.11.17 – 9 AZR 117/17, NZA 18, 448).

**cc) Femdbestimmung.** Die Neuregelung des § 611a BGB hat dieses Kriterium zu 7 einem eigenständigen Tatbestandsmerkmal erhoben. Es überschneidet sich mit dem Merkmal Weisungsbindung. IdR wird es keine Fremdbestimmung ohne ein Mindestmaß von Weisungsbindung geben. Die Fremdbestimmung kann sich in der Einbindung in eine fremde Arbeitsorganisation oder in der Angewiesenheit auf die Organisation des Auftraggebers zeigen (ErfK/*Preis* § 611a BGB Rn 41). Ob das Merkmal die Eingliederung in eine fremde Arbeitsorganisation, das nach der früheren Rspr des BAG ein wesentlicher Gesichtspunkt für die Begründung persönlicher Abhängigkeit war, mit dem Begriff der Fremdbestimmung gleichzusetzen ist, wird in der Lit kontrovers disktutiert (vgl hierzu *Preis* NZA 18, 817; *Wank* AuR 17, 140). Eigenständige Bedeutung kann das Merkmal der Fremdbestimmung beim Arbeiter im digitalen Zeitalter (Arbeit 4.0) haben (*Preis* NZA 18, 817).

**dd) Eigenart der Tätigkeit.** Gem § 611a Abs 1 Satz 4 BGB kommt dieser ein besonderes Gewicht zu, wenn Tätigkeiten sowohl im Rahmen eines Arbeitsverhältnisses als auch im Rahmen eines Freien Mitarbeiterverhältnisses erbracht werden können. Die Entscheidung der Vertragsparteien für einen bestimmten Vertragstypus ist im Rahmen der bei jeder Statusbeurteilung vorzunehmenden Gesamtabwägung aller Umstände des Einzelfalls zu berücksichtigen (BAG 11.8.15 – 9 AZR 98/14, NZA-RR 16, 288; 9.6.10 – 5 AZR 332/09, NZA 10, 877; 22.4.98 – 5 AZR 342/97, NZA 98, 1336). Für den **schulischen Bereich** hat das BAG verschiedene Kriterien definiert, anhand derer der Arbeitsvertrag vom freien Dienstvertrag abzugrenzen ist. Maßgeblich ist, wie intensiv die Lehrkraft in den Unterrichtsbetrieb eingebunden ist, in welchem Umfang sie den Unterrichtsinhalt, die Art und Weise der Unterrichtserteilung, ihre Arbeitszeit und die sonstigen Umstände der Dienstleistung mitgestalten und wie sie zu Nebenarbeiten herangezogen werden kann (BAG 21.11.17 – 9 AZR 117/17, NZA 18, 448; 27.6.17 – 9 AZR 851/16, NZA 17, 1463; *Preis* NZA 18, 817). 8

**ee) Für die Abgrenzung unbeachtliche Kriterien. (1) Vergütung.** Die Art der Vergütung spielt keine nennenswerte Rolle. Entscheidend sind die Umstände der Dienstleistung, nicht die Modalitäten der Entgeltzahlung (BAG 21.5.19 – 9 AZR 295/18, NZA 19, 1411; 27.6.17 – 5 AZR 851/16, NZA 17, 1463; 21.7.15 – 9 AZR 484/14, NZA-RR 16, 344). 9

**(2) Fortzahlung der Vergütung im Krankheitsfalle.** Diese spricht nicht zwingend für ArbNEigenschaft, da ein derartiger Anspruch gem § 616 BGB auch denjenigen zusteht, die aufgrund eines freien Dienstvertrages tätig sind (BAG 29.1.92, EzA § 5 BetrVG 1972 Nr 51). 10

**(3) Urlaub.** Die Gewährung von Urlaub steht der Einordnung eines Rechtsverhältnisses als freies Mitarbeiterverhältnis nicht entgegen, da gem § 2 Satz 2 BUrlG auch ArbNÄhnliche Personen einen Urlaubsanspruch haben (BAG 29.1.92 – 7 ABR 25/91, NZA 92, 835). Die Notwendigkeit der Festlegung des Urlaubszeitpunktes spricht jedoch für ArbNEigenschaft (BAG 19.11.97 – 5 AZR 653/96, NZA 98, 364). 11

**(4) Gewerbeanmeldung.** Sie ist als Abgrenzungsmerkmal unbeachtlich (BAG 19.11.97 – 5 AZR 653/96, NZA 98, 364). 12

**Beispiele** zur Abgrenzung zwischen Freier Mitarbeiter- und ArbNEigenschaft → *Arbeitnehmer (Begriff)* Rn 84.

**3. Keine Anwendung arbeitsrechtlicher Sonderregelungen.** Der Freie Mitarbeiter 13 hat keinen Kündigungsschutz nach dem KSchG. Der Sonderkündigungsschutz gem §§ 168 ff SGB IX, 9 MuSchG findet ebenfalls keine Anwendung. Der allgemeine Kündigungsschutz (§§ 138, 242, 626 BGB) besteht hingegen. Freie Mitarbeiterverträge sind nach

§§ 620, 621 BGB innerhalb der dort festgelegten Fristen ohne Angabe von Gründen kündbar.

Das BUrlG, EFZG, TzBfG sowie das MiLoG finden auf freie Mitarbeiter idR keine Anwendung. Etwas anderes gilt nur, wenn im jeweiligen Gesetz eine Geltung für Nicht-ArbN ausdrücklich angeordnet ist, wie zB in §§ 2 Satz 2, 12 BUrlG für Heimarbeiter und ArbNÄhnliche Personen.

14 § 613a BGB gilt nicht für Personen, die in keinem Arbeitsverhältnis, sondern in einem freien Dienstverhältnis stehen (BAG 13.2.03 – 8 AZR 59/02, NZA 03, 854).

15 **4. Scheindienst- und -werkvertrag. a) Bedeutung.** Ein Schein(dienst- oder -werk) vertrag liegt vor, wenn er nach seiner Bezeichnung als Freier Mitarbeits-, Dienst- oder Werkvertrag ausgewiesen ist, in Wahrheit aber wie ein Arbeitsvertrag durchgeführt werden soll oder sich in der praktischen Durchführung als solcher herausstellt. Soweit der Freie Mitarbeiter im Rahmen eines Dienst- oder Werkvertrages tätig wird, kann bei Verrichtung der Tätigkeit in persönlicher Abhängigkeit (illegale) ArbNÜberlassung vorliegen (BAG 9.11.94, DB 95, 1566; → *Arbeitnehmerüberlassung/Zeitarbeit* Rn 5; → *Werkvertrag* Rn 2 ff).

16 **b) Rechtsfolgen. aa) Beiderseitige Kenntnis von der falschen Rechtswahl.** Wollen freier Mitarbeiter und Unternehmer zulasten der Allgemeinheit die mit einem Arbeitsverhältnis verbundenen sozialversicherungs- und lohnsteuerrechtlichen Folgen umgehen, stellt sich die Frage, welche Rechtsfolgen sich hieraus ergeben. Teilweise wird die Auffassung vertreten, es handele sich um ein Scheingeschäft gem § 117 BGB (*Hohmeister* NZA 99, 1009). Dies ist verfehlt. Es liegt ein wirksamer Vertrag vor, der lediglich eine falsche Bezeichnung hat (*Lampe* RdA 02, 18; *Reinecke* RdA 01, 357).

17 Rückzahlungsansprüche des ArbGeb wegen geleisteter Mehrzahlungen (Differenz zwischen üblicher Vergütung und höherer Vergütung nach Dienst- oder Werkvertrag) sind bei beiderseitiger Kenntnis, dass ein Arbeitsverhältnis vorliegt, nach § 814 BGB ausgeschlossen. Die Kenntnis vom Bestehen eines Arbeitsverhältnisses kann insbes dann vorliegen, wenn bereits vergleichbare „freie Mitarbeiter" die ArbNEigenschaft erfolgreich geltend gemacht haben (*Reinecke* RdA 01, 357). Dem ArbN steht die vertraglich vereinbarte Vergütung gegen den ArbGeb zu. Dieser hat das Risiko einer Statusfeststellung bewusst auf sich genommen (*Lampe* RdA 02, 18).

18 **bb) Beiderseitiger Rechtsirrtum.** Befanden sich die Parteien in einem beiderseitigen Rechtsirrtum, als sie ihr Arbeitsverhältnis als Freie Mitarbeit angesehen haben, so richtet sich die Anpassung des Vertrages gem § 313 BGB nach den Grundsätzen über den Wegfall der Geschäftsgrundlage (BAG 9.7.86 – 5 AZR 44/85, DB 86, 2676). Es stellt sich dann insb die Frage, ob der ArbN bei Feststellung der ArbNEigenschaft Vergütung mindestens in Höhe des bisher Vereinbarten verlangen kann. Bestehen beim ArbGeb unterschiedliche Vergütungsordnungen für ArbN und freie Mitarbeiter fehlt es bei einem fehlerhaft behandelten Arbeitsverhältnis regelmäßig an einer Vergütungsvereinbarung für das in Wahrheit vorliegende Rechtsverhältnis. Die Vergütung richtet sich nach § 612 Abs 2 BGB. Aber auch dann, wenn es an solchen unterschiedlichen Vergütungsordnungen fehlt, kann eine für freie Mitarbeit getroffene Vergütungsvereinbarung nicht ohne Weiteres auch im Arbeitsverhältnis als maßgeblich angesehen werden. Nur in Ausnahmefällen, die vom ArbN darzulegen sind, kann eine auf die Zahlung eines Stundenhonorars gerichtete Vergütungsvereinbarung auch für das Arbeitsverhältnis maßgebend sein (BAG 26.6.19 – 5 AZR 178/18, NZA 19, 1558; 29.5.02 – 5 AZR 680/00, NZA 02, 1328). Die jeweilige Parteienvereinbarung kann jedoch maßgebend sein, wenn der ArbGeb Tagespauschalen nur der Höhe nach abhängig von der rechtlichen Beurteilung als Selbstständiger oder ArbN zahlt (BAG 9.2.05 – 5 AZR 175/04, NZA 05, 814; 12.1.05 – 5 AZR 144/04, AP Nr 69 zu § 612 BGB). Fehlt es an einer Vergütungsvereinbarung für das in Wahrheit vorliegende Arbeitsverhältnis steht dem ArbGeb gegen den ArbN ein Anspruch auf Rückzahlung der Differenz zwischen gezahlter und ArbNüblicher Vergütung und auf Erstattung des ArbN-Anteils zur SozV gem §§ 812 ff BGB zu (BAG 26.6.19, NZA 19, 1558; 8.11.06 – 5 AZR 706/05, NZA 07, 321). Da bei Bestehen eines Arbeitsverhältnisses in aller Regel auch ein sozialversicherungsrechtliches Beschäftigungsverhältnis besteht, führt dies zu Nachforderungsansprüchen der Einzugstellen gegen den ArbGeb (§ 28e Abs 1 S 1 SGB IV). Dieser kann nach § 28g SGB IV seinen Anspruch auf den ArbNAnteil nur im Lohnabzugsverfahren geltend machen, dh ein unter-

bliebener Abzug kann nur bei den drei nächsten Lohn- oder Gehaltszahlungen nachgeholt werden, danach nur dann, wenn der Abzug ohne Verschulden des ArbGeb unterblieben ist. Der ArbN kann sich nach § 818 Abs 3 BGB auf den Wegfall der Bereicherung berufen. Dieser ist von ihm nachzuweisen. Das BAG hat ihm aber eine Beweiserleichterung zukommen lassen, insbes bei geringfügigen Überzahlungen von ArbN mit geringem oder mittlerem Einkommen (BAG 9.2.05, NZA 05, 814; 12.1.94 – 5 AZR 597/92, DB 94, 1039). Der Rückforderungsanspruch des ArbGeb wird iS einer tarifvertraglichen Ausschlussfrist erst fällig, wenn feststeht, dass ein Arbeitsverhältnis bestand (BAG 26.6.19, NZA 19, 1558; 29.5.02, NZA 05, 814). Zu den Konsequenzen eines vom ArbN gewonnenen Statusprozesses s *Niepalla/Dütemeyer* NZA 02, 712; *Hohmeister* NZA 99, 1009; *Hochrathner* NZA 99, 1016.

**5. Freie Mitarbeit und Betriebsverfassung. a) Anwendung des BetrVG.** Auf freie Mitarbeiter findet das BetrVG keine Anwendung, es sei denn es handelt sich um Heimarbeiter (§ 5 Abs 1 Satz 2 BetrVG). 19

**b) Mitbestimmung bei der Einstellung.** Allein in dem Tätigwerden als Freier Mitarbeiter oder Erfüllungsgehilfe eines Dienst- oder Werkunternehmers liegt noch keine Einstellung iSv § 99 BetrVG (BAG 30.8.94, NZA 95, 649; 9.7.91, DB 92, 327). Hinzukommen muss, dass diese Personen selbst in die Arbeitsorganisation des Auftraggebers so eingegliedert werden, dass dieser die für ein Arbeitsverhältnis typischen Entscheidungen über ihren Einsatz auch nach Zeit und Ort zu treffen hat und damit wenigstens teilweise eine ArbGebStellung übernimmt (BAG 13.5.14 – 1 ABR 50/12, NZA 14, 1149; 18.10.94, DB 95, 382) bzw (teilweise) die **Personalhoheit** über die Freien Mitarbeiter hat (BAG 5.5.92, DB 92, 1936; 9.7.91, DB 92, 327). Durch die „arbeitnehmertypische teilweise Einbindung in die betriebliche Organisation" werden die kollektiven Interessen der Belegschaft berührt; dies rechtfertigt die Bejahung einer Einstellung iSv § 99 BetrVG unabhängig vom Vertragsstatus (BAG 30.8.94, NZA 95, 651).

**c) Überprüfungsrechte des Betriebsrats.** Die Rechte des BRat sind durch das zum 1.4.17 in Kraft getretene Gesetz zur Änderung des AÜG und anderer Gesetze erweitert worden. Die Unterrichtungspflicht gem § 80 Abs 2 Satz 1 2. Hs BetrVG erstreckt sich auch auf die Beschäftigung von Personen, die nicht in einem Arbeitsverhältnis stehen. Seit 1.4.17 muss die Unterrichtung insbes Angaben über den zeitlichen Umfang des Einsatzes, den Einsatzort und die Arbeitsaufgaben enthalten. Der ArbGeb ist nach § 80 Abs 2 Satz 2 BetrVG nunmehr ausdrücklich verpflichtet, dem BRat auf Verlangen Verträge mit Freien Mitarbeitern vorzulegen, die im Betrieb eingesetzt werden sollen. Dies entspricht der bisherigen Rspr (BAG 15.12.98 – 1 ABR 9/98, NZA 99, 722; 9.7.91, DB 92, 327). Werden über die Einsatztage und Einsatzzeiten einzelner Freier Mitarbeiter **Kontrolllisten** geführt, kann der BRat verlangen, dass ihm diese zur Wahrnehmung seiner Beteiligungsrechte bei der Personalplanung (BAG 9.7.91, DB 327; 31.1.89, DB 89, 982), aber auch zur Prüfung, ob möglicherweise ein Scheindienstvertrag vorliegt, zur Verfügung gestellt werden. Die Personalplanung gem § 92 BetrVG muss sich seit 1.4.17 auch auf Personen beziehen, die nicht in einem Arbeitsverhältnis zum ArbGeb stehen. Der BRat kann gem § 93 BetrVG die Ausschreibung von Arbeitsplätzen beanspruchen, die der ArbGeb mit Freien Mitarbeitern besetzen will, wenn es sich um eine gem § 99 BetrVG mitbestimmungspflichtige Einstellung handelt (BAG 27.7.93, DB 94, 332; aA *Hromadka* SAE 94, 133). 20

**6. Nachvertragliche Wettbewerbsverbote.** Sie können auch mit Freien Mitarbeitern abgeschlossen werden (BAG 21.1.97 – 9 AZR 778/95, DB 97, 1979). Soll die selbstständige Tätigkeit untersagt werden, so muss dies ausdrücklich vereinbart werden. Unklarheiten gehen zu Lasten des ArbGeb. Der Leitgedanke des § 74 Abs 2 HGB (Wettbewerbsverbot nur gegen Entschädigung) findet auch auf Freie Mitarbeiter Anwendung (BAG 21.1.97, DB 97, 1979; BGH 10.4.03 – III ZR 196/02, NJW 03, 1864). 21

**7. Rechtswegzuständigkeit.** Für Klagen eines Freien Mitarbeiters sind die Zivilgerichte, nicht die ArbG zuständig. Beruft sich der Freie Mitarbeiter darauf, ArbN zu sein, besteht unter bestimmten Voraussetzungen eine Zuständigkeit der ArbG. Einzelheiten → *Arbeitnehmer (Begriff)* Rn 23 ff. 22

**8. Muster.** S Online-Musterformular *„M9.4 Freie Mitarbeit, Vertrag"*. 23

## B. Lohnsteuerrecht *Seidel*

32 Die arbeitsrechtliche Einordnung eines Beschäftigten als freier Mitarbeiter hat für das Steuerrecht keine bestimmende Bedeutung. Für die Frage, ob das Entgelt des als freier Mitarbeiter Beschäftigten dem LStAbzug zu unterwerfen ist, kommt es darauf an, ob er nach den im Steuerrecht geltenden Kriterien **selbstständig** oder als ArbN **nichtselbstständig** tätig ist (BFH 24.7.92, BStBl II 93, 155: Stromableser; 14.10.76, BStBl II 77, 50: Rundfunksprecher; FG Nbg 14.12.93, EFG 94, 544: Rechtsanwalt; FG BaWü 30.4.87, EFG 88, 19; BMF 5.10.90, BStBl I 90, 638 Tz 1 und NWB (F) 6, 3919). Zur Abgrenzung der selbstständigen und der nichtselbstständigen Arbeit → *Arbeitnehmer (Begriff)* Rn 30 ff. Für als freie Mitarbeiter bezeichnete Beschäftigte bei Funk, Film und Fernsehen s BMF 5.10.90, BStBl I 90, 638 Tz 1.3 und 1.4 (→ *Arbeitnehmer (Begriff)* ABC Rn 84).

33 **Hinweis.** Die Umsätze aus der Tätigkeit als freier Mitarbeiter können für **bestimmte Berufe umsatzsteuerfrei** sein (zB Kreditvermittler, § 4 Nr 8; Versicherungsvermittler, § 4 Nr 10b; Bausparkassen- und Versicherungsvertreter, § 4 Nr 11; Heilberufe mit Ausnahme Tierarzt, § 4 Nr 14 UStG).

34 Darüber hinaus entfällt die Erhebung der USt bei sog **Kleinunternehmern** gem § 19 Abs 1 UStG, sofern sie nicht auf die Anwendung dieser Regelung zum Erhalt des Vorsteuerabzugs gem § 15 UStG verzichten (§ 19 Abs 2 UStG). Kleinunternehmer iSd § 19 Abs 1 UStG sind Unternehmer, deren Umsatz zzgl der darauf entfallenden Steuer im vorangegangenen Kj 17 500 € nicht überstiegen hat und im laufenden Kj 50 000 € voraussichtlich nicht übersteigen wird.

35 Liegt ertragsteuerlich eine **gewerbliche Tätigkeit** des freien Mitarbeiters vor, fällt bei einem Gewerbeertrag von mehr als 24 500 € (Freibetrag natürliche Person) zusätzlich Gewerbesteuer an (§ 11 Abs 1 Nr 1 GewStG). Zur Höhe der Steuermesszahl s § 11 Abs 2 GewStG (3,5 %).

## C. Sozialversicherungsrecht *Voelzke*

36 **1. Abgrenzung zum Beschäftigungsverhältnis.** Die SozVPflicht und der Versicherungsschutz freier Mitarbeiter richtet sich nach den für das Vorliegen einer Beschäftigung (§ 7 SGB IV) maßgebenden Kriterien (→ *Arbeitnehmer (Begriff)* Rn 59 ff; vgl zu freien Mitarbeitern im SozVRecht *Berndt* BB 98, 894; *Reiserer* BB 03, 1557). Unstreitig ist, dass allein die Bezeichnung als „Freier Mitarbeiter" im Beschäftigungsvertrag nicht bewirkt, die ArbNEigenschaft des Beschäftigten auszuschließen (*Kunz/Kunz* DB 93, 327). Ungeachtet der Bezeichnung als „Freier Mitarbeiter" kann deshalb ein sozialversicherungsrechtliches **Beschäftigungsverhältnis** zu bejahen sein, wenn die Arbeit unter Berücksichtigung der von der Rspr entwickelten Indizien in persönlicher Abhängigkeit von einem Dritten geleistet wird (BSG 14.9.89 – 12 RK 64/87, SozR 2200 § 165 Nr 96). Auch die Zugehörigkeit zu sog freien Berufen besagt nichts darüber, ob die Tätigkeit als selbstständig einzustufen ist oder ob eine abhängige Beschäftigung vorliegt (*Schlegel/Voelzke/Segebrecht* SGB IV § 7 Abs 1 Rn 143).

Bei der wertenden Zuordnung ist vom **Vertragsverhältnis** auszugehen, soweit es im Rahmen des rechtlich Zulässigen tatsächlich vollzogen wird (BSG 29.8.12 – B 12 KR 25/10 R, NZA-RR 13, 252). Im Übrigen ist zu prüfen, in welchem Umfang von der die Arbeit vergebenden Person auf Zeit, Ort und Art der Durchführung der zu verrichtenden Tätigkeit Einfluss genommen wird.

Das vereinbarte **Honorar** kann nach der neueren Rspr des BSG einen Hinweis auf das Vorliegen einer selbständigen Tätigkeit des freien Mitarbeiters bilden, wenn es deutlich über dem Arbeitsentgelt eines vergleichbar eingesetzten sozialversicherungspflichtigen Beschäftigten liegt (BSG 31.3.17 – B 12 R 7/15 R, NZS 17, 664; zu dieser Entscheidung *Timme* jM 18, 68).

Aus dem Umstand, dass der freie Mitarbeiter nicht in einen **Dienstplan** aufgenommen wird, kann nicht die Schlussfolgerung gezogen werden, dass mangels ständiger Dienstbereitschaft keine Eingliederung in eine fremde Arbeitsorganisation gegeben ist. Abgestellt werden muss insoweit auf die Verhältnisse bei Annahme des jeweiligen Einzelauftrags (BSG 28.9.11 – B 12 R 17/09 R, BeckRS 2012, 67108).

Da es sich bei Tätigkeiten im Rahmen eines freien Mitarbeiterverhältnisses häufig um sog **Dienste höherer Art** handelt (zB bei Rechtsanwälten, Steuerberatern, „Freien Mitarbeitern" von Rundfunkanstalten, Lehrbeauftragten etc), ist zusätzlich die Rspr des BSG zu beachten, wonach die Weisungsgebundenheit sich zur „funktionsgerecht dienenden Teilhabe am Arbeitsprozess" verfeinern kann (BSG 1.2.79 – 12 RK 7/77, SozR 2200 § 165 Nr 36), da mit zunehmender Qualifikation Einzelanweisungen an Bedeutung verlieren. Hier kommt es in erster Linie darauf an, ob der Mitarbeiter ein Unternehmerrisiko trägt. Hingegen ist bei Diensten höherer Art nicht entscheidend, ob der Leistende über eine eigene Betriebsstätte bzw Betriebsorganisation und über eigene Arbeitsmittel verfügt (*Berndt* BB 98, 896). **37**

Die in einigen Branchen verbreitete Tendenz zur Ausgliederung von abhängig Beschäftigten ist ebenfalls nach den allgemeinen Abgrenzungskriterien zu beurteilen, ohne dass bereits bei Vorliegen von wirtschaftlicher Abhängigkeit eine Umgehung zwingender sozialversicherungsrechtlicher Normen angenommen werden müsste. Anhaltspunkte für das Vorliegen von sog **Scheinselbstständigkeit,** die trotz ihrer formalen Ausgestaltung die SozVPflicht begründet, liegen insbes vor, wenn tatsächlich die Arbeitskraft nur in den Dienst eines Vertragspartners gestellt wird, unternehmerische Chancen und Risiken nicht eingeräumt werden, eine Berichtspflicht und Kontrolle der Tätigkeit vorgesehen ist und es sich schließlich um Arbeiten handelt, die ansonsten von abhängig Beschäftigten ausgeübt werden. **38**

In Zweifelsfällen hat der Gesetzgeber die Möglichkeit eröffnet, die sozialversicherungsrechtliche Stellung des „freien Mitarbeiters" durch das **Anfrageverfahren zur Statusklärung** nach § 7a SGB IV zu klären. Wird der Antrag innerhalb eines Monats nach Aufnahme der Tätigkeit gestellt, so wird die Versicherungspflicht bei Vorliegen der in § 7a Abs 6 SGB IV genannten Voraussetzungen hinausgeschoben und tritt erst mit der Bekanntgabe der Entscheidung ein. Zuständig für die Entscheidung ist die Clearingstelle der Deutschen Rentenversicherung Bund (→ *Scheinselbständigkeit* Rn 16–19).

**2. Auswirkungen bei unrichtiger Einordnung.** Werden wegen einer unzutreffenden Behandlung als freier Mitarbeiter vom ArbGeb keine SozVBeiträge abgeführt, so bleibt der ArbGeb Schuldner des GesamtSozVBeitrages (§ 28e SGB IV). Die Beiträge sind vom ArbGeb **nachzuentrichten,** soweit nicht die Beitragspflicht nach § 7a Abs 6 SGB IV erst mit Bekanntgabe der Entscheidung des Versicherungsträgers eintritt. Der Beitragsanspruch verjährt gem § 25 SGB IV in vier Jahren nach Ablauf des Kj, in dem er fällig geworden ist (→ *Verjährung* Rn 48–50). Bei vorsätzlicher Vorenthaltung beträgt die Verjährungsfrist 30 Jahre nach Ablauf des Kj, in dem der Anspruch auf Beiträge fällig geworden ist; bedingter Vorsatz des ArbGeb oder der mit der Beitragsentrichtung betrauten Person genügt (BSG 21.6.90 – 12 RK 13/89, Die Beiträge 91, 112). **39**

Der ArbGeb kann seinen Anspruch gegen den Beschäftigten nur durch **Abzug vom Arbeitsentgelt** geltend machen (§ 28g SGB IV). Der Anspruch des ArbGeb auf Erstattung des vom ArbN zu tragenden Teils des GesamtSozVBeitrages wird dadurch begrenzt, dass er regelmäßig nur bei den nächsten drei Lohn- oder Gehaltszahlungen nachgeholt werden darf. Bei weiteren Zahlungen von Arbeitsentgelt darf ein Abzug nur geltend gemacht werden, wenn der Abzug ohne Verschulden des ArbGeb unterblieben ist. **40**

Werden für einen selbstständig Tätigen Beiträge entrichtet, so resultiert hieraus hinsichtlich des Anspruches auf Versicherungsleistungen **kein Vertrauensschutz.** Lediglich in der RV kann die unbeanstandete Beitragszahlung Vertrauensschutz begründen (zum Beanstandungsschutz in der RV *Schlegel/Voelzke/Waßer* SGB IV § 26 Rn 29).

**3. Selbstständigkeit.** Sind freie Mitarbeiter selbstständig tätig, so kann sich dennoch eine **Versicherungspflicht** oder **Versicherungsberechtigung** in der SozV ergeben. Bei gewerblichen Arbeiten kommt der sozialrechtliche Schutz für Hausgewerbetreibende in Betracht (→ *Heimarbeit* Rn 65). Wird der freie Mitarbeiter als Lehrer oder Erzieher tätig und beschäftigt er keinen versicherungspflichtigen ArbN, so besteht Versicherungspflicht in der gesetzlichen RV (§ 2 Nr 1 SGB VI). Versicherungspflicht in der gesetzlichen RV wird nach § 2 Satz 1 Nr 9 SGB VI ferner für Personen begründet, die im Zusammenhang mit ihrer selbstständigen Tätigkeit mit Ausnahme von Familienangehörigen keinen versicherungspflichtigen ArbN beschäftigen sowie regelmäßig und im Wesentlichen nur für einen Auftraggeber tätig sind (→ *Arbeitnehmerähnliche Selbstständige* Rn 7). Für selbstständige **41**

Künstler und Publizisten besteht Versicherungspflicht nach Maßgabe des KSVG (→ *Künstlersozialversicherung* Rn 11–34).

# Freistellung von der Arbeit

## A. Arbeitsrecht

*Kreitner*

### Übersicht



1 **1. Begriff.** Die Hauptpflichten des Arbeitsverhältnisses bestehen in der Arbeitspflicht des ArbN einerseits sowie der Pflicht des ArbGeb zur Zahlung der vertraglich vereinbarten Vergütung andererseits. Sowohl im bestehenden als auch im gekündigten Arbeitsverhältnis sind jedoch vielgestaltige Sachverhaltskonstellationen denkbar, in denen der ArbN von der Erbringung seiner Arbeitspflicht entbunden ist. Teilweise entfällt dann gleichermaßen die Vergütungsverpflichtung aufseiten des ArbGeb.

2 Im arbeitsrechtlichen Schrifttum und in der Rspr werden diese Sachverhalte mit den Begriffen **„Freistellung"**, **„Suspendierung"**, **„Beurlaubung"**, **„Gewährung von unbezahltem Urlaub"** und **„Arbeitsbefreiung"** umschrieben. Eindeutig abgrenzbar ist der „unbezahlte Urlaub". Hierunter ist jede auf Wunsch des ArbN erfolgende Befreiung von der Arbeitspflicht unter Fortfall der Vergütung zu verstehen (→ *Urlaub, unbezahlter* Rn 1). Demgegenüber sollten die Begriffe „Freistellung" und „Suspendierung" synonym bzw in der Praxis regelmäßig der allgemein verständliche Begriff der „Freistellung" verwandt werden. Noch weitreichender erfasst „Arbeitsbefreiung" begrifflich alle Sachverhalte, in denen der ArbN seine vertraglich geschuldete Arbeitsleistung nicht zu erbringen braucht.

3 Innerhalb der Freistellungen ist zwischen den sog **bezahlten** und **unbezahlten Freistellungen** zu unterscheiden. Während im ersteren Fall der ArbGeb weiter zur Vergütungszahlung verpflichtet bleibt, entfällt bei der unbezahlten Freistellung mit der Arbeitspflicht des ArbN gleichzeitig die Vergütungspflicht des ArbGeb.

4 **2. Rechtliche Einordnung.** Die Freistellung bewirkt eine einseitige oder beidseitige Suspendierung der arbeitsvertraglichen Hauptleistungspflichten (bezahlte/unbezahlte Freistellung). Diese Suspendierung der Hauptpflichten hat das Ruhen des Arbeitsverhältnisses zur Folge. Unabhängig hiervon bestehen jedoch die beiderseitigen vertraglichen Nebenpflichten (zB Verschwiegenheitspflichten, Unterlassungspflichten, Wettbewerbsverbote aufseiten des ArbN ebenso wie Fürsorgepflichten des ArbGeb bezüglich Persönlichkeits- und Eigentumsschutz des ArbN) fort (wegen weiterer Beispiele → *Fürsorgepflicht* Rn 8 ff sowie → *Treuepflicht* Rn 5 ff). Verletzungen dieser vertraglichen Nebenpflichten können zu Schadensersatz oder zur Kündigung berechtigen (BAG 10.5.89, DB 89, 2127).

5 **3. Freistellungsanspruch des Arbeitnehmers.** Ein Anspruch des ArbN auf Freistellung von der Arbeitspflicht kann sich entweder aus einzelnen gesetzlichen Vorschriften wie zB § 616 BGB, § 3 PflegeZG (*Joussen* NZA 09, 69; *Preis/Nehring* NZA 08, 729; *Freihube/Sasse* DB 08, 1320; *Müller* BB 08, 1058; *Linck* BB 08, 2738), § 2 FPfZG (*Thüsing/Pötters* BB 15, 181; *Müller* BB 14, 3125), § 45 SGB V (LAG RhPf 8.11.16 – 8 Sa 152/16, NZA-RR 17, 188), § 207 SGB IX (BAG 21.11.06 – AZR 176/06, NZA 07, 446; 3.12.02 – 9 AZR

462/01, NZA 04, 1219) oder aus allgemeinen Rechtsgrundsätzen wie dem arbeitsrechtlichen Grundsatz der Gleichbehandlung bzw allgemeinen Rechtsinstituten wie der betrieblichen Übung ergeben. Daneben existieren häufig tarifliche Regelungen (BAG 11.2.93, DB 93, 1422 zu § 33 Abs 2 Satz 1 Buchst i MTB-II; BAG 13.2.96, DB 96, 1729 zu § 52 BAT; BAG 5.8.14 – 9 AZR 878/12, BeckRS 2014, 73098 zu § 29 Abs 1 TVöD) oder einschlägige Betriebsvereinbarungen. Ferner können die Vertragsparteien auch entsprechende Vereinbarungen in den einzelnen Arbeitsverträgen treffen. Schließlich kann rechtliche oder tatsächliche Unmöglichkeit zum Wegfall der Arbeitspflicht führen (→ *Beschäftigungsverbot* Rn 4, → *Arbeitspflicht* Rn 6, → *Leistungsverweigerungsrecht* Rn 6 ff).

**a) Bezahlte Freistellung.** Hauptfälle der bezahlten Freistellung sind die Gewährung von 6
Erholungsurlaub und Bildungsurlaub nach den Bildungsurlaubsgesetzen der Länder (zur geänderten Rspr des BAG → *Bildungsurlaub* Rn 19 ff), die Befreiung des ArbN von der Arbeitspflicht in Fällen der unverschuldeten Arbeitsverhinderung iSd § 616 BGB (→ *Arbeitsverhinderung* Rn 2 ff) sowie die Freistellung des ArbN zur Stellensuche und Meldung bei der Agentur für Arbeit. § 629 BGB hat durch die Sollvorschrift des § 2 Abs 2 Satz 2 Nr 3 SGB III eine deutliche Ausweitung erfahren. Die Vergütungspflicht folgt auch im letztgenannten Fall aus § 616 BGB mit der Folge, dass abweichende Vereinbarungen durch Tarifvertrag, Betriebsvereinbarung oder Arbeitsvertrag möglich sind (ebenso *Sibben* DB 03, 826). Eine besondere Freistellung für Auszubildende zur Teilnahme am Berufsschulunterricht ist in § 7 BBiG geregelt. Gem § 12 Abs 1 Nr 1 BBiG ist die Ausbildungsvergütung für diese Zeit fortzuzahlen. Eine Nachholung der so ausgefallenen betrieblichen Ausbildungszeiten ist ausgeschlossen (BAG 26.3.01 – 5 AZR 413/99, NZA 01, 892). Im kollektiven Arbeitsrecht geht es um die Freistellung von BRatMitgliedern nach §§ 37 ff BetrVG (→ *Betriebsratsfreistellung* Rn 18) sowie aufgrund besonderer tariflicher Freistellungsregelungen (BAG 20.4.99 – 3 AZR 352/97, NZA 99, 1339: Teilnahme an gewerkschaftlicher Zusammenkunft).

**b) Unbezahlte Freistellung.** Ein allgemeiner Anspruch des ArbN auf Gewährung 7
unbezahlter Freistellung besteht nicht. Maßgeblich sind insoweit die vorgenannten (→ Rn 5) **gesetzlichen Freistellungsregelungen.** Zuletzt sind § 3 PflegeZG und § 2 FPfZG hinzugekommen, die ArbN unter bestimmten Voraussetzungen einen Anspruch auf vollständige oder teilweise Freistellung zuerkennen, wenn sie einen nahen Angehörigen pflegen (zu den Anspruchsvoraussetzungen im Einzelnen → *Pflegezeit* Rn 18 ff). Daneben kann im Einzelfall auch aus der Sollvorschrift des § 2 Abs 2 Satz 2 Nr 3 SGB III ein Anspruch auf unbezahlte Freistellung zur Teilnahme an Qualifizierungsmaßnahmen resultieren. Abgesehen von diesen gesetzlichen Freistellungsregelungen kann der ArbN aufgrund von Tarifverträgen, Betriebsvereinbarungen oder vertraglichen Vereinbarungen einen Anspruch auf unbezahlte Freistellung von der Arbeit haben. So besteht zB im öffentlichen Dienst gem § 8 TVöD ein Anspruch auf Sonderurlaub unter Fortfall der Bezüge bei Vorliegen eines wichtigen Grundes, soweit dies die dienstlichen oder betrieblichen Verhältnisse gestatten (BAG 12.1.89, DB 89, 1425; 25.1.94, NZA 94, 546: Studium).

Soweit **im Arbeitsvertrag** bestimmte Tatbestände der unbezahlten Freistellung zwischen 8
den Parteien im Vorhinein vereinbart werden, stehen dem hierauf gestützten Freistellungsbegehren des ArbN keine allgemeinen Rechtsgrundsätze entgegen. Bedenken im Hinblick auf vorformulierte Arbeitsverträge kommen allenfalls aus ArbNSicht gegenüber einem entsprechenden Freistellungsbegehren des ArbGeb in Betracht (→ Rn 16). Daneben können Ansprüche auf Grund der arbeitsvertraglichen *Fürsorgepflicht* des ArbGeb bestehen. Im Rahmen einer umfassenden Interessenabwägung ist hier jeweils die persönliche Situation des ArbN mit den betrieblichen Interessen des ArbGeb abzugleichen (BAG 7.9.83, DB 84, 132; 20.7.77, DB 77, 2332; LAG Frankfurt 3.10.85, NZA 86, 717; LAG Köln 11.1.90, DB 90, 1291 [LS] = LAGE Nr 20 zu § 611 BGB Fürsorgepflicht).

Ist der ArbGeb in der Vergangenheit regelmäßig dem Freistellungsbegehren anderer ArbN 9
unter vergleichbaren Umständen nachgekommen oder gewährt er gleichzeitig nur einem Teil der ArbN unbezahlte Freistellung, so kann bei Vorliegen der sonstigen Voraussetzungen ein Anspruch des ArbN aufgrund des arbeitsrechtlichen **Gleichbehandlungsgrundsatzes** bestehen (→ *Gleichbehandlung* Rn 8 ff).

Schließlich kommt bei mehrmaliger Freistellungsgewährung in der Vergangenheit ein 10
Anspruch des ArbN aufgrund einer **betrieblichen Übung** in Betracht. Die Rspr stellt

jedoch insoweit erhöhte Anforderungen an die Entwicklung eines anspruchsbegründenden Vertrauenstatbestandes aufseiten des ArbN (BAG 12.1.94, DB, 94, 2034; vgl ferner die sog Rosenmontagsentscheidungen: LAG Düsseldorf 8.12.91, LAGE Nr 8 zu § 242 BGB Betriebliche Übung; LAG Köln 2.10.91, 8.11.91 und 5.12.91, LAGE Nr 9, 10 und 12 zu § 242 BGB Betriebliche Übung). Sachlich gerechtfertigt ist bei einer streng zeit- und anlassbezogenen halbtägigen Freistellung (24. und 31. Dezember, Weiberfastnacht, Karnevalsdienstag) der faktische Ausschluss vormittags arbeitender Teilzeitkräfte von dieser Vergünstigung (BAG 26.5.93, DB 94, 99; *Wank* SAE 94, 195).

11 Einen Sonderfall der unbezahlten Freistellung stellt die Beteiligung eines ArbN an einem gewerkschaftlich organisierten **Streik** dar. Der Streik führt ebenso wie die ArbGebSeitige **Aussperrung** zu einer Suspendierung der arbeitsvertraglichen Hauptleistungspflichten. Der Vergütungsausfall der Gewerkschaftsmitglieder wird durch das von der streikführenden Gewerkschaft gezahlte Streikgeld teilweise kompensiert. Nimmt jedoch ein ArbN an einem Streik nicht teil und ist er aus anderen Gründen unter Fortzahlung der Vergütung von der Arbeitsleistung freigestellt, behält er seinen Vergütungsanspruch (BAG 7.4.92, DB 92, 2448 – sog halbjährlicher Arbeitszeitverkürzungstag im öffentlichen Dienst). Gleiches gilt, wenn ein ArbN trotz bestehender anderweitiger Beschäftigungsmöglichkeit und trotz Arbeitskraftangebots wegen eines laufenden Arbeitskampfes nicht beschäftigt wird (BAG 14.12.93, NZA 94, 331). Weder Art 9 GG noch § 275 Abs 3 BGB berechtigen einen gewerkschaftlich organisierten ArbN allerdings, von der Arbeit fernzubleiben, um an Sitzungen des Ortsvorstands seiner Gewerkschaft teilzunehmen (BAG 13.8.10 – 1 AZR 173/09, NZA-RR 10, 640).

12 In sämtlichen vorgenannten Freistellungssachverhalten folgt der Freistellungsanspruch des ArbN aus der gesetzlichen oder vertraglichen Regelung. Die **Geltendmachung** des Freistellungsanspruchs geschieht dabei entweder durch bloße Anzeige des Freistellungstatbestandes oder durch förmliche Beantragung der Freistellung gegenüber dem ArbGeb. Der Anspruch kann klageweise durchgesetzt werden; im Eilfall erfolgt einstweiliger Rechtsschutz durch Beantragung einer **einstweiligen Verfügung** auf Freistellung gegenüber dem ArbGeb beim örtlich zuständigen ArbG.

13 **4. Freistellungsmöglichkeiten des Arbeitgebers. a) Unbezahlte Freistellung.** Besteht bereits für den ArbN kein allgemeiner Anspruch auf unbezahlte Freistellung so muss dies erst recht für den ArbGeb gelten. Es bedarf vielmehr besonderer gesetzlicher oder kollektivrechtlicher Regelungen.

**Beispiele** für gesetzliche Regelungen sind: § 1 Abs 1 ArbPlSchG für ArbN, die zum Grundwehrdienst oder zu einer Wehrübung einberufen werden; § 3 Abs 1 und 2 MuschG für werdende Mütter und Wöchnerinnen; §§ 15 ff BEEG betr Elternzeit; § 45 SGB V betr Betreuung eines kranken Kindes; Art 48 Abs 1 GG für Bewerber um ein Bundestagsmandat (*Dobberahn* NZA 94, 396); § 9 EFZG bei Maßnahmen der medizinischen Vorsorge und Rehabilitation. Zu den gesetzlich besonders geregelten Fällen zählen ferner die Kurzarbeit (→ *Kurzarbeit* Rn 13) sowie die Altersteilzeit nach dem AltTZG, sofern der ArbN das sog Blockmodell wählt. Schließlich bedarf es an dieser Stelle eines Hinweises auf die mangels Vorliegen einer gesetzlichen Regelung durch die höchstrichterliche Rspr konkretisierten Grundsätze des Arbeitskampfrechts. Mit dem Mittel der Aussperrung kann der ArbGeb in Arbeitskämpfen unbezahlte Freistellungen arbeitswilliger ArbN herbeiführen.

14 Ohne gesetzliche, kollektivrechtliche oder vertragliche Regelung kann der ArbGeb insbes auch aus wirtschaftlichen Gründen den ArbN nicht unter Fortfall der Vergütung von der Arbeit freistellen. Der ArbGeb trägt das **Betriebsrisiko** (BAG 18.5.99 – 9 AZR 13/98, NZA 99, 1166: witterungsbedingter Arbeitsausfall). Insoweit steht ihm zur Reduzierung der Lohnkosten das Mittel der betriebsbedingten (Änderungs-)Kündigung zur Verfügung. Die einseitige unbezahlte Freistellung scheidet dabei auch unter Verhältnismäßigkeitsgesichtspunkten aus. Zwar bleibt bei einer Freistellung im Gegensatz zur Kündigung das Arbeitsverhältnis als solches bestehen. Sie stellt jedoch gleichwohl kein milderes Mittel im Verhältnis zu einer betriebsbedingten Kündigung dar, da sie in ihren Auswirkungen für den ArbN durchaus weitreichender sein kann. Bei einer einseitigen Freistellung bestimmt ausschließlich der ArbGeb die Freistellungsmodalitäten. Insbes liegen Beginn und Dauer der Freistellung in seinem Belieben. Für den ArbN bedeutet die Freistellung gerade wegen der jederzeitigen Widerrufsmöglichkeit des ArbGeb einen Ungewissheitstatbestand, durch den er gehindert

ist, anderweitig zu disponieren. Dies kann in vielen Fällen zu einer stärkeren Beeinträchtigung als eine ordentliche Kündigung führen. Erst recht stellt die sofortige Freistellung regelmäßig eine Umgehung des § 626 BGB dar, sofern ein wichtiger Grund nicht vorliegt.

Erfolgt die Freistellung wegen einer vorherigen vorsätzlichen unerlaubten Handlung des ArbN (zB Betrug, Unterschlagung), die zu einem Schaden des ArbGeb geführt hat, besteht allerdings für den ArbGeb die **Möglichkeit zur Aufrechnung** mit Schadensersatzansprüchen gegenüber den Vergütungsansprüchen des ArbN für den Freistellungszeitraum. Da insoweit auch Pfändungsfreigrenzen nicht zu beachten sind (→ *Aufrechnung* Rn 8), kommt dies letztlich wirtschaftlich einer unbezahlten Freistellung gleich. 15

**b) Bezahlte Freistellung.** Diese Grundsätze gelten vom Ansatz her wegen des Beschäftigungsanspruchs des ArbN auch für den Fall der bezahlten Freistellung. Allerdings sind bei vorformulierten Arbeitsverträgen die **§§ 305 ff BGB** zu beachten. Dabei ist wie folgt zu differenzieren: Eine allgemeine, nicht näher konkretisierte und insgesamt voraussetzungslose Freistellungsmöglichkeit des ArbGeb ist als unangemessene Benachteiligung iSv § 307 Abs 1 BGB bedenklich (LAG Hess 20.2.13 – 18 SaGa 175/13, BeckRS 2013, 70301; LAG München 7.5.03 – 5 Sa 297/03, LAGE § 307 BGB 2002 Nr 2; *Ohlendorf/Salamon* NZA 08, 856; *Hunold* NZA-RR 06, 113; aA *Kappenhagen* FA Arbeitsrecht 07, 167). Beschränkt sich die Freistellungsklausel auf den Zeitraum nach Ausspruch einer Kündigung, bestehen diese Bedenken in aller Regel nicht (BAG 21.3.12 – 5 AZR 651/10, NZA 12, 616 mit zusätzlicher Widerrufsmöglichkeit bezüglich der Dienstwagenüberlassung; LAG Hamm 13.2.15 – 18 SaGa 1/15, NZA-RR 15, 460; LAG Köln 20.2.06 – 14 (10) Sa 1394/05, NZA-RR 06, 342; LAG RhPf 30.6.05 – 12 Sa 99/05; aA ArbG Frankfurt 19.11.03 – 2 Ga 251/03, NZA-RR 04, 409; ArbG Bln 4.2.05 – 9 Ga 1155/05, BB 06, 559; *Meyer* NZA 11, 1249; *Fischer* NZA 04, 233). Das gilt nicht, wenn die Freistellung gleichzeitig mit einer Vergütungsreduzierung verbunden ist (LAG RhPf 13.7.17 – 5 Sa 100/17, BeckRS 2017, 123582). Hiervon unabhängig sind in Rspr und Schrifttum Fallkonstellationen anerkannt, in denen dem ArbGeb eine Möglichkeit zur Freistellung des ArbN eingeräumt wird, sofern die vertragsgemäße Vergütung fortgezahlt wird. Das gilt bspw bei Wegfall des Arbeitsplatzes aufgrund einer während der noch laufenden Kündigungsfrist erfolgten Stilllegung der Abteilung (ArbG Stralsund 11.8.04 – 3 Ga 7/04, NZA-RR 05, 23). Speziell zu Arbeitsverträgen mit Fußballtrainern: *Richter/Lange* NZA-RR 12, 57. 16

Welche Anforderungen im Übrigen an eine rechtmäßige Freistellung zu stellen sind, ist umstritten. Während in einzelnen Entscheidungen des BAG von dem Erfordernis eines „sachlichen Grundes" die Rede ist (BAG 19.8.76, DB 76, 2308; 15.6.72, DB 72, 1878), wird im Schrifttum und in der Instanzrechtsprechung teilweise das Vorliegen eines „wichtigen Grundes" iSd § 626 Abs 1 BGB gefordert (*von Hoyningen-Huene* NJW 81, 713; LAG Köln 20.3.01 – 6 Ta 46/01, BeckRS 2001, 40499). Richtigerweise sollte die Rechtmäßigkeit der Freistellung einer umfassenden **Interessenabwägung** vorbehalten bleiben, in der zu überprüfen ist, ob ausnahmsweise besondere schutzwürdige Interessen der ArbGeb vorliegen, die den grds bestehenden Beschäftigungsanspruch des ArbN deutlich überwiegen (BAG 17.12.15 – 6 AZR 186/14, NZA 16, 508, BAG GS 27.2.85, NZA 85, 702; LAG RhPf 14.3.17 – 8 Sa 388/16, BeckRS 2017, 110761). Das gilt grds in gleicher Weise auch für Führungskräfte bzw leitende Angestellte (*Beckmann* NZA 04, 1131; *Fischer* NZA 04, 233). Eine Orientierung am Begriff des sachlichen oder wichtigen Grundes erscheint demgegenüber wenig hilfreich. 17

Ein typisches **Beispiel** einer möglichen Freistellung bildet die Freistellung nach Ausspruch einer fristgerechten **verhaltensbedingten Kündigung** für die Dauer der Kündigungsfrist. Beruht die Kündigung auf einer Straftat des ArbN oder besteht jedenfalls ein dringender Tatverdacht, so wird regelmäßig das ArbGebSeitige Freistellungsinteresse überwiegen. Das Gleiche gilt, soweit berechtigte Bedenken wegen des Verrats von Betriebsgeheimnissen oder des Begehens von Wettbewerbsverstößen bestehen (LAG Hamm 3.11.93, DB 94, 148 [LS]). Ebenfalls kann das Interesse des ArbGeb an einer Freistellung dann überwiegen, wenn aufgrund des Verhaltens des ArbN, das zur Kündigung geführt hat, eine Weiterbeschäftigung zu einer erheblichen Störung des Betriebsfriedens führen würde. Bei **betriebsbedingten Kündigungen** bilden Freistellungen die Ausnahme. Ein berechtigtes Interesse des ArbGeb kommt insofern nur bei definitivem Wegfall der Beschäftigungsmöglichkeit für den gekündigten ArbN innerhalb der Kündigungsfrist in Betracht. Auch bei 18 einer ordentlichen **Eigenkündigung des Arbeitnehmers** kann eine Freistellung durch den ArbGeb in Betracht kommen (LAG SchlHol 16.2.18 – 5 Sa 425/17, BeckRS 2018, 8396). Oftmals enthalten **Sozialpläne** derartige Freistellungsregelungen. Hier spricht die von den Betriebspartnern bereits im Rahmen der Sozialplanverhandlungen vorgenommene Interessenabwägung für deren Rechtmäßigkeit.

**19** Die Vereinbarung zur Vergütungsfortzahlung bei Freistellung des ArbN ist deklaratorischer Natur und schafft keinen über die vertragliche/gesetzliche Entgeltzahlungspflicht hinausgehende Vergütungspflicht des ArbGeb. Im Fall der **Erkrankung** des ArbN in der Freistellungsphase gelten daher allein die gesetzlichen Entgeltfortzahlungsbestimmungen (BAG 29.9.04 – 5 AZR 99/04, NZA 05, 104; LAG Hess 24.1.07 – Sa 1393/06, NZA-RR 07, 401).

**20** Eine ähnliche Interessenlage kann bei einer beabsichtigten **außerordentlichen Kündigung** bestehen, vor deren Ausspruch noch die Anhörung des BRat oder ein Zustimmungsverfahren beim Integrationsamt durchzuführen sind. Liegt ein derart gravierendes Fehlverhalten vor, das den ArbGeb zum Ausspruch einer außerordentlichen Kündigung iSd § 626 Abs 1 BGB berechtigt, so wird regelmäßig eine sofortige Freistellung des ArbN in Betracht kommen (*Fitting* § 102 Rz 20; noch weitergehend für eine Freistellung unter Fortfall der Vergütungsansprüche: HSWGNR/*Schlochauer* § 102 Rz 147). Das Gleiche gilt bei der beabsichtigten außerordentlichen Kündigung eines BRatMitglieds bei fehlender Zustimmung des BRat, wenn dies bei sorgfältiger Interessenabwägung im Einzelfall geboten ist (LAG Hamm 12.12.01 – 10 Sa 1741/01, NZA-RR 03, 311). Hierbei ist einerseits der besonders ausgestaltete Kündigungsschutz von BRatMitgliedern, andererseits aber auch die voraussichtlich lange Dauer des gerichtlichen Zustimmungsersetzungsverfahrens nach § 103 Abs 2 BetrVG zu berücksichtigen (LAG Sachs 14.4.2000 – 3 Sa 298/00, NZA-RR 2000, 588; jedenfalls kein überwiegendes Freistellungsinteresse nach erstinstanzlicher Bestätigung der Zustimmungsverweigerung des BRat). Insgesamt sind dabei aber besondere Anforderungen zu stellen (LAG Hess 28.6.10 – 16 SaGa 811/10, BeckRS 2010, 73262; aA LAG München 25.2.10 – 3 SaGa 4/10 für den Fall der Versetzung). Es müssen Umstände hinzukommen, die über den „wichtigen Grund" für die beabsichtigte außerordentliche Kündigung hinausgehen (LAG Köln 2.8.05 – 1 Sa 952/05, NZA-RR 06, 28). Die Freistellung kann allgemein bei einer außerordentlichen Kündigung auch für den Fall der Wirksamkeit einer hilfsweise ausgesprochenen ordentlichen Kündigung erfolgen (LAG Köln 25.1.12 – 8 Sa 1080/11, NZA-RR 12, 351). Eine unwiderrufliche Freistellung für die Dauer einer mehrmonatigen Aufhebungsfrist auf der Grundlage einer Aufhebungsvereinbarung schließt eine fristlose Verdachtskündigung nicht wegen fehlender Unzumutbarkeit aus. Allerdings ist die Freistellung bei der Interessenabwägung zu berücksichtigen (BAG 5.4.01 – 2 AZR 217/00, NZA 01, 837).

**21** Bezahlte Freistellungen sind auch bei reduzierter Vergütung möglich. Das BAG hat eine **tarifliche Regelung** in einem Vorruhestandstarifvertrag, die dem ArbGeb unter bestimmten Voraussetzungen ein einseitiges Suspendierungsrecht bei 75 %iger Vergütungsfortzahlung einräumt, für wirksam erachtet (BAG 27.2.02 – 9 AZR 562/00, NZA 02, 1100).

**Im Insolvenzfall** kann der Insolvenzverwalter unter Beachtung der Grundsätze billigen Ermessens nach § 315 BGB ArbN aus insolvenzspezifischen Gründen freistellen (LAG Nbg 30.8.05 – 6 Sa 273/05, NZA-RR 06, 151; aA LAG Hess 10.4.17 – 7 Sa 650/16, BeckRS 2017, 127141; vom BAG offengelassen BAG 6.9.18 – 6 AZR 367/17, NZA 19, 172). Hat der Insolvenzverwalter nicht rechtzeitig (wirksam) gekündigt, gelten die Annahmeverzugsansprüche aus der Zeit nach dem ersten möglichen Kündigungstermin auch dann als Neumasseverbindlichkeiten iSv § 209 Abs 1 Nr 2 InsO, § 209 Abs 2 Nr 2 InsO, wenn der Insolvenzverwalter den ArbN freigestellt hat (BAG 22.2.18 – 6 AZR 868/16, NZA 18, 666). Geschieht die Freistellung nach erfolgter Anzeige der Masseunzulänglichkeit, sind die Vergütungsansprüche der freigestellten ArbN lediglich nachrangige Masseforderungen gem § 209 Abs 1 Nr 3 InsO (BAG 15.6.04 – 9 AZR 431/03, NZA 05, 354; LAG Hamm 27.9.2000 – 2 Sa 1178/00, NZA-RR 01, 654). Allein die Freistellung sämtlicher ArbN bedeutet noch keine Betriebsstilllegung iSv §§ 111 ff BetrVG (BAG 22.11.05 – 1 AZR 407/04, NZA 06, 736).

**22** **5. Mitbestimmungsrechte des Betriebsrats** bestehen bei Freistellungen nicht. Insbes sind Freistellungen keine Versetzung iSv § 99 BetrVG, da nur Aufgaben entzogen, aber keine neuen zugewiesen werden (BAG 19.2.91 – 1 ABR 36/90, NZA 91, 565; 22.1.98 – 2 AZR 267/97, NZA 98, 699; 28.3.2000 – 1 ABR 17/99, NZA 2000, 1355). Soweit im Schrifttum vereinzelt eine analoge Anwendung des kündigungsrechtlichen Mitbestimmungstatbestandes des § 102 BetrVG befürwortet wird, überzeugt dies nicht. Kündigung und Freistellung sind bereits aufgrund des nur vorübergehenden Charakters der Freistellung zwei grds wesensverschiedene Rechtsinstitute, so dass eine Analogie nicht möglich ist (*Bitter* NZA 91 Beilage 3, 17). Das Gleiche gilt gem § 31 Abs 2 SprAuG für die Beteiligung des **Sprecherausschusses.** Stellt der ArbGeb den überwiegenden Teil der Belegschaft frei, so liegt darin noch nicht der Beginn einer nach § 111 BetrVG Mitbestimmungsrechte des BRat auslösenden (Teil-)Betriebsstilllegung (BAG 30.5.06 – 1 AZR 25/05, NZA 06, 1123). In besonders gelagerten Fällen kann allerdings ein Mitbestimmungsrecht des BRat nach § 87 Abs 1 Nr 5 BetrVG in Betracht kommen (BAG 19.9.2000 – 9 AZR 504/99, NZA 2002, 221; LAG Köln 16.3.2000 – 10 (11) Sa 1280/99, NZA-RR 01, 310).

**6. Rechtsfolgen der Freistellung für die Arbeitnehmer.** Arbeitsrechtlich kann sich 23
eine Freistellung unterschiedlich auswirken (zu den sozialversicherungsrechtlichen Auswirkungen *Bergwitz* NZA 09, 518; *Bauer* NZA 07, 409; → Rn 36 ff).

**a) Anderweitiges Einkommen.** Beruht die Freistellung auf einer **Vereinbarung** der Parteien, so ist diese auch Grundlage für den Vergütungsanspruch des ArbN (BAG 23.1.01 – 9 AZR 26/00, NZA 01, 597; LAG RhPf 23.4.09 – 11 Sa 751/08, BeckRS 2009, 66670; LAG Köln 27.10.06 – 4 Sa 796/06, BeckRS 2007, 41930; *Kramer* DB 08, 2538). Eine solche Vereinbarung hat der 9. Senat des BAG bereits dann bejaht, wenn der ArbN einer unwiderruflich unter Urlaubsanrechnung erfolgten Freistellung unwidersprochen Folge leistet (BAG 19.3.02 – 9 AZR 16/01, NZA 02, 1055). Die Anrechnung von Zwischenverdienst muss dann ebenfalls ausdrücklich vereinbart werden (BAG 17.10.12 – 10 AZR 809/11, NZA 13, 207; LAG Bbg 17.3.98 – 2 Sa 670/97, AP Nr 78 zu § 615 BGB; LAG Hamm 10.10.96 – 10 Sa 104/96, NZA-RR 97, 287; *Nägele* BB 03, 45). Bei der **einseitigen Freistellung** gerät der ArbGeb in Annahmeverzug und anderweitiges Einkommen wird gem § 615 Satz 2 BGB angerechnet (BAG 6.9.06 – 5 AZR 703/05, NZA 07, 36; LAG Thür 21.11.2000 – 5 Sa 352/99, LAGE § 615 BGB Nr 62; LAG SchlHol 20.2.97 – 4 Sa 567/96, NZA-RR 97, 286; HWK/*Krause* § 615 BGB Rz 86; *Bauer* NZA 07, 409). Dies gilt unabhängig davon, ob die Freistellung rechtmäßig ist (aA *Bayreuther* Anm zu BAG AP Nr 118 zu § 615 BGB; *Klar* NZA 04, 576). Der Annahmeverzug tritt dabei ohne tatsächliches oder wörtliches Arbeitskraftangebot des ArbN ein (BAG 21.10.15 – 5 AZR 843/14, NZA 16, 688); lediglich ein darüberhinausgehendes Absehen von dem Erfordernis der Leistungsfähigkeit (§ 297 BGB) bedarf der ausdrücklichen Vereinbarung (BAG 26.6.13 – 5 AZR 432/12, BeckRS 2013, 72800). Eine während der Freistellung erklärte unwirksame fristlose Kündigung des ArbGeb lässt die Arbeitsbefreiung in der bisherigen Form unberührt (BAG 23.1.01 – 9 AZR 26/00, NZA 01, 597). Beim Betriebsübergang nach § 613a BGB bleibt der Vergütungsanspruch des freigestellten ArbN gegenüber dem Erwerber bestehen, ohne dass es eines erneuten Arbeitskraftangebots bedarf (LAG Bln 11.10.02 – 6 Sa 961/02, NZA-RR 03, 409).

**b) Urlaub.** Die Anrechnung von Urlaub setzt eine **unwiderrufliche** Freistellung voraus 24
(BAG 14.3.06 – 9 AZR 11/05, NZA 06, 1008; 19.5.09 – 9 AZR 433/08, NZA 09, 1211; *Kramer* DB 08, 2538). Das BAG legt daher jede nicht ausdrücklich widerruflich ausgesprochene Freistellung, die eine Urlaubsanrechnung vorsieht, als unwiderrufliche Freistellung aus. Der Urlaubsanspruch wird dann mit der Freistellung erfüllt und erlischt nach § 362 BGB (BAG 14.3.06 – 9 AZR 11/05, NZA 06, 1008; 6.9.06 – 5 AZR 703/05, NZA 07, 36). Dabei ist unschädlich, wenn der ArbGeb den genauen Urlaubszeitraum nicht bestimmt, sondern lediglich eine Gewährung im Freistellungszeitraum anordnet (BAG 16.7.13 – 9 AZR 50/12, BeckRS 2013, 72234; zum Anspruch auf Urlaubsgeld in einem solchen Fall LAG Köln 29.4.93 – 5 Sa 121/93). Allerdings muss der ArbGeb die Urlaubsvergütung vor Urlaubsantritt zahlen oder jedenfalls vorbehaltlos zusagen (BAG 10.2.15 – 9 AZR 455/13, NZA 15, 998). Demgegenüber bleibt für den ArbGeb auch bei widerruflicher Freistellung die Anrechnung auf ein Arbeitszeitkonto möglich (BAG 19.5.09 – 9 AZR 433/08, NZA 09, 1211). Das muss aber in der Freistellungserklärung bzw -vereinbarung hinreichend deutlich zum Ausdruck kommen (BAG 20.11.19 – 5 AZR 578/18, Pressemitteilung Nr 40/19). Auch eine vorsorgliche Gewährung von Urlaub ist im Freistellungsfall ohne

Weiteres möglich (BAG 14.8.07 – 9 AZR 934/06, NZA 08, 473; *Koch/Fandel* DB 09, 2321). Trifft der ArbGeb insoweit keine Bestimmung bei der Freistellung oder regeln die Parteien bei einer Freistellungsvereinbarung die Urlaubsanrechnung nicht, so erfolgt **im Zweifel keine Anrechnung** (BAG 31.5.90, DB 91, 392; 9.6.98 – 9 AZR 43/97, NZA 99, 80; *Hohmeister* DB 98, 1130; *Hoß/Lohr* BB 98, 2575; aA *Meier* NZA 02, 873; *Nägele* DB 98, 518). Will der ArbGeb bei einer jahresübergreifenden Freistellung Urlaubsansprüche des ArbN anrechnen, muss er dies hinreichend deutlich machen. Zweifel über den Inhalt der Freistellungserklärung gehen zu seinen Lasten (BAG 17.5.11 – 9 AZR 189/10, NZA 11, 1032). Auch eine nachträgliche Verrechnung von Resturlaubsansprüchen mit dem Freistellungszeitraum durch den ArbGeb ist unzulässig (BAG 5.2.70, DB 70, 690). Eine Obliegenheit der ArbN, sich bei längerfristigen Freistellungen um eine Urlaubserteilung zu bemühen, besteht nicht. Der Freistellungszeitraum ist bei der **Ermittlung des Urlaubsanspruchs** zu berücksichtigen. Auch während einer längeren Freistellungsphase erwirbt der ArbN im fortbestehenden Arbeitsverhältnis anteilige Urlaubsansprüche.

25 **c) Wettbewerbsverbot.** Stellt der ArbGeb den ArbN einseitig frei, so kann dieser regelmäßig davon ausgehen, dass er nunmehr in der Verwertung seiner Arbeitskraft frei ist und das allgemeine gesetzliche Wettbewerbsverbot des § 60 HGB nicht mehr gilt. Dies ist letztlich die Kehrseite des durch den ArbGeb herbeigeführten Annahmeverzugs mit der Anrechnung anderweitigen Verdienstes (BAG 6.9.06 – 5 AZR 703/05, NZA 07, 36; aA *Bauer* NZA 07, 410; *Nägele* NZA 08, 1039). Beruht die Freistellung auf einer Vereinbarung, kommt es maßgeblich auf deren Auslegung an. Ohne entsprechende anderweitige Anhaltspunkte ist von einer Fortgeltung des allgemeinen vertraglichen Wettbewerbsverbots auch in der Freistellung auszugehen. Auch hier bedarf die Anrechnung von Zwischenverdienst einer besonderen Vereinbarung (→ Rn 23; BAG 17.10.12 – 10 AZR 809/11, NZA 13, 207).

26 **d) Erkrankung.** Erkrankt bei einer unbezahlten Freistellung der ArbN im Freistellungszeitraum, ist der ArbGeb regelmäßig nicht zur Lohnfortzahlung im Krankheitsfall verpflichtet, da nicht die AU des ArbN, sondern die unbezahlte Freistellung kausal für den Fortfall der Vergütungsansprüche ist (zum Kausalitätserfordernis → *Entgeltfortzahlung* Rn 6). Etwas anderes gilt nach der Rspr nur dann, wenn die Parteien eine unbezahlte Freistellung zu Erholungszwecken des ArbN vereinbart haben. Hier findet § 9 BUrlG analoge Anwendung (BAG 25.5.83, DB 83, 2526). Bei der bezahlten Freistellung gilt die gesetzliche Entgeltfortzahlungspflicht. Weitergehende Ansprüche bedürfen einer besonderen Vereinbarung (BAG 23.1.08 – 5 AZR 393/07, NZA 08, 595).

27 **e) Feiertagsvergütung.** Da auch für die Vergütung an Feiertagen gem § 2 EFZG das Lohnausfallprinzip gilt, entfällt wegen der fehlenden Kausalität ebenso wie im Krankheitsfall auch die Feiertagsvergütung für einen in den Zeitraum der unbezahlten Freistellung fallenden Feiertag. Demgegenüber greift § 2 EFZG ein und verpflichtet den ArbGeb zur Zahlung in dem Fall, dass der Feiertag zwischen einer unbezahlten Freistellung und dem sich anschließenden Betriebsurlaub liegt (BAG 27.7.73, DB 73, 2001).

28 **f) Fristen.** Soweit für Fristberechnungen der rechtliche Bestand des Arbeitsverhältnisses maßgeblich ist, werden Freistellungszeiträume grds mitberücksichtigt, da die Freistellung lediglich eine Suspendierung der Hauptleistungspflicht des ArbN bedeutet, ohne das Arbeitsverhältnis selbst zu beenden. So sind Freistellungen zB ohne Einfluss auf die sechsmonatige Wartezeit des § 1 Abs 1 KSchG bzw des § 173 Abs 1 Nr 1 SGB IX oder des § 4 BUrlG. Gleiches gilt für die Berechnung der verlängerten Kündigungsfristen gem § 622 Abs 2 BGB oder der fünfjährigen Betriebszugehörigkeit für die unverfallbare Rentenanwartschaft gem § 1b Abs 1 BetrAVG.

29 **Anders** ist die Rechtslage hinsichtlich der Erfüllung der 6-Monatsfrist des § 8 BetrVG als **Wählbarkeitsvoraussetzung** für die Wahl zum BRat. Ausweislich der amtlichen Begründung verfolgt § 8 BetrVG den Zweck, nur solchen ArbN das passive Wahlrecht zum BRat einzuräumen, die aufgrund ihrer mindestens sechsmonatigen Betriebszugehörigkeit einen Überblick über die betrieblichen Verhältnisse erworben haben. Dementsprechend sind kurzfristige Freistellungen von der Arbeit unbeachtlich. Bei längerfristigen Freistellungen tritt eine Hemmung des Fristablaufs ein mit der Folge, dass die Fristberechnung nach Beendigung der Freistellung fortgesetzt wird (*Fitting* § 8 Rz 45; *Richardi/Thüsing* § 8 Rz 24). Für die Wählbarkeit zum **Sprecherausschuss** gilt gem § 3 Abs 2 SprAuG entsprechendes (*Hromadka* SprAuG § 3 Rz 12).

**g) Nachteilsausgleich.** Der ArbGeb muss vor Durchführung einer Betriebsänderung iSv § 111 BetrVG einen Interessenausgleich suchen und wird anderenfalls nachteilsausgleichspflichtig (→ *Nachteilsausgleich* Rn 7 ff). Der Interessenausgleich muss erfolgen, bevor mit der Durchführung der Betriebsänderung begonnen wird, also bevor der ArbGeb unumkehrbare Maßnahmen zur Auflösung der betrieblichen Organisation trifft (BAG 30.5.06 – 1 AZR 25/05, NZA 06, 1122). Eine derartige unumkehrbare Situation tritt bereits mit der unwiderruflichen Freistellung sämtlicher betroffenen ArbN ein (LAG BlnBbg 2.3.12 – 13 Sa 2187/11, BeckRS 2012, 68672). 30

**7. Rechtsfolgen der Freistellung für den Arbeitgeber.** Über die regelmäßig bestehende Pflicht des ArbGeb zur Fortzahlung der vertragsgemäßen Vergütung hinaus können bei einer unberechtigten Freistellung Schadensersatz- oder sonstige Gegenansprüche des ArbN entstehen (LAG BaWü 12.6.06 – 4 Sa 68/05, BeckRS 2011, 65832; LAG Hbg 13.9.07 – 8 Sa 35/07, BeckRS 2008, 56418; *Göpfert/Fellenberg* BB 11, 1912). Je nach Schwere der Vertragsverletzung des ArbGeb ist eine fristlose Eigenkündigung des ArbN mit einem Schadensersatzanspruch gem § 628 BGB möglich. 31

Bei der Freistellung schwerbehinderter ArbN ist fraglich, ob diese weiter auf die Schwerbehindertenquote des § 154 Abs 1 SGB IX angerechnet werden. Richtigerweise ist dies wegen des rechtlichen Fortbestands des Arbeitsverhältnisses zu bejahen.

Ist im Arbeitsvertrag vereinbart, dass geleistete Überstunden durch Freistellung unter Vergütungsfortzahlung ausgeglichen werden, kann der ArbGeb während der Gewährung des Freizeitausgleichs nicht nach § 615 BGB in Annahmeverzug geraten. Das gilt auch bei einem LeihArbN, selbst wenn der ArbGeb ohne die Gewährung des Freizeitausgleichs keine Gelegenheit gehabt hätte, den ArbN zur Arbeitsleistung zu verleihen (LAG MeVo 14.6.16 – 2 Sa 213/15, BeckRS 2016, 70371).

Vgl zur Sondersituation einer Insolvenzanfechtung bei einer langjährigen bezahlten Freistellung des ArbN (BAG 17.12.15 – 6 AZR 186/14, NZA 16, 508).

**8. Muster.** S Online-Musterformulare *„M9.10 Arbeitsvertragliche Freistellungsklausel“* u *„M9.11 Freistellungsklausel im konkreten Einzelfall“*. 32

## B. Lohnsteuerrecht

*Seidel*

**1. Bezahlte Freistellungen.** Zahlt der ArbGeb während der Arbeitsfreistellung den Arbeitslohn weiter, ergeben sich für den LStAbzug **keine Besonderheiten.** Diese Zahlungen stellen keine Entschädigung dar, wenn der ArbN bis zum Ende des Arbeitsverhältnisses freigestellt ist (→ *Außerordentliche Einkünfte* Rn 6). Es ist lediglich darauf zu achten, dass evtl gezahlte **Zuschläge** für Sonntags-, Feiertags- und/oder Nachtarbeit für die Zeit der Freistellung nicht nach § 3b EStG steuerfrei sind (→ *Sonn- und Feiertagsarbeit* Rn 29). Zu den lohnsteuerlichen Folgen im Rahmen des arbeitsrechtlichen Annahmeverzugs des ArbGeb → *Annahmeverzug* Rn 25, 26. Zur Freistellung der BRäte → *Betriebsratsfreistellung* Rn 38; zur Freistellung zu Ausbildungs- und Studienzwecken → *Ausbildungsverhältnis* Rn 88. Hat sich der ArbN anderweitiges Einkommen anrechnen zu lassen, wird zur lohnsteuerlichen Behandlung auf das Stichwort → *Anrechnung anderweitigen Einkommens* Rn 4 verwiesen. Zur lohnsteuerlichen Behandlung der Zahlung von Arbeitslohn bei Freistellung im Rahmen von Laufzeit-(Jahres- oder Lebensarbeitszeit-)konten → *Arbeitszeitmodelle* Rn 17 und → *Wertguthaben/Zeitguthaben* Rn 7. 33

**2. Unbezahlte Freistellungen.** Erhält der ArbN keinen Arbeitslohn, ist auch lohnsteuerlich nichts veranlasst (→ *Arbeitsverhinderung* Rn 20). Zur steuerlichen Behandlung der Streik- und der Aussperrungsunterstützung → *Arbeitskampf (Vergütung)* Rn 26, der Krankengeldzahlungen → *Krankengeld* Rn 6 ff und des Kurzarbeitergeldes → *Kurzarbeit* Rn 27. Zum unbezahlten Urlaub → *Urlaub, unbezahlter* Rn 11. 34

**3. Schadensersatz.** Hat der ArbN dem ArbGeb Schadensersatz zu leisten, können die Aufwendungen hierfür Werbungskosten darstellen (→ *Arbeitnehmerhaftung* Rn 27 und → *Werbungskosten* Rn 2 ff). Hat der ArbGeb dem ArbN Schadensersatz zu zahlen, kann darin Arbeitslohn liegen (→ *Arbeitgeberhaftung* Rn 19, 20; → *Fürsorgepflicht* Rn 24 sowie → *Arbeitsentgelt* Rn 54 ff). 35

## C. Sozialversicherungsrecht

*Schlegel*

### Übersicht



36 **I. Auswirkungen einer Freistellung auf das Versicherungspflicht-, Beitrags- und Leistungsrecht.** In der SozV stellt sich in erster Linie die Frage, welche Folgen eine Freistellung von Arbeit mit und ohne Fortzahlung des Arbeitsentgelts nach sich zieht (zum Ganzen *Schlegel* NZA 05, 972 ff; *Bauer* DB 05, 2242 ff; *Voelzke* in FS Küttner, 2006, 345 ff). Versicherungspflicht in der KV, RV, PflegeV und ArblV setzt idR die tatsächliche Beschäftigung gegen Arbeitsentgelt voraus. Damit der Versicherungsschutz bei Beendigung des Arbeits- und Beschäftigungsverhältnisses nicht abrupt endet, fingiert § 7 Abs 4 Satz 1 SGB IV das Bestehen eines entgeltlichen Beschäftigungsverhältnisses für längstens einen Monat nach Beendigung der entgeltlichen Beschäftigung. Daneben sind im Wesentlichen die weiteren Fall-Konstellationen zu unterscheiden:

- Der ArbGeb stellt den ArbN bei fortbestehendem Arbeitsverhältnis von der Arbeitsleistung frei, zahlt ihm aber weiterhin Arbeitsentgelt. In diesen Fällen besteht ebenfalls Versicherungspflicht in der KV, RV, PflegeV und ArblV; → Rn 42–49.
- Das Arbeitsverhältnis besteht fort, jedoch zahlt der ArbGeb das Arbeitsentgelt nicht „aus eigener Tasche", sondern aus einem regulären, vom ArbN angesparten Wertguthaben iSv § 7b SGB IV (Versicherungsschutz wird aufrecht erhalten nach § 7 Abs 1a Satz 1 SGB IV; → Rn 51) oder aus einem Arbeitszeitguthaben zur flexiblen Gestaltung der werktäglichen oder wöchentlichen Arbeitszeit oder zum Ausgleich betrieblicher Produktions- und Arbeitszeitzyklen (Versicherungsschutz wird aufrecht erhalten nach § 7 Abs 1a Satz 2 SGB IV; → Rn 52).

37 **1. Beschäftigungslosigkeit in der Arbeitslosenversicherung. a) Arbeitslosigkeit.** Der Begriff „Beschäftigungsverhältnis" ist in der SozV funktionsdifferenziert, dh im Leistungsrecht der ArblV unabhängig (und oft anders) auszulegen als im Zusammenhang mit der Frage nach der Versicherungspflicht und dem Beitragsrecht (BSG 28.9.93 – 11 RAr 69/92, SozR 3–4100 § 101 Nr 5). **Arbeitslos** im Sinn der ArblV ist gem § 138 Abs 1 SGB III ein ArbN, der nicht in einem Beschäftigungsverhältnis steht (Beschäftigungslosigkeit), sich bemüht, seine Beschäftigungslosigkeit zu beenden (Eigenbemühungen) und den Vermitt-

lungsbemühungen der Agentur für Arbeit zur Verfügung steht (Verfügbarkeit). Die Beschäftigungslosigkeit – und damit der Beschäftigungsbegriff im leistungsrechtlichen Sinne der Arbeitsförderung – ist unabhängig vom Bestehen eines Arbeitsverhältnisses iSd Arbeitsrechts – durch die tatsächliche Nichtbeschäftigung des Versicherten gekennzeichnet (BSG 28.9.93 – 11 RAr 69/92, SozR 3–4100 § 101 Nr 5; BSG 25.4.02 – B 11 AL 65/01 R, BSGE 89, 243 = SozR 3–4300 § 144 Nr 8). **Beschäftigungslosigkeit** liegt bereits dann vor, wenn ein ArbN vorübergehend nicht in einem (leistungsrechtlichen) Beschäftigungsverhältnis steht, selbst wenn sein Arbeitsverhältnis rechtlich-formal fortbesteht.

**b) Arbeitslosigkeit trotz Fortbestehens des Arbeitsvertrages.** Die Freistellung des ArbN mit Fortzahlung von Arbeitsentgelt ist ein geradezu typisches Beispiel für die rechtliche Möglichkeit der Arbeitslosigkeit/Beschäftigungslosigkeit bei fortbestehendem Arbeitsverhältnis. Die Systematik des Gesetzes geht von dieser Möglichkeit aus. Denn andernfalls wäre die Ruhensvorschrift für Ansprüche bei Arbeitslosigkeit während des Bezuges von Arbeitsentgelt (§ 143 Abs 1 SGB III) überflüssig und nicht verständlich. Dies hat ua auch seinen Sinn darin, dass der ArbN bei faktischer Nichtbeschäftigung trotz noch fortbestehenden Arbeitsverhältnisses bereits als Arbeitsloser behandelt werden kann, er berechtigt ist, bereits die Vermittlungsbemühungen der Agentur für Arbeit in Anspruch zu nehmen, aber auch den Obliegenheiten der ArblV unterworfen wird. 38

**c) Sperrzeit und Vermeidungsstrategien.** Für das **Leistungsrecht** der ArblV gilt bei einer Freistellung von der Arbeit Folgendes: Mit der Freistellung wird der ArbN trotz noch fortbestehendem Arbeitsverhältnis iSd ArblV beschäftigungs- und damit arbeitslos. Die Sperrzeit wegen Arbeitsaufgabe beginnt mit der durch die Lösung des Beschäftigungsverhältnisses herbeigeführten Beschäftigungslosigkeit; die weiteren Merkmale der Arbeitslosigkeit als Leistungsvoraussetzung (Verfügbarkeit, Beschäftigungssuche) und Leistungsbezug sind nicht erforderlich (BSG 5.8.99 – B 7 AL 14/99 R, BSGE 84, 225 = SozR 3–4100 § 119 Nr 17; BSG 25.4.02 – B 11 AL 65/01 R, BSGE 89, 243 = SozR 3–4300 § 144 Nr 8). Die Sperrzeit beginnt mit dem Tag nach dem Ereignis, das die Sperrzeit begründet, zB Tag der ArbNKündigung, des Abschlusses eines Aufhebungsvertrages oder des arbeitsvertragswidrigen Verhaltens (allg zum Sperrzeitenrecht *Voelzke* NZS 05, 281 ff). Die Dauer der Sperrzeit beträgt im Regelfall zwölf Wochen, kann aber insbes in Härtefällen verkürzt werden. 39

Nur bei einzelnen Ruhenstatbeständen ordnet das Gesetz zusätzlich die **Minderung der Anspruchsdauer** und damit eine Kürzung des Anspruchs an. Dies ist auch bei den Sperrzeiten wegen Arbeitsaufgabe der Fall: Die Dauer des Anspruchs auf AlGeld mindert sich hier um die Anzahl von Tagen der Sperrzeit (§ 148 Abs 1 Nr 4 SGB III). Dies erlangt allerdings nur dann Bedeutung, wenn es dem Arbeitslosen nicht gelingt, während der verbliebenen Restdauer seines Anspruchs auf AlGeld wieder eine Arbeit zu finden. Die Verkürzung der Anspruchsdauer spielt hingegen keine Rolle, wenn der später Arbeitslose den Anspruch auf AlGeld ohnehin nicht ausschöpfen will, zB weil er in Rente geht oder er wieder Arbeit findet. 40

Besteht das Arbeitsverhältnis bei Freistellung des ArbN für die Dauer der Sperrzeit fort, ist wie folgt zu differenzieren. **Beantragt der Arbeitnehmer Arbeitslosengeld,** wird ihm bei Erfüllung der übrigen Voraussetzungen (insbes Wartezeiterfüllung) AlGeld bewilligt, dieses in aller Regel aber nicht ausgezahlt, weil das AlGeld wegen Eintritt der Sperrzeit und/oder deshalb ruht, weil der ArbN von seinem ArbGeb trotz Freistellung von der Arbeit noch Arbeitsentgelt erhält (§ 157 Abs 1 SGB III). Stellt der ArbN den **Arbeitslosengeld-Antrag nicht bereits ab Beginn seiner Nichtbeschäftigung/Freistellung,** sondern erst nach Ablauf zB einer Zwölfwochenfrist, wirkt sich die Sperrzeit praktisch nicht mehr aus; sie ist während des noch bestehenden Arbeitsverhältnisses in der Freistellungsphase – je nach Dauer der Sperrzeit – bereits „abgelaufen" (BSG 11.12.14 – B 11 AL 2/14 R, Rn 37). Der ArbN erhält mit der Arbeitslosmeldung AlGeld. Wie nachfolgend dargelegt wird, bleibt der in leistungsrechtlicher Sicht beschäftigungslos gewordene ArbN in der Zeit, in der er von seinem ArbGeb freigestellt ist, aber gleichwohl Arbeitsentgelt erhält, iSd Tatbestände über die Versicherungs- und Beitragspflicht abhängig Beschäftigter. Eine **tatsächliche Arbeitsleistung** ist bei derartigen Freistellungstatbeständen nicht erforderlich. 41

**2. Beschäftigung und Freistellung im Recht der Versicherungs- und Beitragspflicht. a) Arbeitnehmerbegriff.** Der Begriff des ArbN im arbeitsrechtlichen Sinne deckt 42 sich weitestgehend mit demjenigen des Beschäftigten in der SozV. So knüpft die für den Typus der (abhängigen) Beschäftigung maßgebliche Vorschrift des § 7 Abs 1 SGB IV ausdrücklich an den arbeitsrechtlichen Begriff des ArbN an und bestimmt: „Beschäftigung ist die nicht selbstständige Arbeit, insbes in einem Arbeitsverhältnis". Daher kann man sagen: Wenn und solange ein wirksames Arbeitsverhältnis vorliegt, ist auch ein Beschäftigungsverhältnis gegeben. Allerdings können die unterschiedlichen Schutzzwecke des Arbeits- und SozVRechts in Randbereichen gewisse Differenzierungen im Detail erforderlich machen. Denn der Schutzzweck der SozV würde in sein Gegenteil verkehrt, wenn dem betreffenden Rechtsgeschäft nicht nur die zivilrechtliche Wirksamkeit, sondern zB dem Minderjährigen, Geschäftsunfähigen, illegal Beschäftigten etc über die Aufhebbarkeit seines Arbeitsverhältnisses hinaus auch der durch Arbeit regelmäßig vermittelte **Sozialversicherungsschutz** versagt oder gar nachträglich wieder entzogen würde (BSG 10.8.2000 – B 12 KR 21/98 R, BSGE 87, 53 = SozR 3–2400 § 7 Nr 15 S 51 mwN; zur Wertneutralität der SozV *Felix* NZS 02, 225).

43 **b) Dogma: Tatsächliche Arbeitsleistung.** Gerade in diesem Zusammenhang hat die Rspr bereits früh das Dogma von der **Maßgeblichkeit der tatsächlichen Verhältnisse** geprägt und entscheidend darauf abgestellt, dass es zur Begründung des Versicherungsschutzes in der SozV (nur) auf die tatsächliche Beschäftigung/Arbeitsleistung ankomme, nicht jedoch auf den Inhalt und rechtsgeschäftliche Wirksamkeit der Erklärungen der Arbeitsvertragsparteien (BSG 11.12.73 – GS 1/73 BSGE 37, 10, 13 = SozR Nr 62 zu § 1259 RVO; BSG 28.9.93 – 11 RAr 69/92, BSGE 73, 126 = SozR 3–4100 § 101 Nr 5). Aus der „Maßgeblichkeit der tatsächlichen Verhältnisse" darf indessen nicht der Schluss gezogen werden, die Begründung der Versicherungs- und Beitragspflicht oder deren Aufrechterhaltung komme immer dann, aber auch nur dann in Betracht, wenn und solange tatsächlich Arbeit geleistet wird. Vielmehr hat die Rspr – ebenfalls im Hinblick auf den sozialen Schutzzweck der SozV – hiervon in verschiedenen Fallgruppen abgesehen.

44 **c) Vorübergehende Unterbrechungen der tatsächlichen Arbeitsleistung** lassen den Bestand des Beschäftigungsverhältnisses nach der Rspr des BSG unberührt, wenn „das Arbeitsverhältnis fortbesteht und ArbGeb und ArbN den Willen haben, das Beschäftigungsverhältnis fortzusetzen" (BSG 11.12.73 – GS 1/73 BSGE 37, 10, 13 = SozR Nr 62 zu § 1259 RVO; BSG 28.9.93 – 11 RAr 69/92, BSGE 73, 126 = SozR 3–4100 § 101 Nr 5; BSG 4.7.12 – B 11 AL 16/11 Rz 23f, 28: deutet an, dass es hieran fehlen dürfte, wenn der Arbeitgeber seine Geschäftstätigkeit aufgegeben hat, den ArbN also gar nicht mehr beschäftigen kann; das bloße „arbeitsvertragliche Band" sei nicht ausreichend).

45 Dies wurde etwa angenommen für die Fälle **bezahlten Urlaubs** (BSG 12.11.75 – 3/12 RK 13/74, BSGE 41, 24 = SozR 2200 § 165 Nr 8: Freistellung/Beurlaubung für Studium bei Fortzahlung des Arbeitsentgelts; ähnlich BSG 11.3.09 – B 12 KR 20/07 R: Freistellung für eine beruflich weiterführende, berufsintegrierte bezahlte Ausbildung mit regulärer Beschäftigung in der verlegungsfreien Zeit; ebenso „Ausbildungsdienstverhältnis" BSG 11.3.09 – B 12 KR 20/07 R, BeckRS 2009, 67852), des **bezahlten Sonderurlaub** zwecks Besuch eines Fortbildungslehrgangs, oder eines Festhaltens am Arbeitsverhältnis mit Fortzahlung des Arbeitsentgelts trotz Verhaftung des ArbN (BSG 18.4.91 – 7 RAr 106/90, BSGE 68, 236 = SozR 3–4100 § 104 Nr 6). Ebenso hat das BSG in einem Fall entschieden, in dem einem ArN die **Kündigung vor erstmaligen Dienstantritt** ausgesprochen, er von der Arbeit freigestellt, ihm aber das Arbeitsentgelt bis zum Wirksamwerden der Kündigung gezahlt worden war; das BSG hat hier angenommen, dass der ArbN ohne tatsächliche Arbeitsleistung den Schutz der SozV erlangt hat und er versicherungspflichtig geworden sei (BSG 18.9.73 – 12 RK 15/72, BSGE 36, 161 = SozR Nr 73 zu § 165 RVO). Weiter hat das BSG entschieden, dass eine rechtlich **unwirksame Kündigung des Arbeitsvertrages,** die zum Wegfall der Arbeitsleistung führt, das Beschäftigungsverhältnis nicht beendet, wenn und solange eine Pflicht des ArbGeb zur Fortzahlung des Arbeitsentgelts besteht. Dies ist bei einer unwirksamen Kündigung der Fall, wenn der ArbN seine Arbeitskraft zur Verfügung stellt, der ArbGeb sie aber nicht annimmt und dadurch in **Annahmeverzug** (§ 615 BGB) gerät (BSG 5.5.88 – 12 RK 43/86, SozR 2400 § 2 Nr 25; ständige Rspr; BSG 16.2.05 – B 1 KR 19/03 R Rz 16 mwN; vgl auch *Annahmeverzug*).

46 In diesen Fällen hat das BSG ein zur Versicherungs- und Beitragspflicht führendes Beschäftigungsverhältnis angenommen, obwohl es nicht nur an der tatsächlichen Arbeits-

leistung fehlte; vielmehr musste die zusätzliche „Hürde" genommen werden, dass der ArbGeb auch kein Arbeitsentgelt gezahlt hatte. Gleiches gilt, wenn eine sofortige **Freistellung wegen Insolvenz des Arbeitgebers** nach Eröffnung des Insolvenzverfahrens erfolgt. Erhalten ArbN im Wege der Gleichwohlgewährung bis zum Ablauf der Kündigungsfrist AlGeld und kein Arbeitsentgelt, ist ihr Beschäftigungsverhältnis bis zum Ablauf der Kündigungsfrist oder bis zur Aufnahme einer anderweitigen Beschäftigung als fortbestehend anzusehen (BSG 26.11.85 – 12 RK 51/83, BSGE 59, 183 = SozR 4100 § 168 Nr 19). Sowohl beim Annahmeverzug als auch in den Insolvenzfällen soll der ArbGeb den Schutz der SozV seiner ArbN nicht einseitig dadurch beenden können, dass er ihm die Arbeitsmöglichkeit nimmt und darüber hinaus geschuldetes Arbeitsentgelt nicht bezahlt.

**d) Vertragliche Freistellung des Arbeitnehmers bei fortgezahltem Arbeitsentgelt.** Kommt es zwischen ArbGeb und ArbN in gegenseitigem Einvernehmen zu einer **unwiderruflichen, bezahlten Freistellung** vom Arbeitsverhältnis, bleibt die Versicherungspflicht in der SozV ebenfalls bestehen, sofern der ArbGeb das Arbeitsentgelt weiterhin zahlt. Unerheblich ist, dass der ArbN keine tatsächliche Arbeitsleistung mehr erbringt. Trotz Freistellung sind weiterhin Pflichtbeiträge zu entrichten. Der ArbN verliert seinen SozVSchutz nicht und muss auch keine Sozialleistungen in Anspruch nehmen (*Schlegel* NZA 05, 972 ff). Der ArbN kann in diesen Fällen nicht schlechter stehen als in den oben geschilderten Fallgruppen und auch nicht schlechter, als in Fällen einer Freistellung im Rahmen von Arbeitszeitkonten. Es ist sogar möglich, dass in Zeiten, in denen eine versicherungspflichtige Beschäftigung bei Freistellung des ArbN von der Arbeitspflicht und Fortzahlung von Entgelt bestanden hat, ein Wertguthaben iSv § 7 Abs 1a SGB IV aufgebaut wird (BSG 24.9.08 – B 12 KR 27/07 R, NJW 09, 1772; 11.12.14 – B 11 AL 2/14 R, SozR 4–4300 § 124 Nr 6 Rn 20). Ebenso wird das während der Freistellung gezahlte und abgerechnete Arbeitsentgelt bei der Bemessung des AlGeldes berücksichtigt (BSG 30.8.18 – B 11 AL 15/17 R, becklink 2010811). 47

Ein **Missbrauch** der SozV oder gar ein „Erschleichen" des Versicherungsschutzes ist in solchen Fällen nicht zu befürchten: Bei dem freigestellten ArbN handelt es sich um einen idR langjährig Versicherten, der ohnehin in der KV und RV das Recht zur freiwilligen Weiterversicherung und ohne die Gewährung des Arbeitsentgelts regelmäßig Anspruch auf Sozialleistungen hätte; diese ruhen im Hinblick auf das weiterhin gewährte Arbeitsentgelt, so dass die Träger der SozV durch die bezahlte Freistellung eines ArbN bei typisierender Betrachtung finanzielle Vorteile haben, zumal aus dem während der Freistellung gezahlten Arbeitsentgelt regulär Pflichtbeiträge zu allen Zweigen der SozV zu zahlen sind. 48

Das BSG sieht dies ebenso (Urt vom 24.9.08 – B 12 KR 22/07 R, DB 09, 2326; 11.12.14 – B 11 AL 2/14 R, SozR 4–4300 § 124 Nr 6 Rn 20): Eine die Versicherungspflicht in der RV und in der ArblV begründende Beschäftigung kann auch dann vorliegen, wenn bei fortlaufender Zahlung des Arbeitsentgelts der ArbN einvernehmlich und unwiderruflich bis zum Ende des Arbeitsverhältnisses von der Arbeitsleistung freigestellt ist. Ob **langfristig erkrankte bzw leistungsgeminderte ArbN**, die tatsächlich nicht beschäftigt werden, deren Arbeitsverhältnis jedoch rechtlich fortbesteht, beschäftigungslos im leistungsrechtlichen Sinne des § 138 Abs 1 Nr 1 SGB III sind und **Anspruch auf Alg** haben, ist nach einer Gesamtwürdigung der tatsächlichen Verhältnisse im Einzelfall zu beurteilen (vgl BSG 12.9.19 – B 11 AL 20/18 R zu einer **widerruflichen Freistellung**). 49

**II. Sonstige Freistellungsfälle. 1. Freistellung im Rahmen von Wertguthaben/Arbeitszeitkonten.** Das Problem größerer Freistellungsphasen wurde erstmals im Altersteilzeit-Gesetz 1996 aufgegriffen und durch eine spezielle Regelung gelöst, die den Versicherungsschutz auch in einer Periode anordnete, in der der ArbN nicht (mehr) arbeitet, sondern im Blockmodell ein „angespartes" Arbeitszeitkonto größeren Umfangs abfeiert (BT-Drs 13/4336 S 17 zu § 2 Abs 2; BT-Drs 13/4877 S 29 zu § 2 Abs 2; zum Ganzen → *Altersteilzeit* Rn 57 ff und → *Wertguthaben/Zeitguthaben* Rn 8 ff). 50

Die durch das FlexiG eingefügte und am 1.1.98 in Kraft getretene Vorschrift des **§ 7 Abs 1a SGB IV** trifft eine Regelung zur Verbesserung des SozVSchutzes für sämtliche Arbeitszeitkonten-Modelle. Danach gilt Folgendes: Eine Beschäftigung besteht auch in Zeiten der Freistellung von der Arbeitsleistung von mehr als einem Monat, wenn 1. 51

während der Freistellung Arbeitsentgelt aus einem Wertguthaben nach § 7b SGB IV fällig wird und 2. das monatlich fällig werdende Arbeitsentgelt in der Zeit der Freistellung nicht unangemessen von dem für die vorausgegangenen zwölf Kalendermonate abweicht, in denen Arbeitsentgelt bezogen wurde. Erforderlich ist nach § 7 Abs 1a SGB IV, dass das Arbeitsentgelt aus einem Wertguthaben iS des § 7b SGB IV entnommen wird. Dh das Wertguthaben muss 1. auf einer schriftlichen Vereinbarung beruhen; 2. darf die Vereinbarung nicht das Ziel flexibler Gestaltung der werktäglichen oder wöchentlichen Arbeitszeit oder den Ausgleich betrieblicher Produktions- und Arbeitszeitzyklen verfolgen; vielmehr muss es um größere Freistellungsphasen im Interesse gerade des ArbN gehen; 3. muss Arbeitsentgelt (oder Arbeitszeit) in das Wertguthaben eingebracht werden, um es für Zeiten der Freistellung von der Arbeitsleistung oder einer vereinbarten Arbeitszeitverringerung zu entnehmen; 4. muss das aus dem Wertguthaben fällige Arbeitsentgelt mit einer vor oder nach der Freistellung/Arbeitszeitreduzierung erbrachen Arbeitsleistung erzielt werden (damit ist es auch möglich, mit einem negativen Wertguthaben zu beginnen, das erst nach der Freistellungsphase „abgearbeitet"/nachgearbeitet wird); 5. muss das insgesamt fällig werdende Arbeitsentgelt 450 € monatlich übersteigen, es sei denn, die Beschäftigung wurde bereits vor der Freistellung als geringfügige Beschäftigung ausgeübt.

52 Eine Vereinbarung zwischen ArbGeb und ArbN zur **flexiblen Gestaltung der werktäglichen oder wöchentlichen Arbeitszeit oder zum Ausgleich betrieblicher Produktions- und Arbeitszeitzyklen** kann demnach nicht Gegenstand eines Wertguthabens iSv § 7b SGB IV sein. Arbeitsentgelt aus einer solchen Vereinbarung führt nicht zum Vorliegen entgeltlicher Beschäftigung und damit auch nicht zur Versicherungspflicht nach § 7 Abs 1a Satz 1 SGB IV, so dass bei einer solchen Freistellung eines ArbN das Beschäftigungsverhältnis nach Ablauf eines Monats endet (§ 7 Abs 3 Satz 1 SGB IV). Mit dem 4. SGB IV-ÄndG wurde angeordnet, dass eine Beschäftigung in **Zeiten einer bis zu 3-monatigen Freistellung von der Arbeit** auch dann besteht, wenn das Arbeitsentgelt in dieser Zeit nicht aus einem „richtigen Wertguthaben" iSd § 7b SGB IV, sondern aus einer Vereinbarung zur flexiblen Gestaltung der werktäglichen oder wöchentlichen Arbeitszeit oder zum Ausgleich betrieblicher Produktions- und Arbeitszeitzyklen stammt (§ 7 Abs 1a Satz 2 SGB IV). Damit soll dem Umstand Rechnung getragen werden, dass in den Wirtschafts- und Finanzkreisen ab 2008/2009 viele Unternehmen zur Vermeidung von Entlassungen und Sozialplankosten unterschiedliche Maßnahmen zur Sicherung von Beschäftigung ergriffen haben. Dabei wurden häufig bestehende, nicht zweckgebundene Arbeitszeitguthaben abgebaut oder es wurden bestehende Kontenvereinbarungen genutzt, um mit Minussalden Entlassungen zu vermeiden (Ausschuss für Arbeit und Soziales BT-Drs 17/7991 S 18).

53 **2. Freistellung zur Pflege von erkrankten Kindern** kann nach Maßgabe des § 45 SGB V zu einem **Krankengeldanspruch** führen. Dieser setzt voraus, dass es nach ärztlichem Zeugnis erforderlich ist, dass der ArbN zur Beaufsichtigung, Betreuung oder Pflege seines erkrankten und versicherten Kindes der Arbeit fernbleibt, eine andere in seinem Haushalt lebende Person das Kind nicht beaufsichtigen, betreuen oder pflegen kann und das Kind das 12. Lebensjahr noch nicht vollendet hat (§ 45 Abs 1 SGB V). Der Anspruch auf Krankengeld bei Pflege eines erkrankten Kindes besteht nur, wenn neben der Betreuungsperson auch das betreute Kind über einen eigenen KVSchutz, zB nach § 10 SGB V verfügt; hieran fehlt es zB dann, wenn das zu betreuende Kind über den nicht betreuenden Elternteil privat versichert ist (BSG 31.3.98 – B 1 KR 9/96 R, NZS 99, 29). Der Anspruch besteht in jedem Jahr für jedes Kind längstens für 10, bei allein erziehenden Versicherten für 20 Arbeitstage (§ 45 Abs 2 SGB V); insgesamt – also bei Erkrankung mehrerer Kinder – besteht für Versicherte der Krankengeldanspruch für nicht mehr als 25, für alleinerziehende Versicherte für nicht mehr als 50 Arbeitstage im Jahr. Liegen die Voraussetzungen des Anspruchs auf Krankengeld für die Pflege eines Kindes vor, hat der ArbN gegen seinen ArbGeb nach § 45 Abs 3 SGB V für die Dauer dieses Anspruchs einen **arbeitsrechtlichen Anspruch auf unbezahlte Freistellung** von der Arbeit; dieser Anspruch kann nicht abbedungen oder eingeschränkt werden. – Der Anspruch auf unbezahlte Freistellung gegenüber dem ArbGeb und der Krankengeldanspruch gegen die Krankenkasse besteht ferner in Fällen, in denen ein Elternteil zu Hause bleibt, um ein schwerstkrankes Kind zu betreuen,

das an einer progredient verlaufenden, bereits weit fortgeschrittenen Krankheit leidet; zu den Voraussetzungen im Einzelnen vgl § 45 Abs 4 SGB V.

Der Krankengeldanspruch besteht nur für Arbeitstage, dh, dass an arbeitsfreien Tagen (zB Wochenenden/Feiertagen), die zwischen sowie unmittelbar vor oder nach den Arbeitstagen liegen, ein Anspruch auf Krankengeld wegen Pflege nicht entstehen kann. Hierdurch unterscheidet sich das **Pflegekrankengeld** erheblich vom regulären Krankengeld, das für sämtliche Kalendertage gewährt wird (BSG 22.10.80 – 3 RK 56/79, SozR 2200 § 185c Nr 2). Handelt es sich um eine erkennbar länger dauernde Erkrankung des Kindes, kann der ArbN wählen, an welchen Tagen er von der Arbeit freigestellt werden und das Krankengeld in Anspruch nehmen will (KassKomm/*Höfler* § 45 SGB V Rz 8). 54

Sind beide Elternteile berufstätig, können sie das Pflegekrankengeld abwechselnd jeweils bis zur Höchstdauer von 10 Tagen je Kind, beide insgesamt also 20 Tage je Kind, in Anspruch nehmen. Für die Berechnung des Pflegekrankengeldes ist § 47 SGB V anwendbar; abweichend hiervon ist für **Teilzeitbeschäftigte** das monatliche Arbeitsentgelt nicht durch die Anzahl der Kalendertage (also durch 30), sondern durch die Zahl der tatsächlichen monatlichen Arbeitstage zu teilen (BSG 17.9.86 – 3 RK 51/84, SozR 2200 § 185c Nr 3); die hierbei eintretende Besserstellung von Teilzeitarbeitskräften gegenüber Vollzeitbeschäftigten und gegenüber der allgemeinen Krankengeldabrechnung ist hinzunehmen, da das Pflegekrankengeld für Teilzeitbeschäftigte sonst seine Lohnersatzfunktion nicht hinreichend erfüllen könnte. Wird der ArbN vom ArbGeb freigestellt, bevor die Krankenkasse den Anspruch geprüft hat, und liegen die Anspruchsvoraussetzungen nicht vor, kann der ArbGeb die Freistellung auf einen späteren Freistellungsanspruch des ArbN anrechnen, dh die begehrte Freistellung versagen, wenn die Pflege des Kindes abermals oder die Pflege eines weiteren Kindes erforderlich wird, und diesmal ein Anspruch nach § 45 Abs 1 SGB V begründet ist. Hat der ArbGeb wegen Erkrankung eines Kindes einem Elternteil Freistellung zu dessen Pflege gewährt und das Arbeitsentgelt zB aufgrund tarifvertraglicher oder sonstiger arbeitsvertraglicher Regelung fortgezahlt, ist – wenn im Übrigen die Voraussetzungen des § 45 SGB V vorliegen – der Anspruch auf Gewährung von Pflegekrankengeld insoweit wegen Ruhens des Anspruches verbraucht (LSG BaWü 6.8.93 – L 4 Kr – nv). 55

**3. Innerbetriebliche vorübergehende Freistellung für andere Aufgaben.** Innerbetriebliche Freistellung zur Erfüllung anderer als der im Arbeitsvertrag vereinbarten Aufgaben kommt insbes im Rahmen der BRatFreistellung in Betracht (s *Betriebsratsfreistellung*). Sofern der ArbN von seinen eigentlichen Aufgaben befreit und ihm andere zugewiesen werden, beurteilt sich die Versicherungs- und Beitragspflicht nach der nunmehr tatsächlich ausgeübten Beschäftigung. 56

**4. Freistellung zur Arbeitssuche.** Eine Pflicht des ArbGeb, den ArbN vor Beendigung des Arbeitsverhältnisses zwecks Arbeitssuche von der Arbeit freizustellen ergibt sich aus § 2 Abs 2 Satz 2 Nr 3 SGB III. 57

**5. Freistellung zur Pflege eines Angehörigen nach dem Pflegezeitgesetz.** 58

**a) Übersicht.** Das Pflegezeitgesetz (PflegeZG) ist ein durch sozialrechtliche Vorschriften flankiertes arbeitsrechtliches Gesetz, das zwischen einer kurzzeitigen Pflege nach § 2 PflegeZG und einer Pflegezeit nach § 3 PflegeZG unterscheidet. Die Freistellung bei kurzzeitiger Arbeitsverhinderung nach § 2 PflegeZG für bis zu zehn Tage zielt darauf ab, in einer Akutsituation erste Maßnahmen der Pflege oder deren Organisation zu ergreifen. § 3 PflegeZG regelt eine Freistellung von bis zu sechs Monaten. Es muss stets um die Pflege eines nahen Angehörigen in häuslicher Umgebung gehen. Der Begriff des nahen Angehörigen, um dessen Pflege es geht, wird in § 7 Abs 3 PflegeZG legaldefiniert.

**b) Kurzzeitige Pflege bis zu 10 Tagen.** Die Freistellung bei kurzzeitiger Arbeitsverhinderung nach § 2 PflegeZG für bis zu zehn Tage zielt darauf ab, in einer Akutsituation erste Maßnahmen der Pflege oder deren Organisation zu ergreifen. Nach § 7 Abs 3 Satz 1 SGB IV gilt eine Beschäftigung gegen Arbeitsentgelt als fortbestehend, solange das Beschäftigungsverhältnis ohne Anspruch auf Arbeitsentgelt fortdauert, jedoch nicht länger als einen Monat. Mit dieser Fiktion des fortbestehenden entgeltlichen Beschäftigungsverhältnisses werden vor allem Fälle erfasst, in denen das Arbeitsverhältnis fortbesteht, der ArbN aber tatsächlich nicht mehr arbeitet und auch kein Arbeitsentgelt mehr erhält. Das Arbeitsverhältnis besteht fort, lediglich die Hauptpflichten hieraus ruhen wegen Freistellung nach § 2 59

PflegeZG für maximal zehn Arbeitstage. Beitragsrechtlich hat die Freistellung insofern Auswirkungen, als sich die Beitragslast wegen Wegfalls des Arbeitsentgelts während der Freistellung verringert. Maßnahmen, diese „Beitragslücke" zB in der RV zu schließen, sieht das Gesetz nicht. Sie wären angesichts der Kürze der maximalen Freistellung und dem bürokratischen Aufwand zur „Schließung einer – zudem kaum messbaren – Rentenlücke" unverhältnismäßig.

60 **c) Längerdauernde Pflege.** Die Versicherungspflicht von ArbN, deren Beschäftigung durch die Inanspruchnahme von Pflegezeit nach § 3 PflegeZG unterbrochen wird, endet sofort ohne Fortbestand einer beitragsfreien Versicherungspflicht nach § 7 Abs 3 Satz 1 SGB IV (Begründung des Gesetzentwurfs BT-Drucks 16/7439, S 95 zu Art 5). Bei Inanspruchnahme von Pflegezeit entfällt mit Wegfall des Anspruchs auf Arbeitsentgelt ab Beginn der Freistellung auch der Tatbestand „entgeltlicher Beschäftigung", so dass die Voraussetzungen der Versicherungspflicht in der KV, RV und ArblV nicht mehr vorliegen. Das Gesetz billigt dem ArbN in diesem Fall auch nicht die „einmonatige Überlegungs- und Reaktionsfrist" des § 7 Abs 3 Satz 1 SGB IV zu. Anders als beim Bezug von Krankengeld oder der Inanspruchnahme von Elternzeit usw (§ 192 Abs 1 SGB V) wird in der KV und PflegeV die Mitgliedschaft während einer Pflegezeit nicht aufrechterhalten. Der Beschäftigte muss sich in der KV freiwillig versichern, falls er nicht über einen Angehörigen (zB Ehegatte) nach § 10 SGB V familienversichert ist. In der ArblV wurde mit § 26 Abs 2b SGB III für den Tatbestand der Pflegezeit ein eigenständiger Versicherungspflichttatbestand geschaffen. Das Pflege-Weiterentwicklungsgesetz sieht im Hinblick auf den Freistellungsanspruch nach dem PflegeZG keine (weiteren) Rechtsänderungen in der UV und der RV vor.

61 Eine Pflegezeit nach § 3 PflegeZG erfüllt in aller Regel den Versicherungspflichttatbestand des § 3 Satz 1 Nr 1 SGB VI. Danach ist in der RV versicherungspflichtig, wer einen Pflegebedürftigen iSv § 14 SGB XI wenigstens 14 Stunden in der Woche in seiner häuslichen Umgebung pflegt und der Pflegende die Voraussetzungen des § 19 SGB XI erfüllt, er also eine Pflegeperson in diesem Sinne ist, dh die Pflege nicht erwerbsmäßig erfolgt.

62 **6. Freistellung zur Pflege eines Angehörigen nach dem Familienpflegezeitgesetz.** Das Gesetz ist am 1.1.2012 in Kraft getreten.

63 **a) Begriff.** Familienpflegezeit ist die nach § 3 FPfZG förderfähige Verringerung der wöchentlichen Arbeitszeit von Beschäftigten, die einen pflegebedürftigen Angehörigen in häuslicher Umgebung pflegen, bis zu einem Mindestumfang von 15 Stunden für die Dauer von längstens 24 Monaten bei gleichzeitiger Aufstockung des Arbeitsentgelts durch den ArbGeb. Wer naher Angehöriger, Pflegebedürftiger, Beschäftigter etc ist, richtet sich auch beim FPfZG nach der Begriffsbestimmung des § 7 PflegeZG (§ 2 Abs 2 FPfZG). Die Freistellung des Beschäftigten muss aufgrund schriftlicher Vereinbarung mit dem ArbGeb über die Inanspruchnahme von Pflegezeit erfolgen (§ 3 Abs 1 Nr 1 FPfZG). Damit ist zugleich klargestellt, dass das FPfZG dem Beschäftigten/ArbN neben dem PflegeZG keinen zusätzlichen gesetzlichen Anspruch auf Freistellung von der Arbeit zwecks Pflege eines Angehörigen einräumt. Vielmehr gilt das Freiwilligkeitsprinzip.

64 **b) Entgeltsicherung durch Aufstockung.** Verringert der Beschäftigte seine Arbeitszeit, um einen pflegebedürftigen nahen Angehörigen zu Hause zu pflegen, besteht ein Bedürfnis nach finanzieller Absicherung. Lässt sich der ArbGeb auf eine Vereinbarung von Familienpflegezeit ein, erfolgt die Absicherung dadurch, dass der ArbGeb dem ArbN während der Arbeitszeitreduzierung durch Aufstockung des Arbeitsentgelts einen Gehaltsvorschuss leistet. Einzelheiten hierzu regelt § 3 Abs 1 Nr 1 FPfZG. Die Aufstockung erfolgt durch die Entnahme von Arbeitsentgelt aus einem Wertguthaben iSv § 7b SGB IV, das in der Nachpflegephase ausgeglichen werden muss. Dh das Wertguthaben wird zunächst als „Negativ-Guthaben" oder „Negativ-Wertguthaben" angelegt. Nach § 7d SGB IV sind Wertguthaben als Arbeitsentgeltguthaben einschließlich des darauf entfallenden ArbGebAnteils am Gesamtsozialversicherungsbeitrag zu führen. Daraus folgt, dass der Aufstockungsbetrag den ArbGeb-Anteil am Gesamtsozialversicherungsbeitrag umfassen muss (BT-Drucks 17/6000 S 15 zu § Buchst b).

65 **c) Nacharbeit.** Den Gehaltsvorschuss muss der ArbN in der sog Nachpflegephase wieder ausgleichen. Nach § 3 Abs 1 Nr 1 Buchst c FPfZG erfolgt der Ausgleich des Wertguthabens

in der Weise, dass im Anschluss an die Familienpflegezeit (sog Pflegephase) bis zum Ausgleich des Wertguthabens bei jeder Entgeltabrechnung derjenige Betrag einbehalten wird, um den das Arbeitsentgelt in dem entsprechenden Zeitraum während der Familienpflegezeit aufgestockt worden ist.

**d) Zinslosens Darlehen für Arbeitgeber.** Der ArbGeb muss einen Gehaltsvorschuss zur Finanzierung des Arbeitsentgelts in der Pflegephase leisten (negatives Wertguthaben, vgl oben). Dies wird ihm nicht immer ohne fremde finanzielle Hilfe möglich sein. § 3 Abs 1 FPfZG räumt dem ArbGeb deshalb einen Rechtsanspruch auf ein zinsloses Darlehen ein. Darlehensgeber ist das Bundesamt für Familie und zivilgesellschaftliche Aufgaben. 66

Arbeitet der ArbN in der Nachpflegephase wieder voll, zahlt er seinen Gehaltsvorschuss selbst zurück. In diesem Umfang ist dann auch der ArbGeb zur Tilgung des Darlehens des Bundesamtes für Familie und zivilgesellschaftliche Aufgaben verpflichtet (§ 6 FPfZG, vgl BT-Drucks 17/6000 S 13 zu II.1 Liquiditätsrisiko).

**e) Verhältnis zu allgemeinen Vorschriften des SGB IV.** Die Vorschriften des Sozialversicherungsrechts über Wertguthaben aus Arbeitszeitkonten werden durch das FPfZG nicht angetastet. Beschäftigte können auch bereits bestehende Wertguthaben zur Finanzierung der Pflege ihrer Angehörigen einsetzen. 67

**f) Bemessung des Arbeitslosengeldes nach Inanspruchnahme von Familienpflegezeit.** Das Arbeitslosengeld wird regelmäßig nach dem im Bemessungszeitraum tatsächlich erzielten Arbeitsentgelt berechnet. Damit Pflegepersonen durch ein im Bemessungszeitraum wegen Pflege eines Angehörigen vermindertes Arbeitsentgelt beim Arbeitslosengeld keinen Nachteil erleiden, werden Familienpflegezeiten und die Nachpflegephase, in denen das Arbeitsentgelt wegen Pflege vermindert war, bei der Bemessung des Arbeitslosengeldes nicht berücksichtigt. 68

**III. Sonstiges. Bezug einer Rente wegen verminderter Erwerbsfähigkeit während Freistellung.** Erhält ein Versicherter Rente wegen verminderter Erwerbsfähigkeit, dürfen bestimmte **Hinzuverdienstgrenzen** nicht überschritten werden (§ 96a SGB VI, → *Rentnerbeschäftigung* Rn 36). Fließen dem ArbN nach einer Freistellung von der Arbeit noch Zahlungen zu, die sich auf Zeiten seiner tatsächlichen Arbeitsleistung beziehen, sind diese nicht rentenschädlich. Dies gilt auch für Einmalzahlungen; einmalig gezahltes Arbeitsentgelt, das nicht aus ein einer während des Rentenbezugs noch bestehenden Beschäftigung stammt, kein rentenschädlicher Hinzuverdienst (BSG 10.7.12 – B 13 R 85/11 R, SozR 4–2600 § 96a Nr 14 Urlaubsabgeltung). 69

# Freiwillige Leistungen

## A. Arbeitsrecht *Griese*

**1. Begriff.** Freiwillige Leistungen zeichnen sich dadurch aus, dass auf sie kein Anspruch besteht, weder aus Gesetz, noch aus Tarifvertrag, Betriebsvereinbarung oder Arbeitsvertrag. Interesse des ArbGeb ist es, die Dispositionsfreiheit über die Frage, ob und in welchem Umfang freiwillige Leistungen gewährt werden, in vollem Umfang zu behalten. Demgegenüber besteht das ArbNInteresse darin, nicht einseitig vom ArbGeb verfügte Entgeltänderungen hinnehmen zu müssen und insbes bei mehrfach hintereinander gewährten freiwilligen Leistungen einen Rechtsanspruch auf diese Leistungen entstehen zu lassen. Die Rspr löst diesen Interessengegensatz einerseits durch das Instrument der *Betrieblichen Übung* wonach idR die dreimalige Gewährung einer freiwilligen Leistung zu einer Verfestigung im Sinne eines Rechtsanspruchs führt, andererseits durch das Instrument der Freiwilligkeitsvorbehalte, womit dem ArbGeb gestattet wird, das Entstehen eines Rechtsanspruchs für die Zukunft auszuschließen. 1

**2. Freiwilligkeitsvorbehalte.** Der ArbGeb kann durch einen Freiwilligkeitsvorbehalt den Anspruch auf die Leistung für zukünftige Bezugszeiträume ausschließen; dies setzt aber voraus, dass nicht im Widerspruch dazu an anderer Stelle im Vertrag von einem Rechtsanspruch die Rede ist (BAG 30.7.08 – 10 AZR 606/07, NZA 08, 1173). Nach der Rechtsprechung kann ein bei der jeweiligen Zahlung erklärter Freiwilligkeitsvorbehalt das Ent- 2 stehen eines Rechtsanspruchs auf eine künftige Sonderzahlung wirksam verhindern (BAG 8.12.10 – 10 AZR 671/09, NJW 11, 2314), Der ArbGeb bleibt grds in seiner Entscheidung frei, ob und unter welchen Voraussetzungen er zum laufenden Arbeitsentgelt eine zusätzliche Leistung erbringen will. **Gibt es einen bei der Zahlung erklärten klar und verständlich formulierten Freiwilligkeitsvorbehalt, der jeden Rechtsanspruch des Arbeitnehmers auf eine Sonderzahlung ausschließt, entsteht kein Rechtsanspruch.**

3 Demgegenüber sind vertragliche Freiwilligkeitsvorbehalte, jedenfalls **wenn sie alle zukünftigen Leistungen erfassen sollen, unzulässig** (BAG 14.9.11 – 10 AZR 526/10, DB 12, 179). **Unzulässig sind ferner Freiwilligkeitsvorbehalte bei laufendem Arbeitsentgelt** (BAG 25.4.07 – 5 AZR 627/06, NZA 07, 853).

4 **3. Inhaltskontrolle von Freiwilligkeitsvorbehalten.** Die Vereinbarung eines Freiwilligkeitsvorbehalts in Formulararbeitsverträgen unterliegt der Inhaltskontrolle nach §§ 305 ff BGB und darf weder gegen die **Unklarheitenregelung in § 305c Abs 2 BGB** noch gegen das Transparenzgebot des **§ 307 Abs 1 Satz 2 BGB** verstoßen. Eine Vereinbarung, wonach „sämtliche Sonderzahlungen freiwillige Zahlungen sind, für die kein Rechtsanspruch besteht (zB Weihnachtsgratifikation und Urlaubsgeld richten sich nach den Bestimmungen des BAT)", ist unklar (BAG 20.1.10 – 10 AZR 914/08, NZA 10, 445). Nur **ausreichend transparente (§ 307 Abs 1 S 2 BGB) Freiwilligkeitsvorbehalte** können das Entstehen von Ansprüchen aus betrieblicher Übung verhindern (BAG 21.1.09 – 10 AZR 219/08, NZA 09, 310; *Preis* NZA 09, 282). Freiwilligkeitsvorbehalt und Widerrufsvorbehalt können nicht kombiniert werden (BAG 8.12.10 – 10 AZR 671/09, NZA 11, 628). Zulässig ist unter dem Blickwinkel der ABG-Kontrolle eine Klausel, die einem ArbGeb bei einer Einmalzahlung ein einseitiges Leistungsbestimmungsrecht einräumt, insbes wenn die Zahlung keinen Entgelt- sondern Gratifikationscharakter hat; die Leistungsbestimmung richtet sich dann nach § 315 Abs 3 BGB (BAG 16.1.13 – 10 AZR 26/12, NZA 13, 1013). Die bloße Bezeichnung einer Sonderzahlung als „freiwillige soziale Leistung" genügt nicht dem Transparenzgebot, wenn an anderer Stelle konkrete Leistungsvoraussetzungen formuliert und damit das Entstehen eines Rechtsanspruchs nahegelegt wird (BAG 20.2.13 – 10 AZR 177/12, NJW 13, 2844 m Anm *Kock*).

Bei einem in Aussicht gestellten Bonus, der erbrachte Leistungen honorieren soll, ist ein Freiwilligkeitsvorbehalt, mit dem sich der ArbGeb das Recht vorbehält, auch dann frei über das „Ob" einer Bonusgewährung zu entscheiden, wenn er durch Abschluss einer Zielvereinbarung ein variables Vergütungssystem für ein Geschäftsjahr anwendet, unwirksam gem § 307 Abs 1, Abs 2 Nr 1 und Nr 2 BGB (BAG 19.3.14 – 10 AZR 622/13, NZA 14, 595).

5 **4. Freiwilligkeitsvorbehalte und Gleichbehandlungsgrundsatz.** Der ArbGeb kann dem Gleichbehandlungsgrundsatz nicht durch einen Freiwilligkeitsvorbehalt ausweichen. Für das laufende Jahr kann der ArbGeb daher nicht unter Berufung auf den Freiwilligkeitsvorbehalt einzelne ArbN oder Beschäftigtengruppen ohne sachlich gerechtfertigte Gründe von einer Gratifikationszahlung ausnehmen, da der Gleichbehandlungsgrundsatz trotz Freiwilligkeitsvorbehalt gilt (BAG 25.4.91 – 6 AZR 532/89, NZA 91, 763). Der ArbGeb kann den **Freiwilligkeitsvorbehalt aber dazu nutzen, für die Zukunft veränderte Kriterien festzulegen, die aber nicht gegen den Gleichheitsgrundsatz verstoßen dürfen** (BAG 12.1.2000 – 10 AZR 840/98, NZA 2000, 944).

6 **5.** Zu Widerrufs- und Freiwilligkeitsvorbehalten s ausführlich *Änderungsvorbehalte.*

## B. Lohnsteuerrecht

*Seidel*

10 Freiwillige ArbGebLeistungen erfolgen zusätzlich zum „ohnehin geschuldeten Arbeitslohn". Das ist in Abwendung von der bisherigen Rechtsprechung (s Personalbuch 2019) nicht mehr die arbeitsrechtlich geschuldete On-top-Leistung sondern in Anlehnung an die Vorschriften des § 40 Abs 2 Satz 1 Nr 5 und Abs 2 Satz 2 EStG der Arbeitslohn, den der ArbGeb nur verwendungs- oder zweckgebunden leistet, im Gegensatz zum zweck- und verwendungsfrei geleisteten ohnehin geschuldeten Arbeitslohn. Auf den arbeitsrechtlichen Anspruch kommt es dabei nicht an. Die Begünstigung liegt bei der Möglichkeit der Pauschalversteuerung (→ *Lohnsteuerpauschalierung* Rn 5 ff) oder – bei Vorliegen der persönlichen und sachlichen Voraussetzungen – in der Steuerfreiheit der Leistungen (→ *Steuerfreie Einnahmen*

Rn 5 ff). Das Zusätzlichkeitserfordernis ist auf den Zeitpunkt der Lohnzahlung zu beziehen. Ein arbeitsvertraglich vereinbarter Lohnformenwechsel ist daher nicht begünstigungsschädlich, sodass eine arbeitsvertragliche Herabsetzung des ohnehin geschuldeten Arbeitslohns für künftige Lohnzahlungszeiträume durch verwendungsgebundene Zusatzleistungen ausgeglichen werden kann (BFH 1.8.19 – VI R 32/18, DStR 19, 2247, entgegen BMF 22.5.13, BStBl I 13, 728, wonach Gehaltsumwandlungen allerdings schädlich sind, s auch R 3.33 Abs 5 LStR). Hauptanwendungsfälle sind die Kinderbetreuungsleistungen des ArbGeb (§ 3 Nr 33; → *Steuerfreie Einnahmen* Rn 19 „Kinderbetreuung"), Leistungen zur Verbesserung des allgemeinen Gesundheitszustandes (§ 3 Nr 34 EStG; → *Steuerfreie Einnahmen* Rn 17 „Gesundheitsvorsorge"), IT-Leistungen des ArbGeb (§ 40 Abs 2 Satz 2 Nr 5 EStG; → *Lohnsteuerpauschalierung* Rn 37) und die Fahrtkostenzuschüsse zu den Aufwendungen für Fahrten Wohnung-erste Tätigkeitsstätte (§ 40 Abs 2 Satz 2 EStG; → *Steuerfreie Einnahmen* Rn 16 „Fahrten Wohnung-erste Tätigkeitsstätte"). Bei den Mitarbeiterbeteiligungen ist das Erfordernis der On-top-Leistung weggefallen, so dass hier auch Entgeltumwandlungen möglich sind (→ *Mitarbeiterbeteiligung* Rn 28). Zu einmaligen Lohnzahlungen s die Ausführungen zu → *Einmalzahlungen* Rn 31 und → *Leistungsorientierte Vergütung* Rn 11.

### C. Sozialversicherungsrecht *Schlegel*

Für das Beitragsrecht der SozVers spielt es keine Rolle, ob der ArbGeb geldwerte Leistungen oder Zahlungen auf der Grundlage eines Arbeitsvertrages oder betrieblichen/tarifvertraglichen Grundlage erbringt. Arbeitsentgelt sind nach § 14 Abs 1 SGB IV „alle laufenden oder einmaligen Einnahmen aus einer Beschäftigung, gleich gültig ob ein Rechtsanspruch auf die Einnahmen besteht" oder ob dies – wie bei Freiwilligkeit – nicht der Fall ist. Unterliegen – freiwillige – Leistungen der Beitragspflicht, führen sie im Leistungsfall im Regelfall auch zu Leistungsansprüchen, indem sie zB in die Berechnung der Rente eingehen. 15

## Freiwilligendienste

### A. Arbeitsrecht *Röller*

**1. Allgemeines.** Das Gesetz zur Förderung von Jugendfreiwilligendiensten (JFDG) ist zum 1.6.08 in Kraft getreten (BGBl I 08, 842). Es stellt die rechtliche Grundlage für die Ableistung von Jugendfreiwilligendiensten (Freiwilliges soziales Jahr und Freiwilliges ökologisches Jahr) dar und richtet sich an Jugendliche ab Vollendung der Vollzeitschulpflicht bis zur Vollendung des 27. Lebensjahres (§ 2 Abs 1 Nr 4 JFDG). Zum 3.5.11 in Kraft getreten ist das Gesetz zur Einführung des Bundesfreiwilligendienstes (BFDG, BGBl I 11, 687). Beim BFD handelt es sich um einen Nachfolgedienst für den Zivildienst, der aufgrund der Aussetzung des Wehrdienstes ebenfalls ausgesetzt wurde. Der BFD kann von allen Bürgern, auch von Ausländern mit Aufenthaltstitel ab Vollendung der Vollzeitschulpflicht geleistet werden. Eine Altersbegrenzung wie beim FSJ u FÖJ besteht nicht (§ 2 Nr 1 BFDG). Bund bzw der Träger des Jugendfreiwilligendienstes und Freiwilliger schließen vor Beginn des Freiwilligendienstes eine schriftliche Vereinbarung ab, deren zwingender Inhalt sich aus § 8 BFDG, § 11 JFDG ergibt. Neben den Freiwilligendiensten nach dem JFDG und BFD gibt es das „weltwärts"-Programm des BM für wirtschaftliche Zusammenarbeit und Entwicklung (s hierzu BAG 9.4.19 – 9 AZB 2/19, BeckRS 2019, 16355). Das BFD und JFDG finden hierauf keine Anwendung. 1

**2. Ausgestaltung der Freiwilligendienste. a) Rechtsverhältnisse eigener Art.** Der BFD und die Freiwilligendienste nach dem JFDG sind **keine Arbeitsverhältnisse,** sondern **Rechtsverhältnisse eigener Art**. Die Freiwilligen engagieren sich für das Allgemeinwohl. Diese Zielsetzung führt dazu, dass die Freiwilligen auch in keinem Ausbildungsverhältnis stehen (LAG Bln-Bbg 16.5.19 – 26 Sa 1847/18, BeckRS 2019, 10468; zum JFD BAG 12.2.92 – 7 ABR 42/91, NZA 93, 334). Arbeitsrechtliche Vorschriften, die an den Status eines Auszubildenden anknüpfen (zB § 5 Abs 1 BetrVG, § 2 BUrlG, § 7 Abs 1 Nr 2 PflegeZG, § 20 BEEG), sind daher auf die Freiwilligen nicht anzuwenden. Auch das KSchG findet keine Anwendung, da auch dieses an ein bestehendes Arbeitsverhältnis anknüpft. 2

3 **b) Träger, Einsatzstellen.** Träger des BFD ist der Bund, vertreten durch das Bundesamt für Familie und zivilgesellschaftliche Aufgaben (§ 14 BFDG); bei den JFD sind es anerkannte Einrichtungen der freien Wohlfahrtspflege auf Landesebene (§ 10 JFDG). Die Freiwilligendienste werden überwiegend als praktische Hilfstätigkeit in gemeinwohlorientierten Einrichtungen geleistet. Hierunter fallen bspw Einrichtungen der Kinder- und Jugendhilfe, der Wohlfahrts-, Gesundheits- und Altenpflege, der Behindertenhilfe, der Kultur- und Denkmalpflege, des Sports, des Natur- und Umweltschutzes, der Integration oder des Zivil- und Katastrophenschutzes (§ 6 BFDG, §§ 3, 4 JFDG).

4 **c) Dauer und Umfang.** Die Freiwilligendienste werden in der Regel für eine Dauer von 12 zusammenhängenden Monaten geleistet. Der Dienst dauert mindestens 6 Monate und höchstens 18 Monate. Ausnahmsweise kann er bis zu einer Dauer von 24 Monaten verlängert werden, wenn dies im Rahmen eines besonderen pädagogischen Konzeptes möglich ist (§ 3 Abs 2 BFDG, § 8 JFDG). Beim JFD ist der Dienst in Vollzeit zu erbringen (§ 2 Abs 2 Nr 1 JFDG); der BFD kann auch in Teilzeit abgeleistet werden. Eine wöchentliche Stundenzahl von 20 darf jedoch nicht unterschritten werden (§ 2 Nr 2 BFDG).

5 **d) Anwendung arbeitsschutzrechtlicher Bestimmungen.** Gem §§ 13 BFDG, 13 JFDG sind auf die freiwilligen Dienste die Arbeitsschutzbestimmungen entsprechend anzuwenden. Hierunter fallen insbes das ArbeitsschutzG, die ArbeitsstättenVO, das JugendarbeitsschutzG sowie entsprechende Schutzvorschriften im MuSchG und im Schwerbehindertenrecht (SGB IX). Das ArbPlSchG findet hingegen keine Anwendung. Entsprechend anzuwenden ist auch das BUrlG, so dass die Freiwilligen im Rahmen des Dienstes Anspruch auf den gesetzlichen Mindesturlaub (24 Werktage) gegen Fortzahlung der Vergütung haben. Das EFZG ist nicht anwendbar. Es ist ein ArbNSchutzgesetz und kein ArbeitsschutzG (aA *Biedemann* NZA 12, 606). Das KSchG findet keine Anwendung (LAG Thür 1.3.16 – 1 Sa 314/14, BeckRS 2016, 73096).

Für Schäden bei der Ausübung ihrer Tätigkeit haften Freiwillige wie ArbN (§ 9 Abs 2 BFDG, § 13 Satz 2 JFDG). Näheres → *Arbeitnehmerhaftung* Rn 8 ff.

6 **3. Aufwandsentschädigung.** Die Freiwilligendienste sind als freiwilliges Engagement grds ein unentgeltlicher Dienst. Die Freiwilligen haben folglich keinen Anspruch auf eine Vergütung, folglich auch keinen Anspruch auf den gesetzlichen Mindestlohn gem § 1 Abs 2 MiLoG. Die Einsatzstelle kann den Freiwilligen jedoch ein angemessenes **Taschengeld** gewähren (§ 2 Nr 4 BFDG, § 2 Abs 1 Nr 3 JFDG). Das Taschengeld ist kein Gehalt im arbeitsrechtlichen Sinn. Es entspricht einer Aufwandsentschädigung für ein Ehrenamt. Die gesetzliche Obergrenze für ein gewährtes Taschengeld beträgt 6 % der Beitragsbemessungsgrenze West in der RV. Dies entspricht zurzeit einem Betrag von max € 363. Neben dem Taschengeld können den Freiwilligen auch Sachbezüge gewährt werden, zB Verpflegung und Unterkunft, Arbeitskleidung und Fahrtkostenerstattung (§ 2 Nr 4 BFDG, § 2 Abs 1 Nr 3 JFDG).

7 **4. Verpflichtungen nach Beendigung des Freiwilligendienstes.** Nach Abschluss des Dienstes hat die Einsatzstelle dem Freiwilligen eine Bescheinigung über die Teilnahme auszustellen (§ 11 Abs 1 BFDG, § 11 Abs 3 JFDG). Die Freiwilligen können vom Träger des Weiteren ein schriftliches Zeugnis über die Art und Dauer des Freiwilligendienstes fordern (§ 11 Abs 2 BFDG, § 11 Abs 4 JFDG).

8 **5. Kein Rechtsanspruch gegenüber dem bisherigen Arbeitgeber auf Freistellung.** ArbN, die aus einem bestehenden Arbeitsverhältnis heraus einen Freiwilligendienst ableisten möchten, haben **keinen gesetzlichen Freistellungsanspruch** gegenüber ihrem ArbGeb. Eine Freistellung oder Ruhendstellung des Arbeitsverhältnisses unterliegt daher der freien Vereinbarung.

9 **6. Rechtsschutz.** Für bürgerliche Rechtsstreitigkeiten zwischen den Trägern des Freiwilligendienstes oder den Einsatzstellen und Freiwilligen nach dem BFDG und JFDG sind die ArbG zuständig (§ 2 Abs 1 Nr 8 ArbGG).

## B. Lohnsteuerrecht *Weil*

12 **1. Familienleistungsausgleich.** Die Programme der Jugendfreiwilligendienste (→ Rn 1 ff) haben steuerliche Bedeutung für den **Kinderfreibetrag und den Betreu-**

**ungsfreibetrag** (§ 32 Abs 6 EStG) sowie das **Kindergeld** (§ 63 Abs 1 S 2 EStG). Wer nach Vollendung des 18. Lebensjahres bis zur Vollendung des 25. Lebensjahres im Inland oder Ausland einen **freiwilligen Dienst iSd § 32 Abs 4 Nr. 2d EStG** mit der jeweiligen Verweisungsnorm (→ Rn 1; EStH 32.8; Geregelte Freiwilligendienste → DA-KG 2017 A 18, lt BZSt v 13.7.2017, BStBl I 17 S 1006 (BeckVerw 345100) ableistet, wird steuerrechtlich als Kind berücksichtigt. Der Dienst ist durch eine Bescheinigung des Trägers nachzuweisen (DA-KG A 18). Auf andere Dienste ist die Regelung nicht anwendbar (BFH 18.6.14 – III B 19/14, BeckRS 2014, 95618). Sofern das Kind einen nicht im Gesetz genannten Freiwilligendienst absolviert, kommt eine Berücksichtigung regelmäßig nicht in Betracht. Freiwilligendienste sind grds keine Berufsausbildung. Für Kinder, die einen Freiwilligendienst ableisten, wird deshalb **kein Ausbildungsfreibetrag** (§ 33a Abs 2 S 1 EStG) gewährt (BFH 25.11.14 – VI B 1/14, BFH/NV 15, 332; → *Ausbildungsfreibetrag* Rn 4). Ausnahmsweise kann ein Dienst als **Praktikum nach § 32 Abs 4 S 1 Nr 2a EStG** berücksichtigt werden, wenn der Freiwilligendienst einen engen Bezug zu einer Ausbildung hat, so dass er als deren Bestandteil angesehen werden kann. Entscheidend ist, ob die Erlangung beruflicher Qualifikation durch die Vermittlung von Wissen und Fähigkeiten oder die Erbringung von Arbeitsleistungen im Vordergrund steht (DA-KG 2017 A 18.1.II3; BFH 9.2.12 – III R 78/09, BFH/NV 2012, 940). Bei einem Freiwilligendienst im Ausland kann unter dem Gesichtspunkt der Spracherlernung eine Ausbildung vorliegen (BFH 15.2.2012 – III R 82/10, BFH/NV 2012, 1588).

**2. Besteuerung.** Das **Taschengeld** (→ Rn 6) oder eine vergleichbare Geldleistung, das an Personen gezahlt wird, die einen in § 32 Abs 4 S 1 Nr 2 Buchst d EStG genannten Freiwilligendienst leisten, ist **steuerfrei** (§ 3 Nr 5 f). Damit bleiben weitere Bezüge wie unentgeltliche Unterkunft und Verpflegung stpfl und unterliegen nach § 38 EStG dem LStAbzug. **Unfallentschädigungsleistungen** an im BFD Beschädigte oder ihre Hinterbliebenen sind steuerfrei (§ 3 Nr 6 EStG). 13

## C. Sozialversicherungsrecht *Ruppelt*

**1. Allgemeines.** Freiwilligendienste werden im sozialen und ökologischen Bereich (auch Sport, Integration und Kultur usw) in entsprechenden Trägereinrichtungen geleistet. Für die Tätigkeit wird grds kein Arbeitsentgelt gezahlt und der Dienst ist idR befristet. Die Zahlung eines Taschengeldes und die Gewährung von Unterkunft und Verpflegung sind nicht ausgeschlossen. Im Vordergrund stehen die in Länderhoheit geregelten **Jugendfreiwilligendienste** (Freiwilliges Soziales Jahr und Freiwilliges Ökologisches Jahr) und der **Bundesfreiwilligendienst** nach dem Gesetz über den Bundesfreiwilligendienst (BFDG) vom 28. April 2011 (BGBl I 2011, 687). 15

**2. Sozialversicherungspflicht. a) Jugendfreiwilligendienste.** Die Jugendfreiwilligendienste werden trotz fehlenden Arbeitsentgelts (→ Rn 6) regelmäßig im Rahmen eines sozversrechtlichen **Beschäftigungsverhältnisses** (→ *Arbeitnehmer (Begriff)* Rn 59) nach § 7 Abs 1 SGB IV verrichtet. Die fehlende Erwerbsabsicht ändert daran nichts (BSG 17.4.07 – B 5 R 62/06 R, SozR 4–2600 § 58 Nr 8). Daraus folgt die **Versicherungspflicht** dieser Dienste in allen Zweigen der SozVers und der ArblV nach § 5 Abs 1 Nr 1 SGB V (KrankenV), § 1 Abs 1 Nr 1 SGB VI (RentenV), § 20 Abs 1 Satz 2 Nr 1 SGB XI (PflegeV) und § 25 Abs 1 Satz 1 SGB III (ArblV). Als Beschäftige sind die Teilnehmer der Jugendfreiwilligendienste nach § 2 Abs 1 Nr 1 SGB VIII **gesetzlich unfallversichert.** Die Beiträge werden nach § 20 Abs 3 Satz 1 Nr 2 SGB IV iVm § 9 Nr 6 JFDG vollständig von der Trägerstelle entrichtet. Die Beiträge errechnen sich aus Taschengeld und Sachbezügen (→ *Sachbezug* Rn 39 ff). Werden die Freiwilligendienste im Rahmen eines entgeltlichen Beschäftigungsverhältnisses ausgeübt, sind diese auch dann nicht versicherungsfrei, wenn es sich im Übrigen um eine versicherungsfreie geringfügige Beschäftigung (→ *Geringfügige Beschäftigung* Rn 25 ff) handeln würde. Die Ausnahme von der Versicherungspflicht wird für die Freiwilligendienste durch die §§ 7 Abs 1 Hs 2 Nr 2 u 3 SGB V, § 5 Abs 2 Satz 3 SGB VI, 27 Abs 2 Satz 2 Nr 1 SGB III ausgeschlossen. Eine bestehende Familienversicherung der gesetzlichen KV (→ *Familienversicherung* Rn 5 ff) wird durch die Sonderregelung des § 10 Abs 1 Satz 1 Nr 2 SGB V auch dann verdrängt, wenn es sich abstrakt um eine 16 geringfügige Beschäftigung handeln würde, welche einer Familienversicherung grds nicht entgegenstünde. Wenn ein Entgelt (auch sog Taschengeld) an den Dienstleistenden bezahlt wird, besteht im Krankheitsfall nach Wegfall der Bezüge bzw dem Ende der *Entgeltfortzahlung* Anspruch auf *Krankengeld*. Werden die Dienste im Einzelfall **außerhalb eines Beschäftigungsverhältnisses** verrichtet, was uU bei fehlender betrieblicher Eingliederung und/oder Entgeltlosigkeit im Prinzip denkbar ist (→ *Arbeitnehmer (Begriff)* Rn 75 ff), besteht keine Versicherungspflicht (vgl KassKomm/*Peters* § 5 SGB V, Rz 33). Deshalb sieht § 10 Abs 2 Nr 3 Hs 1 SGB V in diesen Fällen für Kinder bis grds zum 25. Lebensjahr den Fortbestand einer ggf bestehenden *Familienversicherung* in der gesetzlichen KV (ohne Anspruch auf *Krankengeld*) vor, die ansonsten von der Pflichtversicherung verdrängt würde (LSG RhPf 20.8.15 – L 5 KR 149/14, *Breithaupt* 16, 197). Anspruch auf **Kindergeld** besteht auch während der Ableistung des Jugendfreiwilligendienstes. Dieser Dienst verlängert nach § 48 Abs 4 Satz 1 Nr 2 SGB VI ggf den Bezug einer (Halb-)Waisenrente über das 18. Lebensjahr hinaus (→ Rn 18, → *Hinterbliebenenrente* Rn 30). An der sozialversicherungsrechtlichen Absicherung ändert sich nichts, wenn der Jugendfreiwilligendienst im **Ausland** abgeleistet wird, wenn der Träger des Dienstes seinen Hauptsitz im Inland hat und als solcher nach § 10 JFDG zugelassen ist.

17 **b) Bundesfreiwilligendienst.** Personen, die einen Freiwilligendienst nach dem BFDG ableisten, sind entsprechend den Regelungen für den Jugendfreiwilligendienst **sozialversichert.** Nach § 13 Abs 2 BFDG finden die für den Jugendfreiwilligendienst geltenden Regelungen entsprechende Anwendung. Im Krankheitsfall besteht Anspruch auf Entgeltfortzahlung (*Tiedemann* NZA 12, 602) und – soweit der Dienst im Rahmen eines sozversrechtlichen Beschäftigungsverhältnisses ausgeübt wird – auf Krankengeld.

18 **c) Internationale Freiwilligendienste.** Die zahlreichen weiteren internationalen Freiwilligendienste, etwa der Europäische Freiwilligendienst (EFD) und der Andere Dienst im Ausland (ADiA) haben gemeinsam, dass die Freiwilligen durch Ableistung dieser Dienste **nicht pflichtversichert** sind. Eine Ausnahme hinsichtlich der **gesetzlichen Unfallversicherung** bilden der entwicklungspolitische Freiwilligendienst „weltwärts" iS der Richtlinie des Bundesministeriums für wirtschaftliche Zusammenarbeit und Entwicklung vom 1.8.07 (BAnz 08, 1297) und der Internationale Jugendfreiwilligendienst iS der Richtlinie Internationaler Jugendfreiwilligendienst des Bundesministeriums für Familie, Senioren, Frauen und Jugend vom 20.12.10 (GMBl 1778). Diese Freiwilligen sind gesetzlich unfallversichert (§ 2 Abs 3 Satz 1 Nr 2 Buchstabe b und c SGB VII). Im Übrigen werden von den Trägern der internationalen Dienste für die Dienstleistenden idR private KV und UV abgeschlossen. Die Nichteinbeziehung dieser internationalen Freiwilligendienste in den Katalog der (Ausnahme-)Tatbestände in § 48 Abs 4 Satz 1 Nr 2 SGB VI, die einen Anspruch auf (Halb-)Waisenrente über das 18. Lebensjahr hinaus begründen, verstößt nicht gegen Verfassung- oder Europarecht (BSG 2.7.11 – B 13 R 52/10 R, SozR 4–2600 § 48 Nr 5). Vgl *Leube* Freiwilligendienste im Ausland und Sozialversicherung, ZESAR 18, 204.

19 **3. Freiwilliger Wehrdienst.** Seit 2011 ist die allgemeine Wehrpflicht ausgesetzt. Weiterhin kann ein freiwilliger Wehrdienst nach § 54–62 WehrpflG abgeleistet werden. Dieser Wehrdienst für die Dauer von 6–23 Monaten (§ 54 Abs 1 Satz 2 WehrpflG) ist ein Dienstverhältnis eigener Art, für den Wehrsold und Zulagen gewährt werden. Es gelten die statusrechtlichen Vorschriften für den Grundwehrdienst, dh es besteht Renten- und ArblV-Pflicht. Eine bestehende KV wird (wegen des Anspruchs auf freie Heilfürsorge) ohne Leistungsanspruch fortgeführt (Personalbuch 2014 Wehrpflicht Rz 22 ff).

# Freizeitbeschäftigung

## A. Arbeitsrecht

*Poeche*

1 **1. Begriff.** Freizeitbeschäftigung ist kein gesicherter arbeitsrechtlicher Begriff. Er beschreibt in der SozV den von der gesetzlichen Versicherung nicht erfassten privaten Bereich des ArbN. Im Arbeitsvertragsrecht macht er Sinn, soweit es für die Beurteilung der Rechte und Pflichten des ArbN auf die **Abgrenzung zur Arbeitszeit** und die Art und Weise

seiner Freizeitgestaltung ankommt. Freizeit als Gegensatz zur Arbeitszeit ist die Zeit, in der der ArbN dem ArbGeb nicht arbeitsvertraglich zur tatsächlichen Arbeitsleistung zur Verfügung zu stehen hat. Arbeitsrechtlich wird der Komplex schlagwortartig mit „außerdienstliches Verhalten" gekennzeichnet. Regelmäßig bleibt es ausschließlich dem ArbN überlassen, wie er seine Freizeit gestaltet, insbes erlaubt das in § 106 GewO geregelte Weisungsrecht dem ArbGeb keine Eingriffe in die private Lebensführung des ArbN. Er darf ausdrücklich nur Weisungen zum Verhalten der ArbN „im Betrieb" erteilen (BAG 23.8.12 – 8 AZR 804/11, NZA 13, 268).

**2. Generelle Beschränkungen der Freizeit** des ArbN ergeben sich aufgrund des Arbeitsvertrages, der ihm eine im Wettbewerb zum ArbGeb stehende Tätigkeit verbietet (→ *Wettbewerb* Rn 3–9). Nicht mit Wettbewerbsinteressen des ArbGeb kollidierende Nebentätigkeiten sind dann untersagt, wenn durch sie die Grenzen des **Arbeitszeitschutzes** überschritten werden (BAG 11.12.01 – 9 AZR 464/00, NZA 02, 965). Da Überschreitungen der höchstzulässigen Arbeitszeit als Ordnungswidrigkeit verfolgt werden, muss der ArbN auch ohne gesonderte vertragliche Vereinbarung dem ArbGeb gesetzesverletzende Nebentätigkeiten mitteilen (→ *Nebentätigkeit* Rn 5; → *Anzeigepflichten Arbeitnehmer* Rn 6). Bei einem arbeitsunfähigen ArbN kann von Relevanz sein, wie er seine „Freizeit" während der AU gestaltet. Denn ihn trifft die Obliegenheit, sich nicht genesungswidrig zu verhalten. Ggf kann ein genesungswidriges Verhalten den Beweiswert der Arbeitsunfähigkeitsbescheinigung erschüttern (LAG RhPf 11.11.15 – 7 Sa 672/14, BeckRS 2016, 66299). Außerdienstliches Verhalten kann Anlass zu arbeitsrechtlichen Konsequenzen wie Abmahnung und Kündigung sein, wenn es unmittelbar auf das Arbeitsverhältnis einwirkt, weil es die auch außerhalb der Arbeitszeit bestehende Pflicht zur Rücksichtnahme auf die Rechte, Rechtsgüter und Interessen des ArbGeb verletzt (so zB, wenn der angestellte Polizist im Wachschutz in seiner Freizeit Partydrogen herstellt: LAG Bln-Bbg 25.10.11 – 19 Sa 1075/11, BB 12, 252 LS; offen gelassen BAG 20.6.13 – 2 AZR 589/12, NZA 13, 1345; BAG 10.4.14 – 2 AZR 684/13, NZA 14, 1197; Kündigung wegen parteipolitischer Betätigung: Hess LAG 22.2.16 – 14 Sa 1772/14, BeckRS 2016, 70838; außerdienstliches Verhalten eines Bankangestellten: LAG BlnBbg 23.10.14 – 21 Sa 800/14, NZA-RR 15, 241; zur Kündigung wegen Äußerungen in den sozialen Medien: *Juncker* öAT 18, 4 → *Kündigung, verhaltensbedingte* Rn 25–27; → *Meinungsfreiheit* Rn 5–8). Der ArbN ist daher auch verpflichtet, seine Arbeitsfähigkeit nicht durch übermäßigen Alkohol- oder Drogengenuss in der Freizeit zu beeinträchtigen (BAG 20.10.16 – 6 AZR 471/15, NZA 16, 1527). 2

**3. Arbeitsvertraglich vereinbarte Beschränkungen.** Vorbehaltlich der Inhaltskontrolle arbeitsvertraglicher Vereinbarungen nach Maßgabe der §§ 305 ff BGB kann sich der ArbN nach dem Grundsatz der Vertragsfreiheit verpflichten, bei der Gestaltung seiner Freizeit auf die Interessen des ArbGeb Rücksicht zu nehmen. Solche Vereinbarungen müssen sich allerdings am grundgesetzlich geschützten Katalog des Freiheits- und Persönlichkeitsrechts (Art 1 und 2 GG) messen lassen. Politische Enthaltsamkeit als solche kann ebenso wenig vereinbart werden wie Zölibatsklauseln oÄ. Anderes gilt für eher periphere Einschränkungen, wenn dem Anliegen des ArbGeb ein anerkennenswertes Interesse zugrunde liegt und dem ArbN für seinen Verzicht auf bestimmte Freizeitgestaltung ein angemessener Ausgleich geleistet wird. Dieser kann auch in der unmittelbaren Vergütung enthalten sein. 3

So können Künstler wie Schauspieler und Musiker im Interesse einer kontinuierlichen Präsenz sich verpflichten, anerkannt unfallträchtige Sportarten wie Drachenfliegen, Fußball, Ski, Boxen, Volleyball usw nicht auszuüben. Die Wirksamkeit entsprechender Klauseln hängt maßgeblich vom Einzelfall ab, so von der zeitlichen Dauer der Beschränkung oder der Entbehrlichkeit des Künstlers (zB mögliches vorübergehendes „Herausschreiben" aus einer Fernsehserie). Gegen Reisebeschränkungen bestehen je nach Einzelfall keine Bedenken (zB Geheimnisträger im öffentlichen Dienst; Gefahrengebiete im Ausland). Entsprechende vertragliche Bindungen leitender Angestellter unterliegen wegen der ihnen übertragenen unternehmenswichtigen Aufgaben und dem regelmäßigen Ausgleich der Beschränkung im privaten Lebensbereich durch höhere Vergütung keinen Bedenken. Anders liegt es bei normalen Arbeitsverhältnissen. 4

**4. Mitbestimmungsrechte** des BRat greifen in diesem Zusammenhang auch dann nicht ein, wenn der ArbGeb generell mit bestimmten ArbNGruppen, die zu dem vom BRat 5 vertretenen Personenkreis gehören, entsprechende vertragliche Absprachen trifft. Das außerbetriebliche Verhalten der ArbN ist der Regelungskompetenz der Betriebsparteien entzogen, insbes berechtigt § 87 Abs 1 Nr 1 BetrVG nicht dazu, in die private Lebensführung der ArbN einzugreifen (zur Abgrenzung zum mitbestimmungspflichtigen Ordnungsverhalten: BAG 28.5.02 – 1 ABR 32/01, NZA 03, 166; BAG 22.7.08 – 1 ABR 40/07, NZA 08, 1248). Ein Einigungsstellenspruch, der die berechtigten Interessen der Beschäftigten an einer freien Gestaltung der Freizeit außer Acht lässt, entspricht nicht billigem Ermessen iSd § 76 Abs 5 S 3 BetrVG (BAG 17.1.12 – 1 ABR 45/10, NZA 12, 687).

6 5. **Beeinträchtigungen** bei der Durchführung des Arbeitsverhältnisses, etwa infolge zahlreicher Sportunfälle oder mangelnder Leistungsfähigkeit aufgrund privater Überbeanspruchung, kann der ArbGeb mit den arbeitsrechtlich zur Verfügung stehenden Mitteln wie Abmahnung/Kündigung begegnen.

## B. Lohnsteuerrecht *Seidel*

11 Wird der ArbN in seiner Freizeit gegen Bezahlung von Arbeitslohn für einen anderen ArbGeb tätig, ergeben sich für die Besteuerung des Arbeitslohns keine Besonderheiten. Meist wird es sich um eine pauschalierungsfähige Aushilfsbeschäftigung oder eine geringfügige Beschäftigung handeln, so dass die Bildung von LStAbzugsmerkmalen nicht erforderlich ist (→ *Teilzeitbeschäftigung* Rn 115, → *Aushilfskräfte* Rn 23 ff und → *Geringfügige Beschäftigung* Rn 20 ff). Ansonsten hat der ArbN jedem seiner ArbGeb bei Eintritt in das Dienstverhältnis zum Zweck des Abzugs der LStAbzugsmerkmale mitzuteilen, ob es sich um das erste oder ein weiteres Dienstverhältnis handelt (§ 39e Abs 4 Satz 1 Nr 2 EStG; zur Steuerklasse § 38b Abs 1 Satz 2 Nr 6 EStG und → *Lohnsteuerklassen* Rn 11; → *Nebentätigkeit* Rn 20).

12 Betätigt sich der ArbN in seiner Freizeit nebenberuflich als Übungsleiter, Ausbilder, Erzieher, Betreuer oder in vergleichbaren Tätigkeiten bzw künstlerisch, so sind Aufwandsentschädigungen bis 2400 € steuerfrei. Dies gilt auch, wenn der ArbN nebenberuflich bei der Pflege alter, kranker oder behinderter Menschen im Dienst oder Auftrag einer inländischen juristischen Person des öffentlichen Rechts oder von Einrichtungen zur Förderung gemeinnütziger, mildtätiger oder kirchlicher Zwecke tätig wird (§ 3 Nr 26 EStG). Für alle sonstigen, nicht unter § 3 Nr 26 EStG fallenden Tätigkeiten gibt es einen Freibetrag iHv 720 € (§ 3 Nr 26a EStG; → *Ehrenamtliche Tätigkeit* Rn 23; LStR 3.26 Abs 1). Auf → *Aufwandsentschädigung* Rn 12 ff, → *Ausbilder* Rn 12 ff und → *Nebentätigkeit* Rn 22 wird ergänzend Bezug genommen.

13 Zur Abgrenzung der ArbNEigenschaft von der ehrenamtlichen Tätigkeit (→ *Ehrenamtliche Tätigkeit* Rn 11 ff) im Verhältnis zum Auftraggeber ist entscheidend, ob eine Eingliederung vorliegt (→ *Arbeitnehmer (Begriff)* Rn 34). Geringfügigkeit der Entschädigung und kurze Dauer der Tätigkeit stehen der ArbNEigenschaft nicht entgegen (BFH 28.2.75, BStBl II 76, 134, → Rn 7). Zur Einordnung weiterer möglicher Freizeitbeschäftigungen s das ABC bei → *Arbeitnehmer (Begriff)* Rn 84 und → *Nebentätigkeit* Rn 20 ff.

## C. Sozialversicherungsrecht *Ruppelt*

14 **Unfallversicherung.** Verrichtungen in der Freizeit, auch wenn sie zur Erholung oder Erhaltung/Wiederherstellung der Arbeitsfähigkeit dienen, sind eigenwirtschaftliche, zum **privaten Lebensbereich** gehörende Angelegenheiten. Es besteht daher grds kein Versicherungsschutz in der gesetzlichen UV. Zum UVSchutz in Arbeitspausen vgl → *Pause* Rn 14. Ausnahmen von dem genannten Grundsatz sind denkbar, wenn der Versicherte in der Freizeit eine unmittelbar **mit der beruflichen Tätigkeit in Zusammenhang** stehende Beschäftigung verrichtet, infolge derer er einen Unfall erleidet. Grundlegend zum Unfallversicherungsschutz bei Aktenbearbeitung zu Hause: BSG 12.12.06 – B 2 U 28/05 R, SozR4–2700 § 8 Nr 20. Verrichtet ein Versicherter gleichzeitig eine eigenwirtschaftliche (Skifahren) und eine berufliche Tätigkeit (Telefongespräch mit einem Kunden), liegt kein Arbeitsunfall vor, wenn die berufliche Tätigkeit zwar (mit-) ursächlich für den Unfall (Sturz) geworden ist, sich in dem Unfall aber nur das Risiko der eigenwirtschaftlichen Tätigkeit wesentlich verwirklicht hat (BayLSG 26.3.15 – L 17 U 409/14, BeckRS 2015, 72116). Vgl

auch → *Arbeitsunfall* Rn 31 ff, → *Unfallversicherung* Rn 26 ff, → *Betriebssport* Rn 14 ff, → *Betriebsveranstaltung* Rn 20 ff, → *Dienstreise* Rn 64 ff, → *Betriebsausflug* Rn 13, → *Homeoffice* Rn 45.

Von der Freizeitbeschäftigung unabhängig besteht Versicherungsschutz, wenn die Voraus- 15
setzungen vorliegen, unter denen die gesetzliche UV auch ohne direkten Bezug zu einem Arbeits- oder Dienstverhältnis das Unfallrisiko abzudecken hat. Dies ist zB für Helfer bei Unglücksfällen oder öffentlichen Diensthandlungen und für Blutspender der Fall (§ 2 Abs 1 Nr 13 SGB VII). Die betreffenden Personengruppen sind in § 2 Abs 1 SGB VII abschließend aufgeführt (→ *Unfallversicherung* Rn 37 ff; → *Ehrenamtliche Tätigkeit* Rn 36 ff). Wird eine sportliche Tätigkeit im Rahmen eines (auch unentgeltlichen) **Beschäftigungsverhältnisses** (auch neben einer anderen Vollzeittätigkeit) ausgeübt, etwa als Mannschaftspieler in einer Handballmannschaft, können Verrichtungen im Zusammenhang mit dieser Tätigkeit gesetzlich unfallversichert sein (BSG 23.4.15 – B 2 U 5/14 R, SozR 4–2700 § 2 Nr 33). Dies gilt nur, wenn die Voraussetzungen eines Beschäftigungsverhältnisses erfüllt sind, was im Freizeitsportbereich in der Regel nicht der Fall ist (BSG 27.10.09 – B 2U 26/08 R, WzS 10, 59).

# Fürsorgepflicht

## A. Arbeitsrecht

*Kreitner*

**1. Begriff und Bedeutung.** Ein jedes Arbeitsverhältnis besteht aus den vertraglichen 1
Hauptpflichten und sog Nebenpflichten. Während sich als Hauptpflichten allein die Pflicht des ArbN zur Dienstleistung und die Vergütungspflicht des ArbGeb gegenüberstehen, existieren eine Vielzahl vertraglicher Nebenpflichten für beide Vertragsparteien. Die Fürsorgepflicht stellt die wichtigste Nebenpflicht auf ArbGebSeite dar, die ihr ArbNseitiges Gegenstück in der sog *Treuepflicht* findet.

Die Fürsorgepflicht des ArbGeb ist **zwingender Bestandteil** des Arbeitsverhältnisses 2
und kann als solche nicht durch die Parteien abbedungen werden. Lediglich der Ausschluss bestimmter einzelner Verhaltenspflichten, die ihrerseits Ausfluss der Fürsorgepflicht sind, ist im Einzelfall möglich, wenn dabei die allgemeinen Grenzen der Sittenwidrigkeit, der Gleichbehandlung und anderer gesetzlicher Verbote beachtet werden.

**Definieren** lässt sich die Fürsorgepflicht als Verpflichtung des ArbGeb, seine Rechte aus 3
dem Arbeitsverhältnis so auszuüben und die im Zusammenhang mit dem Arbeitsverhältnis stehenden Interessen des ArbN so zu wahren, wie dies unter Berücksichtigung der Belange des Betriebes und der Interessen der gesamten Belegschaft nach Treu und Glauben billigerweise möglich ist (BAG 7.6.18 – 8 AZR 96/17, BeckRS 2018, 25846; 16.2.12 – 8 AZR 98/11, BeckRS 2012, 70997). Sie hat mittlerweile in § 241 Abs 2 BGB auch eine gesetzliche Grundlage gefunden.

Die **Geltungsdauer** der Fürsorgepflicht wird nicht begrenzt durch das bestehende 4
Arbeitsverhältnis, sondern sie beginnt bereits bei der Begründung des Arbeitsverhältnisses und wirkt fort im Zeitraum der Weiterbeschäftigung nach erfolgter Kündigung sowie in Einzelfällen sogar nach der Beendigung des Arbeitsverhältnisses als sog nachvertragliche Fürsorgepflicht (BAG 21.11.2000 – 3 AZR 415/99, NZA 01, 661). So bestehen zB im Rahmen der Vertragsverhandlungen unter Umständen eine Hinweispflicht des ArbGeb wegen besonderer Leistungsanforderungen oder Arbeitsbedingungen sowie Obhutspflichten hinsichtlich der persönlichen Bewerbungsunterlagen. Seine nachvertragliche Fürsorgepflicht verletzt bspw ein ArbGeb, der ohne ausreichenden Sachgrund darauf hinwirkt, dass sein ehemaliger ArbN von seinem neuen ArbGeb mit sofortiger Wirkung von einer Baustelle abgezogen wird (LAG NdS 14.4.16 – 7 Sa 340/15, BeckRS 2016, 71053).

Im Rahmen des „Weiterbeschäftigungsverhältnisses" nach erfolgter Kündigung gilt grds 5
die gleiche vertragliche Fürsorgepflicht wie im ungekündigten Arbeitsverhältnis. Nach Beendigung des Arbeitsverhältnisses ist der ArbGeb zur Zeugniserteilung verpflichtet und hat bei Auskünften betreffend den ausgeschiedenen ArbN gegenüber Dritten dessen Interessen zu beachten (→ *Auskunftspflichten Arbeitgeber* Rn 19 ff). Gem § 629 BGB muss er dem ArbN nach der Kündigung des Arbeitsverhältnisses Freistellung zur *Stellensuche* gewähren.

6 In Einzelfällen kann nach einer umfassenden Interessenabwägung ein **Wiedereinstellungsanspruch** des gekündigten ArbN gestützt auf die nachwirkende Fürsorgepflicht bestehen (BAG 27.2.97 – 2 AZR 160/96, NZA 97, 757; 4.12.97 – 2 AZR 140/97, NZA 98, 701; 28.6.2000 – 7 AZR 904/98, NZA 2000, 1097; → *Wiedereinstellungsanspruch* Rn 4). Schließlich gilt die Fürsorgepflicht auch im ruhenden Arbeitsverhältnis (LAG Köln 9.12.97 – 13 Sa 756/97, BeckRS 1997, 30772860).

7 Der **Umfang** der Fürsorgepflicht lässt sich abgesehen von vorhandenen gesetzlichen oder tariflichen Konkretisierungen nicht generell festlegen, sondern ist in jedem einzelnen Arbeitsverhältnis verschieden (speziell zum Anwaltsarbeitsverhältnis *Compensis* BB 96, 321; zur Auslandstätigkeit *Schliemann* BB 01, 1302). Wichtigster Maßstab ist regelmäßig der **Grad der Abhängigkeit** des ArbN. Je umfangreicher die Einwirkungsmöglichkeit des ArbGeb kraft seines Direktionsrechts ist, desto weitergehender sind auch die Fürsorgeverpflichtungen des ArbGeb. Zu beachten ist auch der **Verhältnismäßigkeitsgrundsatz,** der eine Abwägung zwischen dem Schutzinteresse des ArbN und den Interessen des ArbGeb erforderlich macht (*Kort* NZA 96, 854). Soweit eine normative Regelung besteht, scheidet ein Rückgriff auf die allgemeine Fürsorgepflicht aus (BAG 15.11.05 – 9 AZR 209/05, NZA 06, 502).

8 **2. Einzelfälle. a) Schutz der Person des Arbeitnehmers.** Die Fürsorgepflicht des ArbGeb bezüglich Leben und Gesundheit des ArbN wird in §§ 617–619 BGB konkretisiert. Auch der zunächst im BSchuG und seit dem 18.8.06 durch das AGG gewährleistete Schutz vor sexueller Belästigung stellt eine weitere spezialgesetzliche Ausprägung der allgemeinen Fürsorgepflicht dar (→ *Diskriminierung* Rn 59 ff sowie → *Mobbing* Rn 1 ff).

9 Sonderregelungen finden sich für Handlungsgehilfen in § 62 HGB, für Jugendliche in §§ 32 ff JArbSchG sowie für Heimarbeiter in §§ 12 ff HAG. Zu beachten ist insbes die Generalklausel des § 618 BGB, wonach der ArbGeb die Arbeitsbedingungen so gestalten muss, dass der ArbN gegen Gefahren für Leben und Gesundheit geschützt ist, soweit dies die Natur der zu erbringenden Dienstleistung gestattet. Diese **Generalklausel** wird durch eine Vielzahl öffentlich-rechtlicher Schutzvorschriften, die oftmals bußgeldbewehrt sind, näher ausgestaltet (zB ArbstättV, GefStoffV, RöntgenVO, StrahlenschutzVO, Gerätesicherheitsgesetz). Umstritten ist, ob der ArbGeb aufgrund der Fürsorgepflicht verpflichtet ist, dem ArbN einen tabakrauchfreien Arbeitsplatz zur Verfügung zu stellen (BAG 17.2.98 – 9 AZR 84/97, NZA 98, 1231 [im Einzelfall]; LAG Bln 18.3.05 – 6 Sa 2585/04, BB 05, 1576; vgl im Übrigen → *Nichtraucherschutz* Rn 2). Zu möglichen Gesundheitsbeeinträchtigungen durch sog Fume-Events in Passagierflugzeugen zuletzt LAG Köln 10.1.18 – 7 Sa 356/17, BeckRS 2018, 19352.

10 **b) Gegenstände des Arbeitgebers.** Bei der Nutzung von Dienstfahrzeugen durch den ArbN besteht für den ArbGeb zwar keine Verpflichtung, jedoch eine sog Obliegenheit zum Abschluss einer Kaskoversicherung für das Kraftfahrzeug. Im Schadensfall muss er sich daher immer so behandeln lassen, als habe er eine derartige Versicherung abgeschlossen (→ *Arbeitnehmerhaftung* Rn 18). Soweit der ArbN arbeitsplatzbedingt einem besonderen Schadensrisiko ausgesetzt ist, muss der ArbGeb aufgrund der Fürsorgepflicht für eine möglichst geringe Belastung des ArbN sorgen (LAG Frankfurt 4.11.87, DB 88, 2652: Schlüsselverlust durch Lagerleiter).

11 **c) Schutz der eingebrachten Sachen des Arbeitnehmers.** Aufgrund der Fürsorgepflicht hat der ArbGeb Vorsorgemaßnahmen zum Schutz der in den Betrieb mitgebrachten Sachen des ArbN zu treffen. Den ArbGeb trifft eine Obhuts- und Verwahrungspflicht, wenn der ArbN nicht selbst Vorsorge treffen kann (BAG 23.1.92 – 8 AZR 282/91, BeckRS 1992, 30739919; LAG Bln 17.5.99 – 9 Sa 209/99, BeckRS 1999, 40873). Diese Pflicht gilt uneingeschränkt für sog **persönlich unentbehrliche Sachen** des ArbN (Straßenkleidung, Uhr, angemessener Geldbetrag) sowie sog **unmittelbar arbeitsdienliche Sachen** (Arbeitskleidung, Werkzeug, Fachbücher). Zu weitergehenden Maßnahmen ist der ArbGeb regelmäßig nicht verpflichtet (LAG Düsseldorf 19.10.89, DB 90, 1468: Feuerversicherung; LAG RhPf 15.1.09 – 10 Sa 615/08, BeckRS 2009, 56433: keine Garantiehaftung).

12 Hinsichtlich der sog **lediglich mittelbar arbeitsdienlichen Sachen** besteht eine eingeschränkte Verwahrungs- und Obhutspflicht, die nach den Grundsätzen der Billigkeit nach Treu und Glauben im Einzelfall zu beurteilen ist. Hauptanwendungsfall sind die privateigenen Verkehrsmittel der ArbN. Abstellplätze für Fahrräder und Mopeds muss der ArbGeb

regelmäßig zur Verfügung stellen. Eine generelle Verpflichtung zur Bereitstellung von **Firmenparkplätzen** für Pkw besteht demgegenüber nicht, kann aber im Einzelfall je nach Betriebsgröße in Betracht kommen (LAG Hess 11.4.03 – 12 Sa 243/02, NZA-RR 04, 69; weiterführend *Kreßel* RdA 92, 169). Existiert ein solcher Parkplatz jedoch, so ist der ArbGeb verpflichtet, für die erforderlichen Verkehrssicherungsmaßnahmen zu sorgen (ArbG Marburg 15.8.97 – 2 Ca 8/97, BB 99, 852 [LS]), wie zB Beleuchtung (BGH 29.1.68, VersR 68, 399), Streupflicht im Winter (BGH 22.11.65, NJW 66, 202), Sicherung gegen vorbeifließenden Verkehr (BAG 5.3.59, DB 59, 833). Vom ArbGeb angeordnete Verkehrsregeln sind verbindlich (LAG Brem 19.11.98 – 4 Sa 131/98, NZA-RR 99, 260: Verkehrsunfall auf Firmenparkplatz unter Beteiligung mehrerer ArbN). Eine Haftung für schuldhaftes Verhalten eines Dritten, der im Rahmen eines Werkvertrages auf dem Firmengelände tätig ist und die auf dem Firmenparkplatz abgestellten Pkws beschädigt, ergibt sich hieraus jedoch nicht (BAG 25.5.2000 – 8 AZR 518/99, NZA 2000, 1052). Unter Umständen besteht im Einzelfall eine Pflicht zur Überdachung der Parkplätze zum Schutz vor Immissionen (LAG Hamm 23.6.71, DB 71, 1823; *Neuhausen* NZA 91, 372). Eine Bewachungspflicht besteht nicht (BAG 25.6.75, BB 75, 1343).

Soweit schließlich der ArbN **Sachen** in den Betrieb mitbringt, **die nicht im Zusammenhang mit dem Arbeitsverhältnis stehen,** geschieht dies auf sein alleiniges Risiko (zB wertvoller Schmuck). Besondere Obhutspflichten des ArbGeb bestehen insoweit nicht. 13

**d) Schutz vermögensrechtlicher Belange des Arbeitnehmers.** Aus Fürsorgegesichtspunkten ergibt sich nach der ständigen Rspr des BAG die Pflicht des ArbGeb, die LSt richtig zu berechnen und abzuführen (BAG 11.10.89, NZA 90, 309). Er muss den ArbN aber nicht einzelfallbezogen gezielt auf etwaige steuerliche Nachteile hinweisen, die sich aus der beabsichtigten Besteuerung nach der Lohnsteuerkarte ergeben könnten (BAG 13.11.14 – 8 AZR 817/13, NZA 15, 166). Gleiches gilt hinsichtlich der sozialversicherungsrechtlichen Behandlung des Arbeitsverhältnisses (BAG 13.5.70, BB 70, 923); allerdings nicht bei einer freiwilligen Versicherung eines von der Versicherungspflicht befreiten ArbN in der RV (LAG Köln 19.1.96, NZA-RR 96, 447). Auch über die nachteiligen Folgen einer Teilzeitbeschäftigung für die betriebliche Altersversorgung muss der ArbGeb den ArbN nicht aufklären (LAG Nbg 21.12.15 – 3 Sa 249/15, BeckRS 2016, 70250). Aus der Fürsorgepflicht kann sich ein Anspruch des ArbN gegen den ArbGeb auf Vorlage einer korrigierten Tätigkeitsdarstellung zwecks zutreffender tariflicher Bewertung seiner aktuellen Aufgaben und Funktionen ergeben (LAG Köln 28.3.13 – 6 Sa 577/12, BeckRS 2013, 71689). Der ArbGeb ist außerdem verpflichtet, den ArbN über betriebliche Sozialleistungen zu unterrichten (BAG 9.9.66, AP Nr 76 zu § 611 BGB Fürsorgepflicht; LAG Hamm 13.7.99 – 6 Sa 2407/98, NZA-RR 99, 658) und ihm eine *Verdienstbescheinigung* zu erstellen. Ferner kann eine Verpflichtung zur Mitteilung von Umständen bestehen, die die Geltendmachung eines Rückzahlungsanspruchs innerhalb einer Ausschlussfrist betreffen (LAG Düsseldorf 29.4.16 – 10 Sa 1033/15, BeckRS 2016, 70918). Der ArbGeb muss den ArbN allerdings nicht von sich aus auf den gesetzlichen Anspruch auf Entgeltumwandlung nach § 1a BetrAVG hinweisen (BAG 21.1.14 – 3 AZR 807/11, NZA 14, 903). Im Einzelfall kann wiederum die Verpflichtung bestehen, die Kosten einer anwaltlichen Vertretung des ArbN zu übernehmen, die diesem aufgrund einer leichtfertigen Strafanzeige des ArbGeb entstanden sind (ArbG Köln 6.11.14 – 11 Ca 3817/14, BeckRS 2015, 66803). 14

Bei einer einvernehmlichen Aufhebung des Arbeitsverhältnisses kann je nach Lage des Einzelfalles eine Pflicht des ArbGeb zur **Aufklärung des Arbeitnehmers** über die Auswirkungen der Vertragsbeendigung auf den möglichen AlGeldAnspruch des ArbN bestehen (BAG 10.3.88, DB 88, 2006; LAG Hamm 22.5.02 – 3 Sa 1900/01, LAGE § 623 BGB Nr 3). Das Gleiche gilt in Bezug auf mögliche Versorgungsschäden in der betrieblichen Altersversorgung (BAG 17.10.2000 – 3 AZR 605/99, NZA 01, 206; 24.9.09 – 8 AZR 444/08, NZA 10, 337). Ebenfalls kann bei unmittelbar bevorstehender Zahlungsunfähigkeit eine Offenbarungspflicht des ArbGeb über die finanzielle Lage des Unternehmens bestehen, wenn in einer Vereinbarung das Arbeitsverhältnis gegen Zahlung einer Abfindung aufgelöst wird (ArbG Darmstadt 23.12.87, DB 88, 918). Kündigt ein ArbN in der irrigen Ansicht, von einer konkret bevorstehenden **Betriebsänderung** betroffen zu sein, kann eine Aufklärungspflicht des ArbGeb unter dem Gesichtspunkt der nachwirkenden Fürsorgepflicht eingreifen (LAG Düsseldorf 3.7.91, DB 91, 1836 [LS]). In welchem Umfang ein ArbGeb 15 mit dem ArbN ein ArbNseitig gestelltes Auflösungsbegehren besprechen muss, ist sehr stark einzelfallabhängig (LAG Köln 13.2.06 – 2 Sa 1271/05, NZA-RR 06, 463). Demgegenüber besteht keine Hinweispflicht auf bevorstehende Verhandlungen mit dem BRat über Interessenausgleich und Sozialplan (LAG Köln 17.6.93 – 5 Sa 295/93, FHArb SozR 40, Nr 2394) oder auf drohenden Verfall von Ansprüchen durch eine tarifliche Ausschlussfrist (BAG 22.1.97, DB 97, 880). Lediglich in besonderen Einzelfällen kann bei der Vornahme einer personellen Einzelmaßnahme unter Fürsorgegesichtspunkten ausnahmsweise eine Verpflichtung des ArbGeb zur Durchführung eines arbeitsgerichtlichen Zustimmungsersetzungsverfahrens nach § 99 Abs 4 BetrVG bestehen (LAG Hamm 12.5.15 – 14 Sa 904/14, BeckRS 2015, 70507).

16 Es besteht nach der Rspr des BAG im öffentlichen Dienst keine Pflicht zur Belehrung über die Zusatzversorgung bei Eigenkündigung des ArbN oder bei Abschluss eines Aufhebungsvertrages (BAG 23.5.89, BB 90, 211; 13.12.88, DB 89, 932). Ebenso ist der ArbGeb nicht verpflichtet, im Interesse seines ArbN **Rechtsmittel** gegen einen Kurzarbeitergeld-Festsetzungsbescheid der Agentur für Arbeit einzulegen, wenn er die einer ständigen Verwaltungspraxis entsprechende Rechtsauffassung der Arbeitsverwaltung teilt (BAG 19.3.92, DB 92, 2040) bzw der Bescheid nicht offensichtlich unzutreffend ist oder der ArbN die Berechnung der Agentur für Arbeit nicht rechtzeitig und substantiiert gerügt hat (LAG Sachs 30.8.02 – 3 Sa 996/01, NZA-RR 03, 328). Das Gleiche gilt hinsichtlich eines abgelehnten Antrags auf Wintergeld (LAG Hamm 18.2.92, DB 92, 2198). Befindet sich ein ArbN im **Sonderurlaub,** so ist der ArbGeb aufgrund der Fürsorgepflicht allein grds nicht verpflichtet, in eine vorzeitige Beendigung des Urlaubs einzuwilligen. Vielmehr müssen besondere Umstände vorliegen (BAG 6.9.94, NZA 95, 953).

17 Im Zusammenhang mit **Lohnpfändungen** kann der ArbGeb unter Fürsorgegesichtspunkten verpflichtet sein, den ArbN bei Unkundigkeit über seine Rechte und sein Verhalten gegen einen Pfändungs- und Überweisungsbeschluss eines Gläubigers zu beraten. Unterlässt er die Abführung einbehaltener und gepfändeter Beträge an den Gläubiger, so begründet dies nicht einen Schadenersatzanspruch des ArbN wegen Verletzung der Fürsorgepflicht. Der ArbN behält vielmehr seinen vertraglichen Erfüllungsanspruch (LAG Hamm 15.6.88, DB 88, 1703).

18 **e) Persönlichkeitsschutz des Arbeitnehmers.** Eine Vielzahl einzelner Pflichten des ArbGeb lassen sich unter dem Oberbegriff des Persönlichkeitsschutzes des ArbN zusammenfassen. Oftmals geht es dabei um Mobbingvorwürfe des ArbN (LAG RhPf 6.6.16 – 1 Sa 189/15, BeckRS 2016, 69962; → *Mobbing* Rn 2 ff). Weitere Pflichten werden im Einzelnen bei den jeweiligen Stichworten behandelt und sollen hier nur summarisch aufgeführt werden: Umgang des ArbGeb mit der Personalakte und Einsichtsrecht des ArbN (→ *Personalakte* Rn 12; → *Zeugnis* Rn 11), Anhörung und Unterrichtung des ArbN über seine Stellung und berufliche Entwicklung im Betrieb (→ *Auskunftspflichten Arbeitgeber* Rn 2 ff), Erteilung von Auskünften des ArbGeb an Dritte während und nach Beendigung des Arbeitsverhältnisses (→ *Auskunftspflichten Arbeitgeber* Rn 19–23) sowie Urlaubsgewährung und bezahlte oder unbezahlte Freistellung des ArbN bei besonderen persönlichen Anlässen (→ *Freistellung von der Arbeit* Rn 8). Die Fürsorgepflicht gebietet dem ArbGeb, die Erteilung von Weisungen an einen arbeitsunfähig erkrankten ArbN (zB Durchführung eines Personalgesprächs) auf dringende betriebliche Anlässe zu beschränkten (BAG 2.11.16 – 10 AZR 596/15, NZA 17, 183). Auch eine räumliche Versetzung in ein anderes Arbeitsumfeld kann geboten sein (BAG 28.6.18 – 2 AZR 436/17, NZA 18, 1259). Ein ArbGeb kann sogar im Einzelfall unter Fürsorgegesichtspunkten verpflichtet sein, bei der Erlangung eines Freigängerstatus eines in Strafhaft befindlichen ArbN mitzuwirken (BAG 9.3.95 – 2 AZR 497/94, NZA 95, 777; grds zustimmend *Franzen* SAE 96, 37).

19 **f) Beförderung.** Ein Beförderungsanspruch des ArbN besteht aufgrund der Fürsorgepflicht nicht (BAG 20.6.84, AP Nr 58 zu § 611 BGB DO-Angestellte). Auch bei einer aus Fürsorgegesichtspunkten gebotenen Umsetzung des ArbN (zB aus gesundheitlichen Gründen) hat dieser keinen Anspruch auf einen bestimmten Arbeitsplatz (BAG 13.6.89, DB 90, 283).

20 **3. Rechtsfolge** einer Verletzung der Fürsorgepflicht durch den ArbGeb ist zunächst ein **Zurückbehaltungsrecht** des ArbN. Der ArbN kann so lange die Arbeitsleistung ver-

weigern, bis der ArbGeb gesetzmäßige Arbeitsbedingungen herstellt (→ *Zurückbehaltungsrecht* Rn 1 ff, → *Leistungsverweigerungsrecht* Rn 3 ff). Der ArbGeb gerät in einem solchen Fall in Annahmeverzug und bleibt zur Zahlung der vertragsgemäßen Vergütung verpflichtet, wenn der ArbN auf die Geltendmachung des Zurückbehaltungsrechts hinweist.

Liegt eine schuldhafte Pflichtverletzung des ArbGeb vor, kann der ArbN Schadensersatz 21 verlangen. Dabei haftet der ArbGeb gem § 278 BGB für das Verschulden seiner Erfüllungsgehilfen. Im Prozess muss der ArbN das Vorliegen einer Fürsorgepflichtsverletzung des ArbGeb darlegen und beweisen. Der ArbGeb trägt die **Darlegungs- und Beweislast** für fehlendes Verschulden sowie das Vorliegen besonderer Umstände, die eine andere Ursache des eingetretenen Schadens begründen (BAG 14.12.06 – 8 AZR 628/05, NZA 07, 262). Regelmäßig zu berücksichtigen ist die Frage des Mitverschuldens des ArbN gem § 254 BGB, wobei auch insoweit der ArbGeb darlegungs- und beweispflichtig ist.

## B. Lohnsteuerrecht

*Seidel*

**1. Arbeitgeber. a) Keine Einnahmen** aus dem Dienstverhältnis und damit keinen stpfl 22 Arbeitslohn stellen regelmäßig die Leistungen des ArbGeb dar, die er im betrieblichen Bereich in Erfüllung seiner arbeitsrechtlichen Fürsorgepflicht erbringt (BFH 19.9.75, BStBl II 75, 888 zu Kurkosten). Eine Aufteilung scheidet aus, wenn die **Veranlassungsbeiträge** so **ineinandergreifen,** dass eine Trennung nicht möglich und daher von einer einheitlich zu beurteilenden Zuwendung auszugehen ist (BFH 11.3.10 – VI R 7/08, BStBl II 10, 763 ebenfalls zu Kurkosten). Dazu gehören insbesondere die **Ausgestaltung des Arbeitsplatzes,** der Aufenthalts- und Sozialräume, die Zurverfügungstellung von Waschgelegenheiten, die Gestellung von Werkzeugen, Arbeits- und Schutzkleidung, Schutzbrillen, Gummistiefel in Nassbetrieben und Getränke in Gießereien (→ *Arbeitsentgelt* Rn 51 f) oder auch die **Vorsorgeuntersuchung** leitender Angestellter (BFH 17.9.82 – VI R 75/79, BStBl II 83, 39). Diese Leistungen sind aus der Sicht des ArbN nicht als Vorteil für die Zurverfügungstellung seiner Arbeitskraft anzusehen (BFH 19.9.75, BStBl II 75, 888).

Aufwendungen des ArbGeb für den Einbau von Sicherheitsmaßnahmen im **häuslichen** 23 **Bereich** gefährdeter ArbN sind nicht immer Arbeitslohn. Dies richtet sich idR nach dem Grad der Gefährdung (BMF 30.6.97, BStBl I 97, 696) sowie danach, ob ein ganz überwiegendes eigenbetriebliches Interesse des ArbGeb vorliegt. Arbeitslohn liegt dagegen vor, wenn der ArbN ein nicht unerhebliches Eigeninteresse hat (BFH 5.4.06 – IX R 109/00, BStBl II 06, 541; → *Werbungskosten* Rn 32).

**b) Schadensersatzleistungen,** die der ArbGeb gegenüber dem ArbN wegen Verletzung 24 oder vermeintlicher Verletzung der Fürsorgepflicht erbringt, gehören – wenn sie dem Ersatz von Privatvermögen dienen – nur insoweit zum stpfl Arbeitslohn, als sie den zivilrechtlichen Schadensersatzanspruch **übersteigen.** Handelt es sich jedoch um Ersatzleistungen **aufgrund gesetzlicher Vorschriften,** zB unerlaubte Handlung oder Gefährdungshaftung, ohne dass zugleich ein Bezug zum Dienstverhältnis besteht, stellen diese **keinen stpfl Arbeitslohn** dar (BFH 20.9.96, BStBl II 97, 144; LStH 19.3: Schadensersatzleistungen; *Schmidt/Krüger* § 19 Rz 100 Schadensersatz; → *Arbeitsentgelt* Rn 54 ff und → *Arbeitgeberhaftung* Rn 19, 20).

**2. Finanzamt. a) Ermittlungen.** Das FA hat bei der Ermittlung des für die Besteue- 25 rung erheblichen Sachverhalts auch die für den Beteiligten **günstigen Umstände** zu berücksichtigen (§ 88 Abs 2 AO). Es darf nicht nur die Interessen des Fiskus im Auge haben, sondern muss auch die Belange der Beteiligten berücksichtigen. Dazu gehört zB auch die Prüfung der Verjährung (→ *Verjährung* Rn 31 ff; *T/K* § 88 AO Rz 7). Soweit die Steuergesetze eine Aufklärung in der Privatsphäre verlangen und der Betroffene darüber hinaus einverstanden ist, wird weder die Intimsphäre noch die Menschenwürde verletzt. Beruft sich der Beteiligte auf eine für ihn günstige Vorschrift, verweigert aber die Mitwirkung wegen Berührung der Privatsphäre (zB bei außergewöhnlicher Belastung, § 33 EStG, wird die behauptete Krankheit nicht präzisiert), darf das FA mangels anderer Beweismittel zulasten des Beteiligten entscheiden, da diesen für steuerbegünstigende Tatsachen die **objektive Beweislast** trifft (*T/K* § 88 AO Rz 33).

**b) Verfahrensrecht.** Nach § 89 AO soll das FA die Abgabe von Erklärungen, die 26 Stellung von Anträgen oder die Berichtigung derselben anregen, wenn diese offensichtlich nur versehentlich oder aus Unkenntnis unterblieben, unrichtig abgegeben oder gestellt worden sind. Auch erteilt es, soweit erforderlich, Auskunft über die den Beteiligten im Verwaltungsverfahren zustehenden Rechte und Pflichten. Diese sog **Verfahrensfürsorgepflicht** soll den im Verfahrensrecht ungewandten Personen die gleiche Möglichkeit geben, ihr Recht durchzusetzen wie den Erfahrenen. Die Durchsetzung des Rechts soll nicht an Form- und Verfahrensfehlern scheitern (*T/K* § 89 AO Rz 11). Allerdings müssen sich die Erklärungen und Anträge bei dem gegebenen Sachverhalt aufdrängen.

27 Kann bei einem eindeutigen Verstoß gegen diese Fürsorgepflicht des § 89 AO dem Stpfl weder durch Wiedereinsetzung in den vorigen Stand (§ 110 AO) noch durch Änderung des bestandskräftigen Steuerbescheides nach § 173 Abs 1 Nr 2 AO geholfen werden, kann ein Erlass der zu Unrecht festgesetzten Steuer in Betracht kommen. Auf die Erteilung von Auskünften materieller Art besteht dagegen kein Anspruch (s AEAO zu § 89, Tz 3, BMF 31.1.14, BStBl I 14, 290).

## C. Sozialversicherungsrecht

*Voelzke*

28 **1. Allgemeines.** Der Fürsorgepflicht des ArbGeb als Nebenpflicht innerhalb des Arbeitsverhältnisses kommt im SozVRecht dann mittelbare Bedeutung zu, wenn hierdurch bedingte Zuwendungen an ArbN dem Begriff des **Arbeitsentgelts** iSd § 14 SGB IV unterfallen (*Schlegel/Voelzke/Werner* SGB IV § 14 Rz 68). Als eine wesentliche Nebenpflicht öffentlich-rechtlicher Rechts- oder Pflichtenbeziehungen sind die Fürsorgepflichten der Leistungsträger entwickelt worden. Diesen obliegen Fürsorgepflichten gegenüber den bei der Durchführung der SozV indienstgenommenen ArbGeb und gegenüber den Leistungsempfängern. Eine Verletzung der Fürsorgepflicht kann die Voraussetzungen des sozialrechtlichen Herstellungsanspruches begründen.

29 **2. Arbeitsentgelt.** Entsprechend der Behandlung im LStRecht stellen **Zuwendungen** des ArbGeb, die dieser im Rahmen seiner Fürsorgepflicht erbringt, regelmäßig kein Arbeitsentgelt iSd SozVRechts dar. Dies gilt insbes für Einrichtungen zur Verbesserung der Arbeitsbedingungen, da diese nicht als Ertrag der nichtselbstständigen Arbeit des ArbN angesehen werden können. Verletzt der ArbGeb seine Fürsorgepflicht und begründet dies eine Schadensersatzpflicht gegenüber dem ArbN, so ist zu unterscheiden. Während sog echte Schadensersatzleistungen (Haftpflicht oder unerlaubte Handlung) ohne Bezug zum Arbeitsverhältnis beitragsfrei sind, unterliegen Schadensersatzansprüche, die Ersatz für Verdienstausfall beinhalten oder sonst ihre Grundlage im Arbeitsverhältnis haben, der Beitragspflicht.

30 **3. Fürsorgepflichten der Leistungsträger.** Bei einer Verletzung der dem Leistungsträger obliegenden Fürsorgepflichten kommt eine Anwendung der Grundsätze des im Wege richterlicher Rechtsfortbildung entwickelten sozialrechtlichen Herstellungsanspruches in Betracht (*Schlegel/Voelzke/Öndül* SGB I § 14 Rz 38 ff; *Gagel* SGb 2000, 517; *Hase* SGB 01, 594), der auf die **Vornahme einer Amtshandlung** zur Herbeiführung derjenigen Rechtsfolge abzielt, die bei rechtmäßigem Verhalten des Leistungsträgers eingetreten wäre. Nebenpflichten der SozVTräger bestehen gegenüber dem ArbN und dem ArbGeb.

Neben den vor den Sozialgerichten zu verfolgenden Herstellungsanspruch tritt als weitere mögliche Rechtsfolge einer Verletzung von Nebenpflichten aus dem Sozialrechtsverhältnis der gegen den Sozialleistungsträger gerichtete **Amtshaftungsanspruch** aus § 839 BGB iVm Art 34 Abs 1 GG. Der BGH hat in seiner neueren Rspr die vom BSG zum Herstellungsanspruch entwickelten Maßgaben weitgehend auf den Amtshaftungsanspruch übertragen (BGH 2.8.18 – III RZ 466/16, NJW 19, 68; zu dieser Entscheidung *Felix* JZ 18, 116; *Voelzke* jM 19, 236).

**a) Arbeitgeber.** Enthalten Vorschriften des Sozialrechts eine Indienstnahme Privater zu Erfüllung öffentlicher Aufgaben (sog öffentlich-sozialversicherungsrechtliches Pflichtverhältnis, BSG 7.6.79 – 12 RK 13/78, SozR 2200 § 394 Nr 1), so begründet dies als Kehrseite der Inpflichtnahme die Fürsorgepflicht der Behörde, den Betreffenden zu beraten, zu unterstützen und vor Schaden zu bewahren. Dies hat das BSG in einer Reihe von Entscheidungen zum Verhältnis von **Einzugsstelle** und dem zur Zahlung des GesamtSozVBeitrag verpflichteten ArbGeb (§ 28e SGB IV) ausgesprochen (BSG 18.11.80 – 12 RK 59/79, SozR 2200 § 1399 Nr 13).

Aus den allgemeinen Fürsorgepflichten ergibt sich ua, dass die Einzugsstelle eine Änderung der höchstrichterlichen Rspr grds nicht rückwirkend, sondern erst ab **Unterrichtung** des ArbGeb anzuwenden hat (BSG 18.11.80 – 12 RK 59/79, SozR 2200 § 1399 Nr 13) und regelmäßig an erbetene Auskünfte gebunden ist. Ebenso hat das BSG der BA obliegende Betreuungspflichten hinsichtlich der Indienstnahme von ArbGeb durch die Regelungen des ArblVRechts bejaht (zum Schlechtwettergeldantrag: BSG 23.6.76 – 12/7 RAr 80/74, SozR 4100 § 72 Nr 2; zum Schadensersatzanspruch bei unrichtiger *Arbeitsbescheinigung:* BSG 30.1.90 – 11 RAr 11/89, NZA 90, 790). 31

Die Fürsorgepflicht der Leistungsträger gebietet es auch, die zur Erfüllung der jeweiligen Verpflichtung zu verwendenden **Formulare** verständlich, übersichtlich und sachgerecht zu gestalten.

**b) Versicherte.** Zu den Nebenpflichten des öffentlich-rechtlichen Sozialrechtsverhältnisses gehört die allgemeine Fürsorgepflicht des Leistungsträgers gegenüber den Versicherten (BSG 28.3.90 – 9b/11 RAr 91/88, NZA 91, 39). Ihre gesetzliche Konkretisierung hat diese Rechtspflicht insbes in den Regelungen über eine umfassende **Information** (§§ 13–15 SGB I), das **Beschleunigungsgebot** (§ 17 SGB I) und das **Sozialgeheimnis** (§ 35 SGB I; → *Datenschutz* Rn 47 ff) erfahren. Der Leistungsträger ist auch bei einer Vertretung des Versicherten durch einen rechtskundigen Bevollmächtigten verpflichtet, auf nahe liegende Gestaltungsmöglichkeiten hinzuweisen (zur Erhaltung der Anwartschaft auf eine Berufsunfähigkeitsrente durch Entrichtung freiwilliger Beiträge: BSG 25.8.93 – 13 RJ 43/92, SozR 3–5750 Art 2 § 6 Nr 7). Informiert ein Leistungsträger durch ein Serienschreiben, worin er empfiehlt, bestimmte Sozialleistungen zu beantragen, einen von einer Rechtsänderung betroffenen Personenkreis, so darf er nicht bestimmte Angehörige dieses Personenkreises aus verwaltungstechnischen Gründen von der Benachrichtigung ausnehmen (BSG 14.2.01 – B 9 V 9/00 R, SozR 3–1200 § 14 Nr 31). Ob eine Verpflichtung der Behörde zu einer sog Spontanberatung sich auch auf **zukünftige Rechtsentwicklungen** bezieht, ist von der Rspr bisher noch nicht abschließend entschieden worden (BSG 26.10.94 – 11 RAr 5/94, SozR 3–1200 § 14 Nr 16). Eine Verpflichtung zu einer an sich möglichen Beratung besteht jedenfalls nicht, soweit dies im Widerspruch zu den gesetzlichen Aufgaben des Leistungsträgers steht (zB Aufgabe einer Tätigkeit zur Sicherung des Leistungsanspruches BSG 21.3.90 – 7 RAr 36/88, NZA 90, 988). 32

**c) Herstellungsanspruch.** Die **Voraussetzungen** eines sozialrechtlichen Herstellungsanspruchs sind gegeben, wenn eine Pflichtverletzung vorliegt, die dem zuständigen Sozialleistungsträger zuzurechnen ist. Dadurch muss beim Berechtigten ein sozialrechtlicher Nachteil oder Schaden eingetreten sein. Schließlich muss durch Vornahme einer Amtshandlung des Trägers der Zustand wiederhergestellt werden können, der bestehen würde, wenn die Pflichtverletzung nicht erfolgt wäre (BSG 22.3.18 – B 5 RE 1/17 R, SozR 4–2600 § 6 Nr 15). Der sozialrechtliche Herstellungsanspruch ist neben der gesetzlichen Wiedereinsetzungsregel (§ 27 SGB X) anwendbar (BSG 2.2.06 – B 10 EG 9/05 R, SozR 4–1300 § 27 Nr 2). Die fehlerhafte oder unterlassene Beratung durch eine andere Behörde kann dem Leistungsträger grds nicht zugerechnet werden (BSG 6.5.10 – B 13 R 44/09 R, BeckRS 2010, 73610). 33

Der Anwendungsbereich des Herstellungsanspruches wird von der insoweit allerdings uneinheitlichen Rspr dahingehend eingeschränkt, dass ein tatsächliches Verhalten des Versicherten (zB die Verfügbarkeit des Arbeitslosen) nicht fingiert wird (BSG 15.5.85 – 7 RAr 103/83, NZA 86, 38; s aber auch BSG 9.8.90 – 11 RAr 141/90, SozR 3–4100 § 105a Nr 2). Bei einer fehlerhaften Unterrichtung über die für den Bezug von AlGeld günstigste LStKlasse muss die Agentur für Arbeit den Arbeitslosen so stellen, als habe er den für ihn ungünstigen Wechsel unterlassen (BSG 1.4.04 – B 7 AL 52/03 R, SozR 4–4300 § 137 Nr 1). Das Fehlverhalten des Leistungsträgers lässt sich mit Hilfe des Herstellungsanspruches nur insoweit berichtigen, als die Korrektur mit dem jeweiligen Gesetzeszweck im Einklang steht (verneint bei Ausscheiden aus der beitragspflichtigen Beschäftigung vor Vollendung des 55. Lebensjahres für den Anspruch auf Altersübergangsgeld von BSG 25.1.94 – 7 RAr 50/93, SozR 3–4100 § 249e Nr 4). Lässt sich der erlittene Nachteil nicht durch eine **zulässige Amtshandlung** ausgleichen (zB bei rückwirkender Änderung eines Pfändungs- und Überweisungsbeschlusses: BSG 15.12.99 – B 9 V 12/99 R, SozR 3–1200 § 14 Nr 28), so ist nicht der sozialrechtliche Herstellungs- 34 anspruch, sondern ggf ein Amtshaftungsanspruch gegeben, der in die Zuständigkeit der Zivilgerichte fällt.

35 Hauptanwendungsfälle des Herstellungsanspruches sind die **verspätete Antragstellung,** die Nachentrichtung von Beiträgen und die Verwirkung von Ausschlussfristen (vgl hierzu ausführlich KassKomm/*Seewald* Vor §§ 38–47 SGB I Rz 151 ff; zum Herstellungsanspruch bei ungenügender Aufklärung der Bevölkerung s BSG 21.6.90 – 12 RK 27/88, SozR 3–1200 § 13 Nr 1). Zu den mit der Stellung eines Antrags auf vorgezogene Altersrente verbundenen Vor- und Nachteilen hat der 4. Senat des BSG angenommen, der RVTräger müsse die Versicherten bereits vor Erreichen der maßgebenden Altersgrenzen über die verschiedenen Möglichkeiten der Gestaltung informieren (BSG 6.3.03 – B 4 RA 38/02 R, NZS 04, 149). Im Einzelfall kann die Behörde auch verpflichtet sein, einen Antragsteller zu beraten, seinen Leistungsantrag erst zu einem späteren Zeitpunkt zu stellen, wenn die Verschiebung für den Versicherten offensichtlich vorteilhaft sein könnte (zum Antrag auf AlGeld bei Eintritt einer Sperrzeit s BSG 5.8.99 – B 7 AL 38/98 R, SozR 3–4100 § 110 Nr 2). Das Jobcenter verletzt seine Beratungspflicht, wenn es vor Beginn eines neuen Bewilligungsabschnitts nicht auf das Erfordernis eines Fortzahlungsantrags hinweist (BSG 18.1.11 – B 4 AS 29/10 R, NJW 11, 2907). Unterbleibt eine erforderliche Beratung durch den Leistungsträger, so ist für die Bejahung der Voraussetzungen des Herstellungsanspruchs zusätzlich erforderlich, dass eine ausreichende Beratung den Versicherten ursächlich veranlasst hätte, eine vorhandene Gestaltungsmöglichkeit tatsächlich zu nutzen (zum Beitritt zur Antragspflichtversicherung BSG 16.6.94 – 13 RJ 25/93, SozR 3–1200 § 14 Nr 15). Der sozialrechtliche Herstellungsanspruch führt, auch wenn die Versäumung der Frist des § 44 Abs 4 SGB X auf einem Fehlverhalten der Verwaltung beruht, nicht zu einer mehr als vier Jahre zurückwirkenden nachträglichen Leistungsgewährung (BSG 28.1.99 – B 14 EG 6/98 B, SozR 3–1300 § 44 Nr 25).

# Gefährdungsbeurteilung

## A. Arbeitsrecht

*Griese*

**1. Pflicht zur Gefährdungsbeurteilung.** Als **öffentlich-rechtliche Pflicht hat der Arbeitgeber gem § 5 ArbSchG** die für die Beschäftigten mit ihrer Arbeit verbundenen Gefahren abzuschätzen und zu ermitteln, welche Maßnahmen des Arbeitsschutzes notwendig sind. Dazu sind die Fachkräfte für Arbeitssicherheit gem § 5 ASiG (*Betriebsbeauftragte*) heranzuziehen. Unterlässt die Fachkraft Hinweise auf Sicherheitsmängel, haftet sie dem ArbN, der durch einen darauf beruhenden Arbeitsunfall zu Schaden kommen. Externen Beauftragten kommt dabei nicht die Haftungsprivilegierung nach §§ 104–106 SGB VII zugute (OLG Nürnberg 17.6.14 – 4 U 1706/12, MDR 14, 970). 1

Ein **individualrechtlicher Anspruch für den Arbeitnehmer erwächst daraus aber nur durch § 618 BGB** als Transformationsnorm; dabei hat ein ArbN keinen Anspruch auf von ihm vorgegebene Beurteilungskriterien und -methoden (BAG 12.8.08 – 9 AZR 1117/06, DB 08, 2030). 2

**2. Konkretisierung der Pflichten durch die Arbeitsstättenverordnung und die Betriebssicherheitsverordnung.** Die Pflichten zur Gefährdungsbeurteilung werden durch die aufgrund des ArbSchG erlassenen Rechtsverordnungen, nämlich die ArbeitsstättenVO (§ 3 ArbStättV) und die BetriebssicherheitsVO (§ 3 BetrSichV) konkretisiert. Die Gefährdungsbeurteilung ist umfassend vorzunehmen (*Wilrich* DB 15, 981). Im Mittelpunkt steht die Frage, ob und mit welcher Wahrscheinlichkeit arbeitsbedingte Erkrankungen und Gesundheitsverfahren durch die Arbeitsumstände ausgelöst werden können (*Oberberg/Hien* NZA 18, 18). Ausgangspunkt sind die gesetzlichen Grundpflichten des ArbGeb gem §§ 3, 4 ArbSchG. 3

**3. Mitbestimmungspflichtigkeit.** Bei der Erstellung von arbeitsschutzbezogenen Verhaltenspflichten und -maßnahmen hat der **BRat mitzubestimmen gem § 87 Abs 1 Nr 7 BetrVG.** 4

Da es meistens um den einzelnen Betrieb betreffende Fragen geht, wird regelmäßig nicht der GesamtBRat sondern der örtliche BRat zuständig sein (BAG 18.7.17 – 1 ABR 59/15, NZA 17, 1615).

Für die Mitbestimmung, die sich auf die belastungsmindernde und präventive Maßnahmen beziehen, ist keine akute Gesundheitsgefahr, sondern nur eine konkrete Gefährdungssituation erforderlich (BAG 28.3.17 – 1 ABR 25/15, NZA 17, 1133; *Fieseler/Berger* NZA 18, 1520).

Hierbei sind die Erkenntnisse von Gefährdungsbeurteilungen zu berücksichtigen (BAG 11.1.11 – 1 ABR 104/09, NZA 11, 651; zur Reichweite dieses Mitbestimmungsrechts allgemein BAG 22.3.16 – 1 ABR 14/14, BB 16, 2173). Bei **akuter Gefährdung der Gesundheit** der Mitarbeiter kann der BRat ein einstweiliges Verfügungsverfahren betreiben (LAG SLH 20.9.16 – 2 TaBVGa 2/16).

Zu den Rechtsfragen der Gefährdungsbeurteilung iE → *Arbeitsschutz/Arbeitssicherheit* Rn 10 ff sowie → *Arbeitsstätte* Rn 3 ff.

**4. Haftungsrechtliche Folgen.** Kommt es infolge unterlassener Gefährdungsbeurteilung und darauf beruhender Schutzmaßnahmen zu Personenschäden, kann dies bei bedingtem Vorsatz in Bezug auf Körperschäden zu unmittelbarer Haftung des AbGeb und bei grober Fahrlässigkeit zu Regressforderungen der BG gegen den ArbGeb sowie zur Dritthaftung führen (s *Arbeitgeberhaftung; Kohte* jurisPR-ArbR 12/2019 Anm 3). Der für die unmittelbare Haftung des ArbGeb erforderliche bedingte Vorsatz liegt bereits vor, wenn der ArbGeb – ohne auf einen glücklichen Ausgang vertrauen zu können – es dem Zufall überlässt, ob sich die von ihm erkannte gravierende Gefahr verwirklicht oder nicht (BAG 20.6.13 – 8 AZR 471/12, DB 2013, 2216). 5

## B. Lohnsteuerrecht

*Seidel*

Für die lohnsteuerlichen Fragen bezüglich der Gefährdungsbeurteilung wird auf die Ausführungen bei → *Arbeitssicherheit/Arbeitsschutz* Rn 26 ff und → *Arbeitsstoffe, gefährliche* Rn 31 verwiesen. Für den ArbGeb stellen die Aufwendungen Betriebsausgaben dar. 10

## C. Sozialversicherungsrecht

*Schlegel*

15 Nach § 1 SGB VII ist es **Aufgabe der gesetzlichen UV** mit allen geeigneten Mitteln Arbeitsunfälle und Berufskrankheiten sowie arbeitsbedingte Gesundheitsgefahren zu verhüten (§ 1 Nr 1 SGB VII). **Zweck des Arbeitsschutzes** ist es, Sicherheit und Gesundheitsschutz der Beschäftigten bei der Arbeit durch Maßnahmen des Arbeitsschutzes zu sichern und zu verbessern (§ 1 Abs 1 ArbSchG). Arbeitsschutz umfasst alle Maßnahmen zur **Verhütung von Unfällen bei der Arbeit als auch arbeitsbedingte Gesundheitsgefahren.**

16 Damit werden weitestgehend gleichgerichtete Schutzziele/Aufgaben beschrieben. Nach § 20a ArbSchG entwickeln Bund (zuständig für Arbeitsschutz), Länder (Aufsichtsbehörden bzgl Arbeitsschutz) und Träger der UV im Interesse eines wirksamen Arbeitsschutzes eine **„Gemeinsame Deutsche Arbeitsschutzstrategie"**. Dazu gehören neben der Entwicklung gemeinsamer Arbeitsschutzziele auch die Herstellung eines verständlichen, überschaubaren und abgestimmten Vorschriften und Regelwerkes (§ 20a Abs 2 Nr 1, 5 ArbSchG).

17 Zur **Vermeidung von Doppelregelungen**, sollen die Träger der UV Unfallverhütungsvorschriften nur erlassen, wenn diese erforderlich und geeignet sind und staatliche Vorschriften des Arbeitsschutzes hierüber keine Regelung treffen (§ 15 SGB VII). Während der Arbeitsschutz nahezu ausschließlich den Schutz der Beschäftigten im Auge hat, können in den Schutzbereich der Unfallverhütungsvorschriften auch (versicherte) Unternehmer einbezogen sein.

18 Für die in § 5 ArbSchG angeordnete Gefährdungsbeurteilung gilt insoweit folgendes:

19 Der ArbGeb wird durch den Arbeitsschutz verpflichtet, die für die Beschäftigten mit ihrer Arbeit verbundenen Gefahren zu bewerten (sog Gefährdungsbeurteilung, § 5 Abs 1 ArbSchG) sowie zu ermitteln, welche Arbeitsschutzmaßnahmen erforderlich sind, um sodann entsprechende Maßnahmen zu treffen (§ 3 Abs 1 Satz 1 ArbSchG).

20 Die zu treffenden Maßnahmen können sein: Maßnahmen zur Verhütung von Unfällen bei der Arbeit (**Arbeitsunfälle** iSv § 8 Abs 1 SGB VII, jedoch keine Wegeunfälle iSv § 8 Abs 2 SGB VII) Maßnahmen zur Verhütung arbeitsbedingter Gesundheitsgefahren, was mehr bedeutet als nur die **Verhinderung von Berufskrankheiten** iSv § 9 SGB VII).

21 Dem korrespondiert in der UV die **Vorschrift BGV A1: Grundsätze der Prävention.** Diese verpflichtet den Unternehmer dazu, die die erforderlichen Maßnahmen zur Verhütung von Arbeitsunfällen, Berufskrankheiten und arbeitsbedingten Gesundheitsgefahren sowie für eine wirksame Erste Hilfe zu treffen. Die zu treffenden Maßnahmen sind auch insoweit insbes in staatlichen Arbeitsschutzvorschriften, dieser Unfallverhütungsvorschrift und in weiteren Unfallverhütungsvorschriften näher bestimmt. Dabei hat der Unternehmer von den allgemeinen Grundsätzen nach § 4 ArbSchG auszugehen und dabei insbes das staatliche und berufsgenossenschaftliche Regelwerk heranzuziehen. Der Unternehmer hat die Arbeitsschutzmaßnahmen entsprechend den Bestimmungen des § 3 Abs 1 Sätze 2 und 3 und Abs 2 Arbeitsschutzgesetz (ArbSchG) zu planen, zu organisieren, durchzuführen und erforderlichenfalls an veränderte Gegebenheiten anzupassen. Dies kann er nur, wenn er zuvor die nach § 5 ArbSchG vorgeschriebene Gefährdungsbeurteilung durchgeführt hat.

22 Die Unfallverhütungsvorschriften – und damit auch die Pflicht zur Gefährdungsbeurteilung – gelten für Unternehmer und Versicherte; sie gelten auch für Unternehmer und Beschäftigte von ausländischen Unternehmen, die eine Tätigkeit im Inland ausüben, ohne einem Träger der UV anzugehören; soweit in dem oder für das Unternehmen Versicherte tätig werden, für die ein anderer Träger der UV zuständig ist (§ 1 BGV A1).

# Geldwerter Vorteil

## A. Arbeitsrecht

*Griese*

1 **1. Anspruch des Arbeitnehmers.** Der ArbGeb kann neben dem in Geld gezahlten Arbeitslohn dem ArbN als **Entgelt** für seine Tätigkeit weitere Vorteile zukommen lassen (→ *Sachbezug* Rn 1 ff). Häufig handelt es sich dabei um die Einräumung verbilligten Wareneinkaufs (Personalrabatte BAG 14.11.12 – 5 AZR 815/11, DB 13,406), die Teilnahme an

Kundenbindungsprogrammen (zB Freiflüge für Vielflieger, zu der steuerrechtlichen Beurteilung → *Arbeitsentgelt* Rn 62), die Verbilligung von Werk- und Dienstleistungen, die Einräumung privater kostenloser Nutzungsmöglichkeit an betrieblichem Eigentum (*Dienstwagen*, Werkdienstwohnung, Telefon, Handy, Internetbenutzung). Geldbußen, die gegen den ArbGeb wegen des Fehlverhaltens eines ArbN festgesetzt werden, sind kein geldwerter Vorteil (FG Düsseldorf 4.11.16 – 1 K 2470/14 L, Revision anhängig BFH VI R1/17).

Ein Anspruch des ArbN auf einen geldwerten Vorteil besteht bei vertraglicher Verein- 2
barung, bei arbeitsvertraglicher Einheitsregelung, Gesamtzusage oder **Betrieblicher Übung,** ferner aufgrund Tarifvertrag oder Betriebsvereinbarung. Die Zusage eines geldwerten Vorteils kann unter einem **immanenten Vorbehalt** stehen, etwa wenn ein ArbGeb verbilligte Flugscheine zusagt, weil zu seinem Konzern eine Fluggesellschaft gehörte; nach Ausscheiden der Fluggesellschaft aus dem Konzern wirkt sich dieser immanente Vorbehalt aus und die Zusage verliert ihre Wirkung (BAG 13.12.06 – 10 AZR 792/05, NZA 07, 325). Die Gewährung geldwerter Vorteile kann daran geknüpft sein, dass für konkrete Zeiträume ein Vergütungsanspruch besteht. So ist die **Firmenwagenüberlassung** Teil des Arbeitsentgelts und nur solange geschuldet, wie Vergütungspflicht besteht, also nicht nach Ablauf des Entgeltfortzahlungszeitraums (BAG 14.12.10 – 9 AZR 631/09, NZA 11, 569).

Der ArbN hat ohne gesonderte vertragliche Absprache keinen Anspruch auf Miles and More-Gutschriften – **Bonusmeilen** – die er aus Dienstflügen erzielt hat; er muss diese an den ArbGeb herausgeben (BAG 11.4.06 – 9 AZR 500/05, BB 06, 2137). Duldet der ArbGeb die private Nutzung solcher Freiflüge oder sonstiger Leistungen aus Kundenbindungsprogrammen, kann eine *Betriebliche Übung* entstehen, an die der ArbGeb gebunden ist. Anspruchsgrundlage kann schließlich der **Gleichbehandlungsgrundsatz** sein. Ebenso wenig wie bei der Vergütungszahlung in Geld darf der ArbGeb bei geldwerten Vorteilen einzelne ArbN ohne sachlichen Grund schlechter stellen oder durch sachfremde Gruppenbildung bestimmte Beschäftigte von der gewährten Vergünstigung ausschließen.

Als sachfremde Gruppenbildung wäre es zB zu beanstanden, wenn **Teilzeitkräfte** von 3
der Möglichkeit des Einkaufs mit Personalrabatt von vorneherein ausgeschlossen würden. Unter dem Gesichtspunkt der **unzulässigen Kündigungserschwerung** ist zu beurteilen, ob es zulässig ist, den ArbN zur Rückgewähr des geldwerten Vorteils vertraglich zu verpflichten, sofern er vor Ablauf bestimmter Fristen aus eigenem Entschluss aus dem Betrieb ausscheidet oder einen ausreichenden Kündigungsgrund für den ArbGeb verursacht. Bei kurzlebigen Verbrauchsgütern wird eine solche Vertragsklausel idR eine unzulässige Kündigungserschwerung sein, bei langlebigen Gebrauchsgütern wie etwa Kfz und einem infolge der Verbilligung erheblichen längerfristigen Vorteil für den ArbN wird man hingegen **angemessene Bindungsfristen** akzeptieren können. Zu beachten ist, dass auf vom ArbGeb vorformulierte Verträge gem § 310 Abs 4 Satz 2 BGB das **Recht der Allgemeinen Geschäftsbedingungen und die damit verbundene Inhaltskontrolle** (§§ 305–310 BGB) anwendbar ist. Eine in einem solchen Kaufvertrag enthaltene **Rückzahlungsklausel** für den Fall vorzeitigen Ausscheidens ist unwirksam wegen Verstoßes gegen das aus § 307 Abs 1 Satz 2 BGB folgende **Transparenzgebot,** wenn die Höhe des Personalrabattes im Vertrag nicht angegeben ist.

Wird vertraglich die Zusage eines verbilligten Personaleinkaufes für Waren, die der ArbGeb selbst herstellt, gegeben, kann daraus kein Anspruch mehr hergeleitet werden, wenn das Arbeitsverhältnis im Wege des (Teil-)**Betriebsüberganges gem § 613a BGB auf einen neuen Arbeitgeber übergeht** (BAG 7.9.04 – 9 AZR 631/03, NZA 05, 941).

**2. Widerrufsvorbehalte.** Die Vereinbarung eines **Widerrufsvorbehalts** ist gem § 308 4
Nr 4 BGB unzulässig, soweit der im Gegenseitigkeitsverhältnis stehende **widerrufliche Teil des Gesamtverdienstes bei mehr als 25 % liegt oder der Tariflohn unterschritten wird** (BAG 11.10.06 – 5 AZR 721/05, NZA 07, 87). Ferner müssen die Widerrufsgründe im Vertrag angegeben sein (BAG 24.1.17 – 1 AZR 774/14, NZA 17, 777; BAG 12.1.05 – 5 AZR 364/04, NZA 05, 465). Ohne Widerrufsvorbehalt ist der ArbGeb nicht berechtigt, einen im Wege der Gesamtzusage gewährten geldwerten Vorteil in Gestalt eines Personalrabatts zu widerrufen unter Hinweis auf die Freiwilligkeit der Leistung oder die pauschal behauptete verschlechterte wirtschaftliche Lage (BAG 14.6.95 – 5 AZR 126/94, NZA 95, 1194; für den Personalrabatt im Konzern BAG 11.12.96 – AZR 336/95, NZA

97, 442). Der vorsätzliche Verstoß gegen das durch Tarifregelung festgesetzte Verbot, sich statt ausgeteilter Sachleistungsgutscheine eine Barabgeltung zu verschaffen, kann eine außerordentliche Kündigung rechtfertigen (BAG 23.6.09 – 2 AZR 103/08, NZA 09, 1198).

5 **3. Geltendmachung fehlerhafter lohnsteuerrechtlicher Vorteilsermittlung.** Der AbGeb erfüllt beim LStabzug öffentlich-rechtliche Aufgaben, die allein ihm obliegen. Er ist Steuerentrichtungspflichtiger iSv § 43 S 2 AO (BAG 21.12.16 – 5 AZR 273/16, NZA 17, 449).

Der ArbN kann die nach seiner Auffassung unberechtigt einbehaltenen und abgeführten Beträge im Regelfall nicht erfolgreich mit einer Vergütungsklage geltend machen. Er ist vielmehr auf die steuer- und sozialrechtlichen Rechtsbehelfe beschränkt, es sei denn, für den ArbGeb wäre aufgrund der für ihn zum Zeitpunkt des Abzugs bekannten Umstände eindeutig erkennbar gewesen, dass eine Verpflichtung zum Abzug in diesem Umfang nicht bestand. Der ArbGeb kann sich auf diesen besonderen Erfüllungseinwand des Abzugs und der Abführung von LSt **nur für den abzurechnenden Kalendermonat und ggf als Korrektur für den Vormonat berufen, nicht aber für Nachberechnungen für weiter zurückliegende Zeiträume.** Solche unzulässigen Nachberechnungen und Nachbelastungen kann der ArbN mit der arbeitsgerichtlichen Entgeltklage angreifen (BAG 21.12.2016 – 5 AZR 266/16, NZA 17, 531).

6 **4. Mitbestimmung des Betriebsrats.** Soweit eine tarifliche Regelung nicht besteht, hat der BRat bei der Gewährung von geldwerten Vorteilen ein Mitbestimmungsrecht nach § 87 Abs 1 Nr 10 BetrVG. Die Gewährung solcher zusätzlich zum Lohn gewährter Vergünstigungen ist Teil der betrieblichen **Lohngestaltung.** Soweit es sich um freiwillige ArbGebLeistungen handelt, umfasst das Mitbestimmungsrecht nur die Verteilung des zu diesem Zweck zur Verfügung gestellten Dotierungsrahmens.

Die Einführung solcher zusätzlichen geldwerten Vorteile ist dagegen mitbestimmungsfrei. Deshalb ist es dem BRat nicht möglich, den ArbGeb mit Hilfe seines **Initiativrechts** zur Einführung derartiger Vergünstigungen zu zwingen. Als in diesem Rahmen mitbestimmungspflichtige geldwerte Vorteile sind ua anerkannt worden das Angebot verbilligter Flugscheine an die Beschäftigten einer Fluggesellschaft (BAG 22.10.85 – 1 ABR 38/83, DB 86, 384), die Ausgabe von Essenszuschussmarken (BAG 15.1.87 – 6 AZR 589/84, BB 87, 2092), die Lieferung von verbilligtem Heizgas (BAG 22.10.85 – 1 ABR 47/83, DB 86, 704), das Angebot kostenloser oder verbilligter Personalfahrten (BAG 9.7.85 – 1 AZR 631/80, DB 86, 230).

7 Besteht auf die Vergünstigung kein Rechtsanspruch, kann der ArbGeb mitbestimmungsfrei über die Einstellung bzw Abschaffung entscheiden (BAG 15.1.87 – 6 AZR 589/84, BB 87, 2092), muss freilich im Verhältnis zu den ArbN das **Vertrauensschutzprinzip** beachten.

Beruht der Anspruch der ArbN auf vertraglicher Einheitsregelung, Gesamtzusage oder Betrieblicher Übung, ist eine **Ablösung** dieser Regelungen durch nachfolgende Betriebsvereinbarung möglich, wenn die Regelung betriebsvereinbarungsoffen ist (BAG 5.3.13 – 1 AZR 417/12, NZA 13, 916; zu Recht teilweise kritisch *Preis/Ulber* NZA 14, 6).

## B. Lohnsteuerrecht

*Thomas*

8 Arbeitslohn wird durch die drei Merkmale Einnahme, für Dienstleistungen und Zufluss bestimmt. Was Einnahmen sind, definiert und bewertet § 8 EStG, den Zusammenhang mit dem Dienstverhältnis und damit den Entlohnungscharakter § 19 EStG und den Zufluss § 11 EStG. Einnahmen sind nach § 8 EStG Geld oder Sachbezüge (geldwerte Vorteile). Hinsichtlich der Frage, welche Bedeutung die Höhe des Vorteils, seine freie Verfügbarkeit, seine Marktgängigkeit hat, wie ersparte Aufwendungen und aufgedrängte Vorteile zu beurteilen sind und welche Rolle es spielt, ob der ArbGeb etwas zuwenden will bzw der ArbN empfindet, etwas zugewendet bekommen zu haben, wird auf die Ausführungen zu → *Arbeitsentgelt* Rn 30 ff verwiesen. Ausführungen zur Bewertung geldwerter Vorteile sind unter dem Stichwort → *Sachbezug* Rn 11 ff zu finden.

**C. Sozialversicherungsrecht** *Schlegel*

**Arbeitsentgelt im Sinne des § 14 SGB IV** sind alle laufenden oder einmaligen Einnahmen aus einer Beschäftigung, gleichgültig, unter welcher Bezeichnung oder in welcher Form sie gewährt werden (vgl *Arbeitsentgelt*). Obgleich die SozV und ArblV keine dem § 8 Abs 1 EStG vergleichbare Vorschrift kennen, ist die in § 8 Abs 1 EStG enthaltene Definition der Einnahmen auch im Bereich der SozV und ArblV sinngemäß anwendbar. Unter Einnahmen sind alle Güter, Vorteile oder Dienstleistungen zu verstehen, auf die der ArbN als Gegenleistung für seine Arbeit Anspruch hat, unabhängig davon, ob der Anspruch auf Geld oder sonstige Güter mit Geldwert gerichtet ist. 9

In Anlehnung an die **Begriffsbestimmung** des BFH liegt nach der Rspr des BSG dem Grunde nach beitragspflichtiges Arbeitsentgelt in Form eines geldwerten Vorteils vor, wenn der Vorteil durch das individuelle Dienstverhältnis veranlasst ist, dh wenn der Vorteil nur deshalb gewährt wird, weil der Zuwendungsempfänger ArbN des ArbGeb ist und sich die Leistung des ArbGeb im weitesten Sinne als Gegenleistung für das Zurverfügungstellen der individuellen Arbeitskraft des ArbN erweist. Nicht erforderlich ist, dass der Einnahme eine konkrete Dienstleistung des ArbN zugeordnet werden kann. Dagegen sind solche Vorteile nicht als Arbeitsentgelt anzusehen, die sich nach den Gesamtumständen nicht als Entlohnung, sondern lediglich als notwendige Begleiterscheinung betriebsfunktionaler Zielsetzung erweisen. Vorteile besitzen danach keinen Arbeitsentgeltcharakter, wenn sie im ganz überwiegend eigenbetrieblichen Interesse des ArbGeb gewährt werden. Das ist der Fall, wenn sich aus den Begleitumständen wie Anlass, Art und Höhe des Vorteils, Auswahl der Begünstigten, freie oder nur gebundene Verfügbarkeit, Freiwilligkeit oder Zwang zur Annahme des Vorteils und seiner besonderen Geeignetheit für den jeweils verfolgten betrieblichen Zweck ergibt, dass diese Zielsetzung ganz im Vordergrund steht und ein damit einhergehendes eigenes Interesse des ArbN, den betreffenden Vorteil zu erlangen, vernachlässigt werden kann. In Grenzfällen ist eine wertende **Gesamtbeurteilung** unter Berücksichtigung aller den jeweiligen Einzelfall prägenden Umstände vorzunehmen. Zwischen dem eigenbetrieblichen Interesse des ArbGeb und dem Ausmaß der Bereicherung des ArbN besteht eine Wechselwirkung der Gestalt, dass das aus der Sicht des ArbGeb vorhandene eigenbetriebliche Interesse umso geringer zählt, je höher aus der Sicht des ArbN die Bereicherung anzusetzen ist (BSG 1.12.09 – B 12 R 8/08 R, BeckRS 2010, 69542, Rz 15 zur Übernahme eines Bußgeldes; Erstattung der Kosten für den Erwerb eines Führerscheins BSG 26.5.2004 – B 12 KR 5/04 R, SozR 4–2400 § 14 Nr 3). 10

Für die Zwecke der Leistungs- und Beitragsberechnung sind die geldwerten Vorteile in Geld umzurechnen, was weitgehend durch die SachBezV bewerkstelligt wird (s Werte bei → *Sachbezug* Rn 39 f). Soweit die SachBezV selbst keine normativen Umrechnungswerte bereithält, ist der Preis zu ermitteln, den der ArbN für den Vorteil aufwenden müsste, wenn ihm dieser nicht durch den ArbGeb verschafft und eingeräumt würde. 11

## Geringfügige Beschäftigung

**A. Arbeitsrecht** *Griese*

**1. Begriff.** Das Arbeitsrecht kennt anders als das Sozialrecht schon seit längerem **überhaupt keine Definition** des Geringverdienerarbeitsverhältnisses mehr. Die letzten gesetzlichen Anhaltspunkte für eine arbeitsrechtliche Unterscheidung zwischen geringfügig und nicht geringfügig beschäftigten ArbN sind **schon vor vielen Jahren beseitigt worden** – der früher geltende § 1 Abs 3 Nr 2 LFZG durch das am 1.6.94 in Kraft getretene EFZG sowie der frühere § 23 Abs 1 Satz 3 KSchG durch die ab Oktober 1996 aufgrund des ArbBeschFG geltende Neufassung. 1

Das Fehlen einer allgemeingültigen arbeitsrechtlichen Definition des geringfügig Beschäftigten ist nicht verwunderlich, denn als arbeitsrechtliches Abgrenzungskriterium ist es nicht erforderlich, da geringverdienende ArbN sich in ihren Rechten und Pflichten – entgegen landläufiger Meinung – nicht von Vollzeitbeschäftigten unterscheiden, sondern die **gleichen Rechte und Pflichten** haben.

2 **Die offenbar noch vorhandene Praxis, geringfügig Beschäftigte arbeitsrechtlich geringzuschätzen, indem diese von Entgeltfortzahlung, bezahltem Urlaub, betrieblichen Sozialleistungen und Kündigungsschutz ausgeschlossen werden, ist daher schlicht rechtswidrig.**

Das Ausmaß der Gesetzesverstöße ist erheblich. Nach einer im März 2013 vorgestellten Studie des RWI haben mehr als 65 Prozent der Minijobber noch nie den ihnen gesetzlich zustehenden bezahlten Urlaub genommen. 41 Prozent wird der bezahlte Urlaub generell verwehrt. Selbst die ArbGeb geben in der Befragung zu, gesetzlich vorgeschriebene Leistungen nicht zu gestatten. So sagen 30 Prozent von ihnen, dass sie keinen Urlaub gewähren, 40 Prozent der ArbGeb zahlen kein Entgelt, wenn der Arbeitstag auf einen Feiertag fällt, 39 Prozent gewähren keine Entgeltfortzahlung im Krankheitsfall. Eine gesetzgeberische Reform ist daher dringlich (*Griese/Preis/Kruchen* NZA 2013, 113).

3 Die Definition im SozVRecht in § 8 SBG IV (sowie zeitlich befristet § 115 SGB IV – *Marschner* in Kreikebohm Kom zum SGB IV § 115 Rz 3) betreffen die **arbeitsrechtliche Stellung der Arbeitnehmer nicht. Das Arbeitsrecht unterscheidet nicht zwischen geringfügiger und nicht geringfügiger Beschäftigung** (zur Beschäftigung im Haushalt s *Hauswirtschaftliches Beschäftigungsverhältnis*).

Auch ArbN, die mit einem Verdienst **innerhalb der Gleitzone** arbeiten, unterscheiden sich in ihrem arbeitsrechtlichen Status nicht vom normalen Arbeitsverhältnis (→ *Minijob* Rn 2).

Für geringfügig beschäftigte Selbstständige gilt das Arbeitsrecht hingegen von vorneherein nicht, ggf aber Spezialregelungen, etwa bei der *Heimarbeit*. Wegen der besonderen Probleme der Beschäftigung von Studenten → *Studentenbeschäftigung* Rn 3, 4.

4 **2. Arbeitsrechtliche Position.** Die arbeitsrechtliche Position des geringfügig beschäftigten ArbN ist dadurch gekennzeichnet, dass es sich um ein **vollwertiges Arbeitsverhältnis** handelt. Dies hat seinen gesetzlichen Ausdruck in § 2 Abs 2 TzBfG gefunden, der geringfügig Beschäftigte als Teilzeitbeschäftigte definiert, und in **§ 4 Abs 1 TzBfG jegliche Diskriminierung von Teilzeitbeschäftigten untersagt**.

5 **a) Arbeitsvertrag.** Ebenso wie bei Vollzeitbeschäftigten gilt das NachwG (§ 1). Es ist also eine Vertragsniederschrift gem § 2 NachwG anzufertigen. Ein Verstoß hiergegen führt im Streitfall zu **Beweiserleichterungen** zugunsten des ArbN nach den Grundsätzen der Beweisvereitelung (→ *Arbeitsvertrag* Rn 51; LAG Köln 18.1.10 – 5 SaGa 23/09, BeckRS 2010, 67154; *Preis* NZA 97, 10, 13). In die Vertragsniederschrift ist ein Hinweis auf die Möglichkeit für den ArbN, durch SozVBeitragsaufstockung RVAnsprüche zu erwerben (§ 5 Abs 2 Satz 2 SGB VI), aufzunehmen.

6 Weitere geringfügige oder nicht geringfügige Beschäftigungen können schon wegen der **verfassungsrechtlich geschützten Berufsfreiheit** gem Art 12 Abs 1 GG grds nicht arbeitsvertraglich untersagt werden. Eine **weitere Nebentätigkeit** kann deshalb grds nicht vom ArbGeb beanstandet werden, auch nicht bei einem Wettbewerber, solange es sich dort um Hilfstätigkeiten ohne Wettbewerbsbezug handelt (BAG 24.3.10 – 10 AZR 66/09, NZA 10, 693).

An der **Aufrechterhaltung der Sozialversicherungsfreiheit hat der Arbeitgeber kein rechtlich geschütztes Interesse** (BAG 18.1.07 – 2 AZR 731/05, NZA 07, 680). **Daher hat ein geringfügig Beschäftigter Anspruch auf Aufstockung seiner Arbeitszeit und entsprechende Aufstockung seiner Vergütung gem § 9 TzBfG; er ist demzufolge bei gleicher Eignung bevorzugt bei der Besetzung freier Arbeitsplätze zu berücksichtigen,** wenn er seinen Wunsch nach Aufstockung angezeigt hat und Arbeitszeitwünsche anderer teilzeitbeschäftigter ArbN nicht entgegenstehen. Als entgegenstehender betrieblicher Grund kann nicht der arbeitgeberseitige Wunsch nach Aufrechterhaltung der Sozialversicherungsfreiheit anerkannt werden. Die Arbeitszeit ist vertraglich festzulegen. Ist Arbeit auf Abruf und keine bestimmte wöchentliche Arbeitszeit vertraglich vereinbart, gilt gem § 12 Abs 1 Satz 3 TzBfG eine wöchentliche Arbeitszeit von 20 Stunden als vereinbart. Auf Basis des Mindestlohnes wird damit der Status der geringfügigen Beschäftigung in jedem Fall überschritten.

7 **b) Gesetzlicher Mindestlohn.** Gem Art 1 des **Tarifautonomiestärkungsgesetzes** vom 11.8.2014 (BGBl I S 1348) ist das **Mindestlohngesetz (MiLoG)** in Kraft getreten. Ab

dem 1.1.2015 galt gem § 1 Abs 2 Satz 1 MiLoG ein allgemeiner gesetzlicher Mindestlohn von 8,50 € pro Stunde. Ab 1.1.2017 betrug der Mindestlohn 8,84 €. Ab 1.1.2019 beträgt der Mindestlohn 9,19 € und ab 1.1.2020 dann 9,35 € (Beschluss der Mindestlohnkommission vom 26.6.18 u Kabinettsbeschluß der BReg zur RVO v 31.10.18 auf der Grundlage von § 1 Abs 2 Satz 2 MiLoG). Dieser gesetzliche Mindestlohnanspruch gilt auch und gerade für Geringfügig Beschäftigte.

Zwar sind nach § 22 MiLoG, der den persönlichen Anwendungsbereich regelt, bestimmte Beschäftigtengruppen teilweise (Praktikanten, s dazu *Picker/Sausmikat* NZA 14,942), vorübergehend (Langzeitarbeitslose für die ersten sechs Monate), von der Höhe beschränkt (Zeitungszusteller bis zum 1.1.2017 nur 85 %, § 24 MiLoG) oder vollständig (Jugendliche unter 18 ohne Berufsausbildung) ausgenommen. Außerhalb dieser Ausnahmen und Beschränkungen werden **Geringfügige Arbeitsverhältnisse hingegen in vollem Umfang ebenso wie sonstige Vollzeit- oder Teilzeitarbeitsverhältnisse vom MiLoG erfasst.**

Soweit ein Mindestentgeltanspruch geschuldet wird, ist die **volle Bruttovergütung auf der Basis des geltenden Mindestlohns** geschuldet.

**Unzulässig** ist es deshalb, aus dem geschuldeten Bruttoentgelt erst ein **fiktives Nettoentgelt** zu errechnen und dieses mit dem tatsächlich gezahlten Nettoentgelt zu vergleichen. Denn die Nettobezüge eines geringfügig Beschäftigten sind wegen der fehlenden sozialversicherungsrechtlichen Absicherung deutlich weniger wert als die Nettobezüge eines sozialversicherungspflichtig tätigen Teilzeitbeschäftigten und deshalb auch nicht vergleichbar.

Der ArbGeb schuldet also den **vollen Bruttomindestlohn.** Wenn dadurch die Sozialversicherungspflicht eintritt, hat dies auf den Bestand des Arbeitsverhältnisses keinen Einfluss (→ Rn 6). Der ArbGeb muss dann den GesamtSozVBeitrag (in der Gleitzone s *Minijob*) abführen und die ArbNAnteile von der Vergütung einbehalten.

Ein gesetzlicher oder tariflicher Mindestentgeltanspruch **wird nur durch die entsprechende Regelvergütung erfüllt.** Zusatzleistungen, die für zusätzliche Arbeitsstunden, zusätzliche Leistungen oder zusätzliche Erschwernisse oder aus anderen Gründen, zB vermögenswirksame Leistungen, erbracht werden, können auf die Erfüllung des Mindestentgelts nicht angerechnet werden (BAG Beschluss vom 18.4.2012 – 4 AZR 168/10, NZA 13, 386 und BAG Urteil vom 18.4.2012 – 4 AZR 139/10, NZA 13, 392). Auch Spesen, Aufwandsentschädigungen und Fahrtkostenerstattungen bleiben außer Betracht (LAG BaWü 27.8.12 – 9 Sa 187/11, AuA 12, 724). Bezugszeitraum für den Mindestlohn ist der Kalendermonat (*Bayreuther* NZA 14, 865). Die Monatsvergütung muss mindestens die Multiplikation des jeweils geltenden Mindeststundenlohns mit der Stundenzahl ergeben. Einmalzahlungen, insbes solche, die mit Bindungs- oder Rückforderungsklauseln verknüpft sind, bleiben dabei außer Betracht. Eine **monatlich wiederkehrende Sonderzahlung,** zB ein in zwölf monatlichen Teilbeträgen gezahltes zusätzliches Urlaubsgeld, ist auf den **im jeweiligen Monat entstandenen Mindestlohnanspruch anzurechnen** (BAG 25.5.16 – 5 AZR 135/16, BB 16,1395; weitere Einzelheiten s *Mindestlohn*).

Daneben ist beim Entgelt die Sittenwidrigkeitsgrenze des § 138 Abs 2 BGB zu beachten (BAG 18.11.15 – 5 AZR 814/14 NJW 16, 2359; LAG Düsseldorf 19.8.14 – 8 Sa 764/13, BeckRS 2015, 65023).

**c) Urlaubsansprüche.** ArbN im Geringverdienerarbeitsverhältnis haben ebenso Urlaubsansprüche wie Vollzeitarbeitskräfte (BAG 14.2.91 – 8 AZR 97/90, DB 91, 1987). Mindestens steht ihnen daher der **gesetzliche Mindesturlaubsanspruch nach §§ 1, 3 BUrlG** zu. Weitergehende Urlaubsansprüche können sich aus Tarifvertrag, Betriebsvereinbarung, Einzelarbeitsvertrag, betrieblicher Übung oder dem Gleichbehandlungsgrundsatz ergeben. Gegen den Gleichbehandlungsgrundsatz verstößt es regelmäßig, wenn der ArbGeb nur den Vollzeit-, nicht aber den Teilzeitbeschäftigten ein zusätzliches Urlaubsgeld gewährt (BAG 15.11.90 – 8 AZR 283/89, BB 91, 981). Zur Berechnung der Urlaubstage s BAG 14.2.91 – 8 AZR 97/90, DB 91, 1987; → *Teilzeitbeschäftigung* Rn 75. Im Ergebnis bedeutet dies, dass ein geringfügig beschäftigter ArbN genauso viele Wochen Urlaub nehmen kann wie ein VollzeitArbN. Zu beachten ist die Mitwirkungspflicht des ArbGeb, den ArbN auf die jeweils bestehenden Urlaubsansprüche hinzuweisen und ihn aufzufordern, den Urlaub zu nehmen. Unterlässt er dies, tritt kein Verfall gem § 7 Abs 3 BUrlG ein, so dass der ArbN den Urlaub auch für zurückliegende Jahre nachfordern kann (BAG 25.6.19 – 9 AZR 546/17, NZA 19, 1577; EuGH 6.11.18 – C-684/16, NZA 19, 1474). 8

9 **d) Entgeltfortzahlung im Krankheitsfall und an Feiertagen.** Der Anspruch auf Entgeltfortzahlung im Krankheitsfall nach dem EFZG besteht für geringfügig beschäftigte ArbN ebenso wie für Vollzeitkräfte. Die frühere Sonderregelung des § 1 Abs 3 Nr 2 LFZG, wonach Arbeiter und Arbeiterinnen, die wöchentlich weniger als 10 oder monatlich weniger als 45 Stunden arbeiteten, keinen Anspruch auf Lohnfortzahlung hatten, ist durch das EFZG mWv 1.6.94 beseitigt worden, nachdem sie vom EuGH als Verstoß gegen Art 119 Abs 1 EWG-Vertrag wegen der von ihr ausgehenden mittelbaren Diskriminierung gewertet worden ist (EuGH 13.7.89, DB 89, 1574). Folgerichtig sind im EFZG alle geringfügig Beschäftigten in die Entgeltfortzahlung im Krankheitsfall einbezogen worden und haben den **gesetzlichen Anspruch auf Fortzahlung der Vergütung** während der Arbeitsunfähigkeit. Ebenso besteht ein Recht auf **Entgeltfortzahlung an Feiertagen.** Nach § 2 EFZG haben alle ArbN, auch geringfügig Beschäftigte, Anspruch auf Entgeltfortzahlung, wenn die Arbeit aufgrund eines gesetzlichen Feiertages ausfällt (→ *Entgeltfortzahlung* Rn 36 ff).

Der **Mindestlohn** muss auch für alle Zeiträume, für die die Vergütung fortzuzahlen ist, also auch im **Rahmen der Entgeltfortzahlung im Krankheitsfall, an Feiertagen,** während des Urlaubs oder bei sonstiger vom ArbGeb zu vergütender Arbeitsverhinderung gezahlt werden (BAG 13.5.15 – 10 AZR 191/14, DB 15, 2276).

10 **e) Befristete Arbeitsverhältnisse.** Befristungen von Arbeitsverhältnissen von geringfügig Beschäftigten unterliegen den gleichen Voraussetzungen wie die Befristungen aller übrigen Arbeitsverträge. Die Voraussetzungen des § 14 TzBfG müssen vorliegen, die Befristung bedarf gem § 14 Abs 4 TzBfG zu ihrer Wirksamkeit der Schriftform.

11 **f) Gleichbehandlungsgrundsatz.** Geringfügig Beschäftigte können sich auf den Gleichbehandlungsgrundsatz berufen. Sie dürfen ohne sachlich rechtfertigenden Grund nicht schlechter bezahlt (BAG 1.11.95 – 5 AZR 84/94, NZA 96, 813) oder von sonstigen Vergütungsleistungen des ArbGeb ausgeschlossen werden (EuGH 27.6.90, DB 91, 100). Auch die Tatsache, dass ein geringfügig beschäftigter ArbN daneben einen Hauptberuf und dadurch eine gesicherte Existenz hat, rechtfertigt keine schlechtere Bezahlung (BAG 1.11.95 – 5 AZR 84/94, NJW 96, 2812). Dies gilt auch für *Einmalzahlungen.* Durch § 2 Abs 2 und § 4 Abs 1 TzBfG ist festgelegt, dass geringfügig Beschäftigte Teilzeitbeschäftigte sind und dass diese bei Arbeitsentgelt und anderen geldwerten Leistungen mindestens einen Anspruch entsprechend dem Anteil ihrer Arbeitszeit im Verhältnis zur Arbeitszeit eines vergleichbaren vollzeitbeschäftigten ArbN haben. Auch **tarifliche Regelungen** müssen sich hieran messen lassen. Der tarifliche Ausschluss von geringfügig Beschäftigten von einer **Weihnachtsgratifikation** ist wegen mittelbarer Diskriminierung unwirksam (EuGH 9.9.99 – Rs C-281/97, NZA 99, 1151). Ein **Verstoß gegen den Gleichbehandlungsgrundsatz** läge auch darin, bei geringfügig Beschäftigten im Arbeitsvertrag festzulegen, dass eine Weihnachtsgratifikation oder sonstige Einmalzahlung im **monatlichen Entgelt enthalten** ist, während die übrigen Beschäftigten eine **gesonderte Einmalzahlung** erhalten.

12 Ferner sind sie in eine betriebliche Altersversorgung einzubeziehen (BVerfG 27.11.97 – 1 BvL 12/91, NJW 98, 1215; BAG 22.2.2000 – 3 AZR 845/98, NZA 2000, 659; ErfK/*Preis* § 4 TzBfG Rz 56). Schließt eine betriebliche Ruhegeldregelung geringverdienende ArbN aus, so ist sie entsprechend zu ergänzen (zur Rückwirkung auf schon beschäftigte geringfügig tätige ArbN s EuGH 10.2.2000, Rs C-50/96, ArbuR 2000, 189). Die geringverdienenden ArbN sind so zu stellen, als hätte die betriebliche Ruhegeldregelung von Anfang an auch für sie gegolten (BAG 14.3.89 – 3 AZR 370/88, BB 89, 2116). Ob geringfügig Beschäftigte nach der seit 1.4.99 geltenden Regelung aus der Zusatzversorgung für den öffentlichen Dienst wirksam ausgeschlossen werden können, ist offen (BAG 22.2.2000 – 3 AZR 845/98, NZA 2000, 659). Angesichts des Umstandes, dass geringfügig Beschäftigte durch eigene Beiträge Ansprüche aus der gesetzlichen RV erwerben können (§ 5 Abs 2 Satz 2 SGB VI; *Lembke* NJW 99, 1827), fehlt es an sachlichen Gründen iSd § 4 Abs 2 TzBfG (LAG München 13.1.16 – 10 Sa 544/15, LAGE § 4 TzBfG Nr 10, Revision beim BAG – 3 AZR 83/16 zurückgenommen, zustimmende Anm v *Langohr-Plato*, jurisPR-ArbR 11/2016 Anm 3; ErfK/*Preis* § 4 TzBfG Rz 56; HWK § 4 TzBfG Rz 17), die eine Schlechterstellung rechtfertigen könnten. Gerechtfertigt ist es, die Leistungen an geringfügig Beschäftigte entsprechend dem **Pro-rata-temporis-Grundsatz im Verhältnis der Teilzeitarbeit zur Vollzeitarbeit zu kürzen** (BAG 19.4.16 – 526/14, NZA 16, 820).

**g) Unzulässigkeit von Vereinbarungen über die SozVBeiträge.** Bei der gesetzlichen Regelung, wonach der ArbGeb für geringfügig Beschäftigte pauschale SozVBeiträge zur RV u KV abzuführen hat, während der ArbN ein Wahlrecht hat, ob er in der RV durch eigene zusätzliche Beiträge einen Leistungsanspruch der RV erwerben will, handelt es sich um zwingendes Recht; **abweichende Vereinbarungen sind gem § 32 SGB I unzulässig.** 13

Deshalb ist die Vereinbarung, die eine Fast-Food-Kette mit ihren geringfügig Beschäftigten aus Anlass der Gesetzesänderung zum 1.4.99 geschlossen hat, wonach die Arbeitsverhältnisse in Teilzeitarbeitsverhältnisse mit hälftiger Beitragszahlung für ArbN und ArbGeb umgewandelt werden sollten, ein klarer Rechtsverstoß und daher gem § 32 SGB I rechtsunwirksam (*Krause* ArbuR 1999, 390) und kann darüber hinaus nach Mitteilung der BfA zur Verhängung eines Bußgeldes führen (ArbuR 2000, 260). Ebenfalls rechtsunwirksam sind mit diesem Ziel ausgesprochene Änderungs- oder Beendigungskündigungen (ArbG Kassel 2.12.99 – 6 Ca 464/99).

Ist mit einem geringfügig Beschäftigten eine *Bruttolohnvereinbarung* getroffen, kann die Pauschalsteuer auf den ArbN abgewälzt werden (BAG 1.2.06 – 5 AZR 628/04, DB 06, 1059). Der ArbGeb soll im Verhältnis zum ArbN nicht verpflichtet sein, von der *Lohnsteuerpauschalierung* Gebrauch zu machen (BAG 13.11.14 – 8 AZR 817/13, NJW 15, 1131). Freilich wird eine Vergütungsvereinbarung mit einem geringfügig Beschäftigten angesichts der Betriebs- und Branchenpraxis in aller Regel als *Nettolohnvereinbarung* auszulegen sein. Der Grundsatz im Arbeitsverhältnis ist zwar das Bruttoentgelt: Der ArbN hat die auf ihn entfallenden ArbNAnteile zur SozV und die LSt zu tragen; der ArbGeb darf diese Beträge von der Bruttovergütung abziehen. Nettoentgeltvereinbarungen sind jedoch ohne weiteres zulässig, wie § 14 Abs 2 SGB IX explizit deutlich macht.

Die Praxis bei der geringfügigen Beschäftigung sieht meistens anders aus als das normale Bruttoarbeitsverhältnis. Der ArbN trägt weder ArbNAnteile zur SozV noch Steuern und geht davon aus, dass dies auch **dauerhafte Geschäftsgrundlage des Arbeitsverhältnisses** ist. Nicht selten wird der ArbN mit dieser Abgabenfreiheit auch angeworben, indem ihm von vorneherein ein Nettoverdienst offeriert wird. Es kommt hinzu, dass angesichts der bei den geringfügig Beschäftigten überwiegend praktizierten Nettovergütung eine davon abweichende Überwälzung von Steuern und SozVBeiträgen auf den ArbN in Formulararbeitsverträgen **eine unzulässige überraschende Klausel gem § 305c Abs 1 BGB** ist und darüber hinaus an **mangelnder Transparenz gem § 307 Abs 1 Satz 2 BGB** scheitert.

Aus diesem Grund wäre die für Geringverdiener ausnahmsweise gewollte Bruttovergütung auch in den **Arbeitsnachweis nach § 2 Nr 6 NachwG** aufzunehmen. Ist ein geringfügiges Arbeitsverhältnis über einen längeren Zeitraum als Nettoarbeitsverhältnis praktiziert worden, spricht dies ohnehin für eine Nettolohnvereinbarung, von der der ArbGeb einseitig nicht mehr abweichen kann. Die Nettoentlohnung ist dann zur *Betrieblichen Übung* geworden und entfaltet damit rechtliche Bindungswirkung. Zur Klarstellung ist den Arbeitsvertragsparteien zu empfehlen, die Nettoabrede in den Arbeitsvertrag aufzunehmen.

Gesetzgeberisch wäre eine **Reform wünschenswert,** die die SozVFreiheit abschaffen und das geringfügige Beschäftigungsverhältnis als **gesetzliches Nettoarbeitsverhältnis,** ggf kombiniert mit einer **pauschalierten Steuer- und Abgabenzahlung durch den Arbeitgeber** ausgestalten würde (*Griese/Preis/Kruchen* NZA 13, 113). Für die geringfügig beschäftigten ArbN würde hierdurch das Nettoentgelt unangetastet bleiben; zugleich würden sie **in allen Zweigen der SozV abgesichert.** Für die ArbGeb würde die Kostenbelastung nur maßvoll steigen. Der ArbGeb trägt bisher zwar nicht die herkömmlichen ArbGebAnteile zur SozV, er hat aber die Pauschalbeiträge zu leisten, die sich im Ergebnis einschließlich der Pauschalsteuer regelmäßig auf rund 30% der gezahlten Vergütung belaufen. Damit ist das geringfügige Beschäftigungsverhältnis vom wirtschaftlichen Ergebnis bei der Beitragsbelastung nicht weit von einem Nettonormalarbeitsverhältnis entfernt, in welchem der ArbGeb den gesamten SozVBeitrag von rund 40% der Vergütung und zusätzlich die individuelle Steuerlast des ArbN übernehmen müsste, wobei letztere bei den meisten geringfügig Beschäftigten, insgesamt 4,8 Millionen, die ausschließlich ein geringfügiges Beschäftigungsverhältnis haben, gar nicht anfiele, weil das Gesamteinkommen unter dem steuerlichen Existenzminimum liegt, und die im Übrigen wie bisher mit 2% pauschaliert werden könnte. 14

Eine gesetzliche Gesamtpauschalierung würde die Abwicklung weiter vereinfachen. Insgesamt würde eine solche Reform den Anreiz vermindern, reguläre Vollzeitstellen in mehrere geringfügige Beschäftigungsverhältnisse aufzuteilen.

**Schon nach geltender Rechtslage günstiger für Arbeitnehmer wie für Arbeitgeber ist ohnehin der Übergang von einer geringfügigen Beschäftigung in ein Bruttoarbeitsverhältnis in der Gleitzone** gem § 20 Abs 2 SGB IV (bis 31.12.2018 zwischen 450,01 und 850 €). Ab 1.1.2019 wird die Obergrenze der Gleitzone gem § 20 Abs 2 SGB IV auf 1.300 € angehoben. Hier ist der ArbGeb zur Zahlung des üblichen ArbGebAnteils zur SozV in Höhe von rd 20 % des Arbeitsentgelts verpflichtet, also deutlich weniger als die Pauschale von 30 % bei geringfügiger Beschäftigung. Die durch den ArbN zu zahlenden SozVAbgaben beginnen mit 4 % bei einem Monatsverdienst ab 450,01 EUR und steigen linear bis zum vollen ArbNAnteil von rund 20 % bei 1.300 EUR Verdienst (→ *Minijob* Rn 6 ff). Zugleich wird dadurch der **volle Versicherungsschutz** in allen Zweigen der SozV erreicht. Anschauliche Berechnungen zur Günstigkeit der Beschäftigung in der Gleitzone gegenüber geringfügiger Beschäftigung liefert *Vöcking* (NZA 13, 1186); trotz höherer Vergütung ist die Beschäftigung in der Gleitzone (im konkreten Fall 470 € und damit 20 € oberhalb der Gleitzone) per saldo für **Arbeitgeber und Arbeitnehmer günstiger** als die Beschäftigung unterhalb der Gleitzone (im konkreten Fall 430 €).

15 **h) Kündigungsschutz.** Keine Besonderheit ergibt sich beim Kündigungsschutz. Der geringfügig beschäftigte ArbN kann ebenso wie der VollzeitArbN den *Kündigungsschutz* nach dem KSchG wie auch Sonderkündigungsschutzvorschriften (§ 9 MuSchG; § 85 SGB IX), in Anspruch nehmen (BAG 13.3.87 – 7 AZR 724/85, BB 87, 1320). Das KSchG ist wie bei Vollzeitbeschäftigten gem § 23 Abs 1 Sätze 2 und 3 KSchG anwendbar, wenn mehr als zehn ArbN, im Betrieb beschäftigt sind. Teilzeitbeschäftigte werden dabei nach dem Modus des § 23 Abs 1 Satz 3 KSchG mitgezählt.

Findet das KSchG aufgrund einer ausreichenden Zahl von Beschäftigten Anwendung, muss für eine Kündigung in gleicher Weise wie bei einer Vollzeitbeschäftigung ein Kündigungsgrund nach § 1 Abs 2 KSchG vorhanden sein. Danach ist die **Kündigung sozial nur gerechtfertigt und rechtswirksam,** wenn ein ausreichender verhaltensbedingter, personenbedingter oder betriebsbedingter Kündigungsgrund vorliegt. Der Umstand, dass ein nebenberuflich tätiger ArbN durch seine Haupttätigkeit wirtschaftlich gesichert ist, stellt keinen personenbedingten Kündigungsgrund iSd § 1 Abs 2 KSchG dar (BAG 13.3.87 – 7 AZR 724/85, BB 87, 1320). Wird aus einem sozialversicherungsfreien ein sozialversicherungspflichtiges Arbeitsverhältnis, ist dies **kein Kündigungsgrund;** das Interesse des ArbGeb an der **Aufrechterhaltung der Sozialversicherungsfreiheit ist kein rechtlich geschütztes Interesse** (BAG 18.1.07 – 2 AZR 731/05, NZA 07, 680).

Im Fall der betriebsbedingten Kündigung ist zusätzlich eine soziale Auswahl gem § 1 Abs 3 KSchG danach vorzunehmen. Dabei sind nur die dort genannten Sozialkriterien maßgebend, nicht aber der Umfang der Beschäftigung, so dass geringfügig Beschäftigte mit nicht geringfügig Beschäftigten zu vergleichen sind (ErfK/*Preis* § 4 TzBfG Rz 52; BAG 3.12.98 – 2 AZR 341/98, NJW 99, 1753).

Seit dem 1.5.2000 gilt für Kündigung und Auflösungsvertrag gem § 623 BGB ein **konstitutives Schriftformerfordernis.** Bei der Berechnung der Beschäftigungszeit für eine tarifliche Unkündbarkeit müssen die Zeiten geringfügiger Beschäftigung mitgerechnet werden (BAG 25.4.07 – 6 AZR 746/06, NZA 07, 881).

Die Sonderkündigungsschutzvorschriften, etwa für Schwangere nach § 9 MuSchG oder für Schwerbehinderte nach § 85 ff SGB IX, gelten ohne Einschränkung auch für geringfügig Beschäftigte.

16 **3. Kollektivrechtlicher Status.** In ihrem kollektivrechtlichen Status unterscheiden sich geringfügig Beschäftigte, soweit sie ArbN sind, von anderen ArbN ebenfalls nicht.

17 **a) Wahlrecht.** So sind sie in gleicher Weise und mit gleichem Stimmrecht wahlberechtigt zur BRatwahl wie vollzeitbeschäftigte ArbN (BAG 29.1.92 – 7 ABR 27/91, BB 92, 1486). Die Gefahr, dass auf diese Weise die geringfügig beschäftigte ArbNGruppe die Gruppe der Vollzeitbeschäftigten majorisiert, rechtfertigt es nicht, das Wahlrecht der geringfügig beschäftigten ArbN zu beschneiden, da dies den Grundsatz der Gleichheit der Wahl verletzen würde. Auch das passive Wahlrecht steht den geringverdienenden ArbN zu.

**b) Beteiligungsrechte des Betriebsrats.** Diese verändern sich nicht, wenn geringfügig beschäftigte ArbN betroffen sind. Einstellung, Eingruppierung, Umgruppierung und Versetzung von geringfügig Beschäftigten unterliegen dem Zustimmungsverweigerungsrecht nach § 99 BetrVG. Bei der Kündigung besteht die Anhörungspflicht nach § 102 BetrVG. **Geringfügig beschäftigte Arbeitnehmer müssen eingruppiert** werden, wenn im Betrieb eine bestimmte Gehalts- oder Lohngruppenordnung Anwendung findet. Dem steht nicht entgegen, wenn die Geringverdiener aufgrund einer Nettolohnabrede tätig sind. Sowohl der geringfügig beschäftigte ArbN selbst als auch der BRat können die Eingruppierung gerichtlich durchsetzen (BAG 18.6.91 – 1 ABR 60/90, BB 91, 1860). 18

**c) Soziale Angelegenheiten.** Arbeitszeit, Urlaubsplan, technische Leistungs- oder Verhaltensüberwachung oder Fragen der betrieblichen Lohnfortzahlung sind auch bei geringfügig beschäftigten ArbN in vollem Umfang nach § 87 BetrVG mitbestimmungspflichtig, ebenso wie alle anderen in § 87 BetrVG aufgeführten sozialen Angelegenheiten. 19

Betriebsänderungen iSd § 111 BetrVG, auch wenn sie nur geringfügig beschäftigte ArbN betreffen, lösen Ansprüche auf Interessenausgleichsverhandlungen und den Abschluss eines Sozialplans aus.

## B. Lohnsteuerrecht *Seidel*

**1. Allgemeine Lohnsteuer.** Der Arbeitslohn **nichtselbstständig** geringfügig beschäftigter ArbN unterliegt grds der LSt nach den allgemeinen Vorschriften. Allerdings kann der ArbGeb unter Verzicht auf den Abruf der ELStAM (§ 39e Abs 4 Satz 2 EStG) oder die Vorlage einer Bescheinigung für den LStAbzug (§ 39 Abs 3 bzw § 39e Abs 7 oder 8 EStG; → *Lohnsteuerabzugsmerkmale* Rn 8 f) die LSt, den SolZ und die KiSt für das Arbeitsentgelt aus geringfügigen Beschäftigungen unter bestimmten Voraussetzungen (→ Rn 21) mit 2 % bzw (nur) die LSt mit 20 % erheben (→ Rn 22). Das Steuerrecht enthält keine eigene Definition der geringfügigen Beschäftigung, sondern stellt hierzu auf das SozVRecht (§ 8 Abs 1 und § 8a SGB IV) ab, so auch BFH 29.5.08 – VI R 57/05, BFH/NV 08, 1597 Rn 15 und BFH 9.7.12 – VI B 38/12, BFH/NV 12, 1968 Rn 4. Dies führt dazu, dass nunmehr auch im Steuerrecht für die Arbeitsentgeltgrenze von 450 € mtl von der Definition des SozVRechts auszugehen ist. Lohnbestandteile, die nicht zum sozialversicherungspflichtigen Entgelt gehören, bleiben außer Ansatz (LStR 40a.2 Satz 3 und 4; s hierzu SvEV, → Rn 50 ff sowie → *Arbeitsentgelt* Rn 85 ff). Zur steuerlichen Behandlung der kurzfristigen Beschäftigung und der Aushilfskräfte in der Land- und Forstwirtschaft → *Aushilfskräfte* Rn 22 ff und → *Teilzeitbeschäftigung* Rn 114 ff. 20

**2. Pauschsteuersatz.** Bei einer geringfügigen Beschäftigung iSd § 8 Abs 1 Nr 1 (Entgeltgeringfügigkeit bis 450 € mtl) oder § 8a (haushaltsnahe Dienstleistungen, → *Hauswirtschaftliches Beschäftigungsverhältnis* Rn 10 ff) SGB IV, für die der ArbGeb Beiträge nach § 168 Abs 1 Nr 1b oder 1c SGB VI (geringfügig versicherungspflichtig Beschäftigte, → Rn 32 ff, 67) oder nach § 172 Abs 3 oder 3a SGB VI (versicherungsfrei geringfügig Beschäftigte, → Rn 64) entrichtet, kann er die LSt, den SolZ und die KiSt mit einem einheitlichen Pauschsteuersatz von insgesamt **2 %** des Arbeitsentgelts erheben (§ 40a Abs 2 EStG). Dieser ist zusammen mit den pauschalen Beiträgen zur KV (13 %, bei Beschäftigung im Privathaushalt 5 % → Rn 52) und RV (15 %, bei Beschäftigung im Privathaushalt 5 % → Rn 62 f), insgesamt 30 % bzw 12 % bei Beschäftigung im Privathaushalt (→ *Hauswirtschaftliches Beschäftigungsverhältnis* Rn 11), an die **Deutsche Rentenversicherung Knappschaft-Bahn-See, sog Minijobzentrale** (→ Rn 93) und nicht an das BetriebsstättenFA zu entrichten (§ 40a Abs 6 EStG). Diese steuerliche Behandlung gilt auch, wenn der ArbN für vor dem 1.1.13 aufgenommene Beschäftigungsverhältnisse von der Möglichkeit der Aufstockung des pauschalen Beitrags des ArbGeb zur RV bis zur Höhe des derzeitigen Beitrags von 18,5 % Gebrauch macht, solange er die Geringfügigkeitsgrenze nicht überschreitet (→ Rn 60 f). Nach neuem Recht gilt ohnehin grds Versicherungspflicht, so dass der ArbN den restlichen Beitrag zu tragen hat. Der nunmehr schriftlich zu stellende Antrag auf Befreiung von der Versicherungspflicht stellt damit die Ausnahme dar (→ Rn 58, 63 ff). Wird **nachträglich die Versicherungspflicht** festgestellt, beginnt sie, sofern der ArbGeb nicht vorsätzlich oder grob fahrlässig versäumt hat, den Sachverhalt für die sozialversicherungsrechtliche Beurteilung aufzuklären, mit der Bekanntgabe der Feststellung durch die 21

Einzugsstelle oder den RVTräger (→ Rn 90), so dass auch die steuerliche Behandlung nicht rückwirkend, sondern erst künftig zu ändern ist. Zur Frage der Befreiung von der Versicherungspflicht → Rn 28 und → *Rentenversicherungsfreiheit* Rn 8. Nach der Rspr des BAG (1.2.06 – 5 AZR 628/04 – NZA 06, 727) hat der ArbN die Pauschsteuer von 2 % zu tragen, außer es liegt eine Nettolohnabrede vor.

22 **3. Pauschale Lohnsteuer.** Hat der ArbGeb keine pauschalen Beiträge nach den in → Rn 21 genannten Vorschriften des SGB VI zur RV zu entrichten, sondern die vollen ArbGebAnteile (zB bei Zusammenrechnung mehrerer geringfügiger Beschäftigungen, → Rn 79 ff), kann er, wenn das Arbeitsentgelt beim einzelnen ArbGeb 450 € nicht übersteigt, die LSt mit einem Pauschsteuersatz von **20 %** des Arbeitslohns erheben (§ 40a Abs 2a Satz 1 EStG). Der ArbGeb muss die pauschale LSt übernehmen. Anders als in der SozV findet bei der Pauschalierung der LSt mit 20 % keine Zusammenrechnung mehrerer Beschäftigungen statt. Im Gegensatz zur Pauschalierung nach § 40a Abs 2 EStG (→ Rn 21) ist die pauschale LSt nach Abs 2a mit der LStAnmeldung anzumelden und an das **Betriebsstättenfinanzamt** abzuführen (→ *Lohnsteueranmeldung* Rn 4). Hinzu kommen noch der SolZ mit 5,5 % der LSt sowie die KiSt (→ *Solidaritätszuschlag* Rn 4, 5 und → *Kirchenlohnsteuer* Rn 17–22).

23 **4. Gemeinsame Voraussetzungen.** Bei einem monatlichen Lohnzahlungszeitraum sind die Verhältnisse in den einzelnen Wochen dieses Zeitraums unbeachtlich. Die zu führenden **Aufzeichnungen** müssen die Verhältnisse jedes einzelnen Lohnzahlungszeitraums wiedergeben (*Schmidt/Krüger* § 40a Rz 12). Die durchschnittliche Stundenlohngrenze iHv 12 € spielt bei der geringfügigen Beschäftigung ebenso keine Rolle mehr wie die sozialversicherungsrechtliche 15-Stundengrenze. Es erscheint daher fraglich, ob der ArbGeb bei der geringfügigen Beschäftigung weiterhin verpflichtet sein soll, die tatsächlichen Arbeitsstunden aufzuzeichnen (vgl aber § 4 Abs 2 Nr 8 Satz 4 LStDV; → *Teilzeitbeschäftigung* Rn 118). Da sich das Vorliegen einer geringfügigen Beschäftigung im Steuerrecht nach der Definition im SozVRecht richtet, ist es auch im Steuerrecht als unschädlich anzusehen, wenn die Arbeitsentgeltgrenze **ausnahmsweise überschritten** wird (→ Rn 43–49). Zu unschädlichen Aufstockungen der Geringfügigkeitsgrenze durch steuerfreie oder pauschal besteuerte Leistungen des ArbGeb s *Plenker/Schaffhausen* DB 03, 957 und *HMW/*Geringfügige Beschäftigung (450 €-Jobs) Rz 15 sowie → *Arbeitsentgelt* Rn 116–141; s auch LStR 40a.2 Satz 3 und 4. Das Überschreiten der 450 €-Grenze durch Zahlung von **Weihnachts- und/oder Urlaubsgeld** ist jedoch idR schädlich (→ Rn 43, 44). Sowohl bei der Pauschsteuer mit 2 % als auch bei der Pauschalierung mit 20 % bleiben der pauschal besteuerte Arbeitslohn und die pauschale LSt bei der **Einkommensteuerveranlagung** (→ *Antragsveranlagung* Rn 2 ff) außer Ansatz. Die pauschale LSt ist weder auf die ESt noch die JahresLSt anzurechnen (§ 40a Abs 5 iVm § 40 Abs 3 EStG), so dass insoweit kein Werbungskostenabzug besteht. Ein geringfügiges Beschäftigungsverhältnis nach § 40a Abs 2 und 2a EStG beim selben ArbGeb **neben** einem dem normalen LStAbzug unterliegenden Arbeitsverhältnis ist möglich, zB Entleihung von ArbN durch eine Zeitarbeitsfirma an den HauptArbGeb (§ 40a Abs 4 EStG: Ausschluss der Abs 2 und 2a → *Mehrfachbeschäftigung* Rn 10). Voraussetzung für das Vorliegen mehrerer Beschäftigungsverhältnisse ist der formelle Abschluss von zwei Arbeitsverträgen mit zwei rechtlich selbstständigen ArbGeb (→ *Arbeitnehmerüberlassung* Rn 29, 38). Für die Frage der für das FA bindenden **Anerkennung** des geringfügigen Beschäftigungsverhältnisses ist ausschließlich die Minijob-Zentrale der Knappschaft-Bahn-See zuständig. Erfolgt die geringfügige Beschäftigung (bis 450 €) im **haushaltsnahen Bereich,** kann der Auftraggeber bestimmte Beträge von seiner Steuerschuld abziehen (§ 35a Abs 2 EStG). Zur Regelung im Einzelnen wird auf → *Hauswirtschaftliches Beschäftigungsverhältnis* Rn 27 ff verwiesen. Die für die SozVBeiträge eingeführte neue **Gleitzone** bei Einkommen von 450,01 € bis 850,01 € (→ *Minijob* Rn 4) ist steuerlich ohne Bedeutung. Hier erfolgt weiterhin eine individuelle Besteuerung nach den ELStAM (→ *Lohnsteuerabzugsmerkmale* Rn 8 ff).

24 **5. Sozialversicherungsbeiträge** können, soweit sie im Zusammenhang mit pauschal besteuerten Einnahmen stehen, vom ArbN nicht als Sonderausgaben abgezogen werden (*HMW/*Sonderausgaben Rz 5; OFD Koblenz 1.3.07, DB 07, 715 zur steuerlichen Behandlung der RVBeiträge eines Minijobs). Im Übrigen → *Sozialversicherungsbeiträge* Rn 14 ff. Für den ArbGeb sind sie, soweit er sie zu tragen hat (→ Rn 59, 68, 95), Betriebsausgaben.

## C. Sozialversicherungsrecht

*Schlegel*

### Übersicht



**I. Versicherungspflicht und Versicherungsfreiheit. 1. Grundsatz: Versicherungspflicht bei abhängiger Beschäftigung.** Arbeit, die in abhängiger Beschäftigung gegen Zahlung von Entgelt ausgeübt wird, führt in der KV, RV, PflegeV und ArblV zur Versicherungs- und damit im Grundsatz auch zur Beitragspflicht (vgl zB § 5 Abs 1 Nr 1 SGB V; § 1 Abs 1 Nr 1 SGB VI; § 25 Abs 1 SGB III; § 20 Abs 1 Nr 1 SGB XI), sofern das Gesetz nicht Versicherungsfreiheit oder Befreiungstatbestände von der Versicherungspflicht vorsieht. Gleiches gilt für die UV mit der Ausnahme, dass dort eine Beschäftigung selbst dann der Versicherungspflicht unterliegt, wenn die Zahlung eines Arbeitsentgelts nicht vereinbart ist. 25

**2. Ausnahmetatbestände: Versicherungsfreiheit. a) Allgemeines.** Das Gesetz sieht für bestimmte Personengruppen zahlreiche Tatbestände der Versicherungsfreiheit vor, bei 26 denen trotz Ausübung einer abhängigen Beschäftigung die Rechtsfolgen der Versicherungspflicht nicht wirksam werden. Der Tatbestand der Versicherungsfreiheit überlagert denjenigen der Versicherungspflicht und verhindert, dass der ArbN Pflichtbeiträge entrichten muss und er aus seiner Beschäftigung in der SozV Ansprüche auf Leistungen erwirbt. Dies ist zB der Fall, wenn für bestimmte Personengruppen – wie zB Beamte, Richter usw – besondere spezialgesetzliche Versorgungssysteme errichtet sind. Versicherungsfreiheit ist auch angeordnet bei geringfügiger Beschäftigung.

27 **b) Versicherungsfreiheit bei geringfügiger Beschäftigung.** Liegt eine nur geringfügige Beschäftigung iSv § 8 SGB IV vor, ist diese in der gesetzlichen **Kranken-, Pflege-, und Arbeitslosenversicherung** versicherungsfrei (§ 7 SGB V; § 27 Abs 2 SGB III). Für die gesetzliche PflegeV fehlt es allerdings an einer entsprechenden Vorschrift. Hierbei dürfte es sich jedoch um ein gesetzgeberisches Redaktionsversehen handeln. Die gesetzliche PflegeV soll immer dann eingreifen, wenn Personen in der gesetzlichen KV versichert sind, also tatsächlich Versicherungsschutz genießen (§ 1 Abs 2 Satz 1, § 20 Abs 1 Satz 1 SGB XI). Demgemäß ist für die gesetzliche PflegeV analog § 7 SGB V immer dann Versicherungsfreiheit anzunehmen, wenn diese in der gesetzlichen KV angeordnet ist.

28 **c) Ausnahmen: Keine Versicherungsfreiheit trotz Geringfügigkeit.** Für den Bereich der **gesetzlichen UV** hat die geringfügige Beschäftigung keine Bedeutung. In der UV stehen Beschäftigungen auch geringen Umfangs unter Versicherungsschutz. Für die **Rentenversicherung** war bis Ende 2012 ebenfalls Versicherungsfreiheit angeordnet; seit 1.1.13 besteht Versicherungspflicht mit der Möglichkeit, sich in der RV von der Versicherungspflicht befreien zu lassen; dann sind sog Pauschalbeiträge zur RV zu zahlen (→ Rn 58 ff).

**Sonstige Ausnahmen** bestehen in folgenden Fällen: Versicherungsfreiheit besteht nicht für eine geringfügige Beschäftigung, wenn die Beschäftigung im Rahmen betrieblicher Berufsbildung und einer Beschäftigung nach dem Gesetz zur Förderung eines freiwilligen sozialen Jahres ausgeübt wird (§ 7 Satz 2 SGB V; § 5 Abs 2 Satz 2 SGB VI; § 27 Abs 2 Satz 2 Nr 2 SGB III). Im Rahmen der gesetzlichen RV und ArblV besteht Versicherungsfreiheit außerdem nicht für Personen, die von der Möglichkeit einer stufenweisen Wiederaufnahme einer nicht geringfügigen Tätigkeit Gebrauch machen (§ 7 Abs 2 Satz 2 SGB VI; § 27 Abs 2 Satz 2 Nr 3 SGB III iVm § 74 SGB V) sowie für Personen, die nach § 1 Satz 1 Nrn 2–4 SGB VI beschäftigt sind; zu letzteren gehören insbes bestimmte Behinderte, Personen, die in Einrichtungen der Jugendhilfe oder in Berufsbildungswerkstätten oder ähnlichen Einrichtungen für Behinderte für eine Erwerbstätigkeit befähigt werden sollen, sowie Mitglieder geistlicher Genossenschaften, Diakonissen und Angehöriger ähnlicher Gemeinschaften während ihres Dienstes für die Gemeinschaften und während der Zeit ihrer außerschulischen Ausbildung. Ebenso wenig sind in der ArblV nicht versicherungsfrei diejenigen Personen, die wegen eines erheblichen Arbeitsausfalls mit Entgeltausfall iSd Vorschriften über das Insolvenzgeld oder eines witterungsbedingten Arbeitsausfalls iSd Vorschriften über das Winterausfallgeld nur geringfügig iSd § 8 SGB IV beschäftigt sind. Schließlich ist auch keine Raum für geringfügige Beschäftigung, wenn ein sog **einheitliches Beschäftigungsverhältnis** vorliegt: alle von einem Beschäftigten bei demselben ArbGeb ausgeübten Beschäftigungen sind als einheitliche Beschäftigung iSv § 8 SGB IV anzusehen, sodass neben einer versicherungspflichtigen Beschäftigung bei demselben ArbGeb keine versicherungsfreie geringfügige Beschäftigung besteht (BSG 27.6.12 – B 12 KR 28/10 R, SozR 4–2400 § 8 Nr 5 Rz 23).

29 **3. Grund der Versicherungsfreiheit.** Über Sinn und Zweck der Anordnung von Versicherungsfreiheit wegen geringfügiger Beschäftigung finden sich in den Gesetzesmotiven idR kaum Hinweise. **Hauptmotiv** dürfte sein, dass eine Beschäftigung nur dann zur Zwangsmitgliedschaft in der SozV mit den daraus folgenden Beitragspflichten und Leistungsrechten führen soll, wenn sie ihrer Art und ihrem Umfang nach geeignet ist, die Existenz des ArbN sicherzustellen; bei Eintritt des Versicherungsfalles (Krankheit, AU, Arbeitslosigkeit, Erwerbsminderung, Alter) treten dann die Sach- oder Geldleistungen der SozV (insbes: Lohnersatzleistungen) an die Stelle des entfallenen Arbeitsentgelts. Wer es sich dagegen „leisten kann" nur geringfügig beschäftigt zu sein, wird idR (überwiegend) von anderen unterhalten, die nach der Vorstellung des Gesetzes dann auch für die soziale

Sicherung des geringfügig Beschäftigten zu sorgen haben (zB Familienversicherung, § 10 SGB V, Hinterbliebenenrenten usw). Bisweilen mag auch die Vorstellung vorherrschen, dass sich ein ArbN nicht mit einer minimalen Beschäftigung und demgemäß minimalen Beiträgen das gesamte Sachleistungsspektrum zB der KV soll verschaffen können. – Es wäre wünschenswert, wenn der Gesetzgeber sowohl bei der Anordnung von Versicherungspflicht als auch der Regelung von Tatbeständen der Versicherungsfreiheit einem einigermaßen stringenten Plan folgen würde. Dieses **Regelungskonzept** müsste nicht unbedingt für alle Zweige der SozV einheitlich sein. Ein solcher Plan ist jedoch derzeit kaum erkennbar. Die zahlreichen Gesetzesänderungen der letzten Jahre erwecken vielmehr den Eindruck, dass die geringfügige Beschäftigung als ein je nach Bedarf beliebig einsetzbares und änderungsfähiges wirtschafts- und beschäftigungspolitisches Instrument angesehen wird.

**4. Entwicklung des Rechts der Geringfügigen Beschäftigung. § 8 SGB IV** regelt für alle Zweige der SozV, wann eine Beschäftigung geringfügig ist. Ob bei geringfügiger Beschäftigung Versicherungsfreiheit eintritt, ist in den Spezialgesetzen des SGB III, V, VI und XI geregelt. Das Recht der geringfügigen Beschäftigung sieht seit jeher zwei Tatbestände der Geringfügigkeit vor, denjenigen der **Entgeltgeringfügigkeit** und denjenigen der **Zeitgeringfügigkeit.** § 8 SGB IV wurde in den letzten Jahren mehrfach geändert. Zur Rechtsentwicklung vgl Personalbuch 2012. 30

**5. Zuständige Einzugsstelle.** Für sämtliche geringfügig Beschäftigten ist seit 1.4.03 unabhängig davon, bei welcher Krankenkasse sie freiwillig oder familienversichert sind, die **DRV-Knappschaft-Bahn-See Einzugsstelle** (§ 28i S 5 SGB IV – sog **Minijob-Zentrale**). Dies gilt auch für **geringfügig Beschäftigte in Privathaushalten.** Für diese gilt in Form des sog Hauhaltsscheckverfahrens (§ 28a Abs 7 SGB IV) ein **vereinfachtes Meldeverfahren.** Zudem werden die Beiträge für diesen Personenkreis von der Beitragseinzugsstelle berechnet und im Wege des Lastschriftverfahrens eingezogen; die Einzugsstelle ihrerseits erstatten dem Träger der RV die für die RV und ArblV maßgeblichen Daten und teilt dem Beschäftigten den Inhalt dieser Meldung mit (§ 28h Abs 3 SGB IV, Einzelheiten hierzu s *Hauswirtschaftliches Beschäftigungsverhältnis*). 31

**II. Begriff der geringfügigen Beschäftigung. 1. Allgemeine Definition. a) § 8 Abs 1 SGB IV** definiert die geringfügige Beschäftigung für sämtliche Zweige der SozV und die ArblV (§ 1 Abs 1 Sätze 1 und 2 SGB IV). Danach liegt eine geringfügige Beschäftigung vor, wenn 32

1. das Arbeitsentgelt aus dieser Beschäftigung regelmäßig im Monat 450 € nicht übersteigt (sog Entgeltgeringfügigkeit; bis 31.12.12: 400 €) oder
2. die Beschäftigung innerhalb eines Kj auf längstens drei Monate oder 70 Arbeitstage nach ihrer Eigenart begrenzt zu sein pflegt oder im Voraus vertraglich begrenzt ist, es sei denn, dass die Beschäftigung berufsmäßig ausgeübt wird und ihr Entgelt 450 € im Monat übersteigt

**b) Differenzierungserfordernis.** Zwar bezeichnet das Gesetz beide Tatbestände **Entgeltgeringfügigkeit** (§ 8 Abs 1 Nr 1 SGB IV) und **Zeitgeringfügigkeit** (§ 8 Abs 1 Nr 2 SGB IV) als geringfügige Beschäftigung. Die Rechtsfolgen, die an die beiden Tatbestände anknüpfen, sind im Detail jedoch durchaus unterschiedlich. 33

Folgende Regeln finden beim Tatbestand der Zeitgeringfügigkeit (§ 8 Abs 1 Nr 2 SGB IV) keine Anwendung:

- Pflicht des ArbGeb zur Tragung eines Pauschalbeitrages zur KV krankenversicherter ArbN iHv 13 vH (§ 249b SGB V),
- Pflicht des ArbGeb zur Tragung eines Pauschalbeitrages zur RV in Höhe von 15 vH, wenn sich der ArbN hat von der RV-Pflicht befreien lassen (§ 7 Abs 3 Satz 2 SGB VI),
- Zusammenrechnung mit einer nicht geringfügigen Beschäftigung.

Aus diesen jeweils **unterschiedlichen Rechtsfolgen** ergibt sich, dass in jedem Fall zwischen den beiden Tatbeständen des § 8 Abs 1 SGB IV zu differenzieren ist.

Ein weiteres Differenzierungserfordernis ergibt sich daraus, dass es innerhalb der geringfügigen Beschäftigung die Sondergruppe der **„geringfügig Beschäftigten in Privathaushalten"** gibt; für diese ordnet § 8a SGB IV iVm 249b Satz 2 SGB V und § 172 Abs 3a SGB VI eine auch innerhalb der Pauschalbeiträge (→ Rn 54 und 62) weitergehende Privilegierung an, Näher dazu vgl BSG 29.8.2012 – B 12 R 4/10 R, SozR 4–2400 § 8a Nr 1 und → *Hauswirtschaftliches Beschäftigungsverhältnis* Rn 31 ff.

34 **2. Abgrenzung Entgelt-/Zeitgeringfügigkeit. a) Allgemeines.** Die wegen unterschiedlicher Rechtsfolgen zwingend erforderliche Abgrenzung der beiden Tatbestände wird **im Regelfall keine Probleme** bereiten. Prototyp der entgeltgeringfügigen Beschäftigung ist die auf Dauer angelegte und regelmäßig ausgeübte Beschäftigung in geringem zeitlichen Umfang gegen ein geringes Entgelt, das sich zB eine Hausfrau, ein Student oder ein Rentner „nebenbei" verdient. Prototyp und gesetzliches Leitbild der zeitgeringfügigen Beschäftigung sind saisonal ausgeübte Aushilfsbeschäftigungen, zB als Erntehelfer oder Ferienjobs eines Schülers oder Studenten.

35 **Problematisch** sind jene Fälle, in denen die Beschäftigung nicht zeitlich auf eng begrenzte Abschnitte, zB eine Saison, eine Kampagne oder die Ferien bzw einen ganz bestimmten Arbeitseinsatz (Projekt), begrenzt ist, sondern die Beschäftigung über längere Zeit hinweg immer wieder ausgeübt wird, jedoch im Jahresdurchschnitt an nicht mehr als 70 Tagen gearbeitet wird. Hier stellt sich die Frage, ob entscheidendes Gewicht dem Umstand zukommt, dass an nicht mehr als 70 Arbeitstagen im Jahr gearbeitet wird, was für zeitgeringfügige Beschäftigung iSv § 8 Abs 1 Nr 2 SGB IV sprechen könnte, oder ob die Beschäftigung ein Maß an Kontinuität erlangt, die sie zur entgeltgeringfügigen Beschäftigung nach § 8 Abs 1 Nr 1 SGB IV macht.

36 **b) Maßgebliches Abgrenzungskriterium.** Das entscheidende Abgrenzungskriterium zwischen den beiden Geringfügigkeitstatbeständen liegt demgegenüber nach der Rspr des BSG in der **Regelmäßigkeit bzw Nichtregelmäßigkeit der Beschäftigung.** Es kommt darauf an, ob die Beschäftigung regelmäßig ausgeübt wird. Ist dies der Fall, gilt § 8 Abs 1 Nr 1 SGB IV. Wird die Beschäftigung nicht regelmäßig – also nur gelegentlich – ausgeübt, gilt Nr 2 (BSG 11.5.93 – 12 RK 23/91, SozR 3–2400 § 8 Nr 3; BSG 23.5.95 – 12 RK 60/93, SozR 3–2400 § 8 Nr 4).

37 **Die Auslegung des Wortlauts des § 8 Abs 1 Nr 1 SGB IV** lässt diese grundlegende Unterscheidung allerdings nur undeutlich erkennen, weil das Gesetz in § 8 SGB IV – im Gegensatz zum früheren, bis 30.6.75 geltenden § 168 Abs 2 RVO – den Begriff „gelegentlich" nicht mehr verwendet (BSG 11.5.93 – 12 RK 23/92, SozR 3–2400 § 8 Nr 3 sowie Personalhandbuch 2012, Rz 42).

38 **c) Kriterien des BSG für Regelmäßigkeit.** Regelmäßig ist eine Beschäftigung, die **von vornherein auf ständige Wiederholung gerichtet** ist (BSG 11.5.93 – 12 RK 23/91, SozR 3–2400 § 8 Nr 3 S 11; 28.4.82 – 12 RK 1/80, SozR 2200 § 168 Nr 6 S 10). Darüber hinaus ist es lediglich erforderlich, dass **Dauer und Zeitpunkt der einzelnen Arbeitseinsätze hinreichend vorhersehbar** sind. Der Begriff der Regelmäßigkeit betrifft damit „die **Häufigkeit und Voraussehbarkeit des Arbeitseinsatzes** und nicht die Dauer der täglichen Beanspruchung" (BSG 1.2.79 – 12 RK 7/77, SozR 2200 § 165 Nr 36 S 53).

39 Zwar hat das **BSG** in seiner Entscheidung vom 11.5.93 – 12 RK 23/91, SozR 3–2400 § 8 Nr 3 S 11 ausgeführt, eine entgeltgeringfügige Beschäftigung liege vor, wenn sie von vornherein auf ständige Wiederholung gerichtet ist „und über mehrere Jahre hinweg ausgeübt werden soll". Hieraus kann jedoch nicht der Schluss gezogen werden, dass bei der Befristung einer regelmäßigen Beschäftigung auf nicht mehr als zwei Jahre der Tatbestand der Entgeltgeringfügigkeit entfällt und derjenige des § 8 Abs 1 Nr 2 SGB IV erfüllt ist, wenn insgesamt in einem Jahr an nicht mehr als 70 Arbeitstagen gearbeitet wird. Auch eine Befristung des Arbeitsverhältnisses jenseits des in § 8 Abs 2 Nr 2 SGB IV genannten Zwei-Monats-Zeitraums führt aus den vom BSG genannten Abgrenzungskriterien bei Regelmäßigkeit der Beschäftigung zum Anwendungsbereich des § 8 Abs 2 Nr 1 SGB IV.

40 Die **zeitliche Nähe einander folgender, terminlich von vornherein festliegender Tätigkeiten** verleiht einer Beschäftigung den Charakter der Regelmäßigkeit auch ohne Vorliegen ausdrücklicher Vereinbarungen, wenn beide Seiten davon ausgehen können, dass die jeweils andere Seite **die Fortsetzung der Beziehungen beabsichtigt** (BSG 28.4.82 – 12 RK 1/80, SozR 2200 § 168 Nr 6). Anzahl und Zeitpunkt der einzelnen Arbeitsleistung müssen nicht von vornherein nach Datum und Uhrzeit exakt festgelegt oder bestimmbar

sein. Andernfalls hätte auch bei den Ultimokräften einer Sparkasse, die „zur Monatsmitte und zum Monatsende" Arbeitseinsätze leisten konnten, die Regelmäßigkeit der Beschäftigung verneint werden müssen. Dies ist jedoch nicht geschehen (BSG 28.4.82 – 12 RK 1/80, SozR 2200 § 168 Nr 6).

Ausreichend ist bereits, dass der Beschäftigte zu den sich wiederholenden Arbeitseinsätzen **auf Abruf bereitsteht,** ohne verpflichtet zu sein, jeder Aufforderung zur Arbeitsleistung Folge zu leisten (BSG 23.5.95 – 12 RK 60/93, SozR 3–2400 § 8 Nr 4 S 20), sofern nur Übereinstimmung darüber besteht, dass es zu einer regelmäßigen Wiederholung der Beschäftigung kommen soll, **sich der Beschäftigte auf den regelmäßigen Einsatz einstellen kann und er eine regelmäßige Gehaltsquelle erwarten darf.** Nicht entscheidend ist, ob die Arbeitseinsätze im Rahmen eines Dauerarbeitsverhältnisses von vornherein feststehen oder ob sie von Mal zu Mal vereinbart werden, sofern nur **tatsächlich über einen längeren Zeitraum hinweg** eine **ständige Wiederholung der Beschäftigung** vorliegt. – **Gegenindikatoren** sind die Unvorhersehbarkeit des Zeitpunkts und der Häufigkeit der einzelnen Arbeitseinsätze, für die sich jemand zumindest auf Abruf bereithält (BSG 23.6.71 – 3 RK 24/71, SozR Nr 11 zu § 168 RVO). **41**

Negativ formuliert: An einer die Versicherungsfreiheit wegen Zeitgeringfügigkeit ausschließenden „regelmäßigen" Beschäftigung fehlt es, wenn Tätigkeiten in den gesetzlichen zeitlichen Höchstgrenzen über Jahre hinweg beim selben ArbGeb zwar „immer wieder" ausgeübt werden, die einzelnen Arbeitseinsätze aber ohne bestehende Abrufbereitschaft nicht vorhersehbar zu unterschiedlichen Anlässen und ohne erkennbaren Rhythmus erfolgen sowie der Betrieb des Arbeitgebers nicht strukturell auf den Einsatz von Aushilfskräften ausgerichtet ist (BSG 7.5.14 – B 12 R 5/12 R, Rz 21, 22). **42**

**III. Tatbestand und Rechtsfolgen der Entgeltgeringfügigkeit. 1. Entgeltgrenze.** Eine Beschäftigung ist entgelt-geringfügig iSv § 8 Abs 1 SGB IV, wenn das Arbeitsentgelt aus dieser Beschäftigung regelmäßig im Monat 450 € (bis 31.12.12: 400 €) nicht übersteigt. **43**

**Regelmäßiges Arbeitsentgelt** iSd § 8 Abs 1 Nr 1 SGB IV sind alle laufenden Entgeltzahlungen sowie **jährliche Sonderzahlungen,** die nach der bisherigen Übung mit Sicherheit zu erwarten sind (zB Weihnachtsgeld, Urlaubsgeld ua; nicht dagegen zB eine Jubiläumszuwendung). Bei der Berechnung des „regelmäßig im Monat" erzielten Arbeitsentgelts sind diese Sonderzahlungen auf die einzelnen Monate des Jahres zu verteilen (BSG 28.2.84 – 12 RK 21/83, SozR 2100 § 8 Nr 4). **44**

Eine andere Frage ist, in welche Zeitabschnitte derartige Sonderzahlungen fallen und wie sie **beitragsrechtlich** zu beurteilen sind. Indessen ist die Frage der Versicherungspflicht bzw Versicherungsfreiheit hiervon unabhängig, denn bei den Verdienstgrenzen wurde zur Entscheidung über die Versicherungspflicht oder Versicherungsfreiheit von jeher davon ausgegangen, dass Sonderzahlungen in dem weiteren zeitlichen Rahmen eines Jahres zu sehen sind (BSG 28.2.84, SozR 2100, S 6). Dies bedeutet: Für die Frage, ob Versicherungspflicht vorliegt, sind Sonderzahlungen bei der Ermittlung des regelmäßigen Arbeitsverdienstes auf den gesamten Zeitraum, für den sie gezahlt werden, dh idR das ganze Jahr, zu verteilen. **45**

Die bis zum 31.3.03 ebenfalls einzuhaltende **15-Stunden-Grenze** ist mWv 1.4.03 entfallen (zu den Anforderungen dieser Tatbestandsmerkmale vgl Personalbuch 2002, Geringfügige Beschäftigung Rz 58 ff; BSG 28.4.82 – 12 RK 1/80, SozR 2200 § 168 Nr 6 zu sog Ultimokräften einer Sparkasse die jeweils in der Mitte und am Ende des Kalendermonats beschäftigt wurden; ähnliche Bedarfslage in BSG 11.5.93 – 12 RK 23/91, SozR 3–2400 § 8 Nr 3: Aushilfskräfte im Möbeltransportgewerbe). **46**

**2. Beurteilungszeitpunkt/Prognoseentscheidung.** Ob in einer bestimmten Beschäftigung Versicherungspflicht oder Versicherungsfreiheit besteht, ist bei Aufnahme der Beschäftigung vorausschauend zu beurteilen (BSG 25.2.97 – 12 RK 51/96, SozR 3–2500 § 6 Nr 15 zum Überschreiten der JAEGrenze; BSG 19.2.87 – 12 RK 9/85, SozR 2200 § 172 Nr 19 S 41 mwN zur Aufnahme einer Vollzeitbeschäftigung durch einen Studenten). Dies gilt auch dann, wenn eine Entscheidung über die Feststellung der Versicherungsfreiheit erst im Nachhinein zu treffen ist (BSG 27.7.11 – B 12 R 15/09 R zur Geringfügigkeit bei selbstständig Tätigen). Die regelmäßige Einhaltung der 450-€-Grenze ist zu prognostizieren und nicht im Rückblick und unter Zugrundelegung ermittelter Durchschnittswerte zu beurteilen (BT-Drs 7/4122 S 43 zu § 8 SGB IV). Daher kommt es zB für die Frage, ob die **47**

450 €-Grenze nicht überschritten wird, darauf an, welche Zahlungen der ArbN bei vorausschauender, den Zeitraum eines Jahres umfassender Betrachtung insgesamt (laufendes Entgelt, Sonderzuwendungen wie Weihnachtsgeld etc) zu erwarten hat. Bei der Beurteilung der Frage, ob die Geringfügigkeitsgrenze mit Sonderzahlungen überschritten wird und Versicherungspflicht eintritt, sind auch bei untertariflicher Bezahlung die zustehenden tariflichen Sonderzahlungen zu berücksichtigen. Auch insoweit gilt für die Feststellung der Versicherungspflicht und der Beitragshöhe das Entstehungsprinzip und nicht das Zuflussprinzip (BSG 14.7.04 – B 12 KR 7/04 R, SozR 4–2400 § 22 Nr 1; dazu auch *Lohnzufluss*). Ein Verwaltungsakt über die Feststellung der Versicherungsfreiheit wegen Geringfügigkeit hat **Dauerwirkung** und wirkt daher so lange, bis er ggf nach § 48 SGB X wegen einer Änderung der tatsächlichen oder rechtlichen Verhältnisse aufgehoben worden ist (BSG 23.4.15 – B 5 RE 19/14 R, SozR 4–2600 § 5 Nr 7).

48 **Vorausschauende Betrachtung** bedeutet nicht eine alle Eventualitäten berücksichtigende genaue Vorhersage, sondern lediglich eine ungefähre Einschätzung, welches Entgelt nach der bisherigen Übung mit hinreichender Sicherheit zu erwarten ist (BSG 12.11.93 – 12 RK 23/91, SozR 3–2400 § 8 Nr 3 S 12 zum regelmäßigen Verdienst und zur regelmäßigen Arbeitszeit in der Woche).

49 **Prognosegrundlage.** Vereinbarungen kommt dabei zwar erhebliche Indizwirkung zu. Entscheidend aber sind die tatsächlichen Verhältnisse (BSG 19.2.87 – 12 RK 9/85, SozR 2200 § 172 Nr 19). Prognosegrundlage können neben mündlichen und schriftlichen Vereinbarungen auch Erfahrungswerte der Vergangenheit oder ein Vergleich mit in ähnlicher Weise beschäftigten ArbN desselben ArbGeb bzw früher beschäftigter ArbN des ArbGeb sein. Erweist sich eine – berechtigte – Prognose im Nachhinein infolge nicht vorhersehbarer Umstände als unzutreffend, bleibt sie für die Vergangenheit gleichwohl maßgeblich (BSG 23.4.74 – 4 RJ 335/72, SozR 2200 § 1228 Nr 1 S 2; 27.9.61 – 3 RK 12/57, SozR Nr 6 zu § 168 RVO).

50 **3. Rechtsfolgen in der Pflege- und Arbeitslosenversicherung.** Eine geringfügige Beschäftigung ist in der ArblV ebenso wie in der KV und PflegeV versicherungsfrei (§ 27 Abs 2 SGB III). Beiträge sind nicht zu zahlen.

51 **4. Rechtsfolgen in der Krankenversicherung. a) Pauschalbeitrag.** In der KV besteht **Versicherungsfreiheit der geringfügigen Beschäftigungen** (§ 7 SGB V). Dies hat zur Folge, dass ein lediglich geringfügig beschäftigter ArbN aus seiner geringfügigen Beschäftigung **keine Mitgliedschaftsrechte** bei einer Krankenkasse und auch keine Leistungsansprüche aus der KV erwirbt. Folglich sind für ihn im Grundsatz auch keine Beiträge zu KV zu entrichten.

52 Ist der ArbN bereits aufgrund anderer Tatbestände (gesetzlich) **krankenversichert,** zB als Familienangehöriger (Ehegatte oder Kind) eines Mitglieds einer Krankenkasse (§ 10 SGB V), als pflichtversicherter Student oder Rentner, so dass Leistungsansprüche in der gesetzlichen KV bestehen, sind vom ArbGeb für den Versicherten Pauschalbeiträge zur KV iHv **13 vom Hundert** des Arbeitsentgelts aus dieser (geringfügigen) Beschäftigung zu tragen; für geringfügig Beschäftigte in Privathaushalten (§ 8a SGB IV) ist ein Pauschalbeitrag von 5 vH zu zahlen (§ 249b Abs 1 Satz 2 SGB V). Der ArbN erwirbt durch diesen **pauschalen Arbeitgeberbeitrag** jedoch keine zusätzlichen Leistungsansprüche (zB Krankengeld) aus der KV. Zur Verfassungsmäßigkeit des § 249b SGB V vgl BSG 25.1.06 – § 12 KR 27/04 R, SozR 4–2500 § 249b Nr 2.

53 **b) Persönlicher Geltungsbereich des § 249b SGB V.** Zwar spricht der Wortlaut des § 249b SGB V davon, dass der ArbGeb die pauschalen Beiträge für **„Versicherte“**, die in dieser Beschäftigung versicherungsfrei oder nicht versicherungspflichtig sind“, zu tragen hat. Dabei ist es unerheblich, ob es sich um eine Pflichtversicherung, eine freiwillige oder eine Familienversicherung in der KV handelt. Wer wegen Überschreitens der JAEGrenze in der KV nach § 6 Abs 1 Nr 1 SGB V versicherungsfrei ist, fällt mangels „Versicherung“ in der KV nicht unter den Anwendungsbereich des § 249b SGB V. Aus dem Systemzusammenhang und der Entstehungsgeschichte der Vorschrift ergibt sich weiter, dass diese Beitragspflicht nur gilt, soweit es sich um in der gesetzlichen KV Versicherte handelt. Für **Privatversicherte,** die einer versicherungsfreien geringfügigen Beschäftigung nachgehen, ist

der Pauschalbeitrag zur KV nicht zu zahlen (BT-Drs 14/280 S 13 zu Art 3 Nr 3 einerseits, BT-Drs 14/441 S 38 zu Art 3 Nr 4 andererseits).

**c) Sachlicher Geltungsbereich des § 249b SGB V.** Die pauschalierte Beitragspflicht des ArbGeb gilt nach dem Wortlaut des § 249b SGB V nur für eine geringfügige versicherungsfreie Beschäftigung nach § 8 Abs 1 **Nr 1** SGB IV, dh **in Fällen sog Entgeltgeringfügigkeit** sowie für Beschäftigte in Privathaushalten iSv § 8a SGB IV. Für Fälle der Zeitgeringfügigkeit, die in § 249b SGB V nicht erwähnt sind, bleibt es bei dem Grundsatz, dass die Beschäftigung nicht zu einer Beitragspflicht des ArbGeb nach § 249b SGB V führt. 54

Handelt es sich um eine geringfügige Beschäftigung, die versicherungspflichtig ist, weil sie mit einer versicherungspflichtigen Hauptbeschäftigung zusammengerechnet wird (§ 8 Abs 2 Satz 1 SGB IV, § 7 Satz 2 SGB V), ist der Tatbestand des § 249b SGB V nicht erfüllt. Vielmehr gelten hier die allgemeinen Grundsätze des Beitragsrechts, dh dass Beiträge nach dem allgemeinen Beitragssatz gem dem Grundsatz hälftiger Beitragstragung zu zahlen sind. 55

Bei **freiwillig Krankenversicherten,** deren Beiträge nach **§ 240 SGB V** nach ihrer gesamten wirtschaftlichen Leistungsfähigkeit bemessen werden, muss sichergestellt sein, dass nicht aus dem Entgelt der geringfügigen Beschäftigung der Pauschalbeitrag gezahlt und das Entgelt des Versicherten der Beitragsbemessung ein zweites Mal im Rahmen von § 240 SGB V zu Grunde gelegt wird (anders offenbar das BMG; BT-Drs 14/2212 Antwort auf Anfrage 38). Das BSG hat entschieden, dass mit dem Pauschalbeitrag die „Beitragspflicht" aus geringfügiger Beschäftigung abschließend durch die Sonderregelung des § 249b SGB V geregelt ist und der freiwillig Versicherte neben dem Pauschalbeitrag des ArbGeb aus der geringfügigen Beschäftigung keine weiteren Beiträge zu zahlen hat. Die Pflicht zur Zahlung des Mindestbeitrags bleibt aber davon unberührt. Das BSG hat die Regelung des § 249b SGB V allerdings erheblich kritisiert, weil sie nicht ins Beitragssystem der gesetzlichen KV passt (BSG 16.12.03 – B 12 KR 20/01 R, SozR 4–2500 § 240 Nr 2). 56

**d) Übergangsrecht bzgl Erhöhung der Geringfügigkeitsgrenze auf 450 €.** Vgl dazu § 7 Abs 2 SGB V und Küttner 26. Aufl 2019 Rn 57. 57

**5. Rechtsfolgen in der Rentenversicherung. a) Rechtsänderung zum 1.1.2013.** 58
Bis 31.12.12 bestand in der RV bei entgeltgeringfügiger Beschäftigung grds Versicherungsfreiheit mit der Möglichkeit, auf die Versicherungsfreiheit zu verzichten. Seit 1.1.2013 besteht grds Versicherungspflicht (ohne Versicherungsfreiheit) mit der Möglichkeit, sich von der Versicherungspflicht befreien zu lassen (§ 6 Abs 1b SGB VI). Nachfolgend wird im Rahmen des Übergangsrechts das für Altfälle geltende „alte Recht" skizziert, anschließend das ab 1.1.13 geltende Recht.

**Zum Übergangsrecht – „Altfälle" – altes Recht.** Vgl Küttner 26. Aufl 2019. Geringfügige Beschäftigung Rn 59. 59

**b) Rechtslage seit 1.1.2013 – „neues" Recht.** Seit 1.1.13 bleibt es bei der Versicherungspflicht in der RV auch dann, wenn das Arbeitsentgelt aus einer bestimmten Beschäftigung 450 € nicht überschreitet. Bei „geringfügig versicherungspflichtig" Beschäftigten werden die Pflicht-Beiträge von den ArbGeb in Höhe von 15% „des der Beschäftigung zugrunde liegenden Arbeitsentgelts", im Übrigen von den ArbN (§ 168 Abs 1 Nr 1b SGB VI) getragen. Bei den in Privathaushalten Beschäftigten trägt der ArbGeb nur 5% des Betrags; im Übrigen ist der Betrag vom ArbN zu tragen (§ 168 Abs 1 Nr 1c SGB VI). Eine Änderung des § 168 SGB VI ist durch das Gesetz zu Änderungen im Bereich der geringfügigen Beschäftigung nicht erfolgt. 60

Allerdings hat der ArbN das Recht, sich von der Versicherungspflicht befreien zu lassen. Die **Befreiung von der RV-Pflicht** nach § 6 Abs 1b SGB VI erfolgt auf schriftlichen Antrag. 61

**Der schriftliche Befreiungsantrag** ist dem ArbGeb (nicht dem RVTräger oder der Minijob-Zentrale) zu übergeben. Übt der ArbN mehrere geringfügige Beschäftigungen aus, kann der Antrag nur einheitlich gestellt werden. Er ist für die Dauer der jeweiligen Beschäftigungen bindend (zum Verfahren § 6 Abs 1b SGB VI), dh: „einmal in einer Beschäftigung befreit – immer befreit". 62

Der ArbGeb meldet der Einzugsstelle, dass der ArbN einen Antrag nach § 6 Abs 1b SGB VI auf Befreiung von der RVPflicht gestellt hat. Mit der **Meldung des Befreiungsantrages** gegenüber der **Minijobzentrale** (§ 28i Satz 5 SGB IV, § 6 Abs 1b, Abs 3 63

SGB VI) teilt der ArbGeb mit, wann ihm der Antrag zugegangen ist (§ 28a Abs 1 Nr 11, Abs 8 Nr 4 f SGB IV).

64 **Fiktion der Befreiung.** Aus Gründen der Verwaltungspraktikabilität soll auf ein förmliches Befreiungsverfahren, insbes auf Befreiungsbescheide der Minijobzentrale, verzichtet werden. Daher gilt die Befreiung von der RVPflicht nach § 6 Abs 1b SGB VI als erteilt, wenn die Minijobzentrale dem Befreiungsantrag des ArbN nicht innerhalb eines Monats nach Eingang der § 28a SGB IV-Meldung über den Eingang des Befreiungsantrages widerspricht. Ein Befreiungsbescheid, der dergestalt fingiert und bestandkräftig wird, kann nur entsprechend der §§ 44 ff SGB X zurückgenommen werden (§ 6 Abs 3 SGB VI).

65 Hinsichtlich des **Beginns der Befreiung** von der RVPflicht ist zu unterscheiden: Liegen die Befreiungsvoraussetzungen einschl Befreiungsantrag vor, wirkt die Befreiung ab Beginn des Monats, in dem der Befreiungsantrag dem ArbGeb zugegangen ist; Voraussetzung hierfür ist, dass der ArbGeb den Befreiungsantrag der Einzugsstelle mit der ersten folgenden Entgeltabrechnung, spätestens innerhalb von 6 Wochen nach Zugang des Antrages, gemeldet und die Einzugsstelle dem Antrag nicht innerhalb eines Monats nach Eingang der Meldung widersprochen hat (§ 6 Abs 4 SGB VI). Erfolgt die Meldung des ArbGeb später, wirkt die Befreiung vom Beginn des auf den Ablauf der Widerspruchsfrist folgenden Monats; die Widerspruchsfrist beträgt einen Monat und läuft ab Zugang der Meldung bei der Einzugsstelle.

66 **IV. Tatbestand und Rechtsfolgen der Zeitgeringfügigkeit. 1. Begriff.** Eine geringfügige Beschäftigung nach § 8 Abs 1 Nr 2 SGB IV liegt vor, wenn die Beschäftigung innerhalb eines Kj seit ihrem Beginn auf längstens drei Monate oder 70 Arbeitstage nach ihrer Eigenart begrenzt zu sein pflegt oder im Voraus vertraglich begrenzt ist, es sei denn, dass die Beschäftigung berufsmäßig ausgeübt wird und ihr Entgelt die in § 8 Abs 1 Nr 1 SGB IV genannten Grenzen übersteigt. Bei der zeitgeringfügigen Beschäftigung kommt es – außer bei berufsmäßiger Ausübung – auf die Höhe des Arbeitsentgelts nicht an. Die Vorschrift wird nur relevant, wenn die Beschäftigung nicht bereits nach § 8 Abs 1 Nr 1 SGB IV geringfügig ist.

67 **2. Maßgeblicher Beurteilungszeitraum** ist das **Kalenderjahr** (zum früheren Recht, das auf das Beschäftigungsjahr abstellt, BSG 25.4.91 – 12 RK 46/89, SozR 3–2400 § 8 Nr 2).

68 **3. Drei-Monats-Frist/70-Tage-Frist.** Die Geringfügigkeitsrichtlinien sehen vor, dass von dem Drei-Monats-Zeitraum nur dann auszugehen ist, wenn die Beschäftigung an mindestens fünf Tagen in der Woche ausgeübt wird. Die Drei-Monatsfrist gilt also immer dann, wenn eine Beschäftigung im Rahmen der betriebsüblichen oder berufsüblichen Arbeitszeit ausgeübt wird. Dagegen ist bei Beschäftigungen von regelmäßig weniger als fünf Tagen in der Woche auf den Zeitraum von 70 Arbeitstagen abzustellen. Für das **Verhältnis der beiden Alternativen des § 8 Abs 1 Nr 2 SGB IV** zueinander. Das Sächsische SG Dresden hat eine in einem rund 2 ½-Monatge umfassenden Rahmenvertrag auf 50 (jetzt 70) Arbeitstage begrenzte Arbeitsleistung als Bürokraft als geringfügig iSv § 8 Abs 1 Nr 2 SGB IV angesehen. Das LSG hat dies verneint, weil auf die 50 Tage- (jetzt 70 Tage) Grenze nur dann abzustellen sei, wenn in der Woche maximal an vier Tagen gearbeitet würde (Sächs. LSG 13.12.2018 – L 2 KR 108/13, BeckRS 2018, 47893). **Bewertung:** Der Wortlaut des § 8 Abs 1 Nr 2 SGB IV differenziert zwischen zwei Alternativen: Danach ist eine Beschäftigung zeitgeringfügig, wenn sie innerhalb eines Kalenderjahres entweder ihrer Eigenart nach auf 3 Monate oder 70 Arbeitstage begrenz zu sein pflegt (Saisonarbeit, Erntehelfer, Projektarbeit etc) oder die Arbeit von vornherein vertraglich begrenzt ist. Auf die 3-Monats-Frist (früher 2-Monats-Frist) ist nach dem Wortlaut der Vorschrift nur abzustellen, wenn sich die zeitliche Begrenzung aus der Eigenart der Arbeit ergibt; ansonsten ist auf die vertragliche Begrenzung der Arbeitstage abzustellen. Dem Wortlaut der Norm lässt sich nicht entnehmen, dass auf den 3-Monatszeitrau, immer bei betriebsüblicher 5-Tage-Woche, auf den 70-Tages-Zeitraum aber nur dann abzustellen ist, wenn an maximal 4 Tagen in der Woche gearbeitet wird. Da ein eindeutiger sozialversicherungsrechtlicher Zweck der Versicherungsfreiheit weder den Gesetzesmaterialien noch der Entstehungsgeschichte der Norm oder ihrer Systematik zu entnehmen ist (vgl → Rn 29), ist maßgeblich auf den Wortlaut der Norm abzustellen und eine einschränkende Auslegung abzulehnen.

Bei der **Zusammenrechnung von mehreren Beschäftigungszeiten** verfahren die Versicherungsträger wie folgt: An die Stelle des Drei-Monats-Zeitraums treten 70 Kalendertage; bei Beschäftigungen von regelmäßig weniger als fünf Tagen in der Woche ist bei der Beurteilung auf den Zeitraum von 70 Tagen abzustellen. 69

**4. „Nach ihrer Eigenart" zeitlich begrenzte Beschäftigung. a) Anwendungsfälle.** Selbst wenn die Arbeitsvertragsparteien kein befristetes Beschäftigungsverhältnis vereinbart haben, kann ein Beschäftigungsverhältnis seiner Eigenart nach begrenzt sein. Dies ist zB bei Beschäftigungen als Erntehelfer, Helfer auf dem Oktoberfest oder Bühnenarbeiter bei Festspielen etc anzunehmen, dh bei **Saison- und Kampagnearbeiten,** deren zeitliche Dauer einschließlich Vor- und Nacharbeiten absehbar ist. 70

Ebenfalls ihrer Eigenart nach zeitlich begrenzt sind Beschäftigungsverhältnisse, die zur **Überbrückung des vorübergehenden, zeitlich absehbaren Arbeitsausfalls** anderer ArbN vereinbart werden. Dies ist zB bei einer Urlaubs- oder Krankheitsvertretung anlässlich der Verhinderung einzelnen ArbN der Fall, sofern nicht generell eine regelmäßige Beschäftigung als „Springer" oder „Daueraushilfe" vereinbart wird. 71

Entsprechendes gilt mE für Beschäftigungsverhältnisse, die erkennbar befristet zu dem Zweck begründet werden, einen **vorübergehenden Auftragsüberhang** kurzfristig abzubauen oder **Auftragsspitzen** in absehbarer Zeit zu bewältigen. 72

Gleiches gilt für eine **projektbezogene Beschäftigung,** wenn bei der Einstellung die Begrenzung der Beschäftigung auf ein bestimmtes Projekt erkennbar ist und das Projekt – gerechnet ab der Einstellung – innerhalb der Grenzen des § 8 Abs 1 Nr 2 SGB IV ausgeführt werden kann. Demgegenüber kann aus der ausdrücklichen oder stillschweigenden Vereinbarung einer **Probezeit** nicht geschlossen werden, das Beschäftigungsverhältnis sei insgesamt zeitlich begrenzt. 73

Ist eine Beschäftigung nicht ihrer Eigenart nach zeitlich begrenzt, liegt ein Fall des § 8 Abs 1 Nr 2 SGB IV nur vor, wenn eine **vertragliche Begrenzung** der zeitlichen Dauer des Beschäftigungsverhältnisses stattgefunden hat. Hierauf kann entsprechend dem Wortlaut der Vorschrift nicht verzichtet werden. Deshalb kann man nicht davon ausgehen, dass eine kurzfristige Beschäftigung auch dann vorliegt, wenn innerhalb eines Dauerarbeitsverhältnisses bei kontinuierlicher, auf das ganze Jahr verteilter Arbeit die Zeitdauer von 70 Arbeitstagen im Laufe eines Jahres nicht überschritten wird. Hier liegt dem Typus nach eine regelmäßige Tätigkeit vor, die allein nach Nr 1 zu beurteilen ist. Das bedeutet, dass bei **regelmäßiger Beschäftigung** allein § 8 Abs 1 **Nr 1** SGB IV, bei **nicht regelmäßiger/ nur gelegentlicher Beschäftigung** § 8 Abs 1 **Nr 2** SGB IV, gilt (BSG 11.5.93 – 12 RK 23/91, SozR 3–2400 § 8 Nr 3). 74

**b) Beurteilungszeitpunkt/Prognosen.** Maßgeblicher Beurteilungszeitpunkt der Geringfügigkeit ist die Aufnahme der Beschäftigung. Auch hier ist hinsichtlich der Dauer der Beschäftigung und ggf hinsichtlich der 450 €-Grenze bei berufsmäßiger Verrichtung der Beschäftigung eine Prognose zu stellen. 75

Überschreitet die als kurzzeitig (§ 8 Abs 1 Nr 2 SGB IV) prognostizierte Beschäftigung **unvorhergesehen** die zulässige Zeitgrenze von drei Monaten oder 70 Arbeitstagen, tritt vom Tag des Überschreitens an Versicherungspflicht ein. Für die Vergangenheit bleibt es bei der Versicherungsfreiheit. Sofern sich bereits vor Erreichen der zulässigen Zeitgrenzen deren Überschreiten abzeichnet, beginnt die Versicherungspflicht zu dem Zeitpunkt, zu dem die Überschreitung der Grenzen erkennbar ist (zB Auftreten unerwarteter Hindernisse bei der Fertigstellung eines bestimmten Projekts, für dessen Durchführung die Einstellung erfolgt ist).

**5. Berufsmäßige Beschäftigung.** Selbst wenn eine Beschäftigung innerhalb eines Jahres auf längstens drei Monate oder 70 Arbeitstage nach ihrer Eigenart begrenzt zu sein pflegt, liegt keine geringfügige Beschäftigung vor, wenn die Beschäftigung berufsmäßig ausgeübt wird und ihr Entgelt 450 € übersteigt. Diese Einschränkung hat Bedeutung allerdings nur für die **Geringfügigkeit nach Nr 2** (Zeitgeringfügigkeit). Liegt Geringfügigkeit nach Nr 1 (Entgeltgeringfügigkeit) vor, besteht Versicherungs- und Beitragspflicht selbst dann, wenn die Beschäftigung berufsmäßig ausgeübt wird. 76

**Rechtsfolge** ist, dass die Beschäftigung trotz Nichtüberschreitens der zeitlichen Grenzen des § 8 Abs 1 Nr 2 SGB IV ausnahmsweise (vgl Wortlaut: „es sei denn, …") nicht geringfügig ist, sofern hieraus monatlich mehr als 450 € Arbeitsentgelt oder -einkommen erzielt wird.

77 Eine Beschäftigung oder Tätigkeit wird dann berufsmäßig ausgeübt, wenn sie **für den Beschäftigten nicht nur von untergeordneter wirtschaftlicher Bedeutung** ist und der Beschäftigte damit seinen **Lebensunterhalt** überwiegend oder doch in einem solchen Umfang bestreitet, dass seine wirtschaftliche Stellung zu einem erheblichen Teil auf dieser Beschäftigung beruht (BSG 28.10.60 – 3 RK 31/56, SozR Nr 1 zu § 166 RVO; 26.9.72 – 12 RJ 352/71, SozR Nr 11 zu § 1228 RVO). Ob eine derartige Beschäftigung berufsmäßig ausgeübt wird, kann nur aufgrund einer Beurteilung der **gesamten Umstände des Einzelfalles** und der gesamten wirtschaftlichen Verhältnisse dieser Person beurteilt werden.

78 Zur **unständigen Beschäftigung** → *Aushilfskräfte* Rn 41 ff.

79 **V. Zusammenrechnung mehrerer Beschäftigungen. 1. Zusammenrechnung geringfügiger Beschäftigungen.** Nach § 8 Abs 2 SGB IV sind „mehrere geringfügige Beschäftigungen nach Nummer 1 oder Nummer 2" zusammenzurechnen. Das bedeutet positiv formuliert: Es können nur Beschäftigungen zusammengerechnet werden, die für sich allein nach ein und derselben Vorschrift geringfügig wären **(artgleiche Geringfügigkeit).** Dagegen kann eine entgeltgeringfügige Beschäftigung nicht mit einer zeitgeringfügigen zusammengerechnet werden (so andeutungsweise BSG 23.5.95 – 12 RK 60/93, SozR 3–2400 § 8 Nr 4 S 18).

80 Übersteigt die Summe der jeweils für sich gem § 8 Abs 1 Nr 1 SGB IV geringfügigen Beschäftigungen die Grenzen der Entgeltgeringfügigkeit (450 €), entfällt für beide Beschäftigungsverhältnisse die Geringfügigkeit. Dies hat zur Folge, dass für beide Beschäftigungsverhältnisse **Versicherungs- und Beitragspflicht** eintritt. Beiträge sind in diesem Fall nach dem allgemeinen Vorschriften des Beitragsrechts zu zahlen (Grundsatz hälftiger Beitragstragung bzw die Gleitzonenregelung). Aus diesem Grunde besteht ein Fragerecht des ArbGeb nach anderweitigen Beschäftigungsverhältnissen eingeräumt. Er ist berechtigt, seine ArbN unter Darlegung der Voraussetzungen für das Entstehen der Versicherungs- und Beitragspflicht zu fragen, ob sie bei einem anderen ArbGeb in einem Umfang beschäftigt sind, der zusammen mit der bei ihm ausgeübten Beschäftigung Versicherungspflicht und Beitragspflicht begründet (BSG 23.2.88 – 12 RK 43/87, SozR 2100, § 8 Nr 5).

81 **2. Zusammenrechnung „Haupt- und Nebenbeschäftigung". a) Grundsatz.** § 8 Abs 2 Satz 1 SGB IV bestimmt: „Bei der Anwendung des Absatzes 1 sind mehrere geringfügige Beschäftigungen nach Nummer 1 oder Nummer 2 sowie geringfügige Beschäftigungen nach Nummer 1 mit Ausnahmen einer geringfügigen Beschäftigung nach Nummer 1 und nicht geringfügige Beschäftigungen zusammenzurechnen." – Die Vorschrift normiert ein grds Zusammenrechnungsgebot, enthält hiervon jedoch eine Ausnahme. Die Auslegung dieser Ausnahme bereitet Schwierigkeiten.

82 **Unproblematisch** ist folgender Fall: Trifft eine **nicht geringfügige Beschäftigung** mit **nur einer geringfügigen Beschäftigung** zusammen, weil nur eine einzige geringfügige (Neben-)Beschäftigung ausgeübt wird, findet **keine Zusammenrechnung** statt.

83 **Schwieriger** ist die Auslegung in den Fällen, in denen neben einer nicht geringfügigen **(Haupt-)Beschäftigung** nicht nur eine, sondern **zwei oder mehr geringfügige (Neben-) Beschäftigungen** ausgeübt werden. Der Wortlaut des Zusammenrechnungsgebots des § 8 Abs 2 Satz 1 und der dort normierten Ausnahme („mit Ausnahme einer geringfügigen Beschäftigung nach Nummer 1") lässt folgende Auslegungen zu:

84 **1. Auslegungsmöglichkeit:** Trifft eine nicht geringfügige (Haupt-)Beschäftigung mit mehreren geringfügigen Beschäftigung zusammen, werden **sämtliche geringfügigen Beschäftigungen mit der Hauptbeschäftigung zusammengerechnet** (so *Rolfs* ZIP 03, 141). Damit würde die Vorschrift so ausgelegt, dass das grds Zusammenrechnungsgebot nur dann eine Ausnahme erfährt, wenn die Hauptbeschäftigung mit nur einer einzigen Nebenbeschäftigung zusammentrifft, der Ausnahmetatbestand also nicht erfüllt ist und das Zusammenrechnungsgebot umfassend eingreift, wenn jemand mehrere geringfügige Beschäftigungen ausübt. Hierfür könnte sprechen, dass eine Zusammenrechnung sämtlicher geringfügiger Beschäftigungen auch dann stattfindet, wenn diese nicht mit einer nicht geringfügigen (Haupt-)Beschäftigung zusammentreffen.

**2. Auslegungsmöglichkeit:** Trifft eine nicht geringfügige (Haupt-)Beschäftigung mit nur einer geringfügigen Beschäftigung zusammen, findet eine **Zusammenrechnung nur für die zweite und jede weitere Nebenbeschäftigung** statt, hingegen bleibt **eine (die erste) Nebenbeschäftigung zusammenrechnungsfrei** (so *Figge* DB 03, 285). Dies käme einer Art „Freibetrag von bis zu 450 €" oder einer „Anrechnungsfreiheit" von einer geringfügigen Beschäftigung gleich. Hierfür sprechen Presseverlautbarungen des Vermittlungsausschusses. Dies dürfte auch der Auffassung der Spitzenverbände der SozVTräger entsprechen. Allerdings ergibt sich dann das Problem, welche von mehreren geringfügigen Beschäftigungen anrechnungsfrei bleibt und ggf der Beschäftigte ein Wahlrecht hat, hinsichtlich welcher seiner geringfügigen Beschäftigung eine Zusammenrechnung stattfinden soll. ME hat der ArbN ein Wahlrecht, welche seiner mehreren Beschäftigungen zusammengerechnet werden sollen; gibt er keine Erklärung ab, ist diejenige Beschäftigung zusammenrechnungsfrei, die zuerst begründet worden ist. 85

**b) Besonderheiten in den einzelnen Versicherungszweigen.** In der **Arbeitslosenversicherung** werden zwar mehrere geringfügige Beschäftigungen, die in der ArblV grds versicherungsfrei sind, zusammengerechnet, nicht jedoch geringfügige mit nicht geringfügigen Beschäftigungen (§ 27 Abs 2 Satz 1 SGB III nF). Damit soll vermieden werden, dass Bagatellbeschäftigungen Ansprüche auf Entgeltersatzleistungen der Arbeitsförderung (zB Ansprüche auf AlGeld) begründen können (BT-Drs 12/280 S 12 zu Art 2 Nr 1). 86

**In der Kranken- und Pflegeversicherung** wird eine geringfügige Beschäftigung mit einer nicht geringfügigen Beschäftigung (nur) zusammengerechnet, wenn bereits „diese", dh die nicht geringfügige (Haupt-)Beschäftigung für sich betrachtete Versicherungspflicht begründet; die Hauptbeschäftigten darf daher auch nicht versicherungsfrei sein. Für die Frage, ob in der KV **Versicherungsfreiheit wegen Überschreitens der Jahresarbeitsentgeltgrenze** vorliegt (§ 6 Abs 1 Nr 1 SGB V), sind mehrere – dem Grunde nach versicherungspflichtige – Beschäftigungen zusammenzurechnen (KassKomm/*Peters* § 6 SGB V Anm II c, Rz 9; vgl auch *Jahresarbeitsentgelt*). Das Zusammenrechnungsgebot des § 8 Abs 2 SGB IV kann somit nicht nur dazu führen, dass eine an sich geringfügige Beschäftigung wegen Zusammenrechnung nicht mehr versicherungsfrei ist. Die Zusammenrechnung kann auch bewirken, dass durch die zusammengerechneten Beschäftigungen die JAE-Grenze überschritten wird. Dies hat zur Folge, dass in der Hauptbeschäftigung und der geringfügigen Beschäftigung Versicherungsfreiheit eintritt (BT-Drs 14/280 S 13 zu Art 3 Nr 1). 87

**In der Rentenversicherung** gilt folgendes: Eine zeitgeringfügige (versicherungsfreie) Beschäftigungen ist mit einer nicht geringfügigen (Haupt-)Beschäftigung zusammenzurechnen, wenn diese versicherungspflichtig ist (§ 5 Abs 2 Satz 2 SGB VI). Dies ist der Fall, wenn die nicht geringfügige (Haupt-)Beschäftigung dem Grunde nach der Versicherungspflicht unterliegt und kein Tatbestand der Versicherungsfreiheit oder eine Befreiung von der Versicherungspflicht vorliegt. Negativ formuliert: In der RV erfolgt keine Zusammenrechnung einer zeitgeringfügigen (versicherungsfreien) Beschäftigung mit einer zwar nicht geringfügigen aber versicherungsfreien Beschäftigung zB als Beamter, Richter etc (§ 6 SGB V; § 5 Abs 1 SGB VI) oder mit der nicht geringfügigen Beschäftigung eines hauptberuflich Selbstständigen (§ 5 Abs 5 SGB V). Seit entgeltgeringfügige Beschäftigungen schon für sich betrachtet zu Versicherungspflicht führen, stellt sich insoweit das „Zusammenrechnungsproblem" seit 1.1.13 nicht mehr. 88

**c) Beitragsrecht.** Entfällt der Tatbestand der Versicherungsfreiheit, weil eine zeitgeringfügige (an sich versicherungsfreie) Beschäftigung mit einer versicherungspflichtigen Hauptbeschäftigung zusammengerechnet wird oder mehrere geringfügige Beschäftigungen zusammentreffen und hierdurch die Geringfügigkeitsgrenzen überschritten werden (§ 8 Abs 2 Satz 1 SGB IV; § 5 Abs 2 SGB VI; § 7 Satz 2 SGB V), unterliegt auch die geringfügige Beschäftigung der Versicherungspflicht. Es gelten hier die allgemeinen **Grundsätze des Beitragsrechts,** dh dass Beiträge nach dem allgemeinen Beitragssatz nach dem Grundsatz hälftiger Beitragstragung zu zahlen sind. Bleibt die Summe der Arbeitsentgelte unter 850 €, gilt die Gleitzonenregelung. 89

**3. Beginn der Versicherungspflicht bei Zusammenrechnung.** Nach § 8 Abs 2 Satz 3 SGB IV tritt in den Fällen der Zusammenrechnung nach § 8 Abs 2 Satz 1 SGB IV die Versicherungspflicht allerdings nicht bereits kraft Gesetzes, sondern erst mit dem Tag der 90

Bekanntgabe (§ 37 SGB X) einer entsprechenden **Feststellung** durch die Einzugsstelle oder einen Träger der RV ein. Dies gilt allerdings nicht, wenn der ArbGeb vorsätzlich oder grob fahrlässig versäumt hat, den Sachverhalt für die versicherungsrechtliche Beurteilung der Beschäftigung aufzuklären.

91 **VI. Verwaltungstechnische und verfahrensrechtliche Fragen. 1. Meldepflichten des Arbeitgebers.** Die geringfügige Beschäftigung ist in das allgemeine Meldeverfahren der SozV integriert. Für die Meldung geringfügiger Beschäftigungsverhältnisse gelten folgende **Besonderheiten:** Für geringfügig Beschäftigte sind **keine Jahresmeldungen** zu erstatten. Da das Arbeitsentgelt bei geringfügiger Beschäftigung nicht beitragspflichtig ist, kann solches bei der Meldung auch nicht genannt werden (§ 13 DEÜV; § 28a Abs 9 SGB IV).

92 Einer **besonderen Meldung** bedarf es dann, wenn sich bei einem ArbN das **Arbeitsentgelt ändert** und die 450 €-Grenze dadurch entweder über- oder unterschritten wird (§ 28a Abs 1 Nr 18 SGB IV). Die Änderung des Arbeitsentgelts muss in Gestalt einer An- oder Abmeldung innerhalb von zwei Wochen nach der Änderung erfolgen.

93 **2. Zentrale Zuständigkeit der Deutschen Rentenversicherung Knappschaft-Bahn-See.** Für sämtliche geringfügig Beschäftigten ist unabhängig davon, bei welcher Krankenkasse sie freiwillig oder familienversichert sind, die DR Knappschaft-Bahn-See Einzugsstelle (§ 28i Satz 5 SGB IV– sog **Minijobzentrale**). Dies gilt auch für geringfügig Beschäftigte in Privathaushalten. Die Zuständigkeit dieser Stelle ist im Gesetz einschränkungslos formuliert, so die Stelle auch für den Einzug derjenigen Beiträge zuständig ist, die in der RV bei einem Verzicht auf die Versicherungsfreiheit zu zahlen sind. Hingegen dürfte die genannte Stelle nicht zuständig sein, wenn eine für sich betrachtet geringfügige Beschäftigung nach Zusammenrechnung mit weiteren geringfügigen oder nicht geringfügigen Beschäftigungen zur Versicherungs- und Beitragspflicht führt; in diesem Fall verliert die Beschäftigung durch Zusammenrechnung ihre rechtliche Eigenschaft der Geringfügigkeit.

94 **3. Besonderheiten für geringfügig Beschäftigte in Privathaushalten.** Für diese gilt in Form des sog Haushaltsscheckverfahrens (§ 28a Abs 7 SGB IV) ein **vereinfachtes Meldeverfahren.** Zudem werden die Beiträge für diesen Personenkreis von der Beitragseinzugsstelle berechnet und im Wege des Lastschriftverfahrens eingezogen; die Einzugsstelle ihrerseits erstatten dem Träger der RV die für die RV und ArblV maßgeblichen Daten und teilt dem Beschäftigten den Inhalt dieser Meldung mit (§ 28h Abs 3 SGB IV; Einzelheiten s *Hauswirtschaftliches Beschäftigungsverhältnis,* vgl zum Ganzen auch *Schlegel/Voelzke* SGB IV, § 28a Rz 94 ff).

95 **4. Förmliche Entscheidung der Einzugsstelle.** Bei Zweifeln an der Geringfügigkeit einer Beschäftigung kann der ArbGeb eine Entscheidung der Einzugsstelle beantragen. Diese hat dann entsprechende Ermittlungen über die Versicherungspflicht bzw Versicherungsfreiheit vorzunehmen und in Gestalt eines sog personenbezogenen Verwaltungsaktes hierüber zu entscheiden (§ 28h Abs 2 Satz 1 SGB IV). Diese Entscheidung entfaltet einen Vertrauensschutz insoweit, als sie nur noch nach Maßgabe der §§ 44 ff SGB X aufgehoben werden kann (BSG 23.2.88 – 12 RK 43/87, SozR 2100 § 8 Nr 5). Im gerichtlichen Verfahren wird der betreffende ArbN nach § 75 SGG zum Rechtsstreit notwendig beigeladen (BSG 23.5.95 – 12 RK 63/93, SozR 3–2400 § 28h Nr 3).

96 **5. Ausweispapiere.** Die Pflicht, in bestimmten Branchen (zB Baugewerbe, Gaststättengewerbe, Gebäudereinigergewerbe, Personenbeförderungsgewerbe etc) bei der Erbringung von Dienst- und Werkleistungen einen Personalausweis, Pass oder Ausweisersatz mitzuführen (§ 2a Schwarzarbeitsbekämpfungsgesetz) gilt auch für geringfügige Beschäftigte.

97 **6. Vereinbarkeit des § 8 SGB IV mit EG-Recht.** Die Frage, ob **§ 8 SGB** IV einen Verstoß gegen Art 4 Abs 1 der EG-Richtlinie 79/7 darstellt, weil die Vorschrift dazu führt, dass mehr Frauen als Männer in der gesetzlichen RV versicherungsfrei sind (vgl hierzu Vorlagebeschluss zum EuGH, NZS 93, 367), hat der EuGH mit seinen Entscheidungen vom 14.12.95 (C 317/93, SozR 3–6083 Art 4 Nr 11 und C 444/93, SozR 3–6083 Art 4 Nr 12) verneint.

98 **VII. Muster.** S Online-Musterformulare *„M27 Geringfügige Beschäftigung“.*

# Gesamtbetriebsrat

## A. Arbeitsrecht

*Poeche*

Übersicht



**1. Allgemeines.** Die für ArbN wichtigen Entscheidungen des ArbGeb werden auf unterschiedlichen Ebenen getroffen. Dem trägt das BetrVG Rechnung. Es unterscheidet zwischen Betrieb, Unternehmen und Konzern und stellt jeder Leitungsebene ein eigenständiges betriebsverfassungsrechtliches Organ der ArbNVertretung gegenüber. In §§ 47–53 BetrVG sind Voraussetzungen und Aufgaben des auf der Unternehmensebene angesiedelten GBRat geregelt. Die Vorschriften sind grds **zwingend** und weder durch Tarifvertrag (BAG 11.11.98 – 4 AZR 40/97, NZA 99, 1056) noch durch Betriebsvereinbarung zu ändern (BAG 9.8.00 – 7 ABR 64/87, NZA 01, 116). Unberührt bleibt das Recht, nach Maßgabe des § 3 Abs 1 BetrVG unter den dort bestimmten Voraussetzungen **andere Organisationsstrukturen** zu vereinbaren, wobei die Bildung eines unternehmensübergreifenden GBRat allenfalls nach § 3 Abs 1 Nr 3 BetrVG möglich ist (näher zu den Voraussetzungen: BAG 13.3.13 – 7 ABR 70/11, BeckRS 2013, 68949 sowie *Hoffmann/Alles* NZA 14, 757; BAG 17.3.10 – 7 AZR 706/08, NZA 10, 1144). Der GBRat ist ebenso wie der KBRat und im Gegensatz zum BRat eine **Dauereinrichtung.** Er hat keine Amtszeit und besteht über die Wahlperioden der einzelnen BRäte hinaus. Sein Amt wird erst beendet, wenn die Voraussetzungen für seine Errichtung dauerhaft und nicht nur vorübergehend entfallen (BAG 15.10.14 – 7 ABR 53/12, NZA 15, 1014). Dementsprechend fehlt eine gesetzliche Möglichkeit, den GBRat durch gerichtlichen Beschluss aufzulösen. Die Errichtung des GBRat liegt nicht im Ermessen der BRäte. Sie ist eine **betriebsverfassungsrechtliche Pflicht,** deren Verletzung zu Sanktionen nach § 23 Abs 1 BetrVG führen kann (BAG 23.9.80 – 6 ABR 8/78, BB 81, 1095). 1

**2. Voraussetzungen.** Nach § 47 Abs 1 BetrVG ist in einem Unternehmen mit mehreren BRäten ein GBRat zu errichten. Das BetrVG enthält keinen eigenständigen **Unternehmensbegriff,** knüpft vielmehr an die in anderen Gesetzen geregelten Rechts- und Organisationsformen an. Das zeigt die Systematik des BetrVG. Es setzt die für die Mitbestimmung der ArbN relevanten Ebenen Betrieb/Unternehmen/Konzern voraus. Insbes die Bestimmungen zum Konzern und *Konzernbetriebsrat* machen deutlich, dass auf ArbGebSeite strikt zwischen dem Inhaber als Rechtsträger und wirtschaftlicher Leitungsmacht zu unterscheiden ist (ausführlich BAG 9.8.00 – 7 ABR 56/98, NZA 01, 116). Ein Unternehmen iSd BetrVG setzt danach stets einen **einheitlichen Rechtsträger** voraus. Unternehmer und Inhaber der zu dem Unternehmen gehörenden Betriebe müssen identisch sein (BAG 17.3.10 – 7 AZR 706/08, NZA 10, 1144). Bei den juristischen Personen des Privatrechts (AG, GmbH, KG aA, Genossenschaften, eingetragener Verein, Stiftungen) ist das stets der Fall. Das gilt auch für Personengesellschaften des Handelsrechts (OHG und 2

KG) und die GbR sowie den nicht eingetragenen Verein. Sie alle können keine Aktivitäten entfalten, die über ihre satzungsgemäßen Ziele hinausgehen und können deshalb auch stets nur ein Unternehmen sein. Auf die mit dem Betrieb/dem Unternehmen verfolgten wirtschaftlichen oder ideellen Zwecke kommt es nicht an. Auch ein Wohlfahrtsverband, der unter einheitlicher Rechtsträgerschaft mehrere Betriebe unterhält, ist Unternehmen iSd BetrVG (BAG 11.12.87 – 7 ABR 49/87, DB 88, 759). Bei politischen Parteien kommt es auf die Organisation nach dem PartG an. Ihre Untergliederungen können auf der Ebene des Hauptvorstandes, wenn sie nach dem Organisationsstatut selbstständig sind, keinen GBRat errichten (entschieden für die Bezirke und Landesverbände der SPD BAG 9.8.00 – 7 ABR 56/98, NZA 01, 116). Zusammenfassend: BRäte, die in Betrieben mit unterschiedlichen Rechtsträgern gebildet sind, können keinen GBRat errichten (BAG 29.11.89 – 7 ABR 64/87, NZA 90, 615; 17.3.10, 7 AZR 706/08, NZA 10, 1144). Auch ein gemeinsamer GBRat kommt in diesen Fällen nicht in Betracht (BAG 13.3.2007 – 1 AZR 184/06, NZA 07, 825).

3 Nicht ausreichend ist die **wirtschaftliche oder finanzielle Beteiligung.** Wirtschaftliche Beherrschung kann einen Konzern und die Errichtung eines KBRat begründen. Bei einer **Betriebsführungsgesellschaft** kommt es auf die vertragliche Gestaltung an. Führt die Betriebsführungsgesellschaft vertraglich die Betriebe im eigenen Namen und wird sie ArbGeb der ArbN der überlassenen Betriebe, ist ein GBRat zu errichten. Ist das nicht der Fall, bleiben die angeschlossenen Betriebe selbstständig. Ein GBRat ist nicht zu errichten. Das gilt auch für die Unternehmensführung aufgrund **Beherrschungsvertrags** oder die Eingliederung einer Gesellschaft in eine andere. Bleiben die Unternehmen rechtlich selbstständig, kommt nur die Bildung eines KBRat in Betracht. Für die **GmbH & Co KG** gelten keine Besonderheiten. KG und GmbH sind rechtlich selbstständig. Ein GBRat ist zu errichten, wenn die KG mehrere Betriebe unterhält. Die Bildung eines KBRat kommt in Betracht, wenn sowohl die GmbH als auch die KG mindestens einen Betrieb unterhalten. An der fehlenden gemeinsamen Rechtsträgerschaft scheitert auch die Bildung eines GBRat in **Franchise-Systemen.**

4 Ob eine **natürliche Person,** die mehrere Betriebe unterhält, auch dann ein Unternehmen iSv § 47 BetrVG betreibt, wenn sie jeden Betrieb für sich mit jeweiligem Leitungsapparat organisiert, ist streitig. Dafür spricht die Anknüpfung der Betriebsverfassung an die einheitliche Rechtsträgerschaft, die ein Bedürfnis nach Repräsentation der ArbN immer dann begründet, wenn es um die gesamte unternehmerische Betätigung dieses Rechtsträgers geht. Auf die Rechtsform stellt das BetrVG nicht ab (*Richardi/Annuß* § 47 Rz 9; *Fitting* § 47 Rz 13).

5 Durch das BetrVG-ReformG ist in § 1 Abs 1 Satz 2 BetrVG klargestellt, dass ein BRat auch **in einem gemeinsamen Betrieb mehrerer Unternehmen** zu bilden ist. Hieran knüpft § 47 Abs 9 BetrVG an, der für die von einem Gemeinschaftsbetrieb entsandten Mitglieder des GBRat abweichende Regelungen zum Stimmengewicht zulässt. Nicht ausdrücklich geklärt ist damit, welcher BRat in welchen GBRat Mitglieder entsendet und ob es sich bei den entsandten Mitgliedern um ArbN des ArbGeb handeln muss, in dessen Unternehmen der GBRat errichtet ist. Richtigerweise entsendet der BRat des Gemeinschaftsbetriebs Mitglieder in alle auf Unternehmensebene bestehenden GBRäte (weitgehend unstreitig *Fitting* § 47 Rz 80). Ob jedoch nur ArbN, die in einem Arbeitsverhältnis zum jeweiligen Inhaber des Unternehmens stehen, entsandt werden können, ist str (bejahend *Richardi/Annuß* § 47 Rz 77; aA *Fitting* § 47 Rz 81; LAG München 22.12.17 – 9 TaBV 93/17, BeckRS 2017, 147588, nrkr; LAG Hessen 11.12.17 – 16 TaBV 95/17, BeckRS 2017, 146812).

6 Ein GBRat ist nach dem ausdrücklichen Gesetzestext nur zu errichten, wenn im Unternehmen mindestens **zwei Betriebsräte** gebildet sind (aA, nämlich dahingehend, dass dann der örtliche BRat zugleich GBRat ist: *Bobisz/Manstetten* AuR 18, 565). BRat ist auch derjenige, der aus nur einer Person besteht. Auf die Zahl der Betriebe kommt es mithin nicht an; betriebsratslose Betriebe bleiben bei der Errichtung des GBRat unberücksichtigt. Kein GBRat ist zu bilden, wenn im Unternehmen nach § 3 Abs 1 Nr 1 oder Abs 3 BetrVG ein **unternehmenseinheitlicher** BRat zu bilden ist. Er tritt dann an die Stelle des GBRat.

7 Im **Ausland gelegene Betriebe** eines inländischen Unternehmens spielen für die Errichtung des GBRat keine Rolle. Der Geltungsbereich des BetrVG beschränkt sich auf das

Gebiet der Bundesrepublik (*Fitting* § 47 Rz 22; *Richardi/Annuß* § 47 Rz 19 mwN; aA DKK/*Trittin* § 47 Rz 22a). Unterhält ein Unternehmen mit Sitz im Ausland in Deutschland mehrere Betriebe mit BRat, ist ein GBRat zu errichten, wenn hier eine überbetriebliche Organisation besteht, die als Ansprechpartner des GBRat in Betracht kommt (*Richardi/Annuß* § 47 Rz 21; aA *Fitting* § 47 Rz 23; so zur Bildung eines Wirtschaftsausschusses BAG 1.10.74 – 1 ABR 77/73, NJW 75, 1091, 31.10.75 – 1 ABR 4/77, DB 76, 295). Der Geltungsbereich einer mit diesem GBRat abgeschlossenen Gesamtbetriebsvereinbarung erstreckt sich in diesem Fall konsequenterweise auch nur auf die inländischen Betriebe (LAG Köln 17.7.14 – 7 Sa 705/12, BeckRS 2015, 68494). Grenzüberschreitende Beteiligungsrechte der ArbNVertretungen richten sich im Übrigen nach den Bestimmungen zum *Europäischen Betriebsrat*.

**3. Betriebsübergang.** Ein Betriebsinhaberwechsel lässt die Rechtsstellung des für den 8
Betrieb gebildeten BRat unberührt, soweit die Identität des Betriebs beim neuen ArbGeb fortbesteht (→ *Betriebsrat* Rn 4). Dieser Grundsatz der Identität gilt auch für die Dauer des Bestandes des GBRat. Sie bleibt erhalten, wenn ein neuer Unternehmer alle Betriebe eines Unternehmens übernimmt und die Betriebsidentität aller Betriebe erhalten bleibt (BAG 18.9.02 – 1 ABR 54/01, NZA 03, 670). Das Amt des im übertragenden Unternehmen gebildeten GBRat endet jedoch, wenn nicht sämtliche Betriebe auf den neuen Inhaber übertragen werden oder das übernehmende Unternehmen bereits einen oder mehrere Betriebe hat und sich die betrieblichen Strukturen im übernehmenden Unternehmen durch Integration der neuen Betriebe in das Unternehmen entsprechend ändern. Dabei genügt es, wenn die betriebsverfassungsrechtliche Identität auch nur eines Betriebs im Zusammenhang mit dem Betriebsübergang verändert wird. Auf wesentliche Änderungen oder auf eine Vielzahl von betroffenen Betrieben kommt es nicht an (BAG 5.6.02 – 7 ABR 17/01, NZA 03, 336: hier Übertragung der Betriebe auf zwei andere, rechtlich selbstständige Unternehmen). Unproblematisch ist der Fall, dass ein ArbGeb einen weiteren Betrieb übernimmt. Der BRat des neu hinzugekommenen Betriebs entsendet Mitglieder in den fortbestehenden GBRat. Dieser vergrößert sich entsprechend (BAG 16.3.05 – 7 ABR 37/04, NZA 05, 1069). Zum rechtlichen Schicksal einer **Gesamtbetriebsvereinbarung** im Fall einer Betriebs- oder Teilbetriebsübertragung → *Betriebsübergang* Rn 55 und BAG 5.5.15 – 1 AZR 763/13, ZIP 15, 748 und BAG 24.1.17 – 1 ABR 24/15, NZA-RR 17, 413.

**4. Konstituierung.** Ist ein GBRat zu errichten, so hat der BRat der Hauptverwaltung
des Unternehmens oder, soweit ein solcher BRat nicht besteht, der BRat des nach der Zahl 9
der wahlberechtigten ArbN größten BRat zu der Wahl des Vorsitzenden und der stellvertretenden Vorsitzenden des GBRat einzuladen. Der Vorsitzende des einladenden BRat hat die Sitzung zu leiten, bis der GBRat aus seiner Mitte einen Wahlleiter bestellt hat (§ 51 Abs 2 BetrVG).

**5. Zusammensetzung/Stimmengewicht.** Die Mitglieder des GBRat werden von der
Belegschaft nicht gesondert gewählt; ihre Legitimation beruht auf der Wahl zum BRat. Jeder 10
BRat mit bis zu drei Mitgliedern entsendet eines seiner Mitglieder; größere BRäte zwei Mitglieder. Nicht endgültig nachgerückte Ersatzmitglieder können nicht entsandt werden. Die Geschlechter sollen angemessen berücksichtigt werden. Ersatzmitglieder sind zu bestellen und die Reihenfolge des Nachrückens zu bestimmen (§ 47 Abs 2 und 3). Besteht der BRat aus nur einer Person, ist diese automatisch Mitglied des GBRat. Die **Auswahl** der zu entsendenden Mitglieder gehört zur Geschäftsführung des BRat und erfolgt durch **Mehrheitsbeschluss.** Die Grundsätze der Verhältniswahl sind nicht anzuwenden (BAG 21.7.04 – 7 ABR 58/03, NZA 05, 170; 16.3.05 – 7 ABR 33/04, NZA 05, 1080). Die Entsendung von BRatMitgliedern in den GBRat kann als betriebsratsinterne Wahl entsprechend § 19 BetrVG gerichtlich überprüft werden (BAG 15.8.01 – 7 ABR 2/99, NZA 02, 569). Str ist, ob die Entsendung eine arbeitsvertragliche Beziehung des Entsandten zu dem Unternehmen voraussetzt, woran es zB Mitgliedern aus dem BRat eines Gemeinschaftsbetriebs fehlen kann (unschädlich nach LAG München 22.12.17 – 9 TaBV 93/17, BeckRS 2017, 147588; LAG Hessen 11.12.17 – 16 TaBV 95/17, BeckRS 2017, 146812). Durch Tarifvertrag oder Betriebsvereinbarung aufgrund eines Tarifvertrags kann die Mitgliederzahl im GBRat abweichend geregelt werden (§ 47 Abs 4 BetrVG). Es handelt sich um einen Tarifvertrag über eine betriebsverfassungsrechtliche Frage, der nach § 3 Abs 2 TVG für alle Betriebe eines

tarifgebundenen ArbGeb gilt. Auf die Tarifgebundenheit der ArbN kommt es nicht an. Ein Abschluss jedenfalls durch die im Unternehmen mehrheitlich vertretene Gewerkschaft reicht aus (BAG 25.5.05 – 7 ABR 10/04, NZA 06, 215). Das Gesetz sieht die **Arbeitsfähigkeit** des GBRat bedroht, wenn bei regulärer Entsendung die Zahl von 40 Mitgliedern überschritten wird. Ist die **Größe des Gesamtbetriebsrats** tariflich nicht bestimmt, ist in diesen Fällen deshalb durch (erzwingbare) Betriebsvereinbarung festzulegen, dass BRäte, die regional oder durch gleichartige Interessen miteinander verbunden sind, gemeinsam Mitglieder entsenden (Abs 5 und 6). Das **Stimmengewicht** im GBRat richtet sich nach der Gesamtzahl der in die Wählerlisten eingetragenen ArbN; sind mehrere ArbN entsandt, steht ihnen das Stimmrecht anteilig zu (Abs 7 und 8).

**6. Dauer der Mitgliedschaft.** Bei grober Verletzung seiner gesetzlichen Pflichten kann
11 ein Mitglied aus dem GBRat ausgeschlossen werden (§ 48). Über den **Ausschluss** entscheidet das ArbG auf Antrag. Antragsberechtigt sind mindestens ein Viertel der wahlberechtigten ArbN des Unternehmens, der ArbGeb, der GBRat oder eine im Unternehmen vertretene Gewerkschaft. Die Regelung ist § 23 Abs 1 BetrVG nachgebildet, der den Ausschluss aus dem BRat betrifft (→ *Amtspflichtverletzung (Betriebsrat)* Rn 5). In Betracht kommen hier nur Pflichtverletzungen, die sich auf die Amtsausübung im GBRat beziehen. Insoweit ist zu beachten, dass das entsandte Mitglied kein imperatives Mandat hat. Mit Rechtskraft der Entscheidung des ArbG endet die Mitgliedschaft. Des Weiteren endet sie mit dem Erlöschen der Mitgliedschaft im BRat oder durch Amtsniederlegung (→ *Betriebsrat* Rn 3). Ein gemeinsamer „Rücktritt" aller Mitglieder des GBRat lässt den Bestand des Gremiums unberührt. Er führt nur zur Beendigung der Einzelmandate. Die Ämter sind von den BRäten umgehend durch Entsendung neuer Mitglieder zu besetzen. Die **Abberufung** des Mitglieds richtet sich nach denselben Voraussetzungen wie die Entsendung. Sie bedarf keiner Begründung und kann jederzeit erfolgen. Hierüber entscheidet der BRat durch Geschäftsführungsbeschluss mit einfacher Mehrheit (BAG 16.3.05 – 7 ABR 33/04, BeckRS 2005, 42256).

**7. Zuständigkeit. a) Vorbemerkung.** Die Mitwirkung des GBRat an den unterneh-
12 merischen Entscheidungen vollzieht sich nach den allgemein für den BRat geltenden Regeln, insbes gestaltet er die Arbeitsbedingungen im Rahmen der gesetzlichen Bestimmungen durch den Abschluss von Gesamtbetriebsvereinbarungen. Soweit er zuständig ist, hat er alle im BetrVG begründeten Rechte wie etwa Anhörung, Unterrichtung, Beratung usw. Nach der zentralen Vorschrift des § 50 BetrVG ist zwischen den **originären Aufgaben** (Abs 1) und den **Aufgaben kraft Auftrags** (Abs 2) zu unterscheiden. Als Kollisionsnorm grenzt Abs 1 **zwingend** die Kompetenz des GBRat gegenüber der des BRat ab und kann weder durch Tarifvertrag (BAG 11.11.98 – 4 ABR 40/97, NZA 99, 1056) noch durch (Gesamt-) Betriebsvereinbarung (BAG 28.4.92 – 1 ABR 68/91, NZA 93, 31) oder eine Vereinbarung zwischen BRat und GBRat geändert werden (BAG 26.1.93 – 1 AZR 303/92, NZA 93, 714). Die originären Mitbestimmungsrechte des GBRat und die des einzelnen BRat schließen sich grds aus (BAG 6.4.76 – 1 ABR 27/74, BB 76, 791; 14.11.06 – 1 ABR 4/06, NZA 07, 399). Schließt der ArbGeb gleichzeitig mit dem GBRat und weiteren betriebsverfassungsrechtlichen Organen eine Vereinbarung ab, so muss sich aus deren Inhalt ergeben, welche Regelung von welchem Betriebsverfassungsorgan in seiner Zuständigkeit vereinbart wurde. Andernfalls liegt ein zur Unwirksamkeit der Vereinbarung führender Verstoß gegen das **Gebot der Rechtsquellenklarheit** vor (BAG 26.9.17 – 1 AZR 717/15, NZA 18, 803; BAG 30.1.19 – 5 AZR 450/17, BeckRS 2019, 11115). Zur Zuständigkeit des GBRat in Konzernen mit sog Matrixstrukturen: *Kort* NZA 13, 1318. Der **Durchführungsanspruch** (→ *Betriebsvereinbarung* Rn 20) steht bei originärer Gesamtbetriebsvereinbarung ausschließlich dem GBRat zu (BAG 18.5.10 – 1 ABR 6/09, NZA 10, 1433; 17.5.11 – 1 ABR 121/09, BeckRS 2011, 75154 zum KBRat). Unterlassungsansprüche des BRat aus § 87 Abs 1 BetrVG bestehen nicht. Dadurch entsteht keine Schutzlücke. Führt der ArbGeb die Gesamtbetriebsvereinbarung nicht durch, steht dem örtlichen BRat das Verfahren nach § 23 Abs 3 BetrVG zur Verfügung. Das Verhältnis BRat zum GBRat kann daher nicht mit der „konkurrierenden Gesetzgebung" verglichen werden. Die originäre Zuständigkeit des GBRat ist auch nicht auf eine bloße Rahmenkompetenz beschränkt. Der BRat hat im Zusammenhang mit der Durchführung einer Gesamtbetriebsvereinbarung

aber einen aus seinem Überwachungsrecht gem § 80 Abs 1 Nr 1 BetrVG folgenden Auskunftsanspruch, ob deren Regelungen angewendet werden (BAG 24.4.18 – 1 ABR 25/16). Soweit der GBRat für die Behandlung einer Angelegenheit zuständig ist, hat er die Angelegenheit insgesamt zu regeln (BAG 14.11.06 – 1 ABR 4/06, NZA 07, 399). Ist der GBRat originär zuständig, bleibt er aber untätig oder wird kein GBRat konstituiert, wächst dem BRat keine „Ersatzzuständigkeit" zu. Die Beteiligungsrechte bleiben vielmehr ungenutzt. Betriebliche Absprachen helfen insoweit nicht weiter. Sie sind unzulässig und daher rechtsunwirksam. Folge der Beteiligung eines unzuständigen BRat oder des unzuständigen GBRat ist die Unwirksamkeit der mit dem ArbGeb vereinbarten Regelung (BAG 17.3.10 – 7 AZR 706/08, NZA 10, 1144). Die betroffenen ArbN können aus ihr keine kollektivrechtlich begründeten Rechte herleiten. Die Abgrenzung ist außerdem von erheblicher Bedeutung, weil Gesamtbetriebsvereinbarungen, die der GBRat in seinem originären Zuständigkeitsbereich eingeht, nach § 50 Abs 1 Satz 2 BetrVG auch die Arbeitsverhältnisse der ArbN in betriebsratlosen Betrieben unmittelbar und zwingend gestalten (→ Rn 23 und → *Betriebsvereinbarung* Rn 4).

**b) Originäre Zuständigkeit.** Der GBRat tritt immer dann an die Stelle des BRat, wenn Angelegenheiten zu behandeln sind, die das Gesamtunternehmen oder mehrere **13**
Betriebe betreffen und die nicht durch die einzelnen BRäte innerhalb ihres Betriebes geregelt werden können. Beide Voraussetzungen müssen kumulativ vorliegen (BAG 26.1.93 – 1 AZR 303/92, NZA 93, 714; 14.12.99 – 1 ABR 27/98, NZA 00, 98). Dabei bezieht sich die originäre Zuständigkeit immer auf die Behandlung einer Angelegenheit. Betreffen Regelungsmaterien unterschiedliche Mitbestimmungstatbestände, folgt aus der Zuständigkeit des GBRat für die eine Angelegenheit keine solche für die andere (BAG 18.7.17 – 1 ABR 59/15, BeckRS 2017, 128317). Eine **überbetriebliche Regelungsfrage** liegt vor, wenn mindestens zwei Betriebe des Unternehmens betroffen sind. Nicht erforderlich ist, dass alle Betriebe betroffen sind. Die **fehlende Regelungsmöglichkeit** auf betrieblicher Ebene verlangt keine „objektive" Unmöglichkeit (BAG 23.9.75 – 1 ABR 122/73, DB 76, 56). Es genügt, wenn dem BRat subjektiv unmöglich ist, den Gegenstand abschließend zu regeln (BAG 18.10.94 – 1 ABR 17/94, NZA 95, 390). Das ist immer dann der Fall, wenn der ArbGeb **freiwillige Leistungen** nur unternehmenseinheitlich erbringen will. Die mitbestimmungsfreie Festlegung des Empfängerkreises begründet dann die Zuständigkeit des GBRat für das „Wie" der Verteilung (ständige Rspr vgl schon BAG 11.2.92 – 1 ABR 51/91, NZA 92, 703; 26.4.05 – 1 AZR 76/04: Ausgestaltung einer Prämie). Eine die Zuständigkeit des GBRat begründende freiwillige Leistung setzt voraus, dass der ArbGeb über das „Ob" der Leistung frei entscheiden kann (BAG 23.3.10 – 1 ABR 82/08, NZA 11, 642 insoweit Aufgabe von BAG 6.12.88 – 1 ABR 44/87, NZA 89, 479). Bei der **notwendigen Mitbestimmung** ist ausreichend aber auch erforderlich, dass eine **zwingende sachliche Notwendigkeit,** ein zwingendes Erfordernis für eine betriebsübergreifende Regelung besteht (BAG 11.11.98 – 4 ABR 40/97, NZA 99, 1056). Sie kann sich aus praktischen und rechtlichen Gründen ergeben und muss sich aus der „Natur der Sache" aufdrängen (BAG 6.12.88 – 1 ABR 44/87, NZA 89, 479). Der GBRat ist nur zuständig, wenn sich eine unterschiedliche Regelung sachlich nicht rechtfertigen lässt. Zweckmäßigkeitserwägungen genügen ebenso wenig wie ein bloßes Koordinierungsinteresse des ArbGeb oder Kostengesichtspunkte. Die Unternehmensleitung kann die Zuständigkeit des BRat nicht durch Konzentration der Entscheidungsgewalt auf das Unternehmen vermeiden. Die Abgrenzung kann nicht schematisch vorgenommen werden. Maßgeblich sind die Umstände des Einzelfalls, insbesondere der **Gegenstand des Beteiligungsrechts** und die betriebliche Praxis. In Betracht kommt eine Zuständigkeit nach § 50 Abs 1 BetrVG überdies nur, sofern die Beteiligungsrechte den Betriebsparteien eine Regelungsbefugnis eröffnen, was zB nicht für das Überwachungsrecht aus § 80 Abs 1 BetrVG gilt (BAG 16.8.11 – 1 ABR 22/10, NZA 12, 342; anders für die spezialgesetzlich geregelte Vorlagepflicht des ArbGeb aus § 163 Abs 2 S 3 SGB IX: BAG 20.3.18 – 1 ABR 11/17, BeckRS 2018, 17758 – diese besteht ggü dem GBRat). Ein „Sonderfall" der originären Zuständigkeit des GBRat besteht für den Abschluss einer Betriebsvereinbarung zur Bildung eines unternehmenseinheitlichen BRat nach § 3 Abs 2, Abs 1 Nr 1a und b BetrVG (BAG 24.4.13 – 7 ABR 71/11, BeckRS 2013, 71144). Vorbehaltlich der gebote-

nen Prüfung des Einzelfalls kann im Übrigen von Folgendem ausgegangen werden (ausführlich auch *Lunk* NZA 13, 233):

14 **8. Soziale Angelegenheiten** *(Mitbestimmung, soziale Angelegenheiten).* Diese fallen meist in die Zuständigkeit des BRat (zur Zuständigkeitsabgrenzung mit einer Übersicht über die einzelnen Tatbestände des § 87 BetrVG: *Werner* NZA-RR 19, 1). Sie sind regelmäßig betriebsbezogen und lassen nur selten eine zwingende sachliche Notwendigkeit für eine gemeinsame Regelung erkennen (BAG 23.9.75 – 1 ABR 122/73, DB 76, 56; 18.10.94 – 1 ABR 17/94, NZA 95, 390). Das betrifft etwa Fragen der betrieblichen Ordnung iSv § 87 Abs 1 Nr 1 BetrVG (Torkontrollen/Betriebsbußen; anders BAG 17.1.12 – 1 ABR 45/10, BeckRS 2012, 68993: Ausgestaltung der Dienstkleidungspflicht des Bodenpersonals eines deutschlandweit tätigen Luftfahrtunternehmens; ebenso für die Zuständigkeit des GBRat bei der Einführung einer unternehmenseinheitlichen Dienstkleidung für Mitarbeiter einer Hotelkette: LAG BlnBbg 8.10.13 – 7 TaBV 704/13, BeckRS 2015, 66004; zur Einführung einer ausländischen Sprache in einem deutschen Unternehmen: *Vogt/Oltmanns* NZA 14, 181; keine Zuständigkeit des GBRat bei der Regelung der Anzeige- und Nachweispflicht im Krankheitsfall: BAG 23.8.16 – 1 ABR 43/14, NZA 16, 1483). Beginn und Ende der **Arbeitszeit** (§ 87 Abs 1 Nr 2 BetrVG) können in die Zuständigkeit des GBRat fallen, wenn Betriebe produktionstechnisch oder technisch-organisatorisch derart miteinander verknüpft sind, dass nur eine aufeinander abgestimmte Regelung in Betracht kommt (BAG 9.12.03 – 1 ABR 49/02, NZA 05, 234 und BAG 19.6.12 – 1 ABR 19/11, NZA 12, 1237: Schichtrahmenplan). Dieser Gesichtspunkt kann auch bei der Festlegung von **Betriebsurlaub** (§ 87 Abs 1 Nr 5) relevant werden, wenn die Arbeitsabläufe betriebsübergreifend derart miteinander vernetzt sind, dass nur eine einheitliche oder jedenfalls aufeinander abgestimmte Betriebsruhe Sinn macht (*Fitting* § 50 Rz 40; aA DKK/*Trittin* § 50 Rz 36). Das gilt auch für die Einführung von Kurzarbeit iSv § 87 Abs 1 Nr 3 BetrVG. Die Auszahlung des Arbeitsentgelts (§ 87 Abs 1 Nr 4 BetrVG) ist grds der Mitbestimmung des BRat vorbehalten; das gilt auch für die Erstattung von Kontoführungsgebühren (BAG 15.1.02 – 1 ABR 10/01, NZA 02, 988). Anderes kommt in Betracht bei der Einführung eines für das gesamte Unternehmen zentral geführten computergestützten Abrechnungssystems, soweit die Regelungen notwendigerweise einheitlich getroffen werden müssen (*Fitting* § 50 Rz 39 mwN). Diese Grundsätze gelten auch für die Mitbestimmungsrechte nach § 87 Abs 1 Nr 6 BetrVG. Für die Einführung und Anwendung von **technischen Kontrolleinrichtungen** ist regelmäßig der BRat zuständig. Anderes gilt, wenn ein EDV-System oder eine Telefonvermittlungsanlage einheitlich für das Unternehmen eingeführt werden soll, das der zentralen Kostenüberwachung und der unternehmenseinheitlichen Steuerung dient. Die Mitbestimmungsrechte folgen insoweit den technischen Möglichkeiten; diese wiederum hängen von der unternehmenseinheitlich zu erfüllenden Aufgabe ab (BAG 11.11.98 – 7 ABR 47/99, NZA 99, 947). Eine technische Notwendigkeit zu einer betriebsübergreifenden Regelung kann etwa dann bestehen, wenn im Wege der elektronischen Datenverarbeitung in mehreren Betrieben Daten erhoben und verarbeitet werden, die in anderen Betrieben weiterverarbeitet werden (BAG 14.11.06 – 1 ABR 4/06, NZA 07, 399). Besteht eine Gesamtbetriebsvereinbarung über den Zugang zum **Internet,** nach der der GBRat den EinzelBRäten den Zugang ermöglichen kann, schließt das allerdings den Anspruch des EinzelBRat gegen den ArbGeb auf Zugang nicht aus (BAG 1.12.04 – 7 ABR 18/04, NZA 05, 1016). Die Nutzung eines vorhandenen Kommunikationsmittels durch den einzelnen BRat kann nicht nur unternehmenseinheitlich geregelt werden; sie betrifft die Ausstattung des BRat mit den Sachmitteln, die ihm der ArbGeb nach § 40 BetrVG zur Verfügung zu stellen hat *(Betriebsratskosten).* Beim **Gesundheitsschutz** (§ 87 Abs 1 Nr 7 BetrVG) hat der GBRat und nicht der BRat mitzubestimmen, wenn es etwa um die Gestaltung von Arbeits- und Sicherheitsanweisungen für unternehmensweit eingesetzte Montagearbeiter geht (BAG 16.6.98 – 1 ABR 68/97, NZA 99, 49; LAG Nbg 3.5.02 – 8 TaBV 38/01, NZA-RR 03, 21), nicht aber, wenn es sich um Maßnahmen im Zusammenhang mit dem Raumklima handelt (BAG 18.7.17 – 1 ABR 59/15, BeckRS 2017, 128317). Der GBRat ist auch nicht zuständig für die Mitbestimmung bei der

Organisation des Arbeitsschutzes iSd § 3 Abs 2 ArbSchG (LAG Hbg 28.6.17 – 5 TaBV 4/17, BeckRS 2017, 128142). Für den Abschluss einer Betriebsvereinbarung zum **Nichtraucherschutz** ist regelmäßig der örtliche BRat zuständig (LAG RhPf 20.9.18 – 5 TaBV 13/18, BeckRS 2018, 29537). Bei **Sozialeinrichtungen** (§ 87 Abs 1 Nr 8 BetrVG) kommt es auf ihren Wirkungsbereich an. Über eine unternehmenseinheitliche Altersversorgung hat der GBRat mitzubestimmen (BAG 21.1.03 – 3 ABR 26/02, NZA 03, 992 [LS] mwN). Verneint hat das BAG die Zuständigkeit des GBRat bei einem vom ArbGeb eingeführten Vergütungssystem iSv § 87 Abs 1 Nr 10 BetrVG; sein Wunsch nach einer unternehmenseinheitlichen Regelung der Eingruppierung genügt nicht (BAG 13.3.01 – 1 ABR 7/00, NZA 02, 111). Nach LAG Düsseldorf (17.6.16 – 6 TaBV 20/16, BeckRS 2016, 73600) ist der GBRat indes zuständig, wenn der ArbGeb sich zu jährlichen Gehaltsanpassungen verpflichten möchte, dies aber von einer unternehmensweiten Regelung abhängig macht. Ist die verteilende Entscheidung des ArbGeb betriebsübergreifend, so ist die überbetriebliche Lohngerechtigkeit und deren Gestaltung betroffen und damit der GBRat zuständig (BAG 26.9.17 – 1 ABR 27/16, NZA 18, 108). Auch für eine **Prämienregelung** auf der Grundlage von § 87 Abs 1 Nr 11 BetrVG kann der GBRat zuständig sein, wenn diese alle Betriebe betrifft und mit einem unternehmenseinheitlichen Sanierungskonzept (unternehmensweite Beschäftigungssicherung) verknüpft ist (LAG BlnBbg 28.9.18 – 2 TaBV 41/17, BeckRS 2018, 38836, nrkr).

Für die **Gestaltung von Arbeitsplatz, Arbeitsablauf und Arbeitsumgebung** und die Beseitigung **belastender Arbeitsbedingungen** (§§ 90, 91 BetrVG) gelten die allgemeinen Abgrenzungskriterien. Maßgebend ist, inwieweit eine überbetriebliche Regelung von der Sache her geboten ist. Einschlägige Rspr liegt nicht vor. Sollen sog **Ethik-Richtlinien** bundesweit eingeführt werden, so sind je nach Sachlage entweder der GBRat (LAG Düsseldorf 14.11.05 – 10 TaBV 46/05, NZA-RR 06, 81) oder der KBRat (BAG 17.5.11 – 1 ABR 121/09, BeckRS 2011, 75154) zuständig. 15

**9. Personelle Angelegenheiten.** Zum Anwendungsbereich s *Mitbestimmung, personelle Angelegenheiten*. Die Zuständigkeit des GBRat kommt realistisch in den allgemeinen Angelegenheiten der § 92–95 BetrVG in Betracht. Hierfür ist insbes die Handhabung im Unternehmen von Bedeutung. Das gilt etwa bei jeder **Personalplanung auf Unternehmensebene,** wobei allerdings die Zuständigkeit des BRat für die betrieblich zu treffenden Entscheidungen nicht ausgeschlossen ist (LAG BaWü 12.7.17 – 2 TaBV 5/16, BeckRS 2017, 118984). **Personalfragebogen, Formulararbeitsverträge** und **Beurteilungsgrundsätze** (§ 94) sowie **Auswahlrichtlinien** (§ 95), gehören in die Zuständigkeit des GBRat, wenn eine überbetriebliche Regelung erfolgt (BAG 31.5.83 – 1 ABR 6/80, NZA 84, 49; LAG Nbg 21.12.10 – 6 TaBVGa 12/10, NZA-RR 11, 130). So auch für eine vom ArbGeb eingerichtete **überbetriebliche Beschwerdestelle** iSv § 13 AGG, BAG 21.7.09 – 1 ABR 43/08, NZA 09, 1049. Gleiches gilt für die **Ausschreibung** von Arbeitsplätzen (§ 93). Hat der BRat allerdings ein Initiativrecht (zB Auswahlrichtlinien), kann der ArbGeb dem BRat die Zuständigkeit des GBRat nur entgegen halten, wenn er mit diesem solche vereinbart (BAG 3.5.84 – 6 ABR 68/91, BB 85, 125). Fragen der **betrieblichen Berufsbildung** sind vom GBRat zu behandeln, wenn die Ausbildung unternehmenseinheitlich ausgestaltet ist (BAG 12.11.91 – 1 ABR 21/91, NZA 92, 657). Auch bei Maßnahmen iSd § 97 Abs 2 BetrVG kann der GBRat zuständig sein (*Göpfert/Seier* NZA 19, 583). Bei **personellen Einzelmaßnahmen** (§§ 99, 102 ff) ist grds der örtliche BRat zu beteiligen. Einstellung, Ein- oder Umgruppierung, Versetzung oder Umsetzung wie auch die Kündigung betreffen regelmäßig nur den einzelnen Betrieb. Das gilt auch für Versetzungen von einem Betrieb in den anderen (Näheres *Versetzung*). Die Beteiligung des GBRat kommt ausnahmsweise in Betracht, wenn der ArbN keinem bestimmten Betrieb zugeordnet werden kann (BAG 18.10.12 – 6 AZR 41/11, NZI 13, 151; 21.3.96 – 2 AZR 559/95, NZA 96, 974). Die Einführung einer **Matrixstruktur** allein führt grds nicht bereits zu einer Mitbestimmung auf Unternehmensebene und zur Zuständigkeit des GBRat für eine Einstellung (BAG 12.6.19 – 1 ABR 5/18, NZA 19, 1288). Das **Konsultationsverfahren** nach § 17 Abs 2 KSchG ist mit dem dann originär zuständigen GBRat durchzuführen, wenn der geplante Personalabbau auf der Grundlage eines unternehmenseinheitlichen Konzepts durchgeführt 16 werden soll und mehrere Betriebe von der Betriebsänderung betroffen sind (BAG 13.12.12 – 6 AZR 48/12, BeckRS 2013, 68180).

Der GBRat ist bei sog Insichbeurlaubungen nicht zu beteiligen (BAG 10.12.02 – 1 ABR 27/01, ZTR 03, 584). Zur Rechtslage in den **privatisierten Postunternehmen** vgl im Übrigen *Fitting* § 50 Rz 57.

17 **10. Wirtschaftliche Angelegenheiten.** Kraft Gesetzes hat der GBRat mitzubestimmen bei allen Angelegenheiten, die mit dem **Wirtschaftsausschuss** zusammenhängen (*Mitbestimmung, wirtschaftliche Angelegenheiten*). Geht es um eine **Betriebsänderung** (§§ 111–113 BetrVG), erfolgt die Abgrenzung nach dem Inhalt der vom ArbGeb geplanten Maßnahmen. Bezieht sich die Planung auf das ganze Unternehmen oder auf mehrere Betriebe, ist der GBRat für den **Interessenausgleich** zuständig. Diese Kompetenz erstreckt sich auch auf die Vereinbarung einer Namensliste (BAG 20.9.12 – 6 AZR 253/11, NZI 12, 1011; 7.7.11 – 6 AZR 248/10, NZA 11, 1108). Hierfür ist maßgeblich, dass die Beurteilung, ob das unternehmerische Konzept in der geplanten Weise umgesetzt werden soll oder ob nicht ein anderes Konzept besser, sinnvoller oder interessengerechter wäre, nicht aus Sicht des Einzelbetriebs beurteilt werden kann (BAG 20.4.94 – 10 AZR 186/93, NZA 95, 89). Die Zuständigkeit des GBRat hat das BAG danach bejaht: Stilllegung aller Betriebe (BAG 17.2.81 – 1 AZR 290/78, NJW 82, 69); **Zusammenlegung mehrerer Betriebe** sowie **Verlegung** eines Betriebes und dessen Zusammenlegung mit einem anderen Betrieb (BAG 24.1.96 – 1 AZR 193/01, NZA 92, 688); Stilllegung des über mehrere Betriebe verteilten Außendienstes (BAG 8.6.99 – 1 AZR 831/99, NZA 99, 1168). Dagegen ist der BRat zuständig, wenn die Betriebsänderung ausschließlich den Betrieb betreffen soll, für den er gebildet ist (BAG 26.10.82 – 1 ABR 11/81, NJW 83, 2838; Änderung der Betriebsanlagen der Hauptverwaltung). Die Wahl des „richtigen" Verhandlungspartners liegt beim ArbGeb. Bei Zweifeln über die Zuständigkeit des BRat oder des GBRat muss er versuchen, diese auszuräumen, indem er beide Gremien zur Klärung der Frage auffordert. Andernfalls läuft er Gefahr, einen Interessenausgleich nicht ausreichend iSv § 113 BetrVG „versucht" zu haben (BAG 24.1.96 – 1 AZR 542/95, NZA 96, 1107). Aus der Zuständigkeit des GBRat hinsichtlich des Interessenausgleichs folgt nicht automatisch seine Zuständigkeit auch für den Sozialplan; sie ist vielmehr gesondert zu prüfen (BAG 11.12.01 – 1 AZR 193/01, NZA 02, 688; 23.10.02 – 7 ABR 55/01, ZIP 03, 1514). Kann ein im Interessenausgleich vorgesehenes unternehmenseinheitliches Sanierungskonzept nur auf der Grundlage eines bestimmten unternehmensbezogenen Sozialplanvolumens realisiert werden, so begründet diese Verzahnung zwischen Interessenausgleich und Sozialplan die Zuständigkeit des GBRat (vgl auch BAG 3.5.06 – 1 ABR 15/05, AP Nr 186 zu § 112 BetrVG 1972; zustimmend: *Joussen* NZA 07, 114). § 110 Abs 1 BetrVG gewährt dem GBRat aber keinen Anspruch auf Unterrichtung der ArbN über die wirtschaftliche Lage und Entwicklung des Unternehmens. Sie obliegt allein dem ArbGeb (BAG 14.5.13 – 1 ABR 4/12, NZA 13, 1223).

18 **11. Aufgaben kraft Auftrags. a) Gegenstand.** Nach § 50 Abs 2 BetrVG kann der BRat den GBRat beauftragen, eine Angelegenheit für ihn zu behandeln. Eine solche Übertragung kann zweckmäßig sein, wenn sich der BRat die betriebsübergreifenden Kenntnisse des GBRat für seine betrieblichen Belange nutzbar machen will. Die gleichzeitige Beauftragung des GBRat durch mehrere BRäte ermöglicht oft eine sinnvolle betriebsübergreifende oder unternehmenseinheitliche Regelung. Grds kann die Übertragung nur für **eine bestimmte Angelegenheit** erfolgen. Das schließt die Befugnis zur Übertragung komplexer und vielschichtiger Sachverhalte nicht aus. Der **Gegenstand** der zu übertragenden Angelegenheiten ist inhaltlich nicht beschränkt. In Betracht kommen mithin grds alle Angelegenheiten, in denen der BRat kraft Gesetzes zu beteiligen ist. Dabei steht ihm frei, ob er die Angelegenheit dem GBRat zur abschließenden Verhandlung überträgt oder ob er sich die Entscheidungsbefugnis vorbehält. Eine weitergehende Beschränkung der Beauftragung ist gesetzlich nicht vorgesehen. Der BRat kann daher dem GBRat nicht nach außen eine umfassende Vertretungsbefugnis einräumen und diese intern durch inhaltliche Weisungen einschränken. Er muss „Farbe bekennen", inwieweit er die Regelung betrieblicher Angelegenheiten dem GBRat überlässt. Im Zweifel ist von einer umfassenden Bevollmächtigung des GBRat auszugehen. Die Beauftragung des GBRat ist

jederzeit **widerruflich.** Die vom GBRat kraft Auftrags mit dem ArbGeb geschlossenen **Betriebsvereinbarungen** sind rechtlich keine Gesamtbetriebsvereinbarung. Schließt der GBRat trotz eines bloßen Verhandlungsmandats eine Betriebsvereinbarung, kann der BRat diese genehmigen.

**b) Verfahren.** Der BRat beschließt über die Beauftragung des GBRat mit der **Mehrheit der Stimmen seiner Mitglieder.** Verlangt ist damit eine qualifizierte Mehrheit; die einfache Mehrheit der anwesenden Mitglieder genügt nicht. Inhaltlich muss dem Beschluss zu entnehmen sein, welche konkrete Aufgabe dem GBRat übertragen wird. Die Übertragung selbst bedarf der **Schriftform,** ist also vom Vorsitzenden eigenhändig zu unterschreiben (§ 50 Abs 2 iVm § 27 Abs 2 Satz 3 BetrVG). Die Zuleitung der Sitzungsniederschrift ist nicht ausreichend. Die Übertragung wird mit **Zugang** beim Vorsitzenden des GBRat wirksam. Dieselben Voraussetzungen gelten für den **Widerruf** der Übertragung (§ 50 Abs 2 iVm § 27 Abs 2 Satz 4 BetrVG). Fehlt es an einem Delegationsbeschluss kann die Zuständigkeit des GBRat nicht aus Rechtsscheingrundsätzen hergeleitet werden (LAG SchlHol 9.6.15 – 1 TaBV 4b/15, BeckRS 2015, 72257; zum Thema: *Schönhöft/Kessenich* NZA-RR 17, 1). 19

**c) Rechtsfolge.** Ungeachtet der Übertragung bleibt der **Betriebsrat Träger des Mitbestimmungsrechts.** Ansprechpartner des ArbGeb ist aber nunmehr der GBRat und nicht mehr der BRat. Der **Arbeitgeber** ist deshalb davon zu **unterrichten,** dass er sich bei der in Frage stehenden Angelegenheit an den GBRat zu wenden hat. Das ergibt sich schon aus dem Grundsatz der vertrauensvollen Zusammenarbeit (*Fitting* § 50 Rz 66). Hinzu kommt: Das BetrVG verpflichtet den ArbGeb, den BRat in bestimmten Angelegenheiten „rechtzeitig und umfassend" zu unterrichten und die geplanten Maßnahmen mit ihm zu beraten (§ 111 BetrVG s hierzu *Mitbestimmung, wirtschaftliche Angelegenheiten*). Geht es um die Beteiligung des BRat bei der in § 99 und §§ 102 f BetrVG geregelten personellen Mitbestimmung, hat der BRat anknüpfend an den Zugang der Mitteilung des ArbGeb fristgebunden Stellung zu nehmen. Die Fristen werden mit der Bekanntgabe an den BRat in Lauf gesetzt, sofern dem ArbGeb die geänderte Zuständigkeit nicht mitgeteilt ist. Insoweit sind die allgemeinen Vertretungsregelungen der §§ 164 ff BGB anzuwenden. 20

Ob der GBRat an einen (formwirksamen und inhaltlich hinreichend bestimmten) Übertragungsbeschluss gebunden ist, wird unterschiedlich beurteilt. Richtigerweise hat er grds **kein Ablehnungsrecht** (*Fitting* § 50 Rz 71). Teils wird angenommen, der GBRat könne die Übernahme des Auftrags aus „sachlichen Gründen" ablehnen (DKK/*Trittin* § 50 Rz 72; *Richardi/Annuß* § 50 Rz 63). Sollte damit gemeint sein, der GBRat könne die Übernahme ablehnen, weil die Entscheidung des BRat nicht zweckmäßig oder weil er – der GBRat – etwa überlastet sei und sich der Angelegenheit deshalb nicht im gebotenen Ausmaß widmen könne, ist dem nicht zu folgen. Das Gesetz sieht kein Ablehnungsrecht vor. Die angenommene Prüfkompetenz des GBRat ist mit der im Interesse des ArbGeb gebotenen Rechtssicherheit und Rechtsklarheit nicht vereinbar. Er muss wissen, welche betrieblichen Angelegenheiten nicht mehr vom eigentlich zuständigen BRat sondern vom GBRat wahrgenommen werden. 21

**12. Verhandlungspartner.** Verhandlungspartner des GBRat ist in den Fällen des Abs 1 die Unternehmensleitung, bei den Auftragsaufgaben ist es die Betriebsleitung. Haben mehrere BRäte den GBRat beauftragt, wird regelmäßig die Unternehmensleitung einzuschalten sein. 22

**13. Betriebsratlose Betriebe.** Nach der gesetzlichen Konzeption ist der GBRat nicht allgemein legitimiert, die Beteiligungsrechte der ArbN in einem Betrieb wahrzunehmen, der nach § 1 BetrVG betriebsratsfähig ist, in dem aber kein BRat gebildet ist (zu den Voraussetzungen → *Betriebsrat* Rn 1). Hiervon macht § 50 Abs 1 Satz 1 HS 2 BetrVG eine Ausnahme. Gesamtbetriebsvereinbarungen, die der GBRat im Rahmen seiner originären Zuständigkeit mit dem ArbGeb schließt, gelten auch für Betriebe ohne BRat. Nicht ausdrücklich geregelt ist, ob das auch dann gilt, wenn die Gesamtbetriebsvereinbarung vor In-Kraft-Treten des BetrVG-ReformG (28. Juli 2001) geschlossen worden ist. Richtigerweise ist das zu bejahen (aA ErfK/*Koch* BetrVG § 50 Rz 8; wie hier *Fitting* § 50 Rz 30). Hierfür spricht zunächst, dass die Erstreckung von Gesamtbetriebsvereinbarungen auch auf betriebsratslose Betriebe schon früher weitgehend vertreten worden ist (zum Meinungsstand 23

*Richardi/Annuß* § 50 Rz 49). Ein anderes Verständnis widerspricht außerdem dem mit der Neuregelung verfolgten Zweck. Mit ihr soll die Gleichbehandlung aller im Unternehmen beschäftigten ArbN erreicht werden. Da der GBRat die ArbN in einem betriebsratlosen Betrieb zumindest partiell repräsentiert, kann er vom ArbGeb verlangen, dass dieser ihm die Kommunikation mit den dort Beschäftigten ermöglicht. Dazu gehört die Freischaltung der Telefonverbindungen (BAG 9.12.09 – 7 ABR 46/08, NZA 10, 662; → *Internet-/Telefonnutzung* Rn 23). Zu den Aufgaben des GBRat gehört allerdings die Bestellung eines Wahlvorstands in betriebsratslosen Betrieben (§ 17 Abs 1 BetrVG), was ihn jedoch nicht befugt, Informationsveranstaltungen mit dem Charakter einer Belegschaftsversammlung durchzuführen (BAG 16.11.11 – 7 ABR 28/10, NZA 12, 404).

24 **14. Geschäftsführung. a) Allgemeines.** Nach der Aufzählung in § 51 Abs 1 BetrVG sind weitgehend die für den BRat geltenden Bestimmungen auf den GBRat entsprechend anzuwenden; nach Abs 2 außerdem § 29 Abs 2–4, nach Abs 3 noch § 33 Abs 3 und für Ausschüsse des GBRat nach Abs 4 § 33 Abs 1 und 2 BetrVG. Der Katalog ist abschließend. Die **Generalverweisung** in § 51 Abs 2 BetrVG, wonach vorbehaltlich anderer gesetzlicher Regelung für den GBRat die „Rechte und Pflichten des BRat" entsprechend gelten, bezieht sich nicht auf die formelle, sondern auf die materielle Betriebsverfassung. Betroffen ist beispielhaft das Recht zur Heranziehung von Sachverständigen oder Auskunftspersonen nach § 80 BetrVG. Dass die Organisationsvorschriften der § 37 Abs 4–7 und § 38 nicht im Katalog enthalten sind, erklärt sich aus dem notwendigen Doppelmandat der Mitglieder des GBRat. Sie können Schulungen und Bildungsveranstaltungen „als" BRat besuchen. Dabei obliegt dem GBRat dann die Entscheidung über die Erforderlichkeit einer Schulung, wenn es um die Beurteilung der für die Arbeit im GBRat erforderlichen Kenntnisse geht. Das konkrete Entsendungsverfahren liegt beim BRat (*Richardi/Annuß* § 51 Rz 50). Freistellungen, auch generelle (Teil-)Freistellungen von beruflicher Tätigkeit wegen der Wahrnehmung des Amtes als GBRat vollziehen sich nach § 37 Abs 2 BetrVG und nicht nach § 38 BetrVG, da mangels Verweisung in § 51 Abs 1 BetrVG diese Vorschrift keine Anwendung findet. Der GBRat kann dabei einen eigenen Anspruch auf eine generelle (Teil-) Freistellung eines oder mehrerer seiner Mitglieder auf § 51 Abs 1 iVm § 37 Abs 2 BetrVG stützen, sofern er die Freistellung für die ordnungsgemäße Durchführung seiner Aufgaben für erforderlich hält (BAG 26.9.18 – 7 ABR 77/16, NZA 19, 117; Näheres *Betriebsratsfreistellung*).

25 **b) Die entsprechend anzuwendenden Vorschriften. § 25 Abs 1 BetrVG:** Bei Ausscheiden oder zeitweiliger Verhinderung eines Mitglieds ist das vom EinzelBRat bestimmte Ersatzmitglied zu den Sitzungen des GBRat heranzuziehen. **§ 26 BetrVG:** Der GBRat wählt einen Vorsitzenden und dessen Stellvertreter; die Vertretung obliegt dem Vorsitzenden. Ihm gegenüber sind die für den GBRat bestimmten Erklärungen abzugeben. **§ 27 Abs 2 und 3 BetrVG:** Besteht der GBRat aus neun oder mehr Mitgliedern, ist ein **Gesamtbetriebsausschuss** zu bilden, der die laufende Geschäfte führt und dem weitere Aufgaben zur selbstständigen Erledigung übertragen werden können. Er besteht aus dem Vorsitzenden, dessen Stellvertretern und je nach Größe des Gremiums gestaffelt aus drei bis neun weiteren Ausschussmitgliedern. Die weiteren Mitglieder sind nach den Grundsätzen der Verhältniswahl zu wählen (§ 27 Abs 2 Satz 1), soweit nicht nur ein Wahlvorschlag gemacht wird. Die angeordnete Verhältniswahl dient dem Minderheitenschutz (verstanden als Schutz kleiner Koalitionen). Eine gleichwohl nach den Grundsätzen der Mehrheitswahl durchgeführte Wahl verletzt wesentliche Wahlvorschriften und kann in entsprechender Anwendung des § 19 BetrVG erfolgreich angefochten werden (BAG 21.7.04 – 7 ABR 62/03, NZA 05, 173). Das gilt auch, wenn sich der GBRat wegen des Hinzukommens neuer Betriebe vergrößert und damit auch die Zahl der weiteren Ausschussmitglieder erhöht. Es sind dann alle weiteren Mitglieder neu zu wählen (BAG 16.3.05 – 7 ABR 37/04, NZA 05, 1069). **§ 28 Abs 1 Satz 1 und 3 BetrVG:** Weiter gebildeten Ausschüssen können Aufgaben übertragen werden. Den vom GBRat gebildeten Ausschüssen können nur Mitglieder des GBRat angehören. Da dies jedoch str ist, ist eine Wahl von Nichtmitgliedern nicht nichtig (LAG BlnBbg 29.11.16 – 16 TaBV 946/16, juris, nrkr). **§§ 29, 30 BetrVG** betreffen die Sitzungen des GBRat. Diese brauchen nicht am Sitz der Hauptverwaltung durchgeführt zu werden (BAG 24.7.79 – 6 ABR 96/77, NJW 80, 1128). Häufigkeit und Dauer bestimmt

der GBRat nach pflichtgemäßem Ermessen. **§ 31 BetrVG:** Auf Antrag eines Viertels der Mitglieder des GBRat kann ein Beauftragter der Gewerkschaften an den Sitzungen beratend teilnehmen. Da die Vorschriften nur „entsprechend" anzuwenden sind, muss die Gewerkschaft im GBRat vertreten sein, eine Vertretung im BRat genügt nicht (*Fitting* § 51 Rz 37, aA DKK/*Trittin* § 51 Rz 45).

**c) Beschlüsse.** Nach § 51 Abs 3 werden die Beschlüsse des GBRat, soweit nichts anderes bestimmt ist, mit der Mehrheit der Stimmen der anwesenden Mitglieder gefasst. Bei Stimmengleichheit ist der Antrag abgelehnt. Beschlussfähig ist der GBRat, wenn mindestens die Hälfte seiner Mitglieder an der Beschlussfassung teilnimmt und die Teilnehmenden mindestens die Hälfte aller Stimmen vertreten. Stellvertretung durch Ersatzmitglieder ist zulässig. Ergänzend gilt nach **§ 33 Abs 3 BetrVG** für die Teilnahme der GesamtJAV an der Abstimmung, dass deren Stimmen bei der Feststellung der Stimmenmehrheit mitgezählt werden. Auf die Beschlüsse der Ausschüsse ist **§ 33 Abs 1 und Abs 2 BetrVG** entsprechend anzuwenden. Sie fassen ihre Beschlüsse grds mit der Stimmen der Mehrheit der anwesenden Mitglieder; bei Stimmengleichheit ist der Antrag abgelehnt. Der Ausschuss ist nur beschlussfähig, wenn mindestens die Hälfte seiner Mitglieder an der Beschlussfassung teilnimmt. Stellvertretung durch Ersatzmitglieder ist zulässig. **§ 34 BetrVG:** Sitzungsniederschriften sind zu fertigen. **§ 35:** Beschlüsse sind unter den in der Vorschrift näher genannten Voraussetzungen auf Antrag der JAV auszusetzen (→ *Jugend- und Auszubildendenvertretung* Rn 22). Der GBRat soll sich nach **§ 36** eine Geschäftsordnung geben. **§ 37 Abs 1–3 BetrVG:** Die Mitglieder des GBRat führen ihr Amt als Ehrenamt und haben Anspruch auf Freistellung und Entgeltsicherung wie die Mitglieder des BRat. Besonderheiten ergeben sich für die Arbeit im GBRat insoweit nicht. Allerdings entscheidet der GBRat über die ggf ständig freizustellenden Mitglieder durch Mehrheitsbeschluss, da § 38 BetrVG keine Anwendung findet (BAG 26.9.18 – 7 ABR 77/16, NZA 19, 117; *Betriebsrat; Betriebsratsfreistellung).* Das gilt auch hinsichtlich der nach **§ 40 BetrVG** vom ArbGeb zu tragenden Kosten und Sachaufwand *(Betriebsratskosten)* und das in **§ 41 BetrVG** festgelegte Umlageverbot. **26**

**d) Teilnahmerecht.** An allen Sitzungen des GBRat kann die **Gesamtschwerbehindertenvertretung** teilnehmen (§ 52 BetrVG; dazu Näheres *Schwerbehindertenvertretung*). Zum Teilnahmerecht der → *Jugend- und Auszubildendenvertretung* Rn 21. **27**

**15. Betriebsräteversammlung.** Mindestens einmal im Kj ist eine BRäteVersammlung durchzuführen (§ 53 Abs 1 BetrVG). Sie ist der auf der Betriebsebene angesiedelten Betriebsversammlung vergleichbar und kann in Form von Teilversammlungen durchgeführt werden (Abs 3). Sie dient ua dem allgemeinen Informationsaustausch und besteht aus den Mitgliedern des GBRat, den Vorsitzenden der BRäte und deren Stellvertreter sowie den weiteren Mitgliedern der Betriebsausschüsse. Sofern die Gesamtzahl der sich für ihn ergebenden Teilnehmer nicht überschritten wird, kann der BRat aus seiner Mitte andere Mitglieder entsenden. Über die **Einberufung** entscheidet der GBRat nach pflichtgemäßem Ermessen, der hierbei an keine Jahresfrist gebunden ist. Auch mehrere Versammlungen im Jahr können durchgeführt werden. **Organisation und Aufgaben** entsprechen denen der Betriebsversammlung (Verweisung in § 53 Abs 3 BetrVG auf § 43 Abs 2 Satz 1 und 2 BetrVG sowie die §§ 45 und 46 BetrVG): Die Leitung der nicht öffentlichen Sitzungen obliegt dem Vorsitzenden des GBRat; der Unternehmer ist unter Mitteilung der Tagesordnung einzuladen und hat in der Versammlung Rederecht. Inhaltlich wird die Versammlung geprägt durch den zwingend zu erstattenden **Tätigkeitsbericht des Gesamtbetriebsrats** und den **Bericht des Unternehmers.** Der Tätigkeitsbericht des GBRat ist von diesem zu beschließen und wird mündlich vorgetragen. Der Unternehmer hat, bezogen auf das Unternehmen, über das Personal- und Sozialwesen einschließlich des Standes der Gleichstellung von Frauen und Männern zu berichten, die Integration der beschäftigten ausländischen ArbN, die wirtschaftliche Lage und Entwicklung sowie über Fragen des Umweltschutzes. Die Berichtspflicht endet, wenn Betriebs- oder Geschäftsgeheimnisse gefährdet werden. Dem Umfang des Unternehmensberichtes entspricht der Katalog der in der Versammlung zulässig zu behandelnden **Themen.** Sie beziehen sich auf alle Angelegenheiten, die das Unternehmen oder die in ihm beschäftigten ArbN unmittelbar betreffen. Einbezogen sind tarif-, sozial- und umweltpolitische Fragen wie auch solche wirtschaftlicher Art. Angesprochen werden können die Förderung der Gleichstellung von **28**

Mann und Frau sowie die Integration ausländischer ArbN (Näheres *Betriebsversammlung*). Die Grundsätze des § 74 Abs 2 BetrVG finden Anwendung **(Friedenspflicht).** Die BRäteVersammlung kann dem GBRat **Anträge** unterbreiten und zu seinen Beschlüssen Stellung nehmen. Beauftragte der im Unternehmen vertretenen Gewerkschaften können beratend teilnehmen. Nimmt der ArbGeb an der Versammlung teil, so kann er einen Beauftragten seiner ArbGebVereinigung hinzuziehen.

29 **16. Streitigkeiten.** Streitigkeiten über alle mit dem GBRat als Gremium verbundenen Fragen sind im Beschlussverfahren nach §§ 2a, 80 ff ArbGG zu entscheiden.

30 Das Zuordnungsverfahren des § 18 Abs 2 BetrVG dient unabhängig von der Durchführung einer Wahl der Klärung der betriebsverfassungsrechtlichen Zuständigkeit der Gremien. Es steht auch dem GBRat zur Verfügung. Wird seine Zuständigkeit für die einen Gemeinschaftsbetrieb bildenden Betriebe bestritten, kann er dies durch eigenen Antrag beim ArbG klären (BAG 22.6.05 – 7 ABR 57/04, NZA 05, 1248). Am Verfahren sind zwingend stets der Antragsteller und derjenige beteiligt, gegen den sich der Antrag richtet. Im Übrigen greift § 83 Abs 3 ArbGG ein. Zu den **Beteiligten** gehören alle natürlichen Personen und Gremien, die durch die gerichtliche Entscheidung in ihren betriebsverfassungsrechtlichen Rechten betroffen sind. Bei Streit über die wirksame Errichtung des GBRat sind das der GBRat, die EinzelBRäte, deren Mitglieder und der ArbGeb. Betrifft der Streit das Bestehen von Mitbestimmungsrechten, so sind stets auch die EinzelBRäte zu beteiligen. Denn mit der Feststellung des vom GBRat gegenüber dem ArbGeb reklamierten Mitbestimmungsrechts steht zugleich fest, dass sie keine Beteiligungsrechte haben (BAG 31.5.05 – 1 ABR 22/04, DB 05, 2585). Da der örtliche BRat bei Auftragsangelegenheiten Träger des Mitbestimmungsrechts bleibt, ist er in diesen Fällen stets antrags- und beteiligtenbefugt. Er kann allerdings den GBRat mit der Führung des Verfahrens in gewillkürten Prozessstandschaft beauftragen (BAG 6.4.76 – 1 ABR 27/74, DB 76, 1290). Der GBRat ist bei Streit über das Bestehen eines Mitbestimmungsrechts des BRat nicht Beteiligter iSd § 83 Abs 3 ArbGG; seine betriebsverfassungsrechtliche Stellung ist nicht unmittelbar betroffen (BAG 13.3.84 – 1 ABR 49/82, NZA 84, 172).

31 Die **örtliche Zuständigkeit** des ArbG richtet sich danach, ob es sich um eine betriebsverfassungsrechtliche Angelegenheit auf Unternehmens- oder auf Betriebsebene handelt. Unternehmensbezogene Fragen sind vor dem ArbG auszutragen, in dessen Bezirk das Unternehmen seinen Sitz hat. Befindet sich der Unternehmenssitz im Ausland, ist der Sitz des Betriebs maßgeblich, dem innerhalb Deutschlands die zentrale Bedeutung zukommt (BAG 31.10.75 – 1 ABR 4/74, DB 76, 295). Das für den Betrieb zuständige ArbG ist anzurufen, wenn die Mitgliedschaft im GBRat zwischen dem EinzelBRat und dem betroffenen ArbN als Mitglied des BRat streitig ist (Wirksamkeit einer Abberufung, Erlöschen des BRatAmtes). Das gilt auch bei Streit über Auftragsangelegenheiten iSv § 50 Abs 2 BetrVG einschließlich der Wirksamkeit des Übertragungsbeschlusses.

32 Im **Urteilsverfahren** sind Zahlungsansprüche zu verfolgen, die ein Mitglied des GBRat aus seiner Tätigkeit für den GBRat gegen den ArbGeb herleitet (→ *Betriebsratsfreistellung* Rn 36). Das gilt auch für Ansprüche wegen Teilnahme an einer BRäteVersammlung.

## B. Lohnsteuerrecht

*Weil*

36 S → *Betriebsrat* Rn 61.

## C. Sozialversicherungsrecht

*Voelzke*

41 Zur sozialversicherungsrechtlichen Bedeutung der Tätigkeit von BRatMitgliedern → *Betriebsrat* Rn 71 ff.

# Geschäftsführer

## A. Arbeitsrecht

*Kania*

### Übersicht



**1. Begriff.** Der Begriff „Geschäftsführer" ist mehrdeutig und wird auch in verschiedenem Sinn vom Gesetzgeber verwendet. Einen konkret gesetzlich umrissenen Inhalt hat der Begriff „Geschäftsführer" nur, soweit es um den **GmbH-Geschäftsführer** geht. Dieser – wenn man so will – „echte" Geschäftsführer ist gem § 35 Abs 1 GmbHG der gesetzliche Vertreter der Gesellschaft. Dazu ausführlich → Rn 3 ff. Der Begriff „Geschäftsführer" wird aber vielfach – auch vom Gesetzgeber (§ 14 Abs 2 KSchG) – **im untechnischen Sinne** verwendet. Als Geschäftsführer iSd § 14 Abs 2 KSchG gelten alle Personen unterhalb der Ebene der Organmitglieder juristischer Personen, welche leitende unternehmerische Aufgaben, bspw im kaufmännischen, organisatorischen, technischen oder personellen Bereich, wahrnehmen (→ *Leitende Angestellte* Rn 17 ff). In der Praxis werden vielfach auch solche ArbN als „Geschäftsführer" bezeichnet, die nur in geringem Umfang unternehmerisch bedeutsame Tätigkeiten ausüben. All diese „Geschäftsführer" in Unternehmen, Stiftungen, Vereinen und Verbänden, die nicht Organe „ihrer" Gesellschaft bzw „ihres" Vereins sind, bleiben ArbN, im Regelfall leitende Angestellte. Arbeitsrecht ist anwendbar, soweit nicht eine gesetzliche Ausnahmevorschrift für leitende Angestellte eingreift (→ *Leitende Angestellte* Rn 1 ff). 1

**Grenzfall** ist der „Geschäftsführer", der gem § 30 BGB auf satzungsmäßiger Grundlage zum **besonderen Vertreter** bestellt wird. Dies ermöglicht größeren Vereinen eine differenziertere Vertretungsorganisation, indem sie neben dem Vorstand und dem rechtsgeschäftlichen Vertreter als Zwischenform ein Vereinsorgan mit beschränkter Zuständigkeit bestellen können. Diese Möglichkeit besteht nach hM nicht nur im Verein, sondern auch in der Genossenschaft und der GmbH (*Palandt/Ellenberger* § 30 Rn 1, 2; MüKoBGB/*Arnold* § 30 Rn 16). Derartige besondere Vertreter sind **Organe** der jeweiligen Gesellschaft bzw des jeweiligen Vereins (*Palandt/Ellenberger* § 30 Rn 1; *Soergel/Hadding* § 30 Rn 1). Konsequenz ist aber nur, dass sie als „andere verfassungsmäßig berufene Vertreter" eine Haftung des Vereins bzw der Gesellschaft gem § 31 BGB bewirken. Arbeitsrechtlich sind die besonderen Vertreter grds nicht einem GmbH-Geschäftsführer iSd § 35 GmbHG gleichzusetzen. Zwar üben sie regelmäßig in dem ihnen zugewiesenen Geschäftsbereich ArbGebFunktionen aus, indem sie Gesellschaft bzw Verein vertreten und repräsentieren. Das unterscheidet sie aber nicht wesentlich von Prokuristen, die unproblematisch ArbN, meist allerdings leitende Angestellte sind. Dementspr ist auch der besondere Vertreter als ArbN und – je nach der tatsächlich ausgeübten Tätigkeit – meist als leitender Angestellter einzustufen. Trotz der Organstellung sind besondere Vertreter auch nicht generell vom Anwendungsbereich des KSchG, BetrVG, ArbGG ausgenommen. So kommt nicht bereits ein Ausschluss gem §§ 14 Abs 1 Nr 1 KSchG, 5 Abs 2 Nr 1 BetrVG in Betracht, weil dort nur die Mitglieder des Organs angesprochen sind, das zur „gesetzlichen" Vertretung der juristischen Person berufen 2 ist. § 5 Abs 1 ArbGG verneint die Anwendbarkeit des Gesetzes zwar auch für diejenigen Personen, die kraft Satzung zur Vertretung der juristischen Person berufen sind, allerdings mit der Einschränkung, dass die Vertretungsbefugnis „allein oder als Mitglied des Vertretungsorgans" bestehen muss. Beides ist beim besonderen Vertreter nicht der Fall, da dieser nicht dem Vorstand (bzw der Geschäftsführung) angehört, sondern gem § 30 BGB ausdrücklich „neben dem Vorstand" bestellt wird (aA für § 5 Abs 1 ArbGG LAG Köln 19.5.95 – 6 Ta 41/95; differenzierend BAG 5.5.97, DB 97, 1984). Denkbar ist allerdings, dass ein besonderer Vertreter aufgrund fehlender Weisungsabhängigkeit in einem freien Dienstverhältnis beschäftigt wird.

3 **2. Organschaftliche Bestellung und Anstellungsvertrag des GmbH-Geschäftsführers. a) Allgemeines.** Von der Bestellung als gesellschaftsrechtlicher Akt, durch den die Organstellung des Geschäftsführers begründet wird, ist der Anstellungsvertrag zu unterscheiden. Anstellung und Bestellung stehen, auch wenn sie in vielerlei Hinsicht verknüpft sind, **rechtlich selbständig** nebeneinander. Während die Bestellung einen körperschaftlichen Akt darstellt, ist der Anstellungsvertrag schuldrechtlicher Natur und regelt nachrangig die Rechtsbeziehungen, die nicht bereits durch die organschaftliche Stellung vorgegeben sind, also die persönlichen Rechte und Pflichten zwischen dem Geschäftsführer und der Gesellschaft (BGH 10.5.10 – II ZR 70/09, NZA 10, 889; *Rowedder/Schmidt-Leithoff* § 6 Rn 23). Durch den Geschäftsführer-Anstellungsvertrag bzw Geschäftsführer-Dienstvertrag wird regelmäßig kein Arbeits-, sondern ein auf die Geschäftsbesorgung der Geschäftsführung gerichtetes (freies) Dienstverhältnis begründet (→ Rn 17 ff).

4 **b) Zuständigkeit für Bestellung und Abberufung.** Bestellung und Widerruf der **Bestellung** erfolgen in der nicht mitbestimmten GmbH grds durch Mehrheitsbeschluss der Gesellschafter gem §§ 46 Nr 5, 47 Abs 1 GmbHG. Die Bestellung kann gem § 6 Abs 3 S 2 GmbHG auch im Gesellschaftsvertrag erfolgen. In Gesellschaften, die dem MitbestG oder der Montanmitbestimmung unterliegen, werden dagegen die Geschäftsführer zwingend vom Aufsichtsrat bestellt (§§ 31 MitbestG, 12 Montan-MitbestG, 12 MitbestErgG). Die Beschlussfassung wird gegenüber dem zu bestellenden Geschäftsführer erklärt, der seinerseits durch Annahmeerklärung Geschäftsführer wird.

5 Inwiefern die für die nicht mitbestimmte GmbH in § 46 Nr 5 GmbHG ausdrücklich nur für das Organverhältnis angeordnete Zuständigkeit der Gesellschafter für Bestellung und Abberufung des Geschäftsführers auf das **Anstellungsverhältnis** durchschlägt, war früher umstritten. Heute wendet der BGH § 46 Nr 5 GmbHG auf das Anstellungsverhältnis analog an (BGH 25.3.91, ZIP 91, 580, 582; 27.3.95, GmbHR 95, 373). Freilich steht es der Gesellschaft frei, abweichende Zuständigkeiten vorzusehen, also zB auch den nichtbestellungsbefugten Geschäftsführer zu ermächtigen, den Anstellungsvertrag mit einem weiteren Geschäftsführer abzuschließen, oder die ordentliche Kündigung an die vorherige Zustimmung eines anderen Gesellschaftsorgans zu koppeln (BAG 28.4.94, DB 94, 1730). Diese Dispositionsfreiheit der Gesellschaft besteht nicht in der mitbestimmten GmbH. Im Bereich der Montanbestimmung ergibt sich dies aus der ausdrücklich angeordneten Geltung des § 84 AktG; bei Gesellschaften, die dem MitbestG unterliegen, wendet die ganz hM § 84 AktG entspr an (*Rowedder*/Schmidt-Leithoff/Baukelmann § 35 Rn 18 mwN).

6 **3. Anstellungsverhältnis und Anstellungsbedingungen. a) Arbeitnehmerstatus des GmbH-Geschäftsführers. aa) Grundsätzliches.** Die Frage, ob der Geschäftsführer einer GmbH gleichzeitig deren ArbN sein kann, ist umstritten. GmbH-Geschäftsführer nehmen als Organe juristischer Personen für diese ArbGebFunktionen wahr, daher fehlt es bei ihnen grds an der für eine ArbNEigenschaft typischen weisungsgebundenen, fremdbestimmten Arbeit in persönlicher Abhängigkeit. Demgemäß **verneint der BGH** in ständiger Rspr den ArbNStatus (BGH 24.7.2003 – IX ZR 143/02, NZA 04, 157; BGH 10.9.01 – II ZR 14/00, DStR 01, 2166; ebenso ein Teil Literatur: *Staudinger/Richardi* Vorbem § 611 Rn 236 mwN). Diese strenge Sichtweise begegnet jedoch zunehmend Bedenken, da der Geschäftsführer im Innenverhältnis gleichwohl einer engen Bindung unterworfen sein kann. Entspr nimmt das **BAG eine differenzierte Betrachtung** vor und bejaht jedenfalls beim GmbH-Geschäftsführer die Möglichkeit einer Einordnung als ArbN (BAG 6.5.99 – 5 AZB 22/98, NZA 99, 839; 26.5.99 – 5 AZR 664/98, NZA 99, 987). Die ausnahmslose Ablehnung der ArbNEigenschaft eines GmbH-Geschäftsführers erscheint auch nicht sach-

gerecht. Denn ein striktes Ausschlussverhältnis, wonach derjenige, der selbst ArbGebRechte ausübt und eine Unternehmerstellung einnimmt, nicht zugleich ArbN sein kann, besteht nicht. Dies zeigt sich bei einem Vergleich mit dem leitenden Angestellten. Auch dieser wird regelmäßig ArbGebFunktionen ausüben und ihm können darüber hinaus unternehmerische Entscheidungskompetenzen übertragen werden, ohne dass dies seiner ArbNStellung entgegensteht (*Henssler* RdA 92, 289).

Letztlich ist in einer Einzelfallbetrachtung auf den nach der konkreten Vertragsgestaltung 7 gegebenen **Grad der für den ArbNStatus maßgeblichen persönlichen Abhängigkeit** abzustellen. Es muss eine dem Über-Unterordnungsverhältnis typische Weisungsabhängigkeit des Geschäftsführers in Bezug auf die Konkretisierung seiner Arbeitspflicht vorliegen (BAG 26.5.99 – 5 AZR 664/98, NZA 99, 987; ebenso differenzieren die Sozialgerichte → Rn 60 ff). Eine derartige Weisungsunterworfenheit fehlt stets, wenn der Geschäftsführer zugleich **Gesellschafter** der GmbH ist und nach seiner Kapitalbeteiligung einen so erheblichen Einfluss auf die Beschlussfassung der Gesellschafter hat, dass er jede ihm unangenehme Entscheidung verhindern kann (BAG 17.9.14 – 10 AZB 43/14, NZA 14, 1293). Bei einem **Fremdgeschäftsführer** wird das Erfordernis der persönlichen Abhängigkeit nur dann zu bejahen sein, wenn dieser einem umfassenden Direktionsrecht der Gesellschafter bzgl Zeit, Dauer, Ort und Art der Tätigkeitsausführung unterliegt. Das ist normalerweise nicht der Fall (BAG 13.5.92, ZIP 92, 1496). Allerdings kann sich die persönliche Abhängigkeit aus der besonderen Vertragsgestaltung ergeben, etwa wenn der Geschäftsführer vertraglich dem Hauptgesellschafter als „disziplinarischem Vorgesetzten mit Einspruchsrecht in Sachfragen" untersteht, wenn er dessen Zustimmung bei Einstellungen und Entlassungen benötigt und der Geschäftsführer Anschaffungen für die Gesellschaft nur in geringem Umfang tätigen darf (BAG 15.4.82, ZIP 83, 607).

**bb) Unionsbasierter Arbeitnehmerschutz.** Auf europarechtlicher Ebene wird der 8 Fremdgeschäftsführer neuerdings noch näher an den ArbN herangerückt und in **unionsbasierte ArbNSchutzvorschriften** einbezogen. Der EuGH betont, dass die unionsweite Angleichung des ArbNSchutzes ein einheitliches Begriffsverständnis erfordere (EuGH 9.7.15 – C-229/14 „Balkaya", NZA 15, 861; EuGH 11.11.10 – C-232/09 „Danosa", NZA 11, 143). Entspr hat er die Herausnahme des Fremdgeschäftsführers der GmbH aus den Schutzbestimmungen bei Massenentlassungen gem § 17 Abs 5 Nr 1 KSchG für europarechtswidrig erklärt; er sei als ArbN im unionsrechtlichen Sinne bei den Schwellenwerten des § 17 Abs 1 KSchG mit zu berücksichtigen (EuGH 9.7.15 – C-229/14, NZA 15, 861; dazu *Lunk/Hildebrand* NZA 16, 129). Da der EuGH insoweit auf das konkrete Unterordnungsverhältnis, insbes die Weisungsgebundenheit und freie Abrufbarkeit abstellt, wird entspr auch beim Gesellschafter-Geschäftsführer zu differenzieren sein. Auch wenn die Rspr zur MassenentlassungsRL nicht verallgemeinerungsfähig ist, bleibt jedenfalls eine Einbeziehung in weitere unionsbasierte Schutzvorschriften, zB MuSchG, AGG, ArbZG oder BUrlG abzuwarten. Nicht übertragbar dagegen ist die EuGH-Rspr auf §§ 1 ff KSchG, ArbGG, EFZG, §§ 85 ff SGB IX. Und auch dann ist grds der **nationale ArbNBegriff** zugrunde zu legen, wenn die Unionsnorm auf den nationalen Begriff ausdrücklich oder im Wege der Auslegung verweist, zB bei der BetriebsübergangsRL, LeiharbeitsRL, EntsendeRL BRatRL, BefristungsRL, und nur eine Harmonisierung national geprägter ArbNRechte herbeigeführt werden soll (*Boemke* RdA 18, 1; *Lunk* NZA 15, 917). Insgesamt befindet sich die Rspr derzeit im Fluss. Zur Anwendbarkeit einzelner arbeitsrechtlicher Vorschriften → Rn 22 ff.

**cc) Früheres Arbeitsverhältnis.** Anders gelagert sind dagegen die Fälle, in denen neben 9 dem Geschäftsführerdienstverhältnis ein Arbeitsverhältnis besteht. Dies ist einmal möglich, wenn bei der **Bestellung eines Arbeitnehmers einer GmbH zu deren Geschäftsführer** das bisherige Arbeitsverhältnis nicht aufgehoben wird. Dann stellt sich die Frage, ob der ursprüngliche Arbeitsvertrag weiterhin Grundlage der Geschäftsführertätigkeit bleibt. Nach der früheren BAG-Rspr sollte das bisherige Arbeitsverhältnis als ruhendes fortbestehen und mit Abberufung als Geschäftsführer mit seinem ursprünglichen Inhalt wiederaufleben (BAG 9.5.85, ZIP 86, 797; 13.3.87, ZIP 88, 919). In Abkehr hiervon hat das BAG zwischenzeitlich wiederholt klargestellt, dass in dem Abschluss des Geschäftsführervertrages die konkludente Aufhebung des früheren Arbeitsverhältnisses zu sehen sei. Ohne konkrete Anhaltspunkte für den Willen der Parteien, das ursprüngliche Arbeitsverhältnis ruhend fortbestehen zu lassen, sei von einer „automatischen" Vertragsumwandlung auszugehen (BAG 7.10.93, DB 94, 428; 8.6.2000 – 2 AZR 207/99, NZA 2000, 1013). Obwohl mit Inkrafttreten von § 623 BGB, der seit dem 1.5.2000 für die Aufhebung eines Arbeitsverhältnisses die Schriftform verlangt, diese Rspr in Frage gestellt wurde (*Bauer* GmbHR 2000, 767), bleibt das BAG – jedenfalls bei Abschluss eines schriftlichen Geschäftsführerdienstvertrags – bei der **Vermutung der einvernehmlichen Beendigung** des bis dahin bestehenden Arbeitsverhältnisses; das Schriftformerfordernis werde durch den **schriftlichen Dienstvertrag** gewahrt. Etwas anderes gelte nur, soweit dies die Parteien klar und eindeutig vereinbart haben (BAG 19.7.07 – 6 AZR 774/06, NZA 07, 1095; BAG 3.2.09 – 5 AZB 100/08, NZA 09, 669). Liegt der Geschäftsführerbestellung nur ein mündlicher Dienstvertrag zugrunde, soll hingegen eine konkludente Vertragsauflösung nicht in Betracht kommen. Enden in diesem Fall Organbestellung und freies Dienstverhältnis, lebt der ruhende Arbeitsvertrag wieder auf. Dann sind die Arbeitsgerichte zuständig und es besteht Kündigungsschutz (LAG Brem 2.3.06 – 3 Ta 9/06, NZA-RR 06, 321; LAG Nds 7.3.07 – 17 Ta 618/06, NZA-RR 07, 522). Allerdings spricht auch hier viel dafür, dass sich mit der Bestellung zum Geschäftsführer die Rechtsnatur des Vertragsverhältnisses in ein freies Dienstverhältnis wandelt (dazu *Stagat* DB 10, 2801). Für die Praxis ist im Hinblick auf die verbleibende Rechtsunsicherheit dringend zu empfehlen, im Zusammenhang mit der Bestellung zum Geschäftsführer eine ausdrückliche schriftliche Vereinbarung darüber zu treffen, ob das ursprüngliche Arbeitsverhältnis beendet sein soll.

10 **dd) Drittanstellungsfälle.** Die Frage nach der rechtlichen Einordnung der vertraglichen Beziehung ist ebenso differenziert zu betrachten, wenn die **Geschäftsführertätigkeit in einem anderen (Dritt)Unternehmen** ausgeübt wird und die Vertragspartner von Arbeitsvertrag und Geschäftsführeranstellungsvertrag auseinanderfallen (BAG 24.10.13 – 2 AZR 1078/12, NZA 14, 540). Das ist zB der Fall, wenn ein **ArbN der Konzernmutter** ohne gesonderten Neuabschluss eines Dienstvertrags zum Geschäftsführer der Tochter-GmbH berufen wird und ohne dass bei dessen Bestellung das bereits bestehende Arbeitsverhältnis aufgehoben wird. Zwar ist in diesem Fall die ArbNEigenschaft im Verhältnis zur GmbH grds zu verneinen, im Verhältnis zum Mutterkonzern kann sie jedoch bestehen bleiben, denn in der Bestellung zum Geschäftsführer allein kann noch keine stillschweigende Aufhebung oder Ruhendstellung des Arbeitsverhältnisses gesehen werden (BAG 20.10.95 – 5 AZB 5/95, NZA 96, 200; OLG Frankfurt 5.6.97 – 5 W 4/97, NZA-RR 97, 400). Wird der Geschäftsführer weiterhin **für beide Unternehmen tätig,** so entscheidet bei einem einheitlichen Vertragsverhältnis der Schwerpunkt der Tätigkeit über den Status. Nur wenn dieser auf der Geschäftsführertätigkeit liegt, ruht das Arbeitsverhältnis (BAG 24.8.1972 – 2 AZR 437/71, DB 1972, 2358 zu gemischten Verträgen). Auch bei der **GmbH & Co. KG** ist es möglich, dass ein ArbN der KG zum Geschäftsführer der Komplementär-GmbH bestellt wird und sein ursprünglicher Arbeitsvertrag weiterhin Grundlage seiner Tätigkeit bleibt. Dann ist die ArbNEigenschaft im Verhältnis zur GmbH grds zu verneinen, im Verhältnis zur KG kann sie jedoch bestehen bleiben (BAG 13.7.95 – 5 AZB 37/94, NZA 95, 1070; BAG 13.5.92 – 5 AZR 344/91, ZIP 92, 1496; BAG 15.4.82 – 2 AZR 1101/79, NJW 83, 2405). Auch hier entschied das BAG nach dem Schwerpunkt der ausgeübten Tätigkeit und dem dort bestehenden Grad der persönlichen Abhängigkeit.

11 **b) Anwendbarkeit von Arbeitsrecht.** Nicht anwendbar sind arbeitsrechtliche Gesetze, soweit diese Organmitglieder juristischer Personen von ihrem **Geltungsbereich ausdrücklich ausnehmen** (§ 5 Abs 2 Nr 1 BetrVG, §§ 14 Abs 1 Nr 1, 17 Abs 5 Nr 1 KSchG, § 5 Abs 1 S 3 ArbGG, § 3 Abs 1 S 2 MitbestG). Im Übrigen schließt die Verneinung des ArbNStatus eines Geschäftsführers nicht aus, gleichwohl **einzelne arbeitsrechtliche Normen oder Grundsätze** auf sein Anstellungsverhältnis **anzuwenden**. So hat der BGH eine dienstvertragliche Vereinbarung, die den GmbH-Geschäftsführer dem Schutz des KSchG unterstellt, für zulässig erachtet (BGH 10.5.10 – II ZR 70/09, NZA 10, 889). Zudem kann sich bei nationalen Normen, die der Umsetzung von EU-Recht dienen, eine unmittelbare Normanwendung im Wege europarechtskonformer Auslegung ergeben (→ Rn 8). Eine anerkannte Leitlinie hat sich aber bislang nicht herausgebildet. Letztlich entscheidend für die entspr Anwendung ist, ob ein Geschäftsführer auch bei Fehlen der für die Einordnung als Arbeitsverhältnis maßgeblichen persönlichen Abhängigkeit in einem **mit einem Arbeitnehmer vergleichbaren Maß wirtschaftlich abhängig** ist. Entspr herangezogen werden

können dann die arbeitsrechtlichen Normen und Grundsätze, welche dem Ausgleich dieser wirtschaftlichen Abhängigkeit dienen (*Lutter/Hommelhoff* GmbHG § 6 Anhang Rn 3; *Fleck* in FS Hilger/Stumpf, S 197, 226; *Henssler* RdA 92, 289). Sofern uU eine Einordnung als ArbNähnliche Person in Betracht kommt, kann insoweit der Anwendungsbereich einzelner arbeitsrechtlicher Regelungen eröffnet sein (*Boemke* RdA 18, 1).

**c) Einzelfälle. aa) AGB-Recht.** Das BAG hat den Abschluss des Dienstvertrags des Fremdgeschäftsführers dem Verbraucherschutz nach §§ 310 Abs 3 Nr 2, 13 BGB unterstellt; von der Gesellschaft vorformulierte Anstellungsverträge unterliegen einer Inhaltskontrolle nach §§ 305 ff BGB. Dies gilt grds auch dann, wenn der Vertrag nur zur einmaligen Verwendung bestimmt ist, solange der Geschäftsführer auf seinen Inhalt keinen Einfluss nehmen konnte (§ 310 Abs 3 BGB). Geschäftsführer einer GmbH sind nämlich bei Abschluss ihres Anstellungsvertrages als **„Verbraucher"** iSd § 13 BGB einzustufen, da die Geschäftsführung keine gewerbliche oder selbständige, sondern eine angestellte berufliche Tätigkeit ist. Hier übt der Geschäftsführer seine Tätigkeit im Namen und auf Rechnung der Gesellschaft aus und unterliegt im Innenverhältnis den Weisungen der Gesellschafter (BAG 19.5.10 – 5 AZR 253/09, NZA 10, 939). Ob die Einordnung als „Verbraucher" auch für Gesellschafter-Geschäftsführer gilt, die zumindest über eine Sperrminorität verfügen, hat das BAG ausdrücklich offen gelassen. 12

**bb) AGG.** Während sich der volle AGG-Schutz gem § 6 Abs 1 AGG nur auf ArbN erstreckt, ist nach dessen Abs 3 bei Selbständigen und Organmitgliedern der Schutz des AGG auf den **Zugang zur Erwerbstätigkeit und auf den beruflichen Aufstieg beschränkt.** Nach einem jüngeren BGH-Urteil ist auch die Entscheidung, einen auslaufenden befristeten Anstellungsvertrag nicht zu verlängern, an den Maßstäben des AGG zu messen; dabei wendet der BGH über den Gesetzeswortlaut hinaus auch die Vermutungsregelung des § 22 AGG analog an (BGH 23.4.12 – II ZR 163/10, NZA 12, 797). Ob der Fremdgeschäftsführer und der nicht beherrschende Gesellschafter-Geschäftsführer im Einzelfall in den weiteren Anwendungsbereich des § 6 Abs 1 Nr 1 AGG miteinbezogen werden können, ist bislang nicht geklärt. Hierfür ist entscheidend, ob der Regelung der **unionsrechtliche Arbeitnehmerbegriff** zugrunde liegt. Dies wird in der Literatur unterschiedlich gesehen. Es sprechen aber gute Gründe für eine europarechtskonforme Auslegung, da das AGG insgesamt fünf EU-Richtlinien umsetzt, die jeweils den unionsrechtlichen ArbNBegriff zugrunde legen (*Boemke* RdA 18, 1 mwN). Sofern eine Einbeziehung verneint wird, wird bei Vorliegen einer einem ArbN vergleichbaren sozialen Schutzbedürftigkeit uU der umfassende Diskriminierungsschutz für arbeitnehmerähnliche Personen gem § 6 Abs 1 Nr 3 AGG zu bejahen sein. 13

**cc) Altersversorgung.** Die bisherige gesetzliche Öffnung der Regelungen des BetrAVG in § 17 Abs 2 aF für ArbNähnliche Personen ist im neuen BetrAVG gestrichen worden. Allerdings gelten die Regelungen des BetrAVG gem § 17 Abs 1 S 2 BetrAVG entspr für Personen, die nicht ArbN sind, denen aber Leistungen der Alters-, Invaliditäts- oder Hinterbliebenenversorgung aus Anlass ihrer Tätigkeit für ein Unternehmen zugesagt worden sind. Hiervon erfasst werden nach der Rspr grds auch Geschäftsführer, nicht aber solche, die sowohl vermögens- als auch einflussmäßig dem Unternehmen derart verbunden sind, dass sie es als eigenes betrachten können (BGH 28.4.80 – II ZR 254/78, NJW 80, 2254; BGH 23.1.03 – IX ZR 39/02, NZA 03, 439). 14

**dd) Arbeitszeit.** Während früher gem § 1 Abs 2 Nr 2 AZO die „im Handelsregister eingetragenen Vertreter" ausdrücklich von der Anwendung des Gesetzes ausgenommen waren, fehlt eine solche Bestimmung in § 18 ArbZG. Gleichwohl kommt eine (entspr) Anwendung des ArbZG auf Geschäftsführer nicht in Betracht, zumal das Gesetz selbst leitende Angestellte ausdrücklich aus seinem Anwendungsbereich ausnimmt (§ 18 Abs 1 Nr 1 ArbZG). Allerdings bleibt nach der jüngeren Tendenz der Rspr eine Einbeziehung des Fremdgeschäftsführers in das unionsbasierte ArbZG (ArbeitszeitRL 2003/88/EG) abzuwarten, → Rn 8. 15

**ee) Beschäftigungsanspruch.** Ein Anspruch auf tatsächliche Beschäftigung wie bei ArbN (→ *Beschäftigungsanspruch* Rn 1 ff) besteht für Geschäftsführer grds nicht; er verträgt sich nicht mit der gesetzlich vorgesehenen Möglichkeit des jederzeitigen Widerrufs der Bestellung gem § 38 Abs 1 GmbHG (*Lutter/Hommelhoff* Anh § 6 Rn 28). Dem Geschäftsführer bleibt nur der Anspruch auf Annahmeverzugslohn gem § 615 BGB sowie das Recht 16 zur fristlosen Kündigung des Anstellungsvertrags. Ein Anspruch auf Schadenersatz gem § 628 Abs 2 BGB besteht nicht (BGH 28.10.02 – II ZR 146/02, GmbHR 03, 100). Ein weitergehender Anspruch auf Beschäftigung in anderer leitender Position setzt eine entspr vertragliche Regelung voraus (BGH 11.10.10 – II ZR 266/08, BB 10, 2577; weitergehend *Leuchten* GmbHR 01, 750). Daraus folgt umgekehrt, dass ein abberufener Geschäftsführer grds auch nicht verpflichtet ist, zur Aufrechterhaltung seines Vergütungsanspruchs Positionen unterhalb der Geschäftsführerebene anzunehmen (*Kothe-Heggemann/Schelp* GmbHR 11, 75; zur Frage der Anwendbarkeit des § 615 S 2 BGB bei Ablehnung der Alternativtätigkeit *Bork* NZA 15, 199).

17 **ff) Betriebliche Übung.** Ansprüche aus betrieblicher Übung bestehen im Regelfall nicht, da das gesellschaftsrechtliche Treueverhältnis zwischen einer GmbH und ihrem Geschäftsführer nicht mit der arbeitsrechtlichen Treuebeziehung zwischen ArbGeb und ArbN vergleichbar ist (*Nebendahl* NZA 92, 289, 293).

18 **gg) Betriebsrisikolehre.** Die Betriebsrisikolehre (§ 615 S 3 BGB) ist grds für Geschäftsführer einschlägig (BGH 11.7.53, NJW 53, 1465). Der Besonderheit der Geschäftsführertätigkeit ist aber insofern Rechnung zu tragen, als die Betriebsrisikolehre nicht angewandt werden darf, wenn die eingetretene Betriebsstörung dem Verantwortungsbereich des Geschäftsführers zuzurechnen ist (*Fleck* Festschrift Hilger/Stumpf, S 197, 218 ff; *Henssler* RdA 92, 289).

19 **hh) Gleichbehandlung.** Der allgemeine Gleichbehandlungsgrundsatz ist prinzipiell anwendbar für Geschäftsführer, welche nicht oder nicht nennenswert an der GmbH beteiligt sind (BGH 14.5.90, GmbHR 90, 389). Gleichbehandlung kann **regelmäßig nur mit anderen Geschäftsführern** verlangt werden. Eine Gleichbehandlung mit leitenden Angestellten kann nur dann verlangt werden, wenn der Anstellungsvertrag des Geschäftsführers und die Arbeitsverträge der leitenden Angestellten ausnahmsweise gleichartig gestaltet sind. Bereits der Umstand, dass Geschäftsführer in deutlich stärkerem Maße über Tantiemen am Unternehmenserfolg beteiligt sind, kann diese Vergleichbarkeit zerstören (*Henssler* RdA 92, 289).

20 **ii) Kündigungsfrist.** In Rspr und Literatur ist umstritten, ob für die **ordentliche Kündigung** des Anstellungsverhältnisses des GmbH-Geschäftsführers die Kündigungsfristen für Dienstverhältnisse nach § 621 BGB oder für Arbeitsverhältnisse nach § 622 Abs 1 BGB Anwendung finden. Während das BAG § 622 BGB nach dessen eindeutigen Wortlaut nur auf Arbeitsverhältnisse anwendet und auch bei arbeitnehmerähnlichen Personen eine entspr Anwendung verneint (BAG 8.5.07 – 9 AZR 777/06, BeckRS 2007, 47174), hat sich der BGH – trotz genereller Verneinung der ArbNEigenschaft – für eine **analoge Anwendung des § 622 Abs 1 BGB** ausgesprochen, sofern es sich nicht um den herrschenden Gesellschafter handelt (st Rspr BGH 26.3.84 – II ZR 120/83, NJW 84, 2528). Für die Auffassung des BGH spricht, dass der Geschäftsführer trotz der Ausübung von ArbGebFunktionen wegen seiner Dienstverpflichtung und der hieraus resultierenden Vergütungsansprüche in Bezug auf die Kündigungsfrist einem ArbN vergleichbar schutzwürdig ist (so auch die wohl hM: MüKoBGB/*Hesse* § 621 Rn 12; ErfK/*Müller-Glöge* BGB § 622 Rn 7 mwN; LAG Köln 18.11.98 – 2 Sa 1063/98, NZA-RR 99, 300; aA Schaub/*Vogelsang* § 14 Rn 25; *Hümmerich* NJW 95, 1177 ff). Dies spricht dafür, auch die verlängerten Kündigungsfristen des § 622 Abs 2 BGB entspr der Beschäftigungsdauer anzuwenden (LAG Köln 18.11.98 – 2 Sa 1063/98, NZA-RR 99, 300).

21 Für den **beherrschenden Gesellschafter-Geschäftsführer** stellt sich diese Frage im Regelfall nicht, da dessen Anstellungsvertrag grds nicht gegen seinen Willen gekündigt werden kann. Anders ist es dagegen, wenn die Kündigung einem anderen Organ – etwa einem Beirat – übertragen ist, auf das der beherrschende Gesellschafter-Geschäftsführer keinen entscheidenden Einfluss nehmen kann; dann gilt für ihn ebenfalls § 622 Abs 1 BGB (*Lutter/Hommelhoff* GmbHG Anh § 6 Rn 53).

22 **jj) Kündigungsschutz.** Bei einer Kündigung durch die Gesellschaft kommt der **allgemeine Kündigungsschutz** nach dem KSchG unabhängig von einer rechtlichen Qualifikation als Arbeitsverhältnis wegen § 14 Abs 1 Nr 1 KSchG **nicht zur Anwendung** (BAG 25.10.07 – 6 AZR 1045/06, NZA 08, 168). Insoweit ist die Kündigung lediglich anhand der allgemeinen Schranken, insbes §§ 134, 138 BGB, zu messen (BGH 10.5.10 – II ZR 70/09, NZA 10, 889). Auch die Anwendbarkeit von **Normen des Sonderkündigungs-**

**schutzes** ist grds zu verneinen (BGH 9.2.78, DB 78, 878). Etwas anderes kann für unionsbasierten ArbNSchutz gelten. So wird nach der „Danosa"-Entscheidung (EuGH 11.11.10 – C-232/09, NZA 11, 143) eine schwangere Geschäftsführerin wohl auch in Deutschland im Wege der richtlinienkonformen Auslegung des § 1 Nr 1 MuSchG Sonderkündigungsschutz genießen (→ Rn 8, ErfK/*Schlachter* § 1 MuSchG Rn 3). Ebenso hat der BGH die Kündigung eines Geschäftsführers der Diskriminierungskontrolle nach dem AGG unterworfen (BGH 26.3.19 – II ZR 244/17, NZA 19, 706). Dagegen wird der Schwerbehindertenschutz nach SGB IX von der Rspr abgelehnt (OLG Düsseldorf 18.10.12 – I-6 U 47/12, BeckRS 2013, 06762). § 102 BetrVG greift unabhängig vom Vorliegen eines Arbeitsverhältnisses nicht ein, da Organmitglieder gem § 5 Abs 2 Nr 1 BetrVG nicht als ArbN iSd BetrVG gelten (zur Anwendbarkeit einzelner Normen s *Boemke* RdA 18, 1). Zur Kündigung im Einzelnen → Rn 27 ff.

**kk) Urlaub.** Geschäftsführer haben keinen gesetzlichen Mindesturlaubsanspruch (§ 2 BUrlG), wohl aber nach hM Anspruch auf Urlaubsabgeltung bei Vertragsende (*Neumann/Fenski* BUrlG § 2 Rn 34 f). Allerdings ist hier die ArbeitszeitRL 2003/88/EG zu beachten, wonach der dort in Art 7 geregelte Mindestjahresurlaub von vier Wochen ArbN erfasst, die im unionrechtlichen Sinne ArbNEigenschaft aufweisen. Insoweit dürfte das Unionsrecht mit der deutschen Rechtslage kollidieren. Hier bleibt die weitere Entwicklung abzuwarten (*Commandeur/Kleinebrink* NZA-RR 17, 449). 23

**ll) Zeugnis.** § 630 BGB findet auf Geschäftsführer entspr Anwendung (KG Bln 6.11.78, BB 79, 988). Die im Arbeitsrecht für ArbN entwickelten Grundsätze über die Erteilung von Zeugnissen gelten auch hier, allerdings mit den Einschränkungen, die sich aus der herausgehobenen Stellung eines Geschäftsführers ergeben. 24

**d) Vertragsgestaltung.** Wegen der überwiegenden Unanwendbarkeit arbeitsrechtlicher Normen und Grundsätze kommt den dienstvertraglichen Klauseln große Bedeutung zu. Im Hinblick auf die dargestellten Rechtsunsicherheiten sind in der Praxis Vereinbarungen über die Vertragslaufzeit, Kündigungsfristen, Entgeltfortzahlung im Krankheitsfall sowie Urlaub und Elternzeit dringend zu empfehlen. Denn der Geschäftsführer hat ohne vertragliche Regelung regelmäßig keinen Anspruch auf gesetzlichen Sozialschutz. Eine privatautonom vereinbarte Anwendung von Schutzvorschriften, wie etwa der KSchG-Vorschriften, steht nach der Rspr des BGH auch nicht dem Grundsatz der Trennung von Anstellung und Bestellung gem § 38 Abs 1 GmbHG entgegen (BGH 10.5.10 – II ZR 70/09, NZA 10, 889). 25

**4. Abberufung und Kündigung des Anstellungsvertrags. a) Abberufung.** Für die Beendigung der Organstellung ist eine Abberufung des Geschäftsführers (= Widerruf der Bestellung → Rn 3) gem § 38 GmbHG erforderlich, die – ebenso wie die freiwillige Amtsniederlegung des Geschäftsführers (BGH 8.2.93, BB 93, 675) – grds jederzeit und **ohne Grund** möglich ist. Es kann aber gem § 38 Abs 2 GmbHG im Gesellschaftsvertrag bestimmt werden, dass die Abberufung nur aus wichtigem Grund zulässig sein soll. **Im Geltungsbereich der Mitbestimmungsgesetze** bedarf die Abberufung infolge der Verweisung auf das AktG zwingend eines wichtigen Grundes. Bei der Bestimmung dessen, was als wichtiger Grund einzuordnen ist, ist wiederum zwischen der mitbestimmten und nicht mitbestimmten GmbH zu unterscheiden. Während es bei der nicht mitbestimmten GmbH zulässig ist, Abberufungsgründe im Gesellschaftsvertrag als wichtig zu qualifizieren, auch wenn sie dies bei objektiver Betrachtung nicht sind, ist dies in der mitbestimmten GmbH nicht zulässig (*Raiser/Veil* MitbestG § 31 MitbestG Rn 37; *Baumbach/Hueck/Zöllner* GmbHG § 38 Rn 4). Umgekehrt ergibt sich eine erweiterte Zulässigkeit der Abberufung im Bereich der Mitbestimmung, da der Vertrauensentzug durch die Anteilseignerversammlung kraft ausdrücklicher gesetzlicher Anweisung in § 84 Abs 3 AktG einen Abberufungsgrund liefert (*Raiser/Veil* MitbestG § 31 MitbestG Rn 38). Das Recht zur Abberufung aus wichtigem Grund findet seine Grenze im **Grundsatz von Treu und Glauben:** Dieser verbietet es, zB die Abberufung auf Vorgänge zu stützen, die der Gesellschaft bereits bei der Bestellung bekannt waren (BGH 12.7.93 – II ZR 65/92, DB 93, 1814). 26

**b) Kündigung des Anstellungsvertrages. aa) Allgemeines.** Die Abberufung des Geschäftsführers hat wegen der rechtlichen Trennung von Organstellung und Anstellungsverhältnis nicht zugleich die Kündigung des Anstellungsvertrags zur Folge. Es ist aber 27 zulässig, den Bestand des Anstellungsvertrags durch eine sog **Kopplungsklausel** von dem der Organstellung abhängig zu machen. Eine solche Klausel führt dazu, dass der Anstellungsvertrag unter die auflösende Bedingung des Verlustes der Organstellung nach § 158 Abs 2 BGB gestellt wird. Der Widerruf der Bestellung führt dann zur gleichzeitigen Beendigung des Dienstvertrags, allerdings nicht mit sofortiger Wirkung, sondern unter Einhaltung der Kündigungsfrist des § 622 Abs 1 BGB (BGH 21.6.99 – II ZR 27–98, NJW 99, 3263; Henssler/Strohn/*Oetker* GmbHG § 35 Rn 100). Bei der Kündigung des Anstellungsvertrages ist zwischen der ordentlichen und der außerordentlichen Kündigung zu unterscheiden. Die Schriftform ist grds nicht zu wahren, da § 623 BGB nur für die Kündigung von Arbeitsverhältnissen gilt (BGH 10.5.10 – II ZR 70/09, NZA 10, 889 mit Verweis auf BAG 10.6.06 – 5 AZR 592/05, NZA 08, 168 und Anm *Bauer*).

28 **bb) Ordentliche Kündigung.** Die ordentliche Kündigung des Anstellungsvertrages ist nur zulässig, wenn dieser nicht auf bestimmte Zeit abgeschlossen worden ist oder die Zustimmung des Betroffenen erforderlich ist (BGH 27.10.86, NJW 87, 1890). In der mitbestimmten GmbH ist die ordentliche Kündigung grds ausgeschlossen. Die Möglichkeit einer ordentlichen Kündigung ist nicht damit zu vereinbaren, dass die Abberufung von Geschäftsführern dort einen wichtigen Grund zwingend voraussetzt (*Rowedder/Schmidt-Leithoff/Baukelmann* § 38 Rn 41). Der **allgemeine Kündigungsschutz** gem § 1 KSchG findet nach § 14 Abs 1 KSchG **keine Anwendung** und zwar auch dann nicht, wenn der Geschäftsführerbestellung ein Arbeitsverhältnis zugrunde liegt (BAG 25.10.07 – 6 AZR 1045/06, NZA 08, 168). Insoweit kommt es nach der Rspr des BAG auf die **rein formale Stellung als Organmitglied** an. Das BAG hat weitergehend nun angedeutet, dass es auf die Fiktion des § 14 Abs 1 Nr 1 KSchG keinen Einfluss haben soll, ob der Geschäftsführer im Zeitpunkt des Zugangs der Kündigung sein Amt noch innehabe oder es bereits durch vorzeitige Amtsniederlegung oder Widerruf der Bestellung durch die Gesellschaft beendet sei (BAG 21.9.17 – 2 AZR 865/16, NZA 18, 385; einschränkend noch: BAG 5.6.08 – 2 AZR 754/06, NZA 08, 1002). Damit würde dem Geschäftsführer der Weg versperrt, sich durch vorzeitige Amtsniederlegung in den Kündigungsschutz hineinzubefördern. Etwas anderes kann aber gelten, wenn ausnahmsweise noch ein zusätzliches ruhendes Arbeitsverhältnis besteht (→ Rn 9) oder die Geltung des KSchG ausdrücklich vereinbart wurde (BGH 10.5.10 – II ZR 70/09, BB 10, 2571). Ist ein ArbN im Rahmen seines Arbeitsverhältnisses (auch) zum Geschäftsführer eines anderen (Tochter-)Unternehmens bestellt, steht die Bestellung nicht dem Kündigungsschutz im Verhältnis zum VertragsArbGeb entgegen (*Bauer/Arnold* DB 08, 350). Zur Kündigungsfrist → Rn 20.

29 **cc) Außerordentliche Kündigung.** Die außerordentliche Kündigung ist gem § 626 BGB aus **wichtigem Grund** zulässig. Ein solcher liegt vor, wenn dem Kündigenden wegen bestimmter Tatsachen die Fortsetzung des Anstellungsverhältnisses bis zum Ablauf der Befristung bzw bis zum Ablauf der ordentlichen Kündigungsfrist nicht zugemutet werden kann. Eine Mitteilung des Kündigungsgrundes bei Ausspruch der Kündigung ist nicht erforderlich; zum Zeitpunkt der Kündigung bereits vorhandene Kündigungsgründe können auch nachträglich geltend gemacht werden (BGH 16.1.95, BB 95, 477). Eine vorherige **Abmahnung** durch die Gesellschafterversammlung ist grds nicht erforderlich (BGH 10.9.01 – II ZR 14/00, BB 01, 2239; BGH 14.2.2000 – II ZR 218/98, NZA 2000, 543). Ein fehlerhafter, als wirksam zu behandelnder, Anstellungsvertrag kann aber für die Zukunft grds jederzeit auch ohne wichtigen Grund gekündigt werden (BGH 20.8.19 – II ZR 121/16, NZA-RR 19, 524).

30 Bei der Feststellung, ob ein wichtiger Grund gegeben ist, sind alle konkreten **Umstände des Einzelfalles** und die widerstreitenden Interessen gegeneinander abzuwägen (*Lutter/Hommelhoff* GmbHG Anh § 6 Rn 57). Aus dieser Definition folgt, dass nicht jeder wichtige Abberufungsgrund zugleich einen wichtigen Grund für die außerordentliche Kündigung des Anstellungsverhältnisses darstellt (BGH 23.2.61, WM 61, 569). So stellt der gem § 84 Abs 3 AktG bei der mitbestimmten GmbH anerkannte wichtige Grund für den Widerruf der Bestellung, der Entzug des Vertrauens durch die Anteilseignerversammlung, einen wichtigen Kündigungsgrund nur dann dar, wenn ein nicht bloß geringfügiges Verschulden des Geschäftsführers dahintersteht (BGH 8.12.77, DB 78, 481, 482).

31 Im Regelfall wird der Grund für den Ausspruch einer außerordentlichen Kündigung des Anstellungsvertrages darin liegen, dass sich die Gesellschaft wegen eines **vorwerfbaren**

**Fehlverhaltens** des Geschäftsführers vom Vertrag lösen will. Denkbar ist allerdings auch, dass die Kündigung durch die Verhältnisse der Gesellschaft, etwa einen **massiven wirtschaftlichen Niedergang,** veranlasst ist. Bei einer Kündigung, welche ihren Grund nicht in dem Verhalten des Geschäftsführers hat, ist bei der erforderlichen Interessenabwägung verstärkt die Restlaufzeit des Anstellungsvertrages einzubeziehen. Je eher eine ordentliche Kündigung möglich ist bzw die Befristungszeit abläuft, desto schärfere Anforderungen sind an die Wichtigkeit des Kündigungsgrundes zu stellen (BGH 27.10.86, NJW 87, 1889).

Einen **wichtigen Kündigungsgrund** kann zB darstellen: ein massiver und nicht kor- 32
rigierbarer Rückgang der Geschäfte (BGH 21.4.75, WM 75, 761), Unfähigkeit zur Amtsführung (BGH 29.1.76, WM 76, 378, 380), ständiger Widerspruch gegen Gesellschafterweisungen (OLG Düsseldorf 15.11.84, ZIP 84, 1476, 1478), unüberbrückbare Meinungsverschiedenheiten zwischen den Geschäftsführern (OLG Koblenz 29.4.86, ZIP 86, 1120), Verschwiegenheitsverstoß nach Widerruf der Bestellung (OLG Hamm 7.11.84, GmbHR 85, 157), heimliche oder ungerechtfertigte Auszahlung eines Bonus an sich selbst (dazu BGH 9.11.92, GmbHR 93, 33; OLG Hamm 24.6.94, GmbHR 95, 732), missbräuchliche Ausnutzung von Erwerbschancen der Gesellschaft für sich selbst (BGH 13.2.95, DB 95, 970), ungerechtfertigte Amtsniederlegung (OLG Celle 31.8.94, GmbHR 95, 728), systematische Vorenthaltung von Informationen über die Buchführung (BGH 26.6.95, GmbHR 95, 653), Verletzung der Pflicht zur Überwachung der wirtschaftlichen Entwicklung der Gesellschaft (BGH 20.2.95, GmbHR 95, 299).

Der vertraglichen **Disposition** unterliegt der Begriff des „wichtigen Grundes" nur in 33
begrenztem Umfang. So können in der nicht mitbestimmten GmbH bestimmte Sachverhalte unabhängig von ihrem tatsächlichen Gehalt als wichtige Gründe iSd § 626 BGB vereinbart werden. Üblich ist etwa die Vereinbarung, dass die Beendigung der Organstellung die Kündigung des Dienstvertrages legitimieren soll (kritisch *Bauer/Diller* GmbHR 98, 809). Zu beachten ist dabei allerdings, dass in dem Fall, dass der Abberufungsgrund objektiv keinen wichtigen Grund für die sofortige Auflösung des Anstellungsverhältnisses darstellt, dieses nur unter Wahrung der ordentlichen Kündigungsfrist sein Ende findet (BGH 11.5.81, BB 81, 1232). Umgekehrt ist ein vertraglicher Ausschluss objektiv wichtiger Kündigungsgründe unzulässig (BGH 16.1.95, BB 95, 477; *Rowedder/Schmidt-Leithoff/Baukelmann* § 38 Rn 47). Eine unzulässige Einschränkung des Kündigungsrechts gem § 626 BGB ist auch in der Vereinbarung einer Abfindung für den Fall der fristlosen Kündigung im Anstellungsvertrag zu sehen (BGH 3.7.2000 – II ZR 282/98, GmbHR 2000, 876).

Die außerordentliche Kündigung gem § 626 Abs 2 BGB ist nur innerhalb einer Frist 34
von **zwei Wochen** ab „sicherer und umfassender Kenntnis der maßgeblichen Kündigungsgründe" (BGH 26.2.96, DB 96, 1030) zulässig. Umstritten ist in diesem Zusammenhang, **auf wessen Kenntnis** abzustellen ist: die einzelner Gesellschafter, einer Gesellschafterminderheit, welche die Gesellschafterversammlung einberufen lassen könnte, aller Gesellschafter oder die Kenntnis der zur Beschlussfassung zusammengetretenen Gesellschafterversammlung (zum Meinungsstand *Rowedder/Schmidt-Leithoff/Baukelmann* § 38 Rn 48). Ein Abstellen auf die Kenntnis einzelner Gesellschafter bzw auf die Kenntnis einer zur Einberufung der Gesellschafterversammlung berechtigten Minderheit von Gesellschaftern erscheint nicht sachgerecht, da der einzelne Gesellschafter nicht verpflichtet ist, seine Kenntnis dazu zu verwenden, die Gesellschafterversammlung einzuberufen. Sachgerecht und für die Praxis maßgebend ist die Auffassung des BGH, wonach die **Kenntnis aller Gesellschafter** von den Kündigungstatsachen erforderlich ist, damit die Frist beginnt (BGH 17.3.80, WM 80, 957; 9.11.92, WM 92, 2142). Dabei reicht eine Kenntnis aller Gesellschafter, die außerhalb der Gesellschafterversammlung erlangt wurde, entgegen der früheren Rspr (zuletzt BGH 2.6.97 – II ZR 101/96, DStR 97, 1338) nicht aus. Nach der jetzt maßgeblichen Auffassung des BGH kommt es auf die Kenntnis der Gesellschafter „in ihrer Eigenschaft als Mitwirkende an der kollektiven Willensbildung" an, die grds nur innerhalb der Gesellschafterversammlung erlangt werden kann. Wird allerdings die Einberufung der Gesellschafterversammlung von ihren einberufungsberechtigten Mitgliedern nach Kenntniserlangung von dem Kündigungssachverhalt unangemessen verzögert, so muss sich die Gesellschaft so behandeln lassen, als wäre die Gesellschafterversammlung mit der billigerweise zumutbaren Beschleunigung einberufen worden (BGH 15.6.98 – II ZR 318/96, GmbHR 98, 827).

**dd) Kündigung** des Anstellungsvertrages **durch den Geschäftsführer** ist prinzipiell unter denselben Voraussetzungen zulässig wie die der Gesellschaft.

35 **5. Betriebsübergang und Gesamtrechtsnachfolge.** Bei einem rechtsgeschäftlichen **Betriebsübergang** geht das Anstellungsverhältnis des Geschäftsführers nicht gem § 613a BGB auf den Betriebserwerber über, es sei denn, der Geschäftsführer wäre ausnahmsweise als ArbN einzustufen. § 613a BGB gilt nur für ArbN und ist auch nicht entspr auf Geschäftsführer anwendbar (BAG 13.2.03 – 8 AZR 654/01, NZA 03, 552). Die Stellung der vertretungsberechtigten Organmitglieder ist derart vom Vertrauen der sie bestellenden Personen anhängig, dass es nicht angeht, das gesamte Dienstverhältnis kraft Gesetzes auf einen anderen Dienstherrn übergehen zu lassen (OLG Celle 15.6.77, DB 77, 1840). Auch aus europarechtlichen Gründen (→ Rn 8) ergibt sich hier nichts anderes, da Art 2 Abs 1d der RL 2001/23/EG auf den AN-Begriff der Mitgliedstaaten verweist. Anders ist es dagegen bei der gesellschaftsrechtlichen **Gesamtrechtsnachfolge.** Hier geht grds das Anstellungsverhältnis eines Geschäftsführers beim Rechtsvorgänger auf den Rechtsnachfolger über (BAG 21.9.94, NJW 95, 675 mwN für den Fall der Verschmelzung zweier GmbHs). Allerdings führt die gesellschaftsrechtliche Gesamtrechtsnachfolge regelmäßig gleichzeitig zum Erlöschen der Organstellung des bisherigen Geschäftsführers. Dieser Umstand hat jedoch nach Auffassung des BAG (21.2.94, NJW 95, 675, 676; OLG Bbg 29.2.96, NZA-RR 96, 406) keine Auswirkungen auf den Inhalt des Anstellungsverhältnisses; insbes wandele sich dies nicht automatisch in ein Arbeitsverhältnis. Konsequenz ist, dass in dem Fall, dass die in dem Anstellungsvertrag vereinbarten Tätigkeiten derart mit der Bestellung zum Geschäftsführer verknüpft sind, dass diese Tätigkeiten nach Wegfall der Organstellung nicht ausgeübt werden können, die Beschäftigungspflicht des (ehemaligen) Geschäftsführers entfällt. Dieser hat ein Recht zur außerordentlichen Kündigung. Der Rechtsnachfolger bleibt zur Vergütungszahlung gem § 615 BGB verpflichtet. Der Zahlungsanspruch gem § 615 BGB entfällt jedoch gem § 615 S 2 BGB, wenn der Rechtsnachfolger dem (ehemaligen) Geschäftsführer eine zumutbare andere leitende Tätigkeit anbietet und der Geschäftsführer dieses Angebot ausschlägt. Ist die ordentliche Kündigung ausgeschlossen, kann eine außerordentliche Kündigung durch den Rechtsnachfolger nur ausnahmsweise in Betracht kommen, wenn eine Vereinbarung über eine anderweitige Beschäftigung scheitert und die Verpflichtung zur Vergütungszahlung im Hinblick auf die Restlaufzeit des Vertrages langfristig bestehen bliebe.

36 **6. Streitigkeiten. a) Grundsatz.** Unabhängig davon, ob Geschäftsführer ausnahmsweise als ArbN einzustufen sind oder nicht, ist für deren vertragliches Verhältnis zur Gesellschaft der Rechtsweg zu den ArbG regelmäßig nicht eröffnet; denn **kraft Fiktion** nimmt **§ 5 Abs 1 Satz 3 ArbGG** Organmitglieder juristischer Personen von seinem Anwendungsbereich aus (BAG 20.8.03 – 5 AZB 79/02, NZA 03, 1108; zum Geschäftsführer einer Vor-GmbH: BAG 13.5.96, BB 96, 1774). Der Fremdgeschäftsführer ist idR eine arbeitgeberähnliche Person iSd § 5 Abs 1 S 2 ArbGG. Für die Abgrenzung der Zuständigkeit nationaler Gerichte kommt eine unionsrechtsbasierte Auslegung des ArbNBegriffs nicht in Betracht (BAG 21.1.19 – 9 AZB 23/18, NZA 19, 490; hierzu *Mohr/Bourazeri* NZA 19, 595). Beim Landgericht fällt der Rechtsstreit zwischen Geschäftsführer und Gesellschaft in die **Zuständigkeit der Kammern für Handelssachen**, was allerdings zu beantragen ist (§§ 95, 96 GVG).

37 **b) Ausnahmen.** Die Fiktion des § 5 Abs 1 S 3 ArbGG **endet** mit der **Abberufung als Organvertreter** oder mit der **Amtsniederlegung.** Maßgeblich sind grds die Umstände bei Klageerhebung. Nach neuerer BAG-Rspr entfaltet die Vorschrift aber bereits dann **keine Sperrwirkung,** wenn die Abberufung oder die Amtsniederlegung nach Klageerhebung, aber vor rechtskräftiger Entscheidung über die Rechtswegzuständigkeit erfolgt (BAG 22.10.14 – 10 AZB 46/14, NZA 15, 60; BAG 3.12.14 – 10 AZB 98/14, NZA 14, 180). Die Fiktion greift also nur solange, wie auch das Amt des Geschäftsführers besteht. Folglich fällt die Fiktion erst mit dem Wirksamwerden der Abberufung weg und nicht bereits ihrer Erklärung, wenn die Abberufung erst zu einem späteren Zeitpunkt wirksam werden soll (LAG Hamm 13.3.19 – 2 Ta 586/18, NZA-RR 19, 443; hierzu *Lunk* NZA-RR 19, 406). Bei der Amtsniederlegung endet die Fiktionswirkung, wenn die Erklärung über die Amtsniederlegung bei den Gesellschaftern oder einem der gesetzlichen Vertreter zugeht (BAG 3.12.14 – 10 AZB 98/14, NZA 14, 180). Damit kann die Zuständigkeit der ArbG nach-

träglich eintreten. Allerdings hat das Ende der Fiktionswirkung nicht zur Folge, dass die klagende Partei nunmehr automatisch als ArbN anzusehen wäre. Vielmehr muss sich bei streitiger Tatsachengrundlage ihr Klagebegehren zumindest auf spezifisch arbeitsrechtliche Tatbestände stützen (LAG Köln 24.1.17 – 7 Ta 221/16, BeckRS 2017, 108067; vgl *Stagat* NZA 15, 193). In diesem Fall sind die ArbG auch für arbeitsrechtliche Ansprüche zuständig, die aus einer Zeit stammen, in dem die Organstellung noch bestanden hat (BAG 8.9.15 – 9 AZB 21/15, NZA 15, 1342). Die Fiktion greift ebenfalls nicht, wenn Ansprüche geltend gemacht werden, die ausschließlich auf einer arbeitsrechtlichen Grundlage bestehen, etwa die **Feststellung des Bestehens eines Arbeitsverhältnisses** (sog sic-non Fall). § 5 Abs 1 S 3 ArbGG sperrt auch dann nicht, wenn nach den oben unter → Rn 9 ff dargestellten Grundsätzen neben dem Anstellungsverhältnis, das der Bestellung zum Geschäftsführer zugrunde liegt, ein **weiteres (ruhendes) Arbeitsverhältnis** besteht und sich der Rechtsstreit auf dieses Arbeitsverhältnis bezieht (BAG 15.3.11 – 10 AZB 32/10, NZA 11, 874).

**7. Muster.** S Online-Musterformulare *„M9.5 Geschäftsführervertrag"* u *„M25.3 Geschäftsführererfindung"*. 38

## B. Lohnsteuerrecht *Seidel*

**1. Arbeitnehmereigenschaft.** Die Frage nach der ArbNEigenschaft ist unabhängig vom Umfang der Vertretungsbefugnisse des Geschäftsführers im Innenverhältnis anhand einer Vielzahl in Betracht kommender Merkmale nach dem Gesamtbild der Verhältnisse zu beurteilen; dabei gelten für die ESt, GewSt und USt dieselben Grundsätzen. Der arbeits- und sozialversicherungsrechtlichen Behandlung kommt für die steuerrechtliche Beurteilung zwar indizielle Bedeutung zu, eine rechtliche Bindung besteht jedoch nicht (BFH 9.7.12 – VI B 38/12, BFH/NV 12, 1968). Allerdings sieht der achte Senat des BFH GmbH-Gesellschafter-Geschäftsführer, die mindestens 50% des Stammkapitals innehaben, wohl regelmäßig als Selbständige an (BFH 20.10.10 – VIII R 34/08, DStR 11, 911). Er bestätigt damit die Ansicht des sechsten Senats im Urteil vom 2.12.05 – VI R 16/03, DStR 06, 365. Dagegen sieht der erste Senat (29.3.17 – I R 48/16, BFH/NV 17, 1316) zwar die Indizwirkung bei einer Beteiligung über 50%. Eine Beteiligung in der Höhe schließe allerdings die ArbN-Eigenschaft des Geschäftsführers nicht regelmäßig aus, es komme vielmehr weiterhin auf das Gesamtbild der Verhältnisse an. Die Aussage des achten Senats sei ausschließlich im Hinblick auf das Sozialversicherungsrecht zu verstehen. Dem folgt das FG Düsseldorf 24.4.18 – 14 K 2347/15 G EFG 18, 1287 (→ Rn 41 und → *Arbeitnehmer (Begriff)* Rn 31 ff sowie → *Sozialversicherungsbeiträge* Rn 16). Der am Unternehmen nicht beteiligte Geschäftsführer eines **Einzelunternehmens** oder einer **Personengesellschaft** ist steuerrechtlich regelmäßig ArbN, bei Beteiligung am Unternehmen Mitunternehmer iSd § 15 Abs 1 Nr 2 EStG und damit steuerrechtlich als selbstständig anzusehen (→ *Arbeitnehmer (Begriff)* Rn 36, 37). Zu ArbGebAnteilen eines atypisch stillen Gesellschafters (Mitunternehmer), der sozialversicherungsrechtlich als ArbN angesehen wird s BFH 30.8.07 – IV R 14/06, BStBl II 07, 942 (Bestätigung der st Rechtsprechung). Auch die Geschäftsführer von **Kapitalgesellschaften** sind steuerrechtlich idR ArbN (*HMW*/Gesellschafter-Geschäftsführer von Kapitalgesellschaften Rz 2). Dies gilt insbes für GmbH-Geschäftsführer als gesetzliche Vertreter der GmbH, da sie in den Organismus der Gesellschaft eingegliedert sind (*Schmidt/Krüger* § 19 Rz 35: Gesetzliche Vertreter einer Kapitalgesellschaft; BFH 9.10.96, BStBl II 97, 255 und BFH 20.10.10 – VIII R 34/08, DStR 11, 911); auch die Vorstände anderer Kapitalgesellschaften sind als gesetzliche Vertreter deren ArbN. 40

Für die ArbNEigenschaft kommt es auf die Beteiligung an der Kapitalgesellschaft zumindest bis zu einer Beteiligung von 50% nicht an (→ Rn 40), so dass **Gesellschafter-Geschäftsführer** von der Gesellschaft sowohl Einkünfte aus nichtselbstständiger Arbeit (Arbeitslohn als Geschäftsführer) als auch Einkünfte aus Kapitalvermögen (Gewinnanteile als Gesellschafter) beziehen können. Zur Vermeidung von Unklarheiten und steuerlich nachteiligen Folgen sollte er klare Verhältnisse schaffen, welchem Bereich das jeweilige Tätigwerden zuzuordnen ist. Bei nicht beherrschenden Gesellschaftern besteht eine Vermutung für die Entgeltlichkeit der Dienstleistung (Näheres s *Streck* Körperschaftsteuergesetz, 8. Aufl 2014, § 8 Rz 275). Die Tätigkeit eines Gesellschaftergeschäftsführers kann auch im Rahmen einer (umsatzsteuerpflichtigen) selbstständigen Tätigkeit ausgeübt werden (BFH 10.3.05 – V 41

R 29/03, BStBl II 05, 730; BFH 23.4.09 – VI R 81/06, BStBl II 12, 262; FG Bln 6.3.06 – 9 K 2574/03, DStRE 06, 1055; BMF 31.5.07, BStBl I 07, 503, geändert durch BMF 2.5.11, BStBl I 11, 490; → Rn 40). Hierauf ist bei der Abfassung von Anstellungsverträgen zu achten. Zu Gesellschafter-Geschäftsführern s weiter → Rn 44–54. LSt ist grds auch von den Bezügen der Geschäftsführer inländischer Kapitalgesellschaften einzubehalten, wenn die Geschäftsführer weder einen Wohnsitz noch ihren gewöhnlichen Aufenthalt im Inland haben, da sie insoweit inländische Einkünfte erzielen und nach nationalem deutschen Steuerrecht beschränkt stpfl sind (§ 49 Abs 1 Nr 4c EStG; → *Lohnsteuerberechnung* Rn 18 ff). Allerdings stellen die DBA hinsichtlich der Zuweisung des Besteuerungsrechts regelmäßig auf den Tätigkeitsort des ArbN ab, der nach der Rspr seine Tätigkeit dort ausübt, wo er sich aufhält (BFH 25.11.14 – I R 27/13, BStBl II 15, 448 Rn 11), so dass das Besteuerungsrecht in diesen Fällen dem Ansässigkeitsstaat zusteht; einzelne DBA enthalten aber gesonderte Regelungen zu Geschäftsführervergütungen (→ *Auslandstätigkeit* Rn 60, auch zu teilweisem Aufenthalt im In- und Ausland; *Neyer* IStR 05, 514 für Geschäftsführer einer Schweizer Kapitalgesellschaft mit inländischem Wohnsitz).

Zu Entschädigungen (Abfindungen) der Geschäftsführer im Zusammenhang mit ihrem **Ausscheiden** sowie zur Frage der Abfindung eines Mitunternehmers als Geschäftsführer einer an der Mitunternehmerschaft beteiligten Kapitalgesellschaft → *Abfindung* Rn 41 ff, → *Außerordentliche Einkünfte* Rn 5 ff, → *Betriebliche Altersversorgung* Rn 176, 177 sowie *Lehr* GmbH-Steuerpraxis 03, 263 mit Musterformulierungen auch für den Fall des Pensionsverzichts und GmbH-Steuerpraxis 04, 161 und 227 sowie *Wendt* FR 04, 208: Anm zu BFH 13.8.03 – XI R 18/02, BStBl II 04, 106.

42 **2. Pflichten.** Die GmbH-Geschäftsführer als **gesetzliche Vertreter** der GmbH sowie die Geschäftsführer nichtrechtsfähiger Personenvereinigungen und Vermögensmassen (zB OHG, KG, GbR, stille Gesellschaft, Reedereien, nichtrechtsfähige Vereine, unselbstständige Stiftungen) haben deren **steuerliche Pflichten** zu erfüllen, also insbes dafür zu sorgen, dass die Steuern aus den Mitteln entrichtet werden, die sie verwalten (§ 34 Abs 1 AO). Dabei weicht die AO hinsichtlich der Geschäftsführer von Gebilden, die nach bürgerlichem Recht nicht rechtsfähig sind, aber steuerrechtlich Träger von Rechten und Pflichten sein können (§ 33 Abs 1 AO), von der Terminologie des bürgerlichen und des Handelsrechts ab. Sie knüpft bei **nichtrechtsfähigen Personenvereinigungen und Vermögensmassen** zur Bestimmung der Handlungsfähigkeit an den Begriff des Geschäftsführers an. Während jedoch das BGB und das HGB zwischen „Geschäftsführung" (Innenverhältnis) und „Vertretung" (Außenverhältnis) unterscheiden, betrifft der Begriff des Geschäftsführers in § 34 AO auch das Verhältnis zum FA. Unter diesen Begriff fallen alle Personen, die die Geschäfte von nichtrechtsfähigen Personenvereinigungen und Vermögensmassen führen. Maßgebend sind insoweit der Gesellschaftsvertrag, die Satzung, die Stiftungsurkunde oder die sonstige Verfassung der Personenvereinigung oder Vermögensmasse (*HHS* § 34 Rz 31–37; *T/K* § 34 Rz 11).

43 Zu den von den Geschäftsführern zu erfüllenden steuerlichen Pflichten gehören neben der **Steuerentrichtung** auch die **Abgabe der Steuererklärungen,** die Erfüllung der dem ArbGeb gegenüber dem FA obliegenden Pflichten (→ *Arbeitgeber* Rn 19), die Auskunftserteilung gegenüber dem FA sowie die Erfüllung der Buchführungs- und Aufzeichnungspflichten (→ *Aufzeichnungspflichten* Rn 7). Dabei handelt es sich um öffentlich-rechtliche Pflichten gegenüber dem FA, denen sich der Geschäftsführer nicht unter Berufung auf bürgerlichrechtliche Vorschriften entziehen kann. Er **haftet** bei vorsätzlicher oder grob fahrlässiger Verletzung dieser Pflichten persönlich (§ 69 AO; → *Lohnsteuerhaftung* Rn 30–41).

Die **führungslose GmbH** wird durch die Gesellschafter vertreten (§ 35 Abs 1 GmbHG), die **führungslose AG** durch den Aufsichtsrat (§ 78 Abs 1 AktG). Diese besonderen Vertreter sind allerdings nur Passivvertreter, so dass eine gesetzliche Vertretung iSd § 34 Abs 1 AO nicht vorliegt. Sind aktive Handlungen erforderlich, haben die besonderen Vertreter einen Geschäftsführer bzw Vorstand zu bestellen. Ggf kann das FA beim Registergericht die Bestellung eines Notgeschäftsführers beantragen (AEAO zu § 34 Nr 3).

44 **3. Gesellschafter-Geschäftsführer von Kapitalgesellschaften. a) Arbeitslohn.** Liegt ein Dienstverhältnis vor, ist zu prüfen, ob das gezahlte Entgelt in voller Höhe als Arbeitslohn anerkannt werden kann oder teilweise als Ertrag der Beteiligung als Gewinn-

ausschüttung (Einkünfte aus Kapitalvermögen) anzusehen ist. Zuführungen zu Pensionsrückstellungen sind dabei mit dem Betrag der Jahresnettoprämie anzusetzen. Arbeitslohn ist nur die **angemessene** Vergütung. Bei der Prüfung kommt es **maßgeblich** darauf an, ob die Gesellschaft auch einem Nichtgesellschafter unter gleichen Umständen für die gleiche Leistung gleich hohe Bezüge gewähren würde. Bei dieser schätzungsweisen Betrachtung darf im Rahmen eines Vergleichs mehrerer Jahre kein Missverhältnis zu den erzielten und erzielbaren Gewinnen der Gesellschaft bestehen. Der das Angemessene übersteigende Teil ist als verdeckte Gewinnausschüttung den Einnahmen aus Kapitalvermögen zuzurechnen (§ 20 Abs 1 Nr 1 Satz 2 EStG). Dies gilt auch für eine rückwirkende Erhöhung der Bezüge des Gesellschafter-Geschäftsführers, wenn er die Gesellschaft beherrscht (*HMW*/Gesellschafter-Geschäftsführer von Kapitalgesellschaften Rz 25, 26). Zum Lohnzufluss aufgrund von Fiktionen bei vereinbarten, jedoch nicht ausbezahlten Gehaltsbestandteilen s BMF 12.5.14, BStBl I 14, 860.

**b) Verdeckte Gewinnausschüttungen.** Über das Vorstehende hinaus sind alle Ver- 45
mögensvorteile, die eine Kapitalgesellschaft ihren Gesellschaftern außerhalb der gesellschaftsrechtlichen Gewinnverteilung zuwendet, die sie einem Nichtgesellschafter nicht gewähren würde, als verdeckte Gewinnausschüttung (§ 8 Abs 3 KStG) anzusehen, zB verbilligte Miete (BFH 20.6.05 – I B 181/04, BFH/NV 05, 2062).

**Keine** verdeckte Gewinnausschüttung, sondern einen Sachbezug (→ *Sachbezug* Rn 3 ff) stellt die **Überlassung eines Dienstwagens zum privaten Gebrauch,** einer Dienstwohnung oder eines Telefons stellt dann dar, wenn sie im Voraus im Dienstvertrag vereinbart ist und zusammen mit anderen Bezügen die Grenze des Angemessenen nicht übersteigt (*HMW*/Gesellschafter-Geschäftsführer von Kapitalgesellschaften, Rz 14, 17 ff).

**Verdeckte Gewinnausschüttungen sind jedoch:**

– die vertragswidrige private **PKW-Nutzung,** die iHd Vorteilsgewährung als verdeckte Gewinnausschüttung nach Fremdvergleichsmaßstäben mit dem gemeinen Wert der Nutzungsüberlassung zzgl eines angemessenen Gewinnaufschlags und nicht nach der 1%-Regelung zu bewerten ist (BFH 23.1.08 – I R 8/06, BFH/NV 08, 1057; BFH 30.9.15 – I B 85/14, BFH/NV 16, 423 zum Anscheinsbeweis der Privatnutzung). Zur Abgrenzung von Arbeitslohn und verdeckter Gewinnausschüttung bei Privatnutzung eines Firmen-Pkw durch den Gesellschaftergeschäftsführer s auch BFH 23.4.09 – VI R 81/06, BFH/NV 09, 1311 und VI B 118/08, BFH/NV 09, 1188; zur steuerrechtlichen Gestaltung der Dienstwagenüberlassung an mitarbeitende GmbH-Gesellschafter, nicht beteiligte Mitarbeiter und Angehörige von Gesellschaftern s *Zimmers* GmbH-Steuerpraxis 09, 165).

– **Feiertagszuschlägen** (BFH 19.3.97, BStBl II 97, 577; zu Fremdgeschäftsführern s BFH 46
27.6.97, BFH/NV 97, 849), so dass eine Steuerbefreiung diesbezüglich dann nicht in Betracht kommt. Ist ausnahmsweise eine verdeckte Gewinnausschüttung zu verneinen, indiziert dies nicht die Steuerfreiheit gem § 3b EStG bei der ESt des Geschäftsführers. Es müssen die Voraussetzungen des § 3b EStG vorliegen, die im Rahmen der Veranlagung des Geschäftsführers zu prüfen sind. (BFH 14.7.04 – I R 111/03, BStBl II 05, 307 Rn 16 sowie I R 24/04, BFH/NV 05, 247).

– **Gehaltsumwandlungen** zugunsten **von Wertguthaben auf Arbeitszeitkonten** sind ebenfalls unzulässig (BFH 11.11.15 – I R 26/15, BStBl II 16, 489; s aber FinMin NRW 19.1.05 – S 2332 – V B 3, DB 05, 747 und FinMin Saarl 21.10.05 – B/2–5–194/2005 – S 2742, DStR 06, 39; → *Wertguthaben/Zeitguthaben* Rn 7) und können damit wohl auch nicht im Rahmen der betrieblichen Altersversorgung verwendet werden (→ PersB 2018 *Betriebliche Altersversorgung* Rn 124).

Zu verdeckten Gewinnausschüttungen bei **Versorgungszusagen** und **Abfindungen** bei Verzicht auf Pensionszusagen → *Betriebliche Altersversorgung* Rn 182 ff; *Beck* DStR 05, 2062 sowie *Lehr* GmbH-Steuerpraxis und generell *Streck* KStG§ 8 Rz 130 ff; § 8 Anhang Rz 1 ff). Eine **Urlaubsabgeltung** ist nicht immer eine verdeckte Gewinnausschüttung (BFH 28.1.04 – I R 50/03, BStBl II 04, 525).

**c) Sozialversicherungsbeiträge.** Die Steuerfreiheit für den ArbGebAnteil an den ge- 47
setzlichen SozVBeiträgen gem § 3 Nr 62 EStG richtet sich danach, ob der Gesellschafter-Geschäftsführer sozialversicherungspflichtig ist. Maßgeblich ist der ArbNBegriff im SozV-Recht, so dass ein Gesellschafter-Geschäftsführer, der steuerrechtlich als ArbN zu behandeln ist, sozialversicherungsrechtlich zB wegen der Höhe seiner Kapitalbeteiligung kein ArbN

und damit nicht sozialversicherungspflichtig ist (→ Rn 40 und → *Lohnzufluss* Rn 9: Gesellschafter-Geschäftsführer). Ist ein ArbN zu 50 % am Stammkapital der GmbH beteiligt, ohne Geschäftsführer zu sein, ist er ArbN iSd SozVRechts (BFH 23.4.09 – VI R 81/06, BFH/NV 09, 1311). Im Hinblick auf das Urt des BFH 21.1.10 – VI R 52/08, DStR 10, 974 (bestätigt BFH 9.7.12 – VI B 38/12, BFH/NV 12, 1968), kann die Entscheidung des SozVTrägers über die SozVPflicht aufgrund der Bindungswirkung im Besteuerungsverfahren für die Frage der Steuerfreiheit nach § 3 Nr 62 Satz 1 EStG regelmäßig vom FA übernommen werden, es sei denn, sie ist offensichtlich rechtswidrig (FinMin Hess 2.6.03 – S 2333 A – 14 – II B 2a, DStR 03, 1168). Zu den steuerlichen Folgen bei einem rückwirkenden Wegfall der SozVPflicht bei beherrschenden Gesellschafter-Geschäftsführern s BFH 14.10.09 – X R 14/08, BStBl II 10, 533; OFD Düsseldorf 3.1.2000 – S 2333 – 4 7 – St 12 H–K (FR 2000, 578; GmbH-Steuerpraxis 2000, 271) und FG Köln 20.8.08 – 12 K 1173/04, EFG 09, 117.

Zur Steuerfreiheit von ArbGeb-Zuschüssen zur Lebensversicherung eines Gesellschafter-Geschäftsführers nach § 3 Nr 62 EStG s weiterhin BFH 10.10.02 – VI R 95/99, BStBl II 02, 886.

**48** Nach der **Neuregelung des Sonderausgabenabzugs** durch das Alterseinkünftegesetz **ab 2005** erfolgt bei den Steuerpflichtigen, bei denen bisher die Höchstbeträge um den Vorwegabzug zu kürzen waren, nunmehr eine Kürzung um den fiktiven GesamtSozVBeitrag (§ 10 Abs 3 Satz 3 EStG s → *Sonderausgaben* Rn 13; *Lehr* GmbH-Steuerpraxis 05, 336 und *Siegle* DStR 07, 1662). Die Günstigerregelung des § 10 Abs 4a EStG (s Personalbuch 2019) ist zum Ende des VZ 2019 ausgelaufen.

**49** Eine **Kürzung** bei der Ermittlung der abzugsfähigen **Sonderausgaben** im Rahmen der ESt-Veranlagung (→ *Sonderausgaben* Rn 6 ff) **erfolgt nicht,** wenn der Gesellschafter-Geschäftsführer zwar einen Anspruch auf Ruhegehalt hat, die GmbH aber keine Aufwendungen zur Sicherstellung der künftigen Altersversorgung tätigt (BFH 14.6.2000 – XI R 57/99, BStBl II 01, 28; BFH 23.7.08 – X B 51/08, BFH/NV 08, 1651 Rn 7) oder der Gesellschafter-Geschäftsführer bei typisierender und wirtschaftlicher Betrachtung sein Anwartschaftsrecht auf Altersversorgung ausschließlich durch einen seiner Beteiligungsquote entsprechenden Verzicht auf gesellschaftliche Ansprüche erwirbt (BFH 2.9.08 – X R 17/08, BFH/NV 09, 141; 21.8.13 – X R 41/10, BFH/NV 14, 31). Dies gilt auch bei einem Alleingesellschafter-Geschäftsführer, dem die GmbH eine Altersversorgung zugesagt hat, da dieser seine Anwartschaftsrechte auf die Altersversorgung wegen der gebotenen Pensionsrückstellung durch eine Verringerung seiner gesellschaftsrechtlichen Ansprüche erwirbt (BFH 16.10.02 – XI R 25/02, BStBl II 04, 546).

Bei **mehreren Beschäftigungsverhältnissen** ist eine Kürzung nur hinsichtlich des Arbeitslohns vorzunehmen, für den ArbGebBeiträge zur SozV erbracht werden oder der Stpfl nur zeitweise aufgrund vertraglicher Vereinbarungen Anwartschaftsrechte auf eine Altersversorgung ganz oder teilweise ohne eigene Beitragsleistung erworben hat (BFH 26.2.04 – XI R 74/03, BFH/NV 04, 1520).

**50** Eine Kürzung bei **zusammen veranlagten Ehegatten** kann nur bzgl des Arbeitslohns erfolgen, für den die Voraussetzungen erfüllt sind (weiterhin BFH 3.12.03 – XI R 11/03, BStBl II 04, 709). Eine Kürzung scheidet ebenfalls aus, wenn zwei zu gleichen Teilen beteiligten Gesellschafter-Geschäftsführern jeweils die gleiche Altersversorgung zugesagt wurde (BFH 3.2.05 – XI R 29/03, BStBl II 05, 634; OFD Koblenz 20.2.06 – S 2221 A – St 32 3, DStZ 06, 346 mit Bspl und *Zimmers* GmbH-Steuerpraxis 06, 231; kritisch *Briese* DStR 05, 1087). Wird nur einem von ihnen eine Altersversorgung zugesagt und handelt es sich bei dem anderen um den Ehegatten, ist die Kürzung nur bei Ersterem vorzunehmen (BFH 26.9.06 – X R 3/05, BStBl II 07, 452).

**51** Erteilt eine GmbH beiden Gesellschafter-Geschäftsführern eine Pensionszusage in gleicher Höhe und sind deren Geschäftsanteile unterschiedlich hoch, führt dies beim **Minderheitsgesellschafter** auch dann zu einer Kürzung, wenn dieser im Gegenzug eine höhere Leistung erbringen muss als der Mehrheitsgesellschafter (BFH 17.1.07 – X R 10/06, BFH/NV 07, 1289; BFH 21.8.13 – X R 41/10, BFH/NV 14, 31 Rn 17). Der Sonderausgabenabzug ist jedenfalls **seit 2008 unabhängig** davon **zu kürzen, ob** dem Gesellschafter-Geschäftsführer eine Anwartschaft aus einem **intern finanzierten** Durchführungsweg der betrieblichen Altersvorsorge (Direktzusage oder Unterstützungskasse) zugesagt wird oder ob ihm eine Anwartschaft aus einem extern finanzierten und kapitalgedeckten Durchführungsweg (Pensionsfonds, Pensionskasse oder Direktversicherung) zusteht, auf den steuerfreie Beträge nach § 3 Nr 63 EStG geleistet werden (BMF 19.8.13, BStBl I 13, 1087, zuletzt geändert durch BMF 4.7.16, BStBl I 16, 645 Rn 52 ff; → *Betriebliche Altersversorgung* Rn 139 ff). – Zur Berücksichtigung der Vorsorgepauschale nach § 39b Abs 2 Satz 5 Nr 3 Buchst d im LStAbzugsverfahren s → *Lohnsteuertabellen* Rn 8 ff.

**d) Werbungskosten bei den Einkünften aus nichtselbstständiger Arbeit können** 52
**sein:**

– Die **Übernahme des Verlustes** einer GmbH durch deren Gesellschafter-Geschäftsführer (hierzu BFH 17.7.92, BStBl II 93, 111 und BFH 7.5.15 – VI R 55/14, BFH/NV 15, 556),

– Beträge, die der Gesellschafter-Geschäftsführer aufgrund einer **Haftungsinanspruchnahme** nach §§ 69, 34 AO (→ *Lohnsteuerhaftung* Rn 30–41) an das FA entrichten muss (OFD Düsseldorf 29.10.92, DStR 92, 1725; FG NdS 18.3.93, EFG 93, 713 für Geschäftsführer, der nicht Gesellschafter ist), auch wenn die Haftung auf einer Beihilfe zur Steuerhinterziehung Dritter beruht (weiterhin BFH 9.12.03 – VI R 35/96, BStBl II 04, 641).

– Zahlungen aufgrund einer **Bürgschaftsinanspruchnahme** stellen nur ausnahmsweise Werbungskosten dar (BFH 14.5.91, BStBl II 91, 758 mwN und 8.12.92, BFH/NV 93, 654; FG Düsseldorf 8.11.96, EFG 98, 31; FG Ba-Wü 14.5.03 – 13 K 126/01, EFG 03, 1298; *Schmidt/Krüger* § 19 Rz 110: Bürgschaft; zu Schuldzinsen für ein Darlehen zur Erfüllung einer Bürgschaftsverpflichtung als Werbungskosten bei den Einkünften aus Kapitalvermögen s FG Saarl 21.11.01 – 1 K 230/98, EFG 02, 315 (maßgebend ist der **Veranlassungszusammenhang** → *Werbungskosten* Rn 26).

– Ein **verlorener Zuschuss** kann nur ausnahmsweise als Werbungskosten anerkannt werden (BFH 26.11.93, BStBl II 94, 242).

– Ein Werbungskostenabzug scheidet aus, wenn die Haftung **Körperschaftsteuerschul-** 53
**den** der GmbH betrifft, soweit diese auf die Kapitaleinkünfte aus der GmbH entfallen (FG Münster 21.1.99 – 4 K 6282/98 E, EFG 2000, 481). Bei der Haftungsinanspruchnahme des Gesellschafter-Geschäftsführers wegen Gläubigerbenachteiligung gem § 64 Abs 2 GmbHG können evtl Werbungskosten vorliegen (*Schießl* StuB 07, 904).

– Der Verlust einer **Darlehensforderung** gegenüber der Gesellschaft hat idR nur Auswirkungen auf die Gesellschaftsbeteiligung und führt dann nicht zu Werbungskosten bei den Einkünften aus nichtselbstständiger Arbeit (→ *Werbungskosten* Rn 27 generell zu Darlehensverlusten). Maßgebend sind aber die Umstände des Einzelfalls. Ist der Verlust anzuerkennen, ist es unerheblich, ob der ArbN einer GmbH in einem **Verwandtschaftsverhältnis** zum alleinigen Gesellschafter steht (BFH 19.5.92, BStBl II 92, 902; BFH 7.5.15 – VI R 55/14; BFH/NV 15, 1556 Rn 21; zu Werbungskosten bei den Einkünften aus Kapitalvermögen s BFH 25.7.2000 – VIII R 35/99, BStBl II 01, 698; → *Arbeitnehmerdarlehen* Rn 11 ff).

– Den **Verlust** seiner **Beteiligung** an der GmbH kann ein ArbN (Geschäftsführer) selbst dann nicht als Werbungskosten geltend machen, wenn seine Beteiligung am Stammkapital Voraussetzung für seine Beschäftigung war (BFH 12.5.95, BStBl II 95, 644).

**e) Lohnverzicht** → *Entgeltverzicht* Rn 15, 16. 54

## C. Sozialversicherungsrecht *Voelzke*

**1. Dienstverhältnis.** Ob der Geschäftsführer einer GmbH eine abhängige und damit 60
versicherungspflichtige Beschäftigung ausübt, beurteilt sich nach den allgemeinen, zum Begriff der sozialversicherungsrechtlichen Beschäftigung iSd § 7 Abs 1 SGB IV entwickelten Grundsätzen (→ *Arbeitnehmer (Begriff)* Rn 59 ff; zur Haftung von steuerlichen Beratern bei falscher Beurteilung BGH 6.6.19 – IX ZR 115/18, DStR 19, 2102), die allerdings vor dem Hintergrund der gesellschaftsrechtlich begründeten Organstellung Besonderheiten aufweisen. Die nachstehenden Grundsätze gelten für Personen, die als Geschäftsführer im untechnischen Sinne ArbGebFunktionen ausüben, entsprechend. Grds ist der Geschäftsführer einer Gesellschaft sozialversicherungsrechtlich als ein nichtselbstständig Beschäftigter anzusehen, der der SozVPflicht unterliegt (*Schlegel* in FS Küttner, 31). Allein seine **Organstellung** schließt eine Abhängigkeit gegenüber der Gesellschaft bzw den Gesellschaftern

nicht aus (BSG 18.4.91 – 7 RAr 32/90, NZA 91, 869), sondern die Ausgestaltung des Dienstverhältnisses zur Gesellschaft ist entscheidend. Hierbei kommt insbes den Regelungen des Geschäftsführervertrages über das **Innenverhältnis** (Weisungen durch Gesellschafterversammlung, Abdingung des Selbstkontrahierungsverbots) ein besonderes Gewicht zu (BSG 9.8.90 – 11 RAr 119/88, NZA 91, 159; *Nägele* BB 01, 310).

Zu beachten ist, dass die eine ArbNTätigkeit kennzeichnende Weisungsgebundenheit bei **Diensten höherer Art** erheblich eingeschränkt und zur funktionsgerecht dienenden Teilhabe am Arbeitsprozess verfeinert sein kann. In jedem Fall ist eine Einzelfallprüfung anhand der von der Rspr entwickelten Indizien erforderlich, ob der Geschäftsführer, insbes bei Vorliegen einer Gesellschafterstellung, maßgeblichen Einfluss auf die Gesellschaft nehmen kann (vgl eingehend *Schlegel/Voelzke/Segebrecht* SGB IV, § 7 Abs 1 Rz 95 ff).

61 **a) Kapitalanteil.** Besonderheiten gegenüber den allgemeinen Grundsätzen ergeben sich, wenn der Geschäftsführer am Kapital der Gesellschaft beteiligt ist. Dann ist das entscheidende Merkmal das Ausmaß der Kapitalbeteiligung und des sich hieraus ergebenden Einflusses auf die Gesellschaft, weil die Gesellschafterrechte eine persönliche Abhängigkeit zur Gesellschaft ausschließen können. Die zur ArbNEigenschaft eines Gesellschafter-Geschäftsführers entwickelten Grundsätze sind auch anzuwenden, wenn zwischen Geschäftsführern und Gesellschaftern Personenidentität besteht (BSG 4.7.07 – B 11a AL 5/06 R, ZIP 07, 2185). Die umfangreiche Rspr hat ein abhängiges Beschäftigungsverhältnis zur GmbH verneint, wenn er über mindestens die **Hälfte des Stammkapitals** der Gesellschaft verfügt (BSG 24.6.82 – 12 RK 43/81, BB 84, 1049 und 8.8.90 – 11 RAr 77/89, SozR 3–4100 § 7 Nr 4).

Entgegen diesen Grundsätzen kann ein abhängiges Beschäftigungsverhältnis zu bejahen sein, wenn der Geschäftsführer als **Treuhänder** eines Dritten das Stammkapital der GmbH hält. Obwohl gegenüber dem Treugeber nur eine schuldrechtliche Verpflichtung besteht, liegt ein beitragspflichtiges Beschäftigungsverhältnis vor, wenn die dinglichen Folgen einer vom Treugeber jederzeit möglichen Beendigung des Treuhandvertrages vorweggenommen sind und während der Dauer des Treuhandvertrages die Ausübung des Stimmrechts allein beim Treugeber liegt (BSG 8.12.94 – 11 RAr 49/94, SozR 3–4100 § 168 Nr 18). Der Mehrheitsgesellschafter kann ausnahmsweise bei der GmbH abhängig beschäftigt sein, wenn er aufgrund einer treuhänderischen Bindung in der Ausübung seiner Gesellschaftsrechte vollständig eingeschränkt ist (BSG 25.1.06 – B 12 KR 30/04 R, ZIP 06, 678; hierzu *Bieback* jurisPR-SozR 11/2006 Anm 1). Hingegen verschafft ein Vertrag zur Gründung einer stillen Gesellschaft mit einer GmbH nicht die Rechtsmacht, Weisungen der Gesellschafter zu verhindern (BSG 24.1.07 – B 12 KR 31/06 R, SozR 4–2400 § 7 Nr 7).

62 Bei einem geringeren Kapitalanteil als 50 vH stellt das BSG darauf ab, ob er aufgrund seines Kapitalanteils – insbes beim Bestehen einer **Sperrminorität** – in der Lage ist, ihn belastende Entscheidungen zu verhindern (BSG 5.5.88 – 12 RK 43/86, SozR 2400 § 2 Nr 25). Das Innehaben einer Sperrminorität schließt eine abhängige Beschäftigung regelmäßig auch dann aus, wenn ein anderer Gesellschafter ein wirtschaftliches Übergewicht besitzt und dieses auch einsetzt (BSG 18.4.91 – 7 RAr 32/90, NZA 91, 869). Die echte Sperrminorität setzt voraus, dass sie uneingeschränkt die gesamte Unternehmenstätigkeit erfasst; hierbei sind Abreden, die außerhalb des Gesellschaftsvertrages getroffen worden sind, nicht zu berücksichtigen (BSG 14.3.18 – B 12 KR 13/17 R, NJW 18, 2662). Beschränkt sich die Sperrminorität auf die Festlegung der Unternehmenspolitik, die Änderung des Gesellschaftsvertrages und die Auflösung der Gesellschaft, so schließt dies die Annahme eines versicherungspflichtigen Beschäftigungsverhältnisses nicht aus (BSG 24.9.92 – 7 RAr 12/92, NZA 93, 430).

63 **b) Tatsächlicher Einfluss.** In seiner neueren Rspr (vgl die Übersicht bei *Fabritius/Markgraf* NZS 16, 808; *Legde* SGb 17, 25; *Reiserer/Skupin* BB 19, 505; *Schafhausen* ArbR 17, 259 und 296) bejaht das BSG die Beschäftigteneigenschaft von Geschäftsführern von Familiengesellschaften ohne Sperrminorität ungeachtet eines nicht ausgeübten tatsächlichen Weisungsrechts, soweit jedenfalls das rechtliche Weisungsrecht fortbestand (BSG 29.8.12 – B 12 KR 25/10, NZS 13, 181). Entscheidend ist danach auch in den Fällen der Familiengesellschaft allein, ob der Betreffende rechtlich oder tatsächlich die Möglichkeit eingeräumt ist, wie ein beherrschender oder zumindest mit einer Sperrminorität ausgestatteter Gesellschafter ihm nicht genehme Weisungen jederzeit abzuwenden. Einer „Schönwetter-Selbständigkeit" hat das BSG damit eine Absage erteilt (BSG 29.8.12 – B 12 KR 25/10, NZS

13, 181; hierzu *Bross* DB 14, 2651; kritisch *Kaufmann* BB 14, 821; zum fehlenden Vertrauensschutz *Lau* DStR 19, 2207). In einer weiteren Entscheidung hat das BSG klargestellt, dass die insbes für das Leistungsrecht der Arbeitsförderung entwickelte „Kopf und Seele"-Rechtsprechung, wonach bestimmte Angestellte einer Familiengesellschaft ausnahmsweise als Selbstständige zu betrachten sind, wenn sie faktisch wie ein Alleininhaber die Geschäfte der Gesellschaft nach eigenem Gutdünken führen, für die Statusbeurteilung im sozialversicherungsrechtlichen Deckungsverhältnis nicht (mehr) heranzuziehen ist (BSG 29.7.15 – B 12 KR 23/13 R, SozR 4–2400 § 7 Nr 24; *Stotz* jM 16,199). Das BSG hat diese Rspr schließlich in dem Sinne weiterentwickelt, dass ein Minderheitsgesellschafter-Geschäftsführer selbst dann nicht den Status als Selbständiger erlangt, wenn ihm außerhalb des Gesellschaftsvertrages ein Veto-Recht gegen mehrheitlich gefasste Beschlüsse der Gesellschafterversammlung eingeräumt wird (BSG 11.11.15 – B 12 KR 10/14 R, DStR 16, 1275; zu dieser Entscheidung *Thees* DB 16, 352). Nach der aktuellen Rspr des BSG steht damit fest, dass Geschäftsführer einer GmbH, die nicht am Gesellschaftskapital beteiligt sind (sog Fremdgeschäftsführer), ausnahmslos abhängig beschäftigt sind (BSG 14.3.2018 – B 12 KR 13/17 R, NJW 18, 2662; zu dieser Entscheidung *Blattner* DB 18, 1152).

**c) Meldepflicht.** Die Anmeldung des ArbN durch den ArbGeb zur SozV muss die Angabe enthalten, ob ein ArbN als **geschäftsführender Gesellschafter** einer GmbH tätig ist (§ 28a Abs 3 Satz 2 Nr 1e) SGB IV). Bei Vorliegen der genannten Voraussetzung ist die Einzugsstelle verpflichtet, bei der DRV Bund ein Statusfeststellungsverfahren nach § 7a SGB IV zu beantragen. 64

**2. Selbstständige Tätigkeit.** Liegen die Voraussetzungen für eine selbstständige Tätigkeit des Geschäftsführers vor, so kann er ggf der RVPflicht nach § 2 Satz 1 Nr 9 SGB VI unterfallen. Die Anwendbarkeit dieser Vorschrift wird nicht durch die aus der Organstellung des Geschäftsführers erwachsenden Besonderheiten verdrängt. Bei Feststellung der Voraussetzungen des § 2 Satz 1 Nr 9 SGB VI (keine Beschäftigung eines ArbN; ein Auftraggeber; Näheres → *Arbeitnehmerähnliche Selbstständige* Rn 7 ff) ist auf die Verhältnisse der Gesellschaft abzustellen. Erfüllt die Gesellschaft die Voraussetzungen des § 2 Satz 1 Nr 9 SGB VI, so hat dies unmittelbare Auswirkungen auf die versicherungsrechtliche Stellung des Gesellschafters. Bei einer GmbH, deren ausschließlicher Gesellschaftszweck darin besteht, in einer KG die Stellung der persönlich haftenden Gesellschaft zu übernehmen und die Geschäfte der KG zu führen (Verwaltungs-GmbH), ist hinsichtlich der Zahl der Auftraggeber auf die Verhältnisse der GmbH abzustellen. 65

**3. Unfallversicherung.** Ist der Geschäftsführer nicht als abhängig Beschäftigter anzusehen, so ist das ihm gezahlte Entgelt auch nicht bei der Festsetzung der Beiträge zur UV zu berücksichtigen (LSG SchlHol 11.11.92 – L 4 U 90/91, DB 93, 1370). Eine Einbeziehung eines Gesellschafter-Geschäftsführers, der wegen seiner beherrschenden Stellung kein ArbN ist, kann nicht durch Satzung des UVTrägers erfolgen, da der Geschäftsführer nach der Rspr des BSG auch nicht als Unternehmer iSd § 3 SGB VII angesehen werden kann (BSG 25.10.89 – 2 RU 12/89, BG 90, 357 mit ablehnender Anm *Spiegel/Wörth*). Geschäftsführern ist allerdings durch § 6 Abs 1 Nr 2 SGB VII ein Recht zum freiwilligen Beitritt eingeräumt. Das Beitrittsrecht besteht nach dieser Vorschrift für Personen, die in Kapital- oder Personenhandelsgesellschaften regelmäßig wie ein Unternehmer tätig sind. 66

**4. Haftung für Beitragsschulden.** Nach dem von der Rspr entwickelten Rechtsinstitut der Durchgriffshaftung haftet der Geschäftsführer einer GmbH in bestimmten Ausnahmefällen zivilrechtlich für die Verbindlichkeiten der Gesellschaft (vgl zur strafrechtlichen Verantwortlichkeit des Geschäftsführers BGH 16.5.2000 – VI ZR 90/99, NJW 2000, 2993). Entscheidender Maßstab dafür, ob die Grundsätze der Durchgriffshaftung Anwendung finden, sind nach Auffassung des BSG die Grundsätze von **Treu und Glauben** iSd § 242 BGB (BSG 1.2.96 – 2 RU 7/95, DB 96, 1475). Die Haftungsbeschränkung des § 13 Abs 2 GmbHG entfällt hiernach, wenn die Rechtsform der juristischen Person offenkundig dazu benutzt wird, einen von der Rechtsordnung nicht zu billigenden Erfolg herbeizuführen. Ausnahmefälle, die die Durchgriffshaftung im Einzelfall begründen können, sind in erster Linie die Vermögensvermischung zwischen Gesellschafts- und Privatvermögen und die materielle Unterkapitalisierung (weiterführend *Holzkämper* BB 96, 2142; *Hauck* NZS 98, 262; *Groß* ZIP 01, 945; *Schneider/Brouever* ZIP 07, 1033; zur Anwendung der Grundsätze 67 über die Haftung im qualifizierten GmbH-Konzern bei Beitragsansprüchen vgl BSG 27.9.94 – 10 RAr 1/92, SGB 95, 368 mit Anm *Hoyningen-Huene*). Der Geschäftsführer einer GmbH ist wegen des Vorenthaltens von ArbNAnteilen zur SozV auch dann haftungsrechtlich verantwortlich, wenn die GmbH zwar zum Zeitpunkt der Fälligkeit nicht über die erforderlichen Mittel verfügt, er es aber pflichtwidrig unterlassen hat, die Zahlung anderweitig (zB durch Bildung von Rücklagen oder durch Kürzung der Nettolohnzahlung) sicherzustellen (BGH 25.9.06 – II ZR 108/05, DStR 06, 2185).

# Gesundheitszeugnis

## A. Arbeitsrecht

*Kreitner*

1 **1. Allgemeines.** In vielen Fällen besteht seitens des ArbGeb ein besonderes Interesse, Informationen über den Gesundheitszustand eines Stellenbewerbers zu erhalten, bevor er die Einstellungsentscheidung trifft. In anderen Fällen ordnen gesetzliche Vorschriften bzw VO oder Tarifverträge Gesundheitsuntersuchungen ausdrücklich an. Über diese Untersuchungen erstellt der Arzt ein sog Gesundheitszeugnis.

2 **2. Gesetzliche Verpflichtung. a) Verkehr mit Lebensmitteln.** Eine gesetzliche Verpflichtung zur Vorlage eines Gesundheitszeugnisses vor Antritt einer Beschäftigung ist in § 43 Abs 1 IfSG angeordnet. Danach müssen Personen, die Tätigkeiten iSd § 42 Abs 1 IfSG (Verkehr mit Lebensmitteln) ausüben wollen, ihre gesundheitliche Eignung mittels eines höchstens drei Monate alten Gesundheitszeugnisses nachweisen. Anderenfalls besteht ein Beschäftigungsverbot. Ein Verstoß gegen dieses Beschäftigungsverbot führt nicht zur Nichtigkeit des Arbeitsvertrages (BAG 2.3.71, DB 71, 1530; → *Beschäftigungsverbot* Rn 6).

3 Das Gesundheitszeugnis ist dem ArbGeb auszuhändigen und muss von diesem an der Arbeitsstätte verfügbar gehalten werden. Auf Verlangen ist es der zuständigen Behörde und ihren Beauftragten vorzulegen (§ 43 Abs 5 IfSG). Zuwiderhandlungen stellen eine Ordnungswidrigkeit dar, die mit einer Geldbuße bis zu 25 000 € geahndet werden kann (§ 73 Abs 1 Nr 20, 21, Abs 2 IfSG).

4 **b) Jugendliche** bedürfen gem § 32 Abs 1 JArbSchG vor Beschäftigungsbeginn eines ärztlichen Gesundheitszeugnisses, das innerhalb der letzten 14 Monate erstellt worden sein muss. Ohne diese Erstuntersuchung ist die Beschäftigung unzulässig. Es liegt ein sog überwindbares Beschäftigungsverbot vor (BAG 22.2.72, DB 72, 1783). Die Untersuchungskosten trägt gem § 44 JArbSchG das Land. Im Übrigen bestehen während des Beschäftigungsverhältnisses weitere Untersuchungspflichten.

5 **c) Seeleute.** § 81 Abs 1 SeemG verlangt vor Beschäftigungsbeginn eine Untersuchung bezüglich der Seediensttauglichkeit des ArbN durch einen von der See-BG ermächtigten Arzt.

6 **d) Verordnungen.** Vorlagepflichten hinsichtlich Gesundheitszeugnissen werden auch in einer Vielzahl von ArbeitsschutzVO normiert. Beispielhaft sind zu erwähnen §§ 14 Abs 3e, 17 Abs 2 ArbeitsstoffVO, §§ 67 ff StrahlenschutzVO, § 10 DruckluftVO.

7 **e) Öffentlicher Dienst.** Im öffentlichen Dienst hat gem § 3 Abs 4 TVöD der ArbN auf Verlangen des ArbGeb seine körperliche Eignung (Gesundheitszustand und Arbeitsfähigkeit) durch eine ärztliche Bescheinigung nachzuweisen. Die Untersuchungskosten trägt der ArbGeb.

8 **f) Tarifverträge.** Auch in den Tarifverträgen für privatwirtschaftliche Unternehmen sind oftmals Vorschriften über den Gesundheitsschutz und die Verpflichtung des ArbN zur Vorlage eines Gesundheitszeugnisses enthalten; vgl zB zum Tarifvertrag für Musiker in Kulturorchestern BAG 25.6.92, NZA 93, 81.

9 **3. Verlangen des Arbeitgebers.** Existiert keine gesetzliche oder tarifliche Regelung bezüglich der Vorlage eines Gesundheitszeugnisses durch den ArbN vor Arbeitsantritt, so gilt grds das Prinzip der Vertragsfreiheit. Danach kann der ArbGeb den Abschluss eines Arbeitsvertrages davon abhängig machen, dass sich der ArbN zuvor ärztlich untersuchen lässt und ein entsprechendes Gesundheitszeugnis vorlegt. Dem ArbN steht es dabei frei, eine derartige Untersuchung abzulehnen. Dies dürfte allerdings im Regelfall den Verlust sämtli-

cher Einstellungschancen bedeuten. Wegen des mit einer solchen Untersuchung verbundenen Eingriffs in das Persönlichkeitsrecht des ArbN ist das Verlangen des ArbGeb nur berechtigt, soweit sich die Eignungsuntersuchung auf arbeitsplatzbedingte Anforderungen bezieht. Es gelten dieselben Grenzen wie hinsichtlich des Fragerechts des ArbGeb (→ *Auskunftspflichten Arbeitnehmer* Rn 15–16).

Grds zulässig ist eine Vereinbarung zwischen ArbGeb und ArbN, dass ein Arbeitsverhält- 10
nis endet, wenn eine nachträglich vorzunehmende Einstellungsuntersuchung ergibt, dass der ArbN gesundheitlich nicht geeignet ist (LAG Bln 16.7.90, LAGE Nr 2 zu § 620 BGB Bedingung; LAG Köln 12.3.91, LAGE Nr 3 zu § 620 BGB Bedingung, ArbG Marburg 11.5.2000 – 2 Ca 634/99, BeckRS 9998, 04141). Derartige **Bedingungen** sind gem §§ 14 Abs 1, 21 TzBfG zulässig, wenn für sie ein sachlicher Grund gegeben ist. Das ist der Fall, wenn eine endgültige Einstellung von dem noch zu erbringenden Nachweis der gesundheitlichen Eignung des ArbN abhängig gemacht wird. Hierdurch findet auch keine Umgehung zwingender gesetzlicher Kündigungsschutzbestimmungen statt, denn die Parteien wollten gerade kein uneingeschränktes, auf unbestimmte Zeit dauerndes Vertragsverhältnis schließen.

Dies macht die Vereinbarung der auflösenden Bedingung deutlich. Hätte das Unter- 11
suchungsergebnis in solchen Fällen bereits vor der Einstellung vorgelegen, wäre diese regelmäßig von vornherein unterblieben. Ob die Eignungsuntersuchung kurz vor oder nach der Einstellung vorgenommen wird, kann aber keinen Unterschied machen (aA ArbG Hbg 22.10.90, NZA 91, 941). Allerdings kann es je nach Lage des Einzelfalles dem ArbGeb verwehrt sein, sich auf den Bedingungseintritt zu berufen; so etwa, wenn ihn aufgrund von Unfallverhütungsvorschriften eine selbstständige Verpflichtung traf, eine ärztliche Untersuchung des ArbN durchführen zu lassen und er dies unterlassen hat (LAG Köln 12.3.91, LAGE Nr 3 zu § 620 BGB Bedingung).

Wegen des bereits angesprochenen Prinzips der Vertragsfreiheit erscheinen auch arbeits- 12
vertragliche Vereinbarungen unbedenklich, in denen sich der ArbN zu **regelmäßigen Gesundheitsuntersuchungen** verpflichtet. Zwischen einer vereinbarten Untersuchungspflicht vor Abschluss des Arbeitsverhältnisses und im bestehenden Arbeitsverhältnis ergeben sich keine sachlichen Differenzierungsmerkmale, die eine unterschiedliche rechtliche Würdigung begründen könnten. Dies gilt naturgemäß nur dann, wenn die Gesundheitsuntersuchungen in sinnvollen Abständen erfolgen und keine Schikanemaßnahmen darstellen. Von daher bestehen unter allgemeinen rechtlichen Gesichtspunkten (Treu und Glauben, Sittenwidrigkeit, § 307 BGB) auch gegen derartige Klauseln in Formularverträgen, wie sie in der Praxis insbes bei Führungskräften häufiger anzutreffen sind, keine Bedenken. Verweigert der ArbN in einem solchen Fall eine Folgeuntersuchung, so stellt dies einen abmahnungsfähigen Pflichtverstoß dar.

## B. Lohnsteuerrecht *Thomas*

**1. Einordnung.** Krankheitskosten einschließlich der Aufwendungen zu Feststellungen 13
bzw Bescheinigungen über den Gesundheitszustand gehören grds zum Bereich der privaten Lebensführung. Trotzdem können Aufwendungen des ArbN für ein Gesundheitszeugnis Werbungskosten sein und müssen diesbezügliche Aufwendungen des ArbGeb nicht zu Arbeitslohn führen

**2. Werbungskosten.** Entstehen dem ArbN eigene Aufwendungen für das Erstellen eines 14
Gesundheitszeugnisses, die auch nicht von Dritten, zB einer Versicherung, erstattet werden, sind diese beruflich veranlasst und deshalb Werbungskosten, wenn der ArbGeb einen Gesundheitsnachweis als Einstellungsvoraussetzung verlangt. Werbungskosten können auch hinsichtlich der Folgezeugnisse entstehen, wenn diese vom ArbGeb ernsthaft gefordert und diesem auch ausgehändigt werden. Dabei ist nicht von Bedeutung, ob der ArbGeb derartige Zeugnisse zu fordern berechtigt ist (→ Rn 10), solange der ArbN glaubt, sich dem nicht entziehen zu können.

**3. Arbeitslohn.** Trägt der ArbGeb die Kosten des Gesundheitszeugnisses, bewirkt dies 15
keinen Arbeitslohn, wenn das Erstellen eines derartigen Zeugnisses vom Gesetz gefordert wird (→ Rn 2). Bei einem vom ArbGeb freiwillig in Auftrag gegebenen Gesundheitszeug-

nis entfällt Arbeitslohn dann, wenn die Kostenübernahme durch betriebsfunktionale Gründe des ArbGeb veranlasst ist, die Kostentragung also im eigenbetrieblichen Interesse des ArbGeb liegt (→ *Arbeitsentgelt* Rn 46). Dies wurde bei Vorsorgeuntersuchungen für leitende Angestellte bejaht (BFH 17.9.82 – VI R 75/79, BStBl II 83, 39).

**C. Sozialversicherungsrecht** *Ruppelt*

16 **Die Versicherungsberechtigung** in der gesetzlichen KV (freiwillige Versicherung) nach § 9 SGB V ist nicht von der Vorlage eines Gesundheitszeugnisses abhängig, selbstverständlich auch nicht die Mitgliedschaft aufgrund Pflicht- oder Familienversicherung. Auch die seit 1.1.09 bestehende Pflicht zum Abschluss einer Krankheitskostenversicherung zum Basistarif in der privaten KV für alle nicht anderweitig abgesicherte Personen mit Wohnsitz im Inland (Auffangversicherungspflicht gem § 193 Abs 3 VVG) gilt unabhängig von den gesundheitlichen Verhältnissen des zu Versichernden. Es besteht Kontrahierungszwang (→ *Krankenversicherungspflicht* Rn 20).

## Gewerkschaftsrechte (im Betrieb)

**A. Arbeitsrecht** *Röller*

1 **1. Allgemeines.** Das BetrVG hat der Gewerkschaft verschiedene betriebsverfassungsrechtliche Aufgaben zugewiesen. BRat und ArbGeb trifft deshalb insoweit eine **Verpflichtung zur Zusammenarbeit mit der Gewerkschaft** (§ 2 Abs 1 BetrVG). Soweit das BetrVG den Gewerkschaften keine eigenständigen Rechte einräumt, ist der BRat nicht zur Zusammenarbeit mit der Gewerkschaft verpflichtet. Er kann diese jedoch um Unterstützung bitten (*Fitting* § 2 Rn 53; GK-BetrVG/*Kraft/Franzen* § 2 Rn 22; aA ErfK/*Koch* § 2 Rn 2). Die Gewerkschaft erhält durch § 2 Abs 1 BetrVG kein eigenständiges Recht, sich gegen den Willen der Betriebsparteien in die Zusammenarbeit zwischen ArbGeb und BRat einzuschalten. Zieht der BRat die Gewerkschaft zur Unterstützung heran, muss die Zusammenarbeit vertrauensvoll erfolgen (*Fitting* § 2 Rn 54).

Eine betriebsverfassungsrechtliche **Pflicht der Gewerkschaft zur Zusammenarbeit** mit dem BRat **besteht nicht** (BAG 14.1.83 – 6 ABR 67/79, DB 83, 2583). Aus § 2 Abs 1 BetrVG folgt auch keine Verpflichtung der Gewerkschaft, einem BRat Rechtsschutz zu gewähren (BAG 3.10.78 – 6 ABR 102/76, NJW 80, 1486).

2 **2. Gewerkschaften (Begriff).** Gewerkschaften müssen sich als satzungsmäßige Aufgabe die Wahrnehmung der Interessen ihrer Mitglieder in ihrer Eigenschaft als ArbN gesetzt haben und willens sein, Tarifverträge abzuschließen. Sie müssen **frei gebildet, gegnerfrei, unabhängig, auf überbetrieblicher Grundlage organisiert** sein und das geltende Tarifrecht als verbindlich anerkennen. Tariffähigkeit setzt darüber hinaus voraus, dass die Gewerkschaft ihre Aufgabe als Tarifpartner sinnvoll erfüllen kann. Dies erfordert eine **ausreichende Ausstattung,** dh die ArbNVereinigung muss über eine ausreichende Anzahl von Mitgliedern, hinreichende Finanzkraft sowie über entsprechende **Organisationsstrukturen** und kompetentes Personal verfügen (BAG 26.6.18 – 1 ABR 37/16, NZA 19, 188; 19.9.06 – 1 ABR 53/05, NZA 07, 518). Die ArbNVereinigung muss über eine **Durchsetzungsfähigkeit** verfügen, die erwarten lässt, dass sie als Tarifpartner vom sozialen Gegenspieler wahr- und ernst genommen wird. Sofern eine ArbNVereinigung bereits in nennenswertem Umfang Tarifverträge abgeschlossen hat, belegt dies regelmäßig ihre Durchsetzungskraft. Dies gilt sowohl für den Abschluss originärer Tarifverträge als auch für den Abschluss von Anschlusstarifverträgen (BAG 26.6.18, NZA 19, 188; 28.3.06 – 1 ABR 58/04, NZA 06, 1112; 14.12.04 – 1 ABR 51/03, NZA 05, 697). Mangels Tariffähigkeit wurden die Gewerkschaftseigenschaft der Tarifgemeinschaft Christlicher Gewerkschaften für Zeitarbeit und Personalserviceagenturen (CGZP) (BAG 23.5.12 – 1 AZB 67/11, NZA 12, 625; 23.5.12 – 1 AZB 58/11, NZA 12, 623; 14.12.10 – 1 ABR 19/10, NZA 11, 289), der „medsonet. Die Gesundheitsgewerkschaft e. V." (BAG 11.6.13 – 1 ABR 33/12, DB 13, 2751), der Christlichen Gewerkschaft Holz und Bau, der Christlichen Gewerkschaft Bau, Chemie, Energie (BAG 16.1.90, NZA 90, 623, 626) und der Neue Assekuranz (LAG Dü

15.8.18 – 12 TaBV 55/17, BeckRS 2017, 152287; HessLAG 9.4.15 – 9 TaBV 225/14, NZA-RR 15, 482) verneint. Bejaht wurde die Tariffähigkeit der Christlichen Gewerkschaft Metall (BAG 28.3.06). Ob die Berufsgewerkschaft DHV tariffähig ist, ist nicht abschließend geklärt (LAG HH 4.5.16 – 6 TaBV 8/15, BeckRS 2016, 69929; BAG 26.6.18 – 1 ABR 37/16, NZA 19, 188). Verlust der Tariffähigkeit liegt bei einer Gewerkschaft vor, die durch Beschluss aufgelöst und durch Vertrag alle Forderungen und Rechte aus den von ihr abgeschlossenen Tarifverträgen auf eine andere Gewerkschaft unter gleichzeitiger Einstellung ihrer koalitionspolitischen Bestätigung überträgt (BAG 25.9.90 – 3 AZR 266/89, NZA 91, 314). Die Anerkennung der Tariffähigkeit setzt auch die Bereitschaft der Organisation Tarifverträge abzuschließen voraus. Die **Tarifwilligkeit** muss sich nicht aus der Satzung ergeben (BAG 25.11.86 – 1 ABR 22/85, NZA 87, 492; ErfK/*Franzen* § 2 TVG Rn 8; *Löwisch/Rieble* § 2 TVG Rn 57).

**3. Vertretensein im Betrieb.** Um an der Zusammenarbeit von ArbGeb und BRat beteiligt zu sein, muss die Gewerkschaft im Betrieb vertreten sein. Dies ist der Fall, wenn ihr mindestens ein ArbN des Betriebs angehört, der nicht zu den leitenden Angestellten iSd § 5 Abs 3 BetrVG zählt (BAG 10.11.04 – 7 ABR 19/04, NZA 05, 426). Die Tarifzuständigkeit der Gewerkschaft für den Betrieb ist nicht erforderlich. Die den Gewerkschaften im BetrVG zugewiesenen Rechte dienen nicht dem Abschluss von Tarifverträgen (BAG 10.11.04, NZA 05, 426). Die Gewerkschaft kann den erforderlichen Nachweis durch mittelbare Beweismittel, zB durch notarielle Erklärung führen, ohne den Namen ihres im Betrieb des ArbGeb beschäftigten Mitglieds zu nennen (BVerfG 21.3.94 – 1 BvR 1485/93, NZA 94, 891; *Fitting* § 2 Rn 43). 3

**4. Betriebsverfassungsrechtliche Aufgaben. a) Inhalt.** Der Gewerkschaft sind im BetrVG zahlreiche Initiativ-, Teilnahme-, Beratungs- und Kontrollrechte eingeräumt. Es handelt sich um Rechte im Zusammenhang mit der ordnungsgemäßen Errichtung des BRat (§§ 3 Abs 3 Satz 2, 4 Abs 2 Satz 2, 14, 16–19 BetrVG) sowie der Jugend- und Auszubildendenvertretungen (§ 60 BetrVG), der Einberufung einer Betriebsversammlung (§ 43 Abs 4 BetrVG), der Überwachung der ordnungsgemäßen Durchführung des BetrVG durch ArbGeb und BRat (§§ 23, 48, 56, 65 Abs 1, 73 Abs 2, 119 Abs 2 BetrVG), der beratenden Teilnahme an Betriebs- oder Abteilungsversammlungen sowie BRatVersammlungen (§§ 46, 53 BetrVG), der unterstützenden beratenden Teilnahme an BRat- und Ausschusssitzungen auf Antrag von 1/4 der BRatMitglieder oder der Mehrheit einer Gruppe des BRat (§ 31 BetrVG), der Vermittlung bei Konflikten zwischen der Mehrheit der Vertreter einer Gruppe oder der JAV (§ 35 Abs 1 BetrVG), der Hinzuziehung der Spitzenorganisationen der Gewerkschaften und ArbGebVerbände bei der Entscheidung der obersten Arbeitsbehörde des Landes über die Geeignetheit von Schulungs- und Bildungsveranstaltungen (§§ 37 Abs 7, 65 Abs 1 BetrVG) sowie allgemein dem Zusammenwirken mit ArbGeb und BRat zum Wohle der ArbN und des Betriebs (§ 2 Abs 1 BetrVG). 4

**b) Einzelne Aufgaben. aa) Unterstützung der Betriebsratsarbeit.** Hierbei geht es in erster Linie darum, den BRat bei der Ausübung seiner Mitbestimmungsrechte zu unterstützen. Ein eigenes Recht der im Betrieb vertretenen Gewerkschaften zur Teilnahme an BRat- und Ausschusssitzungen besteht nicht. Es bedarf eines Antrags von 1/4 der Mitglieder oder der Mehrheit einer Gruppe des BRat, damit ein Beauftragter einer im BRat vertretenen Gewerkschaft an den Sitzungen beratend teilnehmen kann (§ 31 BetrVG). Auch der BRat als Gremium kann dies beschließen. Die Hinzuziehung von Gewerkschaftsbeauftragten durch den BRat als solchen kann sowohl durch Beschluss im Einzelfall als auch generell erfolgen, zB in der Geschäftsordnung vorgesehen sein (BAG 28.2.90 – 7 ABR 22/89, NZA 90, 660; *Fitting* § 31 Rn 6). § 31 BetrVG findet iVm § 28 BetrVG auch auf Ausschüsse des BRat Anwendung, soweit ihnen Aufgaben zur selbstständigen Erledigung übertragen worden sind sowie auf den Wirtschaftsausschuss gem § 106 BetrVG (BAG 25.6.87 – 6 ABR 45/85, NZA 88, 167). Die Gewerkschaft ist frei in der Bestimmung eines ihrer Mitglieder als Beauftragten. Der Beauftragte hat im Gegensatz zum Vertreter des ArbGebVerbands beratende Stimme und darf deshalb auf die Willensbildung des BRat Einfluss nehmen. Obwohl er kein Stimmrecht hat, kann er deshalb bei Beschlussfassungen anwesend sein (ErfK/*Koch* § 31 BetrVG Rn 1). Der Zeitpunkt der BRatSitzung und die Tagesordnung sind dem Beauftragten rechtzeitig mitzuteilen. Die Teilnahme eines Gewerk- 5 schaftsbeauftragten an Sitzungen des Wirtschaftsausschusses kann nur für eine konkret bestimmte Satzung beschlossen werden, wenn die Sachkunde der Wirtschaftsausschussmitglieder nicht ausreichend ist. Die generelle Einladung zu allen zukünftigen Sitzungen ist unzulässig (BAG 25.6.87 – 6 ABR 45/85, NZA 88, 167). Zum Zutrittsrecht des Gewerkschaftsbeauftragten zu Sitzungen des EBRat s LAG BaWü 23.12.14 – 11 TaBV 6/14, BeckRS 2015, 69902.

6 **bb) Errichtung von Betriebsräten und Jugendauszubildendenvertretungen.** In den §§ 3 Abs 3 Satz 2, 4 Abs 2 Satz 2, 14, 16–19 BetrVG sowie § 63 Abs 2 und 3 BetrVG ist ein Beteiligungsrecht der Gewerkschaften geregelt. In Betrieben ohne BRat kann die Gewerkschaft zu einer Betriebsversammlung einladen und Vorschläge für die Zusammensetzung des Wahlvorstandes machen (§ 17 Abs 3 BetrVG). Dieses Einladungsrecht entfällt nicht deshalb, weil bereits drei ArbN zu derselben Betriebsversammlung eingeladen haben (LAG Köln 6.10.89, BB 90, 998). Zu den vom ArbGeb nach § 20 Abs 3 Satz 1 BetrVG zu tragenden Kosten einer BRatWahl gehören auch die erforderlichen außergerichtlichen Kosten einer Gewerkschaft, die ihr durch die Beauftragung eines Rechtsanwalts in einem Beschlussverfahren zur gerichtlichen Bestellung eines Wahlvorstands entstanden sind (BAG 14.4.03 – 7 ABR 29/02, NZA 03, 1359).

7 Die Gewerkschaft kann nach § 14 Abs 5 BetrVG einen Wahlvorschlag unterbreiten. Dieser muss von zwei Gewerkschaftsbeauftragten unterzeichnet sein; ansonsten berechtigt dies zur Wahlanfechung nach § 19 BetrVG (BAG 15.5.13 – 7 ABR 40/11, NZA 13, 1095). § 19 Abs 2 BetrVG gibt den im Betrieb vertretenen Gewerkschaften ein selbstständiges Recht zur **Anfechtung einer Betriebsratswahl** wegen Gesetzesverstoßes. Die Vertretung im Betrieb muss während des ganzen Verfahrens gegeben sein. Am Wahlanfechtungsverfahren sind sie nur dann zu beteiligen, wenn sie die Wahl ihrerseits selbstständig angefochten haben (BAG 27.1.93 – 7 ABR 37/92, NZA 93, 949; ErfK/*Koch* § 83 ArbGG Rn 8).

8 **cc) Betriebsversammlungen.** Auf Antrag einer im Betrieb vertretenen Gewerkschaft muss der BRat vor Ablauf von zwei Wochen nach Eingang des Antrags eine Betriebsversammlung einberufen, wenn im vorhergegangenen Kj keine Betriebs- und keine Abteilungsversammlung durchgeführt worden sind (§ 43 Abs 4 BetrVG). Bei den vorausgegangenen Versammlungen muss es sich nicht um regelmäßige Betriebsversammlungen nach § 43 Abs 1 BetrVG gehandelt haben. Ausreichend sind Versammlungen, auf denen der BRat seinen Tätigkeitsbericht erstattet hat (ErfK/*Koch* § 46 BetrVG Rn 3). Der Antrag richtet sich an den BRat. Die Gewerkschaft selbst kann weder die Tagesordnung bestimmen, noch die Versammlung einberufen. Kommt der BRat der Aufforderung nicht nach, kann die Gewerkschaft die Betriebsversammlung mit einstweiliger Verfügung erzwingen (*Fitting* § 43 Rn 55).

9 **dd) Überwachung der ordnungsgemäßen Durchführung des Betriebsverfassungsgesetzes durch Arbeitgeber und Betriebsrat.** Bei **groben Pflichtverletzungen durch den Betriebsrat** kann eine im Betrieb vertretene Gewerkschaft den Ausschluss eines Mitglieds oder mehrerer Mitglieder aus dem BRat oder die Auflösung des BRat beim zuständigen ArbG beantragen (§ 23 Abs 1 BetrVG). Unter den gleichen Voraussetzungen kann der Ausschluss eines Mitglieds aus dem GBRat (§ 48 BetrVG) und aus dem KBRat (§ 56 BetrVG) beantragt werden. Entsprechendes gilt für Mitglieder der JAV bzw der GesamtJAV (§§ 65 Abs 1, 73 Abs 2 BetrVG). § 119 Abs 2 BetrVG gibt einer im Betrieb vertretenen Gewerkschaft das Recht, den Antrag auf Verfolgung von Straftaten gegen Betriebsverfassungsorgane und ihre Mitglieder zu stellen.

10 Bei **groben Pflichtverletzungen durch den ArbGeb** haben gem § 23 Abs 3 BetrVG im Betrieb vertretene Gewerkschaften die Möglichkeit, durch entsprechende Antragstellung beim zuständigen ArbG den ArbGeb ggf unter Androhung von Sanktionen zu einer gesetzestreuen Verhaltensweise zu veranlassen. Dies gilt auch dann, wenn der BRat kein Interesse an einer Verfolgung der geltend gemachten groben Gesetzesverstöße des ArbGeb hat. Ein Verschulden des ArbGeb ist, anders als bei der Amtsenthebung eines BRatMitglieds, nicht erforderlich (BAG 22.10.91 – 1 ABR 28/91, NZA 92, 376).

11 **c) Rechte und Schutz bei der Wahrnehmung betriebsverfassungsrechtlicher Aufgaben. aa) Zutrittsrechte zum Betrieb.** Zur Wahrnehmung der gesetzlich genannten Aufgaben und Befugnisse steht dem Beauftragten der im Betrieb vertretenen Gewerkschaften nach Unterrichtung des ArbGeb oder seines Vertreters ein Zutrittsrecht zum Betrieb zu. Ausreichend ist, wenn die Angelegenheit in einem **inneren Zusammenhang**

**mit einer betriebsverfassungsrechtlichen Aufgabe** der Gewerkschaft steht (BAG 22.6.10 – 1 AZR 173/09, NZA 10, 1365; 28.2.06 – 1 AZR 460/04, NZA 06, 798; LAG Bln-Bbg 19.9.17 – 7 TaBV 91/17, NZA-RR 18, 147). Die Auswahl der **Beauftragten** ist Sache der Gewerkschaft. Es kann sich um ehrenamtliche oder hauptamtliche Mitarbeiter, aber auch um ArbN eines anderen Betriebs handeln. Häufigkeit, Zeitpunkt und Dauer des Besuchs bestimmt die Gewerkschaft. Sofern nicht besondere Umstände vorliegen, ist das Zutrittsrecht während der betriebsüblichen Arbeitszeit wahrzunehmen (ErfK/*Koch* § 2 BetrVG Rn 5). Das Zutrittsrecht besteht zum Betrieb. Es ist nicht auf Räumlichkeiten des BRat oder den Verwaltungsbereich des ArbGeb beschränkt. Der Beauftragte der Gewerkschaft darf im Betrieb vielmehr den Ort aufsuchen, der sich aus der konkreten betriebsverfassungsrechtlichen Aufgabe ergibt; er ist deshalb auch befugt, die ArbN an ihren Arbeitsplätzen aufzusuchen, sofern dies im Rahmen der betriebsverfassungsrechtlichen Aufgabenstellung erforderlich ist (BAG 17.1.89 – 1 AZR 805/87, NZA 89, 938).

Vor dem Besuch des Beauftragten hat die Gewerkschaft den ArbGeb oder seinen Vertreter **12** zu unterrichten. Die **Unterrichtung** hat im Normalfall so rechtzeitig zu erfolgen, dass dem ArbGeb hinreichend Zeit bleibt, sich auf den Besuch einzustellen und die Zugangsberechtigung zu prüfen. In **Eilfällen** kann die Unterrichtung aber auch unmittelbar vor dem Besuch erfolgen (*Fitting* § 2 Rn 74). Sind die Voraussetzungen des § 2 Abs 2 BetrVG erfüllt, darf der ArbGeb den Zutritt nur verweigern, soweit diesem unumgängliche Notwendigkeiten des Betriebsablaufs, zwingende Sicherheitsvorschriften oder der Schutz von Betriebsgeheimnissen entgegenstehen. Die bloße Behauptung des ArbGeb genügt nicht. Vielmehr muss er konkrete Tatsachen vortragen, aus denen sich ergibt, dass die Gründe tatsächlich vorliegen (*Fitting* § 2 Rn 76). Im Fall des § 23 BetrVG besteht das Zutrittsrecht, wenn konkrete Anhaltspunkte dafür bestehen, dass BRat und ArbGeb grob gegen ihre gesetzlichen Pflichten verstoßen haben. Ausreichend ist, wenn sich ein entsprechender Anfangsverdacht ergibt und die im Betrieb vertretene Gewerkschaft eine Überprüfung für erforderlich hält (*Fitting* § 2 Rn 60 ff).

Das Zutrittsrecht nach § 2 Abs 2 BetrVG kann im Beschlussverfahren durchgesetzt werden, in dringenden Fällen auch im Wege der einstweiligen Verfügung nach § 85 Abs 2 ArbGG. Die Gewerkschaft hat keinen Anspruch auf Erstattung der außergerichtlichen Kosten, die ihr durch die Führung eines solchen Verfahrens entstehen (BAG 2.10.07 – 1 ABR 59/06, NZA 08, 372).

**bb) Schutz bei gewerkschaftlicher Betätigung.** Die Bestimmungen der §§ 75 Abs 1, **13** 74 Abs 3 BetrVG gelten auch für Vertreter von Gewerkschaften. ArbN dürfen deshalb wegen einer gewerkschaftlichen Betätigung gem § 75 Abs 1 BetrVG nicht benachteiligt werden. In ihrer Eigenschaft als Gewerkschaftsmitglieder unterliegen ArbN des Betriebs – vorbehaltlich der sich aus dem Arbeitsverhältnis ergebenden Pflichten – keinen Beschränkungen, wie sich aus § 74 Abs 3 BetrVG ergibt. Als zulässige gewerkschaftliche Betätigung sind alle Handlungen und Maßnahmen anzusehen, die vom Koalitionsrecht des Art 9 Abs 3 GG erfasst werden, insbes die Gewerkschaftswerbung im Betrieb.

Individualrechtlich gilt das Maßregelungsverbot des § 612a BGB. Eine nach dieser Bestimmung iVm § 134 BGB nichtige Maßnahme kann eine Kündigung sein, die der ArbGeb einem ArbN gegenüber wegen dessen aktiven gewerkschaftlichen Einsatzes im Betrieb ausspricht. Der ArbN trägt hierfür jedoch die Darlegungs- und Beweislast (LAG Hamm 18.12.87 – 17 Sa 1225/87, NZA 88, 586). Ein darüber hinausgehender besonderer Kündigungsschutz besteht für Beauftragte der im Betrieb vertretenen Gewerkschaften bei der Ausübung der betriebsverfassungsrechtlichen Aufgaben nicht.

Ein gewerkschaftlich organisierter ArbN hat keinen Anspruch darauf, von der Arbeit fernzubleiben, um an Sitzungen des Ortsvorstandes der Gewerkschaft teilzunehmen. Der ArbGeb kann jedoch bei der Aufstellung von Schichtplänen im Einzelfall verpflichtet sein, die Teilnahme des ArbN an den Sitzungen zu berücksichtigen (BAG 13.8.10 – 1 AZR 173/09, NZA-RR 10, 640).

**5. Koalitionsaufgaben der Gewerkschaft. a) Allgemeines.** Aufgaben der Gewerk- **14** schaften und der Vereinigung der ArbGeb, insbes die Wahrung der Interessen ihrer Mitglieder werden durch das BetrVG nicht berührt (§ 2 Abs 3 BetrVG). Die typischen **Aufgaben der Koalitionen,** insbes der **Abschluss und die Überwachung von Tarifver-**

**trägen, Arbeitskampf, Mitgliederwerbung und -beratung sowie Prozessvertretung** werden durch das BetrVG weder geregelt noch beeinträchtigt (BAG 28.2.06 – 1 AZR 460/04, NZA 06, 798). Aus Art 9 Abs 3 GG ergibt sich, dass Hauptaufgabe der Koalitionen ist, kollektiv die Arbeits- und Wirtschaftsbedingungen ihrer Mitglieder zu wahren und zu fördern (GK-BetrVG/*Kraft*/*Franzen* § 2 Rn 82). Die Rspr zur koalitionsspezifischen Betätigung von Gewerkschaften in Betrieben war lange Zeit sehr restriktiv. Das BVerfG ging in der Vergangenheit davon aus, dass Art 9 Abs 3 GG die Koalitionsfreiheit nur in ihrem **Kernbereich** schützt (BVerfG 1.3.79, DB 79, 593). Ohne von dieser früheren Rspr abzurücken, hat das BVerfG im Beschluss vom 14.11.95 die „Klarstellung vorgenommen", dass der Schutz des Art 9 Abs 3 GG sich nicht auf diejenigen Tätigkeiten beschränkt, die für die Einhaltung und Sicherung des Bestandes der Koalition unerlässlich sind. Er umfasst **alle koalitionsspezifischen Verhaltensweisen** (BVerfG 14.11.95 – 1 BvR 601/92, NZA 96, 381). Die Wahl der Mittel, welche die Gewerkschaft zur Erfüllung ihrer Aufgaben für geeignet hält, bleibt dabei ihr überlassen (BVerfG 6.2.07 – 1 BvR 191/06, NZA 07, 394).

15 **b) Streikaufruf.** Die Verbreitung von Streikaufrufen im Intranet des ArbGeb durch Gewerkschaftsmitglieder ist unzulässig. Der ArbGeb kann Unterlassung gem § 1004 Abs 2 BGB verlangen (BAG 15.10.13 – 1 ABR 31/12, NZA 14, 319).

16 **c) Werbung.** Zu der für eine Gewerkschaft verfassungsrechtlich gewährleisteten Betätigung gehört die Werbung neuer Mitglieder, die ohne entsprechende Information und Selbstdarstellung seitens der Gewerkschaften nur schwer verwirklicht werden kann. Die Gewerkschaft ist deshalb berechtigt, im Betrieb Werbung zu betreiben (BAG 20.1.09 – 1 AZR 515/08, NZA 09, 615; 28.2.06 – 1 AZR 460/04, NZA 06, 798). Dieses Recht steht auch **nicht tariffähigen ArbNKoalitionen** zu (BAG 22.5.12 – 1 ABR 11/11, NZA 12, 1176; *Schönhöfl*/*Klafki* NZA-RR 12, 393). Die Grenzen zulässiger Werbung werden überschritten, wenn sie mit unlauteren Mitteln erfolgt oder auf die Existenzvernichtung einer konkurrierenden Gewerkschaft gerichtet ist (BAG 31.5.05 – 1 AZR 141/04, NZA 05, 1182).

Als zulässig angesehen wird die Verteilung gewerkschaftlicher Werbe- und Informationsschriften außerhalb der Arbeitszeit und während der Pausen durch betriebsangehörige Mitglieder (BAG 14.2.67 – 1 AZR 494/65, NJW 67, 843). Die Werbung auch während der Arbeitszeit wird damit generell jedoch nicht ausgeschlossen. Maßgeblich ist, ob dadurch der reibungslose Betriebsablauf beeinträchtigt oder der Betriebsfrieden gestört wird (*Fitting* § 2 Rn 85). Die Gewerkschaft ist auch berechtigt, E-Mails zu Werbezwecken auch ohne Einwilligung des ArbGeb und Aufforderung durch die ArbN an die betrieblichen E-Mailadressen der Beschäftigten zu versenden (BAG 20.1.09, NZA 09, 615). Voraussetzung für die Werbung ist, dass nur mit satzungsmäßigen Leistungen geworben wird. Die Werbung zu allgemeinen politischen Wahlen ist unzulässig (BVerfG 28.4.76 – 1 BvR 71/73, NJW 76, 1627).

Das Werberecht der Gewerkschaften stößt an eine äußere Grenze, wo die Sach- und Zielwerbung sich nicht mehr an die Beschäftigten, sondern an Dritte wendet, wie etwa bei Unterschriftsaktionen einer Gewerkschaft in Dienstgebäuden der Polizei (BAG 25.1.05 – 1 AZR 657/03, NZA 05, 592).

Gegen rechtswidrige Eingriffe in ihre durch Art 9 Abs 3 GG gewährleistete kollektive Koalitionsfreiheit kann sich eine Gewerkschaft in entsprechender Anwendung des § 1004 Abs 1 Satz 2 BGB mit Hilfe von Unterlassungsklagen wehren. Das UWG findet keine Anwendung, da die Mitgliederwerbung keine Wettbewerbshandlung ist (BAG 31.5.05 – 1 AZR 141/04, NZA 05, 1182).

Der BRat als solcher darf weder für eine bestimmte Gewerkschaft noch für die Gewerkschaften überhaupt werben oder Informationsmaterial verteilen. Er ist Repräsentant aller ArbN, nicht nur der gewerkschaftlich organisierten (*Fitting* § 2 Rn 91).

17 **d) Zutrittsrecht für betriebsexterne Gewerkschaftsangehörige.** Sie haben zum Zwecke koalitionsspezifischer Betätigung, insbesondere zur **Mitgliederwerbung** ein **Zutrittsrecht zum Betrieb.** Die Gewerkschaft braucht sich nicht darauf verweisen zu lassen, betriebsangehörige ArbN mit der Durchführung der Mitgliederwerbung zu beauftragen (BAG 22.6.10 – 1 AZR 179/09, NZA 10, 1365; 28.2.06 – 1 AZR 460/04, NZA 06, 798). Gegenüber dem gewerkschaftlichen Interesse an einer effektiven Mitgliederwerbung sind die ebenfalls verfassungsrechtlich geschützten Rechtsgüter des ArbGeb, insbes sein Haus- und Eigentumsrecht sowie sein Interesse an einem störungsfreien Arbeitsablauf und der

Wahrung des Betriebsfriedens sowie etwaige Geheimhaltungs- und Sicherheitsinteressen abzuwägen. Das Zutrittsrecht hängt damit von den Umständen des konkreten Einzelfalls ab. Das Zutrittsrecht kann im Beschlussverfahren geltend gemacht werden; es besteht auch die Möglichkeit des **einstweiligen Rechtsschutzes** (BAG 28.2.06 – 1 AZR 460/04, NZA 06, 798). Ein gewaltsames Eindringen einzelner Gewerkschaftsangehöriger in Räumlichkeiten, in denen ArbN ihrer arbeitsvertraglich geschuldeten Beschäftigung nachgehen, ist rechtswidrig (LAG Nds 17.11.08 – 11 SaGa 1433/08, NZA-RR 09, 209).

**e) Vertrauensleute.** Die Wahl von gewerkschaftlichen Vertrauensleuten ist eine rein innergewerkschaftliche Angelegenheit. Aus Art 9 Abs 3 GG lässt sich kein Recht ableiten, derartige Wahlen im Betrieb durchzuführen und hierfür entsprechende Räumlichkeiten zur Verfügung gestellt zu erhalten (BAG 8.12.78 – 1 AZR 303/77, NJW 79, 1847; aA *Däubler* DB 98, 2014). Näheres → *Vertrauensleute* Rn 5 ff. 18

**f) Unterlassungsansprüche.** Gewerkschaften haben neben dem Anspruch aus § 23 Abs 3 BetrVG einen allgemeinen, auf §§ 1004, 823 BGB iVm Art 9 Abs 3 GG gestützten Unterlassungsanspruch gegen **tarifwidrige betriebseinheitliche Regelungen.** Erforderlich ist, dass die tariflichen Bestimmungen unmittelbar und zwingend (§ 3 Abs 1 oder Abs 3 TVG) gelten (BAG 7.6.17 – 1 ABR 32/15, NZA 17, 1410; 17.5.11 – 1 AZR 473/09, NZA 11, 1169; 31.5.05 – 1 AZR 141/04, NZA 05, 1182 → *Unterlassungsanspruch* Rn 20 ff). Wirkt der Tarifvertrag lediglich gem § 4 Abs 5 TVG nach, wird das Recht auf koalitionsgemäße Bestätigung durch abweichende betriebliche Regelungen nicht mehr beeinträchtigt. Bedeutung hat diese Rspr vornehmlich bei betrieblichen Bündnissen für Arbeit, sei es in Form vertraglicher Einheitsregelungen mit den betroffenen ArbN oder durch Regelungsabreden mit dem BRat. Der Unterlassungsanspruch erfasst nicht die Tarifaußenseiter, da es dem ArbGeb freisteht, mit nicht tarifgebundenen ArbN untertarifliche Arbeitsbedingungen zu vereinbaren (BAG 20.4.99 – 1 ABR 72/98, NZA 99, 887). Im Klageantrag müssen die Gewerkschaftsmitglieder, hinsichtlich derer der ArbGeb die Anwendung untertariflicher Bedingungen unterlassen soll, namentlich bezeichnet werden (BAG 19.3.03 – 4 AZR 271/02, NZA 03, 1221; aA LAG Hamm 29.7.11 – 10 TaBV 91/10, BeckRS 2011, 77413, wenn die Betriebsparteien die betriebliche Regelung sowohl bei den organisierten als auch bei den nichtorganisierten ArbN zu Anwendung bringen wollen). 19

Zum Unterlassungsanspruch einer Gewerkschaft gegen eine andere Gewerkschaft wegen des Abschlusses tarifvertraglicher Differenzierungsklauseln s LAG Köln 17.1.08 – 6 Sa 354/07, DB 08, 1979.

**g) Streitigkeiten.** Streitigkeiten zwischen den Betriebsparteien und der Gewerkschaft über den Inhalt der sich aus § 2 Abs 1 BetrVG ergebenden Rechte und Pflichten sind nach §§ 2a, 80 ArbGG im arbeitsgerichtlichen Beschlussverfahren auszutragen. Das Beschlussverfahren ist auch die richtige Verfahrensart, wenn über das Zugangsrecht der Gewerkschaft gestritten wird oder wenn die Gewerkschaft einen Anspruch auf Unterlassung tarifwidriger Regelungen geltend macht (BAG 13.3.01 – 1 AZB 19/00, NZA 01, 1037). 20

## B. Lohnsteuerrecht *Weil*

**1. Mitgliedsbeiträge** des ArbN zu den Gewerkschaften gehören zu den **Werbungskosten** bei den Einkünften aus nichtselbstständiger Arbeit (§ 9 Abs 1 Nr 3 EStG), solange das Arbeitsverhältnis besteht und Einkünfte aus nichtselbstständiger Arbeit bezogen werden. Nach Beendigung des Arbeitsverhältnisses gehören die Gewerkschaftsbeiträge nicht mehr zu den Einkünften aus nichtselbstständiger Arbeit (OFD Frankfurt 5.6.96, DStR 96, 1606). Wird eine Rente bezogen, sind sie in voller Höhe abziehbare Werbungskosten bei den Renteneinkünften nach § 22 EStG (→ *Altersrente* Rn 15). 21

**2. Teilnahme an Veranstaltungen.** Führt die Gewerkschaft eine Veranstaltung durch, die der Förderung des **Allgemeinwissens** der Teilnehmer dient, so sind Aufwendungen des ArbN hierfür (Teilnahmegebühr, Fahrtkosten, Übernachtungskosten, Verpflegungskosten) keine Werbungskosten, sondern nicht abzugsfähige Aufwendungen für die Lebensführung (§ 12 Nr 1 Satz 2 EStG; R 9.3 Abs 1 Satz 1 LStR; → *Ausbildungskosten* Rn 9 und → *Fortbildung* Rn 20). Dies gilt auch dann, wenn bei einer rein **berufsbezogenen Tagung** Aufwendungen aus Anlass von gesellschaftlichen Veranstaltungen (zB Gesellschaftsabend) 22 entstehen (R 9.3 Abs 1 Satz 2 LStR). Umgekehrt sind Vergütungen, die der Deutsche Gewerkschaftsbund den Teilnehmern an den Lehrgängen seiner Bundesschulen zahlt, kein Arbeitslohn (BFH 6.5.54, Steuerrechtskartei EStG bis 1974, § 19 Abs 1 Ziff 1 R 25). Bei unmittelbar berufsbezogenen Veranstaltungen (Fortbildungslehrgängen uÄ) können entsprechende Ausgaben Werbungskosten sein (→ *Fortbildung* Rn 26–28; → *Weiterbildung* Rn 6, 7).

23 3. Ein **Betriebskassierer** der Gewerkschaft, der gegen geringes Entgelt die Gewerkschaftsbeiträge in Betrieben erhebt, begründet mit dieser Tätigkeit kein ArbNVerhältnis (BFH 7.10.54, BStBl III 54, 374). Wird die Gewerkschaftstätigkeit im Wesentlichen aus ideellen Motiven ausgeübt, ist bei Bezügen und geldwerten Vorteilen dennoch die Besteuerung geboten, wenn die erhaltenen Leistungen Entgeltcharakter haben; → Rn 23. Zuwendungen eines gewerkschaftlichen Aufsichtsratsmitglieds an eine gewerkschaftliche gemeinnützige Einrichtung sind als Spende zu behandeln, nicht als Betriebsausgabe (FG Bbg 2.4.09 – 10 K 1190/06 B, EFG 09, 1286).

Ob ein **hauptberuflicher Gewerkschaftsfunktionär** ArbN iSd 2. VermBG ist, richtet sich nach arbeitsrechtlichen Gesichtspunkten (FG Hbg 26.2.73, EFG 73, 410).

24 **4. Ehrenamtliche Tätigkeit.** Aufwendungen eines ArbN für seine **ehrenamtliche Gewerkschaftstätigkeit** sind Werbungskosten bei seinen hauptberuflichen Einnahmen, wenn die Gewerkschaftstätigkeit in engem Zusammenhang mit dem Hauptberuf steht (FG Hess 26.1.94 – 11 K 180/91, EFG 94, 919; → *Ehrenamtliche Tätigkeit* Rn 20). Hierunter fallen auch Aufwendungen eines Gewerkschaftsmitglieds zu seiner Wahl in den Betriebsrat (→ *Betriebsrat* Rn 63; FG Bln 28.3.07 – 7 K 9184/06, EFG 07, 1323) sowie Fahrtkosten und Verpflegungsmehraufwendungen, nicht aber bei Reisen mit touristischem Einschlag (BFH 25.3.93 – VI R 14/90, BStBl II 93, 559; → *Auslandsreise* Rn 20).

25 Hat die gewerkschaftliche Nebentätigkeit keinen unmittelbaren Bezug zur eigentlichen Berufstätigkeit, sind die Aufwendungen keine Werbungskosten, sondern nicht abzugsfähige Lebenshaltungskosten (FG Nbg 15.3.89, EFG 89, 565). Dies gilt insbes dann, wenn die Tätigkeit allgemein politischen Charakter trägt (BFH 2.10.92 – VI R 11/90, BStBl II 93, 53).

Die Aufwendungen, die nicht Werbungskosten sind, können grds auch nicht als außergewöhnliche Belastung geltend gemacht werden, weil keine Verpflichtung besteht, die ehrenamtliche Gewerkschaftstätigkeit zu übernehmen (Finanzverwaltung 4.12.84, DB 85, 88); s im Übrigen → *Betriebsversammlung* Rn 36.

26 **5. Streik- und Aussperrungsunterstützungen** → *Arbeitskampf (Vergütung)* Rn 24 ff.

## C. Sozialversicherungsrecht *Voelzke*

31 **1. Sozialversicherungsträger.** Mitwirkungsrechte sind den Gewerkschaften bei der Bildung der **Organe** der SozVTräger, die als rechtsfähige Körperschaften des öffentlichen Rechts organisiert sind, eingeräumt. Die Selbstverwaltung wird durch die Versicherten und die ArbGeb ausgeübt (§ 44 Abs 1 SGB IV). Die Wahlen für die Vertreterversammlungen erfolgen aufgrund von Vorschlagslisten (§ 46 SGB IV). Wird aus einer Gruppe nur eine Vorschlagsliste zugelassen oder werden nicht mehr Bewerber benannt als Mitglieder zu wählen sind, gelten die Vorgeschlagenen aufgrund gesetzlicher Fiktion als gewählt (§ 46 Abs 2 SGB IV; sog Friedenswahl, s hierzu *Schlegel/Voelzke/Woltjen* SGB IV § 46 Rz 22). § 48 Abs 1 Nr 1 SGB IV räumt den Gewerkschaften sowie sonstigen ArbNVereinigungen und deren Verbänden das Recht ein, Vorschlagslisten einzureichen. Ein entsprechendes Vorschlagsrecht besteht für die Wahl der Versichertenältesten und der Vertrauensmänner (§ 61 SGB IV). Die Vorschlagslisten müssen je nach Zahl der Versicherten eine bestimmte Zahl von Unterschriften enthalten. Die an Gewerkschaften und sonstige ArbNVereinigungen zu stellenden Anforderungen werden durch § 48a SGB IV konkretisiert.

32 Gewerkschaften sind als ArbNVereinigungen vorschlagsberechtigt, wenn sie zu den tariffähigen Gewerkschaften im arbeitsrechtlichen Sinn gehören; sonstige ArbNVereinigungen müssen weitere Voraussetzungen erfüllen, insbes hinsichtlich ihrer Organisation, der Zahl ihrer beitragszahlenden Mitglieder und ihrem Hervortreten in der Öffentlichkeit. Für bisher noch nicht vertretene Gewerkschaften und sonstige ArbNVereinigungen ist ein Feststel-

lungsverfahren bzw die Feststellung der allgemeinen Vorschlagsberechtigung zwingend vorgeschrieben (§§ 48b, 48c SGB IV).

Einzelheiten der Wahlen zu den Selbstverwaltungsorganen ergeben sich aus der Wahlordnung für die SozV vom 28.7.97 (BGBl I 97, 1946, zuletzt geändert durch Gesetz vom 20.11.15 (BGBl I 15, 2010). Die bei Verstößen gegen das Wahlrecht statthafte **Wahlanfechtungsklage** umfasst auch die Überprüfung der Berechtigung von ArbNVereinigungen zur Einreichung von Vorschlagslisten (BSG 14.6.84 – 1/8 RK 18/83, NZA 84, 365). Die Wahlanfechtungsklage ist unzulässig, wenn von den eröffneten Beschwerdemöglichkeiten nicht zumindest ein Beschwerdeberechtigter Gebrauch gemacht hat (§ 57 Abs 4 SGB IV; BSG 6.2.91 – 1 RR 1/89, SozR 3–2400 § 57 Nr 1). Ein direktes Vorschlagsrecht der genannten ArbNOrganisationen für den Vorstand, der von den Vertretern der Versicherten und ArbGeb jeweils getrennt gewählt wird, besteht nicht (§ 52 SGB IV). 33

Vorschlagsberechtigt für die zu berufenden Vertreter der ArbN in den Selbstverwaltungsorganen der BA sind die **Gewerkschaften,** die Tarifverträge abgeschlossen haben, sowie ihre Verbände und Vereinigungen, die für die Vertretung von ArbNInteressen wesentliche Bedeutung haben (§ 379 Abs 1 Satz 1 Nr 1 SGB III). Für die Verwaltungsausschüsse der Agenturen für Arbeit sind nur die für den Bezirk zuständigen Gewerkschaften und ihre Verbände vorschlagsberechtigt (§ 379 Abs 1 Satz 2 SGB III).

**2. Sozialgerichtliches Verfahren.** In der Sozialgerichtsbarkeit ist den Gewerkschaften ein **Vorschlagsrecht** bei der Berufung der ehrenamtlichen Richter eingeräumt. Sie stellen gem § 14 Abs 1 SGG neben sonstigen selbstständigen ArbNVereinigungen und den ArbGebVereinigungen Vorschlagslisten für die ehrenamtlichen Richter bei den SG auf, die in den Kammern für Angelegenheiten der SozV und der ArblV mitwirken. Bei Vereinigungen auf Seiten der ArbN erfordert dies regelmäßig eine Mitgliederzahl von mindestens 1.000 Personen (*Schlegel/Voelzke/Adams* SGG, § 14 Rz 17). Ein Vorschlagsrecht besteht auch für die bei den LSG (§ 35 Abs 1 SGG) und beim BSG (§ 46 Abs 1 SGG) zu berufenden ehrenamtlichen Richter. 34

Eine Begünstigung im sozialgerichtlichen Verfahren, für das ein Vertretungszwang nicht vorgesehen ist, ist für die **Prozessvertretung** durch Mitglieder und Angestellte von Gewerkschaften (berufsständische Vereinigungen von ArbN mit sozial- oder berufspolitischer Zielsetzung, Vereinigungen von ArbGeb usw) geschaffen worden; die genannten Personen können nicht durch Beschluss als Bevollmächtigte gem § 73 Abs 6 Satz 1 SGG, § 157 Abs 1 ZPO zurückgewiesen werden (§ 73 Abs 6 Satz 3 SGG). Gleiches gilt nach § 73 Abs 6 Satz 4 SGG für Angestellte juristischer Personen, deren Anteile sämtlich im wirtschaftlichen Eigentum ua einer Gewerkschaft stehen, sofern die juristische Person ausschließlich die Rechtsberatung und Prozessvertretung der Mitglieder der Organisation (Gewerkschaft) entsprechend deren Satzung durchführt und wenn die Gewerkschaft für die Tätigkeit der Bevollmächtigten haftet. Für alle Verfahren vor dem BSG besteht Vertretungszwang (zu den Ausnahmen *Meyer-Ladewig/Keller/Leitherer* § 166 Rz 3); zugelassen sind hier auch die in § 166 Abs 2 SGG genannten Mitglieder und Angestellten von Gewerkschaften und Vereinigungen, sofern sie kraft Satzung oder Vollmacht zur Prozessvertretung befugt sind und Mitglieder vertreten. Ferner sind für die Vertretung vor dem BSG auch die Angestellten der im wirtschaftlichen Eigentum der Gewerkschaften stehenden „Rechtsberatungs-GmbH" zugelassen. Erforderlich ist, wenn sich die Vertretungsbefugnis nicht bereits aus der Satzung ergibt, eine schriftliche Vollmacht (BSG 27.3.91 – 7 RAr 126/88, SozR 3–1500 § 166 Nr 1). 35

## Gewissensfreiheit

### A. Arbeitsrecht *Kania*

**1. Allgemeines.** Die grundrechtlich verankerte Gewissensfreiheit (Art 4 Abs 1 GG) wird dem ArbN auch im Arbeitsverhältnis gewährleistet. Als Ausfluss des Persönlichkeitsrechtes ist sie Schutzgut im Rahmen der Fürsorgepflicht und damit Gegenstand der vertraglichen Schutzpflichten des ArbGeb (MünchArbR/*Reichold* § 86 Rz 1, 23). Zu Gewis- 1 senskonflikten, die nicht die Arbeitsleistung selbst betreffen, sondern die Rücksichtspflicht des ArbN, insbes Verschwiegenheits- und Loyalitätspflichten, → *Whistleblowing* Rn 1 ff.

2 **2. Arbeitsverweigerung aus Gewissensgründen. a) Grundsatz.** Die Zuweisung von Arbeit durch den ArbGeb hat gem § 106 GewO unter Beachtung des Maßstabs billigen Ermessens zu erfolgen. Daraus folgt, dass beachtliche Glaubens- und Gewissenskonflikte bei ArbGebWeisungen berücksichtigt werden müssen. Auszugehen ist hierbei vom sog **subjektiven Gewissensbegriff.** Geschützt ist danach jede ernste sittliche, dh an den Kategorien „gut" und „böse" orientierte Entscheidung, die der Einzelne in einer bestimmten Lage als für sich bindend und unbedingt verpflichtend innerlich erfährt, so dass er gegen sie nicht ohne ernste Gewissensnot handeln könnte (BAG 24.2.11 – 2 AZR 636/09, NZA 11, 1087). Allerdings ist die Gewissensfreiheit nicht schrankenlos gewährleistet. Sie findet ihre Grenze jedenfalls in kollidierenden Grundrechtspositionen des ArbGeb, insbes Art 12 Abs 1 GG (BAG 22.5.03 – 2 AZR 426/02, NZA 04, 399; BAG 24.2.11 – 2 AZR 636/09, NZA 11, 1087).

3 Befindet sich der ArbN in Gewissensnot, hat er grds das Recht, **die Arbeitsleistung zu verweigern.** Dabei ist es zunächst möglich, dass der Gewissenskonflikt bereits dazu führt, dass es wegen nicht hinreichender Einhaltung des Maßstabs billigen Ermessens an einer verpflichtenden ArbGebWeisung iSd § 106 GewO fehlt. Im Übrigen greift bei Unzumutbarkeit der Ausführung einer ArbGebWeisung das gesetzliche Zurückbehaltungsrecht gem § 275 Abs 3 BGB ein (BAG 24.2.11 – 2 AZR 636/09, NZA 11, 1087; ErfK/*Preis* § 611 BGB Rn 687; *Salamon/Groffy* BB 19, 1588 mit praxistypischen Fallbeispielen).

4 Erfährt der ArbN bereits frühzeitig, dass ihm eine Tätigkeit zugewiesen werden soll, die mit seinem Gewissen nicht zu vereinbaren ist, so hat er den ArbGeb unverzüglich davon in Kenntnis zu setzen, dass er beabsichtigt, die Arbeit zu verweigern. Die auch im Gewissenskonflikt bestehende **Rücksichtspflicht** verpflichtet den ArbN, seinen ArbGeb so rechtzeitig zu informieren, dass eine anderweitige Arbeitsverteilung vorgenommen werden kann, um einen Arbeitsausfall zu verhindern.

5 **b) Ausschluss und Grenzen des Arbeitsverweigerungsrechts.** Bei der Bestimmung der Grenzen der Gewissensfreiheit ist zunächst die **Intensität der Gewissensbeeinträchtigung** von Bedeutung. Wenn eine ArbGebWeisung mit fundamentalen, unüberwindbaren Überzeugungen des ArbN kollidiert, wird es häufig nicht billigem Ermessen entsprechen, wenn der ArbGeb an ihr festhält und ihre Befolgung verlangt (BAG 24.2.11 – 2 AZR 636/09, NZA 11, 1087). Anzuerkennen ist unter diesem Gesichtspunkt etwa ein Leistungsverweigerungsrecht eines Kriegsdienstverweigerers, der verpflichtet wird, kriegsverherrlichende Schriften zu drucken (BAG 20.12.84 – 2 AZR 436/83, DB 85, 1853), oder eines Arztes, der bei der Entwicklung von im Nuklearkriegsfall verwendbaren Medikamenten mitwirken soll (BAG 24.5.89 – 2 AZR 285/88, DB 89, 2538).

6 **Absehbare Gewissensbeeinträchtigungen** können unter dem Gesichtspunkt der Treuepflicht gem § 242 BGB der Gewissensfreiheit Grenzen setzen. Insofern ist es für die Interessenabwägung grds von Bedeutung, ob der ArbN schon bei Vertragsabschluss damit rechnen musste, dass ihm eine bestimmte Tätigkeit zugewiesen werden könnte. Jedenfalls wenn der ArbN bei Vertragsschluss bereits positiv wusste, dass er die vertraglich eingegangenen Verpflichtungen um seiner Überzeugungen willen sämtlich und von Beginn an nicht würde erfüllen können, ist eine Arbeitsverweigerung stets als Verletzung der vertraglichen Pflichten zu werten (BAG 24.2.11 – 2 AZR 636/09, NZA 11, 1087; BAG 22.5.03 – 2 AZR 426/02, NZA 04, 399). Weiter dürfen durch die Gewissensentscheidung nicht die **Ordnung des Betriebs und der Betriebsfriede** konkret berührt werden (so BAG 28.9.72, AP Nr 2 zu § 134 BGB zur vergleichbaren Grenzziehung hinsichtlich der Meinungsäußerungsfreiheit). Dementsprechend hat ein muslimischer ArbN keinen Anspruch auf Gebetspausen während der Arbeitszeit, wenn hierdurch betriebliche Störungen verursacht werden (LAG Hamm 18.1.02 – 5 Sa 1782/01, NZA 02, 675). Die Treuepflicht kann auch Postzusteller verpflichten, trotz Gewissensbissen Postwurfsendungen (rechts-) radikaler Parteien auszutragen (LAG Hess 20.12.94, LAGE § 611 BGB Abmahnung, Nr 41), und Angestellte in Musikgeschäften zwingen, politisch zweifelhafte Schallplatten zu verkaufen. Die Gewissensfreiheit legitimiert keinen Fundamentalismus im Arbeitsverhältnis (ArbG Hbg 22.10.01 – 21 Ca 187/01, NZA-RR 02, 87).

Auch ein ArbN, der für sich selbst zu Recht ein Leistungsverweigerungsrecht in Anspruch nimmt, ist nicht berechtigt, missionarisch **auf andere Arbeitnehmer einzuwirken,** um diese ebenfalls zur Arbeitsniederlegung zu bewegen. Dies gilt nicht nur für ausdrückliche Aufforderungen. Als unzulässige Gefährdung des Betriebsfriedens wären etwa auch der „Sitzstreik" im Betrieb oder die Verteilung eines Flugblattes, in dem über die Arbeitsniederlegung aus Gewissensgründen berichtet wird, anzusehen. 7

**c) Kündigung wegen Arbeitsverweigerung.** Erfolgt die Arbeitsverweigerung aus anerkennenswerten Gründen, ist eine ordentliche verhaltensbedingte Kündigung grds nicht gerechtfertigt (BAG 24.2.11 – 2 AZR 636/09, NZA 11, 1087). Der ArbGeb muss zunächst versuchen, andere ArbN mit der Arbeit zu betrauen, wenn dadurch ohne wesentliche Nachteile für den Betrieb der Gewissenskonflikt vermieden wird. Erst wenn dies nicht möglich ist, kann nach den Umständen des Einzelfalls eine personenbedingte Kündigung gerechtfertigt sein, insbes wenn auch künftig mit weiteren Gewissenskonflikten zu rechnen ist (BAG 24.2.11 – 2 AZR 636/09, NZA 11, 1087). Zur Kündigung eines angestellten Arztes wegen der Weigerung, Schwangerschaftsabbrüche vorzunehmen → *Schwangerschaftsabbruch* Rn 4. 8

**d) Vergütung trotz Arbeitsverweigerung.** Rechtsfolge der Leistungsverweigerung gem § 275 Abs 3 BGB ist ebenso wie bei berechtigter Nichtbefolgung einer unbilligen Weisung gem § 106 GewO der Wegfall des Vergütungsanspruchs. Dies ergibt sich aus § 326 Abs 1 BGB. Ein Anspruch auf Vergütungsfortzahlung könnte sich zwar aus § 616 BGB ergeben. Die Anwendung dieser Vorschrift ist aber bei Leistungsverweigerung aus Gewissensgründen abzulehnen (str, ErfK/*Preis* § 611 BGB Rn 688 mwN). 9

**3. Aktive Gewissensbetätigung ohne Arbeitsverweigerung.** Die aktive Gewissensbetätigung kann dann eine verhaltensbedingte Kündigung nach sich ziehen, wenn sie mit entgegenstehenden Weisungen des ArbGeb kollidiert. Diese Gefahr besteht etwa beim Tragen religiöser Symbole und Kleidungsstücke während der Arbeitszeit. Allerdings darf der ArbGeb sein Weisungsrecht, etwa bei Anordnung einer bestimmten Kleiderordnung, nur nach billigem Ermessen ausüben (§ 106 GewO). Bei dieser Entscheidung sind grundrechtlich insbes durch Art 4 Abs 1 und Abs 2 GG geschützte Positionen des ArbN mit der durch Art 12 GG geschützten Unternehmerfreiheit abzuwägen. Nach Auffassung des BAG überwiegen die Grundrechtspositionen des ArbN, solange es nicht zu konkreten betrieblichen Störungen oder wirtschaftlichen Einbußen kommt. Da es im konkreten Fall daran fehlte, hat das BAG die Kündigung einer Verkäuferin in einem Kaufhaus wegen Tragens eines islamischen Kopftuchs für unwirksam erklärt (BAG 10.10.02 – 2 AZR 472/01, NZA 03, 483; bestätigt durch BVerfG 30.7.03 – 1 BvR 792/03, NZA 03, 953). Nun hat der EuGH entschieden, dass ein allgemeines Kopftuchverbot durch das Neutralitätsbegehren des privaten Unternehmers gerechtfertigt sein könne (EuGH 14.3.17 – C-157/15, NZA 17, 373). Näheres → *Diskriminierung* Rn 78. 10

**4. Beschwerderecht des Arbeitnehmers.** Fühlt sich ein ArbN in seiner Gewissensfreiheit beeinträchtigt, so hat er die Möglichkeit, sich entweder **unmittelbar** (§ 84 BetrVG) **oder über den Betriebsrat** (§ 85 BetrVG) beim ArbGeb zu beschweren. Eine verbindliche Entscheidung der Einigungsstelle über die Berechtigung der Beschwerde gem § 85 Abs 2 S 1 BetrVG scheidet regelmäßig aus, da Beeinträchtigungen der Gewissensfreiheit grds „Rechtsansprüche" iSd § 85 Abs 2 S 3 BetrVG betreffen. Der ArbGeb hat den ArbN über die Behandlung der Beschwerde zu bescheiden und, soweit er die Beschwerde für berechtigt erachtet, ihr abzuhelfen. Aus der Erhebung der Beschwerde dürfen dem ArbN keine Nachteile entstehen (§ 85 Abs 3 BetrVG). 11

**5. Gewissensfreiheit der Betriebsratsmitglieder.** Zwar sind BRatMitglieder im Rahmen ihrer Amtstätigkeit grds befugt, nach ihrem Gewissen zu entscheiden; die Ausübung der Gewissensfreiheit darf jedoch nicht zu einer **Verletzung ihrer Amtspflichten** führen. Dies ergibt sich aus § 23 Abs 1 BetrVG, der bei grober Verletzung der gesetzlichen Pflichten die Möglichkeit des Ausschlusses aus dem BRat vorsieht. Von der Gewissensfreiheit nicht gedeckt sind insbes **aktive Maßnahmen,** durch die der Arbeitsablauf und der Betriebsfrieden beeinträchtigt werden oder die eine parteipolitische Betätigung darstellen (§ 74 Abs 2 Satz 2 und 3 BetrVG). Unzulässig ist etwa Werbung für die Scientology-Organisation durch ein BRatMitglied (ArbG Ludwigshafen 12.5.93, BB 94, 861). 12

13 **Untätigkeit** unter Berufung auf Gewissensfreiheit ist dann unzulässig, wenn das BRat-Mitglied auf diese Weise die Erfüllung seiner BRatPflichten verletzt. Dies ist etwa dann der Fall, wenn sich ein BRatMitglied aus Gewissensgründen weigert, eine Beschwerde eines ArbN gem § 85 BetrVG entgegenzunehmen.

**B. Lohnsteuerrecht** *Thomas*

14 Ob ein ArbN eine bestimmte Arbeit zu Recht aus Gewissensgründen verweigert hat bzw ob ihm zu Recht wegen Arbeitsverweigerung gekündigt worden ist, hat steuerlich nur mittelbare Auswirkung, da die Steuer an den tatsächlich zugeflossenen (und ggf an einen nachgezahlten) Arbeitslohn anknüpft. Deswegen kommt es nicht darauf an, ob dem ArbN bei zutreffender Würdigung seiner Motive ein höherer oder geringerer Zahlungsanspruch zugestanden hätte, wenn dieser nicht durchgesetzt wird. Die Zahlung von Steuern kann nicht mit der Begründung verweigert werden, dass bestimmte Verwendungszwecke, zB militärische Ausgaben, nicht mit dem Gewissen des Stpfl vereinbar seien (BFH 6.12.91 – III R 81/89, DStR 92, 648; bestätigt durch BVerfG 26.8.92, DStR 93, 507). Die auf der Budgetverantwortung des Parlaments und dem demokratischen Prinzip beruhende haushaltsrechtliche Verwendungsentscheidung über die vereinnahmten Steuern unterliegt keinem Vorbehalt der Gewissensentscheidung des Einzelnen zu der Frage, wie Steuern zu verwenden sind (BFH 26.1.12 – II B 70/11, BFH/NV 12, 735). Ein diesbezüglicher Gewissenskonflikt ist auch kein Billigkeitsgrund für den Erlass von ESt (FG Düsseldorf 19.2.97, EFG 97, 653).

15 Wird LSt pauschal nacherhoben, darf für solche ArbN, die nachweislich keiner erhebungsberechtigten Religionsgemeinschaft angehören, nicht zusätzlich pauschale KiSt festgesetzt werden (BFH 7.12.94 – I R 24/93, DStR 95, 528). Zur verfahrensrechtlichen Behandlung der Erstattung zu Unrecht einbehaltener KiLSt vgl BFH 16.3.94 – I R 91/93, BFH/NV 95, 67. Dass bei Durchführung des LStAbzugs die (ggf fehlende) Religionszugehörigkeit festgehalten wird, verletzt keine Grundrechte des ArbN (BVerfG 25.5.01 – 1 BvR 2253/00, HFR 01, 907).

**C. Sozialversicherungsrecht** *Schlegel*

16 **1. Unzumutbarkeit von Arbeit aus Glaubens- und Gewissensgründen.** Ist einem arbeitslosen ArbN die Ausübung oder die Aufnahme einer Tätigkeit aus Glaubens- und Gewissensgründen nicht zumutbar, ist er gleichwohl iSd § 138 Abs 1 Nr 2 SGB III verfügbar, wenn die übrigen Voraussetzungen dieser Vorschrift vorliegen. **Verfügbarkeit** nach dieser Vorschrift liegt vor, wenn der arbeitslose ArbN ua bereit ist, jede zumutbare Beschäftigung anzunehmen, die er ausüben kann und darf (zu den zumutbaren Beschäftigungen § 140 SGB III). Unter denselben Voraussetzungen kann ein wichtiger Grund iSd § 159 SGB III vorliegen, der den Eintritt einer Sperrzeit ausschließt, wenn ein ArbN das Beschäftigungsverhältnis gelöst hat oder eine ihm von der Agentur für Arbeit angebotene Arbeit ablehnt (Einzelheiten → *Sperrzeit* Rn 6 ff). **Wichtiger Grund im Sinne der Sperrzeitenregelung** sind aber nur Glaubens- und Gewissensgründe, denen bei einer Abwägung mit den Interessen der Versichertengemeinschaft ein Übergewicht zukommt. Gewissensgründe können auch bei der Frage eine Rolle spielen, ob Berufsunfähigkeit in der RV vorliegt, weil es **zumutbare Verweisungstätigkeiten** gibt (BSG 9.10.07 – B 5b/8 KN 2/07 R, SozR 4–2600 § 43 Nr 12 zur Zumutbarkeit der Verweisung auf den Beruf eines Zigarettenautomatenauffüllers).

17 **Einzelfälle. Religiöse Motive** hat das BSG als wichtigen Grund anerkannt, wenn ein ArbN bei Annahme einer von der Agentur für Arbeit angebotenen Arbeit gezwungen wäre, entgegen seiner Überzeugung und den Geboten seiner Glaubensgemeinschaft am Sabbat zu arbeiten (zu den „Sieben-Tage-Adventisten BSG 10.12.80 – 7 RAr 93/79, SozR 4100 § 119 Nr 13); das BSG stellt in dieser Entscheidung darauf ab, dass sich die Freiheit der Religionsausübung nicht auf die christlichen Kirchen beschränkt, sondern sich auch auf andere Religions- und Weltanschauungsgemeinschaften erstreckt und diese Freiheit nicht nur die Vornahme kultischer Handlungen, sondern auch die Beachtung sonstiger religiöser Gebräuche sichert. Das BSG hat aber auch klargestellt, dass nicht sämtliche Gebräuche und

Sitten jedweder Sekte es rechtfertigen, eine angebotene Arbeit abzulehnen oder eine ausgeübte Arbeit aufzugeben, ohne hierdurch Nachteile im Bereich der Arbeitsförderung befürchten zu müssen.

**Arbeit in der Rüstungsproduktion durch Kriegsdienstverweigerer** stellt nach Ansicht des BSG dagegen keinen wichtigen Grund dar, eine derartige Tätigkeit (konkret: Katalogredakteur) abzulehnen, weil die konkret angebotene Tätigkeit nicht unmittelbar dem Kriegsdienst oder der Rüstungsgüterproduktion diene und außerdem die Funktionsfähigkeit der ArblV gefährdet wäre, wenn Kriegsdienstverweigerer jegliche mit der Rüstung im Zusammenhang stehende Arbeit ablehnen könnten (BSG 23.6.82 – 7 RAr 89/81, SozR 4100 § 119 Nr 19; bestätigt von BVerfG 13.6.83 – 1 BvR 1239/82, SozR 4100 § 119 Nr 22). 18

**2. Vorenthaltung von Beiträgen aus Gewissensgründen.** Nach §§ 200 ff RVO haben Versicherte Anspruch ua auf Leistungen bei einem nicht rechtswidrigen Abbruch der Schwangerschaft durch einen Arzt. Im Hinblick darauf, dass es sich auch hierbei um beitragsfinanzierte Leistungen der Krankenkassen handelt, ist von Krankenkassenmitgliedern verschiedentlich der Versuch unternommen worden, den Krankenkassen im Wege einer Unterlassungs- oder Feststellungsklage die Erbringung derartiger Leistungen zu untersagen. Begründet wurden diese Klagen ua damit, es verstoße gegen die Glaubens- und Gewissensfreiheit des Kassenmitglieds, wenn jemand gezwungen wird, durch seine Beiträge diese Leistungen mitzufinanzieren. 19

Letztlich ging es hierbei im Grunde immer darum, die genannten Leistungen schlechthin durch eine Entscheidung des BVerfG über den „Umweg“ konkreter Feststellungsklagen ganz auszuschließen. Die Rspr ist dem zutreffend entgegengetreten. Versicherte haben nämlich auch im Lichte des Art 4 GG keinen Anspruch gegen die Krankenkassen, Beiträge nur zu bestimmten Zwecken zu verwenden, die Verwendung zu anderen Zwecken – etwa demjenigen des Schwangerschaftsabbruchs – aber generell zu unterlassen; derartige (Feststellungs-) Klagen sind als **Popularklagen** unzulässig; die in § 54 SGG vorgesehene Feststellungsklage ist keine Vorschrift, mit deren Hilfe sich jedermann in einer nach dem Verfassungsprozessrecht nicht zulässigen Weise „zum Wächter über die Verfassungsordnung“ bestellen kann (BVerfG 18.4.84 – 1 BvR 43/81, SozR 1500 § 54 Nr 60; BSG 24.9.86 – 8 RK 8/85, SozR 1500 § 54 Nr 67). Ebenso wenig hatte die Klage eines ArbGeb Erfolg, der seinen Anteil an den KVBeiträgen im Hinblick auf die Leistungen für Schwangerschaftsabbrüche nur in reduzierter Höhe zahlen wollte (BSG 9.10.85 – 12 RK 18/83, SozR 2200 § 385 Nr 10). Ein Versicherter kann aus Glaubensgründen auch nicht die Verlegung in ein anderes Krankenhaus verlangen, obwohl er im Aufnahme-Krankenhaus die „erforderliche Krankenhausbehandlung“ (§ 39 Abs 1 Satz 2 SGB V) erhalten kann. Die durch das Grundgesetz gewährleistete Freiheit des Glaubens führt nicht dazu, dass zB die von **Zeugen Jehovas** religiös motivierte Ablehnung von Bluttransfusionen einer medizinisch notwendigen Verlegung des Versicherten von einem Krankenhaus ins andere gleichzustellen ist (BSG 2.11.07 – B 1 KR 11/07 R, SozR 4–2500 § 60 Nr 3). 20

**3. Unfallversicherung.** Zur Eintrittspflicht eines UVTrägers, wenn nach einem Arbeitsunfall aus Gewissensgründen erforderliche Behandlungsmaßnahmen (zB Fremdbluttransfusion) abgelehnt werden vgl BSG 9.12.03 – B 2 U 8/03 R, SozR 4–2200 § 589 Nr 1. 21

**4. Krankenversicherung.** Die durch das Grundgesetz gewährleistete Freiheit des Glaubens, des Gewissens und die Freiheit des religiösen und weltanschaulichen Bekenntnisses (Art 4 Abs 1 GG) führen nicht dazu, dass die religiös motivierte Ablehnung bestimmter Leistungen zu ansonsten nicht vorgesehen Leistungsansprüchen führt. Zwar ist nach § 2 Abs 3 Satz 2 SGB V bei der Auswahl der Leistungserbringer den religiösen Bedürfnissen der Versicherten Rechnung zu tragen. Das Rücksichtnahmegebot bzgl religiöser Bedürfnisse lässt das Wirtschaftlichkeitsgebot des § 12 SGB V nicht entfallen (BSG 2.11.07 – B 1 KR 11/07 R, SozR 4–2500 § 60 Nr 3 zu zusätzlichen Transportkosten wegen des Wunsches eines Versicherten – Zeuge Jehovas – in ein Krankenhaus verlegt zu werden, das ohne Bluttransfusion behandeln wollte). 22

# Gleichbehandlung

## A. Arbeitsrecht

*Kania*

### Übersicht



1 **I. Begriff und Rechtsgrundlagen.** Die Gleichbehandlung der ArbN gehört zu den Grundprinzipien des europäischen und nationalen Arbeitsrechts und ist auf beiden Rechtsebenen gesetzlich verankert. Auf verfassungsrechtlicher Ebene ist der Gleichbehandlungsgrundsatz in Art 3 Abs 1 GG niedergelegt. Daneben enthält Art 3 GG in Abs 2 das Gebot der Gleichbehandlung der Geschlechter und in Abs 3 spezielle Diskriminierungsverbote. Allerdings ist Art 3 GG selbst im Arbeitsverhältnis nicht unmittelbar anwendbar, da nach einhelliger Auffassung **die Grundrechte** im Privatrecht **keine unmittelbare Drittwirkung** entfalten. Allgemein anerkannt ist jedoch eine mittelbare Wirkung der verfassungsrechtlichen Gleichbehandlungs- bzw Benachteiligungsverbote im Privatrecht über auslegungsbedürftige **Generalklauseln** und unbestimmte Rechtsbegriffe, zB den Grundsatz von Treu und Glauben aus § 242 BGB, billiges Ermessen gem § 106 Satz 1 GewO (ErfK/*Schmidt* Einl GG Rn 15 ff). Daneben hat der verfassungsrechtliche Gleichheitssatz insbes über den ungeschriebenen, aber einhellig anerkannten **allgemeinen arbeitsrechtlichen Gleichbehandlungsgrundsatz** Eingang ins Arbeitsrecht gefunden. Durch ihn wird die im Gerechtigkeitsgedanken wurzelnde Grundidee, Gleiches gleich und Ungleiches ungleich zu behandeln, umgesetzt. Hiernach verboten ist die willkürliche, also sachlich ungerechtfertigte Ungleichbehandlung. Unmittelbar relevant wird dieser Grundsatz immer dort, wo eine einseitige Gestaltungsmacht des ArbGeb besteht, zB bei freiwillig und generell gewährten Leistungen wie Gratifikationen, Versorgungszulagen usw. Der Diskriminierungsschutz im nationalen Arbeitsrecht ist maßgeblich durch die Umsetzung EU-rechtlicher Vorgaben geschaffen und durch den EuGH ausgestaltet worden (→ *Diskriminierung* Rn 1 ff und → *EU-Recht* Rn 24, 25).

2 Daneben bestehen noch zahlreiche **einfachgesetzliche Diskriminierungsverbote.** Diese stellen eine Modifizierung des Gleichbehandlungsgrundsatzes dergestalt dar, dass sie die an ein **bestimmtes Kriterium anknüpfende Ungleichbehandlung** verbieten. Sofern ein geschütztes Merkmal vorliegt, muss Ungleiches grds gleich behandelt werden (*Preis* Arbeitsrecht § 32 I 2). Der Gesetzgeber hat vor allem mit dem **Allgemeinen Gleichbehandlungsgesetz (AGG)** das zentrale Verbot der Benachteiligung in Beschäftigung und Beruf wegen besonderer persönlicher Merkmale (Rasse, ethnischer Herkunft, Religion, politischer Weltanschauung, sexueller Identität, Geschlecht, Alter, Behinderung) geschaffen. Das AGG lässt die Geltung des arbeitsrechtlichen Gleichbehandlungsgrundsatzes aber unberührt (§ 2 Abs 3 AGG): Geht es um Ungleichbehandlungen, die nicht mit einer vom Geltungsbereich des AGG erfassten Diskriminierung einhergehen, richten sich die Rechtsfolgen allein nach den unten dargestellten, von der Rspr entwickelten Grundsätzen. Erfolgt

eine Ungleichbehandlung hingegen wegen eines in § 1 AGG genannten Merkmals, bedarf diese Ungleichbehandlung einer spezifischen Rechtfertigung nach Maßgabe des AGG (Einzelheiten s *Diskriminierung*). Im Übrigen ist die Diskriminierung Teilzeit- und befristet Beschäftigter verboten durch **§ 4 Abs 1 und 2 TzBfG,** die von Schwerbehinderten durch § 164 Abs 2 SGB IX iVm AGG. Für LeihArbN gebietet § 9 Abs 1 Nr 2 AÜG grds die gleiche Entlohnung. Für die Behandlung der Betriebsangehörigen durch ArbGeb und BRat werden die grundrechtlichen Wertentscheidungen der Art 3 und Art 9 Abs 3 S 2 GG (als spezielles Benachteiligungsverbot) durch **§ 75 BetrVG** konkretisiert. Die dort festgeschriebenen Grundsätze haben den allgemeinen arbeitsrechtlichen Gleichbehandlungsgrundsatz mitgeprägt (ErfK/*Kania* § 75 Rn 1).

Während arbeitsrechtliche Gesetze unmittelbar an Art 3 GG zu messen sind, ist für **Rechtsnormen eines Tarifvertrages** die unmittelbare Bindung an die Grundrechte und damit auch an Art 3 GG umstritten (vom BAG zunächst wegen der materiellen Rechtsetzungsbefugnis der Tarifparteien bejaht, inzwischen von verschiedenen Senaten des BAG abgelehnt, s BAG 27.5.04 – 6 AZR 129/03, NZA 04, 1399 mwN). Anerkannt ist aber die Geltung des allgemeinen Gleichheitssatzes als ungeschriebene Grenze der Tarifautonomie. Für **Betriebsvereinbarungen** wird wegen ihres privatrechtlichen Charakters eine unmittelbare Grundrechtswirkung nach ganz hM verneint (ErfK/*Schmidt* Einl GG Rn 1). Allerdings ergibt sich für die Betriebspartner eine Bindung an den Gleichbehandlungsgrundsatz bereits aus § 75 BetrVG. 3

**II. Allgemeiner arbeitsrechtlicher Gleichbehandlungsgrundsatz. 1. Sachlicher Geltungsbereich.** Der allgemeine Gleichbehandlungsgrundsatz gehört anerkanntermaßen zu den tragenden Ordnungsprinzipien im Arbeitsrecht. Er verbietet dem ArbGeb eine willkürliche, dh sachlich unbegründete **Durchbrechung allgemein- oder gruppenbezogener Regelungen** zum Nachteil einzelner ArbN oder ArbNGruppen (BAG 29.9.10 – 10 AZR 630/09, BeckRS 2010, 75728; 14.6.06 – 5 AZR 584/05, NZA 07, 221). Handelt der ArbGeb bestimmte arbeitsvertragliche Regelungen nicht mit dem einzelnen ArbN aus, sondern stellt er diese einheitlich für den ganzen Betrieb, einzelne Betriebsabteilungen oder ArbNGruppen auf, dann ist er im Rahmen einer solchen **arbeitsvertraglichen Einheitsregelung** an den Gleichbehandlungsgrundsatz gebunden. Einheitsregelungen finden sich hauptsächlich bei der Vergütungsvereinbarung, zB in Form einer Lohnordnung, Gratifikationsordnung, Ruhegeldordnung usw. Hierbei handelt es sich idR um freiwillige, tariflich nicht abgesicherte Leistungen des ArbGeb. Zur Anwendung gelangt der Gleichbehandlungsgrundsatz aber auch beim **Direktionsrecht** des ArbGeb. 4

Teilweise wird vertreten, dass nicht nur die willkürliche Benachteiligung, sondern bereits eine **Privilegierung einzelner** unzulässig sei (*Däubler* Das Arbeitsrecht 2, S 298). Im Vordergrund steht jedoch das Verbot der Benachteiligung und weniger das Gebot der Gleichbehandlung (*Hunold* DB 91, 1670). Die Besserstellung von ArbNGruppen mit gleichen Merkmalen oder einzelner ArbN ist grds zulässig (BAG 13.2.02 – 5 AZR 713/00, NZA 03, 215; BAG 29.4.81, DB 81, 2440). Bei ArbNGruppen ist dies abhängig von deren Größe (BAG 25.1.84, DB 84, 2356). Die Begünstigung von weniger als 5 % der insgesamt betroffenen ArbN zählt noch als nicht gleichheitswidrige Privilegierung Einzelner (BAG 13.2.02 – 5 AZR 713/00, NZA 03, 215). Eine Besserstellung einzelner ist jedoch allgemein nur dann erlaubt, wenn nicht bereits absolute Gleichbehandlungsgebote bestehen, zB das Lohngleichheitsgebot für Mann und Frau aus Art 157 AEUV oder ein Benachteiligungsverbot nach dem AGG (→ *Diskriminierung* Rn 1 ff). 5

Grds mit dem arbeitsrechtlichen Gleichbehandlungsgrundsatz vereinbar ist die **Durchführung gesetzlicher Differenzierungen** (BAG 21.9.11 – 5 AZR 520/10, NZA 12, 31). So haben leitende Angestellte nach dem BetrVG keinen Anspruch auf Einbeziehung in den Sozialplan (BAG 16.7.85, DB 85, 2207), ebenso wie nicht tarifgebundene ArbN keinen Anspruch auf tarifliche Leistungen haben. Anders verhält sich dies bei außer- und übertariflichen Leistungen oder bei freiwilliger Gewährung der gesetzlichen oder tariflichen Leistungen an nicht anspruchsberechtigte ArbN. Hier muss der ArbGeb wieder den Gleichbehandlungsgrundsatz beachten (BAG 6.7.11 – 4 AZR 596/09, NZA 11, 1426). 6

**2. Räumlicher Geltungsbereich.** Während früher die Gleichbehandlungspflicht vom BAG auf den Betrieb beschränkt wurde, ist das Gericht nun (BAG 17.11.98 – 1 AZR 147/ 7

98, BB 99, 692; BAG 3.12.08 – 5 AZR 74/08, NZA 09, 367) einer in der Literatur verbreiteten Meinung gefolgt, wonach der Gleichbehandlungsgrundsatz grds betriebsübergreifend auf das ganze Unternehmen zu erstrecken ist. Dafür spricht, dass die keineswegs immer eindeutige Abgrenzung von Betriebsteilen und selbstständigen Betrieben keinen verlässlichen Anhaltspunkt dafür bietet, ob der ArbGeb nun zur Gleichbehandlung verpflichtet ist oder nicht. Gleichwohl dürfte eine unterschiedliche Behandlung verschiedener Betriebe eines Unternehmens in vielen Fällen weiter möglich, weil sachlich gerechtfertigt sein. Insbes die Aushandlung unterschiedlicher Regelungen mit örtlichen Betriebsräten sollte als Rechtfertigungsgrund genügen. Über die Unternehmensgrenze hinaus besteht keine Gleichbehandlungspflicht, und zwar auch nicht in gemeinsamen Betrieben zweier Unternehmen (BAG 19.11.92, DB 93, 843). Abzulehnen ist deshalb auch eine **konzernweite Anwendung** des Gleichbehandlungsgrundsatzes (BAG 20.8.86, DB 87, 693).

8 **3. Voraussetzungen des Gleichbehandlungsgrundsatzes. a) Gruppenbildung.** Für die Anwendbarkeit des Gleichbehandlungsgrundsatzes muss eine Gruppenbildung vergleichbarer ArbN möglich sein. Ein Verstoß gegen den Gleichbehandlungsgrundsatz liegt nämlich nur dann vor, wenn die begünstigende Regelung des ArbGeb einzelne ArbN oder ArbNGruppen aus sachfremden Gründen ungünstiger behandelt als andere **ArbN in vergleichbarer Lage** (st Rspr, BAG 29.9.04 – 5 AZR 43/04, AP 192 zu § 242 BGB Gleichbehandlung mwN; BAG 21.10.09 – 10 AZR 664/08, NZA-RR 10, 189). Allerdings liegt eine vollkommene Gleichheit zwischen mehreren ArbN nur selten vor. Insoweit reicht nach der Rspr die Bildung einer **Vergleichsgruppe,** die sich aufgrund bestimmter Umstände oder Merkmale mit der benachteiligten Person in einer im Wesentlichen übereinstimmenden Lage befindet (BAG 14.2.84, DB 84, 2571). Die Vergleichbarkeit ist grds tätigkeitsbezogen festzustellen. **Vergleichbar** sind demnach ArbN, die nach der Verkehrsanschauung vergleichbare Tätigkeiten ausüben. Das sind Tätigkeiten, die auch bei fehlender Identität der Arbeitsvorgänge im Hinblick auf Qualifikation, erworbene Fertigkeit, Verantwortung und Belastbarkeit gleiche Anforderungen stellen (Schaub/*Linck* § 112 Rn 9). Bewertungen in Tarifverträgen können herangezogen werden (BAG 20.11.96 – 5 AZR 401/95, NZA 97, 724).

9 **Mangels vergleichbarer Lage** idS findet der Gleichbehandlungsgrundsatz grds keine Anwendung zwischen ArbN und **Handelsvertretern, Heimarbeitern** oder **Organmitgliedern** juristischer Personen und bei der Behandlung von **Beamten** und Angestellten im öffentlichen Dienst, selbst wenn diese auf gleichen Dienstposten beschäftigt werden (*Schaub/Linck* § 112 Rn 10). Ausnahmsweise kann eine Gleichbehandlung zwischen **Geschäftsführern** einer GmbH und leitenden Angestellten des Unternehmens in Betracht kommen (→ *Geschäftsführer* Rn 28). Grds zulässig sind Leistungen an bestimmte Mitarbeiter allein aufgrund der Zuordnung zu einer bestimmten Führungsebene; werden sonstige tätigkeitsbezogene Kriterien zur Einordnung herangezogen, müssen aus dem Gesichtspunkt der sachgerechten Gruppenbildung alle Mitarbeiter mit **gleichwertigen Tätigkeiten** einbezogen werden (Zuteilung von Aktienoptionen: BAG 21.10.09 – 10 AZR 664/08, NZA-RR 10, 189).

10 Unzulässig ist aber nicht nur die sachfremde Schlechterstellung einzelner ArbN, sondern auch die **sachfremde Gruppenbildung.** Ob die Gruppenbildung sachlichen Kriterien entspricht, richtet sich nach dem Zweck der Leistung; dieser darf als solcher nicht sachwidrig sein (BAG 27.5.04, NZA 04, 1399). Eine Differenzierung zwischen **Arbeitern und Angestellten** ist nur aus sachlichem Grund möglich. Das BVerfG (30.5.90, NJW 90, 2246) hatte dementsprechend die unterschiedlichen **Kündigungsfristen** von Arbeitern und Angestellten in § 622 BGB aF als mit Art 3 Abs 1 GG unvereinbar angesehen und den Gesetzgeber zur Neufassung des § 622 BGB und der Abschaffung des AngKSchG veranlasst. Auch im Bereich der **Sozialleistungen** wird eine Einteilung in Angestellte und Arbeiter grds als unzulässig angesehen. Zwar hatte das BAG zunächst eine Differenzierung bei der Weihnachtsgratifikation zugelassen, hiervon ist es jedoch inzwischen abgerückt (BAG 25.1.84, DB 84, 2251; 25.1.84, DB 84, 2355). Ein zulässiger sachlicher Grund für die Differenzierung zwischen Arbeitern und Angestellten kann darin liegen, dass eine Weihnachtsgratifikation den Zweck hat, höhere übertarifliche Leistungen der anderen ArbNGruppe auszugleichen (BAG 30.3.94, DB 94, 2141), dass die nur für eine ArbNGruppe vorgesehene Kür-

zungsregelung einer Gratifikation im Hinblick auf höhere krankheitsbedingte Fehlzeiten dieser Gruppe erfolgt (BAG 6.12.95, NZA 96, 531) oder dass eine ArbNGruppe schwerer auf dem Arbeitsmarkt zu finden ist (BAG 19.3.03 – 10 AZR 365/02, NZA 03, 724). Eine Differenzierung zwischen **Voll- und Teilzeitbeschäftigten** aufgrund der Teilzeitarbeit ist ohne sachlichen Grund ebenfalls unzulässig; dies ergibt sich bereits aus § 4 Abs 1 TzBfG. Hierbei ist die Problematik der mittelbaren Diskriminierung zu beachten (→ *Diskriminierung* Rn 53 ff).

Die erforderliche **Größe der Vergleichsgruppe** ist nicht einheitlich festgelegt. Beschäftigt zB der ArbGeb nur zwei ArbN und gewährt er nur dem einen eine freiwillige Sonderzuwendung, so kann der andere unter Berufung auf den Gleichbehandlungsgrundsatz keine entspr Zuwendung verlangen (LAG Frankfurt 14.8.84, NZA 85, 188). Andererseits kommt der Gleichbehandlungsgrundsatz bei größeren Gruppen nicht erst dann zum Tragen, wenn 50 % der vergleichbaren ArbN von der begünstigenden Regelung betroffen sind (ErfK/*Preis* § 611 BGB Rn 579). **11**

**b) Kollektive Regelung seitens des Arbeitgebers.** Auf Seiten der Vergleichsgruppe muss weiterhin eine **allgemein begünstigende Regelung** des ArbGeb bestehen. Voraussetzung ist daher ein sog kollektiver Tatbestand, dh dass der ArbGeb für bestimmte Gruppen von ArbN oder sogar alle ArbN über die mit dem Einzelnen individuell ausgehandelten Arbeitsbedingungen hinaus nach einheitlichen Gesichtspunkten allgemeingültige Regelungen getroffen hat. Nur dann muss der Grundsatz der Vertragsfreiheit dem arbeitsrechtlichen Gleichbehandlungsgrundsatz weichen (BAG 21.10.09 – 10 AZR 664/08, NZR-RR 10, 189; *Hunold* DB 84, Beilage 5, 4). **12**

**c) Rechtsverhältnis zwischen Arbeitgeber und Arbeitnehmer.** Voraussetzung für die Anwendbarkeit des Gleichbehandlungsgrundsatzes ist eine Rechtsbeziehung zwischen ArbGeb und ArbN. Hierunter fällt das Arbeitsverhältnis oder jedes entspr geartete Rechtsverhältnis (ErfK/*Preis* § 611 BGB Rn 578). **Vor Begründung des Arbeitsverhältnisses,** also auch im Rahmen des Anbahnungsverhältnisses, besteht kein Anspruch auf Gleichbehandlung zu den Beschäftigten oder übrigen Bewerbern. Dies gilt grds auch **nach Beendigung des Arbeitsverhältnisses,** es sei denn, die Rechtsbeziehungen bestehen in irgendeiner Form fort. So besteht zB im Ruhestandsverhältnis ein Anspruch auf Gleichbehandlung bei der betrieblichen Altersversorgung. **13**

**d) Ungleichbehandlung ohne sachlichen Grund.** Differenziert der ArbGeb bei der Leistungsgewährung, muss hierfür ein sachlicher Grund vorliegen. Zur Feststellung des Sachgrunds ist der vom ArbGeb mit der Leistung **verfolgte Zweck maßgeblich** (BAG 26.9.07, NZA 07, 1424). In dessen Bestimmung ist der ArbGeb grds frei. Er kann daher die Voraussetzungen der Leistung so festlegen, dass diese zu dem gewünschten Erfolg führen (BAG 3.12.08 – 5 AZR 74/08, NZA 2009, 367). Unzulässig ist aber nicht nur die sachfremde **Schlechterstellung einzelner ArbN,** sondern auch die **sachfremde Gruppenbildung** (BAG 27.5.04, NZA 04, 1399; → Rn 10). **14**

**4. Darlegungs- und Beweislast.** Der ArbGeb hat die Gründe für die Differenzierung offenzulegen, und zwar so substantiiert, dass eine Beurteilung möglich ist, ob die Gruppenbildung sachlichen Kriterien entspricht (BAG 17.3.10 – 5 AZR 168/09, NZA 10, 696). Ob „nachgeschobene" Differenzierungsgründe Berücksichtigung finden, ist keine Frage der Präklusion, sondern der Tatsachenfeststellung (BAG 23.2.11 – 5 AZR 84/10, NZA 11, 693). Die Stufenklage eröffnet dem ArbN eine ausreichende Möglichkeit, eine Offenlegung der Differenzierungsgründe zu verfolgen (BAG 27.7.10 – 1 AZR 874/08, NZA 10, 1369). **15**

**5. Rechtsfolge der Ungleichbehandlung. a) Unwirksamkeit und Anpassung.** Verstoßen arbeitsvertragliche Einheitsregelungen, Gesamtzusagen oder Betriebsvereinbarungen gegen den Gleichbehandlungsgrundsatz, sind sie insoweit unwirksam. Im Wege ergänzender Vertragsauslegung ist die von der begünstigenden Regelung ausgenommene Gruppe in diese einzubeziehen. Die nach § 134 BGB entstandene Regelungslücke wird durch richterliche Anpassung grds nach oben geschlossen (BAG 20.7.93 – 3 AZR 52/93, NZA 94, 125). **16**

Auch bei gleichheitswidrigen **Einzelarbeitsverträgen** haben die benachteiligten ArbN einen Anspruch auf die höhere Leistung. Der Gleichbehandlungsgrundsatz wirkt daher nur zugunsten der ArbN (BAG 11.9.85, NZA 87, 156). Ist dagegen bereits die Gesamtregelung unwirksam, scheitert eine ergänzende Auslegung (BAG 13.11.85, DB 86, 542). **17**

18 **b) Angleichung nach oben.** Ein Eingriff seitens des ArbGeb in die Rechte der bevorzugten Gruppe **für die Zukunft** durch Änderungskündigung zum Zwecke der Vereinheitlichung der Arbeitsbedingungen auf niedrigerem Niveau ist unzulässig. Die Wahrung des Gleichbehandlungsgrundsatzes stellt allein keinen betriebsbedingten Grund zur sozialen Rechtfertigung einer Änderungskündigung dar. Insoweit gilt der Bestandsschutz der bevorzugten Gruppe und das dem Gleichbehandlungsgrundsatz entspringende **Prinzip der Gleichbehandlung nach oben** (BAG 28.4.82, DB 82, 1776). Werden die Leistungen dagegen unter Widerrufsvorbehalt gewährt, kann ein Widerruf zu deren Vereinheitlichung in Betracht kommen.

19 **c) Rückwirkende Gleichstellung. Für die Vergangenheit** kann ein Gleichbehandlungsverstoß nur durch Gewährung der Leistung an alle korrigiert werden. Eine solche **rückwirkende Gleichstellung** kann beim ArbGeb jedoch zu erheblichen finanziellen Belastungen führen. Im Fall der rückwirkenden Gleichstellung von **Teilzeitarbeitnehmern** in der betrieblichen Altersversorgung hat sich das BAG gegen einen schutzwürdigen Vertrauenstatbestand des ArbGeb ausgesprochen, teilweise die Anpassung jedoch durch eine Übergangsregelung abgemildert (BAG 20.11.90, DB 91, 1330). Der ArbGeb könne sich nicht darauf berufen, die mittelbare Diskriminierung von Frauen durch den Ausschluss der Teilzeitbeschäftigten von der betrieblichen Altersversorgung sei seinerzeit, als die Versorgungsordnung erlassen wurde, noch nicht erkannt worden (BAG 23.1.90, DB 90, 1620; 5.10.93, DB 94, 739). Seit dem 23.5.49 gelte das Grundrecht der Gleichberechtigung der Geschlechter und bereits 1955 habe das BAG daraus den Grundsatz der Lohngleichheit von Mann und Frau abgeleitet. Das BVerfG hat diese Rspr ausdrücklich gebilligt (BVerfG 19.5.99 – 1 BvR 263/98, NZA 99, 815). Demgegenüber hat der **EuGH** die unmittelbare Wirkung von Art 141 EGV zur Stützung der Forderung nach Gleichbehandlung auf dem Gebiet der Betriebsrenten aus Gründen der Rechtssicherheit auf Leistungen beschränkt, die für Beschäftigungszeiten nach dem 17.5.90, dem Tag der Verkündung des maßgeblichen Barber-Urteils (EuGH DB 90, 1824), liegen (bestätigt durch EuGH 6.10.93, DB 93, 2132 Ten Oever). Zu den Anforderungen an eine Maßnahme zur Beseitigung bestehender Diskriminierungen in einem Betriebsrentensystem und den Auswirkungen des Barber-Urteils zwischen dem 17.5.90 und der beseitigenden Maßnahme s EuGH 28.9.94, DB 94, 2086 ff.

20 Ist eine **Betriebsvereinbarung bereits aus anderen Gründen** – dh nicht wegen Verstoßes gegen den Gleichbehandlungsgrundsatz – **unwirksam** und hat der ArbGeb bereits in Erfüllung dieser Betriebsvereinbarung Leistungen erbracht, so kann der nicht bedachte ArbN unter Berufung auf den Gleichbehandlungsgrundsatz die Leistung für die Vergangenheit nicht fordern. Es gibt weder einen Anspruch auf „Gleichbehandlung im Unrecht" noch einen Anspruch auf „Gleichbehandlung im Rechtsirrtum". Gewährt der ArbGeb jedoch in Kenntnis der Unwirksamkeit der Betriebsvereinbarung die Leistung weiterhin einem nach seinem Ermessen abgegrenzten Kreis von ArbN auf einzelvertraglicher Grundlage, so ist er an den Gleichbehandlungsgrundsatz gebunden (BAG 13.8.80, DB 81, 274).

21 **d) Gesetz und Tarifvertrag.** Bei ungerechtfertigter **Benachteiligung** ganzer ArbNGruppen **durch Gesetz oder Tarifvertrag** kommt es dagegen nach der Rspr der BVerfG und des BAG nicht zu einer automatischen Unwirksamkeit der gleichheitswidrigen Begünstigung und einer Angleichung nach oben. Allerdings kann sich eine „Angleichung nach oben" faktisch dann ergeben, wenn nur die benachteiligende Teilregelung für nichtig erklärt wird (BAG 15.12.98 – 3 AZR 239/97, NZA 99, 882; 24.5.2000 – 10 AZR 629/99, DB 2000, 2431). Eine **richterliche Anpassung für die Zukunft** kommt nur in Betracht, wenn aufgrund des Regelungsgegenstandes unter Berücksichtigung der zusätzlichen Belastung davon auszugehen ist, dass der Gesetzgeber bzw die Tarifparteien die Regelung selbst dann getroffen hätten, wenn sie die Gleichheitswidrigkeit der von ihnen vorgenommenen Gruppenbildung gekannt hätten (BAG 28.5.96, DB 97, 102; 7.3.95, DB 95, 2020). Ist eine Anpassung nach oben jedoch nicht eindeutig gewollt, bleibt es dem Gesetzgeber oder den Tarifparteien überlassen, auf welchem Niveau die Gleichbehandlung hergestellt wird (BVerfG 30.5.90, DB 90, 1565). Dementspr hatte das BAG die kürzeren gesetzlichen Kündigungsfristen für Arbeiter aus § 622 Abs 2 BGB aF wegen der Unvereinbarkeit mit Art 3 Abs 1 GG nicht an die der Angestellten angepasst, sondern eine Aussetzung der Prozesse bis zu einer endgültigen Entscheidung des Gesetzgebers verlangt (BAG 21.3.91,

DB 1991, 1884). Auch hat das BAG eine nur den Männern gewährte Verheiratetenzulage nicht einfach den Frauen zugesprochen, sondern beiden Gruppen zunächst für die Zukunft diese Zulage abgesprochen (BAG 13.11.85, DB 86, 542). Allerdings ist die Rspr nicht immer einheitlich (*Sachs* RdA 89, 25). Der EuGH stellt dagegen den Gedanken der Gleichbehandlung über den Schutz der Tarifautonomie und verlangt unabhängig von verschiedenen Gestaltungsmöglichkeiten der Tarifpartner bei Verstößen gegen EG-Recht eine Anpassung nach oben (EuGH 27.6.90 – C 33/89, NZA 90, 771 zu Art 119 EGV; EuGH 15.1.98, NZA 98, 205 zu Art 48 EGV).

**III. Gleichbehandlung in der Praxis. 1. Arbeitsvergütung. a) Allgemeines.** Der allgemeine arbeitsrechtliche Gleichbehandlungsgrundsatz gilt im Bereich der Arbeitsvergütung nur mit Einschränkungen. Handeln ArbGeb und ArbN die Arbeitsbedingungen individuell aus, geht insoweit die Vertragsfreiheit vor (*Schaub/Linck* § 112 Rn 5). Insbes ist der ArbGeb nicht verpflichtet, von der individuellen Bemessung der Vergütung zu einer allgemeinen Regelung überzugehen (BAG 15.11.94, BB 95, 409). Ein allgemeines Prinzip „Gleicher Lohn für gleiche Arbeit" gibt es in der deutschen Rechtsordnung nicht (BAG 21.6.2000 – 5 AZR 806/98, DB 2000, 1920). Der Gleichbehandlungsgrundsatz ist deshalb nur einschlägig, wenn der ArbGeb tatsächlich für den Betrieb oder bestimmte ArbNGruppen **arbeitsvertragliche Einheitsregelungen** in einer allgemeinen Ordnung, zB Lohnordnung, Gratifikationsordnung, Ruhegeldordnung usw, aufstellt und anwendet. Dabei sind die Kriterien für die Leistungsbemessung und sonstigen Zahlungsvoraussetzungen, nach denen sich die Verteilung und Staffelung der Vergütungen richtet, vom ArbGeb festzulegen und rechtzeitig im Betrieb bekanntzugeben. Dies muss insbes dann gelten, wenn der ArbGeb an vergleichbare ArbNGruppen unterschiedliche Sondervergütungen zahlt (BAG 22.12.70, DB 71, 729). 22

**Nicht tarifgebundene Arbeitnehmer** haben keinen Anspruch auf den Tariflohn (BAG 8.8.2000 – 9 AZR 517, 99, BeckRS 2000, 30987017; ErfK/*Preis* § 611 BGB Rn 597). Nach Ansicht des BAG bestehen keine tarifrechtlichen oder verfassungsmäßigen Bedenken gegen eine einfache Differenzierungsklausel, durch die ein TV die Mitgliedschaft in der tarifschließenden Gewerkschaft zum Tatbestandsmerkmal eines Anspruchs auf eine jährliche Sonderzahlung macht (BAG 18.3.09 – 4 AZR 64/08, NZA 09, 1028). Offen ließ das BAG die Grenzen der Gestaltungsmöglichkeiten. Unzulässig bleiben qualifizierte Differenzierungsklauseln, welche dem ArbGeb untersagen, gewisse tarifliche Leistungen auch nichtorganisierten ArbN zu gewähren. Bei außer- und übertariflichen Leistungen sind organisierte und nicht organisierte ArbN gleich zu behandeln. Dasselbe gilt, wenn ein nicht tarifgebundener ArbGeb freiwillig nach Tarif zahlt (BAG 25.4.95, DB 95, 1868). 23

**b) Lohnerhöhung.** Erhöht der ArbGeb allgemein die Gehälter und Löhne der tariflichen oder außertariflichen ArbN, wenn auch zu verschiedenen Zeitpunkten und in individuell unterschiedlicher Höhe, muss er den Gleichbehandlungsgrundsatz beachten. So hat das BAG in linearen über mehrere Jahre regelmäßig gewährten Lohnerhöhungen an die ganz überwiegende Mehrzahl der ArbN (hier 80–90 %) jeweils bezüglich eines Teilbetrags den **Ausgleich für die Preissteigerung** gesehen. Danach darf ein ArbN auch bei individuell unterschiedlich bemessenen Lohnerhöhungen zumindest hinsichtlich dieses zu ermittelnden Teilbetrags nur bei Vorliegen sachlicher Gründe ausgeschlossen werden (BAG 11.9.85, DB 86, 2602; BAG 15.11.94, BB 95, 409). Erhöht der ArbGeb die Löhne, kann er grds nicht im Rahmen eines Betriebsübergangs gem § 613a BGB übernommene ArbN von der Lohnerhöhung ausnehmen. Allein unterschiedliche Arbeitsvertrags- und Vergütungssysteme stellen grds keinen sachlichen Differenzierungsgrund dar. Dies kann anders sein, wenn Ziel der Lohnerhöhung der Ausgleich nachteiliger Arbeitsbedingungen ist, solange keine Überkompensation eintritt (BAG 3.9.14 – 5 AZR 6/13, NZA 15, 222) oder die Lohnerhöhung allein dem Ausgleich einer vorherigen Lohnabsenkung dient (BAG 15.7.09 – 5 AZR 486/08, NZA 09, 120). 24

Dies gilt sowohl für die **außertariflichen** als auch für die **leitenden Angestellten.** Nach BAG ist es unzulässig, die Höherverdienenden schlechthin ohne sachgemäße Erwägungen von der Gehaltserhöhung auszuschließen (BAG 17.5.78, DB 78, 1887). Ebenso darf der ArbGeb erkrankte ArbN bei einer Lohnerhöhung durch vertragliche Einheitsregelung grds nicht unberücksichtigt lassen (BAG 10.3.82, DB 82, 1223; 9.6.82, DB 82, 2192). 25

26 **Freiwillige Nachzahlungen** dürfen aus dem Gesichtspunkt verbotener Kündigungserschwerung nicht davon abhängig gemacht werden, ob ein ArbN gekündigt hat oder nicht (BAG 14.2.74, DB 74, 973). Im Einzelfall richtet sich die Zulässigkeit der Differenzierung nach der Zweckrichtung der Lohnerhöhung.

27 Bei tariflichen Lohn- und Gehaltserhöhungen darf der ArbGeb **übertarifliche Zulagen** nicht ohne sachlichen Grund bei einigen ArbN anrechnen, bei anderen nicht (BAG 22.8.79, DB 80, 406; 6.2.85, DB 85, 1239). Möglich soll aber eine Differenzierung zwischen Arbeitern und Angestellten bei der Anrechnung übertariflicher Vergütungsbestandteile beim Lohnausgleich wegen tariflicher Arbeitszeitverkürzung sein (LAG RhPf 10.3.87, NZA 87, 393).

28 **c) Freiwillige Zulagen und Sonderzuwendungen.** Bei allgemein nach objektiven Kriterien, zB Familienstand, Betriebszugehörigkeit, Arbeitserschwernis usw gewährten Lohnzulagen ist der ArbGeb an den Gleichbehandlungsgrundsatz gebunden. Dem kann sich der ArbGeb auch nicht unter Berufung auf den Freiwilligkeitsvorbehalt entziehen. Er kann jedoch mit der **Leistung verschiedene Zwecke** verfolgen und dementspr die Voraussetzungen der Leistungen abgrenzen. So kann der ArbGeb mit Bonuszahlungen an einzelne ArbNGruppen einen **Ausgleich bestehender Vergütungsunterschiede** oder finanzieller Nachteile bezwecken (BAG 12.10.11 – 10 AZR 510/10, NZA 12, 680; 27.7.10 – 1 AZR 874/08, NZA 10, 1369); zB kann eine höhere Weihnachtsgratifikation dem Ausgleich **höherer übertariflicher Leistungen** dienen, die andere ArbNGruppen bereits ohne Zweckbindung erhalten (BAG 25.1.84, DB 84, 2355; 30.3.94 – 10 AZR 681/92, DB 94, 2141). Zulässig ist es auch, bei der Weihnachtsgratifikation zwischen Innen- und Außendienst zu differenzieren, wenn die Außendienstmitarbeiter in erheblichem Umfang Trinkgeldeinnahmen haben (BAG 19.4.95, DB 95, 2221). Im Rahmen eines betrieblichen Bündnisses für Arbeit soll es nach Auffassung des BAG nicht legitim sein, ein Weihnachtsgeld nur solchen ArbN anzubieten, die zuvor einer Entgeltreduzierung und Arbeitszeitverlängerung zugestimmt haben, wenn die Sonderzahlung nicht ausschließlich der Kompensation der erlittenen Verdiensteinbußen dient, sondern auch andere Ziele verfolgt, zB die Honorierung der Betriebstreue oder der Anwesenheit im Betrieb (BAG 5.8.09 – 10 AZR 666/08, NZA 09, 1135; BAG 1.4.09 – AZR 353/08, NZA 09, 1409).

29 **Unzulässig** dagegen ist grds die **Differenzierung zwischen Arbeitern und Angestellten** hinsichtlich der Höhe der Gratifikation. Ist mit der Begünstigung einer ArbNGruppe deren stärkere **Betriebsbindung** beabsichtigt, muss der ArbGeb ein solches Bedürfnis bezogen auf die konkrete betriebliche Situation darlegen. Ein allgemeines Interesse an einer verminderten Fluktuation reicht nicht (BAG 12.10.05 – 10 AZR 640/04, NZA 05, 1418), wohl aber der Umstand, dass eine ArbNGruppe auf dem Arbeitsmarkt nur schwer zu finden ist (BAG 19.3.03 – 10 AZR 365/02, NZA 03, 724). Soweit das BAG unterschiedlich hohe Ausfallzeiten wegen Krankheit bei verschiedenen ArbNGruppen als zulässigen Differenzierungsgrund bei der Bemessung von Sonderzahlungen angesehen hat (BAG 19.4.95 – 10 AZR 136/94, NZA 96, 133; 6.12.95 – 10 AZR 123/95, NZA 96, 531) hat das BVerfG diese Entscheidungen wieder aufgehoben (BVerfG 1.9.97 – 1 BvR 1929/95, NZA 97, 1339).

30 Will der ArbGeb mit der Sonderwendung die erwiesene und zu erwartende **Betriebstreue belohnen,** kann die Zahlung in den Grenzen des § 307 BGB von einem gewissen Fortbestand des Arbeitsverhältnisses über den Auszahlungszeitpunkt abhängig gemacht werden (BAG 28.3.07 – 10 AZR 261/06, NZA 07, 687). Einer Differenzierung zwischen befristet und unbefristet beschäftigten ArbN steht § 4 Abs 2 TzBfG entgegen. Ein sachgerechter Grund für eine Differenzierung kann darin liegen, dass bestimmte ArbN durch höhere Gratifikationen an den Betrieb gebunden werden sollen, weil ihr Weggang zu besonderen Belastungen führt (BAG 30.3.94 – 10 AZR 681/92, DB 94, 2141; *Hunold* DB 91, 1675). Diese Differenzierung darf aber nicht im Rahmen eines Weihnachts- oder Urlaubsgelds getroffen werden, da diese lediglich die mit Weihnachten bzw Urlaub verbundenen besonderen Aufwendungen abfedern sollen (BAG 27.10.98 – 9 AZR 299/97, DB 98, 2421).

31 Ebenfalls zulässig ist eine **Differenzierung zwischen Pensionären und Aktiven** oder Vorruheständlern bei der Bemessung von Jubiläumsgeldern (LAG Düsseldorf 12.3.87, NZA 87, 706). Bei einer im Arbeitsvertrag vorgesehenen jährlichen Ermessenstantieme, die von der Erfüllung des geplanten Jahresüberschusses und der persönlichen Beurteilung durch den Vorgesetzten abhängen soll, handelt es sich dagegen um eine vom Betriebsergebnis abhängi-

ge Jahressonderzahlung, durch die die Leistung des ArbN im laufenden Jahr zusätzlich vergütet werden soll. Das LAG RhPf erklärte dementspr den Ausschluss einer weiblichen Arbeitskraft von dieser Sonderleistung, die sich zum Auszahlungszeitpunkt im Folgejahr im Erziehungsurlaub befand, als unzulässige sachfremde Differenzierung (LAG RhPf 24.7.87, NZA 88, 23).

In Bezug auf die **Kürzung freiwilliger Sonderzahlungen** entscheidet sich die Frage, inwiefern sich Fehlzeiten anspruchsmindernd auswirken, nach der neuen Rspr des BAG (5.8.92 – 10 AZR 88/90, NZA 93, 130; 16.3.94 – 10 AZR 669/92, NZA 94, 747) grds nicht danach, ob Zweck der Sonderleistung (auch) die zusätzliche Vergütung von im Bezugszeitraum geleisteter Arbeit ist. Erforderlich ist vielmehr eine ausdrückliche Kürzungsvereinbarung. Zu deren Grenzen → *Anwesenheitsprämie* Rn 1 ff. 32

Zur Zulässigkeit einer **Streikbruchprämie** → *Arbeitskampf (Vergütung)* Rn 15. 33

**2. Altersversorgung.** Der bloße Statusunterschied zwischen Arbeitern und Angestellten kann keine Ungleichbehandlung bei Versorgungsleistungen rechtfertigen. Zulässig kann aber die Festsetzung unterschiedlicher Grundbeträge als Folge verschiedener tariflicher Vergütungssysteme sein. Hier erlaubt das BAG den Betriebspartnern eine typisierende Gestaltung unter Vernachlässigung der Einzelfallgerechtigkeit (BAG 10.11.15 – 3 AZR 575/14, NZA-RR 16, 204). Ebenso ist eine Staffelung je nach der Stellung in der betrieblichen Hierarchie zulässig, zB Geltung einer Versorgungsordnung ausschließlich für ArbN in gehobenen Positionen, selbst wenn davon nur Angestellte erfasst werden. Nach Auffassung des BAG gilt dies auch dann, wenn durch die Versorgungsordnung unverhältnismäßig mehr Männer als Frauen mangels der entsprechenden Anzahl von Frauen in gehobener Position begünstigt werden (BAG 11.11.86, DB 87, 994). Im Hinblick auf die Rspr des EuGH zur mittelbaren Diskriminierung erscheint dies bedenklich. 34

**Differenziert der Arbeitgeber** bei der Gewährung von Versorgungsleistungen **nach Stichtagen,** indem er zB eine Versorgungserhöhung nur nach einem bestimmten Stichtag gewährt oder nach einem solchen die Versorgung einstellt, muss hierfür ein sachlich gerechtfertigter Grund bestehen (BAG 6.6.74, DB 74, 1822; 8.12.77, DB 78, 991; 11.9.80, DB 81, 943). Dies können vernünftige wirtschaftliche Erwägungen sein. Eine Versorgungsregelung, die die Leistung bei Überschreitung eines bestimmten **Lebensalters** bei Eintritt in das Arbeitsverhältnis ausschließt, ist wegen der erforderlichen Ansparung der Versorgungsleistungen nach § 10 S 3 Nr 4 AGG sachlich gerechtfertigt (→ *Diskriminierung* Rn 94). Die **Befristung** von Arbeitsverhältnissen konnte nach der Rspr des BAG einen sachlichen Grund darstellen, um ArbN von einer betrieblichen Altersversorgung auszunehmen (BAG 13.12.94 – 3 AZR 367/94, DB 95, 931). Der am 1.1.01 in Kraft getretene § 4 Abs 2 TzBfG, der eine Benachteiligung befristet beschäftigter ArbN verbietet, dürfte der Auffassung des BAG den Boden entziehen. Auch können ArbN nicht allein deshalb aus einem betrieblichen Versorgungswerk ausgenommen werden, weil sie in **Nebentätigkeit** in einem zweiten Arbeitsverhältnis stehen (BAG 22.11.94 – 3 AZR 349/94, DB 95, 930). 35

**3. Arbeitszeit.** Fällt in einem Betrieb (zusätzlich vergütete) **Mehrarbeit** an, handelt der ArbGeb gleichheitswidrig, wenn er bestimmte arbeitswillige ArbN von der Mehrarbeit ohne sachlichen Grund ausnimmt (LAG Hess 12.9.01 – 8 Sa 1122/00, NZA-RR 02, 348). 36

**4. Kündigung.** Der allgemeine Gleichbehandlungsgrundsatz ist nach hM im Bereich des Kündigungsrechts nicht anwendbar (ErfK/*Oetker* § 1 KSchG Rn 90). Wegen der individuell unterschiedlich gelagerten Kündigungssachverhalte, der speziellen Auswahlkriterien des KSchG und der im Einzelfall geforderten umfassenden Abwägung bei der ordentlichen Kündigung nach § 1 KSchG (BAG 7.12.78, DB 79, 650) bzw bei der außerordentlichen Kündigung nach § 626 Abs 1 BGB wird ein Rückgriff auf den allgemeinen Grundsatz verneint. Lediglich im Fall der **herausgreifenden Kündigung,** also wenn von mehreren ArbN, die sich das gleiche Fehlverhalten hatten zuschulden kommen lassen, einer gekündigt wird, der andere jedoch nicht, wird eine Kündigung ohne Rücksicht auf das Vorliegen eines Kündigungsgrundes für unwirksam erachtet (ArbG Regensburg 23.4.90, BB 90, 1418). Anwendbar ist der Gleichbehandlungsgrundsatz in Bezug auf **freiwillige Abfindungszahlungen,** die der ArbGeb etwa bei einer Betriebsschließung an eine größere Zahl gekündigter ArbN zahlt. Hier kann ein Ausschluss von ArbN gerechtfertigt sein, die zuvor durch Eigenkündigung ausgeschieden sind (BAG 1.2.11 – 1 AZR 417/09, NZA 11, 880), nicht 37 dagegen der Ausschluss beurlaubter ArbN von einer Klageverzichtsprämie (BAG 8.12.15 – 1 AZR 595/14, NZA 16, 767). Haben ArbN im Zusammenhang mit Aufhebungsverträgen Abfindungszahlungen vereinbart und erhalten, so kann Gleichbehandlung nur geltend gemacht werden, wenn der Anspruchsteller eine vergleichbare Beendigung seines Arbeitsverhältnisses angestrebt hat. Davon ist nicht auszugehen, wenn von vornherein eine Eigenkündigung und die nachfolgende Geltendmachung von Schadensersatzansprüchen vorbereitet wurde (BAG 22.1.09 – 8 AZR 808/07, NZA 09, 547). Vereinbart ein ArbGeb mit einzelnen ArbN längere Kündigungsfristen, können sich andere ArbN aus dem Gesichtspunkt der Gleichbehandlung nicht auf diese verlängerten Fristen berufen (LAG SchlHol 4.9.86, DB 87, 442).

**B. Lohnsteuerrecht** *Seidel*

41 **1. Abgrenzung. a) Privatrecht-Steuerrecht.** Der Gleichbehandlungsgrundsatz im hier gemeinten Sinn gehört zum Privatrecht. Aus dem Steuerrecht als Teil des öffentlichen Rechts kann sich im Verhältnis ArbGeb – ArbN kein Anspruch des ArbN auf Gleichbehandlung durch den ArbGeb ergeben. Es steht ihm zB frei, unter gleichen Voraussetzungen die Steuer im Rahmen einer Pauschalierung der LSt bei einem oder mehreren ArbN zu übernehmen und bei anderen ArbN die Steuer (bei Teilzeitbeschäftigten oder Aushilfskräften) nach den allgemeinen Vorschriften einbehalten (→ *Lohnabzugsverfahren* Rn 4, 19 ff; *HMW*/Pauschalierung der Lohnsteuer Rz 171). Ob die ArbN arbeitsrechtlich hierauf einen Anspruch haben ist eine davon zu unterscheide Frage. Zur neuen Regelung des § 13b AÜG → *Arbeitnehmerüberlassung/Zeitarbeit* Rn 71.

42 **b) Schadensersatz.** Hat der ArbGeb wegen eines Verstoßes gegen den arbeitsrechtlichen Gleichbehandlungsgrundsatz dem ArbN Schadensersatz zu leisten, kann dieser stpfl Arbeitslohn darstellen, wenn er als Ersatz für entgangenen oder entgehenden Arbeitslohn gezahlt wird (→ *Arbeitgeberhaftung* Rn 19 ff). Zur Besteuerung von Lohnnachzahlungen → *Entgeltnachzahlung* Rn 6 ff. Zur steuerlichen Behandlung von Schadensersatzleistungen des ArbGeb wegen Ungleichbehandlung (§ 16 Abs 1 und Abs 2 AGG) → *Diskriminierung* Rn 119–126, 141.

43 **2. Gleichmäßigkeit der Besteuerung.** Zu unterscheiden von dem privatrechtlichen Gleichbehandlungsgrundsatz ist der allgemeine **Gleichheitssatz** des Art 3 Abs 1 GG. Er stellt ein subjektiv öffentliches Recht gegen den Staat auf Rechtsgleichheit dar, an den Gesetzgebung, Verwaltung und Rspr gebunden sind. Steuerrechtlich findet er seine Ausprägung im in erster Linie an den Gesetzgeber gerichteten Grundsatz der Gleichmäßigkeit der Besteuerung. Der Gesetzgeber, hat im Wesentlichen das Willkürverbot und die Besteuerung nach der Leistungsfähigkeit zu beachten, wobei ihm von der Rspr ein weiter Gestaltungsspielraum zugestanden wird (ausführlich *T/K* § 3 AO Rz 41–55 mwN).

44 Das FA bzw das FG verstoßen gegen den Gleichheitssatz nur dann, wenn die Rechtsanwendung und das Verfahren bei verständiger Würdigung der das GG beherrschenden Gedanken nicht mehr verständlich sind und sich der Schluss aufdrängt, dass sie auf **sachfremden Erwägungen** beruhen. Eine verschiedene Auslegung allgemeiner Rechtsbegriffe oder desselben Rechtssatzes führt noch nicht zu einem Verstoß gegen den Gleichheitssatz. Dies gilt auch bei unterschiedlicher Ermessensausübung durch die FinBeh (*T/K* § 3 AO Rz 54 mwN). Häufig wird ein Verstoß gegen den Gleichheitsatz durch das FA von Stpfl damit begründet, dass in einem vergleichbaren Fall eine bestimmte steuerrechtliche Behandlung vorgenommen worden sei. Hier wird oft übersehen, dass möglicherweise der Sachverhalt nicht identisch ist oder eine – meist unbeabsichtigte – Falschbehandlung des Bezugsfalles vorliegt. Art 3 Abs 1 GG gewährt aber keinen Anspruch auf eine gleichmäßige Falschbehandlung (**keine Gleichbehandlung im Unrecht;** s zB BFH 3.2.05 – I B 152/04, BFH/NV 05, 1214 und 19.3.09 – V R 48/07, BStBl II 10, 92).

**C. Sozialversicherungsrecht** *Voelzke*

46 **1. Herleitung.** Da nach § 29 Abs 1 SGB IV die Träger der SozV rechtsfähige **Körperschaften des öffentlichen Rechts** sind, wirken im öffentlich-rechtlichen Verhältnis von Versicherungsträger und ArbGeb oder ArbN (Versicherten), anders als beim privatrecht-

lichen Gleichbehandlungsgrundsatz, die Grundrechte unmittelbar. Damit unterliegen nicht nur die Gesetzgebung, sondern auch die betroffenen Leistungs- und Pflichtenverhältnisse dem allgemeinen Gleichheitssatz (Art 3 Abs 1 GG) und seinen speziellen Ausformungen (Gleichberechtigungssatz: Art 3 Abs 2 GG; Benachteiligungsverbot: Art 3 Abs 3 GG).

Auf einfachgesetzlicher Ebene ist das **Benachteiligungsverbot** nach § 33c SGB I zu beachten. Diese Norm verbietet eine Benachteiligung aus Gründen der Rasse, wegen der ethnischen Herkunft und der Behinderung bei der Inanspruchnahme sozialer Rechte (zu Einzelheiten *Schlegel/Voelzke/Weselski* SGB I § 33c Rz 14 ff). Neben diese innerstaatliche Rechtsnormen treten die Regeln des Gemeinschaftsrechts, die ua eine auf die Staatsangehörigkeit gestützte unterschiedliche Behandlung von eigenen Staatsangehörigen und solchen aus anderen EU-Mitgliedsstaaten untersagen (Art 4 VO 883/2004; → Rn 59). Für die Arbeitsvermittlung der BA wird der Gleichbehandlungsgrundsatz durch den Grundsatz der Unparteilichkeit konkretisiert (§§ 36 Abs 3, 42 SGB III; → *Stellensuche* Rn 14).

**2. Verfassungsrecht.** Der Hauptanwendungsbereich des allgemeinen Gleichheitssatzes liegt im Sozialrecht auf dem Gebiet der Gesetzgebung und gewinnt dort wegen der zunehmenden Regelungsdichte immer mehr an Bedeutung (*Jaeger* NZA 90, 2). Der allgemeine Gleichheitssatz des Art 3 Abs 1 GG kann nach der Rspr des BVerfG unter dem Gesichtspunkt der **Systemgerechtigkeit** zu einer verfassungswidrigen Ungleichbehandlung führen, wenn das System des Gesetzes ohne sachliche Gründe verlassen wird, wobei dem Gesetzgeber allerdings gerade bei der Einführung neuer Belastungen oder Leistungen ein weiter Spielraum bei der Ausgestaltung der Systeme der sozialen Sicherheit eingeräumt wird. Obwohl die SozV im Grundsatz von der Forderung nach Äquivalenz von Beiträgen und Leistung geprägt wird, beruht sie ebenso auf dem Prinzip des sozialen Ausgleichs (*Rüfner* NZS 92, 81). Unbestritten ist allerdings, dass der Gleichheitsgrundsatz gleichwohl einen sachlichen Grund für eine Umverteilung erfordert. 47

**a) Beitragsgerechtigkeit.** Dieser Ansatz führt im Beitragsrecht dazu, dass die dem Einzelnen auferlegte Belastung ihm selbst oder seiner Gruppe zugutekommen muss. Während jeder Bürger ohne weiteres der Steuergewalt unterworfen ist, bedarf es im Sachbereich der SozV einer **besonderen Rechtfertigung,** die sich allerdings bereits aus spezifischen Solidaritäts- und Verantwortlichkeitsbeziehungen zwischen Zahlungsverpflichteten und Versicherten ergeben kann (BVerfG 8.4.87 – 2 BvR 909/82, BB 87, 1529 zur Künstlersozialversicherungsabgabe; hierzu *Hennig* NZS 05, 294). Unterschiede in den Beitragssätzen der verschiedenen Krankenkassen stellen keine verfassungswidrige Ungleichbehandlung dar, da sie durch die fehlende Äquivalenz von Beitrag und Leistung in der gesetzlichen KV zwangsläufig bedingt werden; nicht mehr gerechtfertigt sind Beitragssatzunterschiede allerdings, wenn sie ein unangemessenes Ausmaß erreichen (BVerfG 8.2.94 – 1 BvR 1237/85, NZS 94, 364). Bei der Beitragsentrichtung für Kapitalleistungen aus als Direktversicherung abgeschlossenen Lebensversicherungen hat das BVerfG eine Verletzung des Art 3 GG angenommen, soweit die Beiträge von einem ArbN nach Beendigung seiner Erwerbstätigkeit unter Einrücken in die Stellung des Versicherungsnehmers gezahlt worden sind (BVerfG 28.9.10 – 1 BvR 1660/08, DB 10, 2343). 48

Hinsichtlich des Transfers von Beitragsmitteln der ArblV an die **Grundsicherung für Arbeitsuchende** hat das BVerfG aus dem Gleichheitssatz des Art 3 Abs 1 GG abgeleitet, dass ein Privater im Unterschied zu anderen Privaten über seine Steuerpflicht hinaus zu einer Abgabe herangezogen wird (BVerfG 22.5.18 – 1 BvR 1728/12, 1 BvR 1756/12, NVwZ 18, 1630; zu dieser Entscheidung *Flint* jM 18, 368).

Das BVerfG hatte es für mit dem allgemeinen Gleichheitssatz unvereinbar erklärt, dass **einmalig gezahltes Arbeitsentgelt** (zB Weihnachtsgeld, Urlaubsgeld) zwar zu den SozVBeiträgen herangezogen wird, jedoch bei der Berechnung von kurzfristigen Lohnersatzleistungen unberücksichtigt bleibt (BVerfG 11.1.95 – 1 BvR 892/88, NZS 95, 312). Hiernach sind bei Versicherten mit gleicher Beitragsleistung hinreichende Gründe für die ganz erheblichen Äquivalenzabweichungen nicht vorhanden. Nachdem der Gesetzgeber die Vorgaben des BVerfG mit dem Gesetz zur sozialrechtlichen Behandlung von einmalig gezahltem Arbeitsentgelt (BGBl I 96, 1859) nicht umgesetzt hatte, hat das BVerfG unter Einbeziehung des genannten Gesetzes nochmals das aus dem Gleichheitssatz herzuleitende Gebot bekräftigt, einmalig gezahltes Arbeitsentgelt bei der Berechnung von kurzfristigen 49 beitragsfinanzierten Sozialleistungen, wie bspw *Arbeitslosengeld* und *Krankengeld,* zu berücksichtigen, wenn es zu den SozVBeiträgen herangezogen wird (BVerfG 24.5.2000 – 1 BvL 1/98, NZA 2000, 845). Mit dem EinmalzahlungsG-NeuregelungsG vom 21.12.2000 (BGBl I 2000, 1971) hat der Gesetzgeber die Vorgaben des BVerfG umgesetzt und Einmalzahlungen in die Bemessungsgrundlage der Entgeltersatzleistungen einbezogen. Hingegen hat das BSG für verfassungsrechtlich unbedenklich gehalten, Leistungsansprüche von einem fortbestehenden Bezug zum Inland abhängig zu machen (BSG 6.3.13 – B 11 Az 5/12 R, SozR 4–1200 § 30 Nr 8 zum Anspruch auf Gründungszuschuss bei Wohnsitz und gewöhnlichem Aufenthalt im Ausland).

50 Ursprünglich war vielfach davon ausgegangen worden, dass das sog **Beitragskinderurteil** des BVerfG auf die Ausgestaltung der SozVSysteme nachhaltigen Einfluss nehmen könnte (BVerfG 3.4.01 – 1 BvR 1629/94, NJW 01, 1712). In diesem Urt hat das BVerfG zum Beitragsrecht der sozialen PflegeV ausgesprochen, dass es mit Art 3 Abs 1 iVm Art 6 Abs 1 GG unvereinbar sei, dass bei gleichem beitragspflichtigem Einkommen Personen, die Kinder betreuen und erziehen, einen gleich hohen Beitrag wie kinderlose Personen zahlen müssen. Das BVerfG hatte beanstandet, dass nach bisherigem Recht auch Versicherte mit Kindern einen „generativen Beitrag" zur Funktionsfähigkeit eines umlagefinanzierten SozVSystems zahlen müssen. Dem Regelungsauftrag des BVerfG versucht der Gesetzgeber mit dem Kinder-Berücksichtigungsgesetz vom 15.12.04 (BGBl I 04, 3448) gerecht zu werden. Dieses Gesetz sieht einen sog Beitragszuschlag für Kinderlose in der PflegeV vor (Näheres: *Pflegeversicherungsbeiträge*). Demgegenüber hat das BSG nunmehr entschieden, dass die Beitragsbemessung unter Anwendung der einfachrechtlichen Regelungen zur Beitragsbemessung im SGB V, SGB VI und SGB XI rechtmäßig ist und die Beitragspflichtigen auch von verfassungs wegen keinen Anspruch haben, wegen ihres Aufwandes für die Betreuung und Erziehung ihrer Kinder zu niedrigeren Beiträgen herangezogen zu werden (BSG 30.9.15 – B 12 KR 15/12 R, NZS 2016, 391).

Das BSG hat es nicht verfassungswidrig gehalten, dass das Gesetz und die Beitragsverfahrensgrundsätze Selbstzahler im Rahmen der Bemessung freiwilliger KVBeiträge die **Absetzung von Kinderfreibeträgen** bei der Zuordnung von Einnahmen des privat krankenversicherten Ehegatten nur für „gemeinsame unterhaltsberechtigte Kinder" vorsehen (BSG 28.5.15 – B 12 KR 15/13 R, FamRZ 16, 46).

51 Bei der **Heranziehung der Arbeitgeber** zur Zahlung von SozVBeiträgen kann sich ein sachlicher Grund für eine unterschiedliche Behandlung von Sachverhalten aus der Person der versicherten ArbN ergeben. So hatte das BVerfG eine Rechtfertigung für das Entstehen der Versicherungspflicht bei Ausübung mehrerer geringfügiger Beschäftigungen (§ 8 Abs 2 Satz 1 SGB IV aF) daraus hergeleitet, dass der mehrfach geringfügig beschäftigte ArbN stärker in den Arbeitsmarkt eingebunden und daher sozial schutzwürdiger sei (BVerfG 21.4.89 – 1 BvR 678/88, SozR 2100 § 8 Nr 6).

52 Bei gesetzlichen Regelungen, die eine **Befreiung von der Beitragspflicht** vorsehen, wird dem Gesetzgeber ein besonders weiter Gestaltungsspielraum zugestanden. Selbst wenn sich der sozialversicherungsrechtliche Schutz aus nachträglicher Sicht als wertlos oder überflüssig darstellt, nimmt das BVerfG eine ungerechtfertigte Ungleichbehandlung nur an, soweit sich ein sachgerechter Grund für die Ausgestaltung des Befreiungstatbestandes nicht finden lässt (BVerfG 31.5.88 – 1 BvL 22/85, NZA 88, 819).

53 Sieht das Gesetz eine **Beitragserstattung** an Versicherte vor, so ist es wegen des Versicherungsgedankens verfassungsrechtlich nicht geboten, die Beitragserstattung in voller Höhe vorzunehmen (BVerfG 24.11.86 – 1 BvR 772/85, SozR 2200 § 1303 Nr 34).

**b) Indienstnahme der Arbeitgeber.** Die ArbGeb werden bei der Durchführung der sozialen Sicherungssysteme in vielfältiger Weise herangezogen. Dies betrifft neben den Meldepflichten und den Verpflichtungen im Zusammenhang mit der Beitragsentrichtung insbes die in allen Bereichen bestehenden **Auskunftspflichten.** Das BSG geht davon aus, dass keine verfassungswidrige Ungleichbehandlung darin liege, dass eine Kostenerstattung für ArbGebAuskünfte im SGB II und SGB III ausgeschlossen ist (BSG 4.6.14 – B 14 AS 38/13 R, NZS 14, 711).

54 **c) Leistungsgerechtigkeit.** Im Leistungsrecht stellt das BVerfG entscheidend auf den **Zweck der Leistung** ab und verneint eine Ungleichbehandlung auch bei einfachen, generalisierenden Regelungen, wenn diese nicht als willkürlich anzusehen sind (zum Erzie-

hungsgeld bei Mehrlingsgeburten BVerfG 14.6.89 – 1 BvR 594/89, SozR 7833 § 3 Nr 2). So liegt kein Verstoß gegen Art 3 GG darin begründet, dass die Kinderfreibeträge des Steuerrechts bei der Bestimmung des für die Leistungen der ArblV maßgeblichen Nettoarbeitsentgelts keine Berücksichtigung finden und für Arbeitslose mit mehreren Kindern auch keine höheren Leistungssätze vorgesehen sind (BSG 27.6.96 – 11 RAr 77/95, SozR 3–4100 § 111 Nr 14). Ferner verstoßen die unterschiedlichen Bemessungszeiträume für das Elterngeld bei Einkommen aus nichtselbständiger Tätigkeit einerseits und aus selbstständiger Tätigkeit andererseits nicht gegen den allgemeinen Gleichheitssatz des GG (BSG 28.3.2019 – B 10 EG 6/18 R, SozR 4–7837 § 2b Nr 5). Ebenso gebietet es das Diskriminierungsverbot zugunsten Behinderter (Art 3 Abs 3 Satz 2 GG) nicht, bei der Leistungsbemessung in der ArblV den Steuerfreibetrag für Schwerbehinderte zu berücksichtigen (BSG 24.7.97 – 11 RAr 45/96, SozR 3–4100 § 136 Nr 7).

Auch bei der Ausgestaltung von **Ruhensvorschriften** unterliegt es weitgehend der Gestaltungsfreiheit des Gesetzgebers, wie er den Doppelbezug von Leistungen gleicher Zweckrichtung vermeidet. In der SozV folgt allerdings aus dem Beitrags- oder Versicherungsprinzip, das im Grundsatz von einer **Äquivalenz** von Beitrag und Leistung gekennzeichnet ist, dass den Versicherten bei gleicher Beitragsleistung und gleicher Bedarfssituation nicht durch Ruhensvorschriften im Ergebnis unterschiedliche Versicherungsleistungen zustehen dürfen (BVerfG 9.11.88 – 1 BvL 22/84, SozR 2200 § 183 Nr 54).

Mit dem Gleichbehandlungsgebot unvereinbar ist es, wenn ein entscheidungsreifer Antrag auf Anerkennung einer Berufskrankheit im Hinblick auf den Entwurf einer RechtsVO mit **Stichtagsregelung** abgelehnt wird (BVerfG 23.6.05 – 1 BvR 235/00, SozR 4–1100 Art 3 Nr 32).

Da die gesetzliche SozV in erster Linie auf die **Sicherung von Arbeitnehmern** und 55
arbeitnehmerähnlichen Personen zugeschnitten ist, verstößt es weder gegen Art 6 GG noch gegen Art 3 Abs 1 GG, wenn Mütter, die vor der Geburt ihres Kindes nicht erwerbstätig waren, vom Bezug des Mutterschaftsgeldes ausgeschlossen werden (BVerfG 4.10.83 – 1 BvL 2/81, DB 84, 247). Hingegen sieht es das BVerfG als mit Art 3 GG unvereinbar an, dass Studenten grds vom Bezug von AlGeld ausgeschlossen werden, da dieses nicht durch das Leistungssystem des BAföG ausgeglichen wird (BVerfG 18.11.86 – 1 BvL 29/83, SozR 4100 § 118a Nr 1). Nicht gegen den Gleichheitssatz verstößt die Regelung, wonach das Mindeselterngeld beim Kinderzuschlag als Einkommen zu berücksichtigen ist (BSG 26.7.16 – B 4 KG 2/14 R, NZS 17, 28).

Eine unterschiedliche Behandlung von **freiwillig Versicherten** und Pflichtversicherten bei der Auslegung anspruchsbegründender Tatbestände kann wegen der unterschiedlichen Ausgestaltung des Versicherungsverhältnisses gerechtfertigt sein (s zum Berufsschutz bei der Berufsunfähigkeitsrente BVerfG 28.3.88 – 1 BvR 1404/87, SozR 2200 § 1246 Nr 156). Ein die Ungleichbehandlung rechtfertigender Grund kann auch aus dem Umstand mangelnder Finanzierbarkeit der Leistungen folgen (BVerfG 7.7.92 – 1 BvL 51/86, 50/87, 873/90 und 1 BvR 761/91, SozR 3–5761 Allg Nr 1 zum Ausschluss der vor 1921 geborenen Mütter von der Anrechnung von Kindererziehungszeiten in der RV; kritisch hierzu *Ruland* NZS 93, 1 ff; ausführlich zu den Verfassungsanforderungen bei Kindererziehung *Ebsen* VSSR 04, 16). Auch im Bereich des Elterngeldes unterliegt es keinen durchgreifenden verfassungsrechtlichen Bedenken, dass Eltern, die Elternzeit über die Bezugszeit des Elterngeldes genommen hatten, uU eine geringere Leistung erhalten (BVerfG 6.6.2011 – 1 BvR 2712/09, NJW 11, 2869).

Die Ungleichbehandlung von Leistungsempfängern in den **alten und neuen Ländern** 56
hatte das BVerfG erstmals mit der Entscheidung vom 14.3.2000 (1 BvR 284/96, NJW 2000, 1855) beanstandet. Nach dieser Entscheidung lagen zwar für die unterschiedliche Behandlung von Kriegsopfern im Zeitpunkt des Inkrafttretens des BVG in den neuen Ländern und in den folgenden Jahren gewichtige Gründe vor. Das zunächst verfassungsgemäße Anpassungskonzept für die Beschädigtengrundrente, die stark durch ihren ideellen Gehalt geprägt wird, ist nach der Entscheidung des BVerfG aber ab 1.1.99 verfassungswidrig geworden. Die Feststellung der Verletzung von Art 3 Abs 1 GG erstreckt sich hingegen nicht auf andere, rein materiell ausgerichtete Leistungen nach dem BVG.

**d) Zugang zur Sozialversicherung.** Regelungen über die Versicherungspflicht oder 57
den Zugang zur SozV haben bisher nur in seltenen Fällen zu Beanstandungen mit Blick auf

den Gleichheitsgrundsatz geführt. Grds steht es im Ermessen des Gesetzgebers, inwieweit er einem gesteigerten **sozialen Schutzbedürfnis** Rechnung tragen will (BSG 16.10.90 – 11 RAr 103/89, SozR 3–4100 § 104 Nr 3). Eine Lückenlosigkeit des Versicherungsschutzes braucht verfassungsrechtlich nicht gewährleistet zu werden (zu einer durch Berufstätigkeit verursachten Krankheit BVerfG 14.7.93 – 1 BvR 1127/90, SozR 3–2200 § 551 Nr 5). Der Gleichheitssatz gebietet es auch nicht, Versicherten, die von einer Heiratserstattung abgesehen haben, das Recht auf eine Beitragsaufstockung einzuräumen (BVerfG 4.3.98 – 1 BvR 1487/97, NZS 98, 287). Ebenso hat das BSG in der Einführung einer Altersgrenze von 30 Jahren für die KV der Studenten keine sachwidrige Ungleichbehandlung gesehen, da in dem Altersabschnitt unterhalb dieser Grenze Leistungen unterdurchschnittlich in Anspruch genommen werden (BSG 30.9.92 – 12 RK 50/91, SozR 3–2500 § 5 Nr 6).

Kein eine Ungleichbehandlung verschiedener Personengruppen von Normadressaten sachlich rechtfertigender Grund ist es idR, wenn allein die **Möglichkeit eines Missbrauchs** zur Rechtfertigung des Ausschlusses aus der SozV und ArblV herangezogen wird (*Rüfner* NZS 92, 83). Der Missbrauchsmöglichkeit ist mit anderen geeigneten Mitteln entgegenzuwirken.

58 Beanstandet wurden die Zugangsbeschränkungen **zur Krankenversicherung der Rentner** (BVerfG 15.3.2000 – 1 BvL 16/96, DB 2000, 1658). Die beanstandete Regelung führte die Trennung der in der KV Pflichtversicherten und freiwillig Versicherten im Rentenalter fort, auch wenn nur in einer relativ kurzen Zeitspanne die JAE überschritten worden war. Die vom Gesetz vorgesehene kurze Zeitspanne hatte weder auf das Schutzbedürfnis noch auf die Beteiligung an der Solidargemeinschaft hinreichende Auswirkungen, die die mit der Verweisung auf die freiwillige KV einhergehenden Beitragsnachteile rechtfertigen konnten.

59 **3. Gemeinschaftsrecht.** Die ausdrückliche Regelung eines allgemeinen Gleichheitssatzes enthält das Gemeinschaftsrecht nicht (vgl zur Entwicklung eines solchen Grundsatzes aus den speziellen Diskriminierungsverboten *Hanau/Steinmeyer/Wank* Handbuch des europäischen Sozialrechts, § 13 Rz 60 ff). Im Sozialrecht haben Personen, die unter den persönlichen Geltungsbereich der VO (EG) 883/2004 fallen und im Gebiet eines Mitgliedstaates wohnen, gem Art 4 der VO die gleichen Rechte und Pflichten wie die Staatsangehörigen dieses Staates. Hiernach können sich die Mitgliedstaaten zB nicht auf die mangelnde Verbürgung von Gegenseitigkeit berufen, um Angehörigen anderer Mitgliedstaaten bestimmte Rechtspositionen vorzuenthalten. Untersagt ist auch jede Form der versteckten **Diskriminierung,** die durch andersartige Tatbestandsmerkmale zum gleichen Ergebnis führt (*Schlegel/Voelzke/Hauschild* SGB I, Art 4 VO (EG) 883/2004 Rz 14). Der EuGH kam in seinem Urt vom 14.9.15 (– C-67/14, BeckRS 2015, 8114) zu dem Schluss, dass der Ausschluss von SGB II-Leistungen keine unberechtigte Ungleichbehandlung von Unionsbürgern, denen lediglich ein Aufenthaltsrecht wegen Arbeitssuche zusteht (§ 7 Abs 1 S 2 Nr 2 SGB II), darstellt.

# Grenzgänger

## A. Arbeitsrecht

*Poeche*

1 Arbeitsrechtlich ist der Wohnsitz des ArbN und damit sein Status als sog Grenzgänger (zum Begriff → *Grenzgänger* Rn 2) idR ohne Bedeutung. Tarifvertragliche Regelungen, nach denen sich bestimmte Leistungen nach fiktivem deutschen Steuerrecht berechnen, können wegen Verstoßes gegen Art 45 AEUV (früher Art 39 EG) und Art 7 Abs 4 der Verordnung (EWG) Nr 1612/68 des Rates vom 15.10.1968 über die Freizügigkeit der ArbN unwirksam sein (BAG 10.3.05 – 6 AZR 317/01, NZA-RR 06, 88 zur Überbrückungsbeihilfe bei den Stationierungsstreitkräften). Diese verbieten nicht nur offene Diskriminierungen aufgrund der Staatsangehörigkeit, sondern auch alle versteckten Formen der Diskriminierung. So kann die Aufstockungsregelung in einem Altersteilzeitvertrag dann mittelbar diskriminierend sein, wenn sie sich ihrem Wesen nach eher auf sog Grenzgänger als auf ArbN mit Inlandswohnsitz auswirken kann und somit die Gefahr besteht, dass Grenzgänger besonders benachteiligt werden (BAG 17.11.15 – 9 AZR 610/14, BeckRS 2016, 68145; ebenso zur Aufstockung in einem Altersteilzeitverhältnis: LAG Saarland

28.1.15 – 2 Sa 154/13, BeckRS 2015, 68762). Entsprechendes gilt für Altersteilzeitvereinbarungen mit Grenzgängern, in denen zur Berechnung eines Aufstockungsbetrags auf pauschalierte deutsche Steuersätze abgestellt wird (EuGH 28.6.12, Erny, C-172/11, NZA 12, 863). Hingegen verstößt die in § 167 Abs 2 SGB III vorgesehene Methode zur Berechnung des Insolvenzgeldes, die zur Folge haben kann, dass ein französischer Grenzgänger ein unterhalb seines bisherigen Nettoeinkommens liegendes Insolvenzgeld erhält, nicht gegen Unionsrecht (EuGH, Eschenbrenner, 2.3.17 – C-496/15, NZI 17, 587). Ebenfalls unionsrechtswidrig könnte nach Auffassung des BAG (18.10.18 – 6 AZR 232/17 (A) BeckRS 2018, 28379 mit Anm *Rasche/Sülzle* ZTR 19, 362) die tarifvertragliche Regelung des § 16 Abs. 2 TV-L mit der Privilegierung der bei demselben ArbGeb erworbenen einschlägigen Berufserfahrung sein. Die Frage liegt dem EuGH zur Vorabentscheidung vor (C-770/18).

## B. Lohnsteuerrecht

*Weil*

### Übersicht



**I. Rechtsgrundlagen.** „Grenzgänger“ ist vorbehaltlich DBA-Regelungen kein gesetzlicher Begriff. Als Grenzgänger gelten die Stpfl (Selbstständige und ArbN), die in einem Staat ansässig sind, dh dort ihren privaten Lebensmittelpunkt (Wohnsitz oder gewöhnlichen Aufenthalt) haben, und ihre Berufstätigkeit über der Grenze im Nachbarstaat ausüben, um nach Arbeitsende regelmäßig über die Grenze an ihren privaten Lebensmittelpunkt zurückzukehren (BFH 20.10.04 – I R 31/04, BFH/NV 05, 840). Die Arbeitstätigkeit begründet keinen gewöhnlichen Aufenthalt am Arbeitsort (BFH 25.1.89 – I R 205/82, BStBl II 90, 687). Bei mehreren Wohnungen kann nur eine Wohnung Mittelpunkt der Lebensinteressen sein (BFH 4.5.11 – VI B 152/10, BFH/NV 11, 1347). Nach DBA-Regelungen gilt für Auslandstätigkeit grds die Besteuerung im Tätigkeitsstaat (Art 15 OECD-Musterabkommen, BStBl I 04, 286; → *Auslandstätigkeit* Rn 37). Hiervon machen die Grenzgängerregelungen in den DBA eine Ausnahme, indem sie das Besteuerungsrecht dem Wohnsitzstaat zuweisen. Hiervon stellen die innerstaatlichen Regelungen der § 1 Abs 3, § 1a EStG eine Rückausnahme dar, indem sie die Besteuerung im Tätigkeitsstaat zulassen, so dass dem Grenzpendler bei Vorliegen der jeweiligen Voraussetzungen ein **Wahlrecht** zusteht, ob die Besteuerung im Wohnsitzstaat oder im Tätigkeitsstaat stattfindet. Dauert die nichtselbstständige Beschäftigung im Ausland, unabhängig von der Grenzgängereigenschaft, nicht länger als 183 Tage im Kj, verbleibt das Besteuerungsrecht im Wohnsitzstaat (→ *Auslandstätigkeit* Rn 40). Die 183-Tage-Regelung geht also der Grenzgängerbesteuerung vor. Zur Berechnung der 183 Tage und zur Umrechnung der in ausländischer Währung gezahlten Vergütung → *Auslandstätigkeit* Rn 41, 42. Wegen unterschiedlicher Regelungen in den DBA gibt es keine einheitliche Besteuerung der Grenzgänger. Vielmehr ist die Besteuerung zum jeweiligen Grenzstaat unterschiedlich. Die Rspr des EuGH hat die Besteuerung der Grenzgänger wesentlich geprägt. Der EuGH hat aufgrund von Art 45 AEUV, ex-Art 39 EGV (Freizügigkeit der ArbN) zum Ausdruck gebracht, dass nicht im Inland Ansässige nicht höher besteuert werden dürfen als im Inland Ansässige, wenn die nicht im Inland Ansässigen 2 ganz oder fast ausschließlich ihre Einkünfte im Inland beziehen (EuGH 8.5.90 Fall **Biehl,** DStR 91, 454; 14.2.95 Fall **Schumacker,** BB 95, 438 = DB 95, 407 = DStR 95, 326 = IStR 95, 126). Art 39 EGV, nun Art 45 AEUV, steht einer unterschiedlichen Besteuerung von Grenzgängern, die im privaten oder öffentlichen Dienst beschäftigt sind, nicht entgegen (EuGH 12.5.98, IStR 98, 336 **Fall Gilly**). Die 90%-Grenze und die Betrags-Grenze des § 1a EStG (= Grundfreibetrag nach § 32a Abs 1 Satz 2 Nr 1 EStG; s § 1 Abs 3 Satz 2 EStG; → *Ausländer* Rn 38) verstoßen nicht gegen Art 45 AEUV, ex-Art 39 EGV, weil bei nicht unbedeutenden Einkünften im Wohnsitzstaat dieser die personen- und familienbezogenen Vergünstigungen wegen der ortsnäheren Überprüfbarkeit gewähren muss (EuGH 14.9.99 – Rs C-391/97, BStBl II 99, 841, Fall Frans **Gschwind**); EuGH 21.2.06 – C 152/03, DStR 06, 362, Fall **Ritter-Coulais;** hierzu BMF 24.11.06, DStR 06, 2215; EuGH 16.10.08 – C-527/06, DStRE 09, 212 und 17.1.08 – C 152/05, DStRE 08, 167 zu Wohneigentumsförderung.

**Verwaltungsanweisung:** BMF 12.11.14, BStBl I 14, 1467.

3 ## II. Besteuerung des Einpendlers.

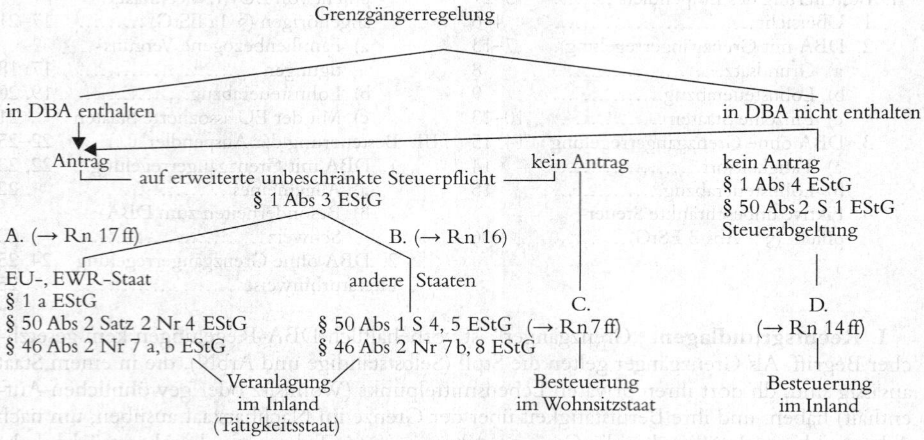


4 **1. Übersicht.** Für den Einpendler, also den Stpfl mit Wohnsitz oder gewöhnlichem Aufenthalt im Ausland, unabhängig von der Staatsangehörigkeit, also auch für Deutsche, die im Inland selbstständig oder nichtselbstständig tätig sind, gilt aufgrund des **Schumacker-Urteils** (→ Rn 2) seit 1996 § 1 Abs 3, § 1a EStG. Einpendler können hiernach unter die erweiterte unbeschränkte Steuerpflicht nach § 1 Abs 3 EStG fallen, unabhängig davon, ob sie im öffentlichen Dienst oder in der Privatwirtschaft tätig sind. Die erweiterte unbeschränkte Steuerpflicht nach § 1 Abs 3 EStG tritt grds dann ein, wenn die Einkünfte des stpfl Einpendlers zu mindestens 90% der deutschen Besteuerung unterliegen oder die nicht der deutschen ESt unterliegenden Einkünfte den Grundfreibetrag nach § 32a Abs 1 Satz 2 Nr 1 EStG nicht übersteigen. (Einzelheiten hierzu → *Ausländer* Rn 38 ff). Von dieser Regelung können betroffen sein:

- ausländische ArbN und Selbstständige, die unter Beibehaltung ihres Familienwohnsitzes täglich zur Arbeit nach Deutschland einpendeln und hier stpfl werden;
- deutsche Staatsbürger, die unter Beibehaltung ihres bisherigen Arbeitsplatzes aus privaten Gründen (Heirat, günstigere Grundstückspreise oder Miete uÄ) ihren Wohnsitz in ein angrenzendes Land verlegen;
- verheiratete Gastarbeiter, die auf Dauer in Deutschland arbeiten und wohnen, ihre Familie aber im Heimatland gelassen haben;
- Saisonarbeiter und Werkvertragsarbeitnehmer, die zu einem Einsatz von wenigen Wochen oder Monaten nach Deutschland kommen.

Die erweiterte unbeschränkte Steuerpflicht nach § 1 Abs 3, § 1a EStG hängt von einem **Antrag** des Stpfl beim inländischen Betriebs(-stätten)FA ab und führt zur Besteuerung im **Tätigkeitsstaat** für Einpendler, also zur Besteuerung in der BRD. Einzelheiten s BMF 30.12.96, BStBl I 96, 1506. Der Antrag kann im Revisionsverfahren beim BFH nicht mehr gestellt werden (BFH 13.8.97 – I R 65/95, BStBl II 98, 21). 5

Vor Anwendung der erweiterten unbeschränkten Steuerpflicht (§ 1 Abs 3, § 1a EStG) ist jedoch zu prüfen, ob ein **Doppelbesteuerungsabkommen** eingreift, da DBA-Regelungen dem jeweiligen Staat das Besteuerungsrecht zuweisen und deshalb dem einfachen Gesetz grds vorgehen (§ 2 AO). Folgende DBA enthalten den § 1 Abs 3, § 1a EStG vorrangige Grenzgängerregelungen: **Frankreich** (Art 13 Abs 5 DBA), **Österreich** (Art 15 Abs 6 DBA) und **Schweiz** (Art 15a DBA). Die DBA-Regelungen treten aber gegenüber § 1 Abs 3, § 1a EStG wiederum zurück, wenn der Stpfl bei Vorliegen der Voraussetzungen des § 1 Abs 3 EStG den Antrag auf Besteuerung im Tätigkeitsstaat stellt. Denn der Antrag nach § 1 Abs 3 EStG kann zu einer Besserstellung des Stpfl gegenüber DBA führen, so dass **§ 1 Absatz 3 EStG insoweit vorgeht** (→ Rn 16 ff) und die Besteuerung dem Tätigkeitsstaat BRD zuweist. Im Verhältnis zu DBA geht EU-Recht vor (*Heinicke* DStR 98, 1332, 1337; → *EU-Recht* Rn 28). Für die Frage, ob ein Stpfl Grenzgänger ist, kommt es nicht auf den Zeitpunkt des Lohnzuflusses an, sondern auf den Zeitraum der Grenzgängertätigkeit (FG Saarl 26.3.97, EFG 97, 856). Zur Reformbedürftigkeit der DBA-Grenzgängerregelungen nach dem Schumacker-Urt des EuGH (→ Rn 4) und zur Unstimmigkeit von nationalen und DBA-Regelungen BFH 24.6.09 – X R 57/06, DStR 09, 1799. Einpendler können die Förderung nach der **Riester-Rente** erhalten, obwohl die nachgelagerte Besteuerung nach DBA nicht gesichert ist (§§ 79, 10a EStG; → *Altersvorsorgevermögen* Rn 7; → *Altersrente* Rn 18, 19). Auch können Beiträge zwecks Altersvorsorge an ausländische Versorgungseinrichtungen steuerfrei sein (§ 3 Nr 63 EStG; OFD RhLand 6.4.11, DB 11, 847). 6

**2. DBA mit Grenzgängerregelung** (→ Rn 3).Nach der Grenzgängerregelung in den DBA ist das Besteuerungsrecht dem **Wohnsitzstaat** zugewiesen, wenn Wohnung und Arbeitsstelle innerhalb einer bestimmten Grenzzone liegen. Im Verhältnis zur Schweiz ist die Grenzzone zum 1.1.94 fortgefallen, wie auch für die anderen Staaten die Grenzzone wegfallen soll. 7

**a) Grundsatz.** Die Grenzgängerregelung in den DBA (→ Rn 6) beinhaltet grds Folgendes: **Einpendler aus dem Ausland** sind **im Inland nicht stpfl.** Sie versteuern ihre Einkünfte im Ansässigkeitsstaat. Die deutsche beschränkte Steuerpflicht (§ 1 Abs 4 iVm § 49 Abs 1 Nr 4 EStG) ist insoweit aufgehoben. Die Grenzgängereigenschaft geht nicht verloren, wenn die Tage, an denen der ArbN nicht an seinen Wohnsitz zurückkehrt oder außerhalb der Grenzzone tätig ist, 45 Tage (Frankreich/Österreich)/60 Tage (Schweiz) im Kj nicht übersteigen. 8

War der ArbN nur zeitweise Grenzgänger, ist zeitanteilig aufzuteilen (BMF 25.3.10, IStR 10, 460 = DStR 10, 1032; → Rn 13 aE; → *Betriebliche Altersversorgung* Rn 176, 181). Zur Normenkonkurrenz von DBA bei Dreieckssachverhalten s BFH4.11.14 – I R 19/13, IStR 2015, 142.

**b) Lohnsteuerabzug.** Zu den Voraussetzungen unter denen der ArbG vom LStAbzug für den Einpendler befreit ist → *Lohnsteuerberechnung* Rn 17, *Lohnabzugsverfahren* Rn 22. 9

**c) Einzelne Staaten. aa) Belgien.** Die frühere Grenzgängerregelung (BMF 9.7.82, BStBl I 82, 628) wurde zum 1.1.04 aufgehoben. Zur Besteuerung s OFD Koblenz 22.12.03, BeckVerw 056816 und → Rn 14, 16 ff. 10

**bb) Frankreich.** Art 13 Abs 5 DBA. Auf deutscher Seite beträgt die Grenzzone 30 km, auf französischer Seite 20 km; zum Begriff Grenzgänger s BMF 3.4.06 – IV B 6 – S 1301 FRA – 26/06, BStBl I 06, 304, ausführlich mit Beispielen. Eine Tätigkeit außerhalb der Grenzzone von mehr als 45 Tagen im Jahr, wobei nur volle „Außerhalb-Tage" zählen, und/oder die nicht tägliche Rückkehr an den Wohnsitz von mehr als 45 Tagen im Jahr lassen die Grenzgängereigenschaft entfallen (BFH 25.11.02 – I B 136/02, BStBl II 05, 375; dh für Einpendler: Besteuerung im Inland). Bei der Prüfung, ob der Grenzgänger mehr als 45 Tage außerhalb der Grenzzone tätig war, zählt bei eintägigen Dienstreisen auch eine kurzzeitige Tätigkeit innerhalb der Grenzzone nicht zu den Nichtrückkehrtagen. Die Grenzgängereigenschaft bleibt also insoweit bestehen. Bei mehrtägigen Dienstreisen ist der Hinreisetag 11 ein Nichtrückkehrtag, wenn keine Tätigkeit in der Grenzzone verrichtet wird. Gleiches gilt für den Rückreisetag. Nur-Durchfahrt durch die Grenzzone gehört also zum Nichtrückkehrtag. Empfehlung, um die Grenzgängereigenschaft nicht zu verlieren: – auch nur kurzzeitige – Tätigkeit innerhalb der Grenzzone. Samstag, Sonntag, Feiertag sind keine Nichtrückkehrtage. Gleiches gilt für Krankheitstage während der Dienstreise. Nichtarbeitstage wegen höherer Gewalt, zB Unwetter, zählen zu den Nichtrückkehrtagen (BFH 11.11.09 – I R 84/08, BStBl II 10, 390). Gleiches gilt bei Dienstreisen im Ansässigkeitsstaat (BFH 17.3.10 – I R 69/08, BFH/NV 10, 1634; hierzu FM Saarl 11.5.10 – S 1301 – 4001, 2010/28548, BeckVerw 238466; *Paetsch* IStR 2010, 320; *Lusche* DStR 10, 914). Die Grenzgängerregelung gilt nicht bei im Inland im öffentlichen Dienst tätigen Einpendlern (BFH 5.9.01 – I R 88/00, BFH/NV 02, 623; FG Münster 12.11.04 – 11 K 2330/03 E, EFG 05, 252). Auch bei höherer Steuerbelastung verstößt dies nicht gegen Art 39 EG, nun Art 45 AEUV (EuGH 12.5.98, IStR 98, 336 **Fall Gilly**). Auf einen Beamten, für den grds das Kassenstaatsprinzip gilt, dh Besteuerung in dem Staat, von dem er besoldet wird (Art 14 Abs 1 DBA; BFH 23.9.08 – I R 57/07, BFH/NV 09, 390), ist aber die Grenzgängerregelung (Art 13 Abs 5 DBA-Frankreich) anwendbar, dh Besteuerung im Wohnsitzstaat, Freistellung im Tätigkeitsstaat, wenn er in einem privatwirtschaftlich strukturierten Unternehmen tätig ist (BFH 17.12.97 – I R 60–61/97, BStBl II 99, 13 = IStR 98, 478; zur Bemühung, diese Rspr durch Verständigungsvereinbarung zu ändern BayLfSt 23.3.09 – S 1301, 2.51–13/2 St 32/St 33, IStR 09, 592). Bei Lohnnachzahlungen gilt nicht das Zuflussprinzip, sondern für welchen Zeitraum der Lohn nachgezahlt wird. War für diesen Zeitraum der Stpfl nicht Grenzgänger, unterliegt die Lohnbesteuerung im Tätigkeitsstaat keinen Besonderheiten (FG Saarl 26.3.97 – 1 V 54/97, EFG 97, 856). Einzelheiten *Sinz/Blanchard* IStR 03, 258. Zur Behandlung der Altersteilzeit-Bezüge während der Freistellungsphase → *Altersrente* Rn 10. Freiwillige Zuschüsse zu einer KV, die ein inländischer ArbGeb an einen ArbN für dessen Versicherung in der französischen gesetzlichen KV leistet, sind nicht nach § 3 Nr 62 EStG steuerfrei (BFH 12.1.2011 – I R 49/10, BStBl II 2011, 446).

12 **cc) Österreich.** Art 15 Abs 6 DBA; VO zur Umsetzung von Konsultationsvereinbarungen v 20.12.2010, BGBl I 10, 2185. Die Grenzzone beträgt jeweils 30 km beiderseits der Grenze; zum Begriff Grenzgänger BMF 30.1.87, BStBl I 87, 191; Einzelheiten s *Albeseder* ua DStR 88, 491; BFH 1.3.63, BStBl III 63, 271; BMF 31.1.87, BStBl I 87, 191. Berufskraftfahrer, die sich zu mehr als der Hälfte der täglichen Arbeitszeit innerhalb der Grenzzone aufhalten, im Übrigen außerhalb, gelten noch als Grenzgänger (FinMin BaWü 29.8.94, DStR 94, 1421; OFD München 25.6.96, BB 96, 1650). Gesellschafter-Geschäftsführer mit einer Beteiligung von mehr als 25 % besteuern im Tätigkeitsstaat (Art 16 DBA BayFinMin 10.12.90 – 38 S 1301 E-19893, BeckVerw 028125).

13 **dd) Schweiz.** Art 15a DBA; BMF 19.9.94, BStBl I 94, 683. Die praktische Bedeutung liegt im umgekehrten Fall: im Jahr 2009 standen 2000 Einpendlern aus der Schweiz 45 000 Auspendler aus Deutschland in die Schweiz gegenüber (Schweizerisches Bundesamt für Statistik, 2009). Seit 1.1.94 ist die 30 km-Zone weggefallen. Grenzgänger ist hiernach, wer jeweils nach Arbeitsende regelmäßig an seinen Wohnsitz im anderen Staat zurückkehrt. Dabei bleiben bis zu 60 Arbeitstage, an denen eine Rückkehr an den Wohnsitz aus beruflichen Gründen nicht erfolgt, unberücksichtigt (Art 15a Abs 2 DBA Schweiz, BFH 15.9.04 – I R 67/03, IStR 05, 65). Bei Überschreiten der 60 Tage entfällt die Grenzgängerregelung mit der Folge der Besteuerung im Tätigkeitsstaat. Ein Arbeitseinsatz von mehreren Tagen zählt als ein Arbeitstag (BFH 7.8.08 – I R 10/07, IStR 09, 28) so zB Nacht- und Bereitschaftsdienst, der an die normale Arbeitszeit anschließt (BFH 27.8.08 – I R 64/07, IStR 08, 852); Einzelheiten hierzu VO zur Umsetzung von Konsultationsvereinbarungen v 20.12.10, BGBl I 10, 2187. Zu **leitenden Angestellten** von Kapitalgesellschaften → Rn 23 und → *Auslandstätigkeit* Rn 52. Der Tätigkeitsstaat darf bei Anwendung der Grenzgängerregelung zum Ausgleich eine Steuer im Abzugsweg von bis zu 4,5 % der Bruttovergütung erheben. Bei Einpendlern aus der Schweiz muss der inländische ArbGeb die Ansässigkeitsbescheinigung des Schweizer WohnsitzFA zum Lohnkonto nehmen, 4,5 % des stpfl Arbeitslohns ohne Berücksichtigung von Abzugsbeträgen als LSt einbehalten und diese Abzugsteuer dem ArbN auf Antrag bescheinigen. Dies gilt auch bei der Pauschalierung der LSt. Die Schweiz setzt den Bruttobetrag des Lohns bei der Ermittlung der Besteuerungsgrundlage um ein Fünftel herab (Art 15a Abs 3 Buchst b DBA Schweiz). Legt

der ArbN keine Ansässigkeitsbescheinigung vor, erfolgt der LStAbzug nach den Regeln für beschränkt einkommensteuerpflichtige ArbN (→ *Lohnsteuerberechnung* Rn 18 ff). Weihnachtsgeld ist in dem Staat zu besteuern, in dem der Stpfl zum Zeitpunkt der Auszahlung wohnt (FG BadWü 25.10.01 – 14 K 21/97, EFG 02, 125; aA Aufteilung pro rata temporis, *Binninger* IStR 95, 428). Bei **Wegzug** in die Schweiz und beibehaltenem Arbeitsplatz im Inland gilt die Grenzgängerregelung nach Maßgabe des Art 4 Abs 4 DBA nicht; dh Besteuerung im Inland (BFH 19.11.03 – I R 64/02, BFH/NV 04, 765; FG BaWü 22.1.08 – 11 K 245/05, EFG 08, 1360). In der Schweiz ansässigen Grenzgängern müssen dieselben steuerlichen Vergünstigungen gewährt werden wie Inländern (EuGH 28.2.13 – C-425/11 DB 13, 1141: zum Splittingtarif, s BMF 16.9.13, BStBl I 13, 1325). Bei Aufgabe des inländischen Arbeitsplatzes ist eine **Abfindung,** die keine Lohn(nach-)zahlung oder Tantiemen enthält, vielmehr Versorgungscharakter hat, nicht in Deutschland zu versteuern (BFH 2.9.09 – I R 111/08, DStR 09, 2235; BMF 25.3.10, DStR 10, 1032). Maßgeblich ist der Zeitpunkt der Auszahlung. Für Bewohner der Exklave **Büsingen,** das zum Hoheitsgebiet der BRD, aber zum Währungs-, Wirtschafts- und Zollgebiet der Schweiz gehört, kann die Steuer wegen höherer Lebenshaltungskosten erlassen werden (FG BaWü 9.4.97, EFG 97, 1492).

**3. DBA ohne Grenzgängerregelung** (→ Rn 3 D). **a) Tätigkeitsort.** Davon sind 14
derzeit folgende Staaten betroffen: **Belgien, Luxemburg, Dänemark, Niederlande, Polen, Tschechien,** soweit nicht die Besteuerung nach § 1 Abs 3, § 1a EStG eingreift (→ Rn 5, 16 ff). Hiernach erfolgt die Besteuerung der Einkünfte aus nichtselbstständiger Arbeit durch den Staat des **Tätigkeitsortes** (BFH 10.7.96, BStBl II 97, 15; zB Polen DBA Art 15 Abs 1, BStBl I 05, 354; Niederlande Drittes Zusatzprotokoll zum DBA Art 4, BStBl I 05, 365); Luxemburg BMF 14.6.11, BStBl I 11, 576: Neue Verständigungsvereinbarung als ergänzende Regelung zum DBA Luxemburg. Unter anderem wurde vereinbart, dass dem Tätigkeitsstaat das Besteuerungsrecht zusteht, wenn der ArbN an weniger als 20 Tagen nicht im Tätigkeitsstaat anwesend ist. Bei Lohnfortzahlung im Krankheitsfall und bei Mutterschaft verbleibt das Besteuerungsrecht ebenfalls dem Tätigkeitsstaat.

Der ArbN ist beschränkt stpfl (§ 49 Abs 1 Nr 4 EStG; → *Ausländer* Rn 42). Die Einkommensbesteuerung richtet sich nach § 50 Abs 1 Sätze 4 und 5 EStG. Das bedeutet: Anwendbar sind (§ 50 Abs 1 Satz 4 EStG) neben §§ 9, 9a EStG (Werbungskosten, ggf Pauschbetrag) nur § 10 Abs 1 Nr 2 Buchst a, Nr 3 und Abs 3 EStG (Vorsorgeaufwendungen), § 10c EStG (Sonderausgaben-Pauschbetrag). Werden nichtselbstständige Einkünfte nicht während des ganzen Jahres bezogen, ermäßigen sich die Jahres- und Monatsbeträge der Pauschalen nach § 9a Satz 1 Nr 1 EStG und § 10c EStG zeitanteilig (§ 50 Abs 1 Satz 5 EStG). Der Stpfl wird nach der Grundtabelle (LStKlasse I) besteuert. Durch den LStAbzug gilt die ESt als **abgegolten** (§ 50 Abs 2 Satz 1 EStG), dh eine Veranlagung findet nicht statt (zum Antrag auf Veranlagung → Rn 15, 16). Die ungünstige Besteuerung im Inland kann durch einen Antrag auf erweiterte unbeschränkte Steuerpflicht vermieden werden (§ 1 Abs 3, § 1a EStG; → Rn 16 ff). **Abfindungen,** die anlässlich der Beendigung des Arbeitsverhältnisses gezahlt werden, sind grds im Wohnsitzstaat zu versteuern (BFH 2.9.09 – I R 90/08, BStBl II 10, 395). Anderslautendende bisherige zwischenstaatliche Vereinbarungen sind ohne Gesetzesgrundlage, so zB BMF 10.1.07, BStBl I 07, 261. In § 2 Abs 2 AO ist der BMF ermächtigt (Art 80 Abs 1 GG), auch die Rspr bindende zwischenstaatliche Konsultationsvereinbarungen zu treffen, um Doppelbesteuerungen oder doppelte Nichtbesteuerungen zu vermeiden (Art 97 § 1 Abs 9 EGAO).

**b) Lohnsteuerabzug.** Es gelten die allgemeinen Regeln über den LStAbzug für be- 15
schränkt einkommensteuerpflichtige ArbN (→ *Lohnsteuerberechnung* Rn 9 ff) mit folgender Besonderheit: Auf Antrag des ArbN trägt das BetriebsstättenFA in die LStBescheinigung (§ 39a Abs 4 EStG) Werbungskosten ein, soweit sie den Pauschbetrag nach § 9a Satz 1 Nr 1 EStG übersteigen, sowie Spenden, soweit sie den Sonderausgabenpauschbetrag nach § 10c EStG übersteigen (§ 39a Abs 4 EStG). Bezüglich der vom ArbN dem ArbGeb auszuhändigenden Bescheinigung sowie umgekehrt bezüglich der vom ArbGeb dem ArbN auszuhändigenden Bescheinigung → *Lohnsteuerberechnung* Rn 9 ff. Zur Haftung des ArbGeb → *Lohnsteuerhaftung* Rn 8 ff.

Zur Besteuerung von ausländischen **Erntehelfern** → *Aushilfskräfte* Rn 27–29.

16 **4. Fiktive unbeschränkte Steuerpflicht (§ 1 Absatz 3 EStG).** (ohne § 1a EStG; → Rn 3 B). Zur Frage, welche Stpfl unter welchen Voraussetzungen unter § 1 Abs 3 EStG fallen, → *Ausländer* Rn 38 ff. Bedeutsam ist hier insbes die Bescheinigung der ausländischen Steuerbehörde über die Höhe der ausländischen Einkünfte (→ *Ausländer* Rn 38). Zu Einzelheiten des LStAbzugs → *Lohnsteuerberechnung* Rn 20; H 39c LStR. Bei Einhaltung der Grenzwerte des § 1 Abs 3 EStG (→ *Ausländer* Rn 38) findet eine **Veranlagung im Inland** wie bei einem unbeschränkt stpfl Inländer statt (§ 46 Abs 2 Nr 7 Buchst b EStG). Die 90 %-Grenze (→ Rn 3) verstößt nicht gegen EU-Recht (→ Rn 2; → *Ausländer* Rn 38; → Rn 17). Ohne Antrag des Stpfl wird eine Veranlagung durchgeführt, wenn für einen Stpfl iSd § 1 Abs 3 EStG LStAbzugsmerkmale nach § 39 Abs 2 EStG gebildet worden sind (§ 46 Abs 2 Nr 7b EStG). Die erweiterte unbeschränkte Steuerpflicht nach § 1 Abs 3 EStG erstreckt sich aber nur auf den Stpfl, nicht auf dessen Angehörige. Die Besteuerung erfolgt wie bei einem alleinstehenden inländischen Stpfl. Verheirateten, deren Ehegatten außerhalb des Gemeinschaftsgebietes der EU leben oder die nicht die Staatsangehörigkeit eines EU- oder EWR-Staates haben, werden ehebezogene Freibeträge und der Splittingtarif nicht gewährt. Die Besteuerung nach § 1 Abs 3 EStG mit ihrer Veranlagung kann dazu führen, dass der Stpfl die gesamte einbehaltene LSt im Rahmen der ArbNVeranlagung erstattet bekommt, wenn er nur wenige Monate in Deutschland arbeitet. Betroffen hiervon sind hauptsächlich **Saisonarbeiter und Werkvertragsarbeitnehmer aus osteuropäischen Staaten** (s zB BFH 28.2.01 – I R 94/00, BFH/NV 01, 1023). Ein LStJahresausgleich durch den ArbGeb ist nicht vorgesehen (*Frerichs* FR 95, 574). Die Steuererklärung bzw der Antrag auf Veranlagung ist vom Stpfl eigenhändig zu unterschreiben (§ 150 Abs 3 AO; § 25 Abs 3 EStG). Eine Vollmacht ist ausnahmsweise zulässig (BFH 10.4.02 – VI R 66/98, BStBl II 02, 455). Örtlich zuständig ist das BetriebsstättenFA.

17 **5. Fiktive unbeschränkte Steuerpflicht von EU-/EWR-Staatsangehörigen** (§ 1a EStG) (→ Rn 3 A).**a) Familienbezogene Vergünstigungen.** Für Staatsangehörige eines Mitgliedstaates der EU (ua Dänemark, Luxemburg, Niederlande, Belgien, Frankreich, Österreich, Tschechien, Polen) oder eines Staates, auf den das Abk über den europäischen Wirtschaftsraum anwendbar ist (Island, Liechtenstein, Norwegen; nicht die Schweiz s aber EuGH 28.2.13 – C-425/11, DB 13, 1141), bei denen die Voraussetzungen des § 1 Abs 3 EStG vorliegen (→ Rn 16 und → *Ausländer* Rn 38, 39) und die in einem dieser Staaten einschließlich BRD ansässig sind, gilt für die Besteuerung im Inland über die Anwendung des § 1 Abs 3 EStG hinaus (→ Rn 16) Folgendes (H 39c LStR):

– Verheirateten wird unter den gleichen Voraussetzungen wie bei Inländern der Splittingtarif und die Verdoppelung der Höchst- und Pauschbeträge (zB bei den Sonderausgaben) gewährt (§ 1a Abs 1 Nr 2 iV mit § 26 EStG). Dabei sind die Einkünfte der Eheleute nach deutschem Recht zu ermitteln (BFH 20.2.06 – I B 144/05, BFH/NV 06, 1086). Maßgebend für die Grenzwerte des § 1 Abs 3 EStG (→ Rn 3) sind die Einkünfte beider Ehegatten (BFH 6.5.15 – I R 16/14 BeckRS 2015, 95667). Im Übrigen gelten die Regeln der beschränkten Steuerpflicht; → *Ausländer* Rn 38, 42 ff; → *Diskriminierung* Rn 146. Bei Bediensteten der öffentlichen Hand (§ 1 Abs 2 EStG; s hierzu → *Auslandstätigkeit* Rn 60) kommt aus Billigkeit der Splittingtarif zur Anwendung, wenn nach Versetzung ins Inland der Ehegatte im Ausland verbleibt (BMF 8.10.96, BStBl I 96, 1191).
– Unterhaltsaufwendungen an geschiedene oder getrennt lebende Ehegatten sind abzugsfähig (§ 10 Abs 1a Nr 1 EStG), wenn der Unterhaltsempfänger im EU- bzw EWR-Ausland wohnt und der Unterhaltsverpflichtete nachweist, dass der Unterhaltsempfänger die Unterhaltsleistungen in seinem Wohnsitzstaat versteuert (§ 1a Abs 1 Nr 1 EStG). Sieht das ausländische Recht die Besteuerung der Unterhaltsleistungen nicht vor, liegt in der Nichtabzugsfähigkeit der Unterhaltsleistungen kein Verstoß gegen EU-Recht (EuGH 12.7.05 – C 403/03, Fall **Eugen Schempp,** DStR 05, 1265; → *Ausländer* Rn 49).

Es findet vAw eine **Veranlagung** statt, wenn für einen unbeschränkt Stpfl iSd § 1 Abs 1 EStG im Rahmen der ELStAM ein Ehegatte iSd § 1a Abs 1 Nr 2 EStG (betr Splitting) berücksichtigt worden ist oder wenn für einen Stpfl iSd § 1a EStG das BetriebsstättenFA eine Bescheinigung nach § 39 Abs 2 EStG erteilt hat (§ 46 Abs 2 Nr 7a, b EStG).

Zur durchzuführenden Veranlagung sieht § 50 Abs 2 Satz 2 Nr 2 EStG vor (vgl OFD 18
Berlin 25.6.04, DStR 04, 1216; FM NRW 1.1.06, DB 06, 129): Für beschränkt einkommensteuerpflichtige ArbN, die die **Grenzwerte** des § 1 Abs 3 EStG **überschreiten** (s hierzu → Rn 16), deren Einkünfte im Ausland also mehr als 10 % der gesamten Einkünfte ausmachen, steht auf Antrag dennoch eine Veranlagung zur ESt offen (§ 50 Abs 2 Satz 2 Nr 2 EStG), jedoch nicht als unbeschränkt Stpfl (FG BaWü 6.12.01 – 3 K 36/01, EFG 02, 664). Der Progressionsvorbehalt (§ 32b Abs 2 EStG) ist hierbei nicht anzuwenden (BMF 25.8.95, DStR 95, 1470), dh, die Einkünfte unterliegen dem normalen Steuersatz und damit der Steuerprogression *(Hellwig* DStZ 96, 385, 387). Mangels Antrag auf Veranlagung (→ *Antragsveranlagung* Rn 3) kann ein LStNachforderungsbescheid für die Zeit der inländischen Berufstätigkeit ergehen. Dies verstößt nicht gegen EU-Recht (BFH 13.8.03 – I B 4/03, BFH/NV 04, 63). Zur Freistellung oder Anrechnung der inländischen Steuer bei Grenzgängern aus **Dänemark** BMF 21.2.2000, DStR 2000, 523. Steuerminderung um 8 % im Verhältnis zu **Belgien,** wenn die belgischen Grenzgemeinden auf die deutschen Einkünfte eine Gemeindesteuer erheben (BStBl I 05, 347). Zur grenzüberschreitenden Amtshilfe → *Ausländer* Rn 40; → *Datenschutz* Rn 46; → *EU-Recht* Rn 30.

**b) Lohnsteuerabzug** (§§ 38b, 39 Abs 2, 3 EStG; BayLfSt 11.1.12, BeckVerw 257763; 19
Einzelheiten → *Lohnsteuerberechnung* Rn 20).

20

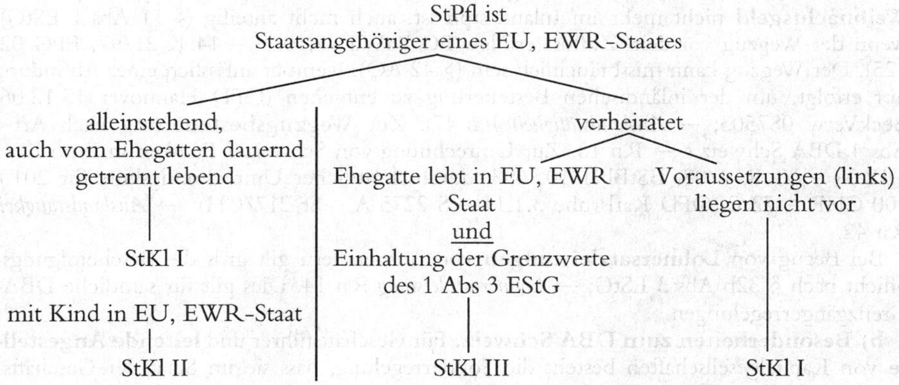


**c) Mit der EU assoziierte Staaten** (Algerien, Marokko, Tunesien, Türkei). §§ 1 Abs 3, 21
1a EStG gelten nicht. Zur Besteuerung → Rn 14 sowie → *Ausländer* Rn 42, → *Diskriminierung* Rn 146 aE.

**III. Besteuerung der Auspendler. 1. DBA mit Grenzgängerregelung. a) Allgemeines.** Grds gilt das Prinzip der Besteuerung im Tätigkeitsstaat (Art 15 OECD-MA; 22
→ Rn 2). Will der Stpfl diese Besteuerung vermeiden, um im Wohnsitzstaat besteuert zu werden, zB wegen geringerer Steuerlast als im Tätigkeitsstaat (vgl zum einschlägigen Wahlrecht → Rn 2), muss er folgende Formalien erfüllen, wobei im Inland ESt-Vorauszahlungen festgesetzt werden und eine Jahresveranlagung stattfindet: **DBA Frankreich:** Antrag beim BetriebsstättenFA in Frankreich, Vorlage der dort ausgestellten Bescheinigung beim ArbGeb, der auf Grund der Freistellungsbescheinigung keine LSt einbehält (Einzelheiten *Sinz/Blanchard* IStR 03, 258). Zum RVSystem in Frankreich mit Steuerfreiheit nach § 3 Nr 62 Satz 4 EStG s OFD Karlsruhe 5.3.09, BeckVerw 157644. Zur Frage der Zuordnung der Besteuerung von freigestellten Beamten, die im Ausland in privatwirtschaftlichen Betrieben arbeiten → Rn 11. Es verstößt nicht gegen europäische Grundfreiheiten, dass SozVBeiträge nur beschränkt abzugsfähig sind, während die im Ausland erworbene Altersrente der vollen Besteuerung unterliegt (BFH 24.6.09 – X R 57/06, DStR 09, 1799).

**DBA Österreich:** Antrag beim inländischen WohnsitzFA mit Vorlage einer Verdienstbescheinigung des ArbGeb zwecks Festsetzung von ESt-Vorauszahlungen; Vorlage der Freistellungsbescheinigung des FA beim ArbGeb, der dann keine LSt einbehält.

**DBA Schweiz:** Zur praktischen Bedeutung wegen der großen Zahl der Auspendler in die Schweiz → Rn 13. Vorlage einer Ansässigkeitsbescheinigung des inländischen WohnsitzFA durch den Auspendler beim ArbGeb in der Schweiz. Dieser behält 4,5 % der um ein Fünftel herabgesetzten Bruttovergütung bei jeder Zahlung als Abzugssteuer ein (Art 15 Abs 1 Sätze 2, 3 DBA Schweiz) und bescheinigt nach Jahresablauf die einbehaltene Abzugssteuer. Bei der inländischen Jahresveranlagung, die auch unter Berücksichtigung der Härteregelung-Vergünstigung nach § 46 Abs 3 und Abs 5 EStG vorzunehmen ist (BFH 10.1.92 – VI R 117/90, BStBl II 92, 720; → *Antragsveranlagung* Rn 2), wird die Schweizer Abzugssteuer – wie deutsche LSt – auf die deutsche ESt angerechnet (Art 15a Abs 3 DBA Schweiz; Einzelheiten OFD Frankfurt 19.2.07 – S 1301 A – 38.37 – St 58). Anders soll dies sein, nämlich die Schweizer Abzugssteuer als Werbungskosten, wenn mangels Grenzgängerschaft die Abzugssteuer zu Unrecht einbehalten worden ist (FG BaWü 5.6.08 – 3 K 147/07, EFG 2009, 1399). Hat der StPfl zu seiner Arbeitstätigkeit in der Schweiz bewusst unzutreffende Angaben gemacht, mit der Folge, dass sich im Nachhinein herausstellt, dass er als Grenzgänger im Inland zu besteuern ist, kommt eine Anrechnung der Schweizer Abzugssteuer nicht in Betracht (BFH 1.7.09 – I R 113/08, DStR 09, 253).

Bei einer arbeitsnahen Wohnung im Ausland und einer Wohnung im Inland ist der Mittelpunkt der Lebensinteressen zu bestimmen (BFH 27.3.07 – I B 63/06, BFH/NV 07, 1656; → *Auslandstätigkeit* Rn 40). Mit Wegzug ins Ausland endet die inländische unbeschränkte Steuerpflicht (→ *Auslandstätigkeit* Rn 35), so dass zum Ende des Jahres gezahltes **Weihnachtsgeld** nicht mehr im Inland stpfl ist, auch nicht anteilig (§ 11 Abs 1 EStG), wenn der Wegzug vor dem Zufluss erfolgt (FG BaWü 25.10.01 – 14 K 21/97, EFG 02, 125). Der Wegzug kann missbräuchlich sein (§ 42 AO), wenn er anlässlich einer Abfindung nur erfolgt, um der inländischen Besteuerung zu entgehen (OFD Hannover 15.12.06, BeckVerw 087503; → *Auslandstätigkeit* Rn 47). Zur **Wegzugsbesteuerung** nach Art 4 Abs 4 DBA Schweiz s → Rn 13. Zur Umrechnung von Schweizer Franken in Euro BFH 3.12.09 – VI R 4/08, BStBl II 10, 698; durchschnittlicher Umrechnungskurs für 2010: 100 CHF = 72 € (OFD Karlsruhe 3.1.11 – S 2275 A – St 217/CH); → *Auslandstätigkeit* Rn 42.

Bei Bezug von **Lohnersatzleistungen** von Auspendlern gilt grds die Bescheinigungspflicht nach § 32b Abs 3 EStG; → *Lohnersatzleistung* Rn 14. Dies gilt für sämtliche DBA-Grenzgängerregelungen.

23 **b) Besonderheiten zum DBA Schweiz.** Für Geschäftsführer und **leitende Angestellte** von Kapitalgesellschaften besteht die Sonderregelung, dass sie im Staat der Geschäftsleitung zu besteuern sind (Art 15 Abs 4 DBA Schweiz; VO zur Umsetzung von Konsultationsvereinbarungen v 20.12.2010, BGBl I 10, 2187; Einzelheiten hierzu OFD Frankfurt 11.2.11 – S 1301 A – CH.32 – St 58, DBA-Kartei HE DBA Schweiz Karte 12; → *Auslandstätigkeit* Rn 52). Die Grenzgängerregelung geht dieser Bestimmung aber vor (BFH 11.11.09 – I R 15/09, BStBl II 10, 602). Die Pauschalen für Verpflegungsmehraufwendungen wegen des Einsatzes auf wechselnden Einsatzstellen ist für Grenzgänger in die Schweiz um einen angemessenen Teuerungszuschlag iHv 20 % zu erhöhen (FG BaWü 8.10.97 – 2 K 21/93, EFG 98, 360). Bei Nachweis des Auspendlers, dass er **mehr als 60 Tage** pro Jahr nicht ins Inland zurückgekehrt ist (→ Rn 13), wechselt das Besteuerungsrecht in die Schweiz (Art 15a Abs 2 Satz 2 DBA Schweiz; BFH 11.11.09 – I R 83/08, DStR 10, 234). Das gilt aber nicht, wenn die Nichtrückkehr in den Ansässigkeitsstaat berufsbedingt ist, zB bei Bereitschaftsdienst (BFH 13.11.13 – I R 23/12, DB 14, 993). Es bleibt dann beim Besteuerungsrecht Deutschlands (BFH 16.5.01 – I R 100/00, BStBl II 01, 633; BFH 23.3.04 – I B 161/03, IStR 03, 822). Zu Fragen der Nichtrückkehrtage s VO zur Umsetzung von Konsultationsvereinbarungen v 20.12.10, BGBl I 10, 2187. Die Beweislast über Nichtrückkehrtage liegt beim StPfl (BFH 3.11.10 – I R 4/10, BFH/NV 11, 800).

**Pflichtbeiträge** an eine schweizerische Pensionskasse für einen Grenzgänger in die Schweiz sind als Zukunftsleistungen steuerfrei nach § 3 Nr 62 EStG, nicht aber darüber hinausgehende freiwillige Beiträge (BFH 24.9.13 – VI R 6/11, DStRE 2014, 278). Nicht steuerfrei ist aber der vom Stpfl getragene fiktive ArbGebAnteil zur KV (§ 3 Nr 62 EStG; FG BaWü 30.7.97, EFG 98, 380), ebenso nicht freiwillige Krankenkassenbeiträge des ArbN (BFH 18.12.07 – VI R 13/05, BFH/NV 08, 794). Diese sind als Sonderausgaben abzugsfähig (BFH 26.11.14 VIII R 39/10, BeckRS 2015, 94991). Das sog **Tagegeld** einer schweizerischen Invalidenversicherung ist im Inland nicht zu versteuern (BFH 6.10.10 – VI R 15/08, BFH/NV 11, 39; → *Unfallrente* Rn 12). Für **Krankentagegeld** einer schweizerischen Betriebskrankenkasse wurde Steuerfreiheit nach § 3 Nr 1a EStG bejaht (BFH 26.5.98 – VI R 9/96, BStBl II 98, 581, ebenso für das „Schweizerische **Geburtengeld** (BFH 29.4.09 – X R 31/08, BFH/NV 09, 1625). Entscheidend ist, ob der ArbN lt Versicherungsvertrag einen eigenen Anspruch auf die Versicherungsleistung hat; dann kein Arbeitslohn, weil der ursprüngliche Beitrag des ArbGeb an die Versicherung bereits Lohncharakter hatte (BFH 15.11.07 – VI R 30/04, BFH/NV 08, 550; BFH 6.10.10 – VI R 15/08, BeckRS 2010, 25016636). (Einmal-)Zahlungen aus der **Schweizer Pensionskasse** sind im Inland zu besteuern (BFH 25.3.10 – X B 142/09, DStRE 10/598). Dies gilt auch bei Zahlungen wegen vorzeitigen Ruhestands (FG BaWü 10.3.10 – 14 K 4048/08, EFG 10, 1213).

**2. DBA ohne Grenzgängerregelung.** Enthält das betreffende DBA keine Grenzgängerregelung, (→ Rn 14), erfolgt die Besteuerung im Tätigkeitsstaat; s hierzu → *Auslandstätigkeit* Rn 37 ff, insbes → Rn 38. Der im Ausland bezogene Lohn kann im Inland unter Anwendung des Progressionsvorbehalts (§ 32b Abs 1 Nr 2 EStG) steuerfrei sein (zB Art 10 Abs 1 DBA Luxemburg; Art 20 Abs 2 iVm Art 10 Abs 1 DBA Niederlande; Art 16 Abs 2 DBA Polen; s hierzu BayLFSt 22.1.10 – S 1301.1.1–15/4 St 32, IStR 10, 224, 300). Von einem ausländischen ArbGeb erbrachte Leistungen an eine ausländische **Pensionskasse** für einen Grenzgänger nach Dänemark sind nach Ansicht von FG SchlHol 8.4.10 – 3 V 250/09, DStRE 10, 907 im Inland zu besteuern, weil sie in Dänemark nicht steuerbar sind, aber im Inland, würden sie hier gezahlt, grds stpfl, wenn auch teilweise steuerfrei (§ 3 Nr 63 Satz 1 EStG) wären; s hierzu → *Betriebliche Altersversorgung* Rn 133). Zur Doppelbesteuerung und ihrer Vermeidung bei ArbN, die unter Art 23 DBA **Dänemark** fallen, → *Auslandstätigkeit* Rn 49. Insoweit können bei einer inländischen Veranlagung Vorsorgeaufwendungen nicht als Sonderausgaben abgezogen werden, finden aber beim Progressionsvorbehalt Berücksichtigung (BFH 29.4.92, BStBl II 93, 149; FG RhPf 16.1.91, EFG 92, 393; auch keine Berücksichtigung beim Progressionsvorbehalt: BFH 3.11.10 – I R 73/09, BFH/NV 11, 773 betr **Niederlande;** ebenso **Luxemburg:** FG Saarl 17.7.08 – 2 K 2194/05, EFG 08, 1708). Einzelheiten zu Grenzgängern Luxemburg → Rn 14. Zur Umrechnung des in ausländischer Währung gezahlten Lohns → Rn 22 und → *Auslandstätigkeit* Rn 42 aE. Das VermBG gilt auch für Auspendler (BMF 30.7.92, BStBl I 92, 472). S im Übrigen → Rn 14. 24

Bei Steuerrückständen von Grenzgängern können die FÄmter die Innenbehörden ersuchen, ein Verfahren zur Passentziehung und zur Beschränkung des Personalausweises einzuleiten (→ *Auslandstätigkeit* Rn 35). Die Passversagung verstößt nicht gegen supranationales Recht (OVG Bln-Bbg 11.9.07 – 5 S 56/07, NJW 08, 313). 25

**Literaturhinweis:** BMF 12.11.14, BStBl I 14, 1467.

## C. Sozialversicherungsrecht *Schlegel*

**1. Legaldefinition.** Grenzgänger ist eine Person, die in einem Mitgliedstaat der EG eine Beschäftigung oder selbstständige Tätigkeit ausübt und in einem anderen Mitgliedstaat wohnt, in den sie idR täglich, mindestens jedoch einmal wöchentlich zurückkehrt, vgl Art 7 Buchst f der VO (EG) Nr 883/2004 vom 29.4.04 zur Koordinierung der Systeme der sozialen Sicherheit (ABl EG Nr L 200/1 vom 7.6.04), zuvor: Art 1 Buchst b VO (EWG) 1408/71 Art 1 Buchst b), 2. Hs VO (EWG) 1408/71 – sah anders als Art 1 Buchst f) der VO (EG) Nr 883/2004 – vor: Ein Grenzgänger, der von dem Unternehmen, dem er gewöhnlich angehört, innerhalb des Gebietes des gleichen oder in das Gebiet eines anderen Mitgliedstaates entsandt wird oder der dort eine Dienstleistung erbringt, behält jedoch bis zur Höchstdauer von 4 Monaten die Eigenschaft eines Grenzgängers, selbst wenn er während dieser Zeit nicht täglich oder mindestens einmal wöchentlich an seinen Wohnort zurückzukehren kann. Diese Erweiterung ist mit Geltung der VO 883/04 entfallen. Die Definition des Grenzgängers gilt sowohl für ArbN mit deutschem Wohnsitz, die im EG-Ausland arbeiten, als auch für ArbN mit Wohnsitz im EG-Ausland, die in der BRD (Inland) arbeiten. Entsprechende Definitionen enthalten die SozVAbkommen mit diversen Nicht-EU-Mitgliedsstaaten. Grenzgänger ist nach der Rspr des EuGH auch derjenige Staatsangehörige eines Mitgliedstaats, der unter Beibehaltung seines Dienst- bzw Arbeitsverhältnisses 26 in diesem Mitgliedstaat seinen Wohnsitz in einen anderen Mitgliedstaat verlegt hat und seine Berufstätigkeit seitdem als Grenzgänger ausübt (EuGH 18.7.07 – C-212/05, BeckRS 2007, 70517, Rs Hartmann mit Anm *Schlegel* jurisPR-SozR 17/2007 Anm 1).

27 **2. Aufenthaltsrecht/Arbeitserlaubnis.** Grenzgänger aus den **Mitgliedstaaten der EU** bedürfen zur Aufnahme einer Beschäftigung in der Bundesrepublik weder einer Aufenthaltsgenehmigung (Art 45 VAEU, ex Art 39 EGV; §§ 3, 8 Abs 3 AufenthG/EWG) noch einer Arbeitserlaubnis.

28 Demgegenüber benötigen ArbN aus **Nicht-EU-Staaten** zur Arbeitsaufnahme in der BRD regelmäßig einen Aufenthaltstitel.

29 **3. Soziale Sicherung. a) Allgemeines.** Auch bei der Frage nach der sozialen Sicherung von Grenzgängern ist zwischen ArbN aus EU-Staaten und solchen aus Nicht-EU-Staaten zu differenzieren. Während für EU-Bürger insoweit die VO 883/04 bzw das maßgebliche Recht Regelungen enthält, sind für ArbN aus Nicht-EU-Staaten vergleichbare Regelungen idR in SozVAbkommen getroffen, die den nationalen innerstaatlichen Vorschriften ihrer Ein- und Aushaltung (§§ 3 ff SGB IV).

30 Nach der allgemeinen Regel des Art 11 Abs 1 VO 883/04 (ex Art 13 Abs 1 EWG-VO 1407/71) unterliegen Personen, auf die die VO Anwendung findet (Art 2 VO 883/04, ex Art 2 der EWG-VO), den Rechtsvorschriften nur eines Mitgliedstaates. Welche Rechtsvorschriften dies im Einzelfall sind, regelt Art 11 Abs 3 VO 883/04 (ex Art 13 Abs 2 der VO), wobei der Grundsatz durch die Art 11 und 12 VO 883/04 (ex Art 14–17 der VO 1408/71) modifiziert wird.

31 **b) Maßgeblichkeit der am Beschäftigungsort geltenden Rechtsvorschriften für Versicherungs- und Beitragspflicht.** Eine Person, die im Gebiet eines Mitgliedstaats in einem Lohn- oder Gehaltsverhältnis beschäftigt ist, unterliegt den Rechtsvorschriften dieses Staates auch dann, wenn sie im Gebiet eines anderen Mitgliedstaates wohnt oder wenn ihr ArbGeb oder das Unternehmen, das sie beschäftigt, seinen Wohn- oder Betriebssitz im Gebiet eines anderen Mitgliedstaates hat (Art 11 Abs 3 Buchst a VO 883/04, ex Art 13 Abs 2 Buchst a) EWG-VO 1408/71; sog Prinzip der lex loci latoris). Dh, abzustellen ist weder auf den Wohnsitz des ArbN oder den Wohn- oder Geschäftssitz des ArbGeb; maßgeblich ist allein der **tatsächliche Beschäftigungsort;** die dort geltenden gesetzlichen Bestimmungen finden auch auf ArbN oder einen an diesem Ort selbstständig Tätigen Anwendung (für Selbstständige s ebenfalls Art 11 Abs 3 VO 883/04, ex Art 13 Abs 2 Buchst b) EWG-VO 1408/71). Diese Regel gilt auch für Grenzgänger, da es nur auf den Beschäftigungsort, nicht aber auf den Wohnort ankommt. Damit unterliegt zB der in Lothringen wohnende ArbN, der im Saarland arbeitet, dem deutschen SozVRecht; er zahlt Beiträge zu den deutschen Trägern der SozV und erhält auch von diesen entsprechende Sozialleistungen.

32 **c) Ausnahmen bei vorübergehender Entsendung.** Eine Person, die im Gebiet eines Mitgliedstaats von einem Unternehmen, dem sie gewöhnlich angehört, im Lohn- oder Gehaltsverhältnis beschäftigt wird und die von diesem Unternehmen zur Ausführung einer Arbeit für dessen Rechnung in das Gebiet eines anderen Mitgliedstaates entsandt wird, unterliegt weiterhin den Rechtsvorschriften des ersten Mitgliedstaats, sofern die voraussichtliche Dauer dieser Arbeit 24 Monate nicht überschreitet und sie nicht eine andere Person ablöst, für welche die Entsendungszeit abgelaufen ist (Art 12 Abs 1 VO 883/2004; Art 14 Nr 1 Buchst a) EWG-VO 1408/71). Unter Geltung der VO 1408/71 galt Folgendes: Geht eine Arbeit, deren Ausführung aus nicht vorhersehbaren Gründen die ursprünglich vorgesehene Dauer überschreitet, über zwölf Monate hinaus, so gelten die Rechtsvorschriften des ersten Mitgliedstaates bis zur Beendigung dieser Arbeit weiter, sofern die zuständige Behörde des Mitgliedstaates, in dessen Gebiet der Betreffende entsandt wurde, dazu ihre Genehmigung erteilt (Art 14 Nr 1 Buchst b VO 1408/71). Mit der Erweiterung der Entsendefrist von 12 auf 14 Monate sieht die VO 833/04 eine den Art 14 Nr 1 Buchst b) VO 1408/71 entsprechende Regelung nicht mehr vor. Die Einschränkung der oben bezeichneten Regel (Anwendbarkeit des am Beschäftigungsort geltenden Versicherungs- und Beitragsrechts) findet auch für Personen Anwendung, die nur zeitweise (vorübergehend) als Grenzgänger beschäftigt und in einen anderen Mitgliedstaat entsandt werden. Zur maßgeblichen Rechtsordnung bei Personen, die gewöhnlich im Gebiet von zwei oder mehreren Mitgliedstaaten

in einem Lohn- oder Gehaltsverhältnis beschäftigt sind, s Art 13 VO 883/04, exArt 14 Nr 2 der EWG-VO 1408/71.

**4. Besondere Vorschriften für einzelne Leistungsarten. a) Krankheit und Mutterschaft.** Ein ArbN oder Selbstständiger, der im Gebiet eines anderen Mitgliedstaats als dem des zuständigen Staates wohnt und die nach den Rechtsvorschriften des zuständigen Staates für den Leistungsanspruch erforderlichen Voraussetzungen erfüllt, erhält nach den für WanderArbN allgemein geltenden Vorschriften (gleichwohl) in dem Staat, in dem er wohnt, **Sachleistungen** für Rechnung des zuständigen Trägers vom Träger des Wohnorts nach den für diesen Träger geltenden Rechtsvorschriften, als ob er bei diesem versichert wäre (Art 17 VO 883/2004; Art 19 Abs 1 Buchst a EWG-VO 1408/71). Dh, dass zB ein in Deutschland arbeitender Franzose Sachleistungen (ärztliche Behandlung) vom französischen Träger verlangen kann; letzterer erbringt diese auf Rechnung des nach dem Prinzip der lex loci laboris an sich zuständigen deutschen Träger. **Geldleistungen** jedoch erhält er vom zuständigen Träger nach den für diesen Träger geltenden Rechtsvorschriften (Art 21 Abs 1 VO 883/2004; Art 19 Abs 1 Buchst b) Satz 1 EWG-VO 1408/71). Entsprechendes gilt für Familienangehörige, die im Gebiet eines anderen als des zuständigen Staates wohnen; Ansprüche sind für Familienangehörige nur dann ausgeschlossen, sofern sie aufgrund der Rechtsvorschriften des Staates, in dem sie selbst wohnen, eigene Ansprüche auf Leistungen haben. 33

**Besonderheiten bestehen insoweit für Grenzgänger.** Diese können die Leistungen – anders als sonstige WanderArbN – auch im Gebiet des zuständigen Staates erhalten (Art 18 Abs 1 VO 883/2004; ex). Die Leistungen werden dann vom zuständigen Träger nach den Rechtsvorschriften dieses Staates erbracht, als ob der Grenzgänger dort wohnte. Dh, dass zB ein in Lothringen wohnender, als Grenzgänger im Saarland arbeitender französischer ArbN auch in Deutschland von deutschen Trägern Sachleistungen in Anspruch nehmen kann; er hat insoweit ein Wahlrecht, wo er die Leistungen in Anspruch nimmt. 34

Die Familienangehörigen eines Grenzgängers können unter den gleichen Voraussetzungen Leistungen im zuständigen Mitgliedstaat erhalten, es sei denn, dieser Mitgliedstaat hat dies angeschlossen (Art 18 Abs 2 VO 883/04; zu Leistungsausschlüssen vgl Anhang III zu VO 883/04). Zum früheren Recht vgl Art 20 VO 1408/71. 35

**b) Arbeitsunfälle und Berufskrankheiten.** Ein ArbN oder Selbstständiger, der im Gebiet eines anderen Mitgliedstaates als des zuständigen Staates wohnt und einen Arbeitsunfall erlitten oder sich eine Berufskrankheit zugezogen hat, erhält in dem Staat, in dem er wohnt, Sachleistungen für Rechnung des zuständigen Trägers vom Träger des Wohnorts nach den für diesen Träger geltenden Rechtsvorschriften, als ob er bei diesem versichert wäre (Art 36 Abs 1 VO 883/2004; Art 52 Buchst a) EWG-VO 1408/71). Geldleistungen erhält er vom zuständigen Träger nach den für diesen Träger geltenden Rechtsvorschriften. **Grenzgänger** können die Sachleistungen auch im zuständigen Staat erhalten. Die für Familienangehörige im Bereich der KV geltende Vorschrift des Art 18 Abs 2 VO 833/04 ist in Art 36 Abs 1 VO 883/04 nicht erwähnt; dessen bedarf er auch nicht, weil Sachleistungen „wegen Arbeitsunfall oder Berufskrankheit" regelmäßig nur beim ArbN oder Selbstständigen zu erbringen sind; er hat den Arbeitsunfall erlitten und einen entsprechenden Bedarf; Sachleistungen an Familienangehörige sind insoweit kaum vorstellbar. 36

**c) Anspruch auf Erziehungsgeld** nach dem BErzGG haben neben den Angehörigen eines Mitgliedsstaates der EG auch Grenzgänger aus Österreich, Polen, der Schweiz und der Tschechischen Republik bei einer Beschäftigung im Geltungsbereich des BErzGG (§ 1 Abs 4 Nr 2 BErzGG). 37

**d) Leistungen bei Arbeitslosigkeit.** Besteht nur Anspruch auf Leistungen wegen **vorübergehenden Arbeitsausfalls** (zB Kurzarbeit), richtet sich dieser nach dem am Beschäftigungsort geltenden Bestimmungen. Dh dass der in Lothringen wohnende, im Saarland als Grenzgänger arbeitende französische ArbN bei Kurzarbeit KUG von der deutschen Agentur für Arbeit erhält (Art 71 Abs 1 Buchst a) Ziff 1 EWG-VO 1408/71). 38

Wird ein Grenzgänger **arbeitslos,** konnte er nach Art 71 Abs 1 Buchst a Ziff e EWG-VO 1408/71 an sich Leistungen nur nach Maßgabe der an seinem Wohnort geltenden Vorschriften beanspruchen; dh, es fand an sich ein Wechsel der Zuständigkeit, ein Statuswechsel, statt (*Werth/Kever* RdA 98 S 233, 238 mwN). Demgegenüber hatten WanderArbN, die nicht Grenzgänger sind, ein Wahlrecht, ob sie Leistungen nach dem (früheren) 39

Beschäftigungsort oder am Wohnort in Anspruch nehmen (Art 71 Abs 1 Buchst b EWG-VO 1408/71), solange sie nur der jeweiligen Arbeitsverwaltung zur Arbeitsvermittlung zur Verfügung standen. Um Grenzgänger gegenüber diesen WanderArbN nicht schlechter zu stellen, stand ihnen nach der Rspr des EuGH ein entsprechendes Wahlrecht zu, sofern der Arbeitslose aufgrund bestehender persönlicher oder beruflicher Bildung im Staat der letzten Beschäftigung die besten Aussichten auf berufliche Wiedereingliederung hatte (EuGH 12.6.86 – Rs 1/85, Slg 86, 1837). Nach der VO 833/04 gilt nunmehr Folgendes: Echte Grenzgänger sind weiterhin verpflichtet, sich primär dem Arbeitsmarkt ihres Wohnortes zur Verfügung zu stellen, können jedoch zugleich im früheren Beschäftigungsstaat Arbeit suchen (Art 65 Abs 2 VO 883/04); AlGeld wird aber nach den Rechtsvorschriften des Wohnortes berechnet (Art 62 Abs 3 VO 883/04). Der Anspruch auf AlGeld mindert sich jedoch um die Tage des vorhergehenden Leistungsbezugs in einem anderen Mitgliedstaat, wenn die Versicherungszeiten schon zu einer Leistung gleicher Art geführt hatten (BSG 21.3.07 – B 11a AL 49/06 R im Anschluss an EuGH vom 8.7.1992 – C-102/91 = Slg I 1992, 4341 = SozR 3–6050 Art 71 Nr 3 – Rs Knoch). Zur Feststellung der **Schwerbehinderteneigenschaft** bei Beschäftigung in Deutschland und Wohnort im Ausland vgl BSG 5.7.07 – B 9/9a SB 2/06 R, SozR 4–3250 § 69 Nr 5. Zur künftigen Rechtslage vgl Art 64, 65 VO 883/2004.

# Gründungszuschuss

## A. Arbeitsrecht

*Röller*

1 Der Gründungszuschuss (§ 93 SGB III) soll für eine Übergangs- und Anfangszeit, in der aus der neu aufgenommenen selbstständigen Tätigkeit keine vollen Einnahmen zu erwarten sind, den Lebensunterhalt des zuvor Arbeitslosen sichern. Zu den Anspruchsvoraussetzungen → Rn 13 ff.

2 Der Bezug des neuen Gründungszuschusses führt nicht automatisch zur RVPflicht. Diese besteht nur dann, wenn die betreffende Person eine bereits bisher in der gesetzlichen RV kraft Gesetzes versicherungspflichtige selbstständige Tätigkeit ausübt (Scheinselbstständiger) oder die Pflichtversicherung beantragt wird. Ansonsten besteht für den Unternehmer grds die Möglichkeit, freiwillige Beiträge zur RV zu leisten (Näheres *Arbeitslosenversicherungspflicht*).

## B. Lohnsteuerrecht

*Weil*

6 **Steuerliche Behandlung.** Der Gründungszuschuss (§§ 93, 94 SGB III) ist **steuerfrei** (§ 3 Nr 2 Buchst a EStG). Er unterliegt nicht dem Progressionsvorbehalt (§ 32b Abs 1 Nr 1a EStG; → *Lohnersatzleistungen* Rn 5 ff). Steuerfrei sind nach dem Wortlaut des § 3 Nr 2 Buchst a EStG auch die übrigen Leistungen nach den entsprechenden Programmen des Bundes und der Länder. Damit sind auch landesrechtliche Existenzgründerzuschüsse steuerfrei (*Schmidt/Levedag* § 3 Rz 17). Leistungen aus dem Europäischen Sozialfonds einschl der aus Landesmitteln ergänzten Leistungen sind nicht in § 3 Nr 2 Buchst a EStG aufgeführt und damit nicht steuerfrei (*Blümich/Erhard* § 3 Rz 4).

7 Der Existenzgründer, der eine **selbständige Betätigung** ausführt, kann Einkünfte aus Land- und Forstwirtschaft (§ 13 EStG), aus Gewerbebetrieb (§ 15 EStG) oder aus selbstständiger Arbeit (§ 18 EStG) erzielen, die der Einkommensteuer sowie der Umsatzsteuer unterliegen. Bei der Beschäftigung von Existenzgründern als Subunternehmer ist jeweils zu prüfen, ob sie selbständig oder nichtselbständig tätig sind. Für die steuerliche Einstufung des Existenzgründers als **Arbeitnehmer** (§ 19 EStG) ist maßgebend, dass ein steuerrechtliches Dienstverhältnis vorliegt. Entsprechend der Legaldefinition des § 1 Abs 2 LStDV liegt ein Dienstverhältnis vor, wenn der Beschäftigte dem ArbGeb seine Arbeitskraft schuldet. Dies ist der Fall, wenn die tätige Person in der Betätigung ihres geschäftlichen Willens unter der Leitung des Arbeitgebers steht oder im geschäftlichen Organismus des Arbeitgebers dessen Weisungen zu folgen verpflichtet ist. Nach § 1 Abs 3 LStDV ist dagegen nicht Arbeitnehmer, wer Lieferungen und sonstige Leistungen innerhalb der von ihm selbstständig ausgeüb-

ten gewerblichen oder beruflichen Tätigkeit im Inland gegen Entgelt ausführt, soweit es sich um Entgelte für diese Lieferungen und sonstigen Leistungen handelt (→ *Scheinselbständigkeit* Rn 3 ff, → *Arbeitnehmer (Begriff)* Rn 29 ff). Für den Existenzgründer, der als ArbN tätig wird, hat der Auftraggeber als ArbGeb von dem Entgelt die Lohnsteuer einzubehalten, anzumelden und abzuführen (Lohnsteueranmeldung, Lohnsteuerabführung).

## C. Sozialversicherungsrecht *Voelzke*

**1. Allgemeines.** Zur Unterstützung von Existenzgründern eröffnen die §§ 93, 94 SGB III im Leistungsrecht der ArblV für ArbN die Möglichkeit zur Gewährung eines Gründungszuschusses für die Aufnahme einer selbständigen, hauptberuflichen Tätigkeit. Der Gründungszuschuss wird zur Sicherung des Lebensunterhalts einschließlich der sozialen Sicherung des Gründers gezahlt. **Zweck der Förderung** ist die Beendigung von Arbeitslosigkeit durch Aufnahme einer selbstständigen Tätigkeit. 11

Der Gründungszuschuss ist als Ermessensleistung ausgestaltet. Hierdurch soll eine höhere Flexibilität bei der Förderung von Gründungen erreicht werden (BT-Drs 17/6277 S 86). Eine Einkommensgrenze während des Förderungszeitraums existiert nicht. Allerdings ist der Zuschuss bei dem Bezug von AlGeld II als Einkommen zu berücksichtigen (BSG 6.12.07 – B 14/7b AS 16/06 R, SozR 4–4200 § 11 Nr 8). 12

**2. Voraussetzungen.** Die grundlegenden Förderungsvoraussetzungen sind in § 93 Abs 1 und 2 SGB III geregelt. Gefördert werden danach ArbN, die durch Aufnahme einer selbstständigen, hauptberuflichen Tätigkeit ihre Arbeitslosigkeit beenden. Es genügt nicht, dass der ArbN nur von Arbeitslosigkeit bedroht ist, so dass ein unmittelbarer Übergang aus einer Beschäftigung in eine geförderte Tätigkeit nicht möglich ist. Hat der Existenzgründer seinen Wohnsitz und gewöhnlichen Aufenthalt im Ausland, so besteht kein Anspruch auf einen Gründungszuschuss (BSG 6.3.13 – B 11 AL 5/12 R, SozR 4–4300 § 57 Nr 5). 13

**a) Aufnahme einer selbstständigen Tätigkeit.** Anspruchsberechtigt sind entgegen dem Wortlaut des § 93 Abs 1 SGB III nicht ArbN, sondern **Existenzgründer,** die vor der Aufnahme ihrer selbstständigen Tätigkeit ArbN waren. In der Terminologie des SozVRechts ist ArbN derjenige, der eine abhängige Beschäftigung ausübt oder sucht. 14

Der Selbstständige muss nach § 93 Abs 1 SGB III durch die Aufnahme einer selbstständigen Tätigkeit im Umfang von mindestens 15 Stunden pro Woche seine **Arbeitslosigkeit beenden.** Arbeitslos sind nach der Legaldefinition des § 16 SGB III Personen, die vorübergehend nicht in einem Beschäftigungsverhältnis stehen, eine versicherungspflichtige Beschäftigung suchen und dabei den Vermittlungsbemühungen der Agentur zur Verfügung stehen, und sich bei der Agentur für Arbeit arbeitslos gemeldet haben. Die Arbeitslosigkeit wird durch die Aufnahme der selbstständigen Tätigkeit beendet, wenn der zeitliche Aufwand für die selbstständige Tätigkeit mindestens 15 Stunden umfasst (zum Zeitpunkt der Aufnahme BSG 9.6.17 – B 11 AL 13/16 R, SGb 18, 443 mit Anm *Petzold*). Es steht einer Förderung nicht grds entgegen, wenn die bisherige selbstständige Nebentätigkeit zu einer selbstständigen Existenzgrundlage ausgeweitet wird (BSG 1.6.06 – B 7a AL 34/05 R, NZS 07, 102 zum Überbrückungsgeld). Dagegen führt die Aufnahme einer geringfügigen selbstständigen Tätigkeit nicht zu einer Zuschussgewährung, da die Arbeitslosigkeit des ArbN nicht beendet wird (BSG 5.5.10 – B 11 AL 11/09 R, BeckRS 2010, 72120). 15

Die Modalitäten für die Aufnahme der selbstständigen Tätigkeit hat der Gesetzgeber nicht geregelt. Er geht jedoch davon aus, dass die Förderungsvoraussetzungen zB auch durch eine **Betriebsübernahme** erfüllt werden können (BT-Drs 16/1696 S 30). Die selbständige Tätigkeit kann bereits durch Vorbereitungshandlungen aufgenommen werden, soweit diese im Geschäftsverkehr Außenwirkung entfalten und nach dem zugrunde liegenden Gesamtkonzept ernsthaft und unmittelbar auf die spätere Geschäftstätigkeit ausgerichtet sind (BSG 5.5.10 – B 11 AL 28/09 R, BeckRS 2010, 72665). Es muss sich jedoch während des Förderungszeitraums um eine **hauptberufliche** selbstständige Tätigkeit handeln. Deshalb liegen die Förderungsvoraussetzungen nur vor, wenn der Gründer für die selbstständige Tätigkeit den überwiegenden Teil seiner Arbeitskraft einsetzt. Werden neben der Gründung mehrere Nebenbeschäftigungen oder Nebentätigkeiten ausgeübt, so ist die Förderungsfähigkeit zu verneinen, wenn diese zusammengerechnet in zeitlich größerem Umfang als die Gründung ausgeübt werden. Einen Existenzgründungszuschuss können ArbN beanspru- 16 chen, wenn sie als Grenzpendler unter Beibehaltung ihres deutschen Wohnsitzes eine selbstständige Tätigkeit aufnehmen (BSG 27.8.08 – B 11 AL 22/07 R, NZS 09, 518).

17 **b) Anspruch auf Arbeitslosengeld.** Der Gründungszuschuss wird nach § 93 Abs 2 Satz 1 Nr 1 SGB III nur geleistet, wenn der ArbN bis zur Aufnahme der selbstständigen Tätigkeit einen Anspruch auf AlGeld als Versicherungsleistung hat. Wird ein Anspruch auf AlGeld durch rechtskräftige Entscheidung verneint, so ist damit zugleich geklärt, dass kein Anspruch auf einen Gründungszuschuss besteht (BSG 23.10.14 – B 11 AL 52/14 B, SozR 4–1500 § 141 Nr 3). Die Dauer des Anspruchs auf AlGeld muss bei Aufnahme der selbständigen Tätigkeit noch mindestens 150 Tage betragen und darf nicht allein auf § 147 Abs 3 SGB III beruhen. Damit ist der Kreis der potentiell Anspruchsberechtigten erheblich eingeschränkt, da ein Gründungszuschuss nur in der ersten Zeit der Arbeitslosigkeit in Anspruch genommen werden kann.

**Empfänger von AlGeld II** sind von der Anspruchsberechtigung ohnehin ausgeschlossen. Diesen steht allerdings bei Aufnahme einer selbstständigen Tätigkeit eine Förderung durch Einstiegsgeld nach Maßgabe des § 16b SGB zu (*Hauck/Noftz/Voelzke* SGB II § 16b Rz 62).

18 **c) Nachweis der Tragfähigkeit.** Der Zuschuss wird gem § 93 Abs 2 Satz 1 Nr 2 und Satz 2 SGB III nur geleistet, wenn der Existenzgründung durch Vorlage der Stellungnahme einer fachkundigen Stelle die **Tragfähigkeit der Existenzgründung** nachgewiesen hat. Damit soll die Förderung von Gründungen vermieden werden, die keine Aussicht auf einen wirtschaftlichen Erfolg haben. Fachkundige Stellen sind nach dem Gesetzeswortlaut insbes Industrie- und Handelskammern, Handwerkskammern, berufsständische Kammern, Fachverbände und Kreditinstitute. Die Agenturen sind an den Inhalt der Bescheinigung nicht gebunden. Allerdings wird es bei einer Stellungnahme der genannten Institutionen von der Fachkunde auszugehen sein, so dass den Agenturen für Arbeit keine weitere Prüfungskompetenz zusteht (*Hauck/Noftz/Petzold* SGB III § 93 Rz 24).

19 **d) Nachweis der Kenntnisse.** Zur Erfüllung der Anspruchsvoraussetzungen ist der Gründer gehalten, seine Kenntnisse und Fähigkeiten zur Ausübung der selbstständigen Tätigkeit gegenüber der Agentur für Arbeit darzulegen (§ 93 Abs 2 Satz 1 Nr 3 SGB III). Derartige Nachweise können regelmäßig durch Aufstellungen über den **beruflichen Werdegang** und durch Vorlage von beruflichen **Qualifikationsnachweisen** erbracht werden (BT-Drs 16/1696 S 31).

20 **3. Ruhenstatbestände.** Die Förderung wird nach § 93 Abs 3 SGB III nicht geleistet, solange das AlGeld betreffende Ruhenstatbestände vorliegen oder vorgelegen hätten. Der Anspruch auf AlGeld ruht während der Zuerkennung bestimmter Sozialleistungen (§ 156 SGB III), wegen des Anspruchs auf Arbeitsentgelt oder eine Urlaubsabgeltung (§ 157 SGB III, → *Arbeitslosengeld* Rn 50 ff), wegen eines Anspruchs auf eine Entlassungsentschädigung (§ 158 SGB III, → *Abfindung* Rn 60 ff) oder im Hinblick auf den Eintritt einer Sperrzeit (§ 159 SGB III, → *Sperrzeit* Rn 6 ff).

21 **4. Ausschlussgründe.** Eine (wiederholte) Förderung ist nach § 93 Abs 4 SGB III ausgeschlossen, wenn nach der **vorangegangenen Förderung** der Aufnahme einer selbstständigen Tätigkeit nach dem SGB III noch nicht 24 Monate vergangen sind. Von dieser Frist kann die Agentur wegen besonderer in der Person des ArbN liegender Gründe absehen. Personen, die das für die Regelaltersrente nach dem SGB VI maßgebende Lebensjahr vollendet haben, können vom Beginn des folgenden Monats keinen Gründungszuschuss mehr erhalten (§ 93 Abs 5 SGB III).

22 **5. Leistungsumfang.** Der Gründungszuschuss wird gem § 94 Abs 1 SGB III regelmäßig für die Dauer von sechs Monaten geleistet. Die Förderung erfolgt in Höhe des Betrages, den der ArbN zuletzt als AlGeld-Zahlbetrag erhalten hat. Bei der Berechnung der Höhe des Gründungszuschusses ist auf das AlGeld ohne Minderung durch ein Nebeneinkommen abzustellen (BSG 24.11.10 – B 11 AL 12/10 R, SozR 4–4300 § 58 Nr 1). Der Zahlbetrag wird um monatlich 300 Euro aufgestockt. Durch die Aufstockung soll der Gründer seine soziale Absicherung sicherstellen (BT-Drs 16/1696 S 31).

23 Nach Ablauf von sechs Monaten geht der Gesetzgeber davon aus, dass sich die Gründung gefestigt und am Markt etabliert hat und der Lebensunterhalt aus der selbstständigen Tätigkeit bestritten werden kann (BT-Drs 16/1696 S 31). Deshalb kann der Gründungszuschuss

nach Ablauf der Regelförderung nur noch für die Dauer von weiteren neun Monaten iHv 300 Euro zum Zwecke der **sozialen Absicherung** des selbstständig Tätigen gewährt werden (§ 94 Abs 2 SGB III). Die weitere Aufbauförderung muss gesondert beantragt werden. Die Entscheidung über die weitere Förderung steht im Ermessen der Agentur. Wesentlicher Gesichtspunkt der Ermessensentscheidung ist, ob die geförderte Person ihre (intensive) Geschäftstätigkeit und hauptberufliche unternehmerische Aktivitäten anhand geeigneter Unterlagen nachweisen kann.

**6. Soziale Sicherung.** Während der Zahlung des Gründungszuschusses ist der Existenzgründer nicht über die Agentur für Arbeit in der SozV abgesichert. Ein noch bestehender Anspruch auf AlGeld wird durch die Zahlung des Gründungszuschusses verbraucht. Es besteht jedoch die Möglichkeit einer Antragspflichtversicherung (§ 28a SGB III) in der ArblV (Näheres *Arbeitslosenversicherungspflicht*). 24

# Günstigkeitsprinzip

## A. Arbeitsrecht

*Kreitner*

**1. Grundsatz.** § 4 Abs 3 TVG räumt den Arbeitsvertragsparteien die Möglichkeit ein, im Arbeitsvertrag Regelungen zu treffen, die vom Tarifvertrag abweichen. Voraussetzung hierfür ist entweder eine entsprechende Öffnungsklausel im Tarifvertrag selbst oder die Abweichung zugunsten des ArbN. Letzteres bezeichnet man als das sog Günstigkeitsprinzip. Anerkanntermaßen ist § 4 Abs 3 TVG dabei nur ein Unterfall des als allgemeine Kollisionsnorm des Arbeitsrechts zu verstehenden Günstigkeitsprinzips (BAG GS 7.11.89, DB 90, 1724; *Wiedemann/Wank* § 4 Rz 381 ff; *Däubler/Deinert* § 4 Rz 574). Es geht zurück auf das arbeitsrechtliche Schutzprinzip, das Vereinbarungen zugunsten des ArbN immer ermöglicht (*Ehmann/Lambrich* NZA 96, 346: Verfassungsprinzip zur Herstellung praktischer Konkordanz). Dementsprechend gilt das Günstigkeitsprinzip ebenfalls im Verhältnis von Arbeitsvertrag zu Betriebsvereinbarung (zuletzt LAG Hamm 16.2.12 – 15 Sa 1360/11, BeckRS 2012, 70492). Es führt auch nicht zur Unwirksamkeit der kollektiven Regelung, sondern bewirkt nur, dass sich der ArbN trotz einer bestehenden unmittelbar und zwingend wirkenden Regelung auf eine ihm günstigere einzelvertragliche Abrede berufen kann (BAG 14.1.14 – 1 ABR 57/12, NZA 14, 922). 1

**Abzugrenzen** ist das Günstigkeitsprinzip vom sog Ordnungsprinzip. Letzteres gilt im Verhältnis ranggleicher Normen zueinander und besagt, dass die spätere Rechtsnorm jeweils die bestehende Norm ablöst. Mithin verdrängt eine neue Betriebsvereinbarung die bislang geltende, ein neuer Tarifvertrag den bislang geltenden Tarifvertrag etc. Für das Verhältnis von Betriebsvereinbarung und Tarifvertrag gilt dagegen das Günstigkeitsprinzip, es sei denn, §§ 77 Abs 3, 87 Abs 1 BetrVG stehen entgegen (LAG Düsseldorf 2.12.99 – 5 Sa 992/99, NZA-RR 2000, 137: zu einer tarifwidrigen Betriebsvereinbarung über einen Konsolidierungsvertrag; LAG RhPf 11.2.10 – 10 Sa 628/09, BeckRS 2010, 67096: tarifliche Sterbegeldregelung ohne Öffnungsklausel). Das Gleiche gilt bei der Kollision zwischen kraft beiderseitiger Tarifgebundenheit normativ geltenden und aufgrund arbeitsvertraglicher Bezugnahme anwendbaren Tarifvorschriften (BAG 12.12.18 – 4 AZR 123/18, NZA 19, 543; 22.8.18 – 5 AZR 551/17, NZA 19, 51). Ebenfalls nach dem Günstigkeitsprinzip ist der Konflikt zwischen Tarifregelungen, die kraft arbeitsvertraglicher Bezugnahme sowie kraft Allgemeinverbindlichkeit gelten, zu lösen (BAG 29.8.07 – 4 AZR 767/06, NZA 08, 364; 12.12.07 – 4 AZR 998/06, NZA 08, 646; 7.7.10 – 4 AZR 1023/08, NZA-RR 11, 30). 2

**2. Anwendungsbereich.** § 4 Abs 3 TVG ist hauptsächlich anwendbar auf tarifliche Inhaltsnormen, insbes im Bereich der Vergütung im weiteren Sinne. Das Günstigkeitsprinzip gilt auch bei einer Kollision zwischen Tarifvorschriften, die kraft beiderseitiger Tarifgebundenheit für das Arbeitsverhältnis normativ gelten und solchen, die auf Grund arbeitsvertraglicher Bezugnahme anwendbar sind (BAG 10.12.14 – 4 AZR 503/12, NZA 15, 946). Es gilt gleichermaßen uneingeschränkt im Verhältnis eines späteren Tarifvertrags zu bereits bestehenden günstigeren arbeitsvertraglichen Vereinbarungen, da es andernfalls seinen 3

Zweck als umfassende Kollisionsnorm nicht entfalten könnte (LAG BlnBbg 25.9.08 – 14 Sa 1232/08, BeckRS 2009, 61876).

4 Umstritten ist die Frage der Geltung des Günstigkeitsprinzips bei sog Beendigungsnormen betreffend **Arbeitszeitfragen.** Dabei geht es ua um Kollisionen von vertraglichen Regelungen mit einer tariflichen Arbeitszeitverkürzung, um Probleme im Bereich der Altersgrenzen sowie sog Beschäftigungsgarantievereinbarungen auf betrieblicher Ebene.

5 Zur Frage der **Altersgrenze** hat der GS des BAG entschieden, dass ein Günstigkeitsvergleich möglich und entscheidend für die Beurteilung der Günstigkeit die Einräumung eines Wahlrechts für den einzelnen ArbN sei (BAG GS 7.11.89, DB 90, 1724; zuletzt LAG RhPf 11.11.13 – 5 Sa 312/13, BeckRS 2014, 68073; *Däubler/Deinert* § 4 Rz 734). Handelt es sich um eine in einer Betriebsvereinbarung geregelte Altersgrenze, kommt diese jedenfalls immer dann zum Tragen, wenn der Arbeitsvertrag insoweit betriebsvereinbarungsoffen ausgestaltet ist, was nach neuerer Rspr des BAG bei Formulararbeitsverträgen regelmäßig anzunehmen sein soll (BAG 5.3.13 – 1 AZR 417/12, NZA 13, 916; enger BAG 11.4.18 – 4 AZR 119/17, NZA 18, 1273; → *Betriebsvereinbarung* Rn 15).

6 Beim Vergleich von geänderten **Wochenarbeitszeiten** und Änderungen der Zusammensetzung und Höhe der Vergütung darf nach der BAG-Rspr nach dem vorzunehmenden Sachgruppenvergleich Arbeitszeit und Arbeitsentgelt nicht isoliert betrachtet werden, sondern bilden in der Regel eine Sachgruppe (BAG 22.8.18 – 5 AZR 551/17, NZA 19, 51). Sobald sich eine der zu vergleichenden Regelungen ändert, ist für den betreffenden Zeitraum ein erneuter Vergleich durchzuführen. Demgegenüber gehört eine Beschäftigungsgarantie nicht zur Sachgruppe Arbeitszeit und Arbeitsentgelt. Demgemäß ist eine **Beschäftigungssicherung** durch den Ausschluss betriebsbedingter Kündigungen nicht geeignet, Verschlechterungen bei der Arbeitszeit oder dem Arbeitsentgelt zu kompensieren (BAG 15.4.14 – 4 AZR 587/13, NZA 15, 1274; BAG 20.4.99 – 1 ABR 72/98, NZA 99, 887; ebenso *Bepler* AuA 99, 558; *Robert* NZA 04, 633; aA *Buchner* NZA 99, 897; *Freihube* DB 2000, 1022; *Niebler/Schmiedl* BB 01, 1631).

Eine vertragliche **Ausschlussfrist,** die die Ansprüche beider Parteien aus dem Arbeitsverhältnis erfassen soll, ist nach Rspr des BAG nicht notwendigerweise „ungünstiger" als eine tarifvertragliche Regelung, weil sie kürzer ist (BAG 19.2.14 – 5 AZR 700/12, NZA 14, 1097).

7 Jedenfalls findet das Günstigkeitsprinzip bei einem individualrechtlichen Verzicht auf **Sozialplanansprüche** Anwendung. Danach kann der ArbN auf den Anspruch auch ohne die gem § 77 Abs 4 Satz 2 BetrVG erforderliche Zustimmung des BRat verzichten, wenn die abweichende Regelung für ihn objektiv günstiger ist (BAG 27.1.04 – 1 AZR 148/03, NZA 04, 667). Zuletzt hat das BAG im Bereich der **Kündigungsfristen** einen Günstigkeitsvergleich durchgeführt, um die „längere" Kündigungsfrist iSv § 622 Abs 5 Satz 3 BGB zu bestimmen (BAG 29.1.15 – 2 AZR 280/14, NZA 15, 674).

8 **3. Durchführung des Günstigkeitsvergleichs.** Zur Ermittlung der günstigeren Regelung sind tarifliche und einzelvertragliche Bestimmungen miteinander zu vergleichen. Dabei sind folgende Gesichtspunkte zu beachten:

**a) Individualvergleich.** Maßgeblich ist das Interesse des einzelnen ArbN an der jeweils zu überprüfenden Regelung; Gesamtinteressen der Belegschaft oder bestimmter ArbNGruppen sind unerheblich.

9 **b) Objektiver Maßstab.** Abzustellen ist nicht auf das subjektive Urteil des konkret betroffenen ArbN, sondern vielmehr darauf, wie ein verständiger ArbN unter Berücksichtigung der Anschauungen seines Berufsstandes und der Verkehrsanschauung die Bestimmung einschätzen würde (zuletzt LAG Düsseldorf 28.9.07 – 10 Sa 1078/07, BeckRS 2008, 50045).

10 **c) Gruppenvergleich.** Ist der Arbeitsvertrag in allen Punkten günstiger als der Tarifvertrag, ist der Vergleich insgesamt unproblematisch. Im Regelfall werden jedoch neben günstigeren auch ungünstigere Regelungen im Arbeitsvertrag enthalten sein. Dann ist ein sog Sachgruppenvergleich durchzuführen, bei dem diejenigen Bestimmungen miteinander zu vergleichen sind, die in einem inneren Zusammenhang zueinander stehen (BAG 19.7.16 – 3 AZR 134/15, NZA 16, 1475; 14.2.17 – 9 AZR 488/16, NZA 17, 795; 11.7.18 – 4 AZR 533/17, NZA 18, 1486). Die Sachgruppenbildung ist dabei nach den allgemeinen

Auslegungsgrundsätzen der §§ 133, 157 BGB vorzunehmen (*Wiedemann/Wank* § 4 Rz 471). Ein sachgruppenübergreifender Vergleich kommt nicht in Betracht (BAG 20.4.99 – 1 ABR 72/98, NZA 99, 887; aA *Buchner* NZA 99, 897; *Schliemann* NZA 03, 122: umfassender Vergleich der Synallagmata von Tarifvertrag und arbeitsvertraglicher Vereinbarung). Dabei muss die Günstigkeit der einzelvertraglichen Regelung gegenüber der normativ geltenden Bestimmung einer Betriebsvereinbarung bereits im Voraus – also unabhängig von den konkreten Bedingungen des Anwendungsfalls – feststehen (BAG 19.7.16 – 3 AZR 134/15, NZA 16, 1475). Ist nicht zweifelsfrei feststellbar, dass die einzelvertragliche Regelung für den ArbN günstiger ist, bleibt es bei der zwingenden, normativen Geltung des Tarifvertrags (BAG 15.4.15 – 4 AZR 587/13, NZA 15, 1274; 10.12.14 – 4 AZR 503/12, NZA 15, 946).

**4. Sonderfall: Kollektiver Günstigkeitsvergleich.** Der GS des BAG hat mit Beschluss 11
vom 16.9.86 für den Bereich der sog ablösenden Betriebsvereinbarung das Rechtsinstitut des kollektiven Günstigkeitsvergleichs geschaffen (BAG GS 16.9.86, DB 87, 383). In dieser Grundsatzentscheidung hat sich der GS mit betrieblichen Sozialleistungen befasst, die durch arbeitsvertragliche Einheitsregelungen, Gesamtzusagen und betriebliche Übungen geregelt sind und durch nachfolgende Betriebsvereinbarungen geändert werden sollen (seither ständige Rspr, vgl zuletzt etwa BAG 16.11.11 – 10 AZR 60/11, NZA 12, 349; 21.4.10 – 4 AZR 768/08, AP Nr 387 zu § 613a BGB; LAG BaWü 3.3.11 – 6 Sa 44/10, BeckRS 2011, 73686). Dies ist unproblematisch, wenn die vertragliche Regelung einen kollektiven Änderungsvorbehalt enthält und damit „betriebsvereinbarungsoffen" ausgestaltet ist (→ *Betriebsvereinbarung* Rn 15).

Gleiches gilt, soweit die nachfolgende Betriebsvereinbarung eine günstigere Regelung 12
enthält. Nach der Rspr des BAG verdrängt außerhalb des Bereichs der Sozialleistungen die Betriebsvereinbarung für die Dauer ihrer Wirkung die bestehende vertragliche Regelung mit der Folge, dass die vertragliche Regelung nach Ablauf der Betriebsvereinbarung automatisch wieder auflebt (BAG 21.9.89, DB 90, 692). Auf diese Weise wird verhindert, dass durch eine günstigere Betriebsvereinbarung zunächst eine vertragliche Regelung ersetzt wird, um anschließend selbst durch eine weitere insgesamt noch unter dem seinerzeitigen vertraglichen Niveau liegende Betriebsvereinbarung nach dem dann geltenden Ordnungsprinzip abgelöst zu werden.

Stellt die nachfolgende Betriebsvereinbarung jedoch **keine günstigere Regelung** dar, so 13
ist nach den Grundsätzen des GS ein sog kollektiver Günstigkeitsvergleich anzustellen. Ergibt sich dabei, dass die Betriebsvereinbarung insgesamt zu einer Verschlechterung führt, kann sie keinen Einfluss auf die vertragliche Regelung ausüben. Wird durch die Betriebsvereinbarung allerdings lediglich eine Umstrukturierung der Leistungen bei gleich bleibendem Leistungsvolumen bewirkt, löst sie die bestehende vertragliche Regelung ab (BAG 23.10.01 – 3 AZR 74/01, NZA 03, 986). Diese Rspr gilt nach den Grundsätzen des Vertrauensschutzes nur für Ablösungsmaßnahmen, die nach dem 16.9.86 erfolgt sind (BAG 20.11.90, NZA 91, 477; LAG Köln 9.5.90, BB 90, 1348 [LS]).

Zu beachten ist außerdem, dass nach der Rspr des BAG die Grundsätze des GS nur für den Bereich der Sozialleistungen gelten, da hier die einzelvertraglichen Ansprüche der ArbN untereinander ein Bezugssystem bilden und aus diesem Grunde der kollektive Günstigkeitsvergleich durchzuführen ist. Geht es demgegenüber um Entgeltansprüche des ArbN, kommt ein kollektiver Günstigkeitsvergleich nicht in Betracht, so dass auch eine ablösende Wirkung der Betriebsvereinbarung nicht zum Tragen kommt (BAG 21.9.89, DB 90, 692; 28.3.2000 – 1 AZR 366/99, NZA 01, 49).

Der kollektive Günstigkeitsvergleich findet auch bei der **betrieblichen Altersversorgung** Anwendung (BAG 23.10.01 – 3 AZR 74/01, NZA 03, 986). Voraussetzung ist, dass 14
die beiden betroffenen Unternehmen zumindest in der Grundstruktur identisch sind (BAG 18.3.03 – 3 AZR 101/02, NZA 04, 1099). Wird ein durch Gesamtzusage begründetes Versorgungswerk, das im Wege des Widerrufs für neu eintretende ArbN geschlossen worden war, durch eine geänderte Versorgungsordnung abgelöst, die wieder für alle Mitarbeiter geöffnet ist, muss der Aufwand aus dem geschlossenen Versorgungswerk mit demjenigen vergleichen werden, der sich bei der nächstmöglichen Schließung des neuen Versorgungs-

werks durch Kündigung der ablösenden Betriebsvereinbarung ergäbe (BAG 17.6.03 – 3 ABR 43/02, NZA 04, 1111).

15 **5. Leitende Angestellte.** § 28 Abs 2 Satz 2 SprAuG normiert das Günstigkeitsprinzip für Arbeitsverhältnisse leitender Angestellter und schreibt seine Geltung für das Verhältnis von Richtlinien zu günstigeren einzelvertraglichen Vereinbarungen fest. Hinsichtlich des vorzunehmenden Günstigkeitsvergleiches gelten die oben dargestellten Grundsätze (→ Rn 8 ff) entsprechend.

16 Ob die Rspr des GS des BAG zur ablösenden Betriebsvereinbarung mit der Einführung des kollektiven Günstigkeitsvergleichs auch auf den Bereich der leitenden Angestellten übertragbar ist, ist umstritten. Während diese Rspr teilweise ohne nähere Begründung übernommen wird (*Hromadka/Sieg* SprAuG § 28 Rz 30; *Röder* NZA 89 Beilage 4 S 3), lehnen andere Autoren mit beachtlichen Gründen eine Anwendung der Grundsätze des GS bei leitenden Angestellten ab (*Löwisch* SprAuG § 28 Rz 18; *Nebel* DB 90, 1512). Insbes die bei leitenden Angestellten nur sehr eingeschränkte Geltung des arbeitsrechtlichen Schutzprinzips bewirkt eine weitergehende Ablösbarkeit arbeitsvertraglicher Einheitsregelungen durch nachfolgende Richtlinien auch zuungunsten der leitenden Angestellten.

## B. Lohnsteuerrecht *Weil*

17 Das Günstigkeitsprinzip ist auch steuerlich zu berücksichtigen. Bei der Durchführung des Günstigkeitsvergleichs zwischen tariflicher und einzelvertraglicher Bestimmung ist auch der intendierte steuerliche Vorteil zu beachten. So kann sich die Günstigkeit einer einzelvertraglichen Regelung aus der günstigeren steuerrechtlichen Auswirkung ergeben. ArbG und Arbn können den Zeitpunkt des Zuflusses einer Abfindung oder eines Teilbetrags einer solchen beim ArbN in der Weise steuerwirksam gestalten, dass sie deren ursprünglich vorgesehene Fälligkeit vor ihrem Eintritt auf einen späteren Zeitpunkt verschieben (BFH 11.11.2009 – IX R 1/09, BStBl II 2010, 746 zur einzelvertraglich geregelten Fälligkeit einer Abfindungszahlung entgegen den Regelungen im Sozialplan, die zu einer Progressionsminderung mit geringerer steuerlicher Belastung führt). Dies gilt auch für Betriebsvereinbarungen (→ *Betriebsvereinbarung* Rn 36 ff). Für die steuerliche Beurteilung ist die **tatsächliche Durchführung** der jeweiligen Bestimmungen maßgebend. Dies kann dazu führen, dass die Leistungen des ArbGeb an den ArbN, die nicht die Voraussetzungen einer Steuerbegünstigungsnorm erfüllen, deshalb höher zu versteuern sind. So kommt eine Tarifbegünstigung nach § 34 Abs 1 EStG nicht in Betracht, wenn die Auszahlung einer Gesamtabfindung in mehreren Veranlagungszeiträumen erfolgt (BFH 14.4.2015 – IX R 29/14, BFH/NV 2015, 1354, → *Außerordentliche Einkünfte* Rn 11). Im Übrigen gilt bei der **Ermittlung der festzusetzenden Steuer** das Günstigkeitsprinzip (BFH 11.12.2012 – IX R 23/11, BStBl II 2013, 370 zur Anwendung der Tarifermäßigung des § 34 EStG und des (negativen) Progresionsvorbehalts nach § 32b EStG (integrierte Steuerberechnung) im Zusammenhang mit Abfindungszahlungen des ArbGeb an den ArbN, die teilweise an die Arbeitsverwaltung (Rückzahlung von Arbeitslosengeld) geleistet worden sind.). Zur Günstigerprüfung beim Abzug von Vorsorgeaufwendungen → *Sonderausgaben* Rn 11; beim Familienleistungsausgleich → *Kinderfreibetrag* Rn 3; bei der Riesterrente → *Altersvorsorgevermögen* Rn 14.

## C. Sozialversicherungsrecht *Ruppelt*

18 Aus § 2 Abs 2 SGB I, wonach bei Auslegung der Vorschriften des SGB und bei der Ermessensausübung sicherzustellen ist, dass die sozialen Rechte der §§ 3–10 SGB I möglichst weitgehend verwirklicht werden, entnimmt die sozialgerichtliche Rspr ein **sozialrechtliches Günstigkeitsprinzip,** das eine Pflicht zur bürgerfreundlichen Interpretation aller Normen des SGB vorschreibe und dazu führe, dass Ansprüche auf Sozialleistungen möglichst umfassend verwirklicht werden könnten (BSG 12.12.11 – B 13 R 3/10 R, SozR 4–2600 § 74 Nr 4). Praktische Bedeutung kommt diesem Prinzip vor allem bei der Auslegung eines Antrags auf eine Leistung zu. Ein solcher Antrag ist so auszulegen, dass dem Berechtigten die in seinem Fall günstigste im Gesetz vorgesehene Leistung bewilligt werden kann. So ist der Antrag eines Versicherten auf Leistung vorzeitiger Altersrente grds auf die

für ihn günstigste Altersrentenart gerichtet (BSG 29.11.07 – B 13 R 44/07 R, NZS 08, 602, Rz 22). Das Günstigkeitsprinzip findet seine Grenzen in Anspruchsgrundlagen, die eindeutig und keiner Auslegung zugänglich sind sowie keinen Ermessensspielraum eröffnen. Auch ergeben sich aus dem sozialrechtlichen Günstigkeitsprinzip keine Beweiserleichterungen.

Teilweise wird von einem sozialgerichtlichen Prinzip der **Klägerfreundlichkeit** gesprochen. Da das Sozialprozessrecht im Hinblick auf die Klägerfreundlichkeit gegenüber anderen Verfahrensordnungen jedoch nur wenige Alleinstellungsmerkmale aufweist, kann von einem solchen Grundsatz pauschal kaum ausgegangen werden (*Harks* NZS 18, 49). **19**

# Hamburger Modell

## A. Arbeitsrecht

*Poeche*

**1. Allgemeines.** Als „Hamburger Modell“ wird umgangssprachlich die sog stufenweise Wiedereingliederung in das Arbeitsleben nach einer längeren krankheitsbedingten Arbeitsunfähigkeit bezeichnet. Ihre gesetzliche Grundlage findet die Wiedereingliederung in **§ 74 SGB V,** wo die vorangegangene, als Hamburger Modell bezeichnete Übung der Krankenkassen, normiert wurde. Danach soll der Arzt auf der Arbeitsunfähigkeitsbescheinigung vermerken, wenn der arbeitsunfähige ArbN seine bisherige Tätigkeit wieder teilweise verrichten kann und die stufenweise Wiederaufnahme seiner Tätigkeit eine bessere Wiedereingliederung in das Erwerbsleben verspricht. Der Arzt soll zudem Art und Umfang der möglichen Tätigkeiten – ggf in Abstimmung mit dem Betriebsarzt und dem Medizinischen Dienst – angeben. Regelmäßig stimmt der ArbN mit seinem Arzt einen sog Eingliederungsplan oder Stufenplan ab, aus dem sich ergibt, in welchem Umfang die Tätigkeit zunächst wieder aufgenommen wird und wann in welchen Stufen die volle Arbeitsfähigkeit wieder hergestellt sein wird. Die Dauer der Maßnahme beträgt zwischen wenigen und mehreren Wochen. 1

**2. Arbeitsrechtliche Konsequenzen. a)** Die ärztliche Feststellung der **Teilarbeitsfähigkeit** löst keine unmittelbaren Folgen aus. Der ArbN bleibt im Rechtssinne arbeitsunfähig, da er arbeitsvertraglich seine volle, ungeschmälerte Arbeitsleistung zu erbringen hat. Es bleibt ihm überlassen, ob er auf der Grundlage des Attestes seine Arbeitskraft teilweise verwerten will. Der ArbGeb kann ebenso wenig eine Teiltätigkeit beanspruchen oder die Durchführung einer Wiedereingliederung einseitig anordnen (LAG D'dorf 17.9.99 – 10 Sa 806/99, NZA-RR 2000, 54; aA wohl LAG Köln 7.4.16 – 12 SaGa 9/16, BeckRS 2016, 69468). Zur Umsetzung der RehaMaßnahme bedarf es einer gesonderten Regelung durch die Arbeitsvertragsparteien (BAG 24.9.14 – 5 AZR 611/12, NZA 14, 1407; 25.10.73 – 5 AZR 171/73, DB 74, 343; 25.6.81 – 6 AZR 861/78, DB 81, 2628; LAG Hamm 20.7.88 – 1 Sa 729/88, DB 88, 1923; LAG Bln 27.6.90 – 13 Sa 40/90, DB 91, 552). Zum Abschluss eines solchen auf Wiedereingliederung gerichteten Vertrags ist der ArbGeb grds nicht verpflichtet (BAG 24.9.14 – 5 AZR 611/12, NZA 14, 1407; aA *Gagel* NZA 01, 988 sowie LAG Hamm 4.7.2011 – 8 Sa 726/11, BeckRS 2011, 76872). Er kann daher auch nicht im Wege des einstweiligen Rechtsschutzes geltend gemacht werden (LAG BlnBbg 9.8.18 – 7 Ta 1244/18, BeckRS 2018, 21533). Allerdings hat der ArbGeb, der dem ArbN krankheitsbedingt kündigen will, vorab zu versuchen, die Kündigung durch *betriebliches Eingliederungsmanagement* zu vermeiden. In Betracht kommt insoweit auch eine stufenweise Wiedereingliederung (Näheres → *Kündigung, personenbedingte* Rn 5). Lehnt der ArbGeb die Wiedereingliederung ab, gerät er nicht in Annahmeverzug, da der ArbN mit dem Angebot eines Wiedereingliederungsverhältnisses nicht seine Arbeitsleistung, so wie sie zu bewirken ist, anbietet (BAG 6.12.17 – 5 AZR 815/16, BB 18, 1470). Eine Verpflichtung zum Abschluss eines Wiedereingliederungsvertrags kann sich aus dem Behindertenrecht ergeben. Das BAG (BAG 13.6.06 – 9 AZR 229/05, NZA 07, 91; 16.5.19 – 8 AZR 530/17, NZA 19, 1348) anerkennt aus § 164 Abs 4 S 1 Nr 1 SGB IX einen besonderen schwerbehindertenrechtlichen Beschäftigungsanspruch, der sich auch auf eine stufenweise Wiedereingliederung bezieht, sofern ein aussagefähiges ärztliches Attest vorliegt (→ *Behinderte* Rn 28). Lehnt der ArbGeb eine stufenweise Wiedereingliederung des schwerbehinderten ArbN ab, kann er zu Schadensersatz in Höhe des Verdienstausfalls aus §§ 280 Abs 1 iVm § 241 Abs 2, § 823 Abs 2 BGB und § 164 Abs 4 S 1 SGV IX verpflichtet sein (LAG BlnBbg 23.5.18 – 15 Sa 1700/17, BeckRS 2018, 11401; so grundsätzlich auch BAG 16.5.19 – 8 AZR 530/17, NZA 19, 1348; s auch BAG 6.12.17 – 5 AZR 815/16, BB 18, 1470). Der nicht schwerbehinderte ArbN kann einen solchen Anspruch nicht geltend machen (BAG 6.12.17 – 5 AZR 815/16, BB 18, 1470). 2

**b) Rechtsnatur.** Die Vereinbarung über die stufenweise Wiederaufnahme der Tätigkeit ist ein Vertrag eigener Art, der neben dem Arbeitsverhältnis besteht (BAG 6.12.17 – 5 AZR 3

815/16, BB 18, 1470; 29.1.92 – 5 AZR 37/91, DB 92, 1478; *Thoms/Felsmann* ArbRAktuell 18, 302). Gegenstand ist nicht das für den Arbeitsvertrag typische Austauschverhältnis „Arbeit gegen Entgelt", sondern die berufliche Rehabilitation des ArbN, dem aus therapeutischen Gründen Gelegenheit zur Tätigkeit gegeben wird (BAG 6.12.17 – 5 AZR 815/16, BB 18, 1470). Insbes wird auch kein Teilzeitarbeitsverhältnis iSv § 1 TzBfG begründet; anderes gilt ggf bei Aufnahme der Arbeit mit verkürzter Arbeitszeit nach Ablauf des Krankengeldbezugs (BAG 16.1.68 – 1 AZR 277/67, DB 68, 226). Zur Abgrenzung des Wiedereingliederungsverhältnisses zum (Teil-)Arbeitsverhältnis *Boemke* Anm zu AP SGB V § 4 Nr 3. Für den im Allgemeinen neben dem Wiedereingliederungsverhältnis fortbestehenden Arbeitsvertrag ergibt sich daraus, dass dessen Hauptleistungspflichten ruhen (BAG 24.9.14 – 5 AZR 611/12, NZA 14, 1407). Der Urlaubsanspruch des ArbN ist während dieser Zeit nicht erfüllbar, da der ArbGeb den ArbN nicht von seiner Arbeitspflicht befreien kann (BAG 19.4.94 – 9 AZR 462/92, DB 94, 1880).

4 **c) Weisungsrecht.** Der auf Rehabilitation gerichtete Zweck des Vertrags schließt eine Arbeitspflicht des ArbN iSv § 611 BGB aus. Dagegen ist der ArbGeb im Rahmen der Absprache verpflichtet, dem ArbN die zugesagte Beschäftigung zu ermöglichen (aA *von Hoyningen-Huene* NZA 92, 49). Soweit es sich mit dem Zweck der Wiedereingliederung vereinbaren lässt, bestehen die Nebenpflichten des Arbeitsvertrages fort, insbes die allgemeine Rücksichtnahmepflicht (§ 241 BGB), so dass dem ArbN für seine Beschäftigung auch Weisungen erteilt werden können (BAG 29.1.92 – 5 AZR 637/89, DB 92, 1478).

5 **d) Vergütung.** Ein gesetzlicher Vergütungsanspruch iSv § 612 Abs 1 BGB besteht nicht, da der ArbN mit seiner Tätigkeit nicht die arbeitsvertraglich geschuldete Leistung erbringt, seine finanzielle Sicherung von der KV gewährleistet wird und eine Vergütung nicht zu erwarten ist (BAG 24.9.14 – 5 AZR 611/12, NZA 14, 1407; 29.1.92 – 5 AZR 637/89, DB 92, 1478). Kann der Rehabilitand krankheitsbedingt die Gelegenheit zur stufenweisen Eingliederung nicht nutzen, schuldet der ArbGeb auch bei der Gewährung eines Entgelts, über das sich die Parteien jederzeit verständigen können und das ggf lediglich den Charakter eines Zuschusses zum Krankengeld haben kann, für die Dauer der Wiedereingliederung keine Entgeltfortzahlung im Krankheitsfall. Zum möglichen Anspruch des Rehabilitanden auf Fahrtkostenerstattung für den Weg zwischen Wohnung und Arbeitsstelle s BAG 28.7.99 – 4 AZR 192/98, NZA 99, 1295.

6 **e) Beendigung.** Beendet wird die Teiltätigkeit mit Ablauf der vereinbarten Zeit (regelmäßig höchstens sechs Monate) oder völliger Arbeitsfähigkeit des ArbN (s hierzu *Thoms/Felsmann* ArbRAktuell 18, 302). Er kann sie ferner jederzeit abbrechen, wenn er sich der Belastung nicht gewachsen fühlt. Der ArbGeb kann sich von seiner Zusage bei Vorliegen eines – gerichtlich überprüfbaren – sachlichen Grundes lösen, etwa wegen unerwarteter Schwierigkeiten im betrieblichen Ablauf durch die Teiltätigkeit (aA *Schmidt* NZA 07, 892).

7 **f) Betriebsverfassung. aa) Status.** Der kollektivrechtliche Status des zur Wiedereingliederung beschäftigten ArbN verändert sich nicht. Er bleibt passiv und aktiv wahlberechtigt. Da seine Tätigkeit auf die Rückkehr in den Beruf abzielt, wird er zum Erwerb tätig. § 5 Abs 2 Nr 4 BetrVG findet keine Anwendung (aA *von Hoyningen-Huene* NZA 92, 49).

**bb) Mitbestimmungsrechte** des BRat im Zusammenhang mit der Aufnahme der Teiltätigkeit nach § 87 Abs 1 Nr 2/3, § 99 BetrVG dürften nicht gegeben sein. Lage und Dauer der Tätigkeitszeit werden ebenso wie der Inhalt der Tätigkeit von den medizinischen Gegebenheiten bestimmt.

**B. Lohnsteuerrecht** *Weil*

10 Die sogenannte „Stufenweise Wiedereingliederung" von ArbN von der Arbeitsunfähigkeit in die Erwerbstätigkeit wird auch „Hamburger Modell" genannt. Geregelt ist das Hamburger Modell in § 74 SGB V und gleichlautend für den Fall behinderter oder konkret von Behinderung bedrohter Menschen in § 44 SGB IX. Während der Maßnahme erhält der Arbeitnehmer weiterhin Krankengeld von seiner Krankenkasse bzw Übergangsgeld von der Rentenversicherung. Das auf sozialversicherungsrechtlicher Grundlage gezahlte **Krankengeld** ist **steuerfrei** nach § 3 Nr 1a EStG. Es unterliegt aber dem **Progressionsvorbehalt** nach § 32b Abs 2 Nr 1 EStG. Auch das vom Rentenversicherungsträger gezahlte **Über-**

**gangsgeld** ist nach § 3 Nr 1b EStG **steuerfrei.** In Ausnahmefällen kann eine Wiedereingliederungsmaßnahme auch von der Agentur für Arbeit getragen werden. Für das Übergangsgeld nach dem ALG gilt auch die Steuerbefreiung des § 3 Nr 1b EStG (Schmidt/*Levedag* § 3 EStG Rz 9).

### C. Sozialversicherungsrecht *Schlegel*

**1. Arbeitsunfähigkeit trotz Wiedereingliederung.** Solange ein Versicherter die bisherige Tätigkeit aus gesundheitlichen Gründen nicht in vollem Umfang wieder ausüben kann, zB weil ihn seine Erkrankung noch an zuvor geleisteter vollschichtiger Arbeit hindert und ihm stattdessen nur eine Teilzeitarbeit zur Wiedereingliederung erlaubt, ist er weiterhin arbeitsunfähig krank, weil es im rechtlichen Sinne keine Teil-Arbeitsunfähigkeit gibt (BSG v 3.10.1984 – 5b RJ 96/83 = BSGE 57, 163 = SozR 2200 § 1255 Nr 21; BSG 21.3.2007 – B 11a AL 31/06 R, SozR 4–4300 § 118 Nr 1). Zum Ganzen → *Betriebliches Eingliederungsmanagement* Rn 16. 15

Die Aufnahme einer Tätigkeit zur stufenweisen Wiedereingliederung ändert nichts am Ruhen des Arbeitsverhältnisses wegen fortbestehender Arbeitsunfähigkeit und lässt zwischen dem ArbGeb und dem ArbN nur ein **Rechtsverhältnis eigener Art** entstehen, für das die gegenseitigen Hauptleistungspflichten eines Arbeitsverhältnisses (einerseits Pflicht zur Arbeitsleistung, andererseits Pflicht zur Zahlung eines Entgelts als Gegenleistung) nicht gelten. Gegenstand der Tätigkeit des ArbN ist nicht eine vertraglich geschuldete Arbeitsleistung, sondern ein aliud, wobei der Gesichtspunkt der Rehabilitation im Vordergrund steht (BSG 21.3.2007 – B 11a AL 31/06 R, SozR 4–4300 § 118 Nr 1 im Anschluss an BAG-Rechtsprechung). 16

**2. Zuständigkeit für berufliche Wiedereingliederung nach dem Hamburger Modell.** § 74 SGB V enthält für die GKV eine ausdrückliche Regelung zur stufenweisen Wiedereingliederung. Für die gesetzliche Rentenversicherung fehlt es an einer entsprechenden Vorschrift. Nach der Rspr des BSG bedeutet dies aber nicht, dass für die stufenweise Wiedereingliederung nur die Krankenkassen, nicht aber die Träger der RV zuständig sind. Andernfalls würde die Regelung des § 15 Abs 1 SGB VI iVm § 28 SGB IX unterlaufen, wonach die stufenweise Wiedereingliederung jedenfalls generell auch zum Leistungskatalog der von den Trägern der RV zu gewährenden medizinischen Reha zählt. Wird ein Versicherter am Ende einer vom Rentenversicherungsträger gewährten stationären medizinischen Maßnahme zur Rehabilitation arbeitsunfähig entlassen und eine stufenweise Wiedereingliederung in das Arbeitsleben ärztlich empfohlen, ist der Träger der RV jedenfalls dann für die Wiedereingliederung zuständig, wenn diese innerhalb einer Woche nach dem Ende des Heilverfahrens beginnt (BSG 29.1.2008 – B 5a/5 R 26/07 R, SozR 4–3250 § 51 Nr 1). 17

Die Gewährung von Leistungen zur Teilhabe am Arbeitsleben durch den Träger der RV nach § 10 Abs 1 SGB VI setzt ua voraus, dass der Gesundheitszustand des Versicherten stabil ist und dieser dauerhaft auf dem Arbeitsmarkt einsetzbar ist. Dabei kommt es nicht auf den bisherigen Beruf des Versicherten, sondern auf sämtliche in Betracht kommenden Tätigkeiten an (BSG 11.5.2011 – B 5 R 54/10 R, NJOZ 2013, 41). Soweit ein medizinischer Behandlungsbedarf oder Rehabilitationsbedarf besteht, ist dieser nicht durch Leistungen zur Teilhabe am Arbeitsleben abzuwenden (LSG Sachsen-Anhalt 29.5.2017 – L 3 R 507/16, BeckRS 2017, 143497). Der unmittelbare Anschluss einer Maßnahme zur stufenweisen Wiedereingliederung des Trägers der RV setzt keine direkte zeitliche Aufeinanderfolge zur vorherigen medizinischen Maßnahme zur Rehabilitation voraus (BSG 5.2.2009 – B 13 R 27/08 R, SozR 4–3250 § 28 Nr 3). 18

**3.** Vom Hamburger Modell der Wiedereingliederung in Arbeit ist die Bezeichnung der in Hamburg eröffneten Wahlmöglichkeit für Beamte zu unterscheiden, das Krankheitsrisiko entweder in der GKV oder aber wie sonst üblich im Wege der Beihilfe und ergänzender privater Versicherung abzudecken; dazu *Steiner* NZS 2018, 713; *Bieback* NZS 2018, 715. 19

# Handelsvertreter

## A. Arbeitsrecht

*Kania*

1 **1. Begriff und Abgrenzung zum Außendienstmitarbeiter.** Handelsvertreter ist gem § 84 Abs 1 S 1 HGB, wer als **selbstständiger Gewerbetreibender** ständig damit betraut ist, für einen anderen Unternehmer Geschäfte zu vermitteln oder in dessen Namen abzuschließen. Für die Unterscheidung vom Außendienstmitarbeiter als kaufmännischen Angestellten ist die **Selbstständigkeit entscheidendes Abgrenzungskriterium** und in § 84 Abs 1 S 2 HGB definiert. Danach ist selbstständig, wer im Wesentlichen frei seine Tätigkeit gestalten und seine Arbeitszeit bestimmen kann. Auch wenn sich das Gesetz für den Bereich der Vermittlung von Geschäften und Versicherungen für Dritte auf diese beiden Kriterien beschränkt, sind sie nicht geeignet, eine zuverlässige Abgrenzung zu gewährleisten. Vielmehr kommt es auf das Gesamtbild der vertraglichen Gestaltung und insbes auf die tatsächliche Handhabung an. Dabei müssen sich die heranzuziehenden Anknüpfungspunkte den gesetzlichen Unterscheidungsmerkmalen zuordnen lassen (BAG 9.6.10 – 5 AZR 332/09, NZA 10, 877; 15.12.99 – 5 AZR 566/98, NZA 2000, 447). Zwar ist in Grenzfällen die Entscheidung der Vertragsparteien für einen bestimmten Vertragstypus zu berücksichtigen (BAG 9.6.10 – 5 AZR 332/09, NZA 10, 877), jedoch prüfen die Gerichte im Rahmen der Statusbeurteilung durch **Gesamtwürdigung aller Umstände** des Einzelfalls, ob eine Scheinselbständigkeit gegeben ist (*Reinecke* NZA-RR 16, 393 mit RsprÜbersicht). **Gegen Selbstständigkeit** spricht eine sachlich und zeitlich fremdgeplante, fremdnützige und von fremder Risikobereitschaft getragene Arbeit, die nach Weisung des Dienstberechtigten ausgeführt wird (OLG Düsseldorf 5.12.97 – 16 U 220/96, NZA-RR 98, 145). Indizien hierfür sind zB umfassende Kontrollen der Tätigkeitsausübung, Einordnung in eine betriebliche Hierarchie, Vereinbarungen über Urlaubsansprüche, Genehmigungspflicht für Nebentätigkeiten und die Verpflichtung zu persönlicher Dienstleistung (*Baumbach/Hopt/Hopt* § 84 Rn 36 ff mwN; LAG Nürnberg 17.6.02 – 2 Ta 175/01, DB 02, 1777).

2 Dagegen begründen vertragliche **Pflichten, die lediglich Konkretisierungen des § 86 HGB** oder aufsichts- und wettbewerbsrechtlicher Vorschriften enthalten, keine Weisungsabhängigkeit iS eines ArbN (BAG 15.12.99 – 5 AZR 169/99, NZA 2000, 1162). Entspr folgt aus Berichtspflichten an sich noch keine persönliche Abhängigkeit, denn wie sich aus § 86 Abs 2 HGB ergibt, sind auch Handelsvertreter einer Tätigkeitskontrolle des Unternehmers unterworfen (BAG 15.12.99 – 5 AZR 566/98, NZA 2000, 447). Auch aus dem Fehlen einer vom Versicherungsvertreter geschaffenen Büroorganisation kann noch nicht auf seine ArbNEigenschaft geschlossen werden, denn gem **§ 84 Abs 4 HGB** finden die Vorschriften des HGB auch Anwendung, wenn das Unternehmen des Handelsvertreters nach Art oder Umfang einen in kaufmännischer Wiese **eingerichteten Geschäftsbetrieb nicht erfordert** (BAG 15.12.99 – 5 AZR 566/98, BB 2000, 826). Das Vorliegen einer eigenen Büroorganisation indiziert allerdings die Selbstständigkeit, insbes eigene Geschäftsräume sowie Kostentragung, Buchführung, Auftreten unter eigener Firma, Tätigkeit für mehrere Unternehmen (*Baumbach/Hopt/Hopt* § 84 Rn 36). Hier ist aber zu beachten, dass bei einer Statusfeststellung durch die Sozialversicherungsträger (§ 7a SGB IV) durchaus strengere Maßstäbe angelegt werden, so dass es für das Sozialversicherungsrecht zu einer anderen Beurteilung kommen kann; iE → Rn 13. Hilfestellung bei der Abgrenzung bietet insoweit das in erster Linie für die sozialversicherungsrechtliche Beurteilung konzipierte Rundschreiben der Spitzenorganisationen der SozVTräger vom 16.6.99/18.8.99, zuletzt aktualisiert am 13.4.10 (BB 99, 1552), das in Anlage 2 konkrete Ausführungen zu Handelsvertretern macht (→ Rn 14).

3 **2. Freies Dienstverhältnis. a) Grundsatz.** Wegen seiner Selbstständigkeit und der deshalb fehlenden persönlichen Abhängigkeit ist der Handelsvertreter kein ArbN. Arbeitsrecht findet damit im Grundsatz **keine Anwendung** auf Handelsvertreter. Das zwischen dem Handelsvertreter und dem Auftraggeber bestehende Rechtsverhältnis ist vielmehr ein

auf Geschäftsbesorgung gerichteter unabhängiger Dienstvertrag, auf den §§ 94 ff HGB, ergänzend §§ 611 ff BGB sowie § 675 BGB iVm §§ 663, 665–670, 672–674 BGB anwendbar sind. Auch soweit der Handelsvertreter als ArbNähnliche Person (→ Rn 5) anzusehen ist, findet das Tarifvertragsrecht auf ihn gem § 12a Abs 4 TVG keine Anwendung. Die soziale Absicherung des Handelsvertreters ist im Rahmen der europaweiten Angleichung durch die EG/EU-HandelsvertreterRL im Jahr 1986 sowie durch die zweite große Reform zum 1.1.1990 verbessert worden. § 85 Abs 1 HGB gibt dem Handelsvertreter einen unabdingbaren **Anspruch auf Fixierung der Vertragsbedingungen** in einem schriftlichen Vertrag. Gem § 89b HGB erhält der Handelsvertreter bei Vertragsende einen **Ausgleichsanspruch** für von ihm vermittelte Geschäfte und geworbene Kunden. Schließlich sieht § 89 HGB **verlängerte Kündigungsfristen** vor, welche teilweise sogar die Kündigungsfristen des § 622 Abs 2 BGB überschreiten. Die fristlose Kündigung des Vertrags ist gem § 89a HGB ohne Beachtung der Frist des § 622 Abs 2 BGB möglich.

Die Beschäftigung eines Handelsvertreters unterliegt grds nicht der Mitbestimmungspflicht gem § 99 BetrVG (BAG 30.8.94 – 1 ABR 3/94, NZA 95, 649). Nur wenn die Freiheit des Handelsvertreters derart durch Tätigkeitspflichten, Zielvereinbarungen und sonstige Weisungen eines Auftraggebers eingeengt ist, dass die Selbstständigkeit des Handelsvertreters in ihrem Kerngehalt beeinträchtigt ist, kann nach Auffassung des BAG eine **Einstellung iSd § 99 BetrVG** vorliegen (BAG 30.8.94 – 1 ABR 3/94, NZA 95, 649). In diesem Fall wird es sich allerdings im Regelfall um einen scheinselbstständigen Handelsvertreter handeln, der also in Wirklichkeit ArbN (auch im betriebsverfassungsrechtlichen Sinne) ist. 4

**b) Handelsvertreter als arbeitnehmerähnliche Person.** ArbNähnlich sind solche Personen, die **wirtschaftlich abhängig** und einem ArbN vergleichbar sozial schutzbedürftig sind (LAG Nürnberg 17.6.02 – 2 Ta 175/01, DB 02, 1777). Näheres → *Arbeitnehmerähnliche Personen* Rn 1 ff. Regelmäßig wird das für die Einordnung als ArbNähnliche Person maßgebliche Kriterium der wirtschaftlichen Abhängigkeit nur bei **Einfirmenvertretern** erfüllt sein. Einfirmenvertreter sind Handelsvertreter iSd **§ 92a Abs 1 HGB**, die vertraglich nicht für mehrere Unternehmen tätig sein dürfen oder denen dies nach Art und Umfang der von ihnen verlangten Tätigkeit nicht möglich ist. Die besondere wirtschaftliche Schutzbedürftigkeit liegt darin, dass der wesentliche Verdienst und die Lebensgrundlage des Handelsvertreters von einem Unternehmen abhängen; das gilt auch dann, wenn die Tätigkeit als Handelsvertreter nur im **Nebenberuf** ausgeübt wird (BAG 15.2.05 – AZB 13/04, NZA 05, 487). § 92a HGB sieht zwar eine Festlegung von Mindestleistungen des Unternehmens durch RechtsVO vor, eine solche ist bislang aber nicht erlassen worden. Für ArbNähnliche Personen ist eine Gleichstellung mit ArbN teilweise ausdrücklich gesetzlich angeordnet. So steht dem ArbNähnlichen Handelsvertreter gem § 2 BUrlG ein **Urlaubsanspruch** zu. Allerdings braucht er im Hinblick auf seine Selbstständigkeit die Lage des Urlaubs nicht mit seinem Auftraggeber abzustimmen; § 7 Abs 1 BUrlG findet keine Anwendung (BAG 20.8.03 – 5 AZR 610/02, NZA 04, 39). Ein Anspruch auf Erteilung eines **Zeugnisses** besteht gem § 630 BGB (ErfK/*Müller-Glöge* § 630 BGB Rn 2; aA OLG Celle 23.5.67, BB 67, 775). Zudem besteht eine gewisse **Fürsorgepflicht** seitens des Unternehmers (*Schaub/Vogelsang* § 11 Rn 5). 5

Gem **§ 5 Abs 3 ArbGG** ist für Streitigkeiten von Einfirmenvertretern das **Arbeitsgericht zuständig,** wenn sie während der letzten sechs Monate des Vertragsverhältnisses durchschnittlich nicht mehr als 1000 € Vergütung bezogen haben. Maßgeblich ist der tatsächliche Verdienst; weitergehende Ansprüche sind irrelevant (LAG Hess 12.4.95 – 7 Ta 127/95, NZA 95, 1071; *Germelmann/Matthes/Prütting/Müller-Glöge* § 5 ArbGG Rn 39 ff). Dies gilt auch dann, wenn der Handelsvertreter in diesen Monaten nicht gearbeitet und deshalb nichts verdient hat (BAG 15.2.05 – AZB 13/04, NZA 05, 487). Ob es sich insoweit auch um eine ArbNähnliche Person handelt ist unerheblich, denn § 5 Abs 1 Satz 2 ArbGG wird hier von der Spezialregelung aus Abs 3 verdrängt. Für die Einfirmenvertreter nach § 5 Abs 3 ArbGG gilt zudem ein Vorrecht im Insolvenzverfahren wie bei ArbN nach §§ 55 ff InsO (*Schaub/Vogelsang* § 11 Rn 5). Zum abweichenden sozialversicherungsrechtlichen Begriff der ArbNähnlichen Selbstständigen → *Arbeitnehmerähnliche Selbstständige* Rn 5 ff. 6

**B. Lohnsteuerrecht** *Seidel*

7 **1. Arbeitnehmer.** Ob ein Handelsvertreter selbstständig tätig ist oder als ArbN nichtselbstständig, bestimmt sich nach den im Steuerrecht üblichen Abgrenzungskriterien. Die arbeitsrechtliche Einstufung zB als ArbNähnlich ist unerheblich (→ *Arbeitnehmerähnliche Personen* Rn 26 und → *Arbeitnehmerähnliche Selbstständige* Rn 3). Das in § 84 Abs 1 Satz 2 HGB genannte Unterscheidungsmerkmal, dass selbstständig ist, wer im Wesentlichen frei seine Tätigkeit gestalten und seine Arbeitszeit bestimmen kann, stellt nur **ein** Abgrenzungskriterium dar. Steuerrechtlich ist das Gesamtbild der Verhältnisse entscheidend (→ *Arbeitnehmer (Begriff)* Rn 38).

8 Wesentlich ist, ob der Handelsvertreter hinsichtlich **Zeit, Ort und Erledigung des Auftrags** den Anordnungen des Auftraggebers zu folgen hat oder darüber im Wesentlichen frei eintscheiden kann. Da allerdings auch der selbstständige Handelsvertreter an Anweisungen gebunden ist, zB Berichterstattung, Kundenbesuche und Wettbewerbsverbot (*HMW*/ Agenten Rz 1) kommt es für die Abwägung im Rahmen der Weisungsgebundenheit darauf an, ob das auch bei einem angestellten Handelsvertreter gegebene Maß an Bewegungsfreiheit Ausfluss der eigenen Machtvollkommenheit oder des Willens des Geschäftsherrn ist (weiterhin BFH 7.12.61, BStBl III 62, 149; LStH 19.0 und EStH 15.1 Reisevertreter).

9 Von geringerer Bedeutung im Rahmen der Gesamtabwägung sind die **Art der Entlohnung** und die Bezeichnung des Vertragsverhältnisses durch die Beteiligten. Bei mehreren Auftraggebern kann die Selbstständigkeit und die Unselbstständigkeit jeweils unterschiedlich zu beurteilen sein (*HHR* § 19 Anm 600: Handelsvertreter; → *Arbeitnehmer (Begriff)* Rn 38). Meist wird die Tätigkeit für mehrere Auftraggeber aber generell für Selbstständigkeit sprechen. **Wechselseitige Arbeitsverhältnisse** sind bei selbstständigen Handelsvertretern keine Dienstverhältnisse iSd LStRechts (FG München 12.3.80, EFG 80, 545).

10 Für die **Arbeitnehmereigenschaft** spricht insbes das überwiegende Vorliegen folgender Merkmale: ausschließliche Zurverfügungstellung der Arbeitskraft für eine Firma, Schriftverkehr mit Kunden durch die Firma, keine Inkassovollmacht, keine eigene Firma, Abführung von LSt und SozVBeiträgen, Teilnahme an der betrieblichen Altersversorgung, ärztliche AUBescheinigung, kein Ausgleichsanspruch nach § 89b HGB, Auftreten nach außen als Beauftragter der Firma, eingeschränktes Unternehmerwagnis durch Erhalt von Fixum und Spesenersatz (weiterhin BFH 30.10.69, BStBl II 70, 474). Zur EStBesteuerung des **Ausgleichsanspruchs** nach § 89b HGB eines selbstständigen Handelsvertreters s *Löwisch* in EBJS, § 89b Rn 222 ff sowie FG Münster 30.6.15 – 13 K 3126/13 E,F, BeckRS 2015, 95555 und FG Nds 30.7.15 – 14 K 32/13, EFG 15, 1883.

11 **2. Versicherungsvertreter.** Bei diesen ergeben sich Besonderheiten dadurch, dass bei ihnen häufig Tätigkeiten, die für sich betrachtet jeweils überwiegende Merkmale für Selbstständigkeit oder Unselbstständigkeit beinhalten, zusammentreffen, nämlich die Abschlusstätigkeit und die Verwaltungstätigkeit bei Generalagenten. Auch hier ist aber die gesamte Tätigkeit einheitlich im Rahmen einer Gesamtwürdigung zu beurteilen. Eine Aufteilung nach der Art der Tätigkeit ist steuerrechtlich nicht möglich (hierzu LStH 19.0: Versicherungsvertreter und EStH 15.1: Generalagent mwN). Ein Versicherungsvertreter wird regelmäßig als selbstständig anzusehen sein, wenn er das Risiko seiner Tätigkeit (Unternehmerrisiko) trägt (BFH 26.10.77, BStBl II 78, 137; FG Düsseldorf 12.10.01 – 18 K 2524/97 G, EFG 02, 96: Bereichsdirektor Bausparkasse; LStH 19.0: Versicherungsvertreter und EStR 15.1 Abs 1; → *Arbeitnehmer (Begriff)* Rn 34–37).

**C. Sozialversicherungsrecht** *Voelzke*

12 **1. Beschäftigungsverhältnis.** Für die Beurteilung der **Versicherungspflicht** von Personen, die eine vertreterähnliche Tätigkeit ausüben, ist nicht die Bezeichnung der Vertragsparteien als selbstständiger Handelsvertreter oder abhängiger Handlungsgehilfe (bzw als Außendienstmitarbeiter, Reisender, Agent, freier Mitarbeiter, Generalvertreter, Bezirksleiter usw) ausschlaggebend, sondern für die Zuordnung sind die tatsächlichen Merkmale der ausgeübten Tätigkeit entscheidend. Können deshalb die von den Vertragsparteien getroffenen Vereinbarungen über die rechtliche Einordnung einer Person für das SozV-Recht als einer Einrichtung des öffentlichen Rechts nicht bindend sein, so kommt den

**vertraglichen Vereinbarungen** doch eine erhebliche **Indizwirkung** zu, wenn die tatsächliche Ausgestaltung und Durchführung des Vertrages der gewählten Vertragsform entspricht.

Obwohl den Begriffen **Selbstständigkeit und Abhängigkeit** als Kriterium für die Abgrenzung von Handelsvertretern (§§ 84 ff HGB) und Handlungsgehilfen (§§ 59 ff HGB) im Handelsrecht eine andere Funktion als im SozVRecht zukommt, haben sie in beiden Rechtsbereichen weitgehend den gleichen Inhalt (BSG 29.1.81 – 12 RK 63/79, SozR 2400 § 2 Nr 16; LSG RhPf 25.4.02 – L 1 AL 162/00, NZS 02, 666; *Schlegel/Voelzke/Segebrecht* SGB IV, § 7 Abs 1 Rz 76). Unerheblich für das Vorliegen einer selbstständigen Tätigkeit ist hierbei, ob ein Handelsvertreter als sog Einfirmenvertreter wirtschaftlich abhängig ist, da das SozVRecht allein auf die **persönliche Abhängigkeit** abstellt (→ *Arbeitnehmer (Begriff)* Rn 59 ff). 13

Zur Abgrenzung der selbstständig tätigen Handelsvertretern von den abhängig Beschäftigten haben die Spitzenorganisationen der SozV unter Auswertung der Rspr des BSG in ihrem Rundschreiben sehr detaillierte Hinweise gegeben (s PersonalDirekt online unter *Versicherungsrechtliche Beurteilung von Handelsvertretern*). Hierbei werden Merkmale mit starkem Gewicht, variable Merkmale und Merkmale ohne oder mit sehr geringem Gewicht unterschieden. Zu den sog starken Merkmalen für das Vorliegen eines versicherungspflichtigen Beschäftigungsverhältnisses rechnen die Spitzenorganisationen folgende Umstände des Einzelfalls: die uneingeschränkte Verpflichtung des Vertreters, allen **Weisungen** des Auftraggebers Folge zu leisten; die Verpflichtung, dem Auftraggeber regelmäßig in kurzen Abständen **Berichte** zukommen zu lassen; die Verpflichtung, in Räumen des Auftraggebers zu arbeiten; die Verpflichtung, bestimmte EDV-Hard- und Software zu benutzen, sofern damit Kontrollmöglichkeiten des Auftraggebers verbunden sind; die Verpflichtung, ein bestimmtes **Mindestsoll auf hohem Niveau** zu erreichen (eine diesbezügliche „Sanktionsregelung" sehen die SozVTräger wohl zu weitgehend auch schon darin, dass die Höhe des Provisionssatzes mit der Anzahl der vermittelten Verträge steigt). 14

„Nahezu zwingend" ist nach Auffassung der SozVTräger vom Vorliegen eines Beschäftigungsverhältnisses auszugehen, wenn die Verpflichtung des Vertreters begründet wurde, nach bestimmten **Tourenplänen** zu arbeiten und **Adressenlisten** abzuarbeiten. Diese Merkmale werden noch zusätzlich dadurch verstärkt, dass zugleich ein Verbot der Kundenwerbung aus eigener Initiative begründet wird. 15

**2. Selbstständige Tätigkeit.** Eine selbstständige Tätigkeit als Handelsvertreter übt nach § 84 Abs 1 Satz 1 HGB aus, wer als selbstständiger Gewerbetreibender ständig damit betraut ist, für einen anderen Unternehmer Geschäfte zu vermitteln (Vermittlungsvertreter) oder in dessen Namen abzuschließen (Abschlussvertreter). Selbstständig ist, wer im Wesentlichen frei seine Tätigkeit gestalten und seine Arbeitszeit bestimmen kann (§ 84 Abs 1 Satz 2 HGB). Ein starkes Merkmal für das Vorliegen einer selbstständigen Tätigkeit liegt nach Auffassung der Spitzenorganisationen der SozV bei einem Tätigwerden für **mehrere Auftraggeber** (nicht bei Konzernen bzw Konzernunternehmen iSd § 18 AktG) vor oder bei Beschäftigung von „eigenen" versicherungspflichtigen ArbN, gegenüber denen Weisungsbefugnis hinsichtlich Zeit, Ort und Arbeitsleistung besteht. 16

Führt die Abgrenzung nach den maßgebenden Gesamtumständen dazu, dass der Vertreter eine selbstständige Tätigkeit ausübt, so unterliegt er dennoch der **Rentenversicherungspflicht** mit der sich daraus ergebenden Beitragsverpflichtung, wenn die Voraussetzungen des § 2 Satz 1 Nr 9 SGB VI erfüllt sind (→ *Arbeitnehmerähnliche Selbstständige* Rn 5; *Oberthür/Lohr* NZA 01, 127). Für Handelsvertreter entfällt die RV-Pflicht nur dann, wenn sie versicherungspflichtige ArbN beschäftigen, nicht jedoch auch dann, wenn sie selbstständige Hilfskräfte (zB Untervertreter) einsetzen (BSG 10.5.06 – B 12 RA 2/05 R, NZS 07, 97). 17

**3. Beitragsrecht.** Zu den beitragspflichtigen Versorgungsbezügen in der KV gehört eine Rente aus der betrieblichen Altersversorgung (→ *Betriebliche Altersversorgung* Rn 208 ff) nach § 229 SGB V auch dann, wenn sie den beitragsfreien Ausgleichsanspruch eines Handelsvertreters nach § 89b HGB ersetzt (BSG 10.3.94 – 12 RK 30/91, Die Beiträge 94, 440). Zur beitrags- und leistungsrechtlichen Beurteilung einer Provision → *Provision* Rn 35 ff. 18

# Hauswirtschaftliches Beschäftigungsverhältnis

## A. Arbeitsrecht

*Poeche*

1 **1. Begriff.** Als hauswirtschaftliches Beschäftigungsverhältnis wird hier jedes Arbeitsverhältnis verstanden, das den ArbN verpflichtet, in einem Privathaushalt dem Inhaber oder seiner Familie die vereinbarten Dienste zu erbringen. Der Begriff dient der Abgrenzung zur Beschäftigung in einem Betrieb oder in der Verwaltung. Hierfür kommt es auf die Erbringung „niederer" oder „höherer" Dienste ebenso wenig an wie auf die Aufnahme des ArbN in die häusliche Gemeinschaft des ArbGeb. Zu den „hauswirtschaftlichen" ArbN gehören deshalb nicht nur die auf arbeitsvertraglicher Grundlage für einen Privathaushalt beschäftigten „Hausangestellten" wie Reinigungskräfte, Betreuungs- und Pflegepersonen, Diener, Köche usw, sondern auch Gärtner, Chauffeure, Hauslehrer oder Au-pair ArbN. Der steuerrechtliche Begriff „haushaltsnahe Beschäftigung" spielt arbeitsrechtlich keine Rolle.

Am 27.6.13 hat Deutschland das Gesetz zur Ratifikation der ILO Konvention Nr 189 „Menschenwürdige Arbeit für Hausangestellte" v 16.6.11 verabschiedet (BGBl II 13, 922), welches am 1.9.14 in Kraft getreten ist (*Kocher* NZA 13, 929; *Scheiwe/Schwach* NZA 13, 1116). Es soll jedoch auf ArbN iSd § 18 Abs 1 Nr 3 ArbZG und damit nach dem Willen der BReg auch auf sog 24-Stunden-Kräfte keine Anwendung finden (krit hierzu *Kocher* NZA 13, 929; *Scheiwe/Schwach* NZA 13, 1116). Insgesamt betrachtet entspricht das deutsche Recht weitgehend den Vorgaben der Konvention, ein Anpassungsbedarf besteht daher kaum (*Kocher* NZA 13, 929 und die Auffassung der damaligen Bundesregierung im Ratifizierungsverfahren BT-Drs 17/12951). Auf europäischer Ebene sollen mit den am 31.7.2019 in Kraft getretenen EU-Regeln für transparentere Arbeitsbedingungen (Richtlinie (EU) 2019/1152 über transparente und vorhersehbare Arbeitsbedingungen in der Europäischen Union) ua auch die Rechte von Hausangestellten verbessert werden, etwa durch erweiterte Nachweispflichten des ArbGeb und vorhersehbare Arbeitszeiten.

2 **2. Arbeitsvertragsrecht.** Das Beschäftigungsverhältnis unterliegt dem allgemeinen Arbeitsvertragsrecht (§§ 611 ff BGB). Anzuwenden sind insbes auch die Grundsätze der **Arbeitnehmerhaftung.** So werden Ersatzansprüche des ArbGeb wegen der Beschädigung von Glas, Porzellan, Möbeln usw wegen der mit der Erledigung von Reinigungsarbeiten alltäglich verbundenen Gefahr vielfach nicht in Betracht kommen (→ *Arbeitnehmerhaftung* Rn 13 ff). Der Mindestlohn nach der PflegeArbbV wird regelmäßig nicht geschuldet sein, da ein privater Haushalt nicht als Betrieb iSd Verordnung gilt (vgl zum Diskussionsstand und zur entgegenstehenden Auffassung: *Heinlein* AuR 13, 469; ebenso LAG RhPf 11.2.16 – 2 Sa 378/15, BeckRS 2016, 68326). Geschuldet wird aber der Mindestlohn nach dem MiLoG (hierzu *Knopp* NZA 15, 851). Eine „Grauzone" bildete bisher die Beschäftigung von Pflegekräften („Haushaltshilfen") aus den **MOE-Staaten.** Eine legale Einstellung als ArbN über die BA und die Befolgung der einschlägigen steuer- und sozialrechtlichen Bestimmungen überforderte idR den Pflegebedürftigen und seine Angehörigen (*Fuchs* NZA 10, 980). Der deutsche Arbeitsmarkt ist zwar für die Angehörigen der EU-Staaten seit 1.1.14 insgesamt geöffnet, unverändert sind aber die weiteren Anforderungen. Eine Beschäftigung auf der Grundlage eines freien Dienstvertrags wird regelmäßig an der sich aufdrängenden Weisungsgebundenheit der pflegerischen Leistung scheitern (→ *Arbeitnehmer (Begriff)* Rn 3). Erfolgt die Beschäftigung, wie überwiegend praktiziert, auf der Grundlage eines Vertrags mit einem ausländischen Pflegedienst, bestehen zwischen der Pflegekraft und dem Pflegebedürftigen keine unmittelbaren Rechtsbeziehungen (zur ArbNEntsendung im Pflegebereich → *Pflegeversicherungsleistungen* Rn 32 ff; zu 24-Stunden-Pflegekräften aus Polen: *Brors/Böning* NZA 15, 846). Die Weisungsbefugnis des Pflegebedürftigen/seiner Angehörigen wird durch das entsendende Unternehmen vermittelt (EuGH 10.2.11 – C-307, 308, 209/09, NZA 11, 283).

3 **3. Arbeitsschutz.** Nach § 1 Abs 2 ArbSchG gilt der **Arbeitsschutz** nicht für Hausangestellte in privaten Haushalten. Das entspricht der EG-Rahmenrichtlinie Arbeitsschutz. Anforderungen an die Gestaltung des Arbeitsplatzes ergeben sich aus den **Unfallver-**

**hütungsvorschriften** der Gemeindeunfallversicherung, in der Hausangestellte idR gesetzlich unfallversichert sind. Nicht anzuwenden ist außerdem das **Arbeitssicherheitsgesetz** (§ 17 Abs 1 ASiG). § 618 Abs 2 BGB enthält eine erweiterte Pflicht zu Schutzmaßnahmen im Hinblick auf die Gestaltung von Wohn- und Schlafräumen für sog live-in-Hausangestellte. Anders als nach altem Recht (§ 1 AZO) unterliegen die im Haushalt beschäftigten ArbN dem **öffentlich-rechtlichen Arbeitszeitschutz** des ArbZG. Eine Ausnahme gilt nach § 18 Abs 1 Nr 3 ArbZG nur für ArbN, die in häuslicher Gemeinschaft mit den ihnen anvertrauten Personen zusammenleben und diese eigenverantwortlich erziehen, pflegen oder betreuen (zB Arbeit in SOS-Kinderdörfern oder in betreuten Wohngruppen, str für sog 24-Stunden-Pflegekräfte, *Kocher* NZA 13, 929; *Scheiwe/Schwach* NZA 13, 1116; *Brors/Böning* NZA 15, 846; zum Streitstand: *Steinke* RdA 18, 232). Arbeitszeit und Freizeit lassen sich in diesen Fällen nicht voneinander trennen (→ *Arbeitszeit* Rn 5). Zur Zulässigkeit der Beschäftigung von **Kindern** und **Jugendlichen** mit Arbeiten in Haus und Garten → *Jugendarbeitsschutz* Rn 12. Zum UVSchutz → Rn 18.

**4. Betriebsverfassungsrecht.** Das BetrVG ist nicht anzuwenden. Es gilt nur für ArbN, die in einem Betrieb beschäftigt sind. Eine solche Beschäftigungsstelle ist der Privathaushalt nicht, da sich die vom ArbGeb verfolgten arbeitstechnischen Zwecke in der Befriedigung des Eigenbedarfs erschöpfen (→ *Betrieb (Begriff)* Rn 3–5; krit *Kocher* NZA 13, 929). ArbN, die ausschließlich im Haushalt des Betriebsinhabers tätig sind, gehören daher dem Betrieb nicht an. Das gilt auch dann, wenn der ArbGeb den ArbN zur Ersparnis von Privatausgaben und mit dem Ziel der Steuerhinterziehung rechtswidrig als ArbN des Betriebs führt, ihn tatsächlich aber nicht dort, sondern im Privathaushalt beschäftigt. Wird der ArbN sowohl im Betrieb als auch im Haushalt eingesetzt, gehört er zur Belegschaft des Betriebs auch dann, wenn er mit dem Betriebsinhaber in häuslicher Gemeinschaft lebt (ErfK/*Koch* § 5 BetrVG Rz 2). 4

**5. Kündigung.** Das Arbeitsverhältnis kann ohne weitere Voraussetzungen fristgerecht gekündigt werden. Das KSchG gilt nur für ArbN, die in einem Betrieb oder in einer Verwaltung beschäftigt sind, § 23 Abs 1 Satz 1 KSchG (→ *Kündigungsschutz* Rn 36; LAG Nds 14.3.19 – 5 Sa 822/18, NZA-RR 19, 362; LAG Ddorf 10.5.16 – 14 Sa 82/16, BeckRS 2016, 70686; *Steinke* RdA 18, 232; wiederum krit *Kocher* NZA 13, 929). Auch die verlängerten **Kündigungsfristen** des § 622 Abs 2 BGB gelten nicht. Sie setzen ebenfalls die Beschäftigung in einem Betrieb oder in einer Verwaltung voraus. Das Arbeitsverhältnis kann daher mit der Frist des § 622 Abs 1 BGB gekündigt werden, also mit vier Wochen zum 15. oder zum Ende eines Monats (LAG RhPf 3.9.19 – 8a 352/18, BeckRS 2019, 31181; *Steinke* RdA 18, 232; aA LAG BaWü 26.6.15 – 8 Sa 5/15, BeckRS 2015, 72606). Zu beachten ist der **Sonderkündigungsschutz des MuSchG** (→ *Mutterschutz* Rn 30 ff) und des BEEG (→ *Elternzeit* Rn 36). Anzuwenden ist ferner das Recht der **Schwerbehinderten** (→ *Behinderte* Rn 40). Keine Bedenken bestehen gegen die **vertragliche Vereinbarung** von Kündigungsschutz oder den Abschluss des Arbeitsvertrags für die Dauer der Lebenszeit des ArbGeb. Solche Vereinbarungen sind nicht ohne weiteres sittenwidrig iSv § 138 BGB. Besteht kein Grund zur außerordentlichen Kündigung, ist eine gleichwohl erklärte Kündigung rechtsunwirksam (BAG 25.3.04 – 2 AZR 153/03, BB 04, 2303). 5

**6. Nachweisgesetz.** Zu beachten ist § 2 Abs 1 UAbs 3 NachwG und die dort bestimmte **Hinweispflicht** auf die Möglichkeit der RV (→ *Geringfügige Beschäftigung* Rn 5). 6

## B. Lohnsteuerrecht

*Weil*

**Übersicht**

7 **I. Überblick. 1. Gesetzesaufbau.**

| seit 2009 | Tatbestand | Abzugsbetrag in % der Aufwendungen | höchstens |
|---|---|---|---|
| § 35a Abs 1 EStG | Geringfügige Beschäftigung mit Haushaltsscheck | 20 % | 510 € |
| § 35a Abs 3 EStG | Handwerkerleistungen | 20 % | 1200 € |
| § 35a Abs 2 EStG | Haushaltsnahe Beschäftigungsverhältnisse oder Dienstleistungen, die nicht unter § 35a Abs 1 und Abs 3 EStG fallen | 20 % | 4000 € |

8 **2. Gesetzgeberischer Hintergrund** der Einführung des § 35a EStG (seit 2003) war zum einen die Eindämmung der Schwarzarbeit, um der SozV Einnahmen zuzuführen. Zum anderen sollen dem Arbeitsmarkt Impulse gegeben werden, um die Beschäftigung zu fördern.

9 **Literaturhinweise:** BMF 9.11.16, BStBl I 16, 1213 mit umfangreicher Liste der (Nicht-)Begünstigungen; OFD NRW 17.3.14, DB 14, 745.

10 **II. Geringfügige Beschäftigung im Privathaushalt** (§ 35a Abs 1 EStG). **1. Haushaltsscheck.** Zu den Voraussetzungen des § 8a SGB IV (Geringfügige Beschäftigung mit Haushaltsscheckverfahren), die lt § 35a Abs 1 EStG vorliegen müssen, → Rn 33 ff.

11 **2. Haushaltsnahes Beschäftigungsverhältnis.** Die geringfügige Beschäftigung im Privathaushalt muss im Rahmen eines haushaltsnahen Beschäftigungsverhältnisses ausgeübt werden. Der Begriff haushaltsnahes Beschäftigungsverhältnis ist im Gesetz nicht definiert. Es geht um eine Tätigkeit, die einen engen Bezug zum Haushalt hat (BFH 1.2.07 – VI R 77/05, BStBl II 07, 760), konkreter zur Hauswirtschaft (BFH 1.2.07 – VI R 74/05, BFH/NV 07, 900). Die Tätigkeit umfasst **alle Haushaltsarbeiten** im herkömmlichen Sinn, wie **zB** Kochen, Reinigen der Räume, Pflege der Wäsche, Einkaufen von Waren des täglichen Bedarfs, Gartenpflege, auch Umzugsdienstleistungen. **Nicht begünstigt** sind die Unterrichtung von Kindern (Musik- oder Nachhilfeunterricht, Vermittlung besonderer Fähigkeiten, sportliche und andere Freizeitbetätigungen) und gesellschaftliche Repräsentanz (Chauffeur, Sekretär, Gesellschaftsdame, Hauslehrer) sowie personenbezogene Dienstleistungen (Friseur, Kosmetik).

12 **3. Arbeitsverhältnis.** Die Tätigkeit muss im Rahmen eines steuerlich anzuerkennenden Arbeitsverhältnisses erbracht werden. Arbeitsverhältnisse zwischen Ehegatten, Eltern und im Haushalt lebenden Kindern und Partnern einer nichtehelichen Lebensgemeinschaft sind nicht begünstigt, weil jede im Haushalt lebende Person am häuslichen Haushalt teil hat und es deshalb an dem für Beschäftigungsverhältnisse typischen Über- und Unterverhältnis fehlt. Zu Angehörigen, die außer Haus leben und Dienstleistungen im Haushalt des Stpfl erbringen → *Familiäre Mitarbeit* Rn 29 ff.

13 **4. Arbeitsort** (§ 35a Abs 4 EStG).Der Privathaushalt, in dem die haushaltsnahe Beschäftigung erbracht wird, muss innerhalb der EU oder des EWR liegen. Tätigkeiten außerhalb

des Haushalts sind nicht begünstigt, außer sie gehören als Nebenpflicht zur Haushaltsbetätigung, wie zB kleine Botengänge, Begleitung zum Einkaufen, Arztbesuch. Auch bei einem eigenständigen und abgeschlossenen Haushalt in einem **Heim** kann § 35a Abs 1 EStG eingreifen (→ *Pflegeversicherungsleistungen* Rn 2), ebenso bei einer Zweitwohnung.

**5. Begünstigungsausschluss** (§ 35a Abs 5 EStG).Eine Steuerermäßigung nach § 35a EStG kommt nicht in Betracht, soweit die Aufwendungen Betriebsausgaben oder Werbungskosten sind oder Kinderbetreuungskosten (§ 10 Abs 1 Nr 5 EStG) darstellen oder wenn sie als außergewöhnliche Belastung berücksichtigt worden sind. Bei gemischter Tätigkeit, zB eine Reinigungskraft reinigt Betriebs- und Wohnräume, ist zeitanteilig aufzuteilen; ggf sind zur Rechtsklarheit getrennte Verträge abzuschließen. § 35a EStG ist also gegenüber den genannten Vorschriften subsidiär. Ist die Abzugsmöglichkeit nach §§ 33, 33a, 33b EStG ausgeschöpft, kann ein überschießender Betrag in den Grenzen des § 35a Abs 1 EStG abgezogen werden. § 34 f EStG (Baukindergeld) geht dem § 35a vor (BFH 30.1.08 – X R 1/07, BStBl II 08, 520; → Rn 30). 14

**6. Abzugsregelung. a) Antrag.** Die Steuerermäßigung erfolgt durch Abzug der Aufwendungen von der festgesetzten Steuer, nachdem andere Steuerermäßigungen vorweg berücksichtigt worden sind (→ Rn 18, 30). Die Steuerermäßigung wird auf **Antrag** grds im Rahmen der Steuerveranlagung gewährt (→ *Antragsveranlagung* Rn 2 ff), kann aber bereits schon bei der Festsetzung der ESt-Vorauszahlungen (§ 37 EStG) oder wenn der ArbGeb bzw der Auftraggeber für die haushaltsnahe Beschäftigung ein ArbN ist, zB ein GmbH-Geschäftsführer, im Rahmen von ELStAM (§ 39a Abs 1 Nr 5c EStG) berücksichtigt werden, und zwar mit dem vierfachen Betrag. Damit soll die Progressionswirkung beim Abzug von der ESt berücksichtigt werden. 15

Da die Neuregelung ab 2009 keine Zwölftelung mehr vorsieht (§ 35a Abs 1 Satz 2 EStG bis 2008), ist der Abzugsbetrag nicht zu kürzen, auch wenn die haushaltsnahe Beschäftigung nur einen Teil des Jahres andauert.

**b) Abzugshöhe.** Die Aufwendungen umfassen den Bruttolohn zzgl LSt, KiSt und SozVBeiträge bzw das Arbeitsentgelt sowie die Umlagen nach der Lohnfortzahlungsversicherung und UVBeiträge, die an den Gemeindeversicherungsverband abzuführen sind. Sie können haushaltsbezogen, nicht personenbezogen geltend gemacht werden (→ Rn 17). Zur Abzugshöhe → Rn 7. Als Nachweis dient die zum Jahresende von der Minijob-Zentrale erteilte Bescheinigung (§ 28 Abs 4 SGB IV; → Rn 41). 16

**Beispiel:** Eine Zugehfrau, ab 1.7. des Jahres beim StPfl tätig, erhält im Rahmen des Haushaltsscheckverfahrens monatlich 200 €. Die ESt-Schuld des StPfl beträgt 7000 €.

| | |
|---|---|
| | 7000 € |
| Steuerabzug 20 % (200 € × 6 Monate = 1200 €) = | 240 € |
| Steuerschuld | 6740 € |

**c) Haushaltsbezogenheit.** Bei Zusammenveranlagung steht die zu gewährende Steuerermäßigung den Ehegatten je zur Hälfte zu. Die Steuerermäßigung wird auch bei mehreren von den Ehegatten genutzten Wohnungen nur einmal gewährt (BFH 29.7.10 – VI R 60/09, DStR 10, 2027). Leben zwei Alleinstehende in einem Haushalt zusammen, können sie die Steuerermäßigung insgesamt jeweils nur einmal in Anspruch nehmen (§ 35a Abs 5 Satz 4 EStG). 17

**d) Wegfall der Steuerermäßigung.** Beträgt die Steuerfestsetzung 0 €, entfällt der Abzugsbetrag nach § 35a EStG. Dies ist verfassungsgemäß (BFH 29.1.09 – VI R 44/08, DStR 09, 681; → Rn 30). 18

**e) Bußgeld.** Die Vernachlässigung der LStPflichten durch den Stpfl als ArbGeb gem § 35a Abs 1 Nr 1 EStG ist bußgeldbewehrt (§ 50e Abs 2 EStG). 19

**7. Besteuerung des geringfügig Beschäftigten.** Zur **Besteuerung** der im Privathaushalt beschäftigten Person (2 %; § 40a Abs 2 EStG; → *Geringfügige Beschäftigung* Rn 21). Bei nebenberuflicher Tätigkeit kommt der Steuerfreibetrag nach § 3 Nr 26 EStG iHv 2400 € in Betracht (OFD Frankfurt 6.9.06, DStR 07, 72). Da Wohnungseigentümergemeinschaften und Vermieter nicht am Haushaltsscheckverfahren teilnehmen können, entfällt für sie die Begünstigung nach § 35a Abs 1 EStG; möglich aber nach Abs 2, 3 (→ Rn 26 ff). 20

21 **III. Inanspruchnahme von Handwerkerleistungen** (§ 35a Abs 3 EStG).

**1. Höhe der Steuerermäßigung.** Es sind 20 % der Aufwendungen, höchstens 1.200 € abzugsfähig.

22 **2. Abzugsregelung. a) Begünstigte Leistungen.** Abzugsfähig sind Aufwendungen für Handwerkerleistungen, für Renovierungs-, Erhaltungs- und Modernisierungsaufwendungen, die in einem **Haushalt des StPfl** erbracht werden (BFH 6.5.10 – VI R 4/09, DStR 10, 1717 zur Abgrenzung zu haushaltsnahen Dienstleistungen). Nach BMF (→ Rn 9) fällt auch Herstellungsaufwand hierunter, Maßnahmen im Zusammenhang mit neuer Wohn- bzw Nutzflächenschaffung in einem vorhandenen Haushalt sind begünstigt, nicht jedoch eine Neubaumaßnahme. Die Prüfung der ordnungsgemäßen Funktion einer Anlage ist ebenso eine Handwerkerleistung (BMF 9.11.16, BStBl I 16, 1213).

Zu den handwerklichen Tätigkeiten zählen ua:

– Arbeiten an Innen- und Außenwänden,
– Arbeiten am Dach, an der Fassade, an Garagen, oÄ,
– Reparatur oder Austausch von Fenstern und Türen,
– Streichen/Lackieren von Türen, Fenstern (innen und außen), Wandschränken, Heizkörpern und -rohren,
– Reparatur oder Austausch von Bodenbelägen (zB Teppichboden, Parkett, Fliesen),
– Reparatur, Wartung oder Austausch von Heizungsanlagen, Elektro-, Gas- und Wasserinstallationen,
– Modernisierung oder Austausch der Einbauküche. Der Einbau einer Einbauküche in zeitlichem und funktionalem Zusammenhang mit der Errichtung eines Einfamilienhauses ist keine begünstigte Handwerkerleistung nach § 35a Abs 2 Satz 2 EStG, FG SchlH 2.2.2011 – 2 K 56/10, BeckRS 2011, 94816.
– Modernisierung des Badezimmers,
– Reparatur und Wartung von Gegenständen im Haushalt des Stpfl (zB Waschmaschine, Geschirrspüler, Herd, Fernseher, Personalcomputer und andere Gegenstände, die in der Hausratversicherung mitversichert werden können),
– Maßnahmen der Gartengestaltung, nicht aber erstmalige Anlage (BFH 13.7.11 – VI R 61/10, DStR 11, 2390),
– Pflasterarbeiten auf dem Wohngrundstück,
– Aufwendungen für Hausanschluss auch jenseits der Grundstücksgrenze (BFH 20.3.14 – VI R 56/12, DStR 14, 1152 – ebenso BMF 9.11.16, BStBl I 16, 1213). Bei Aufwendungen auf die Neuverlegung einer öffentlichen Mischwasserleitung als Teil des öffentlichen Sammelnetzes ist der räumlich-funktionale Zusammenhang zum Haushalt des Stpfl jedoch nicht gegeben (BFH 21.2.18 – VI R 18/16, BeckRS 2018, 10972).

Die Leistung braucht nicht von einem Berufskundigen erbracht zu werden; die Eintragung in die Handwerksrolle ist nicht erforderlich (BFH 13.7.11 – VI R 61/10, DStR 11, 2390). Es kann sich auch um einen Kleinunternehmer (§ 19 Abs 1 UStG) oder Existenzgründer handeln. Leistungen, bei denen die Lieferung von Waren im Vordergrund steht, sind nicht begünstigt. Zur Vermeidung von Doppelförderung sind Maßnahmen nach dem CO2-Gebäudesanierungsprogramm mit Kfw-Förderbank sowie Maßnahmen, für die öffentlich geförderte zinsverbilligte Darlehen oder steuerfreie Zuschüsse in Anspruch genommen werden, gem § 35a Abs 3 Satz 2 EStG nicht begünstigt, ebenso nicht Förderprogramme des Bundes und der Länder, wie zB altersgerechte Umbauen oder die Förderung energetischer Renovierung, Erhaltung und Modernisierung.

23 **b) Ort der Leistung.** Zum Ort der Handwerkerleistung und zum Begünstigungsausschluss → Rn 13, 14.

**Beispiel:** Ein Möbelschreiner stellt auftragsgemäß maßgeschneiderte Möbel in seiner Werkstatt her. Nur die Kosten des Einbaus vor Ort, nicht die Werkstattarbeiten, sind begünstigt (FG München 24.10.11 – 7 K 2544/09, BeckRS 2012, 94109).

24 **c) Umfang der Steuerermäßigung.** Abzugsfähig sind nur die Arbeitskosten, nicht die Material- und Warenkosten (§ 35a Abs 5 Satz 2 EStG). Es empfielt sich daher eine entsprechende Aufschlüsselung in der Rechnung (OFD Koblenz 1.6.06, DStR 06, 1651). Zur Höhe der Steuerermäßigung → Rn 7.

**Beispiel:** Eine Handwerkerrechnung über Fliesenarbeiten im Bad: Arbeitskosten 1500 €, Material 500 € zzgl 19 % USt 380 € = 2380 €.

Abzugsfähig sind: 1500 € + 285 € (= 19 % aus 1500 €) = 1785 €; hiervon 20 % = 357 €.

Bei mehreren Wohnungen verbleibt es auch bei Ehegatten beim gesetzlichen Höchstbetrag (BFH 29.7.10 – VI R 60/09, DStR 10, 2027).

**d) Rechnungsvorlage.** Für die Abzugsfähigkeit ist auf Anforderung des FA die Vorlage 25 der Rechnung und der Nachweis der Zahlung auf ein Bankkonto des Leistungserbringers erforderlich (§ 35a Abs 5 Satz 3 EStG; BFH 29.1.09 – VI R 28/08, BFH/NV 09, 823; BFH 5.3.09 – VI R 43/08, BFH/NV 09, 1113). Damit soll die Besteuerung des Auftragnehmers gesichert werden. Daher genügt Barzahlung – auch gegen Quittung – nicht (FG Münster 18.1.06 – 1 K 4132/04, EFG 06, 895). Dies ist verfassungsgemäß (BFH 20.11.08 – VI R 14/08, BStBl II 09, 307). Mieter, auf die die Aufwendungen umgelegt werden, haben einen kostenlosen Anspruch auf Rechnungsvorlage (AG Lichtenberg 23.5.11 – 105 C 394/10, BeckRS 2011, 23302). Zu Anzahlungen in bar s *Schmidt/Krüger* EStG § 35a Rz 27. **Drittaufwand** ist anzuerkennen; zB die Mutter bezahlt die Rechnung für den Sohn = Aufwand des Sohnes (FG Sachs 18.9.09 – 4 K 645/09, BeckRS 2009, 26028109). Ein Pauschalabzug entfällt (FG Nürnberg 11.8.11 – 4 K 258/10, BeckRS 2011, 96362).

**e) Begünstigter Personenkreis.** Begünstigt ist der die Wohnung Nutzende, also der im 26 eigenen Haus wohnende Eigentümer, der Mieter, Nießbraucher usw. Bei Wohnungseigentümergemeinschaften muss der Anteil des einzelnen Eigentümers ausgewiesen sein (OFD Münster 17.12.07, DStR 08, 254). Zum Antragserfordernis → Rn 15. Zur Berechnung bei Zusammenveranlagung und bei nichtehelicher Lebensgemeinschaft → Rn 17.

**IV. Sonstige haushaltsnahe Dienstleistungen** (§ 35a Abs 2 EStG). **1. Zweiteilung.** 27
Für andere als in § 35a Abs 1 EStG aufgeführte haushaltsnahe Beschäftigungsverhältnisse oder für die Inanspruchnahme von haushaltsnahen Dienstleistungen, die nicht unter § 35a Abs 3 EStG fallen, ermäßigt sich die tarifliche ESt, vermindert um die sonstigen Steuerermäßigungen, auf Antrag um 20 %, höchstens 4000 €, der Aufwendungen des Stpfl. Die Vorschrift unterteilt die Betätigungen in einerseits haushaltsnahe Beschäftigungsverhältnisse, die nicht auf 450 €-Basis mit Haushaltsscheck durchgeführt werden, und andererseits in haushaltsnahe Dienstleistungen. Für haushaltsnahe Beschäftigungsverhältnisse gelten die unter → Rn 11–20 dargestellten Voraussetzungen mit Ausnahme der 450 €-Job-Regeln.

**2. Begriff der haushaltsnahen Dienstleistung.** Haushaltsnahe Dienstleistungen iSv 28 § 35a Abs 2 Satz 1 EStG sind Tätigkeiten, die gewöhnlich durch Mitglieder des privaten Haushalts oder entsprechend Beschäftigte zur Versorgung der dort lebenden Familie im Privathaushalt erledigt werden. Erforderlich ist ein Bezug zur Hauswirtschaft (BFH 1.2.07 – VI R 74/05, BFH/NV 07, 900). Dadurch grenzt sich die haushaltsnahe = hauswirtschaftliche Dienstleistung iSd § 35a Abs 2 EStG von Handwerkerleistungen nach § 35a Abs 3 EStG ab, so dass sich die beiden Anwendungsbereiche nicht überschneiden (BFH 13.7.11 – VI R 61/10, DStR 11, 2390). **Zu haushaltsnahen Dienstleistungen gehören** ua Einkaufen von Verbrauchsgütern, Kochen, Wäschepflege, Reinigung und Pflege der Räume, auch die Pflege, Versorgung und Betreuung von Kindern und kranken Haushaltsangehörigen, aber auch Nachbarschaftshilfe, Fensterputzkolonne, Arbeiten am Haus und im Garten, die nicht durch Handwerker erledigt werden, Umzugsdienstleistungen (OFD Münster 30.1.09, DStR 09, 532). Den Arbeiten liegt grds **kein Arbeitsverhältnis,** vielmehr eine Geschäftsbesorgung oder ein Auftrag zu Grunde. Dienstleistungen außerhalb des Haushalts oder im Haushalt, die keinen Bezug zur Hauswirtschaft haben, sind **nicht begünstigt** (BFH 6.5.10 – VI R 4/09, BStBl II 11, 909), zB Essen auf Rädern (FG Münster 15.7.11 – 14 K 1226/10 E, BeckRS 2011, 96247), Wäschereiservice, Textilreinigung, Tanken, Autowaschen (FG Nbg 22.9.05 – IV 33/05, DStRE 06, 600), Grabpflege (FG Nds 25.2.09 – 4 K 12315/06, EFG 09, 761). Auch Dienstleistungen, bei denen die Lieferung von Waren im Vordergrund steht, sind nicht begünstigt, zB Partyservice, ebenso nicht Kosten für die Müllabfuhr (FG Köln 26.1.11 – 4 K 1483/10, EFG 11, 978). Die **Betreuung von Haustieren** kann unter § 35a Abs 2 EStG fallen (BFH 30.9.15 – VI R 13/15 BeckRS 2015, 95975). Hierzu können auch Leistungen eines Hundegassi-Services gehören

(FG Hessen 1.2.17 – 12 K 902/16, BeckRS 2017, 123323). Zur Berücksichtigung von Aufwendungen für *Winterdienst* s BFH 20.3.14 – VI R 55/12, DB 14, 1348.

29 **3. Pflege- und Betreuungsleistungen.** Nach § 35a Abs 2 Satz 2 EStG fallen unter die haushaltsnahe Dienstleistung Pflege- und Betreuungsleistungen sowie die Unterbringung in einem Heim oder dauernde Pflege. S hierzu → *Pflegeversicherungsleistungen* Rn 3, 4. Zur **Kinderbetreuung** → *Kindervergünstigungen* Rn 23. Für ein mit der Betreuungspauschale abgegoltenes Notrufsystem, das innerhalb einer Wohnung im Rahmen des „Betreuten Wohnens" Hilfeleistung rund um die Uhr sicherstellt, kann die Steuerermäßigung nach § 35a EStG in Anspruch genommen werden (BMF 9.11.16, BStBl 16, 1213).

30 **4. Abzugsregelung.** Hinsichtlich der übrigen Voraussetzungen (Leistungsort, Begünstigungsausschluss, Rechnungslegung) gelten die obigen Ausführungen → Rn 23–26. Zu beachten ist, dass bei einer Steuerfestsetzung Null € ein Abzug nach § 35a EStG sowie ein Verlustvor- oder -rücktrag oder eine negative ESt entfällt (BFH 29.1.09 – VI R 44/08, DStR 09, 681) entfällt (*Bergkemper* FR 09, 825). Denn § 35a EStG kommt erst zur Anwendung, nachdem alle anderen Steuervergünstigungen berücksichtigt worden sind (§ 35a EStG in allen drei Absätzen: „vermindert um die sonstigen Steuerermäßigungen …"). Daher geht das Baukindergeld (§ 34 f Abs 3 EStG) dem Abzug nach § 35a EStG vor (BFH 30.1.08 – X R 1/07, BStBl II 08, 520; Sonderfall FG BaWü 24.1.11 – 10 K 1922/10, EFG 11, 1069). Bei Vorliegen der entsprechenden Voraussetzungen der Abs 1–3 des § 35a EStG kommt ein kumulativer Abzug der Abzugsbeträge in Betracht.

**Beispiel:** Der Stpfl beschäftigt eine Hilfskraft auf 450 €-Basis (Abs 1), daneben eine Hilfskraft als Gärtner (Abs 2 Satz 1) und Handwerker (Abs 3). Höchstabzugsbetrag: 510 € + 4000 € + 1200 € = 5710 €. Ist der StPfl ein Pflegefall (Abs 2 Satz 2), erhöht sich dieser Betrag um nochmals 4000 €. Hieraus wird die Wirtschaftslenkungsfunktion dieser Vorschrift und eine gewisse Privilegierung der Besserverdienenden deutlich.

## C. Sozialversicherungsrecht

*Schlegel*

31 **1. Versicherungsschutz in der Sozialversicherung.** Die SozV stellt im Grundsatz nicht darauf ab, welche Art von Arbeit verrichtet wird. Beschäftigung ist die nicht selbstständige Arbeit, insbes in einem Arbeitsverhältnis (§ 7 Abs 1 Satz 1 SGB IV). Daher führt, wenn die Geringfügigkeitsgrenzen überschritten sind (s *Geringfügige Beschäftigung*), auch abhängige Arbeit in einem Haushalt zur Versicherungspflicht in der UV, RV, KV, PflegeV und ArblV. In der UV gilt dies selbst dann, wenn die Beschäftigung unentgeltlich erfolgt. Da beim hauswirtschaftlichen Beschäftigungsverhältnis regelmäßig die Voraussetzungen eines Kleinbetriebs vorliegen, besteht für den ArbGeb Zulagepflicht nach dem AAG für Entgeltfortzahlung (Umlage U 1, § 1 Abs 1 AAG) und die Aufwendungen nach dem Mutterschutzgesetz (Umlage U 2, § 1 Abs 2 AAG). Für die **Umlage U 1 und U 2** finden die für die KV geltenden Vorschriften entsprechende Anwendung (§ 10 AAG), dh mit den Meldungen bzgl der Beiträge zum KV sind auch die Umlagen U 1 und U 2 zu melden.

32 Sonderregelungen bestehen für hauswirtschaftliche Beschäftigungsverhältnisse insoweit, als der sog Haushaltsscheck ein vereinfachtes Melde- und Beitragsentrichtungsverfahren vorsieht (dazu nachfolgend).

33 **2. Geringfügige Beschäftigung in Privathaushalten – § 8a SGB IV. a) Versicherungsfreiheit.** Werden geringfügig Beschäftigte ausschließlich in Privathaushalten beschäftigt, gilt § 8 SGB IV (§ 8a Satz 1 SGB IV). Dh im Normalfall ist die Beschäftigung versicherungsfrei, wird aber unter den Voraussetzungen des § 8 Abs 2 SGB IV mit anderen geringfügigen Beschäftigungen oder – wenn mehrere geringfügige Beschäftigungen ausgeübt werden – auch mit einer nicht geringfügigen Hauptbeschäftigung zusammengerechnet.

34 **b) Begriff.** Ob eine geringfügige Beschäftigung vorliegt, richtet sich nach der allgemeinen Regelung des § 8 SGB IV (dazu *Geringfügige Beschäftigung* Anm C). Eine geringfügige Beschäftigung **in Privathaushalten** liegt vor, wenn diese durch einen privaten Haushalt begründet und die Tätigkeit sonst gewöhnlich durch Mitglieder des privaten Haushalts erledigt wird (§ 8a Satz 2 SGB IV). Hierzu gehören zB Putzen, Rasenmähen, Autowaschen etc. Nicht darunter fallen geringfügige Beschäftigungen für Arbeiten im Zusammenhang

mit der Verwaltung, Pflege, Instandhaltung etc von Gemeinschaftseigentum einer Gemeinschaft von Wohnungseigentümern (BSG 29.8.12 – B 12 R 4/10 R, SozR 4–2400 § 8a Nr 1).

**c) Besonderheiten in der Krankenversicherung.** Im Normalfall der geringfügigen Beschäftigung zahlt der ArbGeb in der KV für den Beschäftigten, wenn diese in der gesetzlichen KV (familien- oder freiwillig) versichert sind, einen 13%-igen Pauschalbeitrag an die Krankenkasse (§ 249b Satz 1 SGB V). Für Beschäftigte in Privathaushalten nach § 8a SGB IV, die versicherungsfrei sind, trägt der ArbGeb einen Beitrag in Höhe von lediglich 5% des Arbeitsentgelts dieser Beschäftigung (§ 249b Satz 2 SGB V). 35

**d) Besonderheiten in der Rentenversicherung.** In der RV besteht bei der **erstmaligen Aufnahme einer (neuen) Beschäftigung ab 1.1.2013** mit einem Arbeitsentgelt von nicht mehr als 450 Euro Versicherungspflicht; der ArbGeb trägt bei im Privathaushalt Beschäftigten 5% des Beitrages (sonstige geringfügig Beschäftigte 15%), den Rest bis zum gesetzlichen Rentenbeitragssatz der ArbN (§ 168 Abs 1 Nr 1b SGB VI). Macht der Beschäftigte von der Möglichkeit zur Befreiung von der Versicherungspflicht Gebrauch, trägt der ArbGeb einen Pauschalbeitrag in Höhe von 5%. Zum Ganzen auch *Geringfügige Beschäftigung.* **Zum Übergangsrecht**, wenn die Beschäftigung bei demselben ArbGeb schon vor dem 1.1.2013 ausgeübt wurde, vgl 23. Aufl. Rz 36. 36

**3. Haushaltsscheckverfahren für in Privathaushalten geringfügig Beschäftigte.** 37
**a) Begriff.** Für die im Haushalt geringfügig Beschäftigten, deren Arbeitsentgelt im Monat 450 € nicht übersteigt, hat der ArbGeb eine vereinfachte Meldung zu erstatten (§ 28a Abs 7 SGB IV; dazu eingehend *Schlegel/Voelzke* SGB IV § 28a Rz 86 ff). Diese **vereinfachte Arbeitgebermeldung** wird als Haushaltsscheckverfahren bezeichnet (§ 28a Abs 7 Satz 1 SGB IV). Voraussetzung ist, dass das Arbeitsentgelt iSd § 14 Abs 3 SGB IV aus der Beschäftigung im Privathaushalt 450 €/Monat nicht übersteigt (dazu BT-Drs 13/6151 S 23). Als Arbeitsentgelt gilt insoweit der ausbezahlte Betrag zuzüglich der durch Abzug vom Lohn einbehaltenen Steuer. – Verdient ein im Haushalt Beschäftigter mehr als 450 € im Monat gilt das allgemeine Melde- und Beitragsentrichtungsverfahren. Allgemeine Informationen hierzu vgl unter www.haushaltsscheck.de.

**b) Inhalt der Meldung.** Diese Meldung umfasst die Angaben nach § 28a Abs 8 SGB IV insbes: 38

- Personalien, Adresse und Betriebsnummer des ArbGeb; letztere wird von der Einzugsstelle vergeben (§ 28h Abs 3 SGB IV),
- Personalien und Anschrift des Beschäftigten sowie dessen Versicherungsnummer,
- die Angabe, ob der Beschäftigte bei mehreren ArbGeb beschäftigt ist,
- den Beginn der Beschäftigung und das monatliche Arbeitsentgelt, eine eventuelle Änderung des Arbeitsentgelts und den Zeitpunkt der Beendigung der Beschäftigung,
- ob der Beschäftigte in der RV auf die Versicherungsfreiheit verzichtet hat.

**c) Einzugsermächtigung.** Der ArbGeb erteilt der zuständigen Einzugsstelle eine **Ermächtigung zum Einzug des Gesamtsozialversicherungsbeitrags** (§ 28a Abs 7 Satz 2 SGB IV). Der Haushaltsscheck ist vom ArbGeb und vom ArbN zu unterschreiben. 39

Bei der Erstanmeldung vergibt die Einzugsstelle dem ArbGeb eine Betriebsnummer. Fortan berechnet die Einzugsstelle die Beiträge und zieht diese im **Lastschriftverfahren** ein (§ 28h Abs 3 SGB IV). 40

Zur Verwaltungsvereinfachung werden die Beiträge aus dem Haushaltsscheckverfahren nur noch **halbjährlich fällig** gestellt. Dh die Beiträge für das in den Monaten Januar bis Juli erzielte Arbeitsentgelt werden zum 15. Juli und die Beiträge für das in den Monaten Juli bis Dezember erzielte Arbeitsentgelt am 15. Januar des Folgejahres fällig (§ 23 Abs 2a SGB IV) und eingezogen. Zum Jahresende erhält der ArbGeb zur steuerlichen Geltendmachung einen Auszug über die gemeldeten Daten. Diese Daten teilt die Einzugsstelle auch dem ArbN mit (§ 28h Abs 3 Satz 3 SGB IV). 41

**d) Zuständige Einzugsstelle.** Für alle in privaten Haushalten geringfügig Beschäftigten ist Einzugsstelle die Deutsche Rentenversicherung Knappschaft-Bahn-See (§ 28i Satz 5 SGB IV). 42

ArbGeb werden wegen Beschäftigten in privaten Haushalten nicht geprüft (§ 28p Abs 10 des Entwurfs; vgl dazu BT-Drs 15/26 S 54 zu Nr 18–§ 28p des Entwurfs). Die Meldung in 43 der UV erfolgt gegenüber der örtlich zuständigen Gemeinde, Unfallversicherungsverband oder der **Unfallkasse.**

44 **4. Haushaltshilfe als „Sozialleistung".** Anspruch auf eine Haushaltshilfe als Sozialleistung kommt in Betracht, wenn der Versicherte wegen einer **Reha-Maßnahme** außerhalb des eigenen Haushalts untergebracht werden und deshalb die Weiterführung des Haushalts nicht möglich ist, den Haushalt auch keine andere im Haushalt lebende Person (zB der Ehegatte) weiterführen kann und Kinder zu versorgen sind (§ 29 SGB VI; § 42 SGB VII). Entsprechendes gilt in der KV, wenn ein **Krankenhausaufenthalt,** eine Reha-Maßnahme, eine **Schwangerschaft** oder eine Entbindung die Weiterführung des Haushalts verhindert (§ 38 SGB V; § 199 RVO).

## Heimarbeit

### A. Arbeitsrecht

*Röller*

1 **1. Allgemeines.** Die Heimarbeit steht unter einem besonderen gesetzlichen Schutz. Das HAG und verschiedene andere Gesetze enthaltene Vorschriften, die einerseits den Personenkreis, der Heimarbeit verrichtet, weitgehend den ArbN angliedern, ohne die persönliche Selbstständigkeit, vor allem die Freiheit in der Wahl des Arbeitsplatzes und der Arbeitszeit, anzutasten, andererseits aber auch die Eigenarbeit des Heimarbeitsverhältnisses berücksichtigen. Die praktische Bedeutung der Heimarbeit in Deutschland ist gering.

2 **2. Geschützter Personenkreis.** In Heimarbeit Beschäftigte sind gem § 1 Abs 1 und 2 HAG Heimarbeiter, Hausgewebetreibende und ihnen Gleichgestellte. Während die Bestimmungen des HAG auf die in Heimarbeit Beschäftigten uneingeschränkt Anwendung finden, erlangen die Gleichgestellten den Schutz nur auf Antrag im Gleichstellungsverfahren.

3 **a) Heimarbeiter.** Seine Tätigkeit beschränkt sich im Wesentlichen auf die Erledigung von Aufträgen von Gewerbetreibenden und Zwischenmeistern. Die Verwertung der Arbeitsergebnisse wird vom Auftraggeber übernommen, der auch das wirtschaftliche Risiko trägt. Auch qualifizierte Angestelltentätigkeiten können in Heimarbeit durchgeführt werden. Heimarbeit ist nicht auf gewerbliche oder diesen vergleichbare Tätigkeiten beschränkt (BAG 14.6.16 – 9 AZR 305/15, NZA 16, 1453).

4 **b) Hausgewerbetreibender.** Er unterscheidet sich vom Heimarbeiter durch seine unabhängigere Stellung. Die Mitwirkung von bis zu zwei Hilfskräften ist nur als Obergrenze zu verstehen, deren Überschreiten die Annahme eines Hausgewerbetreibenden ausschließt.

5 **c) Gleichstellung mit Heimarbeitern.** Voraussetzung sind die Gleichstellungsfähigkeit und die Schutzbedürftigkeit. **Gleichstellungsfähig** sind nur natürliche Personen oder Personengruppen, nicht auch juristische Personen. Entscheidend ist, ob die Betreffenden in einer Weise wirtschaftlich abhängig sind, die für das Bestehen eines Heimarbeitsverhältnisses spricht. Zuständig für die Gleichstellung ist der Heimarbeitsausschuss (§ 4), oder, wenn dieser nicht besteht, die zuständige Arbeitsbehörde. Entscheidet der Heimarbeitsausschuss, bedarf die Entscheidung zu ihrer Wirksamkeit der Zustimmung der Arbeitsbehörde (§ 4 Abs 4 Satz 2 HAG). Die **Gleichstellungsentscheidung** hat **konstitutive Wirkung.** Durch sie wird der räumliche, sachliche und persönliche Umfang sowie der Zeitpunkt des Beginns der Gleichstellung festgelegt (§ 1 Abs 2 1. DVO v 26.1.76, BGBl I 76, 222). Die Gleichstellung erstreckt sich regelmäßig auf alle auch für den Heimarbeiter geltenden Schutzvorschriften (§ 1 Abs 3 HAG). Werden Gewerbetreibende gleichgestellt, können sie sich auf bindende Festsetzungen nach § 19 Abs 1 HAG berufen (BAG 19.1.88, NZA 88, 805). Der Gleichgestellte ist grds nicht verpflichtet, von sich aus dem Auftraggeber die Gleichstellung bekanntzugeben (LAG Köln 14.2.12 – 11 Sa 1380/10, BeckRS 2012, 70845). Nur unter ganz besonderen Umständen kann einem Gleichgestellten die zu seinem Schutz erlassene Gleichstellungsanordnung versagt werden (BAG 19.1.88, NZA 88, 805).

6 **3. Rechtliche Einordnung der Heimarbeit.** Heimarbeiter, Hausgewerbetreibende und ihnen Gleichgestellte sind keine ArbN, sondern Selbstständige, auch nicht im Sinne des Unionsrechts (BAG 24.8.16 – 7 AZR 342/16, BeckRS 2016, 104505; 14.6.16 – 9 AZR 305/15, NZA 16, 1453). Wegen ihrer wirtschaftlichen Abhängigkeit und sozialen Schutz-

bedürftigkeit handelt es sich um ArbNÄhnliche Personen (ErfK/*Preis* § 611a BGB Rn 85; MünchArbR/*Heenen* § 238 Rn 7).

**4. Regelungen zum Schutz der in Heimarbeit Beschäftigten. a) Allgemeine Schutzvorschriften im HAG.** Die Bestimmungen der §§ 6–10 HAG haben die Funktion, den Umfang der Heimarbeit den in Heimarbeit Beschäftigten, aber auch dem Staat sowie ArbGebVerbänden und Gewerkschaften transparent zu machen und den Grundsatz der Lohnklarheit sicherzustellen. § 6 HAG: Pflicht zur Listenführung über die in Heimarbeit Beschäftigten; § 7 HAG: Mitteilungspflicht gegenüber der Obersten Aufsichtsbehörde bei der erstmaligen Beschäftigung von Heimarbeitern; § 8 HAG: Verpflichtung zur Auslegung von Entgeltverzeichnissen; § 9 HAG: Verpflichtung zur Ausgabe von Entgeltbüchern. Einzelheiten regelt die DVO vom 26.1.76 (BGBl I 76, 222). Die Schutzvorschriften des HAG sind zwingendes Recht. Sie können nicht abbedungen werden (BAG 12.7.88 – 3 AZR 569/83, NZA 89, 141). 7

**b) Gefahrenschutz.** Arbeitsschutz und öffentlicher Gesundheitsschutz sind nach näherer Maßgabe der §§ 12–16a HAG geregelt. Die Vorschriften des ArbSchG gelten grds nicht für die in Heimarbeit Beschäftigten (§ 2 Abs 2 Nr 3 ArbSchG); jedoch hat der ArbGeb Beschäftigte, an die er Heimarbeit vergibt, aufgegliedert nach Geschlecht, Alter und Staatsangehörigkeit der zuständigen Behörde mit zu melden (§ 23 Abs 1 Nr 1 ArbSchG). 8

**c) Entgeltregelung.** Rechtsgrundlage iSd HAG sind gem § 18 Abs 2 HAG Tarifverträge, bindende Festsetzungen von Entgelten, von sonstigen Vertragsbedingungen (§ 19 HAG) und von Mindestarbeitsbedingungen für fremde Hilfskräfte (§ 22 HAG). 9

**aa) Tarifvertrag.** § 17 Abs 1 HAG macht das nur zur Regelung von Arbeitsverhältnissen zur Verfügung stehende Instrument des Tarifvertrages auch für die Beschäftigungsverhältnisse in der Heimarbeit anwendbar. Die in § 17 Abs 1 HAG genannten schriftlichen Vereinbarungen sind keine echten Tarifverträge, sie gelten nur als solche und können in dieser Eigenschaft alle Regelungen des TVG in Anspruch nehmen (*Brecht* § 17 Rn 4). 10

**bb) Bindende Festsetzungen.** Heimarbeitsausschüsse setzen für alle Bereiche der Heimarbeit allgemeinverbindliche **Mindestentgelte** fest. Diese sog bindenden Festsetzungen werden im Bundesanzeiger veröffentlicht. Die Voraussetzungen der sog bindenden Festsetzungen, ihr Inhalt und Zustandekommen sind in § 19 HAG im Einzelnen geregelt. Eine bindende Festsetzung hat die Wirkung eines allgemeinverbindlichen Tarifvertrages und ist in das Tarifregister einzutragen (§ 19 Abs 3 Satz 1 HAG). Wie bei Tarifverträgen kann von den Vorschriften einer bindenden Festsetzung nur zugunsten des Beschäftigten abgewichen werden (§ 19 Abs 3 Satz 2 HAG; zur Entgeltumwandlung → Rn 46). Ein Verzicht auf Rechte, die einem Beschäftigten aufgrund einer bindenden Festsetzung entstanden sind, ist nur in einem von der obersten Arbeitsbehörde des Landes oder der von ihr bestimmten Stelle gebilligten Vergleich zulässig. Die Verwirkung solcher Rechte ist ausgeschlossen (§ 19 Abs 3 Satz 2, 3 HAG). Der sachliche Geltungsbereich von bindenden Festsetzungen richtet sich nicht nach dem Gewerbezweig, dem der Auftraggeber angehört. Maßgebend ist vielmehr das Produkt, das in Heimarbeit hergestellt wird (BAG 10.11.81, DB 82, 1420). 11

Bindende Festsetzungen sind von den Gerichten für Arbeitssachen nicht auf Zweckmäßigkeit und Billigkeit, sondern nur auf ihre Vereinbarkeit mit höherrangigem Verfassungs- und Gesetzesrecht, die guten Sitten und die tragenden Grundsätze des Arbeitsrechts zu überprüfen (BAG 5.5.92, DB 93, 941). 12

**cc) Mindeststundenentgelt.** Besteht eine bindende Festsetzung, die ein Mindeststundenentgelt vorschreibt, so haben die Beschäftigten Anspruch auf diesen Stundensatz für jede Stunde der Vorgabezeit, die sie nach dem maßgebenden Entgeltverzeichnis geleistet haben. Das MiLoG findet keine Anwendung, da es gem § 22 MiLoG nicht für ArbNÄhnliche Personen gilt. 13

**dd) Entgeltregelung für Zwischenmeister, Mithaftung des Auftraggebers.** Für in Heimarbeit Beschäftigten gleichgestellte Zwischenmeister können im Verhältnis zu ihren Auftraggebern Entgeltregelungen gem den §§ 17–19 HAG festgelegt werden (§ 21 Abs 1 HAG). Zahlt ein Auftraggeber an einen Zwischenmeister ein Entgelt, von dem er weiß oder den Umständen nach wissen muss, dass es zur Zahlung der in der Entgeltregelung festgelegten Entgelte an die Beschäftigten nicht ausreicht oder zahlt er an einen Zwischenmeister, dessen Unzuverlässigkeit er kennt oder kennen muss, so haftet er neben dem Zwischen- 14 meister für diese Entgelte (§ 21 Abs 2 HAG). Dies gilt auch bei Zahlung eines nur geringfügig über den einschlägigen bindenden Festsetzungen liegenden Entgelts an den Zwischenmeister (BAG 5.11.02 – 9 AZR 409/01, NZA 03, 1267). Anders als beim mittelbaren Arbeitsverhältnis, bei dem nur eine subsidiäre Haftung des mittelbaren ArbGeb greift, gilt nach § 21 Abs 2 HAG eine gesamtschuldnerische Haftung von mittelbarem Auftraggeber und Zwischenmeister.

15 **ee) Entgeltschutz. Entgeltprüfer** haben eine wirksame Überwachung der Entgelte und sonstigen Vertragsbedingungen sicherzustellen (§ 23 HAG). Ist in Heimarbeit Beschäftigten eine geringeres als das in einer Entgeltregelung bestimmte Entgelt gezahlt worden, besteht nicht nur ein individualrechtlicher Anspruch auf **Nachzahlung von Minderbeträgen.** Die oberste Arbeitsbehörde des Landes oder die von ihr bestimmte Stelle kann den Auftraggeber oder Zwischenmeister auffordern, den Minderbetrag innerhalb einer festzusetzenden Frist nachzuzahlen und den Zahlungsnachweis vorzulegen (§ 24 HAG).

16 **ff) Klagebefugnis der Länder.** Das Land, vertreten durch die oberste Arbeitsbehörde oder die von ihr bestimmte Stelle kann im eigenen Namen den Anspruch auf Nachzahlung des Minderbetrages an den Berechtigten gerichtlich geltend machen (gesetzliche Prozessstandschaft). Das Urt wirkt auch für und gegen den in Heimarbeit Beschäftigten oder den Gleichgestellten (§ 25 HAG). Ist das Mindeststundenentgelt eines Heimarbeiters durch eine bindende Festsetzung bestimmt, so erfasst die Klagebefugnis des Landes auch den Streit darüber, ob die Vorgabezeiten für die Berechnung des vom Auftraggeber vergüteten Stücklohns wirksam festgesetzt sind (BAG 19.3.83, DB 84, 2047).

17 **5. Gleichstellung der in Heimarbeit Beschäftigten mit Arbeitnehmern.** Außerhalb des HAG werden die in Heimarbeit Beschäftigten in zahlreichen gesetzlichen Regelungen wegen ihrer besonderen Schutzbedürftigkeit ArbN gleichgestellt. Auf folgende Vorschriften ist zu verweisen: § 5 Abs 1 Satz 2 ArbGG: Gleichstellung mit dem ArbN iSd BetrVG; § 11 EFZG: **Feiertagslohnzahlung;** § 119 GewO: Vorschriften des Lohnschutzes; § 2 Abs 1 BEEG: **Anspruch auf Elternzeit und Erziehungsgeld;** § 1 Nr 2 MuSchG: **Mutterschutz** für weibliche in Heimarbeit Beschäftigte und ihnen Gleichgestellte mit heimarbeitsspezifischen Bestimmungen in §§ 7 Abs 4, 8 Abs 5, 9 Abs 1, 9 Abs 4, 18 Abs 2 und § 24 MuSchG; § 10 EFZG: **Zuschlag zum Entgelt im Krankheitsfalle;** § 127 SGB IX: **Anwendung des SGB IX;** § 12 BUrlG: Anspruch auf ein **Urlaubsentgelt;** § 1 Abs 2 Satz 2 5. VermBG: **Gleichstellung im Rahmen staatlich geförderter Vermögensbildung;** § 20 Abs 2 BEEG iVm §§ 1, 2 BErzGG); § 7 ArbPlSchG: Einberufung zum Wehrdienst. Gem § 27 HAG gelten die Vorschriften über den **Pfändungsschutz** für Vergütungen, die aufgrund eines Arbeits- oder Dienstverhältnisses geschuldet werden, entsprechend. Zum pfändungsgeschützten Einkommen gem § 850 ZPO zählen alle Entgeltansprüche der Heimarbeiter und Hausgewerbetreibenden aus Dienstverträgen, aber auch aus Werk- oder Werklieferungsverträgen (MünchArbR/*Hanau* § 74 Rn 131).

Das **TzBfG** findet **keine Anwendung.** Im Anschluss an ein Heimarbeitsverhältnis kann deshalb ein befristetes Arbeitsverhältnis ohne Sachgrund gem § 14 Abs 2 TzBfG abgeschlossen werden (BAG 24.8.16 – 7 AZR 342/14, BeckRS 2016, 104505). **§ 613a BGB** ist wegen der strukturellen Unterscheide auf Heimarbeitsverhältnisse **nicht anzuwenden** (BAG 24.3.98 – 9 AZR 218/97, NZA 98, 2002). Das AltTZG gilt § 2 Abs 1 nur für ArbN, damit nicht für in Heimarbeit Beschäftigte.

18 **6. Beendigung von Heimarbeitsverhältnissen.** Das KSchG findet im Bereich der Heimarbeit keine Anwendung (*Schaub/Vogelsang* § 163 Rn 56). Es besteht jedoch Kündigungschutz nach §§ 1 Nr 2, 9 MuSchG; 18, 20 BEEG; 7, 2 ArbPlSchG und §§ 127 Abs 2, 85 ff SGB IX. Das Heimarbeitsverhältnis (Dienst-, Werk- oder Werklieferungsvertrag) kann unter Einhaltung der Fristen des § 29 Abs 4 HAG gekündigt werden. Die Kündigungsfristen entsprechen denen des § 622 BGB. In Heimarbeit beschäftigte betriebsverfassungsrechtliche Funktionsträger genießen den gleichen Kündigungsschutz wie normale Amtsträger (§ 29a HAG).

19 Der **Entgeltschutz für gekündigte Heimarbeiter** gem § 29 Abs 7 HAG sichert dem in Heimarbeit Beschäftigten für die Dauer der Kündigungsfrist die bisherige durchschnittliche Arbeitsmenge und damit auch die Weitergewährung des bisherigen durchschnittlichen Entgelts. Des Weiteren kommt ein Vergütungsanspruch gem § 29 Abs 8 HAG in Betracht.

Bei der Berechnung der Vergütung gem § 29 Abs 7 HAG sind das Stückentgelt, der Unkostenzuschlag und der Krankengeldzuschlag zu berücksichtigten; Feiertagsgelder sind stets außer Betracht zu lassen. Urlaubszahlungen sind einzubeziehen, wenn dem Heimarbeiter auf seinen Antrag Urlaub gewährt worden ist (BAG 11.7.06 – 9 AZR 516/05, NZA 07, 1365). Die Entgeltsicherungsansprüche nach § 29 Abs 7, Abs 8 HAG werden nicht kumulativ, sondern nur alternativ ausgelöst. Der Anspruch nach Abs 8 greift im ungekündigten Heimarbeitsverhältnis über die fiktive ordentliche Kündigungsfrist hinaus nicht wiederholt ein (BAG 20.8.19 – 9 AZR 41/19; LAG Nds 15.11.18 – 6 Sa 1225/17, BeckRS 2018, 35865).

**7. Einbeziehung der in Heimarbeit Beschäftigten in die Betriebsverfassung.** 20
**a) Arbeitnehmer iSd BetrVG.** Heimarbeiter und Hausgewerbetreibende gelten als ArbN iSd Gesetzes, wenn sie in der Hauptsache für den Betrieb arbeiten, § 5 Abs 1 Satz 1 BetrVG. Der Begriff des Heimarbeiters entspricht dem im HAG (BAG 25.3.92, EzA § 6 BetrVG 1972 Nr 3). Unerheblich ist die Höhe des Verdienstes. Es kommt ausschließlich auf den zeitlichen Umfang der Arbeit an (BAG 27.9.74, DB 75, 936; GK-BetrVG/*Raab* § 5 Rn 61). Familienangehörige und fremde Hilfskräfte gehören nicht zur Belegschaft des Betriebs, dem der Heimarbeiter zugeordnet wird (*Fitting* § 5 Rn 275).

**b) Einzelne Mitbestimmungstatbestände. aa) Eingruppierung.** Die Zuordnung 21
der verschiedenen Arbeitsgänge in die aufgrund einer bindenden Festsetzung nach § 19 HAG vorgegebenen Entgeltgruppen und die Zuweisung der Tätigkeiten an die Heimarbeiter/innen sind als Eingruppierung iSv § 99 BetrVG anzusehen und unterliegen deshalb der Beteiligung durch den BRat (BAG 20.9.90, DB 91, 552).

**bb) Entlohnung.** Stückentgelt gem § 20 HAG stellt ein leistungsbezogenes Entgelt dar, 22
auf das der BRat einschließlich der Geldfaktoren über § 87 Abs 1 Nr 11 BetrVG Einfluss nehmen kann. Auch bei der Änderung von Vergabearbeiten steht dem BRat ein Mitbestimmungsrecht nach § 87 Abs 1 Nr 11 BetrVG zu (BAG 13.9.83, DB 84, 2047). Bei der Entlohnung, im Rahmen von Betriebsvereinbarungen oder von sonstigen einheitlichen Arbeitsbedingungen scheidet nach Auffassung des BAG (17.10.95 – 3 AZR 882/94, NZA 96, 656) die Anwendung des arbeitsrechtlichen Gleichbehandlungsgrundsatzes wegen des großen Unterschieds zwischen Heim- und Betriebsarbeiten idR aus.

**cc) Berücksichtigung der in Heimarbeit Beschäftigten bei Sozialplänen.** Soweit 23
Heimarbeiter von Betriebsänderungen betroffen sind, müssen sie auch mit einbezogen werden (*DKKS/Däubler* §§ 112, 112a Rn 44). Eine Herausnahme aus den Sozialplanregelungen wäre ein unmittelbarer Verstoß gegen die gesetzliche Fiktion des § 5 Abs 1 Satz 2 BetrVG (*Schmidt* NZA 89, 126). Wegen des geringen Bestandsschutzes für das Heimarbeiterverhältnis können niedrigere Abfindungen als für BetriebsArbN vorgesehen werden (*Schmidt* NZA 89, 126; BAG 3.7.80, BB 81, 1446).

**dd) Kündigung.** Bei einem Heimarbeiter, der hauptsächlich für den Betrieb arbeitet, 24
bedarf die Kündigung der vorherigen Anhörung des BRats nach § 102 BetrVG. Verletzt der ArbGeb seine Pflicht zur ordnungsgemäßen Anhörung, ist die Kündigung des Heimarbeitsverhältnisses nach § 102 Abs 1 Satz 3 BetrVG unwirksam. Berücksichtigt der ArbGeb bei der Auswahl der zu kündigenden Heimarbeiter soziale Gesichtspunkte, so hat er dem BRat die entsprechenden Daten oder Heimarbeiter mitzuteilen, die er in die Auswahlentscheidung einbezogen hat (BAG 7.11.95, DB 96, 1525).

**ee) Auskunftsanspruch des Betriebsrats über Heimarbeit.** Der BRat hat einen 25
Anspruch darauf, alle wesentlichen Tatsachen mitgeteilt zu bekommen, die ihn in die Lage versetzen, selber zu beurteilen, ob ihm Mitbestimmungsrechte bspw im Zusammenhang mit Personen zustehen, die in ihren Wohnungen an Bildschirmeingabegeräten Texte zur Satzherstellung schreiben, die auf Speicherplatten aufgezeichnet und im Betrieb weiterverarbeitet werden (LAG München 30.11.84, AiB 85, 94).

**8. Muster.** S Online-Musterformular *„M9.6 Heimarbeitsvertrag“*. 26

**B. Lohnsteuerrecht** *Seidel*

**1. Arbeitnehmereigenschaft.** Grds sind die Begriffsdefinitionen des HAG zu den 50
Heimarbeitern, Hausgewerbetreibenden und Zwischenmeistern (§ 2 Abs 1–3 HAG) für die

steuerrechtliche Einordnung als selbstständig oder nichtselbstständig (ArbN) nicht bindend. Die Rspr und die Finanzverwaltung stellen jedoch im Rahmen des § 11 Abs 3 Nr 1 GewStG für die Anwendung der ermäßigten Steuermesszahl bei Hausgewerbetreibenden und ihnen gleichgestellten Personen nach § 2 Abs 2b–d HAG auf die Definition des HAG ab (BFH 26.2.02 – X R 61/99, BStBl II 03, 31; R 11.2 Abs 2 GewStR iVm EStR 15.1 Abs 2).

Auch zur **Abgrenzung** der selbstständigen von der nichtselbstständigen Arbeit verweist die Finanzverwaltung auf das HAG und sieht Heimarbeiter idR als ArbN und Hausgewerbetreibende als selbstständig an (EStR 15.1 Abs 2; EStH 15.1). Zur arbeitsrechtlichen Einordnung als ArbNÄhnlich (→ Rn 6) → *Arbeitnehmerähnliche Personen* Rn 26 sowie → *Arbeitnehmerähnliche Selbstständige* Rn 3. Für den Regelfall wird man daher davon ausgehen können, dass Heimarbeiter und ihnen gleichgestellte Personen (§ 1 Abs 2a HAG) nichtselbstständig und Hausgewerbetreibende sowie Zwischenmeister iSd HAG selbstständig tätig sind (*HMW*/Hausgewerbetreibende Rz 1; *Littmann/Barein* § 19 Rz 101).

51 In **Grenzfällen** ist jedoch nach den allgemeinen steuerrechtlichen Grundsätzen zu prüfen, ob der Beschäftigte ArbN ist (→ *Arbeitnehmer (Begriff)* Rn 30 ff). Bei der im Einzelfall notwendigen Abwägung nach dem Gesamtbild der Verhältnisse ist insbes zu berücksichtigen, ob ein Unternehmerrisiko vorliegt (BFH 13.2.80, BStBl II 80, 303). ArbN ist nicht, wer fremde Hilfskräfte beschäftigt (→ *Mittelbares Arbeitsverhältnis* Rn 21, 22) oder wegen des Einsatzes wertvoller Betriebsmittel das Unternehmerrisiko trägt.

Auch eine **größere Zahl von Auftraggebern** und ein größeres Betriebsvermögen können gegen die ArbNEigenschaft sprechen (EStR 15.1 Abs 2 Satz 8; *HMW*/Hausgewerbetreibende Rz 5; *HHR* § 19 Anm 600: Heimarbeiter). Die Abführung von SozVBeiträgen ist wegen § 12 Abs 2 SGB IV sowie § 2 Nr 6 SGB VI unerheblich (BFH 4.8.82, BStBl II 83, 200 und 9.8.89 – X R 30/86, BStBl II 89, 891; → Rn 62 ff). Ohne Bedeutung für die LSt ist auch § 1 Abs 2 Satz 2 5. VermBG, wonach in Heimarbeit Beschäftigte für die Anlage vermögenswirksamer Leistungen als ArbN gelten (→ *Vermögenswirksame Leistungen* Rn 25 iVm Rn 4–6).

52 **2. Lohnsteuererhebung.** Sind in Heimarbeit Beschäftigte steuerrechtlich als ArbN einzustufen, gelten die allgemeinen Regelungen für den Steuerabzug (→ *Lohnabzugsverfahren* Rn 2 ff). Sonderregelungen enthält LStR 9.13. Für den ArbGeb ist LStR 9.13 Abs 2 von Bedeutung. Danach sind Lohnzuschläge, die neben dem Grundlohn zur Abgeltung der mit der Heimarbeit verbundenen Aufwendungen gezahlt werden, aus Vereinfachungsgründen nach § 3 Nr 30 (Werkzeuggeld) und Nr 50 (Auslagenersatz) steuerfrei, soweit sie 10 % des Grundlohns nicht übersteigen. Dazu gehört auch der pauschale Transportzuschlag von 1,5 % und der Betrag für weitere Fahrten (BMF 6.2.90, DB 90, 864). Die oberste FinBeh eines Landes kann mit Zustimmung des BMF den Prozentsatz für bestimmte Gruppen von Heimarbeitern an die tatsächlichen Verhältnisse **anpassen** (LStR 9.13 Abs 2 Satz 2). Bei Zahlung eines höheren Zuschlags ist dieser stpfl. Der ArbN kann aber bei seiner EStVeranlagung (→ *Antragsveranlagung* Rn 2 ff) höhere Aufwendungen als Werbungskosten abziehen, wobei er dann sämtliche Aufwendungen nachweisen muss (LStR 9.13 Abs 1 und *HMW*/Hausgewerbetreibende Rz 12 und Heimarbeiter Rz 2). Bei einer Tätigkeit für **mehrere Auftraggeber,** wenn sie trotzdem als nichtselbstständig zu beurteilen ist, → *Mehrfachbeschäftigung* Rn 8 ff und *HMW*/Heimarbeiter Rz 4). Das **Feiertagsgeld** nach § 11 EFZG (→ Rn 35) für in Heimarbeit Beschäftigte ist nicht steuerfrei (OFD Hannover 16.7.98, DB 98, 1590; → *Sonn- und Feiertagsarbeit* Rn 29).

## C. Sozialversicherungsrecht

*Voelzke*

53 **1. Begriff. a) Heimarbeiter.** Eine für das gesamte SozVRecht Geltung beanspruchende Definition des Heimarbeiterbegriffs findet sich in § 12 Abs 2 SGB IV. Hierauf wird für das Arbeitsförderungsrecht in § 13 SGB III verwiesen. Zwar entspricht diese Regelung weitgehend der Definition des Heimarbeiters im HAG, jedoch ist die arbeitsrechtliche Begriffsbestimmung nicht vollständig übernommen worden. Sozialversicherungsrechtlich sind Heimarbeiter Personen, die in eigener Arbeitsstätte im Auftrag und für Rechnung von Gewerbetreibenden, gemeinnützigen Unternehmen oder öffentlich-rechtlichen Körperschaften erwerbsmäßig arbeiten, auch wenn sie die Roh- oder Hilfsstoffe selbst beschaffen. Ohne sachliche Bedeutung ist es, dass der Zusatz des § 2 Abs 1 HAG, der Heimarbeiter

arbeite „allein oder mit seinen Familienangehörigen", in § 12 Abs 2 SGB IV fehlt. Gerade die Zusammenarbeit oder Unterstützung durch in häuslicher Gemeinschaft zusammenlebende Familienangehörige ist auch für den Heimarbeiter im SozVRecht charakteristisch (*Hauck/Noftz/Timme* § 13 SGB III Rz 7).

Werden andere **Hilfskräfte** beschäftigt, so ist die Heimarbeitereigenschaft zu verneinen 54
(*Schlegel/Voelzke/Grimmke* SGB IV § 12 Rz 51). Nicht übereinstimmende Regelungen sind im HAG und im SGB IV in unbefriedigender Weise für die möglichen Auftraggeber von Heimarbeitern getroffen worden. Während Körperschaften des privaten Rechts, welche die Herstellung, Bearbeitung oder Verpackung von Waren nicht zum Zwecke der Gewinnerzielung betreiben, nicht in die Definition des § 12 Abs 2 SGB IV aufgenommen wurden, sind zusätzlich gemeinnützige Unternehmen und öffentlich-rechtliche Körperschaften als Auftraggeber genannt.

**Erwerbsmäßige Tätigkeiten** sind – wie im Arbeitsrecht – nicht nur gewerbliche, 55
sondern auch typische Angestellten-Tätigkeiten (LSG BW 18.2.14 – L 11 R 3323/12, ArbuR 14, 252 zur Tätigkeit als Telefon-Operator in den Bereichen Flirtgespräche, Telefonsex und Partnervermittlung). Das BSG (18.12.69 – 2 RU 241/65, SozR 2200 § 539 Nr 14) hält unter Hinweis auf den Schutzzweck des Gesetzes auch eine unregelmäßige und gering bezahlte Arbeit für ausreichend. Zu beachten ist jedoch, ob wegen der Geringfügigkeit der Beschäftigung Versicherungsfreiheit besteht (§§ 8 SGB IV; 27 Abs 2 SGB III; 7 SGB V; 5 SGB VI).

Für die Beurteilung der Frage, ob für Heimarbeiter Versicherungsfreiheit wegen **Gering-** 56
**fügigkeit der Beschäftigung** besteht, kommt es nach § 8 Abs 1 Nr 1 SGB IV darauf an, ob das Arbeitsentgelt aus der Beschäftigung regelmäßig im Monat 450 € nicht übersteigt (Näheres *Geringfügige Beschäftigung*).

**b) Hausgewerbetreibender.** Der Begriff des Hausgewerbetreibenden wird für das 57
SozVRecht weiter als in § 2 Abs 1 HAG umschrieben (§ 12 Abs 1 SGB IV). Hausgewerbetreibender ist danach, wer in Anlehnung an die Definition des § 12 Abs 2 SGB IV gewerbliche Tätigkeiten selbstständig verrichtet oder vorübergehend für eigene Rechnung tätig wird, ohne dass die Zahl der beschäftigten Hilfskräfte und Heimarbeiter begrenzt wäre. Hausgewerbetreibende müssen in eigener Arbeitsstätte tätig werden. Ausreichend ist zB eine Tätigkeit in eigener Wohnung (*Schlegel/Voelzke/Grimmke* SGB IV § 12 Rz 32).

Für die wegen der sozialversicherungsrechtlichen Konsequenzen wichtige **Abgrenzung** 58
**zum Heimarbeiter** kommt es auf das Maß der Selbstständigkeit des Hausgewerbetreibenden an, die sich trotz der wirtschaftlichen Abhängigkeit vom Auftraggeber in einer persönlichen Unabhängigkeit hinsichtlich der Arbeitszeit, Umfang und Art der Arbeit sowie der Heranziehung von Hilfskräften äußert (BSG 13.5.80 – 12 RK 32/79, USK 80121). Nicht gefolgt werden kann der Auffassung, für die Abgrenzung sei allein auf die Beschäftigung von Hilfskräften abzustellen, da auch Hausgewerbetreibende keine fremden Hilfskräfte beschäftigen müssen.

Abgrenzungskriterium zu den **sonstigen Selbstständigen** ist die wirtschaftliche Abhän- 59
gigkeit des Hausgewerbetreibenden von seinem Auftraggeber. Die Eigenschaft als Hausgewerbetreibender, der als Kleinstunternehmer teilweise dem Schutz der SozV untersteht, fehlt außerdem, wenn erhebliche Kapitalinvestitionen zur Einrichtung der Betriebsstätte getätigt wurden. Zudem erstrecken sich die zu verrichtenden Tätigkeiten nur auf gewerbliche Arbeiten (Herstellung, Be- und Verarbeitung von Waren).

**c) Zwischenmeister.** Der Begriff des Zwischenmeisters entspricht inhaltlich dem des 60
§ 2 Abs 3 HAG.

**d) Gleichgestellte Personen.** Personen, denen aufgrund § 1 Abs 2 Buchst a), c) und d) 61
HAG arbeitsrechtlich eine vergleichbare Stellung wie Heimarbeitern, Hausgewerbetreibenden oder Zwischenmeistern eingeräumt wurde, genießen den entsprechenden sozialversicherungsrechtlichen Schutz (§ 12 Abs 5 SGB IV).

**2. Sozialversicherungsrechtlicher Schutz. a) Heimarbeiter** gelten nach der Fiktion 62
des § 12 Abs 2 SGB IV als **Beschäftigte** und genießen eine entsprechende soziale Absicherung. Als Beschäftigte unterliegen sie der Versicherungspflicht in der gesetzlichen KV nach § 5 Abs 1 Nr 1 SGB V (BSG 10.9.87 – 12 RK 13/85, BB 88, 210) und in der sozialen PflegeV. Sie erhalten in diesen Versicherungszweigen die gleichen Leistungen wie ArbN.

63 Auch in der gesetzlichen RV besteht gem § 1 Abs 1 Nr 1 SGB VI Versicherungspflicht und ein Anspruch auf die dortigen Regelleistungen bei Erfüllung der versicherungsrechtlichen Voraussetzungen. In der gesetzlichen UV sind Heimarbeiter nach § 2 Abs 1 Nr 1 SGB VII als Beschäftigte gegen Arbeitsunfälle versichert.

64 Heimarbeiter unterstehen dem Schutz der gesetzlichen ArblV (BSG 6.2.92 – 7 RAr 72/91, SozR 3–4100 § 112 Nr 12 zur Bemessung des AlGeldes von Heimarbeitern). Die Verfügbarkeit als Voraussetzung des Anspruches auf AlGeld braucht sich unter bestimmten Voraussetzungen nur auf die Übernahme von Heimarbeit beziehen, soweit für die Beschränkung der Arbeitsbereitschaft ein besonderer Grund besteht (BSG 24.5.84 – 7 RAr 38/83, NZA 85, 101).

65 **b) Hausgewerbetreibende** sind als Selbstständige nur dann sozialversicherungsrechtlich geschützt, wenn dies in den einzelnen Versicherungszweigen ausdrücklich angeordnet wurde. Sie unterliegen nicht der Versicherungspflicht in der gesetzlichen KV. Hingegen sind sie in der gesetzlichen RV nach § 2 Satz 1 Nr 6 SGB VI weiterhin versicherungspflichtig. Hausgewerbetreibende unterliegen dem Schutz der gesetzlichen UV nach § 2 Abs 1 Nr 6 SGB VII. Eine Versicherungspflicht in der ArblV besteht nicht.

66 **c) Zwischenmeister.** Der sozialversicherungsrechtliche Schutz bestimmt sich danach, in welcher Eigenschaft der Zwischenmeister überwiegend tätig wird (§ 27 Abs 3 Nr 2 SGB III; für die UV gilt § 2 Abs 1 Nr 6 SGB VII).

67 **3. Beitragspflicht. a) Arbeitgeber** ist für Heimarbeiter und Hausgewerbetreibende hinsichtlich der Beitragszahlungspflicht nach der gesetzlichen Fiktion des § 12 Abs 3 SGB IV derjenige, der die Arbeiten unmittelbar an sie vergibt. Dementsprechend gilt der Hausgewerbetreibende, soweit der ArbGeb seine ArbGebPflichten erfüllt, als Beschäftigter iSd Vorschriften des 3. Abschnitts des SGB IV. ArbGeb iSd § 12 Abs 3 SGB IV kann der Auftraggeber oder ein Zwischenmeister sein (KassKomm/*Zieglmeier* § 12 Rz 20).

68 Dem ArbGeb obliegen die Melde- und Beitragszahlungspflichten des SozVRechts nach Maßgabe des § 28 m Abs 2–4 SGB IV. Nach dieser Vorschrift können, soweit der ArbGeb seiner Verpflichtung zur Zahlung des GesamtSozVBeitrages bis zum Fälligkeitstage nicht nachgekommen ist, Heimarbeiter und Hausgewerbetreibende diesen selbst zahlen und haben dann auch die Meldungen zu erstatten. Sie erwerben in diesem Fall gegen den ArbGeb einen sozialversicherungsrechtlichen Erstattungsanspruch in Höhe des von ihm zu tragenden Teils der Beiträge (§ 28 m Abs 4 SGB IV).

Als **Auftraggeber** der Hausgewerbetreibenden oder Heimarbeiter gilt nach § 12 Abs 3 SGB IV derjenige, in dessen Auftrag oder für dessen Rechnung sie arbeiten. Der Begriff des Auftraggebers hat Bedeutung in der UV (→ Rn 70).

69 **b) Beitragshöhe.** Die Höhe der Pflichtbeiträge richtet sich nach dem erzielten Arbeitsentgelt iSd §§ 14–18 SGB IV. Zu beachten ist, dass, soweit eine Tätigkeit für mehrere Auftraggeber vorliegt, die Geringfügigkeitsgrenze des § 8 SGB IV überschritten werden kann. Allerdings tritt nach § 8 Abs 2 Satz 2 SGB IV bei einer Zusammenrechnung von Beschäftigungen gem § 8 Abs 2 Satz 1 SGB IV Versicherungspflicht erst ein, wenn eine entsprechende Entscheidung durch die Einzugsstelle oder einen Träger der RV bekannt gegeben worden ist.

70 **c) Unfallversicherung.** Heimarbeiter haben als Beschäftigte iSd SozVRechts keine Beiträge zur gesetzlichen UV zu entrichten. Nach § 150 Abs 2 Satz 1 Nr 1 SGB VII sind die Auftraggeber beitragspflichtig, soweit sie Zwischenmeistern und Hausgewerbetreibenden zur Zahlung von Entgelt verpflichtet sind. Zuständig ist der UVTräger des Gewerbezweiges, in dem der Beschäftigte, nicht der Auftraggeber, tätig ist.

# Hinterbliebenenrente

## A. Arbeitsrecht

*Kreitner*

1 **1. Allgemeines.** Als Parallele zu der gesetzlichen RV (→ Rn 18 ff) sehen auch viele betriebliche Altersversorgungssysteme Leistungen an Hinterbliebene des ArbN vor. Eine dahingehende Verpflichtung besteht für den ArbGeb bei Gewährung einer betrieblichen

Altersversorgung nicht (BAG 26.8.97 – 3 AZR 235/96, NZA 98, 817; LAG Bln 7.7.06 – 13 Sa 600/06). Das gilt auch bei Entgeltumwandlungen (BAG 18.11.08 – 3 AZR 277/07, NZA-RR 09, 153: Kein Anspruch für Schwester des verstorbenen ArbN). Meist handelt es sich bei den Begünstigten um Witwen bzw Witwer sowie Halb- und Vollwaisen. In Einzelfällen enthalten Ruhegeldzusagen jedoch auch Rentenansprüche von Eltern, geschiedenen Ehepartnern oder anderen dritten Personen (zur Gleichstellung eingetragener Lebenspartner BAG 22.1.19 – 3 AZR 560/17, BeckRS 2019, 10553; BGH 26.4.17 – IV ZR 126/16, NZA 17, 1272). Gesetzliche Vorgaben existieren insoweit nicht, so dass allein die Ausgestaltung der jeweiligen Versorgungsordnung maßgeblich ist. Dabei ist die Regelung einer Wartezeit, die vor Eintritt des Versorgungsfalls erfüllt sein muss, auch bei der Hinterbliebenenrente grds möglich (LAG BlnBbg 3.4.12 – 7 Sa 2463/11, BeckRS 2012, 71273). Bis zum Tod des Versprechensempfängers hat der zukünftige Hinterbliebene nur eine ungesicherte Aussicht auf den Erwerb der Hinterbliebenenversorgung und steht bis dahin in keinem gerichtlich feststellungsfähigen Rechtsverhältnis zum ArbGeb (BAG 31.7.18 – 3 AZR 731/16, BeckRS 2018, 25802). Ob ohne entsprechende Ausgestaltung der Versorgungsordnung Hinterbliebene iSd BetrAVG grds nur solche Personen sind, die nach dem Recht der gesetzlichen RV eine „Rente wegen Todes" erhalten können, hat der 3. Senat offen gelassen (BAG 19.1.10 – 3 AZR 660/09, AP Nr 61 zu § 1 BetrAVG). Würde man dies bejahen, gehörten nach § 46 Abs 4 SGB VI die Eltern nicht dazu. Zu den allgemeinen Rechtsproblemen in diesem Bereich: *Reinecke* BB 12, 1025; *Walthierer* DB 14, 1432 sowie → *Betriebliche Altersversorgung* Rn 5 ff.

**2. Besonderheiten der betrieblichen Hinterbliebenenversorgung** sind hauptsächlich in folgender Hinsicht zu beachten: 2

**a) Leistungsvoraussetzungen.** Grundlegende Anspruchsvoraussetzung ist der Tod des ArbN. Dabei kann zwischen dem Tod des aktiven ArbN und des Rentners differenziert werden (BAG 21.11.2000 – 3 AZR 91/00, NZA 02, 851; *Höfer* ART Rz 646 mwN). Die Unverfallbarkeit von Anwartschaften auf Hinterbliebenenrente richtet sich nach den allgemeinen Bestimmungen des § 1 Abs 1 BetrAVG (BAG 20.11.01 – 3 AZR 550/00, DB 02, 1510). Demgemäß ist auch die Regelung einer Wartezeit, die vor Eintritt des Versorgungsfalls erfüllt sein muss, wie bei der Altersrente (→ *Betriebliche Altersversorgung* Rn 34) auch bei der Hinterbliebenenversorgung grds möglich. Das gilt selbst bei einer Entgeltumwandlung (LAG BlnBbg 3.4.12 – 7 Sa 2463/11, BeckRS 2012, 71273). Die Teilrentenberechnung erfolgt beim Fehlen günstigerer Vereinbarungen nach § 2 Abs 1 BetrAVG (BAG 15.12.98 – 3 AZN 816/98, NZA 99, 488). Die anspruchsberechtigten Personen müssen in der Versorgungszusage benannt sein. Sie haben als Begünstigte gem § 328 BGB (sog Vertrag zugunsten Dritter) einen eigenen durchsetzbaren Anspruch auf die Versorgungsleistung (BAG 5.9.72, NJW 73, 963 [LS] = AP Nr 159 zu § 242 BGB Ruhegehalt; BAG 16.8.83, DB 84, 887; LAG Hess 25.1.95, NZA-RR 96, 23). Treffen im Fall der Mehrehe zwei Berechtigungen auf eine Hinterbliebenenrente zusammen, gilt unabhängig von der jeweiligen Ehedauer eine Aufteilung nach Kopfteilen (BGH 10.7.13 – IV ZR 209/12, NZA-RR 13, 659).

Vielfach enthalten Versorgungszusagen im Hinblick auf die Hinterbliebenenversorgung bestimmte, die Leistungspflicht **einschränkende Klauseln,** die von der **bisherigen Rspr** ganz überwiegend für zulässig erachtet wurden. 3

Hierzu zählen etwa die **Mindestehedauerklausel** (BAG 11.8.87, DB 88, 347; LAG Köln 3.9.03 – 3 (6) Sa 453/03), die **Mindestalterklausel** (bestimmtes Mindestalter des Hinterbliebenen im Zeitpunkt des Todes des ArbN: BAG 19.2.02 – 3 AZR 99/01, NZA 02, 1286), die **Wiederverheiratungsklausel** (Wegfall der Hinterbliebenenversorgung bei Wiederheirat: *Höfer* ART Rz 655; kein automatisches Wiederaufleben der ursprünglichen Hinterbliebenenrente nach Auflösung der Zweitehe: BAG 16.4.97, DB 97, 1575; LAG Köln 12.10.07 – 4 Sa 847/07, BeckRS 2008, 52387), die **Getrenntlebensklausel** (kein dauerhaftes Getrenntleben der Ehepartner im Zeitpunkt des Todes des ArbN: BAG 6.9.79, DB 80, 112; BAG 28.3.95, DB 95, 1666; BGH 29.1.81, MDR 81, 476 = AP Nr 4 zu § 242 BGB Ruhegehalt-Lebensversicherung; OLG Stuttgart 22.5.95, NZA-RR 96, 62), die **Selbstmordklausel** (*Höfer* ART Rz 653; LAG RhPf 16.9.96, DB 97, 1140; dies dürfte nach dem Regelungszweck jedoch nicht für den Freitod des Versorgungsempfängers gelten, da es hierdurch nur zu einer Verringerung der Versorgungsbelastung des ArbGeb aufgrund der regelmäßig geringeren Hinterbliebenenrente kommt) sowie einschränkende Regelungen bei namentlich benannter Ehefrau als Versorgungsempfängerin (LAG Hamm 29.7.97, DB 97, 1928), für die geschiedene Ehefrau (LAG Hamm 17.8.93, BB 93, 2384 [LS]) und nach dem Ausscheiden aus dem Arbeitsverhältnis entstandene Unterhaltspflichten gegenüber Ehefrau und Kindern (BAG 19.12.2000 – 3 AZR 186/00, DB 01, 2303).

In seiner **neueren Rspr** sieht das BAG einzelne Klauseln allerdings deutlich kritischer. So hat es zuletzt eine **Haupternährerklausel**, nach der Voraussetzung für die Gewährung der Hinterbliebenenversorgung ist, dass der Versorgungsberechtigte „den Unterhalt der Familie überwiegend bestritten hat", für nicht klar und verständlich und damit nach § 307 Abs 1 Satz 1 und 2 BGB unwirksam erachtet (BAG 30.9.14 – 3 AZR 930/12, NZA 15, 231).

Auch eine **Spätehenklausel** hat vor dem BAG nicht Stand gehalten (*Bauer/Krieger* NZA 16, 22). In der Anspruchsvoraussetzung, dass der Versorgungsberechtigte die Ehe vor Vollendung des 60. Lebensjahres geschlossen haben musste, hat der 3. Senat des BAG eine unmittelbare, nicht gerechtfertigte Altersdiskriminierung gem § 7 Abs 2 AGG gesehen (BAG 4.8.15 – 3 AZR 137/13, NZA 15, 1447; zur gegenteiligen früheren Rspr s die Nachweise in Personalbuch 2015, Hinterbliebenenrente Rn 3). Demgegenüber hat der EuGH auf eine irische Vorlage eine an das Alter 60 anknüpfende Spätehenklausel für rechtlich unbedenklich erachtet, da er anders als das BAG die Hinterbliebenenrente als Form der Altersrente ansieht (EuGH 24.11.16 – C-443/15, NZA 17, 233; *Börner/Lämpe* BB 17, 1206). Mittlerweile differenziert das BAG in mehreren Entscheidungen danach, ob die konkrete Altersgrenze einem betriebsrentenrechtlichen Strukturprinzip der jeweiligen Versorgungsordnung folgt oder ob sie hiervon losgelöst frei gewählt ist. Nur im ersteren Fall ist die Spätehenklausel rechtswirksam (BAG 22.1.19 – 3 AZR 560/17, NZA 19, 991; 22.1.19 – 3 AZR 293/17, BeckRS 2019, 10657; 19.2.19 – 3 AZR 215/18, NZA 19, 997; 19.2.19 – 3 AZR 219/18, BeckRS 2019, 11853). Jedenfalls rechtswirksam ist eine Klausel, nach der die Ehe vor Eintritt des Versorgungsfalls bzw Erreichen des 65. Lebensjahres geschlossen sein muss (BAG 12.3.17 – 3 AZR 86/16, NZA 17, 939; 14.11.17 – 3 AZR 781/16, NZA 18, 453).

Auch in einer **Ehedauerklausel**, wonach das Entstehen des Anspruchs auf Hinterbliebenenversorgung eine 10-jährige Ehedauer voraussetzt, sieht das BAG eine zur Rechtsunwirksamkeit führende unangemessene Benachteiligung des versorgungsberechtigten ArbN (BAG 19.2.19 – 3 AZR 150/18, NZA 19, 918).

Auch bei sog **Altersdifferenzklauseln,** war seit längerem streitig, ob diese AGG-konform sind (dafür: *Bauer/Göpfert/Krieger* § 2 Rz 49; MüKo/*Thüsing*, § 10 AGG Rz 57; dagegen: *Preis/Temming* NZA 08, 1209; offengelassen von BAG 15.10.13 – 3 AZR 653/11, NZA 14, 308). Die InstanzRspr hatte zunächst eine 10-Jahres-Altersdifferenzklausel für unwirksam erachtet (LAG Düsseldorf 12.4.06 – 12 Sa 1660/05, BeckRS 2006, 42591). Zum gleichen Ergebnis kam eine andere Entscheidung bei einer Klausel, die eine Kürzung der Hinterbliebenenrente um 5 % pro Jahr vorsah, da die Hinterbliebene mehr als 15 Jahre jünger war als ihr verstorbener Ehemann (LAG Köln 31.5.17 – 11 Sa 856/16, BeckRS 2017, 132842). Der EuGH hatte zuvor auf Vorlage des BAG (27.6.06 – 3 AZR 352/05 (A), NZA 06, 1276) für einen vor Inkrafttreten des AGG liegenden Sachverhalt lediglich entschieden, dass vor Ablauf der Umsetzungsfrist der einschlägigen EG-Richtlinie am 2.12.06 mangels gemeinschaftsrechtlichem Bezug ein gemeinschaftsrechtliches Verbot der Altersdiskriminierung nicht eingreift (EuGH 23.9.08 – C-427/06 – Bartsch, NZA 08, 1119). Mittlerweile hat das BAG grds Stellung genommen und sowohl in einer 15-Jahres-Altersdifferenzklausel als auch in einer 10-Jahres-Altersdifferenzklausel zwar eine unmittelbare Benachteiligung wegen des Alters iSd § 3 Abs 1 AGG gesehen, diese aber gleichzeitig nach § 10 Satz 1 und 2 AGG für sachlich gerechtfertigt gehalten (BAG 20.2.18 – 3 AZR 43/17, NZA 18, 712; 16.10.18 – 3 AZR 520/17, NZA 19, 176; 11.12.18 – 3 AZR 400/17, NZA 19, 537).

**4** Das BAG hat zuletzt nochmals grundlegend zur **Reichweite arbeitsgerichtlicher Inhaltskontrolle** von Versorgungsregelungen Stellung genommen. Danach ist die arbeitgeberseitige Zusage von Leistungen der betrieblichen Altersversorgung in Allgemeinen Geschäftsbedingungen in Bezug auf Abweichungen von den im BetrAVG angelegten Formen der Risikoabsicherung uneingeschränkt auf ihre Angemessenheit zu kontrollieren.

Kontrollfrei bleibt allein die Höhe der zugesagten Versorgung. Eine Hinterbliebenenversorgung, die auf die „jetzige" Ehefrau des ArbN (im Zeitpunkt der Versorgungszusage) beschränkt ist, benachteiligt nach diesen Grundsätzen den ArbN unangemessen. Für einen derartig zufällig gewählten Zeitpunkt des Bestehens der Ehe besteht kein berechtigtes Interesse. Lediglich für Versorgungszusagen, die vor Inkrafttreten des Schuldrechtsmodernisierungsgesetzes – also vor dem 1.1.02 – erteilt wurden, ist ausnahmsweise eine ergänzende Vertragsauslegung dahingehend geboten, dass die Ehe bereits während des Arbeitsverhältnisses bestanden haben muss (BAG 21.2.17 – 3 AZR 297/15, NZA 2017, 723).

Zahlt der ArbGeb irrtümlich eine **zu hohe Hinterbliebenenrente,** kann er dieses Fehl- **5**
verhalten mit sofortiger Wirkung korrigieren. Die Leistungsempfänger sind hinsichtlich der in der Vergangenheit zu viel gezahlten Beträge gem §§ 812 ff BGB zur Rückzahlung verpflichtet und können sich, jedenfalls im Bereich des öffentlichen Dienstes, regelmäßig nicht auf das Bestehen einer betrieblichen Übung (→ *Betriebliche Übung* Rn 6) berufen (LAG Hamm 16.4.96, DB 96, 2087).

**b) Gleichbehandlung.** Früher sahen betriebliche Altersversorgungssysteme oftmals le- **6**
diglich eine Witwen-, nicht jedoch auch eine Witwerrente vor. Ähnliche Ungleichbehandlungen im Bereich der gesetzlichen RV hat das BVerfG im Jahr 1975 für unwirksam erklärt (BVerfG 12.3.75, DB 75, 1228), woraufhin zum 1.1.86 eine gesetzliche Neuregelung in Kraft getreten ist.

Für die betriebliche Altersversorgung ist mittlerweile ebenfalls allgemein anerkannt, dass bei Gewährung einer **Witwer- und Witwenversorgung** der arbeitsrechtliche Gleichbehandlungsgrundsatz zu beachten ist. Nach der Rspr des BAG gelten diese Grundsätze allerdings nicht erst seit der gesetzlichen Neuregelung bezüglich der gesetzlichen RV, sondern bereits seit der ersten Grundsatzentscheidung des BAG zur Unverfallbarkeit im Jahr 1972, da bereits in dieser Entscheidung der für die Gleichbehandlung maßgebliche Entgeltcharakter der Altersversorgung herausgestellt worden ist (BAG 5.9.89, DB 89, 2615). Sie unterfällt ferner dem Anwendungsbereich des Art 141 EG-Vertrag (EuGH 28.9.94 – Rs C-200/91 – Coloroll, NZA 94, 1073; 7.1.04 – Rs C-117/01, NJW 04, 1440). Das gilt auch für Pensionskassen unabhängig von der fortbestehenden Verschaffungspflicht des ArbGeb aus dem arbeitsvertraglichen Grundverhältnis (EuGH 9.10.01 – Rs C-379/99, NZA 01, 1301 – Menauer; BAG 19.11.02 – 3 AZR 631/97, NZA 03, 380; *Oetker* SAE 03, 355). Sieht die Versorgungszusage Leistungen an hinterlassene Kinder des ArbN (Halb- oder Vollwaisen) vor, so sind eheliche und nicht eheliche Kinder ebenfalls gleichzubehandeln. Dabei ist eine Differenzierung nach Zusammenleben im gemeinsamen Haushalt und Sorgerecht nicht zu beanstanden (BAG 20.8.02 – 3 AZR 463/01, NZA 03, 1044).

Überlebende einer **eingetragenen Lebenspartnerschaft** haben in gleichem Maße wie überlebende Ehegatten Anspruch auf eine Hinterbliebenenversorgung, sofern am 1.1.05, dem Datum der gesetzlichen Gleichstellung eingetragener Lebenspartnerschaften mit der Ehe in der gesetzlichen Rentenversicherung, noch ein Rechtsverhältnis zwischen dem Versorgungsberechtigten und dem Versorgungsschuldner bestand (BAG 11.12.12 – 3 AZR 684/10, NZA-RR 13, 308; 14.1.09 – 3 AZR 20/07, NZA 09, 490; EuGH 1.4.08 – C-267/06 – Tadao Maruko, NZA 08, 459; BVerfG 7.7.09 – 1 BvR 1164/07, BB 09, 2421; *Bruns* NZA 09, 596). Als Rechtsverhältnis reicht dabei das Versorgungsverhältnis zwischen Betriebsrentner und ehemaligem ArbGeb aus (BAG 15.9.09 – 3 AZR 294/09, NZA 10, 216).

**c) Anrechnung anderer Leistungen** auf die betriebliche Altersversorgung ist in § 5 **7**
BetrAVG, dem sog Anrechnungs- und Auszehrungsverbot, geregelt. Das Gesetz bezweckt ein grds Anrechnungsverbot sämtlicher sonstiger Leistungen, die ihrerseits Versorgungscharakter haben (BAG 25.10.83, DB 84, 1484). Hierzu zählt auch die Hinterbliebenenversorgung.

Anrechnungsmöglichkeiten bestehen im Einzelfall nur dann, wenn die Versorgungszusage eine entsprechende **Anrechnungsklausel** enthält. Eine Anrechnung allein aufgrund allgemeiner Rechtsgrundsätze wie zB Treu und Glauben oÄ ist nicht möglich (BAG 5.9.89, DB 90, 1143; 20.11.90, DB 91, 1837). Allerdings sind derartige Anrechnungsklauseln an den allgemeinen Rechtmäßigkeitsgrenzen der Rechtsordnung zu messen. Das BAG hat Anrechnungsklauseln im Bereich der Hinterbliebenenversorgung für unwirksam erklärt, wenn diese bezüglich der Anrechnung anderweitiger Bezüge nicht danach differenzieren, ob sie von einer oder mehreren Personen verdient wurden (BAG 16.2.78, BB 78, 916). Die Anrechnung von eigener Betriebsrente und Hinterbliebenenrente aufeinander ist daher möglich (LAG Bln 7.7.06 – 13 Sa 600/06, NZA-RR 07, 29). Ferner ist darauf zu achten, dass eine Anrechnung regelmäßig nur in dem Umfang möglich ist, in dem der Versorgungsberechtigte anderweitige Leistungen tatsächlich erhält (BAG 11.2.92, DB 93, 989). Andere Bezüge dürfen nicht unverhältnismäßig entwertet werden (BAG 18.5.10 – 3 AZR 97/08, NZA 11, 581; 18.5.10 – 3 AZR 80/08, BB 11, 443 mit Anm *Küpper/Reichenbach*). Ist eine Anrechnung vorgesehen, so ist der Versorgungsempfänger zur Offenbarung dieser anderweitigen Bezüge verpflichtet. Eine unterlassene Mitteilung hat Rückforderungsansprüche des ArbGeb zur Folge (BAG 27.3.90, DB 90, 2123) und kann uU strafrechtlich relevant sein. Umgekehrt ist nach § 22 MTV für Arbeiter, Angestellte und Auszubildende in der Eisen-, Metall- und Elektro- und Zentralheizungsindustrie NRW eine Anrechnung von Leistungen der betrieblichen Altersversorgung auf das tarifliche Sterbegeld unzulässig (BAG 10.8.93, DB 94, 1295). Eine tarifliche Regelung, die bestimmt, dass das Witwengeld auf 25 % zu kürzen ist, wenn die Witwe Vergütung von der Versorgungsschuldnerin bezieht, nicht jedoch, wenn sie Vergütung von anderen ArbGeb erhält, verstößt idR gegen den Gleichheitssatz (BAG 19.7.11 – 3 AZR 398/09, BeckRS 2012, 78920). Sogar eine vollständige Einstellung einer nach der Versorgungsordnung als Ermessensleistung zu gewährenden Waisenrente ist dann ermessensfehlerfrei möglich, wenn der Sozialhilfeträger diesen Anspruch nach § 93 SGB XII auf sich überleitet (BAG 8.12.15 – 3 AZR 141/14, BeckRS 2016, 66511).

8 **d) Änderungen** der Hinterbliebenenversorgung seitens des ArbGeb unterliegen nicht der dreistufigen „Je-desto-Regel" des BAG (→ *Betriebliche Altersversorgung* Rn 73). Ebenso wie bei einer Änderung der Anpassungsregelungen bei laufenden Betriebsrenten sind auch hier die allgemeinen Grundsätze des Vertrauensschutzes und der Verhältnismäßigkeit anzuwenden (BAG 12.10.04 – 3 AZR 557/03, NZA 05, 580). Für die spätere Einführung einer Spätehenklausel genügen demnach sachliche Gründe (BAG 26.8.97 – 3 AZR 235/96, NZA 98, 817 mit grds zustimmender Anm von *Rolfs* AP Nr 27 zu § 1 BetrAVG Ablösung). Die nachträgliche Beschränkung der Hinterbliebenenversorgung auf den „Anwärtertod" wird demgegenüber regelmäßig triftige Gründe erforderlich machen (BAG 21.11.2000 – 3 AZR 91/00, NZA 02, 851). Der vollständige und ersatzlose Wegfall einer bei oder nach dem Eintritt des Versorgungsfalls „Alter" noch zugesagten Hinterbliebenenversorgung durch eine ablösende tarifliche Neuregelung ist mit den Grundsätzen des Vertrauensschutzes und der Verhältnismäßigkeit regelmäßig unvereinbar (BAG 31.7.18 – 3 AZR 731/16, BeckRS 2018, 25802).

9 **e) Anpassung.** Insoweit gelten die allgemeinen Grundsätze der betrieblichen Altersversorgung (→ *Betriebliche Altersversorgung* Rn 53 ff), denn § 16 BetrAVG enthält für die Hinterbliebenenversorgung keine Ausnahme- oder Sonderregelung.

10 **f) Insolvenzsicherung.** Vom Insolvenzschutz des § 7 Abs 1 BetrAVG (→ *Betriebliche Altersversorgung* Rn 88 ff) werden auch die Bezüge aus der Hinterbliebenenversorgung umfasst. Zu beachten ist, dass bei der Höchstsicherungsgrenze des § 7 Abs 3 BetrAVG entscheidend darauf abzustellen ist, ob die Hinterbliebenenrente (und nicht der ursprüngliche Hauptanspruch des verstorbenen ArbN) das Dreifache der einschlägigen Bezugsgröße übersteigt (BGH 20.10.08 – II ZR 240/07, NZA 09, 497; 11.10.04 – II ZR 369/02, ZIP 04, 2297).

## B. Lohnsteuerrecht

*Weil*

11 **1. Lohnsteuerliche Einordnung.** Die Besteuerung der Hinterbliebenenbezüge folgt der Besteuerung der Altersbezüge (→ *Altersrente* Rn 8 ff, → *Altersvorsorgevermögen* Rn 6 ff, 16, → *Betriebliche Altersversorgung* Rn 101 ff, 123, 132, 159, 161, 164, 174). Zur Einordnung der Hinterbliebenenbezüge als Versorgungsbezüge iSv § 19 Abs 2 EStG s R 19.8 und R 19.9 LStR. Zur Lohnzahlung im Sterbemonat und zur Zahlung von Arbeitslohn an die Erben oder an die Hinterbliebenen eines verstorbenen ArbN → *Sterbegeld* Rn 4 ff sowie R 19.9 LStR.

12 **2. Versorgungsbezüge.** Werden die Hinterbliebenenbezüge als Versorgungsbezüge iSv § 19 Abs 2 EStG gezahlt, richtet sich die Lohnbesteuerung nach den Merkmalen des

nunmehr als ArbN zu behandelnden bezugsberechtigten Hinterbliebenen. Es gelten dann für den bezugsberechtigten, als ArbN zu behandelnden Hinterbliebenen die allgemeinen Regeln des LStRechts (§§ 38 ff EStG) und der EStVeranlagung (§ 46 iVm § 19 EStG). Die Höhe des **Versorgungsfreibetrags** und **Zuschlags** hängt vom Jahr des Beginns des Versorgungsbezugs ab (→ *Altersgrenze* Rn 20) (§ 19 Abs 2 EStG; Einzelheiten BMF 19.8.13, BStBl I 13, 1087 Tz 168 ff) und ist bereits im LStVerfahren zu berücksichtigen (§ 39b Abs 2 Satz 3 EStG). Folgt ein Hinterbliebenenbezug einem Versorgungsbezug, bestimmen sich der Prozentsatz, der Höchstbetrag des Versorgungsfreibetrags und der Zuschlag für den Hinterbliebenenbezug nach dem Jahr des Beginns des Versorgungsbezugs des Verstorbenen (§ 19 Abs 2 Satz 7 EStG, BMF 19.8.13, BStBl I 13, 1087 Tz 180 ff). Der Altersentlastungsbetrag (§ 24a EStG) steht dem versorgungberechtigten Hinterbliebenen nur zu, wenn er die Voraussetzungen in eigener Person erfüllt (→ *Altersentlastungsbetrag* Rn 6 ff). Kapitalabfindungen aufgrund der Beamten-(Pensions-)Gesetze sind steuerfrei (§ 3 Nr 3 EStG).

**Beispiel:**

Ein verheirateter Pensionär erhält seit seinem 63. Lebensjahr im Jahr 2005 Versorgungsbezüge. Er verstirbt im Oktober 2016. Der überlebende Ehegatte erhält ab November 2016 Hinterbliebenenbezüge.

Besteuerung des verstorbenen Ehegatten:

ab 2006: Versorgungfreibetrag 40 % der Versorgungsbezüge, maximal 3000 € zzgl Zuschlag zum Versorgungsfreibetrag 900 € (§ 19 Abs 2 Satz 3 EStG; → *Altersgrenze* Rn 19)
2016: Versorgungsfreibetrag und Zuschlag wie 2006 iHv $^{10}/_{12}$.

Besteuerung des überlebenden Ehegatten:

2016: Versorgungsfreibetrag und Zuschlag $^{2}/_{12}$ von 40 % der Versorgungsbezüge, höchstens 3000 € zzgl Zuschlag $^{2}/_{12}$ von 900 € (§ 19 Abs 2 Satz 7 EStG).

**3. Rente.** In der gesetzlichen RV wird die Hinterbliebenenrente im Wesentlichen als Witwen- bzw Witwerrente, Erziehungsrente und Waisenrente geleistet. Auch eingetragene **Lebenspartner** fallen hierunter (BVerfG 7.7.09 – 1 BvR 1164/07, BB 09, 2421). Einzelheiten → Rn 18 ff. Auch Zusatzleistungen, wie zB Rentenabfindungen bei Wiederverheiratung von Witwen/Witwern und Zinsen gehören hierher. 13

Die **Besteuerung** der Hinterbliebenenrente folgt der Besteuerung der Altersrente (§ 22 Nr 1 Satz 3a) aa) Satz 8 EStG). Dies ist verfassungsgemäß (FG Saarl 27.6.11 – 2 K 1599/09, BeckRS 2011, 96570). Der Besteuerungsanteil der Rente ändert sich also nicht, dh der Besteuerungsanteil der Hinterbliebenenrente richtet sich nach dem Beginn der Altersrente des Verstorbenen (BFH 8.3.89 – X 16/85, BStBl II 89, 551; → *Altersrente* Rn 11 ff). 14

**Beispiele:**

Altersrente seit 2002; Hinterbliebenenrente seit 2008: Besteuerungsanteil der Witwenrente 50 %
Altersrente seit 2007; Hinterbliebenenrente seit 2013: Besteuerungsanteil der Witwenrente 54 %

Im Prinzip gilt das Gleiche, wenn eine **kleine Witwenrente** einer **großen Witwenrente** folgt und umgekehrt (s hierzu → Rn 19 ff) oder eine **Waisenrente** einer Altersrente folgt. Der jeweilige Besteuerungsanteil richtet sich nach dem Beginn der ersten Rente. Lebt eine wegen Wiederverheiratung des Rentenberechtigten weggefallene Witwen-/Witwerrente wegen Auflösung oder Nichtigerklärung der erneuten Ehe oder erneuten Lebenspartnerschaft wieder auf (§ 46 Abs 3 SGB VI; → Rn 28), ist bei Wiederaufleben der Witwen-/Witwerrente ebenfalls der Besteuerungsanteil der ersten, später weggefallenen Rente maßgebend (§ 22 Nr 1 Satz 3a) aa) Satz 8 EStG).

**Sachleistungen** und der **Kinderzuschuss** aus der gesetzlichen RV sind steuerfrei (§ 3 Nr 1b EStG). Dies gilt nicht für Kinderzuschüsse aus einem Versorgungswerk (BFH 31.8.11 – X R 11/10, DStR 12, 455). Bei der Einkommensermittlung der Rente sind Werbungskosten, ggf der Werbungskostenpauschbetrag (§ 9a Nr 3 EStG: 102 €), zu berücksichtigen, nicht aber der Versorgungsfreibetrag (BFH 12.6.06 – III B 189/05, BFH/NV 06, 2055). Der ArbGeb ist mit der Rentenbesteuerung – anders als bei den Versorgungsbezügen nach § 19 Abs 2 EStG – nicht befasst. Für die Verpflichtung, in Todesfällen Beihilfen zu gewähren, kann der ArbGeb eine Rückstellung bilden (BFH 30.1.02 – I R 71/00, BFH/NV 02, 1208). Zu Renten aus betrieblicher Altersversorgung, auch an den **Lebensgefährten,** → *Betriebliche Altersversorgung* Rn 123, 157, 174; zu Renten aus privater Altersvorsorge → *Altersvorsorgevermögen* Rn 6 ff. 15

16 **4. Pauschbeträge.** Personen, denen laufende Hinterbliebenenbezüge bewilligt worden sind, erhalten auf Antrag einen Pauschbetrag von 370 € **(Hinterbliebenen-Pauschbetrag),** wenn die Hinterbliebenenbezüge nach den in § 33b Abs 4 EStG oder nach den in R 33b Abs 1 EStR genannten Bestimmungen geleistet werden. Zu den Voraussetzungen des Hinterbliebenen-Pauschbetrags im Einzelnen s R 33b EStR. Zur Übertragung eines Hinterbliebenen-Pauschbetrags, der einem Kind zusteht, auf den Stpfl s § 33b Abs 5 EStG; → *Kindervergünstigungen* Rn 35. Der Hinterbliebenen-Pauschbetrag wird auf Antrag des Stpfl beim FA in die ELStAM aufgenommen (§ 39a Abs 1 Nr 4 und Abs 2 EStG; Einzelheiten → *Lohnsteuerermäßigung* Rn 12).

**C. Sozialversicherungsrecht** *Ruppelt*

18 **1. Gesetzliche Rentenversicherung. a) Reform der Renten wegen Todes ab 1.1.2002.** Aufgrund des **AVmEG** ist das sozialversicherungsrechtliche Hinterbliebenenrecht einer tiefgreifenden Reform unterzogen worden. Die neuen Regelungen gelten nur für Ehepaare, die **nach dem 31.12.2001 geheiratet haben oder bei denen beide Partner nach dem 1.1.1962** geboren sind **(Neuehen).** Das alte Hinterbliebenenrecht ist nach Maßgabe von § 242a SGB VI weiterhin anzuwenden, wenn der Tod des Ehegatten vor dem 1.1.02 eingetreten ist oder die Ehe bereits vor dem 1.1.02 geschlossen wurde **und** mindestens ein Ehegatte vor dem 2.1.62 geboren ist **(Altehen).** Die **Lebenspartner** einer eingetragenen gleichgeschlechtlichen Lebenspartnerschaft sind bei Todesfällen nach dem 31.12.04 (BSG 16.3.10 – B 2 U 8/09 R, SozR 4–2700 § 63 Nr 5) hinsichtlich der Hinterbliebenenleistungen der gesetzlichen RV in vollem Umfang **Witwen und Witwern gleichgestellt.** Dies gilt auch für die Hinterbliebenenleistungen der gesetzlichen UV (§ 63 Abs 1a SGB VII). Anspruch auf Hinterbliebenenrente aus der gesetzlichen RV besteht für überlebende Lebenspartner einer eingetragenen gleichgeschlechtlichen Lebenspartnerschaft nicht, wenn für denselben Zeitraum aus den Rentenanwartschaften des verstorbenen Lebenspartners Anspruch auf eine Witwen- oder Witwerrente für einen Ehegatten besteht oder ein Rentensplitting durchgeführt wurde (§ 105a SGB VI). Nach § 3 Abs 3 EheöffnungsG vom 28.7.17 (BGBl 2017, 2787) können seit 1.10.17 neue gleichgeschlechtliche Lebenspartnerschaften nach dem LPartG nicht mehr begründet werden.

19 **b) Neues Hinterbliebenenrecht der gesetzlichen Rentenversicherung.** Dieses Recht findet Anwendung auf Ehepaare die nach **dem 31.12.2001 geheiratet** haben **oder** bei denen **beide Partner** nach dem **1.1.1962** geboren sind.

20 **aa) Große Witwen- oder Witwerrente.** Diese Rente beträgt gem § 67 Nr 6 SGB VI nach Ablauf des **Sterbevierteljahres**, in dem eine Vollrente mit dem Rentenartfaktor 1,0 gezahlt wird, 55 vH der Rente wegen voller Erwerbsminderung des verstorbenen Ehepartners **(Rentenartfaktor 0,55)**. Die große Witwen-/Witwerrente wird gezahlt, wenn der überlebende Ehegatte nicht wieder geheiratet hat und das 45. Lebensjahr vollendet hat, oder ohne dieses Lebensjahr bisher erreicht zu haben entweder waisenrentenberechtigte Kinder erzieht oder aber teilweise bzw voll erwerbsgemindert ist (§ 46 Abs 2 SGB VI). Werden diese Renten wegen Erwerbsminderung der Hinterbliebenen gezahlt, sind sie zu befristen und werden erst ab dem siebten Monat nach Eintritt der Erwerbsminderung gezahlt (§§ 102 Abs 2, 101 Abs 2 SGB VI). Die Altersgrenze von 45 Jahren wird seit dem Jahr 2012 nach Maßgabe von § 242a Abs 5 SGB V stufenweise **auf das 47. Lebensjahr angehoben**. Für alle Todesfälle ab dem Jahr 2029 gilt die Altersgrenze von 47 Jahren für die große Witwen- oder Witwerrente (§ 46 Abs 2 Satz 1 Nr 2 SGB VI). Weitere Voraussetzung ist, dass der **verstorbene Ehegatte** die allgemeine Wartezeit von fünf Jahren nach § 50 Abs 1 SGB VI erfüllt hat. Für einen Anspruch auf Witwenrente oder Witwerrente der gesetzlichen RV gelten als Heirat auch die Begründung einer eingetragenen **Lebenspartnerschaft,** als Ehe auch eine eingetragene Lebenspartnerschaft, als Witwe und Witwer auch ein überlebender Lebenspartner und als Ehegatte auch ein Lebenspartner. Der Auflösung oder Nichtigkeit einer erneuten Ehe entspricht die Aufhebung oder Auflösung einer eingetragenen Lebenspartnerschaft (§ 46 Abs 4 SGB VI). Zum Ausgleich für die im Vergleich zum alten Recht herabgesetzte Witwenrente erhalten Hinterbliebene, die Kinder erzogen haben, unter den Voraussetzungen des § 78a SGB VI einen dynamischen Zuschlag an persönlichen Entgeltpunkten, der den Rentenanspruch erhöht. Während des Sterbevierteljahres steht der Witwe

oder dem Witwer eine Rente in Höhe der vollen Versichertenrente des Verstorbenen zu; für diese Zeit wird ein Zuschlag an persönlichen Entgeltpunkten nicht geleistet. Zur **Abfindung bei Wiederheirat** s → Rn 28.

**bb) Kleine Witwen- oder Witwerrente.** Diese Rente beträgt gem § 67 Nr 5 SGB VI nach Ablauf des **Sterbevierteljahres**, in dem eine Vollrente mit dem Rentenartfaktor 1,0 gezahlt wird, 25 vH der Rente wegen voller Erwerbsminderung des verstorbenen Ehepartners **(Rentenartfaktor 0,25).** Die Rente wird unter den Voraussetzungen des § 46 Abs 1 SGB VI (keine Wiederheirat, Wartezeiterfüllung) für 24 Monate gezahlt. Eine Altersgrenze besteht nicht. Die Abfindung der kleinen Witwen- oder Witwerrente ist an den gekürzten Anspruchszeitraum für den Bezug dieser Rente angepasst. Die Höhe der Abfindung verringert sich, soweit der Zeitraum von zwei Jahren bereits durch den Bezug einer kleinen Witwen- oder Witwerrente ausgeschöpft wurde. Haben Witwen oder Witwer zB nur für zwölf Kalendermonate die kleine Witwen- oder Witwerrente erhalten, wird damit die Abfindung auch nur noch in Höhe des zwölffachen Monatsbetrages der abzufindenden Rente geleistet (§ 107 Abs 1 Satz 3 SGB VI). Zu den Voraussetzungen der Rente im Übrigen → Rn 25.

**cc) Versorgungsehe.** Ein Anspruch auf (große und kleine) Witwen- oder Witwerrente 21 ist nach § 46 Abs 2a SGB VI ausgeschlossen, wenn die Ehe nicht **mindestens ein Jahr** angedauert hat (Regeltatbestand), es sei denn, der alleinige oder überwiegende Zweck der Heirat war es nicht, eine Hinterbliebenenrente zu erhalten (Ausnahmetatbestand). Mit dieser Regelung soll verhindert werden, dass eine Ehe zur Erlangung der Hinterbliebenenrente geschlossen wird. Die Annahme einer Versorgungsehe ist nur dann nicht gerechtfertigt, wenn die von der Versorgungsabsicht verschiedenen Beweggründe beider Ehegatten insgesamt gesehen überwiegen oder zumindest gleichwertig sind. Die Darlegungs- und Beweislast trägt der Anspruchssteller (BSG 19.10.11 – B 13 R 33/11 R, NZS 12, 230; LSG BaWü 19.4.16 – L 11 R 2064/15, BeckRS 2016, 69187; 5.12.17 – L 11 R 402/17, BeckRS 2017, 142345 BayLSG 4.9.18 – L 19 R 2/17, NZFam 18, 1006). Eine „Pflegeehe" kann zwar idR nicht als Versorgungsehe angesehen werden, dies gilt jedoch nur dann, wenn das Ableben des Versicherten aufgrund seines gesundheitlichen Zustandes zur Zeit der Eheschließung in absehbarer Zeit nicht zu erwarten war (LSG BaWü 29.6.18 – L 8 R 4335/16, BeckRS 2018, 16654; 24.4.18 – L 13 R 195/17, BeckRS 2018, 20438; 9.10.19 – L 2 R 3931/18, BeckRS 2019, 26946).

**dd) Rentensplitting unter Ehegatten.** Die Ehepartner einer Neuehe können zwischen 22 der Hinterbliebenenrente nach neuem Recht und dem neu eingeführten Rentensplitting unter Ehegatten **wählen** (§§ 120a ff SGB VI). Durch eine **übereinstimmende Erklärung** beider Ehepartner kann eine gleichmäßige Aufteilung der gemeinsam in der Splittingzeit erworbenen Rentenanwartschaften erreicht werden. Splittingzeit ist dabei die Zeit vom Beginn des Monats, in dem die Ehe geschlossen worden ist, bis zum Ende des Monats, in dem der Anspruch auf Durchführung des Rentensplittings unter Ehegatten entstanden ist. Mit der verbindlichen Wahl des Rentensplittings unter Ehegatten schließen die Ehepartner jedoch die spätere Zahlung einer Witwen- oder Witwerrente aus (§ 46 Abs 2b SGB VI). Vorteile gegenüber einer späteren Witwen- oder Witwerrente können sich durch das Rentensplitting für den begünstigten Ehepartner dadurch ergeben, dass die im Wege des Rentensplittings unter Ehegatten erworbenen **eigenständigen Rentenansprüche** im Gegensatz zu den abgeleiteten Hinterbliebenenrenten **nicht der Einkommensanrechnung** unterliegen und bei einer evtl Auflösung der Ehe und späteren Wiederheirat mit einem anderen Ehepartner nicht wegfallen. Das Rentensplitting unter Ehegatten ist dem Versorgungsausgleich bei Ehescheidung nachgebildet. Es beschränkt sich allerdings ausschließlich auf die in der Splittingzeit erworbenen dynamischen Rentenansprüche in der gesetzlichen RV.

**Berechtigter Personenkreis für das Rentensplitting.** Das Rentensplitting unter 23 Ehegatten kommt nur für die Ehepartner in Betracht, deren Ehe nach dem 31.12.01 geschlossen worden ist **oder** deren Ehe am 31.12.01 bereits bestand und beide Ehegatten nach dem 1.1.62 geboren sind (§ 120a Abs 2 SGB VI). Anspruch auf **Durchführung** des Rentensplittings haben die Ehegatten, wenn das **Versicherungsleben abgeschlossen** ist. Das ist der Fall, wenn beide Ehegatten erstmalig Anspruch auf eine Vollrente wegen Alters haben oder ein Ehegatte erstmalig den Anspruch auf eine Vollrente wegen Alters und der andere Ehegatte die Regelaltersgrenze erreicht hat. Stirbt einer der Ehegatten vor Eintritt dieser Voraussetzungen, so kann der überlebende Ehegatte die Erklärung auf Durchführung des Rentensplittings unter Ehegatten allein abgeben (§ 120a Abs 3 SGB VI). Weitere Voraussetzung ist, dass beide Ehegatten jeweils 25 Jahre an rentenrechtlichen Zeiten zurückgelegt haben (→ *Rentenversicherungsrechtliche Zeiten* Rn 3 ff). Wird das Rentensplitting unter Ehegatten erklärt, nachdem ein Ehegatte gestorben ist, müssen die 25 Jahre an rentenrechtlichen Zeiten allein beim überlebenden Ehegatten vorhanden sein (§ 120a Abs 4 SGB VI).

**Rentensplitting auf der Basis von Entgeltpunkten.** Die Aufteilung der Rentenansprüche erfolgt im Gegensatz zum Versorgungsausgleich bei Ehescheidung nicht als Übertragung eines Entgeltbetrages an monatlicher Rentenanwartschaft, sondern auf der Basis von Entgeltpunkten. Diese Entgeltpunkte werden bei den Ehegatten entweder als Zuschlag oder aber als Abschlag im jeweiligen Versicherungskonto gespeichert. Dem Rentensplitting unter Ehegatten unterliegen nur die Entgeltpunkte, die in der Splittingzeit erworben worden sind. Zu übertragen ist die Hälfte des Unterschieds zwischen den von beiden Ehegatten in der Splittingzeit erworbenen Entgeltpunkten gewichtet nach ihrer Wertigkeit (§ 120a Abs 7 SGB VI). Eine **Härtefallregelung** enthält § 120b SGB VI bei Tod eines Ehegatten vor dem Empfang angemessener Leistungen nach Rentensplitting. Sind dem verstorbenen Ehegatten aus dem Rentensplitting nicht länger als 36 Monate Rentenleistungen erbracht worden, wird die Rente des überlebenden Ehegatten auf Antrag nicht länger auf Grund des Rentensplittings gekürzt. Eine Anpassungsmöglichkeit eröffnet § 120c SGB VI bei einer Veränderung des dem Splitting zugrunde gelegten Wertunterschieds.

24 **c) Hinterbliebenenrecht der gesetzlichen Rentenversicherung bis 31.12.2001.** Dieses Recht findet Anwendung auf alle Altehen (→ Rn 18).

25 **aa) Kleine Witwen- oder Witwerrente nach altem Recht** ohne zeitliche Beschränkung erhalten hinterbliebene Ehegatten nach dem Tod ihres versicherten Ehegatten, wenn sie nicht wieder geheiratet haben und der **versicherte Ehegatte** die allgemeine Wartezeit erfüllt hat (§ 46 Abs 1 SGB VI). Hat der Versicherte die allgemeine Wartezeit vor seinem Tod nicht erfüllt, kommt unter den Voraussetzungen des § 53 SGB VI (zB bei Tod durch Arbeitsunfall) eine vorzeitige Wartezeiterfüllung in Betracht. Der Rentenartfaktor beträgt für diese Rente nach dem Sterbevierteljahr (→ Rn 20) 0,25.

26 **bb) Große Witwen- oder Witwerrente nach altem Recht** mit dem Rentenartfaktor 0,6 wird nach dem Sterbevierteljahr (→ Rn 20) gezahlt, wenn neben den Voraussetzungen für die kleine Rente der hinterbliebene Ehegatte das 45. Lebensjahr vollendet hat (→ Rn 19 zur Anhebung der Altersgrenze), oder erwerbsgemindert ist, oder ein eigenes oder ein Kind des Versicherten, das das 18. Lebensjahr noch nicht vollendet hat, erzieht (§ 46 Abs 2 SGB VI). Die Rente wird grds auf Zeit geleistet, es sei denn, es ist unwahrscheinlich, dass die Minderung der Erwerbsfähigkeit behoben werden kann (§ 102 Abs 2 SGB VI).

27 **d) Als Kinder für Witwen- oder Witwerrenten nach altem und neuem Recht** werden nach näherer Maßgabe des § 46 Abs 2 Satz 2 SGB VI auch Stiefkinder, Pflegekinder, Enkel und Geschwister berücksichtigt, wenn sie in den Haushalt der Witwe oder des Witwers aufgenommen bzw überwiegend von diesen unterhalten werden. Der Erziehung steht die in häuslicher Gemeinschaft ausgeübte Sorge für ein eigenes Kind oder ein Kind des versicherten Ehegatten, das wegen körperlicher, geistiger oder seelischer Behinderung außerstande ist, sich selbst zu unterhalten, auch nach dessen vollendetem 18. Lebensjahr gleich. Voraussetzung für die Witwen- oder Witwerrente ist eine **wirksam geschlossene Ehe.** Für Eheschließungen im **Ausland** sind hinsichtlich Voraussetzungen und Form Art 13 Abs 1 und Art 11 Abs 1 EGBGB maßgeblich. Danach kann auch eine polygame Ehe nach ausländischem Recht gem § 34 SGB I für die Witwenrentenberechtigung als wirksam anzusehen sein, wenn sie unterhaltsrechtlich einer deutschen Ehe entspricht.

28 **e) Bei Wiederheirat** endet der Anspruch auf Witwen- oder Witwerrenten nach altem und neuem Recht mit Ablauf des Monats der Wiederheirat (§ 100 Abs 3 Satz 1 SGB VI). Es wird bei der ersten Wiederheirat ein **Abfindungsbetrag** iHd 24fachen Monatsbetrages gezahlt (§ 107 SGB VI). Dies gilt für kleine Witwen- oder Witwerrente nach neuem Recht nur eingeschränkt (→ Rn 20). Bei Auflösung (Tod des Ehegatten, Scheidung, gerichtliche Aufhebung) oder Nichtigerklärung der neuen Ehe lebt die Rente nach dem vorletzten

Ehegatten unter den sonstigen Voraussetzungen des § 46 Abs 1 und 2 SGB VI wieder auf. Zur Rückforderung bei nicht angezeigter Wiederheirat BSG 2.11.15 – B 13 R 27/14 R, NZS 16, 350.

**f) Übergangsrecht. aa) Witwerrente.** Für Ansprüche von **Witwern** auf Rente wegen Todes nach der versicherten Ehefrau gilt die Sonderregelung des § 303 S 1 SGB VI, wenn die Ehefrau vor dem 1.1.86 gestorben ist oder die Ehegatten bis zum 31.12.88 erklärt haben, dass für sie das bis zum 31.12.85 geltende Hinterbliebenenrecht Gültigkeit behalten soll. Danach erhält der Ehemann nach dem Tod seiner versicherten Ehefrau nur dann eine Witwerrente, wenn die verstorbene Ehefrau den Unterhalt der Familie überwiegend bestritten hat. 29

**bb) Anspruch auf große Witwen- oder Witwerrente** besteht nach § 242a SGB VI bei Erfüllung der sonstigen Voraussetzungen auch, wenn die Witwe oder der Witwer vor dem 2.1.61 geboren und berufsunfähig nach § 240 Abs 2 SGB VI ist **oder** bereits am 31.12.2000 berufs- oder erwerbsunfähig war (→ *Erwerbsminderung* Rn 35 ff). Die Vorschrift stellt sicher, dass auch Witwen und Witwer eine Rente erhalten, die die Voraussetzungen der Berufsschutzregelung erfüllen oder bereits nach altem Recht erwerbs- oder berufsunfähig waren. In Zusammenhang mit der Reform der Renten wegen verminderter Erwerbsfähigkeit sind weitere Übergangsvorschriften in § 243 SGB VI geregelt.

**g) Halbwaisen- und Vollwaisenrente.** Eine Halbwaisenrente nach altem und neuem Recht ist dem Kind nach dem Tode des versicherten Elternteils, der die Wartezeit von fünf Jahren erfüllt hat, zu gewähren, wenn es noch einen unterhaltspflichtigen Elternteil hat. Auf die Leistungsfähigkeit zur Erfüllung des Unterhaltsanspruches kommt es nicht an. Anspruch auf Vollwaisenrente besteht, wenn ein unterhaltsverpflichteter Elternteil nicht mehr vorhanden ist (§ 48 Abs 1 und 2 SGB VI). Anspruchsberechtigt sind auch die Kinder, die bei großen Witwen- und Witwerrenten berücksichtigt werden (→ Rn 27). Zur Frage der Haushaltsaufnahme und des überwiegenden Unterhalts eines Enkelkindes im Haushalt der Großmutter iSd § 48 Abs 3 Nr 2 SGB VI vgl LSG München 19.2.09 – L 18 R 585/03, BeckRS 2009, 67165. 30

Die Rente wird grds bis zur Vollendung des **18. Lebensjahres,** unter den Voraussetzungen des § 48 Abs 4 Nr 2 bis zur Vollendung des **27. Lebensjahres** gewährt. Der Rentenartfaktor beträgt bei Halbwaisenrenten 0,1, bei Vollwaisenrenten 0,2.

**h) Erziehungsrente.** Versicherte haben bis zur Erreichung der Regelaltersgrenze Anspruch auf Erziehungsrente (Rentenartfaktor 1), wenn ihre Ehe nach dem 30.6.77 **geschieden** und ihr geschiedener Ehegatte gestorben ist, sie ein eigenes Kind oder ein Kind des geschiedenen Ehegatten erziehen, sie nicht wieder geheiratet haben und sie bis zum Tode des geschiedenen Ehegatten die allgemeine Wartezeit erfüllt haben (§ 47 Abs 1 SGB VI). Anspruch auf Erziehungsrente besteht auch für verwitwete Ehegatten, für die ein Rentensplitting unter Ehegatten durchgeführt wurde, wenn sie ein eigenes Kind oder ein Kind des verstorbenen Ehegatten erziehen (§ 46 Abs 2 SGB VI), sie nicht wieder geheiratet haben und die allgemeine Wartezeit erfüllen (§ 47 Abs 3 SGB VI). Die allgemeine **Wartezeit** muss durch den **überlebenden geschiedenen Ehegatten** erfüllt sein, nicht erforderlich ist, dass der verstorbene geschiedene Ehegatte versichert war. Die Wartezeit kann ggf im Wege des Versorgungsausgleiches erfüllt werden (§ 52 SGB VI). Die Regelung gilt für **eingetragene Lebensgemeinschaften** entsprechend (§ 47 Abs 4 SGB VI). 31

**i) Geschiedenenwitwenrente/Geschiedenenwitwerrente** wird nach näherer Maßgabe von § 243 SGB VI gewährt, wenn die Ehe vor dem 1.7.77 geschieden worden ist und gegen den verstorbenen geschiedenen Ehegatten ein Unterhaltsanspruch bestand (BayLSG 15.12.15 – L 13 R 278/15, BeckRS 2016, 65300). Richtet sich der Unterhaltsanspruch des geschiedenen Ehegatten nach dem Recht, das im Beitrittsgebiet gegolten hat, findet § 243 SGB VI keine Anwendung (§ 243a SGB VI). 32

**j) Rentenhöhe.** Die Rentenhöhe richtet sich nach der Höhe der entrichteten **Beiträge** (unter Berücksichtigung bestimmter beitragsfreier oder beitragsgeminderter Zeiten), dem **Rentenartfaktor** und dem **Zugangsfaktor** (→ *Rentenanpassung* Rn 4 ff). Während die Beitragszeiten von der individuellen Versicherungsbiographie abhängen, richtet sich der **Rentenartfaktor** nach der Rentenart (Altersrente, Hinterbliebenenrente usw) und der **Zugangsfaktor** nach dem Alter des Versicherten (nicht der Hinterbliebenen) bei Rentenbeginn oder Tod. Der Zugangsfaktor verringert sich bei Hinterbliebenenrenten für jeden 33

Kalendermonat, der sich vom Ablauf des Monats, in dem der Versicherte verstorben ist, bis zum Ablauf des Kalendermonats der Vollendung des 65. Lebensjahres des Versicherten ergibt, um jeweils 0,003 (§ 77 Abs 2 Satz 1 Nr 4 SGB VI). Dies führt für jeden Kalendermonat des vorgezogenen Bezugs zu einer um 0,3% geminderten Rente auf Dauer. Der Abschlag beträgt höchstens 10,8% (§ 77 Abs 2 Satz 2 SGB VI). Allerdings gilt bis 2024 die Übergangsregelung des § 264d SGB VI, wonach die Renten wegen Todes bis zu diesem Zeitpunkt noch vor Vollendung des 65. Lebensjahres des Versicherten abschlagsfrei in Anspruch genommen werden können. Entsprechend der **Anhebung der Altersgrenzen** für den Bezug der Altersrenten durch das RV-Altersgrenzenanpassungsgesetz vom 20.4.07 (BGBl I 07, 554) werden auch für die Hinterbliebenen- und Erziehungsrenten die Altersgrenzen für den abschlagfreien Bezug dieser Renten seit 2012 angehoben. Die Anhebung erfolgt stufenweise von der Vollendung des 63. Lebensjahres auf die Vollendung des 65. Lebensjahres nach Maßgabe der Tabelle in § 264d SGB VI. Mit dem Jahre 2024 ist die Anpassung abgeschlossen und ein abschlagsfreier Bezug einer Hinterbliebenenrente ist dann nur noch möglich, wenn der Versicherte nach Vollendung des 65. Lebensjahres verstorben ist. Die Erziehungsrente (→ Rn 31) wird danach ab 2024 abschlagsfrei nur noch zwischen dem 65. und 67. Lebensjahr der Berechtigten (nicht des Verstorbenen) gewährt. Um die Verminderung des Zugangsfaktors zu mildern, wird ab 2031 für Witwenrenten, Witwerrenten und Waisenrenten die Zeit vom Tod des Versicherten bis zur (fiktiven) Vollendung seines 67. Lebensjahres in vollem Umfang als **Zurechnungszeit** berücksichtigt, wenn der Versicherte vor Vollendung seines 67. Lebensjahres verstorben ist (§ 59 Abs 2 Satz 2 SGB VI idF des RV-Leistungsverbesserungs- und -Stabilisierungsgesetzes vom 28.11.18 (BGBl I 2018, 2016). Bis 2031 wird die Zurechnungszeit schrittweise verlängert. Bei einer Hinterbliebenenrente nach einem im Jahr 2018 verstorbenen Versicherten endet die Zurechnungszeit mit Vollendung des 62. Lebensjahr und 3 Monaten (§ 253a Abs 1 SGB VI). Ist der Versicherte im Jahr 2019 verstorben, endet die Zurechnungszeit mit Vollendung des 65. Lebensjahres und 8 Monaten (§ 253a Abs 2 SGB VI). Anschließend wird ab dem Jahr 2020 bis zum Jahr 2031 das Ende der Zurechnungszeit nach Maßgabe von § 253a Abs 3 SGB VI schrittweise auf das vollendete 67. Lebensjahr angehoben (§ 59 Abs 2 Satz 2 SGB VI). Von den Neuregelungen profitieren nur Rentenneuzugänge. S auch → *Rentenversicherungsrechtliche Zeiten* Rn 21.

34 **k) Anrechnung von Einkommen auf Renten wegen Todes.** Auf die Witwen- und Witwerrenten nach §§ 46, 242a, 243, 303 SGB VI sowie die Erziehungsrente nach § 47 SGB VI wird nach Ablauf des Sterbevierteljahres das nach §§ 18a und 18b SGB IV zu ermittelnde Einkommen des Rentenempfängers nach Maßgabe von § 97 SGB VI angerechnet. Daraus folgt nicht die Kürzung der Rente in Höhe des Einkommens, vielmehr verringert sich der zu berücksichtigende Teil zunächst durch die pauschalierende Ermittlung des Nettoeinkommens nach § 18b Abs 2 SGB IV. Sodann sind Freibeträge nach § 97 Abs 2 Satz 1 und ggf Satz 2 SGB VI zu berücksichtigen. Das danach zu berücksichtigende Einkommen wird nach § 97 Abs 2 Satz 3 SGB VI zu 40 vH auf die Rentenleistungen angerechnet.

35 Die anrechenbaren Einkommensarten ergeben sich aus § 18a SGB IV. Es handelt sich um **Erwerbseinkommen** (Arbeitsentgelt aus abhängiger Beschäftigung und Einkommen aus selbstständiger Tätigkeit), **Erwerbsersatzeinkommen** (öffentliche und private Renten, Ruhegehälter, Krankengeld, Verletztengeld, AlGeld, Mutterschaftsgeld usw), **Vermögenseinkommen** (Einnahmen aus Kapitalvermögen und Lebensversicherungen, Einnahmen aus Vermietung und Verpachtung, Gewinne aus privaten Veräußerungsgeschäften iSd von § 23 EstG) und das **Elterngeld.** Es findet eine umfassende Berücksichtigung nahezu aller Einnahmen statt. Ausgenommen sind lediglich steuerfreie Einnahmen nach § 18a Abs 1 Satz 2 Nr 1 SGB IV und Einnahmen aus steuerlich geförderten Altersvorsorgeverträgen („Riester-Rente").

36 **Keine Einkommensanrechnung** erfolgt für Bezieher von Witwen- oder Witwerrenten, deren Grundlage ein Todesfall vor dem 1.1.86 ist und für Bezieher von Witwen- oder Witwerrente aufgrund eines Todesfalles nach dem 31.12.85, die gegenüber dem RV-Träger eine wirksame Erklärung für das bis zum 31.12.85 geltende Hinterbliebenenrecht abgegeben haben (→ Rn 29). Im Sterbevierteljahr erfolgt keine Eikommensanrechnung (§ 97 Abs 1 S 2 SGB VI). Waisenrenten bleiben seit 2015 ohne Einkommensanrechnung.

**l) Vorsätzliche Tötung.** Anspruch auf Rente wegen Todes und auf Versichertenrente, soweit der Anspruch auf dem Rentensplitting beruht, besteht nicht für die Personen, die den Tod des Versicherten vorsätzlich herbeigeführt haben (§ 105 SGB VI). Das gilt auch bei einer Tötung auf Verlangen (BSG 17.4.12 – B 13 R 347/10 B, SozR 4–2600 § 105 Nr 1). 37

**2. Unfallversicherung.** Stirbt der Verletzte **an den Folgen** eines Arbeitsunfalls oder einer anerkannten Berufskrankheit (BSG 25.7.01 – B 8 KN 1/00 U R, BSGE88, 226), sei es auch erst nach Jahren, so werden an die Hinterbliebenen Sterbegeld Überführungskosten und Hinterbliebenenrenten gewährt. Bis zum Ablauf des dritten Kalendermonats nach Ablauf des Monats, in dem der Ehegatte verstorben ist, erhalten die Witwe oder der Witwer bzw der überlebende Partner einer eingetragenen Lebenspartnerschaft nach § 65 Abs 1 Nr 1 SGB VII die Rente in Höhe von zwei Dritteln des JAV. Die **Kleine Witwen- und Witwerrente** beträgt 30 vH, die **Große Witwe und Witwerrente** 40 vH des JAV (§ 65 Abs 2 SGB VII). Die **Vollwaisenrente** beträgt 30 vH, die Halbwaisenrente 20 vH des JAV (§ 68 Abs 1 SGB VII). Durch das AVmEG wurde auch in der UV die **Befristung** (→ Rn 20) der **kleinen** Witwen- und Witwerrente für Neuehen eingeführt (§§ 65, 80 SGB VII; Ausnahmen → *Unfallversicherung* Rn 62). 38

Hinsichtlich des **Hinzuverdienstes** gilt das im RVRecht maßgebende Prinzip der Einkommensanrechnung unter Berücksichtigung der Freibeträge (→ Rn 28). Die Höhe des anrechenbaren Einkommens wird nach § 65 Abs 3 SGB VII ermittelt. Beim **Zusammentreffen einer Rente aus gesetzlichen Rentenversicherung** mit einer Rente aus der UV wird die Rente aus UV grds insoweit ganz oder teilweise nicht geleistet, als beide Renten den nach § 93 SGB VI zu errechnenden Grenzbetrag überschreiten (BSG 17.4.12 – B 13 R 15/11 R, NZS 12, 791). Die Renten der Hinterbliebenen dürfen zusammen vier Fünftel des JAV nicht übersteigen, ansonsten werden sie bei den Hinterbliebenen nach dem Verhältnis ihrer Höhe gekürzt (§ 70 SGB VII). Keine Anrechnung erfolgt in den Sonderfällen des § 93 Abs 5 SGB VII (Versicherungsfall der UV nach Rentenbeginn der gesetzlichen RV oder die UV beruht auf eigener Beitragsleistung des Versicherten, was insbes bei freiwilliger Mitgliedschaft in der UV und bei Landwirtschaftlichen Unternehmern der Fall ist). Vgl *Rieker* Die Anrechnung einer Verletztenrente aus der gesetzlichen Unfallversicherung auf die Witwenrente aus der gesetzlichen Rentenversicherung, NZS 13, 138. 39

Die Witwe oder der Witwer haben keinen Anspruch auf Rente, wenn die **Ehe** erst **nach** dem **Versicherungsfall** (Arbeitsunfall) geschlossen und der Tod innerhalb des ersten Jahres der Ehe eingetreten ist, es sei denn, dass nach den besonderen Umständen des Falles die Annahme nicht gerechtfertigt ist, dass es der alleinige oder überwiegende Zweck der Heirat war, der Witwe oder dem Witwer eine Versorgung zu verschaffen (§ 65 Abs 6 SGB VII). Vgl auch → Rn 21. 40

Hat der durch den Arbeitsunfall Verstorbene seine Eltern aus seinem Arbeitsverdienst wesentlich unterhalten und hätten diese ohne den Arbeitsunfall Anspruch auf Unterhalt, ist eine **Elternrente** von 30 vH des JAV für ein Elternpaar (20 vH für einen Elternteil) zu gewähren (§ 69 SGB VII). Den Eltern stehen Stief- und Pflegeeltern gleich. 41

**Literaturhinweis:** *Bokeloh* Witwen- und Witwerrenten im Europäischen Kontext, WzS 19, 221.

# Homeoffice

## A. Arbeitsrecht

*Röller*

**1. Allgemeines/Begriff.** Der digitale Wandel in der Arbeitswelt ermöglicht es, mit Hilfe von Laptops, Tablets, Smartphones und Internettelefonie von nahezu überall zu arbeiten. Die räumliche und zeitliche Entgrenzung der Arbeit wird politisch unter dem Stichwort „Arbeiten 4.0" diskutiert (Grünbuch des BMAS v 24.4.15). Die Tätigkeit ganz oder teilweise von zu Hause aus wird entsprechend der Formulierung in § 2 Abs 7 der zum 3.12.16 neu gefassten ArbStättV als **Telearbeit** oder als Arbeiten im **Homeoffice** bezeichnet. Wird die Arbeitsleistung unabhängig von einem festen Arbeitsplatz von jedem denkbaren Arbeitsplatz erbracht, spricht man von **Mobile-Office.** Bei Verwendung des Begriffs Telearbeit wird unterschieden zwischen **häuslicher Telearbeit** (Arbeiten ausschließlich in 1 der Wohnung), **alternativer Telearbeit** (Arbeiten in der Wohnung und im Betrieb) und **mobiler Telearbeit** (Tätigkeiten an ständig wechselnden Arbeitsorten). Zu den Erscheinungsformen s *Schiefer/Worzalla* DB 19, 1904; *Voigt* AuR 18, 452; *Hülsemann* ArbR Aktuell 17, 483.

2 **2. Rechtsnatur der Tätigkeit im Homeoffice.** Die Tätigkeit im Homeoffice kann sowohl im Rahmen eines Arbeitsverhältnisses erfolgen als auch auf Grundlage eines Dienst-/Werkvertrages in freier Mitarbeit oder in Heimarbeit. Entscheidend ist, ob und inwieweit eine Eingliederung in die betriebliche Organisation des ArbGeb vorliegt. IdR wird ein Arbeitsverhältnis bestehen, da der Beschäftigte auf die vom ArbGeb zur Verfügung gestellten Arbeitsmittel (Software, Hardware) angewiesen ist, durch welche die Tätigkeit inhaltlich strukturiert wird, und die Lage der Arbeitszeit, freie Tage oder Urlaub mit dem ArbGeb abzustimmen sind (*Fitting* § 5 Rn 191; *Kamann* ArbRAktuell 16, 75; *Schaub/Vogelsang* § 164 Rn 15 ff.; *Boemke* BB 2000, 147). Ein Arbeitsverhältnis wird nur dann zu verneinen sein, wenn der Beschäftigte bei Verwendung eigener Arbeitsmittel seine Arbeitsergebnisse lediglich beim ArbGeb abliefert. Er kann dann, abhängig von den Umständen des Einzelfalls, selbstständiger Unternehmer, ArbNÄhnliche Person oder Heimarbeiter sein (BAG 14.6.16 – 9 AZR 305/15, NZA 16, 1453; ErfK/*Preis*, § 611a BGB Rn 80 ff; *Kamann* ArbRAktuell 16, 75).

3 **3. Einrichtung eines Arbeitsplatzes im Homeoffice und Beendigung der Tätigkeit. a) Kein gesetzlicher Anspruch auf Homeoffice.** Anders als in den Niederlanden, wo der ArbGeb Telearbeit/Arbeiten im Homeoffice nur aus schwerwiegenden dienstlichen oder betrieblichen Interessen ablehnen kann, gibt es in Deutschland bislang keine entsprechende gesetzliche Grundlage für einen solchen Anspruch. Das BMAS arbeitet an einem Gesetzesentwurf, der ein Recht auf Homeoffice vorsehen soll (s hierzu *Picker* ZfA 19, 269). Ein Anspruch ergibt sich nicht aus § 106 GewO. Nach dieser Bestimmung kann der ArbGeb Inhalt, Ort und Zeit der Arbeitsleistung nach billigem Ermessen näher bestimmen. Aus der gewählten Formulierung „kann" ergibt sich, dass es sich um ein Gestaltungsrecht des ArbGeb handelt. Eine Pflicht des ArbGeb zur Ausübung des Direktionsrechts dahingehend, dem ArbN einen Arbeitsplatz im Homeoffice zuzuweisen, lässt sich aus § 106 GewO nicht ableiten (LAG Köln 24.5.16 – 12 Sa 677/13, BeckRS 2016, 69901; LAG RhPf 18.12.14 – 5 Sa 378/14, ArbRAktuell 15, 158; LAG Dü 19.9.14 – 12 Sa 505/14, BeckRS 2014, 73155; *Benkert* NJW-Spezial 19, 306; *Isenhardt* DB 16, 1499; *Oberthür* MDR 15, 1269; *Bissels/Meyer-Michaelis* DB 15, 2331). Ein Anspruch auf Einrichtung eines häuslichen Arbeitsplatz ergibt sich auch nicht aus § 241 Abs 2 BGB. Dem Wunsch des ArbN, etwa aus familiären Gründen und/oder erzieherischen Belangen, im Homeoffice arbeiten zu dürfen, steht die durch Art 12, 14, 2 Abs 1 GG geschützte unternehmerische Freiheit des ArbGeb idR entgegen. Zum wesentlichen Inhalt der unternehmerischen Freiheit gehört auch die Gestaltungsfreiheit hinsichtlich der betrieblichen Organisation (LAG Köln 24.5.16, BeckRS 2016, 69901; LAG RhPf 18.12.14, ArbRAktuell 15, 158). Schwerbehinderte ArbN können gem § 81 Abs 4 SGB IX uU einen Anspruch auf Einrichtung eines Arbeitsplatzes im Homeoffice haben, sofern eine leidensgerechte Beschäftigung nur am heimischen Arbeitsplatz möglich ist. Entscheidend sind stets die konkreten Umstände des Einzelfalls (LAG Köln 24.5.16, BeckRS 2016, 69901; *Oberthür* MDR 15, 1269).

4 Im Geltungsbereich des BGleiG (Dienststellen der unmittelbaren und mittelbaren Bundesverwaltung) ist der ArbGeb gem § 16 Abs 1 S 2 BGleiG verpflichtet, den Beschäftigten, die Familien- oder Pflegeaufgaben wahrzunehmen haben, im Rahmen der dienstlichen Möglichkeiten auch Telearbeitsplätze, mobile Arbeitsplätze oder familien- oder pflegefreundliche Arbeits- und Präsenzzeitmodelle anzubieten. Die Vorschrift gewährt keinen strikten Rechtsanspruch auf Einrichtung eines Arbeitsplatzes im Homeoffice, sondern verpflichtet den ArbGeb nur, nach pflichtgemäßem Ermessen iRd der dienstlichen Möglichkeiten zu entscheiden (OVG Nds 17.7.13 – 5 LA 203/12, BeckRS 2013, 53480).

5 **b) Keine Zuweisung einer Tätigkeit im Homeoffice durch den Arbeitgeber.** Die Bestimmung des Arbeitsortes obliegt – vorbehaltlich anderweitiger individual- oder kollektivvertraglicher Vereinbarungen – grds dem ArbGeb. Mangels Verfügungsbefugnis über die Wohnung des ArbN ist der ArbGeb jedoch nicht berechtigt, eine Tätigkeit im Homeoffice

anzuordnen (LAG Bln-Bbg 14.11.18 – 17 Sa 562/18, BeckRS 2018, 34001; LAG RhPf 18.12.14 – 5 Sa 378/14, BeckRS 2015, 66249; *Oberthür* MDR 15, 1269).

**c) Beendigung der Tätigkeit im Homeoffice.** Haben die Arbeitsvertragsparteien die ausschließliche Tätigkeit als ArbN im Homeoffice ausdrücklich oder konkludent vereinbart, ist fraglich, wie die Vereinbarung vom ArbGeb beendet werden kann. Der Ausspruch einer Änderungskündigung gem §§ 2, 1 Abs 2 KSchG wird immer dann erforderlich sein, wenn der ArbGeb sich den Widerruf nicht vertraglich vorbehalten hat. Eine vertragliche Regelung, die die Beendigung der Tätigkeit im Homeoffice für den ArbGeb voraussetzungslos ermöglicht und die Interessen des ArbN nicht berücksichtigt, ist wegen Abweichung von dem gesetzlichen Leitbild des § 106 GewO gem § 307 Abs 1 S 1 BGB iVm § 307 Abs. 2 Nr 1 BGB unwirksam (LAG Dü 10.9.14 – 12 Sa 505/14, BeckRS 2014, 73155; aA *Müller* DB 19, 1624, der die Beendigung der Tätigkeit im Homeoffice durch den ArbGeb in Ausübung des Direktionsrechts gem § 106 BGB für zulässig hält). 6

**4. Regelungsgegenstände einer Homeoffice-Vereinbarung.** Eine Homeoffice-Vereinbarung muss den Vorgaben des NachweisG genügen. In jedem Fall bedarf es Regelungen über den Arbeitsort, die Art der zu leistenden Tätigkeit, das Volumen der Arbeitszeit und die Arbeitsmittel. 7

**a) Arbeitsort.** Der Arbeitsort ist dann konkret festzulegen, wenn es entweder keine physische Betriebsstätte gibt oder ein Arbeitsplatz im Betrieb des ArbGeb nicht zur Verfügung steht und voraussichtlich auch in Zukunft nicht zur Verfügung stehen wird. Besteht keine vertragliche Regelung über den Arbeitsort, kann der ArbGeb über das Direktionsrecht den ArbN an unterschiedlichen Orten einsetzen. IdR wird der ArbGeb den Arbeitsort festlegen und gleichzeitig eine Versetzungsklausel vereinbaren wollen. Einzelheiten *Richter* ArbRAktuell 19, 142, 166. 8

**b) Arbeitszeit.** Wie bei jedem anderen Arbeitsverhältnis bedarf es einer Bestimmung der regelmäßigen Arbeitszeit des ArbN, der in seinem Homeoffice tätig ist. Neben dem Arbeitszeitvolumen ist auch die Lage der Arbeitszeit zu regeln, insbes wenn der ArbGeb zu bestimmten Zeiten Zugriff auf die Arbeitsleistung nehmen will. Die Tätigkeit im Homeoffice lebt gerade davon, dass der ArbN in vieler Hinsicht Lage und Verteilung der Arbeitszeit selbst bestimmen will, was für ihn eine Verbesserung der Work-Life-Balance darstellen kann. 9

Auch für die Tätigkeit im Homeoffice gilt das ArbZG. Für die Einhaltung des ArbZG ist grds der ArbGeb verantwortlich. Dies gilt auch bei einer Vertrauensarbeitszeit (BAG 6.5.13 – 1 ABR 13/02, NZA 03, 1348). Bei der Tätigkeit im Homeoffice ist die Überwachung des ArbN für den ArbGeb nur eingeschränkt möglich. Vor diesem Hintergrund empfiehlt es sich, dem ArbN die Verpflichtung aufzuerlegen, seine Arbeitszeit zu erfassen, insbes die über die werktägliche Arbeitszeit des § 3 Abs 1 ArbZG hinausgehende Arbeitszeit. Der ArbGeb kann den ArbN verpflichten, die Aufzeichnungspflicht hinsichtlich Umfang und Lage der täglichen Arbeitszeit auf ihn zu delegieren und ihn gleichzeitig zu verpflichten, seine Aufzeichnungen auf Verlangen der Aufsichtsbehörde vorzulegen (*Isenhardt* DB 16, 1499; ErfK/*Wank*, § 16 ArbZG Rn 5). Auch das Führen eines Arbeitszeitkontos ist bei Vereinbarung einer Vertrauensarbeitszeit möglich (BAG 23.9.15 – 5 AZR 767/13, NZA 16, 295). Zu beachten ist das Urteil des EuGH v 14.5.19, nach dem die Nationalstaaten ein System einrichten müssen, mit dem die von jedem ArbN geleistete tägliche Arbeitszeit gemessen werden kann (EuGH 14.5.19 – C-55/18, NZA 19, 683) und die Umsetzung dieser Vorgabe in Deutschland. S → *Arbeitszeit* Rn 25 ff. Sa → *Mobiles Arbeiten* Rn 6.

**c) Kosten der Arbeitsmittel.** Die Kosten für die Einrichtung des Homeoffice (Anschaffung der Büroeinrichtung, Anschaffung, Wartung und Pflege der Kommunikationseinrichtung, dienstlicher Anteil der Raummiete, Beleuchtung, Heizung) trägt idR ohne abweichende vertragliche Regelung der ArbGeb. Dem ArbN steht ein Aufwendungsersatzanspruch gem § 670 BGB zu (BAG 14.10.03 – 9 AZR 657/02, NZA 04, 604). Anders kann die Rechtslage zu beurteilen sein, wenn die Einrichtung eines Homeoffice im überwiegenden Interesse des ArbN liegt. In diesem Fall kommt die Erstattung der durch die Einrichtung des häuslichen Arbeitszimmers entstehenden Kosten nur aufgrund einer Vereinbarung, nicht aber in entsprechender Anwendung des § 670 BGB in Betracht (BAG 12.4.11 – 9 AZR 14/10, NZA 12, 97). Rechtlich zulässig ist die Vereinbarung einer Kostenpauschale. 10

11 Der ArbGeb stellt dem ArbN typischerweise die erforderlichen Arbeitsmittel zur Verfügung. In der IT-Branche gibt es den Trend, dass der ArbN seine Hardware selbst stellt („Bring your own device", BYOD). Da der ArbN in diesem Fall seine eigenen Arbeitsmittel einsetzt, sind ihm zusätzlich entstehende Kosten entsprechend § 670 BGB zu ersetzen (*Isenhardt* DB 16, 1499; *Göpfert/Wilke* NZA 12, 765; *Schaub/Vogelsang* § 164 Rn 33). Der Anspruch auf Kostenerstattung betrifft die Abnutzung oder eventuelle Beschädigung oder Zerstörung des Geräts, ebenso eine eventuelle Erhöhung einer Flatrate.

12 Fahrtkosten vom Homeoffice zum Betrieb oder zum ersten Kunden bzw vom letzten Kunden zurück zum Homeoffice sind vom ArbGeb zu erstatten, wenn abweichende vertragliche Regelungen fehlen und das Homeoffice der einzige vertraglich vereinbarte Arbeitsort ist. Bei wechselnder Tätigkeit (zB 2 Tage in der Woche im Homeoffice und 3 Tage in der Woche im Betrieb) muss der ArbN die Kosten für die Fahrt zum Betrieb selbst tragen, wenn eine abweichende vertragliche Regelung fehlt (*Schaub/Vogelsang* § 164 Rn 35; *Isenhardt* DB 16, 1499).

13 **d) Zutrittsrecht.** Die Regelung des Zutrittsrechts des ArbGeb ist notwendig, da wegen des Grundrechtsschutzes aus Art 13 Abs 1 GG ein Betreten der Wohnung ohne Zustimmung des ArbN nicht möglich ist (*Schiefer/Worzalla* DB 19, 1904; *Ganz* ArbRAktuell 18, 1032; *Rieble/Picker* ZfA 13, 383; *Schaub/Vogelsang* § 164 Rn 28). Allein in der Vereinbarung einer Tätigkeit im Homeoffice liegt noch keine Zustimmung des ArbN zum Betreten der Wohnung durch den ArbGeb, erst recht nicht durch den BRat. Wird ein Zutrittsrecht arbeitsvertraglich vereinbart, handelt es sich hierbei nur um eine schuldrechtliche Verpflichtung des ArbN. Jedes Betreten der Wohnung durch den ArbGeb bedarf der Zustimmung des ArbN (*Schaub/Vogelsang* § 164 Rn 28). Der Zutritt kann vom ArbGeb nur in angemessenem Umfang und nicht zur Unzeit verlangt werden. Verweigert der ArbN ohne Sachgrund das Betreten der Wohnung, kann der ArbGeb berechtigt sein, die Tätigkeit im Homeoffice durch Widerruf der Homeoffice-Tätigkeit oder Ausspruch einer Änderungskündigung zu beenden und dem ArbN wieder einen Arbeitsplatz im Betrieb zuzuweisen (*Ganz* ArbRAktuell 18, 1032; *Schaub/Vogelsang* § 164 Rn 24; *Kamann* ArbRAktuell 16, 75). Dem BRat steht kein Zutrittsrecht zu, wenn der ArbN das Betreten der Wohnung verweigert. Das aus § 80 Abs 1 Nr 1 BetrVG abzuleitende Zutrittsrecht des BRat richtet sich nur gegen den ArbGeb, der durch eine entsprechende Vereinbarung mit dem ArbN eine Zutrittsmöglichkeit gewährleisten muss, räumt dem BRat jedoch kein Zutrittsrecht gegen den ArbN ein (*Schaub/Vogelsang* § 164 Rn 29; *Wiese* RdA 09, 344).

14 **5. Arbeitsschutz.** Nach der europäischen Rahmenvereinbarung über Telearbeit vom 16.7.02 hat der ArbGeb für den Gesundheitsschutz und die Sicherheit des TeleArbN zu sorgen. Dem ArbGeb obliegt damit auch bei einer Tätigkeit im Homeoffice der gesetzlich geregelte Arbeitsschutz. Durch die Reform der ArbStättV, in Kraft getreten am 3.12.16, findet diese auch auf Telearbeitsplätze im Homeoffice Anwendung, soweit der Arbeitsplatz von dem im Betrieb abweicht (§ 1 Abs 3 Satz 1 ArbStättV). Diese Beschränkung dürfte sich jedoch nur auf die Anwendung der §§ 3, 6 ArbStättV beziehen, nicht aber auf die materiellen Vorgaben nach Anhang Nr 6 (*Wiebauer* NZA 17, 220; *Schucht* CZ 17, 120). Anwendbar ist weiterhin das ArbSichG.

15 Pflichten des ArbGeb ergeben sich ferner aus § 618 Abs 1 BGB sowie aus §§ 3 ff ArbSchG. Zur Ermittlung erforderlicher Maßnahmen des Arbeitsschutzes hat der ArbGeb gem § 5 ArbSchG eine Gefährdungsbeurteilung durchzuführen (*Voigt* AuR 18, 452; *Isenhardt* DB 16, 1499; *Bissels/Meyer-Michaelis* DB 15, 2331). Der ArbN muss gem § 15 Abs 1 S 1 ArbSchG gem den Weisungen des ArbGeb am häuslichen Arbeitsplatz für seine eigene Sicherheit und Gesundheit sorgen und die ihm zur Verfügung gestellten Arbeitsmittel nach § 15 Abs 2 ArbSchG bestimmungsgemäß verwenden. Er ist gem § 16 Abs 2 S 1 ArbSchG verpflichtet, den ArbGeb bei der Erfüllung seiner Arbeitsschutzpflichten zu unterstützen.

16 **6. Haftung.** Für die Tätigkeit im Homeoffice gelten die allgemeinen arbeitsrechtlichen Grundsätze der Haftungsbegrenzung *(Arbeitnehmerhaftung)*. Besonderheiten ergeben sich dadurch, dass die vom ArbGeb gestellten Arbeitsmittel von Dritten – vor allem von Familienmitgliedern oder Arbeitskollegen anlässlich eines Besuchs – beschädigt werden können. Steht der verursachte Schaden im Zusammenhang mit der Arbeit am häuslichen Arbeitsplatz, wird eine Haftungsbegrenzung nach dem Prinzip des Vertrags mit Schutz-

wirkung zugunsten Dritter bejaht (*Isenhardt* DB 16, 1499; *Schaub/Vogelsang* § 164 Rn 31; aA *Bissels/Meyer-Michaelis* DB 15, 2331).

**7. Datenschutz.** Die Bestimmungen des Datenschutzrechts sind auch bei einer Tätigkeit im Homeoffice zu beachten. Bearbeitet der ArbN im Homeoffice personenbezogene Daten, handelt er hierbei für den ArbGeb als datenschutzrechtlich verantwortliche Stelle. Eine interne Datenverarbeitung, für die keine besonderen Erlaubnistatbestände erforderlich sind, liegt vor, wenn die Datenverarbeitung für die Erfüllung eigener Geschäftszwecke des ArbGeb gem § 26 Abs 1 BDSG gestattet ist (*Isenhardt* DB 16, 1499; *Bissels/Meyer-Michaelis* DB 15, 2331). Der ArbGeb ist gem § 26 Abs 5 BDSG verpflichtet, technische und organisatorische Maßnahmen zu treffen, um die Datensicherheit zu gewährleisten. Der ArbN genießt im Homeoffice selbst Datenschutz. Die Kontrolle des Rechners im Homeoffice zur Überwachung von Arbeitszeit und Arbeitsleistung ist nur unter Berücksichtigung des Rechts auf informationelle Selbstbestimmung und der datenschutzrechtlichen Vorschriften (insbes § 26 BDSG) zulässig (*Isenhardt* DB 16, 1499; *Göpfert/Papst* DB 16, 1015; → *Internet-Telefonnutzung* Rn 7 ff). Der ArbGeb muss zudem durch Erstellung eines angemessenen Schutzkonzepts die Verpflichtungen aus dem GeschGehG beachten (*Schiefer/Worzalla* DB 19, 1904). 17

**8. Tätigkeit im Homeoffice zur Vermeidung einer betriebsbedingten Kündigung.** Im Einzelfall kann sich die Frage stellen, ob der ArbGeb verpflichtet ist, dem vom Wegfall seines Arbeitsplatzes betroffenen ArbN zur Vermeidung einer betriebsbedingten Kündigung die Möglichkeit zur Weiterbeschäftigung im Homeoffice anzubieten. Im Regelfall ist dies zu verneinen, weil der ArbGeb zur Schaffung eines neuen/anderen Arbeitsplatzes nicht verpflichtet werden kann und ansonsten unzulässiger Weise in die vom ArbGeb getroffene Organisationsentscheidung eingegriffen würde (LAG Mü 19.7.09 – 11 Sa 230/09, BeckRS 2009, 72351; LAG Hamm 22.7.09 – 3 Sa 1630/08, BeckRS 2009, 73608). Anders kann die Rechtslage dann zu beurteilen sein, wenn der ArbN ordentlich unkündbar ist. In diesem Fall muss der ArbGeb besonders umfangreiche Bemühungen zur Vermeidung einer Kündigung unternehmen. Die Einrichtung eines Arbeitsplatzes im Homeoffice kann nach den konkreten Umständen des Einzelfalls notwendig sein (BAG 2.3.06 – 2 AZR 64/05, NZA 06, 985). 18

**9. Betriebsverfassungsrecht.** Der Arbeitsplatz im Homeoffice gehört grds zum Betrieb, weil der betriebsverfassungsrechtliche Betriebsbegriff nicht nur räumlich, sondern auch funktional zu verstehen ist. Der ArbN im Homeoffice ist ArbN des Betriebs (§ 5 Abs 1 S 1 BetrVG). Die Gestaltung der Arbeit im Homeoffice unterliegt deshalb der sozialen, personellen und wirtschaftlichen Mitbestimmung des BRat. Zu Elementen einer Betriebsvereinbarung zur alternierenden Telearbeit s *Hülsemann* ArbAktuell 17, 483. 19

**a) Einrichtung von Homeoffice-Arbeitsplätzen.** Bei der Einführung von häuslicher Arbeit sind die Mitwirkungsrechte des BRat nach §§ 90, 91 BetrVG zu beachten (*Isenhardt* DB 16, 1499; *Schaub/Vogelsang* § 164 Rn 40).

**b) Mitbestimmung in sozialen Angelegenheiten (§ 87 BetrVG).** Mitbestimmungsrechte des BRat können sich ergeben bei Regelungen zur privaten Nutzung von Telefon, Internet und E-Mail-Systemen nach § 87 Abs 1 Nr 1 BetrVG, bei Fragen der Arbeitszeitgestaltung gem § 87 Abs 1 Nr 2 BetrVG, aus § 87 Abs 1 Nr 6 BetrVG (technische Einrichtung), aus § 87 Abs 1 Nr 7 BetrVG (Arbeitsschutz) sowie aus § 87 Abs 1 Nr 10 BetrVG (Vergütung von Arbeit im Homeoffice; Aufwandsentschädigung und Auslagenersatz sind keine Vergütungsbestandteile und unterliegen deshalb nicht dem Mitbestimmungsrecht). 20

**c) Personelle Mitbestimmung (§§ 95, 99 BetrVG).** Bei der Begründung und der Beendigung der Arbeit im Homeoffice handelt es sich aufgrund der Änderung des Arbeitsorts und ggf auch aufgrund der Änderung der Arbeitsumstände um eine nach §§ 99 Abs 1, 95 Abs 3 BetrVG mitbestimmungspflichtige Versetzung (LAG Dü 10.9.14 – 12 Sa 505/14, BeckRS 2014, 73155; *Isenhardt* DB 16, 1499; *Schaub/Vogelsang* § 164 Rn 42). Bei nur gelegentlicher Tätigkeit im Homeoffice ist der Wechsel vom Arbeitsplatz im Betrieb zum Arbeitsplatz im Homeoffice hingegen nicht mitbestimmungspflichtig (*Isenhardt* DB 16, 1499). 21

**10. Streitigkeiten/zuständiges Gericht.** Bei einer Tätigkeit im Homeoffice ist gem § 48 Abs 1a S 1 ArbGG das ArbG am Wohnsitz des ArbN für Streitigkeiten aus dem 22

Arbeitsverhältnis zuständig. Der ArbN arbeitet gewöhnlich im Homeoffice, wenn dort in nennenswertem Umfang eigenständige Arbeitsleistungen erbracht werden, die nicht lediglich unselbstständige Folgearbeiten der geschuldeten Hauptleistung sind (*Isenhardt* DB 16, 1499; *Germelmann/Matthes/Prütting* § 48 Rn 36).

## B. Lohnsteuerrecht

*Weil*

30 **1. Abgrenzung selbständig – nichtselbständig.** Ob die Arbeit im Homeoffice (Rn 1) in selbständiger oder nichtselbständiger Tätigkeit erbracht wird, entscheidet sich gem § 1 LStDV nach dem Gesamtbild der Verhältnisse (→ *Arbeitnehmer (Begriff)* Rn 29 ff). Weisungsgebundenheit und Gestellung der Arbeitsmittel (PC, Fax uÄ) sprechen für nichtselbständige Tätigkeit; Tätig sein für mehrere Auftraggeber unter freier Zeiteinteilung spricht für selbständige Tätigkeit. Die Aufgabe eines bisherigen betrieblichen Arbeitsplatzes unter künftiger „freier Mitarbeit" ist nicht zwingend ein Indiz für selbständige Tätigkeit (→ *Freie Mitarbeit* Rn 32 ff).

**2. Tätigkeit im Homeoffice als nichtselbständige Tätigkeit:**

31 **a) Abzugsfähigkeit der Aufwendungen des ArbN für das Homeoffice.** Die Aufwendungen des ArbN für das Homeoffice sowie die Kosten der Ausstattung können nur in Abzug gebracht werden, wenn die besonderen **Vorschriften** zur steuerlichen Berücksichtigung von Aufwendungen für ein **häusliches Arbeitszimmer** (§ 9 Abs 5 EStG iVm § 4 Abs 5 S 1 Nr 6b EStG) vorliegen (BFH 26.2.2014 – VI R 40/12, BStBl II 2014, 568, → *Arbeitszimmer* Rn 7 ff). Voraussetzung ist demnach, dass der ArbN keinen anderen Arbeitsplatz im Betrieb zur Verfügung hat. Die **vollen Aufwendungen** können nur dann in Abzug gebracht werden, wenn das Homeoffice den **Mittelpunkt** der gesamten betrieblichen und beruflichen Tätigkeit (→ *Arbeitszimmer* Rn 7, 13) bildet. Sonst ist der Abzug auf 1.250 € pro Kj beschränkt.Besteht neben dem Homeoffice ein Arbeitsplatz im Betrieb sind die Aufwendungen für das arbeitszimmer auch dann nicht abzugsfähig, wenn der ArbN arbeitsvertraglich verpflichtet ist, in seiner Wohnung einen geeigneten Arbeitsbereich zur Verfügung zu stellen (BFH 26.2.2014 – VI R 40/12, BStBl II 2014, 568). Zu den abzugsfähigen Aufwendungen → *Arbeitszimmer* Rn 19 ff. Zur Abzugsfähigkeit der Arbeitsmittel → *Arbeitsmittel* Rn 11 ff.

32 **b) Mietvertrag mit dem ArbGeb.** Vermietet der ArbN ein Zimmer innerhalb seiner Wohnung als Homeoffice an den ArbGeb, so ist dieses Mietverhältnis anzuerkennen und der ArbN erzielt hieraus **Einkünfte aus VuV (§ 21 Abs 1 S 1 Nr 1 EStG),** wenn die Nutzung des Arbeitszimmers im **vorrangigen Interesse des ArbGeb** erfolgt (BFH 16.9.04 – VI R 25/02, DStR 05, 59; BFH 2.10.2008 – VI B 102/07, BFH/NV 2009, 148; ). Indizien hierfür sind, dass der ArbGeb gleichlautende Mietverträge auch mit fremden Dritten abschließt, ausdrückliche, schriftliche Vereinbarungen über die Bedingungen der Nutzung und dass der ArbN über keinen weiteren Arbeitsplatz in einer Betriebsstätte des ArbGeb verfügt. Für das Vorliegen eines betrieblichen Interesses des Arbeitgebers sprechen beispielsweise folgende Anhaltspunkte: Für den Arbeitnehmer ist im Unternehmen kein geeigneter Arbeitsplatz vorhanden; die Versuche des Arbeitgebers, entsprechende Räume von fremden Dritten anzumieten, sind erfolglos geblieben. Der Arbeitgeber hat für andere Arbeitnehmer des Betriebs, die über keine für ein Arbeitszimmer geeignete Wohnung verfügen, entsprechende Rechtsbeziehungen mit fremden Dritten begründet, die nicht in einem Dienstverhältnis zu ihm stehen. Es wurde eine ausdrückliche, schriftliche Vereinbarung über die Bedingungen der Nutzung der überlassenen Räumlichkeiten abgeschlossen (BMF 18.4.19, DStR 19, 1042). Gleichgewichtiges Interesse bei ArbGeb und ArbN genügt zur Anerkennung des Mietvertrags nicht (BFH 13.12.2016 – X R 18/12, DStR 17, 715). Bei einer Einliegerwohnung des ArbN, die er zweckfremd als Homeoffice an seinen ArbG für dessen betriebliche Zwecke vermietet, ist stets im Einzelfall festzustellen, ob er beabsichtigt, auf die voraussichtliche Dauer der Nutzung einen Überschuss der Einnahmen über die Werbungskosten zu erzielen (BFH 17.4.18 – IX R 9/17, DStR 18, 1758). Zur Gesamtproblematik der einkommensteuerrechtlichen Beurteilung der Vermietung eines Arbeitszimmers oder

einer als Homeoffice genutzten Wohnung durch einen Arbeitnehmer an seinen Arbeitgeber BMF 18.4.19, DStR 19, 1042.

Dient das Arbeitszimmer oder die als Homeoffice genutzte Wohnung in erster Linie dem Interesse des Arbeitnehmers, ist davon auszugehen, dass die Leistungen des Arbeitgebers als Gegenleistung für das Zurverfügungstellen der individuellen Arbeitskraft des Arbeitnehmers erfolgen. Die **Einnahmen** sind als Arbeitslohn (§ 19 Abs 1 S 1 Nr 1 EStG) zu beurteilen. Ein für den Arbeitslohncharakter der Leistungen des Arbeitgebers an den Arbeitnehmer sprechendes gewichtiges Indiz liegt vor, wenn der Arbeitnehmer im Betrieb des Arbeitgebers über einen weiteren Arbeitsplatz verfügt und die Nutzung des Arbeitszimmers oder der als Homeoffice genutzten Wohnung vom Arbeitgeber lediglich gestattet oder geduldet wird (BMF 18.4.19, DStR 19, 1042). Sind die Leistungen des Arbeitgebers an den Arbeitnehmer als Arbeitslohn zu erfassen, unterliegt der Abzug der Aufwendungen für das Arbeitszimmer oder die als Homeoffice genutzte Wohnung ggf. der Abzugsbeschränkung des § 9 Abs 5 EStG iVm § 4 Abs 5 S 1 Nr 6b EStG. 33

**c) Kostenübernahme durch den ArbGeb.** Die Übernahme der Kosten für die Einrichtung des Homeoffice stellt grds **stpfl Arbeitslohn** dar (BFH 8.3.2006 – IX R 76/01, HFR 2006, 1081). Die Zahlungen des ArbGeb an den ArbN sind nur dann als steuerfreier Auslagenersatz iSd § 3 Nr 50 EStG zu behandeln, wenn sie Auslagen des ArbN „für den ArbGeb" betreffen. Dies ist dann der Fall, wenn die Ausgaben ausschließlich oder doch bei weitem überwiegend durch die Belange des ArbGeb bedingt, von diesem veranlasst oder gebilligt sind (→ *Arbeitsentgelt* Rn 48 ff). Allein durch die arbeitsvertragliche Verpflichtung, Arbeitsleistung auch zuhause zu erbringen, wird das ganz überwiegend eigenbetriebliche Interesse des ArbGeb aber noch nicht begründet. 34

**d) Fahrten vom Homeoffice.** Ein Homeoffice stellt keine betriebliche Einrichtung dar und kann daher keine erste Tätigkeitsstätte begründen. Dies gilt nach BMF 24.10.14, BStBl I 14, 1412 Rn 3, auch, wenn der ArbGeb vom ArbN einen oder mehrere Arbeitsräume anmietet, die der Wohnung des ArbN zuzurechnen sind (s aber → *Fahrten zwischen Wohnung und Arbeitsstätte* Rn 11). Fahrten **zum ArbGeb** sind daher Fahrten zwischen Wohnung und erster Tätigkeitsstätte und fallen unter die begrenzte Abzugsfähigkeit der **Entfernungspauschale** (→ *Fahrten zwischen Wohnung und Arbeitsstätte* Rn 4 ff). **Erstattet der ArbGeb** dem ArbN die Fahrtkosten, liegt **stpfl Arbeitslohn** vor. Zur Möglichkeit, den Fahrtkostenersatz pauschal zu versteuern → *Lohnsteuerpauschalierung* Rn 38, 39. Fahrtkosten **zum Kunden** können demgegenüber gem § 3 Nr 16 EStG **steuerfrei erstattet** werden, soweit sie die nach § 9 EStG als Werbungskosten abziehbaren Aufwendungen nicht übersteigen. Für den Fall, dass der ArbN auch im Betrieb des ArbG nicht über eine erste Tätigkeitsstätte verfügt, kommt ab Verlassen der Wohnung bis zur Rückkehr eine Auswärtstätigkeit in Betracht. 35

## C. Sozialversicherungsrecht

*Voelzke*

**1. Einführung.** Die sozialversicherungsrechtliche Stellung von Arbeitskräften, deren Tätigkeit durch das (zeitweise) Arbeiten im häuslichen Bereich gekennzeichnet ist, bestimmt sich nach den **tatsächlichen Gegebenheiten** der Beschäftigung. Abhängig hiervon kann die Arbeit in Homeoffice als nichtselbstständige Arbeit dem Begriff der Beschäftigung (§ 7 SGB IV) iSd SozVRechts unterfallen; ist von einer selbstständigen Tätigkeit auszugehen, so kann dennoch Versicherungspflicht als Heimarbeiter oder in eingeschränktem Umfang als Hausgewerbetreibender bestehen. Zur Abgrenzung muss in erster Linie auf die technische Ausgestaltung des Arbeitsplatzes und die sich hieraus ergebende Verbindung zum Betrieb abgestellt werden (*Boemke/Ankersen* BB 00, 1570). Hinsichtlich des maßgebenden Rechts bei der versicherungs- und beitragsrechtlichen Beurteilung von Tätigkeiten im Homeoffice ist auf den Beschäftigungsort (idR der Wohnort des ArbN) abzustellen. 41

**2. Beschäftigung.** Für den Begriff der Beschäftigung iSd § 7 SGB IV ist maßgebend, ob die Arbeit des ArbN in persönlicher Abhängigkeit vom ArbGeb geleistet wird (→ *Arbeitnehmer (Begriff)* Rn 59 ff). Die räumliche Trennung des Arbeitsplatzes von der Betriebsstätte des ArbGeb schließt es allein nicht aus, diesen als abhängig Beschäftigten anzusehen. Entscheidend dürfte hier sein, in welcher Weise die konkrete Ausgestaltung des Arbeitsplatzes für den ArbGeb **Überwachungs-** und **Kontrollmöglichkeiten** eröffnet. Von 42 einem sozialversicherungsrechtlichen Beschäftigungsverhältnis wird man regelmäßig ausgehen können, wenn etwa durch eine ständige Verbindung der ArbGeb Einfluss auf die Arbeitszeit und die Durchführung der Arbeit nehmen kann und der ArbN dadurch in die Betriebsorganisation eingebunden ist (*Schlegel/Voelzke/Segelbrecht* SGB IV § 7 Abs 1 Rz 200). Denn bei einer derartigen Verbindung mit dem Unternehmen ist von einem ausgelagerten Arbeitsplatz auszugehen; die lediglich räumliche Trennung vom Unternehmen steht der Annahme eines Beschäftigungsverhältnisses nicht entgegen.

**43** Ergänzend können die allgemeinen Kriterien zur Abgrenzung von nichtselbstständiger Arbeit und selbstständiger Tätigkeit herangezogen werden (zB Urlaubsregelung, konkrete Anweisungen des ArbGeb, Finanzierung des Arbeitsplatzes; zur Abgrenzung bei einer Systemspezialistin für einen IT-Dienstleister LSG BaWü 18.5.18 – L 11 R 4586/12, BeckRS 2015, 71952). Zu berücksichtigen ist auch, ob seitens des ArbGeb Rufbereitschaft angeordnet werden kann und ob die Arbeit von dem Betreffenden persönlich erbracht werden muss. Diesen Merkmalen ist insbes dann Bedeutung beizumessen, wenn vom Arbeitsplatz aus lediglich eine **zeitweilige Verbindung zum ArbGeb** besteht.

**44** **3. Selbstständige Tätigkeit.** Fehlt es an der für das Beschäftigungsverhältnis erforderlichen Abhängigkeit vom ArbGeb, weil die Arbeitsleistung ohne konkrete Weisungen des ArbGeb erbracht wird, so kommt dennoch Versicherungspflicht als **Heimarbeiter** in Betracht. Die Heimarbeit (→ *Heimarbeit* Rn 53 ff) ist der nichtselbstständigen Arbeit nach der Fiktion des § 12 Abs 2 SGB IV ausdrücklich gleichgestellt. Dem Begriff der Heimarbeit steht es nicht entgegen, dass eine Tätigkeit als typische Angestelltentätigkeit zu qualifizieren ist. Hingegen wird, soweit insbes wegen der Durchführung der Tätigkeit unter Mithilfe fremder Hilfskräfte die Heimarbeitereigenschaft im Einzelfall zu verneinen ist, der ohnehin eingeschränkte sozialversicherungsrechtliche Schutz von Hausgewerbetreibenden regelmäßig nicht vorliegen, da Bürotätigkeiten nicht zu den gewerblichen Arbeiten zählen. Etwas anderes gilt hier nach § 12 Abs 5 SGB IV also nur, wenn eine Gleichstellung mit Hausgewerbetreibenden erfolgt ist.

Beschäftigt der selbstständig Tätige keinen ArbN und wird er im Wesentlichen nur für einen Auftraggeber tätig, so unterliegt er der RVPflicht nach § 2 Satz 1 Nr 9 SGB VI (→ *Arbeitnehmerähnliche Selbstständige* Rn 7).

**45** **4. Unfallversicherung.** Wird die Arbeit im Homeoffice in persönlicher Abhängigkeit von einem ArbGeb verrichtet und ist sie deshalb als Beschäftigung zu qualifizieren, so ist sie in der gesetzlichen UV versichert (§ 2 Abs 1 Nr 1 SGB VII; eingehend zum UV-Schutz bei Tätigkeiten im Homeoffice *Spellbrink* NZS 16, 527). Schwierigkeiten ergeben sich in Abgrenzung zu den in der gesetzlichen UV nicht versicherten eigenwirtschaftlichen Tätigkeiten, da der ArbN bei der Gestaltung seiner Tätigkeit und des Tätigkeitsortes häufig sehr frei ist (vgl zum UVSchutz bei einem häuslichen Arbeitsplatz BSG 12.12.06 – B 2 U 28/05 R, BeckRS 2007, 41872). Sucht der ArbN die Küche auf, um sich Trinkwasser zu holen, ist er einer eigenwirtschaftlichen, nicht versicherten Tätigkeit nachgegangen (BSG 5.7.16 – B 2 U 5/15 R, NJW 2017, 508). Entscheidend ist, ob der erforderliche **Kausalzusammenhang** des Unfallgeschehens mit der versicherten Tätigkeit noch bejaht werden kann (BSG 8.12.94 – 2 RU 41/93, NJW 95, 1694 zum Sturz von einer Speichertreppe; vgl ferner *Isenhardt* DB 16, 1502). Geschützt sind auch sog Betriebswege, die Beschäftigte zurücklegen, um ihre häusliche Arbeitsstätte zu erreichen (BSG 27.11.18 – B 2 U 28/17 R, SozR 4-2700 § 8 Nr 68; vgl ferner *Spellbrink* NZS 16, 529). Noch nicht abschließend geklärt ist der UVSchutz zwischen Homeoffice und dritten Orten (Versicherungsschutz auf Wegen vom Homeoffice in die Kita LSG Nds-Brem 26.9.19 – L 16 U 26/16, BeckRS 2018, 25500).

## Incentivereisen

### A. Arbeitsrecht

*Griese*

**1. Allgemeines.** Der ArbGeb kann als **zusätzlichen Vergütungsbestandteil** eine Incentivereise ausloben, anbieten oder als Losgewinn ausschreiben. Sie wird üblicherweise als Anreiz für besondere Leistungen angeboten und gewährt. Der ArbGeb will durch sie bspw besondere Verkaufserfolge bei Vertriebsmitarbeitern oder sonstige besondere Leistungen einzelner ArbN oder ArbNGruppen belohnen (LAG Düsseldorf 7.2.90, DB 90, 844). Der ArbGeb ist an die betriebsöffentlich ausgelobten oder angebotenen Leistungsvoraussetzungen gebunden (§ 657 BGB); der ArbN, der sie erfüllt, erwirbt einen Rechtsanspruch auf die ausgelobte Incentivereise. 1

Wird ein ArbN von seinem ArbGeb aufgrund seiner Verkaufserfolge zu einer Incentivereise eingeladen mit dem Hinweis im Begleitschreiben, dass die gesamte Reise auf Firmenkosten gehe, hat der ArbGeb die Verpflichtung, die auf den ArbN entfallende Lohn- und Kirchensteuer zu übernehmen, wenn sich später herausstellt, dass die Reisekosten vom FA nicht als Betriebsausgaben anerkannt werden (LAG Düsseldorf 7.2.90, DB 90, 844). Hinsichtlich einer solchermaßen angebotenen Incentivereise ist wegen der Ankündigung, alles gehe auf Firmenkosten, eine hierauf bezogene ***Nettolohnvereinbarung*** (s dort) anzunehmen, so dass der ArbGeb alle darauf entfallenden Steuern und SozVBeiträge zu tragen hat. Nimmt ein ArbGeb an einem Wettbewerb seines Lieferanten teil (Einzelhandelsunternehmer mit angestelltem Dekorateur), soll nach einer Entscheidung des BAG (Urt vom 12.3.97 – 5 AZR 669/95, NZA 97, 765) der ausgelobte Preis (Reise im Wert von DM 7000 = € 3579) allein dem ArbGeb zugutekommen. 2

**2. Mitbestimmung des Betriebsrats.** Die Auslobung einer Incentivereise ist ein Teil der betrieblichen Lohngestaltung und deshalb mitbestimmungspflichtig nach § 87 Abs 1 Nr 10 BetrVG (Wettbewerb mit Reisen in die USA, BAG 30.3.82 – 1 ABR 55/80, DB 82, 1519). Danach kann der ArbGeb zwar mitbestimmungsfrei darüber entscheiden, ob er Mittel zur Gewährung von Incentivereisen zur Verfügung stellt. Mitbestimmungspflichtig ist hingegen die Ausgestaltung im Einzelnen. Dies gibt dem BRat die Möglichkeit, auf die Einsehbarkeit und Durchschaubarkeit der Auslobungs- und Bezugsbedingungen hinzuwirken und hierdurch zur Entgeltgerechtigkeit im Betrieb beizutragen. 3

### B. Lohnsteuerrecht

*Thomas*

**1. Steuerliche Einordnung.** Trägt der ArbGeb die Kosten einer Reise des ArbN, so bestimmen Zielsetzung und Begleitumstände der Reise, ob diese der Entlohnung des ArbN dient (echte Incentivereise) oder anderen unternehmerischen Zwecken (Dienstreise), wie bspw Geschäftsanbahnung, Betreuung von Geschäftsfreunden, beruflicher Fortbildung usw. Ergibt die Gesamtwürdigung, dass die zugewendete Reise eine Entlohnung darstellt, sind einzelne Kosten, die der ArbN selbst getragen hat (zB für die Anreise zum Flughafen), auch keine Werbungskosten (BMF 14.10.96, DStR 96, 1690 unter 2.d). Gibt der ArbGeb nicht nur einen Reisezuschuss, sondern wendet er die Reise als solche zu, liegt ein Sachbezug vor, der unter den Voraussetzungen des § 37b Abs 2 EStG mit einem Pauschsteuersatz von 30 vH abgeltend erfasst werden kann. Entsprechendes gilt nach § 37b Abs 1 EStG, wenn Zuwendungsempfänger nicht ein eigener ArbN ist (→ Rn 6). Zu Ferienmaßnahmen zugunsten behinderter ArbN vgl FG Münster 24.11.93, EFG 94, 658; zu Aufwendungen in Zusammenhang mit Provisionen, die bei einer Freizeitbeschäftigung erzielt werden, vgl FG Saarl 7.7.93, EFG 94, 102. 4

Ob gleichzeitig eine Nettolohnvereinbarung (→ *Nettolohnvereinbarung* Rn 10) getroffen wurde, ist Tatfrage. Im Zweifel, insbes wenn die Einordnung als Arbeitslohn dem Grunde und/oder der Höhe nach fraglich ist, wird dies zu verneinen sein (BFH 23.4.97 – VI R 12/96, DStRE 97, 577), zumal wegen der mit einer Nettolohnvereinbarung verbundenen Tilgungswirkung (BFH 28.2.92 – VI R 146/97, DStR 92, 1017) an ihren Nachweis strenge Anforderungen gestellt werden. Denn ein ArbGeb, der mit Ausgaben keinen Zuwendung- 5 scharakter verbindet, wird erst recht nicht etwaige daran anknüpfende Steuern automatisch übernehmen wollen.

6 Wird einem **Selbstständigen** mit Rücksicht auf die Geschäftsbeziehungen eine Reise zugewendet, erzielt er auch dann Betriebseinnahmen, wenn der Geschäftspartner die Reiseaufwendungen nicht gewinnmindernd geltend machen kann (BFH 26.9.95 – VIII R 35/93, DStR 96, 458; BFH 2.8.12 – IV R 25/09, DStR 12, 1911). Übernimmt bei einem **Gesellschafter-Geschäftsführer** einer GmbH diese die Kosten einer Incentivereise, so handelt es sich um eine verdeckte Gewinnausschüttung (BFH 6.4.05 – I R 86/04, DStR 05, 1270; BFH 19.3.97 – I R 75/96, BStBl II 97, 577). Das ist möglicherweise anders, wenn der Geschäftsführer im Rahmen eines Dienstvertrages tätig wird und noch andere ArbN teilnehmen (*Thomas* DStR 96, 1678 unter 5; BFH 27.6.97 – VI R 12/97, DStR 97, 1481; BFH 2.5.01 – VIII R 32/00, BStBl II 01, 668; → *Dienstwagen* Rn 20).

7 **2. Arbeitslohn. a) Auswahlverfahren.** Wird eine Reise vom ArbGeb zum Zwecke der Entlohnung finanziert, so ist der damit verbundene Vorteil auch dann Arbeitslohn, wenn die Teilnehmer durch Losentscheid bestimmt werden. Eine Unterbrechung des Zusammenhangs mit dem Dienstverhältnis tritt nicht ein (BFH 25.11.93 – VI R 45/93, DStR 94, 317). Arbeitslohn in Form von **Lohnzahlungen Dritter** kann vorliegen, wenn die Incentivereise nicht vom ArbGeb selbst, sondern bspw einem Geschäftspartner des ArbGeb zugewendet wird (BFH 5.7.96 – VI R 10/96, DStR 96, 1402). Während bei der Zuwendung durch den ArbGeb der Lohncharakter auf der Hand liegt, setzt die Annahme von Arbeitslohn bei Zuwendungen Dritter voraus, dass mit der Incentivereise jedenfalls auch Dienste belohnt werden, die der ArbN seinem ArbGeb schuldet (→ *Arbeitsentgelt* Rn 71). Dass der zuwendende Dritte seine Aufwendungen evtl nach § 4 Abs 5 Nr 1 EStG nicht als Betriebsausgaben abziehen kann, lässt den Lohncharakter dann unberührt. Bei Zuwendungen des ArbGeb an seine eigenen ArbN greift das Abzugsverbot des § 4 Abs 5 Nr 1 EStG nicht ein (BMF 14.10.96, DStR 96, 1690 unter 1.b).

8 **b) Zielsetzung.** Wird vom ArbGeb eine Reise bspw nach einem Verkaufswettbewerb als Belohnung der besonders erfolgreichen ArbN gewährt, so ist deren Wert Arbeitslohn (BFH 1.7.94 – VI R 3/93, BFH/NV 95, 22). Aber auch ohne unmittelbaren Zusammenhang zwischen Reise und beruflichem Erfolg des ArbN kann Arbeitslohn anzunehmen sein (BFH 21.11.18 – VI R 10/17, DStR 19, 665 Zuwendnung einer „Sensibilisierungswoche"), was die Ausgestaltung der Reise, insbes die Mitnahme des Ehegatten (BFH 18.2.94 – VI R 53/93, BFH/NV 94, 708) ergeben kann.

9 Bei einer vom ArbGeb finanzierten Reise, die neben einem Entlohnungselement eigenbetriebliche Ziele (→ *Arbeitsentgelt* Rn 48) des ArbGeb verfolgt, werden die Kosten aufgeteilt (→ Rn 10). Das ist der Fall, wenn der Reise ein unmittelbarer beruflicher Anlass zugrunde liegt wie beispielsweise das Ansprechen eines Kunden, das Halten eines Fachvortrags auf einem Kongress oder die Durchführung eines Forschungsauftrags. Der berufliche Anlass als solcher – jedenfalls für einen Teil der Reise – muss festgestellt und kann nicht anteilig „geschätzt" werden (BFH 1.6.10 – VIII R 80/05, BFH/NV 10, 1805, Auslandsreise eines Steuerberaters). Eine Schätzung ist lediglich hinsichtlich des Umfangs des beruflichen Kostenanteils möglich. Dient die Reise nur allgemeinen beruflichen Informationszwecken, gelten die für eine **Auslandsgruppenreise** entwickelten Kriterien (fachliche Organisation, Zuschnitt des Programms auf die besonderen Bedürfnisse der Teilnehmer, homogener Teilnehmerkreis, Berücksichtigung der Art der dargebotenen Informationen, Reiseroute, Städteauswahl, Gestaltung von Wochenenden, benutztes Verkehrsmittel usw) grds fort (BFH 9.3.10 – VIII R 32/07, DStRE 10, 925, Teil der Wirtschaftsdelegation bei Reise eines Ministerpräsidenten; BFH 21.4.10 – VI R 5/07, DStR 10, 1126, Irlandreise von Englischlehrern; BFH 21.4.10 – VI R 66/04, DStRE 10, 784 Fortbildungskurs Sportmedizin; BFH 19.1.12 – VI R 3/11, DStR 12, 691, Paris- und Chinareise einer Lehrerin).

10 **c) Einheitsbetrachtung.** Eine Reise wird nur noch dann einheitlich als Dienstreise oder Incentivreise behandelt, wenn das private bzw berufliche Element von untergeordneter Bedeutung ist (BFH 17.12.09 – X B 115/09, BFH/NV 10, 1248; BFH 5.2.10 – IV B 57/09, BFH/NV 10, 880). Anderenfalls wird nach Zeitanteilen aufgeteilt (BFH 24.8.10 – VI B 14/10, BFH/NV 11, 24 zur Händlerincentivereise; BFH 18.8.05 – VI R 32/03, DStR 05, 1810; BFH 5.9.06 – VI R 49/05, DStRE 07, 406: Konzern-Strategie-Konferenz mit

incentivem Einschlag; vgl aber auch BFH 6.4.05 – I R 86/04, DStR 05, 1270 und BFH 6.10.04 – X R 36/03, BFH/NV 05, 682). Wird der Werbungskostenabzug mit der Begründung versagt, dass die Veranstaltung in einem Feriengebiet im EU-Ausland stattgefunden hat, während ein solcher Ausschluss bei Veranstaltungen in inländischen Ferienorten nicht erfolgt, ist das gemeinschaftsrechtswidrig und deshalb steuerlich außer Betracht zu lassen (BFH 13.6.02 – VI R 168/00, DStR 02, 1719; *Sykora* DStR 03, 144; *Bur* Inf 03, 537; *Kanzler* FR 02, 1235; EuGH 28.10.99 – C-55/98, DStRE 2000, 114 mit Anm *Albert* FR 2000, 316; *Urban* Inf 2000, 535). Ungeachtet dessen liegen Werbungskosten aber nicht vor, wenn die Auslandsreise durch ihren Urlaubscharakter geprägt wird (BFH 29.11.06 – VI R 36/02, BFH/NV 07, 681; BFH 15.3.07 – VI R 61/04, DStRE 07, 818). Bei einer Dienstreise mit anschließendem Urlaub sind die An- und Rückreisekosten aufzuteilen (BFH 21.9.09 – GrS 1/06, DStR 10, 101 mit Anm *Pezzer* DStR 10, 93; *Kempermann* FR 10, 233; *Albert* FR 10, 220; *Leisner-Egensperger* DStZ 10, 185; BMF 6.7.10 BStBl I 10, 614 = DStR 10, 1522). Bei einer mit einer Betriebsveranstaltung kombinierten betrieblichen Pflichtveranstaltung erfolgt eine nach Funktionszusammenhängen getrennte Beurteilung der jeweiligen Zuwendungsbeträge (BFH 30.4.09 – VI R 55/07, DStR 09, 1358).

**d) Nachweise.** Im Einzelfall kann es schwierig sein festzustellen, ob wirklich eigen- 11
betriebliche Ziele verfolgt werden, oder ob eine Zuwendung lediglich mit einem betrieblichen Vorwand verdeckt wird. Werden vom ArbGeb eigenbetriebliche, nicht der Entlohnung dienende Zwecke behauptet, müssen sich diese anhand nachprüfbarer Kriterien objektivieren lassen (BFH 16.4.93 – VI R 6/89, DStR 93, 1059). Hierzu kann bspw das betriebliche Projekt und die Funktion des ausgewählten ArbN im Betrieb beschrieben werden. Ob die Feststellungslast beim FA liegt oder beim ArbGeb (im LStAbzug) bzw beim ArbN (im Veranlagungsverfahren), ist zweifelhaft. Zwar wird in solchen Fällen die Kostentragung durch den ArbGeb als solche unstreitig sein. Auch liegt die Feststellungslast dafür, ob die Steuerbefreiung des § 3 Nr 16 EStG für Reisekostenersatz vorliegt, regelmäßig nicht beim FA (→ *Dienstreise* Rn 57). Jedoch ist gerade fraglich, ob überhaupt steuerbarer Arbeitslohn vorliegt.

**e) Kriterien.** Für oder gegen eine Entlohnung können die Auswahl der Teilnehmer, der 12
Arbeitsumfang, die Reiseroute, ihr touristischer Charakter, die Begleitpersonen, der Stellenwert der Reise für die unternehmerischen Aktivitäten usw sprechen (BFH 19.5.05 – VI B 189/04, BFH/NV 05, 1553; BFH 19.12.05 – VI R 63/01, BFH/NV 06, 728: Organisation und Durchführung der Reise als Dienstaufgabe). Die Verwaltung hat bei Bildungsmaßnahmen mit incentivem Einschlag die Indizwirkung der Anrechnung der Veranstaltung auf die regelmäßige Arbeitszeit wiederholt eingeschränkt (LStR 1999: „diese Voraussetzung ist … als erfüllt anzusehen" gegenüber LStR 2001 „diese Voraussetzung kann … als erfüllt angesehen werden"). Inzwischen wurde die Vermutung dahingehend umgedreht, dass ein eigenbetriebliches Interesse (also kein Lohn) auch ohne Anrechnung auf die Arbeitszeit vorliegen kann und dass bei Anrechnung auf die Arbeitszeit nur konkrete Anhaltspunkte für den Belohnungscharakter der Maßnahme das eigenbetriebliche Interesse ausschließen (R 19.7 Abs 2 Satz 3 LStR). Hat die Reise incentiven Charakter, kann sie trotzdem für einzelne ArbN, die als **Betreuungspersonen** teilnehmen, Dienst sein und ihr Wert deswegen nicht als geldwerter Vorteil zu behandeln sein (BFH 2.7.08 – VI B 21/08, BFH/NV 08, 1680; BFH 5.9.06 – VI R 65/03, BStBl II 07, 312 = DStRE 07, 409: Betreuung einer Händler-Incentiv-Reise; BFH 5.9.06 – VI R 49/05, DStRE 07, 406: Konzern-Strategie-Konferenzen; FG Hess 13.1.2000 – 10 K 2685/98, EFG 2000, 625: Fahrt des ArbN einer Gemeinde mit einer Delegation zur ausländischen Partnerstadt). Dann muss aber – ähnlich wie bei dem Angestellten eines Reisebüros – der Betreuungscharakter den Urlaubscharakter der Reise verdrängen (BFH 30.4.93 – VI R 94/90, DStR 93, 1250). Ist das nicht der Fall und die Zuwendung der Reise deshalb dem Grunde nach Arbeitslohn, darf dessen Wert nicht wegen einzelner auf der Reise erbrachter Betreuungsleistungen gekürzt werden. Das ist nur bei evtl Zuzahlungen des ArbN anders (BFH 4.8.94 – VI R 24/94, DStR 94, 1771). Mitunter wird die berufliche Veranlassung einer Auslandsreise trotz eines dichtgedrängten touristischen Programms für möglich gehalten (BFH 27.8.02 – VI R 22/01, BStBl II 03, 369 mit Anm *Rößler* DStZ 03, 585; interessanterweise wird im Sachverhalt der touristische Einschlag – dazu Inf 03, 83 – nicht im Einzelnen wiedergegeben). Bei Pflichtveranstaltungen im Rahmen eines Ergänzungsstudiums werden ebenfalls Erwerbsaufwendungen angenommen (BFH 3.7.02 – VI R 93/00, DStRE 02, 1294).

13 **3. Bewertung.** Wird die Incentivereise auch am Reisemarkt angeboten, so ist sie nach § 8 Abs 2 Satz 1 EStG mit dem üblichen Endpreis des Reiseveranstalters anzusetzen, sonst mit den Kosten des ArbGeb. Eine Bewertung nach § 8 Abs 3 EStG unter Gewährung des Rabattfreibetrages von 1080 € kommt nur in Betracht, wenn der ArbGeb zivilrechtlich selbst Veranstalter solcher Reisen ist (dazu BGH 30.9.10 – X a ZR 130/08), was sich unter Berücksichtigung von § 651a Abs 2 BGB vor allem danach beurteilt, wie er bei der Akquisition nach außen auftritt (BFH 7.2.97 – VI R 17/94, BStBl II 97, 363; *Thomas* DStR 96, 1679). Ergibt die Gesamtbeurteilung der Reise, dass ihr Wert als Arbeitslohn zu erfassen ist, so können gleichwohl einzelne gesondert bewertbare und deshalb ausscheidbare Kosten die Voraussetzungen steuerfreien Werbungskostenersatzes erfüllen, bspw wenn im Rahmen einer Incentivereise an einem Tag ein konkreter Geschäftstermin wahrgenommen wurde (FG Hess 16.6.88, EFG 88, 623; *Kempf/Starke* FR 85, 350). Dagegen können bei einer Incentivereise nicht einzelne Kosten um einen Luxuskostenabschlag reduziert werden mit der Begründung, die besonders aufwändige Ausgestaltung – etwa der Unterbringung – sei nur zur Befriedigung von Repräsentationsinteressen des ArbGeb erfolgt (aA *Albert* FR 90, 413, 414). Ebenso wenig können pauschale Sachbezugswerte nach der SvEV angesetzt werden (BFH 18.2.94 – VI R 53/93, BFH/NV 94, 708). Schließlich kann der Wert der Reise auch nicht gem § 40 Abs 2 Nr 2 EStG mit einem Pauschsteuersatz von 25 vH abgeltend besteuert werden, weil diese Pauschalierung nur bei solchen Veranstaltungen möglich ist, die der gesamten Belegschaft offen stehen (BFH 15.1.09 – VI R 22/06, BStBl II 09, 476 = DStR 09, 629). Indessen ist eine Pauschalierung nach § 37b EStG mit 30 vH bzw mit einem Durchschnittssteuersatz möglich, wenn die Voraussetzungen des § 40 Abs 1 EStG vorliegen (BMF 14.10.96, DStR 96, 1690 unter 2. b).

## C. Sozialversicherungsrecht *Schlegel*

14 **1. Beitragspflichtiges Arbeitsentgelt.** Die Annehmlichkeit einer Incentivereise ist als geldwerter Vorteil Arbeitsentgelt iSv § 14 Abs 1 Satz 1 SGB IV, wenn der ArbGeb mit seiner Zuwendung (zB verloste Reise trotz der Verlosung und der damit zwangsläufig verbundenen Glückskomponente) im Wesentlichen das Ziel verfolgt, dem ArbN neben dem laufend gezahlten Arbeitsentgelt eine zusätzliche Vergütung für geleistete Arbeit zukommen zu lassen und zugleich einen Anreiz für weitere erfolgreiche Arbeit zu schaffen. Die Eigenschaft eines **Losgewinnes** als Gegenleistung für Arbeit liegt – je nach den Umständen des Einzelfalles – aber nicht vor, wenn der Gewinn zwar ohne das Beschäftigungsverhältnis nicht denkbar wäre, aber im Wesentlichen vom Glück abhängt und nicht nur untergeordnet von Gesichtspunkten mitbestimmt wird, die für das Verhältnis von Leistung und Gegenleistung im Beschäftigungsverhältnis von Bedeutung sein können. Dies ist nach der Rspr des BSG insbes dann anzunehmen, wenn eine Verlosung nur einmal stattfindet, die Teilnahmeberechtigung nur wenig beschäftigungsbezogen ist, die Gewinnchance gering, die Gewinne aber möglicherweise sehr hoch sind (BSG 26.10.88 – 12 RK 18/87, SozR 2100 § 14 Nr 19).

15 **2. Einmalzahlung.** Sofern einer Incentivereise die Qualität von Arbeitsentgelt zukommt, ist der Wert der Reise bei der Zuordnung zum Arbeitsentgelt als Einmalzahlung zu behandeln (BSG 26.10.88, SozR 2100 § 14 Nr 19; s auch *Einmalzahlungen*).

16 **3. Beitragsentrichtung.** Auszugehen ist davon, dass die verloste Zuwendung dem Gewinner (ArbN) nicht als Geldleistung, sondern als Naturalleistung zukommen soll und dass jedenfalls der ArbN nicht damit rechnet und rechnen muss, die Hälfte der auf den Wert der Reise entfallenen SozVBeiträge entrichten zu müssen. Im Zweifel darf der ArbN deshalb davon ausgehen, dass ihm die Reise bzw deren Wert „netto" zugutekommt, so dass es gerechtfertigt ist, die auf den Wert der Reise entfallenden GesamtSozVBeiträge in voller Höhe dem ArbGeb aufzubürden.

17 Für Incentives besteht **Beitragsfreiheit,** wenn es sich um **pauschal versteuerte „sonstige Sachbezüge"** handelt, unabhängig davon, ob es sich um regelmäßige, fortlaufende, wiederholt oder nur einmalige Zuwendungen (geldwerte Vorteile) handelt. Soweit geldwerte Vorteile sie laufend zusätzlich zum laufenden Arbeitsentgelt gezahlt und nach § 40 Abs 1 Satz 1 Nr 1 EStG pauschal versteuert werden, sind sie nach § 1 Abs 1 Nr 2 SvEV

(früher: § 2 Abs 1 Satz 1 Nr 1 ArEV) nicht dem Arbeitsentgelt zuzurechnen. Handelt es sich – was idR näher liegt – um einmalige Zuwendungen, ergibt sich die Beitragsfreiheit aus § 23a Abs 1 Satz 2 Nr 4 SGB IV. Diese Vorschrift nimmt vom Begriff des einmaligen Arbeitsentgelts ua Zuwendungen aus, wenn sie vom ArbGeb als sonstige Bezüge erbracht werden; dabei ist nicht erforderlich, dass es sich bei den (pauschalversteuerten) sonstigen Sachbezüge um „laufende Vergünstigungen, dh regelmäßig, fortlaufend oder wiederholt gewährte Vorteile handelt, vielmehr fallen auch einmalige Zuwendungen darunter (BSG 31.1.2012 – B 12 R 15/11 Rz 22 für pauschal versteuerte Belobigungsprämien), die ein ArbGeb den Mitarbeitern eines seiner Verkaufsteams gewährt hat; konkret ging es um ein betriebliches Belohnungssystem, bei dem der ArbGeb denjenigen ArbN, die dem in einem bestimmten Zeitraum erfolgreichsten Verkaufsteam angehörten, Prämien gewährte, die das Team – nicht der einzelnen ArbN – für Gemeinschaftsveranstaltungen verwenden konnten, zB Kurzreisen).

**4. Versicherungsschutz** besteht während einer Incentivereise wie bei sonstigen Privat-/ Urlaubsreisen des ArbN; da die Reise allein zum Vergnügen des ArbN und nicht zu unmittelbar betrieblichen Zwecken stattfindet, scheidet ein Schutz in der UV und KV, wie er bei Dienstreisen oder einer Auslandstätigkeit gewährt wird, aus (zum Ausschluss des UV-Schutzes BSG 25.8.94 – 2 RU 23/93, SozR 3–2200 § 548 Nr 21: Sportverletzung während der Motivationsreise). Hiervon zu unterscheiden ist die Frage, ob ein vom Veranstalter beauftragter ArbN bei der Betreuung der an einer Incentivereise teilnehmenden Personen unter UVSchutz steht (BSG 1.7.97 – 2 RU 36/96, SozR 3–2200 § 548 Nr 32: „Winterwochen“, zum UVSchutz auch *Göpfert/Siegrist* NJW 06, 2806 f). 18

# Insolvenz des Arbeitgebers

## A. Arbeitsrecht

*Kania*

### Übersicht



**I. Allgemeines.** Die InsO löste mit ihrem Inkrafttreten im Jahre 1999 Konkurs-, Vergleichs- und Gesamtvollstreckungsordnung ab. Seitdem gibt es nur noch einen **einheitlichen Insolvenzantrag** (§ 13 InsO) und nicht mehr die Alternative Vergleichs- oder Konkursantrag, so dass der Schuldner beim Eigenantrag nicht mehr schon vor Verfahrenseröffnung eine Entscheidung über die bestgeeignete Form der Krisenbewältigung treffen muss. Kern der InsO ist die Stärkung der Gläubigerautonomie insbes durch die Möglichkeit der Aufstellung eines **Insolvenzplans** (§§ 217–253 InsO). Im Insolvenzplan können die Befriedigung der Gläubiger, die Verwertung und Verteilung der Insolvenzmasse sowie die Haftung des Schuldners abweichend von den Vorschriften der InsO geregelt werden. Die Gläubiger haben insofern die Möglichkeit, nach marktwirtschaftlichen Gesichtspunkten zu entscheiden, ob das insolvente Unternehmen saniert, veräußert oder liquidiert werden soll. Wegen der besonderen Bedeutung für die ArbN wirken BRat und Sprecherausschuss der leitenden Angestellten bei der Aufstellung des Plans beratend mit (§ 218 Abs 3 InsO). Für **natürliche Personen** ist die in §§ 286–303a InsO eingeräumte Möglichkeit der **Restschuldbefreiung** von zentraler Bedeutung. Die nach der früheren KO bestehende „ewige“ 1

Haftung für festgestellte Konkursforderungen kann der redliche Schuldner abstreifen, indem er für den Zeitraum von sechs Jahren nach der Eröffnung des Insolvenzverfahrens (Abtretungsfrist) den pfändbaren Teil seiner Einkünfte an einen Treuhänder abtritt, der hieraus die Insolvenzgläubiger anteilig befriedigt. Für **Arbeitnehmer** ist das in den §§ 304–311 InsO geregelte **Verbraucherinsolvenzverfahren** bedeutsam. Insbes durch kostenmäßige Anreize wird bei der Überschuldung von Verbrauchern die außergerichtliche und gerichtlich begleitete (Schuldenbereinigungsplan) Einigung gefördert. Schlägt auch die Einigung auf der Basis einer Schuldenbereinigungsplanes fehl, sehen §§ 304 ff InsO ein verkürztes Insolvenzverfahren vor, in dessen Rahmen wiederum die Möglichkeit der Restschuldbefreiung besteht. Näheres → *Insolvenz des Arbeitnehmers* Rn 1 ff.

2 **II. Arbeitsrecht in der Arbeitgeberinsolvenz. 1. Grundsatz.** Die Insolvenz hat grds keinen Einfluss auf die **Fortgeltung des allgemeinen Arbeitsrechts.** Dem deutschen Arbeitsrecht ist ein spezielles Arbeitsrecht der Insolvenz fremd; dem ArbN soll prinzipiell der Schutz durch zwingendes Arbeitsrecht auch in der Insolvenz des ArbGeb erhalten bleiben, soweit keine insolvenzrechtlichen Ausnahmebestimmungen bestehen. Derartige Ausnahmeregelungen sieht die InsO veranlasst durch den Gesetzeszweck, die Möglichkeiten zu einer Unternehmenssanierung insbes auch durch Übertragung von Betrieben zu verbessern, in weit stärkerem Maße vor als das frühere Konkursrecht.

3 **2. Arbeitgeberstellung des Schuldners.** Die **Eröffnung des Insolvenzverfahrens** gegen ArbGeb berührt zwar unmittelbar nicht den Bestand des Arbeitsverhältnisses, wohl aber regelmäßig die ArbGebStellung des Schuldners. Gem § 80 Abs 1 InsO geht grds mit Eröffnung des Insolvenzverfahrens das Recht des Schuldners, das zur Insolvenzmasse gehörende Vermögen zu verwalten und über es zu verfügen, auf den **Insolvenzverwalter** über. Insofern rückt der Insolvenzverwalter in die ArbGebStellung ein und nimmt sämtliche hiermit verbundenen Rechte und Pflichten wahr. Dazu zählt auch die Pflicht zur Erstellung von Zeugnissen, jedenfalls gegenüber den weiterbeschäftigten ArbN (BAG 23.6.04 – 10 AZR 495/03, NZA 04, 1392; vgl ausführlich zum Zeugnisanspruch in der Insolvenz *Stiller* NZA 05, 330). Der Schuldner behält ausnahmsweise seine ArbGebStellung (weitgehend) inne, wenn das Insolvenzgericht die **Eigenverwaltung** anordnet (*Lakies* BB 99, 1759). Bei diesem besonderen Insolvenzverfahren bleibt der Schuldner – allerdings notwendigerweise unter Aufsicht eines Sachverwalters – selbst verfügungsbefugt (Einzelheiten §§ 270–285 InsO). Das Insolvenzgericht kann bei der Eigenverwaltung für bestimmte Rechtsgeschäfte anordnen, dass die Zustimmung des Sachverwalters erforderlich ist (§ 277 InsO). Die Zustimmungsbedürftigkeit gilt generell für die Ausübung der Rechte nach den §§ 120, 122, 126 InsO (→ Rn 10 ff). Andererseits kann der Schuldner auch schon **vor Eröffnung des Insolvenzverfahrens** seine ArbGebStellung an den **vorläufigen Insolvenzverwalter** (§§ 21, 22 InsO) verlieren, wenn das Insolvenzgericht dem Schuldner ein **allgemeines Verfügungsverbot** auferlegt (§ 21 Abs 2 Nr 2 Alt 1 InsO). Dann geht nach § 22 Abs 1 InsO die Verfügungs- und Verwaltungsbefugnis auf den Insolvenzverwalter über. Insoweit spricht man vom „starken" Insolvenzverwalter, da dessen Stellung der des endgültigen Insolvenzverwalters angenähert ist (gem § 55 Abs 2 InsO Begründung von Verbindlichkeiten aus Dauerschuldverhältnissen zu Lasten der späteren Masse, Eintritt in ArbGebStellung, Zeugniserteilung unabhängig von eigener Kenntnis der Arbeitsleistung, BAG 23.6.04 – 10 AZR 495/03, NZA 04, 1392). Ohne allgemeines Verfügungsverbot verbleiben Verfügungs- und Verwaltungsbefugnis dagegen grds beim Insolvenzschuldner; der insoweit „schwache" Insolvenzverwalter wird dann nach § 22 Abs 2 InsO vom Gericht durch **Einzelermächtigung** zu bestimmten, einzeln bezeichneten Maßnahmen berechtigt oder verpflichtet. Das Gericht kann einen **allgemeinen Zustimmungsvorbehalt** des vorläufigen Insolvenzverwalters anordnen mit der Folge, dass Verfügungen des Schuldners nur mit dessen Zustimmung wirksam werden (§ 21 Abs 2 Nr 2 Alt 2 InsO). In der Gerichtspraxis wird der „schwache" Insolvenzverwalters aus taktischen Gründen häufig mit „starken" Pflichten ausgestattet (sog halbstarker Insolvenzverwalter; ErfK/*Müller-Glöge* Einführung InsO Rn 5). Gehört hierzu die Kündigung von Dauerschuldverhältnissen, rückt er insoweit in die ArbGebStellung ein (BAG 16.2.12 – 6 AZR 553/10, NZA 12, 555).

4 **3. Arbeitnehmeransprüche in der Insolvenz.** Sämtliche Forderungen auf rückständiges Arbeitsentgelt **aus dem Zeitpunkt vor Insolvenzeröffnung** sind **einfache Insol-**

**venzforderungen** iSd §§ 38, 108 Abs 3 InsO. Sie genießen keinen Vorrang und müssen zur Insolvenztabelle angemeldet werden. Dies gilt auch für Entgeltansprüche während der Freistellungsphase bei Altersteilzeit im Blockmodell, wenn die Arbeitsphase vor Insolvenzeröffnung lag (BAG 23.2.05 – 10 AZR 672/03, DB 05, 1227; zu Haftungsfragen *Zwanziger* BB 06, 1684 mwN). Mit der InsO wurde die insolvenzrechtliche Behandlung der ArbNAnsprüche gegenüber der früheren Rechtslage nach der KO entscheidend verändert und die Privilegierung der Ansprüche auf **rückständiges Arbeitsentgelt** aus der Zeit vor Eröffnung des Konkursverfahrens abgeschafft (zuvor gem § 59 Abs 1 Nr 3a und § 61 Abs 1 Nr 1a KO: Einordnung der Entgeltansprüche der letzten sechs Monate vor Konkurseröffnung als Masseschulden und der Entgeltansprüche für das letzte Jahr vor Konkurseröffnung als bevorrechtigte Konkursforderungen). Die mit Beseitigung der Konkursvorrechte bedingte Schlechterstellung der ArbN wird in zweifacher Hinsicht kompensiert: einmal wird **Insolvenzgeld** (§§ 165–172 SGB III, zuvor KAUG nach AFG) für die letzten drei Monate vor Eröffnung des Insolvenzverfahrens auch dann gezahlt, wenn es sich um eine Insolvenz mit anschließender Sanierung handelt. Zum anderen sind **Sozialplanansprüche,** soweit der Sozialplan nach Eröffnung des Insolvenzverfahrens oder nicht früher als drei Monate vor dem Eröffnungsantrag aufgestellt worden ist, anders als nach altem Recht (§ 4 SozPlG) Masseforderungen (→ Rn 13, 14).

Entgeltansprüche für die Zeit **nach Verfahrenseröffnung** sind dagegen **Masseverbindlichkeiten** gem § 55 Abs 1 Nr 2 InsO, wenn sie sich aus dem Fortbestand des Arbeits- 5
verhältnisses ergeben und zumindest teilweise in einem synallagmatischen Verhältnis zur nach Insolvenzeröffnung erbrachten Arbeitsleistung stehen. Sie sind unabhängig von einem Verteilungsverfahren vor allen Insolvenzgläubigern aus der Insolvenzmasse vorweg zu befriedigen (Schaub/*Linck* § 92 Rn 5 mwN). Das gilt auch dann, wenn der Insolvenzverwalter die Arbeitsleistung nicht mehr in Anspruch nehmen will und die ArbN nach einer Kündigung bis zum Wirksamwerden der Kündigung freistellt (LAG Köln 30.7.01 – 2 Sa 1457/00, NZA-RR 02, 181; BAG 17.12.15 – 6 AZR 186/14, NZA 16, 508). Für die Weichenstellung, ob es sich um einen **Anspruch vor oder nach Insolvenzeröffnung** handelt, ist nicht auf die Fälligkeit, sondern grds auf den Zeitpunkt des Entstehens der Forderung abzustellen (*Lakies* NZA 01, 521, insbes zur Zuordnung nicht monatlicher Leistungen wie Gratifikationen, Sonderzuwendungen). Urlaubs- und Urlaubsabgeltungsansprüche sind, auch soweit sie aus Kalenderjahren vor Insolvenzeröffnung stammen, Masseforderungen, da sie als Freistellungsansprüche nicht einem bestimmten Zeitraum zugeordnet werden können (BAG 15.2.05 – 9 AZR 78/04, NZA 05, 1124). Im Blockmodell der Altersteilzeit sind Entgeltansprüche nur dann Masseverbindlichkeiten, soweit die Arbeitsphase in die Zeit nach der Eröffnung des Insolvenzverfahrens fällt (BAG 23.2.05 – 10 AZR 602/03, NZA 05, 694; BAG 19.10.04 – 9 AZR 647/03, NZA 05, 408; *Zwanziger* DB 05, 1386). Differenzierend für Abfindungsansprüche aus einem mit dem Insolvenzverwalter abgeschlossenen Vergleich: grds ist der Abfindungsanspruch eines ArbN bloße Insolvenzforderung, da er regelmäßig für den Verlust des Arbeitsplatzes entschädigt und eben nicht nach Insolvenzeröffnung zu erbringende Arbeitsleistung vergütet (BAG 27.9.07 – 6 AZR 975/06, NZA 09, 89). Bei einer vom ArbG zugesprochenen Abfindung nach §§ 9, 10 KSchG handelt es sich aber dann um eine Neumasseverbindlichkeit, wenn erstmals der Insolvenzverwalter den Auflösungsantrag stellt und daher selbst das Gestaltungsrecht ausübt. Dann kommt es entgegen der bisherigen Auffassung auch nicht mehr darauf an, ob die Kündigung noch vom Insolvenzschuldner oder Insolvenzverwalter erklärt wurde (BAG 14.3.19 – 6 AZR 4/18, NZA 19, 567). Zahlungen mit Schenkungscharakter können der Anfechtung nach § 134 InsO unterliegen (BAG 17.12.15 – 6 AZR 186/14, NZA 16, 508; zur Rechtsnatur der Anfechtung nach § 129 ff InsO und den Formvorgaben s LAG RhPf 7.2.17 – 8 Sa 321/16, BeckRS 2017, 106873). Ebenfalls als Masseverbindlichkeiten einzustufen sind Entgeltansprüche, die aufgrund der Weiterbeschäftigung der ArbN durch einen **vorläufigen Insolvenzverwalter** mit Verfügungsbefugnis nach Eröffnung des Insolvenzverfahrens entstanden sind (§ 55 Abs 2 InsO). Dies gilt aber nur, wenn der vorläufige Verwalter die Gegenleistung in Anspruch genommen hat; stellt er den ArbN frei, sind die Verbindlichkeiten Insolvenzforderungen (§ 55 Abs 2 S 2 InsO). Auch wegen Zahlung von Insolvenzgeld auf die BA übergegangene Entgeltforderungen sind lediglich Insolvenzforderungen, § 55 Abs 3 InsO. Von einem vor der Insolvenz abgeschlossenen **Aufhebungsvertrag** kann ein ArbN nicht nach Antrag-

stellung bzw nach Eröffnung des Insolvenzverfahrens zurücktreten, weil der (vorläufige) Insolvenzverwalter die Auszahlung der Abfindung verweigert (BAG 10.11.11 – 6 AZR 357/10, NZA 12, 205). Der Abfindungsanspruch wird zu einer normalen Insolvenzforderung, aber das Arbeitsverhältnis findet gleichwohl aufgrund des Aufhebungsvertrags sein Ende. Bei **Masseunzulänglichkeit** haben ArbN nur einen eingeschränkten Anspruch auf Vergütung, denn als privilegierte Neumasseverbindlichkeiten iSv § 209 Abs 1 Nr 2, Abs 2 Nr 3 InsO gelten grds nur Vergütungsansprüche von ArbN, deren Arbeitsleistung der Insolvenzverwalter auch nach Anzeige der Masseunzulänglichkeit (§ 208 InsO) tatsächlich in Anspruch nimmt und der Masse somit ein wirtschaftlicher Wert zufließt. In massearmen Insolvenzverfahren gilt daher der Grundsatz, dass trotz Freistellung ein Vergütungsanspruch besteht, nur eingeschränkt. Wird etwa der ArbN unter Anrechnung bestehender Urlaubsansprüche freigestellt, stellen Vergütungsansprüche sowie Urlaubsentgelt lediglich Altmasseverbindlichkeiten dar, die grds nicht erfüllt werden (BAG 15.6.04 – 9 AZR 431/03, NZA 05, 354; LAG Hessen 10.4.17 – 7 Sa 650/16, ZIP 18, 647). Gleichfalls hängt der Rang von Vergütungsforderungen von der Entscheidung des Insolvenzverwalters ab, ob er einen ArbN zur Abwicklung des masseunzulänglichen Verfahrens noch benötigt und das Arbeitsverhältnis (zunächst) fortsetzt oder ob er unverzüglich kündigt. Als Masseverbindlichkeit iSd § 209 Abs 2 Nr 2 InsO gilt die Arbeitsvergütung für die Zeit nach dem ersten Termin, zu dem der Insolvenzverwalter nach Anzeige der Masseunzulänglichkeit kündigen konnte, und zwar auch im Fall der Freistellung von der Arbeitsleistung – für den Zeitraum bis zum frühestmöglichen Kündigungstermin aber nur dann, wenn der ArbN tatsächlich beschäftigt wird (BAG 31.3.04 – 10 AZR 253/03, BB 04, 2079). Bzgl der Einordnung von **Sonderzuwendungen** nach angezeigter Masseunzulänglichkeit differenziert das BAG neuerdings: nach seiner Entscheidung vom 23.3.17 sind arbeitsrechtliche Sonderzahlungen mit Blick auf ihren häufigen „Mischcharakter" nicht vollständig als Neumasseverbindlichkeit zu werten. Vielmehr sei die Sonderzahlung nur anteilig für den Zeitraum geleisteter Arbeit nach Anzeige der Masseunzulänglichkeit als Neumasseverbindlichkeit iSv § 209 Abs 1 Nr 2, Abs 2 Nr 3 InsO privilegiert und zu berichtigen. Neumasseverbindlichkeiten zeichneten sich dadurch aus, dass der Insolvenzverwalter sie freiwillig leiste. Auf schon erbrachte Arbeitsleistung und geleistete Betriebstreue habe er aber idR keinen Einfluss (BAG 23.3.17 – 6 AZR 264/16, NZA 17, 779).

6 **4. Kündigung in der Insolvenz.** Die Eröffnung des Insolvenzverfahrens beendet nicht automatisch das Arbeitsverhältnis, sondern erleichtert nur eine ordentlichen Kündigung ohne Rücksicht auf die vereinbarte Vertragsdauer (§ 113 InsO). Dies gilt auch dann, wenn ein ArbN seine **Tätigkeit vor Insolvenzeröffnung noch nicht begonnen** hat. Insoweit findet auf Kündigungen vor Dienstantritt § 113 InsO Anwendung, denn § 108 Abs 1 S 1 InsO legt nach Auffassung des BAG als speziellere Regelung ausnahmslos fest, dass Dienstverhältnisse des Schuldners mit Wirkung für die Insolvenzmasse fortbestehen – daher finde das Wahlrecht nach § 103 InsO keine Anwendung. Die Kündigungsfrist des § 113 S 2 InsO beginnt dann mit dem Zugang der Kündigungserklärung und nicht erst zum Zeitpunkt des vereinbarten Dienstantritts (BAG 23.2.17 – 6 AZR 665/15, NZA 17, 995).

7 Für **in Vollzug gesetzte Arbeitsverhältnisse** gelten grds der **allgemeine Kündigungsschutz** (BAG 28.10.04 – 8 AZR 391/03, BB 05, 892) sowie die Vorschriften des besonderen Kündigungsschutzes nach MuSchG, BEEG, SGB IX; erforderliche behördliche Zustimmungen sind einzuholen. Tarifliche Bestandschutzregelungen werden dagegen von § 113 S 1 InsO verdrängt (BAG 16.5.19 – 6 AZR 329/18, NZA 19, 1198). Eine ordentliche Kündigung kann grds nur dann ausgesprochen werden, wenn hierfür ein **betriebs-, personen- oder verhaltensbedingter Kündigungsgrund** iSd § 1 Abs 2 KSchG vorliegt. Die Eröffnung des Insolvenzverfahrens allein rechtfertigt eine betriebsbedingte Kündigung nicht (BAG 16.9.82, DB 83, 504). Dringende betriebliche Erfordernisse iSd § 1 Abs 2 KSchG liegen erst dann vor, wenn der Insolvenzverwalter insolvenzspezifische Entscheidungen, wie die Rationalisierung oder Stilllegung unrentabler Betriebe oder Betriebsabteilungen, trifft. Wird nur ein Teil der ArbN entlassen, muss der Insolvenzverwalter nach § 113 Abs 3 InsO eine **Sozialauswahl** vornehmen; sie entfällt lediglich bei Stilllegung des gesamten Betriebs. Die Sozialauswahl ist betriebsbezogen, und zwar auch dann, wenn der insolvente Betrieb in den letzten beiden Jahren Gegenstand einer Spaltung war; insoweit

folgt aus § 323 Abs 1 UmwG nicht etwa, dass auf die Verhältnisse vor dem Wirksamwerden der Spaltung abzustellen wäre. Das Sonderkündigungsrecht des Verwalters geht der Besitzstandsregelung des § 323 Abs 1 UmwG vor, da die Verschlechterung der kündigungsrechtlichen ArbNPosition nicht spaltungs- sondern insolvenzbedingt ist (BAG 22.9.05 – 6 AZR 526/04, NZA 06, 658). Allerdings kann die Sozialauswahl bei zustande gekommenem Interessenausgleich unter den Voraussetzungen des § 125 InsO nur auf grobe Fehlerhaftigkeit hin überprüft werden (BAG 16.9.82 – 2 AZR 271/80, AP KO § 22 Nr 4; → Rn 14 ff). Die Betriebsschließung rechtfertigt nicht die Kündigung eines ArbN, mit dem Altersteilzeit im Blockmodell vereinbart ist und der sich in der Freistellungsphase befindet (LAG NdS 24.5.02 – 3 Sa 1629/01, NZA-RR 03, 17). Der Insolvenzverwalter ist berechtigt, die gekündigten ArbN oder einen Teil von ihnen während des Laufs der Kündigungsfrist **von der Arbeitsleistung freizustellen.** Bei der Auswahl der freizustellenden ArbN hat er die Grenzen billigen Ermessens zu wahren (LAG Hamm 27.9.2000 – 2 Sa 1178/00, NZA-RR 01, 654). Die dauerhafte unwiderrufliche Freistellung unterliegt keiner Mitbestimmung des BRat (BAG 22.1.98 – 2 AZR 267/97, NZA 98, 699). Die bloß vorübergehende Freistellung von Teilen der ArbN dürfte dagegen gem § 87 Abs 1 Nr 3 BetrVG mitbestimmt sein (offengelassen von LAG Hamm 27.9.2000 – 2 Sa 1178/00, NZA-RR 01, 654).

§ 113 InsO ist kein eigenständiger Kündigungsgrund, sondern verschafft lediglich **Erleichterungen** bzgl der anwendbaren **Kündigungsfrist:** Nach § 113 S 1 InsO kann das **8**
Arbeitsverhältnis ohne Rücksicht auf die vereinbarte Vertragsdauer oder Unkündbarkeitsklauseln in Tarifverträgen oder Betriebsvereinbarungen beendet werden; § 113 S 2 verdrängt längere einzel- wie auch kollektivvertragliche Kündigungsfristen (BAG 22.9.05 – 6 AZR 526/04, NZA 06, 658) und findet auch auf Kündigungen vor Dienstantritt Anwendung (BAG 23.2.17 – 6 AZR 665/15, NZA 17, 995). Die Kündigungsfrist beträgt **drei Monate zum Monatsende,** wenn nicht eine kürzere Frist verbindlich zwischen den Vertragspartnern gilt (BAG 3.12.98 – 2 AZR 425, 98, DB 99, 748). Hierbei handelt es sich um eine **Höchstfrist,** die als gesetzliche Spezialregelung allen längeren Kündigungsfristen oder Befristungen vorgeht (LAG Düsseldorf 5.11.99 – 10 Sa 1247/99, BB 2000, 622). Eine Nachkündigung durch den Insolvenzverwalter kann eine vor Insolvenzeröffnung vom Insolvenzschuldner mit längerer Frist ausgesprochene Kündigung „überholen" (BAG 22.5.03 – 2 AZR 255/02, NZA 03, 1086). § 113 S 2 InsO untersagt dem Insolvenzverwalter nicht, mit einer längeren Frist zu kündigen, zB um die Masse nicht mit Schadensersatzansprüchen nach § 113 S 3 InsO zu belasten (BAG 27.2.14 – 6 AZR 301/12, NZA 14, 897). In Bezug auf die Verkürzung tariflicher Kündigungsfristen handelt es sich um eine verhältnismäßige Einschränkung von Art 9 Abs 3 GG (BVerfG 21.5.99 – 1 BvL 22/98, NZA 99, 923, BAG 16.6.99 – 4 AZR 191/98, DB 99, 2472; LAG Hbg 19.5.98, NZA-RR 98, 440; *Lakies* BB 98, 2638, 2640). § 113 S 3 InsO räumt dem ArbN einen im Rang einer Insolvenzforderung stehenden Anspruch auf Ersatz des Schadens ein, der durch die verkürzte Kündigungsfrist entsteht (BAG 19.11.15 – 6 AZR 558/14, NZA 16, 573: anderes gilt, wenn durch gerichtlichen Vergleich ein neuer, eigenständiger Beendigungstatbestand geschaffen wird). Bei vereinbarter Unkündbarkeit ist der Verfrühungsschaden auf die ansonsten maßgebliche längste ordentliche Kündigungsfrist beschränkt (BAG 16.5.07 – 8 AZR 772/06, DB 07, 2265). Die verkürzte Frist gilt auch für **Änderungskündigungen.** Sie gilt nicht für Kündigungen, die von einem vorläufigen Insolvenzverwalter (mit Verwaltungs- und Verfügungsbefugnis gem § 22 Abs 1 InsO) ausgesprochen werden (BAG 20.1.05 – 2 AZR 134/04, BB 05, 1685).

**5. Betriebsvereinbarungen in der Insolvenz.** Bestehen Betriebsvereinbarungen, die **9**
Leistungen vorsehen, welche die Insolvenzmasse belasten, so sollen gem § 120 Abs 1 S 1 InsO Insolvenzverwalter und BRat über eine einvernehmliche Herabsetzung der Leistungen beraten. Gelingt eine einvernehmliche Lösung nicht, dann bietet § 120 Abs 1 S 2 InsO die Möglichkeit, die belastende Betriebsvereinbarung mit einer **Dreimonatsfrist** zu kündigen, wenn eine längere Kündigungsfrist vertraglich vorgesehen ist. Das Gleiche muss auch dann gelten, wenn die Betriebsvereinbarung für einen bestimmten Zeitraum fest vereinbart und überhaupt keine Kündigungsfrist vorgesehen ist. Soweit es sich allerdings um Betriebsvereinbarungen im Bereich der erzwingbaren Mitbestimmung handelt, ändert die Einräumung

des verkürzten Kündigungsrechts nichts an der fortbestehenden **Nachwirkung** gem § 77 Abs 6 BetrVG.

10 **6. Betriebsänderung in der Insolvenz. a) Überblick.** Mit einer Insolvenz gehen regelmäßig Betriebsänderungen iSd §§ 111 ff BetrVG einher, insbes in der Form der Einschränkung und Stilllegung von Betrieben oder wesentlichen Betriebsteilen (§ 111 Nr 1 BetrVG) bzw des „bloßen" Personalabbaus (§ 112a Abs 1 BetrVG). Die InsO sieht für die im Zusammenhang mit Betriebsänderungen erforderlichen Kündigungen, Interessenausgleichs- und Sozialplanverhandlungen anders als nach altem Recht verfahrensmäßige Erleichterungen vor, um eine Sanierung nicht zu gefährden. Die Pflicht zur Beteiligung des BRat gem §§ 111 ff BetrVG besteht auch dann, wenn der BRat erst nach Eröffnung des Insolvenzverfahrens, aber vor Beginn der Betriebsänderung gewählt wurde (BAG 18.11.03 – 1 AZR 30/03, NZA 04, 220).

11 **b) „Normaler" Interessenausgleich.** Die Pflicht, bei einer Betriebsänderung einen Interessenausgleich zu versuchen, bleibt auch in der Insolvenz bestehen (§ 122 Abs 1 InsO). Fehlt es an einem solchen Versuch, haben die von der Betriebsänderung betroffenen ArbN Nachteilsausgleichsansprüche gem § 113 Abs 3 BetrVG. Diese Rechtsfolge verbietet dem Insolvenzverwalter ein betriebsverfassungswidriges Vorgehen, allerdings ohne Auswirkung auf die Wirksamkeit gleichwohl ausgesprochener Kündigungen (BAG 4.6.03 – 10 AZR 586/02, NZA 03, 1087). §§ 121, 122 InsO ermöglichen allerdings eine erhebliche Beschleunigung des Verfahrens (ausführlich hierzu *Schmädicke/Fackler* NZA 12, 1199). Zunächst findet ein **Vermittlungsversuch des Vorstands der Bundesagentur für Arbeit** (gem § 112 Abs 2 BetrVG, § 121 InsO) nur dann statt, wenn Insolvenzverwalter und BRat gemeinsam um eine solche Vermittlung ersuchen. Ansonsten können BRat oder Insolvenzverwalter sofort die Einigungsstelle anrufen. Erscheint dem Insolvenzverwalter auch die Anrufung der Einigungsstelle zu langwierig, kann er gem **§ 122 Abs 1 InsO die Zustimmung des Arbeitsgerichts** zur Betriebsänderung ohne Durchführung eines Einigungsstellenverfahrens beantragen, wenn innerhalb von drei Wochen nach Verhandlungsbeginn bzw nach Aufforderung zur Aufnahme von Verhandlungen unter rechtzeitiger und umfassender Unterrichtung des BRat ein Interessenausgleich nicht zustande gekommen ist. Das ArbG hat die Zustimmung zu erteilen, wenn dies die wirtschaftliche Lage des Unternehmens auch unter Berücksichtigung der sozialen Belange der ArbN erfordert (§ 122 Abs 2 InsO). Eine Zustimmung des ArbG kommt nicht in Frage, wenn der Insolvenzverwalter den BRat nicht rechtzeitig und umfassend über die Betriebsänderung informiert hat (ArbG Bln 26.3.98 – 5 BV 5735/98, AiB 99, 239). Der Beschluss des ArbG wird grds sofort rechtskräftig, es sei denn, das ArbG lässt die Rechtsbeschwerde zum BAG zu. Ein Beschwerdeverfahren beim LAG gibt es nicht (§ 122 Abs 3 InsO).

12 **c) Sozialplan.** Für die Aufstellung von Sozialplänen **nach Eröffnung des Insolvenzverfahrens** gelten verfahrensrechtliche Besonderheiten nach §§ 160, 161 InsO. Kommt der Sozialplan durch Vereinbarung zwischen dem Insolvenzverwalter und dem BRat zustande, bedarf er der Zustimmung des Gläubigerausschusses (§ 160 InsO); das gilt nicht, soweit er auf dem Spruch der Einigungsstelle beruht. Zudem gelten absolute und relative **Obergrenzen** für die vereinbarten Leistungen. Das nach altem Recht hier maßgebliche SozPlG (Geltung bis Ende 1998) ist durch die §§ 123, 124 InsO ersetzt worden. § 123 Abs 1 und 2 InsO (entspricht früherem § 2 SozPlG) begrenzt das Sozialplanvolumen auf einen Gesamtbetrag von $2^1/_2$ Monatsverdiensten der von der Entlassung betroffenen ArbN. Zudem darf für Sozialplanforderungen nicht mehr als $^1/_3$ der Masse verwendet werden, die ohne einen Sozialplan für die Insolvenzgläubiger zur Verfügung stünde. Die einzelnen Forderungen sind anteilig zu kürzen, wenn das Sozialplanvolumen diese Grenze übersteigt. Es handelt sich bei den Sozialplanforderungen gem § 123 Abs 2 S 1 InsO um **Masseverbindlichkeiten** (und nicht mehr nach altem Recht um bevorrechtigte Konkursforderungen gem § 4 S 1 SozPlG). Sie werden nach § 123 Abs 2 InsO nur bedient, wenn die übrigen Masseforderungen befriedigt sind und daher nachrangige Masseforderungen.

13 Für Sozialpläne aus den **letzten drei Monaten vor dem Antrag auf Eröffnung des Insolvenzverfahrens** sieht § 124 InsO (anders als § 3 SozPlG) keine Begrenzung des Sozialplanvolumens vor, sondern gibt sowohl dem Insolvenzverwalter als auch dem BRat ein **Widerrufsrecht.** Unterbleibt der Widerruf, so werden die Ansprüche unabhängig von

ihrer Höhe nur dann Masseschulden, wenn der Abschluss durch einen vorläufigen Insolvenzverwalter mit Verfügungsbefugnis erfolgte; ansonsten sind sie einfache Insolvenzforderungen iSd § 38 InsO (BAG 31.7.02 – 10 AZR 275/01, NZA 02, 1332; aA *Lakies* DB 99, 206, 210). Gem § 124 Abs 2 InsO können ArbN, deren Sozialplanansprüche vom Widerruf betroffen sind, bei der Aufstellung eines neuen Sozialplans nach § 123 InsO berücksichtigt werden (*Warrikoff* BB 94, 2338, 2344). Jedenfalls nach Insolvenzeintritt ist ein Verzicht auf das Widerrufsrecht wirksam möglich (LAG Köln 17.10.02 – 5 (4) TaBV 44/02, NZA-RR 03, 489). Sind Leistungen bereits erbracht, können sie aufgrund des Widerrufs nicht zurückgefordert werden (§ 124 Abs 3 InsO).

**d) Kündigungserleichterungen. aa) Im Zusammenwirken mit dem Betriebsrat.** 14
Für die im Zuge einer Betriebsänderung erforderlich werdenden Kündigungen sieht die InsO erhebliche Verfahrenserleichterungen vor, wobei § 125 InsO das Verfahren im Einvernehmen mit dem BRat und § 126 InsO das Verfahren ohne Einvernehmen regelt. Grundlage des Verfahrens nach § 125 InsO ist die Vereinbarung eines **besonderen Interessenausgleichs** zwischen Insolvenzverwalter und BRat, in dem die ArbN, denen gekündigt werden soll, namentlich bezeichnet sind. Die Vorschrift ist nach hM auch bei Änderungskündigungen anwendbar (*APS/Dörner/Künzl* § 125 InsO Rz 19 mwN). Kommt es zum Abschluss eines derartigen Interessenausgleichs, der mit dem Interessenausgleich gem § 112 BetrVG verbunden werden kann, so hat dies zwei Folgen: Zum einen wird abweichend von § 1 Abs 2 S 4 KSchG die **Vermutung** aufgestellt, dass die Kündigung der in der Liste genannten ArbN **durch dringende betriebliche Erfordernisse bedingt** ist (§ 125 Abs 1 Nr 1 InsO). Das umfasst auch das Fehlen einer anderweitigen Beschäftigungsmöglichkeit im selben oder einem anderen Betrieb des Unternehmens (BAG 6.9.07 – 2 AZR 715/06, NZA 08, 633). Diese Vermutung erstreckt sich entgegen einer teilweise vertretenen Ansicht (ArbG Bonn 5.2.97, DB 97, 1517) nicht nur auf die Beweis-, sondern auch auf die Darlegungslast (BAG 6.9.07 – 2 AZR 715/06, NZA 08, 633; *Zwanziger* BB 09, 668), so dass der ArbGeb in einem Kündigungsrechtsstreit nur das wirksame Zustandekommen eines Interessenausgleichs nach § 125 InsO und die Aufnahme des Klägers in die Liste der zu kündigenden ArbN darzulegen hat (BAG 7.5.98 – 2 AZR 536/97, NJW 98, 3586). Zum anderen wird die gerichtliche **Überprüfung der Sozialauswahl eingeschränkt:** Diese kann nur im Hinblick auf die Dauer der Betriebszugehörigkeit, das Lebensalter und die Unterhaltspflichten und auch insoweit nur auf grobe Fehlerhaftigkeit nachgeprüft werden (§ 125 Abs 1 Nr 2 InsO).

**Grobe Fehlerhaftigkeit** liegt nur dann vor, wenn die Gewichtung der genannten 15
Kriterien jede Ausgewogenheit vermissen lässt (BAG 21.1.99 – 2 AZR 624/98, DB 99, 1862) und ein evidenter, ins Auge springender schwerer Fehler vorliegt (BAG 17.1.08 – 2 AZR 405/06, BB 08, 2187). Dies ist nicht der Fall, wenn sich der Verwalter als ArbGeb bei einer Punktetabelle nur marginal in der Punktzahl vertan hat (BAG 17.1.08 – 2 AZR 405/06, BB 08, 2187; *Zwanziger* BB 09, 668). Wie sich aus dem Wortlaut „auch insoweit" ergibt, bezieht sich die beschränkte Nachprüfbarkeit nicht nur auf die Bewertung der Sozialkriterien, sondern auf die Sozialauswahl insgesamt, also auch auf die Bestimmung des Kreises der vergleichbaren ArbN (BAG 28.8.03 – 2 AZR 368/02, NZA 04, 432) sowie auf die Ermittlung aus der Sozialauswahl herauszunehmender „Leistungsträger" iSd § 1 Abs 3 S 2 KSchG (BAG 17.11.05 – 6 AZR 107/05, BB 06, 1636). Hinsichtlich der Sozialauswahl bestehen keine Erleichterungen der Darlegungslast des ArbGeb. Er hat im Prozess die Gründe anzugeben, die zu der getroffenen Sozialauswahl geführt haben; tut er dies nicht, ist die Kündigung ohne weiteres sozialwidrig (BAG 10.2.99 – 2 AZR 716/98, NZA 99, 702). Von einer groben Fehlerhaftigkeit ist weiter dann nicht auszugehen, wenn eine **ausgewogene Personalstruktur** erhalten oder geschaffen wird. Der Begriff der ausgewogenen Personalstruktur lässt dem ArbGeb einen weiten Beurteilungsspielraum, ist aber voll gerichtlich nachprüfbar. Zudem kann allein die Schaffung einer ausgewogenen Personalstruktur nicht sonstige grobe Fehler bei der Sozialauswahl, etwa bei der Berücksichtigung der Unterhaltungspflichten rechtfertigen. Zur Zulässigkeit der Sicherung der Altersstruktur → *Diskriminierung* Rn 85. Beispiele für grobe Fehlerhaftigkeit sind etwa die willkürliche Eingrenzung des auswahlrelevanten Personenkreises, die Bildung unsystematischer Altersgruppen mit wechselnden Zeitsprüngen oder die Nichtberücksichtigung eines der gesetzlichen sozialen Grundkriterien (LAG Hamm 5.6.03 – 4 (16) Sa 1976/02, NZA-RR 04, 132). Es gelten die

allgemeinen Regeln zur abgestuften Darlegungs- und Beweislast bei der Sozialauswahl (LAG Düsseldorf 29.1.98, DB 98, 1235; hierzu → *Kündigung, betriebsbedingte* Rn 64 ff). Ist ein Interessenausgleich iSd § 125 InsO abgeschlossen, entbindet dies nach hM den Insolvenzverwalter nicht von der **Anhörungspflicht gem § 102 BetrVG,** obwohl der BRat bereits bei der Aufnahme einzelner ArbN in die Liste die Berechtigung einer Kündigung sorgfältig prüfen muss (BAG 28.8.03 – 2 AZR 377/02, DB 04, 937). Aus Gründen der Verfahrensvereinfachung ist dringend zu empfehlen, die Anhörung gem § 102 BetrVG mit den Interessenausgleichsverhandlungen zu verknüpfen (zulässig nach BAG 20.5.99 – 2 AZR 532/98, DB 2000, 149). Die Einschränkung des Kündigungsschutzes gem § 125 Abs 1 S 1 InsO gilt nicht, soweit sich die Sachlage nach Zustandekommen des Interessenausgleichs wesentlich geändert hat (§ 125 Abs 1 S 2 InsO). Übliche Auftragsschwankungen stellen keine wesentliche Änderung dar (BAG 6.11.08 – 2 AZR 523/07, AP KSchG 1969 Betriebsbedingte Kündigung Nr 182).

16 Der Interessenausgleich gem § 125 InsO ist wie jeder Interessenausgleich **schriftlich niederzulegen** (§ 112 Abs 1 BetrVG). Das bedeutet nicht, dass stets die „Liste" gesondert unterschrieben sein muss. Einer gesonderten Unterschrift bedarf die „Liste" nur, wenn sie mit dem unterschriebenen Interessenausgleich nicht fest – etwa mit einer Heftklammer – verbunden ist (BAG 7.5.98 – 2 AZR 55/98, DB 98, 1770; vgl auch *Zwanziger* BB 11, 1205 mwN). Im Hinblick auf die weitreichenden Wirkungen der „Liste" spricht viel dafür, dass der Interessenausgleich gem § 125 InsO die Wirkung einer Betriebsvereinbarung hat, also seine Einhaltung vom BRat gerichtlich durchgesetzt werden kann und ein Abweichen von der Vereinbarung nicht nur über individuelle Nachteilsausgleichsansprüche gem § 113 BetrVG sanktioniert ist (*Kocher* BB 98, 213, 217; aA *Willemsen/Hohenstatt* NZA 97, 345).

17 **bb) Ohne Einigung mit dem Betriebsrat.** Hat der Betrieb keinen BRat oder kommt aus anderen Gründen innerhalb von drei Wochen nach Verhandlungsbeginn oder schriftlicher Aufforderung zur Aufnahme von Verhandlungen ein Interessenausgleich nach § 125 Abs 1 InsO nicht zustande, obwohl der Verwalter den BRat rechtzeitig und umfassend unterrichtet hat, so kann der Insolvenzverwalter nach **§ 126 Abs 1 Satz 1 InsO beim Arbeitsgericht** beantragen festzustellen, dass die Kündigung der Arbeitsverhältnisse bestimmter, im Antrag bezeichneter ArbN durch dringende betriebliche Erfordernisse bedingt und sozial gerechtfertigt ist. Dabei ist es möglich, die Kündigungen schon vor Einleitung des Verfahrens nach § 126 InsO auszusprechen (BAG 29.6.2000 – 8 ABR 44/99, DB 2000, 2021). Das Verfahren gem § 126 InsO knüpft an die Regelung des § 125 InsO an und setzt deshalb gleichfalls eine geplante Betriebsänderung voraus. Notwendig ist allerdings nur das Vorliegen einer Betriebsänderung iSd § 111 S 2 BetrVG, nicht dagegen die zusätzliche Voraussetzung einer Mindestgröße des betroffenen Betriebes. Der Insolvenzverwalter kann deshalb auch zB bei einer Betriebseinschränkung eines **Kleinbetriebs** mit weniger als 20 ArbN das Verfahren nach § 126 InsO einleiten. Diese Wertung wird durch den Wortlaut des § 126 InsO insoweit bestätigt, als dort ausdrücklich auch betriebsratslose Betriebe erwähnt sind.

18 Das **Arbeitsgericht** überprüft uneingeschränkt, ob die Kündigung der im Antrag bezeichneten ArbN durch dringende betriebliche Erfordernisse bedingt ist. Eine § 125 Abs 1 Nr 1 InsO entsprechende Beweislastumkehr gibt es nicht. Die **soziale Auswahl** ist dagegen vom Gericht wie bei § 125 Abs 1 Nr 2 InsO nur in Bezug auf die Dauer der Betriebszugehörigkeit, das Lebensalter und die Unterhaltspflichten zu überprüfen (§ 126 Abs 1 S 2 InsO). Diese Überprüfung ist aber, anders als bei § 125 InsO, nicht auf grobe Fehlerhaftigkeit beschränkt. Abweichungen von der Sozialauswahl können nicht durch die Schaffung einer ausgewogenen Personalstruktur gerechtfertigt werden, da eine dem § 125 Abs 1 Nr 2 Hs 2 InsO entsprechende Vorschrift fehlt. Die **Anhörung des Betriebsrats** gem § 102 BetrVG ist notwendig. Da es nach der Auffassung des BAG bei der Anhörung nicht darauf ankommt, ob der ArbGeb seinen Kündigungswillen schon abschließend gebildet hat (BAG 28.9.78, DB 79, 1135), reicht es aus, wenn die Anhörung nach Abschluss des Verfahrens gem § 126 InsO, aber rechtzeitig vor Ausspruch der Kündigung erfolgt. Kündigt der Insolvenzverwalter und erhebt ein im Antrag gem § 126 InsO bestimmter ArbN **Kündigungsschutzklage,** so ist die rechtskräftige Entscheidung im Verfahren nach § 126 InsO bindend, es sei denn, dass sich die Sachlage nach dem Schluss der letzten mündlichen Verhandlung wesentlich geändert hat (§ 127 Abs 1 InsO). Gegen den Beschluss

des ArbG kann keine Beschwerde eingelegt werden. Die Rechtsbeschwerde an das BAG muss im Beschluss zugelassen sein (§ 126 Abs 2 S 2 InsO). Eine Nichtzulassungsbeschwerde ist nicht möglich (BAG 14.8.01 – 2 ABN 20/01, BB 01, 2535).

**7. Betriebsübergang in der Insolvenz.** Für den durch den Insolvenzverwalter herbeigeführten Betriebsübergang gilt grds die Vorschrift des **§ 613a BGB.** Da es sich bei dieser Vorschrift um ein potentielles Hindernis für die Übernahme eines von der Insolvenz betroffenen Betriebes handelt, hat der Gesetzgeber die Stellung des Betriebserwerbers durch **§ 128 InsO** gegenüber der alten Rechtslage deutlich verbessert. Gem § 128 Abs 1 InsO wird die Anwendung der §§ 125–127 InsO auf den Fall erstreckt, dass die Betriebsänderung, die dem Interessenausgleich gem § 125 InsO oder dem Feststellungsantrag gem § 126 InsO zugrunde liegt, erst nach einer Betriebsveräußerung durchgeführt werden soll. Ohne diese Vorschrift müsste der Betriebserwerber warten, bis der Insolvenzverwalter die Betriebsänderung vollzogen hat, bevor er den Betrieb übernimmt, da er anderenfalls die Kündigungserleichterungen verlieren würde. An dem Verfahren nach § 126 InsO ist der Erwerber des Betriebs zu beteiligen (§ 128 Abs 1 S 2 InsO). § 128 Abs 2 InsO mildert die eventuell abschreckende Wirkung des Kündigungsverbotes gem § 613a Abs 4 S 1 BGB; die Vorschrift **erstreckt die Vermutung nach § 125 Abs 1 Satz 1 InsO** auch darauf, dass die Kündigung nicht wegen des Betriebsübergangs erfolgte. Der ArbN muss in einem solchen Fall den Vollbeweis dafür erbringen, dass die Kündigung seines Arbeitsverhältnisses nicht auf anderen Gründen, etwa auf einem Sanierungs- oder Reorganisationskonzept beruht (LAG Hamm 4.6.02 – 4 Sa 81/02, NZA-RR 03, 293). Bei Durchführung eines gerichtlichen Verfahrens gem § 126 Abs 1 InsO hat dies das ArbG festzustellen, freilich ohne dass eine Vermutung gegen das Vorliegen einer Kündigung wegen Betriebsübergangs spricht. Evtl Wiedereinstellungsansprüche müssen innerhalb der Höchstkündigungsfrist gem § 113 Abs 1 InsO entstanden sein (*Berscheid* MDR 98, 1129, 1131; → *Wiedereinstellungsanspruch* Rn 5). 19

Nur **eingeschränkt** gilt die durch § 613a Abs 2 S 1 BGB angeordnete **Haftungsnachfolge des Betriebserwerbers** für vor dem Betriebsübergang entstandene Verpflichtungen in der Insolvenz. Das BAG sieht in einer Anwendung des § 613a Abs 2 S 1 BGB auf vor Insolvenzeröffnung entstandene Ansprüche einen Verstoß gegen den Grundsatz der gleichmäßigen Gläubigerbefriedigung, da die übernommenen ArbN durch den Erhalt eines neuen Haftungsschuldners gegenüber anderen Gläubigern bevorzugt würden (BAG 20.11.84 – 3 AZR 584/83, DB 85, 1135; 13.11.86 – 2 AZR 771/85, DB 87, 990). Danach haftet der Betriebserwerber nicht für Ansprüche, die bereits vor Insolvenzeröffnung entstanden sind. Dagegen verbleibt es bei Ansprüchen für den Zeitraum von der Insolvenzeröffnung bis zum Betriebsübergang bei der uneingeschränkten Haftungsnachfolge des Betriebserwerbers (BAG 4.12.86 – 2 AZR 246/86, DB 87, 745). Gleiches gilt für Versorgungsanwartschaften. Scheidet ein ArbN nach Eröffnung des Insolvenzverfahrens, aber vor dem Betriebsübergang aus, wird er von dem Betriebsübergang nicht erfasst oder hat er dem Betriebsübergang widersprochen, so hat der Insolvenzverwalter für die während des Insolvenzverfahrens erworbenen Anwartschaften einzustehen. Diese kann er unter den Voraussetzungen des § 3 Abs 4 BetrAVG abfinden (BAG 22.12.09 – 3 AZR 814/07, NZA 10, 568). Bei Ansprüchen auf Jahressonderleistungen, die nach Betriebsübergang fällig werden, ist danach zu unterscheiden, ob sie arbeitsleistungsbezogen sind oder nicht; wenn nicht, entsteht der Anspruch erst bei Fälligkeit mit der Folge, dass der Betriebserwerber die volle Leistung schuldet (BAG 11.10.95 – 10 AZR 984/94, DB 96, 1478). Wird die Insolvenzeröffnung mangels Masse abgelehnt oder wird von der Stellung eines Insolvenzantrages abgesehen, soll die Haftungsbeschränkung nicht eingreifen, weil insofern der Grundsatz der gleichmäßigen Gläubigerbefriedigung nicht tangiert wird (BAG 20.11.84, DB 85, 1135). In diesem Fall soll der Betriebserwerber umfassend für rückständige Entgeltansprüche sowie Ansprüche und Anwartschaften aus betrieblicher Altersversorgung haften. Ist aber das Insolvenzverfahren eröffnet worden, lässt auch eine spätere Einstellung des Insolvenzverfahrens die eingetretene Haftungsbeschränkung des Betriebserwerbers nicht mehr entfallen (BAG 11.2.92 – 3 AZR 117/91, NZA 93, 20). Diese Grundsätze, die das BAG unter Geltung der Konkursordnung entwickelt hat, sind unter Geltung der InsO weiter maßgeblich (*Zwanziger* Das Arbeitsrecht der Insolvenzordnung, Einl Rz 41; *Bergwitz* DB 99, 2005, 2008). 20

21 **8. Betriebliche Altersversorgung in der Insolvenz.** Da die InsO sämtliche Konkursvorrechte der KO abgeschafft hat, ist insofern auch der Schutz rückständiger Forderungen auf Leistungen aus einer betrieblichen Altersversorgung geschmälert worden. Hierbei handelt es sich nunmehr um einfache Insolvenzforderungen. Nicht vom ArbGeb an die Altersversorgungseinrichtung geleistete Beiträge sind nur dann insolvenzrechtlich privilegiert, wenn sie vom restlichen Vermögen des ArbGeb auf einem separaten Konto geführt werden; zur Frage des Aussonderungsrechts für Pensionskassenbeiträge nach § 47 InsO vgl BAG 21.3.17 – 3 AZR 718/15, RdA 18, 118. Eine Absicherung der unverfallbaren Versorgungsanwartschaften und -ansprüche erfolgt gem §§ 7 ff BetrAVG durch den PSV (→ *Betriebliche Altersversorgung* Rn 84 ff).

**B. Lohnsteuerrecht** *Weil*

22 1. Das **primäre Ziel** eines Insolvenzverfahrens ist nicht die Zerschlagung von Vermögenswerten, sondern die Schuldenbereinigung zur Fortsetzung unternehmerischer Betätigung (BFH 28.2.11 – VII B 224/10, BFH/NV 11, 763).

**Literaturhinweise:** BMF 3.11.2014, BStBl I 14, 1393; BMF 20.5.15, BStBl I 15, 476.

23 **2. Antragsbefugnis** (§§ 13 ff InsO). Neben dem ArbGeb als Schuldner ist zum Antrag auf Insolvenzeröffnung beim Amtsgericht als Insolvenzgericht (zum zuständigen Gericht bei internationaler Verflechtung AG Köln 10.8.05 – 71 IN 416/05, EuZW 05, 704) das FA als Gläubiger von Steuerforderungen befugt. Es muss sich um vollstreckbare Steuerrückstände handeln. Zur Ermessensentscheidung des FA beim Antrag auf Eröffnung des Insolvenzverfahrens BFH 28.2.11 – VII B 224/10, BFH/NV 11, 763; FG Hbg 25.2.11 – 2 V 8/11, EFG 11, 1400. Der Antrag auf Insolvenzeröffnung ist rechtswidrig, wenn er der Existenzvernichtung des Stpfl oder als Druckmittel für die Abgabe von Steuererklärungen bzw -anmeldungen dient oder wenn es nur um eine Bagatellforderung geht (BFH 1.2.05 – VII B 180/04, BFH/NV 05, 1002). Die verwaltungsintern erforderliche Zustimmung der OFD ist nicht Wirksamkeitsvoraussetzung des Antrags. Der Insolvenzantrag des FA ist kein Verwaltungsakt. Daher hat der Antrag keine Unterbrechenswirkung betr. Verjährung. Vorläufigen Rechtsschutz gegen einen Insolvenzantrag des FA bietet die einstweilige Anordnung nach § 114 FGO (BFH 28.2.11 – VII B 224/10, BFH/NV 11, 763; aA: Zuständigkeit beim Insolvenzgericht, AG Göttingen 31.5.11 – 74 IN 174/10, BeckRS 2011, 16073). Das FA ist von der Zahlung der Gerichtskosten für den Antrag auf Eröffnung des Insolvenzverfahrens befreit (§ 2 Abs 1 GKG). Ein ArbN, der Insolvenzantrag stellt, um das Insolvenzgeld zu erhalten, ist ebenfalls antragsbefugt (LG Frankenthal, Der Rechtspfleger 85, 31; strittig). Zu den Antragsgründen nach §§ 16–19 InsO (Zahlungsunfähigkeit, drohende Zahlungsunfähigkeit, Überschuldung); *Paulus* DStR 03, 598; *Schmidt* JuS 08, 45; *Pape* NWB 09, 55; zum Vorliegen der Insolvenzgründe bei bestrittenen Forderungen *Höffner* DStR 08, 1787; *Brete/Thomsen* GmbHR 08, 912). Gegen eine ablehnende Entscheidung des Insolvenzgerichts auf Eröffnung des Insolvenzverfahrens steht dem antragstellenden Gläubiger gem §§ 6, 34 InsO das Rechtsmittel der sofortigen Beschwerde zu (§§ 567 ff, 793 ZPO). Dies gilt auch für das FA. Die Beschwerde ist innerhalb der Notfrist von zwei Wochen ab dem in § 6 Abs 2 InsO genannten Zeitpunkt (Verkündung oder Zustellung der Entscheidung) beim Insolvenzgericht oder dem zur Entscheidung berufenen Landgericht einzulegen (§ 569 ZPO).

24 **3. Stellung des Insolvenzverwalters. a) Vorläufiger Insolvenzverwalter.** Wird dieser bestellt (zu den Kategorien schwacher, halbstarker und starker vorläufiger Insolvenzverwalter § 22 InsO, BFH 27.5.09 – VII B 156/08, BFH/NV 09, 1591; *Loose* EFG 09, 305) und dem Schuldner ein allgemeines Verfügungsverbot auferlegt, so geht die Verwaltungs- und Verfügungsbefugnis über das Vermögen des Schuldners auf den vorläufigen Insolvenzverwalter über (§ 22 Abs 1 InsO). Ohne Auferlegung eines allgemeinen Verfügungsverbots bestimmt das Gericht die Pflichten des vorläufigen Insolvenzverwalters (§ 22 Abs 2 InsO). Entsprechend bestimmen sich die Pflichten zu LStEinbehalt und -abführung, so dass der ArbGeb zum LStEinbehalt und zur LStAbführung noch verpflichtet sein kann und entsprechend haftet (BFH 30.12.04 – VII B 145/04, BFH/NV 05, 665). – Auch die Prozessführungsbefugnis kann für den Schuldner weiterbestehen (BFH 30.4.08 – V S 38/07, BFH/NV 08, 1497). Andererseits braucht der Schuldner den vorläufigen Insolvenzverwalter nicht

zu überwachen (BFH 3.12.04 – VII B 178/04, BFH/NV 05, 661) und nicht einzuschreiten gegen ihn (BFH 19.2.10 – VII B 190/09, BFH/NV 10, 1120).

Für Insolvenzverfahren, die **ab dem 1.1.2011** eröffnet worden sind, gilt nach **§ 55 Abs 4 InsO,** dass Verbindlichkeiten des Insolvenzschuldners aus dem Steuerschuldverhältnis, die von einem vorläufigen Insolvenzverwalter oder vom Schuldner mit Zustimmung des vorläufigen Insolvenzverwalters begründet worden sind, nach Eröffnung des Insolvenzverfahrens als Masseverbindlichkeit zu behandeln sind. Das bedeutet, dass sie durch Steuerbescheid gegenüber dem Insolvenzverwalter geltend gemacht werden können und von ihm nach § 34 Abs 3 iVm Abs 1 AO aus der Insolvenzmasse vorweg zu bezahlen sind (BFH 9.2.11 – XI R 35/09, DStR 11, 1128). Diese Regelung, als eingeschränkter Fiskusvorrang bezeichnet, die hauptsächlich die Umsatzsteuer, aber auch die LSt betrifft, soweit nach Eröffnung des Insolvenzverfahrens noch Löhne ausbezahlt werden, soll die Vermeidung größerer Steuerausfälle bewirken, die nach bisheriger Regelung ohne Fiskusprivileg eingetreten sind (Einzelheiten *Gundlach/Rautmann* DStR 2011, 82; *Jatzke* DStR 11, 919; *Sinz/Oppermann* DB 11, 2185; → Rn 28).

**b) Übergang Vermögensverwaltung.** Durch die Eröffnung des Insolvenzverfahrens geht das Recht des Schuldners, das zur Insolvenzmasse gehörende Vermögen zu verwalten und über es zu verfügen, auf den Insolvenzverwalter über (§ 80 Abs 1 InsO), nicht schon mit dem Antrag auf Insolvenzeröffnung (BFH 23.9.08 – VII R 27/07, DB 09, 101). Der Insolvenzverwalter tritt insoweit in die lohnsteuerlichen Pflichten des ArbGeb gegenüber dem FA ein. Er hat die handels- und steuerrechtlichen Buchführungspflichten zu übernehmen (§ 155 Abs 1 InsO). Der Schuldner verliert auch die Prozessführungsbefugnis (BFH 30.4.08 – X 5 14/07, BFH/NV 08, 1351). Steuerberater können Insolvenzverwalter sein (§ 57 Abs 3 StBerG; *Fahlbusch* DStR 08, 893).

**Beispiel:** Insolvenzeröffnung am 10. eines Monats. LStEinbehalt und LStAbführung (§ 41a EStG) gehen ab diesem Zeitpunkt auf den Insolvenzverwalter über (§ 34 Abs 3 AO; BFH 16.5.75 – VI R 101/71, BStBl II 75, 621).

Dem Schuldner stehen keine Rechtsmittel zu, die Abgabe von Steuererklärungen durch **25**
den Insolvenzverwalter zu erzwingen (BFH 12.11.92 – IV B 83/91, BStBl II 93, 265). Hierbei und im weiteren Verfahren (zB bei Außenprüfungen oder LStPrüfungen während des Insolvenzverfahrens) muss der ArbGeb als Schuldner ggf die notwendige Hilfe durch Auskünfte leisten (§ 97 InsO), wie auch der Insolvenzverwalter dem FA gegenüber zur Mitwirkung verpflichtet ist (§§ 93 ff AO). Der Insolvenzverwalter darf die Abgabe von Steuererklärungen nicht mit der Begründung verweigern, die Kosten für einen Steuerberater seien durch die Masse nicht gedeckt (BFH 23.8.94 – VII R 143/92, BStBl II 95, 194). Der Insolvenzverwalter ist der Adressat von Steuerbescheiden (AEAO zu § 251 Nr 4.3.1). Im finanzgerichtlichen Verfahren kann der Schuldner Zeuge sein (BFH 22.1.97 – I R 101/95, BStBl II 97, 464), aber nicht Beteiligter, weil er für die Dauer des Insolvenzverfahrens von der Verwaltungs- und Verfügungsbefugnis über das zur Insolvenzmasse gehörende Vermögen ausgeschlossen ist (BFH 7.3.06 – VII R 11/05, BStBl II 06, 573). In den Rechtsbeziehungen FA – Insolvenzverwalter – Schuldner gilt das Steuergeheimnis (§ 30 AO) nicht, soweit die Vorgänge der Abwicklung des Insolvenzverfahrens dienen (BFH 28.3.07 – III B 10/07, BFH/NV 07, 1182). Daher besteht ein Akteneinsichtsrecht beim FA, auch bereits vor Aufnahme des Verfahrens des Insolvenzverwalters (BFH 15.9.10 – II B 4/10, BeckRS 2010, 25016608). Dies verstößt nicht gegen Grundrechte (BFH 9.6.10 – II B 47/10, BFH/NV 10, 1653; einschränkend BFH 26.4.10 – VII B 229/09, BFH/NV 10, 1637).

**4. Insolvenzrechtliche Auswirkungen. a) Lohnsteuer.** Als Grundsätze gelten: „In- **26**
solvenzrecht geht dem Steuerrecht vor" und „die LSt teilt grds das Schicksal des Lohnes" (BFH 16.5.75 – VI R 101/71, BStBl II 75, 621). Für die Frage, ob beim ArbN LSt anfällt, gelten somit die allgemeinen Grundsätze → *Arbeitsentgelt* Rn 30 ff). Prinzipiell ist zu unterscheiden zwischen Insolvenzforderungen/-verbindlichkeiten und Masseforderungen/-verbindlichkeiten. Die Abgrenzung richtet sich nach dem Zeitpunkt der insolvenzrechtlichen Begründung (BFH 7.6.06 – VII B 329/05, BStBl II 06, 641). Zur Insolvenzmasse gehören die Verbindlichkeiten, die **nach Verfahrenseröffnung** entstehen. Bei LStForderungen für **vor Eröffnung** des Verfahrens gezahlte Löhne muss das FA wie jeder andere Gläubiger seine Forderungen gegenüber dem Insolvenzverwalter anmelden (§§ 28, 174 InsO; sog **Insol-**

**venzforderungen,** § 38 InsO). Eine Steuerfestsetzung ist nach Eröffnung des Insolvenzverfahrens ohne Mitwirkung des Insolvenzverwalters nicht zulässig (*Hagen* StBp 04, 217). Dennoch ergangene Bescheide sind unwirksam (BFH 2.7.97 – I R 11/97, BStBl II 98, 428). Erst wenn der Insolvenzverwalter die vom FA angemeldeten Forderungen bestreitet, darf das FA einen entsprechenden Feststellungsbescheid erlassen (§ 251 Abs 3 AO iVm §§ 179, 185 InsO), gegen den der Insolvenzverwalter, nicht der Schuldner Einspruch und Klage erheben kann. Ein Feststellungsbescheid nach § 251 Abs 3 AO darf nicht mehr ergehen, wenn die Steuer bereits festgesetzt worden ist (BFH 23.2.05 – VII R 63/03, BStBl II 05, 591). Auch besteht ein Vollstreckungsverbot (§ 89 InsO).

**27** Für **nach Eröffnung** des Insolvenzverfahrens gezahlte Löhne ist die fällige LSt **Masseforderung** (§ 53 InsO). Mit Auszahlung des Lohnes hat der Insolvenzverwalter die entsprechende LSt einzubehalten, anzumelden und abzuführen. Dies wirkt nicht gläubigerbenachteiligend (→ Rn 32). Ist im Zeitpunkt der Insolvenzeröffnung Arbeitslohn rückständig, erhält der ArbN von der BA für diesen Zeitraum AlGeld. Dieses und die vom Insolvenzverwalter auf Grund des auf die BA übergegangenen Anspruchs nach § 115 SGB X vorgenommene Rückzahlung an die BA sind steuerfrei (→ *Arbeitslosengeld* Rn 5; → *Lohnersatzleistungen* Rn 11; → Rn 34). Das FA ist bei Nichterfüllung zum Erlass eines entsprechenden (Schätzungs-)Bescheids gegenüber dem Insolvenzverwalter befugt, der die LSt aus der Insolvenzmasse zu bezahlen hat (BFH 30.4.09 – V R 1/06, BStBl II 10, 138). Beauftragt der Insolvenzverwalter im Rahmen eines Angestelltenverhältnisses den Schuldner mit der Weiterführung der Geschäfte, hat er für die Tätigkeit des Schuldners bei Gehaltszahlung ebenfalls LSt einzubehalten und abzuführen (BFH 21.1.77 – III R 107/73, BStBl II 77, 393). Gibt der Insolvenzverwalter zu Gunsten des Schuldners den weiter laufenden Geschäftsbetrieb frei, ist der Schuldner zur LStEinbehaltung und -Abführung verpflichtet (FG Nds 8.3.07 – 11 K 565/06, EFG 07, 1272). Im Fall der Übernahme der LSt nach § 40 Abs 1 EStG durch **Lohnsteuerpauschalierung** durch den ArbGeb kann das FA bei Vorliegen eines Insolvenzgrundes (§§ 16 ff InsO) vor Eröffnung des Insolvenzverfahrens die Pauschalierung nicht zulassen. **Steuerliche Nebenleistungen** (§ 3 Abs 3 AO), wie zB ein Verspätungszuschlag oder Säumniszuschläge teilen grds das Schicksal der LSt (BGH 14.7.08 – II ZR 238/07, DStR 08, 2169). Säumniszuschläge zur LSt können zur Hälfte erlassen werden (BFH 9.7.03 – V R 57/02, BStBl II 03, 901). Zwangsgeld (§ 329 AO) sowie Geldstrafen wegen LStHinterziehung und Geldbußen wegen entsprechender Ordnungswidrigkeiten sind **nachrangige** Insolvenzschulden (§ 39 Nr 3 InsO), ebenso Säumniszuschläge auf Insolvenzforderungen, wenn sie auf die Zeit nach Eröffnung des Insolvenzverfahrens fallen. Auch **(LSt-)Außenprüfungen,** die das Insolvenzverfahren betreffen, sind zulässig. Sie dienen meist der Haftungsinanspruchnahme (→ Rn 32). Kauft der ArbN in Anrechnung von Lohnrückständen vom ArbGeb eine Immobilie, liegt keine Lohnrückzahlung vor, wenn der ArbN aus Rechtsgründen nicht Eigentümer der Immobilie geworden ist (BFH 10.8.10 – VI R 1/08, DB 10, 2030).

**28** **b) Steuererstattungsansprüche** des Schuldners wegen zu viel entrichteter Steuern gehören, wenn die Steuerzahlungen vor Insolvenzeröffnung erfolgt sind, zur Insolvenzmasse (BFH 30.9.08 – VII R 18/08, DStR 08, 2257).

**c) Aufrechnung.** Das FA ist unabhängig vom Insolvenzverfahren zur **Aufrechnung** berechtigt, wenn die Steuerforderung **zum Zeitpunkt der Eröffnung** des Insolvenzverfahrens bereits bestanden hat (§ 94 InsO; BFH 10.5.07 – VII R 18/05, BStBl II 07, 914). Dies gilt auch bei berichtigter LStAnmeldung (BFH 26.1.05 – VII R 41/04, BFH/NV 05, 1211). Beruht der Anspruch auf Erstattung von ESt auf **nach Eröffnung des Insolvenzverfahrens** abgeführter LSt, ist eine Aufrechnung des FA mit Steuerforderungen gem § 96 Abs 1 Nr 1 InsO unzulässig (BFH 29.1.10 – VII B 188/09, BFH/NV 10, 1243; Abgrenzung hierzu BFH 29.1.10 – VII B 192/09, BFH/NV 10, 1856). Zur Zulässigkeit der Aufrechnung nach Aufhebung des Insolvenzverfahrens BFH 4.9.08 – VII B 239/07, BFH/NV 09, 6; vor dem die Restschuldbefreiung erteilenden Beschluss des Insolvenzgerichts BFH 7.1.10 – VII B 118/09, BFH/NV 10, 950; andererseits Unzulässigkeit der Aufrechnung in massearmen Insolvenzverfahren BFH 4.3.08 – VII R 10/06, BStBl II 08, 506). Die Aufrechnung ist aber zulässig, wenn der Insolvenzverwalter dem Schuldner eine gewerbliche Tätigkeit durch Freigabe aus dem Insolvenzbeschlag ermöglicht hat, weil diese Tätigkeit nicht in die Insolvenzmasse fällt, so dass ein aus dieser Tätigkeit entstandener Vergütungs-

oder Erstattungsanspruch mit vorinsolvenzlichen Steuerschulden verrechnet werden kann (BFH 1.9.10 – VII R 35/08, BFH/NV 11, 88). Zur Aufrechnung gegen einen UStErstattungsanspruch BFH 15.12.09 – VII R 18/09, BStBl II 10, 758; *Jatzke* DStR 11, 919).

**d) Lohnsteuerjahresausgleich und ESt-Veranlagung.** Der LStJahresausgleich durch den ArbGeb (§ 42b EStG) ist durch das Insolvenzverfahren nicht berührt (§ 47 InsO), dh der Insolvenzverwalter hat den LStJahresausgleich unabhängig und außerhalb des Insolvenzverfahrens durchzuführen. Ein **ArbN-Darlehen,** das zur Sicherung des Arbeitsplatzes gegeben wurde und durch die Insolvenz des ArbGeb ausfällt, führt zu Werbungskosten des ArbN. Dabei ist es unerheblich, ob das Darlehen der Gesellschaft oder dessen Gesellschafter-Geschäftsführer gegeben wurde und dass die Sicherung des Arbeitsplatzes nicht erreicht werden konnte (BFH 7.2.08 – VI R 75/06, DStRE 08, 467). Das Gleiche gilt für den Verlust einer stillen Beteiligung (FG Nds 23.2.11 – 9 K 45/08, EFG 11, 1148; hierzu *Wagner* EFG 11, 1153). Abtretung und Verpfändung von LStErstattungsansprüchen bleiben wirksam (§§ 50 Abs 1, 51 Nr 1 InsO). Nur wenn die Abtretung/Verpfändung vom Insolvenzverwalter erfolgreich angefochten worden ist (§ 129 InsO), darf das FA nicht an den Pfandgläubiger erstatten (Einzelheiten BayLfSt 15.7.10 – AO-Kartei Bay § 46 AO Karte 1). 29

Im Rahmen der Jahresveranlagung (§ 25 EStG; → *Antragsveranlagung* Rn 2 ff) haben Ehegatten, deren einer Insolvenzschuldner ist, Anspruch auf Zusammenveranlagung zur ESt (BGH 18.11.10 – IX ZR 240/07, DStR 11, 277). Ergibt sich für einen Zeitraum nach Eröffnung des Insolvenzverfahrens für einen ArbN im Rahmen einer EStJahresveranlagung eine Abschlusszahlung, so ist die EStForderung – anders als die laufende LSt – nicht eine vorrangig zu befriedigende Masseverbindlichkeit iSd § 55 InsO (BFH 24.2.2011 – VI R 21/10, DStR 2011, 804). Die einheitliche EStSchuld ist ggf – aus Sicht des FA – in eine Insolvenzforderung, eine Masseforderung und eine insolvenzfreie Forderung aufzuteilen (BFH 5.3.08 – X R 60/04, BStBl II 08, 787).

**e) Finanzamt und Gläubigerausschuss.** Das FA kann Mitglied im **Gläubigerausschuss** sein (§ 67 InsO) und damit auf den **Insolvenzplan** durch Stellungnahmen Einfluss nehmen. Zum Erörterungs- und Abstimmungstermin ist das FA schriftlich zu laden (§ 235 InsO). Das FA kann den Insolvenzplan nach pflichtgemäßen Ermessen genehmigen oder ablehnen. In der Zustimmung zum Insolvenzplan liegt ein entsprechender Verzicht auf Steuerforderungen, der die entsprechenden AO-Vorschriften (§§ 163, 227 AO) insoweit aufhebt (*Fett/Barten* DStZ 98, 885). Werden die Steuerforderungen gem dem Insolvenzplan nicht erfüllt, sind Insolvenzstundung und -erlass (§ 255 InsO) hinfällig. Das FA kann dann außerhalb des Insolvenzplans vollstrecken (§ 251 Abs 2 Satz 2 AO iVm § 257 InsO). 30

**5. Zum Insolvenzschutz bei betrieblicher Altersversorgung.** Eine Pensionszusage wird nach Kündigung des Geschäftsführers durch den Insolvenzverwalter nicht gegenstandslos (GmbHR 2000, 1147). Die Insolvenzsicherung der Ansprüche aus einem **Altersteilzeitarbeitsverhältnis** und der darauf entfallenden ArbGebAnteile zur SozV durch den ArbGeb sind steuerfrei (§ 3 Nr 28 EStG; R 3.28 LStR; → *Altersteilzeit* Rn 26; → Rn 33). Kündigt der Insolvenzverwalter die Direktversicherung von ArbN, deren Bezugsrecht widerruflich war und werden ihm die bisherigen Beiträge ausbezahlt, so besteht für die unverfallbaren Ansprüche kein Anspruch auf Erstattung der pauschal abgeführten LSt (BFH 5.7.07 – VI R 58/05, BStBl II 07, 774 = DStR 07, 1435). 31

**6. Haftung** (§§ 34, 35, 69, 191 AO). Für die LStHaftung nach § 42d EStG (→ *Lohnsteuerhaftung* Rn 2 ff) gelten keine Besonderheiten. Soweit LSt vor und nach Insolvenzeröffnung nicht einbehalten, angemeldet und/oder abgeführt worden ist, hat das FA die Haftungsschuld während des Insolvenzverfahrens als Insolvenzforderung nach § 38 InsO bzw als Masseanspruch nach § 55 Abs 1 Nr 1 InsO (→ Rn 26, 27) zur Tabelle anzumelden (§ 174 InsO). **Haftungsschuldner** ist für die Tatbestandsverwirklichung vor Insolvenzeröffnung der ArbGeb, vertreten durch den Insolvenzverwalter (§ 34 Abs 3 AO; BFH 12.5.09 – VII B 266/08, BFH/NV 09, 1589), auch wenn ihm als GmbH-Geschäftsführer keine Leitungsbefugnisse zustehen, für Haftungstatbestände nach Insolvenzeröffnung der Insolvenzverwalter persönlich nach §§ 34, 69 AO (BFH 21.7.09 – VII R 49/08, BStBl II 10, 13). Wird bei einer LStAnmeldung während des Laufs der Rechtsbehelfsfrist das Insolvenzverfahren eingeleitet mit der Folge des Verlustes der Verfügungsbefugnis des Schuldners, wirkt die Bestandskraft der LStAnmeldung nicht gegenüber dem ArbGeb, gegen den ein Haftungsbescheid 32 erlassen worden ist (BFH 24.8.04 – VII R 50/03, BFH/NV 05, 89). Der ArbGeb haftet für LSt, die er innerhalb des **Drei-Monats-Zeitraums** des § 130 Abs 1 Nr 1 InsO anmeldet, die aber nicht mehr gezahlt wird. Auf ein hypothetisches Anfechtungsrecht des Insolvenzverwalters nach § 130 Abs 1 InsO kommt es nicht an (BFH 11.11.08 – VII R 19/08, DStR 09, 427; grundlegend BFH 5.6.07 – VII R 65/05, BStBl II 08, 273). Die Haftung besteht auch nach Anfechtung durch den Insolvenzverwalter (BFH 27.2.07 – VII R 67/05, BStBl II 09, 348). Ist dem FA die Zahlungsunfähigkeit des Schuldners nicht bekannt, so kommt es auf die Anfechtbarkeit nach §§ 130, 131 InsO nicht an mit der Folge der Haftung des Geschäftsführers nach § 69 AO (BFH 10.5.06 – VII B 123/05, BFH/NV 06, 1610; hierzu auch *Laws/Stahlschmidt* BB 06, 1031; *Frotscher* BB 06, 351). Der Schuldner = ArbGeb haftet nicht, wenn er nach Insolvenzeröffnung vom Insolvenzverwalter gehindert wird, vorzunehmende LStZahlungen zu erbringen (BFH 3.12.04 – VII B 178/04, BFH/NV 05, 661), beispielsweise bei Kontosperrung durch den Insolvenzverwalter (BFH 5.6.07 – VII R 19/06, BFH/NV 07, 2225) oder bei Widerruf der Lastschrift durch den Insolvenzverwalter (FG Münster 2.7.09 – 10 K 1549/08 L, EFG 09, 1616). Der ArbGeb haftet, wenn er die Nettolöhne ausbezahlt, nicht aber die LSt abführt (BFH 8.5.01 – VII B 252/00, BFH/NV 01, 1222). Dies gilt auch für den „Director" einer in Deutschland ansässigen Limited Company (FG Sachs 29.5.08 – 6 K 40/07, BeckRS 2008, 26025777). Vereinbarungen mit der Lohn zahlenden Bank beseitigen die Haftung nicht (FG Saarl 15.1.08 – 2 K 2338/01, BeckRS 2008, 26024723). Die Zahlung des laufenden Lohnes und der LSt führt **nicht zu einer Gläubigerbenachteiligung** (BFH 21.12.98 – VII B 175/98, BFH/NV 99, 745; BGH 14.5.07 – II ZR 48/06, DStR 07, 1174; kritisch *Peetz* GmbHR 09, 186). Das bedeutet, dass bei Vorhandensein liquider Mittel zeitlich vor dem Antrag auf Insolvenzeröffnung fällige LSt abzuführen ist, auch innerhalb der dreiwöchigen Schonfrist nach § 64 Satz 2 GmbHG (BFH 23.9.08 – VII R 27/07, BStBl II 09, 129; hierzu *Rüsken* NWB 09, 196; *Jäger* HFR 09, 103), anderenfalls haftet der Geschäftsführer (BFH 27.2.07 – VII R 67/05, BStBl II 09, 348). Umgekehrt ausgedrückt: Der Geschäftsführer einer GmbH haftet nicht nach § 64 GmbHG, wenn er nach Eintritt der Insolvenzreife rückständige USt und LSt an das FA und rückständige ArbNAnteile zur SozV an die Einzugsstelle zahlt (BGH 25.1.11 – II ZR 196/09, DStR 11, 530). Faktisch führt dies zu einer Privilegierung des FA als Gläubiger (*Götte* DStR 07, 1176; *Rüsken* NWB 09, 196). Haftungsbegründend kann sein, wenn der Geschäftsführer in der Krise der GmbH die Abführung der LSt nicht überwacht (BFH 20.4.06 – VII B 280/05, BFH/NV 06, 1441). Ist eine Gesellschaft ohne Rechtspersönlichkeit ArbGeb (zB OHG, KG), so schützt § 93 InsO, wonach für die Dauer des Insolvenzverfahrens die persönliche Haftung eines Gesellschafters nur vom Insolvenzverwalter geltend gemacht werden kann, den Gesellschafter-Geschäftsführer vor einem Haftungsbescheids des FA nach §§ 34, 69 AO nicht (BFH 2.11.01 – VII B 155/01, BStBl II 02, 73; BGH 4.7.02 – IX ZR 265/01, DStR 03, 557). Die Bemessung der LSt (→ *Lohnsteuerberechnung* Rn 2) folgt den gleichen Grundsätzen, wenn nicht der insolvente ArbGeb nach § 42d EStG, sondern dessen ehemaliger Geschäftsführer nach §§ 69, 34 AO in Haftung genommen werden soll (BFH 29.7.09 – VI B 99/08, 1 BFH/NV 09, 1809). Vor Ergehen des Haftungsbescheids gegenüber einem Insolvenzverwalter ist die zuständige Berufskammer einzuschalten (§ 191 Abs 2 AO).

Wird im Rahmen eines Insolvenzverfahrens **ein Betrieb veräußert,** haftet der Erwerber für Steuerschulden des Veräußerers bzw des Insolvenzverwalters nicht (§ 75 Abs 2 AO). § 25 HGB findet keine Anwendung. Dies gilt auch, wenn dem Insolvenzverfahren eine Sequestration unmittelbar vorausgeht (BFH 23.7.98 – VII R 143/97, BStBl II 98, 765).

33 **7. Insolvenz und Tarifvertrag.** Der ArbGeb kann nach Tarifvertrag verpflichtet sein, Ansprüche des ArbN aus einem **Altersteilzeitverhältnis** und die darauf entfallenden ArbGebAnteile zur SozV für den Fall der Insolvenz abzusichern, zB durch Bestellung von Pfandrechten oder durch Zahlungsversprechen Dritter. Diese Art der Insolvenzsicherung stellt keinen geldwerten Vorteil für die gesicherten ArbN dar und ist daher nicht lohnsteuerpflichtig. Entscheidend hierfür ist, dass der ArbN keinen Rechtsanspruch gegen den Träger der Insolvenzsicherung erhält (BMF 13.2.98, BB 98, 680).

34 **8. Insolvenzgeld** (→ Rn 42) ist als soziale Lohnersatzleistung – netto ausgezahlt – steuerfrei (§ 3 Nr 2b EStG). Es ist nicht in die LStBescheinigung einzutragen (§ 41b EStG;

→ *Lohnsteuerbescheinigung* Rn 9). Zur Bescheinigungspflicht der BA nach § 32b Abs 3 EStG; → *Lohnersatzleistungen* Rn 14. Es unterliegt dem Progressionsvorbehalt (§ 32b Abs 1 Nr 1a EStG; → *Lohnersatzleistungen* Rn 6), auch das einem Dritten gem § 188 Abs 1 SGB III zustehende Insolvenzgeld, das dem ArbN zuzurechnen ist (§ 32b Abs 1 Nr 1a, 2. Hs, aE EStG). Nach Ablauf des Kj führt das FA vAw eine Veranlagung des ArbN durch (§ 46 Abs 2 Nr 1 EStG; → *Antragsveranlagung* Rn 7; → *Lohnersatzleistungen* Rn 16). Hierbei steht dem ArbN der Werbungskostenabzug aus seiner Weiterbeschäftigung zu; § 3c EStG (→ *Steuerfreie Einnahmen* Rn 7) steht dem nicht entgegen (BFH 23.11.2000 – VI R 93/98, BStBl II 01, 199; Anm hierzu *Urban* DStZ 01, 440). Die Zahlung von **Versicherungsbeiträgen** durch die BA (→ Rn 42, 60) ist für den ArbN keine Sonderausgabe. Andererseits kommt eine Kürzung des Insolvenzgeldes im Rahmen des Progressionsvorbehalts um sog Vorsorgeaufwendungen nicht in Betracht (BFH 5.3.09 – VI R 78/06, BFH/NV 09, 1110). Zahlungen, die der Insolvenzverwalter aufgrund des gesetzlichen Forderungsübergangs des Lohns an die BA (§ 187 Satz 1 SGB III) und an die Einzugsstelle (§ 208 Abs 2 SGB III) entrichtet (→ Rn 70), sind entgegen BAG 17.4.85, DB 85, 2251 (zu § 141n Abs 2 AFG) nicht stpfl (§ 3 Nr 2 EStG; R 3.2 Abs 2 LStR; OFD Koblenz 15.7.08, DStR 08, 2266). Dies gilt auch für Zahlungen an freigestellte ArbN für die Zeit bis zum Ablauf der Kündigung (SenatsVerw Bln 15.12.08 – III B – S 2342 – 11/07, ESt-Kartei Bln § 3 EStG F 1, Nr 801). Dem ArbN steht kein Restlohn iHd rechnerischen LSt zu (BAG 11.2.98, DB 98, 1136; aA *Urban* DB 98, 2087: lohnsteuerpflichtiger Restlohnanspruch). Zum Anspruch auf Insolvenzgeld eines GmbH-Geschäftsführers *Grams* GmbHR 03, 29. Das Insolvenzgeld wird in die Berechnung des Elterngeldes nicht mit einbezogen (LSG NRW 19.3.10 – L 13 EG 44/09).

Steuerfrei sind auch spätere Zahlungen des ArbGeb an die BA gem dem gesetzlichen Forderungsübergang für das AlGeld nach § 115 SGB X und vergleichbare Leistungen (§ 3 Nr 2 EStG; R 3.2 Abs 1 Satz 2 LStR; ausführlich hierzu *Urban* DB 96, 1893; → *Arbeitslosengeld* Rn 6; → *Lohnersatzleistungen* Rn 11; → *Erstattungsanspruch der Agentur für Arbeit* Rn 12, 14). Zur Insolvenzgeldbescheinigung → *Lohnersatzleistungen* Rn 14.

**9. Besteuerung des Insolvenzverwalters.** Die Vergütung des Insolvenzverwalters 35
(§ 54 Nr 2 InsO) stellt Einkünfte aus sonstiger selbstständiger Vermögensverwaltung iSd § 18 Abs 1 Nr 3 EStG dar (BFH 26.1.11 – VIII R 29/08, BFH/NV 11, 1314). Dies gilt auch dann, wenn der Insolvenzverwalter die Tätigkeit unter Einsatz vorgebildeter Mitarbeiter ausübt, sofern er dabei selbst leitend und eigenverantwortlich tätig bleibt. Gleiches gilt auch für eine Partnerschaftsgesellschaft (BFH 26.1.11 – VIII R 3/10, DStRE 11, 672). Zur USt BMF 28.7.09 –, DStR 09, 1646; OFD Frankfurt 20.1.10, DStR 10, 2135.

**10. Restschuldbefreiung** (§§ 286 ff InsO). Im Verfahren zur Restschuldbefreiung ha- 36
ben die Finanzämter Anhörungs- und Antragsrechte. Steuerhinterziehung schließt die Restschuldbefreiung nicht aus (BFH 19.8.08 – VII R 6/07, DStR 08, 2061; hierzu *Schmedding* DStR 09, 520). Zur Gefahr der missbräuchlichen Inanspruchnahme der Restschuldbefreiung *Stephan* Zeitschrift für Verbraucherinsolvenz 08, 141. In Zusammenarbeit mit dem Treuhänder sind die ordnungsgemäße Verfahrensabwicklung und die Einhaltung der Pflichten des Schuldners durch das FA zu überwachen. Die vom Insolvenzgericht ausgesprochene Restschuldbefreiung erfolgt nicht nach § 227 AO, sondern nach den insoweit vorgreiflichen §§ 87, 301 InsO (BFH 19.8.08 – VII R 6/07, DStR 08, 2061). Sie bewirkt nicht das Erlöschen von Steueransprüchen, sondern das Verbot der Geltendmachung von Ansprüchen. Während der Wohlverhaltensperiode erwirtschaftete Gewinne sind erst im Zeitpunkt der Erteilung der Restschuldbefreiung realisiert. Die Steuer hierauf ist auf Antrag des Stpfl nach § 163 AO abweichend festzusetzen und nach § 222 AO mit dem Ziel des späteren Erlasses (§ 227 AO) zunächst unter Widerrufsvorbehalt zu stunden (BMF 31.1.2014, BStBl I 14, 290).

In der Wohlverhaltensphase darf das FA mit Steuerschulden aus der Zeit vor Eröffnung des Insolvenzverfahrens gegen Erstattungsansprüche des Schuldners aus der Zeit der Restschuldbefreiung, in der er ein neues Unternehmen gründete, aufrechnen (FG BlnBB 25.8.10 – 12 K 2060/08, DStRE 11, 589 und 12 K 12109/09, BeckRS 2010, 26030336; s im Übrigen → Rn 28.

37 **11. Rechtsbehelfe des Finanzamts:** Sofortige Beschwerde gegen Maßnahmen des Insolvenzgerichts innerhalb von zwei Wochen (§§ 574 ff ZPO).

## C. Sozialversicherungsrecht

*Voelzke*

**Übersicht**



38 **I. Allgemeines.** Das sozialversicherungsrechtliche Beschäftigungsverhältnis (§ 7 Abs 1 SGB IV), das Hauptanknüpfungspunkt für die **Versicherungspflicht** in allen Zweigen der SozV ist, wird durch die Eröffnung des Insolvenzverfahrens über das Vermögen des ArbGeb nicht beendet. Zur Sicherung von bereits angesparten Wertguthaben im Rahmen einer Vereinbarung über die Flexibilisierung der Arbeitszeit sieht § 7e SGB IV vor, dass **Vorkehrungen zur Insolvenzsicherung** der Wertguthaben getroffen werden sollen (→ Rn 41, zu Einzelheiten *Schlegel/Voelzke/Wißing* SGB IV, § 7e Rz 23 ff).

39 Zum Schutz der ArbN gegen das Lohnausfallrisiko enthält das SGB III in den §§ 165–172 Regelungen über das **Insolvenzgeld** (→ Rn 42 ff).

40 **II. Insolvenz und Beschäftigungsverhältnis.** Der Fortbestand eines Beschäftigungsverhältnisses iSd § 7 SGB IV (→ *Arbeitnehmer (Begriff)* Rn 59 ff) als Grundlage der Versicherungspflicht in der KV, RV, sozialen PflegeV und ArblV wird durch die Eröffnung des Insolvenzverfahrens über das Vermögen des ArbGeb nicht berührt. Das Beschäftigungsverhältnis und die Verpflichtung zur Beitragszahlung enden nach der immer noch aktuellen Rspr des BSG auch dann nicht, wenn die betroffenen ArbN von der Arbeit freigestellt werden und AlGeld im Wege der Gleichwohlgewährung erhalten (BSG 26.11.85 – 12 RK 51/83, DB 86, 867). Das versicherungspflichtige Beschäftigungsverhältnis endet erst, wenn es nach den tatsächlichen Verhältnissen an dem beiderseitigen Willen der Arbeitsvertragsparteien fehlt, das Beschäftigungsverhältnis fortzusetzen, und der ArbGeb seine Verfügungsbefugnis nicht mehr wahrnimmt oder wahrnehmen kann (BSG 4.7.12 – B 11 AL 16/11 R, BeckRS 2012, 74145). Die Versicherungspflicht besteht längstens bis zur Aufnahme einer Beschäftigung bei einem anderen ArbGeb fort. Kündigt der Insolvenzverwalter das Beschäftigungsverhältnis eines ArbN, für den ein Eingliederungszuschuss gewährt worden war, so ist die Rückzahlungsverpflichtung keine Masseverbindlichkeit (BSG 30.11.11 – B 11 AL 22/10 R, NZI 12, 375).

Für die Dauer des Fortbestands des Beschäftigungsverhältnisses ist mit Rücksicht auf das Entstehungsprinzip nach § 22 Abs 1 SGB IV ein **Beitragsanspruch** gegeben (*Schlegel/Voelzke/Segebrecht* SGB IV, § 22 Rz 46). Auch wenn ArbN nach Insolvenzeröffnung unter Anrechnung auf etwaige anderweitige Vergütungsansprüche von der Arbeitsleistung freigestellt werden, steht es der Geltendmachung von Beitragsforderungen gegen den Insolvenzverwalter nicht entgegen, dass sich dieser ihnen gegenüber auf ein Zurückbehaltungsrecht bis zur Erteilung von Auskünften zu anderweitigem Verdienst beruft (BSG 15.9.16 – B 12 R 2/15 R, SozR 4–2400 § 22 Nr 5). Die Höhe des Beitragsanspruches bestimmt sich nach der Höhe des Arbeitsentgeltanspruches der betroffenen ArbN (vgl zu SozVBeiträgen in der Insolvenz *Plagemann* NZS 2000, 525). Als ArbGeb der weiterbeschäftigten bzw freigestellten ArbN gilt der Insolvenzverwalter. In der UV sind keine Beiträge an die BG für die ArbN zu leisten, die nach Eröffnung des Insolvenzverfahrens bis zur fristgerechten Beendigung ihrer

Arbeitsverhältnisse von der Arbeit freigestellt sind (BSG 30.7.81 – 8/8a RU 48/80, SozR 2200 § 723 Nr 5).

**III. Insolvenzschutz für Wertguthaben.** Das Gesetz zur Verbesserung der Rahmenbedingungen für die Absicherung flexibler Arbeitszeitregelungen und zur Änderung anderer Gesetze (BGBl I 08, 2940) hat den Insolvenzschutz von Wertguthaben deutlich verbessert. Nach Maßgabe des § 7e SGB IV haben die Vertragsparteien einer Wertguthabenvereinbarung in der Vereinbarung die entsprechenden Vorkehrungen zu treffen, um das Wertguthaben einschließlich des darin enthaltenen GesamtSozVBeitrages vollständig gegen das Risiko der Insolvenz abzusichern. Eine derartige Absicherung wird immer erforderlich, soweit das Wertguthaben einen Betrag in Höhe der monatlichen Bezugsgröße übersteigt (s *Sozialversicherungsbeiträge* Anhang). In § 7e Abs 7 SGB IV wird eine **Ersatzpflicht** des ArbGeb (bei juristischen Personen auch der organschaftlichen Vertreter) für Schäden festgelegt, die aus einem nicht geeigneten oder nicht ausreichenden Insolvenzschutz resultieren (zu Einzelheiten *Rolfs/Witschen* NZS 09, 295; *Huke/Lepping* ZIP 09, 1204). Eine zwingende Regelung zur Insolvenzsicherung für Wertguthaben im Rahmen von Altersteilzeit enthält § 8a AltTZG (*Rolfs* NZS 04, 561; Näheres *Wertguthaben/Zeitguthaben*). 41

**IV. Insolvenzgeld.** Das Insolvenzgeld schützt im gesetzlich vorgegebenen Umfang die vorleistungspflichtigen ArbN vor dem **Risiko des Lohnausfalls** bei Zahlungsunfähigkeit des ArbGeb. Die Vorschriften (§§ 165 ff SGB III) stehen in einem engen inhaltlichen Zusammenhang mit den Vorschriften der InsO und anderer insolvenz- und arbeitsrechtlicher Sicherungsmechanismen bei Zahlungsfähigkeit des ArbGeb. Vorrangiges Ziel des von der BA zu gewährenden Insolvenzgeldes ist es, den Anspruch des ArbN auf Arbeitsentgelt gegen den zahlungsunfähigen ArbGeb im Falle der Eröffnung des Insolvenzverfahrens, der Abweisung des Antrags auf Eröffnung des Insolvenzverfahrens mangels Masse oder der Betriebseinstellung zu sichern (§ 165 SGB III). Der Anspruch auf Insolvenzgeld besteht auch dann, wenn der ArbN neben dem ArbGeb auch einen Dritten auf das Arbeitsentgelt in Anspruch nehmen kann (BSG 2.11.2000 – B 11 AL 23/00 R, SozR 3–4100 § 141b Nr 22). Neben dem ausfallenden Arbeitsentgelt umfasst die Insolvenzgeld-Versicherung auch die Entrichtung der Pflichtbeiträge zur SozV (§ 175 SGB III). Das Insolvenzgeld ist trotz seiner Stellung im SGB III keine Leistung der ArblV im engeren Sinn, sondern eine im Wege der Umlage bei den ArbGeb aufzubringende eigenständige Leistung. 42

**1. Voraussetzungen des Insolvenzgeldanspruchs.** Der Versicherungsfall für das Insolvenzgeld wird bei Bestehen rückständiger Ansprüche eines ArbN auf Arbeitsentgelt für die vorausgegangenen drei Monate durch die Eröffnung des Insolvenzverfahrens über das Vermögen des ArbGeb oder ein anderes Insolvenzereignisses iSd § 165 Abs 1 Satz 2 SGB III ausgelöst. 43

**a) Arbeitnehmer.** Anspruch auf Insolvenzgeld haben nur ArbN. Das Bestehen von Versicherungspflicht ist aber nicht Voraussetzung für die Geltendmachung von Insolvenzgeld. Zu den ArbN gehören auch die zu ihrer Ausbildung Beschäftigten und die Heimarbeiter. Der Anspruch auf Insolvenzgeld wird nach § 165 Abs 4 SGB III nicht dadurch ausgeschlossen, dass der ArbN vor der Eröffnung des Insolvenzverfahrens verstorben ist. 44

**b) Arbeitgeber.** Aus dem Zusammenhang der Begriffe ArbN, ArbGeb und Arbeitsverhältnis mit dem Versicherungsfall der Insolvenzgeld-Versicherung ergibt sich, dass ArbGeb iSd §§ 165 ff SGB III jeder ist, der einen ArbN beschäftigt und diesem das **Arbeitsentgelt** zu zahlen hat (*Hauck/Noftz/Voelzke* SGB III, § 165 Rz 47). Bei einer OHG oder KG ist die insolvenzfähige Gesellschaft (§ 11 Abs 2 Nr 1 InsO) der ArbGeb. Auch die BGB-Gesellschaft unterliegt den gleichen insolvenzrechtlichen Regelungen wie OHG oder KG, da § 11 Abs 2 Nr 1 InsO die Zulässigkeit eines Insolvenzverfahrens auf diese Gesellschaft erstreckt. Auch hier ist also auf die Insolvenz der Gesellschaft, nicht der Gesellschafter abzustellen. 45

**c) Insolvenzereignisse.** Dies sind die Eröffnung des Insolvenzverfahrens über das Vermögen des ArbGeb, die Abweisung des Antrags auf Eröffnung des Insolvenzverfahrens mangels Masse und die vollständige Beendigung der Betriebstätigkeit im Inland, wenn ein Antrag auf Eröffnung des Insolvenzverfahrens nicht gestellt worden ist und ein Insolvenzverfahren offensichtlich mangels Masse nicht in Betracht kommt (§ 165 Abs 1 Satz 2 SGB III). 46

Die drei genannten Insolvenztatbestände stehen grds selbstständig nebeneinander und der Insolvenzgeld-Anspruch wird durch das **zeitlich früheste Ereignis** ausgelöst, auch wenn mehrere Ereignisse nacheinander eintreten (*Hauck/Noftz/Voelzke* SGB III § 165 Rz 60). Solange ein bestimmtes Insolvenzereignis andauert, kann deshalb kein anderes Ereignis mehr eintreten, das den Anspruch auf Insolvenzgeld auslöst (BSG 6.12.12 – B 11 AL 11/11 R, NZI 13, 454). Bei Durchführung eines Insolvenzplanverfahrens gilt grds, dass die Zahlungsunfähigkeit des ArbGeb andauert und ein neues Insolvenzereignis nicht eintreten kann (BSG 21.11.02 – B 11 AL 35/02 R, SozR 3–4300 § 183 Nr 3). Auch bei Durchführung eines Insolvenzplanverfahrens kann ein neues Insolvenzereignis nicht eintreten, wenn die Planüberwachung durch den Insolvenzverwalter noch andauert (BSG 29.5.08 – B 11a AL 57/06 R, ZIP 08, 1989). Dies gilt auch, wenn zwar die im Insolvenzplan vorgesehene Quote geleistet werden konnte, aber ansonsten bis zur Eröffnung des zweiten Insolvenzverfahrens zu keinem Zeitpunkt die Fähigkeit zur Erfüllung fälliger Geldschulden eingetreten ist (BSG 17.3.15 – B 11 AL 9/14 R, NZS 15, 591). Schließlich wird ein neues Insolvenzereignis nicht nach der Erklärung der Freigabe der selbständigen Tätigkeit durch den Insolvenzverwalter und der Eröffnung des Insolvenzverfahrens über das freigegebene Sondervermögen begründet (BSG 9.6.17 – B 11 AL 14/16 R, NZI 17, 862). Der Weg für den Eintritt eines neuen Insolvenzereignisses ist frei, wenn der Antrag auf Eröffnung des Insolvenzverfahrens zurückgenommen wurde, da der Rücknahme Rechtswirkungen ex tunc zukommen (so zutreffend BSG 30.10.91 – 10 RAr 3/91, SozR 3–4100 § 141b Nr 3).

47 **aa) Eröffnung des Insolvenzverfahrens.** Wird durch Beschluss des Insolvenzgerichtes das Insolvenzverfahren über das Vermögen des ArbGeb eröffnet, so wird die Zahlungsunfähigkeit des ArbGeb als das den Anspruch auslösende Ereignis **unwiderleglich vermutet.** Der Insolvenz-Zeitraum endet, wenn bei Eröffnung des Insolvenzverfahrens das Arbeitsverhältnis nicht mehr besteht, mit dem letzten Tag des Arbeitsverhältnisses. Besteht das Arbeitsverhältnis bei Insolvenzeröffnung noch, so erstreckt sich der Anspruch auf Insolvenzgeld nicht mehr auf den Tag der Insolvenzeröffnung (BSG 22.3.95 – 10 RAr 1/94, ZIP 95, 935). Ein für die Gewährung von Insolvenzgeld maßgebendes Insolvenzereignis tritt auch dann nicht ein, wenn vor der Eröffnung eines zweiten Insolvenzverfahrens ein Insolvenzplanverfahren ohne Überwachung der Planerfüllung durchgeführt worden ist (BSG 6.12.12 – B 11 AL 11/11 R, NZI 13, 454 mit Anm *Rein*).

Für Ansprüche auf Insolvenzgeld **mit Auslandsberührung** kommt es nach § 165 Abs 1 Satz 3 SGB III entscheidend darauf an, ob der ArbN in Deutschland beschäftigt war. Liegt eine inländische Beschäftigung vor, so begründet nach § 165 Abs 1 Satz 3 SGB III ein ausländisches Insolvenzereignis einen Anspruch auf Insolvenzgeld. Im Inland beschäftigt ist ein ArbN auch dann, wenn er iS des § 4 SGB IV (→ *Auslandstätigkeit* Rn 116–146) vorübergehend unter Weitergeltung des deutschen SozVRechts ins Ausland entsandt wird (BT-Drs 14/7347 S 73).

48 **bb) Abweisung des Antrags auf Eröffnung des Insolvenzverfahrens mangels Masse.** Als weiteres Insolvenzereignis steht der Eröffnung des Insolvenzverfahrens nach § 165 Abs 1 Satz 2 Nr 2 SGB III die Abweisung des Antrages mangels Masse gleich. Wird der Insolvenzantrag aus einem anderen Grunde abgelehnt, tritt ein Insolvenzereignis nicht ein, weil die Vermögenslage des ArbGeb ungeprüft bleibt (BSG 22.9.93 – 10 RAr 9/91, SozR 3–4100 § 141b Nr 7). Maßgeblicher Insolvenzzeitpunkt ist der Zeitpunkt **des Erlasses der Entscheidung**.

49 **cc) Vollständige Beendigung der Betriebstätigkeit.** Die vollständige Beendigung der Betriebstätigkeit im Inland ist als weiteres Insolvenzereignis zu beachten, wenn ein Antrag auf Eröffnung des Insolvenzverfahrens nicht gestellt ist und ein Insolvenzverfahren offensichtlich **mangels Masse** nicht in Betracht kommt (§ 165 Abs 1 Satz 2 Nr 3 SGB III). Der Insolvenzantrag darf bis zum Zeitpunkt der vollständigen Einstellung der Betriebstätigkeit noch nicht gestellt worden sein. Ist ein Antrag auf Eröffnung des Insolvenzverfahrens unzulässig (zB wegen unbekannter Anschrift des ArbGeb), so wird hierdurch der Eintritt des Insolvenzereignisses bei völliger Masselosigkeit nicht ausgeschlossen (BSG 22.9.93 – 10 RAr 9/91, SozR 3–4100 § 141b Nr 7).

50 Ob eine vollständige Beendigung der Betriebstätigkeit eingetreten ist, richtet sich nach der Art des jeweiligen Betriebes. Die Frage ist zu bejahen, wenn die dem **Betriebszweck**

**dienende Tätigkeit** vollständig eingestellt wurde, während die Durchführung reiner Abwicklungsarbeiten unschädlich ist. Eine Betriebstätigkeit ist nicht schon dann vollständig beendet, wenn der ArbGeb einen anderen Betrieb weiterführt (BSG 29.4.84 – 10 RAr 14/82, SozR 4100 § 141b Nr 30). Bei Fällen mit Auslandsberührung genügt eine Einstellung sämtlicher Tätigkeiten im Ausland allein nicht, sondern es muss hinzukommen, dass auch im Inland sämtliche betriebliche Funktionen eingestellt werden (*Hauck/Noftz/Voelzke* SGB III, § 165 Rz 203).

Ob eine **offensichtliche Masselosigkeit** eingetreten ist, richtet sich nicht nach den 51
Erkenntnissen der betroffenen ArbN, sondern nach den Erkenntnismöglichkeiten der Verwaltung. Maßgebend ist, ob sich aus äußeren Tatsachen für einen unvoreingenommenen Betreuer der Eindruck ergibt, dass ein Insolvenzverfahren nicht in Betracht kommen wird. Der äußere Eindruck spricht für die Massenunzulänglichkeit, wenn die Entgeltzahlung mit Hinweis auf die Insolvenz unterbleibt und keine anderweitigen Umstände dem Eindruck von der Zahlungsunfähigkeit entgegenstehen (*Hauck/Noftz/Voelzke* SGB III, § 165 Rz 80). Es ist nicht erforderlich, dass über die Frage der Insolvenz des ArbGeb letzte Klarheit geschaffen wird (BSG 22.9.93 – 10 RAr 9/91, SozR 3-4100 § 141b Nr 7). Bei Vorliegen der übrigen Merkmale des Insolvenztatbestandes ist der ArbN berechtigt, einen Antrag auf Gewährung von Insolvenzgeld zu stellen, mit der Folge, dass die Arbeitsentgeltansprüche auf die BA übergehen und von ihr durchzusetzen und zu realisieren sind.

**2. Leistungsumfang. a) Insolvenzgeldzeitraum.** Der Anspruch auf Insolvenzgeld 52
besteht für **die letzten drei Monate des Arbeitsverhältnisses,** die dem Insolvenzereignis vorausgehen. Durch § 165 SGB III werden nicht nur die jeweils letzten drei Monate des letzten Arbeitsverhältnisses vor Eintritt des Insolvenzereignisses geschützt, sondern es wird auch ein in den Dreimonatszeitraum hineinreichendes Arbeitsverhältnis erfasst, das mit demselben ArbGeb bestand (BSG 23.10.84 – 10 RAr 12/83, SozR 4100 § 141b Nr 33). Endet das Arbeitsverhältnis vor dem Insolvenztag, dann ist für die Berechnung des Dreimonatszeitraums allein die Beendigung des Arbeitsverhältnisses maßgeblich, da sichergestellt werden soll, dass die ArbN für die letzten drei Monate der Beschäftigung einen Anspruch auf Insolvenzgeld erhalten. In den Insolvenzgeldzeitraum werden nur Zeiträume einbezogen, die ihrer Natur nach zu nicht erfüllten Ansprüchen auf Arbeitsentgelt führen können (so EuGH 15.5.03 – Rs C-160/01, NZS 03, 647 zu Zeiten des Erziehungsurlaubs; ebenso: BSG 18.12.03 – B 11 AL 27/03 R, SozR 4-4100 § 141b Nr 1; vgl hierzu auch *Estelmann* ZESAR 03, 460). Erfolgt vor dem Insolvenzereignis ein Betriebsübergang, endet der Insolvenzgeldzeitraum trotz fortbestehendem Arbeitsverhältnis des ArbN mit der Betriebsübernahme durch den neuen Erwerber (BSG 26.2.19 – B 11 AL 3/18 R, NZS 19, 585). ArbN haben auch dann einen Anspruch auf Insolvenzgeld, wenn sie nach dem Antrag auf ein Insolvenzverfahren aber vor der Eröffnung des Insolvenzverfahrens eingestellt werden (LSG Nds-Brem 13.3.18 – L 7 AL 71/16, NZI 18, 409). Zeiten, in denen Arbeitsentgelt nicht erzielt werden kann (zB weil das Arbeitsverhältnis während einer Elternzeit ruhte), sind aus dem Insolvenzgeldzeitraum auszuklammern.

Arbeitet der ArbN in **Unkenntnis** eines Insolvenzereignisses weiter, so sind die letzten 53
drei Monate des Arbeitsverhältnisses zu berücksichtigen, die dem Tag der Kenntnisnahme vorausgehen (§ 165 Abs 3 SGB III). Der Anwendungsbereich dieser Vorschrift erstreckt sich ausdrücklich auch auf Fälle, in denen ArbN in Unkenntnis der Zahlungsfähigkeit des ArbGeb eine Arbeit aufgenommen haben. Unerheblich ist, ob der ArbN die Gründe für die Unkenntnis zu vertreten hat. Dies gilt jedenfalls bis zur endgültigen Betriebseinstellung. Als Weiterarbeit gilt nicht nur die tatsächliche Arbeitsleistung, sondern auch der Eintritt des Insolvenzereignisses während des Urlaubs oder während der Suspendierung gegen Entgeltfortzahlung (BSG 3.10.89 – 10 RAr 7/89, SozR 4100 § 141b Nr 49) werden erfasst.

**b) Arbeitsentgelt.** Zu den für die Gewährung des Insolvenzgeldes erheblichen Ansprü- 54
chen auf Arbeitsentgelt gehören nach § 165 Abs 2 Satz 1 SGB III alle **Ansprüche auf Bezüge aus dem Arbeitsverhältnis**, die vom ArbN im Insolvenzzeitraum erarbeitet wurden und vom ArbGeb nicht ausgeglichen wurden. Durch Insolvenzgeld sind nur solche Ansprüche auszugleichen, die vom ArbGeb noch nicht befriedigt worden sind. Hat der Insolvenzverwalter die zur Abwendung der Zwangsvollstreckung in der „kritischen Zeit" erfolgte Zahlung des Arbeitsentgelts als inkongruente Befriedigungshandlung erfolgreich

angefochten, besteht ein Anspruch auf Insolvenzgeld nicht, bis eine Rückgewähr tatsächlich erfolgt ist (LSG NRW 25.2.16 – L 9 AL 70/14, NZI 16, 497). Leistet der ArbGeb während oder nach Ablauf des Insolvenzgeld-Zeitraums noch Zahlungen auf das Arbeitsentgelt, so sind diese vorrangig noch offenen Arbeitsentgeltansprüchen zuzurechnen, die vor dem maßgebenden Zeitraum liegen (BSG 25.6.02 – B 11 AL 90/01 R, SozR 3–4100 § 141b Nr 24).

Ein den Lohnanspruch des ArbN betreffendes **arbeitsgerichtliches Urteil** hat auch auf den Insolvenzgeldanspruch Auswirkungen, da dieser einen durchsetzbaren Lohnanspruch voraussetzt (BSG 8.4.92 – 10 RAr 4/91, NZS 92, 108). Im Übrigen bewirken für den ArbN positive arbeitsgerichtliche Urteile aber keine Bindungswirkung für die BA, so dass sie einer weiteren Erforschung des Sachverhalts von Amts wegen nicht entgegenstehen und lediglich die Obergrenze des Anspruchs bilden (BSG 9.5.95 – 10 RAr 5/94, SozR 3–4100 § 141b Nr 15). Der Anspruch auf Insolvenzgeld ist grds gegeben, wenn der Arbeitsentgeltanspruch im Insolvenzzeitpunkt bzw bei Antragstellung noch nicht erfüllt ist. Er entfällt aber, soweit der ArbGeb den Anspruch gegenüber dem ArbN zu einem späteren Zeitpunkt wirksam erfüllt (BSG 27.9.94 – 10 RAr 1/93, NZS 95, 375). Auch ein (arbeitsgerichtlicher) Abfindungsvergleich, der bei Insolvenz des ArbGeb alle gegenseitigen Ansprüche erledigt, beseitigt den Anspruch auf Insolvenzgeld (*Rittweger* NZA 96, 859).

Durch Insolvenzgeld geschützt wird nach § 165 Abs 2 Satz 3 SGB III auch Arbeitsentgelt, das der ArbN gem § 1 Abs 2 Nr 3 **Betriebsrentengesetz** umgewandelt hat.

55 Kein Insolvenzgeldanspruch besteht nach ausdrücklicher Regelung in § 166 Abs 1 Nr 1 SGB III für diejenigen Ansprüche auf Arbeitsentgelt, die der ArbN wegen der **Beendigung des Arbeitsverhältnisses** oder für die Zeit nach der Beendigung des Arbeitsverhältnisses hat. Der Ausschluss erfasst Arbeitsentgelt, das mit der Beendigung in ursächlichem Zusammenhang steht. Hierzu zählt auch die Urlaubsabgeltung (BSG 20.2.02 – B 11 AL 71/01 R, SozR 3–4300 § 184 Nr 1; zur Richtlinienkonformität dieser Regelung vgl auch *Hauck/Noftz/Voelzke* SGB III, § 165 Rz 215).

Ebenfalls kein Anspruch auf Insolvenzgeld besteht nach § 166 Abs 1 SGB III für Ansprüche auf Arbeitsentgelt, die der ArbN durch eine nach der InsO **angefochtene Rechtshandlung** oder durch eine Rechtshandlung erworben hat, die im Falle der Eröffnung des Insolvenzverfahrens anfechtbar wäre (Nr 2) oder die der Insolvenzverwalter wegen **eines Rechts zur Leistungsverweigerung** nicht erfüllt (Nr 3).

56 Wesentlich ist, dass die Ansprüche des ArbN sich als Gegenleistung für die geleistete Arbeit darstellen. Als **insolvenzgeldfähiges Arbeitsentgelt** sieht das BSG an: Jahressonderzahlung nur, wenn sie während des Insolvenzgeld-Zeitraums fällig wird oder einzelnen Monaten zuzuordnen ist (BSG 18.1.90 – 10 RAr 10/89, SozR 3–4100 § 141b Nr 1); eine Vorverlagerung der Jahressonderzahlung durch Betriebsvereinbarung kann wegen Verstoßes gegen die guten Sitten nichtig sein (BSG 18.3.04 – B 11 AL 57/03 R, SozR 4–4300 § 183 Nr 3); Urlaubsentgelt und Urlaubsgeld (BSG 30.10.80 – 8b/12 RAr 7/79, SozR 4100 § 141b Nr 14). Zu den berücksichtigungsfähigen Ansprüchen auf Arbeitsentgelt gehören auch der Anspruch auf Ersatz von Reisekosten und sonstiger Spesen, soweit die Auslagen für die eigene Person bestimmt sind oder jedenfalls im direkten Zusammenhang mit der Erfüllung der Verpflichtung aus dem Arbeitsvertrag stehen. Unerheblich ist hierbei, ob die Aufwendungen mittels einer Firmenkreditkarte getätigt wurden und der ArbN aus der Mithaftungsklausel in Anspruch genommen wird (BSG 18.9.91 – 10 RAr 12/90, NZA 92, 329). Reparaturkosten für einen Pkw, die vom ArbN verauslagt worden sind, sind ebenfalls zu erstatten, soweit sie sachlich gerechtfertigt und wertmäßig nicht überzogen sind (BSG 8.9.10 – B 11 AL 34/09 R, BeckRS 2010, 74891). Ein Anspruch auf variable Entgeltbestandteile ist auch dann durch Insolvenzgeld auszugleichen, wenn die zugrundeliegende Zielvereinbarung aus Gründen nicht zustande kommt, die der ArbN nicht zu vertreten hat (BSG 23.3.06 – B 11a AL 29/05 R, NZS 06, 605; *Schmiedl* BB 06, 2417).

57 **Nicht zu den Ansprüchen** auf Arbeitsentgelt gehören Ansprüche auf Verzugszinsen und die Kosten der Geltendmachung rückständigen Lohns (BSG 28.2.85 – 10 RAr 19/83, SozR 4100 § 141b Nr 35). Auch Barabhebungen zur Auffüllung der Firmenkasse, Darlehen an den ArbGeb, Begleichung von Rechnungen des ArbGeb, Inanspruchnahme aus einem Bürgschaftsversprechen usw werden nicht durch Insolvenzgeld ausgeglichen, da deren Mittel nicht im Ergebnis zur Kreditbeschaffung für den ArbGeb verwendet werden sollen (BSG

18.9.91 – 10 RAr 12/90, NZA 92, 329). Für den Schadenersatzanspruch des ArbN bei fristloser Kündigung des Arbeitsverhältnisses nach § 628 Abs 2 BGB ist kein Insolvenzgeld zu zahlen (BSG 29.2.84 – 10 RAr 20/82, SozR 4100 § 141b Nr 31). Auch der Anspruch auf Schadensersatz wegen nicht gewährten Ersatzurlaubs unterliegt nicht dem Schutz des Insolvenzgelds (BSG 6.5.09 – B 11 AL 12/08 R, BeckRS 2009, 67925). Schließlich werden auch während des Insolvenzgeld-Zeitraumes tariflich vereinbarte Lohn- und Gehaltserhöhungen nicht durch Insolvenzgeld ausgeglichen, wenn sie für vor diesem Zeitraum liegende Lohnperioden bestimmt sind (BSG 24.11.83 – 10 RAr 12/82, SozR 4100 § 141b Nr 29).

Der Arbeitsentgeltanspruch ist nur dann und insoweit durch Insolvenzgeld auszugleichen, als er dem **Insolvenzgeld-Zeitraum** zuzuordnen ist. Hierbei kommt es bei Ansprüchen auf Lohn und ähnliche Leistungen auf den Zeitraum an, in dem sie erarbeitet wurden (BSG 18.9.91 – 10 RAr 12/90, NZA 92, 329). Bei erfolgsabhängigen Vergütungsansprüchen (zB Verkaufsprovisionsansprüchen) stellt das BSG darauf ab, wann nach der konkreten arbeitsvertraglichen Regelung der ArbN alles zur Erlangung einer gesicherten Provisionsanwartschaft Erforderliche getan hat (BSG 24.3.83 – 10 RAr 15/81, SozR 4100 § 141b Nr 26). Fällt die Fälligkeit einer Jahressonderzahlung, die nicht einzelnen Monaten zugeordnet werden kann, nicht in den Insolvenzgeld-Zeitraum, so ändert auch eine dem ArbGeb gewährte Stundung daran nichts (BSG 2.11.2000 – B 11 AL 87/99 R, SozR 3–4100 § 141b Nr 21; ebenso zur Verschiebung des Auszahlungszeitpunkts durch Betriebsvereinbarung BSG 21.7.05 – B 11a/11 AL 53/04 R, NZA-RR 06, 437). Für Zeiten einer Freistellung im Rahmen einer flexiblen Arbeitszeitregelung (§ 7 Abs 1a SGB IV) gilt nach § 165 Abs 2 Satz 2 SGB III der in der schriftlichen Vereinbarung zur Bestreitung des Lebensunterhalts im jeweiligen Zeitraum bestimmte Betrag als Arbeitsentgelt. Das Guthaben aus einem Arbeitszeitkonto wird nur für den Insolvenzgeld-Zeitraum geschuldet, wenn es in diesem Zeitraum erarbeitet wird oder bestimmungsgemäß zu verwenden ist (BSG 25.6.02 – B 11 AL 90/01 R, SozR 3–4100 § 141b Nr 24). 58

**c) Höhe des Anspruchs.** Da das Insolvenzgeld den rückständigen Arbeitslohn sichern soll, entspricht es in seiner Höhe dem noch ausstehenden Nettoentgelt, wenn dieses nach den dargestellten Grundsätzen Berücksichtigung finden kann (§ 167 Abs 1 SGB III). Lohnbestandteile, auf die durch einen Restrukturierungstarifvertrag verzichtet wurde, sind bei der Berechnung des Insolvenzgelds zu berücksichtigen, wenn sie im Insolvenzgeld-Zeitraum erarbeitet worden sind (BSG 4.3.09 – B 11 AL 8/08 R, BeckRS 2009, 62114). Nach § 167 Abs 1 SGB III wird das der Berechnung des Insolvenzgeldes zugrunde zu legende Bruttoarbeitsentgelt auf die Höhe der monatlichen Beitragsbemessungsgrenze der ArblV begrenzt. Diese Leistungsbemessungsgrenze verstößt nicht gegen höherrangiges Recht (Sächs LSG 25.7.19 – L 3 AL 72/18, BeckRS 2019, 24175). Diese Grenze gilt auch, wenn in einem Monat neben dem laufenden Arbeitsentgelt einmalig gezahltes Arbeitsentgelt zu berücksichtigen ist. Das BSG hat es abgelehnt, die im Insg-Zeitraum offen gebliebenen Entgeltansprüche auf den gesamten Insolvenzgeld-Zeitraum zu verteilen und der dreifachen monatlichen Beitragsbemessungsgrenze gegenüberstellt (BSG 11.3.14 – B 11 AL 21/12 R, NZI 14, 825). 59

Einen Anspruch auf die Rückübertragung der steuerlichen Bruttorestlohnforderung hat der ArbN gegen die BA nicht (BSG 20.6.01 – B 11 AL 97/00 R, SozR 3–4100 § 141 m Nr 3). Kosten des Insolvenzantragsverfahrens werden dem ArbN nicht ersetzt (BSG 15.12.92 – 10 RAr 2/92, NZS 93, 323). Hingegen mindern Kosten der Zwangsvollstreckung, die vor Eröffnung des Insolvenzverfahrens entstanden und nach Zahlung durch den ArbGeb gem § 367 Abs 1 BGB verrechnet worden sind, die Höhe des Insolvenzgeldes nicht (BSG 7.10.09 – B 11 AL 18/08 R, SozR 4–4300 § 183 Nr 12). Die steuerlichen Abzüge sind zum Zwecke der Insolvenzgeld-Berechnung nur unter Verwendung der LStTabellen zu ermitteln, ohne dass die Vorschriften über den LStJahresausgleich heranzuziehen sind (BSG 19.2.86 – 10 RAr 14/84, SozR 4100 § 141d Nr 2).

Soweit der ArbN im Inland einkommenssteuerpflichtig ist, ohne dass Steuern durch Abzug vom Arbeitsentgelt erhoben werden oder im Inland nicht einkommenssteuerpflichtig ist und das Insolvenzgeld für ihn nach den maßgebenden Vorschriften nicht der Steuer unterliegt, wird das Insolvenzgeld um den Betrag vermindert, der im **Inland als Steuer** zu berücksichtigen wäre (§ 167 Abs 2 SGB III). Das Insolvenzgeld ist nicht um einen fiktiven Steueranteil zu kürzen, wenn die Steuerbehörde auf die Besteuerung wirksam verzichtet hat (BSG 28.6.85 – 10 RAr 16/84, SozR 4100 § 141d Nr 1). Neben der Verpflichtung, das 60 rückständige Arbeitsentgelt an den ArbN zu zahlen, werden im Rahmen der Insolvenzgeld-Versicherung auch die Pflichtbeiträge zur SozV gem § 175 SGB III durch die BA an die Einzugsstelle geleistet.

61 **3. Übertragung von Arbeitsentgeltansprüchen.** Hat der ArbN vor Stellung des Antrages auf Insolvenzgeld seinen Arbeitsentgeltanspruch **abgetreten** oder ist dieser in sonstiger Weise auf einen Dritten übergegangen, so steht diesem der Anspruch auf Insolvenzgeld zu (§ 170 Abs 1 SGB III). Dritte haben auch dann Anspruch auf Insolvenzgeld, wenn der Arbeitsentgeltanspruch wirksam verpfändet oder gepfändet wurde (§ 170 Abs 2 SGB III).

62 Zum Schutz vor missbräuchlicher Inanspruchnahme des Insolvenzgeldes bestimmt § 170 Abs 4 SGB III, dass der neue Gläubiger keinen Anspruch auf Insolvenzgeld für Ansprüche auf Arbeitsentgelt hat, die ihm vor dem Insolvenzereignis ohne Zustimmung der Agentur für Arbeit zur **Vorfinanzierung** der Arbeitsentgelte übertragen oder verpfändet worden sind. Die Agentur für Arbeit darf der Übertragung oder Verpfändung nur zustimmen, wenn Tatsachen die Annahme rechtfertigen, dass durch die Vorfinanzierung der Arbeitsentgelte ein erheblicher Teil der Arbeitsplätze erhalten bleibt (kritisch zur Vorfinanzierung bei der Insolvenz von Air Berlin *Richter* NJW 18, 982). Die Zustimmung der Agentur für Arbeit dürfte idR zu erteilen sein, wenn ein Sanierungskonzept vorliegt, dass einen erheblichen Teil der Arbeitsplätze trotz Verwertung sichert. Die neue Gesetzesfassung soll ausschließen, dem insolventen ArbGeb die Weiterarbeit zu ermöglichen, um einzelnen Gläubigern oder Gesellschaftern zu Lasten der Insolvenzgeld-Versicherung Sondervorteile zu verschaffen.

63 Nach der auf das neue Recht übertragbaren Rspr des BSG ist die Vorfinanzierung dann nicht als **rechtsmissbräuchlich** anzusehen, wenn sie im Rahmen von ernsthaften und Erfolg versprechenden Sanierungsbemühungen erfolgt. Darüber hinaus hat das BSG einen Rechtsmissbrauch aber auch verneint, wenn im Sequestrationsverfahren die Personalkosten für eine sog Ausproduktion durch die Vorfinanzierung auf die Insolvenzgeld-Versicherung verlagert werden, soweit sie nicht einzelnen Gläubigern oder Gläubigergruppen Sondervorteile verschafft (BSG 22.3.95 – 10 RAr 1/94, ZIP 95, 935). Diese weite Auslegung ist nach der aktuellen Gesetzesfassung nicht mehr zulässig, denn die Zustimmung ist nach § 170 Abs 4 Satz 2 SGB III von einer positiven Prognose über den Erhalt eines erheblichen Teils der Arbeitsplätze abhängig.

64 **4. Verfügungen über das Insolvenzgeld.** Nach § 171 Satz 1 SGB III kann der Anspruch auf Insolvenzgeld **nach Antragstellung** wie Arbeitseinkommen gepfändet, verpfändet oder übertragen werden. Verfügungen über den Anspruch auf Insolvenzgeld sind vor der Antragstellung unwirksam. Nur hinsichtlich einer vor Antragstellung vorgenommenen Pfändung enthält § 171 Satz 2 SGB III eine Erleichterung zugunsten des Gläubigers, denn die Pfändung wird mit dem Antrag auf Insolvenzgeld wirksam.

65 **5. Verfahrensrecht.** Das Insolvenzgeld ist innerhalb einer **Ausschlussfrist** von zwei Monaten nach dem rechtserheblichen Insolvenzereignis bei der Agentur für Arbeit zu beantragen (§ 324 Abs 3 SGB III). Der EuGH hat hierzu entschieden, dass das Gemeinschaftsrecht einer derartigen Ausschlussfrist grds nicht entgegenstehe (EuGH 18.9.03 – C-125/01, SozR 4–4300 § 324 Nr 1; BSG 17.10.07 – B 11a AL 75/07 R, SozR 4–4300 § 324 Nr 4). Zuständig für die Entgegennahme des Antrags ist nach § 327 Abs 3 SGB III die Agentur für Arbeit, in dessen Bezirk die für den ArbGeb zuständige Lohnabrechnungsstelle liegt. Hat der ArbGeb im Inland keine Lohnabrechnungsstelle, so ist die Agentur für Arbeit zuständig, in dessen Bezirk das Insolvenzgericht seinen Sitz hat.

66 Hat der ArbN aus Gründen, die er nicht zu vertreten hat, die Ausschlussfrist versäumt, so kann er innerhalb von **zwei Monaten nach Wegfall des Hindernisses** einen Antrag auf Gewährung von Insolvenzgeld stellen (§ 324 Abs 3 SGB III). Der ArbN hat die Versäumung der Frist zu vertreten, wenn er sich nicht mit der erforderlichen Sorgfalt um die Durchsetzung seiner Ansprüche bemüht. Er muss sich hinsichtlich der Antragsfrist ein Verschulden seines Vertreters zurechnen lassen (hierzu *Schweiger* NZS 16, 778). Ob der Bevollmächtigte des ArbN, der im ArbGProzess von der Insolvenz des ArbGeb erfährt, seinen Mandanten zu informieren bzw einen Insolvenzgeld-Antrag zu stellen hat, hängt von dem ihm erteilten Auftrag ab (BSG 29.10.92 – 10 RAr 14/91, NZS 93, 272). Fällt das Hindernis schon während des Laufs der ersten Frist weg, so bleibt die erste Frist maßgeblich,

ohne dass diese Frist unterbrochen oder gehemmt würde (BSG 10.4.85 – 10 RAr 11/84, SozR 4100 § 141e Nr 8).

Nach § 168 SGB III hat die Agentur für Arbeit dem ArbN auf Antrag einen angemessenen **Vorschuss** auf das zu beanspruchende Insolvenzgeld zu zahlen. Voraussetzung für die Gewährung des Vorschusses ist es, dass die Eröffnung des Insolvenzverfahrens über das Vermögen des ArbGeb beantragt ist, das Arbeitsverhältnis beendet ist und die Voraussetzungen für den Anspruch auf Insolvenzgeld mit hinreichender Wahrscheinlichkeit erfüllt werden. Die Entscheidung über die Höhe des Vorschusses liegt im Ermessen der Agentur für Arbeit. Regelmäßig ist der Vorschuss so festzusetzen, dass daneben SGB II-Leistungen nicht mehr erforderlich sind (*Hauck/Noftz/Voelzke* SGB III, § 168 Rz 22). 67

Zur beschleunigten Abwicklung der Insolvenzgeld-Gewährung sind ArbGeb, Insolvenzverwalter, ArbN und alle Personen, die Einblicke in die Lohnunterlagen hatten, zur Erteilung von **Auskünften** an die Agentur für Arbeit verpflichtet (§ 316 SGB III).

**6. Mitteilungspflicht des Arbeitgebers.** Nach § 165 Abs 5 SGB III ist der ArbGeb verpflichtet, einen Beschluss des Insolvenzgerichtes über die Abweisung des Antrages auf Insolvenzeröffnung mangels Masse dem **Betriebsrat** oder, wenn ein BRat nicht besteht, den ArbN unverzüglich bekanntzugeben. Hierdurch soll die Weiterarbeit iSd § 165 Abs 3 SGB III vermieden werden. Eine bestimmte Form der Bekanntgabe ist nicht vorgeschrieben. Die Verletzung der Verpflichtung zur Bekanntgabe bzw zur rechtzeitigen Bekanntgabe begründet eine Ordnungswidrigkeit, die mit einer Geldbuße bis zu 5000 € bedroht ist (§ 404 Abs 2 Nr 2 SGB III). 68

**7. Anspruchsübergang.** Stellt der ArbN einen Antrag auf Insolvenzgeld, so gehen nach § 169 SGB III mit der Antragstellung seine Forderungen gegen den ArbGeb auf die BA über. Der Anspruchsübergang tritt auch ein, wenn zweifelhaft ist, ob ein Anspruch auf Insolvenzgeld überhaupt entsteht (BSG 17.7.79 – 12 RAr 15/78, SozR 4100 § 141n Nr 11). Der Anspruchsübergang erfasst auch die steuerliche Bruttorestlohnforderung (BSG 20.6.01 – B 11 AL 97/00 R, SozR 3–4100 § 141 m Nr 3). Mit dem Anspruch auf Arbeitsentgelt wird die BA auch Inhaberin der **unselbstständigen Nebenrechte** iSd § 401 Abs 1 BGB. Die BA ist berechtigt, mit dem auf sie übergegangenen Arbeitsentgeltanspruch gegen einen Beitragserstattungsanspruch aufzurechnen (BSG 15.12.94 – 12 RK 69/93, Die Beiträge 95, 365). Die Ansprüche hierauf sind vom Versicherungsträger im Insolvenzverfahren geltend zu machen und werden ggf von der Einzugsstelle an die BA erstattet. 69

**8. Umlageverfahren.** Das Umlageverfahren ist in den §§ 358 ff SGB III geregelt. Die Umlage wird zusammen mit dem Gesamtsozialversicherungsbeitrag an die Einzugsstelle gezahlt. Bei der Berechnung der Insolvenzgeld-Umlage sind auch die Entgelte beurlaubter Beamter, die bei einer Gesellschaft privaten Rechts als ArbN beschäftigt sind, zu berücksichtigen (BSG 25.2.12 – B 11 AL 4/11 R, BeckRS 2012, 69260). Eine Wohnungseigentümergemeinschaft wird durch die Beschäftigung eines Hausmeisters nicht verpflichtet, für das gezahlte Arbeitsentgelt eine Insolvenzgeldumlage zu zahlen (BSG 23.10.14 – B 11 AL 6/14 R, NZI 15, 383). 70

Der Umlagesatz beträgt für das Kj 20 nach der VO vom 2.10.19 (BGBl I 19, 1413) 0,06 Prozent.

## Insolvenz des Arbeitnehmers

### A. Arbeitsrecht *Kania*

**1. Allgemeines.** Mit der zum 1.1.99 in Kraft getretenen InsO ist ein einheitliches Insolvenzverfahren geschaffen worden. Näheres zu den arbeitsrechtlichen Rahmenbedingungen des Insolvenzverfahrens → *Insolvenz des Arbeitgebers* Rn 1 f. Im vorliegenden Zusammenhang von Bedeutung ist die seitdem bestehende Möglichkeit der Verbraucherinsolvenz verbunden mit der Chance der Restschuldbefreiung. Zuletzt wurden mit Wirkung vom 1.7.14 durch das „Gesetz zur Verkürzung des Restschuldbefreiungsverfahrens und zur Stärkung der Gläubigerrechte (BGBl I, 2379) deutliche Änderungen im Verbraucherinsolvenzverfahren vorgenommen. Gem Art 103h S 1 EGInsO gilt das neue Recht für alle 1

Verfahren, die nach dem 1.7.14 beantragt werden. Eine Restschuldbefreiung innerhalb der neuen verkürzten Frist ist nur für Neuanträge möglich. Aus Gründen des Gläubigerschutzes gelten bis dahin – mit Ausnahme der Vorschriften über das Insolvenzplanverfahren (§§ 217–269 InsO) – noch die Vorschriften über das vereinfachte Verbrauchinsolvenzverfahren aF.

2 **2. Grundzüge des Verbraucherinsolvenzverfahrens.** Das Verbraucherinsolvenzverfahren ist ein verkürztes Verfahren, das zwingend für natürliche Personen gilt, die keine (nach aF auch eine geringfügige) selbstständige wirtschaftliche Tätigkeit ausüben (§ 304 InsO). Das Verfahren ist dreistufig angelegt: Nach dem erfolglosen Versuch einer außergerichtlichen Einigung (1. Stufe) ist mit dem Antrag auf Eröffnung eines Insolvenzverfahrens ein Schuldenbereinigungsplan vorzulegen und damit ein gerichtlicher Einigungsversuch vorzunehmen (2. Stufe). Zugleich muss mit dem Eröffnungsantrag eine Bescheinigung vorgelegt werden, aus der sich ergibt, dass eine außergerichtliche Einigung mit den Gläubigern über die **Schuldenbereinigung auf der Grundlage des Plans** innerhalb der letzten 6 Monate vor dem Eröffnungsantrag erfolglos versucht worden ist; dabei sind die wesentlichen Gründe des Scheiterns darzulegen (§ 305 Abs 1 Nr 1 InsO). Kommt es zu keiner Einigung, entscheidet das Gericht über die Eröffnung des Insolvenzverfahrens und – nach der Schlussverteilung – über dessen Aufhebung nach § 200 I InsO (3. Stufe). Die Vorschriften über das vereinfachte Verfahren gem §§ 312–314 InsO wurden mit Wirkung vom 1.7.14 aufgehoben; es wird nicht mehr zwischen „normalem" und vereinfachtem Insolvenzverfahren unterschieden. Nunmehr werden nach § 5 Abs 2 InsO nF neben den Verbraucherinsolvenzverfahren alle Insolvenzverfahren, soweit Vermögensverhältnisse und Gläubigerzahl überschaubar sind, regelmäßig nur schriftlich durchgeführt. Der Insolvenzverwalter ist jetzt grds auch im Verbraucherinsolvenzverfahren mit vollen Rechten tätig. Der **Treuhändler** hat nur noch **im Restschuldbefreiungsverfahren Bedeutung.** Nach § 288 Satz 2 InsO wird der Treuhänder erst zusammen mit der Entscheidung über die Aufhebung (nach Schlussverteilung gem § 200 InsO) oder Einstellung (wegen Masseunzulänglichkeit nach § 211 Abs 1 InsO) des Insolvenzverfahrens vom Gericht bestimmt. Vorher ist der **Insolvenzverwalter** nach den allgemeinen Vorschriften für die Verteilung der Masse, zu der auch die pfändbaren Dienstbezüge zählen, zuständig. Ist dagegen schon vor Aufhebung des Insolvenzverfahrens eine Entscheidung über die Restschuldbefreiung ergangen und hat der Insolvenzverwalter bereits eine Verteilung vorgenommen, unterbleibt die Bestellung des Treuhänders.

3 Das **Restschuldbefreiungsverfahren** (§§ 287–303 InsO), das nur für natürliche Personen gilt, setzt einen Antrag des Schuldner voraus, der mit dem Antrag auf Eröffnung des Insolvenzverfahrens verbunden werden soll (§ 287 InsO). Nach dem Grundkonzept der InsO ist zunächst das Insolvenzverfahren bis zur Schlussverteilung durchzuführen und anschließend nach dessen Aufhebung und nach Ablauf der Abtretungsfrist (→ Rn 5) über die Restschuldbefreiung zu entscheiden. Nach den Änderungen zum 1.7.14 ist das Verfahren der Restschuldbefreiung stärker mit dem Insolvenzverfahren verzahnt. Die gesonderte Ankündigung der Restschuldbefreiung (§ 291 InsO aF) entfällt. Das Gericht entscheidet nunmehr im Zusammenhang mit der Eröffnung des Insolvenzverfahrens, ob der Antrag auf Restschuldbefreiung zulässig ist oder ob bereits jetzt ein Versagungsgrund vorliegt (§ 287a InsO). Ziel der Restschuldbefreiung gem §§ 286 ff InsO ist es, den redlichen Schuldner von der vor Geltung der InsO „ewigen" Haftung für festgestellte Insolvenzforderungen zu befreien. Seine Redlichkeit muss der Schuldner durch Wohlverhalten belegen. Insbes muss er seine Arbeitskraft nutzen (§ 295 InsO) und den pfändbaren Teil seines Einkommens auf einen Treuhänder übertragen. Der Treuhänder kehrt die Eingänge an die Gläubiger aus (§ 292 Abs 1 Satz 2 InsO). Verletzt der Schuldner im Zeitraum der **Wohlverhaltensphase** (nach § 295 Abs 1 Nr 1: zwischen Ende des Insolvenzverfahrens und dem Ende der Abtretungsfrist) seine Obliegenheiten (§ 295 InsO) schuldhaft und beeinträchtigt dies die Gläubigerbefriedigung, so ist die Restschuldbefreiung zu versagen (§ 296 InsO). Gem § 300 Abs 1 Satz 1 hat das Gericht nach Ablauf der Abtretungsfrist über den Antrag auf Restschuldbefreiung zu entscheiden. Die Wirkungen der Restschuldbefreiung bestehen gem § 301 InsO darin, dass der Schuldner von den restlichen Verbindlichkeiten gegenüber allen Insolvenzgläubigern befreit wird, auch gegenüber denjenigen, die ihre Forderungen nicht angemeldet haben (vgl zum Ganzen *Reinfelder* NZA 14, 633).

**3. Arbeitsrechtliche Auswirkungen. a) Erfasster Personenkreis.** Nach § 304 Abs 1 InsO gilt das Verbraucherinsolvenzverfahren für natürliche Personen, die keine selbstständige wirtschaftliche Tätigkeit ausüben, also nur für ArbN, nicht dagegen für *Arbeitnehmerähnliche Personen* (→ *Arbeitnehmerähnliche Personen* Rn 1 ff) oder sonstige freie Mitarbeiter (→ *Freie Mitarbeit* Rn 1 ff; dagegen waren nach aF auch ArbN bei geringfügiger selbstständiger Tätigkeit, dh „hauptberufliche" ArbN erfasst). Hat der Schuldner in der Vergangenheit eine selbstständige wirtschaftliche Tätigkeit ausgeübt (§ 304 Abs 1 Satz 2 InsO), dann ist das Verbraucherinsolvenzverfahren anwendbar, wenn die Vermögensverhältnisse des Schuldners überschaubar sind (§ 304 Abs 2 InsO: weniger als 20 Gläubiger) und gegen ihn keine Forderungen aus Arbeitsverhältnissen bestehen. 4

**b) Abtretung des Arbeitseinkommens.** Um in den Genuss der Restschuldbefreiung gem §§ 286 ff InsO zu kommen, muss der Schuldner dem Antrag auf Restschuldbefreiung eine **Abtretungserklärung** beifügen. Er muss erklären, dass er seine pfändbaren Forderungen auf Bezüge aus einem Dienstverhältnis oder an deren Stelle tretende laufende Bezüge für die Zeit von 6 Jahren nach der **Eröffnung des Insolvenzverfahrens** (ausdrücklich jetzt als **Abtretungsfrist** bezeichnet) an einen vom Gericht zu bestimmenden Treuhänder abtritt (§ 287 Abs 2 InsO). Die Neuregelung zum 1.7.14 ermöglicht eine Verkürzung der Abtretungsfrist auf 3 bzw 5 Jahre (§ 301 Abs 1 Satz 2 InsO). Ab Eröffnung des Insolvenzverfahrens fallen Arbeitseinkünfte, soweit sie pfändbar sind, gem §§ 35, 36 InsO generell in die Insolvenzmasse. 5

**Vorausabtretungen** oder andere Vereinbarungen sind gem § 287 Abs 3 InsO unwirksam, soweit damit die Abtretungserklärung für die Restschuldbefreiung vereitelt oder beeinträchtigt würde. Insoweit ist das sog Lohnabtretungsprivileg durch Aufhebung des § 114 InsO weggefallen, wonach eine Vorausabtretung von Arbeitsvergütung für einen Zeitraum von 2 Jahren ab Eröffnung des Insolvenzverfahrens wirksam war. 6

**c) Kündigung wegen Insolvenz.** Kündigungsrechtliche Konsequenzen können an die Insolvenz des ArbN regelmäßig nicht geknüpft werden. Insbes kann eine Kündigung nicht mit dem Arbeitsaufwand des ArbGeb, welcher durch die Abtretung des pfändbaren Teils des Arbeitseinkommens an den Treuhänder bei einem Antrag auf Restschuldbefreiung entsteht, begründet werden. Das BAG hat zwar in Bezug auf Lohnpfändungen oder -abtretungen außerhalb einer ArbNInsolvenz ausgesprochen, dass eine ordentliche Kündigung uU dann gerechtfertigt sein kann, wenn der entstehende Arbeitsaufwand zu wesentlichen Störungen im Arbeitsablauf oder in der betrieblichen Organisation führt (BAG 6.4.81, DB 82, 498). Mit dem Wegfall der Möglichkeit der Privilegierung einzelner Gläubiger im Wege der Vorausabtretung der Arbeitsvergütung (§ 114 InsO aF) entfällt eine Einzelzwangsvollstreckung zugunsten einzelner Insolvenzgläubiger in dem Zeitraum zwischen Beendigung des Insolvenzverfahrens und dem Ende der Abtretungsfrist. Hierdurch wird der Verwaltungsaufwand des ArbGeb deutlich verringert wird, womit es an kündigungsrechtlich relevanten Auswirkungen auf den Betrieb fehlt. 7

**d) Arbeitsgerichtliches Verfahren.** Wird das Verbraucherinsolvenzverfahren eröffnet, werden anhängige arbeitsgerichtliche Rechtsstreite, soweit diese die Insolvenzmasse betreffen, gem § 240 ZPO iVm § 46 Abs 2 ArbGG unterbrochen. Dies ist nicht der Fall bei nichtvermögensrechtlichen (Zeugniserteilung) oder höchstpersönlichen Streitigkeiten wie dem **Kündigungsrechtsstreit** (BAG 5.11.09 – 2 AZR 609/08, NZA 10, 277). Die vorbehaltslose Annahme einer **Änderungskündigung zur Entgeltreduzierung** bedarf nicht der Zustimmung des Treuhändlers. Der Schuldner kann in jeder Phase des Verbraucherinsolvenzverfahrens über seine Arbeitskraft und den Inhalt des Arbeitsverhältnisses frei verfügen. Eine Verletzung der Erwerbsobliegenheit in der Wohlverhaltensphase kann nur zur Versagung der Restschuldbefreiung führen. Daran ändert sich auch nichts durch die Einführung des § 287b InsO, der die Erwerbsobliegenheit auf die Dauer des Insolvenzverfahrens erweitert (BAG 20.6.13 – 6 AZR 789, NZA 13, 1147). Dagegen fällt ein Abfindungsanspruch nach gerichtlichem Vergleich über die Beendigung des Arbeitsverhältnisses unter den Insolvenzbeschlag (LAG Berlin-Bbg 10.1.14 – 21 Ta 1794/13, BeckRS 2014, 66174). **Vermögensrechtliche Streitigkeiten** führen nicht zur Unterbrechung, wenn der gesamte streitige Anspruch nicht zur Insolvenzmasse gehört (BAG 18.10.06 – 2 AZR 563/05, NZA 07, 765). Sind mehrere Ansprüche streitgegenständlich, ist eine Teilunterbrechung möglich (BAG 23.6.04 – 10 AZR 495/03, NZA 04, 1392; BAG 18.10.06 – 8

2 AZR 563/05, NZA 07, 765; *Mohn* NZA-RR 08, 617; nach LAG Hessen, 25.1.10 – 17 Sa 21/09, BeckRS 2011, 65288 tritt eine einheitliche Unterbrechung ein, wenn auch nur ein Streitgegenstand die Insolvenzmasse betrifft). Nach Eröffnung des Verbraucherinsolvenzverfahrens fallen **Vergütungsansprüche** in die Insolvenzmasse; insoweit fehlt dem ArbN die Verfügungsbefugnis gem § 81 InsO und damit die Aktivlegitimation (*Mohn* NZA-RR 08, 617). Gleiches gilt für Entschädigungsansprüche nach § 15 Abs 2 AGG (LAG Baden-Württemberg 23.9.2011 – 18 Sa 49/11, NZA-RR 12, 33) und für gem § 287 Abs 2 InsO an den Treuhänder abgetretene Ansprüche nach Aufhebung des Insolvenzverfahrens, dh keine Vereinbarung einer Entgeltumwandlung bzgl abgetretener Ansprüche (BAG 30.7.08 – 10 AZR 459/07, NZA 09, 747).

**B. Lohnsteuerrecht** *Weil*

9 **1. Lohnsteuer** (BMF 11.1.2002, BStBl I 2002, 132; s im Übrigen die Literaturhinweise → *Insolvenz des Arbeitgebers* Rn 22 sowie *von Usslar* DStZ 09, 242). Die Abwicklung von Kleininsolvenzen (§§ 304 ff InsO, → Rn 2) führt faktisch zu einer bevorzugten Gläubigerstellung des FA, weil die Insolvenz des ArbN keine Auswirkung auf den LStAnspruch hat. Der ArbGeb ist bei Lohnzahlung also verpflichtet, die LSt – wie sonst auch – in vollem Umfang an das FA abzuführen (§ 41a EStG). Beruht ein Erstattungsanspruch des Schuldners auf nach Eröffnung des Insolvenzverfahrens abgeführter LSt, darf das FA erst nach Aufhebung des Insolvenzverfahrens mit Steuerschulden des Schuldners aufrechnen (BFH 7.6.06 – VI B 329/05, BStBl II 06, 641). Das Aufrechnungsverbot besteht ab 2011 fort (*Gundlach/Rautmann* DStR 11, 82).

10 **2. Schuldenbereinigungsverfahren** (§ 305 InsO, → Rn 2).Das Verfahren über den Antrag auf Eröffnung des Insolvenzverfahrens ruht bis zur Entscheidung über den Schuldenbereinigungsplan (§ 306 Abs 1 InsO). Rechte und Pflichten betr ESt verbleiben beim ArbN, zB Abgabe der Steuererklärung, Adressierung des EStBescheids, EStErstattungen, Rechtsbehelfsbefugnis. Der angenommene Schuldenbereinigungsplan hat nach § 308 InsO die Wirkung eines (Prozess-) Vergleichs iSd § 794 Abs 1 Nr 1 ZPO.

11 **3. Restschuldbefreiungsverfahren** (§§ 286 ff InsO, → Rn 3).Hinsichtlich des LStAnspruchs gelten keine Besonderheiten (→ *Insolvenz des Arbeitgebers* Rn 22 ff, 36).

**C. Sozialversicherungsrecht** *Voelzke*

13 Für das SozVRecht hat die Anordnung des Verbraucherinsolvenzverfahrens über das Vermögen eines ArbN im Leistungs- und Beitragsrecht keine unmittelbaren Auswirkungen (vgl zur Überweisung von Beiträgen für die Kapitalleistung aus einer Direktversicherung durch die Bank an die Einzugsstelle nach Eröffnung des Privatinsolvenzverfahrens BSG 16.12.15 – B 12 KR 19/14 R, SozR 4–2500 § 226 Nr 2).

# Interessenausgleich

**A. Arbeitsrecht** *Schmidt*

**Übersicht**



1 **1. Allgemeines.** Vor jeder mitbestimmungspflichtigen Betriebsänderung (→ *Betriebsänderung* Rn 6 ff), muss der ArbGeb nach § 111 Abs 1 BetrVG den BRat rechtzeitig und umfassend unterrichten und mit ihm beraten. Gegenstand dieser Beratung sind **Ob, Wann und Wie** der Betriebsänderung. Es geht um die organisatorische Umsetzung der Betriebsänderung und die mit ihrer Durchführung verbundenen personellen Maßnahmen (BAG

30.11.16 – 10 AZR 11/16, NZA 17, 1394; BAG 22.1.13 – 1 AZR 873/11, NZA 13, 1232). Ziel der Beratung ist es, mit dem ernsten Willen der Verständigung (§ 74 Abs 1 BetrVG) die Interessen des ArbGeb an einer wirtschaftlichen Führung des Betriebs mit denen der ArbN an der Erhaltung ihrer Arbeitsplätze und Arbeitsbedingungen auszugleichen. Inhalt, Form und Verfahren für diesen **Interessenausgleich** sind ua in § 112 BetrVG geregelt. Beim Interessenausgleich handelt es sich um eine kollektivrechtliche Vereinbarung besonderer Art. Er wirkt – anders als der Sozialplan – nicht normativ, dh nicht unmittelbar und zwingend für die einzelnen Arbeitsverhältnisse (BAG 14.6.17 – 10 AZR 308/15, BB 17, 2228; BAG 14.11.06 – 1 AZR 40/06, NZA 07, 339). Dies zeigt ein Umkehrschluss aus den §§ 112 Abs 1 S 3 und 77 Abs 4 BetrVG.

**2. Inhalt.** Der **Interessenausgleich** beschreibt die unternehmerische Maßnahme, den 2
Kreis oder die Zahl der betroffenen ArbN und die Art, in der sie betroffen sind. Es ist nicht Aufgabe des Interessenausgleichs, mit der Betriebsänderung für den Mitarbeiter verbundene Nachteile aufzufangen oder abzuschwächen (BAG 30.11.16 – 10 AZR 11/16, BB 17, 378). Dies geschieht mit dem **Sozialplan** (→ *Sozialplan* Rn 18–42).

Der Interessenausgleich hat besondere Bedeutung in Fällen, wo ein Sozialplan nicht erzwungen werden kann (→ *Sozialplan* Rn 14–17), weil damit die Chance geboten wird, die Betriebsänderung so durchzuführen, dass wirtschaftliche Nachteile nicht in dem Umfang zu erwarten sind, wie sie als Folge der vom ArbGeb zunächst geplanten Betriebsänderung eingetroffen wären (BAG 8.11.88 – 1 AZR 687/87, NZA 89, 287).

**Inhalt** eines Interessenausgleichs kann die Veränderung der ursprünglich geplanten Be- 3
triebsänderung in zeitlicher, qualitativer und quantitativer Hinsicht sein. Dazu kann der BRat dem ArbGeb eigene Vorschläge machen, um eine Einigung zu erreichen, wonach die geplante Betriebsänderung in einer Weise durchgeführt wird, die bei den betroffenen ArbN möglichst keine oder nur geringe wirtschaftliche Nachteile entstehen lässt. Ist etwa die (teilweise) Stilllegung eines Betriebes geplant, gehört in den Interessenausgleich, ob so verfahren wird, wann dies geschehen soll, wie die Stilllegung konkret durchgeführt wird und wie viele oder welche ArbN in welcher Form betroffen sind (BAG 18.12.84 – 1 AZR 176/82, NZA 85, 400). Die Betriebsparteien sind jedoch nicht auf die Ausgestaltung solcher Maßnahmen beschränkt. ArbGeb und BRat können auch Abreden über Sachverhalte treffen, deren Regelungsbedürftigkeit nicht unmittelbar auf die Betriebsänderung zurückgeht, sondern deren mittelbare Folge sind (Folgeregelungen). Hierzu zählen etwa Vereinbarungen über die Auswirkungen der geänderten Betriebsstruktur auf die Personalplanung, die Besetzung von neu geschaffenen Arbeitsplätzen und das darauf bezogene Auswahlverfahren (BAG 22.1.13 – 1 AZR 873/11, NZA 13, 1232). Weil es nicht nur um den Versuch der Verständigung mit dem BRat über das „Ob“ der Betriebsänderung, sondern auch um deren „Wie“ geht (BAG 18.11.03 – 1 AZR 30/03, NZA 04, 220), ist ein Interessenausgleichsversuch auch dann zu unternehmen, wenn die Betriebsfortführung aus rechtlichen, wirtschaftlichen oder anderen Zwängen keine Alternative ist. Selbst bei einer öffentlich-rechtlichen Rahmenbedingungen geschuldeten Unmöglichkeit der Fortführung der betrieblichen Tätigkeit sind mit dem BRat zu beratende Handlungsalternativen – wie etwa eine Änderung des Betriebszwecks oder die Frage, zu welchem Zeitpunkt die Arbeitsverhältnisse beendet werden – regelmäßig nicht von vornherein ausgeschlossen (BAG 7.11.17 – 1 AZR 186/17, NZA 18, 278). Inhalt eines Interessenausgleichs kann sein, dass der BRat die im Interessenausgleich beschriebene geplante Maßnahme „zur Kenntnis nimmt“, ohne ihr ausdrücklich zuzustimmen. Die Betriebsparteien können im Interessenausgleich feststellen, dass eine Einigung über die dort beschriebene vom ArbGeb geplante Maßnahme in der Sache nicht möglich war, und vereinbaren, dass das Interessenausgleichsverfahren damit abgeschlossen sein soll – sog negativer Interessenausgleich (BAG 21.7.05 – 6 AZR 592/04, NZA 06, 162).

Die Betriebsparteien können sich im Interessenausgleich darauf verständigen, dass ArbN 4
trotz Betriebsänderung nicht entlassen, sondern – ggf nach Umschulung oder Qualifizierung – an anderer Stelle des Unternehmens weiterbeschäftigt werden (BAG 14.11.06 – 1 AZR 40/06, NZA 07, 339). Aufgabe des Sozialplans ist es, die dennoch entstehenden Nachteile zu mildern oder aufzufangen (BAG 17.9.91 – 1 ABR 23/91, NZA 92, 227). Man sieht mit anderen Worten Umschulung oder Qualifizierung schon als Teil der Betriebsänderung selbst, nicht als eine im Sozialplan aufzufangende Folge. Folgt man dem BAG in

dieser Differenzierung, können derartige Maßnahmen vom BRat nicht erzwungen werden, da sie nicht in einen Sozialplan gehören, der allein der erzwingbaren Mitbestimmung unterliegt (→ *Sozialplan* Rn 12). Mit dem sog „Transfersozialplan" nach den §§ 110 ff SGB III und den §§ 97 Abs 2 und 112 Abs 5 Nr 2a BetrVG können entsprechende Maßnahmen jedenfalls unter den dort genannten Voraussetzungen als Teil des Sozialplans erzwungen werden (→ *Sozialplan* Rn 31, 65 ff).

**5** In einem Interessenausgleich können **Auswahlrichtlinien** vereinbart werden, mit denen die personelle Auswahl bei Versetzung, Umgruppierungen und Kündigungen geregelt wird, die durch die Betriebsänderung bedingt sind (→ *Kündigung, betriebsbedingte* Rn 42, 43). Dabei steht ArbGeb und BRat der gleiche Ermessensspielraum zu, wie bei einer Vereinbarung nach § 95 BetrVG (BAG 20.10.83 – 2 AZR 211/82, DB 84, 563). Die Grunddaten Betriebszugehörigkeit, Lebensalter, Unterhaltspflichten und Schwerbehinderung müssen in erheblichem und ausgewogenem Maß – zB in einem Punktesystem – berücksichtigt sein. Dabei darf das Lebensalter „linear" berücksichtigt werden, auch ohne Altersgruppen zu bilden (BAG 5.11.09 – 2 AZR 676/08, NZA 10, 457). Die Auswahlkriterien müssen keinen Raum für eine abschließende Berücksichtigung der individuellen Besonderheiten des Einzelfalles lassen (BAG 9.11.06 – 2 AZR 812/05, NZA 07, 549). Und endlich darf der Kreis der in die Sozialauswahl einzubeziehenden ArbN nicht gegenüber der gesetzlichen Regelung in § 1 Abs 3 KSchG (→ *Kündigung, betriebsbedingte* Rn 28–33) verengt werden (BAG 15.6.89 – 2 AZR 580/88, NZA 90, 226). Liegt ein solcher Interessenausgleich oder eine entsprechende Richtlinie nach den Personalvertretungsgesetzen vor, kann die darin enthaltene **Bewertung** der sozialen Daten vom ArbG im **Kündigungsschutzprozess** nach § 1 Abs 4 KSchG nur noch auf **grobe Fehlerhaftigkeit** überprüft werden (→ *Kündigung, betriebsbedingte* Rn 42–44). Auswahlrichtlinien iSv § 1 Abs 4 KSchG können von ArbGeb und BRat bei Abschluss eines Interessenausgleichs mit Namensliste abgeändert werden. Setzen sich die Betriebsparteien in einem bestimmten Punkt gemeinsam über die Auswahlrichtlinie hinweg, gilt die Namensliste (BAG 24.10.13 – 6 AZR 854/11, NZA 14, 46).

**6** Sind in einem Interessenausgleich die ArbN, denen aufgrund der Betriebsänderung gekündigt werden soll, **namentlich** bezeichnet, wird im **Kündigungsschutzprozess** – nicht bei Versetzungen (BAG 27.7.16 – 7 ABR 55/14, BB 16, 3059) – nach § 1 Abs 5 KSchG **vermutet,** dass die Kündigung durch dringende betriebliche Erfordernisse bedingt ist (→ *Kündigung, betriebsbedingte* Rn 63) und die **soziale Auswahl als Ganzes** wird nur noch auf **grobe Fehlerhaftigkeit** geprüft. Diese Wirkungen treten nur ein, wenn die den Kündigungen zugrunde liegende Betriebsänderung in einem Interessenausgleich in vollem Umfang erfasst ist. Die durch § 1 Abs 5 KSchG bewirkten nachteiligen Folgen der Namensliste für die kündigungsrechtliche Stellung der von ihr betroffenen ArbN ist verfassungsrechtlich durch die Einflussnahmemöglichkeit des BRat auf die gesamte unternehmerische Maßnahme und ihre Folgen für die davon betroffenen ArbN gerechtfertigt. Ein Interessenausgleich über Teile der Betriebsänderung reicht nicht aus (BAG 17.3.16 – 2 AZR 182/15, NZA 16, 1072). Kein Interessenausgleich mit Namensliste iSd § 1 Abs 5 KSchG liegt vor, wenn Festlegungen lediglich mit abstrakt-generellen Bezeichnungen ohne namentliche Nennung von ArbN getroffen wurden (BAG 27.6.19 – 2 AZR 50/19, BB 19, 2164). Zu einem vollständigen Interessenausgleich können aber Teil-Namenslisten erstellt werden, vorausgesetzt, alle Listen zusammen erfassen sämtliche von der Betriebsänderung betroffenen ArbN. Erfolgt die Betriebsänderung in mehreren Stufen, können die Betriebsparteien daher auch vollständige Namenslisten für jede dieser Stufen aufstellen (offen gelassen in BAG 17.3.16 – 2 AZR 182/15, NZA 16, 1072). In die Namensliste dürfen ausschließlich ArbN aufgenommen werden, die aus Sicht der Betriebsparteien aufgrund der dem Interessenausgleich zugrunde liegenden Betriebsänderung zu kündigen sind. Sonst bietet sie regelmäßig keine geeignete Basis für den Eintritt der in § 1 Abs 5 KSchG vorgesehenen Rechtswirkungen (BAG 19.7.12 – 2 AZR 386/11, NZA 13, 333). Sind in der Namensliste aber neben von der Betriebsänderung Betroffenen auch ArbN aus einem Betrieb enthalten, der von der Betriebsänderung nicht betroffen ist, bleibt die Namensliste als Ganzes wirksam. Es werden nur die ArbN in dem von der Betriebsänderung nicht betroffenen Betrieb von den Rechtswirkungen der Namensliste nicht erfasst (BAG 19.7.12 – 2 AZR 386/11, NZA 13, 333). Liegt eine wirksame Namensliste vor, muss der ArbN im Prozess – soweit er über entsprechende Kenntnisse verfügt (BAG 6.9.07 – 2 AZR 715/06, NZA 08, 633) – Tatsachen vortragen und beweisen, aus denen folgt, dass die Betriebsbedingtheit fehlt (Einzelheiten → *Kündigung, betriebsbedingte* Rn 63). Darüber hinaus darf das ArbG die **gesamte soziale Auswahl** inklusive der Bildung auswahlrelevanter Gruppen und der Herausnahme von „Leistungsträgern" (BAG 10.6.10 – 2 AZR 420/09, NZA 10, 1352) in diesem Fall nur auf grobe Fehler überprüfen, es sei denn, die Sachlage hat sich nach Zustandekommen des Interessenausgleichs wesentlich geändert. Eine Sozialauswahl nach § 1 Abs 5 S 2 KSchG ist grob fehlerhaft, wenn eine evidente, massive Abweichung von den Grundsätzen des § 1 Abs 3 KSchG vorliegt und der Interessenausgleich jede soziale Ausgewogenheit vermissen lässt (BAG 19.7.12 – 2 AZR 386/11, NZA 13, 333). Um einen groben Fehler handelt es sich nicht, wenn die Betriebsparteien die Namensliste anhand einer von ihnen vereinbarten Punktetabelle zusammenstellen und dabei geringfügig von dieser Tabelle abweichen (BAG 17.1.08 – 2 AZR 405/06, NZA-RR 08, 571). Sie dürfen das Lebensalter als Auswahlkriterium „linear" berücksichtigen und müssen keine Altersgruppen bilden (BAG 5.11.09 – 2 AZR 676/08, NZA 10, 457). Bei der Berücksichtigung von Unterhaltspflichten gegenüber Kindern dürfen sie sich auf diejenigen beschränken, die aus der LStK entnommen werden können (für den Interessenausgleich nach § 125 InsO BAG 28.6.12 – 6 AZR 682/10, NZA 12, 1090; für den außerhalb der Insolvenz offen gelassen in BAG 15.12.11 – 2 AZR 42/10, NZA 12, 1044). Dagegen darf bei der einem solchen Interessenausgleich zugrunde liegenden Sozialauswahl jedenfalls die Verpflichtung zur Gewährung von Familienunterhalt an den mit dem ArbN in ehelicher Lebensgemeinschaft lebenden Ehegatten gem § 1360 BGB nicht gänzlich außer Betracht bleiben (BAG 28.6.12 – 6 AZR 682/10, NZA 12, 1090). Einen groben Fehler machen die Betriebsparteien, wenn eines der Sozialdaten nicht berücksichtigt oder ausschließlich auf eines dieser Daten abgestellt wurde (BAG 2.12.99 – 2 AZR 757/98, NZA 00, 531), wenn bei der Herausnahme eines Leistungsträgers die betrieblichen Interessen übermäßig berücksichtigt wurden (BAG 12.4.02 – 2 AZR 706/00, NZA 03, 42), die Sozialauswahl nicht auf den gesamten Betrieb erstreckt wurde (BAG 17.11.05 – 6 AZR 107/05, NZA 06, 661) oder der Betriebsbegriff grob verkannt wurde (BAG 20.9.12 – 6 AZR 483/11, NZA 13, 94). Für die Wirksamkeit der Kündigung ist jedoch nur entscheidend, ob das Ergebnis der sozialen Auswahl im Blick auf den betroffenen ArbN grob fehlerhaft ist, nicht aber, ob das gewählte Auswahlverfahren beanstandungsfrei ist (BAG 19.7.12 – 2 AZR 386/11, NZA 13, 333). Ein mangelhaftes Auswahlverfahren kann zu einem richtigen – nicht grob fehlerhaften – Auswahlergebnis führen. Im Kündigungsschutzverfahren muss der ArbN daher nicht die Fehlerhaftigkeit des Auswahlverfahrens, sondern ihr konkretes Ergebnis rügen. Er muss geltend machen, dass ein bestimmter mit ihm vergleichbarer ArbN weniger sozial schutzwürdig ist, so dass diesem habe gekündigt werden müssen (BAG 10.6.10 – 2 AZR 420/09, NZA 10, 1352).

Eine **wesentliche Änderung** liegt vor, wenn eine Seite sich bei Kenntnis der veränder- **7**
ten Umstände nicht auf den Interessenausgleich hätte einlassen müssen – wenn etwa ein Betrieb teilweise fortgeführt und nicht wie ursprünglich geplant stillgelegt wird oder sich die Zahl der im Interessenausgleich zur Kündigung vorgesehenen ArbN aus anderen Gründen wesentlich verringert hat. Es gelten im Ergebnis die Grundsätze zum Wegfall der Geschäftsgrundlage (BAG 12.3.09 – 2 AZR 418/07, NZA 09, 1023). Eine nur geringfügige Änderung reicht jedenfalls nicht aus. Entscheidend für die Beurteilung ist der Zeitpunkt des Zugangs der Kündigung (BAG 21.2.02 – 2 AZR 581/00, NZA 02, 223). Im Ergebnis macht die Namensliste nachfolgende Kündigungen – jedenfalls was die soziale Auswahl betrifft – weitgehend „prozessfest" (→ *Kündigung, betriebsbedingte* Rn 63). Da der Interessenausgleich auch vom ArbGeb nicht erzwungen werden kann, bekommt er die Namensliste nur, wenn der BRat es will. Namenslisten können auch bei **Änderungskündigungen** vereinbart werden (BAG 19.6.07 – 2 AZR 304/06, NZA 08, 103); nicht aber bei (wegen ordentlicher Unkündbarkeit) außerordentlichen betriebsbedingten Kündigungen (BAG 27.6.19 – 2 AZR 50/19, BB 19, 2164).

Das **Mitbestimmungsrecht** bei nachfolgenden **Kündigungen** wird auch dann nicht durch die Zustimmung des BRats zum Interessenausgleich erleichtert, wenn der Kreis der Betroffenen im Interessenausgleich mit Namen konkret bezeichnet wird (BAG 20.6.13 – 6 AZR 805/11, NZA 13, 1137). Die einfache Aufzählung der betroffenen ArbN ersetzt nicht die weitreichenden Rechte des BRat bei personellen Einzelmaßnahmen. Das schließt nicht aus, dass die Betriebspartner im Einzelfall anlässlich der Vereinbarung eines Interessenausgleichs auch die Mitbestimmung zu den personellen Einzelmaßnahmen abschließend durchführen. Dies muss sich dann aber zweifelsfrei aus dem Interessenausgleich selbst oder den Umständen bei seinem Abschluss ergeben (BAG 28.6.12 – 6 AZR 682/10, NZA 12, 1090).

8 **3. Form.** Der Interessenausgleich ist nach § 112 Abs 1 S 1 BetrVG **schriftlich** niederzulegen und von ArbGeb und BRat **auf einer Urkunde** zu unterschreiben. Die Wahrung der Schriftform ist beim Interessenausgleich Wirksamkeitsvoraussetzung (BAG 12.5.10 – 2 AZR 551/08, NZA 11, 114). Das mündliche Einverständnis des BRat reicht nicht aus (BAG 26.10.04 – 1 AZR 493/03, NZA 05, 237). Nur so können die betroffenen ArbN wissen, mit welchen Nachteilen sie rechnen müssen und ob sich der ArbGeb an den Interessenausgleich hält. Elektronische Form genügt nicht (*Fitting* §§ 112, 112a Rn 24). Besteht der Interessenausgleich aus mehreren Blättern, die – zB durch eine Heftklammer – verbunden sind, genügt die Unterschrift auf einem Blatt (BAG 7.5.98 – 2 AZR 55/98, NZA 98, 1110). Die Schriftform ist auch gewahrt, wenn der Interessenausgleich statisch auf eine genau bezeichnete andere schriftliche Regelung – etwa eine Konzernbetriebsvereinbarung – verweist, die ihm nicht als Anlage beigefügt ist (BAG 14.11.06 – 1 AZR 40/06, NZA 07, 339). Unzulässig ist die dynamische Blankettverweisung auf eine von Dritten verfasste andere schriftliche Regelung in ihrer „jeweils geltenden Fassung". Damit geben die Betriebsparteien ihre Normsetzungsbefugnis aus der Hand (BAG 22.8.06 – 3 AZR 319/05, NZA 07, 1187). Die Auslegung kann jedoch auch bei scheinbar eindeutigem Wortlaut der Verweisungsnorm ergeben, dass in Wahrheit nur eine statische Verweisung gewollt war (BAG 28.3.07 – 10 AZR 719/05, NZA 07, 1066). Das Schriftformerfordernis erstreckt sich auch auf die **Namensliste.** Sie darf als Anlage dem Interessenausgleich beigefügt werden, beide müssen aber eine Urkunde bilden (BAG 19.7.12 – 2 AZR 386/11, NZA 13, 333). Dies ist der Fall, wenn Interessenausgleich und Namensliste beide unterzeichnet und körperlich miteinander verbunden sind. Sind Namensliste und Interessenausgleich getrennt erstellt worden und nicht verbunden, müssen sie beiderseits aufeinander verweisen und beide unterzeichnet werden (BAG 10.6.10 – 2 AZR 420/09, NZA 10, 1352). Eine Paraphierung der Namensliste reicht in diesem Fall wohl nicht aus (skeptisch BAG 12.5.10 – 2 AZR 551/08, NZA 11, 114). Nimmt der Interessenausgleich auf eine Namensliste nach § 1 Abs 5 KSchG als Anlage ausdrücklich Bezug, reicht dies selbst dann aus, wenn die Namensliste nicht zeitgleich, sondern nur zeitnah mit dem Interessenausgleich erstellt wurde (BAG 12.5.10 – 2 AZR 551/08, NZA 11, 114). Zeitnah ist jedenfalls eine 11 Tage nach Abschluss des Interessenausgleichs erstellte Namensliste (BAG 10.6.10 – 2 AZR 420/09, NZA 10, 1352); auch nach einem Monat ist sie noch zeitnah vereinbart (LAG Köln 22.2.07 – 6 Sa 974/06, BeckRS 2007, 44257).

9 Die gemeinsame Unterschrift unter eine **Massenentlassungsanzeige** nach § 17 Abs 3 KSchG stellt keinen wirksamen Interessenausgleich dar. Sie schafft nur die kündigungsrechtlichen Voraussetzungen für die geplanten Entlassungen. Umgekehrt ersetzt jedoch der Interessenausgleich mit Namensliste nach § 1 Abs 5 Satz 4 KSchG die Stellungnahme des BRats nach § 17 Abs 3 Satz 2 KSchG, wenn er der Anzeige einer **Massenentlassung** beigefügt wird (BAG 28.6.12 – 6 AZR 780/10, NZA 12, 1029; 18.1.12 – 6 AZR 407/10, NZA 12, 817; → *Massenentlassung* Rn 17) und der ArbGeb kann die ihm obliegenden Pflichten aus § 17 Abs. 2 Satz 2 KSchG mit denen nach § 111 Satz 1 BetrVG gleichzeitig erfüllen, soweit sie übereinstimmen. Dabei muss der BRat allerdings klar erkennen können, dass die stattfindenden Beratungen (auch) der Erfüllung der Konsultationspflicht des ArbGeb aus § 17 Abs. 2 Satz 2 KSchG dienen sollen (BAG 26.2.15 – 2 AZR 955/13, NZA 15, 881). Für den Insolvenzfall ist dies in § 125 Abs 2 InsO festgelegt (BAG 7.7.11 – 6 AZR 248/10, NZA 11, 1108). Der Interessenausgleich kann in einem **Sozialplan** enthalten sein (BAG 20.4.94 – 4 AZR 354/93, NZA 94, 1090); der Sozialplan ersetzt jedoch nicht den Interessenausgleich (BAG 14.9.76 – 1 AZR 784/75, AP BetrVG 1972 § 113 Nr 2).

10 **Unterschriftsberechtigt** für den Interessenausgleich ist auf ArbNSeite nach § 26 Abs 3 Satz 1 BetrVG der BRatVorsitzende oder bei seiner Verhinderung sein Stellvertreter. Der BRat kann den **Abschluss** des Interessenausgleichs nach § 27 Abs 3 Satz 1 BetrVG nicht auf einen Ausschuss übertragen (ErfK/*Kania* BetrVG §§ 112, 112a Rz 5). Ob zumindest die **Verhandlungen** von einem Ausschuss geführt werden dürfen, dem diese Aufgabe zur

selbstständigen Erledigung nach § 28 Abs 1 BetrVG übertragen wurde, hängt davon ab, ob die Verhandlungen eines Interessenausgleichs zum Kernbereich der gesetzlichen Befugnisse des BRat zählt, für den er als Gesamtorgan zuständig bleibt (BAG 1.1.76, AP Nr 1 zu § 28 BetrVG 72). Wird der Interessenausgleich in einer **Einigungsstelle** abgeschlossen, muss ihn nach § 112 Abs 3 Satz 3 BetrVG auch deren Vorsitzender unterschreiben. Handelt es sich um einen Interessenausgleich mit Namensliste, muss diese ebenso vom Vorsitzenden unterzeichnet werden, wenn sie getrennt erstellt wurde, weil sie Teil des Interessenausgleichs ist und daher die dort geltenden Formvorschriften auch hier anzuwenden sind (BAG 10.6.10 – 2 AZR 420/09, NZA 10, 1352).

Die **Zuständigkeit** für den Interessenausgleich folgt nach den allgemeinen Regeln. Sie 11 folgt jedenfalls nicht schon aus der Zuständigkeit für einen Sozialplan (BAG 18.7.17 – 1 ABR 59/15; BAG 3.5.06 – 1 ABR 15/05, NZA 07, 1245). Wird ein geplanter Personalabbau auf der Grundlage eines unternehmenseinheitlichen Konzepts durchgeführt und sind mehrere Betriebe davon betroffen, ist der GesBRat für den Abschluss des Interessenausgleichs zuständig. In seine Zuständigkeit fällt dann auch die Vereinbarung der Namensliste iSv § 1 Abs 5 KSchG (BAG 19.7.12 – 2 AZR 386/11, NZA 13, 333). Zweifelhaft ist, ob eine originäre Zuständigkeit des KBRat bei einer Betriebsänderung nach § 111 BetrVG in Form einer Betriebsschließung und den damit verknüpften Beteiligungsrechten überhaupt eröffnet sein kann (offen gelassen BAG 18.7.17 – 1 AZR 546/15, BB 17, 2739).

**4. Verpflichtung. Jede** einzelne **Betriebsänderung** erfordert einen neuen Interessen- 12 ausgleich. Der BRat kann nicht wirksam sein Einverständnis mit zukünftigen nur denkbaren Betriebsänderungen erklären (BAG 29.11.83 – 1 AZR 523/82, AP BetrVG 1972 § 113 Nr 10). Er kann auf einen Interessenausgleich nicht wirksam verzichten (BAG 26.10.04 – 1 AZR 493/03, NZA 05, 237). Er nimmt dies Mitbestimmungsrecht nicht im Eigeninteresse, sondern im Interesse der ArbN wahr. Verhandlungen über einen Interessenausgleich sind auch zu führen, wenn ein Sozialplan nicht erzwungen werden kann, weil die Betriebsänderung ein neu gegründetes Unternehmen betrifft, welches nach § 112a Abs 2 BetrVG in den ersten vier Jahren von der Pflicht befreit ist, einen Sozialplan aufzustellen (BAG 8.11.88 – 1 AZR 687/87, NZA 89, 287).

Im **betriebsratslosen Betrieb** besteht keine Pflicht zur Verhandlung über einen Interes- 13 senausgleich. Dies gilt auch dort, wo es zwar keinen BRat, aber einen GBRat gibt (BAG 16.8.83 – 1 AZR 544/81, AP BetrVG 1972 § 50 Nr 5). Dessen Zuständigkeit erstreckt sich nicht auf die betriebsratslosen Betriebe des Unternehmens. Nach § 50 Abs 1 BetrVG ist dies nur anders, soweit der GBRat selbst zuständig ist, weil von der Betriebsänderung mehr als ein Betrieb des Unternehmens betroffen ist. Wird ein BRat erst nach abgeschlossener Planung der Betriebsänderung gewählt, entsteht eine Pflicht zur Verhandlung eines Interessenausgleichs selbst dann nicht, wenn dem ArbGeb während der Planung bekannt war, dass ein BRat gewählt werden soll (BAG 28.10.92 – 10 ABR 75/91, DB 93, 385). Löst sich der BRat während der Planung einer Betriebsänderung auf oder läuft seine Wahlperiode aus, ohne dass eine Neuwahl erfolgt, entfällt die Mitbestimmung ebenso. Im **Tendenzbetrieb** ist der ArbGeb nur zur rechtzeitigen Unterrichtung des BRates, nicht zum Versuch des Interessenausgleichs, verpflichtet (BAG 27.10.98 – 1 AZR 766/97, NZA 99, 328).

**5. Verfahren.** Das BetrVG sieht für den Interessenausgleich ein in Teilen **obligatori-** 14 **sches Verfahren ohne bindende Entscheidung** vor. Ausgelöst werden die betriebsverfassungsrechtlichen Pflichten des „Unternehmers" – sprich ArbGeb (BAG 15.1.91 – 1 AZR 94/09, NZA 91, 681) – nach § 111 BetrVG durch konkrete Planungen über eine Betriebsänderung (→ *Betriebsänderung* Rn 6 ff). Daher setzen die Verhandlungen über einen Interessenausgleich eine hinreichend bestimmte, in Einzelheiten bereits absehbare Maßnahme voraus, deren Durchführung der ArbGeb anstrebt. Dazu müssen Art und Umfang der Betriebsänderung bekannt sein. Deren Gestaltung soll der zuständige BRat gezielt beeinflussen können. Hierfür sieht § 111 BetrVG iVm § 112 BetrVG ein gestuftes Verfahren vor. Es beginnt mit der Information des BRat über die geplante Betriebsänderung und setzt sich fort mit den Beratungen der Betriebsparteien über deren Einzelheiten und deren Durchführung. Es endet nach § 112 Abs 2 S 2 BetrVG mit der Anrufung der Einigungsstelle, falls die Betriebsparteien keine Einigung über den Interessenausgleich erzielen können (BAG 18.7.2017 – 1 AZR 546/15, BB 17, 2739). Der ArbGeb trägt die **„Initiativlast"**. Er muss daher den richtigen Verhandlungspartner ermitteln. Bei Zweifeln darüber, welcher BRat oder ob der GBRat zuständig ist, muss der ArbGeb die in Betracht kommende ArbNVertretung zur Klärung der Zuständigkeitsfrage auffordern. Einigen sich die ArbNVertretungen, wer zuständig sein soll, ist durch Verhandlung mit diesen Gremien der Interessenausgleich „versucht". Einigen sich die Mitbestimmungsorgane nicht auf einen Verhandlungspartner, darf der ArbGeb mit der Vertretung verhandeln, deren Herausgreifen nachvollziehbar erscheint. Der ArbGeb bestimmt dann selbst seinen Verhandlungspartner (BAG 24.1.96 – 1 AZR 542/95, NZA 96, 1107). In Unternehmen mit mehr als 300 ArbN kann der BRat nach § 111 S 2 BetrVG zu seiner Unterstützung einen **Berater** hinzuziehen. Geht es um die Ausarbeitung eines schwierigen Interessenausgleichs, darf ein Berater nach § 80 Abs 3 BetrVG mit Zustimmung des ArbGeb bzw nach gerichtlicher Entscheidung ebenso in kleineren Unternehmen herangezogen werden. Dabei kann es sich auch um einen Rechtsanwalt handeln. Geht es um die Durchsetzung des Mitberatungsrechts oder die Vorbereitung eines Einigungsstellenverfahrens kann der BRat den Anwalt ohne Zustimmung des ArbGeb nach § 40 Abs 1 BetrVG hinzuziehen (BAG 14.12.16 – 7 ABR 8/15, NZA 17, 514).

**15** Die **Abhängigkeit** eines Unternehmens von einem anderen Unternehmen ändert nichts an den Beteiligungspflichten. Werden Betriebsänderungen bei der „Mutter" geplant, bleibt die „Tochter" zur Beteiligung des BRat verpflichtet; sie muss dann die beim herrschenden Unternehmen vorhandenen Planungen mit dem BRat beraten (BAG 15.1.91 – 1 AZR 94/90, NZA 91, 681). „Unternehmer" iSd § 111 BetrVG ist die Rechtsperson, die Inhaber des Betriebs ist, der von der geplanten Betriebsänderung betroffen ist. Bei konzernweitem Interessenausgleich (hielte man ihn für möglich → Rn 11) wäre allerdings Verhandlungspartner des KBRat die Konzernspitze (BAG 18.7.17 – 1 AZR 546/15, BB 17, 2739).

**16** **Rechtzeitig** ist der BRat beteiligt, wenn dies vor Umsetzung der Planung geschieht. Dabei setzt die Pflicht zur Beteiligung des BRats ein, sobald eine hinreichend bestimmte, in Einzelheiten bereits absehbare Maßnahme vorliegt, die der ArbGeb konkret durchführen möchte (BAG 18.7.17 – 1 AZR 546/15, BB 17, 2739), zu der er auch schon Entschlüsse gefasst haben kann (BAG 14.4.15 – 1 ABR 794/123, NZA 15, 1147). Damit ist gemeint, dass die betriebsverfassungsrechtlichen Pflichten des ArbGeb auslösenden konkreten Planungen ohne dessen bestimmte Entschlüsse kaum denkbar sind. Endgültige Beschlüsse sind nicht gemeint, sonst wäre das Beratungsrecht gegenstandslos. Die unternehmerische Planung ist mit dem BRat nach den §§ 111, 74 Abs 1 BetrVG „mit dem ernsten Willen zur Einigung" zu beraten. Der BRat muss Gelegenheit haben, auf die Willensbildung Einfluss zu nehmen; der ArbGeb darf ihn nicht vor vollendete Tatsachen stellen (BAG 30.5.06 – 1 AZR 25/05, NZA 06, 1122). Dieser Versuch eines Interessenausgleichs muss abgeschlossen sein, bevor mit der Betriebsänderung auch nur teilweise begonnen wird. Begonnen wird mit einer Betriebsänderung, sobald der ArbGeb unumkehrbare Maßnahmen getroffen hat, die das Ob und Wie der Betriebsänderung – und sei es in Teilen – vorwegnehmen (→ *Nachteilsausgleich* Rn 7); nichts Anderes gilt bei einer wirtschaftlichen Zwangslage des Unternehmens, die sofortiges Handeln erfordert. Der Interessenausgleich kann nicht nachgeholt werden (BAG 14.9.76 – 1 AZR 784/75, BB 77, 142). Ein erst nach Beginn der Betriebsänderung unternommener Versuch des Interessenausgleichs ist nicht Regelungsziel von §§ 111, 112 BetrVG.

**17** Der BRat ist **umfassend** zu unterrichten. Dabei sind ihm auch die Gründe für die Betriebsänderung und die Alternativen mitzuteilen, zwischen denen die Geschäftsleitung die Wahl getroffen hat (*Fitting* BetrVG § 111 Rn 111). Die nach § 118 Abs 1 S 2 iVm § 111 S 1 BetrVG in Tendenzbetrieben bestehende Pflicht des ArbGeb, dem Betriebsrat schon vor Durchführung der Betriebsänderung diejenigen Informationen über eine geplante Betriebsänderung zu erteilen, die dieser zur Ausübung seines Mitbestimmungsrechts in Bezug auf einen Sozialplan benötigt (zB die Sozialdaten der betroffenen ArbN), gilt nach Auffassung des BAG auch in nicht tendenzgeschützten Betrieben, dort neben der Pflicht zur Erteilung der auf einen Interessenausgleich bezogenen Informationen (BAG 30.3.04 – 1 AZR 7/03, NZA 04, 931). Soweit zu seiner umfassenden Unterrichtung erforderlich, sind dem BRat auch Betriebs- und Geschäftsgeheimnisse offenzulegen. Der ArbGeb kann ihn nicht auf die insoweit vollständige Information des Wirtschaftsausschusses verweisen (ErfK/*Kania* BetrVG § 111 Rn 23). Bei Einschaltung einer Beratungsfirma gehören deren Gutachten zu den nach § 80 Abs 2 BetrVG dem BRat vorzulegenden Unterlagen; im

Übrigen sind die letzten Bilanzen und Wirtschaftsprüferberichte zugänglich zu machen, soweit sie im konkreten Zusammenhang von Bedeutung sein können (*Fitting* BetrVG § 111 Rn 113). Der BRat kann soweit erforderlich nach § 80 Abs 3 BetrVG Sachverständige hinzuziehen. In Unternehmen mit mehr als 300 ArbN ist nach § 111 S 2 BetrVG hierzu keine Vereinbarung mit dem ArbGeb erforderlich.

Nach § 112 Abs 2 BetrVG kann – nicht muss – bei Scheitern der Verhandlungen über einen Interessenausgleich jede Seite den Vorstand der BA um Vermittlung ersuchen. Praktiziert wird solch ein Vermittlungsersuchen selten, zumal das Vermittlungsverfahren jederzeit abgebrochen und die Einigungsstelle angerufen werden kann. **18**

Der ArbGeb muss den Interessenausgleich **versuchen,** will er der Verpflichtung entgehen, als Nachteilsausgleich Abfindungen zu zahlen (→ *Nachteilsausgleich* Rn 7–9). Wird ein Interessenausgleich schriftlich vereinbart, ist er versucht, unabhängig davon, ob er formungültig ist oder unter einer auflösenden Bedingung steht (BAG 21.7.05 – 6 AZR 592/04, NZA 06, 162). Ist der BRat ordnungsgemäß unterrichtet worden und haben die Betriebsparteien mit dem ernsten Willen zur Einigung verhandelt, ist der Interessenausgleich auch mit der Vereinbarung versucht, dass man sich nicht einigen konnte und das Verfahren damit beendet sein soll – sog negativen Interessenausgleich (BAG 21.7.05 – 6 AZR 592/04, NZA 06, 162). Ein „Versuch" des Interessenausgleichs bedeutet nicht Einigung in der Sache. Es reicht das ernsthafte Bemühen um eine Einigung über Ob, Wann und Wie einer Betriebsänderung aus. Kommt es nicht zu einer Vereinbarung, muss der ArbGeb für den Abschluss eines Interessenausgleichs aber die **Einigungsstelle** (→ *Einigungsstelle* Rn 8) einschalten (grds BAG 18.12.84 – 1 AZR 176/82, NZA 85, 400). Dies gilt selbst dann, wenn der BRat mit der Maßnahme einverstanden ist und der Interessenausgleich schriftlich nicht zu Stande kommt, weil der BRat die Maßnahme nicht für mitbestimmungspflichtig hält (BAG 26.10.04 – 1 AZR 493/03, NZA 05, 237). Der ArbGeb hat insoweit die Initiativpflicht; das gilt selbst dann, wenn der BRat entgegen eigener Zusage oder Ankündigung ein Anrufen der Einigungsstelle unterlässt (BAG 7.11.17 – 1 AZR 186/16, NZA 18, 464). Ob dagegen die Anrufung der Einigungsstelle ggf. unterbleiben kann, wenn die Betriebsparteien einvernehmlich hiervon Abstand nehmen und der BRat eindeutig zu erkennen gibt, seinen Informations- und Beratungsanspruch des § 111 S 1 BetrVG auch ohne Durchführung des Verfahrens nach § 112 Abs 2 BetrVG als erfüllt anzusehen, hat das BAG zuletzt offengelassen (BAG 7.11.17 – 1 AZR 186/16, NZA 18, 464). **19**

Die Einigungsstelle kann den Interessenausgleich nicht gegen den Willen von BRat oder ArbGeb beschließen. Der Interessenausgleich nach § 112 BetrVG unterliegt nicht der erzwingbaren Mitbestimmung. Kann eine Einigung im Einigungsstellenverfahren nicht erreicht werden, wird dort das Scheitern vom Vorsitzenden festgestellt und das Verfahren ohne Beschluss der Einigungsstelle (BAG 16.8.11 – 1 AZR 44/10, NZA 12, 640) eingestellt. Zieht sich der ArbGeb vorzeitig aus dem Verfahren zurück, ist der Interessenausgleich nicht „versucht"; er bleibt zum Nachteilsausgleich verpflichtet. Anders ist dies nur, wenn der Abschluss des Einigungsstellenverfahrens bewusst verzögert wird und die Einigungsstelle das Verfahren dennoch nicht einstellt. Hier mag der Auszug „aus zwingendem Grund" gerechtfertigt sein, um Kündigungstermine halten zu können. Zur Klarstellung sollte der ArbGeb dann seinerseits das Scheitern der Verhandlungen erklären (*Fitting* BetrVG § 112a Rn 42). Für die **Massenentlassung** ist in § 17 Abs. 2 KSchG ein besonderes Unterrichtungs- und Beratungsverfahren vorgesehen. Führt der ArbGeb es nicht vor Ausspruch einer Kündigung durch, ist sie wegen Verstoßes gegen ein gesetzliches Verbot nach § 134 BGB rechtsunwirksam (BAG 21.3.13 – 2 AZR 60/12, NZA 13, 966; → *Massenentlassung* Rn 17 ff).

Die **Bindung** an den geschlossenen Interessenausgleich erfolgt – ebenso wie die „Strafe" für einen unterbliebenen Interessenausgleichsversuch –über die Sanktionen des § 113 BetrVG (→ *Nachteilsausgleich* Rn 3–6). Der Interessenausgleich wirkt nicht normativ (BAG 14.11.06 – 1 AZR 40/06, NZA 07, 339). Der BRat kann – auch im Wege der einstweiligen Verfügung – den ArbGeb nicht erfolgreich verklagen, sich an den Inhalt des Interessenausgleichs zu halten (BAG 28.8.91 – 7 ABR 72/90, NZA 92, 41; aA Schaub/*Koch* § 244 Rn 31). Enthält ein Interessenausgleich Bestimmungen, die von der Sache her in einen Sozialplan gehören, können insoweit auch die einzelnen ArbN Rechte aus diesem „qualifizierten Interessenausgleich" herleiten (BAG 14.11.06 – 1 AZR 40/06, NZA 07, 339). Den **20**

Betriebspartnern bleibt unbenommen, über die beschränkte Bindungswirkung eines Interessenausgleichs hinauszugehen und die bei einer Betriebsänderung anstehenden Fragen in einer echten freiwilligen Betriebsvereinbarung zu lösen. Verpflichtungen aus dieser Vereinbarung wären dann auch einklagbar (ErfK/*Kania* BetrVG §§ 112, 112a Rz 9). Der besondere Bindungswille muss sich jedoch zweifelsfrei ergeben.

Enthält der Interessenausgleich Auswahlgrundsätze für die soziale Auswahl bei betriebsbedingten Kündigungen (→ *Kündigung, betriebsbedingte* Rn 42–44), kann der BRat bei Verstoß gegen diese Grundsätze der Kündigung nach § 102 Abs 3 Nr 2 BetrVG widersprechen. Der Interessenausgleich mit Namensliste – §§ 1 Abs 5 KSchG, 125 InsO, 23 Abs 2 UmwG – wirkt unmittelbar gegenüber den betroffenen ArbN, indem er den Gerichten ihren Prüfungsmaßstab vorgibt und er hat materiell-rechtliche Wirkung für die Zuordnung von ArbN zu einem Betrieb in den Fällen des § 323 Abs 2 UmwG. Mit dem Interessenausgleich werden nicht schon Mitbestimmungsrechte geregelt, die sich für nachfolgende Maßnahmen wie zB Kündigung oder Versetzungen aus den §§ 99 und 102 BetrVG ergeben. Entsprechende Regelungen im Interessenausgleich haben nur deklaratorische Bedeutung (BAG 20.6.13 – 6 AZR 805/11, NZA 13, 1137). Es bleibt den Betriebsparteien unbenommen, diese Verfahren vor Abschluss des Interessenausgleichs durchzuführen und dies dort zu vermerken.

21 **6. Interessenausgleich bei Insolvenz.** Der Insolvenzverwalter ist selbst dann zum Interessenausgleich verpflichtet, wenn die Betriebsänderung zwangsläufige Folge der Eröffnung des Insolvenzverfahrens ist (BAG 17.9.74 – 1 AZR 16/74, DB 74, 2207). Er kann sich ebenso wenig darauf berufen, die Beteiligung des BRats sei wegen der schlechten wirtschaftlichen Situation ausnahmsweise entbehrlich (BAG 22.7.03 – 1 AZR 541/02, NZA 04, 93) und muss den Interessenausgleich selbst dann versuchen, wenn der BRat erst nach Eröffnung des Insolvenzverfahrens gewählt wurde (BAG 18.11.03 – 1 AZR 30/03, NZA 04, 220). Weicht er von einem abgeschlossenen Interessenausgleich ab oder versucht er nicht, ihn abzuschließen, greifen für die betroffenen ArbN die Vorschriften über einen Anspruch auf Nachteilsausgleich (Abfindung) nach § 113 BetrVG (→ *Nachteilsausgleich* Rn 3 ff). Für die Höhe dieser Abfindungen ist die Insolvenzsituation ohne Bedeutung (BAG 7.11.17 – 1 AZR 186/16, NZA 18, 464).

22 Das Verfahren ist durch die Vorschriften der **Insolvenzordnung** erleichtert. Sie dienen vor allem seiner Beschleunigung und erleichtern die Kündigung der Mitarbeiter.

Eine **Vermittlung** des Interessenausgleichs durch den Vorstand der BA setzt – anders als in § 112 Abs 2 BetrVG vorgesehen – nach § 121 InsO voraus, dass ihn BRat und Insolvenzverwalter gemeinsam darum bitten. Kommt ein Interessenausgleich nicht innerhalb von 3 Wochen nach Verhandlungsbeginn oder schriftlicher Aufforderung zur Verhandlung zustande, obwohl der Verwalter den BRat rechtzeitig und umfassend unterrichtet hat, kann der Verwalter nach § 122 InsO die gerichtliche **Zustimmung** dazu beantragen, dass die Betriebsänderung durchgeführt wird, **ohne** dass die **Einigungsstelle** nach § 112 Abs 2 BetrVG eingeschaltet wurde. Auf die Intensität der Verhandlungen kommt es nicht an, formalistische Scheinverhandlungen ohne den ernsthaften Willen zur Einigung reichen nicht aus (*Fitting* BetrVG §§ 112, 112a Rn 71). Das ArbG hat die Zustimmung nach § 122 Abs 2 InsO zu erteilen, wenn die wirtschaftliche Lage des Unternehmens auch unter Berücksichtigung der sozialen Belange der ArbN erfordert, dass die Betriebsänderung ohne Anrufen der Einigungsstelle durchgeführt werden darf, was eine besondere Eilbedürftigkeit voraussetzt, die sich nicht allein aus der Insolvenz ergibt (*Fitting* BetrVG §§ 112, 112a BetrVG Rn 73).

23 Kommt zwischen Insolvenzverwalter und BRat ein Interessenausgleich zustande, in dem die ArbN, denen gekündigt werden soll, **namentlich** bezeichnet sind, wird nach § 125 Abs 1 Nr 1 InsO im Kündigungsschutzverfahren vermutet, dass diese Kündigungen durch dringende betriebliche Erfordernisse bedingt sind. Die Vermutung erstreckt sich nicht nur auf den Wegfall der Beschäftigungsmöglichkeiten, sondern auch darauf, dass eine Weiterbeschäftigung des ArbN zu veränderten Bedingungen im Beschäftigungsbetrieb nicht möglich ist. Sie erstreckt sich auch auf das Fehlen anderweitiger Beschäftigungsmöglichkeiten in einem anderen Betrieb des Unternehmens, wenn sich die Betriebspartner bei der Verhandlung des Interessenausgleichs damit befasst haben, wovon nach Auffassung des BAG auch

ohne ausdrückliche Erwähnung regelmäßig auszugehen ist (BAG 20.9.12 – 6 AZR 253/11, NZA 13, 797). Nach § 125 Abs 1 Nr 2 InsO wird die gesamte soziale Auswahl inklusive der Gruppenbildung und der Herausnahme von Leistungsträgern (BAG 21.7.05 – 6 AZR 592/04, NZA 06, 162; BAG 28.8.03 – 2 AZR 368/02, NZA 04, 432) nur auf grobe Fehlerhaftigkeit überprüft, wobei es auf die Schwerbehinderung nicht ankommt. „Grob fehlerhaft" iSv § 125 Abs 1 Nr 2 InsO ist eine soziale Auswahl, wenn ein evidenter Fehler vorliegt und der Interessenausgleich, insbes bei der Gewichtung der Auswahlkriterien, jede Ausgewogenheit vermissen lässt (BAG 21.7.05 – 6 AZR 592/04, NZA 06, 162). Nach § 125 Abs 1 Nr 2 InsO ist die soziale Auswahl – anders als nach § 1 Abs 3 Satz 2 KSchG (→ *Kündigung, betriebsbedingte* Rn 41) nicht als fehlerhaft anzusehen, wenn über die Namensliste eine ausgewogene Personalstruktur nicht nur erhalten, sondern erst geschaffen wird. Dies ist mit dem Antidiskriminierungsrecht der EU vereinbar (BAG 19.12.13 – 6 AZR 790/12, NZA-RR 14, 185). Der Interessenausgleich ersetzt nach § 125 Abs 2 InsO daneben die Stellungnahme des BRat zur Massenkündigung nach § 17 Abs 3 Satz 2 KSchG. Er ersetzt aber weder die Beteiligung des BRats zur Kündigung nach § 102 BetrVG, noch ändert er sie inhaltlich. Es reicht daher nicht aus, wenn der Insolvenzverwalter dem BRat nur den Abschluss eines Interessenausgleichs mit Namensliste und den Namen der dort Genannten mitteilt (BAG 28.8.03 – 2 AZR 377/02, AP BetrVG 1972 § 102 Nr 134).

Der Insolvenzverwalter kann die ArbN aus dem Betrieb **„herausklagen".** Kommt 24
innerhalb von 3 Wochen nach Verhandlungsbeginn oder der schriftlichen Aufforderung zur Aufnahme der Verhandlungen ein Interessenausgleich nicht zustande oder hat der Betrieb keinen BRat, kann er nach § 126 InsO beantragen festzustellen, dass die Kündigung der im Antrag bezeichneten ArbN durch dringende betriebliche Erfordernisse bedingt und sozial gerechtfertigt ist.

Wird der **Betrieb** vom Insolvenzverwalter **veräußert,** gelten nach § 128 InsO für den 25
Erwerber die Privilegierungen der §§ 125–127 InsO selbst dann, wenn die Betriebsänderung, welche dem Interessenausgleich zugrunde liegt, erst nach der Veräußerung durchgeführt werden soll. In diesem Fall wird nach § 128 Abs 2 InsO zusätzlich vermutet, dass die Kündigungen nicht wegen des Betriebsübergangs erfolgten.

**7. Streitigkeiten.** Bei Streitigkeiten zwischen den Betriebsparteien entscheidet das ArbG 26
grds im **Beschlussverfahren,** ob eine die Unterrichtungs- und Beratungspflichten des § 111 Satz 1 BetrVG auslösende Betriebsänderung vorliegt. Die Verpflichtung des ArbGeb zur Verhandlung eines Interessenausgleichs kann allerdings nicht festgestellt werden, wenn die Betriebsänderung schon durchgeführt wurde (BAG 14.9.76 – 1 AZR 784/75, AP BetrVG 1972 § 113 Nr 2). Im Beschlussverfahren wird nach §§ 126 Abs 2 und 128 Abs 2 InsO auch über den Antrag des **Insolvenzverwalters** bzw des Betriebserwerbers in der Insolvenz entschieden, wenn sie vor dem ArbG nach § 126 Abs 1 InsO die **Feststellung der Wirksamkeit betriebsbedingter Kündigungen** beantragen. In derselben Verfahrensart entscheidet das ArbG nach § 122 Abs 2 InsO über den Antrag des Insolvenzverwalters, eine Betriebsänderung **ohne Einschalten der Einigungsstelle** durchführen zu dürfen. In diesem Verfahren ist nach § 122 Abs 3 InsO die Beschwerde an das LAG ausgeschlossen. Die Rechtsbeschwerde an das BAG findet nur statt, wenn sie das ArbG zugelassen hat.

Ob der BRat die **Unterlassung** der Betriebsänderung – also zB den Ausspruch von Kündigungen oder den Abschluss von Aufhebungsverträgen – im Wege der einstweiligen Verfügung bis zur Erfüllung des Verhandlungsspruchs des BRat durchsetzen kann, ist umstritten (dafür LAG Bln-Bbg 19.6.14 – 7 TaBVGa 1219/14, LAGE § 111 BetrVG 2001 Nr 12; LAG HE 19.1.10 – 4 TaBVGa 3/10, NZA-RR 2010, 187; dagegen LAG Rh-Pf 7.12.17 – 5 TaBVGa 3/17, DB 18, 399; LAG BW 21.10.09 – 20 TaBVGa 1/09, BeckRS 2010, 66550; LAG München 28.6.05 – 5 TaBV 48/05, NZA-RR 2005, 199). Dabei kommt es nicht darauf an, ob ein allgemeiner Unterlassungsanspruch besteht, mit dem der BRat Betriebsänderungen so lange verhindern könnte, bis er ordnungsgemäß beteiligt wurde. Denn die einstweilige Verfügung sichert nicht diesen (wohl nicht gegebenen) Anspruch, sondern den Beratungsanspruch des BRat aus § 111 BetrVG und damit seine Chance, auf die Willensbildung des ArbGeb einzuwirken. Sie kann verhindern, dass der ArbGeb den Verhandlungsanspruch des BRat unterläuft, indem er vollendete Tatsachen schafft. Es handelt sich um eine einstweilige Verfügung zur Regelung eines einstweiligen

Zustandes iSv § 940 ZPO, die ihrerseits die Abwägung voraussetzt, ob im Einzelfall die dem BRat entstehenden Nachteile von solchem Gewicht sind, dass demgegenüber das Interesse des ArbGeb an der sofortigen Durchführung der Betriebsänderung zurückstehen muss. Damit kommt es stets auch auf die Art der Betriebsänderung an (*Fitting* § 111 Rn 137 ff; LAG Bbg 26.3.98 – 7 TaBV 5/98 – nv). Einstweiliger Rechtsschutz ist ausgeschlossen, wenn mit der Betriebsänderung schon begonnen worden ist; der Interessenausgleich ist nicht nachholbar (BAG 4.12.02 – 10 AZR 16/02, NZA 03, 665). Der BRat kann im Wege der einstweiligen Verfügung ebenso wenig die Einhaltung eines Interessenausgleiches erzwingen (BAG 28.8.91 – 7 ABR 72/90, NZA 92, 41).

Ein Interessenausgleich lässt sich nicht als Firmentarifvertrag durchsetzen. Ob und Wie einer Betriebsänderung sind **keine** nach § 1 Abs 1 TVG **tariflich regelbare** Ziele (BAG 10.12.02 – 1 AZR 96/02, NZA 03, 734).

27 **8. Muster.** S Online-Musterformulare *„M29 Interessenausgleich"*.

## B. Lohnsteuerrecht

*Seidel*

28 Lohnsteuerrechtlich hat der Interessenausgleich keine Bedeutung (→ *Sozialplan* Rn 61 ff).

## C. Sozialversicherungsrecht

*Schlegel*

29 Für das Recht der Arbeitsförderung kann der Versuch eines Interessenausgleichs Bedeutung erlangen, soweit es um die Gewährung von **Zuschüssen zu Sozialplanmaßnahmen** geht (→ *Sozialplan* Rn 64 ff).

# Internet-/Telefonnutzung

## A. Arbeitsrecht

*Kreitner*

**Übersicht**



1 **I. Individualarbeitsrecht.** Die Nutzung von Telefon, Internet und Intranet wirft zunächst in der unmittelbaren arbeitsvertraglichen Rechtsbeziehung von ArbN und ArbGeb eine Vielzahl von Fragen und Problemen auf (RsprÜberblick bei *Beckschulze* DB 09, 2097).

2 **1. Dienstliche Nutzung.** Rechtsgrundlage für die Nutzung derartiger Kommunikationsmittel ist allein der individuelle Arbeitsvertrag. Besondere gesetzliche Regelungen sind im Arbeitsrecht bislang nicht vorhanden. Dies ist für die **Telefonnutzung** im Wesentlichen unproblematisch. Besonderheiten bestehen insoweit bei Außendienstmitarbeitern, die ihre Tätigkeit in aller Regel von ihrem Wohnort aus erledigen. Sie verfügen meist über ein Büro in ihrer Privatwohnung und nutzen dann den privaten Telefon- und Telefaxanschluss auch zu dienstlichen Zwecken. Hier muss entweder eine Einzelabrechnung erfolgen oder der ArbN erhält eine monatliche Pauschale in Höhe der durchschnittlich anfallenden dienstlichen Telefonkosten. Letzteres sollte im Arbeitsvertrag im Einzelnen geregelt werden. Bei ArbN in Rufbereitschaft ändert sich durch die Überlassung von Mobiltelefonen am Cha-

rakter der Rufbereitschaft nichts (BAG 29.6.2000 – 6 AZR 900/98, NZA 01, 165). Soweit ArbN Auto- oder Mobiltelefone überlassen werden, sollte die Rückgabeverpflichtung im Fall der Kündigung bzw Freistellung arbeitsvertraglich geregelt werden. Bei fehlender Regelung wird man ähnlich wie beim Dienstwagen danach differenzieren müssen, ob eine Überlassung auch zur privaten Nutzung erfolgt war (→ *Dienstwagen* Rn 9 f). Zunehmende Bedeutung gewinnt in letzter Zeit die Verwendung privater Smartphones der ArbN für dienstliche Zwecke (sog BYOD – s dazu *Göpfert/Wilke* NZA 12, 765; *Zöll/Kielkowski* BB 12, 2625; *Kamps* ArbRB 13, 350; *Wisskirchen/Schiller* DB 15, 1163; *Röhrborn/Lang* BB 15, 2357).

Bezüglich **Internet** und **Intranet** stellt sich die Frage nach den rechtlichen Grundlagen in doppelter Hinsicht, nämlich sowohl bezüglich der Einführungsberechtigung des ArbGeb und einer damit möglicherweise korrespondierenden Nutzungspflicht des ArbN einerseits als auch hinsichtlich eines möglichen Einführungsanspruchs des ArbN und einer dahingehenden Verschaffungspflicht des ArbGeb andererseits. Im Regelfall sieht der Arbeitsvertrag keine besonderen Bestimmungen für die Nutzung einzelner Arbeitsmittel vor. Er enthält üblicherweise nur eine pauschale Tätigkeitsbeschreibung; in Einzelfällen wird lediglich auf Arbeitsplatz- oder Stellenbeschreibungen Bezug genommen. Dementsprechend kommt als individualrechtliche Grundlage für die Internetnutzung allein das **Direktions-** bzw **Weisungsrecht** des ArbGeb in Betracht. Rechtlicher Maßstab ist mithin die Billigkeit iSv § 315 BGB. Hiervon ausgehend ist die Einrichtung von Internetanschlüssen durch den ArbG im Regelfall nicht zu beanstanden. Das hat zur Folge, dass die ArbN in aller Regel verpflichtet sind, den an ihrem Arbeitsplatz eingerichteten Internetanschluss zu dienstlichen Zwecken zu nutzen. Auch eine in der Vergangenheit langjährig praktizierte andersartige Kommunikationsform ändert daran nichts, da sich bestimmte Arbeitsbedingungen auch über einen längeren Zeitraum nicht derart verfestigen, dass sie zum einseitig unabänderbaren Vertragsbestandteil werden (sog Konkretisierung; BAG 23.6.92 – 1 AZR 57/92, NZA 93, 89; 17.5.11 – 9 AZR 201/10, BeckRS 2011, 76231). Lediglich in besonderen Ausnahmefällen kann der ArbGeb uU gem § 106 GewO gehalten sein, von der Einrichtung eines Internetanschlusses bei einzelnen ArbN abzusehen (zB älterer ArbN mit extremen „Berührungsängsten"). Daneben können für den ArbGeb Probleme unter **Gleichbehandlungsgesichtspunkten** entstehen, wenn er nicht alle vergleichbaren Arbeitsplätze mit Internetanschlüssen ausstattet und auch die unberücksichtigt gebliebenen ArbN einen Anschluss verlangen. Diese sind nach den allgemeinen Grundsätzen zu lösen (→ *Gleichbehandlung* Rn 9 ff). 3

**2. Private Nutzung** der Telefon-, Internet- und Intranetanschlüsse bedarf grds der vorherigen **Genehmigung** des ArbGeb, die arbeitsvertraglich oder durch Betriebsvereinbarung erfolgen kann. Oft liegt auch eine stillschweigende Duldung des ArbGeb vor, so dass eine dahingehende betriebliche Übung entstanden ist (*Beckschulze/Henkel* DB 01, 1491; *Fleischmann* NZA 08, 1397; aA *Koch* NZA 08, 911; *Bloesinger* BB 07, 2177; → *Betriebliche Übung* Rn 4). Letztere muss allerdings unmittelbar auf das jeweilige Kommunikationsmittel bezogen sein. Daher reicht eine Duldung privater Telefonate in der Vergangenheit nicht ohne weiteres, um auch eine zulässige private Internetnutzung annehmen zu können (*Dickmann* NZA 03, 1009; *Kramer* NZA 04, 457; aA *Ernst* NZA 02, 585). 4

Eine differenzierte Betrachtung ist dabei lediglich in Bezug auf das Versenden **privater E-Mails** angezeigt (*Sassenberg/Mantz* BB 13, 889). Wegen der äußerst kurzen Übersendungsdauer ist anders als bei privaten Telefonaten die hierdurch entstehende Kostenbelastung für den ArbGeb praktisch zu vernachlässigen. Arbeitsrechtliche Sanktionen können jedoch aufgrund der Beeinträchtigung des Arbeitsablaufs und der Arbeitsleistung, die durch den Zeitaufwand beim Verfassen der E-Mail entsteht, veranlasst sein. Hinzu kommt die Belastung des Netzes, die zu Behinderungen der dienstlichen Kontakte führen kann. 5

Liegt eine Genehmigung vor, kann der ArbN Telefon- und Internetanschluss auch zu ausschließlich privaten Zwecken nutzen. Er ist lediglich an den **Umfang der Genehmigung** gebunden, der sich meist an den betrieblichen Belangen orientieren wird. So wird der ArbGeb regelmäßig die Nutzungszeiten nach Lage und Dauer begrenzen (*Lindemann/Simon* BB 01, 1950). Gestattet er gleichwohl pauschal die Nutzung zu privaten Zwecken, ist grds alles erlaubt, was die Betriebstätigkeit nicht stört, keine erheblichen unzumutbaren Kosten verursacht und das Betriebssystem nicht gefährdet (LAG Köln 11.2.05 – 4 Sa 1018/04, 6

NZA 06, 106 [LS]; *Kramer* NZA 04, 457). Private Telefonate iHv 1700 € in vier Monaten sind demgegenüber offensichtlich missbräuchlich (LAG Hess 25.11.04 – 5 Sa 1299/04, BeckRS 2004, 30447994). Andererseits stellt die bloße Registrierung einer Internet-Domäne für einen ArbN, die nach ihrer Bezeichnung auf eine baldige Gründung eines Konkurrenzunternehmens schließen lässt, keinen Wettbewerbsverstoß dar (LAG Köln 12.4.05 – 9 Sa 1518/04, NZA-RR 05, 595).

7 **3. Grenzen** sind dem ArbGebHandeln außer durch § 106 GewO insbes durch das allgemeine Arbeitsschutzrecht und Datenschutzregelungen gesetzt. In **arbeitsschutzrechtlicher Hinsicht** geht es bei Internet- und Intranetnutzung im Wesentlichen um den besonderen Schutz bei Bildschirmarbeit (→ *Bildschirmarbeitsplatz* Rn 5 ff). Bei **datenschutzrechtlichen Fragen** muss zwischen dienstlicher und privater Nutzung durch den ArbN unterschieden werden. Im Bereich der **dienstlichen Nutzung** regeln § 1 Abs 1 Satz 2, Abs 4 BDSG sowie Art 2 DS-GVO die jeweiligen Anwendungsbereiche (→ *Datenschutz* Rn 3 ff). Bei der erlaubten **privaten Nutzung** von Telefon, Intranet und Internet durch den ArbN sind die Vorschriften der §§ 88 ff TKG zu beachten, da der ArbGeb insoweit für den ArbN als „Dritten" iSd Begriffsdefinition in § 3 Nr 10 TKG Übertragungswege anbietet und damit Telekommunikationsdienste iSv § 88 Abs 2 TKG erbringt (*Mengel* NZA 17, 1494; *Kort* DB 11, 2092; *Wellhöner/Byers* BB 09, 2310; aA LAG BlnBbg 14.1.16 – 5 Sa 657/15, BeckRS 2016, 67048; *Buschbaum/Rosak* DB 14, 2530; *Walther/Zimmer* BB 13, 2933; *Füllbier/Splittgerber* NJW 12, 1995; *Herrmann/Zeidler* NZA 17, 1499). Das Gleiche gilt insoweit für die Vorschriften der §§ 11 ff TMG (*Holzner* BB 09, 2148; aA *Kömpf/Kunz* NZA 07, 1341). Um eine differenzierte Behandlung von dienstlicher und privater Nutzung gewährleisten zu können, muss der ArbGeb entsprechende Zugangscodes für die ArbN zur Verfügung stellen. Eine besondere zugriffsgeschützte Speicherung der Verkehrsdaten wird vom ArbGeb auch bei einer erlaubten Privatnutzung nicht verlangt, da § 113a TKG mangels öffentlicher Zugänglichkeit nicht anwendbar ist (*Grimm/Michaelis* DB 09, 174; *Feldmann* NZA 08, 1398; aA *Koch* NZA 09, 911).

8 **4. Überwachung durch den Arbeitgeber** ist grds zulässig. Der ArbGeb hat das Recht, die Telefon- und Internetnutzung seiner ArbN daraufhin zu überprüfen, ob diese allein dienstlichen Zwecken dient. Hierzu kann er die Verbindungsdaten einschließlich der Empfänger- und Adressatendaten prüfen und auswerten (*Balke/Müller* DB 97, 326). Mit Einwilligung der ArbN ist auch die Ermittlung von Standortdaten (Handy-Ortung) zulässig (*Oberwetter* NZA 08, 609).

9 **a) Überwachungsrechte und -grenzen.** Die Kontrolle geschieht auf der Grundlage widerstreitender Grundrechtspositionen, nämlich dem **allgemeinen Persönlichkeitsrecht** des ArbN einerseits und dem Persönlichkeitsrecht des ArbGeb sowie dessen Grundrecht aus Art 14 GG andererseits. Vor diesem Hintergrund ist es aus ArbGebSicht empfehlenswert, zulässige Überwachungsmaßnahmen generell nach Art und Umfang festzulegen und die individuelle Einwilligung (§§ 97 ff TKG) von jedem ArbN einzuholen (*Mengel* BB 04, 1445). Es ist dem ArbGeb auch unbenommen, besondere Schutzvorkehrungen zur Sicherung der ungestörten dienstlichen Kommunikation zu installieren, wie zB die Verwendung von Passwörtern oder Zahlencodes, die Verschlüsselung von E-Mails oder die Installierung eines besonderen Virenschutzes bzw sonstiger Filtersoftware (*de Wolf* NZA 10, 1206; *Raffler/Hellich* NZA 97, 862). Bei der Überwachung ist zwischen Telefonaten und E-Mails einerseits sowie nach dienstlichem und privatem Bereich andererseits zu unterscheiden. Grds darf der ArbGeb aus einem nicht willkürlichen Anlass auf einem Dienstrechner gespeicherte, nicht ausdrücklich als privat bezeichnete Dateien einsehen, ohne dass hierfür ein durch Tatsachen begründeter Verdacht einer Pflichtverletzung erforderlich wäre (BAG 31.1.19 – 2 AZR 426/18, NZA 19, 893). Demgegenüber ist ein Mithören von Telefonaten der Mitarbeiter sowohl im privaten als auch im dienstlichen Bereich grds ausgeschlossen. Auch durch eine Betriebsvereinbarung kann eine unbemerkte Inhaltskontrolle nicht gestattet werden. Zwar hat der 1. Senat des BAG in einer Entscheidung aus dem Jahr 1995 (30.8.95 – 1 ABR 4/95, NZA 96, 218) eine derartige Betriebsvereinbarung, die das Mithören von Telefonaten erlaubte, als wirksam angesehen. Dies beruhte jedoch wesentlich auf den besonderen Umständen des Einzelfalls (nur innerhalb der Probezeit, am Arbeitsplatz eines ArbN in einer Reservierungszentrale mit ständigem telefonischem Kundenkontakt). Deut-

lich zu weitgehend und damit unverhältnismäßig ist die Installation eines sog Keyloggers, mit dem sämtliche Eingaben des Nutzers an der Tastatur des PC protokolliert und zusätzlich regelmäßige „Screenshots“ erstellt werden (BAG 27.7.17 – 2 AZR 681/16, NZA 17, 1327). Bei E-Mails gilt in formeller Hinsicht das Gleiche. Das Verbot der inhaltlichen Kontrolle gilt bei ihnen jedoch nur für den privaten Bereich. Auf dienstliche E-Mails hat der ArbGeb in gleicher Weise Zugriff wie auf dienstliche Post (*Fuhlrott* NZA-RR 19, 456; *Mengel* NZA 17, 1494; aA *Löwisch* DB 09, 2782). Beides gilt auch nach Ausscheiden des ArbN (*Dzida/Klopp* ArbRB 15, 83; *Fischer* NZA 18, 8). Allerdings soll nach einem neueren Urteil des EGMR der ArbGeb verpflichtet sein, jegliche Überwachung der EMail-Kommunikation dem ArbN vorab eindeutig anzukündigen (EGMR 5.9.17 – 61496/08, NZA 17, 1443; *Kramer* NZA 18, 637; *Behling* DB 18, 52). Unabhängig von diesen Grundsätzen kann in begründeten Ausnahmefällen, bei Vorliegen entsprechender dringender Verdachtsmomente, eine inhaltliche Überprüfung gerechtfertigt sein (LAG Hamm 4.2.04 – 9 Sa 502/03; *Ernst* NZA 02, 585; kritisch *Weißgerber* NZA 03, 1005). Insoweit gelten die allgemeinen Grundsätze (BAG 27.3.03 – 2 AZR 51/02, NZA 03, 1193).

Neben diesen individuellen Überwachungsgrenzen muss der ArbGeb die oben dargestellten **datenschutzrechtlichen Vorschriften** beachten. Das gilt insbes für § 26 BDSG sowie die Bestimmungen der DS-GVO. Auch hierdurch werden die Kontrollmöglichkeiten deutlich eingeschränkt (BAG 27.7.17 – 2 AZR 681/16, NZA 17, 1327). Schließlich unterliegt die Überwachung der einzelnen ArbN durch den ArbGeb der **Mitbestimmung des Betriebsrats** gem § 87 Abs 1 Nr 6 BetrVG (*Haußmann/Krets* NZA 05, 259; → Rn 19). 10

**b) Rechtsfolgen rechtswidriger Überwachung.** Missachtet der ArbGeb die oben dargestellten Grenzen einer zulässigen Kontrolle der Datenübermittlung, greift ein allgemeines Verwertungsverbot ein (BAG 29.10.97 – 5 AZR 508/96, NZA 98, 307; 27.3.03 – 2 AZR 51/02, NZA 03, 1193; *Kratz/Gubbels* NZA 09, 652; aA LAG Hamm 10.7.12 – 14 Sa 1711/10, BeckRS 2012, 71605). Das gilt auch bei dem Verstoß gegen Nutzungs- und Auswertungsregelungen in einer Betriebsvereinbarung (LAG BlnBbg 9.12.09 – 15 Sa 1463/09, NZA-RR 10, 347). Bei dem bloßen Verstoß gegen Mitbestimmungsrechte des BRat ist zu differenzieren (→ Rn 23). 11

**5. Verstöße der Arbeitnehmer** gegen das Verbot der privaten Telefon- und Internetnutzung oder Überschreitungen des zulässigen Nutzungsrahmens berechtigen den ArbGeb zu verschiedenen Sanktionen. Das BAG hat hierzu in den letzten Jahren mehrfach grds Stellung genommen (BAG 7.7.05 – 2 AZR 581/04, NZA 06, 98; 12.1.06 – 2 AZR 179/05, NZA 06, 980; 27.4.06 – 2 AZR 386/05, NZA 06, 977; 31.5.07 – 2 AZR 200/06, NZA 07, 922). 12

Die unzulässige Privatnutzung während der Arbeitszeit stellt eine Verletzung der arbeitsvertraglichen Hauptpflicht, nämlich der Pflicht zur Erbringung der Arbeitsleistung, dar. Derartige Pflichtverletzungen kann der ArbGeb **abmahnen** (BAG 19.4.12 – 2 AZR 186/11, NZA 13, 27; 24.3.11 – 2 AZR 282/10, NZA 11, 1029; LAG Nbg 6.8.02 – 6(5) Sa 472/01, NZA-RR 03, 191; LAG RhPf 26.2.10 – 6 Sa 682/09, NZA-RR 10, 297; LAG Köln 17.2.04 – 5 Sa 1049/03, NZA-RR 05, 136; LAG RhPf 20.2.18 – 6 Sa 54/17, BeckRS 2018, 16300; ArbG Köln 28.8.17 – 20 Ca 7940/16, NZA-RR 18, 18 – nicht rkr, Az beim LAG: 8 Sa 799/17) und je nach Schwere und Dauer auch zum Anlass für eine **verhaltensbedingte Kündigung** nehmen (LAG Hess 13.12.01 – 5 Sa 987/01, DB 02, 901; ArbG Frankfurt 2.1.02 – 2 Ca 5340/01, NZA 02, 1093; ArbG Wesel 21.3.01 – 5 Ca 4021/00, NZA 01, 786; ArbG Würzburg 2.12.97 – 1 Ca 1326/97, NZA-RR 98, 444). Eine vorherige Abmahnung ist regelmäßig erforderlich, wenn eine klare betriebliche Regelung über die Privatnutzung fehlt (LAG Köln 15.12.03 – 2 Sa 816/03, NZA-RR 04, 527; LAG Hamm 28.11.08 – 10 Sa 1921/07, NZA-RR 09, 476; *Besgen* MDR 07, 1). Dabei kommt es allerdings immer auf den jeweiligen Einzelfall an (BAG 25.10.12 – 2 AZR 495/11, NZA 13, 319: Handynutzung durch Chefarzt in OP). Ist eine Verhaltensänderung trotz Abmahnung zukünftig nicht zu erwarten, kann sofort gekündigt werden (BAG 12.1.06 – 2 AZR 179/05, NZA 06, 980: Installation von Anonymisierungssoftware; zu weitgehend LAG Sachs 17.1.07 – 2 Sa 808/05, BB 08, 844: Löschung eines vom ArbN zuvor auf den PC aufgespielten Schreibprogramms ohne Genehmigung des ArbGeb). In Ausnahmefällen kann sogar eine **außerordentliche Kündigung** in Betracht kommen (BAG 16.7.15 – 2 AZR 13

85/15, NZA 16, 161; 27.4.06 – 2 AZR 386/05, NZA 06, 977; LAG Hess 25.7.11 – 17 Sa 153/11, NZA-RR 12, 76; 19.12.11 – 17 Sa 1973/10, BeckRS 2012, 68300; LAG SchlHol 6.5.14 – 1 Sa 421/13, NZA-RR 14, 417; LAG Hamm 13.1.12 – 13 TaBV 30/11, BeckRS 2012, 67526; LAG BlnBbg 14.1.16 – 5 Sa 657/15, BeckRS 2016, 67048; LAG RhPf 12.11.15 – 5 Sa 10/15, BeckRS 2016, 66182). Letzteres wird immer dann der Fall sein, wenn es nicht nur um eine pflichtwidrige Privatnutzung geht, sondern der ArbN gleichzeitig einen Straftatbestand verwirklicht hat (ArbG Braunschweig 22.1.99 – 3 Ca 370/99, NZA-RR 99, 192: kinderpornographische Bilddateien bei Kindergartenleiter) oder wenn eine besonders exzessive Nutzung vorliegt (LAG MeVo 17.1.17 – 5 TaBV 8/16, BeckRS 2017, 104848). Das Gleiche kann auch bei beleidigenden Äußerungen des ArbN über seinen ArbGeb, Vorgesetzte oder Arbeitskollegen im Internet gelten (LAG SchlHol 4.11.98 – 2 Sa 330/98, NZA-RR 99, 132; ArbG Wiesbaden 2.5.01 – 3 Ca 33/01, NZA-RR 01, 639), wenn ein in einem Krankenhaus beschäftigter ArbN unerlaubt Fotografien eines Patienten in einem sozialen Netzwerk im Internet veröffentlicht (LAG BlnBbg 11.4.14 – 17 Sa 2200/13, NZA-RR 14, 468) oder wenn es der ArbN bei umfangreichen unerlaubten Privattelefonaten zulässt, dass der Verdacht auf unschuldige Kollegen fällt (BAG 4.3.04 – 2 AZR 147/03, NZA 04, 717). Gleichermaßen kündigungsrelevant ist die Weiterleitung von E-Mails mit betrieblichen Informationen auf ein privaten E-Mail-Account zur Vorbereitung einer Tätigkeit bei einem neuen ArbGeb (LAG BlnBbg 16.5.17 – 7 Sa 38/17, NZA-RR 17, 532). Die herausgreifende Überprüfung eines BRatMitglieds ohne besondere Veranlassung kann zudem einen Verstoß gegen § 75 BetrVG darstellen (LAG SachsAnh 23.11.99 – 8 TaBV 6/99, NZA-RR 2000, 476). Das Erfordernis einer umfassenden **Interessenabwägung** auch im Zusammenhang mit Äußerungen von ArbN im Intranet hat das BAG zuletzt nochmals hervorgehoben (BAG 24.6.04 – 2 AZR 63/03, NZA 05, 159; 31.5.07 – 2 AZR 200/06, NZA 07, 922). Insgesamt lassen die jüngeren Entscheidungen des BAG eine deutlich **restriktive Rechtsprechungstendenz** erkennen. Bei der einzelfallbezogenen Interessenabwägung wird den betroffenen Belangen des ArbGeb großes Gewicht beigemessen (BAG 27.4.06 – 2 AZR 386/05, NZA 06, 977). Die bloße Weiterleitung einer dienstlichen E-Mail an das eigene private E-Mail-Fach eines ArbN stellt regelmäßig keinen Kündigungsgrund dar (LAG Hamm 16.1.12 – 7 Sa 1201/11, BeckRS 2012, 67555).

**14** Neben Beendigungssanktionen kommen auch **Schadenersatzansprüche** des ArbGeb in Betracht, wenn der ArbN durch sachwidrige Nutzung der Kommunikationsmittel Schäden verursacht hat. Das gilt zunächst für finanzielle Schäden durch überhöhte Leitungsgebühren bei länger andauernder Privatnutzung (Telefonsex). Aber auch für Schäden, die an der Soft- und Hardware durch unsachgemäße Bedienung entstanden sind, kann der ArbN verantwortlich sein (*Dickmann* NZA 03, 1009; *Fischer* FA Arbeitsrecht 04, 165). Insoweit gelten die allgemeinen Grundsätze der ArbNHaftung (→ *Arbeitnehmerhaftung* Rn 8 ff). Zu möglichen Haftungsfolgen des ArbGeb für Urheberrechtsverstöße der ArbN bei der Internetnutzung *Emmert/Baumann* DB 08, 526.

**15** **II. Kollektives Arbeitsrecht.** Neben den individualarbeitsrechtlichen sind vom ArbGeb sowohl bei der Einführung als auch bei der Nutzung der verschiedenen Kommunikationsmittel am Arbeitsplatz eine Vielzahl kollektivrechtlicher Aspekte zu beachten.

**16** **1. Rechtsgrundlage.** Obwohl die Telefon- und Internetnutzung am Arbeitsplatz wegen fehlender gesetzlicher Grundlagen regelmäßig auf der Grundlage arbeitsvertraglicher Vereinbarungen stattfindet, bleiben in kollektivrechtlicher Hinsicht **Tarifvertrag** und **Betriebsvereinbarung** als Regelungsebene denkbar. Die betriebliche Mitbestimmung kann aufgrund freiwilliger Betriebsvereinbarungen und Regelungsabreden oder im Wege der erzwingbaren Mitbestimmung erfolgen (→ *Betriebsvereinbarung* Rn 1 ff). Sie stellt den Regelfall der kollektivrechtlichen Gestaltung dar. Tarifliche Regelungen sind zwar grds möglich, erscheinen jedoch wegen der unterschiedlichen unternehmensbezogenen Anforderungen allenfalls als Firmentarifvertrag praktikabel.

**17** **2. Mitbestimmungsrechte des Betriebsrats.** Sowohl bei der Einrichtung von neuen elektronischen Kommunikationssystemen an den Arbeitsplätzen als auch bei deren Nutzung sind verschiedene Mitwirkungsrechte des BRat zu beachten (*Bloesinger* BB 07, 2177).

**18** Nach **§ 90 BetrVG** muss der ArbGeb den BRat über die Planung von technischen Anlagen rechtzeitig unter Vorlage der erforderlichen Unterlagen unterrichten. Hierzu gehören im Verwaltungsbereich insbes elektronische Kommunikationssysteme. Allerdings handelt es sich hierbei nur um ein Unterrichtungsrecht des BRat. Zum erzwingbaren Mitbestimmungsrecht erstarkt dieses Unterrichtungsrecht nur unter den besonderen Voraussetzungen des § 91 BetrVG, an denen es in aller Regel fehlen wird.

Der umfassendste Regelungsspielraum besteht für den BRat im Bereich der Mitbestimmung in sozialen Angelegenheiten. Hier gewährt **§ 87 Abs 1 Nr 6 BetrVG** ein ggf mit Hilfe der Einigungsstelle erzwingbares Mitbestimmungsrecht bei der Einführung und Anwendung von **technischen Einrichtungen,** die dazu bestimmt sind, das Verhalten oder die Leistung der ArbN zu überwachen. Demgemäß kann der ArbGeb eine Telefonanlage, mit der Daten über die geführten Telefongespräche erfasst werden können (zB Uhrzeit und Dauer des Gesprächs, Rufnummer des angerufenen Teilnehmers), nur mit Zustimmung des BRat installieren (BAG 27.5.86 – 1 ABR 48/84, NZA 86, 643; 30.8.95 – 1 ABR 4/95, NZA 96, 218; 11.11.98 – 7 ABR 47/97, NZA 99, 947). Die Standard-Internetprogramme enthalten ebenfalls entsprechende Überwachungskomponenten, die den Anwendungsverlauf aufzeichnen. Da es für § 87 Abs 1 Nr 6 BetrVG allein auf die objektive Überwachungseignung der technischen Einrichtung ankommt, greift dieses Mitbestimmungsrecht in aller Regel ein (*Fitting* § 87 Rz 246; DKK/*Klebe* § 87 Rz 164; *Balke/Müller* DB 97, 326; → *Kontrolle des Arbeitnehmers* Rn 11 ff). Dementsprechend hat das BAG das Betreiben einer Facebook-Seite durch den ArbGeb jedenfalls insoweit als mitbestimmungspflichtig nach § 87 Abs 1 Nr 6 BetrVG angesehen, als es um die unmittelbare Veröffentlichung von Postings geht, die sich auf Verhalten und Leistung von ArbN beziehen (BAG 13.12.16 – 1 ABR 7/15, NZA 17, 657). In gleicher Weise beurteilt die InstanzRspr die Einrichtung eines Twitter-Accounts durch ein Unternehmen (LAG Hbg – 2 TaBV 5/18, NZA-RR 18, 655). Im Übrigen greift § 87 Abs 1 Nr 6 BetrVG jedenfalls immer dann nicht ein, wenn mehrere ArbN auf einen Internetzugang Zugriff haben und dies ohne Individualisierung der ArbN mit Hilfe eines Passwortes oder eines ähnlichen Zugangsschlüssels geschieht. Das Gleiche gilt, sofern eine Anonymisierung sämtlicher Anwendungsdaten durch die Verwendung besonderer Software gewährleistet ist. Daneben ist die Ausgestaltung der Internetnutzung auch nach **§ 87 Abs 1 Nr 1 BetrVG** mitbestimmungspflichtig. Mitbestimmungsfrei ist insofern allein die Entscheidung des ArbGeb über die generelle Gestattung bzw das generelle Verbot von Privatnutzung (LAG Hamm 7.4.06 – 10 TaBV 1/06, NZA-RR 07, 20; *Beckschulze* DB 07, 1526). Gleiches gilt für die Erklärung des ArbGeb im Rahmen einer Selbstverpflichtung, dass mobile Arbeitsmittel (mobile devices) nicht in der Freizeit zu dienstlichen Zwecken genutzt werden sollen (BAG 22.8.17 – 1 ABR 52/14, NZA 18, 50). **19**

Als allgemeine **Grenzen** der Mitbestimmung sind gem § 87 Abs 1 Einleitungssatz BetrVG vorrangige gesetzliche und tarifliche Regelungen zu beachten. Dieser Grundsatz findet in § 26 Abs 1 BDSG eine erneute Bestätigung. **20**

Ob die Einrichtung von Internet- bzw Intranetanschlüssen eine mitbestimmungspflichtige Versetzung iSv **§ 99 BetrVG** darstellt, erscheint fraglich. Eine solche Versetzung liegt gem § 95 Abs 3 BetrVG vor, wenn dem ArbN ein anderer Arbeitsbereich zugewiesen wird und diese Maßnahme länger als einen Monat andauert oder mit einer erheblichen Änderung der Umstände verbunden ist, unter denen die Arbeit zu leisten ist (→ *Versetzung* Rn 16). Der Arbeitsbereich wird gem § 81 Abs 1 und 2 BetrVG räumlich funktional verstanden und durch die Beziehung des Arbeitsplatzes zur betrieblichen Umgebung in räumlicher, technischer und organisatorischer Hinsicht definiert (BAG 2.4.96 – 1 ABR 35/95, NZA 97, 219). Dementsprechend kann ein anderer Arbeitsbereich auch dadurch gekennzeichnet sein, dass sich die Umstände der Arbeit, unter denen diese zu leisten ist, erheblich ändern (BAG 26.5.88 – 1 ABR 18/87, NZA 89, 438). Nach der ständigen Rspr des BAG ist im Ergebnis maßgeblich, ob sich für einen außenstehenden, mit den betrieblichen Verhältnissen vertrauten Beobachter das Gesamtbild der Tätigkeit erheblich ändert, oder ob sich die Veränderung im normalen Schwankungsbereich der täglichen Arbeit und der technischen Entwicklung bewegt (BAG 2.4.96 – 1 AZR 743/95, NZA 97, 112; 22.4.97 – 1 ABR 84/96, NZA 97, 1358). Legt man diesen Maßstab zugrunde, so wird im Regelfall allein die Einrichtung eines Intranet- bzw Internetanschlusses keine derart gravierende Änderung der Arbeitsumstände bewirken. Sie stellt ähnlich wie die Umstellung von manueller auf elektrische Schreibmaschine bzw von Kugelkopfmaschinen auf Bildschirmtext (vgl hierzu BAG 10.4.84 – 6 ABR 67/82, NZA 84, 233) oder die Einführung von Telefaxgeräten und PC **21** einen weiteren Schritt in der technischen Entwicklung der Bürokommunikation dar und überschreitet die Schwelle zur mitbestimmungspflichtigen Versetzung noch nicht.

22 Gleichermaßen fraglich ist eine Mitbestimmung des BRat in wirtschaftlichen Angelegenheiten. Nach **§ 111 BetrVG** muss der ArbGeb den BRat über geplante Betriebsänderungen rechtzeitig und umfassend unterrichten (→ *Betriebsänderung* Rn 6 ff). Nach § 111 Satz 2 Nr 4 BetrVG gelten als **Betriebsänderungen** ua grundlegende Änderungen der Betriebsorganisation oder der Betriebsanlagen. Grundlegend ist eine Änderung immer dann, wenn sie nicht nur Ausfluss einer laufenden Verbesserung ist, sondern vielmehr maßgebliche Auswirkungen auf den Betriebsablauf hat und auf diese Weise eine erhebliche Bedeutung für das betriebliche Gesamtgeschehen erkennbar ist. Als Orientierungshilfe dienen dem BAG insoweit die Zahlenwerte des § 17 KSchG (BAG 6.12.83 – 1 ABR 43/83, AP Nr 7 zu § 87 BetrVG 1972 Überwachung). Die Umstellung der Bürokommunikation auf Intranet bzw Internet wird in aller Regel unternehmenseinheitlich eingeführt werden und damit jedenfalls aufgrund ihres Umfangs eine entsprechende Bedeutung aufweisen. Erfolgt sie zunächst probeweise lediglich in einer Abteilung, ändert dies an ihrem grundlegenden Charakter nichts, da § 111 BetrVG auch bei der schrittweisen Durchführung einer Betriebsänderung von Beginn an zu berücksichtigen ist (*Fitting* § 111 Rz 95). Regelmäßig wird jedoch die bloße Änderung des Kommunikationsmediums bei ansonsten gleich bleibenden Arbeitsabläufen nur in besonders gelagerten Einzelfällen eine wesentliche Änderung der betrieblichen Organisation bedeuten (vgl aus der früheren Rspr BAG 26.10.82 – 1 ABR 11/81, NJW 83, 2838 = AP Nr 10 zu § 111 BetrVG 1972; BAG 6.12.83 – 1 ABR 43/83, AP Nr 7 zu § 87 BetrVG 1972 Überwachung: Einführung von Datensichtgeräten; LAG Hbg 5.2.86 – 4 TaBV 12/85, LAGE Nr 5 zu § 23 BetrVG: Einführung eines EDV-Systems).

23 **3. Durchführung der Mitbestimmung.** Die Ausübung der Mitbestimmung erfolgt im Regelfall im Wege der **Betriebsvereinbarung.** Möglich sind aber auch formlose Regelungsabreden. Ebenfalls denkbar ist der Abschluss einer Rahmenbetriebsvereinbarung, die bestimmte Einzelfragen der Regelung im Einzelfall vorbehält. Unzulässig dürfte allerdings eine generelle Vorabzustimmung des BRat zur Einführung jeglicher neuer Kommunikationssysteme sein, da eine wirksame Ausübung des Mitbestimmungsrechts voraussetzt, dass beide Betriebspartner ihre Entscheidung in Kenntnis der konkreten Sachumstände getroffen haben. Zuständiges Gremium wird dabei in Unternehmen mit mehreren Betrieben in aller Regel der GBRat sein, da meist eine unternehmenseinheitliche Kommunikationsregelung angestrebt werden wird und damit die Voraussetzungen des § 50 Abs 1 BetrVG vorliegen (*Lindemann/Simon* BB 01, 1950). Auch konzernweite Regelungen sind denkbar (BAG 10.12.95 – 7 ABR 8/95, NZA 96, 945). Missachtet der ArbGeb bestehende Mitbestimmungsrechte des BRat hat dies je nach Ausgestaltung des Mitbestimmungsrechts **Unterlassungsansprüche** des BRat zur Folge (→ *Unterlassungsanspruch* Rn 14 ff). Außerdem führt die unterbliebene Mitbestimmung nach § 87 BetrVG zur **individualrechtlichen Unwirksamkeit** der Maßnahme. Im Rahmen von § 111 BetrVG können gem § 113 BetrVG Nachteilsausgleichsansprüche der ArbN entstehen. Insgesamt bleiben mitbestimmungswidrig erlangte Informationen aber im arbeitsgerichtlichen Verfahren für den ArbGeb verwertbar. Es besteht kein allgemeines Verwertungsverbot. Anders ist dies nur dann, wenn die allgemeinen Grenzen (→ Rn 9) überschritten sind (BAG 13.12.07 – 2 AZR 537/06, NZA 08, 1008).

24 **4. Telefon-, Intranet- und Internetnutzung durch den Betriebsrat.** Effektive Kommunikationsmittel sind auch für den BRat von existenzieller Bedeutung. Nur wenn er die gesamte Belegschaft ungehindert erreichen kann, ist eine dem Grundgedanken des BetrVG entsprechende Interessenwahrnehmung gewährleistet.

25 Der BRat hat im Rahmen des § 40 Abs 2 BetrVG grds Anspruch auf einen eigenen **Telefonanschluss,** da er nur auf diese Weise für alle ArbN ansprechbar ist (→ *Betriebsratskosten* Rn 22). Hieraus kann im Einzelfall die Verpflichtung des ArbGeb folgen, eine vorhandene Telefonanlage fernsprechtechnisch so einzurichten, dass die ArbN des Betriebes dort anrufen können (BAG 9.6.99 – 7 ABR 66/97, NZA 99, 1292; 27.11.02 – 7 ABR 36/01, NZA 03, 803: Einzelhandelsbetrieb mit 38 Verkaufsstellen). Dabei reicht es regelmäßig aus, wenn der ArbGeb über seine Telefonanlage dem BRat im Wege eines Nebenstellen-

anschlusses eine uneingeschränkte Telekommunikation ermöglicht. Ein Anspruch auf Einrichtung eines eigenen Amtsanschlusses besteht für den BRat idR nicht (BAG 20.4.16 – 7 ABR 50/14, NZA 16, 1033). Der GBRat kann vom ArbGeb die Freischaltung der in seinem Büro und der in betriebsratslosen Verkaufsstellen vorhandenen Telefone zum Zweck der wechselseitigen Erreichbarkeit verlangen (BAG 9.12.09 – 7 ABR 46/08, NZA 10, 662 mit Anm *Bieder* SAE 10, 257). Ob der BRat ein Mobiltelefon beanspruchen kann, hängt von den konkreten betrieblichen Gegebenheiten ab. So hat das LAG Hess bei einem Unternehmen, das konzernweit für seine Mitarbeiter 32.000 Mobiltelefone mit einer monatlichen Kostenbelastung von über 700.000 € zur Verfügung stellt, die Anschaffung 16 weiterer Mobiltelefontelefone für den BRat mit einer zusätzlichen monatlichen Kostenbelastung von 352 € zu Recht für zumutbar angesehen (LAG Hess 28.11.11 – 16 TaBV 129/11, NZA-RR 12, 306). Ebenfalls bejaht hat es einen Anspruch eines 13 köpfigen BRat in einem aus mehreren bis zu 20 km entfernten Einrichtungen bestehenden Unternehmen (LAG Hess 13.3.17 – 16 TaBV 212/16, BeckRS 2017, 109503). In Bezug auf die Telefondatenerfassung gelten bei Telefonaten des BRat die og Grundsätze gleichermaßen (BAG 1.8.90, NZA 91, 316). Dabei stellt das BAG zu Recht auf die Kostentragungspflicht des ArbGeb gem § 40 BetrVG und das daraus resultierende Überprüfungserfordernis ab.

Umstritten ist, ob und ggf in welchem Umfang der BRat einen Anspruch auf die **26**
Einrichtung eines **Intranet-** bzw **Internetzugangs** zur Durchführung seiner Aufgaben gegenüber dem ArbGeb berechtigterweise geltend machen kann. In einer relativ frühen Entscheidung aus dem Jahr 1993 hat das BAG in einem Unternehmen der Computerbranche, das über ein **Intranet** verfügte, dem BRat den Zugriff auf einen vom Unternehmen verwendeten Verteilerschlüssel mit dem alle ArbN erreicht werden konnten, verweigert (BAG 17.2.93 – 7 ABR 19/92, NZA 93, 854). Diese Entscheidung ist durch die fortschreitende Technik mittlerweile überholt (*Beckschulze/Henkel* DB 01, 1491). In der instanzgerichtlichen Rspr sind demgemäß gegenläufige Tendenzen erkennbar. Auch das Schrifttum tendiert zu Recht überwiegend zu ähnlichen Ergebnissen (*Klebe/Wedde* DB 99, 1954; *Hilber/Frik* RdA 02, 89; aA *Mühlhausen* NZA 99, 136). Zu weitgehend ist allerdings die von diesen Autoren vertretene Auffassung, IT-Nutzung gehöre bereits zur generellen Grundausstattung eines jeden BRat (so aber LAG BlnBbg 17.8.09 – 10 TaBV 725/09, BeckRS 2009, 73285). Richtigerweise ist immer auf die konkreten Umstände im jeweiligen Unternehmen abzustellen (LAG Köln 27.9.01 – 10 TaBV 38/01, NZA-RR 02, 251; 19.1.06 – 6 TaBV 55/05, NZA-RR 06, 472). Dabei bestimmt sich die Erforderlichkeit zwar nicht ausschließlich nach dem Ausstattungsniveau des ArbGeb (BAG 23.8.06 – 7 ABR 55/05, NZA 07, 337). Auch bloße Effektivitätsvorteile reichen nicht aus (BAG 16.5.07 – 7 ABR 45/06, NZA 07, 1117). Gleichwohl gehört die technische Ausstattung eines Betriebs zu den konkreten Umständen, die vom BRat im Rahmen der **Erforderlichkeitsprüfung** zu berücksichtigen sind (BAG 3.9.03 – 7 ABR 12/03, NZA 04, 278). Soweit das Intranet, wie mittlerweile in den meisten mittleren und größeren Unternehmen, das übliche Kommunikationsmittel für die Belegschaft darstellt, muss auch dem BRat idR der ungehinderte Zugriff auf dieses Medium möglich sein (ArbG Frankfurt 7.4.02 – 1 BV 572/02, AiB 03, 744; ArbG Paderborn 29.1.98 – 1 BV 35/97, DB 98, 678; *Weber* NZA 08, 280). Es hat insoweit die Funktion des „schwarzen Brettes" übernommen und dieses ersetzt. Diese instanzgerichtliche Rspr hat das BAG mittlerweile mehrfach bestätigt und in einem Unternehmen mit ca 650 ArbN, von denen rund 80 % der Arbeitsplätze über einen Intranet- und rund 15 % über einen Internetanschluss verfügten, dem BRat einen **Internetzugang** zugestanden. Besondere Kosten entstanden hierdurch nicht, da das Unternehmen ohnehin eine sog Flatrate zahlte (BAG 3.9.03 – 7 ABR 8/03, NZA 04, 280; restriktiver *Hunold* NZA 04, 370, der nur einen eingeschränkten Zugriff auf bestimmte Internetseiten einräumt). Dieselbe Situation bestand im Fall einer Bank mit ca 790 ArbN, von denen 90 % über einen Intranetzugang am Arbeitsplatz verfügten (BAG 1.12.04 – 7 ABR 18/04, AP Nr 82 zu § 40 BetrVG 1972). In der Folgezeit hat das BAG einen Anspruch des BRat auf Bereitstellung eines Internetanschlusses jedenfalls immer dann bejaht, wenn dieser bereits über einen PC verfügt, die Freischaltung des Internets keine zusätzlichen Kosten verursacht und der Internetnutzung keine sonstigen berechtigten Belange des ArbGeb entgegenstehen (BAG 20.1.10 – 7 ABR 79/08, NZA 10, 709; 17.2.10 – 7 ABR 81/09, NZA-RR 10, 413). Das gilt nicht nur für den BRat insgesamt, sondern auch für die einzelnen BRatMitglieder

(BAG 14.7.10 – 7 ABR 80/08, BeckRS 2010, 74408). Dabei steht die abstrakte Gefahr, der BRat könne seinen Internetanschluss missbrauchen, dem Einrichtungsanspruch ebenso wenig entgegen wie die **Gefahr von Störungen** durch Viren oder Hackerangriffe (BAG 17.2.10 – 7 ABR 81/09, NZA-RR 10, 413). Die Konfiguration seines PC bestimmt der BRat allein. Er kann idR auch die Einrichtung eines nicht personalisierten Internetzugangs über den ihm zur Verfügung gestellten PC verlangen (BAG 18.7.12 – 7 ABR 23/11, NZA 13, 49). Allerdings darf der BRat einen separaten, vom Proxy-Server des ArbGeb unabhängigen Internetzugang auch nicht allein deshalb für erforderlich halten, weil über den zentral vermittelten Internetzugang technisch eine theoretische Überwachungsmöglichkeit besteht (BAG 20.4.16 – 7 ABR 50/14, NZA 16, 1033). Auch hat der BRat ohne Vorliegen besonderer Umstände keinen Anspruch auf Nutzung einer besonderen **Verschlüsselungssoftware,** die ein höheres Sicherheitsniveau bietet als die im Unternehmen allgemein verwendete Software (LAG Köln 9.7.10 – 4 TaBV 25/10, NZA-RR 11, 24). Bei einem Telekommunikationsunternehmen mit ca 1000 ArbN hat zuletzt das LAG SchlHol einen Anspruch des BRat auf Einrichtung eines sog Funktionspostfaches zur Versendung eines monatlichen Newsletters bejaht (LAG SchlHol 8.10.15 – 5 TaBV 23/15, NZA-RR 16, 195). Schließlich verfügt jedes BRatMitglied nach § 34 Abs 3 BetrVG über ein unabdingbares Recht, auf Datenträgern gespeicherte Dateien und **E-Mails** des BRats auf elektronischem Weg zu lesen (BAG 12.8.09 – 7 ABR 15/08, NZA 09, 1218). Ein eigener Account des BRat in den sozialen Netzwerken stellt daher in aller Regel kein erforderliches Kommunikationsmittel dar (*Günther/Lenz* NZA 19, 1241).

27 Im Sinne einer möglichst effektiven Nutzung des Intranets kann der BRat abhängig von den Umständen des Einzelfalles auch eine **Homepage** erstellen, um so den ArbN einen jederzeitigen Zugriff auf aktuelle Informationen zu ermöglichen (BAG 3.9.03 – 7 ABR 12/03, NZA 04, 278; 1.12.04 – 7 ABR 18/04, AP Nr 82 zu § 40 BetrVG 1972). Neben dem Informationscharakter dient eine solche Homepage insbes auch der Kommunikation des BRat mit den ArbN sowie ggf auch der Belegschaft untereinander (*Gehrke/Pfeifer* AiB 03, 522). Demgegenüber kann es an der Erforderlichkeit fehlen, wenn der BRat eine Homepage ausschließlich betriebsbezogen nutzen will (LAG RhPf 14.5.03 – 2 TaBV 40/03, NZA-RR 04, 310). Jedenfalls darf er das Internet nicht nutzen, um die Öffentlichkeit über betriebsinterne Vorgänge zu unterrichten (ArbG Paderborn 19.1.98 – 1 BV 35/97, DB 98, 887).

28 **5. Internetnutzung durch Gewerkschaften.** Internetanschlüsse an den einzelnen Arbeitsplätzen schaffen auch für Gewerkschaften neue Kommunikationsmöglichkeiten. Das gilt zum einen für den Kontakt der ArbN mit der Gewerkschaft, zum anderen aber auch für den Datenfluss in umgekehrter Richtung. Nach kontroverser Diskussion (Näheres s Personalbuch 2009, Telefon-/Internetnutzung Rn 28) hat das BAG nunmehr klargestellt, dass eine tarifzuständige Gewerkschaft aufgrund ihrer verfassungsrechtlich geschützten Betätigungsfreiheit grds berechtigt ist E-Mails zu Werbezwecken auch ohne Einwilligung des ArbGeb und Aufforderung durch die ArbN an die betrieblichen E-Mail-Adressen der Beschäftigten zu versenden (BAG 20.1.09 – 1 AZR 515/08, NZA 09, 716; kritisch *Arnold/Wiese* NZA 09, 716; *Mehrens* BB 09, 2086; *Dumke* RdA 09, 77). Allerdings ist ein ArbN nicht berechtigt, einen vom ArbGeb für dienstliche Zwecke zur Verfügung gestellten personenbezogenen E-Mail-Account für die betriebsinterne Verbreitung eines Streikaufrufs seiner Gewerkschaft an die Belegschaft zu nutzen (BAG 15.10.13 – 1 ABR 31/12, NZA 14, 319).

29 **III. Prozessuales. 1. Telefonate als Beweismittel.** Ein völlig anderes prozessuales Problem ergibt sich häufig bei Telefonaten, wenn der Gesprächsinhalt später von den Beteiligten unterschiedlich geschildert wird. In diesem Zusammenhang stellt sich zum einen die Frage, ob Telefonate zu Beweiszwecken aufgezeichnet werden dürfen. Dies ist nur im Einverständnis mit dem Gesprächspartner möglich. Jede **heimliche Aufzeichnung** eines Telefonats bedeutet einen Eingriff in das verfassungsrechtlich geschützte Persönlichkeitsrecht, wobei private und geschäftliche Gespräche grds den gleichen Schutz genießen (BGH 13.10.87 – VI ZR 83/87, NJW 88, 1016; LAG Bln 15.2.88, DB 88, 1024). Gleichermaßen unzulässig ist die heimliche Aufnahme eines Personalgesprächs bspw mittels eines Smartphones. Ein solches Verhalten ist grds kündigungsrelevant (LAG RhPf 3.2.16 – 7 Sa 220/15,

NZA-RR 16, 480). Nur in besonderen Ausnahmefällen, wie zB zur Dokumentation einer erpresserischen Drohung, kann eine Aufzeichnung gerechtfertigt sein. Das bloße private Interesse, sich über den Inhalt des Gesprächs ein Beweismittel für eine etwaige spätere Auseinandersetzung zu verschaffen, reicht nicht aus (BGH 13.10.87 – VI ZR 83/87, NJW 88, 1016).

Zum anderen geht es um das **heimliche Mithören** von Telefonaten und die Frage, ob der mithörende Dritte ggf später als Zeuge zum Inhalt des Gesprächs Angaben machen kann. Letzteres ist grds ausgeschlossen, da auch auf diese Weise das Recht am gesprochenen Wort und damit das Persönlichkeitsrecht des Betroffenen verletzt wird (aA OLG Düsseldorf 21.1.2000 – 22 U 127/99, NJW 2000, 1578). Insoweit besteht ein Beweisverwertungsverbot (BAG 29.10.97 – 5 AZR 508/96, NZA 98, 307 mit kritischer Anm von *Foerste* JZ 98, 790 und *Kopke* NZA 99, 917; LAG Köln 27.8.92 – 5 Sa 394/92; zu Unrecht einschränkend auf Gespräche mit vertraulichem Inhalt LAG Köln 30.9.92 – 2 Sa 351/92; LAG Köln 26.2.93, NZA 94, 48; MüKo-ZPO/*Prütting* § 284 Rz 69). Dies hat das BVerfG mit Beschluss vom 9.10.02 (1 BvR 1611/96 und 1 BvR 805/98, NJW 02, 3619) klargestellt (im Ergebnis ebenso BAG 2.6.82 – 2 AZR 1237/79, NJW 83, 1691; BGH 4.12.90 – XI ZR 310/89, NJW 91, 1180; LAG Köln 7.11.03 – 12 Sa 893/03). Auch hier besteht für dienstliche und private Gespräche ein identischer Schutzbereich (BVerfG 19.12.91 – 1 BvR 382/85, NJW 92, 815; *Mengel* BB 04, 1445). Nur in Ausnahmefällen kann die Abwägung einen Vorrang des Beweisführungsinteresses ergeben, der die Beeinträchtigung des Persönlichkeitsrechts zurücktreten lässt (weitergehend *Foerste* NJW 04, 262 und JZ 03, 1111). Demgegenüber löst das rein zufällige Mithören eines Telefonats (ohne Zutun des Angerufenen) kein Beweisverwertungsverbot aus (BAG 23.4.09 – 6 AZR 189/08, NZA 09, 974 mit Anm *Joussen* SAE 10, 138). Erst recht gilt das natürlich für die Aussage des Zeugen über die Äußerungen des anwesenden Gesprächsteilnehmers selbst. Das Persönlichkeitsrecht des anderen Gesprächspartners wird hiervon nicht berührt (LAG Düsseldorf 24.4.98 – 10 Sa 157/98, DB 98, 1522). Ist das Telefonat demgegenüber zwischen einer Prozesspartei und einem Dritten erfolgt, der das Gespräch unzulässigerweise aufgezeichnet hat, besteht ein Verwertungsverbot nur bezüglich des Tonbands. Eine Zeugenvernehmung des Dritten bleibt möglich (BVerfG 31.7.01 – 1 BvR 304/01, NZA 02, 284). 30

**2. E-Mails als Beweismittel.** E-Mails stellen im Prozess regelmäßig kein taugliches Beweismittel dar. Der Anspruchsteller kann idR weder eine bestrittene Unverfälschtheit der Erklärung noch deren Zurechnung zu einem bestimmten Aussteller beweisen. Auch ein Anscheinsbeweis scheidet regelmäßig aus (*Roßnagel/Pfitzmann* NJW 03, 1209). 31

## B. Lohnsteuerrecht

*Thomas*

**1. Betriebliche Geräte.** Durch § 3 Nr 45 Satz 1 EStG werden für ArbN – nicht aber für Selbstständige – (BFH 21.6.06 – XI R 50/05, DStR 06, 1498; zum Handy eines Zahnarztes FG RhPf 14.7.11 – 6 K 2137/10, DStRE 12, 981) Vorteile aus der privaten Nutzung von betrieblichen Datenverarbeitungs- bzw Telekommunikationsgeräten befreit. Nach § 3 Nr 45 Satz 2 EStG gilt entsprechendes für Personen, die Aufwandsentschädigungen iS von § 3 Nr 12 EStG → *Aufwandsentschädigung* Rn 7) erhalten, also insbes ehrenamtlich Tätige, aber auch Abgeordnete. Zur Auswirkung der Befreiung auf die Nutzungswertbesteuerung eines dem ArbN überlassenen Kfz vgl → *Dienstwagen* Rn 27. Die im Lohnkonto vorgesehenen Aufzeichnungspflichten für steuerfreie Bezüge gilt nicht für Nutzungsvorteile, die in § 3 Nr 45 EStG freigestellt werden (§ 4 Abs 2 Nr 4 LStDV). Das Benutzen betrieblicher Geräte zu dienstlichen Zwecken ist ein nicht steuerbarer Vorgang. 32

Steuerfrei ist die private Nutzung betrieblicher Telekommunikationseinrichtungen wie Festnetz- oder Autotelefon, Handys, Faxgeräten, Modems, Software und sonstigen für die Telekommunikation notwendigem Zubehör (*Fischer* DStR 01, 201), nicht dagegen von Rundfunk- oder Fernsehgeräten (FinMin SchlHol 12.10.01, DStR 01, 2116). Die Befreiung gilt auch, wenn der ArbGeb nicht nur Nutzungsentgelte, sondern auch Anschlusskosten trägt (R 3.45 LStR). Betriebliche Geräte sind alle für den Betrieb vom ArbGeb angeschafften, also auch geleaste oder gemietete Geräte. Kein betriebliches Gerät mehr ist ein solches, das dem ArbN übereignet wird.

33 Die Pauschalierungsbefugnis nach § 40 Abs 2 Nr 5 EStG für die unentgeltliche oder verbilligte **Übereignung** von Personalcomputern gilt nicht für andere Telekommunikationseinrichtungen, die nicht Zubehör eines Personalcomputers sind oder nicht für die Internetnutzung verwendet werden können (R 40.2 Abs 5 Satz 4 LStR). Während die Pauschalierungsbefugnis voraussetzt, dass die vorteilhafte Übereignung „zusätzlich zum ohnehin geschuldeten Arbeitslohn" erfolgt (→ *Arbeitgeberzuschuss* Rn 5 ff), können nach § 3 Nr 45 EStG steuerfreie Nutzungsvorteile auch aus einer Lohnumwandlung herrühren (R 3.45 Satz 6 LStR).

34 Befreit ist die Nutzung durch ArbN, möglicherweise auch durch Bezieher von Versorgungsbezügen (§ 19 Abs 2 Satz 1 EStG; *Harder-Buschner* Inf 01, 133), nicht jedoch die Nutzung durch Angehörige eines ArbN, zB wenn Kindern ein eigenes betriebliches Handy überlassen wird. Die Befreiung greift selbst dann ein, wenn das Gerät ausschließlich privat genutzt wird und auch dann, wenn es sich in der Wohnung des ArbN befindet bzw wenn er es mit sich führt.

35 **2. Private Geräte.** Aufwendungen des ArbN durch die berufliche Nutzung privater Telekommunikationseinrichtungen werden in großzügigerem Umfang als bisher als Werbungskosten anerkannt (*Onderka* DStR 01, 2145). Seitens der **Verwaltung** wird der für einen repräsentativen Zeitraum von drei Monaten nachgewiesene beruflich veranlasste Anteil der Gesamtaufwendungen für ein ganzes Kj berücksichtigt; wobei die zusammenhängenden drei Monate nicht am Anfang des Kj liegen müssen. Ohne einen solchen repräsentativen Nachweis werden bis zu 20 vH der Gesamtkosten, höchstens aber 20 € monatlich anerkannt, wenn erfahrungsgemäß beruflich veranlasste Kosten anfallen. Stattdessen kann der monatliche Durchschnittsbetrag, der sich aus den Rechnungsbeträgen für einen repräsentativen Zeitraum von drei Monaten ergibt, für das ganze Kj zugrunde gelegt werden (R 9.1 Abs 5 LStR). Im geschilderten Umfang, in dem Werbungskosten anerkannt werden, kann der ArbGeb nach § 3 Nr 50 EStG steuerfreien Auslagenersatz leisten (R 3.50 Abs 2 Sätze 3 ff LStR), der dann den Werbungskostenabzug entsprechend mindert. Daneben können nachgewiesene Aufwendungen für ein anderes Gerät als Reisenebenkosten (R 9.8 Abs 1 Nr 2 LStR) nach § 3 Nr 16 EStG steuerfrei ersetzt werden.

Noch großzügiger geht die **Rechtsprechung** bei einem Computer regelmäßig von einer hälftigen beruflichen Nutzung aus, wenn feststeht, dass er jedenfalls nicht unwesentlich beruflich genutzt worden ist. Will der Stpfl oder das FA diese Vermutung entkräften, müssen sie entsprechende Anhaltspunkte und Umstände näher darlegen, die einen anderen Aufteilungsmaßstab rechtfertigen (BFH 19.2.04 – VI R 135/01, DStR 04, 812; BFH 15.6.04 – VIII R 42/03, DStRE 04, 1408). Wird der Computer nur zu 10 vH privat genutzt, ist er ein Arbeitsmittel, bei dem die Privatnutzung insgesamt zu vernachlässigen ist. Technisch auf den Computer abgestimmte Peripherie- und Zubehörgeräte, die nicht selbstständig nutzbar sind, können nicht als sog geringwertige Wirtschaftsgüter (§ 6 Abs 2 Satz 1 EStG), sondern nur zusammen mit diesem abgeschrieben werden.

36 **3. Telefonbetreuung** durch Angehörige begründet kein steuerlich beachtliches Arbeitsverhältnis, sofern es sich lediglich um gelegentliche Aushilfen handelt (BFH 17.3.98 – IV R 188/85, DStR 88, 459, Tochter; BFH 22.11.96 – VI R 20/94, DStR 97, 240, Ehefrau). Wann diese Grenze überschritten ist, ist Tatfrage (BFH 25.1.89 – X R 168/87, DStR 89, 353). Zur ArbNEigenschaft von Telefoninterviewern eines Marktforschungsunternehmens vgl BFH 29.5.08 – VI R 11/07, DStR 08, 1526 und BFH 18.6.15 – VI R 77/12, DStR 15, 2123.

## C. Sozialversicherungsrecht

*Ruppelt*

37 **Sozialversicherungsbeiträge.** Die **private Nutzung** einer dem ArbN betrieblich zur Verfügung gestellten Telekommunikationseinrichtung (zB Festnetz- oder Mobiltelefon, Faxgerät, Internetzugang, Router und die für den Betrieb der Geräte erforderliche Software sowie das Zubehör) unterfällt nicht der **sozialversicherungsrechtlichen Beitragspflicht.** Der Wert dieser privaten Nutzung ist nicht Bestandteil der Beitragsbemessungsgrundlage. Dies folgt aus § 1 Satz 1 Nr 1 SvEV, wonach einmalige Einnahmen, laufende Zulagen, Zuschläge, Zuschüsse sowie ähnliche Einnahmen, die zusätzlich zu Löhnen oder Gehältern gewährt werden, grds nicht dem Arbeitsentgelt zuzurechnen sind, soweit sie **lohnsteuerfrei**

sind. Die LStFreiheit folgt aus § 3 Nr 45 EStG, wonache Vorteile durch das private Nutzen betrieblicher Telekommunikationseinrichtungen steuerfrei sind (keine Steuerbefreiung für Selbstständige: BFH 21.6.06 – XI R 50/05, NJW 06, 3309). Die Beitragsfreiheit gilt für betrieblich dem ArbN zur Verfügung gestellte (nicht übereignete) Geräte, unabhängig davon, wo sie betrieben und ob sie überhaupt (auch) betrieblich genutzt werden. Die Beitragsfreiheit gilt auch für die private Nutzung der Geräte am **Arbeitsplatz** und in der **Wohnung** des ArbN oder an sonstigen Orten. Sie gilt auch, wenn der ArbGeb die Nutzungs- und/oder Anschlusskosten des zur Verfügung gestellten Geräts trägt. Werden dem ArbN Kommunikationsgeräte durch den ArbGeb übereignet, kommt eine Verbeitragung als Sachbezug in Betracht (→ *Sachbezug* Rn 39 ff).

# Jahresarbeitsentgelt

## A. Arbeitsrecht

*Griese*

Im Arbeitsrecht hat der Begriff JAE nur insoweit Bedeutung, als eine Vergütung als **Jahresgehalt** vereinbart werden kann. Diese insbes im Bereich der Führungskräfte anzutreffende Vertragsgestaltung ist eine Form der **Zeitvergütung** (*Arbeitsentgelt*). Der vertraglichen Vereinbarung unterliegt bei Jahresgehältern die Festlegung, in welchen Teilzahlungen das Jahresgehalt ausgezahlt wird, zB in 12 gleich bleibenden monatlichen Teilbeträgen oder in 11 monatlichen Teilbeträgen von Januar bis November und zwei weiteren gleich hohen Teilbeträgen im Dezember jeden Jahres. 1

Die Regelung der Teilzahlungen beim Jahresgehalt hat dann Bedeutung, wenn für bestimmte Zeiträume kein oder nur ein gekürzter Vergütungsanspruch entsteht, etwa wegen unbezahlten Urlaubs oder wegen AU über 6 Wochen hinaus. Das Entgelt ist dann entsprechend der vereinbarten Teilzahlungsregelung auf die einzelnen Zeitabschnitte umzurechnen. Bei Vereinbarung von 12 gleich bleibenden monatlichen Teilzahlungen führt dies dazu, dass die Teilzahlungen die Funktion eines Monatsgehalts haben. Entsteht wegen mehr als 6-wöchiger Erkrankung, **Pflegezeit** oder unbezahlten Urlaubs kein Vergütungsanspruch für den ganzen Monat, ist die monatliche Teilzahlung durch die Gesamtzahl der in diesem Monat anfallenden Arbeitstage einschließlich der Feiertage zu dividieren und mit der Zahl der vergütungspflichtigen Tage zu multiplizieren (→ *Entgeltfortzahlung* Rn 26). 2

Eine weitere Bedeutung hat das **Jahresarbeitentgelt durch die Flexirente nach dem *Flexirentengesetz*** (v 8.12.16 – BGBl I 2838, *Flexirente)* erhalten, denn die **Hinzuverdienstgrenzen** bei gleichzeitigem Bezug Arbeitseinkommen und Rente wegen verminderter Erwerbsfähigkeit gem §§ 96a, 302b SGB VI sind hierdurch erhöht und auf das **kalenderjährliche Arbeitseinkommen ausgerichtet worden.**

## B. Lohnsteuerrecht

*Seidel*

Im Steuerrecht kommt es verschiedentlich auf den **Jahresarbeitslohn** an (zur Differenzierung zwischen Arbeitsentgelt und Arbeitslohn → *Arbeitsentgelt* Rn 30). Nach § 38a Abs 1 Satz 1 EStG bemisst sich die JahresLSt nach dem Arbeitslohn, den der ArbN im Kj bezieht (Jahresarbeitslohn). Die entsprechende LSt ergibt sich aus der JahresLStTabelle (→ *Lohnsteuertabellen* Rn 2 ff). 3

Für den **Arbeitgeber** hat der Jahresarbeitslohn Bedeutung bei der Durchführung des Lohnsteuerjahresausgleichs nach § 42b EStG (→ *Lohnsteuerjahresausgleich* Rn 7–10, auch zur Ermittlung des maßgebenden Jahresarbeitslohns). Im Rahmen des LStAbzugs bei sonstigen Bezügen ist der (voraussichtliche) Jahresarbeitslohn bei der Ermittlung der zutreffenden LSt zu berücksichtigen (§ 39b Abs 3 EStG; → *Sonstige Bezüge* Rn 4–8). 4

Der Arbeitslohn ist Bemessungsgrundlage für die Berechnung der einzelnen Teilbeträge der **Vorsorgepauschale** nach § 39b Abs 2 Satz 5 Nr 3 EStG (→ *Lohnsteuertabellen* Rn 8 ff). Zu den Begriffen Brutto- bzw Nettoarbeitslohn → *Bruttolohnvereinbarung* Rn 17 und → *Nettolohnvereinbarung* Rn 10. 5

## C. Sozialversicherungsrecht

*Schlegel*

**1. Bedeutung in den einzelnen Versicherungszweigen.** Das JAE spielt in den einzelnen Zweigen der SozV eine unterschiedliche Rolle. 6

**a) Kranken- und Pflegeversicherung.** Übersteigt das JAE die in der gesetzlichen KV geltende JAEGrenze, tritt in diesem Versicherungszweig Versicherungsfreiheit ein. Dort ist die JAEGrenze (§ 6 Abs 1 Nr 1 SGB V) eine **Versicherungspflichtgrenze.** Die JAE-Grenze ist weiter von Bedeutung im Rahmen der Familienversicherung für die Frage, welchem Elternteil die Kinder zuzuordnen sind, wenn zumindest ein Elternteil privat versichert ist (§ 10 Abs 3 SGB V). 7

**b) Renten- und Arbeitslosenversicherung.** In der KV und ArblV gibt es keine JAE-Grenze iSe Versicherungspflichtgrenze; das Überschreiten der dort geltenden Beitrags- 8 bemessungsgrenzen führt nicht zur Versicherungsfreiheit (→ *Beitragsbemessungsgrenzen* Rn 5).

9 **c) Unfallversicherung.** Der Versicherungsschutz endet auch in der UV nicht bei der JAEGrenze. Der Begriff des JAE hat in der UV insbes Bedeutung für die Berechnung von Leistungen.

10 Nach dem JAV eines ArbN werden in der UV die Verletztenrente (§ 57 Abs 3 SGB VII) einschließlich der Hinterbliebenenrenten (§ 65 SGB VII), die Hinterbliebenenbeihilfe (§ 71 SGB VII) sowie in Ausnahmefällen auch das Verletztengeld (§ 47 Abs 7 SGB VII) berechnet. Als JAV gilt in der gesetzlichen UV der Gesamtbetrag aller Arbeitsentgelte und Arbeitseinkommen des Verletzten in den zwölf Kalendermonaten vor dem Monat, in dem der Arbeitsunfall eingetreten ist (§ 82 Abs 1 SGB VII). Berücksichtigt werden die Arbeitsentgelte und Arbeitseinkommen, ob laufende oder einmalige, aus sämtlichen Beschäftigungen und Tätigkeiten, selbst wenn diese Tätigkeiten in der UV nicht versichert sind und sich der Arbeitsunfall nicht in dieser Tätigkeit ereignete. Was als Arbeitsentgelt und Arbeitseinkommen anzusehen ist, bestimmt sich nach den §§ 14, 15 iVm § 17 SGB IV; dabei ist zu fragen, ob und ggf in welchem Umfang lohnsteuerfreie oder pauschal versteuerte Entgeltbestandteile nach der SvEV dem Arbeitsentgelt zuzurechnen sind oder nicht (BSG 23.7.15 – B 2 U 9/14 R).

Vom JAE iSd § 6 Abs 1 Nr 1 SGB V unterscheidet sich der JAV der UV dadurch, dass nicht nur Arbeitsverdienste aus mehreren versicherungspflichtigen Beschäftigungen zusammengezählt werden (dies ist auch bei § 6 Abs 1 Nr 1 SGB V möglich), sondern **Arbeitsentgelt** (aus unselbstständiger Beschäftigung) mit **Arbeitseinkommen** (aus selbstständiger Tätigkeit) zusammengerechnet werden kann. § 87 SGB VII lässt es zu, den JAV nach billigem Ermessen zu bestimmen, wenn eine Berechnung des JAV nach §§ 14, 15 SGB IV iVm §§ 81, 82 SGB VII anhand des Einkommens des letzten Jahres vor Eintritt des Versicherungsfalles nicht den Fähigkeiten, der Ausbildung und der Tätigkeit des Versicherten in den letzten 12 Kalendermonaten vor dem Versicherungsfall entspricht und damit **in erheblichem Maße unbillig** ist. Ungleichheiten zwischen tatsächlichem Einkommen und gesetzlich berechnetem JAV können sich ua aus Änderungen der Arbeitszeit ergeben, zB wenn ein ArbN von einer Vollzeit- zu einer Teilzeittätigkeit übergeht oder umgekehrt. Eine erhebliche Unbilligkeit liegt vor, wenn diese Veränderung innerhalb des letzten Jahres vor Eintritt des Versicherungsfalles eingetreten ist. Hat ein ArbN dagegen nach einer Vollzeittätigkeit Erziehungsurlaub in Anspruch genommen und dann vor Eintritt des Versicherungsfalles mehr als ein Jahr in Teilzeit gearbeitet, begründet dies keine erhebliche Unbilligkeit, selbst wenn die Kindererziehung nicht mehr als eine Teilzeittätigkeit zuließ (BSG 15.9.2011 – B 2 U 24/10 R, NJW 12, 513; BSG 3.12.02 – B 2 U 23/02, SozR 3–2200 § 577 Nr 2 zur Berücksichtigung einer an sich nicht dem Arbeitsentgelt zuzurechnenden Abfindung). Weitere Einzelheiten zur Berechnung des JAV in der UV vgl §§ 81–93 SGB VII). Zur späteren Neuberechnung von Renten, wenn sich der Verletzte zur Zeit des Arbeitsunfalls noch in einer Schul- oder Berufsausbildung befand vgl BSG 26.4.16 – B 2 U 14/14 R.

11 **2. Versicherungspflichtgrenze in der Krankenversicherung. a) Rechtsgrundlagen.** In der gesetzlichen KV tritt Versicherungsfreiheit ein, wenn das regelmäßige JAE eines ArbN die JAEGrenzen des § 6 Abs 6 SGB V bzw in sog Altfällen des § 6 Abs 7 SGB V übersteigt (JAEGrenze; zu Einzelheiten und den derzeit geltenden Grenzwerten → *Beitragsbemessungsgrenzen* Rn 22). In der ArblV und RV hat die JAEGrenze keine Entsprechung; dort gibt es diese Grenze nicht. ArbN, deren regelmäßiges JAE die JAE-Grenze übersteigt (Einzelheiten hierzu bei *Beitragsbemessungsgrenzen* und → Rn 11 ff), sind in der KV versicherungsfrei. Die Versicherungspflicht endet mit **Ablauf des Kj,** in dem die JAG-Grenze überschritten wird. Dies gilt nur dann nicht, wenn das Entgelt die von Beginn ds nächsten Kj an geltende JAE-Grenze nicht (mehr) übersteigt (§ 6 Abs 4 Satz 2 SGB V). Wird die JAE-Grenze überschritten, hat der betreffende ArbN jedoch das Recht, der gesetzlichen KV freiwillig beizutreten (freiwillige Versicherung nach § 9 Abs 1 Nr 1 SGB V).

12 **b) Berechnung des regelmäßigen Jahresarbeitsentgelts.** Wie der für die KVPflicht maßgebliche regelmäßige JAV zu berechnen ist, regelt das Gesetz nicht. Nach der Rspr des BSG (SozR 2200 § 165 RVO Nr 65 mwN) ist für den regelmäßigen JAV das (um die Familienzuschläge verminderte) Arbeitsentgelt aus der versicherungspflichtigen Beschäfti-

gung als ArbN maßgebend, wie es im Voraus für das kommende Kj festzustellen ist. Bei **Vereinbarung von Nettoarbeitsentgelt** besteht Versicherungspflicht in der KV so lange, wie das entsprechende Bruttoarbeitsentgelt nach Abzug des ArbNAnteils am KVBeitrag die Versicherungspflichtgrenze nicht übersteigt (BSG 19.12.95 – 12 RK 39/94, SozR 3–2500 § 6 Nr 10). Der während des für die Ermittlung des JAE maßgebenden Jahres regelmäßig zu erwartende Verdienst ist nur der Verdienst, bei dem zu erwarten ist, dass er bei normalem Verlauf – abgesehen von einer anderweitigen Vereinbarung über das Entgelt oder von nicht voraussehbaren Änderungen in der Beschäftigung – voraussichtlich ein Jahr anhalten wird. Das regelmäßige JAE eines Beschäftigten mit festvereinbartem Entgelt wird in der Weise ermittelt, dass der vertragsmäßig zustehende Monatsverdienst mit zwölf vervielfacht wird. Ferner sind solche Bezüge zu berücksichtigen, deren Zahlung nach der bisherigen Übung auch künftig mit hinreichender Sicherheit zu erwarten ist (SozR 3–2500 § 6 Nr 10).

**Entgelt,** das auf die JAEGrenze anzurechnen ist, ist nur das Arbeitsentgelt aus einer abhängigen Beschäftigung, nicht jedoch gleichzeitig gewährte Versorgungsbezüge (BSG 21.9.93 – 12 RK 39/91, SozR 3–2500 § 6 Nr 6) oder das Entgelt aus einer grds versicherungsfreien Beamtentätigkeit, die neben der abhängigen Beschäftigung zusätzlich ausgeübt wird (BSG 18.12.63 – 3 RK 8/62, SozR Nr 5 zu § 5 AVG). Ebenso wenig ist auf die JAEGrenze das Einkommen aus einer zusätzlich ausgeübten selbstständigen Tätigkeit anzurechnen (BSG 27.5.71 – 3 RK 49/68, SozR Nr 65 zu § 165). Zusammenzurechnen sind aber die Arbeitsentgelte aus einer regulären Beschäftigung und einer zweiten oder dritten geringfügigen Beschäftigung. 13

**c) Regelmäßiges Jahresarbeitsentgelt.** Von einem regelmäßigen JAE bestimmter Höhe ist auszugehen, wenn von diesem bei Beginn des Beschäftigungsverhältnisses und den folgenden Beitragsbemessungszeiträumen (Abrechnungszeiträume) zu erwarten ist, dass es bei normalem Ablauf der Dinge – abgesehen von einer anderweitigen Vereinbarung über das Entgelt oder noch nicht voraussehbaren Änderungen in der Beschäftigung – voraussichtlich ein Jahr anhalten wird; dh regelmäßiges JAE ist nur solches, das mit hinreichender Sicherheit in den der Beurteilung folgenden zwölf Monaten zu erwarten ist (BSG 30.6.65 – GS 2/64, SozR Nr 90 zu § 165 RVO). 14

**Einmalzahlungen** wie das Urlaubsgeld, Weihnachtsgeld, Tantiemen etc werden berücksichtigt, wenn diese mit an Sicherheit grenzender Wahrscheinlichkeit jährlich gezahlt werden. 15

**Gehaltserhöhungen** sind ebenfalls zu berücksichtigen, allerdings erst von dem Zeitpunkt an, zu dem sie wirksam werden (BSG 7.12.89 – 12 RK 19/87, SozR 2200 § 165 Nr 97). Zu berücksichtigen sind außerdem regelmäßige **Mehrarbeitsvergütungen** sowie **Bereitschaftsdienstvergütungen** (BSG 9.12.81 – 12 RK 20/81, SozR 2200 § 165 Nr 65). Nicht berücksichtigungsfähig ist dagegen eine jahrelang gezahlte Urlaubsabgeltung, weil der Urlaubsanspruch gem § 7 Abs 3 BUrlG erst nach Ablauf von drei dem Urlaub folgenden Monaten verfällt und die Urlaubsabgeltung daher – ungeachtet der Frage ihrer Rechtmäßigkeit – keinen zum Jahresbeginn fest einkalkulierbaren Einkommensbestandteil darstellt (BSG 9.2.93 – 12 RK 26/90, NZS 93, 365). 16

**d) Zuschläge.** Werden Zuschläge mit Rücksicht auf den Familienstand gewährt, bleiben diese kraft ausdrücklicher Regelung unberücksichtigt (§ 6 Abs 1 Nr 1 Satz 2 SGB V). Hierzu zählen insbesondere Familien- und Kinderzuschläge. Sonstige Zuschläge bleiben dann unberücksichtigt, wenn sie gem § 1 SvEV nicht dem Arbeitsentgelt iSd § 14 SGB IV zuzurechnen sind (→ *Arbeitsentgelt* Rn 76, 77; → *Entgeltzuschläge* Rn 17 ff). 17

**e) Zeitpunkt des Ausscheidens aus der Versicherungspflicht.** Gem § 6 Abs 4 SGB V endet die Versicherungspflicht bei Überschreiten der JAEGrenze mit **Ablauf des Kalenderjahrs,** in dem sie überschritten wird. Dies gilt nicht, wenn das Entgelt die vom Beginn des nächsten Kj an geltende JAEGrenze nicht übersteigt. Bei der am Ende eines Kj anzustellenden **Prognose** hinsichtlich des im nächsten Kj zu erwartenden JAE ist der **Entgeltausfall** infolge **mutterschutzrechtlicher Beschäftigungsverbote** zu berücksichtigen (BSG 7.6.18– B 12 KR 8/16 R, Rz 16, BeckRS 2018, 17395). 18

§ 6 Abs 4 SGB V findet keine Anwendung, wenn ein ArbN den ArbGeb wechselt, also ein neues Beschäftigungsverhältnis beginnt, und hierbei sofort ein Entgelt oberhalb der JAEGrenze erhält. Hier bedarf es keines Abwartens, um im Hinblick auf evtl unsichere Prognosen die Kontinuität des Versicherungsverhältnisses zunächst aufrecht zu erhalten (vgl zum Zweck des § 6 Abs 4 SGB V BSG 25.2.97 – 12 RK 51/96, SozR 3–2500 § 6 Nr 15). Die Mitgliedschaft bei der Krankenkasse endet in diesem Zeitpunkt aber nur, wenn das Mitglied innerhalb von zwei Wochen nach Hinweis der Krankenkasse über die Austrittsmöglichkeit seinen Austritt erklärt.

19 **f) Recht auf freiwillige (Weiter-)Versicherung.** Wird der Austritt nicht innerhalb von zwei Wochen nach Hinweis der Kasse über die Austrittsmöglichkeit erklärt, setzt sich die Mitgliedschaft als freiwillige fort; der Austritt ist nur möglich, wenn der ArbN das Bestehen eines anderweitigen Versicherungsschutzes nachweist (§ 190 Abs 4 SGB V).

20 **g) Recht auf Befreiung von der Versicherungspflicht.** Wer wegen Überschreitens der JAEGrenze in der KV versicherungsfrei war und wegen Erhöhung der JAEGrenze versicherungspflichtig wird, hat gem § 8 Abs 1 Nr 1 SGB V das Recht, von der Versicherungspflicht in der KV befreit zu werden. Dies ist zB der Fall, wenn das Arbeitsentgelt knapp über der JAEGrenze liegt und durch die bisher jährlich erfolgende Erhöhung der Beitragsbemessungs- und JAEGrenze „eingeholt" wird. Der Befreiungsantrag ist innerhalb von drei Monaten nach Beginn der Versicherungspflicht zu stellen. Die Befreiung kann nicht widerrufen werden; sie ist nur möglich, wenn der ArbN das Bestehen eines anerweitigen KV-Versicherungsschutzes nachweist (§ 8 Abs 2 SGB V). Zur Erstreckung einer Befreiung bei erneuter Änderung der Verhältnisse vgl BSG 8.12.99 – 12 KR 12/99 R, SozR 3–2500 § 8 Nr 4.

21 **3. Beitragszuschuss.** Freiwillig in der GKV versicherte Beschäftigte, die nur wegen Überschreitens der JAEGrenze versicherungsfrei sind, erhalten von ihrem ArbGeb nach § 257 SGB V einen Beitragszuschuss zu ihrer privaten KV oder einer freiwilligen Versicherung in der GKV (Einzelheiten → *Arbeitgeberzuschuss* Rn 11 ff); Der Anspruch eines privat krankenversicherten ArbN umfasst nicht die Beiträge für seinen freiwillig in der GKV versicherten Ehegatten (BSG 20.3.13 – B 12 KR 41/11 R, BeckRS 2013, 71661).

# Jugendarbeitsschutz

## A. Arbeitsrecht

*Poeche*

### Übersicht



1 **1. Zweck des Jugendarbeitsschutzes.** Der Jugendarbeitsschutz soll körperlicher und geistig-seelischer Überforderung von Kindern und Jugendlichen im Arbeitsleben vorbeugen und ihre ordnungsgemäße schulische Ausbildung sichern. Sie sollen lernen und noch nicht unter den Bedingungen des Berufslebens der Erwachsenen arbeiten, vielmehr an die Arbeitswelt ihrem Alter und ihrer Entwicklung entsprechend herangeführt werden. Leitziele sind Gesundheitsschutz und Schutz der Persönlichkeit der regelmäßig noch leicht beeinfluss-

baren Minderjährigen. Dem dient das **JArbSchG** mit zwingenden Vorgaben für Höchstarbeitszeiten, Ruhepausen und Freizeiten, Beschäftigungsverboten und -beschränkungen, Vorrang der Berufsschule, medizinischer Vorsorge. Seine Einhaltung wird auf verschiedenen Ebenen gesichert:

Zur **Information** der Minderjährigen sind der Gesetzestext und die Anschrift der zuständigen Aufsichtsbehörde (Gewerbeaufsichtsamt, Ämter für Arbeitsschutz) und bei Beschäftigung von idR mindestens drei Jugendlichen auch Beginn und Ende der regelmäßigen Arbeitszeit sowie die Lage der Ruhepausen auszuhängen (§§ 47, 48 JArbSchG). Zur **Kontrolle** muss der ArbGeb Verzeichnisse der beschäftigten Jugendlichen unter Angabe von Vor- und Familiennamen, Geburtsdatum und Wohnanschrift führen, in denen das Datum des Beschäftigungsbeginns bei ihm, bei einer Beschäftigung unter Tage auch das des Beginns dieser Beschäftigung, enthalten ist (§ 49 JArbSchG). 2

Der **Aufsichtsbehörde** gegenüber bestehen Auskunfts-, Berichts- und Vorlagepflichten. Sie ist berechtigt, die Arbeitsstätten zu betreten und zu besichtigen (§§ 50, 51 JArbSchG). Verstöße werden durch einen umfassenden Katalog von **Bußgeld- und Strafvorschriften** geahndet (§§ 58, 59 JArbSchG). Eine Verpflichtung, sich Gewissheit über das Alter (Kind oder Jugendlicher) zu verschaffen, besteht allerdings nicht in jedem Fall, sondern erst, wenn das äußere Erscheinungsbild und sonstige Anhaltspunkte hierzu Anlass geben (BayObLG 11.11.81 – 3 Ob OWi 186/81, AP Nr 1 zu § 5 JArbSchG). Die Bestimmungen des JArbSchG sind zwingend, entgegenstehende Vereinbarungen mithin wegen Verstoßes gegen ein gesetzliches Verbot nichtig (§ 134 BGB) und eine Einwilligung des Minderjährigen oder seiner Eltern rechtlich unerheblich (OLG Hamm 2.5.63 – 2 Ss 1492/62, RdA 64, 160 [LS] = AP Nr 1 zu § 7 JArbSchG). Dementsprechend haftet der verbotswidrig beschäftigte Minderjährige nicht für von ihm verursachte Schäden, auch wenn er sie verschuldet hat (BAG 23.1.73 – 1 AZR 30/72, DB 73, 1077). 3

**2. Geltungsbereich. a) Grundsätze.** Das JArbSchG regelt die **Beschäftigung** von Personen, die noch nicht 18 Jahre alt sind und erfasst damit alle **fremdbestimmten Tätigkeiten** (§ 1 Abs 1 JArbSchG). Es gilt im gesamten Bereich der Berufsbildung nach dem BBiG, also insbes der Berufsausbildung und gleichgestellten Ausbildungsgängen wie Volontariat und Praktikum, in der öffentlichen Verwaltung mit dem Ziel der späteren Verwendung als Beamter, für die betriebliche Ausbildung in Heil- und Heilhilfsberufen. Erfasst werden auch das reguläre Arbeitsverhältnis und die Heimarbeit. 4

Darüber hinaus erstreckt sich der Anwendungsbereich auf **sonstige Dienstleistungen,** die der Arbeitsleistung als ArbN oder HeimArbN ähnlich sind. Mit dieser weiten Formulierung sollen Umgehungen verhindert werden. Die im Einzelfall schwierige Abgrenzung zwischen selbstständiger und unselbstständiger Tätigkeit soll nicht auf dem Rücken der Jugendlichen ausgetragen werden. Auch **Werk- und Dienstverträge** unterliegen mithin voll dem Jugendarbeitsschutz. Dass der Minderjährige seine Beschäftigung nicht als Zwang begreift, sondern als Hobby mit dem Ziel der Aufbesserung seines Taschengeldes, ist unerheblich (BAG 23.1.73 – 1 AZR 30/72, DB 73, 1077). Das JArbSchG kann auch nicht dadurch umgangen werden, dass die Eltern mit dem Beschäftiger/ArbGeb im eigenen Namen einen Arbeits- oder Dienstvertrag abschließen, wenn klar ist, dass der Vertrag durch deren Kind erfüllt werden soll (OLG Celle 18.8.66 – 1 Ss 148/66, AP Nr 2 zu § 7 JArbSchG: Zeitungsaustragen durch das Kind aufgrund Vertrages zwischen den Eltern und dem Beschäftiger). 5

Nicht erfasst werden die eigenbestimmte Beschäftigung in **Spiel und Sport,** aufgrund sozialen Engagements sowie die **selbstständige unternehmerische Betätigung** zB als Gesellschafter oder im Rahmen eines der Genehmigung des Vormundschaftsgerichtes bedürftigen Erwerbsgeschäfts (§ 112 BGB). Ebenfalls ausgeschlossen ist der schulische Ausbildungsbereich einschließlich der Hausaufgabenerledigung. 6

**b) Ausnahmen.** Das JArbSchG gilt nicht für die Beschäftigung der eigenen Kinder im Familienhaushalt durch die Personensorgeberechtigten (Eltern), wohl aber bei deren Einsatz im Erwerbsbetrieb (§ 1 Abs 2 Nr 2 JArbSchG). Außerdem werden geringfügige Hilfeleistungen nicht erfasst, wenn sie nur gelegentlich und aus Gefälligkeit, aufgrund familienrechtlicher Vorschriften oder in Einrichtungen der Jugendhilfe oder zur Eingliederung Behinderter erbracht werden. 7

8 **Geringfügig** ist eine Hilfeleistung, wenn sie gemessen am Alter und der Entwicklung des Kindes/Jugendlichen nicht nennenswert belastet. **Gelegentlich** ist sie, wenn sie nicht nach einem vorbestimmten Zeitplan erfolgt. Eine Hilfeleistung für einen von vornherein absehbaren Zeitraum (zB für die Urlaubsabwesenheit des Nachbarn, seinen Krankenhausaufenthalt) ist noch als gelegentlich zu bezeichnen. Mit dem Merkmal der **Gefälligkeit** wird betont, dass keine Rechtspflicht eingegangen wird, sondern dass es sich um eine sich aus einem aktuellen Bedürfnis ergebende Betätigung handelt. Die Ausnahmevorschrift ist nicht anwendbar auf Tätigkeiten, die im Rahmen eines bestehenden festen Arbeits- oder Ausbildungsverhältnisses anfallen. Das JArbSchG greift deshalb auch dann, wenn sich der Jugendliche freiwillig zur Mithilfe bereiterklärt (BayObLG 26.2.82 – 3 Ob OWi 23/82, DB 82, 1627: Freiwillige Hilfe beim Garnieren von Aufschnittplatten am Feiertag durch eine Auszubildende zur Metzgereifachverkäuferin).

9 **c) Adressat** des JArbSchG ist jeder, der eine noch nicht 18 Jahre alte Person beschäftigt. Es gilt ein **funktionaler Arbeitgeberbegriff** (§ 3 JArbSchG). Hierzu gehören alle Personen, die tatsächlich Einfluss auf die Gestaltung des Rechtsverhältnisses des Minderjährigen und die Einhaltung der Schutzbestimmungen haben. Im Leiharbeitsverhältnis treffen die Pflichten auch den Entleiher, im mittelbaren Arbeitsverhältnis den die Arbeit vermittelnden ArbGeb, aber auch den Beschäftiger.

10 **3. Kinderarbeit. a) Begriff.** Unterschieden wird zwischen Kindern und Jugendlichen, wobei sich die Abgrenzung nicht nur nach dem Alter richtet. **Kind** ist, wer noch nicht 15 Jahre alt ist, **Jugendlicher,** wer 15, aber noch nicht 18 Jahre alt ist. Die Berechnung des Lebensalters bestimmt sich nach allgemeinen Vorschriften (§ 187 Abs 2 BGB). Danach ist bei der Berechnung des Lebensalters der Tag der Geburt mitzurechnen (Beispiel: Geburt 1.2.80; bis zum 31.1.94 einschließlich gilt Kindesrecht, mit dem 1.2.94 ist der Status des Jugendlichen erreicht, mit dem 1.2.98 die Volljährigkeit). Auf Jugendliche, die noch zum Besuch einer sog **Vollzeitschule** verpflichtet sind, finden die für Kinder geltenden Vorschriften Anwendung (§ 2 Abs 3 JArbSchG). Das richtet sich nach den Schulgesetzen der Länder, die derzeit mindestens neun, teilweise auch zehn Schuljahre (so Bbg, Bln, Brem, NRW) verpflichtend vorschreiben. Mit Eintritt der Volljährigkeit endet regelmäßig der Jugendarbeitsschutz. Ausnahmen bestehen für die Dauer des Urlaubsanspruchs (→ Rn 36) und für die Teilnahme am Berufsschulunterricht (→ Rn 35).

11 **b) Einzelheiten. aa) Grundsätze. Kinderarbeit** ist verboten (§ 5 Abs 1 JArbSchG). Das auch in Notfällen eingreifende **Beschäftigungsverbot** besteht nicht durchgängig. Ohne Altersgrenze dürfen Kinder bis zu sieben Stunden täglich und 35 Stunden wöchentlich zu leichten und für sie geeigneten Tätigkeiten in einer Beschäftigungs- und Arbeitstherapie, für ein Betriebspraktikum während der Vollzeitschulpflicht sowie in Erfüllung einer richterlichen Weisung herangezogen werden (§§ 5 Abs 2, 7 Abs 2 Nr 2 JArbSchG). Die §§ 9–46 JArbSchG finden entsprechende Anwendung.

12 **bb) Ausnahmen.** Die zum 1.3.97 in Kraft getretene Änderung des JArbSchG hat den bis dahin abschließenden Katalog zulässiger Kinderarbeit durch eine allgemein formulierte Vorbehaltsnorm ersetzt. **Kinder über 13 Jahren** dürfen mit Einwilligung der Personensorgeberechtigten beschäftigt werden, wenn die Tätigkeit leicht und für Kinder geeignet ist. Das ist gegeben, wenn die Beschäftigung aufgrund ihrer Beschaffenheit und der besonderen Bedingungen, unter denen sie ausgeführt wird, Sicherheit, Gesundheit und Entwicklung des Kindes nicht nachteilig beeinflusst und keine negativen Folgen für Schule, Maßnahmen der Berufswahlvorbereitung oder Berufsausbildung hat. Nach der VO über den **Kinderarbeitsschutz** vom 23.6.98 (BGBl I 98, 1508) sind grds zulässig: Austragen von Zeitungen, Zeitschriften, Anzeigeblättern und Werbeprospekten; in privaten und landwirtschaftlichen Haushalten: Tätigkeiten in Haushalt und Garten, Botengänge, Betreuung von Kindern und anderen zum Haushalt gehörenden Personen, Nachhilfeunterricht, Betreuung von Haustieren, Einkaufstätigkeiten mit Ausnahme des Einkaufs von alkoholischen Getränken und Tabakwaren; in landwirtschaftlichen Betrieben Tätigkeiten bei der Ernte und der Feldbestellung, der Selbstvermarktung landwirtschaftlicher Erzeugnisse und der Versorgung von Tieren. Gestattet sind Handreichungen beim Sport und Tätigkeiten bei nichtgewerblichen Aktionen und Veranstaltungen der Kirchen, Religionsgemeinschaften, Verbände, Vereine und Parteien. ist die Beschäftigung in Betrieben der gewerblichen Wirtschaft oder Ver-

waltungen des öffentlichen Dienstes sowie körperlich belastende Arbeiten wie die manuelle Handhabung von Lasten mit regelmäßig mehr als 7,5 kg oder gelegentlich mehr als 10 kg. Ungeeignet und damit unzulässig sind auch Arbeiten, die infolge einer ungünstigen Körperhaltung physisch belasten oder die mit Unfallgefahren verbunden sind, insbes bei Arbeiten an Maschinen und bei der Betreuung von Tieren. Die **tägliche Höchstarbeitszeit** beträgt zwei Stunden, in der Landwirtschaft drei Stunden. Verboten ist die Arbeit zwischen 18.00 und 8.00 Uhr, vor und während des Schulunterrichts. Die Arbeitszeitbestimmungen für Jugendliche gelten entsprechend (§ 5 Abs 1–3 JArbSchG; → Rn 15 ff). Während der **Schulferien** dürfen sie bis zu vier Wochen nach Maßgabe der §§ 8–31 JArbSchG beschäftigt werden. § 5 Abs 4b JArbSchG verpflichtet den ArbGeb zur Unterrichtung der Personensorgeberechtigten über mögliche Gesundheitsgefahren und die zur Sicherheit und Gesundheitsschutz der Kinder getroffenen Maßnahmen.

**cc) Behördliche Ausnahmen.** Auf Antrag kann bewilligt werden, dass Kinder bei 13 Theatervorstellungen, Musik- und anderen Aufführungen, Werbeveranstaltungen, Aufnahmen in Hörfunk und Fernsehen, auf Ton- und Bildträger, bei Film- und Fotoaufnahmen mitwirken und proben dürfen (§ 6 JArbSchG). Vorausgesetzt wird eine gestaltende Mitwirkung, die zB beim Einsatz als Platzanweiser oder im Kartenverkauf nicht gegeben ist. Die zeitliche Beanspruchung richtet sich nach dem Alter der Kinder. Keine Bewilligung darf erfolgen für Kabaretts, Tanzlokale, Vergnügungsparks uÄ. Das Jugendamt ist vorab zu hören; die Personensorgeberechtigten müssen schriftlich ihr Einverständnis erklärt haben. Die gesundheitliche Unbedenklichkeit der Beschäftigung ist durch nicht länger als drei Monate zurückliegende ärztliche Bescheinigung nachzuweisen. Betreuung und Beaufsichtigung des Kindes sowie sein Schutz der geistig-seelischen Entwicklung müssen gewährleistet sein. Einzelheiten sind von der Aufsichtsbehörde festzulegen. Die Kinder dürfen erst nach Vorlage der schriftlichen Bewilligung beschäftigt werden.

**4. Beschäftigung von nicht vollzeitschulpflichtigen Kindern.** Diese dürfen bis zu 14 sieben Stunden täglich/35 Stunden wöchentlich mit leichten und für sie geeigneten Tätigkeiten sowie im Berufsausbildungsverhältnis beschäftigt werden (§ 7 Abs 1 JArbSchG). Der Vorschrift kommt unter Berücksichtigung der ausgedehnten Vollzeitschulpflicht keine nennenswerte praktische Bedeutung bei.

**5. Beschäftigung Jugendlicher. a) Arbeitszeitschutz.** Das ArbZG findet gem § 18 15 Abs 2 keine Anwendung auf Jugendliche. Vielmehr enthält das JArbSchG detaillierte arbeitszeitrechtliche Regelungen (hierzu *Aligbe* ArbRAktuell 17, 406). Tägliche Arbeitszeit ist die Zeit vom Beginn bis zum Ende der Beschäftigung ohne die Ruhepausen (§ 4 Abs 1 JArbSchG). Beginn und Ende bestimmen sich nach der jeweiligen Gestaltung durch Arbeitsvertrag, Betriebsvereinbarung oder Tarifvertrag. Regelmäßig beginnt sie mit dem arbeitsfertigen Einfinden am Arbeitsplatz und endet mit seinem Verlassen. Muss der Jugendliche vorgeschriebene Schutzkleidung anlegen, rechnet die aufgewendete Zeit bereits zur Arbeitszeit (*Zmarzlik* JArbSchG, 3. Aufl, § 4 Rz 21). Eingeschlossen ist ferner die Zeit des Wartens auf Arbeit am Arbeitsplatz oder an einem vom ArbGeb oder dem Jugendlichen selbst bestimmten Ort.

Anders als beim Arbeitszeitschutz der Volljährigen gehört **Rufbereitschaft** zur Arbeits- 16 zeit. Zur Beschäftigung gehören auch die vom ArbGeb für die Ausbildung vorgesehenen Maßnahmen, soweit sie zum Ausbildungsstoff gehören. Anderes gilt, wenn dem Jugendlichen bloße Gelegenheit gegeben wird, sich über den zu vermittelnden Stoff hinaus fortzubilden und die Teilnahme an der Fortbildung freiwillig ist. Kursangebote wie Sport, Sprachen und zur sonstigen Freizeitgestaltung sind Arbeitszeit, wenn der ArbGeb den Jugendlichen zur Teilnahme verpflichtet. Sportunterricht im Bergbau rechnet wegen der besonders wichtigen körperlichen Ertüchtigung der Jugendlichen als Arbeitszeit (LAG Hamm 9.4.63 – 3 Sa 73/63, BB 64, 261). Nicht eingeschlossen sind hingegen Schularbeiten und das Führen des Berichtsheftes (BAG 11.1.73 – 5 AZR 467/72, DB 73, 831, 832).

**Schichtzeit** ist die tägliche Arbeitszeit von Beginn bis Ende der Arbeitszeit einschließlich 17 der Ruhepausen (§ 4 Abs 2 JArbSchG). Da der Tag von 0.00 bis 24.00 Uhr geht, wird die Schichtzeit auch durch eine mehrstündige Pause nicht unterbrochen, in der der Jugendliche den Arbeitsplatz verlassen darf (BayObLG 28.1.82 – Ob OWi 231/81, DB 82, 1680). Für die Berechnung der **Wochenarbeitszeit** ist auf die Tage von Montag bis Sonntag abzustellen. Die an einem Werktag infolge eines gesetzlichen Feiertags ausfallende Arbeitszeit wird auf die wöchentliche Arbeitszeit angerechnet (§ 4 Abs 4 JArbSchG). Beschäftigungszeiten bei **mehreren Arbeitgebern** werden zusammengerechnet (§ 4 Abs 5 JArbSchG). Arbeitszeit sind auch die Wegezeiten, die nach Arbeitsbeginn anfallen, etwa zur Erreichung auswärtiger Arbeitsstätten vom Betrieb aus (BayObLG 23.3.92 – 3 Ob OWi 18/92, DB 92, 997).

18 **b) Höchstdauer der Arbeitszeit.** Jugendliche dürfen nicht mehr als acht Stunden täglich und 40 Stunden in der Woche beschäftigt werden (§ 8 Abs 1 JArbSchG). In der Landwirtschaft verlängert sich während der Erntezeit die zulässige Arbeitszeit auf täglich 9 Stunden und 85 Stunden in der Doppelwoche (§ 8 Abs 3 JArbSchG). Eine Erhöhung der täglichen Arbeitszeit auf 8,5 Stunden ist gestattet, wenn in Verbindung mit Feiertagen an Werktagen nicht gearbeitet wird, um eine längere zusammenhängende Freizeit zu ermöglichen.

19 Die ausfallende Arbeitszeit kann auf die Werktage von fünf zusammenhängenden, die Ausfalltage einschließenden Wochen so verteilt werden, dass die Wochenarbeitszeit im Durchschnitt dieser fünf Wochen 40 Stunden nicht überschreitet (§ 8 Abs 2 JArbSchG). Angesprochen sind hier sog Brückentage, also zB der Freitag nach Himmelfahrt. Die mögliche andere Verteilung der Arbeitszeit gilt nicht nur für gesetzliche, sondern auch für kirchliche Feiertage. Auch Brauchtumstage wie zB Rosenmontag im Rheinland sind erfasst. Bei Abschluss von Betriebsvereinbarungen über Vor- und Nachholzeit für Brückentage ist auf den Jugendarbeitsschutz Rücksicht zu nehmen.

20 Zur Erleichterung der Einführung von **gleitender Arbeitszeit** können Jugendliche, deren Arbeitszeit an einem Werktag auf weniger als acht Stunden verkürzt ist, an den übrigen Werktagen derselben Wochen 8,5 Stunden beschäftigt werden (§ 8 Abs 2a JArbSchG). Die Gleitzeitvereinbarung muss sicherstellen, dass die Ruhepausen der Jugendlichen festliegen und der Zeitausgleich innerhalb der laufenden Woche vorgenommen wird.

21 **c) Ruhepause.** Der Jugendliche hat Anspruch auf eine im Voraus feststehende Ruhepause von angemessener Dauer (§ 11 JArbSchG). Ihre zeitliche Lage am Tag muss mithin bereits spätestens vor Beginn der täglichen Arbeitszeit festliegen. Mit Ausnahme von Schichtarbeit zählen sie nicht zur Arbeitszeit. Bei einer Beschäftigungszeit von mehr als viereinhalb bis zu sechs Stunden beträgt die Ruhepause mindestens 30 Minuten, bei einer sechs Stunden übersteigenden Arbeitszeit mindestens 60 Minuten. Als Ruhepause dient nur eine Arbeitsunterbrechung von mindestens 15 Minuten. Ruhepausen müssen angemessen auf den Tag verteilt werden: Sie dürfen frühestens eine Stunde nach Beschäftigungsbeginn und spätestens eine Stunde vor Ende der Arbeitszeit gewährt werden. Länger als viereinhalb Stunden hintereinander dürfen Jugendliche nicht beschäftigt werden.

22 **d) Höchstdauer der Schichtzeit.** Maximal gestattet sind zehn Stunden, im Bergbau unter Tage acht Stunden, im Gaststättengewerbe, in der Landwirtschaft, in der Tierhaltung, auf Bau- und Montagestellen dürfen elf Stunden nicht überschritten werden (§ 12 JArbSchG). Betriebsschließungen im Gaststättenbereich nach dem Mittagsdienst und vor Einsatz der Abendöffnung rechnen mithin ebenso zur Schichtzeit wie der geteilte Dienst im Krankenhausbereich.

23 **e) Tägliche Freizeit.** Nach Beendigung der Arbeitszeit dürfen Jugendliche nicht vor Ablauf einer ununterbrochenen Freizeit von mindestens zwölf Stunden beschäftigt werden (§ 13 JArbSchG). Anders als im Erwachsenenrecht geht es also nicht nur um eine Ruhezeit, sondern um die Gewährleistung einer freien Zeit zur eigenen Verfügung. Eine Verpflichtung des Jugendlichen zur Bereithaltung auf Abruf des ArbGeb, wie sie bei Bereitschaftsdienst und Rufbereitschaft gegeben sind, beeinträchtigt mithin die zu gewährende Freizeit.

24 **f) Nachtruhe.** Jugendliche dürfen nur in der Zeit von 6.00 bis 20.00 Uhr beschäftigt werden (§ 14 Abs 1 JArbSchG). Sind sie über 16 Jahre alt, dürfen sie in bestimmten Branchen auch zu anderen Zeiten beschäftigt werden. So im Gaststätten- und Schaustellergewerbe bis 22.00 Uhr, in mehrschichtigen Betrieben bis 23.00 Uhr, in der Landwirtschaft ab 5.00 Uhr oder bis 21.00 Uhr, in Bäckereien und Konditoreien ab 5.00 Uhr (§ 14 Abs 2 JArbSchG). Jugendliche über 17 Jahre dürfen in Bäckereien ab 4.00 Uhr beschäftigt werden (§ 14 Abs 3 JArbSchG). Regelmäßig dürfen Jugendliche allerdings dann nicht nach 20.00 Uhr beschäftigt werden, wenn am unmittelbar folgenden Tag die Berufsschule vor 9.00 Uhr beginnt (§ 14 Abs 4 JArbSchG). Weitergehende Ausnahmen setzen eine vorherige Anzeige an die Aufsichtsbehörde voraus, teils die ausdrückliche Bewilligung (§ 14 Abs 6

und 7 JArbSchG). In diesen Fällen erweitert sich die dem Jugendlichen zu gewährende ununterbrochene Freizeit auf mindestens 14 Stunden.

**g) Fünf-Tage-Woche.** Jugendliche dürfen nur an fünf Tagen in der Woche beschäftigt werden, die beiden wöchentlichen Ruhetage sollen nach Möglichkeit aufeinander folgen (§ 15 JArbSchG). Eine Ausnahme besteht dann, wenn der Jugendliche (zulässig) am Samstag beschäftigt wird, allerdings zB wegen des Ladenschlussgesetzes keine acht Stunden beschäftigt werden kann. Der erforderliche Zeitausgleich kann dann durch eine nur teilweise Freistellung am Werktag in der Woche realisiert werden (§ 16 Abs 4 JArbSchG). 25

**h) Samstagsruhe.** An Samstagen dürfen Jugendliche grds nicht beschäftigt werden (§ 16 JArbSchG). Für bestimmte Tätigkeitsbereiche gilt das Verbot der Samstagsarbeit nicht, und zwar für: Krankenanstalten, Alten-, Pflege- und Kinderheime, offene Verkaufsstellen, Betriebe mit offenen Verkaufsstellen, Bäckereien und Konditoreien, Friseurhandwerk und Marktverkehr, Verkehrswesen, Landwirtschaft und Tierhaltung, Familienhaushalt, Gaststätten- und Schaustellergewerbe, Musikaufführungen, Theatervorstellungen und anderen Aufführungen, Aufnahmen in Hörfunk und Fernsehen, Ton- und Bildträger sowie Film- und Fotoaufnahmen, außerbetriebliche Ausbildungsmaßnahmen, Sport, ärztlicher Notdienst, Reparaturwerkstätten für Kfz. Auch in diesen Fällen sollen mindestens **zwei Samstage** im Monat beschäftigungsfrei bleiben. Die Samstagsarbeit ist durch Freistellung an einem anderen berufsschulfreien Arbeitstag derselben Woche auszugleichen. Das kann auch ein Betriebsruhetag sein, wie er zB im Friseurhandwerk oder Gaststättengewerbe üblich ist. Auch eine kurzfristige Tätigkeit am Samstag verpflichtet den ArbGeb, den Jugendlichen an einem anderen Werktag freizustellen. 26

**i) Sonntagsruhe.** Auch an Sonntagen dürfen Jugendliche nicht beschäftigt werden (§ 17 JArbSchG). Das Beschäftigungsverbot gilt nicht für Krankenanstalten, Alten-, Pflege- und Kinderheime, in der Landwirtschaft und Tierhaltung mit Arbeiten, die durchgehend vorgenommen werden müssen, für Familienhaushalte, wenn der Jugendliche in die häusliche Gemeinschaft aufgenommen worden ist, im Schaustellergewerbe, bei Musikaufführungen, Theatervorstellungen und anderen Aufführungen sowie bei Direktsendungen im Hörfunk und Fernsehen, beim Sport, im ärztlichen Notdienst und dem Gaststättengewerbe. Jeder zweite Sonntag soll, mindestens zwei Sonntage im Monat müssen beschäftigungsfrei bleiben. Dem Jugendlichen ist für seine Sonntagsbeschäftigung unabhängig von der Zahl der geleisteten Arbeitsstunden ein Ersatzruhetag in derselben Woche zu gewähren. Der Ersatzruhetag kann nicht auf einen Berufsschultag gelegt werden. 27

**j) Feiertagsruhe.** Am 24. und 31. Dezember nach 14.00 Uhr und an gesetzlichen Feiertagen dürfen Jugendliche nicht beschäftigt werden (§ 18 JArbSchG). Der Ausnahmekatalog entspricht dem der Sonntagsarbeit. Beschäftigungsfrei müssen der 25. Dezember, der 1. Januar, der 1. Osterfeiertag und der 1. Mai bleiben. 28

**k) Notfälle** rechtfertigen Ausnahmen (§ 21 JArbSchG). Sämtliche Arbeitszeitschutzbestimmungen finden keine Anwendung, wenn Jugendliche mit vorübergehenden und unaufschiebbaren Arbeiten in Notfällen beschäftigt werden. Vorausgesetzt wird, dass ein erwachsener Beschäftigter nicht zur Verfügung steht. Notfall ist ein ungewöhnliches, unvorhergesehenes und vom Willen des Betroffenen unabhängiges, plötzlich eintretendes Ereignis, das erhebliche Gefahren in sich birgt. Die vom Jugendlichen über die zulässige tägliche oder wöchentliche Arbeitszeit hinaus geleistete Mehrarbeit ist innerhalb der folgenden drei Wochen auszugleichen. 29

**l) Ausnahmen vom Arbeitszeitschutz in Tarifverträgen.** Durch Tarifvertrag oder eine Betriebsvereinbarung aufgrund eines Tarifvertrages können tägliche und wöchentliche Arbeitszeit, Ruhepausen, Samstags-, Sonn- und Feiertagsarbeit anderweitig geregelt werden (§ 21a JArbSchG). Dieses Recht steht auch den Kirchen und den öffentlich-rechtlichen Religionsgesellschaften für ihre Arbeitsvertragsbedingungen zu. Eine weitergehende Ermächtigung zum Erlass von RechtsVO hat das BMW (§ 21b JArbSchG). 30

**6. Berufsschule und JArbSchG.** Seit dem 1.3.97 gilt für Jugendliche und Volljährige, die der Berufsschulpflicht unterliegen, unterschiedliches Recht. 31

**a) Jugendliche,** die im Inland in einem Arbeits- oder Ausbildungsverhältnis stehen, sind nach den Schulgesetzen der Länder nach Beendigung ihrer allgemeinen Schulpflicht verpflichtet, bis zum 18. Lebensjahr eine Berufsschule zu besuchen. 32

Der Jugendliche hat einen **Freistellungsanspruch** für die Dauer der Teilnahme am Berufsschulunterricht (§ 9 JArbSchG). Er darf im Betrieb nicht beschäftigt werden, wenn der Unterricht vor 9.00 Uhr beginnt, an einem Berufsschultag mit mehr als fünf Unterrichtsstunden von mindestens je 45 Minuten (einmal in der Woche), in Berufsschulwochen mit einem planmäßigen Blockunterricht von mindestens 25 Unterrichtsstunden an fünf Tagen. Zusätzliche betriebliche Ausbildungsveranstaltungen sind bis zu zwei Stunden in der Woche zulässig. Der Jugendliche muss tatsächlich am Unterricht teilnehmen. Hierzu hat ihn der ArbGeb anzuhalten. Unvorhergesehener Unterrichtsausfall verpflichtet den Jugendlichen nicht zum Erscheinen im Betrieb. Anderes gilt für einen angekündigten Unterrichtsausfall, der zur Unterschreitung der für das Beschäftigungsverbot maßgebenden Zeiten führt und auf den sich der Jugendliche einstellen konnte (OVG NRW 11.3.85 – 12 A 2697/82, DB 85, 2156: Ausfall wegen Rosenmontag). Der ArbGeb kann dann verlangen, dass der Jugendliche entweder arbeitet, oder sich einen Urlaubstag oder unbezahlten Urlaub nimmt.

33 **b) Anrechnung der Berufsschule auf die Arbeitszeit.** Ein Berufsschultag mit mehr als fünf Unterrichtsstunden von mindestens 45 Minuten wird auf die Arbeitszeit mit 8 Stunden, Berufsschulwochen mit 40 Stunden angerechnet, im Übrigen die Unterrichtszeit einschließlich der Pausen (§ 9 Abs 2 JArbSchG). Die Anrechnung bezieht sich auf die gesetzlich höchstzulässige Arbeitszeit von 40 Stunden/Woche, 8 Stunden/Tag und nicht auf die betriebsübliche tarifliche Arbeitszeit. Bei einer tariflichen Arbeitszeit von 37 Stunden und einem anrechenbaren Berufsschultag verbleiben 32 Stunden für die betriebliche Ausbildung (BAG 27.5.92 – 5 AZR 252/91, DB 93, 330; mit kritischer Anm *Mache* in AiB 93, 273). Eine anderweitige tarifliche Regelung steht den Tarifvertragsparteien frei. Die Gleichstellung des Berufsschulunterrichtes mit der Arbeitszeit bedingt, dass der Jugendliche, der an einem Samstag die Berufsschule besucht, an einem anderen Tag in der Woche freizustellen ist. Der Jugendliche hat für die durch den Berufsschulbesuch ausfallende Arbeitszeit Anspruch auf seine Vergütung nach dem **Lohnausfallprinzip.** Kurzarbeit oder generelle Arbeitsbefreiung der ArbN führen damit zur Verkürzung des Anspruchs des Jugendlichen.

34 **c) Prüfungen und außerbetriebliche Ausbildungsmaßnahmen.** Der Jugendliche ist zur Teilnahme an Prüfungen und Ausbildungsmaßnahmen, die aufgrund öffentlich-rechtlicher oder vertraglicher Bestimmungen außerhalb der Ausbildungsstätte durchzuführen sind, freizustellen (§ 10 Abs 1 Nr 1 JArbSchG). Der Freistellungsanspruch bezieht sich auf jegliche Prüfungen, also Zwischen-, Abschluss- oder Wiederholungsprüfungen. Er ist weiter freizustellen für den Arbeitstag, der der schriftlichen Abschlussprüfung unmittelbar vorangeht (§ 10 Abs 1 Nr 2 JArbSchG). Kein Freistellungsanspruch besteht mithin dann, wenn zwischen dem Tag der Abschlussprüfung und dem letzten Arbeitstag ein arbeitsfreies Wochenende liegt. Wegen der Gleichstellung von Berufsschule und Arbeitszeit gilt das dann nicht, wenn der Jugendliche am Tag vor der Prüfung die Berufsschule besucht oder seine praktische Prüfung abzulegen hat.

35 **d) Volljährige** (also Personen über 18 Jahren) unterliegen der Berufsschulpflicht, wenn sie sich in einem Berufsausbildungsverhältnis befinden. Seit dem 1.3.97 sind sie nicht mehr den Jugendlichen gleichgestellt. § 9 Abs 1 Nr 1 JArbSchG bestimmt lediglich, dass sie dann nicht zur Arbeit verpflichtet sind, wenn der schulische Unterricht vor 9 Uhr beginnt (§ 9 Abs 1 Nr 1 JArbSchG). Im Übrigen ist dieser Personenkreis aus dem Geltungsbereich des JArbSchG ausgenommen; anzuwenden sind ausschließlich die Bestimmungen für die Berufsausbildung nach dem BBiG. Das gilt etwa für die Freistellung zum Schulbesuch nach § 15 BBiG (BAG 26.3.01 – 5 AZR 413/99, NZA 01, 892), die Vergütung und die Berücksichtigung von Berufsschulzeiten als Arbeitszeit (→ *Ausbildungsverhältnis* Rn 25, 32).

36 **7. Urlaub.** Der ArbGeb hat **Jugendlichen** für jedes Kalenderjahr bezahlten Erholungsurlaub zu gewähren (§ 19 JArbSchG). Der Anspruch richtet sich im Wesentlichen nach den Bestimmungen des BUrlG. Mit den Modifikationen in § 19 wird vor allem dem **erhöhten Schutzbedürfnis** der Jugendlichen Rechnung getragen. Die **gesetzliche Mindestdauer** richtet sich nach dem Alter der Jugendlichen. Sie beträgt in der Altersgruppe bis 16 Jahre 30 Werktage, bis 17 Jahre 27 Werktage und bis 18 Jahre 25 Werktage. Eine Beschäftigung

im Bergbau unter Tage erhöht den Urlaub für jede Altersgruppe zusätzlich um drei weitere Werktage. Maßgebend ist das Alter **zu Beginn des Kalenderjahres;** Geburtstag am 1. Januar führt damit zur Anwendung der ungünstigeren Staffel. Wird der Jugendliche an weniger als sechs Werktagen in der Woche beschäftigt, ist der Urlaub auf **Arbeitstage** umzurechnen (→ *Urlaubsdauer* Rn 2). Bei zulässiger Kinderarbeit gilt § 19 aufgrund der Verweisungen in § 5 entsprechend. Bei unzulässiger **Kinderarbeit** gilt im Ergebnis nichts anderes. Nicht gewährter Urlaub ist abzugelten (Schadensersatz nach § 823 Abs 2 BGB iVm § 19 JArbSchG oder § 7 Abs 4 BUrlG analog). Bei Berufsschülern soll der Urlaub in den Berufsschulferien liegen. Andernfalls ist für jeden Berufsschultag während des Urlaubs ein zusätzlicher Urlaubstag zu gewähren. Vorausgesetzt wird, dass der Jugendliche am Unterricht teilnimmt oder aufgrund Krankheit entschuldigt fehlt.

**8. Beschäftigungsverbote und Beschränkungen.** Jugendliche dürfen nicht mit Ar- 37
beiten beschäftigt werden, die ihre physische oder psychische Leistungsfähigkeit übersteigen, bei denen sie sittlichen Gefahren ausgesetzt sind, die mit Unfallgefahren verbunden sind, von denen anzunehmen ist, dass Jugendliche sie wegen ihres mangelnden Sicherheitsbewusstseins, fehlender Erfahrung nicht erkennen oder abwenden können, bei denen ihre Gesundheit durch außergewöhnliche Hitze oder Kälte oder starke Nässe gefährdet ist, bei denen sie schädlichen Einwirkungen von Lärm, Erschütterungen, Strahlen oder schädlichen Einwirkungen von Gefahrstoffen iSd Gefahrstoffverordnung oder biologischen Arbeitsstoffen ausgesetzt sind (§ 22 Abs 1–7 JArbSchG).

Die fünf letztgenannten Beschäftigungsverbote gelten nicht, wenn die Arbeiten zur 38
Erreichung des Ausbildungsziels erforderlich sind. Die Aufsicht eines Fachkundigen muss gewährleistet sein. Bei betriebsärztlicher Betreuung oder Bestellung von Fachkräften zur Arbeitssicherheit sind diese heranzuziehen. Ein **absolutes Beschäftigungsverbot** besteht allerdings für den absichtlichen Umgang mit biologischen Arbeitsstoffen. Ein Beschäftigungsverbot besteht weiter für **Akkordarbeiten** und sonstige Arbeiten, bei denen durch ein gesteigertes Arbeitstempo ein höheres Entgelt erzielt werden kann (§ 23 JArbSchG). Unschädlich ist, wenn der Jugendliche ohne Zeit- oder Stückvorgabe Zeitlohn erhält. Das gilt dann nicht, wenn er in einer Akkord- oder vergleichbaren Arbeitsgruppe eingesetzt wird, es sei denn, diese Beschäftigung ist zur Erreichung des Berufsausbildungsziels erforderlich oder die Berufsausbildung ist bereits abgeschlossen.

**9. Ärztliche Untersuchungen.** Ein Jugendlicher, der in das Berufsleben eintritt, darf 39
nur beschäftigt werden, wenn er innerhalb der letzten 14 Monate von einem Arzt untersucht worden ist (Erstuntersuchung) und dem ArbGeb eine hierüber ausgestellte Bescheinigung vorlegt (§ 32 JArbSchG). Bei Wechsel des ArbGeb muss sich der neue ArbGeb über das Vorliegen der ärztlichen Bescheinigung vergewissern. Für die Untersuchung besteht freie Arztwahl. Notwendig ist eine Ganzkörperuntersuchung, wobei die vom Arzt zu berücksichtigenden Punkte im Einzelnen gesetzlich vorgegeben sind (§ 37 JArbSchG).

Der Jugendliche muss sich darüber hinaus einer **ersten Nachuntersuchung** unterziehen 40
(§ 33 JArbSchG). Sie muss innerhalb eines Jahres nach Aufnahme der ersten Beschäftigung erfolgen. Der ArbGeb muss den Jugendlichen auf dieses Erfordernis ausdrücklich hinweisen und ggf schriftlich zur Vorlage der ärztlichen Unbedenklichkeitsbescheinigung auffordern. Es besteht ein Beschäftigungsverbot, wenn der Jugendliche nach Ablauf von 14 Monaten nach Aufnahme der ersten Beschäftigung die Nachuntersuchung nicht belegt. Ein Beschäftigungsverbot besteht auch für die Aufnahme einer neuen Tätigkeit bei Wechsel des ArbGeb. Vor der Vorlage der ärztlichen Bescheinigungen über die Erst- und Nachuntersuchung darf der Jugendliche nicht beschäftigt werden (§ 36 JArbSchG). Weitere Nachuntersuchungen sind freiwillig (§ 34 JArbSchG). Für die Dauer der ärztlichen Untersuchung ist der Beschäftigte vom ArbGeb unter Fortzahlung der Vergütung freizustellen; die Kosten der Untersuchung trägt das Land.

**10. Besondere Fürsorgepflichten** treffen den ArbGeb bei der Beschäftigung von 41
Jugendlichen im Hinblick auf die Einrichtung und Unterhaltung der Arbeitsstätte einschließlich der Maschinen, Werkzeuge und Geräte. Auf das noch mangelnde Sicherheitsbewusstsein Jugendlicher ist unter Berücksichtigung arbeitsmedizinischer Regelungen und der sonstigen gesicherten arbeitswissenschaftlichen Erkenntnisse zu achten. Über die mit der Arbeit und am Arbeitsplatz sowie im Betrieb bestehenden Gefahren für die Gesundheit und

über die im Betrieb bestehenden Unfall- und Gesundheitsgefahren ist zu informieren (§ 12 JArbSchG). Gesonderte Anforderungen bestehen, wenn der ArbGeb den Jugendlichen in seine häusliche Gemeinschaft aufnimmt (§ 30 JArbSchG). Jegliche körperliche Züchtigung ist verboten. An Jugendliche unter 16 Jahren dürfen keine alkoholischen Getränke und an Jugendliche generell kein Branntwein, keine Tabakwaren, keine anderen nikotinhaltigen Erzeugnisse und keine nikotinfreien Erzeugnisse wie elektronische Zigaretten gegeben werden (§ 31 JArbSchG).

**B. Lohnsteuerrecht** *Weil*

42 Lohnsteuerrechtlich kann der Jugendarbeitsschutz in folgendem Zusammenhang Bedeutung erlangen: → *Arbeitsvertrag* Rn 85, 86; → *Ausbildungskosten* Rn 6 ff; → *Ausbildungsfreibetrag* Rn 2 ff; → *Ausbildungsverhältnis* Rn 86 ff; → *Beschäftigungsverbot* Rn 21; → *Minderjährige* Rn 32 ff; → *Familiäre Mitarbeit* Rn 43 ff.

**C. Sozialversicherungsrecht** *Schlegel*

43 S *Ausbildungsverhältnis; Ausbildungskosten.*

# Jugend- und Auszubildendenvertretung

**A. Arbeitsrecht** *Poeche*

**Übersicht**



1 **1. Allgemeines.** Die Vorschriften über die JAV finden sich in §§ 60–73b BetrVG. Die JAV ist kein selbstständiges, neben dem BRat stehendes betriebsverfassungsrechtliches Organ. Ihre Mitwirkung vollzieht sich grds über den BRat, der die Interessen aller ArbN und damit auch die der Jugendlichen und Auszubildenden gegenüber dem ArbGeb wahrzunehmen hat (BAG 13.3.91 – 7 ABR 89/89, NZA 92, 223; aA DKK/*Trittin* Rz 5). Daraus ergibt sich ein gegenüber den Aufgaben des BRat nur eingeschränkter Aufgaben- und Wirkungskreis der JAV. Mit der JAV wird den jüngeren ArbN eine besondere Vertretung

zur Verfügung gestellt, um ihre speziellen Interessen gegenüber dem BRat und damit mittelbar auch gegenüber dem ArbGeb zur Geltung zu bringen. Grundlage der JAV im **öffentlichen Dienst** sind die §§ 57–64 BPersVG und die jeweiligen Landesgesetze.

**2. Voraussetzungen. a) Betriebsbezogene Voraussetzungen.** Nach § 60 Abs 1 BetrVG ist in Betrieben mit idR mindestens fünf ArbN, die das 18. Lebensjahr noch nicht vollendet haben (jugendliche ArbN) oder die zu ihrer Berufsausbildung beschäftigt sind und das 25. Lebensjahr noch nicht vollendet haben, eine JAV zu wählen. Sämtliche in der Vorschrift verwendeten Begriffe sind iSd üblichen Sprachgebrauchs des BetrVG zu verstehen. So ist die **Mindestzahl** von fünf ArbN nach denselben Grundsätzen zu ermitteln wie die Zahl der wahlberechtigten ArbN nach § 1 BetrVG (→ *Betriebsrat* Rn 1). Es gilt der allgemeine **Betriebsbegriff** (Näheres *Betrieb (Begriff)*). Überlässt ein Betriebsinhaber einem Dritten Einrichtungen (Lehrwerkstatt), in denen der Dritte Auszubildende beschäftigt, so werden diese Auszubildenden daher nicht Mitglied der Belegschaft des Betriebsinhabers (BAG 4.4.90 – 7 ABR 91/89, NZA 90, 315). Findet die Berufsausbildung in **mehreren Betrieben eines Unternehmens** statt, ist der ArbN dem **Stammbetrieb** zuzuordnen. Das ist derjenige, in dem die für die Ausbildung wesentlichen und den Beteiligungsrechten des BRat/der JAV unterliegenden personellen und sozialen Entscheidungen getroffen werden, in dem also das Ausbildungsverhältnis begründet worden ist, in dem über Ausbildungsplan, Lage, Dauer, Folge und Inhalt der Ausbildungsabschnitte auch für die anderen Betriebe verbindlich entschieden wird (BAG 13.3.91 – 7 ABR 89/89, NZA 92, 223; → *Betriebliche Berufsbildung* Rn 1). Der ArbN ist dann nicht zusätzlich in einem der anderen Betriebe, in denen er vorübergehend ausgebildet wird, wahlberechtigt. Welchem Betrieb der Auszubildende zugeordnet ist, wenn die Berufsausbildung von **mehreren Unternehmen** durchgeführt wird, ist höchstrichterlich nicht geklärt (ausführlich *Fitting* § 60 Rz 19). Regelmäßig wird davon auszugehen sein, dass es auf den **Vertragsarbeitgeber** ankommt. Nicht ausgeschlossen erscheint, bei einer auf Dauer angelegten Übertragung der Ausbildung auf einen Dritten die Regelungen zur betriebsverfassungsrechtlichen Stellung der LeihArbN heranzuziehen (§ 7 Satz 2 BetrVG) mit der Folge, dass der Auszubildende bei der Ermittlung der Mindestgröße des Betriebs unberücksichtigt bleibt, wohl aber wahlberechtigt ist (aA HWK/*Schrader* § 60 Rz 8; → *Arbeitnehmerüberlassung/Zeitarbeit* Rn 58). 2

**b) Begriff Berufsbildung.** Der Begriff entspricht der Definition in § 5 Abs 1 BetrVG. Erfasst werden alle betrieblichen Ausbildungsgänge und nicht nur Berufsausbildungsverhältnisse iSv § 1 Abs 3 BBiG (BAG 30.10.91 – 7 ABR 11/91, NZA 92, 808). Die Berufsausbildung muss sich auf der Grundlage eines privatrechtlichen Ausbildungsvertrags im Rahmen der arbeitstechnischen Zwecksetzung des jeweiligen Ausbildungsbetriebs vollziehen. Daran fehlt es bei sog **reinen Ausbildungsbetrieben** (zB Berufsbildungswerken). Die dort zu ihrer Berufsausbildung Beschäftigten sind betriebsverfassungsrechtlich nicht in den Betrieb eingegliedert. Ihre Ausbildung ist vielmehr selbst Zweck des Betriebs (BAG 13.6.07 – 7 ABR 44/06, NZA-RR 08, 19; BAG 16.11.11 – 7 ABR 48/10, BeckRS 2012, 68564; vgl auch → *Rehabilitation (berufliche)* Rn 4). Statt der JAV wählen sie nach § 51 BBiG eine **besondere Interessenvertretung.** In der Praxis läuft diese Vorschrift noch leer, da die zur Regelung der Einzelheiten in § 52 BBiG vorgesehene RechtsV noch fehlt. An einer Eingliederung in den Betrieb fehlt es auch bei einer rein schulischen Ausbildung. Die betrieblich-praktische Ausbildung muss vielmehr überwiegen oder der schulischen Ausbildung zumindest gleichwertig sein (BAG 6.11.13 – 7 ABR 76/11, NZA 14, 678 zur Ausbildung in einem Klinikum und in der ihm angegliederten Schule). 3

**c) Bestehender Betriebsrat.** Im Betrieb muss ein BRat gebildet sein. Das macht schon die gesetzliche Konzeption deutlich, nach der die JAV ausschließlich mit seiner Hilfe tätig werden kann. Ihr Ansprechpartner ist der BRat und nicht der ArbGeb. Bestätigt wird das durch die Wahlvorschriften. § 80 Abs 1 Nr 5 BetrVG verpflichtet den BRat, die Wahl der JAV vorzubereiten und durchzuführen. Ob eine JAV im Einzelfall erforderlich erscheint, ist unerheblich. Der BRat hat insoweit keinen Beurteilungsspielraum. Bleibt er trotz der **obligatorischen Errichtung** der JAV untätig, kommen Sanktionen nach § 23 BetrVG in Betracht *(Amtspflichtverletzung (Betriebsrat))*. Eine in einem betriebsratslosen Betrieb gleichwohl erfolgte Wahl einer JAV ist nichtig. Dagegen lässt ein **vorübergehender Wegfall** des BRat, etwa infolge einer erfolgreichen Wahlanfechtung, eine bestehende JAV unberührt. 4

Eine Zeitspanne von sechs Monaten bis zur Neuwahl des BRat erscheint in Anlehnung an das Übergangsmandat nach § 21a BetrVG angemessen (→ *Betriebsrat* Rn 4). Angesichts der klaren gesetzlichen Regelung, nach der die JAV nach außen auf die Interessenwahrnehmung durch den BRat angewiesen ist, kann sie allerdings in der betriebsratslosen Zeit nur intern als Gremium arbeiten. Sie erwirbt nicht das Recht, die Interessen der jungen ArbN unmittelbar gegenüber dem ArbGeb zu vertreten (aA DKK/*Trittin* § 60 Rz 30). Bei einer betriebsrätlichen Spartenstruktur kann die Wahl zur JAV abweichend erfolgen. Die Struktur der JAV muss nicht der Betriebsratsstruktur folgen (ArbG Köln 27.4.15 – 15 BV 315/14, BeckRS 2015, 71354).

5 **3. Wahlberechtigung und Wählbarkeit.** Wahlberechtigt sind alle ArbN iSv § 60 Abs 1 BetrVG (§ 61 Abs 1). Stichtag für die Altersgrenzen von 18 oder 25 Jahren ist der **Wahltag;** bei einer über mehrere Tage andauernde Wahl der letzte Tag. Das gilt auch für das Bestehen eines Ausbildungsverhältnisses. ArbN in Berufsausbildung können vor Vollendung des 25. Lebensjahres sowohl an der Wahl des BRat als auch an der Wahl der JAV teilnehmen. Der Kreis der wählbaren ArbN ist dagegen größer; er ist nicht auf Auszubildende beschränkt. **Wählbar** sind **alle Arbeitnehmer** bis zur Vollendung des 25. Lebensjahres (§ 61 Abs 2 Satz 1). Es gibt **kein Mindestalter.** Der minderjährige ArbN kann ohne Zustimmung seiner gesetzlichen Vertreter kandidieren. Stichtag für die **Höchstaltersgrenze** ist der **Tag der Bekanntmachung des Wahlergebnisses,** wie sich aus § 64 Abs 3 BetrVG ergibt. Ausgeschlossen sind ArbN, die infolge strafgerichtlicher Verurteilung ihre Wählbarkeit bei öffentlichen Wahlen verloren haben (§ 8 BetrVG). Nicht wählbar ist, wer bereits **Mitglied des Betriebsrats** ist (§ 61 Abs 2 Satz 2). Der gesetzliche Ausschluss von Doppelmandaten beruht darauf, dass JAVMitglieder unter den in § 67 BetrVG bestimmten Voraussetzungen berechtigt sind, bei Beschlüssen des BRat (mit-)zustimmen. Die Eigenschaft als **Ersatzmitglied** des BRat steht einer Kandidatur zur JAV nicht entgegen. Anderes gilt, wenn der junge ArbN endgültig in den BRat nachgerückt ist. Streitig ist, ob das passive Wahlrecht dann entfällt, wenn der junge ArbN als Ersatzmitglied des BRat für ein vorübergehend verhindertes BRatMitglied tätig geworden ist. Der Streit geht auf die gesetzlichen Regelung zurück, nach der das Amt in der JAV mit dem Verlust der Wählbarkeit erlischt (§ 65 Abs 1 iVm § 24 Nr 4 BetrVG). Das BAG nimmt an, ein Mitglied der JAV verliere sein Amt bereits dann, wenn es für ein zeitweilig verhindertes BRatMitglied (einmalig) hinzugezogen werde und an der Sitzung des BRat teilnehme. Das Amt in der JAV soll mangels einer gesetzlichen Regelung nach Sitzungsende nicht wieder aufleben (BAG 21.8.79 – 6 AZR 789/77, BB 80, 314; *Fitting* § 61 Rz 14; ErfK/*Koch* § 61 BetrVG Rz 1: aA mit beachtlichen Gründen DKK/*Trittin* § 61 Rz 16; *Richardi/Annuß* § 61 Rz 11). Eine Änderung der Rspr ist kaum zu erwarten. Der ArbN muss sich daher zwischen BRat und JAV entscheiden. Will er sich sein Amt in der JAV erhalten, kann er sich im Fall seiner Heranziehung als Ersatzmitglied des BRat für verhindert erklären oder sein Amt als BRat niederlegen (LAG Hess 6.9.01 – 12 TaBV 47/01, LAGReport 02, 133).

6 **4. Zahl der Jugend- und Auszubildendenvertreter.** Die Größe der JAV richtet sich nach der Zahl der ArbN iSv § 60 Abs 1 BetrVG (§ 62 Abs 1 BetrVG) und wird vom Wahlvorstand nach den allgemein geltenden Grundsätzen festgelegt. Die Staffel reicht von einer Person (fünf bis 20 ArbN) bis 15 Personen (mehr als 1000 ArbN). Sind nicht genügend Wahlbewerber vorhanden, gilt die nächst niedrige Beschäftigtenzahl (§ 11 BetrVG). Bei einer vorzeitigen Wahl ist darauf abzustellen, wie viele jugendliche ArbN und Auszubildende zur Zeit des für diese Wahl erlassenen Wahlausschreibens regelmäßig beschäftigt sind (BAG 22.11.84 – 6 ABR 9/84, NZA 85, 715). Die Wahl einer irrtümlich zu hohen Zahl von Vertretern macht die Wahl nicht nichtig. Wird die Wahl nicht angefochten, bleibt es bei der vom Wahlvorstand festgelegten Zahl. der gewählten Vertreter (BAG 14.1.72 – 1 ABR 6/71, DB 72, 686). Nach § 62 Abs 2 BetrVG soll sich die JAV möglichst aus Vertretern der verschiedenen Beschäftigungsarten und Ausbildungsberufen zusammensetzen. Hierauf ist bereits bei der Erstellung der Wahlvorschläge zu achten (§ 38 WO). Verstöße sind angesichts der Ausgestaltung der Vorschrift als Sollvorschrift unschädlich. § 62 Abs 3 BetrVG sichert die **Geschlechterrepräsentanz** für eine JAV mit mindestens drei Mitgliedern. Ist unter den Beschäftigten ein Geschlecht in der Minderheit, muss es mindestens entsprechend diesem

zahlenmäßigen Verhältnis in der JAV vertreten sein. Ist das nicht der Fall, ist die Wahl wegen eines wesentlichen Verstoßes gegen Wahlvorschriften nach § 19 BetrVG anfechtbar.

**5. Wahlvorschriften und Amtszeit.** Die regelmäßigen Wahlen finden nach § 64 Abs 1 BetrVG zeitversetzt zu den Wahlen zum BRat alle zwei Jahre in der Zeit vom 1. Oktober bis 30. November statt. Für Wahlen außerhalb dieser Zeit sind die für den BRat geltenden Bestimmungen entsprechend anzuwenden (→ *Betriebsrat* Rn 2). **Wahlvorschriften** enthält § 63 BetrVG. Danach wird die JAV in geheimer und unmittelbarer Wahl gewählt. Der Wahlvorstand ist vom **Betriebsrat** zu bestellen (zur Wahl der JAV *Schwarzenbach* AiB 9/2014, 50. Kommt er dieser Pflicht nicht bis spätestens sechs Wochen vor Ablauf der Amtszeit der JAV nach, kann die JAV die Bestellung des Wahlvorstands durch das ArbG beantragen. Im Übrigen gelten auch hier weitgehend die für den BRat maßgeblichen Bestimmungen entsprechend. Das gilt auch für die **Wahlanfechtung** (BAG 22.11.84 – 6 ABR 9/84, NZA 85, 715). Die **Amtszeit** beträgt **zwei Jahre.** Sie **beginnt** mit der Bekanntgabe des Wahlergebnisses (§ 60 Abs 2 BetrVG). Besteht bereits eine JAV, verschiebt sich der Beginn auf das Ende von deren Amtszeit, also spätestens auf den 30. November des regulären Wahljahres. Sie **endet grundsätzlich** mit Ablauf der **Amtszeit der JAV.** Nach § 64 Abs 3 BetrVG verliert ein Mitglied der JAV, das im Laufe der Amtszeit das 25. Lebensjahr vollendet, seine Mitgliedschaft nicht. Seine Amtszeit endet erst mit dem regulären Ablauf der Amtszeit der JAV. Zum Ende der Amtszeit wegen Verlustes der Wählbarkeit gelten die Ausführungen in → Rn 5. 7

**6. Geschäftsführung.** Nach § 65 Abs 1 BetrVG sind weitgehend die für den BRat geltenden Bestimmungen entsprechend anzuwenden. „Entsprechende Anwendung" bedeutet hier eine Auslegung der Vorschriften, bei der die speziell der JAV zugewiesenen Aufgaben berücksichtigt werden (BAG 20.11.73 – 1 AZR 331/73, BB 74, 416). Im Einzelnen sind genannt: 8

**a) § 23 Abs 1 BetrVG: Grobe Pflichtverletzung.** Diese kann zur gerichtlichen Auflösung der JAV und Ausschluss aus der JAV bei grober Verletzung der Amtspflichten führen. Die Voraussetzungen entsprechen denen des BRat (→ *Amtspflichtverletzung (Betriebsrat)* Rn 5). Antragsberechtigt sind der ArbGeb, eine im Betrieb vertretene Gewerkschaft sowie ein Viertel der nach § 61 BetrVG Wahlberechtigten. Den Ausschluss eines Mitgliedes kann auch die JAV beantragen. Der BRat ist wegen seiner allgemeinen Überwachungspflicht (§ 80 Abs 1 BetrVG) stets antragsberechtigt (*Fitting* § 65 Rz 4; aA DKK/*Trittin* § 65 Rz 3). Nicht genannt ist § 23 Abs 2 BetrVG. Das ArbG setzt daher im Fall der Auflösung der JAV keinen Wahlvorstand für die Neuwahl ein. Deren Organisation ist Sache des BRat nach § 63 BetrVG. 9

**b) § 24 BetrVG: Erlöschen der Mitgliedschaft.** Die Beendigungstatbestände entsprechen denen des BRat: Ablauf der Amtszeit, Niederlegung des Amtes, Beendigung des Arbeits- oder Ausbildungsverhältnisses, Verlust der Wählbarkeit (mit Ausnahme: Vollendung des 25. Lebensjahres), Amtsenthebung oder Auflösung der JAV, Feststellung der Nichtwählbarkeit. 10

**c) § 25 BetrVG: Ersatzmitglieder.** Bei Ausscheiden eines Mitglieds der JAV rückt ein Ersatzmitglied nach. War die JAV nach den Grundsätzen der Verhältniswahl gewählt, ist das der nächste nicht gewählte Listenbewerber. Bei Mehrheitswahl rückt der Kandidat mit der höchsten Stimmenzahl nach. Hat das Ersatzmitglied nach der Wahl aber vor Amtsantritt das 25. Lebensjahr vollendet, kommt ein Nachrücken nicht mehr in Betracht. Die Vollendung des 25. Lebensjahres ist nur dann unschädlich, wenn sie nach Amtsantritt eintritt (LAG Düsseldorf 13.10.92 – 8 TaBV 119/92, NZA 93, 474 (Ls); *Richardi/Annuß* § 65 Rz 8; aA DKK/*Trittin* § 65 Rz 7). 11

**d) § 26 BetrVG: Vorsitz und Stellvertretung.** Die JAV wählt aus ihrer Mitte einen Vorsitzenden und dessen Stellvertreter. Der Vorsitzende oder im Fall seiner Verhinderung der Stellvertreter vertreten die JAV im Rahmen der gefassten Beschlüsse und sind empfangszuständig für die der JAV gegenüber abzugebenden Erklärungen. Damit ist kein Recht zur Außenvertretung verbunden. Ansprechpartner der JAV ist der BRat und nicht der ArbGeb. 12

**e) § 28 Abs 1 Sätze 1 und 2 BetrVG: Ausschüsse.** In Betrieben mit mehr als 100 ArbN iSv § 60 Abs 1 BetrVG kann die JAV Ausschüsse bilden und ihnen bestimmte Aufgaben übertragen, allerdings nicht zur selbstständigen abschließenden Erledigung. Auf § 28 Abs 1 Satz 3 und Abs 2 BetrVG ist nicht verwiesen. Das gilt auch für § 27 BetrVG. Die JAV kann daher **keinen Betriebsausschuss** bilden. 13

14 **f) §§ 29, 30 BetrVG: Sitzungen.** Die JAV ist berechtigt, **eigene Sitzungen** abzuhalten. Hierüber ist der BRat lediglich zu verständigen; sein Einverständnis ist nicht erforderlich (§ 65 Abs 2 BetrVG). Die Sitzungen sind vom Vorsitzenden einzuberufen; sie finden grds während der Arbeitszeit statt und sind nicht öffentlich.

15 **g) § 31 BetrVG: Teilnahme der Gewerkschaften.** Insoweit ist zu unterscheiden: Beschließt die JAV mehrheitlich, einen Beauftragten der Gewerkschaft zur Sitzung heranzuziehen, so genügt es, wenn die Gewerkschaft im Betriebsrat vertreten ist. Beantragt dagegen ein Viertel der Mitglieder der JAV die Hinzuziehung, ist wegen der gebotenen „entsprechenden" Anwendung des § 31 BetrVG zu verlangen, dass die Gewerkschaft in der JAV vertreten ist. Das Teilnahmerecht einer nur im BRat und nicht auch in der JAV vertretenen Gewerkschaft kann sich außerdem aus einem entsprechenden Heranziehungsbeschluss des BRat ergeben (ausführlich *Fitting* § 65 Rz 9).

16 **h) § 33 Abs 1 und 2 BetrVG: Beschlüsse.** Die Beschlüsse der JAV werden, soweit gesetzlich nichts anderes bestimmt ist, mit der Mehrheit der Stimmen der anwesenden Mitglieder gefasst. Bei Stimmengleichheit ist der Antrag abgelehnt. Beschlussfähig ist die JAV, wenn mindestens die Hälfte ihrer Mitglieder an der Beschlussfassung teilnimmt. Stellvertretung durch Ersatzmitglieder ist zulässig. **Absolute Mehrheit** ist erforderlich bei Beschlüssen über ihren Rücktritt (§ 64 iVm § 13 Abs 2 Nr 3 BetrVG), Erlass der Geschäftsordnung (§ 36 BetrVG), Beauftragung der GesJAV nach § 73 Abs 2 BetrVG); Antrag auf Aussetzung eines Beschlusses des BRat nach § 66 iVm § 35 BetrVG). Die gesetzlich gebotene „entsprechende" Anwendung der Vorschriften über die Beschlüsse erweitert die Rechte der JAV nicht. **§ 34 Sitzungsniederschriften** sind zu fertigen: Die JAV soll sich ferner im Interesse der Transparenz nach Maßgabe des **§ 36** eine schriftliche **Geschäftsordnung** geben.

17 **i) § 37 BetrVG: Ehrenamtliche Tätigkeit/Arbeitsversäumnis.** Die Mitglieder der JAV führen ihr Amt unentgeltlich als Ehrenamt (Abs 1). Sie haben Anspruch auf bezahlte Arbeitsbefreiung, soweit dies zur Aufgabenerfüllung erforderlich ist (Abs 2). Werden sie aus betriebsbedingten Gründen außerhalb der Arbeitszeit tätig, können sie Freizeitausgleich beanspruchen. Die außerhalb der Arbeitszeit erbrachte Tätigkeit ist keine „Beschäftigung" des ArbN iSd JugArbSchG, so dass dessen Bestimmungen nicht anzuwenden sind. Der Ausgleich sollte vorrangig durch Freistellung erfolgen. Ist das aus betrieblichen Gründen nicht möglich, ist die Mehrarbeit in der üblichen Weise zu vergüten (Abs 3). Ferner gelten das Benachteiligungsverbot und die Verdienstsicherung der Abs 4 und 5 (→ *Betriebsratsfreistellung* Rn 35).

18 **j) § 40 BetrVG:** Der JAV kann gem § 65 Abs 1 iVm § 40 Abs 2 BetrVG ein eigener Büroraum zustehen. Sie kann nicht auf die Büroräume des BRat verwiesen werden, da sie ihre Aufgaben unabhängig von diesem erledigt (LAG SchlHol 31.5.17 – 1 TaBV 48/16, BeckRS 2017, 124881).

19 **7. Schulungs- und Bildungsveranstaltungen.** Die Mitglieder der JAV haben Anspruch auf Teilnahme an **Schulungs- und Bildungsveranstaltungen.** Diese müssen Kenntnisse vermitteln, die nach § 37 Abs 6 BetrVG für die Arbeit in der JAV erforderlich oder nach Abs 7 als geeignet anerkannt sind (Näheres *Betriebsratsschulung*). Bei der Anwendung des Abs 6 ist der im Verhältnis zum BRat eingeschränkte Aufgaben- und Wirkungskreis der JAV zu berücksichtigen. Andererseits verfügen die jungen ArbN aufgrund ihres Alters regelmäßig über einen geringeren Erfahrungsschatz. Dieser Umstand kann einen im Verhältnis zu einem BRatMitglied erhöhten Schulungsbedarf bedingen (*Fitting* § 65 Rz 14 ff; aA *Richardi/Annuß* § 65 Rz 41). Ob eine Schulung **erforderlich** ist, bestimmt sich zunächst nach den Aufgaben der JAV. Zwanglos anzuerkennen sind Schulungen über die **Aufgaben der JAV,** Pflichten und Rechte der Mitglieder (BAG 10.5.74 – 1 ABR 60/73, BB 74, 1205). Das gilt auch hinsichtlich der Vermittlung von Grundkenntnissen des BetrVG, insbesondere bei einem erstmals zur JAV gewählten ArbN. Dagegen hält das BAG Kenntnisse des **BBiG** wegen dessen vorwiegend arbeitsvertraglicher Ausrichtung und des **JArbSchG** wegen seiner „Lesbarkeit" und des möglichen Eigenstudiums nicht „in diesem Umfang" für erforderlich (BAG 10.5.74 – 1 ABR 57/73, BB 74, 255). Das erscheint mit der allgemeinen Überwachungsaufgabe der JAV nach § 70 BetrVG nicht vereinbar (*Fitting* § 65 Rz 15; DKK/*Trittin* § 65 Rz 22). Ob **allgemeine Kenntnisse des Arbeitsrechts**

erforderlich sind oder ob der junge ArbN insoweit auf eine Schulung iSv Abs 7 angewiesen ist, ist streitig (*Fitting* § 65 Rz 15 mwN). Die Behandlung eines Sachbereichs, der nach § 87 BetrVG mitbestimmungspflichtig ist, macht die Schulung allein noch nicht erforderlich. Im Mittelpunkt müssen spezifisch junge ArbN betreffende Fragen stehen (BAG 10.6.75 – 1 ABR 139/73, BB 75, 1112 zum Thema Gesundheitsschutz). Die Teilnahme des nicht endgültig nachgerückten Ersatzmitglieds einer einköpfigen JAV ist im Regelfall nicht erforderlich (BAG 10.5.74 – 1 ABR 47/73, BB 74, 1206). Anderes kommt in Betracht, wenn das Ersatzmitglied häufig und für längere Zeit den Jugend- und Auszubildendenvertreter vertreten muss.

**Formelle Voraussetzung** einer rechtswirksamen Entsendung zu einer Schulungsveranstaltung ist ein Beschluss des BRat (BAG 15.1.92 – 7 ABR 23/90, NZA 93, 189 mwN). Er und nicht der GBRat ist auch dann zuständig, wenn der Teilnehmer Mitglied der GesamtJAV ist (BAG 20.11.73 – 1 AZR 331/73, BB 74, 416). An der Beschlussfassung des BRat ist die JAV nach § 67 Abs 2 BetrVG mit vollem Stimmrecht zu beteiligen (*Fitting* § 65 Rz 17). **Kosten und Sachaufwand** trägt der ArbGeb (§ 40 BetrVG). Das gilt nicht für Anwaltskosten, die einem ArbN im Zusammenhang mit der Durchsetzung eines Weiterbeschäftigungsanspruchs nach § 78a BetrVG entstehen (BAG 5.4.2000 – 7 ABR 6/99, BB 2000, 2280). Auch darf der BRat neben der Mandatierung eines ihn vertretenden Rechtsanwalts nicht noch die Mandatierung eines die JAV vertretenden weiteren Rechtsanwalts in einem solchen Verfahren für erforderlich halten (BAG 18.1.12 – 7 ABR 83/10, NZA 12, 683). Im Übrigen gelten die allgemein für den BRat geltenden Vorschriften (hierzu *Betriebsratskosten*). Es besteht ferner das **Umlageverbot des § 41 BetrVG.**

**8. Sitzungen.** Nach der ausdrücklichen Regelung in § 65 Abs 2 BetrVG kann die JAV 20
nach Verständigung des BRat **Sitzungen** abhalten. Der BRat ist nur zu informieren; seine Zustimmung ist nicht erforderlich. Für die Sitzungen gilt § 29 BetrVG entsprechend. Der BRatVorsitzende oder ein beauftragtes Mitglied können an den Sitzungen teilnehmen.

**9. Aufgaben.** Die JAV soll die besonderen Belange der von ihr vertretenen ArbN wahr- 21
nehmen (§ 60 Abs 2 BetrVG). Die ihr hierzu übertragenen allgemeinen Aufgaben sind in § 70 Abs 1 BetrVG aufgelistet. Die Vorschrift lehnt sich an die in § 80 BetrVG umschriebenen allgemeinen Aufgaben des BRat an. Die JAV kann Maßnahmen, die den ArbN des § 60 Abs 1 BetrVG dienen, beim BRat **beantragen.** Ausdrücklich genannt werden Fragen der Berufsausbildung und der Übernahme der Auszubildenden in ein Arbeitsverhältnis (Nr 1) sowie Maßnahmen zur Durchsetzung der tatsächlichen Gleichstellung von Mann und Frau entsprechend § 80 Abs 1 Nr 2a und 2b (Nr 1a). Hierzu kann zB die Durchführung einer Fragebogenaktion unter den Jugendlichen und Auszubildenden gehören, soweit sich die Fragebogen im Rahmen der gesetzlichen Aufgaben der JAV und des BRat halten und Betriebsablauf und Betriebsfrieden nicht gestört werden (BAG 8.2.77 – 1 ABR 82/74, BB 77, 642). Zu den Aufgaben gehört außerdem die **Überwachung** der Einhaltung geltender Gesetze, Verordnungen, UVV, Tarifverträge und Betriebsvereinbarungen (Nr 2). Das Überwachungsrecht beschränkt sich nicht auf den typischen *Jugendarbeitsschutz.* Einbezogen sind auch alle anderen Vorschriften, soweit sie ebenfalls dem Schutz Jugendlicher und Auszubildender dienen. Das macht die JAV aber nicht zu einem eigenständigen Kontrollorgan. Vielmehr ist sie auf die Mitwirkung des BRat angewiesen und hat deshalb die Zustimmung des BRat einholen, wenn sie Arbeitsplätze der von ihr vertretenen ArbN aufsuchen will. Hierzu hat die JAV den BRat zu unterrichten, in welcher Weise das Überwachungsrecht ausgeübt werden soll. Das Überwachungsrecht ist nicht davon abhängig, dass im Einzelfall der konkrete Verdacht besteht, der ArbGeb halte die maßgeblichen Schutzbestimmungen nicht ein (BAG 21.1.82 – 6 ABR 17/79, BB 82, 1236). Des Weiteren geht es um die Entgegennahme von **Anregungen** und, falls sie berechtigt erscheinen, darum, beim BRat auf deren Erledigung hinzuwirken (Nr 3). Dazu gehört auch die Bearbeitung von **Beschwerden.** Die Betroffen sind über den Stand und das Ergebnis der Verhandlungen zu informieren. Schließlich hat die JAV die Integration ausländischer ArbN im Betrieb zu fördern und entsprechende Maßnahmen zu beantragen (Nr 4).

**10. Zusammenarbeit mit dem Betriebsrat. a) Teilnahmerecht an Betriebsrats-** 22
**sitzungen und Stimmrecht.** Zur Durchführung der ihr obliegenden Aufgaben begründet das BetrVG abgestufte Rechte der JAV gegenüber dem BRat. So hat sie nach § 67 Abs 1

Satz 1 BetrVG ein **Teilnahmerecht** an allen Sitzungen des BRat, zu denen sie einen von ihr bestimmten Vertreter (Mitglied der JAV/kein nicht nachgerücktes Ersatzmitglied) entsenden kann. Richtigerweise gilt das auch dann, wenn der BRat bestimmte Aufgaben nicht selbst behandelt, sondern diese einem Ausschuss vorbereitend oder zur selbstständigen Erledigung übertragen sind, soweit die Beschlüsse die Belange der jungen ArbN betreffen (*Richardi/Annuß* § 67 Rz 18; *Fitting* § 67 Rz 6, 18). Behandelt der BRat Angelegenheiten, die **besonders** die von der JAV repräsentierten ArbN betreffen, so können alle Mitglieder der JAV an der Sitzung (bei diesem Tagesordnungspunkt) teilnehmen (Satz 2). Das behandelte Thema muss sich gerade auf die ArbN in ihrer Eigenschaft als Jugendliche und Auszubildende beziehen, also altersspezifisch sein oder durch die Ausbildungssituation gekennzeichnet (Berufsschulferien und Urlaubsplan; Kündigung und Schulungsteilnahme eines Mitglieds der JAV Fragen der betrieblichen Bildung; Arbeitsschutz in der Lehrwerkstatt; Bestellung eines Ausbildungsleiters uÄ). Einzelheiten sind streitig. Die teilnehmenden Mitglieder der JAV haben **Stimmrecht,** soweit die zu fassenden Beschlüsse des BRat **überwiegend** junge ArbN betreffen (Abs 2). Das Stimmrecht setzt das besondere Teilnahmerecht voraus. Der Begriff „überwiegend" ist quantitativ zu verstehen. Maßgeblich ist, ob der vom BRat zu fassende Beschluss mehrheitlich junge ArbN betrifft. Das gilt auch für personelle Einzelmaßnahmen. Bei Kündigung oder Beschluss über Schulungsteilnahme ist die gesamte JAV teilnahme- und stimmberechtigt.

23 **b) Aussetzung von Beschlüssen des Betriebsrats.** Dringt die JAV mit ihren Vorstellungen beim BRat nicht durch, so kann sie dessen anders lautende Beschlussfassung im Ergebnis nicht verhindern. Sie kann nur einen **Zeitaufschub** erreichen. Hält sie mehrheitlich einen Beschluss des BRat als eine erhebliche Beeinträchtigung wichtiger Interessen der von repräsentierten ArbN, so ist auf ihren Antrag der Beschluss auf die Dauer von einer Woche auszusetzen, damit in dieser Frist eine Verständigung, ggf. mit Hilfe der im Betrieb vertretenen Gewerkschaft versucht werden kann, § 66 BetrVG. Wird der Beschluss bestätigt, so kann der Antrag auf Aussetzung nicht wiederholt werden. Das gilt auch dann, wenn der erste Beschluss nur unerheblich geändert wird.

24 **c) Angelegenheiten junger Arbeitnehmer.** Auf **Antrag der JAV** hat der BRat ferner Angelegenheiten, die besonders die jungen ArbN betreffen, auf die nächste Tagesordnung zu setzen (§ 67 Abs 3 BetrVG). Die Angelegenheit muss vorher von der JAV „beraten" worden sein. Das Verhältnis JAV – BRat ist keine „Einbahnstraße". Der BRat, der sich einer solchen besonderen Angelegenheit annehmen will, soll sie der JAV zuleiten. Nach § 70 Abs 2 BetrVG hat der BRat außerdem stets, also nicht nur in Fällen besonderer/überwiegender Betroffenheit, auf Verlangen der JAV die zur Durchführung der Aufgaben erforderlichen Unterlagen zur Verfügung zu stellen und sie auch im Übrigen rechtzeitig und umfassend zu unterrichten.

25 **11. Sprechstunden.** Eigene Sprechstunden während der Arbeitszeit kann die JAV nur in Betrieben einrichten, die idR mehr als **fünfzig Jugendliche/Auszubildende** beschäftigen. Entscheidet sich die JAV für die Einführung von Sprechstunden, sind Zeit und Ort vom BRat mit dem ArbGeb zu vereinbaren (§ 69 BetrVG). Kommt eine Einigung nicht zustande, entscheidet die Einigungsstelle. An den Sprechstunden kann der BRatVorsitzende oder ein beauftragtes BRatMitglied beratend teilnehmen. Führt die JAV keine eigenen Sprechstunden durch, kann ein Mitglied der JAV an den Sprechstunden des BRat beratend teilnehmen, soweit Angelegenheiten der von ihr repräsentierten ArbNGruppe angesprochen sind (§ 39 Abs 2 BetrVG). Konkret heißt das, dass das Mitglied der JAV den Raum verlassen muss, wenn die Belange anderer ArbN erörtert werden.

26 **12. Jugend- und Auszubildendenversammlung.** Das Gesetz stellt den Jugendlichen und Auszubildenden mit der Jugend- und Auszubildendenversammlung ein eigenes Forum zur Verfügung, um die sie betreffenden Angelegenheiten unter sich besprechen zu können. Sie kann im Einvernehmen mit dem BRat vor oder nach jeder Betriebsversammlung durchgeführt werden. **Voraussetzung** sind ein Beschluss der JAV und die Zustimmung des BRat zur Durchführung der Jugend- und Auszubildendenversammlung, zu deren zeitlicher Lage und zu den zu behandelnden Themen. Soll die Versammlung zu einem anderen Zeitpunkt einberufen werden, bedarf es insoweit auch der Zustimmung des ArbGeb (§ 71 BetrVG). In jedem Fall ist der ArbGeb zur Versammlung unter Mitteilung der Tagesordnung einzuladen.

Er ist berechtigt, in den Versammlungen das Wort zu ergreifen. Ein **Teilnahmerecht** hat außerdem der BRat, das vom Vorsitzenden oder einem beauftragten Mitglied wahrgenommen werden kann. Im Übrigen gelten für die **Durchführung** der Versammlung die für Betriebsversammlungen geltenden Bestimmungen entsprechend: Zeitpunkt und Verdienstausfall (§ 44), Themenwahl (§ 45) und Teilnahmerecht der Verbände (§ 46). Hierzu *Betriebsversammlung.*

**13. Gesamt-Jugend- und Auszubildendenvertretung.** Sie entspricht auf Unterneh- 27
mensebene dem GBRat und ist zu errichten, wenn in dem Unternehmen mehrere JAV bestehen. Außerdem muss ein GBRat errichtet sein. Das Verhältnis JAV zur GesamtJAV entspricht dem Verhältnis BRat zu GBRat; das gilt auch hinsichtlich der Zuständigkeiten. Jede JAV entsendet ein Mitglied; außerdem ist mindestens ein Ersatzmitglied zu bestellen und die Reihenfolge des Nachrückens zu bestimmen. Ein der BRäteVersammlung entsprechendes Gremium besteht nicht. Die GesamtJAV kann **Sitzungen** abhalten. Hierzu bedarf es keiner Zustimmung des GBRat; dieser ist lediglich vorher zu verständigen. An den Sitzungen kann der Vorsitzende des GBRat oder ein beauftragtes Mitglied teilnehmen (§ 73 Abs 1 BetrVG). Im Übrigen verweist § 73 Abs 2 BetrVG im Wesentlichen auf die für die JAV geltenden Normen. Über die Teilnahme eines Mitglieds der GesamtJAV an einer **Schulungsmaßnahme** hat der BRat der im Betrieb gewählten JAV zu bestimmen und nicht der GBRat, JAV oder GesamtJAV (BAG 10.6.75 – 1 ABR 140/73, BB 75, 1344).

**14. Konzern-Jugend- und Auszubildendenvertretung.** Deren Errichtung ist ebenso 28
wie die des KBRat fakultativ und kommt rechtlich unter denselben Voraussetzungen wie die Errichtung des KBRat in Betracht (Näheres *Konzernbetriebsrat*). Erforderlich ist ein Beschluss einer einzelnen GesamtJAV und die Zustimmung der GesamtJAV der Konzernunternehmen, in denen insgesamt mindestens 75 % der ArbN des § 60 Abs 1 BetrVG beschäftigt sind. Besteht in einem Konzernunternehmen nur eine JAV, so nimmt diese die Aufgaben einer GesamtJAV nach den für die KonzernJAV geltenden Vorschriften wahr (§ 73a Abs 1 BetrVG). Jede GesamtJAV **entsendet** eines ihrer Mitglieder und bestellt mindestens ein Ersatzmitglied. Das **Stimmengewicht** richtet sich grds nach der Zahl der Mitglieder des entsendenden GesamtJAV. Abweichende Regelungen durch Tarifvertrag sind zulässig. Organisation und Geschäftsführung richten sich im Übrigen im Wesentlichen nach den für die JAV geltenden Bestimmungen (§ 73b).

**15. Tarifvertragliche Interessenvertretung.** Den Tarifvertragsparteien steht es frei, in 29
einem Tarifvertrag über die Mitbestimmung in einem reinen Ausbildungsbetrieb die Zuständigkeiten und Beteiligungsrechte der Auszubildendenvertretung abweichend vom BetrVG zu regeln. Eine solche Interessentenvertretung außerbetrieblicher Auszubildender iSv § 51 BBiG ist im arbeitsgerichtlichen Beschlussverfahren beteiligungsfähig (BAG 24.8.04 – 1 ABR 28/03, NZA 05, 371 zu § 18 Abs 2 BBiG aF).

**16. Streitigkeiten** sind im **Beschlussverfahren** auszutragen (§§ 2a, 80 ff ArbGG). Das 30
gilt nach § 2a Abs 1 Nr 3c ArbGG auch für die besondere Interessenvertretung des § 51 BBiG. **Örtlich zuständig** ist das ArbG, in dessen Bezirk der Betrieb liegt, um dessen JAV es geht, in Fragen der GesamtJAV das für den Unternehmenssitz und der KonzernJAV das für den Sitz des herrschenden Unternehmens zuständige ArbG (§ 82 ArbGG). Die JAV ist **beteiligungsfähige Stelle** iSv § 10 ArbGG, obgleich sie kein eigenständiges betriebsverfassungsrechtliches Organ ist (BAG 13.3.91 – 7 ABR 89/89, NZA 92, 223). Zur Einleitung eines Verfahrens oder Bevollmächtigung eines Prozessvertreters benötigt sie deswegen jedoch die Zustimmung des BRat (BAG 6.11.13 – 7 ABR 76/11, NZA 14, 678; 20.2.86 – 6 ABR 25/85, NZA 87, 105). **Beteiligte** sind des Weiteren nach allgemeinen Grundsätzen die Organe und Stellen, deren betriebsverfassungsrechtliche Rechtsstellung durch das Verfahren unmittelbar berührt ist. Dazu gehört grds der BRat des Betriebes, in dem eine JAV besteht oder errichtet werden soll (BAG 13.3.91 – 7 ABR 89/89, NZA 92, 223). Bei Streit über **Schulungskosten** ist der betroffene ArbN an dem vom BRat eingeleiteten Verfahren zu beteiligen, nicht aber die JAV selbst (BAG 30.3.94 – 7 ABR 45/93, NZA 95, 283; 10.6.75 – 1 ABR 140/73, BB 75, 1344; LAG Nds 31.1.19 – 10 TaBVGa 6/19). Ansprüche auf Sachmittel für die JAV sind vom BRat geltend zu machen (LAG SchlHol 31.5.17 – 1 TaBV 48/16, BeckRS 2017, 124881). Im **Urteilsverfahren** sind die individualrechtlichen Ansprüche zu verfolgen: Freizeitausgleich, Entgelt nach § 37 BetrVG (→ *Betriebsratsschulung*

Rn 32, 33), Weiterbeschäftigungsanspruch nach § 78a BetrVG (→ *Ausbildungsverhältnis* Rn 84, 85).

**B. Lohnsteuerrecht** *Seidel*

36 Die Stellung eines ArbN als Jugend- und Auszubildendenvertreter hat keine unmittelbare lohnsteuerrechtliche Bedeutung. Hinsichtlich der lohnsteuerlichen Bedeutung der Stellung als Auszubildender → *Ausbildungsfreibetrag* Rn 2 ff, → *Ausbildungskosten* Rn 6 ff. Soweit der Jugend- und Auszubildendenvertreter von der Arbeit freizustellen ist → *Freistellung von der Arbeit* Rn 33, → *Betriebsratsfreistellung* Rn 38 ff, → *Betriebsratsschulung* Rn 34 sowie → *Weiterbeschäftigungsanspruch* Rn 24, 25.

**C. Sozialversicherungsrecht** *Schlegel*

41 Soweit ArbN als Jugend- und Auszubildendenvertreter von der Arbeit freigestellt werden, gelten hinsichtlich der Beitragspflicht die für BRatMitglieder geltenden Regelungen (dazu → *Betriebsratsfreistellung* Rn 42).

## Kinderfreibetrag

### A. Arbeitsrecht

*Griese*

Beim Kinderfreibetrag handelt es sich um einen **einkommensteuerrechtlichen Begriff,** der arbeitsrechtlich keine unmittelbare Bedeutung hat. Wegen arbeitsrechtlicher Fragen vgl *Bruttolohnvereinbarung, Nettolohnvereinbarung, Kindergeld* und *Kindervergünstigungen.* 1

### B. Lohnsteuerrecht

*Thomas*

**Übersicht**



**1. Familienleistungsausgleich.** Die verfassungsrechtlich gebotene Steuerentlastung von Eltern mit Kindern erfolgt während des laufenden Jahres grds über das Kindergeld. Die auf der LStKarte eingetragene Zahl der Kinderfreibeträge (§ 39 Abs 4 Nr 2 iVm § 38b Abs 2 EStG) ist regelmäßig nur noch für die Bemessung der Zuschlagsteuern (KiSt, SolZ) von Bedeutung. Allerdings können für Kinder, für die kein Anspruch auf Kindergeld besteht (zB bei unbeschränkt stpfl Ausländern ohne Aufenthaltsberechtigung oder -erlaubnis mit Kindern bzw bei unbeschränkt Stpfl mit Kindern im Ausland) nach § 39a Abs 1 Nr 6 EStG für jedes zu berücksichtigende Kind die Freibeträge nach § 32 Abs 6 EStG eingetragen werden. Darüber hinaus wird ein Kinderfreibetrag beim LStAbzug nicht berücksichtigt (BFH 26.7.07 – VI R 48/03, BStBl II 07, 845 = DStR 07, 1522). 2

Im Rahmen der EStVeranlagung findet vAw eine **Günstigerprüfung** statt. Ergibt diese, dass die Entlastung durch die Freibeträge nach § 32 Abs 6 EStG höher ist als das Kindergeld, werden diese Freibeträge vom Einkommen abgezogen (§ 2 Abs 5 Satz 1 EStG); andernfalls bleibt es beim Kindergeld. Die Vergleichsrechnung ist für jedes Kind einzeln, beginnend beim ältesten, gesondert durchzuführen (BFH 28.4.10 – III R 86/07, BStBl II 11, 259 = DStRE 10, 1303; BFH 19.4.12 – III R 50/08, BFH/NV 12, 1429: auch bei außerordentlichen Einkünften; zur Günstigerprüfung bei mehrfacher Haushaltsaufnahme des Kindes BFH 23.12.13 – III B 98/13, BFH/NV 14, 519). Sind die Freibeträge günstiger, ist der tariflichen ESt der Anspruch auf Kindergeld hinzuzurechnen (§ 2 Abs 6 Satz 3, § 31 Satz 4 EStG), dh dass das Kindergeld auf die Steuerentlastung durch den Kinderfreibetrag angerechnet wird. Da das zustehende und nicht das gezahlte Kindergeld gegengerechnet wird, kommt es auch nicht darauf an, ob jemand bzw wer tatsächlich Kindergeld erhalten hat (BFH 20.12.12 – III R 29/12, BFH/NV 13, 723; BFH 15.3.12 – III R 82/09, DStR 12, 1022 sogar ein zu Unrecht rechtskräftig abgelehntes Kindergeld enfaltet für die Veranlagung keine Bindung). Selbst wenn ein Elternteil bei der Berechnung seiner Unterhaltsverpflichtung auf das Anrechnen des hälftigen Kindergeldes verzichtet, wird dieses in die Vergleichsberechnung einbezogen (BFH 16.3.04 – VIII R 86/98, DStRE 04, 945). Die Zurechnung des halben Kindergeldes ist auch in sog Mangelfällen verfassungskonform, in denen nach § 1612b Abs 5 EStG unterhaltsrechtlich eine Anrechnung unterbleibt (BVerfG 13.10.09 – 2 BvL 3/05, DStR 10, 98). Ebenfalls verfassungskonform ist, dass der betreuende Elternteil bezogenes Kindergeld beim Kindesunterhalt berücksichtigen muss (BVerfG 9.4.03 – 1 BvL 1/01, 1 BvR 1749/01, FR 03, 1035). Hinzugerechnet wird bis zur Höhe des inländischen auch im Ausland gezahltes Kindergeld, wenn es dem inländischen vergleichbar ist (→ *Kindergeld* Rn 11; BFH 13.8.02 – VIII R 53/01, BStBl II 02, 867; vgl aber zur Vereinbarkeit mit EURecht BFH 30.10.08 – III R 92/07, BFH/NV 09, 456). In Monaten, in denen kein Kindergeld, aber ein Kinderfreibetrag zusteht, ist dieser ohne Gegenrechnung anzusetzen. Die Günstigerprüfung ist monats- und nicht jahresbezogen 3

(BFH 16.12.02 – VIII R 65/99, DStR 03, 285). Besteht nur zu einem Teil des Kj unbeschränkte Steuerpflicht, sind auch nur für diese Monate Kinderfreibeträge zu gewähren (BFH 14.10.03 – VIII R 111/01, BFH/NV 04, 331). Wird eine Person nach § 1 Abs 3 EStG als unbeschränkt stpfl behandelt, besteht ein Anspruch auf Kindergeld nur für die Monate, in denen er inländische Einkünfte erzielt (BFH 18.4.13 – VI R 70/11, BFH/NV 13, 1554). Soweit eine steuerliche Entlastung der Eltern verfassungsrechtlich nicht geboten ist, zB weil sie gar keine Steuern zahlen, verbleibt ihnen das Kindergeld als Familienförderung (§ 31 Satz 2 EStG). Wird die Freistellung des Existenzminimums durch das Kindergeld bewirkt, kann nicht deshalb zusätzlich ein Freibetrag beansprucht werden, weil der andere Elternteil seiner Unterhaltsverpflichtung nicht nachgekommen ist (BFH 16.8.05 – III B 32/05, BFH/NV 05, 2188).

4 **2. Entlastungsumfang.** Für jedes bei einem Stpfl zu berücksichtigende Kind wird ein Freibetrag von 2394 € (2018), 2490 € (2019) bzw 2586 € (2020) für das sächliche Existenzminimum (Kinderfreibetrag) sowie ein Freibetrag von 1320 € für den Betreuungs- und Erziehungs- oder Ausbildungsbedarf (Betreuungsfreibetrag) abgezogen (§ 32 Abs 6 Satz 1 EStG). Dieser Gesamtfreibetrag 3714 € (2018), 3810 € (2019) und 3906 € (2020) wird bei zusammen veranlagten Eltern, wenn das Kind zu beiden in einem Kindschaftsverhältnis steht, zusammengeführt (7428 €/7620 €/7812 €). Das Gleiche gilt nach § 32 Abs 6 Satz 3 EStG, wenn der andere Elternteil verstorben (dazu BFH 27.2.06 – III B 26/05, BFH/NV 06, 1089) oder nicht unbeschränkt einkommensteuerpflichtig ist oder der Stpfl allein das Kind angenommen hat oder das Kind nur zu ihm in einem Pflegschaftsverhältnis steht (§ 32 Abs 6 Satz 4 EStG) oder der Wohnsitz, bzw der gewöhnliche Aufenthalt des anderen Elternteils nicht zu ermitteln ist (EStR 181 Abs 1 Nr 1) oder der Vater des Kindes amtlich nicht feststellbar ist (EStR 181 Abs 1 Nr 2) oder die Mutter den Behörden den Namen des Vaters nicht bekannt gibt (OFD Hannover 12.8.97, DB 97, 2198). Die Entlastung, die Verheirateten gewährt wird, tritt entsprechend bei einer eingetragenen Lebenspartnerschaft ein (BMF 17.1.14, DStR 14, 144; BFH 8.8.13 – VI R 76/12, DStR 13, 2328).

Obwohl das Kindergeld ursprünglich nur zur Abgeltung des sächlichen Existenzminimums gedacht war, wird die Vergleichsberechnung (Günstigerprüfung) bei zusammen veranlagten Eltern mit dem Gesamtfreibetrag vorgenommen. Bei anderen Eltern erfolgt die Vergleichberechnung für jeden Elternteil gesondert und der Kindergeldanspruch wird (unabhängig davon wer tatsächlich Kindergeld erhalten hat) „im Umfang des Kinderfreibetrags", also idR (Ausnahme die Verdoppelungen nach § 32 Abs 6 Satz 3 EStG) jeweils zur Hälfte berücksichtigt. Da der Kinderfreibetrag und der Betreuungsfreibetrag getrennt übertragen werden können, wird beim übertragenen Kinderfreibetrag das gesamte Kindergeld zugeordnet, während es beim übertragenen Betreuungsfreibetrag bei der hälftigen Zurechnung bleibt.

5 Unabhängig vom Gesamtkinderfreibetrag kann nach § 33a Abs 2 EStG bei einem auswärts untergebrachten volljährigen Kind noch ein gesonderter Ausbildungsfreibetrag zu gewähren sein (→ *Ausbildungsfreibetrag* Rn 2 ff). Zum Entlastungsbetrag für Alleinerziehende nach § 24b EStG und zu berufsbedingten Betreuungskosten nach § 10 Abs 1 Nr 5 EStG vgl → *Kindervergünstigungen* Rn 10 ff. Im Übrigen können Aufwendungen eines Elternteils für Besuche seiner beim anderen Elternteil lebenden Kinder nicht als außergewöhnliche Belastung abgezogen werden (BFH 27.9.07 – III R 28/05, DStR 07, 2256). Entsprechendes gilt, wenn Eltern ihr Kind besuchen, das im europäischen Ausland zur Schule geht (FG RhPf 6.1.17 – 2 K 2360/14, DStRE 18, 788).

6 Der Gesamtfreibetrag des § 32 Abs 6 Satz 1 EStG ermäßigt sich für jeden Monat, in dem die Abzugsvoraussetzungen nicht – also auch nicht an einem einzigen Tag – vorliegen, um ein Zwölftel (§ 32 Abs 6 Satz 5 EStG). Für Kinder, die nicht nach § 1 Abs 1 oder 2 EStG unbeschränkt Estpflichtig sind, also regelmäßig solche mit Wohnsitz im Ausland, wird der Freibetrag nach den Verhältnissen des Wohnsitzstaates ermäßigt (§ 32 Abs 6 Satz 4 EStG; Einzelheiten BMF 27.2.96, BStBl I 96, 115; die Ermäßigung ist verfassungskonform, BFH 18.12.96 – III B 71/95, BFH/NV 97, 398).

7 **3. Voraussetzungen des Kindergesamtfreibetrages.** Es muss ein Kindschaftsverhältnis (§ 32 Abs 1 und 2 EStG) bestehen und das Kind muss entweder das 18. Lebensjahr noch nicht vollendet haben (§ 32 Abs 3 EStG) oder vor Vollendung des 21. Lebensjahres arbeits-

los sein (§ 32 Abs 4 Nr 1 EStG) oder vor Vollendung des 25. Lebensjahres eine der besonderen Begünstigungsvoraussetzungen des § 32 Abs 4 Nr 2 EStG erfüllen oder wegen einer vor Vollendung des 25. Lebensjahres eingetretenen Behinderung außerstande sein, sich selbst zu unterhalten (§ 32 Abs 2 Nr 3 EStG).

**a) Kindschaftsverhältnis.** Berücksichtigt werden Kinder nach Lebendgeburt (im Zweifel ist das Geburtenregister maßgebend; keine Begünstigung für das noch ungeborene Kind, FG Hess 28.4.99 – 2 K 2872/98, EFG 99, 781), 8

– die **im ersten Grad** mit dem Stpfl **verwandt** sind (§ 32 Abs 1 Nr 1 EStG). Das sind leibliche Kinder der Mutter und des Mannes, der nach § 1592 BGB Vater des Kindes ist, sowie angenommene Kinder (Adoptivkinder). Wird die Vaterschaft nach § 1600d BGB gerichtlich festgestellt, müssen auch die dort vorgesehenen Formalien eingehalten sein. Die zivilrechtlich wirksame Vaterschaftsanerkennung durch den leiblichen Vater führt bei ihm rückwirkend zu steuerlichen Entlastungen (BFH 28.7.05 – III R 68/04, DStRE 06, 180). Dagegen kann der Scheinvater, der die Vaterschaft erfolgreich angefochten hat und deshalb kindbedingte Ermäßigungen rückwirkend verliert, nicht deshalb einen Billigkeitserlass beanspruchen, weil er zivilrechtliche Regressansprüche gegen den leiblichen Vater nicht durchsetzen kann (BFH 14.6.05 – IX B 192/03, BFH/NV 05, 1490).

– **Pflegekinder** (§ 32 Abs 1 Nr 2 EStG). Das sind Kinder, mit denen der Stpfl durch ein familienähnliches, auf längere Dauer berechnetes Band verbunden ist, sofern er sie **nicht zu Erwerbszwecken** (zu Letzterem vgl BFH 19.10.17 – III R 25/15, DStRE 18, 724 regelmäßig bei betreutem Wohnen, ausnahmsweise bei Vollzeitpflege; zu Leistungen nach §§ 32 ff SGB VIII vgl BMF 22.10.18, DStRE 18, 2339) in seinen Haushalt aufgenommen hat und das Obhuts- und Pflegeverhältnis zu den Eltern nicht mehr besteht (BfF 15.1.04, BStBl I 04, 142; BFH 20.7.06 – III R 44/05, BFH/NV 07, 17 bei fast volljährigem Kind; BFH 31.8.06 – III B 46/06, BFH/NV 07, 25 zum volljährigen behinderten Bruder; BFH 25.4.12 – III B 176/11, BFH/NV 12, 1304 kein nur vorübergehend unterbrochener Kontakt; BFH 8.1.14 – XI B 120/13, BFH/NV 14, 686 zum volljährigen behinderten Fremden). Haushaltsaufnahme liegt nicht vor, wenn nicht die Pflegeperson das Pflegekind, sondern Letzteres die Pflegeperson in seinen Haushalt aufgenommen hat (BFH 22.12.11 – III R 70/09, BFH/NV 12, 1446). Besteht bei einem Adoptivkind das Kindschaftsverhältnis zu den leiblichen Eltern weiter, geht das Adoptivverhältnis vor. Ebenso gehen Pflegeeltern den leiblichen oder Adoptiveltern vor (§ 32 Abs 2 EStG). Kinderhauskinder sind keine Pflegekinder (BFH 23.9.98 – XI R 9/98, BFH/NV 99, 600 und XI R 11/98, BStBl II 99, 133); zur Abzweigung des Kindergeldes an den Jugendhilfeträger, wenn die Mutter mit dem Kind in einem Mutter-Kind-Heim lebt vgl BFH 25.5.04 – VIII R 21/03, BFH/NV 05, 171.

– Bei **Stiefkindern,** wenn sie keine Pflegekinder sind, besteht ein steuerliches Kindschaftsverhältnis grds nur zu den leiblichen Eltern (BFH 30.5.06 – III B 122/05, BFH/NV 06, 1842; zum Kind der Partnerin einer eingetragenen Lebenspartnerschaft vgl BFH 8.8.13 – VI R 76/12, BeckRS 2013, 96274). Zu einem Volljährigen kann ein Pflegekindschaftsverhältnis nur bei Vorliegen besonderer Umstände (zB Hilflosigkeit oder Behinderung) begründet werden (BFH 5.10.04 – VIII R 69/02, BFH/NV 05, 524; BFH 21.4.05 – III R 53/02, BFH/NV 05, 1547; BFH 9.2.12 – III R 15/09, DStRE 12, 794).

– Auch **Auslandskinder,** das sind nicht nach § 1 Abs 1 oder § 1 Abs 2 EStG unbeschränkt einkommensteuerpflichtige Kinder (BFH 27.4.95, BFH/NV 95, 967), können zu berücksichtigen sein (→ Rn 6).

**b) Altersgrenzen. aa) 18. Lebensjahr.** Minderjährige Kinder können bis zu dem Monat, in dem sie ihr 18. Lebensjahr vollenden, ohne weitere Voraussetzungen berücksichtigt werden (§ 32 Abs 3 EStG). Die Altersberechnung richtet sich nach § 187 Abs 2, § 188 Abs 2 BGB. Danach vollendet ein am 1.5.02 geborenes Kind am Vortag seines 18. Geburtstages, also mit Ablauf des 30.4.20 sein 18. Lebensjahr und kann deshalb bis April 20 ohne weiteres und ab Mai 20 nur bei Vorliegen der Gewährungsvoraussetzungen des § 32 Abs 4 EStG Berücksichtigung finden. 9

**bb) 21. Lebensjahr.** Volljährige Kinder werden bei Arbeitslosigkeit iS des SGB III (DAFamEStG 63.3.1) bis zur Vollendung des 21. Lebensjahres (§ 32 Abs 4 Nr 1 EStG) anerkannt. Der Begünstigungszeitraum verlängert sich um Zeiten, in denen das Kind Wehr-, Zivildienst uÄ (§ 32 Abs 5 EStG) geleistet hat (→ Rn 11). Arbeitslosigkeit setzt 10

Arbeitsbereitschaft voraus, die bei Verletzung von Meldepflichten regelmäßig zu verneinen ist (BFH 15.7.03 – VIII R 56/00, DStRE 04, 80). Nachdem die Wirkung der Meldung als Arbeitsuchender nicht mehr nach drei Monaten entfällt, besteht die Pflicht zur Vermittlung weiter. Allerdings kann die BA das arbeitssuchende Kind von der Vermittlung abmelden. Da die Einstellungsverfügung ein Verwaltungsakt ist, muss er bekanntgegeben werden. Unterbleibt dies, ist entscheidend, ob das Kind eine Pflichtverletzung begangen hat, was ihm nachgewiesen werden muss (BFH 10.4.14 – III R 19/12, DStRE 14, 1041). Teilt ein arbeitslos gewordenes Kind dies der für den Bezug von Leistungen nach dem SGB II zuständigen Stelle mit, liegt darin gleichzeitig die Meldung als Arbeitsuchender (BFH 26.7.12 – VI R 98/10, DStRE 12, 1513). Das gilt aber nicht bereits, wenn ein Kind, das seinerseits ein Kleinkind allein erzieht und dem deshalb eine Arbeitsaufnahme nicht zumutbar ist, Leistungen nach dem SGB II bezieht (BFH 27.12.11 – III B 187/10, BFH/NV 12, 1104). Ist ein Kind als Arbeitssuchender gemeldet, muss nicht darüber hinaus nachgewiesen werden, dass tatsächlich eine Arbeit gesucht wurde (BFH 18.2.16 – V R 22/15, BFH/NV 16, 914). Bei einem in den Niederlanden wohnhaften Kind reicht die Meldung bei einem privaten Arbeitsvermittler nicht aus (BFH 1.7.03 – VIII R 54/02, BFH/NV 03, 1562).

11 **cc) 25. Lebensjahr.** Ein Kind wird bis zur Vollendung des 25. Lebensjahres bei Berufsausbildung, bei bestimmten Übergangszeiten, bei Ausbildungswilligkeit und bei bestimmten Freiwilligendiensten (§ 32 Abs 4 Nr 2a–d EStG) berücksichtigt, es sei denn es geht nach einer Erstausbildung einer schädlichen Erwerbstätigkeit nach (§ 32 Abs 4 Sätze 2 und 3 EStG); zu Einzelheiten → Rn 24 ff. Die Verlängerungstatbestände des § 32 Abs 5 EStG sind abschließend und gelten deshalb nicht für ein freiwilliges soziales Jahr (BFH 31.1.14 – III B 147/13, DStRE 14, 915) und nicht für einen Dienst im Katastrophenschutz bei Freistellung vom Wehrdinest (BFH 19.10.17 – III R 8/17, DStRE 18, 597). Im Falle der Berufsausbildung und anzuerkennender Übergangszeiten verlängert sich der Begünstigungszeitraum über das 25. Lebensjahr hinaus um Wehr- oder Zivildienst – sowie gleichgestellte Zeiten (§ 32 Abs 5 EStG). Das gilt auch, wenn das Kind während der Dienstzeit für einen Beruf ausgebildet und deswegen berücksichtigt wurde (BFH 5.9.13 – XI R 12/12, DStR 13, 2387). Die Zeit des Wehrdienstes als solche führt aber nicht zu Kinderfreibeträgen (BFH 28.1.09 – III B 183/08, BFH/NV 09, 911; kein Gleichheitsverstoß BFH 17.2.10 – III B 64/09, BFH/NV 10, 883). Jedoch wird die Probezeit beim freiwilligen Wehrdienst als Ausbildungsphase berücksichtigt. Der Verlängerungszeitraum bei Zivildienst entspricht auch dann der Dienstzeit, wenn im ersten Monat des Dienstes noch Kindergeld bezogen wurde, weil der Dienst nicht am Monatsersten begann (BFH 20.5.10 – III R 4/10, DStRE 10, 861), oder weil während des Zivildienstes noch eine Ausbildung absolviert wurde (BFH 5.9.13 – XI R 12/12, DStR 13, 2387).

12 **dd) Behinderte Kinder** werden über das 25. Lebensjahr hinaus berücksichtigt, wenn die Behinderung vor Vollendung des 25. Lebensjahres eingetreten ist und das Kind außerstande ist, sich selbst zu unterhalten (§ 32 Abs 4 Nr 3 EStG; BMF 22.11.10, BStBl I 10, 1346 = DStR 10, 2405). Das Merkmal Behinderung bestimmt sich nach der Legaldefinition des § 2 Abs 1 Satz 1 SGB IX. Das erfordert Feststellungen, dass die Beeinträchtigungen tatsächlich oder mit hoher Wahrscheinlichkeit länger als sechs Monate anhalten (BFH 19.1.17 – III R 44/14, BFH/NV 17, 735 zu einer durch Drogen angestoßenen psychotischen Entwicklung). Eine nach Vollendung des 25. Lebensjahres in der Verlängerungszeit des § 32 Abs 5 EStG eingetretene Behinderung – etwa infolge eines Unfalls – reicht nicht aus (BFH 2.6.05 – III R 86/03, DStRE 05, 1200, zweifelnd *Greite* FR 05, 1256).

13 **(1) Ursächlichkeit der Behinderung.** Die Ursächlichkeit der Behinderung für die Unfähigkeit zum Selbstunterhalt kann grds (BFH 30.4.14 – XI R 24/13, DStRE 14, 974 zur Untersuchungs- und Strafhaft, selbst wenn die Straftat durch die Behinderung gefördert wurde) angenommen werden, wenn der Grad der Behinderung mindestens 50 vH beträgt und besondere Umstände hinzutreten, aufgrund derer eine Erwerbstätigkeit unter den üblichen Bedingungen des Arbeitsmarktes ausgeschlossen erscheint (BFH 26.7.01 – VI R 56/98, BStBl II 01, 832 mit Anm *Kanzler* FR 02, 47; BFH 14.12.01 – VI B 178/01, BStBl II 02, 486, DStR 02, 850; zum Nachweis der Behinderung BFH 23.2.12 – V R 39/11, BFH/NV 12, 1584; BFH 28.5.13 – XI R 44/11, BFH/NV 13, 1409; zur Verwertbarkeit eines sozialgerichtlichen Gutachtens BFH 29.6.12 – III S 35/11 (PKH), BFH/NV

12, 1596). Ob die Unfähigkeit zum Selbstunterhalt auf der Behinderung oder anderer Umstände (zB fehlenden Arbeitsangeboten) beruht, bedarf einer Einzelfallwürdigung, wobei erforderlich ist, dass die Mitursächlichkeit der Behinderung erheblich ist (BFH 28.5.09 – III R 16/07, BFH/NV 09, 1639; BFH 22.10.09 – III R 50/07, DStRE 10, 401; BFH 15.3.12 – III R 29/09, DStRE 12, 988 bei Gehörlosem mit Niedriglohn; BFH 9.2.12 – III R 47/08, BFH/NV 12, 939 seelische Behinderung eines Studenten; BFH 22.12.11 – III R 46/08, BFH/NV 12, 730 Indizwirkung eines Gutachtens über die Fähigkeit, Tätigkeiten des allgemeinen Arbeitsmarkts nachzukommen).

**(2) Unfähigkeit zum Selbstunterhalt.** Diese liegt vor, wenn das Kind nicht in der Lage 14
ist, seinen gesamten notwendigen Lebensbedarf zu decken. Der notwendige Lebensbedarf setzt sich aus dem **allgemeinen Lebensbedarf** in Höhe des jeweiligen Existenzminimums (§ 32a Abs 1 Nr 1 EStG) und dem individuellen **behinderungsbedingten Mehrbedarf** (DAFamEStG 63.3.6.3.2, BStBl I 2000, 669) zusammen. Letzterer kann entweder in Höhe des jeweiligen Behinderten-Pauschbetrages (§ 33b Abs 3 EStG zwischen 310 und 3700 €), beim blinden Kind in Höhe des tatsächlich gewährten Blindengeldes (BFH 31.8.06 – III R 71/05, DStRE 07, 147) oder in tatsächlich nachgewiesener Höhe angesetzt werden, wobei ein pauschalierter Mehrbedarf mit einem erhaltenen Pflegegeld verrechnet wird (BFH 24.8.04 – VIII R 50/03, BFH/NV 04, 1719; Aufgabe von BFH 15.10.99 – VI R 183/97, BStBl II 2000, 72). Dabei werden von den Eltern übernommene Leistungen mit den Kosten bewertet, die bei Inanspruchnahme fremder Dienstleister anfielen (BFH 24.8.04 – VIII R 59/01, DStRE 04, 1411). Bei einem vollstationär untergebrachten Kind, dessen Unterbringung durch Eingliederungshilfe oder Versicherungsleistungen finanziert wird, wird als Bezug nur der Wert der Verpflegung mit Sachbezugswerten erfasst (BFH 9.2.12 – III R 53/10, DStRE 12, 736), während der Wohnwert der Heimunterbringung regelmäßig nicht anzusetzen ist (BFH 24.5.2000 – VI R 89/99, BStBl II 2000, 580); zum behinderungsbedingten Mehrbedarf bei teilstationärer Unterbringung vgl BFH 24.8.04 – VIII R 90/03 (BFH/NV 05, 332). Bei Unterbringung mittels Eingliederungshilfe kann behinderungsbedingter Mehraufwand nicht noch daneben in Höhe der Behinderten-Pauschbeträge nach § 33b EStG abgezogen werden (BFH 15.10.99 – VI R 182/98, DStRE 2000, 80). Lebt das behinderte Kind im elterlichen Haushalt, gehört die dem Kind vom Sozialhilfeträger gewährte Hilfe zum Lebensunterhalt jedenfalls dann zu den anrechenbaren Bezügen, wenn kein Regress bei den Eltern möglich ist (BFH 26.11.03 – VIII R 32/02, DStRE 04, 506). Übersteigen die Einkünfte des behinderten Kindes aus seinem Ausbildungsdienstverhältnis nach Abzug des behinderungsbedingten Mehrbedarfs den Jahresgrenzbetrag nicht, kann eine Berücksichtigung des Kindes nicht mit der Begründung versagt werden, die Art der Behinderung stehe einer normalen Berufsausbildung nicht im Wege (BFH 22.2.01 – VI B 307/00, BFH/NV 01, 781). Das eigene Vermögen eines behinderten Kindes steht der Gewährung des Kinderfreibetrages nicht entgegen (BFH 19.8.02 – VIII R 51/01, DStRE 02, 1506). Auch eine Schmerzensgeldrente ist nicht zu berücksichtigen (BFH 13.4.16 – III R 28/15, DStRE 16, 979). Dass Unterhaltsleistungen des Ehepartners des Kindes nur beim behinderten Kind zum Begünstigungsanschluss führen können, nicht aber beim nicht behinderten Kind (→ Rn 24), soll keine Ungleichbehandlung darstellen (BFH 15.2.17 – III B 93/16, DStRE 17, 1113; → Rn 28 f).

Bei der Prüfung ob das behinderte Kind zum Selbstunterhalt fähig ist, wird auf das 15
**Monatsprinzip** abgestellt (BFH 4.11.03 – VIII R 43/02, DStRE 04, 312 zur nachgezahlten Waisenrente). Dabei ist nach dem sog normativen Abflussprinzip ein nicht monatlich anfallender, aber vorhersehbarer Mehrbedarf mit einer Durchschnittsbelastung anzusetzen (BFH 24.8.04 – VIII R 59/01, DStRE 04, 1411). Sonderzuwendungen werden ab dem Zuflussmonat auf einen angemessenen Zeitraum aufgeteilt (BFH 24.8.04 – VIII R 83/02, BFH/NV 04, 1717; BFH 17.11.04 – VIII R 18/02, BFH/NV 05, 691). Erhält ein behindertes Kind mit Rücksicht auf die Beteiligung des Kindsvaters an der ArbGeb-GmbH einen überhöhten Lohn, kann der Überhöhungsbetrag verdeckte Gewinnausschüttung sein, der sich dann beim Kind als unentgeltliche Zuwendung darstellt (BFH 14.12.04 – VIII R 59/02, BFH/NV 05, 1090).

**c) Begünstigungsalternativen.** Erfüllt das Kind eine der Voraussetzungen des § 32 16
Abs 4 Nr 2a–d EStG (dazu folgende → Rn 17 ff), kommt ein Kinderfreibetrag in Betracht, wenn das Kind nach einer Erstausbildung keiner schädlichen Erwerbstätigkeit nachgeht (→ Rn 24 ff).

17 **aa) Berufsausbildung** (§ 32 Abs 4 Nr 2a EStG) ist die Ausbildung zu einem künftigen Beruf. In Berufsausbildung befindet sich, wer sein Berufsziel noch nicht erreicht hat, sich aber ernstlich darauf vorbereitet (auch Vorbereitung auf Wiederholungsprüfung BFH 2.4.09 – III R 85/08, DStR 09, 1581; Vorbereitung eines Nichtschülers auf das Abitur BFH 18.3.09 – III R 26/06, DStRE 09, 1105). Der Vorbereitung auf ein Berufsziel dienen alle Maßnahmen, bei denen es sich um den Erwerb von Kenntnissen, Fähigkeiten und Erfahrungen handelt, die als Grundlagen für die Ausübung des angestrebten Berufs geeignet sind. Keine Berufsausbildung ist der Besuch einer Missionsschule, der nicht der Vorbereitung auf einen angestrebten Bezug sondern vorrangig der Erlangung sozialer Erfahrungen, der Stärkung des Verantwortungsbewusstseins sowie der Persönlichkeitsbildung dient (BFH 13.12.18 – III R 25/18, DStRK 19, 99).

Die Ausbildungsmaßnahme muss nicht in einer Ausbildungs- oder Studienordnung vorgeschrieben sein, da der Begriff der Berufsausbildung nicht mit dem der Erstausbildung in § 32 Abs 4 Satz 2 EStG übereinstimmt (BFH 3.7.14 – III R 52/13, DStR 14, 2234). Das Berufsziel ist nicht schon dann erreicht, wenn das Kind die Mindestvoraussetzungen für die Ausübung des von ihm gewählten Berufs erfüllt hat. Auch braucht Zeit und Arbeitskraft des Kindes durch die Ausbildungsmaßnahme nicht überwiegend in Anspruch genommen zu sein (BFH 28.4.10 – III R 93/09, DStRE 10, 929 zehn Wochenstunden Unterricht bei Schulpflicht). Daher ist bei einem berufsbegleitendem Erststudium, das ernsthaft und nachhaltig betrieben wird, kein zeitlichter Mindestumfang von Ausbildungsmaßnahmen erforderlich (BFH 8.9.16 – III R 27/15, DStR 17,21; *Görke* BFH/PR 17,/82 zum Studiengang Physiotherapie dual bei paralleler Berufstätigkeit mit 30 Wochenstunden). Bei einer Zweitausbildung – im gleichen oder einem anderen Beruf – im Rahmen eines Dienstverhältnisses entscheidet, ob dieses der Erlangung der angestrebten Qualifikation dient und damit der Ausbildungscharakter im Vordergrund steht (BFH 24.2.10 – III R 3/08, BFH/NV 10, 1262). Krankheitsbedingte Einschränkungen bei einer Prüfungsvorbereitung schließen eine Ausbildung nicht aus (BFH 24.9.09 – III R 70/07, BFH/NV 10, 617), wohl aber eine Beurlaubung wegen der Tätigkeit im Allgemeinen Studentenausschuss (BFH 4.2.14 – III B 87/13, BFH/NV 14, 690). Im Übrigen gilt für typische Ausbildungsfälle Folgendes (DAFamEStG 63.3.2 BStBl I 2000, 658 ff):

18 **Sprachaufenthalte im Ausland,** zB im Rahmen eines Au-pair-Verhältnisses, können als Berufsausbildung anerkannt werden, wenn sie von einem theoretisch-systematischen Sprachunterricht von durchschnittlich mindestens zehn Wochenstunden begleitet werden (BFH 14.6.16 – III B 132/15, BFH/NV 16, 1449). Bei weniger Wochenstunden können einzelne Monate als Berufsausbildung zu werten sein, wenn sie durch intensiven Unterricht geprägt werden (zB Blockunterricht oder Lehrgänge). Entsprechendes gilt für Auslandsaufenthalte, die wegen außergewöhnlicher Vor- und Nachbearbeitung einen zusätzlichen Zeitaufwand erfordern (zB fachlich orientierter Sprachunterricht, Vorträge des Kindes in der Fremdsprache) oder wenn der Fremdsprachenunterricht von einer Ausbildungs- oder Prüfungsordnung zwingend vorausgesetzt wird bzw zur Vorbereitung auf einen Fremdsprachentest dient, der Zulassungsvoraussetzung für eine weitere Ausbildung darstellt (BFH 15.3.12 – III R 58/08, DStRE 12, 875). Es ist nicht erforderlich, dass Zeit und Arbeitskraft des Kindes überwiegend in Anspruch genommen werden (BFH 22.5.02 – VIII R 74/01, DStRE 02, 1125). Eine Berufstätigkeit im Ausland ist einem systematischen Sprachunterricht nicht gleichzustellen, auch wenn sie Sprachkenntisse fördert (BFH 15.7.03 – VIII R 79/99, BStBl II 03, 843). Etwas anderes gilt, wenn der Erwerb der Fremdsprachenkenntnisse einen konkreten Bezug zum angestrebten Beruf aufweist und dieser nicht dem ausbildungswilligen Kind allein überlassen bleibt, sondern Ausbildungsinhalt und Ausbildungsziel vorgegeben werden (BFH 22.2.17 – III R 3/16, BFH/NV 17, 1304 zu einem internationalen missionarischen Trainingsprogramm).

Zur Berufsausbildung gehört auch der zeitlich begrenzte Besuch von Allgemeinwissen vermittelnden Schulen wie Grund-, Haupt- und Oberschulen sowie von Fach- und Hochschulen im Ausland (zB im Rahmen von Schüleraustauschprogrammen oder eines **akademischen Jahres** an einem amerikanischen College). Es kommt nicht darauf an, ob die Ausbildungsmaßnahme für den angestrebten Beruf unverzichtbare Voraussetzung ist oder auf ein deutsches Studium angerechnet wird (BFH 6.9.99 – VI R 34/98, BStBl II 99, 705).

Das **Anwaltspraktikum eines Jurastudenten** ist Berufsausbildung, weil dadurch Kenntnisse, Fähigkeiten und Erfahrungen vermittelt werden, die als Grundlagen für die Ausübung des angestrebten Berufs geeignet sind; ebenso zum juristischen Vorbereitungsdienst (BFH 13.7.04 – VIII R 20/02, BFH/NV 05, 36). Dies gilt unabhängig davon, ob das Praktikum nach der maßgeblichen Ausbildungs- oder Studienordnung vorgeschrieben ist. Es ist unschädlich, wenn das Kind für das Praktikum von einem Studium beurlaubt wird (BFH 14.1.2000 – VI R 11/99, DStR 2000, 381 mit Anm *MIT;* zum **Offiziersanwärter** vgl BFH 8.5.14 – III R 41/13, DStRE 14, 1045). Bei einem **Zeitsoldaten** mit Bindung für 12 Jahre kann – jedenfalls zu Beginn der Verpflichtungszeit – eine Ausbildung anzunehmen sein (hier: zum Telekommunikationselektroniker BFH 15.7.03 – VIII R 19/02, DStRE 04, 81; zum Kraftfahrer der Fahrerlaubnis CE BFH 10.5.12 – VI R 72/11, DStRE 12, 1116). Einzelne innerhalb eines bestehenden Dienstverhältnisses absolvierte Lehrgänge führen dann zur Berufsausbildung, wenn für das gesamte Dienstverhältnis des Ausbildungscharakter und nicht der Erwerbscharakter im Vordergrund steht. Dabei können die jeweiligen Lehrgänge trotz des Monatsprinzips des § 66 Abs 2 EStG nicht isoliert gewürdigt werden (BFH 22.2.17 – III R 20/15, DStRE 17, 1034).

Eine **Volontärtätigkeit,** die ein ausbildungswilliges Kind vor Annahme einer voll 19
bezahlten Beschäftigung gegen geringe Entlohnung absolviert, ist als Berufsausbildung anzuerkennen, wenn das Volontariat der Erlangung der angestrebten beruflichen Qualifikation dient und somit der Ausbildungscharakter im Vordergrund steht (BFH 9.2.12 – III R 78/09, BFH/NV 12, 940 Freiwilligendienst mit Sprachvermittlung). Es darf sich dagegen nicht lediglich um ein gering bezahltes Arbeitsverhältnis handeln (BFH 26.8.10 – III R 88/08, BFH/NV 11, 26).

Die Vorbereitung auf das **Doktorexamen (Promotion)** ist regelmäßig Berufsausbildung (vgl aber → Rn 26), wenn sie im Anschluss an das Studium ernsthaft und nachhaltig durchgeführt wird. Die Anerkennung ist nicht auf Fälle beschränkt, in denen die Promotion das Studium anstelle eines Diplom- oder Staatsexamens bzw der Magisterprüfung abschließen soll oder sie in einer Studienordnung als alleiniger Abschluss vorgesehen ist (BFH 9.6.99 – VI R 92/98, BStBl II 99, 708; BFH 16.3.04 – VIII R 65/03, BFH/NV 04, 1522).

Die Berufsausbildung **beginnt** nicht bereits mit der Bewerbung um einen Ausbildungs- 20
platz, sondern erst mit dem Antritt der Ausbildungsstelle, zB Semesterbeginn (FG München 11.5.99 – 16 K 5546/98, EFG 99, 847) und nicht schon mit der Immatrikulation bei Vollzeiterwerbstätigkeit (BFH 23.11.01 – VI R 77/99, DStR 02, 301). Auch eine wegen der Geburt eines Kindes beurlaubte Studentin befindet sich in Berufsausbildung, wenn sie tatsächlich studiert (BFH 16.4.02 – VIII R 89/01, BFH/NV 02, 1150), dagegen nicht bei unterbrochenem Studium (BFH 13.7.04 – VIII R 23/02, BStBl II 04, 999) zB wegen der Betreuung eines eigenen Kindes, jedenfalls wenn nach den hochschulrechtlichen Bestimmungen der Besuch von Lehrveranstaltungen und der Erwerb von Leistungsnachweisen untersagt ist. Dagegen erfüllt ein von der Prüfungsordnung vorgesehenes Praktikum trotz Beurlaubung vom Studium den Ausbildungsbegriff (BFH 5.10.04 – VIII R 77/02, BFH/NV 05, 525; zur Unterbrechung bei Untersuchungshaft BFH 20.7.06 – III R 69/04, BFH/NV 06, 2067 und BFH 18.1.18 – III R 16/17, DStRE 18, 595 bzw bei Haft BFH 23.1.13 – XI R 50/10, DStRE 13, 786). Die Ausbildung **endet** spätestens mit der Bekanntgabe des Prüfungsergebnisses (BFH 26.4.11 – III B 191/10, BFH/NV 11, 1139; zu Nachweisanforderungen bei Qualifizierungsmaßnahmen nach abgeschlossenem Studium BFH 24.2.10 – III R 80/08, BFH/NV 10, 1431). Ist die Ausbildungszeit durch Rechtsvorschrift festgelegt, endet sie erst mit dem festgelegten Zeitpunkt (BFH 14.9.17 – III R 19/16, DStR 18, 66 zur staatlich anerkannten Heilerziehungspflegerin; zu weiteren Fällen *Wendl* DStRK 18, 69).

**bb) Übergangszeiten** (§ 32 Abs 4 Nr 2b EStG). Begünstigt ist eine Übergangszeit von 21
höchstens vier Monaten zwischen zwei Ausbildungsabschnitten und zwischen einem Ausbildungsabschnitt und dem Wehr-, Zivil- oder gleichgestellten Dienst (zB freiwilliger Wehrdienst). Die Übergangszeit beginnt auch dann mit Abschluss der vorausgegangenen Ausbildung, wenn das Kind damals noch nicht volljährig war (BFH 16.4.15. – III R 54/13, DStRE 15, 1037). Bei Überschreiten der Viermonatsfrist entfällt der Kindergeldanspruch nicht nur für die Zeit der Überschreitung, sondern für die gesamte Übergangszeit. Die gesetzliche Ausgestaltung der Übergangszeit ist weder lückenhaft (also nicht analog auf andere Lebensverhältnisse des Kindes übertragbar) noch verfassungswidrig (BFH 22.12.11 –

III R 41/07, DStR 12, 785; BFH 9.2.12 – III R 68/10, DStRE 12, 675). Folglich kann sich ein Kind nicht darauf verlassen, innerhalb 4 Monaten nach Ausbildungsende einberufen zu werden. Notfalls muss ein kurzzeitiger Ausbildungsgang (zB Praktikum) aufgenommen oder sich darum bemüht werden (§ 32 Abs 4 Nr 2a und c EStG) bzw – vor Vollendung des 21. Lebensjahres – eine Meldung als Arbeitsuchender erfolgen (§ 32 Abs 4 Nr 1 EStG). Die Zeit zwischen einer Ausbildung und dem Beginn eines Beschäftigungsverbotes nach § 3 Abs 2 MuSchG steht dem nicht gleich (BFH 18.5.04 – VIII B 242/03, BFH/NV 04, 1403). Die Übergangszeit ist nicht taggenau zu berechnen, sondern umfasst vier volle Kalendermonate, sodass der vorangegangene bzw folgende Ausbildungsabschnitt im Verlaufe des Vormonats geendet bzw des Folgemonats begonnen haben kann (BFH 15.7.03 – VIII R 105/01, BStBl II 03, 847). Eine Übergangszeit von mehr als vier Monaten ist auch nicht begünstigt, wenn sie zwischen einem Ausbildungsabschnitt und einem freiwilligen sozialen Jahr liegt (BFH 15.7.03 – VIII R 78/95, BStBl II 03, 841) oder wenn der Einberufungsbescheid vor Ablauf der 4 Monate zugegangen ist (BFH 7.9.05 – III B 30/05, BFH/NV 06, 50, sofern das Kind nicht vorher arbeitslos gemeldet war BFH 24.8.05 – VIII R 101/03, BFH/NV 05, 198; zur Ausbildungsunterbrechung durch den Wehrdienst BFH 25.1.07 – III R 23/06, DStR 07, 798 und durch Untersuchungshaft BFH 20.7.06 – III R 69/04, DStRE 07, 149).

22 **cc) Ausbildungswilliges Kind** (§ 32 Abs 4 Nr 2c EStG). Begünstigt ist ein Kind, das eine Berufsausbildung mangels Ausbildungsplatz nicht beginnen oder fortsetzen kann; ggfalls auch bei Vollzeiterwerbstätigkeit (BFH 7.4.11 – III R 50/10, BFH/NV 11, 1329; BFH 28.5.13 – XI R 38/11, BFH/NV 13, 1774; vgl aber zur Vollerwerbstätigkeit nach Abschluss einer Erstausbildung → Rn 26 sowie BFH 28.2.13 – III R 9/12, DStRE 13, 1295 mit Anm *Wd*). Dies setzt voraus, dass der Wille des Kindes, zum frühestmöglichen Zeitpunkt eine Berufsausbildung aufzunehmen besteht, weshalb der Ausbildungsplatz im Erfolgsfall auch angetreten werden können muss (BFH 15.7.03 – VIII R 79/99, BStBl II 03, 843). Dagegen ist unschädlich, wenn der Ausbildungsplatz bereits zugesagt ist, aber aus organisatorischen Gründen erst später angetreten werden kann (BFH 15.7.03 – VIII R 77/00, BStBl II 03, 845; BFH 23.2.06 – III R 8/05, III R 46/05, DStRE 06, 789). Im Übrigen müssen sich die Bemühungen um einen Ausbildungsplatz nachweisen lassen (DAFamEStG 63.3.4). Die Meldung als Ausbildungssuchender ist nicht mehr auf drei Monate beschränkt und die Registrierung durch die BA ist nicht abschließende Voraussetzung sondern nur Indiz für die Bemühung um einen Ausbildungsplatz (BFH 18.6.15 – VI R 10/14, DStRE 15, 1158; zu Pflichtverletzungen des Kindes BFH 20.5.15 – XI R 46/14, BFH/NV 15, 1242; die Bemühung um einen Studienplatz kann durch die Bewerbung bei der ZVS nachgewiesen werden, BFH 26.11.09 – III R 84/07, BFH/NV 10, 853, zur Ausbildungswilligkeit bei Untersuchungshaft BFH 20.12.01 – VI B 123/99, BFH/NV 02, 492). Eine unverbindliche Aussicht auf einen Ausbildungsplatz genügt nicht (BFH 21.1.10 – III R 17/07, BFH/NV 10, 1423). Das Kind ist nicht berücksichtigungsfähig, wenn ein Ausbildungsplatz mangels der erforderlichen Beschäftigungsgenehmigung nicht erlangt werden kann (BFH 6.7.04 – VIII B 59/04, BFH/NV 04, 1531), bzw wenn die objektiven Anforderungen an den Ausbildungsplatz nicht erfüllt werden (BFH 15.7.03 – VIII R 71/99, BFH/NV 04, 473; zu ausländerrechtlichen Hindernissen BFH 7.4.11 – III R 24/08, DStRE 11, 889).

23 **dd) Freiwilligendienste** (§ 32 Abs 4 Nr 2d EStG). Die danach begünstigten Dienste sind abschließend geregelt und können nicht im Wege der Analogie auf nicht erfasste Trägerorganisationen übertragen werden (BFH 9.2.12 – III R 78/09, BFH/NV 12, 940 auch zur Abgrenzung gegenüber einer Ausbildung). Zu den Voraussetzungen im Einzelnen vgl DAFamEStG 63.3.5; zum Bundesfreiwilligendienst nach Aussetzung der Wehrpflicht BMF 24.6.11, BStBl I 11, 579; OFD Münster 19.8.11, DStR 11, 1713 sowie → *Freiwilligendienste* Rn 12 f.

24 **d) Begünstigungsausschluss.** Vor 2012 stand ein Kinderfreibetrag trotz Vorliegens der Anspruchsvoraussetzungen des § 32 Abs 4 Nr 1 und 2 EStG nicht zu, wenn die um den Ausbildungsmehraufwand gekürzten Einkünfte und Bezüge des Kindes den – ggf anteiligen – Jahresgrenzbetrag überschritten. Jetzt hängt der Kinderfreibetrag grundsätzlich (vgl aber bei Behinderten → Rn 14) nicht mehr von den Einkünften und Bezügen des Kindes ab. Das gilt auch für ein verheiratetes oder von einem Lebenspartner unterhaltenes Kind, selbst wenn gegen die Eltern kein Unterhaltsanspruch besteht (BFH 17.10.13 – III R 22/13,

DStR 14, 188). Dieses Ergebnis kann nicht mit der Begründung vermieden werden, dass andernfalls der Familienleistungsausgleich auch ohne Belastung der Eltern eingreift (so aber *Greite* FR 14, 285). Allerdings bestehen Zweifel an der Verfassungskonformität (→ Rn 28). Ob ein sog Mangelfall vorliegt (zB bei einer Studentenehe mit geringen Einkünften), spielt keine Rolle mehr (BFH 3.2.14 – VI B 111/13, BFH/NV 14, 696), wie auch ein Unterhaltsanspruch einer nicht verheirateten Tochter mit eigenem Kind gegen den Vater des Kindes unbeachtlich ist (BFH 3.7.14 – III R 37/13, DStRE 14, 1310).

Jedoch ist ein Kinderfreibetrag trotz erfüllter Voraussetzungen des § 32 Abs 4 Nr 2 EStG (Ausbildung, Übergangszeiten, Bemühen um einen Ausbildungsplatz, Freiwilligendienst) zu versagen, wenn das Kind nach einer Erstausbildung einer schädlichen Erwerbstätigkeit (→ Rn 26) nachgeht (zu Einzelheiten BMF 8.2.16 DStR 16, 409; *Bering/Friedenberger* FR 16, 265). Das heißt umgekehrt, dass vor Abschluss einer Erstausbildung bei Eingreifen der oben genannten Voraussetzungen des § 32 Abs 4 Nr 2 EStG jegliche parallele Erwerbstätigkeit des Kindes unschädlich ist. Das gilt auch bei abgebrochenen Ausbildungs- oder Studiengängen, weil noch keine „abgeschlossene" Erstausbildung vorliegt; ebenso wie bei vorausgegangener – ggfalls auch langjähriger – Berufstätigkeit ohne Ausbildungscharakter.

**aa) Erstausbildung** ist eine abgeschlossene erstmalige Berufsausbildung oder ein abge- 25
schlossenes Erststudium. Die diesbezügliche Regelung in § 32 Abs 4 Satz 2 EStG steht im Kontext mit § 4 Abs 9 und § 9 Abs 6 EStG, welche die Erstausbildungen mit Ausnahme des Ausbildungsdienstverhältnisses nicht der Erwerbssphäre zuordnen, sondern beim Kind nur einen Sonderausgabenabzug (§ 10 Abs 1 Nr 7 EStG) zulassen. Ziel der Regelung ist, bei per Saldo ertraglosen Ausbildungen, wie zB regelmäßig beim Studium, aber auch anderen Ausbildungen, keine vorgenommene Werbungskosten bzw Betriebsausgaben zuzulassen, um so einen verwaltungsaufwändigen Verlustvortrag zu vermeiden. Die Regelung des Ausschlusses von Erwerbsaufwendungen, die anderslautende Rspr korrigierte, ist nach Ansicht des VIII. Senats (BFH 5.11.13 – VIII R 22/12, DStR 14, 22; *Geserich* DStR 18, 2084) verfassungskonform und des VI. Senats (BFH 17.7.14 – VI R 2/12, DStR 14, 2216) verfassungswidrig (iE → Rn 28 f, → *Betriebliche Berufsbildung* Rn 19).

Die Auslegung des Begriffs der Erstausbildung wird dadurch erschwert, dass mit dieser unterschiedliche Gesetzesziele verfolgt werden, nämlich einerseits der Ausschluss von Erwerbsaufwendungen beim Kind **vor** Abschluss einer Erstausbildung und andererseits Versagung des Kinderfreibetrags bei den Eltern **nach** Abschluss der Erstausbildung, wenn schädliche Erwerbstätigkeit vorliegt. Das Gesetzesziel Ausschluss von Erwerbsaufwendungen wird dergestalt verfolgt, dass in typisierender Form die Ausbildung in der Erwerbssphäre von der Allgemeinbildung abgegrenzt wird, bei der Aufwendungen nur bis 6000 € im Kj als Sonderausgaben abgezogen werden können (§ 10 Abs 1 Nr 7 EStG). Diese Vorschrift betrifft aber nur Aufwendungen des Kindes für seine eigene Berufsausbildung und nicht solche der Eltern für die Ausbildung des Kindes (BFH 10.10.17 – X R 32/15, DStR 18, 560). Der Begriff der Ausbildung für einen Beruf (§ 32 Abs 4 Nr 2a EStG) stimmt nicht mit dem der Erstausbildung überein (BFH 3.7.14 – III R 52/13, DStR 14, 2234). Während Ersterer auch Kurzausbildungen wie Lehrgänge, Praktikas, Volontariate usw (→ Rn 17 ff) umfasst, erfordert Letzterer nach § 9 Abs 6 EStG eine „geordnete" Ausbildung mit einer Mindestdauer von 12 Monaten in Vollzeit und mit Abschlussprüfung (BMF 8.2.16, DStR 16, 409; *Bering/Friedenberger* FR 16, 265).

Ob der Erwerb von Kenntnissen und Fähigkeiten Teil einer Erstausbildung ist oder ihr 26
folgt, richtet sich danach ob sich ein erster Abschluss als integrativer Bestandteil eines einheitlichen Ausbildungsgangs darstellt (BFH 22.6.16 – V R 32/15, BFH/NV 16, 1554). Das kann der Fall sein, wenn im Rahmen eines dualen Studiums nach Abschluss eines studienintegrierten Ausbildungsgangs sich ein parallel betriebenes Bachelorstudium anschließt (BFH 3.7.14 – III R 52/13, DStR 14, 2234). Ebenso ist ein Masterstudium jedenfalls dann Teil einer einheitlichen Erstausbildung, wenn es zeitlich und inhaltlich auf den vorangegangenen Bachelorstudiengang abgestimmt ist und das von den Eltern und dem Kind bestimmte Berufsziel erst darüber erreicht werden kann (BFH 3.9.15 – VI R 9/15, DStR 15, 2601). Dagegen stellt sich ein nach Abschluss einer kaufmännischen Ausbildung aufgenommenes Studium nicht deshalb als integrativer Bestandteil einer einheitlichen Erstausbildung dar, weil dieses Studium eine Berufstätigkeit voraussetzt (BFH 4.2.16 – III 14/15, DStR 16, 1259). Ebenso gehören Lehrgänge, die ein Soldat nach Ernennung zum

Leutnant absolviert nicht mehr zur erstmaligen Berufsausbildung (BFH 9.3.16 – III B 146/15, DStRE 16, 778; ebenso BFH 21.6.16 – III B 133/15, BFH/NV 16, 1450 zu Verwendungslehrgängen nach Ernennung zum Unteroffizier). Eine Zweitausbildung liegt auch vor, wenn sich nach der Ausbildung zum Steuerfachangestellten eine weitere Ausbildung zum staatlich geprüften Betriebswirt/Steuerfachwirt nicht zum nächstmöglichen Zeitpunkt anschließt (BFH 11.4.18 – III R 18/17, DStR 18, 1164). Wird nach Abschluss eines öffentlich-rechtlich geordneten Ausbildungsgangs eine Vollzeitbeschäftigung aufgenommen und werden daneben weitere Ausbildungsmaßnahmen verfolgt, liegt eine einheitliche Erstausbildung nicht mehr vor, wenn die weiteren Ausbildungsmaßnahmen im Verhältnis zur Erwerbstätigkeit wie Nebensache zur Hauptsache stehen. In die diesbezügliche Gesamtwürdigung sind ua die Dauer der beabsichtigten Beschäftigung, das Verhältnis von Arbeits- zur Ausbildungszeit und die inhaltliche Abstimmung beider Tätigkeiten einzubeziehen (BFH 11.12.18 – III R 26/18, DStR 19, 614; BFH 20.2.19 – III R 42/18, DStR 19, 1564 und BFH 21.3.19 – III R 17/18, DStRE 19, 107).

Die Abgrenzung zwischen mehraktiger einheitlicher Erstausbildung und Zweitausbildung bzw Erwerbstätigkeit mit Weiterbildungselementen ist offenbar sehr streitanfällig und hat zu einer Fülle von Verfahren geführt (vgl BFH 11.12.18 – III R 32/17, BFH/NV 19, 691; BFH 11.12.18 – III R 47/17, BFH/NV 19, 694; BFH 11.12.18 – III R 2/18, BFH/NV 19, 696; BFH 11.12.18 – III R 22/18, BFH/NV 19, 699; BFH 17.1.19 – III R 8/18, BFH/NV 19, 815; BFH 17.1.19 – III R 32/18, BFH/NV 19, 818; BFH 20.2.19 – III R 27/18, BFH/NV 19, 822; BFH 20.2.19 – III R 35/18, BFH/NV 19, 826; BFH 20.2.19 – III R 44/18, BFH/NV 19, 913; BFH 20.2.19 – III R 52/18, BFH/NV 19, 829; BFH 20.2.19 – III R 53/18, BFH/NV 19, 916; BFH 21.3.19 – III R 12/18, BFH/NV 19, 1082; BFH 21.3.19 – III R 16/18, BFH/NV 19, 1084; BFH 21.3.19 – III R 18/18, BFH/NV 19, 1087; BFH 21.3.19 – III R 40/18, BFH/NV 19, 1089; BFH 21.3.19 – III R 50/18, BFH/NV 19, 1092; BFH 21.3.19 – III R 56/18, BFH/NV 19, 918; BFH 10.4.19 – III R 19/18, BFH/NV 19, 1095; BFH 10.4.19 – III R 33/18, BFH/NV 19, 1098; BFH 10.4.19 – III R 36/18, BFH/NV 19, 1100; BFH 10.4.19 – III R 37/18, BFH/NV 19, 1103; BFH 10.4.19 – III R 48/18, BFH/NV 19, 1104; BFH 10.4.19 – III R 51/18, BFH/NV 19, 1107 und BFH 22.5.19 – III R 69/18, BFH/NV 19, 1231).

27 **bb) Schädliche Erwerbstätigkeit.** Nach Abschluss einer erstmaligen beruflichen Ausbildung wird ein Kind nur noch berücksichtigt, wenn es keiner Vollerwerbstätigkeit nachgeht (§ 32 Abs 4 Satz 2 EStG). Unschädlich ist jedoch eine Erwerbstätigkeit bis zu 20 Stunden regelmäßiger wöchentlicher Arbeitszeit, ein Ausbildungsdienstverhältnis und ein geringfügiges Beschäftigungsverhältnis (→ *Geringfügige Beschäftigung* Rn 33, 36 ff; BFH 3.4.14 – III B 159/13, BFH/NV 14, 1037). Erwerbstätigkeit ist eine auf die Erzielung von Einkünften gerichtete Beschäftigung, die den Einsatz der persönlichen Arbeitskraft erfordert, also auch land- und forstwirtschaftliche, gewerbliche oder selbstständige bzw nicht selbstständige Tätigkeit, nicht jedoch das Erzielen von Einkünften aus bloßer Beteiligung bzw aus Vermögensverwaltung oder bei bloßer Aufwandsentschädigung im Rahmen eines Freiwilligendienstes.

Kennzeichnend für ein Ausbildungsdienstverhältnis ist, dass die Ausbildungsmaßnahme selbst Gegenstand des Dienstverhältnisses ist. Ein Ausbildungsdienstverhältnis kann auch seinerseits eine Erstausbildung bewirken. Folgt es einer solchen nach, steht der Unschädlichkeit nicht entgegen, wenn es sich – wie zB bei Referendariaten – um vergleichsweise gut bezahlte Arbeit handelt, die Einkünfte weit über dem Existenzminimum zur Folge haben kann. Dagegen wird eine eigenverantwortete Ausbildung noch nicht dadurch zum Ausbildungsdienstverhältnis, dass sie durch ein Stipendium mitfinanziert oder durch Mittel eines früheren, derzeitigen oder späteren ArbGeb gefördert wird. Unschädlich ist auch eine neben dem Ausbildungsdienstverhältnis ausgeübte geringfügige Beschäftigung (*Reimer* FR 11, 929 zum Referendar und sog Drittelassistenten). Dagegen darf neben einer Erwerbstätigkeit bei geringfügiger Beschäftigung insgesamt die 20-Stunden-Grenze nicht überschritten werden.

28 **cc) Verfassungskonformität.** Der weitgehende Verzicht auf die Berücksichtigung der eigenen Leistungsfähigkeit des Kindes verfehlt das eigentliche Ziel des Familienleistungsausgleichs, die Eltern des Kindes deswegen zu entlasten, weil das Kind selbst sein Existenzminimum nicht gewährleisten kann. Diesem Ziel wird weder die Differenzierung nach Erwerbs- und anderen Einkünften gerecht, noch die innerhalb der Erwerbseinkünfte ge-

regelte 20-Stundengrenze, die – weil schwer zu kontrollieren – verwaltungsaufwändig ist und die, ebenso wie der Begriff des Ausbildungsdienstverhältnisses, nichts Abschließendes über die Leistungsfähigkeit des Kindes aussagt. Beispielsweise übersteigen die Entgelte aus manchen Referendariaten übliche Ausbildungsvergütungen und erst Recht Entgelte aus prekären Vollerwerbstätigkeiten ganz erheblich. Entsprechendes gilt für die in sich komplizierte geringfügige Beschäftigung, zumal sie neben der Erwerbstätigkeit und dem Ausbildungsdienstverhältnis anzuwenden ist. Zudem entstehen Ungleichbehandlungen zwischen behinderten und nicht behinderten Kindern.

Dass die bisherige Ausschlussregelung übermäßig kompliziert war, rechtfertigt eine Vereinfachung, aber keine sachwidrige und gegen das Gebot der Folgerichtigkeit verstoßende Regelung. Es mag angehen, im Rahmen des Kindergeldes, bei dem Doppelberücksichtigungen anderweit (§§ 65, 64 Abs 1 EStG) ausgeschlossen werden und das seinem Gesetzeszweck nach Fördercharakter haben kann (§ 31 Satz 2 EStG), auf die Berücksichtigung von Einkünften und Bezügen des Kindes zu verzichten. Dagegen besteht keine Veranlassung, insbes vermögenden Eltern, die ein Familiensplitting ohne Verlust von Kinderfreibeträgen gestalten können (Vorschläge bei *Königer/Ziegler* FR 11, 937) Mitnahmeeffekte auf Kosten der Allgemeinheit zu ermöglichen. Dies gilt umso mehr, als eine einfache und sachgerechte Alternative zur Verfügung steht. So könnte der erst im Rahmen der Günstigerprüfung zu gewährende Kinderfreibetrag in § 31 EStG unter ersatzloser Streichung von § 32 Abs 4 Sätze 2 und 3 EStG davon abhängig gemacht werden, dass das Kind im betreffenden Kj Einkünfte – aus welchen Quellen auch immer – nicht über dem Grundfreibetrag erzielt hat, wobei aus Gründen eines einfachen Gesetzesvollzugs auf das Einbeziehen von Bezügen verzichtet werden könnte. Demgegenüber bestehen bei der derzeitigen Regelung erhebliche Bedenken an ihrer Verfassungskonformität (*Felix* NJW 12, 22; *Kanzler* NWB 11, 525; *Reiß* FR 11, 462; *Reimer* FR 11, 929; *Scharfenberg/Marbes* DB 11, 2282; *Cropp/Schober* FR 16, 837). Der Vorschlag, Bedenken im Wege verfassungskonformer Auslegung dadurch auszuräumen, dass unter „Erwerbstätigkeit" (→ Rn 26) auch andere Einkünfte subsumiert werden, als solche mit persönlichem Arbeitseinsatz (so *Krömker* in HHR JK 2012 zu § 32 EStG Anm J 11–6), dürfte angesichts des eindeutigen Gesetzeswortlauts nicht in Betracht kommen, zumal die zugelassenen Ausnahmen sich ebenfalls auf Tätigkeiten und nicht bloß auf Einkünfte beziehen. Hätte der Gesetzgeber alle Einkünfte einbeziehen wollen, brauchte er nur die Bezüge auszuschließen. Da die Regelung vor dem BVerfG nicht Bestand haben könnte, sollten Eltern, die durch die derzeitige Ausschlussregelung benachteiligt werden, die EStVeranlagung bzw den Kindergeldbescheid offen halten. **29**

**4. Übertragung** (§ 32 Abs 6 Sätze 7 und 8 EStG; BMF 28.6.13 DStR 13, 1384). Steht bei einem unbeschränkt stpfl Elternpaar, bei dem die Voraussetzungen des § 26 Abs 1 Satz 1 EStG nicht vorliegen (Eltern eines nichtehelichen Kindes, getrennt lebende oder geschiedene Ehegatten), jedem nur sein (halber) Kinderfreibetrag zu (sog Halbteilungsgrundsatz; BFH 25.7.97 – VI R 107/96, BStBl II 98, 329; BFH 25.7.97 – VI R 113/95, BStBl II 98, 433; BFH 25.7.97 – VI R 129/95, BStBl II 98, 435), so kann ein Elternteil den Kinderfreibetrag des anderen Elternteils auf sich übertragen lassen, wenn nur er, nicht jedoch der andere Elternteil, seiner Unterhaltspflicht gegenüber dem Kind für das Kj im Wesentlichen nachkommt. In diesem Falle ist bei der Günstigerprüfung (§ 31 Satz 4 EStG) dem vollen Kinderfreibetrag auch das volle Kindergeld gegenüberzustellen (BFH 16.3.04 – VIII R 88/98, DStRE 04, 947 mit Anm *Paus* DStZ 04, 875). Eine Übertragung des Kinderfreibetrages kommt auch in Betracht, wenn ein Elternteil die Unterhaltsleistung erzwungenermaßen allein erbringt, weil der andere mangels Leistungsfähigkeit nicht unterhaltspflichtig ist (*Scharfenberg/Marbes* DB 11, 2282, 2285). Im Übrigen ist der Kinderfreibetrag nicht zu übertragen, wenn der Unterhaltsverpflichtete zu mindestens 75 vH seiner Unterhaltsverpflichtung nachkommt (BFH 12.4.2000 – VI R 148/97, DStRE 2000, 977 mit Anm *MIT*), auch wenn bezogen auf den Unterhaltsbedarf des Kindes der Unterhaltsbeitrag verhältnismäßig geringfügig ist (BFH 27.10.04 – VIII R 11/04, BFH/NV 05, 343). Das Bestehen einer konkreten Unterhaltsverpflichtung ergibt sich aus einem zivilrechtlichen Urt, einem sonstigen Titel, aus Vereinbarungen oder Vergleichen; ggf hat das FA das Bestehen einer Unterhaltsverpflichtung nach der **Düsseldorfer Tabelle** und deren Erfüllung festzustellen (OFD Frankfurt 4.4.96, FR 96, 534). **30**

31 Ist im Gerichtsverfahren streitig ob der Kinderfreibetrag vom anderen Elternteil zu übertragen ist, liegt kein Fall einer notwendigen **Beiladung** vor (Änderung der Rspr: BFH 4.7.01 – VI B 301/98, DStR 01, 1842, BFH 26.8.03 – VIII R 91/98, BFH/NV 04, 324). Das FA kann aber widerstreitende Steuerfestsetzungen (Doppelgewährung des übertragenen Freibetrags) dadurch vermeiden, dass es nach § 174 Abs 5 Satz 2 AO 1977 eine Beiladung des anderen Elternteils beantragt, der zu folgen ist (BFH 31.1.06 – III B 18/05, BFH/NV 06, 1046). Dann erwächst die Entscheidung, dass der Freibetrag zu übertragen sei, auch dem anderen Elternteil gegenüber in Rechtskraft. Dagegen ist notwendig beizuladen, wenn ein Elternteil nicht in seinem, sondern im Veranlagungsverfahren des anderen Elternteils sich gegen die Übertragung des Kinderfreibetrages wendet (BFH 11.5.05 – VI R 38/02, DStRE 05, 920). Zur Beiladung beim Kindergeld → *Kindergeld* Rn 5.

Der Kinderfreibetrag kann auch auf einen **Stiefeltern-** oder einen **Großelternteil** übertragen werden, wenn sie das Kind in ihren Haushalt aufgenommen haben; dies kann auch mit Zustimmung des berechtigten Elternteils geschehen, die nur für künftige Kj widerrufen werden kann (§ 32 Abs 6 Satz 7 EStG).

32 Bei minderjährigen Kindern getrennt lebender Eltern kann der dem Elternteil, in dessen Wohnung das Kind nicht gemeldet ist, zustehende Freibetrag für den Betreuungs- und Erziehungs- oder Ausbildungsbedarf (Betreuungsfreibetrag) – unabhängig vom Kinderfreibetrag für das sächliche Existenzminimum – auf Antrag auf den anderen Elternteil übertragen werden. Ist das Kind bei keinem Elternteil oder bei beiden gemeldet, scheidet eine Übertragung aus. Während es früger nur auf den Antrag des Elternteils ankam, bei dem das Kind mit Hauptwohnsitz gemeldet ist (zur Verfassungskonformität dieser Regelung BFH 27.10.11 – III R 42/07, DStRE 12, 680 mit Anm *Görke* BFH/PR 12, 189, kritisch *Greite* FR 12, 684), kann jetzt der den Betreuungsfreibetrag abgebende Elternteil widersprechen, wenn er Kinderbetreuungskosten trägt oder das Kind regelmäßig in einem nicht unwesentlichen Umfang betreut (§ 32 Abs 6 Satz 9 EStG). Der Betreuungsumfang ist nicht unwesentlich, wenn der Elternteil vereinbarungsgemäß einen Betreuungsanteil von jährlich durchschnittlich 10 % erbringt, etwa durch Betreuung jedes zweite Wochenende und während der Hälfte der Ferien (BFH 8.11.17 – III R 2/16, DStR 18, 564; zum Nachweis der regelmäßigen Betreuung *Wendl* DStRK 18, 113 und zu einem längeren Ferienaufenthalt von mindestens 37 Tagen im Jahr *Görke* BFH/PR 18, 135).

### C. Sozialversicherungsrecht *Ruppelt*

36 Kinderfreibetrag ist ein einkommensteuerrechtlicher Begriff, dem im SozVRecht keine Bedeutung zukommt.

## Kindergeld

### A. Arbeitsrecht *Griese*

1 Seit Oktober 1998 sind die ArbGeb grds von der Pflicht zur Kindergeldauszahlung entlastet worden (Art 1 Nr 7 StEntlG 1999). Zuständig sind die Familienkassen. Lediglich bei ArbN des öffentlichen Dienstes zahlte der öffentliche Arbeitgeber das Kindergeld gem § 72 EStG aus. Durch die ab 1.1.17 geltende Fassung des § 72 Abs 1 S 2 EStG (G v 8.12.16 BGBl I, 2835) wird die Übertragung dieser Zuständigkeit auf die Familienkasse ermöglicht. Davon hat zB das Land Rheinland-Pfalz für seine Bediensteten ab dem 1.10.2018 Gebrauch gemacht.

2 Die **Pfändbarkeit von Kindergeldansprüchen** ist durch § 54 Abs 5 SGB I mit gutem Grund stark eingeschränkt: Sie ist nur zulässig, wenn wegen der Unterhaltsansprüche eines Kindes, das bei der Festsetzung der Kindergeldleistungen berücksichtigt worden ist, gepfändet werden soll. Eine Zusammenrechnung mit Arbeitseinkommen ist nach § 850e Nr 2a Satz 5 ZPO nur unter denselben Voraussetzungen zulässig. Liegt keine Pfändung wegen einer Unterhaltsforderung vor, ist eine **Zusammenrechnung unzulässig.** Es dürfen also nicht Arbeitseinkommen und Kindergeld zusammengerechnet und daraus der unpfändbare Betrag bestimmt werden. Vielmehr ist der unpfändbare Teil allein aus dem Arbeitseinkom-

men zu ermitteln, zusätzlich verbleibt dem ArbN das **nicht pfändbare Kindergeld.** Genauso ist zu verfahren, wenn der ArbGeb selbst für die Auszahlung des Kindergeldes zuständig ist, wie sich aus § 76 EStG ergibt. Eine gegenteilige Verfahrensweise würde auch dem Zusammenrechnungsverbot des § 850e Nr 2a Satz 5 ZPO widersprechen. Da der Kindergeldanspruch wegen § 53 Abs 2 Nr 2 SGB I faktisch nicht abtretbar ist (BSG 8.12.93 – 10 RKg 1/92, NJW 94, 2310), erfasst eine **Entgeltabtretung** eines ArbN, der von seinem ArbGeb das Kindergeld ausgezahlt erhält, **nicht den Kindergeldanspruch.**

## B. Lohnsteuerrecht

*Thomas*

**Übersicht**



**1. Rechtscharakter.** Das Kindergeld ist seit 1996 als Steuervergütung ausgestaltet (§ 1 Abs 1 AO iVm § 31 S 3 EStG). Die Familienkassen sind Finanzbehörden (§ 6 Abs 2 Nr 6 AO), die das Kindergeld grds durch Bescheid festsetzen. Verfahrensfragen sind nach der AO und nicht nach dem SGB X zu beurteilen (BFH 6.3.13 – III B 113/12, BFH/NV 13, 976) und es ist der Rechtsweg zu den FG gegeben (§ 33 FGO). Eine Klage auf vollständigen Lohn ist aber eine arbeitsrechtliche Streitigkeit, wenn der ArbGeb, der gleichzeitig Familienkasse ist, mit einem nicht bestehenden Kindergeld-Rückforderungsanspruch aufrechnet (BFH 12.5.2000 – VI R 100/99, DStRE 2000, 1031). Ist die Entlastung durch den Kinderfreibetrag höher, wird sie mit dem Kindergeld verrechnet (**Günstigerprüfung** → *Kinderfreibetrag* Rn 3). Die Verwaltung hat zur einheitlichen Handhabung der Kindergeldfestsetzung eine Dienstanweisung zum Kindergeld nach dem EStG erlassen (BZSt 9.7.19, BStBl I 19, 654–810, Neufassung DA-KG 2019). 4

**2. Kindergeldanspruch.** Für ein Kind iSv § 63 EStG kann Kindergeld beanspruchen, wer die persönlichen Voraussetzungen des § 62 EStG erfüllt (→ Rn 6), sofern das Kindergeld weder durch § 65 EStG (Andere Leistungen für Kinder) noch durch über- bzw zwischenstaatliches Recht ausgeschlossen ist. Für jedes Kind wird Kindergeld nur einem von mehreren möglichen Berechtigten gezahlt (§ 64 Abs 1 EStG). Festgesetztes Kindergeld kann auch an Dritte auszuzahlen sein (Ableitung § 74 EStG). Zur Vermeidung von Doppelzahlungen erfolgt eine Identifizierung von Berechtigtem und Kind durch eine vergebene Identifizierungsnummer (§ 62 Abs 1 S 2, § 63 Abs 1 S 3 EStG; A 3 und A 22 DA-KG). 5

**3. Anspruchsberechtigte. a) Inländer** haben nach § 62 Abs 1 EStG Anspruch, wenn sie im Inland einen Wohnsitz oder gewöhnlichen Aufenthalt haben (vgl § 1 Abs 1 EStG) oder nach § 1 Abs 2 EStG unbeschränkt estpfl sind (insbes deutsche Auslandsbeamte) oder nach § 1 Abs 3 EStG auf Grund eines Antrags an das zuständige FA (nicht an die Familienkasse) als unbeschränkt estpfl behandelt werden (BFH 24.5.12 – III R 14/10, DStR 12, 1385). Im Kindergeldverfahren bindet die im EStVerfahren erfolgte Behandlung als unbeschränkt estpfl nach § 1 Abs 3 EStG (BFH 22.2.18 – III R 10/17, DStR 18, 1555; die Bindung gilt nur für den jeweiligen Veranlagungszeitraum), nicht aber die nach § 1 Abs 1 EStG (BFH 25.4.13 – III B 111/12, BFH/NV 13, 1244). Werden Personen, die inländische Einkünfte haben, nach § 1 Abs 3 EStG als unbeschränkt estpfl behandelt, ist für die Monate, 6 für die Kindergelt in Betracht kommt, bei gewerblichen Einkünften auf die Tätigkeit in diesen Monaten abzustellen, während es bei nichtselbständiger Arbeit auf den Zeitpunkt des Lohnzuflusses ankommt (BFH 14.3.18 – III R 5/17, DStR 18, 1167).

7 Einen **Wohnsitz** hat jemand dort, wo er eine Wohnung unter Umständen innehat, die darauf schließen lassen, dass er sie beibehalten und benutzen wird (§ 8 AO). Dazu kann reichen, wenn eine Doppelhaushälfte über Jahre hinweg jährlich zweimal über einige Wochen genutzt wird (BFH 23.11.88 – II R 139/87, DStR 89, 103); dagegen nicht, wenn eine von Angehörigen vorgehaltene eingerichtete Wohnung nur besuchsweise zweimal im Jahr 2–3 Wochen aufgesucht wird (BFH 12.1.01 – VI R 64/98, DStRE 01, 641; BFH 17.5.13 – III B 121/12, BFH/NV 13, 1381). Ein inländischer Zweitwohnsitz ist auch dann zu berücksichtigen, wenn er weder den Lebensmittelpunkt darstellt, noch den zeitlich überwiegenden Aufenthaltsort (BFH 18.12.13 – III R 44/12, DStR 14, 699; BFH 23.10.18 – I R 74/16, BFH/NV 19, 388). Es entscheiden die Umstände des Einzelfalls (zum Wohnsitz in Entführungsfällen BFH 5.5.14 – III B 156/13, BFH/NV 14, 1208). Ob ein Kind mit mehrjährigem Auslandsaufenthalt bei seinen Eltern im Inland einen Wohnsitz beibehalten hat, bestimmt sich ua nach Dauer und Häufigkeit der Inlandsaufenthalte (BFH 12.6.17 – III B 157/16, BFH/NV 17, 1318; BFH 24.7.18 – I R 58/16, BFH/NV 19, 104). Aufenthalte der im Inland lebenden Eltern mit den Kindern außerhalb Deutschlands haben regelmäßig keine Bedeutung (BFH 17.5.17 – III B 92/16, BFH/NV 17, 1179).

8 Beim **gewöhnlichen Aufenthalt** ist auf die Umstände abzustellen, die erkennen lasse, dass der Berechtigte am/im betreffenden Ort/Gebiet nicht nur vorübergehend verweilt, wobei regelmäßig ein zeitlich zusammenhängender Aufenthalt von mehr als 6 Monaten genügt (zu Einzelheiten vgl den AEAO zu § 9 AO). Der inländische Wohnsitz/gewöhnliche Aufenthalt ist nur für die unbeschränkte EStPflicht nach § 1 Abs 1 EStG maßgebend. Für die nach § 1 Abs 2 EStG genügt, dass das Kind im ausländischen Haushalt des Berechtigten lebt.

9 **b) Ausländer** (auch Staatenlose und Kontingentflüchtlinge), die nicht freizügigkeitsberechtigt sind, müssen zusätzlich die Voraussetzungen des § 62 Abs 2 EStG erfüllen (zur Verfassungskonformität BFH 28.11.17 – III B 86/17, BFH/NV 18, 435). Freizügigkeitsberechtigt sind Staatsangehörige der EU- bzw EWR-Staaten und der Schweiz, sowie ihre Familienangehörigen, nicht aber Angehörige sog AbkStaaten, bei denen sich die Kindergeldberechtigung jedoch aus dem jeweiligen Abk ergeben kann (A 4.5 Abs 3 und 4 DA-KG). Bei Unionsbürgern obliegt die Feststellung fehlender Freizügigkeit nicht den Familienkassen, sondern den Ausländerbehörden (BFH 15.2.17 – III R 32/15, DStRE 17, 1172; *Görke* BFH/PR 17, 326 zu bulgarischen Staatsbürgern mit inländischem Wohnsitz) sodass Kindergeld vor förmlicher Feststellung der fehlenden Freizügigkeit nicht versagt werden kann.

Im Übrigen ist für Ausländer maßgebend, ob sie eine Niederlassungserlaubnis, eine zur Ausübung der Erwerbstätigkeit berechtigende Aufenthaltserlaubnis besitzen bzw Asylberechtigte oder anerkannte Flüchtlinge sind (Einzelheiten A 4.2–4.4 DA-KG).

Danach besteht kein Kindergeldanspruch für nur geduldete Ausländer (BFH 15.3.07 – III R 93/03, DStRE 07, 839; BFH 14.6.13 – III B 119/12, BFH/NV 13, 1417) oder wenn nur eine sog Grenzüberschreitungsbescheinigung vorliegt (BFH 31.7.09 – III B 152/08, BFH/NV 09, 1811).

10 Dagegen wird der Besitz eines berechtigenden Aufenthaltstitels analog § 62 Abs 2 EStG unterstellt, wenn seine Erteilung nur deswegen unterblieben ist, weil die Person kraft gesetzlicher Regelung vom Erfordernis eines Aufenthaltstitels befreit ist (BFH 8.8.13 – III R 22/12, DStRE 14, 1 zum NATO-Truppenstatut). Das Erfordernis eines Aufenthaltstitels gilt auch für Flüchtlinge nach der Genfer Konvention mit Aufnahmezusage (BFH 25.10.07 – III R 90/03, DStRE 08, 281; zu Staatenlosen BFH 22.11.07 – III R 60/99, DStRE 08, 686) und bei unrechtmäßig ausgestellten deutschen Ausweispapieren (BFH 17.4.08 – III R 16/05, DStRE 08, 998).

11 Da der „Besitz" des Aufenthaltstitels im Anspruchszeitraum maßgebend ist, hat ein rückwirkend erteilter Titel keine kindergeldrechtliche Rückwirkung (BFH 5.2.15 – III R 19/14, DStRE 15, 1040). Im Übrigen begründet der Titel einen Kindergeldanspruch ab dem Datum der Erteilung. Abweichendes gilt für eine vor Ablauf der Erlaubnis beantragte Verlängerung, wenn die neue Erlaubnis erst nach Ablauf der bisherigen beschieden wird. Abgesehen davon erzeugt der ausländerrechtliche Statusbescheid lediglich Tatbestandswir-

kung und ist kein Grundlagenbescheid, dessen Änderung zur Korrektur des Kindergeldbescheides berechtigt (BFH 10.6.15 – V B 136/14, BFH/NV 15, 1233).

**4. Kindbegriff** (§ 63 Abs 1 EStG).**a) Kind iSv § 32 Abs 1 EStG.** Das ist ein mit dem Stpfl im ersten Grad verwandtes (leibliches oder angenommenes) Kind (A 10.1 und 10.2 DA-KG 2016) und ein Pflegekind (A 11.1–11.4 DA-KG → *Kinderfreibetrag* Rn 8). 12

**b) Aufgenommenes Kind** (§ 63 Abs 1 Nr 2 und 3 EStG).Das ist ein vom Berechtigten in seinen Haushalt aufgenommener Enkel oder ein Stiefkind, also ein Kind seines Ehegatten oder eingetragenen Lebenspartners, nicht aber eines nichtehelichen Lebensgefährten. Dass Letzterer schlechter behandelt wird als ein Stiefelternteil ist verfassungskonform (BFH 25.4.18 – III R 24/17, DStRE 18, 1113 zum Zählkindervorteil in einer „Patchwork-Familie"). Die Haushaltsaufnahme erfordert ein auf Dauer angelegtes Betreuungs- und Erziehungsverhältnis mit materiellen (Versorgung, Unterhaltsgewährung) und immateriellen (Fürsorge, Betreuung) Momenten (BFH 20.6.01 – VI R 224/98, DStR 01, 1525), wobei der Berechtigte nicht die wesentlichen Kosten des Haushalts tragen muss (BFH 27.8.88 – VI B 236/97, BFH/NV 99, 177). Eine vorübergehende räumliche Trennung zB zur Schul- oder Berufsausbildung unterbricht die Haushaltsaufnahme regelmäßig nicht. 13

Besteht danach zu einem Kind ein Kindschaftsverhältnis, kann es als Zahlkind einen Anspruch auf Kindergeld begründen oder als Zählkind (→ Rn 30) zur Erhöhung eines solchen Anspruchs beitragen.

**5. Aufenthalt des Kindes.** Ein Kind kann nach § 63 Abs 1 S 4 EStG berücksichtigt werden, wenn sich sein Wohnsitz (dazu A 23 DA-KG und → Rn 15) oder gewöhnlicher Aufenthalt im Inland, einem EU- bzw EWR-Staat oder in der Schweiz befindet und im Übrigen nur, wenn es im ausländischen Haushalt eines Berechtigten lebt, der nach § 1 Abs 2 oder 3 EStG unbeschränkt estpfl ist oder so behandelt wird (→ Rn 6). Die genannten Aufenthaltserfordernisse sind nicht deshalb entbehrlich, weil das Kind im Ausland einen zweijährigen sog Freiwilligendienst aller Generationen leistet (BFH 13.7.16 – XI R 8/15, DStR 16, 1421). 14

Ein sechsjähriges Kind, das die ganze Grundschule bei den Großeltern im Ausland besucht, hat in der elterlichen Wohnung im Inland bei bloßen Ferienbesuchen keinen Wohnsitz (BFH 23.11.2000 – VI R 165/99, DStR 01, 525; BFH 30.6.04 – VIII B 132/04, BFH/NV 04, 1639). Besitzen ins Ausland versetzte Eltern noch einen inländischen Wohnsitz, muss dieser nicht auch Wohnsitz ihrer minderjährigen Kinder sein (BFH 15.5.09 – III B 209/08, BFH/NV 09, 1630). Bei einem mehrjährigen Auslandsstudium des Kindes behält es seinen inländischen Wohnsitz bei den Eltern nur bei, wenn es ihn in den ausbildungsfreien Zeiten auch nutzt (BFH 23.11.2000 – VI R 107/99, DStRE 01, 529; BFH 25.9.14 – III R 10/14, DStRE 15, 145; BFH 23.6.15 – III R 38/14, DStRE 15, 1363). Maßgebend sind die Zeiten während (also nicht vor oder nach) des Auslandsaufenthalts; fehlende finanzielle Mittel für Heimreisen können fehlende Inlandsaufenthalte nicht kompensieren. Der inländische Wohnsitz ist beim Auslandsstudium nicht deshalb zu verneinen, weil das Kind nach Abschluss des Studiums möglicherweise im Ausland berufstätig wird (BFH 26.6.13 – III B 5/13, BFH/NV 13, 1386). Die Wohnsitzanforderungen sind verfassungs- und EU-konform (BFH 26.2.02 – VIII R 85/98, BFH/NV 02, 912; BFH 4.7.13 – III B 24/13, BFH/NV 13, 1568). 15

**6. Materielle Begünstigungsvoraussetzungen.** Da § 63 Abs 1 S 2 EStG anordnet, dass § 32 Abs 3 bis 5 EStG entsprechend gilt, sind die dortigen Regelungen zum Kinderfreibetrag (Altersgrenzen, Begünstigungsalternativen und Begünstigungsausschlüsse) auch auf das Kindergeld anzuwenden. Insofern wird auf → *Kinderfreibetrag* Rn 9–29 und A 14–21 DA-KG verwiesen. 16

**7. Anspruchskonkurrenz.** Für jedes Kind wird nur einem Berechtigten Kindergeld gezahlt (§ 64 Abs 1 EStG). Das bedeutet, dass Kindergeld für dasselbe Kind weder mehrfach gezahlt, noch auf mögliche Berechtigte aufgeteilt wird (BFH 14.5.02 – VIII R 64/00, DStRE 02, 1501). Für die Rangfolge kommt es nach § 64 Abs 2 EStG vorrangig auf die Haushaltsaufnahme an (Obhutsprinzip) und hilfsweise auf die höchste Unterhaltsleistung (§ 64 Abs 3 EStG). 17

**a) Haushaltsaufnahme.** Auch wenn bei mehrfacher Aufnahme Wahlrechte bestehen, kann der Kindergeldanspruch nicht durch zivilrechtliche Vereinbarung wirksam auf einen Elternteil übertragen werden, der seinerseits das Kind nicht in seinen Haushalt aufgenom- 18 men hat (BFH 1.7.03 – VIII R 94/01, BFH/NV 04, 25). Übertragen werden kann nur der Zahlungsanspruch im Auszahlungsverfahren, nicht die Anspruchsberechtigung im Festsetzungsverfahren (BFH 23.8.16 – V R 19/15, DStRE 16, 1427). Eine Haushaltsaufnahme wird nicht durch zeitlich unbedeutsame Kontakte bewirkt.

19 **aa) Gemeinsamer Haushalt.** Lebt das Kind im gemeinsamen Haushalt von Eltern und Großeltern, wird Kindergeld vorrangig einem Elternteil gezahlt, es sei denn, dieser verzichtet schriftlich gegenüber der zuständigen Stelle zu Gunsten eines Großelternteils (§ 64 Abs 2 S 5 EStG). Lebt es im gemeinsamen Haushalt von Eltern, einem Elternteil und dessen Ehegatten/Lebenspartner, Pflegeeltern oder Großeltern, bestimmen diese untereinander (§ 64 Abs 2 S 2 EStG) und hilfsweise auf Antrag das Familiengericht (dazu A 25.1 Abs 6 DA-KG). Die Berechtigtenbestimmung muss schriftlich oder zur Niederschrift erfolgen und ist von der Antrag stellenden Person beizubringen. Sie bleibt wirksam, solange sie nicht widerrufen wird oder das Kind diesen Haushalt auf Dauer verlässt.

20 **bb) Getrennter Haushalt.** Ist ein Kind in den Haushalt jedes Elternteils aufgenommen, wird es demjenigen zugeordnet, in dessen Haushalt es sich überwiegend aufhält und in dem es seinen Lebensmittelpunkt hat (BFH 14.12.04 – VIII R 106/03, DStRE 05, 446; BFH 18.4.13 – V R 41/11, DStRE 13, 1171). Auf den melderechtlichen Wohnsitz kommt es nicht an. Bei gleichwertiger Haushaltsaufnahme entscheidet eine (auch vor der Trennung getroffene) Berechtigtenbestimmung, bis sie widerrufen wird (BFH 22.3.05 – III R 91/03, DStR 05, 962). Sie wird mit der Auflösung des vormals gemeinsamen Haushalts gegenstandslos (BFH 15.1.14 – V B 31/13, BFH/NV 14, 522). Die ursprüngliche (entfallene) Berechtigungsbestimmung lebt nicht wieder auf, wenn die Eltern und das Kind wegen eines Versöhnungsversuchs wieder in einem gemeinsamen Haushalt leben (BFH 18.5.17 – III R 11/15, DStR 17, 2209 mit Anm *Wendl; Görke* BFH/PR 17, 399). Zieht ein Kind freiwillig zum anderen Elternteil nicht nur vorläufig um, kann von einer dortigen Haushaltsaufnahme auch ausgegangen werden, wenn dieser Elternteil nicht sorgeberechtigt ist (BFH 25.6.09 – III R 2/07, DStRE 09, 1245); zum Haushaltswechsel bei noch nicht endgültiger Trennung der Eltern vgl BFH 20.6.01 – VI R 224/98, DStR 01, 1525.

21 **b) Maßgebende Unterhaltsrenten.** Ist das Kind nicht in den Haushalt eines Berechtigten aufgenommen, zB weil es in einem eigenen Haushalt oder einem Heim untergebracht ist, erhält das Kindergeld derjenige, der dem Kind eine Unterhaltsrente zahlt; bei mehreren entscheidet die höchste Unterhaltsrente (§ 64 Abs 3 Sätze 1 und 2 EStG). Dabei kommt es auf den laufenden Barunterhalt an, während Sach- und Betreuungsleistungen ebenso außer Ansatz bleiben, wie einmalige oder gelegentliche höhere finanzielle Zuwendungen (BFH 11.10.18 – III R 45/17, DStRE 19, 558). Das gilt auch für Nachzahlungen, ungeachtet dessen, warum die Zahlung verspätet erfolgt ist (BFH 28.4.16 – III R 30/15, DStRE 16, 364). Hat derjenige, der das Kindergeld bisher erhalten hat, dieses an das Kind als Unterhalt weitergeleitet, bleibt dieser Betrag bei der Feststellung der höheren Unterhaltsrente außer Betracht (BFH 2.6.05 – III R 66/04, DStRE 05,1336).

22 Zahlt keiner der Berechtigten Unterhalt oder beide gleichviel, können sie den Berechtigten bestimmen bzw auf Antrag vom Familiengericht bestimmen lassen. Leben die Anspruchsberechtigten in einem gemeinsamen Haushalt, kann, wenn keine anderen Anhaltspunkte vorliegen, aus Vereinfachungsgründen davon ausgegangen werden, dass sie laufenden Barunterhalt in derselben Höhe zahlen (A 26 Abs 2 S 1 DA-KG)

23 **c) Rückforderung** (→ Rn 34).Stellt die Familienkasse nachträglich fest, dass einem Elternteil zu Unrecht Kindergeld gewährt worden ist, weil – etwa nach einer Trennung der Eltern – das Kind in den Haushalt des anderen (jetzt vorrangig berechtigten) Elternteils aufgenommen wurde, dann hebt sie die Festsetzung ab dem Haushaltswechsel auf und fordert das insofern ohne rechtlichen Grund (§ 37 Abs 2 AO) gezahlte Kindergeld gem § 70 Abs 2 EStG zurück (BFH 15.6.04 – VIII R 93/03, BFH/NV 05, 153). Der Rückforderung steht nicht entgegen, wenn erkennbar war, dass das Kindergeld nicht mehr zustand (BFH 21.2.08 – III B 103/07, BFH/NV 08, 972). Allein der Umstand, dass zu Unrecht gezahltes Kindergeld auf Sozialleistungen angerechnet wurde, verpflichtet nicht zu einem Billigkeitserlass (BFH 13.9.18 – III R 19/17, DStRE 19, 391; BFH 20.2.19 – III R 28/18 BFH/NV 19, 825). Etwas anderes gilt nur, wenn die Familienkasse in Art einer konkludenten Zusage zu erkennen gegeben hat, sie werde den Kindergeldempfänger nicht mehr in Anspruch nehmen (BFH 14.10.03 – VIII R 56/01, DStRE 04, 88; BFH 13.5.14 – III B 158/13,

BFH/NV 14, 1365). Wird durch eine Beschäftigung im öffentlichen Dienst die Familienkasse des Dienstherrn zuständig, kann sie die bisherige Festsetzung durch eine Familienkasse der BA aufheben (BFH 6.4.17 – III R 33/15, BFH/PR 17, 354 auch zur Verjährung in Doppelzahlungsfällen). Die Berichtigung der letzten Kindergeldfestsetzung wegen materieller Fehler (§ 70 Abs 3 Satz 1 EStG) steht trotz des Wortlauts „können" beseitigt werden nicht im Ermessen der Familienkasse, sondern erfolgt als gebundene Entscheidung (BFH 21.2.18 – III R 14/17, DStRE 18, 1040).

Die Familienkasse verzichtet auf Rückforderungsansprüche, wenn der vorrangig Berechtigte eine Erklärung nach DAFamEStG 64.4 Abs 4 abgibt, nach der er für die Vergangenheit seinen Kindergeldanspruch durch die Zahlung an den nachrangig Berechtigten als erfüllt ansieht. Gibt er eine solche Erklärung nicht ab, handelt die Familienkasse regelmäßig nicht ermessensfehlerhaft, wenn sie trotz **Weiterleitung** von Kindergeld im Rahmen laufender Unterhaltsgewährung auf einer Rückforderung besteht (BFH 31.3.05 – III B 189/04, BFH/NV 05, 1305). Die Rückforderung richtet sich jeweils gegen die Person, für die Kindergeld festgesetzt worden war, auch wenn es auf deren Anweisung an einen Dritten ausgezahlt wurde (BFH 10.3.16 – III R 29/15, DStRE 16, 1070) oder von ihr selbst weitergeleitet wurde. Der Rückforderung steht nicht entgegen, dass der lt Bescheid bisher Berechtigten nicht bekannt war, dass die Zahlungsvoraussetzungen entfallen sind (BFH 10.3.16 – III R 29/15, BFH/NV 16, 1278). 24

**d) Vorrangige Berechtigung nach EU-Recht** (→ Rn 29).Einer Person mit inländischem Wohnsitz kann für ein Kind iS von § 63 EStG Kindergeld auch dann zustehen, wenn das Kind nicht im Inland, sondern in einem EU- bzw EWR Staat oder in der Schweiz wohnt (§ 63 Abs 1 S 4 EStG). Die Anspruchskonkurrenz zwischen mehreren Berechtigten wird dann nach Art 67 der VO Nr 883/2004 iVm Art 60 Abs 1 S 2 der VO Nr 987/2009 in der Weise geregelt, dass die Wohnsituation – so wie sie im Streitzeitraum nach den Verhältnissen im anderen EU Mitgliedstaat bestand – fiktiv ins Inland übertragen wird. Sodann wird an Hand des tatsächlichen und des fiktiven Inlandssachverhalts nach inländischem Recht der vorrangig Berechtigte bestimmt (EuGH 22.10.15 – C 378/14, DStRE 15, 1501). Dem steht nicht entgegen, dass das Kindergeld Teil des Familienleistungsausgleichs (§ 31 EStG) ist (BFH 13.7.16 – XI R 33/12 DStRE 16, 1431). 25

Danach steht bei geschiedenen Eltern für den gemeinsamen Sohn, der bei der Mutter in Polen lebt, das Kindergeld vorrangig der Mutter zu, weil nur sie und nicht der Vater das Kind in ihren Haushalt aufgenommen hat (BFH 4.2.16 – III R 17/13, DStR 16, 1319). Dabei ist unerheblich, ob der im EU Ausland lebende Elternteil einen Kindergeldantrag (vgl § 67 EStG) gestellt hat. Entsprechendes gilt, wenn die Töchter des im Inland wohnenden Vaters in den Haushalt der Großmutter in Griechenland aufgenommen sind, weil unter „beteiligten Personen" iSv Art 60 Abs 1 S 2 der VO Nr 987/2009 nicht nur Elternteile, sondern auch andere mögliche Berechtigte zu verstehen sind (BFH 10.3.16 – III R 62/12, DStRE 16, 855; BFH 27.7.17 – III R 17/16, DStRE 18, 472; ebenso BFH 28.4.16 – III R 68/13, DStRE 16, 1164 zum Vater im Inland, dessen Kinder bei der Mutter in Spanien leben). Das gilt auch für Pflegeeltern (die Kinder des im Inland lebenden Vaters waren in den Haushalt der Schwester und des Schwagers in Polen aufgenommen), da § 32 Abs 2 S 2 EStG, wonach ein Kind vorrangig als Pflegekind zu berücksichtigen ist, nur zum Kinderfreibetrag und nicht zum Kindergeld anzuwenden ist (BFH 15.6.16 – III R 60/12, DStRE 16, 1359). Ob ein Pflegekindverhältnis tatsächlich besteht, ist ebenfalls nach deutschem Recht zu beurteilen. 26

**8. Anspruchsausschluss.** Zur Vermeidung kinderbezogener Doppelleistungen sieht § 65 Abs 1 EStG abschließend geregelte Ausschlusstatbestände vor. Die Zählkindeigenschaft (→ Rn 30) bleibt davon unberührt. 27

**a) Ausschlussleistungen,** die das Kinderrecht verdrängen sind Kinderzulagen aus der gesetzlichen UV und Kinderzuschüsse aus der gesetzlichen RV (§ 65 Abs 1 Nr 1 EStG; auslaufend), mit dem Kindergeld vergleichbare ausländische Leistungen (§ 65 Abs 1 Nr 2 EStG; A 28. 3 Abs 1 und 2 DA-KG) und vergleichbare Leistung zwischen- oder überstaatlicher Einrichtungen (§ 65 Abs 1 Nr 3 EStG; A 28. 4 DA-KG), insbes für EU- und NATO-Beschäftigte. Allerdings ist der Kindergeldanspruch der Mutter, die mit ihrer Tochter im Inland wohnt, nicht deshalb ausgeschlossen, weil der bei der Europäischen Kommis- 28 sion beschäftigte Kindsvater, der für das betreffende Kind Anspruch auf eine Zulage für unterhaltsberechtigte Kinder hat, nicht mit ihr verheiratet ist (BFH 13.7.16 – XI R 16/15, DStRE 16, 1429).

Ob Ansprüche nach ausländischen Recht bestehen, hat das FG vAw – wie Tatsachen – festzustellen (BFH 13.6.13 – III R 10/11, DStRE 13, 1435). Mitwirkungspflichten des Kindergeldberechtigten beziehen sich nur auf den verwirklichten Sachverhalt und nicht auf die Rechtslage im Ausland (BFH 13.6.13 – III R 63/11, DStRE 13, 1440). Stehen Leistungen nach § 65 Abs 1 S 2 Nr 1–3 EStG zu, werden sie im EStG wie inländischen Kindergeld behandelt (§ 65 Abs 1 S 2 EStG), beispielsweise bei der Günstigerprüfung nach § 31 EStG (→ *Kinderfreibetrag* Rn 3).

29 **b) Differenzkindergeld** (nicht zu verwechseln mit Teilkindergeld nach § 65 Abs 2 EStG). Steht ein Anspruch auf Kindergeld nach inländischem Recht zu und ein Anspruch auf vergleichbare Leistung in einem EU- einem EWR-Staat oder in der Schweiz, richtet sich die Anspruchskonkurrenz nach Art 68 VO Nr 883/2004, der dem § 65 EStG vorgeht. Das bedeutet für einen Elternteil, der zB mit seinen Kindern im Inland wohnt, aber in der Schweiz arbeitet, dass die durch die Beschäftigung ausgelösten Ansprüche Vorrang haben (Art 68 Abs 1 Buchst a VO Nr 883/2004). Dann ruht das deutsche Kindergeld in Höhe der Schweizer Kinderzulage. Es ist aber ein Differenzkindergeld festzusetzen, wenn die Leistungen im Beschäftigungsstaat niedriger sind als im Wohnsitzstaat (BFH 12.9.13 – III R 32/11, DStRE 14, 209). Das Differenzkindergeld entfällt aber, wenn der Kindergeldanspruch in Deutschland bei StPfl und § 1 Abs 3 EStG nicht durch eine Beschäftigung, selbständige Erwerbstätigkeit oder Rente sondern ausschließlich durch den Wohnsitz ausgelöst wird (BFH 22.2.18 – III R 10/17, DStR 18, 1555 mit Anm *Wendl*). Die Berechnung des Differenzkindergeldes richtet sich nach deutschen Recht, weil die EU – VO dazu nichts regelt. Die Ermittlung ist kindbezogen vorzunehmen, weshalb eine Verrechnung mit einem bei den anderen Kindern ggf übersteigenden Betrag nicht stattfindet (BFH 4.2.16 – III R 9/15, DStRE 16, 851).

30 **9. Auszahlung des Kindergeldes. a) Höhe.** Das Kindergeld beträgt 2016/2017/2018 monatlich für erste und zweite Kinder jeweils 190 €/ 192 €/ 194 €, für dritte Kinder 196 €/198 €/200 € und für jedes weitere Kind 221 €/ 223 €/ 225 € (§ 66 Abs 1 EStG). Ab 1.7.2019 trat jeweils eine Erhöhung um 10 € in Kraft. Welches Kind erstes oder weiteres Zahlkind ist, bestimmt sich danach, an welcher Stelle das bei diesem Berechtigten zu berücksichtigen Kind in der Reihenfolge der Geburt steht. Das älteste Kind ist also das erste Kind. Für die Höhe des Kindergeldes werden auch diejenigen Kinder mitgezählt, für die nur deswegen kein Kindergeld gezahlt wird, weil es vorrangig einem anderen Berechtigten zusteht (§ 64 Abs 2 und 3 EStG; → Rn 17 ff) oder weil es nach § 65 EStG oder entsprechenden Vorschriften über- und zwischenstaatlichen Rechts (→ Rn 27 ff) ausgeschlossen ist (Zählkinder). Bei der Feststellung des Zählkindvorteils arbeiten ggf unterschiedlichen Familienkassen zusammen, zB bei der Frage, wem das Kind als Zahlkind und wem als Zählkind zuzurechnen ist (V 6.4 DA-KG). Beim Streitwert bleiben mittelbare Auswirkungen auf Zählkinder, die nicht selbst Gegenstand des Verfahrens sind, außer Betracht (BFH 20.10.05 – III S 20/05, BFH/NV 06, 200).

31 **b) Monatszahlung.** Der Anspruch auf Kindergeld besteht grds für jeden Kalendermonat, in dem wenigstens an einem Tag die Anspruchsvoraussetzungen vorgelegen haben. Für den Kindergeldanspruch gilt die Festsetzungsverjährung nach §§ 169 ff AO (vgl V 12 DA-KG 2016). Danach muss der Anspruch spätestens vier Jahre (§ 169 Abs 2 Nr 2 AO) nach Ablauf des Kj, in dem er entstanden ist (§ 170 Abs 1 AO) geltend gemacht werden (§ 171 Abs 3 AO; Ablaufhemmung bis zur rechtskräftigen Entscheidung über den Antrag). Werden kindererhebliche Änderungen der Verhältnisse unter Missachtung der Mitwirkungspflichten (vgl § 68 Abs 1 EStG; V 7.1–7.4 DA-KG) nicht mitgeteilt, tritt nicht deshalb eine Hemmung der Verjährung ein (BFH 18.5.06 – III R 80/04, BFH/NV 06, 2323). Kindergeldnachzahlungen werden nicht verzinst (BFH 20.4.06 – III R 64/04, DStRE 06, 1092; vgl zu Zinsen im Übrigen V 29 DA-KG).

32 **c) Antrag.** Das Kindergeld ist bei der zuständigen Familienkasse schriftlich zu beantragen (§ 67 S 1 EStG). Es kann rückwirkend aber nur für die letzten sechs Monate vor dem Monat des Antragseingangs gewährt werden (§ 66 Abs 3 EStG; dazu *Wendl* DStR 18, 2065). Den

Antrag kann außer dem Berechtigten auch stellen, wer ein berechtigtes Interesse an der Leistung hat. Das kann eine unterhaltsberechtigte Person sein oder jemand, zu dessen Gunsten eine Auszahlung, Übertragung oder Pfändung des Kindergeldes möglich ist; ggf das Kind selbst, wenn eine Abzweigung (§ 74 Abs 1 S 1 EStG; → Rn 35) an es erfolgen kann. Ein gegenüber dem Kindergeldberechtigten bereits bestandskräftig abgelehnter Kindergeldanspruch kann aber im Antragsverfahren nicht neu überprüft werden (BFH 26.11.09 – III R 67/07, DStRE 10, 407).

Der antragsberechtigte Dritte wird Verfahrensbeteiligter (§ 78 Nr 1 AO) aber nicht selbst 33 Kindergeldberechtigter. Letzterer ist notwendig beizuladen (BFH 12.1.01 – VI R 49/98, DStRE 01, 502). Dagegen ist nicht notwendig beizuladen, wenn ein eigener – und nicht ein fremder – Kindergeldanspruch verfolgt wird, selbst wenn dies zum Verlust des Kindergeldes beim anderen Elternteil führen kann (BFH 16.4.02 – VIII B 171/01, DStRE 02, 1071).

**10. Festsetzung.** Das Kindergeld wird grds durch Bescheid durch die örtlich zuständige 34 Familienkasse festgesetzt (§ 70 Abs 1 EStG). Wurden aufgrund von Ermächtigungen die Verfahren für bestimmte Personengruppen bei einer Familienkasse konzentriet (wie bspw für Anspruchsberechtigte mit Wohnsitz in Polen bei der Familienkasse Sachsen) so ist diese örtlich zuständig. Hat eine örtlich unzuständige Familienkasse entschieden, kann das Einspruchsverfahren von der zuständigen Familienkasse weitergeführt werden (BFH 19.1.17 – III R 31/15, DStR 17, 810; *Wendl* StRK 17, 185). Da das Kindergeld eine Steuervergütung ist (→ Rn 4), finden gem § 155 Abs 5 AO die für die Steuerfestsetzung geltenden Vorschriften der §§ 155–177 AO sinngemäß Anwendung (zur Verjährung → Rn 31). Stellt sich nachträglich die Rechtswidrigkeit einer Festsetzung heraus, kann eine Änderung (im Rahmen der Verjährung) nach § 70 Abs 2 und 3 EStG (→ Rn 23) oder nach den Vorschriften der AO (iE V 13–21 DA-KG 2016) erfolgen, da beide nebeneinander anwendbar sind (BFH 25.7.01 – VI R 18/99, DStRE 02, 96; BFH 14.5.02 – VIII R 67/01, BFH/NV 02, 1294). Da der Kindergeldbescheid ein teilbarer Verwaltungsakt ist, kann eine Änderung auch dergestalt in Etappen vorgenommen werden, dass das Kindergeld zunächst für die Zukunft eingestellt wird und später eine Aufhebung für die Vergangenheit erfolgt (BFH 26.7.01 – VI R 163/00, DStRE 02, 318). Der Rückforderung kann nicht der Einwand weggefallener Bereicherung entgegen gehalten werden (BFH 13.3.2000 – VI B 286/99, BFH/NV 2000, 1088).

**11. Abzweigung.** Wie bei der EStVeranlagung wird auch beim Kindergeld zwischen 35 Festsetzungs- und Erhebungs-/Auszahlungsverfahren unterschieden. Hieran knüpft § 74 EStG an, der ermöglicht, dass das für den Berechtigten festgesetzte Kindergeld ganz oder teilweise nicht an ihn, sondern an einen Dritten ausgezahlt wird (§ 74 Abs 1 EStG, Abzweigung). Daneben sind in § 74 Abs 2 EStG Erstattungsansprüche der Träger von Sozialleistungen gegen die Familienkasse vorgesehen (V 33.1–33.3 DA-KG). Beim Zusammentreffen eines Erstattungsanspruchs nach § 74 Abs 2 EStG mit einem Antrag auf Abzweigung nach § 74 Abs 1 EStG hat der Erstattungsanspruch Vorrang.

Da die Abzweigung die Auszahlung betrifft, kann sie nicht mehr angeordnet werden, 36 wenn das Kindergeld bereits ausbezahlt ist. Das gilt auch, soweit der Abzweigungsantrag vor der Auszahlung gestellt worden ist (BFH 26.8.10 – III R 21/08, DStRE 11, 482). Der Auszahlung stehen Erfüllungssurrogate (Abtretung, Verpfändung, Pfändung, vgl auch § 47 AO) gleich. Wegen eines möglichen Erlöschens des Kindergeldanspruchs wird die Familienkasse die vorläufige Zahlungseinstellung (vgl V 32.4 DA-KG) prüfen.

**a) Berechtigte** können neben dem Kind selbst Personen sein, die ihm Unterhalt gewäh- 37 ren (§ 74 Abs 1 S 4 EStG). Auf eine gesetzliche Unterhaltsverpflichtung dieser Personen kommt es nicht an. Deshalb können ggf auch Verwandte, Nachbarn, der Ehegatte des Kindes oder das Sozialamt abzweigungsberechtigt sein. Eine Auszahlung an das Kind selbst ist möglich, wenn es volljährig ist und für sich selbst sorgt (BFH 26.1.01 – VI B 310/00, BFH/NV 01, 896). Bei einem Elternteil, der das Kind in seiner Obhut hat oder die höhere Unterhaltsrente zahlt, erfolgt die Auszahlung an ihn nicht über eine Abzweigung, sondern durch Festsetzung zu seinen Gunsten als vorrangig Berechtigter.

**b) Voraussetzung** ist, dass der Kindergeldberechtigte seiner Unterhaltsverpflichtung 38 nicht nachkommt (§ 74 Abs 1 S 1 EStG), oder mangels Leistungsfähigkeit nicht unterhaltspflichtig ist bzw nur weniger Unterhalt als das Kindergeld leisten muss (§ 74 Abs 1 S 3

EStG). Ob Unterhaltspflicht besteht beurteilt sich nach Zivilrecht (§§ 1601 ff BGB). Ist der Kindergeldberechtigte leistungsfähig aber wegen einer vorausgegangenen angemessen Erstausbildung nicht mehr unterhaltspflichtig, kommt eine Überleitung analog § 74 Abs 1 S 1 EStG in Betracht (BFH 16.4.02 – III R 50/01, DStRE 02, 1008, Schließen einer planwidrigen Gesetzeslücke).

39 Erbringt der Kindergeldberechtigte regelmäßig Unterhaltsleistungen mindestens in Höhe des Kindergeldes, erfolgt keine Abzweigung (BFH 9.2.09 – III R 37/07, DStRE 09, 662 zum vollstationär in einer Pflegeeinrichtung untergebrachten behinderten Kind). Von einem solchen Mindestunterhalt ist auszugehen, wenn das Kind in den Haushalt des Berechtigten aufgenommen worden ist (BFH 18.4.13 – V R 48/11, DStRE 13, 1108 zu Grundsicherungsleistungen des Sozialhilfeträgers), es sei denn der Berechtigte bezieht selbst Grundsicherungsleistungen (BFH 17.12.08 – III R 6/07, DStRE 09, 664). Ansonsten rechtfertigt nur ein fortlaufender Leistungsentzug eine Abzweigung, nicht schon eine einmalige oder vorübergehende Unterbrechung des Unterhalts.

40 **c) Verfahren.** Die Abzweigung kann beantragen wer ein berechtigtes Interesse daran hat (→ Rn 32). Dazu hat er im Einzelnen darzulegen, dass die Voraussetzungen hierfür erfüllt sind. Des Weiteren ist der Kindergeldberechtigte anzuhören und im Einspruchsverfahren notwendig hinzuzuziehen. Die Entscheidung über die Abzweigung ist ein Verwaltungsakt mit Doppelwirkung gegenüber dem Berechtigten und gegenüber dem Abzweigungsempfänger. Zu den Voraussetzungen, unter denen eine Abzweigungsentscheidung (rückwirkend oder für die Zukunft) korrigiert werden kann vgl V 32.7 DA-KG. Während bei Änderung der Kindergeldfestsetzung sich die Rückforderung im Regelfall gegen die Person richtet, für die Kindergeld festgesetzt worden war (→ Rn 24), erfolgt sie im Fall der Ableitung beim Ableitungsempfänger (BFH 24.8.01 – VI R 83/99, DStRE 02, 18).

41 Die Entscheidung über die Abzweigung ergeht nach Grund und Höhe im pflichtgemäßen Ermessen. Eine Ermessensreduzierung auf Null erfolgt, wenn keinerlei Unterhalt geleistet wird (Folge: Abzweigung) oder wenn regelmäßig Unterhalt mindestens in Höhe des Kindergeldes geleistet wird (Folge: Keine Abzweigung) oder wenn regelmäßig nur geringerer Barunterhalt als das Kindergeld gezahlt wird (Folge: Abzweigung der Differenz). Bei nicht unerheblichen punktuellen Aufwendungen (für Einrichtungen, Urlaubsfahrten, anlässlich von Besuchen usw) kann pauschal die Hälfte des Kindergeldes abzuzweigen sein, wenn diese Regelvermutung nicht im Einzelfall widerlegt wird.

## C. Sozialversicherungsrecht

*Voelzke*

51 **1. Allgemeines.** Das BKGG (in der Fassung der Bekanntmachung vom 28.1.09, BGBl I 09, 142, zuletzt geändert durch das Gesetz vom 12.12.19, BGBl I 19, 2451) findet als sozialrechtliches Leistungsgesetz idR nur Anwendung, wenn ein Steuerschuldverhältnis nicht möglich ist, weil der Anspruchsberechtigte im Inland weder einen Wohnsitz oder gewöhnlichen Aufenthalt noch irgendwelche Einkünfte hat. Der **Vorrang** des steuerrechtlichen Familienlastenausgleichs wird zudem durch § 2 Abs 4 BKKG in der Weise hergestellt, dass Kinder, für die einer anderen Person nach dem EStG Kindergeld oder ein Kinderfreibetrag zusteht, nicht berücksichtigt werden. Zugleich sind die Anspruchsvoraussetzungen des Kindergeldes nach dem EStG und dem BKGG weitgehend harmonisiert worden. Eine alternative Sozialleistung für den Niedriglohnarbeitsmarkt ist der Kinderzuschlag nach § 6a BKGG (→ Rn 33).

52 **2. Zuständigkeit und Verfahrensrecht.** Zur Leistung des nach dem BKGG zu gewährenden Kindergeldes ist die BA unter der Bezeichnung Familienkasse verpflichtet (§ 7 BKGG). Das Kindergeld ist nach § 9 Abs 1 BKGG bei der zuständigen **Familienkasse schriftlich** zu beantragen. Außer vom Berechtigten kann der **Antrag** auch von demjenigen gestellt werden, der ein berechtigtes Interesse an der Leistung des Kindergeldes hat. Das sozialrechtliche Kindergeld kann im Rahmen der vierjährigen Verjährungsfrist des § 45 SGB I nachgezahlt werden. Das Verwaltungsverfahren richtet sich, soweit das BKGG keine Sonderregelungen enthält (zB §§ 11, 12 BKGG), nach den Vorschriften des SGB X. Gegen ablehnende Bescheide kann nach Durchführung des Widerspruchsverfahrens Klage beim SG erhoben werden (§ 15 BKGG).

**3. Leistungsvoraussetzungen.** Kindergeld steht grds nur demjenigen zu, der als Anspruchsberechtigter zu einem Kind iSd §§ 1, 2 BKGG in einem Zählkindschaftsverhältnis steht. Nur ausnahmsweise kann unter den Voraussetzungen des § 1 Abs 2 BKGG dem **Kind für sich selbst** ein Anspruch zustehen. Ein solcher Anspruch steht dem Kind ua zu, wenn es Vollwaise ist oder den Aufenthalt der Eltern nicht kennt. Die Nichtkenntnis beurteilt sich nach subjektiven Maßstäben (BSG 8.4.92 – 10 RKg 12/91, SozR 3–5870 § 1 Nr 1). Die Kindergeldzahlung für Kinder wurde zur Vermeidung sozialer Härten im BKGG belassen, da ihnen steuerrechtlich neben dem Grundfreibetrag nicht zusätzlich ein Kinderfreibetrag oder ein Steuererstattungsbetrag gewährt wird (BT-Drs 13/1558 S 163). 53

**a) Anspruchsberechtigte.** In Abgrenzung zu dem nach dem EStG zu zahlendem Kindergeld erhalten Kindergeld nach dem BKGG nur Berechtigte, die nicht nach § 1 EStG unbeschränkt stpfl sind oder als unbeschränkt stpfl behandelt werden. Positiv erfordert § 1 Abs 1 Nr 1 BKGG, dass der Berechtigte in einem Versicherungspflichtverhältnis **zur Bundesagentur für Arbeit** als Beschäftigter steht oder eine nach § 28 Nr 1 SGB III versicherungsfreie Beschäftigung als ArbN ausübt (→ *Arbeitslosenversicherungspflicht* Rn 33). Hintergrund für die Anknüpfung an die Versicherungspflicht ist, dass eine Einbeziehung von ArbN erforderlich ist, die nach den Vorschriften der VO 883/2004 den deutschen Bestimmungen über soziale Sicherheit unterliegen und denen deshalb nach der Rspr des EuGH (Urt vom 6.7.90 – C-117/89, SozR 3–6050 Art 76 Nr 1) Kindergeld nach deutschem Recht zu gewähren ist. Eine versicherungspflichtige Beschäftigung ohne inländische Einkommenssteuerpflicht kann auch nach zwischenstaatlichem Recht begründet werden. Eine derartige Konstellation tritt insbesondere auf, wenn deutsche ArbN bei Niederlassungen oder Tochterfirmen deutscher Unternehmen zeitlich begrenzt beschäftigt werden und ihren Wohnsitz im Ausland nehmen (BT-Drs 13/1558 S 163). Schließlich können auch Grenzgänger aufgrund von **Doppelbesteuerungsabkommen** in Deutschland nicht stpfl sein, jedoch der Beitragspflicht zur BA unterliegen. Der beitragspflichtigen Beschäftigung gleichgestellt sind die Tätigkeit als Entwicklungshelfer mit Anspruch auf Unterhaltsleistung sowie die Zuweisung eines Beamten an eine Einrichtung außerhalb Deutschlands. 54

Für sich im **Inland aufhaltende Ausländer,** die nicht freizügigkeitsberechtigt sind, folgt aus § 1 Abs 3 BKGG, ob ein Anspruch auf Kindergeld besteht. 55

**b) Zählkindschaft** bedeutet, dass das Kind beim Anspruchsberechtigten berücksichtigt wird. Berücksichtigt werden neben Kindern iSd Bürgerlichen Rechts nach § 2 Abs 1 BKGG vom Berechtigten in seinen Haushalt aufgenommene Kinder seines Ehegatten, **Pflegekinder** und vom Berechtigten in seinen Haushalt aufgenommene **Enkel.** Enkelkinder werden nur noch berücksichtigt, wenn sie in den Haushalt der Großeltern aufgenommen werden, während die Unterhaltszahlung der Großeltern keinen Kindergeldanspruch auslöst. 56

**c) Das Territorialitätsprinzip** des § 2 Abs 5 BKGG besagt, dass Kinder, die weder einen Wohnsitz noch einen gewöhnlichen Aufenthalt in Deutschland haben, grds nicht berücksichtigt werden. Ausnahmen vom Territorialitätsprinzip können sich durch das EU-Recht (§ 19 BKGG) und durch zwischenstaatliche Vereinbarungen ergeben. 57

**d) Altersgrenzen.** Die Altersgrenze für Kinder, für die in jedem Fall Kindergeld zu gewähren ist, beträgt **18 Jahre**. Eine Berücksichtigung von Kindern nach Vollendung des 18. Lebensjahres erfolgt bei entsprechender Anzeige an die Familienkasse nach § 2 Abs 2 und 3 BKGG bis zur Vollendung des 25. Lebensjahres, wenn sie für einen Beruf ausgebildet werden, sich in einer Übergangszeit zwischen zwei Berufsausbildungsabschnitten von höchstens vier Monaten befinden, eine Berufsausbildung mangels Ausbildungsplatz nicht beginnen oder fortsetzen können oder bei Leistung eines sozialen/ökologischen Jahres. Kinder, die als Arbeitslose in Deutschland der Arbeitsvermittlung zur Verfügung stehen, werden bis zur Vollendung des 21. Lebensjahres berücksichtigt. Nach Abschluss einer erstmaligen Berufsausbildung wird ein Kind, das das 25. Lebensjahr noch nicht vollendet hat, nur berücksichtigt, wenn es keiner Erwerbstätigkeit nachgeht. Unschädlich sind eine Erwerbstätigkeit mit bis zu 20 Stunden regelmäßiger wöchentlicher Arbeitszeit, ein Ausbildungsdienstverhältnis oder ein geringfügiges Beschäftigungsverhältnis (§ 2 Abs 2 Satz 2 und 3 BKGG). 58

Weitere Voraussetzung der Berücksichtigung von Kindern in einer **Berufsausbildung** nach § 2 Abs 2 Satz 1 Nr 2 BKGG ist nach der Rspr des BSG, dass durch die Ausbildung die Arbeitskraft zumindest überwiegend in Anspruch genommen wird. Dieses Erfordernis 59 ist bei Jugendlichen, die das 18. Lebensjahr vollendet haben, erfüllt, wenn eine zeitliche Beanspruchung von mehr als 28 Stunden vorliegt (BSG 23.8.89 – 10 RKg 5/86, SozR 5870 § 2 Nr 64). Kennzeichen für eine Berufsausbildung nach § 2 Abs 2 Satz 1 Nr 1 BKGG ist es insbes, dass die Bildungsmaßnahme die Ausübung des zukünftigen Berufs ermöglicht, ein planmäßig ausgestaltetes Ausbildungsverhältnis vorliegt und die Dauer der Ausbildung nicht allein im Belieben der Beteiligten steht (vgl den Überblick über die Rspr bei BSG 22.11.94 – 10 RKg 17/92, BB 95, 627). Auch Maßnahmen mit Ausbildungscharakter, die zwingende Voraussetzung für die eigentliche Ausbildung sind, werden als Berufsausbildung anerkannt (zur Teilnahme an einem Sprachkurs als Zulassungsvoraussetzung für das Studium BSG 22.6.94 – 10 RKg 30/93, SozR 3–5870 § 2 Nr 26).

60 **4. Leistungen** können trotz des Bestehens eines Zählkindschaftsverhältnisses nur dann beansprucht werden, wenn zusätzlich eine Bezugsberechtigung nach der Rangfolgenregelung des § 3 Abs 2–3 BKGG besteht und der Anspruch nicht wegen eines Anspruchs auf kindergeldähnliche Leistungen nach § 4 BKGG ausgeschlossen ist.

61 **a) Zählkinder** sind, soweit mehrere Personen die Anspruchsberechtigung erfüllen, bei denjenigen Berechtigten zu berücksichtigen, die durch die gesetzliche Rangfolgenregelung, durch rechtsgeschäftliche oder vormundschaftsgerichtliche Bestimmung begünstigt werden. Für jedes Kind wird nur einer Person Kindergeld gewährt. Für das Zusammentreffen mehrerer Ansprüche treffen § 3 Abs 2, 3 BKGG und § 64 Abs 2, 3 EStG übereinstimmende Regelungen.

62 **b) Leistungshöhe.** Das Kindergeld beträgt nach § 6 Abs 1 BKGG ab dem 1.1.18 für erste und zweite Kinder jeweils 194 €, für dritte Kinder 200 € und für das vierte und jedes weitere Kind jeweils 225 €. Ab 1.7.19 beträgt das Kindergeld monatlich für erste und zweite Kinder jeweils 204 €, für dritte Kinder 210 € und für das vierte und jedes weitere Kind jeweils 235 € (§ 6 BKGG idF vom 29.11.18, BGBl I 18, 2210). Das Kindergeld wird monatlich ausgezahlt (§ 11 Abs 1 BKGG).

63 **5. Kinderzuschlag.** Das Vierte Gesetz für moderne Dienstleistungen am Arbeitsmarkt hat einen sog Kinderzuschlag (§ 6a BKGG) eingeführt, der bewirken soll, dass Bedarfsgemeinschaften, die an sich ihren Bedarf selber decken können, nicht allein wegen der Unterhaltsleistungen für Kinder Arbeitslosengeld II oder Sozialgeld in Anspruch nehmen müssen (BT-Drs 15/1516 S 83). Der Kinderzuschlag wird nur für Kinder gezahlt, für die auch ein Anspruch auf Kindergeld nach dem EStG oder dem BKGG besteht (zu Einzelheiten *Hauck/Noftz/Valgolio* SGB II, § 6a BKGG Rz 54 ff). Im Hinblick darauf, dass die Bedarfsgemeinschaft auch Kinder umfasst, die das 25. Lebensjahr noch nicht vollendet haben, wurde auch beim Kinderzuschlag der Kreis der Berechtigten um unverheiratete Kinder bis zur Vollendung des 25. Lebensjahrs erweitert. Nach § 6a BKGG gelten für die Gewährung feste Mindesteinkommensgrenzen von 900 € (Alleinstehende 600 €)

Anspruch auf Leistungen für **Bildung und Teilhabe** haben Kindergeldberechtigte unter den in § 6b BKGG genannten Voraussetzungen.

## Kindervergünstigungen

### A. Arbeitsrecht *Griese*

1 **1. Anwendungsfälle.** Der ArbGeb kann Kindervergünstigungen sowohl in Form einer **Sozialzulage** als auch in Form von **Sachleistungen,** etwa durch das Betreiben eines Betriebskindergartens (→ *Betriebskindergarten* Rn 1), erbringen. Eine Zahlung bedarf einer individual- oder kollektivrechtlichen Grundlage. Bei der Gewährung von Sozialzulagen ist der ArbGeb an den Gleichbehandlungs- und den Gleichberechtigungsgrundsatz gebunden (BAG 3.4.03 – 6 AZR 633/01, NJW 03, 3651). Auch die **Tarifvertragsparteien** sind hieran gebunden. Die Tarifvertragsparteien des **Öffentlichen Dienstes** haben dadurch bei Überleitung der Arbeitsverhältnisse auf den TVöD gegen den Gleichheitsgrundsatz und gegen Art 6 GG verstoßen, dass sie ArbN, die sich 2005 in Elternzeit befanden, von der auf die Kinderzulage des öffentlichen Dienstes bezogenen Besitzstandszulage ausnehmen wollten (BAG 18.12.08 – 6 AZR 287/07, NZA 09, 391). § 29 Abschn B Abs 3 BAT-O

benachteiligte eingetragene Lebenspartner gleichheitswidrig und war deshalb **gem Art 3 Abs 1 GG** unwirksam, soweit diese Bestimmung ArbN, die Kinder ihres **eingetragenen Lebenspartners** in ihren Haushalt aufgenommen hatten, den Anspruch auf den kinderbezogenen Entgeltbestandteil im Ortszuschlag verwehrte, während verheiratete ArbN, die das Kind ihres Ehepartners aufnahmen, den Zuschlag erhielten (BAG 18.3.10 – 6 AZR 156/09, MDR 10, 1194 m Anm v *Burgmer*, jurisPR-ArbR 33/2010 Anm 3).

**Beispiel** für die Sozialzulage für Kinder ist im öffentlichen Dienst die tarifvertraglich vorgesehene Staffelung des **Ortszuschlages** nach der Kinderzahl (zur Verrechnung mit einem tariflichen Anspruch auf eine kinderbezogene persönliche Zulage bei der Deutschen Bahn s BAG 24.2.2000 – 6 AZR 660/98, NZA 01, 733). Eine als Sozialzulage gewährte Kindervergünstigung ist Teil der Arbeitsvergütung. 2

**2. Ansprüche von Teilzeitbeschäftigten.** Auch **Teilzeitbeschäftigte, insbes geringfügig Beschäftigte** dürfen aufgrund des Gleichbehandlungsgrundsatzes von einer Sozialzulage nicht ausgenommen werden, wobei eine Quotelung im Verhältnis der Teilzeit- zur Vollzeitbeschäftigung nur bei entsprechender ausdrücklicher Quotelungsregelung in der Anspruchsgrundlage in Betracht kommt, weil Sozialzulagen grds **keinen Bezug zur Art und zum zeitlichen Umfang der abzuleistenden Arbeit haben** (BAG 7.10.92 – 10 AZR 51/91, BB 93, 652). Kinderzuschläge unterliegen tariflichen *Ausschlussfristen* (BAG 13.12.07 – 6 AZR 222/07, NZA 08, 478).

**3. Unzulässigkeit der Anrechnung auf den Mindestlohn.** Weil eine Kinderzulage als Sozialzulage keinen konkreten Bezug zur erbrachten Arbeitsleistung hat, scheidet eine **Anrechnung auf den gesetzlichen Mindestlohn aus** (zur Anrechnung allgemein (BAG 25.5.16 – 5 AZR 135/16, BB 16, 1395; *Lembke* NZA 15, 70)

**4. Mitteilungspflichten des ArbN.** Der ArbN ist verpflichtet, eine **Änderung der Verhältnisse,** die die Kindervergünstigung entfallen lässt, mitzuteilen. Er muss eine zu Unrecht bezogene Kinderzulage zurückzahlen und kann sich bei unterlassener Meldung wegen § 819 Abs 1 BGB nicht auf den Wegfall der Bereicherung nach § 818 Abs 3 BGB berufen. Dabei ist der **ArbGeb nicht verpflichtet, von sich aus im jährlichen Abstand nachzufragen, ob sich die Daten für eine Bezugsberechtigung geändert haben** (BAG 16.11.89 – 6 AZR 114/88, NZA 90, 504 [LS]; → *Entgeltrückzahlung* Rn 10). 3

**5. Mitbestimmungspflichtigkeit.** Als Teil der betrieblichen Lohngestaltung sind betriebliche Kinderzulagen **mitbestimmungspflichtig** im Rahmen des § 87 Abs 1 Nr 10 BetrVG (BAG 22.10.81, AP Nr 10 zu § 76 BetrVG 72 für die Ermäßigung des Elternbeitrages für den Kindergarten). 4

## B. Lohnsteuerrecht

*Weil*

**A. Allgemeines.** Die steuerliche Freistellung des Familienexistenzminimums und zwangsläufiger kindbedingter Aufwendungen ist verfassungsrechtlich geboten. Der Familienleistungsausgleich (§ 31 EStG) erfolgt durch Freibeträge (§ 32 Abs 6 EStG, → *Kinderfreibetrag* Rn 2 ff) oder durch das Kindergeld (§ 62 ff EStG, → *Kindergeld* Rn 4 ff). Zudem hat der Gesetzgeber bestimmte kindbedingte Zuschüsse oder Aufwendungen steuerlich begünstigt. Bei der LStBerechnung während des laufenden Jahres werden die kindbedingten Begünstigungen aufgrund der ELStAM (→ *Lohnsteuerabzugsmerkmale* Rn 8 ff, → *Lohnsteuerermäßigung* Rn 3 ff) gewährt. 5

**B. Kindervergünstigungen.** Die Definition des Begriffes „Kind" als eine Voraussetzung der nachfolgenden Kindervergünstigungen ergibt sich aus § 32 Abs 1 bis Abs 5 EStG (→ *Kinderfreibetrag* Rn 7 ff). 6

**I. Mutterschaftsgeld** → *Mutterschaftsgeld* Rn 3.

**II. Kindergeld** und **Kinderfreibetrag** → *Kindergeld* Rn 4 ff, → *Kinderfreibetrag* Rn 2 ff. 7

**III. Elterngeld und Betreuungsgeld. Elterngeld** (§ 3 Nr 67 Buchst b EStG) → *Elterngeld* Rn 6. Das **Betreuungsgeld** führt nicht zu steuerpflichtigen Einkünften iSd § 2 Abs 2 EStG. Die Steuerfreiheit ergibt sich auch aus § 3 Nr 11 und 67 EStG. 8

**IV. Entlastungsbetrag für Alleinerziehende (§ 24b EStG).** Der Entlastungsbetrag für Alleinerziehendende iHv 1908 € pro Jahr wird als Abzugsbetrag von der Summe der 9

Einkünfte bei der jährlichen Veranlagung berücksichtigt. Der Betrag erhöht sich um 240 € für jedes weitere Kind (§ 24b Abs 2 Satz 2 EStG). Er ist für jeden vollen Kalendermonat, in dem seine Voraussetzungen nicht vorgelegen haben, um 1/12 zu kürzen (§ 24b Abs 4 EStG). Zur Behandlung im LStAbzugsverfahren → *Lohnsteuerermäßigung* Rn 6 ff, → *Lohnsteuerabzugsmerkmale* Rn 12.

Voraussetzung für den Entlastungsbetrag für Alleinerziehende ist, dass

– der Stpfl alleinstehend ist (§ 24b Abs 2 Satz 1 EStG); das ist er, wenn die Voraussetzungen des Splitting-Verfahrens nicht vorliegen (§ 26 Abs 1 EStG; BFH 28.1.05 – III B 97/04, BFH/NV 05, 1050) oder der Stpfl verwitwet ist,
– zu seinem Haushalt mindestens ein Kind gehört, für das ihm der Kinderfreibetrag oder das Kindergeld zusteht (→ *Kinderfreibetrag* Rn 2 ff; → *Kindergeld* Rn 4 ff). Die Zugehörigkeit zum Haushalt wird bei Vorliegen einer Meldung unwiderlegbar vermutet (§ 24b Abs 1 Satz 2 EStG, BFH 5.2.2015 – III R 9/13, BFH/NV 2015, 1163). Bei Zugehörigkeit zu mehreren Haushalten besteht ein gemeinsames Bestimmungsrecht der beiden Elternteile; ohne ein solches ist die Auszahlung des Kindergeldes entscheidend (BFH 28.4.10 – III R 79/08, BFH/NV 10, 1716),
– der Stpfl keine Haushaltsgemeinschaft mit einer anderen volljährigen Person bildet. Auch bei Haushaltsgemeinschaft mit einem volljährigen Kind entfällt der Entlastungsbetrag (BFH 28.6.12 – III R 26/10, DStR 12, 2003).
– das Kind durch seine Identifikationsnummer identifiziert wird (§ 24b Abs 1 Satz 4 EStG).

Zu den Voraussetzungen des Entlastungsbetrags für Alleinerziehende iE s Anwendungschreiben des BMF 23.10.17 – GZ IV C 8-S 2265-a/14/10005, DOK 2017/0877364, BStBl I 17, 1432.

10 **V. Steuerfreie Leistungen des Arbeitgebers. 1. Vorschulische Kinderbetreuung (§ 3 Nr 33 EStG).** Leistungen zur Unterbringung und Betreuung von nicht schulpflichtigen Kindern in Kindergärten oder vergleichbaren Einrichtungen sind Arbeitslohn aber steuerfrei, wenn sie **zusätzlich** zum ohnehin geschuldeten Arbeitslohn erbracht werden. Damit sind Barlohnumwandlungen von der Steuerfreiheit ausgenommen (BFH 19.9.2012 – IV R 54/11, BStBl II 13, 395). Die Einräumung eines vertraglichen Anspruchs auf eine entsprechende zusätzliche Leistung wird anerkannt (BMF BStBl I 13, 728). Zusätzlich ist die Leistung auch, wenn sie auf eine andere freiwillige Leistung des ArbGeb angerechnet wird (R 3.33 Abs 5 LStR). Einzelheiten hierzu → *Betriebskindergarten* Rn 2 ff. Die steuerfreie ArbGeb-Leistung mindert beim ArbN die als Sonderausgaben abzugsfähigen Kinderbetreuungskosten nach § 10 Abs 1 Nr 5 EStG (Schmidt/*Levedag* § 3 Nr 33 Rz 112).

11 **2. Zuschüsse zur Betreuung von Kindern (§ 3 Nr 34a Buchst a und b EStG).** Leistungen des ArbGeb an ein Dienstleistungsunternehmen, das den ArbN hinsichtlich der Betreuung von Kindern berät oder hierfür Betreuungspersonen vermittelt (Buchst a), sowie zur kurzfristigen Betreuung von Kindern, die das 14. Lebensjahr noch nicht vollendet haben, oder von behinderten Kindern (Buchst b) sind steuerfreier Arbeitslohn, wenn die Betreuung aus zwingenden und beruflich veranlassten Gründen notwendig ist, auch wenn sie im privaten Haushalt des ArbN stattfindet. Der Ersatz des Betreuungsaufwands des ArbN durch den ArbGeb für die Betreuung von Kindern (Buchst b) ist bis zu 600 Euro im Kj steuerfrei. Auch diese Leistungen müssen **zusätzlich** zum ohnehin geschuldeten Arbeitslohn erbracht werden.

12 **VI. Kinderbetreuungskosten. 1. Allgemeines.** Kinderbetreuungskosten sind als **Sonderausgaben** (§ 10 Abs 1 Nr 5 EStG) abziehbar. Es ist nicht zu unterscheiden, ob sie aus beruflichen oder privaten Gründen anfallen. Auch müssen die Eltern keine besonderen Voraussetzungen (Erwerbstätigkeit, Krankheit, Behinderung) erfüllen.

13 **2. Abzugsvoraussetzungen (§ 10 Abs 1 Nr 5 EStG). a) Aufwendungen für Dienstleistungen zur Betreuung.** Gegenstand der Dienstleistung müssen Aufgaben der Betreuung (Personensorge § 1631 BGB) wie die behütende oder beaufsichtigende persönliche Fürsorge sein. Berücksichtigt werden zB Aufwendungen für eine Tagesmutter, für eine Kinderpflegerin, für die Unterbringung in einem Kindergarten, einem Kinderhort oder einer Kinderkrippe, für eine Au-pair-Kraft und für die Beaufsichtigung des Kindes bei der Erledigung der häuslichen Schulaufgaben. Die Betreuungsperson kann auch ein(e) Angehö-

rige(r) sein. Bei Dienstleistungen von Angehörigen sind die Kosten steuerlich nur abzugsfähig, wenn die zugrunde liegende Vereinbarung einem Fremdvergleich standhält und die Leistungen nicht üblicherweise auf familienrechtlicher Grundlage unentgeltlich erbracht werden (BMF 14.3.12, BStBl I 13, 307 Tz 4; → *Familiäre Mitarbeit* Rn 29 ff). Alle Ausgaben in Geld oder Geldeswert (Wohnung, Kost, Waren), die für die Betreuung eines Kindes geleistet werden, können als Sonderausgaben abgezogen werden. Dazu gehören auch Fahrtkosten, die der Betreuungsperson erstattet werden (Fahrtkostenersatz an Angehörige s FG BaWü 9.5.12 – 4 K 3278/11, BeckRS 2012, 95426). Kosten für Fahrten zur Betreuungsperson oder für die Verpflegung des Kindes gehören nicht zu den Betreuungskosten und können nicht abgezogen werden (BMF BStBl I 13, 307 Tz 5, 9). Ausgeschlossen (§ 10 Abs 1 Nr 5 Satz 2 EStG) sind auch Aufwendungen für Unterricht (zB Schulgeld, Nachhilfe-, Fremdsprachenunterricht), für die Vermittlung besonderer Fähigkeiten (zB Musikunterricht, Computerkurs) sowie für sportliche und andere Freizeitbetätigungen (zB Sportverein, Reitunterricht). Gemischte Aufwendungen sind, ggfls im Schätzungswege, aufzuteilen. Bei **Au-pair-Kräften** können 50% der Gesamtaufwendungen abgezogen werden, wenn leichte Hausarbeiten anfallen und der Umfang der Betreuungsleistung nicht nachgewiesen wird (BMF BStBl I 13, 307 Tz 6, 7).

**b) Haushaltszugehörigkeit.** Das Kind muss **zum Haushalt** des StPfl gehören (→ *Kindergeld* Rn 10). 14

**c) Altersgrenze.** Die Betreuungskosten sind abzugsfähig bei Kindern, die das **14. Lebensjahr** noch nicht vollendet haben oder wegen einer vor Vollendung des 25. Lebensjahres eingetretenen körperlichen, geistigen oder seelischen Behinderung außerstande sind, sich selbst zu unterhalten (→ *Kinderfreibetrag* Rn 14). 15

**d) Abgrenzung.** Die Steuerermäßigung greift nicht ein, wenn die Eltern beschränkt stpfl sind (§ 50 Abs 1 Satz 3, 4 EStG; hierzu → *EU-Recht* Rn 28; → *Diskriminierung* Rn 144; → *Arbeitnehmerentsendung* Rn 18). 16

**3. Abzugsregelung. a) Betreuungskosten.** Grundsätzlich sind sämtliche Betreuungskosten als Sonderausgaben abzugsfähig. Hat ein Elternteil aber von seinem ArbGeb steuerfreie Leistungen zur vorschulischen Kinderbetreuung (§ 3 Nr 33 EStG) erhalten, mindern diese Leistungen die abzugsfähigen Betreuungsaufwendungen (Schmidt/*Levedag* EStG § 3 Nr 33 Rz 112). 17

**b) Höchstbetrag.** Abzugsfähig sind $^2/_3$ der im Kj geleisteten Aufwendungen, höchstens 4000 € je Kind. Die Beschränkung des Abzugs der Kinderbetreuungskosten ist verfassungsgemäß (BFH 9.2.12 – III R 67/09, DStRE 12, 904). Sofern außersteuerliche Rechtsnormen, zB Kindergartengebühren, an die Höhe der Einkünfte anknüpfen, sind sämtliche Kinderbetreuungskosten für diese außersteuerlichen Zwecke abzuziehen (§ 2 Abs 5a Satz 2 EStG). 18

Ist das zu betreuende Kind nicht unbeschränkt einkommensteuerpflichtig, ist der Höchstbetrag zu **kürzen,** soweit es nach den Verhältnissen im Wohnsitzstaat des Kindes notwendig und angemessen ist (§ 10 Abs 1 Nr 5 Satz 3 EStG). Die für die einzelnen Staaten in Betracht kommenden Kürzungen ergeben sich aus der Ländergruppeneinteilung, die durch BMF-Schreiben bekannt gemacht wird, zuletzt ab 2017 BMF 20.10.16, BeckVerw 333410.

Der Abzugsbetrag ist ein **Jahresbetrag.** Eine zeitanteilige Kürzung des Abzugsbetrags für den Zeitraum im Jahr, in dem die Voraussetzungen für den Abzug nicht vorliegen, kommt nicht in Betracht. 19

Bei Zusammenleben der Elternteile kommt es nicht darauf an, wer die Aufwendungen getragen hat. Bei Einzelveranlagung werden, wenn die Eltern keine andere Aufteilung beantragen, die Aufwendungen dem Elternteil zugerechnet, der die Aufwendungen wirtschaftlich getragen hat (§ 26a Abs 2 Satz 1 EStG). Bei nicht verheirateten Eltern ist entscheidend, wer die Aufwendungen getragen hat und zu wessen Haushalt das Kind gehört. 20

**c) Nachweis.** Voraussetzung für den Abzugsbetrag ist, dass der StPfl auf Anforderung des FA die Aufwendungen durch Vorlage einer Rechnung und die Zahlung auf das Konto des Erbringers der Betreuungsleistung nachweisen kann (§ 10 Abs 1 Nr 5 Satz 4 EStG). Dies gilt auch bei einer im Rahmen eines geringfügigen Beschäftigungsverhältnisses beschäftigten Betreuungsperson (BFH 18.12.14 – III R 63/13, BeckRS 2015, 94894). Hierdurch soll dem Missbrauch vorgebeugt und Schwarzarbeit bekämpft werden. 21

Einer Rechnung stehen gleich
- bei einem sozialversicherungspflichtigen Beschäftigungsverhältnis oder einem Minijob der zwischen dem ArbGeb und ArbN abgeschlossene schriftliche (Arbeits-)Vertrag,
- bei Au-pair-Verhältnissen ein Au-pair-Vertrag, aus dem ersichtlich ist, dass ein Anteil der Gesamtaufwendungen auf die Kinderbetreuung entfällt,
- bei der Betreuung in einem Kindergarten oder Hort der Bescheid des öffentlichen oder privaten Trägers über die zu zahlenden Gebühren,
- eine Quittung, zB über Nebenkosten zur Betreuung, wenn die Quittung genaue Angaben über die Art und Höhe der Nebenkosten enthält. Ansonsten sind Nebenkosten nur zu berücksichtigen, wenn sie in den Vertrag oder die Rechnung aufgenommen worden sind.

Der ArbN kann für die Kinderbetreuungskosten iSd § 10 Abs 1 Nr 5 EStG einen Freibetrag (§ 39a Abs 1 Satz 1 Nr 2 EStG) beim FA geltend machen, der dann vom ArbGeb bei der Durchführung des LStAbzugs zu berücksichtigen ist (→ *Lohnsteuerabzugsmerkmale* Rn 8 ff; → *Lohnsteuerermäßigung* Rn 7).

22 **4. Kinderbetreuung bei haushaltsnaher Beschäftigung** (§ 35a Abs 1 EStG). Zu den Voraussetzungen nach § 35a Abs 1 EStG → *Hauswirtschaftliches Beschäftigungsverhältnis* Rn 7. Sind die Aufwendungen dem Grunde nach gem § 10 Abs 1 Nr 5 EStG abzugsfähig, greift § 35a Abs 1 EStG nicht ein; § 35a Abs 5 Satz 1, 2. Alt EStG (BMF 9.11.16, BStBl I 16, 1213, Tz 34). Nur soweit die Voraussetzungen des § 10 Abs 1 Nr 5 EStG (zB wegen des Alters des Kindes) nicht erfüllt sind, ist eine Steuerermäßigung nach § 35a EStG zu prüfen.

**Beispiel:** Im Rahmen eines geringfügigen Beschäftigungsverhältnisses nach § 8a SGB IV betreut eine Tagesmutter den dreijährigen Sohn berufstätiger Eltern in deren Haushalt. Die Aufwendungen hierfür betragen jährlich 4800 €.

| | | |
|---|---|---|
| Abzugsbetrag nach § 10 Abs 1 Nr 5 EStG: | $^2/_3$ von 4800 € | 3200 € |

23 **5. Besteuerung der Pflegeperson. a) Tagespflege.** Bei der Kindertagespflege nach § 22 SGB VIII soll eine Pflegeperson ein einer Kindertagesstätte ähnliches Angebot im familiären Rahmen bieten.

**aa) Freiberufliche Tätigkeit.** Erfolgt die Betreuung in den Räumen der Pflegeperson oder in anderen geeigneten Räumen eigenverantwortlich durch die Pflegeperson, wird man von **freiberuflicher Tätigkeit** (§ 18 Abs 1 Nr 1 EStG – erzieherische Tätigkeit –) ausgehen können. Die Leistungen nach § 23 SGB VIII, die die Erstattung des Sachaufwands und die Förderungsleistung der Pflegeperson anerkennen, sind stpfl Einnahmen. Die vom Träger der öffentlichen Jugendhilfe geleisteten Erstattungen für Beiträge zu einer Unfallversicherung, die Erstattungen zu einer angemessenen Alterssicherung und zu einer angemessenen Kranken- und PflegeV nach § 23 Abs 2 S 1 Nr 3 und 4 SGB VIII sind nach § 3 Nr 9 EStG steuerfrei. Die Pflegeperson kann die tatsächlichen Aufwendungen als Betriebsausgaben abziehen. Die Verwaltung gewährt einen Betriebsausgabenpauschbetrag von 300 € pro Kind und Monat bei einer Betreuungszeit von 40 Std pro Woche. Bei kürzerer Betreuung ist die Pauschale anteilig zu kürzen. Zur Ermittlung des Gewinns bei einer selbstständigen Pflegeperson s BMF 11.11.16, DStR 16, 2757 Tz III.

24 **bb) Nichtselbstständige Arbeit.** Betreut die Pflegeperson ein Kind nach den Weisungen der Personensorgeberechtigten in dessen Haushalt, wird die Tätigkeit als **nichtselbstständige Arbeit** zu qualifizieren sein (§ 19 Abs 1 Nr 1 EStG, → *Arbeitnehmer* Rn 29 ff). Von den Einnahmen können die tatsächlichen Kosten, die der Pflegeperson durch die Tagespflege entstanden sind, oder der Arbeitnehmerpauschbetrag (§ 9a S 1 Nr 1 Buchst a EStG) als Werbungskosten (§ 9 Abs 1 EStG) abgezogen werden (BMF 11.11.16, DStR 16, 2757 Tz II. 2.). Der Personensorgeberechtigte ist ArbGeb und hat die entsprechenden Pflichten zu erfüllen (→ *Arbeitgeber* Rn 19 ff, 25 ff).

25 **cc) Unentgeltliche Tätigkeit.** Bei unentgeltlicher Tätigkeit oder reinem Aufwendungsersatz (§ 3 Nr 16 EStG, zB Fahrtkosten) sowie Auslagenersatz ist die Tätigkeit steuerlich irrelevant (§ 3 Nr 50 EStG; FG Saarl 9.7.09 – 1 K 1312/04, EFG 10, 29; s hierzu BFH 20.4.10 – VI R 44/09, BStBl II 10, 691).

26 **b) Vollzeitpflege.** Die Vollzeitpflege dient dazu dem Kind zeitlich befristet oder dauerhaft im Haushalt der Pflegeeltern ein Zuhause zu bieten (§ 33 SGB VIII). Geldleistungen für die Betreuung von Kindern in Vollzeitpflege sind steuerfrei (§ 3 Nr 11 EStG), wenn die

Pflegeleistung nicht erwerbsmäßig erbracht wird. Hier gilt eine Grenze von bis zu sechs gleichzeitig betreuten Kindern (BFH 5.11.14 – VIII R 29/11, DStR 15, 1230; zur einkommensteuerrechtlichen Behandlung und Abgrenzung der Leistungen für die Vollzeitpflege, die Erziehung in einer Tagesgruppe nach § 32 SGB VIII, die Heimerziehung nach § 34 SGB VIII und die intensive sozialpädagogische Einzelbetreuung nach § 35 SGB VII sowie für die Unterbringung/Betreuung bei Inobhutnahme von Kindern und Jugendlichen nach §§ 42, 42a SGB VIII vgl BMF 22.10.18, BeckVerw 441640).

**VII. Schulgeld** (§ 10 Abs 1 Nr 9 EStG).**1. Inländische Schulen.** Die Regelung dient der Förderung der privaten Schulen. Eltern ua Personen können einen Teil der Aufwendungen für den Schulbesuch eines Kindes, für das sie einen Kinderfreibetrag oder Kindergeld erhalten (→ *Kinderfreibetrag* Rn 2 ff; → *Kindergeld* Rn 4 ff) als Sonderausgaben geltend machen. Entscheidend ist, dass die Schule zu einem von dem zuständigen inländischen Ministerium eines Landes, von der Kultusministerkonferenz der Länder oder von einer inländischen Zeugnisanerkennungsstelle anerkannten oder als gleichwertig anerkannten allgemein bildenden oder berufsbildenden Schul-, Jahrgangs- oder Berufsabschluss führt oder auf diesen vorbereitet (§ 10 Abs 1 Nr 9 Satz 3 EStG) und von einer Kultusbehörde als einer staatlichen Schule gleichwertig anerkannt ist (§ 10 Abs 1 Nr 9 Satz 2 EStG). Darunter fallen auch private Grundschulen ab Beginn der öffentlich-rechtlichen Schulpflicht, Volkshochschulen und andere Einrichtungen, die zum Erwerb des Hauptschul- oder Realschulabschlusses, des Abiturs oder der Fachhochschulreife führen. Nicht begünstigt sind Besuche von Nachhilfeeinrichtungen, Musikschulen, Sportvereinen, Feriensprachkursen. Hochschulen einschließlich der Fachhochschulen fallen nicht unter § 10 Abs 1 Nr 9 EStG, so dass **Studiengebühren** nicht abgezogen werden können (BMF 9.3.09, DStR 09, 585), auch nicht als außergewöhnliche Belastung (BFH 17.12.09 – VI R 63/08, BStBl II 10, 341). 27

**2. Schulen im Ausland.** Begünstigt sind auch entsprechende Schulen im EU/EWR-Ausland (§ 10 Abs 1 Nr. 9 Satz 2 EStG). Entgelte an **Deutsche Schulen im Ausland** sind unabhängig von ihrer Belegenheit als Sonderausgaben abziehbar (§ 10 Abs 1 Nr 9 Satz 4 EStG). Das Schulgeld an andere Schulen außerhalb des EU-/EWR-Raums kann nicht als Sonderausgabe geltend gemacht werden (BFH 13.6.13 – X B 232/12, BeckRS 2013, 95635 Schule in den USA; BFH 9.5.12 – X R 3/11, DStRE 12, 1051 Schule in der Schweiz). 28

**3. Abzugsbetrag.** Abziehbar sind 30 % des Schulgeldes bis zu einem Höchstbetrag von 5.000 €. Der Höchstbetrag wird für jedes Kind, bei dem die Voraussetzungen vorliegen, je Elternpaar einmal gewährt (§ 10 Abs 1 Nr 9 letzter Satz EStG). **Ausgenommen** sind Entgelte für die Beherbergung, Betreuung und Verpflegung (§ 10 Abs 1 Nr 9 Satz 1 EStG). Dies Aufwendungen werden regelmäßig durch den Ausbildungsfreibetrag abgegolten (§ 33a Abs 2 EStG → *Ausbildungsfreibetrag* Rn 2 ff). Sind solche Entgeltanteile im Schulgeld enthalten, sind sie ggf im Schätzungsweg herauszurechnen. Auch Aufwendungen zB für Schulbücher, kostenpflichtige Kurse oder Klavierunterricht gehören nicht zum abzugsfähigen Schulgeld (BFH 14.12.04 – XI R 32/03, BStBl II 05, 518). Für das Schulgeld kann ein Freibetrag beim FA beantragt werden, der dann bei der Durchführung des LStAbzugs zu berücksichtigen ist (§§ 39 Abs 4 Nr 3, 39a Abs 1 Nr 2 EStG; → *Lohnsteuerabzugsmerkmale* Rn 8 ff; → *Lohnsteuerermäßigung* Rn 7). 29

**4. Nachweis.** Der Stpfl hat nachzuweisen, dass die Voraussetzungen der Schulbegünstigung vorliegen (R 10.10 EStR). Um den Abzug des Schulgelds als Sonderausgabe zu ermöglichen, muss der von der Schule vergebene oder von ihr vorbereitete **Schul-, Jahrgangs- oder Berufsabschluss** ein **staatliches Anerkennungsverfahren** durchlaufen haben. Die Anerkennungsentscheidung wirkt als Grundlagenbescheid und ist insoweit für die Finanzverwaltung bindend. Der Anerkennungsbescheid muss sich auf den **Abschluss** beziehen; nicht erforderlich ist, dass auch die Schule selbst von der zuständigen Kultusbehörde als „andere Einrichtung" anerkannt worden ist. Die Prüfung und Feststellung der schulrechtlichen Kriterien in Bezug auf die **ordnungsgemäße Vorbereitung** eines anerkannten schulischen Abschlusses obliegt nicht den Schulbehörden sondern ist Aufgabe des FA (BFH 20.6.17 – X R 26/15, BeckRS 2017, 131865, aA BMF 9.3.2009, BStBl I 2009, 48). 30

**VIII. Kindbedingte außergewöhnliche Belastungen. 1. Krankheitskosten § 33 EStG.** Krankheitskosten, die einem Stpfl zur Heilung oder Linderung einer Krankheit eines Kindes entstehen, können als außergewöhnliche Kosten steuermindern berücksichtigt wer- 31 den. Erforderlich ist, dass die Krankheitskosten zB durch eine Verordnung eines Arztes, durch ein amtsärztliches Gutachten oder durch eine ärztliche Bescheinigung eines Medizinischen Dienstes der KV nachgewiesen werden (s § 33 Abs 4 EStG, § 64 EStDV). Auch die Kosten für eine Unterbringung in einem Internat können zu den Krankheitskosten zählen, wenn die Unterbringung zum Zwecke der Heilbehandlung erfolgt und die Zwangsläufigkeit der Aufwendungen vor Beginn der Heilmaßnahme zB durch Vorlage eines amtsärztlichen Gutachtens oder einer ärztlichen Bescheinigung eines Medizinischen Dienstes der Krankenversicherung geführt wird (BFH 12.5.11 – VI R 37/10, DStR 11, 1504 Unterbringung in einem Internat wegen Hochbegabung; FG Düsseldorf 14.3.17 – 13 K 4009/15 E, BeckRS 2017, 113177 Unterbringung in einer privaten Schule wegen einer ADHS-Erkrankung). Aufwendungen zur Behandlung einer Lese- und Rechtschreibschwäche (Legasthenie) können ebenfalls als Krankheitskosten abzugsfähig sein, wenn der Zustand krankheitsbedingt ist und die Aufwendungen zum Zwecke der Heilung oder Linderung getätigt werden (BFH-Urteil vom 11.11.10 – VI R 17/09, BStB II 11, 969). Das Gleiche gilt für die Kosten einer logopädischen Therapie. Der Stpfl muss entspr seiner steuerlichen Leistungsfähigkeit einen Teil der Krankheitskosten selbst tragen (**zumutbare Belastung § 33 Abs 3 EStG**). Bei der Ermittlung der zumutbaren Belastung nach § 33 Abs 3 EStG ist der Teil des Gesamtbetrags der Einkünfte, der den jeweiligen im Gesetz genannten Grenzbetrag (bis 15.340 €, über 15.340 € bis 51.130 € und über 51.130 €) übersteigt, mit dem jeweils höheren Prozentsatz belastet (vgl BFH 19.1.17 – VI R 75/14, BeckRS 2017, 94428).

32 **2. Aufwendungen für den Unterhalt und die Berufsausbildung (§ 33a Abs 1 EStG).** Aufwendungen für den Unterhalt und die Berufsausbildung von Kindern, für die **kein Anspruch auf einen Freibetrag nach § 32 Abs 6 EStG** (→ *Kinderfreibetrag* Rn 7 ff) oder auf Kindergeld besteht, können als außergewöhnliche Belastungen steuermindernd geltend gemacht werden. Eine konkrete zivilrechtliche Unterhaltsverpflichtung ist nicht erforderlich (BFH 18.5.06 – III 26/05, DStRE 06, 1264). Der abziehbare Höchstbetrag beträgt ab 2017 8820 €, ab 2018 9000 €. Dieser Höchstbetrag wird um den Betrag gekürzt, um den die Einkünfte und Bezüge des Kindes 624 € pro Jahr übersteigen sowie um die Beträge, die die unterhaltene Person als Ausbildungsbeihilfe aus öffentlichen Mitteln und von Fördereinrichtungen aus öffentlichen Mitteln erhält. Einzelheiten zu Unterhaltszahlungen BMF 7.6.10, BStBl I 10, 582, und Unterhaltszahlungen ins Ausland BMF 7.6.10, BStBl I 10, 588; zu letzterem s auch → *Ausländer* Rn 49.

33 **3. Ausbildungsfreibetrag (§ 33a Abs 2 EStG).** Zur Abgeltung des Sonderbedarfs eines sich in Berufsausbildung befindenden, auswärtig untergebrachten, volljährigen Kindes, für das ein Anspruch auf einen Freibetrag nach § 32 Abs 6 EStG (→ *Kinderfreibetrag* Rn 7 ff) oder auf Kindergeld besteht, kann der Stpfl einen Freibetrag iHv 924 € pro Kj geltend machen (→ *Ausbildungsfreibetrag* Rn 2 ff).

34 **4. Behindertenpauschbetrag eines Kindes (§ 33b Abs 1 EStG).** Mit dem Pauschbetrag sollen alle typischen mit der Behinderung zusammenhängenden Mehraufwendungen ohne Einzelnachweis abgegolten werden. Die Pauschbeträge sind nach dem Grad der Behinderung gestaffelt (§ 33b Abs 3 EStG). Die Behinderung ist nachzuweisen (§ 65 EStDV). Der Pauschbetrag eines Kindes kann auf Antrag übertragen werden (§ 33b Abs 5 EStG). Auch der **Hinterbliebenen-Pauschbetrag (§ 33b Abs 4 EStG)** eines Kindes kann auf Antrag übertragen werden (§ 33b Abs 5 EStG). Antragsberechtigt sind die Stpfl, die einen Anspruch auf einen Freibetrag nach § 32 Abs 6 EStG (→ *Kinderfreibetrag* Rn 7 ff) oder auf Kindergeld haben. Dies können die leiblichen Eltern, die Adoptiveltern oder auch die Großeltern des Kindes sein. Neben dem übertragenen Behinderten-Pauschbetrag (§ 33b Abs 5 EStG) kann der Stpfl zB krankheitsbedingte Aufwendungen für sein behindertes Kind gem § 33 EStG zusätzlich abziehen (BFH 11.2.10 – VI R 61/08, BStBl II 10, 621).

35 **5. Pflegepauschbetrag (§ 33b Abs 6 EStG).** Der Pflege-Pauschbetrag iHv 924 € soll die Versorgung Pflegebedürftiger in ihrer gewohnten Umgebung fördern. Der Pauschbetrag kann ohne Nachweis einzelner Aufwendungen geltend gemacht werden. Pflegebedürftig ist eine „hilflose" Person iSd § 33b Abs 6 S 3 und 4 EStG.

Für die außergewöhnlichen Belastungen nach §§ 33, 33a und § 33b Abs 6 EStG kann ein Freibetrag für das laufende Jahr auf Antrag im Rahmen der ELStAM berücksichtigt werden (§§ 39 Abs 4 Nr 3, 39a Abs 1 Nr 4 EStG).

**C. Kindervergünstigungen nach Vollendung des 21. Lebensjahres (§ 32 Abs 4 und 5 Nr 1–3, § 63 Abs 1 Satz 2 EStG).** Grundwehrdienst, Zivildienst, freiwilliger, diese Dienste ersetzender Wehrdienst von nicht mehr als 3 Jahren oder von diesen Diensten befreiende Tätigkeit als Entwicklungshelfer verlängern im Fall des § 32 Abs 4 Nr 1 EStG den Anspruch auf Kinderfreibetrag bzw Kindergeld. Für die vom Kinderfreibetrag oder vom Kindergeld abhängigen Abzugsbeträge gilt Entsprechendes. 36

**D. Kindervergünstigungen nach Vollendung des 25. Lebensjahres (§ 32 Abs 5, § 63 Abs 1 Satz 2 EStG; zur Übergangsregelung nach Herabsetzung vom 27. auf das 25. Lebensjahres ab 2007 s § 52 Abs 40 EStG).** Die Dienste gem § 32 Abs 5 Nr 1–3 EStG verlängern im Fall der Berufsausbildung (§ 32 Abs 4 Nr 2a EStG) und in der Übergangszeit von 4 Monaten (§ 32 Abs 4 Nr 2b EStG) den Kinderfreibetrag und das Kindergeld entsprechend über das 25. Lebensjahr hinaus. Für die vom Kinderfreibetrag oder vom Kindergeld abhängigen Abzugsbeträge gilt Entsprechendes. Für körperlich, geistig oder seelisch behinderte Kinder, die außerstande sind, sich selbst zu unterhalten (§ 32 Abs 4 Satz 1 Nr 3 EStG) gibt es hinsichtlich Kinderfreibetrag/Kindergeld keine Altersbegrenzung, wenn die Behinderung vor Vollendung des 25. Lebensjahres eingetreten ist (§ 32 Abs 4 Satz 1 Nr 3 EStG) oder vor dem 1.1.07 und vor Vollendung des 27. Lebensjahres (§ 52 Abs 40 Satz 7, 2. Halbsatz EStG). Im Übrigen kommt eine Steuerermäßigung nach § 33a Abs 1 EStG in Betracht. Die Berücksichtigung der Kinderbetreuungskosten (§ 10 Abs 1 Nr 5 ESt) gilt auch für Kinder, die wegen einer vor dem 1.1.07 in der Zeit ab Vollendung des 25. Lebensjahres und vor Vollendung des 27. Lebensjahres eingetretenen körperlichen, geistigen oder seelischen Behinderung außerstande sind, sich selbst zu unterhalten (§ 52 Abs 24a EStG). 37

## C. Sozialversicherungsrecht

*Voelzke*

**1. Allgemeines.** Für das Sozialrecht räumt § 6 SGB I ein soziales Recht auf **Minderung des Familienaufwandes** ein. Hierbei handelt es sich primär um einen Kinderlastenausgleich (*Schlegel/Voelzke/Weselski* SGB I, § 6 Rz 8), der vorrangig durch das *Kindergeld* und das *Elterngeld* gewährleistet wird. Neben diesen als Ausgleich der erhöhten Einkommensbelastung durch Minderung des kindbedingten Aufwandes konzipierten Leistungen enthält das Sozialleistungsrecht einen umfangreichen Katalog von Maßnahmen, die jeweils mit der Versorgung und Betreuung von Kindern verknüpft sind. Verfassungsrechtlich wird der Staat durch Art 6 Abs 1 GG verpflichtet, Ehe und Familie zu schützen und zu fördern; eine Verpflichtung, jede die Familie treffende Belastung auszugleichen, besteht hingegen nicht (zur Korrektur des Gesetzgebers *Schirvani* NZS 09, 224). Vielmehr ist dem Gesetzgeber grds Gestaltungsfreiheit eingeräumt, in welchem Umfang und in welcher Weise ein Ausgleich vorzunehmen ist (BVerfG 7.7.92 – 1 BvL 51/86 ua, NZS 92, 25). Eine einheitliche Definition des Kindbegriffs ist für das Sozialrecht nicht geschaffen worden; regelmäßig wird allerdings der Kindbegriff des Bürgerlichen Rechts um zusätzliche Personengruppen erweitert (§ 56 Abs 2 SGB I; § 2 BKGG; § 10 Abs 4 SGB V). 46

Im Sozialleistungsrecht wird ein **Kinderlastenausgleich** im Wesentlichen durch Berücksichtigung bei der Höhe der Lohnersatzleistungen, versicherungsrechtliche Vorkehrungen zur Anerkennung von Erziehungs- und Betreuungsleistungen, Erleichterungen beim Zugang zu den Versicherungsleistungen und Berücksichtigung des durch die Kinder entstehenden Mehraufwands verwirklicht. Kommt ein Leistungsberechtigter seiner gesetzlichen Unterhaltspflicht nicht nach, so können laufende Geldleistungen, die der Sicherung des Lebensunterhalts zu dienen bestimmt sind, an den Ehegatten oder die Kinder des Leistungsberechtigten, die keinen eigenen Leistungsanspruch haben, ausgezahlt werden (sog Abzweigung nach § 48 SGB I; zur Berechnung des Selbstbehalts nach Düsseldorfer bzw Berliner Tabelle s BSG 29.8.02 – B 11 AL 95/01 R, FamRZ 03, 1386 mit Anm *Fischer*). Wird die Bewilligung der Leistung nachträglich aufgehoben, so hat der Leistungsberechtigte auch diejenigen Beträge zu erstatten, die durch Abzweigung an Dritte ausbezahlt wurden (BSG 28.6.91 – 11 RAr 47/90, SozR 3–1300 § 50 Nr 10). 47

**2. Krankenversicherung.** Zur Sicherstellung der wirtschaftlichen Versorgung während der Schwangerschaft und Mutterschaft gewährt die gesetzliche KV das **Mutterschaftsgeld** 48

(→ *Mutterschaftsgeld* Rn 6 ff) als Lohnersatzleistung. Zusätzlich werden die im Zusammenhang hiermit entstehenden Kosten im Rahmen der Vorschriften über die Leistungen bei Schwangerschaft und Mutterschaft getragen (→ *Mutterschaftshilfe* Rn 3 ff).

Den Familienangehörigen (Ehegatten und Kindern) des Versicherten wird bei Erfüllung der in § 10 SGB V für die Familienversicherung genannten Voraussetzungen der **Zugang zur gesetzlichen Krankenversicherung** eröffnet. Allein das Wahrnehmen von auf Kapitalbeteiligungen beruhenden gesellschaftsrechtlichen Pflichten führt nicht zum Ausschluss von der Familienversicherung (BSG 29.2.12 – B 12 KR 4/10 R, SozR 4–2500 § 10 Nr 10, Näheres → *Familienversicherung* Rn 5 ff).

49 Versicherten steht ein Anspruch auf **Kinderpflegekrankengeld** nach Maßgabe des § 45 SGB V zu, wenn es nach ärztlichem Zeugnis erforderlich ist, dass sie zur Beaufsichtigung, Betreuung oder Pflege ihres erkrankten Kindes der Arbeit fernbleiben (hierzu *Brose* NZA 11, 719). Der Anspruch auf bezahlte Freistellung gegenüber dem ArbGeb ist vorrangig. Erfüllt ist das Merkmal „Fernbleiben von der Arbeit" auch dann, wenn der Versicherte seine Arbeit zu Hause ausüben kann, jedoch Umfang und Intensität der erforderlichen Beaufsichtigung, Betreuung oder Pflege des Kindes eine Arbeitstätigkeit in den eigenen Räumen objektiv nicht zulässt (*Schlegel/Voelzke/Sonnhoff* SGB V, § 45 Rz 28). Das Kind darf das zwölfte Lebensjahr noch nicht vollendet haben und muss im Haushalt des Versicherten leben, ohne dass die Betreuung durch eine andere im Haushalt lebende Person möglich ist. Der Anspruch besteht je Betreuungsfall für höchstens 10, bei Alleinerziehenden für höchstens 20 Arbeitstage; er ist insgesamt auf 25 (50) Arbeitstage je Kj begrenzt. Das längere Krankengeld für Alleinerziehende können Personen beanspruchen, die faktisch alleinstehend sind, auch wenn das gemeinsame Sorgerecht beibehalten wurde (BSG 26.6.07 – B 1 KR 33/06 R, BeckRS 2007, 46370). Tage, an denen der ArbN nur stundenweise zur Kinderbetreuung von der Arbeit fernbleibt und hierfür Verdienstausfall vom ArbGeb erhält, werden nicht auf die Bezugsdauer angerechnet. Wird das Kinderpflegekrankengeld bereits vor Beginn einer Elternzeit bezogen, findet die Vorschrift über das Ruhen des Krankengeldanspruchs keine Anwendung (BSG 18.2.16 – B 3 KR 10/15 R, NZS 16, 544). Das Satzungsrecht der gesetzlichen Krankenkassen kann vorsehen, dass der Anspruch auf Kinderpflegekrankengeld für freiwillige Mitglieder ausgeschlossen ist oder erst zu einem späteren Zeitpunkt entsteht (BSG 31.1.95 – 1 RK 11/94, NZS 95, 363).

50 **3. Rentenversicherung.** Die Erziehung eines eigenen Kindes oder eines Kindes des Versicherten wirkt beim Tod des versicherten Ehegatten anspruchsbegründend für die große **Witwen- oder Witwerrente** (§ 46 Abs 2 SGB VI) und die **Erziehungsrente** (§ 47 SGB VI). Gegenüber dem Kind wird der Wegfall des Unterhaltsanspruches durch die Gewährung einer Halb- oder Vollwaisenrente ausgeglichen (§ 48 SGB VI).

51 **Kindererziehungszeiten** sind als Versicherungszeiten den Zeiten einer Erwerbstätigkeit gleichgestellt (§ 56 SGB VI; s zur Verfassungsmäßigkeit der Stichtagsregelungen BVerfG 7.7.92 – 1 BvL 51/86 ua, NZS 92, 25). Für Geburten ab 1.1.92 können die ersten 36 Lebensmonate eines Kindes als Kindererziehungszeiten angerechnet werden. Aufgrund einer Änderung durch das Gesetz vom 28.11.18 (BGBl I 18, 2016) endet die Kindererziehungszeit für ein vor dem 1.1.92 geborenes Kind 30 Kalendermonate nach Ablauf des Monats der Geburt (§ 249 Abs 1 SGB VI). Das BSG sieht in der Ungleichbehandlung keinen Verfassungsverstoß (BSG 10.10.18 – B 13 R 34/17 R, SozR 4–2600 § 249 Nr 2). Die Zeiten können zwischen den Eltern geteilt werden. Sie wirken anspruchsbegründend und anspruchserhöhend. Die Anrechnung von Kindererziehungszeiten setzt voraus, dass der Begünstigte das Kind tatsächlich erzieht (zur Einschränkung des Wahlrechts bei Inanspruchnahme von Erziehungsurlaub durch ein Elternteil s BSG 28.2.91 – 4 RA 76/90, SozR 3–2200 § 1227a Nr 7; BSG 16.12.97 – 4 RA 60/97, SozR 3–2600 § 56 Nr 10).

52 Voraussetzung einer Anrechnung von Kindererziehungszeiten ist idR die Erziehung im **Inland;** zu den Ausnahmen bei Sachverhalten mit Auslandsberührung s § 56 Abs 3 SGB VI und *Igl/Fuchsloch* SGb 93, 393; *Költzsch* DAngVers 95, 105; zur Berücksichtigung von Zeiten der Kindererziehung im EU-Ausland s Entscheidung des Vorstands der DRV Bund, RVaktuell 2007, 448. Kindererziehungszeiten sind auch bei einer Kindererziehung im Ausland zu berücksichtigen, wenn zwischen dem Ehegatten des Erziehenden und dem inländi-

schen ArbGeb ein Rumpfarbeitsverhältnis fortbesteht, dessen Hauptpflichten nach der Beendigung der Tätigkeit im Ausland wiederaufleben (BSG 17.11.92 – 4 RA 15/91, SozR 3–2600 § 56 Nr 4; BSG 10.11.98 – B 4 RA 39/98, NZS 99, 399). Hingegen ist eine Pflichtbeitragszeit wegen Kindererziehung nicht vorzumerken, soweit eine Einbindung des Erziehenden in das inländische Arbeits- und Erwerbsleben nicht gegeben ist, selbst wenn der Ehegatte in der BRD versicherungspflichtig beschäftigt ist (BSG 25.1.94 – 4 RA 3/93, SozR 3–2600 § 56 Nr 6).

Weitere Zeiten der Kindererziehung bis zu Vollendung des 10. Lebensjahres des Kindes **53** wirken in der RV als **Berücksichtigungszeiten** anspruchserhöhend. Es verstößt nicht gegen das GG, dass Berücksichtigungszeiten wegen Kindererziehungszeiten bei Selbstständigen, die mehr als geringfügig erwerbstätig sind, nur bei gleichzeitiger Pflichtversicherung in der gesetzlichen RV vorliegen (BSG 24.10.13 – B 13 R 1/13 R, NZS 14, 140).

**4. Unfallversicherung.** Ist der Tod eines Versicherten durch einen Arbeitsunfall ver- **54** ursacht, so besteht idR längstens bis zur Vollendung des 27. Lebensjahres Anspruch auf **Waisenrente** (§ 67 SGB VII). Die Erziehung eines waisenrentenberechtigten Kindes wirkt auf die Witwen- oder Witwerrente anspruchserhöhend (§ 65 Abs 2 SGB VII).

**5. Arbeitsförderung.** Der **Begründung von Leistungsansprüchen** dienen Zeiten der **55** Kindererziehung nach Maßgabe des § 26 Abs 2a SGB III. Die Versicherungspflicht beginnt hiernach frühestens mit der Geburt des Kindes und endet mit dessen drittem Geburtstag.

Im Leistungsrecht der ArblV wird, soweit beim Empfänger einer Lohnersatzleistung oder **56** bei dessen Ehegatten ein Kind zu berücksichtigen ist, der **Leistungssatz** des Nettoarbeitsentgelts erhöht (zB beim AlGeld gem § 149 Nr 1 SGB III). Verfassungsrechtlich ist es nicht zu beanstanden, wenn für Arbeitslose mit mehreren Kindern keine höheren Leistungssätze vorgesehen sind (BSG 27.6.96 – 11 RAr 77/75, SozR 3–4100 § 111 Nr 14). Entsprechend der für das Krankengeld geltenden Regelung des § 45 SGB V (→ Rn 49) ist das AlGeld bei einer nach ärztlichem Zeugnis erforderlichen Beaufsichtigung, Betreuung oder Pflege eines erkrankten Kindes in den zeitlichen Grenzen des § 146 Abs 2 SGB III fortzuzahlen. Zur Erleichterung der Rückkehr in das Erwerbsleben nach Kinderbetreuungs- und Kindererziehungszeiten sind in den Vorschriften des SGB III (wenige) Regelungen enthalten, die Berufsrückkehrer (§ 20 SGB III) begünstigen (s den Überblick bei *Hauck/Noftz/Timme* § 20 SGB III Rz 3).

Entstehen wegen der Teilnahme an nach dem SGB III geförderten Bildungsmaßnahmen **57** Kosten für die **Betreuung aufsichtsbedürftiger Kinder,** so können diese (teilweise) übernommen werden (Ausbildung: § 64 Abs 3 Satz 1 SGB III; Weiterbildung: § 87 SGB III). Durch die Maßnahme entstehende Kinderbetreuungskosten können iHv 130 € monatlich übernommen werden. Eine Härte liegt vor, wenn für die Kinderbetreuung besonders hohe Aufwendungen entstehen, weil eine Unterbringung in einem Kindergarten, bei Nachbarn oder Verwandten nicht möglich ist. Der erforderliche Ursachenzusammenhang zwischen den Kinderbetreuungskosten und der Teilnahme an der Maßnahme ist bereits dann gegeben, wenn der Teilnehmer die Betreuung nicht selbst oder durch einen Dritten sicherstellen kann (BSG 16.9.98 – B 11 AZ 19/98 R, SozSich 99, 223).

**6. Pflegeversicherung.** In der sozialen PflegeV hat das Beitragskinderurteil des BVerfG **58** vom 3.4.01 – 1 BvR 1629/94 (NJW 01, 1712; eine Übertragung dieses Urteils auf andere Zweige der SozV wird abgelehnt durch BSG 30.9.15 – B 12 KR 15/12 R, NZS 16, 391; zu der Entscheidung des BSG: *Blüggel* jurisPR-SozR 11/2016 Anm 2; Lenze NVwZ 15, 1658; *Pflüger* RVaktuell 16, 67; *Richter* DStR 16, 1377; *Ruland* NZS 16, 361) das Augenmerk auf die **Beitragsgestaltung** in der SozV gelenkt. In dieser Entscheidung hatte das BVerfG ausgesprochen, dass es mit Art 3 Abs 1 iVm Art 6 Abs 1 GG nicht zu vereinbaren ist, dass Mitglieder der sozialen PflegeV, die Kinder betreuen und erziehen und damit einen generativen Beitrag zur Funktionsfähigkeit eines umlagefinanzierten SozVSystems leisten, mit einem gleich hohen PflegeVBeitrag wie Mitglieder ohne Kinder belastet werden. Als Folge dieser Entscheidung ist der Beitragssatz für alle Mitglieder der Pflegekassen ohne Kinder, die das 23. Lebensjahr vollendet haben, um **0,25 Beitragssatzpunkte** erhöht (§ 25 SGB XI). Ausgenommen hiervon sind nur einzelne Personengruppen (zB Eltern, kinderlose Mitglieder, die vor dem 1.1.40 geboren sind usw). Den Beitragszuschlag für Kinderlose trägt nach § 55 Abs 3 SGB XI das Mitglied allein (Näheres: *Pflegeversicherungsbeiträge*).

59 Das BSG lehnt es in st Rspr weiterhin ab, die aus der Entscheidung des BVerfG zur PflegeV folgenden Grundsätze auf die RV zu übertragen (zuletzt BSG 20.7.17 – B 12 KR 14/15 R, FamRZ 18, 397). Im Leistungsrecht der gesetzlichen RV erhielten Versicherte mit Kindern für die durch die Kindererziehung entstehenden Nachteile bereits einen **systemimmanenten Ausgleich**.

60 **7. Übrige Leistungsbereiche.** Dem Familienlastenausgleich dient auch die **Ausbildungsförderung** nach dem BAföG. Die Leistungen der Kinder- und Jugendhilfe sind im SGB VIII zusammengefasst (Schrifttum: *Schlegel/Voelzke*, SGB VIII [Kommentar]). Zur **Jugendhilfe** im weiteren Sinne sind die Leistungen nach dem Unterhaltsvorschussgesetz zu zählen, das für alleinstehende Elternteile Unterhaltsvorschüsse und Unterhaltsausfallleistungen vorsieht. **Subsidiäre Leistungen,** die die Betreuung und Erziehung von Kindern begünstigen und die besondere Belastung Unterhaltsverpflichteter ausgleichen, enthalten die Vorschriften des WoGG und der Sozialhilfe nach dem SGB XII.

## Kirchenarbeitsrecht

### A. Arbeitsrecht

*Kania*

1 **1. Sonderstellung der Kirchen.** Für die im Bereich der Kirche beschäftigten ArbN gilt das allgemeine Arbeitsrecht, soweit sich nicht aus der verfassungsrechtlichen Sonderstellung der Kirchen etwas anderes ergibt. Diese Sonderstellung gilt nicht nur für die **verfassten Kirchen** selbst (körperschaftlich organisierte Kirche, sog Amtskirche) sowie deren Institutionen (Diözesen, Pfarreien usw), sondern auch für die **autonomen karitativen und erzieherischen Einrichtungen** (Schulen, Kindergärten, Krankenhäuser, Kranken- und Altenpflege) und **kirchlichen Verbände** (zB Vereine, Stiftungen, Orden), mit deren Hilfe die Kirchen ihre erzieherischen und sozialen Aufgaben erfüllen (BVerfG 11.10.77 – 2 BvR 209/76, NJW 78, 581; BAG 25.4.78 – 1 AZR 70/76, DB 78, 2175). Über die Erfüllung der eigentlichen kirchlichen Grundfunktion hinaus werden erfasst: selbstständige Einrichtungen, die der Versorgung der kirchlichen Mitarbeiter dienen (kirchliche Versorgungskasse) oder die nach dem Selbstverständnis der Kirche sonst der Verwirklichung ihres Auftrags dienen und ihre Mission in die Welt tragen (zB Pressedienste, Öffentlichkeitsarbeit; BVerfG 25.3.80 – 2 BvR 208/76, NJW 1980, 1895). Vgl auch → *Tendenzbetrieb* Rn 2 ff.

2 **2. Selbstbestimmungsrecht. a) Öffentlich-rechtlicher Sonderstatus und Dienstherrenfähigkeit.** Grundlage des öffentlich-rechtlichen Sonderstatus ist insbes Art 137 Weimarer Reichsverfassung, der über Art 140 GG Bestandteil des GG ist. Danach ordnet und verwaltet jede Religionsgemeinschaft ihre Angelegenheiten selbstständig innerhalb der Schranken der für alle geltenden Gesetze. Gewährleistet wird die Eigenständigkeit der kirchlichen Rechtsordnung und zugleich das Recht, die kirchlichen Dienstverhältnisse nach dem bekenntnismäßigen Verständnis **autonom zu regeln** (Selbstbestimmungsrecht). Ergänzend garantiert die Verfassung den großen christlichen Kirchen den Status als **Körperschaft des öffentlichen Rechts** und ermöglicht ihnen so, ihre Dienstverhältnisse nach öffentlich-rechtlichen Grundsätzen zu ordnen. Die Dienstherrenfähigkeit besitzen vor allem die Gliederungen der katholischen Kirche sowie die evangelischen Landeskirchen und ihre Zusammenschlüsse (*Richardi* Arbeitsrecht in der Kirche, § 1 Rn 17 ff, § 2 Rn 1). Gestaltet die Kirche das Dienstverhältnis öffentlich-rechtlich, findet das Arbeitsrecht keine Anwendung. Dies gilt zudem für die geistlichen Amtsträger, da hier die Amtsübertragung idR durch sakramentale Weihe, kanonische Verleihung (katholischen Kirche) bzw Ordination (evangelische Kirche) erfolgt.

3 **b) Staatliches Arbeitsvertragsrecht und kirchliche Dienstgemeinschaft.** Den Kirchen steht es aber frei, sich bei der Regelung der Dienstverhältnisse der **Gestaltungsformen des Privatrechts** zu bedienen. Folge dieser Rechtswahl ist, dass das staatliche Arbeitsrecht auf diese Beschäftigungsverhältnisse Anwendung findet (*Richardi* Arbeitsrecht in der Kirche, § 2 Rn 24 ff). Zwar setzen die staatlichen Arbeitsgesetze als für alle geltendes

Recht dem kirchlichen Selbstbestimmungsrecht Schranken, jedoch garantiert die Verfassung den Kirchen selbstbestimmte Freiräume. Das bedeutet, dass die Kirchen der Gestaltung des kirchlichen Dienstes auch dann, wenn sie ihn auf der Grundlage von Arbeitsverträgen regeln, das besondere **Leitbild einer christlichen Dienstgemeinschaft** zugrunde legen können. Sie haben das Recht, innerhalb der staatlichen Rechtsordnung die religiöse Dimension ihres Dienstes, insbes bei der Festlegung von Loyalitätsobliegenheiten, sicherzustellen (BVerfG 4.6.85 – 2 BvR 1703/83, 2 BvR 1718/83, 2 BvR 856/84, DB 85, 2103). Anerkannt ist insoweit die Eigenständigkeit des kirchlichen Arbeitsrechts.

**c) Rechtsgrundlagen und Kirchenverfassung.** Die **katholische Kirche** hat für ihren Bereich das kirchliche Arbeitsrecht umfassend geregelt. Die Deutsche Bischofskonferenz hat 1993 die **Grundordnung des kirchlichen Dienstes im Rahmen kirchlicher Arbeitsverhältnisse (GrO)** verabschiedet, die in der reformierten, liberalisierten Neufassung vom 27.4.15 seit dem 1.8.15 weitgehend für alle Diözesen, Caritasverbände, öffentliche juristische Personen des kanonischen Rechts und sonstige kirchliche Rechtsträger gilt. Bei verselbständigten privatrechtlich organisierten Einrichtungen muss die Zuordnung durch Satzung abgesichert sein (Art 2 GrO). Enthalten sind **individualrechtliche Regeln** für die Begründung von Arbeitsverhältnissen (Art 3 GrO), Loyalitätsobliegenheiten (Art 4 GrO; → Rn 7) sowie Bestimmungen für die Kündigung aus kirchenspezifischen Gründen (Art 5 GrO; → Rn 11 ff). Gleichfalls enthalten sind Grundsatzregelungen für das **kollektive Arbeitsrecht** (→ Rn 17 ff) und zur **Bildung kirchlicher Gerichte** für diesen Bereich (→ Rn 27 ff). Zudem sind im Arbeitsrechtsregelungsverfahren ArbeitsvertragsRL für den kirchlichen Dienst ergangen (zur Rechtswirkung und Inhaltskontrolle → Rn 20 ff). 4

Für den Bereich der **evangelischen Kirche** ist die **GrundO EKD** verfassungsgebend. Nach ihrem Art 1 ist die evangelische Kirche der Bund der 22 lutherischen, reformierten und unierten Landeskirchen. Geregelt werden ua Aufbau und Struktur der EKD (Evangelische Kirche in Deutschland) sowie Kompetenzen und Aufgaben ihrer Organe (zB Synode, Kirchenkonferenz, Rat). **Individualrechtliche Regeln** enthält die **„Richtlinie des Rates des EKD über die Anforderungen der privatrechtlichen beruflichen Mitarbeit in der Evangelischen Kirche in Deutschland und im Diakonischen Werk der EKD"** vom 1.7.2005 **(EKD-RL).** Die EKD-RL wurde nach dem Vorbild der GrO der katholischen Kirche geschaffen, entfaltet aber keine unmittelbare rechtliche Wirkung für die Gliedkirchen und deren Diakonische Werke, sondern spricht nur eine Empfehlung aus, entsprechende Regelungen auf ihrer Grundlage zu treffen. Für die Evangelisch-Lutherische Kirche in Bayern und ihre Diakonie ist im Verfahren des „Dritten Weges" ebenfalls eine entsprechende Regelung ergangen (*Richardi* Arbeitsrecht in der Kirche, § 4 Rn 48 ff). In der EKD-RL nicht enthalten sind **Vorschriften zur Regelung kollektiver Angelegenheiten;** diese haben der Rat der EKD im **ArbeitsrechtsregelungsG (ARRG)** und die Landeskirchen in entspr Ausgestaltungen geregelt. Auf ihrer Grundlage sind im Arbeitsrechtsregelungsverfahren des „Dritten Weges" ArbeitsvertragsRL ergangen (→ Rn 20 ff). 5

**Repräsentiert** wird die katholische Kirche gemäß ihrer Verfasstheit durch den jeweiligen **Diözesanbischof,** die evangelische Kirche durch die jeweilige **Synode.** Diese Leitungsorgane haben auch die Gesetzgebungsbefugnis zur kirchenarbeitsrechtlichen Regelung (*Dütz* NZA 08, 1383). Die nachgeordneten kirchlichen Einrichtungen haben nur eine Satzungsbefugnis zur Ordnung der internen Angelegenheiten. 6

**3. Arbeitsvertragsrecht. a) Einstellungskriterien und Loyalitätsobliegenheiten.** Das BVerfG hat seit jeher alle **Fragen der Personalauswahl** und die Festlegung von **Loyalitätspflichten** dem Schutzbereich des Selbstbestimmungsrechts zugeordnet. Die Kirchen seien befugt, ihren ArbN die Beachtung jedenfalls der tragenden Grundsätze der kirchlichen Glaubens- und Sittenlehre aufzuerlegen. Sie könnten verlangen, dass ihre ArbN nicht gegen die fundamentalen Verpflichtungen verstoßen, die sich aus der Kirchenzugehörigkeit ergeben und jedem Kirchenmitglied obliegen. Dabei richte sich die Frage, welche Grundverpflichtungen als Gegenstand des Arbeitsverhältnisses bedeutsam sein können, allein nach den vorgegebenen kirchlichen **Maßstäben.** Den Kirchen sei es überlassen, verbindlich zu bestimmen, was „die Glaubwürdigkeit der Kirche und ihrer Verkündigung erfordert", was „spezifisch kirchliche Aufgaben" sind, was „Nähe" zu ihnen bedeute, welches die „wesentlichen Grundsätze der Glaubens- und Sittenlehre" sind und was als – ggf schwerer – 7

Verstoß gegen diese anzusehen sei (Leitentscheidung BVerfG 4.6.85 – 2 BvR 1703/83, 2 BvR 1718/83, 2 BvR 856/84, DB 85, 2103).

8 In Ausfüllung ihrer Definitionshoheit haben die großen Kirchen die Anforderungen an ihre Mitarbeiter in den für sie maßgeblichen Rechtsordnungen festgelegt und dort entsprechende Einstellungskriterien und Loyalitätspflichten festgeschrieben. Der **Abschluss eines Arbeitsvertrags** ist vielfach von der **Kirchenzugehörigkeit** abhängig. Hier haben sich in den **kirchengesetzlichen Vorschriften** differenzierte Regelungen entwickelt. Nach **§ 3 EKD-RL** (in der Neufassung vom 9.12.16) müssen ArbN grds **Mitglied der evangelischen Kirche** sein. Dies gilt uneingeschränkt für ArbN, denen die Verkündung, Seelsorge und evangelische Bildung übertragen ist. Abweichungen bei Besetzung der Dienststellenleitung und für sonstige Stellen außerhalb der verkündungsnahen Bereiche sind möglich; dort können auch Personen eingestellt werden, die einer anderen Mitgliedskirche der Arbeitsgemeinschaft christlicher Kirchen in Deutschland (sog „AcK-Christen") oder der Vereinigung Evangelischer Freikirchen angehören. Die reformierte **GrO der katholischen Kirche** (idF vom 27.4.15) setzt für alle Stellen dagegen lediglich voraus, dass die Bewerber „die Eigenart des kirchlichen Dienstes bejahen" und eine Zustimmung zu den Zielen der Einrichtung" zeigen. Weitergehend wird aber auch hier bei „in der Regel" erzieherischen und leitenden Aufgaben die Kirchenzugehörigkeit verlangt (Art 3 GrO).

9 Zudem legen die Kirchen ihren ArbN besondere **Loyalitätspflichten** auf, um das Leitbild der christlichen Dienstgemeinschaft verwirklichen zu können. Diese sind gehalten, die kirchliche Ordnung auch in ihrer **privaten Lebensführung** zu respektieren. Für die **katholische Kirche** enthält **Art 4 GrO** abgestufte Loyalitätsobliegenheiten: Nichtkatholische ArbN haben die „Wahrheiten und Werte des Evangeliums" zu achten. Katholische ArbN haben die „Grundsätze der katholischen Glaubens- und Sittenlehre" anzuerkennen und zu beachten. Von ArbN im erzieherischen Dienst und leitenden ArbN wird (nach der GrO-Reform nur noch) „in der Regel" ein „persönliches Lebenszeugnis iSd Grundsätze der katholischen Glaubens- und Sittenlehre" erwartet. **§ 4 EKD-RL** enthält für die **evangelische Kirche** generalklauselartig die Anforderung an ein loyales und glaubwürdiges Verhalten. Für die Maßgeblichkeit dieser Regeln ist nicht entscheidend, in welcher Organisationsform die Kirche ihre Aufgaben wahrnimmt, sondern welchen Auftrag sie ihrem Verständnis nach mit der Einrichtung erfüllt. Die staatlichen Gerichte waren bislang angehalten, die vorgegebenen kirchlichen Maßstäbe zu respektieren. Ihnen stand das BVerfG insoweit lediglich eine Plausibilitätskontrolle zu (BVerfG 22.10.14 – 2 BvR 661/11, NZA 14, 1387).

10 **b) Kirchliche Maßstäbe und Justiziabilität.** Allerdings unterliegt der kirchliche ArbGeb nicht nur den kirchengesetzlich festgelegten Vorgaben, sondern auch den im **staatlichen Gesetzesrecht** enthaltenen Beschäftigungs- und **Diskriminierungsverboten,** zB §§ 4, 5 MuSchG, 71 SGB IX. Nicht eindeutig geklärt war bislang das Verhältnis zum AGG, das in §§ 1, 7 AGG eine Differenzierung nach der Religion oder der Kirchenzugehörigkeit grds verbietet. Denn hier eröffnet wiederum **§ 9 Abs 1 AGG** den Kirchen die Möglichkeit, ihrem Selbstverständnis entspr eine bestimmte **Konfessionszugehörigkeit** zur erforderlichen **beruflichen Anforderung** zu erheben. Insoweit konnte bislang auf Grundlage der kirchengesetzlichen Vorschriften grds für jede Position die Kirchenzugehörigkeit verlangt werden. Der Nachweis einer Verkündigungsnähe der Stelle musste nicht erbracht werden, stattdessen wurde die Prüfungskompetenz staatlicher ArbG auf eine Missbrauchskontrolle anhand der kirchlich vorgegebenen Maßstäbe beschränkt (→ *Diskriminierung* Rn 80 ff). Jetzt hat der EuGH auf Vorlage zur Vorabentscheidung durch das BAG entschieden, dass das tradierte Verständnis eines extensiven kirchlichen Selbstbestimmungsrechts iSd Rspr des BVerfG **mit dem Unionsrecht unvereinbar** ist: Die arbeitsrechtlichen Beziehungen in kirchlichen Einrichtungen ständen nicht außerhalb der RechtsO, sondern müssten einer wirksamen Kontrolle durch die nationalen Gerichte zugänglich sein. Die Anforderungen des kirchlichen ArbGeb für die Ausübung der Tätigkeit müssten nach der unionsrechtlichen DiskriminierungsRL „wesentlich, rechtmäßig und gerechtfertigt" sein. Eine Ungleichbehandlung wegen der Religion sei demnach nur dann zulässig, wenn objektiv ein direkter Zusammenhang zwischen den religiös bestimmten Anforderungen und der fraglichen Tätigkeit bestehe. Nationale Vorschriften, die nicht richtlinienkonform ausgelegt werden können, dürften nicht angewendet werden (EuGH 17.4.18 – C-414/16, BeckRS 2018, 5386 „Egen-

berger"; hierzu *Sagan* EuZW 18, 386). Damit steht die Rspr des BVerfG im Spannungsverhältnis zum europäischen Recht. Das BAG hat inzwischen die Vorgaben des EuGH umgesetzt und geklärt, dass § 9 Abs 1 Alt 1 AGG nicht unionrechtskonform ausgelegt werden könne und daher unangewendet bleiben müsse (BAG 25.10.18 – 8 AZR 501/14, NZA 19, 455). Damit wird eine Kirche die Mitgliedschaft künftig nur noch fordern können, wenn die konkrete Tätigkeit mit der Verkündung ihres Ethos in engem Zusammenhang steht.

**4. Kündigung und Kündigungsschutz. a) Geltung staatlichen Kündigungsrechts.** Bedienen sich die Kirchen bei der Regelung der Dienstverhältnisse der Gestaltungsformen des Privatrechts, gelten auch für sie die gesetzlichen Vorschriften des Kündigungsrechts und des allgemeinen und besonderen Kündigungsschutzes. Ein auf unbestimmte Zeit eingegangenes Arbeitsverhältnis kann grds nur unter Wahrung der **Schriftform** (§ 623 BGB) und Einhaltung der **Kündigungsfrist** (§ 622 BGB) oder aus wichtigen Grund (§ 626 BGB) gekündigt werden. Bei der Kündigungserklärung sind die einschlägigen Regelungen über die rechtsgeschäftliche Vertretung zu beachten, zB Art 29 KirchenO für die evangelische Kirche. Das **KSchG** findet Anwendung. Es gilt das Prinzip der Sicherung des Arbeitsplatzes vor der Kündigung. Die Kirchen haben zudem Vorschriften zum **Sonderkündigungsschutz** erlassen: In der evangelischen Kirche sind ältere ArbN ordentlich unkündbar (§ 33 Abs 3 BAT-KF) und die betriebsbedingte Kündigung erfordert ein besonderes Verfahren der Arbeitsplatzsicherung (RationalisierungssicherungsO, SicherungsO des Diakonischen Werks der EKD). Zu beachten sind ferner die **Mitbestimmungsrechte der Mitarbeitervertretung** in der evangelischen Kirche gem §§ 38 ff MitarbeitervertretungsG (MVG.EKD) und in der katholische Kirche gem §§ 30 ff MitarbeitervertretungsO (MAVO); → Rn 23 ff. 11

**b) Beurteilung des Kündigungsgrundes.** Die Einhaltung staatlichen Rechts durch den kirchlichen ArbGeb unterliegt im Streitfall der arbeitsgerichtlichen Kontrolle. Dabei legen die ArbG seit jeher die vorgegebenen **kirchlichen Maßstäbe für die Bewertung vertraglicher Loyalitätspflichten** zugrunde; eine eigene Bewertung des Loyalitätsverstoßes war ihnen bislang abgeschnitten (→ Rn 9). Steht nach erfolgter Plausibilitätskontrolle eine Pflichtverletzung fest, ist dann auf zweiter Stufe die Frage, ob die Pflichtverletzung eine Kündigung auch sachlich rechtfertigt, nach den kündigungsschutzrechtlichen Vorschriften der §§ 1 KSchG, 626 BGB zu beantworten. Diese Normen unterliegen als für alle geltendes Gesetz iSd Art 137 Abs 3 Weimarer Reichsverfassung umfassender arbeitsgerichtlicher Anwendungskompetenz (BVerfG 4.6.85 – 2 BvR 1703/83, 2 BvR 1718/83, 2 BvR 856/84, DB 85, 2103). Ein Verstoß gegen kirchliche Glaubensgrundsätze ist damit auch bislang **kein absoluter Kündigungsgrund,** sondern es ist eine Abwägung der widerstreitenden Interessen im Rahmen der §§ 1 KSchG, 626 BGB vorzunehmen (BVerfG 22.10.14 – 2 BvR 661/11, NZA 14, 1387; *Fischermeier* RdA 14, 257; *Edenharter* NZA 14, 1378). Dabei sind **kollidierende Grundrechtspositionen** der ArbN, etwa die Gewissensfreiheit oder der Schutz von Ehe und Familie, im Rahmen einer Gesamtabwägung zu berücksichtigen (BVerfG 7.3.02 – 1 BvR 1962/01, NZA 02, 609; BVerfG 14.10.04 – 2 BvR 1481/04, NJW 04, 3407; → Rn 16). Sieht das Kirchenrecht bei Loyalitätsverstößen vor Ausspruch der Kündigung ein bindendes **Verfahren oder vorrangige Maßnahmen** (Abmahnung, Versetzung usw) vor, kann sich allein aus der Nichtbefolgung die Sozialwidrigkeit der Kündigung ergeben (BAG 16.9.99 – 2 AZR 712/98, NZA 2000, 208). 12

Die **katholische Kirche** hat mit der Reform des Art 5 GrO eine Angleichung an das staatliche Arbeitsrecht vorgenommen, einen Katalog konkreter Kündigungsgründe aufgestellt und die bisherige Rechtslage erheblich zugunsten ihrer ArbN geändert. Allerdings ist hier zu beachten, dass die neuen Regeln nicht einheitlich gelten; es obliegt jedem Bischof, ob er die Neuerungen in seiner Diözese auch anwendet. Grds ist vor Ausspruch einer Kündigung wegen des Verstoßes gegen Loyalitätsobliegenheiten gem Art 5 Abs 1 GrO zu prüfen, ob eine **Abmahnung,** ein formeller Verweis oder eine andere Maßnahme, wie etwa eine Versetzung oder Änderungskündigung geeignet sind, dem Obliegenheitsverstoß zu begegnen. Bei den in Art 5 Abs 2 GrO aufgeführten **schwerwiegenden Loyalitätsverstößen** war bereits zuvor anerkannt, dass im Einzelfall eine Kündigung gleichwohl unangemessen sein kann. Jetzt sieht die reformierte Fassung in Art 5 Abs 3 GrO **ausdrücklich die Interessenabwägung im Einzelfall** vor, ohne der Kirche ein grds vorrangiges 13

Interesse einzuräumen. Hiernach haben selbst die Wiederverheiratung oder homosexuelle Lebenspartnerschaft nur noch dann Kündigungsrelevanz, wenn weitere besondere Umstände, nämlich die Erregung eines erheblichen Ärgernisses und die Beeinträchtigung der Glaubwürdigkeit der Kirche, hinzutreten (s Pressemeldung der dt Bischofskonferenz vom 5.5.15 – Nr 072). Weiter zu beachten ist, dass nach § 5 Abs 1 GrO vor Ausspruch einer Kündigung ein „klärendes Gespräch" zu führen ist; aufgrund dieser Selbstbindung ist eine ohne „Gespräch" erfolgende Kündigung regelmäßig unverhältnismäßig und deshalb sozialwidrig (BAG 16.9.99 – 2 AZR 712/98, NZA 2000, 208). Im Bereich der **evangelischen Kirche** enthält § 5 EKD-RL vergleichbare Regeln, die aber wiederum nicht einheitlich für die EKD gelten.

**14** Schwierigkeiten bei der Bewertung der kollidierenden Grundrechtspositionen bereitete bereits eine **Entscheidung des Europäischen Gerichtshofs für Menschenrechte** (EGMR) im Fall eines wegen Ehebruchs und Bigamie aus der katholischen Kirche **entlassenen Chorleiters:** Die deutschen ArbG hätten gegen Art 8 EMRK verstoßen, da sie zu Unrecht die Aufhebung der Kündigung abgelehnt und damit sein Recht auf Achtung des Privat- und Familienlebens nicht ausreichend geschützt hätten (EGMR 23.9.10 – 1620/03, NZA 11, 280 „Schüdt"). Diese Bewertung kollidiert an sich mit dem vom BVerfG zugestandenen Selbstbestimmungsrecht der Kirchen (*Edenharter* NZA 14, 1378). Im Anschluss an die Entscheidung des EGMR hatte sich das BAG zunächst an dieser Abwägungslösung orientiert und die **Kündigung des Chefarztes** eines katholischen Krankenhauses wegen **Wiederverheiratung** für unwirksam erklärt (BAG 8.9.11 – 2 AZR 543/10, NZA 12, 443). Das BVerfG hob das Urteil jedoch auf, da Bedeutung und Tragweite des kirchlichen Selbstbestimmungsrechts nicht ausreichend berücksichtigt worden seien. Dem glaubensdefinierten Selbstverständnis der Kirche sei ein besonderes Gewicht beizumessen. Das BVerfG sieht seine Rspr aber grds in Einklang mit der des EGMR. Die Grund- und Freiheitsrechte der EMRK seien bei der Interessenabwägung (nur) als Auslegungshilfe heranzuziehen, soweit dies methodisch vertretbar sei und mit den Vorgaben des GG vereinbart werden könne (BVerfG 22.10.14 – 2 BvR 661/11, NZA 14, 1387). Der Streit ging in die nächste Runde, da das BAG den EuGH um Vorabentscheidung in der Frage ersuchte, ob Kirchen bei ihrem Loyalitätsverlangen danach differenzieren dürfen, ob ArbN der Kirche angehören oder nicht. Der EuGH entschied in Fortführung seiner bereits in der Rechtssache „Egenberger" eingeschlagenen Linie, dass kirchliche ArbGeb nicht frei bestimmen können, für welche Beschäftigten besondere Anforderungen iS ihres glaubensdefinierten Selbstverständnisses gelten. Die nationalen Gerichte hätten vielmehr im Einzelfall zu überprüfen, ob entspr Anforderungen notwendig und objektiv geboten sind (EuGH 11.9.18 – C-68/17, NJW 18, 3086; hierzu *Greiner* NZA 18, 1289). Entspr dieser Vorgaben hat nun das BAG in der Kündigung des Chefarztes eine nicht gerechtfertigte Diskriminierung erblickt, da die ihm auferlegte **Loyalitätspflicht für die konkret ausgeübte Tätigkeit** keine wesentliche, rechtmäßige und gerechtfertigte berufliche Anforderung **iSd § 9 Abs 2 AGG** darstelle. Interessant ist allerdings, dass das BAG nach intensiver Auseinandersetzung mit dem Verhältnis von unionsrechtlichem Diskriminierungsschutz und kirchlichem Selbstbestimmungsrecht einen Konflikt zwischen nationaler Verfassung und Unionsrecht verneint hat (BAG 20.2.19 – 2 AZR 746/14, NZA 19, 901). Nach alledem werden die staatlichen Gerichte nun doch eine umfassende Grundrechtsabwägung anhand des unionsrechtlich vorgegebenen Prüfprogramms (→ Rn 10) vornehmen müssen. Im Fall des Kirchenmusikers hat das BAG allerdings dessen Restitutionsverlangen nach Wiedereinstellung trotz der festgestellten Konventionsverletzung abgelehnt, da dem das rechtskräftige klageabweisende Urteil im Kündigungsschutzprozess entgegenstehe (BAG 20.10.15 – 9 AZR 743/14, NZA 16, 299). Wegen des zum 1.1.07 eingeführten § 580 Nr 8 ZPO werden Neufälle möglicherweise trotz eines rechtskräftig abgeschlossenen Verfahrens bei entgegenstehendem EGMR-Urteil wieder aufgerollt werden müssen.

**15** **c) Einzelfälle.** Die nachfolgenden Entscheidungen sind nur bedingt verallgemeinerungsfähig, da die Bemessung der kirchlichen Freiräume bei der Definition ihres glaubensdefinierten Selbstverständnisses mehrfachen Änderungen unterlegen hat (vgl jüngste Korrekturen des BVerfG und des EuGH → Rn 14). Bestätigt hat das BAG die **Wirksamkeit der Kündigung** bei Kirchenaustritt eines Sozialpädagogen in einer Einrichtung des Caritasverbandes (BAG 25.4.13 – 2 AZR 579/12, BeckRS 2013, 69173), bei Ehebruch eines leitenden Angestellten der Mormonenkirche (BAG 24.4.97 – 2 AZR 268/96, NZA 98, 145), nach dem Entzug der kanonischen Beauftragung einer Gemeindereferentin (BAG 10.4.14 – 2 AZR 812/12, NZA 14, 653), bei aktiver Werbung für eine andere Glaubensgemeinschaft durch eine Kindergärtnerin in einem evangelischen Kindergarten (BAG 21.2.01 – 2 AZR 139/00, NZA 01, 1136). Für **unwirksam** erklärt wurde die Kündigung eines Arztes wegen einer Stellungnahme für den legalen Schwangerschaftsabbruch (BAG 21.10.82 – 2 AZR 591/80, DB 83, 2778) und die fristlose Kündigung eines Chefarztes in einem katholischen Krankenhaus wegen Durchführung homologer Insemination (BAG 7.10.93 – 2 AZR 226/93, NZA 94, 443).

Das BAG hat entschieden, dass die **Weisung, während der Arbeitszeit kein Kopftuch** 16
zu tragen, in einer Einrichtung in konfessioneller Trägerschaft (anders als in säkularen Betrieben) grds rechtmäßig ist. Die ArbN habe sich bei Begründung des Arbeitsverhältnisses den gestellten Loyalitätserwartungen freiwillig unterworfen. Die Beschäftigung von nichtchristlichem Personal bedeute keine Selbstwiderlegung oder die Öffnung in Richtung eines religiösen Pluralismus. Auch eine Krankenschwester sei ihrem kirchlichen ArbGeb gegenüber zu einem zumindest **religionsneutralen Verhalten verpflichtet.** Dieser müsse eine Glaubensbekundung zugunsten einer anderen Religion nicht hinnehmen. Trotz der grundgesetzlich geschützten Glaubensfreiheit der ArbN überwiege das Selbstbestimmungsrecht der Kirche. Der Kernbereich der Glaubensfreiheit sei nicht tangiert, da die Ausübung nur bei der Arbeit, also lediglich zeitlich und räumlich, eingeschränkt werde. Auch die Anforderungen des AGG würden keine andere Beurteilung gebieten (BAG 24.9.14 – 5 AZR 611/12, NZA, 14, 1407). Nachdem der EuGH das Verhältnis von Selbstbestimmungsrecht der Kirche und unionsrechtlichen Diskriminierungsverboten geklärt hat (→ Rn 10), ist fraglich, ob diese Wertung künftig Bestand hat.

**5. Kollektive Regelungen. a) Arbeitsrechtsregelungsverfahren.** Das Selbstbestim- 17
mungsrecht garantiert den Kirchen die Schaffung eines **eigenen Arbeitsrechtsregelungssystems**. Insoweit muss der Staat den Kirchen bei der Gestaltung des kirchlichen Dienstes nach ihrem bekenntnismäßigen Verständnis eigene *Wege* offen halten; das gilt in gewissem Maß auch dann, wenn auf den kirchlichen Dienst das staatliche Arbeitsrecht Anwendung findet (BVerfG 25.3.80 – 2 BvR 208/76, NJW 1980, 1895; BAG 16.3.04 – 9 AZR 93/03, NZA 04, 927). Die Kirchen können daher eigene Regelungen, wie zB Arbeitsvertragsordnungen oder -richtlinien, in einem Verfahren aufstellen, das auf dem von den Kirchen geschaffenen **kollektiven Arbeitsrecht** beruht. Hier sind zur Gestaltung der Arbeitsbedingungen an sich **drei unterschiedliche Regelungsmodelle** möglich:

Nach dem früher vertretenen **„Ersten Weg"** konnte der Inhalt der Arbeitsverhältnisse der 18
kirchlichen Angestellten einseitig durch den kirchlichen Gesetzgeber oder durch kirchliche Leitungsorgane festgesetzt werden. Heute wird ein Recht der kirchlichen Mitarbeiter, die sie betreffenden Angelegenheiten aktiv mitzugestalten, allgemein anerkannt, und diese Handlungsmöglichkeit auch in der katholischen Kirche nicht mehr praktiziert. Die nordelbische evangelisch-lutherische Kirche ebenso wie die EK Berlin-Brandenburg haben sich im Jahr 1979 (geregelt im jeweiligen ArbeitsrechtsregelungsG) entschieden, die Arbeitsbedingungen ihrer ArbN durch TV zu regeln (sog **„Zweiter Weg"**) und haben eine Reihe von Tarifverträgen abgeschlossen, ua der Kirchliche ArbeitnehmerInnen Tarifvertrag (KAT) vom 1.12.06. Auch nach dem Zusammenschluss der nordelbischen, mecklenburgischen und pommerschen Landeskirchen zur „Nordkirche" zum 27.5.12 wurden die bestehenden unterschiedlichen Regelungssysteme von TV und Drittem Weg vorerst beibehalten (sog kleines Trennungsmodell). Ansonsten wird das Tarifvertragssystem als nicht geeignet abgelehnt. Dies wurde insbes damit begründet, dass Arbeitskämpfe im kirchlichen Bereich generell unzulässig seien und verschiedene Gewerkschaftszugehörigkeiten und das Günstigkeitsprinzip kein einheitliches Lohngefüge gewährleisten (*Richardi* Arbeitsrecht in der Kirche, § 14 Rn 15 ff). Die katholische Kirche und die übrigen evangelischen Landeskirchen praktizieren deshalb ein eigenständiges System der Mitarbeiterbeteiligung bei der Gestaltung der Arbeitsbedingungen (sog **„Dritter Weg"**). Bei diesem Regelungsmodell steht die **paritätische und partnerschaftliche Konfliktlösung** im Vordergrund (→ Rn 20).

**b) Koalitionsmäßige Betätigung.** Gewerkschaftliche Betätigung in der Kirche ist nicht 19
generell unzulässig. Auch ArbN im kirchlichen Dienst können sich zusammenschließen, um

Einfluss auf ihre Arbeits- und Wirtschaftsbedingungen zu gewinnen; die **Koalitionsfreiheit** besteht aber nur unter Respektierung der Besonderheiten des kirchlichen Diensts, vgl Art 6 GrO der katholischen Kirche. Nachdem lange Zeit umstritten war, ob **Streikmaßnahmen** im kirchlichen Bereich zulässig sind (ausgeschlossen in Art 7 Abs 2 GrO), hat das BAG nun entschieden, dass der Arbeitskampf nur dann und insoweit ausgeschlossen ist, als das praktizierte Regelungsmodell die koalitionsmäßige Betätigung der Gewerkschaften gewährleistet, die Regelung für den Dienstgeber verbindlich ist und als Mindestarbeitsbedingung garantiert wird (BAG 20.11.12 – 1 AZR 179/11, NZA 13, 448 und 1 AZR 611/11, NZA 13, 437). Das Zugangsrecht externer Gewerkschaften hatte das BVerfG zunächst eingeschränkt (BVerfG 17.2.81 – 2 BvR 384/78, NJW 81, 1829), anerkannt ist aber inzwischen die Mitgliederwerbung im üblichen (verhältnismäßigen) Rahmen (LAG Köln 19.2.99 – 11 Sa 962/98, NZA-RR 99, 655). Auch die Neufassung Art 6 Abs 2 GrO erlaubt den Gewerkschaften den Zutritt.

20 **c) Der „Dritte Weg" als Tarifsurrogat.** Das Arbeitsrechtsregelungsverfahren des sog „Dritten Weges" ist in der katholischen und der evangelischen Kirche unterschiedlich ausgestaltet; ebenso ist zwischen den einzelnen evangelischen Gliedkirchen zu differenzieren. **Die evangelischen Landeskirchen** haben Kirchengesetze über das Verfahren zur Regelung der Arbeitsverhältnisse der Mitarbeiter im kirchlichen Dienst erlassen (als landeskirchliche Ausgestaltungen des ArbeitsrechtsregelungsG – **ARRG.EKD**). Aufgrund dieser Gesetze sind **paritätisch** mit weisungsunabhängigen Mitgliedern besetzte **Arbeitsrechtliche Kommissionen** gebildet, die **Arbeitsvertragsrichtlinien (AVR)** erlassen; diese lehnen sich vielfach an die TV des öffentlichen Dienstes an. Für den Konfliktfall werden Schlichtungsausschüsse gebildet, die sich aus Vertretern der ArbN- und ArbGebSeite und einem unparteiischen Vorsitzenden zusammensetzen. Auch der **BAT-KF** ist zwar weitgehend dem TVöD nachgebildet, er ist aber kein TV, sondern eine Arbeitsrechtsregelung, die im Dritten Weg von der Arbeitsrechtlichen Kommission Rheinland-Westfalen-Lippe (ARK-RWL) bzw von der Schiedskommission für diese Region sowie ihrer diakonischen Werke beschlossen worden ist. Inhaltlich enthält der BAT-KF Bestimmungen über den Beginn, den Inhalt und die Beendigung der Arbeitsverhältnisse. Das **diakonische Werk** der evangelischen Kirche hat durch Satzung sichergestellt, dass das Arbeitsrechtssystem des „Dritten Wegs" auch in ihrem Bereich gilt (vgl auch AVR der Diakonie Deutschland – AVR-DD). Allerdings entfalten die Satzungsbestimmungen des Diakonischen Werks keine drittschützende Wirkung zugunsten des einzelnen ArbN, sondern binden den kirchlichen ArbGeb nur im kirchlichen Rechtskreis; er muss bei Nichtbeachtung allenfalls mit kirchenrechtlichen Konsequenzen rechnen (BAG 24.5.18 – 6 AZR 308/17; LAG 27.4.17 – 7 Sa 944/16, BeckRS 2017, 122896).

21 In der **katholischen Kirche** bestehen **Kommissionen zur Ordnung des diözesanen Arbeitsvertragsrechts (KODA):** für die Bistümer und den deutschen Caritasverband eine Kommission für den überdiözesanen Bereich (ZentralKODA) sowie regionale Kommissionen für die einzelnen Bistümer bzw Diözesen (RegionalKODA). Diese treffen Regelungen zum Inhalt, dem Abschluss und der Beendigung der Arbeitsverhältnisse (Art 7 Abs 1 GrO iVm der jeweiligen KODA-Ordnung). Wie in der evangelischen Kirche sind die KODA paritätisch besetzt; für den Konfliktfall besteht ein **Vermittlungsausschuss** mit einem neutralen Vorsitz (ausführlich *Thüsing* Kirchliches Arbeitsrecht § 3). Geschaffen wurden hier **AVR**, ua die AVR-Caritas und die Kirchliche Arbeits- und VergütungsO (KAVO), die sich an den BAT, bzw TVöD anlehnen.

22 Die **Rechtswirkung** der von den Kommissionen auf dem dritten Weg **geschaffenen Arbeitsrechtsregelungen** ist umstritten. Relevant ist dies etwa für die Frage, ob so geschaffene AVR der AGB-Kontrolle unterliegen oder ob sie tarifdispositives Gesetzesrecht ersetzen können (*Richardi* Arbeitsrecht in der Kirche, § 8 Rn 11 mwN). Teilweise wird den Regelungen normative Wirkung beigemessen (*Richardi* Arbeitsrecht in der Kirche, § 8 Rn 14 ff; *Grethlein* NZA 86, Beilage 1, 23). Das wird vom BAG verneint, da kirchliche Arbeitsvertragsregelungen weder tarifliche Vereinbarungen darstellen noch diesen etwa analog in ihrer Wirkung gleichstehen. Sie gestalten das Arbeitsverhältnis nicht unmittelbar und zwingend, sondern bedürfen stets einer **vertraglichen Transformation durch einzelvertragliche Bezugnahme,** Gesamtzusage oder Einheitsregelung (BAG 20.3.02 – 4 AZR 101/01, NZA 02, 1402; BAG 26.10.06 – 6 AZR 307/06, NZA 07, 1179). Dies gilt

auch für den BAT-KF als Kollektivvereinbarung besonderer Art (→ Rn 20); für ihn kann auch § 3 Abs 1 S 1 ARRG keine normative Geltung herbeiführen. Hier hat das BAG inzwischen die Möglichkeit einer kirchengesetzlichen Anordnung der normativen Wirkung von Arbeitsrechtsregelungen gegenüber ArbN, die nur aufgrund eines privatrechtlichen Vertrags mit der Kirche oder ihrer Einrichtung verbunden sind, ausdrücklich verneint (BAG 8.6.05 – 4 AZR 417/04, BeckRS 2005, 30804390; anders noch BAG 20.3.02 – 4 AZR 101/01, NZA 02, 1402). Der Unterschied zu „echten" TV hat erhebliche Konsequenzen: Nimmt der Arbeitsvertrag die **AVR dynamisch in Bezug,** gilt die dynamische Verweisung nach einem **Betriebsübergang** beim neuen ArbGeb gem § 613a Abs 1 S 1 BGB weiter, und zwar auch dann, wenn es sich um einen weltlichen Erwerber handelt. Eine bloß statische Wirkung hat das BAG ausdrücklich verneint. Insbes stehe der Vertragsinhalt nicht unter der auflösenden Bedingung der Kirchenzugehörigkeit des ArbGeb (BAG 23.11.17 – 6 AZR 683/16, NZA 18, 311; vgl auch BAG 30.8.17 – 4 AZR 95/14, NZA 18, 255 im Nachgang zum Asklepios-Urteil des EuGH). Da es sich aber nicht um Tarifnomen handelt, kommt zugleich eine Anwendung der § 613a Abs 1 S 2–4 BGB nicht in Betracht, mit der Folge, dass beim Erwerber geltende TV die beim Veräußerer geltenden AVR nicht ablösen können (BAG 20.3.02 – 4 AZR 101/01, NZA 02, 1402). Um der Endlosbindung zu entgehen, kommt nach alledem allein eine Anpassung der Vertragsbedingungen durch einvernehmliche Vertragsänderung oder Änderungskündigung in Betracht (*Flockenhaus* RdA 17, 316). Weitere Unterschiede zu „echten" TV bestehen beim Nachweis wesentlicher Arbeitsvertragsbedingungen durch Bezugnahme auf kirchliche Arbeitsrechtsregelungen (BAG 30.10.19 – 6 AZR 465/18, ArbR Aktuell 19, 557 zu Ausschlussfristen). Bei der **Befristung von Arbeitsverträgen** werden AVR ebenfalls nicht TV gleichgestellt, so dass eine Verlängerung der Höchstdauer einer sachgrundlosen Befristung entspr § 14 Abs 2 S 3 TzBfG nicht möglich ist (BAG 25.3.09 – 7 AZR 710/07, NZA 09, 1417). Nach den Entscheidungen des 6. Senates des BAG unterliegen die beim Abschluss des Arbeitsvertrages in Bezug genommenen kirchlich-diakonischen AVR der **AGB-Kontrolle** gem §§ 305 ff BGB (BAG 19.4.12 – 6 AZR 677/10, BeckRS 2012, 70501; BAG 22.7.10 – 6 AZR 847/07 und 6 AZR 170/08, BB 11, 1869); insoweit grenzt sich der 6. Senat von der bisherigen Rspr des 3. und 4. Senats ab, wonach der Maßstab der §§ 317 ff BGB zur Anwendung kommt (BAG 19.8.08 – 3 AZR 383/06, NZA 09, 1275; 10.12.08 – 4 AZR 801/07, NZA-RR 10, 7; BAG 18.11.09 – 4 AZR 493/08, EZA § 61 BGB 2002 Kirchliche Arbeitnehmer Nr 13). Allerdings sei die Prüfungskompetenz der Gerichte wie bei TV auf eine Rechtskontrolle beschränkt, wenn die in Bezug genommenen AVR auf dem Dritten Weg mit einer paritätisch besetzten Arbeitsrechtlichen Kommission (ohne Letztentscheidungsrecht der Synode oder des Bischofs) beschlossen worden sind. Hierdurch werde gewährleistet, dass die ArbGebSeite nicht einseitig ihre Interessen durchsetze. Die AVR sind daher grds nur daraufhin zu überprüfen, ob sie gegen die Verfassung, gegen höherrangiges zwingendes Recht oder die guten Sitten verstoßen. Indem das BAG die kirchlich-diakonischen Arbeitsvertragsregelungen hinsichtlich des Prüfungsmaßstabs den TV gleichstellt, erweitert es die Möglichkeit der Kommissionen, individuelle Vereinbarungen zu grundlegenden arbeitsrechtlichen Regelungsinhalten zu treffen.

**6. Mitarbeitervertretung. a) Bereichsausnahme.** Die Vorschriften über das staatliche Mitbestimmungs-, Betriebsverfassungs- und Personalvertretungsrecht nehmen ausdrücklich die Religionsgemeinschaften und ihre karitativen und erzieherischen Einrichtungen von ihrem Geltungsbereich aus (§§ 118 Abs 2 BetrVG, 112 BPersVG, 1 Abs 4 S 2 MitbestG). Diese Sonderstellung der Kirchen steht nicht zur Disposition des Gesetzgebers, da die Bestimmung der Kirchen über Mitwirkungsrechte betrieblicher Vertretungen zu den geschützten eigenen Angelegenheiten iSd Art 137 Weimarer Reichsverfassung zählt (BVerfG 11.10.77 – 2 BvR 209/76, NJW 78, 581). Andererseits wäre die völlige Aussparung von Beteiligungsrechten der ArbN in der Kirche mit einer sozialstaatlichen Arbeitsrechtsordnung nicht zu vereinbaren. Deshalb haben die Kirchen ein **eigenständiges Mitarbeitervertretungsrecht** geschaffen. Für die **evangelische Kirche** maßgebend ist das Kirchengesetz über die Mitarbeitervertretungen in der EKD vom 6.11.92 idF vom 1.1.04 (Mitarbeitervertretungsgesetz – MVG.EKD). Während 16 Landeskirchen sowie die rechtlich selbstständigen Einrichtungen der Diakonie das MVG.EKD unmittelbar anwenden, haben sich **23**

die übrigen Landeskirchen für abweichende landeskirchliche Regelungen entschieden. Für die **katholische Kirche** gilt die Rahmenordnung für eine Mitarbeitervertretungsordnung vom 25.11.85 in der reformierten Fassung vom 19.6.17 (MAVO). In den Diözesen findet die Rahmenordnung nicht unmittelbar Anwendung, sondern in der Fassung, die ihr der Ortsbischof gegeben hat.

24 **b) Beteiligungsrechte** bestehen für allgemeine Aufgaben, in sozialen und personellen Angelegenheiten, wobei die Mitwirkungsrechte in der katholischen Kirche schwächer ausgestaltet sind. Soweit die Beteiligung einer Mitarbeitervertretung erforderlich ist, ist eine **ohne Beteiligung vorgenommene Maßnahme gegenüber dem Arbeitnehmer unwirksam;** dieser kann den Verstoß im arbeitsgerichtlichen Verfahren geltend machen (BAG 10.12.92 – 2 AZR 271/92, NZA 93, 593; BAG 26.7.95 – 2 AZR 578/94, NZA 95, 1197). Die Beteiligungsrechte können sich auf die Anhörung und Mitberatung beschränken oder als echte Mitbestimmungsrechte die Zustimmung erfordern, so zB bei der Einstellung, Eingruppierung von ArbN, im Bereich der evangelischen Kirche zudem für die ordentliche Kündigung (→ Rn 26). Zudem stehen im Bereich der katholischen Kirche strukturelle Veränderungen von Einrichtungen, etwa die Zusammenlegung von Einrichtungen, nach der Novelle der MAVO unter Zustimmungsvorbehalt der Mitarbeitervertretung, wenn dadurch deren räumlich-gegenständliche Zuständigkeit berührt wird (§ 1a Abs 2 MAVO). Für mitarbeitervertretungsrechtliche Ansprüche der Betriebspartner untereinander sowie für die Geltendmachung von aus dem Mitarbeitervertretungsamt folgenden Rechten einzelner ArbN sind die ArbG unzuständig (LAG RhPf 6.12.01 – 4 Sa 1070/01, NZA-RR 02, 383). S auch → Rn 27.

25 **c) Einstellung.** Der drittbezogene Personaleinsatz im Rahmen von **Leiharbeit** oder über **Dienst- bzw Werkverträge** berührt die Frage der Zustimmungsbedürftigkeit nach § 42 MVG-EKD, § 34 MAVO. Für die **evangelische Kirche** hat der Kirchengerichtshof-EKD Hannover (KGH-EKD Hannover 25.8.14 – II 0124/W 10/14, BeckRS 2014, 73579) bekräftigt, dass Fremdpersonal in kirchlichen Einrichtungen nur **unter bestimmten Voraussetzungen beschäftigt** werden darf, und zugleich die Mitarbeitervertretungsrechte gestärkt. Der Betreiber der Einrichtung ist nicht frei darin zu entscheiden, welche Arbeiten er extern vergibt. Gerade Daueraufgaben, die mit der Erfüllung des kirchlichen Auftrags unmittelbar zusammenhängen und den Charakter der Einrichtung prägen, müssen dem Leitbild der Dienstgemeinschaft entsprechen. Von der Entscheidung betroffen sind vor allem Krankenhäuser, Altenheime, Pflegeeinrichtungen, Schulen oder Kindertagesstätten; hier müssen auch die Unterbringung, Verpflegung, nicht-medizinische Betreuung und Versorgung durch eigenes Personal erledigt werden. Lediglich Handwerkerleistungen, der Küchenbetrieb, die Gebäudereinigung und sonstige Aufgaben außerhalb des kirchlichen Kernbereichs dürfen dauerhaft an Dritte vergeben werden. Maßgeblich hierfür ist, welche Aufgabenbereiche die verfasste Kirche für absonderbar hält. Damit hält der KGH den drittbezogenen Personaleinsatz auf Dauerarbeitsplätzen nicht mehr für schlechthin unzulässig, sondern **differenziert nach der Definition und Reichweite der Dienstgemeinschaft.** In seiner Grundsatzentscheidung im Jahr 2006 hatte der KGH noch die auf Dauer angelegte Beschäftigung von LeihArbN, die der Substituierung der StammArbN diene, mit dem Leitbild der kirchlichen Dienstgemeinschaft für grds unvereinbar erklärt. Nur zur Überbrückung eines kurzfristigen Beschäftigungsbedarfs, zB Vertretung wegen Urlaub oder Krankheit, war ein Rückgriff auf Fremdpersonal hinzunehmen (KGH.EKD 9.10.06 – II 0124/M 35–06, NZA 07, 761). Für die **katholische Kirche** sieht die novellierte MAVO beim Einsatz von LeihArbN in § 34 Abs 3 umfangreiche Unterrichtungstatbestände vor. Anders als das AÜG geht die MAVO von einer **Höchstüberlassungsdauer von 6 Monaten** aus, wobei mehrere Beschäftigungen bei demselben ArbGeb zusammengerechnet werden (§ 34 Abs 2 Nr 3 MAVO).

26 **d) Kündigung.** Nach § 30 MAVO der **katholischen Kirche** besteht eine Anhörungs- und Mitberatungspflicht. Einwendungen der Mitarbeitervertretung sind der Kündigung beizufügen, lösen dagegen keine weitergehende (mit § 102 BetrVG vergleichbare) Rechtsfolge aus. Erfolgt die ordentliche Kündigung ohne Beteiligung der MAV, ist sie unwirksam, wobei dieser Mangel gem KSchG fristwahrend vor dem staatlichen ArbG geltend gemacht werden muss. Weitergehend setzt die ordentliche Kündigung in der **evangelischen Kirche** gem §§ 38 ff MAV-EKD die Zustimmung der Mitarbeitervertretung voraus (womit das

Mitbestimmungsrecht weiter ist als in § 102 BetrVG). Wird diese verweigert, muss sie kirchengerichtlich ersetzt werden.

**7. Kirchengerichte.** Soweit die Arbeitsverhältnisse dem staatlichen Arbeitsrecht unterliegen, gehören Streitigkeiten aus dem Arbeitsverhältnis vor die staatlichen Arbeitsgerichte. Die arbeitsvertragliche Verpflichtung, bei Streitigkeiten „zunächst" die **kirchliche Schlichtungsstelle** anzurufen, begründet keine prozessual beachtliche Einwendung, die die Anrufung des ArbG ausschließt. Beide Verfahren können uU sogar parallel geführt werden (BAG 18.5.99 – 9 AZR 682/98, NZA 99, 1350). Dabei hat das BAG jedoch bislang offen gelassen, ob es sich hierbei um ein als echte Prozessvoraussetzung ausgestaltetes Güte- bzw Schlichtungsverfahren handelt, das bei Nichtbeachtung zur Unzulässigkeit der Klage vor dem ArbG führen könne (BAG 11.11.15 – 10 AZR 719/14, NZA 16, 243). Daher empfiehlt es sich, ein solches Verfahren vorsorglich durchzuführen, ohne dabei aber die arbeitsgesetzlichen Fristen außer Acht zu lassen (hierzu *von Tilling* öAT 16, 202). Dagegen sind in **Angelegenheiten der Mitarbeitervertretung** die staatlichen Gerichte unzuständig. Im Bereich der **evangelischen Kirche** gehen die in § 60 MVG-EKD genannten Streitfälle in erster Instanz an die Kirchengerichte (frühere sog Schlichtungsstellen); gegen die Beschlüsse findet die Beschwerde an den Kirchengerichtshof – KGH EKD statt (*Schaub* § 185, Rn 20). Ebenso sind im Bereich der **katholischen Kirche** Rechtsstreitigkeiten in Angelegenheiten des „Dritten Wegs" und der MAVO den kirchlichen Gerichten zugewiesen (§ 2 KAGO; BAG 11.3.86 – 1 ABR 26/84, NZA 86, 685) und zwar in erster Instanz den Kirchlichen Arbeitsgerichten und in zweiter Instanz dem Kirchlichen Arbeitsgerichtshof (§§ 14, 21 KAGO; zu ausgewählten Problemen: *Richardi* NZA 15, 1481). 27

## B. Lohnsteuerrecht

*Seidel*

**1. Arbeitnehmer.** Hauptberufliche Kirchenbedienstete sind ArbN und beziehen Einkünfte aus nichtselbstständiger Arbeit (Arbeitslohn). **Geistliche** sind regelmäßig ArbN der Religionsgesellschaften. Wird Religionsunterricht an den Schulen im Rahmen der Dienstaufgaben der Kirche erteilt, zB bei Verträgen der Kirchen mit den Schulaufsichtsbehörden, liegt Nichtselbstständigkeit im Rahmen der Haupttätigkeit vor, ansonsten gelten die Regeln der nebenberuflichen Lehrtätigkeit (→ *Nebentätigkeit* Rn 21). **Ordensangehörige** sind keine ArbN des Ordens. Bei einer Dienstleistung für Dritte kommt es darauf an, ob Rechte und Pflichten zwischen dem Dritten und dem Ordensangehörigen – dann ArbN des Dritten – oder zwischen dem Orden und dem Dritten begründet werden, dann ist der Ordensangehörige weder ArbN des Dritten noch des Ordens. 30

Für **nebenberuflich** tätige Kirchenmitarbeiter, die nichtselbstständig oder selbstständig tätig sein können, gelten die üblichen Abgrenzungskriterien. Nebenberufliche Kirchenmusiker sind idR selbstständig tätig und keine ArbN. Dagegen sind sog Kirchenrendanten (Kirchenpfleger, Kirchenrechner), denen die Kassenverwaltung und Rechnungsführung der Kirchengemeinde obliegt, idR ArbN, können im Ausnahmefall aber auch selbstständig sein (FG RhPf 17.8.71 – II 402/66, EFG 72, 40). Ist aufgrund der innerkirchlichen Organisation einem Kirchen(verwaltungs)amt für bestimmte Kirchengemeinden die Besoldung sowie die Abrechnung der Steuerabzüge für (nichtselbstständige) nebenberufliche Kirchenmusiker übertragen, hat es die lohnsteuerlichen ArbGebPflichten zu erfüllen (BFH 29.3.85, BFH/NV 86, 492; → *Arbeitgeber* Rn 19). 31

**2. Steuerfreie Einnahmen.** Kirchenbedienstete der öffentlich-rechtlichen Religionsgemeinschaften leisten öffentlichen Dienst und erhalten Bezüge aus öffentlichen Kassen (LStH 3.11: Öffentliche Kassen). Für sie sind daher die für öffentliche Bedienstete geltenden Regelungen über steuerfreie Beihilfen (→ *Beihilfeleistungen* Rn 9–16) sowie über die aus öffentlichen Kassen gezahlten Reisekosten- und Umzugskostenvergütungen, Trennungsgelder und Verpflegungsmehraufwendungen anzuwenden (§ 3 Nr 13 EStG; LStR 3.13; → *Aufwandsentschädigung* Rn 5 ff; → *Doppelte Haushaltsführung* Rn 26–28; → *Umzugskosten* Rn 13–15). 32

Aufwandsentschädigungen an nebenberuflich im Dienst oder Auftrag einer öffentlich-rechtlichen Religionsgemeinschaft oder einer Einrichtung, die unmittelbar der Förderung gemeinnütziger, mildtätiger oder kirchlicher Zwecke dient, zur Förderung dieser Zwecke 33

Tätige sind bis zu 2400 €/Kj steuerfrei (§ 3 Nr 26 EStG; LStR 3.26). Sonstige, nicht unter § 3 Nr 26 EStG fallende Tätigkeiten sind bis zu 720 €/Kj steuerfrei (§ 3 Nr 26a EStG; → *Aufwandsentschädigung* Rn 12 ff und → *Nebentätigkeit* Rn 20 ff). Zur Steuerfreiheit der Einnahmen aus ehrenamtlicher Tätigkeit → *Ehrenamtliche Tätigkeit* Rn 23.

**C. Sozialversicherungsrecht** *Schlegel*

35 **1. Allgemeines.** Soweit Kirchen oder Religionsgemeinschaften andere gegen Entgelt als ArbN beschäftigen, unterliegen diese Personen den allgemeinen Regeln der SozV und ArblV. Nur für bestimmte Angehörige der Kirchen und Religionsgemeinschaften sind Spezialvorschriften vorgesehen, die den Kreis der Versicherungspflichtigen teils gegenüber den allgemeinen Vorschriften erweitern (§ 1 Satz 1 Nr 4 SGB VI), teils einengen, indem sie eine Versicherungsfreiheit für diese Personen anordnen (§§ 6 Abs 1 Nr 4 SGB V; 5 Abs 1 Nr 3 SGB VI).

36 **2. Versicherungspflicht und -freiheit in der Kranken- und Arbeitslosenversicherung. a) Versicherungsfreiheit für Geistliche.** In der KV sind Geistliche der als öffentlich-rechtliche Körperschaften anerkannten Religionsgesellschaften versicherungsfrei, wenn sie nach beamtenrechtlichen Vorschriften oder Grundsätzen bei Krankheit Anspruch auf Fortzahlung der Bezüge und auf Beihilfe haben (§ 6 Abs 1 Nr 4 SGB V). Entsprechendes gilt für die ArblV gem § 27 Abs 1 Nr 2 SGB III.

37 **b) Versicherungsfreiheit für satzungsmäßige Mitglieder geistlicher Genossenschaften etc.** Neben den Geistlichen sind in der KV gem § 6 Abs 1 Nr 7 SGB V und in der ArblV gem § 27 Abs 1 Nr 4 SGB III versicherungsfrei: die satzungsmäßigen Mitglieder geistlicher Genossenschaften, Diakonissen und ähnliche Personen, wenn sie sich aus überwiegend religiösen oder sittlichen Beweggründen mit Krankenpflege, Unterricht oder anderen gemeinnützigen Tätigkeiten beschäftigen und nicht mehr als freien Unterhalt oder ein geringes Entgelt beziehen, das nur zur Beschaffung der unmittelbaren Lebensbedürfnisse an Wohnung, Verpflegung, Kleidung und dergleichen ausreicht (§ 6 Abs 1 Nr 7 SGB V; Einzelheiten KassKomm/*Peters* § 6 SGB V Rz 32; *Tillmanns* SGb 99, 450 f). Die Tätigkeit muss nicht unmittelbar in den genannten Bereichen (Krankenpflege, Unterricht etc) erfolgen; es reicht aus, wenn die Tätigkeit in einem Bereich der Gemeinschaft (zB in der Verwaltung) verrichtet wird, der wiederum die Arbeiten in der Krankenpflege, im Unterricht etc begleitet und unterstützt. Jedenfalls muss eine Beschäftigung ausgeübt werden, die geeignet ist, den Tatbestand einer versicherungspflichtigen Beschäftigung zu erfüllen; nur in diesem Fall besteht überhaupt ein Bedürfnis, Versicherungsfreiheit anzuordnen. Die Vorschrift des § 6 Abs 1 Nr 7 SGB V geht davon aus, dass diese Genossenschaften für das Risiko der Krankheit ihrer Mitglieder selbst Vorsorge getroffen haben, zB weil sie selbst Krankenhäuser oder Pflegedienste unterhalten.

38 Die **Beschränkung auf satzungsmäßige Mitglieder** bedingt, dass Personen, die noch nicht endgültig in die geistliche Genossenschaft aufgenommen sind, wie zB Postulanten (erste Vorbereitungszeit zur Einführung in das Ordensleben) und Novizen (Zeit der Vorbereitung auf die erste Profess durch Teilnahme am Ordensleben), nicht versicherungsfrei sind, wenn sie eine Tätigkeit oder Beschäftigung ausüben, die an sich der Versicherungspflicht unterliegt. Dies ist zB der Fall, wenn im Rahmen der Ordensgemeinschaft gemeinnützige Tätigkeiten ausgeübt werden oder eine entsprechende Ausbildung erfolgt. Sie unterliegen in diesen Fällen der Versicherungspflicht, mit der Folge, dass für sie auch KVBeiträge zu entrichten sind. Dasselbe gilt, wenn ein Mitglied geistlicher Genossenschaften bei einem Dritten (zB Land in Gestalt von Gestellungsverträgen) gegen tarifliche Bezahlung beschäftigt ist, das Arbeitsentgelt aber der Religionsgemeinschaft (ggf aufgrund einer Abtretung) zukommt; auch hier handelt es sich um ein gewöhnliches Beschäftigungsverhältnis (BSG 20.9.60 – 7 RAr 53/59, BSGE 13, 76). Fehlt es hieran und widmen sich die Angehörigen eines Ordens ausschließlich dem Gebet und dem Gottesdienst, liegt schon keine versicherungspflichtige Beschäftigung vor, so dass es auch keines Tatbestandes der Versicherungsfreiheit bedarf (BSG 17.12.96 – 12 RK 2/96, SozR 3–2500 § 6 Nr 14).

39 **c) Versicherungspflicht für sonstige gegen Entgelt Beschäftigte der Religionsgemeinschaften.** Die Beschränkung des § 6 Abs 1 Nrn 4 und 7 SGB V nur auf bestimmte Geistliche und Mitglieder geistlicher Genossenschaften etc verdeutlicht, dass sonstige Be-

schäftigte von Religionsgemeinschaften der Versicherungspflicht in der KV unterliegen, wenn sie gegen Entgelt beschäftigt sind, wenn ihnen also für ihre Dienste in und für die Gemeinschaft ein Entgelt gewährt wird, und – wenn auch in gelockerter Form – Weisungsgebundenheit vorliegt. Zwar sind auch andere als die öffentlich-rechtlichen Religionsgemeinschaften berechtigt, ihre Angelegenheiten innerhalb der für alle geltenden Gesetze selbstständig zu regeln, was auch die Befugnis einschließt, selbstständig darüber zu befinden, ob und in welcher Weise geistliche Ämter innerhalb ihrer Gemeinschaft bestehen sollen. Jedoch ist die Auffassung der Religionsgemeinschaft über die Folgen einer ihr selbst gegebenen Ordnung in der der SozV für die Träger der SozV und die Gerichte nicht bindend. So sind etwa auch die dem Prediger einer freien evangelischen Kirche laufend gewährten Bezüge Entgelt iSd SozV, selbst wenn die Gemeinde ihre Aufwendungen allein aus Spenden ihrer Mitglieder bestreitet und die Höhe der Bezüge des Predigers nach Unterhaltsgesichtspunkten bemessen ist (BSG 29.3.62 – RK 74/57, SozR Nr 30 zu § 165 RVO). Da der Wortlaut der Vorschrift nur von Geistlichen spricht, kommt eine Anwendung der Vorschrift auf andere Beschäftigte der öffentlich-rechtlichen Religionsgemeinschaften, die dieselbe Versorgungszusage haben (zB Geschäftsführer), nicht in Betracht; zu prüfen ist in solchen Fällen, ob diese Personen die Voraussetzungen des § 6 Abs 1 Nr 2 SGB V erfüllen.

**d) Dienstleistungen (Arbeit) für die Gemeinschaft ohne Gewährung von Entgelt** führen dagegen nicht zu einer Versicherungspflicht in der KV; eine dem § 1 Satz 1 Nr 4 SGB VI entsprechende Vorschrift (→ Rn 24) ist in der KV nicht vorgesehen. 40

**3. Rentenversicherung. a) Versicherungspflicht.** § 1 Satz 1 Nr 4 SGB VI enthält eine ausdrückliche Vorschrift über die Versicherungspflicht der Mitglieder geistlicher Genossenschaften, Diakonissen und Angehörige ähnlicher Gemeinschaften während ihres Dienstes für die Gemeinschaft und während der Zeit ihrer außerschulischen Ausbildung. Die Versicherungspflicht knüpft allein an das Mitgliedschaftsverhältnis dieser Personen zur Gemeinschaft an. Nicht erforderlich ist, dass es sich bereits um eine satzungsmäßige Mitgliedschaft handelt, so dass auch Novizinnen und Postulanten erfasst werden. Es kommt nicht darauf an, ob diese Personen Arbeit verrichten müssen oder ein Entgelt erhalten; die genannte Versicherungspflicht besteht selbst dann, wenn von der Gemeinschaft allein kultische, karitative oder religiöse Handlungen verlangt werden (BSG 17.12.96 – 12 RK 2/96, SozR 3–2500 § 6 Nr 14). 41

Das genannte Mitgliedschaftsverhältnis ist nicht gleichbedeutend mit einem Beschäftigungsverhältnis als ArbN. Liegt letzteres vor, richtet sich die Versicherungspflicht nicht nach Nr 4 des § 1 Satz 1 SGB VI, sondern nach dessen Nr 1. Dies hat insbes Auswirkungen auf die Beitragstragung und Beitragszahlung. Liegt ein gewöhnliches Beschäftigungsverhältnis vor, so richten sich die Beiträge nach dem gewährten Arbeitsentgelt (§ 162 Nr 1 SGB VI) und sind, sofern nicht die Geringverdienstgrenze unterschritten wird, von der Gemeinschaft und vom ArbN je zur Hälfte zu tragen (§ 168 Abs 1 Nr 1 SGB VI; zur Geringverdienstgrenze → *Geringfügige Beschäftigung* Rn 61 ff). 42

Liegt dagegen eine Versicherungspflicht in der RV nach § 1 Satz 1 Nr 4 SGB VI vor, dann wird – wenn überhaupt – regelmäßig ein nur sehr geringes Entgelt oder Taschengeld gewährt werden. Dieses ist zunächst als **Beitragsbemessungsgrundlage** heranzuziehen. Zur Begründung nennenswerter Rentenanwartschaften werden jedoch darüber hinaus ggf weitere beitragspflichtige Einnahmen dieser Personen in bestimmter Mindesthöhe fingiert, sofern ihnen nach Beendigung ihrer Ausbildung eine Anwartschaft auf die in der Gemeinschaft übliche Versorgung nicht gewährleistet oder für die die Gewährleistung nicht gesichert ist. Fingiert werden in diesen Fällen beitragspflichtige Einnahmen iHv 40 vH der Bezugsgröße (§ 162 Nr 4 SGB VI); zu tragen sind die Beiträge von der Genossenschaft allein, wenn das Entgelt 40 vH der monatlichen Bezugsgröße nicht übersteigt (§ 168 Abs 1 Nr 4 SGB VI). 43

**b) Versicherungsfreiheit.** In der RV sind versicherungsfrei die **satzungsmäßigen Mitglieder geistlicher Genossenschaften,** Diakonissen und Angehörigen ähnlicher Gemeinschaften, wenn ihnen nach den Regeln der Gemeinschaft Anwartschaft auf die in der Gemeinschaft übliche Versorgung bei verminderter Erwerbsfähigkeit und im Alter gewährleistet ist und die Erfüllung der Gewährleistung gesichert ist (§ 5 Abs 1 Nr 3 SGB VI). 44

Dieser Personenkreis der Versicherungsfreien deckt sich weitgehend mit demjenigen der nach § 1 Nr 4 SGB VI Versicherungspflichtigen.

45 Nicht von der Versicherungsfreiheit erfasst sind die (noch) nicht satzungsmäßigen Mitglieder. Bei diesen verbleibt es bei der Regelung nach § 1 Nr 4 SGB VI, selbst wenn das Statut der religiösen Genossenschaft ausnahmsweise auch für sie schon eine Anwartschaft auf Versorgung gewährleisten sollte. Versicherungsfreiheit setzt voraus, dass die in der Gemeinschaft übliche Versorgung gewährleistet ist (BSG 17.12.96 – 12 RK 2/96, SozR 3–2500 § 6 Nr 14). Diese muss nicht dem beamtenrechtlichen Versorgungsniveau entsprechen, sie muss aber zumindest die Lebensführung im Alter und bei Invalidität in einem solchen Maße sicherstellen, dass keine Sozialhilfebedürftigkeit oder ein Angewiesensein auf Angehörige eintritt (KassKomm/*Funk* § 5 SGB VI Rz 47–51).

46 **c) Nachversicherung.** Eine Nachversicherung findet ua bei Personen statt, die als satzungsmäßige Mitglieder geistlicher Genossenschaften, Diakonissen oder Angehörige ähnlicher Gemeinschaften versicherungsfrei waren oder von der Versicherungspflicht befreit worden sind, wenn sie ohne Anspruch oder Anwartschaft aus der „Beschäftigung"/Genossenschaft ausgeschieden sind oder ihren Anspruch auf Versorgung verloren haben und Gründe für einen Aufschub der Beitragszahlung (§ 184 Abs 2 SGB VI) nicht gegeben sind. Nachversicherungszeitraum ist die Zeit, während der aufgrund der Mitgliedschaft in der Genossenschaft etc Versicherungsfreiheit bestand (§ 8 Abs 2 SGB VI). Zur Berechnung der Nachversicherungsbeiträge vgl §§ 181 ff SGB VI.

47 **4. Unfallversicherung. a) Versicherungsfreiheit** in der UV besteht nach § 4 Abs 1 Nr 3 SGB VII für die Mitglieder geistlicher Genossenschaften, Diakonissen, Schwestern des Deutschen Roten Kreuzes und Angehörige ähnlicher Gemeinschaften, die sich aus überwiegend religiösen oder sittlichen Beweggründen mit Krankenpflege, Unterricht oder anderen gemeinnützigen Tätigkeiten beschäftigen, wenn ihnen nach den Regeln ihrer Gemeinschaft lebenslange Versorgung gewährleistet ist. Diese Versicherungsfreiheit beschränkt sich nicht auf Unfälle, die sich gerade im Zusammenhang mit der gemeinnützigen Betätigung etc innerhalb und für die Gemeinschaft ereignet haben (BSG 11.6.90 – 2 RU 51/89, SozR 3–2200 § 541 Nr 1).

48 **b) Versicherungspflicht** besteht für die in § 4 Abs 1 Nr 3 SGB VII genannten Personen dann, wenn ihnen eine lebenslange Versorgung nicht gewährleistet ist. **Versicherungsschutz** besteht für diese Personen insoweit, als sie bei einer – nicht allein kultischen oder religiösen – Betätigung für die Gemeinschaft einen Unfall erleiden, der einem Arbeitsunfall vergleichbar ist.

49 **5. Pflegeversicherung.** Für die PflegeV gilt der Grundsatz, dass der Versicherung in der KV Versicherungspflicht in der PflegeV folgt (§ 20 Abs 1 SGB XI).

# Kirchenlohnsteuer

## A. Arbeitsrecht *Griese*

1 **1. Allgemeines.** Art 140 GG, der ua die Weitergeltung des Art 137 Abs 6 der Weimarer Reichsverfassung anordnet, gibt den Religionsgesellschaften, die Körperschaften des öffentlichen Rechts sind, das Recht, nach Maßgabe steuerlicher Vorschriften der Länder KiSt zu erheben. Die Scientology-Unternehmung ist keine Kirche in diesem Sinne, auch wenn sie sich so bezeichnet (BAG 22.3.95 – 5 AZB 21/94, NZA 95, 823). Basierend auf der Ermächtigung des Grundsatzes existieren in allen Bundesländern KiStGesetze. Diese sehen als wichtigste Form die **Kirchenlohnsteuer** vor. Die KiLSt wird ebenso wie die LSt als Abzug vom Arbeitslohn durch den ArbGeb erhoben und abgeführt. Die KiLSt ist eine **Zuschlagsteuer** iSd § 51a EStG, so dass die Vorschriften über den LStAbzug (§§ 38 ff EStG) entsprechend anzuwenden sind.

2 Arbeitsrechtlich bedeutet dies insbes, dass der ArbGeb kraft seiner **Fürsorgepflicht** den KiLStAbzug vom Entgelt wie alle gesetzlichen Lohnabzüge (BAG 30.4.08 – 5 AZR 725/07, NZA 08, 884) richtig zu berechnen und vollständig abzuführen hat. In Zweifelsfällen besteht die Möglichkeit, eine Auskunft des FA einzuholen. Dies ist zur Vermeidung von

Schadensersatzrisiken (§ 280 BGB) anzuraten. Die Belastung des ArbGeb mit der Pflicht zur Berechnung und Abführung der KiLSt ist verfassungsgemäß (BVerfG 17.2.77 – 1 BvR 33/76, NJW 77, 1282). Die Abzugsverpflichtung ändert nichts daran, dass der ArbN Steuerschuldner bleibt. Bei fehlerhafter Zuviel- oder Zuwenigabführung gelten die für den LStAbzug geltenden Grundsätze (→ *Bruttolohnvereinbarung* Rn 4, 9 ff; → *Lohnabzugsverfahren* Rn 3 ff). Ist die steuerrechtliche Festsetzungsfrist gegen den ArbN abgelaufen, kann auch der ArbGeb nicht mehr auf Nachentrichtung im Rahmen einer LStAussenprüfung in Anspruch genommen werden (BFH 17.3.16 – VI R 3/15, BB 16, 1445).

**2. Kirchenlohnsteuer in besonderen Fällen.** Bei der ***Nettolohnvereinbarung*** über- 3
nimmt der ArbGeb im arbeitsrechtlichen Innenverhältnis sämtliche Steuern und Sozialabgaben. Demzufolge muss er auch die KiLSt übernehmen. Eine Erhöhung der KiLSt belastet in diesem Fall den ArbGeb, eine Senkung kommt nicht dem ArbN zugute; Gleiches gilt für den Kirchenein- und -austritt.

Bei der **Lohnsteuerpauschalierung** ist im Außenverhältnis zum FA allein der ArbGeb der Steuerschuldner. Dies gilt auch für die KiLSt, so dass der ArbGeb auf die pauschalierte LSt auch KiLSt zu zahlen hat. Dem ArbGeb ist allerdings die Möglichkeit einzuräumen, nachzuweisen, dass bestimmte ArbN nicht Mitglied einer Kirche sind und insoweit keine (pauschalierte) KiLSt anfällt (BFH 7.12.94 – I R 24/93, ArbuR 95, 200).

**3. Kirchgeld.** Von der KiLSt zu unterscheiden ist das Kirchgeld. Das Kirchgeld ist in 4
einigen Bundesländern (zB Hamburg, NRW) durch landesrechtliche Regelungen zugelassen. Es wird direkt beim Kirchenmitglied erhoben und zielt auf die Konstellation ab, in der bei Ehepaaren der einkommenslose Ehepartner Mitglied einer Kirche ist, während der über Einkommen verfügende Ehepartner kein Mitglied einer Kirche ist. In dieser Konstellation fällt für keinen der Ehepartner KiLSt an (beim einen Ehepartner mangels Einkommen, beim anderen mangels Mitgliedschaft). Hier geben einige Bundesländer den Kirchen die Ermächtigung, vom einkommenslosen Ehegatten, der Mitglied der Kirche ist, ein Kirchgeld ausgehend vom Familieneinkommen zu erheben. Die Einräumung einer solchen Ermächtigung ist verfassungsrechtlich nicht zu beanstanden (BVerfG 23.10.86 – 2 BvL 78/84, NJW 87, 943). Ebenso liegt kein Verstoß gegen Art 9 der Europäischen Menschenrechtskonvention (EMRK) vor (EGMR 6.4.2017 – 10138/11 ua, NJW 18, 3295).

## B. Lohnsteuerrecht *Weil*

### Übersicht



**1. Rechtsgrundlagen.** Zur verfassungsrechtlichen Grundlage → Rn 1. Die KiSt-Geset- 6
ze der Länder s www.beck-online.de. Dass die KiSt durch landesrechtliche Regelungen erhoben wird und der Bürger kein Mitspracherecht über die Verwendung der KiSt hat, ist verfassungsgemäß (BFH 5.2.03 – I B 51/02, BFH/NV 03, 1092). KiStBescheide verstoßen auch nicht gegen EU-Recht (BFH 15.7.08 – I B 202/07, BeckRS 2008, 25013750). Die Verwaltung der KiSt obliegt den FA mit Ausnahme Bayerns, wo es eigene KiStÄmter gibt.

Die KiLSt ist – wie die LSt im Verhältnis zur ESt (§ 38 Abs 1 Satz 1, § 36 Abs 2 Satz 2 Nr 2 EStG; → *Antragsveranlagung* Rn 2) – eine Erhebungsform der KirchenESt. Sie bewirkt eine Vorauszahlung auf die KirchenESt und wird bei der Veranlagung zur KirchenESt angerechnet (→ Rn 27). Daneben gibt es nach Maßgabe der landesrechtlichen Vorschriften eine Kirchengrundsteuer und das **Kirchgeld** (→ Rn 4), die unabhängig von einem Arbeitsverhältnis erhoben werden (zur Bemessungsgrundlage beim Kirchgeld BFH 22.1.02 – I B 18/01, BFH/NV 02, 674; FG Nürnberg 15.6.09 – 6 V 1769/08, BeckRS 2009, 26028005; → Rn 16 aE). Die Erhebung des Kirchgeldes verstößt weder gegen das GG (BFH 19.10.05 – I R 76/04, BB 06, 90), auch wenn das Kirchgeld erst während des Jahres rückwirkend auf den Jahresbeginn erstmals eingeführt wird (OVG Nds 11.6.08 – 13 LC 583/04, BeckRS 2008, 37605), noch gegen die Europäische Menschenrechtskonvention (EGMR 6.4.17 – 10138/11, becklink 2006312). Unabhängig davon ist die gezahlte KiSt als **Sonderausgabe** abzugsfähig (§ 10 Abs 1 Nr 4 EStG; → *Sonderausgaben* Rn 15).

7 **2. Kirchenlohnsteuer-Schuldverhältnis.** KiStpflichtig sind die natürlichen Personen, die (1) Angehörige einer nach Landesrecht bestimmten KiStberechtigten Körperschaft sind und (2) ihren Wohnsitz oder gewöhnlichen Aufenthalt (§§ 8, 9 AO) im Geltungsbereich des jeweiligen KiStGesetzes haben. Im Ausland wohnende ArbN, zB Grenzgänger, sind im Inland nicht KiStpflichtig, ebenso nicht juristische Personen und Personengesellschaften. Im Inland wohnende Ausländer können sich nicht darauf berufen, sie gehörten in ihrem Heimatsstaat der Kirche an (FG Münster 25.11.11 – 4 K 597/10 Ki, EFG 12, 390). KiStberechtigt sind in allen Bundesländern die römisch katholische Kirche und die evangelisch lutherische Kirche. Daneben sind in einzelnen Ländern andere Religionsgesellschaften KiStberechtigt, zB ua die evangelisch-reformierte Kirche, die Altkatholische Kirche, die jüdisch-israelitische Glaubensgemeinschaft, die freireligiösen Landesgemeinden Baden, Mainz und Pfalz (VG Potsdam 14.7.08 – 12 K 2660/04, BeckRS 2008, 39220). In den Landesgesetzen nicht genannte kirchliche Glaubensgemeinschaften und Gruppierungen (zB Islam, Scientology, Freikirchen) sind nicht kirchensteuerberechtigt (VG Berlin 16.4.07 – 27 A 6.07, zu früherer DDR-Anerkennung). Abgaben an diese sind keine KiSt, auch Zahlungen an ausländische Religionsgesellschaften nicht (BFH 4.6.75 – I R 250/73, BStBl II 75, 708 unter 5). Sie können allenfalls als Spende (§ 10b EStG; → *Entgeltverzicht* Rn 11) Berücksichtigung finden (→ *Sonderausgaben* Rn 15). Ist eine Religionsgemeinschaft mindestens in einem Land als Körperschaft des öffentlichen Rechts anerkannt, sind Beiträge bis zur Höhe der KiSt als Sonderausgabe abzuziehen (BFH 10.10.01 – XI R 52/00, BStBl II 02, 201), zB Zeugen Jehovas (FM BaWü 6.3.07 – 3 – S 222.1/142, ESt-Kartei BaWü § 10 EStG Fach 3 Nr 1.2; R 10.7 EStR).

8 Die KiStPflicht hängt von der Glaubenszugehörigkeit ab, die sich nach innerkirchlichem Recht bestimmt. Sie wird begründet mit dem Eintritt in die Kirche, meist mit der Taufe oder einer entsprechenden Willenserklärung gegenüber der jeweiligen Kirchengemeinde (BFH 28.1.04 – I R 63/02, BFH/NV 04, 814). Behauptete mangelnde demokratische Verfassung der Kirche oder unterprivilegierte Stellung der Frau kann die KiStPflicht nicht verhindern (BFH 29.10.03 – I B 8/03, BFH/NV 04, 372, ebenso nicht, dass die Kirche dem Stpfl gegenüber keine seelsorgerischen oder sonstigen Leistungen erbracht hat (BFH 15.5.2007 – I B 147/06, BFH/NV 07, 1710). Sie **beginnt** idR mit dem ersten Tag des Monats, der auf den Eintritt folgt. Die Abhängigkeit der KiStPflicht von Taufe und Wohnsitz ist verfassungsgemäß (BFH 6.10.93 – I R 28/93, BStBl II 94, 253). Für die Kirchenzugehörigkeit können bei Zuzug aus dem Ausland Angaben gegenüber staatlichen bzw gemeindlichen Meldebehörden bindend sein (BFH 18.1.95 – I R 89/94, BStBl II 95, 475). Eine Religionszugehörigkeit aufgrund Übertritts von einer Religionsgemeinschaft zu einer anderen (sog Konversion) setzt eine ausdrückliche Bitte um Aufnahme voraus (BFH 3.8.05 – I R 85/03, BFH/NV 06, 209). Glaubenszugehörigkeit gegen den erklärten Willen des Betroffenen begründet keine KiStPflicht (BFH 24.3.99 – I R 124/97, BStBl II 99, 499). Die KiStPflicht **endet** mit dem Tod zum Ende des Sterbemonats oder mit dem **Kirchenaustritt,** der landesgesetzlich unterschiedlich geregelt ist (s zB FinMin NRW 10.4.95, DB 95, 1539; BFH 26.10.95 – I B 49/95, BFH/NV 96, 436; VG Cottbus 18.3.09 – 1 K 1277/07, BeckRS 2009, 35712), meist durch Erklärung gegenüber dem Standesamt oder gegenüber dem Amtsgericht, mit Wirkung zum Ende des Austrittsmonats (in BaWü, Bay, NdS, RhPf, Saarl) oder des Folgemonats (andere Bundesländer). Eine darüber hinausgehende Besteuerung ist verfassungswidrig (BVerfG 8.2.77 – 1 BvR 199/74, NJW 77, 1279, 1281 = BStBl II 77, 451). Andererseits gilt

eine Zwölftelungsregelung. Das bedeutet, dass bis zum Kirchenaustritt für jeden Monat der Kirchenzugehörigkeit KiLSt anfällt, unabhängig von der Höhe des Gehalts.

**Beispiel:** Kirchenaustritt im Januar, keine Einkünfte; Beginn der Berufstätigkeit im Februar: nach der Zwölftelungsregelung fällt Kirchen-LSt iHv $^{1}/_{12}$ aus der fiktiven Jahressteuerschuld an (sog verdeckte Nachbesteuerung; BFH 15.10.97 – I R 33/97, BStBl II 98, 126).

Die Zwölftelungsregelung gilt auch bei Abfindungen.

**Beispiel:** Kirchenaustritt im September, Abfindungszahlung im Oktober: $^{9}/_{12}$ der festgesetzten ESt sind Bemessungsgrundlage für die KiSt (FG Köln 16.2.05 – 11 K 2/04, DStRE 06, 339).

Ein Kirchenaustritt, der bei weiterer Zugehörigkeit zur Kirche nur die KiStPflicht beseitigen will, ist unwirksam (VGH BaWü 4.5.10 – 1 S 1953/09, DÖV 10, 948).

Gebührenerhebung anlässlich Kirchenaustritt ist zulässig (BVerfG 2.7.08 – 1 BvR 3006/07, NJW 08, 2978).

Bei **Wegzug** aus dem Geltungsbereich eines LandesKiStGesetzes endet die KiStPflicht insoweit, wird aber bei Zuzug in den Geltungsbereich eines anderen LandesKiStGesetzes neu begründet. Bei Wegzug ins Ausland endet die inländische KiStPflicht (BFH 17.5.95 – I R 8/94, BStBl II 96, 2). Ein Kirchenaustritt **zu DDR-Zeiten** kann wirksam sein, auch wenn er nicht gegenüber der damals hierfür zuständigen Behörde erklärt worden ist (FG Thür 16.8.2000 – III 333/99/V, BB 2000, 1981; aA VG Cottbus 18.3.09 – 1 K 1277/07, BeckRS 2009, 35712).

**3. Erhebung der Kirchenlohnsteuer. a)** Die **Zugehörigkeit** eines ArbN zu einer KiStberechtigten Kirche ergibt sich gem ELStAM (§ 39e Abs 2 Nr 1 EStG, → *Lohnsteuerabzugsmerkmale* Rn 14). Die Kenntnis des ArbGeb über die Nicht/-Zugehörigkeit des ArbN zu einer Religionsgemeinschaft ist verfassungsgemäß (BayVerfGH 12.10.10 – Vf 19 – VII – 09, BeckRS 2010, 55191). Die eingetragene Religionsgemeinschaft ist im Lohnkonto aufzuzeichnen (R 41.1 Abs 4 Satz 1 LStR). Ist die Eintragung bei ELStAM unzutreffend (zB eingetragen „ev“, tatsächlich konfessionslos), hat das FA bzw KiStAmt auf Antrag des Stpfl über dessen KiStPflicht gem § 155 Abs 1 Satz 3 AO (Freistellungsbescheid) zu entscheiden (BFH 16.3.94 – I R 91/93, BFH/NV 95, 67). Die Feststellungslast zu einer Religionszugehörigkeit trägt die jeweilige Kirchengemeinde (FG Köln 6.2.02 – 11 K 3900/99, EFG 02, 859). 9

**b)** Zur **Einbehaltung, Anmeldung und Abführung** der KiLSt ist der ArbGeb entsprechend dem LStAbzug nach den lohnsteuerrechtlichen Vorschriften verpflichtet (→ *Lohnsteueranmeldung* Rn 2 ff). Es gelten die für die LSt einschlägigen Vorschriften (§ 51a Abs 1 EStG). Zuständig für die Entgegennahme der Anmeldung und der KiLSt ist das BetriebsstättenFA, das auch für die LSt zuständig ist (→ *Lohnsteueranmeldung* Rn 2 ff). Kirchlichen Behörden steht in diesem Zusammenhang vorbehaltlich Stundung, Erlass (→ Rn 27) keine Befugnis zu. Die Verpflichtung des ArbGeb zur Mitwirkung bei der Erhebung der KiLSt ist verfassungsgemäß (BVerfG 27.8.87 – 1 BvR 472/85, HFR 88, 583 = BVerfGE 44, 103; aA *Felix* BB 95, 1929). 10

**c) Bemessungsgrundlage** der KiLSt für den einzelnen ArbN ist dessen LSt (§ 51a Abs 2a 1. Hs EStG). Hierbei ist zu differenzieren zwischen laufendem Arbeitslohn und sonstigem Bezug. 11

**aa)** Für den **laufenden Arbeitslohn** (→ *Lohnsteuerberechnung* Rn 2 ff) fließen in die Bemessungsgrundlage der KiLSt ua die Kinderfreibeträge gem § 32 Abs 6 EStG steuermindernd ein (§ 51a Abs 2a Satz 1, 2. Hs EStG), genauso wie beim SolZ (→ *Solidaritätszuschlag* Rn 5). Die Bemessungsgrundlage nach Abzug der Kinderfreibeträge ist für die KiLSt in den LSt-Tabellen eigens ausgewiesen. 12

**Beispiel:** Lt LStTabelle 2012: St-Klasse IV, Kinderfreibetrag 1, Kirchensteuer 9% aus (Bruttolohn monatlich 2002 €).

Der ArbGeb ist hinsichtlich der KiStPflicht und hinsichtlich der Kinderfreibeträge an die LStKarte bzw an die ELStAM gebunden (→ *Lohnsteuerabzugsmerkmale* Rn 20). Veränderungen (Kircheneintritt, -austritt, Kinder) sind bezogen auf die ArbGebPflichten erst relevant, wenn sie auf eines Antrags beim FA bei ELStAM eingetragen sind (→ *Lohnsteuerabzugsmerkmale* Rn 20). Beim LStEinbehalt lt Steuerklasse VI (→ *Lohnsteuerklassen* Rn 11) hat der

ArbGeb die KiStPflicht des ArbN zu klären. Der ArbN hat hierbei mitzuwirken (→ Rn 19). Zur Behandlung der KiSt bei **Nettolohnvereinbarung** → *Nettolohnvereinbarung* Rn 17; zur Haftung → Rn 24.

13 **bb) Sonstige Bezüge.** Bei sonstigen Bezügen ist Bemessungsgrundlage für die KiLSt die LSt ohne Berücksichtigung der Kinderfreibeträge (→ *Sonstige Bezüge* Rn 2 ff). Gehaltsnachzahlungen, Abfindungen oder anderen Einmalzahlungen (→ *Einmalzahlungen* Rn 31 ff) können nach dem Ende der KiStPflicht, zB bei Kirchenaustritt, wegen der Zwölftelungsregelung (→ Rn 8) noch kirchenstpfl sein (BFH 15.10.97 – I R 33/97, BStBl II 98, 126).

14 **d) Höhe.** Den Kirchen ist die Festsetzung des Hebesatzes der KiSt vorbehalten, wie bei der Gewerbesteuer und bei der Grundsteuer den Gemeinden; s die Übersicht → Rn 15). Für die Höhe des Steuersatzes ist die Betriebsstätte des ArbGeb, nicht der Wohnsitz oder gewöhnliche Aufenthalt des ArbN, entscheidend. Ein eventueller Ausgleich bei unterschiedlichen KiStSätzen zwischen Betriebsstätte des ArbGeb und Wohnsitz des ArbN erfolgt durch die KiStVeranlagung (→ Rn 27). Einige Landesgesetze lassen auf Antrag den KiStSatz des Wohnsitzes des ArbN zu. Fehlerhafter oder Nicht-Einbehalt rechtfertigt nach Aufdeckung des Fehlers nicht den **Erlass** der KiSt (BFH 26.6.02 – I B 10/01, BFH/NV 02, 1496), auch nicht eine Empfehlung der Kirchenleitung (BFH 1.7.09 – I R 81/08, DStR 09, 2095. Im Einzelfall wird Erlass gewährt, zB wegen Progressionswirkung bei einer Abfindung).

15 **Höhe der Kirchensteuer ab 2009** (Fundstellen für die einzelnen Länder im BStBl I 12, zB 178, 179, 180, 181, 182, 261, 1014)

| Bundesland | Fundstelle, BStBl I | KiStSatz | Mindeststeuer jährlich | PauschStSatz |
|---|---|---|---|---|
| Baden-Württemberg | 11, 533 | 8 % | 3,60 € | 6 % |
| Bayern | 09, 366 | 8 % | – | 7 % |
| Berlin | 99, 275 | 9 % | – | 5 % |
| Brandenburg | 11, 602 | 9 % | – | 5 % |
| Bremen | 11, 211 | 9 % | – | 7 % |
| Hamburg | 09, 1302 | 9 % | 3,60 € | 4 % |
| Hessen | 04, 592 | 9 % | 1,80 € | 7 % |
| Mecklenburg-Vorpommern | 09, 693 | 9 % | – | 5 % |
| Niedersachsen | 11, 298 | 9 % | 3,60 € | 6 % |
| Nordrhein-Westfalen | 11, 209 | 9 % | – | 7 % |
| Rheinland-Pfalz | 11, 210 | 9 % | – | 7 % |
| Saarland | 07, 437 | 9 % | – | 7 % |
| Sachsen | 11, 212 | 9 % | 3,60 € | 5 % |
| Sachsen-Anhalt | 09, 1137 | 9 % | 3,60 € | 5 % |
| Schleswig-Holstein | 09, 849 | 9 % | 3,60 € | 6 % |
| Thüringen | 09, 675 | 9 % | 3,60 € | 5 % |

16 **e) Besonderheiten bei Ehegatten.** In einigen Bundesländern bemisst sich die KiSt ausschließlich nach der LSt des ArbN, unabhängig von anderen Kriterien (zB Religionszugehörigkeit, Berufstätigkeit des anderen Ehegatten). In den anderen Bundesländern gilt dies nur, wenn beide Ehegatten derselben Religionsgemeinschaft angehören oder nur der ArbN-Ehegatte einer Religionsgemeinschaft angehört. Bei **konfessionsverschiedenen** Ehen, also bei Zugehörigkeit zu je einer KiStberechtigten Glaubensgemeinschaft (zB ein Ehegatte röm kath, der andere ev), gilt in diesen Bundesländern der sog **Halbteilungsgrundsatz:** die KiSt fällt in voller Höhe an, wird aber unabhängig von der Höhe der jeweiligen Einkünfte der Ehegatten auf jede der beiden Religionsgemeinschaften je zur Hälfte aufgeteilt (BFH 12.6.97 – I R 44/96, BStBl II 98, 207). Dies ist verfassungsgemäß (BFH 15.3.95 – I R 85/94, BStBl II 95, 547). Soweit nicht der Halbteilungsgrundsatz gilt, sondern das Prinzip der Individualbesteuerung (zB Art 9 Abs 1 Nr 2 BayKiStG), ist auch dies verfassungsrechtlich unbedenklich (FG München 13.3.97, EFG 97, 1043). Bei **glaubensverschiedenen** Ehen, dh wenn nur ein Ehegatte einer KiStberechtigten Kirche angehört (zB ein Ehegatte röm kath, der andere islamisch oder konfessionslos), wird die KiSt für den kirchenangehörigen ArbN in voller Höhe, für den nicht kirchenangehörigen Ehegatten nicht erhoben. Auch dies ist

verfassungsgemäß (BFH 8.4.97 – I R 68/96, BStBl II 97, 545). Zulässig ist auch die Heranziehung der Besteuerungsgrundlagen des nicht einer Kirche angehörigen Ehegatten zu KiSt-Zwecken, indem das gemeinsame Einkommen der Ehegatten herangezogen wird, solange der andere Ehegatte einer Kirche angehört (BVerfG 28.10.10 – 2 BvR 591/06 ua, BeckRS 2010, 55656; sog besonderes Kirchgeld; BFH 29.1.10 – I B 98/09, BFH/NV 10, 1123). In solchen Fällen ist für KiSt-Zwecke auch eine fiktive getrennte Veranlagung zulässig (FinMin Bln 8.7.09, BeckVerw 23303; OVG Lüneburg 19.10.09 – 13 LA 182/08, BeckRS 2009, 41313. Das FA darf zwecks Festsetzung der KiSt die Besteuerungsgrundlagen des konfessionslosen Ehegatten dem KiStAmt mitteilen (FG München 19.4.07 – 9 V 175/07, BeckRS 2007, 26023023). Berechnung für das **Jahr des Kirchenaustritts** eines der Ehegatten BFH 15.12.99 – I R 114/98, BFH/NV 2000, 1243; kritisch *Braun* DStZ 04, 122). Bei der Verhältnisberechnung der Einkünfte der Ehegatten bleiben Lohnersatzleistungen außer Betracht (FG München 30.11.99 – 13 K 2977/99, EFG 2000, 394).

Zur **Bescheinigung** der KiLSt nach ELStAM → *Lohnsteuerbescheinigung* Rn 11 ff.

Zum **Kirchgeld** als Ausgleich für nicht zu erhebende KiSt → Rn 5, 6. Freiwillige Beiträge an eine Freikirche sind auf das Kirchgeld anzurechnen (BFH 16.5.07 – I R 38/06, BFH/NV 07, 2027).

**4. Kirchenlohnsteuer bei Lohnsteuerpauschalierung.** In den Fällen von §§ 40, 40a, 40b EStG (→ *Lohnsteuerpauschalierung* Rn 5 ff) sowie ab 2007 § 37b EStG (→ *Sachbezug* Rn 3 ff; → *Lohnsteuerpauschalierung* Rn 60) ist ebenfalls KiLSt zu erheben, allerdings nur von ArbN, die einer KiStberechtigten Glaubensgemeinschaft angehören (BFH 7.12.94 – I R 24/93, BStBl II 95, 507). Der ArbGeb hat hierzu ab 1.1.2000 zwei Möglichkeiten: entweder vereinfachtes Verfahren oder Nachweisverfahren (Anhang 21b I und II LStR, Länderlass vom 23.10.12, BStBl I 12, 1083). 17

**a) Vereinfachtes Verfahren.** Der ArbGeb hat für sämtliche ArbN, für die die LSt pauschaliert wird, die KiLSt ohne Nachprüfung der jeweiligen Kirchenzugehörigkeit zu erheben, meist mit einem ermäßigten Steuersatz, der in den einzelnen Bundesländern verschieden ist (zB 5 % oder 6 %; → Rn 15). Durch den ermäßigten Steuersatz soll dem Umstand Rechnung getragen werden, dass nicht alle ArbN kirchenangehörig sind. Zur Aufteilung auf die evangelische und katholische Kirche zB OFD Frankfurt 28.2.11 – S 2444 A – 2 – St 212. 18

**b) Nachweisverfahren.** Der ArbGeb lässt sich von den einzelnen ArbN, deren LSt pauschaliert wird, die Nichtzugehörigkeit zu einer KiStberechtigten Glaubensgemeinschaft nachweisen, grds durch ELStAM, in den Fällen des § 40a EStG (→ *Lohnsteuerpauschalierung* Rn 40) durch eine zum Lohnkonto zu nehmende Erklärung gem dem Vordruck Anhang 21b LStR (§ 4 Abs 2 Nr 8 Satz 5 LStDV; → Rn 28). Für diese ArbN ist keine pauschale KiLSt zu entrichten, für die kirchenangehörigen ArbN die KiSt nach dem allgemeinen KiStSatz (8 % bzw 9 %; → Rn 15). Wird die Höhe des auf den einzelnen ArbN entfallenden Arbeitslohns nicht ermittelt (→ *Lohnsteuerpauschalierung* Rn 13 ff), kann der ArbGeb aus Vereinfachungsgründen die gesamte pauschale LSt im Verhältnis der KiStpflichtigen zu den nicht KiStpflichtigen ArbN aufteilen. Der auf die KiStpflichtigen ArbN entfallende Anteil ist Bemessungsgrundlage für die Anwendung des allgemeinen KiStSatzes. 19

**Beispiel:** Gesamte pauschale LSt 1000 €; KiStpflichtige ArbN 20, nicht KiStpflichtige ArbN 5; KiStSatz 8%: Bemessungsgrundlage $^4/_5$ von 1000 € = 800 €; pauschale KiLSt 64 €.

Bei der LStPauschalierung nach § 40a Abs 2 EStG (Minijobs bis 450 €, → *Geringfügige Beschäftigung* Rn 21) sind in den 2 % LSt KiSt und SolZ enthalten, auch dann, wenn der ArbN kein Kirchenmitglied ist. Damit entfällt für Mini-Jobber (§ 40a Abs 2 EStG) die Prüfung der Kirchenzugehörigkeit (→ Rn 17).

**c) Methodenwahl.** Zwischen vereinfachten Verfahren und Nachweisverfahren kann der ArbGeb für jeden LStAnmeldungszeitraum wählen. Die unterschiedliche Methodenwahl gilt auch für die jeweils angewandte Pauschalierungsvorschrift und für den jeweiligen Pauschalierungstatbestand. 20

**d) Abwälzung der pauschalen Lohnsteuer.** (→ *Lohnsteuerpauschalierung* Rn 29). Die Abwälzung erstreckt sich auch auf die pauschale KiLSt (BMF 10.1.2000, BStBl I 2000, 138 unter 1b). 21

22 **e) Wegfall der pauschalen Kirchenlohnsteuer.** Bei LStPauschalierung mit 5% (§ 40a Abs 3 EStG; → *Aushilfskräfte* Rn 24) entfällt in einigen Bundesländern (zB Hess, NRW, Saarl) die pauschale KiLSt.

23 5. Die **Anrufungsauskunft** beim FA umfasst auch KiStFragen (→ *Anrufungsauskunft* Rn 4 ff).

24 **6. Haftung des Arbeitgebers.** Diese gilt gem § 42d EStG (→ *Lohnsteuerhaftung* Rn 2 ff) auch für die KiLSt. Dies ist verfassungsgemäß (BVerfG 17.2.77 – 1 BvR 33/76, NJW 77, 1282), auch wenn der ArbGeb keiner Kirche angehört (BVerfG 27.8.87 – 1 BvR 472/85, HFR 88, 583 = BVerfGE 44, 103). Der Rechtsweg für Haftung wegen KiSt richtet sich nach der Zuständigkeit für KiStAngelegenheiten (→ Rn 25). Zur Haftung nach § 69 AO bei sog Abdeckrechnungen FG Nds 17.4.08 – 11 K 425/06, EFG 08, 1683.

25 **7. Anwendung der AO.** Für das laufende Verfahren der KiLSt gegenüber dem FA einschließlich Beitreibung (→ *Vergleich* Rn 17; → *Lohnsteuerabführung* Rn 2 ff) gelten die einschlägigen AO-Vorschriften, wobei nach den landesgesetzlichen Regelungen einige Vorschriften ausgenommen sein können, zB Zinsen, Säumniszuschläge, Straf- und Bußgelder (zB Art 18 Abs 2 BayKiStG; § 8 Abs 2 HbgKiStG). Das bedeutet, dass die Hinterziehung oder leichtfertige Verkürzung von KiLSt nicht mit Strafe oder Geldbuße bedroht ist und daher bei Hinterziehung oder Verkürzung der LSt nicht straferschwerend berücksichtigt werden darf (BGH 17.4.08 – 5 StR 547/07, BeckRS 2008, 07999), außer der Landesgesetzgeber hat die AO-Vorschriften insoweit für anwendbar erklärt. Nach § 226 Abs 4 AO gilt für die **Aufrechnung** in Durchbrechung des Gegenseitigkeitsprinzips (Ertragshoheit) die KiSt mit anderen Steuerarten als aufrechenbar (BFH 26.7.05 – VII R 59/04, BFH/NV 06, 5).

Für **Rechtsbehelfe** betr die KiLSt, zB Bemessungsgrundlage, Berücksichtigung von Kinderfreibeträgen, Steuerklasse, sind die FA zuständig. Soweit der EStBescheid für die KiSt bindend ist (zB Kinderfreibetrag) ist der EStBescheid anzufechten. Wendet sich der Rechtsbehelf gegen die fiktive ESt (§ 51a Abs 2 Satz 2 EStG), zB Hinzurechnung der steuerfreien Beträge nach § 3 Nr 40 EStG, ist die für die KiSt zuständige Behörde Anfechtungsgegner (BFH 28.11.07 – I R 99/06, BFH/NV 08, 842; BVerwG 20.8.08 – 9 C 9.07, BeckRS 2008, 39712); FinMin Bln 8.7.09 – III B – S 2440 – 1/2008, BeckVerw 231326. Für **gerichtliche** Rechtsstreitigkeiten sind länderunterschiedlich die Verwaltungsgerichte (§ 40 VwGO) oder die FG (§ 33 Abs 1 Nr 4 FGO) zuständig (s die Übersicht in *Gräber* FGO § 33 Rz 43, 44). Ggf kommt eine Verweisung gem § 17a GVG in Betracht (FG Bln 6.3.07 – 5 B 5545/04 B, EFG 07, 1349). Innerkirchliches Recht, zB Status der „Maronitischen" Kirche, ist nicht revisibel (BFH 10.6.08 – I B 211/07, BFH/NV 08, 1697). Zur Zahlung von Gerichtsgebühren VG Hannover 30.5.08 – 2 A 813/07, BeckRS 2008, 37678.

26 8. Beim **Lohnsteuerjahresausgleich** (→ *Lohnsteuerjahresausgleich* Rn 2 ff) hat der ArbGeb auch die KiLSt auszugleichen. Dabei ist der KiStSatz des Ortes der Betriebsstätte entscheidend.

27 **9. Kircheneinkommensteuer.** Findet eine Veranlagung des ArbN zur ESt statt (→ *Antragsveranlagung* Rn 2 ff), wird auch eine Veranlagung zur KirchenESt durchgeführt. Zuständig hierfür sind die FA, in Bay eigene KiStÄmter. Bei Streit über Grundlagen der KiSt, zB Kirchenaustritt, ist stets die Kirchenbehörde Anfechtungsgegner (FG Köln 15.1.03 – 11 K 7329/99, EFG 03, 791). Die ESt ist Maßstabsteuer für die KiSt als sog **Zuschlagsteuer** (§ 51a EStG; → Rn 25). Die Bescheide stehen im Verhältnis Grundlagenbescheid (§ 171 Abs 10 AO) zu Folgebescheid (§ 175 Abs 1 Nr 1 AO; BFH 1.7.09 – I R 81/08, DStR 09, 2095 zum Ansatz von Veräußerungsgewinn; zur Hinzurechnung von steuerfreien Einkünften nach § 3 Nr 40 EStG zur Bemessungsgrundlage der KiSt BFH 1.7.09 – I R 76/08, DStR 09, 1901). Auf die EStSchuld lt EStBescheid unter Berücksichtigung von Kinderfreibeträgen wird der KiStSatz (8% oder 9%) angewendet. In einigen Bundesländern ist die KiSt der Höhe nach begrenzt (sog **Kappung;** zu Rechtsstreitigkeiten bei der Kappung der KiSt FG Köln 19.3.03 – 11 K 916/01, EFG 03, 1453). Die Begrenzung wirkt auch anlässlich **Kirchenaustritt** (FG Köln 12.4.2000 – 11 K 1375/95, EFG 2000, 1092). Von der festgesetzten KiSt werden die einbehaltene KiLSt und die Vorauszahlungen auf die KirchenESt abgesetzt. Der verbleibende Differenzbetrag wird je nach Abrechnungsergebnis geschuldet oder erstattet. Bei Streit über die Anrechnung von KiSt kann ein Abrechnungs-

bescheid, der auf § 218 Abs 2 AO, bei Änderung auf § 130 Abs 2 Nr 4 AO fußt, ergehen (BFH 22.1.03 – I B 16/02, BFH/NV 03, 789). Aufgrund der KiStVeranlagung können auch Vorauszahlungen für künftige Zeiträume festgesetzt werden. Im Übrigen gelten die AO-Vorschriften, wobei für Stundung, Erlass und Rechtsbehelfe eigene Kirchenbehörden zuständig sein können. Die Kirchenverwaltungen sind im Einzelfall auf Antrag bereit, Steuernachlässe zu gewähren, um Kirchenaustritten vorzubeugen. Ein Erlass von KiSt kommt nach Kirchenaustritt nicht in Betracht (BVerwG 21.5.03 – 9 C 12/02, BFH/NV 03, Beilage 4, 245). Zum Abzug der KiSt bei der ESt als **Sonderausgabe** → *Sonderausgaben* Rn 15. Zur Haftung des Steuerberaters für KiStZahlungen seines Mandanten BGH 18.5.06 – IX ZR 53/05, DStR 06, 2278.

Ab 2009 wird auf die **Abgeltungssteuer** auch KiSt erhoben (§ 32d, § 51a, § 52a EStG). Die Kirchensteuer auf die Abgeltungssteuer wird durch ein automatisiertes Abzugsverfahren erhoben, indem das BZSt den Banken die Kirchenzugehörigkeit des StPfl auf Anfrage der Bank mitteilt (§ 51a, § 52a Abs 18 EStG).

**10. Muster.** S Online-Musterformular *„M33.7 Erklärung gegenüber dem Betriebsstätten-finanzamt zu Religionszugehörigkeit – pauschale Einkommensteuer"* (Anhang 21b II LStR) zu → Rn 19. 28

Diese und jede weitere Erklärung über den Beitritt zu einer hebeberechtigten Religionsgemeinschaft sind vom ArbGeb zum Lohnkonto zu nehmen.

**C. Sozialversicherungsrecht** *Voelzke*

**1. Beitragsrecht.** Für die Erhebung und Bemessung der SozVBeiträge (→ *Sozialversicherungsbeiträge* Rn 21 ff) ist ohne Bedeutung, ob der ArbGeb wegen der Zugehörigkeit zu einer steuererhebungsberechtigten Kirche zur Einbehaltung der KiSt verpflichtet ist. Der für versicherungspflichtige ArbN während eines Beschäftigungsverhältnisses zu zahlende GesamtSozVBeitrag richtet sich nach dem jeweiligen Bruttoarbeitsentgelt, ist also für Mitglieder einer Kirche wie für Nichtmitglieder gleich hoch. 30

**2. Leistungsrecht.** Grundlage der Berechnung von Leistungen der ArblV ist ein **pauschaliertes Nettoentgelt** (Leistungsentgelt), das sich aus dem um die gewöhnlich anfallenden gesetzlichen Abzüge verminderten Bruttoarbeitsentgelt ergibt. Es werden zur Ermittlung des Leistungssatzes also nicht die individuellen Abzüge des ArbN zugrunde gelegt, sondern in einem pauschalierten Verfahren berücksichtigt. 31

Die pauschalierten Abzüge für das AlGeld sind unmittelbar § 153 SGB III zu entnehmen. Hierzu gehört die KiSt nicht. 32

# Kleinbetrieb

**A. Arbeitsrecht** *Kania*

**1. Allgemeines.** Kleinbetriebe genießen in zweifacher Hinsicht eine arbeitsrechtliche **Sonderstellung:** Gem **§ 1 BetrVG** ist in Kleinbetrieben kein BRat zu wählen und gem **§ 23 Abs 1 Satz 2 KSchG** gelten nicht die Vorschriften des 1. Abschn des KSchG. Diese Privilegierungen kommen einem erheblichen Teil des Handwerks, kleineren Ladengeschäften, bäuerlichen Betrieben und Betrieben von Angehörigen der freien Berufe zugute. 1

**2. Kleinbetrieb im Sinne des § 23 Absatz 1 KSchG. a) Betriebsbezogener Kündigungsschutz.** Gem § 23 Abs 1 S 2 KSchG gelten die Vorschriften des **1. Abschnitts des KSchG nicht für Betriebe** und Verwaltungen, in denen idR 5 oder weniger ArbN ausschließlich der zu ihrer Berufsausbildung Beschäftigten beschäftigt werden; das gilt nach S 3 in Betrieben mit 10 oder weniger ArbN gleichermaßen für ArbN, deren Arbeitsverhältnis nach dem 31.12.03 begonnen hat (→ Rn 10). § 23 KSchG stellt in seinem Wortlaut auf die Größe des Betriebs und nicht des Unternehmens ab; der **Kündigungsschutz ist hiernach betriebsbezogen.** Das BVerfG hält die kündigungsrechtliche Schlechterstellung der ArbN in Kleinbetrieben grds für verfassungskonform (BVerfG 27.1.98 – 1 BvL 15/87, NZA 98, 469). Die Herausnahme der Kleinbetriebe aus dem allgemeinen Kündigungsschutz 2 sei im Hinblick auf die Berufsausübungsfreiheit der ArbGeb gem Art 12 ff GG durch die enge persönliche Zusammenarbeit und die geringe verwaltungsmäßige und wirtschaftliche Belastbarkeit im Kleinbetrieb gerechtfertigt. Das gelte aber mit folgender Einschränkung: Soweit ausgehend vom tradierten Betriebsbegriff in Einzelfällen auch **Kleinbetriebe als Teile größerer Unternehmen** hierunter fallen, sei § 23 KSchG im Wege verfassungskonformer Auslegung „auf die Einheiten zu beschränken, für deren Schutz die Kleinbetriebsklausel allein bestimmt ist" (BVerfG 27.1.98 – 1 BvL 15/87, NZA 98, 469; ErfK/*Kiel* § 23 KSchG Rn 3). Nach der Rspr des BAG soll ein **„Berechnungsdurchgriff"** auf andere betriebliche Einheiten aber nur in Betracht kommen, wenn angesichts der vom ArbGeb konkret geschaffenen Organisation die gesetzgeberischen Erwägungen für die Privilegierung des Kleinbetriebs bei verständiger Betrachtung ins Leere gehen. Hier stellt das BAG darauf ab, ob es sich um **selbstständige oder unselbstständige Organisationseinheiten** handelt (BAG 28.10.10 – 2 AZR 392/08, DB 11, 118). Entscheidend sei, dass der Kern der ArbGebFunktionen in personellen, sozialen und organisatorischen Fragen selbstständig ausgeübt werde. Unterhält ein Unternehmer mehrere Filialen oder Kleinbetriebe und sind diese so strukturiert, dass die wesentlichen arbeitsrechtlichen Entscheidungen vor Ort getroffen werden, sei die Zahl der ArbN für die Anwendung des § 23 Abs 1 KSchG nicht im Wege des Berechnungsdurchgriffs zusammenzurechnen (ErfK/*Kiel* § 23 KSchG Rn 3a mwN). Ebenso wenig erfolgt eine Anrechnung von nur gelegentlich im Kleinbetrieb tätiger ArbN desselben Unternehmens (BAG 19.7.16 – 2 AZR 468/15, NZA 16, 1196).

3 Nach der Entscheidung des BVerfG war indes unklar, ob rechtlich selbstständige Kleinunternehmen, die zu einem **Konzern** gehören, in den Anwendungsbereich des allgemeinen Kündigungsschutzes einzubeziehen sind. So wurde zT ein ArbGebübergreifender Kündigungsschutz befürwortet (*Bepler* ArbuR 97, 54; *Kittner* NZA 98, 731; aA *Gragert/Kreutzfeldt* NZA 98, 567). Das BAG hält aber einen Konzerndurchgriff für verfassungsrechtlich nicht geboten (BAG 13.6.02 – 2 AZR 327/01, NZA 02, 1147; 12.11.98 – 2 AZR 459/97, NZA 99, 590). Ausnahmsweise sei jedoch ein **arbeitgeberübergreifender Kündigungsschutz** möglich, wenn sich mehrere Unternehmen in einem **Gemeinschaftsbetrieb** zur gemeinsamen Führung rechtlich verbunden haben, so dass der Kern der ArbGebFunktionen im sozialen und personellen Bereich einheitlich ausgeübt wird (BAG 16.1.03 – 2 AZR 609/01, AP Gemeinschaftsbetrieb Nr 1 zu § 1 KSchG 1969). Das gelte auch für den Gemeinschaftsbetrieb von einer Konzernholding und ihren Tochtergesellschaften, soweit ein einheitlicher, rechtlich gesicherter betriebsbezogener Leitungsapparat besteht; die Zusammenarbeit auf Grundlage von Organ- oder Beherrschungsverträgen allein reiche nicht (BAG 13.6.02 – 2 AZR 327/01, NZA 02, 1147). Der Versuch einer Flucht aus dem Kündigungsschutz durch **Abspaltung von Kleinunternehmen** aus einem Großunternehmen macht regelmäßig wenig Sinn, da durch § 323 Abs 1 UmwG garantiert wird, dass sich bei einer **Spaltung oder Teilübertragung** nach dem UmwG die kündigungsrechtliche Stellung der ArbN für die Dauer von zwei Jahren nicht verschlechtert. Die Vorschrift gilt aber nicht analog für (Teil-)Betriebsübergänge im Wege der Einzelrechtsnachfolge. Führt ein **(Teil-) Betriebsübergang** zu einem Unterschreiten des Schwellenwertes, stellt der zuvor durch die ArbNZahl vermittelte Bestandsschutz kein eigenständiges Recht dar, das bei Übergang von Arbeitsverhältnissen in Kleinbetriebe gem **§ 613a Abs 1 Satz 1 BGB** mitübernommen wird (BAG 15.2.07 – 8 AZR 397/06, NZA 07, 739).

4 Weitere Voraussetzung für die Anwendbarkeit des 1. Abschn des KSchG ist, dass der jeweilige Betrieb **in Deutschland** gelegen ist (BAG 12.1.08 – 2 AZR 902/06, NZA 08, 872). Bei der Berechnung des Schwellenwertes des Inlandsbetriebs zählen im Ausland beschäftigte ArbN grds nicht mit (BAG 3.6.04 – 2 AZR 386/03, NZA 04, 1380; 17.1.08 – 2 AZR 902/06, NZA 08, 872). Dies gilt auch dann, wenn eine ausländische Arbeitsstätte mit einer deutschen einen Gemeinschaftsbetrieb bildet, jedenfalls wenn die Arbeitsverhältnisse der im Ausland beschäftigten ArbN nicht dem deutschen Recht unterliegen (BAG 26.3.09 – 2 AZR 883/07, DB 09, 1409; kritisch *Straube* DB 09, 1406). Bei lediglich vorübergehender Tätigkeit im Ausland kann jedoch eine Eingliederung in den Inlandsbetrieb vorliegen (ErfK/*Kiel* § 23 KSchG Rn 13). Durch arbeitsvertragliche Vereinbarung kann der Geltungsbereich des 1. Abschn des KSchG auf nicht erfasste Kleinbetriebe ausgedehnt werden; hingegen ist die tarifvertragliche Ausdehnung unzulässig (ErfK/*Kiel* § 23 Rn 12).

**b) Bestimmung der Beschäftigtenzahl.** Seit 2004 besteht ein **zweigeteilter Kündigungsschutz** in den Betrieben. Gem § 23 Abs 1 S 3 KSchG gilt der allgemeine Kündigungsschutz in Betrieben und Verwaltungen, in denen idR **10 oder weniger Arbeitnehmer** ausschließlich der zu ihrer Berufsbildung Beschäftigten beschäftigt werden, weder für **nach dem 31.12.03 eingestellte** ArbN noch sind diese bei der **Feststellung der Arbeitnehmerzahl** bis zur Beschäftigung von idR 10 ArbN zu berücksichtigen. Es führt daher die Einstellung von ArbN nach diesem Stichtag bei Betrieben bis zu einer Größe von 10 ArbN **nicht zu einem Hereinwachsen** in den allgemeinen Kündigungsschutz. Dieser Schwellenwert unterlag mehrfachen Änderungen: Zunächst wurde er im Rahmen des Arbeitsrechtlichen Beschäftigungsförderungsgesetzes zum 1.10.96 von 6 auf 11 ArbN angehoben. Zum 1.1.99 wurde die Zahl 10 in § 23 Abs 1 KSchG wieder durch die Zahl 5 ersetzt, weil das Ziel, mit der Heraufsetzung des Schwellenwertes Anreiz zu Neueinstellungen zu geben, nicht erreicht worden sei (BT-Drs 14/15 S 1 ff und 34 ff). Im Rahmen des Gesetzes zu Reformen am Arbeitsplatz (BT-Drs 676/03) ist zum 1.1.04 eine „5-Plus-5-Regelung" eingeführt worden, die nach dem Beginn des Arbeitsverhältnisses differenziert. Da bei Einstellungen ab dem 1.4.03 auch teilzeitbeschäftigte ArbN anteilig berücksichtigt werden, ist theoretisch ein kündigungsrechtlicher Kleinbetrieb mit „10-Plus-10" ArbN möglich. 5

Das bedeutet für **Betriebe mit in der Regel mehr als 5 Arbeitnehmern** bis zum Schwellenwert von 10 ArbN (rechnerisch ab 5,25 wegen Teilzeitbeschäftigung, ausschließlich der Auszubildenden → Rn 8), dass **nur bis zum 31.12.03 eingestellte Arbeitnehmer** den allgemeinen Kündigungsschutz genießen. Diese im „virtuellen Altbetrieb" eingestellten ArbN behalten den Kündigungsschutz so lange, wie sie selbst dem Betrieb angehören und dort regelmäßig mehr als 5 AltArbN beschäftigt sind (BAG 23.5.13 – 2 AZR 54/12, NZA 13, 1197). Auch ein Betriebsübergang hindert nicht die Berücksichtigung von vor der Veräußerung zurückgelegten Beschäftigungszeiten, wenn die Identität des bestandsgeschützten Altbetriebs gewahrt bleibt. Der durch § 23 Abs 1 KSchG gewährte Bestandsschutz für Altarbeitsverhältnisse ist nämlich an die kontinuierliche Beschäftigung im „virtuellen Altbetrieb" geknüpft, dabei spielt die Person des ArbGeb keine Rolle (BAG 23.5.13 – 2 AZR 54/12, NZA 13, 1197). Die **Stichtagsregelung** hat zur Folge, dass eine Sozialauswahl zwischen nach dem 31.12.03 und vorher eingestellten ArbN nicht vorzunehmen ist. Es gilt das Prinzip „last in, first out" (*Preis* DB 04, 78). Hierin liegt kein Verstoß gegen Art 3 Abs 1 GG (BAG 27.11.08 – 2 AZR 790/07, NZA 09, 484). Sinkt ein Kleinbetrieb durch **Entlassung von AltArbN** auf unter 5 ArbN und steigt die Zahl der Beschäftigten später durch **Neueinstellungen** auf über 5 ArbN, genießt kein ArbN Kündigungsschutz; insofern erlöschen zugleich „virtueller Altbetrieb" und Besitzstandsschutz (BAG 21.9.06 – 2 AZR 840/05, NZA 07, 438). Dies ändert sich erst, wenn in dem Betrieb die rechnerische Quote von 10,25 ArbN erreicht wird. Bei **Neueinstellungen** und Entlassungen bis zur Erreichung des Schwellenwertes ist exakt zu prüfen, wie sich die Anzahl der Alt- und NeuArbN entwickelt (instruktiv die Beispiele bei *Bauer/Krieger* DB 04, 651). 6

**c) Arbeitnehmer.** Bei der Bestimmung der Betriebsgröße sind grds – ausgehend von der allgemeinen Begriffsbestimmung (→ *Arbeitnehmer (Begriff)* Rn 1) – alle ArbN mitzuzählen, die ein wirksam begründetes Arbeitsverhältnis mit dem ArbGeb haben. Dabei können rechtliche Unterbrechungen des zuvor begründeten Arbeitsverhältnisses unschädlich sein, wenn der ArbN ununterbrochen in den Betrieb eingegliedert war (BAG 23.5.13 – 2 AZR 54/12, NZA 13, 1197). Erfasst werden auch **leitende Angestellte** iSd § 14 Abs 2 KSchG; das Gesetz schränkt lediglich ihren Kündigungsschutz ein, verneint aber nicht ihre ArbNEigenschaft (KR/*Weigand* § 23 KSchG Rn 41). **LeihAN** sind zu berücksichtigen, wenn ihr Einsatz auf einem „in der Regel" vorhandenen Personalbedarf beruht (BAG 24.1.13 – 2 AZR 140/12, NZA 13, 726). Mitzuzählen ist auch ein Beschäftigter, dessen Arbeitsverhältnis vorübergehend ruht, zB wegen Erziehungsurlaubs; allerdings werden entweder dieser oder die für ihn vorübergehend eingestellte Ersatzkraft mitgezählt (BAG 31.1.91 – 2 AZR 356/90, NZA 91, 562). 7

Nicht mitzuzählen sind nach § 23 Abs 1 S 2 KSchG die **„zu ihrer Berufsausbildung Beschäftigten".** Erfasst werden davon in erster Linie Auszubildende, aber auch Umschüler (BAG 7.9.83, AP Nr 3 zu § 23 KSchG 69). Anlernlinge, Praktikanten und Volontäre sind dann nicht mitzurechnen, wenn diese in erster Linie berufliche Kenntnisse, Fertigkeiten und 8

Erfahrungen erwerben sollen, ohne dass die Arbeitsleistung im Vordergrund steht (APS/*Moll* § 23 KSchG Rn 27). **Teilzeitbeschäftigte** sind nach § 23 Abs 1 S 3 KSchG mit einer regelmäßigen wöchentlichen Arbeitszeit von nicht mehr als 20 Stunden mit 0,5 und nicht mehr als 30 Stunden mit 0,75 zu berücksichtigen.

9 **d) Regelmäßig Beschäftigte.** Für die Feststellung der Zahl der Beschäftigten kommt es auf die „in der Regel" beschäftigten ArbN an. Maßgebend ist danach die ArbNZahl, die bei regelmäßiger Auslastung des Betriebs in ihm beschäftigt werden (BAG 24.2.05 – 2 AZR 373/03, NZA 05, 764). Nicht zu berücksichtigen ist, wenn im Betrieb für kurze Zeit mit einer geringeren Zahl gearbeitet wird oder wenn wegen eines vorübergehenden Bedarfs weitere ArbN eingestellt werden (*Stahlhacke/Preis/Vossen* Rn 606a). Bei der Feststellung der regelmäßigen Beschäftigtenzahl bedarf es zur Ermittlung der für den Betrieb im Allgemeinen kennzeichnenden Beschäftigtenzahl – bezogen auf den Kündigungszeitpunkt – eines Rückblicks auf die bisherige personelle Situation und einer Einschätzung der zukünftigen Entwicklung (BAG 22.1.04 – 2 AZR 237/03, NZA 04, 479; 24.1.13 – 2 AZR 140/12, NZA 13, 726) Als Vergleichszeitraum ist grds auf 12 Monate abzustellen (LAG Hamm 3.4.97 – 4 Sa 693/96, DB 97, 881). Zur Verhinderung von Missbrauch ist entscheidend, ob ein Personalabbau auf einer einheitlichen unternehmerischen Planung beruht (BAG 8.10.09 – 2 AZR 654, DB 10, 230). Bei der Berechnung des Schwellenwertes ist der gekündigte ArbN selbst dann mitzuberücksichtigen, wenn Kündigungsgrund die unternehmerische Entscheidung ist, den betreffenden Arbeitsplatz nicht mehr neu zu besetzen (BAG 22.1.04 – 2 AZR 237/03, NZA 04, 479).

10 **e) Rechtsfolgen.** Werden die betreffenden Schwellenwerte nicht erreicht, so finden die Vorschriften des 1. Abschn des KSchG keine Anwendung. Insbes hat der ArbN **keinen Kündigungsschutz gem § 1 KSchG,** so dass der ArbGeb – in den Grenzen von §§ 134, 138 BGB – ohne Grund kündigen kann. Das BVerfG (27.1.98 – 1 BvL 15/87, NZA 98, 469) betont allerdings die besondere Bedeutung des Grundrechts aus Art 12 GG in Kleinbetrieben, so dass hier Raum für einen „Kündigungsschutz zweiter Klasse" über die Generalklauseln des BGB besteht (→ *Kündigungsschutz* Rn 1 ff). Gem § 23 Abs 1 S 2 KSchG gelten die §§ 4–7, § 13 Abs 1 S 1 und 2 KSchG auch, soweit der 1. Abschn des KSchG im Kleinbetrieb keine Anwendung findet. Daher muss die **Klagefrist des § 4 KSchG** eingehalten werden; gegen sittenwidrige, diskriminierende oder gegen höherrangiges Recht verstoßende Kündigungen muss innerhalb von drei Wochen nach Kündigungszugang Kündigungsschutzklage erhoben werden. **Sonderkündigungsschutz** für besonders sozialschutzbedürftige ArbN (zB § 168 SGB IX, § 9 MuSchG, § 18 BErzGG) gilt auch für ArbN in Kleinbetrieben. Der **2. Abschnitt des KSchG** wird von § 23 KSchG nicht ausgenommen, so dass der Kündigungsschutz im Rahmen der Betriebsverfassung gem §§ 15, 16 KSchG besteht. Zu einer Anwendbarkeit dieser Normen in Kleinbetrieben kann es kommen, weil die Voraussetzungen von § 1 BetrVG und § 23 KSchG nicht deckungsgleich sind (→ Rn 12 ff). Benachteiligt werden ArbN in Kleinbetrieben dadurch, dass die im Vergleich zu § 615 S 2 BGB günstigere **Anrechnungsvorschrift des § 11 KSchG** keine Anwendung findet. Diese Benachteiligung ist aber aufgrund der typischerweise geringeren finanziellen Wirtschaftskraft von Kleinbetrieben nicht gleichheitswidrig (BVerfG 24.6.10 – 1 BvL 5/10, NZA 10, 1004). Unterliegen ArbN nicht dem Schutz des KSchG, besteht auch **kein Wiedereinstellungsanspruch** nach den vom BAG entwickelten Grundsätzen zum nachträglichen Wegfall von Kündigungsgründen (BAG 19.10.17 – 8 AZR 845/15, NZA 18, 436).

11 **f) Darlegungs- und Beweislast.** Die Darlegungs- und Beweislast für das Vorliegen der in § 23 Abs 1 KSchG geregelten **Geltungsvoraussetzungen des KSchG** und damit auch dafür, dass idR mehr als 5 bzw 10 ArbN in dem Betrieb beschäftigt werden, trifft im Ausgangspunkt den ArbN (BAG 26.6.08 – 2 AZR 264/07, DB 08, 2311; kritisch *Berkowsky* DB 09, 1126). Hieran stellt das BAG im Hinblick auf Art 12 GG unter Berücksichtigung der BVerfG-Rspr keine erhöhten Anforderungen, da der ArbN – anders als der sachnähere ArbGeb – oft nur ungenaue Informationen über die betrieblichen Strukturen haben wird. Dies führt zu einer **abgestuften Darlegungs- und Beweislast:** Der ArbN genügt seiner Darlegungslast, wenn er die entsprechende ArbNZahl schlüssig darlegt. Bei fehlender eigener Kenntnismöglichkeit reicht schon die bloße Behauptung, der ArbGeb beschäftige mehr als 10 ArbN. Der ArbGeb hat dann im Einzelnen die Umstände darzutun, aus denen sich ergibt, warum die Grenzen des § 23 Abs 1 S 2 KSchG gleichwohl nicht erreicht

werden (BAG 26.6.08 – 2 AZR 264/07, DB 08, 2311). Auch die tatsächlichen Voraussetzungen für das **Vorliegen eines Gemeinschaftsbetriebs** hat der ArbN grds darzulegen und zu beweisen. Da er typischerweise keine Kenntnis von den zwischen den Unternehmen getroffenen vertraglichen Vereinbarungen hat, genügt er seiner Darlegungslast, wenn er in einem ersten Schritt die äußere Umstände aufzeigt, die für die Annahme einer gemeinsamen Leitung des Betriebs sprechen. In einem zweiten Schritt muss dann der ArbGeb die gegen einen einheitlichen Betrieb sprechenden rechtserheblichen Umstände darlegen (BAG 24.10.13 – 2 AZR 1057/12, NZA 14, 725).

**3. Kleinbetrieb im Sinne des § 1 BetrVG. a) Voraussetzungen.** Für das BetrVG gilt ein eigener Betriebsbegriff. Auch die Voraussetzungen für die Annahme eines Kleinbetriebs iSd Betriebsverfassungsrechts weichen von denen des Kündigungsrechts ab. Ein BRat ist gem § 1 BetrVG zu wählen „in Betrieben mit idR mindestens **fünf ständigen wahlberechtigten ArbN,** von denen drei wählbar sind". Eine BRatWahl ist danach bereits in Betrieben mit 5 ArbN möglich, während der 1. Abschn des KSchG nach § 23 Abs 1 KSchG erst bei einer Zahl von mehr als 5 ArbN im Betrieb Anwendung findet. Ungeachtet dessen besteht für einzelne Regelungsbereiche des BetrVG ein anderes Verständnis vom Kleinbetrieb mit abweichenden Schwellenwerten: etwa soweit eine Betriebsänderung Kleinbetriebe mit weniger als 21 ArbN iSd § 111 S 1 BetrVG betrifft (BAG 9.11.10 – 1 AZR 708/09, NZA 11,466; hierzu im Einzelnen → *Betriebsänderung* Rn 6 ff) oder das vereinfachte Wahlverfahren für Kleinbetriebe nach § 14a BetrVG. 12

§ 1 BetrVG enthält geringere **Anforderungen gegenüber denen des KSchG** insofern, als keine dem § 23 Abs 1 S 3 KSchG vergleichbare Regelung besteht, so dass **auch geringfügig beschäftigte Teilzeitarbeitnehmer** voll mitzurechnen sind (BAG 29.1.92 – 7 ABR 27/91, NZA 92, 894). Seit 2009 werden gem § 5 Abs 1 S 3 BetrVG auch Beamte, die privaten Betrieben zugewiesen werden, erfasst (ErfK/*Koch* § 5 BetrVG Rn 3a). Allerdings sind **leitende Angestellte** nicht mitzuzählen, weil das Gesetz auf sie weitgehend keine Anwendung findet. Hinausgehend über die Anforderungen des § 23 KSchG verlangt § 1 BetrVG, dass es sich bei den ArbN um **ständige Arbeitnehmer** handeln muss. Ein ArbN ist dann ständig beschäftigt, wenn er nicht nur für eine von vornherein begrenzte Zeit in den Betrieb eingegliedert ist (*Fitting* § 1 Rn 276; *Richardi/Richardi* § 1 Rn 110). Dabei ist nicht darauf abzustellen, ob der ArbN schon längere Zeit im Betrieb beschäftigt ist, denn es kommt letztlich allein darauf an, ob der Arbeitsplatz auf Dauer besetzt werden soll. Deshalb kann auch ein neu Eingestellter ständiger ArbN sein (*Fitting* § 1 Rn 276). Die Anforderungen an die Dauer dürfen aber nicht überspannt werden und sind an der Betriebsüblichkeit auszurichten. Deshalb können auch **befristet Beschäftigte** ständige ArbN sein, wenn es sich um einen nicht unerheblichen Zeitraum handelt und solche Beschäftigungen im Betrieb üblich sind (*Richardi/Richardi* § 5 Rn 52 ff). 13

Schließlich stellt § 1 BetrVG insofern eine zusätzliche Anforderung auf, als es sich bei der maßgeblichen Zahl von 5 ArbN um **wahlberechtigte Arbeitnehmer,** dh um solche, die das 18. Lebensjahr vollendet haben (§ 7 BetrVG), handeln muss. Von diesen müssen **drei wählbar** iSd § 8 BetrVG sein, dh idR mindestens 6 Monate dem Betrieb angehören. **LeihArbN** gelten, wenn sie länger als 3 Monate im Entleiherbetrieb eingesetzt werden (sollen), als wahlberechtigte ArbN im Entleiherbetrieb (§ 7 S 2 BetrVG). Zur Berücksichtigung von LeihAN bei der Bestimmung der BRatGröße vgl BAG 13.3.13 – 7 ABR 69/11, NZA 13, 789. 14

**b) Rechtsfolgen.** Aus § 1 BetrVG folgt, dass in Kleinbetrieben iS dieser Vorschrift kein BRat gewählt werden kann; § 1 BetrVG erklärt aber nicht das gesamte BetrVG für unanwendbar. Deshalb stehen die **Mitwirkungs- und Beschwerderechte** gem §§ 81 ff BetrVG den einzelnen ArbN auch in Kleinbetrieben ohne BRat zu (*Fitting* § 1 Rn 290). Nicht betriebsratsfähige Kleinbetriebe in Unternehmen, die über mehrere Niederlassungen verfügen, werden gem § 4 Abs 2 BetrVG dem Hauptbetrieb zugeordnet, so dass der Kleinbetrieb nicht vertretungslos bleibt. 15

## B. Lohnsteuerrecht

*Seidel*

Der Kleinbetrieb hat im LStRecht insoweit Bedeutung, als der ArbGeb nicht zum LStJahresausgleich verpflichtet ist, wenn er am 31.12. eines Jahres weniger als 10 ArbN 16 beschäftigt (§ 42b Abs 1 Satz 2 EStG). Dies ändert aber nichts an seiner Berechtigung hierzu (Näheres → *Lohnsteuerjahresausgleich* Rn 3 ff). Ferner kann die LStAußenprüfung bei bis zu fünf ArbN im Rahmen der normalen Außenprüfung erfolgen (→ *Außenprüfung* Rn 8). Zur Beschäftigung von Teilzeitkräften → *Teilzeitbeschäftigung* Rn 114 ff, → *Aushilfskräfte* Rn 22 ff und → *Geringfügige Beschäftigung* Rn 20 ff. Soweit der ArbGeb im Rahmen der Entgeltfortzahlung an den ArbN erbrachte Leistungen sowie ArbGebAnteile als Betriebsausgaben abgezogen hat, hat er die Erstattungsbeträge (→ Rn 17, 23) als Betriebseinnahmen zu behandeln. Die Umlage (→ Rn 24) ist Betriebsausgabe beim ArbGeb. Im Übrigen wurde durch das Zweite Bürokratieentlastungsgesetz vom 30.3.17 (BStBl I 17, 890) die Grenze für eine monatliche Abgabe der LStAnmeldung (→ *Lohnsteueranmeldung* Rn 5) angehoben, um Betriebe mit einer Mitarbeiterzahl von zwei bis drei Mitarbeitern von bürokratischen Hürden zu befreien.

## C. Sozialversicherungsrecht *Ruppelt*

17 **I. Kleinbetrieb und Ausgleichsverfahren. 1. Allgemeines.** Kleinbetrieb iSd SozV-Rechts ist ein Betrieb, der am Ausgleichsverfahren der Entgeltfortzahlung im Krankheitsfall (U 1) nach dem **Aufwendungsausgleichsgesetz** (AAG) vom 22.12.05 (BGBl I 05, 3686) teilnimmt. Die Krankenkassen mit Ausnahme der landwirtschaftlichen Krankenkassen erstatten dem ArbGeb nach Maßgabe des AAG die Aufwendungen für die Entgeltfortzahlung im Krankheitsfall und die Mutterschaftsaufwendungen.

18 **2. Das Aufwendungsausgleichsgesetz** bezieht hinsichtlich der Mutterschaftsaufwendungen **alle ArbGeb ohne Größenbeschränkung** der Betriebe in das Ausgleichsverfahren (U 2) ein. Am Ausgleichsverfahren der Entgeltfortzahlung im Krankheitsfall (U 1) nehmen alle ArbGeb teil, die **regelmäßig nicht mehr als 30 ArbN** beschäftigen. Ausnahmen von der Anwendbarkeit des AAG (im Wesentlichen für öffentlich-rechtlich organisierte ArbGeb) sind in § 11 AAG geregelt. Diese öffentlich-rechtlich verfassten ArbGeb sind trotz ihrer Tarifbindung vom System des Aufwendungsausgleichs wegen Krankheit ausgeschlossen (BSG 31.5.16 – B 1 KR 17/16 R, NZS 17, 224).

19 **3. Feststellungsverfahren.** Am Umlageverfahren U 1 nach dem AAG nehmen nur ArbGeb teil, die idR nicht mehr als 30 ArbN (ausschließlich Auszubildender) beschäftigen. Ein ArbGeb wird somit nur dann nicht zur Umlage U 1 herangezogen, wenn er idR 30 oder mehr ArbN beschäftigt. Er kann dann aber auch keine Ausgleichszahlungen verlangen und muss die Mittel für die Entgeltfortzahlung im Krankheitsfall selbst aufbringen. Nach § 3 Abs 1 AAG hat die zuständige Krankenkasse jeweils zu **Beginn des Kalenderjahres** festzustellen, welche ArbGeb an dem Ausgleichsverfahren U 1 teilnehmen. Weil idR für einen ArbGeb mehrere Kassen zuständig sind (→ Rn 22), haben die Spitzenverbände der Krankenkassen vereinbart, dass eine solche förmliche Feststellung grds nicht erfolgt, vielmehr der ArbGeb selbst feststellt, ob er aufgrund der Zahl seiner Beschäftigten am Umlageverfahren U 1 teilnimmt. Die Teilnahme im Kj dokumentiert der ArbGeb durch den Nachweis der Umlagebeiträge für den Monat Januar.

20 **4. Zahl der Beschäftigten.** Ein ArbGeb beschäftigt nach § 3 Abs 1 Satz 2 AAG idR nicht mehr als 30 ArbN, wenn er im vorausgegangenen Kj für einen Zeitraum von mindestens acht Kalendermonaten nicht mehr als 30 ArbN beschäftigt hat. Entscheidend ist die Zahl der am Ersten des Kalendermonats beschäftigten ArbN. Wenn der Betrieb nicht während des ganzen, der Feststellung vorausgegangenen Kj bestanden hat, nimmt der ArbGeb am Ausgleichsverfahren teil, wenn er während des Zeitraums des Bestehen des Betriebes in der überwiegenden Zahl der Kalendermonate nicht mehr als 30 ArbN beschäftigt hat. Bei Errichtung eines Betriebes im Laufe eines Kj nimmt der ArbGeb in diesem Jahr am Ausgleichsverfahren teil, wenn nach Art des Betriebes anzunehmen ist, dass während der überwiegenden Zahl der noch verbleibenden Monate dieses Kj nicht mehr als 30 ArbN beschäftigt werden. Die nach den genannten Grundsätzen getroffene Feststellung zu Beginn des Kj bleibt für diese Kj auch dann maßgebend, wenn die tatsächlichen Verhältnisse sich im Kj ändern.

21 Bei der **Berechnung des Schwellenwertes** werden ArbN in vollem Umfang berücksichtigt, die wöchentlich regelmäßig 30 Stunden oder mehr arbeiten. Teilzeitbeschäftigte

werden bei der Frage, ob der genannte Schwellenwert von 20 ArbN überschritten wird, nur anteilig hinzugerechnet:

- ArbN mit einer Wochenarbeitszeit von regelmäßig mehr als 20 aber nicht mehr als 30 Stunden werden mit 0,75,
- ArbN mit einer Wochenarbeitszeit von regelmäßig mehr als 10 aber nicht mehr als 20 Stunden werden mit 0,5 und
- ArbN mit einer Wochenarbeitszeit von regelmäßig nicht mehr als 10 Stunden werden mit 0,25 berücksichtigt.

Auszubildende, Praktikanten und Schwerbehinderte bleiben bei der Berechnung des Schwellenwertes unberücksichtigt (zur Umlagepflicht für diesen Personenkreis → Rn 24).

Außer Ansatz bleiben auch Beschäftigte in der Freistellungsphase der **Altersteilzeit bzw Elternzeit.** Eine GmbH mit weniger als 30 ArbN ist auch dann umlagepflichtig, wenn ihre einzige Gesellschafterin – eine weitere GmbH – einen wesentlich höheren Personalbestand hat (BSG 30.10.02 – B 1 KR 19/01 R, SozR 3–2400 § 28p Nr 1 zum LFZG). Hat ein ArbGeb **mehrere unselbstständige Betriebe,** so sind die Beschäftigten der Neben- und Zweigbetriebe zu den Beschäftigten des Hauptbetriebes hinzuzuzählen. Das gilt nicht für selbstständige Betriebe einer Trägergesellschaft.

**5. Zuständige Ausgleichskasse** (U 1 und U 2) ist nach § 2 Abs 1 Satz 1 AAG die Krankenkasse, bei der der jeweilige ArbN versichert ist. Diese Zuständigkeit gilt sowohl für das Feststellungs- als auch für das Erstattungsverfahren. Für geringfügig Beschäftigte ist immer die Deutsche Rentenversicherung Knappschaft-Bahn-See zuständig. Ist der ArbN bei keiner gesetzlichen KV versichert, so ist die Krankenkasse zuständig, bei der er zuletzt versichert war. Besteht eine solche Kasse nicht, entscheidet der ArbGeb bei welcher Kasse die Entgeltfortzahlungsversicherung durchgeführt werden soll. § 175 Abs 3 Satz 2 SGB V gilt entsprechend. Die Krankenkassen können durch Satzungsänderung die Durchführung des U 1- und U 2-Verfahrens auf eine andere Krankenasse oder einen Landes- oder Bundesverband übertragen. Der Einzug der Umlage obliegt weiterhin der übertragenden Krankenkasse (§ 8 Abs 2 AAG). Die Krankenkassen erbringen Aufwendungsausgleichsleistungen grundsätzlich durch schlichtes Verwaltungshandeln, dürfen hierüber aber auch durch formellen Verwaltungsakt entscheiden (BSG 31.5.16 – B 1 KR 17/15 R, SozR 4–7862 § 11 Nr 1). 22

**6. Erstattungsfähig zu 80 vH** (U 1) sind nach § 1 Abs 1 AAG das vom ArbGeb nach § 3 und § 9 Abs 1 EFZG weitergezahlte Entgelt im Krankheitsfall und die darauf entfallenden ArgGebAnteile zur Kranken-, Renten- und Pflegeversicherung und zur BA. Darüber hinaus sind zu 80 vH erstattungsfähig der ArbGebAnteil zu einem berufständischen Versorgungswerk nach Maßgabe des § 172 Abs 2 SBG VI und die Beitragszuschüsse nach § 257 SGB V (freiwillige Mitglieder der gesetzlichen KV) und § 61 SGB XI (freiwillige Mitglieder der gesetzlichen KV und Privatversicherte). **In vollem Umfang werden erstattet** (U 2) der nach § 20 Abs 1 MuSchG gezahlte Zuschuss zum Mutterschaftsgeld und das nach § 18 MuSchG bei Beschäftigungsverboten gezahlte Arbeitsentgelt (Mutterschutzlohn) sowie die auf diese Leistung entfallenden Beitragsanteile und -zuschüsse zu den einzelnen Zweigen der SozV entsprechend der Regelung zu U 1 (→ *Mutterschutz* Rn 71 ff). Entgeltfortzahlung bei Freistellung des ArbN wegen Erkrankung dessen Kindes ist nicht erstattungsfähig. Nach § 9 Abs 2 Nr 1 AAG kann **die Satzung** der Krankenkasse anstelle der gesetzlich vorgesehenen Erstattung von 80 vH bei der Entgeltfortzahlungsversicherung (U 1) **geringere Werte** vorsehen, was sich auf die Höhe des Umlagesatzes auswirkt (BSG 27.10.09 – B 1 KR 12/09 R, SozR 4–1500 § 183 Nr 9 Rz 11). Dabei darf jedoch der Mindesterstattungssatz von 40 vH nicht unterschritten werden (BSG 13.12.11 – B 1 KR 3/11 R, NZA-RR 12, 537) Die Kürzung des ArbGebzuschusses zum Mutterschaftsgeld (U 2) ist durch Satzung nicht möglich (BSG 13.12.11 – B 1 KR 7/11 R, NZA-RR 12, 429). 23

**7. Umlage.** Die Mittel zur Durchführung des Ausgleichs werden kostendeckend nach dem vermutlich entstehenden Bedarf durch eine Umlage der am Ausgleichsverfahren beteiligten ArbGeb aufgebracht. Die **zuständige Ausgleichskasse** verwaltet die Mittel als Sondervermögen, die nur für die gesetzlich zugelassenen Zwecke (einschließlich der Verwaltungskosten) verwendet werden dürfen (§ 8 Abs 1 AAG). Der auf den einzelnen 24

ArbGeb entfallende Anteil richtet sich nach dem von der Krankenkasse festzusetzenden Prozentsatz (Umlagesatz) der Arbeitsentgelte, nach dem die **Beiträge zur gesetzlichen RV** bemessen werden. Hierbei sind auch Auszubildende und Schwerbehinderte zu berücksichtigen. Nicht Versicherungspflichtige werden so behandelt, als ob sie versicherungspflichtig wären, dh es ist das Arbeitsentgelt maßgebend, das für die Berechnung der RVBeiträge heranzuziehen wäre, wenn Versicherungspflicht bestünde. Die Umlagen U 1 und U 2 sind im Datensatz (Beitragsnachweis) nach § 28b Abs 2 Satz 1 SGB IV den Einzugstellen zu übermitteln (→ *Sozialversicherungsbeiträge* Rn 39 ff). **Einmalzahlungen** werden bei der Berechnung der Umlage nicht berücksichtigt, da sie auch bei der Erstattung unberücksichtigt bleiben. Besteht kein Anspruch auf Entgeltfortzahlung (zB bei einem auf nicht mehr als vier Wochen befristeten Beschäftigungsverhältnis nach § 3 Abs 3 EFZG), werden auf diese Entgelte ebenfalls keine Umlagebeiträge erhoben (§ 7 Abs 2 Satz 2 AAG). Die umlagepflichtigen Arbeitsentgelte sind nach § 7 Abs 1 AAG durch die Beitragsbemessungsgrenze der gesetzlichen RV begrenzt (BSG 26.9.17 – B 1 KR 31/16 R, NZS 18, 319).

25 **II. Unfallversicherung.** Unfallverhütungsvorschriften, können den Anschluss von **kleineren Betrieben** an den arbeitsmedizinischen und sicherheitstechnischen Dienst einer Berufsgenossenschaft vorschreiben(→ *Betriebsbeauftragte* Rn 29).

## Kontrolle des Arbeitnehmers

### A. Arbeitsrecht

*Kreitner*

1 **1. Bedeutung.** In jedem Arbeitsverhältnis besteht für den ArbGeb ein Interesse daran, die bei ihm beschäftigten ArbN in verschiedener Hinsicht zu kontrollieren. Größte Bedeutung haben dabei in der Praxis die Kontrolle der Arbeitsleistung, des sonstigen betrieblichen Verhaltens im weitesten Sinne sowie die Kontrolle zur Vermeidung von Vermögensdelikten. Dabei steht in letzter Zeit die Überwachung durch Videokameras uÄ im Vordergrund (BAG 23.8.18 – 2 AZR 133/18, NZA 18, 1329; 21.6.12 – 2 AZR 153/11, NZA 12, 1025; 26.8.08 – 1 ABR 16/07, NZA 08, 1187; *Thüsing/Schmidt* DB 17, 2608; *Bergwitz* NZA 12, 353; *Joussen* NZA 11 Beilage 1, 35; *Byers/Pracka* BB 13, 760). Aber auch die intensive Kontrolle der Arbeitsleistung kann in erheblicher Weise das allgemeine Persönlichkeitsrecht des ArbN einschränken (BAG 25.4.17 – 1 ABR 46/15, NZA 17, 1205). Als konkretes Ermittlungsinstrument werden regelmäßig sog Mitarbeiterinterviews eingesetzt, die aufgrund arbeitsvertraglicher Nebenpflichten (Treuepflicht) grds verpflichtend sind (*Mengel* NZA 17, 1494; *Herrmann/Zeidler* NZA 17, 1499). Daneben gewinnt bereits im Bewerbungsstadium die Suche nach persönlichen Daten in sozialen Netzwerken (sog pre-employment-screening zunehmend an Bedeutung (→ *Soziale Netzwerke* Rn 2).

2 **2. Rechtsgrundlage.** Wegen der oftmals erheblichen Beeinträchtigung des Persönlichkeitsrechts der ArbN scheidet eine einseitige Einführung der unterschiedlichsten Kontrollmaßnahmen durch den ArbGeb regelmäßig aus. Dies gilt im Grundsatz auch für den Einsatz von Detektiven, es sei denn, es liegt ein dringender Verdacht einer strafbaren Handlung oder einer schweren Vertragsverletzung vor (*Bopp/Molkenbur* BB 95, 514). Derartige Maßnahmen können nur entweder einvernehmlich im Arbeitsvertrag geregelt werden oder bedürfen ansonsten einer Betriebsvereinbarung oder eines Tarifvertrages als Rechtsgrundlage. Widerrechtlich durchgeführte Kontrollmaßnahmen können den ArbN je nach der Schwere des Persönlichkeitsrechtsverstoßes nach vorheriger Abmahnung des ArbGeb zur fristlosen Kündigung berechtigten (LAG BaWü 10.10.91, BB 91, 415; LAG Hamm 18.6.91, BB 91, 2017).

3 **3. Zulässigkeitsgrenzen** für Kontrollmaßnahmen des ArbGeb existieren im Wesentlichen in zweifacher Hinsicht. Auf der **individualrechtlichen Ebene** des Einzelarbeitsvertrages stellt der verfassungsrechtlich gewährleistete Schutzbereich des allgemeinen Persönlichkeitsrechts des Art 2 Abs 1 GG die maßgebende Schranke dar. Bei einer Kollision des allgemeinen Persönlichkeitsrechts mit schutzwürdigen Interessen des ArbGeb ist eine umfassende Güterabwägung unter Berücksichtigung der Einzelfallumstände durchzuführen.

Dabei bestimmt sich das zulässige Maß einer Beschränkung des allgemeinen Persönlichkeitsrechts nach dem Grundsatz der Verhältnismäßigkeit. Der Eingriff muss geeignet, erforderlich und angemessen sein, um den erstrebten Zweck zu erreichen (grundlegend BAG 27.7.17 – 2 AZR 681/16, NZA 17, 1327: Überwachung mittels sog Keylogger; 26.8.08 – 1 ABR 16/07, NZA 08, 1187; 29.6.04 – 1 ABR 21/03, NZA 04, 1278; 14.12.04 – 1 ABR 34/03, BeckRS 2005, 41749: dauerhafte, offene Videoüberwachung im Briefverteilzentrum der Deutschen Post AG; 21.6.12 – 2 AZR 153/11, NZA 12, 1025; 27.3.03 – 2 AZR 51/02, NZA 03, 1193: heimliche Videoüberwachung eines ArbN bei konkretem Tatverdacht; BAG 21.11.13 – 2 AZR 797/11, NZA 14, 243: Zufallsfund bei heimlicher Videokontrolle; 19.2.15 – 8 AZR 1007/13, NZA 15, 994: gezielte Observation eines ArbN mit heimlichen Videoaufnahmen; LAG SchlHol 29.8.13 – 5 TaBV 6/13, NZA-RR 13, 577: Videoüberwachung durch Standbilder, die alle 30 Sekunden „überschrieben" werden; BAG 12.1.88, DB 88, 1552: Weitergabe von Fahrtenschreiberaufzeichnungen im öffentlichen Dienst an den Bundesrechnungshof; *Thüsing/Schmidt* DB 17, 2608).

Kontrollmaßnahmen, die hinsichtlich der Intensität des durch sie bewirkten Eingriffs in das allgemeine Persönlichkeitsrecht des ArbN mit einer (verdeckten) Videoüberwachung vergleichbar sind, sind nach § 26 Abs 1 BDSG nur erlaubt, wenn gegen den Betroffenen der durch konkrete Tatsachen begründete „einfache" Verdacht (Anfangsverdacht) einer Straftat oder einer anderen schweren Pflichtverletzung besteht. Ergreift der ArbGeb solche Maßnahmen „ins Blaue hinein", sind sie jedenfalls unverhältnismäßig (BAG 28.3.19 – 8 AZR 421/17, NZA 19, 1212; 27.7.17 – 2 AZR 681/16, NZA 17, 1327; 20.10.16 – 2 AZR 395/15, NZA 17, 443; *Fuhlrott* NZA 17, 1308). Bei jeglicher Überwachung der E-Mail-Kommunikation des ArbN soll der ArbGeb nach einer neueren Entscheidung des EGMR verpflichtet sein, dies dem ArbN zuvor anzukündigen (EGMR 5.9.17 – 61496/08, NZA 17, 1443; *Kramer* NZA 18, 637; *Behling* DB 18, 52). Ebenfalls unverhältnismäßig ist eine Kontrolle des privaten E-Mail-Verkehrs eines ArbN über einen Zeitraum von einem Jahr aufgrund eines vagen Hinweises, der ArbN habe sich geschäftsschädigend geäußert (LAG Hess 21.9.18 – 10 Sa 601/18, NZA-RR 19, 130). Sollen ArbN in öffentlich zugänglichen Räumen beobachtet werden, ist § 4 Abs 1 BDSG zu beachten. Allerdings bleibt auch nach dieser Vorschrift eine heimliche Überwachung dann zulässig, wenn dies erforderlich ist und keine überwiegenden schutzwürdigen Interessen des Betroffenen ersichtlich sind (BAG 21.6.12 – 2 AZR 153/11, NZA 12, 1025 zu § 6b Abs 1 BDSG aF; zustimmend *Bergwitz* NZA 12, 1205; *Byers/Wenzel* BB 17, 2036; kritisch *Bayreuther* DB 12, 2222). Sofern es kein milderes Mittel zur Aufklärung eines gegen Beschäftigte bestehenden Verdachts einer Straftat als eine verdeckte Videoüberwachung, die auch andere ArbN miterfasst, gibt, ist nach § 26 Abs 1 Satz 2 BDSG der Eingriff auch in deren Persönlichkeitsrecht gerechtfertigt (BAG 22.9.16 – 2 AZR 848/15, NZA 17, 112). Die Maßnahme ist dann auch nach § 4 Abs 1 Satz 1 Nr 3 BDSG zulässig. Andererseits soll nach einer weiteren Entscheidung des EGMR auch bei einem bestehenden Diebstahlsverdacht eine über mehrere Wochen während der Arbeitszeit ohne zeitliche Begrenzung durchgeführte verdeckte Videoüberwachung aller an den Registrierkassen tätigen ArbN gegen Art 8 EGMRK verstoßen (EGMR 9.1.18 – 1874/13 und 8567/13, BeckRS 2018, 34505). Grds zulässig kann demgegenüber bei einem auf konkrete Tatsachen begründeten Verdacht eine verdeckte Überwachungsmaßnahme durch Einsatz eines Detektivs sein (BAG 29.6.17 – 2 AZR 597/16, NZA 17, 1179; zustimmend *Dzida/Grau* NZA 17, 1515).

Um mit der Kontrolle/Überwachung der ArbN Vertragsverstöße beweisen zu können, 4
muss der ArbGeb diese allgemeinen Zulässigkeitsgrenzen beachten, da ansonsten ein **Beweisverwertungsverbot** drohen kann (*Reitz* NZA 17, 273; *Fuhlrott/Oltmanns* NZA 18, 413). Das hat das BAG für eine heimliche Schrankkontrolle grundlegend bestätigt (BAG 20.6.13 – 2 AZR 546/12, NZA 14, 143; vgl auch *Grimm/Schiefer* RdA 09, 329; speziell zur ArbNKontrolle in Call-Centern *Jordan/Bissels/Löw* BB 08, 2626; speziell zur häuslichen Telearbeit *Wiese* RdA 09, 344; zur DS-GVO *Chandna-Hoppe* NZA 18, 614; *Fuhlrott/Oltmanns* NZA 19, 1105; grundlegend zur Verwertbarkeit datenschutzwidrig erlangter Beweismittel *Betz* RdA 18, 100; zur Online-Überwachungsentscheidung des BVerfG vom 27.2.08 – 1 BvR 370/07, NJW 08, 822 *Wedde* ArbuR 09, 373). Denn der gebotene Schutz des

ArbN vor einer unzulässigen Informationsgewinnung durch heimliche Videoüberwachung kann es erfordern, so gewonnene Erkenntnisse unberücksichtigt zu lassen, wenn durch die gerichtliche Entscheidung der Verstoß perpetuiert würde (BAG 16.12.10 – 2 AZR 485/08, NZA 11, 571). Das Verwertungsverbot kann dabei sogar für unstreitigen Sachvortrag gelten (BAG 22.9.16 – 2 AZR 848/15, NZA 17, 112; 20.10.16 – 2 AZR 395/15, NZA 17, 443). Letztlich hängt also die Entscheidung über die Verwertbarkeit nicht von dem Verstoß bei der Kenntniserlangung, sondern von den Auswirkungen der Verwertung ab (BAG 21.6.12 – 2 AZR 153/11, NZA 12, 1025; kritisch *Bayreuther* DB 12, 2222). Allerdings wird die Speicherung von Bildsequenzen aus einer rechtmäßigen offenen Videoüberwachung, die vorsätzliche Handlungen eines ArbN zulasten des Eigentums des ArbGeb zeigen, nicht durch bloßen Zeitablauf unverhältnismäßig und eine sofortige Auswertung ist nicht zwingend erforderlich. Vielmehr darf der ArbGeb hiermit solange warten, bis er dafür einen berechtigten Anlass sieht (BAG 23.8.18 – 2 AZR 133/18, NZA 18, 1329). Insgesamt muss das Gericht nur dann von Amts wegen prüfen, ob ein Verwertungsverbot eingreift, wenn entsprechende Anhaltspunkte dazu Anlass geben und die betreffende Partei nicht wirksam darauf verzichtet hat, die – mögliche – Grundrechtsverletzung geltend zu machen (BAG 23.8.18 – 2 AZR 133/18, NZA 18, 1329).

5 In **kollektivrechtlicher Hinsicht** sind die Mitbestimmungsrechte des BRat nach § 87 BetrVG vom ArbGeb zu beachten. Dennoch bleibt auch mitbestimmungswidrig erlangte Information für den ArbGeb in einem späteren gerichtlichen Verfahren verwertbar, da das Zivilprozessrecht kein dahingehendes Verwertungsverbot kennt (*Köhler/Schürges* BB 18, 1013). Letzteres kann nur dann in Betracht kommen, wenn durch die Verwertung von rechtswidrig erlangter Information oder Beweismitteln ein erneuter bzw sich perpetuierender erheblicher Eingriff in rechtlich geschützte Positionen der anderen Prozesspartei stattfinden würde (grundlegend BAG 13.12.07 – 2 AZR 537/06, NZA 08, 1008; *Lunk* NZA 09, 457; → *Internet-/Telefonnutzung* Rn 29 f; zum früheren Meinungsstand Personalbuch 2008 Rz 3). Zu Recht hat daher das LAG Hamm die Einzelverbindungsnachweise eines Diensthandys, das der ArbN vertragswidrig für Privatgespräche genutzt hatte, im Prozess als Beweismittel zugelassen (LAG Hamm 28.11.08 – 10 Sa 1921/07, NZA-RR 09, 476). Davon unabhängig sind natürlich auch bei Kontrollmaßnahmen, die in Betriebsvereinbarungen geregelt sind, die Persönlichkeitsrechte der ArbN zu beachten und muss der Verhältnismäßigkeitsgrundsatz gewahrt werden (BAG 9.7.13 – 1 ABR 2/13 (A), NZA 13, 1433). Gänzlich unproblematisch ist die Verwertung ohnehin immer dann, wenn der BRat der Verwendung dieses Beweismittels nachträglich zustimmt (BAG 27.3.03 – 2 AZR 51/02, NZA 03, 1193; aA *Bayreuther* NZA 05, 1038).

6 **4. Mitbestimmungsrechte des Betriebsrates** können bei der Kontrolle von ArbN in mehrfacher Hinsicht eingreifen.

7 **a) § 87 Absatz 1 Nummer 1 BetrVG.** Nach dieser Vorschrift hat der BRat ein erzwingbares Mitbestimmungsrecht bei Maßnahmen, die die Ordnung des Betriebes und das Verhalten der ArbN im Betrieb betreffen. Das BAG unterscheidet dabei zwischen mitbestimmungspflichtigen Maßnahmen, die auf das **Ordnungsverhalten** der ArbN abzielen und anderen sog **arbeitsnotwendigen Maßnahmen** des ArbGeb, die das Arbeitsverhalten der ArbN betreffen und nicht der Mitbestimmungspflicht unterliegen sollen (BAG 23.10.84, DB 85, 495; 10.3.98 – 1 AZR 658/97, NZA 98, 1242; 27.1.04 – 1 ABR 7/03, NZA 04, 556).

8 Diese Unterscheidung ist im Schrifttum auf Kritik gestoßen. Dabei wird der Rspr insbes vorgeworfen, sie mache eine klare Grenzziehung in der Praxis unmöglich (*DKK/Klebe* § 87 Rz 43 ff). Zwar ist das Problem der Praktikabilität der BAG-Rspr nicht von der Hand zu weisen. Dennoch sollte letztlich an der höchstrichterlichen Rspr festgehalten werden, denn sie stellt zur Bestimmung und Eingrenzung des Mitbestimmungstatbestandes zutreffend auf Sinn und Zweck der Vorschrift ab. § 87 Abs 1 Nr 1 BetrVG regelt insbes in Abgrenzung zu Nr 6 der Vorschrift Ordnungsfragen des Betriebes. Soweit dort auch das Verhalten der ArbN angesprochen ist, muss dieses immer in Zusammenhang mit der betrieblichen Ordnung gesehen werden. Dies gilt selbst dann, wenn man mit den kritischen Stimmen im Schrifttum in § 87 Abs 1 Nr 1 BetrVG zwei Mitbestimmungstatbestände sieht. Unter dem Begriff des „Verhaltens der ArbN im Betrieb" ist nicht das Leistungsverhalten, sondern allein das Ordnungsverhalten der ArbN zu verstehen. Dies hat das BAG

für die Frage des Detektiveinsatzes zur Leistungskontrolle der ArbN und für sog Ehrlichkeitskontrollen nochmals bestätigt und insoweit ein Mitbestimmungsrecht nach § 87 Abs 1 Nr 1 BetrVG verneint (BAG 26.3.91, BB 91, 1566; 18.11.99 – 2 AZR 743/98, NZA 2000, 418). Ist die Kontrolle der Leistung des ArbN im Streit, kommt demgegenüber das Mitbestimmungsrecht des § 87 Abs 1 Nr 6 BetrVG in Betracht (BAG 28.11.89, DB 90, 743).

Das Mitbestimmungsrecht umfasst auch Verhalten der ArbN **außerhalb der Betriebsstätte** (zB Außendienstmitarbeiter, Kraftfahrer, Monteure). Daher ist das mitbestimmungspflichtige Ordnungsverhalten auch betroffen, wenn der ArbGeb seine ArbN anweist, sich nach den im Kundenbetrieb bestehenden Regelungen zu verhalten (BAG 27.1.04 – 1 ABR 7/03, NZA 04, 556). 9

Gänzlich **mitbestimmungsfrei** sind konkrete Einzelanweisungen des ArbGeb, die sich auf die arbeitsvertragliche Tätigkeit des ArbN beziehen (BAG 8.8.89, DB 90, 893). Gleiches gilt, wenn der ArbGeb bei Kontrollmaßnahmen lediglich behördliche Anordnungen vollzieht (BAG 11.12.12 – 1 ABR 78/11, NZA 13, 913: Videoüberwachung in öffentlicher Spielbank; 26.5.88, DB 88, 2055: Torkontrolle in Wiederaufbereitungsanlage für Kernbrennstoffe; BAG 9.7.91, NZA 92, 126: Sicherheitsüberprüfung in Kernforschungsanlage; die hiergegen gerichtete Verfassungsbeschwerde hat das BVerfG nicht zur Entscheidung angenommen, BVerfG 22.8.94, NZA 95, 129) oder die Kontrolle des Arbeitsverhaltens ohne technische Einrichtungen erfolgt (LAG BlnBbg 22.3.17 – 23 TaBVGa 292/17, BeckRS 2017, 121988). 10

Zur Frage der Mitbestimmung gem § 87 Abs 1 Nr 1 BetrVG existiert eine umfangreiche **Einzelfallrechtsprechung.** Nachfolgend werden ohne Anspruch auf Vollständigkeit wesentliche Entscheidungen aufgeführt: 11

Alkoholverbot (BAG 23.9.86, DB 87, 337), Anwesenheitslisten (BAG 18.7.78, ArbuR 78, 278), Arbeitskleidung (BAG 8.8.89, DB 90, 893; → *Arbeitskleidung* Rn 5), Formulare für Arztbesuch (LAG Düsseldorf 27.4.81, DB 81, 1677), Anordnung genereller ärztlicher Eignungsuntersuchungen bei Krankheit (ArbG Offenbach 20.6.90, DB 91, 554), Betriebsausweise (BAG 16.12.86, DB 87, 791), Mitnahmeverbot von Bargeld an den Arbeitsplatz (LAG Hess 15.1.04 – 5 TaBV 49/03, NZA-RR 04, 411), Ausgestaltung des BEM (BAG 22.3.16 – 1 ABR 14/14, NZA 16, 1283), Mitnahmeverbot von Fotohandys (*Hunold* NZA 04, 1206), Regelungen zur Eigentumssicherung der ArbN (BAG 1.7.65, BB 65, 1147), Verwaltung und Belegung von Betriebsparkplatz (BAG 16.3.66, DB 66, 1056; aber Frage der Einrichtung des Parkplatzes ist mitbestimmungsfrei: LAG BaWü 4.11.86, NZA 87, 428 (LS)), Radiohören im Betrieb (BAG 14.1.86, DB 86, 1025), Rauchverbot (LAG München 30.10.85, NZA 86, 577, LAG München 27.11.90, NZA 91, 521 (LS)), Telefonnutzung für private Zwecke (→ Rn 17), Taschenkontrolle (BAG 13.12.07 – 2 AZR 537/06, NZA 08, 1008), Torkontrolle (BAG 26.5.88, DB 88, 2055; *Joussen* NZA 10, 254 bezgl § 32 BDSG aF), Verhalten am Arbeitsplatz (Stehen im Geschäftslokal: ArbG Köln 13.7.89, AiB 90, 73), Schaltertests bei Bankunternehmen zur Überprüfung der Beratungsqualität (BAG 18.4.2000 – 1 ABR 22/99, NZA 2000, 1176), Behandlung von Werbegeschenken (LAG Köln 20.6.84, DB 84, 2202).

**b) § 87 Absatz 1 Nummer 2 BetrVG.** Diese Vorschrift regelt das Mitbestimmungsrecht des BRat bei der Festlegung von Beginn und Ende der täglichen Arbeitszeit sowie der Verteilung der Arbeitszeit auf einzelne Wochentage (→ *Arbeitszeit* Rn 36). Vom Mitbestimmungsrecht umfasst sind dabei auch die Kontrollmaßnahmen bezüglich der jeweiligen Arbeitszeitregelungen (BAG 18.4.89, DB 89, 1978). 12

**c) § 87 Absatz 1 Nummer 6 BetrVG** macht die Einführung und Anwendung von technischen Einrichtungen, die dazu bestimmt sind, das Verhalten oder die Leistung der ArbN zu überwachen, von der Mitwirkung des BRat abhängig (insgesamt kritisch *Wisskirchen/Schiller/Schwindling* BB 17, 2105). Dementsprechend hat das BAG ein Mitbestimmungsrecht nach § 87 Abs 1 Nr 6 BetrVG bei dem elektronischen Abgleich von Belegschaftsdaten mit europaweiten sog Anti-Terror-Namenslisten verneint, weil die Ergebnisse keine Aussage über tatsächliches Verhalten der ArbN mit Bezug zum Arbeitsverhältnis enthielten (BAG 19.12.17 – 1 ABR 32/16, NZA 18, 673). Gleichermaßen mitbestimmungsfrei bleibt die Modifikation von Fragen einer Mitarbeiterbefragung, die mittels einer technischen Plattform durchgeführt wurde (BAG 11.12.18 – 1 ABR 13/17, NZA 19, 13

1009). Allgemein hat der BRat im Vorfeld der Planung allerdings einen Anspruch auf umfassende Unterrichtung durch den ArbGeb gem § 80 Abs 2 BetrVG (BAG 4.6.87, DB 88, 50). Bei unternehmenseinheitlichen Überwachungsmöglichkeiten ist der GBRat zuständig (BAG 11.11.98 – 7 ABR 47/97, NZA 99, 947; LAG SchlHol 25.4.18 – 6 TaBV 13/17, BeckRS 2018, 18439; *Bachner/Rupp* NZA 16, 207). Verarbeitet ein Konzernunternehmen individualisierbare Verhaltens- und Leistungsdaten von ArbN, die in anderen Konzernunternehmen beschäftigt werden, ist der KBRat nach § 58 Abs 1 S 1 Halbs 1 BetrVG zuständig (BAG 25.9.12 – 1 ABR 45/11, NZA 13, 275). Das Regel-/Ausnahmeverhältnis zwischen örtlichem BRat und GBRat bzw KBRat ist bei § 87 Abs 1 Nr 6 BetrVG wegen der regelmäßig übergeordneten Organisation faktisch umgekehrt (*Dahl/Brink* NZA 18, 1231). Unzuständig ist der KBRat demgegenüber, wenn kein unternehmensübergreifender Datenaustausch erfolgt (BAG 26.1.16 – 1 ABR 68/13, NZA 16, 498).

14 Anders als im Regelfall des § 87 Abs 1 BetrVG hat der BRat nach der zutreffenden Rspr des BAG im Rahmen des § 87 Abs 1 Nr 6 BetrVG **kein Initiativrecht,** dh, er kann weder die Einführung noch die Abschaffung einer einmal eingeführten Kontrolleinrichtung verlangen (BAG 4.3.86, DB 86, 1395; 28.11.89, DB 90, 743). Die gegenteilige Ansicht (LAG BlnBbg 22.1.15 – 10 TaBV 1812/14 und 10 TaBV 2124/14, BeckRS 2015, 68190; *Byers* RdA 14, 37) ist abzulehnen, denn sie lässt die Abwehrfunktion des Mitbestimmungsrechts nach § 87 Abs 1 Nr 6 BetrVG unberücksichtigt, die einem Initiativrecht des BRat nach Sinn und Zweck des Mitbestimmungsrechts entgegensteht.

15 **Überwachung und Kontrolle** des ArbN ist jeder Vorgang, durch den Informationen über das Verhalten oder die Leistung des ArbN erhoben, aufgezeichnet oder ausgewertet werden (BAG 14.9.84 – 1 ABR 23/82, NZA 85, 28). Grds bedarf es dabei zum Eingreifen des Mitbestimmungstatbestandes der Überwachung einzelner ArbN (aA *Burkert/Schirge* AiB 99, 435). Ausnahmsweise genügt bereits die Überwachung einer ArbNGruppe, wenn es sich um eine kleine überschaubare Gruppe handelt, die für ihr gemeinsames Arbeitsergebnis verantwortlich gemacht wird. Entscheidend ist, dass der Überwachungsdruck auf die einzelnen Gruppenmitglieder weitergeleitet wird. Insoweit genügen bereits soziale Anpassungszwänge, die sich infolge Art und Größe der Gruppe sowie Art der ausgeübten Tätigkeit ergeben können (BAG 26.7.94, DB 95, 147 mit kritischer Anm von *Hunold*). Diese Überwachung muss mit Hilfe einer **technischen Einrichtung** erfolgen. Eine rein „manuelle" Überwachung ist nicht gem § 87 Abs 1 Nr 6 BetrVG mitbestimmungspflichtig. Dementsprechend ist eine Arbeitszeitmessung durch manuelle Betätigung einer Stoppuhr nicht mitbestimmungsrelevant (BAG 8.11.94, DB 95, 783). Das Gleiche gilt für das offene Mithören von Kundengesprächen in Call-Centern (sog Side-by-Side-Coaching; LAG Köln 16.1.17 – 9 TaBV 77/16, BeckRS 2017, 104763; *Jordan/Bissels/Moritz* BB 14, 122). Allerdings reicht es aus, wenn lediglich ein Teil des gesamten Überwachungsvorgangs (also nur die Datenerfassung bzw die Datenauswertung) mit Hilfe einer technischen Einrichtung durchgeführt wird (BAG 14.9.84, DB 84, 2513; 23.4.85, DB 85, 1897; aA *Gebhard/Umnuß* NZA 95, 103). Das BAG hat sogar bei einer Kundenbefragung, die von einem Meinungsforschungsinstitut im Auftrag des ArbGeb durchgeführt worden war, ein Mitbestimmungsrecht nach § 87 Abs 1 Nr 6 BetrVG in Erwägung gezogen (BAG 28.1.92, DB 92, 1634). Zum Bereich der maschinellen Datenauswertung gehören auch die sog automatisierten Personalinformationssysteme (→ *Personalinformationssystem* Rn 6). Fällt eine Angelegenheit in die Zuständigkeit des GBRat, so ist dieser umfassend zuständig und nicht lediglich auf die Vereinbarung einer Rahmenregelung beschränkt (BAG 14.11.06 – 1 ABR 4/06, NZA 07, 399).

16 Unerheblich für die Mitbestimmungspflichtigkeit sind sowohl der **Überwachungszeitraum** (BAG 10.7.79, DB 79, 2427) als auch der Umstand, dass der einzelne ArbN die Einrichtung ausschalten kann, denn bereits die Ein- und Ausschaltzeitpunkte sind relevante Daten iSd § 87 Abs 1 Nr 6 BetrVG (BAG 14.5.74, DB 74, 1868).

17 Schließlich muss die technische Einrichtung **zur Überwachung bestimmt** sein. Dies ist nach der ständigen Rspr des BAG bereits dann der Fall, wenn sie objektiv geeignet ist, Verhalten und Leistung der ArbN zu überwachen (BAG 27.1.04 – 1 ABR 7/03, NZA 04, 556; 14.11.06 – 1 ABR 4/06, NZA 07, 399; enger *Diller* BB 09, 438; zuletzt verneint für die Nutzung von Google Maps: BAG 10.12.13 – 1 ABR 43/12, NZA 14, 439). Eine

Kontrollabsicht des ArbGeb ist nicht erforderlich. Offensichtlich nicht mitbestimmungspflichtig ist danach das Anbringen einer Videokameraattrappe im Außenbereich (LAG MeVo – 3 TaBV 5/14, NZA-RR 15, 196).

Ähnlich wie bei § 87 Abs 1 Nr 1 BetrVG besteht auch zu Nr 6 der Vorschrift eine umfangreiche **Einzelfallrechtsprechung,** aus der die wichtigsten Beispielfälle aufgelistet werden sollen: 18

Belastungsstatistik (BAG 25.4.17 – 1 ABR 46/15, NZA 17, 1205), Betriebsdatenerfassung (BAG 14.9.84, DB 84, 2513), Verarbeitung von Gesundheitsdaten beim BEM (BAG 22.3.16 – 1 ABR 14/14, NZA 16, 1283; 13.3.12 – 1 ABR 78/10, NZA 12, 748), Bildschirmarbeitsplätze (BAG 6.12.83, DB 84, 775), biometrische Zugangskontrolle (BAG 27.1.04 – 1 ABR 7/03, NZA 04, 556), Bürokommunikationssysteme (*Fitting* § 87 Rz 246 sowie *DKK/Klebe* § 87 Rz 164 jeweils mwN), einheitliches elektronisches Datenverarbeitungssystem (BAG 14.11.06 – 1 ABR 4/06, NZA 07, 399), E-Mails (*Balke/Müller* DB 97, 326; *Hilber/Frik* RdA 02, 89), Betreiben einer Facebook-Seite durch den ArbGeb (BAG 13.12.16 – 1 ABR 7/15, NZA 17, 657), Betreiben eines Twitter-Accounts durch den ArbGeb (LAG Hbg 13.9.18 – 2 TaBV 5/18, NZA-RR 18, 655), Fahrtenschreiber (BAG 10.7.79, DB 79, 2427; 12.1.88, DB 88, 1552), Einbau von GPS-Geräten in Kfz (ArbG Kaiserslautern 27.8.08 – 1 BVGa 5/08, BeckRS 2010, 73916), Einsatz von sog Fleetboards in Lkw (ArbG Dortmund 12.3.13 – 2 BV 196/12, NZA-RR 13, 473), Fernseh-, Film- und Videoanlage (BAG 10.7.79, DB 79, 2427; BVerwG 31.8.88, NJW 89, 848; LAG BaWü 14.4.88, AiB 88, 281), Einrichtung eines Gruppenkalenders in Outlook (LAG Nbg 21.2.17 – 7 Sa 441/16, NZA-RR 17, 302), Überwachung des dienstlichen Verhaltens von ArbN durch Videokamera (BAG 27.3.03 – 2 AZR 51/02, NZA 03, 1193; 29.6.04 – 1 ABR 21/03, NZA 04, 1278; 26.8.08 – 1 ABR 16/07, NZA 08, 1187), heimliche Videoüberwachung am Arbeitsplatz (ArbG Hbg 20.2.04 – 17 Ca 426/03, NZA-RR 05, 520), Videoüberwachung in einem Warenumschlagspunkt eines Luftfrachtunternehmens (LAG Köln 19.1.05 – 7 TaBV 53/04, BeckRS 2005, 42758), Überwachung des Betriebsparkplatzes durch Videokamera (ArbG Köln 10.8.94 – 13 BV 141/94), Videoüberwachung in Spielbank (LAG RhPf 15.6.12 – 9 TaBV 1/12, BeckRS 2012, 71659), Kienzle-Schreiber (BAG 18.2.86, DB 86, 1178), Krankenhausinformationssystem (LAG BlnBbg 8.3.18 – 5 TaBV 1475/17, BeckRS 2018, 8894), Ermittlung des Produktivitätsgrads einer Arbeitsgruppe mittels besonderer EDV-Software „ARWIS" (BAG 26.7.94, DB 94, 1573), Personalinformationssysteme (BAG 11.3.86, DB 86, 1469), Predictive Policing (*Rudkowski* NZA 19, 72), Produktograph (BAG 9.9.75, DB 75, 2233), Spiegel und Einwegscheiben (*Fitting* § 87 Rz 244 mit allgemeinen Bedenken hinsichtlich Zulässigkeit), Stempel-, Stechuhren und Zeitstempler (LAG Düsseldorf/Köln 21.11.78, DB 79, 459; LAG Bln 9.1.84, DB 84, 2098), Telefondatenerfassung (BAG 27.5.86, DB 86, 2080), unternehmenseinheitliche Telefonvermittlungsanlage (BAG 11.11.98 – 7 ABR 47/97, NZA 99, 947).

**d) § 87 Absatz 1 Nummer 11 BetrVG.** Dort ist die Mitbestimmung des BRat bei leistungsbezogenen Entgelten geregelt. Auch in diesem Zusammenhang kann bei der Ergebnisermittlung eine Kontrolle einzelner ArbN erfolgen. 19

**5. Kosten.** Grds trägt der ArbGeb die Kosten von Kontroll- und Überwachungsmaßnahmen als sog Vorsorgekosten. Der ArbN ist nur dann ersatzpflichtig, wenn er die Überwachungsmaßnahme durch einen konkreten Verdacht veranlasst hat und er durch die Maßnahme einer vorsätzlichen Vertragsverletzung überführt wird (LAG RhPf 18.9.08 – 2 Sa 315/08, BeckRS 2009, 53358; ArbG Düsseldorf 5.11.03 – 10 Ca 8003/03, NZA-RR 04, 345). Es gelten die gleichen Grundsätze wie für den Ersatz von Detektivkosten (BAG 17.9.98 – 8 AZR 5/97, NZA 98, 1334). 20

## B. Lohnsteuerrecht

*Seidel*

Die Kontrolle des ArbN hat lohnsteuerrechtlich keine Bedeutung. 26

## C. Sozialversicherungsrecht

*Voelzke*

Sozialversicherungsrechtlich hat die Kontrolle des ArbN keine Bedeutung. 31

## Konzernarbeitsverhältnis

### A. Arbeitsrecht

*Röller*

1 **1. Konzern (Begriff).** Ein eigener arbeitsrechtlicher Konzernbegriff besteht nicht. In arbeitsrechtlichen Gesetzen wird deshalb auf § 18 Abs 1 AktG verwiesen, zB in § 8 Abs 1 Satz 2, § 54 Abs 1 BetrVG; § 5 MitbestG; § 76 Abs 4 BetrVG 1952. Gem § 18 Abs 1 Satz 1 AktG bilden ein herrschendes und ein oder mehrere abhängige (§ 17 Abs 1 AktG) Unternehmen unter der einheitlichen Leitung des herrschenden Unternehmens zusammengefasst einen Konzern, den sog Unterordnungskonzern. Ein Gleichordnungskonzern liegt demgegenüber nach § 18 Abs 2 AktG vor, wenn rechtlich selbstständige Unternehmen, ohne dass das eine Unternehmen von dem anderen abhängig ist, unter einheitlicher Leitung zusammengefasst sind. Beim Unterordnungskonzern erfolgt je nachdem, auf welcher Rechtsgrundlage die ausgeübte einheitliche Leitungsmacht beruht, eine Untergliederung zwischen Vertragskonzern (Beherrschungs- oder Gewinnabführungsvertrag), Eingliederungskonzern (§§ 319, 320, 323 AktG) und faktischem Konzern (tatsächlich beherrschender Einfluss). Einzelheiten s MüKoAktG/*Bayer* § 18 Rn 1 ff.

2 **2. Konzernarbeitsverhältnis (Begriff).** Der Konzern ist als Verbindung rechtlich selbstständiger Unternehmen kein Rechtssubjekt und scheidet als ArbGeb aus (ErfK/*Preis* § 611a BGB Rn 198; MünchArbR/*Richardi* § 23 Rn 1). Der Arbeitsvertrag wird deshalb idR im Verhältnis Konzernunternehmen – ArbN geschlossen. Möglich ist auch, dass nebeneinander mehrere Arbeitsverhältnisse mit Konzernunternehmen begründet werden, die miteinander verknüpft sind, bspw durch Verbindung eines ruhenden Stammarbeitsverhältnisses mit dem Einstellungsunternehmen und einem zweiten Arbeitsverhältnis mit einem anderen Konzernunternehmen (BAG 6.8.85 – 3 AZR 185/83, BeckRS 9998, 149119; LAG HH 21.5.08 – 5 Sa 82/07, BeckRS 2008, 56425; *Lange* NZA 12, 1121) oder mittels Abschluss auflösend bedingter Arbeitsverhältnisse (*Windbichler* S 70 ff; MünchArbR/Richardi § 23 Rn 9).

Von einem Konzernarbeitsverhältnis wird gesprochen, wenn mehrere natürliche und juristische Pesonen eines Konzerns in arbeitsrechtlichen Beziehungen zu demselben ArbN stehen und ein rechtlicher Zusammenhang der arbeitsvertraglichen Beziehungen besteht, der es verbietet, diese rechtlich getrennt zu behandeln. Ein solcher Zusammenhang kann sich aus der Auslegung der geschlossenen Verträge, aber auch aus zwingenden rechtlichen Wertungen ergeben (BAG 20.6.13 – 6 AZR 805/11, NZA 13, 1137; APS/Kiel § 1 KSchG Rn 552). Nebeneinander bestehende arbeitsvertragliche Beziehungen, die eine gemeinsame und einheitliche ArbGebStellung vorsehen, können auch nachträglich durch konkludenten Vertragsbeitritt zustandekommen. Der in einem Arbeitsvertrag zwischen einem Konzernunternehmen und dem ArbN vereinbarte konzernweite Versetzungsvorbehalt reicht zur Begründung eines Konzernarbeitsverhältnisses allein nicht aus (APS/Kiel § 1 KSchG Rn 552). Zur Aufspaltung von ArbGebFunktionen bei einer Matrixorganisation *Schnabel/Bodenstedt* BB 14, 1525; *Meyer* NZA 13, 1326; *Bauer/Herzberg* NZA 11, 713.

3 **3. Arbeitsleistung. a) Allgemeines.** Gem § 613 Satz 2 BGB ist der Anspruch auf die Dienste nicht übertragbar, so dass Gläubiger des Anspruchs grds nur das Konzernunternehmen ist, mit welchem der ArbN einen Arbeitsvertrag geschlossen hat. Die Konzernobergesellschaft hat aufgrund ihrer Konzernleitungsmacht deshalb kein Weisungsrecht gegenüber den ArbN konzernabhängiger Unternehmen (MünchArbR/*Richardi* § 23 Rn 24).

4 **b) Konzernweite Entsendungs- und Versetzungsvorbehalte.** Sollen ArbN innerhalb eines Konzerns über die Unternehmensgrenzen hinweg tätig werden, so kommen in erster Linie Entsendung (Abordnung) oder Versetzung in Betracht. Unter Entsendung wird dabei die **konzerninterne Arbeitnehmerüberlassung** verstanden. Sie ist nur dann erlaubnisfrei, wenn der ArbN nicht zum Zweck der Überlassung eingestellt und beschäftigt wird (§ 1 Abs 3 Nr 2 AÜG). S → *Arbeitnehmerüberlassung/Zeitarbeit* Rn 16. Unter (dauerhafter) **Versetzung** versteht man den Wechsel des ArbGeb innerhalb des Konzerns (*Windbichler* Arbeitsrecht im Konzern, 1989, S 95; *Maschmann* RdA 96, 24). Dabei kann sich der Arb-

GebWechsel durch Fortsetzung des ursprünglichen Arbeitsverhältnisses unter Auswechslung des ArbGeb oder durch Beendigung des alten und Begründung eines neuen Arbeitsverhältnisses (*Windbichler* S 95) vollziehen, ggf verbunden mit einer Rückkehr- oder Wiedereinstellungsklausel beim alten ArbGeb (*Rüthers/Bakker* ZfA 90, 282) und/oder dem Ruhen des Arbeitsverhältnisses beim versetzenden Unternehmen.

Ein arbeitsvertraglich vereinbarter Konzernvorbehalt enthält die Einwilligung des ArbN, vorübergehend bei einem anderen Konzernunternehmen eingesetzt zu werden bzw an einem späteren ArbGebWechsel mitzuwirken. Eine Klausel, nach der der ArbN vorrübergehend in einem anderen Konzernunternehmen eingesetzt werden kann, ist grds möglich (BAG 23.11.04 – 2 AZR 24/04, NZA 05, 929; LAG HH 21.5.08 – 5 Sa 82/07, BeckRS 2008, 56425; *Hromadka* NZA 12, 233). Es ist jeoch eine **AGB-Kontrolle** gem §§ 305 ff BGB vorzunehmen. Eine unangemessene Benachteiligung iSv § 307 BGB kann vorliegen, wenn der ArbGeb sich das Recht vorbehalten hat, den ArbN auch ins Ausland zu versetzen, da mit einer Auslandstätigkeit idR erhebliche Belastungen verbunden sind (LAG Hamm 11.12.08 – 11 Sa 517/08, BeckRS 2009, 53973). Konzernversetzungsklauseln müssen im Übrigen einer Transparenzkontrolle standhalten. Welche Anforderungen einzuhalten sind, ist weitgehend ungeklärt (Erfk/*Preis* § 310 BGB Rn 86; *Däubler/Dorndorf/Bonin/Deinert* § 307 BGB Rn 193a). Konzernversetzungsklauseln, die auf einen dauerhaften Wechsel des ArbGeb gerichtet sind, werden teilw als zulässig erachtet (*Lingemann/Steinau-Steinrück* DB 99, 2161; Konzen RdA 84, 65; *Ruthers/Bakker* ZfA 90, 245). Nach § 309 Nr 10 BGB sind Klauseln, die einen Wechsel des Vertragspartners ermöglichen, unwirksam. Dieses Klauselverbot soll wegen arbeitsrechtlicher Besonderheiten nicht anwendbar sein (ErfK/*Preis* § 310 BGB Rn 86; HWK/*Gotthardt* § 309 BGB Rn 13; *Schaub/Linck* § 45 Rn 59; aA PdSR/*Henssler* § 310 BGB Rn 19). Zum Weisungsrecht im Matrix-Konzern s *Maschmann* NZA 17, 1557. 5

**4. Haftung. a) Arbeitsentgelt und sonstige finanzielle Forderungen des Arbeitnehmers.** Der ArbN hat einen Anspruch auf Arbeitsentgelt nur gegen das Unternehmen, mit dem er einen Arbeitsvertrag geschlossen hat. Eine darüber hinausgehende Gesamthaftung im Konzern besteht nicht (BAG 31.7.02 – 14 AZR 420/01, NZA 03, 213). Ein Anspruch gegen die Obergesellschaft kommt nach der neueren Rspr nur nach den Grundsätzen einer **Existenzvernichtungshaftung** als besondere Fallgruppe einer vorsätzlichen sittenwidrigen Schädigung iSd § 826 BGB in Betracht. Der Alleingesellschafter muss für diejenigen Nachteile einstehen, die den Gläubigern einer Gesellschaft dadurch entstehen, dass er der Gesellschaft vorsätzlich Vermögen entzieht, das jene zur Erfüllung ihrer Verbindlichkeiten benötigt (BGH 16.7.07 – II ZR 3/04, NJW 07, 2689; BAG 15.3.11 – 1 ABR 97/09, NZA 11, 1112). 6

Die Gerichte für Arbeitssachen sind zuständig, wenn ein ArbN arbeitsvertragliche Ansprüche gegenüber der Konzernobergesellschaft seiner ArbGeb als Mitschuldnerin geltend machen will (§ 3 ArbGG; BAG 15.3.2000 – 5 AZB 70/99, NZA 2000, 671).

**b) Betriebliche Altersversorgung.** Gem § 16 BetrAVG hat der ArbGeb alle 3 Jahre eine Anpassung der laufenden Leistungen der betrieblichen Altersversorgung zu prüfen und hierüber nach billigem Ermessen zu entscheiden. ArbGeb ist regelmäßig nur das Unternehmen, mit dem der ArbN seinen Arbeitsvertrag abgeschlossen hat. Auch im Betriebsrentenrecht findet das **Trennungsprinzip für juristische Personen** Anwendung (BAG 26.4.18 – 3 AZR 686/16, NZA 18, 863; 21.10.14. – 3 AZR 1027/12, NZA-RR 15, 90). Ist das arbeitgebende Konzernunternehmen als Versorgungsschuldner aufgrund seiner wirtschaftlichen Lage nicht im Stande, die Anpassungsraten aus den Erträgen und dem Wertzuwachs zu bestreiten, kann es deshalb nur ausnahmsweise auf die wirtschaftliche Lage des herrschenden Unternehmens ankommen (BAG 15.9.15 – 3 AZR 839/13, NZA 16, 235; 21.4.15 – 3 AZR 11/14, BeckRS 2015, 71008; 17.6.14 – 3 AZR 298/13, BeckRS 2014, 72951; 15.1.13 – 3 AZR 638/10, NZA 14, 87). Einzelheiten → *Betriebliche Altersversorgung* Rn 58; *Granetzny/Wallraven* NZA 17, 1231; *Cisch/Kruip* NZA 10, 540; Schlewing RdA 10, 364. 7

**5. Gleichbehandlung im Konzern.** Der arbeitsrechtliche Gleichbehandlungsgrundsatz gilt nicht für alle ArbN eines Konzerns, weil die in einem Konzern zusammengeschlossenen Firmen ihre rechtliche Selbstständigkeit behalten und auch wirtschaftlich mehr oder weniger weitgehend selbstständig bleiben (BAG 19.11.92 – 10 AZR 290/91, DB 93, 843; LAG 8

SchlHol 20.4.04 – 5 Sa 8/04, NZA-RR 05, 93). Bei Sozialleistungen kann die unternehmensübergreifende Anwendung des Gleichbehandlungsgrundsatzes in Betracht kommen, wenn vom herrschenden Unternehmen ausgehend bestimmte Leistungen üblicherweise konzerneinheitlich erbracht werden und auf den Fortbestand dieser Übung ein schützenswertes Vertrauen für die ArbN der Konzernunternehmen entstanden ist (BAG 4.10.94, DB 95, 528).

9 **6. Kündigungsschutz.** Der Kündigungsschutz nach dem KSchG ist nicht konzernbezogen (BAG 18.10.12 – 6 AZR 41/11, NZA 13, 1007; 23.4.08 – 2 AZR 1110/06, NZA 08, 939; 23.3.06 – 2 AZR 162/05, NZA 07, 30). Der ArbGeb muss deshalb vor Ausspruch einer betriebsbedingten Kündigung nicht versuchen, den ArbN in einem anderen Betrieb eines anderen Unternehmens weiterzubeschäftigen. Eine konzernweite Weiterbeschäftigungspflicht besteht nur ausnahmsweise. Voraussetzung hierfür ist, dass ein anderes als das kündigende Konzernunternehmen sich ausdrücklich zur Übernahme des ArbN bereit erklärt, der ArbGeb im Rahmen des Arbeitsvertrages oder einer sonstigen vertraglichen Absprache sich verpflichtet hat, zunächst eine Unterbringung des ArbN in einem anderen Unternehmens- oder Konzernbetrieb zu versuchen, bevor er dem ArbN aus betriebsbedingten Gründen kündigt bzw eine solche Verpflichtung auf Grund konzernweit geltender kollektivrechtlicher Regelungen besteht (BAG 10.5.07 – 2 AZR 626/05, NZA 07, 1278). Weitere Voraussetzung ist ein bestimmender Einfluss des vertragsschließenden Unternehmens auf die Versetzung (BAG 18.10.12, NZA 13, 1007). Es spielt keine Rolle, ob die Möglichkeit der Einflussnahme auf Grund eindeutiger rechtlicher Regelungen (zB auf Grund eines Beherrschungsvertrages) oder eher nur faktisch besteht (BAG 23.4.08, NZA 08, 939; 21.2.02 – 2 AZR 556/00, NZA 02, 1416). Der ArbN, der sich auf einen konzernweiten Kündigungsschutz beruft, muss konkret aufzeigen, aus welchen vertraglichen Regelungen er die Möglichkeit einer konzernweiten Beschäftigung ableitet und wie er sich eine anderweitige Beschäftigung, zB auf einem freien Arbeitsplatz bei einem Tochterunternehmen vorstellt (BAG 18.10.12, NZA 13, 1007). Unter Umständen kann sich die Pflicht des ArbGeb, Weiterbeschäftigungsmöglichkeiten auch außerhalb des Unternehmens zu suchen, auch auf Konzernunternehmen erstrecken, die Parteien eines Interressenausgleichs sind und sich dort verpflichtet haben, im Einzelfall vor Ausspruch einer Beendigungskündigung zu prüfen, ob Weiterbeschäftigungsmöglichkeiten in einem anderen Unternehmen bestehen (BAG 22.11.12 – 2 AZR 673/11, NZA 13, 730). Der ArbN einer Konzernholding genießt, soweit kein Gemeinschaftsbetrieb zwischen der Holding und den Tochtergesellschaften besteht, nur dann Kündigungsschutz, wenn die Holding ihrerseits dem KSchG unterliegt (BAG 13.6.02 – 2 AZR 327/01, DB 02, 2171).

Pflichtverletzungen, die ein ArbN im Rahmen eines auf einer Entsendung zu einer anderen Konzerngesellschaft beruhenden Vertragsverhältnisses begangen hat, können auf das ruhende Stammarbeitsverhältnis durchschlagen und den Ausspruch einer Kündigung rechtfertigen. Voraussetzung ist, dass auch das ruhende Arbeitsverhältnis konkret und erheblich beeinträchtigt ist (BAG 27.11.08 – 2 AZR 193/07, NZA 09, 671; LAG Köln 28.3.01 – 8 Sa 405/00, NZA-RR 02, 85).

10 **7. Betriebsverfassung.** Zur Bildung des Konzernbetriebsrats und zu dessen Zuständigkeiten s *Konzernbetriebsrat.* Zum Gesetz über Europäische BRäte s *Europäischer Betriebsrat.*

11 **8. Mitbestimmung.** An der Wahl der Aufsichtsratsmitglieder der ArbN des herrschenden Unternehmens eines Konzern nehmen auch die ArbN der übrigen Konzernunternehmen teil.

12 Nach § 5 Abs 1 MitBestG, § 2 DrittelbG gelten für die Anwendung des MitbestG und des DrittelbG auf das herrschende Unternehmen alle ArbN der einzelnen Konzernunternehmen als ArbN des herrschenden Unternehmens. Wird hierdurch die erforderliche ArbNZahl von zweitausend bzw fünfhundert überschritten, greift das MitbestG bzw das DrittelbG auch dann für das herrschende Unternehmen, wenn dieses keine eigenen ArbN beschäftigt. Bei der Feststellung, ob es sich um ein herrschendes Unternehmen im Konzern handelt, kann auf die Regelungen der §§ 17 Abs 1 und 18 Abs 1 AktG zurückgegriffen werden. Die Konzernvermutung des § 18 Abs 1 Satz 3 AktG gilt auch im Rahmen des § 2 Abs 1 DrittelbG.

## B. Lohnsteuerrecht

*Seidel*

Steuerrechtlich ist von Bedeutung, wer die lohnsteuerlichen ArbGebPflichten zu erfüllen hat (→ *Lohnsteuerabführung* Rn 2 ff) und wer ggf als ArbGeb für die LSt haftet (→ *Lohnsteuerhaftung* Rn 4–28). ArbGeb ist im Konzern das jeweilige anstellende Konzernunternehmen **(Organgesellschaft).** Nur diesem ist der ArbN arbeitsvertraglich verbunden mit den sich daraus ergebenden Weisungsrechten. Rechtsansprüche hat der ArbN grds auch nur gegenüber diesem Unternehmen. 21

Die Obergesellschaft **(Organträger)** wird selbst dann nicht ArbGeb, wenn sie dem ArbN etwas zuwendet (zB verbilligte Aktienüberlassung, BFH 21.2.86 – VI R 9/80, BStBl II 86, 768; zur Frage der Mitarbeiterbeteiligung im Konzern auch → *Mitarbeiterbeteiligung* Rn 25, 31 und → *Aktienoptionen* Rn 13). Dies gilt auch für die Schwestergesellschaften (BFH 10.5.06 – IX R 82/98, BStBl I 06, 669). LStabführungspflichtig bleibt insoweit nur die jeweilige Organgesellschaft (Lohnzahlung durch Dritte, → *Lohnabzugsverfahren* Rn 14 und *HMW*/Arbeitslohn Rz 155/2). Der Rabattfreibetrag (§ 8 Abs 3 Satz 2 EStG) steht ArbN der Organgesellschaft für Zuwendungen des Organträgers auch bei Verrechnung mit dem ArbGeb (Organgesellschaft) nicht zu (BFH 15.1.93, BStBl II 93, 356 und 1.10.09 – VI R 22/07, BStBl II 10, 204; → *Sachbezug* Rn 30). Die LStAnmeldungen der Organgesellschaft beim zuständigen BetriebsstättenFA müssen die LSt für die leitenden Angestellten unabhängig davon enthalten, ob die Organgesellschaft die Lohnabrechnungen für diese Personen von der Muttergesellschaft vornehmen lässt (OFD Hannover 18.8.93, DStR 93, 1628). 22

Wird der ArbN für ein anderes Konzernunternehmen tätig, ändert dies an der ArbGeb-Stellung der Organgesellschaft nichts. In Ausnahmefällen können allerdings jeweils Dienstverhältnisse mit mehreren Konzernunternehmen bestehen (*HMW*/Arbeitgeber Rz 10; *Crezelius* DStJG 9, 101 sowie → *Mehrfachbeschäftigung* Rn 8 ff), zu Matrixstrukturen → *Matrixorganisation* Rn 1 ff. Liegt keine erlaubnisfreie ArbNÜberlassung vor (→ Rn 4 und → Rn 28), vgl zur steuerlichen Behandlung → *Arbeitnehmerüberlassung/Zeitarbeit* Rn 20, 71 ff 94 ff (zur Haftung bei ArbNÜberlassung im Konzern s auch BFH 24.3.99 – I R 64/98, BStBl II 2000, 41; 13.7.11 – VI R 84/10, BStBl II 11, 986 Rn 15 und → *Arbeitnehmerentsendung* Rn 18). Bei einer Umsetzung von ArbN im Konzern stellen im Zusammenhang damit gezahlte Entschädigungen keine Abfindung dar, wenn die Versetzung als Fortsetzung des bisherigen Dienstverhältnisses anzusehen ist (FG Hbg 27.5.93, EFG 94, 86; → *Außerordentliche Einkünfte* Rn 5). 23

## C. Sozialversicherungsrecht

*Voelzke*

**1. Arbeitgeberpflichten.** Die Beschäftigung bei einem Konzernunternehmen wirft die Frage auf, wer die beitrags- und melderechtlichen **Arbeitgeberpflichten** zu erfüllen hat (vgl zu Fragen der Konzernbeschäftigung auch *Reuter* NZS 18, 687). ArbGeb ist im SozVRecht derjenige, zu dem der Beschäftigte in einem persönlichen Abhängigkeitsverhältnis steht (→ *Arbeitgeber* Rn 26). Kennzeichnend für die ArbGebEigenschaft ist nach der Rspr des BSG die Tragung des Unternehmerrisikos und die Verpflichtung zur Zahlung des Arbeitsentgelts, während die tatsächlichen Einflussmöglichkeiten im Interesse der Rechtssicherheit und Rechtsklarheit im Regelfall zurücktreten (BSG 26.1.78 – 2 RU 90/77, DB 78, 1359). 26

Unproblematisch sind diejenigen Fälle, bei denen auf Dauer ein Beschäftigungsverhältnis mit einer Konzerngesellschaft begründet wird; in diesen Fällen wird die **Beschäftigungsgesellschaft** und nicht der Konzern zur Erfüllung der sozialversicherungsrechtlichen ArbGebPflichten herangezogen (zu den Besonderheiten bei einer Mehrfachbeschäftigung → *Mehrfachbeschäftigung* Rn 12–20). Bei ArbN, die innerhalb der zum Konzern gehörenden Gesellschaften flexibel eingesetzt werden, muss nach der tatsächlichen Ausgestaltung des jeweiligen Beschäftigungsverhältnisses unterschieden werden. Wird der ArbN von einer Konzerngesellschaft eingestellt und lediglich zur Erledigung bestimmter Aufgaben zu anderen Gesellschaften abgeordnet, ohne dass die wesentlichen ArbGebPflichten einschließlich der Verpflichtung zur Zahlung des Arbeitsentgelts auf diese Gesellschaften übergehen, so ist davon auszugehen, dass die ArbGebPflichten bei der Einstellungsgesellschaft verbleiben 27

(*Schlegel/Voelzke/Werner* SGB IV, § 28e Rz 40, der darauf abstellt, welchem Betrieb das Arbeitsergebnis wirtschaftlich zugutekommt).

28 Gehen hingegen nach der Einstellung bei einer Konzernobergesellschaft die wesentlichen Verpflichtungen aus dem Arbeitsverhältnis auf eine andere Gesellschaft über und schließt der ArbN mit diesem Konzernunternehmen einen Arbeitsvertrag, so gehen mE aus den vom BSG betonten Gründen der Rechtssicherheit die sozialversicherungsrechtlichen ArbGeb-Pflichten idR auch dann auf dieses Unternehmen über, wenn zusätzlich noch arbeitsvertragliche Beziehungen zur Konzernobergesellschaft bestehen bleiben. Werden schließlich innerhalb des Konzerns durch eine **Personalführungsgesellschaft** wiederholt und planmäßig ArbN bei den einzelnen Konzernunternehmen eingesetzt, so liegt keine erlaubnisfreie ArbNÜberlassung mit der Folge vor, dass die Personalführungsgesellschaft als Verleiher gem § 28e Abs 1 SGB IV den GesamtSozVBeitrag zu zahlen hat und der Entleiher gem § 28e Abs 2 SGB IV wie ein selbstschuldnerischer Bürge haftet, soweit er mit dem Verleiher eine Vergütung für die Überlassung des ArbN vereinbart hat (→ *Arbeitnehmerüberlassung/Zeitarbeit* Rn 95).

29 **2. Entsendung.** Keine Besonderheiten hinsichtlich der Versicherungspflicht ergeben sich, wenn ausländische ArbN im Rahmen einer konzerninternen **Entsendung** im Inland beschäftigt werden. Handelt es sich bei der inländischen Tochtergesellschaft um eine juristische Person, ist der ArbN in den Betrieb der Gesellschaft eingegliedert und zahlt die Tochtergesellschaft das Arbeitsentgelt, so liegt kein Fall der Einstrahlung ausländischen Rechts (§ 5 SGB IV; → *Ausländer* Rn 67–70) vor. Es wird ein Beschäftigungsverhältnis im Inland begründet, das der deutschen SozVPflicht unterliegt (BSG 7.11.96 – 12 RK 79/94, SozR 3–2400 § 5 Nr 2).

# Konzernbetriebsrat

## A. Arbeitsrecht

*Poeche*

### Übersicht



1 **1. Allgemeines.** Im Interesse einer möglichst umfassenden Berücksichtigung der ArbN an den sie betreffenden Entscheidungsprozessen auf allen Leitungsebenen wird ihnen auf Konzernebene die Errichtung eines KBRat ermöglicht. Er repräsentiert die Konzernbelegschaft und tritt als selbstständiges Organ der Betriebsverfassung neben BRat und GBRat (BAG 12.11.97 – 7 ABR 78/96, NZA 98, 497). Mit seiner Beteiligung an den die einzelnen Unternehmen bindenden Entscheidungen auf Konzernebene soll sichergestellt werden, dass Mitbestimmungsrechte der BRäte und der GBRäte nicht durch Verlagerung betrieblicher oder unternehmerischer Entscheidungsmacht auf die Konzernebene unterlaufen und damit gegenstandslos werden (BAG 22.11.95 – 7 ABR 9/95, NZA 96, 706). Voraussetzungen und Reichweite der betriebsverfassungsrechtlichen Mitbestimmung werden durch die Errichtung eines KBRat nicht erweitert (BAG 21.10.80 – 6 ABR 41/78, BB 81, 1461). Im Gegensatz zur Bildung und Errichtung von BRat und GBRat ist die Errichtung des KBRat **fakultativ** (§ 54 Abs 1 Satz 1). Damit wird den ArbNVertretungen ermöglicht, flexibel auf Strukturänderungen zu reagieren. Solange die Errichtung eines KBRat unterbleibt, bleiben unternehmensübergreifende Angelegenheiten mitbestimmungsfrei (*Salamon* NZA 19, 283).

**Die maßgeblichen Bestimmungen** finden sich in §§ 54–59 BetrVG. Sie sind grds zwingend und weder durch Tarifvertrag noch durch Betriebsvereinbarung abdingbar (BAG 11.11.98 – 4 ABR 40/97, NZA 99, 1056 zum GBRat). Zulässig sind andere Vertretungsstrukturen nach § 3 Abs 1 Nr 2 und 3 BetrVG. Ob diese für alle Konzerne, also auch den Gleichordnungskonzern, vereinbart werden können, ist streitig (*Friese* RdA 03, 92 mwN). Die Bildung eines unternehmensübergreifenden „GBRat" „anstelle" eines KBRat ist nicht möglich. Er ist rechtlich nicht existent, mit ihm abgeschlossene Betriebsvereinbarungen sind unwirksam (BAG 17.3.10 – 7 AZR 706/08, BeckRS 2010, 70837). Der KBRat ist wie der GBRat eine Dauereinrichtung (BAG 9.2.11 – 7 ABR 11/10, NZA 11, 866), dessen Mitglieder kein imperatives Mandat haben. Im Rahmen seiner Zuständigkeit hat der KBRat dieselben Rechte und Pflichten wie GBRat und BRat; er ist diesen Gremien weder untergeordnet noch übergeordnet (BAG 20.12.95 – 7 ABR 8/95, NZA 96, 945). Unbedenklich ist, wenn er sich außerdem um Koordination der Tätigkeiten der GBRäte bemüht (ErfK/*Koch* § 58 BetrVG Rz 1 mwN). 2

**2. Voraussetzungen. a) Unterordnungskonzern.** Nach § 54 Abs 1 Satz 1 BetrVG kann für einen Konzern (§ 18 Abs 1 AktG) durch Beschlüsse der einzelnen GBRäte ein KBRat errichtet werden. Nach der Verweisung auf § 18 Abs 1 AktG muss ein **Unterordnungskonzern** bestehen. Bei einem Gleichordnungskonzern, bei dem rechtlich selbstständige Unternehmen unter einheitlicher Leitung zusammengefasst sind, ohne dass ein Unternehmen von einem anderen abhängig ist, wie er gesetzlich in § 18 Abs 2 AktG definiert ist, kommt die Errichtung eines KBRat nicht in Betracht (BAG 22.11.95 – 7 AB 9/95, NZA 96, 706). Dagegen wird der Unterordnungskonzern (ein verbundenes Unternehmen iSv § 15 AktG) in § 18 Abs 1 AktG wie folgt definiert: 3

*„Sind ein herrschendes und ein oder mehrere abhängige Unternehmen unter der einheitlichen Leitung des herrschenden Unternehmens zusammengefasst, so bilden sie einen Konzern; die einzelnen Unternehmen sind Konzernunternehmen. Unternehmen, zwischen denen ein Beherrschungsvertrag (§ 291) besteht oder von denen das eine in das andere eingegliedert ist (§ 391), sind als unter einheitlicher Leitung zusammengefasst anzusehen. Von einem abhängigen Unternehmen wird vermutet, dass es mit dem herrschenden Unternehmen einen Konzern bildet."*

Das herrschende Unternehmen wird vielfach als Konzernspitze bezeichnet. Handelt es sich um eine Gesellschaft, wird auch der Begriff „Konzernobergesellschaft" verwendet. Üblich ist auch die Gegenüberstellung von „Mutter" – „Tochter". Die Verweisung auf das AktG besagt nicht, dass an dem Konzern eine AG beteiligt sein müsste. Die Definitionen in §§ 15 ff AktG sind vielmehr **rechtsformneutral** (BAG 11.2.15 – 7 ABR 98/12, BeckRS 2015, 69307; 5.5.88 – 2 AZR 795/87, NZA 89, 18). Konzernunternehmen und -spitze können daher alle natürlichen und juristischen Personen des privaten Rechts sein (zu einer natürlichen Person als Konzernspitze: LAG Hessen 20.5.19 – 16 TaBV 227/18, BeckRS 2019, 24760, Gesellschaften des HGB und des BGB sowie Vereine. Die Bildung mehrerer nebeneinander bestehender KBRäte ist gesetzlich ebenso wenig vorgesehen wie die Errichtung für einen Teil des Konzerns (kein SpartenKBRat; BAG 9.2.11 – 7 ABR 11/10, NZA 11, 866). Für den Anwendungsbereich des § 54 BetrVG kommt es nicht darauf an, ob das herrschende Unternehmen einen eigenen Betrieb hat und selbst ArbN beschäftigt oder ob dort ein BRat oder GBRat existiert, solange dem Konzern mindestens zwei Unternehmen angehören, bei denen ein Einzel- oder GBRat gebildet ist. Ob ein KBRat auch durch den konzernweit einzigen GBRat oder BRat iSd § 54 Abs 2 BetrVG errichtet werden kann, ist str (hierzu *Wollwert* NZA 11, 437). Auch eine natürliche Person kann herrschendes Unternehmen sein. Hierfür gelten keine Besonderheiten. **Körperschaften des öffentlichen Rechts** sind Unternehmen im konzernrechtlichen Sinn, wenn sie in privater Rechtsform organisierte Unternehmen beherrschen (sog gemischt öffentlich-privatrechtlicher Unterordnungskonzern). Für ein solches Unternehmen kann ein KBRat gebildet werden, obwohl das BetrVG auf den öffentlichen Dienst keine Anwendung findet (§ 130 BetrVG). Der Bereichsausnahme ist dadurch Rechnung zu tragen, dass das dem Personalvertretungsrecht unterfallende Unternehmen nicht in die Errichtung des KBRat einbezogen wird (BAG 27.10.10 – 7 ABR 85/09, NZA 11, 524). 4

Für die Frage, ob ein **Abhängigkeitsverhältnis** iSd Konzernrechts besteht, sind die Vermutungsregelungen des § 17 AktG anzuwenden: 5

*„(1) Abhängige Unternehmen sind rechtlich selbstständige Unternehmen, auf die ein anderes Unternehmen (herrschendes Unternehmen) unmittelbar oder mittelbar einen beherrschenden Einfluss ausüben kann. (2) Von einem in Mehrheitsbesitz stehenden Unternehmen wird vermutet, dass es von dem an ihm mit Mehrheit beteiligten Unternehmen abhängig ist.“*

6 Danach kommt es für den Begriff „abhängiges Unternehmen“ nicht darauf an, dass die Leitungsmacht tatsächlich wahrgenommen wird. Es genügt, wenn dem herrschenden Unternehmen möglich ist, unmittelbar oder mittelbar einen beherrschenden Einfluss auf die Geschäfts- und Unternehmenspolitik der abhängigen Unternehmen auszuüben. Das gilt auch für eine natürliche Person als Konzernspitze ohne eigenes Unternehmen, wenn sie sich unternehmerisch in anderen Gesellschaften betätigt (BAG 22.11.95 – 7 ABR 9/95, NZA 96, 706). Regelmäßig wird diese Möglichkeit über das Gesellschaftsrecht vermittelt. Ob die Abhängigkeit ausnahmsweise auch anders begründet werden kann, hat das BAG offen gelassen (BAG 9.2.11 – 7 ABR 11/10, NZA 11, 866).

7 Die Konzernunternehmen müssen außerdem unter **einheitlicher Leitung** des herrschenden Unternehmens **zusammengefasst** sein. Grundlage der Leitungsmacht können rechtliche Beziehungen sein (Beherrschungsvertrag nach § 291 AktG; Eingliederung nach § 319 AktG; Mehrheitsbesitz), ausreichend ist aber auch eine über sonstige Umstände vermittelte **faktische Leitung.** Sie kann sich aus Mehrheitsbeteiligungen, Stimmrechten oder Stimmbindungen, Personenidentität der entscheidungsbefugten Personen oder sonstigen schuldrechtlichen Vereinbarungen ergeben (*Fitting* § 54 Rz 26). Die Leitungsmacht muss **tatsächlich ausgeübt** werden (BAG 11.2.15 – 7 ABR 98/12, BeckRS 2015, 69307; 22.11.95 – 7 ABR 9/95, NZA 96, 706). Auf welcher tatsächlichen oder rechtlichen Grundlage die abhängigen Unternehmen geleitet werden, ist gleichwohl wegen der unterschiedlichen gesetzlichen Vermutungsregelungen von Bedeutung (BAG 22.11.95 – 7 ABR 9/95, NZA 96, 706). So ist das Bestehen eines Unterordnungskonzerns nach §§ 291, 319 AktG unwiderleglich. Für die Widerlegung der Konzernvermutung bei Mehrheitsbesitz (§ 18 Abs 1 Satz 3 AktG) gelten strenge Anforderungen (BAG 22.11.95 – 7 ABR 9/95, NZA 96, 706, 15.12.11 – 7 ABR 56/10, NZA 12, 633). Gegenstand der Leitung können alle Felder der unternehmerischen/betrieblichen Betätigung sein wie Produktion, Finanzen, Personal usw (BAG 16.8.95 – 7 ABR 57/94, NZA 96, 274; 22.11.95 – 7 ABR 9/95, NZA 96, 706). Ein KBRat kann nur errichtet werden, wenn das herrschende Unternehmen seinen Sitz im Inland hat oder über eine im Inland ansässige Teilkonzernspitze verfügt (BAG 23.5.18 – 7 ABR 60/16, BeckRS 2018, 23287; 16.5.07 – 7 ABR 63/06, NZA 08, 320; 14.2.07 – 7 ABR 26/06, NZA 07, 999).

8 **b) Gemeinschaftsunternehmen.** Ein Gemeinschaftsunternehmen liegt vor, wenn an einem Unternehmen zwei oder mehrere Unternehmen beteiligt sind. Wird es von mehreren Unternehmen gemeinsam beherrscht, bildet das Gemeinschaftsunternehmen jeweils im Verhältnis zum herrschenden Unternehmen einen Konzern (mehrfache Konzernzugehörigkeit – „Mehrmütterkonzern“) mit der Folge, dass für das jeweilige Konzernverhältnis bei jedem der herrschenden Unternehmen jeweils ein KBRat zu bilden ist (BAG 30.10.86 – 6 ABR 19/85, ZIP 87, 1407). Das BAG ist der Gegenauffassung, nach der ein KBRat einheitlich bei der das Gemeinschaftsunternehmen leitenden Stelle (BGB-Gesellschaft) zu bilden sei, nicht gefolgt (BAG 13.10.04 – 7 ABR 56/03, NZA 05, 647). Zur Begründung hat es im Wesentlichen auf den Gleichlauf des BetrVG mit dem Konzernrecht, die Schutzfunktion des § 54 BetrVG und die Regelung in § 47 Abs 9 BetrVG abgestellt, nach der der BRat Vertreter in den GBRat jedes der beteiligten Unternehmen entsendet.

9 **c) Konzern im Konzern.** Das BAG und ein Teil des Schrifttums anerkennen die Möglichkeit einer solchen Konzernbildung (BAG 21.10.80 – 6 ABR 41/78, BB 81, 1461; *Fitting* § 54 Rz 32 f; ErfK/*Koch* § 54 BetrVG Rz 7; GK-BetrVG/*Kreutz* § 54 Rz 48). Er liegt vor, wenn in einem mehrstufigen vertikal gegliederten Konzern das herrschende Unternehmen („Mutter“) von seiner Leitungsmacht nur teilweise Gebrauch macht und seinem Tochterunternehmen wesentliche Leitungsaufgaben zur eigenständigen Ausübung gegenüber den dem Tochterunternehmen nachgeordneten Unternehmen („Enkeln“) belässt. In einem solchen Fall kann auf der Ebene der Tochter ein KBRat errichtet werden. Das ergibt sich aus dem Zweck der Beteiligung der ArbN auf der „dritten“ Ebene. Bei einer Errichtung eines KBRat nur bei der „Mutter“ liefen die Mitbestimmungsrechte mangels dort zu treffender Entscheidungen weitgehend leer (aA *Richardi/Annuß* § 54 Rz 10 ff).

**d) Quorum.** Die Errichtung eines KBRat erfordert die Zustimmung der GBRäte der Konzernunternehmen, in denen insgesamt mehr als 50 vH der ArbN der Konzernunternehmen beschäftigt sind. Die Mindestzahl bezieht sich auf die Gesamtzahl aller ArbN der zum Konzern gehörigen Unternehmen. Ob dort GBRäte bestehen oder nicht, ist hierfür unerheblich (BAG 11.8.93 – 7 ABR 34/92, DB 94, 480). Auf die Errichtung des KBRat sind die Vorschriften über die **Wahlanfechtung** nicht anzuwenden (BAG 15.8.78 – 6 ABR 56/77, BB 79, 987). 10

**3. Zusammensetzung, Stimmengewicht.** In den KBRat entsendet jeder GBRat zwei seiner Mitglieder. Die Geschlechter sollen angemessen berücksichtigt werden. Für jedes Mitglied ist mindestens ein Ersatzmitglied zu bestellen und die Reihenfolge des Nachrückens festzulegen (§ 55 BetrVG). Jedem Mitglied stehen die Stimmen der Mitglieder des entsendenden GBRat je zur Hälfte zu. Durch Tarifvertrag oder Betriebsvereinbarung kann die Mitgliederzahl des KBRat abweichend geregelt werden. Im Übrigen gelten die für den GBRat maßgeblichen Vorschriften des § 47 Abs 5–9 BetrVG entsprechend (→ *Gesamtbetriebsrat* Rn 10). 11

**4. Dauer der Mitgliedschaft.** Sie beginnt mit der „Wahl" durch den entsendenden GBRat und endet mit Erlöschen der Mitgliedschaft im GBRat, durch Amtsniederlegung oder durch Abberufung durch den GBRat (§ 57 BetrVG). Das Mitglied kann ferner durch gerichtliche Entscheidung (§§ 48, 23; 23 Abs 1 BetrVG) wegen grober Pflichtverletzung aus dem KBRat ausgeschlossen werden (§ 56 BetrVG). Insoweit gilt nichts anderes als für die Mitglieder des GBRat (→ *Gesamtbetriebsrat* Rn 11). Das Amt erlischt mit dem **Wegfall** des Konzerns (BAG 23.8.06 – 7 ABR 51/05, NZA 07, 768). 12

**5. Allgemeine Zuständigkeit.** In § 58 BetrVG wird zwischen den **originären Aufgaben** und den **Aufgaben kraft Auftrags** unterschieden. Nach Abs 1 ist der KBRat zuständig für Angelegenheiten, die den Konzern oder mehrere Konzernunternehmen betreffen und die nicht durch die einzelnen GBRäte geregelt werden können; weitere Aufgaben können nach Abs 2 vom GBRat delegiert werden. Die Vorschrift ist bewusst der Kollisionsnorm des § 50 BetrVG nachgebildet, so dass auf die zur Abgrenzung der Zuständigkeit des GBRat und BRat entwickelten Grundsätze zurückgegriffen werden kann (→ *Gesamtbetriebsrat* Rn 12 ff). Hier wie dort schließen sich die Zuständigkeit des GBRat/BRat und die des KBRat/GBRat aus (BAG 12.11.97 – 7 ABR 78/96, NZA 98, 497). Der **Durchführungsanspruch** (→ *Betriebsvereinbarung* Rn 20) steht bei originärer Konzernbetriebsvereinbarung ausschließlich dem KBRat (BAG 18.5.10 – 1 ABR 6/09, NZA 10, 1433) zu. Dadurch entsteht keine Schutzlücke. Führt der ArbGeb die Konzernbetriebsvereinbarung nicht durch, steht dem örtlichen BRat das Verfahren nach § 23 Abs 3 BetrVG zur Verfügung. 13

**a) Originäre Zuständigkeit.** Der KBRat ist zuständig, wenn nach den Verhältnissen des jeweiligen Konzerns, seinen Unternehmen und Betrieben das Ziel der geplanten Regelung nur durch eine konzerneinheitliche Regelung erreicht werden kann. Allein die Zweckmäßigkeit einer einheitlichen Regelung, Kostengesichtspunkte oder das Koordinierungsinteresse der Konzernleitung genügen nicht. Ebenso wenig reicht aus, dass die Initiative zu einer regelungsbedürftigen Angelegenheit von der Konzernleitung ausgeht. Die originäre Zuständigkeit des KBRat kann sich auch aus der „subjektiven Unmöglichkeit" unternehmensbezogener Regelungen ergeben, etwa wenn der ArbGeb den der Mitbestimmung unterfallenden Regelungsgegenstand mitbestimmungsfrei so vorgeben kann, dass eine Regelung nur unternehmensübergreifend möglich ist. Dies ist nicht der Fall, wenn bereits die Maßnahme als solche der Mitwirkung des BRat unterliegt (BAG 19.6.07 – 1 AZR 454/06, NZA 07, 1184). Jüngst hat das BAG die Zuständigkeit des KBRat mit folgender prägnanter Formel verneint: Der KBRat kann nicht originär zuständig sein, wenn nicht die Konzernobergesellschaft unternehmensübergreifend eine Maßnahme durchführt (BAG 19.12.17 – 1 ABR 32/16, NZA 18, 673). 14

In **sozialen Angelegenheiten** ist die Zuständigkeit des KBRat ua für Regelungen über die Errichtung und Verwaltung von Sozialeinrichtungen gegeben, deren Wirkung sich auf den Konzern erstreckt (BAG 21.6.79 – 3 ABR 3/78, BB 79, 1718; 14.12.93 – 3 AZR 618/93, NZA 94, 554). Anderes gilt, wenn ArbN eines konzernzugehörigen Unternehmens nicht nur einer Konzernversorgungsordnung unterfallen, sondern zusätzliche Leistungen erhalten sollen (BAG 19.3.81 – 3 ABR 38/80, BB 81, 1952). Regelungen über die Konto- 15 führungsgebühr (§ 87 Abs 1 Nr 4 BetrVG) sind weitgehend von den betrieblichen Verhältnissen und den regionalen Besonderheiten abhängig, begründen daher keine originäre Zuständigkeit des KBRat (BAG 12.11.97 – 7 ABR 78/96, NZA 98, 497). Dagegen betrifft der konzernweite Austausch von Mitarbeiterdaten alle Konzernunternehmen und verlangt nach einer einheitlichen Regelung (BAG 20.12.95 – 7 ABR 8/95, NZA 96, 945). Gleiches gilt, wenn ein konzernangehöriges Tochterunternehmen die Nutzung eines Personalverwaltungssystems, mit dem Daten der ArbN im Konzern gesammelt, aufgezeichnet, ausgewertet und miteinander verknüpft werden können, zentral wahrnimmt (BAG 25.9.12 – 1 ABR 45/11, NZA 13, 275). Will der ArbGeb einer Konzernobergesellschaft Überwachungseinrichtungen in einem Betrieb installieren und können dabei Beschäftigte mehrerer Konzernunternehmen erfasst werden, so begründet dies nicht die Zuständigkeit des KBRat, da die damit zusammenhängenden unterschiedlichen betrieblichen Vorgänge von den verschiedenen BRatsgremien mitbestimmt werden können (BAG 26.1.16 – 1 ABR 68/13, NZA 16, 498; zum Mitbestimmungsrecht des KBRat bei der Einführung technischer Einrichtungen: *Bachner/Rupp* NZA 16, 207). Ebenso ist für die Umsetzung einer konzerneinheitlichen „Unternehmensphilosophie" durch Einführung sog Grundsätze der Unternehmensethik der KBR aus §§ 87 Abs 1 Nr 1, 58 Abs 1 BetrVG zuständig (BAG 17.5.11 – 1 ABR 121/09, BeckRS 2011, 75154). Eine Mitarbeiterbefragung, die für alle Konzernunternehmen vorgesehen ist und konzeptionell an einen einheitlich gestalteten Standardfragebogen anknüpft, unterliegt, sofern eine mitbestimmungspflichtige Maßnahme gegeben ist, der Beteiligung des KBRat (BAG 11.12.18 – 1 ABR 13/17, NZA 19, 1009; 21.11.17 – 1 ABR 47/16, NZA 18, 380). Regelungen der **allgemeinen Personalpolitik** können die Zuständigkeit des KBRat begründen (ausführlich *Richardi/Annuß* § 58 Rz 11). Bei **personellen Einzelmaßnahmen** ist das schwer vorstellbar. Auch eine unternehmensübergreifende Versetzung begründet lediglich Beteiligungsrechte der örtlichen BRäte (→ *Gesamtbetriebsrat* Rn 16; → *Versetzung* Rn 24). Das Recht, gem § 93 BetrVG eine Ausschreibung innerhalb des Betriebs zu verlangen, steht regelmäßig nur dem örtlichen BRat zu (LAG Nds 20.2.19 – 13 TaBV 24/18, NZA-RR 19, 423, nrkr). Auch kann der Ausschluss dieses Rechts für bestimmte Fälle nicht mit den KBRat vereinbart werden. Zur Frage, welches BRatsgremium im Rahmen von § 17 KSchG bei Massenentlassungen zu beteiligen ist: *Dzida/Hohenstatt* NZA 12, 27.

16 Bei **wirtschaftlichen Angelegenheiten** ist eine originäre Zuständigkeit nicht ausgeschlossen. Sie kommt in Betracht, wenn eine geplante Betriebsänderung Betriebe verschiedener Konzernunternehmen betrifft wie etwa die unternehmensübergreifende Zusammenlegung von Betrieben oder Betriebsteilen (*Richardi/Annuß* § 58 Rz 15; LAG Hessen 10.7.18 – 4 TaBVGa 74/18, BeckRS 2018, 46040: unternehmensübergreifende Verschmelzung von Betrieben; LAG BlnBbg 16.11.18 – 6 TaBV 1496/18, BeckRS 2018, 38219: Zusammenlegung zweier Betriebe konzernangehöriger Unternehmen zu einem gemeinsamen Betrieb). Regelmäßig sind allerdings BRat oder GBRat zuständig (*Fitting* § 58 Rz 15; ebenso LAG Düsseldorf 12.2.14 – 12 TaBV 36/13, BeckRS 2014, 72366). Oft wird es sinnvoll sein, in einem **Interessenausgleich oder Sozialplan** unternehmensübergreifende Regelungen zu treffen. Das kann über die Delegation von Aufgaben nach §§ 58 Abs 2, 50 Abs 2 BetrVG erreicht werden. Eine unternehmensübergreifende **Versetzungspflicht** kann jedoch nicht über die Einigungsstelle erzwungen werden (BAG 17.9.91 – 1 ABR 23/91, NZA 92, 227). Einen **Wirtschaftsausschuss** kann der KBRat nicht errichten (BAG 23.8.89 – 7 ABR 39/88, NZA 90, 841). Er ist auf das Unternehmen als Rechtsträger bezogen. Der KBRat kann jedoch in Konzernunternehmen mit mehr als 100 ArbN einen Ausschuss errichten, der sich der Angelegenheit annehmen soll, wie sie auf Unternehmensebene dem Wirtschaftsausschuss obliegen (*Fitting* § 58 Rz 18 mwN; aA *HSWG* § 58 Rz 15).

17 **b) Zuständigkeit kraft Auftrags.** Für die nach § 58 Abs 2 BetrVG vom GBRat oder nach § 54 Abs 2 BetrVG vom EinzelBRat auf den KBRat delegierten Aufgaben gilt hinsichtlich der formellen Voraussetzungen und der sonstig anzuwendenden Grundsätze nichts anderes als für die Delegation von Aufgaben des BRat auf den GBRat; hierzu → *Gesamtbetriebsrat* Rn 18. Der kraft Auftrags zur Vertretung des BRat ermächtigte GBRat kann seinerseits den KBRat mit der Wahrnehmung dieser Aufgabe betrauen. Eine unmittelbare Beauftragung des KBRat durch einen örtlichen BRat kommt nur in Betracht, wenn es

in einem Unternehmen keinen von den Betriebsräten errichteten GBRat gibt (BAG 19.6.07 – 1 AZR 454/06, NZA 2007, 1184).

**c) Verhandlungspartner.** Verhandlungs- und Vertragspartner des KBRat ist im Rahmen seiner originären Zuständigkeit das herrschende Unternehmen, das durch sein jeweiliges Leitungsorgan handelt und zum Abschluss von Konzernbetriebsvereinbarungen befugt ist (BAG 12.11.97 – 7 ABR 78/96, NZA 98, 497). Streitig ist der „Gegenspieler" bei den kraft Auftrags wahrgenommenen Aufgaben. Teils wird angenommen, der KBRat könne zwischen der Konzernleitung und dem Konzernunternehmen wählen, zu dem der delegierende GBRat gehört (*DKK/Trittin* § 58 Rz 51); teils soll es stets die Konzernleitung sein (GK–BetrVG/*Kreutz* § 58 BetrVG Rz 47). Richtigerweise hat sich der KBRat an die jeweilige Unternehmensleitung zu wenden. Die Beauftragung des KBRat durch den GBRat lässt die betriebsverfassungsrechtliche Verankerung der Beteiligungsrechte unberührt. Sie bewirkt lediglich den Übergang der Verhandlungskompetenz auf den KBRat (BAG 12.11.97 – 7 ABR 78/96, NZA 98, 497), nicht aber eine Verlagerung der Zuständigkeit auf Seiten des ArbGeb (BAG 17.3.15 – 1 ABR 49/13, BeckRS 2015, 68902). Verhandlungspartner ist daher im Regelfall nicht die Konzernobergesellschaft, sondern der betroffene, konzernangehörige ArbGeb. 18

**6. Besondere Zuständigkeiten.** Diese ergeben sich für **mitbestimmte Unternehmen** nach dem MitbestG für die Mitwirkung bei der Bestellung des Hauptwahlvorstandes für die Wahl der Aufsichtsratsmitglieder der ArbN des herrschenden Unternehmens, bei der Entgegennahme eines Antrags auf Abberufung eines Aufsichtsratsmitglieds und die Anfechtung der Wahl von Aufsichtsratsmitgliedern. Einzelheiten sind dem betriebsverfassungsrechtlichen Schrifttum zu entnehmen (*Fitting* § 58 Rz 21 ff; GK-BetrVG/*Kreutz* § 58 Rz 31; *Richardi/Annuß* § 58 Rz 17; *DKK/Trittin* § 58 Rz 45). Nach § 6 Abs 3 BetrVG kann der KBRat außerdem unter den dort näher bezeichneten Voraussetzungen den **Wahlvorstand** zur Wahl des BRat bestellen. 19

**7. Unternehmen ohne Gesamtbetriebsrat und Betriebe ohne Betriebsrat.** Nach § 58 Abs 1 Satz 2 und 3 BetrVG erstreckt sich die Zuständigkeit des KBRat auch auf Unternehmen ohne GBRat und Betriebe ohne BRat. Vorausgesetzt sind jeweils Unternehmen/Betriebe, die an sich fähig sind, einen GBRat oder BRat zu errichten, in denen aber keine entsprechenden ArbNVertretungen bestehen (LAG Düsseldorf 3.11.11 – 5 TaBV 50/11, BeckRS 2011, 79289; krit Görg ArbRAktuell 12, 23). Die Zuständigkeit beschränkt sich auf die Aufgaben, die dem KBRat originär zugewiesen sind. Damit wird erreicht, dass die im Konzern beschäftigten ArbN gleich behandelt werden (→ *Gesamtbetriebsrat* Rn 23). Diese Gleichstellung ist erst durch das BetrVG-ReformG mW zum 28. Juli 2001 eingeführt worden. Ältere Konzernbetriebsvereinbarungen, die mangels Vertretungskompetenz des beteiligten KBRat nicht für alle konzernangehörigen Unternehmen galten, erstrecken sich gleichwohl auf die bisher nicht betroffenen ArbN, jedenfalls dann, wenn die Regelung unterschiedslos für alle im Konzern beschäftigten ArbN gelten soll. 20

**8. Geschäftsordnung.** § 59 Abs 1 BetrVG ordnet die entsprechende Anwendung der für den BRat geltenden Vorschriften entsprechend der für den GBRat maßgeblichen Vorschriften an (→ *Gesamtbetriebsrat* Rn 24). Zusätzlich ist entsprechend anzuwenden § 51 Abs 1 Satz 2 BetrVG. Der KBRat hat danach einen KBRatsausschuss zu bilden, wenn er mehr als acht Mitglieder hat. Im Übrigen gelten die für den GBRat anzuwendenden Bestimmungen entsprechend (→ *Gesamtbetriebsrat* Rn 25). Ferner ist verwiesen auf die Regelungen zur Beschlussfähigkeit, Beschlussfassung und die allgemein für die Rechte und Pflichten des BRat geltenden Bestimmungen; § 51 Abs 3–5 BetrVG (→ *Gesamtbetriebsrat* Rn 27). Der KBRat kann einen eigenen Anspruch auf eine generelle (Teil-)Freistellung eines oder mehrerer Mitglieder aus § 59 Abs 1 iVm § 37 Abs 2 BetrVG haben sofern die Freistellung zur ordnungsgemäßen Durchführung der dem KBRat obliegenden Aufgaben erforderlich ist (BAG 23.5.18 – 7 ABR 14/17, BeckRS 2018, 21521). 21

Die **Konstituierung** des KBRat ist Aufgabe des GBRat des herrschenden Unternehmens. Besteht dort kein GBRat, hat der GBRat des nach der Zahl der wahlberechtigten ArbN größten Konzernunternehmens zur Wahl des Vorsitzenden des KBRat und des stellvertretenden Vorsitzenden einzuladen (§ 59 Abs 2 BetrVG). 22

23 Eine nach § 97 Abs 2 SGB IX aF (ab 1.1.18: § 180 SGB IX) gebildete **Konzernschwerbehindertenvertretung** (Näheres *Schwerbehindertenvertretung*) kann an allen Sitzungen des KBRat beratend teilnehmen (§ 59a BetrVG). Zur Errichtung einer Konzern-Jugend- und Auszubildendenvertretung s *Jugend- und Auszubildendenvertretung.*

24 **9. Streitigkeiten.** Streitigkeiten sind im Beschlussverfahren nach §§ 2a, 80 ff ArbGG durchzuführen. Geht es um die Errichtung eines KBRat, sind **beteiligungsfähig und antragsbefugt** die Personen, die sich dem KBRat als Gesprächspartner zur Verfügung stellen sollen, die Unternehmen, die konzernabhängig sein sollen sowie der KBRat und alle in den Konzernunternehmen gebildeten GBRäte und BRäte (BAG 13.10.04 – 7 ABR 56/03, NZA 05, 647). Örtlich zuständig ist das für den Sitz des herrschenden Unternehmens zuständige ArbG. Im Übrigen gilt nichts anderes als für den → *Gesamtbetriebsrat* Rn 29 ff.

### B. Lohnsteuerrecht

*Weil*

26 → *Betriebsrat* Rn 61.

### C. Sozialversicherungsrecht

*Voelzke*

31 Zur sozialversicherungsrechtlichen Bedeutung der Tätigkeit von BRatMitgliedern → *Betriebsrat* Rn 71 ff.

## Krankenbehandlung

### A. Arbeitsrecht

*Poeche*

1 **1. Allgemeines.** Im Recht der KV bezeichnet der Begriff Krankenbehandlung den Leistungskatalog, den das Mitglied zulasten der KV beanspruchen kann. Seine Reichweite ist idR für das Arbeitsverhältnis ebenso wenig von Interesse wie Ansprüche, die sich aus dem Rechtsverhältnis zwischen dem ArbN als Patient und dem behandelnden Arzt ergeben. Hiervon sind jedoch zwei Ausnahmen zu machen: Krankenbehandlung durch den Betriebsarzt und Auslandsbeschäftigung des ArbN.

2 **2. Betriebsärztliche Krankenbehandlung.** Zu den Aufgaben des Betriebsarztes gehört regelmäßig **nicht** die Behandlung der ArbN iS einer zielgerichteten Therapie, auch nicht aus Anlass von Arbeitsunfällen. Allerdings besteht auch kein Verbot (Näheres zum Aufgabenkatalog: → *Betriebsarzt* Rn 6–11). In der Praxis kommt es gelegentlich vor, dass Betriebsärzte mit kassenärztlicher Zulassung im Einvernehmen mit dem ArbGeb auch die Behandlung von ArbN übernehmen. Das ist nicht unbedenklich. Denn gem § 3 Abs 3 ASiG gehört es **ausdrücklich nicht** zu den betriebsärztlichen Aufgaben, Krankmeldungen der Beschäftigten auf ihre Berechtigung hin zu untersuchen. Eine Krankenbehandlung setzt hingegen denknotwendig voraus, dass AU festgestellt werden kann. Der Betriebsarzt kann daher bei Behandlung der ArbN in einen Interessenkonflikt geraten, der nach der Anlage des Gesetzes gerade vermieden werden soll.

3 Die Erweiterung der Aufgaben des Betriebsarztes bedarf jedenfalls der **Mitbestimmung des Betriebsrats** (→ *Betriebsarzt* Rn 18). Eine Verpflichtung der ArbN, den Betriebsarzt zur Behandlung heranzuziehen, besteht nicht. Das Rechtsverhältnis Arzt-ArbN/Patient unterscheidet sich nicht von dem sonstigen Patientenvertrag. Da sich die Behandlung durch den Betriebsarzt nur als Angebot des ArbGeb an die ArbN verstehen lässt, die Dienste des Arztes in Anspruch zu nehmen, steht er einem sonstigen ArbGeb eines behandelnden Arztes gleich mit der Folge, dass Haftungsprivilegien bei ärztlichen Fehlern nicht in Betracht kommen (→ *Arbeitgeberhaftung* Rn 4–14). Allerdings ist stets zu prüfen, zwischen wem im Falle eine Krankenbehandlung ein Behandlungsvertrag zustande kommt. Im Regelfall werden Vertragsparteien der Arzt und der ArbN sein (BAG 21.12.17 – 8 AZR 653/16, BeckRS 2017, 142442).

4 **3. Auslandstätigkeit.** Mitglieder der gesetzlichen KV verlieren für die Dauer eines Auslandsaufenthalts, soweit nicht anderweitige Abkommen bestehen (→ Rn 15 f und → *Auslandstätigkeit* Rn 73 ff), ihren Versicherungsschutz; die Mitgliedschaft ruht (§ 16 Abs 1 Nr 1 SGB V; zu privat versicherten ArbN: *Nowak/Bollin* NZS 10, 668; *Hoffmann*

ZESAR 18, 217). Beruht der Auslandsaufenthalt auf dem Arbeitsverhältnis und wird der ArbN dort beschäftigt, erwirbt er im Krankheitsfall einen **zwingenden Anspruch** gegen den ArbGeb auf die Leistungen, wie er sie im Inland von der KV beanspruchen kann (§ 17 Abs 1 SGB V); dh – der ArbGeb muss grds **vorleisten,** indem er dem ArbN die Krankenbehandlung unmittelbar verschafft. Zweckmäßig und auch üblich ist der Abschluss eines Rahmenvertrages mit einem ortsansässigen Krankenhaus/Arzt. Soweit nicht berechtigte Zweifel an deren ärztlicher Fachkompetenz vom ArbN geltend gemacht werden können, ist er gehalten, ihren Dienst in Anspruch zu nehmen. Wenn die örtlichen Verhältnisse eine unmittelbare Beschaffung der Krankenbehandlung nicht zulassen, ist dem ArbN wegen der ihm entstehenden Kosten **Vorschuss** zu gewähren und alsdann abzurechnen. In diesen vom ArbGeb zu gewährenden Versicherungsschutz sind auch begleitende oder besuchende Familienangehörige des ArbN eingeschlossen, soweit sie familienversichert sind. Der **Arbeitgeber** hat gegen die KV einen **Erstattungsanspruch.** Er beschränkt sich in der Höhe auf die Kosten, wie sie im Inland von der KV zu tragen wären. Das Risiko höherer Behandlungskosten im Ausland verbleibt also beim ArbGeb; eine Abwälzung auf den ArbN ist unzulässig. Anders liegt es bei **zwischenstaatlichen Abkommen,** die den Versicherungsschutz des ArbN gewährleisten. Eine Einstandspflicht des ArbGeb entfällt. Er haftet dann auch nicht wegen Verletzung seiner Fürsorgepflicht. Vielmehr ist es Sache des ArbN, sich bei seiner Krankenkasse über den Umfang seines Versicherungsschutzes zu informieren (LAG Hess 4.9.95 – 16 Sa 215/95, NZA 96, 482).

### B. Lohnsteuerrecht *Seidel*

**1. Inlandsbeschäftigung.** KVLeistungen sind als Geld- oder Sachleistungen nach § 3 Nr 1a EStG steuerfrei (s auch ABC bei → *Steuerfreie Einnahmen* Rn 20: Krankenversicherungsleistungen). Erhält der ArbN keinen Ersatz der Krankheitskosten, kann er die ihm verbleibenden Krankheitskosten, soweit sie nicht als Werbungskosten abzugsfähig sind (→ *Berufskrankheit* Rn 7–10), nach Abzug der zumutbaren Eigenbelastung (1–7 % des Gesamtbetrags der Einkünfte) als außergewöhnliche Belastung bei der EStVeranlagung ansetzen (§ 33 EStG; *Schmidt/Loschelder* § 33 Rz 35: Krankheitskosten mit Beispielen). Dies gilt entgegen der bisherigen Rspr nicht für Trinkgelder an das Krankenhauspersonal (BFH 30.10.03 – III R 32/01, BStBl II 04, 270 und 19.4.12 – VI R 74/10, BStBl II 12, 577). Der Nachweis der Notwendigkeit, Zwangsläufigkeit und Angemessenheit der Krankheitskosten kann neben einer Verordnung durch den Arzt oder Heilpraktiker auch durch die Erstattungsmitteilung der privaten Krankenkasse oder den Beihilfebescheid der Behörde erbracht werden (EStR 33.4 Abs 1). Zur betriebsärztlichen Krankenbehandlung → *Betriebsarzt* Rn 22 und zur Steuerfreiheit von Maßnahmen zur betrieblichen Gesundheitsförderung nach § 3 Nr 34 EStG → *Gesundheitsvorsorge* Rn 19. 5

**2. Auslandsbeschäftigung.** Die folgenden Ausführungen haben nur dann Bedeutung, wenn der ArbN bei einem inländischen ArbGeb beschäftigt ist, er trotz seiner Auslandstätigkeit weiterhin dem Besteuerungsrecht der BRD unterliegt (→ *Auslandstätigkeit* Rn 35 ff) und der ArbGeb gem § 17 SGB V die dem ArbN bzw Familienversicherten zustehenden Leistungen wegen Krankheit begleicht (→ Rn 17). 6

Zuschüsse, die der ArbGeb im Krankheitsfall leistet, gehören zwar grds zum stpfl Arbeitslohn (§ 2 Abs 2 Nr 5 LStDV; → *Gesundheitsvorsorge* Rn 17). Soweit er sie jedoch im Wege der Leistungsaushilfe begleicht und von der Krankenkasse ersetzt erhält, liegen mE hier für den ArbN steuerfreie KVLeistungen vor (§ 3 Nr 1a EStG), da es sich insoweit letztlich nicht um Leistungen des ArbGeb handelt. Der ggf verbleibende Betrag stellt für den ArbN jedoch stpfl Arbeitslohn dar, der allerdings gem LStR 3.11 steuerfrei sein kann, wenn die entsprechenden Voraussetzungen vorliegen (→ *Beihilfeleistungen* Rn 7: Notstandsbeihilfen). Für den ArbGeb liegen bei der Zahlung der Krankheitskosten des ArbN Betriebsausgaben vor, die jedoch um den Erstattungsbetrag der Krankenkasse zu mindern sind. 7

### C. Sozialversicherungsrecht *Ruppelt*

**1. Grundsätze. a) Leistungskatalog.** Anspruch auf Krankenbehandlung haben nach § 27 SGB V Versicherte der gesetzlichen KV, wenn sie notwendig ist, um eine **Krankheit** 8 zu erkennen, zu heilen, ihre Verschlimmerung zu verhüten oder Krankheitsbeschwerden zu lindern. Nicht jeder körperlichen Unregelmäßigkeit kommt Krankheitswert im Rechtssinne zu (BSG 8.3.16 – B 1 KR 35/15 R, SozR 4–2500 § 27 Nr 28 Rn 9). Vgl hierzu → *Krankheit (Arbeitnehmer)* Rn 5 ff. Die Krankenbehandlung umfasst ärztliche Behandlung (§ 28 Abs 1 SGB V), zahnärztliche Behandlung einschließlich der (bezuschussten) Versorgung mit Zahnersatz, Zahnkronen und Suprakonstruktionen (§ 28 Abs 2 SGB V), psychotherapeutische Behandlung durch zugelassene Psychotherapeuten (§ 28 Abs 3 SGB V), Versorgung mit Arznei-, Verband-, Heil- und Hilfsmitteln (§§ 31–36 SGB V), häusliche Krankenpflege und Haushaltshilfe (§§ 37–38 SGB V), Krankenhausbehandlung (§ 39 SGB V), Hospizleistungen (§§ 39a, 39b SGB V), Kurzzeitpflege (§ 39c SGB V) und medizinische bzw ergänzende Leistungen zur Reha sowie Belastungserprobung und Arbeitstherapie (§§ 40–43b SGB V). Die Leistungen bei Schwangerschaft und Mutterschaft ergeben sich aus den §§ 24c bis 24i SGB V. Im Rahmen der **medizinischen Rehabilitation (Hilfsmittelversorgung)** bemisst sich der geschuldete Behinderungsausgleich danach, ob eine Leistung des unmittelbaren oder des mittelbaren Behinderungsausgleichs beansprucht wird. Ein Hilfsmittel des **unmittelbaren Behinderungsausgleichs** ermöglicht, ersetzt oder erleichtert die Ausübung der beeinträchtigten Körperfunktion (Hörgerät, Prothese usw). Für diesen unmittelbaren Behinderungsausgleich gilt das Gebot eines möglichst weitgehenden Ausgleichs des Funktionsdefizits, und zwar unter Berücksichtigung **des aktuellen Stands des medizinischen und technischen Fortschritts** (LSG BaWü 19.6.18 – L 11 KR 1996/17, BeckRS 2018, 406796; LSG Sachs 12.2.19 – L 9 KR 326/15, BeckRS 2019, 13450). Beschränkt sind die Leistungspflichten, wenn die Wiederherstellung der beeinträchtigten Körperfunktion nicht oder nicht ausreichend möglich ist und deshalb Hilfsmittel zum Ausgleich von direkten und indirekten Folgen der Behinderung benötigt werden (zB Lesegeräte, Rollstühle usw). Für diesen **mittelbaren Behinderungsausgleich** sind die Krankenkassen nur im Rahmen eines Basisausgleichs der Behinderungsfolgen leistungspflichtig (BSG 7.10.10 – B 3 KR 5/10 R, SozR 4–2500 § 33 Nr 32 zum Therapiedreirad; 7.10.10 – B 3 KR 13/09 R, BSGE 107, 44 zur Treppensteighilfe; 21.3.13 – B 3 KR 3/12 R, NZA 13, 701 zur Sportprothese; 30.11.17 – B 3 KR 3/16 R, SozR 4–2500 § 139 Nr 9 Rn 16 zum Zusatzantrieb für Rollstühle; LSG NdsBrem 25.11.14 – L 4 KR 454/11, BeckRS 2015, 66704 zum Elektrofahrrad).

9 Die **Leistungen** werden grds nur **auf Antrag** gewährt (§ 19 SGB IV). Nach § 13 Abs 3a Satz 1 SGB V hat die Krankenkasse über einen Antrag auf Leistungen zügig, spätestens bis zum Ablauf von **drei Wochen** nach Antragseingang oder in den Fällen, in denen eine gutachtliche Stellungnahme, insbesondere des MDK, eingeholt wird, innerhalb von **fünf Wochen** nach Antragseingang zu entscheiden. Wenn die Krankenkasse eine gutachtliche Stellungnahme für erforderlich hält, hat sie diese unverzüglich einzuholen und die Leistungsberechtigten hierüber zu unterrichten (Satz 2). Der MDK nimmt innerhalb von drei Wochen gutachtlich Stellung (Satz 3). Eine hiervon abweichende Frist ist nur für den Fall der Durchführung eines im Bundesmantelvertrag-Zahnärzte vorgesehenen Gutachterverfahrens bestimmt (Satz 4). Kann die Krankenkasse die Fristen nach Satz 1 nicht einhalten, hat sie dies dem Leistungsberechtigten unter Darlegung der Gründe schriftlich mitzuteilen (Satz 5). Erfolgt keine Mitteilung eines hinreichenden Grundes, gilt die Leistung nach Ablauf der Frist als genehmigt (Satz 6). Beschaffen sich Leistungsberechtigte nach Ablauf der Frist eine erforderliche Leistung selbst, ist die Krankenkasse zur Erstattung der hierdurch entstandenen Kosten verpflichtet (Satz 7), wenn der Antrag eine grds von der Kasse innerhalb des Systems der gesetzlichen KV geschuldete Leistung betrifft und sie dem Qualitäts- und Wirtschaftlichkeitsgebot entspricht (BSG 8.3.16 – B 1 KR 25/15 R, NZS 16, 104; 11.5.17 – B 3 KR 30/15, NZS 18, 772; 11.7.17 – B 1 KR 26/16 R, SozR 4–2500 § 13 Nr 36; 6.11.18 – B 1 KR 20/17 R, SozR 4-2500 § 13 Nr 43 mit Anm *Filges* NZS 19, 189; LSG BaWü 15.4.19 – L 11 KR 1996/18, BeckRS 2019, 13169). Für **Leistungen der medizinischen Rehabilitation** findet diese Fiktion keine Anwendung (BSG 15.3.18 – B 3 KR 18/17 R, NJW 18, 3537).

Hat die Krankenkasse eine **Leistung zu Unrecht abgelehnt** und sind dadurch dem Versicherten für die selbstbeschaffte Leistung Kosten entstanden, sind diese von der Krankenkasse in der entstandenen Höhe zu erstatten, soweit die Leistung notwendig war. Der Anspruch auf Kostenerstattung nach § 13 Abs 3 S 1 Alt 2 SGB V ist demnach nur gegeben, wenn ein notwendiger Naturalleistungsanspruch des Versicherten rechtswidrig durch die Krankenkasse abgelehnt wurde, und sich der Versicherte die Leistung **deshalb** selbstbeschafft und **dadurch** einem rechtlich wirksamen Kostenanspruch ausgesetzt ist (BSG 11.9.18 – B 1 KR 1/18 R, NZS 19, 257). S auch *Krüger* § 13 Abs 3a SGB V vor den Schranken der Sozialgerichtsbarkeit, NZS 16, 521; *Koppenfels-Spies* Sinn und Zweck, Reichweite und Folgen des § 13 Abs 3a SGB V, NZS 16, 601).

**b) Sachleistung und Kostenerstattung.** Krankenbehandlung wird grds als **Sachleistung** gewährt, dh, die Krankenkassen stellen die Krankenbehandlung den Versicherten durch Leistungserbringer als Sach- bzw Dienstleistung zur Verfügung (§ 2 Abs 2 Satz 1 SGB V). Die Versicherten können nach Maßgabe des § 13 Abs 2 SGB V anstatt der Sachleistung **Kostenerstattung** wählen. Eine Beschränkung der Kostenerstattung auf die Bereiche der ärztlichen Versorgung, der zahnärztlichen Versorgung, der stationären Versorgung oder auf veranlasste Leistungen (zB Arzneimittel, Heilmittel, Hilfsmittel usw) ist möglich. Die Option zugunsten der Kostenerstattung kann auf diese Leistungsbereiche – nicht dagegen auf einzelne Leistungen – beschränkt werden. Der Versicherte muss die Kasse vor Inanspruchnahme der Leistung über seine Wahl in Kenntnis setzen. Der Leistungserbringer (zB Arzt) muss den Versicherten vor Inanspruchnahme der Leistung darüber informieren, dass er die von der Kasse nicht übernommenen Kosten selbst zu tragen hat. Ist Kostenerstattung gewählt, können **nach vorheriger Genehmigung** der Krankenkasse auch nicht zugelassene Leistungserbringer (zB Privatärzte) in Anspruch genommen werden, wenn sie zu den grds an der kassenärztlichen Versorgung teilnehmenden Berufsgruppen (Ärzte, Zahnärzte und Psychotherapeuten) gehören. Die Genehmigung darf nur erteilt werden, wenn eine zumindest gleichwertige Qualität der Versorgung wie bei zugelassenen Leistungserbringern gewährleistet ist. Die Inanspruchnahme etwa von Heilpraktikern auf Kosten der Krankenkassen bleibt weiterhin ausgeschlossen. Die Versicherten sind an ihre Wahl der Kostenerstattung mindestens ein Kalendervierteljahr gebunden. Durch die Wahl der Kostenerstattung wird der **Leistungsanspruch** nicht erweitert.Der Erstattungsanspruch besteht daher nur für Leistungen der gesetzlichen KV in der der Sachleistung entsprechenden Höhe (BSG 8.9.09 – B 1 KR 1/09 R, BSGE 104, 160). Ein zwecks Behebung oder Linderung einer psychischen Störung vorgenommener operativer Eingriff in einen für sich genommen nicht behandlungsbedürftigen Körperzustand begründet grds keine Leistungspflicht der Krankenkasse (BSG 28.9.10 – B 1 KR 5/10 R, NJW 11, 1899; 11.9.12 – B 1 KR 9/12 R, WzS 13, 25). 10

**c) Zahnersatz.** Dieser ist Bestandteil der Versorgung der gesetzlichen KV (s aber § 27 Abs 2 SGB V zu besonderen Personenkreisen). Für Zahnersatz wird ein „befundbezogener Festzuschuss" in Höhe zwischen 50 u 80 vH der Kosten der „Regelversorgung" nach Maßgabe von § 55 Abs 1 SGB V gezahlt. Der vH-Satz hängt von „eigenen Bemühungen zur Gesunderhaltung der Zähne" iSv § 55 SGB V ab. Der Versicherte kann dann frei entscheiden, für welche anerkannte Behandlungsmethode er sich entscheidet, die Höhe des Zuschusses ändert sich nicht. Versicherte mit geringem Einkommen haben nach Maßgabe des § 55 Abs 2 u 3 SGB V Anspruch auf zusätzliche Beträge. Die Kasse hat im Rahmen der Prüfung eines Heil- und Kostenplanes für eine zahnärztliche Versorgung das Recht, den Versicherten untersuchen zu lassen (LSG BaWü 28.5.15 – L 11 KR 4956/14, BeckRS 2015, 71838). Implantologische Leistungen sind nach § 28 Abs 2 Satz 9 SGB V von der zahnärztlichen Behandlung grds ausgeschlossen. Ausnahmen gelten für zahnmedizinisch besonders schwere Fälle, wenn die implantologische Leistung einschließlich der Suprakonstruktion im Rahmen einer medizinischen Gesamtbehandlung als Sachleistung zu erbringen ist (BSG 7.5.13 – B 1 KR 19/12 R, SozR 4–2500 § 28 Nr 6; 4.3.14 – B 1 KR 6/13 R, NZS 14, 541). 11

**d) Systemversagen.** Kostenerstattung für **selbstbeschaffte Krankenbehandlung** außerhalb der gewählten Kostenerstattung kommt in Ausnahmefällen in Betracht, wenn eine Krankenkasse eine unaufschiebbare Leistung nicht rechtzeitig erbringen konnte oder eine Leistung zu Unrecht abgelehnt hat (§ 13 Abs 3 SGB V). Der Kostenerstattungsanspruch setzt außer in Notfällen den Leistungsantrag bei der Krankenkasse **vor Behandlungsbeginn** voraus, weil der Leistungsträger nur so in die Lage versetzt wird, dem Versicherten eine Behandlungsalternative als Sachleistung anbieten zu können (→ Rn 9). Dieser Kostenerstattungsanspruch reicht nicht weiter als ein entsprechender Sachleistungsanspruch; er setzt 12 daher voraus, dass die selbstbeschaffte Behandlung zu den Leistungen gehört, welche die Krankenkassen allgemein als Sach- oder Dienstleistung zu erbringen haben. Deshalb können Erstattungen für Leistungen nichtärztlicher Leistungserbringer grds nicht erfolgen (BSG 18.12.18 – B 1 KR 34/17 R, SozR 4-2500 § 28 Nr 9).

13 **2. Ärztliche und zahnärztliche Behandlung** umfasst die Tätigkeit des Arztes, die zur Verhütung, Früherkennung und Behandlung von Krankheiten nach den Regeln der **ärztlichen Kunst** ausreichend und zweckmäßig ist (§ 28 Abs 1 und 2 SGB V). Eine Tätigkeit nach den Regeln der ärztlichen Kunst liegt nur dann vor, wenn diese den anerkannten Grundsätzen und Methoden der medizinischen Wissenschaft entspricht.

14 **Neue Untersuchungs- und Behandlungsmethoden** oder sog **Alternativmethoden** hat die gesetzliche KV nur dann zur Verfügung zu stellen, wenn sie durch den Gemeinsamen Bundesausschuss der Krankenkassen und der Kassenärztlichen Vereinigungen als Kassenleistung anerkannt sind. Ein Behandlungserfolg im Einzelfall genügt nicht. Bei **lebensbedrohenden Erkrankungen** ohne schulmedizinische Behandlungsalternative sind nach der Rspr des BVerfG Ausnahmen von diesem Grundsatz geboten (BVerfG 6.12.05 – 1 BvR 347/98, NJW 06, 891; 26.2.13 – 1 BvR 2045/12, NJW 13, 1664; BVerfG 11.4.17 – 1 BvR 452/17, NJW 17, 2096). Der Verweis auf eine pallitive Standardtherapie als schulmedizinische Behandlungsmöglichkeit reicht nicht aus. Der Gesetzgeber ist dem Auftrag des BVerfG durch Verabschiedung des § 2 Abs 1a SGB V nachgekommen. Danach können Versicherte mit einer **lebensbedrohlichen oder regelmäßig tödlichen Erkrankung** oder mit einer zumindest wertungsmäßig vergleichbaren Erkrankung, für die eine allgemein anerkannte, dem medizinischen Standard entsprechende Leistung nicht zur Verfügung steht, auch eine nicht dem allgemein anerkannten Stand der medizinischen Erkenntnisse entsprechende Leistung beanspruchen, wenn eine nicht ganz entfernt liegende **Aussicht auf Heilung** oder auf eine spürbare positive Einwirkung auf den Krankheitsverlauf besteht (BSG 7.5.13 – B 1 KR 26/12 R, SozR 4–2500 § 18 Nr 8; 2.9.2014 – B 1 KR 4/13 R, SozR 4–2500 § 18 Nr 9; 20.3.18 – B 1 KR 4/17 R, NZS 18, 546; LSG BaWü 22.2.17 – L 5 KR 1653/15, BeckRS 2017, 103752; 9.11.18 – L 4 KR 1540/17, BeckRS 2018 35182; BayLSG 9.11.17 – L 4 KR 49/13, BeckRS 2017, 135247, verneinend bei palliativer Situation schon bei Behandlungsbeginn). Versicherte mit einer schwerwiegenden Erkrankung haben nach Maßgabe von § 31 Abs 6 SGB V seit 2017 Anspruch auf Versorgung mit **Cannabis**, wenn eine allgemein anerkannte, dem medizinischen Standard entsprechende Leistung nicht zur Verfügung steht oder in Abwägung der zu erwartenden Nebenwirkungen unter Berücksichtigung des Krankheitsbildes nicht zur Anwendung kommen kann und eine nicht ganz entfernt liegende Aussicht auf eine spürbare positive Einwirkung auf die Krankheit oder deren Symptome besteht.

15 **3. Krankenbehandlung im Ausland. a) Stationäre und ambulante Notfallbehandlungen bei vorübergehendem Auslandsaufenthalt.** Zu unterscheiden sind Akutbehandlungen innerhalb der **EU einschließlich des Europäischen Wirtschaftsraums** (Island, Liechtenstein, Norwegen und auf Grund Abkommenrechts: Schweiz) und Behandlungen im **übrigen Ausland.** Im übrigen Ausland dürfen Krankenkassen Leistungen grds nicht erbringen. Nach § 16 Abs 1 Nr. 1 SGB V sind die Leistungen der gesetzlichen KV nach dem SGB V inlandsgebunden. Der Anspruch auf diese Leistungen ruht, solange Versicherte sich im Ausland aufhalten, und zwar auch dann, wenn sie dort während eines vorübergehenden Aufenthalts erkranken, soweit im SGB V nichts Abweichendes bestimmt ist (BayLSG 9.4.18 – L 20 KR 72/18 B ER, NZS 19, 70). Ausnahmen gelten nach Maßgabe des § 18 SGB V nur für Versicherte, die wegen einer Vorerkrankung oder ihres Lebensalters einen privaten Versicherungsschutz für die Dauer einer Auslandsreise bis zu sechs Wochen nicht erhalten können. Voraussetzung ist allerdings die Feststellung dieser Umstände vor Beginn der Behandlung bzw vor Reiseantritt durch die Krankenkasse.

Gesetzlich Krankenversicherte (Pflicht- und Freiwillige Mitglieder, Familienversicherte), die während eines vorübergehenden Auslandsaufenthaltes (zB Urlaubsreise) medizinische Versorgung benötigen (Akutfall), können **innerhalb der EU** und des Europäischen Wirtschaftsraumes die dortige Gesundheitsversorgung **nach den Regeln des Gastlandes** (BSG 11.9.12 – B 1 KR 21/11 R, NZS 13, 264) im Wege der **Sachleistungsaushilfe** im medizinisch notwendigen Umfang in Anspruch nehmen. Die Kosten werden grds mit der deutschen Krankenkasse abgerechnet. Gleiches gilt für eine Reihe von Nicht-EU-Staaten auf Grund von Abkommenrechts (Türkei, Tunesien, Kroatien, Bosnien und Herzegowina, Mazedonien, Montenegro, Serbien). Ist es trotz Vorlage der Europäischen Krankenversicherungskarte (EHIC) oder eines Urlaubskrankenscheins im Ausland nicht möglich, kostenfrei Sachleistungen zu erlangen, obwohl hierauf nach supra- oder zwischenstaatlichem Recht ein Anspruch bestünde, erfolgt eine Erstattung der entstandenen Kosten durch die deutsche Krankenkasse grds nach den Gebührensätzen der gesetzlichen KV des Gastlandes. Der Erstattungsanspruch geht jedoch nicht über den Leistungsumfang der deutschen gesetzlichen KV hinaus, sodass etwa die Kosten einer Privatklinik nicht in vollem Umfang übernommen werden (LSG Hess 19.10.17 – L 8 KR 395/16, BeckRS 2017, 130917). Um Selbstbehalte zu vermeiden, empfiehlt sich für Mitglieder der gesetzlichen KV der Abschluss einer Reise-Zusatzkrankenversicherung (BSG 24.5.07 – B 1 KR 18/06 R, BeckRS 2007, 46393).

**b) Gezielte Inanspruchnahme ausländischer Leistungserbringer.** Innerhalb der **EU und des Europäischen Wirtschaftsraumes** gilt § 13 Abs 4 u 5 SGB V. Die Regelungen entsprechen der am 25.10.13 in Kraft getretenen Richtlinie 2011/24 EU vom 9.3.11 über die Ausübung der Patientenrechte in der grenzüberschreitenden Gesundheitsversorgung. Danach haben Versicherte (mit Ausnahme der sog Residenten) einen **Anspruch auf Kostenerstattung** für die **ambulante medizinische Behandlung** durch Leistungserbringer im EU-Ausland. Das gilt auch für Versicherte, die nicht für die Kostenerstattung im Inland opiert haben (→ Rn 10). Der Kostenerstattungsanspruch tritt an die Stelle des Sachleistungsanspruchs. Dem Versicherten muss also der Krankenbehandlungsanspruch nach dem SGB V zustehen. Es dürfen nur solche Leistungserbringer in Anspruch genommen werden, die im jeweiligen nationalen System der KV des Aufenthaltsstaates zur Versorgung der Versicherten zugelassen sind. Der Anspruch auf Erstattung besteht höchstens in Höhe der Vergütung, die die Krankenkasse bei Erbringung als Sachleistung im Inland zu tragen hätte (BayLSG 15.3.16 – L 5 KR 458/15, BeckRS 2016, 69320). Durch Satzung sind ausreichende Abschläge vom Erstattungsbetrag für Verwaltungskosten und fehlende Wirtschaftlichkeitsprüfungen vorzusehen sowie vorgesehene Zuzahlungen in Abzug zu bringen. Dies führt dazu, dass EU-Auslandsbehandlungen nicht ohne deutliche **Eigenbeteiligung** der Versicherten möglich sind (BSG 17.2.10 – B 1 KR 14/09 R, SozR–2500 § 13 Nr 24). Im Unterschied zu sonstigen Leistungen können **Krankenhausleistungen** im EU-Ausland zu Lasten der Krankenkassen nach § 13 Abs 5 SGB V nur nach **vorheriger Genehmigung** der Kasse in Anspruch genommen werden (LSG BaWü 17.4.18 – L 11 KR 3833/17, BeckRS 2018, 7905; 23.7.19 – L 11 KR 498/19, BeckRS 2019, 18062). Das Genehmigungserfordernis besteht nicht bei unvorhergesehenen Erkrankungen und Notfallbehandlungen im EU-Ausland (BSG 30.6.09 – B 1 KR 22/08 R, BeckRS 2009, 73390). Werden die Genehmigungsfristen des § 13 Abs 3a SGB V nicht eingehalten, gilt die Auslandskrankenhausbehandlung als genehmigt (BSG 11.9.18 – B 1 KR 1/18 R, WzS 18, 296). Vgl → Rn 9. Sog **Residenten,** das sind idR Rentner und Grenzgänger, die ihren Wohnsitz nicht in dem Mitgliedstaat haben, nach dessen Vorschriften sie Rente beziehen bzw Anspruch auf Versicherungsleistungen erwerben, sind beim ausländischen KV-Träger einzuschreiben und erhalten ausschließlich von diesem Sachleistungen im Wege der Leistungsaushilfe. Ist die Behandlung **nur** im EU-Ausland (einschließlich Europäischer Wirtschaftsraum und Schweiz) möglich, kann die Krankenkasse die vollen Kosten erstatten (§ 13 Abs 4 Satz 6 SGB V). 16

**c) Entsendung.** Versicherte, die **außerhalb der EU** und des Europäischen Wirtschaftsraums in einem Land **beschäftigt** sind, für das kein SozVAbkommen gilt, **und** die im Rahmen eines in der Bundesrepublik bestehenden Beschäftigungsverhältnisses ins Ausland **entsandt** worden sind und während dieser Beschäftigung erkranken, erhalten die ihnen zustehenden Leistungen wegen Krankheit von ihrem ArbGeb. Dies gilt auch für die **Familienversicherten** (→ *Familienversicherung* Rn 5 ff), soweit sie das Mitglied für die Zeit dieser Beschäftigung begleiten oder besuchen (§ 17 Abs 1 SGB V). Die Krankenkasse hat dem ArbGeb für diese Leistungsaushilfe die entstandenen Kosten bis zu der Höhe zu erstatten, in der sie ihr im Inland entstanden wären (Abs 2). Da der ArbGeb durch die Leistungserbringer im Ausland uU mit höheren als den erstattungsfähigen Kosten belastet wird, trägt er insoweit das Risiko der Erkrankung seiner ArbN. Ein Rückgriff auf den ArbN 17 kommt nicht in Betracht (BSG 28.9.10 – B 1 KR 2/10 R, NZS 11, 541). Zur Entsendefällen im EU-Bereich → *Auslandstätigkeit* Rn 146 ff, → *EU-Recht* Rn 50, → *A1-Bescheinigung* Rn 15 ff.

18 **4. Zuzahlungen.** § 61 SGB V sieht eine Zuzahlung iHv 10 vH bei allen Leistungen vor, jedoch nicht weniger als 5 € und nicht mehr als 10 € pro Leistung. Diese Zuzahlung hat der Versicherte zu tragen. Sie fällt an bei Arzneimitteln (§ 31 Abs 3 Satz 1 SGB V), empfängnisregelnden Mitteln (§ 24a Abs 2 SGB V), Hilfsmitteln (§ 33 Abs 2 Satz 5 SGB V), bei der Haushaltshilfe (§ 38 Abs 5 SGB V), der Soziotherapie (§ 37a Abs 3 SGB V) und den Fahrkosten (§ 60 Abs 1 SGB V). Bei Krankenhausaufenthalt ist eine Zuzahlung von 10 € pro Kalendertag für maximal 28 Tage im Jahr zu leisten. Bei stationären Vorsorge- und Rehabilitationsleistungen beträgt die Zuzahlung ebenfalls 10 € pro Kalendertag. Die Begrenzung auf maximal 28 Tage pro Jahr gilt in diesem Fall nur bei Anschlussheilbehandlung. Kinder bleiben grds von Zuzahlungen befreit. Es gilt insgesamt eine Belastungsobergrenze von 2 % des Bruttoeinkommens. Einzelheiten der Belastungsgrenze sind in § 62 SGB V geregelt. Sonderregelungen hinsichtlich Zuzahlungen und Fahrtkosten gelten für chronisch Kranke.

19 **5. Ausgeschlossene Leistungen. Sterilisation, Fahrtkosten, Sehhilfen und Brillen** sowie **nicht verschreibungspflichtige Arzneimittel** sind keine Leistungen der gesetzlichen KV. Ausnahmen gelten für bestimmte Personengruppen (medizinisch notwendige Sterilisation, Brillen für Kinder und Jugendliche und schwer sehbehinderte Versicherte, Arzneimittel für Kinder, Fahrtkosten bei zwingenden medizinischen Gründen). Der Ausschluss nicht verschreibungspflichtiger Arzneimittel aus dem Leistungsumfang der gesetzlichen KV verstößt auch für chronisch Kranke nicht gegen höherrangiges Recht (BVerfG 12.12.12 – 1 BvR 69/09, NJW 13, 1220).

20 **6. Wahltarife.** § 53 SGB V eröffnet den Krankenkassen umfangreiche Rechte zur Tarifgestaltung einschließlich der Möglichkeit, Prämienzahlungen für Versicherte vorzusehen, die im Kj Leistungen nicht in Anspruch genommen haben. Durch die Wahl entsprechender Tarife können entweder die Beiträge gesenkt oder die Leistungsansprüche vergrößert werden. Die Regelungen gelten für **Pflichtversicherte und freiwillig Versicherte** gleichermaßen. Die Ausdehnung des Leistungskatalogs ist unzulässig (LSG NRW 14.6.18 – L 16 KR 251/14, BeckRS 2018, 25783).

21 **7. Terminservicestelle.** Nach näherer Maßgabe in § 75 Abs 1a SGB V idF des Terminservice- und Versorgungsgesetzes (TSVG) vom 6.5.19 (BGBl I 2019, 646) haben die Kassenärztlichen Vereinigungen ab 1.1.20 Terminservicestellen einzurichten, die für 24 Stunden an sieben Tagen in der Woche unter einer bundeseinheitlichen Telefonnummer erreichbar sein müssen. Ua haben sie Versicherten **innerhalb einer Woche** einen Behandlungstermin bei einem geeigneten **Vertragsarzt** zu vermitteln. In **Notfällen** ist eine unmittelbare Versorgungsmöglichkeit nachzuweisen.

# Krankengeld

## A. Arbeitsrecht

*Griese*

1 Der ArbN erhält im Falle der AU zunächst die Entgeltfortzahlung vom ArbGeb. Dauert die **Erkrankung länger als sechs Wochen,** endet der gesetzliche Entgeltfortzahlungsanspruch (§ 3 EFZG). Für den Zeitraum danach kann der ArbN seinen sozialversicherungsrechtlichen Anspruch auf Krankengeld (zum Begriff und den Voraussetzungen → Rn 11 ff) gem § 44 SGB V gegen die Krankenkasse realisieren. Wenn die Entgeltfortzahlung durch den ArbGeb von vorneherein nicht geschuldet wird, weil zB der ArbN die AU durch grobes eigenes Verschulden (§ 3 Abs 1 Satz 1 EFZG) verursacht hat, besteht der Krankengeldanspruch vom ersten Tag der Erkrankung an.

2 Für den Zeitraum der Entgeltfortzahlung durch den ArbGeb ordnet § 49 Abs 1 Nr 1 SGB V das Ruhen des an sich bestehenden Krankengeldanspruchs an. Kommt der ArbGeb seiner Entgeltfortzahlungsverpflichtung nicht nach, muss die Krankenkasse Krankengeld auch für die ersten Tage und Wochen der Erkrankung erbringen. In Höhe der erbrachten

Krankengeldleistung geht der **Entgeltfortzahlungsanspruch** des ArbN kraft **gesetzlichen Forderungsübergangs nach § 115 Abs 1 SGB X** auf die Krankenkasse über. Die Krankenkasse wird damit Inhaberin der Entgeltfortzahlungsansprüche und kann diese aus eigenem Recht gegen den ArbGeb geltend machen und notfalls **arbeitsgerichtlich durchsetzen.** *Einmalzahlungen* gehen zeitanteilig bezogen auf die Zeiträume des Sozialleistungsbezugs über (entsprechend § 47 Abs 2 Satz 6 SGB V; LAG Köln 10.5.10 – 5 Sa 7/10, BeckRS 2010, 70866).

Nach der Zahlung durch die Krankenkasse und dem damit verbundenen **gesetzlichen Forderungsübergang** kann der ArbGeb wegen § 407 BGB Entgeltfortzahlungsansprüche mit **befreiender Wirkung** an den ArbN nur erbringen, wenn er **keine Kenntnis von der Krankengeldzahlung** hat. Die Kenntnis des ArbGeb führt regelmäßig die Krankenkasse durch Übersendung einer Forderungsübergangsanzeige herbei. Diese muss der ArbGeb beachten, insbes bei einer nachträglichen Vergleichsverhandlung mit dem ArbN. 3

Die **Bezugsdauer** für die Entgeltfortzahlung im Krankheitsfall kann kollektiv- und einzelvertraglich über die gesetzlich vorgesehene Frist von sechs Wochen hinaus **verlängert werden.** Verschiedene Tarifverträge sehen vor, dass gestaffelt nach Betriebszugehörigkeit der ArbGeb im Falle der Erkrankung auch für einen Zeitraum über sechs Wochen hinaus Entgeltfortzahlungsansprüche zu erbringen hat. Ebenso kann durch einzelvertragliche Abrede der Entgeltfortzahlungszeitraum um eine bestimmte Frist verlängert werden. Dies führt dazu, dass der Krankengeldanspruch gegen die Krankenkasse für diesen Verlängerungszeitraum ruht und erst realisiert werden kann, wenn die Erkrankung über den Verlängerungszeitraum hinaus andauert. 4

Die in einem Vergleich verabredete unwiderrufliche Freistellung unter Fortzahlung der Vergütung beinhaltet nicht die Verlängerung der Entgeltfortzahlungsdauer (BAG 29.9.04 – 5 AZR 99/04, NZA 05, 104). 5

## B. Lohnsteuerrecht *Thomas*

**1. Lohnfortzahlung im Krankheitsfall.** Die vom ArbGeb aufgrund des sechs Wochen umfassenden gesetzlichen Entgeltfortzahlungsanspruchs erbrachten Leistungen begründen Arbeitslohn, der nach den allgemeinen Vorschriften dem LStAbzug zu unterwerfen ist (→ *Entgeltfortzahlung* Rn 48). Das gilt auch für freiwillige Zusatzleistungen, die der ArbGeb neben dem Krankengeld als *Krankengeldzuschuss* gewährt (BFH 14.3.75, BStBl II 75, 632; BFH 20.7.10 – IX R 23/09, DStR 10, 1934, Zuzahlungen zum Kurzarbeitergeld). Der fortgezahlte Arbeitslohn ist dem Lohnzahlungszeitraum zuzurechnen, in welchem der Lohnzufluss erfolgt, auch wenn er ggf zurückgezahlt werden muss (BFH 4.5.06 – VI R 19/03, DStRE 06, 909). Die Steuerfreiheit für Sonntags-, Feiertags- oder Nachtarbeitszuschläge (→ *Sonn- und Feiertagsarbeit* Rn 26; → *Nachtarbeit* Rn 13) greift nicht ein, da sie nur für tatsächlich geleistete Arbeit (§ 3b Abs 1 EStG) gewährt wird. Dagegen wirkt die Begünstigung nach dem Auslandstätigkeitserlass (Anhang 22 LStR) bei Erkrankung während der Auslandstätigkeit fort. Gleiches gilt für Arbeitslohn, der aufgrund eines DBA steuerfrei ist (FG Düsseldorf 3.6.05 – 8 K 3649/02 E, EFG 05, 1360 zur Entgeltfortzahlung im Krankheitsfalle bei einem Grenzpendler). 6

**2. Krankenversicherungsleistungen. a) Arbeitslohn.** Dieser ist regelmäßig zu verneinen, wenn der ArbN aufgrund eigener Ansprüche gegenüber einer Versicherung Zahlungen erhält. Derartige Versicherungsleistungen sind weder Entschädigungen für entgehenden Arbeitslohn noch für die Nichtausübung einer Tätigkeit (§ 2 Abs 2 Nr 4 LStDV und § 24 Nr 1 EStG, dazu *Weber-Grellet* DStR 93, 261 mwN), sondern Zahlungen aufgrund eigener Vorsorge. Sie beruhen auf einem anderen Rechtsgrund als dem Dienstverhältnis und werden deshalb nicht „für eine Beschäftigung" (§ 19 Abs 1 Nr 1 EStG) gewährt (aA *Lang* DStJG, Bd 9, 73 zum AlGeld sowie FG BaWü 12.12.2000 – 2 K 164/00, EFG 05, 851). Krankentagegelder einer Betriebskrankenkasse werden auch nicht dadurch zum Arbeitslohn, dass die Auszahlung über den ArbGeb erfolgt (BFH 26.5.98 – VI R 9/96, BStBl II 98, 581; BFH 15.11.07 – VI R 30/04, BFH/NV 08, 550). Allerdings sind, wenn bei eigener Versicherung des ArbN der ArbGeb die Beiträge trägt, in der Beitragsübernahme Lohnzahlungen zu sehen (→ *Krankenversicherungsbeiträge* Rn 3). Diese teilen jedoch nicht das steuerrechtliche Schicksal späterer Versicherungsleistungen. Demnach stellt das auf sozial- 7 versicherungsrechtlicher Grundlage gezahlte Krankengeld keinen Arbeitslohn dar, sondern eine sonstige Leistung (§ 22 Nr 1 EStG), die aber nach § 3 Nr 1a EStG befreit ist. Die Bestimmung des § 32b EStG beinhaltet insofern einen doppelten Systembruch, als sie das gesamte Krankengeld und nicht nur den Ertragsanteil (und somit nicht steuerbare Einnahmen) dem Progressionsvorbehalt (→ Rn 10) unterwirft (§ 32b Abs 1 Nr 1b EStG), andererseits aber eine Kürzung um den ArbNPauschbetrag zulässt (§ 32b Abs 2 Nr 1 EStG), soweit er noch nicht ausgeschöpft ist.

8 **b) Steuerbefreiung.** Nach § 3 Nr 1a EStG sind Leistungen aus einer KV steuerfrei. Das gilt für alle Arten von KV, also auch für privatrechtlich organisierte, da anders als bei der in derselben Bestimmung genannten UV eine Einschränkung nicht enthalten ist. Auch Leistungen einer ausländischen KV sind befreit (BFH 26.5.98 – VI R 9/96, BStBl II 98, 581). Demnach sind nicht nur auf sozialversicherungsrechtlicher Grundlage gezahlte Krankengelder, sondern auch Leistungen aus einer privaten Tagegeldversicherung befreit. Etwas anderes ergibt sich auch nicht aus dem Urt des BFH vom 13.4.76 (BStBl II 76, 694), weil im dortigen Fall der ArbN keinen eigenen Anspruch gegen die Versicherung besaß, das Tagegeld vielmehr der internen Finanzierung von Krankengeldzuschüssen des ArbGeb diente. Demgegenüber wird Steuerfreiheit nach § 3 Nr 1c EStG für das „Taggeld" einer Schweizer Invalidenversicherung verneint (BFH 7.2.05 – IX B 239/02, BFH/NV 05, 1052).

9 **c) Forderungsübergang.** Kommt der ArbGeb seiner Verpflichtung zur Lohnfortzahlung nicht nach und wird deshalb sogleich sozialversicherungsrechtliches Krankengeld gezahlt, geht in dieser Höhe der Lohnfortzahlungsanspruch des ArbN auf den Leistungsträger über (§ 115 Abs 1 SGB X). Muss der ArbGeb – etwa aufgrund einer erfolgreichen Kündigungsschutzklage – Nachzahlungen leisten und erfolgen diese wegen des gesetzlichen Forderungsübergangs teilweise direkt an die Agentur für Arbeit, liegt auch darin ein Lohnzufluss (Lohnzahlung an Dritte, BFH 16.3.93 – XI R 52/88, DStR 93, 945), der dem LStAbzug unterliegt. Wegen der damit wirtschaftlich rückgängig gemachten Krankengeldzahlung greift in deren Höhe der negative Progressionsvorbehalt ein, der mit einer Steuerermäßigung nach § 34 Abs 1 EStG zusammenfällt, weil die Nachzahlung eine Vergütung für mehrjährige Tätigkeiten (§ 34 Abs 2 Nr 4 EStG) darstellt. Diese beiden Steuerermäßigungen sind nach der sog integrativen Methode nebeneinander zu gewähren (BFH 15.11.07 – VI R 66/03, BStBl II 08, 375 = DStR 08, 241; *Eggesiecker/Ellerbeck* DStR 07, 1281; *Paetsch* HFR 08, 336).

10 **d) Progressionsvorbehalt.** Das aus der gesetzlichen KV (steuerfrei) gewährte Krankengeld unterliegt gem § 32b Abs 1 Nr 1b EStG dem Progressionsvorbehalt, dh es geht nicht in die Bemessungsgrundlage des zu versteuernden Einkommens ein, ist aber für die Berechnung des Steuersatzes hinzuzurechnen (Berechungsbeispiel H 32b EStR „Allgemeines"). Es verstößt nicht gegen Art 3 GG, dass (ebenfalls steuerfreies) Krankengeld aus einer privaten KV nicht dem Progressionsvorbehalt unterliegt (BFH 13.11.04 – III R 36/13, DStRE 15, 533). Leistungen der gesetzlichen Krankenkasse für eine Ersatzkraft im Rahmen der Haushaltshilfe an nahe Angehörige unterliegen nicht dem Progressionsvorbehalt (BFH 17.6.05 – VI R 109/00, DStRE 05, 1201). Das aus einer Schweizer Krankenversicherung nach § 3 Nr 1a EStG steuerfrei geleistete Geburtengeld unterliegt nicht dem Progressionsvorbehalt, weil es weder Krankengeld noch Mutterschaftsgeld iSv § 32b Nr 1b EStG ist (BFH 29.4.09 – X R 31/08, BFH/NV 09, 1625). Die durch den Progressionsvorbehalt zu erfassenden Lohnersatzleistungen können nicht um die im selben Jahr geleisteten Beiträge zur KV gekürzt werden (FG Bln 16.2.95, EFG 95, 674; ebenso bei ausländischen Einkünften FG Köln 26.5.09 – 1 K 3199/07, DStRE 10, 609). Muss der ArbN Lohnersatzleistungen zurückzahlen, wirkt sich dies auf den Progressionsvorbehalt des Zuflussjahres nur aus, wenn die Rückzahlung noch im nämlichen Jahr erfolgt (BFH 12.10.95 – I R 153/94, DStR 96, 461 mit Anm *sch*). Sonst sind sie mit den Lohnersatzleistungen des Rückzahlungsjahres zu verrechnen. Übersteigen sie diese, führt das zu einem negativen Progressionsvorbehalt, also einer Steuersatzermäßigung. Gezahltes Krankengeld unterliegt nicht dem Progressionsvorbehalt, soweit der Anspruch auf Krankengeld wegen rückwirkender Gewährung einer Sozialrente wegfällt und der Krankenkasse ein Erstattungsanspruch gegen den RVTräger zusteht (BFH 10.7.02 – X R 46/01, BStBl II 03, 391). Durch die Erfüllungsfiktion des § 107 SGB X tritt ein Austausch des sozialversicherungsrechtlichen Rechtsgrundes ein mit

der Folge, dass der Rentenanspruch des Berechtigten als erfüllt gilt. Das Krankengeld gilt insofern als Rente (Besteuerung mit dem Ertragsanteil). Nur hinsichtlich eines nicht erstatteten Anteils bleibt es bei der Behandlung als Krankengeld (Steuerfreiheit mit Progressionsvorbehalt). Der Progressionsvorbehalt bei Lohnersatzleistungen ist nicht verfassungswidrig (BVerfG 24.4.95, BB 95, 1624; 3.5.95, BStBl II 95, 758 mit kritischer Anm *MIT* DStR 95, 933). Das gilt auch für Krankengeld, das ein freiwillig in der gesetzlichen KV versicherter Selbstständiger bezieht (BFH 26.11.08 – X R 53/06, BStBl II 09, 376). Dem Progressionsvorbehalt unterliegen nur das Krankengeld, nicht aber andere, ebenfalls in § 3 Nr 1a EStG steuerbefreite Leistungen aus der KV (zB für Heilmaßnahmen).

**C. Sozialversicherungsrecht** *Ruppelt*

**1. Allgemeines.** In der gesetzlichen KV **mit Anspruch auf Krankengeld** versicherte **Beschäftigte** haben nach § 44 Abs 1 SGB V Anspruch auf Krankengeld, wenn bei ihnen AU ärztlich festgestellt ist (→ *Arbeitsunfähigkeit* Rn 17 ff) oder sie sich auf Kosten der gesetzlichen KV in Krankenhausbehandlung oder Behandlung in einer Vorsorge- oder Rehabilitationseinrichtung iSv § 46 Satz 1 Nr 1 SGB V befinden (Sonderfälle → Rn 12, 16). Das Krankengeld soll den nach Ende des **Entgeltfortzahlungsanspruchs** (→ *Entgeltfortzahlung* Rn 1 ff) entstehenden Verlust des Arbeitsentgelts ausgleichen (Lohnersatzfunktion). Daher haben versicherte Personen, die keiner versicherungspflichtigen Beschäftigung nachgehen oder die infolge der AU idR keinen Einnahmeausfall hinzunehmen haben, nach Maßgabe von § 44 Abs 2 Satz 1 SGB V keinen Anspruch auf Krankengeld (→ Rn 18). 11

**2. Anspruchsvoraussetzungen. a) Arbeitsunfähigkeit.** Nicht eine Krankheit, sondern erst die darauf beruhende AU (→ *Arbeitsunfähigkeit* Rn 17) kann Ansprüche auf Krankengeld nach § 44 Abs 1 SGB V begründen. Gleiches gilt, wenn die AU auf einem nicht rechtswidrigen **Schwangerschaftsabbruch** (→ *Schwangerschaftsabbruch* Rn 9 ff) oder einer durch Krankheit erforderlichen Sterilisation beruht. Auch **Spender von Organen** und Geweben oder von Blut zur Gewinnung von Blutbestandteilen nach § 27 Abs 1a SGB V haben Anspruch auf Krankengeld, wenn eine im Rahmen des TransplantationsG erfolgte Organspende **an gesetzlich Krankenversicherte** sie arbeitsunfähig macht (§ 44a Satz 1 SGB V). Dieser Krankengeldanspruch steht auch gesetzlich nicht krankenversicherten Personen zu. 12

Näheres zur Arbeitsunfähigkeit bestimmen die für alle ArbN geltenden **Arbeitsunfähigkeitsrichtlinien** (→ *Arbeitsunfähigkeit* Rn 2), die für die Kassenärzte gem § 81 Abs 3 Nr 2 SGB V verbindlich sind. Danach gilt als arbeitsunfähig, wer aufgrund von Krankheit seine **ausgeübte Tätigkeit nicht mehr oder nur unter der Gefahr der Verschlimmerung der Erkrankung ausführen kann.** AU liegt auch dann vor, wenn aufgrund eines bestimmten Krankheitszustandes, der für sich allein noch keine AU bedingt, absehbar ist, dass aus der Ausübung der Tätigkeit gesundheitlich abträgliche Folgen erwachsen, die eine AU unmittelbar hervorrufen. Somit kann die Frage der AU im Grunde nur dann einigermaßen zuverlässig beantwortet werden, wenn der bescheinigende Arzt berufskundliche Kenntnisse besitzt. 13

Ein Beschäftigter ist arbeitsunfähig, wenn er durch Krankheit daran gehindert ist, seine arbeitsvertraglich geschuldete, zuletzt ausgeübte Arbeit zu verrichten (BSG 8.11.05 – B 1 KR 18/04 R, SozR 4–2500 § 44 Nr 7 Rz 12). Hat der Versicherte im Beurteilungszeitpunkt einen Arbeitsplatz inne, kommt es darauf an, ob er die dort an ihn gestellten gesundheitlichen Anforderungen noch erfüllen kann. Verliert er den Arbeitsplatz **nach Eintritt der AU,** bleibt die frühere Tätigkeit als Bezugspunkt erhalten; allerdings sind dann nicht mehr die konkreten Verhältnisse am früheren Arbeitsplatz maßgebend, sondern es ist nunmehr abstrakt auf die Art der zuletzt ausgeübten Beschäftigung abzustellen. Der Versicherte darf dann auf gleich oder ähnlich geartete Tätigkeiten „verwiesen" werden, wobei aber der Kreis möglicher Verweisungstätigkeiten entsprechend der Funktion des Krankengeldes eng zu ziehen ist (BSG 14.2.01 – B 1 KR 30/00 R, SozR 3–2500 § 44 Nr 9; BayLSG 17.1.17 – L 5 KR 472/14, BeckRS 2017, 107771). 14

Dabei müssen die Art der Verrichtung, die körperlichen und geistigen Anforderungen, die notwendigen Kenntnisse und Fertigkeiten und auch die **Entlohnung** im Wesentlichen mit der früheren Tätigkeit übereinstimmen. Ein Versicherter, der deshalb arbeitsunfähig ist, weil er aus gesundheitlichen Gründen seine bisherige Tätigkeit nicht mehr ausüben kann, aber noch in der Lage ist, leichte Arbeiten des allgemeinen Arbeitsmarktes vollschichtig zu verrichten, kann sich der Arbeitsvermittlung zur Verfügung stellen; er ist im Verhältnis zur Bundesagentur für Arbeit nicht verpflichtet, weiterhin Krankengeld zu beantragen (LSG BaWü 27.6.17 – L 11 KR 3513/16, BeckRS 2017, 119443).

15 Nur wenn der Versicherte **bei Eintritt der Arbeitsunfähigkeit** bereits arbeitslos ist, beurteilt sich die AU nach den Tätigkeiten, für die der Versicherte der Arbeitsvermittlung zur Verfügung steht. Das sind nach § 140 Abs 1 SGB III grds alle seiner gesundheitlichen Leistungsfähigkeit entsprechenden Beschäftigungen. Auf die Verhältnisse an seinem früheren Arbeitsplatz kommt es nicht mehr an (BSG 19.9.02 – B 1 KR 11/02 R, NZA 03, 907). Das gilt grds ab dem ersten Tag der Arbeitslosigkeit. Maßstab für die Beurteilung der krankheitsbedingten AU eines Versicherten in der KV der Arbeitslosen sind **auch in den ersten sechs Monaten** der Arbeitslosigkeit alle Beschäftigungen, die ihm arblvrechtlich zumutbar sind (BSG 4.4.06 – B 1 KR 21/05 R, NZS 07, 150). Dies sind grds alle Arbeiten auf dem allgemeinen Arbeitsmarkt.

16 **b) Stationäre Behandlung oder Erkrankung eines Kindes.** Versicherte haben Anspruch auf Krankengeld, wenn es nach ärztlichem Zeugnis erforderlich ist, dass sie zur Betreuung ihres **erkrankten und versicherten Kindes** der Arbeit fernbleiben. Es gelten Alters- und Zeitgrenzen nach näherer Bestimmung des § 45 SGB V. Abweichend vom Regelfall wird das Kinderkrankengeld auf Grundlage des während der Freistellung ausfallenden Arbeitsentgelts berechnet (§ 45 Abs 2 Satz 3–5 SGB V).

17 **c) Versicherung mit Anspruch auf Krankengeld.** Anspruch auf Krankengeld haben nur Versicherte, die zum Zeitpunkt der Anspruchsentstehung mit Krankengeldberechtigung versichert sind. Das bei Entstehen eines Krankengeldanspruchs bestehende Versicherungsverhältnis bestimmt, wer in welchem Umfang als Versicherter Anspruch auf Krankengeld hat (BSG 4.3.14 – B 1 KR 17/13 R, NZS 14, 458 Rn 15; 16.12.14 – B 1 KR 37/14 R, *Breithaupt* 2015, 817, Rn 12). Es obliegt dem Versicherten, den Versicherungsschutz durch rechtzeitige erneute Feststellung der AU aufrecht zu halten (→ *Arbeitsunfähigkeitsbescheinigung* Rn 26; BSG 11.5.17 – B 3 KR 22/15 R, NZS 18, 19). Der Anspruch auf Krankengeld entsteht nach § 46 S 1 Nr 2 SGB V idF des GKV-Versorgungsstärkungsgesetzes vom 16.7.15 (BGBl I 2015, 1211) **von dem Tag der ärztlichen Feststellung der Arbeitsunfähigkeit an.** Krankengeld ist also auch schon für den Feststellungstag zu zahlen. Nach § 46 Satz 2 SGB V bleibt der Anspruch auf Krankengeld jeweils bis zu dem Tag bestehen, an dem die weitere AU **wegen derselben Krankheit** ärztlich festgestellt wird, wenn diese ärztliche Feststellung spätestens am nächsten **Werktag** nach dem zuletzt bescheinigten Ende der AU erfolgt; Samstage gelten nicht als Werktage. Endet also die bescheinigte AU zB an einem Samstag, reicht es für die nahtlose Fortzahlung des Krankengeldes aus, wenn die weiterbestehende AU wegen derselben Erkrankung am folgenden Montag festgestellt wird. Nach wie vor obliegt es jedoch allein dem Versicherten, zur Vermeidung von Leistungsnachteilen (insb Ruhen des KrGAnspruchs) für die rechtzeitige Feststellung der AU Sorge zu tragen. Dazu gehört insbesondere das rechtzeitige Aufsuchen eines Arztes (LSG BaWü 15.5.18 – L 11 KR 4179/17, BeckRS 2018, 10706). Zum Fortbestand der Mitgliedschaft ohne Nahtlosigkeit der AU-Bescheinigungen nach § 46 Satz 3 idf des Terminservice- und Versorgungsgesetzes vom 6.5.19 (BGBl I, 646) s → *Arbeitsunfähigkeitsbescheinigung* Rn 26).

18 Wegen der Entgeltersatzfunktion der Leistung kann das Krankengeld grds nur beansprucht werden, wenn damit Arbeitsentgelt oder Arbeitseinkommen (§§ 14, 15 SGB IV) zu ersetzen ist. Dies ist in erster Linie bei versicherungspflichtigen Beschäftigten nach § 5 Abs 1 Nr 1 SGB V sowie Versicherten, die Lohnersatzleistungen (AlGeld I, Kurzarbeitergeld) beziehen **nach Ende der Entgeltfortzahlung bzw der Leistungsfortzahlung** nach § 126 SGB III der Fall (§§ 5 Abs 1 Nr 2 iVm 47b Abs 1 SGB V).

**Keinen Anspruch auf Krankengeld** haben die in § 44 Abs 2 Satz 1 und in § 50 Abs 1 Satz 1 SGB V aufgeführten Versicherten. Dies sind:

- Bezieher von AlGeld II (§ 5 Abs 1 Nr 2a SGB V) – weil diese Leistung bei Krankheit weitergezahlt wird;
- Versicherte, die in Einrichtungen der Jugendhilfe für eine Erwerbstätigkeit befähigt werden sollen (§ 5 Abs 1 Nr 5 SGB V);

- Teilnehmer an Leistungen zur Teilhabe am Arbeitsleben (§ 5 Abs 1 Nr 6 SGB V), soweit sie keinen Anspruch auf Übergangsgeld haben;
- Studenten (§ 5 Abs 1 Nr 9 SGB V);
- Praktikanten und zur Berufsausbildung Beschäftigte ohne Anspruch auf Arbeitsentgelt (§ 5 Abs 1 Nr 10);
- Auffangversicherte nach § 5 Abs 1 Nr 13 SGB V, soweit sie nicht über der Geringfügigkeitsgrenze beschäftigt sind;
- hauptberuflich selbstständig Erwerbstätige (es sei denn, sie haben eine Wahlerklärung nach § 44 Abs 2 Nr 2 SGB V abgegeben);
- Versicherte nach § 5 Abs 1 Nr 1 SGB V, die bei AU nicht mindestens für sechs Wochen Anspruch auf Entgeltfortzahlung haben;
- Rentenbezieher iSv § 44 Abs 2 Satz 1 Nr 4 und § 50 Abs 1 Satz 1 SGB V;
- Bezieher von Verletztengeld (§ 11 Abs 5 SGB V); 19
- Familienversicherte (§ 10 SGB V).

Keinen Anspruch auf Krankengeld haben **geringfügig Beschäftigte** nach § 8 Abs 1 SGB IV, soweit für diese – wie regelmäßig – Versicherungsfreiheit in der gesetzlichen KV besteht. Das gilt auch, wenn für den geringfügigen Beschäftigten ein pauschaler ArbGebbeitrag nach § 249b SGB V zu zahlen ist (→ *Geringfügige Beschäftigung* Rn 51 f). Zum bestehenden Anspruch geringfügig Beschäftigter auf Entgeltfortzahlung im Krankheitsfall → *Entgeltfortzahlung* Rn 1.

Versicherungspflichtig Beschäftigte, die bei AU nicht für **mindestens sechs Wochen Anspruch auf Fortzahlung des Arbeitsentgelts** oder auf Zahlung einer die VersPflicht begründenden Sozialleistung haben, sind vom Bezug von **Krankengeld ausgeschlossen** (§ 44 Abs 2 Satz 1 Nr 3 SGB V). Der Anspruch auf Fortzahlung des Arbeitsentgelts kann nicht nur auf Grund des EFZG, sondern auch auf Basis eines Tarifvertrags, einer Betriebsvereinbarung oder anderer vertraglicher Zusagen beruhen. Da der Anspruch auf Entgeltfortzahlung nach § 3 Abs 3 EFZG erst nach einer vierwöchigen Wartezeit entsteht und deshalb der sechswöchige Entgeltfortzahlungsanspruch erst dann voll ausgeschöpft werden kann, wenn das ArbVerh für insgesamt 10 Wochen besteht, werden von § 44 Abs 2 S 1 Nr 3 SGB V insbes Personen erfasst, die wegen der Dauer ihrer Beschäftigung von vornherein keinen Anspruch auf Entgeltfortzahlung (von mindestens 6 Wochen) erwerben können. Dazu gehören vor allem die unständig Beschäftigten (§ 27 Abs 3 Nr 1 SGB III) und Personen, deren Beschäftigung im Voraus auf weniger als 10 Wochen befristet ist.

**d) Freiwillige Mitgliedschaft.** Diese schließt den Anspruch auf Krankengeld nicht 20
grundsätzlich aus (§ 44 Abs 2 Nr 2 SGB V). Nach § 53 Abs 6 SGB V haben die Krankenkassen in ihren Satzungen für hauptberuflich selbstständig Erwerbstätige (freiwillig Versicherte) und nach dem KSVG Versicherte (→ *Künstlersozialversicherung* Rn 15) Tarife anzubieten, die einen Anspruch auf Krankengeld vom ersten Tag der AU an oder zu einem späteren Zeitpunkt entstehen lassen. Hierfür sind Prämienzuzahlungen vorzusehen. Auch bei freiwillig Versicherten ist Voraussetzung für den Krankengeldanspruch ein durch die AU hervorgerufener Einkommensverlust (BSG 12.3.13 – B 1 KR 4/12 R, SozR 4–2500 § 47 Nr 14). Der Anspruch auf KrG entsteht für diesen Personenkreis nach § 46 Satz 4 SGB V erst ab der siebten Woche der AU (BSG 28.3.19 – B 3 KR 15/17 R, SozR 4-2500 § 46 Nr 9, Anm *Schütz* NZS 19, 750)

**e) Unfallversicherung.** Beruht die AU auf einem **Arbeitsunfall,** besteht kein Anspruch 21
auf Leistungen der gesetzlichen KV und somit auch nicht auf Zahlung von Krankengeld (§ 11 Abs 4 SGB V). Dies gilt auch dann, wenn das Verletztengeld (→ *Unfallversicherung* Rn 41) die Höhe des Krankengeldes nicht erreicht, was bei freiwillig oder kraft Satzung in der gesetzlichen UV versicherten Unternehmern der Fall sein kann, die eine Versicherungssumme unterhalb des Betrages gewählt haben, der in der gesetzlichen KV zur Beitragsbemessung herangezogen wird (BSG 25.6.02 – B 1 KR 13/01 R, NZS 03, 479).

**3. Beginn und Ende des Krankengeldanspruchs. a) Leistungsdauer.** Der Anspruch 22
auf Krankengeld entsteht mit dem Tag des Beginns einer Krankenhausbehandlung oder Behandlung in einer Vorsorge- oder Rehabilitationseinrichtung iSv § 46 Satz 1 Nr 1 SGB V, im Übrigen von dem Tag der ärztlichen Feststellung der AU an (§ 46 Satz 1 Nr 2 SGB V idF des GKV-Versorgungsstärkungsgesetzes vom 16.7.15; → Rn 17). Abweichendes

gilt für freiwillig Versicherte, die einen Tarif mit KrGAnspruch gewählt haben (→ Rn 20). Regelmäßig hat der Beschäftigte dann jedoch Anspruch auf Entgeltfortzahlung, so dass der Anspruch auf Krankengeld für diese Zeit ruht (→ Rn 25). Krankengeld wird nach dem Wortlaut von § 48 Abs 1 SGB V zwar ohne zeitliche Begrenzung gewährt. Das gilt allerdings nur für Versicherte, die mit zeitlichen Unterbrechungen an unterschiedlichen Gesundheitsstörungen leiden. Bei AU wegen derselben Krankheit wird Krankengeld für **höchstens 78 Wochen** innerhalb von **drei Jahren** gezahlt. Tritt während der AU eine weitere Krankheit hinzu, verlängert sich dadurch die Leistungsdauer nach § 48 Abs 1 Halbsatz 2 SGB V nicht (BSG 8.11.05 – B 1 KR 27/04 R, SozR 4–2500 § 48 Nr 3; LSG BaWü 29.4.14 – L 11 KR 2876/12, NZS 14, 621).

23 **Hinzugetretene Krankheit** ist eine solche, die für sich allein betrachtet ebenfalls AU verursachen würde. Eine Krankheit tritt nicht hinzu, wenn die AU beendet ist und am Tag danach die andere Krankheit AU verursacht (Beginn einer neuen Blockfrist). Das gilt auch dann, wenn inzwischen die Arbeit nicht wieder aufgenommen worden ist. Der erstmalige Eintritt der AU setzt für die **verursachende Krankheit** eine Kette aufeinander folgender Dreijahreszeiträume (Blockfristen) in Gang, innerhalb derer nach Maßgabe des § 48 Abs 2 SGB V jeweils bis zu 78 Wochen Krankengeld bezogen werden kann. Handelt es sich um eine im Vergleich zur ersten AU verursachenden Erkrankung **neue Krankheit,** beginnt die Kette der Blockfristen von Neuem. Die Anrechnung auf die Höchstbezugsdauer ist nicht davon abhängig, dass die Leistungszeiten zusammenhängend verlaufen. Entscheidend ist lediglich, dass die AU jeweils durch dieselbe Krankheit verursacht wird, da durch die Regelung die finanzielle Entlastung der KV für chronische Leiden herbeigeführt werden soll, welche zu dauerhafter AU und damit potentiell zum Versicherungsfall der verminderten Erwerbsfähigkeit der gesetzlichen RV führen. Die Vorschrift hat den **Zweck** sicherzustellen, dass die Höchstbezugsdauer von 78 Wochen auch bei unterschiedlichen und wechselnden Krankheitsbildern nicht überschritten wird. Ihre **Rechtswirkung** liegt darin, dass die schon bestehende und die hinzutretende in der laufenden Blockfrist als einheitliche Krankheit behandelt wird.

24 **b) Aussteuerung und Wiederaufleben des Krankengeldanspruchs.** § 48 Abs 2 SGB V schränkt das Wiederaufleben des Krankengeldanspruchs wegen derselben Krankheit innerhalb einer weiteren Blockfrist erheblich ein. Nach Erschöpfung des Krankengeldanspruchs in einem früheren Dreijahreszeitraum entsteht ein neuer Anspruch auf Krankengeld wegen derselben Krankheit nur dann, wenn der Versicherte **mindestens sechs Monate** lang nicht wegen dieser Krankheit arbeitsunfähig und entweder **erwerbstätig war oder der Arbeitsvermittlung zur Verfügung stand** (BSG 7.12.04 – B 1 KR 10/03 R, NZA 05, 572; LSG BaWü 23.5.17 – L 11 KR 4075/16, BeckRS 2017, 116289). Ferner muss der Versicherte bei Eintritt der erneuten AU **mit Anspruch auf Krankengeld versichert** sein. Wird der Anspruch auf Krankengeld (78 Wochen innerhalb von drei Jahren wegen derselben Erkrankung) ausgeschöpft **(Aussteuerung)** und dauert die AU weiterhin an, **endet die Pflichtversicherung** in der gesetzlichen KV (§ 192 Abs 1 Nr 2 SGB V). Die Versicherung setzt sich nach § 188 Abs 4 Satz 1 SGB V als **freiwillige Mitgliedschaft** fort, es sei denn, der Versicherte erklärt innerhalb von zwei Wochen nach Hinweis der Kasse über die Austrittsmöglichkeiten seinen Austritt oder die Voraussetzungen einer **Familienversicherung** (→ *Familienversicherung* Rn 7 ff) liegen vor (§ 188 Abs 4 Satz 3 SGB V). Der Austritt wird nur wirksam, wenn der Versicherte eine andere Absicherung im Krankheitsfall (zB private KV) nachweist (§ 188 Abs 4 Satz 2 SGB V). Bei fortbestehender AU nach Aussteuerung kann die Pflichtmitgliedschaft in der gesetzlichen KV bei Vorliegen der Leistungsvoraussetzungen durch den Bezug von AlGeld I fortgesetzt werden. Dadurch können die Nachteile einer freiwilligen Mitgliedschaft vermieden werden. Die Arbeitslosmeldung setzt die Beendigung des Arbeitsverhältnisses nicht voraus (→ *Arbeitslosengeld* Rn 17).

25 **4. Ruhen des Krankengeldes.** Die Ruhenstatbestände der §§ 16 u 49 Abs 1 SGB V führen zum vollständigen oder teilweisen **Ruhen** des Anspruchs. Das hat zur Folge, dass das Stammrecht auf die Leistung zwar bestehen bleibt, aber der Anspruch nicht erfüllt und die Leistung nicht ausgezahlt werden darf. Da das Stammrecht fortbesteht, wird der ruhende Anspruch als **Bezugszeit** angerechnet und vermindert dadurch die Höchstbezugsdauer des Krankengeldes (§ 48 Abs 3 SGB V). Der Anspruch auf Krankengeld ruht, wenn und soweit

der Versicherte beitragspflichtiges Arbeitsentgelt erhält, also auch bei Entgeltfortzahlung im Krankheitsfall. Das gilt jedoch nicht für einmalig gezahltes Arbeitsentgelt (§ 49 Abs 1 Nr 1 HS 2 SGB V) und Urlaubsabgeltungen (BSG 30.5.06 – B 1 KR 26/05 R, SozR 4–2500 § 49 Nr 4). Entscheidend ist der **tatsächliche Bezug** der Leistung, nicht der Anspruch auf die Lohn- oder Gehaltsfortzahlung. Leistet der ArbGeb die Lohn- oder Gehaltsfortzahlung im Krankheitsfall nicht, besteht unter den geschilderten gesetzlichen Voraussetzungen ein ungekürzter Anspruch auf Krankengeld. Das Krankengeld ruht auch beim tatsächlichen Bezug von Lohnersatzleistungen iSv § 49 Abs 1 Nr 3–4 SGB V (Versorgungskrankengeld, Übergangsgeld, Kurzarbeitergeld, Mutterschaftsgeld, AlGeld I) und solange die (vom Arzt in der AUBescheinigung festgestellte) AU der Krankenkasse nicht mitgeteilt wird; dies gilt nicht, wenn diese Meldung innerhalb einer Woche nach Beginn der AU erfolgt (Nr 5). Die Mitteilung der festgestellten AU an die Kasse darf nicht mit der Feststellung der AU durch den Arzt als Voraussetzung des Entstehens des Krankengeldanspruchs verwechselt werden (vgl zum Entstehen des Krankengeldanspruchs → Rn 17). In Fällen der Entgeltfortzahlung nach dem EFZG und der Leistungsfortzahlung nach § 126 SGB III erfolgt die Meldung an die Krankenkasse durch den die AU feststellenden Arzt (LSG BaWü 21.10.15 – L 5 KR 5457/13, BeckRS 2015, 73313). Der Anspruch ruht nach Maßgabe von § 49 Abs 1 Nr 2 SGB V grds auch während der *Elternzeit*. Der Anspruch auf Krankengeld ruht, während sich der Versicherte im Ausland aufhält, es sei denn, die KV hat dem Auslandsaufenthalt zugestimmt (§ 16 Abs 4 SGB V).

**5. Kürzung des Krankengeldes.** Nach § 50 Abs 1 Satz 1 SGB V endet der Anspruch 26
auf Krankengeld mit dem Bezug einer Rente wegen **voller Erwerbsminderung** oder **Vollrente** wegen Alters aus der gesetzlichen RV oder dem Bezug von **Ruhegehalt** bzw vergleichbaren Leistungen iSd genannten Vorschrift. Der Krankengeldanspruch **entfällt** mit **Beginn der Rentenleistung** rückwirkend. Maßgeblich ist nicht der Auszahlungszeitpunkt, sondern der Zeitpunkt, ab dem die Rente materiell bewilligt wurde. Wird dem Versicherten nach Beginn der AU Rente oder eine vergleichbare Leistung zuerkannt, ist das Krankengeld um den Zahlbetrag der für den gleichen Zeitraum gewährten Rente zu kürzen (§ 50 Abs 2 SGB V). **Übersteigt** das Krankengeld die rückwirkend gewährte Rentenleistung, verbleibt der überschießende Betrag beim Versicherten (§ 50 Abs 1 Sätze 2 und 3 SGB V). Nach Zubilligung der Rente hat dieser jedoch keinen Anspruch auf Auszahlung des Spitzbetrages, auch dann nicht, wenn das Krankengeld zu Unrecht nicht ausgezahlt worden ist. Nach Beginn der (Voll-)Rentengewährung entsteht ein neuer Krankengeldanspruch nicht, auch dann nicht, wenn der (Voll-)Rentner ein neues Beschäftigungsverhältnis eingeht. Anderes gilt, wenn eine **Rentenleistung** bezogen wird, der nur eine **Teilsicherungsfunktion** zukommt (Renten wegen teilweiser Erwerbsminderung, Berufsunfähigkeit oder Teilrenten wegen Alters). Neben diesen Teilsicherungsleistungen nach § 50 Abs 2 Nr 1–5 SGB V wird das Krankengeld um den Zahlbetrag der Rentenleistung gekürzt, wenn die Zuerkennung der Leistung **nach dem Beginn** der AU oder der stationären Behandlung erfolgt ist. Bei Zuerkennung der Leistung **vor Beginn** der AU oder der stationären Behandlung erfolgt **keine Kürzung.** Dies sind vor allem die Fallgestaltungen, in denen der Rentner neben dem Bezug einer (Teil-)Rente ein neues Beschäftigungsverhältnis eingegangen ist.

**6. Höhe des Krankengeldes. a) Arbeitsentgelt und Arbeitseinkommen.** Das Kran- 27
kengeld beträgt nach § 47 Abs 1 Satz 1 SGB V 70 vH des erzielten regelmäßigen Arbeitsentgelts und Arbeitseinkommens, soweit es der Beitragsberechnung (dh bis zur Beitragsbemessungsgrenze) unterliegt **(Regelentgelt).** Es darf 90 vH des entgangenen Nettoarbeitsentgelts nicht übersteigen (§ 47 Abs 1 S 2 SGB V). Die Leistungsbegrenzung des Abs 1 Satz 2 gilt nicht, soweit das Krankengeld bei Selbstständigen aus dem Arbeitseinkommen errechnet wird. Eine dem Nettoarbeitsentgelt entsprechende Größe besteht nämlich beim Arbeitseinkommen (§ 15 SGB IV) nicht. **Arbeitsentgelt** sind alle laufenden oder einmaligen Einnahmen aus einer Beschäftigung. **Beschäftigung** ist die nichtselbstständige Arbeit, insbes in einem Arbeitsverhältnis. **Einmalig** im Bemessungszeitraum gezahltes Arbeitsentgelt wird nach § 47 Abs 2 Satz 6 SGB V auf der Basis eines Bemessungszeitraums von zwölf Monaten mit einem täglichen Durchschnittswert ermittelt und zu dem Arbeitsentgelt hinzugezählt. Bei Berücksichtigung von Einmalzahlungen darf das kalendertägliche Krankengeld das kalendertägliche Nettoarbeitsentgelt nicht übersteigen (BSG 21.2.06 – B 1 KR 11/

05 R, SozR 4–2500 § 47 Nr 3). **Mehrarbeit- und Überstundenvergütung** sind nur zu berücksichtigen, wenn sie regelmäßig, dh über einen Zeitraum von wenigstens drei Monaten, gezahlt worden sind (LSG BaWü 5.9.18 – L 5 KR 4242/17, BeckRS 2018, 23980). Bei **Mehrfachbeschäftigten** sind grundsätzlich die Arbeitsentgelte aus allen Beschäftigungsverhältnissen zu berücksichtigen. **Arbeitseinkommen** ist nach § 15 Abs 1 S 1 SGB IV der nach den allgemeinen Gewinnermittlungsvorschriften des EStRechts ermittelte Gewinn aus einer selbstständigen Tätigkeit.

28 **b) Bemessungszeitraum und Zuflussprinzip.** Erzielt werden müssen die Einnahmen im Bemessungszeitraum. Dieser ergibt sich für Beschäftigte aus § 47 Abs 2 SGB V. Danach ist für die Berechnung des Regelentgelts das vom Versicherten im letzten vor Beginn der AU abgerechneten **Entgeltabrechnungszeitraum,** mindestens das während der letzten abgerechneten **vier Wochen** erzielte Entgelt, zugrunde zu legen (§ 47 Abs 2 Satz 1 SGB V)). Ein Rückgriff auf frühere Abrechnungszeiträume scheidet auch bei Härtefällen aus (LSG BaWü 8.12.15 – L 11 KR 2575/15, BeckRS 2016, 65952). Bei **Selbstständigen** ist grundsätzlich das letzte Kj vor dem Eintritt der AU maßgeblich. Fehlt es bei Beginn der AU an der Feststellung des steuerlichen Gewinns im letzten Kj, ist das Einkommen vAw zu ermitteln (BSG 6.11.08 – B 1 KR 8/08 R, NZA 09, 304). Erzielt sind Einnahmen, wenn sie dem Vers im Bemessungszeitraum **tatsächlich zugeflossen** sind. Erhöhungen oder Absenkungen des Entgelts, die erst nach Beginn der AU eintreten, führen deshalb grds nicht zu einer Änderung der Höhe des Krankengeldes. Dies gilt auch für im Bemessungszeitraum nicht realisierte Entgeltansprüche und spätere rückwirkende Lohnerhöhungen. Vorauszahlungen des Entgelts, soweit sie auf einen vor dem Eintritt der AU noch nicht abgelaufenen Abrechnungszeitraum geleistet werden, werden grds nicht berücksichtigt. Zu Ausnahmen zur Vermeidung von Äquivalenzabweichungen vgl BSG 30.5.06 – B 1 KR 19/05 R, NZS 07, 204. Das Regelentgelt wird bis zur Höhe des Betrages der kalendertäglichen **Beitragsbemessungsgrenze** (→ *Beitragsbemessungsgrenzen* Rn 16) berücksichtigt (§ 47 Abs 6 SGB V).

29 **c) Regelentgelt der Arbeitnehmer.** § 47 Abs 2 SGB V unterscheidet zwischen Beschäftigten (pflicht- und freiwillig Versicherte), deren Arbeitsentgelt nach Monaten bemessen wird, und solchen, deren Abrechnung auf Stundenbasis erfolgt. § 47 Abs 2 Satz 1 und 2 SGB V gelten für ArbN, deren Entgelt sich einer **Stundenzahl** zuordnen lässt. Das im Bemessungszeitraum erzielte Arbeitsentgelt ist durch die Zahl der Stunden (einschließlich Überstunden und bezahlte Freistunden) zu teilen, für die es gezahlt wurde. Dieser Wert wird mit der Zahl der regelmäßigen wöchentlichen Arbeitsstunden vervielfacht, die sich aus der arbeitsvertraglichen Verpflichtung des Beschäftigten ergibt, und ist – um das **kalendertägliche Regelentgelt** zu erhalten – durch sieben zu teilen.

30 Ist das Arbeitsentgelt nach **Monaten** bemessen, gilt der dreißigste Teil des im letzten vor Beginn der AU abgerechneten Kalendermonats als kalendertägliches **Regelentgelt** (§ 47 Abs 2 Satz 3). Kann bei Beginn der AU noch nicht auf einen abgerechneten **Entgeltzeitraum** zurückgegriffen werden oder umfasst der abgerechnete Zeitraum wegen der Kürze der Beschäftigungsdauer noch nicht 4 Wochen, ist das von Beginn der Beschäftigung bis zum Eintritt der AU erzielte Arbeitsentgelt bzw der kürzere tatsächliche Abrechnungszeitraum heranzuziehen und der Krankengeldanspruch nach einer vorrangig die individuellen Verhältnisse berücksichtigenden Schätzung zu bemessen. Dabei ist maßgebend, welches Entgelt der Versicherte für den vollständigen Abrechnungszeitraum erwarten konnte (BSG 30.5.06 – B 1 KR 19/05 R, NZS 07, 204 Rz 32).

31 **d) Regelentgelt bei flexibler Arbeitszeit.** § 47 Abs 2 Sätze 4 und 5 SGB V verhalten sich zur Berechnung des Regelentgelts für Fälle, in denen flexible Arbeitszeiten gelten. Dabei handelt es sich um **Arbeitszeitkontenmodelle,** bei denen Zeiten der tatsächlichen Beschäftigung und der Freistellung von der Arbeit aufeinander folgen. Zur Berechnung des Regelentgelts ist das im Bemessungszeitraum der Beitragsberechnung zu Grunde liegende (§ 23b Abs 2 SGB IV) und um einmalig gezahltes Arbeitsentgelt verminderte Arbeitsentgelt heranzuziehen. Maßgeblich ist das in den Zeiten der tatsächlichen Arbeitsleistung und den Zeiten der Freistellung **jeweils fällige Arbeitsentgelt.** Regelmäßige wöchentliche Arbeitszeit ist auch in der Freistellungsphase die Arbeitszeit, die **dem gezahlten Arbeitsentgelt entspricht.** Die dem gezahlten Arbeitsentgelt entsprechende Arbeitszeit ergibt sich aus den zu Grunde liegenden Vereinbarungen und den Lohn- oder Gehaltsabrechnungen der Zeiträume, in denen tatsächlich gearbeitet wurde.

**e) Nichtkontinuierliche Arbeitsverrichtung und -vergütung.** Bei Job-Sharing oder anderen flexible Arbeitsformen ermächtigt § 47 Abs 3 SGB V die Krankenkassen zwecks Sicherstellung der Entgeltersatzfunktion des Krankengeldes zum Erlass von Satzungsbestimmungen, da damit der Vielfalt der Fallgestaltungen besser als mit einer starren gesetzlichen Regelung entsprochen werden kann. Sonderregelungen zur Berechnung des Krankengeldes sind in § 47 Abs 4 SGB V für Seeleute und NichtArbN getroffen. 32

**f) Regelentgelt hauptberuflich Selbstständiger.** Freiwillig versicherte hauptberuflich Selbstständige, die nach § 44 Abs 2 Satz 1 Nr 2 SGB V das gesetzliche Krankengeld wählen oder einen entsprechenden Wahltarif abschließen, sind krankengeldberechtigt. Für diese gilt als **Regelentgelt** der kalendertägliche Betrag, der zuletzt vor Beginn der AU für die **Beitragsbemessung** nach § 240 SGB V aus Arbeitseinkommen maßgebend war (→ *Krankenversicherungsbeiträge* Rn 17). Bestehen konkrete Anhaltspunkte für eine offensichtliche Diskrepanz zwischen Beitragsbemessungsgrundlage und tatsächlichem Einkommen, so muss das erzielte Arbeitseinkommen konkret nach steuerrechtlichen Grundsätzen im letzten abgeschlossenen Kj vor Eintritt der AU ermittelt werden (BSG 6.11.08 – B 1 KR 28/07 R, SozR 4–2500 § 47 Nr 10; 6.11.2008 – B 1 KR 8/08 R, NZA 09, 304). Einkünfte aus **Kapitalvermögen, Vermietung und Verpachtung** gehören nicht zum Arbeitseinkommen (BSG 7.12.04 – 1 KR 17/04 R, NZA 05, 250). Da die konkrete Ermittlung des Regelentgelts dem Steuerrecht folgt, mindern Steuervergünstigungen grds das maßgebende Einkommen (LSG BaWü 23.4.15 – L 11 KR 5087/14, BeckRS 2015, 70994). Der Ausschluss des Krankengelds für hauptberuflich selbstständig Erwerbstätige **ohne positive Einkünfte** verstößt nicht gegen Verfassungsrecht (BSG Urt v 7.12.2004 – B 1 KR 17/04 R, NZA 2005, 920). 33

**g) Arbeitslose.** Bezieher von AlGeld I oder AlGeld bei beruflicher Weiterbildung (früher: Unterhaltsgeld) erhalten Krankengeld bei Erfüllung der sonstigen Voraussetzungen nach Ablauf der Leistungsfortzahlung nach § 126 SGB III in Höhe der zuletzt bezogenen Leistung (§ 47b Abs 1 Satz 1 SGB V). Das Krankengeld für Arbeitslose wird also in Höhe des Arbeitslosengeldes gezahlt (LSG BaWü 7.11.17 – L 11 KR 763/17, BeckRS 2017, 142341). Sonderregelungen gelten für Bezieher von **Kurzarbeitergeld** (§ 47b Abs 3 ff SGB V). 34

# Krankengeldzuschuss

## A. Arbeitsrecht

*Griese*

Statt einer verlängerten Entgeltfortzahlungsdauer kann sich der ArbGeb durch einzelvertragliche oder kollektivrechtliche Regelung verpflichten, nach Ablauf des Entgeltfortzahlungszeitraumes einen **Zuschuss** zu dem von der Krankenkasse gewährten Krankengeld zu leisten. Dies kann den Zweck verfolgen, dem ArbN auch nach Ablauf des Entgeltfortzahlungszeitraums sein bisheriges Einkommen zu erhalten. Solche Zuschüsse sind idR auf der **Basis des Bruttokrankengeldes** zu berechnen, es sei denn, in der Rechtsgrundlage (zB Tarifvertrag) ist etwas anderes bestimmt (BAG 13.2.02 – 5 AZR 604/00, NZA 03, 49). Ist der Krankengeldzuschuss in einer Betriebsvereinbarung geregelt, kann eine **nachfolgende Betriebsvereinbarung die Bezugsbedingungen verschlechtern** (BAG 15.11.00 – 5 AZR 310/99, NZA 01, 900). Zur Auslegung einer tariflich festgelegten Mindestbetriebszugehörigkeit für einen Krankengeldzuschuss s BAG 12.12.01 – 5 AZR 238/00, ArbuR 02, 156. 1

Wird **vertraglich ein Zuschuss als „Nettoausgleich" vereinbart,** der die Differenz zwischen Krankengeld und Nettovergütung ausgleichen soll, richtet sich die Berechnung nach den Verhältnissen im Anspruchsmonat. Wechselt der ArbN ohne sonstigen Grund die LStKlasse um einen höheren Zuschuß zu erhalten kann der ArbGeb dem den Einwand des Rechtsmissbrauchs entgegenhalten (BAG 18.8.04 – 5 AZR 518/03, EzA § 242 BGB 2002 Rechtsmissbrauch Nr 3). **Die gleichberechtigte Wahl der Lohnsteuerklassen IV/IV bei Ehepartnern ist aber nicht zu beanstanden** (BAG 13.6.06 – 9 AZR 423/05, DB 06, 2470 u → *Lohnsteuerklassen* Rn 3).

Um einen Doppelbezug von Krankengeldzuschuss und Rente zu vermeiden, kann tariflich eine **Vorschussfiktion** festgelegt werden, die einen überzahlten Krankengeldzuschuss nach rückwirkender Bewilligung einer Rente wegen Erwerbsminderung als zurückzuzahlenden Vorschuss qualifiziert (BAG 12.5.16 – 6 AZR 365/15, MDR 16, 1096).

Eine Überbrückungsbeihilfe als Aufstockung zum Krankengeld kann nicht verlangt werden, wenn das den Anspruch rechtfertigende Arbeitsverhältnis ein Scheingeschäft iSd § 117 Abs 1 BGB ist und deshalb ein Umgehungsgeschäft vorliegt (BAG 15.11.18 – 6 AZR 522/17, NZA 19, 928).

**B. Lohnsteuerrecht** *Thomas*

2 Erbringt der ArbGeb neben dem sozialversicherungsrechtlichen Krankengeld (→ Krankengeld Rn 1 f) freiwillige Zusatzleistungen, liegt insofern Arbeitslohn vor, der nach den allgemeinen Vorschriften dem LStAbzug zu unterwerfen ist. Zu Fallgestaltungen, bei denen der Krankengeldzuschuss mittels einer Versicherung finanziert wird, wird auf die Ausführungen zum Stichwort → *Krankenversicherungsbeiträge* Rn 7 verwiesen.

Übernimmt der ArbGeb im Einzelfall Krankheitskosten des ArbN (drastisches Beispiel bei *RZ* FR 97, 707), wendet er zwar grds Arbeitslohn zu (BFH 30.5.01 – VI R 177/99, BStBl II 01, 671); die Mittelverwendung stellt aber beim ArbN eine außergewöhnliche Belastung (§ 33 EStG) dar, die beim LStAbzug durch Eintragung eines Freibetrags (§ 39a Abs 1 Nr 3 EStG) berücksichtigt werden kann. Werden Krankheitskosten laufend übernommen, greift die Steuerbefreiung des § 3 Nr 11 EStG ein, wenn die Finanzierung mit öffentlichen Mitteln (Beihilfe) erfolgt. Bei Finanzierung mit Mitteln eines privaten ArbGeb sieht die Verwaltung in R 3.11 Abs 2 LStR (in geringerem Umfang) Billigkeitsmaßnahmen vor, die beim LStAbzug einer Steuerbefreiung gleichkommen (Einzelheiten bei → *Beihilfeleistungen* Rn 7).

**C. Sozialversicherungsrecht** *Ruppelt*

3 Der Anspruch auf *Krankengeld* ruht, wenn und soweit der Versicherte beitragspflichtiges Arbeitsentgelt oder Arbeitseinkommen erhält (→ *Krankengeld* Rn 25). Zuschüsse des ArbGeb zum Krankengeld, Verletztengeld, Übergangsgeld oder Krankentagegeld auf tarifvertraglicher und sonstiger Grundlage sind von dieser Anrechnung ausgenommen, soweit sie zusammen mit den genannten Sozialleistungen das **Nettoarbeitsentgelt** nicht um mehr als 50 € übersteigen (§ 23c Abs 1 Satz 1 SGB IV). Daher ist der Zuschuss regelmäßig auf diese Höhe begrenzt.

4 Als Zuschuss gelten alle Leistungen des ArbGeb, die dieser dem ArbN während des Bezugs des Krankengeldes gewährt; auf die Bezeichnung der Zuschussleistungen kommt es nicht an (etwa Sachbezüge, Firmenrabatte, Telefonzuschuss usw). Wird das Nettoarbeitsentgelt zuzüglich der Bagatellgrenze von 50 € überschritten, handelt es sich bei dem hinausgehenden Betrag um anrechenbares Arbeitsentgelt (§ 49 Abs 1 Nr 1 Hs 1 SGB V). Dies gilt nicht für einmalig gezahltes Arbeitsentgelt (Hs 2) und Urlaubsabgeltungen. Werden während des Krankengeldbezugs vermögenswirksame Leistungen gewährt, ruht das Krankengeld in Höhe dieser Leistungen.

5 Zur Berechnung des Nettoarbeitsentgelts ist bei freiwilligen Mitgliedern der gesetzlichen KV oder bei privat Versicherten der um den Beitragszuschuss für Beschäftigte verminderte Beitrag des Versicherten zur Kranken- und Pflegeversicherung abzuziehen (§ 23c Abs 1 Satz 2 SGB IV). Entsprechendes gilt nach § 23c Abs 1 Satz 3 SGB IV für Pflichtmitglieder einer berufsständischen Versorgungseinrichtung. Zu den **Beitragszuschüssen** des ArbGeb nach § 257 SGB V → *Krankenversicherungsbeiträge* Rn 34 ff.

## Krankenversicherungsbeiträge

**A. Arbeitsrecht** *Griese*

1 Der ArbGeb ist verpflichtet, die KVBeiträge, die prozentual an die Höhe des Entgelts gekoppelt sind, als Teil des GesamtSozVBeitrages richtig zu berechnen und abzuführen (BAG 30.4.08 – 5 AZR 725/07, NZA 08, 884). Der ArbNAnteil des KVBeitrages ist von

der Bruttovergütung abzuziehen (→ *Lohnabzugsverfahren* Rn 25) und zusammen mit dem ArbGebAnteil abzuführen.

Bei Vereinbarung einer **Nettovergütung** (→ *Nettolohnvereinbarung* Rn 1 ff) muss der ArbGeb auch den ArbNAnteil übernehmen und profitiert dabei von einer Absenkung der KVBeiträge, muss andererseits aber steigende KVBeiträge ausgleichen, etwa den zusätzlichen KVBeitrag für ArbN iHv 0,9 % gem § 241a SGB V.

Übernimmt ein ArbGeb die Zahlung eines **Zuschusses zum Krankenversicherungsbeitrag,** handelt es dabei im Regelfall um eine **Bruttozahlung,** so dass die hierauf entfallenden ArbN-Anteile zur SozV der ArbN zu tragen hat (BAG 24.1.13 – 8 AZR 965/11, NZA-RR 13, 400).

Für die **richtige Berechnung und Abführung der** KVBeiträge haftet der ArbGeb dem ArbN ebenso wie bei den Beiträgen zu den übrigen SozVZweigen (→ *Sozialversicherungsbeiträge* Rn 3–13 und → *Beitragsbemessungsgrenzen* Rn 2). Fehler hierbei können zu Rückabwicklungsansprüchen (→ *Bruttolohnvereinbarung* Rn 5) und zu **Schadensersatzansprüchen nach § 280 BGB** führen. Nach § 28g Satz 2 SGB IV kann der Beitragsanteil des ArbN nur in engen zeitlichen Grenzen und **nur durch Abzug vom Arbeitsentgelt** geltend gemacht werden. Eine separate zB klageweise Geltendmachung ist daher nicht möglich. Nach § 28g Satz 3 SGB IV darf ein unterbliebener Beitragsabzug **nur bei den drei nächsten Lohn- und Gehaltszahlungen nachgeholt werden,** danach nur dann, wenn den ArbGeb an dem ganz oder teilweise unterbliebenen Beitragsabzug kein Verschulden trifft (BAG 30.4.08 – 5 AZR 725/07, NZA 08, 884). 2

Ruht das Arbeitsverhältnis, entfällt die Beitragspflicht entsprechend § 7 Abs 3 Satz 1 SGB IV (→ *Ruhen des Arbeitsverhältnisses* Rn 24 ff). Führt das Ruhen später zu Nachteilen in der SozV, etwa Versperrung der Möglichkeit, in die Pflichtversicherung zurückzukehren wegen Überschreitung der 9/10-Regelung (→ *Krankenversicherungspflicht* Rn 18), muss der ArbGeb diese als *Aufwendungsersatz* gem § 670 BGB übernehmen, wenn das Ruhen im ArbGebInteresse vereinbart wurde, etwa um den ArbN im Ausland bei einer Konzerntochter beschäftigen zu können.

Zur *Befreiung von der Versicherungspflicht* s dort.

## B. Lohnsteuerrecht *Thomas*

**1. Pflichtversicherung.** Versicherungsbeiträge, die erbracht werden, um das Krankheitsrisiko des ArbN abzusichern, gehören als Maßnahmen der persönlichen Vorsorge zum Bereich seiner Einkommensverwendung. Übernimmt der ArbGeb derartige Beiträge, wendet er auch dann Arbeitslohn zu, wenn er gleichzeitig eigenbetriebliche Interessen verfolgt (BFH 4.7.18 – VI R 16/17, DStR 18, 1910). Bei gemischt veranlassten Aufwendungen der Lebensführung, die mit dem Grundfreibetrag abgegolten und im Übrigen kraft Gesetzes nur dem Abzug als Sonderausgaben (BFH 17.6.10 – X B 218/09, BFH/NV 10, 1633) oder außergewöhnliche Belastung zugewiesen sind, scheidet eine Aufteilung aus (BFH 21.9.09 – GrS 1/06, DStR 10, 101; BMF 6.7.10, DStR 10, 1522 unter Rz 4). Das gilt auch hinsichtlich der ArbGebBeiträge zur gesetzlichen KV (BFH 30.8.07 – IV R 14/06, DStR 07, 1902), die aber nach § 3 Nr 62 EStG steuerbefreit sind, sofern es sich auch sozialversicherungsrechtlich um einen ArbN handelt (zum Vorstandsmitglied einer AG BMF 22.2.96 DStR 96, 748; *Scharfenberg* DStR 98, 1623; zum GmbH-Geschäftsführer BFH 10.10.02 – VI R 95/99, DStR 02, 2034; *Rößler* DB 87, 1866; zum Kommanditisten BFH 8.4.92 – IX R 37/88, DStR 92, 1312). Ob ein hälftig an seinem ArbGeb, einer GmbH, beteiligter ArbN, der mit Rücksicht auf familiäre Beziehungen seine Arbeit im Wesentlichen weisungsfrei ausüben kann, sozialrechtlich ArbN ist, mit der Folge der Steuerbefreiung des § 3 Nr 62 EStG, ist entgegen BFH 2.12.05 – VI R 16/3, DStR 06, 365 zweifelhaft (*Schlegel* in FS Küttner, 31 ff, 45; FG SachsAnh 30.7.08 – 2 K 1957/03, EFG 09, 231). Leistet der ArbGeb zu einer ausländischen gesetzlichen KV Zuschüsse, sind diese entgegen der Rspr (BFH 12.1.11 – I R 49/10, DStR 11, 616) jedenfalls dann stfrei, wenn sich die KV innerhalb der EU, des Europäischen Wirtschaftsraumes oder der Schweiz befindet, da nach § 257 Abs 1 SGB V eine Zuschusspflicht besteht (BMF 30.1.14, DStR 14, 267). 3

Teilweise wird allerdings angenommen, dass Arbeitslohn bei solchen Leistungen des ArbGeb ausscheide, zu denen er **kraft öffentlichen Rechts** verpflichtet ist (vgl → *Arbeits-* 4 *entgelt* Rn 62). Danach hätte die Vorschrift des § 3 Nr 62 EStG nur deklaratorische Wirkung (so in einem obiter dictum BFH 6.6.02 – VI R 178/97, BStBl II 03, 34, zweifelhaft). Zu ArbGebZuschüssen zu Personal- und Sachkosten einer Betriebskrankenkasse vgl *Schmidt* BB 96, 1100. Ebenfalls Arbeitslohn ist anzunehmen, wenn ArbGeb und ArbN einvernehmlich die SozVBeiträge **hinterzogen** haben und der ArbGeb nachträglich hinsichtlich des ArbGeb- und des ArbNAnteils in Anspruch genommen wird (BFH 13.9.07 – VI R 54/03, DStR 07, 2058; der ArbGebAnteil bleibt steuerfrei; BGH 13.5.92, DB 92, 1788, zu Recht Aufgabe von BGH 24.9.86, DStR 87, 164; zur Nichtigkeit einer Schwarzlohnvereinbarung BAG 26.2.03 – 5 AZR 690/01, HFR 03, 1210; BAG 17.3.10 – 5 AZR 301/09, BFH/NV 10, 1775).

5 Zweifelhaft ist, ob Gleiches gilt, wenn der Abzug von SozVBeiträgen nur **irrtümlich unterblieben** ist und im Falle der Nachforderung der ArbGeb beim ArbN hinsichtlich des ArbNAnteils wegen der zwischenzeitlichen gesetzlichen Lastenverschiebung (§ 28g SGB IV) nicht mehr Rückgriff nehmen kann (→ *Sozialversicherungsbeiträge* Rn 19 und → *Verzicht* Rn 14 ff). Wenn der ArbGeb nur auf eine vermeintliche sozialversicherungsrechtliche Verpflichtung zahlt und auf eine Rückgewähr verzichtet wird angenommen, dass die Tatbestandswirkung der Entscheidung der Einzugsstelle grds auch steuerlich bindet (BFH 21.1.10 – VI R 52/08, DStR 10, 974; anders FG Köln 20.8.08 – 12 K 1173/04, EFG 09, 117 zur rückwirkenden Entlassung aus der SozVPflicht und anders BFH 27.5.09 – X R 34/06, BFH/NV 09, 1826 zum Rentenbescheid). Die Befreiungsvoraussetzung des § 3 Nr 62 Satz 1 EStG, dass der ArbGeb zu Zukunftssicherungsleistungen „verpflichtet" sein muss, wird also gelesen als „verpflichtet behandelt wird". Die Befreiung nach § 3 Nr 62 Satz 1 Alternative 3 EStG greift auch ein, wenn ein nicht tarifvertraglich gebundener ArbGeb aufgrund Allgemeinverbindlicherklärung gem § 5 TVG verpflichtet ist, Zukunftssicherungsleistungen zu erbringen (BFH 13.9.07 – VI R 16/06, DStR 07, 2008). Dies hat wegen der Auswirkung auf die nachgelagerte Besteuerung zu einer Änderung des § 3 Nr 62 Satz 1 EStG geführt, in der geregelt wird, dass die Befreiungen nach § 3 Nr 56 und 63 EStG insofern Vorrang haben. Zur Sachbezugsfreigrenze von 44 € § 18 Abs 2 Satz 11 EStG) auf KVBeiträge vgl → *Sachbezug* Rn 4.

6 Da die Übernahme der ArbNBeiträge zur KV durch den ArbGeb als Arbeitslohn anzusehen ist, handelt es sich aus der Sicht des ArbN um **Beiträge aus versteuertem Einkommen,** also um steuerlich eigene Beiträge, weshalb sie beim ArbN gem § 10 Abs 1 Nr 2a EStG als Sonderausgaben zu berücksichtigen sind. Bei den steuerfreien ArbGebBeiträgen ist der Sonderausgabenabzug durch § 10 Abs 2 Nr 1 EStG ausgeschlossen. Gleiches gilt für Zuschüsse des Trägers der gesetzlichen RV zu den Aufwendungen eines Rentners für seine KV, die nach § 3 Nr 14 EStG steuerfrei sind (FG Bln 22.5.92, EFG 92, 661).

7 **2. Freiwillige Versicherung.** Übernimmt der ArbGeb die Beiträge zu einer privaten KV des ArbN oder leistet er Zuschüsse hierzu, wendet er Arbeitslohn zu (BFH 16.4.99 – VI R 66/97, DStR 99, 1146; BFH 18.7.07 – VI B 125/06, DStRE 07, 1356; zu Unrecht aA BFH 5.9.06 – VI R 38/04, DStRE 06, 1381; mittelbar aufgegeben durch BFH 7.5.09 – VI R 5/08, DStRE 09, 901 und VI R 37/08, DStRE 09, 903; zur GruppenKV zugunsten polnischer Saisonarbeiter BFH 14.4.11 – VI R 24/10, DStR 11, 1221). Ebenfalls nicht steuerbefreiter Arbeitslohn liegt vor, soweit eine AOK ihren beihilfeberechtigten DO-Angestellten anstelle von Beihilfeleistungen Rabatte auf ihre Beiträge zur freiwilligen gesetzlichen KV einräumt (BFH 1.12.95 – VI R 76/91, DStR 96, 377; BFH 28.10.04 – VI B 176/03, nv). Beihilfen an nicht beamtete Versorgungsempfänger können Versorgungsbezüge sein, weshalb der für diese vorgesehene Werbungskosten-Pauschbetrag (102 €) und nicht der ArbN-Pauschbetrag (1000 €) zum Zuge kommt (BFH 6.2.13 – VI R 28/11, DStRE 13, 983). Zu den freiwilligen, also nicht steuerbefreiten Beiträgen gehören auch solche, die nicht auf gesetzlicher, sondern tarifvertraglicher Grundlage beruhen (FG Bln 5.5.98, EFG 98, 1570). Hat der ArbN nach § 257 Abs 2a Satz 1 SGB V einen Anspruch auf einen ArbGebZuschuss zu einer ausländischen KV, ist dieser steuerfrei, wenn nachgewiesen wird, dass der Versicherungsschutz den gesetzlichen Mindestanforderungen genügt (BFH 22.7.08 – VI R 56/05, DStR 08, 1825). Das Nachweiserfordernis verstößt weder gegen Art 3 Abs 1 GG noch gegen EU-Recht.

Arbeitslohn liegt auch vor, wenn der ArbGeb als Versicherungsnehmer Beiträge auf eine 8
GruppenKV zahlt, bei der die ArbN im Krankheitsfall einen eigenen Rechtsanspruch gegenüber der Versicherung besitzen. Spätere Leistungen der KV sind dann kein Arbeitslohn, weil die Beiträge ihrerseits bereits als Arbeitslohn zu qualifizieren waren und steuerlich als eigene des ArbN anzusehen sind.

Besteht dagegen kein unmittelbarer Anspruch des Arbeitnehmers gegen die Versicherung, 9
sondern dient diese nur zur internen Finanzierung eines dem ArbN zugesagten Zuschusses im Krankheitsfall, ist noch nicht die Beitragsleistung Arbeitslohn, sondern erst der später gezahlte Zuschuss. Wird aber die zur Finanzierung abgeschlossene Rückdeckungsversicherung an den ArbN abgetreten, ist Lohnzufluss anzunehmen (BFH 9.10.02 – VI R 112/99, DStR 02, 2167 mit Anm *MIT*). Ebenso wie beim Unternehmer selbst (BFH 19.5.09 – VIII R 6/07, BStBl II 10, 168; BFH 18.8.09 – X R 21/07, DStRE 10, 1 zur Praxisausfallversicherung mit Anm *Alvermann//Potsch* DStR 10, 91) wird dadurch im Ergebnis bewirkt, dass Krankheitskosten bei Einschaltung einer privaten Versicherung grds aus versteuertem Einkommen zu finanzieren sind und nur als Sonderausgaben bzw außergewöhnliche Belastung berücksichtigt werden können.

## C. Sozialversicherungsrecht *Schlegel*

**Übersicht**



**1. Hauptfinanzierungsmittel** der KV sind die KVBeiträge. Diese sind so zu bemessen, 10
dass sie zusammen mit den sonstigen Einnahmen die im Haushaltsplan vorgesehenen Ausgaben und die Auffüllung der Rücklage decken. Ergibt sich während des Haushaltsjahres, dass die Betriebsmittel einschließlich eines Darlehens die Ausgaben nicht decken, sind die Beiträge zu erhöhen; ergibt sich ein Überschuss der Einnahmen über die Ausgaben und das gesetzliche Betriebsmittel- und Rücklagesoll, sind sie zu ermäßigen (§ 220 SGB V). **Faktoren der Beitragsberechnung** sind der gesetzlich festgesetzte Beitragssatz und die beitragspflichtigen Einnahmen (Bemessungsgrundlage), aus denen bis zur Beitragsbemessungsgrenze (s *Beitragsbemessungsgrenzen;* vgl *Jahresarbeitsentgelt* zu den seit 1.1.03 unterschiedlich hohen Versicherungspflichtgrenzen) Beiträge zu berechnen sind (§ 223 Abs 3 SGB V).

**2. Bemessungsgrundlage**, auf die der Beitragssatz anzuwenden ist, sind die beitrags- 11
pflichtigen Einnahmen der Krankenkassenmitglieder nach Maßgabe der §§ 226 bis 240 SGB V (§ 223 Abs 2 Satz 1 SGB V). Dabei gilt für in der KV **pflichtversicherte Personen** (Ausn: § 5 Abs 1 Nr 13 SGB V – Versicherte) jeweils ein **numerus clausus der beitragspflichtigen Einnahmearten,** dh es sind nur ganz bestimmte Einkünfte der Beitragsbemessung zugrunde zu legen (vgl zB § 226 Abs 1 SGB V für versicherungspflichtig Beschäftigte; § 237 SGB V für versicherungspflichtige Rentner). Demgegenüber finden bei **freiwilligen Mitgliedern und Pflichtversicherten nach § 5 Abs 1 Nr 13 SGB V sämtliche Einnahmen,** die für die Leistungsfähigkeit des Mitglieds von Bedeutung sind, Eingang in die Beitragsbemessungsgrundlage. Dies kann zu ganz erheblichen Unterschieden in der Beitragsbelastung insbes für Rentner führen (zur Unvereinbarkeit der KV der Rentner mit dem GG vgl BVerfG 15.3.2000 – 1 BvL 16/96, NZS 2000, 450). Zur pauschalen Beitragspflicht des ArbGeb bei **geringfügiger Beschäftigung** nach § 249b SGB V → *Geringfügige Beschäftigung* Rn 58 ff.

12 a) **Beitragspflichtige Einnahmen versicherungspflichtig Beschäftigter** sind gem § 226 Abs 1 SGB V (nur) das **Arbeitsentgelt** aus der versicherungspflichtigen Beschäftigung, der Zahlbetrag einer ggf zusätzlich bezogenen **Rente aus der gesetzlichen Rentenversicherung** (§ 228 SGB V) oder vergleichbare Einnahmen (**Versorgungsbezüge,** § 229 SGB V) und das **Arbeitseinkommen** iSd § 15 SGB IV. Was als Arbeitsentgelt anzusehen ist, regelt § 14 SGB IV (s *Arbeitsentgelt*). Arbeitseinkommen ist gem § 15 SGB IV der nach steuerrechtlichen Vorschriften ermittelte Gewinn aus einer selbstständigen Tätigkeit iSd EStG, wobei Einkommen als Arbeitseinkommen zu werten ist, wenn es als solches nach dem EStRecht zu bewerten ist. Versorgungsbezüge sind ua Bezüge aus einem öffentlich-rechtlichen Dienstverhältnis, aber auch Renten aus einer betrieblichen Altersversorgung (§ 229 Abs 1 Satz 1 Nr 5 SGB V; Einzelheiten s *Betriebliche Altersversorgung*). Mit dem **Betriebsrentenstärkungsgesetz** vom 17.8.2017 (BGBl I 3214) wurde mit Wirkung ab 1.1.18 angeordnet, dass Leistungen aus Altersvorsorgevermögen iS des § 92 EStG, dh **betriebliche Riester-Renten,** keine Versorgungsbezüge iSv § 229 Abs 1 Nr 5 SGB V (und damit beitragsfrei) sind.

Heranzuziehen sind diese Einkunftsquellen insgesamt nur bis zur jeweils geltenden Beitragsbemessungsgrenze, wobei aus Versorgungsbezügen und Arbeitseinkommen nur dann Beiträge zu entrichten sind, wenn die Beitragsbemessungsgrenze nicht bereits durch das daneben erzielte Arbeitsentgelt erreicht wird (§§ 230, 223 Abs 3 SGB V; zu aktuellen Werten → *Beitragsbemessungsgrenzen* Rn 5 ff). Der Zahlbetrag der Rente wird zunächst unabhängig von einem etwaigen Überschreiten der Beitragsbemessungsgrenze ebenfalls bis zur Beitragsbemessungsgrenze zur Beitragszahlung herangezogen (sog Beitragsentrichtung gem § 230 SGB V bis zur doppelten Beitragsbemessungsgrenze). Die Beiträge werden aber gem § 231 Abs 2 SGB V auf Antrag des Kassenmitglieds wieder erstattet, soweit sie auf Beiträge entfallen, um die Rente zusammen mit den übrigen Einnahmen die Beitragsbemessungsgrenze überschritten hat.

13 Beiträge aus Versorgungsbezügen und Arbeitseinkommen sind außerdem nur dann zu entrichten, wenn die Gesamteinkünfte hieraus die **Bagatellgrenze** von 1/20 der monatlichen Bezugsgröße nach § 18 SGB IV übersteigen (§ 226 Abs 2 SGB V). Für Beiträge aus Arbeitseinkommen und Versorgungsbezügen (Ausnahme Renten der Alterssicherung für Landwirte) gilt der allgemeine (volle) Beitagssatz, § 248 SGB V (zur Verfassungsmäßigkeit vgl BSG 24.8.05 – B 12 KR 29/04 R, NZS 2006, 420). Aus Arbeitseinkommen sind Beiträge nur zu entrichten, wenn der Versicherungspflichtige daneben noch Einkünfte aus Renten der gesetzlichen RV oder Versorgungsbezüge hat, nicht aber, wenn nur Arbeitsentgelt aus einer beitragspflichtigen Beschäftigung und Arbeitseinkommen iSd § 15 SGB IV zusammentreffen (§ 226 Abs 1 Nr 4 SGB V).

14 Beiträge aus dem Arbeitsentgelt iSd § 14 SGB IV sind in voraussichtlicher Höhe der Beitragsschuld spätestens am drittletzten Bankarbeitstag des Monats fällig, in dem die Beschäftigung ausgeübt worden ist; ein verbleibender Beitragsrest wird zum drittletzten Bankarbeitstag des Folgemonats fällig (§ 23 Abs 1 SGB IV). Die Beitragspflicht erstreckt sich auch auf einmalig gezahltes Arbeitsentgelt, dh auf Weihnachts- und Urlaubsgeld sowie zusätzliche Monatsgehälter etc (§ 23a SGB IV; zu Begriff und beitragsrechtlicher Zuordnung → *Einmalzahlungen* Rn 8 ff). Unständig Beschäftigte, bei denen ein rascher Wechsel zwischen Zeiten mit und ohne Beschäftigung sowie ein häufiger ArbGebWechsel typisch sind, haben Beiträge nicht nach der täglichen Beitragsbemessungsgrenze zu entrichten (§ 232 SGB V; Einzelheiten *Aushilfskräfte*).

15 **b) Beitragspflichtige Einnahmen von Künstlern und Publizisten.** Künstler und Publizisten, die nach dem KSVG versicherungspflichtig sind (vgl *Künstlersozialversicherung*), zahlen gem § 234 SGB V bis zur Beitragsbemessungsgrenze Beiträge aus ihrem voraussichtlichen Jahresarbeitseinkommen (§ 12 KSVG; → *Jahresarbeitsentgelt* Rn 6), dh aus ihrem Arbeitseinkommen aus der selbstständigen Tätigkeit als Publizist oder Künstler, wozu auch Vergütungen für die Verwertung und Nutzung urheberrechtlich geschützter Werke und Leistungen gehören (§ 234 Abs 1 Satz 4 SGB V). Hat der Künstler/Publizist noch sonstige, nicht aus künstlerischer/publizistischer Tätigkeit stammende Einnahmen iSv Arbeitsentgelt, Arbeitseinkommen, Renten oder Versorgungsbezügen (§ 226 Abs 1 Nr 1–4 SGB V), werden diese ebenfalls zur Beitragszahlung herangezogen (§ 234 Abs 2 SGB V). **Zahlungsschuldner** der Beiträge für Künstler ist die Künstlersozialkasse (§§ 252, 251 Abs 3 SGB V),

die auch die Beitragslast trägt (§ 251 Abs 3 SGB V), sich jedoch bei den Künstlern/Publizisten und abgabepflichtigen Unternehmen nach Maßgabe des KSVG schadlos halten kann. Nach § 7 KSVG können sich Künstler bei Überschreiten der Beitragsbemessungsgrenze von der Versicherungspflicht nach § 5 Abs 1 Nr 4 SGB V befreien lassen.

**c) Beitragspflichtige Einnahmen freiwilliger Mitglieder** der Krankenkassen sind durch die Kassensatzung zu regeln, wobei sicherzustellen ist, dass die Beitragsbelastung die gesamte wirtschaftliche Leistungsfähigkeit des freiwilligen Mitglieds berücksichtigt (§ 240 Abs 1 SGB V). Nicht berücksichtigt werden insoweit nur Einnahmen, die als „Hilfe in besonderen Lebenslagen" nicht zur Deckung des „allgemeinen Lebensbedarfs" dienen sowie Geldleistungen des sozialen Entschädigungsrechts, die ein Sonderopfer abdecken sollen (BSG 18.12.13 – B 12 KR 3/12 R, Rn 25 f zur Beitragspflicht eines Stipendiums). Bei den freiwilligen Mitgliedern handelt es sich nicht um eine homogene Gruppe, vielmehr können hierzu Selbstständige, Kinder, Hausfrauen sowie ArbN, die wegen Überschreitens der JAE-Grenze (→ *Beitragsbemessungsgrenzen* Rn 5 ff; → *Jahresarbeitsentgelt* Rn 6 ff) nicht mehr pflichtversichert sind, sowie sonstige Personengruppen gehören. Ebenso vielfältig sind die Einnahmequellen der freiwilligen Mitglieder, die als Bemessungsgrundlage in Betracht kommen. 16

**Mindesteinnahmen** iHv kalendertäglich $^1/_{90}$ der monatlichen Bezugsgröße iSd § 18 SGB IV werden für alle freiwilligen Mitglieder unterstellt, damit auch bei der freiwilligen Versicherung ein angemessener Mindestbeitrag zu zahlen ist (§ 240 Abs 4 Satz 1 SGB V). Die Regelung ist verfassungskonform (BSG 23.6.94 – 12 RK 82/92, BeckRS 1994, 30416341). 17

**Sondervorschriften für hauptberuflich selbstständig Erwerbstätige.** Nach § 240 Abs 4 Satz 2 SGB V sind der Beitragsbemessung für alle freiwillig versicherten hauptberuflich selbstständigen Erwerbstätigen für jeden Tag $^1/_{30}$ der monatlichen Beitragsbemessungsgrenze (entspricht Höchstbeitrag), bei Nachweis geringerer Einnahmen mindestens $^1/_{80}$ der **monatlichen Bezugsgröße** je Kalendertag zugrunde zu legen (BT-Drucks 19/4454 S 34). Bei hauptberuflich selbstständig erwerbstätigen freiwillig Versicherten erfolgt die Beitragsfestsetzung vorläufig und erst nach Vorlage des Einkommensteuerbescheides endgültig. Für freiwillig versicherte Schüler einer Fachschule oder Berufsfachschule und Studenten gilt als Beitragsbemessungsgrenze der BAföG-Satz (§ 240 Abs 1, § 236 SGB V)

**d) Auffangversicherungspflicht – § 5 Abs 1 Nr 13 SGB V** ordnet seit dem 1.4.07 an, dass jeder, der weder gesetzlich noch privat krankenversichert ist, künftig über einen solchen Schutz in der privaten oder der gesetzlichen KV verfügen muss. Die Versicherung tritt bei Vorliegen ihrer Voraussetzungen kraft Gesetzes ein, ohne dass es einer hierfür konstitutiven Meldung oder Feststellung bedarf. In der privaten KV wurde ebenfalls eine **Pflicht zur privaten KV-Versicherung** sowie ein (günstiger) Basistarif für diese Personengruppe eingeführt (zur Systemzuweisung GKV oder PKV vgl BSG 21.1.11 – B 12 KR 11/09 R, NZS 2011, 856). Im Hinblick auf das Beitragsrecht gelten für die Auffangpflichtversicherten der für freiwillige Mitglieder geltende § 240 SGB V entsprechend (§ 227 SGB V). Für Ausländer sind die Modifikationen des § 5 Abs 1 SGB V zu beachten (BSG 3.7.13 – B 12 KR 2/11 R, SozR 4–250 § 5 Nr 20). Bei Auffangpflichtversicherten, die nicht selbstständig erwerbstätig sind, ist eine generelle Festsetzung der Beiträge auf Grundlage der Beitragsbemessungsgrenze nicht zulässig (BSG 18.12.13 – B 12 KR 15/11 R, SozR 4–2500 § 240 Nr 21). 18

Sowohl die in der GKV als auch die in der privaten KV versicherten Personen sind verpflichtet, für diesen KV-Schutz Beiträge zu zahlen. Tun sie dies nicht, wäre es konsequent, sie aus der Versicherung auszuschließen. Dies aber würde dem Ziel einer umfassenden Versicherung aller in Deutschland lebenden Menschen zuwiderlaufen. Es ist daher ausgeschlossen, den Versicherungsschutz säumiger Versicherte zu beenden. (zum Ganzen *Schlegel* jurisPR SozR 16/2013 Anm 1). Erfolgt die **Anzeige rückständiger Beiträge nach dem 31.12.2013**, soll die Krankenkasse die für die Zeit seit dem Eintritt der Versicherungspflicht nachzuzahlenden Beiträge „angemessen ermäßigen"; darauf entfallende „Säumniszuschläge nach § 24 SGB IV sind vollständig" zu erlassen. Für **Betragsrückstände** der nach § 5 Abs 1 Nr 13 SGB V Versicherten heißt das, dass die Krankenkassen nicht kraft allg Ermessens entscheidet, wie dies nach § 76 SGB IV der Fall wäre; vielmehr stellt § 256a Abs 1 SGB V eine Sonderregelung zu § 76 SGB IV dar, nach der die Kran- 19 kenkasse regelmäßig von dem Instrument des Erlasses Gebrauch machen soll (so Gesundheitsausschuss BT-Drs 17/13947 S 38 zu Nr 2d – § 256a SGB IV). Dies liege – so der Gesundheitsausschuss – im Interesse der Versicherten und auch für die Krankenkassen würde die Beitreibung einen unverhältnismäßigen Aufwand erfordern. Auf **Säumniszuschläge** soll bei den nach § 5 Abs 1 Nr 13 SGB V Versicherten vollständig verzichtet werden. § 256a Abs 1 SGB V ist mE verfassungskonform dahin auszulegen und teleologisch zu reduzieren, dass es jedenfalls für die ab 1.1.14 entstehenden Beitragsrückstände auch für die nach § 5 Abs 1 Nr 13 SGB V versicherten Personen bei dem 1 %-igen Säumniszuschlag bleibt, der allenfalls nach § 76 SGB IV erlassen oder gestundet werden kann. Bestätigt wird dies durch § 256 Abs 3 SGB V: Danach hat die Krankenkasse für Mitglieder nach § 5 Abs 1 Nr 13 (und zusätzlich für freiwillige Mitglieder) für die Zeit bis zur Aufhebung des § 24 Abs 1a SGB V noch nicht gezahlte Säumniszuschläge auf 1 % zu reduzieren.

20 **e) Beitragspflichtige Einnahmen sonstiger Personengruppen** regeln ua § 233 SGB V für Seeleute, § 235 SGB V für Rehabilitanden, Jugendliche und Behinderte in Einrichtungen, § 236 SGB V für Studenten und Praktikanten, § 237 SGB V für versicherungspflichtige Rentner, § 239 SGB V für Rentenantragsteller.

21 **3. Beitragssätze.** Seit dem 1.1.15 beträgt der **allgemeine Beitragssatz 14,6 %** (§ 241 SGB V). Er wird von ArbGeb und ArbN paritätisch aufgebracht. Der ArbGeb trägt – wie schon bisher – 7,3 %. Der Versicherten-Anteil (= ArbNAnteil) beträgt ebenfalls 7,3 %, nachdem der bis Ende 2014, allein vom Mitglied aufzubringende Beitragssatzanteil von 0,9 % (§ 249 Abs 1 SGB V Fassung 31.12.14) wieder abgeschafft wurde.

22 Der **ermäßigte Beitragssatz,** der für Mitglieder ohne Krankengeldanspruch (§ 243 SGB V) und Bezieher von AlGeld II gilt (§ 246 SGB V), beläuft sich seit 1.1.15 auf **14,0 %** (§ 243 SGB V).

23 **Zusatzbeiträge seit 1.1.15.** Statt des bisherigen 0,9 %-igen Mitgliederanteils können die Krankenkassen seit 1.1.15 von ihren Mitgliedern, insbes auch von versicherungspflichtigen ArbN, einen **kassenindividuellen Zusatzbeitrag** erheben (§ 242 Abs 1 SGB V). Für die Zusatzbeiträge gelten die §§ 19–28r SGB IV entsprechend (§ 242 Abs 4 SGB V), dh vor allem, dass das Quellenabzugsverfahren stattfindet und der ArbGeb auch den kassenindividuellen Zusatzbeitrag einzubehalten und an die Einzugsstelle abzuführen hat.

24 Bis Ende 2018 war der Zusatzbeitrag von versicherungspflichtig Beschäftigten allein zu tragen; seit 1.1.19 tragen ArbGeb und ArbN den Beitrag je zur Hälfte (§ 249 Abs 1 SGB V, BT-Drucks 19/4454 S 35); entsprechendes gilt für Rentner und Träger der RV (§ 249a SGB V). Der Kassenindividuelle Zusatzbeitrag gilt auch für die Bezieher von regulärem AlGeld oder AlGeld II und Sozialhilfe, allerdings wird der Zusatzbeitrag insoweit von der BA bzw dem Sozialhilfeträger getragen (§ 251 Abs 4a, § 252 Abs 1 SGB V, § 32 Abs 4 SGB XII). Weiter gilt der kassenindividuelle Zusatzbeitrag für Rentenbezieher und die Bezieher von Versorgungsbezügen (insbes „Betriebsrenten“). Weshalb es Beziehern von AlGeld I und II sowie von Sozialhilfe möglich sein soll, „auf Kosten der BA“ eine im Hinblick auf Leistungen „attraktive“ aber den Zusatzbeitrag „teure“ Kasse zu wählen, ohne dadurch belastet zu werden, ist nicht einzusehen.

25 Zum **Sonderkündigungsrecht (Wechsel der Krankenkasse)** bei Einführung oder Erhöhung des Zusatzbeitrags vgl § 175 Abs 4 SGB V.

26 Für bestimmte Mitgliedergruppen legt nicht die Krankenkasse den Zusatzbeitrag „kassenindividuell“ fest. Vielmehr gilt insoweit der vom BGM für ein Jahr im Voraus festgelegte **durchschnittliche Zusatzbeitrag** nach § 243a SGB V.

27 Dieser gilt ua für AlGeld II-Bezieher, Personen in Einrichtungen der Jugendhilfe und Teilnehmer an Leistungen zur Teilhabe am Arbeitsleben, Auszubildende im Rahmen einer außerbetrieblichen Einrichtung, behinderte Menschen in anerkannten Werkstätten oder Anstalten und Heimen (dazu iE § 242 Abs 3 SGB V).

28 **4. Beitragszahlung und Beitragstragung. a) Beitragszahlung aus dem Arbeitsentgelt.** Die Beiträge sind im **Grundsatz** von demjenigen zu zahlen, der die Beiträge auch zu tragen hat (§ 252 SGB V). Für die Beitragszahlung aus dem Arbeitsentgelt gelten indessen folgende Besonderheiten. Hier sind im Grundsatz drei Beschäftigungsgruppen zu unterscheiden und zwar geringfügig Beschäftigte, Pflichtversicherte mit einem Arbeitsent-

gelt zwischen 450,01 € und 850 € (vgl dazu *Minijob*, ab 1.7.19 Übergangsbereich 450,01 € bis 1.300 €) sowie Pflichtversicherte mit einem Arbeitsentgelt von mehr als 850 € (ab 1.7.19: mehr als 1.300 €).

Für **geringfügig Beschäftigte** sind keine Pflichtbeiträge iSe GesamtSozVBeitrages zu zahlen. Allerdings hat der ArbGeb für seine in der gesetzlichen KV (familienversicherten oder freiwillig versicherten) geringfügig beschäftigten ArbN **Pauschalbeiträge in Höhe von 13 vH** an die Bundesknappschaft als zentrale Beitragseinzugsstelle zu zahlen (§ 249b SGB V, § 28i Satz 5 SGB IV; → *Geringfügige Beschäftigung* Rn 51 ff; zur Verfassungsmäßigkeit BSG 25.1.06 – B 12 KR 27/04 R, SozR 4–2500 § 249 Nr 2). 29

Für sog **Minijobs im Übergangsbereich (früher Gleitzone)** (450,01–1.300 €, dazu § 20 Abs 2 SGB IV) sind für **Arbeitsentgelte** zwar Pflichtbeiträge zu zahlen, jedoch ist insoweit der Grundsatz hälftiger Beitragstragung aufgehoben; vielmehr wächst der ArbN erst „langsam in die hälftige Beitragstragung" hinein (zur Funktionsweise vgl BSG 15.8.18 –B 12 R 4/18 R, Rz 18 f, BeckRS 2018, 27897). Die Beiträge sind als GesamtSozVBeitrag an die Einzugsstelle, dh für den ArbN jeweils zuständige Krankenkasse zu zahlen (§§ 28d, 28e SGB IV). Für die technische Berechnung der Beiträge bestimmt § 2 Abs 2 BVV Folgendes: In den Fällen der Gleitzone/Übergangsbereich wird der vom ArbGeb zu zahlende Beitrag durch Anwendung des halben Beitragssatzes auf die beitragspflichtige Einnahme und anschließender Verdoppelung des gerundeten Ergebnisses berechnet. Der vom ArbGeb zu tragende Beitragsanteil wird durch Anwendung des halben Beitragssatzes auf das der Beschäftigung zugrunde liegende Arbeitsentgelt berechnet und gerundet. Der Abzug des ArbGebAnteils von dem nach Satz 1 errechneten Beitrag ergibt den Beitragsanteil des Beschäftigten. – Bei Mehrfachbeschäftigung und einem „Gesamtarbeitsentgelt" innerhalb des Übergansbereichsgilt § 2 Abs 2 Satz 3 BVV. 30

Für ArbN mit einem **Arbeitsentgelt von mehr als 1.300 €** gilt Folgendes: Der ArbGeb trägt gem § 249 Abs 1 SGB V die Hälfte der Beiträge des ArbN (einschließlich Zusatzbeitrag) aus dem Arbeitsentgelt nach dem allgemeinen Beitragssatz; im Übrigen trägt der ArbN die Beiträge. Das bedeutet: ArbG und ArbN teilen sich den nach 14,6 % berechneten Beitrag. Zahlungsschuldner ist allein der ArbGeb. Er zahlt den Beitrag zur KV als GesamtSozVBeitrag an die zuständige Beitragseinzugsstelle (§§ 28d, 28e und 28i SGB IV, vgl auch *Sozialversicherungsbeiträge, Lohnabzugsverfahren, Lohnlisten*). 31

Der ArbGeb trägt die Beiträge allein für die zu ihrer Ausbildung Beschäftigten, wenn deren Arbeitsentgelt **(Ausbildungsvergütung) in Monat 325 €** nicht übersteigt (§ 20 Abs 3 SGB IV). Gleiches gilt unabhängig von der Höhe des Entgelts für die Teilnehmer an einem freiwilligen sozialen oder ökologischen Jahr oder des Bundesfreiwilligendienstes (§ 20 Abs 3 SGB IV); dazu BSG 15.7.09 – B 12 KR 14/08 R, SozR 4–2500 § 7 Nr 1. 32

**b) Beitragszahlung aus Versorgungsbezügen einschließlich Betriebsrenten.** Zu den Versorgungsbezügen gehören nach § 229 Abs 1 Satz 1 Nr 5 SGB V auch Renten aus einer betrieblichen Altersversorgung einschließlich der Zusatzversorgung des öffentlichen Dienstes. Für versicherungspflichtige Krankenkassenmitglieder, die neben ihren Versorgungsbezügen (zB betriebliche Altersrenten) auch eine Rente aus der gesetzlichen RV beziehen, haben die Zahlstellen der Versorgungsbezüge die aus den Versorgungsbezügen zu entrichtenden Beiträge (§§ 229, 226 Abs 1 Nr 3, 248 Abs 1 SGB V) einzubehalten und an die zuständige Krankenkasse zu zahlen (§ 256 Abs 1 Satz 1 SGB V). Hiervon kann sich eine Zahlstelle der Versorgungsbezüge befreien lassen, wenn sie regelmäßig an weniger als 30 beitragspflichtige Mitglieder Versorgungsbezüge zahlen muss (§ 256 Abs 4 SGB V). Bei der Auszahlung einer Lebensversicherung ist der auf privater Vorsorge beruhende Anteil des Zahlbetrags getrennt auszuweisen (BVerfG Kammerbeschl vom 28.9.10 – 1 BvR 1660/08, NZS 11, 539). Die Beitragspflicht auf Versorgungsbezüge ist nicht durch das Betriebsrentenstärkungsgesetz vom 17.8.2017 entfallen, das seit 1.1.2018 die **betrieblichen Riesterrenten** von der Beitragspflicht ausnimmt. Ein Verstoß gegen den allgemeinen Gleichheitssatz liegt insoweit nicht vor (BSG 26.2.19 – B 12 KR 17/18 R, NJW 2019, 3605). 33

**5. Beitragszuschüsse** hat der ArbGeb gem § 257 SGB V an ArbN zu zahlen, die nur wegen Überschreitens der JAEGrenze (s *Beitragsbemessungsgrenzen; Jahresarbeitsentgelt*) versicherungsfrei sind (§ 6 Abs 1 Nr 1 SGB V) und sich in der gesetzlichen KV freiwillig oder privat versichern. Der Zuschuss ist nur dann zu gewähren, wenn gerade „wegen Über- 34 schreitens der Jahresarbeitsentgeltgrenze" Versicherungsfreiheit besteht. Andere Gründe der Versicherungsfreiheit lösen den Beitragszuschuss nicht aus. So hat zB, wer als hauptberuflich Selbstständiger in einer abhängigen Nebenbeschäftigung nach § 5 Abs 5 SGB V nicht der Versicherungspflicht in der KV unterliegt (versicherungsfrei ist), keinen Anspruch auf Beitragszuschuss durch seinen ArbGeb nach § 257 SGB V in der Nebenbeschäftigung (BSG 10.3.94 – 12 RK 12/93, BeckRS 1994, 30748227); Gleiches gilt für einen ehemaligen – nach § 6 Abs 3 SGB V versicherungsfreien – Berufssoldaten, der mit Anspruch auf Ruhegehalt und Beihilfe eine Beschäftigung aufnimmt, mit der er ein Entgelt über der JAEGrenze erzielt (BSG 10.3.94 – 12 RK 37/93, SozR 3–2500 § 257 Nr 3).

35 Der Beitragszuschuss ist in Höhe der Hälfte des Beitrages zu zahlen, der für einen versicherungspflichtigen Beschäftigten bei der Krankenkasse, bei der die Mitgliedschaft tatsächlich besteht, zu zahlen wäre; höchstens ist jedoch ein Beitrag zu zahlen in Höhe der Hälfte des Beitrages, den das Mitglied tatsächlich zahlt.

36 Die Beitragszuschussregelung gilt nur für die KV, nicht für die RV; selbst wenn sich ein Beschäftigter in der RV wegen Absicherung durch Lebensversicherungen von der Versicherungspflicht befreien ließ, hat er keinen Anspruch gegen den ArbGeb auf einen dem § 257 SGB V entsprechenden Zuschuss (BSG 22.5.85 – 1 RS 1/84, NZA 1986, 442).

37 Auf den Beitragszuschuss nach § 257 SGB V kann grds nicht verzichtet werden, da der Zuschuss nicht nur eine Gleichstellung des versicherungsfreien mit einem pflichtversicherten Beschäftigten erreichen soll, sondern auch das Ziel verfolgt, den ArbN in die Lage zu versetzen, seine Beiträge an die private oder gesetzliche Krankenkasse pflichtgemäß und pünktlich zu zahlen; für einen Verzicht bedarf es deshalb eines wichtigen, im Einzelfall jeweils darzulegenden Grundes (BSG 25.9.81 – 12 RK 58/80, SozR 2200 § 405 Nr 10). Ansprüche auf Beitragszuschüsse nach § 227 SGB V sind ggf bei den Gerichten der Sozialgerichtsbarkeit einzuklagen, nicht bei den ArbG (Gemeinsamer Senat der obersten Gerichtshöfe des Bundes 4.6.74 – GmS-OGB 2/73, SozR 1500 § 51 Nr 2).

38 **6. Beitragsfreiheit** trotz fortbestehenden KVSchutzes besteht gem § 224 SGB V für Mitglieder, solange sie Anspruch auf Krankengeld und Mutterschaftsgeld haben oder solange sie Erziehungsgeld beziehen. Die Beitragsfreiheit gilt aber nur für diese Leistungen; bezieht das Mitglied neben Krankengeld, Mutterschaftsgeld oder Erziehungsgeld noch andere Leistungen, müssen für diese anderen Leistungen nach den allgemeinen Vorschriften Beiträge entrichtet werden (BSG 24.11.92 – 12 RK 8/92 SozR 3–2500 § 224 Nr 2). § 224 SGB V gilt für Pflichtmitglieder und freiwillige Mitglieder gleichermaßen.

39 **7. Anhang: Aktuell geltende Werte/Beitragssätze.**

| | | 2020 in € | | 2019 in € | |
|---|---|---|---|---|---|
| BL = Bundesländer | | alte BL | neue BL | alte BL | neue BL |
| a) **Bezugsgröße** iSd § 18 SGB IV | monatlich | 3.185 | 3.010 | 3.115 | 2.870 |
| | jährlich | 38.220 | 36.120 | 37.380 | 34.440 |
| b) **Beitragsbemessungsgrenze** | jährlich | 56.250 | 56.250 | 54.450 | 54.450 |
| c) **Jahresarbeitsentgeltgrenze** (Versicherungspflichtgrenze) | | | | | |
| aa) Bestandsfälle (§ 6 Abs 7 SGB V) | jährlich | 56.250 | 56.250 | 54.450 | 54.450 |
| bb) Neuregelung (§ 6 Abs 6 SGB V) | jährlich | 62.550 | 62.550 | 60.750 | 60.750 |
| d) **Geringfügigkeitsgrenze** (§ 8 Abs 1 Satz 1 SGB IV) seit 1.1.13 | monatlich | 450 | 450 | 450 | 450 |
| e) **Übergangsbereich** (§ 20 Abs 2 SGB IV früher Gleitzone) | monatlich | 450,01 bis 1.300 | 450,01 bis 1.300 | 450,01 bis 850 | 450,01 bis 850 |
| f) **Allgemeiner Beitragssatz** (§ 242 SGB V) gilt insbes für ArbN | | 14,6 vH | 14,6 vH | 14,6 vH | 14,6 vH |
| g) **Ermäßigter Beitragssatz** (§ 243 SGB V) *vgl VO vom 1.12.14 BGBl 1957* | | 14 vH | 14 vH | 14 vH | 14 vH |

⋆ Ab 1.7.2019 wurde die Gleitzone begrifflich zum **Übergangsbereich** und dieser Arbeitsentgelt von **450,01 € bis 1.300 €** erfassen (vgl § 20 Abs 2 iF des RV-Leistungsverbesserungs- und Stabilisierungsgesetzes vom 28.11.2018, BGBl I 2016).

## Krankenversicherungspflicht

### A. Arbeitsrecht *Griese*

Die KVPflicht hat arbeitsrechtlich die Auswirkung, dass der ArbGeb den KVBeitrag 1
errechnen, den ArbNAnteil vom Bruttoentgelt bzw vom Versorgungsbezug (BVerfG 9.7.18 – 1 BvL 2/18, NZA 18, 1327) abziehen und als Teil des GesamtSozVBeitrages abführen muss (→ *Sozialversicherungsbeiträge* Rn 1 ff, → *Bruttolohnvereinbarung* Rn 4 ff und → *Beitragsbemessungsgrenzen* Rn 1). Zur **Befreiung von der Versicherungspflicht** s dort.

### B. Lohnsteuerrecht *Weil*

Im Falle einer **gesetzlichen Verpflichtung** des ArbGeb zur Abführung eines **Beitrags** 2
**zur gesetzlichen KV** handelt es sich beim ArbGebAnteil nicht um Arbeitslohn, weil die Entrichtung des ArbGebAnteils nicht als Gegenleistung für die Arbeitsleistung zu beurteilen ist. Der ArbGeb erfüllt hiermit vielmehr eine eigene ihm unmittelbar auferlegte öffentliche Verpflichtung (BFH 24.9.13 – VI R 8/11, BStBl II 2014, 124 zu Zukunftssicherungsleistungen des ArbGeb aufgrund gesetzlicher Verpflichtung). Diese Leistungen sind nach § 3 Nr 62 EStG **steuerfrei**. Für das LStRecht kann deshalb die Entscheidung des zuständigen SozVTrägers über die SozVPflicht von Beschäftigungsverhältnissen für die Frage, ob ein ArbGebZuschuss zur Kranken-, Renten- und ArblV steuerfrei (§ 3 Nr 62 EStG) ist oder als stpfl Lohn zu erfassen ist, maßgebend sein (BFH 6.6.02 – VI R 178/97, BStBl II 03, 34; sog **Tatbestandswirkung;** → *Pflegeversicherungsbeiträge* Rn 7). Zuschüsse des ArbGeb an den ArbN für eine **private Zusatzkrankenversicherung** gehören als lohnsteuerpflichtiger Barlohn zu den Einkünften aus nichtselbständiger Arbeit iSd § 19 Abs 1 Nr 1 EStG (BFH 4.7.18 – VI R 16/17, BeckRS 2018, 21170). Schließt der ArbG als Versicherungsnehmer für seinen ArbN private Zusatzkrankenversicherungen ab und erlangt der ArbN einen unmittelbaren unentziehbaren Rechtsanspruch gegen den Versicherer sind, die Beitragsleistungen des ArbGeb an die Versicherung als Sachlohn lohnsteuerpflichtig (BFH 7.6.18 – VI R 13/16, BeckRS 2018, 12365). Zu den Eintragungen auf der elektronischen LStBescheinigung → *Lohnsteuerbescheinigung* Rn 23. Zur steuerlichen Behandlung der KVBeiträge des ArbN → *Krankenversicherungsbeiträge* Rn 3 ff und → *Sonderausgaben* Rn 4 f.

### C. Sozialversicherungsrecht *Ruppelt*

#### Übersicht



**I. Allgemeines.** Die Versicherungspflicht in der gesetzlichen KV folgt wie die Ver- 3
sicherungspflicht in der gesetzlichen RV und die Beitragspflicht zur ArblV dem **Enumerationsprinzip.** Sie hat ihren Ausgang bei den gegen Entgelt beschäftigten Arbeitern genom-

men. Wie in den anderen Versicherungszweigen wurde die Versicherungspflicht zur gesetzlichen KV auf weitere Personenkreise ausgedehnt, wobei diese Ausdehnung nicht in jedem Fall für alle Versicherungszweige übereinstimmend vorgenommen worden ist. Eine einheitliche SozVPflicht besteht daher nicht, vielmehr ist grds für jeden Versicherungszweig gesondert zu prüfen, ob Versicherungspflicht vorliegt (→ *Arbeitslosenversicherungspflicht* Rn 3 ff; → *Rentenversicherungspflicht* Rn 3 ff; → *Pflegeversicherungspflicht* Rn 3 ff). Die Versicherungspflicht in der KV ist abschließend in § 5 SGB V geregelt. Ausnahmen und Sonderregelungen finden sich ausschließlich in den §§ 6–9 SGB V. Nach dem Ausscheiden aus der Versicherungspflicht wird die Versicherung beitragspflichtig als **freiwillige Versicherung** fortgeführt (§ 188 Abs 4 Satz 1 SGB V). Das gilt auch nach dem Ende der Familienversicherung. Besteht in diesem Fall eine anderweitige Absicherung im Krankheitsfall (zB eine private KV), kann der Austritt aus der Versicherung erklärt werden. Besonderheiten gelten nach § 188 Abs 4 Satz 5 SGB V für Saisonarbeiter. Der Leistungsumfang der freiwilligen Versicherung entspricht grds demjenigen der Pflichtversicherung. Besonderheiten bestehen beim Krankengeld (→ *Krankengeld* Rn 20). Eine allgemeine Berechtigung zum freiwilligen Beitritt in die gesetzliche KV besteht nicht. Die Beitrittsberechtigten und die Voraussetzungen zum Beitritt ergeben sich aus § 9 Abs 1 S 1 SGB V (→ Rn 7).

4 Der KVTräger als **Einzugsstelle** der GesamtSozVBeiträge ist zuständig für die **Feststellung der Versicherungs- und Beitragspflicht** zur KV, PflegeV, RV und ArblV (§ 28h Abs 2 SGB IV). Abweichendes gilt für das Anfrageverfahren nach § 7a SGB IV (→ *Scheinselbstständigkeit* Rn 16), im Rahmen einer Betriebsprüfung (§ 28p Abs 1 Satz 5 SGB IV) und bei geringfügigen Beschäftigungen (§ 28i Satz 5 SGB IV). Der Beitragsanspruch entsteht kraft Gesetzes, so dass es eines Feststellungsbescheides nicht bedarf (→ *Sozialversicherungsbeiträge* Rn 22 ff).

5 **II. Versicherungspflichtige. 1. Beschäftigte** unterliegen grds der KVPflicht, sofern sie gegen Arbeitsentgelt beschäftigt sind (§ 5 Abs 1 Nr 1 SGB V). Dazu gehören auch gegen Entgelt beschäftigte **Praktikanten** und zu ihrer **Berufsausbildung Beschäftigte** (§ 7 Abs 2 SGB IV). Soweit **diesen Personen** kein Entgelt gezahlt wird, besteht Versicherungspflicht nach § 5 Abs 1 Nr 10 SGB V (→ Rn 16). Auch bei einem Entgelt unterhalb der Geringfügigkeitsgrenze besteht bei Praktikanten und zur Berufsausbildung Beschäftigten im Unterschied zu den sonstigen Beschäftigten Versicherungspflicht in der gesetzlichen KV (→ *Geringfügige Beschäftigung* Rn 27). Bei **flexiblen Arbeitszeitmodellen** liegt eine Beschäftigung gegen Arbeitsentgelt auch in den Zeiten der Freistellung vor (§ 7 Abs 1a SGB IV). Ein versicherungspflichtiges Beschäftigungsverhältnis kann daher auch mit einer Zeit der Freistellung beginnen. Insoweit wird allerdings regelmäßig zu prüfen sein, ob die Begründung des Beschäftigungsverhältnisses nur der Schaffung von KVSchutz diente. Grundsätzlich zu den Voraussetzungen einer **Beschäftigung** im sozialversicherungsrechtlichen Sinn → *Arbeitnehmer (Begriff)* Rn 59 ff.

**Krankenversicherungsfreiheit abhängig Beschäftigter wegen eines Entgelts über der Jahresentgeltgrenze.** Beschäftigte, deren regelmäßiges JAE die JAEGrenze (→ *Jahresarbeitsentgelt* Rn 11; → *Beitragsbemessungsgrenzen* Rn 22) übersteigt, sind nach § 6 Abs 1 Nr 1 SGB V versicherungsfrei. Das gilt beim Wechsel eines bisher pflichtversicherten ArbN in ein Beschäftigungsverhältnis, das die oa Voraussetzungen erfüllt, von Beginn der neuen Beschäftigung an (LSG BaWü 20.3.19 – L 5 KR 799/18, BeckRS 2019, 5533. Versicherungspflichtige, deren Entgelt (regelmäßig durch Gehaltserhöhung) die JAEGrenze übersteigt, sind mit **Ablauf des Kalenderjahres,** in dem die Grenze überschritten wird versicherungsfrei, wenn das Entgelt auch die JAEGrenze des nächsten Kalenderjahres übersteigt. Die Versicherungspflicht in der gesetzlichen KV endet gem § 6 Abs 4 SGB V nicht, wenn das Arbeitsentgelt des Versicherten die JAEGrenze zwar im aktuellen Kj überschreitet (§ 6 Abs 4 S 1 SGB V), aber hinreichend sicher zu prognostizieren ist, dass es die für das folgende Kj geltende JAEGrenze nicht übersteigen wird (§ 6 Abs 4 Satz 2 SGB V). Bei der anzustellenden Prognose hinsichtlich des im nächsten Kalenderjahr zu erwartenden Jahresarbeitsentgelts ist auch der Entgeltausfall infolge mutterschutzrechtlicher Beschäftigungsverbote zu berücksichtigen (BSG 7.6.18 – B 12 KR 8/16 R, SozR 4–2500 § 6 Nr 10). Mit Ablauf des Überschreitensjahres endet die Pflichtmitgliedschaft in der gesetzlichen KV unabhängig von Kündigungs- oder Bindungsfristen (→ *Krankenversicherungsträger* Rn 8 f). Danach setzt sich die Versicherung nach § 188 Abs 4 Satz 1 SGB V als beitragspflichtige freiwillige Versicherung fort, es sei denn, das Mitglied erklärt innerhalb zwei Wochen nach Hinweis der Kasse auf die Austrittsmöglichkeit seinen Austritt. Der Austritt wird nur wirksam bei Nachweis einer anderen Absicherung im Krankheitsfall (zB private Versicherung). Variable Arbeitsentgeltbestandteile, deren Höhe von einer Steigerung des Unternehmensumsatzes abhängig sind (Tantiemen) stellen kein regelmäßiges Arbeitsentgelt iSd § 6 Abs 1 Nr 1 SGB V dar (LSG BaWü 16.10.12 – L 11 KR 5514/11, BeckRS 2013, 65110).

**Nicht versicherungspflichtig** sind **hauptberuflich Selbstständige oder Beamte,** auch wenn sie eine an sich versicherungspflichtige Nebenbeschäftigung ausüben (§ 5 Abs 5 SGB V). Übt zB ein versicherungsfreier Selbstständiger eine an sich versicherungspflichtige **Nebenbeschäftigung** aus, entsteht keine Versicherungspflicht in der gesetzlichen KV. Mit dieser Regelung soll die Begründung einer gesetzlichen KV durch nicht schutzbedürftige Personengruppen verhindert werden. **Hauptberuflich** ist eine selbstständige Erwerbstätigkeit dann, wenn sie von der wirtschaftlichen Bedeutung und dem zeitlichen Aufwand her die übrigen Erwerbstätigkeiten zusammen deutlich übersteigt und den Mittelpunkt der Erwerbstätigkeit darstellt. Bei Personen, die im Zusammenhang mit ihrer selbstständigen Erwerbstätigkeit regelmäßig mindestens einen ArbN mehr als geringfügig beschäftigen, wird vermutet, dass sie hauptberuflich selbstständig erwerbstätig sind; als ArbN gelten für Gesellschafter auch die ArbN der Gesellschaft (§ 5 Abs 5 Satz 2 SGB V). Aus den gleichen Gründen nicht versicherungspflichtig sind Personen, die nach **Vollendung des 55. Lebensjahres** einen Versicherungspflichttatbestand erfüllen und in den letzten fünf Jahren vor Eintritt der Versicherungspflicht nicht gesetzlich versichert waren (→ Rn 25). Zur Versicherungspflicht/freiheit **geringfügig Beschäftigter** nach § 7 SGB V vgl → *Geringfügige Beschäftigung* Rn 25 ff.

Die Mitgliedschaft versicherungspflichtig Beschäftigter **beginnt** mit dem Tage des Eintritts in das Beschäftigungsverhältnis (§ 186 Abs 1 Nr 1 SGB V). Das ist idR der Tag, an dem die Arbeit tatsächlich aufgenommen wird, bzw der Tag, an dem der Beschäftigungsbeginn vertraglich vorgesehen ist. Der Mitgliedschaft in der KV steht also eine Vereinbarung nach § 7 Abs 1a SGB IV nicht entgegen, wonach das Beschäftigungsverhältnis mit der Zeit einer Freistellung beginnt. Gleiches gilt, wenn der ArbN zum Zeitpunkt der vorgesehenen Arbeitsaufnahme arbeitsunfähig ist (LSG NRW 23.8.12 – L 16 KR 372/10, BeckRS 2012, 74418). Zum Beginn der Mitgliedschaft von unständig Beschäftigten s § 186 Abs 2 SGB V. Durch die Vereinbarung eines **Scheinarbeitsverhältnisses** kann eine Mitgliedschaft in der gesetzlichen KV allerdings nicht begründet werden (LSG SachsAnh 19.5.11 – L 10 KR 52/07, BeckRS 2011, 74145). Die Mitgliedschaft **endet** für versicherungspflichtig Beschäftigte mit Ablauf des Tages, an dem das Beschäftigungsverhältnis endet (§ 190 Abs 2 SGB V). Eine Beschäftigung gegen Arbeitsentgelt gilt als fortbestehend, solange das Beschäftigungsverhältnis ohne Anspruch auf Arbeitsentgelt fortdauert, jedoch nicht länger als einen Monat (§ 7 Abs 3 SGB IV; → *Urlaub, unbezahlter* Rn 13). In diesem Zeitraum bleibt die Versicherungspflicht erhalten. Nach Maßgabe von § 7 Abs 1a SGB V bleibt das Beschäftigungsverhältnis bei **flexiblen Arbeitszeitregelungen** auch in Zeiten der Freistellung von der Arbeitsleistung bestehen. Daher bleibt es in diesen Zeiten auch bei der KV-Pflicht über die Monatsfrist hinaus (*Rolfs/Witschen* NZS 12, 241). Die Mitgliedschaft Versicherungspflichtiger bleibt **trotz Beendigung des Beschäftigungsverhältnisses erhalten,** wenn die Voraussetzungen des § 192 SGB V vorliegen. Das sind der Bezug von Krankengeld (→ *Krankengeld* Rn 22), Elterngeld, Kurzarbeitergeld, Mutterschaftsgeld, Pflegeunterstützungsgeld, Kurzarbeitergeld, die Inanspruchnahme von Elternzeit, die Zeiten während rechtmäßigen Arbeitskampfmaßnahmen und während der Inanspruchnahme von Rehabilitationsleistungen. § 192 Abs 1 Nr 2a SGB V regelt den Erhalt der Mitgliedschaft bei der Spende von Organen oder Geweben sowie im Zusammenhang mit der Spende von Blut zur Gewinnung von Blutbestandteilen. Während einer **Schwangerschaft** bleibt die Mitgliedschaft Versicherungspflichtiger nach Maßgabe von § 192 Abs 2 SGB V erhalten. **6**

Die Versicherungspflicht gilt für alle Personen, die im **Bundesgebiet** beschäftigt sind, die Staatsangehörigkeit ist nicht entscheidend (§ 3 SGB IV). Vgl aber § 6 Abs 1 Nr 1a SGB V zu nicht-deutschen Besatzungsmitgliedern deutscher Seeschiffe. Zur Ausstrahlung des Versicherungsschutzes vgl § 4 SGB IV (→ *Auslandstätigkeit* Rn 115). Regelungen des inter- oder supranationalen Rechts (EU-Recht, SozVAbkommen) sind vorrangig. Die nach frühe- **7** rem Recht bestehende KVPflicht bestimmter kleinerer Gruppen von Selbstständigen ist entfallen (mit Ausnahme Landwirte → Rn 10), soweit sie nicht als selbstständige Künstler oder Publizisten versicherungspflichtig sind (→ *Künstlersozialversicherung* Rn 15 ff). **Vorstände einer AG** ohne qualifizierte Anteilsmehrheit an der AG sind gds abhängig beschäftigt und unterliegen damit grds der KVPflicht, soweit die JAEGrenze nicht überschritten wird. Letzteres wird jedoch selten der Fall sein (LSG BlnBbg 7.8.13 – L 9 KR 269/11, DStR 13, 2779). Ein **freiwilliger Beitritt zur gesetzlichen KV** von dem Grunde nach nicht versicherungspflichtigen Personen ist nur unter den engen Voraussetzungen des § 9 SGB möglich. **Selbstständige** können innerhalb von drei Monaten nach Aufnahme ihrer selbstständigen Tätigkeit der gesetzlichen KV beitreten, wenn sie vor Aufnahme dieser Tätigkeit mindestens zwölf Monate ununterbrochen oder in den letzten fünf Jahren insgesamt 24 Monate gesetzlich krankenversichert waren (§ 9 Satz 1 Nr 1 SGB V).

8 **2. Sonstige Personen** unterliegen der Versicherungspflicht, soweit sie in § 5 Abs 1 Nr 2–13 SGB V aufgeführt sind. Es handelt sich insbes um:

9 **a) Leistungsempfänger nach dem SGB II und SGB III. aa) Bezieher von Arbeitslosengeld** unterliegen der KVPflicht. Dies gilt nach § 5 Abs 1 Nr 2 SGB V auch dann, wenn das AlGeld nur deshalb nicht bezogen wird, weil der Anspruch wegen einer Sperrzeit (§ 159) oder wegen einer Urlaubsabgeltung (§ 157 Abs 2 SGB III) ruht; und auch, wenn die Entscheidung, die zum Bezug der Leistung geführt hat, rückwirkend aufgehoben oder die Leistung zurückgefordert oder zurückgezahlt worden ist. Im Umkehrschluss bedeutet dies, dass andere Ruhenstatbestände die KVPflicht entfallen lassen. Bei Beziehern von Kurzarbeitergeld (§§ 95 ff SGB III) bleibt die Pflichtmitgliedschaft erhalten (§ 192 Abs 1 Nr 4 SGB V).

**bb) Bezieher von Arbeitslosengeld II** unterliegen der KVPflicht, soweit sie nicht familienversichert sind oder nur darlehensweise Leistungen bzw Leistungen nach § 23 Abs 3 Satz 1 SGB II beziehen. Nach § 5 Abs 5a SGB V besteht für Bezieher von ALG II keine Versicherungspflicht in der gesetzlichen KV, wenn sie unmittelbar vor dem Leistungsbezug privat krankenversichert waren oder weder gesetzlich noch privat krankenversichert waren oder als hauptberuflich selbstständig Erwerbstätige oder als versicherungsfreie Personen zu dem Personenkreis gehören, der grds der privaten KV zuzuordnen ist. Diese Regelung korrespondiert mit der Verpflichtung der privaten Krankenversicherer nach § 12 Abs 1a VAG, diesem Personenkreis einen Basistarif im Umfang des Leistungsangebots der gesetzlichen KV anzubieten (→ Rn 20). **Sozialhilfeempfänger** nach dem **SGB XII** sind **nicht** gesetzlich krankenversichert. Soweit sie nicht freiwillig weiterversichert sind, erhalten sie Krankenhilfe nach § 48 SGB XII. Diese entspricht im Wesentlichen den Leistungen nach dem SGB V (*Bockholdt* Gesundheitsspezifische Bedarfe von gesetzlich krankenversicherten Leistungsempfängern nach dem SGB II, NZS 2016, 881). Die Betroffenen erhalten von der Krankenkasse eine Versicherten- bzw Gesundheitskarte. Weitere mitgliedschaftliche Rechte entstehen nicht. Der Sozialhilfeträger erstattet der Krankenkasse die Kosten der Krankenbehandlung.

10 **b) Landwirte,** ihre mitarbeitenden Familienangehörigen und Altenteiler nach näherer Bestimmung des Zweiten Gesetzes über die KV der Landwirte.

11 **c) Künstler und Publizisten** nach näherer Bestimmung des KSVG (→ *Künstlersozialversicherung* Rn 15 ff).

12 **d) Jugendhilfe.** Personen, die in Einrichtungen der Jugendhilfe für eine Erwerbstätigkeit befähigt werden sollen. Entgeltlichkeit ist nicht erforderlich.

13 **e) Teilnehmer an berufsfördernden Maßnahmen zur Teilhabe am Arbeitsleben** sowie Teilnehmer an Berufsfindungsmaßnahmen oder Maßnahmen der Arbeitserprobung. Die Teilnahme an einer medizinischen RehaMaßnahme (vgl *Rehabilitation, medizinische*) begründet keine Versicherungspflicht, eine bereits bestehende Mitgliedschaft bleibt jedoch erhalten (§ 192 Abs 1 Nr 3 SGB V).

14 **f) Behinderte Menschen,** die in anerkannten Werkstätten für Behinderte oder in nach dem Blindenwarenvertriebsgesetz anerkannten Blindenwerkstätten oder für diese Einrichtungen in Heimarbeit tätig sind, oder die in Anstalten, Heimen oder gleichartigen Einrichtungen in gewisser Regelmäßigkeit eine Leistung erbringen, die einem Fünftel der Leistung eines voll erwerbsfähigen Beschäftigten in gleichartiger Beschäftigung entspricht; hierzu

zählen auch Dienstleistungen für den Träger der Einrichtung. Soweit der Behinderte in einer **anerkannten** Behinderten- oder Blindenwerkstätte iSv §§ 226, 60 SGB IX tätig ist, kommt es auf die Erzielung von Entgelt oder die wirtschaftliche Verwertbarkeit der Arbeitsleistung nicht an. Die Zugangsmöglichkeit Schwerbehinderter zur freiwilligen KV nur bis zu einer in der Satzung der KV bestimmten Altersgrenze ist rechtmäßig (LSG BaWü 22.3.19 – L 4 KR 2182/18, BeckRS 2019, 5097).

**g) Studenten** an staatlichen oder staatlich anerkannten Hochschulen sind in der KVdS versichert, wenn sie eingeschrieben sind und die Fachstudienzeit von 14 Semestern bzw die Altersgrenze von 30 Jahren nicht überschreiten und nicht familienversichert oder vorrangig pflichtversichert sind (§ 5 Abs 1 Nr 9 SGB V; → *Studentenbeschäftigung* Rn 24 ff). Studenten nach Abschluss des vierzehnten Fachsemesters oder nach Vollendung des 30. Lebensjahres sind in der gesetzlichen KV (und PflegeV) nur versicherungspflichtig, wenn die Art der Ausbildung oder familiäre sowie persönliche Gründe, insbes der Erwerb der Zugangsvoraussetzungen in einer Ausbildungsstätte des Zweiten Bildungsweges, die Überschreitung der Altersgrenze oder eine längere Fachstudienzeit rechtfertigen BSG 15.10.14 – B 12 KR 17/12 R, BSGE 117, 117; LSG Saarl 21.11.12 – L 2 KR 31/12, BeckRS 2012, 76036; *Kastorz* Krankenversicherung im Studium, NZS 12, 161). Die Studenten können sich zum Abschluss einer privaten KV und PflegeV von der Versicherungspflicht in der gesetzlichen KV befreien lassen (→ Rn 28). Das Promotionsstudium gehört nicht zur wissenschaftlichen Ausbildung iSd SGB V und begründet keine Versicherungspflicht in der KV der Studenten nach § 5 Abs 1 Nr 9 SGB V (LSG BlnBbg 4.4.14 – L 1 KR 400/12, BeckRS 2014, 6961; LSG BaWü 24.4.15 – L 4 KR 2691/14, BeckRS 2015, 70166; *Reinert* Die Grenze der studentischen Pflichtversicherung – Zur ungeklärten Versicherungslage von Promotionsstudenten, NZS 15, 609). Zur VersPflicht auf Grund einer **entgeltlichen Beschäftigung** während des Studiums und zur Werkstudentenregelung (→ *Studentenbeschäftigung* Rn 30 ff). 15

**h) Praktikanten,** die eine in Studien- oder Prüfungsordnungen vorgeschriebene berufspraktische Tätigkeit **ohne Arbeitsentgelt** verrichten (iE § 5 Abs 1 Nr 10 Halbsatz 1 SGB V). Dies gilt auch für zu ihrer Berufsausbildung **ohne Arbeitsentgelt** Beschäftigte und für Auszubildende des Zweiten Bildungsweges nach Maßgabe von § 5 Abs 1 Nr 10 Halbsatz 2 SGB V. **Entgeltlich** absolvierte Praktika führen zur Versicherungspflicht nach § 5 Abs 1 Nr 1 SGB V, auch wenn die Beschäftigung geringfügig iSv 8 SGB IV ist. Vgl iE zur SozVPflicht von Praktikanten → *Praktikant* Rn 12 ff. 16

**i) Rentner.** Die KVPflicht und die Möglichkeit des freiwilligen Beitritts der Rentner zur gesetzlichen KV ist seit Einführung der KVdR im Jahre 1956 hinsichtlich der gesetzlichen Voraussetzungen und der Beitragserhebung vielfach abgeändert worden (vgl den Überblick in KassKomm/*Peters* § 5 SGB V Rz 120 ff). 17

Erklärtes Gesetzesziel war es zunächst, die (kostengünstige) Pflichtversicherung in der KVdR nur solchen Rentnern zu öffnen, die auch während ihres Erwerbslebens in erheblichem zeitlichem Umfang krankenversicherungspflichtig gewesen sind. Dies ist nur der Fall, wenn der Neurentner seit der erstmaligen Aufnahme einer Erwerbstätigkeit bis zur Stellung des Rentenantrags **mindestens neun Zehntel** der zweiten Hälfte dieses Zeitraums **Mitglied der gesetzlichen Krankenversicherung** oder familienversichert war (§ 5 Abs 1 Nr 11 SGB V). Mitglied der gesetzlichen KV ist auch das freiwillige Mitglied (§ 5 Abs 1 Nr 11 SGB V), nicht jedoch privat krankenversicherte Personen (BayLSG 29.9.15 – L 5 KR 412/13, Die Beiträge Beilage 2016, 196). Nach § 5 Abs 2 Satz 3 SGB V wird **auf Antrag** für jedes Kind, Stiefkind oder Pflegekind (§ 56 Abs 2 Nr 2 SGB I) eine Zeit von pauschal drei Jahren auf die Neun-Zehntel-Vorversicherungszeit als Voraussetzung für die KVdR angerechnet. Dies gilt jeweils für beide Elternteile ohne Rücksicht darauf, ob sie die Kinder überhaupt tatsächlich betreut haben und wann dies ggf der Fall gewesen ist. Damit wird der Zugang zur KVdR für Rentenberechtigte mit Kindern aus sozialpolitischen Gründen erleichtert. Die Regelung gilt auch für Altrentner. Sonderregelungen der KVdR gelten für selbstständige Künstler und Publizisten, die ihre Tätigkeit vor 1983 aufgenommen haben (§ 5 Abs 1 Nr 11a SGB V). Die KVdR wird nur wirksam, wenn keine anderweitige Versicherungspflicht besteht (etwa aus Beschäftigungsverhältnis) und keine hauptberufliche selbstständige Erwerbstätigkeit ausgeübt wird (§ 5 Abs 5 SGB V). Liegen die Voraussetzungen der KVdR nicht vor, und endet die Versicherungspflicht durch Beendigung des 18

Beschäftigungsverhältnisses zB infolge Erreichens der Altersgrenze, setzt sich die Pflichtversicherung in der gesetzlichen KV durch eine **freiwillige Mitgliedschaft** fort, es sei denn das Mitglied erklärt unter den Bedingungen des § 188 Abs 4 SGB V seinen Austritt (→ *Familienversicherung* Rn 13). **Waisenrentner** sind nach § 5 Abs 1 Nr 1b SGB V seit 2017 grds bis zu den Altersgrenzen der Familienversicherung **beitragsfrei** gesetzlich krankenversichert. Die Versicherungspflicht erfasst alle Waisenrentner, die nach bisher geltendem Recht bereits in der GKV pflichtversichert, familienversichert oder freiwillig versichert waren, sowie diejenigen Waisenrentner, die über einen überlebenden Elternteil, ihre Großeltern oder Pflegeeltern die Voraussetzungen für eine Familienversicherung in der GKV erfüllen würden, auch wenn sie bislang privat krankenversichert waren. Aus Versorgungsbezügen und ähnlichen Einnahmen sind Beiträge zu entrichten.

Wegen der zahlreichen Rechtsänderungen gibt es für **Alt- und Übergangsrentner** besitzwahrende Sonderregelungen hinsichtlich der Erfüllung der Vorversicherungszeit (KassKomm/*Peters* § 5 SGB V Rz 120 ff). **Rentenantragsteller** sind nach Maßgabe des § 189 SGB V versichert.

19 **j) Auffangversicherungspflicht.** § 5 Abs 1 Nr 13 SGB V sieht eine allgemeine Auffangversicherungspflicht für alle Personen vor, die ihren Wohnsitz oder gewöhnlichen Aufenthalt im Inland und keinen anderweitigen Anspruch auf Absicherung im Krankheitsfall haben und zuletzt gesetzlich krankenversichert waren oder bisher weder gesetzlich noch privat krankenversichert waren und zu dem Personenkreis gehören, der seinem Status nach der gesetzlichen KV zuzuordnen ist (zB als früherer Beschäftigter). **Ohne Anspruch auf anderweitige Absicherung im Krankheitsfall** sind insbes die nicht gesetzlich oder privat krankenversicherten Personen, die keinen Anspruch auf Hilfe bei Krankheit nach § 40 SGB VIII, § 48 SGB XII, § 264 SGB V, auf Gesundheitsfürsorge nach dem StVollzG oder auf sonstige Gesundheitsfürsorge haben, die nicht beihilfeberechtigt sind, keinem Sondersystem wie der freien Heilfürsorge angehören und auch keinen Anspruch auf Krankenbehandlung nach dem BVG, dem BEG oder vergleichbaren gesetzlichen Regelungen haben (BSG 27.1.10 – B 12 KR 2/09 R, NZS 10, 627; LSG NRW 15.3.11 – L 20 SO 7/11 B ER, BeckRS 2011, 70153). Die Auffangversicherungspflicht tritt kraft Gesetzes ein, wenn die Voraussetzungen erfüllt sind. Hilfreich ist eine Meldung bei der Krankenkasse, bei der die Person zuletzt versichert war. Diese Meldung sollte zeitnah erfolgen, da die Beitragspflicht mit dem Eintritt der Versicherungspflicht beginnt und die Beiträge nachzuzahlen sind, falls sie nicht rechtzeitig entrichtet werden (→ *Krankenversicherungsbeiträge* Rn 18). Weitergehend ist das Unterlassen der Meldepflicht nicht sanktioniert. Der **Leistungsumfang** der Auffangversicherung entspricht dem Anspruchsumfang der übrigen gesetzlich Versicherten. Ein Anspruch auf Krankengeld besteht jedoch nicht (§ 44 Abs 2 Satz 1 Nr 1 SGB V).

Die von der Auffangversicherungspflicht in der GKV nicht erfassten Personen, das sind solche, die ihrem Status nach nicht der gesetzlichen KV zuzuordnen sind (zB selbstständig Erwerbstätige oder früher privat Krankenversicherte) und die keinen Anspruch auf sonstige Hilfe im Krankheitsfall haben, sind verpflichtet, eine Krankenversicherung bei einem Träger der privaten KV abzuschließen (§ 193 Abs 3 Satz 1 VVG). Die Einhaltung dieser Pflicht ist nicht oder nur mit unverhältnismäßig großem Aufwand zu kontrollieren. Die Versicherer sind verpflichtet, diesem Personenkreis ohne Gesundheitsprüfung eine **Basiskrankenversicherung** im Umfang des Leistungsangebots der gesetzlichen KV anzubieten (§ 193 Abs 5 Satz 1 VVG). Hierfür sind Beiträge nach einem branchenweit geltenden Basistarif zu entrichten (§ 152 Abs 1 Satz 1 VersAufsG).

20 § 5 Abs 11 Satz 2 SGB V regelt für nichterwerbstätige **Angehörige der EU, des Europäischen Wirtschaftsraums und der Schweiz** mit Wohnort in Deutschland, dass die Versicherungspflicht nach § 5 Abs 1 Nr 13 SGB V entfällt, solange sie nach dem Recht der EU, des EWR oder nach dem Personenfreizügigkeitsabkommen der EU mit der Schweiz über einen KVSchutz verfügen müssen. Die Versicherungspflicht nach § 5 Abs 1 Nr 13 SGB V bzw die Verpflichtung zum Abschluss einer privaten Basiskrankenversicherung gilt jedoch für **übrige Ausländer** nach Maßgabe von § 5 Abs 11 Satz 1 SGB V, wenn sie eine Niederlassungserlaubnis oder eine Aufenthaltserlaubnis mit einer Befristung auf mehr als zwölf Monate besitzen, und wenn für die Erteilung dieser Aufenthaltstitel keine Verpflichtung zur Sicherung des Lebensunterhalts nach § 5 Abs 1 Nr 1 AufenthG besteht

(BSG 3.7.13 – B 12 KR 2/11 R, SozR 4–2500 § 5 Nr 20; LSG BlnBbg 15.11.18 – L 1 KR 301/16, BeckRS 2018, 34374). In die Auffangversicherungspflicht einbezogen sind Personen, die nicht zuletzt gesetzlich oder privat krankenversichert gewesen sind, wenn sie zu dem Personenkreis gehören, der seinem **Status** nach der gesetzlichen KV zuzuordnen ist. Dies gilt daher insbes **nicht** für Beamte, beamtenähnlich abgesicherte Personen sowie für hauptberuflich selbstständig Erwerbstätige, die nach § 5 Abs 5 bzw § 6 Abs 1 SGB V keinen Zugang zur Versicherungspflicht in der gesetzlichen KV haben. Diese Personen werden der privaten KV zugeordnet. Beihilfeberechtigte Personen, die über keine ergänzende Krankheitskostenvollversicherung über den von der Beihilfe nicht übernommenen Kostenanteil verfügen, werden als Personen ohne Absicherung im Krankheitsfall angesehen. Sie fallen unter die Versicherungspflicht nach § 5 Abs 1 Nr 13 SGB V, sofern sie zuletzt gesetzlich krankenversichert waren. Bei Auslandsrückkehrern, insbes solchen im Rentenalter, richtet sich die Zuordnung zur privaten oder zur gesetzlichen KV nach dem Status, den sie aufgrund ihrer zuletzt ausgeübten Berufstätigkeit im Ausland gehabt haben. Nach § 250 Abs 3 SGB V tragen Versicherungspflichtige nach § 5 Abs 1 Nr 13 SGB V ihre **Beiträge** mit Ausnahme der aus Arbeitsentgelt und aus Renten der gesetzlichen RV zu tragenden Beiträge allein. Die Beitragshöhe richtet sich wie bei den freiwillig Versicherten nach den beitragspflichtigen Einnahmen nach §§ 227, 240 SGB V (→ *Krankenversicherungsbeiträge* Rn 18). Hinsichtlich **Beitragsrückständen** und Säumniszuschlägen gelten für Auffangversicherte nach § 5 Abs 1 Nr 13 SGB V Sonderregelungen nach § 256a SGB V (→ *Krankenversicherungsbeiträge* Rn 18).

Für Leistungsberechtigte (und die sie begleitenden Angehörigen) nach dem **Asylbewerberleistungsgesetz** besteht ein anderweitiger Anspruch auf Absicherung im Krankheitsfall nach § 4 AsylbLG. Sie sind ebenso wie Leistungsberechtigte nach dem SGB XII anderweitig abgesichert und unterfallen nicht der Auffangversicherungspflicht nach § 5 Abs 1 Nr 13 SGB V (LSG RhPf 4.7.19 – L 5 KR 311/18, BeckRS 2019, 26037). Hierzu gehören auch Flüchtlinge, die wegen eines Krieges in ihrem Heimatland eine Aufenthaltserlaubnis nach dem Aufenthaltsgesetz besitzen (§ 1 Abs 1 Nr 3 AsylbLG), Geduldete und auch ausreisepflichtige Asylbewerber. Die Absicherung umfasst allerdings nur die Behandlung akuter Erkrankungen und Schmerzzustände.

**III. Ausnahmen von der Versicherungspflicht kraft Gesetzes** sind in §§ 6, 7 SGB V geregelt. Nach § 6 Abs 1 Nr 1 SGB V sind versicherungsfrei **Beschäftigte,** deren regelmäßiges JAE die JAEGrenze übersteigt (→ Rn 5 und → *Jahresarbeitsentgelt* Rn 11 ff). Bei Vereinbarung von Nettoarbeitsentgelt besteht Versicherungspflicht in der gesetzlichen KV so lange, wie das entsprechende Bruttoarbeitsentgelt nach Abzug des ArbNAnteils am KVBeitrag die Versicherungspflichtgrenze nicht übersteigt. Versicherungsfrei sind nach § 7 SGB V **geringfügig Beschäftigte,** soweit sie nicht im Rahmen **betrieblicher Berufsbildung** (→ Rn 16) oder in einem Freiwilligendienst nach dem JFDG oder dem BFDG (→ *Freiwilligendienste* Rn 16) tätig sind (→ *Geringfügige Beschäftigung* Rn 25 ff). Ferner sind versicherungsfrei **Beamte und Pensionäre sowie gleichgestellte Personengruppen,** wenn sie nach beamtenrechtlichen Vorschriften oder Grundsätzen bei Krankheit Anspruch auf Fortzahlung der Bezüge und auf Beihilfe oder Heilfürsorge haben (§ 6 Abs 1 Nr 2, 4, 5 und 6 SGB V). 21

Gleiches gilt für Personen, die während der Dauer ihres Studiums als **ordentliche Studierende** einer Hochschule oder einer fachlichen Ausbildung dienenden Schule als **Werkstudenten gegen Arbeitsentgelt** beschäftigt sind (§ 6 Abs 1 Nr 3 SGB V). Diese sind in dieser Beschäftigung versicherungsfrei, da sie regelmäßig bereits nach § 5 Abs 1 Nr 9 SGB V in der KV der Studenten krankenversichert sind (→ Rn 15). Voraussetzung ist, dass Zeit und Arbeitskraft des Studenten überwiegend nicht durch die Beschäftigung, sondern durch das Studium in Anspruch genommen werden (→ *Studentenbeschäftigung* Rn 41 ff). 22

Die Studentenbeschäftigung unterliegt der **Rentenversicherungspflicht** nach allgemeinen Regeln (→ *Studentenbeschäftigung* Rn 29). Die Studentenbeschäftigung ist daher nur in der KV, PflegeV und ArblV versicherungsfrei. 23

Versicherungsfrei kraft Gesetzes sind darüber hinaus **satzungsmäßige Mitglieder geistlicher Genossenschaften** unter den Voraussetzungen des § 6 Abs 1 Nr 7 SGB V und **Bedienstete der EU,** die nach dem für sie geltenden Krankenfürsorgesystem der EU bei 24

Krankheit geschützt sind (§ 6 Abs 1 Nr 8 SGB V). Nicht satzungsmäßige Mitglieder geistlicher Genossenschaften oder ähnlicher religiöser Gemeinschaften, die für den Dienst in einer solchen Einrichtung außerschulisch ausgebildet werden, gelten als zu ihrer Berufsausbildung Beschäftigte und sind nach § 5 Abs 1 Nr 1 SGB V pflichtversichert (§ 5 Abs 4a Satz 2 SGB V).

Ist ein Tatbestand der Versicherungsfreiheit in der gesetzlichen KV nach § 6 Abs 1 SGB VI erfüllt (mit Ausnahme von § 6 Abs 1 Nr 3 SGB VI), bleiben auch dem Grunde nach **versicherungspflichtige weitere Beschäftigungen** dieser Personenkreise krankenversicherungsfrei (§ 6 Abs 3 SGB VI).

25 **Personen, die nach Vollendung des 55. Lebensjahres** dem Grunde nach versicherungspflichtig werden (etwa durch Aufnahme einer Beschäftigung), sind nach § 6 Abs 3a SGB V versicherungsfrei, wenn sie in den letzten fünf Jahren vor Eintritt der Versicherungspflicht nicht in der gesetzlichen KV versichert waren und mindestens für die Hälfte der fünf Jahre Versicherungsfreiheit (auch durch Befreiung) bestand oder hauptberuflich eine selbstständige Erwerbstätigkeit ausgeübt worden ist, wobei Ehe oder Lebenspartnerschaft mit einer solchen Person gleichsteht. Damit soll verhindert werden, dass ältere ArbN ohne Vorversicherungszeit durch Aufnahme einer versicherungspflichtigen Beschäftigung oder Veränderung des Arbeitsentgelts den Versicherungsschutz der gesetzlichen KV erlangen. Die Altersgrenze gilt nach § 6 Abs 3a Satz 4 SGB V nicht für Auffangversicherungspflicht nach § 5 Abs 1 Nr 13 SGB V (→ Rn 20).

26 **IV. Befreiung von der Versicherungspflicht** auf Antrag ist möglich, wenn einer der Tatbestände des § 8 Abs 1 SGB V erfüllt ist. Die Befreiungstatbestände überlassen es den an sich Versicherungspflichtigen, ob sie die Versicherungspflicht vermeiden wollen. S iE → *Befreiung von der Versicherungspflicht* Rn 3 ff.

27 **V. Versicherungspflicht und private Krankenversicherung.** Wer versicherungspflichtig wird und bei einem privaten KV-Unternehmen versichert ist, kann den Versicherungsvertrag mWv Eintritt der Versicherungspflicht an kündigen. Dies gilt auch bei Eintritt einer *Familienversicherung* nach § 10 SGB V. Rückkehrmöglichkeiten beim Scheitern der Versicherungspflicht sind in § 5 Abs 9 SGB V geregelt.

28 Die **Rückkehr eines in der privaten KV versicherten Beschäftigten in die gesetzliche KV** ist nur in Ausnahmefällen und grds nur bis zur Vollendung des 55. Lebensjahres möglich. Voraussetzung für eine Versicherungspflicht als Beschäftigter ist, dass das Entgelt für mindestens ein Jahr unter der JAEGrenze (→ *Jahresarbeitsentgelt* Rn 6 ff) liegt. Nach 12 Monaten Pflichtmitgliedschaft kann die Versicherung in der gesetzlichen KV als freiwillige Versicherung fortgeführt werden, wenn das Entgelt die JAEGrenze wieder übersteigt.

## Krankenversicherungsträger

### A. Arbeitsrecht

*Griese*

1 **1. Wahlrecht des Arbeitnehmers.** Die jeweils zuständige bzw vom ArbN ausgewählte Krankenkasse ist Trägerin der KV des ArbN.

2 In § 173 SGB V ist die Wahlmöglichkeit der versicherungspflichtigen ArbN zwischen verschiedenen KVTrägern (zB Ortskrankenkasse des Wohn- oder Beschäftigungsortes, Ersatzkasse, Betriebs- oder Innungskrankenkasse, gesetzliche Krankenkasse des Ehe- oder Lebenspartners) geregelt. Das Wahlrecht muss nach § 175 Abs 3 SGB V binnen zwei Wochen nach Eintritt der Versicherungspflicht ausgeübt werden.

3 **2. Keine Dispositivität des Wahlrechts.** Das Recht der ArbN, unter mehreren KVTrägern die gewünschte Krankenkasse auszuwählen, kann durch **vertragliche Vereinbarung nicht ausgeschlossen** werden. Das Wahlrecht ist durch Gesetz festgelegt worden und nicht dispositiv. Es ist durch öffentlich-rechtliche Rechtsvorschrift abgesichert. Als Gesetzesrecht geht es privatrechtlichen Vereinbarungen im Rang vor. Der ArbGeb kann also mit ArbN **nicht wirksam vereinbaren,** dass diese die Mitgliedschaft in einer bestimmten Ersatzkasse oder in der Betriebskrankenkasse des ArbGeb wählen.

Würde dieses Wahlrecht durch vertragliche Vereinbarungen zwischen ArbN und ArbGeb begrenzt, läge eine privatrechtliche Vereinbarung vor, die zum Nachteil des Sozialleistungsberechtigten von den Vorschriften des SGB abweichen würde. Eine solche Vereinbarung ist nach **§ 32 SGB I nichtig.** 4

## B. Lohnsteuerrecht *Weil*

Für das LStRecht hat die Wahl des KVTrägers keine Bedeutung. 5

## C. Sozialversicherungsrecht *Ruppelt*

**1. Die gesetzliche Krankenversicherung** wird getragen von den Pflichtkrankenkassen mit gesetzlicher Zuständigkeit (Allgemeine Ortskrankenkassen §§ 143 ff SGB V, Betriebskrankenkassen §§ 147 ff SGB V und Innungskrankenkassen §§ 157 ff SGB V), den Ersatzkassen (§§ 168 ff SGB V) und den sonstigen berufsständischen Krankenkassen (Landwirtschaftliche Krankenkassen § 166 SGB V, Krankenversicherung der Deutschen Rentenversicherung Knappschaft-Bahn-See § 167 SGB V). Die KVTräger sind rechtsfähige Körperschaften des öffentlichen Rechts (§ 4 Abs 1 SGB V). Sie sind organisatorisch und finanziell selbstständig und gleichen Ausgaben und Einnahmen in eigener Verantwortung aus (§§ 220 ff SGB V). 6

**2. Wahlrecht.** Nach § 173 Abs 2 SGB V können die Versicherungspflichtigen und Versicherungsberechtigten nach näherer Bestimmung durch § 173 Abs 2–7 SGB V als Krankenkasse wählen 7

- die Ortskrankenkasse des Beschäftigungs- oder Wohnorts,
- jede Ersatzkasse, deren Zuständigkeit sich nach der Satzung auf den Beschäftigungs- oder Wohnort des Versicherten erstreckt,
- die Betriebs- oder Innungskrankenkasse, wenn sie in dem Betrieb beschäftigt sind, für den die Betriebs- oder Innungskrankenkasse besteht, oder die Satzung der Betriebs- oder Innungskrankenkasse die Mitgliedschaft betriebs- oder innungsfremder Versicherter vorsieht,
- die Deutsche Rentenversicherung Knappschaft-Bahn-See (allerdings können die knappschaftlichen Mehrleistungen nicht von den nach dem 31.3.07 beigetretenen Mitgliedern in Anspruch genommen werden – § 173 Abs 2a SGB V),
- die Krankenkasse, bei der vor Beginn der Versicherungspflicht oder Versicherungsberechtigung zuletzt eine Mitgliedschaft oder eine *Familienversicherung* bestanden hat,
- die Krankenkasse, bei der der Ehegatte oder Lebenspartner versichert ist.

**3. Ausübung des Wahlrechts und Kündigung. a) Bindungsfristen.** Die Ausübung des Wahlrechts ist gegenüber der gewählten Krankenkasse zu erklären. Das Wahlrecht kann wirksam nur binnen zwei Wochen nach Eintritt der Versicherungspflicht ausgeübt werden. Wählt der Versicherungspflichtige keine Krankenkasse wirksam, so wird eine Mitgliedschaft bei der Krankenkasse begründet, bei der der Versicherte zuletzt gesetzlich krankenversichert war, auch wenn die Mitgliedschaft bei dieser Krankenkasse nicht unmittelbar vorausging (BSG 21.12.11 – B 12 KR 21/10 R, Soz R 4–2500 § 175 Nr 3). Ein Ablehnungsrecht der Kasse besteht nicht (§ 175 Abs 1 Satz 1 SGB V). Die Kasse darf die Wahl nicht durch falsche oder unvollständige Beratung verhindern oder erschweren (§ 175 Abs 1 Satz 2 iVm Abs 2a SGB V). Das gilt auch für Auffangversicherungspflichtige nach § 5 Abs 1 Nr 13 SGB V. Sonderregeln gelten für Empfänger von Krankenbehandlungsleistungen nach dem SGB XII (LSG BaWü 12.9.14 – L 4 KR 3468/13, NZS 15, 32). Versicherungspflichtige (§ 5 SGB V) und Versicherungsberechtigte (§ 9 SGB V) sind an die Wahl der Krankenkasse für die Dauer von **18 Monate** gebunden (§ 175 Abs 2 Satz 2 SGB V). Werden Wahltarife nach § 53 Abs 1–6 SGB V in Anspruch genommen gelten nach § 53 Abs 8 SGB V **besondere Bindungsfristen,** die auch für freiwillige Mitglieder gelten (LSG Sachs 10.8.11 – L 1KR 44/10, BeckRS 2011, 77825). Die Frist beträgt ein Jahr bei den Wahltarifen für die Beitragsrückerstattung (§ 53 Abs 2 SGB V), die Kostenerstattung (§ 53 Abs 4 SGB V) sowie für Arzneimittel der besonderen Therapierichtungen (§ 53 Abs 5 SGB V). Sie beträgt drei Jahre für den Wahltarif über einen Selbstbehalt (§ 53 Abs 1 SGB V) und zum Krankengeld (§ 53 Abs 6 SGB V). Für die besonderen Versorgungsformen (§ 53 Abs 3 SGB V) gibt es keine Mindest- 8 bindungsfrist. Die Mindestbindungsfristen gelten grds auch bei einem beabsichtigten Wechsel eines **freiwillig** gesetzlich Versicherten in die private KV ( LSG Hess 28.6.12 – L 1 KR 231/10, BeckRS 2012, 71318). Die Anfechtung eines Versicherungsvertrags durch ein Unternehmen der privaten KV wegen arglistiger Täuschung lässt die Wirksamkeit der zuvor vom Versicherten erklärten Kündigung seiner freiwilligen Mitgliedschaft bei einer gesetzlichen Krankenkasse unberührt (BSG 29.6.16 – B 12 KR 23/14 R, SozR 4–2500 § 191 Nr 3).

9 **b) Kündigung.** Bestehen keine Bindungsfristen, ist eine Kündigung der Mitgliedschaft zum Ablauf des übernächsten Kalendermonats möglich, gerechnet von dem Monat, in dem das Mitglied die Kündigung erklärt (Kündigungsfrist). Wird die Kündigung im Januar erklärt, kann somit zum 1. April ein Kassenwechsel erfolgen. Die Kündigung wird wirksam, wenn das Mitglied innerhalb der Kündigungsfrist eine Mitgliedschaft bei einer anderen Krankenkasse durch eine Mitgliedsbescheinigung oder das Bestehen einer anderen Absicherung im Krankheitsfall nachweist (§ 175 Abs 4 Satz 4 SGB V).

10 **c) Sonderkündigungsrecht.** Trotz laufender Bindungsfristen (wegen Neueintritts oder Inanspruchnahme von Wahltarifen) ist die Kündigung der Mitgliedschaft nach § 175 Abs 4 Satz 5–7 SGB V wegen der erstmaligen Erhebung von einkommensabhängigen Zusatzbeiträgen oder Erhöhung des Zusatzbeitragssatzes (§ 242 SGB V) möglich. In diesen Fällen kann die Kündigung der Mitgliedschaft zum Ablauf des übernächsten Kalendermonats ohne Beachtung von Bindungsfristen bis zum Ablauf des Monats erklärt werden, für den der Zusatzbeitrag erstmals erhoben oder für den der Zusatzbeitragssatz erhöht wird. Die Krankenkasse hat spätestens einen Monat vorher ihre Mitglieder in einem gesonderten Schreiben auf das Sonderkündigungsrecht hinzuweisen. Überschreitet der neu erhobene Zusatzbeitrag oder der erhöhte Zusatzbeitragssatz den durchschnittlichen Zusatzbeitragssatz nach § 242a SGB V, so sind die Mitglieder zusätzlich auf die Möglichkeit hinzuweisen, in eine günstigere Krankenkasse zu wechseln. Kommt die Krankenkasse ihrer Hinweispflicht verspätet nach, gilt eine erfolgte Kündigung als in dem Monat erklärt, in dem die Beitragsänderungen wirksam geworden sind (zum Zusatzbeitrag → *Krankenversicherungsbeiträge* Rn 23 ff).

11 **d) Beendigung der Mitgliedschaft kraft Gesetzes.** Endet eine Pflichtmitgliedschaft in der gesetzlichen KV kraft Gesetzes (zB aufgrund des Überschreitens der JAEGrenze), endet damit auch die Teilnahme am Wahltarif, wenn aufgrund der eingetretenen Versicherungsfreiheit der Austritt aus der gesetzlichen KV zugunsten einer anderweitigen Absicherung im Krankheitsfall außerhalb der gesetzlichen KV erklärt wird. Werden die Voraussetzungen für eine Familienversicherung bei einer anderen gesetzlichen Krankenkasse erfüllt, sind die Mindestbindungsfristen der Wahltarife ebenfalls unbeachtlich (§ 175 Abs 4 Satz 8 SGB V).

12 **e) Mitgliedsbescheinigung.** Wird dem ArbGeb nicht spätestens zwei Wochen nach **Eintritt der Versicherungspflicht** eine Mitgliedsbescheinigung der gewählten Krankenkasse vorgelegt, hat der ArbGeb den Versicherungspflichtigen ab Eintritt der Versicherungspflicht bei der Krankenkasse anzumelden, bei der zuletzt eine Versicherungspflicht bestand. Bestand keine Versicherungspflicht, hat die Anmeldung bei einer nach § 173 wählbaren Krankenkasse zu erfolgen. Der Versicherte ist hierüber zu unterrichten (§ 175 Abs 3 Satz 2 SGB V). Ansonsten gilt § 175 Abs 3 Satz 3 SGB V. Zur Wechselmöglichkeit in die private KV bei Überschreiten der Jahresarbeitsentgeltgrenze → *Krankenversicherungspflicht* Rn 5. Die Mitgliedsbescheinigung nach § 175 Abs 2 Satz 1 SGB V dokumentiert nur die Ausübung des Wahlrechts, sie stellt keinen Verwaltungsakt über die Versicherungspflicht dar (BSG 27.6.12 – B 12 KR 11/10 R, SozR 4–2500 § 174 Nr 4).

13 **4. Pflegekassen.** Träger der **sozialen PflegeV** sind die Pflegekassen; deren Aufgaben werden von den Krankenkassen wahrgenommen (§ 1 Abs 3 SGB XI). Bei jeder Krankenkasse ist deshalb eine Pflegekasse errichtet, die den Status einer rechtsfähigen Körperschaft des öffentlichen Rechts besitzt. Organe der Pflegekassen sind die Organe der jeweiligen Krankenkasse. ArbGeb (Dienstherr) der für die Pflegekasse tätigen ArbN ist die Krankenkasse (§ 46 Abs 2 SGB XI).

# Krankheit (Arbeitnehmer)

## A. Arbeitsrecht

*Griese*

1 Die Krankheit des ArbN hat im Arbeitsverhältnis in mehrfacher Hinsicht Bedeutung. Soweit die Krankheit zur **Arbeitsunfähigkeit** führt, hat der ArbN Anspruch auf **Entgeltfortzahlung** im Krankheitsfall nach Maßgabe der gesetzlichen Bestimmungen des EFZG (Näheres s *Entgeltfortzahlung, Arbeitsunfähigkeit* u *Arbeitsunfähigkeitsbescheinigung*).

2 **Häufige** oder **längerfristige** AUZeiten können nach den von der Rspr entwickelten Kriterien im Einzelfall eine Kündigung rechtfertigen (Näheres s *Kündigung, personenbedingte*). Zur *Berufskrankheit* s dort.

3 Die Krankheit eines ArbN kann Berufs- oder Erwerbsunfähigkeit zur Folge haben (s *Erwerbsminderung*). Der ArbGeb ist verpflichtet, den Arbeitsplatz so einzurichten, dass die Gesundheit der ArbN nicht geschädigt wird (§ 618 BGB; Näheres: *Arbeitssicherheit/Arbeitsschutz; Arbeitsstätte; Arbeitsstoffe, gefährliche; Betriebsarzt; Gefährdungsbeurteilung*).

## B. Lohnsteuerrecht

*Thomas*

4 Krankheitskosten können ausnahmsweise Werbungskosten sein, wenn sie Folge einer *Berufskrankheit* (s dort) sind. Im Übrigen können sie als außergewöhnliche Belastung (§ 33 EStG) berücksichtigt werden und berechtigen zum Eintrag eines Freibetrages auf der LStKarte (→ *Lohnsteuerermäßigung* Rn 4, 7). Das gilt auch für einen nach dem GdB gem § 33b EStG zustehenden Pauschbetrag. Die Übernahme von Krankheitskosten durch den ArbGeb führt grds zu Arbeitslohn (→ *Beihilfeleistungen* Rn 3 ff; → *Krankenversicherungsbeiträge* Rn 3 ff), der im Umfang des § 3 Nr 34 EStG steuerfrei ist (→ *Betriebliche Gesundheitsförderung* Rn 19 f). Versicherungsleistungen auf Krankheitskosten sind regelmäßig steuerfrei (§ 3 Nr 1a EStG).

## C. Sozialversicherungsrecht

*Ruppelt*

5 **1. Begriff.** Krankheit iSd gesetzlichen KV ist ein regelwidriger körperlicher oder geistiger Zustand, der entweder Behandlungsbedürftigkeit oder AU (→ *Arbeitsunfähigkeit* Rn 17 ff) oder beides zur Folge hat. Ein **regelwidriger Körper- oder Geisteszustand** liegt nur vor, wenn es sich um eine erhebliche Abweichung von normalen körperlichen und geistigen Funktionen handelt; Störungen geringfügiger Art, die keine funktionellen Auswirkungen haben und lediglich von einem Idealbild des Wohlbefindens abweichen, reichen nicht aus (BSG 19.10.04 – B 1 KR 28/02 R, SozR 4–2500 § 27 Nr 2; LSG Saarl 25.1.17 – L 2 KR 35/16, BeckRS 2017, 101625). Kosmetisch oder ästhetisch als unbefriedigend empfundene Zustände stellen daher keine Regelwidrigkeit in diesem Sinne dar, es sei denn, sie sind mit erheblichen funktionellen Auswirkungen verbunden (etwa Zahnstellungsanomalie mit Auswirkung auf das Beiß- und Artikulationsvermögen, übergroße weibliche Brust mit Auswirkung auf den Haltungsapparat (LSG Sachs 22.1.15 – L 1 KR 238/12, BeckRS 2015, 70570; LSG SchlHol 23.5.17 – L 5 KR 6/15, BeckRS 2017, 119049; LSG BaWü 21.3.18 – L 5 KR 3247/16, NJW 18, 417).

6 Obwohl es sich beim altersbedingten Nachlassen der Kräfte im Grunde um keine Regelwidrigkeit handelt, erfüllt die **Altersgebrechlichkeit** den Krankheitsbegriff der gesetzlichen KV jedenfalls dann, wenn Behandlungsmöglichkeiten zur Verfügung stehen, um die Folgen dieser Gebrechlichkeit zu lindern. Entsprechendes gilt für den konkreten Krankheitsverdacht, so dass auch die erforderlichen **Diagnoseleistungen** zum Leistungsumfang der gesetzlichen KV gehören. **Behandlungsbedürftigkeit** liegt vor, wenn durch den regelwidrigen Gesundheitszustand die körperlichen und geistigen Funktionen so eingeschränkt sind, dass ihre Wiederherstellung ärztlicher oder psychotherapeutischer Hilfe bedarf und die Gesundheitsstörung einer solchen Behandlung zugänglich ist. Letzteres ist auch dann gegeben, wenn lediglich die Beschwerden gelindert werden können (BSG 25.8.09 – B 3 KR 25/08 R, SozR 4–2500 § 37 Nr 10, Rz 15). Führt eine Gesundheitsstörung zu AU, liegt eine Krankheit iSd gesetzlichen KV vor, ohne dass es auf die Behandlungsbedürftigkeit

ankommt. Vgl BSG 10.4.01 – B 1 KR 39/99 B, BeckRS 2001, 30413377 (Adipositas); 25.9.2000 – B 1 KR 5/99 R, NZS 2000, 319 (chronisches Müdigkeitssyndrom); 22.4.09 – B 3 KR 11/07 R, NZS 10, 2010 (Krankheitsverhütung).

7 **2. Versicherungsfall.** Die wesentlichen Leistungspflichten der gesetzlichen KV werden durch den Versicherungsfall der Krankheit ausgelöst. Damit bestimmt der Krankheitsbegriff das durch die gesetzliche KV abgedeckte Versicherungsrisiko. Der Versicherungsfall muss dazu während der Mitgliedschaft des Versicherten eingetreten sein. Der Leistungsanspruch erlischt grds mit dem Ende der Mitgliedschaft (§ 19 Abs 1 Hs 1 SGB V). Für versicherungspflichtige und familienversicherte Mitglieder sehen § 19 Abs 2 u 3 SGB V eine Übergangszeit von einem Monat vor. S auch → *Krankenbehandlung* Rn 8 ff; → *Arbeitsunfähigkeit* Rn 17 ff.

# Kündigung, allgemein

## A. Arbeitsrecht

*Eisemann*

### Übersicht



1 **1. Grundlagen.** Arbeitsverhältnisse können durch einverständliche Auflösung mit einem Aufhebungsvertrag, mit Zeitablauf, nach Zweckerreichung, mit dem Tod des ArbN oder durch Ausspruch einer Kündigung enden. Die große Mehrzahl der Arbeitsverhältnisse wird durch eine Kündigung aufgelöst.

2 **a) Begriff.** Unter der Kündigung versteht man eine einseitig empfangsbedürftige Willenserklärung, die das Arbeitsverhältnis unmittelbar für die Zukunft sofort oder nach Ablauf einer Kündigungsfrist beenden soll, ohne dass noch irgendein Akt der Mitwirkung des Gekündigten – wie zB die „Annahme der Kündigung" – erforderlich ist. Vom Zeitpunkt seiner Beendigung an entstehen im Arbeitsverhältnis keine Ansprüche und Leistungspflichten mehr. Es bleibt aber für die Vergangenheit bestehen und ist Rechtsgrundlage für alle bis zu seiner Beendigung entstandenen, aber noch nicht erfüllten Ansprüche.

3 **b) Arten.** Mit der **ordentlichen Kündigung** löst man das Beschäftigungsverhältnis fristgerecht auf. Der ArbN ist bei der fristgerechten Kündigung von gesetzlichen und tariflichen Beschränkungen frei. Er braucht keinen „Kündigungsgrund", um das Arbeitsverhältnis zu beenden. Dagegen ist für den ArbGeb die Möglichkeit, das Arbeitsverhältnis einseitig fristgerecht zu beenden, vielfach eingeschränkt. Im Geltungsbereich des KSchG ist eine Kündigung nur wirksam, wenn sie sozial gerechtfertigt ist. Darüber hinaus sind einzelne Gruppen von ArbN – wie Schwerbehinderte, Schwangere und junge Mütter, Mandatsträger – noch gesondert und verstärkt geschützt. Von den gesetzlich geregelten Kündigungsfristen können Tarifverträge nach § 622 Abs 4 BGB abweichen. Im Einzelarbeitsvertrag können längere und für die in § 622 Abs 3 und 5 BGB genannten Fälle kürzere Fristen vereinbart werden (Einzelheiten → *Kündigungsfristen* Rn 4 ff).

4 Die **außerordentliche Kündigung** führt nach § 626 Abs 1 BGB regelmäßig als „fristlose" Kündigung zur sofortigen Beendigung des Arbeitsverhältnisses. Die außerordentliche Kündigung kann jedoch auch mit einer sozialen Auslauffrist ausgesprochen werden. Diese

braucht den gesetzlichen, tariflichen oder im Arbeitsvertrag vereinbarten Kündigungsfristen nicht zu entsprechen. Eine außerordentliche Kündigung verlangt – auch wegen der damit meist verbundenen sozialrechtlichen Folgen – einen „wichtigen Grund" für die sofortige Beendigung des Arbeitsverhältnisses. Sie kann nur wirksam ausgesprochen werden, wenn Tatsachen vorliegen, aufgrund derer dem Kündigenden unter Berücksichtigung aller Umstände des Einzelfalles und unter Abwägung der Interessen beider Vertragsteile die Fortsetzung des Arbeitsverhältnisses bis zum Ablauf der Kündigungsfrist oder bis zum Zeitpunkt seiner vereinbarten Beendigung nicht zugemutet werden kann. Dieser Beschränkung in der Möglichkeit, ein Arbeitsverhältnis sofort einseitig zu beenden, unterliegen ArbGeb und ArbN (Einzelheiten *Kündigung, außerordentliche*).

Mit der **Änderungskündigung** versucht man, eine Veränderung der Arbeitsbedingungen zu seinen Gunsten zu erzwingen. Man kündigt das Beschäftigungsverhältnis und bietet zugleich für die Zeit nach Ablauf der Kündigungsfrist ein neues Arbeitsverhältnis zu veränderten Bedingungen an. Auch die Änderungskündigung durch den ArbN ist zulässig. Für das Arbeitsleben ist jedoch fast ausschließlich die ArbGebseitige Änderungskündigung von Bedeutung. Sie bringt für den ArbN einen erheblichen Vorteil. Er kann das Angebot der Arbeit unter veränderten Arbeitsbedingungen unter dem Vorbehalt annehmen, dass sich diese Änderung als sozial gerechtfertigt erweist. Im Prozess wendet er sich dann nur noch gegen diese Veränderung; verliert er den Prozess, behält er nach § 2 KSchG seinen Arbeitsplatz, allerdings zu den neuen Bedingungen. Das Prozessrisiko ist auf die Änderung der Arbeitsbedingungen beschränkt. Er muss nicht den Verlust seines Arbeitsplatzes befürchten, wenn er sich gegen eine Änderungskündigung gerichtlich zu Wehr setzt. Die Änderungskündigung unterliegt grds den Kündigungsbeschränkungen der Beendigungskündigung. Der Maßstab für ihre Wirksamkeit ist jedoch ein anderer (Einzelheiten *Änderungskündigung*). 5

Mit der **Teilkündigung** sollen gegen den Willen der anderen Vertragspartei einzelne Bestimmungen aus dem Arbeitsvertrag herausgenommen werden und der Rest bestehen bleiben. Sie ist unzulässig und daher unwirksam. Grund: Das Verhältnis von Leistung und Gegenleistung wird so verändert (BAG 18.5.17 – 2 AZR 721/16, NZA 17, 1195. Beispiel: Die Kündigung eines über den gesetzlichen Anspruch hinausgehenden vereinbarten Mehrurlaubs würde dazu führen, dass der ArbN bei höherer Leistung unverändert dieselbe Vergütung erhielte. Ausnahmsweise können Teilkündigungen zulässig sein, wenn dem Vertragspartner das Recht hierzu eingeräumt wurde und damit der zwingende Kündigungsschutz nicht umgangen wird (BAG 18.5.17 – 2 AZR 721/16, NZA 17, 1195). Enthält der Arbeitsvertrag einen wirksam vereinbarten Widerrufsvorbehalt, können Teilkündigungen als Widerruf ausgelegt werden (BAG 18.5.17 – 2 AZR 721/16, NZA 17, 1195). 6

Von einer **Druckkündigung** sprechen wir, wenn Dritte (Geschäftspartner, ArbN oder BRat) dem ArbGeb Nachteile androhen, falls er nicht einen bestimmten ArbN entlässt. Sie wird – je nach Fallgestaltung – von dem ArbG alternativ als betriebs-, verhaltens- oder personenbedingte Kündigung geprüft (BAG 18.7.13 – 6 AZR 420/12, NZA 14, 109). Ist das Verlangen objektiv gerechtfertigt, kann eine personen- oder verhaltensbedingte Kündigung begründet sein. Fehlt die objektive Rechtfertigung der Drohung **(echte Druckkündigung),** muss sich der ArbGeb erst einmal schützend vor den ArbN stellen und alles ihm Zumutbare tun, um Dritte von ihrer Drohung abzubringen. Nur falls er damit keinen Erfolg hat, kann im Einzelfall die Druckkündigung gerechtfertigt sein, um schwere Schäden vom Betrieb abzuwenden. Die Kündigung muss hierfür das einzig praktisch in Betracht kommende Mittel sein (BAG 19.7.16 – 2 AZR 637/15, NZA 17, 116). Verlangt der BRat die Entlassung eines ArbN nach § 104 BetrVG und ist die Berechtigung seines Verlangens rechtskräftig festgestellt worden, begründet dies allein die soziale Rechtfertigung der Kündigung des betroffenen ArbN (BAG 28.3.17 – 2 AZR 551/16, NZA 17, 985). 7

**Vorsorglich** ausgesprochene Kündigungen sind zulässig (BAG 27.1.11 – 2 ABR 114/09, NZA-RR 11, 348), **bedingte Kündigungen** sind grds unwirksam (BAG 15.3.01 – 2 AZR 705/99, NZA 01, 1070). Bei der vorsorglichen Kündigung wird gekündigt, man behält sich aber vor, die Kündigung unter Umständen wieder zurückzunehmen. Bei der bedingten Kündigung macht man die Wirksamkeit oder Unwirksamkeit der Kündigung von dem Eintritt eines bestimmten Umstandes abhängig. Soweit es sich dabei um Umstände handelt, durch die der Kündigungsgegner in Unsicherheit über die Wirksamkeit der Kündigung oder den Lauf der Kündigungsfrist gesetzt wird, ist die Kündigung unwirksam. Unwirksam ist 8 daher eine Kündigung, die gegenstandslos sein soll, falls ein bestimmter Auftrag erteilt wird (BAG 15.3.01 – 2 AZR 705/99, NZA 01, 1070). Zulässig ist eine Bedingung, deren Eintritt allein von einer Entscheidung des Vertragspartners abhängt, zB die Kündigung durch den ArbN, wenn ihm nicht eine Lohnerhöhung gewährt wird, oder die Kündigung durch den ArbGeb, falls sich der ArbN nicht mit einer Verschlechterung der Arbeitsbedingungen einverstanden erklärt. Sie stellen – bei Einhaltung der vorgeschriebenen Form – nur eine Änderungskündigung dar (→ *Änderungskündigung* Rn 9 ff). Eine „hilfsweise" oder „vorsorglich" erklärte Kündigung kann unter der auflösenden Rechtsbedingung erklärt werden, dass das Arbeitsverhältnis nicht schon durch einen anderen Beendigungstatbestand vorher endet. Sie verliert ihre Wirkung nach § 158 Abs 2 BGB, wenn feststeht, dass das Arbeitsverhältnis bereits aufgelöst ist (BAG 10.4.14 – 2 AZR 647/13, NZA 15, 162). Auch die „vorsorglich" neben einer fristlosen Kündigung erklärte fristgerechte Kündigung ist daher zulässig (BAG 12.10.54 – 2 AZR 36/53, AP KSchG § 3 Nr 5).

Mit einer **Wiederholungskündigung** haben wir es zu tun, wenn eine nachfolgende Kündigung auf dieselben Gründe gestützt wird, die schon einer vorangegangenen Kündigung zugrunde lagen und materiell geprüft wurden. Ist in einem Kündigungsschutzprozess festgestellt worden, dass die vorangegangene Kündigung mit diesen materiell-rechtlichen Gründen nicht rechtfertigt werden kann, ist auch die nachfolgende Kündigung ohne weiteres unwirksam. Sie muss aber ebenso rechtzeitig angegriffen werden, um nicht nach § 7 KSchG als wirksam zu gelten (BAG 12.2.04 – 2 AZR 307/03 – AP KSchG 1969 § 1 Nr 75). Hat sich zwischenzeitlich der Kündigungssachverhalt wesentlich geändert, handelt es sich um einen Dauertatbestand oder war die vorangegangene Kündigung schon aus formellen Gründen unwirksam (zB fehlende oder nicht ordnungsgemäße Beteiligung des BRats), darf der ArbGeb erneut kündigen (BAG 20.12.12 – 2 AZR 867/11, NZA 13, 1003) Keine unzulässige Wiederholungskündigung liegt vor, wenn ein ArbGeb eine außerordentliche Kündigung mit Auslauffrist auf denselben Sachverhalt stützt, der schon einer außerordentlichen Kündigung ohne Auslauffrist zugrunde lag, die für unwirksam erklärt wurde, weil die Auslauffrist fehlte (BAG 26.11.09 – 2 AZR 272/08, NZA 10, 628). Hier hat das Gericht im Vorprozess zu den materiellen Kündigungsgründen nicht entschieden. Sie sind damit nicht präjudiziert.

9 **c) Abgrenzung.** Von einem vorbehaltenen **Widerruf** sprechen wir, wenn das Recht zur einseitigen Änderung von einzelnen Vertragsbedingungen im Arbeitsvertrag vereinbart ist. Derartige Vereinbarungen unterliegen der Inhaltskontrolle nach den §§ 305 ff BGB. Für den ArbN unzumutbar und damit unwirksam ist etwa eine Vereinbarung, wonach „übertarifliche Lohnbestandteile jederzeit unbeschränkt zu widerrufen" sind (BAG 12.1.05 – 5 AZR 364/04, NZA 05, 465). Ihre Unwirksamkeit kann sich auch aus § 307 Abs 1 Satz 2 BGB ergeben, wenn die Formulierungen nicht transparent sind (→ *Arbeitsvertrag* Rn 45 und → *Änderungsvorbehalte* Rn 4 f). Da der Widerruf nur Teile des Arbeitsvertrages ergreift, bleibt dieser als Ganzes stets erhalten.

10 Durch den **Rücktritt** vom Vertrag werden beide Parteien nach § 346 Abs 1 BGB verpflichtet, sich die empfangenen Leistungen zurück zu gewähren. Gesetzliche und vereinbarte Rücktrittsregeln werden im Arbeitsverhältnis durch das Kündigungsrecht verdrängt. Sie sind auf das Arbeitsverhältnis nicht anwendbar. Der „Rücktritt" vom Arbeitsvertrag lässt sich meist als Kündigung auslegen oder in eine Kündigung umdeuten.

11 Ein **Wegfall der Geschäftsgrundlage** führt im Arbeitsverhältnis – wie § 313 Abs 1 BGB zeigt – regelmäßig nur zu einem Recht, die Arbeitsbedingungen den geänderten Verhältnissen anzupassen. Diese Anpassung geschieht durch Ausübung des Weisungsrechts, soweit hierfür nicht der Arbeitsvertrag abgeändert werden muss. Muss er abgeändert werden, kann die Störung der Geschäftsgrundlage – wenn man sich nicht einigt -nach § 313 Abs 3 S 2 BGB nur im Wege der (Änderungs-)kündigung geltend gemacht werden (BAG 23.11.17 – 6 AZR 683/16, NZA 18, 311). Die Tatbestandsvoraussetzungen des § 313 Abs 1 BGB sind dabei im Rahmen der §§ 1 und 2 KSchG zu würdigen. Ist der ganze Vertrag gegenstandslos geworden kann es im Einzelfall treuwidrig sein, sich auf das Fehlen einer Kündigung zu berufen (BAG 24.8.95 – 8 AZR 134/94, NZA 96, 29).

12 Bei einer **Suspendierung** ruhen die Rechte und Pflichten im Arbeitsverhältnis ganz oder teilweise, ohne dass der Vertrag beendet wird. Sie kann **vereinbart** werden (BAG 27.2.02 – 9 AZR 562/00, NZA 02, 1099). Der Wegfall der Vergütungspflicht ergibt sich jedoch nicht

„automatisch", wie zB die bezahlte Freistellung zur Arbeitssuche nach § 629 BGB zeigt. Er muss gesondert vereinbart werden (zB beim unbezahlten Urlaub).

Eine bezahlte Freistellung in Form der „Suspendierung" von der Arbeit ist angesichts des **13** allgemeinen Beschäftigungsanspruchs des ArbN im bestehenden ungekündigten Arbeitsverhältnis rechtlich grundsätzlich nicht möglich (BAG 21.9.1993 – 9 AZR 335/91, NZA 94, 267). Wurde gleichzeitig die Lohnzahlung eingestellt, ist die einseitige Suspendierung eine Vertragsänderung, die nur mit Zustimmung des ArbN zulässig ist (BAG 4.6.64 – 2 AZR 310/63, AP BGB § 626 Verdacht strafbarer Handlungen Nr 13). In dem seltenen Ausnahmefall, dass bei Weiterarbeit Leib, Leben, Freiheit, Gesundheit, andere Persönlichkeitsrechte oder das Eigentum des ArbGeb unmittelbar und nachhaltig gefährdet sind, soll die einseitige Suspendierung ohne Vergütung möglich sein (→ *Beschäftigungsanspruch* Rn 7 ff; → *Freistellung von der Arbeit* Rn 13–15).

Die **Anfechtung** und die **Nichtigkeit** von Arbeitsverträgen (→ *Arbeitsvertrag* Rn 67 ff) **14** wirken – anders als im Gesetz vorgesehen – nicht von Anfang an. Während § 142 BGB festsetzt, dass ein angefochtener Vertrag von Anfang an als nichtig anzusehen ist und die §§ 134, 138 BGB die anfängliche Nichtigkeit von gesetzes- und sittenwidrigen Rechtsgeschäften auch ohne vorangegangene Erklärung vorsehen, gilt für das Arbeitsverhältnis, dass nichtige und angefochtene Arbeitsverträge erst von dem Moment an unwirksam sind, in welchem die Anfechtungserklärung beim Vertragspartner eingeht, bzw in dem man sich ihm gegenüber auf die Nichtigkeit des Arbeitsvertrages beruft (BAG 3.12.98 – 2 AZR 754/97, NZA 99, 584). So erreicht man, dass erbrachte Arbeitsleistung, die sich nicht mehr rückabwickeln lässt, bezahlt werden muss. Hat der ArbN im noch nicht angefochtenen Arbeitsverhältnis keine Arbeitsleistung erbracht, weil das Arbeitsverhältnis außer Funktion gesetzt wurde (BAG 29.8.84 – 7 AZR 34/83, NZA 85, 58) oder der ArbN arbeitsunfähig war (BAG 3.12.98 – 2 AZR 754/97, NZA 99, 584), wirkt die Anfechtung deshalb auch zurück.

Der wesentliche Unterschied der Anfechtung und Nichtigkeit von Arbeitsverträgen zu ihrer **15** Kündigung besteht darin, dass Anfechtungs- und Nichtigkeitsgründe schon beim Abschluss des Arbeitsvertrages vorliegen müssen. Kündigungsgründe entstehen meist später. Die Anfechtung schützt die Willensfreiheit, Kündigungsschutzvorschriften den Arbeitsplatz. Wegen dieser unterschiedlichen Stoßrichtung können die kündigungsrechtlichen Vorschriften auch nicht analog auf die Anfechtung und Nichtigkeit von Arbeitsverträgen angewandt werden.

Der **Tod** des ArbN beendet das Arbeitsverhältnis. Dies folgt aus § 613 Satz 1 BGB, **16** wonach der ArbN seine Leistung in Person erbringen muss. Der Tod des ArbGeb berührt das Arbeitsverhältnis grds nicht. Sind Arbeitsleistungen ganz oder überwiegend für die Person des ArbGeb zu leisten, begründet sein Tod jedenfalls ein Kündigungsrecht der Erben des ArbGeb.

**d) Einschränkung und Erweiterung.** Das Recht des ArbGeb zur **fristgerechten** **17** **Kündigung** kann im Tarifvertrag, in Betriebsvereinbarungen oder im Einzelarbeitsvertrag beschränkt werden. Dies folgt schon aus § 15 Abs 3 TzBfG, der den Abschluss befristeter Arbeitsverträge zulässt, welche ohne besondere Vereinbarung das Recht zur ordentlichen Kündigung ausschließen (BAG 4.7.01 – 2 AZR 88/00, NZA 02, 288). Die Parteien sollen nicht gezwungen werden, den Ausschluss der ordentlichen Kündigung allein über den Abschluss eines langfristig befristeten Arbeitsvertrages zu versuchen. Ein Ausschluss des Rechts auf eine arbeitgeberseitige ordentliche Kündigung wirkt nach § 113 InsO nicht im Insolvenzverfahren (BAG 23.2.17 – 6 AZR 665/15, NZA 17, 995).

Das Kündigungsrecht des ArbGeb kann beschränkt werden, indem man im **Arbeits-** **18** **vertrag** den Geltungsbereich des KSchG – anders als es § 23 KSchG vorsieht – auf Arbeitsverhältnisse in kleinen Betrieben mit nicht mehr als 10 ArbN ausdehnt, Kündigungsschutz – anders als es § 1 KSchG vorsieht – auch schon bei einer Betriebszugehörigkeit von weniger als 6 Monaten vereinbart, die Anwendung der materiellen Regelungen des KSchG auf Vertragsverhältnisse vereinbart, die nicht unter dieses Gesetz fallen (Organmitglieder – BGH 10.5.10 – II ZR 70/09, NZA 10, 889) oder die ordentliche Kündigung für einzelne Fälle ausschließt, in denen sie sonst nach § 1 KSchG sozial gerechtfertigt wäre – etwa bei Erreichen eines bestimmten Alters in langjährig bestehenden Arbeitsverhältnissen. An sich nicht anrechnungsfähige frühere Beschäftigungszeiten bei demselben ArbGeb oder einem anderen Unternehmen können bei der Dauer der Betriebszugehörigkeit nach § 1 Abs 3 S 1 KSchG durch vertragliche Vereinbarung berücksichtigt werden. Dies darf jedoch nicht rechtsmissbräuchlich sein und nur die Umgehung der Sozialauswahl bezwecken. Für eine Berücksichtigung der vertraglich vereinbarten Betriebszugehörigkeitszeiten muss ein sachlicher Grund vorliegen (BAG 2.6.05 – 2 AZR 480/04, NZA 06, 207).

19 Sagt der ArbGeb eine **„Lebens- oder Dauerstellung"** zu kann hierin die Vereinbarung liegen, das Kündigungsschutzgesetz schon vom ersten Tag an ohne Rücksicht auf die Dauer der Betriebszugehörigkeit anwenden zu wollen. Dies wird besonders dann gelten, wenn der ArbN von dem ArbGeb aus einem Dauerarbeitsverhältnis herausgeholt wurde. Die **Befristung** eines Arbeitsvertrages schließt für seine Dauer die ordentliche Kündigung nach § 15 Abs 3 TzBfG regelmäßig aus. Diese ist nur möglich, wenn ihre Zulässigkeit ausdrücklich vereinbart wird oder der entsprechende Wille der Vertragspartner aus den Umständen bei Abschluss des befristeten Arbeitsvertrages eindeutig erkennbar ist (BAG 4.8.11 – 6 AZR 436/10, AP TzBfG § 15 Nr 6; BAG 4.7.01 – 2 AZR 88/00, NZA 02, 288).

20 Auch **faktische Kündigungsbeschränkungen** für den ArbN über die Vereinbarung von **Rückzahlungsklauseln,** die ihn verpflichten, bei Kündigung vor einem bestimmten Zeitpunkt erhaltene Ausbildungskosten uÄ zurückzuzahlen, sind unwirksam, wenn sie den ArbN unangemessen lange an den Betrieb binden (BAG 11.12.18 – 9 AZR 383/18, NZA 19, 781; Einzelheiten → *Rückzahlungsklausel* Rn 5 ff). Sonderzahlungen, welche – zumindest auch – geleistete Arbeit vergüten sollen, können nicht über eine **Stichtagsklausel** im Arbeitsvertrag (13.5.15 – 10 AZR 266/14, NZA 15, 992) oder einer Betriebsvereinbarung (BAG 5.7.11 – 1 AZR 94/10, AP BetrVG 1972 § 87 Nr 139), wohl aber in Tarifverträgen (BAG 3.7.19 – 10 AZR 300/18, NZA 19, 1440) daran gebunden werden, dass der ArbN sich zu einem bestimmten Zeitpunkt noch in einem ungekündigten Arbeitsverhältnis befindet.

21 **Tarifverträge** können das Recht auf ordentliche Kündigung durch den ArbGeb beschränken. Dabei gelten tarifliche Beschränkungen betriebsbedingter Kündigungen im Zweifel unabhängig davon, ob der ArbN den allgemeinen Kündigungsschutz nach dem KSchG genießt (BAG 13.6.96 – 2 AZR 547/95, NZA 96, 1168). Oft üblich sind heute die sog Rationalisierungsschutzabkommen. Sie sehen Kündigungsverbote und Beschäftigungspflichten auf einem anderen Arbeitsplatz desselben Betriebs, Unternehmens oder Konzerns – gelegentlich nach erforderlichen Umschulungen oder Fortbildungen – und in Einzelfällen die Pflicht des ArbGeb vor, sich um einen Arbeitsplatz bei Drittunternehmen zu bemühen. In einigen Tarifverträgen wird das Kündigungsrecht des ArbGeb nach langjähriger Betriebszugehörigkeit und/oder Erreichen eines bestimmten Alters weitgehend ausgeschlossen. Dies kann bei einer betriebsbedingten Kündigung unwirksam sein, wenn es im konkreten Fall zu einer grob fehlerhaften Sozialauswahl führen würde (BAG 5.6.2008 – 2 AZR 907/06; NZA 08, 1120; s hierzu *Unkündbarkeit* → Rn 20).

22 **Betriebsvereinbarungen** können Kündigungsbeschränkungen auferlegen, soweit nicht tarifliche Regelungen bestehen oder üblich sind (§ 77 Abs 3 BetrVG; BAG 26.1.17 – 2 AZR 405/16, NZA 17, 522). So kann man in Betriebsvereinbarungen Kündigungsfristen verlängern oder die Mitbestimmung bei Kündigung verstärken (§ 102 Abs 6 BetrVG). Man kann Richtlinien vereinbaren, nach denen bei der sozialen Auswahl aus Anlass einer betriebsbedingten Kündigung verfahren werden soll (§ 95 BetrVG). Auch durch Betriebsvereinbarungen kann das Recht auf ordentliche Kündigung für den ArbGeb generell oder für bestimmte Fälle ausgeschlossen werden. Und endlich können die Betriebspartner für den Fall der Kündigung durch den ArbGeb Abfindungen vereinbaren und so faktisch Kündigungen erschweren.

23 Das Recht zur **außerordentlichen Kündigung** lässt sich grds (zu Ausnahmen BAG 25.10.01 – 2 AZR 216/00, NZA 02, 1000) nicht wirksam ausschließen, erschweren oder einschränken (BAG 19.12.74, AP BGB § 620 Bedingung Nr 3; → *Kündigung, außerordentliche* Rn 11–13).

24 Die **arbeitsvertragliche Erweiterung des Kündigungsrechts** zum Nachteil der **Arbeitnehmer** ist unwirksam, da er auf den Kündigungsschutz im Voraus nicht verzichten kann (BAG 6.6.58, AP Nr 18 zu § 44 Truppenvertrag). Dies gilt auch für die außerordentliche Kündigung durch den ArbGeb, man würde sonst die zwingenden Vorschriften über die gesetzlichen Mindestkündigungsfristen umgehen (BAG 14.12.79 – 7 AZR 1042/77, AP BGB § 626 Nr 71). Im Tarifvertrag können jedoch so genannte „entfristete Kündigungen" vereinbart werden (BAG 19.1.73 – 2 AZR 103/72, AP BGB § 626 Ausschlussfrist Nr 5),

dh man kann dort festlegen, in welchen Fällen eine sozial gerechtfertigte ordentliche Kündigung ohne oder mit abgekürzten Kündigungsfristen ausgesprochen werden kann.

Der **tarifliche** oder **betriebsverfassungsrechtliche Verzicht** auf Kündigungsschutz 25
scheitert am Rangprinzip. Deshalb sind zB Vereinbarungen in Sozialplänen unwirksam, in denen die Zahlung der dort festgelegten Abfindungen davon abhängig gemacht wird, dass keine Kündigungsschutzklage erhoben wird oder eine schon eingereichte Klage zurückgenommen wird (BAG 31.5.05 – 1 AZR 254/04, NZA 05, 997). Ebenso wenig können in Tarifverträgen wirksam „absolute Kündigungsgründe" vereinbart werden, bei deren Vorliegen die Kündigung stets gerechtfertigt sein soll, oder auf andere Weise das Kündigungsrecht zu Gunsten des ArbGeb erweiternde Regelungen getroffen werden.

**Einzelvertragliche Vereinbarungen,** die das Kündigungsrecht des ArbN zum Nachteil 26
des **Arbeitgebers** erweitern, sind zulässig. Der ArbGeb braucht hier keinen besonderen Schutz. Da der ArbN stets ohne Grund fristgerecht kündigen kann, geht es bei diesen Vereinbarungen um die Möglichkeit, sein Recht zur außerordentlichen Kündigung zu erleichtern. In Tarifverträgen wäre eine solche Vereinbarung wohl problematisch.

**2. Kündigungserklärung.** Bei der Kündigung handelt es sich um eine **einseitige,** 27
**empfangsbedürftige Willenserklärung.** Derartige Erklärungen werden nach § 130 BGB mit ihrem Zugang wirksam. Der Adressat muss sie nur wahrnehmen, nicht annehmen. Auch die Kündigung ist damit ohne Annahme durch den Gekündigten wirksam.

**a) Form.** Jede Kündigung bedarf zu ihrer Wirksamkeit nach **§ 623 BGB** der **Schrift-** 28
**form.** Die gesetzliche Schriftform schafft Rechtssicherheit und schützt vor Übereilung. Rechtsstreite, bei denen die Feststellung im Mittelpunkt steht, ob eine Kündigung ausgesprochen wurde, wird es in Zukunft kaum noch geben. Auch die Frage, welche Erklärung als Kündigung zu verstehen ist, tritt in den Hintergrund. Schriftliche Äußerungen sind wohl präziser. Und endlich wird es die Gerichte nicht mehr beschäftigen, wann eine erkennbar im Zorn abgegebene spontane Erklärung ein Arbeitsverhältnis auflösen kann.

Das Schriftformerfordernis betrifft **jede Art von Kündigung:** die ArbGebseitige, die 29
Eigenkündigung durch den ArbN, die ordentliche, die außerordentliche und die Änderungskündigung (BAG 16.9.04 – 2 AZR 628/03, NZA 05, 635; BAG 12.3.09 – 2 AZR 894/07, NZA 09, 840). Die – etwa in einer Abwicklungsvereinbarung – festgelegte Möglichkeit, das Arbeitsverhältnis durch einfache „Anzeige" zu beenden setzt ebenso eine schriftliche Erklärung voraus wie die Nichtfortsetzungserklärung nach § 12 KSchG (BAG 17.12.15 – 6 AZR 709/14, NZA 16, 361). Die Anfechtung eines Arbeitsvertrages ist dagegen nach wie vor ebenso formlos möglich wie der Widerruf einzelner Arbeitsbedingungen und der Widerspruch nach § 625 BGB (ErfK/*Müller-Glöge* § 623 BGB Rz 3b).

Aus dem Wortlaut von § 623 BGB folgt, dass Schriftform nur für die Kündigung von 30
**Arbeitsverhältnissen,** nicht für die von freien Dienstnehmern oder ArbNähnlichen Personen, vorgesehen ist (ErfK/*Müller-Glöge* § 623 BGB Rz 2). Die Vorschrift ist **zwingend.** Für Kündigungen durch den Arbeitnehmer kann nach § 309 Nr 13 BGB keine strengere Form vereinbart werden. Die Schriftform kann weder durch Vertrag noch durch Betriebsvereinbarung oder Tarifvertrag abbedungen werden (ErfK/*Müller-Glöge* § 623 BGB Rz 10a). Es kann aber ein Begründungszwang vereinbart werden. Soll er konstitutiv sein, ist jede unbegründete Kündigung unwirksam (BAG 25.10.12 – 2 AZR 845/11, NZA 13, 900).Die schriftliche „Bestätigung" einer vorher mündlich ausgesprochenen Kündigung heilt nicht im Nachhinein die fehlende Schriftform. Eine Bestätigung wirkt nicht zurück. Die formunwirksame Kündigung muss nachgeholt werden. In der schriftlichen „Bestätigung" einer formunwirksamen Kündigung kann aber der Ausspruch einer neuen Kündigung liegen, wie § 141 BGB zeigt. Die Schriftform ist gewahrt, wenn dem ArbN das Kündigungsschreiben übergeben wird, er auf dem Original seinen Empfang quittiert, es zurückgibt und dann eine Ablichtung erhält (BAG 4.11.04 – 2 AZR 17/04, NZA 05, 513).

Die **Schriftform** wird nach § 126 Abs 1 BGB durch die von einem Kündigungsberech- 31
tigten eigenhändig unterschriebene oder mittels notariell beglaubigten Handzeichens unterzeichnete Kündigung gewahrt (BAG 23.2.17 – 6 AZR 665/15, NZA 17, 995). Hierzu muss der Namenszug nicht lesbar sein. Es genügt ein Schriftzug, der die Identität des Unterschreibenden ausreichend kennzeichnet. Eine Paraphe genügt nicht (BAG 24.1.08 – 6 AZR 519/07, NZA 08, 521). Wird die Kündigung durch einen Vertreter unterschrieben, muss

dies in der Kündigung durch einen das Vertretungsverhältnis anzeigenden Zusatz hinreichend deutlich zum Ausdruck kommen. Hierzu reicht es idR aus, wenn die Unterschrift des Vertreters fälschlich mit dem Zusatz „i. A." statt „i. V." versehen ist (BAG 13.12.07 – 6 AZR 145/07, NZA 08, 403). Sind in dem Kündigungsschreiben einer Gesellschaft bürgerlichen Rechts (GbR) alle Gesellschafter sowohl im Briefkopf als auch maschinenschriftlich in der Unterschriftszeile aufgeführt, reicht es daher zur Wahrung der Schriftform nicht aus, wenn lediglich ein Teil der GbR-Gesellschafter ohne weiteren Vertretungszusatz das Kündigungsschreiben handschriftlich unterzeichnet (BAG 21.4.05 – 2 AZR 162/04, NZA 05, 865). Auch generell gilt ja, dass für die Einhaltung der Schriftform alle Erklärenden die schriftliche Willenserklärung unterzeichnen (BGH 5.11.03 – XII ZR 134/02, NJW 04, 1103). Die elektronische Form einer Kündigung ersetzt nach § 623 nicht die Schriftform. § 127 BGB ist auch dann nicht anwendbar, wenn die Schriftform der Kündigung zusätzlich einzelvertraglich vereinbart wurde. Dies bedeutet, dass weder die telegraphische Übermittlung (BGH 27.5.57 – VII ZR 223/56, NJW 57, 1275) bzw das Übersenden eines Telefax (BAG 17.12.15 – 6 AZR 709/14, NZA 16, 361) oder einer E-Mail (LAG Düsseldorf 25.6.12 – 14 Sa 185/12) der gesetzlichen Schriftform genügt. Die Schriftform wahrt aber nach § 126 Abs 3 BGB eine notarielle Beurkundung der Kündigung; der – auch in einem schriftlichen Verfahren nach § 278 Abs 6 ZPO geschlossene oder durch Beschluss festgestellte (BAG 23.11.06 – 6 AZR 394/06, NZA 07, 466) – Prozessvergleich über die Wirksamkeit einer Kündigung wahrt sie nach § 127a BGB. Die im Prozess zu Protokoll erklärte Kündigung wahrt nicht die Schriftform, § 127a BGB gilt nur für den gerichtlichen Vergleich (APS/*Preis* BGB § 623 Rz 25). Die Umstände, aus denen sich die Wahrung der Schriftform nach § 623 iVm § 126 Abs 1 BGB ergibt, sind im Prozess von der Partei darzulegen und zu beweisen, die Rechte aus der Kündigung herleiten will; im Kündigungsschutzprozess ist das der ArbGeb. Zu den insoweit vorgetragenen Tatsachen hat sich der AN nach § 138 Abs 2 ZPO zu erklären. Lässt er sich nicht substantiiert ein, gilt die behauptete Schriftform der Kündigung nach § 138 Abs 3 ZPO als zugestanden (BAG 23.2.17 – 6 AZR 665/15, NZA 17, 995).

32 Eine **Durchbrechung der Formnichtigkeit** mit der Folge der Wirksamkeit einer nur mündlich ausgesprochenen Kündigung ist nur ganz ausnahmsweise möglich. Sonst würden die gesetzlichen Formvorschriften ausgehöhlt (BAG 17.12.15 – 6 AZR 709/14, NZA 16, 361). Die Unwirksamkeit der Kündigung muss für einen Vertragsteil schlechthin untragbar sein. Es muss sich um Umstände handeln, die das Verhalten des Berechtigten in hohem Maße als widersprüchlich erscheinen lassen (BAG 17.12.15 – 6 AZR 709/14, NZA 16, 361). Die vergebliche Bitte des ArbN, ihn zu kündigen reicht für ein Durchbrechen der Formnichtigkeit selbst dann nicht aus, wenn er daraufhin mit der Erklärung den Betrieb verlässt, er habe keine Lust mehr (BAG 16.9.04 – 2 AZR 659/03, NZA 05, 162). Erklärt ein AN aber mehrfach mündlich – trotz Vorhaltungen des ArbGeb – die Kündigung seines Arbeitsverhältnisses, ist es rechtsmissbräuchlich, wenn er sich nachträglich auf die Unwirksamkeit der eigenen Kündigung beruft (BAG 4.12.97 – 2 AZR 799/96, NZA 98, 420)

33 **b) Ort und Zeit.** Die Kündigung kann grds zu jeder Zeit an jedem Ort wirksam erklärt werden. Sie darf im zeitlichen Zusammenhang mit einer Fehlgeburt (BAG 12.7.90 – 2 AZR 39/90, NZA 91, 63) oder dem Tod naher Angehöriger bzw Lebensgefährten (BAG 5.4.01 – 2 AZR 185/00, NZA 01, 890), an gesetzlichen Feiertagen, Sonntagen und auch am 24.12. zugehen (BAG 14.11.84 – 7 AZR 174/83, NZA 86, 97). Im Einzelfall kann dies anders sein. Die am unpassenden Ort – zB auf gesellschaftlichen Veranstaltungen – ausgesprochene Kündigung kann ebenso unwirksam sein, wie die zur Unzeit erklärte Kündigung. Dabei führt allein der Kündigungszeitpunkt nicht zur Unwirksamkeit. Wählt der Kündigende aber absichtlich oder aufgrund gedankenloser Missachtung der persönlichen Belange des Kündigungsempfängers einen besonders beeinträchtigenden Zugangszeitpunkt, kann dies zur Unwirksamkeit der Kündigung führen, wenn der Gekündigte sich dagegen innerhalb einer vom Einzelfall abhängigen Überlegungsfrist zur Wehr setzt (BAG 5.4.01 – 2 AZR 185/00, NZA 01, 890). So kann eine Kündigung allein deshalb unwirksam sein, weil sie am Tage eines Arbeitsunfalls im Krankenhaus zugestellt wurde (LAG Brem 29.10.85 – 4 Sa 151/85, BB 86, 393).

34 **c) Inhalt.** Die Kündigung muss erkennen lassen, zu welchem **Zeitpunkt** das Arbeitsverhältnis beendet sein soll (BAG 1.9.10 – 5 AZR 700/09, NZA 10, 1409). Dabei müssen

keine Daten genannt werden. Es genügt, wenn sich der letzte Tag des Beschäftigungsverhältnisses für den Betroffenen aus der Kündigungserklärung und den Umständen leicht ermitteln lässt und keine umfassenden tatsächlichen Ermittlungen oder das Lösen schwieriger Rechtsfragen erfordert (BAG 23.5.13 – 2 AZR 54/12, NZA 13, 1197).

Eine **Begründung** der Kündigung ist für ihre Wirksamkeit nach dem Gesetz – soweit es nicht ausdrücklich wie in § § 22 Abs 3 BBiG oder § 17 Abs 2 S 2 MuSchG etwas anderes vorsieht – nicht erforderlich. Eine Begründungspflicht kann jedoch im Arbeitsvertrag, in Betriebsvereinbarungen oder Tarifverträgen vereinbart werden. In diesem Fall muss der Kündigungsgrund im Kündigungsschreiben genau bezeichnet werden. Es reichen weder Schlagworte (BAG 10.2.99 – 2 AZR 848/98, NZA 99, 604) noch die Bezugnahme auf ein inhaltlich nicht näher umschriebenes Gespräch aus (BAG 10.2.99 – 2 AZR 176/98, NZA 99, 602). Ein Verstoß gegen die vereinbarte Begründungspflicht macht die Kündigung unwirksam. **35**

Nach § 626 Abs 2 Satz 3 BGB muss auf Verlangen der **Kündigungsgrund** unverzüglich schriftlich **mitgeteilt** werden, wenn außerordentlich gekündigt wurde. Nach § 1 Abs 3 Satz 1 KSchG muss der ArbGeb dem Gekündigten auf Verlangen die Gründe angeben, die zu der getroffenen sozialen Auswahl geführt haben. Kommt der ArbGeb diesen Begründungspflichten nicht nach, ist deshalb die Kündigung nicht unwirksam (ErfK/*Oetker* KSchG § 1 Rn 341; ErfK/*Niemann* BGB § 626 Rn 243). Er ist aber zu Schadensersatz verpflichtet. Der Schaden kann zB in den Kosten eines unnötigen Kündigungsschutzprozesses liegen (Erfk/*Oetker* KSchG § 1 Rn 341; ErfK/*Niemann* BGB § 626 Rn 244). **36**

Wo es einen **Betriebsrat** gibt, muss der ArbGeb der Kündigung eine Abschrift der Stellungnahme des BRat beifügen, wenn dieser der Kündigung widersprochen hat (§ 102 Abs 4 BetrVG). Tut er das nicht, bleibt die Kündigung dennoch wirksam. Sinn der Vorschrift ist es nur, den ArbN in die Lage zu versetzen, seine Aussichten im Kündigungsschutzprozess besser beurteilen zu können. Es kommen aber Schadensersatzansprüche des ArbN in Betracht, der von einer Klage abgesehen hätte (*Fitting* BetrVG § 102 Rz 100). **37**

Im **Berufsbildungsverhältnis,** bei Umschulung und Fortbildung ist nach Ablauf der Probezeit die Kündigung nach § 22 Abs 3 BBiG schriftlich zu begründen. Die schriftliche Mitteilung der Kündigungsgründe ist hier **Wirksamkeitsvoraussetzung** für die Kündigung. Dabei sind die Kündigungsgründe im Einzelnen so darzulegen, dass der Empfänger erkennen kann, um welche Vorwürfe es sich handelt. Schlagwortartige Werturteile reichen hierfür nicht aus (BAG 25.11.76 – 2 AZR 751/75, AP BBiG § 15 Nr 4). Enthält die Begründung der Kündigung allgemein gehaltene Hinweise auf frühere Verwarnungen oder Abmahnungen, reicht dies nur dann aus, wenn sie für den Kündigungsempfänger klarstellen, welche Vorwürfe ihm gemacht werden (BAG 25.8.77 – 3 AZR 705/75, AP BMT-G II § 54 Nr 1). **38**

**d) Klarheit.** Kündigungserklärungen müssen **klar und eindeutig, bestimmt und unmissverständlich** sein, damit sie das Arbeitsverhältnis auflösen (BAG 20.6.13 – 6 AZR 805/11, NJW 13, 3194). Die Kündigung stellt einen erheblichen einseitigen Eingriff in die Beziehung zwischen ArbGeb und ArbN dar. Wer der Kündigung ausgesetzt ist, kann weder ihren Zeitpunkt noch den Inhalt bestimmen. Er muss aber wissen, woran er ist. Der Empfänger muss Klarheit über die Absichten des Kündigenden erlangen (BAG 15.12.16 – 6 AZR 430/15, NZA 17, 502). Unklarheiten gehen damit zu Lasten des Kündigenden. Dabei ist das Wort „Kündigung" nicht erforderlich. Es muss sich aber zumindest aus dem Gesamtzusammenhang zweifelsfrei ergeben, dass eine Beendigung des Arbeitsverhältnisses gewollt ist und wann das Beschäftigungsverhältnis aufgelöst sein soll, fristlos oder fristgerecht (BAG 21.9.17 – 2 AZR 57/17, NZA 17, 1524). Kündigt der ArbGeb außerordentlich mit sozialer Auslauffrist, muss er dies deutlich machen (BAG 13.1.82 – 7 AZR 757/79, AP BGB § 620 Kündigungserklärung Nr 2). **39**

Der Kündigung fehlt die erforderliche **Klarheit** jedenfalls dann, wenn in ihr **mehrere Termine** für die Beendigung des Arbeitsverhältnisses aufgeführt sind und für den Betroffenen nicht erkennbar ist, welcher Termin gelten soll (BAG 21.10.81 – 2 AZR 407/79 – nv). Wird ein Kündigungsschreiben **mehrfach erstellt,** um den Zugang auf unterschiedlichen Wegen sicherzustellen, ist im Zweifel nur eine Kündigung gewollt (BAG 6.9.07 – 2 AZR 264/06, NZA 08, 636). Für die Bestimmtheit und damit für die Wirksamkeit einer Kündigung genügt regelmäßig die Angabe des Kündigungstermins oder der Kündigungsfrist. Wird nur eine „ordentliche Kündigung" erklärt reicht dies aus, wenn sie mit einem **40**

Hinweis auf die für die Dauer der Kündigungsfrist maßgebliche Regelung verbunden wird (BAG 20.6.13 – 6 AZR 805/11, NZA 13, 1137). Die Erklärung, man kündige **„zum nächstmöglichen Zeitpunkt"** – oder dieselbe Erklärung verbunden mit dem Hinweis: „Dies ist nach unserer Auffassung der ...(Datum)" – reicht aus, wenn die rechtlich zutreffende Frist für den Kündigungsadressaten leicht feststellbar ist und nicht umfassende tatsächliche Ermittlungen oder die Beantwortung schwieriger Rechtsfragen erfordert (BAG 22.9.16 – 2 AZR 276/16, NZA 17, 175; BAG 10.4.14 – 2 AZR 647/13, NJW 14, 3533). Dasselbe soll auch gelten, wenn die zutreffende Frist nicht leicht feststellbar ist, die Kündigung aber zusammen mit einer außerordentlichen Kündigung erklärt wurde (BAG 20.1.16 – 6 AZR 782/14, NZA 16, 485). Ist die für die Kündigung angegebene Frist zu kurz bemessen, wird sie deshalb nicht zwangsläufig unwirksam. Im Regelfall wird man sie dahin auslegen können, dass der ArbGeb mit der zutreffenden Frist kündigen wollte. Sie löst daher das Arbeitsverhältnis zum nächstmöglichen Termin auf (BAG 15.12.05 – 2 AZR 148/05, NZA 06, 791; ausdrücklich offen gelassen jetzt in BAG 15.5.13 – 5 AZR 130/12; NZA 13, 1076). Jedenfalls kann eine vom ArbGeb mit fehlerhafter Kündigungsfrist zu einem bestimmten Datum erklärte Kündigung mit dem Zusatz „fristgemäß zum" als solche zum richtigen Kündigungszeitpunkt ausgelegt werden, wenn es dem ArbGeb, für den ArbN erkennbar, wesentlich um die Einhaltung der maßgeblichen Kündigungsfrist ging und sich das in das Kündigungsschreiben aufgenommene Datum lediglich als das Ergebnis einer fehlerhaften Berechnung der zutreffenden Kündigungsfrist erweist (BAG 15.5.13 – 5 AZR 130/12, NZA 13, 1076). Lässt sich die Kündigung nicht in eine zum zutreffenden Termin ausgesprochene auslegen, wird sie nach § 140 BGB entsprechend umgedeutet werden können, weil ein ArbGeb den ArbN eher mit der längeren Frist „loswerden" als auf Dauer beschäftigen möchte (Einzelheiten *Eisemann* NZA 11, 601).

**41** **e) Gruppenarbeitsverhältnis.** An einer Kündigung sind im Normalfall ArbGeb und ArbN beteiligt. Sie können ihr Kündigungsrecht nicht auf Dritte übertragen, nur seinen Ausspruch. Im Gruppenarbeitsverhältnis können sich Besonderheiten ergeben. Haben sich mehrere ArbN aus eigener Initiative zusammengeschlossen – sog **Eigengruppe** – und als Gruppe ihre Arbeitsleistung angeboten (Musikkapelle, Hausmeisterehepaar), kann dem einzelnen Mitglied der Gruppe grds nur gekündigt werden, wenn dies besonders vereinbart ist oder durch das Ausscheiden des Einzelnen die Leistung der Übrigen weder vereitelt noch wesentlich erschwert wird (BAG 21.10.71 – 2 AZR 17/71, AP BGB § 611 Gruppenarbeitsverhältnis Nr 1).

**42** Auf der anderen Seite muss sich die Gruppe Kündigungsgründe in der Person oder dem Verhalten einzelner Mitglieder anrechnen lassen. Eine Kapelle kann daher gekündigt werden, weil ein Mitglied schlecht spielt und damit die Gesamtleistung minderwertig ist (BAG 9.2.60 – 2 AZR 585/57, AP BGB § 626 Nr 39). Auch das einzelne Gruppenmitglied kann nicht kündigen. Bleibt es schlicht der Arbeit fern, kann dies im Einzelfall die Kündigung der Gruppe rechtfertigen. Für Arbeitsgruppen, die aufgrund des Direktionsrechts des ArbGeb entstehen – sog **Betriebsgruppe** – bestehen keine Besonderheiten.

**43** **f) Vertretung.** Bei der Kündigung können sich **beide Seiten** vertreten lassen, der Kündigende nach § 164 Abs 1 BGB beim Ausspruch, der Gekündigte nach § 164 Abs 3 BGB beim Empfang der Kündigung (BAG 29.10.92, DB 93, 541). Nur die ordentliche Kündigung von Offizieren und Angestellten auf Seehandelsschiffen muss nach § 63 Abs 2 SeemG der Reeder selbst aussprechen. Die Kündigungsbefugnis kann vertraglich allein dem ArbGeb vorbehalten werden (BAG 9.10.75, AP BGB § 626 Nr 8 Ausschlussfrist). Kündigt ein Bevollmächtigter für den ArbGeb, ist diesem die Kündigung nach § 164 Abs 1 Satz 2 BGB auch dann zuzurechnen, wenn auf das Vertretungsverhältnis bei Ausspruch der Kündigung nicht ausdrücklich hingewiesen wurde (BAG 31.1.96, AP BetrVG 1972 § 102 Nr 80).

**44** Die **Vollmacht** wird nach § 167 BGB formlos durch Erklärung gegenüber dem Bevollmächtigten oder dem Dritten erteilt, dem gegenüber die Vertretung stattfinden soll. Die Vollmacht kann speziell sein. Oft wird sie Teil einer umfassenden Vollmacht sein, zB der Prokura, Handlungsvollmacht, Generalvollmacht. Der **Personalleiter** besitzt regelmäßig Vollmacht zur Kündigung (BAG 25.9.14 – 2 AZR 567/13, NZA 15, 159; BAG 29.10.92 – 2 AZR 460/92, NZA 93, 307). Der **Prozessbevollmächtigte** besitzt sie nur dann, wenn seine Vollmacht über die Prozessvollmacht nach § 81 ZPO hinausgeht (BAG 10.8.77 – 5 AZR 394/76, AP ZPO § 81 Nr 2).

ArbN können gegenüber dem **Personalbüro** kündigen. Besteht **Gesamtvertretung,** kann jeder Gesamtvertreter allein die Kündigung entgegennehmen (BAG 12.2.75 – 5 AZR 79/74, AP BetrVG 1972 § 78 Nr 1). Die Kündigung gegenüber einem **Nichtberechtigten** ist stets unwirksam. Ihre Entgegennahme kann auch nicht nachträglich genehmigt werden. 45

Die Kündigung durch einen **Vertreter ohne Vertretungsmacht** ist nach § 180 Satz 1 BGB unwirksam. Hat der Kündigende eine Vollmacht behauptet und der Gekündigte die Kündigung nicht beanstandet oder war er mit dem Handeln ohne Vertretungsmacht einverstanden, kann der Vertretende die Kündigung nach §§ 180 Satz 2, 177 BGB nachträglich genehmigen. Sie wird damit von Anfang an wirksam (BAG 21.5.19 – 2 AZR 582/18, NZA 19, 1052; BAG 6.9.12 – 2 AZR 858/11, NZA 13, 524). Die Genehmigung kann nach § 182 Abs 2 BGB mündlich erfolgen und nach § 177 Abs 1 BGB gegenüber dem Vertreter oder dem gekündigten ArbN erteilt werden. Fordert dieser den ArbGeb zur Erklärung über die Genehmigung auf, kann diese nach § 177 Abs 2 BGB nur ihm gegenüber erfolgen und die zuvor dem Vertreter erteilte Genehmigung wird unwirksam. Beantragt der ArbGeb im Kündigungsschutzprozess, die Klage abzuweisen, liegt hierin die Genehmigung der von einem Vertreter ohne Vertretungsmacht in seinem Namen ausgesprochenen Kündigung des ArbN (BAG 21.5.19 – 2 AZR 582/18, NZA 19, 1052). Ein vom Insolvenzgericht nach § 21 Abs 2 Nr 2, 2. Altern InsO angeordneter Zustimmungsvorbehalt, wonach Verfügungen des Schuldners über Gegenstände seines Vermögens nur noch mit Zustimmung des vorläufigen Insolvenzverwalters wirksam sind, erfasst auch die Kündigung von Arbeitsverhältnissen (BAG 10.10.02 – 2 AZR 532/01, NZA 03, 909). 46

Legt der **bevollmächtigte Vertreter** mit der Kündigung nicht eine schriftliche Vollmacht oder nur eine Vollmacht in beglaubigter Abschrift vor und weist der Gekündigte aus diesem Grund die Kündigung unverzüglich zurück, ist sie nach § 174 Satz 1 BGB unwirksam (BAG 12.1.06 – 2 AZR 179/05, NZA 06, 980). Dieselbe Rechtsfolge tritt ein, wenn ein ArbGeb als Gemeinschuldner bei Ausspruch einer Kündigung die nach § 21 Abs 2 Nr 2, 2. Altern. InsO erforderliche Zustimmung des Insolvenzverwalters nicht in schriftlicher Form vorlegt und der ArbN die Kündigung deshalb nach den §§ 182 Abs 3, 111 Satz 2 BGB zurückweist (BAG 10.10.02 – 2 AZR 532/01, NZA 03, 909). Beruht die Vertretungsmacht auf gesetzlicher Grundlage oder handelt es sich um eine organschaftliche Vertretung, ist eine Zurückweisung nicht möglich (BAG 20.9.06 – 6 AZR 82/06, NZA 07, 377). Für die **Zurückweisung** der Kündigung steht dem Gekündigten eine **angemessene Zeit** der Überlegung zur Verfügung. Er kann auch erst den Rat eines Rechtsanwalts einholen (BAG 20.9.06 – 6 AZR 82/06, NZA 07, 377). Die Dauer der Überlegungsfrist hängt vom Einzelfall ab (BAG 11.7.91 – 2 AZR 107/91, NZA 92, 449). Eine Woche wird idR nicht zu viel sein (BAG 8.12.11 – 6 AZR 354/10, NZA 12, 495), drei Wochen sind zu lang (BAG 11.3.99 – 2 AZR 427/98, NZA 99, 818). Die Zurückweisung muss erkennen lassen, dass sie gerade wegen der fehlenden Vollmachtsurkunde erfolgt; sie ist auch möglich bei der internen Ermächtigung eines **Gesamtvertreters** durch den anderen (BAG 18.12.80 – 2 AZR 980/78, NJW 81, 2374). Die Zurückweisung kann ihrerseits als empfangsbedürftige Willenserklärung nach § 174 BGB zurückgewiesen werden, wenn sie von einem Vertreter angesprochen wird, der eine Vollmacht nicht vorgelegt hat. 47

Sind nach den Vorschriften einer **Gemeindeordnung** Kündigungsschreiben von bestimmten Personen zu unterschreiben und mit einem Dienstsiegel zu versehen, kann der ArbN die Kündigung zurückweisen, wenn das Siegel fehlt, das der Vollmachtsurkunde gleichstehen soll (BAG 29.6.88 – 7 AZR 180/87, AP BGB § 174 Nr 6). Wird eine Kündigung durch den gesetzlichen Vertreter erklärt, muss eine Vollmacht nicht vorgelegt werden (BAG 29.1.15 – 2 AZR 280/14, NZA 15, 673). § 174 BGB ist nicht anwendbar. 48

Die **Zurückweisung** ist nach § 174 Satz 2 BGB bzw §§ 182 Abs 3, 111 Satz 3 BGB **ausgeschlossen,** wenn der Vertretene den Gekündigten von der Vollmacht in Kenntnis gesetzt hat. Dies ist der Fall, wenn eine früher vorgelegte, den Anforderungen des § 174 Satz 1 BGB genügende Vollmacht sich für den ArbN deutlich erkennbar auch auf eine Folgekündigung erstreckt, sofern ihm nicht zwischenzeitlich vom ArbGeb das Erlöschen der Vollmacht angezeigt worden ist (BAG 24.9.15 – 6 AZR 492/14, NJW-Spezial 15, 722). Es ist ebenso der Fall, wenn der ArbGeb bestimmte Mitarbeiter – zB durch Bestellung zum Prokuristen, Generalbevollmächtigten oder Leiter der Personalabteilung – in eine Stelle berufen hat, mit der üblicherweise ein Kündigungsrecht verbunden ist. Die Übertragung 49 einer dieser Funktionen muss aber nach außen im Betrieb ersichtlich oder bekannt gegeben worden sein. Die rein interne Übertragung reicht nicht aus (BAG 25.9.14 – 2 AZR 567/13, NJW 14, 3595). Bei einem Prokuristen reicht es aus, wenn seine Prokura im Handelsregister eingetragen und nach § 10 Abs 1 HGB bekannt gemacht wurde (BAG 11.7.91 – 2 AZR 107/91, NZA 92, 449). Ebenso reicht aus, wenn der ArbN aufgrund der – ihm bekannten – Stellung des Kündigenden von einer ordnungsgemäßen Bevollmächtigung zum alleinigen Ausspruch von Kündigungen ausgehen muss. Ob der Personalleiter zugleich eine ausreichende Vertretungsmacht als (Gesamt-)Prokurist besitzt, ist grds bedeutungslos (BAG 25.9.14 – 2 AZR 567/13, NJW 14, 3595). Hat ein Vertreter des Personalleiters (BAG 20.8.97 – 2 AZR 518/96, NZA 97, 1343) oder ein **Sachbearbeiter** (BAG 29.6.89 – 2 AZR 482/88, NZA 90, 63) gekündigt, ist die Zurückweisung ebenfalls nur ausgeschlossen, wenn seine Befugnis zur Kündigung allgemein bekannt ist. Hierfür reicht die bloße Mitteilung im Arbeitsvertrag, dass der jeweilige Inhaber einer bestimmten Funktion kündigen dürfe, nicht aus. Erforderlich ist vielmehr ein zusätzliches Handeln des Vollmachtgebers, aufgrund dessen es dem Empfänger der Kündigungserklärung möglich ist, der genannten Funktion die Person des jeweiligen Stelleninhabers zuzuordnen (BAG 14.4.11 – 6 AZR 727/09, NZA 11, 683). Dass die Person des Vertreters wegen Unleserlichkeit der Unterschrift und fehlender Angabe des Namens in leserlicher Form nicht erkennbar ist, steht dem Ausschluss Zurückweisung nach § 174 Satz 2 BGB nicht entgegen (BAG 20.9.06 – 6 AZR 82/06, NZA 07, 377). Die Mitteilung der Vertretungsmacht durch den Vertreter selbst – etwa durch den Unterschriftszusatz „i. V." – reicht nicht aus (BAG 12.1.06 – 2 AZR 179/05, NZA 06, 980).

50 **g) Zugang.** Der **Zeitpunkt,** in dem eine Kündigung zugeht, ist entscheidend für den Beginn der Kündigungsfrist, das Einhalten der Klagefrist des § 4 S 1 KSchG und den rechtzeitigen Zugang einer außerordentlichen Kündigung innerhalb der Frist des § 626 Abs 2 BGB.

51 Die einem **Anwesenden** ausgehändigte schriftliche Kündigung geht ihm – wie jede Willenserklärung – mit der Übergabe zu, unabhängig davon, ob und wann er sie liest (BAG 19.3.14 – 5 AZR 252/12, NZA 14, 1076; BAG 16.2.83 – 7 AZR 134/81, AP BGB § 123 Nr 22). Sie geht ihm auch zu, wenn sie ihm in der erkennbaren Absicht, sie ihm zu übergeben, angereicht und – falls er die Entgegenahme ablehnt – so in seiner unmittelbaren Nähe abgelegt wird, dass er sie ohne Weiteres an sich nehmen und von ihrem Inhalt Kenntnis nehmen kann, nicht aber, wenn der Kündigende sie daraufhin wieder an sich nimmt (BAG 26.3.15 – 2 AZR 483/14, NZA 15, 1183). Die Kündigung soll auch mit der Übergabe zugehen, wenn der Empfänger sie wegen **Sprachunkenntnis** nicht verstehen kann. § 130 BGB beruht auf der Empfangstheorie. Die Berücksichtigung individueller Sprachkenntnisse soll daher dieser Konzeption widersprechen (BAG 19.3.14 – 5 AZR 252/12, NZA 14, 1076 zum Arbeitsvertrag; Schaub/*Linck* § 123 Rn 30 zur Kündigung). Nach § 131 BGB wird die einem **Geschäftsunfähigen** erklärte Kündigung nicht wirksam, bevor sie seinem gesetzlichen Vertreter zugeht, d. h. an ihn gerichtet und für ihn bestimmt ist (BAG 28.10.10 – 2 AZR 794/09, NZA 11, 340).

52 Die einem **Abwesenden** erklärte schriftliche Kündigung geht nach § 130 BGB zu, sobald sie in verkehrsüblicher Weise in die tatsächliche Verfügungsgewalt des Empfängers gelangt ist und für diesen unter gewöhnlichen Verhältnissen die Möglichkeit besteht, von ihr Kenntnis zu nehmen. Dabei kommt es nicht auf die individuellen Verhältnisse, sondern auf eine generalisierende Betrachtung an (BAG 25.4.18 – 2 AZR 493/17, NZA 18, 1157). Der Einwurf in den Hausbriefkasten bewirkt den Zugang, sobald nach der Verkehrsanschauung damit zu rechnen ist, dass der Empfänger ihn leert (BAG 22.8.19 – 2 AZR 111/19, NZA 19, 1490). Es kommt nicht darauf an, ob er daran durch Krankheit, zeitweise Abwesenheit oder andere besondere Umstände einige Zeit gehindert war (BAG 25.4.18 – 2 AZR 493/17, NZA 18, 1157). Ein nach der üblichen Postzustellzeit ohne Wissen des Adressaten in den Briefkasten eingeworfenes Schreiben geht erst am nächsten Tag zu, falls mit einer Leerung am selben Tag nicht mehr zu rechnen ist (BAG 8.12.83 – 2 AZR 387/82, NZA 84, 31). Ein Arbeitnehmer, der sich nicht nur vorübergehend im Ausland aufhält, muss sicherstellen, dass er zeitnah von einem Kündigungsschreiben Kenntnis erlangt, das in einen von ihm vorgehaltenen Briefkasten im Inland eingeworfen wird (BAG 25.4.18 – 2 AZR 493/17, NZA 18, 1157). Der ArbGeb handelt grundsätzlich nicht treuwidrig, wenn er sich

auf den Zugang eines Kündigungsschreibens beruft, das in vorübergehender Abwesenheit des AN in dessen Briefkasten geworfen wird. Er ist nicht aufgrund einer vertraglichen Nebenpflicht nach § 241 Abs 2 BGB gehalten, den AN selbst fernmündlich oder zumindest seinen Prozessbevollmächtigten über den Zugang der Kündigung zu informieren (BAG 25.4.18 – 2 AZR 493/17, NZA 18, 1157). Mit der einfachen Erklärung, eine in den Hausbriefkasten gelangte Kündigung habe ihn dennoch nicht erreicht, kann der ArbN ihren Zugang nicht bestreiten (BAG 28.5.09 – 2 AZR 732/08, NZA 09, 1229).

Bei Angabe einer **postlagernden** oder **Postfachanschrift** geht die Kündigung zu, **53** sobald die Post sie zum Abholen bereit hält oder in das Postfach einlegt und üblicherweise noch mit dem Abholen gerechnet werden kann (BAG 24.10.85 – 2 AZR 521/84, NJW 86, 1373). Wechselt der AN seinen Wohnsitz, muss er dem ArbGeb seine neue Anschrift mitteilen (BAG 22.9.05 – 2 AZR 366/04, NZA 06, 204).

Ein ArbN, der aus dem Verfahren vor dem Integrationsamt weiß, dass ihm eine fristlose **54** Kündigung zugehen wird, kann sich nicht auf den verspäteten Zugang des Kündigungsschreibens berufen, wenn er dem ArbGeb eine falsche Anschrift angegeben hat (BAG 22.9.05 – 2 AZR 366/04, NZA 06, 204). Dies gilt ebenso, wenn er den Benachrichtigungsschein über die Postzustellung des Kündigungsschreibens tatsächlich erhält oder die Unkenntnis von dessen Zugang zu vertreten hat und dann das Kündigungsschreiben verspätet bei der Poststelle abholt (BAG 7.11.02 – 2 AZR 475/01, NZA 03, 719). Bei **grundloser Ablehnung** der Annahme des Kündigungsschreibens muss sich der Empfänger nach Treu und Glauben generell so behandeln lassen, als sei ihm das Kündigungsschreiben zum Zeitpunkt der Ablehnung zugegangen, wenn er im Rahmen vertraglicher Beziehungen mit rechtserheblichen Mitteilungen rechnen konnte (BAG 7.11.02 – 2 AZR 475/01, NZA 03, 719). Eine grundlose Annahmeverweigerung liegt nicht vor, wenn ein Brief nicht oder nur unzureichend frankiert ist und deshalb Nachporto verlangt wird.

Wird die Kündigung einem sog **Empfangsboten** ausgehändigt, geht es dem Adressaten **55** iSv § 130 Abs 1 Satz 1 BGB zu, sobald nach den gewöhnlichen Umständen mit der Weiterleitung an diesen zu rechnen ist (BAG 24.5.18 – 2 AZR 72/18, NZA 18, 1335) Dabei handelt es sich um Personen, die vom Empfänger zur Entgegennahme von Erklärungen ermächtigt worden oder nach der Verkehrsauffassung als ermächtigt anzusehen sind, Willenserklärungen oder diesen gleichstehende Mitteilungen mit Wirkung für den Erklärungsempfänger entgegenzunehmen (BAG 24.5.18 – 2 AZR 72/18, NZA 18, 1335). Wird das Kündigungsschreiben einer Person übergeben, die mit dem ArbN in einer Wohnung lebt und die aufgrund ihrer Reife und Fähigkeiten geeignet erscheint, das Schreiben an den ArbN weiterzuleiten (Familienangehörige, Lebensgefährten), ist diese nach der Verkehrsanschauung als Empfangsbote des ArbN anzusehen (BAG 9.6.11 – 6 AZR 687/09, NZA 11, 847). Dasselbe gilt für **Vermieter und Hausangestellte** (BAG 13.10.76, AP BGB § 130 Nr 8). Handelt es sich um den Ehegatten, kann ihm das für den Partner bestimmte Kündigungsschreiben auch an seinem Arbeitsplatz übergeben werden. Es geht allerdings erst nach Ablauf der Zeit zu, die dieser für die Übermittlung normalerweise benötigt (BAG 9.6.11 – 6 AZR 687/09, NZA 11, 847). Lehnt ein als Empfangsbote anzusehender Familienangehöriger die Annahme des Kündigungsschreibens ab, muss der ArbN die Kündigung nur dann als zugegangen gegen sich gelten lassen, wenn er auf die Annahmeverweigerung etwa durch vorherige Absprachen mit dem Angehörigen Einfluss genommen hat (BAG 11.11.92 – 2 AZR 328/92, NZA 93, 259). Wird eine Kündigung (auch) mit der allgemeinen Feststellungsklage nach § 256 ZPO angegriffen, soll der **Prozessbevollmächtigte** des Klägers ermächtigt sein, nachfolgende Kündigungen entgegenzunehmen (BAG 21.1.88 – 2 AZR 581/86, NZA 88, 651).

Das **Einwurf-Einschreiben** geht wie ein einfacher Brief zu (LAG Köln 22.11.10 – 5 Sa **56** 900/10, NZA-RR 11, 244). Bei dem vom Mitarbeiter der Post erstellten Auslieferungsbeleg handelt es sich nicht um eine öffentliche Urkunde iSv §§ 415, 418 ZPO. Mit ihr kann der Zugang eines Kündigungsschreibens nicht nachgewiesen werden (LAG Hamm 22.5.02 – 3 Sa 847/01, LAGReport 03, 8; ErfK/*Müller-Glöge* BGB § 620 Rn 54). Ein **Übergabe-Einschreiben** geht nicht in dem Zeitpunkt zu, in welchem der Benachrichtigungsschein hinterlassen wird, sondern erst, wenn das Einschreiben abgeholt wird, selbst wenn dies nicht unverzüglich, aber noch innerhalb der mitgeteilten Aufbewahrungsfrist, geschieht (BAG 25.4.96 – 2 AZR 13/95, NZA 96, 1227). Holt der Empfänger ein Einschreiben trotz

Kenntnis des Benachrichtigungsschreibens nicht ab, obwohl er weiß oder damit rechnen muss, dass ein Kündigungsschreiben an ihn unterwegs ist, muss er sich jedoch so behandeln lassen, als sei ihm das Schreiben zugegangen (BAG 7.11.02 – 2 AZR 475/01, NZA 03, 719).

**57** Bei der **Zustellung** von Kündigungsschreiben nach den Vorschriften der ZPO geht die Kündigung nach § 132 BGB mit der Benachrichtigung über den Zustellungsversuch, nicht erst mit dem Abholen des Kündigungsschreibens auf der Post zu (BAG 30.6.83 – 2 AZR 10/82, AP SchwbG § 12 Nr 11).

**58** **h) Umdeutung.** Die unwirksame Kündigung kann nach § 140 BGB umgedeutet werden. Maßgebend ist auf den hypothetischen Willen der Parteien abzustellen. So kann die **außerordentliche Kündigung** in eine ordentliche Kündigung umgedeutet werden, wenn dies – für den Empfänger erkennbar – dem mutmaßlichen Willen des Kündigenden entspricht. Der unbedingte Wille, ein Arbeitsverhältnis beenden zu wollen, folgt dabei schon aus dem Umstand, dass außerordentlich gekündigt wurde. Besondere Umstände können im Einzelfall den Schluss zulassen, dass nur eine außerordentliche Kündigung gewollt war (BAG 12.5.10 – 2 AZR 845/08, NZA 10, 1348) (→ *Kündigung, außerordentliche* Rn 74–76). Die Umdeutung ist nur möglich, wenn die Kündigung als ordentliche wirksam wäre und ihrerseits nicht gegen andere gesetzliche Vorschriften verstößt. Im Geltungsbereich des Kündigungsschutzgesetzes muss sie also sozial gerechtfertigt sein. Wurde der **Betriebsrat** nur zur außerordentlichen Kündigung angehört, hilft die Umdeutung nicht weiter. Denn die fristgerechte Kündigung ist jedenfalls nach § 102 Abs 1 BetrVG unwirksam, es sei denn, der BRat hat der außerordentlichen Kündigung ausdrücklich und ohne Vorbehalt zugestimmt (BAG 23.10.08 – 2 AZR 388/07, AP BGB § 626 Nr 217). Auch die Umdeutung einer außerordentlichen fristlosen Kündigung in eine außerordentliche Kündigung mit sozialer Auslauffrist ist möglich (BAG 25.3.04 – 2 AZR 153/03, AP BGB § 138 Nr 60), setzt aber eine Beteiligung des Betriebs- bzw Personalrats nach den für die ordentliche Kündigung geltenden Bestimmungen voraus (BAG 18.10.2000 – 2 AZR 627/99, NZA 01, 219).

**59** Die Umdeutung der außerordentlichen oder ordentlichen Kündigung in ein Angebot auf Abschluss eines **Aufhebungsvertrages** ist praktisch ohne Bedeutung seit § 623 BGB die Schriftform der Kündigung verlangt. Meist wird die Einheitlichkeit der Urkunde fehlen (→ *Aufhebungsvertrag* Rn 11).

**60** Die Umdeutung der **ordentlichen Kündigung** in eine außerordentliche oder in eine Anfechtung des Arbeitsvertrags ist nicht möglich, weil damit die Kündigungsfrist entfällt und das „Ersatzgeschäft" über das Ursprüngliche hinausgeht (BAG 14.10.75 – 2 AZR 365/74, NJW 76, 592). Ihrer Umdeutung in eine außerordentliche Kündigung mit Auslauffrist steht das BAG zu Recht skeptisch gegenüber (BAG 25.3.04 – 2 AZR 153/03, AP BGB § 138 Nr 60); sie setzt jedenfalls voraus, dass ein wichtiger Grund für eine außerordentliche Beendigung des Arbeitsverhältnisses iSv § 626 BGB vorliegt (BAG 22.4.10 – 2 AZR 80/09, NZA-RR 11, 75).

**61** **3. Beseitigung.** Die Wirkung einer Kündigung lässt sich durch **Vereinbarung** mit dem Gekündigten wieder rückgängig machen. Diese Vereinbarung ist formlos wirksam. Sie muss nicht auf den Neubeginn des Arbeitsverhältnisses gerichtet sein. Man kann auch vereinbaren, das Arbeitsverhältnis fortzusetzen, als ob es nie gekündigt wurde (BAG 29.3.06 – 3 AZR 69/05, NZA 06, 693).

**62** **a) Widerruf.** Eine Kündigung kann nach § 130 Abs 1 Satz 2 BGB noch bis zu ihrem Zugang widerrufen werden. Dabei kommt es – wie bei der Kündigung selbst – auf den Zugang und nicht auf den Zeitpunkt der Kenntnisnahme an. Geht erst die Kündigung zu und dann der Widerruf, ist die Kündigung wirksam, auch wenn der Empfänger zuerst den Widerruf zur Kenntnis nimmt. Geht erst der Widerruf zu und dann die Kündigung, wird das Arbeitsverhältnis auch dann nicht aufgelöst, wenn der Empfänger zuerst die Kündigung liest (Allgemein BGH 30.10.74 – IV ZR 172/73, NJW 75, 382).

**63** **b) Rücknahme.** Die mit ihrem Zugang wirksame Kündigung kann nicht mehr einseitig zurückgenommen werden (BAG 29.3.06 – 3 AZR 69/05, NZA 06, 693). Ihre Wirkung kann nur durch eine Vereinbarung beseitigt werden, durch die der gekündigte ArbN ein Fortsetzungsangebot des ArbGeb annimmt (BAG 17.10.13 – 8 AZR 742/12, NZA 14, 303). Eine schriftlich ohne jedes Drängen des ArbGeb abgegebene Kündigungserklärung spricht regelmäßig für eine ernsthafte und endgültige Lösungsabsicht des ArbN aus dem

Arbeitsvertrag. Die Geltendmachung der Unwirksamkeit einer schriftlich erklärten Eigenkündigung ist daher regelmäßig treuwidrig (BAG 12.3.09 – 2 AZR 894/07, NZA 09, 840). Dasselbe gilt für die vom ArbGeb ausgesprochene Kündigung. Mit Ablauf der Klagefrist des § 4 KSchG wird die arbeitgeberseitige Kündigung nach § 7 KSchG wirksam. Man kann dem Gekündigten nicht die Möglichkeit nehmen, auf diese Weise die wirksame Beendigung des Arbeitsverhältnisses herbeizuführen.

Den bei unwirksamer Kündigung nach § 296 Satz 1 BGB bestehenden **Annahmeverzug** (→ *Annahmeverzug* Rn 6) kann der ArbGeb nur beenden, indem er den ArbN zusammen mit der Rücknahme der Kündigung zur Weiterarbeit auffordert oder Arbeit zuweist (BAG 19.9.2012 – 5 AZR 627/11, NZA 13, 101). Der ArbGeb kann ihn nicht beenden, indem er dem ArbN vorsorglich einen für die Dauer des Kündigungsrechtsstreits befristeten neuen Arbeitsvertrag zu den bisherigen Bedingungen oder eine durch die rechtskräftige Feststellung der Wirksamkeit der Kündigung auflösend bedingte Fortsetzung des Vertrags (Prozessbeschäftigung) anbietet. Er muss die Arbeitsleistung als Erfüllung des mit dem ArbN geschlossenen Arbeitsvertrags annehmen. Dies kann er nur, indem er unmissverständlich klarstellt, dass er zu Unrecht gekündigt hat. 64

In der Rücknahme der Kündigung liegt das **Angebot,** das Arbeitsverhältnis einvernehmlich fortzusetzen. Das Angebot kann ausdrücklich oder stillschweigend angenommen werden, zB durch Weiterarbeit bzw Wiederaufnahme der Arbeit. Erklärt der ArbN die Hauptsache für erledigt oder eine Klagerücknahme, nachdem der ArbGeb seine Kündigung im Kündigungsschutzprozess zurückgenommen hat, nimmt er damit den Antrag des ArbGeb zur Fortsetzung des Arbeitsverhältnisses an. Die vereinbarte Rücknahme einer Kündigung verlängert das Arbeitsverhältnis. Der Lohn für die Vergangenheit muss nachgezahlt werden, auch wenn das Arbeitsverhältnis zwischenzeitlich durch Ablauf der Kündigungsfrist „beendet" war. Diese Rückwirkung kann durch eindeutige Vereinbarung ausgeschlossen werden. Vereinbaren die Parteien die Wiederaufnahme des Arbeitsverhältnisses und wollen sie es für die Zwischenzeit bei der Kündigung belassen, entfallen in jedem Fall Lohnansprüche für die Vergangenheit. 65

In der **Kündigungsschutzklage** liegt nicht die Zustimmung zu einer Rücknahme der Kündigung (BAG 16.3.00 – 2 AZR 75/99, NZA 00, 1332). Das Rechtsschutzinteresse an der Feststellung, dass das Arbeitsverhältnis nicht aufgelöst wurde, bleibt bestehen. Es ergeht ein Urteil in der Sache, das freilich nur kurz begründet werden muss. Ist dem ArbN die Fortsetzung des Arbeitsverhältnisses nicht zumutbar, kann er auch nach Rücknahme der Kündigung den Auflösungsantrag nach § 9 KSchG stellen (BAG 19.8.82 – 2 AZR 230/80, NJW 83, 1628) bzw den schon gestellten Antrag aufrechterhalten (BAG 29.1.81 – 2 AZR 1055/78, NJW 82, 1118). 66

**c) Anfechtung.** Die Kündigung kann wie jede Willenserklärung angefochten werden. 67
Der ArbN kann seine Kündigung nach § 123 BGB anfechten, wenn er rechtswidrig durch **Drohung** oder **Täuschung** zur Eigenkündigung veranlasst wurde, zB weil ihm der ArbGeb ohne berechtigten Anlass mit einer Kündigung gedroht hat (BAG 16.1.92 – 2 AZR 412/91, NZA 92, 1023). **Schwerbehinderte** und werdende bzw junge **Mütter** können ihre Eigenkündigung nicht nach § 119 BGB mit der Begründung anfechten, dass sie von der Schwangerschaft bzw ihrer Behinderung nichts wussten oder sich über die mutterschutzrechtlichen Folgen irrten (BAG 6.2.92 – 2 AZR 408/91, NZA 92, 790). Hier gelten die zur Anfechtung des Aufhebungsvertrages entwickelten Grundsätze (→ *Aufhebungsvertrag* Rn 22–24).

**4. Gerichtliche Auseinandersetzung. a) Kündigung während des Prozesses.** Wird während des Kündigungsschutzprozesses erneut gekündigt, muss die Kündigung auch gesondert angegriffen werden. Man kann dies unter bestimmten Voraussetzungen für alle nachfolgenden Kündigungen mit einem allgemeinen Feststellungsantrag tun (Einzelheiten → *Kündigungsschutz* Rn 96–98). 68

Die **Prozessvollmacht** nach § 80 ZPO berechtigt den Rechtsanwalt nicht, im Prozess erneut für seinen Mandanten zu kündigen (BAG 10.8.77 – 5 AZR 394/76, AP ZPO § 81 Nr 2). Sie ermächtigt nach § 81 ZPO nur zur Vornahme „materiell-rechtlicher Prozesshandlungen", die sich auf den Gegenstand des Rechtsstreits – das ist die schon ausgesprochene Kündigung – beziehen. Wer einem ArbN im Prozess durch einen Anwalt kündigen 69 lassen will, muss diesen daher besonders bevollmächtigen. Im Kündigungsschutzprozess ist der Anwalt durch die einfache Prozessvollmacht ebenso wenig bevollmächtigt, eine Kündigung für seinen Mandanten wirksam entgegenzunehmen. Sie geht diesem daher erst zu, wenn sie ihm übermittelt wurde (Schaub/*Linck* § 123 Rn 18). Wird im Prozess der allgemeine Feststellungsantrag (→ *Kündigungsschutz* Rn 96–98) gestellt, soll die Prozessvollmacht jedoch auf ArbNSeite zur Entgegennahme aller Kündigungen, auf ArbGebSeite zum Ausspruch weiterer Kündigungen im Prozessverlauf ermächtigen, die den mit dem Feststellungsanspruch verbundenen weiteren Streitgegenstand betreffen (BAG 21.1.88 – 2 AZR 581/86, NZA 88, 651). Für den Ablauf von Fristen kommt es jetzt nicht mehr darauf an, ob und wann die Kündigung dem Mandanten tatsächlich zugegangen ist.

70 **b) Umdeutung.** Die Umdeutung einer ao in eine ordentliche Kündigung verlangt im Prozess weder einen besonderen Antrag des Kündigenden, noch muss er sich ausdrücklich auf die Umdeutung berufen. Das Gericht muss von sich aus prüfen, ob aufgrund der feststehenden Tatsachen eine Umdeutung in Betracht kommt, weil aus dem Sachvortrag auf einen entsprechenden Willen geschlossen werden kann (BAG 15.11.01 – 2 AZR 310/00, NJW 02, 2972). Das Gericht darf jedoch von sich aus nicht Tatsachen ermitteln, die für eine Umdeutung sprechen (BAG 15.11.01 – 2 AZR 310/00, NJW 02, 2972). Im Regelfall wird es aus dem Umstand, dass außerordentlich gekündigt wurde, schließen dürfen, dass auch eine fristgerechte Beendigung des Arbeitsverhältnisses gewollt war (BAG 23.10.08 – 2 AZR 388/07, AP BGB § 626 Nr 217).

71 **c) Nachschieben von Kündigungsgründen.** Nicht selten erfährt der ArbGeb nach Ausspruch einer Kündigung weitere Tatsachen, die sie begründen können. In einigen Fällen liefert der ArbN nach Ausspruch der Kündigung neue „Kündigungsgründe". Manchmal halten ArbGeb bei Ausspruch der Kündigung ihnen schon bekannte Sachverhalte zurück, um den Mitarbeiter nicht bloßzustellen. Nicht in jedem Fall wird dem BRat stets alles mitgeteilt, was eine Kündigung begründen könnte oder nach dem Willen des ArbGeb begründen soll. Sachverhalte aus der Zeit vor Ausspruch der Kündigung, die erst danach auftauchen, konnten dem BRat bei seiner Anhörung nicht mitgeteilt werden. Können die anfangs zur Begründung der Kündigung herangezogenen Tatsachen nach Auffassung des Arbeitsrichters die Kündigung nicht rechtfertigen, wird der ArbGeb auf die später bekannt gewordenen oder von ihm zurückgehaltenen Sachverhalte zurückgreifen wollen. **Prozessrechtlich** können ihn daran nur die Vorschriften über die Zurückweisung verspäteten Vorbringens – §§ 61a und 67 ArbGG – und die Regeln zur Wiedereröffnung der mündlichen Verhandlung – § 156 Abs 1 ZPO (hierzu BAG 6.9.07 – 2 AZR 264/06, NZA 08, 636) – hindern. **Beschränkungen** für dieses Nachschieben von Kündigungsgründen ergeben sich vor allem aus der Systematik des Kündigungsrechts, der Art der Kündigung und mitbestimmungsrechtlichen Vorschriften.

72 Sachverhalte aus der Zeit **vor Ausspruch einer Kündigung** können kündigungsrechtlich beim Streit um ihre Wirksamkeit grds nachgeschoben werden, unabhängig davon, ob sie dem Kündigenden bei Zugang der Kündigung bekannt waren oder nicht, weil es für die Beurteilung der Wirksamkeit der Kündigung allein auf die objektive Rechtslage zum Zeitpunkt ihres Zugangs ankommt (BAG 18.6.15 – 2 AZR 256/14, NZA 16, 287).). Es spielt auch grds keine Rolle, ob und welche **vor** Zugang der Kündigung entstandenen Gründe dem ArbN bei Ausspruch der Kündigung **mitgeteilt** wurden (BAG 18.6.15 – 2 AZR 256/14, NZA 16, 287; BAG 6.9.07 – 2 AZR 264/06, NZA 08, 637). Ist die Begründung der Kündigung aber **Wirksamkeitsvoraussetzung** – wie zB nach § 22 Abs 3 BBiG im Berufsausbildungsverhältnis – können Gründe nicht nachgeschoben werden, die der Kündigung sozialtypisch ein völlig anderes Gewicht geben (BAG 25.11.76 – 2 AZR 751/75, AP BBiG § 15 Nr 4). Man würde sonst die Begründungspflicht unterlaufen

73 **Bekannt** ist dem ArbGeb ein nachgeschobener Sachverhalt, sobald der Kündigungsberechtigte davon weiß. Handelt es sich bei dem ArbGeb um eine juristische Person, ist grds maßgeblich die Kenntnis des gesetzlich oder satzungsgemäß für die Kündigung zuständigen Organs. Sind für den ArbGeb mehrere Personen gemeinsam vertretungsberechtigt, genügt grundsätzlich die Kenntnis schon eines der Gesamtvertreter. Zu den Kündigungsberechtigten gehören endlich auch die Mitarbeiter, denen der ArbGeb das Recht zur Kündigung übertragen hat (BAG 18.6.15 – 2 AZR 256/14, NZA 16, 287).

74 Mit Gründen, die erst **nach** ihrem **Zugang entstanden** sind, lässt sich eine Kündigung nicht rechtfertigen. Für ihre Wirksamkeit kommt es auf den Zeitpunkt des Ausspruchs an (BAG 10.6.10 – 2 AZR 541/09, NZA 10, 1227). Nachträglich eingetretene Umstände können aber die Tatsachen, welche zur Kündigung geführt haben, aufhellen oder ihnen ein größeres Gewicht als Kündigungsgrund verleihen. Es geht dann nicht mehr um „neue Kündigungsgründe", sondern um die Verwertung später gewonnener Erkenntnisse, die eine bessere Würdigung der „alten Kündigungsgründe" ermöglichen (BAG 28.7.09 – 3 AZN 224/09, NZA 09, 859). Zwischen den neuen Vorgängen und den alten Gründen muss eine so enge Beziehung bestehen, dass sie nicht außer Acht gelassen werden können, ohne einen einheitlichen Lebensvorgang zu zerreißen, und es darf eine ursprünglich unbegründete Kündigung durch die Berücksichtigung späteren Verhaltens zu einer begründeten Kündigung werden. So kann grds auch das Verhalten des Gekündigten im Prozess herangezogen werden, um die Kündigungsgründe in einem neuen Licht erscheinen zu lassen (BAG 10.6.10 – 2 AZR 541/09, NZA 10, 1227).

75 Bei der **außerordentlichen Kündigung** kann die **Ausschlussfrist** des § 626 Abs 2 BGB eine Grenze für das Nachschieben von Kündigungsgründen bilden. Gründe, die dem Kündigenden länger als 2 Wochen **vor Ausspruch** der Kündigung **bekannt** waren, können grds nicht mehr nachgeschoben werden, weil sie „verfristet" sind (BGH 1.12.03 – II ZR 161/02, NZA 04, 173). Sie können aber unterstützend zur Begründung der Kündigung herangezogen werden, wenn sie mit den in der Ausschlussfrist bekannt gewordenen Vorgängen in einem so engen sachlichen Zusammenhang stehen, dass sie nur ein weiteres Glied in der Kette von Ereignissen bilden, die zur Kündigung geführt haben (BAG 10.4.75 – 2 AZR 113/74 AP BGB § 626 Ausschlussfrist Nr 7). Dabei reichen gleichartige Verfehlungen aus, wenn sich ihnen die generell fehlende Bereitschaft zur Erfüllung der arbeitsvertraglichen Verpflichtungen entnehmen lässt – zB Verspätung, unentschuldigtes Fehlen (BAG 10.12.92 – 2 ABR 32/92, NZA 93, 501).

76 **Voraussetzung** ist aber stets, dass die nicht verfristeten Gründe für sich die außerordentliche Kündigung begründen konnten. Verleihen erst die nachgeschobenen Gründe einem Sachverhalt das Gewicht eines „wichtigen Grundes", können sie zur Rechtfertigung der außerordentlichen Kündigung nicht mehr herangezogen werden (BAG 10.6.10 – 2 AZR 541/09, NZA 10, 1227).

77 **Vor der außerordentlichen Kündigung entstandene Gründe,** die dem Kündigenden **nach Ablauf der Ausschlussfrist bekannt** werden oder erst bei Ausspruch der außerordentlichen Kündigung bekannt waren, können nachgeschoben werden (BAG 18.6.15 – 2 AZR 256/14, NZA 16, 287). Denn einmal soll der Gekündigte keinen Vorteil daraus ziehen, dass er kündigungsrelevante Tatbestände erfolgreich verschleiert hat, zum anderen hat der bereits gekündigte ArbN kein schutzwertes Interesse mehr daran, weitere Gründe für seine Kündigung innerhalb der Ausschlussfrist zu erfahren (BAG 23.5.13 – 2 AZR 102/12, NZA 13, 1416).

78 Hat bei der Kündigung von **Schwangeren,** jungen Müttern oder **Schwerbehinderten** die zuständige Behörde die nach den §§ 17 MuSchG, 18 BEEG und 168 SGB IX erforderliche Zustimmung erteilt, kann der ArbGeb im Prozess mutterschutz- und schwerbehindertenrechtlich unbeschränkt Kündigungsgründe nachschieben. Es wäre reiner Formalismus, die Behörde erneut zu beteiligen, nachdem sie schon zugestimmt hat, obwohl ihr nicht alle Kündigungsgründe mitgeteilt wurden.

79 Im **mitbestimmten Betrieb** ergeben sich weitere Beschränkungen für das Nachschieben von Kündigungsgründen. Hier können Gründe nicht nachgeschoben werden, die dem ArbGeb schon **bei Kündigung bekannt waren** und die er dem BRat nicht mitgeteilt hat (BAG 18.6.15 – 2 AZR 256/14, NZA 16, 287). Mit seiner Anhörung wird dem BRat Gelegenheit gegeben, vor Ausspruch der Kündigung auf den ArbGeb zu Gunsten des betroffenen ArbN einzuwirken. Dem widerspricht es, wenn ArbGeb im Prozess „am BRat vorbei" auf Sachverhalte zurückgreifen, die ihren Kündigungsentschluss beeinflusst haben, dem BRat aber nicht mitgeteilt wurden. Dies gilt selbst dann, wenn der BRat der Kündigung zugestimmt hat (BAG 26.9.91 – 2 AZR 132/91, NZA 92, 1073). Tatsachen, die der ArbGeb dem BRat erst auf dessen Nachfrage hin mitgeteilt hat, sind im Prozess verwertbar, wenn der ArbGeb vor Ausspruch der Kündigung nochmals die Frist des § 102 Abs 2 BetrVG bzw die abschließende Stellungnahme des BRat abgewartet hat (BAG 6.2.97 – 2 AZR 265/96, NZA 97, 656).

80 Dieses Verwertungsverbot bezieht sich auf selbstständige neue Kündigungsgründe und auf alle Tatsachen, die den Sachverhalt erst zu einem kündigungsrechtlich relevanten Grund machen. Wer zB dem BRat bei der Anhörung zu einer verhaltensbedingten Kündigung die erforderliche Abmahnung nicht mitgeteilt hat, kann sich daher auf diese Abmahnung im Prozess nicht mehr stützen. Soweit es sich um Tatsachen handelt, die – ohne den Kündigungssachverhalt wesentlich zu verändern – nur der Erläuterung und Konkretisierung der dem BRat mitgeteilten Kündigungsgründe dienen, besteht kein Verwertungsverbot (BAG 18.12.80 – 2 AZR 1006/78, NJW 81, 2316).

Kündigungsgründe, die bei **Ausspruch der Kündigung** schon **entstanden** waren und dem ArbGeb erst **später bekannt** wurden, kann er nachschieben, wenn er den BRat hierzu erneut analog § 102 BetrVG beteiligt hat. Dies gilt unabhängig davon, ob zwischen den ursprünglich angeführten und den nachgeschobenen – neuen – Kündigungsgründen ein sachlicher und/oder zeitlicher Zusammenhang besteht (BAG 18.6.15 – 2 AZR 256/14, NZA 16, 287). So erspart man dem ArbGeb die erneute Kündigung, was vor dem Hintergrund längerer Kündigungsfristen von großer Bedeutung sein kann. Dies ist jedenfalls für Kündigungen problematisch, die auf Tatsachen gestützt werden, die der ArbN nicht zu vertreten hat. Das BAG begründet seine Entscheidung mit der Prozessökonomie und dem Gedanken, dass so die Rechte des BRat auch gewahrt bleiben. Es übersieht, dass das Interesse des Gekündigten, den Arbeitsplatz länger zu behalten, zumindest ebenso schützenswert ist. **Nach** der **Kündigung entstandene** Kündigungsgründe können nur eine weitere Kündigung unter Beteiligung des BRat rechtfertigen.

81 **5. Muster.** S Online-Musterformulare *„M1.2 Hinweis nach § 1a KSchG“, „M1.3 Auflösungsantrag nach den §§ 9, 10 KSchG“* u *„M31.3 Kündigung, ordentliche“.*

### B. Lohnsteuerrecht

*Seidel*

82 Zur Versteuerung von Abfindungen bei Kündigung → *Abfindung* Rn 41 ff und → *Außerordentliche Einkünfte* Rn 2 ff. Mit dem Ausscheiden des ArbN endet das Arbeitsverhältnis auch im lohnsteuerrechtlichen Sinn mit allen für den ArbGeb entstehenden Pflichten, wie zB das Erstellen der LStBescheinigung (→ *Lohnsteuerbescheinigung* Rn 2 ff). Da mit dem Ende des Dienstverhältnisses die Abrufberechtigung für die ELStAM des ArbN endet, hat der ArbGeb dem BZSt den Tag der Beendigung des Dienstverhältnisses unverzüglich durch Datenfernübertragung mitzuteilen (§ 39e Abs 4 Satz 5 EStG; → *Lohnsteuerabzugsmerkmale* Rn 20 ff). Wird dem gekündigten ArbN noch nachträglich Lohn nachgezahlt, ist dieser idR als sonstiger Bezug (→ *Sonstige Bezüge* Rn 2 und → *Entgeltnachzahlung* Rn 6 ff) zu versteuern.

### C. Sozialversicherungsrecht

*Voelzke*

83 **1. Sozialversicherungsrechtliches Beschäftigungsverhältnis.** Das für die Versicherungs- und Beitragspflicht maßgebende sozialversicherungsrechtliche Beschäftigungsverhältnis (§ 7 Abs 1 SGB IV) endet im Grundsatz mit der Beendigung des Arbeitsverhältnisses. Mit dem Ende der versicherungspflichtigen Beschäftigung endet idR auch der **Versicherungsschutz.**

84 Besteht bei Beendigung des Arbeitsverhältnisses ein Anspruch auf AlGeld, Krankengeld etc, begründet uU der Bezug dieser Sozialleistungen die Versicherungspflicht in den einzelnen Zweigen der SozV (vgl zB § 5 Abs 1 Nr 2 SGB V für die KV; § 20 Abs 1 Nr 2 SGB XI für die PflegeV; § 3 Satz 1 Nr 3 für die RV und § 26 Abs 2 SGB III für die ArblV). Ist Letzteres nicht der Fall, ist zu prüfen, ob der ArbN in der KV und RV den Versicherungsschutz als freiwilliges Mitglied fortsetzen kann (§ 9 SGB V; § 7 SGB VI).

85 **2. Sozialrechtliche Einwirkungen auf das Kündigungsrecht. a) Erreichen der Regelaltersgrenze.** Nach **§ 41 Satz 1 SGB VI** gibt das Erreichen der Anspruchsvoraussetzungen für eine Altersrente dem ArbGeb nicht das Recht, das Arbeitsverhältnis zu kündigen, und nach Satz 2 darf bei einer Kündigung aus dringenden betrieblichen Erfordernissen jedenfalls der Anspruch auf eine Rente wegen Alters vor Vollendung des 65. Lebensjahres bei der sozialen Auswahl nicht berücksichtigt werden. § 41 Satz 3 SGB VI verbietet zudem zum Schutz des ArbN Vereinbarungen, die die Beendigung des Arbeitsverhältnisses

eines ArbN ohne Kündigung zu einem Zeitpunkt vorsehen, in dem der ArbN vor Vollendung des 65. Lebensjahres eine Altersrente beantragen kann. Werden solche Vereinbarungen gleichwohl geschlossen, gilt die Vereinbarung gegenüber dem ArbN als auf die Vollendung des 65. Lebensjahres abgeschlossen, es sei denn, dass die Vereinbarung innerhalb der letzten drei Jahre vor diesem Zeitpunkt abgeschlossen oder von dem ArbN bestätigt worden ist.

**b) Altersteilzeitrecht.** Die Regelung des § 41 Satz 3 SGB VI gilt nicht im **Altersteilzeitrecht** (zu diesem Rechtsinstitut *Altersteilzeit*). § 8 Abs 3 AltTZG 1996 schließt § 41 Satz 3 SGB VI hinsichtlich einer Vereinbarung aus, die eine Beendigung des Arbeitsverhältnisses zu dem Zeitpunkt vorsieht, in dem der ArbN Anspruch auf Rente nach Altersteilzeitarbeit hat. Dh, dass nach **§ 8 Abs 3 AltTZG** eine Vereinbarung zwischen ArbN und ArbGeb über die Altersteilzeit zulässig ist, die die **Beendigung des Arbeitsverhältnisses ohne Kündigung zu einem bestimmten Zeitpunkt** vorsieht, in dem der ArbN Anspruch auf eine Rente nach Altersteilzeitarbeit hat. 86

Die Möglichkeit des ArbN zur Inanspruchnahme von **Altersteilzeittätigkeit** stellt **keinen Kündigungsgrund** iSd § 1 Abs 2 Satz 1 KSchG dar (§ 8 Abs 1 Satz 1 AltTZG). Außerdem ist es nicht zulässig, die genannte Möglichkeit zum Nachteil des ArbN bei der **sozialen Auswahl** nach § 1 Abs 3 Satz 1 KSchG zu berücksichtigen (§ 8 Abs 1 Satz 2 AltTZG). 87

**3. Arbeitslosenversicherung. a) Frühzeitige Meldung.** Nach § 38 Abs 1 SGB III sind Personen, deren Ausbildungs- oder Arbeitsverhältnis endet, verpflichtet, sich spätestens **drei Monate vor dessen Beendigung** persönlich bei der Agentur für Arbeit arbeitssuchend zu melden. Liegen zwischen der Kenntnis des Beendigungszeitpunkts und der Beendigung des Ausbildungs- oder Arbeitsverhältnisses weniger als drei Monate, haben sie sich innerhalb von drei Tagen nach Kenntnis des Beendigungszeitpunkts zu melden. Die erforderliche Kenntnis vom Beendigungszeitpunkt erlangt der ArbN regelmäßig durch den Zugang der Kündigung. Auf die Kenntnis davon, ob das Arbeitsverhältnis wirksam beendet wurde, kommt es hingegen nicht an (*Hauck/Noftz/Rademacker* SGB III Rn 37). Die Meldepflicht besteht aufgrund ausdrücklicher Regelung in § 38 Abs 1 Satz 4 SGB III unabhängig davon, ob der Fortbestand des Ausbildungs- oder Arbeitsverhältnisses vom ArbN gerichtlich geltend gemacht oder vom ArbGeb in Aussicht gestellt wird. Eine schuldhafte Verletzung der Obliegenheit zur frühzeitigen Meldung führt zum Eintritt einer Sperrzeit bei verspäteter Arbeitslosmeldung nach § 159 Abs 1 Satz 2 Nr 7 SGB III; (→ *Sperrzeit* Rn 23). 88

**b) Eingliederungszuschuss.** ArbGeb können zur Eingliederung von ArbN mit Vermittlungserschwernissen Eingliederungszuschüsse erhalten (§§ 88 ff SGB III). Diese Zuschüsse sind idR zurückzuzahlen, wenn das Arbeitsverhältnis während des Förderungszeitraumes oder einer Nachbeschäftigungszeit beendet wird. Der Zuschuss muss nicht zurückgezahlt werden, wenn der ArbGeb zu einer verhaltensbedingten Kündigung oder einer betriebsbedingten Kündigung berechtigt war (§ 92 Abs 2 SGB III: Näheres: → *Lohnkostenzuschuss* Rn 23 ff). 89

**c) Sperrzeit bei Arbeitsaufgabe.** Im Bereich der ArblV kann die Frage, wer eine Kündigung ausgesprochen hat, wem die Beendigung des Arbeitsverhältnisses letztlich zuzurechnen ist und wer sie zu verantworten hat, Auswirkungen auf den Eintritt einer **Sperrzeit** haben (→ *Sperrzeit* Rn 8 ff). 90

**4. Krankenversicherung.** Zur Kündigung einer freiwilligen Mitgliedschaft in der KV vgl § 191 Nr 4 SGB V. 91

**5. Unfallversicherung.** Zur Erforderlichkeit einer Kündigung zwecks Anerkennung einer **Berufskrankheit,** die voraussetzt, die gefährdende Tätigkeit zu unterlassen, vgl § 9 Abs 2 Satz 4 SGB VII (BSG 30.10.07 – B 2 U 12/06 R, SozR 4–5671 Anl 1 Nr 4302 Nr 2). 92

# Kündigung, außerordentliche

## A. Arbeitsrecht *Eisemann*

### Übersicht



1 **1. Grundlagen.** Wer das Beschäftigungsverhältnis einseitig auflösen will, ohne Kündigungsfristen einzuhalten, braucht einen sog „wichtigen Grund". Es müssen nach § 626 Abs 1 BGB „Tatsachen vorliegen, aufgrund derer dem Kündigenden unter Berücksichtigung aller Umstände des Einzelfalles und unter Abwägung der Interessen beider Vertragsteile die Fortsetzung des Dienstverhältnisses bis zum Ablauf der Kündigungsfrist oder bis zur vereinbarten Beendigung des Dienstverhältnisses nicht zugemutet werden kann" (sog „außerordentliche Kündigung"). Es geht dabei nicht um repressive Strafzumessung oder Sanktionen für begangenes Unrecht, sondern allein darum, das Risiko künftiger Störungen des Arbeitsverhältnisses zu vermeiden. Auch die außerordentliche Kündigung ist **zukunftsbezogen** (BAG 19.10.18 – 2 AZR 374/18, NZA 19, 246). Dies gilt sowohl für die Kündigung durch den ArbGeb wie für die durch den ArbN; es gelten dieselben Maßstäbe (BAG 22.3.18 – 8 AZR 190/17, ArbR 18, 453; BAG 12.3.09 – 2 AZR 894/07, NZA 09, 840). So kann zB ein ArbN wegen Lohnrückständen erst außerordentlich kündigen, nachdem er den ArbGeb vergeblich abgemahnt hat (BAG 17.1.02 – 2 AZR 494/00, NZA 03, 816).

2 **a) Form.** Alle außerordentlichen Kündigungen bedürfen nach § 623 BGB zu ihrer Wirksamkeit der **Schriftform** (→ *Kündigung, allgemein* Rn 28 ff). Diese Vorschrift kann weder im Arbeitsvertrag noch in einer Betriebsvereinbarung oder mit einem Tarifvertrag abbedungen werden.

3 Die außerordentliche Kündigung eines Arbeitsverhältnisses braucht **nicht ausdrücklich** erklärt zu werden. Der Vertragspartner muss ihr aber eindeutig und zweifelsfrei entnehmen können, dass das Arbeitsverhältnis nicht fortgesetzt und die Beschäftigung sofort endgültig eingestellt werden soll (BAG 21.9.17 – 2 AZR 57/17, NZA 17, 1524). Dies kann sich aus dem Kündigungsschreiben selbst, der beigefügten Begründung oder aus sonstigen Umständen ergeben. So kann es ausreichen, wenn der ArbN im Zusammenhang mit der von ihm übergebenen Kündigung verlangt, dass sofort seine Arbeitspapiere fertiggemacht und herausgegeben werden, oder sich weigert, noch einmal im Betrieb zu erscheinen oder seine persönliche Habe zusammenpackt und sich von den Kollegen verabschiedet. Ebenso wird die Aufforderung des ArbGeb, sofort den Betrieb zu verlassen, sich sofort die Papiere zu holen, der Ausspruch eines Hausverbots oder die Aufforderung, unverzüglich alle Werkzeuge, Gerätschaften und Arbeitsmittel zurückzugeben, die der ArbGeb dem ArbN zur Verfügung gestellt hat, auf den Ausspruch einer außerordentlichen Kündigung schließen lassen, soweit sich dies nicht schon aus dem Kündigungsschreiben selbst ergibt.

4 Eine **Begründung** der außerordentlichen Kündigung gegenüber dem Vertragspartner ist für ihre Wirksamkeit grds nicht erforderlich (BAG 17.8.72 – 2 AZR 415/71, AP BGB

§ 626 Nr 65). Ebenso wenig muss der ArbGeb dem Gekündigten vor Zugang der Kündigung ihn belastende Zeugen gegenüberstellen (BAG 18.9.97 – 2 AZR 36/97, NZA 98, 95). Dieser kann aber nach § 626 Abs 2 BGB verlangen, dass ihm die Gründe für die Kündigung schriftlich mitgeteilt werden. Wer dieser Aufforderung nicht nachkommt, macht sich schadenersatzpflichtig. Dies bedeutet nicht, dass er die Kündigung zurücknehmen müsste. Er muss nur den Gekündigten so stellen, als hätte dieser die Kündigungsgründe rechtzeitig erfahren. Der Schaden kann zB in den Kosten eines unnötigen Kündigungsschutzprozesses liegen. Dies betrifft wegen § 12a ArbGG nicht die Kosten des eigenen Anwalts in erster Instanz (BAG 3.4.92 – 8 AZR 288/91, NZA 92, 1101).

Auch hier gilt für das **Berufsausbildungsverhältnis** etwas anderes. Die nach Ablauf der Probezeit ausgesprochene Kündigung muss nach § 22 Abs 3 BBiG begründet werden. Fehlt die Begründung, ist die Kündigung allein deshalb unwirksam. **5**

**b) Zeitpunkt.** Die außerordentliche Kündigung beendet das Arbeitsverhältnis mit ihrem Zugang. Eine **rückwirkende Beendigung** von Arbeitsverhältnissen durch außerordentliche Kündigung ist nicht möglich. Dies gilt selbst dann, wenn der Kündigungsgrund schon einige Zeit zurückliegt. Der wichtige Grund beendet das Arbeitsverhältnis niemals „von sich aus". Der Ausspruch einer Kündigung hat nicht nur deklaratorische, sondern konstitutive Bedeutung. Die rückwirkende außerordentliche Kündigung ist jedoch nicht unwirksam. Sie beendet das Arbeitsverhältnis mit ihrem Zugang (ErfK/*Müller-Glöge* BGB § 626 Rz 187). **6**

**Soziale Auslauffristen** verzögern die Wirkung einer außerordentlichen Kündigung. Die sog „fristlose" Kündigung ist nur der Regelfall der außerordentlichen Kündigung. Beide sind nicht immer identisch. Wer berechtigt ist, das Arbeitsverhältnis aus wichtigem Grund fristlos zu beenden, kann auch eine außerordentliche Kündigung mit „sozialer Auslauffrist" aussprechen. Er kann mit anderen Worten den wichtigen Grund zum Anlass nehmen, bestehende Kündigungsfristen zu verkürzen. Er verzichtet damit weder auf sein Recht zur außerordentlichen Kündigung, noch darf allein daraus schon geschlossen werden, die weitere Beschäftigung bis zum Ablauf der Kündigungsfrist sei ihm zumutbar gewesen (BAG 13.5.15 – 2 AZR 531/14, NZA 15, 1408). **7**

Die „soziale Auslauffrist" kann wirksam auch aus **eigennützigen Motiven** gewährt werden. Für den ArbGeb kann es darauf ankommen, erst einmal eine Ersatzkraft zu beschaffen oder Resturlaub zu gewähren, um über die Auslauffrist das Prozessrisiko zu begrenzen (BAG 13.5.15 – 2 AZR 531/14, NZA 15, 1408). Wer als ArbN außerordentlich mit Auslauffrist kündigt, kann so erreichen, dass er sich aus dem Arbeitsverhältnis heraus bei Dritten bewerben oder eine kurze Zeit bis zur Aufnahme einer neuen Arbeit überbrücken kann. **8**

Eine **Verpflichtung** des ArbGeb zur außerordentlichen Kündigung mit Auslauffrist besteht nicht (BAG 13.5.15 – 2 AZR 531/14, NZA 15, 1408). Wenn der ArbGeb mit einer sozialen Auslauffrist kündigt, die der gesetzlichen oder tariflichen Kündigungsfrist entspricht, muss er durch einen geeigneten **Hinweis** klarstellen, dass er von seinem Recht auf außerordentliche Kündigung Gebrauch macht (BAG 20.1.16 – 6 AZR 782/14, NZA 16, 485). Ohne diese Klarstellung kann der Gekündigte von einer ordentlichen Kündigung ausgehen. Wo diese tarif- oder einzelvertraglich untersagt ist, ist die Kündigung dann unwirksam (BAG 12.9.74 – 2 AZR 535/73, AP TV AL II § 44 Nr 1). **9**

Ist dem Arbeitgeber die ordentliche Kündigung durch Tarifvertrag oder Arbeitsvertrag **untersagt**, kann er eine außerordentliche Kündigung mit sozialer Auslauffrist aussprechen, die jedoch der gesetzlichen, tariflichen oder vereinbarten Kündigungsfrist entsprechen muss (BAG 13.5.15 – 2 AZR 531/14, NZA 15, 1408). Auch in diesen Fällen braucht der ArbGeb einen „wichtigen Grund". Das Verbot ordentlicher Kündigung führt nicht zur schlichten Änderung der Bezeichnung der Kündigung. Kündigungen von „Unkündbaren" sind nicht schon wirksam, wenn sie „sozial gerechtfertigt" sind. Die Weiterbeschäftigung muss vielmehr „unzumutbar" sein (BAG 17.11.16 – 2 AZR 730/15, NZA 17, 394). Die Rechtsprechung meint dennoch, ein pflichtwidriges Verhalten, das nur eine ordentliche Kündigung rechtfertigt, könne schon allein wegen der infolge des Ausschlusses der ordentlichen Kündigung langen Bindungsdauer einen wichtigen Grund zur außerordentlichen Kündigung für den ArbGeb nach § 626 BGB darstellen (BAG 17.11.16 – 2 AZR 730/15, NZA 17, 394). Dies ist hoch problematisch. Es nimmt den Betroffenen im Ergebnis den Sonderkündigungsschutz. Ob und in welchem Umfang Ausnahmen von der Unkündbarkeit zulässig sind und welches der Maßstab für die Wirksamkeit einer Kündigung mit sozialer **10**

Auslauffrist sein soll, kann nur Gegenstand der Vereinbarung sein, mit der sie hergestellt wurde (→ *Unkündbarkeit* Rn 10 ff). So kann sich jedenfalls dann, wenn der Sonderkündigungsschutz „lediglich“ an die Dauer der Betriebszugehörigkeit und das Lebensalter des Arbeitnehmers anknüpft und er nach einer nicht allzu langen Beschäftigungsdauer – 15 Jahre – und schon ab einem vergleichsweise niedrigen Lebensalter – 40 Jahre – eingreift, nicht davon ausgehen, die Arbeitgeberseite wolle das Risiko übernehmen, dass das vertragliche Austauschverhältnis aus grundsätzlich in der Sphäre des Arbeitnehmers liegenden Gründen – ggf. über Jahrzehnte bis zum Erreichen der Regelaltersgrenze – außergewöhnlich schwer gestört ist (BAG 25.4.2018 – 2 AZR 6/18, NZA 18, 1056).

11 **c) Einschränkung.** Der **Verzicht** oder eine **Beschränkung** des Rechts auf außerordentliche Kündigung ist im Arbeitsvertrag nicht möglich. Das Recht zur außerordentlichen Kündigung ist für beide Vertragspartner zwingendes Recht und damit unabdingbar (BAG 15.3.91 – 2 AZR 516/90, NZA 92, 452). Auch durch Tarifvertrag oder Betriebsvereinbarung kann die Möglichkeit der außerordentlichen Kündigung nicht von vornherein ausgeschlossen werden (BAG 24.6.04 – 2 AZR 215/03, AP BGB § 613a Nr 278).

12 Die außerordentliche Kündigung kann ebenso wenig durch Vereinbarung **erschwert** werden. Vertragliche Regelungen, wonach der Kündigende auch bei berechtigter außerordentlicher Kündigung eine Abfindung (ArbGeb) oder eine Vertragsstrafe (ArbN) zahlen soll, sind ebenso unwirksam (BAG 8.8.63, DB 63, 1543) wie die Vereinbarung, wonach der ArbN zusätzliches Urlaubsgeld oder Gratifikationen zurückzahlen soll, der selbst berechtigterweise fristlos gekündigt hat.

13 Das Recht auf außerordentliche Kündigung lässt sich zumeist auch nicht in der Weise **beschränken,** dass man bestimmte Kündigungsgründe abschließend vereinbart und damit eine außerordentliche Kündigung in anderen als den vereinbarten Fällen ausschließt. Ob derartige Klauseln im Einzelvertrag oder Tarifvertrag die Möglichkeit, sich fristlos einseitig zu lösen, nehmen können, hängt davon ab, ob sie die Kündigungsmöglichkeit unzumutbar erschweren. Dies soll nicht so sein, wenn die außerordentliche Kündigung aus Gründen in der Person oder im Verhalten des ArbN nicht eingeschränkt wird, für betriebsbedingte Gründe aber nur eine außerordentliche Änderungskündigung zugelassen wird (BAG 25.10.01 – 2 AZR 216/00, NZA 02, 1000). Im Einzelnen ist hier noch manches ungeklärt (APS/*Vossen* BGB § 626 Rn 13 f).

14 **d) Erweiterung.** Eine **Erweiterung** des Rechts auf außerordentliche Kündigung ist nicht möglich. Im Arbeitsvertrag können nicht wirksam Tatbestände vereinbart werden, die stets eine außerordentliche Kündigung rechtfertigen sollen. Die Vereinbarung des Rechts zur fristlosen Kündigung bei Fehlbeständen in einer vom ArbN zu verwaltenden Kasse ist daher ebenso unwirksam (BAG 22.11.73 – 2 AZR 580/72, AP BGB § 626 Nr 67) wie die Abrede, das Beschäftigungsverhältnis sei ohne weiteres beendet, wenn der ArbN nicht pünktlich aus dem Urlaub zurückkehrt (BAG 19.12.74 – 2 AZR 565/73, NJW 75, 1531).

15 Auch **Tarifvertragsparteien** können im Regelungsbereich des § 626 BGB nicht abweichend vom Gesetz bestimmen, was ein „wichtiger Grund“ sein soll. Sie sind aber nach § 622 Abs 4 BGB nicht an die gesetzlichen Kündigungsfristen gebunden und daher berechtigt, sog „entfristete Kündigungen“ zu vereinbaren. Sie können mit anderen Worten festlegen, in welchen Fällen eine sozial gerechtfertigte fristgerechte Kündigung ohne oder mit abgekürzten Kündigungsfristen ausgesprochen werden kann (BAG 4.6.87 – 2 AZR 416/86, NZA 88, 52).

16 Soweit man in Tarifverträgen von der Möglichkeit Gebrauch macht, „entfristete Kündigungen“ zu vereinbaren, müssen die dort vereinbarten „minderen Gründe“ nach hM für beide Vertragsteile gelten. Sonst sind diese Regelungen nach § 622 Abs 6 BGB unwirksam, weil sie – wenn auch versteckt – gegen das Verbot verstoßen, für ArbNseitige Kündigungen längere Fristen zu vereinbaren, als sie für die Kündigung durch den ArbGeb gelten.

17 **2. Ausschlussfrist.** Nach § 626 Abs 2 BGB kann die außerordentliche Kündigung nur innerhalb einer **Frist von zwei Wochen** erfolgen, nachdem der Kündigende von den für die Kündigung maßgebenden Tatsachen Kenntnis erlangt hat. Dies gilt auch für die Kündigung durch den ArbN. So stellt man sicher, dass derjenige, der den Grund für die fristlose Kündigung geliefert hat, alsbald weiß, ob sie ausgesprochen wird und nicht befürchten muss, dass der ArbGeb sie „hortet“ (BAG 1.2.07 – 2 AZR 333/06, NZA 07, 744). § 626 Abs 2

BGB ist ein gesetzlich konkretisierter Verwirkungstatbestand (BAG 2.2.06 – 2 AZR 57/05, NZA-RR 06, 440). Nach Ablauf der Frist wird unwiderlegbar vermutet, dass die Weiterbeschäftigung des Vertragspartners nicht mehr unzumutbar ist. Das Kündigungsrecht ist dann „verfristet" und die außerordentliche Kündigung unwirksam. Die Ausschlussfrist gilt allein im Regelungsbereich des § 626 BGB und zB nicht für die außerordentliche Kündigung eines Handelsvertreters nach § 89a HGB (BGH 3.7.86, BB 86, 2015).

Die **Änderung** oder das **Abbedingen** der Ausschlussfrist ist weder durch Vereinbarung 18 noch in einem Tarifvertrag oder einer Betriebsvereinbarung möglich. Bei § 626 Abs 2 BGB handelt es sich um zwingendes Recht (BAG 12.2.73 – 2 AZR 116/72, AP BGB § 626 Ausschlussfrist Nr 6). Die Ausschlussfrist gilt nicht, soweit in Tarifverträgen für bestimmte Tatbestände die Möglichkeit der ordentlichen Kündigung ohne Einhalten einer Kündigungsfrist vereinbart wurde – sog „entfristete" Kündigung (BAG 25.3.76 – 2 AZR 127/75, DB 76, 1066). Gegen die Versäumung der Frist gibt es **keine Wiedereinsetzung** in den vorigen Stand, weil es sich um eine materielle Frist handelt (BAG 28.10.71 – 2 AZR 32/71, NJW 72, 463). Nach Ablauf der Ausschlussfrist kann mit denselben Gründen nur noch fristgerecht gekündigt werden. Beim Nachschieben nachträglich bekannt gewordener Gründe für eine außerordentliche Kündigung ist die Ausschlussfrist ohne Bedeutung (BAG 4.6.97 – 2 AZR 362/96, NZA 97, 1158; → *Kündigung, allgemein* Rn 77).

**a) Beginn.** Die **Ausschlussfrist beginnt,** sobald der zur Kündigung Berechtigte so 19 zuverlässige und vollständige Kenntnis vom Kündigungssachverhalt hat, dass ihm eine Entscheidung darüber, ob die Fortsetzung des Arbeitsverhältnisses für ihn zumutbar ist, möglich ist (BAG 27.6.19 – 2 ABR 2/19, NZA 19, 1415). Grobfahrlässige Unkenntnis ist ohne Bedeutung. Sie setzt die Ausschlussfrist nicht in Lauf (BAG 23.10.08 – 2 AZR 388/07, AP BGB § 626 Nr 217). Zu den maßgeblichen Tatsachen gehören sowohl die für als auch die gegen eine Kündigung sprechenden Umstände (BAG 1.2.07 – AZR 333/06, NZA 07, 744). Für den Lauf der Frist genügt nicht allein die Kenntnis des ArbGeb des konkreten Anlasses, dh des „Vorfalls", der einen wichtigen Grund für eine außerordentliche Kündigung darstellen kann. Hat der ArbGeb Anhaltspunkte für einen Sachverhalt, der zu einer außerordentlichen Kündigung berechtigen könnte, kann er Ermittlungen anstellen und zB den Betroffenen anhören (BAG 27.6.19 – 2 ABR 2/19, NZA 19, 1415), zur Anhörung bei einer Verdachtskündigung → *Verdachtskündigung* Rn 10). Außerdem darf der ArbGeb vorab Beweismittel beschaffen und sichern, ohne dass die Ausschlussfrist läuft (BAG 1.2.07 – 2 AZR 333/06 NZA 07, 744; BAG 2.2.06 – 2 AZR 57/05 NZA-RR 06, 440). Dabei darf er den ArbN auch zum Ermittlungsbericht einer Detektei befragen (BAG 25.11.10 – 2 AZR 171/09, NZA-RR 11, 177). Diese darf er jedoch nur einsetzen, wenn ein begründeter Verdacht einer Straftat besteht, die Observation zur Aufdeckung erforderlich ist und das schutzwürdige Interesse des Beschäftigten, nicht observiert zu werden im konkreten Fall nicht überwiegt, insbesondere Art (etwa Videoaufnahmen) und Ausmaß der Observation im Blick auf den Anlass nicht unverhältnismäßig sind (BAG 19.2.15 – 8 AZR 1007/13, NZA 15, 994). Die erforderlichen Ermittlungen müssen zügig und mit der gebotenen Eile erfolgen (BAG 27.6.19 – 2 ABR 2/19, NZA 19, 1415). Bei der Anhörung des Kündigungsgegners gilt zB als Regelfrist eine Woche (BAG 27.6.19 – 2 ABR 2/19, NZA 19, 1415). Hat der ArbGeb Vertraulichkeit mit ArbN vereinbart, die ihm über vertragswidriges (strafbares) Verhalten anderer ArbN berichten, muss er diesen zur Einhaltung der Ausschlussfrist des § 626 Abs 2 BGB grundsätzlich eine angemessen kurze Frist setzen, innerhalb derer sich der betroffene ArbN über die Beibehaltung der Vertraulichkeit zu erklären hat. Bei einer Erkrankung dieses ArbN darf der ArbGeb nicht beliebig lang zuwarten, bis dieser sich zu einer Entbindung von der Vertraulichkeit entschließt (BAG 27.6.19 – 2 ABR 2/19, NZA 19, 1415). Sind die Ermittlungen abgeschlossen und hat der ArbGeb hinreichende Kenntnisse vom Kündigungssachverhalt und den erforderlichen Beweismitteln, beginnt der Lauf der Ausschlussfrist. Dabei spielt es keine Rolle, ob die Ermittlungsmaßnahmen etwas zur Aufklärung des Sachverhalts beigetragen haben oder überflüssig waren (BAG 27.6.19 – 2 ABR 2/19, NZA 19, 1415). Allerdings besteht für weitere Ermittlungen kein Anlass, wenn der Sachverhalt bereits geklärt ist oder der Gekündigte ihn sogar zugestanden hat (BAG 1.2.07 – 2 AZR 333/06, NZA 07, 744; BAG 5.12.02 – 2 AZR 478/00, NZA 03, 1055).

Bei **Dauertatbeständen** (ständige Unpünktlichkeit oder ständiges unerlaubtes Fehlen 20 am Arbeitsplatz) und bei Pflichtverletzungen, die zu einem Gesamtverhalten zusammengefasst werden können, beginnt die Ausschlussfrist mit dem letzten Vorfall, der ein Glied in der Kette von Ereignissen bildet, die zum Anlass für die außerordentliche Kündigung genommen werden (BGH 20.6.05 – II ZR 18/03, NZA 05, 1415). Nimmt der ArbN eigenmächtig Urlaub, beginnt die Ausschlussfrist daher erst mit seiner Rückkehr aus dem Urlaub (BAG 25.2.83 – 2 AZR 298/81, AP BGB § 626 Ausschlussfrist Nr 14) fehlt er unentschuldigt, beginnt die Ausschlussfrist erst mit dem Ende der Fehlzeit (BAG 22.1.98 – 2 ABR 19/97, NZA 98, 708). Für die außerordentliche Kündigung wegen einer Langzeiterkrankung reicht es aus, dass die dauernde Unfähigkeit, die vertraglichen Dienste zu erbringen, bis in die letzten zwei Wochen vor Ausspruch der Kündigung angehalten hat (BAG 21.3.96 – 2 AZR 455/95, NZA 96, 871). Auch häufige auf unterschiedlichen Grundleiden beruhende Kurzerkrankungen können ein Dauertatbestand sein, der den Lauf der Frist des § 626 Abs 2 BGB ständig neu in Gang setzt, sobald und solange sie den Schluss auf eine dauerhafte Krankheitsanfälligkeit zulassen und damit eine negative Gesundheitsprognose begründen. Dabei kommt es für die Wahrung der Frist nicht darauf an, ob der ArbN bis mindestens zwei Wochen vor Zugang der Kündigung – zufällig – arbeitsunfähig war. Maßgebend ist vielmehr allein, ob der Kündigungsgrund, dh die auf der fortbestehenden Krankheitsanfälligkeit beruhende negative Prognose sowie die sich daraus ergebende erhebliche Beeinträchtigung betrieblicher Interessen, noch bis mindestens zwei Wochen vor Zugang der Kündigung fortbestanden hat. Das Ende des Dauertatbestandes tritt also erst ein, wenn dieser Zeitraum ausreichend lang ist, um die Prognosefähigkeit der Vergangenheit zu beenden (BAG 23.1.14 – 2 AZR 582/13, NZA 14, 962). Ein Dauertatbestand, der zur Hemmung des Ablaufs der Ausschlussfrist führt, liegt nicht vor, wenn ein abgeschlossenes Verhalten des ArbN zur endgültigen Zerstörung der Vertrauensgrundlage geführt hat. Ob ein solcher Vertrauensverlust vorliegt, ist Folge des Verhaltens des ArbN, an das allein die Ausschlussfrist anknüpft. Die Frist beginnt daher mit Kenntnis dieses Verhaltens (BAG 17.8.72 – 2 AZR 359/71, AP BGB § 626 Ausschlussfrist Nr 4). Bei **strafbaren Handlungen** kann der ArbGeb den Ausgang eines Disziplinar-, Ermittlungs- oder Strafverfahrens – unabhängig davon, ob dem ArbN dies bekannt ist – abwarten, ohne dass die Ausschlussfrist läuft, wenn eigene Ermittlungen nicht die für eine Kündigung erforderlichen sicheren Kenntnisse verschafft haben oder wenn es ihm auf ein Werturteil ankommt, welches mit einer Verurteilung verbunden ist und er seinen Kündigungsentschluss hiervon abhängig macht (BAG 26.9.13 – 2 AZR 741/12, NZA 14, 529). Dies gilt grds nicht, wenn der ArbN den Vorfall zugegeben hat, es sei denn, es kommt nicht auf die Klärung des Sachverhaltes, sondern auf die Wertung seines Verhaltens an (BAG 11.3.76 – 2 AZR 29/75, AP BGB § 626 Ausschlussfrist Nr 9). Hemmt das Strafverfahren die Ausschlussfrist, kann der ArbGeb im Verlauf dieses Verfahrens nur kündigen, wenn es hierfür einen sachlichen Grund gibt. Dies ist der Fall, wenn er neue Tatsachen erfahren oder neue Beweismittel erlangt hat und glaubt, nunmehr ausreichende Erkenntnisse für eine Kündigung zu haben (BAG 22.11.12 – 2 AZR 732/11, NZA 13, 665). Kam es ihm auf das in einer Verurteilung liegende Werturteil an, muss er allerdings das Ergebnis des Verfahrens abwarten (BAG 26.9.13 – 2 AZR 741/12, NZA 14, 529). Wartet der ArbGeb den Ausgang des Strafverfahrens ab, wird die Ausschlussfrist gewahrt, wenn die Kündigung binnen zwei Wochen seit Kenntnis von der Verurteilung zugeht (BAG 18.11.99 – 2 AZR 852/98, NZA 2000, 381). Bei der außerordentlichen **betriebsbedingten Kündigung** beginnt die Ausschlussfrist, sobald feststeht, welche bestimmten ArbN nicht mehr auf ihrem bisherigen Arbeitsplatz weiterbeschäftigt werden können (BAG 25.3.76 – 2 AZR 127/75, AP BGB § 626 Ausschlussfrist Nr 10).

**21** Die Kenntnis des **Kündigungsberechtigten** ist ausschlaggebend für den Beginn der Ausschlussfrist (BAG 6.7.72 – 2 AZR 386/71, AP BGB § 626 Ausschlussfrist Nr 3). Das ist bei Betrieben, die von natürlichen Personen betrieben werden, der Inhaber. Bei OHG und KG hat grds jeder Gesellschafter und jeder Komplementär Einzelvertretungsmacht (§§ 125 Abs 1, 161 Abs 1 HGB). Hier genügt daher für den Lauf der Ausschlussfrist die Kenntnis einer der Personen. Bei Gesamtvertretung – zB beim rechtsfähigen Verein nach § 26 Abs 2 BGB, bei der GmbH nach § 35 Abs 2 GmbHG, bei der Aktiengesellschaft nach § 78 Abs 2 AktG – kann die außerordentliche Kündigung – soweit die Satzung nicht etwas anderes bestimmt – nur aufgrund eines von allen gesetzlichen Vertretern gefassten Beschlusses ausgesprochen werden. Dennoch genügt es für den Beginn der Ausschlussfrist, dass einer von mehreren Gesamtvertretern die Kündigungsgründe kennt (BAG 27.6.19 – 2 ABR 2/19,

NZA 19, 1415; BAG 20.9.84 – 2 AZR 73/83, AP BGB § 28 Nr 1; aA für den kündigungsberechtigten Aufsichtsrat einer AG BGH 19.5.80 – II ZR 169/79, NJW 81, 166).

Ist die **Gesellschafterversammlung** für den Ausspruch einer Kündigung zuständig, beginnt die Ausschlussfrist bei Kenntnis aller Gesellschafter (BGH 17.3.80 – II ZR 178/79, NJW 80, 2411). Ist im **öffentlichen Dienst** der Gemeinderat oder ein nach den Vorschriften der Gemeindeordnung eingerichteter Ausschuss für Personalangelegenheiten kündigungsberechtigt, ist die Ausschlussfrist gewahrt, wenn die fristlose Kündigung eines ArbN der Gemeinde in der nächsten ordentlichen Sitzung beschlossen wird, nachdem der Erste Bürgermeister bzw der jeweilige Chef der Verwaltung vom Kündigungssachverhalt Kenntnis erlangt hat (BAG 18.5.94 – 2 AZR 930/93, NZA 94, 1086). 22

**Kündigungsberechtigt** und damit für den Beginn der Ausschlussfrist entscheidend sind weiter der Prokurist nach § 48 HGB (BAG 9.10.75 – 2 AZR 332/74, AP BGB § 626 Ausschlussfrist Nr 8), der nach § 54 HGB Handlungsbevollmächtigte und alle Mitarbeiter, denen der ArbGeb das Recht zur Kündigung nach den Regeln der Stellvertretung übertragen hat. Ihre Kenntnis setzt daher ebenso den Lauf der Ausschlussfrist in Gang (BAG 27.6.19 – 2 ABR 2/19, NZA 19, 1415; BAG 23.10.08 – 2 AZR 388/07, AP BGB § 626 Nr 217). Endlich genügt für den Fristbeginn die Kenntnis von Mitarbeitern, die eine herausgehobene Position und Funktion im Betrieb haben und tatsächlich sowie rechtlich in der Lage sind, einen Sachverhalt – der Anhaltspunkte für eine außerordentliche Kündigung bietet – so umfassend klären zu können, dass mit ihrer Meldung der Kündigungsberechtigte ohne weitere Erhebungen und Ermittlungen seine (Kündigungs-) Entscheidung treffen kann. Zusätzlich muss die verspätet erlangte Kenntnis des Kündigungsberechtigten in diesen Fällen auf einer unsachgemäßen Organisation des Betriebs oder der Verwaltung beruhen, obwohl eine andere betriebliche Organisation sachgemäß und zumutbar gewesen wäre. Beide Voraussetzungen – ähnlich selbstständige Stellung und schuldhafter Organisationsmangel – müssen kumulativ vorliegen (BAG 23.10.08 – 2 AZR 388/07, AP BGB § 626 Nr 217). Die ohne Vollmacht erklärte außerordentliche Kündigung kann vom Vertretenen mit rückwirkender Kraft nach § 184 BGB nur innerhalb der Ausschlussfrist genehmigt werden (BAG 26.3.86 – 7 AZR 585/84, DB 86, 2292). 23

**b) Ende.** Das Ende der Ausschlussfrist wird nach allgemeinen Vorschriften erreicht. So wird der Tag, an dem der Kündigungsberechtigte Kenntnis von den maßgeblichen Tatsachen erhält, nach § 187 Abs 1 BGB nicht mitgerechnet. Die Frist beginnt also erst am Tag nach der Kenntniserlangung und endet nach § 188 Abs 2 Satz 1 Hs 1 BGB mit dem Ablauf des Tages der zweiten Woche, der durch seine Benennung dem Tag entspricht, an dem der Kündigungsberechtigte Kenntnis erhalten hat. Läuft die Ausschlussfrist an einem Samstag, Sonntag oder gesetzlichen Feiertag ab, tritt nach § 193 BGB an die Stelle dieses Tages der nächste Werktag. Beispiel: Kenntnis am Freitag, den 1. März – Fristende Freitag, den 15. März; Kenntnis Samstag, den 2. März – Fristende Montag, den 18. März. 24

Die Kündigung ist **„erfolgt"**, wenn sie dem Kündigungsempfänger zugeht (BAG 9.3.78 – 2 AZR 529/76, NJW 78, 2168). Es reicht daher nicht aus, wenn die Kündigung innerhalb der Ausschlussfrist den Machtbereich des Kündigenden verlassen hat. Das normale Beförderungsrisiko trägt damit der Kündigende. Dazu gehört auch die Verzögerung der Zustellung eines Kündigungsbriefes über die üblichen Zustellungszeiten der Post hinaus (BAG 7.2.73 – 5 AZR 324/72, NJW 73, 918). Holt der Empfänger die mit einem Einschreiben versandte Kündigung bewusst nicht unverzüglich auf der Post ab, kann er sich im Einzelfall nicht auf den dadurch hervorgerufenen Ablauf der Ausschlussfrist berufen (BAG 25.4.96 – 2 AZR 13/95, NZA 96, 1227). Ungewöhnliche Verzögerungen, denen der Kündigende machtlos gegenübersteht, hemmen den Ablauf der Ausschlussfrist (zB Streik im Postdienst). Im Übrigen gilt alles, was allgemein zum Zugang einer Kündigung gilt (→ *Kündigung, allgemein* Rn 50–57). 25

**c) Verlängerung.** Eine Verlängerung der Ausschlussfrist ist nach Treu und Glauben möglich. Trotz Ablauf dieser Frist kann es im Einzelfall rechtsmissbräuchlich sein, sich darauf zu berufen. Sie gilt dann trotz Fristablauf als eingehalten (BAG 28.10.71 – 2 AZR 32/71, NJW 72, 463). Dies ist zB so, wenn die Parteien in zeitlich fest begrenzten **Verhandlungen** nach Möglichkeiten suchen, das Beschäftigungsverhältnis auf andere Weise als durch außerordentliche Kündigung zu beenden und diese Verhandlungen ursächlich für das Versäumen der Frist sind. Voraussetzung ist jedoch, dass die Verhandlungen auf Wunsch oder mit 26

Einverständnis des Gekündigten über den Ablauf der Ausschlussfrist hinaus fortgesetzt wurden oder ihm eine über den Ablauf der Ausschlussfrist hinausreichende Bedenkzeit eingeräumt wurde. Allerdings ist die Berufung auf den Ablauf der Ausschlussfrist in diesem Fall nur dann missbräuchlich, wenn der Kündigungsberechtigte die außerordentliche Kündigung unverzüglich nach Scheitern der Verhandlung ausgesprochen hat (BGH 5.6.75, EzA § 626 BGB nF Nr 36). Unverzüglich handelt nach § 121 Abs 1 BGB nur, wer ohne schuldhaftes Zögern die Kündigung ausspricht. In der Praxis bedeutet dies, dass die außerordentliche Kündigung am Tage nach dem Scheitern der Verhandlung ausgesprochen werden muss.

27 Gehen **unverschuldete Verhinderungen,** die Ausschlussfrist einzuhalten, allein auf die Sphäre des Kündigenden zurück (Krankheit, Geschäftsreise), rechtfertigen sie nur dann den Einwand des Rechtsmissbrauchs gegenüber der Berufung auf den Fristablauf, wenn sie so kurzfristig oder unerwartet waren, dass es nicht möglich war oder auch überflüssig erscheinen durfte, für eine Vertretung zu sorgen (BAG 9.10.75 – 2 AZR 332/74, AP BGB § 626 Ausschlussfrist Nr 8).

28 Soweit der **Betriebsrat** vor Ausspruch eine fristlosen Kündigung anzuhören ist, verlängert sich die Frist des § 626 Abs 2 BGB nicht. Der ArbGeb muss also spätestens bis zum zehnten Tag nach Kenntnis der für die Kündigung maßgebenden Tatsachen den BRat nach § 102 BetrVG anhören. Nur so kann er bei Schweigen des BRat noch am letzten Tag der Ausschlussfrist die Kündigung zugehen lassen, ohne die Dreitagesfrist des § 102 Abs 2 BetrVG zu verletzen. Entsprechendes gilt für die Beteiligung des BRat bei der geplanten fristlosen Kündigung eines BRatMitglieds nach § 103 BetrVG (BAG 18.8.77 – 2 ABR 19/77, NJW 78, 109). Verweigert der BRat in diesem Fall seine Zustimmung, muss der ArbGeb, um die Ausschlussfrist zu wahren, innerhalb von zwei Wochen nach Kenntnis der für die Kündigung maßgeblichen Tatsachen das Zustimmungsersetzungsverfahren beim ArbG einleiten. Erst mit seinem rechtmäßigen Abschluss kann wirksam gekündigt werden (BAG 9.7.98 – 2 AZR 142/98, NZA 98, 1273). Ist die Zustimmung des BRat rechtskräftig ersetzt, beginnt die Frist des § 626 Abs 2 BGB nicht erneut zu laufen. Der ArbGeb muss jetzt die Kündigung unverzüglich aussprechen (BAG 25.1.79 – 2 AZR 983/77, AP BetrVG 1972 § 103 Nr 12). Ein vor der Zustimmungsverweigerung des BRat gestellter Ersetzungsantrag wahrt die Ausschlussfrist nicht. Er wird auch nicht dadurch zulässig, dass nachträglich die Zustimmung des BRat zur beabsichtigten Kündigung beantragt wird (BAG 24.10.96 – 2 AZR 3/96, NZA 97, 371).

29 Bei der fristlosen Kündigung von ArbN, die dem **Mutterschutz** unterliegen, oder von **Schwerbehinderten** sind die erforderlichen Anträge bei den Behörden (§ 17 Abs 2 MuSchG; § 18 Abs 1 BEEG; § 174 Abs 2 SGB IX) binnen zwei Wochen nach Kenntnis der für die Kündigung maßgeblichen Tatsachen zu stellen. Wird die Kündigung für zulässig erklärt bzw die Zustimmung zur Kündigung erteilt, muss der ArbGeb bei schwerbehinderten Menschen nach § 174 Abs 5 SGB IX – im Übrigen nach der Rspr – unverzüglich kündigen (BAG 1.2.07 – 2 AZR 333/06, NZA 07, 744), wenn ihn diese Erklärung nach Ablauf der 2-Wochen-Frist erreicht. Unverzüglich bedeutet nicht „sofort". Ein Zuwarten kann durch die Umstände des Einzelfalles geboten sein. Dies kann sich aus einem verständigen Abwägen der beiderseitigen Interessen im konkreten Fall ergeben (BAG 1.2.07 – 2 AZR 333/06, NZA 07, 744). Für diese Verpflichtung reicht schon die sichere Kenntnis von der Zustimmung des Integrationsamtes aus, die der ArbGeb hat, wenn ihm die Entscheidung vorab mündlich mitgeteilt wird. Der Bescheid muss nicht schon zugestellt sein (BAG 21.4.05 – 2 AZR 255/04, NZA 05, 991). Geht der Bescheid dem ArbGeb vor Ablauf der 2-Wochen-Frist des § 626 Abs 2 BGB zu, kann er die ursprüngliche Ausschlussfrist voll ausschöpfen (BAG 15.11.01 – 2 AZR 380/00, NZA 02, 970). Dasselbe gilt, wenn das Integrationsamt mitteilt, dass die Kündigung nicht der Zustimmung bedarf – sog „Negativattest" (BAG 27.5.83 – 7 AZR 482/81, AP SchwbG § 12 Nr 12). Wird das Kündigungsschreiben vor Zustellung des Zustimmungsbescheids abgesandt, schadet dies nicht, wenn es dem Schwerbehinderten erst nach der Zustellung des Bescheids zugeht (BAG 15.5.97 – 2 AZR 43/96, NZA 98, 33) oder das Integrationsamt seine Entscheidung schon (fern-) mündlich mitgeteilt hat (BAG 12.8.99 – 2 AZR 748/98, NZA 99, 1267). Durch die Zustimmung des Integrationsamtes steht nicht zugleich fest, dass die Ausschlussfrist des § 626 Abs 2 BGB gewahrt ist. Die Gerichte für Arbeitssachen prüfen diese Frist selbstständig

(BAG 1.2.07 – 2 AZR 333/06 NZA 07, 744; BAG 2.3.06 – 2 AZR 46/05, NZA 06, 1211). Entscheidet das Integrationsamt nicht binnen zwei Wochen, gilt seine Zustimmung nach § 91 Abs 3 SGB IX als erteilt.

**3. Der wichtige Grund.** Der für die außerordentliche Kündigung erforderliche „wichtige Grund" ist – auch für die Kündigung sog „unkündbarer" ArbN (BAG 27.4.06 – 2 AZR 386/05, NZA 06, 977) – gegeben, wenn Tatsachen vorliegen, aufgrund derer dem Kündigenden unter Berücksichtigung aller Umstände des Einzelfalles und unter Abwägung der Interessen beider Vertragsteile nicht zugemutet werden kann, das Arbeitsverhältnis bis zum Ablauf der Kündigungsfrist – bei „Unkündbaren" bis zum Ablauf der „fiktiven" Kündigungsfrist (BAG 27.4.06 – 2 AZR 386/05, NZA 06, 977) – oder bis zur vereinbarten Beendigung fortzusetzen, selbst wenn dies ihm für einen bestimmten aber kürzeren Zeitraum (BAG 13.4.2000 – 2 AZR 259/99, NZA 01, 277) zuzumuten ist. Dabei kann es sich auch um vor Beginn des Arbeitsverhältnisses liegende, dem ArbGeb bei der Einstellung nicht bekannte Umstände oder Ereignisse handeln (BAG 5.4.01 – 2 AZR 159/00, NZA 01, 954). Der vorsätzliche Verstoß gegen Vertragspflichten kann eine außerordentliche Kündigung auch rechtfertigen, wenn der damit einhergehende wirtschaftliche Schaden gering ist (BAG 10.6.10 – 2 AZR 541/09, NZA 10, 1227). Selbst die erhebliche Verletzung vertraglicher Nebenpflichten – wie die Rücksichtnahmepflicht des § 241 Abs 2 BGB – kann im Einzelfall ein wichtiger Grund zur außerordentlichen Kündigung sein (BAG 19.7.12 – 2 AZR 989/11, NZA 13, 143; BAG 2.3.06 – 2 AZR 53/05, NZA-RR 06, 636). Die „Berücksichtigung aller Umstände des Einzelfalles" und die „Abwägung der Interessen beider Vertragsteile" stellen klar, dass es selbst im Zusammenhang mit strafbaren Handlungen **keine unbedingten (absoluten) Kündigungsgründe** gibt (BAG 10.6.10 – 2 AZR 541/09, NZA 10, 1227). Entscheidend ist stets der Einzelfall. 30

So kann ein und derselbe Verstoß gegen die Pflichten aus dem Arbeitsvertrag wegen unterschiedlicher sozialer Daten bei dem einen Mitarbeiter die außerordentliche Kündigung begründen, beim anderen nicht. Andersherum: Wer jung, auf dem Arbeitsmarkt leicht vermittelbar und noch nicht lange beschäftigt ist, muss eher mit einer fristlosen Kündigung rechnen als der langjährig beschäftigte ältere Familienvater. Wenn wir von einem „wichtigen Grund" reden, sprechen wir daher stets nur davon, ob ein bestimmtes Verhalten „an sich geeignet ist", eine außerordentliche Kündigung zu begründen – sog **objektiver Kündigungsgrund.** 31

**a) Interessenabwägung.** Die Interessenabwägung im Einzelfall entscheidet bei Vorlage der wichtigen Gründe in einem zweiten Schritt über die Wirksamkeit der außerordentlichen Kündigung (BAG 15.1.18 – 2 AZR 382/17, NZA 18, 845). Es muss festgelegt werden, ob der Wunsch des Kündigenden an einer möglichst schnellen Beendigung des Arbeitsverhältnisses im Einzelfall höher zu bewerten ist als der seines Vertragspartners, zumindest für die Dauer der Kündigungsfrist beschäftigt zu bleiben. Eine außerordentliche Kündigung kommt daher nur in Betracht, wenn dem ArbGeb sämtliche milderen Reaktionsmöglichkeiten unzumutbar sind. Zu den milderen Reaktionen gehören insbes die **ordentliche Kündigung** oder eine **Abmahnung,** wenn sie schon geeignet sind, den auch mit der außerordentlichen Kündigung verfolgten Zweck – Vermeidung des Risikos künftiger Störungen – zu erreichen (BAG 24.3.11 – 2 AZR 282/10, NZA 11, 1029; 10.6.10 – 2 AZR 541/09, NZA 10, 1227). Die bei dieser Abwägung zu berücksichtigenden Umstände lassen sich nicht abschließend für alle Fälle festlegen (BAG 10.6.10 – 2 AZR 541/09, NZA 10, 1227). In erster Linie kommt es auf das **Gewicht und die Auswirkungen der Pflichtverletzung** an (BAG 21.11.13 – 2 AZR 797/11, NZA 14, 243). Daneben ist eine mögliche **Wiederholungsgefahr,** der **Umfang des entstandenen Schadens** und eine besondere Verwerflichkeit der Tat in Betracht zu ziehen (BAG 16.12.04 – 2 ABR 70/04, AP BGB § 626 Nr 191). Zu berücksichtigen ist ebenso der **Grad des Verschuldens** (BAG 21.11.13 – 2 AZR 797/11, NZA 14, 243). Hierfür und für die Möglichkeit einer Wiederherstellung des Vertrauens macht es objektiv einen Unterschied, ob es sich bei einer Pflichtverletzung um ein Verhalten handelt, das insgesamt auf Heimlichkeit angelegt ist (BAG 21.6.12 – 2 AZR 153/11, NZA 12, 1025). Entscheidend kann die **Dauer** des Arbeitsverhältnisses und sein **störungsfreier Verlauf** sein (BAG 21.11.13 – 2 AZR 797/11, NZA 14, 243), selbst wenn es bei der außerordentlichen Kündigung um ein Vermögensdelikt geht (BAG 10.6.10 – 2 32

AZR 541/09, NZA 10, 1227). Auch Unterhaltspflichten und der Familienstand können je nach Lage des Falles Bedeutung gewinnen (BAG 26.3.09 – 2 AZR 953/07, NZA-RR 10, 516). Sie sind jedenfalls nicht von vornherein von der Berücksichtigung ausgeschlossen, wenn sie auch im Einzelfall in den Hintergrund treten und im Extremfall von der Berücksichtigung ausgeschlossen sein können (BAG 27.4.06 – 2 AZR 415/05, NZA 06, 1033). Daneben können zu Lasten des ArbN nach Zugang der Kündigung aufgetretene **gleichartige Pflichtverstöße** herangezogen werden, wenn sie dem Kündigungsgrund ein größeres Gewicht verleihen und ihn in einem neuen Licht erscheinen lassen (BAG 10.6.10 – 2 AZR 541/09, NZA 10, 1227). Dazu müssen zwischen den neuen Vorgängen und den alten Gründen so enge innere Beziehungen bestehen, dass jene nicht außer Acht gelassen werden können, ohne dass ein einheitlicher Lebensvorgang zerrissen würde. Es darf aber nicht etwa eine ursprünglich unbegründete Kündigung durch die Berücksichtigung späteren Verhaltens rückwirkend zu einer begründeten werden. Grds kann unter diesen Voraussetzungen selbst späteres (Prozess-)Verhalten in die Interessenabwägung einbezogen werden (BAG 10.6.10 – 2 AZR 541/09, NZA 10, 1227). Die **Weiterbeschäftigung** des ArbN während des Kündigungsschutzprozesses ist für die Wirksamkeit einer außerordentlichen Kündigung ebenso bedeutungslos (BAG 22.9.16 – 2 AZR 848/15, NZA 17, 112) wie ihr Ausspruch mit einer sozialen **Auslauffrist** (BAG 13.5.15 – 2 AZR 531/14, NZA 15, 1408). Zum einen kommt es für die Wirksamkeit der Kündigung auf die Umstände im Zeitpunkt ihres Zugangs an. Zum anderen ist allein maßgeblich, ob zu diesem Zeitpunkt Tatsachen gegeben waren, die es dem ArbGeb objektiv unzumutbar machten, das Arbeitsverhältnis fortzusetzen.

33 Für die Ergebnisse dieser Interessenabwägung gibt es bestenfalls „Erfahrungswerte". Entscheidend ist letzten Endes die Beurteilung durch den Richter. Wo er als Tatrichter die für die Interessenabwägung wesentlichen Gesichtspunkte gesehen und widerspruchslos berücksichtigt hat, ist auch das BAG an seine Wertungen gebunden. Sie sind nur „beschränkt revisibel". Im Folgenden geht es allein um die Frage, welche Tatbestände **„an sich geeignet sind"**, eine außerordentliche Kündigung zu begründen – es geht um den sog **objektiven Kündigungsgrund**. Hier kann man auf eine gewachsene Rspr zurückgreifen. Insoweit – aber auch nur insoweit – ist eine Prognose in Kündigungsschutzprozessen möglich und eine Darstellung sinnvoll.

34 **b) Eignung.** Bei der **generellen Eignung** eines Tatbestandes, die außerordentliche Kündigung zu begründen, geht es nicht darum, ob dem ArbGeb zuzumuten ist, den Mitarbeiter auf Dauer weiter zu beschäftigen. Es geht allein darum, ob es für ihn **unzumutbar** ist, den Gekündigten **für die Dauer der Kündigungsfrist** bzw bis zum Ablauf einer vereinbarten Befristung des Arbeitsverhältnisses **zu beschäftigen.** Daraus folgt zweierlei. Bei kurzen Kündigungsfristen wird die Weiterbeschäftigung eher zuzumuten sein als bei längeren; wer außerordentlich kündigt, muss einen strengeren Maßstab anlegen als bei der ordentlichen Kündigung. Was eine fristlose Kündigung begründet, reicht zwar stets für die ordentliche Kündigung. Umgekehrt kann eine außerordentliche Kündigung nicht rechtfertigen, was „als soziale Rechtfertigung" der ordentlichen Kündigung gerade hinreicht.

35 **c) Verhältnismäßigkeit.** Die außerordentliche Kündigung ist nur wirksam, wenn sie die **unausweichlich letzte Maßnahme** für den Kündigenden darstellt. Alle anderen geeigneten Mittel, wie Abmahnung, Versetzung, Änderungskündigung, ordentliche Kündigung müssen erschöpft oder dem Kündigenden nicht mehr zuzumuten sein. Sie müssen daher selbst bei Straftaten gegen das Eigentum zumindest geprüft werden (BAG 10.6.10 – 2 AZR 541/09, NZA 10, 1227). Geeignet sind dabei nur solche Maßnahmen, von denen der ArbGeb annehmen darf, dass sie die Benachteiligung für die Zukunft abstellen, dh eine Wiederholung ausschließen (BAG 9.6.11 – 2 AZR 323/10, NZA 11, 1342). Im Verhalten des ArbN liegende arbeitsplatzunabhängige Kündigungsgründe können bei einer Beschäftigung auf einem anderen Arbeitsplatz fortwirken. Hier scheidet die Versetzung als milderes Mittel aus (BAG 26.11.09 – 2 AZR 272/08, NZA 10, 628). Auf eine Freistellung des ArbN unter Fortzahlung der Bezüge zur Vermeidung einer außerordentlichen Kündigung kann man den ArbGeb jedoch nicht verweisen (BAG 11.3.99 – 2 AZR 507/98, NZA 99, 587). Vor einer außerordentlichen Kündigung gegenüber einem tariflich „unkündbaren" ArbN aus betrieblichen Gründen, muss der ArbGeb auch dann alle zumutbaren, eine Weiterbeschäftigung ermöglichenden Mittel ausschöpfen, wenn der ArbN einen Übergang seines

Arbeitsverhältnisses auf einen Betriebserwerber widersprochen hat (BAG 17.9.98 – 2 AZR 419/97, NZA 99, 258).

Eine außerordentliche Kündigung lässt sich nur auf Sachverhalte stützen, die sich **konkret** nachteilig auf das Arbeitsverhältnis auswirken (BAG 17.3.88 – 2 AZR 576/87, NZA 89, 261). Da selbst die fristlose Kündigung für die Vergangenheit nichts mehr regeln kann, kommt es für ihre Begründung allein auf die Auswirkungen kündigungsbegründender Ereignisse in der Zukunft an. Selbst schwerwiegende Vorfälle sind unerheblich, wenn sie das Arbeitsverhältnis in Zukunft nicht mehr belasten (BAG 9.3.95 – 2 AZR 497/94, NZA 95, 777). Die fristlose Kündigung dient nicht der Vergeltung. Sie dient dem Interesse des Kündigenden, möglichst schnell aus einer für ihn auf Dauer unzumutbaren Situation herauszukommen. So ist es auch Sache des Kündigenden, im Rahmen des für ihn Zumutbaren dafür zu sorgen, dass künftige Belastungen vermieden werden. 36

Wo noch Urlaubsansprüche bestehen, die es ermöglichen, den ArbN für die Dauer der Kündigungsfrist in Urlaub zu schicken, ist daher die außerordentliche Kündigung nicht selten von vornherein problematisch.

**d) Art der Kündigungsgründe.** Die außerordentliche Kündigung kann schon durch Gründe bedingt sein, die allein in der **Person** des Gekündigten liegen (BAG 25.4.18 – 2 AZR 6/18, NZA 18, 1056; 26.11.09 – 2 AZR 272/08, NZA 10, 628 – Dauernde Unmöglichkeit; BAG 5.6.08 – 2 AZR 984/06, AP BGB § 626 Nr 212 – Verlust der Fahrerlaubnis). Ein Verschulden ist dann nicht erforderlich. Allein deshalb ist in diesem Fall ein **besonders strenger Maßstab** anzulegen. Meist ist die Beschäftigung während der Kündigungsfrist zumutbar und damit die außerordentliche Kündigung unwirksam. Handelt es sich um einen ordentlich nicht kündbaren ArbN, kann eine außerordentliche Kündigung mit sozialer Auslauffrist in Frage kommen (BAG 26.11.09 – 2 AZR 272/08, NZA 10, 628 – Entzug der Zugangsermächtigung zu Verschlusssachen. Für eine außerordentliche Kündigung aufgrund **krankheitsbedingter Leistungsminderung** (BAG 20.3.14 – 2 AZR 825/12, NZA 14, 1089) oder häufiger Kurzerkrankungen (BAG 25.4.18 – 2 AZR 6/18, NZA 18, 1056) bedarf es eines gravierenden Missverhältnisses zwischen Leistung und Gegenleistung (→ Rn 57). 37

Die außerordentliche Kündigung aus **verhaltensbedingten Gründen** setzt grds voraus, dass der Gekündigte **rechtswidrig und schuldhaft** seine vertraglichen oder nebenvertraglichen (BAG 19.7.12 – 2 AZR 989/11, NZA 13, 143) Pflichten verletzt hat. Im Einzelfall kann ein Fehlverhalten des ArbN die betriebliche Ordnung derart nachhaltig stören, dass der ArbGeb selbst dann außerordentlich kündigen darf, wenn dem ArbN sein Verhalten wegen fehlender Verantwortlichkeit für sein Tun nicht vorwerfbar ist (BAG 21.1.99 – 2 AZR 665/98, NZA 99, 863). Werden Straftatbestände verwirklicht, kann der Verbotsirrtum dazu führen, dass ein Verschulden fehlt (BAG 14.2.96 – 2 AZR 274/95, NZA 96, 873). Die Rechtswidrigkeit kann zB fehlen, wenn der ArbN seine Arbeitskraft zurückhält weil noch Vergütungsansprüche offen sind (BAG 9.5.96 – 2 AZR 387/95, NZA 96, 1085), wenn er Streikarbeit verweigert (BAG 25.7.57 – 1 AZR 194/56, AP BGB § 615 Betriebsrisiko Nr 15), oder sich ein Drucker weigert, an der Herstellung einer Zeitung mitzuwirken, die den Nazismus verherrlicht (BAG 29.1.60 – 1 AZR 200/58, NJW 60, 1734). Die Arbeitsverweigerung ist ua nicht verschuldet, wenn der ArbN aufgrund eines unverschuldeten Rechtsirrtums angenommen hat, er brauche die ihm zugewiesene Arbeit nicht zu verrichten (BAG 22.10.15 – 2 AZR 569/14, NZA 16, 417).

Die außerordentliche Kündigung aus **betriebsbedingten Gründen** ist nur ausnahmsweise zulässig. Zu dem vom ArbG zu tragenden Unternehmerrisiko gehört auch die Einhaltung der ordentlichen Kündigungsfrist. Außerordentliche betriebsbedingte Kündigung sind daher nur gegenüber ArbN möglich, bei denen die ordentliche Kündigung durch Tarifvertrag oder Arbeitsvertrag ausgeschlossen ist (BAG 27.6.19 – 2 AZR 50/19, NZA 19, 1345). Durch diesen Ausschluss der ordentlichen Kündigung sollen die Anforderungen an eine außerordentliche Kündigung nicht abgesenkt werden (BAG 22.10.15 – 2 AZR 381/14, NZA 16, 482). Soweit eine außerordentliche betriebsbedingte Kündigung zulässig ist, muss sie der ArbGeb aber mit einer sozialen Auslauffrist aussprechen, die der Kündigungsfrist entspricht (BAG 26.3.15 – 2 AZR 783/13, NZA 15, 866; BAG 24.1.13 – 2 AZR 453/11, NZA 13, 959). Sie kommt in Betracht, wenn der ArbGeb gezwungen wäre, ein sinnentleertes Arbeitsverhältnis fortzusetzen (BAG 20.3.14 – 2 AZR 288/13, NZA-RR 38

15, 16) oder den ArbN trotz Wegfalls der Beschäftigungsmöglichkeit noch für erhebliche Zeit vergüten müsste, ohne dass dem eine entsprechende Arbeitsleistung gegenüberstünde (BAG 26.3.15 – 2 AZR 783/13, NZA 15, 866; BAG 23.1.14 – 2 AZR 372/13, NZA 14, 895). Unter diesen Voraussetzungen kann sich ein wichtiger Grund für eine außerordentliche Kündigung – wie ein dringendes betriebliches Erfordernis iSv § 1 Abs 2 KSchG – jedoch auch aus dem Wegfall der Beschäftigungsmöglichkeit aufgrund innerbetrieblicher von äußeren Faktoren nicht „erzwungener" Maßnahmen ergeben (BAG 20.6.13 – 2 AZR 379/12, NZA 14, 139; 2 AZR 295/12, NZA 14, 208). So soll der ArbGeb regelmäßig auch dann nicht von einer Fremdvergabe von Tätigkeiten absehen müssen, wenn dadurch einem ordentlich nicht mehr kündbaren Arbeitsverhältnis die Grundlage entzogen wird (BAG 18.6.15 – 2 AZR 480/14, NZA 15, 1315; BAG 22.11.12 – 2 AZR 673/11, NZA 13, 730). Ein wichtiger Grund soll andererseits nicht bereits in einer schlechten wirtschaftlichen Lage oder der (drohenden) Insolvenz des Arbeitgebers als solcher liegen, weil der ArbGeb das wirtschaftliche Risiko trägt (BAG 24.1.13 – 2 AZR 453/11, NZA 13, 959). Beides lässt sich nur schwer vereinbaren. Bei der Prüfung der Möglichkeit zur Weiterbeschäftigung ist zunächst die tarifliche Ausgestaltung des Sonderkündigungsschutzes als solche zu berücksichtigen. Stellt schon die tarifliche Regelung selbst dem ArbGeb bestimmte Reaktionsmöglichkeiten zur Verfügung wie zB eine ordentliche Änderungskündigung, um sich bei dringenden betrieblichen Gründen aus einem unzumutbar gewordenen vertraglichen Zustand zu lösen, so hat er zunächst von diesen Gebrauch zu machen. Erst wenn feststeht, dass auch sie versagen, kann eine außerordentliche Kündigung – mit Auslauffrist – gegenüber einem ordentlich unkündbaren ArbN in Betracht kommen (BAG 22.11.12 – 2 AZR 673/11, NZA 13, 730). In jedem Fall muss der ArbGeb alle Möglichkeiten nutzen, das Arbeitsverhältnis sinnvoll fortzusetzen (BAG 27.6.19 – 2 AZR 50/19, NZA 19, 1345; BAG 26.3.15 – 2 AZR 783/13, NZA 15, 866), selbst wenn der ArbN dem Übergang seines Arbeitsverhältnisses auf einen Betriebserwerber widersprochen hat (BAG 9.3.07 – 8 AZR 538/06, NZA 07, 1278). Dazu gehört auch die Weiterbeschäftigung unter geänderten angemessenen Vertragsbedingungen im Betrieb oder Unternehmen und auch im Konzern, wenn der ArbGeb tariflich verpflichtet ist, den ArbN bei Wegfall seines Arbeitsplatzes auf einem anderen freien Arbeitsplatz im Konzern zu beschäftigen (BAG 10.5.07 – 2 AZR 626/05, NZA 07, 1278; Einzelheiten → *Unkündbarkeit* Rn 7 ff). Der Arbeitgeber muss jedoch keine Weiterbeschäftigungsmöglichkeiten neu schaffen, um eine außerordentliche Kündigung mit Auslauffrist zu vermeiden. Es kommt allein darauf an, ob andere Beschäftigungsmöglichkeiten tatsächlich noch bestehen. Weder stellt der Verzicht auf die beschlossene Organisationsmaßnahme eine „geeignete andere Maßnahme" zur Vermeidung einer außerordentlichen betriebsbedingten Kündigung dar noch kann der ArbGeb gezwungen sein, eine Organisationsentscheidung mit dem Ziel zu „modifizieren", dass jedenfalls die Arbeitsplätze von ArbN in ordentlich nicht mehr kündbaren Arbeitsverhältnissen erhalten bleiben (BAG 24.9.15 – 2 AZR 562/14, NZA 16, 366). Auch bei der außerordentlichen betriebsbedingten Kündigung ist der ArbGeb zur Sozialauswahl entsprechend § 1 Abs 3 KSchG verpflichtet (BAG 27.6.19 – 2 AZR 50/19, NZA 19, 1345). Die Regelungen zur Namensliste in § 1 Abs 5 KSchG sind auf die außerordentliche betriebsbedingte Kündigung nicht anwendbar (BAG 28.5.09 – 2 AZR 844/07, NZA 09, 954).

39 e) **Außerdienstliches Verhalten** kann grds nur dann die außerordentliche Kündigung rechtfertigen, wenn es sich im Arbeitsverhältnis konkret nachteilig auswirkt (BAG 27.11.08 – 2 AZR 98/07, NZA 09, 604). Dies gilt auch für Straftaten. Richten sie sich nicht gegen den ArbGeb und belasten sie nicht das Arbeitsverhältnis, weil sie weder ernsthafte Zweifel an der Zuverlässigkeit noch an der Eignung des ArbN für die von ihm zu verrichtende Tätigkeit begründen, können sie eine außerordentliche Kündigung nicht rechtfertigen (BAG 10.9.09 – 2 AZR 257/08, NZA 10, 220). Entscheidend ist nicht die strafrechtliche Wertung, sondern allein, ob dem Kündigenden nach dem gesamten Sachverhalt die Fortsetzung des Arbeitsverhältnisses selbst für die Dauer der Kündigungsfrist unzumutbar ist (BAG 18.12.18 – 2 AZR 370/18, NZA 19, 445). Unter diesen Voraussetzungen sind neben den Straftaten, die sich gegen den ArbGeb richten (→ Rn 67), grds nur „einschlägige Delikte" geeignet, die außerordentliche Kündigung zu rechtfertigen. So können Diebstahl oder Unterschlagung die Weiterbeschäftigung eines Buchhalters, Kassierers, Geldboten (BAG

6.9.12 – 2 AZR 270/11, NJW 13, 1115), Sittlichkeitsdelikte die Beschäftigung von Lehrern, Erziehern oder Jugendpflegern unzumutbar machen (BAG 25.10.12 – 2 AZR 700/11, NZA 13, 371).

Mit der Ablösung durch den TVöD sind für den **öffentlichen Dienst** die früher im BAT 40 und MTArb vorgesehenen besonderen Anforderungen an das außerdienstliche Verhalten der ArbN von den Tarifvertragsparteien aufgehoben worden. Seither gelten für die nicht hoheitlich tätigen Angestellten des öffentlichen Dienstes keine weitergehenden vertraglichen Nebenpflichten als für die Beschäftigten der Privatwirtschaft (BAG 10.9.09 – 2 AZR 257/08, NZA 10, 220). Damit ist die außerordentliche Kündigung wegen außerdienstlichen Verhaltens nicht ausgeschlossen. Sie wird weiterhin nach allgemeinen Grundsätzen möglich sein, etwa bei außerdienstlichem Verbreiten ausländerfeindlicher Pamphlete (BAG 14.2.96 – 2 AZR 274/95, NZA 96, 873), Begehen einer schweren Straftat (BAG 8.6.2000 – 2 AZR 638/99, NZA 2000, 1282) oder von Straftaten, die geeignet sind, das Ansehen der Behörde in der Öffentlichkeit zu beeinträchtigen (Steuerhinterziehung eines Angestellten der Finanzverwaltung – BAG 21.6.01 – 2 AZR 325/00, NZA 02, 1030).

Vor allem in sog **Tendenzbetrieben,** insbes im kirchlichen Dienst bzw in Einrichtungen 41 kirchlicher Trägerschaft kann das außerdienstliche Verhalten mit den Pflichten des Arbeitsverhältnisses unvereinbar sein. Dabei soll es Sache der Kirche und der ihr zugeordneten karitativen Einrichtungen sein, ihre Maßstäbe für die Bewertung vertraglicher Loyalitätspflichten festzulegen (BVerfG 20.11.14 – 2 BvR 661/12, NZA 14, 1387; BAG 25.4.13 – 2 AZR 579/12, NZA 13, 1131). Sie befindet auch verbindlich darüber, was die Glaubwürdigkeit der Kirche und ihrer Verkündung erfordert, was spezielle kirchliche Aufgaben sind, was Nähe zu ihnen bedeutet, welches die wesentlichen Grundsätze der Glaubens- und Sittenlehre sind, was als Verstoß gegen sie anzusehen ist und welches Gewicht ihm aus kirchlicher Sicht zukommt. Sie bestimmt endlich darüber, wer „religiöser Funktionsträger" ist, sowie ob und wie die Loyalitätspflichten je nach „Nähe" zur Verkündung abzustufen sind (BVerfG 20.11.14 – 2 BvR 661/12, NZA 14, 1387). Sache der Arbeitsrichter ist es dann, nach den einschlägigen arbeitsrechtlichen Vorschriften im Einzelfall festzulegen, ob die schwere Verletzung kirchlicher Loyalitätspflicht die Kündigung des Arbeitsverhältnisses rechtfertigt. Dabei haben sie das Selbstverständnis und die Gestaltungsfreiheit der Kirche (Art 137 Abs 3 S 1 Weimarer Reichsverfassung, Art 140 GG) und den Schutz des einzelnen vor Arbeitsplatzverlust in jedem Einzelfall gegeneinander abzuwägen (BVerfG 20.11.14 – 2 BvR 661/12, NZA 14, 1387; BAG 8.9.11 – 2 AZR 543/10, NZA 12, 443).

Unionsrechtlich muss ein Ausgleich des kirchlichen Selbstbestimmungsrechts mit dem 42 Recht der ArbN stattfinden, vor Diskriminierung geschützt zu werden (BAG 20.2.19 – 2 AZR 746/14, NZA 19, 901). Kirchliche Vorgaben dürfen nicht zu einer Diskriminierung wegen der Religion führen. Das wirkt sich unmittelbar auf die Reichweite von § 9 AGG aus. So ist **§ 9 Abs 1 Alt 1 AGG** mit der Richtlinie 2000/78/EG (Gleichbehandlungsrichtlinie) nicht vereinbar und darf nicht mehr angewandt werden. Eine Benachteiligung wegen der Religion lässt sich nicht mehr allein mit dem Selbstbestimmungsrecht der Kirchen rechtfertigen (BAG 25.10.18 – 8 AZR 501/14, NZA 19, 455). **§ 9 Abs 1 Alt 2 AGG** ist unionsrechtlich so auszulegen, dass eine unterschiedliche Behandlung wegen der Religion nur zulässig ist, wenn sie unter Beachtung des Selbstverständnisses der jeweiligen Religionsgemeinschaft nach Art der Tätigkeit oder den Umständen ihrer Ausübung eine wesentliche, rechtmäßige und gerechtfertigte berufliche Anforderung darstellt und dem Grundsatz der Verhältnismäßigkeit entspricht (BAG 25.10.18 – 8 AZR 501/14, NZA 19, 455; EuGH 11.9.18 – C-68/17, NZA 18, 1187). Nur unter diesen eingeschränkten Voraussetzungen dürfen nach **§ 9 Abs 2 AGG** Beschäftigte in leitender Stellung nach deren Konfession oder Konfessionslosigkeit unterschiedlich behandelt werden, wenn es darum geht, im Arbeitsverhältnis ein loyales und aufrichtiges Verhalten iSd Selbstverständnisses der Kirchen durchzusetzen (BAG 20.2.19 – 2 AZR 746/14, NZA 19, 901). Dies setzt einen – objektiv bestehenden – direkten Zusammenhang zwischen der vom Arbeitgeber aufgestellten beruflichen Anforderung und der fraglichen Tätigkeit voraus. Ein solcher Zusammenhang kann sich entweder aus der Art dieser Tätigkeit ergeben – zB wenn sie mit der Mitwirkung an der Bestimmung des Ethos der betreffenden Kirche oder Organisation oder einem Beitrag zu deren Verkündigungsauftrag verbunden ist – oder aus den Umständen ihrer Ausübung, zB der Notwendigkeit, für eine glaubwürdige Vertretung der

Kirche oder Organisation nach außen zu sorgen (BAG 20.2.19 – 2 AZR 746/14, NZA 19, 901).

43 Der Austritt eines im verkündigungsnahen Bereich eingesetzten Mitarbeiters einer ihrer Einrichtungen aus der katholischen Kirche kann die – ggf. außerordentliche – Kündigung des Arbeitsverhältnisses rechtfertigen (BAG 25.4.13 – 2 AZR 579/12, NZA 13, 1131). Die außerordentliche Kündigung der Mitarbeiterin eines evangelischen Kindergartens kann wirksam sein, wenn sie in der Öffentlichkeit werbend für eine andere Glaubensgemeinschaft auftritt und deren von den Glaubenssätzen der evangelischen Kirche erheblich abweichende Lehre verbreitet (BAG 21.2.01 – 2 AZR 139/00, NZA 01, 1136). Ein katholischer AN kann aber nicht wegen seiner Wiederverheiratung gekündigt werden, wenn dies für einen evangelischen oder konfessionslosen AN desselben ArbGeb nach der zugrundeliegenden Vertragsordnung ohne Folgen bleibt (BAG 20.2.19 – 2 AZR 746/14, NZA 19, 901); s weiter → *Kirchenarbeitsrecht* Rn 11 ff).

44 **f) Abmahnung.** Bei einer außerordentlichen Kündigung ist eine Abmahnung entbehrlich, wenn eine Verhaltensänderung in Zukunft selbst nach Abmahnung nicht zu erwarten ist oder wenn es sich um eine so schwere Pflichtverletzung handelt, dass ihre Hinnahme durch den ArbGeb offensichtlich – auch für den ArbN erkennbar – ausgeschlossen ist. Diese Grundsätze gelten selbst bei Störungen im Vertrauensbereich durch Straftaten gegen das Vermögen oder Eigentum des ArbGeb (BAG 10.6.10 – 2 AZR 541/09, NZA 10, 1227) oder bei sexueller Belästigung (BAG 9.6.11 – 2 AZR 323/10, NZA 11, 1342). Auch hier muss stets geprüft werden, ob nicht objektiv die Prognose gerechtfertigt ist, der ArbN werde sich nach einer Abmahnung künftig wieder vertragstreu verhalten (BAG 19.4.12 – 2 AZR 258/11, NZA-RR 12, 567; 9.6.11 – 2 AZR 323/10, NZA 11, 1342). Fehlt eine notwendige Abmahnung, ist allein deshalb die außerordentliche Kündigung unwirksam (wegen der Einzelheiten → *Abmahnung* Rn 9–23). Die personen- oder betriebsbedingte außerordentliche Kündigung erfordert keine vorherige Abmahnung.

45 **4. Fallgruppen.** Hält man sich vor Augen, dass die Zumutbarkeit der Weiterbeschäftigung je nach Lage des Falles ua von der Länge der Kündigungsfrist bestimmt wird und in jedem Einzelfall eine Interessenabwägung stattfinden muss, lassen sich eine Reihe von typischen Sachverhalten aufzählen, die idR „an sich geeignet sind" einen wichtigen Grund für die außerordentliche Kündigung abzugeben.

Der **Arbeitnehmer** wird idR außerordentlich kündigen können, wenn der ArbGeb das zugunsten des ArbN bestehende Arbeitsschutzrecht – etwa die Vorschriften der Arbeitszeitordnung – erheblich missachtet (BAG 28.10.71 – 2 AZR 15/71, DB 72, 489), den ArbN zu Unrecht einer Unredlichkeit verdächtigt oder längere Zeit den Lohn nicht zahlt (BAG 24.2.64 – 5 AZR 201/63, DB 64, 702). Für die fristlose Kündigung durch ArbGeb gilt ohne Anspruch auf Vollständigkeit Folgendes:

46 **Änderungskündigung.** Die außerordentliche Änderungskündigung (→ *Änderungskündigung* Rn 16) setzt jedenfalls voraus, dass die Änderungen der Arbeitsbedingungen unabweisbar notwendig ist und die neuen Arbeitsbedingungen für den ArbN zumutbar sind (BAG 1.3.07 – 2 AZR 580/05, NZA 07, 1445). Sie spielt vor allem gegenüber unkündbaren ArbN eine Rolle (→ *Unkündbarkeit* Rn 12).

47 **Alkohol.** Die durch Alkohol bedingte dauernde Unfähigkeit des ArbN, seiner Pflicht nachzukommen, kann eine außerordentliche Kündigung rechtfertigen (BAG 14.11.84 – 7 AZR 174/83, NZA 86, 97), solange es sich nicht um eine Abhängigkeit im medizinischen Sinne handelt. Die Wirksamkeit der Kündigung richtet sich dann nach den Grundsätzen der krankheitsbedingten Kündigung (BAG 20.3.2014 – 2 AZR 565/12, NZA 14, 602; → *Kündigung, personenbedingte* Rn 32–35).

Bei Berufskraftfahrern kann Trunkenheit am Steuer während des Dienstes und der Entzug der Fahrerlaubnis wegen Trunkenheit während einer Privatfahrt einen wichtigen Grund darstellen (BAG 30.5.78 – 2 AZR 630/76, AP BGB § 626 Nr 70).

48 **Arbeitsbummelei.** Wiederholte Unpünktlichkeit des ArbN kann eine fristlose Kündigung begründen, wenn sie den Grad und die Auswirkung einer beharrlichen Verweigerung der Arbeitspflichten erreicht. Kommt es in diesem Fall daneben zu einer konkreten Störung des betrieblichen Friedens oder des Arbeitsablaufes, ist dies im Rahmen der Interessenabwägung mit zu berücksichtigen (BAG 17.8.88 – 2 AZR 576/87, NZA 89, 261).

**Arbeitsverweigerung.** Soweit der ArbN nach der objektiven Rechtslage zur Arbeitsleistung verpflichtet ist, kann die beharrliche Weigerung, seine vertraglichen Pflichten zu erfüllen, einen wichtigen Grund darstellen (BAG 14.12.17 – 2 AZR 86/17, NZA 18, 646). Hierzu genügen nicht Saumseligkeit oder Vergesslichkeit. Beharrlich verweigert seine Arbeit nur, wer bewusst oder nachhaltig nicht leisten will, wer sich berechtigten Anordnungen widersetzt (BAG 28.6.18 – 2 AZR 436/17, NZA 18, 1259). Dies kann auch dadurch geschehen, dass er sich nach gewonnenem Kündigungsschutzprozess weigert, der einfachen Aufforderung des ArbGeb Folge zu leisten, sich im Betrieb einzufinden, um dort konkrete Arbeitsanweisungen entgegenzunehmen (BAG 19.1.16 – 2 AZR 449/15, NZA 16, 1144). Der ArbN darf die Arbeitsleistung nach § 273 Abs 1 BGB zurückhalten, wenn der ArbGeb seine aus dem Arbeitsverhältnis folgenden Haupt- oder Nebenpflichten schuldhaft nicht erfüllt. Er darf sie nach § 275 Abs 3 BGB auch zurückhalten, wenn die konkrete Arbeit für ihn im Einzelfall so belastend ist, dass sie unzumutbar wird. Die Ausübung des Zurückbehaltungsrechts steht unter dem Gebot von Treu und Glauben und unterliegt dem Grundsatz der Verhältnismäßigkeit. Der ArbN muss unter Angabe des Grundes dem ArbGeb klar und eindeutig mitteilen, er werde dieses Recht mit Blick auf eine ganz bestimmte, konkrete Gegenforderung wahrnehmen. Nur so wird dem ArbGeb die Möglichkeit eröffnet, den möglichen Anspruch des ArbN zu prüfen und ggf zu erfüllen (BAG 22.10.15 – 2 AZR 569/14, NZA 16, 417). 49

Die Arbeitsverweigerung berechtigt nicht zur fristlosen Kündigung, wenn der ArbN unverschuldet angenommen hat, er sei zu der geforderten Leistung nicht verpflichtet. Dabei trägt er grundsätzlich selbst das Risiko, dass sich seine Rechtsauffassung als unzutreffend erweist. Entscheidend ist die objektive Rechtslage (BAG 28.6.18 – 2 AZR 436/17, NZA 18, 1259). Ein entschuldbarer Rechtsirrtum liegt nur vor, wenn der ArbN nach sorgfältiger Prüfung der Sach- und Rechtslage nicht von seiner Arbeitspflicht auszugehen brauchte. Dabei soll es nicht einmal ausreichen, dass er sich für seine eigene Rechtsauffassung neben einer eigenen Prüfung auch auf fachkundige Beratung stützen kann. Ein Unterliegen in einem möglichen Rechtsstreit muss zwar nicht undenkbar sein; ein normales Prozessrisiko entlastet ihn aber nicht (BAG 22.10.15 – 2 AZR 569/14, NZA 16, 417). Der ArbN kann sich einem vertragsgemäßen Verlangen des ArbGeb auch nicht allein dadurch – vorläufig – entziehen, dass er ein gerichtliches Verfahren zur Klärung der umstrittenen Frage einleitet. Auf einen unverschuldeten Rechtsirrtum kann er sich nur berufen, wenn er nicht mit einem Unterliegen im Rechtsstreit zu rechnen brauchte (BAG 29.8.13 – 2 AZR 273/12, NZA 14, 533). Er braucht einer Versetzung nicht zu folgen, wenn der Betriebsrat nicht beteiligt wurde. Das Mitbestimmungsrecht dient auch dem Schutz des ArbN. Die fehlende Zustimmung des BRat macht die Versetzung unwirksam (BAG 17.8.11 – 5 AZR 251/10, NZA-RR 12, 342). Die fehlende Zustimmung des BRat zur (Wieder-)Einstellung eines ArbN kann für diesen grds nur dann ein Leistungsverweigerungsrecht begründen, wenn der BRat sich auf die Verletzung seines Mitbestimmungsrechts beruft und die Aufhebung der Einstellung verlangt (BAG 5.4.01 – 2 AZR 580/99, NZA 01, 893). 50

**Außerdienstliches Verhalten.** Erst wenn sich das außerdienstliche Verhalten auf konkret innerdienstlich auswirkt kann es zu einem Grund für eine außerordentliche Kündigung werden (BAG 27.11.08 – 2 AZR 98/07, NZA 09, 604). Freilich wird es nur selten die sofortige Beendigung eines Arbeitsverhältnisses rechtfertigen können. Dies soll sowohl für den wiederholten Besuch einer Spielbank durch den Leiter einer Bankfiliale (LAG Hamm 14.1.98 – 3 Sa 1087/97, LAGE BGB § 626 Nr 119) wie für anzügliche sexistische Bemerkungen eines Lehrers gegenüber sog. benachteiligten Jugendlichen anlässlich privater Treffen gelten (BAG 27.11.08 – 2 AZR 98/07, NZA 09, 604). Im Tendenzbetrieb gelten eigene Regeln (hierzu → Rn 42 und → *Kirchenarbeitsrecht* Rn 11 ff) 51

**Beleidigung.** ArbN dürfen zwar auch unternehmensöffentlich Kritik am ArbGeb, ihren Vorgesetzten und den betrieblichen Verhältnissen üben und sich dabei auch überspitzt äußern. Schmähkritik genießt jedoch nicht den Schutz der Meinungsfreiheit. Bei ihr steht die Diffamierung der Person im Vordergrund und nicht die – wenn auch zugespitzte oder polemische – Auseinandersetzung in der Sache. Allein in dem sinngemäßen Vorwurf an einen Vorgesetzten, ein „Ausbeuter" zu sein, soll keine Schmähkritik liegen, welche eine außerordentliche Kündigung rechtfertigen könnte (BVerfG 30.5.18 – 1 BvR 1149/17, NZA 18, 924). In grobem Maße unsachliche Angriffe, die zur Untergrabung der Position 52 eines Vorgesetzten führen können, muss der ArbGeb aber nicht hinnehmen. Grobe Beleidigungen des ArbGeb oder seiner Vertreter und Repräsentanten oder von Arbeitskollegen, die nach Form und Inhalt eine erhebliche Ehrverletzung für den Betroffenen bedeuten, können jedoch eine außerordentliche Kündigung rechtfertigen (BAG 12.1.06 – 2 AZR 21/05, NZA 06, 917). Entsprechendes gilt, wenn der ArbN bewusst unwahre Tatsachenbehauptungen über seinen ArbGeb oder Vorgesetzte bzw. Kollegen aufstellt, insbes wenn die Erklärungen den Tatbestand der üblen Nachrede erfüllen (BAG 27.9.12 – 2 AZR 646/11, NZA 13, 808; BAG 10.12.09 – 2 AZR 534/08, NZA 10, 698). Dabei müssen Beleidigungen im Einzelfall – etwa bei einer psychischen Störung – nicht einmal verschuldet sein (BAG 21.1.99 – 2 AZR 665/98, NZA 99, 863). Wie sonst auch, kommt es in diesen Fällen für die Wirksamkeit der außerordentlichen Kündigung nicht auf die strafrechtliche Bewertung, sondern allein darauf an, ob dem ArbGeb nach dem gesamten Sachverhalt zuzumuten ist, das Arbeitsverhältnis bis zum Ablauf der Kündigungsfrist fortzusetzen. Geschieht dies alles in einem vertraulichen Gespräch unter Arbeitskollegen, darf der ArbN regelmäßig darauf vertrauen, dass deren Inhalt nicht nach außen getragen wird. Hebt ein ArbN die Vertraulichkeit auf, geht dies nicht zu Lasten des anderen. Seine außerordentliche Kündigung wäre unwirksam (BAG 10.12.09 – 2 AZR 543/08, NZA 10, 698). Auch extreme ausländerfeindliche Äußerungen können im Einzelfall als Beleidigung eine fristlose Kündigung tragen (BAG 1.7.99 – 2 AZR 676/98, NZA 99, 1270).

53 **Betriebsfrieden.** ArbN sind nach § 241 Abs 2 BGB verpflichtet, Störungen des Betriebsfriedens oder Betriebsablaufs zu vermeiden. Dies entspricht dem berechtigten Interesse des ArbG an der Einhaltung der betrieblichen Ordnung als Voraussetzung einer funktionierenden Arbeitsorganisation (BAG 1.6.17 – 6 AZR 720/15, BB 17, 1395). Außerordentliche Kündigungen wegen der Störung des Betriebsfriedens setzen voraus, dass der Betriebsfrieden nicht nur potentiell oder abstrakt gefährdet, sondern konkret gestört ist. Eine solche konkrete Störung fehlt, wenn sich zwar der ArbGeb oder seine Vertreter gestört fühlen, nicht aber andere ArbN. Dies gilt außerhalb des öffentlichen Dienstes auch für radikale, provozierende politische Meinungsäußerungen oder die Betätigung in einer verfassungsfeindlichen Partei. So kann auch das Tragen einer auffälligen Plakette im Betrieb während der Arbeitszeit, durch die eine parteipolitische Meinung bewusst auf provozierende Weise sichtbar ausgedrückt wird, nur dann einen wichtigen Grund abgeben, wenn hierdurch der Betriebsfrieden oder der betriebliche Ablauf konkret gestört werden (BAG 9.12.82 – 2 AZR 620/80, NJW 84, 1142). In diesen Fällen kann sich der ArbN nicht auf Art 5 GG – das Recht der freien Meinungsäußerung – berufen, weil es durch die Grundregeln des Arbeitsverhältnisses beschränkt ist (BAG 10.12.09 – 2 AZR 534/08, NZA 10, 698; → *Meinungsfreiheit* Rn 5). Die zum „Whistleblowing" entwickelten Grundsätze (→ *Kündigung, verhaltensbedingte* Rn 21 und → *Whistleblowing* Rn 1 ff) sind auch auf den Bereich der innerbetrieblichen „Anzeigen" anzuwenden. Auch unterhalb der Schwelle eines strafbaren Verhaltens muss ein ArbN bei der Mitteilung vermeintlicher Missstände im Betrieb angemessen auf Persönlichkeitsrechte seiner Arbeitskollegen und Vorgesetzten Rücksicht nehmen. Das folgt schon aus dem berechtigten Interesse des Arbeitgebers an der Wahrung des Betriebsfriedens (BAG 27.9.12 – 2 AZR 646/11, NZA 13, 808). Bewusst illoyales Verhalten gegenüber Vorgesetzten kann einen wichtigen Grund zur außerordentlichen Kündigung abgeben (BAG 1.6.17 – 6 AZR 720/15, BB 17, 1395). Stellt ein ArbN einer Kollegin unter bewusster Missachtung ihres entgegenstehenden Willens im Betrieb oder im Zusammenhang mit der geschuldeten Tätigkeit beharrlich nach, ist dies an sich als wichtiger Grund für eine außerordentliche Kündigung iSv § 626 Abs 1 BGB geeignet – Stalking (BAG 19.4.12 – 2 AZR 258/11, NZA-RR 12, 567).

54 **Fähigkeiten.** IdR kann der ArbGeb nicht außerordentlich kündigen, weil dem ArbN die erwarteten Fähigkeiten, Kenntnisse oder Erfahrungen fehlen bzw erforderliche Leistungen nicht erbracht werden. Nur wenn das Missverhältnis zwischen Stellung und Leistung so auffällig ist, dass die Angaben bei der Bewerbung als „Hochstapelei" erscheinen, kann wegen fehlender Eignung im Einzelfall auch einmal fristlos gekündigt werden. Der ArbGeb muss eben bei einer Stellenbesetzung stets mit einer Selbstüberschätzung des Bewerbers rechnen (LAG Bln 21.7.60 – 4 Sa 56/60, BB 60, 1167). Etwas anderes kann gelten, wenn sich der Bewerber mit bewusst falschen Angaben zu seiner Berufsausbildung eine Stellung erschleicht, der er, für ihn bei der Bewerbung erkennbar, nicht gewachsen ist.

Bei einem gehobenen Angestellten mit besonderer Verantwortung kann auch eine einmalige fahrlässig schlechte Erfüllung seiner vertraglichen Verpflichtungen als wichtiger Grund ausreichen, wenn dies Verhalten geeignet war, einen besonders schweren Schaden herbeizuführen und der ArbGeb alles getan hat, diese Situation zu vermeiden (BAG 14.10.65 – 2 AZR 466/64, AP BetrVG § 66 Nr 27).

**EDV-Nutzung.** Selbst eine fehlende betriebliche Regelung führt nicht dazu, dass die private Nutzung der EDV erlaubt ist. Auch ihre Duldung rechtfertigt allenfalls einen Gebrauch von einigen Minuten am Tag während der Arbeitszeit. Ein wichtiger Grund zur außerordentlichen Kündigung kann vorliegen, wenn der ArbN das Internet während der Arbeitszeit zu privaten Zwecken in erheblichem zeitlichen Umfang („ausschweifend") nutzt und damit seine arbeitsvertraglichen Pflichten verletzt (BAG 7.7.05 – 2 AZR 581/04, NZA 06, 98). Selbst der Verstoß gegen ein ausdrückliches Verbot jeglicher privater Nutzung des dienstlichen Internetanschlusses sowie das Herunterladen von pornografischem Bildmaterial schaffen jedoch keinen absoluten Kündigungsgrund. Auch bei einem solchen Sachverhalt ist die Verhältnismäßigkeit einer Kündigung anhand aller relevanten Umstände des Einzelfalls und unter Abwägung der Interessen beider Vertragsteile zu prüfen (BAG 19.4.12 – 2 AZR 186/11, NZA 13, 27). Die unerlaubte Speicherung unternehmensbezogener Daten auf einer privaten Festplatte ohne Sicherung gegen unbefugten Zugriff und die zusätzliche Speicherung privater Daten auf einem Firmen-Laptop verstoßen gegen die Rücksichtnahmepflicht aus § 241 Abs 2 BGB. Eine Abmahnung als milderes Mittel soll jedoch nicht entbehrlich sein, wenn der ArbN die fraglichen Daten nicht unterdrücken oder dem ArbGeb vorenthalten will (BAG 24.3.11 – 2 AZR 282/10, NZA 11, 1029). 55

**Haft.** Untersuchungs- und Strafhaft können im Einzelfall einen wichtigen Grund abgeben. Dabei kommt es entscheidend auf die Dauer der Haft an (BAG 24.3.11 – 2 AZR 790/09, NZA 11, 1084) und darauf, ob für den ArbGeb zumutbare Überbrückungsmöglichkeiten bestehen (BAG 25.11.10 – 2 AZR 984/08, NZA 11, 686). Eine Untersuchungshaft von drei Monaten kann eine Kündigung nicht, eine von sieben Monaten Dauer soll sie rechtfertigen (BAG 25.11.10 – 2 AZR 984/08, NZA 11, 686). Selbst eine Freiheitsstrafe von mehr als zwei Jahren mit der Ungewissheit, ob nach Ablauf der Kündigungsfrist zeitnah ein offener Vollzug möglich ist, wird in der Regel nur für eine ordentliche Kündigung ausreichen (BAG 24.3.11 – 2 AZR 790/09, NZA 11, 1084; 25.11.10 – 2 AZR 984/08, NZA 11, 686). Im Einzelfall kann der ArbGeb aufgrund seiner Fürsorgepflicht gehalten sein, daran mitzuwirken, dass der ArbN einen Freigängerstatus erhält; vorausgesetzt, der ArbN hat ihm über die Umstände der Straftat, das Strafverfahren sowie der Haft nicht getäuscht und Störungen des Arbeitsverhältnisses sind nicht zu befürchten (BAG 24.3.11 – 2 AZR 790/09, NZA 11, 1084; 9.3.95 – 2 AZR 497/94, NZA 95, 777). Bei Untersuchungshaft wird der ArbGeb idR den ersten Haftprüfungstermin abwarten müssen (BAG 10.6.65 – 2 AZR 339/64, NJW 66, 565). Denn er ist nach den §§ 323, 325 BGB von der Lohnzahlungspflicht für die Dauer der Untersuchungshaft befreit. Der ArbN ist jedoch gehalten, dem ArbGeb die Untersuchungshaft unverzüglich anzuzeigen und ihn – im Rahmen des Möglichen – über die voraussichtliche Haftdauer und anstehende Haftprüfungstermine in Kenntnis zu setzen. Eine fristlose Kündigung kommt regelmäßig erst dann in Betracht, wenn der ArbN diese Pflichten beharrlich verletzt oder durch sein Verhalten anderweitig deutlich macht, dass er auch in Zukunft nicht bereit sein werde, ihnen nachzukommen (BAG 26.3.15 – 2 AZR 517/14, NZA 15, 1180). 56

**Krankheit.** Im Allgemeinen kann weder die langandauernde noch die häufige kurze Erkrankung des ArbN eine außerordentliche Kündigung rechtfertigen. Dem ArbGeb ist grds zuzumuten, die Kündigungsfrist einzuhalten. Etwas anderes kann gelten, wenn die ordentliche Kündigung durch Gesetz, Tarifvertrag oder Arbeitsvertrag ausgeschlossen ist – für sog Unkündbare (BAG 25.4.18 – 2 AZR 6/18, NZA 18, 1056), für BRatMitglieder (BAG 18.2.93 – 2 AZR 526/92, NZA 94, 74). Voraussetzung für eine außerordentliche Kündigung in diesem Fall ist, dass die prognostizierten Fehlzeiten und die sich aus ihnen ergebende Beeinträchtigung der betrieblichen Interessen deutlich über das Maß hinausgehen müssen, welches eine ordentliche Kündigung sozial zu rechtfertigen vermöchte. Dazu muss der Leistungsaustausch nicht nahezu entfallen; er muss aber besonders schwer gestört sein. Es bedarf eines gravierenden Missverhältnisses zwischen Leistung und Gegenleistung. Ein solches ist gegeben, wenn zu erwarten steht, dass der ArbGeb bei Fortsetzung 57 des Arbeitsverhältnisses – ggf über Jahre hinweg – erhebliche Entgeltzahlungen – etwa für mehr als ein Drittel der jährlichen Arbeitstage (BAG 25.4.18 – 2 AZR 6/18, NZA 18, 1056) – zu erbringen hätte, ohne dass dem eine nennenswerte Arbeitsleistung gegenüberstände. Die Aufrechterhaltung eines solchermaßen „sinnentleerten" Arbeitsverhältnisses kann dem ArbGeb auch im Falle eines ordentlich nicht kündbaren ArbN unzumutbar sein. Das BAG ist bisher davon ausgegangen, ein Arbeitsverhältnis sei im Rahmen einer Prognose dann noch nicht „sinnentleert", wenn der ArbN noch zu fast zwei Dritteln seiner Jahresarbeitszeit arbeitsfähig ist (BAG 23.1.14 – 2 AZR 582/13, NZA 14, 962). Diese Rechtsprechung hat es ausdrücklich aufgegeben. Jetzt heißt es, die Interessenabwägung falle nicht in jedem Fall zugunsten des ArbN aus, wenn er in Zukunft voraussichtlich zu deutlich mehr als der Hälfte der Gesamtarbeitszeit zur Verfügung steht. Der „Eintrittswert" für eine notwendige Interessenabwägung sei schon bei zukünftig zu erwartenden Fehlzeiten in Höhe von einem Drittel der jährlichen Arbeitstage überschritten (BAG 25.4.18 – 2 AZR 6/18, NZA 18, 1056). Der ArbGeb muss daneben – wie bei der ordentlichen Kündigung – prüfen, ob der krankheitsbedingten Minderung der Leistungsfähigkeit durch organisatorische Maßnahmen – zB Umverteilung der Aufgaben, Umgestaltung des Arbeitsplatzes (BAG 12.7.95 – 2 AZR 762/94, NZA 95, 1100), Umsetzung auf einen freien „leidensgerechten" Arbeitsplatz im Betrieb oder Unternehmen (BAG 10.6.10 – 2 AZR 1020/08, NZA 10, 1234) oder dadurch begegnet werden kann, indem er durch Ausüben seines Direktionsrechts einen leidensgerechten Arbeitsplatz „schafft", auf dem der Erkrankte eingesetzt werden kann (BAG 12.7.07 – 2 AZR 716/06, NZA 08, 173). Im Übrigen können außerordentliche Kündigungen aus Krankheitsgründen nur mit einer sozialen Auslauffrist ausgesprochen werden (BAG 5.2.98 – 2 AZR 227/97, NZA 98, 771; → *Unkündbarkeit* Rn 14 f).

Meist geht es bei der fristlosen Kündigung im Zusammenhang mit Erkrankungen des ArbN um die Verletzung vertraglicher **Nebenpflichten.** So kann die wiederholte und abgemahnte Verletzung der nach § 5 EFZG bestehenden Pflicht, seine Krankheit unverzüglich anzuzeigen und die AUBescheinigung vor Ablauf des auf die ersten drei Kalendertage der Erkrankung nachfolgenden Arbeitstags vorzulegen, im Einzelfall die außerordentliche Kündigung begründen, wenn sie eine „beharrliche" Pflichtverletzung darstellt (BAG 15.1.86 – 7 AZR 128/83, NZA 87, 93). Auch die Verletzung einer arbeits- oder tarifvertraglichen Pflicht, an einer ärztlichen Untersuchung zur Feststellung seiner Arbeitsfähigkeit mitzuwirken, kann eine außerordentliche Kündigung rechtfertigen (BAG 25.1.18 – 2 AZR 382/17, NZA 18, 845. Wer als **leitender Angestellter** unterlässt, vor Beginn seiner Erkrankung noch mögliche Anweisungen zu erteilen, die erforderlich sind, um schwere Schäden abzuwenden, kann im Einzelfall auch deshalb fristlos seinen Arbeitsplatz verlieren (BAG 30.1.76 – 2 AZR 518/74, AP BGB § 626 Krankheit Nr 2).

**58** Wer mit Krankheit **droht,** um einen Urlaub zu erzwingen, eine Versetzung oder die Zuweisung unangenehmer Arbeit zu verhindern, kann außerordentlich gekündigt werden. Dies gilt auch, wenn er im Anschluss daran tatsächlich erkrankt. Denn der Vorwurf liegt in der unzulässigen Ausübung von Druck auf den ArbGeb (BAG 12.3.09 – 2 AZR 251/07, NZA 09, 779). War der ArbN im Zeitpunkt der Ankündigung eines künftigen, krankheitsbedingten Fehlens aber bereits objektiv erkrankt und durfte er davon ausgehen, auch am Tag des begehrten Urlaubs (weiterhin) wegen Krankheit arbeitsunfähig zu sein, kann nicht mehr angenommen werden, sein fehlender Arbeitswille und nicht die bestehende AU sei Grund für das spätere Fehlen am Arbeitsplatz (BAG 12.3.09 – 2 AZR 251/07, NZA 09, 779). Die ernstliche und im Zustand freier Willensbetätigung abgegebene Drohung mit Selbstmord kann einen wichtigen Grund zur Kündigung des Arbeitsverhältnisses bilden, wenn es dem ArbN darum geht, mit der Drohung Druck auf den ArbGeb auszuüben, um bestimmte eigene Interessen oder Forderungen durchzusetzen (BAG 29.6.17 – 2 AZR 47/16, BB 17, 2940).

**59** Das Vertrauen in die Redlichkeit eines ArbN kann auch zerstört werden, wenn er bei bescheinigter AU den Heilungserfolg durch gesundheitswidriges Verhalten gefährdet. Dies kann nicht nur durch Arbeit bei einem anderen ArbGeb, sondern auch durch Freizeitaktivitäten geschehen, welche mit der AU nur schwer in Einklang zu bringen sind (BAG 2.3.06 – 2 AZR 53/05, NZA-RR 06, 636). Je nach Art der Erkrankung können daher nächtliche Barbesuche, Besuche von Kinos oder Sportstätten (BAG 26.8.93 – 2 AZR 154/

93, NZA 94, 63) eine außerordentliche Kündigung rechtfertigen. Geht der ArbN während er krankgeschrieben ist einer anderweitigen Tätigkeit nach, kann dies ein Hinweis darauf sein, dass er seine Krankheit nur vorgespiegelt hat. Es kann in diesem Fall auch eine pflichtwidrige Verzögerung der Heilung vorliegen (BAG 3.4.08 – 2 AZR 965/06, NZA 08, 807).

Wer eine Krankheit **vortäuscht** oder sich eine AUBescheinigung erschleicht, kann im Regelfall fristlos gekündigt werden. Dies gilt nicht nur, wenn sich der ArbN für die Zeit einer vorgetäuschten AU Entgeltfortzahlung gewähren lässt und damit regelmäßig einen Betrug zulasten des ArbGeb begeht. Täuscht er eine AU erst nach Ablauf des Entgeltfortzahlungszeitraums zu dem Zweck vor, während der attestierten AU einer Konkurrenztätigkeit nachgehen zu können, verletzt er ebenfalls in erheblicher Weise seine Pflicht zur Rücksichtnahme auf die Interessen des ArbGeb gem § 241 Abs 2 BGB. Der ArbGeb wird durch die Täuschung daran gehindert, seine Rechte auf die vertragsgerechte Durchführung des Arbeitsverhältnisses geltend zu machen (BAG 29.6.17 – 2 AZR 597/16, NZA 17, 2853). 60

**Manko.** Die außerordentliche Kündigung wegen eines Waren- oder Geldmankos ist nicht allein deshalb wirksam, weil es sich um ein erhebliches Manko handelt. Sie kann allenfalls dann wirksam sein, wenn der ArbN das Manko verschuldet hat (BAG 22.11.73 – 2 AZR 580/72, AP BGB § 626 Nr 67). 61

**Nebentätigkeiten.** Die nicht erlaubte *Nebentätigkeit* (→ *Nebentätigkeit* Rn 3 ff) kann einen wichtigen Grund für außerordentliche Kündigungen darstellen, wenn die offensichtlich nicht genehmigungsfähige Nebentätigkeit von ArbN fortgesetzt ausgeübt wird (BAG 18.9.08 – 2 AZR 827/06, NZA-RR 09, 393), der ArbN seinem ArbGeb in dessen Handelsgewerbe Konkurrenz macht (BAG 19.4.07 – 2 AZR 180/06, NZA-RR 07, 571), sich wegen der Nebentätigkeit seine vertraglich geschuldeten Arbeitsleistungen erheblich verschlechtert oder die Nebentätigkeit sich mit dem Ansehen des öffentlichen Dienstes nicht vereinbaren lässt (BAG 21.1.82 – 2 AZR 761/79 – nv). 62

**Offenbarungspflicht.** Macht ein für eine leitende Vertrauensstellung vorgesehener ArbN im Einstellungsgespräch falsche Angaben über sein zuletzt bezogenes Gehalt, kann er im Einzelfall fristlos entlassen werden, wenn diese Angaben erkennbar für die Beurteilung seiner Eignung von Bedeutung sind oder er selbst unter Hinweis auf seine angeblich bezogene Vergütung erhöhte Bezahlung verlangt und erhalten hat (BAG 19.5.83 – 2 AZR 171/81, AP BGB § 123 Nr 25). Eine außerordentliche Kündigung kann auch mit einer Verletzung der arbeitsvertraglichen Pflicht zur Rücksichtnahme auf schutzwürdige Interessen des ArbGeb begründet werden, wenn etwa der ArbN eine von ihm bemerkte, laufende offenkundige Lohnüberzahlung gegenüber dem ArbGeb nicht anzeigt (BAG 28.8.08 – 2 AZR 15/07, NZA 09, 193). 63

**Personaleinkauf.** Die bewusste Zuwiderhandlung des ArbN gegen Regelungen zur Inanspruchnahme eines Sachbezugs mit dem Ziel, anstelle von Waren oder Dienstleistungen aus dem Sortiment des ArbGeb Bargeld zu erhalten, kann an sich geeignet sein, einen wichtigen Grund zur außerordentlichen Kündigung iSd § 626 Abs 1 BGB zu begründen (BAG 23.6.09 – 2 AZR 103/08, NZA 09, 1198). 64

**Schmiergelder.** Wer Schmiergelder nimmt, muss selbst dann mit seiner fristlosen Kündigung rechnen, wenn er sich nicht dazu bewegen lässt, gegen seine vertraglichen Pflichten zu verstoßen (BAG 21.6.01 – 2 AZR 30/00, NZA 02, 232). Die Entgegennahme branchenüblicher Gelegenheitsgeschenke oder Trinkgelder ist dagegen zulässig, soweit es sich um geringwertige Aufmerksamkeiten handelt (BAG 15.11.01 – 2 AZR 605/00, AP BGB § 626 Nr 175). Wer als ArbN Dritte besticht, verwendet das Geld des ArbGeb pflichtwidrig. Dies kann eine außerordentliche Kündigung rechtfertigen, auch wenn sein Verhalten keinen Straftatbestand erfüllt. Durfte er annehmen, er handle nicht pflichtwidrig, ist seine Pflichtverletzung nicht schuldhaft. Die Kündigung ist dann unwirksam (BAG 21.6.12 – 2 AZR 694/11, NZA 13, 199). 65

**Sittliche Verfehlungen.** Eine sexuelle Belästigung iSv § 3 Abs 4 AGG kann die außerordentliche Kündigung rechtfertigen (BAG 29.6.17 – 2 AZR 302/16, NZA 17, 1121). Vorsatz ist nicht erforderlich, wenn die Belästigung eintritt. Sie tritt unabhängig davon ein, ob die betroffene Person ihre ablehnende Einstellung zu der fraglichen Verhaltensweise aktive verdeutlicht (BAG 9.6.11 – 2 AZR 323/10, NZA 11, 1342). Auch ein schwerwiegender Verstoß eines ArbN gegen seine vertragliche Nebenpflicht, die Privatsphäre und den deutlichen Wunsch einer Arbeitskollegin zu respektieren, nicht-dienstliche Kontaktaufnah- 66 men mit ihr zu unterlassen, kann die außerordentliche Kündigung des Arbeitsverhältnisses rechtfertigen – Stalking (BAG 19.4.2012 – 2 AZR 258/11, NZA-RR 12, 567).

67 **Straftaten.** Versuchte und vollendete Eigentums- oder Vermögensdelikte zum Nachteil des ArbGeb sind grds geeignet, einen wichtigen Grund für eine außerordentliche Kündigung abzugeben (BAG 1.2.07 – 2 AZR 333/06, NZA 07, 744). Unabhängig von der Höhe des Schadens bricht der ArbN durch die Eigentumsverletzung jedenfalls in erheblicher Weise das Vertrauen des ArbGeb (BAG 22.9.16 – 2 AZR 848/15, NZA 17, 112; BAG 10.6.10 – 2 AZR 541/09, NZA 10, 1227). Dasselbe muss für andere Straftaten gegenüber dem ArbGeb gelten, die nur geringe Werte betreffen – unerlaubtes Telefonieren oder Fotokopieren auf Kosten des ArbGeb. Auch die nicht erlaubte intensive zeitliche Nutzung des Internet kann ein wichtiger Grund zur fristlosen Kündigung des Arbeitsverhältnisses sein (BAG 7.7.05 – 2 AZR 581/04, NZA 06, 98). Der Missbrauch von Kontrolleinrichtungen (Stechuhren, elektronische Zugangssysteme) für sich selbst oder für Arbeitskollegen kann – unabhängig von der strafrechtlichen Würdigung – jedenfalls dann einen wichtigen Grund darstellen, wenn die dort aufgezeichneten Daten die Grundlage für die Bezahlung abgeben (BAG 26.9.2013 – 2 AZR 682/12, NZA 14, 443; BAG 21.4.05 – 2 AZR 255/04, NZA 05, 991). Der vorsätzliche Verstoß eines AN gegen seine Verpflichtung, die abgeleistete, vom ArbGeb nur schwer zu kontrollierende Arbeitszeit korrekt zu dokumentieren (vorsätzlich falsches Erfassen von Überstunden in einem Formular), ist geeignet, einen wichtigen Grund zur außerordentlichen Kündigung iSv § 626 Abs 1 BGB darzustellen. Der AN kann dies weder damit rechtfertigen, der ArbGeb weigere sich zu Unrecht Erschwerniszuschläge zu zahlen, noch damit, ein Mitarbeiter der Personalabteilung habe ihm geraten, auf diese Weise den „gerechten Ausgleich" seiner berechtigten Forderungen zu suchen (BAG 13.12.18 – 2 AZR 370/18, NZA 19, 445). Schon der einmalige Spesenbetrug kann bei einem ArbN in besonderer Vertrauensstellung einen wichtigen Grund darstellen, selbst wenn es sich nur um einen geringfügigen Betrag handelt (BAG 6.9.07 – 2 AZR 264/06, NZA 08, 636). Auch die Bereitschaft zur Falschaussage im Prozess gegen seinen ArbGeb (BAG 16.10.86 – 2 ABR 71/85, AP BGB § 626 Nr 95), Buchungsmanipulationen der Regionalleiterin einer Sparkasse (BAG 5.4.01 – 2 AZR 159/00, NZA 01, 954) oder die Drohung mit einem empfindlichen Übel, um die Erfüllung einer streitigen Forderung zu erreichen bzw von einer Kündigung Abstand zu nehmen – auch wenn dies nicht den Straftatbestand der Nötigung erfüllt (BAG 8.5.14 – 2 AZR 249/13, NZA 14, 1258) – können die fristlose Kündigung rechtfertigen.

68 **Tätlichkeiten.** Tätlichkeiten unter ArbN können auch eine außerordentliche Kündigung rechtfertigen. Eine Abmahnung ist grundsätzlich nicht erforderlich. Die Versetzung auf einen anderen Arbeitsplatz ist für den ArbGeb regelmäßig unzumutbar (BAG 6.10.05 – 2 AZR 280/04, NZA 06, 431).

69 **Urlaub.** Wer als ArbN gegen den Willen des ArbGeb eigenmächtig seinen Urlaub antritt, kann damit einen wichtigen Grund zur außerordentlichen Kündigung liefern (BAG 16.3.00 – 2 AZR 75/99, NZA 00, 1332). Das unbefugte Überschreiten des Urlaubendes kann jedenfalls dann eine fristlose Kündigung rechtfertigen, wenn es auf eine Beharrlichkeit des ArbN schließen lässt (Buchung des Rückfluges auf ein nach dem Urlaubende liegendes Datum) oder auf uneinsichtiger Haltung des ArbN beruht (LAG Düsseldorf 29.4.81 – 22 Sa 82/81, LAGE BGB § 626 Nr 12). Dies gilt auch, wenn der ArbN während des Urlaubs erkrankt und nur eigenmächtig die nach § 9 BUrlG verbliebenen Urlaubstage anhängt.

70 **Verdacht.** Nicht nur die erwiesene Straftat, auch der Verdacht, eine strafbare Handlung oder erhebliche Pflichtverletzungen gegenüber dem ArbGeb begangen zu haben, kann ein wichtiger Grund für eine außerordentliche Kündigung sein (BAG 1.2.07 – 2 AZR 333/06, NZA 07, 744). Reichen Straftat oder Pflichtverletzung als solche nicht aus, eine fristlose Kündigung zu rechtfertigen, kann auf sie auch nicht eine außerordentliche Verdachtskündigung gestützt werden (Einzelheiten → *Verdachtskündigung* Rn 9).

71 **Verschwiegenheit.** Je nach Lage des Einzelfalles kann der Verstoß gegen die Pflicht zur Verschwiegenheit auch eine außerordentliche Kündigung rechtfertigen (BAG 25.4.91 – 2 AZR 624/90, NZA 92, 212). Die Pflicht zur Verschwiegenheit folgt aus der Pflicht des ArbN, auf die geschäftlichen Interessen des ArbGeb Rücksicht zu nehmen. Sie umfasst neben den Betriebs- und Geschäftsgeheimnissen (hierzu BAG 16.3.82 – 3 AZR 83/79, NJW 83, 134) persönliche Umstände oder Verhaltensweisen des ArbGeb und Umstände, die

von ihm ausdrücklich als vertraulich bezeichnet werden (→ *Verschwiegenheitspflicht* Rn 2–6). Eine Kündigung kann gerechtfertigt sein, wenn ein ArbN bei Behörden bzw mit einer Strafanzeige wissentlich oder leichtfertig falsche Angaben macht (BVerfG 2.7.01 – 1 BvR 2049/00, NZA 01, 888). Eine Strafanzeige ist nicht berechtigt, wenn der ArbN weiß, dass der erhobene Vorwurf nicht zutrifft oder dies jedenfalls erkennen muss. Trotz wahrer Angaben kann eine Kündigung gerechtfertigt sein, wenn die Anzeige nur die unverhältnismäßige Reaktion auf ein Verhalten des ArbGeb darstellt (BAG 7.12.06 – 2 AZR 400/05, NZA 07, 502).

**Vollmachtsmissbrauch.** Ein Angestellter darf trotz uneingeschränkter Vollmacht keine Anschaffungen zu seinem persönlichen Nutzen vornehmen, ohne seine fristlose Kündigung zu riskieren (BAG 26.11.64 – 2 AZR 211/63, AP BGB § 626 Nr 53). Überträgt der ArbGeb einem Angestellten uneingeschränkt die Führung des Betriebes und lässt er ihn jahrelang schalten und walten, ohne jemals seine Maßnahmen zu beanstanden, so kann er ihn wegen nachträglich aufgedeckter Verfehlungen nicht mehr außerordentlich kündigen, wenn er vorher von der Möglichkeit, den Angestellten zu überwachen, keinerlei Gebrauch gemacht hat und auf die Verfehlungen erst in dem Zeitpunkt reagiert, in dem der bisher gewinnbringende Betrieb anfängt, mit Verlust zu arbeiten (BAG 20.8.64 – 2 AZR 183/82, AP HGB § 70 Nr 7). 72

**Wettbewerb.** Während der Dauer des Beschäftigungsverhältnisses darf der ArbN seinem ArbGeb keinen Wettbewerb machen, auch wenn dies im Arbeitsvertrag nicht ausdrücklich verboten ist (BAG 26.6.08 – 2 AZR 190/07, NZA 08, 1415). Er verstößt damit gegen seine Pflicht zur Rücksichtnahme auf die Interessen des ArbGeb aus § 241 Abs 2 BGB. Dies ist in der Regel „an sich“ geeignet, eine außerordentliche Kündigung zu rechtfertigen. Dabei ist dem ArbN aufgrund des Wettbewerbsverbots nicht nur eine Konkurrenztätigkeit im eigenen Namen und Interesse untersagt. Es ist ihm ebenso wenig gestattet, einen Wettbewerber des ArbGeb zu unterstützen (BAG 29.6.17 – 2 AZR 597/16, NZA 17, 2853). Dies gilt selbst dann, wenn der ArbGeb eine außerordentliche Kündigung ausgesprochen hat, deren Wirksamkeit der ArbN bestreitet (BAG 25.4.91 – 2 AZR 624/90, NZA 92, 212). Wer Mitarbeiter abwirbt und dabei zum Vertragsbruch verleitet (Nichteinhalten der Kündigungsfrist), zusammen mit einem Dritten ein Konkurrenzunternehmen aufbaut und dabei Kenntnisse verwendet, die ihm im Betrieb seines ArbGeb zugänglich waren, bei Kunden seines ArbGeb für eigene Zwecke wirbt oder einem vertragsbrüchigen Arbeitskollegen bei Konkurrenztätigkeit hilft, muss daher mit einer außerordentlichen Kündigung rechnen (BAG 26.6.08 – 2 AZR 190/07, NZA 08, 1415). Wurde die Wettbewerbstätigkeit erst durch eine frühere – unwirksame – Kündigung ausgelöst, ist der Wettbewerb nicht auf eine dauerhafte Konkurrenz zum bisherigen ArbGeb angelegt und dem ArbGeb durch die Konkurrenztätigkeit nicht unmittelbar ein Schaden zugefügt worden ist, ist dies bei der erforderlichen Interessenabwägung zugunsten des ArbN zu berücksichtigen (BAG 23.10.2014 – 2 AZR 644/13, NZA 15, 429). 73

**5. Umdeutung.** Ist ein Rechtsgeschäft wie die außerordentliche Kündigung nichtig oder aus anderen Gründen unwirksam und entspricht es den Erfordernissen eines anderen Rechtsgeschäftes, gilt dies, wenn anzunehmen ist, dass seine Geltung bei Kenntnis der Unwirksamkeit des ursprünglichen Rechtsgeschäfts gewollt sein würde, so § 140 BGB. 74

**a) Ordentliche Kündigung.** Daraus hat man den Grundsatz hergeleitet, dass sich eine außerordentliche Kündigung in eine ordentliche Kündigung umdeuten lässt. Voraussetzung hierfür ist, dass die Umdeutung nach den gegebenen Umständen dem mutmaßlichen Willen des Kündigenden entsprach und dies für den Gekündigten erkennbar war (BAG 15.11.01 – 2 AZR 310/00, NJW 02, 2972). Im Regelfall wird man aus dem Umstand, dass außerordentlich gekündigt wurde, schließen dürfen, dass auch eine fristgerechte Beendigung des Arbeitsverhältnisses gewollt war (BAG 23.10.08 – 2 AZR 388/07, AP BGB § 626 Nr 217). Entscheidend ist dafür nicht der spätere Wille, die fristlose Kündigung auch als fristgerechte aufrechtzuerhalten, sondern allein, ob dieser Wille schon bei Ausspruch der Kündigung vorhanden und für den Gekündigten zu diesem Zeitpunkt erkennbar war. Allein deshalb empfiehlt es sich, die fristlose Kündigung zu begründen oder doch zumindest auf andere Weise zum Ausdruck zu bringen, dass man sich auf jeden Fall vom Vertrag lösen will. 75

76 Wurde der **Betriebsrat** nur zur fristlosen Kündigung angehört, hilft die Umdeutung im Prozess nicht weiter. Denn die fristgerechte Kündigung ist jedenfalls nach § 102 BetrVG bzw den entsprechenden Vorschriften der Personalvertretungsgesetze unwirksam, weil die ordnungsgemäße Anhörung fehlt, es sei denn, der BRat oder PersRat haben ausdrücklich und ohne Vorbehalt der außerordentlichen Kündigung zugestimmt (BAG 23.10.08 – 2 AZR 388/07, AP BGB § 626 Nr 217). Auch die Umdeutung einer außerordentlichen fristlosen Kündigung in eine außerordentliche Kündigung mit sozialer Auslauffrist setzt grds eine Beteiligung des Betriebs- bzw Personalrats nach den für die ordentliche Kündigung geltenden Bestimmungen voraus (BAG 18.10.2000 – 2 AZR 627/99, NZA 01, 219).

77 **b) Aufhebungsvertrag.** Der Ausspruch einer außerordentlichen Kündigung lässt sich nicht in das Angebot auf Abschluss eines Aufhebungsvertrages umdeuten. Er bedarf nach § 623 BGB zu seiner Wirksamkeit der Schriftform. Selbst die schriftliche Annahme eines in einer schriftlichen außerordentlichen Kündigung liegenden Angebotes auf Abschluss eines Aufhebungsvertrages beendet nicht das Arbeitsverhältnis. Es fehlt an der erforderlichen Einheitlichkeit der Urkunde (→ *Aufhebungsvertrag* Rn 11).

78 **6. Haftung.** Mit der wirksamen außerordentlichen fristlosen Kündigung sind alle Ansprüche aus der Zeit nach ihrem Zugang abgeschnitten. So kann es geschehen, dass derjenige, der aus guten Gründen ein Arbeitsverhältnis außerordentlich ohne Einhaltung der Kündigungsfrist beendet, diese Ausübung seines Rechts mit Vermögenseinbußen – etwa der ArbN mit den Restlohnansprüchen für die Kündigungsfrist oder der ArbGeb mit einem Verdienstausfall – bezahlen muss. Hier hat der Gesetzgeber für den Fall geholfen, dass das vertragswidrige Verhalten der anderen Partei zur Auflösung des Arbeitsverhältnisses führt.

79 **a) Grund.** Nach **§ 628 Absatz 2 BGB** ist zum Schadensersatz verpflichtet, wer durch sein vertragswidriges schuldhaftes Verhalten die Kündigung des Arbeitsverhältnisses veranlasst hat (BAG 17.1.02 – 2 AZR 494/00, NZA 03, 816). Je nach Lage des Falles kann diese Ersatzpflicht den ArbGeb oder den ArbN treffen. Die Ersatzpflicht setzt nur ein, wenn zwei Voraussetzungen erfüllt sind: Das Arbeitsverhältnis muss wegen des Verhaltens der anderen Vertragspartei beendet worden sein und dies Verhalten muss vorsätzlich oder fahrlässig gewesen sein. In seinem Anwendungsbereich regelt § 628 Abs 2 BGB die Rechtsfolgen abschließend. Schadensersatz nach anderen Vorschriften kann nicht verlangt werden (BAG 22.4.04 – 8 AZR 269/03, AP BGB § 628 Nr 18).

80 Sinn der Vorschrift ist zu verhindern, dass derjenige über Lohnverlust (ArbN) oder Vermögenseinbußen (ArbGeb) „zubuttert", der berechtigterweise von seinem Kündigungsrecht Gebrauch macht. Er soll so gestellt werden, als wäre das Arbeitsverhältnis – jedenfalls bis zum Ablauf der Frist für eine ordentliche Kündigung – fortgeführt worden (BAG 17.1.02 – 2 AZR 494/00, NZA 03, 816). Der Arbeitgeber darf nicht dadurch bessergestellt werden, dass er anstatt eine unberechtigte außerordentliche Kündigung auszusprechen und damit ggf abfindungspflichtig nach § 13 Abs 1 Satz 3, §§ 9, 10 KSchG zu werden, durch vertragswidriges Verhalten den ArbN zur außerordentlichen Auflösung des Arbeitsverhältnisses veranlasst (BAG 16.7.13 – 9 AZR 784/11, NZA 13, 1202). Nach ihrem Wortlaut greift diese Bestimmung nur bei außerordentlichen Kündigungen ein. In der Gerichtspraxis wird sie auch bei ordentlicher Kündigung oder nach einem Abschluss von Aufhebungsverträgen angewandt (BAG 10.5.71 – 3 AZR 126/70, NJW 71, 2092). Entscheidend ist damit nicht die Form der Vertragsbeendigung, sondern allein ihr Anlass (BAG 8.8.02 – 8 AZR 574/01, NZA 02, 1323).

81 Zwei Dinge bleiben aber zu beachten: Das für den Schadensersatz erforderliche **„Auflösungsverschulden"** des Vertragspartners muss immer das Gewicht eines wichtigen Grundes iSd § 626 BGB haben. Nur der kann Schadensersatz nach § 628 Abs 2 BGB fordern, wer auch wirksam fristlos hätte kündigen können (BAG 8.8.02 – 8 AZR 574/01, NZA 02, 1323). Wer diese krasse Form der Reaktion auf vertragswidriges Verhalten nicht wählt, muss sich seine Schadensersatzansprüche im Übrigen ausdrücklich vorbehalten, will er sie nicht verlieren. Tut er das nicht, muss der Vertragspartner davon ausgehen, dass Rechte aus seinem schuldhaften vertragswidrigen Verhalten nicht mehr hergeleitet werden (BAG 10.5.71 – 3 AZR 126/70, NJW 71, 2092). Die Schadensersatzpflicht entfällt, wenn beide Vertragspartner ein Recht zur außerordentlichen Kündigung hatten, unabhängig davon, ob

die Kündigungsgründe miteinander zusammenhängen und ob beide gekündigt haben (BGH 29.11.65 – VII ZR 202/63, NJW 66, 347; BAG 12.5.66 – 2 AZR 308/65, NJW 66, 1835).

Ist die in § 20 BBiG vorgeschriebene Probezeit abgelaufen und wird das Ausbildungsverhältnis durch berechtigte Kündigung oder Aufhebungsvertrag aufgelöst, können Ausbilder oder Auszubildende nach **§ 23 BBiG** Schadensersatz verlangen, wenn der andere den Grund zur Auflösung zu vertreten hat. Dies gilt dann nicht, wenn die Auflösung darauf beruht, dass der Auszubildende die Berufsausbildung aufgibt oder sich für einen anderen Beruf ausbilden lassen will (§§ 23 Abs 1 Satz 2, 22 Abs 2 Nr 2 BBiG). Nach Ablauf von drei Monaten erlischt der Anspruch (§ 23 Abs 2 BBiG). 82

**b) Höhe.** Für die Berechnung des Schadens ist das **Erfüllungsinteresse** maßgeblich. Der **Schaden des Arbeitnehmers** liegt in erster Linie in seinem Lohnverlust. Dieser Anspruch ist im **unbefristeten Arbeitsverhältnis** zeitlich auf den Zeitraum der jeweils geltenden Kündigungsfrist begrenzt (BAG 8.8.02 – 8 AZR 574/01, NZA 02, 1323). Die Beschränkung auf den „Verfrühungsschaden" berücksichtigt, dass jede Partei eines Arbeitsvertrages mit einer ordentlichen Kündigung des anderen immer rechnen muss. Der zum Schadensersatz wegen Auflösungsverschuldens Verpflichtete ist daher so zu behandeln, als wenn er seinerseits gekündigt hat. Diese auf den reinen „Verfrühungsschaden" reduzierte Schadensersatzpflicht berücksichtigt allerdings nicht hinreichend, dass der ArbN – veranlasst durch das vertragswidrige Verhalten des ArbGeb – auf den durch die Kündigungsschutzbestimmungen vermittelten Bestandsschutz verzichtet. Ihn trifft insoweit neben der für die Dauer der Kündigung entfallenen Vergütung ein weiterer wirtschaftlicher Verlust, für den er einen angemessenen Ausgleich verlangen kann. Zu dem Ersatz des zeitlich begrenzten Vergütungsausfalls kann daher eine den Verlust des Bestandsschutzes ausgleichende angemessene Entschädigung entsprechend §§ 9, 10 KSchG treten (BAG 16.7.2013 – 9 AZR 784/11, NZA 13, 1202). Bei Sonderkündigungsschutz nach § 85, 91 SGB IX, § 9 MuSchG oder § 15 KSchG wird es notwendig sein, dies im Rahmen von § 10 KSchG noch einmal besonders zu berücksichtigen. 83

Handelt es sich um ein **befristetes Arbeitsverhältnis,** ist für die Höhe des „Verfrühungsschadens" entscheidend, ob es ordentlich gekündigt werden kann, was nach § 15 Abs 3 TzBfG ausdrücklich vereinbart werden muss. Ist dies vereinbart worden, endet der Bezugszeitraum für Schadenersatzansprüche des ArbN wie im unbefristeten Arbeitsverhältnis mit Ablauf der Frist für die ordentliche Kündigung. Sieht der befristete Arbeitsvertrag die Möglichkeit einer ordentlichen Kündigung nicht vor, kann der ArbN, der selbst berechtigt gekündigt hat, als Ersatz den Lohn für die vereinbarte Dauer des befristeten Arbeitsverhältnisses verlangen (ErfK/*Müller-Glöge* BGB § 628 Rz 23). Es entfällt jedoch der mit dem Verlust des Bestandsschutzes begründete an § 10 KSchG ausgerichtete Schadensersatz. 84

Soweit der ArbGeb für die Dauer der fiktiven Kündigungsfrist die Vergütungsansprüche des ArbN erfüllen muss, kann dieser den Schaden nach der **Bruttolohnmethode** berechnen (BAG 8.8.02 – 8 AZR 574/01, NZA 02, 1323). Er muss sich nach den Grundsätzen der **Vorteilsausgleichung** das anrechnen lassen, was er durch die Beendigung des Arbeitsverhältnisses erspart, zB Fahrtkosten zur Arbeitsstätte. Weiter ist nach § 254 Abs 2 Satz 1 BGB zu berücksichtigen, was er durch eine anderweitige Tätigkeit während der fiktiven Kündigungsfrist verdient oder schuldhaft nicht erwirbt. Böswilligkeit ist dabei – anders als nach § 615 Satz 2 BGB – nicht erforderlich (BGH 14.11.66 – VII ZR 112/64, NJW 67, 248). 85

Hat der **Arbeitgeber** seinerseits berechtigt gekündigt oder einen Aufhebungsvertrag abgeschlossen, weil ihm die Weiterbeschäftigung des ArbN für die Dauer der Kündigungsfrist unzumutbar war oder hat der ArbN eine unwirksame fristlose Kündigung ausgesprochen, ist es mit dem Schadensersatzanspruch des ArbGeb nach § 628 Abs 2 BGB nicht weit her. Da er gegen eine fristgerechte Kündigung des ArbN nicht geschützt ist, „endet" jeder Schadensersatzanspruch mit der Kündigungsfrist. Er kann nur Schäden geltend machen, die bis zu diesem Zeitpunkt begründet sind. Im Übrigen kann er nur dann Schadenersatz verlangen, wenn die durch den Vertragsbruch des ArbN entstandenen Kosten bei vertragstreuem Verhalten vermeidbar gewesen wären (BAG 26.3.81 – 3 AZR 485/78, NJW 81, 2430). Nicht ersetzt werden können daher Löhne, die einem ArbN gezahlt werden, welcher die Arbeit des Vertragsbrüchigen ehemaligen Kollegen „zum gleichen Preis" erledigt. 86

87 Als ersatzfähige Aufwendungen kommen vor allem notwendige Aufwendungen in Betracht. Das ist einmal die Differenz zwischen dem Entgelt des Vertragsbrüchigen und dem höheren Verdienst seines Nachfolgers oder der neu eingestellten Ersatzkraft. Zum anderen sind es die Überstundenzuschläge, wenn die ausgefallene Arbeitskraft durch die übrigen Mitarbeiter ersetzt wird (ErfK/*Müller-Glöge* BGB § 628 Rz 34f). Inseratskosten für die Anwerbung eines Nachfolgers sind nur zu ersetzen, wenn sie bei fristgerechter Auflösung eines Beschäftigungsverhältnisses nicht entstanden wären (BAG 26.3.81 – 3 AZR 485/78, NJW 81, 2430). Und endlich kann der ArbGeb entgangenen Gewinn verlangen, wenn sich durch das vorzeitige Ausscheiden des Mitarbeiters Verdiensteinbußen ergeben (BAG 27.1.72 – 2 AZR 172/71, NJW 72, 1437).

88 **7. Gerichtliche Auseinandersetzung. a) Dreiwochenfrist.** Wer außerordentlich gekündigt wurde, muss grds nach § 4 KSchG innerhalb von drei Wochen nach Zugang der Kündigung klagen. Wird diese Frist versäumt, gilt die außerordentliche Kündigung als wirksam (§§ 13, 7 Abs 1 KSchG). Hat der Kläger die Fristversäumnis nicht verschuldet, kann die Klage nachträglich zugelassen werden (§ 5 KSchG). Der Antrag auf nachträgliche Zulassung ist binnen zwei Wochen nach Kenntnis der Verspätung oder Behebung des Hindernisses zu stellen, sonst wird er unzulässig und abgewiesen – § 5 Abs 3 KSchG (Einzelheiten → *Kündigungsschutz* Rn 104–115 und 122–142). Das Nachschieben von Kündigungsgründen kann bei der außerordentlichen Kündigung durch die Mitbestimmung, das Verfahrensrecht oder die Art der Kündigung ausgeschlossen sein (Einzelheiten → *Kündigung, allgemein* Rn 71 ff).

89 **b) Beweislast.** Wer eine außerordentliche Kündigung ausgesprochen hat, muss im Prozess alle Tatsachen darlegen und beweisen, die als **wichtiger Grund** für die sofortige Beendigung des Vertrages geeignet sind. Dies gilt auch für das **Fehlen von Rechtfertigungsgründen,** die der Gekündigte behauptet (BAG 6.9.07 – 2 AZR 264/06, NZA 08, 636). Wo der Gekündigte im Einzelnen Tatsachen darlegt, aus denen folgt, warum sein Verhalten berechtigt war, muss der Kündigende daher nachweisen, dass dieser Vortrag unwahr ist. Wer wegen unentschuldigter Fehlzeiten kündigt, muss nach entsprechendem Vortrag des ArbN nachweisen, dass dieser zB weder krank war, noch Urlaub hatte oder unzulässigerweise zur Mehrarbeit aufgefordert war, die er auch durch schlichte Abwesenheit verweigern darf. Wer wegen einer Beleidigung kündigt, muss nach entsprechendem Vortrag des Vertragspartners nachweisen, dass er ihn seinerseits vorher weder gereizt noch selbst beleidigt hatte. Liegen gewichtige, objektive Anhaltspunkte für eine erhebliche aktive Beteiligung des ArbN an einer **tätlichen Auseinandersetzung** vor, darf sich der ArbGeb, der keine eigene Sachkenntnis hat, zunächst hierauf stützen. Unter einer solchen Voraussetzung ist es dem unmittelbar an dem Konflikt beteiligten ArbN regelmäßig zumutbar, sich im Kündigungsrechtsstreit im Rahmen einer sekundären Vortragslast so weit wie möglich zum Anlass und zum Verlauf der tätlichen Auseinandersetzung zu erklären und ggf seine Behauptung, er sei lediglich das Opfer der Auseinandersetzung geworden bzw habe sich in Notwehr verteidigt, zu substantiieren. Die Beweislast bleibt beim ArbGeb (BAG 18.9.08 – 2 AZR 1039/06, DB 09, 964). Wird ein ArbN durch **verdeckte Videoüberwachung** oder einen Keylogger einer Straftat überführt, kann das auf diese Weise gewonnene Beweismaterial im Prozess nicht ohne Weiteres verwertet werden. Dies ist nur dann der Fall, wenn der konkrete Verdacht einer strafbaren Handlung oder einer anderen schweren Verfehlung zu Lasten des ArbGeb bestand, es keine Möglichkeit zur Aufklärung durch weniger einschneidende Maßnahmen (mehr) gab und die Videoüberwachung insgesamt nicht unverhältnismäßig war (BAG 27.7.17 – 2 AZR 681/16, NZA 17, 1237; BAG 20.10.16 – 2 AZR 395/15, NZA 17, 443; Einzelheiten → *Kündigung, verhaltensbedingte* Rn. 15).

90 Bei einer **außerordentlichen betriebsbedingten Kündigung** muss der ArbGeb von sich aus darlegen und bei Bestreiten beweisen, dass überhaupt keine Möglichkeit besteht, das Arbeitsverhältnis – notfalls nach entsprechender Umschulung, nach einer Umorganisation oder „Freimachen" eines geeigneten gleichwertigen Arbeitsplatzes – zu anderen Bedingungen oder an einem anderen Arbeitsplatz in Betrieb oder Unternehmen fortzusetzen (BAG 27.6.19 – 2 AZR 50/19, NZA 19, 1345; BAG 26.3.15 – 2 AZR 783/13, NZA 15, 866).

Die **Einhaltung der Ausschlussfrist** des § 626 Abs 2 BGB muss der Kündigende im Prozess darlegen und beweisen (BAG 1.2.07 – 2 AZR 333/06, NZA 07, 744). Diese Darlegungspflicht ist nicht bereits erfüllt, wenn der Kündigende lediglich allgemein vorträgt, er kenne die Kündigungsgründe nicht länger als zwei Wochen vor Ausspruch der Kündigung. Er muss vielmehr die Umstände schildern, aus denen sich ergibt, wann und wodurch er von den maßgebenden Tatsachen erfahren hat und wie es zur Aufdeckung des Kündigungsgrundes gekommen ist (BAG 1.2.07 – 2 AZR 333/06, NZA 07, 744). 91

Soweit es um die **Hemmung** dieser Frist geht muss der ArbGeb darlegen, welche Tatsachenbehauptungen unklar und daher ermittlungsbedürftig waren und welche weiteren Ermittlungen er zur Klärung der – sei es auch nur aus damaliger Sicht – noch vorhandenen Zweifel angestellt hat (BAG 1.2.07 – 2 AZR 333/06, NZA 07, 744). Tut er das nicht, kann die Kündigung ohne Beweisaufnahme als unwirksam angesehen werden. Bei ausreichender Darlegung durch den ArbGeb kann sich der AN darauf beschränken, diese Behauptungen mit Nichtwissen zu bestreiten. Der Kündigende muss dann die erforderlichen Nachweise führen. 92

**c) Umdeutung.** Ein gegen eine außerordentliche Kündigung gerichteter **Kündigungsschutzantrag** gem § 4 Satz 1 KSchG umfasst regelmäßig „automatisch" auch das Begehren festzustellen, das Arbeitsverhältnis ende nicht aufgrund einer ggf auch nach § 140 BGB kraft Gesetzes eintretenden Umdeutung der außerordentlichen Kündigung in eine ordentliche. Dafür, dass sich ein Arbeitnehmer, der gegen eine außerordentliche Kündigung Kündigungsschutzklage erhebt, nicht auch gegen eine Auflösung des Arbeitsverhältnisses infolge einer solchen Umdeutung wenden möchte, bedürfte es besonderer Anhaltspunkte (BAG 27.6.19 – 2 AZR 28/19, NZA 19, 1343). Im Prozess darf das Gericht nicht von sich aus ermitteln, ob es neben dem **Sachvortrag** der Parteien Sachverhalte gibt, welche Anlass für eine Umdeutung sein könnten (BAG 15.11.01 – 2 AZR 310/00, NJW 02, 2972). Im Regelfall wird man freilich schon aus dem Ausspruch einer außerordentlichen Kündigung schließen dürfen, dass auch eine fristgerechte Beendigung des Arbeitsverhältnisses dem Willen des Kündigenden entsprach. Es ist dann Sache des Gekündigten, Tatsachen vorzutragen, aus denen man entnehmen kann, dass ausnahmsweise nur eine außerordentliche Kündigung gewollt war (BAG 12.5.10 – 2 AZR 845/08, NZA 10, 1348). Reichen die vorgetragenen Tatsachen für eine Umdeutung aus, muss man sich im Prozess weder ausdrücklich auf die Umdeutung berufen, noch ist ein entsprechender Antrag erforderlich (BAG 15.11.01 – 2 AZR 310/00, NJW 02, 2972). Es ist jedoch Aufgabe des Gerichts, in diesem Fall im Rahmen seiner Hinweispflicht nach § 139 ZPO darauf aufmerksam zu machen, dass es die Umdeutung in Erwägung zieht, damit der Kläger ggf seinen Antrag entsprechend ändern kann. 93

**8. Muster.** S Online-Musterformulare *„M31.1 Außerordentliche Kündigung, allgemein"* u *„M31.2 Außerordentliche Kündigung mit sozialer Auslauffrist"*. 94

## B. Lohnsteuerrecht *Seidel*

Für das LStRecht hat der Begriff der außerordentlichen Kündigung keine Bedeutung (s aber auch → *Kündigung, allgemein* Rn 82). Zur lohnsteuerlichen Behandlung von Schadensersatzleistungen des ArbGeb oder des ArbN (→ Rn 81, 84 ff) → *Arbeitgeberhaftung* Rn 19 f und → *Arbeitnehmerhaftung* Rn 27 f. 95

## C. Sozialversicherungsrecht *Voelzke*

**Sperrzeit.** Ist der ArbGeb berechtigt, das Arbeitsverhältnis aus besonderen, in der Sphäre des ArbN liegenden Gründen fristlos zu kündigen, wird die BA im Falle nachfolgender Arbeitslosigkeit regelmäßig prüfen, ob das AlGeld wegen der Verwirklichung des Tatbestands einer Sperrzeit bei Arbeitsaufgabe (§ 159 Abs 1 Satz 2 Nr 1 SGB III) zeitweise ruht und die Anspruchsdauer gemindert wird (Einzelheiten → *Sperrzeit* Rn 6 ff). 96

# Kündigung, betriebsbedingte

## A. Arbeitsrecht

*Eisemann*

### Übersicht



1 **1. Betriebliche Erfordernisse.** Nach § 1 Abs 2 KSchG ist eine Kündigung ua sozial gerechtfertigt, wenn sie durch **dringende betriebliche Erfordernisse** bedingt ist, die einer Weiterbeschäftigung des ArbN in diesem Betrieb entgegenstehen. Im KSchG ist der Begriff der „dringenden betrieblichen Erfordernisse" nicht definiert. Bei der betriebsbedingten Kündigung geht es darum, dass der ArbGeb Beschäftigungsmöglichkeiten nicht mehr zur Verfügung stellt, weil er seinen Betrieb nicht mehr so fortführt wie bisher. Dabei kann der bloße Wille des ArbGeb, Arbeitsverhältnisse zu beenden, eine Kündigung nicht rechtfertigen. Der Kündigungsentschluss muss seinerseits durch interne oder externe Geschehnisse begründet sein. Das kann auch eine bei Zugang der Kündigung getroffene Entscheidung sein, Maßnahmen – wie etwa die Änderung von Arbeitsabläufen – durchzuführen, die spätestens bis zum Ablauf der Kündigungsfrist den Verlust des Arbeitsplatzes zur Folge haben (BAG 31.7.14 – 2 AZR 422/13, NZA 15, 101). Eine betriebsbedingte Kündigung ist gerechtfertigt, wenn die Beschäftigungsmöglichkeit für den ArbN weggefallen ist, er nicht auf einem anderen freien Arbeitsplatz weiterbeschäftigt werden kann und der ArbGeb bei der sozialen Auswahl seinen Beurteilungsspielraum nicht überschreitet.

2 **a) Ursachen. Betriebliche Erfordernisse,** die zur Kündigung führen, können sich aus inner- oder außerbetrieblichen Umständen ergeben. Zu den **innerbetrieblichen Umständen** gehören die Umstellung oder Einschränkung bzw Einstellung der Produktion, die Entscheidung für „lean production" und ganz allgemeine Rationalisierungsmaßnahmen, welche sich in einer Organisationsänderung, Vergabe von Arbeiten an Fremdfirmen oder in der Anschaffung neuer Maschinen niederschlagen können. Es muss sich um eine organisatorische Maßnahme handeln, bei deren Umsetzung das Bedürfnis für die Weiterbeschäftigung eines oder mehreren ArbN entfällt (BAG 18.10.06 – 2 AZR 676/05, NZA 07, 798). Dabei kommt es nicht darauf an, ob tatsächlich Kosten gespart werden oder die Maßnahme aus anderen Gründen sinnvoll erscheint. Der ArbGeb ist – bis zu den Grenzen der Willkür – nicht gehindert, auch wirtschaftlich nicht zwingend notwendige Organisationsentscheidungen zu treffen (BAG 20.11.14 – 2 AZR 512/13, NZA 15, 679). Zu den **außerbetrieblichen Umständen** zählen der Auftragsrückgang wegen gesamtwirtschaftlicher Rezession oder branchen- bzw betriebsspezifischer Ursachen und die Drittmittelkürzungen (BAG 18.10.06 – 2 AZR 676/05, NZA 07, 798).

3 Die Unterscheidung zwischen inner- und außerbetrieblichen Umständen gibt für die Prüfung der sozialen Rechtfertigung einer betriebsbedingten Kündigung wenig her. Für alle gemeinsam gilt jedenfalls, dass bei der betriebsbedingten Kündigung nur Ursachen herangezogen werden dürfen, die einen **konkreten Bezug zum Betrieb** haben. Arbeitsmarkt-, beschäftigungs- oder sozialpolitische Faktoren sind nicht zu berücksichtigen. So lässt sich zB

eine betriebsbedingte Kündigung nicht damit begründen, man habe statt der gekündigten ArbN aus sozialpolitischen Gründen Arbeitslose beschäftigen wollen (BAG 13.3.87 – 7 AZR 724/85, NZA 87, 629).

Die **Betriebsbezogenheit** bedeutet auch, dass sich die Überprüfung der betriebsbedingten Kündigung nicht auf die Verhältnisse eines **Betriebsteils** beschränken lässt. Das Bedürfnis, eine unselbstständige Betriebsabteilung wegen hoher Kostenbelastung zu sanieren bzw der Wegfall von Arbeitsplätzen in einer **Betriebsabteilung** reichen für sich nicht aus, solange noch eine Möglichkeit besteht, den Gekündigten im Betrieb oder Unternehmen (BAG 24.6.04 – 2 AZR 326/03, NZA 04, 1268) auf einem freien Arbeitsplatz zu beschäftigen. 4

Neben dem Betriebsbezug ist erforderlich, dass sich die hinter der Kündigung stehenden Ursachen konkret auf die Einsatzmöglichkeit des gekündigten ArbN auswirken. Sie müssen **arbeitsplatzbezogen** sein. Es muss dabei kein bestimmter Arbeitsplatz entfallen sein. Voraussetzung ist aber, dass die Organisationsentscheidung des ArbGeb ursächlich dafür ist, dass der gekündigte ArbN nicht weiter beschäftigt werden kann. Dafür reicht aus, dass ein Überhang an Arbeitskräften entstanden ist, durch den unmittelbar oder mittelbar das Bedürfnis zur Weiterbeschäftigung eines oder mehrerer ArbN entfällt. (BAG 16.12.04 – 2 AZR 66/04, NZA 05, 761). Kündigt zB ein Bauunternehmer, weil eine Reihe von Baustellen ausgelaufen und Folgeaufträge nicht vorhanden sind, von zehn bei ihm beschäftigten Maurern drei Maurer, können diese sich nicht darauf berufen, dass sie auf keiner der ausgelaufenen Baustellen beschäftigt waren. Entscheidend und ausreichend ist allein, ob das Bedürfnis für die Beschäftigung von mehr als sieben Maurern entfallen ist. 5

**b) Unternehmerentscheidung.** Der Wegfall von Arbeitsplätzen aus inner- oder außerbetrieblichen Gründen geschieht nicht von selbst. Ihm geht eine **unternehmerische Entscheidung** voraus. Damit ist nicht die Kündigung selbst angesprochen. Es geht um die technischen oder organisatorischen Maßnahmen, welche der ArbGeb beschließt und die letztlich über ihre Umsetzung zum Arbeitsplatzverlust führen. Diese Entscheidung trifft der ArbGeb. Sie begründet ein dringendes betriebliches Erfordernis iSd § 1 Abs 2 KSchG, wenn sie sich konkret auf die Einsatzmöglichkeit des gekündigten ArbN auswirkt (BAG 18.10.06 – 2 AZR 676/05, NZA-RR 06, 672). Sie unterliegt keinem Formzwang und bedarf bei einem mehrköpfigen Entscheidungsgremium keines förmlichen Beschlusses (BAG 31.7.14 – 2 AZR 422/13, NZA 15, 101). Auch auf die gesellschaftsrechtliche Wirksamkeit eines entsprechenden Beschlusses kommt es grds nicht an (BAG 25.3.04 – 2 AZR 295/03, NZA 04, 1064). Es genügt, dass derjenige, der die tatsächliche Macht hat, die betreffende Entscheidung endgültig und vorbehaltlos getroffen hat (BAG 31.7.14 – 2 AZR 422/13, NZA 15, 101; BAG 20.11.14 – 2 AZR 512/13, NZA 15, 679). Das die internen gesellschaftsrechtlichen Bindungen überschreitende Handeln eines unzuständigen Organs der Gesellschaft schlägt nur dann auf die Wirksamkeit der Kündigung durch, wenn die Rechtsordnung dies zum Schutz der ArbN vorsieht (BAG 5.4.01 – 2 AZR 696/99, NZA 01, 949). 6

So ist die **Vergabe** von bisher im Betrieb durchgeführten Arbeiten an ein anderes Unternehmen (BAG 20.11.2014 – 2 AZR 512/13, NZA15, 679; BAG 16.12.04 – 2 AZR 66/04, NZA 05, 761) oder die Entlassung von ArbN, um sie durch freie Mitarbeiter (BAG 13.3.08 – 2 AZR 1037/06, NZA 08, 878) oder durch Mitglieder seiner Vertretungsorgane zu ersetzen, die keine ArbN sind (BAG 31.7.14 – 2 AZR 422/13, NZA 15, 101), als eine die Arbeitsgerichte grds bindende Organisationsentscheidung des ArbGeb anzuerkennen, die zum Wegfall von Arbeitsplätzen führen und ein dringendes betriebliches Erfordernis für eine betriebsbedingte Kündigung darstellen kann. Das Gesetz zwingt den ArbGeb nicht, seinen Bedarf an Leistungen ausschließlich durch Arbeitsverträge zu decken. Er kann auf jeden rechtlich zulässigen Vertragstyp zurückgreifen, muss aber dann auch damit verbundene nachteilige rechtliche Folgen – wie ein fehlendes Weisungsrecht – in Kauf nehmen (BAG 13.3.08 – 2 AZR 1037/06, NZA 08, 878). Ebenso ist der Entschluss des ArbGeb, ab sofort keine neuen Aufträge mehr anzunehmen, allen ArbN zum nächstmöglichen Kündigungstermin zu kündigen, zum Abarbeiten der vorhandenen Aufträge eigene ArbN nur noch während der jeweiligen Kündigungsfrist einzusetzen und so den Betrieb schnellstmöglich **stillzulegen,** als unternehmerische Entscheidung grds geeignet, die entsprechenden Kündigungen sozial zu rechtfertigen (BAG 18.1.01 – 2 AZR 514/99, NZA 01, 719). Zum 7

Entscheidungsspielraum des ArbGeb gehört daneben die Befugnis, die Zahl der Arbeitskräfte zu bestimmen, mit denen eine Arbeitsaufgabe – zukünftig – erledigt werden soll. Der ArbGeb kann grds sowohl das Arbeitsvolumen (Menge der zu erledigenden Arbeit) als auch das diesem zugeordnete **Arbeitskraftvolumen** (ArbN-Stunden) und damit auch das Verhältnis dieser beiden Größen zueinander festlegen (BAG 23.11.04 – 2 AZR 38/04, NZA 05, 986). Er bestimmt auch das **Anforderungsprofil** für die Arbeitsplätze und damit, welche Qualifikationen er jeweils für erforderlich hält (BAG 2.3.17 – 2 AZR 546/16, NZA 17, 905) und er darf **Hierarchieebenen** streichen und damit die Anzahl der Beschäftigungsverhältnisse verringern (BAG 16.12.10 – 2 AZR 770/09, NZA 11, 505). Selbst eine betriebsbedingte Kündigung, die im zeitlichen Zusammenhang mit einem Betriebsübergang vom Betriebsveräußerer nach einem verbindlichen Konzept oder Sanierungsplan des Betriebserwerbers ausgesprochen wird, kann wirksam sein, wenn dieser Plan nur schon bei Zugang der Kündigung greifbare Formen angenommen hat, weil es keinen Sinn machen soll, ein Arbeitsverhältnis „künstlich" zu verlängern, bis der Erwerber nach dem Betriebsübergang selbst die Kündigung erklärt (BAG 20.9.06 – 6 AZR 249/05, NZA 07, 387). Derartige Unternehmerentscheidungen dürfen allein darauf untersucht werden, ob sie **offensichtlich unsachlich** oder **willkürlich** sind (BAG 20.11.14 – 2 AZR 512/13, NZA 15, 679; BAG 16.12.04 – 2 AZR 66/04, NZA 05, 761). Diese Kontrolle zielt weder darauf ab, dem ArbGeb organisatorische Vorgaben zu machen, noch darf sie dazu dienen, die Stichhaltigkeit der Erwägungen zu prüfen, die den ArbGeb gerade zu dem von ihm gewählten Konzept geführt haben. Es geht in diesem Zusammenhang allein um die Verhinderung von Missbrauch. So will man Verstöße gegen gesetzliche und tarifliche Normen genauso verhindern wie Diskriminierung und Umgehungsfälle. Eine Organisationsentscheidung kann eine betriebsbedingte Kündigung nicht rechtfertigen, wenn sie getroffen wurde, um sich den Belastungen zu entziehen, welche aus den besonderen Rechten schwerbehinderter Menschen folgen, unabhängig davon, dass es sich um eine nach § 7 Abs 1, §§ 1, 3 AGG verbotene Diskriminierung wegen der Behinderung handelt (BAG 16.5.19 – 6 AZR 329/18, NZA 19, 1198). Und die Entscheidung zu einer neuen Stellenprofilierung muss im Zusammenhang mit organisatorischen Maßnahmen stehen, welche die bisherigen Anforderungen an den Stelleninhaber ändern (BAG 2.3.17 – 2 AZR 546/16, NZA 17, 905). Die Unternehmerentscheidung kann missbräuchlich sein, wo sog „quantitative Besetzungsklauseln" in Tarifverträge zB festlegen, dass Fachkräften jeweils Hilfskräfte beizustellen sind und diese Mitarbeit die Fachkräfte vor physischen oder psychischen Überlastungen schützt (BAG 17.6.99 – 2 AZR 456/98, NZA 99, 1157). Hier ist der ArbGeb gehindert, ausschließlich die Hilfskräfte zu entlassen. Offenbar unsachlich kann eine Unternehmerentscheidung sein, die sich nur unter Verstoß gegen oder Umgehung von Gesetzes- oder Tarifrecht realisieren lässt (BAG 23.4.08 – 2 AZR 1110/06, NZA 08, 939). Die damit verletzte Norm muss jedoch zumindest auch dem arbeitsrechtlichen Bestands- oder Inhaltsschutz dienen (BAG 7.10.04 – 2 AZR 122/04, NZA 05, 352).

8 Daneben sind die Vorschriften des KSchG stets vor dem Hintergrund der **Grundrechte** auszulegen und anzuwenden. Nun schützt **Art 12 GG** nicht nur die unternehmerische Freiheit. Er gewährt auch einen **Mindestbestandschutz** für den ArbN (BVerfG 6.6.18 – 1 BvL 7/14, NZA 18, 774). Dieser Schutz strahlt auf die Auslegung und Anwendung der Vorschriften des KSchG aus (BAG 26.9.02 – 2 AZR 636/01, NZA 03, 549). So stellt die Entscheidung eines Unternehmers, einen Betriebsteil durch eine noch zu gründende, finanziell, wirtschaftlich und organisatorisch in sein Unternehmen voll eingegliederte Organgesellschaft mit von dieser neu einzustellenden ArbN weiter betreiben zu lassen, kein dringendes betriebliches Erfordernis dar, den in diesem Betriebsteil Beschäftigten zu kündigen, weil ihre Beschäftigungsmöglichkeiten nicht weggefallen sind (BAG 26.9.02 – 2 AZR 636/01, NZA 03, 549). Auch die Absicht des ArbGeb, zum Absenken von Lohnkosten statt der eigenen ArbN Leiharbeitnehmer zu beschäftigen (BAG 12.3.09 – 2 AZR 418/07, NZA 09, 1023) oder sich durch Beschäftigung von ArbN nach ausländischem Recht von den Bindungen des deutschen Arbeitsrechts zu lösen (BAG 26.9.96 – 2 AZR 200/96, NZA 97, 202), rechtfertigt keine betriebsbedingten Kündigungen, weil der ArbGeb in beiden Fällen sein Weisungsrecht behält und es sich damit um eine unzulässige Austauschkündigung handelt. Nur innerhalb dieser verfassungsrechtlichen Grenzen ist kündigungsrechtlich grds freigegeben, in welcher Weise

der ArbGeb sich wirtschaftlich betätigen will (BAG 26.9.02 – 2 AZR 636/01, NZA 03, 549), ob, wie viel und was er wo produzieren will, welche Finanzierungs-, Absatz- und Einkaufspolitik er betreibt und welche Fabrikations- und Arbeitsmethoden er anwendet. Ob der ArbGeb bei Auftragsrückgang mit einer verstärkten Werbung, mit Reduzierung der Produktion oder Herabsetzen der Preise reagiert, entscheidet er aber nach wie vor grds allein und nicht der Arbeitsrichter im Kündigungsschutzprozess. Ein ArbN kann daher nicht mit dem Hinweis gegen eine betriebsbedingte Kündigung vorgehen, die organisatorischen Maßnahmen des ArbGeb würden sich nicht rechnen (BAG 20.11.2014 – 2 AZR 512/13, NZA15, 679). Ebenso wenig darf das Gericht prüfen, ob die mit der Unternehmerentscheidung angestrebten Vorteile in einem „vernünftigen Verhältnis" zu den Nachteilen stehen, welche die ArbN durch die Kündigung erleiden (BAG 30.4.87 – 2 AZR 184/86, NZA 87, 776).

Diese Freiheit der Unternehmerentscheidung ist Grund dafür, dass die Arbeitsgerichte **9** den ArbGeb nicht verpflichten können, vor Ausspruch einiger betriebsbedingter Kündigungen die Normalarbeitszeit aller ArbN auf Dauer zu verkürzen (LAG Hamm 15.12.82, DB 83, 506) oder bei einer Rationalisierung ohne Rücksicht auf eine einschlägige Organisationsentscheidung in jeden Fall anstelle mehrerer Änderungskündigungen eine geringere Zahl von Beendigungskündigungen auszusprechen (BAG 19.5.93 – 2 AZR 584/92, NZA 93, 1075). Auch die Entscheidung des ArbGeb, bestimmte Tätigkeiten von ArbN mit besonderer Qualifikation ausführen zu lassen, ist zu respektieren, solange hierfür ein betrieblicher Anlass besteht und sie nicht offenbar unsachlich ist (BAG 18.3.10 – 2 AZR 337/08, NZA-RR 11, 18). Und endlich liegt es im unternehmerischen Ermessen, ob der ArbGeb bei einem Wegfall von Beschäftigungsmöglichkeiten nur einen Teil der überzähligen ArbN entlässt und die übrigen zB als Personalreserve behält (BAG 7.5.98 – 2 AZR 55/98, NZA 98, 1110).

Vom Gericht **voll nachzuprüfen** ist dagegen, ob die vom ArbGeb vorgegebenen inner- **10** oder außerbetrieblichen Gründe, wie zB Umsatzrückgang oder die Änderung der Organisation eines Betriebes, **tatsächlich vorliegen** und sich so auswirken, dass für die weitere Beschäftigung des gekündigten ArbN kein Bedürfnis mehr besteht (BAG 17.6.99 – 2 AZR 522/98, NZA 99, 1095). Die betrieblichen Erfordernisse müssen die Kündigung **bedingen.** Daher stellt die Stilllegung eines Betriebes kein dringendes betriebliches Erfordernis dar einen ArbN zu kündigen, mit dem Block-Altersteilzeit vereinbart ist und der sich bereits in der Freistellungsphase befindet (BAG 5.12.02 – 2 AZR 571/01, NZA 03, 789). Das ArbG muss auch prüfen, ob schon bei Ausspruch der Kündigung feststand, dass bei Ablauf der Kündigungsfrist die Beschäftigungsmöglichkeit für den gekündigten ArbN fehlt (BAG 15.6.89 – 2 AZR 600/88, NZA 90, 65; → Rn 21). Sie kann vorhanden sein, wenn sich aus dem Vortrag des ArbGeb ergibt, dass er sich selbst binden wollte, Personal nur insoweit abzubauen, wie zB der von ihm dem Personalabbau zugrunde gelegte Umsatzrückgang es erforderte (BAG 11.9.86 – 2 AZR 564/85, BB 87, 1882).

**c) Dringlichkeit.** Für eine betriebsbedingte Kündigung reichen betriebliche Erforder- **11** nisse allein nicht aus. Sie müssen nach § 1 Abs 2 KSchG **„dringend"** sein. Mit diesem Tatbestandsmerkmal wird der Grundsatz der **Verhältnismäßigkeit** konkretisiert (BAG 8.5.14 – 2 AZR 1001/12, NZA 14, 1200). Die betriebsbedingte Kündigung muss **notwendige Folge** der betrieblichen Erfordernisse sein (BAG 9.5.96 – 2 AZR 438/95, NZA 96, 1145). Dabei muss das Gericht prüfen, ob die betriebliche Notwendigkeit durch weniger belastende Mittel auf technischem, organisatorischem oder wirtschaftlichem Gebiet entsprochen werden kann und Kündigungen so vermieden werden können (BAG 8.11.07 – 2 AZR 418/06, EzA KSchG § 1 Betriebsbedingte Kündigung Nr 157). Damit greift man letztlich auch in die Freiheit der Unternehmerentscheidung ein. Die von ihm vorgegebenen Ziele soll er weiter verfolgen. Ihre Umsetzung muss er jedoch sozial verträglich gestalten. Daher reicht es nicht aus, wenn der ArbGeb vor dem Ausspruch von betriebsbedingten Kündigungen ein „Clearingverfahren" durchführt, welches nur freie und zu besetzende Arbeitsplätze zum Gegenstand hat (BAG 27.6.19 – 2 AZR 50/19, NZA 19, 1345).

Nach dem Grundsatz der **Verhältnismäßigkeit** ist eine ordentliche Beendigungskündi- **12** gung ausgeschlossen, wenn die Möglichkeit besteht, den ArbN – ggf nach einer dem ArbN anzubietenden zumutbaren Umschulungs- oder Fortbildungsmaßnahme – auf einem anderen freien **Arbeitsplatz** auch zu geänderten (schlechteren) Arbeitsbedingungen **weiter-**

**zubeschäftigen** (BAG 8.5.14 – 2 AZR 1001/12, NZA 14, 1200). Dies gilt – anders als es der Wortlaut des § 1 Abs 2 Satz 2 und 3 KSchG vermuten lassen – unabhängig davon, ob BRat oder Personalrat der Kündigung aus einem dieser Gründe widersprochen haben (BAG 8.5.14 – 2 AZR 1001/12, NZA 14, 1200; BAG 23.11.04 – 2 AZR 38/04, NZA 05, 986; zu den Folgen eines solchen Widerspruchs → Rn 20). Fehlt eine Möglichkeit zur Weiterbeschäftigung, ist die Kündigung nicht schon deshalb unwirksam, weil der ArbGeb dies nicht geprüft hat. Die objektive Lage entscheidet (BAG 24.3.83 – 2 AZR 21/82, NJW 84, 78). Die Weiterbeschäftigungsmöglichkeit auf einem anderen Arbeitsplatz muss für den ArbN geeignet sein. Dies setzt voraus, dass der ArbN – spätestens nach Umschulung oder Fortbildung – über die hierfür erforderlichen Fähigkeiten und Kenntnisse verfügt (BAG 5.6.2008 – 2 AZR 107/07, NZA 08, 1180).

13 **Frei** sind die zum Zeitpunkt der Kündigung unbesetzten Arbeitsplätze und die Arbeitsplätze, bei denen der ArbGeb bei Ausspruch der Kündigung mit ausreichender Sicherheit vorhersehen kann, dass sie bis zum Ablauf der Kündigungsfrist zur Verfügung stehen werden (BAG 5.6.08 – 2 AZR 107/07, NZA 08, 1180). Dabei haben nach § 1 KSchG geschützte ArbN nicht nur Vorrang vor externen Bewerbern, sondern auch vor solchen ArbN, deren Arbeitsverhältnis zeitgleich durch Befristung endet und der ArbGeb muss auch Arbeitsplätze anbieten, auf denen nur ein vorübergehender Beschäftigungsbedarf besteht, den er daher mit einem ArbN abdecken will, dessen Arbeitsvertrag er wirksam befristen könnte (BAG 26.3.15 – 2 AZR 417/14, NZA 15, 1083). Wurde ein freier Arbeitsplatz zeitnah vor dem Zugang der Kündigung besetzt, so ist es dem ArbGeb nach dem **Rechtsgedanken des § 162 BGB** verwehrt, sich auf den Wegfall von Beschäftigungsmöglichkeiten im Kündigungszeitpunkt zu berufen, wenn er diesen Wegfall treuwidrig herbeigeführt hat (BAG 26.3.15 – 2 AZR 417/14, NZA 15, 1083). Eine treuwidrige Vereitelung der Weiterbeschäftigungsmöglichkeit kann dem ArbGeb aber nur dann vorgehalten werden, wenn sich ihm die Möglichkeit der Weiterbeschäftigung aufdrängen musste (BAG 5.6.08 – 2 AZR 107/07, NZA 08, 1180). Bei einem Teilbetriebsübergang muss der ArbGeb einem davon betroffenen ArbN die Weiterbeschäftigung auf einem freien vom Übergang nicht betroffenen Arbeitsplatz anbieten, sobald er damit rechnen muss, der ArbN werde dem Übergang seines Arbeitsverhältnisses widersprechen (BAG 15.8.02 – 2 AZR 195/01, NZA 03, 430). Wird ein vergleichbarer Arbeitsplatz erst nach Ablauf der Kündigungsfrist frei, kommt es darauf an, ob dem ArbGeb die zeitliche Überbrückung – zB durch Gewähren von Resturlaub oder für die Dauer der üblichen Einarbeitung – zumutbar ist (BAG 15.12.94 – 2 AZR 327/94, NZA 95, 521). Auf die normale **Personalfluktuation** allein kann der ArbGeb dagegen nicht verwiesen werden (BAG 15.12.94 – 2 AZR 327/94, NZA 95, 521), es sei denn, er kündigt einem sog „unkündbaren" ArbN betriebsbedingt außerordentlich; hier kann die Kündigung daran scheitern, dass im Rahmen der Personalfluktuation in absehbarer Zeit ein für die Weiterbeschäftigung geeigneter Arbeitsplatz frei wird (BAG 17.9.98 – 2 AZR 419/97, NZA 99, 258). Er ist jedoch nicht verpflichtet, einen **neuen Arbeitsplatz** zu schaffen, um die Kündigung zu vermeiden (BAG 3.2.77 – 2 AZR 476/75, NJW 75, 1846). Werden **Leiharbeitnehmer** lediglich zur Abdeckung von „Auftragsspitzen" eingesetzt, liegt keine alternative Beschäftigungsmöglichkeit iSv § 1 Abs 2 S 2 KSchG vor. Der ArbGeb kann dann typischerweise nicht davon ausgehen, dass er für die Auftragsabwicklung dauerhaft Personal benötige. An einem „freien" Arbeitsplatz fehlt es in der Regel außerdem, soweit der ArbGeb LeihArbN als „Personalreserve" zur Abdeckung von Vertretungsbedarf beschäftigt. Das gilt unabhängig von der Vorhersehbarkeit der Vertretungszeiten. Beschäftigt der ArbGeb LeihArbN dagegen, um mit ihnen ein nicht schwankendes, ständig vorhandenes (Sockel-)Arbeitsvolumen abzudecken, kann von einer alternativen Beschäftigungsmöglichkeit iSv § 1 Abs 2 S 2 KSchG auszugehen sein, die vorrangig für sonst zur Kündigung anstehende StammArbN genutzt werden muss (BAG 15.12.2011 – 2 AZR 42/10, NZA 12, 1044). Bei Arbeitsplätzen in einer **betriebsinternen Qualifizierungs- und Vermittlungsgesellschaft** handelt es sich nicht um „freie Arbeitsplätze", wenn die ArbN dort für eine temporäre oder endgültige Tätigkeit bei anderen ArbG qualifiziert werden und sie sich vorab bereit erklären müssen, deren Beschäftigungsangebote anzunehmen (BAG 8.5.2014 – 2 AZR 1001/12, BB 14, 254).

14 Die **Versetzungsmöglichkeit** ist nicht nur innerhalb des Betriebes, sondern nach § 1 Abs 2 Satz 2 Ziff 1b KSchG **im ganzen Unternehmen** zu prüfen. Das KSchG ist hier

unternehmensbezogen (BAG 21.9.2000 – 2 AZR 385/99, NZA 01, 535). Diese wirft Fragen zur nur **betriebsbezogenen Sozialauswahl** auf. Sie betreffen zwei Fallkonstellationen: Einmal die innerbetriebliche Konkurrenz um eine außerbetriebliche Beschäftigungsmöglichkeit (hierzu → Rn 26) und zum anderen die betriebsübergreifende Konkurrenz um Beschäftigungsmöglichkeiten. Konkurrieren ArbN aus mehreren Betrieben eines Unternehmens um eine geringere Anzahl freier Arbeitsplätze in einem weiteren oder mehreren anderen Betrieben desselben Unternehmens, ist diese planwidrige Regelungslücke mit einer analogen Anwendung von § 1 Abs 3 KSchG zu schließen (APS/*Kiel* KSchG § 1 Rn 603; *Lunk/Seidler* NZA 18, 201; offen gelassen und Anwendung von § 315 BGB in BAG 15.12.94 – 2 AZR 320/94, NZA 95, 413). Der ArbGeb ist verpflichtet, eine **betriebsübergreifende Sozialauswahl** zwischen allen von der Kündigung bedrohten ArbN zu treffen und den Verlust der Beschäftigung für die sozial Schwächeren durch ihre Weiterbeschäftigung zu vermeiden. Man kann nicht davon ausgehen, dass der Gesetzgeber dem ArbGeb wie bei einer Neueinstellung freigeben wollte, wen er einstellt, obwohl die Beschäftigungsmöglichkeiten für andere ArbN im gleichen Unternehmen zeitnah wegfallen. Im **Gemeinschaftsbetrieb** mehrerer Unternehmen (→ *Betrieb (Begriff)* Rn 12 ff) kommt es zu arbeitgeberübergreifendem Kündigungsschutz. Die Möglichkeit der Weiterbeschäftigung auf einem freien Arbeitsplatz ist ohne Rücksicht auf die fehlende ArbGebStellung der übrigen ArbGeb arbeitgeberübergreifend im gesamten Gemeinschaftsbetrieb zu prüfen (BAG 18.10.12 – 6 AZR 41/11, NZA 13, 1007). Die Verpflichtung des ArbGeb zur Weiterbeschäftigung des ArbN bezieht sich grundsätzlich nicht auf freie Arbeitsplätze in einem im **Ausland** gelegenen Betrieb des ArbGeb. Eine „Selbstbindung" des ArbGeb zur Weiterbeschäftigung des ArbN in einem im Ausland gelegenen Betrieb des Unternehmens kann sich im Einzelfall aus § 241 BGB, aus § 242 BGB oder aus einem Verzicht auf den Ausspruch einer Beendigungskündigung ergeben (BAG 24.9.15 – 2 AZR 3/14, NZA 15, 1457). Das KSchG ist **nicht konzernbezogen.** Der ArbGeb ist vor Ausspruch einer betriebsbedingten Kündigung grds nicht verpflichtet, den ArbN in einem anderen Betrieb eines anderen Unternehmens unterzubringen. Ausnahmsweise kann jedoch auch eine **konzernbezogene Weiterbeschäftigungspflicht** bestehen, zB dann, wenn sich ein anderes Konzernunternehmen ausdrücklich zur Übernahme des ArbN bereiterklärt hat sowie vor allem dann, wenn sich eine solche Verpflichtung unmittelbar aus dem Arbeitsvertrag oder einer sonstigen vertraglichen Absprache oder der in der Vergangenheit geübten Praxis ergibt (BAG 18.10.12 – 6 AZR 41/11, NZA 13, 1007). Weitere Voraussetzung einer derartigen unternehmensübergreifenden Weiterbeschäftigungspflicht ist ein bestimmender Einfluss des Beschäftigungsbetriebs bzw. des vertragsschließenden Unternehmens auf die „Versetzung". Die Entscheidung darüber darf grds nicht dem zur Übernahme bereiten Unternehmen vorbehalten worden sein (BAG 23.4.08 – 2 AZR 1110/06, NZA 08, 939; BAG 23.3.06 – 2 AZR 162/05, NZA 07, 30). Dabei spielt es keine Rolle, ob die Möglichkeit der Einflussnahme auf Grund eindeutiger rechtlicher Regelungen (zB auf Grund eines Beherrschungsvertrags) oder eher nur faktisch besteht (BAG 23.4.08 – 2 AZR 1110/06, NZA 08, 939).

Die Verpflichtung zur **Weiterbeschäftigung** auf einem freien Arbeitsplatz trifft nach § 1 **15**
Abs 2 Satz 3 KSchG den ArbGeb auch, wenn sie erst **nach zumutbarer Fortbildung oder Umschulung** möglich ist (BAG 8.5.2014 – 2 AZR 1001/12, NZA 14, 1200), zu welcher der AN vorher sein Einverständnis erklärt hat (APS/*Vossen* KSchG § 1 Rn 104). Der ArbGeb muss jedoch nur dann dafür sorgen, dass der ArbN für einen neuen Arbeitsplatz fachlich geeignet ist, wenn im Kündigungszeitpunkt feststeht oder mit hinreichender Sicherheit absehbar ist, dass nach Abschluss der Maßnahme ein geeigneter freier Arbeitsplatz im Unternehmen vorhanden sein wird (BAG 8.5.14 – 2 AZR 1001/12, NZA 14, 1200). Die Zumutbarkeit bezieht sich auf den ArbGeb (BAG 29.7.76 – 3 AZR 11/75, AP ZPO § 373 Nr 1). Die Umschulung und Fortbildung sind nicht zumutbar, wenn sie angesichts der Dauer der Beschäftigung nicht in vertretbarer Zeit mit vertretbarem Aufwand möglich sind (iE APS/*Vossen* KSchG § 1 Rz 107 ff).

Die **Umschulung** soll nach § 1 Abs 4 BBiG zu einer anderen beruflichen Tätigkeit **16**
befähigen. **Fortbildungsmaßnahmen** dienen nach § 1 Abs 3 BBiG dem Zweck, die beruflichen Kenntnisse und Fähigkeiten zu erhalten, zu erweitern, der technischen Entwicklung anzupassen oder beruflich aufzusteigen. Übernimmt man diese Definition der Fortbildung aus dem BBiG, würde dies bedeuten, dass der ArbGeb zur Vermeidung von

Kündigungen auch einen beruflichen Aufstieg nach Fortbildung anbieten muss. Dies ist grds nicht so. Die Pflicht zur Umschulung schließt jedoch auch kündigungsrechtlich die **Schulung für eine andere Tätigkeit** ein (BAG 7.2.91 – 2 AZR 205/90, NZA 91, 806).

17 Der ArbGeb muss grds keine **„Beförderungsstellen"** anbieten, um die Kündigung zu vermeiden (BAG 23.2.10 – 2 AZR 656/08, NZA 10, 1288; BAG 23.11.04 – 2 AZR 38/04, NZA 05, 986). Bleibt die Tätigkeit aber im Wesentlichen erhalten und wird die Stelle nur in eine Beförderungsstelle „umgewidmet", ist eine betriebsbedingte Kündigung ausgeschlossen, wenn der betroffene ArbN die Tätigkeiten nach wie vor ausüben kann (BAG 18.10.00 – 2 AZR 465/99, NZA 01, 437). Verlagert der ArbGeb Beschäftigungsmöglichkeiten in einen anderen Betrieb des Unternehmens, behalten die ArbN Bestandschutz, selbst wenn die Arbeit höher vergütet wird, sofern sie nur dieselbe oder zumindest ganz überwiegend gleich geblieben ist (BAG 5.10.95 – 2 AZR 269/95, NZA 96, 524). Auch ein **höheres Beschäftigungsvolumen** auf dem freien Arbeitsplatz steht der Verpflichtung nicht entgegen, ihn dem von einer Kündigung bedrohten ArbN anzubieten. Mit der Erhöhung der Arbeitszeit ist keine Beförderung verbunden (BAG 26.3.15 – 2 AZR 417/14, NZA 15, 1083).

18 Zu den vor und statt der Kündigung zu treffenden Maßnahmen gehört auch die Beschäftigung auf einen freien Arbeitsplatz zu **geänderten (schlechteren) Arbeitsbedingungen** – sog **Vorrang der Änderungskündigung** (BAG 26.3.15 – 2 AZR 417/14, NZA 15, 1083; BAG 21.4.05 – 2 AZR 132/04, NZA 05, 1289). Der ArbGeb muss danach statt der geplanten Beendigungskündigung von sich aus dem ArbN eine beiden Parteien zumutbare Weiterbeschäftigung auf einem freien Arbeitsplatz zu geänderten Bedingungen anbieten. Dies Angebot kann allenfalls in Extremfällen – zB offensichtlich völlig unterwertige Beschäftigung – unterbleiben (BAG 5.6.08 – 2 AZR 107/07, NZA 08, 1180). Nimmt der ArbN das Angebot an, ist der Vertrag einverständlich abgeändert und die Kündigung vermieden. Lehnt der ArbN das Angebot vorbehaltlos und endgültig ab, kann der ArbGeb das Beschäftigungsverhältnis durch Kündigung beenden (BAG 21.4.05 – 2 AZR 132/04, NZA 05, 1289). Der ArbGeb kann das Angebot mit der Kündigung verbinden und **ohne vorherige Verhandlung** eine Änderungskündigung aussprechen (BAG 21.4.05 – 2 AZR 132/04, NZA 05, 1289) – Einzelheiten unter → *Änderungskündigung* Rn 5).

19 Auch die **Arbeitsstreckung** (zB durch Abbau von Überstunden) gehört zu den Maßnahmen, die der ArbGeb vor Ausspruch betriebsbedingter Kündigungen ergreifen muss (APS/*Kiel* KSchG § 1 Rn 531, 539). Dies setzt jedoch voraus, dass der Abbau von Überstunden Einfluss auf die Erhaltung des von der betriebsbedingten Kündigung bedrohten Arbeitsplatzes hat oder nach Umorganisation der Arbeitsabläufe haben kann. Gilt im Betrieb eine Jahresarbeitszeitregelung, muss der ArbGeb bei schlechter Auftragslage die Guthabenstunden aller ArbN abbauen, bevor er einzelnen ArbN betriebsbedingt kündigen kann (BAG 8.11.07 – 2 AZR 418/06, NZA 08, 848). Die **Verkürzung der regelmäßigen Arbeitszeit** aller ArbN zur Vermeidung der betriebsbedingten Kündigung weniger gehört nicht zu den vom ArbGeb zu erwartenden Maßnahmen der Arbeitsstreckung (LAG Hamm 15.12.82, DB 83, 506). Er muss auch nicht „auf Halde" produzieren, wenn der Arbeitsmangel nicht vorübergehend ist (BAG 27.4.95 – 8 AZR 200/94, EZA KSchG § 1 Betriebsbedingte Kündigung Nr 83). Die Einführung von **Kurzarbeit** geht einer betriebsbedingten Kündigung vor (→ Rn 53–54).

20 **d) Absolute Gründe.** Die betriebsbedingte Kündigung ist **in jedem Fall unwirksam,** wenn BRat – nach § 102 Abs 3 BetrVG – oder Personalrat – nach dem einschlägigen PersG – aus einem der in § 1 Abs 2 Sätze 2 und 3 KSchG genannten Gründe form- und fristgerecht widersprochen haben und der Widerspruch sachlich begründet ist. Eine Interessenabwägung – zugunsten des ArbGeb – findet dann nicht statt (BAG 6.6.84 – 7 AZR 451/82, NZA 85, 93; BAG 13.9.73 – 2 AZR 601/72, AP KSchG 1969 § 1 Nr 2). Auf diese Weise wird der Kündigungsschutz für ArbN verstärkt, wenn sich der ArbGeb über den begründeten Widerspruch der ANVertretung hinwegsetzt (→ *Kündigungsschutz* Rn 73–79). Die Kündigung ist **wirksam,** wenn dem ArbGeb auf Antrag des Betriebsrats in einem Verfahren nach § 104 Satz 2 BetrVG rechtskräftig aufgegeben wurde, einen ArbN zu entlassen, weil hierin ein dringendes betriebliches Erfordernis liegt (BAG 28.3.17 – 2 AZR 551/16, NZA 17, 540).

**e) Beurteilungszeitpunkt.** Auch bei der betriebsbedingten Kündigung kommt es für die Beurteilung ihrer sozialen Rechtfertigung auf den **Zeitpunkt** an, in dem sie dem ArbN **zugeht** (BAG 18.1.01 – 2 AZR 514/99, NZA 01, 719). Der ArbGeb muss jedoch mit der Kündigung nicht warten, bis die Beschäftigungsmöglichkeiten tatsächlich weggefallen sind. Es genügt, dass sich dies konkret und greifbar abzeichnet. Das ist der Fall, wenn im Zeitpunkt des Ausspruchs der Kündigung die auf Tatsachen gestützte, vernünftige betriebswirtschaftliche Prognose gerechtfertigt ist, mit Ablauf der Kündigungsfrist werde mit hinreichender Sicherheit ein die Entlassung erforderlich machender betrieblicher Grund vorliegen. Dazu muss der ArbGeb bei Zugang der Kündigung weder mit der Verwirklichung der Organisationsentscheidung noch mit vorbereitenden Maßnahmen begonnen haben. Es muss aber zumindest die Absicht und der Wille des ArbGeb, die Maßnahme vorzunehmen, zu diesem Zeitpunkt vorhanden und abschließend gebildet worden sein. Andernfalls kann ein Wegfall des Arbeitsplatzes nicht sicher prognostiziert werden (BAG 20.11.14 – 2 AZR 512/13, NZA 15, 679; BAG 31.7.14 – 2 AZR 422/13, NZA 15, 101). Solange der ArbGeb einen Stilllegungsbeschluss nur erwägt oder plant, ihn aber noch nicht gefasst hat, kann er daher nicht wegen Betriebsschließung kündigen (BAG 15.7.04 – 2 AZR 376/03, NZA 05, 523). Dabei lässt der tatsächliche Eintritt der prognostizierten Entwicklung Rückschlüsse auf die Ernsthaftigkeit und Plausibilität der Prognose zu. In diesem Sinne kann auch die **Entwicklung nach der Kündigung** bei der Beurteilung ihrer sozialen Rechtsfertigung berücksichtigt werden (BAG 27.11.03 – 2 AZR 48/03, NZA 04, 477). Werden nach Einstellung der Produktion die Arbeitsverhältnisse der Beschäftigten gekündigt, so handelt es sich idR auch um eine **Stilllegung,** wenn im Kündigungszeitpunkt davon auszugehen ist, dass eine eventuelle Wiederaufnahme der Produktion erst nach einem längeren, wirtschaftlich nicht unerheblichen Zeitraum erfolgen kann, dessen Überbrückung mit weiteren Vergütungszahlungen dem ArbG nicht zugemutet werden kann (BAG 21.6.01 – 2 AZR 137/00, NZA 02, 212). 21

Ist bei Ausspruch der Kündigung unklar, ob bei Ablauf der Kündigungsfrist die Beschäftigungsmöglichkeit tatsächlich weggefallen sein wird, darf noch nicht gekündigt werden. Eine betriebsbedingte Kündigung ist daher unwirksam, wenn der ArbGeb zum Zeitpunkt der Kündigung ernsthaft über eine Weiterveräußerung der Geschäftsanteile (BAG 10.10.96 – 2 AZR 477/95, NZA 97, 251) oder des Betriebes bzw eines Betriebsteils (BAG 13.2.08 – 2 AZR 543/06, NZA 08, 821) verhandelt. Betriebsveräußerung und Betriebsstilllegung schließen sich systematisch aus. Eine vom ArbGeb mit einer Stilllegungsabsicht begründete Kündigung ist nur dann sozial gerechtfertigt, wenn sich die geplante Maßnahme objektiv als Betriebsstilllegung und nicht als Betriebsveräußerung darstellt, weil etwa die für die Fortführung des Betriebes wesentlichen Gegenstände einem Dritten überlassen werden sollten, der Veräußerer diesen Vorgang aber rechtlich unzutreffend als Betriebsstilllegung wertet. Die Fortsetzung der betrieblichen Tätigkeit durch einen Betriebserwerber begründet eine tatsächliche Vermutung gegen eine ernsthafte Absicht, den Betrieb stillzulegen. Es ist dann Sache des ArbGeb, durch näheren Sachvortrag diese Vermutung zu widerlegen (BAG 16.2.12 – 8 AZR 693/10, NZA 12, 999). Eine Beschäftigungsmöglichkeit besteht ebenso, wenn sich ein Reinigungsunternehmen, dessen noch laufender Reinigungsauftrag bisher nicht verlängert worden ist, an der Neuausschreibung dieses Auftrags beteiligt und seine Neuvergabe bei Ausspruch der Kündigung noch offen ist (BAG 12.4.02 – 2 AZR 256/01, NZA 02, 1205). Hat sich der ArbGeb an der Ausschreibung nicht beteiligt, fehlt die Beschäftigungsmöglichkeit auch dann, wenn er den Auftrag später aufgrund geänderter Sachlage wieder erhält (BAG 15.7.04 – 2 AZR 376/03, NZA 05, 523). 22

Ergibt sich **nach Zugang** der Kündigung und vor Ablauf der Kündigungsfrist unvorhergesehen eine Weiterbeschäftigungsmöglichkeit auf dem alten, einem zwischenzeitlich freigewordenen oder neu geschaffenen vergleichbaren Arbeitsplatz – zB durch neue Aufträge oder dem Ausscheiden anderer ArbN aus dem Unternehmen wird die Kündigung hierdurch nicht unwirksam. Als vertragliche Nebenpflicht aus dem noch bestehenden Arbeitsverhältnis kann sich aber ein Anspruch auf **unbefristete Wiedereinstellung** bzw Fortführung des Arbeitsverhältnisses ergeben. Dieser kommt jedoch grds nicht in Betracht, wenn die Beschäftigungsmöglichkeit erst nach Ablauf der Kündigungsfrist entsteht (BAG 28.6.00 – 7 AZR 904/98, NZA 00, 1097) oder wenn es sich um einen Kleinbetrieb nach § 23 Abs 1 Satz 2–4 KSchG handelt (BAG 19.10.17 – 8 AZR 845/15, NZA 18, 436). Dem Wieder- 23 einstellungsanspruch können **berechtigte Interessen des Arbeitgebers** entgegenstehen (zB wenn der Arbeitsplatz schon wieder besetzt ist), soweit der ArbGeb mit dieser Neubesetzung nicht den Wiedereinstellungsanspruch treuwidrig vereitelt hat (BAG 28.6.00 – 7 AZR 904/98, NZA 00, 1097). Auch ein **Abfindungsvergleich** kann dem Wiedereinstellungsanspruch entgegenstehen, wenn die Abfindung einen angemessenen wirtschaftlichen Ausgleich für den Verlust des sozialen Besitzstandes darstellt (BAG 28.6.2000 – 7 AZR 904/98, NZA 2000, 1097). Dies gilt nicht, wenn der Abfindungsvergleich nach § 779 BGB unwirksam ist oder nach den Grundsätzen des Wegfalls der Geschäftsgrundlage beseitigt wird. Der Vergleich ist nicht schon nach § 779 BGB unwirksam, weil sich die Beschäftigungsmöglichkeit erst nach seinem Abschluss ergibt. Er entfällt nach den Grundsätzen des Wegfalls der Geschäftsgrundlage nur dann, wenn ein Festhalten an ihm für eine Partei unzumutbar ist (BAG 28.6.00 – 7 AZR 904/98, NZA 00, 1097). Sind mehrere ArbN gekündigt worden, kommen für die Wiedereinstellung nur diejenigen in Frage, welche dem ArbGeb gegenüber ihren Willen zur Wiedereinstellung deutlich gemacht haben. Ist die Zahl der Gekündigten größer als die Zahl der neuen Beschäftigungsmöglichkeiten, muss der ArbGeb unter ihnen anhand sozialer Gesichtspunkte und betrieblicher Belange eine den §§ 242, 315 BGB entsprechende **Auswahl** zu treffen. Eine strenge Auswahl nach § 1 Abs 3 KSchG findet nicht statt. Ein Abfindungsvergleich kann bei dieser Auswahl vom ArbGeb berücksichtigt werden (BAG 28.6.00 – 7 AZR 904/98, NZA 00, 1097).

24 **f) Interessenabwägung.** Wie bei der personen- und verhaltensbedingten Kündigung findet auch bei der betriebsbedingten Kündigung eine **Interessenabwägung** statt (BAG 30.4.87 – 2 AZR 184/86, NZA 87, 776). Es gelten aber eine Reihe von **Besonderheiten,** die sich letzten Endes darauf zurückführen lassen, dass man nicht „durch die Hintertür" der Interessenabwägung doch zu einer Überprüfung der Unternehmerentscheidung auf ihre Zweckmäßigkeit kommen will. Bei der betriebsbedingten Kündigung wird daher von der Rspr – anders als sonst – nicht überprüft, ob die zu erwartenden Vorteile des ArbGeb zu den Nachteilen, die sich für den ArbN ergeben, in einem vernünftigen Verhältnis stehen (BAG 30.4.87 – 2 AZR 184/86, NZA 87, 776). Der ArbGeb muss nach einer betriebsbedingten Kündigung daher nicht befürchten, das ArbG werde trotz Vorliegen eines objektiven Kündigungsgrundes die Kündigung wegen der besonderen sozialen Lage des ArbN für unwirksam erklären.

25 Ist eine ordentliche Kündigung „an sich" betriebsbedingt, soll sich die Interessenabwägung **nur** noch **in seltenen Fällen zugunsten des Arbeitnehmers** auswirken (BAG 16.6.05 – 6 AZR 476/04, DB 05, 2303). Eine zumeist nur vorübergehende Weiterbeschäftigung ist dem ArbGeb etwa zuzumuten, wenn der ArbN aufgrund schwerwiegender persönlicher Umstände besonders schutzbedürftig ist (BAG 30.4.87 – 2 AZR 184/86, NZA 87, 776). Die Kündigung während der Arbeitsphase der Altersteilzeit im Blockmodell scheitert nicht an der Interessenabwägung (BAG 16.6.05 – 6 AZR 476/04, DB 05, 2303).

26 **2. Soziale Auswahl.** Auch wenn dringende betriebliche Gründe für eine Kündigung vorliegen, ist sie nach **§ 1 Absatz 3 Satz 1 KSchG** sozialwidrig, wenn der ArbGeb bei der Auswahl der zu entlassenden ArbN die **Dauer der Betriebszugehörigkeit,** das **Lebensalter,** die **Unterhaltspflichten** und die **Schwerbehinderung** nicht oder nicht ausreichend berücksichtigt hat. Hier geht es nicht um die Frage, **ob** gekündigt werden kann, sondern nur noch darum, **wem** gekündigt werden darf. Diese Regelungen sind **nicht dispositiv.** Sie können weder arbeitsvertraglich, noch in einer Betriebsvereinbarung oder einem Tarifvertrag umgangen werden (BAG 27.6.19 – 2 AZR 50/19, NZA 19, 1345; BAG 20.6.13 – 2 AZR 271/12, NZA 13, 873). Eine Beschränkung der Sozialauswahl kann sich aber aus einer zulässigen vertraglichen Gestaltung von Arbeitsbedingungen mit anderen Arbeitnehmern – zB dem Ausschluss betriebsbedingter Kündigungen oder Anrechnung von Beschäftigungszeiten – ergeben. Allerdings darf die betreffende Vertragsgestaltung nicht rechtsmissbräuchlich sein und allein Vorteile bei der Sozialauswahl bezwecken (BAG 20.6.13 – 2 AZR 271/12, NZA 13, 873). Diese soziale Auswahl betrifft nach dem Wortlaut des § 1 Abs 3 KSchG zwar nur den Fall des ersatzlosen Wegfalls von Arbeitsplätzen, nicht den der Konkurrenz um eine geringere Anzahl frei bleibender oder frei werdender Arbeitsplätze. Hier stellt sich aber das Problem in gleicher Weise. Eine soziale Auswahl zwischen den von einer Kündigung bedrohten ArbN eines Betriebes muss daher analog § 1 Abs 3 KSchG auch

vorgenommen werden, wenn es in diesem Zusammenhang um die Besetzung einer geringeren Anzahl freier Arbeitsplätze im Betrieb (BAG 24.5.12 – 2 AZR 163/11, NZA-RR 13, 74) oder Unternehmen (BAG 27.7.17 – 2 AZR 476/16, NZA 18, 234) und damit darum geht, die Anzahl der Kündigungen durch **Weiterbeschäftigung** nach § 1 Abs 2 KSchG zu verringern (zur weitergehenden betriebsübergreifenden → *Sozialauswahl* Rn 14). Die soziale Auswahl findet auch bei **Massenkündigungen** (BAG 5.12.01 – 2 AZR 697/01, NZA 03, 849), bei einer **etappenweisen Betriebsstilllegung** und in der **Insolvenz** statt (BAG 16.9.82 – 2 AZR 271/80, NJW 83, 1341). Sie ist nach § 2 Satz 1 KSchG auch bei betriebsbedingten **Änderungskündigungen** zu beachten (BAG 29.1.15 – 2 AZR 164/14, NZA 15, 426; BAG 18.1.07 – 2 AZR 796/05, NZA 08, 1208). Entschließt sich der ArbGeb, ab sofort keine neuen Aufträge mehr anzunehmen, *allen* ArbN zum nächstmöglichen Termin zu kündigen und den Betrieb schnellstmöglich stillzulegen, findet eine soziale Auswahl nicht statt (BAG 18.1.01 – 2 AZR 239/00, AiB 02, 318).

Die **Prüfung der Sozialauswahl** erfolgt in **drei Schritten.** Zunächst ist der **Kreis von vergleichbaren Arbeitnehmern** zu ermitteln, welche für eine Sozialauswahl in Betracht kommen. Dann ist die **Auswahlentscheidung** nach den in § 1 Abs 3 Satz 1 KSchG genannten sozialen Gesichtspunkten zu treffen. Zuletzt ist zu prüfen, ob einzelne ArbN nach § 1 Abs 3 Satz 2 KSchG in die soziale Auswahl **nicht einzubeziehen** sind, weil ihre weitere Beschäftigung im berechtigten betrieblichen Interesse liegt. 27

**a) Personenkreis.** ArbN, deren **Kündigung das Gesetz verbietet,** nehmen an der sozialen Auswahl **nicht** teil (BAG 17.11.05 – 6 AZR 118/05, NZA 06, 370). Dazu gehören alle ArbN, soweit sie dem **Sonderkündigungsschutz** unterliegen, Schwerbehinderte (§§ 85 ff SGB IX), Schwangere und junge Mütter (§§ 9 MuSchG, 18 BEEG), betriebsverfassungsrechtliche Funktionsträger (BAG 21.4.05 – 2 AZR 241/04, NZA 05, 1307). Soweit ihre Kündigung die vorherige Zustimmung einer staatlichen Stelle voraussetzt, nehmen sie **nach erteilter Zustimmung** an der sozialen Auswahl teil (APS/*Kiel* KSchG § 1 Rz 701), falls die Zustimmung vor dem Zeitpunkt erteilt wird, in dem die soziale Auswahl vorgenommen und dabei der Kreis der in die soziale Auswahl einzubeziehenden ArbN festgelegt wird. Dieser Kreis von ArbN ist nach den Verhältnissen im Zeitpunkt der beabsichtigten Kündigung zu bilden. ArbN, denen gegenüber eine ordentliche Kündigung zu diesem Zeitpunkt aufgrund von Vorschriften des Sonderkündigungsschutzes ausgeschlossen ist, sind in diesen Personenkreis nicht einzubeziehen. Dies soll selbst dann gelten, wenn im Zeitpunkt der beabsichtigten Kündigung der Sonderkündigungsschutz voraussichtlich alsbald auslaufen wird und aufgrund der kürzeren Kündigungsfrist das Arbeitsverhältnis des besonders geschützten ArbN zu demselben Termin beendet werden könnte, zu dem auch das Arbeitsverhältnis des konkurrierenden, sozial schwächeren ArbN gekündigt werden kann (BAG 21.4.05 – 2 AZR 241/04, NZA 05, 1307). Zum auswahlrelevanten Kreis zählen ebenso wenig ArbN, deren Kündigung wirksam durch **Tarifvertrag** ausgeschlossen ist. Man kann den ArbGeb nicht auf die Kündigung eines sozial stärkeren ArbN verweisen, den er nicht kündigen darf. Die Grenze liegt dort, wo die dadurch bewirkte Verkleinerung des Auswahrpools zu einer grob fehlerhaften Auswahl führen würde (BAG 20.6.13 – 2 AZR 295/12, NZA 14, 208). Tarifliche Unkündbarkeitsregelungen werden bei einer Kündigung durch den Insolvenzverwalter durch § 113 Satz 1 InsO verdrängt (BAG 19.1.00 – 4 AZR 70/99, NZA 00, 658). Die Regelungen zur Sozialauswahl können grds nicht im **Arbeitsvertrag** abbedungen werden, auch nicht zugunsten einzelner ArbN. Eine solche Regelung wirkt sich stets zu Lasten anderer ArbN aus (BAG 20.6.13 – 2 AZR 271/12, NZA 13, 837). Entsprechenden Vereinbarungen setzen nicht allein die Grundsätze zum Rechtsmissbrauch und zum Umgehungsverbot Grenzen (BAG 20.6.13 – 2 AZR 271/12, NZA 13, 837). Sie sind nur wirksam, wenn es hierfür sachliche Gründe gibt, die der ArbGeb im Prozess darlegen und beweisen muss (BAG 2.6.05 – 2 AZR 480/04, NZA 06, 207). ArbN **ohne Kündigungsschutz** sind ebenso von der sozialen Auswahl ausgenommen (BAG 18.10.00 – 2 AZR 494/99, NZA 01, 321). Sie müssen zuerst gekündigt werden. Dazu gehören nach § 1 Abs 1 KSchG alle noch nicht länger als sechs Monate Beschäftigten. 28

**Leitende Angestellte** nehmen an der sozialen Auswahl teil. ArbN **im ruhenden Arbeitsverhältnis,** für die kein gesetzliches Kündigungsverbot besteht, sind in die Sozialauswahl einzubeziehen, soweit ein dringendes betriebliches Bedürfnis für ihre Kündigung besteht. Während dieser Zeit ist das Arbeitsverhältnis nicht unterbrochen und ihre Betriebs- 29 zugehörigkeit besteht weiter fort (ErfK/*Oetker* KSchG § 1 Rz 314; BAG 26.2.87 – 2 AZR 177/86, NZA 87, 775)

30 Die Pflicht zur sozialen Auswahl ist **betriebsbezogen** (BAG 2.6.05 – 2 AZR 158/04, NZA 05, 1175). Einzubeziehen sind alle vergleichbaren ArbN des Betriebes, nicht nur der betroffenen Betriebsabteilung (BAG 5.6.14 – 2 AZR 418/13, BB 15, 115; BAG 31.5.07 – 2 AZR 276/06, NZA 08, 33). Fällt zB in einem Reinigungsbetrieb mit zahlreichen Beschäftigten in verschiedenen Objekten ein Reinigungsobjekt durch Nichtverlängerung des Auftrags weg, genügt der ArbGeb seiner Pflicht zur Sozialauswahl regelmäßig nicht, wenn er die dort Beschäftigten kündigt, ohne zu prüfen, ob in den anderen Reinigungsobjekten vergleichbare ArbN beschäftigt sind (BAG 17.1.02 – 2 AZR 15/01, NZA 02, 759). Bei einer **Teilbetriebsstilllegung** ist eine auf den gesamten Betrieb bezogene Sozialauswahl durchzuführen (BAG 21.5.15 – 8 AZR 409/13, AP BGB § 613a Nr 462). Allein die räumliche Entfernung von Betriebsteilen steht einer betriebsbezogenen Sozialauswahl nicht entgegen. Handelt es sich nach § 23 KSchG um einen Betrieb kommt es auch nicht darauf an, ob einzelne Betriebsteile betriebsverfassungsrechtlich selbstständig sind (BAG 3.6.04 – 2 AZR 577/03, NZA 05, 175). Dies gilt selbst dann, wenn der eine Betriebsteil stillgelegt und der andere danach auf einen Betriebserwerber übergehen soll (BAG 28.10.04 – 8 AZR 391/03, NZA 05, 285). § 613a BGB gewährt keinen absoluten Bestandsschutz bei **Betriebsübergang.** Das Recht zur Kündigung aus anderen Gründen bleibt schon nach dem Wortlaut des Gesetzes erhalten. Eine solche Kündigung kann aber auch als Folge einer betriebsbezogenen sozialen Auswahl gerechtfertigt sein (BAG 31.5.07 – 2 AZR 276/06, NZA 08, 33). Bei einer betriebsbedingten Kündigung durch den Verleiher sind bei einer **Arbeitnehmerüberlassung** in die Sozialauswahl grundsätzlich auch die ArbN einzubeziehen, die anderen Unternehmen zur Arbeitsleistung auf vergleichbaren Arbeitsplätzen überlassen sind (BAG 20.6.13 – 2 AZR 271/12, NZA 13, 837). Grds nicht einzubeziehen sind ArbN aus anderen Betrieben des Unternehmens oder aus anderen **Unternehmen** eines Konzerns. Dies gilt auch, wenn sich der ArbGeb ein betriebsübergreifendes Versetzungsrecht vorbehalten hat (BAG 2.6.05 – 2 AZR 158/04, NZA 05, 1175). Der ArbGeb kann aber im Zusammenhang mit seiner Pflicht zur **Weiterbeschäftigung** nach § 1 Abs 2 KSchG im Einzelfall auch verpflichtet sein, eine betriebsübergreifende unternehmensweite – nicht konzernweite – Sozialauswahl durchzuführen (→ Rn 14). Unterhalten mehrere Unternehmen einen **Gemeinschaftsbetrieb,** findet die Sozialauswahl jedoch in diesem Betrieb „unternehmensübergreifend“ ohne Rücksicht auf die Zugehörigkeit der ArbN zu dem einen oder anderen Unternehmen statt (BAG 27.11.03 – 2 AZR 48/03, NZA 04, 477). **Widerspricht** ein ArbN dem Übergang seines Arbeitsverhältnisses auf einen Betriebs(teil)übernehmer – **§ 613a BGB** –, kann er sich wie sonst auch auf eine fehlerhafte im gesamten Restbetrieb durchzuführende Sozialauswahl bei seiner nachfolgenden betriebsbedingten Kündigung berufen, unabhängig davon, dass er damit verhindert hat, dass sein Arbeitsverhältnis grds unverändert auf den Betriebserwerber übergeht (BAG 31.5.07 – 2 AZR 276/06, NZA 08, 33). Er drängt damit den ArbN aus dem Betrieb, der zwar sozial weniger schutzwürdig ist, aber vom Teilbetriebsübergang nicht betroffen war. Dessen Arbeitsverhältnis geht nicht etwa „ersatzweise“ auf den Betriebserwerber über.

31 Die Sozialauswahl bezieht sich auf **vergleichbare Arbeitnehmer.** Vergleichbar sind ArbN, die **austauschbar** sind (BAG 10.6.10 – 2 AZR 420/09, NZA 10, 1352). Zur Austauschbarkeit gehört einmal, dass der betroffene ArbN auf den Arbeitsplatz des sozial Stärkeren **ohne Änderung des Arbeitsvertrages** allein durch eine Weisung des ArbGeb versetzt werden kann. Dabei ergibt sich eine vertraglich bindende, die Austauschbarkeit nehmende nachträgliche Beschränkung des Einsatzortes noch nicht allein aus dem Umstand, dass der ArbN jahrelang immer am gleichen Arbeitsort eingesetzt wurde (BAG 3.6.04 – 2 AZR 577/03, NZA 05, 175). Kann aber ein ArbN nach dem Arbeitsvertrag nur innerhalb eines bestimmten Arbeitsbereiches versetzt werden, dann ist bei Wegfall dieses Arbeitsbereiches keine soziale Auswahl unter Einbeziehung der vom Tätigkeitsfeld vergleichbaren ArbN anderer Arbeitsbereiche vorzunehmen (BAG 17.2.00 – 2 AZR 142/99, NZA 00, 822). Die Vergleichbarkeit kann nicht dadurch herbeigeführt werden, dass der Arbeitsvertrag eines von einem betrieblichen Ereignis betroffenen ArbN erst anlässlich diese Ereignisses einvernehmlich oder im Wege der Änderungskündigung entsprechend abgeändert wird

(BAG 18.10.06 – 2 AZR 676/05, NZA 07, 798). Die **einseitige Austauschbarkeit** reicht, eine wechselseitige Austauschbarkeit ist nicht erforderlich. Es geht darum, ob der unmittelbar kündigungsbedrohte ArbN den fortbestehenden Arbeitsplatz desjenigen ArbN übernehmen kann, der sozial weniger schützenswert ist und dessen Arbeitsverhältnis nicht gekündigt werden soll (BAG 15.12.11 – 2 AZR 42/10, NZA 12, 1044; 18.10.06 – 2 AZR 676/05, NZA 07, 798). Wer als sozial schwächerer ArbN im Betrieb bleibt, muss die Tätigkeit desjenigen ausüben können, der den Betrieb verlässt, nicht auch umgekehrt. Es kann nicht darauf ankommen, ob der sozial Stärkere auch die Tätigkeit desjenigen hätte ausüben können, an den er „seinen Arbeitsplatz" nach Durchführen der sozialen Auswahl verliert. Denn dazu hat er keine Gelegenheit mehr. Wer in den Kreis der von einer sozialen Auswahl betroffenen ArbN einzubeziehen ist, richtet sich darüber hinaus nach **arbeitsplatzbezogenen Merkmalen** und damit nach der ausgeübten Tätigkeit (BAG 5.6.08 – 2 AZR 907/06, NZA 08, 1120; BAG 18.10.06 – 2 AZR 676/05, NZA 07, 798). Man muss prüfen, ob der ArbN, dessen Arbeitsplatz weggefallen ist, alsbald die Funktion eines anderen ArbN wahrnehmen kann. Dies setzt nicht die Identität der Arbeitsplätze voraus. Es reicht aus, wenn der ArbN aufgrund seiner bisherigen Aufgaben im Betrieb und angesichts seiner beruflichen Qualifikation die **andersartige, aber gleichwertige Tätigkeit** einer Kollegin/eines Kollegen ausüben kann (BAG 18.10.06 – 2 AZR 676/05, NZA 07, 798; BAG 23.11.04 – 2 AZR 38/04, NZA 05, 1225), auch wenn er sich dort erst noch einarbeiten muss (BAG 18.10.06 – 2 AZR 676/05, NZA 07, 798; BAG 5.6.08 – 2 AZR 907/06, NZA 08, 1120). Eine Austauschbarkeit ist erst ausgeschlossen, wenn die betriebliche Spezialisierung und die aktuellen besonderen Umstände einen solchen Grad erreicht haben, dass ein Einsatz der zu kündigenden ArbN auf dem Arbeitsplatz des „Spezialisten" auch nach einer angemessenen Einarbeitungsfrist nicht möglich ist (BAG 5.6.08 – 2 AZR 907/06, NZA 08, 1120). Dafür können drei Monate zu lang sein (BAG 5.5.94 – 2 AZR 917/93, NZA 94, 1023).

Die **tarifliche Eingruppierung** kann für die Frage, ob ArbN austauschbar sind, in engen **32**
Grenzen auch außerhalb des öffentlichen Dienstes herangezogen werden, soweit tarifliche Eingruppierungssysteme mit unterschiedlichen Anforderungen in den verschiedenen Vergütungsgruppen bestehen (BAG 5.12.02 – 2 AZR 697/01, NZA 03, 849). Hier führt die Zugehörigkeit zur gleichen Vergütungsgruppe jedoch nicht zwingend zur Vergleichbarkeit. Es bleibt zu prüfen, ob die Tätigkeit des anderen innerhalb einer angemessenen Einarbeitungszeit übernommen werden kann. Bei ausgesprochenen Hilfstätigkeiten kommt der identischen Eingruppierung jedenfalls ein ausreichender Indizwert zu (BAG 15.6.89 – 2 AZR 580/88, NZA 90, 226). Im öffentlichen Dienst ist die **Vergütungsgruppe** für die Vergleichsgruppenbildung entscheidend, weil die Einsetzbarkeit der ArbN durch die Vergütungsgruppe strikt begrenzt ist (BAG 10.6.10 – 2 AZR 420/09, NZA 10, 1352). Handelt es sich nicht um einen Fall des Bewährungsaufstiegs, so sind grds nur die ArbN derselben Vergütungsgruppe miteinander vergleichbar (BAG 23.11.04 – 2 AZR 38/04, NZA 05, 986). Dabei soll es auf die „im Arbeitsvertrag genannte Vergütungsgruppe" ankommen. Damit würde ihr bei der Sozialauswahl ein deutlich höherer Stellenwert zugemessen als im Streit um die Eingruppierung. Richtig verstanden kann es daher nicht auf die im Arbeitsvertrag genannte Vergütungsgruppe ankommen, sondern allein auf die Vergütungsgruppe, deren Voraussetzungen die vom Betroffenen auszuübende Tätigkeit entspricht. Ein ArbN könnte sonst auf dem Umweg über die Sozialauswahl ohne Änderungskündigung rückgruppiert werden. Aktueller **Kenntnisstand** (PC- und CAD-Techniken) und betriebliche Spezialisierung können der Austauschbarkeit entgegenstehen (BAG 5.5.94 – 2 AZR 917/93, NZA 94, 1033) soweit der betroffene Mitarbeiter nicht schon nach § 1 Abs 3 Satz 2 KSchG nicht in die soziale Auswahl einzubeziehen ist. Vollzeitmitarbeiter sind mit **Teilzeitbeschäftigten** nur dann generell nicht vergleichbar, wenn der ArbGeb eine Organisationsentscheidung getroffen hat, aufgrund derer für bestimmte Arbeiten Vollzeitkräfte vorgesehen sind und diese Entscheidung weder offenbar unsachlich oder unvernünftig noch willkürlich ist (BAG 3.12.98 – 2 AZR 341/98, NZA 99, 431). Dies gilt auch für die soziale Auswahl von Teilzeitkräften mit unterschiedlichen Arbeitszeiten. Hat der ArbGeb bestimmten Tätigkeiten bestimmte Arbeitszeiten zugeordnet, stellt dies eine grds hinzunehmende unternehmerische Entscheidung dar. ArbN, die aufgrund solcher Organisationsentscheidungen unterschiedliche Arbeitszeiten aufweisen, die nur durch Änderungskündigung angepasst wer-

den können, sind nicht miteinander vergleichbar (BAG 15.7.04 – 2 AZR 376/03, NZA 05, 523). Die Streichung einer Halbtagsstelle im öffentlichen Dienst sagt für sich nichts dazu aus, ob nicht nur eine Überkapazität abgebaut werden soll, der auch mit der Änderungskündigung einer sozial weniger schutzbedürftigen Vollzeitkraft Rechnung getragen werden könnte (BAG 12.8.99 – 2 AZR 12/99, NZA 2000, 30).

33 Der Vergleich vollzieht sich allein **auf derselben Ebene der Betriebshierarchie** – sog **horizontale Vergleichbarkeit** (BAG 24.5.05 – 8 AZR 398/04, NZA 05, 1302). Ein Vergleich zwischen ArbN unterschiedlicher Hierarchieebenen findet – anders als bei der Besetzung freie Stellen (→ Rn 18) – nicht statt – sog **vertikale Vergleichbarkeit** (BAG 17.9.98 – 2 AZR 725/97, NZA 98, 1332). ArbN sind nicht austauschbar, wenn sie nur nach einer Änderungskündigung oder einverständlichen Änderung ihres Arbeitsvertrages anderweitig beschäftigt werden können. Der **Arbeitnehmer** kann **nicht von sich** aus den Kreis der ArbN **erweitern,** welche in die soziale Auswahl einzubeziehen sind. Seiner Erklärung, er sei auch bereit, zu schlechteren – von ihm näher bezeichneten – Arbeitsbedingungen zu arbeiten, „reißt" die dort Beschäftigten nicht in die soziale Auswahl „hinein". Es würden sonst ArbN den Arbeitsplatz verlieren, die von der Maßnahme des ArbGeb nicht betroffen sind (BAG 17.9.98 – 2 AZR 725/97, NZA 98, 1332). Der ArbGeb muss daher auch nicht den minderwertigeren Arbeitsplatz eines ArbN mit schlechteren sozialen Daten anbieten, um einen ArbN vor Kündigung zu schützen (BAG 7.2.85 – 2 AZR 91/84, NZA 86, 260). Der „Vorrang der Änderungskündigung" (→ Rn 17–18) betrifft ausschließlich freie Arbeitsplätze.

34 **b) Kriterien:** Das Gesetz enthält in § 1 Abs 3 KSchG einen **abschließend gemeinten Katalog** der bei einer sozialen Auswahl heranzuziehenden Kriterien. **Keines der vier Auswahlkriterien** – Dauer der Betriebszugehörigkeit. Lebensalter, Unterhaltspflichten und Schwerbehinderung – hat **herausragende Bedeutung.** Da der ArbGeb gesetzlich nur zu einer „ausreichenden" Sozialauswahl verpflichtet ist, steht ihm (auch) bei der Gewichtung der Auswahlkriterien ein Wertungsspielraum zu (BAG 2.6.05 – 2 AZR 480/04, NZA 06, 207). Damit steht die Betriebszugehörigkeit berechtigterweise nicht mehr im Mittelpunkt. Mit der Betriebszugehörigkeit ist die Dauer der arbeitsvertraglichen Bindung an denselben ArbGeb und damit auch die Beschäftigung in anderen Betrieben des Unternehmens gemeint (BAG 2.6.05 – 2 AZR 158/04, NZA 05, 1175). Kurzzeitige Unterbrechungen des Arbeitsverhältnisses sind unschädlich, wenn ein innerer Zusammenhang besteht. Hier kommt es – wie bei der Wartefrist des § 1 KSchG – auf Anlass und Dauer der Unterbrechung an (APS/*Kiel* KSchG § 1 Rn 714). Nicht anrechnungsfähige **Vorbeschäftigungszeiten** bei demselben oder einem anderen ArbGeb können aufgrund einer Vereinbarung zwischen ArbGeb und ArbN angerechnet werden, soweit diese nicht rechtsmissbräuchlich nur der Umgehung der sozialen Auswahl dient und hierfür ein sachlicher Grund vorliegt, der bei einer Vereinbarung im arbeitsgerichtlichen Vergleich ohne weiteres anzunehmen sein soll (BAG 2.6.05 – 2 AZR 480/04, NZA 06, 207). Mit **Unterhaltspflichten** sind die gesetzlichen Unterhaltspflichten gemeint (BAG 12.8.10 – 2 AZR 945/08, NZA 11, 460) gegenüber Ehegatten aus §§ 1360 ff BGB, geschiedenen Ehegatten aus §§ 1569 ff BGB, ehelichen Kindern und unterhaltsbedürftigen Eltern aus §§ 1601 ff BGB, nichtehelichen Kindern aus § 1615a BGB, adoptierten Kindern aus § 1754 BGB und Unterhaltspflichten gegenüber Lebenspartnern einer eingetragenen Lebenspartnerschaft nach §§ 5, 12, 16 LPartG. Freiwillige Unterhaltsleistungen sind nicht erfasst (BAG 12.8.10 – 2 AZR 945/08, NZA 11, 460). Auch Unterhaltspflichten haben gegenüber den anderen Auswahlkriterien keinen automatischen Vorrang, sie können aber im konkreten Fall besonders gewichtet werden (Zum alten Recht BAG 2.12.99 – 2 AZR 757/98, NZA 2000, 531; zum neuen Recht vgl BAG 12.8.10 – 2 AZR 945/08, NZA 11, 460).

35 Nach den **§§ 1, 2 Abs 1 Nr 2 AGG** sind Benachteiligungen wegen des **Lebensalters** bei der Beendigung eines Arbeitsverhältnisses unzulässig. § 2 Abs 4 AGG soll nun den Weg beschreiben, auf dem die Diskriminierungsverbote des AGG in das bisherige System des Kündigungsschutzrechts eingebaut sind: Verstöße gegen die Diskriminierungsverbote des AGG sind für den Bereich des KSchG im Zusammenhang mit der Frage zu erörtern, ob die Kündigung sozial ungerechtfertigt ist oder nicht (BAG 12.3.09 – 2 AZR 418/07, NZA 09, 1032). Das Lebensalter darf nach wie vor bei der sozialen Auswahl berücksichtigt werden. So ist ein regelaltersrentenberechtigter ArbN deutlich weniger schutzbedürftig (BAG

27.4.17 – 2 AZR 67/16, NZA 17, 902). Andererseits will man ältere ArbN, die wegen ihres Alters typischerweise schlechtere Chancen auf dem Arbeitsmarkt haben, etwas besser schützen. Dass die Arbeitsmarktchancen auf diese Weise typisierend und nicht rein individuell berücksichtigt werden, ist letztlich unvermeidbar (BAG 15.12.11 – 2 AZR 42/10, NZA 12, 1044; BAG 18.3.10 – 2 AZR 468/08, NZA 10, 1059). Im Übrigen darf nicht übersehen werden, dass das Lebensalter im Rahmen der sozialen Auswahl nicht alleine steht. Daneben stehen zumindest gleichberechtigt die übrigen Kriterien. Dies schützt den ArbN vor einer Überbewertung des Lebensalters, was auch bisher schon bei der Sozialauswahl unzulässig war (BAG 12.3.09 – 2 AZR 418/07, NZA 09, 1023).

Dem ArbGeb bei Zugang der Kündigung **unbekannte Sozialdaten** können ihm im Prozess nur entgegengehalten werden, wenn er sie hätte kennen müssen (ErfK/*Oetker* § 1 KSchG Rn 306). Die Dauer der Betriebszugehörigkeit und das Lebensalter kann er aus der Personalakte entnehmen. Unterhaltspflichten ergeben sich nicht zuverlässig aus den LSt-Unterlagen. Unterhaltsansprüche getrennt lebender oder geschiedener Ehepartner sind nicht erkennbar. Bisher geht das BAG (noch) davon aus, der ArbGeb dürfe sich auf diese Angaben verlassen, solange er keinen Anlass für die Annahme hat, sie könnten nicht zutreffen (BAG 17.1.08 – 2 AZR 405/06, NZA-RR 08, 571). Die Materialien des Gesetzes (BT-Drucks 15/204 S 11) sprechen dafür, dass der ArbGeb sich bei den ArbN erkundigen muss (ErfK/*Oetker* KSchG § 1 Rn 306; APS/*Kiel* KSchG § 1 Rn 655). Ob dies auch für die Betriebsparteien vor der Vereinbarung eines Interessenausgleichs mit Namensliste oder einer Auswahlrichtlinie gilt, hat das BAG offen gelassen (BAG 15.12.11 – 2 AZR 42/10, NZA 12, 1044). In der Insolvenz soll eine Nachfrage wegen der Besonderheiten dieses Verfahrens jedenfalls nicht erforderlich sein, soweit es um die Anzahl der unterhaltsberechtigten Kinder geht (BAG 26.6.12 – 6 AZR 682/10, NZA 12, 1090). Macht der ArbN fehlerhafte Angaben, kann er sich im Prozess auf einen darauf beruhenden Auswahlfehler nicht berufen (BAG 16.2.12 – 6 AZR 553/10, NZA 12, 555). 36

**c) Beurteilungsspielraum.** Da ein **allgemein verbindlicher Bewertungsmaßstab** dafür fehlt, wie die einzelnen Sozialdaten miteinander in ein Verhältnis zu setzen sind, gibt es bei jeder Sozialauswahl Lösungen, die noch „tragfähig", möglicherweise aber nicht „richtig" sind. Dem trägt das KSchG Rechnung. Nach § 1 Abs 3 Satz 1 KSchG ist eine betriebsbedingte Kündigung wirksam, bei welcher der ArbG soziale Gesichtspunkte nur **„ausreichend"** berücksichtigt hat. Dem entspricht es, dem ArbGeb bei der sozialen Auswahl einen **Beurteilungsspielraum** einzuräumen (BAG 29.1.15 – 2 AZR 164/14, NZA 15, 426). Die **Innengrenzen** ergeben sich aus den Wertungen in § 1 KSchG. Soziale Gesichtspunkte sind ausreichend berücksichtigt, wenn die Auswahlentscheidung jedenfalls vertretbar erscheint. Das Gericht darf nicht seine Vorstellungen von der „richtigen Sozialauswahl" an die Stelle der Entscheidung des ArbGeb setzen. Der ArbGeb darf bei der Sozialauswahl in gewissem Umfang „per Hand steuern". Nur der **deutlich schutzwürdigere ArbN** kann mit Erfolg die soziale Auswahl angreifen (BAG 29.1.15 – 2 AZR 164/14, NZA 15, 426; BAG 20.6.13 – 2 AZR 271/12, NZA 13, 837). Ist die vom ArbGeb durchgeführte Sozialauswahl fehlerhaft, konnten sich in der Vergangenheit alle zeitgleich betriebsbedingt gekündigten ArbN darauf berufen (sog Dominoeffekt). Heute kann einen Auswahlfehler nur derjenige geltend machen, bei dem er sich unmittelbar auswirkt, weil er angesichts seiner sozialen Daten bei einer korrekten Sozialauswahl nicht hätte gekündigt werden dürfen (BAG 9.11.06 – 2 AZR 812/05, NZA 07, 549). Da sich auf eine fehlerhafte Sozialauswahl aber nur der deutlich schutzwürdigere ArbN berufen kann und das ArbG den Beurteilungsspielraum des ArbGeb berücksichtigen muss, kann ein Auswahlfehler nur vorliegen, wenn der ArbGeb zu keiner anderen als der für den klagenden ArbN günstigen Entscheidung kommen durfte (APS/*Kiel* KSchG § 1 Rn 702). Einfacher ist es, wenn der ArbGeb seiner Sozialauswahl ein Punktesystem zugrunde gelegt hat. Hier kann der ArbN eher den für ihn nachteiligen Fehler nachweisen und der ArbGeb darlegen, dass die Sozialauswahl korrekt war (vgl BAG 9.11.06 – 2 AZR 812/05, NZA 07, 549). 37

**d) Betriebliche Interessen.** Nach **§ 1 Abs 3 Satz 2 KSchG** sind ArbN **nicht in die soziale Auswahl einzubeziehen,** deren Weiterbeschäftigung, insbes wegen ihrer Kenntnisse, Fähigkeiten und Leistungen oder zur Sicherung einer ausgewogenen Personalstruktur des Betriebes **im berechtigten betrieblichen Interesse** liegt. Damit räumt das Gesetz betriebswirtschaftlichen Überlegungen unter bestimmten Voraussetzungen den Vorrang vor 38 sozialen Gesichtspunkten ein. Anders als für die Betriebsbedingtheit in § 1 Abs 2 Satz 1 KSchG reichen bereits berechtigte betriebliche Interessen aus, um ArbN aus der Sozialauswahl herauszunehmen. Sie müssen nicht „dringend" sein. Das ist ein **weniger strenger Maßstab.** Der ArbGeb darf sich damit nicht erst dann über die soziale Auswahl hinwegsetzen, wenn er sich sonst in einer Zwangslage befinden würde. Es muss aber noch eine soziale Auswahl bleiben. Reine Nützlichkeitserwägungen reichen nicht aus. Die Weiterbeschäftigung eines bestimmten ArbN muss im Interesse eines geordneten betrieblichen Ablaufs erforderlich sein (BAG 7.12.06 – 2 AZR 748/05, NZA-RR 07, 460). Nimmt der ArbGeb aus betrieblichen Gründen den ganz überwiegenden Teil der Belegschaft aus der Sozialauswahl heraus (BAG 5.12.02 – 2 AZR 697/01, NZA 03, 849), spricht eine tatsächliche Vermutung dafür, dass sie im Ergebnis sozialwidrig ist.

39 Nach wie vor bleibt die Herausnahme von ArbN aus der Sozialauswahl die **Ausnahme,** die Auswahl nach sozialen Kriterien die Regel (BAG 5.6.08 – 2 AZR 907/06, NZA 08, 1120). Das betriebliche Interesse muss „berechtigt" sein. Das Interesse des sozial schwächeren ArbN ist gegen das betriebliche Interesse an der Herausnahme des „Leistungsträgers" abzuwägen. Je schwerer das soziale Interesse wiegt, desto gewichtiger müssen die Gründe für die Ausklammerung des Leistungsträgers sein (BAG 5.6.08 – 2 AZR 907/06, NZA 08, 1120). ArbN können sich ihrerseits nicht darauf berufen, ihre Weiterbeschäftigung läge im berechtigten betrieblichen Interesse. Anders ist dies nur, wenn der ArbGeb diese Interessen nach objektiven Kriterien bestimmt und für andere ArbN geltend gemacht hat. Hat er sie einmal benannt, kann er nicht mehr einseitig entscheiden, welche ArbN nach den von ihm bestimmten Kriterien aus der sozialen Ausfall fallen. Können sich dann mehr ArbN auf diese Kriterien berufen, als noch beschäftigt werden können, findet wiederum zwischen ihnen eine soziale Auswahl statt.

40 **Kenntnisse** beziehen sich auf Fakten, die der ArbN durch seine Ausbildung, den beruflichen Werdegang oder sonst wie erlangt hat und die sich auf den konkreten Einsatzbereich im Betrieb beziehen. **Fähigkeiten** betreffen die Eignung des ArbN, die vertraglich geschuldeten Arbeiten auszuführen. Mit **Leistung** bezeichnet man die qualitative und quantitative Umsetzung von Kenntnissen und Fähigkeiten (APS/*Kiel* KSchG § 1 Rn 770 ff). Eine Gewichtung findet nicht statt. Die in Satz 2 genannten Beispiele sind **nicht abschließend,** wie das Wort „insbesondere" zeigt. So können auch wichtige Kundenkontakte im Einzelfall zur Herausnahme aus der Sozialauswahl führen. Stets ist zu beachten, dass nur die Vorteile des Leistungsträgers ins Gewicht fallen, nicht die Nachteile des sozial schutzwürdigeren ArbN. Der Hinweis auf die höhere Krankheitsquote des sozial Schutzwürdigeren kann die Ausklammerung des Leitungsträgers daher nicht begründen (BAG 31.5.07 – 2 AZR 306/06, NZA 07, 1362).

41 Soweit der ArbGeb zur **Sicherung einer ausgewogenen Personalstruktur** ArbN von der Sozialauswahl ausnehmen darf, geht es nicht darum, über betriebsbedingte Kündigungen eine solche Struktur erstmals herzustellen. Anders als § 125 Abs 1 Nr 2 InsO spricht das KSchG nicht davon, dass sie „erhalten oder geschaffen" wird. Die Möglichkeit einer Korrektur der Personalstruktur ist durch das legitime Ziel der Sanierung eines insolventen Unternehmens gerechtfertigt (BAG 19.12.13 – 6 AZR 790/12, NZA-RR 14, 185). Außerhalb der Insolvenz dürfen betriebsbedingte Kündigungen nicht dazu benutzt werden, personalpolitische Versäumnisse bei Einstellung und Versetzung zu korrigieren. Bei der Sicherung der „Personalstruktur" geht es in erster Linie trotz der begrifflichen Erweiterung darum, der Überalterung einer Belegschaft bei einer Vielzahl von Kündigungen vorzubeugen (BAG 9.11.06 – 2 AZR 509/05, AP BGB § 311a Nr 1). Dies ist auch europarechtlich nicht zu beanstanden (BAG 15.12.11 – 2 AZR 42/10, NZA 12, 1044). Die Gerichte müssen jedoch prüfen, ob die Altersgruppenbildung im konkreten Fall nach § 10 AGG gerechtfertigt ist (BAG 19.12.13 – 6 AZR 790/12, NJW 14, 2743). Die soziale Auswahl erfolgt nur noch innerhalb der vom ArbGeb gebildeten Altersgruppen. Bei der Sicherung einer ausgewogenen Personalstruktur nach § 1 Abs 3 Satz 2 KSchG muss die sich ergebende Verteilung der bislang Beschäftigten auf die gebildeten Altersgruppen ihre prozentuale Entsprechung in der Anzahl der in der jeweiligen Altersgruppe zu kündigenden Arbeitsverhältnisse finden. Es müssen innerhalb des zur Sozialauswahl anstehenden Personenkreises – dh innerhalb der Vergleichsgruppe – nach sachlichen Kriterien Altersgruppen gebildet (Schritt 1), die prozentuale Verteilung der Belegschaft auf die Altersgruppen festgestellt

(Schritt 2) und die Gesamtzahl der auszusprechenden Kündigungen diesem Proporz entsprechend auf die einzelnen Altersgruppen verteilt werden (Schritt 3). Wird eine Altersgruppe stattdessen überproportional herangezogen, wird die bestehende Altersstruktur nicht „gesichert", sondern verändert. Das hat zur Folge, dass nicht nur die Kündigungen unwirksam sind, die unter Beibehaltung des Altersgruppensystems über den eigentlich auf die Altersgruppe entfallenden Anteil hinausgehen. Vielmehr ist damit die gesamte Sozialauswahl nach Altersgruppen hinfällig und ist die fragliche Kündigung ohne dieses Privileg an § 1 Abs 3 Satz 1, § 1 Abs 5 KSchG zu messen. Der entsprechende Fehler im Auswahlverfahren führt damit zwar nicht per se zur Unwirksamkeit der Kündigung. Jedoch erstreckt sich die Ergebniskontrolle nunmehr auf die gesamte Vergleichsgruppe, weil die Voraussetzungen der Ausnahmeregelung des § 1 Abs 3 Satz 2 KSchG nicht – allesamt – erfüllt sind (BAG 26.3.15 – 2 AZR 478/13, NZA 15, 1122). Erreicht die Anzahl der Entlassungen innerhalb einer Gruppe vergleichbarer ArbN im Verhältnis zur Anzahl aller ArbN des Betriebs den Schwellenwert des § 17 KSchG, ist ein berechtigtes betriebliches Interesse an der Beibehaltung der Altersstruktur – wiederlegbar – indiziert (BAG 22.3.12 – 2 AZR 167/11, NZA 12, 1040).

**e) Auswahlrichtlinien.** Haben BRat und ArbGeb **Auswahlrichtlinien** nach § 95 BetrVG vereinbart oder ist in einem Tarifvertrag bzw einer entsprechenden Richtlinie nach einem Personalvertretungsgesetz „festgelegt, wie die sozialen Gesichtspunkte nach Abs 3 Satz 1 im Verhältnis zueinander zu bewerten sind, so kann die Bewertung" – nach **§ 1 Abs 4 KSchG** – „nur auf grobe Fehlerhaftigkeit überprüft werden". Gemeint ist die soziale Auswahl im engeren Sinn, wie der Hinweis auf § 1 Abs 3 Satz 1 KSchG und die „sozialen Gesichtspunkte" klarstellt. Es geht daher nicht um die Erweiterung des Prüfungsmaßstabes bei der Festlegung des Kreises der vergleichbaren ArbN oder die Herausnahme aus der sozialen Auswahl nach § 1 Abs 3 Satz 2 KSchG (BAG 5.6.08 – 2 AZR 907/06, NZA 08, 1120). IdR enthalten Auswahlrichtlinien Punktesysteme zur Wertigkeit der Sozialdaten. **42**

Das Gesetz privilegiert die Auswahlrichtlinie selbst, an Hand derer die Auswahl im konkreten Fall vorgenommen wird. Soziale Gesichtspunkte sind ausreichend berücksichtigt, wenn der ArbGeb einer Auswahlrichtlinie folgt, die selbst nicht grob fehlerhaft ist. Die Betriebsparteien haben bei der „ausreichenden" Berücksichtigung der Kriterien einen großen Spielraum. Keines der in § 1 Abs 3 S 1 KSchG aufgeführten Kriterien hat eine herausgehobene Bedeutung (BAG 5.11.09 – 2 AZR 676/08, NZA 10, 457). Eine Auswahlrichtlinie ist erst grob fehlerhaft, wenn die Kriterien der Sozialauswahl (Dauer der Betriebszugehörigkeit, Lebensalter, Unterhaltspflichten und Schwerbehinderung) völlig unausgewogen berücksichtigt sind, weil einzelne Sozialdaten überhaupt nicht, eindeutig unzureichend oder mit eindeutig überhöhter Bedeutung herangezogen wurden (BAG 5.6.08 – 2 AZR 907/06, NZA 08, 1120). Dabei lässt es der weit gefasste Beurteilungsspielraum der Betriebspartner zu, bei der Gewichtung der sozialen Kriterien das Schwergewicht auf die Unterhaltspflichten der betroffenen ArbN zu legen (BAG 2.12.99 – 2 AZR 757/98, NZA 00, 531). Dieser Beurteilungsspielraum des ArbGeb (→ Rn 37) lässt sich schon im Punktesystem selbst einfangen. Die Regelung kann dem ArbGeb bei der konkreten Sozialauswahl die Möglichkeit einräumen, im Einzelfall von dem Ergebnis der Punktewertung in einem beschriebenen Umfang abzuweichen, soweit dies nicht den Rahmen des Beurteilungsspielraums sprengt. Auch ohne eine derartige Regelung führt ein nur „marginales" Abweichen von der durch eine nicht grob fehlerhafte Punktetabelle ermittelten Sozialauswahl nicht zu ihrer groben Fehlerhaftigkeit (BAG 24.10.13 – 6 AZR 854/11, NZA 14, 46). Erweist sich die Auswahlrichtlinie als grob fehlerhaft, muss die konkrete Auswahlentscheidung nicht sozialwidrig sein. Sie kann im Einzelfall doch den Voraussetzungen nach § 1 Abs 3 KSchG entsprechen (BAG 5.11.09 – 2 AZR 676/08, NZA 10, 457). Die Regelung in § 1 Abs 4 KSchG gilt ebenso für den **Interessenausgleich,** der Auswahlrichtlinien enthält (→ *Interessenausgleich* Rn 6). Dass er in der Vorschrift nicht ausdrücklich genannt wird, hat keine praktische Bedeutung. Der Gesetzgeber wollte bereits 1996 die Stellung der Betriebspartner stärken. Er wollte sie mit der Neufassung 2003 nicht wieder schwächen. **43**

Die Auswahlrichtlinien müssen nach § 1 Abs 3 Satz 1 KSchG in der seit dem 1. Januar 2004 geltenden Fassung keine individuelle Abschlussprüfung mehr vorsehen (BAG 9.11.06 – 2 AZR 812/05, NZA 07, 549). Härtefallregelungen werden für zulässig gehalten, obwohl das Gesetz Auswahlrichtlinuen auf die Gewichtung der sozialen Auswahlkriterien be- **44** schränkt (Schaub/*Linck* § 135 Rn 44). Vom ArbGeb **einseitig erstellte Punktsysteme** zur Gewichtung der Sozialdaten nehmen nicht an der Privilegierung des § 1 Abs 4 KSchG teil. Sind die zu kündigenden ArbN im Interessenausgleich in einer mit dem BRat erstellten **Namensliste** konkret bezeichnet, wird die soziale Auswahl **nach § 1 Abs 5 KSchG** im weiteren Sinne, also nicht nur die Bewertung der sozialen Daten, sondern auch die Bildung der auswahlrelevanten Gruppen sowie die Herausnahme von „Leistungsträgern" aus der Auswahl (BAG 21.2.02 – 2 AZR 581/00, NZA 02, 1360) nur noch auf grobe Fehlerhaftigkeit überprüft (Einzelheiten → *Interessenausgleich* Rn 7).

45 **3. Einzelfälle. a) Abkehrwille.** Erklärt ein ArbN, dass er demnächst kündigen wolle, kann dies eine betriebsbedingte Kündigung rechtfertigen, wenn er einen **Spezial- oder Mangelberuf** ausübt und der ArbGeb die Möglichkeit hat, kurzfristig einen Ersatzkraft einzustellen (BAG 22.10.64 – 2 AZR 515/63, AP KSchG § 1 Betriebsbedingte Kündigung Nr 16). Im Zweifel muss der ArbGeb vor der Kündigung mit dem ArbN sprechen, um festzustellen, ob ein ernster Abkehrwille vorliegt (LAG München 29.11.74, DB 75, 1129).

46 **b) Abordnung.** Hat sich in einem **Konzern** die Muttergesellschaft **verpflichtet,** einen zu einem Tochterunternehmen **abgeordneten Arbeitnehmer** nach seiner Rückkehr wieder in ihrem Betrieb zu beschäftigen, kann sie ihn bei Beendigung seiner Abordnung nicht mit der Begründung kündigen, sein Arbeitsplatz sei zwischenzeitlich besetzt und ein anderer stehe nicht zur Verfügung (BAG 28.11.68 – 2 AZR 76/68, AP KSchG § 1 Betriebsbedingte Kündigung Nr 19). Anders wenn ein ArbN in einem Konzernunternehmen – ohne versetzt oder abgeordnet zu werden – bestimmten fachlichen Weisungen – durch ein anderes Konzernunternehmen unterstellt wird (BAG 27.11.91 – 2 AZR 255/91, NZA 92, 644).

47 Ist der ArbN gleichzeitig bei **verschiedenen Konzernunternehmen** beschäftigt, kann das Arbeitsverhältnis nur von allen Konzernunternehmen gleichzeitig gekündigt werden. Auch eine betriebsbedingte Kündigung kommt idR nur in Betracht, wenn ihre Voraussetzungen im Verhältnis zu jedem der Beteiligten gegeben sind (BAG 27.3.81 – 7 AZR 523/78, NJW 84, 1703). Die Kündigung ist auch nicht gerechtfertigt, wenn die Konzerntochter einen ArbN betriebsbedingt kündigen will und die Konzernmutter bereit ist, ihn zu übernehmen (BAG 23.4.08 – 2 AZR 1110/06, NZA 08, 939; → Rn 14).

48 **c) Austauschkündigung.** Der ArbGeb ist nicht berechtigt, einem ArbN allein mit der Begründung zu kündigen, er müsse diesen Arbeitsplatz für einen anderen frei machen. Betriebsbedingte Kündigungen zum Austausch von ArbN gegen **ausgeliehene Arbeitnehmer,** die zur Senkung der Lohnkosten nach ausländischem Recht beschäftigt werden sollen, sind daher unwirksam (BAG 26.9.96 – 2 AZR 200/96, NZA 97, 202). Ebenso wenig kann eine **Fremdvergabe** der bisher von ArbN des Betriebes ausgeführten Arbeiten an Dritte eine Kündigung rechtfertigen, wenn diese Arbeiten nicht zur selbstständigen Durchführung übertragen werden. Unterliegen die für diese Arbeiten vom Dritten eingesetzten ArbN dem Direktionsrecht des kündigenden ArbGeb, führt diese Gestaltung nicht zum Wegfall der bisherigen betrieblichen Arbeitsplätze; es handelt sich vielmehr um unzulässige Austauschkündigungen (BAG 16.12.04 – 2 AZR 66/04, NZA 05, 761 – „Team-Dispatcher"; BAG 12.3.09 – 2 AZR 418/07, NZA 09, 1023 – „Leiharbeitnehmer"). Der sozialpolitisch motivierte Austausch nebenberuflich tätiger teilzeitbeschäftigter ArbN gegen Arbeitslose stellt kein betriebsbedingtes Bedürfnis für eine Kündigung dar (BAG 13.3.87, DB 87, 1443).

49 **d) Betriebsänderung.** Für eine beschlossene und tatsächlich durchgeführte **Betriebsänderung** spricht die Vermutung, dass sie aus sachlichen Gründen erfolgt ist (BAG 24.10.79 – 2 AZR 940/77, NJW 81, 301). Eine Einschränkung des Betriebes kann betriebsbedingte Kündigungen ebenso rechtfertigen wie grundlegende Änderungen der Betriebsorganisation oder die Einführung neuer Arbeitsmethoden und Fertigungsverfahren. Bei der **Zusammenlegung von Arbeitsgebieten** handelt es sich ebenso um eine hinzunehmende Organisationsentscheidung (BAG 1.7.76 – 2 AZR 322/75, NJW 77, 124), wie bei dem Wegfall einer Leitungsebene und deren Ersatz durch ein Kollegialgremium auf niedrigerer Funktionsstufe (BAG 27.9.01 – 2 AZR 176/00, NZA 02, 1277). Die **Umwandlung** von **Teilzeitarbeitsplätzen** in Vollzeitarbeitsplätze kann betriebsbedingt sein, wenn sie auf einem nachvollziehbaren unternehmerischen Konzept der Arbeitszeitgestaltung beruht (BAG 12.8.99. – 2 AZR 12/99, NZA 00, 30).

**e) Betriebsstilllegung.** Die Stilllegung des ganzen Betriebs, eines Betriebsteils oder einer Abteilung rechtfertigen idR eine betriebsbedingte Kündigung (BAG 14.8.07 – 8 AZR 1043/06, NZA 07, 1431) auch gegenüber einem ArbN in der Arbeitsphase (BAG 16.6.05 – 6 AZR 476/04, NZA 06, 270), nicht aber in der Freistellungsphase (BAG 5.12.02 – 2 AZR 571/01, NZA 03, 789) der Altersteilzeit. Unter einer Stilllegung versteht man die Auflösung der zwischen ArbGeb und ArbN bestehenden Betriebs- und Produktionsgemeinschaft. Der ArbGeb muss hierzu seine bisherige wirtschaftliche Betätigung in der ernstlichen Absicht einstellen, den Betriebszweck dauernd oder für eine ihrer Dauer nach unbestimmte, wirtschaftlich nicht unerhebliche Zeitspanne nicht weiter zu verfolgen (BAG 14.8.07 – 8 AZR 1043/06, NZA 07, 1431). Er darf dabei die Kündigungen nicht erst nach Durchführung der Stilllegung, sondern auch schon wegen einer beabsichtigten Stilllegung aussprechen, sobald sie greifbare Formen angenommen hat. Davon kann man ausgehen, wenn bei Ausspruch der Kündigung aufgrund einer vernünftigen, betriebswirtschaftlichen Betrachtung zu erwarten ist, bei Ablauf der Kündigungsfrist sei mit einiger Sicherheit die Beschäftigungsmöglichkeit weggefallen (BAG 14.8.07 – 8 AZR 1043/06, NZA 07, 1431). Der fehlt zB wenn zum Kündigungszeitpunkt noch über eine Weiterveräußerung des Betriebes verhandelt wird (BAG 10.10.96 – 2 AZR 477/95, NZA 97, 251) oder aus anderen Gründen unklar ist, ob bei Ablauf der Kündigungsfrist die Beschäftigungsmöglichkeiten weggefallen sein werden (BAG 12.4.02 – 2 AZR 256/01, NZA 02, 1205). Die bloße **Betriebsunterbrechung** für eine zeitlich unerheblich vorübergehende Dauer reicht nicht aus, wenn bei Zugang der Kündigung der Zeitpunkt der Wiederaufnahme des Betriebes bereits feststeht (BAG 27.9.84, DB 85, 1399). Werden die Arbeitsverhältnisse der Beschäftigten jedoch nach Einstellung der Produktion gekündigt, so handelt es sich idR auch um eine Stilllegung, wenn im Kündigungszeitpunkt davon auszugehen ist, dass eine eventuelle Wiederaufnahme der Produktion erst nach einem längeren, wirtschaftlich nicht unerheblichen Zeitraum erfolgen kann, dessen Überbrückung mit weiteren Vergütungszahlungen dem ArbGeb nicht zugemutet werden kann (BAG 21.6.01 – 2 AZR 137/00, NZA 02, 212). Bei einer **witterungsbedingten Arbeitsunterbrechung** kommt es für die Wirksamkeit der betriebsbedingten Kündigung darauf an, ob im Zeitpunkt der Kündigung bereits absehbar war, wann der Arbeitsplatz nach Ablauf der Kündigungsfrist wieder zur Verfügung steht und ob die Überbrückung dieser Zeitdauer für den ArbGeb zumutbar ist (BAG 7.3.96, DB 96, 1523). Bei einer **etappenweisen Betriebsstilllegung** kann schrittweise gekündigt werden. Dabei müssen unter vergleichbaren ArbN die sozial stärksten zuerst gekündigt werden. Dies gilt auch, wenn in der letzten Stufe nur noch Abwicklungsarbeiten zu verrichten sind (BAG 16.9.82, DB 83, 504). Ist wegen der Stilllegung des gesamten Betriebes nach der für den BRat erkennbaren Auffassung des ArbGeb eine Sozialauswahl nicht vorzunehmen, braucht der ArbGeb den BRat nach **§ 102 BetrVG** über Familienstand und Unterhaltspflichten der zu kündigenden ArbN nicht unterrichten. Diese Mitteilung ist überflüssig, weil der BRat seinen Widerspruch nicht auf einen Mangel der sozialen Auswahl stützen kann (BAG 13.5.04 – 2 AZR 329/03, NZA 04, 1037). 50

**f) Betriebsübergang.** Die Kündigung wegen eines Betriebsüberganges ist nach § 613a Abs 4 Satz 1 BGB unwirksam (→ *Betriebsübergang* Rn 68–71). Betriebsbedingte Kündigungen bleiben aber grds nach § 613a Abs 4 Satz 2 BGB möglich. Ist bei Zugang einer betriebsbedingten Kündigung eine Betriebsstilllegung endgültig geplant und eingeleitet, wird die ursprünglich sozial gerechtfertigte Kündigung nicht dadurch unwirksam, dass es später doch zu einer Betriebsveräußerung kommt (BAG 3.9.98 – 8 AZR 306/97, NZA 99, 147). Dies soll selbst dann gelten, wenn der ArbGeb sich in diesem Fall eine Betriebsveräußerung bei Ausspruch der Kündigung vorbehalten hat (BAG 15.12.11 – 8 AZR 692/10, NZA-RR 12, 570). Die betroffenen ArbN können jedoch vom Betriebserwerber nach § 613a Abs 1 BGB ihre Wiedereinstellung verlangen (BAG 13.11.97 – 8 AZR 295/95, NZA 98, 251). 51

Für eine Kündigung, die einen Betrieb **„verkaufsfähig"** machen soll, gelten die allgemeinen Voraussetzungen (BAG 20.9.06 – 6 AZR 249/05, NZA 07, 387). Der Kündigungsgrund ergibt sich nicht schon daraus, dass einem Interessenten der Arbeitsplatz des gekündigten ArbN „zu teuer" ist (BAG 20.3.03 – 8 AZR 97/02, NZA 03, 1027). Auf der anderen Seite darf der Betriebsinhaber vor der Veräußerung des Betriebes jedenfalls sein *eigenes* Sanierungskonzept verwirklichen. Er muss nicht beabsichtigen, den Betrieb selbst 52 fortzuführen (BAG 18.7.96 – 8 AZR 127/94, NZA 97, 148). Auch die Kündigung des Betriebsveräußerers aufgrund des **Erwerbskonzepts** soll jedenfalls dann nicht gegen § 613a Abs 4 BGB verstoßen, wenn ein verbindliches Konzept oder ein Sanierungsplan des Erwerbers vorliegt, dessen Durchführung im Zeitpunkt des Zugangs der Kündigung bereits greifbare Formen angenommen hat. Dabei soll es für die Wirksamkeit der betriebsbedingten Kündigung – jedenfalls in der Insolvenz – nicht darauf ankommen, ob das Konzept auch beim Veräußerer hätte durchgeführt werden können (BAG 20.9.06 – 6 AZR 249/05, NZA 07, 387; BAG 20.3.03 – 8 AZR 97/02, NZA 03, 1027). Ob dies auch außerhalb einer Insolvenz gilt, bleibt offen (Einzelheiten → *Betriebsübergang* Rn 76). Widerspricht der ArbN dem Übergang seines Arbeitsverhältnisses auf einen Betriebsübernehmer, spielen die Gründe für den Widerspruch des ArbN gegen den Übergang seines Arbeitsverhältnisses keine Rolle. Es findet eine soziale Auswahl zwischen allen vergleichbaren ArbN des Betriebes statt, die – wie sonst auch – allein auf die im Gesetz genannten sozialen Daten abstellt (BAG 31.5.07 – 2 AZR 276/06, NZA 2008, 33). **Nach Übergang** der Arbeitsverhältnisse kann der Erwerber betriebsbedingte Kündigungen aussprechen, darf dabei aber nach § 613a Abs 4 BGB nicht den Betriebsübergang zum Anlass für die Kündigung nehmen.

53 **g) Kurzarbeit.** Ob der gekündigte ArbN sich auch darauf berufen kann, seine Kündigung habe durch **Kurzarbeit** vermieden werden können (sog **„Vorrang der Kurzarbeit"**), ist jetzt weitgehend geklärt. Dieser Vorgang entspricht der in § 2 Abs 2 Satz 1 und 2 Nr 2 SGB III enthaltene Wertentscheidung (APS/*Kiel* KSchG § 1 Rn 535). Ein dringendes betriebliches Erfordernis zur betriebsbedingten Beendigung von Arbeitsverhältnissen besteht nach § 1 Abs 2 KSchG nur, wenn außer- oder innerbetriebliche Umstände zu einer dauerhaften Reduzierung des Arbeitskräftebedarfs führen. Der ArbGeb muss daher Tatsachen darlegen, wonach in Zukunft auf Dauer mit einem reduzierten Arbeitsvolumen und Beschäftigungsbedarf zu rechnen ist. Es muss ausgeschlossen sein, dass es sich nur um vorübergehende Auftrags- oder Produktionsschwankungen handelt (BAG 23.3.12 – 2 AZR 548/10, NZA 12, 852). Der Arbeitsausfall ist nach den §§ 96 Abs 1 Nr 2, 104 Abs 1 SGB III arbeitsförderungsrechtlich vorübergehend, wenn innerhalb der maximalen Bezugsfrist für Kurzarbeitergeld von 12 Monaten mit einem Übergang zur Vollzeitarbeit zu rechnen ist. Dies schlägt sich im Kündigungsschutz nieder. Liegen die Voraussetzungen zur Gewährung von Kurzarbeitergeld vor, ist die betriebsbedingte Kündigung grundsätzlich unwirksam. Der ArbGeb muss jetzt zu ihrer Rechtfertigung dies arbeitsförderungsrechtliche „Indiz" durch konkreten Sachvortrag entkräften (BAG 26.6.97 – 2 AZR 494/96, NZA 97, 1286). Gehen schon die Betriebsparteien von einem nur vorübergehenden Arbeitsmangel aus und wird daher Kurzarbeit geleistet, gilt dies umso mehr (BAG 23.3.12 – 2 AZR 548/10, NZA 12, 852). Liegt ein positiver Bescheid der BA nach § 99 Abs 3 SGB III vor, muss der ArbGeb Kurzarbeit einführen, soweit die individualrechtlichen bzw kollektivrechtlichen Voraussetzungen gegeben sind (APS/*Kiel* KSchG § 1 Rn 537). Fehlt ein BRat, kann der ArbGeb nicht darauf verwiesen werden, Kurzarbeit über Änderungskündigungen durchzusetzen (BAG 7.2.85 – 2 AZR 91/84, NZA 86, 260). Verweigert der BRat die Einführung von Kurzarbeit, muss der ArbGeb nicht die Einigungsstelle anrufen (ErfK/*Oetker* KSchG § 1 Rn 288). In beiden Fällen scheidet ein Vorrang der Kurzarbeit im Ergebnis aus.

54 Entfällt die Beschäftigungsmöglichkeit für einzelne von der Kurzarbeit betroffene ArbN aufgrund später eingetretener weiterer Umstände oder veränderter wirtschaftlicher und/oder organisatorischer Rahmenbedingungen auf Dauer, so kann trotz der Kurzarbeit ein dringendes betriebliches Erfordernis für eine Kündigung bestehen. Haben die Betriebsparteien durch die Einführung von Kurzarbeit den Umfang der vertraglich geschuldeten Arbeitszeit auf ein Niveau abgesenkt, das den Ausspruch betriebsbedingter Kündigungen gerade überflüssig macht, so kann ein dringendes betriebliches Kündigungserfordernis regelmäßig erst dann angenommen werden, wenn der ArbGeb die Möglichkeit zur Arbeitszeitreduzierung voll ausgeschöpft hat und gleichwohl noch ein Beschäftigungsüberhang besteht (BAG 23.2.12 – 2 AZR 548/10, NZA 12, 852).

55 **h) Öffentlicher Dienst.** Die zur betriebsbedingten Kündigung entwickelten Grundsätze gelten auch im öffentlichen Dienst. Ein allgemeiner Beschluss, Personalkosten zu senken, reicht nicht aus (BAG 23.11.04. – 2 AZR 38/04, NZA 05, 986). Werden aber im **Haushaltsplan** bestimmte, nach sachlichen Merkmalen bezeichnete Stellen für Betriebe oder Verwaltungen des öffentlichen Rechts gestrichen (BAG 22.5.03 – 2 AZR 326/02, NZA 04,

343; BAG 7.10.04 – 2 AZR 122/04, NZA 05, 352), oder im Zusammenhang mit **allgemeinen Sparmaßnahmen** organisatorische oder technische Veränderungen durchgeführt, die bestimmte Arbeitsplätze wegfallen lassen, liegt darin grds ein betriebliches Erfordernis nach § 1 Abs 2 KSchG (BAG 23.11.04 – 2 AZR 38/04, NZA 05, 1225). Der sog **„kw-Vermerk"** rechtfertigt die Kündigung nicht, wenn keine bestimmte oder bestimmbare Frist für den Wegfall der Stelle angegeben ist (BAG 26.9.78 – 4 AZR 84/77, AP KSchG 1969 § 1 Nr 4) oder damit die innerbetriebliche Entscheidung für den Wegfall der konkreten Stelle noch nicht abschließend getroffen wurde (BAG 18.11.99 – 2 AZR 77/99, NZA 2000, 484). Ein **ministerieller Erlass** allein kann keine betriebsbedingte Kündigung rechtfertigen (BAG 29.5.85 – 7 AZR 248/84 – nv).

Der Entzug von **Drittmitteln** stellt für sich allein noch keinen Kündigungsgrund dar (BAG 20.2.86 – 2 AZR 212/85, NZA 86, 823). Der Drittmittelempfänger muss entscheiden, ob er den subventionierten Bereich fortführen will. Stellt er ihn ein oder schränkt er den geförderten Aufgabenbereich ein, kann er betriebsbedingt kündigen (BAG 30.10.87 – 7 AZR 138/87 – nv). Entscheidet er sich für die Fortführung unter gleichzeitiger Einstellung eines anderen Bereichs, fallen **dort** die Beschäftigungsmöglichkeiten weg. 56

**i) Rationalisierung.** Der Zwang des ArbGeb – aber auch schon sein Wunsch – Kosten zu sparen und das Betriebsergebnis zu verbessern, können notwendige **Rationalisierungsmaßnahmen** auslösen, die ihrerseits betriebsbedingte Kündigungen rechtfertigen (BAG 30.4.87 – 2 AZR 184/86, NZA 87, 776). Dabei kann es sich um eine technische Rationalisierung (BAG 18.7.96 – 8 AZR 127/94, NZA 97, 148 – EDV-Einführung) oder um eine organisatorische Rationalisierung handeln (BAG 19.5.93 – 2 AZR 584/92, NZA 93, 1057 – Änderung der Arbeitsabläufe; BAG 27.9.01 – 2 AZR 176/00, NZA 02, 1277 – Neuordnung von Hierarchieebenen; BAG 24.4.97 – 2 AZR 352/96, NZA 97, 1047 – Arbeitsverdichtung; BAG 18.10.06 – 2 AZR 434/05, NZA 07, 552 – Dauerhafte Personalreduzierung; BAG 13.3.08 – 2 AZR 1037/06, NZA 08, 878 – Vergabe an freie Mitarbeiter). Gestaltet der ArbGeb einen Arbeitsplatz so um, dass dieser zu einer Beförderungsstelle wird, entfällt damit nicht ohne Weiteres der Beschäftigungsbedarf. Bleibt die Tätigkeit im Wesentlichen bestehen, liegen allein aufgrund einer Umwidmung dieser Stelle in eine Beförderungsstelle keine dringenden betrieblichen Erfordernisse zur Kündigung vor, weil die abzudeckende Arbeitskapazität dieselbe bleibt (BAG 18.3.10 – 2 AZR 337/08, NZA-RR 11, 18; BAG 10.7.08 – 2 AZR 1111/06, NZA 09, 312). 57

**4. Darlegungs- und Beweislast.** Im Kündigungsschutzprozess muss der ArbGeb im Geltungsbereich des KSchG nach § 1 Abs 2 Satz 4 KSchG die Tatsachen darlegen und beweisen, die seine Kündigung bedingen. Damit sind alle Umstände gemeint, welche eine Kündigung sozial gerechtfertigt erscheinen lassen. Er muss mit anderen Worten die Kündigungsgründe vortragen und beweisen. 58

**a) Unternehmerentscheidung und Betriebsbedingtheit.** Der ArbGeb trägt die Darlegungs- und Beweislast dafür, dass seine Unternehmerentscheidung schon vor Zugang der Kündigung endgültig gefasst war. Es reicht aus, wenn er zunächst – zumindest konkludent – behauptet, er habe sie rechtzeitig getroffen. Bestreitet dies der ArbN – ggf mit Nichtwissen – muss der ArbGeb im Einzelnen darlegen, woraus unmittelbar oder mittelbar geschlossen werden kann, er habe die entsprechende Absicht schon zum Zeitpunkt der Kündigung gehabt (BAG 31.7.14 – 2 AZR 422/13, NZA 15, 101). Für eine beschlossene und tatsächlich durchgeführte unternehmerische **Organisationsentscheidung** spricht die Vermutung, dass sie aus sachlichen Gründen erfolgt ist und kein Rechtsmissbrauch vorlag (BAG 21.9.06 – 2 AZR 607/05, NZA 07, 431). Deshalb muss der **Arbeitnehmer** im Kündigungsschutzprozess grundsätzlich die Umstände darlegen und beweisen, aus denen sich ergeben soll, dass die getroffene innerbetriebliche Strukturmaßnahme offensichtlich unsachlich, unvernünftig oder willkürlich ist (BAG 23.4.08 – 2 AZR 1110/06, NZA 08, 939). Zur **Betriebsbedingtheit** muss der **Arbeitgeber** im Einzelnen vortragen, welche außer- oder innerbetrieblichen Faktoren zur Kündigung geführt haben. Schlagworte wie „aus Rationalisierungsgründen" oder „wegen schlechter Auftragslage" reichen nicht aus. Es gelten die **Grundsätze der abgestuften Darlegungslast.** Zunächst muss der ArbGeb darlegen, dass und wie die von ihm beschlossene Maßnahme durchgeführt werden soll bzw durchgeführt wurde. Liegt der Grund für den Wegfall des Arbeitsplatzes im Umsatz- und Auftragsrück- 59 gang, muss der ArbGeb darlegen und beweisen, dass es sich um einen dauerhaften Zustand handelt. Dazu kann die Entwicklung des Geschäfts in vergleichbaren Referenzperioden davor liegender Jahre konkret – in Zahlen ausgedrückt – vorgetragen werden. „Unübliche“ Schwankungen des Auftragseingangs in einer bestimmten, verhältnismäßig kurzen Periode belegen keinen nachhaltigen Einbruch (BAG 20.2.14 – 2 AZR 346/12, NZA 14, 1069). Je näher die eigentliche Organisationsentscheidung an den Kündigungsentschluss rückt, umso mehr muss der ArbGeb durch Tatsachenvortrag verdeutlichen, dass ein Beschäftigungsbedürfnis für den ArbN entfallen ist und seine Entscheidung auch im Blick auf ihre Durchführbarkeit und Nachhaltigkeit verdeutlichen (BAG 16.5.19 – 6 AZR 329/18, NZA 19, 1198). Die autonome, gestaltende Unternehmensentscheidung muss sich in greifbaren betrieblichen und damit objektivierbaren Formen niederschlagen. Geht es um eine **Rationalisierung** muss der ArbGeb daher im Einzelnen anhand von gerichtlich überprüfbaren Tatsachen vortragen, wie sich zB das von ihm geschilderte Rationalisierungskonzept auf die Beschäftigungsmöglichkeit der ArbN auswirkt, welche gekündigt wurden. Dazu muss er konkret Arbeitsabläufe schildern. Er muss deutlich machen, wie die gleiche oder verminderte Arbeitsmenge nach seinen Vorstellungen in Zukunft von wem bewältigt werden soll. So will man eine rechtswidrige Überforderung oder Benachteiligung des im Betrieb verbleibenden Personals durch zusätzliche Überstunden oder Erhöhung der regelmäßigen Arbeitszeit verhindern und dafür sorgen, dass die Rationalisierung nicht nur als Vorwand benutzt wird, ArbN aus anderen Gründen „loszuwerden“ (BAG 16.5.19 – 6 AZR 329/18, NZA 19, 1198; BAG 20.2.14 – 2 AZR 346/12, NZA 14, 1069). Hat der ArbGeb eine **Hierarchieebene** gestrichen, muss er konkret erläutern, in welchem Umfang und aufgrund welcher Maßnahmen die bisher von dem betroffenen ArbN ausgeübten Tätigkeiten entfallen. Er muss die Auswirkungen seiner Vorgaben auf die zukünftige Arbeitsmenge anhand schlüssiger Prognosen darstellen und angeben, wie die anfallenden Arbeiten vom verbliebenen Personal erledigt werden können (BAG 24.5.12 – 2 AZR 124/11, NZA 12, 1223; 16.12.10 – 2 AZR 770/09, NZA 11, 505). Beruft sich der ArbGeb bei der Umgestaltung eines Arbeitsplatzes zur Rechtfertigung einer betriebsbedingten Kündigung ua auf eine **Neubestimmung des Anforderungsprofils,** muss er darlegen, dass hierfür ein betrieblicher Anlass besteht. Die Entscheidung zur Stellenprofilierung muss dann im Zusammenhang mit einer organisatorischen Maßnahme stehen, die nach ihrer Durchführung angesichts eines veränderten Beschäftigungsbedarfs auch die Anforderungen an den Inhaber des Arbeitsplatzes erfasst (BAG 10.7.08 – 2 AZR 1111/06, NZA 09, 312).

**60** Im Streit um die **Dringlichkeit** der Kündigung gilt eine abgestufte Darlegungslast. Zunächst reicht die pauschale Behauptung des ArbN aus, mit bestimmten, von ihm bezeichneten Maßnahmen – zB Überstundenabbau – hätte seine Kündigung vermieden werden können. Der ArbGeb muss dann darlegen und notfalls beweisen, dass diese Maßnahmen nicht zur Verfügung standen, ungeeignet oder nicht erforderlich bzw unzumutbar waren (BAG 24.3.83 – 2 AZR 21/82, NJW 84, 78). Im Fall des § 1 Abs 5 KSchG – Namensliste – trifft den ArbN grundsätzlich auch insoweit die Darlegungs- und Beweislast (BAG 7.5.98 – 2 AZR 536/97, NZA 98, 933 Einzelheiten Rz 63). § 1 Abs 5 KSchG ist auf die außerordentliche betriebsbedingte Kündigung nicht anzuwenden (BAG 28.5.09 – 2 AZR 844/07, NZA 09, 954).

**61** Im Streit um die mögliche **Weiterbeschäftigung** auf einem freien Arbeitsplatz trifft den ArbGeb die Darlegungs- und Beweislast, dass die Kündigung wegen des Wegfalls des bisherigen Arbeitsplatzes durch dringende betriebliche Erfordernisse bedingt ist, weil eine anderweitige Beschäftigung im Betrieb oder einem anderen Betrieb des Unternehmens nicht möglich oder zumutbar ist (BAG 15.8.02 – 2 AZR 195/01, NZA 03, 430). Dabei hängt der Umfang der Darlegungspflicht des ArbGeb von der Einlassung des ArbN ab.

**62** Bestreitet der ArbN nur, dass sein Arbeitsplatz weggefallen ist, braucht sich der ArbGeb nicht konkret zu der Frage äußern, ob es die Möglichkeit der Weiterbeschäftigung auf einen anderen Arbeitsplatz gab. Es ist Sache des ArbN, erst einmal näher darzustellen, wie er sich seine Weiterbeschäftigung vorstellt, falls der bisherige Arbeitsplatz weggefallen sein sollte (BAG 15.8.02 – 2 AZR 195/01, NZA 03, 430). Dabei muss er nicht konkret freie Arbeitsplätze benennen. Es genügt die Mitteilung, welche Art der Beschäftigung gemeint ist (BAG 15.8.02 – 2 AZR 195/01, NZA 03, 430). Jetzt muss der ArbGeb im Einzelnen darlegen und notfalls beweisen, dass ein anderer freier Arbeitsplatz nicht vorhanden ist, oder aus welchen Gründen eine Umsetzung nicht möglich war und der ArbN deshalb nicht so weiter beschäftigt werden konnte, wie er sich das vorstellt (BAG 27.9.84, DB 85, 1186). Beruft sich der ArbN auf einen konzernweiten Kündigungsschutz (→ Rn 14), muss er konkret aufzeigen, aus welchen vertraglichen Regelungen bzw aus welcher geübten Praxis sich die konzernweite Weiterbeschäftigungspflicht ableitet und wie wer sich seine anderweitige Beschäftigung vorstellt, bevor der ArbGeb wiederum substantiiert Stellung nehmen muss (BAG 18.10.12 – 6 AZR 41/11, NZA 13, 1007).

Kommt es bei einer **Betriebsänderung** zu einem **Interessenausgleich,** in welchem die ArbN **namentlich** bezeichnet sind, denen gekündigt werden soll, wird nach **§ 1 Abs 5 KSchG** vermutet, dass sie durch dringende betriebliche Erfordernisse bedingt sind. Diese Vermutung erstreckt sich nicht nur auf den Wegfall der Beschäftigungsmöglichkeiten, sondern auch darauf, dass eine Weiterbeschäftigung des ArbN zu veränderten Bedingungen im Beschäftigungsbetrieb nicht möglich ist. Sie erstreckt sich auch auf das Fehlen anderweitiger Beschäftigungsmöglichkeiten in einem anderen Betrieb des Unternehmens, wenn sich die Betriebspartner bei der Verhandlung des Interessenausgleichs damit befasst haben, wovon nach Auffassung des BAG auch ohne ausdrückliche Erwähnung regelmäßig auszugehen ist (BAG 6.9.07 – 2 AZR 715/06, NZA 08, 633; 27.9.12 – 2 AZR 516/11, NZA 13, 559; BAG 20.9.12 – 6 AZR 253/11, NZA 13, 797). Der ArbGeb braucht im Prozess erst einmal nur die Voraussetzungen für eine Betriebsänderung, deren Kausalität für die Kündigung und den wirksamen Abschluss eines Interessenausgleichs mit Namensliste darzulegen, in welcher der klagende ArbN benannt ist (BAG 3.4.08 – 2 AZR 879/06, NZA 08, 1060). Diese Vermutung des § 1 Abs 5 KSchG kann vom ArbN widerlegt werden. Handelt es sich um Geschehnisse aus dem Bereich des ArbGeb, so mindert sich die Darlegungslast des ArbN durch eine sich aus § 138 Abs 1 und 2 ZPO ergebende Mitwirkungspflicht des ArbGeb nach den Grundsätzen der **sekundären Behauptungslast** (BAG 27.9.12. – 2 AZR 516/11, NZA 13, 559). Nach Auffassung des BAG muss der ArbN zumindest greifbare Anhaltspunkte benennen und unter Beweis stellen, aus denen sich die Unrichtigkeit der vermuteten Tatsachen ergeben soll. Hierzu muss er die ihm zur Verfügung stehenden Informationsmöglichkeiten – etwa auch eine Nachfrage beim Betriebsrat – ausschöpfen. Der ArbGeb braucht dann die Betriebsbedingtheit der Kündigung nicht umfassend begründen. Er muss die Betriebsänderung aber soweit verdeutlichen, dass der ArbN nun seiner Darlegungslast – auch nach weiteren Nachforschungen – nachkommen kann (BAG 27.9.12 – 2 AZR 516/11, NZA 13, 559). Kommt es in der **Insolvenz** zu einer **Betriebsveräußerung,** erstreckt sich die Vermutung der Betriebsbedingtheit nach § 128 Abs 2 InsO auch darauf, dass die Kündigung nicht wegen des Betriebsüberganges erfolgte. Wird die Betriebsänderung erst nach einer Veräußerung des Betriebes in der Insolvenz durchgeführt, wird die Betriebsbedingtheit der Kündigungen nach § 128 Abs 1 InsO ebenso vermutet. 63

**b) Soziale Auswahl.** Nach § 1 Abs 3 Satz 3 KSchG hat der **Arbeitnehmer** die Tatsachen zu beweisen, welche die Kündigung als sozial ungerechtfertigt erscheinen lassen, weil soziale Gesichtspunkte nicht oder nicht ausreichend berücksichtigt wurden. Der ArbN trägt die Darlegungs- und Beweislast für die mangelhafte soziale Auswahl (BAG 24.5.05 – 8 AZR 398/04, NZA 05, 1302). Damit ist er oft überfordert, weil er die Sozialdaten seiner Kollegen nicht kennt. Man hilft ihm mit den in § 1 Abs 3 Satz 1 Hs 2 KSchG enthaltenden **Auskunftsanspruch.** Danach hat der ArbGeb auf Verlangen des ArbN die Gründe anzugeben, die zur getroffenen sozialen Auswahl geführt haben. Man transponiert diesen materiellrechtlichen Anspruch in den Kündigungsschutzprozess hinein und kommt so zu einer **abgestuften Darlegungslast** (BAG 31.5.07 – 2 AZR 276/06, NZA 08, 33; BAG 24.5.05 – 8 AZR 398/04, NZA 05, 1302). Kennt der ArbN die Namen und Sozialdaten vergleichbarer ArbN, muss er die Namen der seiner Auffassung nach weniger schutzwürdigeren Kollegen und ihre Sozialdaten benennen. Das Gericht darf nicht „von Amts wegen" die soziale Auswahl treffen. Sie könnte auf einen ArbN fallen, den der Gekündigte gerade nicht verdrängen will. 64

Weiß der ArbN nicht, welche Kollegen mit ihm vergleichbar sind und kennt ihre Sozialdaten nicht, darf er zunächst pauschal die soziale Auswahl beanstanden und muss nun zugleich vom ArbGeb im Prozess Mitteilung der Gründe verlangen, welche ihn zur sozialen Auswahl veranlasst haben. Dabei reicht auch aus, wenn er sich auf den Hinweis beschränkt, ihm sei wegen Unkenntnis eine Darlegung zur sozialen Auswahl nicht möglich. Der 65

ArbGeb muss nun – auch nach Vereinbarung eines Interessenausgleichs mit Namensliste (BAG 27.9.12 – 2 AZR 516/11, NZA 13, 559) – die Gründe für die getroffene Auswahl einschließlich der Gründe für die Herausnahme von Leistungsträgern darlegen, die ihn (subjektiv) zu der von ihm getroffenen Auswahl veranlasst haben. Kommt der ArbGeb der ihm hinsichtlich seiner subjektiven Auswahlüberlegungen obliegenden Darlegungslast vollständig nach, so hat der ArbN wieder die volle Darlegungs- und Beweislast für eine objektiv fehlerhafte Auswahlentscheidung. Der ArbN muss Kollegen benennen, die weniger schutzwürdig sind und vor ihm hätten gekündigt werden müssen (BAG 31.5.07 – 2 AZR 276/06, NZA 08, 33; BAG 24.5.05 – 8 AZR 398/04, NZA 05, 1302). Gibt der ArbGeb keine oder keine vollständige Auskunft, so kann der ArbN beim Fehlen eigener Kenntnis seiner Substantiierungspflicht, die Namen sozial stärkerer ArbN zu nennen, nicht genügen. In diesen Fällen ist sein Vortrag, es seien sozial stärkere ArbN als er vorhanden, schlüssig und ausreichend (BAG 27.9.12 – 2 AZR 516/11, NZA 13, 559). Hat der ArbGeb keine soziale Auswahl vorgenommen, spricht eine von ihm auszuräumende Vermutung dafür, dass die Auswahl auch im Ergebnis fehlerhaft ist. Er kann aber darlegen, weshalb bei durchgeführter Sozialauswahl dasselbe Ergebnis herausgekommen wäre (BAG 27.7.17 – 2 AZR 476/16; BAG 3.4.08 – 2 AZR 879/06, NZA 08, 1060). Die nach § 1 Abs 3 Satz 2 KSchG erforderlichen Voraussetzungen einer **Altersgruppenbildung** müssen vom ArbGeb dargelegt werden. Er muss erklären, welche konkreten Nachteile sich ergeben hätten, wenn die Sozialauswahl ohne diese Gruppenbildung vorgenommen worden wäre (BAG 18.3.10 – 2 AZR 468/08, NZA 10, 1059).

66 Der ArbGeb muss auf Aufforderung des ArbN im Prozess nur seine **subjektiven Überlegungen** mitteilen, die er zur sozialen Auswahl angestellt hat. Ergibt sich schon aus diesen Angaben des ArbGeb, dass das Auswahlverfahren objektiv nicht den gesetzlichen Anforderungen entsprochen hat (Verkennung des auswahlrelevanten Personenkreises), braucht der ArbN zunächst nichts weiter darzulegen. Vielmehr spricht eine vom ArbGeb auszuräumende tatsächliche Vermutung dafür, dass auch die Auswahlentscheidung objektiv fehlerhaft und damit die Kündigung sozialwidrig ist (BAG 31.5.07 – 2 AZR 276/06; BAG 24.5.05 – 8 AZR 398/04, NZA 05, 1302). Für die Sozialauswahl ist jedoch allein entscheidend, ob sie im Ergebnis zutreffend war. Es kommt nicht darauf an, ob der Weg zu dem vom ArbGeb gefundenen Ergebnis fehlerhaft war. Der ArbGeb kann daher im Prozess die Sozialauswahl ohne die vor Ausspruch der Kündigung gemachten Fehler „wiederholen". Er kann seinerseits näher darlegen, dass trotz des gesetzeswidrigen Auswahlverfahrens gleichwohl der gekündigte ArbN nach dem Maßstab des § 1 Abs 3 KSchG nicht fehlerhaft ausgewählt war (BAG 27.7.17 – 2 AZR 476/16; BAG 31.5.07 – 2 AZR 276/06, NZA 08, 33). Dasselbe gilt, wenn das von den Betriebsparteien beim Erstellen einer dem Interessenausgleich beigefügten Namensliste gewählte Auswahlverfahren fehlerhaft war (BAG 10.6.10 – 2 AZR 420/09, NZA 10, 1352). Die Darlegungs- und Beweislast für die Zulässigkeit der Herausnahme von **Leistungsträgern** aus der sozialen Auswahl nach **§ 1 Abs 3 Satz 2 KSchG** liegt beim ArbGeb (BAG 5.6.08 – 2 AZR 907/06, NZA 08, 1120).

67 Ist in einem **Tarifvertrag,** einer **Betriebsvereinbarung** nach § 95 BetrVG oder in einer entsprechenden **Richtlinie** nach einem Personalvertretungsgesetz festgelegt, wie die sozialen Gesichtspunkte im Verhältnis zueinander zu bewerten sind, darf diese Bewertung der sozialen Auswahl im engeren Sinn (→ Rn 43) nach § 1 Abs 4 KSchG allein auf grobe Fehlerhaftigkeit überprüft werden. Kann dies das ArbG nicht feststellen, reduziert sich seine Nachprüfung der sozialen Auswahl im Prozess darauf, ob der ArbGeb sich an das Bewertungsschema gehalten hat. Die soziale Auswahl ist damit weitgehend abgesichert. Werden die zu kündigenden ArbN in einem **Interessenausgleich** namentlich bezeichnet, wird die gesamte Sozialauswahl vom ArbG nur noch auf grobe Fehlerhaftigkeit überprüft, vorausgesetzt, die Sachlage hat sich nach dem Zustandekommen des Interessenausgleichs nicht wesentlich geändert (Einzelheiten → *Interessenausgleich* Rn 7). Erweist sich das von den Betriebsparteien beim Erstellen der Namensliste gewählte Auswahlverfahren als fehlerhaft, ist dies allein für die Wirksamkeit der Kündigung nicht entscheidend. Es kommt auch jetzt nur darauf an, ob das Ergebnis der sozialen Auswahl grob fehlerhaft ist, nicht aber, ob das gewählte Auswahlverfahren beanstandungsfrei ist. Ein mangelhaftes Auswahlverfahren kann zu einem richtigen – nicht grob fehlerhaften – Auswahlergebnis führen. Im Kündigungsschutzverfahren darf der ArbN sich daher nicht darauf beschränken, die Fehlerhaftigkeit des

Auswahlverfahrens zu rügen. Er muss ihr konkretes Ergebnis in Frage stellen, indem er geltend macht, dass ein bestimmter mit ihm vergleichbarer ArbN in einem solchen Ausmaß weniger sozial schutzwürdig ist, dass es grob fehlerhaft war, dem Kläger und nicht diesem zu kündigen (BAG 10.6.10 – 2 AZR 420/09, NZA 10, 1352).

**B. Lohnsteuerrecht** *Seidel*

S die Ausführungen zu → *Kündigung, allgemein* Rn 82. 68

**C. Sozialversicherungsrecht** *Voelzke*

**Sperrzeit.** Ein ArbN kann sich auf einen – die Sperrzeit wegen Arbeitsaufgabe ausschließenden – wichtigen Grund für die Lösung des Beschäftigungsverhältnisses durch **Aufhebungsvertrag** berufen, wenn ihm ansonsten eine rechtmäßige ArbGebKündigung aus nicht verhaltensbedingten Gründen zum gleichen Zeitpunkt droht (BSG 12.7.06 – B 11a AL 47/05 R, NJW 06, 3514; → *Aufhebungsvertrag*). Schließt ein ArbN angesichts einer drohenden betriebsbedingten Kündigung einen **Aufhebungsvertrag mit Abfindung,** die sich im Rahmen des § 1a KSchG hält, steht ihm ein wichtiger Grund zur Seite, der eine Sperrzeit ausschließt. Dies gilt auch für einen ordentlich unkündbaren ArbN, wenn ihm eine außerordentliche betriebsbedingte Kündigung droht (BSG 2.5.12 – B 11 AL 6/11 R, DB 12, 2700, Rz 31). Eine Prüfung der Rechtmäßigkeit der drohenden ArbGebKündigung ist nicht erforderlich, sofern die Grenzen des § 1a Abs 2 KSchG eingehalten sind und keine Anhaltspunkte für eine Gesetzesumgehung vorliegen (zB offenkundige Rechtswidrigkeit der beabsichtigten Kündigung, vgl BSG 2.5.12 – B 11 AL 6/11 R, DB 12, 2700). Anhaltspunkte für einen „Freikauf" liegen nach der Rspr des BSG vor, wenn die Abfindungssumme die Grenzen des § 1a KSchG deutlich überschreiten (BSG 2.5.12 – B 11 AL 6/11 R, DB 12, 2700, Rz 27). 69

Vgl auch die Ausführungen zu → *Kündigung, allgemein* Rn 83 ff. 70

# Kündigung, personenbedingte

**A. Arbeitsrecht** *Eisemann*

**Übersicht**



**1. Grundlagen.** Nach § 1 Abs 2 KSchG ist eine Kündigung ua sozial ungerechtfertigt, welche nicht durch Gründe bedingt ist, die in der **Person** des ArbN liegen. Die personenbedingte Kündigung stellt keine Sanktion für vergangene Vertragsstörungen dar. Sie ist zukunftsbezogen und gibt dem ArbGeb die Möglichkeit, zu erwartenden betrieblichen Beeinträchtigungen zuvorzukommen (BAG 12.4.02 – 2 AZR 148/01, NZA 02, 1081). Das Gesetz enthält keine Definition des personenbedingten Grundes für eine Kündigung. Die Rspr versteht als Gründe in der Person des ArbN solche Umstände, die auf einer in der **Sphäre des Arbeitnehmers** liegenden „Störquelle" beruhen (BAG 24.2.05 – 2 AZR 211/04, NZA 05, 759). Man meint damit Umstände, die **persönliche Eigenschaften und Fähigkeiten** des ArbN betreffen (BAG 23.5.13 – 2 AZR 120/12, NZA 13, 1211). Führen diese Umstände zu einer schweren und dauerhaften Störung des Austauschverhältnisses, können sie eine Kündigung begründen, wenn es keine andere Beschäftigungsmöglichkeit 1 für den ArbN gibt (BAG 24.2.05 – 2 AZR 211/04, NZA 05, 759). Allein der Umstand, dass ein ArbN von den Sozialversicherungsträgern nicht mehr als sozialversicherungsfrei angesehen wird und der ArbGeb dadurch mit den auf ihn entfallenden Sozialversicherungsbeiträgen belastet wird, kann daher keine personenbedingte Kündigung begründen (BAG 18.1.07 – 2 AZR 731/05, NZA 07, 680).

2 Die personenbedingte Kündigung setzt voraus, dass der ArbN seine **Fähigkeiten** oder seine **Eignung** verloren hat, die geschuldete Arbeitsleistung ganz oder zum Teil zu erbringen. Auf ein Verschulden kommt es dabei nicht an (BAG 21.4.16 – 2 AZR 609/15, NZA 16, 941). Deshalb erfordert die personenbedingte Kündigung **keine Abmahnung.** Soweit sich der Verlust von Fähigkeiten und Eignung auf ein Verschulden des ArbN in seiner persönlichen Lebensführung zurückführen lässt, handelt es sich nicht um vertragsbezogenes Verhalten, welches deshalb nicht abgemahnt werden kann. Mahnt der (öffentliche) ArbGeb dennoch ab – weil etwa der ArbN aktiv für eine verfassungsfeindliche Partei eintritt – hat er damit wie bei einer verhaltensbedingten Kündigung auf das Kündigungsrecht verzichtet, solange es nicht zu einem erneuten Verstoß kommt (BAG 12.5.11 – 2 AZR 479/09, NZA-RR 12, 43).

3 **a) Verhältnismäßigkeit.** Gerade bei der personenbedingten Kündigung ist der ArbGeb verpflichtet, jede mögliche zumutbare und **geeignete Maßnahme** zu ergreifen, die im Rahmen der betrieblichen Interessen die Kündigung vermeiden hilft (BAG 12.7.07 – 2 AZR 716/06, NZA 08, 173). Ist ein ArbN gesundheitlich nicht mehr in der Lage, alle an sich geschuldeten Tätigkeiten in vollem Umfang auszuführen, muss der ArbGeb dies daher im Rahmen seines Weisungsrechts nach Möglichkeit berücksichtigen (BAG 9.4.14 – 10 AZR 637/13, NZA 14, 719). Bei einer AU kann sich die Verpflichtung des ArbGeb ergeben, dem ArbN vor einer Kündigung die Chance zu bieten, ggf spezifische Behandlungsmaßnahmen zu ergreifen, um dadurch die Wahrscheinlichkeit künftiger Fehlzeiten auszuschließen (BAG 2.11.14 – 2 AZR 755/13, NZA 15, 612). Darüber hinaus sind vor allem die **Widerspruchstatbestände** des § 1 Abs 2 Satz 2 Nrn 1b, 2b und Satz 3 KSchG von Bedeutung, auch wenn der BRat der Kündigung aus diesen Gründen nicht widersprochen hat (BAG 24.11.05 – 2 AZR 514/04, NZA 06, 665).

4 Vor Ausspruch der Kündigung muss daher neben der Umgestaltung des bisherigen Arbeitsbereichs stets geprüft werden, ob der ArbN auf einem anderen gleichwertigen oder schlechteren **freien oder freigemachten Arbeitsplatz** des Betriebes oder Unternehmens – im öffentlichen Dienst in derselben Dienststelle oder in einer anderen Dienststelle desselben Verwaltungszweigs – **weiter beschäftigt** werden kann, auf dem sich die eingetretene Vertragsstörung nicht mehr, zumindest nicht mehr in erheblicher Weise auswirkt (BAG 20.6.13 – 2 AZR 583/12, NZA 13, 1345). Hat der ArbGeb diese Prüfung versäumt, ist die Kündigung jedoch nur unwirksam, wenn die Möglichkeit der Weiterbeschäftigung tatsächlich bestand. Die objektive Lage ist entscheidend. Der ArbGeb muss weiter prüfen, ob eine Möglichkeit zur Weiterbeschäftigung nach zumutbaren **Umschulungs- oder Fortbildungsmaßnahmen** besteht. Und endlich muss der ArbGeb versuchen, den ArbN zu **geänderten Arbeitsbedingungen** – ggf auf einem Arbeitsplatz mit geringeren Anforderungen und verminderter Bezahlung – zu beschäftigen. Damit ist erst einmal der Einsatz auf einem freien Arbeitsplatz angesprochen. Der ArbGeb muss, um eine Beendigungskündigung zu vermeiden, den ArbN – wenn dies sein Weisungsrecht zulässt – auf diesen Arbeitsplatz versetzen und andernfalls eine Änderungskündigung aussprechen (→ *Änderungskündigung* Rn 5 f, 19). Ist ein ArbN krankheitsbedingt auf Dauer nicht mehr in der Lage, die geschuldete Arbeit auf seinem bisherigen Arbeitsplatz zu erbringen oder ist seine Leistungsfähigkeit krankheitsbedingt gemindert, muss der ArbGeb auch über die einfache Besetzung freier Arbeitsplätze hinausgehen, um die Kündigung zu vermeiden. Er ist verpflichtet, leidensgerechte **Arbeitsplätze frei zu machen** oder **zu schaffen,** soweit das im Rahmen des Direktionsrechts möglich ist (BAG 20.11.14 – 2 AZR 664/13, NZA 15, 931). Dazu gehört neben der Änderung von Arbeitsabläufen auch die Versetzung anderer Mitarbeiter (BAG 29.1.97 – 2 AZR 9/96, NZA 97, 709). Der ArbGeb ist jedoch weder verpflichtet, durch Umverteilen von Aufgaben und Aufteilen anderer Arbeitsplätze einen eigens auf die eingeschränkte Leistungsfähigkeit des ArbN zugeschnittenen Arbeitsplatz zu schaffen (BAG 26.6.17 – 5 AZR 263/16, NZA 17, 1528), noch ist er verpflichtet, einen Arbeitsplatz „freizukündigen", selbst wenn so eine Beschäftigungsmöglichkeit für einen von der Kündi-

gung bedrohten schwerbehinderten Menschen geschaffen werden könnte (BAG 20.11.14 – 2 AZR 664/13, NZA 15, 931). Das Gericht hat offen gelassen, ob dies auch gilt, wenn der von der „Freikündigung" bedrohte Stelleninhaber noch keine sechs Monate beschäftigt ist, daher keinen allgemeinen Kündigungsschutz genießt, seinerseits nicht behindert ist und die Kündigung für ihn keine besondere Härte darstellt. Der ArbGeb muss auch kein Zustimmungsersetzungsverfahren einleiten, wenn der BRat seine Zustimmung zu einer Versetzung verweigert, mit der für den erkrankten Mitarbeiter ein leidensgerechter Arbeitsplatz freigemacht werden soll (BAG 29.1.97 – 2 AZR 9/96, NZA 97, 709).

Vor jeder auf die AU eines ArbN gestützten Kündigung – unabhängig davon, ob der ArbN behindert ist – ist der ArbGeb zusätzlich verpflichtet, das in **§ 167 SGB IX** geschilderte **betriebliche Eingliederungsmanagement** durchzuführen (BAG 12.11.14 – 2 AZR 755/13, NZA 15, 612). Die Durchführung dieses betrieblichen Eingliederungsmanagements ist nicht Wirksamkeitsvoraussetzung für die Kündigung wegen Krankheit (BAG 12.7.07 – 2 AZR 716/06, NZA 08, 173). Die Darlegungslast im Kündigungsschutzprozess erhöht sich aber, wenn ein betriebliches Eingliederungsmanagement nicht oder nicht ordnungsgemäß durchgeführt wurde (Einzelheiten → Rn 47 und *Betriebliches Eingliederungsmanagement*). 5

**b) Interessenabwägung.** Die personenbedingte Kündigung kann wirksam werden, obwohl der Arbeitsplatz noch vorhanden ist und der ArbN nicht gegen seine vertraglichen Pflichten verstoßen hat. Bei der Interessenabwägung geht es in diesem Zusammenhang darum, ob die betriebliche Beeinträchtigung auf Grund der Besonderheiten des Einzelfalles vom ArbGeb billigerweise noch hinzunehmen ist oder ihn überfordert (BAG 10.11.05 – 2 AZR 44/05, NZA 06, 655). Dabei sind – wie sonst auch – ua die Dauer seiner störungsfreien Betriebszugehörigkeit, die familiären Verhältnisse des ArbN, insbes seine Unterhaltspflichten, sein Lebensalter und seine Chancen auf dem Arbeitsmarkt in die Abwägung einzubeziehen (BAG 25.4.18 – 2 AZR 6/18, NZA 18, 1056). Im Ganzen ist ein **besonders strenger Maßstab** anzulegen (BAG 12.3.68 – 1 AZR 413/67, NJW 68, 1693). 6

**2. Krankheit.** Das KSchG kennt die **Kündigung wegen Krankheit** als einen der Hauptanwendungsfälle der personenbedingten Kündigung. Der Begriff ist ungenau. Niemand kann allein wegen einer Krankheit gekündigt werden. Kündigungsgrund ist ausschließlich die auf einer Krankheit beruhende Schlecht- oder Nichterfüllung der vertraglich geschuldeten Leistung und die hierdurch verursachte erhebliche Beeinträchtigung der betrieblichen und/oder wirtschaftlichen Belange des ArbGeb (BAG 26.9.91 – 2 AZR 132/91, NZA 92, 1073). Die Kündigung wegen Krankheit wird – wenn auch in engen Grenzen – für zulässig gehalten und ist europarechtlich nicht zu beanstanden (EuGH 11.7.06 – C-13/05 Sonia Chacón Navas ./. Eurest Colectividades SA, NZA 06, 839). Sie kann während einer Krankheit ausgesprochen werden. 7

Unter **Krankheit** ist ein regelwidriger körperlicher oder geistiger Zustand zu verstehen, der eine Heilbehandlung notwendig macht (BAG 5.4.76 – 5 AZR 397/75, AP LohnFG § 1 Nr 40). Regelwidrig ist ein körperlicher oder geistiger Zustand dann, wenn er nach allgemeiner Erfahrung unter Berücksichtigung eines natürlichen Verlaufs des Lebensgangs nicht bei jedem anderen Menschen gleichen Alters und Geschlechts zu erwarten ist (BAG 26.10.16 – 5 AZR 167/16, NZA 17, 240). Neben **körperlichen Erkrankungen** können damit auch **Suchtkrankheiten** und **seelische Erkrankungen** eine Kündigung rechtfertigen. ArbN sind **arbeitsunfähig**, wenn sie ihre vertraglich geschuldete Tätigkeit nicht mehr ausüben können oder nicht mehr ausüben sollten, weil die Heilung der Krankheit nach ärztlicher Prognose verhindert oder verzögert würde. Auch eine verminderte Arbeitsfähigkeit, bei der ein AN die vertraglich festgelegte volle Arbeitsleistung nach objektiver Beurteilung nicht erbringen kann, bedeutet Arbeitsunfähigkeit (BAG 9.4.14 – 10 AZR 637/13, NZA 14, 719. Die Rspr hält einen ArbN nicht für arbeitsunfähig, der die volle Arbeitsleistung erbringen kann und lediglich gehindert ist, „der gesamten Bandbreite der arbeitsvertraglich an sich möglichen Leistungsbestimmungen gerecht zu werden" (BAG 9.4.14 – 10 AZR 637/13, NZA 14, 719). Dasselbe soll gelten, wenn der AN einen „Teilbereich des vereinbarten Leistungsspektrums nicht mehr abzudecken vermag" (BAG 26.1.17 – 2 AZR 68/16, NZA 17, 499). Für die Rechtfertigung einer Kündigung wegen Krankheit spielt diese Abgrenzung keine Rolle. Hier ist allein entscheidend, ob das Austauschverhältnis aufgrund des regelwidrigen körperlichen oder geistigen Zustands des ArbN so gestört ist, dass dies eine personenbedingte Kündigung rechtfertigen kann, weil auch eine alternative Beschäftigung des ArbN nicht möglich ist, zu welcher der ArbGeb stets verpflichtet bleibt unabhängig davon, ob ihr ein körperlicher oder geistiger Zustand zugrunde liegt, der als Arbeitsunfähigkeit qualifiziert werden kann.

8 Bei der Kündigung wegen Krankheit unterscheidet man **drei Grundtypen:** die Kündigung wegen langandauernder Krankheit, die Kündigung wegen häufiger Kurzerkrankungen und die Kündigung wegen krankheitsbedingter Leistungsminderung.

Die richterliche Prüfung krankheitsbedingter Kündigungen erfolgt in **drei Stufen** (BAG 25.4.18 – 2 AZR 6/18, NZA 18, 1056 – Kurzzeiterkrankungen; BAG 20.11.14 – 2 AZR 664/13, NZA 15, 931 – Langzeiterkrankungen; BAG 22.10.15 – 2 AZR 550/14, NZA-RR 16, 242 – krankheitsbedingte Leistungsminderung):

(a) Im Kündigungszeitpunkt müssen objektive Tatsachen vorliegen, welche die Besorgnis weiterer Erkrankungen im bisherigen – durchschnittlich sechs Wochen pro Jahr übersteigenden – erheblichen Umfang befürchten lassen – **negative Zukunftsprognose.** Vorbehaltlich besonderer Umstände des Einzelfalls ist für die Erstellung der Gesundheitsprognose ein Referenzzeitraum von drei Jahren maßgeblich.

(b) Die prognostizierten Fehlzeiten müssen außerdem zu einer **erheblichen Beeinträchtigung der betrieblichen Interessen** führen, was als Teil des Kündigungsgrundes festzustellen ist. Diese Beeinträchtigungen können sowohl in Betriebsablaufstörungen als auch in zu erwartenden wirtschaftlichen Belastungen – etwa durch zu erwartende, den Zeitraum von sechs Wochen pro Jahr übersteigende Entgeltfortzahlungskosten – liegen.

(c) In der dritten Stufe, bei der **Interessenabwägung,** ist dann zu prüfen, ob die Beeinträchtigungen vom ArbGeb billigerweise nicht mehr hingenommen werden müssen.

9 In der Zukunftsprognose zeigt sich die **Zukunftsbezogenheit** gerade der krankheitsbedingten Kündigung. Sie stellt keine Sanktion für die Fehlzeiten in der Vergangenheit dar, sondern gibt dem ArbGeb die Möglichkeit, sich vor weiteren krankheitsbedingten Belastungen zu schützen (BAG 12.4.02 – 2 AZR 148/01, NZA 02, 1081). Entscheidend sind nicht die Fehlzeiten in der Vergangenheit, sondern allein, ob im Zeitpunkt des Zugangs der Kündigung mit weiteren krankheitsbedingten Fehlzeiten zu rechnen war. Die objektiven Verhältnisse im **Zeitpunkt des Zugangs** der krankheitsbedingten Kündigung sind maßgebliche Beurteilungsgrundlage für die zukünftige Entwicklung und damit für ihre soziale Rechtfertigung. Die **spätere** tatsächliche **Entwicklung** kann nicht mehr zur Bestätigung oder Korrektur herangezogen werden (BAG 12.4.02 – 2 AZR 148/01, NZA 02, 1081). Auch seine Wiedereinstellung kann der wirksam gekündigte ArbN jedenfalls dann nicht verlangen, wenn die nachträgliche überraschende Besserung seines Gesundheitszustandes erst nach Ablauf der Kündigungsfrist eingetreten ist (BAG 27.6.01 – 7 AZR 662/99, NZA 01, 1135).

10 Der ArbGeb muss vor Ausspruch der Kündigung keine **Nachforschungen** über den Gesundheitszustand des ArbN anstellen. Für die Wirksamkeit der Kündigung kommt es nicht auf seinen Kenntnisstand, sondern auf den objektiven Zustand bei Zugang der Kündigung an (BAG 25.11.82 – 2 AZR 140/81, NJW 83, 2897). Der ArbN muss auf der anderen Seite keine **Auskunft** erteilen; weder von sich aus (BAG 25.11.82 – 2 AZR 140/81, NJW 83, 2897), noch auf Anfrage des ArbGeb (LAG Bln 27.11.89, DB 90, 1621).

11 Als **erhebliche Beeinträchtigung der betrieblichen Interessen** kommen Betriebsablaufstörungen in Form von Störungen des Arbeitsablaufs, Produktionsausfall, Verlust von Kundenaufträgen, nichtbeschaffbarem Ersatzpersonal (BAG 2.11.83 – 7 AZR 272/82, AP KSchG 1969 § 1 Krankheit Nr 12), als wirtschaftliche Belastungen außerordentliche hohe mehr als sechs Wochen pro Jahr übersteigende Entgeltfortzahlungskosten in Betracht (BAG 25.4.18 – 2 AZR 6/18, NZA 18, 1056; BAG 8.11.07 – 2 AZR 292/06, NZA 08, 593). Dabei ist bei der Prüfung, wie sich krankheitsbedingte Fehlzeiten des ArbN auf den Betriebsablauf auswirken, nicht auf die Zahl der ArbN des Betriebes insgesamt, sondern auf die Gruppe der ArbN abzustellen, die gleiche Tätigkeiten verrichten wie der Gekündigte (BAG 10.3.77 – 2 AZR 79/76, NJW 77, 2132). Dem gekündigten ArbN hilft daher nicht der Hinweis, er sei nur ein „kleines Rad im Getriebe".

12 Der **Interessenabwägung** kommt bei der krankheitsbedingten Kündigung besonderes Gewicht zu. Hier ist zu prüfen, ob die durch Krankheit verursachten Belastungen betrieb-

licher Interessen aufgrund der Besonderheiten des Einzelfalles vom ArbGeb noch hinzunehmen sind oder ein solches Ausmaß erreicht haben, dass sie ihm nicht mehr zugemutet werden können (BAG 25.4.18 – 2 AZR 6/18, NZA 18, 1056; BAG 12.4.02 – 2 AZR 148/01, NZA 02, 1081). Dabei ist neben anderen Umständen zu berücksichtigen, ob und wie lange das Arbeitsverhältnis zwischen den Parteien zunächst **ungestört verlaufen** ist, ob der ArbGeb eine **Personalreserve** vorhält und etwa neben Betriebsablaufstörungen auch noch hohe **Entgeltfortzahlungskosten** aufzuwenden hatte. Ferner sind die **sozialen Daten** wie Alter, Familienstand und die Unterhaltspflichten sowie ggf eine Schwerbehinderung des ArbN und seine Chancen auf dem Arbeitsmarkt zu berücksichtigen (BAG 25.4.18 – 2 AZR 6/18, NZA 18, 1056; BAG 29.7.93 – 2 AZR 155/93, NZA 94, 67).

Entscheidend kann vor allem sein, ob die **Krankheitsursachen im betrieblichen** 13
**Bereich** liegen. In aller Regel ist dem ArbGeb die Beeinträchtigung seiner betrieblichen Interessen eher zuzumuten, wenn eine Erkrankung auf gesundheitlich besonders belastende Tätigkeiten oder einen Betriebsunfall zurückzuführen ist. Dies gilt vor allem, wenn der ArbGeb die Umstände zu vertreten hat, die zur AU geführt haben oder etwa ein Unfallrisiko billigend in Kauf genommen hat (BAG 25.4.18 – 2 AZR 6/18, NZA 18, 1056; BAG 20.11.14 – 2 AZR 664/13, NZA 15, 931). Kommen besondere **Anlagen** des ArbN als auslösender Faktor für eine betrieblich verursachte Erkrankung hinzu, verliert der Arbeitsplatz als Krankheitsursache im Rahmen der Interessenabwägung seine Bedeutung (BAG 5.7.90 – 2 AZR 154/90, NZA 91, 185).

**a) Lang andauernde Krankheit.** Die Kündigung wegen einer langandauernden Krank- 14
heit ist nur zulässig, wenn die AU bei **Zugang der Kündigung noch andauert,** eine **negative Prognose** hinsichtlich der voraussichtlichen Dauer der AU vorliegt, eine darauf beruhende **erhebliche Beeinträchtigung betrieblicher Interessen** festzustellen ist, eine **Interessenabwägung** ergibt, dass die betrieblichen Beeinträchtigungen zu einer billigerweise nicht mehr hinzunehmenden Belastung des ArbGeb führen(BAG 20.11.14 – 2 AZR 664/13, NZA 15, 931)und die Kündigung verhältnismäßig ist (Rn 3 f). Feste Maßstäbe dafür, welche Krankheitszeiten eine negative Prognose ermöglichen, lassen sich nicht angeben. Dies hängt ua auch von der Dauer des Arbeitsverhältnisses im Zeitpunkt der Kündigung ab. Die Rspr weigert sich jedenfalls (zu Recht), allgemein gültige Daten zu nennen. Eine **Mindestgröße** gibt das EFZG vor. Fehlzeiten von nicht mehr als 6 Wochen stellen in keinem Fall eine langandauernde Erkrankung dar.

Allein mit dem Hinweis auf **gesetzliche Lohnfortzahlungskosten** kann der ArbGeb 15
bei langandauernden Krankheiten eine für ihn unerträgliche wirtschaftliche Belastung kaum jemals darlegen. Im Unterschied zu dem Fall häufiger Kurzerkrankungen (unterschiedlicher Art) ist das Lohnfortzahlungsrisiko wegen der grundsätzlichen Begrenzung des Anspruchzeitraums auf 6 Wochen meist auf ein zumutbares Maß beschränkt. Zusätzliche wirtschaftliche Belastungen können sich daraus ergeben, dass sich die anfallenden **Urlaubsansprüche** kumulieren (dazu BAG 4.5.10 – 9 AZR 183/09, NZA 10, 1011; → *Urlaubsanspruch* Rn 13 ff). Freilich entspricht die Belastung bei einem Urlaubsanspruch von sechs Wochen (30 Tagen) im Jahr dem Mindestanspruch auf Entgeltfortzahlung nach § 3 Abs 1 Satz 1 EFZG, der allein eine erhebliche Beeinträchtigung betrieblicher Interessen nicht begründen kann (BAG 10.11.05 – 2 AZR 44/05, NZA 06, 655).

Meist lässt sich die Kündigung wegen langandauernder Krankheit in der zweiten Prü- 16
fungsstufe allenfalls mit erheblichen betrieblichen Ablaufstörungen begründen. Nach dem Grundsatz der **Verhältnismäßigkeit** kommt sie als letztes Mittel erst dann in Betracht, wenn dem ArbGeb nicht mehr zuzumuten ist, die Kündigung durch **Überbrückungsmaßnahmen** zu vermeiden. Er muss prüfen, ob sich negative betriebliche Auswirkungen durch Einstellung von Hilfskräften, Mehrarbeit, Versetzungen oder befristete Einstellungen zur Vertretung des erkrankten ArbN vermeiden lassen. Dabei hat der ArbGeb bei einem langjährig beschäftigten ArbN einen längeren Zeitraum für geeignete und zumutbare Überbrückungsmaßnahmen hinzunehmen als bei einem nur kurzfristig tätigen ArbN (BAG 22.2.80 – 7 AZR 295/78, NJW 81, 298). Letzten Endes kann auch verlangt werden, dass der ArbGeb eine Aushilfskraft auf unbestimmte Zeit einstellt (BAG 25.11.82 – 2 AZR 140/81, NJW 83, 2897). Der ArbGeb ist jedoch nicht verpflichtet eine Personalreserve vorzuhalten, um Betriebsablaufstörungen zu vermeiden (BAG 29.7.93 – 2 AZR 155/93, NZA 94, 67).

17 Wegen der oft gerade bei Langzeiterkrankten eher möglichen Überbrückungsmaßnahmen und der in der Regel fehlenden Möglichkeit, die erhebliche Beeinträchtigung betrieblicher Interessen mit den besonderen wirtschaftlichen Belastungen oder erheblichen Betriebsablaufstörungen zu begründen, sind Langzeiterkrankte gegen Kündigung gut geschützt, wenn man diese Voraussetzungen ernst nimmt. Ist der ArbN bereits längere Zeit – im entschiedenen Fall 18 Monate – arbeitsunfähig erkrankt und ist im Zeitpunkt der Kündigung die **Wiederherstellung** der Arbeitsfähigkeit noch **völlig ungewiss,** soll aber allein schon diese Ungewissheit in der Regel zu einer erheblichen Beeinträchtigung der betrieblichen Belange führen, weil der ArbGeb auf unabsehbare Zeit gehindert ist, sein Direktionsrecht auszuüben (BAG 20.11.14 – 2 AZR 664/13, NZA 15, 931). Die Ungewissheit der Wiederherstellung der AU soll darüber hinaus einer krankheitsbedingten dauernden Leistungsunfähigkeit gleich stehen, wenn in den nächsten **24 Monaten** nach Ausspruch der Kündigung mit einer anderen Prognose nicht gerechnet werden kann mit der Folge, dass im Prozess erhebliche betriebliche Ablaufstörungen vAw unterstellt werden und nicht mehr nachgewiesen werden müssen (BAG 13.5.15 – 2 AZR 565/14, NZA 15, 1249; BAG 20.11.14 – 2 AZR 664/13, NZA 15, 931). Einen kürzeren Zeitraum soll der ArbGeb typischerweise ohne Schwierigkeiten durch Einstellung einer Ersatzkraft mit einem zeitbefristeten Arbeitsverhältnis nach § 14 Abs 2 S 1 TzBfG überbrücken können (BAG 13.5.15 – 2 AZR 565/14, NZA 15, 1249).

18 Die Krankheit von ArbN ist stets damit verbunden, dass Direktionsrechte nicht ausgeübt werden können. Der Verzicht auf konkrete erhebliche betriebliche Auswirkungen einer langandauernden Krankheit lässt sich nicht allein mit ihrem bei Ausspruch der Kündigung unabsehbaren Ende begründen. Dies widerspricht dem Grundsatz der Verhältnismäßigkeit. Dies gilt jedenfalls, wenn eine Vertretungsmöglichkeit gerade auch für die Fälle vom ArbGeb geschaffen wurde und zur Verfügung steht, in denen die Prognose zwar für mehr als 24 Monate negativ, insgesamt aber noch ungewiss ist (BAG 19.4.07 – 2 AZR 239/06, NZA 07, 1041). Wie auch immer, die Interessenabwägung im Einzelfall kann helfen, Härtefälle abzufangen.

19 **b) Häufige Kurzzeiterkrankungen.** Die Kündigung wegen häufiger Kurzzeiterkrankungen steht im Mittelpunkt der Gerichtspraxis. Kurzzeiterkrankungen wirken sich auf den Betrieb erheblich belastender aus. Hierauf gestützte Kündigungen setzen eine **Wiederholungsgefahr** voraus. Auch in Zukunft muss mit weiteren erheblichen krankheitsbedingten Ausfällen zu rechnen sein (BAG 24.11.05 – 2 AZR 514/04, NZA 06, 665).

20 Bei der erforderlichen **Zukunftsprognose** können häufige Kurzzeiterkrankungen in der Vergangenheit für einen entsprechenden Krankheitsverlauf in der Zukunft sprechen. Es gibt jedoch keinen gesicherten Erfahrungssatz, dass häufige Erkrankungen in der Vergangenheit sich in Zukunft wiederholen werden. Es kommt darauf an, dass darüber hinaus objektive Tatsachen vorliegen, welche die Besorgnis weiterer Erkrankungen rechtfertigen (BAG 10.11.05 – 2 AZR 44/05, NZA 06, 655). Dies kann sich zB aus der **Art der Erkrankungen** in der Vergangenheit ergeben. Lassen sich die Erkrankungen auf ein einheitliches, im Zeitpunkt der Kündigung noch nicht ausgeheiltes Grundleiden zurückführen, ist die Zukunftsprognose negativ. Haben die Erkrankungen der Vergangenheit jeweils eigene Ursachen, kommt es darauf an, ob sie „prognosefähig" sind (BAG 10.12.09 – 2 AZR 400/08, NZA 10, 398). Selbst wenn die Ursachen für eine Krankheit verschieden sind, können sie aber auf eine allgemeine Krankheitsanfälligkeit hindeuten, die prognostisch andauert (BAG 20.11.14 – 2 AZR 755/13, NZA 15, 612). Fehlzeiten, die nach Art der Erkrankung keine Aussagekraft für eine Wiederholungsgefahr haben, wie zB ausgeheilte Knochenbrüche, Zerrungen oder ähnliche Erkrankungen, können für die Zukunftsprognose nicht herangezogen werden (BAG 14.1.93 – 2 AZR 343/92, NZA 94, 309). Dies gilt ebenso für Fehlzeiten, die auf einem einmaligen Ereignis beruhen und ausgeheilt sind wie für Erkrankungen, gegen die erfolgreich Therapiemaßnahmen – wie zB eine Operation – ergriffen wurden (BAG 20.11.14 – 2 AZR 755/13, NZA 15, 612). Für die negative Gesundheitsprognose dürfen dagegen frühere prognosefähige Erkrankungen herangezogen werden, die bereits vergeblich eine vorangegangene Kündigung rechtfertigen sollten (BAG 10.11.05 – 2 AZR 44/05, NZA 06, 655).

21 Bei den **Fehlzeiten in der Vergangenheit** hält die Rspr Fehlzeitenquoten von bis zu sechs Wochen im Durchschnitt der letzten drei Jahre für unerheblich (BAG 25.4.18 – 2

AZR 6/18, NZA 18; 1056; BAG 8.11.07 – 2 AZR 292/06, NZA 08, 593). In der Praxis der Instanzgerichte wird der „kritische Wert" wohl erst bei einer Fehlquote von 25% erreicht (LAG Hamm 15.12.81, DB 82, 283–25%; LAG Düsseldorf 19.3.80, DB 80, 1078 – 30%; LAG Düsseldorf 21.10.82, DB 83, 723–40% und LAG Hamm 17.2.81, DB 81, 1193 – 43%; das BAG sieht den „Eintrittswert" für eine außerordentliche krankheitsbedingte Kündigung bei einer Fehlzeitenquote von 33% als erreicht an (BAG 25.4.18 – 2 AZR 6/18, NZA 18, 1056). Sieht ein **Tarifvertrag** die Verpflichtung des ArbGeb vor, ArbN im Krankheitsfall über den gesetzlichen Sechs-Wochen-Zeitraum hinaus einen Zuschuss zum Krankengeld zu zahlen, kann allein daraus nicht geschlossen werden, auch sechs Wochen im Jahr überschreitende krankheitsbedingte Ausfallzeiten seien grds nicht geeignet, eine ordentliche Kündigung zu rechtfertigen; andererseits bedeutet dies auch keine „kündigungsbegründende" Beeinträchtigung der betrieblichen Interessen (BAG 25.4.18 – 2 AZR 6/18, NZA 18, 1056).

Die für den Zeitpunkt des Zugangs der Kündigung festgestellte negative Zukunftsprognose lässt sich nicht mehr mit der weiteren Entwicklung des Gesundheitszustandes korrigieren. Dies gilt nicht nur, wenn der ArbN selbst nach Ausspruch der Kündigung einen **neuen Kausalverlauf** in Gang setzt, weil er sich nun einer längst fälligen Operation unterwirft (BAG 9.4.87 – 2 AZR 210/86, NZA 87, 811) oder seine bisher ungesunde Lebensführung ändert (BAG 6.9.89 – 2 AZR 118/89, NZA 90, 305). Auf die gesundheitliche Entwicklung nach Zugang der Kündigung kommt es generell nicht an. Maßgebliche Beurteilungsgrundlage für die Zukunftsprognose ist allein der objektive Gesundheitszustand bei Zugang der Kündigung (BAG 12.4.02 – 2 AZR 148/01, NZA 02, 1081). Ob ein Wiedereinstellungsanspruch entsteht, falls die Besorgnis weiterer Kurzerkrankungen noch innerhalb der Kündigungsfrist völlig ausgeräumt ist, hat das BAG offen gelassen (BAG 17.6.99 – 2 AZR 639/98, NZA 99, 1328). 22

Als **wirtschaftliche Beeinträchtigungen** werden außergewöhnlich hohe **Entgeltfortzahlungskosten** bei der Kündigung wegen häufiger Kurzerkrankungen als für den ArbGeb unzumutbare wirtschaftliche Beeinträchtigung anerkannt, soweit sie voraussichtlich mehr als sechs Wochen im Jahr ausmachen. Es geht dabei nicht um die in der Vergangenheit angefallenen Kosten, sondern um die **für die Zukunft** zu erwartende Belastung (BAG 25.4.18 – 2 AZR 6/18, NZA 18, 1056; BAG 8.11.07 – 2 AZR 292/06, NZA 08, 593). Daher sind nicht Kosten für **einmalige Erkrankungen** einzubeziehen, deren Wiederholung in der Zukunft nicht erwartet werden kann (BAG 6.9.89 – 2 AZR 19/89, NZA 90, 307). 23

Bei der Frage, welche Lohnfortzahlungskosten für den ArbGeb noch **zumutbar** sind, ist nicht auf die Kosten des Betriebes oder der Abteilung, sondern allein auf die des betroffenen Arbeitsverhältnisses abzustellen (BAG 6.9.89 – 2 AZR 19/89, NZA 90, 307). Die Vorhaltekosten einer **Personalreserve** werden von der Rspr nicht bei der Zumutbarkeit wirtschaftlicher Belastungen, sondern im Rahmen der Interessenabwägung zu Gunsten des ArbGeb berücksichtigt (BAG 29.7.93 – 2 AZR 155/93, NZA 94, 67). Dies kann nur anteilig geschehen. Die Kosten der Lohnfortzahlung und der Personalreserve „addieren" sich damit gewissermaßen zulasten des ArbN. 24

**Kleinunternehmen** mit in der Regel nicht mehr als 30 ArbN werden nach § 1 AAG 80% der Entgeltfortzahlungskosten erstattet. Sie müssen aber nach § 7 AAG die Mittel hierfür durch eine Umlage aufbringen. Dies ist bei der Prüfung einer wirtschaftlichen Beeinträchtigung zu berücksichtigen (Schaub/*Linck* § 131 Rz 40). 25

Auch eine Kündigung wegen häufiger Kurzzeiterkrankungen kann nur wirksam ausgesprochen werden, wenn mildere Mittel zum Vermeiden oder Verringern der Fehlzeiten fehlen. Neben der Umgestaltung des bisherigen Arbeitsbereichs oder der Weiterbeschäftigung des ArbN auf einem anderen – leidensgerechten – Arbeitsplatz kann sich aus dem Grundsatz der Verhältnismäßigkeit die Verpflichtung des ArbGeb ergeben, dem ArbN vor einer Kündigung die Chance zu bieten, ggf spezifische Behandlungsmaßnahmen zu ergreifen, um dadurch die Wahrscheinlichkeit künftiger Fehlzeiten auszuschließen (BAG 20.11.2014 – 2 AZR 755/13, NZA 15, 612). Bei den **Überbrückungsmaßnahmen** zur Verhinderung betrieblicher Ablaufstörungen ist der ArbGeb bei Kurzzeiterkrankungen im Übrigen auf **kurzzeitig greifende Maßnahmen** angewiesen. Befristete Beschäftigung von Aushilfskräften wird kaum jemals, ihre unbefristete Beschäftigung nicht in Frage kommen 26

(BAG 16.2.89 – 2 AZR 299/88, NZA 89, 923). Helfen Überbrückungsmaßnahmen nicht weiter, ist die krankheitsbedingte Kündigung nur wirksam, wenn das Fehlen des ArbN **erhebliche** Betriebsablaufstörungen verursacht (BAG 20.11.14 – 2 AZR 755/13, NZA 15, 612).

27 Bei der **Interessenabwägung** kommt es darauf an, ob die durch die Krankheit des ArbN verursachten Beeinträchtigungen vom ArbGeb auch angesichts der Sozialdaten des ArbN billigerweise nicht mehr hingenommen werden müssen (→ Rn 12–13).

28 **c) Krankheitsbedingte Leistungsminderung.** Bei der Leistungsminderung geht es nicht darum, dass ein ArbN außerstande ist, alle Tätigkeiten auszuüben, zu denen er vertraglich verpflichtet ist. Dieser ArbN ist arbeitsunfähig. Es gibt arbeitsrechtlich keine teilweise Arbeitsfähigkeit (BAG 13.6.06 – 9 AZR 229/05, NZA 07, 91). Mit der krankheitsbedingten Leistungsminderung sind vielmehr Fälle angesprochen, in denen der ArbN alle Tätigkeiten ausüben, dabei aber qualitativ oder quantitativ nicht (mehr) die volle Leistung erbringen kann (BAG 26.9.91 – 2 AZR 132/91, NZA 92, 1073). Den altersbedingten Leistungsabfall muss der ArbGeb erst einmal hinnehmen (BAG 16.3.61 – 2 AZR 539/59, AP KSchG § 1 Verhaltensbedingte Kündigung Nr 2). Die durch Krankheit hervorgerufene Minderung der Leistungsfähigkeit ist nur geeignet, eine Kündigung zu rechtfertigen, wenn sie zu einer **erheblichen Beeinträchtigung** der betrieblichen Interessen führt (BAG 12.7.95 – 2 AZR 762/94, NZA 95, 1100). Die von der Rechtsprechung zur langandauernden Krankheit oder zur krankheitsbedingten dauernden Unmöglichkeit entwickelten Grundsätzen sind anzuwenden (BAG 22.10.15 – 2 AZR 550/14, NZA-RR 16, 242). Ihre Wirksamkeit wird – wie bei der Kündigung wegen Kurz- oder Langzeiterkrankungen in drei Stufen geprüft – Prognose – Betriebliche Beeinträchtigungen – Interessenabwägung (Einzelheiten Rn 8).

29 Die erheblichen Beeinträchtigungen betrieblicher Interessen können sich bei der Leistungsminderung nicht aus der Belastung mit Lohnfortzahlungskosten ergeben, weil der ArbN am Arbeitsplatz anwesend ist. Sie liegen darin, dass der Zahlung des vollen Zeitlohnes keine nach betriebswirtschaftlichen Grundsätzen **adäquate Arbeitsleistung** gegenübersteht. Da die Beeinträchtigung betrieblicher Interessen erheblich sein muss, genügt hierfür nicht jede geringfügige Minderleistung (BAG 20.3.14 – 2 AZR 825/12, NZA 14, 1089). Es kommt darauf an, ob die Arbeitsleistung die berechtigten Erwartungen des ArbGeb von der Gleichwertigkeit der beiderseitigen Leistungen in einem Maße unterschreitet, dass ihm ein Festhalten an dem (unveränderten) Arbeitsvertrag unzumutbar wird (BAG 22.10.15 – 2 AZR 550/14, NZA-RR 16, 242). Eine Minderleistung von 35 % hat das BAG ausreichen lassen, um auch die Kündigung eines schwerbehinderten ArbN zu rechtfertigen (BAG 26.9.91 – 2 AZR 132/91, NZA 92, 1073). Steht das Ende der krankheitsbedingten Leistungsminderung nach ärztlicher Erkenntnis unmittelbar bevor oder ist die volle Leistungsfähigkeit bereits wieder hergestellt, ist die Kündigung ausgeschlossen.

Bei krankheitsbedingter **dauernder Leistungsunfähigkeit** liegen die erheblichen betrieblichen Beeinträchtigungen nach Auffassung des BAG auf der Hand, weil der ArbGeb auf unabsehbare Zeit gehindert ist, sein Direktionsrecht auszuüben und der Einsatz des ArbN sich nicht mehr ordnungsgemäß planen lässt. Es kommt nicht mehr darauf an, ob eine Vertretung des ArbN möglich ist, weil dies nicht sinnvoll erscheint (BAG 13.5.15 – 2 AZR 565/14, NZA 15, 1249; BAG 19.4.07 – 2 AZR 239/06, NZA 07, 1041).

30 Auch bei krankheitsbedingter Leistungsunfähigkeit und Leistungsminderung muss wie bei jeder Kündigung nach § 1 Abs 2 KSchG vor Ausspruch der Kündigung die Möglichkeit der **Weiterbeschäftigung** an einem anderen Arbeitsplatz und/oder unter anderen (schlechteren) Arbeitsbedingungen im Betrieb oder Unternehmen auch nach Fortbildung oder Umschulung geprüft werden (22.10.15 – 2 AZR 550/14, NZA-RR 16, 242). Bei einer **Leistungsminderung** ist für die **Interessenabwägung** wie bei jeder krankheitsbedingten Kündigung ein besonders strenger Maßstab anzulegen (→ Rn 12–13). Anders bei der auf Krankheit beruhenden dauernden **Leistungsunfähigkeit.** Weil das Arbeitsverhältnis nur noch als leere Hülse besteht – der ArbN arbeitet auf Dauer nicht mehr, der ArbGeb muss daher auf Dauer keine Vergütung zahlen – bestehen keine schutzwürdigen Interessen mehr, es weiter aufrechtzuerhalten. Nur bei einer besonderen Schutzwürdigkeit des ArbN (zB Behinderung) soll er noch die Fortsetzung des Arbeitsverhältnisses verlangen können (BAG 18.1.07 – 2 AZR 759/05, BeckRS 2011, 78833).

**3. Einzelfälle.** Neben der Krankheit gibt es eine Reihe weiterer Kündigungsgründe, die an der Eignung und Fähigkeit des ArbN festmachen, die geschuldete Arbeitsleistung zu erbringen. 31

**a) Alkohol.** Kann gewohnheitsmäßiger und übermäßiger Alkoholgenuss trotz besserer Einsicht nicht aufgegeben oder reduziert werden und besteht eine **psychische** und **physische Abhängigkeit** vom Alkohol, handelt es sich auch arbeitsrechtlich um eine **Krankheit.** In diesem Fall kommt nur eine **personenbedingte Kündigung** in Betracht. Sie ist nach den zur krankheitsbedingten Kündigung entwickelten Grundsätzen zu beurteilen (BAG 20.3.14 – 2 AZR 565/12, NZA 14, 602). Ist zum Zeitpunkt der Kündigung die Prognose gerechtfertigt, der ArbN biete aufgrund einer Alkoholsucht dauerhaft nicht die Gewähr, in der Lage zu sein, die vertraglich geschuldete Tätigkeit ordnungsgemäß zu erbringen, kann eine ordentliche Kündigung des Arbeitsverhältnisses gerechtfertigt sein (BAG 20.3.14 – 2 AZR 565/12, NZA 14, 602). Die Feststellung einer Alkoholabhängigkeit ist nicht einfach. Der ArbN ist nicht verpflichtet, im laufenden Arbeitsverhältnis routinemäßigen Blutuntersuchungen zur Klärung einer Abhängigkeit zuzustimmen, soweit dies nicht gesetzlich vorgeschrieben ist (BAG 12.8.99 – 2 AZR 55/99, NZA 99, 1209). 32

An die **Zukunftsprognose** sind weniger strenge Anforderungen zu stellen. Es gibt einen Erfahrungssatz, wonach ein Alkoholabhängiger ohne fremde Hilfe in absehbarer Zeit nicht geheilt wird. Erscheint ein ArbN mehrfach alkoholisiert am Arbeitsplatz nachdem er eine stationäre Entwöhnungsbehandlung abgebrochen hat, darf der ArbGeb daher ebenso davon ausgehen, dass sich entsprechende Ausfälle wiederholen werden, wie bei einer Weigerung des ArbN eine Therapie durchzuführen (BAG 20.3.14 – 2 AZR 565/12, NZA 14, 602). Verheimlicht der ArbN seine Sucht trotz entsprechender Gespräche über Fehlzeiten und Betriebsstörungen, ist der Schluss gerechtfertigt, dass er bis zur Kündigung nicht therapiebereit war (BAG 17.6.99 – 2 AZR 639/98, NZA 99, 1328). Eine von ihm nach Ausspruch der Kündigung durchgeführte Therapie und ihr Ergebnis können nicht zur Korrektur der Prognose herangezogen werden (BAG 9.4.87 – 2 AZR 210/86, NZA 87, 811). Nicht allein die Dauer der Fehlzeiten des ArbN berechtigen zu einer Kündigung. Die erhebliche Beeinträchtigung der betrieblichen Interessen kann sich auch daraus ergeben, dass die Verrichtung der vertraglich geschuldeten Tätigkeit mit einer beachtlichen Selbst- oder Fremdgefährdung verbunden ist. Sie kann bei einem Therapeuten in einer Suchtklinik darin bestehen, dass wegen der auch künftig nicht auszuschließenden Alkoholauffälligkeiten während der Arbeitszeit eine sachgerechte Behandlung der Patienten nicht gewährleistet ist (BAG 20.12.12. – 2 AZR 32/11, NZA-RR 13, 627) und soll sich bei einem Hofarbeiter in einem Entsorgungsunternehmen daraus ergeben, dass er nicht die Gewähr dafür bietet, die Unfallverhütungsvorschriften ausnahmslos zu beachten (BAG 20.3.14 – 2 AZR 565/12, NZA 14, 602). Bei langjährig beschäftigten Mitarbeitern muss der ArbGeb die Sucht in einem Personalgespräch vor Ausspruch der Kündigung ansprechen und die Alternative Therapie oder Kündigung eröffnen (BAG 17.6.99 – 2 AZR 639/98, NZA 99, 1328). 33

Unterzieht sich der ArbN einer Therapie, muss der ArbGeb ihren **Erfolg** abwarten. Liegen zwingende betriebliche Gründe vor, soll er den Arbeitsplatz zwischenzeitlich neu besetzen dürfen, wenn etwa die Einstellung von Aushilfskräften nicht möglich ist (LAG Hamm 2.5.86, LAGE § 1 KSchG Personenbedingte Kündigung Nr 4). Kehrt der abhängige ArbN geheilt zurück, kann dies eine betriebsbedingte Kündigung erforderlich machen. Im Rahmen der sozialen Auswahl ist dann zu klären, wer von beiden seinen Arbeitsplatz verliert. 34

Bisher ging das BAG davon aus, dass die Sucht regelmäßig verschuldet sei, wenn der ArbN nach einer zunächst erfolgreichen Therapie wieder rückfällig wird (BAG 11.11.87 – 5 AZR 497/6, NZA 88, 197). Diese Ansicht hat das Gericht ausdrücklich aufgegeben. Es schließt jedoch nicht aus, dass im Einzelfall der Rückfall in die Sucht verschuldet sein kann. Der ArbN muss dem ArbGeb hierzu zwar keine Auskunft erteilen (BAG 18.3.15 – 10 AZR 99/14, NZA 15, 801). Behauptet dies der ArbGeb aber im Prozess unter Vortrag entsprechender Anhaltspunkte, muss sich der ArbN hierzu erklären. Bei entsprechendem Beweisangebot hat er sich einer ärztlichen Begutachtung zur Frage der schuldhaften Herbeiführung des Rückfalls zu unterziehen und insoweit eine Entbindung von der ärztlichen Schweigepflicht vorzunehmen. Lehnt er dies ab, gilt der Einwand des ArbGeb als zugestan- 35 den und es ist von einer verschuldeten AU iSv § 3 Abs 1 Satz 1 EFZG auszugehen (BAG 18.3.15 – 10 AZR 99/14, NZA 15, 801).

36 **Außerdienstlicher Alkoholkonsum,** welcher zum Entzug einer für die Arbeit benötigten Fahrerlaubnis führt, kann eine personenbedingte Kündigung begründen (BAG 30.5.78 – 2 AZR 630/76, NJW 79, 332).

37 **b) Alter.** Das Lebensalter stellt für sich **keinen personenbedingten Kündigungsgrund** dar. Auch die Vollendung des 65. Lebensjahres rechtfertigt eine Kündigung nicht. Der Kündigungsschutz wird individuell gewährt (BAG 20.11.87 – 2 AZR 284/86, NZA 88, 617). Die wirtschaftliche Absicherung durch eine Altersrente kann nach § 41 Satz 1 SGB VI ebenso wenig die personenbedingte Kündigung eines Arbeitsverhältnisses begründen (Schaub/*Linck* § 131 Rn 19).

38 **c) Beschäftigungsverbot.** Eine personenbedingte Kündigung kann gerechtfertigt sein, wenn ein **Beschäftigungsverbot** oder **Beschäftigungshindernis** besteht (BAG 24.2.05 – 2 AZR 211/04, NZA 05, 759). Ausländer, die aus Staaten stammen, welche nicht der EG angehören, benötigen grds eine **Arbeitserlaubnis** (→ *Ausländer* Rn 5, 52–61). Fehlt sie, wird das Arbeitsverhältnis damit nicht nichtig. Das Arbeitsverhältnis kann jedoch grds durch personenbedingte Kündigung beendet werden (BAG 7.2.90 – 2 AZR 359/89, NZA 91, 341). Ist damit zu rechnen, dass in absehbarer Zeit die Arbeitserlaubnis erteilt wird, kommt es für die Wirksamkeit der Kündigung darauf an, ob der Arbeitsplatz ohne erhebliche betriebliche Beeinträchtigungen für den ArbN freigehalten werden kann (BAG 7.2.90 – 2 AZR 359/89, NZA 91, 341). Bemüht sich der ArbN nicht rechtzeitig um die Arbeitserlaubnis, kann dies eine Kündigung begründen. Fehlt einem ArbN zur Ausübung seines Berufs die erforderliche Erlaubnis (zB für Ärzte nach §§ 2, 10 Bundesärzteordnung), gelten die gleichen Grundsätze. Bei Kraftfahrern kann der Verlust der **Fahrerlaubnis** (BAG 5.6.08 – 2 AZR 984/06, AP BGB § 626 Nr 12), bei Piloten der Verlust der **Fluglizenz** (BAG 31.1.96, DB 96, 1629) zu einer personenbedingten Kündigung führen, es sei denn, im Zeitpunkt der Kündigung war in absehbarer Zeit mit der Erneuerung der Erlaubnis zu rechnen (BAG 7.12.2000 – 2 AZR 459/99, NZA 01, 1304). Der Verlust einer nur **betrieblichen Fahrberechtigung** kann in seinen kündigungsrechtlichen Folgen nicht dem Verlust einer behördlichen Erlaubnis gleichgestellt werden. Der ArbGeb hätte es sonst in der Hand, sich durch selbst gestellte Regeln Kündigungsgründe zu schaffen (BAG 5.6.08 – 2 AZR 984/06, AP BGB § 626 Nr 12). Die **Beendigung der Beurlaubung** einer bei einem Postnachfolgeunternehmen eingesetzten Beamtin führt nicht zu einem (gesetzlichen oder behördlichen) Beschäftigungsverbot (BAG 21.4.2016 – 2 AZR 609/15, NZA 16, 941). Eine ordentliche Kündigung kann auch gerechtfertigt sein, wenn der ArbGeb zwar mit der Beschäftigung eines ArbN nicht gegen ein Beschäftigungsverbot verstößt, aber aus Gründen in der Sphäre des ArbN ein **Beschäftigungshindernis** besteht. Beschäftigt ein ArbG einen ArbN nur sonntags, weil dieser an allen anderen Wochentagen in einem anderen Arbeitsverhältnis tätig ist und kann er daher den in § 11 Abs 3 ArbzG vorgesehenen Ersatzruhetag nicht gewähren, kann dies eine personenbedingte Kündigung rechtfertigen (BAG 24.2.05 – 2 AZR 211/04, NZA 05, 759).

39 **d) Eignung und Leistungen.** Die **fehlende Eignung** für die vertraglich geschuldete Arbeitsleistung kann eine Kündigung ebenso begründen wie unverschuldete mangelhafte Leistungen. Hauptanwendungsfälle sind die **mangelnde fachliche Qualifikation, Nichtbestehen von Prüfungen, mangelhafte Kenntnisse.** Da es bei der personenbedingten Kündigung wegen fehlender Eignung oder mangelhafter Leistung nicht auf ein Verschulden ankommt, ist eine **Abmahnung** vor Ausspruch der Kündigung **nicht erforderlich.** Ist ein ArbN nicht in der Lage, in deutscher Sprache abgefasste Arbeitsanweisungen zu lesen, kann eine personenbedingte Kündigung gerechtfertigt sein. Dies stellt keine nach § 3 Abs 2 AGG verbotene Benachteiligung wegen seiner ethnischen Herkunft dar, soweit die Kenntnis der deutschen Schriftsprache für die Tätigkeit erforderlich ist (BAG 28.1.10 – 2 AZR 764/08, NZA 10, 625). Auch bei einem sog „unkündbaren" ArbN kann seine fehlende Eignung (autoritärer Führungsstil, mangelnde Fähigkeit zur Menschenführung) im Einzelfall eine außerordentliche Druckkündigung rechtfertigen (BAG 31.1.96 – 2 AZR 158/95, NZA 96, 581). Eine personenbedingte Kündigung wegen Leistungsmängeln setzt voraus, dass bei einem über längere Zeit erheblich leistungsschwachen ArbN auch für die Zukunft mit einer schweren Störung des Vertragsgleichgewichts zu rechnen ist (BAG 11.12.03 – 2 AZR 667/02, NZA 04, 784 – Leistungsminderung von 50–60 %).

Im **öffentlichen Dienst** kann sich ein Einigungsmangel aus begründeten Zweifeln an der **Verfassungstreue** des ArbN ergeben. Diese ist Bestandteil des Begriffs „Eignung" in Art 33 Abs 2 GG. Mitgliedschaft und aktives Eintreten des ArbN für eine verfassungsfeindliche Organisation können entsprechende Zweifel erwecken. Entscheidend ist, inwieweit die außerdienstlichen politischen Aktivitäten in die Dienststelle hineinwirken und entweder die allgemeine Aufgabenstellung des öffentlichen ArbGeb oder das konkrete Aufgabengebiet des ArbN berühren. Das Maß der einem ArbN des öffentlichen Dienstes obliegenden Treuepflicht ergibt sich aus seiner Stellung und dem Aufgabenkreis, der ihm laut Arbeitsvertrag übertragen ist. Er schuldet (nur) diejenige politische Loyalität, die für die funktionsgerechte Amtsausübung unverzichtbar ist. Je nach Stellung und Aufgabenkreis kann er die Verfassung schon dadurch „wahren", dass er die freiheitliche demokratische Grundordnung jedenfalls nicht aktiv bekämpft (BAG 12.5.11 – 2 AZR 479/09, NZA-RR 12, 43). Allerdings dürfen auch Beschäftigte, die keiner „gesteigerten", beamtenähnlichen Loyalitätspflicht unterliegen, nicht darauf ausgehen, den Staat oder die Verfassung und deren Organe zu beseitigen, zu beschimpfen oder verächtlich zu machen. Entfaltet ein ArbN – und sei es nur außerdienstlich – Aktivitäten dieser Art, kann dies ein Grund für eine Kündigung durch seinen ArbGeb auch dann sein, wenn das Verhalten nicht strafbar ist (BAG 6.9.12 – 2 AZR 372/11, NZA 13, 1448). Außerdienstlich begangene **Straftaten** eines im öffentlichen Dienst mit hoheitlichen Aufgaben betrauten ArbN können auch dann zu einem Eignungsmangel führen, wenn ein unmittelbarer Bezug zum Arbeitsverhältnis fehlt (BAG 10.4.14 – 2 AZR 684/13, NZA 14, 1197). 40

Beruft sich der ArbN gegenüber einer Arbeitsanweisung des ArbGeb auf einen ihr entgegenstehenden, ernsthaften inneren **Glaubenskonflikt,** kann das Beharren des ArbGeb auf Vertragserfüllung ermessensfehlerhaft iSv § 106 Satz 1 GewO iVm Art 4 Abs 1 GG sein. In diesem Fall stellt zwar die Weigerung des ArbN, der Weisung nachzukommen, keine vorwerfbare Pflichtverletzung dar, kann aber geeignet sein, eine Kündigung des Arbeitsverhältnisses aus Gründen in der Person des ArbN zu rechtfertigen, wenn es dem ArbGeb nicht ohne größere Schwierigkeiten möglich ist, den ArbN anderweit sinnvoll einzusetzen (BAG 24.2.11 – 2 AZR 636/09, NZA 11, 1087).

**e) Ehrenämter.** Die Übernahme von **Ehrenämtern** stellt keinen Kündigungsgrund dar. 41
Auch die mit der Wahrnehmung des Amtes verbundenen Ausfallzeiten berechtigen nicht zu einer personenbedingten Kündigung. Die Kündigung von **ehrenamtlichen Richtern** der Arbeits- und Sozialgerichtsbarkeit ist nach den §§ 26 Abs 1 ArbGG, 20 SGG unwirksam, wenn sie *wegen* der Übernahme oder Ausübung des Amtes erfolgt (ErfK/*Koch* ArbGG § 26 Rz 1). In Bbg sind ehrenamtliche Richter nach Art 112 Abs 1 der Landesverfassung schon *während* ihrer Amtszeit gegen ordentliche Kündigung geschützt. **Politische Mandatsträger** sind nach Art 48 Abs 2 GG und entsprechenden Bundes- sowie Landesgesetzen besonders gegen Kündigung geschützt.

**f) Haft.** Voraussetzung einer personenbedingten Kündigung wegen haftbedingter Ar- 42
beitsverhinderung ist, dass der ArbN aller Voraussicht nach für eine verhältnismäßig erhebliche Zeit nicht in der Lage sein wird seine arbeitsvertraglichen Verpflichtungen zu erfüllen. Ist die Verurteilung noch nicht rechtskräftig muss der ArbGeb vor Ausspruch der Kündigung alle zumutbaren Anstrengungen zur Aufklärung des Sachverhalts unternehmen, insbes dem ArbN Gelegenheit zur Stellungnahme geben (BAG 23.5.2013 – 2 AZR 120/12, NZA 13, 1211). Die haftbedingte Nichterfüllung der Arbeitspflicht muss sich nachteilig auf das Arbeitsverhältnis auswirken. Da der ArbGeb in diesem Fall von der Lohnzahlungspflicht befreit ist (§ 616 Abs 1, § 275 Abs 1, § 326 Abs 1 BGB), hängt es von der Dauer der Haft sowie Art und Ausmaß der betrieblichen Auswirkungen ab, ob die Inhaftierung geeignet ist einen Grund zur Kündigung abzugeben. Das ist sie nicht, wenn es dem ArbGeb zuzumuten ist, für die Zeit des haftbedingten Arbeitsausfalls Überbrückungsmaßnahmen zu ergreifen und dem ArbN den Arbeitsplatz bis zur Rückkehr aus der Haft frei zu halten (BAG 23.5.2013 – 2 AZR 120/12, NZA 13, 1211). Aus § 241 Abs 2 BGB kann sich eine Verpflichtung des ArbGeb ergeben, dabei mitzuwirken, dass der ArbN einen Freigängerstatus erlangt, wenn dies für den ArbGeb nicht risikobehaftet ist. Die Pflicht des ArbGeb, den ArbN in seinem Resozialisierungsbemühen zu unterstützen, geht jedoch nicht so weit, diesem auf die vage Aussicht hin, in ferner Zukunft eine Vollzugslockerung zu erreichen, den Arbeitsplatz bis zu einer Klärung, ggf länger als zwei Jahre lang freizuhalten (BAG

24.3.11 – 2 AZR 790/09, NZA 11, 1084). Ist zum Kündigungszeitpunkt mit einer mehrjährigen haftbedingten Abwesenheit des ArbN zu rechnen, kann dem ArbGeb regelmäßig nicht zugemutet werden lediglich vorläufige Maßnahmen zu ergreifen und auf eine dauerhafte Neubesetzung des Arbeitsplatzes zu verzichten (BAG 23.5.2013 – 2 AZR 120/12, NZA 13, 1211). Ähnliches gilt für die **Untersuchungshaft** (BAG 22.9.94 – 2 AZR 719/93, NZA 95, 119). Im Regelfall wird der ArbGeb hier den ersten Haftprüfungstermin abwarten und bei langjährig Beschäftigten länger zuwarten müssen (BAG 10.6.65 – 2 AZR 339/64, NJW 66, 565). **Strafbares außerdienstliches Verhalten** kann dazu führen, dass einem ArbN – abhängig von seiner Funktion und der Art des Delikts („einschlägige Straftat") – die Eignung seiner Aufgaben fehlt. Ist der ArbN im öffentlichen Dienst mit hoheitlichen Aufgaben betraut, kann eine Kündigung schon gerechtfertigt sein, wenn der unmittelbare Bezug zum Arbeitsverhältnis fehlt (BAG 20.6.13 – 2 AZR 583/12, NZA 13, 1345).

43 **g) Unmöglichkeit.** Ist ein ArbN infolge Krankheit **auf Dauer** unfähig, die vertraglich geschuldete Leistung zu erbringen, kann dies eine personenbedingte Kündigung rechtfertigen (BAG 25.4.18 – 2 AZR 6/18, NZA 18, 1056). Ein Leistungsaustausch ist dann nicht mehr möglich. Die für eine krankheitsbedingte Kündigung erforderlichen **erheblichen Beeinträchtigungen** betrieblicher Belange werden von der Rspr nicht mehr gefordert (BAG 19.4.07 – 2 AZR 239/06, NZA 07, 1041). Sie sollen, ohne dass dies der ArbGeb näher darlegen muss, **auf der Hand liegen.** Vom Fehlen einer betrieblichen Beeinträchtigung könne man nur reden, wenn die Arbeitsleistung für den ArbGeb keinen Wert habe. Einen solch ungewöhnlichen Ausnahmetatbestand, der voraussetzen würde, der ArbGeb beschäftige überflüssige ArbN, müsse der ArbN vortragen (BAG 28.2.90 – 2 AZR 401/89, NZA 90, 727). Die Bewilligung einer befristeten Erwerbsunfähigkeitsrente begründet keine unwiderlegliche Vermutung einer nur vorübergehenden Arbeitsunfähigkeit. Sie schließt eine krankheitsbedingte Kündigung eines auf Dauer erkrankten ArbN nicht aus (BAG 3.12.98 – 2 AZR 773/97, NZA 99, 440). Ist ein ArbN bei voller Leistungsfähigkeit lediglich gehindert, der gesamten Bandbreite der arbeitsvertraglich an sich möglichen Leistungsbestimmungen gerecht zu werden, soll dies der ArbGeb „nach Möglichkeit" bei der Zuweisung der Tätigkeiten im Rahmen seines Weisungsrechts berücksichtigen (BAG 26.1.17 – 2 AZR 68/16, NZA 17, 499; BAG 9.4.14 – 10 AZR 637/13, NZA 14, 719). Ist dies nicht möglich, gilt der „Vorrang" der Änderungskündigung. Das Gericht prüft, ob die Zuweisung eines „leidensgerechten" Arbeitsplatzes im Betrieb oder Unternehmen durch Ausspruch einer Änderungskündigung realisiert werden und so eine Beendigungskündigung vermieden werden konnte (→ *Änderungskündigung* Rn 5, 19). Dabei soll viel dafür sprechen, dass die wirtschaftlichen Interessen des ArbGeb erheblich beeinträchtigt sind, wenn ein ArbN mit seinem Restleistungsvermögen voraussichtlich auf Dauer oder doch für zumindest 24 Monate nach der Kündigung nicht mehr in der Lage ist, überhaupt eine der charakteristischen Tätigkeiten der betreffenden tariflichen Stellenbeschreibung ohne Einschränkung zu verrichten (BAG 22.10.15 – 2 AZR 550/14, NZA-RR 16, 243).

44 **h) Wehrdienst.** Wehrdienst leistende ArbN sind nach § 2 ArbPlSchG von ihrer Einberufung bis zur Beendigung des Grundwehrdienstes und während einer Wehrübung gegen Kündigung geschützt. Bei betriebsbedingten Kündigungen darf der Wehrdienst bei der sozialen Auswahl nicht berücksichtigt werden. Durch die Aussetzung der Wehrpflicht ist dieser Schutz nicht gegenstandslos geworden. Frauen und Männer, die einen freiwilligen Wehrdienst leisten, sind nach § 16 Abs 7 ArbPlSchG so geschützt wie bisher die Grundwehrdienstleistenden. Geschützt sind nach § 16 Abs 6 ArbPlSchG auch Ausländer, die in Deutschland arbeiten, sich hier rechtmäßig aufhalten und von ihrem Heimatstaat zur Erfüllung ihrer dort bestehenden Wehrpflicht herangezogen werden, soweit es sich dabei um eine Vertragspartei der Europäische Sozialcharta vom 18.10.1961 handelt. Für die Teilnehmer an einem **Bundesfreiwilligendienst** fehlen entsprechende Bestimmungen. Das ArbPlSchG ist nicht anwendbar (Schaub/*Vogelsang* § 177 Rn 232). Sie sind darauf angewiesen, mit dem ArbGeb eine Regelung zum Erhalt ihres Arbeitsplatzes zu treffen.

45 **4. Darlegungs- und Beweislast.** Bei der personenbedingten Kündigung wegen **Minderleistung** muss der ArbGeb im Prozess die Tatsachen darlegen, aus denen ersichtlich ist, dass die Leistung des ArbN deutlich hinter denen vergleichbarer ArbN zurückbleibt und damit die Durchschnittsleistung erheblich unterschreitet. Der ArbN muss nun erklären,

warum er mit seiner deutlich unterdurchschnittlichen Leistung dennoch seine persönliche Leistungsfähigkeit ausschöpft. Nur so kann er verhindern, dass es im weiteren Prozessverlauf um eine verhaltensbedingte Kündigung geht, bei der das Maß einer die Kündigung rechtfertigenden Minderleistung deutlich geringer sein darf (BAG 11.12.03 – 2 AZR 667/02, NZA 04, 784). Bei der **krankheitsbedingten Kündigung** muss der ArbGeb Tatsachen und Beweise darlegen, aus denen sich die schlechte **Zukunftsprognose** und die erheblichen **Beeinträchtigungen** betrieblicher Interessen ergeben (BAG 12.4.02 – 2 AZR 148/01, NZA 02, 1081). Begründet er die Kündigung **mit häufigen Kurzerkrankungen,** muss er darlegen, aufgrund welcher objektiver Tatsachen auch in Zukunft mit wiederholten Erkrankungen des ArbN zu rechnen ist. Dem kann er gerecht werden, indem er die Dauer und Häufigkeit der Erkrankung in der Vergangenheit und – soweit ihm bekannt – auch die Art der Erkrankung vorträgt (BAG 20.11.14 – 2 AZR 755/13, NZA 15, 612; BAG 12.4.02 – 2 AZR 148/01, NZA 02, 1081). Es ist dann Sache des ArbN, Umstände darzulegen, aus denen sich ergibt, dass die Zukunftsprognose gut ist. Er kann zB die Art der Erkrankung vortragen. Ist ihm dies nicht möglich, genügt es, wenn er vorträgt, dass die behandelnden Ärzte die künftige gesundheitliche Entwicklung ihm gegenüber positiv beurteilt haben und sie von der Schweigepflicht entbindet. Je nach Erheblichkeit des Vortrags ist es dann Sache des ArbGeb, den Beweis für die Berechtigung einer negativen Gesundheitsprognose zu führen (BAG 20.11.14 – 2 AZR 755/13, NZA 15, 612; BAG 12.4.02 – 2 AZR 148/01, NZA 02, 1081).

Trägt der ArbN selbst konkrete Umstände zu seinen Erkrankungen und deren Ausheilung **46** vor, müssen sie imstande sein, die **Indizwirkung** der bisher vorliegenden Fehlzeiten zu erschüttern. Sind Art und Dauer der „Vorerkrankungen" unstreitig, muss der Richter nach § 286 ZPO über die Zukunftsprognose entscheiden. Fehlt ihm das Fachwissen, erhebt er – nach § 144 ZPO auch ohne Beweisantritt – Beweis durch Einholen eines Sachverständigengutachtens (BAG 6.4.89 – 2 AZR 19/89, NZA 90, 307). An die Darlegungslast des ArbGeb zu den eingetretenen und weiterhin zu erwartenden **betrieblichen Beeinträchtigungen** sind wegen seiner Sachnähe **strenge Anforderungen** zu stellen (BAG 15.8.84 – 7 AZR 536/82, NZA 85, 357). Insbes muss er im Einzelnen seine Bemühungen darlegen, den Ausfall des erkrankten ArbN zu überbrücken. Ist der ArbN **auf Dauer** nicht mehr in der Lage, die vertraglich geschuldete Leistung zu erbringen oder ist mit seiner Genesung für einen Zeitraum von **24 Monaten** nach Zugang der Kündigung nicht zu rechnen, folgen hieraus schon erhebliche betriebliche Ablaufstörungen, die daher weder vorgetragen noch nachgewiesen werden müssen (BAG 13.5.15 – 2 AZR 565/14, NZA 15, 1249).

**Bestreitet** der ArbGeb im Prozess pauschal die Möglichkeit der Weiterbeschäftigung des **47** ArbN auf einem leidensgerechten Arbeitsplatz, muss der ArbN darlegen, wie er sich eine Änderung des bisherigen Arbeitsplatzes oder eine anderweitige Beschäftigung vorstellt, die er trotz seiner gesundheitlichen Beeinträchtigung ausüben könne. Dann ist es Sache des ArbGeb, hierauf seinerseits zu erwidern und ggf. darzulegen, warum eine solche Beschäftigung nicht möglich sei. Entsprechend abgestuft ist die Darlegungslast des ArbGeb, wenn sich der ArbN darauf beruft, die Kündigung sei deshalb unverhältnismäßig, weil eine dem ArbGeb bekannte, ihm gleichwohl nicht geboten erscheinende Therapiemöglichkeit bestanden habe (BAG 20.11.14 – 2 AZR 755/13, NZA 15, 612; BAG 12.7.07 – 2 AZR 716/06, NZA 08, 173). Hat der ArbGeb ein **betriebliches Eingliederungsmanagement** nach § 167 Abs 2 SGB IX gesetzeswidrig nicht oder nicht ordnungsgemäß durchgeführt oder stützt er sich darauf, das BEM hätte kein für den ArbN positives Ergebnis bringen können und sei daher nicht erforderlich gewesen, kann er sich nicht mehr nur pauschal darauf berufen, ihm seien keine alternativen der Erkrankung angemessenen Einsatzmöglichkeiten für den gekündigten ArbN bekannt. Er muss jetzt die objektive Nutzlosigkeit eines BEM darlegen, dh umfassend und detailliert vortragen, warum der ArbN auf seinem bisherigen Arbeitsplatz nicht mehr eingesetzt werden kann, eine leidensgerechte Anpassung dieses Arbeitsplatzes ausgeschlossen ist oder warum der ArbN nicht – ggf nach zumutbarer Umschulung oder Fortbildung – auf einem (alternativen) anderen Arbeitsplatz bei geänderter Tätigkeit im Betrieb oder Unternehmen eingesetzt werden kann. Zusätzlich muss er dartun, dass künftige Fehlzeiten ebenso wenig durch gesetzlich vorgesehene Hilfen oder Leistungen der Rehabilitationsträger in relevantem Umfang hätten vermieden werden können (BAG 21.11.18 – 7 AZR 394/17, NZA 19, 309; BAG 20.11.14 – 2 AZR 755/13, NZA 15, 612). Dabei belegt die Bewilligung einer Rente wegen voller Erwerbsminderung nach § 43 Abs 2 SGB VI allein nicht die objektive Nutzlosigkeit eines BEM. Sie besagt nur etwas über die Arbeitsfähigkeit unter den üblichen Bedingungen des Arbeitsmarktes. Sie schließt nicht aus, dass der ArbGeb eine für den ArbN günstigere Beschäftigungsmöglichkeit hat oder schaffen kann (BAG 13.5.15 – 2 AZR 565/14, NZA 15, 1249). Erst nach der Darlegung objektiver Nutzlosigkeit des BEM ist es Sache des ArbN, sich hierauf substantiiert einzulassen und darzulegen, wie er sich selbst eine leidensgerechte Beschäftigung vorstellt (BAG 13.5.15 – 2 AZR 565/14, NZA 15, 1249; BAG 20.11.14 – 2 AZR 755/13, NZA 15, 612). Hat das ordnungsgemäß durchgeführte betriebliche Eingliederungsmanagement zu einem negativen Ergebnis geführt, genügt der ArbGeb seiner Darlegungslast mit dem Hinweis, andere Beschäftigungsmöglichkeiten bestünden nicht. Der ArbN kann nun erklären, dass es trotz dieses Ergebnisses weitere Alternativen gibt, welche zwar im BEM erwähnt aber nicht behandelt wurden oder sich erst nach seinem Abschluss ergeben haben. Hat das betriebliche Eingliederungsmanagement zu einem positiven Ergebnis geführt, ist der ArbGeb verpflichtet, es umzusetzen. Kündigt er dennoch, muss er darlegen, warum die Maßnahme undurchführbar war oder selbst bei ihrer Umsetzung nicht zu einer Reduzierung der Ausfallzeiten geführt hätte (BAG 10.12.09 – 2 AZR 400/08, NZA 10, 398). Weigert sich der ArbN, an Maßnahmen mitzuwirken, die im BEM festgelegt worden sind, kann er sich im Kündigungsschutzprozess nicht darauf berufen, dass der ArbGeb nicht versucht hat, mit diesen Maßnahmen seine Kündigung zu vermeiden (BAG 10.12.09 – 2 AZR 400/08, NZA 10, 398).

### B. Lohnsteuerrecht *Seidel*

48 S die Ausführungen zu → *Kündigung, allgemein* Rn 82.

### C. Sozialversicherungsrecht *Voelzke*

49 S die Ausführungen zu → *Kündigung, allgemein* Rn 83 ff; → *Kündigung, außerordentliche* Rn 96; → *Sperrzeit* Rn 6 ff.

## Kündigung, verhaltensbedingte

### A. Arbeitsrecht *Eisemann*

**Übersicht**



1 **1. Voraussetzungen.** Nach § 1 Abs 2 Satz 1 KSchG kann eine Kündigung ua sozial gerechtfertigt sein, wenn sie durch das **Verhalten** des ArbN bedingt ist. Sein Verhalten muss man ihm vorwerfen können. Eine Pflichtverletzung ist vorwerfbar, wenn der ArbN seine ihr zugrunde liegende Handlungsweise steuern konnte. Ein Verhalten ist steuerbar, wenn es vom Willen des ArbN beeinflusst werden kann (BAG 3.11.11 – 2 AZR 748/10, NZA 12, 607). Für die Beurteilung der Pflichtverletzung ist deren strafrechtliche Bewertung nicht maßgebend. Entscheidend sind Verstöße gegen vertragliche Haupt- und Nebenpflichten und der damit verbundene Vertrauensbruch. Dies gilt auch dann, wenn eine rechtswidrige Handlung Gegenstände von geringem Wert betrifft oder zu einem nur

geringfügigen oder gar keinem Schaden geführt hat (BAG 23.8.18 – 2 AZR 235/18, AP BGB § 626 Nr 272). Auch für eine verhaltensbedingte Kündigung gilt das **Prognoseprinzip.** Ihr Zweck liegt nicht in der Sanktion für eine Vertragspflichtverletzung. Sie soll weitere Vertragspflichtverletzungen für die Zukunft vermeiden, die sich belastend auswirken. Die vergebliche **Abmahnung** objektiviert dabei die Prognose, sie indiziert die Wiederholungsgefahr (BAG 26.11.09 – 2 AZR 751/08, NZA 10, 823; BAG 12.1.06 – 2 AZR 21/05, NZA 06, 917).

Eine Kündigung aus Gründen im Verhalten des ArbN ist gerechtfertigt, wenn das dem 2
ArbN vorgeworfene Verhalten eine **Vertragspflicht verletzt**, das Arbeitsverhältnis dadurch **konkret beeinträchtigt** wird, **keine** zumutbare Möglichkeit **anderweitiger Beschäftigung** besteht und die Lösung des Arbeitsverhältnisses bei **Abwägen der Interessen** beider Parteien billigenswert und angemessen erscheint. Entscheidend ist, ob das Fehlverhalten des ArbN im Einzelfall geeignet ist, einen ruhig und verständig urteilenden ArbGeb zur Kündigung zu bestimmen (BAG 10.9.09 – 2 AZR 257/08, NZA 10, 125; 31.5.07 – 2 AZR 200/06, NZA 07, 922).

Als **Kündigungsgründe** kommen in Betracht: **Leistungsstörungen** (Schlechtleistung, 3
unentschuldigtes Fehlen und sonstige Verstöße gegen die Arbeitspflicht), **Störungen der betrieblichen Ordnung** (Beleidigung von Arbeitskollegen, Verstöße gegen Verhaltenspflichten wie Rauch- und Alkoholverbot), **Störungen im Vertrauensbereich** (unerlaubte Handlungen, insbes Straftaten), **Verletzung von Nebenpflichten** -verspätete Krankmeldung, Nichtvorlegen von AUBescheinigungen oder auch die unterlassene Mitteilung zu einer gegen den ArbN verhängten Untersuchungshaft (BAG 26.3.15 – 2 AZR 517/14, NZA 15, 1180). Unter bestimmten Voraussetzungen kann außerdienstliches Verhalten die Kündigung rechtfertigen.

**a) Objektiver Grund.** Wie bei der außerordentlichen Kündigung ist zunächst zu prüfen, 4
ob das Verhalten des ArbN **„an sich geeignet"** ist, eine ordentliche Kündigung zu rechtfertigen (BAG 10.6.10 – 2 AZR 541/09, NZA 10, 1227). Dabei gilt für die Frage, ob das Verhalten des Arbeitnehmers iSv § 1 Abs 2 S 1 KSchG eine Kündigung „bedingt", ein objektiver Maßstab. Maßgeblich ist nicht, ob ein bestimmter ArbGeb meint, ihm sei die Fortsetzung des Arbeitsverhältnisses nicht zuzumuten, und ob er weiterhin hinreichendes Vertrauen in einen ArbN hat. Es kommt vielmehr darauf an, ob dem Kündigenden die Weiterbeschäftigung aus der Sicht eines objektiven und verständigen Betrachters unter Berücksichtigung der Umstände des Einzelfalls zumutbar ist oder nicht (BAG 19.11.15 – 2 AZR 217/15, NZA 16, 540). Bei **rechtswidrigen** und **schuldhaften Verstößen** gegen die Haupt- und Nebenpflichten aus dem Arbeitsvertrag ist das der Fall (BAG 21.5.92 – 2 AZR 10/92, NZA 93, 115). Dabei ist ohne Bedeutung, ob die Vertragsverletzung zu einer Störung des Betriebsfriedens oder der Arbeitsordnung geführt hat. Mögliche Auswirkungen des Verhaltens auf den Betriebsablauf oder auf den Betriebsfrieden sind im Rahmen der **Interessenabwägung** zu berücksichtigen (BAG 27.2.97 – 2 AZR 302/96, NZA 97, 761).

**Vorsatz** ist nicht erforderlich. Auch fahrlässige Vertragsverletzungen können zu einer 5
verhaltensbedingten Kündigung führen. Selbst **unverschuldete Pflichtwidrigkeiten** können die ordentliche verhaltensbedingte Kündigung rechtfertigen, wenn etwa die betriebliche Ordnung so nachhaltig gestört wird, dass dem ArbGeb die Fortdauer dieses Zustands selbst dann nicht zumutbar ist, wenn dem ArbN seine Pflichtverstöße – etwa wegen psychischer Störungen – nicht vorgeworfen werden können (BAG 21.1.99 – 2 AZR 665/98, NZA 99, 863). Der ArbN trägt grds selbst das Risiko, dass sich seine Rechtsauffassung als unzutreffend erweist. Entscheidend ist die objektive Rechtslage. Ein entschuldbarer Rechtsirrtum liegt nur vor, wenn der ArbN nach sorgfältiger Prüfung der Sach- und Rechtslage nicht von seiner Arbeitspflicht auszugehen brauchte. Dabei soll es nicht einmal ausreichen, dass er sich für seine eigene Rechtsauffassung neben einer eigenen Prüfung auch auf fachkundige Beratung stützen kann. Ein Unterliegen in einem möglichen Rechtsstreit muss zwar nicht undenkbar sein; ein normales Prozessrisiko entlastet ihn aber nicht (BAG 28.6.18 – 2 AZR 436/17, NZA 18, 1259; BAG 22.10.15 – 2 AZR 569/14, NZA 16, 417). Der ArbN kann sich seiner Arbeitspflicht auch nicht allein dadurch entziehen, dass er ein gerichtliches Verfahren zur Klärung der umstrittenen Frage einleitet. Auf einen unverschuldeten Rechtsirrtum kann er sich nur berufen, wenn er mit seinem Unterliegen im Rechtsstreit nicht zu rechnen brauchte (BAG 29.8.13 – 2 AZR 273/12, NZA 14, 533).

6 **b) Prognose. Verhaltensbedingte Leistungsstörungen** (zB verspätete Krankmeldung, unentschuldigtes Fehlen, Schlechtleistung) sind nur dann kündigungsrelevant, wenn auch künftige Vertragsverstöße zu befürchten sind. Auch die verhaltensbedingte Kündigung ist **zukunftsbezogen.** Mit ihr soll nicht die Vergangenheit bewältigt, sondern das Risiko weiterer Vertragsverletzungen ausgeschlossen werden (BAG 12.1.06 – 2 AZR 21/05, NZA 06, 917 und 2 AZR 179/05, NZA 06, 980). Entscheidend ist daher, ob eine **Wiederholungsgefahr** besteht oder ob das vergangene Ereignis sich auch künftig weiter belastend auswirkt (BAG 10.9.09 – 2 AZR 257/08, NZA 10, 220).

7 Die verhaltensbedingte Kündigung ist lediglich das (letzte) Mittel für den ArbGeb, um Vertragsverletzungen abzustellen, welche seine Interessen beeinträchtigen. Zuvor muss er alle anderen ihm zumutbaren Maßnahmen zur **Vermeidung der Kündigung** ergriffen haben (BAG 12.1.06 – 2 AZR 179/05, NZA 06, 980). Beruht die Vertragspflichtverletzung auf einem steuerbaren Verhalten des ArbN, ist grundsätzlich davon auszugehen, dass sein künftiges Verhalten schon durch eine **Abmahnung** positiv beeinflusst werden kann (BAG 24.3.11 – 2 AZR 282/10, NZA 11, 1029). Eine **unwirksame Kündigung** erfüllt die Funktion einer Abmahnung, wenn der Kündigungssachverhalt als solcher feststeht und die Kündigung aus formalen Gründen, etwa wegen fehlender Abmahnung oder fehlender Anhörung des BRat oder für sozialwidrig gehalten wurde, weil die Vertragsverstöße für eine Kündigung nicht ausreichen (BAG 19.2.09 – 2 AZR 603/07, NZA 09, 894).

8 Die Abmahnung muss **vergeblich** sein, bevor gekündigt werden darf. Der ArbGeb, welcher eine Abmahnung ausspricht, gibt damit zu erkennen, dass er das bisherige Verhalten nicht zum Anlass für eine Kündigung nimmt, sondern dem ArbN „Gelegenheit zur Besserung" geben will (BAG 26.11.09 – 2 AZR 751/08, NZA 10, 823). Erst wenn der ArbN erneut gegen seine arbeitsvertraglichen Pflichten verstößt, kann der ArbGeb wegen dieses Pflichtverstoßes die Kündigung aussprechen und zu ihrer Begründung die abgemahnten Vorfälle heranziehen. In einer Abmahnung liegt daher zugleich der **Verzicht** auf eine Kündigung, solange es nicht zu einem erneuten Vertragsverstoß kommt (BAG 19.11.15 – 2 AZR 217/15, NZA 16, 540). Dies gilt selbst während der Wartezeit des § 1 Abs 1 KSchG im ungeschützten Arbeitsverhältnis (BAG 13.12.07 – 6 AZR 145/07, NZA 08, 403). Treten weitere Gründe zu den abgemahnten hinzu oder werden sie erst nach Ausspruch der Abmahnung bekannt, sind sie vom Kündigungsverzicht nicht erfasst. Der ArbGeb kann sie zur Begründung einer Kündigung heranziehen und dabei auf die schon abgemahnten Gründe unterstützend zurückgreifen (BAG 26.11.09 – 2 AZR 751/08, NZA 10, 823).

9 Eine **Abmahnung** ist **nicht erforderlich,** wenn eine Änderung des Verhaltens in Zukunft selbst nach Abmahnung nicht zu erwarten ist oder es sich um eine so schwere Pflichtverletzung handelt, dass eine Hinnahme durch den ArbGeb offensichtlich – auch für den ArbN erkennbar – ausgeschlossen ist (BAG 9.6.11 – 2 AZR 381/10, NZA 11, 1027; 10.6.10 – 2 AZR 541/09, NZA 10, 1227; Einzelheiten → *Abmahnung* Rn 18).

10 Selbst bei Störungen im Vertrauensbereich durch Straftaten gegen das Vermögen oder Eigentum des ArbGeb kann eine Abmahnung erforderlich sein. Jedenfalls muss auch in diesen Fällen stets geprüft werden, ob nicht objektiv die Prognose gerechtfertigt ist, der ArbN werde sich nach einer Abmahnung künftig wieder vertragstreu verhalten (BAG 9.6.11 – 2 AZR 381/10, NZA 11, 1027; BAG 10.6.10 – 2 AZR 541/09, NZA 10, 1227; Einzelheiten → *Abmahnung* Rn 14).

11 **c) Interessenabwägung.** Unabhängig davon, wie schwerwiegend ein Pflichtverstoß ist, bleibt stets zu prüfen, ob unter Berücksichtigung der **Gesamtumstände des Einzelfalles** das Interesse des ArbGeb an der Beendigung des Arbeitsverhältnisses das des ArbN an seiner Fortsetzung überwiegt (BAG 24.6.04 – 2 AZR 63/03, NZA 05, 158). Hier sind die **Sozialdaten** des ArbN heranzuziehen (Betriebszugehörigkeit, Alter, Unterhaltspflichten, Schwerbehinderung). Dabei können die Unterhaltspflichten bei der Interessenabwägung in den Hintergrund treten und im Extremfall völlig vernachlässigt werden, wenn der ArbN gewichtige Pflichten aus dem Arbeitsverhältnis trotz Abmahnung wiederholt vorsätzlich vernachlässigt (BAG 27.2.97 – 2 AZR 302/96, NZA 97, 761). Der arbeitsrechtliche Gleichbehandlungsgrundsatz kann nicht herangezogen werden. Dem ArbGeb bleibt grundsätzlich unbenommen bei gleichgelagerten Fällen den einen ArbN zu kündigen, den anderen nicht (BAG 29.6.17 – 2 AZR 302/16, NZA 17, 1121; Einzelheiten → *Kündigungsschutz* Rn 5 ff).

Das Vorliegen betrieblicher Störungen (Störungen des Betriebsablaufs oder des Betriebsfriedens) allein ohne Feststellung einer verschuldeten arbeitsvertraglichen Pflichtverletzung reicht grds für eine verhaltensbedingte Kündigung nicht aus (BAG 24.6.04 – 2 AZR 63/03, NZA 05, 158). Die betriebliche Störung ist andererseits auch **nicht unabdingbare Voraussetzung** für die soziale Rechtfertigung der verhaltensbedingten Kündigung. Es wirkt sich lediglich im Rahmen der Interessenabwägung zulasten des ArbN aus, wenn sein Verhalten negative betriebliche Auswirkungen hatte (BAG 24.6.04 – 2 AZR 63/03, NZA 05, 158). Dabei genügt nicht schon die abstrakte oder konkrete **Gefährdung** des Betriebsablaufs oder des Betriebsfriedens. Zulasten des ArbN können bei der Interessenabwägung nur konkrete **Störungen** herangezogen werden (BAG 17.1.91 – 2 AZR 375/90, NZA 91, 557). Wird ein ArbN von einem Strafgericht rechtskräftig verurteilt und ist wegen der Auswirkung der Verurteilung auf Kollegen, Kunden oder den ArbGeb selbst ein regulärer Einsatz des ArbN auf unabsehbare Zeit unmöglich, liegt bereits in dieser Störung eine Beeinträchtigung erheblicher betrieblicher Interessen, ohne dass dazu weitere Umstände hinzutreten müssen (BAG 8.6.2000 – 2 ABR 1/00, NZA 01, 91). 12

**d) Ultima ratio.** Nach dem **Verhältnismäßigkeitsgrundsatz** kommt eine Kündigung nur in Betracht, wenn sie nicht durch andere **mildere Maßnahmen** vermeidbar ist (BAG 10.6.10 – 2 AZR 541/09, NZA 10, 1227). Deshalb muss der ArbGeb auch prüfen, ob nicht eine **Versetzung** auf einen anderen Arbeitsplatz oder eine **Weiterbeschäftigung** zu geänderten (ggf auch schlechteren) Bedingungen in Frage kommt (BAG 24.6.04 – 2 AZR 63/03, NZA 05, 158; → *Kündigungsschutz* Rn 70, 71). Dies setzt allerdings voraus, dass sich das Fehlverhalten auf den neuen Arbeitsplatz nicht mehr auswirkt. Sinnvoll kann zB sein, einen ArbN zu versetzen, weil er mit einem anderen ständig in Streit gerät; weniger sinnvoll ist eine Versetzung, wenn ein ArbN ständig zu spät kommt. 13

Der ArbGeb ist nicht verpflichtet, als milderes Mittel neben einer Abmahnung eventuell in einer Arbeitsordnung vorgesehene **kollektivrechtliche Maßnahmen** wie mündliche Verwarnung, Verweis oder Betriebsbußen zu ergreifen (BAG 17.1.91 – 2 AZR 375/90, NZA 91, 557). 14

**e) Prozess.** Im Kündigungsschutzprozess kann der ArbGeb **Kündigungsgründe nachschieben**, soweit das Verfahrensrecht, die Mitbestimmung und die Art der Kündigung nicht dagegen sprechen (Einzelheiten → *Kündigung, allgemein* Rn 71 ff.). Der ArbGeb hat die **Darlegungs- und Beweislast** für den **Kündigungsgrund** und damit auch für die **Rechtswidrigkeit** des Vertragsverstoßes und ein eventuelles **Verschulden** des ArbN (BAG 6.9.07 – 2 AZR 264/06, NZA 08, 636). Er muss jedoch nicht von sich aus jeden erdenklichen Rechtfertigungs- oder Entschuldigungsgrund vorsorglich ausschließen. Vielmehr kann er sich nach dem **Grundsatz der abgestuften Darlegungs- und Beweislast** zunächst darauf beschränken, den objektiven Tatbestand der Pflichtverletzung darzulegen. Er kann sich auch auf die Ergebnisse einer zulässigen **technischen Überwachung** (zB Videoüberwachung oder Ausspähungssoftware) stützen. Dabei begrenzen die Bestimmungen des BDSG nicht die Zulässigkeit von Parteivorbringen und seine Verwertung im Verfahren vor den Gerichten für Arbeitssachen. (BAG 20.10.16 – 2 AZR 395/15, NZA 17, 443). Ein Verbot kommt nur in Betracht, wenn mit der Verwertung in das mit Art 2 Abs. 1 iVm Art 1 Abs 1 GG geschützte allgemeine Persönlichkeitsrecht der anderen Prozesspartei eingegriffen wird. Ist die Überwachung nach § 26 I BDSG zulässig, besteht kein Verbot, die so gewonnenen Erkenntnisse im Prozess zu verwenden. Ist dies nicht der Fall, muss geprüft werden, ob die Verwertung der so gewonnenen Beweismittel durch das Gericht im Einzelfall einen Grundrechtsverstoß darstellt (BAG 28.3.19 – 8 AZR 421/17, NZA 19, 1212). Das Gericht muss prüfen, ob die Verwertung von persönlichen Daten und Erkenntnissen, die sich aus diesen Daten ergeben, nach Art 2 Abs 1 iVm Art 1 Abs 1 GG mit dem allgemeinen Persönlichkeitsrecht des Betroffenen vereinbar ist (BAG 27.7.17 – 2 AZR 681/16, NZA 17, 1327). So darf der ArbGeb auch **heimliche Videoaufnahmen** heranziehen, wenn der konkrete Verdacht einer strafbaren Handlung oder einer anderen schwerwiegenden Pflichtverletzung besteht, weniger einschneidende Mittel zur Aufklärung des Verdachts ausgeschöpft sind, die verdeckte Videoüberwachung praktisch das einzig verbleibende Mittel darstellt und insgesamt nicht unverhältnismäßig ist (BAG 20.10.16 – 2 AZR 395/15, NZA 17, 443). Dasselbe gilt, wenn der ArbGeb einen Software-Keylogger oder andere Überwachungstechnik heimlich einsetzt (BAG 27.7.17 – 2 AZR 681/16, NZA 17, 1327). Und 15 endlich darf er unter diesen Voraussetzungen auch „Zufallsfunde" nutzen, weil es nicht zwingend notwendig sein soll, eine Überwachungsmaßnahme in der Weise zu beschränken, dass von ihr ausschließlich Personen erfasst werden, bezüglich derer bereits ein konkretisierter Verdacht besteht (BAG 22.9.16 – 2 AZR 848/15). **Offene Überwachungsmaßnahmen,** mit denen kein AN besonders unter Verdacht gestellt wird, sind zum Schutz des Eigentums des ArbGeb grundsätzlich zulässig (BAG 31.1.19 – 2 AZR 426/18, NZA 19, 893). Der ArbGeb ist berechtigt, zur Prüfung einer möglichen vorsätzlichen Vertragsverletzung die auf einem Dienstrechner vom ArbN gespeicherten und nicht als „privat" gekennzeichneten Daten einzusehen, auch wenn sie offenkundig privater Natur sind. Das gilt jedenfalls dann, wenn die Maßnahme offen erfolgt und der Arbeitnehmer im Vorfeld darauf hingewiesen worden ist, welche legitimen Gründe eine Einsichtnahme in – vermeintlich – dienstliche Ordner und Dateien erfordern können und dass er Ordner und Dateien durch eine Kennzeichnung als „privat" von einer Einsichtnahme ohne „qualifizierten" Anlass ausschließen kann (BAG 31.1.19 – 2 AZR 426/18, NZA 19, 893). Erzeugen offene Überwachungsmaßnahmen jedoch einen solchen Anpassungs- und Leistungsdruck, dass sie als Maßnahme anzusehen sind, die einer verdeckten Überwachung vergleichbar ist, ohne das ein durch konkrete Tatsachen begründeter Verdacht einer schwerwiegenden Pflichtverletzung bestand, ist diese Datenerhebung nach dem BDSG unverhältnismäßig (BAG 28.3.19 – 8 AZR 421/17, NZA 19, 1212). Verstößt eine technische Überwachung gegen das Persönlichkeitsrecht des AN besteht ein **Beweisverwertungs- und Sachvortragsverwertungsverbot** (BAG 27.7.17 – 2 AZR 681/16, NZA 17, 1327). Will der ArbN die Verwertung rechtswidrig eingesetzter Überwachungseinrichtungen vor Gericht verhindern, muss er nicht die Unwahrheit vortragen. Er darf schweigen. Auch unstreitige Sachverhalte können – entgegen § 138 Abs 3 ZPO – eine Kündigung nicht rechtfertigen, wenn der ArbGeb zu ihrer Aufdeckung die Grenzen des erlaubten Einsatzes von Überwachungsmaßnahmen überschritten hat (BAG 20.10.16 – 2 AZR 395/15, NZA 17, 443). Bei einer **offenen technischen Überwachung** des elektronischen Schriftverkehrs von ArbN ist der ArbGeb nach Art 8 Abs 1 EMRK ua verpflichtet, den ArbN vorab über Art und Umfang der Überwachungsmaßnahme sowie über die Art und das Ausmaß zu unterrichten, in welchem in sein Privatleben eingedrungen wird. Bei einem Verstoß droht auch hier ein **Beweisverwertungsverbot** (EGMR 5.9.2017 – 61496/08 Barbulescu, NZA 17, 1443). Deutsche Gerichte sind im Rahmen konventionsfreundlicher Gesetzesauslegung hieran gebunden (BAG 20.10.2015 – 9 AZR 743/14, NZA 16, 299). Bei einem vom EGMR festgestellten Verstoß gegen Art 8 EMRK kann nach § 580 Ziff 8 ZPO Restitutionsklage erhoben werden, wenn ein rechtskräftiges Urteil auf dieser Verletzung beruht.

Die **Speicherung** von Bildsequenzen aus einer zulässigen offenen oder verdeckten Videoüberwachung, die vorsätzliche Handlungen eines ArbN zulasten des Eigentums des ArbG zeigen, ist zulässig bis ihr Zweck erreicht oder aufgegeben oder nicht mehr erreichbar ist. Ihre Eignung beurteilt sich objektiv, unabhängig davon, ob der ArbGeb sie erkannt hat (BAG 28.3.19 – 8 AZR 421/17, NZA 19, 1212). Die Speicherung ist jedenfalls erforderlich, solange die Rechtsverfolgung durch den Arbeitgeber materiell-rechtlich – etwa bei einer Kündigung – möglich ist (BAG 23.8.18 – 2 AZR 133/18, NZA 18, 1329). Das allgemeine Persönlichkeitsrecht kann nicht allein zu dem Zweck in Anspruch genommen werden, sich vor dem Eintritt von Verfall, Verjährung oder Verwirkung der Verantwortung für vorsätzlich rechtswidriges Handeln zu entziehen. Dies gilt vom Rechtsgedanken her ebenso für den zulässigen verdeckten Einsatz von Videokameras und andere Formen technischer Überwachung. Ein Beweisverwertungs- oder Sachvortragsverwertungsverbot besteht in diesen Fällen nicht.

16 Will der **Arbeitnehmer** gegenüber ihm vorgeworfenen Pflichtverstößen einen **Rechtfertigungs-** oder **Entschuldigungsgrund** geltend machen, so muss er diesen substantiiert vortragen (BAG 6.9.07 – 2 AZR 264/06, NZA 08, 636). Beruft sich der ArbN für sein Fehlen auf eine Krankheit so hat er, solange ein ärztliches Attest nicht vorliegt, vorzutragen welche tatsächlichen physischen oder psychischen Hintergründe vorgelegen haben und wo er sich zum fraglichen Zeitpunkt aufgehalten hat (BAG 6.9.07 – 2 AZR 264/06, NZA 08, 636). Will eine ArbN ein Leistungsverweigerungsrecht wegen Pflichtenkollision bzw wegen einer Unzumutbarkeit der Arbeitsleistung geltend machen mit der Begründung, sie habe ihr Kleinkind betreuen müssen, muss sie darlegen, dass sie sich in einer unverschuldeten

Zwangslage befunden hat. Dazu gehört der ins Einzelne gehende Vortrag, dass sie rechtzeitig ausreichende Anstrengungen unternommen hat, eine Betreuungsperson zu finden und ggf, weshalb ihrem Ehemann die Betreuung nicht möglich war (BAG 21.5.92 – 2 AZR 10/92, NZA 93, 115). Ist der ArbN seiner Darlegungspflicht nachgekommen, so kann der **ArbGeb** nun seinerseits die **Umstände,** welche die **Rechtfertigungs- und Entschuldigungsgründe ausschließen** sollen, im Einzelnen vortragen und unter Beweis zu stellen. Trägt er nicht vor oder gelingt der Beweis nicht, geht dies zu seinen Lasten (BAG 6.9.07 – 2 AZR 264/06, NZA 08, 636).

Für die Kündigung wegen **verschuldeter Minderleistung** gilt **im Prozess** Folgendes: 17
Kennt der ArbGeb lediglich die objektiv messbaren Arbeitsergebnisse, so genügt er im Kündigungsschutzprozess seiner Darlegungslast, wenn er Tatsachen vorträgt, aus denen ersichtlich ist, dass die Leistungen des ArbN deutlich hinter denen vergleichbarer ArbN zurückbleiben, also die Durchschnittsleistung erheblich unterschreiten. Alsdann ist es Sache des ArbN, hierauf zu entgegnen, zB darzulegen, warum er mit seiner deutlich unterdurchschnittlichen Leistung dennoch seine persönliche Leistungsfähigkeit ausschöpft (BAG 17.1.08 – 2 AZR 536/06, NZA 08, 693). Beruft er sich auf krankheitsbedingte Gründe, kann es erforderlich sein, dass er im Einzelnen darlegt, woran er erkrankt war und weshalb er seine Pflichten nicht ordnungsgemäß erfüllen konnte, und die behandelnden Ärzte ggf von der Schweigepflicht befreit (BAG 3.11.11 – 2 AZR 748/10, NZA 12, 607). Trägt der ArbN derartige Umstände nicht vor, gilt das schlüssige Vorbringen des ArbGeb als zugestanden. Es ist dann davon auszugehen, dass der ArbN seine Leistungsfähigkeit nicht ausschöpft (BAG 11.12.03 – 2 AZR 667/02, NZA 04, 784).

**2. Fallgruppen.** Da die soziale Rechtfertigung einer verhaltensbedingten Kündigung 18
stets auch von der Interessenabwägung im Einzelfall abhängt, lassen sich lediglich beispielhaft Fallgestaltungen aufzeigen, die nur „grundsätzlich geeignet" sind, eine Kündigung zu begründen. Was für eine außerordentliche Kündigung ausreicht (hierzu → *Kündigung, außerordentliche* Rn 44 ff), kann auch eine ordentliche verhaltensbedingte Kündigung rechtfertigen.

**a) Abwerbung.** Art 12 GG garantiert die **Berufsfreiheit.** Die Vorbereitung für einen 19
Stellenwechsel oder eine eigene Existenzgründung können daher nicht als rechtswidriger Verstoß gegen die Treuepflicht des ArbN gewertet werden. Eine Kündigung kann deshalb nicht darauf gestützt werden, dass ArbN anderen Mitarbeitern von den geplanten beruflichen Veränderungen erzählen. Selbst die Aufforderung an Kollegen, auch den Arbeitsplatz zu wechseln, rechtfertigt für sich allein noch keine Kündigung. Es müssen besondere Umstände hinzutreten, welche die Abwerbung als **rechts- oder sittenwidrig** erscheinen lassen (BAG 22.11.65 – 3 AZR 130/65, AP BGB § 611 Abwerbung Nr 1). Dies kann für die Abwerbung von Spezialkräften gelten, auf die der ArbGeb angewiesen ist, oder für die Abwerbung unter gleichzeitiger Aufforderung, den Arbeitsvertrag zu brechen (LAG Bln 6.12.62, DB 63, 871; LAG Düsseldorf 15.10.69, DB 69, 2353).

**b) Alkohol.** Wiederholte Verstöße gegen ein betriebliches **Alkoholverbot** können nach 20
vorheriger Abmahnung die Kündigung rechtfertigen (BAG 22.7.82 – 2 AZR 30/81, NJW 83, 700). Ist der ArbN jedoch **alkoholkrank,** kommt eine Kündigung nur als krankheitsbedingte Kündigung in Betracht (BAG 20.12.12 – 2 AZR 32/11, NZA-RR 13, 627; → *Kündigung, personenbedingte* Rn 32–35). Lässt es der ArbGeb trotz eines betrieblichen Alkoholverbotes zu, dass in der Mittagspause in der Kantine alkoholische Getränke verkauft werden, so ist dies im Rahmen der Interessenabwägung zugunsten des ArbN zu berücksichtigen (LAG Köln 29.6.87, LAGE § 1 KSchG verhaltensbedingte Kündigung Nr 14). Bei ArbN, von denen im Fall der Trunkenheit wegen der Art der von ihnen verrichteten Tätigkeit besondere Gefahren für andere ausgehen – zB Berufskraftfahrer, Bagger-, Kranführer uÄ –, wird ein strengerer Maßstab angelegt. Hier soll uU schon der einmalige Verstoß gegen das Alkoholverbot die Kündigung rechtfertigen (LAG Hamm 13.9.74, DB 74, 2164; 22.12.77, DB 78, 750). Zur Feststellung ihrer Alkoholisierung sind ArbN weder verpflichtet, an einer Atemalkoholanalyse mitzuwirken, noch können sie zu einer Untersuchung ihres Blutalkoholwerts gezwungen werden (BAG 26.1.95 – 2 AZR 649/94, NZA 95, 517). Im Prozess ist der ArbGeb auf Indizien angewiesen (Alkoholfahne, schwankender Gang etc). Aufgrund seiner Fürsorgepflicht muss er – soweit entsprechende Gerätschaften vorhanden

sind – den ArbN bei Anzeichen einer Alkoholisierung Gelegenheit geben, durch entsprechende Tests den Vorwurf auszuräumen (BAG 26.1.95 – 2 AZR 649/94, NZA 95, 517).

21 **c) Anzeigen.** Ob eine Kündigung wegen **„Whistleblowing"** gegen das Recht der freien Meinungsäußerung nach Art 10 EMRK verstößt, lässt sich erst nach einer Abwägung zwischen dem Recht der freien Meinungsäußerung, dem öffentlichen Interesse an der Information und dem Interesse des ArbGeb, seinen Ruf zu schützen, entscheiden (EGMR 21.7.11 – 28274/08, NZA 11, 1269). Eine verhaltensbedingte Kündigung kann gerechtfertigt sein, wenn der ArbN in einer Anzeige bei Behörden oder einer **Strafanzeige** gegen den ArbGeb wissentlich oder leichtfertig falsche Angaben gemacht hat (BVerfG 2.7.01 – 1 BvR 2049/00, NZA 01, 888) oder die Strafanzeige sich als unangemessen erweist (BAG 15.12.16 – 2 AZR 42/16, NZA 17, 703). Die Berechtigung des ArbN, gegen seinen ArbGeb eine Strafanzeige zu erstatten, kann nicht davon abhängig gemacht werden, dass bereits feststeht, dass dieser eine Straftat begangen hat, oder dies später festgestellt wird. Die Strafanzeige ist erst dann nicht mehr berechtigt, wenn der ArbN schon bei Erstatten der Anzeige weiß, dass der erhobene Vorwurf nicht zutrifft, oder dies jedenfalls erkennen kann (BAG 7.12.06 – 2 AZR 400/05, NZA 07, 502; BAG 3.7.03 – 2 AZR 235/02, NZA 04, 427). Trotz wahrer Angaben kann die Kündigung gerechtfertigt sein, wenn sich die Anzeige als eine unverhältnismäßige Reaktion auf ein Verhalten des ArbGeb darstellt (BAG 7.12.06 – 2 AZR 400/05, NZA 07, 502; BAG 3.7.03 – 2 AZR 235/02, NZA 04, 427; Einzelheiten → *Whistleblowing* Rn 1 ff) oder keine Anhaltspunkte für das Vorliegen der nach dem Straftatbestand erforderlichen Absicht bestehen; fühlt der ArbN sich selbst durch die Straftat verletzt, handelt er erst schuldhaft, wenn ihm die Haltlosigkeit des Vorwurfs erkennbar war (BAG 15.12.16 – 2 AZR 42/16, NZA 17, 703).

22 **d) Arbeitsverweigerung.** ArbN müssen tun, was sie sollen, und das so gut sie es können. Wer sich bewusst und nachhaltig weigert, seinen vertraglichen Pflichten nachzukommen oder Nebenpflichten verletzt, verstößt **beharrlich** gegen seine Arbeitspflichten (BAG 28.6.18 – 2 AZR 436/17, NZA 18, 1259; BAG 14.12.17 – 2 AZR 86/17, NZA 18, 646). Auch der nachhaltige Verstoß gegen eine berechtigte Weisung des ArbGeb stellt eine Vertragspflichtverletzung dar (BAG 23.8.18 – 2 AZR 235/18, AP BGB § 626 Nr. 271). In diesen Fällen ist regelmäßig nach Abmahnung eine ordentliche Kündigung gerechtfertigt (BAG 11.12.03 – 2 AZR 667/02, NZA 04, 784). Dabei kann die Arbeitsverweigerung auch darin liegen, dass ein ArbN sich nach von ihm gewonnenen Kündigungsschutzprozess weigert, der Aufforderung des ArbGeb nachzukommen, sich wieder im Betrieb einzufinden, um dann dort die konkreten Arbeitsanweisungen entgegenzunehmen (BAG 19.1.16 – 2 AZR 449/15, NZA 16, 1144). Im Streit um die Arbeitspflicht trägt der ArbN das Risiko, dass sich seine Auffassung als unzutreffend herausstellt (BAG 28.6.18 – 2 AZR 436/17, NZA 18, 1259; BAG 19.1.16 – 2 AZR 449/15, BB 16, 2035; → Rn 5). Im Einzelfall können **Glaubensgründe** (BAG 24.2.11 – 2 AZR 636/09, NZA 11, 1087) oder ein unvermeidbarer **Gewissenskonflikt** (BAG 20.12.84 – 2 AZR 436/83, NZA 86, 21) dazu führen, dass eine hiermit begründete Arbeitsverweigerung berechtigt und eine hierauf gestützte Kündigung unwirksam ist. Dasselbe gilt, wenn dem ArbN ein Leistungsverweigerungsrecht – etwa aufgrund einer **Pflichtenkollision** – zusteht oder die Arbeitsleistung subjektiv unmöglich ist (BAG 22.12.82 – 2 AZR 282/82, NJW 83, 2782: Leistungsverweigerungsrecht des türkischen ArbN, der zum verkürzten Wehrdienst in sein Heimatland einberufen wird; BAG 21.5.92 – 2 AZR 10/92, NZA 93, 115 (offen gelassen): Zwangslage einer ArbN, die keine Betreuungsperson für ihr Kind findet).

23 Der ArbN verletzt seine Arbeitspflicht nicht, wenn er **unzulässige Arbeit** – zB gesetzlich unzulässige Mehrarbeit (LAG Düsseldorf 21.1.64, DB 64, 628) oder direkte Streikarbeit (BAG 25.7.57 – 1 AZR 194/56, AP BGB § 615 Betriebsrisiko Nr 3) – ablehnt oder aus anderen Gründen – zB wegen unzulässiger Gefahrstoffbelastung der Arbeitsräume (BAG 19.2.97 – 5 AZR 982/94, NZA 97, 821) – seine Arbeitskraft zurückhält. Handelt es sich nur um geringfügige oder kurzzeitige Verstöße des ArbGeb gegen Arbeitsschutznormen, soll der ArbN nicht berechtigt sein, die Arbeit zu verweigern (BAG 28.6.18 – 2 AZR 436/17, NZA 18, 1259). Er verletzt seine Arbeitspflichten nicht, wenn er seine Arbeitskraft zurückhält, weil der ArbGeb seine Würde verletzt und ein von Einschüchterungen, Anfeindungen, Erniedrigungen, Entwürdigungen oder Beleidigungen gekennzeichnetes Umfeld

geschaffen hat oder nicht verhindert, dass Mitarbeiter dieses Umfeld schaffen – **Mobbing** (BAG 13.3.08 – 2 AZR 88/07, AP KSchG 1969 § 1 Nr 87).

**Wiederholtes unentschuldigtes Fehlen** nach Abmahnung ist an sich geeignet, eine verhaltensbedingte Kündigung zu rechtfertigen (BAG 17.1.91 – 2 AZR 375/90, NZA 91, 1906). Entsprechendes gilt für **Verspätungen** und **unbefugtes Verlassen** des Arbeitsplatzes (BAG 16.9.04 – 2 AZR 406/03, NZA 05, 459; LAG Düsseldorf 16.3.78, DB 78, 1698). 24

**e) Außerdienstliches Verhalten** kann die Kündigung rechtfertigen, wenn dadurch berechtigte Interessen des ArbGeb beeinträchtigt werden, wenn es negative Auswirkungen auf den Betrieb oder einen Bezug zum Arbeitsverhältnis hat (BAG 10.9.09 – 2 AZR 257/08, NZA 10, 220). Das ist etwa der Fall, wenn einem Berufskraftfahrer wegen Trunkenheit bei einer Privatfahrt die Fahrerlaubnis entzogen wird (BAG 30.5.78 – 2 AZR 630/76, NJW 79, 332) oder ein Angestellter der Finanzverwaltung selbst Steuerhinterziehung begeht (LAG Düsseldorf 20.5.80, EzA § 626 BGB nF Nr 72). Entsprechendes gilt für sittliche Verfehlungen, insbesondere Sittlichkeitsdelikte von pädagogischen Mitarbeitern wie Lehrern und Erziehern. 25

Ob das Arbeitsverhältnis durch den in der Freizeit begangenen **Ladendiebstahl** einer ArbN bei der Konzernschwester ihres ArbGeb deshalb konkret beeinträchtigt wird, weil ihr für Wareneinkäufe in dem bestohlenen Unternehmen ein Personalrabatt eingeräumt war, erscheint zweifelhaft (so aber BAG 20.9.84 – 2 AZR 633/82, NZA 85, 286). Andererseits soll das Fordern und Kassieren einer **„Vermittlungsprovision"** durch einen gewerblichen ArbN für die Einstellung eines ArbN das Arbeitsverhältnis nicht konkret berühren (BAG 24.9.87 – 2 AZR 26/87, NJW 88, 2261). 26

Die **politische Betätigung** eines ArbN im außerdienstlichen Bereich rechtfertigt grds eine verhaltensbedingte Kündigung nur dann, wenn dadurch das Arbeitsverhältnis im Leistungsbereich, im Bereich der Verbundenheit der im Betrieb beschäftigten ArbN, im Vertrauensbereich oder im betrieblichen Aufgabenbereich **konkret beeinträchtigt** wird (BAG 6.6.84 – 7 AZR 456/82, NJW 85, 507). Nur die subjektive Besorgnis, ein angestellter Lehrer könne seine Schüler jederzeit indoktrinieren, reicht für eine verhaltensbedingte Kündigung nicht aus (BAG 28.9.89 – 2 AZR 317/86, NJW 90, 1196). Verstößt der ArbN **des öffentlichen Dienstes** im außerdienstlichen Bereich (etwa durch Verbreiten ausländerfeindlicher Pamphlete) gegen seine Pflicht, sich durch sein gesamtes Verhalten zur freiheitlich demokratischen Grundordnung zu bekennen, soll die verhaltensbedingte Kündigung auch ohne konkrete Beeinträchtigung des Arbeitsverhältnisses wirksam sein (BAG 14.2.96 – 2 AZR 274/95, NZA 96, 873). Beschäftigte, die keiner „gesteigerten", beamtenähnlichen Loyalitätspflicht unterliegen, dürfen nicht darauf ausgehen, den Staat oder die Verfassung und deren Organe zu beseitigen, zu beschimpfen oder verächtlich zu machen. Entfaltet ein ArbN – und sei es nur außerdienstlich – Aktivitäten dieser Art, kann dies ein Grund für eine Kündigung durch seinen ArbGeb auch dann sein, wenn das Verhalten nicht strafbar ist (BAG 6.9.12 – 2 AZR 372/11). Begeht er eine schwere Straftat, kann er gekündigt werden, ohne dass eine konkret messbare Ansehensschädigung des öffentlichen ArbGeb nachgewiesen werden muss (BAG 8.6.2000 – 2 AZR 638/99, NZA 2000, 1282). Nach Ablösung des BAT durch den TVöD gelten jedoch für die nicht hoheitlich tätigen Angestellten des öffentlichen Dienstes keine weitergehenden vertraglichen Nebenpflichten als für die Beschäftigten der Privatwirtschaft (BAG 10.9.09 – 2 AZR 257/08, NZA 10, 220). Im **Tendenzbetrieb** – insbes in kirchlichen Einrichtungen – kann außerdienstliches Verhalten eher eine Kündigung rechtfertigen (weitere Einzelheiten → *Kirchenarbeitsrecht* Rn 4 ff; → *Kündigung, außerordentliche* Rn 41 f). 27

**f) Betriebsfrieden.** Mit einer Störung des Betriebsfriedens kann eine verhaltensbedingte Kündigung nur begründet werden, wenn das den ArbN vorgeworfene Verhalten zu einer **konkreten Beeinträchtigung** des Betriebsfriedens geführt hat (BAG 15.12.77 – 3 AZR 184/76, NJW 78, 1874). Das gilt sowohl für **politische Meinungsäußerungen** (Tragen von Plaketten mit politischen Aussagen: BAG 9.12.82 – 2 AZR 620/80, NJW 84, 1142; → *Kündigung, außerordentliche* Rn 51 f) als auch für **Streitigkeiten** unter Kollegen (LAG Düsseldorf 26.8.80, DB 80, 2345). 28

**g) Beleidigung.** Nicht jede kritische, provokante oder überzogene Äußerung ist eine Beleidigung und nicht jede Beleidigung rechtfertigt die Kündigung (BAG 23.2.10 – 2 AZR 554/08, NZA 10, 1123). Insbes darf der ArbN die Zustände im Betrieb in **sachlicher Form** kritisieren (BAG 10.12.09 – 2 AZR 534/08, NZA 10, 698). Auseinandersetzungen 29 dürfen durchaus scharf geführt werden. Nur **bewusst ehrverletzende Äußerungen** oder **unwahre Tatsachenbehauptungen,** die konkrete nachteilige betriebliche Auswirkungen haben, kommen für eine Kündigung in Betracht. So verletzen grobe Beleidigungen des ArbGeb oder seines Vertreters bzw von Kollegen oder BRatMitgliedern, die nach Form und Inhalt eine erhebliche Ehrverletzung für den Betroffenen darstellen, die vertraglichen Nebenpflichten zur Rücksichtnahme iSv § 241 Abs 2 BGB und können grds – auch ohne Abmahnung – eine verhaltensbedingte Kündigung rechtfertigen (BVerfG 30.5.18 – 1 BvR 1149/17, NZA 18, 924 – planmäßige Bezeichnung eines Vorgesetzten als „Ausbeuter"; BAG 18.12.14 – 2 AZR 265/14, NZA 15, 797). Schmähkritik genießt nicht den Schutz der freien Meinungsäußerung nach Art 5 Abs 1 Satz 1 GG (BVerfG 30.5.18 – 1 BvR 1149/17, NZA 18, 924). Stets spielt aber der **„betriebsübliche" Umgangston** ebenso eine Rolle wie der **Bildungsgrad** der betroffenen ArbN. Daneben ist zu berücksichtigen, ob der ArbN zu seiner Äußerung **provoziert** worden ist (BAG 19.12.58 – 2 AZR 390/58, NJW 59, 1149). Ehrverletzende Äußerungen, die in der sicheren Erwartung gemacht werden, dass sie über den Kreis der Gesprächsteilnehmer nicht hinausdringen, sollen für eine Kündigung nicht ausreichen (BAG 30.11.72 – 2 AZR 79/72, BB 73, 428). Ausländerfeindliches Verhalten und rassistische Äußerungen können als Beleidigung auch ohne Abmahnung eine Kündigung begründen (BAG 1.7.99 – 2 AZR 676/98, NZA 99, 1270). Da der ArbGeb verpflichtet ist, seine ArbN vor einer Verletzung ihrer Persönlichkeitsrechte zu schützen (BAG 12.9.06 – 9 AZR 271/06, NZA 07, 269), muss er sie auch vor einer fortwährenden Belästigung durch Vorgesetzte oder andere ArbN bewahren. Dies kann beim **Mobbing** zu einer Kündigung derjenigen führen, welche die Würde des betroffenen ArbN verletzt und ein Umfeld geschaffen haben, welches von Einschüchterungen, Anfeindungen, Erniedrigungen, Entwürdigungen oder Beleidigungen gekennzeichnet ist (BAG 25.10.07 – 8 AZR 593/06, NZA 08, 215; → *Mobbing* Rn 2).

30 **h) Druck.** Von einer **Druckkündigung** sprechen wir, wenn Dritte – ArbN oder Kunden – vom ArbGeb unter Androhung von Nachteilen, wie Streik oder Abbruch der Geschäftsbeziehungen, verlangen, dass er bestimmte ArbN entlässt (BAG 18.7.13 – 6 AZR 420/12, NZA 14, 109). Gibt es hierfür personen- oder verhaltensbedingte Gründe nach § 1 Abs 2 KSchG, kann eine personen- oder verhaltensbedingte Kündigung gerechtfertigt sein.

Fehlt ein Grund für die Kündigung des ArbN (sog **echte Druckkündigung**), muss sich der ArbGeb schützend vor ihn stellen und alles für ihn Zumutbare versuchen, um den Dritten von seinem Verlangen abzubringen (BAG 19.7.16 – 2 AZR 637/15, NZA 17, 116). Er muss ihm deutlich machen, dass ein objektiver Anlass zum Ausspruch einer Kündigung nicht besteht. Verweigern ArbN die Arbeit, wenn der ArbGeb einem unberechtigten Kündigungsverlangen nicht nachgibt, muss er sie auf ihre rechtswidrige Arbeitsniederlegung hinweisen und bei weiterer Verweigerung arbeitsrechtliche Maßnahmen in Aussicht stellen. Dies gilt selbst dann, wenn Anlass für den Druck eine besonders verwerfliche Straftat des ArbN ist, die ohne Bezug zu seiner beruflichen Tätigkeit ist (BAG 19.7.16 – 2 AZR 637/15, NZA 17, 116). Nur wenn der ArbGeb keinen Erfolg hat, kann eine Druckkündigung gerechtfertigt sein, um schwere Schäden vom Betrieb abzuwenden. Sie muss praktisch das einzig in Betracht kommende Mittel sein (BAG 19.7.16 – 2 AZR 637/15, NZA 17, 116).

31 **i) Internetnutzung.** Bei der vom ArbGeb nicht erlaubten privaten Nutzung des Internet kommen nach der Rspr (BAG 31.5.07 – 2 AZR 200/06, NZA 07, 922; BAG 27.4.06 – 2 AZR 386/05, NZA 06, 977) als kündigungsrelevante Verletzungen arbeitsvertraglicher Pflichten in Betracht: a) Das Herunterladen einer erheblichen Menge von Daten aus dem Internet auf betriebliche Datensysteme („unbefugter download"), insbes wenn damit einerseits die Gefahr möglicher Vireninfizierung oder anderer Störungen des Betriebssystems verbunden sein können oder andererseits von solchen Daten, bei deren Rückverfolgung es zu möglichen Rufschädigungen des ArbGeb kommen kann, weil beispielsweise strafbare oder pornographische Darstellungen heruntergeladen werden; b) Die private Nutzung des vom ArbGeb zur Verfügung gestellten Internetanschlusses als solche, weil durch sie dem ArbGeb möglicherweise – zusätzliche – Kosten entstehen können und der ArbN jedenfalls Betriebsmittel – unberechtigterweise – in Anspruch genommen hat; c) Die private Nutzung des vom ArbGeb zur Verfügung gestellten Internets während der Arbeitszeit, weil der ArbN während des Surfens im Internet zu privaten Zwecken seine arbeitsvertraglich geschuldete

Arbeitsleistung nicht erbringt und dadurch seine Arbeitspflicht verletzt. Lädt der ArbN eine Anonymisierungssoftware herunter und installiert sie, stellt dies eine eigenmächtige Veränderung von technischen Arbeitsmitteln des ArbGeb dar, mit welcher der ArbN seine Pflichten erheblich verletzt. Eine hiermit begründete Kündigung erfordert keine vorherige Abmahnung (BAG 12.1.06 – 2 AZR 179/05, NZA 06, 980).

**j) Konkurrenz- und Nebentätigkeit.** Der ArbN darf – im Einzelfall selbst während einer Arbeitsunfähigkeit – **Nebenbeschäftigungen** nachgehen, solange die Interessen seines ArbGeb dadurch nicht konkret beeinträchtigt werden (BAG 13.11.79 – 6 AZR 934/77, NJW 80, 1917; Einzelheiten → *Nebentätigkeit* Rn 7–14). Dies folgt aus seinem Recht zur freien Berufsausübung (BAG 18.1.96 – 6 AZR 314/95, NZA 97, 41). Eine Vertragsklausel, die dem ArbN jede nicht genehmigte Tätigkeit verbietet, ist daher dahin auszulegen, dass nur solche Nebentätigkeiten verboten sind, an deren Unterlassung der ArbGeb ein berechtigtes Interesse hat. Auch die Ausübung einer (nicht genehmigten) Nebentätigkeit kann eine Kündigung nur dann rechtfertigen, wenn die vertraglich geschuldete Leistung durch die Nebentätigkeit beeinträchtigt wird (BAG 26.8.76, DB 77, 544). Allein durch den Abschluss eines Arbeitsvertrages mit einem weiteren ArbGeb verletzt der ArbN keine vertraglichen Pflichten (BAG 5.11.09 – 2 AZR 609/08, NZA 10, 277). 32

Grundsätzlich ist jede Art von **Konkurrenztätigkeit** dem ArbN auch ohne entsprechende vertragliche Vereinbarung während des Bestandes des Arbeitsverhältnisses untersagt, soweit sie zu einer Gefährdung oder Beeinträchtigung der Interessen des ArbGeb führt (BAG 24.3.10 – 10 AZR 66/09, NZA 10, 693) und damit grundsätzlich geeignet, eine Kündigung zu rechtfertigen (BAG 23.10.14 – 2 AZR 644/13, NZA 15, 429). Verbotener Wettbewerb liegt vor, wenn der ArbN für Dritte im Marktbereich des ArbGeb tätig ist. Die bloße **Vorbereitung** einer Konkurrenztätigkeit reicht jedoch für eine Kündigung nicht aus (BAG 30.5.78 – 2 AZR 598/76, NJW 79, 335) und bei der Interessenabwägung ist zu berücksichtigen, wenn die Wettbewerbstätigkeit erst durch eine frühere – unwirksame – Kündigung ausgelöst worden, der Wettbewerb nicht auf eine dauerhafte Konkurrenz zum bisherigen ArbGeb angelegt und dem ArbGeb durch die Konkurrenztätigkeit nicht unmittelbar ein Schaden zugefügt worden ist (BAG 23.10.14 – 2 AZRR 644/13, NZA 15, 429). Bloße untergeordnete Hilfstätigkeit für einen Wettbewerber sind wohl nicht vertragswidrig (BAG 24.3.10 – 10 AZR 66/09, NZA 10, 693), darüber hinausgehende Unterstützungen sind es (BAG 29.6.17 – 2 AZR 597/16, NZA 17, 2853).

**k) Lohnpfändung.** Das Vorliegen mehrerer **Lohnpfändungen** oder **Lohnabtretungen** rechtfertigt die Kündigung grds nicht. Die nicht durch eine Notlage verursachte Verschuldung eines in einer Vertrauensstellung beschäftigten ArbN soll aber dann einen Kündigungsgrund darstellen, wenn sie in relativ kurzer Zeit zu häufigen Lohnpfändungen führt und sich aus der Art und der Höhe der Schulden ergibt, dass der ArbN voraussichtlich noch längere Zeit in ungeordneten wirtschaftlichen Verhältnissen leben werde (BAG 15.10.92 – 2 AZR 188/92, EzA KSchG § 1 Verhaltensbedingte Kündigung Nr 45). Eine Abmahnung soll nicht erforderlich sein, weil der ArbN bei der Gestaltung seiner Privatsphäre nicht durch arbeitsvertragliche Pflichten gebunden ist, so dass das außerdienstliche Verhalten insoweit keiner Abmahnung zugänglich ist (BAG 4.11.81 – 7 AZR 264/79, NJW 82, 1062). Jedenfalls würde eine Abmahnung in diesen Fällen meist ins Leere gehen, weil der ArbN seinen Gläubigern keine verbindlichen Weisungen hinsichtlich der Einleitung, des Zeitpunkts oder der Art und Weise ihrer Vollstreckungsmaßnahmen erteilen kann. Bei der Interessenabwägung können auf der ArbGebSeite insbesondere die Größe und Struktur des Betriebes, die Art und das Ausmaß des Arbeitsaufwandes und auf der ArbNSeite die Anzahl der Lohnpfändungen im Verhältnis zur Betriebszugehörigkeit, Lebensalter, Unterhaltspflichten, Wiedereinstellungschancen des ArbN und das Vorliegen einer finanziellen Notlage berücksichtigt werden (BAG 4.11.81 – 7 AZR 264/79, NJW 82, 1062). 33

**l) Pflichtverletzungen bei Krankheit.** Der ArbN ist nach § 5 EFZG im Krankheitsfall verpflichtet, **ohne schuldhaftes Zögern** dem ArbGeb formlos mitzuteilen, dass und wie lange er voraussichtlich erkrankt sein wird – **Anzeigepflicht.** Vor Ablauf des auf die ersten drei Kalendertage der AU folgenden Arbeitstages muss er dem ArbGeb dann die AU-Bescheinigung zusenden – **Nachweispflicht.** 34

Die wiederholte **Verletzung der Anzeigepflicht** trotz vorheriger Abmahnung kann eine ordentliche Kündigung rechtfertigen, insbes dann, wenn dies zu konkreten Störungen 35 im Betrieb (zB Störung des Arbeitsablaufs oder der Arbeitsorganisation) geführt hat. In aller Regel ist hier jedoch schuldhaftes Verhalten des ArbN erforderlich (BAG 16.8.91 – 2 AZR 604/90, NZA 93, 17). Auch die **Verletzung der Nachweispflicht** kann nach vergeblicher Abmahnung eine ordentliche Kündigung rechtfertigen. Dabei spricht vieles dafür, dass diese Pflicht zur Vorlage von Arbeitsunfähigkeitsbescheinigungen den ArbN jedenfalls im ungekündigten Arbeitsverhältnis auch für solche Zeiten trifft, für die er nach § 3 Abs 1 EFZG keine Entgeltfortzahlung beanspruchen kann (BAG 21.11.18. – 2 AZR 394/17, NZA 19, 309).

**36** Während der Arbeitsunfähigkeit ist der ArbN verpflichtet, sich so zu verhalten, dass er möglichst bald wieder gesund und der Heilungsprozess nicht verzögert wird. Geht der ArbN während der AU einer **Nebenbeschäftigung** nach, die sein Gesundwerden hinauszögert, kann dies seine Kündigung rechtfertigen (BAG 13.11.79 – 6 AZR 934/77, NJW 80, 1917). Das gleiche gilt für den Verstoß gegen eine tarif- oder einzelvertraglich geregelte Pflicht des ArbN, bei gegebener Veranlassung auf Wunsch des ArbGeb an einer ärztlichen Untersuchung zur Feststellung der AU mitzuwirken (BAG 25.1.18 – 2 AZR 382/17, NZA 18, 845; BAG 27.9.12 – 2 AZR 811/11, NZA 13, 527).

**37** Sowohl das **Vortäuschen der Arbeitsunfähigkeit** (BAG 26.8.93 – 2 AZR 154/93, NZA 94, 63) als auch der **dringende Verdacht,** der ArbN täusche die AU vor (LAG Bln 3.6.69, BB 70, 579), können neben der außerordentlichen auch eine ordentliche Kündigung rechtfertigen. Kommt der AN seiner nach § 5 Abs 1 EFZG bestehenden Pflicht zur Vorlage von AU-Bescheinigungen nicht nach, folgt daraus nicht die Vermutung, dass er nicht oder nicht mehr arbeitsunfähig ist (BAG 21.11.18 – 7 AZR 394/17, NZA 19, 309). Zur Aufklärung darf der ArbGeb einen Detektiv nur einsetzen, wenn der Verdacht auf konkreten Tatsachen beruht und den Beweiswert einer AU-Bescheinigung zumindest erschüttert (BAG 19.2.15 – 8 AZR 1007/13, NZA 15, 994). Droht der ArbN mit einer Erkrankung, falls der ArbGeb eine rechtmäßig erteilte Weisung aufrechterhält, kann dies eine ordentliche oder auch außerordentliche Kündigung ohne vorherige Abmahnung rechtfertigen (BAG 12.3.09 – 2 AZR 251/07, NZA 09, 779; Einzelheiten → *Kündigung, außerordentliche* Rn 59).

**38** **m) Schlecht- und Minderleistung.** Der ArbN muss unter angemessener Ausschöpfung seiner **persönlichen Leistungsfähigkeit** arbeiten (BAG 17.1.08 – 2 AZR 536/06, NZA 08, 693). Er muss nicht durchschnittliche Produktionsergebnisse erzielen (BAG 27.11.08 – 2 AZR 675/07, NZA 09, 842). Die Leistungspflicht ist nicht starr, sondern dynamisch. Daraus folgt nicht, dass er selbst seine Leistungspflicht willkürlich bestimmen kann. Er muss tun, was er soll, und zwar so gut, wie er kann (BAG 11.12.03 – 2 AZR 667/02, NZA 04, 784). Eine Kündigung kann daher nicht allein damit begründet werden, ein ArbN arbeite verglichen mit anderen schlechter oder am schlechtesten. Denn einer von mehreren ArbN bringt immer die schlechteste Arbeitsleistung, ohne dass daraus zwingend geschlossen werden könnte, er arbeite nicht zufriedenstellend (BAG 22.7.82 – 2 AZR 30/81, NJW 82, 700). Im Rahmen der Interessenabwägung wird darüber hinaus immer zu berücksichtigen sein, wie erheblich die Schlechtleistung ist und auf welchen Ursachen sie beruht. Allerdings kann die längerfristig deutliche Überschreitung einer durchschnittlichen Fehlerquote je nach tatsächlicher Fehlerzahl, Art, Schwere und Folgen der fehlerhaften Arbeitsleistung ein Anhaltspunkt dafür sein, dass der ArbN vorwerfbar seine vertraglichen Pflichten verletzt (BAG 27.11.08 – 2 AZR 675/07, NZA 09, 842). Legt der ArbGeb dies im Prozess dar, muss der ArbN erläutern, warum er trotz erheblich unterdurchschnittlicher Leistungen seine Leistungsfähigkeit ausschöpft. Beruft er sich auf krankheitsbedingte Gründe, muss der ArbN substantiiert darlegen, woran er erkrankt war, warum er deshalb seine Pflichten nicht ordnungsgemäß erfüllen konnte und ggf die behandelnden Ärzte von der Schweigepflicht befreien (BAG 3.11.11 – 2 AZR 748/10, NZA 12, 607). Trägt er derartige Umstände nicht vor, gilt das schlüssige Vorbringen des ArbGeb als zugestanden (§ 138 Abs 3 ZPO). Es ist dann davon auszugehen, dass der ArbN seine Leistungsfähigkeit nicht ausschöpft, was eine verhaltensbedingte Kündigung rechtfertigen würde (BAG 17.1.08 – 2 AZR 536/06, NZA 08, 693). ArbN dürfen ihre Fehlleistungen nicht vertuschen. Manipuliert ein ArbN aus diesem Grund Akten, kann er auch ohne Abmahnung gekündigt werden. Dieser Täuschungsversuch wird nicht durch jahrzehntelange pflichtgemäße Aufgabenerfüllung aufgewogen (BAG 23.1.14 – 2 AZR 638/13, NZA 14, 965).

**n) Urlaub.** Der ArbN, welcher **eigenmächtig „Urlaub" nimmt** oder den bewilligten **Urlaubszeitraum überschreitet,** fehlt unentschuldigt und verletzt damit seine Hauptpflicht aus dem Arbeitsvertrag. Grds kann ein solches Verhalten eine ordentliche Kündigung rechtfertigen (BAG 20.1.94 – 2 AZR 521/93, NZA 94, 548). Die Umstände des Einzelfalles sind entscheidend. So kann zB eine unaufschiebbare unerlaubte Pilgerreise nach Mekka eine deshalb ausgesprochene Kündigung als überzogen erscheinen lassen (LAG Hamm 30.5.90, LAGE § 1 KSchG Verhaltensbedingte Kündigung Nr 29). 39

**o) Verdacht** s *Verdachtskündigung.* 40

**p) Vertrauensmissbrauch, Straftaten.** Handlungen des ArbN, die das für ein Arbeitsverhältnis vorausgesetzte und notwendige **Vertrauen** des ArbGeb **in seine Redlichkeit** erschüttern und nachhaltig belasten, wiegen besonders schwer. IdR ist bei solchen Handlungen jedenfalls dann **keine Abmahnung** erforderlich, wenn der ArbN schuldhaft gehandelt hat (BAG 10.2.99 – 2 ABR 31/98, NZA 99, 708). 41

Hierzu gehören gegen das **Eigentum** und das **Vermögen** des ArbGeb gerichtete **unerlaubte Handlungen,** ohne dass es auf die strafrechtliche Wertung ankäme. Wer **Geschäfts-** oder **Betriebsgeheimnisse** verrät, seine **Vollmachten** überschreitet und **Schmiergelder** – hierzu zählen nicht die üblichen Werbegeschenke – entgegennimmt, beeinträchtigt das Vertrauensverhältnis und riskiert damit seine Kündigung (→ *Kündigung, außerordentliche* Rn 44 ff). Selbst **außerdienstlich begangene Straftaten** können als Verstoß gegen die in § 241 Abs 2 BGB enthaltene Pflicht zur Rücksichtnahme eine Kündigung rechtfertigen, wenn sie einen Bezug zu den arbeitsvertraglichen Verpflichtungen oder zur Tätigkeit des ArbN haben und dadurch berechtigte Interessen des ArbGeb oder anderer ArbN verletzt werden – „einschlägige Straftaten" (BAG 20.6.13 – 2 AZR 583/12, NZA 13, 1345). Gibt der ArbN in einem Rechtsstreit mit dem ArbGeb vorsätzlich eine falsche eidesstattliche Versicherung ab, kann dies die ordentliche Kündigung des Arbeitsverhältnisses – womöglich gar die außerordentliche – rechtfertigen. Entsprechendes gilt, wenn der ArbN in einem Gerichtsverfahren mit dem ArbGeb leichtfertig Tatsachenbehauptungen aufstellt, deren Unhaltbarkeit auf der Hand liegt (BAG 31.7.2014 – 2 AZR 434/13, NZA 15, 358). Unterrichtet ein in Untersuchungshaft genommener ArbN den ArbGeb nicht unverzüglich über seine Inhaftierung und – soweit bekannt – den voraussichtlichen Haftprüfungstermin, verstößt er gegen seine Pflicht aus § 241 Abs 2 BGB zur Rücksichtnahme. Dies kann eine ordentliche Kündigung rechtfertigen (BAG 26.3.15 – 2 AZR 517/14, NZA 15, 1180). 42

Beim **Diebstahl** oder der **Unterschlagung** von im Eigentum des ArbGeb stehenden Sachen kommt es auf den Wert nicht entscheidend an (BAG 10.6.10 – 2 AZR 541/09, NZA 10, 1227). Dies gilt auch nach einer längeren Beschäftigungsdauer (BAG 21.6.12 – 2 AZR 153/11, NZA 12, 1025; BAG 10.6.10 – 2 AZR 541/09, NZA 10, 1227). Für den Grad des Verschuldens und die Möglichkeit, das Vertrauen wieder herzustellen, macht es einen Unterschied, ob die Pflichtverletzung insgesamt auf Heimlichkeit angelegt ist (BAG 21.6.12 – 2 AZR 153/11, NZA 12, 1025). Dabei dürfen zur Aufklärung des Tatbestandes selbst heimliche Videoaufnahmen oder ein Software-Keylogger eingesetzt werden, wenn der konkrete Verdacht einer strafbaren Handlung oder einer anderen schweren Verfehlung besteht, weniger einschneidende Mittel zur Aufklärung des Verdachts ergebnislos ausgeschöpft sind, die verdeckte Videoüberwachung praktisch das einzig verbleibende Mittel darstellt und insgesamt nicht unverhältnismäßig ist (BAG 27.7.17 – 2 AZR 681/16, NZA 17, 1327). Die Entscheidung des EGMR zu Art 8 EMRK (5.9.17 – 61496/08, NZA 17, 1443) spricht nicht dagegen, soweit das Gericht vom ArbGeb verlangt, die betroffenen ArbN vorab auf die geplanten Maßnahmen hinzuweisen. Sie betrifft die Überwachung des elektronischen Schriftverkehrs am Arbeitsplatz ohne dass der Verdacht einer Straftat gegeben ist (Einzelheiten Rn 15). Der vorsätzliche Verstoß gegen die Verpflichtung, die abgeleistete Arbeitszeit korrekt zu dokumentieren (BAG 9.6.11 – 2 AZR 381/10, NZA 11, 1027), die Abgabe von falschen **Besuchsberichten,** falsche Angaben auf **Spesenabrechnungen** uÄ rechtfertigen regelmäßig eine ordentliche Kündigung (BAG 2.6.60 – 2 AZR 91/58, AP BGB § 626 Nr 42; 22.11.62 – 2 AZR 42/62, AP BGB § 626 Nr 49; LAG Düsseldorf 27.7.66, DB 66, 1571; 18.4.67, DB 67, 1096; 21.9.76, DB 77, 501; LAG Hamm 20.2.86, DB 86, 1338). Wird der ArbN in Untersuchungshaft genommen, ist er gehalten, dies dem ArbGeb unverzüglich anzuzeigen und ihn – im Rahmen des Möglichen – über die voraus- 43 sichtliche Haftdauer und anstehende Haftprüfungstermine in Kenntnis zu setzen. Tut er dies nicht, kann dies seine ordentliche Kündigung rechtfertigen (BAG 26.3.15 – 2 AZR 517/14, NZA 15, 1180).

44 Selbst bei Straftaten gegen den ArbGeb kann im Einzelfall die gebotene **Interessenabwägung** zugunsten des ArbN ausgehen und eine Kündigung unwirksam erscheinen lassen: Dabei kann es auch von erheblicher Bedeutung sein, ob der ArbN bereits geraume Zeit beschäftigt war, ohne vergleichbare Pflichtverletzungen begangen zu haben. Eine für lange Jahre ungestörte Vertrauensbeziehung zweier Vertragspartner wird nicht notwendig schon durch eine erstmalige Vertrauensenttäuschung vollständig und unwiederbringlich zerstört. Entscheidend ist ein objektiver Maßstab (BAG 10.6.10 – 2 AZR 541/09, NZA 10, 1227).

### B. Lohnsteuerrecht *Seidel*

45 S die Ausführungen bei → *Kündigung, allgemein* Rn 82.

### C. Sozialversicherungsrecht *Voelzke*

46 Die Voraussetzungen einer **Sperrzeit bei Arbeitsaufgabe** sind nach der 2. Alt des § 159 Abs 1 Satz 2 Nr 1 SGB III erfüllt, wenn der Arbeitslose Anlass für die Lösung des Beschäftigungsverhältnisses gegeben und dadurch vorsätzlich oder grob fahrlässig die Arbeitslosigkeit herbeigeführt hat. Die Kündigung des ArbGeb ist damit im Rahmen des Sperrzeitrechts nur beachtlich, wenn sie auf Arbeitsvertragsverletzungen des ArbN beruht. Unerheblich ist hingegen, ob es sich um eine ordentliche oder um eine außerordentliche Kündigung handelt.

Ob dem ArbN aus verhaltensbedingten Gründen gekündigt worden ist, ist eine Frage tatsächlicher Natur, so dass es auf die **fehlerhafte Bezeichnung des Kündigungsgrundes** nicht ankommt. Erst recht hat die bloße Umbenennung des Kündigungsgrundes in einem Kündigungsschutzverfahren keinen Einfluss darauf, ob der ArbN seine Arbeitslosigkeit durch vertragswidriges Verhalten iS des Sperrzeitrechts herbeigeführt hat.

S auch die Ausführungen zu → *Kündigung, allgemein* Rn 83 ff, → *Kündigung, außerordentliche* Rn 96 und → *Sperrzeit* Rn 6 ff.

## Kündigung, vor Dienstantritt

### A. Arbeitsrecht *Eisemann*

1 **1. Recht zur Kündigung.** Haben die Arbeitsvertragsparteien ein Arbeitsverhältnis geschlossen und dessen Beginn auf einen späteren Zeitpunkt festgelegt, kann grds jede der Vertragsparteien das Arbeitsverhältnis vor vertraglich vereinbartem Dienstbeginn wieder kündigen (BAG 9.2.06 – 6 AZR 283/05, NZA 06, 1207), wenn dies nicht vertraglich ausgeschlossen ist. Dies gilt sowohl für die außerordentliche als auch für die ordentliche Kündigung, weil die Bindung der Vertragsparteien vor Vollzug des Arbeitsverhältnisses nicht stärker ist als danach.

2 Eine Kündigung vor Dienstbeginn unterliegt den gleichen Bedingungen wie jede andere Kündigung. Auch die Kündigung vor Dienstantritt muss nach § 623 BGB schriftlich erfolgen; **das Schriftformerfordernis ist konstitutiv** (→ *Kündigung, allgemein* Rn 28–32). Die Nichteinhaltung der Schriftform führt zur Unwirksamkeit der Kündigung, eine Heilung ist nicht möglich; die Kündigung muss ggf wiederholt werden. Bei ArbGebseitiger Kündigung ist der **besondere Kündigungsschutz** des § 9 MuSchG zu beachten (LAG Düsseldorf 30.9.92 – 11 Sa 1049/92, NZA 93, 1041; aA APS/*Linck* BGB § 622 Rn 55). Der Mutterschutz ist zwar nach § 1 Nr 1 MuSchG nur auf Frauen anwendbar, „die in einem Arbeitsverhältnis stehen" und das Arbeitsverhältnis entsteht regelmäßig erst zu dem im Arbeitsvertrag bezeichneten Zeitpunkt, welcher meist der der Arbeitsaufnahme ist. Rechtliche Bindungen entstehen jedoch unabhängig davon schon mit Abschluss des Vertrages. Der besondere Schutz für Schwerbehinderte greift nach § 173 Abs 1 Nr 1 SGB IX erst nach einem mehr als 6-monatigen Bestehen des Arbeits-

verhältnisses ein. Eine **Anhörung des BRats** nach § 102 BetrVG ist nicht erforderlich (aA LAG Frankfurt 31.5.85 – 13 Sa 833/84, DB 85, 2689; aA APS/*Linck* BGB § 622 Rn 56). Der Gekündigte ist bei Zugang der Kündigung noch nicht in den Betrieb eingegliedert (vgl hierzu BAG 21.3.96 – 2 AZR 559/95, NZA 96, 974) und der BRat daher für ihn nicht zuständig. Da sich die Zusammensetzung der Belegschaft bei Zugang der Kündigung noch nicht verändert hat, sind auch kollektive Interessen nicht berührt, die der BRat wahrnehmen müsste (APS/*Koch* BetrVG § 102 Rz 30). Für eine außerordentliche Kündigung muss ein wichtiger Grund iSd § 626 BGB vorliegen (→ *Kündigung, außerordentliche* Rn 30 ff). Ein solcher liegt für den ArbN nicht allein darin, dass er eine besser dotierte Stelle gefunden hat (BAG 1.10.70 – 2 AZR 542/69, AP BGB § 626 Nr 59). Sieht eine einzelvertragliche oder kollektivrechtliche Vereinbarung den Ausschluss bzw die Verkürzung der Wartezeit oder die Anrechnung von Vorbeschäftigungszeiten bei demselben oder einem anderen ArbGeb vor, sind die gesetzlichen Regelungen zum allgemeinen Kündigungsschutz anzuwenden; die Kündigung vor Dienstantritt ist dann nur wirksam, wenn sie nach den Bestimmungen des KSchG sozial gerechtfertigt ist (BAG 23.2.17 – 6 AZR 665/15, NZA 17, 995).

Bei einer ordentlichen Kündigung vor Dienstantritt müssen die gesetzlichen oder vereinbarten **Kündigungsfristen** eingehalten werden. Wie sonst auch läuft die Frist ab Zugang der Kündigung. Man kann nicht davon ausgehen, dass die Parteien grds und im Zweifel ein Interesse an einer zumindest vorübergehenden Durchführung des Arbeitsvertrages haben (BAG 9.2.06 – 6 AZR 283/05, NZA 06, 1207; BAG 25.3.04 – 2 AZR 324/03, NZA 04, 1089). Abweichende Vereinbarungen der Parteien sind jedoch möglich. So kann vereinbart werden, dass die Kündigungsfrist erst am geplanten Tag der Arbeitsaufnahme beginnt, der dann bei der Kündigungsfrist nach § 187 Abs 2 BGB mitzurechnen ist (BAG 2.11.78 – 2 AZR 74/77, NJW 80, 1015). Dies kann ausdrücklich geschehen oder sich aus den Umständen ergeben. Das Ergebnis der Vertragsauslegung muss aber eindeutig sein. § 113 InsO erfasst die Kündigung vor Dienstantritt; die Frist beginnt mit Zugang der Kündigung (BAG 23.2.17 – 6 AZR 665/15, NZA 17, 995). 3

Endet die Kündigungsfrist vor Dienstbeginn, wird das Arbeitsverhältnis überhaupt nicht in Vollzug gesetzt. Läuft die Kündigungsfrist erst nach Dienstbeginn ab, ist das Arbeitsverhältnis bis zum Ablauf der Kündigungsfrist durchzuführen. 4

**2. Ausschluss des Kündigungsrechts.** Das Recht zur **außerordentlichen Kündigung** kann nicht abbedungen werden (→ *Kündigung, außerordentliche* Rn 11–13), auch nicht für die Kündigung vor Dienstantritt (BAG 19.12.74 – 2 AZR 565/73 AP Nr 3 zu § 620 BGB Bedingung). Das Recht zur **ordentlichen Kündigung** kann hingegen vertraglich beschränkt oder abbedungen werden (BAG 23.2.17 – 6 AZR 665/15, NZA 17, 995), was auch in einem Formulararbeitsvertrag geschehen kann (BAG 19.8.10 – 8 AZR 654/09, AP BGB § 307 Nr 49). Gilt dies für beide Parteien, wird der ArbN hierdurch nicht nach § 307 Abs 1 BGB unangemessen benachteiligt (Schaub/*Linck* § 123 Rn 62). Wird im Arbeitsvertrag undifferenziert „die Kündigung" ausgeschlossen, bleibt – unabhängig davon, ob es sich um einen Formulararbeitsvertrag handelt – im Ergebnis die außerordentliche Kündigung möglich (Schaub/*Linck* § 123 Rn 62). 5

Der Ausschluss einer Kündigung vor Dienstantritt ergibt sich nicht aus Erfahrungsregeln (BAG 9.2.06 – 6 AZR 283/05, NZA 06, 1207). Er muss sich bei der Auslegung des Vertrages ergeben. Dabei ist nicht davon auszugehen, dass die Parteien grds und im Zweifel ein Interesse an einer zumindest vorübergehenden Durchführung des Arbeitsvertrages haben und deshalb die Kündigungsfrist, wenn keine Anhaltspunkte für einen abweichenden Parteiwillen bestehen, erst zum Zeitpunkt der vereinbarten Arbeitsaufnahme beginnen soll (BAG 25.3.04 – 2 AZR 324/03, NZA 04, 1089). Er kann sich aber **aus den Umständen** bei Vertragsschluss ergeben und muss nicht ausdrücklich erfolgen. Hierfür reicht nicht aus, dass der ArbN einen anderen Arbeitsplatz aufgegeben oder den neuen Arbeitsvertrag wegen des höheren Verdienstes abgeschlossen hat. Es reicht aber, wenn der ArbN für einen Dauerarbeitsplatz bzw für eine Lebensaufgabe eingestellt wird, wenn er aus einem sicheren Arbeitsverhältnis abgeworben wurde (BAG 9.5.85 – 2 AZR 372/84, NZA 86, 671) oder wenn die Parteien eine Vertragsstrafe für den Fall der Nichtaufnahme der Arbeit vereinbart haben (BAG 25.3.04 – 2 AZR 324/03, NZA 04, 1089). 6

7 **3. Rechtsfolgen der Kündigung vor Dienstantritt.** Soweit die Kündigung vor Dienstantritt nicht ausgeschlossen ist, dürfen ArbGeb und ArbN von der Kündigungsmöglichkeit Gebrauch machen, ohne vertragsbrüchig oder schadensersatzpflichtig zu werden. Endet die Kündigungsfrist nach dem vereinbarten Dienstbeginn, muss der ArbN bis zum Ende der Kündigungsfrist seine Arbeitsleistung erbringen. Verweigert er dies verhält er sich vertragsbrüchig und kann zum Schadensersatz verpflichtet sein (→ *Vertragsbruch* Rn 6 ff). Für diesen Fall kann auch eine Vertragsstrafe von bis idR nicht mehr als einem Bruttomonatslohn vereinbart werden, die bei Kündigungsfristen unter einem Monat entsprechend anzupassen ist (BAG 17.3.16 – 8 AZR 665/14, NZA 16, 945; BAG 19.8.10 – 8 AZR 654/09, AP BGB § 307 Nr 49; Einzelheiten → *Vertragsstrafe* Rn 12).

Kann der ArbGeb vor Dienstantritt nicht wirksam kündigen oder endet die Kündigungsfrist bei zulässiger Kündigung erst nach Dienstantritt, muss der ArbGeb den ArbN beschäftigen und bezahlen. Nimmt er das Arbeitsangebot des ArbN für die Dauer des Arbeitsverhältnisses nicht an, schuldet er die Vergütung aus Annahmeverzug (→ *Annahmeverzug* Rn 1 ff).

### B. Lohnsteuerrecht *Seidel*

11 Zur steuerlichen Behandlung von Schadensersatzleistungen des ArbN → *Arbeitnehmerhaftung* Rn 27, 28; → *Vertragsbruch* Rn 15, 17. Zu den lohnsteuerlichen Auswirkungen bei Annahmeverzug → *Annahmeverzug* Rn 25, 26.

### C. Sozialversicherungsrecht *Voelzke*

16 Wird einem ArbN noch vor dem erstmaligen Dienstantritt gekündigt und er von der Arbeit freigestellt, ihm aber das Arbeitsentgelt bis zum Wirksamwerden der Kündigung gezahlt, besteht in der KV, RV, PflegeV und ArblV auch ohne tatsächliche Arbeitsleistung **Versicherungs- und Beitragspflicht** sowie entsprechender Versicherungsschutz (BSG 18.9.73 – 12 RK 15/72, SozR Nr 73 zu § 165 RVO; zur Freistellung allgemein *Schlegel* NZA 05, 972 ff; → *Annahmeverzug* Rn 27 ff).

# Kündigungsfristen

### A. Arbeitsrecht *Eisemann*

**Übersicht**



1 **1. Überblick.** Die gesetzlichen allgemeinen Kündigungsfristen für ArbN ergeben sich aus § 622 BGB. Für Dienstverhältnisse, die keine Arbeitsverhältnisse sind – etwa für Vorstände und in der Regel auch für Geschäftsführer – sind die Kündigungsfristen in § 621 BGB geregelt. Auf die Kündigung von arbeitnehmerähnlichen Personen sind die Fristen des § 622 BGB weder unmittelbar, noch mittelbar anzuwenden (BAG 8.5.07 – 9 AZR 777/06, AP BGB § 611 Arbeitnehmerähnlichkeit Nr 15).

2 **a) Allgemeine Fristen.** Für die Kündigung von Arbeitsverhältnissen gelten folgende Fristen:

| | |
|---|---|
| Kündigungsfrist während der Probezeit (bis 6 Monate) | 2 Wochen |
| Grundkündigungsfrist | 4 Wochen zum 15. des Monats oder zum Monatsende |

Verlängerte Fristen (für ArbGebKündigungen):

| Betriebszugehörigkeit (Jahre) | Kündigungsfrist (Monate zum Monatsende) |
|---|---|
| 2 | 1 |
| 5 | 2 |
| 8 | 3 |
| 10 | 4 |
| 12 | 5 |
| 15 | 6 |
| 20 | 7 |

Die verlängerten Kündigungsfristen verletzen nicht das Verbot der mittelbaren Altersdiskriminierung (BAG 18.9.14 – 6 AZR 636/13, NZA 14, 1400). Sie gelten nach § 622 Abs 2 BGB nur für die Kündigung durch den **Arbeitgeber.** Für arbeitnehmerseitige Kündigungen gilt nach der gesetzlichen Regelung die Grundkündigungsfrist. Sie kann durch Vereinbarung verlängert werden (→ Rn 5, 12 ff). Bei der Berechnung der Beschäftigungsdauer ist ein Berufsausbildungsverhältnis, aus dem der Auszubildende in ein Arbeitsverhältnis übernommen wurde, zu berücksichtigten (BAG 2.12.99 – 2 AZR 139/99, NZA 00, 720). Betriebliches Praktika, die der beruflichen Fortbildung (§ 46 BBiG) dienen, sind nur zu berücksichtigen, wenn sie im Rahmen eines Arbeitsverhältnisses abgeleistet worden sind (BAG 18.11.99 – 2 AZR 89/99, NZA 00, 529). **§ 622 Abs 2 S 2 BGB,** wonach bei der Berechnung von Kündigungsfristen Beschäftigungszeiten vor dem 25. Lebensjahr unberücksichtigt bleiben, ist mit Wirkung zum 1.1.2019 aufgehoben worden, weil diese Bestimmung wegen des Lebensalters diskriminiert und nach der RL 2000/78/EG unionsrechtswidrig ist. Aus diesem Grund war sie schon seit dem 2.12.2006 nicht mehr anwendbar (EuGH 19.1.10 – C 555/07 „Kücükdeveci", NZA 10, 85; BAG 30.9.10 – 2 AZR 456/09, NZA 10, 1409). Soweit Tarifverträge oder Arbeitsverträge entsprechende Regelungen enthalten, sind sie wegen Verstoßes gegen das durch § 7 Abs 1, § 1 AGG konkretisierte Verbot der Altersdiskriminierung nach § 7 Abs 2 AGG unwirksam (BAG 29.9.11 – 2 AZR 177/10, NZA 12, 754). Die Unanwendbarkeit dieser Regelungen führt zu einer „Anpassung nach oben". Auch die Beschäftigungszeiten vor Vollendung des 25. Lebensjahres sind bei der Berechnung der Kündigungsfristen heranzuziehen (BAG 29.9.11 – 2 AZR 177/10, NZA 12, 754).

3 Nach **§ 622 Absatz 4 Satz 1 BGB** dürfen durch **Tarifvertrag** die Grundkündigungsfrist, die verlängerte Frist und die Frist während der Probezeit abgekürzt werden. Nach **§ 622 Absatz 4 Satz 2 BGB** können über die arbeitsvertragliche Bezugnahme auf einen nach seinem betrieblichen und persönlichen Geltungsbereich anwendbaren Tarifvertrag dort verkürzte Kündigungsfristen für das Arbeitsverhältnis eines nicht tarifgebundenen ArbN gelten. § 622 Abs 4 S 2 BGB verlangt hierfür eine Vereinbarung. Dafür reicht auch eine konkludente Bezugnahme aus. Das BAG meinte ursprünglich tarifvertraglich verkürzte Kündigungsfristen könnten nicht durch betriebliche Übung Inhalt des Arbeitsvertrages werden (BAG 3.7.96 – 2 AZR 469/95, RzK I 3e Nr 62). Später hat es allgemein anerkannt, dass die Bezugnahme auf tarifliche Regelungen auch durch betriebliche Übung erfolgen kann (BAG 17.4.02 – 5 AZR 89/01, NZA 02, 1096). Das muss dann auch für § 622 Abs. 4 S 2 BGB gelten. Im Übrigen entstehen Ansprüche aus einer betrieblichen Übung durch rechtsgeschäftliche Übereinkunft (BAG 11.7.18 – 4 AZR 443/17, NZA 18, 1630) und § 622 Abs 4 S 2 BGB fordert keine „ausdrückliche" Vereinbarung, so dass tarifvertraglich verkürzte Kündigungsfristen auch auf diesem Weg Geltung erlangen können (Schaub/*Link* § 126 Rn 25; ErfK/*Müller-Glöge* BGB § 622 Rn 37).

4 Die gesetzlichen Kündigungsfristen können **einzelvertraglich** grds nicht verkürzt werden (BAG 29.1.15 – 2 AZR 280/14, NZA 15, 673). Eine Ausnahme macht **§ 622 Absatz 5 BGB.** Danach kann einzelvertraglich eine kürzere als die Grundkündigungsfrist

vereinbart werden, wenn der ArbN vorübergehend zur Aushilfe eingestellt ist und das Arbeitsverhältnis nicht über die Dauer von drei Monaten hinaus fortgesetzt wird. ArbGeb mit idR nicht mehr als zwanzig ArbN **ausschließlich** der zu ihrer Berufsausbildung Beschäftigten dürfen einzelvertraglich ebenso die gesetzliche Grundkündigungsfrist unterschreiten. Sie muss hier jedoch mindestens vier Wochen betragen (→ Rn 19 f). Nach Kündigung des Arbeitsverhältnisses kann in einem **Abwicklungsvertrag** wirksam vereinbart werden, dass der ArbN das Arbeitsverhältnis mit einer kurzen Frist auflöst. Hier braucht keiner gegen eine Verkürzung der Kündigungsfristen geschützt werden. Der ArbN hat in dieser Situation, typischerweise wegen einer neuen Beschäftigungsmöglichkeit, kein Interesse an der Fortsetzung des Arbeitsverhältnisses und auch der ArbGeb ist an einer möglichst frühen Auflösung des sonst erst zu einem späteren Termin beendeten Arbeitsverhältnisses interessiert (BAG 17.12.15 – 6 AZR 709/14, NZA 16, 361).

5 **Längere Fristen** können stets vereinbart werden. Sie verstoßen auch dann nicht gegen das Günstigkeitsprinzip, wenn die einschlägigen tarifvertraglichen Kündigungsfristen vom Gesetz abweichen (BAG 29.8.01 – 4 AZR 337/00, NZA 02, 1346). Nach **§ 622 Absatz 6 BGB** dürfen jedoch für die Kündigung des Arbeitsverhältnisses durch den ArbN keine längeren Fristen vereinbart werden als für die Kündigung durch den ArbGeb (→ Rn 14).

6 **b) Besondere Fristen.** Für einzelne Arbeitsverhältnisse gelten nach wie vor besondere Kündigungsfristen, soweit sie nicht durch die gesetzliche Neuregelung gegenstandslos geworden sind. So ist die für die arbeitgeberseitige Kündigung (ErfK/*Rolfs* SGB IX § 169 Rz 1) von **Schwerbehinderten** geltende Kündigungsfrist des **§ 169 SGB IX** – vier Wochen – im Geltungsbereich des § 622 BGB weitgehend gegenstandslos. Denn auch schon zum alten Recht war anerkannt, dass diese Frist längere gesetzliche Fristen unberührt lässt. Da es sich bei der Kündigungsfrist für Schwerbehinderte um eine **Mindestkündigungsfrist ohne Öffnungsklausel** handelt, gilt sie auch dann, wenn im Tarifvertrag die gesetzliche Kündigungsfrist unter die des § 169 SGB IX gekürzt wurde. Auch durch Betriebsvereinbarung oder Einzelarbeitsvertrag kann sie nicht wirksam unterschritten werden (ErfK/*Rolfs* SGB IX § 169 Rz 1).

7 Das Sonderkündigungsrecht des **Elternzeitberechtigten** nach **§ 19 BEEG** mit der darin enthaltenen Frist von drei Monaten zum Ende der Elternzeit steht bei nach § 15 Abs 3 BEEG wechselnder Elternzeit beiden Eltern zu. Ausüben darf es nur der Elternteil, der den letzten Abschnitt der Elternzeit wahrnimmt (ErfK/*Gallner* BEEG § 19 Rz 2, 3). Der ArbN braucht längere gesetzliche, tarifliche oder arbeitsvertragliche Kündigungsfristen nicht einhalten, wenn sein Arbeitsverhältnis durch seine Kündigung mit dem letzten Tag der Elternzeit enden soll. Mit einer kürzeren – sonst zulässigen – Frist darf er nicht kündigen. Die Kündigungsfrist von drei Monaten muss zwingend eingehalten werden, wie das Wort „nur“ zeigt, und die Kündigung muss genau zu dem Tag erfolgen, an dem die Elternzeit endet (ErfK/*Gallner* BEEG § 19 Rz 1, 2). Die Vorschrift schafft dem ArbGeb Zeit zur sachgerechten Personalplanung. Sie verdrängt daher alle kürzeren Kündigungsfristen (APS/*Rolfs* BEEG § 19 Rn 2). Von diesem Kündigungsrecht können nur ArbN Gebrauch machen, die alle Anforderungen des Anspruchs auf Elternzeit erfüllen. Für ArbN in einem Teilzeitarbeitsverhältnis nach § 18 Abs 2 Nr 2 BEEG, die keine Elternzeit geltend gemacht haben, gilt sie nicht (ErfK/*Gallner* BEEG § 19 Rz 2). Für ihre Berechnung gelten die §§ 187 Abs 1, 188 Abs 2 BGB. Von der Kündigungsfrist kann weder einzelvertraglich, noch durch Tarifvertrag oder Betriebsvereinbarung abgewichen werden (ErfK/*Gallner* BEEG § 19 Rz 2). Möchte der ArbN vor oder nach Ende der Elternzeit ausscheiden, muss und darf er sich an die für ihn maßgeblichen Kündigungsfristen halten. Eine außerordentliche Kündigung aus wichtigem Grund nach § 626 BGB schließt § 19 BEEG nicht aus.

8 Von diesem Sonderkündigungsrecht kann der ArbN auch aus Gründen Gebrauch machen, die nicht im Zusammenhang mit der Erziehung und Betreuung eines Kindes stehen. Endet der Erziehungsurlaub vorzeitig (zB durch Tod des Kindes), nachdem der Berechtigte schon zum ursprünglichen Ende des Urlaubs gekündigt hat, bleibt eine mindestens drei Monate zuvor ausgesprochene Kündigung wirksam (ErfK/*Gallner* BEEG § 19 Rn 4). War die Kündigung noch nicht erklärt, entfällt das Sonderkündigungsrecht (APS/*Rolfs* BEEG § 19 Rz 8). Hält sich der ArbN nicht an die Kündigungsfrist, wird das Arbeitsverhältnis nicht zum Ende der Elternzeit, sondern erst zum nächstmöglichen – gesetzlichen, tariflichen oder einzelvertraglich vereinbarten – Termin beendet (ErfK/*Gallner* BEEG § 19 Rz 3).

**Schwangere** und **Wöchnerinnen** konnten ihr Arbeitsverhältnis nach § 10 Abs 1 MuSchG während der Schutzfrist nach der Entbindung und während der Schwangerschaft ohne Einhaltung einer Frist zum Ende der Schutzfrist (§ 6 Abs 1 MuSchG) kündigen. Die seit dem 1.1.2018 geltende Neufassung des MuSchG enthält dieses Kündigungsrecht nicht mehr. 9

Bei **Insolvenz** kann das Arbeitsverhältnis nach **§ 113 InsO** von beiden Seiten – auch bei einer Kündigung vor Dienstantritt (BAG 23.2.17 – 6 AZR 665/15, NZA 17, 995) – mit einer Kündigungsfrist von 3 Monaten zum Monatsende aufgelöst werden, falls nicht eine kürzere Frist gilt, die dann vorgeht (BAG 6.7.2000 – 2 AZR 695/99, NZA 01, 23). Die verkürzte Kündigungsfrist des § 113 Satz 2 InsO kann nur der Insolvenzverwalter nach Eröffnung des Insolvenzverfahrens für sich in Anspruch nehmen. Eine analoge Anwendung auf den vorläufigen Insolvenzverwalter nach § 22 Abs 1 InsO ist nicht möglich, weil dieses Gesetz insoweit keine planwidrige Regelungslücke enthält (BAG 20.1.05 – 2 AZR 134/04, NZA 06, 1352). Er darf aber auch dann mit der Kündigungsfrist des § 113 InsO kündigen, wenn er zuvor als vorläufiger Insolvenzverwalter unter Einhaltung der ordentlichen Kündigungsfrist zu einem späteren Zeitpunkt gekündigt hat (BAG 22.5.03 – 2 AZR 255/02, NZA 03, 1086). Die Kündigung des Insolvenzverwalters mit der Frist des § 113 Satz 2 InsO unterliegt keiner Billigkeitskontrolle nach § 315 Abs 3 BGB (BAG 27.2.14 – 6 AZR 301/12, NZA 14, 897). Ist **einzelvertraglich** eine längere Kündigungsfrist als die gesetzliche Frist des § 622 Abs. 1 und 2 BGB vereinbart, ist bis zur Höchstfrist des § 113 InsO die einzelvertraglich vereinbarte Frist maßgeblich (BAG 3.12.98 – 2 AZR 425/98, NZA 99, 425). § 113 Abs 1 Satz 2 InsO verdrängt auch längere **tarifliche** Kündigungsfristen (BAG 16.6.99 – 4 AZR 191/98, NZA 99, 1331). Dies folgt schon aus dem Wortlaut. Tarifliche Kündigungsfristen sind daher nur anzuwenden, soweit sie kürzer sind. Auch der tarifliche Ausschluss der ordentlichen Kündigung wird bei einer Kündigung durch den Insolvenzverwalter durch die in § 113 Abs 1 Satz 2 InsO vorgegebene Höchstfrist verdrängt. Die Unkündbarkeitsklauseln sind damit in der Insolvenz bedeutungslos (BAG 19.1.2000 – 4 AZR 70/99, NZA 2000, 658). 10

**2. Arbeitsvertrag.** Soweit Arbeitsverträge gesetzliche Regelungen in Bezug nehmen ist deklaratorisch das jeweils geltende Recht gemeint. Diese Verweisung in einem Formulararbeitsvertrag verstößt weder gegen das Transparenzgebot des § 307 Abs 2 BGB noch ist die Verweisung auf die verlängerten Kündigungsfristen des § 622 Abs 2 BGB für eine Kündigung durch den ArbN nach § 305c Abs 1 BGB überraschend (BAG 28.5.09 – 8 AZR 896/07, NZA 09, 1337). Bei der Grundkündigungsfrist und der verlängerten Kündigungsfrist des **§ 622 BGB** handelt es sich um grds durch Einzelarbeitsvertrag nicht verkürzbare **Mindestkündigungsfristen** (BAG 29.1.15 – 2 AZR 280/14, NZA 15, 673). Ausnahmen sind im Gesetz ausdrücklich geregelt. Ebenso wenig dürfen zusätzliche Kündigungstermine vereinbart werden. Bei einem Verstoß gegen diese Bestimmungen tritt die gesetzliche Regelung an die Stelle der vereinbarten. Mangels anderer Anhaltspunkte ist die einzelvertragliche Vereinbarung von Kündigungsfrist und Kündigungstermin regelmäßig als Einheit zu betrachten. Für den Günstigkeitsvergleich zwischen vertraglicher und gesetzlicher Regelung ist daher ein Gesamtvergleich vorzunehmen (BAG 4.7.01 – 2 AZR 469/00, NZA 02, 380). Die einzelvertragliche Kombination einer kürzeren als der gesetzlich einschlägigen Kündigungsfrist mit eingeschränkten Kündigungsterminen (zB nur zum Quartals- oder Halbjahresende) ist nicht schon wirksam, weil sie in bestimmten Fällen oder für die längere Zeit innerhalb eines Kalenderjahres den besseren Schutz gewährt. Nach § 622 Abs 5 S 3 BGB müssen einzelvertraglich vereinbarte Kündigungsfristen „länger“ und nicht nur „meistens länger“ sein. Eine vertragliche Kündigungsfrist kann sich daher gegen die maßgebliche gesetzliche Kündigungsfrist nur durchsetzen, wenn sie in jedem Fall zu einer späteren Beendigung des Arbeitsverhältnisses führt (BAG 29.1.15 – 2 AZR 280/14, NZA 15, 673). Ob eine einheitliche, von der Dauer der Betriebszugehörigkeit unabhängige einzelvertragliche Kündigungsfrist solange anzuwenden ist bis sie schließlich mit einer für den ArbN günstigeren Frist nach der Stufenregelung des § 622 Abs 2 S 1 BGB kollidiert, ist bisher nicht entschieden. Dafür spricht, dass es sich bei den einzelnen Stufen des Gesetzes um jeweils selbstständige Bestimmungen handelt. Demgegenüber dürfte unerheblich sein, ob die Vertragsparteien mit einer einheitlichen, „starren“ Frist ein „Gesamtpaket“ aus einer 11 anfangs längeren, zuletzt dafür kürzeren Frist als im Gesetz vorgesehen „schnüren" wollten (BAG 29.1.15 – 2 AZR 280/14, NZA 15, 673).

12 **Längere Kündigungsfristen** können nach **§ 622 Abs 5 Satz 2 BGB** vereinbart werden. Sie gelten auch, wenn einer der Parteien ihre Einhaltung nur schwer erträglich erscheint. Sie kann nicht wirksam „aus minder wichtigem Grund" auf die gesetzliche Kündigungsfrist zurückgreifen (BAG 7.3.02 – 2 AZR 173/01, NZA 02, 963). Sog **Gleichbehandlungsabreden,** wonach die nur für den ArbGeb geltenden längeren Kündigungsfristen des § 622 Abs 2 BGB auch für die ArbNSeitige Kündigung gelten sollen, sind zulässig.

13 Für die **absolute Höchstgrenze** von Kündigungsfristen bei Verträgen über die Dauer von mehr als fünf Jahren ist nicht § 624 BGB, sondern als lex specialis der inhaltlich übereinstimmende § 15 Abs 4 TzBfG einschlägig. Die Vorschrift soll eine übermäßig lange Bindung des ArbN an einen ArbGeb und damit eine Einschränkung seiner persönlichen Freiheit verhindern. Sie setzt voraus, dass ein Arbeitsverhältnis von vornherein auf mehr als fünf Jahre abgeschlossen wird (BAG 24.4.13 – 8 AZR 453/12, NZA 13, 1206). Sie greift daher weder, wenn das Arbeitsverhältnis kurz vor seinem Ablauf um fünf Jahre verlängert wird (ErfK/*Müller-Glöge* TzBfG § 15 Rn 19), noch wenn es sich laut Vereinbarung um weitere fünf Jahre verlängert, falls es nicht zuvor rechtzeitig gekündigt wurde (BAG 19.12.91 – 2 AZR 363/91, NZA 92, 543). Die Bestimmung spielt heute wohl nur noch im Berufssport und bei besonders qualifizierten Tätigkeiten eine Rolle. Das Kündigungsrecht wird allein dem ArbN eingeräumt. Die Bindungsdauer an den Arbeitsvertrag darf für ihn – zusammen mit der im Gesetz vorgesehenen Kündigungsfrist – insgesamt nicht länger als 5 Jahre und 6 Monate betragen. Unberührt bleibt das Recht des ArbGeb, aus wichtigem Grund nach § 626 BGB fristlos oder wegen Wegfalls jeder Beschäftigungsmöglichkeit mit Auslauffrist zu kündigen (BAG 25.3.04 – 2 AZR 153/03, AP BGB § 138 Nr 60). § 15 Abs 4 TzBfG gilt nur für befristete Arbeitsverträge, wie der Wortlaut zeigt (APS/Backhaus TzBfG § 15 Rn 35). Die Vorschrift greift daher nur, wenn die Befristung des Vertrages nach § 14 Abs 4 TzBfG schriftlich vereinbart wurde und für sie ein Sachgrund besteht. Fehlt allein die Schriftform, kann der Arbeitsvertrag nach § 16 Satz 2 TzBfG schon vor dem vereinbarten Ende ordentlich gekündigt werden). Fehlt der Sachgrund für die Befristung, kann der jetzt unbefristete Arbeitsvertrag vom ArbN jederzeit ordentlich gekündigt werden, vom ArbGeb nach § 16 Satz 1 TzBfG jedoch frühestens zum vereinbarten Ende, sofern nicht die ordentliche Kündigung nach § 15 Abs 3 TzBfG vereinbart war.

Daneben ergibt sich für die dem ArbN eingeräumte Kündigungsfrist aus Art. 12 GG und § 307 Abs 1 BGB eine **relative Höchstgrenze.** Eine vom ArbGeb vorformulierte Kündigungsfrist, die die Grenzen des § 622 Abs 6 BGB und des § 15 Abs 4 TzBfG einhält, aber wesentlich länger ist als die gesetzliche Regelfrist des § 622 Abs 1 BGB, kann eine unangemessene Benachteiligung im Sinn von § 307 Abs 1 Satz 1 BGB darstellen und damit unwirksam sein, wenn sie vor dem Hintergrund des Art 12 Abs 1 GG eine unangemessene Beschränkung der beruflichen Bewegungsfreiheit des ArbN darstellt (BAG 26.10.2017 – 6 AZR 158/16, NJW 18, 891).

14 Für die Kündigung durch den ArbN dürfen nach **§ 622 Abs 6 BGB** keine längere Frist oder weniger Kündigungstermine vereinbart werden als für die Kündigung durch den ArbGeb. Geschieht dies doch, hat dies nicht zur Folge, dass sich die Frist für die Kündigung durch den ArbGeb verlängert (BAG 18.10.18 – 2 AZR 374/18, NZA 19, 246). Für die Kündigung durch den AN gelten vielmehr ebenfalls die kurze Frist und die zusätzlichen Kündigungstermine, die allein für den ArbGeb gelten sollten. Aus § 622 Abs 6 BGB wurde hergeleitet, einseitige **faktische Kündigungserschwerungen** für den AN wie die Vereinbarung von Vertragsstrafen oder der Wegfall von Erfolgsbeteiligungen seien unzulässig. Seit dem 1.1.2002 unterliegen sie der Inhaltskontrolle nach den §§ 307 ff BGB. Dabei gibt § 622 Abs 6 BGB das gesetzliche Leitbild iSv § 307 Abs 2 Nr 1 BGB ab (ErfK/*Müller-Glöge* BGB § 622 Rz 45).

15 Wird ein befristetes Arbeitsverhältnis nach **§ 625 BGB** auf unbestimmte Zeit fortgesetzt, gelten die gesetzlichen Kündigungsfristen. Die vereinbarten Kündigungsfristen gelten weiter, soweit das dem Parteiwillen entspricht. Dies kann auch konkludent vereinbart sein (BAG 11.8.88 – 2 AZR 53/88, NZA 89, 595). Die (verkürzten) tariflichen Kündigungsfristen können nach § 622 Abs 4 Satz 2 BGB im Geltungsbereich des entsprechenden Tarifvertrags einzelvertraglich von Nichttarifgebundenen vereinbart werden.

**a) Probezeit.** Die verkürzte Kündigungsfrist des **§ 622 Abs 3 BGB** gilt nicht automatisch, sondern nur, wenn eine Probezeit **vereinbart** wurde. Eine zusätzliche Vereinbarung der kürzeren Kündigungsfrist von zwei Wochen ist nicht erforderlich (BAG 4.7.01 – 2 AZR 88/00, NZA 02, 288). Die arbeitsvertragliche Vereinbarung einer kürzeren als der verkürzten Kündigungsfrist ist unwirksam. An ihre Stelle tritt die Kündigungsfrist des § 622 Abs 3 BGB. Wird eine längere Probezeit vereinbart, gelten nach Ablauf von sechs Monaten die allgemeinen – gesetzlichen, tarifvertraglichen oder wirksam vereinbarten – Grundkündigungsfristen. Die abgekürzte Kündigungsfrist gilt für alle Kündigungen, die innerhalb der Probezeit **zugehen.** Sie müssen nicht so ausgesprochen werden, dass sie noch innerhalb der Probezeit wirksam werden. Ein Kündigungstermin muss nicht eingehalten werden (BAG 13.12.07 – 6 AZR 145/07, NZA 08, 403). Die **Dauer** der Probezeit unterliegt keiner **Angemessenheitskontrolle,** soweit sie sechs Monate nicht übersteigt. Der ArbN kann sich daher nicht darauf berufen, dass die Dauer der vereinbarten Probezeit im konkreten Fall – etwa wegen der von ihm auszuübenden Tätigkeit oder wegen Vorbeschäftigungszeiten – unsinnig sei (BAG 24.1.08 – 6 AZR 519/07, NZA 08, 521). Wird in einem Formulararbeitsvertrag eine Probezeit und an anderer Stelle eine (längere) Kündigungsfrist festgelegt ohne ausdrücklich festzuhalten, dass diese erst nach der Probezeit gelten soll, kann das Arbeitsverhältnis in der Probezeit nur mit der längeren Frist gekündigt werden (BAG 23.3.17 – 6 AZR 705/15, NZA 17, 773). Wird die Probezeitkündigung im Rahmen einer **Massenentlassung** ausgesprochen, kann sich aus der nach § 18 KSchG einzuhaltenden Sperrfrist eine Verlängerung der Frist für die Probezeitkündigung ergeben (BAG 6.11.08 – 2 AZR 935/07, NZA 09, 1013). Auch im **befristeten Arbeitsverhältnis** kann eine Probezeit vereinbart werden (BAG 24.1.08 – 6 AZR 519/07, NZA 08, 521). Damit wird die Probezeitkündigung nicht nach § 15 Abs 3 TzBfG ausgeschlossen. Auch hier wird die Vereinbarung einer Probezeit idR so zu verstehen sein, dass während ihres Laufs das Arbeitsverhältnis mit der kürzestmöglichen Frist gekündigt werden kann (BAG 4.7.01 – 2 AZR 88/00, EzA BGB § 620 Kündigung Nr 4). **16**

**Tatsächliche Unterbrechungen** der Beschäftigung in der Probezeit (Krankheit, Urlaub) wirken sich auf ihre rechtliche Dauer selbst dann nicht aus, wenn sie längere Zeit andauern (BAG 16.3.89 – 2 AZR 407/88, NZA 89, 884 zum KSchG). **Rechtliche Unterbrechungen** des Arbeitsverhältnisses in der Probezeit sind nicht anders zu behandeln als die Unterbrechungen in der Wartezeit nach § 1 Abs 1 KSchG. Sie haben auf die Berechnung des Ablaufs der Probezeit keinen Einfluss, wenn zwischen mehreren Arbeitsverhältnissen ein enger sachlicher Zusammenhang besteht (Einzelheiten → *Kündigungsschutz* Rn 57–65). Die in § 169 SGB IX enthaltene Kündigungsfrist schließt die Anwendung von § 622 Abs 3 BGB nicht aus. Sie gilt nach § 173 Abs 1 Nr 1 SGB IX erst, wenn das Arbeitsverhältnis ohne Unterbrechung sechs Monate bestanden hat. **17**

Das **Berufsausbildungsverhältnis** kann während der Probezeit nach § 22 Abs 1 BBiG ohne Einhaltung einer Frist gekündigt werden. Die Probezeit im Ausbildungsverhältnis kann auch im Anschluss an ein Arbeitsverhältnis vereinbart werden (BAG 16.12.04 – 6 AZR 127/04, NZA 05, 578). Wird ein beendetes Ausbildungsverhältnis nach einigen Monaten erneut vereinbart, beginnt es nicht nach § 20 S 1 BBiG mit einer Probezeit. Sie lässt sich auch nicht wirksam vereinbaren, wenn zu dem vorangegangenen Ausbildungsverhältnis ein enger sachlicher Zusammenhang besteht (BAG 12.2.15 – 6 AZR 831/13, NZA 15, 737). § 22 Abs 2 Nr. 2 BBiG legt eine Mindestkündigungsfrist fest. Deshalb darf der Auszubildende bei einer Berufswechselkündigung das Ausbildungsverhältnis zu dem von ihm beabsichtigten Zeitpunkt der Aufgabe der Berufsausbildung auch mit einer längeren als der gesetzlich normierten Frist von vier Wochen kündigen (BAG 22.2.18 – 6 AZR 50/17, NZA 18, 575). **18**

**b) Aushilfsarbeitsverhältnisse.** Mit einem Aushilfsarbeitsverhältnis soll der vorübergehende Bedarf an Arbeitskräften abgedeckt werden. Dies muss sich aus dem Arbeitsvertrag ergeben (BAG 22.5.86 – 2 AZR 392/85, NZA 87, 60). Es wird idR befristet, kann aber auch unbefristet abgeschlossen werden. Im befristeten Aushilfsarbeitsverhältnis muss nach § 15 Abs 3 TzBfG die Möglichkeit ordentlich zu kündigen vereinbart werden. Die einzelvertragliche Verkürzung der Grundkündigungsfrist im Aushilfsarbeitsverhältnis nach **§ 622 Abs 5 Nr 1 BGB** ist unbegrenzt möglich, soweit es nicht über drei Monate hinaus fortgesetzt wird. Es kann auch die „fristlose ordentliche Kündigung" vereinbart werden (BAG 22.5.86 – 2 AZR 392/85, NZA 87, 60). Die verkürzte Kündigungsfrist kann bis zum **19**

letzten Tag genutzt werden. Entscheidend ist der Zugang der Kündigung, nicht das Ende der Kündigungsfrist (ErfK/*Müller-Glöge* BGB § 622 Rz 16). Wird das Aushilfsarbeitsverhältnis über die Dauer von drei Monaten hinaus fortgesetzt, gelten statt der verkürzten Fristen die gesetzlichen Kündigungsfristen und -termine. Die verkürzte Kündigungsfrist „kann vereinbart werden". Haben die Parteien eines Aushilfsarbeitsverhältnisses über die Kündigungsfrist keine ausdrückliche Vereinbarung getroffen, bleibt es daher bei der gesetzlichen Regelfrist, auch wenn der Arbeitsvertrag eine Aushilfsklausel enthält. Auch dispositive Gesetzesvorschriften haben im Arbeitsrecht regelmäßig eine Schutzfunktion.

20 **c) Kleinunternehmen.** Für die Sonderregelung zur Verkürzung der Grundkündigungsfrist in Kleinunternehmen mit nicht mehr als 20 ArbN nach **§ 622 Abs 5 Nr 2 BGB** ist die Zahl der von einem **Arbeitgeber** Beschäftigten entscheidend, nicht der im Betrieb Beschäftigten. So kann es geschehen, dass ein ArbGeb zwar „frei" kündigen kann, weil er in dem betroffenen Betrieb nicht mehr als 10 ArbN regelmäßig beschäftigt, aber gehindert ist, mit diesen ArbN kürzere Kündigungsfristen zu vereinbaren, weil er in einem anderen Betrieb weitere ArbN beschäftigt, die nach § 622 Abs 5 Ziff 2 BGB hinzuzuzählen sind. **Teilzeitbeschäftigte** sind mit einer regelmäßigen wöchentlichen Arbeitszeit von nicht mehr als 20 Stunden mit 0,5 und nicht mehr als 30 Stunden mit 0,75 zu berücksichtigen. Entscheidend ist die vereinbarte Stundenzahl, soweit nicht etwas anderes gelebt wird. Die Kündigungsfrist muss mindestens vier Wochen betragen. Der Kündigungstermin kann frei vereinbart werden (ErfK/*Müller-Glöge* BGB § 622 Rz 18). Besteht das Arbeitsverhältnis länger als zwei Jahre, gelten wieder die verlängerten Kündigungsfristen des Abs 2, die grds nicht verkürzt werden dürfen (ErfK/*Müller-Glöge* BGB § 622 Rz 18).

21 **3. Tarifvertrag.** Nach **§ 622 Absatz 4 BGB** sind Grundkündigungsfrist, verlängerte Kündigungsfrist und die Kündigungsfrist während der vereinbarten Probezeit **tarifoffen.** Sie können durch Tarifvertrag verkürzt oder verlängert werden (ErfK/*Müller-Glöge* BGB § 622 Rn 19). Dabei sind die Tarifvertragsparteien nicht verpflichtet, für ArbN mit längerer Beschäftigungsdauer verlängerte Kündigungsfristenvorzusehen (BAG 23.4.08 – 2 AZR 21/07, NZA 08, 960). Die Tarifvertragsparteien können auch andere Kündigungstermine vereinbaren (BAG 4.7.01 – 2 AZR 469/00, NJW 02, 1363) oder die Voraussetzungen abändern, unter denen verlängerte Kündigungsfristen entstehen. Sie sind jedoch an das Benachteiligungsverbot des § 622 Abs 6 BGB gebunden. Auch Tarifvertragsparteien dürfen für ArbN keine längeren Kündigungsfristen vereinbaren als für die ArbGeb (Erfk/*Müller-Glöge* BGB § 622 Rz 21).

22 **a) Verweisung.** Verweist ein Tarifvertrag auf die **„gesetzliche Regelung"**, sind in seinem Geltungsbereich die jeweils geltenden gesetzlichen Vorschriften anzuwenden. § 622 Abs 2 S 2 BGB war bisher schon wegen der darin liegenden Diskriminierung wegen des Lebensalters nicht anwendbar (EuGH 19.1.10 – C 555/07 Kücükdevici). Zum 1.1.2019 ist er aufgehoben worden. Die Unanwendbarkeit später aufgehobener oder nicht mehr anwendbarer gesetzlicher Bestimmungen gilt ebenso, wenn die einschlägigen gesetzlichen Vorschriften inhaltlich und damit nur deklaratorisch übernommen wurden (BAG 4.3.93 – 2 AZR 355/92, NZA 93, 995; BAG 5.10.95 – 2 AZR 1028/94, NZA 96, 539). Im Einzelfall kann die Auslegung des Tarifvertrages ergeben, dass eine eigenständige vom Gesetz losgelöste Regelung gewollt war. Dies wird man nur annehmen können, wenn dieser Regelungswille deutlich zum Ausdruck kommt (BAG 21.4.10 – 10 AZR 308/09, AP TVG § 1 Tarifauslegung Metallindustrie Nr 212), etwa wenn der Tarifvertrag auf gesetzliche Regelungen Bezug nimmt, die sonst nicht gelten würden oder wenn im Tarifvertrag vom Gesetz abweichende Regelungen getroffen wurden (BAG 7.3.02 – 2 AZR 610/00, EzA BGB § 622 Tarifvertrag Nr 3).

23 **b) Differenzierung.** § 622 Abs 4 BGB eröffnet die Möglichkeit, branchenspezifisch von den gesetzlichen Regelungen abzuweichen. Tarifliche Regelungen enthalten eine Angemessenheitsgewähr, sie müssen nicht die gerechteste oder zweckmäßigste Lösung enthalten. Eine Differenzierung nach ArbNGruppen ist in diesem Umfang zulässig. Unterschiedliche Regelungen für Arbeiter und Angestellte dürfen jedoch nicht an deren Status festmachen. Denkbar ist, dass dieser Unterscheidung im konkreten Fall ein Lebenssachverhalt zugrunde liegt, der eine Differenzierung zulässt (BAG 16.2.10 – 3 AZR 216/09, NZA 10, 701 zur betrieblichen Altersversorgung).

Das **Bundesverfassungsgericht** hat offen gelassen, ob und inwieweit Tarifverträgen, die unterschiedliche Kündigungsfristen für Arbeiter und Angestellte enthalten, durch die Verfassung Beschränkungen auferlegt werden und zugleich darauf hingewiesen, dass Tarifverträge jeweils nur einen bestimmten Ausschnitt aus dem Gesamtspektrum der ArbNSchaft betreffen (BVerfG 30.5.90 – 1 BvL 2/83, NZA 90, 721). Es hat aber Argumente gewichtet und Richtlinien aufgestellt, an denen sich auch die Tarifvertragsparteien messen lassen müssen. Was dem Gesetzgeber nicht erlaubt ist, kann den Tarifvertragsparteien nicht gestattet sein. Auch sie sind an Art 3 GG gebunden (BAG 16.9.93 – 2 AZR 697/92, NZA 94, 221). Flexibilitätsargumente – wie etwa die Notwendigkeit im produktiven Bereich schneller Personal entlassen zu müssen – treffen allenfalls für betriebsbedingte Kündigungen zu (BVerfG 30.5.90 – 1 BvL 2/83, NZA 90, 721). 24

Ist die tarifliche Kündigungsfrist **verfassungswidrig,** gelten die gesetzlichen Kündigungsfristen (BAG 10.3.94 – 2 AZR 323/84, NZA 94, 799). Einheitlichen Kündigungsfristen für Angestellte und Arbeiter setzen sich seit Jahren in den Tarifverträgen auf breiter Front durch. Das BAG hat jedenfalls deutlich gemacht, dass sich die Rspr zu den bei Inkrafttreten des neuen § 622 BGB im Oktober 1993 geltenden Tarifverträgen nicht ohne weiteres auf Tarifverträge erstrecken lässt, die nach diesem Zeitpunkt abgeschlossen wurden und werden (BAG 10.3.94 – 2 AZR 605/93, NZA 94, 1045). 25

**4. Fristenberechnung.** Für die Berechnung der Kündigungsfristen gelten die **§§ 187 ff BGB.** Der Tag, an dem die Kündigung zugeht, ist nicht in die Berechnung der Frist einzubeziehen. Daraus folgen als späteste Daten für den Zugang einer Kündigung: 26

**a)** Bei **Grundkündigungsfrist** (§ 622 Abs 1 BGB) 27

| und Kündigung zum 15. des Folgemonats: | und Kündigung zum Monatsende: |
|---|---|
| – in Monaten mit 31 Tagen der 18. | – in Monaten mit 31 Tagen der 3. |
| – in Monaten mit 30 Tagen der 17. | – in Monaten mit 30 Tagen der 2. |
| – im Februar der 15. | – zum 28. Februar der 31. Januar. |
| – im Schaltjahr der 16. Februar | – zum 29. Februar der 1. Februar. |

**b)** Bei **verlängerter Kündigungsfrist** (§ 622 Abs 2 BGB) gilt jeweils der Letzte des Monats, der dem Beginn der ein- bis siebenmonatigen Kündigungsfrist vorausgeht. Wer einen seit 15 Jahren beschäftigten ArbN zum 30.6. kündigen will, muss ihm daher die Kündigung spätestens am 31.12. des Vorjahres zustellen. 28

**c)** Bei einer **Kündigung während der Probezeit** (§ 622 Abs 3 BGB) gilt jeweils der 15. Tag vor dem angestrebten letzten Tag des Arbeitsverhältnisses, wobei es ausreicht, wenn sie in der Probezeit zugeht. 29

Ist der jeweils letzte Tag vor Beginn der Kündigungsfrist ein **Samstag, Sonntag oder Feiertag,** kann die Kündigung nicht etwa noch am folgenden Werktag erklärt werden (BAG 13.10.76 – 5 AZR 638/75, AP BGB § 130 Nr 9). § 193 BGB ist unanwendbar (BGH 17.2.05, NJW 05, 1354). Auf der anderen Seite kann der Betroffene eine Kündigung nicht deshalb zurückweisen, weil sie am letzten Tag vor Beginn der Kündigungsfrist an einem Sonntag oder Feiertag zugeht. Die Kündigungsfrist verkürzt sich auch nicht, wenn dem ArbN eine Kündigung erst kurz nach Mitternacht zugeht, weil er in einer Nachtschicht arbeitet, die vom letztmöglichen Tag bis in den nächsten hineinreicht (BAG 15.7.69 – 2 AZR 367/68, AP BGB § 130 Nr 6).

Die **vorzeitige Kündigung** ist zulässig. Der ArbGeb muss mit dem Zugang der Kündigung nicht bis zum letzten Tag warten. Hierin liegt idR ein Verzicht auf die – im Einzelfall noch mögliche – Kündigung zu einem früheren Zeitpunkt. Der gesetzlich vorgesehene Kündigungstermin – „zum 15." bzw „zum Ende eines Kalendermonats" – steht nicht zur Disposition der Arbeitsvertragsparteien. Eine Kündigung kann daher nicht zu einem anderen Termin ausgesprochen werden. Dies gilt auch dann, wenn der ArbGeb mit längerer als der gesetzlichen Frist kündigt und das Arbeitsverhältnis zu einem früheren Termin hätte kündigen können (BAG 12.7.07 – 2 AZR 492/05, NZA 08, 476). Kann ein Arbeitsverhältnis ordentlich nur zum Schluss eines **Kalendervierteljahres** ausgesprochen werden, ist eine zum „1. April" ausgesprochene Kündigung idR dahin auszulegen, dass sie das Arbeitsverhältnis zum 31. März beenden soll (BAG 25.9.02 – 10 AZR 7/02, NZA 03, 617). 30

31 **d)** Bei der **Kündigung vor Dienstantritt** ist die Kündigungsfrist ausnahmsweise anders zu berechnen, wenn sie nach dem Inhalt des Arbeitsvertrages erst mit dem Zeitpunkt des Dienstantritts beginnen soll (→ *Kündigung, vor Dienstantritt* Rn 3). Fällt so der Tag des Dienstantritts mit dem Beginn der Kündigungsfrist zusammen, wird er bei der Berechnung der Frist nach § 187 Abs 2 BGB mitgerechnet (BAG 2.11.78 – 2 AZR 74/77, NJW 80, 1015). Das Arbeitsverhältnis endet in diesem Fall bei gesetzlicher Kündigungsfrist und vereinbarter Probezeit am 14. Tag nach dem vorgesehenen Dienstantritt, nicht erst am 15. Tag.

## B. Lohnsteuerrecht *Seidel*

33 S die Ausführungen zu → *Kündigung, allgemein* Rn 82.

## C. Sozialversicherungsrecht *Voelzke*

34 S die Ausführungen zu → *Kündigung, allgemein* Rn 83 ff; → *Sperrzeit* Rn 6 ff; zum Ruhen des Anspruchs auf AlGeld bei Zahlung einer Abfindung und Nichteinhaltung der Kündigungsfrist des ArbGeb nach § 158 SGB III s Einzelheiten unter → *Abfindung* Rn 60 ff.

# Kündigungsschutz

## A. Arbeitsrecht *Eisemann*

**Übersicht**



1 **I. Einführung.** Wer einen Vertrag freiwillig abschließt, soll ihn auch wieder frei lösen können. Dieser Grundsatz gilt für fast alle auf Dauer angelegten Verträge zwischen Privatpersonen. Vor überraschender Beendigung schützt man sich, indem man Kündigungsfristen vereinbart. Von Anfang an gehörten **Vertragsfreiheit** und **freie Kündbarkeit** zusammen. Ausnahmen macht das Gesetz aus sozialen Erwägungen zB beim Mietvertrag und im Arbeitsverhältnis. So soll verhindert werden, dass Familien das Dach über dem Kopf und ArbN ihre Existenzgrundlage verlieren, ohne dass hierfür ein **hinreichender Grund** vorhanden ist. Was unter einem „hinreichenden Grund" zu verstehen und wann die Kündigung von Arbeitsverhältnissen nicht möglich ist, ergibt sich aus dem GG, dem BGB,

dem KSchG und einer Reihe von spezialgesetzlichen Regelungen, mit denen einzelne Personengruppen besonders gegen Kündigungen geschützt werden.

Der **„allgemeine Kündigungsschutz"** betrifft den Schutz aller ArbN nach dem KSchG, vom **„besonderen Kündigungsschutz"** sprechen wir, wenn der darüber hinausgehende Schutz einzelner Gruppen gekennzeichnet werden soll. Daneben ergeben sich für die Kündigung von Arbeitsverhältnissen eine Reihe von **allgemeinen Unwirksamkeitsgründen** aus anderen gesetzlichen Regelungen. 2

**II. Allgemeine Unwirksamkeitsgründe.** Das Kündigungsrecht ist durch eine Anzahl gesetzlicher Bestimmungen beschränkt, die sich weder im KSchG, noch in den Bestimmungen zum besonderen Kündigungsschutz befinden. 3

**1. Grundrechtsverletzungen.** Verfassungsrechtliche Regeln wenden sich im Kündigungsrecht in erster Linie als Auftrag und Schranken an den Gesetzgeber. Die Rspr geht daneben von einer zumindest **mittelbaren** umfassenden **Drittwirkung** der Grundrechte aus. Danach richten sich einige Verfassungsnormen nicht nur an den Staat, sie verpflichten ebenso Private in ihren Rechtsbeziehungen (BVerfG 23.11.06 – 1 BvR 1909/06, NZA 07, 85; BAG 20.11.12 – 1 AZR 179/11, NZA 13, 449). Dabei sind Gerichte für Arbeitssachen wegen ihrer durch Art 1 Abs 3 GG angeordnete Grundrechtsbindung gehindert das völlige Zurückweichen eines Grundrechts zugunsten eines anderen hinzunehmen. Sie müssen im Wege einer Güterabwägung nach dem Grundsatz der praktischen Konkordanz einen Ausgleich der jeweils widerstreitenden grundrechtlichen Gewährleistungen herbeiführen. Dies gilt selbst bei vorbehaltlos gewährten Grundrechten (BVerfG 24.11.10 – 1 BvF 2/05, AuR 11, 56; BAG 24.9.14 – 5 AZR 611/12, NZA 14, 1407). Die Auslegung und Anwendung des Arbeitsrechts durch die Arbeitsgerichtsbarkeit verstößt so gegen Grundrechte, wenn übersehen wird, dass sie hierbei zu beachten sind, wenn der Schutzbereich der zu beachtenden Grundrechte unrichtig oder unvollkommen bestimmt oder ihr Gewicht unrichtig eingeschätzt wird, so dass darunter die Abwägung der beiderseitigen Rechtspositionen leidet, und die Entscheidung auf diesem Fehler beruht (BVerfG 23.11.06 – 1 BvR 1909/06, NZA 07, 85). ArbN sind gegen Kündigungen auch durch zivilrechtliche Generalklauseln wie die §§ 138 oder 242 BGB geschützt, bei deren Anwendung der objektive Gehalt der Grundrechte und damit auch der des Art 12 Abs 1 GG berücksichtigt werden müssen (BVerfG 27.1.98 – 1 BvL 15/87, NZA 98, 470). Die Kündigung verletzt ein Grundrecht, wenn sie gerade und allein wegen solcher Umstände erklärt wird, die vom Schutzbereich einer Grundrechtsnorm erfasst werden. Daneben schränken die Grundrechte die Kündigungsmöglichkeit ein, weil Kündigungsvorschriften vor ihrem Hintergrund zu interpretieren sind (BAG 26.9.02 – 2 AZR 636/01, NZA 03, 549). 4

**a) Gleichbehandlungsgrundsatz.** Nach **Art 3 Abs 1 GG** sind alle Menschen vor dem Gesetz gleich. Gleiches ist gleich und Ungleiches entsprechend seiner Eigenart ungleich zu behandeln. Ungleichheiten können so groß sein, dass sie gerechterweise berücksichtigt werden müssen (BAG 29.1.14 – 6 AZR 943/11, NZA-RR 14, 446). 5

Im Kündigungsrecht spielt der Gleichbehandlungsgrundsatz keine zentrale Rolle. Er soll sich nicht unmittelbar auf den Bestandsschutz von Arbeitsverhältnissen erstrecken (BAG 16.7.15 – 2 AZR 85/15, NZA 16, 161) und nur für die Erfüllung von Ansprüchen, nicht bei der Ausübung von Gestaltungsrechten gelten. Der ArbGeb kann bei gleichen Kündigungsgründen grds dem einen ArbN kündigen, den anderen nicht. Der Gleichbehandlungsgrundsatz ist aber im Rahmen von § 1 KSchG und § 626 BGB bei der Anwendung der hierin enthaltenden Generalklauseln mittelbar zu berücksichtigen (BVerfG 23.4.86 – 2 BvR 487/80, NJW 87, 827 Für die betriebsbedingten Kündigungen wird der Gleichbehandlungsgrundsatz schon durch § 1 Abs 3 KSchG – die Pflicht zur Sozialauswahl – konkretisiert. Bei der personenbedingten Kündigung spielt er kaum eine Rolle. Und selbst im Zusammenhang mit **verhaltensbedingten Kündigungen** scheidet seine Anwendung weitgehend aus (BAG 16.7.15 – 2 AZR 85/15, NZA 16, 161), wobei es sich hier in der Praxis um seinen Hauptanwendungsfall handelt. 6

Die **Reichweite** des Gleichbehandlungsgrundsatzes wird etwa bei der **herausgreifenden Kündigung** diskutiert. Das Herausgreifen einzelner bei gleichem und zeitgleichem Kündigungssachverhalt kann im Einzelfall darauf schließen lassen, dass es für den ArbGeb zumutbar ist, das Arbeitsverhältnis auch mit den gekündigten Arbeitnehmern fortzusetzen (BAG 7

22.2.79 – 2 AZR 115/78, DB 79, 1659; ErfK/*Oetker* KSchG § 1 Rz 90). Fehlt ein Grund für das Herausgreifen Einzelner, wird man bei der **außerordentlichen Kündigung** davon ausgehen dürfen, dass auch die Weiterbeschäftigung der Gekündigten vor dem Hintergrund des Art 3 GG **zumutbar** ist, bei der ordentlichen Kündigung ist Ansatzpunkt die Interessenabwägung. Um für ihn negative Schlüsse zu vermeiden kann der ArbGeb vortragen, aus welchem sachlichen Grund er einen Unterschied gemacht hat (APS/*Preis* Grundlagen J Rn 58). Ein **willkürliches Herausgreifen** Einzelner wird damit im **Ergebnis nicht zugelassen.** Die Umstände des **Einzelfalles** sind letztlich entscheidend.

**8** So kann die Kündigung Einzelner wegen ihrer Teilnahme an einem wilden Streik gerechtfertigt sein, weil eine schnelle Entscheidung notwendig war und die Betroffenen sich besonders hartnäckig geweigert hatten, ihre Arbeit wieder aufzunehmen (BAG 21.10.69 – 1 AZR 93/68, NJW 70, 486). Auf der anderen Seite ist die ausschließliche Kündigung von BRatMitgliedern nach einem Prämienbetrug, den auch andere AN begangen haben unwirksam (BAG 22.2.79 – 2 AZR 115/78, DB 79, 1659).

**9** Werden **Betriebsratsmitglieder** von einer Massenkündigung ausgenommen, liegt hierin kein Verstoß gegen den Gleichbehandlungsgrundsatz oder das Begünstigungsverbot des § 78 BetrVG. Ihr besonderer Schutz durch § 15 KSchG geht vor, weil sich nur so die Amtsausübung sichern lässt (BAG 29.1.81 – 2 AZR 778/78, NJW 82, 252). Voraussetzung für die Kündigung wegen der Mitgliedschaft in einer **verfassungsfeindlichen Organisation** ist der konkrete Bezug zum Arbeitsverhältnis. Die Tatsache der Mitgliedschaft allein reicht nicht aus. Aktives Eintreten für eine verfassungsfeindliche Partei kann dagegen im öffentlichen Dienst eine Kündigung rechtfertigen (BAG 12.5.11 – 2 AZR 479/09, ArbuR 11, 270).

**10** Für die Praxis empfiehlt sich die Formel, dass sachliche Erwägungen für ein Herausgreifen bei der Entscheidung berücksichtigt werden müssen. So bleibt ein **Ermessensspielraum** erhalten, der dem ArbGeb einerseits willkürliches Handeln verbietet, andererseits seine Handlungsfreiheit nicht nach den strengen Grundsätzen des Kündigungsrechts einschränkt. Dies ermöglicht ihm zB bei gleichem Vertragsverstoß einzelnen ArbN nicht zu kündigen, die wegen ihrer Sozialdaten von der Kündigung besonders hart betroffen wären, ohne dass sich die Gekündigten hierauf berufen können. Es ermöglicht ihm auf der anderen Seite, einzelne ArbN nach sachgerechten Kriterien zu kündigen, wie zB der nur geringen Dauer eines Beschäftigungsverhältnisses.

**11** Mittelbar soll der Gleichbehandlungsgrundsatz durchschlagen, wenn die Behandlung vergleichbarer Kündigungssachverhalte durch den ArbGeb zu einer **Selbstbindung** führt (BAG 14.10.65 – 2 AZR 466/64, AP BetrVG § 66 Nr 27). Hat der ArbGeb früher in vergleichbaren Fällen von einer Kündigung abgesehen, soll dies bei der Prüfung berücksichtigt werden, ob eine Kündigung sozial gerechtfertigt ist oder die Weiterbeschäftigung für den ArbGeb zumutbar erscheint. Dies darf jedenfalls nicht zu einem Automatismus führen und ist am Einzelfall festzumachen.

**12** **b) Glaubensfreiheit und Gewissensfreiheit.** Die in **Art 4 Absätze 1 und 2 GG** garantierte **Freiheit des Glaubens** und der **ungestörten Religionsausübung** kann einer Kündigung entgegenstehen. Dieses Grundrecht enthält das Recht des Einzelnen, sein gesamtes Leben an den Lehren seines Glaubens auszurichten. Diese Glaubensfreiheit kann im Arbeitsverhältnis mit der durch Art 12 Abs 1 GG geschützten wirtschaftlichen Betätigungsfreiheit des ArbGeb kollidieren. Die Bekenntnisfreiheit kann hier ihre Grenzen finden (BVerfG 30.7.03 – 1 BvR 792/03, NZA 03, 959; BAG 24.9.14 – 5 AZR 611/12, NZA 14, 1407). Diese Abwägung kann nicht generell, sondern nur im Einzelfall vorgenommen werden. Sie betrifft nicht den gesamten Bereich der jeweiligen Gewährleistung, sondern ist auf den Ausgleich der konkreten Kollisionslage beschränkt. Das Zurückweichen der einen Grundrechtsgewährleistung muss zum Schutz der anderen geboten sein (BAG 24.9.14 – 5 AZR 611/12, NZA 14, 1407).

**13** Kündigungen sind jedenfalls unwirksam, wenn sie allein und ausschließlich auf die Zugehörigkeit zu einer bestimmten Religionsgemeinschaft gestützt werden. Der Konflikt zwischen arbeitsvertraglichen Pflichten und grundgesetzlicher Garantie ist mit einer an den widerstreitenden Grundrechten ausgerichteten **Interessenabwägung** zu lösen. So kann das Tragen eines islamischen Kopftuchs allein regelmäßig nicht die ordentliche Kündigung einer Verkäuferin in einem Kaufhaus rechtfertigen (BAG 10.10.02 – 2 AZR 472/01, NZA 03, 483) und der Schutz des Grundrechts auf Glaubens- und Bekenntnisfreiheit (Art 4 Abs 1 und 2 GG) gewährleistet auch Lehrkräften in der öffentlichen bekenntnisoffenen Gemeinschaftsschule die Freiheit, ein islamisches Kopftuch zu tragen, wenn sie dies für sich aus religiösen Gründen als verpflichtend ansehen (BVerfG 27.1.15 – 1 BvR 471/10, NJW 15, 1359). Mit der arbeitsvertraglichen Verpflichtung einer in einer Einrichtung der Evangelischen Kirche tätigen Arbeitnehmerin ist dagegen das Tragen eines Kopftuchs als Symbol der Zugehörigkeit zum islamischen Glauben und damit als Kundgabe einer anderen Religionszugehörigkeit regelmäßig nicht in Einklang zu bringen (BAG 24.9.14 – 5 AZR 611/12, NZA 14, 1407). Der ArbGeb muss schon bei der Ausübung des Weisungsrechts auf einen ihm vom ArbN offenbarten Glaubenskonflikt im Einzelfall Rücksicht nehmen. Stellt er seine durch Art 12 GG geschützten Betätigungsfreiheit einseitig in den Vordergrund und bringt er diesen damit in einen ernsthaften und unüberwindbaren Glaubenskonflikt, kann er mit der Weigerung des ArbN, die angeordnete Tätigkeit auszuüben, eine Kündigung nicht rechtfertigen (BAG 24.2.11 – 2 AZR 636/09, NZA 11, 1087). Hierbei und bei der Weigerung mohammedanischer ArbN, an bestimmten Tagen zu arbeiten, oder ihrer Forderung, zu bestimmten Zeiten während der Arbeitszeit Gebete zu verrichten, wird es auch darauf ankommen, dass sich das Arbeitsverhältnis nach deutschem Recht richtet, ob dem ArbN die Arbeitsbedingungen bei Abschluss des Arbeitsvertrages bekannt waren und er den ArbGeb bei dieser Gelegenheit von seiner religiösen Überzeugung und ihrer Bedeutung für die Abwicklung des Arbeitsverhältnisses berichtet hat (BAG 24.2.11 – 2 AZR 636/09, NZA 11, 1087; LAG Düsseldorf DB 63, 522; zu Einzelheiten → *Diskriminierung* Rn 50–52, 93–96 und → *Gewissensfreiheit* Rn 3–8), vor allem aber darauf, ob eine alternative Beschäftigungsmöglichkeit besteht (BAG 24.2.11 – 2 AZR 636/09, NZA 11, 1087). Bei einer Tätigkeit für Religionsgemeinschaften gelten besondere Regeln (→ *Kündigung, außerordentliche* Rn 42; → *Kirchenarbeitsrecht* Rn 4 ff).

Das Direktionsrecht des ArbGeb kann ebenso durch die **Gewissensfreiheit** eines ArbN eingeschränkt sein. Er darf dem ArbN keine Arbeit zuweisen, die diesen in einen vermeidbaren Gewissenskonflikt bringt. Dieser ist berechtigt, eine ihm aufgetragene Tätigkeit aus Gewissensgründen zu verweigern mit der Folge, dass diese Arbeitsverweigerung seine daraufhin erfolgte Kündigung nicht rechtfertigen kann. Bei der Gewissensentscheidung handelt es sich um ernste sittliche, an den Kategorien „gut“ und „böse“ ausgerichtete Entscheidung, die der einzelne als sich bindend und unbedingt verpflichtend erfährt, so dass er gegen sie nicht ohne ernste Gewissensnot handeln könnte (BAG 20.12.84 – 2 AZR 436/83, NZA 86, 21). ArbN dürfen sich daher zB aus Gewissensnot weigern, eine rechtsradikale Werbebroschüre zu drucken und Ärzte jedenfalls dürfen den Schwangerschaftsabbruch verweigern, wenn auch ein anderer Arzt damit betraut werden kann (BVerfG 28.5.93 – 2 BvF 2/90, NJW 93, 1751; Einzelheiten → *Gewissensfreiheit* Rn 2 ff). 14

**c) Freie Meinungsäußerung.** Das in **Art 5 GG** und **Art 10 Abs 1 MRK** geschützte **Recht der freien Meinungsäußerung** gilt auch und gerade im Arbeitsverhältnis (BVerfG 28.4.76, DB 76, 1485; BAG 24.11.05 – 2 AZR 584/04, NZA 06, 650). Es umfasst sowohl den Inhalt als auch die Form einer Meinungsäußerung (BVerfG 10.10.95 – 1 BvR 1476/91, NJW 95, 3303), wird aber durch die Grundregeln des Arbeitsrechts – wie die **Rücksichts- und Loyalitätspflichten** – eingeschränkt (BAG 10.12.09 – 2 AZR 534/08, NZA 10, 698) und rechtfertigt daher nicht jede freie Meinungsäußerung am Arbeitsplatz, wie etwa eine „Schmähkritik“ (BverfG 30.5.18 – 1 BvR 1149/17, NZA 18, 924). Die Kündigung setzt jedoch stets eine **konkrete Störung** der betrieblichen Abläufe voraus (BAG 9.12.82 – 2 AZR 620/80, AP BGB § 626 Nr 73; Einzelheiten → *Meinungsfreiheit* Rn 2–8). 15

**d) Ehe und Familie.** Der in **Art 6 GG** enthaltene Schutz von Ehe und Familie verpflichtet den Staat, den Eltern zu ermöglichen Ehe und Familie mit einer Erwerbstätigkeit zu verbinden (BVerfG 10.11.1998 – 2 BvL 42/93, NJW 99, 557) sowie Schwangeren und Müttern einen wirksamen Kündigungsschutz zu gewährleisten (BVerfG 24.4.91 – 1 BvR 1341/90, NJW 91, 1667). Dieser Schutz kann bei einer Tätigkeit in Einrichtungen der Religionsgemeinschaften mit der in Art 140 GG, 137 Abs 3 WRV garantierten Kirchenautonomie kollidieren. So kann die kirchenrechtliche Unauflöslichkeit der Ehe im *Tendenzbetrieb* grundsätzlich zu einer Kündigung führen, wenn ein geschiedener ArbN erneut heiratet (EuGH 11.9.18 – C-68/17, NZA 18, 1187; BAG 20.2.19 – 2 AZR 746/14, NZA 19, 901). Die Zölibatspflicht kann dazu führen, dass die Leiterin eines katholischen Kindergartens gekündigt wird, wenn sie einen nicht laisierten Priester heiratet (BAG 25.4.78 – 1 16

AZR 70/76, AP GG Art 140 Nr 2). Diese Kündigungen können jedoch daran scheitern, dass der ArbGeb in der Praxis sonst auf ein durchgehendes und ausnahmslos der jeweiligen Lehre verpflichtetes Lebenszeugnis seiner leitenden ArbN verzichtet (BAG 8.8.11 – 2 AZR 543/10, NZA 12, 443). Voraussetzung ist vor allem, dass sie nicht eine Diskriminierung wegen der Religion darstellen und damit gegen die RL 200/78/EG und § 1 AGG verstoßen (s → *Kündigung, außerordentliche* Rn 42 und → *Kirchenarbeitsrecht* Rn 4 ff). Aus Art 6 GG folgt jedoch auch, dass eine weibliche Mitarbeiterin die Arbeit jedenfalls dann nicht unter Berufung auf den Schutz der Familie mit der Begründung verweigern kann, sie müsse für ihr unbeaufsichtigtes Kind sorgen, wenn sie sich nicht ausreichend um eine Beaufsichtigung bemüht hat (BAG 21.5.92 – 2 AZR 10/92, NZA 93, 115).

17 **e)** Die **Koalitionsfreiheit** des **Art 9 Abs 3 GG** schützt für jedermann das Recht, zur Wahrung der Arbeits- und Wirtschaftsbedingungen Vereinigungen zu bilden und deren Ziele zu verfolgen – positive Koalitionsfreiheit. Geschützt ist ebenso sein Recht, derartigen Koalitionen fernzubleiben oder aus ihnen auszutreten – negative Koalitionsfreiheit. Daneben werden die Koalitionen selbst, ihr Bestand, ihre Ausgestaltung und ihre koalitionsspezifische Betätigung wie der Abschluss von Tarifverträgen, Streik, Aussperrung oder Mitgliederwerbung geschützt. Art 9 Abs 3 GG verbietet unmittelbar jede Abrede, welche die Koalitionsfreiheit beschränkt. Sie ist rechtswidrig und damit nichtig (BAG 17.5.11 – 1 AZR 473/09, NZA 11, 1169). Kündigungen wegen der **Zugehörigkeit zu einer Gewerkschaft** oder wegen des Beitritts zu einer Gewerkschaft sind nach § 134 BGB ebenso nichtig (BAG 5.3.87 – 2 AZR 187/86 – nv) wie die wegen eines Austritts aus der Gewerkschaft ausgesprochene Kündigung. Mit einer (Änderungs-)Kündigung verstößt der ArbGeb nicht nur gegen die Koalitionsfreiheit, wenn er damit den ArbN zwingen will, aus einer Gewerkschaft auszutreten und in eine andere einzutreten. Er darf ArbN auch nicht über eine Änderungskündigung veranlassen, sich einer Tarifvereinbarung zu unterwerfen, welche von einer ihnen fremden Gewerkschaft abgeschlossen wurde und von ihrer eigenen Organisation abgelehnt wird (BAG 15.12.57, DB 57, 484).

18 Die Teilnahme an einem rechtmäßigen (Warn-)Streik kann die Kündigung nicht begründen (BAG 17.12.76 – 1 AZR 605/75, AP GG Art 9 Arbeitskampf Nr 51). Dasselbe gilt grds für alle anderen **koalitionsmäßigen Betätigungen.** Auch die Gewerkschaftswerbung im Betrieb gehört daher zu den grundrechtlich geschützten Tätigkeiten (BVerfG 30.11.65 – 2 BvR 54/62, AP GG Art 9 Nr 7). Der Betriebsablauf darf jedoch nicht gestört werden. Die Verteilung von Werbematerial muss daher in den Arbeitspausen geschehen (BAG 26.1.82 – 1 AZR 610/80, AP GG Art 9 Nr 35).

19 **f) Freie Wahl des Arbeitsplatzes.** Die in **Artikel 12 Absatz 1 Satz 1 GG** geschützte freie Wahl des Arbeitsplatzes garantiert neben der freien Wahl des Berufes das Recht jedes Einzelnen, eine konkrete Beschäftigung einzugehen, beizubehalten oder aufzugeben (BVerfG 24.4.91 – 1 BvR 1341/90, AP GG Art 70 Nr 12). Dieses Grundrecht schützt über die wirtschaftliche Betätigungsfreiheit ebenso ArbGeb darin, die Zahl seiner Mitarbeiter selbst zu bestimmen und nur Mitarbeiter zu beschäftigen, die seinen Vorstellungen entsprechen (BVerfG 27.1.98 – 1 BvL 15/87, NZA 98, 471). Die Berufsfreiheit ist so nicht mit einer Bestandsgarantie gegen den Verlust des Arbeitsplatzes durch private Disposition verbunden (BAG 22.6.10 – 1 AZR 179/09, NZA 10, 1365). Der Staat und mit ihm die Gerichte müssen diesen widerstreitenden Interessen zum Ausgleich bringen. Sie verfügen dabei über einen weiten Gestaltungsspielraum, dem sie mit den geltenden Bestimmungen und ihrer Rechtsprechung zum Kündigungsschutz Rechnung tragen müssen. ArbN können ihren Arbeitsplatz durch arbeitgeberseitige Kündigung verlieren. Eine Grenze findet sich dort, wo von einem angemessenen Ausgleich der Interessen nicht mehr gesprochen werden kann (BVerfG 27.1.98 – 1 BvL 15/87, NZA 98, 471). Entstehende Härten werden zudem mit dem **Sozialstaatsprinzip** ausgeglichen, das durch den allgemeinen und besonderen Kündigungsschutz konkretisiert wird (BAG 23.9.76 – 2 AZR 309/75, AP KSchG 1969 § 1 Wartezeit Nr 1). Dabei strahlt der Mindestbestandsschutz in das KSchG **hinein.** Seine Vorschriften sind vor dem Hintergrund des Art 12 Abs 1 GG auszulegen und anzuwenden. Dies kann die unternehmerische Freiheit einschränken und zB zur Unwirksamkeit betriebsbedingter Kündigungen führen (BAG 26.9.02 – 2 AZR 636/01, NZA 03, 549; Einzelheiten → *Kündigung, betriebsbedingte* Rn 8). Auch **außerhalb** des Anwendungsbereichs des KSchG sind ArbN gegen Kündigungen geschützt, die sich als sittenwidrig erweisen oder

gegen Treu und Glauben verstoßen. Bei der Anwendung dieser Generalklauseln ist Art 12 GG zu berücksichtigen (BVerfG 21.6.06 – 1 BvR 1659/04, NZA 06, 913). Er verpflichtet den ArbGeb insbes außerhalb des Anwendungsbereichs des KSchG zu einem gewissen Maß an sozialer Rücksichtnahme, wenn unter mehreren ArbN eine Auswahl zu treffen ist (BVerfG 27.1.98 – 1 BvL 15/87, NZA 98, 470). Er darf das Vertrauen eines langjährig beschäftigten ArbN in den Fortbestand seines Arbeitsverhältnisses nicht unberücksichtigt lassen. Bestehen aber berechtigte betriebliche, persönliche oder sonstige Interessen des ArbGeb, gerade den sozial schutzwürdigeren ArbN zu kündigen, ist dessen Grundrechtsschutz umso schwächer, je stärker die ebenfalls grundgesetzlich geschützte Position des ArbGeb betroffen ist (BAG 28.10.10 – 2 AZR 392/08, AP KSchG 1969 § 23 Nr 48; BAG 21.2.01 – 2 AZR 15/00, NZA 01, 833). Macht der ArbN geltend, der ArbGeb habe bei seiner Auswahlentscheidung das danach gebotene Mindestmaß an sozialer Rücksichtnahme außer Acht gelassen, muss sich aus seinem Vorbringen auch ergeben, dass er mit den nicht gekündigten ArbN auf den ersten Blick vergleichbar ist (BAG 6.2.03 – 2 AZR 672/01, NZA 03, 717).

**g) Abgeordnete, ehrenamtliche Richter.** Nach **§ 45 Abs 1a DRiG** dürfen **ehrenamtliche Richter** nicht wegen der Ausübung ihres Amtes benachteiligt werden. Entsprechende Regelungen enthalten **§ 26 ArbGG** und **§ 20 SGG** für die ehrenamtlichen Richter der Arbeits- und Sozialgerichtsbarkeit. Sie sind so gegen Kündigungen geschützt, die wegen der Ausübung ihres Amtes ausgesprochen werden. Diese Kündigungen sind nach § 134 BGB unwirksam (ErfK/*Koch* ArbGG § 26 Rn 1; *Germelmann/Matthes/Prütting* § 26 Rn 20). Nach **Art 48 Abs 2 GG** darf niemand gehindert werden, das Amt eines **Abgeordneten** anzunehmen oder auszuüben. Jede Kündigung aus Anlass der Abgeordnetentätigkeit ist daher nach § 134 BGB unwirksam (BAG 30.6.94 – 8 AZR 94/93, NZA 95, 326). Dieser Grundsatz hat sich in einer Reihe von Bundes- und Landesgesetzen niedergeschlagen. Nach § 2 Abs 3 AbgG ist eine Kündigung oder Entlassung wegen des Erwerbs, der Annahme oder Ausübung des Mandats unzulässig und im Übrigen nur aus wichtigem Grunde zulässig. Entsprechendes gilt – unabhängig von der landesgesetzlichen Regelung im Einzelnen – auch für Volksvertreter auf kommunaler und Kreisebene. In einigen Bundesländern – darunter nach § 2 Abs 3 AbgG Brandenburg – ist darüber hinaus jede ordentliche Kündigung in der Zeit vom Einreichen des Wahlvorschlags bis ein Jahr nach der Beendigung des Mandats ausgeschlossen. Es kommt so nicht darauf an, ob aus Anlass der Amtsausübung gekündigt wird (BVerfG 11.4.2000 – 2 BvL 2/00, nv). Außerordentliche Kündigungen sind unzulässig, wenn sie im Zusammenhang mit der Annahme oder Ausübung des Mandats erfolgen. 20

**2. Sittenwidrigkeit.** Kündigungen, welche gegen die guten Sitten verstoßen, sind nach **§ 138 BGB** nichtig. Die **Sittenwidrigkeit** einer Kündigung geht über ihre **Sozialwidrigkeit** weit hinaus. Macht ein ArbGeb von seinen gesetzlich bestehenden Kündigungsrechten Gebrauch, wird man idR nicht annehmen können, er handle sittenwidrig (BAG 24.4.97 – 2 AZR 268/96, NZA 98, 145). Wird gekündigt, weil ein ArbN unbequem geworden ist, mag dies sozialwidrig sein. Es ist aber noch nicht sittenwidrig (BAG 25.6.64 – 2 AZR 135/63, AP BGB § 242 Auskunftspflicht Nr 3). Wer nicht unter den Geltungsbereich des Kündigungsschutzgesetzes fällt, weil er zB noch keine sechs Monate beschäftigt ist, kann sich daher nicht auf § 138 BGB berufen, wenn er krankheitsbedingt gekündigt wird (BAG 16.2.89 – 2 AZR 347/88, NZA 89, 962). 21

Sittenwidrig ist eine Kündigung nur dann, wenn sie auf einem **verwerflichen Motiv** des Kündigenden beruht, wie insbes Rachsucht oder Vergeltung oder wenn sie aus anderen Gründen dem **Anstandsgefühl aller billig und gerecht Denkenden** (BAG 14.12.04 – 9 AZR 23/04, NZA 05, 637) und damit jenem Maß von Sittlichkeits- und Anstandsrücksichten widerspricht, das von den Menschen durchschnittlich zu fordern ist. Danach ist jedenfalls eine Kündigung sittenwidrig, die wegen einer **Krankheit** ausgesprochen wurde, die der ArbGeb selbst vorsätzlich herbeigeführt hat (BAG 8.6.72 – 2 AZR 285/71, AP KSchG 1969 § 1 Nr 1), die ausgesprochen wurde, weil eine ArbNin unsittliche oder **anstößige Zumutungen** abgelehnt hat oder sich ein ArbN geweigert hat, **Beihilfe zu strafbaren Handlungen** des ArbGeb zu leisten (ArbG Göttingen 9.3.61, DB 61, 1296). 22

Sittenwidrig kann eine Kündigung sein, wenn der ArbGeb aus sittenwidrigen Motiven eine **Versetzung** in der sicheren Annahme ausgesprochen hat, dass der ArbN ihr nicht 23

Folge leisten und damit einen Grund zur fristlosen Kündigung bieten werde (BAG 23.11.61 – 2 AZR 301/61, AP BGB § 138 Nr 22). Erhebt ein ArbN **Kündigungsschutzklage,** ist die allein deshalb ausgesprochene außerordentliche Kündigung sittenwidrig.

24 **3. Treuwidrigkeit.** Verstößt eine Kündigung gegen **Treu und Glauben,** ist sie nach **§ 242 BGB** unwirksam. Auch außerhalb des Geltungsbereichs des Kündigungsschutzgesetzes sind ArbN vor einer treuwidrigen Ausübung des Kündigungsrechts des ArbGeb geschützt (BAG 24.1.08 – 6 AZR 96/07, NZA-RR 08, 405). Dieser Schutz vor Kündigung durch eine mit dem objektiven Gehalt der Grundrechte näher bezeichnete zivilrechtliche Generalklausel gilt nicht nur im Kleinbetrieb, sondern auch für Kündigungen eines Arbeitsverhältnisses in der sechsmonatigen Wartezeit des § 1 Abs 1 KSchG (BVerfG 21.6.06 – 1 BvR 1659/04, NZA 06, 913). Mit dieser Formel lässt sich jedoch nicht der Geltungsbereich des KSchG auf ungeschützte Arbeitsverhältnisse ausdehnen (BAG 24.1.08 – 6 AZR 96/07, NZA-RR 08, 405). Umstände, die im Rahmen des § 1 KSchG zu würdigen wären und eine Kündigung als „nur" sozial ungerechtfertigt erscheinen ließen, kommen als Verstöße gegen Treu und Glauben nicht in Betracht (BAG 25.4.01 – 5 AZR 360/99, NZA 02, 87). Der durch Treu und Glauben vermittelte Schutz darf nicht dazu führen, dass dem Kleinunternehmen praktisch die im KSchG vorgesehenen Maßstäbe der Sozialwidrigkeit auferlegt werden (BVerfG 27.1.98 – 1 BvL 15/87, NZA 98, 470; BAG 24.1.08 – 6 AZR 96/07, NZA-RR 08, 405). Das **Kündigungsschutzgesetz konkretisiert** für seinen Anwendungsbereich den **Grundsatz von Treu und Glauben** (BAG 25.4.01 – 5 AZR 360/99; 23.6.94, DB 94, 2190). Dieser Grundsatz steht damit über dem KSchG, er ersetzt es nicht. Nur soweit er nicht in diesem Gesetz aufgeht, spielt er für das Kündigungsrecht noch eine Rolle.

25 Sowohl die **Kündigungserklärung** als auch ihre **Begründung** können gegen § 242 BGB verstoßen. Eine Kündigung kann treuwidrig sein, wenn sie in **ungehöriger Weise** erklärt wird (BAG 23.6.94 – 2 AZR 617/93, NZA 94, 1080) – etwa auf einer Betriebsversammlung (BAG 23.9.76 – 2 AZR 309/75, AP KSchG 1969 § 1 Wartezeit Nr 1), durch Anschlag am schwarzen Brett, in beleidigender Weise oder am Tag eines schweren Arbeitsunfalls unmittelbar vor der damit erforderlichen Operation (LAG Brem 29.10.85, BB 86, 393).

26 Der Verstoß gegen Treu und Glauben kann im **widersprüchlichen Verhalten** des ArbGeb liegen (BAG 25.4.01 – 5 AZR 360/99, NZA 02, 87). Wer kurz vorher die Kündigung des ArbN zurückgewiesen hat, kann nicht kurze Zeit später ohne besonderen Anlass selbst kündigen (BAG 8.6.72 – 2 AZR 285/71, AP KSchG 1969 § 1 Nr 1). Kündigt der ArbN selbst fristgerecht und erklärt ihm der ArbGeb aus diesem Grund, einen bestimmten Sachverhalt nicht zum Anlass einer Kündigung nehmen zu wollen, kann er eine nachfolgende außerordentliche Kündigung nicht auf diesen Sachverhalt stützen (LAG BaWü 12.4.67, DB 67, 999). Spricht der ArbGeb eine ordentliche Kündigung aus, kann er eine nachfolgende außerordentliche Kündigung nicht mehr allein mit demselben Sachverhalt begründen (LAG BaWü 2.3.88, BB 89, 151).

27 **Jenseits des Anwendungsbereichs des KSchG** verstößt eine Kündigung nicht schon gegen Treu und Glauben, weil Kündigungsgründe fehlen. Sie ist unwirksam, wenn die Umstände bei Ausspruch der Kündigung eine einseitige Auflösung des Arbeitsverhältnisses treuwidrig erscheinen lassen. Kündigt der ArbGeb einem nach den §§ 1 Abs 1 (Wartefrist) und 23 Abs 1 (Kleinbetrieb) KSchG noch ungeschützten ArbN wegen des Verdachts einer Straftat und teilt er ihm weder die Verdachtsquelle noch nähere Einzelheiten mit, wird dem ArbN unmöglich gemacht, sich gegen den möglicherweise unberechtigten Vorwurf zu wehren. Die Kündigung ist treuwidrig und deshalb unwirksam (BAG 2.11.83 – 7 AZR 65/82, AP BetrVG 1972 § 102 Nr 29). Die ordentliche Kündigung eines solchen ungeschützten ArbN ist jedoch gerechtfertigt, wenn sich die Umstände, auf denen ein angeblicher Vertrauensverlust beruht, nicht verifizieren lassen (BAG 25.4.01 – 5 AZR 360/99, NZA 02, 87). Im Bereich des **öffentlichen Dienstes** verstößt eine vor Ablauf der Wartezeit erklärte Kündigung gegen Treu und Glauben, wenn der ArbN zum Zeitpunkt der Kündigung aufgrund des Art 33 Abs 2 GG einen Einstellungsanspruch gehabt hätte (BAG 1.7.99 – 2 AZR 926/98, AP BGB § 242 Kündigung Nr 10).

28 **4. Verhältnismäßigkeit.** Der Grundsatz der Verhältnismäßigkeit – wonach eine Kündigung stets nur das letzte Mittel sein kann (→ Rn 70 f) – liegt nicht allein dem gesetzlichen

Kündigungsschutz zugrunde. Er ist auch Ausprägung der mit Art 12 Abs 1 S 1 GG geschützten Berufsfreiheit des ArbN. Er ist außerhalb des Geltungsbereichs des KSchG zwar unanwendbar, soweit es um die Notwendigkeit, vor Ausspruch einer Kündigung den Betroffenen abzumahnen oder um die Folgen eines nicht durchgeführten Präventionsverfahrens nach § 167 Abs 1 oder 2 SGB IX geht (BAG 24.1.08 – 6 AZR 96/07, NZA-RR 08, 405; BAG 28.6.07 – 6 AZR 750/06, NZA 07, 1049). Damit ist die die Anwendbarkeit dieses Grundsatzes auf nicht geschützte Arbeitsverhältnisse jedoch nicht generell ausgeschlossen. Sie lässt sich jedenfalls nicht allein mit dem Hinweis auf den fehlenden Kündigungsschutz verneinen.

Der Grundsatz der Verhältnismäßigkeit führt vielmehr dazu, außerhalb des Geltungs- **29**
bereichs dieses Gesetzes Verhaltenspflichten des ArbGeb anzunehmen, die ihn hindern, zur Kündigung zu greifen, wenn andere angemessene, geeignete und ohne weiteres zumutbare Möglichkeiten gegeben sind, um sie zu vermeiden. Zumindest in den Grenzen des Übermaßverbots sollte der ArbGeb an der freien Kündbarkeit auch außerhalb des KSchG gehindert sein.

Wo eine Kündigung in sozial unerträglicher Weise erheblich gegen die Fürsorgepflicht **30**
verstößt (BAG 23.9.76 – 2 AZR 309/75, AP KSchG 1969 § 1 Wartezeit Nr 1), weil sie einen ArbN wegen seiner dem ArbGeb bekannten sozialen Umstände besonders hart trifft und sich ohne erheblichen Aufwand im Rahmen der betrieblichen Möglichkeiten, zB durch Zuweisung eines anderen freien Arbeitsplatzes, leicht vermeiden lässt, kann sie auch im ungeschützten Arbeitsverhältnis nach dem Grundsatz der Verhältnismäßigkeit nicht wirksam sein. Freilich wird sich dies auf wenige krasse Ausnahmefälle beschränken.

**5. Diskriminierungsverbot.** Nach den **§§ 1, 2 Abs 1 Nr 2 AGG** sind Benachteiligun- **31**
gen ua bei der **Entlassung** von ArbN aus Gründen der Rasse oder wegen der ethnischen Herkunft, des Geschlechts, der Religion oder der Weltanschauung, einer Behinderung, des Alters oder der sexuellen Identität unzulässig. Nach **§ 2 Abs 4 AGG** gelten für Kündigungen ausschließlich die Bestimmungen zum allgemeinen und zum besonderen Kündigungsrecht. Mit dieser Vorschrift wollte man klarstellen, dass es mit dem AGG keinen doppelten Kündigungsschutz gibt (BT-Drs 16/2022). Dieses Gesetz soll nicht die „Positivliste" des KSchG um eine „Negativliste" des AGG ergänzen. § 2 Abs 4 AGG beschreibt auch keine Bereichsausnahme, sondern verzahnt das Gesetz mit den anderen Rechtsgebieten (BAG 6.11.08 – 2 AZR 523/07, NZA 09, 361; → *Diskriminierung* Rn 19).

Die **ausschließlich aus diskriminierenden Gründen** ausgesprochene Kündigung ist **32**
im Geltungsbereich des KSchG unwirksam, weil die Diskriminierung eine Kündigung nicht sozial rechtfertigen kann (BAG 6.11.08 – 2 AZR 523/07, NZA 09, 361). Die diskriminierende Kündigung eines ArbN, dessen Arbeitsverhältnis nicht in den Geltungsbereich des KSchG fällt, weil er in einem Kleinbetrieb oder noch keine sechs Monate beschäftigt wird, konnte schon vor Inkrafttreten des AGG nach den § 138 BGB iVm Art 3 Abs 2 GG unwirksam sein (BVerfG 21.6.06 – 1 BvR 1659/04, NZA 06, 913; BAG 22.5.03 – 2 AZR 426/02, AP KSchG 1969 § 1 Wartezeit Nr 18). Heute ist eine diskriminierende – vom Geltungsbereich des KSchG nicht erfasste – Kündigung nach § 134 BGB iVm § 7 Abs 1, §§ 1, 3 AGG nichtig. So ist eine außerhalb des Geltungsbereichs des KSchG ausgesprochene Kündigung unwirksam, wenn sie wegen der – beabsichtigten – Durchführung einer In-vitro-Fertilisation und der damit einhergehenden Möglichkeit einer Schwangerschaft erklärt wird (BAG 26.3.15 – 2 AZR 237/14, NZA 15, 734). Kündigt der ArbGeb das Arbeitsverhältnis eines ArbN in der gesetzlichen Wartezeit des § 1 KSchG wegen dessen HIV-Infektion, ist die Kündigung diskriminierend und damit unwirksam, wenn der ArbGeb durch angemessene Vorkehrungen den Einsatz des ArbN trotz seiner Behinderung ermöglichen kann (BAG 19.12.13 – 6 AZR 190/12, NZA 14, 372). Wird ein ArbN mit dem Hinweis gekündigt, er sei „inzwischen pensionsberechtigt", indiziert dies eine unmittelbare Benachteiligung wegen des Lebensalters nach § 22 AGG. Gelingt es dem ArbGeb nicht, diese Vermutung zu widerlegen, ist die Kündigung auch im Kleinbetrieb nach § 7 Abs 1 AGG unwirksam (BAG 23.7.15 – 6 AZR 457/14, NZA 15, 1380).

Die nach den § 626 BGB oder § 1 KSchG wirksame Kündigung wird nicht allein **33**
dadurch unwirksam, dass sie eine Person trifft, die nach § 1 AGG geschützt ist. Sie wird nicht gegenüber anderen benachteiligt. Treffen Gründe, welche eine außerordentliche oder

eine ordentliche Kündigung rechtfertigen können mit diskriminierenden Motiven des ArbGeb zusammen – **„Motivbündel“,** sind die Diskriminierungsverbote bei der Prüfung der Sozialwidrigkeit zu beachten. Sie konkretisieren die Sozialwidrigkeit einer Kündigung (BAG 20.11.14 – 2 AZR 664/13, NZA 15, 931; BAG 6.11.08 – 2 AZR 523/07, NZA 09, 361). Der Vorrang der sozialen Rechtfertigung gilt jedenfalls nicht, wenn die Diskriminierung Anlass für eine Kündigung war, die sonst nicht ausgesprochen worden wäre und damit erkennbar ihr maßgebliches Motiv abgegeben hat (vgl BVerfG 21.6.06 – 1 BvR 1659/04, NZA 06, 913). Freilich lässt sich dies kaum jemals nachweisen. Ein Verstoß gegen § 9 Abs 2 Satz 1 MuSchG aF (heute § 17 Abs 1 MuSchG) indiziert jedenfalls eine Benachteiligung wegen der Schwangerschaft und damit wegen des Geschlechts – § 3 Abs 1 Satz 2 AGG. Er führt nicht allein zur Unwirksamkeit der Kündigung, sondern auch zu einem Anspruch auf Schmerzensgeld, den § 2 Abs 4 AGG nicht ausschließt (BAG 12.12.13 – 8 AZR 838/12, NZA 14, 722).

34 **6. Maßregelungsverbot. § 612a BGB** untersagt dem ArbGeb, einen ArbN zu benachteiligen, weil er in zulässiger Weise seine Rechte ausübt. Benachteiligende Maßnahmen – wie vor allem eine Kündigung – sind nach § 134 BGB nichtig. Die zulässige Rechtsausübung durch den AN muss dabei der **tragende Beweggrund,** das wesentliche Motiv für die Kündigung sein (BAG 18.10.17 – 10 AZR 330/16, NZA 17, 1452). Kündigt der ArbGeb zB, weil ein ArbN **tarifgerechte Bezahlung** verlangt hat, ist diese Kündigung nach den §§ 612a, 134 BGB unwirksam (LAG Hamm 18.12.87, DB 88, 917). Kündigt ein ArbGeb, nachdem der ArbN einen Antrag auf **Gewährung von Vorruhestandsgeld** gestellt hat, um den Eintritt des Vorruhestandes zu verhindern, gilt dasselbe (BAG 2.4.87 – 2 AZR 227/86, NZA 88,18).

35 Eine unzulässige Maßregelung kann darin liegen, dass eine Kündigung wegen des **aktiven gewerkschaftlichen Einsatzes** im Betrieb ausgesprochen wird (LAG Hamm 18.12.87, LAGE § 612a BGB Nr 1). Die Kündigung wegen der Teilnahme an einem **rechtmäßigen Streik** ist auch wegen des Verstoßes gegen das Maßregelungsverbot unwirksam (zum alten Recht BAG 17.12.76 – 1 AZR 605/75, AP GG Art 9 Arbeitskampf Nr 51). Ist tragender Beweggrund für die fristlose Kündigung des ArbGeb eine **vorausgegangene ordentliche Kündigung** des ArbN, ist die ArbGebKündigung nach §§ 612a, 134 BGB unwirksam (LAG Nbg 7.10.88, LAGE § 612a BGB Nr 2). Kündigt der ArbGeb, weil der ArbN versucht, ein **Weiterbeschäftigungsurteil** zu vollstrecken, verstößt diese Kündigung ebenso gegen das Maßregelungsverbot (LAG Düsseldorf 13.12.88, DB 89, 685). Die Kündigung wegen **Krankheit** verstößt weder im Geltungsbereich des KSchG noch im Kleinbetrieb oder während der Wartezeit gegen das Maßregelungsverbot (ErfK/*Preis* BGB § 612a Rn 13; Schaub/*Linck* § 18 Rn 11). Droht der ArbGeb dem ArbN, falls dieser nicht trotz Arbeitsunfähigkeit arbeitet und ist die Weigerung des ArbN der tragende Grund für seine anschließende Kündigung, ist diese nach den §§ 612a, 134 BGB unwirksam (BAG 23.4.09 – 6 AZR 189/09, NZA 09, 974). Schikaniert der ArbGeb nach verlorenem Kündigungsschutzprozess den ArbN mit **unsinnigen Arbeitsanweisungen,** ist die auf die Arbeitsverweigerung gestützte Kündigung des ArbGeb nach den §§ 612a, 134 BGB unwirksam, weil die Arbeitsvertragsverletzungen bewusst provoziert wurden, um erneut kündigen zu können (LAG SchlHol 25.7.89, LAGE § 612a BGB Nr 4).

36 Von § 612a BGB wird nicht der Fall einer **Rechtsausübung vor Begründung des Arbeitsverhältnisses** erfasst, welche erst im späteren Arbeitsverhältnis zu Nachteilen führt. Die Unwirksamkeit der Anfechtung des Arbeitsvertrages, nachdem der ArbN bei der Einstellung eine unzulässige Frage mit einer Lüge beantwortet hat, folgt daher nicht schon aus § 612a BGB (BAG 15.11.2012 – 6 AZR 339/11, NZA 13, 429).

37 Das Maßregelungsverbot schützt den ArbN, der in **zulässiger Weise** seine Rechte ausübt. Wer bei der Wahrnehmung seiner Rechte bewußt gegenseine **arbeitsvertraglichen Pflichten** verstößt, muss sich die mit diesem Verstoß begründete Reaktion des ArbGeb gefallen lassen. Die Wahrnehmung seiner Rechte gibt dem ArbN keinen Rechtfertigungsgrund für die Verletzung seiner Pflichten aus dem Arbeitsverhältnis. Vor einer Kündigung schützen ihn nur die allgemeinen Regeln zum Kündigungsschutz.

38 Das vom ArbN geltend gemachte Recht muss zwar **tatsächlich bestehen** (BAG 22.10.15 – 2 AZR 569/14, NZA 16, 417). Sein Irrtum darüber darf aber nicht ganz unberücksichtigt

bleiben. Das Maßregelungsverbot soll die Willensfreiheit der ArbN und damit ihre Selbstbestimmung stärken (BAG 21.9.11 – 7 AZR 150/10, NZA 12, 317). Dies darf nicht aus den Augen verloren werden, wenn der ArbN nur **vermeintliche Ansprüche** geltend macht, die ihm in Wahrheit nicht zustehen. Der Irrtum des ArbN ist daher bei der Prüfung der sozialen Rechtfertigung einer verhaltensbedingten Kündigung nach § 1 Abs 2 KSchG und bei der außerordentlichen Kündigung im Rahmen der Interessenabwägung zu berücksichtigen (APS/*Linck BGB* § 612a Rn 7). Ist dem ArbGeb erkennbar, dass ein ArbN gutgläubig von einem vermeintlichen Recht ausgeht, entspricht es seiner Rücksichtnahmepflicht aus § 241 Abs 2 BGB, den ArbN vor einer belastenden Maßnahme anzuhören (ErfK/*Müller-Glöge* BGB § 612a Rn 5). Berühmt sich ein ArbN nur eines vermeintlichen Rechts oder macht er es gerichtlich geltend, fehlt einer damit begründete Kündigung die soziale Rechtfertigung und sie stellt außerhalb des Anwendungsbereichs des KSchG eine nach § 612a BGB verbotene Maßregelung dar (BAG 9.2.95 – 2 AZR 389/94, NZA 96, 249).

**7. Betriebsübergang. § 613a Absatz 4 BGB** verbietet jede Kündigung wegen des Überganges eines Betriebes oder Betriebsteiles. Damit wird ein umfassender Schutz der Arbeitsplätze bei Betriebsübergang gewährleistet und sichergestellt, dass der in § 613a BGB angeordnete Inhaltsschutz nicht unterlaufen wird. Auf das Kündigungsverbot als selbstständigen Unwirksamkeitsgrund können sich alle ArbN berufen ohne Rücksicht darauf, ob sie unter das KSchG fallen (BAG 31.1.85 – 2 AZR 530/83, NZA 85, 593). Die Verletzung der Unterrichtungspflicht nach § 613a Abs 5 BGB begründet kein Kündigungsverbot (BAG 24.5.05 – 8 AZR 398/04, NZA 05, 1302). Die Kündigung aus anderen Gründen bleibt nach § 613a Abs 4 Satz 2 BGB möglich (Einzelheiten → *Betriebsübergang* Rn 68–92). 39

**8. Andere Kündigungsverbote.** Das Gesetz kennt eine Reihe weiterer Kündigungsverbote. Eine Kündigung, die anlässlich einer Betätigung für die **Betriebsratswahl** oder im Zusammenhang mit ihr ausgesprochen wird, um ArbN wegen ihres Einsatzes bei der BRat-Wahl zu maßregeln oder ihre Wahl zu verhindern, ist nach § 20 Abs 1 BetrVG unwirksam. Die Kündigung von **ehrenamtlichen Richtern** der Arbeits- oder Sozialgerichtsbarkeit ist nach §§ 26 Abs 1 ArbGG, 20 SGG unwirksam, wenn sie gerade wegen der Übernahme oder Ausübung dieses Amtes erfolgt. Die fehlende oder nicht ordnungsgemäße **Anhörung des Betriebsrates** führt nach § 102 Abs 1 BetrVG zur Unwirksamkeit der Kündigung (→ *Mitbestimmung, personelle Angelegenheiten* Rn 14). 40

**III. Allgemeiner Kündigungsschutz.** Der allgemeine Kündigungsschutz ermöglicht die gerichtliche Überprüfung einer ordentlichen Kündigung auf ihre **soziale Rechtfertigung** und gewährleistet in bestimmten Grenzen einen Bestandsschutz für die dem Geltungsbereich des KSchG unterfallenden Arbeitsverhältnisse. Bei diesem Gesetz handelt es sich um **zwingendes Recht.** Es kann weder in Tarifverträgen noch in einer Betriebsvereinbarung oder im Arbeitsvertrag zulasten der ArbN abbedungen werden. Auch ein formularmäßiger Klageverzicht in einem Aufhebungsvertrag, der zur Vermeidung einer vom ArbGeb angedrohten (außerordentlichen) Kündigung geschlossen wird, benachteiligt den ArbN unangemessen iSv § 307 Abs 1, Abs 2 Nr 1 BGB und ist damit unwirksam, wenn ein verständiger ArbGeb die angedrohte Kündigung nicht ernsthaft in Erwägung ziehen durfte, die Drohung also widerrechtlich iSd § 123 BGB ist (BAG 12.3.15 – 6 AZR 82/14, NZA 15, 676). Grds kann der ArbN sich zwar **nach Zugang einer ArbGebKündigung** auch vor Ablauf der Klagefrist des § 4 Satz 1 KSchG verpflichten, keine Kündigungsschutzklage zu erheben, weil er von Gesetzes wegen nicht zur Klage gezwungen ist. Dabei handelt es sich in der Sache aber um einen Aufhebungsvertrag, der deshalb zu seiner Wirksamkeit nach § 623 BGB der Schriftform bedarf (BAG 19.4.07 – 2 AZR 208/06, NZA 07, 1227). Auch dieser konkrete Verzicht auf die Klage ist als unangemessene Benachteiligung nach § 307 Abs 1 Satz 1 BGB unwirksam, wenn er ohne Gegenleistung in einem vom ArbGeb verwandten Formular im unmittelbaren Anschluss an die ArbGebKündigung erfolgt (BAG 6.9.07 – 2 AZR 722/06, NZA 08, 219). 41

**1. Geltungsbereich.** Der allgemeine Kündigungsschutz gilt nicht für alle Arbeitsverhältnisse. Er ist an bestimmte Voraussetzungen geknüpft. 42

**a) Persönlicher Geltungsbereich.** Das KSchG gilt für **Arbeitnehmer** unabhängig von der Dauer der regelmäßigen Arbeitszeit (BAG 9.6.83 – 2 AZR 494/81, AP KSchG 1969 § 23 Nr 2). Nach § 611a Abs 1 S 1 BGB ist ArbN, wer aufgrund eines privatrechtlichen 43

Vertrages im Dienste eines anderen zur Leistung weisungsgebundener, fremdbestimmter Arbeit in persönlicher Abhängigkeit verpflichtet ist. Dazu zählt nicht, wer als ArbNähnliche Person lediglich wirtschaftlich abhängig ist. Ausgenommen sind damit etwa Heimarbeiter, Handelsvertreter, freie Mitarbeiter. Dabei kommt es jedoch nicht darauf an, welche Bezeichnung die Parteien zur Bestimmung ihres Rechtsverhältnisses wählen – das hat lediglich indizielle Bedeutung –, sondern darauf, ob das Rechtsverhältnis rechtlich (objektiv) als Arbeitsverhältnis zu qualifizieren ist (BAG 20.5.09 – 5 AZR 31/08, NZA-RR 10, 172; Einzelheiten → *Arbeitnehmer (Begriff)* Rn 1–5).

**44** Auf **Geschäftsführer, Betriebsleiter** und ähnliche **leitende Angestellte,** die zur selbstständigen Einstellung *oder* Entlassung von ArbN berechtigt sind, sind nach § 14 Abs 2 KSchG die §§ 1–2 und 4–14 KSchG anzuwenden. Sie haben daher den gleichen Kündigungsschutz wie jeder andere ArbN. Anders als sonst braucht der ArbGeb jedoch seinen **Auflösungsantrag** nach § 9 Abs 1 Satz 2 KSchG bei ihnen nicht zu begründen. Er kann sich damit bei unwirksamer Kündigung de facto „freikaufen". Die Sonderregelung erklärt sich aus der besonderen Vertrauensstellung dieses Personenkreises (→ *Leitende Angestellte* Rn 14–19).

**45** Der kündigungsrechtliche **Begriff des leitenden Angestellten** deckt sich nicht mit dem in anderen Gesetzen. Er ist dort meist weiter gefasst (Einzelheiten → *Leitende Angestellte* Rn 17–19). Für die nicht unter § 14 Abs 2 KSchG fallenden leitenden Angestellten nach § 5 Abs 3 BetrVG, § 3 Abs 3 Nr 2 MitbestG gilt daher der allgemeine Kündigungsschutz unbegrenzt. Auch der vom ArbGeb gestellte Auflösungsantrag muss begründet sein. **Geschäftsführer** sind nicht die einer GmbH. Sie fallen schon unter § 14 Abs 1 KSchG. Gemeint sind Angestellte mit Leitungsfunktion (APS/*Biebel* KSchG § 4 Rn 17).

**46** Nach § 14 Abs 1 KSchG gelten die §§ 1–13 KSchG nicht für **Mitglieder der Organe juristischer Personen** – AG, KG aA, GmbH, GmbH & Co KG –, die zur gesetzlichen Vertretung der juristischen Personen berufen sind und in Betrieben einer **Personengesamtheit** – GbR, OHG – nicht für die durch Gesetz, Satzung oder Gesellschaftsvertrag zur Vertretung der Personengesamtheit berufenen Personen. Die Ausnahmeregelung bezieht sich nur auf die **unmittelbaren Organvertreter** (BAG 15.4.82 – 2 AZR 1101/79, AP KSchG 1969 § 14 Nr 1). Sie gilt auch für nicht beamtete organschaftliche Vertreter juristischer Personen des öffentlichen Rechts (BAG 17.1.02 – 2 AZR 719/00, NZA 02, 854). Die negative Fiktion des § 14 Abs 1 Nr 1 KSchG gilt uneingeschränkt jedenfalls dann, wenn die organschaftliche Stellung als Geschäftsführer zum Zeitpunkt des Zugangs der Kündigung (noch) besteht. Sie kommt auch dann zum Tragen, wenn das der Organstellung zugrunde liegende schuldrechtliche Anstellungsverhältnis materiell-rechtlich als Arbeitsverhältnis zu qualifizieren wäre. An seiner Stellung als Organmitglied iSd § 14 Abs 1 Nr 1 KSchG ändert es nichts, wenn der Geschäftsführer einer GmbH durch arbeits- oder gesellschaftsrechtliche Weisungen Beschränkungen seiner Vertretungsmacht im Innenverhältnis iSd § 37 Abs 1 GmbHG unterworfen ist. Solche Beschränkungen im Innenverhältnis sind gem § 37 Abs 2 GmbHG für die gesetzliche Vertretung im Außenverhältnis ohne rechtliche Wirkung (BAG 21.9.2017 – 2 AZR 865/16, NZA 18, 358).

**47** Wird ein ArbN zum Organvertreter nach § 14 Abs 1 Nr 1 KSchG bestellt, kann das Arbeitsverhältnis als ruhend fortbestehen. Es lebt dann nach Beendigung der Organstellung wieder auf. Dies muss jedoch ausdrücklich vereinbart werden. Im Zweifel wird mit dem Abschluss eines Geschäftsführer-Dienstvertrags mit dem bisherigen ArbGeb – nicht mit einem Dritten (BAG 24.10.13 – 2 AZR 1078/12, NZA 14, 540) – das bisherige Arbeitsverhältnis des angestellten Mitarbeiters aufgehoben. Die nach § 623 BGB erforderliche Schriftform wird durch den schriftlichen Abschluss des Vertrags gewahrt. Wird die Geschäftsführung nur mündlich übertragen, besteht das Arbeitsverhältnis daher weiter fort. Eine andere Auslegung des Geschäftsführer-Dienstvertrags kommt nur dann in Betracht, wenn deutliche Anhaltspunkte für die Absicht einer Fortführung des Arbeitsverhältnisses vorliegen (BAG 24.10.13 – 2 AZR 1078/12, NZA 14, 540; BAG 15.3.11 – 10 AZB 32/10, NZA 11, 874). Bestand ursprünglich kein Arbeitsverhältnis, entsteht es nicht allein durch die Abberufung als Organvertreter (BAG 6.5.99 – 5 AZB 22/98, NZA 99, 839). Dies muss ausdrücklich oder konkludent – etwa durch Weiterarbeit in einer weisungsabhängigen Position – vereinbart sein.

**b) Betrieblicher Geltungsbereich.** Aus dem Kündigungsschutz nach den §§ 1–14 KSchG waren nach § 23 Abs 1 Satz 1 KSchG aF alle Betriebe und Verwaltungen herausgenommen, in denen idR fünf oder weniger ArbN ausschließlich der zu ihrer Berufsausbildung Beschäftigten tätig sind. Für die nach dem 31.12.03 zugegangenen Kündigungen gilt die neue Fassung der Vorschrift. Der **allgemeine Kündigungsschutz** ist **zweigeteilt.** ArbN, die am 31.12.03 in einem Betrieb mit mehr als fünf regelmäßig Beschäftigten tätig waren, bleiben kündigungsgeschützt. Dabei profitieren von der Besitzstandsregel alle ArbN, deren Arbeitsverhältnis vor dem 31.12.03 begonnen hat ohne Rücksicht darauf, ob sie am Stichtag schon die Wartefrist von 6 Monaten erfüllt hatten (BAG 23.10.08 – 2 AZR 131/07, AP KSchG 1969 § 23 Nr 43), solange im Betrieb insgesamt mehr als fünf „Alt-Arbeitnehmer“ beschäftigt werden (BAG 23.5.13 – 2 AZR 54/12, NZA 13, 1197). § 23 KSchG beschreibt den betrieblichen, nicht den persönlichen Geltungsbereich des Gesetzes. Für alle anderen gilt der neue Schwellenwert. Sie haben Kündigungsschutz nur, wenn der Betrieb mehr als 10 ArbN mit Ausnahme der zu ihrer Berufsausbildung Beschäftigten aufweist. Beispiel: Beschäftigte ein ArbGeb am 31.12.03 sechs ArbN, behalten alle sechs den Kündigungsschutz. Beschäftigt er nach dem Stichtag idR weitere drei Vollzeitbeschäftigte, erwerben diese keinen Kündigungsschutz. Wird jetzt das Arbeitsverhältnis eines der „AltArbN“ beendet, verlieren diese ihren Kündigungsschutz (BAG 23.5.13 – 2 AZR 54/12, NZA 13, 1197). Stellt der ArbGeb danach einen weiteren ArbN ein, ändert sich hieran nichts. Ersatzeinstellungen für ausgeschiedene „AltArbN“ reichen für eine Anwendung des § 23 Abs 1 Satz 2 KSchG nicht aus (BAG 27.11.08 – 2 AZR 790/07, NZA 09, 484; BAG 21.9.06 – 2 AZR 840/05, NZA 07, 438). Wächst die Zahl der idR Beschäftigten danach auf über zehn, haben alle Kündigungsschutz. Sinkt die Zahl danach auf regelmäßig zehn oder weniger Beschäftigte, verlieren alle ihren Kündigungsschutz. Was mit dem **Beginn des Arbeitsverhältnisses** gemeint ist, erschließt sich nicht unmittelbar aus dem Gesetzestext. Ein Arbeitsverhältnis hat nach dem 31.12.03 „begonnen“, wenn es danach aufgenommen werden sollte. Unerheblich ist, wann der Arbeitsvertrag abgeschlossen wurde. Haben sich die Parteien im November 2003 darauf geeinigt, dass das Arbeitsverhältnis am 1. Januar beginnen soll, gilt die neue Regel (HWK/*Quecke* § 23 KSchG Rz 10). Auf den Zeitpunkt der tatsächlichen Arbeitsaufnahme kann es nicht ankommen (aA *Bader* NZA 04, 65). Sonst würde unter die neue Regel auch ein ArbN fallen, dessen Arbeitsverhältnis am 1.12.03 begonnen hat und der erst nach längerer Krankheit erstmals im Januar 2004 die Arbeit aufnehmen konnte. Eine rechtliche Unterbrechung des Arbeitsverhältnisses nach dem 31.12.2003 ist unschädlich, wenn sie verhältnismäßig kurz ist und beide Arbeitsverhältnisse in einem engen sachlichen Zusammenhang stehen. Dies gilt selbst dann, wenn die Unterbrechung mit einem Wechsel des ArbGeb verbunden ist, solange nur die Identität des „virtuellen Altbetriebes“ und die Zugehörigkeit des ArbN zu diesem Betrieb gewahrt wird – Betriebsübergang oder gemeinsame Führung des Betriebes durch den neuen und den alten Vertragsarbeitgeber (BAG 23.5.13 – 2 AZR 54/12, NZA 13, 1197). Die Befreiung der Kleinbetriebe verstößt weder gegen Europarecht (EuGH 30.11.93 – C-189/91, AP KSchG 1969 § 23 Nr 13) noch gegen Verfassungsgrundsätze (BVerfG 12.3.09 – 1 BvR 1250/08, BeckRS 2009, 45869; BVerfG 27.1.98 – 1 BvL 15/87, NZA 98, 470). Die Voraussetzungen für das Überschreiten des Schwellenwertes müssen im Inland erfüllt werden (BAG 17.1.08 – 2 AZR 902/06, NZA 08, 872). Bei der Berechnung des Schwellenwerts ist der gekündigte ArbN auch dann zu berücksichtigen, wenn Kündigungsgrund die unternehmerische Entscheidung ist, den betreffenden Arbeitsplatz nicht mehr neu zu besetzen (BAG 22.1.04 – 2 AZR 237/03, NZA 04, 1818). Bei der vollständigen Betriebsstilllegung gäbe es sonst keinen Kündigungsschutz. Bei einem **Betriebsübergang** geht der beim Betriebsveräußerer wegen der Zahl der dort Beschäftigten bestehende Kündigungsschutz nicht nach § 613a mit dem Arbeitsverhältnis auf den Betriebserwerber über, wenn in dessen Betrieb die Voraussetzungen des § 23 Abs 1 KSchG nach dem Übergang der Arbeitsverhältnisse nicht vorliegen (BAG 15.2.07 – 8 AZR 397/06, NZA 07, 739). 48

Ein **Betrieb** ist die organisatorische Einheit, innerhalb derer ein ArbGeb allein oder mit seinen ArbN mit Hilfe von materiellen und immateriellen Mitteln bestimmte arbeitstechnische Zwecke fortgesetzt verfolgt, die sich nicht mit der Befriedung des Eigenbedarfs erschöpfen (BAG 28.10.10 – 2 AZR 392/08, BB 11, 1339; BAG 7.5.08 – 7 ABR 15/07, 49

NZA 09, 328; → *Betrieb (Begriff)* Rn 3–5). Im Bereich der öffentlichen Verwaltung entspricht der Begriff der **Dienststelle** dem Betriebsbegriff. Das sind nach § 6 BPersVG die einzelnen Behörden, Betriebe der öffentlichen Verwaltung und Gerichte. Geht es jedoch um nachgeordnete Dienststellen einer größeren öffentlichen Verwaltung, so sind die Anwendung der KSchG auf diese abzustellen. Entscheidend ist dann die Zahl der ArbN dieser organisatorischen Einheit, nicht die der einzelnen Dienststelle (BAG 23.4.98 – 2 AZR 489/97, NZA 98, 995).

**50** Mehrere (rechtlich selbstständige) Unternehmen können einen Betrieb iSv § 23 KSchG bilden, wenn sie im Rahmen einer **gemeinsamen Arbeitsorganisation** unter einer **einheitlichen Leitung** identische oder verschiedene arbeitstechnische Zwecke verfolgen (BAG 16.2.06 – 8 AZR 211/05, NZA 06, 592; → *Betrieb* Rn 12 ff). Die in diesem **Gemeinschaftsbetrieb** beschäftigten ArbN beider Unternehmen sind dann zusammenzurechnen (BAG 9.10.97 – 2 AZR 64/97, NZA 98, 141). Die hierfür erforderliche **Vereinbarung** über die einheitliche Leitung eines gemeinsamen Betriebes kann auch **stillschweigend** durch schlüssiges Verhalten zustande kommen (BAG 16.2.06 – 8 AZR 211/05, NZA 06, 592). Ein gemeinsamer Betrieb zwischen einer Konzernholding und einer Tochtergesellschaft liegt jedoch nicht bereits dann vor, wenn die Holding aufgrund ihrer konzernrechtlichen Leitungsmacht gegenüber den zuständigen Organen der Tochtergesellschaft in bestimmten Bereichen Anordnungen treffen kann (BAG 13.6.02 – 2 AZR 327/01, NZA 02, 1147; BAG 29.4.99 – 2 AZR 352/98, NZA 99, 932). Wird jedoch der Kern der ArbGebFunktionen von einem einheitlichen Leitungsapparat wahrgenommen, kann der Schluss auf das Vorliegen einer stillschweigenden Führungsvereinbarung gezogen werden (BAG 18.1.90 – 2 AZR 355/89, NZA 90, 977). ArbGeb bleibt auch in einem solchen Fall das Unternehmen, mit dem der Arbeitsvertrag geschlossen worden ist (BAG 13.6.85 – 2 AZR 452/84, NZA 86, 600). Bei einer betriebsbedingten Kündigung kommt es jedoch zu arbeitgeberübergreifendem Kündigungsschutz. Die Möglichkeit der Weiterbeschäftigung auf einem freien Arbeitsplatz ist ohne Rücksicht auf die fehlende ArbGebStellung der übrigen am Gemeinschaftsbetrieb beteiligten ArbGeb im gesamten Betrieb zu prüfen (BAG 22.3.01 – 8 AZR 565/00, NZA 02, 1349) und auch die Sozialauswahl findet dort arbeitgeberübergreifend statt (BAG 27.11.03 – 2 AZR 48/03, NZA 04, 477).

**51** Übersteigt die Gesamtzahl der Beschäftigten in einem **Unternehmen** den Schwellenwert, führt dies allein noch nicht zur Anwendbarkeit des KSchG (BAG 2.3.17 – 2 AZR 427/16, NZA 17, 859). Das liefe auf eine vom Gesetzgeber nicht gewollte Gleichsetzung von Betrieb und Unternehmen hinaus. Damit ist jedoch nicht generell ausgeschlossen, das KSchG auch auf ArbN anzuwenden, die in einem Kleinbetrieb dieses Unternehmens mit fünf bzw zehn oder weniger ArbN beschäftigt sind (BVerfG 27.1.98 – 1 BvL 15/87, NZA 98, 470). Dieser „Berechnungsdurchgriff" auf andere betriebliche Einheiten soll jedoch nur in Betracht kommen, wenn angesichts der vom ArbGeb geschaffenen konkreten Organisation die Erwägungen des Gesetzgebers für die Privilegierung des Kleinbetriebs bei verständiger Betrachtung ins Leere gehen und die allein an der Zahl der Beschäftigten orientierte Bestimmung des Betriebsbegriffs unweigerlich zu einer sachwidrigen Ungleichbehandlung betroffener ArbN führen würde. Entscheidend ist eine „wertende Gesamtbetrachtung" (BAG 2.3.17 – 2 AZR 427/16, NZA 17, 859). Dabei kommt es auf die besondere Lage der Arbeitgeber in Kleinbetrieben an, die sich durch persönliche Zusammenarbeit, geringere Finanzausstattung und begrenzte Verwaltungskapazität des Unternehmens auszeichnet. Entscheidend ist vor allem, wo schwerpunktmäßig über Arbeitsbedingungen und Organisationsfragen entschieden wird und in welcher Weise Einstellungen, Entlassungen und Versetzungen vorgenommen werden, wo also der Kern der ArbGebFunktionen in personellen und sozialen Angelegenheiten im Wesentlichen selbstständig ausgeübt wird (BAG 2.3.17 – 2 AZR 427/16, NZA 17, 859; BAG 28.10.10 – 2 AZR 392/08, AP KSchG 1969 § 23 Nr 42). Die Anwendung der Kleinbetriebsklausel ist jedoch nicht schon ausgeschlossen, wenn die als „Betrieb" im kündigungsschutzrechtlichen Sinne zu verstehende Einheit nicht sämtliche „charakteristischen" Merkmale eines Kleinbetriebs erfüllt. Dabei handelt es sich lediglich um typologische Gesichtspunkte, die für einen Kleinbetrieb bezeichnend sind (BVerfG 27.1.98 – 1 BvL 15/87 – NZA 98, 470), nicht um tatbestandliche Voraussetzungen der Norm (BAG 19.7.16 – 2 AZR 468/15, NZA 16, 1196). So kann **gegen** die Anwendung des KSchG sprechen, dass der Kleinbetrieb vor Ort von einem ArbN geführt wird, dem der ArbGeb in personellen und sozialen Angelegenheiten einen gewissen Entscheidungsspielraum eingeräumt hat (BAG 28.10.10 – 2 AZR 392/08, AP KSchG 1969 § 23 Nr 48), und **für** die Anwendung des Gesetzes soll sprechen, dass diese Entscheidungen im Hauptbetrieb des Unternehmens getroffen werden (BAG 15.3.01 – 2 AZR 151/00, NZA 01, 831) bzw dass Verkaufsstellen eines Einzelhandelsunternehmens zentral gelenkt werden (BAG 26.8.71 – 2 AZR 233/70, DB 71, 2319).

Bei der Feststellung der **Mindestgröße** zählen nach § 23 Abs 2 Satz 2 KSchG nicht 52 Personen, die zu ihrer **Berufsausbildung** beschäftigt werden. Das sind Auszubildende und Umschüler. Anlernlinge sind ArbN, nicht Auszubildende. **Teilzeitbeschäftigte** sind nach § 23 Abs 1 Satz 4 KSchG bei einer regelmäßigen wöchentlichen Arbeitszeit von nicht mehr als 20 Stunden mit 0,5 und nicht mehr als 30 Stunden mit 0,75 zu berücksichtigen. Mit dieser Differenzierung werden Frauen nicht unzulässig diskriminiert (EuGH 30.11.93 – C-189/91, AP KSchG 1969 § 23 Nr 13).

Bei der Feststellung der Zahl der regelmäßig beschäftigten ArbN kommt es auf die 53 **normale Zahl der Beschäftigten** bei **regelmäßiger Auslastung** des Betriebes zum **Zeitpunkt der unternehmerischen Entscheidung** an, auf die Beschäftigungslage, die im Allgemeinen für den Betrieb kennzeichnend ist, nicht darauf, wie viele ArbN gerade in diesem Zeitpunkt zufällig beschäftigt werden. ArbN zählen daher nur mit, wenn sie in die betriebliche Struktur eingebunden sind, ihre Weisungen von dort erhalten. Gelegentliche Besuche im Rahmen von Präsentationen oder Meetings reichen nicht aus (BAG 19.7.16 – 2 AZR 468/15, NZA 16, 1196). Diese regelmäßige Beschäftigtenzahl lässt sich im Übrigen nur mit Hilfe eines **Rückblicks** auf die bisherige Personalstärke und einer **Einschätzung der künftigen Entwicklung** feststellen (BAG 24.1.13 – 2 AZR 140/12, NZA 13, 726). Dabei ist – um Missbräuche zu verhindern und willkürliche Ergebnisse zu vermeiden – entscheidend, ob ein Personalabbau auf einer einheitlichen unternehmerischen Planung beruht. Maßgebend ist die unternehmerische Entscheidung, aus der sich ergibt, wie viele ArbN insgesamt – möglicherweise in Stufen – entlassen werden sollen (BAG 8.10.09 – 2 AZR 654/08, NZA 10, 360). So sind die gekündigten ArbN bei der Feststellung der regelmäßig Beschäftigten zu berücksichtigen, wenn Kündigungsgrund die unternehmerische Entscheidung ist, den Arbeitsplatz nicht mehr neu zu besetzen. Denn diese Entscheidung führt nur dazu, dass *künftig* eine andere Zahl von ArbN regelmäßig beschäftigt wird (BAG 8.10.09 – 2 AZR 654/08, NZA 10, 360; BAG 22.1.04 – 2 AZR 237/03; NZA 04, 479).

Bei der Berechnung der Betriebsgröße sind auch im Betrieb beschäftigte **Leiharbeitnehmer** zu berücksichtigen, wenn ihr Einsatz auf einem „in der Regel" vorhandenen Personalbedarf beruht. Dies folgt aus Zweck und Sinn der gesetzlichen Regelung (BAG 24.1.13 – 2 AZR 140/12, NZA 13, 726). Nicht mitgezählt werden **Aushilfen,** die zur **Vertretung** von Stammpersonal (wegen Urlaub, Krankheit, Schwangerschaft uÄ) oder wegen eines **vorübergehenden erhöhten Bedarfs** eingestellt worden sind. Umgekehrt ist unerheblich, wenn wegen eines kurzfristigen Auftragsrückgangs vorübergehend mit einer geringeren ArbNZahl gearbeitet wird. In **Saisonbetrieben** kommt es auf die Zahl der in der Saison Beschäftigten an. Ruht ein Arbeitsverhältnis – etwa wegen Mutterschutzes oder Erziehungsurlaubs –, so wird dadurch die Beschäftigtenzahl jedenfalls dann nicht verändert, wenn der Betrieb vor und nach dem Ruhenszeitraum unverändert mit der gleichen Beschäftigtenzahl ausgestattet ist (BAG 13.1.91 – 2 AZR 356/90, NZA 91, 562). 54

**c) Gegenständlicher Geltungsbereich.** Der allgemeine Kündigungsschutz nach § 1 55 KSchG gilt für **ordentliche Arbeitgeberkündigungen,** nicht – auch nicht entsprechend – für andere Beendigungstatbestände wie etwa Kündigungen des ArbN, Anfechtung, Befristung von Arbeitsverhältnissen. Er gilt unabhängig davon, ob die Kündigung (bereits) aus anderen Gründen unwirksam ist. Der ArbN kann wählen, ob er im Prozess nur die Sozialwidrigkeit der Kündigung oder daneben andere Unwirksamkeitsgründe (zB fehlende oder nicht ordnungsgemäße Anhörung des BRat, Sonderkündigungsschutz nach MuSchG und SchwbG) geltend machen will.

**2. Wartezeit.** Der allgemeine Kündigungsschutz beginnt erst nach Ablauf einer **Wartezeit.** Das Arbeitsverhältnis muss nach § 1 Abs 1 KSchG zum Zeitpunkt des Zugangs der Kündigung mit demselben Betrieb oder Unternehmen **länger als 6 Monate** bestanden 56 haben. In der Wartezeit kann der ArbGeb prüfen, ob er sich auf Dauer binden will. Er ist grundsätzlich nicht gehindert, eine ordentliche Kündigung auszusprechen. Die Kündigung kann aber aus einem der allgemeinen Unwirksamkeitsgründe (→ Rn 3 ff), aus Gründen des besonderen Kündigungsschutzes (→ Rn 145 ff) oder wegen einer nicht ordnungsgemäßen Beteiligung einer ArbNVertretung (BRat, PersRat, MAV) unwirksam sein (→ *Mitbestimmung, personelle Angelegenheiten* Rn 13 ff).

57 Bei der Wartezeit handelt es sich um einseitig zwingendes Recht. Eine **Verlängerung** der Wartezeit ist ausgeschlossen (BAG 20.6.13 – 2 AZR 790/11, NZA-RR 13, 470), ihre **Verkürzung** – auch bis auf Null – ist zulässig (BAG 24.11.05 – 2 AZR 614/04, NZA 06, 366). **Tatsächliche Unterbrechungen** der Wartezeit – wie Krankheit und Urlaub – sind unerheblich, entscheidend ist nur der rechtliche Bestand des Arbeitsverhältnisses (BAG 20.2.14 – 2 AZR 859/11, NZA 14, 1083). Auch ein Wechsel der Tätigkeit oder die vorübergehende Anwendung ausländischen Rechts führen nicht zu einer neuen Wartezeit (BAG 7.7.11 – 2 AZR 12/10, NZA 12, 148). Kurze **rechtliche Unterbrechungen** haben auf die Berechnung der Wartezeit grds keinen Einfluss. Von einem „ununterbrochenen" Arbeitsverhältnis iSv § 1 Abs 1 KSchG ist auch dann auszugehen, wenn sich ein neues Arbeitsverhältnis an ein vorangegangenes zwischen denselben Arbeitsvertragsparteien nahtlos anschließt. Selbst wenn mit der rechtlichen eine zeitliche Zäsur einhergeht, ist sie dann unschädlich, wenn die Dauer der tatsächlichen Unterbrechung verhältnismäßig kurz ist und zwischen den aufeinanderfolgenden Arbeitsverhältnissen ein enger sachlicher Zusammenhang besteht. Ob diese Voraussetzung erfüllt ist, hängt insbes vom Anlass der Unterbrechung und der Art der Weiterbeschäftigung ab (BAG 20.2.14 – 2 AZR 859/11, NZA 14, 1083). Eine feste Begrenzung für den Zeitraum, bis zu dem Unterbrechungen außer Betracht bleiben können, besteht nicht. Je länger die zeitliche Unterbrechung gedauert hat, desto gewichtiger müssen die für einen sachlichen Zusammenhang sprechenden Umstände sein. Bei einer Unterbrechung von bis zu drei Wochen kann idR man von einem sachlichen Zusammenhang ausgehen (BAG 22.9.05 – 6 AZR 607/04, NZA 06, 429). Beträgt der zeitliche Abstand zwischen dem früheren und dem neuen Arbeitsverhältnis fast sieben Wochen sind nur außergewöhnlich gewichtige Umstände in der Lage, einen sachlichen Zusammenhang zu begründen (BAG 22.5.03 – 2 AZR 426/02, AP KSchG 1969 § 1 Wartezeit Nr 18). So können Zeiten eines vorangegangenen Arbeitsverhältnisses auf die Wartezeit anzurechnen sein, wenn es lediglich deshalb wochenlang rechtlich unterbrochen wird, weil sich der ArbGeb dazu entschlossen hat, es während der Zeit nicht fortzuführen, in der keine oder nur wenig Arbeit anfällt – etwa bei Lehrern während der Schulferien (BAG 19.6.07 – 2 AZR 94/06, NZA 07, 1103 einerseits und BAG 28.8.08 – 2 AZR 101/07, AP KSchG 1969 § 1 Nr 88 andererseits). Branchentypische Besonderheiten sind zu berücksichtigen. Tarifliche Regelungen im Baugewerbe sind wirksam, nach denen die (witterungsbedingte) sechsmonatige rechtliche Unterbrechung eines Arbeitsverhältnisses für die Berechnung der Wartefrist unbeachtlich sein soll (BAG 20.6.13 – 2 AZR 790/11, NZA-RR 13, 470).

58 Zeiten eines vorangegangenen **Ausbildungsverhältnisses** sind ebenso auf die Wartezeit anzurechnen (BAG 6.12.76 – 2 AZR 309/75, AP KSchG 1969 § 1 Wartezeit Nr 1) wie ein vorausgegangenes **befristetes Arbeitsverhältnis** (BAG 12.2.81 – 2 AZR 1108/78, AP BAT § 5 Nr 1). Ein **betriebliches Praktikum,** das der beruflichen Fortbildung dient, ist nur anzurechnen, wenn es im Rahmen eines Arbeitsverhältnisses abgeleistet wurde (BAG 18.11.99 – 2 AZR 89/99, NZA 2000, 529). Zeiten, während derer ein **Leiharbeitnehmer** in den Betrieb des Entleihers eingegliedert war, sollen in einem späteren Arbeitsverhältnis zwischen ihm und dem Entleiher regelmäßig nicht auf die Wartezeit des § 1 Abs 1 KSchG anzurechnen sein, weil der Entleiher lediglich in einem Teilbereich die ArbGebFunktionen wahrnimmt und andere Funktionen wie die Lohnzahlung, die Entgeltfortzahlung bei Krankheit und die Urlaubsgewährung typischerweise dem Verleiher zufallen er aber für den Ablauf der Wartefrist nicht nur die Arbeitsleistung des ArbN, sondern auch dessen sonstiges Verhalten zur ordnungsgemäßen Vertragserfüllung aus eigener Kenntnis zu beurteilen imstande sein muss (BAG 20.2.14 – 2 AZR 859/11, NZA 14, 1083). Ob sich nun gerade in der Entgegennahme von Lohn das „wahre Gesicht" eines ArbN zeigt, kann man sicherlich diskutieren.

59 Maßgebend ist die **Zugehörigkeit zum Unternehmen,** so dass die Wartezeit auch dann erfüllt ist, wenn der ArbN ununterbrochen in mehreren Arbeitsverhältnissen in verschiede-

nen Betrieben desselben Unternehmens beschäftigt worden ist (BAG 7.2.11 – 2 AZR 12/10, NZA 12, 148). Wird der ArbN nach rechtlicher Beendigung des ursprünglichen Arbeitsverhältnisses mit zeitlicher Unterbrechung für einen anderen Betrieb desselben Unternehmens eingestellt, so ist auch in diesem Fall darauf abzustellen, ob zwischen diesen Arbeitsverhältnissen ein enger sachlicher Zusammenhang besteht (BAG 7.2.11 – 2 AZR 12/10, NZA 12, 148).

Das KSchG ist dagegen grundsätzlich **nicht konzernbezogen** (BAG 22.5.86 – 2 AZR 612/85, NZA 87, 125). Wird der ArbN nach Auflösung seines bisherigen Arbeitsverhältnisses im Unternehmensverbund weiterbeschäftigt, bedarf es deshalb für die Annahme einer konkludenten Vereinbarung über die Anrechnung vorangegangener Beschäftigungszeiten besonderer Anhaltspunkte. Diese können sich aus den Umständen ergeben, unter denen der Wechsel vollzogen wurde. Geht er ausschließlich auf die Initiative des ArbGeb zurück und wird der ArbN beim verbundenen Unternehmen zu annähernd gleichen Arbeitsbedingungen ohne Vereinbarung einer Probezeit weiterbeschäftigt, kann dies ein gewichtiges Indiz für eine solche Vereinbarung sein (BAG 20.2.14 – 2 AZR 859/11, NZA 14, 1083). Drängen „alter" und „neuer" ArbGeb den ArbN gemeinsam zum Unternehmenswechsel und verfolgen sie dabei vorrangig das Ziel, den Verlust des Kündigungsschutzes herbeizuführen, kann der ArbN überdies nach dem Rechtsgedanken des § 162 BGB so zu stellen sein, als hätte er die Wartefrist beim neuen ArbGeb bereits erfüllt (BAG 20.2.14 – 2 AZR 859/11, NZA 14, 1083). 60

Bei einem **Betriebsübergang** nach § 613a BGB ist die beim Veräußerer zurückgelegte Beschäftigungszeit bei der Berechnung der Wartezeit für eine Kündigung durch den Erwerber zu berücksichtigen (BAG 5.2.04 – 8 AZR 639/02, NZA 04, 845). Selbst wenn das Arbeitsverhältnis mit dem Veräußerer im Zuge eines Betriebs(teil)übergangs durch Kündigung oder Aufhebungsvertrag aufgelöst und anschließend mit dem Erwerber ein neues Arbeitsverhältnis begründet wird, schließt das nicht von vornherein aus, die beim Veräußerer verbrachten Beschäftigungszeiten anzurechnen. Wäre die zeitliche Unterbrechung im Verhältnis zum Veräußerer unschädlich, gilt dies auch für den Erwerber (BAG 20.2.14 – 2 AZR 859/11, NZA 14, 1083). Bei einer **Gesamtrechtsnachfolge** wie zB einer Verschmelzung sind die Zeiten des Arbeitsverhältnisses mit dem früheren ArbGeb auf die Wartezeit wie auf die Betriebszugehörigkeit ebenso anrechenbar wie bei der Aufspaltung oder Abspaltung eines Unternehmens (ErfK/*Oetker* KSchG § 1 Rz 48). 61

Die Wartezeit kann durch **Vereinbarung** nicht verlängert, aber verkürzt werden; dies kann auch konkludent geschehen (BAG 20.2.14 – 2 AZR 859/11, NZA 14, 1083). Allein die Vereinbarung einer kurzen Probezeit reicht hierfür nicht aus. Es muss ausdrücklich vereinbart sein, dass damit auch der Kündigungsschutz früher beginnen soll (APS/*Vossen* KSchG § 1 Rn 24). Der vereinbarte „Verzicht auf die Probezeit" kann dagegen den Verzicht auf die Wartezeit bedeuten (LAG Köln 15.12.06 – 9 Ta 467/06, NZA-RR 07, 293). Nicht anrechnungsfähige frühere Beschäftigungszeiten bei demselben ArbGeb oder einem anderen Unternehmen können durch Vereinbarung auf die Dauer der Betriebszugehörigkeit angerechnet und so auch die Wartefrist verkürzt werden (BAG 20.6.14 – 2 AZR 859/11, NZA 14, 1083). In der Zusage einer Dauer- oder Lebensstellung kann ein Verzicht auf die Wartezeit nur vorliegen, wenn weitere Umstände hinzukommen – etwa die Aufgabe einer anderen unkündbaren Dauerstellung (BAG 8.6.72 – 2 AZR 285/71, AP KSchG 1969 § 1 Nr 1). Ein völliger oder teilweiser Verzicht auf die Wartezeit kann konkludent vereinbart sein, wenn der Wechsel der Arbeitsstelle auf eine Initiative des ArbGeb zurückzuführen ist, die Arbeitsbedingungen annähernd gleich sind und eine Probezeit nicht vereinbart wird (BAG 20.2.14 – 2 AZR 859/11, NZA 14, 1083). Drängen „alter" und „neuer" ArbG den ArbN gemeinsam zum Unternehmenswechsel und verfolgen sie dabei vorrangig das Ziel, den Verlust des Kündigungsschutzes herbeizuführen, kann der ArbN nach dem Rechtsgedanken des § 162 BGB so zu stellen sein, als hätte er die Wartefrist beim neuen ArbG bereits erfüllt (BAG 20.2.14 – 2 AZR 859/11, NZA 14, 1083). 62

Auch **Tarifverträge** und **Betriebsvereinbarungen** können die Wartezeit nicht verlängern, sondern nur verkürzen (BAG 20.2.14 – 2 AZR 859/11, NZA 14, 1083). In Tarifverträgen kann wirksam geregelt werden, dass auf die Wartefrist alle Beschäftigungszeiten im Betrieb anzurechnen sind, solange die Betriebszugehörigkeit nicht länger als sechs Monate unterbrochen war (BAG 14.5.87 – 2 AZR 380/86, NZA 88, 325). Anrechnungs- 63 regelungen in Tarifverträgen beziehen sich meist nur auf die Berechnung verlängerter Kündigungsfristen oder Anwartschaften für betriebliche Ruhegelder. Sollen sie sich auch auf die Wartezeit des § 1 Abs 1 KSchG beziehen, muss dies im Tarifvertrag **deutlich** zum Ausdruck kommen (BAG 28.2.90 – 2 AZR 425/89, NZA 90, 858). Eine tarifliche Regelung, welche vorsieht, dass vor einem bestimmten Stichtag zurückgelegte Zeiten geringfügiger Beschäftigung nicht als Beschäftigungszeiten gelten, verstößt gegen das Benachteiligungsverbot des § 4 Abs 1 TzBfG und ist deshalb unwirksam (BAG 25.4.07 – 6 AZR 746/06, NZA 07, 881).

**64** Bei der **Berechnung** der Wartezeit gilt § 193 BGB nicht. Der Zeitraum von sechs Monaten verlängert sich nicht, wenn sein letzter Tag auf einen Sonnabend, Sonntag oder gesetzlichen Wochenfeiertag fällt (BAG 24.10.13 – 2 AZR 1057/12, NZA 14, 725). Haben sich die Parteien auf den Zeitpunkt des rechtlichen Beginns eines Arbeitsverhältnisses geeinigt, ist er auch in die Berechnung der Wartefrist einzubeziehen, wenn der ArbN an diesem Tag die Arbeit noch nicht aufgenommen hat (BAG 24.10.13 – 2 AZR 1057/12, NZA 14, 725). Eine ordentliche (Änderungs-)Kündigung, die dem ArbN am letzten Tag der Wartefrist zugeht und das Arbeitsverhältnis daher erst nach Ablauf dieser Frist auflöst, braucht der ArbGeb nicht sozial zu rechtfertigen. Für den Ablauf der Wartefrist kommt es auf den Zugang der Kündigung, nicht auf den Termin an, zu dem das Arbeitsverhältnis aufgelöst wird (BAG 7.3.02 – 2 AZR 93/01, AP Nr 22 zu § 620 BGB Aufhebungsvertrag). Eine in der Wartefrist erklärte Kündigung kann aber in den Geltungsbereich des KSchG fallen, wenn sie so früh erklärt wurde, um dem ArbN den Kündigungsschutz zu nehmen (BAG 18.8.82 – 7 AZR 437/80, NJW 83, 2836), etwa indem der ArbGeb die Kündigung nicht zum nächsten, sondern zu einem späteren Auflösungstermin ausspricht. Dies soll nicht der Fall sein, wenn der ArbGeb einen ArbN, mit dem er nicht zufrieden ist, am Ende der Wartefrist „mit überschaubar längerer Kündigungsfrist" kündigt und ihm für den Fall der Bewährung seine Wiedereinstellung zusagt (BAG 7.3.02 – 2 AZR 93/01, AP Nr 22 zu § 620 BGB Aufhebungsvertrag).

**65** **3. Sozialwidrigkeit.** Im Geltungsbereich des KSchG ist eine ordentliche Kündigung nach § 1 Abs 1 KSchG unwirksam, wenn sie nicht **sozial gerechtfertigt** ist.

**66** **a) Begriff.** Bei dem Begriff der sozialen Rechtfertigung handelt es sich um einen **unbestimmten Rechtsbegriff,** der in § 1 Abs 2 und 3 KSchG erläutert wird. Danach ist eine Kündigung sozial ungerechtfertigt, wenn sie nicht durch Gründe, die in der **Person** oder im **Verhalten** des ArbN liegen oder durch **dringende betriebliche Erfordernisse** bedingt ist (Einzelheiten → *Kündigung, personenbedingte* Rn 6–30; → *Kündigung, verhaltensbedingte* Rn 4–14; → *Kündigung, betriebsbedingte* Rn 2–44).

**67** Das KSchG kennt keine **absoluten Kündigungsgründe** (BAG 25.4.13 – 2 AZR 579/12, NZA 13, 1131). Es wird mit anderen Worten kein Sachverhalt anerkannt, der ausnahmslos und immer eine Kündigung rechtfertigt.

**68** Von der Rspr in der Vergangenheit entwickelte allgemeine **Billigkeitsklauseln** helfen bei der Frage nach der Wirksamkeit einer Kündigung nicht weiter. Die Formel, eine Kündigung sei dann sozial gerechtfertigt, wenn bei verständiger Würdigung in Abwägung der Interessen der Vertragsparteien die Kündigung als billigenswert und angemessen erscheint (BAG 13.3.87 – 7 AZR 601/85, NZA 87, 518), bewegt sich im Ungefähren. Sie liefert keine nachvollziehbaren **Bewertungskriterien** und kann letzten Endes jedes gewünschte Ergebnis rechtfertigen. Sinnvoller ist es, anhand der einzelnen Fallgruppen Bewertungskriterien herauszuarbeiten und **Grundprinzipien** im Auge zu behalten.

**69** **b) Voraussetzungen.** Zu diesen **Grundprinzipien** des Kündigungsrechts gehört der **Grundsatz der Verhältnismäßigkeit.** Nach diesem das gesamte Kündigungsrecht beherrschenden **ultima-ratio-Prinzip** kommt die Kündigung stets nur als **letztes Mittel** in Betracht (BAG 10.6.10 – 2 AZR 541/09, NZA 10, 1227). Der ArbGeb muss deshalb versuchen, sie durch andere mögliche und geeignete Maßnahmen zu vermeiden.

**70** Insbes muss er nach § 1 Abs 2 KSchG prüfen, ob eine **Weiterbeschäftigungsmöglichkeit** an einem anderen freien Arbeitsplatz, ggf zu schlechteren Bedingungen ggfls nach Fortbildung oder Umschulung, besteht. Soweit der Arbeitsvertrag nicht geändert werden muss, kann der neue Arbeitsplatz durch Weisung zugewiesen werden. Soweit eine Änderung des Arbeitsvertrages erforderlich ist, kann der ArbGeb eine Änderungskündigung aussprechen, die der ArbN ua nach Maßgabe der §§ 2 und 4 KSchG auf ihre soziale Rechtfertigung überprüfen lassen kann. Dem ArbGeb steht es frei, dem ArbN vorab die geänderten Arbeitsbedingungen anzubieten. Der ArbN kann das Angebot vorbehaltlos annehmen und damit einverständlich den Arbeitsvertrag ändern. Nur wenn der ArbN das Angebot endgültig und vorbehaltlos ablehnt, kann der ArbGeb eine Beendigungskündigung aussprechen, ohne dass der ArbN ihn im Kündigungsschutzprozess auf die Möglichkeit der Weiterbeschäftigung zu geänderten Bedingungen verweisen kann – sog Vorrang der Änderungskündigung (BAG 21.4.05 – 2 AZR 132/04, NZA 05, 1289; → *Änderungskündigung* Rn 5).

**c) Interessenabwägung.** Grundsätzlich ist bei jeder Kündigung – um dem Einzelfall gerecht zu werden – im Rahmen einer umfassenden **Interessenabwägung** festzustellen, ob unter Berücksichtigung aller wesentlichen Umstände das Interesse des ArbGeb an der Beendigung des Arbeitsverhältnisses das des ArbN an seiner Fortsetzung überwiegt (BAG 10.9.09 – 2 AZR 257/08, NZA 10, 220 – verhaltensbedingte Kündigung; BAG 10.12.09 – 2 AZR 400/08, NZA 10, 389 – personenbedingte Kündigung). Welche Umstände jeweils gegeneinander abzuwägen sind, richtet sich ua nach der Art des Kündigungsgrundes. Für die **betriebsbedingte Kündigung** hat die Rspr (BAG 16.6.05 – 6 AZR 476/04, NZA 06, 270) diesen Grundsatz dahin eingeschränkt, bei einer „an sich" betriebsbedingten Kündigung könne sich die umfassende Interessenabwägung nur in seltenen Ausnahmefällen zugunsten des ArbN auswirken. 71

**d) Absolute Gründe der Sozialwidrigkeit.** Die Kündigung ist nach § 1 Abs 2 Satz 2 und 3 KSchG **auf jeden Fall** sozial ungerechtfertigt, wenn in Betrieben des privaten Rechts 72
- die Kündigung gegen eine Auswahlrichtlinie nach § 95 BetrVG verstößt oder
- der ArbN an einem anderen Arbeitsplatz in demselben Betrieb oder Unternehmen weiterbeschäftigt werden kann oder
- eine Weiterbeschäftigung nach zumutbaren Umschulungs- oder Fortbildungsmaßnahmen oder unter geänderten Arbeitsbedingungen möglich ist und der ArbN sein Einverständnis hiermit erklärt,

und der **BRat** der Kündigung innerhalb der Wochenfrist des § 102 Abs 2 Satz 1 BetrVG berechtigterweise aus einem dieser Gründe ordnungsgemäß widerspricht. Entsprechendes gilt für die Kündigung in den Betrieben und Verwaltungen des öffentlichen Rechts im Falle des Widerspruchs des Personalrates. Die Sozialwidrigkeit der Kündigung steht damit fest. Eine Interessenabwägung findet nicht mehr statt (BAG 6.6.84 – 7 AZR 451/82, NZA 85, 93; BAG 13.9.73 – 2 AZR 601/72, AP KSchG 1969 § 1 Nr 2).

Darin liegt eine deutliche mit dem Widerspruch des BRat begleitete **Verbesserung des Kündigungsschutzes.** Die im KSchG enthaltene Widerspruchsmöglichkeit des BRat entspricht inhaltlich seinen Reaktionsmöglichkeiten nach § 102 Abs 3 Nr 2–5 BetrVG. Die in Ziff 1 dieser Vorschrift vorgesehene Rüge der mangelhaften **sozialen Auswahl** ist im KSchG nicht aufgegriffen worden. Begründet der BRat seinen Widerspruch nach dem BetrVG mit dem Vortrag, soziale Gesichtspunkte seien bei der Auswahl der zu kündigenden ArbN nicht ausreichend berücksichtigt worden, stellt dies daher keinen absoluten Grund für die Sozialwidrigkeit der Kündigung dar. 73

**Auswahlrichtlinien** sind Betriebsvereinbarungen, mit denen Brat und ArbGeb nach § 95 BetrVG u. a. für betriebsbedingte Kündigungen Regeln zur Gewichtung der sozialen Auswahlkriterien festlegen (Einzelheiten *Kündigung, betriebsbedingte* Rn 42 ff). Sie schränken den Kündigungsschutz ein und erweitern ihn zugleich. Eine Kündigung kann zwar unwirksam sein, weil sie gegen eine Auswahlrichtlinie verstößt. Die in der Richtlinie enthaltenen Regeln zur sozialen Auswahl können von ArbG im Prozess jedoch nur noch auf grobe Fehlerhaftigkeit hin überprüft werden. Dies kann dazu führen, dass eine Kündigung gegen die in § 1 Abs 3 KSchG enthaltenen Grundsätze der sozialen Auswahl verstößt, aber wirksam bleibt, weil sie den hiervon abweichenden in Auswahlrichtlinien enthaltenen Grundsätzen entspricht, die ihrerseits jedenfalls nicht grob fehlerhaft sind (→ *Kündigung, betriebsbedingte* Rn 42–44). 74

Die **Versetzungsmöglichkeit** muss sich auf einen vorhandenen anderen **freien Arbeitsplatz** im Betrieb oder Unternehmen (nicht im Konzern) beziehen. Die Weiterbeschäftigung auf dem anderen Arbeitsplatz muss den Parteien zumutbar sein (→ *Kündigung, betriebsbedingte* Rn 14 ff). 75

Die **Weiterbeschäftigung** nach zumutbaren Umschulungs- oder Fortbildungsmaßnahmen setzt voraus, dass jedenfalls nach der Umschulung oder Fortbildung ein **freier Arbeits-** 76

**platz** vorhanden ist, auf dem der umgeschulte ArbN beschäftigt werden kann (→ *Kündigung, betriebsbedingte* Rn 13 ff). Die Zumutbarkeit bezieht sich auf den ArbGeb (BAG 29.7.76 – 3 AZR 11/75, AP ZPO § 373 Nr 1).

**77** Ein zulässiger und begründeter **Widerspruch** des Betriebs- oder Personalrates löst im Falle der ordentlichen Kündigung einen **vorläufigen Weiterbeschäftigungsanspruchs** des ArbN nach § 102 Abs 3 Nr 2–5 BetrVG bzw § 79 Abs 1 Nr 2–5 BPersVG aus, wenn der ArbN fristgerecht Kündigungsschutzklage erhoben hat (→ *Weiterbeschäftigungsanspruch* Rn 3 ff).

**78** Die Widerspruchstatbestände sind bei der Beurteilung der sozialen Rechtfertigung einer Kündigung auch zu berücksichtigen, wenn kein oder kein ordnungsgemäßer Widerspruch des Betriebs- oder Personalrats vorliegt (BAG 25.4.02 – 2 AZR 260/01, NZA 03, 605). Sie wirken jedoch nicht mehr als absolute Gründe für die fehlende soziale Rechtfertigung einer Kündigung.

**79** **e) Beurteilungszeitpunkt.** Für die Beurteilung der sozialen Rechtfertigung einer Kündigung kommt es – abgesehen von der Verdachtskündigung (→ *Verdachtskündigung* Rn 13) – grds auf die Umstände zum **Zeitpunkt des Zugangs der Kündigung** an (BAG 10.6.10 – 2 AZR 541/09, NZA 10, 1227; 18.1.01 – 2 AZR 514/99, NZA 01, 719). Auf danach eingetretene Umstände kann nur eine neue Kündigung gestützt werden. Unerheblich ist daher auch, ob nach dem Zugang der Kündigung ein Kündigungsgrund wegfällt. So darf auch bei krankheitsbedingten Kündigungen die spätere – günstige – Entwicklung der Krankheit nicht bei der Beurteilung der sozialen Rechtfertigung herangezogen werden, wenn die Krankheitsprognose zum Zeitpunkt der Kündigung negativ war (BAG 12.4.02 – 2 AZR 148/01, NZA 02, 1081).

**80** Da mit der Kündigung das Arbeitsverhältnis für die Zukunft aufgelöst wird, ist **jeder Kündigungsgrund zukunftsbezogen.** Die Kündigung ist nach § 1 Abs 2 KSchG wirksam, wenn die geltend gemachten Kündigungsgründe einer Weiterbeschäftigung des ArbN entgegenstehen. Die Kündigung dient mit anderen Worten nicht der Vergangenheitsbewältigung. Entscheidend ist allein, ob die weitere Tätigkeit vor dem Hintergrund des KSchG interessengerecht erscheint. Die Entscheidung über die Wirksamkeit einer Kündigung bedarf deshalb stets einer **Prognose.** Erst die negative Prognose führt dann zur Wirksamkeit der Kündigung. Dies gilt für **alle Kündigungsgründe,** sowohl für die verhaltensbedingte (BAG 10.6.10 – 2 AZR 541/09, NZA 10, 1227), als auch für die personenbedingte (BAG 12.4.02 – 2 AZR 148/01, NZA 02, 1081) und für die betriebsbedingte Kündigung (BAG 15.7.04 – 2 AZR 376/03, NZA 05, 523).

**81** **4. Kündigungsschutzprozess.** Die Kündigung eines Arbeitsverhältnisses ist **„schwebend unwirksam".** Sie löst das Arbeitsverhältnis erst einmal auf und wird nach § 7 KSchG wirksam, wenn der ArbN nicht rechtzeitig Klage erhebt, mit der er ihre Unwirksamkeit feststellen lässt. Im Streit um ihre Wirksamkeit muss der ArbN sich daher in den Betrieb „zurückklagen", der ArbGeb muss ihn nicht „herausklagen". Eine Ausnahme von diesem Grundsatz enthält § 126 InsO für die „Kündigungsklage" des Insolvenzverwalters (→ Rn 144).

**82** Wo der BRat ordnungsgemäß widersprochen hat, kann der ArbN den Prozess von Anfang an von seinem Arbeitsplatz aus führen, solange das ArbG den ArbGeb auf seinen Antrag hin nicht von der mit dem Widerspruch des BRat entstandenen **betriebsverfassungsrechtlichen Pflicht zur Weiterbeschäftigung** entbunden hat (Einzelheiten → *Weiterbeschäftigungsanspruch* Rn 3–10). Unabhängig davon ist der ArbGeb aufgrund seiner **allgemeinen Beschäftigungspflicht** gehalten, den ArbN auch ohne dass er den entsprechenden Weiterbeschäftigungsantrag stellt, schon während des Prozesses tatsächlich zu beschäftigen, bis eine der Kündigungsschutzklage stattgebende Entscheidung vom LAG oder BAG aufgehoben wird (BAG 22.7.14 – 9 AZR 1066/12, NZA 14, 1330). Die auf Antrag erfolgende zusätzliche Verurteilung zur Beschäftigung sichert nur die gerichtliche Durchsetzung dieses materiell-rechtlichen Anspruchs. Beschäftigt der ArbGeb den ArbN weiter, obwohl das der Kündigungsschutzklage stattgebende Urteil vom LAG aufgehoben wurde, entsteht zwischen den Parteien ein unbefristetes Arbeitsverhältnis, wenn sie trotz dieser Entscheidung das Arbeitsverhältnis dadurch fortsetzen, dass der ArbN seine Tätigkeit im Betrieb nicht einstellt und der ArbGeb die Vergütung fortzahlt (BAG 8.4.14 – 9 AZR 856/11, ArbR 14, 414 – Einzelheiten → *Weiterbeschäftigungsanspruch* Rn 11–23).

**a) Parteien.** Die Entscheidung, gegen eine Kündigung vorzugehen, steht dem **Arbeitnehmer** als **höchstpersönliches Recht** zu. Dritte können sich auf die Sozialwidrigkeit einer Kündigung nicht berufen. Da das Arbeitsverhältnis mit dem **Tod des Arbeitnehmers** endet, kann ein Erbe keine Kündigungsschutzklage erheben oder fortsetzen, wenn der ArbN vor Ablauf der Kündigungsfrist stirbt. Stirbt der ArbN nach Ablauf der Kündigungsfrist und nachdem er Klage erhoben hat oder während der Dreiwochenfrist zur Klageerhebung, sollen seine Erben den Prozess führen bzw fortführen können (LAG Hamm 19.9.86, NZA 87, 669). **83**

Dies ist nicht für alle Fälle einzusehen. Lohnansprüche, die sie noch realisieren könnten, weil sie vom Ausgang des Rechtsstreits abhängen, dürften meist daran scheitern, dass der Annahmeverzug des ArbGeb mit dem Tod des ArbN endet. So kann es nur um den seltenen Fall gehen, dass für einen ArbN Verzugslohnansprüche für die Zeit ab Zugang der Kündigung (fristlose Kündigung) bzw nach Ablauf einer kurzen Kündigungsfrist bis zu seinem Tod entstanden sind. Auch die **Krankenkasse,** die dem ArbN Krankengeld gewährt, kann trotz Forderungsübergang nach § 115 Abs 1 SGB X keine Kündigungsschutzklage erheben (LAG Düsseldorf 18.8.70, BB 71, 131). Das BAG hat dies für einen Fall anders entschieden, in dem das KSchG keine Anwendung fand (29.11.78 – 5 AZR 457/77, AP LohnFG § 6 Nr 7). Gegen eine solche „aufgedrängte" Kündigungsschutzklage bestehen Bedenken. Der ArbN kann gute Gründe haben, nicht zu klagen. **84**

Die Kündigungsschutzklage muss sich gegen den **Arbeitgeber** richten. Er ist der Arbeitsvertragspartner. Nur die Kündigungsschutzklage gegen den richtigen ArbGeb wahrt die Klagefrist des § 4 KSchG. Wird der Falsche verklagt, wird die Kündigung unter den Voraussetzungen des § 7 KSchG von Anfang an wirksam. Wird der richtige ArbGeb im Wege der subjektiven Klagehäufung nur hilfsweise verklagt, reicht dies jedoch aus (BAG 31.3.93 – 2 AZR 467/92, NZA 94, 237). **85**

Bei **Personengesellschaften** ist die Gesellschaft zu verklagen (§§ 124 Abs 1, 161 Abs 2 HGB). Bei **juristischen Personen** – GmbH, AG, Genossenschaften, eV – sind diese zu verklagen. Bei der eingetragenen **Partnergesellschaft** und der **Gesellschaft bürgerlichen Rechts** richtet sich die Klage gegen die Gesellschaft (BAG 1.3.07 – 2 AZR 525/05, NZA 07, 1013), bei der **Erbengemeinschaft** gegen alle Erben. Im **mittelbaren Arbeitsverhältnis** ist der Mittelsmann zu verklagen (BAG 21.2.90 – 5 AZR 162/89, AP BGB § 611 Abhängigkeit Nr 57). **86**

Ist eine Parteibezeichnung **nicht eindeutig,** ist die Partei durch Auslegung zu ermitteln. Selbst bei äußerlich eindeutiger, aber offenkundig unrichtiger Bezeichnung ist grds derjenige als Partei angesprochen, der erkennbar betroffen sein soll (BAG 18.10.12 – 6 AZR 41/11, NZA 13, 1007). Die **unrichtige Bezeichnung** einer Partei kann später – auch nach Ablauf der Klagefrist – berichtigt werden, wenn ihre Identität gewahrt bleibt. Dies gilt jedenfalls stets, wenn aus dem der Klage beigefügten Kündigungsschreiben oder Arbeitsvertrag die zutreffende Bezeichnung des Beklagten ersichtlich ist und kann in diesem Fall selbst dann gelten, wenn die Parteiidentität nicht gewahrt ist (BAG 1.3.07 – 2 AZR 525/05, NZA 07, 1013; BAG 15.3.01 – 2 AZR 141/00, NZA 01, 1267). Eine Klage gegen die Schuldnerin macht einen nach deutschem Recht bestellten Insolvenzverwalter nicht zur Partei und kann die Klagefrist des § 4 Satz 1 KSchG nicht wahren. Ergibt sich aber aus den Umständen – etwa einem der Klageschrift beigefügten Kündigungsschreiben – dass die Kündigung vom Insolvenzverwalter ausgesprochen wurde, kann das Rubrum „berichtigt" werden (BAG 18.10.12 – 6 AZR 41/11, NZA 13, 1007). Ist eine Parteiidentität in den übrigen Fällen nicht gegeben und die Klagefrist abgelaufen, hilft dem ArbN grds nur noch die nachträgliche Zulassung seiner verspätet gegen den richtigen ArbGeb erhobenen Klage. **87**

Bei einem **Betriebsübergang** muss die Klage gegen den Veräußerer gerichtet sein, wenn dieser gekündigt hat, der Betrieb nach Zugang der Kündigung übergegangen ist (BAG 23.7.14 – 7 AZR 853/12, NZA 15, 46; BAG 11.8.11 – 9 AZN 806/11, NZA 11, 1445) und die Kündigungsschutzklage vor dem Betriebsübergang rechtshängig wurde (BAG 18.3.99 – 8 AZR 306/98, NZA 99, 706). In diesem Fall wirkt das Urteil analog § 325 ZPO auch gegenüber dem Erwerber; bei Klageerhebung nach dem Betriebsübergang nicht, weil er schon vor Rechtshängigkeit „Rechtsnachfolger" des Veräußerers geworden ist, so dass § 325 ZPO auch nicht entsprechend angewandt werden kann (BAG 18.3.99 – 8 AZR 485/97, NZA 99, 648). Laut BAG ist der Veräußerer auch in diesem Fall der richtige Beklagte, **88** weil das Arbeitsverhältnis schon gekündigt übergeht (BAG 18.3.99 – 8 AZR 306/98, NZA 99, 706; aA *Müller-Glöge* NZA 99, 449). Mit Zustimmung des ArbN kann aber der Erwerber nach § 265 Abs 2 ZPO das Verfahren übernehmen (BAG 4.3.93 – 2 AZR 507/92, NZA 94, 260). Eine vom Veräußerer nach dem Betriebsübergang ausgesprochene Kündigung geht ins Leere, weil zu ihm kein Arbeitsverhältnis mehr besteht. Eine gegen ihn erhobene Kündigungsschutzklage ist daher unbegründet (BAG 20.3.2014 – 8 AZR 1/13, NZA 14, 1095). Anders ist dies, wenn der ArbN dem Übergang seines Arbeitsverhältnisses rechtzeitig schriftlich widersprochen hat, weil das Arbeitsverhältnis dann stets zum Veräußerer bestand (BAG 24.9.2015 – 2 AZR 562/14, NJW-Spezial 2016, 148; zum Ganzen → *Betriebsübergang* Rn 82 ff).

89 **b) Zuständiges Gericht.** Für Klagen über das Bestehen oder Nichtbestehen eines Arbeitsverhältnisses ist nach § 2 Abs 1 Ziff 3b ArbGG der **Rechtsweg** zu den Gerichten für Arbeitssachen eröffnet. Dabei ist für das Kündigungsschutzverfahren die arbeitsgerichtliche Zuständigkeit schon gegeben, wenn sich der Kläger gegen die ordentliche Kündigung des Rechtsverhältnisses wendet, das er selbst für ein Arbeitsverhältnis, die Beklagte dagegen für ein freies Dienstverhältnis hält, und der Kläger Unwirksamkeitsgründe geltend macht, die seine ArbNStellung voraussetzen. Die bloße Rechtsansicht des Klägers begründet in diesen Fällen schon die Zuständigkeit der ArbG (BAG 22.10.14 – 10 AZB 46/14, NZA 15, 60; BAG 26.10.12 – 10 AZB 60/12, NZA 13, 54). Personen, die kraft Gesetz, Satzung oder Gesellschaftsvertrag zur Vertretung einer juristischen Person oder Personengesamtheit berufen sind, ist der Rechtsweg zu den ArbG nach § 5 Abs 1 Satz 3 ArbGG verschlossen unabhängig davon, ob das ihrer Organstellung zugrunde liegende Rechtsverhältnis als freies Dienstverhältnis oder Arbeitsverhältnis ausgestattet ist. Diese Fiktion soll sicherstellen, dass die Mitglieder der Vertretungsorgane mit der juristischen Person keinen Rechtsstreit im „Arbeitgeberlager" vor dem ArbG führen (BAG 22.10.14 – 10 AZB 46/14, NZA 15, 60). Sind sie abberufen oder haben sie ihr Amt niedergelegt, können sie Ansprüche aus einem durch ihre Berufung nicht beendeten Arbeitsverhältnis vor den ArbG geltend machen. Dabei kommt es nicht auf den Zeitpunkt der Klageerhebung an. Auch erst vor einer rechtskräftigen Entscheidung auftretende zuständigkeitsbegründete Umstände lassen die Fiktionswirkung des § 5 Abs 1 Satz 3 ArbGG entfallen (BAG 22.10.14 – 10 AZB 46/14, NZA 15, 60). Dass bei der Abberufung eines Fremdgeschäftsführers noch ein Arbeitsverhältnis bestand oder er wegen einer wirtschaftlichen Abhängigkeit als arbeitnehmerähnliche Person anzusehen wäre, für die der Rechtsweg zu den ArbG nach § 5 Abs 1 S 2 ArbGG eröffnet ist, kommt nur in „extremen Ausnahmefällen" in Betracht. Der Geschäftsführer einer GmbH wird für diese in aller Regel auf der Grundlage eines freien Dienstvertrags, nicht eines Arbeitsvertrags tätig. Ein Arbeitsverhältnis eines Geschäftsführers setzt eine über ihr gesellschaftsrechtliches Weisungsrecht hinausgehende Weisungsbefugnis der Gesellschaft voraus. Eine Stellung als arbeitnehmerähnliche Person mit der einem Arbeitnehmer vergleichbare soziale Schutzbedürftigkeit ist erst anzunehmen, wenn das Maß der Abhängigkeit einen solchen Grad erreicht, wie er im Allgemeinen nur in einem Arbeitsverhältnis vorkommt, und die geleisteten Dienste nach ihrer sozialen Typik mit denen eines Arbeitnehmers vergleichbar sind (BAG 21.1.19 – 9 AZB 23/18, NZA 19, 49). Auch die Abberufung des Geschäftsführers oder die Niederlegung seines Amtes führt allein nicht zu einer Zuständigkeit der ArbG. Sein Anstellungsverhältnis wird dadurch weder zu einem Arbeitsverhältnis noch macht es ihn zu einer arbeitnehmerähnlichen Person, für die der Rechtsweg zu den ArbG nach § 5 Abs 1 S 2 ArbGG eröffnet wäre (BAG 21.1.19 – 9 AZB 23/18, NZA 19, 490). Hat das ArbG den Rechtsweg zu den Gerichten für Arbeitssachen stillschweigend durch den Erlass eines Urteils bejaht, ist das LAG nach § 65 ArbGG gehindert, die Frage des Rechtswegs zu prüfen (BAG 9.7.96 – 5 AZB 6/96, NZA 96, 1117).

90 Die Kündigungsschutzklage muss beim örtlich zuständigen ArbG erhoben werden. Die **örtliche Zuständigkeit** richtet sich nach den §§ 12–37 ZPO, die über § 46 Abs 2 ArbGG auf das ArbGVerfahren anzuwenden sind. Der **Gerichtsstand natürlicher Personen** richtet sich nach ihrem Wohnsitz – §§ 12, 13 ZPO. Der ArbN muss vor dem ArbG am Wohnsitz des ArbGeb klagen. Der allgemeine Gerichtsstand **juristischer Personen** wird durch ihren Sitz bestimmt (§ 17 ZPO).

91 Neben diesen allgemeinen Gerichtsständen kennt das Gesetz eine Reihe besonderer Gerichtsstände. Der **Gerichtsstand der Niederlassung** ist angesprochen, wenn der Ar-

beitsvertrag von der Niederlassung abgeschlossen wurde (§ 21 ZPO). Der ArbGeb kann auch am **Gerichtsstand des Erfüllungsortes** (§ 29 Abs 1 ZPO) verklagt werden. Erfüllungsort ist für alle Leistungen aus dem Arbeitsverhältnis der Ort, an dem der ArbN vertragsgemäß seine Arbeitsleistung zu erbringen hat. Ist der ArbN für den Betrieb eingestellt und wird er vom Betriebssitz aus immer wieder an verschiedene auswärtige Orte entsandt (zB Kraftfahrer von Speditionsunternehmen, Montagearbeiter), so ist der Sitz des Betriebes Erfüllungsort, weil dort der Schwerpunkt der Dienstleistung liegt.

Ist dem ArbN ein fester räumlicher Bezirk zugewiesen, den er nicht vom Betriebssitz, **92** sondern von seinem Wohnsitz aus bearbeitet, liegt der Schwerpunkt der Dienstleistung am Wohnsitz, so dass dieser Erfüllungsort ist (BAG 12.6.86 – 2 AZR 398/85, AP Brüsseler Abkommen Art 5 Nr 1). Sind mehrere Gerichtsstände örtlich zuständig, kann der ArbN wählen, an welchem dieser Gerichtsstände er klagen will (§ 35 ZPO). Die einmal getroffene Wahl ist endgültig.

**c) Klageart.** Die Kündigungsschutzklage ist nach § 4 Satz 1 KSchG im Geltungsbereich **93** dieses Gesetzes auf die Feststellung zu richten, dass das Arbeitsverhältnis durch die (zu bezeichnende) Kündigung nicht aufgelöst worden ist. Wehrt man sich gegen eine Änderungskündigung, ist nach erklärtem Vorbehalt zweckmäßigerweise den Antrag aus § 4 Satz 2 KSchG zu stellen (→ *Änderungskündigung* Rn 37). **Streitgegenstand** einer Kündigungsschutzklage ist die Frage, ob die angegriffene Kündigung ein Arbeitsverhältnis aufgelöst hat, das bei ihrem Zugang und auch zum vorgesehenen Auflösungstermin noch bestanden hat (BAG 18.12.14 – 2 AZR 163/14, NZA 15, 635). Wegen dieses „erweiterten" Gegenstands kann einer Kündigungsschutzklage nur stattgegeben werden, wenn das Arbeitsverhältnis nicht bereits vor dem mit der Kündigung angestrebten Auflösungstermin geendet hat unabhängig davon, ob dies bereits vor Zugang der Kündigung oder erst vor bzw. mit dem in ihr vorgesehenen Auflösungstermin geschehen ist (BAG 29.1.2015 – 2 AZR 698/12, NJW 15, 2064).

Der ArbN hat im Kündigungsschutzprozess **alle Unwirksamkeitsgründe** geltend zu **94** machen; bei rechtskräftiger Abweisung der Kündigungsschutzklage steht die Beendigung des Arbeitsverhältnisses fest. Der ArbN kann nicht in einem weiteren Prozess geltend machen, die Kündigung sei aber aus anderen Gründen, die er im Vorprozess nicht angeführt hat, unwirksam (BAG 12.6.86 – 2 AZR 426/85, NZA 87, 273). Wenn einer Kündigungsschutzklage rechtskräftig stattgegeben wurde, steht umgekehrt bindend fest, dass das Arbeitsverhältnis bis zu dem vorgesehenen Auflösungstermin auch nicht durch mögliche andere Beendigungstatbestände (Eigenkündigung, Anfechtung, Aufhebungsvertrag) aufgelöst worden ist, selbst wenn diese von keiner Seite in den Prozess eingeführt wurden – **erweiterter punktueller Streitgegenstand** (BAG 20.6.18 – 7 AZR 689/16, NZA 19, 331). Jeder ArbGeb muss davon ausgehen, dass der ArbN sich mit seiner Klage zugleich gegen die Beendigung des Arbeitsverhältnisses durch mögliche andere Tatbestände wendet, die es bis zu dem in der angegriffenen Kündigung vorgesehene Termin auflösen könnten. Er kann sich daher nur dann darauf berufen, das Arbeitsverhältnis sei zu einem früheren Zeitpunkt oder aus anderen Gründen zum selben Zeitpunkt beendet gewesen oder habe nie bestanden, wenn er diesen Tatbestand vor Rechtskraft der Entscheidung in den Prozess einführt (BAG 20.3.14 – 2 AZR 1071/12, NZA 14, 1131). Hat er dies getan, muss nun der ArbN dies seinerseits angreifen, will er nicht den Kündigungsschutzprozess verlieren, weil das Arbeitsverhältnis schon zu einem früheren Zeitpunkt oder zum selben Auflösungstermin aufgelöst wurde und deshalb seine Klage ins Leere geht (BAG 18.12.14 – 2 AZR 163/14, NZA 15, 635). Das BAG hilft ihm mit einer „Lebenserfahrung" und dem Hinweis auf § 139 ZPO. Danach ist idR davon auszugehen, dass der Arbeitnehmer einen gesonderten Beendigungsschutzantrag erheben möchte, wenn der Arbeitgeber eine weitere Kündigung in den Prozess einführt, und der Arbeitnehmer nicht zu erkennen gibt, diese gegen sich gelten lassen zu wollen. Im Zweifel hat das Gericht auf eine sachdienliche – ausdrückliche – Antragstellung hinzuwirken (BAG 24.5.18 – 2 AZR 67/18, NZA 18, 1127). Damit hat sich die Frage de facto erledigt, ob der ArbN eine vom ArbGeb ausgesprochenen Folgekündigung mit früherem oder gleichem Auflösungstermin zwar außerhalb der Klagefrist aber jedenfalls vor Schluss der letzten mündlichen Verhandlung erster Instanz nicht nur allgemein angreifen darf, sondern ausdrücklich mit dem Klageantrag nach § 4 Satz 1 KSchG angreifen muss. Dies alles gilt ebenso nach Ausspruch einer Änderungskündigung, unabhängig davon, ob der ArbN den Vorbehalt erklärt hat (BAG 24.5.18 – 2 AZR 67/18, NZA 18, 1127). Auch bei erklärtem Vorbehalt geht es um den (unveränderten) Fortbestand eines Arbeitsverhältnisses. Der Antrag ist daher nur begründet, wenn das Arbeitsverhältnis zum Zeitpunkt des „Änderungstermins" noch bestanden hat. Ausnahmsweise sollen die Parteien den Streitgegenstand der Kündigungsschutzklage und damit der Umfang der Rechtskraft eines ihr stattgebenden Urteils auf die (streitige) Auflösung des Arbeitsverhältnisses durch die konkret angegriffene Kündigung beschränken können, solange nicht rechtskräftig festgestellt ist, dass die früher wirkende Kündigung das Arbeitsverhältnis schon aufgelöst hat (BAG 18.12.2014 – 2 AZR 163/14, NZA 15, 635; BAG 22.11.12 – 2 AZR 732/11, NZA 13, 665).

95 Mit der Kündigungsschutzklage wird im Bereich des KSchG nur jeweils eine mit der Klage genau bezeichnete Kündigung angegriffen. Dies kann zu unbefriedigenden Ergebnissen führen. Es eröffnet die Möglichkeit, ein Arbeitsverhältnis durch „Dauerkündigungen", die es nach Schluss des in der ersten Kündigung vorgesehenen Auflösungstermins beenden sollen, letztlich nur wegen einer Unaufmerksamkeit des ArbN – der bei einer weiteren Kündigung die Klagefrist des § 4 KSchG versäumt – wirksam aufzulösen. Man hat dem ArbN geholfen, indem man ihm gestattete, neben der Kündigungsschutzklage mit dem Antrag „festzustellen, dass das Arbeitsverhältnis nicht durch die Kündigung vom … aufgelöst wurde", innerhalb der Klagefrist eine allgemeine Feststellungsklage mit dem Antrag zu erheben „festzustellen, dass das Arbeitsverhältnis über den … (in der Kündigung vorgesehenen Auflösungstermin) hinaus fortbesteht" (BAG 26.9.13 – 2 AZR 682/12, NZA 14, 443). Damit wird der Streitgegenstand der Kündigungsschutzklage erweitert. Es geht jetzt nicht nur darum, ob ein Arbeitsverhältnis aufgelöst wurde, das bei Zugang der Kündigung und bis zu dem in ihr vorgesehenen Auflösungstermin bestand. Streitgegenstand dieses **„Schleppnetzantrags"** ist der Bestand des Arbeitsverhältnisses am Tage der letzten mündlichen Verhandlung in der Tatsacheninstanz (BAG 18.12.14 – 2 AZR 163/14, NZA 15, 635; 20.3.14 – 2 AZR 1071/12, NZA 14, 1131). Der in diesem Zusammenhang oft verwendete einfache Antragszusatz „und das Arbeitsverhältnis unverändert fortbesteht" reicht hierfür nicht aus. Er macht nicht deutlich, dass es sich um einen eigenen Sachantrag handeln soll. Das BAG versteht ihn nur als redaktionelle Bekräftigung des Kündigungsschutzantrags ohne eigenständigen Inhalt, solange der ArbN nicht innerhalb der Klagefrist deutlich macht, dass hiermit der allgemeine Feststellungsantrag gestellt wurde (BAG 18.12.14 – 2 AZR 163/14, NZA 15, 635).

96 Dieser allgemeine Feststellungsantrag setzt auch im Kündigungsschutzprozess ein besonderes Feststellungsinteresse voraus. Es besteht nicht schon deshalb, weil eine Kündigung ausgesprochen wurde. Die abstrakte Möglichkeit zwischenzeitlicher Beendigung des Arbeitsverhältnisses durch andere Beendigungstatbestände reicht für die Zulässigkeit des allgemeinen Feststellungsantrags nicht aus (BAG 27.1.94 – 2 AZR 484/93, NZA 94, 812). Der ArbN muss vielmehr durch Tatsachenvortrag weitere streitige Beendigungstatbestände in den Prozess einführen oder wenigstens deren Möglichkeit darstellen (BAG 13.3.97 – 2 AZR 512/96, NZA 97, 844). Tut er dies nicht, ist der Feststellungsantrag als unzulässig abzuweisen. Kommt es zu weiteren Kündigungen, kann der ArbN sie nach dem Rechtsgedanken des § 6 KSchG ohne Einhaltung der 3-Wochen-Frist des § 4 KSchG jedenfalls bis zur letzten mündlichen Verhandlung vor dem ArbG angreifen, indem er die neue Kündigung konkret bezeichnet und auf sie bezogen einen punktuellen Kündigungsschutzantrag stellt. Gelangt der allgemeine Feststellungsantrag in die Berufungsinstanz, kann der ArbN ebenso gegenüber jeder Kündigung verfahren, die ihm nach Schluss der mündlichen Verhandlung vor dem ArbG zugegangen ist (BAG 26.9.13 – 2 AZR 682/12, NZA 14, 443). Ob er auf diese Weise noch in der Berufungsinstanz gegen Kündigungen vorgehen kann, die ihm schon vor Schluss der mündlichen Verhandlung vor dem ArbG zugegangen sind, ist derzeit wieder offen (BAG 26.9.13 – 2 AZR 682/12, NZA 14, 443; dafür noch BAG 13.3.97 – 2 AZR 512/96, NZA 97, 844).

97 Soweit eine Kündigung nach § 623 BGB mangels **Schriftform** unwirksam ist oder nur geltend gemacht wird, dass der ArbGeb die **Kündigungsfrist** nicht eingehalten hat, braucht der ArbN nicht den Kündigungsschutzantrag nach § 4 KSchG zu stellen. Er kann die Kündigung mit einer allgemeinen Feststellungsklage nach § 256 ZPO angreifen oder direkt auf **Leistung** des Lohnes für die Zeit nach bzw bis zum Ablauf der Kündigungsfrist klagen. In diesem Prozess wird dann als Vorfrage über die Wirksamkeit der Kündigung bzw die Dauer der zutreffenden Kündigungsfrist mit entschieden.

**d) Klageerhebung.** Die Kündigungsschutzklage kann durch **Klageschrift** beim ArbG eingereicht werden. Sie kann auch **mündlich zu Protokoll der Geschäftsstelle** des ArbG erhoben werden. 98

Die Anforderungen an eine **ordnungsgemäße Klage** ergeben sich aus § 253 Abs 2 ZPO. Die Klageschrift muss die **Bezeichnung der Parteien** und des **Gericht** enthalten. Man muss ihr den **Klagegegenstand** entnehmen können, dh worum gestritten wird und warum geklagt wird. Und endlich muss sie einen **Antrag** enthalten. Die ArbG stellen keine allzu strengen Anforderungen an die Kündigungsschutzklage. Für eine Kündigungsschutzklage genügt es, dass aus ihr ersichtlich ist gegen wen sie sich richtet, wo der Kläger tätig war und vor allem, dass er eine Kündigung nicht als berechtigt anerkennen will. Damit ist auch die Klagefrist des § 4 KSchG gewahrt. Die Darlegung aller klagebegründenden Tatsachen, wie die Erfüllung der kündigungsschutzrechtlichen Voraussetzungen nach den §§ 1 Abs 1 und § 23 Abs 1 KSchG, gehören nicht zur Zulässigkeit der Kündigungsschutzklage, sondern zur Schlüssigkeit des Sachvortrags; ihr Fehlen führt demnach nicht zur Unzulässigkeit der Kündigungsschutzklage. Sie ist aber unbegründet (BAG 18.7.13 – 6 AZR 420/12, NZA 14, 109). Ein Prozesskostenhilfeantrag, dem nur der Entwurf einer Klageschrift beigefügt ist, reicht jedenfalls dann nicht aus, wenn die Klage erkennbar ausschließlich für den Fall erhoben werden soll, dass Prozesskostenhilfe gewährt wird. Geht es um die Wiedereinstellung, weil sich bis zum Ablauf der Kündigungsfrist vom ArbGeb bei Ausspruch der Kündigung nicht vorhergesehen eine neue Beschäftigungsmöglichkeit aufgetan hat, kann Verurteilung zur rückwirkenden Wiedereinstellung – nach Ablauf der Kündigungsfrist – beantragt werden (BAG 9.11.06 – 2 AZR 509/05, AP BGB § 311a Nr 1). 99

Die Kündigungsschutzklage muss – wie jede Klage – vom Kläger oder seinem Prozessbevollmächtigten – unterzeichnet sein. Fehlt die **Unterschrift,** handelt es sich in der Sache nur um einen Klageentwurf, der grds die Klagefrist nicht wahrt (BAG 26.1.76 – 2 AZR 506/74, AP KSchG 1969 § 4 Nr 1). Vom ArbG werden dann keine Maßnahmen eingeleitet, zB nicht terminiert. Übersieht der Richter die fehlende Unterschrift und wird ihr Fehlen vom Prozessgegner nicht gerügt, obwohl das Fehlen der Unterschrift im Verfahren festgestellt wird, gilt dieser Mangel nach der ersten rügelosen mündlichen Verhandlung nach § 295 ZPO als geheilt. Aus dem Klageentwurf wird dann eine fristgerecht erhobene Kündigungsschutzklage (BAG 26.6.86 – 2 AZR 358/85, NZA 86, 761). 100

Bei **Massenklagen** soll in Ausnahmefällen eine faksimilierte Unterschrift (Matrize) genügen, wenn nur einzelne Klagen im Original unterschrieben sind (BAG 14.2.78 – 1 AZR 154/76, AP GG Art 9 Arbeitskampf Nr 60). Eine durch Telefax (Telekopie) eingereichte Klage reicht nach § 130 Nr 6 ZPO aus, wenn die Originalunterschrift (BAG 14.1.86 – 1 ABR 86/83, AP ZPO § 553 Nr 11), nicht wenn nur der Faksimile-Stempel wiedergegeben ist (BAG 5.8.09 – 10 AZR 692/08, NZA 09, 1165). Eine Klage ist in Schriftform eingereicht, sobald dem Gericht ein Ausdruck der als Anhang einer elektronischen Nachricht übermittelten, die vollständige Klagebegründung enthaltenden Bilddatei (hier: PDF-Datei) vorliegt, welche durch Einscannen eines vom Prozessbevollmächtigten unterzeichneten Schriftsatzes hergestellt wurde (BGH 15.7.08 – X ZB 8/08, NJW 08, 2649). Die Klage kann nach § 46c ArbGG als **elektronisches Dokument** übermittelt werden. Wird ein elektronisches Dokument unter Verstoß gegen § 46c Abs 3 Alt 1 ArbGG (ohne qualifizierte elektronische Signatur) an das Gericht übermittelt, geht es nicht formwirksam bei Gericht ein (BAG 15.8.18 – 2 AZN 269/18, NZA 18, 1214). 101

Ein einfaches **Auskunftsbegehren** reicht als Klage nicht aus. Es lässt erkennen, dass der Wille, gegen die Kündigung vorzugehen, derzeit noch fehlt. 102

Die Klage muss nach § 184 GVG in **deutscher Sprache** abgefasst sein. Auf eine in einer Fremdsprache verfasste Klage brauchen die Gerichte nicht zu reagieren. Sie wird weder zugestellt, noch muss das Gericht eine Übersetzung veranlassen. Dabei ist unerheblich, ob der Absender sie übersetzen lassen kann. Wird dadurch eine Frist versäumt, kann die nachträgliche Zulassung der Klage weiterhelfen. In welcher **Form** die Klage erhoben wird, ist weitgehend unerheblich. Man kann die Kündigungsschutzklage auch als **Widerklage,** nicht aber als **Hilfsantrag** erheben (ErfK/*Kiel* KSchG § 4 Rz 15). Selbst mit dem **Antrag auf Abweisung** einer vom ArbGeb erhobenen Klage auf Feststellung der Wirksamkeit einer von ihm ausgesprochenen Kündigung wird eine Kündigungsschutzklage des ArbN anhängig gemacht (BAG 21.12.67, DB 68, 404). 103

104 **e) Klagefrist.** Jede Kündigungsschutzklage muss nach § 4 KSchG innerhalb von **drei Wochen** nach ihrem Zugang (→ *Kündigung, allgemein* Rn 50 ff) beim ArbG eingegangen sein, sonst ist sie nach § 7 KSchG wirksam. Ausgenommen ist der Fall, dass die Kündigung mangels Schriftform nach § 623 BGB unwirksam ist, wie der Wortlaut von § 4 Satz 1 KSchG zeigt – „nach Zugang der *schriftlichen Kündigung*" (BAG 28.6.07 – 6 AZR 873/06, NZA 07, 972). Ausgenommen sind auch alle Fälle, in denen eine wirksame **Kündigungserklärung** fehlt, wie bei der Kündigung durch einen Geschäftsunfähigen (§§ 104, 105 BGB) oder bei fehlender Kündigungsberechtigung – zB nicht ordnungsgemäße Vertretung oder Kündigung durch den Falschen (BAG 26.3.09 – 2 AZR 403/07, NZA 09, 1146). Der Gesetzgeber wollte die Folge des § 7 KSchG nur bei wirksamer Kündigungserklärung eintreten lassen. Sie darf nicht eintreten, wenn dem ArbGeb eine Kündigungserklärung nicht zugerechnet werden kann. Bei Ausspruch einer formwirksamen Kündigung durch einen Vertreter ohne Vertretungsmacht beginnt die Klagefrist erst mit Zugang der Genehmigung des ArbGeb beim ArbN (BAG 6.9.12 – 2 AZR 858/11, NZA 13, 524). Im Fall des **§ 174 BGB** wird eine wirksame Kündigungserklärung nur deshalb zurückgewiesen, weil die vorhandene Vollmacht dem Kündigungsschreiben nicht beigefügt wurde. Hier läuft daher die Klagefrist. Die Klagefrist läuft nicht im isolierten Streit um die Einhaltung der **Kündigungsfrist.** Hier streitet man nicht um die Wirksamkeit der Kündigung, sondern allein darum, wann sie das Arbeitsverhältnis auflöst (BAG 22.7.10 – 6 AZR 480/09, NZA 10, 1142; BAG 9.2.06 – 6 AZR 283/05, NZA 06, 1207). Dies soll anders sein, wenn sich die mit zu kurzer Frist ausgesprochene Kündigung nicht als eine Kündigung mit der rechtlich gebotenen Frist auslegen lässt und entsprechend umgedeutet wird (BAG 15.12.16 – 6 AZR 430/15, NZA 17, 502; BAG 1.9.10 – 5 AZR 700/09, NZA 10, 1409). So wird übersehen, dass sich § 4 Satz 1 KSchG nicht in Auslegungs- und Umdeutungsfälle aufspalten lässt. Der Anwendungsbereich dieser Bestimmung wird durch das Klageziel und nicht durch deren Begründung bestimmt. (*Eisemann* NZA 11, 601; *Eisemann* JM 14, 201). Dies alles gilt mit den genannten Ausnahmen für **alle Unwirksamkeitsgründe** – also auch für die fehlende Anhörung des BRates. Bei der Klagefrist handelt es sich um eine **prozessuale Ausschlussfrist.** Wird sie versäumt, ist die Klage als unbegründet, nicht als unzulässig, abzuweisen, weil die Kündigung nach Ablauf der Klagefrist nach § 7 KSchG als von Anfang an wirksam gilt (BAG 24.6.04 – 2 AZR 461/03, NZA 04, 1330). Die prozessuale Frist wirkt sich materiell-rechtlich aus; deshalb die Abweisung als unbegründet.

105 Die Klagefrist gilt nach § 13 Abs 1 Satz 2 KSchG für die **außerordentliche Kündigung** und nach § 4 Satz 2 KSchG für die **Änderungskündigung.** Sie gilt auch im Kleinbetrieb, wie die Rückausnahmen in § 23 Abs 1 Satz 2 und 3 KSchG zeigen, vor Ablauf der Wartezeit des § 1 Abs 1 KSchG (BAG 15.12.16 – 6 AZR 430/15, NZA 17, 502) sowie im Streit um die Wirksamkeit einer Kündigung, die gegen § 15 Abs 3 TzBfG verstößt (BAG 22.7.10 – 6 AZR 480/09, NZA 10, 1142). Sie gilt ebenso für die Kündigung von **Berufsausbildungsverhältnissen,** soweit nicht nach § 111 Abs 2 Satz 5 ArbGG eine Verhandlung vor einem hierfür gebildeten Ausschuss stattfinden muss (BAG 26.1.99 – 2 AZR 134/98, NZA 99, 934). Bei einer Kündigung des Arbeitsvertrages durch den ArbN gilt weder die Klagefrist noch die Fiktionswirkung des § 7 KSchG (BAG 21.9.17 – 2 AZR 57/17, NZA 17, 1524). Sie gilt ebenso wenig im Streit um die Wirksamkeit eines **Aufhebungsvertrages** (BAG 21.9.17 – 2 AZR 57/17, NZA 17, 1542).

106 Die **Dreiwochenfrist** ist gewahrt, wenn die Klage bei einem örtlich unzuständigen ArbG oder – auch nach Inkrafttreten des § 17a GVG – bei einem Amtsgericht oder einem Gericht eines anderen falschen Gerichtszweiges erhoben und von dort an das örtliche ArbG **verwiesen** wird, gleichgültig, wann die Verweisung erfolgt (BAG 31.3.93 – 2 AZR 467/92, NZA 94, 237; Schaub/*Linck* § 138 Rz 21). Auch die **formlose Abgabe** vom örtlich unzuständigen ArbG an das örtlich zuständige reicht aus, wenn nur die Klage alsbald zugestellt wird (BAG 16.4.59 – 2 AZR 227/58, AP KSchG § 3 Nr 16). Die Klagefrist ist auch gewahrt, wenn der Kläger die Kündigungsschutzklage innerhalb der Frist bewusst beim örtlich unzuständigen ArbG einreicht und darum bittet, sie weiterzuleiten (BAG 15.9.77 – 2 AZR 333/76 – nv). Das Gericht muss dann förmlich an das örtlich zuständige ArbG verweisen. Etwas anderes gilt, wenn die Klage vom Urkundsbeamten der Geschäftsstelle/Rechtspfleger auf der **Rechtsantragsstelle des unzuständigen Gerichts** im Wege der Rechtshilfe **für das zuständige Gericht** aufgenommen und weitergeleitet wird. Trifft die

Klage erst nach Ablauf der Dreiwochenfrist beim zuständigen Gericht ein, ist die Klagefrist versäumt.

Die Erhebung einer Kündigungsschutzklage ist auch in einem zwischen den Parteien anhängigen Berufungsverfahren klageerweiternd möglich, sofern dies nach den allgemeinen Grundsätzen gem § 533 ZPO zulässig ist. § 4 S 1 KSchG bezeichnet lediglich das für den Regelfall einer erstinstanzlich erhobenen Kündigungsschutzklage zuständige Gericht. Die Bestimmung bezweckt – mit der Folge des § 7 KSchG bei ihrer Versäumung – die Normierung einer dreiwöchigen Frist zur Klageerhebung, nicht die Einschränkung der Möglichkeit einer Klageerweiterung in der Berufungsinstanz über § 533 ZPO hinaus (BAG 14.12.17 – 2 AZR 86/17, NZA 18, 646). **107**

Bei der **Berechnung** der Klagefrist ist nach § 187 Abs 1 BGB der Tag, an dem die Kündigung zugegangen ist, nicht mitzuzählen. Nach § 188 Abs 2 BGB endet die Frist 3 Wochen später an demselben, an dem die Kündigung zugegangen ist. Ist dies ein Samstag, Sonntag oder gesetzlicher Feiertag, tritt an seine Stelle der nächste Werktag (§ 193 Abs 2 BGB). **108**

Zur Wahrung der Klagefrist reicht es aus, dass die Klage innerhalb der Dreiwochenfrist beim ArbG eingegangen ist, wenn die **Zustellung** der Klageschrift an den ArbGeb **demnächst** erfolgt – **§ 167 ZPO.** Demnächst bedeutet, dass in einer nach den Umständen angemessenen Frist ohne besondere von der Partei oder ihrem Vertreter zu vertretende Verzögerung zugestellt werden kann). Eine auf Nachlässigkeit des Klägers zurückzuführende Verzögerung der Zustellung von zwei Wochen ist geringfügig. Die Klage ist dann noch demnächst zugestellt (BAG 8.4.76 – 2 AZR 583/74, AP KSchG 1969 § 4 Nr 2). **109**

Die Klageschrift geht beim ArbG auch rechtzeitig ein, wenn sie am letzten Tag der Frist nach Dienstschluss nicht in den **Nachtbriefkasten,** sondern in den **einfachen Briefkasten** geworfen wird. Der Einwurf in den Nachtbriefkasten dient allein der Beweiserleichterung. Da bei in den einfachen Briefkasten eingeworfenen Klagen bei Gericht nach den Vorschriften der Aktenordnung ihr Eingang am nächsten Tag beurkundet wird, muss der Kläger im Prozess darlegen und ggf mit den üblichen Beweismitteln nachweisen (BAG 22.2.80 – 7 AZR 295/78, AP KSchG 1969 § 1 Krankheit Nr 6), wie und wann die Klage in den Normalbriefkasten gelangt ist. **110**

Soweit die Kündigung der **Zustimmung einer Behörde** bedarf – zB nach § 17 Abs 2 MuSchG, § 18 BErzGG, § 168 SGB IX – beginnt die Klagefrist nach **§ 4 Satz 4 KSchG** erst bei Bekanntgabe der Entscheidung der Behörde an den ArbN. Bis zum Zugang der Entscheidung darf sich der ArbN grds darauf verlassen, dass die Kündigung wegen fehlender Zustimmung unwirksam ist. Er kann dies daher nahezu unbegrenzt solange geltend machen, bis die Kündigungsschutzklage verwirkt ist. Kündigt der ArbGeb in Kenntnis der Schwangerschaft oder Schwerbehinderung, ohne die zuständigen Behörden zu beteiligen, läuft die Klagefrist ebenfalls nicht (BAG 13.2.08 – 2 AZR 864/06, NZA 08, 1055; BAG 19.2.09 – 2 AZR 286/07, NZA 09, 980). Etwas anderes gilt, wenn der ArbGeb nicht weiß, dass ein behördliches Verfahren einzuschalten war – etwa weil eine der ArbN bekannte Schwangerschaft nicht mitgeteilt wurde. Führt diese erst durch nachträgliche Mitteilung die Unwirksamkeit der Kündigung herbei gilt § 4 Satz 1 KSchG. Ihr ist bewusst, dass kein Zustimmungsverfahren läuft. Sie muss daher die Klage auch innerhalb der 3-Wochen-Frist erheben (BAG 19.2.09 – 2 AZR 286/07, NZA 09, 980). **111**

Von einer **Prozessverwirkung** spricht man, wenn die Klageerhebung treuwidrig erscheint und vom Gegner deshalb eine Einlassung auf diese Klage nicht erwartet werden kann. Die Klage ist dann als unzulässig abzuweisen. Die Prozessverwirkung dient nicht der Arbeitserleichterung des Richters (BAG 21.9.17 – 2 AZR 57/17, NZA 17, 1524). Mit ihr soll verhindert werden, dass in einem Prozess materiell-rechtliche Entscheidungen ergehen, der vom Beklagten letzten Endes nicht mehr sachgerecht geführt werden kann. Im Anwendungsbereich des § 4 KSchG kann es nicht zu einer Verwirkung kommen, sondern allein, wenn die Klagefrist des § 4 KSchG nicht eingehalten werden muss – etwa mangelnde Schriftform, bei Fehlen einer wirksamen Kündigungserklärung (→ Rn 104), oder bei einer arbeitnehmerseitigen Kündigung. **112**

Im Streit um die Wirksamkeit einer Kündigung kann das Klagerecht verwirken, wenn der Anspruchsteller die Klage erst nach Ablauf eines längeren Zeitraums erhebt **(Zeitmoment)** und zusätzlich ein Vertrauenstatbestand beim Anspruchsgegner geschaffen worden ist, er **113** werde gerichtlich nicht mehr belangt werden (**Umstandsmoment**). Hierbei muss das Erfordernis des Vertrauensschutzes das Interesse des Berechtigten an der sachlichen Prüfung des von ihm behaupteten Anspruchs derart überwiegen, dass dem Gegner die Einlassung auf die nicht innerhalb angemessener Frist erhobene Klage nicht mehr zumutbar ist (BAG 21.9.17 – 2 AZR 57/17, NZA 17, 1524). Die Gerichte müssten dabei das Zeitmoment und das Umstandsmoment ohne kausalen Bezug zueinander prüfen (BAG 2.12.99 – 8 AZR 890/98, NZA 2000, 540).

**114** Die **Instanzgerichte** lassen recht kurze Zeiträume für das Zeitmoment genügen (drei Monate: LAG BaWü, DB 58, 1468; vier Monate: LAG Düsseldorf 30.5.68, DB 69, 1155). Das **BAG** geht davon aus, dass selbst 11 Monate nach Zugang der Kündigung grds einem Kläger noch zugebilligt werden kann, gegen eine Kündigung gerichtlich vorzugehen (BAG 20.5.88 – 2 AZR 711/87, NZA 89, 16)und dass der ArbGeb jedenfalls idR damit rechnen kann, das eine Kündigungsschutzklage nicht eingereicht werden kann, wenn die Kündigung mehr als ein Jahr zurückliegt (BAG 2.12.99 – 8 AZR 890/98, NZA 2000, 540).

**115** Eine Kündigungsschutzklage kann daher verwirken, wenn dem ArbGeb die Prozessführung nur mit einem für ihn jetzt unzumutbaren Aufwand möglich ist, weil zB Beweismittel nicht greifbar sind oder Sachverhalte sich nur mit erheblichem Aufwand rekonstruieren lassen. In der Praxis dürfte die Prozessverwirkung – richtig angewandt – daher kaum eine Rolle spielen.

**116** **f) Verlängerte Anrufungsfrist.** Hat der ArbN rechtzeitig Kündigungsschutzklage erhoben, kann er sich bis zum Schluss der mündlichen Verhandlung vor dem ArbG nach § 6 S 1 KSchG zur Begründung der Unwirksamkeit der Kündigung auf innerhalb der Klagefrist nicht geltend gemachte Gründe berufen. Die Vorschrift erweitert die Möglichkeiten des ArbN – er kann sich nach ihrer Neufassung auf alle innerhalb der Klagefrist nicht vorgebrachten Unwirksamkeitsgründe berufen – sie schränkt ihn aber auch entscheidend ein – diese Möglichkeit hat er nur bis zum Schluss der mündlichen Verhandlung vor dem ArbG (BAG 20.1.16 – 6 AZR 601/14, NZA 16, 490). Darauf „soll" ihn das Gericht nach § 6 S 2 KSchG hinweisen. Angesichts des § 139 ZPO ist dies jedenfalls bei einem weder anwaltlich noch durch die Gewerkschaft vertretenen ArbN als „muss" zu lesen (BAG 18.1.12 – 6 AZR 497/10, NZA 12, 817). Die prozessleitende Anordnung nach § 61a Abs 4 ArbGG erfüllt diese Hinweispflicht nicht (BAG 25.10.12 – 2 AZR 845/11, NZA 13, 900). Das ArbG genügt der Hinweispflicht, wenn es den ArbN in der Ladung zum Gütetermin darauf hinweist, „dass nur bis zum Schluss der mündlichen Verhandlung in der 1. Instanz auch weitere Unwirksamkeitsgründe geltend gemacht werden können (§ 6 KSchG)" (BAG 18.1.2012 – 6 AZR 407/10, NZA 12, 817). Hinweise des ArbG auf konkrete Unwirksamkeitsgründe sind unter dem Gesichtspunkt des § 6 Satz 2 KSchG auch dann nicht geboten, wenn im Laufe des erstinstanzlichen Verfahrens deutlich wird, dass Unwirksamkeitsgründe in Betracht kommen, auf die sich der ArbN bisher nicht berufen hat. Die Pflicht zu derartigen unaufgeforderten Hinweisen kann sich allerdings aus der in § 139 ZPO geregelten materiellen Prozessleitungspflicht des Gerichts ergeben (BAG 18.1.12 – 6 AZR 407/10, NZA 12, 817). Neue Unwirksamkeitsgründe könne in zweiter Instanz nur noch vorgebracht werden, wenn der Hinweis nach § 6 S 1 KSchG unterblieben ist. Der Kläger ist durch § 6 KSchG jedoch nicht gehindert, einzelne Unwirksamkeitsgründe wie die fehlerhafte Anhörung des Betriebsrats im Berufungsverfahren fallen zu lassen (BAG 24.5.12 – 2 AZR 206/11, NZA 13, 137). Weist das ArbG in der Urteilsbegründung darauf hin, dass der Kläger andere Unwirksamkeitsgründe nicht geltend gemacht habe, muss er sie jetzt in zweiter Instanz vortragen und auf den Verstoß des ArbG gegen § 6 Satz 2 KSchG hinweisen (BAG 8.11.07 – 2 AZR 314/06, NZA 08, 936). Das LAG muss dann in der Sache entscheiden und darf den Rechtsstreit nicht zurückverweisen. § 6 KSchG betrifft zwar nur den Sachvortrag in erster Instanz. Entscheidend ist aber, dass der Kläger noch in zweiter Instanz in der Sache vortragen kann, § 68 ArbGG die Zurückweisung wegen Fehlern im Verfahren verbietet und auch § 61a ArbGG den Richter verpflichtet, gerade den Kündigungsschutzprozess besonders zu beschleunigen (BAG 4.5.11 – 7 AZR 252/10, NZA 11, 1178).

**117** Mit der Anwendung von § 6 KSchG wollte der Gesetzgeber erreichen, dass die Unwirksamkeit einer Kündigung nicht nur durch eine Feststellungsklage innerhalb von drei Wochen nach Zugang der Kündigungserklärung geltend gemacht wird, sondern die Klagefrist auch dadurch gewahrt werden kann, dass der ArbN innerhalb der dreiwöchigen Frist auf anderem Wege geltend macht, eine wirksame Kündigung liege nicht vor. § 6 KSchG ist daher entsprechend anzuwenden, wenn der ArbN innerhalb der Dreiwochenfrist **Lohnklage** erhoben hat, die sich auf die Zeit nach dem Zugang der außerordentlichen Kündigung oder im Fall der ordentlichen Kündigung auf die Zeit nach Ablauf der Kündigungsfrist bezieht (BAG 23.4.08 – 2 AZR 699/06, NZA-RR 08, 466). Die Regelung greift auch, wenn der ArbN im Wege der Leistungsklage seine **Weiterbeschäftigung** für einen Zeitraum nach Zugang der außerordentlichen Kündigung innerhalb von drei Wochen gerichtlich geltend gemacht hat (BAG 23.4.08 – 2 AZR 699/08, NZA-RR 08, 466). Hat sich der ArbN innerhalb der Klagefrist nach einer **Änderungskündigung** nur mit dem Antrag nach § 2 KSchG gegen die Änderung seiner Arbeitsbedingungen gewehrt, kann er sich noch bis zum Schluss der mündlichen Verhandlung erster Instanz mit dem Antrag nach § 1 Abs 2 und 3 KSchG gegen die Beendigung seines Arbeitsverhältnisses wenden, wenn sich herausstellt, dass er den Vorbehalt nicht rechtzeitig erklärt hat (BAG 23.3.83 – 7 AZR 157/81, AP KSchG 1969 § 6 Nr 1). Eine fristgerecht erhobene **allgemeine Feststellungsklage** wahrt die Frist des § 4 KSchG, wenn der ArbN bis zum Schluss der mündlichen Verhandlung vor dem ArbG auf sie bezogen den Kündigungsschutzantrag stellt (BAG 15.12.16 – 6 AZR 430/15, NZA 17, 502). Für die **Umdeutung** einer Kündigung muss die Klagefrist gewahrt werden (BAG 15.12.16 – 6 AZR 430/15, NZA 17, 502), der Kläger kann dann im Verlauf des Verfahrens seinen Antrag entsprechend erweitern (BAG 30.11.61 – 2 AZR 295/61, AP KSchG § 5 Nr 3), es sei denn, er hatte sich schon mit der fristgerechten Kündigung einverstanden erklärt (BAG 13.8.87 – 2 AZR 599/86, NZA 88, 129).

Geht es dem ArbN nur um die Einhaltung der **Kündigungsfrist** und beantragt er daher **118** „Festzustellen, dass das Arbeitsverhältnis durch die Kündigung vom … nicht vor dem … aufgelöst ist", streiten die Parteien nicht um die Wirksamkeit der Kündigung. Der ArbN will nicht wissen, ob sein Arbeitsverhältnis beendet ist, sondern nur wann. Es geht nur noch um die Abwicklung eines nach Ansicht beider Parteien beendeten Arbeitsverhältnisses. Der Kläger macht nicht geltend, „dass eine rechtswirksame Kündigung nicht vorliege". Stellt sich im Verlauf des Rechtsstreits heraus, dass die Kündigung unwirksam ist, kann er daher nach Ablauf der Klagefrist nicht mehr unter Berufung auf § 6 KSchG gegen die Beendigung seines Arbeitsverhältnisses vorgehen (ErfK/*Kiel* KSchG § 6 Rz 4).

**g) Darlegungs- und Beweislast.** Der ArbGeb muss darlegen und beweisen, dass die für **119** seine Kündigung nach § 623 iVm § 126 Asb 1 BGB vorgesehene **Schriftform** gewahrt wurde (ErfK/*Müller-Glöge* § 623 BGB Rn 25). **Außerhalb des Geltungsbereichs des KSchG** muss der **Arbeitnehmer** die Tatsachen darlegen und beweisen, aus denen sich die Unwirksamkeit seiner Kündigung ergibt (BAG 7.11.68 – 2 AZR 397/67, AP HGB § 66 Nr 3). Ihm helfen dabei die Grundsätze zur abgestuften Darlegungslast (BVerfG 27.1.98 – 1 BvL 15/89, NZA 98, 470). Er trägt nach der Rspr des BAG auch die Darlegungs- und Beweislast für die tatsächlichen **Voraussetzungen des Kündigungsschutzes** nach dem KSchG. Er muss erst einmal darlegen, dass er sich zum Zeitpunkt der Kündigung in einem **Arbeitsverhältnis** zu dem befunden hat, der die Kündigung ausgesprochen hat (BAG 26.6.08 – 6 AZN 648/07, NZA 08, 1145; BAG 28.11.07 – 5 AZR 952/06, NZA-RR 08, 344). Es ist seine Sache vorzutragen und notfalls zu beweisen, dass er bei Zugang der Kündigung **länger als sechs Monate** in demselben Betrieb oder Unternehmen beschäftigt war – § 1 Abs 1 KSchG. Die für den ArbN schädlichen **Unterbrechungen** der Wartezeit muss der ArbGeb darlegen und beweisen (BAG 16.3.89 – 2 AZR 407/88, NZA 89, 884). Der ArbN soll ebenfalls darlegen und beweisen, dass er in einem Betrieb tätig war, in dem mehr als fünf bzw zehn ArbN regelmäßig beschäftigt werden – § 23 Abs 1 KSchG (BAG 2.3.17 – 2 AZR 427/16, NZA 17, 859). Gegen diese Aufteilung der Darlegungslast zum **betrieblichen Geltungsbereich** des Gesetzes spricht der Wortlaut des § 23 Abs 1 Satz 2 KSchG. Danach gelten die Vorschriften des ersten Abschnitts nicht für Betriebe mit fünf bzw zehn oder weniger ArbN. Nach den allgemeinen Regeln müsste daher der ArbGeb die Tatsachen darlegen, aus denen die Nichtgeltung des Gesetzes folgt, nicht der ArbN die Tatsachen, welche für seine Geltung sprechen. Das BAG belässt es zwar bei der grundsätzlichen Darlegungslast des ArbN zum **Schwellenwert.** Es stuft sie aber ab (BAG 2.3.17 – 2 AZR 427/16, NZA 17, 859; BAG 23.10.08 – 2 AZR 131/07, AP KSchG 1969 § 23 Nr 43). Der ArbN genügt regelmäßig seiner Darlegungslast, wenn er – entsprechend seiner Kenntnismöglichkeiten – die für eine entsprechende ArbNZahl sprechenden Tatsachen und die ihm bekannten äußeren Umstände schlüssig darlegt. Der ArbGeb muss dann nach § 138 Abs 2 ZPO im Einzelnen erklären, welche rechtserheblichen Umstände gegen die Darlegungen des ArbN sprechen. Kann der ArbN mangels eigener Kenntnis nicht substantiiert zur Zahl der Beschäftigten vortragen, ist es Sache des ArbGeb, sich vollständig über die Anzahl der bei ihm beschäftigten ArbN unter Benennung der ihm zur Verfügung stehenden Beweismittel zu erklären. Zu den Beweismitteln können Vertragsunterlagen, Auszüge aus der Lohnbuchhaltung, Zeugen usw gehören. Hierzu muss daraufhin der ArbN Stellung nehmen und Beweis antreten. Hat der ArbN keine eigenen Kenntnisse über die vom ArbGeb behaupteten Tatsachen, kann er sich auf die sich aus dem Vorbringen des ArbGeb ergebenden Beweismittel stützen und die ihm bekannten Anhaltspunkte dafür vortragen, dass entgegen den Angaben des ArbGeb der Schwellenwert doch erreicht ist. Auch muss ihn der Richter nach § 139 ZPO hinweisen, wenn er sie erkennbar übersehen hat. Benennt der ArbGeb keine Beweismittel, so kann dies vom Tatsachengericht zwar nicht als Verletzung der sekundären Darlegungslast nach § 138 ZPO, wohl aber nach § 286 ZPO uU als Beweisvereitelung berücksichtigt werden. Lediglich im Falle der Unergiebigkeit der daraufhin vom Gericht erhobenen Beweise (non liquet) soll den ArbN die **objektive Beweislast** treffen (BAG 26.6.08 – 2 AZR 264/07, AP KSchG 1969 § 23 Nr 42). Damit bleibt das BAG inkonsequent. § 23 Abs 1 Satz 2 KSchG enthält keine Anspruchsvoraussetzung für die Prüfung der sozialen Rechtfertigung einer Kündigung. Die Vorschrift enthält einen Einwendungstatbestand. Hierzu gehört dann auch, dass der ArbGeb, wenn er sich auf diese Einwendung stützen will, ihre tatsächlichen Voraussetzungen darlegen und beweisen muss. Dies gilt umso mehr, weil er auf Grund seiner Sachnähe keine Schwierigkeiten haben dürfte, dem nachzukommen.

120 **Im Geltungsbereich** des KSchG muss der **Arbeitgeber** nach § 1 Abs 2 Satz 4 KSchG die Tatsachen darlegen und beweisen, welche die Kündigung bedingen. Dies gilt auch für das Fehlen einer anderweitigen Beschäftigungsmöglichkeit (BAG 20.11.14 – 2 AZR 664/13, NZA 15, 931). Dazu gehören alle Umstände, welche eine Kündigung sozial gerechtfertigt erscheinen lassen. Der ArbGeb muss mit anderen Worten die Kündigungsgründe vortragen. Dabei reichen weder Schlagworte noch Werturteile aus. Er muss vielmehr im Einzelnen vortragen und beweisen, auf welche Tatsachen er die Kündigung stützt. Dazu gehört auch die ordnungsgemäße **Anhörung des Betriebsrates,** die das ArbG jedoch nicht von Amts wegen prüft. Eine Darlegung des ArbGeb setzt voraus, dass der ArbN die fehlende oder fehlerhafte Anhörung des BRates im Prozess gerügt hat. Beruft sich der ArbN auf eine anderweitige Beschäftigungsmöglichkeit und bestreitet der ArbGeb das Vorhandensein eines freien Arbeitsplatzes, muss der ArbN aufzeigen, wie er sich eine anderweitige Beschäftigung vorstellt (BAG 20.1.94 – 2 AZR 489/93, NZA 94, 653). Abweichend hiervon sieht § 1 Abs 5 KSchG bei einem Interessenausgleich mit Namensliste vor, dass der ArbN unter den dort genannten Voraussetzungen darlegen und beweisen muss, dass eine Kündigung nicht betriebsbedingt war (→ *Kündigung, betriebsbedingte* Rn 60).

121 Die Beweislast des ArbGeb erstreckt sich auf das **Fehlen von Rechtfertigungsgründen,** welche die Kündigung des ArbN ausschließen könnten (BAG 6.9.07 – 2 AZR 264/06; 17.6.03 – 2 AZR 123/02, NZA 04, 564). Fehler bei der **sozialen Auswahl** anlässlich einer betriebsbedingten Kündigung muss wiederum der **Arbeitnehmer** nachweisen. Der Umfang wechselseitiger Darlegungs- und Beweislast ist jedoch – § 138 ZPO folgend – abgestuft (iE → *Kündigung, betriebsbedingte* Rn 63–65). Entscheidend ist stets, wie substantiiert ein Vortrag ist und inwieweit der Gegner sich auf ihn einlässt. Im Übrigen richtet sich der Umfang der Darlegungs- und Beweislast maßgeblich nach der Art des Kündigungsgrundes.

122 **5. Nachträgliche Zulassung.** Mit der kurzen **Klagefrist** der §§ 4, 13 Abs 1 KSchG soll möglichst schnell der Rechtsfrieden hergestellt werden. Damit aus dieser Regelung keine unbilligen Härten entstehen, sieht § 5 KSchG vor, dass verspätete Klagen **nachträglich zugelassen** werden können. Bei dem Antrag handelt es sich um einen **Hilfsantrag** für den Fall, dass das Gericht die Klage für verspätet hält (BAG 22.3.12 – 2 AZR 224/11, AP KSchG 1969 § 5 Nr 19). So entscheidet das Gericht nur über das Verschulden an einer Verspätung, wenn es der Überzeugung ist, dass die Klage verspätet erhoben wurde.

123 **a) Zulässigkeit.** Nach § 5 Abs 2 Satz 1 KSchG ist der **Antrag auf nachträgliche Zulassung** mit der Klage zu verbinden. Ist die Klage schon eingereicht, ist im Antrag auf sie

Bezug zu nehmen. In der Verspätung allein liegt kein Antrag auf nachträgliche Zulassung (BAG 19.2.09 – 2 AZR 286/07, NZA 09, 980). Die **formellen Voraussetzungen** für einen Antrag werden von den ArbG jedoch nicht überspannt. Es muss nur aus der Eingabe in irgendeiner Form der Wille deutlich werden, das Gericht solle die Klage trotz Verspätung noch zulassen (BAG 19.2.09 – 2 AZR 286/07, NZA 09, 980). Auch die stillschweigende Antragstellung reicht daher aus (BAG 9.2.61 – 2 AZR 144/59, AP VerwGO § 41 Nr 1), etwa wenn ein Kläger die Verspätung der Klage erklärt.

Der Antrag muss nach § 5 Abs 2 Satz 2 KSchG die Angabe der die nachträgliche Zulassung begründenden **Tatsachen** und der **Mittel für deren Glaubhaftmachung** enthalten. Der ArbN muss im Einzelnen darlegen, aus welchen Gründen er an der rechtzeitigen Klageerhebung gehindert war und weshalb ihn an der verspäteten Klageerhebung kein Verschulden trifft. Dazu genügt nicht ein pauschaler Vortrag, es dürfen aber auch keine unzumutbaren Anforderungen gestellt werden. Er kann sich zB nicht allein darauf stützen, ein vom ArbGeb in den Hausbriefkasten geworfenes Kündigungsschreiben sei weder von ihm noch von seiner Ehefrau dort vorgefunden worden. Er muss vielmehr erklären, wer in dem in Frage kommenden Zeitraum den Briefkasten geleert hat, welche anderen Postsendungen sich darin befanden und was mit ihnen geschehen (BAG 28.5.09 – 2 AZR 732/08, NZA 09, 1229) ist. Bei urlaubsbedingter Abwesenheit muss er darlegen, in welchem Zeitraum er sich im Urlaub befand, wann er zurückkehrte und wann er das Kündigungsschreiben vorgefunden hat. Er kann die Begründung grds bis zum Ablauf der Zweiwochenfrist des § 5 Abs 3 Satz 1 KSchG nachholen. 124

**Nach** dem **Ablauf der Frist** vorgebrachte Gründe und Mittel der Glaubhaftmachung sind nicht zu berücksichtigen. Anders nur, wenn sie sich lediglich als **Konkretisierung** der bereits fristgerecht vorgetragenen Gründe und angegebenen Mittel der Glaubhaftmachung darstellen (LAG Nürnberg 6.11.95, LAGE KSchG § 5 Nr 71). Als Mittel der Glaubhaftmachung kommen insbes die eidesstattliche Versicherung, aber auch Zeugen, Urkunden, amtliche Auskünfte und die anwaltliche Versicherung in Betracht. Innerhalb der Zwei-Wochen-Frist ist nur die Bezeichnung der Mittel der Glaubhaftmachung erforderlich. Die Glaubhaftmachung selbst kann nachgeholt werden (BAG 25.4.13 – 6 AZR 49/12, AP InsO § 343 Nr 1; ErfK/*Kiel* KSchG § 5 Rz 24). 125

Fristgerecht benannte **Zeugen** müssen nicht von der Partei gestellt werden, das Gericht hat sie vielmehr zu laden. Nach § 294 Abs 2 ZPO ist zur Glaubhaftmachung von Tatsachen eine Beweisaufnahme, die nicht sofort erfolgen kann, zwar unstatthaft. Nicht präsente Beweisantritte sind im Anwendungsbereich des § 294 ZPO aber dann zulässig und vom Gericht zu beachten, wenn eine Terminbestimmung vAw erforderlich ist und das Gericht vorbereitende Anordnungen treffen kann (*Zöller/Greger* § 294 Rz 3). 126

Im Verfahren auf nachträgliche Zulassung bedarf es der **Glaubhaftmachung unstreitiger Tatsachen** ebenso wenig, wie es im Zivilprozess eines Beweises unstreitigen Vortrags bedarf. Auch bei der Glaubhaftmachung nach § 294 ZPO handelt es sich um eine – wenn auch mindere – Beweisführung. Sie setzt daher – wie sonst auch – einen bestrittenen Sachvortrag voraus. Bleibt der Vortrag unbestritten, gilt er nach § 138 Abs 3 ZPO als zugestanden und muss nach § 288 Abs 1 ZPO nicht mehr bewiesen werden. Darüber hinaus bestimmt § 5 KSchG lediglich, dass der Antrag die Angabe der Mittel der Glaubhaftmachung enthalten muss, nicht auch – wie etwa § 920 Abs 2 ZPO für Arrestanspruch und Arrestgrund –, dass die den Antrag begründenden Tatsachen glaubhaft gemacht werden müssen. Da die Entscheidung über die nachträgliche Zulassung aufgrund mündlicher Verhandlung ergeht und dem Gegner der Antrag immer zugestellt wird, so dass er Stellung nehmen kann, gibt es keinen zwingenden Grund, vom ArbN eine Glaubhaftmachung von Tatsachen zu verlangen, die nicht bestritten sind und unbestritten bleiben. 127

Im Ergebnis ist die fehlende oder unzureichende Angabe der Mittel der Glaubhaftmachung innerhalb der Antragsfrist damit unschädlich, wenn der ArbGeb den betreffenden Vortrag des ArbN nicht bestreitet (LAG Nürnberg 4.12.06 – 7 Ta 207/06, NZA-RR 07, 194). Liegt allerdings ein erhebliches Bestreiten vor, kann er die Glaubhaftmachung nicht nachholen, wenn er die Mittel der Glaubhaftmachung nicht oder nur unzureichend fristgerecht bezeichnet hat. Sein Antrag muss als unbegründet zurückgewiesen werden. 128

Der Antrag ist beim **zuständigen Arbeitsgericht** einzureichen. Er kann inklusive Begründung und Glaubhaftmachung auch zu Protokoll in der mündlichen Verhandlung 129 gestellt werden (LAG Nürnberg 5.1.04 – 9 Ta 162/03, NZA-RR 04, 631). Wird er bei einem örtlich unzuständigen ArbG eingereicht und an das örtlich zuständige verwiesen, wahrt er die Frist, wenn er demnächst zugestellt wird (ErfK/*Kiel* KSchG § 5 Rz 23). Der bei einem Gericht einer anderen Gerichtsbarkeit eingereichte Antrag soll die Frist nur wahren, wenn er nach § 48 ArbGG, §§ 17 ff GVG innerhalb der Frist an das ArbG verweisen wird (ErfK/*Kiel* KSchG § 5 Rz 23). Wird er an das richtige Gericht adressiert bei einem nicht zum Rechtsweg gehörenden Gericht eingereicht – AG statt ArbG –, darf der Kläger darauf vertrauen, dass das unzuständige Gericht die Sache – sofern die Zeit ausreicht – an das zuständige Gericht weiterleitet (LAG Hess 30.5.96, LAGE KSchG § 5 Nr 82).

130 Der Antrag ist **doppelt fristgebunden.** Er kann nach § 5 Abs 3 Satz 1 KSchG **innerhalb von zwei Wochen** nach Behebung des Hindernisses gestellt werden, das einer rechtzeitigen Klageerhebung entgegenstand. Nach **Ablauf von sechs Monaten** nach Ende der versäumten Klagefrist kann der Zulassungsantrag nach § 5 Abs 3 Satz 2 KSchG nicht mehr gestellt werden. Diese Regelung ist verfassungsgemäß (BAG 28.1.10 – 2 AZR 985/08, NZA 10, 1373). Wird eine dieser Fristen versäumt, findet eine **Wiedereinsetzung** in den vorigen Stand nicht statt. Es handelt sich nicht um Notfristen nach § 233 ZPO, sondern um prozessuale Ausschlussfristen (BAG 28.1.10 – 2 AZR 985/08, NZA 10, 1373).

131 Die **Zwei-Wochen-Frist** des § 5 Abs 3 Satz 2 KSchG beginnt mit der Behebung des Hindernisses. Was ein **Hindernis** bedeutet, kann man § 5 Abs 1 KSchG entnehmen. Die Antragsfrist beginnt mit Kenntnis vom Wegfall des Hindernisses für die Klageerhebung bzw sobald der Antragsteller bei Aufbieten ihm zumutbarer Sorgfalt hätte erkennen können, dass das Hindernis weggefallen ist. Sie beginnt, wenn die Partei weiß oder bei gehöriger Sorgfalt erkennen kann, dass die Klage verspätet ist (ErfK/*Kiel* KSchG § 5 Rz 26; Schaub/*Linck* § 139 Rn 17). Dabei kann ihr auch mangelnde Kenntnis von dem Verfahren der nachträglichen Zulassung zugutekommen (LAG Hamm 27.11.86, LAGE § 5 KSchG Nr 26).

132 Die **Fristberechnung** erfolgt nach allgemeinen Regeln. Nach § 187 Abs 1 BGB wird der Tag, an dem das Hindernis behoben ist, nicht mitgerechnet. Nach § 193 BGB verlängert sich die Frist bis zum nächsten Werktag, wenn der letzte Tag der Frist auf einen Samstag, Sonntag oder allgemeinen Feiertag fällt. Beispiel: Kenntnis von der Verspätung der Klage am Samstag, den 10.7.; Fristende Montag, den 26.7. Die Berechnung der Sechsmonatsfrist geschieht entsprechend. Zugang der Kündigung am Montag, den 12.4.; Ablauf der Dreiwochenfrist am Montag, den 3.5.; Ablauf der Sechsmonatsfrist am Mittwoch, den 3.11.

133 **b) Begründetheit.** Den ArbN darf an der Fristversäumnis kein **Verschulden** treffen. Damit schadet ihm auch leichte Fahrlässigkeit. Persönliche Umstände sind zu berücksichtigen, wie zB die Gewandtheit in rechtlichen Angelegenheiten oder fehlende Sprachkenntnisse (BAG 25.4.18 – 2 AZR 493/17, NZA 18, 1157). Der Arbeitgeber ist nicht aufgrund einer vertraglichen Nebenpflicht gem § 241 Abs 2 BGB gehalten, den Arbeitnehmer selbst fernmündlich oder zumindest seinen Prozessbevollmächtigten über den Zugang der Kündigung zu informieren (BAG 25.4.18 – 2 AZR 493/17, NZA 18, 1157).

134 Das Verschulden des von ihm mandatierten **Prozessbevollmächtigten** ist dem ArbN nach § 85 Abs 2 ZPO zuzurechnen (BAG 19.2.09 – 2 AZR 286/07, NZA 09, 980). Sieht man in der **Klagefrist** des § 4 KSchG eine prozessuale Frist, ist die Zurechnung des Vertreterverschuldens selbstverständlich. Sieht man in der Klagefrist eine materiellrechtliche Ausschlussfrist, folgt die Anrechnung des Anwaltsverschuldens aus dem Gedanken, dass sie jedenfalls durch Vornahme einer Prozesshandlung – der Klageerhebung – gewahrt wird. Er muss aber nicht generell für Fehler in dessen Machtbereich einstehen (BAG 24.11.11 – 2 AZR 614/10, NZA 12, 413). Er darf einfache Verrichtungen, die keine juristische Schulung verlangen (zB Unterschriftsüberprüfung, Absenden von Telefax), seinem geschulten und zuverlässigen Büropersonal zur selbstständigen Erledigung übertragen. Versehen dieses Personals, die nicht auf eigenes Verschulden des Anwalts zurückzuführen sind, hat die Partei nicht zu vertreten (BAG 25.4.13 – 6 AZR 49/12, AP InsO § 343 Nr 1). Der Anwalt darf sich auf das Funktionieren der von ihm eingesetzten technischen Einrichtungen verlassen und auf Mängel in der Organisation seiner Kanzlei kommt es nicht an, wenn er eine klare und präzise Anweisung für den konkreten Fall erteilt, deren Befolgung die Fristwahrung sichergestellt hätte (BAG 7.7.11 – 2 AZR 38/10, NZA 12, 637). Auf einen vorhersehbaren krankheitsbedingten Ausfall muss er sich durch konkrete Maßnahmen vorbereiten. Wird er unvorhergesehen krank, muss er das unternehmen was ihm dann möglich

und zumutbar ist. Ein Verschulden liegt nur dann nicht vor, wenn die Erkrankung den Prozessbevollmächtigten überrascht und Maßnahmen zur Fristwahrung nicht mehr zumutbar sind (BAG 20.8.13 – 3 AZR 302/13). Dies alles gilt auch bei einer Vertretung durch eine Gewerkschaft, die ihrerseits den Klageauftrag an die DGB-Rechtsschutz GmbH weitergibt (BAG 28.5.09 – 2 AZR 548/08, NZA 09, 1052).

Berät der Anwalt lediglich **außergerichtlich,** ist § 85 Abs 2 ZPO nicht anwendbar (LAG **135**
Frankfurt 15.11.88, LAGE § 5 KSchG Nr 41). Für das Verschulden von **Büropersonal** seines Prozessvertreters steht der Kläger nur ein, wenn den Vertreter ein Verschulden **bei der Auswahl oder Überwachung** des Personals trifft (BAG 9.1.90 – 3 AZR 528/89, AP ZPO 1977 § 233 Nr 16).

Der Irrtum über die **Erfolgsaussichten** einer Klage oder schwebende Vergleichsverhand- **136**
lungen mit dem ArbGeb rechtfertigen die nachträgliche Zulassung nicht, es sei denn, der ArbGeb hat den ArbN über die Erfolgsaussichten seiner Klage getäuscht oder arglistig von der Klageerhebung abgehalten (BAG 19.2.09 – 2 AZR 286/07, NZA 09, 980). Die **falsche Auskunft** einer „zuverlässigen" Stelle führt zur nachträglichen Zulassung, die der unzuverlässigen Stelle nicht. Zuverlässige Stellen sind **Rechtsanwälte** (LAG BaWü 11.2.74, BB 74, 323), Rechtsberatungsstellen der **Gewerkschaft** (LAG Köln 13.9.82, LAGE § 5 KSchG Nr 16), die **Rechtsantragstelle** des ArbG (LAG Köln 28.11.85, LAGE § 5 KSchG Nr 21), der **Arbeitsrichter** in der Sitzung (LAG Hamm 31.1.79, LAGE § 5 KSchG Nr 5). Als unzuverlässige Stellen werden angesehen **Betriebsräte** (LAG RhPf 10.9.84, NZA 85, 430), die **Geschäftsstelle** eines ArbG (LAG Köln 28.11.85, LAGE § 5 KSchG Nr 21; aA LAG Kiel 8.7.60, BB 60, 826) und **einfache Angestellte** der Gewerkschaft (LAG Bbg 22.10.96 – 6 Ta 113/96 – nv).

Die bloße **Unkenntnis** der Klagefrist begründet nicht die nachträgliche Zulassung (BAG **137**
25.4.18 – 2 AZR 493/17, NZA 18, 1157). Selbst der **ausländische** ArbN ist gehalten, sich über die Grundzüge des Arbeitsrechts spätestens nach Zugang der Kündigung alsbald bei einer geeigneten Stelle zu informieren (LAG Hbg 20.11.84, DB 85, 876).

**Krankheit** rechtfertigt die nachträgliche Zulassung grds nicht. Die nachträgliche Zu- **138**
lassung kommt nur in Betracht, wenn der ArbN objektiv daran gehindert war, seine Rechte – etwa durch Ehegatten, Freunde, Verwandte, telefonischen Auftrag an einen Rechtsanwalt oder Übersenden einer schriftlichen Klage – wahrzunehmen (LAG Hamm 31.1.90, LAGE § 5 KSchG Nr 45; 12.9.85, NZA 85, 739).

**Vorübergehende Abwesenheit** des ArbN von seiner Wohnung wegen Urlaub, Kran- **139**
kenhausaufenthalt oder Haft bis zu einer Dauer von etwa sechs Wochen rechtfertigt die nachträgliche Zulassung, wenn ihm dadurch die Klageerhebung objektiv unmöglich wurde (BAG 25.4.18 – 2 AZR 493/17, NZA 18, 1157). Kehrt er jedoch eine Woche vor Ablauf der Klagefrist zurück, muss er die Klage in der verbleibenden Restfrist erheben (LAG Hamm 5.8.81, DB 81, 1938). Ein ArbN, der sich nicht nur vorübergehend im Ausland aufhält, muss sicherstellen, dass er zeitnah von einem Kündigungsschreiben Kenntnis erlangt, das in einen von ihm vorgehaltenen Briefkasten im Inland eingeworfen wird (BAG 25.4.18 – 2 AZR 493/17, NZA 18, 1157). Erkrankt der ArbN während einer urlaubsbedingten Ortsabwesenheit und kehrt er deshalb nicht zum mit dem ArbGeb vereinbarten Urlaubsende rechtzeitig an seinen Wohnort zurück, soll er verpflichtet sein, dem ArbGeb entsprechend § 5 Abs 2 Satz 1 EFZG seine Urlaubsadresse mitzuteilen, damit er dort erreichbar ist. Nur wenn ihm dies nicht möglich ist, soll eine verspätete Klageerhebung unverschuldet sein (LAG Hbg 11.11.05 LAGE KSchG § 5 Nr 111; aA LAG Hbg 30.6.05, NZA-RR 07, 521). Damit wird der Rechtsgedanke des § 5 Abs 2 EFZG verkannt bzw überdehnt. Gelangt ein Kündigungsschreiben in den **Hausbriefkasten** eines ArbN, kann er eine nachträgliche Klagezulassung nicht allein darauf stützen, dieses Schreiben sei aus ungeklärten Gründen nicht zu seiner Kenntnis gelangt (BAG 28.5.09 – 2 AZR 732/08, NZA 09, 1229).

Auf die amtlichen **Postlaufzeiten** darf sich der ArbN verlassen (BVerfG 4.12.79 – 2 BvR **140**
376/77, NJW 80, 769). Er darf dabei die Klagefrist ausnutzen, muss die Klage aber so rechtzeitig zur Post geben, dass bei gewöhnlicher Beförderungsdauer mit dem rechtzeitigen Eingang bei Gericht zu rechnen ist (BAG 19.4.90 – 2 AZR 487/89, NZA 90, 724 zur Wiedereinsetzung).

Die Klage ist nach **§ 5 Abs 1 Satz 2 KSchG** nachträglich zuzulassen, wenn eine Frau aus **141**
einem von ihr nicht zu vertretenden Grund erst nach Ablauf der Klagefrist von ihrer

**Schwangerschaft** erfährt. Die Glaubhaftmachung durch ärztliches Attest reicht aus. Ob sie tatsächlich schwanger war, ist erst im Hauptsacheverfahren zu prüfen (LAG D 10.2.05 – NZA-RR 05, 382). Erfährt sie kurz vor Ablauf der Klagefrist von ihrer Schwangerschaft und erhebt sie wenige Tage später Kündigungsschutzklage mit einem Zulassungsantrag, ist dem stattzugeben. Man muss ihr einige Tage Überlegungsfrist einräumen, um sich angesichts der neuen Situation darüber klar zu werden, ob sie sich gegen die Kündigung zur Wehr setzen will (LAG SH 13.5.08, NZA-RR 09, 132).

**142** Nach **§ 5 Abs 4 KSchG nF** entscheidet das ArbG in einem einheitlichen **Verbundverfahren** – über die nachträgliche Zulassung und die Wirksamkeit der Kündigung **in der Regel durch Endurteil.** Es darf die Verhandlung jedoch auch zunächst auf die Entscheidung über den Antrag auf nachträgliche Zulassung **beschränken.** In diesem Fall entscheidet es nach § 5 Abs 4 Satz 3 ArbGG nF durch **Zwischenurteil,** gegen das **Berufung** eingelegt werden kann. Damit ist jetzt auch bei der isolierten Entscheidung über die nachträgliche Zulassung die **Revision** an das BAG unter den allgemeinen Voraussetzungen des § 72 ArbGG gegeben (ErfK/*Kiel* KSchG § 5 Rn 32). Dies wird die Einheit der Rechtsprechung zur nachträglichen Zulassung fördern. Hat das ArbG über den Antrag nicht entschieden oder wird er erstmals im Berufungsverfahren gestellt, entscheidet nach § 5 Abs 4 ArbGG das LAG. Eine Zurückverweisung ist ausgeschlossen.

Bisher wurde nicht einheitlich beantwortet, wie weit die **Bindungswirkung** des ablehnenden Beschlusses zur nachträglichen Zulassung reichte. Jedenfalls setzt die einheitliche Entscheidung durch **Endurteil** voraus, dass zugleich Feststellungen zum Zeitpunkt des Zugangs der Kündigung und der rechtzeitigen Klageerhebung getroffen werden. Entscheidet das ArbG durch **Zwischenurteil,** gilt dasselbe (BAG 28.5.09 – 2 AZR 732/08, NZA 09, 1229). Es macht keinen Sinn, einen Streit über eine nachträgliche Klagezulassung über drei Instanzen zu führen, ohne dass dessen Basis – ob überhaupt die Klage verspätet erhoben wurde – geklärt ist.

**143** **6. Sonderkündigungsrecht.** Hat der ArbN während des Kündigungsschutzprozesses ein neues Arbeitsverhältnis begonnen, steht nach gewonnenem Prozess endgültig fest, dass er sich seit Abschluss dieses Arbeitsvertrages mit dem neuen ArbGeb in zwei Arbeitsverhältnissen befindet. **§ 12 KSchG** hilft ihm mit einem Sonderkündigungsrecht, diesen Konflikt aufzulösen. Er kann binnen einer Woche nach Rechtskraft des Urteils die Fortsetzung des bis dahin umstrittenen Arbeitsverhältnisses durch schriftliche Erklärung gegenüber seinem alten ArbGeb verweigern. Es reicht nach § 12 Abs 1 Satz 2 KSchG aus, wenn diese Erklärung innerhalb der Wochenfrist zur Post gegeben wird. Mit Zugang dieser Erklärung erlischt dieses Arbeitsverhältnis. Der neue Arbeitsvertrag muss jedoch nach Zugang der Kündigung und vor Rechtskraft des Urteils im Kündigungsschutzprozess abgeschlossen worden sein. Geht der ArbN das neue Arbeitsverhältnis erst danach ein, muss er unter Einhaltung der Kündigungsfristen das alte Arbeitsverhältnis kündigen. Dieses Sonderkündigungsrecht steht dem ArbN jedoch nicht zu, wenn er während des Kündigungsschutzprozesses eine selbstständige Tätigkeit aufgenommen hat (BAG 25.10.07 – 6 AZR 662/06, NZA 08, 1074). Entschließt sich der ArbN, nach gewonnenem Kündigungsschutzprozess das alte Arbeitsverhältnis fortzusetzen, kann er das neue nur ordentlich kündigen. Für die Dauer der Kündigungsfrist muss er dieses Arbeitsverhältnis erfüllen. Er kann in das alte Arbeitsverhältnis so erst nach Ablauf der Kündigungsfrist zurückkehren. Das berechtigt diesen ArbGeb wiederum nicht, nun wegen „Arbeitsverweigerung“ zu kündigen (ErfK/*Kiel* KSchG § 12 Rz 8).

**144** **7. Kündigungsschutzverfahren bei Insolvenz.** In Betrieben ohne BRat oder dort, wo ein Interessenausgleich binnen drei Wochen nicht zustande kommt, kann der Insolvenzverwalter nach § 126 InsO vor dem ArbG die Feststellung beantragen, dass die Kündigung der Arbeitsverhältnisse bestimmter, im Antrag bezeichneter ArbN durch dringende betriebliche Erfordernisse bedingt und sozial gerechtfertigt ist unabhängig davon, ob die Kündigungen vor oder nach Einleitung des Verfahrens erfolgt sind (BAG 29.6.2000 – 8 ABR 44/99, NZA 2000, 1180). Für dieses Verfahren gelten die Bestimmungen über das **Beschlussverfahren** entsprechend. Gegen den Beschluss der ArbG findet eine Beschwerde an das LAG nicht statt; die Rechtsbeschwerde an das BAG findet nach § 122 Abs 3 InsO nur statt, wenn sie zugelassen wird; eine Nichtzulassungsbeschwerde ist nicht vorgesehen (BAG

14.8.01 – 2 ABN 20/01, AP ArbGG 1979 § 72a Divergenz Nr 44). Beteiligt sind neben dem Insolvenzverwalter nach § 126 Abs 2 InsO der BRat und die im Antrag bezeichneten ArbN, soweit sie nicht mit der Kündigung einverstanden sind. Die in diesem Verfahren ergehende Entscheidung ist für den vom ArbN angestrengten Kündigungsschutzprozess nach § 127 Abs 1 InsO bindend. Auf Antrag des Insolvenzverwalters ist der Kündigungsschutzprozess nach § 127 Abs 2 InsO bis zur rechtskräftigen Entscheidung des Beschlussverfahrens auszusetzen. Die gebündelte Kündigungsklage des Insolvenzverwalters geht so dem individuellen Kündigungsschutzprozess vor.

**IV. Besonderer Kündigungsschutz.** Beim allgemeinen Kündigungsschutz geht es um die Sozialwidrigkeit einer ausgesprochenen Kündigung. Der besondere Kündigungsschutz setzt vor der Kündigungserklärung ein. Sie kann nicht wirksam erklärt werden, solange nicht bestimmte Voraussetzungen vorliegen. **Schwangere** und **junge Mütter** können nach § 17 MuSchG bis zum Ende ihrer Schutzfrist, mindestens bis zum Ablauf von vier Monaten nach der Entbindung grds nicht wirksam gekündigt werden, wenn dem ArbGeb zum Zeitpunkt der Kündigung die Schwangerschaft bekannt war oder nach Zugang der Kündigung rechtzeitig bekannt gemacht wurde, es sei denn die für den Arbeitsschutz zuständige oberste Landesbehörde hat der beabsichtigten Kündigung zugestimmt. (Einzelheiten → *Mutterschutz* Rn 37–43). Wird **Elternzeit** verlangt, darf der ArbG das Arbeitsverhältnis nach § 18 Abs 1 BEEG ab diesem Zeitpunkt bis zu ihrem Ende nur mit Zustimmung der für den Arbeitsschutz zuständigen obersten Landesbehörde ordentlich kündigen (Einzelheiten → *Elternzeit* Rn 51). Soll eine Schwangere während der Elternzeit gekündigt werden, müssen die Zulässigkeitserklärungen nach § 18 Abs 1 BEEG und nach § 17 Abs 2 MuSchG vorliegen (BAG 31.3.93 – 2 AZR 595/92, NZA 93, 646). Die Kündigung von länger als sechs Monaten beschäftigten **Schwerbehinderten** und ihnen Gleichgestellten bedarf nach den §§ 151, 168 SGB IX der vorherigen Zustimmung des Integrationsamtes (Einzelheiten → *Behinderte* Rn 40–69). 145

Die außerordentliche Kündigung von **Mitgliedern des Betriebsrates,** der JAV, der Bordvertretung, des SeeBRat, des Wahlvorstandes sowie von Wahlbewerbern bedarf nach § 103 Abs 1 BetrVG der vorherigen Zustimmung des BRat. Verweigert der BRat seine Zustimmung, kann sie nach § 103 Abs 2 BetrVG vom ArbG auf Antrag des ArbGeb ersetzt und damit erst der Weg zum Ausspruch der Kündigung freigemacht werden. Im **Ersetzungsverfahren** geht es in der Sache darum, ob die geplante außerordentliche Kündigung durch einen wichtigen Grund iSv § 626 Abs 1 BGB gerechtfertigt sein wird (zum wichtigen Grund → *Kündigung, außerordentliche* Rn 23–43). 146

Eine **ordentliche Kündigung** gegenüber den Mitgliedern dieser Personengruppe ist nach § 15 Abs 1 bis 3a KSchG grds unwirksam. Dieser besondere Kündigungsschutz endet für Mitglieder des BRat, des Seebetriebsrats und der JAV ein Jahr, für Mitglieder einer Bordvertretung sechs Monate nach Beendigung ihrer Amtszeit, für Mitglieder des Wahlvorstandes und Wahlbewerber sechs Monate nach Bekanntgabe des Wahlergebnisses. Wird ein Betrieb stillgelegt, werden ihnen gegenüber ausgesprochene Kündigungen nach § 15 Abs 4 KSchG frühestens zum Zeitpunkt der Stilllegung wirksam (BAG 25.9.97 – 8 AZR 493/96, NZA 98, 640), es sei denn, dass ihre Kündigung zu einem früheren Zeitpunkt durch zwingende betriebliche Erfordernisse bedingt ist, zB weil sie auf keinem anderen freien oder besetzten Arbeitsplatz mehr beschäftigt werden können. Freigestellte BRatMitglieder können daher nicht vorzeitig gekündigt werden (APS/*Linck* KSchG § 15 Rn 151). Wird nur eine Betriebsabteilung stillgelegt, in der dieser Personengruppe zuzurechnende ArbN beschäftigt werden, sind sie nach § 15 Abs 5 KSchG auch dann in eine andere Betriebsabteilung zu übernehmen, wenn hierfür ein dort Beschäftigter gekündigt werden muss (BAG 2.3.06 – 2 AZR 83/05, NZA 06, 988). 147

ArbN die zu einer Betriebsversammlung für die Wahl des Wahlvorstandes eingeladen oder die Wahl des Wahlvorstandes beantragt haben, können nach § 15 Abs 3a KSchG vom Zeitpunkt der Einladung bzw Antragstellung an bis zur Bekanntgabe des Wahlergebnisses und für den Fall, dass eine ArbNVertretung nicht gewählt wird, insgesamt drei Monate nicht ordentlich gekündigt werden.

Wurde in freiwilliger Betriebsvereinbarung die Kündigung vom ArbN nach **§ 102 Absatz 6 BetrVG** von der Zustimmung des BRat abhängig gemacht, ist jede Kündigung unwirksam, die ohne diese Zustimmung ausgesprochen wird. Über die Berechtigung der Nichterteilung einer Zustimmung entscheidet hier die Einigungsstelle. Dabei kann der ArbGeb seine Mitteilung zu den Kündigungsgründen auch noch im Verfahren vor der Einigungsstelle vervollständigen (BAG 23.2.10 – 2 AZR 656/08, NZA 10, 1288).

148 **V. Muster.** S Online-Musterformulare *„M31.4 Kündigungsschutzklage"*, *„M31.6 Änderungskündigung, allgemein"* u *„M31.7 Klage gegen eine Änderungskündigung nach Vorbehalt"*.

**B. Lohnsteuerrecht** *Seidel*

149 S die Ausführungen zu → *Kündigung, allgemein* Rn 82. Zur steuerlichen Behandlung von Rechtsanwaltskosten im Zusammenhang mit einem Kündigungsschutzprozess → *Rechtsanwaltskosten* Rn 22.

**C. Sozialversicherungsrecht** *Voelzke*

150 **1. Versicherungsschutz während Kündigungsschutzklage.** Die **Versicherungspflicht** besteht fort, wenn das Beschäftigungsverhältnis nach Klage der ArbN durch ArbGUrteil oder Vergleich über das Ende des letzten Arbeitstages hinaus verlängert wird, und zwar solange, wie die bisherige Vergütung weitergezahlt wird. Dies gilt auch, wenn nicht die volle Vergütung, sondern nur ein Teilbetrag gezahlt wird. In diesem Fall ist das dem ArbN noch zustehende Entgelt für die Zeit zwischen tatsächlicher Beendigung der Arbeitsleistung und dem durch das ArbG festgesetzten Ende des Beschäftigungsverhältnisses gleichmäßig aufzuteilen. Die Versicherungspflicht **endet** allerdings mit dem letzten Arbeitstag, wenn der Zeitpunkt der Beendigung des Arbeitsverhältnisses nicht durch das ArbG festgelegt wurde. Einzelheiten → *Freistellung von der Arbeit* Rn 36 ff.

151 **2. Private Pflegeversicherung.** Hier sind Kündigungs- und Rücktrittsrechte der privaten Versicherungsunternehmen ausgeschlossen, solange Kontrahierungszwang besteht (§ 110 Abs 4 SGB XI; zum Kontrahierungszwang § 110 Abs 1 Nr 1, Abs 3 Nr 1 SGB XI).

152 **3. Ruhen des Arbeitslosengeldes.** Nach § 158 SGB III ruht der Anspruch auf AlGeld, wenn der ArbN wegen Beendigung des Arbeitsverhältnisses eine Abfindung oder Entlassungsentschädigung für die Zeit nach Beendigung des Beschäftigungsverhältnisses erhält und das Arbeitsverhältnis ohne Einhaltung der für den ArbGeb geltenden ordentlichen Kündigungsfrist oder fiktiver Fristen (§ 158 Abs 1 Satz 3 und 4 SGB III) beendet worden ist. Einzelheiten dazu → *Abfindung* Rn 60 ff.

# Künstlersozialversicherung

**A. Arbeitsrecht** *Röller*

1 **1. Allgemeines. Selbstständige Künstler** und **Publizisten** befinden sich größtenteils in einer wirtschaftlichen und sozialen Situation, die mit der von ArbN vergleichbar ist. Sie sind auf die Mitwirkung von Vermarktern oder Verwertern angewiesen, damit ihre Werke oder Leistungen dem Endabnehmer zugängig gemacht werden können. Deshalb sind selbstständige Künstler und Publizisten aufgrund des KSVG vom 27.7.81 (BGBl I 81, 705), zuletzt geändert durch das zum 1.1.15 in Kraft getretene KSAStabG v 27.7.14 (BGBl I 14, 1311), als Pflichtversicherte in den Schutz der gesetzlichen Kranken- und Rentenversicherung sowie PflegeV einbezogen. Voraussetzung für die Einbeziehung ist, dass die selbstständigen Künstler und Publizisten aus einer erwerbsmäßigen und nicht nur vorübergehend ausgeübten Tätigkeit ein Mindesteinkommen erzielen, nicht mehr als einen ArbN beschäftigen und nicht anderweitig von der Versicherungspflicht befreit sind. Ausgenommen sind nebenberufliche Künstler, die ihr überwiegendes Einkommen aus einer anderweitigen Haupttätigkeit beziehen. **Künstler** ist, wer Musik, darstellende oder bildende Kunst schafft oder lehrt; **Publizist** ist, wer als Schriftsteller, Journalist oder in anderer Weise publizistisch tätig ist oder Publizistik lehrt (§ 2 KSVG). Abgabeverpflichtet sind alle Unternehmen, die nicht nur gelegentlich Werke oder Leistungen von selbstständigen Künstern oder Publizisten

für Zwecke ihres Unternehmens verwerten (*Roß/Zilch* BB 17, 1774; *Gallini/Paschke* BB 15, 55).

Die Finanzierung der SozVBeiträge ist derjenigen der ArbN nachgebildet. Die selbstständigen Künstler und Publizisten zahlen wie ArbN nur den hälftigen Beitrag. Der „Arbeitgeberanteil" wird über die **Künstlersozialabgabe** von den Verwertern sowie durch einen Bundeszuschuss aufgebracht. Bemessungsgrundlage sind die Entgelte für künstlerische oder publizistische Werke oder Leistungen, die im Laufe eines Kj an selbstständige Künstler oder Publizisten unmittelbar oder mittelbar für deren Rechnung an Dritte gezahlt wurden, sofern dieser nicht selbst zur Künstlersozialabgabe verpflichtet ist. Im Jahr 2020 beträgt der Vomhundertsatz der Künstlersozialabgabe 4,2. 2

**2. Verbot der Abwälzung der Künstlersozialabgabe.** Die Belastung der Künstler und Publizisten mit der Künstlersozialabgabe ist gem § 36a Satz 2 KSVG iVm § 32 SGB I unzulässig. Entgegenstehende privatrechtliche Vereinbarungen sind nichtig (*Finke/Brachmann/Nordhausen* KSVG § 24 Rz 3; *Gallini/Paschke* BB 15, 50). 3

## B. Lohnsteuerrecht *Seidel*

Die Beiträge der Künstlersozialkasse für selbstständige Künstler und Publizisten an einen Träger der SozV oder den Versicherten sind **steuerfrei** (§ 3 Nr 57 EStG). Die vom Versicherten zu zahlende Beitragshälfte kann von diesem als Sonderausgabe bei der EStVeranlagung abgezogen werden. Für sonstige Vorsorgeaufwendungen gilt für Personen, für die steuerfreie Leistungen nach § 3 Nr 57 EStG erbracht werden, der niedrigere Höchstbetrag von 1900 € (§ 10 Abs 4 Satz 2 EStG; → *Sonderausgaben* Rn 10). 6

Die Künstlersozialabgabe (→ Rn 2 und → Rn 26–28) stellt beim abgabepflichtigen Unternehmen eine Betriebsausgabe dar. Die Leistungen des SozVTrägers im Rahmen der KV sind als Leistungen aus einer KV steuerfrei (§ 3 Nr 1a EStG; s auch ABC bei → *Steuerfreie Einnahmen* Rn 20 Krankenversicherungsleistungen). Steuerfrei sind auch Sachleistungen und Kinderzuschüsse aus der RV (§ 3 Nr 1b EStG; s auch ABC bei → *Steuerfreie Einnahmen* Rn 21 Rentenversicherungsleistungen). Zur Besteuerung der Rente aus der Künstlersozialversicherung → *Altersrente* Rn 8 ff. Zur Steuerfreiheit der Pflegeversicherungsleistungen → *Pflegeversicherungsleistungen* Rn 2. 7

## C. Sozialversicherungsrecht *Ruppelt*

**1. Grundsatz. Selbstständige Künstler und Publizisten** sind grds (Ausnahmen → Rn 14 ff) in der RV, der gesetzlichen KV und in der sozialen PflegeV pflichtversichert, wenn sie die künstlerische oder publizistische Tätigkeit als **Selbstständige** erwerbsmäßig und nicht nur vorübergehend ausüben und im Zusammenhang mit ihrer künstlerischen oder publizistischen Tätigkeit **nicht mehr als einen ArbN** beschäftigen (→ Rn 12). Im Interesse der sozialen Sicherung dieser Personengruppe (2016 ca 180 000 Versicherte) hat der Gesetzgeber die im Grundsatz systemwidrige Einbeziehung Selbstständiger in die Versicherungspflicht in Kauf genommen und mit der KünstlerSozV ein aufwändiges Versorgungssystem geschaffen, welches im Auftrag des Bundes durch die Unfallversicherung Bund und Bahn als Künstlersozialkasse geführt wird. Diese ist selbst kein Leistungsträger, sondern koordiniert lediglich die Beitragszahlung zur gesetzlichen KV und zur gesetzlichen Renten- und Pflegeversicherung. 11

**2. Versicherte.** Künstler iSd Gesetzes ist, wer Musik, darstellende oder bildende Kunst schafft, ausübt oder lehrt; Publizist ist, wer als Schriftsteller, Journalist oder in ähnlicher Weise publizistisch tätig ist oder Publizistik lehrt (§ 2 KSVG). Eine präzise Umschreibung des Personenkreises erfolgt durch das Gesetz ebenso wenig wie eine Definition des Kunstbegriffs. Der Gesetzgeber hat auch bewusst darauf verzichtet, im Wege der Auflistung von Berufsbezeichnungen künstlerische oder publizistische Tätigkeiten im Einzelnen zu benennen. Einer solchen Aufzählung stünden die Vielfalt, die Komplexität und vor allem die Dynamik der Erscheinungsformen künstlerischer und publizistischer Betätigungen entgegen. Es ist von einem **weiten Begriff** der künstlerischen bzw publizistischen Tätigkeit auszugehen (BSG 25.11.15 – B 3 KS 3/14 R, SozR 4–5425 § 2 Nr 23 zur Tanzpädagogin; 21.7.11 – B 3 KS 5/10 R, SozR 4–5425 § 1 Nr 2 zum Online-Journalismus). Eine kunst- 12 handwerkliche Betätigung ohne künstlerische Anerkennung in Fachkreisen reicht jedoch nicht aus (BSG 10.3.11 – B 3 KS 4/10 R, SozR 4–5425 § 2 Nr 19). Die **publizistische Tätigkeit** setzt einen kreativen Gestaltungsrahmen voraus. Das Übersetzen von technischen Bedienungsanleitungen oder medizinischen Fachbeiträgen erfüllt diese Voraussetzung nicht (LSG BaWü 22.11.17 – L 5 KR 538/16, BeckRS 2017, 134935). Ggf bedarf es einer Entscheidung der Künstlersozialkasse im Einzelfall. Weitere Voraussetzungen sind, dass die Tätigkeit **selbstständig, erwerbsmäßig, nicht nur vorübergehend und überwiegend im Inland** ausgeübt wird (§ 1 Nr 1 KSVG). Die selbstständige künstlerische Tätigkeit ist insbes durch das eigene Unternehmerrisiko und die freie Verfügungsmöglichkeit über Arbeitskraft und -zeit gekennzeichnet (bejaht für Hotelmusiker LSG RhPf 13.9.01 – L 5 KR 130/00, SozVers 02, 219; verneint für Gastschauspieler BSG 20.3.13 – B 12 R 13/10 R, SozR 4–2400 § 7 Nr 19). Der Abgrenzungskatalog der Künstlersozialkasse für im Theater, Orchester, Rundfunk- und Fernsehanbieter, Film- und Fernsehproduktionen (künstlerisch und publizistisch) tätige Personen (recherchierbar über www.kuenstlersozialkasse.de) bietet eine Hilfestellung bei der Abgrenzung von selbstständiger zu abhängiger künstlerischer/publizistischer Tätigkeit, ist aber für die Gerichte nicht verbindlich. Erwerbsmäßigkeit der künstlerischen oder publizistischen Tätigkeit liegt nur vor, wenn die Tätigkeit zur Erzielung von Einnahmen ausgeübt wird. Eine Betätigung im Rahmen der Liebhaberei genügt nicht (LSG BaWü 5.8.08 – L 11 KR 1559/08, BeckRS 2008, 56023; → Rn 14). Wird die künstlerische oder publizistische Tätigkeit im Rahmen eines **Beschäftigungsverhältnisses** ausgeübt, ist die Zuständigkeit der Künstlersozialkasse **nicht gegeben.** Gleiches gilt, wenn der Künstler/Publizist in Zusammenhang mit seiner künstlerischen bzw publizistischen Tätigkeit mehr als einen ArbN beschäftigt, es sei denn, die Beschäftigung (eines weiteren ArbN) erfolgt zur Berufsausbildung oder ist geringfügig iSv § 8 SGB IV (§ 1 Nr 2 KSVG).

13 **Einzelfälle: Keine Versicherungspflicht** in der KSVG mangels künstlerischer Tätigkeit: Tätowierer (BSG 28.2.07 – B 3 KS 2/07 R, NZS 07, 594); Profisportler bei der Mitwirkung in Werbefilmen (BSG 24.1.08 – B 3 KS 1/07 R, Die Beiträge Beilage 08, 378; Tanz/Bewegungslehrer für Kinder (BSG 1.10.09 – B 3 KS 3/08 R, BSGE 104, 258); Modedesignerin (BSG 21.6.12 – B 3 KS 1/11 R, DStR 12, 2089); Innenarchitekt (LSG BlnBbg 8.11.13 – L 1 KR 225/11); Organisator von Kunstveranstaltungen (LSG BaWü 27.5.14 – L 11 KR 4120/12, BeckRS 2014, 70274); Eistänzer in Fernsehproduktionen (BSG 28.9.17 – B 3 KS 1/17 R, SozR 4–5425 § 2 Nr 25). **Versicherungspflicht** in der KSVG: Regieassistent (BSG 28.1.99 – B 3 KR 2/98 R, BB 99, 1662); Technischer Redakteur von Bedienungsanleitungen (BSG 30.1.01 – B 3 KR 7/00 R, SozR 3–5425 § 2 Nr 12); Tiermodellbauer (BSG 30.1.01 – B 3 KR 11/00 R, SozR 3–5425 § 2 Nr 13); Industriedesigner (BSG 30.1.01 – B 3 KR 1/00 R, SozR 3–5425 § 2 Nr 11; Werbefotograf (BSG 25.11.10 – B 3 KS 1/10 R, SozR 4–5425 § 2 Nr 18); Webdesigner (BSG 7.7.05 – B 3 KR 37/04 R, SozR 4–5425 § 2 Nr 5); Visagistin (BSG 12.5.05 – B 3 KR 39/04 R, Die Beiträge Beilage 06, 19); Trauerredner (BSG 23.3.06 – B 3 KR 9/05 R, Die Beiträge Beilage 06, 218); Kalligraf (BSG 15.11.07 – B 3 KS 3/07, Die Beiträge Beilage 08, 315); Werbefinanzierter Online-Journalist (BSG 21.7.11 – B 3 KS 5/10 R, SozR 4–5425 § 1 Nr 2); Tanzpädagoge mit Lehrbefähigung für zeitgenössische Tanzformen (BSG 25.11.15 – B 3 KS 3/14 R, SozR 4–5425 § 2 Nr 23); Lektor von wissenschaftlichen Texten (BSG 4.6.19 – B3KS 2/18 R, WzS 19, 338); Castingdirektor (Bay LSG 27.6.19 – L4KR 66/18, BeckRS 2019, 29825).

14 **3. Versicherungsfreiheit in der Künstlersozialversicherung. a) Geringfügiges Einkommen.** Keine Versicherungspflicht nach KSVG besteht, wenn mit der **selbsständigen** künstlerischen oder publizistischen Tätigkeit voraussichtlich nur ein jährliches Arbeitseinkommen erzielt wird, das 3900 € nicht übersteigt (§ 3 Abs 1 KSVG). Dies gilt allerdings nicht bis zum Ablauf von drei Jahren nach erstmaliger Aufnahme der Tätigkeit (Abs 2). In dieser Zeit sind selbstständige Künstler und Publizisten auch dann versicherungspflichtig, wenn sie aus ihrer Tätigkeit geringere Einnahmen haben. Die Drei-Jahres-Frist kann sich nach Maßgabe von § 3 Abs 2 Satz 2 KSVG verlängern. Die Versicherungspflicht bleibt bestehen, solange das Arbeitseinkommen aus selbstständiger künstlerischer oder publizistischer Tätigkeit nicht mehr als zweimal innerhalb von sechs Kalenderjahren die Grenze von

3900 € nicht übersteigt (§ 3 Abs 3 KSVG). Bleibt das Einkommen auf Dauer unter der Einkommensgrenze, hat die Künstlersozialkasse das Ende der Versicherungspflicht festzustellen (BSG 2.4.14 – B 3 KS 4/13 R, NZS 14, 505). Zu Altersgrenzen → Rn 18,19.

**b) Nachrangigkeit.** Ist der selbstständige Künstler oder Publizist bereits anderweitig renten- und/oder krankenversichert oder renten- und/oder krankenversicherungsfrei, kann Versicherungsfreiheit nach dem KSVG in der RV und/oder in der KV bestehen (§§ 4,5 KSVG). Dies kann dazu führen, dass nur in der **Rentenversicherung** oder nur in der **Krankenversicherung** Versicherungsfreiheit nach dem KSVG gegeben ist. Versicherungspflicht und Versicherungsfreiheit in der **sozialen Pflegeversicherung** folgt grds den entsprechenden Regeln der KV (→ Rn 19). Unter welchen Voraussetzungen der Künstler oder Publizist nicht nach dem KSVG zu versichern ist, ergibt sich im Einzelnen aus § 4 KSVG (RV) und § 5 KSVG (KV). Zur Versicherungsfreiheit eines künstlerisch tätigen Rechtsanwalts vgl LSG BlnBbg 20.11.15 – L 1 KR 281/13, BeckRS 2016, 66568. Eine ehrenamtlich ausgeübte kommunalpolitische Tätigkeit schließt die Versicherungspflicht nach dem KSVG nicht aus (BSG 18.2.16 – B 3 KS 1/15 R, NZS 16, 59). Die Voraussetzungen für den KVSchutz als **Rentner** in der KVdR ergeben sich aus § 5 Abs 1 Nr 11a SGB V. Der Zugang zur KVdR ist für Künstler und Publizisten im Vergleich zu sonstigen Rentenbeziehern erleichtert. Hauptberuflich selbstständig Erwerbstätige haben keinen Anspruch auf *Krankengeld* (§ 44 Abs 2 Nr 2 SGB V). Dies gilt auch für hauptberuflich selbstständige Künstler. Allerdings haben die Krankenkassen den Künstlern Wahltarife anzubieten, welche einen Anspruch auf Krankengeld enthalten (§ 53 Abs 6 SGB V). S auch → *Krankengeld* Rn 13. 15

**c) Befreiung von der Krankenversicherungspflicht auf Antrag.** Von der KV nach dem KSVG können sich Künstler und Publizisten bei erstmaliger Aufnahme ihrer Tätigkeit **befreien** lassen, wenn sie bei einem Unternehmen der privaten KV versichert sind und die Leistungen denjenigen der gesetzlichen KV entsprechen. Der Antrag ist spätestens drei Monate nach Feststellung der Versicherungspflicht bei der Künstlersozialkasse zu stellen (§ 6 Abs 1 Satz 3 KSVG). Diese Befreiung kann nur bis zum Ablauf von drei Jahren nach erstmaliger Aufnahme der künstlerischen und publizistischen Tätigkeit auf Antrag rückgängig gemacht werden (Abs 2). 16

Künstler und Publizisten, deren Arbeitseinkommen in den abgelaufenen drei Kj insgesamt über der Summe der JAEGrenze nach § 6 Abs 6 SGB V (→ *Beitragsbemessungsgrenzen* Rn 5 ff) für diese Jahre gelegen hat, können ebenfalls auf Antrag von der KVPflicht nach dem KSVG **befreit** werden. Der Antrag muss bis zum 31.3. des auf den Dreijahreszeitraum folgenden Jahres gestellt werden. Die Befreiung kann nicht widerrufen werden (§ 7 KSVG). Ist eine Befreiung von der KVPflicht erfolgt, erhalten selbstständige Künstler und Publizisten auf Antrag einen **Beitragszuschuss** zur freiwilligen gesetzlichen bzw privaten KV nach Maßgabe von § 10 KSVG. 17

**d) Krankenversicherungsfreiheit kraft Gesetzes.** Von der KV und der PflegeV nach dem KSVG ausgeschlossen sind die Personengruppen, die in § 5 Abs 1 Nr 1–8 KSVG genannt sind. Hierzu gehört insbesondere, wer nach dem Erreichen der Regelaltersgrenze der RV (→ *Altersgrenze* Rn 26 ff) eine künstlerische oder publizistische Tätigkeit aufnimmt oder wer eine solche Tätigkeit während eines ordentlichen (hauptsächlich betriebenen) Studiums ausübt. Gleiches gilt für Personen nach Vollendung des 55. Lebensjahres, die nach § 5 Abs 1 Nr 4 KSVG iVm § 6 Abs 3a SGB V versicherungsfrei sind. Die Begründung einer KV über die Künstlersozialversicherung ist daher grds nicht möglich für Personen, die das **55. Lebensjahr** vollendet haben und in den letzten fünf Jahren vor Aufnahme und Meldung der selbstständigen künstlerischen Tätigkeit nicht gesetzlich versichert gewesen sind. 18

**4. Pflegeversicherung und Rentenversicherung. Pflegeversichert** nach dem KSVG ist, wer nach diesem Gesetz krankenversichert ist. Dabei geht die Versicherungspflicht nach dem KSVG der nach dem SGB XI vor. Bei Versicherungsfreiheit nach dem KSVG (auch bei Befreiung auf Antrag) in der KV kann Versicherungspflicht in der sozialen PflegeV nach dem SGB XI gegeben sein. In diesem Fall besteht ein Anspruch auf Beitragszuschuss zur sozialen PflegeV. Wer nach § 7 KSVG von der Versicherungspflicht in der KV und daher auch von der Versicherungspflicht in der sozialen PflegeV befreit ist, hat Anspruch auf Beitragszuschuss zu einer privaten PflegeV (§ 10a KSVG). 19

Die Versicherungspflicht in der **gesetzlichen Rentenversicherung** nach dem KSVG besteht für selbstständige Künstler grds bis zum Erreichen der gesetzlichen Altersgrenze. Die Voraussetzungen einer Versicherungsfreiheit in der gesetzlichen RV nach dem KSVG ergeben sich aus § 4 KSVG.

20 **5. Beginn und Ende der Versicherung.** Die Versicherungspflicht beginnt mit dem Tage, an dem die Meldung nach § 11 KSVG bei der Künstlersozialkasse eingeht und die Voraussetzungen der Versicherungspflicht erfüllt sind. Kommt der Versicherungspflichtige seiner bußgeldbewehrten Meldepflicht nicht nach, beginnt die Versicherung durch Bescheid der Künstlersozialkasse, mit dem Versicherungspflicht festgestellt wird. Die Versicherungspflicht endet mit Aufgabe der selbstständigen Tätigkeit, dem Eintritt von Versicherungsfreiheit oder einer vorrangigen Pflichtversicherung.

21 **6. Beiträge.** Die Mittel für die Versicherung nach dem KSVG werden durch Beitragsanteile der Versicherten zur einen Hälfte, durch die Künstlersozialabgabe und durch einen Zuschuss des Bundes zur anderen Hälfte aufgebracht (§ 14 KSVG). Der Versicherte hat grds die Hälfte der Beiträge selbst zu tragen und den Beitragsanteil für den Kalendermonat jeweils bis zum Fünften des folgenden Monats an die Künstlersozialkasse zu zahlen (§§ 15 ff KSVG). Die Künstlersozialkasse zieht die Zahlbeträge ein und führt sie an die Versicherungsträger ab.

22 **a) Krankenversicherung.** Ist der Versicherte mit Beitragsanteilen für zwei Monate für die KV und die PflegeV im **Rückstand,** hat ihn die Künstlersozialkasse zu mahnen. Ist der Rückstand zwei Wochen nach Zugang der Mahnung noch höher als der Beitragsanteil für einen Monat, stellt die Künstlersozialkasse das **Ruhen der Leistungen** fest. Das Ruhen kann frühestens nach Ablauf von zwei Wochen nach Mahnung ausgesprochen werden (LSG RhPf 15.3.12 – 2 5 KR 62/12 B ER, BeckRS 2012, 69127). Während des Ruhens werden Leistungen nicht gewährt. Das Ruhen endet nach vollständiger Begleichung der Rückstände (§ 16 Abs 2 KSVG). Die Höhe der Beiträge ergibt sich aus dem Beitragssatz und der Höhe des JAE aus selbstständiger künstlerischer und publizistischer Tätigkeit.

Der Beitragsanteil des Versicherten beträgt die Hälfte des allgemeinen Beitragssatzes ggf zuzüglich der Hälfte des kassenindividuellen Zusatzbeitrags. Der allgemeine Beitragssatz in der gesetzlichen KV beträgt 2020 14,6 Prozentpunkte. Vgl → *Krankenversicherungsbeiträge* Rn 21 ff. Bei einem zu erwartenden JAE von 10 000 € beträgt der Jahresbeitragsanteil des Versicherten zur KV somit ohne den Zusatzbeitrag 730 € (7,3 vH von 10 000). Der Beitragsbemessung pro Kalendertag wird der 360. Teil des voraussichtlichen Arbeitseinkommens (§ 12 Abs 1 Satz 1 KSVG), mindestens jedoch der 180. Teil der monatlichen Bezugsgröße nach § 18 SGB IV zugrunde gelegt (§ 234 Abs 1 SGB V). Die KVBeiträge werden von der Künstlersozialkasse an die gewählte Krankenkasse weitergeleitet. Das voraussichtliche JAE hat der Versicherte selbst im Voraus zu schätzen. Zum Überprüfungsverfahren → Rn 29.

23 **b) Rentenversicherung.** Der Beitragsanteil des Versicherten beträgt nach § 15 KSVG die Hälfte des Beitragssatzes der gesetzlichen RV (§§ 157 ff SGB VI). Der Beitragssatz in der gesetzlichen RV beträgt 2020 18,6 Prozentpunkte. Der Jahresbeitragsanteil des Versicherten beträgt daher 9,3 Prozentpunkte. Die beitragspflichtigen Einnahmen sind das voraussichtliche JAE (§ 165 Abs 1 Satz 1 Nr 3 SGB VI).

24 **c) Pflegeversicherung.** Der Versicherte hat nach § 16a Abs 1 KSVG an die Künstlersozialkasse als Beitragsanteil zur sozialen PflegeV für den Kalendermonat die Hälfte des sich aus den §§ 55 und 57 Abs 1 SGB XI ergebenden Beitrags zu zahlen, also 2020 die Hälfte (Ausnahme: Sachsen) von 3,05 Prozentpunkten (ggf zuzüglich des Sonderbeitrags bei Kinderlosigkeit, → *Pflegeversicherungsbeiträge* Rn 12). § 16 Abs 2 KSVG gilt bei Beitragsrückstand entsprechend (→ Rn 22).

25 **7. Künstlersozialabgabe.** Vermarkter, die Werke oder Leistungen selbstständiger Künstler und Publizisten iSd KSVG verwerten (also solchen Künstlern/Publizisten Aufträge erteilen) haben eine Abgabe zu entrichten, welche neben den Beiträgen der Versicherten und einem Bundeszuschuss der Finanzierung der Künstlersozialversicherung dient. Neben den originären Kunstvermarktern wie Verlage, Galerien, Kunsthandel, Theater usw (§ 24 Abs 1 Satz 1 KSVG) gehören dazu nach Abs 1 Satz 2 auch Unternehmer, die für Zwecke ihres eigenen Unternehmens Werbung oder Öffentlichkeitsarbeit betreiben und dabei **nicht nur gelegentlich** Aufträge an selbstständige Künstler oder Publizisten erteilen (LSG Sachs

19.7.18 – L 9 KR 183/13, BeckRS 2018, 24103). Unternehmer idS sind auch Körperschaften des öffentlichen Rechts. Werden solche Aufträge (zB zur Herstellung einer Werbebroschüre) nicht an selbstständige Künstler/Publizisten, sondern an eine juristische Person erteilt (zB an eine in Form einer KG betriebenen Werbeagentur), unterliegen die Honorarzahlungen an diese KG nicht der Abgabepflicht (BSG 12.8.10 – B 3 KS 2/09 R, BSGE 106, 276; 16.7.14 – B 3 KS 3/13 R, Die Beiträge, Beilage 2014, 205). Uu ist die Werbeagentur ihrerseits zur Abgabe verpflichtet, wenn sie sich zur Auftragserledigung selbstständiger (nicht bei ihr angestellter) Künstler/Publizisten bedient. Abgabenpflichtig sind ferner Unternehmer, die nicht nur gelegentlich Aufträge an selbstständige Künstler oder Publizisten erteilen, um deren Werke oder Leistungen für Zwecke ihres Unternehmens zu nutzen, wenn im Zusammenhang mit dieser Nutzung Einnahmen erzielt werden sollen (§ 24 Abs 2 Satz 1; BSG 16.7.14 – B 3 KS 3/14 B, SozR 4–5425 § 24 Nr 12 ). Dazu gehören etwa Promotions- und Werbeveranstaltungen mit Musikprogramm oder sonstigen künstlerischen Darbietungen (LSG BaWü 16.12.14 – L 11 KR 540/14, BeckRS 2015, 65312). Ein als eV konstituierter Spitzenverband von Unternehmen eines bestimmten Wirtschaftszweigs unterliegt der Künstlersozialabgabe, wenn er für seine Mitglieder Werbung oder Öffentlichkeitsarbeit betreibt (BSG 22.4.15 – B 3 KS 7/13 R, NZS 15, 627). Eine nicht nur **gelegentliche Erteilung** von Aufträgen in diesem Sinne liegt vor, wenn im Kj mehr als drei Veranstaltungen durchgeführt werden (§ 24 Abs 2 Satz 2). Auch hinsichtlich der sonstigen Vermarktung künstlerischer oder publizistischer Werke reichen **gelegentliche Aufträge** zur Begründung der Abgabepflicht nicht aus. Aufträge werden nur gelegentlich erteilt, wenn die Summe der Entgelte für künstlerische oder publizistische Werke oder Leistungen, die der zur Abgabe Verpflichtete an selbstständige Künstler oder Publizisten zahlt, im Kalenderjahr **450 €** nicht übersteigt (§ 24 Abs 3 KSVG). Auf Gewinnerzielungsabsicht kommt es nicht an. Gemeinnützigkeit steht der Abgabepflicht nicht entgegen. Abgabepflicht besteht auch für **Vermittlungskonzertdirektionen** und Betreiber von **Musikschulen,** die selbst keine Konzerte veranstalten (BSG 30.9.15 – B 3 KS 1/14 R, DStR 16, 178) und für **Kunstvereine,** die durch Ausstellungen den Verkauf künstlerische Werke fördern (BSG 31.8.2000 – B 3 KR 27/99 R, SozR 3–5425 § 24 Nr 19). **Karnevals- oder Faschingsgesellschaften** unterliegen der Abgabepflicht, wenn sie im Kj mehr als drei Karnevals- oder Faschingsveranstaltungen mit Büttenrednern, Musikern usw veranstalten (§ 24 Abs 2 Satz 2 KSVG). Für die Honorare von Chorleitern und Dirigenten in Musikvereinen ist keine Künstlersozialabgabe zu entrichten (§ 24 Abs 2 Satz 3 KSVG), wenn der Zweck des Musikvereins nicht überwiegend auf das öffentliche Auftreten des Orchesters oder Chors gerichtet ist (BSG 20.11.08 – B 3 KS 5/07 R, Die Beiträge, Beilage 2009, 102 Rz 22; LSG BaWü 26.1.16 – L 11 R 584/14, BeckRS 2016, 66608). Anderes gilt uU für die Honorare an Musiker in einer Band, die von einem Bandleader auch organisatorisch und kaufmännisch geleitet wird (BSG 30.9.15 – B 3 KS 2/14 R, NZS 16, 28). Da Kunst iS des KSVG keine besondere Gestaltungshöhe voraussetzt, unterliegen auch die Honorare für Juroren in TV-Castingshows der Abgabepflicht (BSG 1.10.09 – B 3 KS 4/08 R, BSGE 104, 265). Gleiches gilt für die Honorare an selbstständige Kameraleute von Unternehmen, die ua Film- und Videoproduktionen herstellen und die tagesaktuelle Berichterstattung für Sendeanstalten (zb Nachrichtenbeiträge oder Liveübertragungen von Sportveranstaltungen) aufnehmen (BSG 29.11.16 – B 3 KS 2/15 R, SozR 4–5425 § 24 Nr 19). Der Trägerverein des Berliner Christopher Street Day ist nicht wegen Werbung und Öffentlichkeitsarbeit abgabepflichtig, da es an einem hierauf gerichteten nachhaltigen Unternehmenszweck fehlt (BSG 28.9.17 – B 3 KS 2/16 R, SozR 4–5425 § 24 Nr 20).

Die **Höhe der Abgabe** wird jährlich für das Folgejahr durch RechtsVO (Künstlersozial- **26**
abgabeVO) festgesetzt und beträgt 2020 für die vier Bereiche (Wort, Bildende Kunst, Musik und darstellende Kunst) einheitlich 4,2 vH. **Bemessungsgrundlage** für die Künstlersozialabgabe sind die Entgelte für selbstständige künstlerische oder publizistische Werke oder Leistungen, vermindert um die USt, die die zur Abgabe Verpflichteten zur Nutzung dieser Werke oder Leistungen aufgewendet haben. Der Abgabepflicht unterliegen auch Vergütungen, die an Autoren für die Teilnahme an Werbeveranstaltungen für ihr Buch gezahlt werden (BSG 11.4.02 – B 3 KR 46/01 R, NZA 02, 1140). Honorare an Schulbuchautoren sind ebenso abgabepflichtig (BSG 11.4.02 – B 3 KR 46/01 R; NZS 03, 216) wie Honorare, die ein nach dem KSVG abgabepflichtiges Unternehmen für die Erstellung von Werbematerial

an eine Werbeagentur zahlt (BSG 24.7.03 – B 3 KR 37/02 R, NJW 04, 628). Eine in der Form einer GmbH betriebene Werbeagentur hat für einen überwiegend künstlerisch oder publizistisch tätigen Gesellschafter-Geschäftsführer die Künstlersozialabgabe abzuführen (BSG 15.1.09 – B 3 KS 5/08 B, BeckRS 2009, 52455; Bay LSG 21.11.18 – L 6 R 5129/17, BeckRS 2018, 33417). Entgelte und Vergütungen, die ins **Ausland** gezahlt werden, unterliegen der Abgabepflicht, wenn die Verwertung der künstlerischen Leistung im Inland erfolgt (Beispiel: Vergütungen eines inländischen Verlages an ausländische Künstler oder Publizisten für im Inland veröffentlichte Werke: BSG 20.7.94 – 3/12 RK 63/92, SozR 3–5425 § 25 Nr 5). Dies gilt nicht, wenn die Verwertung der künstlerischen oder publizistischen Leistung eines Ausländers durch das inländische Verwertungsunternehmen ausschließlich im Ausland erfolgt (Beispiel: von einer inländischen Gastspieldirektion organisierte Aufführung des russischen Nationalballetts in Italien: BSG 18.9.08 – B 3 KS 4/07 R, BSGE 101, 245).

27 **Für die Abgabepflicht ist unerheblich,** ob der selbstständige Künstler oder Publizist, dessen Werke verwertet werden, der Versicherungspflicht nach dem KSVG unterliegt (§ 25 Abs 1 KSVG). Ausgenommen von der Abgabepflicht sind die Entgelte, die für urheberrechtliche Nutzungsrechte, sonstige Rechte des Urhebers oder Leistungsschutzrechte an Verwertungsgesellschaften gezahlt werden und steuerfreie Aufwandsentschädigungen sowie die in § 3 Nr 26 EStG genannten steuerfreien Einnahmen.

28 **8. Meldepflicht.** Der zur Künstlersozialabgabe verpflichtete **Unternehmer** hat bis 31.3. des Folgejahres die Summe der sich nach § 25 KSVG ergebenden Beträge zu **melden,** die Abgabe zu berechnen und diese an die Künstlersozialkasse zu zahlen (→ Rn 11). Die Meldung kann über www.kuenstlersozialkasse.de elektronisch erfolgen. Kommt der zur Abgabe Verpflichtete der Meldepflicht nicht ordnungsgemäß nach, nimmt die Künstlersozialkasse eine Schätzung vor (§ 27 Abs 1 KSVG). Innerhalb von 10 Tagen nach Ablauf jeden Kalendermonats ist eine Vorauszahlung zu entrichten, die sich nach dem vH-Satz für das laufende Jahr und einem Zwölftel der Bemessungsgrundlage für das vorausgegangene Kj bemisst (Abs 2 und 3). Der **versicherte Künstler oder Publizist** hat seine voraussichtlichen Einnahmen für das Folgejahr bis zum 1.12. zu melden (§ 12 Abs 1 Satz 1 KSVG).

29 **9. Überprüfungsverfahren. a) Gesetzliche Grundlage.** Durch das Künstlersozialabgabestabilisierungsgesetz vom 30.7.14 (BGBl I 2014, 1311) wurden die Kontroll- und Überprüfungsmöglichkeiten hinsichtlich der Angaben der Versicherten zu den Voraussetzungen der Versicherungspflicht und zum voraussichtlichen Einkommen und insbes hinsichtlich der Abgabepflicht der Unternehmen erheblich verschärft. Die Prüfaufgaben obliegen regelmäßig dem RV-Träger nach näherer Bestimmung in § 28p Abs 1a und 1b SGB IV und auch der Künstlersozialkasse nach § 35 KSVG.

30 **b) Prüfung der Versicherten.** Nach näherer Bestimmung durch § 13 KSVG kann die Künstlersozialkasse vom Versicherten umfassende Angaben zu Art und Umfang seiner künstlerischen oder publizistischen Tätigkeit sowie zur Höhe des daraus erzielten Einkommens verlangen. Die Erhebung dieser Angaben erfolgt durch eine wechselnde jährliche Stichprobe (§ 13 Satz 4 KSVG). Von der Stichprobe werden jährlich mindestens 5 Prozent aller bei der Künstlersozialkasse Versicherten erfasst. Geprüft wird, ob angemessene Einkommensmeldungen abgegeben und das Mindestarbeitseinkommen in Höhe von 3900 Euro jährlich erreicht wurde. Dabei werden die tatsächlichen Arbeitseinkommen der letzten vier Jahre sowie mögliche Einkünfte aus nicht-künstlerischer bzw. nicht-publizistischer Tätigkeit unter Vorlage der entsprechenden Einkommensteuerbescheide oder Gewinn- und Verlustrechnungen erhoben. Verweigert ein Versicherter seine Mitwirkung an der Befragung oder wird durch die Prüfung ein Missbrauch festgestellt, kann dies nach einem Anhörungsverfahren zum Ausschluss aus der Künstlersozialversicherung oder zu einer Beitragsanpassung für die Zukunft führen.

31 **c) Prüfung der Unternehmen.** Die Prüfdienste der RV haben nach § 28p Abs 1a SGB IV idF des Künstlersozialabgabestabilisierungsgesetzes vom 30.7.14 (BGBl I 2014, 1311) die ordnungsgemäße Erfüllung der Meldepflichten nach dem KSVG und die rechtzeitige und vollständige Entrichtung der Künstlersozialabgabe durch die ArbGeb zu überprüfen. Die Prüfung erfolgt

- mindestens alle vier Jahre bei den ArbGeb, die als abgabepflichtige Unternehmer bei der Künstlersozialkasse erfasst wurden,
- mindestens alle vier Jahre bei den ArbGeb mit **mehr als 19 Beschäftigten** und
- bei mindestens 40 Prozent der im jeweiligen Kalenderjahr zur allgemeinen Prüfung nach § 28p Abs 1 SGB IV anstehenden ArbGeb mit **weniger als 20 Beschäftigten**.

Die RVTräger erlassen die erforderlichen Verwaltungsakte zur Künstlersozialabgabepflicht, zur Höhe der Künstlersozialabgabe und zur Höhe der Vorauszahlungen nach dem KSVG einschließlich der Widerspruchsbescheide. Die Träger der Rentenversicherung legen im Benehmen mit der Künstlersozialkasse die Kriterien zur Auswahl der ArbGeb mit weniger als 20 Beschäftigten fest. Die Auswahl dient dem Ziel, alle abgabepflichtigen ArbGeb zu erfassen. ArbGeb mit weniger als 20 Beschäftigten, die nicht geprüft werden, werden durch die RVTräger im Rahmen der allgemeinen Prüfung im Hinblick auf die Künstlersozialabgabe beraten. Bestätigt der ArbGeb diese Beratung nicht, wird eine Prüfung nach § 28p SGB IV Abs 1a Satz 1 unverzüglich durchgeführt.

Die Künstlersozialkasse selbst überwacht die rechtzeitige und vollständige Entrichtung der 32
Beitragsanteile der Versicherten und der Künstlersozialabgabe bei den **Unternehmern ohne Beschäftigte** und den **Ausgleichsvereinigungen.** Die Künstlersozialkasse erlässt insoweit die erforderlichen Verwaltungsakte zur Künstlersozialabgabepflicht, zur Höhe der Künstlersozialabgabe und zur Höhe der Vorauszahlungen nach dem KSVG einschließlich der Widerspruchsbescheide.

Die Künstlersozialkasse kann nach § 32 KSVG vertraglich mit einem Vertreter mehrerer 33
Unternehmer die Bildung einer **Ausgleichsvereinigung** vereinbaren. Die Ausgleichsvereinigung erfüllt der Künstlersozialkasse gegenüber die den Unternehmern obliegenden Pflichten, insbesondere entrichtet sie mit befreiender Wirkung die Künstlersozialabgabe und die Vorauszahlungen. Die Aufzeichnungspflichten nach § 28 KSVG und die Prüfungen der Unternehmen nach § 35 KSVG und § 28p Abs 1a SGB VI entfallen für die Jahre, für die Pflichten des Unternehmens durch die Ausgleichsvereinigung erfüllt werden. Geprüft werden ggf lediglich die Ausgleichsvereinigungen.

**d) Bußgeldvorschriften.** Die Bestimmungen über Bußgelder bei Ordnungswidrigkei- 34
ten nach dem KSVG sind für abgabepflichtige Verwerter den Bestimmungen für die allgemeine Sozialversicherung angepasst. Die Verletzung der Melde- oder Aufzeichnungspflichten kann nach Maßgabe von § 36 Abs 3 KSVG mit einer Geldbuße belegt werden.

# Kurzarbeit

## A. Arbeitsrecht

*Kreitner*

**1. Begriff.** Unter Kurzarbeit wird allgemein eine vorübergehende Verkürzung der be- 1
triebsüblichen normalen Arbeitszeit verstanden. Zur näheren Bestimmung des Merkmals „vorübergehend" ist in der InstanzRspr zuletzt auf die sozialrechtlichen Regelungen in den §§ 96 Abs 1 Nr 2, 104 Abs 1 Satz 1 SGB III zurückgegriffen worden. Danach ist jedenfalls bei der Überschreitung eines Zeitraums von 12 Monaten nicht mehr von einer vorübergehenden Kurzarbeit auszugehen (LAG BlnBbg 28.2.18 – 15 Sa 1415/17, BeckRS 2018, 11123). Hat die Kurzarbeit eine vorübergehende Einstellung der Arbeit zur Folge, wird von sog Kurzarbeit Null gesprochen. Die Kurzarbeit muss sich nicht auf den gesamten Betrieb erstrecken, sondern kann auch nur bestimmte organisatorisch abgrenzbare Teile eines Betriebs betreffen. Sinn und Zweck der Kurzarbeit ist die vorübergehende wirtschaftliche Entlastung des Betriebs durch Senkung der Personalkosten unter gleichzeitiger Erhaltung der Arbeitsplätze (aus dem aktuellen Schrifttum *Röder/Nemetz* DB 19, 2633; *Gebel* BB 15, 2485; *Köhler* DB 13, 232).

**2. Rechtsgrundlage.** Der ArbGeb ist nicht zur einseitigen Einführung von Kurzarbeit 2
berechtigt. Vielmehr bedarf er hierzu einer besonderen rechtlichen Grundlage.

Im Regelfall existieren **tarifliche** Ermächtigungsnormen, die unter bestimmten näher 3
definierten Voraussetzungen die Einführung von Kurzarbeit ermöglichen (aA *Heinze* RdA 98, 14: nur arbeitsvertragliche und gesetzliche Ermächtigung zulässig). Die Tarifverträge enthalten oftmals bestimmte Ankündigungsfristen bezüglich der Anordnung von Kurzarbeit

(vgl hierzu eingehend *Säcker/Oetker* ZfA 91, 131). Eine diese Fristen missachtende Betriebsvereinbarung ist unwirksam (BAG 12.10.94, DB 95, 734). Zur Auslegung der tariflichen Kurzarbeiterregelung im Baugewerbe zuletzt BAG 25.1.12 – 5 AZR 671/10, BeckRS 2012, 68091; 22.4.09 – 5 AZR 310/08, NZA 09, 913.

4 Ist eine tarifliche Regelung nicht vorhanden oder findet der Tarifvertrag im Unternehmen keine Anwendung, kommt als Rechtsgrundlage für die Einführung von Kurzarbeit eine **Betriebsvereinbarung** in Betracht, da sie gem § 77 Abs 4 BetrVG unmittelbar und zwingend auf die Arbeitsverhältnisse einwirkt (LAG Hess 17.9.12 – 16 Sa 1741/11, BeckRS 2012, 75509). Eine solche Betriebsvereinbarung muss die sich aus ihr ergebenden Rechte und Pflichten so deutlich regeln, dass diese für die ArbN zuverlässig zu erkennen sind. Dementsprechend sind mindestens die Bestimmung von Beginn und Dauer der Kurzarbeit, die Regelung der Lage und Verteilung der Arbeitszeit sowie die Auswahl der betroffenen ArbN erforderlich (BAG 18.11.15 – 5 AZR 491/14, NZA 16, 565). Von daher empfiehlt sich der Abschluss einer formlosen **Regelungsabrede** zwischen ArbGeb und BRat nicht. Auf diese Weise wird zwar das Mitbestimmungsrecht des BRat gem § 87 Abs 1 Nr 3 BetrVG (→ Rn 7) gewahrt, wegen der fehlenden normativen Wirkung scheidet sie jedoch als Rechtsgrundlage für eine individualrechtliche Umsetzung der Kurzarbeit aus. Will der ArbGeb unter Berufung auf eine solche Regelungsabrede Kurzarbeit einführen, bedarf es daher zur wirksamen Änderung der Arbeitsverträge jeweils einer vertraglichen Vereinbarung oder einer Änderungskündigung (BAG 14.2.91 – 2 AZR 415/90, NZA 91, 607).

5 Schließlich kann auch eine **einzelvertragliche** Vereinbarung den ArbGeb zur Einführung von Kurzarbeit berechtigen. Derartige einzelvertragliche Regelungen können entweder aus konkretem Anlass oder bereits bei Abschluss des Arbeitsvertrages getroffen werden (zB LAG BlnBbg 9.7.10 – 13 Sa 650/10, BeckRS 2010, 72692; *Schaub/Linck* § 47 Rz 7). Sie unterliegen der AGB-Kontrolle und sind nach § 307 BGB unwirksam, wenn sie keine Ankündigungsfrist vorsehen oder inhaltlich zB im Hinblick auf Umfang und Ausmaß der Kurzarbeit, Festlegung des betroffenen Personenkreises etc unbestimmt sind (LAG BlnBbg 7.10.10 – 2 Sa 1230/10, NZA-RR 11, 65; 19.1.11 – 17 Sa 2153/10, BeckRS 2011, 69844). Die einzelvertragliche Vereinbarung kann auch in konkludenter Form dergestalt geschehen, dass die ArbN entsprechend der Weisung des ArbGeb tatsächlich Kurzarbeit leisten (LAG Düsseldorf 14.10.94, DB 95, 682).

6 Einen Sonderfall der **gesetzlichen** Ermächtigung stellt § 19 KSchG im Fall der beabsichtigten Massenentlassung dar (→ Rn 18).

7 **3. Durchführung. a) Mitbestimmung des Betriebsrats.** Hat sich der ArbGeb, gestützt auf eine entsprechende Rechtsgrundlage, zur Durchführung der Kurzarbeit entschlossen, so kann er diese gleichwohl nicht einseitig anordnen. Er bedarf hierzu vielmehr der Mitbestimmung des BRat, der gem § 87 Abs 1 Nr 3 BetrVG ua bei der Anordnung von Kurzarbeit ein erzwingbares Mitbestimmungsrecht hat (BAG 29.11.78, DB 79, 995).

8 Nach der Rspr des BAG steht dem BRat nach dieser Vorschrift sogar ein sog **Initiativrecht** zu, dh er kann von sich aus die Einführung von Kurzarbeit anregen und ggf eine Entscheidung der Einigungsstelle über diese Frage herbeiführen (BAG 4.3.86 – 1 ABR 15/84, NZA 86, 432; LAG Hamm 18.2.14 – 7 TaBV 1/14, BeckRS 2014, 67457; aA *Otto* NZA 92, 97; *Bischof* NZA 95, 1021; *Uhl/Polloczek* BB 10, 2173).

9 Ein Mitbestimmungsrecht besteht daher konsequenterweise auch dann, wenn der ArbGeb frühzeitig die Kurzarbeit einstellen und zur betriebsüblichen Arbeitszeit zurückkehren will (*Fitting* § 87 Rz 151; aA BAG 11.7.90 – 5 AZR 557/89, NZA 91, 67).

10 Der BRat ist allerdings nicht berechtigt, seine Zustimmung zur Einführung von Kurzarbeit von der Gewährung von Kurzarbeitergeld durch die Agentur für Arbeit abhängig zu machen, da ein Mitbestimmungsrecht über Entgeltfragen nach § 87 Abs 1 Nr 3 BetrVG nicht besteht (LAG Köln 14.6.89, NZA 89, 939; aA *Meinhold* BB 88, 623).

11 **b) Betriebsratsloser Betrieb.** Existiert kein BRat, kann die Kurzarbeit ohne Rücksicht auf Mitbestimmungsrechte des BRat eingeführt werden (BAG 25.11.81, DB 82, 909). Allerdings bedarf es auch in diesen Fällen der einzelvertraglichen Umsetzung (Änderungskündigung).

12 **c) Leitende Angestellte.** Sollen auch sie von der Einführung der Kurzarbeit erfasst werden, kann dies entweder durch die Vereinbarung einer verbindlichen Richtlinie iSd § 28

Abs 2 SprAuG zwischen ArbGeb und Sprecherausschuss erfolgen oder durch den Abschluss eines sog trilateralen Normenvertrages zwischen ArbGeb, BRat und Sprecherausschuss (*Säcker/Oetker* ZfA 91, 131). Im Übrigen bleibt nur die Möglichkeit von individualarbeitsvertraglichen Vereinbarungen.

**4. Rechtsfolgen.** Kurzarbeit führt zu einer (teilweisen) Suspendierung der Hauptpflichten aus dem Arbeitsverhältnis. Der ArbN wird von der Verpflichtung zur Arbeitsleistung befreit, verliert aber gleichzeitig auch seinen **Vergütungsanspruch**. Als Ausgleich erhält er einen Anspruch auf Kurzarbeitergeld (→ Rn 29 ff). In dieser Höhe behält er auch seinen Lohnanspruch gegen den ArbGeb (BAG 25.1.12 – 5 AZR 671/10, BeckRS 2012, 68091). Das ist immer dann von Bedeutung, wenn ein Anspruch auf Kurzarbeitergeld nicht besteht oder widerrufen wird (BAG 22.4.09 – 5 AZR 310/08, NZA 09, 913). Soweit die BA dabei die vorrangige Einbringung noch vorhandener Resturlaubsansprüche verlangt, ist individuell die Geltung des Gleichbehandlungsgrundsatzes fraglich (→ Rn 34). 13

Ob der ArbN für die Dauer der „Kurzarbeit Null" **Urlaubsansprüche** erwirbt, war bislang ungeklärt (*Bayreuther* DB 12, 2748). Mittlerweile hat der EuGH entschieden, dass jedenfalls bezogen auf den gesetzlichen Mindesturlaub grds keine Kürzung des Urlaubsentgelts wegen Kurzarbeit erfolgen darf (EuGH 13.12.18 – C-385/17, NZA 19, 47 – Hein). Europarechtlich unbedenklich war schon früher eine dies ausschließende Sozialplanregelung (EuGH 8.11.12 – C-229/11 – Heimann, NZA 12, 1273). Fällt die Kurzarbeit in den bereits gewährten Erholungsurlaub eines ArbN, ist der ArbGeb zur Nachgewährung des Urlaubs verpflichtet (BAG 16.12.08 – 9 AZR 164/08, NZA 09, 689 mit Anm *Walker* SAE 10, 70; kritisch *Groeger* ArbRB 10, 119). Das gilt nur dann nicht, wenn entweder über arbeitsvertragliche Kurzarbeitsklauseln die Kurzarbeit während des Urlaubs aufgehoben ist oder die Arbeitsverhältnisse bei einer qua Betriebsvereinbarung durchgeführten Kurzarbeit aus dem Geltungsbereich der Betriebsvereinbarung ausgenommen sind (*Bauer/Kern* NZA 09, 925). Teilweise sehen tarifliche Vorschriften Zuschusszahlungen des ArbGeb zum Kurzarbeitergeld vor (BAG 10.11.93 – 4 AZR 642/92, NZA 94, 467; 24.11.93 – 4 AZR 329/93 und 4 AZR 241/93, NZA 94, 468 und 470; 21.6.2000 – 4 AZR 403/99, NZA 01, 666). Die Tarifregelung im Baugewerbe begründet sogar einen eigenständigen und endgültigen Anspruch des ArbN auf die Vergütung in Höhe des Kurzarbeitergelds (BAG 22.4.09 – 5 AZR 310/08, NZA 09, 913). Verpflichtet sich eine Transfergesellschaft, an die ArbN zur Aufstockung des Transferkurzarbeitergeldes (→ Rn 42) Entgelt iSv § 106 Abs 2 S 2 SGB III zu zahlen, ist aufgrund der gleichgerichteten Funktion beider Leistungen regelmäßig von einem Zuschuss zum Nettoentgelt auszugehen (BAG 16.12.15 – 5 AZR 567/14, NZA 16, 438). 14

Gewährt der ArbGeb **vermögenswirksame Leistungen** aufgrund einer tarifvertraglichen Verpflichtung, so kann je nach Ausgestaltung des Tarifvertrages während des Kurzarbeitszeitraums auch dieser Anspruch suspendiert sein (BAG 15.11.90, DB 91, 811). Gleiches gilt für tarifliches Urlaubsentgelt (BAG 2.6.87, NZA 89, 768) oder eine tarifliche Jahressonderzahlung (BAG 10.5.95, BB 95, 2378). Sämtliche Nebenpflichten aus dem Arbeitsverhältnis bleiben unverändert in Kraft. 15

**5. Kurzarbeit und Kündigung.** Aufgrund der mit der Einführung von Kurzarbeit verbundenen kurzfristigen finanziellen Entlastung des ArbGeb dient sie als arbeitsmarktpolitisches Instrument auch dem Erhalt von Arbeitsplätzen. Es wird daher im Schrifttum die Meinung vertreten, dass vor Ausspruch betriebsbedingter Kündigungen der ArbGeb regelmäßig zunächst mit Hilfe von Kurzarbeit versuchen müsse, die Arbeitsplätze langfristig zu erhalten (*Meinhold* BB 88, 623). Demgegenüber ist nach der Rspr des BAG eine arbeitsgerichtliche Überprüfung, ob die betriebsbedingte Kündigung durch die Anordnung von Kurzarbeit hätte vermieden werden können, nicht möglich (BAG 11.9.86, BB 87, 1882; LAG SchlHol 29.9.88, DB 89, 1193; differenzierend APS/*Kiel* § 1 KSchG Rz 535 ff). 16

Unstreitig ist der ArbGeb auch **während eines Kurzarbeitszeitraums** zum Ausspruch von Kündigungen berechtigt. Dies gilt sowohl für personen- und verhaltensbedingte Kündigungen als auch für solche aus betriebsbedingten Gründen. Stellt der ArbGeb während der Kurzarbeitsphase fest, dass entgegen seiner früheren Einschätzung doch ein Umstand vorliegt, der zu einem dauerhaften Arbeitsausfall führt, kann er nach ordnungsgemäßer Anhörung des BRat eine betriebsbedingte Kündigung aussprechen (BAG 26.6.97, DB 97, 2079). 17

Es müssen dabei über die zur Legitimation der Kurzarbeit „verbrauchten" Gründe hinaus weitergehende Umstände vorliegen, die ein dringendes betriebliches Erfordernis iSd § 1 Abs 2 KSchG begründen (BAG 23.2.12 – 2 AZR 548/10, NZA 12, 852; LAG RhPf 5.2.10 – 6 Sa 489/09, BeckRS 2010, 68141; *Rolf/Riechwald* BB 10, 1597). Tarifverträge sehen in solchen Fällen zT eine Fortzahlung der ungekürzten Vergütung in der Kündigungsfrist vor (BAG 19.11.96 – 3 AZR 494/95, NZA 97, 892).

18 **6. Kurzarbeit bei beabsichtigter Massenentlassung.** Liegen die gesetzlichen Voraussetzungen einer Massenentlassung iSd § 17 KSchG vor (→ *Massenentlassung* Rn 12 ff) und ist der ArbGeb außerstande, die ArbN bis zum Ablauf der Sperrfrist des § 18 KSchG voll zu beschäftigen, kann gem § 19 KSchG Kurzarbeit durch die Landesagentur für Arbeit zugelassen werden. Diese Zulassung ersetzt dann die ansonsten erforderliche Rechtsgrundlage. Nach der Zulassung bedarf es jedoch auch hier einer entsprechenden Anordnung der Kurzarbeit durch den ArbGeb. Die Zahlung von Kurzarbeitergeld kann nach der gesetzlichen Regelung frühestens nach Ablauf der ordentlichen Kündigungsfrist einsetzen.

19 Ihre **Grenzen** findet die Zulassungsbefugnis der Landesagentur für Arbeit gem § 19 Abs 3 KSchG in tariflichen Regelungen. Sind dort Einführung und Ausmaß möglicher Kurzarbeitszeiträume näher geregelt, so ist auch die Landesagentur für Arbeit hieran gebunden. Betriebsvereinbarungen entfalten demgegenüber keine vergleichbare Sperrwirkung, da der Gesetzgeber in § 19 Abs 3 KSchG ausdrücklich nur Tarifverträge erwähnt (KR/*Weigand* § 19 Rz 29).

20 Das Mitbestimmungsrecht des BRat gem § 87 Abs 1 Nr 3 BetrVG gilt auch im Fall des § 19 KSchG uneingeschränkt. Dieser hat auch hier sowohl hinsichtlich der Einführung als auch der näheren Ausgestaltung der Kurzarbeit mitzubestimmen (*Fitting* § 87 Rz 155).

21 **7. Kurzarbeit und Arbeitskampf.** Stellt ein unmittelbar im Arbeitskampf befindlicher ArbGeb ArbN von der Verpflichtung zur Arbeitsleistung frei, so handelt es sich hierbei um eine Aussperrung, die als originäres Kampfmittel des ArbGeb von dem Rechtsinstitut der Kurzarbeit zu unterscheiden ist (→ *Arbeitskampf/Streik* Rn 10).

22 Besondere rechtliche Probleme ergeben sich bei sog **arbeitskampfbedingter Kurzarbeit in Drittbetrieben.** Derartige Drittbetriebe, die nur mittelbar von einem „fremden" Arbeitskampf betroffen sind (zB Zulieferer), erleiden durch den Arbeitskampf Produktionseinbußen, auf die der ArbGeb mit der Anordnung von Kurzarbeit reagieren kann.

23 Nach der Rspr des BAG ist in solchen Fällen hinsichtlich der Mitbestimmungsrechte des BRat zu differenzieren (BAG 22.12.80, DB 81, 321 und 327). Um Auswirkungen auf die Kampfparität zu vermeiden, soll das „Ob" der Kurzarbeit mitbestimmungsfrei bleiben und lediglich das „Wie", also die näheren Modalitäten der Kurzarbeitsdurchführung, der Mitbestimmung des BRat unterliegen (zum Begriff der Kampfparität → *Arbeitskampf/Streik* Rn 11). Diese Rspr ist im Schrifttum auf Kritik gestoßen (*Lieb* NZA 90, 377; *Mayer* BB 90, 2482; *Trittin* DB 90, 322). Dabei wird zT der gänzliche Ausschluss von Mitbestimmungsrechten befürwortet (*SW* § 87 Rz 81 mwN). Von anderer Seite wird unter Betonung der erforderlichen Trennung von BRatAmt und Gewerkschaftstätigkeit jegliche Einschränkung von Mitbestimmungsrechten bei solchen mittelbar streikbetroffenen Betrieben abgelehnt (*Fitting* § 87 Rz 174 ff mwN).

24 Folgt man der Rspr des BAG, so bedarf der BRat einer gerichtlichen Überprüfungsmöglichkeit bezüglich des arbeitskampfbedingten Ausschlusses seiner Mitbestimmungsrechte. Insoweit verweist das BAG den BRat ausdrücklich auf die Beantragung einer einstweiligen Verfügung im Beschlussverfahren (BAG 22.12.80, DB 81, 321 und 327).

25 Schließlich besteht bei arbeitskampfbedingter Kurzarbeit im vorgenannten Sinn die Besonderheit, dass tarifvertragliche Ankündigungsfristen bezüglich der Anordnung von Kurzarbeit nicht eingehalten werden müssen. Dies ergibt eine an Sinn und Zweck orientierte Auslegung der Tarifverträge (LAG NdS 14.8.87, NZA 88, 408).

## B. Lohnsteuerrecht

*Seidel*

27 Das Kurzarbeitergeld ist steuerfrei (§ 3 Nr 2 EStG). Es unterliegt jedoch dem Progressionsvorbehalt (§ 32b Abs 1 Nr 1a EStG). Das bedeutet, dass die (restlichen) stpfl Einkünfte des ArbN bei seiner EStVeranlagung, die dann vAw durchzuführen ist (§ 46 Abs 2 Nr 1 EStG; → *Antragsveranlagung* Rn 7 ff), dem Steuersatz unterworfen werden, der sich ergibt,

wenn das Kurzarbeitergeld dem zu versteuernden Einkommen hinzuzurechnen wäre (→ *Lohnersatzleistungen* Rn 16, 17). Der ArbGeb hat daher das an den ArbN gezahlte Kurzarbeitergeld in der LStBescheinigung zu bescheinigen (§ 41b Abs 1 Nr 5 EStG; → *Lohnsteuerbescheinigung* Rn 11). Zur lohnsteuerlichen Behandlung von Zuzahlungen des ArbGeb zum Kurzarbeitergeld → *Arbeitslosengeld* Rn 10.

## C. Sozialversicherungsrecht *Voelzke*

**Übersicht**



28 **I. Allgemeines.** Hauptzweck des von der BA zu gewährenden Kurzarbeitergeldes (§§ 95 ff SGB III) ist es, den ArbN bei vorübergehendem Arbeitsausfall die Arbeitsplätze und dem Betrieb die eingearbeiteten ArbN zu erhalten. Damit dient das Kurzarbeitergeld der Stabilisierung der Arbeitsverhältnisse und des Betriebes (BSG 27.4.89 – 11/7 RAr 127/87, NZA 89, 901) und der Eintritt von Arbeitslosigkeit bei **vorübergehenden** Arbeitsausfällen wird vermieden. Diese Ziele treten wegen des Vorrangs der Vermittlung in Arbeit zurück, wenn auf dem Arbeitsmarkt ein erheblicher Mangel an Arbeitskräften besteht und die Lage auf dem Arbeitsmarkt eine Vermittlung der ArbN in andere Arbeitsverhältnisse erfordert (§ 98 Abs 4 SGB III).

Die Vorschriften über das Kurzarbeitergeld (§§ 95 ff SGB III) regeln nur die Voraussetzungen, unter denen die Agentur für Arbeit Kurzarbeitergeld zahlt. Die **arbeitsrechtliche Zulässigkeit** der Einführung von Kurzarbeit (→ Rn 2 ff) wird insoweit vorausgesetzt.

29 **II. Voraussetzungen.** Anspruch auf Kurzarbeitergeld haben ArbN nach § 95 Satz 1 SGB III, wenn (1) ein erheblicher Arbeitsausfall mit Entgeltausfall vorliegt, (2) die betrieblichen Voraussetzungen erfüllt sind, (3) die persönlichen Voraussetzungen erfüllt sind und (4) der Arbeitsausfall der Agentur für Arbeit angezeigt worden ist (*Röder/Nemetz* DB 19, 2633; zu den Voraussetzungen bei der Erforderlichkeit von Personalabbau *Jebel* BB 15, 2485).

30 **1. Erheblicher Arbeitsausfall.** Zu den Anforderungen, die an einen erheblichen Arbeitsausfall zu stellen sind, gehört, dass der Arbeitsausfall auf bestimmte, gesetzlich anerkannte Ursachen zurückzuführen ist. Hiernach muss der Arbeitsausfall auf **wirtschaftlichen Ursachen** oder auf einem **unabwendbaren Ereignis** beruhen (§ 96 Abs 1 Satz 1 Nr 1 SGB III). Als wirtschaftliche Ursache behandelt § 96 Abs 2 SGB III ausdrücklich auch die Veränderung betrieblicher Strukturen, die durch die allgemeine wirtschaftliche Entwicklung bedingt ist (kritisch zur Berücksichtigungsfähigkeit von Produktionsausfällen aufgrund eines Lieferstopps von Zulieferbetrieben *Schweiger* NZS 17, 135). Kommt ein Produkt aufgrund allgemeiner gesellschaftlicher Entwicklung aus der Mode, so liegt in dem Akzeptanzverlust kein wirtschaftlicher Grund iSd Gesetzes (BSG 15.12.05 – B 7a AL 10/05 R, SozR 4–4300 § 170 Nr 1). Das Erlöschen des Notariatsamts nach Erreichen der Altersgrenze stellt keine wirtschaftliche Ursache dar (LSG Nds-Bre 21.10.14 – L 7 AL 16/13 BeckRS 2014, 74087). Als Regelfall des unabwendbaren Ereignisses gilt, dass der Arbeitsausfall auf ungewöhnlichen, dem üblichen Witterungsverlauf nicht entsprechenden Witterungsgründen beruht. Der Annahme eines unabwendbaren Ereignisses steht es nicht entgegen, wenn ein Arbeitsausfall durch behördlich oder behördlich anerkannte Maßnahmen (zB Ein- oder Ausfuhrverbote) verursacht ist, die der ArbGeb nicht zu vertreten hat (§ 96 Abs 3 SGB III). Das Risiko einer Erkrankung kann auch bei einem Freiberufler

nicht als unabwendbares Ereignis anerkannt werden (BSG 11.12.14 – B 11 AL 3/14 R, NZA-RR 15, 271). Auch ein geschäftsfelduntypisches Marktverhalten von Kreditinstituten zum Nachteil eines Unternehmens, dem trotz guter Bonität keine Geschäftskredite gewährt werden, kann nicht als unabwendbares Ereignis bewertet werden (BSG 21.6.18 – B 11 AL 4/17 R, BeckRS 2018, 411815, hierzu *Husemann* NZS 18, 877). Kein Anspruch auf Kurzarbeitergeld besteht für einen LeihArbN, wenn er aufgrund von arbeitskampfbedingten Maßnahmen nicht im Betrieb des Entleihers untergebracht werden kann (BSG 21.7.09 – B 7 AL 3/08 R, SozR 3–4300 § 170 Nr 2; kritisch zum Ausschluss der Zeitarbeit *Böhm* NZS 07, 404). Der Gesetzgeber hat mit einer Ergänzung des § 96 Abs 1 Nr 4 SGB III, wonach der Entgeltausfall 100% betragen kann, klargestellt, dass „Kurzarbeit Null" als zulässige Gestaltung angesehen werden soll, die sinnvoll und gewollt ist (BT-Drs 17/6277 S 86).

31 Die Gewährung von Kurzarbeitergeld erfordert, dass lediglich ein **vorübergehender Arbeitsausfall** vorliegt (§ 96 Abs 1 Satz 1 Nr 2 SGB III). Diese Voraussetzung ist erfüllt, wenn mit einer gewissen Wahrscheinlichkeit voraussehbar ist, dass in absehbarer Zeit, die die Bezugsfristen jedenfalls nicht deutlich überschreiten darf, mit dem Übergang zur Vollarbeit zu rechnen ist (BSG 17.5.83 – 7 RAr 13/82, SozR 4100 § 63 Nr 2). Ein vorübergehender Arbeitsausfall kann auch bei einer Betriebspause oder Betriebsunterbrechung angenommen werden, wenn der vorübergehende Charakter dieser Maßnahme offenkundig ist und die ernsthafte Absicht besteht, die Betriebstätigkeit mit der bisherigen Belegschaft wieder aufzunehmen, nicht hingegen, wenn Vorkehrungen hierfür nicht getroffen wurden (BSG 25.4.90 – 7 RAr 94/87, NZA 90, 913). Die Prognose, der Betrieb oder die Betriebsabteilung werde voraussichtlich nach Ablauf des Bezugszeitraums wieder zur Vollarbeit zurückkehren, ist dann zweifelhaft, wenn zugleich ein Personalabbau angestrebt wird (s aber auch *Gebel* BB 15, 2488). Das Ziel des Kurzarbeitergeldes, den ArbN die Arbeitsplätze und dem Betrieb die eingearbeiteten ArbN zu erhalten, steht der Gewährung dieser Leistung jedenfalls dann entgegen, wenn die **endgültige Stilllegung** eines Betriebes beabsichtigt ist, selbst wenn die Erhaltung der Arbeitsplätze in einem anderen Betrieb desselben Unternehmens in Aussicht steht (BSG 25.4.91 – 11 RAr 21/89, NZA 91, 952).

32 Nach § 96 Abs 1 Satz 1 Nr 3 SGB III darf der Arbeitsausfall nicht vermeidbar sein. An die **Vermeidbarkeit** des Arbeitsausfalls werden erhebliche Anforderungen gestellt. Die Grundregel des § 96 Abs 4 Satz 1 SGB III besagt hierzu, dass der ArbGeb in einem Betrieb alle zumutbaren Vorkehrungen getroffen haben muss, um den Eintritt des Arbeitsausfalls zu verhindern. Zur Verhinderung von Missbräuchen und Mitnahmeeffekten ist erforderlich, dass ArbGeb, Betriebsvertretung und ArbN nicht nur Anstrengungen unternehmen, den Arbeitsausfall einzuschränken, sondern auch, ihn bereits abzuwenden (BSG 29.10.97 – 7 RAr 48/96, NZS 98, 393).

33 Der Zahlung von Kurzarbeitergeld steht es entgegen, wenn der Arbeitsausfall überwiegend **branchenüblich,** betriebsüblich oder saisonbedingt ist oder ausschließlich auf betriebsorganisatorischen Gründen beruht (§ 96 Abs 4 Satz 2 Nr 1 SGB III). Beruht der Arbeitsausfall zugleich auf leistungsgünstigen und leistungshindernden Ursachen, so ist die überwiegende (wesentliche) Ursache ausschlaggebend. Die Betriebsüblichkeit des Arbeitsausfalls, die den Anspruch auf Kurzarbeitergeld ausschließt, kann nicht schon deshalb verneint werden, weil es sich um ein einmaliges Ereignis handelt (so zur Bindung an einen einzigen Auftraggeber und an ein Projekt BSG 18.5.95 – 7 RAr 28/94, SozR 3–4100 § 64 Nr 2).

34 Der Arbeitsausfall gilt ebenfalls als vermeidbar, wenn er bei Gewährung von **Erholungsurlaub** ganz oder teilweise verhindert werden kann (§ 96 Abs 4 Satz 2 Nr 2 SGB III). Hierbei soll allerdings im Rahmen einer Interessenabwägung berücksichtigt werden, ob vorrangige Urlaubswünsche der ArbN der Urlaubsgewährung entgegenstehen (*Hauck/Noftz/Petzold* SGB III, § 96 Rz 26).

35 Nach § 96 Abs 4 Satz 2 Nr 3 SGB III gilt der Arbeitsausfall als vermeidbar, wenn er bei Nutzung von im Betrieb zulässigen **Arbeitszeitschwankungen** ganz oder teilweise vermieden werden kann (zu verfassungsrechtlichen Bedenken s *Däubler* SozSich 96, 420). § 96 Abs 4 Satz 2 Nr 3 SGB III soll dem Umstand Rechnung tragen, dass aufgrund neuerer Tarifverträge viele Betriebe in die Lage versetzt werden, durch die Anpassung der Arbeits-

zeiten an die Auftragslage kurzfristig auf eine bessere oder schlechtere Auslastung ihrer Kapazitäten reagieren zu können (BT-Drs 13/4941 S 184). Nicht verpflichtet sind die ArbN zur Auflösung ihrer **Arbeitszeitguthaben** in den in § 96 Abs 4 Satz 3 SGB III genannten Fällen: vertraglich ausschließlich zur Überbrückung von Arbeitsausfällen außerhalb der Schlechtwetterzeit bestimmt und überschreitet 50 Stunden nicht (Nr 1); ist ausschließlich für eine vorzeitige Freistellung eines ArbN vor einer altersbedingten Beendigung des Arbeitsverhältnisses oder, bei Regelung in einem Tarifvertrag oder aufgrund eines Tarifvertrages in einer Betriebsvereinbarung, zum Zwecke der Qualifizierung bestimmt (Nr 2); ist zur Vermeidung der Inanspruchnahme von Saison-Kurzarbeitergeld angespart worden und übersteigt den Umfang von 150 Stunden nicht (Nr 3); übersteigt den Umfang von zehn Prozent der ohne Mehrarbeit geschuldeten Jahresarbeitszeit eines ArbN (Nr 4); hat länger als ein Jahr unverändert bestanden (Nr 5). Begünstigt werden nach § 96 Abs 4 Satz 4 SGB III Betriebe, in denen in einem bestimmten Umfang Arbeitszeitguthaben für Arbeitszeitschwankungen eingesetzt werden. Werden in einem Betrieb, in dem eine Vereinbarung über Arbeitszeitschwankungen gilt, mindestens 10% der ohne Mehrarbeit geschuldeten Jahresarbeitszeit für einen unterschiedlichen Arbeitsanfall tatsächlich eingesetzt, so gilt ein Arbeitsausfall, der im Rahmen dieser Arbeitszeitschwankungen nicht mehr ausgeglichen werden kann, als nicht vermeidbar.

Der Arbeitsausfall muss den in § 96 Abs 1 Nr 4 SGB III näher beschriebenen **Mindestumfang** aufweisen. Dieser Mindestumfang ist erreicht, wenn im jeweiligen Kalendermonat 36
für mindestens ein Drittel der in dem Betrieb oder der Betriebsabteilung tatsächlich beschäftigten ArbN (ohne zur Berufsausbildung beschäftigte Personen und Personen iSd § 98 Abs 2 SGB III) jeweils mehr als zehn vH des monatlichen Bruttoentgelts ausfällt (s hierzu BSG 17.2.81 – 7 RAr 4/80, SozR 4100 § 64 Nr 5).

**2. Betriebliche Voraussetzungen.** Kurzarbeitergeld wird in Betrieben ohne Rücksicht auf ihre Größe und Rechtsform gewährt, wenn zumindest ein ArbN beschäftigt wird 37
(§ 97 Satz 1 SGB III). Eine besondere erwerbs- oder produktionswirtschaftliche Zweckrichtung des Betriebes ist nicht erforderlich. Als Betrieb gilt nach § 97 Satz 2 SGB III auch eine Betriebsabteilung. Dies ermöglicht die Gewährung von Kurzarbeitergeld in Teilen eines Betriebes. Der erhebliche Arbeitsausfall braucht dann nur in einer Betriebsabteilung (zB der Abteilung Verwaltung, vgl BSG 21.1.87 – 7 RAr 76/85, DB 87, 1544) gegeben sein.

**3. Persönliche Voraussetzungen.** Zu ihnen gehört, dass der ArbN nach Beginn des Arbeitsausfalls eine versicherungspflichtige **Beschäftigung** fortsetzt oder aus zwingenden 38
Gründen aufnimmt oder im Anschluss an die Beendigung eines Berufsausbildungsverhältnisses aufnimmt (§ 98 Abs 1 Nr 1 SGB III). Eine ungekündigte Fortsetzung des Beschäftigungsverhältnisses ist auch dann anzunehmen, wenn eine den Ausfallzeitraum berührende Kündigung im Rahmen eines Kündigungsschutzprozesses durch Urt oder durch Vergleich für unwirksam erklärt wird (BSG 8.6.89 – 7 RAr 15/87, SozR 4100 § 65 Nr 7).

An den persönlichen Voraussetzungen fehlt es nach § 98 Abs 1 Nr 2 SGB III, wenn das Arbeitsverhältnis **gekündigt** oder durch einen Aufhebungsvertrag aufgelöst ist. Die frühe- 39
re Ermessensregelung, nach der Kurzarbeitergeld auch bei gekündigten Arbeitsverhältnissen gezahlt werden konnte, solange der ArbN keine andere angemessene Arbeit aufnehmen konnte, hat das SGB III nicht fortgeführt. Es fehlt auch dann an der Voraussetzung des nicht gekündigten Arbeitsverhältnisses, wenn der ArbN das Arbeitsverhältnis gekündigt hat (BSG 21.11.02 – B 11 AZ 17/02 R, SozR 3–4300 § 172 Nr 1). Die persönlichen Voraussetzungen sind nach § 98 Abs 2 SGB III erfüllt, wenn der ArbN während des Bezugs von Kurzarbeitergeld arbeitsunfähig wird, solange Anspruch auf Fortzahlung des Arbeitsentgelts im Krankheitsfalle besteht oder ohne den Arbeitsausfall bestehen würde.

Vom Anspruch auf Kurzarbeitergeld **ausgeschlossen** sind die in § 98 Abs 3 und 4 SGB III genannten ArbN. Ausgeschlossen sind nach Abs 3 der Vorschrift: Teilnehmer an 40
einer beruflichen Weiterbildungsmaßnahme mit Bezug von AlGeld oder Übergangsgeld, wenn diese Leistung nicht für eine neben der Beschäftigung durchgeführte Teilzeitmaßnahme gezahlt wird (Nr 1); ArbN während der Zeit, in der sie Krankengeld beziehen

(Nr 2). Während der Teilnahme an einer durch den RV-Träger bewilligten Maßnahme der medizinischen Rehabilitation sind die persönlichen Voraussetzungen für das Kurzarbeitergeld nicht erfüllt, wenn keine Arbeitsunfähigkeit besteht (BSG 17.12.13 – B 11 AL 11/12 R, SozR 4–4300 § 172 Nr 1).

41 Ferner sind ArbN vom Kurzarbeitergeldbezug ausgeschlossen, wenn und solange sie bei einer **Vermittlung** nicht in der von der Agentur für Arbeit verlangten und gebotenen Weise mitwirken (§ 98 Abs 4 SGB III). Obwohl der Zweck des Kurzarbeitergeldes in erster Linie in der Aufrechterhaltung des bisherigen Beschäftigungsverhältnisses liegt, sollen ArbN und Betriebe an Vermittlungshandlungen der Agentur für Arbeit mitwirken. Bei der Beurteilung der Zumutbarkeit einer angebotenen Beschäftigung ist eine Abwägung zwischen dem Bestandsinteresse vor ArbN und ArbGeb an der Aufrechterhaltung des bestehenden Arbeitsverhältnisses und den Erfordernissen der Arbeitsvermittlung zu treffen (*Hauck/Noftz/Petzold* SGB III, § 98 Rz 24). Nimmt oder tritt der ArbN trotz Rechtsfolgenbelehrung eine ihm von der Agentur für Arbeit angebotene zumutbare Beschäftigung nicht an, ohne hierfür einen wichtigen Grund zu haben, so finden die Regelungen über die *Sperrzeit* entsprechende Anwendung.

42 **III. Sonderformen. 1. Transferkurzarbeitergeld.** Während das konjunkturelle Kurzarbeitergeld einen vorübergehenden Arbeitsausfall zur Voraussetzung hat, da es auf den Erhalt der bestehenden Arbeitsplätze abzielt, setzt das Transferkurzarbeitergeld den dauerhaften Wegfall des Arbeitsplatzes aufgrund dauerhafter betrieblicher Veränderungen voraus (§ 111 SGB III; Näheres: *Beschäftigungsgesellschaft*). Bei dem Transferkurzarbeitergeld handelt es sich um eine eigenständige Leistung. Die Zeit der Zugehörigkeit zu einer Transfergesellschaft ist als Zeit einer versicherungspflichtigen Beschäftigung anzusehen (BSG 4.7.12 – B 11 AL 9/11 R, SozR 4–4300 § 131 Nr 5).

§ 111a SGB III enthält eine eigenständige Rechtsgrundlage für die Förderung der beruflichen **Weiterbildung** während der Beschäftigung in einer Transfergesellschaft. Voraussetzung für die Förderung ist seitens des ArbN, dass ihm ein Berufsabschluss fehlt oder er bei Beginn der Teilnahme das 45. Lebensjahr vollendet hat. Vorausgesetzt wird ferner, dass der ArbGeb mindestens die Hälfte der Lehrgangskosten trägt. Die Förderung durch die BA umfasst die Hälfte der Lehrgangskosten sowie die vollständigen Kosten für Unterbringung, Verpflegung und Kinderbetreuung sowie die Fahrkosten. Während der Teilnahme an der Maßnahme wird das Transferkurzarbeitergeld weitergezahlt.

43 **2. Heimarbeiter** haben nach näherer Maßgabe des § 103 SGB III Anspruch auf Kurzarbeitergeld, wenn sie ihren Lebensunterhalt ausschließlich oder weit überwiegend aus dem Beschäftigungsverhältnis als Heimarbeiter beziehen.

44 **3. Saison-Kurzarbeitergeld.** Das Saison-Kurzarbeitergeld wird von der BA finanziert, während die ergänzenden Leistungen über eine Umlage der ArbGeb und der ArbN aufgebracht werden. Das Saison-Kurzarbeitergeld steht nur für ArbN in Betrieben des Baugewerbes zur Verfügung (zur Frage der Gewährung der Leistungen für ins Ausland entsandte ArbN BSG 17.3.16 – B 11 AL 3/15 R, NZS 2016, 667; siehe auch *Fütterer* SGB 14, 547).

45 Das Saison-Kurzarbeitergeld wird nach Maßgabe des § 101 SGB III in der **Schlechtwetterzeit** vom 1.12. bis zum 31.3. gewährt. Vorausgesetzt wird nach § 101 Abs 1 SGB III, dass der ArbN in einem Betrieb des Baugewerbes beschäftigt wird oder einem Wirtschaftszweig angehört, der von saisonbedingtem Arbeitsausfall betroffen ist, der Arbeitsausfall erheblich ist und die betrieblichen Voraussetzungen des § 97 SGB III sowie die persönlichen Voraussetzungen des § 98 SGB III erfüllt sind. Ein Anspruch auf Saison-Kurzarbeitergeld besteht nicht für einen im Ausland eingetretenen Arbeitsausfall (BSG 7.5.19 – B 11 AL 11/18 R, BeckRS 19, 21288; kritisch *Bieback* jurisPR-SozR 23/2019 Anm 2). Die bisherige Pflicht zur Anzeige des Arbeitsausfalls ist durch das Gesetz vom 18.7.2016 (BGBl I 16, 1710) beseitigt worden (§ 101 Abs 7 SGB III). Gegenüber dem Kurzarbeitergeld bestehen ua insofern erleichterte Zugangsbedingungen, als der Nachweis nicht erforderlich ist, dass im jeweiligen Kalendermonat mindestens ein Drittel der im Betrieb beschäftigten ArbN von einem Entgeltausfall von jeweils mehr als zehn Prozent ihres monatlichen Bruttoentgelts betroffen sind. Arbeitszeitguthaben sind nach Maßgabe des § 101 Abs 5 Satz 3 SGB III anspruchsmindernd in Ansatz zu bringen.

Ein **Betrieb des Baugewerbes** ist nach § 101 Abs 2 SGB III ein Betrieb, der gewerblich
überwiegend Bauleistungen erbringt. Nicht hierzu rechnen Betriebe, die überwiegend Bau-
vorrichtungen, Baumaschinen, Baugeräte oder sonstige Baubetriebsmittel ohne Personal 46
Betrieben des Baugewerbes gewerblich zur Verfügung stellen oder überwiegend Baustoffe
oder Bauteile für den Markt herstellen, sowie Betriebe, die Betonladegeräte gewerblich zur
Verfügung stellen. Einzelheiten regelt § 1 der Baubetriebe-Verordnung.

Das Saison-Kurzarbeitergeld wird von der BA in Höhe des Kurzarbeitergeldes gezahlt.
Während der Zahlung von Saison-Kurzarbeitergeld besteht für die ArbN ein **Pflichtver-
sicherungsverhältnis.** Nach § 24 Abs 3 SGB III besteht auch Versicherungspflicht in der 47
ArblV. Der Bezug von Saison-Kurzarbeitergeld kann also zur Erlangung eines Anspruchs auf
AlGeld beitragen. Die ArbGeb müssen SozVBeiträge auf der Grundlage eines auf 80 vH
abgesenkten Entgelts abführen.

Die **ergänzenden Leistungen** sind in § 102 SGB III geregelt. Nach dieser Vorschrift
haben die betroffenen ArbN Anspruch auf Zuschuss-Wintergeld und Mehraufwands-Win-
tergeld (Näheres: *Wintergeld*). Außerdem haben ArbGeb nach Maßgabe des § 102 Abs 4 48
SGB III Anspruch auf Erstattung der von ihnen allein zu tragenden Beiträge zur SozV.
Voraussetzung für die Gewährung dieser Leistungen ist die Einführung einer Umlage in
dem betreffenden Wirtschaftszweig. Die ergänzenden Leistungen werden aufgrund der in
§ 102 Abs 5 SGB III getroffenen Regelung nur für ArbN gezahlt, deren Arbeitsverhältnis in
der Schlechtwetterzeit nicht aus witterungsbedingten Gründen gekündigt werden kann.

Das Umlageverfahren ist durch die **Winterbeschäftigungs-Verordnung** vom 26.4.06
(BGBl I 06, 1086, zuletzt geändert durch VO vom 24.6.13, BGBl I 13, 1681) für gewerb-
liche ArbN von Betrieben des Baugewerbes, des Gerüstbauerhandwerks, des Dachdecker- 49
handwerks und des Garten- und Landschaftsbaus eingeführt worden. Die ArbN in den
Bereichen Gerüstbau erhalten nur Leistungen nach § 101 Abs 2 und 3 SGB III (also keine
Beitragserstattung). Die Umlagehöhe und die Verteilung der Anteile ergeben sich für die
einzelnen Gewerbezweige jeweils aus § 3 der Verordnung. Die Höhe der Umlage beträgt
für das Bauhauptgewerbe 2 % der Bruttolohnsumme, wobei auf die ArbGeb 1,2 % und auf
die ArbN 0,8 % entfallen.

**IV. Dauer und Höhe der Leistung. 1. Bezugszeit.** Das Kurzarbeitergeld wird für den
Arbeitsausfall während der Bezugsfrist geleistet (§ 104 SGB III). Es wird frühestens von dem
Kalendermonat an geleistet, in dem die Anzeige über den Arbeitsausfall bei der Agentur für 50
Arbeit eingegangen ist. Lediglich bei einem unabwendbaren Ereignis wird Kurzarbeitergeld
vom ersten Tage dieses Ereignisses an gewährt, wenn die Anzeige unverzüglich erstattet
worden ist (§ 99 Abs 2 SGB III). Die **Anzeige** als materiellrechtliche Voraussetzung für den
Anspruch kann nicht bei einem unzuständigen Leistungsträger iSd § 16 SGB I eingereicht
werden. Sie lässt auch eine Wiedereinsetzung in den vorigen Stand oder eine Heilung durch
den sozialrechtlichen Herstellungsanspruch (→ *Fürsorgepflicht* Rn 33) nicht zu (BSG 14.2.89
– 7 RAr 18/87, NZA 89, 613).

Die gesetzliche **Bezugsfrist** für das Kurzarbeitergeld beträgt zwölf Monate (§ 104 Abs 1
SGB III idF des Gesetzes vom 21.12.15, BGBl I 15, 2557). Die Regelbezugsfrist bezieht
sich nicht auf den Anspruch des einzelnen ArbN, sondern auf den Betrieb oder die Betriebs- 51
abteilung. Arbeitstage, für die kein Kurzarbeitergeld zu zahlen ist, verlängern die Bezugsfrist
nur, wenn sie eine zusammenhängende Zeit von mindestens einem Monat betragen. Sind
seit dem letzten Tage des Bezuges von Kurzarbeitergeld mindestens drei Monate verstrichen,
so beginnt nach § 104 Abs 3 SGB III der Lauf einer neuen Bezugsfrist.

Die Regelbezugsfrist kann gem § 109 SGB III durch VO des BMAS **verlängert** werden.
Hiervon macht das BMAS derzeit nicht Gebrauch.

52

**2. Bemessung.** Die Höhe des Kurzarbeitergelds orientiert sich an der Höhe des AlGel-
des. Nach § 105 SGB III beträgt das Kurzarbeitergeld bei einem erhöhten Leistungssatz
nach den Vorschriften über das *Arbeitslosengeld* 67 % und bei den übrigen ArbN 60 % der 53
**Nettoentgeltdifferenz.**

Die Nettoentgeltdifferenz errechnet sich nach Maßgabe des § 106 SGB III aus dem
Unterschiedsbetrag zwischen dem pauschalierten Nettoentgelt aus dem „Sollentgelt“ und
dem pauschalierten Nettoentgelt aus dem „Istentgelt“. Als **Sollentgelt** gilt das Brutto- 54
arbeitsentgelt, das der ArbN ohne den Arbeitsausfall und vermindert um Entgelt für Mehr-

arbeit in dem Anspruchszeitraum erzielt hätte. **Istentgelt** ist das Bruttoarbeitsentgelt, das der ArbN in dem Anspruchszeitraum tatsächlich erzielt hat. Bei der Ermittlung von Sollentgelt und Istentgelt ist nach § 106 Abs 1 Satz 4 SGB III einmalig gezahltes Arbeitsentgelt nicht zu berücksichtigen. Das Kurzarbeiterentgelt gleicht nur den aus dem erheblichen Arbeitsausfall iSd § 96 SGB III resultierenden Entgeltausfall teilweise aus. Entgeltausfälle aus anderen Gründen (zB unbezahlter Urlaub) werden in der Weise neutralisiert, dass das Istentgelt um das ohne den Arbeitsausfall erzielte Arbeitsentgelt erhöht wird. Zur Vereinfachung des vom ArbGeb durchzuführenden Auszahlungsverfahrens sind Sollentgelt und Istentgelt auf den nächsten durch 20 teilbaren €-Betrag zu runden. Die für die Berechnung des Kurzarbeitergeldes maßgeblichen pauschalierten monatlichen Nettoarbeitsentgelte werden jeweils für ein Kalenderjahr durch VO festgelegt. Für das Jahr 2020 richten sich die Werte nach der VO vom 16.12.19 (BGBl I 19, 2820).

55 **3. Einkommensanrechnung.** Arbeitsentgelt, das vom ArbGeb unter Anrechnung des Kurzarbeitergeldes und aufstockend zu diesem gezahlt wird, führt nach § 106 Abs 2 Satz 2 SGB III nicht zu einer Minderung des Kurzarbeitergelds. Ebenfalls unberücksichtigt bleibt Arbeitsentgelt aus einer weiteren Beschäftigung, die bereits vor Eintritt des Arbeitsausfalls in gleichem Umfang ausgeübt wurde. Hingegen führt das Einkommen aus einer Beschäftigung bzw selbstständigen Tätigkeit, die während des Bezugs von Kurzarbeitergeld aufgenommen wird, zu einer Erhöhung des Istentgelts. Das Arbeitsentgelt wird folglich **in voller Höhe** angerechnet. Es wird dabei nicht danach unterschieden, ob die Beschäftigung bzw Tätigkeit geringfügig oder mehr als geringfügig ist (§ 106 Abs 3 SGB III).

56 **V. Arbeitgeberpflichten.** Obwohl der ArbN Inhaber des Anspruchs auf Kurzarbeitergeld ist, wird die Realisierung des Anspruchs dem ArbGeb überlassen. Bescheide der BA über die Gewährung von Kurzarbeitergeld können nach der immer noch aktuellen Rspr des BSG nur vom ArbGeb oder der Betriebsvertretung, nicht aber von dem betroffenen ArbN angefochten werden (BSG 25.5.05 – B 11a/11 AL 15/04 R, NZS 06, 378; nachgehend BVerfG 6.9.07 – 1 BvR 2203/05, SozR 4–4300 § 323 Nr 2). Die kostenlose Indienstnahme des ArbGeb ist nicht verfassungswidrig, denn sie wird ihm im Hinblick auf seine Fürsorgepflichten aus dem Arbeitsverhältnis auferlegt (BSG 23.6.76 – 12/7 RAr 80/74, SozR 4100 § 72 Nr 4). Das vom ArbGeb bei der Gewährung des Kurzarbeitergeldes einzuhaltende Verfahren ist zweistufig aufgebaut.

57 **1. Anzeige.** Der vom ArbGeb schriftlich oder elektronisch zu erstattenden Anzeige, die zugleich **materiell-rechtliche Anspruchsvoraussetzung** ist, ist eine Stellungnahme der Betriebsvertretung beizufügen (§ 99 SGB III). Das Fehlen der Stellungnahme berührt allerdings die Wirksamkeit der Anzeige nicht. Die Anzeige kann auch von der Betriebsvertretung erstattet werden. Die Anzeige ist bei der Agentur für Arbeit zu erstatten, in dessen Bezirk der Betrieb oder die Betriebsabteilung liegt. Sie bestimmt mit ihrem Eingang bei der Arbeitsagentur grds den frühestmöglichen Zeitpunkt der Gewährung von Kurzarbeitergeld (§ 99 Abs 2 Satz 1 SGB III). Hierbei sind das Vorliegen eines erheblichen Arbeitsausfalls und die betrieblichen Voraussetzungen für das Kurzarbeitergeld glaubhaft zu machen. Zweckmäßigerweise sind für die Anzeige und für den späteren Antrag die von der BA herausgegebenen Vordrucke zu verwenden. Eine für den Gesamtbetrieb erstattete Anzeige ersetzt nicht die Anzeige für eine Betriebsabteilung, da insoweit weitergehende Angaben erforderlich sind (BSG 21.1.87 – 7 RAr 76/85, DB 87, 1544). Über das Vorliegen der genannten Voraussetzungen hat die Agentur für Arbeit unverzüglich einen schriftlichen Bescheid zu erteilen, der im Rahmen der Bestandskraft von Verwaltungsakten verbindlich ist.

58 **2. Antrag.** Der Antrag auf Kurzarbeitergeld ist **schriftlich oder elektronisch** bei der **Agentur für Arbeit** zu stellen, in dessen Bezirk die für den Betrieb zuständige Lohnstelle liegt (§§ 323 Abs 2, 327 Abs 3 SGB III). Antragsberechtigt sind nur die Anzeigeberechtigten, nicht hingegen die anspruchsberechtigten ArbN. Dementsprechend können Bescheide über die Gewährung von Kurzarbeitergeld nur vom ArbGeb oder von der Betriebsvertretung, nicht aber von einem betroffenen ArbN mit Widerspruch und Klage angefochten werden (BSG 25. 5 05 – B 11a/11 Al 15/04 R, SozR 4–4300 § 323 Nr 1). Im Antrag sind die Namen, Anschriften und SozVNummern der ArbN mitzuteilen, für die Kurzarbeitergeld beantragt wird. Der Antrag ist innerhalb einer Ausschlussfrist von drei Monaten zu

stellen (§ 325 Abs 3 SGB III). Die Frist beginnt mit dem Ablauf des Kalendermonats, in dem die Tage der Kurzarbeit liegen. Reicht der maßgebliche Kurzarbeitszeitraum über mehr als ein Kalendermonatsende hinaus, so beginnt die Frist einheitlich erst mit dem Ablauf des letzten Kalendermonats, für den Kurzarbeitergeld beantragt wird (BSG 19.2.86 – 7 RAr 47/84, NZA 86, 652). Hierdurch wird dem ArbGeb ein Wahlrecht eingeräumt, so dass der Gewährungszeitraum auf die gesamte Zeitdauer der Regelbezugsfrist ausgedehnt werden kann.

**3. Nachweispflicht.** Der ArbGeb hat der Agentur für Arbeit die Voraussetzungen für die Gewährung des Kurzarbeitergeldes nachzuweisen (§ 320 Abs 1 SGB III). Diese Nachweispflicht trifft den ArbGeb auch, wenn die Betriebsvertretung die Anzeige erstattet und **59**
den Antrag gestellt hatte.

**4. Errechnungs- und Auszahlungspflicht.** Die Indienstnahme des ArbGeb umfasst auch die **Errechnung und Auszahlung** des Kurzarbeitergeldes. Die gesetzliche Verpflichtung zur kostenlosen Auszahlung des Kurzarbeitergeldes erstreckt sich nur auf die dem **60**
ArbGeb zur Verfügung gestellten Beträge (*Hauck/Noftz/Voelzke* SGB III, § 320 Rz 20). Bei der Errechnung des Kurzarbeitergeldes hat der ArbGeb die maßgebliche Leistungsgruppe nach der Eintragung der LStKlassen auf der LStKarte zu berücksichtigen. Dies gilt entsprechend für den erhöhten Leistungssatz von 67 vH bei eingetragenem Kinderfreibetrag. Der erhöhte Leistungssatz kann auch berücksichtigt werden, wenn dies durch eine Bescheinigung der Agentur für Arbeit nachgewiesen wird.

Der ArbGeb ist der BA bei fahrlässiger Verletzung der sich aus § 320 Abs 1 Satz 2 und 3 und Abs 3 SGB III ergebenden Verpflichtungen, insbesondere bei Nichtbeachtung der im Merkblatt der BA enthaltenen Hinweise, zum Ersatz des Schadens verpflichtet. Der Anspruch auf Ersatz des in der unberechtigten Gewährung von Kurzarbeitergeld bestehenden Schadens ist in § 108 Abs 3 SGB III abschließend geregelt (BSG 25.6.98 – B 7 AL 126/95 R, SozR 3–4100 § 71 Nr 2).

Das Kurzarbeitergeld wird **nachträglich** für den Zeitraum **ausgezahlt,** für den es beantragt wurde. Es besteht keine Verpflichtung des ArbGeb, das Kurzarbeitergeld vorzustrecken; er ist jedoch zur unverzüglichen Weiterleitung an die ArbN verpflichtet. Die **61**
BA gewährt unter bestimmten Voraussetzungen Abschlagszahlungen auf das zu gewährende Kurzarbeitergeld. Da der ArbGeb das Kurzarbeitergeld an die ArbN auszahlt, ohne Schuldner des Anspruches zu sein, sieht § 108 Abs 2 SGB III vor, dass für die Zwangsvollstreckung in den Kurzarbeitergeldanspruch der ArbGeb als Drittschuldner gilt. Die Abtretung oder Verpfändung ist nur wirksam, wenn der Gläubiger sie dem ArbGeb anzeigt.

**5. Anzeigepflicht bei Arbeitskämpfen.** Eine Anzeigepflicht des ArbGeb wird ausgelöst, wenn in einem seiner Betriebe ein Arbeitskampf stattfindet (§ 320 Abs 5 SGB III). Die Anzeige muss **unverzüglich** erstattet werden. Erfüllt der ArbGeb seine Anzeigepflicht **62**
nach § 320 Abs 5 SGB III nicht, nicht richtig, nicht vollständig oder nicht rechtzeitig, so stellt sein Verhalten eine Ordnungswidrigkeit dar (§ 404 Abs 2 Nr 25 SGB III). Mittelbare Folgen eines Arbeitskampfes unterliegen, auch wenn sie Auswirkungen auf den Betrieb des ArbGeb haben, nicht der Anzeige>>>pflicht.

Behauptet der ArbGeb, der Arbeitsausfall sei **Folge eines Arbeitskampfes,** so hat er die Anforderungen des § 100 Abs 2 SGB III zu erfüllen. Macht der ArbGeb geltend, dass der Arbeitsausfall eine Folge eines Arbeitskampfes sei, so hat er dies darzulegen und glaubhaft zu machen. Hierzu hat er eine Stellungnahme der Betriebsvertretung beizufügen (zum Ruhen des Anspruchs nach § 160 SGB III → *Arbeitskampf (Vergütung)* Rn 36 ff).

**VI. Versicherungspflicht und beitragspflichtige Einnahmen.** Während des Bezuges von Kurzarbeitergeld besteht das versicherungspflichtige Beschäftigungsverhältnis in allen Zweigen der SozV fort. Es liegt auch dann keine Versicherungsfreiheit wegen Geringfügig- **63**
keit der Beschäftigung vor, wenn durch die Kurzarbeit das Arbeitsentgelt unterhalb der Geringfügigkeitsgrenzen liegt.

Für den Beitrag zur BA gilt keine Sondervorschrift. Die Beiträge zur BA bestimmen sich nur nach dem erzielten Arbeitsentgelt.

**Zuschüsse** des ArbGeb zum Kurzarbeitergeld gehören nach § 1 Abs 1 Nr 8 SvEV, soweit sie zusammen mit dem Kurzarbeitergeld 80 vH des Unterschiedsbetrags zwischen dem Sollentgelt und dem Istentgelt nicht übersteigen, nicht zum beitragspflichtigen Arbeitsentgelt mit der Folge, dass sie bei der Berechnung der Beiträge und Leistungen in der SozV außer Betracht bleiben. Die Zuschüsse unterliegen infolge der Regelung nicht der Beitragspflicht zur BA.

In der gesetzlichen **Kranken-, Renten- und sozialen Pflegeversicherung** sind das tatsächlich erzielte Arbeitsentgelt und das Kurzarbeitergeld beitragspflichtige Einnahmen.
64 Das neben den Leistungen bezogene Arbeitsentgelt ist nach den allgemeinen Bestimmungen beitragspflichtig. Für das tatsächlich erzielte Arbeitsentgelt gilt auch die Regelung, dass Beiträge von ArbN und ArbGeb zur Hälfte getragen werden. Die nach allgemeinen Grundsätzen errechneten Beiträge werden um einen nach einem fiktiven Entgelt berechneten Beitrag ergänzt. Als fiktive Einnahmen gelten 80 vH des Arbeitsentgelts, das während des Arbeitsausfalls erzielt worden wäre (Unterschiedsbetrag zwischen Sollentgelt und Istentgelt). Soweit die tatsächlichen zusammen mit den fiktiven Einnahmen die *Beitragsbemessungsgrenzen* überschreiten, ist lediglich das tatsächlich erzielte Arbeitsentgelt in voller Höhe zu berücksichtigen, das fiktive Entgelt bis zur Beitragsbemessungsgrenze. Die Beitragsanteile, die auf Ausfallstunden entfallen, trägt der **Arbeitgeber allein.** In die Versicherungsnachweise ist nicht mehr der sog Volllohn einzutragen, sondern es ist das Arbeitsentgelt anzugeben, aus dem die Beiträge errechnet werden.

**Beispiel** für die Berechnung des SozV-Entgelts in der KV, RV und sozialen PflegeV:

| | | |
|---|---|---|
| Soll-Stunden<br>(wären ohne Arbeitsausfall geleistet worden) | 164 Stunden | |
| Ist-Stunden<br>(tatsächlich geleistete Arbeitsstunden) | 128 Stunden | |
| Stundenlohn | 20 € | |
| **Berechnung des SozV-Entgelts:** | | |
| Sollentgelt (20 € × 164 Stunden) | = 3280 € | |
| Istentgelt (20 € × 128 Stunden) | = 2560 € | |
| Unterschiedsbetrag | = 720 € | |
| davon 80 % | | = 576 € |
| + Istentgelt | | = 2560 € |
| **SozV-Entgelt** | | **= 3136 €** |

Der für freiwillig in der gesetzlichen KV und sozialen PflegeV oder für Privatversicherte vom ArbGeb zu zahlende **Beitragszuschuss** erhöht sich beim Bezug von Kurzarbeitergeld
65 nach Maßgabe des § 257 SGB V.

## Lebensgemeinschaft (nichteheliche)

### A. Arbeitsrecht

*Poeche*

**1. Einführung.** Unter einer nichtehelichen Lebensgemeinschaft wurde früher das gemeinsame Leben, Wohnen und Wirtschaften zweier nicht miteinander verheirateter Personen verschiedenen Geschlechts auf unbestimmte Zeit verstanden. Seit gleichgeschlechtliche Personen die Möglichkeit hatten, ihre Lebensgemeinschaft als Partnerschaft eintragen zu lassen, griff diese Definition zu kurz. Sie waren dann grds wie Ehegatten zu behandeln (s *Lebenspartnerschaft*). Seit dem 1.10.17 kann die Ehe auch von zwei Personen gleichen Geschlechts geschlossen werden (Gesetz zur Einführung des Rechts auf Eheschließung für Personen gleichen Geschlechts v 20.7.17, BGBl I 2787), womit jeder Unterscheidung die Grundlage entzogen ist. Nichtverheiratete homosexuelle Paare oder homosexuelle Paare ohne staatliche Anerkennung ihrer Partnerschaft sind damit ebenso zu behandeln wie nicht miteinander verheiratete heterosexuelle Paare. In beiden Fällen geht es um die rechtliche Behandlung einer übereinstimmend auf Dauer angelegten häuslichen Gemeinschaft, die nicht auf staatliche Anerkennung gerichtet ist. Schwierigkeiten treten bei einer Trennung auf. Es geht dann idR um den Ausgleich der bisher erbrachten Leistungen. 1

**2. Arbeitsvertragsrecht. a) Entgelt.** Soweit zwischen den Partnern der Lebensgemeinschaft ein regulärer Arbeitsvertrag iSv § 611 BGB vereinbart ist, bestehen für die sich daraus ergebenden Rechte keine Besonderheiten (zB LAG RhPf 22.1.82 – 6 Sa 688/81, DB 82, 2719: Arzt/medizinische Assistentin). Fehlt es an einer ausdrücklichen Regelung, sind die wechselseitig erbrachten Leistungen grds nicht auszugleichen. Die alltägliche Haushaltsführung oder die Betreuung des Partners werden regelmäßig nicht nur gegen Vergütung erbracht (§ 612 BGB). Für eine Entgeltlichkeit bedarf es besonderer Anhaltspunkte (LAG Köln 14.3.08 – 4 Sa 1585/07, BeckRS 2008, 55736). Wird eine Vergütung erst nach einem Zerwürfnis verlangt, spricht dies für Unentgeltlichkeit der erbrachten Dienste (ArbG Passau 30.11.89 – 4 Ca 514/89, DB 90, 844). Das gilt auch, wenn der Partner ohne eigenständige, hinreichend konkrete vertragliche Grundlage im Betrieb des anderen arbeitet (LAG RhPf 10.8.05 – 7 Ta 132/05, BeckRS 2006, 40348). Entgeltansprüche aus dem Gesichtspunkt der sog **fehlgeschlagenen Vergütungserwartung** sind denkbar, wenn eine Vergütung für die Zukunft, etwa durch erbrechtliche Zuwendungen oder sonstige Übertragung von Vermögen oder Vermögensteilen, in Aussicht gestellt wird. Eine einseitige Vergütungserwartung genügt nicht (LAG Köln 17.6.99 – 10 Sa 69/99, MDR 99, 1331; → *Arbeitsentgelt* Rn 12). Zur Bemessung der angemessenen Vergütung iSv § 850h ZPO: LAG SachsAnh 25.11.99 – 6 Sa 207/99, NJW 2000, 503 (→ *Pfändung* Rn 29). Ein nicht arbeitsrechtlicher Anspruch auf Ausgleich gemeinschaftsbezogener Zuwendungen kommt ausnahmsweise nach den Vorschriften der ungerechtfertigten Bereicherung oder wegen des Wegfalls der Geschäftsgrundlage in Betracht, wenn dem Partner auf Dauer ein erheblicher Vermögenswert zugewandt worden ist (BGH 9.7.08 – XII ZR 39/06, NJW 08, 3282; 9.7.08 – XII ZR 179/05, NJW 08, 3277). 2

**b) Betriebliche Altersversorgung.** Ein Anspruch des hinterbliebenen Partners einer nichtehelichen Lebensgemeinschaft besteht dann, wenn die Versorgungsordnung ihn in den Kreis der anspruchsberechtigten Personen ausdrücklich einbezieht (LAG Hamm 17.12.91 – 6 Sa 1212/91, DB 92, 535). Steht dem versorgungsberechtigten ArbN ein Bestimmungsrecht bei seiner Hinterbliebenenversorgung zu, kann er auch seinen Partner der nichtehelichen Lebensgemeinschaft begünstigen. Werden dadurch Ansprüche eines noch lebenden Ehegatten beeinträchtigt, soll die Begünstigung wegen Verstoßes gegen die guten Sitten uU nichtig sein (BAG 16.8.83 – 3 AZR 34/81, DB 84, 887 = EzA § 1 Nr 1 Hinterbliebenenversorgung mit Anm *Blomeyer*). 3

**c) Tarifvertrag.** Tarifliche Bestimmungen, die Leistungen nur für verheiratete(/verpartnerte) ArbN vorsehen, sind regelmäßig wegen der im Einzelfall vom ArbGeb schwer kontrollierbaren tatsächlich gelebten Gemeinschaft rechtswirksam. So hält es sich im Rahmen des den Tarifvertragsparteien zustehenden Gestaltungsspielraums, wenn der ArbN 4 bezahlte Arbeitsfreistellung aus Anlass der Niederkunft der Kindesmutter nur dann hat, wenn er mit dieser verheiratet ist. Das gilt auch unter Berücksichtigung des verwandtschaftlichen Verhältnisses des ArbN zu dem Neugeborenen (§ 1589 Abs 1 Satz 1 BGB) und dem grundgesetzlichen Schutz des familiären Zusammenlebens mit Mutter und Kind nach Art 6 Abs 1 und 2 GG (BAG 18.1.01 – 6 AZR 492/99, NZA 02, 47; BVerwG 19.6.97 – 2 C 28/96, NJW 97, 3184). Die gegen die Entscheidung des BVerwG erhobene Verfassungsbeschwerde ist nicht angenommen worden (BVerfG 1.4.98 – 2 BvR 1478/97, FamRZ 98, 894).

Zu beachten ist, dass **steuerrechtliche Begriffe** in einem Tarifvertrag idR so auszulegen sind, wie sie zur Zeit der Anwendung der Tarifnorm (und nicht zZt des Abschlusses des Tarifvertrags) nach Maßgabe der Rspr des BFH zu verstehen sind (sog dynamische Verweisung). Das BAG hat deshalb den Anspruch eines ArbN, Partner einer nichtehelichen Lebensgemeinschaft, auf erhöhte Verpflegungspauschale wegen doppelter Haushaltsführung im Anschluss an die Auslegung des BFH bejaht (BAG 30.3.2000 – 6 AZR 636/98, ZTR 01, 73). Zur Rspr des BFH → Rn 15.

5 **d) Betriebsvereinbarungen,** die zB bei der zeitlichen Lage des Erholungsurlaubs auf die Erwerbstätigkeit des Partners Rücksicht nehmen, brauchen staatlich nicht dokumentierte Partnerschaften nicht gleich zu behandeln.

**e)** Im Bereich von **Elternzeit** (→ *Elternzeit* Rn 3) kommt es demgegenüber ausschließlich auf den gemeinsamen Haushalt mit dem Kind und die Stellung als Mutter und Vater an.

**f)** Partner einer eheähnlichen oder lebenspartnerschaftsähnlichen Gemeinschaft sind nahe Angehörige iSd PflegeZG und des FPfZG. Zu ihrer Pflege kann (Familien-)**Pflegezeit** beansprucht werden (*Pflegezeit*).

6 **3. Prozesskostenhilfe.** Bei der nichtehelichen Lebensgemeinschaft kann das gemeinsame Wirtschaften in Form der Kostenentlastung bei gemeinschaftlicher Haushaltsführung berücksichtigt werden (BAG 5.4.06 – 3 AZB 61/04, NZA 06, 694 unter Bezugnahme auf BAG 2.12.04 – 3 AZB 14/04). Allerdings hat der Prozesskostenhilfe beantragende Partner der nichteheliche(n) Lebensgemeinschaft keinen sog Prozesskostenvorschussanspruch gegen seine/seinen nichteheliche(n) Partner/in in analoger Anwendung des § 1360a Abs 4 BGB, auf den im Bewilligungsverfahren verwiesen werden könnte (ArbG Heilbronn 16.5.17 – 8 Ca 34/17, BeckRS 2017, 117189). Zwar kann der Antragsteller keinen Freibetrag wegen des/der nichtehelichen Lebensgefährten/in geltend machen. Allerdings können laufende Unterhaltsleistungen als besondere Belastungen Berücksichtigung finden, welche sich der Höhe nach an dem Freibetrag orientieren (LAG Hamm 18.12.18 – 14 Ta 552/18, BeckRS 2018, 36539).

## B. Lohnsteuerrecht

*Thomas*

11 **1. Begriff.** Neben den institutionalisierten Gemeinschaften Ehe (einschließlich der ab 1.10.17 möglichen Ehe gleichgeschlechtlicher Partner „Ehe für alle“) und eingetragene Lebenspartnerschaft (zu dieser vgl *Lebenspartnerschaft*) existieren weitere Formen gemeinschaftlichen, also durch gemeinsames Wohnen und Wirtschaften gekennzeichneten Lebens. Derartige Gemeinschaften können aus zwei oder mehr Personen, gleichen oder unterschiedlichen Geschlechts, mit oder ohne sexuellen Bezug, mit oder ohne verwandtschaftliche Nähe, auf unterschiedliche Dauer angelegt und mit unterschiedlicher Intensität des Wirtschaftens aus einem Topf bestehen. Dem entsprechend sind die Rechtsfolgen für die unterschiedlichen Gemeinschaftsformen (von der Wohngemeinschaft unter Studenten über das Zusammenleben erwachsener Geschwister bis zur Gemeinschaft nicht verheirateter Eltern mit ihren gemeinsamen Kindern) nicht einheitlich.

12 **2. Keine Ehegattenbesteuerung.** Anders als die og Ehe und Lebenspartnerschaft sind andere Lebensgemeinschaften nicht von Verfassungs wegen mit der Ehe gleich zu behandeln, weil bei den sonstigen Lebensgemeinschaften keine gesetzliche Erwerbsgemeinschaft und teilweise auch keine Unterhaltsverspflichtung besteht (vgl auch *Becker/Englisch* DStR 16, 1005). Deswegen ist weder eine erbschaftssteuerliche Gleichbehandlung von Ehegatten und Geschwistern geboten (BFH 24.3.13 – II R 65/11, DStR 13, 1128; *Selder* DStR 13, 1064 unter 5. und BFH 1.10.15 – II B 23/15, BFH/NV 16, 472 § 15 Abs 1 und 3 ErbStG),

noch hat ein verwitweter Alleinerziehender mit Kindern (BFH 29.9.16 – III R 62/13, DStRE 17, 343; *Haupt/Becker* DStR 13, 734) oder zusammenlebende Eltern mit gemeinsamen Kind (BFH 26.4.17 – III B 100/16, DStRE 17, 1089) Anspruch auf Anwendung des Splittingverfahrens und es wird in einer „Patchwork-Familie" auch nicht wegen der Kinder des Lebenspartners der Zählkindervorteil gewährt (BFH 25.4.18 – III R 24/17, DStRE 18, 1113). Dessen ungeachtet können Zuwendungen an einen Lebensgefährten zu einer verdeckten Gewinnausschüttung (BFH 20.10.15 – I B 2/15, BFH/NV 16, 424) oder zu Arbeitslohn führen. Stellt der ArbGeb seiner auf 400 €-Basis geringfügig beschäftigten Lebensgefährtin einen Dienstwagen, dessen nach der 1%-Regelung ermittelter geldwerter Vorteil mit dem Barlohn von 400 € verrechnet wird, können die Aufwendungen für dieses Kfz nicht als Betriebsausgaben abgezogen werden (BFH 21.12.17 – III B 27/17, BFH/NV 18, 432; ebenso beim Ehegatten-Minijob BFH 10.10.18 – X R 44–45/17, DStR 19, 430). Da das Splittingverfahren im übrigen voraussetzt, dass beide Ehegatten unbeschränkt stpf sind (§ 26 Abs 1 Nr 1 EStG) oder gelten (§ 1 Abs 3 EStG), kommt es nicht zum Zug, wenn ein Ehegatte seinen Wohnsitz in einem nicht europäischen Staat hat (BFH 22.10.14 – I B 101/13, BFH/NV 15, 201 hier USA).

**3. Unterhaltsleistungen. a) Kinder.** Leistungen an ein zur Lebensgemeinschaft gehörendes Kind sind wegen dessen Unterhaltsanspruchs zwar zwangsläufig. Sie können aber als außergewöhnliche Belastung nur berücksichtigt werden, wenn niemand für dieses Kind Kindergeld oder einen Kinderfreibetrag beanspruchen kann und das Kind kein oder nur geringes Vermögen besitzt (§ 33a Abs 1 Satz 4 EStG). Maßgebend ist, ob ein Anspruch auf Kindergeld/Kinderfreibetrag objektiv besteht und nicht, ob Kindergeld bzw ein Kinderfreibetrag tatsächlich gewährt wurde. Unbeachtlich ist auch, wem das Kindergeld bzw der Kinderfreibetrag zusteht oder ob ein nicht zustehender Kinderfreibetrag von jemandem zu Unrecht in Anspruch genommen wurde (BFH 19.5.04 – III R 30/02, BStBl II 04, 943). 13

**b) Partner.** Leistungen an andere Personen einer Lebensgemeinschaft sind grds nur als außergewöhnliche Belastung zu berücksichtigen, wenn ein gesetzlicher Unterhaltsanspruch besteht (§ 33a Abs 1 Satz 1 EStG). Berücksichtigt werden auf Antrag Leistungen bis zu 9408 € (vor 2020: 9168 €). Ein Unterhaltsanspruch fehlt bspw bei entfernteren Verwandten wie Geschwister, Onkel, Tante, Neffen und Nichten, selbst wenn der Empfänger nach den Maßstäben seines Wohnsitzstaates unterhaltsberechtigt wäre (BFH 4.7.02 – III R 8/01, BStBl II 02, 760; BFH 27.7.11 – VI R 13/10, BStBl II 11, 965). Ein Unterhaltsanspruch kann sich für die Mutter eines nichtehelichen Kindes vorübergehend (sechs Wochen vor bis acht Wochen nach der Geburt) sowie anschließend bei Betreuung des Kindes aus § 1651l BGB ergeben. Beim Kinderbetreuungsunterhalt ist festzustellen, ob wegen der Pflege und Betreuung des Kindes eine Erwerbstätigkeit nicht erwartet werden kann (BFH 19.5.04 – III R 30/02, BStBl II 04, 943). 14

Personen mit Unterhaltsanspruch gleichgestellt werden solche, denen öffentliche Mittel versagt werden, weil sie in einer sozialrechtlichen Bedarfs- und Haushaltsgemeinschaft (→ Rn 23) leben (sog **Gleichstellungsklausel,** § 33a Abs 1 Satz 3 EStG). Denn durch die Mittelkürzung entsteht ein der gesetzlichen Unterhaltspflicht vergleichbarer Zwang, den Unterhalt des Partners sicher zu stellen. Bei der Berechnung des Unterhaltshöchstbetrages sind bei einer Person, die einem Unterhaltsberechtigten gleichgestellt ist, keine fiktiven Einkünfte aus einer zumutbaren Erwerbstätigkeit anzusetzen (BFH 9.3.17 – VI R 16/16, DStRE 17, 1039). Hinsichtlich der Höhe des Abzugsbetrages kann davon ausgegangen werden, dass das verfügbare Nettoeinkommen gleichmäßig nach Köpfen verteilt werden wird. Gehört der Haushaltsgemeinschaft ein unterhaltsberechtigtes Kind an, sind Unterhaltsleistungen an den mittellosen Lebenspartner unter Berücksichtigung des Kindesunterhalts, aber ohne sog Opfergrenze als außergewöhnliche Belastung abziehbar (BFH 17.12.09 – VI R 64/08, DStR 10, 312; Berechnungsbeispiele beim BMF 7.6.10 BStBl I 10, 582 Tz 12). Opfergrenze besagt ausgehend von § 1603 BGB, dass nur disponibles, für den Selbstunterhalt nicht benötigtes Einkommen für Fremdunterhalt geopfert werden muss; zur Berechnung der Opfergrenze, wenn nur in einem Teil des Jahres Leistungen für Kinder beanspruch werden können vgl BFH 14.12.16 – VI R 15/16, DStRE 17, 656. 15

## C. Sozialversicherungsrecht

*Voelzke*

21 **1. Allgemeines.** Die Hauptbedeutung der eheähnlichen Gemeinschaft liegt im Recht der sozialen Sicherung in ihrer Gleichstellung mit Ehegatten und Lebenspartnern im Rahmen der **Bedürftigkeitsprüfung** bei der Gewährung von Sozialleistungen (§§ 7 Abs 3 Nr 3b SGB II; 20 SGB XII; 6 Abs 3 Satz 2 BErzGG; 18 Abs 2 Nr 2 Wohngeldgesetz). Hingegen sind eheähnlichen Gemeinschaften die Ehegatten oder Angehörigen durch sozialrechtliche Vorschriften eröffneten Vergünstigungen weder durch den Gesetzgeber noch durch eine Einbeziehung im Wege der Analogie eingeräumt worden (zur Stellung der Lebenspartnerschaft im Sozialrecht s *Lebenspartnerschaft*). Ohne ausdrückliche gesetzliche Anerkennung hat es das BSG bisher abgelehnt, die Partnerin einer eheähnlichen Lebensgemeinschaft einer Witwe bei der Hinterbliebenenrente in der RV gleichzustellen (BSG 30.3.94 – 4 RA 18/93, NJW 95, 3270; vgl auch *Ruland* NJW 95, 3234). Im KVRecht hat es für den Partner einer eheähnlichen Gemeinschaft einen Anspruch auf Familienhilfe (→ *Familienversicherung* Rn 5 ff) verneint (BSG 10.5.90 – 12/3 RK 23/88, SozR 3–2200 § 205 Nr 1; anders für den Partner einer eingetragenen Gemeinschaft jetzt § 10 SGB V). Auch das BVerfG hat keinen Gleichheitsverstoß darin gesehen, dass der Gesetzgeber Ehen und nichteheliche Lebensgemeinschaften in Bezug auf den Ausschluss von Kindern aus der Familienversicherung unterschiedlich behandelt (BVerfG 12.2.03 – 1 BvR 624/01, SozR 4–2500 § 10 Nr 1). Kein Anspruch auf *Kindergeld* wird für den Partner einer nichtehelichen Lebensgemeinschaft begründet, der mit der Lebensgefährtin und deren Kindern in einem gemeinsamen Haushalt wohnt. Dieser ist auch nicht Pflegevater iSd BKGG (BSG 6.8.92 – 10 RKG 7/91, NZS 93, 227). Eine andere Beurteilung ergibt sich allerdings im Rahmen der *Sperrzeit* (§ 159 SGB III); insoweit erkennt die Rspr unter bestimmten Voraussetzungen einen wichtigen Grund für eine Lösung des Beschäftigungsverhältnisses zum Zweck des Zuzugs zu einem Partner einer eheähnlichen Gemeinschaft an.

22 **2. Arbeitslosengeld II.** Leistungen der Grundsicherung für Arbeitsuchende stehen nicht nur dem erwerbsfähigen Leistungsberechtigten zu, sondern sie erhalten auch Personen, die mit ihm in einer **Bedarfsgemeinschaft** leben, Leistungen nach dem SGB II. Eine abschließende Aufzählung der Mitglieder einer Bedarfsgemeinschaft enthält § 7 Abs 3 SGB II. Danach ist als Mitglied der Bedarfsgemeinschaft auch der Partner anzusehen, der mit dem erwerbsfähigen Leistungsberechtigten in eheähnlicher Gemeinschaft lebt (§ 7 Abs 3 Nr 3b SGB II).

23 Die Voraussetzungen für das Vorliegen einer **Einstehens- und Verantwortungsgemeinschaft** sind nur erfüllt, wenn die Bindungen der Partner so eng sind, dass von ihnen ein gegenseitiges Einstehen in den Not- und Wechselfällen des Lebens erwartet werden kann. Zur Feststellung können nach der Rspr des BSG drei Komponenten herangezogen werden, ohne deren kumulatives Vorliegen nicht von einer Einstehens- und Verantwortungsgemeinschaft ausgegangen werden kann. Es handelt sich um das Bestehen einer Partnerschaft, das Zusammenleben in einem gemeinsamen Haushalt und der wechselseitige Einstehens- und Verantwortungswille (BSG 23.8.12 – B 4 AS 34/12 R, NJW 13, 957). Diese Voraussetzungen müssen während der gesamten Dauer der Einkommensberücksichtigung positiv festgestellt sein; eine entsprechende Anwendung des § 1567 BGB scheidet aus (BSG 12.10.16 – B 4 AS 60/15 R, SozR 4–4200 § 7 Nr 51). Für das Bestehen einer eheähnlichen Lebensgemeinschaft trifft den Träger der Grundsicherung die Beweislast (zur Zulässigkeit einer Wohnungsbesichtigung s LSG Halle 22.4.05 – L 2 B 9/05 AS ER, mit Anm *Berlit* jurisPR-SozR 26/2005 Nr 2). Allerdings existiert nach § 7 Abs 3a SGB II eine Vermutungsregelung für den gegenseitigen Einstandswillen, die daran anknüpft, dass die Partner länger als ein Jahr zusammenleben, mit einem gemeinsamen Kind zusammenleben, Kinder oder Angehörige im Haushalt versorgen oder befugt sind, über Einkommen oder Vermögen des anderen zu verfügen. Die aufgeführten Kriterien sind für die Anwendung der Vermutungsregelung abschließend, jedoch können auch andere Tatsachen und Umstände auf das Vorliegen eines Einstandswillens schließen lassen (*Schlegel/Voelzke/Leopold* SGB II, § 7 Rz 201). Die Vermutungsregelung bezieht sich nur auf die subjektive Seite der Einstehens- und Verantwortungsgemeinschaft (BSG 23.8.12 – B 4 AS 34/12 R, NJW 13, 957).

Zur Bedarfsgemeinschaft zählen reine Wohngemeinschaften oder Untermietverhältnisse nicht.

**3. Sperrzeit.** Löst der ArbN das Beschäftigungsverhältnis und führt er dadurch vorsätzlich oder grob fahrlässig die Arbeitslosigkeit herbei, so führt dies gem § 159 Abs 1 Satz 2 Nr 1 SGB III zum Eintritt einer Sperrzeit (→ *Sperrzeit* Rn 6 ff) und zu einer Minderung das AlGeldAnspruches gem § 148 SGB III, wenn ihm für sein Verhalten kein wichtiger Grund zur Seite steht. Zu den persönlichen Umständen, die bei einer ordentlichen Kündigung ausnahmsweise die Annahme eines wichtigen Grundes rechtfertigen können, ist die Eheschließung und der **Zuzug zum Ehegatten** zu rechnen, wenn ein Arbeitsloser seine bisherige Arbeitsstelle nicht von der gemeinsamen Wohnung aus zumutbar erreichen kann. **24**

Mit dem noch immer aktuellen Urt vom 17.10.02 – B 7 AL 96/00 (SozR 3–4100 § 119 Nr 26; vgl hierzu KassHB SGB III/*Voelzke* § 12 Rz 367; *Urmersbach* NZS 04, 414) hat das BSG entschieden, dass auch der Zuzug zum nichtehelichen Lebenspartner zur Fortsetzung einer bereits bestehenden eheähnlichen Lebensgemeinschaft einen wichtigen Grund für die Lösung des Beschäftigungsverhältnisses iSd Sperrzeittatbestandes bilden kann. Der Partner kann sich allerdings nur dann auf einen wichtigen Grund berufen, wenn bereits zum Zeitpunkt der Lösung des Beschäftigungsverhältnisses eine Verantwortungs- und Einstehensgemeinschaft vorgelegen hatte. Dem ArbN wird zudem ein wichtiger Grund nur zugebilligt, wenn er vor der Lösung seines Beschäftigungsverhältnisses durch eine Arbeitssuche am neuen Wohnort dokumentiert hat, dass von einer Ernsthaftigkeit der Partnerschaft ausgegangen werden kann. Unabhängig von den Voraussetzungen für die Anerkennung eines wichtigen Grundes bei einer Lösung des Beschäftigungsverhältnisses zur Aufrechterhaltung einer eheähnlichen Lebensgemeinschaft tritt keine Sperrzeit ein, wenn eine Frau ihren Arbeitsplatz aufgibt, um zu ihrem künftigen Ehemann zu ziehen und der Umzug zum Wohl ihres Kindes auf den Schuljahreswechsel vorgezogen wird (BSG 17.11.05 – B 11a/11 AL 49/04 R, SozR 4–4300 § 144 Nr 10). Nicht auf einen wichtigen Grund iSd § 159 Abs 1 Nr 1 SGB III kann sich allerdings derjenige berufen, der durch die Lösung des Beschäftigungsverhältnisses und den Zuzug die Lebensgemeinschaft erstmals begründen will (BSG 5.11.98 – B 11 AL 5/98 R, SozR 3–4100 § 119 Nr 16). Hingegen ist die Begründung einer Erziehungsgemeinschaft mit dem eheähnlichen Partner jedenfalls durch einen wichtigen Grund gedeckt (BSG 17.10.07 – B 11a/7a AL 52/06 R, SozR 4–4300 § 144 Nr 16). **25**

## Lebenspartnerschaft

### A. Arbeitsrecht

*Poeche*

**1. Einführung.** Seit Inkrafttreten des Gesetzes über die Eingetragene Lebenspartnerschaft (Lebenspartnerschaftsgesetz – LPartG) am 1.8.2001 (BGBl I 2001, 266) konnten gleichgeschlechtliche Paare eine sog Eingetragene Lebenspartnerschaft begründen. Diese Möglichkeit besteht seit Inkrafttreten des § 1353 Abs 1 S 1 BGB nF („Ehe für alle") durch das Gesetz zur Einführung des Rechts auf Eheschließung für Personen gleichen Geschlechts" v 20.7.17 (BGBl I 2787) am 1.10.17 nicht mehr. Das LPartG gilt nur noch für die Altfälle vorher begründeter Lebenspartnerschaften, wenn die Lebenspartner nicht von der in § 20a LPArtG nF vorgesehenen Möglichkeit Gebrauch machen und die Lebenspartnerschaft in eine Ehe umwandeln lassen. Die §§ 2 ff LPartG beanspruchen daher nach wie vor Geltung. Die Lebenspartner gelten danach als Familienangehörige (§ 11 Abs 1 LPartG) und sind einander zum Unterhalt verpflichtet (§ 5 LPartG). Die Einführung der Eingetragenen Lebenspartnerschaft war und ist auch arbeitsrechtlich in vielerlei Hinsicht von Bedeutung (*Powietzka* BB 02, 146). **1**

**2. Allgemeines.** Wie bei Eheleuten oder Partnern einer *nichtehelichen Lebensgemeinschaft* können Arbeitsleistungen von Lebenspartnern entweder auf familienrechtlicher oder auf der Grundlage eines Arbeitsverhältnisses erbracht werden (→ *Lebensgemeinschaft (nichteheliche)* Rn 2). Das Bestehen einer eingetragenen Lebenspartnerschaft ist im Rahmen der **Sozialauswahl nach § 1 Abs 3 KSchG** zu berücksichtigen, da das LPartG eine Unterhaltspflicht **2**

der Lebenspartner füreinander begründet. Die Begründung oder das Bestehen einer Lebenspartnerschaft selbst ist kein Kündigungsgrund iSd KSchG. Eine andere Betrachtung ist bei Kirchenbediensteten wegen des kirchlichen Selbstbestimmungsrechts angezeigt (*Powietzka* BB 02, 146; nach der zum 1.8.15 beschlossenen Neufassung der „Grundordnung des kirchlichen Dienstes im Rahmen kirchlicher Arbeitsverhältnisse" gilt dies für in eingetragener Lebenspartnerschaft lebende ArbN nicht mehr uneingeschränkt). Die Partner einer Eingetragenen Lebenspartnerschaft können unter den Voraussetzungen des § 15 Abs 1 Nr 1b) BEEG **Elternzeit** beanspruchen. Ebenso können sie Ansprüche zur **Pflege** ihres Lebenspartners/ihrer Lebenspartnerin und deren näher bezeichneten Angehörigen nach dem PflegeZG und dem FPfZG geltend machen.

3 **3. Gleichstellung mit der Ehe. a) Ausgangslage.** Die Partner einer eingetragenen Lebenspartnerschaft sind wie Ehegatten zu behandeln, wenn ihre Situation nach nationalem Recht vergleichbar ist (EuGH 1.4.08 – C 267/06 [Maruko], NZA 08, 459; EuGH 10.5.11 – C-147/08 [Römer], NZA 11, 557 zur Zusatzversorgung im öffentlichen Dienst; EuGH 12.12.13 – C-267/12 [Hay], NZA 14, 153 zu tariflich vorgesehenen Vergünstigungen für Eheleute wie Sonderurlaub oder Sonderprämien anlässlich der Eheschließung). Hiervon ist jedenfalls seit dem 1.1.05 für die **betriebliche Altersversorgung** auszugehen, nachdem zu diesem Stichtag im Recht der Lebenspartnerschaft der Versorgungsausgleich eingeführt und die Hinterbliebenen einer Lebenspartnerschaft den Hinterbliebenen einer Ehe gleichgestellt wurden (Gesetz zur Überarbeitung des Lebenspartnerschaftsrechts v 15.12.04, BGBl I 04, 3396). Der Hinterbliebene einer eingetragenen Lebenspartnerschaft kann deshalb nicht von der Hinterbliebenenversorgung ausgeschlossen werden (BAG 22.1.19 – 3 AZR 560/17, NZA 19, 991; 11.12.12 – 3 AZR 684/10, NZA-RR 13, 308; BAG 14.1.09 – 3 AZR 20/07, NZA 09, 489; zustimmend auch BGH 7.7.10 – IV ZR 267/04, BeckRS 2010, 18935; vgl BVerfG 7.7.09 – 1 BvR 1164/07, DB 09, 2441). Kein Anspruch besteht für Zeiten vor dem Stichtag (insoweit aA *Bruns* NZA 09, 596).

4 **b) Familienbezogene Leistungen.** Das BAG führt seine Rspr zur Gleichbehandlung der eingetragenen Lebenspartnerschaft mit der Ehe konsequent fort. Es hat die fehlende Gleichbehandlung hinsichtlich des **familienbezogenen Ortszuschlags** im BAT (der TVöD enthält keine entsprechende Regelung) wegen der zum 1.1.01 eingeführten Lebenspartnerschaft beanstandet, den BAT als ungewollt lückenhaft beurteilt und auf Zahlung erkannt (BAG 29.4.04 – 6 AZR 101/03, NZA 05, 57) und nur für die kirchlichen Arbeitsvertragsregelungen eine Lückenschließung abgelehnt (BAG 26.10.06 – 6 AZR 307/06, NZA 07, 1179). Derselbe Senat hat nicht angepasstem Tarifrecht im Hinblick auf Art 3 Abs 1 GG die Wirksamkeit versagt und ebenfalls auf Zahlung erkannt (BAG 18.3.10 – 6 AZR 156/09 NZA 10, 824 für den kinderbezogenen Ortszuschlag nach BAT-O; ähnlich BAG 18.3.10 – 6 AZR 434/07, NZA-RR 10, 664 für den ehegattenbezogenen Auslandszuschlag nach TVöD-BT-V). Das BVerfG hat auch den Ausschluss der eingetragenen Lebenspartnerschaft vom beamtenrechtlichen Familienzuschlag für unvereinbar mit dem Gleichheitssatz erklärt (BVerfG 19.6.12 – 2 BvR 1397/09, BeckRS 2012, 54203).

5 **4. Prozesskostenhilfe.** Gem § 115 Abs 1 Satz 1 ZPO hat die Prozesskostenhilfe beantragende Partei ihr Vermögen einzusetzen. Hierzu gehört in arbeitsrechtlichen Bestandsschutzstreitigkeiten auch der sich aus § 1360a Abs 4 BGB ergebende Anspruch auf einen Prozesskostenvorschuss gegen den Ehegatten, der damit der Bewilligung entgegenstehen kann. Da § 5 LPartG die entsprechende Geltung des § 1360a BGB vorsieht, gilt dies auch für den in einer eingetragenen Lebenspartnerschaft lebenden Antragsteller (so wohl BAG 5.4.06 – 3 AZB 61/04, NZA 06, 694). Für den eingetragenen Lebenspartner ist nach § 115 Abs 1 S 3 Nr 2 ZPO ein Freibetrag zu berücksichtigen (LAG RhPf 19.8.11 – 6 Ta 148/11, BeckRS 2011, 76432).

## B. Lohnsteuerrecht

*Thomas*

10 **1. Begriff.** Unter Lebenspartnerschaft wird folgend nur die eingetragene Lebensgemeinschaft nach dem LPartG verstanden; zu anderen Gemeinschaftsformen vgl → *Lebensgemeinschaft (nichteheliche)* Rn 11 ff. Durch das EheÄndG besteht ab 1.10.17 die Möglichkeit, eine eingetragene Lebenspartnerschaft zivilrechtlich rückwirkend in eine Ehe umwandeln zu

lassen. Nach Auffassung der Verwaltung ist das kein rückwirkendes Ereignis iSv § 175 Abs 1 Nr 2 AO, den berechtigte, bestandskräftige Bescheide zu ändern (OFD NRW 1.3.18 DB 18,606).

**2. Gleichbehandlung mit der Ehe.** Nachdem das BVerfG einen Gleichheitsverstoß feststellte (zuletzt BVerfG 7.5.13 – 2 BvR 909/06, 2 BvR 1981/06, 2 BvR 288/07, DStR 13, 1228), ist eine gesetzliche Gleichbehandlung von Ehegatten und Lebenspartnern erfolgt (§ 2 Abs 8 EStG; BMF 31.7.13 DStR 13, 1733), die rückwirkend für alle verfahrensrechtlich offenen Fälle eingreift. Dem folgend werden Kinderfreibeträge bei leiblichen oder adoptierten Kindern eines Lebenspartners wie bei Ehegatten berücksichtigt (BMF 17.1.14 DStR 14, 144). Entsprechendes gilt für das Realsplitting des § 10 Abs 1a Nr 1 EStG und die Anlage vermögenswirksamer Leistungen. Die Gleichstellung mit Ehegatten gilt aber nicht für Jahre vor Inkrafttreten des LPartG (BFH 26.6.14 – III R 14/05, DStR 14, 1538; *Kanzler* FR 14, 1048). 11

**3. Sondervereinbarungen.** Wie Ehegatten steht es auch Lebenspartnern frei, Leistungen zu Erwerbseinkünften des Partners entweder im Rahmen familiärer Mitarbeit oder statt dessen auf Grund gesonderter Vereinbarungen (zB Miet-Darlehens- oder Arbeitsverhältnis) zu erbringen, sofern diese einem Fremdvergleich stand halten (→ *Familiäre Mitarbeit* Rn 29 ff). Wie bei Ehegatten sind bei Lebenspartnern Aufwendungen für die Nutzung eines dem anderen Partner gehörenden Grundstücks nur insoweit zu berücksichtigen, als sie vom Nutzenden selbst getragen werden. Danach steht ihm Afa zu, wenn er selbst Anschaffungskosten getragen hat. Zahlungen von einem gemeinsamen Konto gelten unabhängig davon, aus wessen Mitteln das Guthaben auf dem Konto stammt, jeweils für Rechnung desjenigen geleistet, der den Betrag schuldet, sofern keine abweichenden besonderen Vereinbarungen getroffen wurden (BFH 21.2.17 – VIII R 10/14, DStR 17, 1252; BFH 6.12.17 – VI R 41/45, DStR 18, 664). 12

Werden trotz fehlender arbeitsrechtlicher Vereinbarungen Entgelte nach den Grundsätzen fehlgeschlagener Vergütungserwartungen entrichtet, handelt es sich nicht um Arbeitslohn, sondern um Einnahmen im Rahmen des § 22 Nr 3 EStG (BFH 8.5.08 – VI R 50/05, DStR 08, 1425). Leistungen, die Einkommensverwendungen der Partnerschaft betreffen, sind steuerlich nicht begünstigt (→ *Hauswirtschaftliches Beschäftigungsverhältnis* Rn 12; Vereinbarungen über die Nutzung der gemeinsamen Wohnung BFH 30.1.96 – IX R 100/93, BStBl II 96, 359; BFH 16.11.01 – IX B 55/01, BFH/NV 02, 345).

## C. Sozialversicherungsrecht *Voelzke*

**1. Allgemeines.** Das LPartG hat für die rechtliche Begründung gleichgeschlechtlicher Gemeinschaften eine gesetzliche Grundlage geschaffen; die rechtlichen Grundlagen für das Eingehen von Lebenspartnerschaften sind durch das Gesetz vom 20.7.17 (BGBl I 17, 2787) eingeräumte Recht auf Eheschließung für Personen gleichen Geschlechts, grds unberührt geblieben. Die rechtliche Verankerung der Lebenspartnerschaft hat im Sozialrecht zahlreiche Folgeänderungen bewirkt. Diese sind grds von einer prinzipiellen **Annäherung** der Rechtsstellung von Lebenspartnern und Ehegatten geprägt, die etwa die Anerkennung von Lebenspartnern als mögliche Sonderrechtsnachfolger iSd § 56 SGB I umfasst. 15

**2. Stellung in der Sozialversicherung.** In der KV und PflegeV erstreckt sich die beitragsfreie **Familienversicherung** (Näheres: *Familienversicherung*) auch auf den nicht selbst versicherten Lebenspartner (§ 10 Abs 1 SGB V). Über diesen Weg werden auch Kinder des Lebenspartners eines Mitglieds in die beitragsfreie Familienversicherung einbezogen (*Schlegel/Voelzke/Felix* SGB V § 10 Rz 17). Auch in der RV werden Lebenspartner den Ehegatten weitgehend gleichgestellt. Insbes ist Ihnen der Zugang zur Hinterbliebenenversorgung durch Gleichstellung mit Ehegatten eröffnet (§ 46 Abs 4 SGB VI). Ferner können in der UV eingetragene Lebenspartner die in diesem Versicherungszweig vorgesehenen Hinterbliebenenleistungen beanspruchen. 16

**3. Berücksichtigung von Einkommen und Vermögen.** Die Gleichstellung der Lebenspartnerschaft bei der Inanspruchnahme sozialer Rechte führt auf der anderen Seite dazu, dass das **Einkommen und das Vermögen** von Lebenspartnern auch bei der Berechnung bedürftigkeitsabhängiger Sozialleistungen in Ansatz zu bringen ist. Dies hat etwa bei An- 17 sprüchen auf AlGeld II (Näheres: *Arbeitslosengeld II*) zur Folge, dass Lebenspartner als Mitglieder der Bedarfsgemeinschaft an der horizontalen Einkommensanrechnung teilnehmen (§ 7 Abs 3 SGB II).

# Leistungsbestimmung

## A. Arbeitsrecht

*Kreitner*

### Übersicht



1 **1. Begriff.** Wie in jeder vertraglichen Beziehung, so bedarf es auch im Rahmen eines Arbeitsverhältnisses der Festlegung der beiderseitigen Leistungspflichten durch die Vertragspartner. Dabei besteht für die vertragsschließenden Parteien die Möglichkeit, gewisse Leistungspflichten nur rahmenmäßig zu bestimmen und die konkrete Ausfüllung im Einzelfall einer Partei zu überlassen. Demgemäß existiert in vielen Arbeitsverhältnissen ein Leistungsbestimmungsrecht des ArbGeb hinsichtlich einzelner Modalitäten der vom ArbN zu erbringenden Arbeitsleistung. ArbNSeitige Leistungsbestimmungsrechte haben in der Praxis keine Bedeutung. Ein Recht zur einseitigen Leistungsbestimmung besteht nicht, wenn die Leistungsbestimmung der Vereinbarung beider Vertragspartner bedarf (BAG 12.12.07 – 10 AZR 97/07, NZA 08, 409: Zielvereinbarung).

2 Außerhalb des Arbeitsvertrages kann ein solches Leistungsbestimmungsrecht auch in Betriebsvereinbarungen oder Tarifverträgen vereinbart werden und gleichermaßen für die arbeitsvertraglichen Beziehungen Bedeutung erlangen. Wichtigster Unterfall eines Leistungsbestimmungsrechts ist das sog Weisungsrecht des ArbGeb, mit dessen Hilfe der ArbGeb je nach Ausgestaltung des einzelnen Arbeitsvertrages Zeit, Ort, Inhalt sowie Art und Weise der zu erbringenden Arbeitsleistung näher festlegen kann (BAG 28.8.13 – 10 AZR 569/12, NZA-RR 14, 181; 7.12.2000 – 6 AZR 444/99, NZA-RR 01, 780; *Hunold* NZA-RR 01, 337; → *Weisungsrecht* Rn 2 ff).

3 Daneben wird jedoch eine Vielzahl spezieller Einzelfragen üblicherweise durch Leistungsbestimmungsrechte geregelt. Anzuführen sind etwa der Bereich der Versorgungszusagen, Prämienleistungen, Urlaubsgewährung und Arbeitszeitregelungen (→ Rn 15 ff). Meist wird das Leistungsbestimmungsrecht dabei im Wege eines Widerrufsrechts hinsichtlich bisher freiwillig gewährter Leistungen ausgeübt.

4 **Abzugrenzen** ist die Pflicht zur Leistungsbestimmung von der bloßen Pflicht zur Überprüfung einer arbeitgeberseitigen Leistung. Letztere begründet regelmäßig keine rechtliche Verpflichtung des ArbGeb, die Leistungshöhe anzupassen. Hierfür bedarf es vielmehr weitergehender Anhaltspunkte. Gleichwohl ist eine solche Überprüfungsklausel ohne Anpassungspflicht nicht sinnlos, denn sie stellt sicher, dass die Überprüfung nicht vergessen wird und von der Belegschaft eingefordert werden kann (BAG 27.2.19 – 10 AZR 341/18, NZA 19, 914).

5 **2. Zulässigkeit.** Für die Beurteilung der Zulässigkeit solcher einseitigen Leistungsbestimmungsrechte des ArbGeb ist zwischen den unterschiedlichen Rechtsgrundlagen zu differenzieren.

6 Ein **arbeitsvertraglich** vereinbartes Leistungsbestimmungsrecht stößt dort an Zulässigkeitsgrenzen, wo in den Kernbereich des Arbeitsverhältnisses eingegriffen wird. Daher hat

das BAG in einer Vereinbarung, wonach der ArbGeb bei arbeitszeitabhängiger Vergütung der ArbN berechtigt war, die zunächst festgelegte Arbeitszeit einseitig nach Bedarf zu kürzen, eine objektive Umgehung zwingender Kündigungsschutzbestimmungen gesehen und diese Vereinbarung gem § 134 BGB für nichtig erachtet (BAG 12.12.84, DB 85, 1240; LAG Bbg 24.10.96 – 3 Sa 393/96, NZA-RR 97, 127; LAG Düsseldorf 30.8.02 – 9 Sa 709/02, NZA-RR 03, 407). Das Gleiche gilt für eine Vertragsbestimmung, wonach der ArbGeb berechtigt ist, den ArbN nach Erreichen eines bestimmten Alters vorzeitig zu pensionieren (LAG Hess 20.9.99 – 16 Sa 2617/98, NZA-RR 2000, 413).

In Fomulararbeitsverträgen sind darüber hinaus die Bestimmungen der **§§ 307 ff BGB** zu beachten (*Stoffels* RdA 15, 276; *Salamon/Wessels* BB 17, 885; *Wensing* BB 14, 2358). Einseitige Leistungsbestimmungsrechte, die dem Verwender das Recht einräumen, die Hauptleistungspflichten einzuschränken, unterliegen einer Inhaltskontrolle (BAG 7.12.05 – 5 AZR 535/04, NZA 06, 423; 30.7.08 – 10 AZR 606/07, NZA 08, 1173). Dabei ist § 308 Abs 1 Nr 4 BGB auf arbeitsvertragliche **Versetzungsklauseln** nicht anwendbar, da sie nicht die Leistung des Verwenders, sondern die Gegenleistung betreffen (BAG 11.4.06 – 9 AZR 557/05, NJW 06, 3303). Ist die Vertragsklausel materiell der Regelung des § 106 Satz 1 GewO nachgebildet, scheidet auch eine unangemessene Benachteiligung nach § 307 Abs 1 Satz 2 BGB aus (BAG 13.4.10 – 9 AZR 36/09, BeckRS 2010, 72775). Im Übrigen verlangt § 307 Abs 1 Satz 2 BGB nicht die Benennung konkreter Versetzungsgründe (BAG 13.4.10, BeckRS 2010, 72775; zustimmend *Hohenstatt/Schramm* NJW 06, 3308). Andererseits kann eine **Arbeitszeitklausel,** die das Wirtschaftsrisiko einseitig auf den ArbN verlagert, eine unangemessene Benachteiligung iSv § 307 Abs 1 Satz 1 BGB darstellen (BAG 7.12.05 – 5 AZR 535/04, NZA 06, 423). Die vertragliche Erweiterung des Bestimmungsrechts zur Arbeitszeit auf der Grundlage einer sog Koalitionsvereinbarung tariffähiger Parteien ist demgegenüber regelmäßig nicht nach § 307 Abs 1 Satz 1 BGB zu beanstanden (BAG 14.8.07 – 9 AZR 58/07, NZA-RR 08, 129). Wegen weiterer Klauseln → *Änderungsvorbehalte* Rn 4 ff und → *Arbeitsvertrag* Rn 38 ff.

Wird in einer **Betriebsvereinbarung** dem ArbGeb zur näheren Ausgestaltung seiner dort vereinbarten Leistungspflicht ein Leistungsbestimmungsrecht eingeräumt, so ergeben sich nach der Rspr des BAG keine Besonderheiten, da nach ständiger Rspr Betriebsvereinbarungen ohnehin einer arbeitsgerichtlichen Billigkeitskontrolle unterliegen (MüKo/*Gottwald* § 315 Rz 81). 7

Probleme kann allerdings die Ermittlung der Zulässigkeitsgrenzen eines **tariflichen** Leistungsbestimmungsrechts des ArbGeb aufwerfen. Soweit im Schrifttum der og Kernbereichstheorie des BAG nicht gefolgt wird, ergeben sich Bedenken hinsichtlich Überprüfungsmöglichkeit und -maßstab, da eine Zweckmäßigkeits- oder Billigkeitskontrolle von Tarifverträgen wegen der verfassungsrechtlich geschützten Tarifautonomie nicht zulässig wäre (BAG 12.12.90, DB 91, 865). Auch eine Inhaltskontrolle nach §§ 305 ff BGB scheidet aus (BAG 8.5.08 – 6 AZR 359/07, NZA-RR 08, 665). So wird bspw unter Berufung auf das Übermaßverbot eine verfassungsorientierte Angemessenheitskontrolle der Tarifverträge befürwortet (*Plüm* DB 92, 735). Demgegenüber geht die Rspr auch insoweit von den oben dargestellten allgemeinen Zulässigkeitsgrenzen aus.

**3. Umfang und Grenzen** des Leistungsbestimmungsrechts des ArbGeb sind von der Rechtsnatur der zugrunde liegenden Vereinbarung unabhängig. Die Ausfüllung des Leistungsbestimmungsrechts richtet sich zunächst ausschließlich nach dem **Inhalt der jeweiligen Rechtsgrundlage.** Diese kann innerhalb der oben dargestellten Zulässigkeitsgrenzen die verschiedensten Kriterien zur Ausübung des Leistungsbestimmungsrechts aufstellen. 8

Ergeben sich aus der Vereinbarung selbst keine Anhaltspunkte, greift die **Auslegungsregel des § 315 Abs 1 BGB** ein, wonach im Zweifel das Leistungsbestimmungsrecht nach „billigem Ermessen“ auszuüben ist. Dies verlangt nach der Rspr eine Abwägung der wechselseitigen Interessen nach den verfassungsrechtlichen und gesetzlichen Wertentscheidungen sowie den allgemeinen Wertungsgrundsätzen wie bspw der Verhältnismäßigkeit, Angemessenheit, Verkehrssitte und Zumutbarkeit (BAG 13.6.12 – 10 AZR 296/11, NZA 12, 1154). Es müssen umfassend sämtliche Umstände des Einzelfalles abgewogen werden und dabei zB den Vorteilen aus der Regelung auf ArbGebSeite die Vermögens- und Einkommensverhältnisse des ArbN sowie dessen soziale Lebensverhältnisse und Unterhaltsver- 9 pflichtungen gegenübergestellt werden (BAG 25.10.89, NZA 90, 561; 26.6.01 – 9 AZR 244/00, NZA 02, 44; 13.3.03 – 6 AZR 557/01, NZA 04, 735).

10 **4. Ausübung.** Als Gestaltungsrecht wird das Leistungsbestimmungsrecht durch Erklärung gegenüber dem anderen Vertragspartner ausgeübt. Mit Zugang der Erklärung ist diese grds unwiderruflich und hat anspruchsbegründende Wirkung (BAG 19.1.95, NZA 96, 391). Dies hindert jedoch nicht eine spätere erneute Anpassung der Leistung durch eine weitere Ausübung des Leistungsbestimmungsrechts, denn es ist ja gerade Sinn und Zweck des Leistungsbestimmungsrechts die vertraglichen Leistungen dauerhaft flexibel zu gestalten. Ändern sich die tatsächlichen oder rechtlichen Voraussetzungen der ursprünglich der Billigkeit entsprechenden Leistungsbestimmung oder ist ein bestimmter zeitlicher Turnus festgelegt, kann das Leistungsbestimmungsrecht erneut ausgeübt werden (BAG 8.5.03 – 6 AZR 43/02, AP Nr 82 zu § 315 BGB). Die bloße Einstellung einer bisher gewährten Leistung mit der Begründung, es bestehe keine Leistungsverpflichtung des ArbGeb, stellt jedoch keine erneute Ausübung des Leistungsbestimmungsrechts dar, da in diesem Fall jegliche Ermessensausübung fehlt (BAG 19.1.95, NZA 96, 391).

11 Übt der ArbGeb das Leistungsbestimmungsrecht entgegen seinem ausdrücklichen Inhalt aus, bzw beachtet er die Grenzen billigen Ermessens iSd § 315 Abs 1 BGB nicht, so ändert dies zunächst nichts an der Verbindlichkeit der Leistungsbestimmung für den ArbGeb. Er bleibt an seine Erklärung gebunden. Soweit sich allerdings der ArbN auf die Unbilligkeit der Leistungsbestimmung beruft, bleibt sie für den ArbN unverbindlich und wird gem § 315 Abs 3 BGB durch eine **gerichtliche Bestimmung** ersetzt (BAG 11.12.13 – 10 AZR 364/13, BeckRS 2014, 67282; LAG Hess 7.6.18 – 19 Sa 846/17, BeckRS 2018, 22898). Die Unbilligkeit muss der ArbN ggf beim ArbG klageweise geltend machen. Fristen gelten dabei nicht, insbes muss nicht die Klagefrist des § 4 KSchG eingehalten werden. Jedoch kann eine Verwirkung des Rechts zur Geltendmachung eintreten (→ *Verwirkung* Rn 2). Im Jahr 2012 hat der 5. Senat des BAG grundlegend entschieden, dass der ArbN an eine arbeitgeberseitige Weisung solange vorläufig gebunden sei, bis ein rechtskräftiges Urteil nach § 315 Abs 3 Satz 2 BGB vorliege (BAG 22.2.12 – 5 AZR 249/11, NZA 12, 858). Diese Rspr hat der 10. Senat des BAG nunmehr geändert und gegenteilig entschieden, nachdem der 5. Senat auf Anfrage mitgeteilt hatte, an seiner bisherigen Rspr nicht weiter festhalten zu wollen (BAG 18.10.17 – 10 AZR 330/16, NZA 17, 1452; *Preis/Rupprecht* NZA 17, 1353; *Liebers/Theisinger* NZA 17, 1357; *Bergwitz* NZA 17, 1553; *Lüthge/von Kummer* BB 18, 181).

12 **Darlegungs-** und ggf **beweispflichtig** für das Bestehen eines Leistungsbestimmungsrechts ist regelmäßig derjenige, der ein solches für sich in Anspruch nimmt und Leistungen geltend macht. Ist die Existenz eines solchen Leistungsbestimmungsrechts außer Streit, muss jedoch derjenige, der die Leistung bestimmt hat (also regelmäßig der ArbGeb) darlegen und beweisen, dass die Leistungsbestimmung den gesetzlichen Anforderungen der Billigkeit entspricht (BAG 13.3.07 – 9 AZR 433/06, AP Nr 26 zu § 307 BGB).

Soweit mit Hilfe des Leistungsbestimmungsrechts generelle Änderungen der Arbeitsbedingungen für alle ArbN oder für bestimmte ArbNGruppen erfolgen sollen, sind die **Mitbestimmungsrechte des Betriebsrats** (insbes § 87 BetrVG) zu beachten. Dies gilt nur dann nicht, wenn Rechtsgrundlage des Leistungsbestimmungsrechts eine Betriebsvereinbarung ist und die Betriebspartner die Ausfüllung der Betriebsvereinbarung bewusst dem ArbGeb überlassen haben.

13 **5. Rechtsprechungs-ABC.** Ohne Anspruch auf Vollständigkeit geben nachstehende Beispiele einen anschaulichen Überblick über die Bandbreite ArbGebSeitiger Leistungsbestimmungsrechte.

14 **a) Altersgrenze** (BAG 6.3.86, AP Nr 1 zu § 620 BGB Altersgrenze: Verlängerungsmöglichkeit der Beschäftigung für Cockpit-Personal über die tarifliche Altersgrenze hinaus; LAG Hess 20.9.99 – 16 Sa 2617/98, NZA-RR 2000, 413; vorzeitige einseitige Pensionierung durch ArbGeb nach Erreichen des 50. Lebensjahres kraft arbeitsvertraglicher Vereinbarung; Näheres s *Altersgrenze*).

15 **b) Altersteilzeit** (ArbG Flensburg 24.7.03 – 3 Ca 1597b/02, NZA-RR 04, 140: Auswahl zwischen Block- und Teilzeitmodell).

16 **c) Altersversorgung** (BAG 2.2.88, DB 88, 1273: Änderung der Versorgungsordnung; 9.4.91, DB 91, 2040: Abbau planwidriger Überversorgung; 28.4.92, NZA 93, 69: LAG

NdS 23.2.2000 – 3 Sa 1249/99, NZA-RR 01, 272; BAG 28.5.13 – 3 AZR 125/11, NZA-RR 13, 598: Anpassung gem § 16 BetrAVG; BAG 25.4.95, NZA 96, 427: Ruhegeldgewährung durch ArbGeb „in Ausnahmefällen"; LAG Hamm 27.11.90, DB 91, 815: Änderung der Leistungsordnung; LAG Hamm 13.8.96, BB 96, 2412: Verpflichtung des ArbGeb zur Beantragung einer Kapitalabfindung statt einer Altersrente auf Wunsch des ArbN; BAG 2.2.00 – 3 AZR 39/99, NZA 01, 541; Verweisung auf Beamtenversorgungrecht; BAG 8.12.15 – 3 AZR 141/14, BeckRS 2016, 66511: Gewährung einer Waisenrente; BAG 30.8.16 – 3 AZR 272/15, NZA 16, 1541: Verzinsung des Versorgungskapitals; BAG 14.5.19 – 3 AZR 150/17, NZA 19, 1367: Verpflichtung des ArbGeb zur Verrentung des Versorgungsguthabens des ArbN; Näheres *Betriebliche Altersversorgung*).

**d) Arbeitszeit** (BAG 12.12.84, DB 85, 1240: einseitige Änderung zunächst festgelegter Arbeitszeit nach Bedarf; 23.9.04 – 6 AZR 567/03, NZA 05, 359: Verteilung des Nachtdienstes in einer Pflegeeinrichtung; LAG Hess 10.10.12 – 2 Sa 1269/11, BeckRS 2013, 67419: Schichtänderung – Herausnahme eines ArbN aus dem ausschließlichen Wochenenddienst; LAG Düsseldorf 17.9.04 – 18 Sa 224/04, LAGE § 315 BGB 2002 Nr 1: Unwirksamkeit einer sog Bandbreitenwirkung; LAG Bln 7.3.03 – 13 Sa 72/03, NZA-RR 04, 92: einseitige Absenkung der Arbeitszeit aufgrund einer tariflichen Bestimmungsklausel; BAG 14.8.07 – 9 AZR 58/07, NZA-RR 08, 129; 18.3.08 – 9 AZR 72/07, BeckRS 2009, 69347: Erweiterung des Bestimmungsrechts zur Arbeitszeit durch sog Koalitionsvereinbarung tariffähiger Parteien; LAG NdS 26.7.01 – 7 Sa 1813/00, NZA-RR 02, 118: Spätdienst; LAG RhPf 15.5.01 – 5 Sa 271/01, NZA-RR 02, 120: Umstellung des Schichtsystems; BAG 12.3.92, AP Nr 1 zu § 4 BeschFG 1985: Festlegung der Arbeitszeit teilzeitbeschäftigter ArbN entsprechend dem Arbeitsanfall; LAG RhPf 7.4.11 – 5 Sa 637/10, BeckRS 2011, 74684; LAG Bbg 24.10.96 – 3 Sa 393/96, NZA-RR 97, 127: keine verbindliche Festlegung der durchschnittlichen monatlichen Arbeitszeit; LAG Köln 27.3.12 – 12 Sa 987/11, BeckRS 2012, 69615: Lage der Arbeitszeit/Berücksichtigung von Kinderbetreuungszeiten; BAG 25.10.89, NZA 90, 561: Bereitschaftsdienst im Krankenhaus; BAG 12.12.90, DB 91, 865: tarifliche Bestimmung, wonach der ArbGeb bei Auslandstätigkeiten Überschreitungen der 40-Stunden-Woche einseitig festsetzen kann; BAG 19.5.92, NZA 92, 978: Mittagspausenregelung bei Umsetzung der tariflichen Arbeitszeitverkürzung; BAG 7.12.2000 – 6 AZR 444/99, NZA 01, 780: Anweisung zur täglichen Arbeitsaufnahme am Betriebshof; BAG 23.6.92, NZA 93, 89: Betriebsvereinbarung über Beginn und Ende der täglichen Arbeitszeit; LAG BlnBbg 7.1.16 – 5 Sa 1276/15, BeckRS 2016, 68011: Festlegung der Arbeitszeit; BAG 17.1.95, DB 95, 1413: Gewährung von Freizeitausgleich ohne angemessene Ankündigungsfrist; ArbG Hbg 4.12.95 – 21 Ca 290/95, NZA-RR 96, 365: Berücksichtigung persönlicher Belange des ArbN; BAG 5.9.02 – 9 AZR 202/01: Wahlrecht des ArbGeb gem § 6 Abs 5 ArbZG bezüglich Ausgleich für Nachtarbeit; LAG MeVo 22.8.06 – 3 Sa 513/05: Pflichtstundenerhöhung für Lehrer; BAG 14.3.07 – 5 AZR 630/06, NZA 08, 45: Verweis auf Arbeitszeit der Beamten für angestellte Erzieherin; BAG 15.9.09 – 9 AZR 757/08, NZA 09, 1333: Sonn- und Feiertagsarbeit). 17

**e) Beihilfeleistungen** in entsprechender Anwendung von § 40 BAT (BAG 8.5.03 – 6 AZR 43/02, AP Nr 82 zu § 315 BGB). 18

**f) Belegschaftsaktien** (BAG 28.11.89, NZA 90, 559: Festsetzung der Gewinnanteile). 19

**g) Gehaltserhöhung** (BAG 4.9.85, DB 86, 1627: Gehaltserhöhung der außertariflichen Angestellten in jeweiliger Anlehnung an tarifliche Entwicklung begründet weder eine betriebliche Übung noch Verpflichtung nach § 315 BGB; BAG 9.6.16 – 6 AZR 321/15, BeckRS 2016, 70873: Verkürzung der Stufenlaufzeit; BAG 26.11.86, AP Nr 15 zu § 1 TVG Tarifverträge: Rundfunk: Zuerkennung von Fakultativstufen in tariflicher Vergütung unter Berücksichtigung von Haushaltslage und Grundsatz sparsamer Mittelbewirtschaftung; LAG BlnBbg 23.3.12 – 6 Sa 40/12, NZA-RR 12, 346: arbeitsvertraglicher Überprüfungs- und Erhöhungsanspruch). 20

**h) Gratifikation** (BAG 23.8.17 – 10 AZR 376/16, NZA 17, 1595: Weihnachtsgratifikation, auf die im Juni eines Jahres jeweils ein Vorschuss gewährt wird, wobei sowohl die Höhe des Vorschusses als auch der Gratifikation vom ArbGeb jährlich einseitig festgelegt werden; BAG 27.2.19 – 10 AZR 341/18, NZA 19, 914: Weihnachts- und Urlaubsgeld mit finanzieller Bemessungs-Obergrenze, die alle zwei Jahre überprüft werden muss). 21

22 **i) Organisationsänderung** (BAG 10.12.92 – 2 AZR 269/92, NZA 93, 552; 13.3.03 – 6 AZR 557/01, NZA 04, 735: Vertragsanpassung und Änderung des Aufgabengebiets eines Chefarztes).

23 **j) Prämien** (BAG 14.11.12 – 10 AZR 783/11, NZA 13, 1150: Regelung einer Tantieme; BAG 29.8.12 – 10 AZR 385/11, NZA 13, 148: kein Abweichen von der Zielvereinbarung durch anderweitige Leistungsbestimmung; BAG 3.8.16 – 10 AZR 710/14, NZA 16, 1334: Bonusanspruch; BAG 19.3.14 – 10 AZR 622/13 – NZA 14, 595: Unternehmensertrags- und Leistungsbonus; BAG 15.5.13 – 10 AZR 679/12, BeckRS 2013, 71104; 20.3.13 – 10 AZR 8/12, NZA 13, 970; 20.3.13 – 10 AZR 636/11, BeckRS 2013, 69564; BAG 24.10.18 – 10 AZR 285/16, NZA 19, 387: Reduzierung von Leistungsbonus auf Null; BAG 12.10.11 – 10 AZR 649/10, NZA 12, 464: Bonuszahlungsregelung in Betriebsvereinbarung mit Bonusvolumen in Abhängigkeit vom Geschäftsergebnis; BAG 26.2.92, BB 93, 360: Anrechnung von Prämienlohnerhöhung auf übertarifliche Leistungen; BAG 12.12.07 – 10 AZR 97/07, NZA 08, 409: nicht zustande gekommene Zielvereinbarung; BAG 13.5.15 – 10 AZR 266/14, NZA 15, 992: jährliche Sonderzulage; LAG Hamm 28.4.16 – 15 Sa 1642/15, BeckRS 2016, 71726: Jahreszahlung; LAG BaWü 14.1.13 – 1 Sa 27/12, NZA-RR 13, 118: Streichung eines Bonus wegen drastischen Gewinneinbruchs; LAG Hamm 23.2.01 – 15 Sa 1572/00, NZA-RR 01, 525: Tantieme; LAG Düsseldorf 28.7.06 – 17 Sa 465/06, BeckRS 2006, 44269; LAG Köln 26.1.18 – 4 Sa 433/17, BeckRS 2018, 9782: Tantieme bei unterlassener Zielvorgabe; LAG Düsseldorf 5.6.03 – 11 Sa 292/03, LAGE § 315 BGB Nr 13: Leistungsprämie; ArbG Düsseldorf 13.8.03 – 10 Ca 10348/02, DB 04, 1103: Zielperformanceprämie).

24 **k) Tätigkeit** (BAG 10.7.13 – 10 AZR 915/12, NZA 13, 1142: Versetzung; BAG 30.11.16 – 10 AZR 11/16, NZA 17, 1394: Versetzung; BAG 18.10.17 – 10 AZR 330/16, NZA 17, 1452: Versetzung; LAG SchlHol 28.8.15 – 3 Sa 157/15, BeckRS 2015, 72635; BAG 20.12.84, NZA 86, 21 und BAG 24.5.89, DB 89, 2538: Berücksichtigung von Gewissenskonflikt des ArbN bei Tätigkeitszuweisung; BAG 22.4.98 – 5 AZR 478/97, DB 98, 1920: Zuweisung einer Ersatztätigkeit an schwangere Flugbegleiterin; BAG 27.2.02 – 9 AZR 562/00, NZA 02, 1099; Freistellung bei tariflicher Altersteilzeit; BAG 11.4.06 – 9 AZR 557/05, NJW 06, 3303: Redakteur an Tageszeitung; LAG BlnBbg 17.11.17 – 2 Sa 868/17, BeckRS 2017, 142154: Bestellung zur verantwortlichen Elektrofachkraft; BAG 28.8.13 – 10 AZR 537/12, BeckRS 2013, 74858; 26.9.12 – 10 AZR 311/11, NZA-RR 13, 403; 13.6.12 – 10 AZR 296/11, NZA 12, 1154: Zuweisung eines anderen Tätigkeitsorts; BAG 27.1.16 – 4 AZR 468/14, NZA 16, 903: vorübergehende Übertragung höherwertiger Tätigkeit; BAG 16.4.15 – 6 AZR 242/14, NZA-RR 15, 532: vorübergehende Übertragung höherwertiger Tätigkeiten aufgrund tariflicher Regelung; BAG 18.4.12 – 10 AZR 134/11, NZA 12, 927: vorübergehende Übertragung höherwertiger Tätigkeit, die bei einem anderen ArbGeb zu verrichten ist; BAG 24.10.18 – 10 AZR 19/18, NZA 19, 619: Entbindung eines Gymnasiallehrers von Fachleiteraufgaben; LAG MeVo 15.3.16 – 5 Sa 119/15, BeckRS 2016, 68324 und LAG Köln 8.9.15 – 12 Sa 681/15, BeckRS 2015, 72899: vorübergehende Übertragung höherwertiger Tätigkeit; LAG Hamm 26.1.06 – 15 Sa 1905/05, BeckRS 2006, 41750: weltweiter Baustelleneinsatz; LAG BaWü 6.9.17 – 4 Sa 3/17, NZA-RR 17, 578: Auslandsdienstreise).

25 **l) Urlaub** (BAG 12.1.89, DB 89, 1425: Gewährung tariflichen Sonderurlaubs; BAG 1.10.91, NZA 92, 1078: Festlegung der Urlaubsart; BAG 26.5.92, NZA 93, 67: Kürzung übertariflichen Urlaubs; LAG RhPf 3.3.86 LAGE Nr 2 zu § 315 BGB: Widerruf übertariflichen Urlaubs).

26 **m) Vorruhestand** (BAG 28.2.89, BB 89, 1127 [LS]: Ablehnung eines Antrags auf Abschluss eines Vorruhestandsvertrags nach tariflicher Regelung).

27 **n) Zulagen** (BAG 7.1.71, DB 71, 392: Kürzung einer „jederzeit widerruflichen" Leistungszulage; BAG 22.2.12 – 5 AZR 229/11 (F), BeckRS 2012, 69834: tarifliche Leistungszulage mit eigenem Beurteilungsschema; LAG Köln 25.5.12 – 10 Sa 48/11, BeckRS 2012, 73147: Leistungsbonus; LAG Hamm 8.1.15 – 17 Sa 1458/14, BeckRS 2015, 65818: Tätigkeitszulage für Orchestermusiker; BAG 28.9.77, DB 78, 212: tariflicher Kinderzuschlag; BAG 15.1.87, DB 87, 2315: Essenmarkenzuschuss; BAG 13.5.87, DB 88, 183: Widerruf von Leistungszulage; BAG 25.4.07 – 5 AZR 627/06, NZA 07, 853: Leistungszulage mit Freiwilligkeitsvorbehalt; BAG 17. 10, 1990, DB 91, 974 [LS]: Schreibdienst im öffentlichen

Dienst; BAG GS 3.12.91, NZA 92, 749 sowie BAG 22.9.92, BB 93, 135: Anrechnung von Tariflohnerhöhung auf eine übertarifliche Zulage; BAG 19.1.95, NZA 96, 391: tarifliche Funktionszulage in „angemessener" Höhe; BAG 17.4.96, DB 96, 2630: Kürzung einer Sonderzuwendung im kirchlichen Dienst).

**6. Leistungsbestimmung durch Dritte.** Aufgrund des Grundsatzes der Vertragsfreiheit können die Parteien auch einem oder mehreren Dritten das Recht zur Leistungsbestimmung einräumen (BAG 17.4.96, DB 96, 2630). Für diesen Fall gelten gem § 317 BGB die zuvor genannten Grundsätze entsprechend (BAG 16.12.14 – 9 AZR 431/13, NZA-RR 15, 229: Paritätischer Bewertungsausschuss bei betrieblichem Vorschlagswesen). Im Zusammenhang mit der tariflichen Leistungsbeurteilung durch eine paritätische Kommission nach dem Entgeltrahmenabkommen der Metall- und Elektroindustrie NRW (ERA) hat das BAG entschieden, dass die Entscheidung der Kommission grds einer nachvollziehbaren Begründung bedarf. Anderenfalls ist sie unverbindlich und durch eine gerichtliche Leistungsbeurteilung zu ersetzen (BAG 18.5.16 – 10 AZR 183/15, NZA 16, 1089). Bei einer arbeitsvertraglich vereinbarten Übertragung des Leistungsbestimmungsrechts auf einen Zusammenschluss von ArbGeb ist § 315 BGB unmittelbar anzuwenden (BAG 26.8.97 – 3 AZR 213/96, NZA 98, 605; 9.11.99 – 3 AZR 432/98, NZA 01, 221 betr Bochumer Verband zum Zweck der Koordinierung der Bedingungen der betrieblichen Altersversorgung). Einen Sonderfall stellt das Leistungsbestimmungsrecht des Einigungsstellenvorsitzenden hinsichtlich der Festlegung des Honorars dar (→ *Einigungsstelle* Rn 34). 28

## B. Lohnsteuerrecht *Seidel*

Für das LStRecht hat der Begriff der Leistungsbestimmung keine Bedeutung. Zur Bedeutung des Weisungsrechts (→ Rn 3) → *Arbeitnehmer (Begriff)* Rn 32. 30

## C. Sozialversicherungsrecht *Voelzke*

Beim Leistungsbestimmungsrecht handelt es sich um einen rein arbeitsrechtlichen Begriff, der für das SozVRecht keine Bedeutung hat. 35

# Leistungsorientierte Vergütung

## A. Arbeitsrecht *Griese*

**1. Allgemeines.** Kennzeichen der leistungsorientierten Vergütungselemente ist, dass die Vergütung in Abhängigkeit von der erbrachten Leistung bemessen wird (zur Abgrenzung BAG 15.5.01 – 1 ABR 39/00, NZA 01, 1154). Wichtige leistungsorientierte Vergütungsformen sind die Akkordvergütung, leistungsbezogene Zulagen und Prämien (→ *Entgeltzuschläge* Rn 2), Provisionen (s *Provision*), Boni und Leistungsprämien und durch **Zielvereinbarungen** (→ *Zielvereinbarungen* Rn 2) erreichbare Zahlungen. 1

**a) Akkordlohn.** Bezugspunkt für die Vergütung ist hierbei die vom ArbN erbrachte Arbeitsmenge, die zB nach Stückzahl, Gewicht, Maß, Fläche oder Strecke gemessen wird, wobei der Arbeitsmengeneinheit ein Geldbetrag **(Geldakkord)** oder eine feste Vorgabezeit als Verrechnungsfaktor **(Zeitakkord)** zugeordnet wird. Der Akkordlohn kommt auch in der Form des **Gruppenakkords** vor, der an die Leistung einer ArbNGruppe angeknüpft wird. 2

In der jeweiligen Rechtsgrundlage für den Akkordlohn sind häufig **Mindestentgeltgarantien** aufgenommen, die gewährleisten, dass das Einkommen der ArbN bei unterdurchschnittlicher Leistung nicht unter die dort festgelegte Mindestvergütung absinkt. Der Mindestlohn nach § 1 MiLoG darf nicht unterschritten werden, wobei der maximale Referenzzeitraum einen Monat beträgt (BAG 25.5.16 – 5 AZR 135/16, BB 16,1395). Kommt es zu Minderleistungen der ArbN, weil der ArbGeb die Voraussetzungen für eine ordnungsgemäße Arbeitsleistung nicht schafft, zB notwendiges Arbeitsgerät nicht zur Verfügung stellt, behält der ArbN gem § 615 Satz 1 BGB seinen vollen Vergütungsanspruch (*Erman/Hanau* § 611 Rz 439).

3 **b) Prämienentgelt.** Eine leistungsbezogene Vergütungsform ist weiterhin der Prämienlohn. Diesbezüglich wird die Leistung des ArbN oder einzelne Aspekte hiervon gemessen und zu einer Bezugsleistung (Normalleistung) ins Verhältnis gesetzt (BAG 15.5.01 – 1 ABR 39/00, NZA 01, 1154). Die Zielrichtung des Prämienlohns kann sehr unterschiedlich sein: Er kann zB zur Erhöhung der Menge oder der Qualität der Arbeit, zur besseren Nutzung der betrieblichen Anlagen oder Materialien oder zur Belohnung von Rohstoff-, Energie- oder Zeitersparnis eingesetzt werden (*Erman/Hanau* § 611 Rz 444). Stets ist eine Vereinbarung dafür erforderlich (BAG 12.5.04 – 4 AZR 59/03, ArbuR 04, 230).

**c) Tantieme.** Auch die Tantieme kann eine leistungsorientierte Vergütung sein (BAG 14.11.12 – 10 AZR 783/11, NZA 13, 1150). Es ist nicht unangemessen benachteiligend im Sinne von § 307 Abs 1 BGB, die Zahlung einer Abschlussvergütung an AT-Mitarbeiter von der Zahlung einer Dividende an die Aktionäre abhängig zu machen (BAG 18.1.12 – 10 AZR 670/10, DB 12, 749). Ist die Tantieme an die prozentuale Höhe der Dividende einer Aktiengesellschaft gekoppelt, kann bei effektiven Kapitalerhöhungen der Verwässerungsschutz, der gem § 216 Abs 3 Satz 1 AktG nur für nominelle Kapitalerhöhungen gilt, nicht in analoger Anwendung dieser Vorschrift beansprucht werden (BAG 27.6.18 – 10 AZR 295/17, DB 18, 1969).

4 **2. Grenzen der leistungsorientierten Vergütung.** Die Vergütung wird sich idR entsprechend der rechtlichen Anspruchsgrundlage(n) aus der Kombination von zeit- und leistungsbezogenen Vergütungsanteilen zusammensetzen. Da der ArbGeb das Wirtschaftsrisiko wegen § 615 Satz 3 BGB nicht auf den ArbN abwälzen darf und der ArbN anders als der Werkunternehmer nicht den Arbeitserfolg sondern die Arbeitsleistung schuldet, ergeben sich hieraus Grenzen für das Verhältnis zwischen zeit- und leistungsbezogenen Vergütungsbestandteilen (→ *Provision* Rn 3). Eine nur auf leistungsorientierten Elementen beruhende Vergütung **ohne angemessenes Mindestentgelt hält der Inhaltskontrolle des § 307 Abs 2 Nr 1 BGB** nicht stand, weil damit von Rechtsvorschriften (§ 615 Satz 3 BGB, § 1 MiLoG) abgewichen wird. Die Inhaltskontrolle greift auch deshalb trotz § 307 Abs 3 Satz 1 BGB ein, weil der ArbGeb über die Festlegung von Soll- und Leistungsvorgaben einseitige Bestimmungsmöglichkeiten hat. Bei einseitiger Leistungbestimmungsmöglichkeit kommt die Inhaltskontrolle nach §§ 307 ff BGB ebenfalls zur Anwendung (BAG 12.1.05 – 5 AZR 364/04, NZA 05, 465). Hat ein ArbGeb nach § 315 BGB über einen Bonusanspruch zu entscheiden, der gleichermaßen auf der Ertragslage des Unternehmens wie auf der Leistung des ArbN beruht, kommt, wenn der ArbN die festgelegten Ziele erreicht hat, eine Festsetzung auf „Null“ gleichwohl in Betracht (BAG 19.3.14 – 10 AZR 622/13, NZA 14,595 – Bankenkrise). Die für eine leistungsabhängige Vergütung notwendige Leistungsbeurteilung zB durch eine tarifliche Kommission muss die Gründe der Beurteilung erkennen lassen, andernfalls ist sie unverbindlich und wird in entsprechender Anwendung von § 319 Abs 1 S 2 BGB durch das Gericht vorgenommen (BAG 18.5.16 – 10 AZR 183/15, NZA 16, 1089).

Eine Vergütungsregelung, die im Wesentlichen aus Aktienoptionen besteht, ist unzulässig (LAG Düsseldorf 30.10.08 – 5 Sa 977/08, NZG 09, 280).

Ferner darf nicht der gesetzliche Schutz gegen Änderungskündigungen umgangen werden. Unter diesem Gesichtspunkt ist es gerade noch zulässig, wenn zB eine Provisionszusage befristet wird, die neben das Tarifgehalt tritt und lediglich 15 % der Gesamtvergütung ausmacht (BAG 21.4.93 – 7 AZR 297/92, DB 94, 2400). In Anlehnung an die Rspr (BAG 12.1.05 – 5 AZR 364/04, NZA 05, 465) zum vereinbarten Widerrufsrecht für Zulagen kann als Obergrenze der leistungsbezogenen Entgeltbestandteile ein Anteil von 25 % der Vergütung herangezogen werden.

Besteht eine Vergütung nach der zugrunde liegenden Rechtsgrundlage aus einem Fixanteil und einer erfolgsorientierten variablen Vergütung, ist der ArbGeb nicht verpflichtet, die Arbeit so zu organisieren, dass ein maximales variables Entgelt erzielt wird (BAG 16.2.12 – 8 AZR 98/11, BB 12, 571). Sieht ein TV zur Ausfüllung einer Leistungszulage eine Betriebs- oder Dienstvereinbarung vor, kann erst nach deren Zustandekommen der leistungsorientierte Entgeltbestandteil beansprucht werden (BAG 16.5.12 – 10 AZR 202/11, ZTR 12, 498).

Für Mitarbeiter von **Banken sind bei der Festsetzung von leistungsbezogenen Vergütungsbestandteilen die Grenzen des § 25a KWG und der auf dieser Basis erlasse-**

**nen Institutsvergütungsverordnung** (v 25.7.17, BGBl I 2017, 3042) zu beachten (*Annuß* NZA Beilage 2014 Nr 4, 121). Dazu kann der Aufsichtsrat Auskunftsrechte geltend machen und einen **Vergütungsbeauftragten** gem § 23 der Institutsvergütungsverordnung bestellen (*Jochum* NZA 17, 1371).

**3. Schutz besonderer Arbeitnehmergruppen.** Für besonders schutzbedürftige ArbNGruppen ist sowohl der Akkord- als auch das temposteigernde Prämienentgelt unzulässig, so für Jugendliche nach § 23 Abs 1 JArbSchG, für Schwangere nach § 4 Abs 3 MuSchG und für das Fahrpersonal nach Art 10 EU-VO Nr 561/2006 EG (→ *Fahrtätigkeit* Rn 8, bis 2007 § 3 Fahrpersonalgesetz). 5

**4. Leistungsorientierte Vergütung bei Urlaub und Krankheit.** Leistungsorientierte Vergütungsbestandteile sind Bestandteil der Urlaubsvergütung. § 11 Abs 1 BUrlG bestimmt, dass das Urlaubsentgelt sich aus dem durchschnittlichen Arbeitsverdienst der letzten 13 Wochen vor Urlaubsantritt errechnet, so dass der erzielte Durchschnitt der leistungsorientierten Vergütungsbestandteile während des Urlaubs fortzuzahlen ist. 6

Die **Entgeltfortzahlung im Krankheitsfall erstreckt sich ebenfalls auf leistungsorientierte Vergütungselemente.** Dabei ist von dem in dem Erkrankungszeitraum erzielbaren Durchschnittsverdienst auszugehen (§ 4 Abs 1a Satz 2 EFZG; zur Akkordgruppe s BAG 26.2.03 – 5 AZR 162/02, NZA 03, 992). Auch laufende Leistungsprämien oder Leistungszulagen müssen während der Arbeitsunfähigkeit fortgezahlt werden (zu Anwesenheitsprämien → *Anwesenheitsprämie* Rn 6). Bei Berufsfußballspielern gehören dazu auch Prämien für jeden gewonnenen Meisterschaftspunkt (BAG 6.12.95 – 5 AZR 237/94, NJW 96, 2388; BAG 19.1.00 – 5 AZR 637/98, NZA 2000, 771). 7

**5. Mitbestimmung des Betriebsrats.** Für **leistungsbezogene Vergütungsbestandteile** ist das Mitbestimmungsrecht in § 87 Abs 1 Nr 11 BetrVG erweitert. Danach muss der BRat an der Festsetzung der Akkord- und Prämiensätze und vergleichbarer leistungsbezogener Entgelte einschließlich der Geldfaktoren beteiligt werden. Der Grund für diese erweiterte Mitbestimmung ist, dass leistungsbezogene Entgelte, ausgehend von ihrer Zielsetzung, zu hohen Leistungen zu motivieren, mit besonderen Belastungen für die ArbN verbunden sind und eine Leistungsbeurteilung von nicht immer objektivierbaren Leistungskriterien abhängt und idR nicht mit mathematischer Genauigkeit erfolgen kann. Anders als bei der Mitbestimmung nach § 87 Abs 1 Nr 10 BetrVG gewinnt der BRat bei leistungsbezogenen Entgelten nach § 87 Abs 1 Nr 11 BetrVG unmittelbaren Einfluss auf die der Leistungsvergütung zugrunde liegenden Geldfaktoren und damit auf die konkrete Vergütungshöhe. Die Beachtung der Mitbestimmung ist Wirksamkeitsvoraussetzung für Änderungen zu Lasten der ArbN (BAG 11.6.02 – 1 AZR 390/01, NZA 03, 571). Die Verletzung des Mitbestimmungsrechts nach § 87 Abs 1 Nr 10 BetrVG kann deshalb dazu führen, dass die vorher geltenden Entlohnungsgrundsätze in Kraft bleiben (BAG 22.6.10 – 1 AZR 853/08, NZA 10, 1243). 8

Soweit allerdings eine tarifliche Regelung besteht und diese abschließend ist, gilt der Tarifvorbehalt des § 87 Abs 1 Eingangssatz BetrVG. Ein etwaiges Mitbestimmungsrecht des BRat nach § 87 Abs 1 Nr 11 BetrVG entfällt (BAG 20.2.18 – 1 ABR 53/16, NZA 18, 954).

## B. Lohnsteuerrecht *Seidel*

Bei der Besteuerung der leistungsorientierten Vergütung ist zwischen laufendem Arbeitslohn und einmaligen Lohnzahlungen zu unterscheiden. Bis auf den Akkordlohn (→ Rn 2), der der Besteuerung als laufender Arbeitslohn unterliegt (→ *Lohnsteuerberechnung* Rn 4), wird es sich meist um einmalige Lohnzahlungen handeln, zB Boni, Provisionen, Prämien, Gratifikationen. Hierzu wird auf die Stichwörter → *Einmalzahlungen* Rn 31 ff und → *Sonstige Bezüge* Rn 2 ff sowie → *Anwesenheitsprämie* Rn 18, → *Arbeitsentgelt* Rn 46 (Prämien), → *Entgeltzuschläge* Rn 13, → *Provision* Rn 31 ff und → *Zielvereinbarung* Rn 26 (Boni) verwiesen. Hinsichtlich der Weiterzahlung leistungsorientierter Vergütung bei Urlaub und Krankheit (→ Rn 6, 7) → *Urlaubsentgelt* Rn 19 und → *Entgeltfortzahlung* Rn 41, 42). Zur Fälligkeit einer Tantieme s BFH 3.2.11 – VI R 66/09, BStBl II 14, 491 und 2.6.14 – III B 153/13, BFH/NV 14, 1377, zum Zufluss → *Lohnzufluss* Rn 12. 11

C. Sozialversicherungsrecht *Schlegel*

16 **Arbeitsentgelt im Sinne des § 14 SGB IV** sind auch Zuwendungen, die der ArbGeb aus bestimmten Anlässen zusätzlich zur normalen Vergütung zahlt und die im Hinblick auf ihre Zweckbestimmung arbeitsrechtlich als Gratifikation oder ähnlich bezeichnet werden (→ Rn 1, 2). Spezielle, auf den arbeitsrechtlichen Begriff der Gratifikation zugeschnittene Vorschriften sehen die SozV und die ArblV nicht vor.

17 **Beitragsrechtliche Besonderheiten** bestehen nur insoweit, als leistungsorientierte Arbeitsentgelte in aller Regel als einmalige Zahlungen gewährt werden und deshalb nach den Regeln des § 23a SGB IV für Einmalzahlungen behandelt werden (Einzelheiten s *Einmalzahlung*).

18 Dies ist insbes für das Weihnachtsgeld von Bedeutung; dieses wird wie auch Gratifikationen nicht für die Arbeit in einen einzelnen Lohnabrechnungszeitraum (zB Auszahlungsmonat Dezember), sondern für die Arbeit des gesamten Jahres und im Hinblick auch auf künftige Fortsetzung der Arbeit gezahlt (BSG 11.12.87 – 12 RK 22/86, SozR 2200 § 385 Nr 18; BT-Drs 10/335 S 67 zu § 385 RVO).

19 Wird ein leistungsbezogenes, vom Erreichen für das Geschäftsjahr vereinbarter Ziele abhängiges sog **variables Entgelt** während des Geschäftsjahrs in gleich hohen Abschlagszahlungen und nach Ablauf des Geschäftsjahrs in einer Endzahlung erbracht, handelt es sich insgesamt um Einmalzahlungen (BSG 3.6.09 – B 12 R 12/07 R, BSGE 103, 229).

## Leistungsverweigerungsrecht

A. Arbeitsrecht *Kreitner*

1 **1. Begriff.** Gem § 614 BGB ist der ArbN grds vorleistungspflichtig. Die vertraglich vereinbarte Vergütung ist erst nach geleisteter Arbeit fällig. In Durchbrechung dieses Grundsatzes sind jedoch vielgestaltige Sachverhaltskonstellationen denkbar, in denen der ArbN ausnahmsweise nicht zur Erbringung seiner Arbeitsleistung verpflichtet ist. In vielen Fällen handelt es sich dabei um ein Leistungsverweigerungsrecht des ArbN.

2 Dabei ist zunächst zwischen Leistungsverweigerungsrecht einerseits und Zurückbehaltungsrecht andererseits zu unterscheiden. Während das Zurückbehaltungsrecht (→ *Zurückbehaltungsrecht* Rn 1) dazu dient, den ArbGeb zur Erfüllung der ihm obliegenden Pflichten zu veranlassen (zB ausstehende Vergütungsansprüche des ArbN), greift das Leistungsverweigerungsrecht ein, wenn die Arbeitspflicht mit einer anderen, eigenen Pflicht des ArbN in Kollision gerät. Im Schrifttum werden diese beiden Begriffe vielfach zu unrecht synonym verwandt.

3 **2. Einzelfälle.** Das Leistungsverweigerungsrecht des ArbN lässt sich nach seinem Inhalt in mehrere Kategorien unterteilen.

**a) Verstoß des Arbeitgebers gegen Schutzgesetze.** Missachtet der ArbGeb arbeitsrechtliche Schutzgesetze wie zB § 618 BGB, § 12 AGG oder handelt er der ArbGebSeitigen Fürsorgepflicht (s *Fürsorgepflicht*) zuwider, so steht dem ArbN ein Leistungsverweigerungsrecht zu (BAG 14.5.13 – 1 AZR 44/12, NZA 13, 1160). Das Gleiche gilt etwa, wenn der ArbGeb den ArbN trotz eines bestehenden gesetzlichen Beschäftigungsverbots (→ *Beschäftigungsverbot* Rn 4) zur Arbeitsleistung auffordert sowie allgemein bei unzulässigen Weisungen des ArbGeb, die durch das ArbGebSeitige Direktionsrecht nicht gedeckt sind (BAG 25.10.89, AP Nr 36 zu § 611 BGB Direktionsrecht; → *Weisungsrecht* Rn 6 ff).

4 Diese Fälle begründen jedoch bei genauerer Betrachtung für den betroffenen ArbN kein Leistungsverweigerungsrecht, da es bereits an einer originären Leistungsverpflichtung des ArbN fehlt. Der Verstoß des ArbGeb gegen die vorgenannten gesetzlichen Vorschriften führt gem § 134 BGB zur Nichtigkeit der konkreten Weisung des ArbGeb und lässt damit die Arbeitspflicht des ArbN entfallen. Für ein einredeweise geltend zu machendes Leistungsverweigerungsrecht besteht daher kein Raum.

5 **b) Verstoß des Arbeitgebers gegen das BetrVG.** Für betriebsverfassungsrechtliche Verstöße des ArbGeb – also zB Missachtung zwingender Mitbestimmungsrechte des BRat – gilt das zuvor Gesagte jedenfalls dann entsprechend, wenn man mit der Rspr des BAG im

Bereich der sozialen Angelegenheiten von der Theorie der Wirksamkeitsvoraussetzung (→ *Mitbestimmung, soziale Angelegenheiten* Rn 20) ausgeht. Auch hier führt die Missachtung betriebsverfassungsrechtlicher Mitbestimmungsrechte des BRat zur Unwirksamkeit der jeweiligen Maßnahme, so dass es eines Leistungsverweigerungsrechts des ArbN nicht mehr bedarf. Fehlt im Bereich der personellen Mitbestimmung die Zustimmung des BRat zu der Einstellung eines ArbN und leitet der BRat ein Verfahren nach § 101 BetrVG ein, kann der ArbGeb eine Beschäftigung des ArbN nicht durchsetzen, so dass diesem im Gegenzug ein Leistungsverweigerungsrecht zusteht (BAG 5.4.01 – 2 AZR 580/99, NZA 01, 893). Ein entsprechendes Leistungsverweigerungsrecht besteht auch im Fall der mitbestimmungswidrig durchgeführten Versetzung (LAG MeVo 6.5.04 – 1 Sa 240/03, BeckRS 2004, 17678).

**c) Unzumutbarkeit der Arbeitsleistung.** Unter diesem Oberbegriff werden die eigentlichen Fälle des Leistungsverweigerungsrechts verstanden. Die dabei jeweils im konkreten Einzelfall in der Person des ArbN auftretende Pflichtenkollision kann nach Abwägung der Interessenlage gem § 275 Abs 3 BGB ein Leistungsverweigerungsrecht begründen. In der Rspr sind soweit ersichtlich bislang folgende Sachverhalte entschieden worden: 6

**aa) Familiäre Gründe** sind als erhebliche, ein Leistungsverweigerungsrecht begründende Umstände von der Rspr anerkannt. Hierzu zählen zB die Pflege eines erkrankten Kindes (BAG 19.4.78, NJW 78, 2316; ArbG Mannheim 7.2.91, BB 91, 978; *Treichel* NZA 16, 459), eine Pflichtenkollision bei der allgemeinen Kinderbetreuung (LAG Köln 27.2.15 – 9 Sa 696/14, NZA-RR 15, 469), ein Sterbefall im engsten Familienkreis oder die Hochzeit des ArbN (BAG 27.4.83, DB 83, 2201). Das BAG hat allerdings am Beispielfall der Sorge für ein erkranktes Kind darauf hingewiesen, dass es in einem solchen Konfliktfall zunächst Aufgabe des ArbN ist, alles nur Mögliche zu tun, um die Zwangslage abzuwenden. Erst nach vergeblichem Ausschöpfen dieser Alternativen kommt das Leistungsverweigerungsrecht zum Tragen (BAG 21.5.92, NZA 93, 115). Zu den näheren Einzelheiten → *Arbeitsverhinderung* Rn 3. 7

Nach § 2 Abs 1 **Pflegezeitgesetz** haben Beschäftigte iSd Gesetzes das Recht, bis zu zehn Tage der Arbeit fernzubleiben, wenn dies erforderlich ist, um für einen pflegebedürftigen nahen Angehörigen in einer akut aufgetretenen Pflegesituation eine bedarfsgerechte Pflege zu organisieren oder eine pflegerische Versorgung in dieser Zeit sicherzustellen. Als Beschäftigte iSd Gesetzes gelten gem § 7 Abs 1 PflegeZG neben ArbN auch Auszubildende sowie arbeitnehmerähnliche Personen. Zu den nahen Angehörigen gehören nach § 7 Abs 3 PflegeZG die Großeltern, Eltern und Schwiegereltern, die Ehegatten, Lebenspartner, Partner einer eheähnlichen Gemeinschaft und die Geschwister sowie die Kinder, Adoptiv- oder Pflegekinder des Ehegatten oder Lebenspartners sowie Schwieger- und Enkelkinder. Nach § 7 Abs 4 PflegeZG liegt Pflegebedürftigkeit iSd Gesetzes bereits vor, wenn die Voraussetzungen für die Pflegestufe I nach § 15 SGB XI zwar noch nicht festgestellt, aber voraussichtlich erfüllt sind. § 2 Abs 2 Satz 1 PflegeZG normiert eine Pflicht zur unverzüglichen Mitteilung der Arbeitsverhinderung und deren voraussichtlicher Dauer. Der ArbGeb kann die Vorlage einer ärztlichen Bescheinigung über die Pflegebedürftigkeit des Angehörigen verlangen. Art und Ursache der Pflegebedürftigkeit muss der Beschäftigte jedoch nicht offenbaren. Hinsichtlich der Vergütungspflicht für die Dauer des ausgeübten Leistungsverweigerungsrechts verweist § 2 Abs 3 PflegeZG auf die allgemeinen gesetzlichen Vorschriften. Hier wird in aller Regel § 616 BGB einschlägig sein (aus dem Schrifttum zum PflegeZG *Preis/Nehring* NZA 08, 729; *Müller* BB 08, 1058). 8

**bb) Glaubens- und Gewissensgründe.** Die Leistungsverweigerung aus Glaubens- und Gewissensgründen stellt den Bereich dar, der in der Vergangenheit Rspr und Schrifttum am intensivsten beschäftigt hat (grundlegend *Konzen/Rupp* Gewissenskonflikte im Arbeitsverhältnis, 1990; *Leuze* RdA 93, 16; zuletzt *Salamon/Groffy* BB 19, 1588). Es geht dabei um die Auswirkungen des Grundrechts aus Art 4 GG auf das Arbeitsverhältnis (→ *Gewissensfreiheit* Rn 1–7). 9

Nach der Rspr des BAG kommt der **Gewissensfreiheit** des Einzelnen erhebliche Bedeutung zu. So hat das Gericht bspw die Bedenken eines Kriegsdienstverweigerers, an der drucktechnischen Erstellung eines kriegsverherrlichenden Buches mitzuwirken, für erheblich erachtet (BAG 20.12.84, DB 85, 2689). Gleiches gilt für die Weigerung zweier Ärzte in der Forschungsabteilung eines Pharmaunternehmens, an der Erforschung einer Substanz mitzuarbeiten, die im Falle eines Nuklearkriegs zur Unterdrückung der Symptome atomarer Verstrahlung bei Soldaten eingesetzt werden sollte (BAG 24.5.89, DB 89, 2538). Das ArbG Köln hat einer Verkaufssachbearbeiterin in einem Stahl- und Metallhandelsunternehmen unter Berufung auf ihre jüdische Abstammung und ihre engen Beziehungen zum Staat Israel ein Leistungsverweigerungsrecht hinsichtlich der Bearbeitung von Aufträgen für den Irak zugebilligt (ArbG Köln 18.4.89, NZA 91, 276). Ebenfalls ein Leistungsverweigerungsrecht bejaht hat das ArbG Hbg im Fall eines ArbN in einem Restaurant, der angewiesen worden war, statt seines Turbans die zur Dienstkleidung gehörende Papierfaltmütze zu tragen (ArbG Hbg 3.1.96, ArbuR 96, 243).

**10** Die Reichweite der **Glaubensfreiheit** ist schon seit längerem am Beispiel des islamischen Kopftuchs Gegenstand der Rspr. Zwar ging es dabei **zunächst** jeweils um die Einstellung bzw Kündigung eines ArbN. Jedoch gelten die dort gefundenen Wertmaßstäbe für die Ausgestaltung des Leistungsverweigerungsrechts im bestehenden Arbeitsverhältnis gleichermaßen. So hat das BAG die personen- und verhaltensbedingte Kündigung einer Verkäuferin in einem Kaufhaus für unwirksam erklärt, da das Kopftuch die Verkäuferin nicht an der Ausübung ihrer Tätigkeit hinderte und erhebliche betriebliche Störungen oder wirtschaftliche Einbußen seitens des ArbGeb nicht vorgetragen waren (BAG 10.10.02 – 2 AZR 472/01, NZA 03, 483; bestätigt durch BVerfG 30.7.03 – 1 BvR 792/03, NZA 03, 959; ebenso ArbG Bln 28.3.12 – 55 Ca 2426/12, NZA-RR 12, 627 zur Bewerbung einer Auszubildenden als Zahnarzthelferin; *Preis/Greiner* RdA 03, 244; *Hoevels* NZA 03, 701; *Bachmann* SAE 03, 336). Auch das Kopftuchverbot bei einer Verkaufsberaterin und Kassiererin einer Drogeriemarktkette ist zuletzt für rechtsunwirksam erachtet worden (LAG Nbg 27.3.18 – 7 Sa 304/17, NZA-RR 18, 356 – nicht rkr, Az beim BAG: 10 AZR 299/18, das die Sache zwischenzeitlich dem EuGH vorgelegt hat; kritische Anm von *Spielberger* NZA-RR 18, 360). Demgegenüber hatte zuvor das BVerwG die Einstellung einer Lehrerin im Beamtenverhältnis auf Probe wegen der fehlenden Bereitschaft auf das Kopftuch im Unterricht zu verzichten abgelehnt (BVerwG 4.7.02 – 2 C 21/01, NJW 02, 3344). Die unterschiedliche Wertung beruht auf den Besonderheiten des öffentlichen Dienstrechts. Das BVerfG hat für das Verbot des Kopftuchtragens an öffentlichen Schulen eine gesetzliche Grundlage verlangt (BVerfG 24.9.03 – 2 BvR 1436/02, NJW 03, 3111), die mittlerweile zT in den geänderten Landesschulgesetzen enthalten ist (BVerwG 24.6.04 – 2 C 45/03, NJW 04, 3581: betr BaWü). In mehreren **neueren arbeitsgerichtlichen Entscheidungen** wird das Kopftuchverbot für wirksam erachtet (BAG 20.8.09 – 2 AZR 499/08, NZA 10, 227: Baskenmütze als Kopftuchsurrogat; 10.12.09 – 2 AZR 55/09, NZA-RR 10, 382: Unterrichtung allein muslimischer Schüler; 24.9.14 – 5 AZR 611/12, NZA 14, 1407: kopftuchtragende Krankenschwester in einem evangelischen Krankenhaus; LAG Hamm 8.11.18 – 18 Sa 639/18, BeckRS 2018, 37145: Krankenschwester in evangelischem Krankenhaus; LAG BlnBbg 9.2.17 – 14 Sa 1038/16, NZA-RR 17, 378: Lehrerin an allgemeinbildender öffentlicher Schule; *Neugebauer/Sura* RdA 18, 350). Demgegenüber hat das LAG BlnBbg in einer weiteren Entscheidung zuletzt einer kopftuchtragenden, muslimischen Bewerberin als Lehrerin in einer öffentlichen Schule eine Entschädigung zugesprochen (LAG BlnBbg 27.11.18 – 7 Sa 963/18, NZA-RR 19, 280 – nicht rkr, Az beim BAG: 8 AZR 62/19). Auch der **EuGH** hat sich zuletzt mit dem Kopftuchverbot beschäftigt. Dabei hat er zum einen entschieden, dass ArbGeb das Tragen von Kopftüchern und anderen religiösen Zeichen verbieten dürfen, wenn es dafür eine allgemeine, interne Regel gibt, die vom ArbGeb diskriminierungsfrei durchgesetzt wird (EuGH 14.3.17 – C-157/15, NZA 17, 373). In einer weiteren Entscheidung hat er allerdings unter dem gleichen Datum auch klargestellt, dass allein subjektive Erwägungen des ArbGeb, den Wünschen eines Kunden entsprechen zu wollen, nicht als wesentliche und entscheidende berufliche Anforderung iSd Art 4 Abs 1 der Richtlinie 2000/78/EG angesehen werden können (EuGH 14.3.17 – C-188/15, NZA 17, 375; *Stein* NZA 17, 828; *Brors* ArbuR 18, 112). Aktuell hat sich der EuGH zu dieser Thematik ua mit zwei deutschen Vorlagen zu beschäftigen (BAG 30.1.19 – 10 AZR 299/18 (A), NZA 19, 693 – Az beim EuGH: C-341/19; ArbG Hbg 21.11.18 – 8 Ca 123/18, NZA-RR 19, 119 – Az beim EuGH: C-804/18). Der **EGMR** schließlich hat in der Nichtverlängerung des Arbeitsvertrages einer Sozialarbeiterin an einer öffentlichen Klinik in Frankreich wegen der Weigerung, ihr Kopftuch abzulegen, keinen Verstoß gegen Art 9 EMRK gesehen (EGMR 26.11.15 – 64846/11, NZA-RR 17, 62). Für das Kopftuchverbot in Kindertagesstätten in BaWü verlangt das **BVerfG** in verfassungskonformer Auslegung der landesrechtlichen Vorschriften das Bestehen einer hinreichend konkreten Gefahr (BVerfG 18.10.16 – 1 BvR 354/11, NZA 16, 1522: vorliegend verneint). Ebenfalls unter einem Glaubenskonflikt stand ein als Ladenhilfe im Einzelhandel arbeitender muslimischer ArbN, der sich weigerte, alkoholische Getränke ein- und auszuräumen (vgl BAG 24.2.11 – 2 AZR 639/09, NZA 11, 1087; *Richardi* SAE 12, 7).

**cc) Einberufung zum ausländischen Wehrdienst** (→ *Ausländer* Rn 17). 11

**dd) Unzumutbare Arbeitsbedingungen.** In seltenen Fällen kann sich ein Leistungs- 12 verweigerungsrecht des ArbN aufgrund unzumutbarer, insbes persönlichkeitsrechts- oder ehrverletzender Arbeitsbedingungen ergeben.

Derartige Arbeitsbedingungen können unmittelbar durch den **Arbeitgeber** verursacht 13 sein. So ist in der Rspr bspw das Bestehen eines Leistungsverweigerungsrechts wegen toxikologischer Schädigung durch den Arbeitsplatz bei einem Sozialarbeiter in einer Kinderklinik angenommen worden, der wegen aufgetretener gesundheitlicher Beschwerden, die vermutlich auf ein verwendetes Holzschutzmittel zurückzuführen waren, die Arbeitsleistung verweigert hatte (ArbG Wiesbaden 1.6.89, NZA 90, 275; BAG 8.5.96, DB 96, 2446: kein Leistungsverweigerungsrecht in einem ähnlichen Fall wegen fehlenden Nachweises einer Gesundheitsbeeinträchtigung). Gleiches gilt im Grundsatz auch für asbestbelastete Arbeitsplätze (BAG 19.2.97, BB 97, 1364; *Molkentin* NZA 97, 849).

Bei erhöhten Raumtemperaturen am Arbeitsplatz aufgrund außergewöhnlich sommerlicher Witterungsbedingungen greift ein Leistungsverweigerungsrecht ebenfalls erst bei unmittelbar drohenden Gesundheitsbeeinträchtigungen ein (*Rieble/Jochums* BB 03, 1897).

Aber auch **andere Arbeitnehmer** kommen als Verursacher solcher Arbeitsbedingungen 14 in Betracht. Ein Leistungsverweigerungsrecht kann etwa in Fällen wiederholter ehrverletzender oder beleidigender Äußerungen, Tätlichkeiten oder sonstiger erheblicher Störungen des Betriebsfriedens gegeben sein. § 14 AGG gewährt den betroffenen ArbN ein ausdrückliches Leistungsverweigerungsrecht für den Fall, dass der ArbGeb keine oder offensichtlich ungeeignete Maßnahmen zur Unterbindung der Belästigung ergreift. Allerdings handelt es sich hierbei, wie im Fall des ArbGebSeitigen Verstoßes gegen Schutzgesetze, streng genommen nicht um Leistungsverweigerungsrechte des ArbN, da es nicht primär um eine Pflichtenkollision des ArbN geht. Vielmehr kommt der ArbGeb seiner arbeitsvertraglichen Fürsorgepflicht nicht in ausreichendem Maße nach, so dass richtigerweise von einem *Zurückbehaltungsrecht* des ArbN auszugehen ist.

**ee) Arbeitnehmerüberlassung.** Nach § 11 Abs 5 AÜG ist ein LeihArbN nicht ver- 15 pflichtet, bei einem Entleiher tätig zu sein, der durch einen Arbeitskampf unmittelbar betroffen ist und kann seine Arbeitsleistung dort verweigern. Das gilt aber ausdrücklich nur für den Einsatz beim bestreikten Entleiher. Keine Sonderregeln gelten, wenn der Verleiher sich im Arbeitskampf befindet (LAG BaWü 31.7.13 – 4 Sa 18/13, BeckRS 2013, 71078).

**ff) Sonstige Arbeitsverhinderungen.** Zu den sonstigen Arbeitsverhinderungen, die den ArbN von seiner arbeitsvertraglichen Leistungspflicht entbinden vgl → *Arbeitsverhinderung* Rn 2–9, → *Arbeitspflicht* Rn 6–9 sowie → *Beschäftigungsverbot* Rn 9–16.

**3. Kollektive Ausübung von Leistungsverweigerungsrechten.** Befinden sich meh- 16 rere ArbN in einer vergleichbaren Pflichtenkollision, so können sie das betreffende Leistungsverweigerungsrecht gemeinsam ausüben. Allein durch die gemeinsame Ausübung verändert sich der materielle Gehalt eines individuellen Leistungsverweigerungsrechts nicht. Allerdings ist die kollektive Ausübung von berechtigten Leistungsverweigerungsrechten abzugrenzen vom rechtswidrigen **Arbeitskampf.** Erbringen die ArbN gemeinschaftlich ihre vertraglich geschuldete Tätigkeit nicht, um auf diese Weise Druck iS eines Arbeitskampfes auf den ArbGeb auszuüben, ist dies unzulässig. Dabei ist die Abgrenzung dergestalt vorzunehmen, dass eine kollektive Ausübung des Leistungsverweigerungsrechts zum Zweck der Durchsetzung bestehender Rechte zulässig, zum Zweck der Begründung (Erkämpfung) neuer Rechte als rechtswidrige Arbeitskampfmaßnahme unzulässig ist.

**4. Rechtsfolgen. a) Berechtigte Leistungsverweigerung.** Der ArbN verliert grds 17 auch bei der berechtigten Geltendmachung eines Leistungsverweigerungsrechts seinen vertraglichen Vergütungsanspruch. Dies ergibt sich aus § 326 Abs 1 BGB (*Kohte* NZA 89, 161). Etwas anderes gilt nur dann, wenn entweder lediglich ein vorübergehendes Leistungshindernis iSd § 616 BGB besteht oder der ArbGeb im weitesten Sinne die Pflichtenkollision zu vertreten hat. Letzteres ist zB der Fall, wenn er für unzumutbare Arbeitsbedingungen verantwortlich ist, gegen Schutzgesetze verstoßen oder im Fall von familiären oder Gewissensgründen keine anderweitigen Einsatzmöglichkeiten des ArbN geprüft hat. Derartige Beschäftigungsalternativen muss der ArbGeb entweder soweit möglich im Wege des Weisungsrechts oder ansonsten mittels einer *Änderungskündigung* dem ArbN anbieten. Ist die Pflichtenkollision dauerhaft und führt sie zu einem fortwährenden Leistungshindernis, das anderweitig nicht zu beheben ist, kommt schließlich eine personenbedingte Kündigung des ArbN in Betracht (*Henssler* AcP 190, 538).

18 **b) Unberechtigte Leistungsverweigerung.** Eine unberechtigte Verweigerung der Arbeitsleistung hat für den ArbN immer den Wegfall seines Vergütungsanspruchs zur Folge. Ferner kommen bei einer schuldhaften Pflichtverletzung Schadensersatzansprüche des ArbGeb in Betracht. Schließlich besteht in gravierenden Fällen ein Recht zur verhaltensbedingten, ggf außerordentlichen Kündigung des Arbeitsverhältnisses (BAG 22.10.15 – 2 AZR 569/14, NZA 16, 417).

19 **5. Leistungsverweigerungsrecht des Arbeitgebers.** Ein zeitweiliges, gesetzliches Leistungsverweigerungsrecht des ArbGeb bezogen auf seine Pflicht zur Vergütungszahlung normiert § 7 EFZG im Bereich der Entgeltfortzahlung im Krankheitsfall. Es endet spätestens in dem Zeitpunkt, in dem der ArbN die Arbeitsunfähigkeitsbescheinigung vorlegt (LAG Köln 1.6.12 – 4 Sa 115/12, BeckRS 2012, 73130). Das Gleiche gilt im Rahmen des Annahmeverzuges bei unterbleibender Auskunft des ArbN über anderweitigen Verdienst (LAG RhPf 17.8.12 – 9 Sa 165/12, BeckRS 2012, 74682). Ein dauerhaftes Leistungsverweigerungsrecht besteht bei berechtigtem Verjährungseinwand (BAG 16.12.14 – 9 AZR 431/13, NZA-RR 15, 229). Das gilt regelmäßig unabhängig von einer vorherigen teilweisen Leistungserbringung.

## B. Lohnsteuerrecht *Thomas*

20 Für das LStRecht hat das Leistungsverweigerungsrecht nur mittelbare Bedeutung, da sich die LStPflicht allein aus der tatsächlichen Lohnzahlung ergibt während bloße Ansprüche gegen den ArbGeb keinen Zufluss von Arbeitslohn begründen (BFH 20.6.01 – VI R 105/99, BStBl II 01, 689).

## C. Sozialversicherungsrecht *Schlegel*

21 **1. Auswirkungen der Leistungsverweigerung auf die Versicherungspflicht.** Die Versicherungspflicht von ArbN setzt in der KV, PflegeV, ArblV und RV grds voraus, dass der ArbN gegen Arbeitsentgelt beschäftigt ist (§ 5 Abs 1 Nr 1 SGB V; § 20 Abs 1 Nr 1 SGB XI; § 25 Abs 1 SGB III und § 1 Satz 1 Nr 1 SGB VI). Beschäftigung in diesem Sinne setzt im Grundsatz die **tatsächliche Arbeitsleistung** voraus (vgl jedoch zum Fortbestehen der Versicherungspflicht während einer Freistellung bei Fortzahlung des Arbeitsentgelts *Schlegel* NZA 05, 972 ff). Verweigert der ArbN die Erfüllung seiner Arbeitspflicht zu Recht oder zu Unrecht, fehlt es an tatsächlicher Beschäftigung.

22 Gerät der ArbGeb trotz der Leistungsverweigerung in **Annahmeverzug,** weil der ArbN zwar zu Recht die konkret verlangte Arbeit verweigert, er eine andere von ihm geschuldete aber weiterhin anbietet, behält der ArbN seinen Entgeltanspruch. In diesen Fällen geht die Rspr für die Dauer des Arbeitsverhältnisses vom Fortbestand eines zur Versicherungspflicht führenden Beschäftigungsverhältnisses aus (Einzelheiten hierzu *Annahmeverzug*). Beiträge sind aus dem vom ArbGeb geschuldeten Arbeitsentgelt zu zahlen.

23 **2. Fiktion entgeltlicher Beschäftigung.** Verliert der ArbN durch die Ausübung eines Leistungsverweigerungsrechts den Anspruch auf Arbeitsentgelt (→ Rn 18 f), gilt die Beschäftigung gegen Arbeitsentgelt für längstens einen Monat als fortbestehend, solange das Beschäftigungsverhältnis auch ohne Anspruch auf Arbeitsentgelt fortdauert (§ 7 Abs 3 SGB IV). Solange die Fiktion einer Beschäftigung gegen Entgelt gilt, besteht in der KV, PflegeV, ArblV und RV trotz fehlender Beschäftigung Versicherungspflicht und damit dem Grunde nach auch Versicherungsschutz. Beiträge sind in dem betreffenden Kalendermonat allerdings nur aus dem Betrag zu erheben, der dem ArbN als Arbeitsentgelt tatsächlich zusteht.

Unter welchen **Voraussetzungen** und wie lange diese Fiktion gilt, ist gesetzlich nicht geregelt. Erforderlich ist jedenfalls, dass beide Vertragsparteien den **Willen zur Fortsetzung des Arbeits- bzw Beschäftigungsverhältnisses** haben. Klassische Fälle des § 7 Abs 3 SGB IV sind zB unbezahlter Urlaub, zulässiger Streik und zulässige Aussperrung. Die Fiktion des § 7 Abs 3 SGB IV ist ausgeschlossen, sobald feststeht, dass es hieran fehlt. Dies ist bei der Leistungsverweigerung zB der Fall, wenn der ArbN oder der ArbGeb mit sofortiger Wirkung gekündigt haben, die Ausübung des Leistungsverweigerungsrechts also nicht nur vorübergehend ist. Gleiches gilt, wenn feststeht, dass der Wegfall tatsächlicher Arbeitsleistung aus sonstigen Gründen von Dauer sein wird und eine Wiederaufnahme der Arbeit ausgeschlossen ist. 24

Auch wenn das Arbeitsverhältnis mangels Kündigung oder Aufhebungsvertrag fortbesteht, endet die Fiktion einer Beschäftigung gegen Entgelt spätestens einen **Monat** nach Wegfall der tatsächlichen Arbeitsleistung (hier: Beginn der Leistungsverweigerung). 25

# Leitende Angestellte

## A. Arbeitsrecht

*Kania*

**I. Allgemein arbeitsrechtlicher Begriff. 1. Abgrenzung.** Leitende Angestellte unterscheiden sich dadurch von den übrigen ArbN, dass sie für das Unternehmen oder einen Betrieb des Unternehmens als dessen Teilorganisation unter eigener Verantwortung typische Unternehmerfunktionen mit einem eigenen erheblichen Entscheidungsspielraum wahrnehmen (*Schaub/Vogelsang* § 13 Rn 2). Von Organmitgliedern unterscheiden sie sich dadurch, dass bei diesen nach hM die ArbNEigenschaft verneint wird (→ *Geschäftsführer* Rn 17 ff). Es gibt zwar **keine allgemeingültige Legaldefinition** und je nach Norm und deren Zielrichtung bestehen Unterschiede in der Auslegung. Besondere Bedeutung für die **Abgrenzung zu anderen ArbN** haben aber die Tatbestandsgruppen des § 5 Abs 3 S 2 BetrVG, durch die der leitende Angestellte eine Zuordnung zur ArbGebSeite erfährt. Diese stützt sich vor allem auf zwei Gesichtspunkte: Die **Wahrnehmung unternehmerischer (Teil-) Aufgaben,** die für Bestand und Entwicklung des Unternehmens bedeutsam sind und ein **eigener Entscheidungsspielraum** (§ 5 Abs 3 Nr 3). Auf diese Abgrenzung verweisen ebenfalls § 1 Abs 1 SprAuG, § 23 VI EBRG, § 3 Abs 1 S 1 MitbestG, § 3 Abs 1 DrittelbG sowie § 18 Abs 1 Nr 1 ArbZG. Dagegen enthalten §§ 14 Abs 2, 17 KSchG sowie § 22 Abs 2 Nr 2 ArbGG abweichende Kriterien. 1

**2. Besonderheiten.** Aus der exponierten Stellung der leitenden Angestellten und ihrer besonderen Nähe zum ArbGeb ergeben sich für diese **erhöhte Loyalitätspflichten.** Aus diesem besonderen Vertrauensverhältnis folgt, dass an personen- oder verhaltensbedingte Gründe für eine ordentliche **Kündigung** bzw an den wichtigen Grund für eine außerordentliche Kündigung deutlich niedrigere Anforderungen zu stellen sind (*Meents* DStR 95, 1353). Die Anwendbarkeit der **Grundsätze der privilegierten Arbeitnehmerhaftung** (→ *Arbeitnehmerhaftung* Rn 11 ff) auf leitende Angestellte ist noch nicht abschließend geklärt, wird aber von Rspr und Literatur überwiegend bejaht (BAG 15.11.01 – 8 AZR 95/01, NZA 02, 612; LAG NdS 27.5.09 – 17 Sa 1424/08, VersR 10, 1599; *Schwab* NZA-RR 16, 173). Im Haftungsfall kommt es daher grds auf den Verschuldensgrad an. Es gelten aber folgende Besonderheiten: Eine Haftungsmilderung kommt nicht in Betracht, wenn der Schaden bei einer für die Position charakteristischen Tätigkeit verursacht wurde (zum Streitstand ErfK/*Preis* § 619a BGB Rn 19). Bei unternehmerischen Entscheidungen entfällt aber eine Haftung gegenüber dem ArbGeb entspr § 93 Abs 1 S 2 AktG bei Einhaltung der Vorgaben der „Business Judgement Rule" (*Bürkle/Fecker* NZA 07, 589). Wegen der uU großen Tragweite der Entscheidungen und dem damit verbundenen Haftungsrisiko (zB beim Prokuristen) ist zu empfehlen, ggf leitende Angestellte in die D&O-Versicherung einzubeziehen; bei einem Versäumnis kann den ArbGeb eine Verletzung seiner arbeitsvertraglichen Nebenpflichten und ein (echtes) Mitverschulden treffen (*Melot de Beauregard/Baur* DB 16, 1754). 2

3 Die **Vergütung** der leitenden Angestellten wird im Regelfall frei ausgehandelt, da mit wenigen Ausnahmen für leitende Angestellte keine TV bestehen (Näheres *AT-Angestellte*). Keine Anwendung findet das Arbeitszeitgesetz (§ 18 Abs 1 Nr 1 ArbZG; → Rn 20). Schließlich enthalten zahlreiche arbeitsrechtliche Gesetze **Sondervorschriften** für leitende Angestellte (§§ 14 Abs 2, 17 Abs 5 Nr 3 KSchG, hierzu → Rn 15 ff; §§ 1 ff SprAuG; § 3 MitbestG: Bildung einer eigenen Gruppe für Beteiligung der ArbN im Aufsichtsrat). Diese Vorschriften verwenden jedoch keinen einheitlichen Begriff des leitenden Angestellten, sondern differenzieren in den Einzelheiten je nach der Zielsetzung der Norm.

4 **II. Leitende Angestellte im Sinne des § 5 Abs 3 BetrVG. 1. Allgemeines.** Gem § 5 Abs 3 BetrVG findet das Gesetz auf leitende Angestellte keine Anwendung, soweit nicht – wie in §§ 75, 105, 107, 108 BetrVG – ausdrücklich etwas anderes bestimmt ist. So gelten Betriebsvereinbarungen für sie nicht unmittelbar und zwingend (BAG 21.1.92 – 3 AZR 21/91, NZA 92, 659). Bei Kündigung besteht kein Mitbestimmungsrecht gem § 102 BetrVG, es besteht bei jeder personellen Veränderung nur eine Mitteilungspflicht nach § 105 BetrVG. Die **Ausnahme aus dem Geltungsbereich des BetrVG** bezweckt, einen unüberbrückbaren Interessengegensatz zu vermeiden. Der leitende Angestellte, der auf der einen Seite unternehmensbezogene Leitungsaufgaben mit eigenem erheblichen Entscheidungsspielraum wahrnimmt und in einer Interessenpolarität zur übrigen ArbNschaft steht, kann nicht gleichzeitig den BRat wählen oder gar zum BRat gewählt werden (BAG 16.4.02 – 1 ABR 23/01, NZA 03, 56; *Fitting* § 5 Rn 347 ff). Repräsentiert werden die leitenden Angestellten durch die sog Sprecherausschüsse, die im Gegensatz zum BRat mit deutlich geringeren Kompetenzen ausgestattet sind (s SprAuG).

5 Leitende Angestellte zählen nicht mit, soweit es gem BetrVG auf die **Zahl der betrieblichen ArbN** ankommt. Die Zuordnung als leitender Angestellter ist **unternehmens- und nicht konzernbezogen** zu ermitteln (LAG BaWü 28.5.14 – 4 TaBV 7/13, BeckRS 2014, 70642). Übt der Angestellte einer Muttergesellschaft aufgrund einer Abordnung oder Entsendung die Leitungsfunktion in einer Tochtergesellschaft aus, wird er dadurch nicht zugleich im Betrieb des VertragsArbGeb leitender Angestellter iSd § 5 Abs 3 BetrVG. Denn aus der leitenden Funktion im Einsatzbetrieb ergibt sich grds kein Interessengegensatz zum VertragsArbGeb (BAG 20.4.05 – 7 ABR 20/04, NZA 05, 1006 zu Führungskräften ausländischer Konzernunternehmen; *Falder* NZA 2000, 868).

6 **2. Voraussetzungen des § 5 Absatz 3 BetrVG. a) Gemeinsame Merkmale.** Leitender Angestellter ist, wer **nach Arbeitsvertrag und Stellung im Unternehmen oder im Betrieb** eines der in § 5 Abs 3 S 2 Nr 1–3 genannten Merkmale erfüllt. § 5 Abs 3 BetrVG enthält **zwingendes Recht.** Leitender Angestellter kann nur sein, wer die genannten Aufgaben und Funktionen **auch tatsächlich ausübt** (BAG 25.10.01 – 2 AZR 358/00, BeckRS 2002, 40362; *Fitting* § 5 Rn 369). Eine genau umfasste Aufgabenbeschreibung im Arbeitsvertrag wird nicht verlangt. Es reicht aus, wenn die Ausübung leitender Funktionen mündlich vereinbart ist oder jedenfalls mit Billigung des ArbGeb ausgeübt wird. Umgekehrt genügt allein die ausdrückliche Vereinbarung im Arbeitsvertrag nicht. Entscheidend ist, dass die **tatsächlichen Verhältnisse** mit den arbeitsvertraglichen Grundlagen übereinstimmen. Daher kann ein ArbN ohne Anpassung der Tätigkeit nicht zum leitenden Angestellten befördert werden.

7 **b) Einstellungs- und Entlassungsbefugnis.** Gem § 5 Abs 3 S 2 Nr 1 BetrVG ist leitender Angestellter, wer nach Arbeitsvertrag und Stellung im Unternehmen oder im Betrieb zur selbstständigen Einstellung und Entlassung von im Betrieb oder in der Betriebsabteilung beschäftigten ArbN berechtigt ist. Die Berechtigung muss sich – anders als bei § 14 KSchG (→ Rn 19) – auf Einstellung **und** Entlassung beziehen. Da nach dem Wortlaut der Vorschrift die rein formale Erfüllung der genannten Merkmale ausreicht, bedarf es einer teleologischen Begrenzung des Anwendungsbereichs unter dem Gesichtspunkt der Gleichwertigkeit der in Nr 1 bis Nr 3 geregelten Funktionen (BAG 16.4.02 – 1 ABR 23/01, NZA 03, 56; MünchArbR/*Richardi* § 19 Rn 24). Die zugewiesene Personalkompetenz muss daher hinreichende unternehmerische Relevanz haben und ein bedeutsames Aufgabengebiet betreffen. Zudem muss sie auch im **Innenverhältnis** zum ArbGeb bestehen (BAG 10.10.07 – 7 ABR 61/06, DB 08, 509). Zur selbstständigen Entscheidung ist der ArbN nur dann berechtigt, wenn er nicht an die Zustimmung übergeordneter Stellen

gebunden ist oder nur gemeinsam mit Dritten entscheiden darf. Die bloße Bindung an ein Budget oder einen Stellenplan steht aber der Einstufung als leitender Angestellter ebenso wenig entgegen wie der Umstand, dass Einstellung oder Entlassung zu Kontrollzwecken der Unterschrift eines Dritten bedürfen (BAG 16.4.02 – 1 ABR 23/01, NZA 03, 56).

Die Einstellungs- und Entlassungsbefugnis darf sich nicht lediglich auf eine geringe Zahl von ArbN erstrecken. Auch wenn der Wortlaut eine Einschränkung nicht vorsieht, muss sich die Befugnis nach Sinn und Zweck der Vorschrift grds auf einen **erheblichen Teil der Arbeitnehmer** beziehen, mindestens auf eine ArbNGruppe, Angestellte oder Arbeiter, auf den Betrieb oder einen Betriebsteil (LAG Düsseldorf 26.7.2000 – 12 TaBV 35/00, NZA-RR 01, 308; *Fitting* § 5 Rn 376). Beschränkt sich die Personalkompetenz auf eine kleinere ArbNGruppe, muss es sich hierbei um einen für das Unternehmen qualitativ bedeutsamen Personenkreis handeln. Das sind solche ArbN, die entweder hochqualifizierte Tätigkeit mit entsprechenden Entscheidungsspielräumen ausüben oder einen für das Unternehmen herausgehobenen Geschäftsbereich betreuen (BAG 10.10.07 – 7 ABR 61/06, DB 08, 509). 8

**c) Generalvollmacht und Prokura.** Gem § 5 Abs 3 S 2 Nr 2 BetrVG ist leitender Angestellter, wer Generalvollmacht (§ 105 Abs 1 AktG) oder Prokura (§ 49 Abs 1 HGB) hat und die Prokura **auch im Verhältnis zum Arbeitgeber nicht unbedeutend** ist. Dem Beschäftigten müssen im Außenverhältnis wie auch im Innenverhältnis bedeutende unternehmerische **Leitungsaufgaben mit erheblichem Entscheidungsspielraum** übertragen sein. Zwar muss die Berechtigung im Innen- und Außenverhältnis nicht deckungsgleich sein, jedoch dürfen die Aufgaben, die dem Prokuristen übertragen sind, nicht von untergeordneter Bedeutung sein. Das ist nur dann der Fall, wenn die Aufgaben den in Nr 3 umschriebenen Leitungsfunktionen entsprechen und wenn die Vertretungsmacht auch im Innenverhältnis uneingeschränkt ausgeübt werden darf (BAG 29.6.11 – 7 ABR 15/10, NZA 12, 408). Wer als **Titularprokurist** im Innenverhältnis zum ArbGeb gehalten ist, keinen selbstständigen Gebrauch von der Prokura zu machen, ist daher kein leitender Angestellter iSd BetrVG (BAG 11.1.95 – 7 ABR 33/94, NZA 95, 747). Andererseits stehen die **gesetzlichen Beschränkungen** der Prokura in Form der Gesamtprokura (§ 48 Abs 2 HGB) oder der Niederlassungsprokura (§ 50 Abs 3 HGB) der Einordnung als leitender Angestellter iSd Nr 2 nicht entgegen. Die gesetzliche Fiktion des § 45 S 2 WPO, wonach angestellte Wirtschaftsprüfer unter § 5 Abs 3 BetrVG fallen, gilt nur bei Prokuraerteilung (BAG 29.6.11 – 7 ABR 15/10, NZA 12, 408). Eine Handlungsvollmacht iSd § 54 HGB reicht nicht, kann jedoch die Merkmale des Abs 3 S 2 Nr 3 erfüllen (GK-BetrVG/*Raab* § 5 Rn 120). 9

**d) Sonstige Angestellte.** § 5 Abs 3 S 2 Nr 3 formuliert als **Grundtatbestand** abstrakt funktionsbezogene Merkmale und ergänzt damit die konkret-beispielhaften Fälle in Nr 1 und 2 (MünchArbR/*Richardi* § 19 Rn 25). Leitender Angestellter nach Nr 3 ist, wer sonstige Aufgaben wahrnimmt, die für den Bestand und die Entwicklung des Unternehmens oder eines Betriebs von Bedeutung sind. Es muss sich hierbei um **unternehmerische Leitungsaufgaben** handeln, also solche, die für die Verwirklichung der unternehmerischen Zielsetzung bedeutsam sind; das können Aufgaben wirtschaftlicher, kaufmännischer, technischer, organisatorischer, personeller oder wissenschaftlicher Art sein (BAG 25.3.09 – 7 ABR 2/08, DB 09, 1825; *Fitting* § 5 Rn 393). Entscheidend ist, dass der Angestellte unternehmerische Teilaufgaben in nicht unbedeutendem Umfang wahrnimmt (BAG 25.10.01 – 2 AZR 358/00, BeckRS 2002, 40362). Die Erfüllung dieser Aufgaben muss besondere Erfahrungen und Kenntnisse voraussetzen. Diese Kenntnisse können auch durch eine längere praktische Tätigkeit erlangt werden; eine besondere Ausbildung ist nicht erforderlich (BAG 9.12.75 – 1 ABR 80/73, DB 76, 631). 10

Der leitende Angestellte muss einen **eigenen erheblichen Entscheidungsspielraum** haben; die Entscheidung muss er im Wesentlichen frei von Weisungen treffen oder sie maßgeblich beeinflussen. Dabei darf es sich grds nicht um die Wahrnehmung bloßer sog **Stabsfunktionen** handeln, da der unternehmerische Einfluss im Gegensatz zu sog „Linienfunktionen" auf das Innenverhältnis zum Unternehmer beschränkt ist. Jedoch ist es nicht erforderlich, dass die anfallenden Entscheidungen selbst getroffen werden. Es reicht aus, wenn in einer Position Entscheidungen so vorbereitet werden, dass die Entscheidungsträger an den Vorschlägen nicht vorbeigehen können (BT-Drs 11/2503 S 30; BAG 11.1.95 – 7 ABR 33/94, NZA 95, 747). Ausdrücklich stellt § 5 Abs 3 S 2 Nr 3 Hs 2 BetrVG klar, dass 11 der notwendigen Entscheidungsfreiheit Vorgaben aufgrund von Rechtsvorschriften, Plänen oder Richtlinien sowie bei Zusammenarbeit mit anderen leitenden Angestellten nicht entgegenstehen. Die Entscheidungen dürfen jedoch nicht derart vorprogrammiert sein, dass die Tätigkeit des Angestellten nur noch ausführenden Charakter hat (BAG 23.3.76 – 1 AZR 314/75, AP Nr 14 zu § 5 BetrVG 1972). Insoweit lässt sich der eingeräumte Entscheidungsfreiraum nur einzelfallbezogen feststellen.

12 Schließlich setzt Nr 3 voraus, dass die Aufgaben von dem leitenden Angestellten **regelmäßig** wahrgenommen werden. Die Aufgaben dürfen ihm demnach nicht nur vorübergehend, etwa zur Vertretung, übertragen sein (BAG 23.1.86 – 6 ABR 51/81, NZA 86, 484). Die Gesamttätigkeit des leitenden Angestellten muss durch die Aufgaben geprägt sein. Ob ein Chefarzt nach diesen Maßstäben leitender Angestellter ist, hängt von den Umständen des Einzelfalls ab. Allein die Stellung als solche reicht nicht, weil ärztliche Entscheidungen in erster Linie die Heilbehandlung betreffen (BAG 5.5.10 – 7 ABR 97/08, NZA 10, 955).

13 **e) Entscheidungshilfe des § 5 Absatz 4 BetrVG.** Die Regelung knüpft an formale, schnell feststellbare Merkmale an und soll **in Zweifelsfällen** die Anwendung des funktionsbezogenen Abs 3 Nr 3 erleichtern (BT-Drs 11/2503 S 30, 31). Danach ist leitender Angestellter nach Abs 3 Nr 3 im Zweifel, wer 1) aus Anlass der letzten Wahl des BRat, des Sprecherausschusses oder von Aufsichtsratsmitgliedern der ArbN oder durch rechtskräftige gerichtliche Entscheidung den leitenden Angestellten zugeordnet worden ist oder 2) einer Leitungsebene angehört, auf der in dem Unternehmen überwiegend leitende Angestellte vertreten sind, oder 3) ein regelmäßiges JAE erhält, das für leitende Angestellte in dem Unternehmen üblich ist, oder 4), falls auch bei der Anwendung der Nr 3 noch Zweifel bleiben, ein regelmäßiges JAE erhält, das das Dreifache der Bezugsgröße nach § 18 SGB IV überschreitet. Eine Heranziehung des Abs 4 kommt nur in Frage, wenn **nach Ausschöpfung aller Erkenntnismöglichkeiten** und unter Anwendung aller Auslegungsregeln das Auslegungsergebnis noch immer zweifelhaft ist (*Fitting* § 5 Rn 414). Bei Abs 4 handelt sich aber nicht um eine gesetzliche Vermutung, sondern um eine Orientierungshilfe in Grenzfällen (BAG 25.10.01 – 2 AZR 358/00, NZA 02, 584).

14 **3. Zuordnungsverfahren.** Über den Status als leitender Angestellter kann im **Beschlussverfahren** nach §§ 2a, 80 ff ArbGG vor den ArbG entschieden werden, wobei sowohl ArbGeb und BRat als auch der betroffene ArbN antragsbefugt sind. Die Zuordnung selbst bildet dann den Streitgegenstand im **sog Statusverfahren.** Eine Klärung kann aber auch inzident als **Vorfrage** in anderen gerichtlichen Verfahren erfolgen, zB im Kündigungsschutzverfahren (→ Rn 17 ff). Für die Abgrenzung der leitenden Angestellten von den wahlberechtigten ArbN bei **Durchführung der BRatWahl** oder der Wahl zum Sprecherausschuss hat der Gesetzgeber in **§ 18a BetrVG ein besonderes Zuordnungsverfahren** geschaffen, das eine einfache und schnelle Klärung ermöglicht. Soweit zwischen den dort genannten Gremien kein Einvernehmen über die Zuordnung besteht, kann ein einzuschaltender Vermittler letztlich selbst eine Entscheidung treffen. Die Zuordnung nach § 18a BetrVG hat aber nur für die anstehenden Wahlen Bedeutung und entfaltet keine darüber hinausgehenden Rechtswirkungen für andere Bereiche (etwa für die Beteiligung des BRat bei personellen Einzelmaßnahmen, für die Anhörung nach § 102 BetrVG oder im Kündigungsschutzverfahren); dort kann jederzeit und in jedem gerichtlichen Verfahren anders entschieden werden. Darüber hinaus bestimmt § 18a Abs 5 BetrVG, dass durch die Zuordnung der Rechtsweg nicht ausgeschlossen ist. Eine Klärung im Statusverfahren ist daher jederzeit möglich; insoweit mangelt es auch nicht am Feststellungsinteresse (LAG Bln 5.3.90 – 9 Ta BV 6/89, NZA 90, 577; Richardi/*Thüsing* § 18a BetrVG Rn 56).

15 **III. Leitender Angestellter im Sinne der §§ 14 Absatz 2, 17 Absatz 5 KSchG. 1. Allgemeines.** Leitende Angestellte iSd KSchG unterstehen im Grunde – anders als Organmitglieder (§ 14 Abs 1 KSchG) – den Vorschriften des allgemeinen Kündigungsschutzes. Gem § 14 Abs 2 KSchG bestehen indes zwei Ausnahmen: Einmal haben leitende Angestellte nicht die Möglichkeit, gegen die Kündigung gem § 3 KSchG **Einspruch beim Betriebsrat** einzulegen; ansonsten würde das fehlende Anhörungsrecht des BRat (infolge der Unanwendbarkeit des § 102 BetrVG) unterlaufen. Praktisch wesentlich bedeutender ist,

dass in Abweichung von § 9 Abs 1 KSchG der **Antrag des ArbGeb** auf **gerichtliche Auflösung des Arbeitsverhältnisses** keiner Begründung bedarf; damit genießt deren Arbeitsverhältnis auch bei Sozialwidrigkeit der Kündigung keinen Bestandsschutz, sondern bloßen Abfindungsschutz. Hat der ArbGeb keinen Auflösungsgrund oder sieht er davon ab, seine Gründe für den Auflösungsantrag zu nennen, wird das Gericht idR den Abfindungshöchstbetrag als angemessen zusprechen. Daher ist dem ArbGeb zu raten, möglichst gute Gründe für den Auflösungsantrag vorzutragen, um die nach § 10 KSchG vom ArbG festzusetzende Abfindung in Maßen zu halten.

Mit dieser erheblichen Einschränkung des Kündigungsschutzes leitender Angestellter 16 trägt der Gesetzgeber dem Umstand Rechnung, dass zwischen ArbGeb und leitenden Angestellten ein besonderes **Vertrauensverhältnis** bestehen muss, um eine erfolgreiche Zusammenarbeit zu gewährleisten. Fraglich ist insoweit, ob § 14 Abs 2 KSchG Konzernbezug hat, also eine in einem **anderen Konzernunternehmen ausgeübte Führungsfunktion** von der anstellenden Muttergesellschaft herangezogen werden kann, um sich im Kündigungsschutzprozess auf die erleichterte Auflösungsmöglichkeit gem §§ 9, 10, 14 Abs 2 KSchG zu berufen. Hier spricht vieles dafür, dass die Voraussetzungen des § 14 Abs 2 S 1 KSchG in dem Betrieb oder Unternehmen des VertragsArbGeb erfüllt sein müssen, denn der allgemeine Kündigungsschutz kennt keinen Konzernbezug. Zudem lässt sich aus der in einem anderen Konzernunternehmen ausgeübten Führungsfunktion keine Aussagekraft für die besondere Vertrauensposition in Bezug auf den VertragsArbGeb herleiten (*Rinsdorf/Kiedrowski* NZA 12, 183; *Falder* NZA 2000, 868). Weiter sind leitende Angestellte nach dem Wortlaut des Gesetzes gem § 17 Abs 5 Nr 3 KSchG vom **Sonderkündigungsschutz bei Massenentlassungen ausgenommen.** Folgerichtig dürften sie an sich auch bei der Berechnung der für die Anzeigepflicht maßgeblichen GesamtArbNZahl des Betriebes nicht berücksichtigt werden. Allerdings verstößt insoweit § 17 Abs 5 Nr 3 KSchG gegen die MERL, die eine Herausnahme der leitenden Angestellten aus ihrem Anwendungsbereich nicht erlaubt (EuGH 9.7.15 – C-229/14, NZA 15, 861; 18.1.07 – C-385/05, NZA 07, 193). In der Literatur umstritten ist nun, ob der Europarechtswidrigkeit der Norm durch teleologische Reduktion von § 17 Abs 5 KSchG Rechnung getragen werden kann (so Erfk/*Kiel* § 17 KSchG Rn 7 mwN) oder ob wegen der fehlenden Direktwirkung der RL § 17 Abs 5 Nr 3 KSchG bis zu einer gesetzgeberischen Nachbesserung des Gesetzes weiter nicht auf leitende Angestellte anzuwenden ist (zB *Hohenstatt/Naber* NZA 2014, 637).

**2. Voraussetzungen des § 14 Absatz 2 KSchG.** Der Begriff des leitenden Angestellten 17 iSd § 14 Abs 2 KSchG **deckt sich nicht** mit dem nach **§ 5 Abs 3 BetrVG**. Teilweise ist der Anwendungsbereich der Vorschrift enger als im Betriebsverfassungsrecht, weil für die Einordnung als leitender Angestellter eine Stellung gefordert wird, die der eines Geschäftsführers oder Betriebsleiters zumindest ähnlich ist; auf der anderen Seite ist er weiter, weil anders als bei § 5 Abs 3 BetrVG eine Berechtigung zur Einstellung *oder* Entlassung genügt. Für diesen – wenn auch praktisch wenig bedeutsamen – Fall, dass der Angestellte zwar leitender Angestellter iSv § 14 Abs 2 KSchG ist, aber nicht solcher iSv § 5 Abs 3 BetrVG, soll diesem nach hM im Wege der teleologischen Reduktion ein Einspruchsrecht nach § 3 KSchG zustehen (APS/*Biebl* § 14 Rn 28 mwN). Denn § 102 BetrVG wie auch das BetrVG insgesamt sind in diesem Fall nicht ausgeschlossen, so dass keine Gefahr der Umgehung besteht (→ Rn 14).

Die Bezeichnung **Geschäftsführer** wird nicht im gesellschaftsrechtlichen Sinne ge- 18 braucht. Auf den GmbH-Geschäftsführer iSd § 35 GmbHG findet der allgemeine Kündigungsschutz bereits nach § 14 Abs 1 KSchG keine Anwendung. Geschäftsführer iSd § 14 Abs 2 KSchG sind Personen, die ggf neben einem Geschäftsführer nach § 35 GmbHG unternehmerische Führungsaufgaben wahrnehmen, zB im kaufmännischen, organisatorischen, personellen oder wissenschaftlichen Bereich (KR/*Rost* § 14 KSchG Rn 27; *von Hoyningen-Huene/Link* § 14 Rn 20). Die Einordnung als **Betriebsleiter** setzt voraus, dass innerhalb des Unternehmens eigenverantwortlich ein Betrieb geführt wird und dabei bedeutungsvolle unternehmerische Teilaufgaben wahrgenommen werden, ein erheblicher Entscheidungsspielraum besteht sowie die Vorgesetztenstellung und das damit verbundene Weisungsrecht gegenüber den im Betrieb beschäftigten ArbN ausgeübt wird; allein die

Beaufsichtigung genügt nicht (BAG 25.11.93 – 2 AZR 517/93, NZA 94, 837; KR/*Rost* § 14 KSchG Rn 27). Der Leitung eines Betriebes ist die Leitung eines Betriebsteils gleichzustellen, soweit in diesem eine nicht geringe Anzahl von ArbN beschäftigt ist. Die nach § 14 Abs 2 KSchG erforderliche Ähnlichkeit **sonstiger leitender Angestellter** mit den ausdrücklich genannten Geschäftsführern und Betriebsleitern ist bei solchen Angestellten anzunehmen, die gegenüber einer nicht geringen Anzahl von ArbN eine Vorgesetztenstellung innehaben, ArbGebFunktionen ausüben und innerhalb des Unternehmens oder Betriebes Führungsaufgaben wahrnehmen (*von Hoyningen-Huene/Link* § 14 Rn 23).

19 Weitere Voraussetzung des § 14 Abs 2 KSchG ist, dass Geschäftsführer, Betriebsleiter oder ähnliche leitende Angestellte **zur selbstständigen Einstellung oder Entlassung** von ArbN berechtigt sind. Insoweit sind die Voraussetzungen weniger eng als im Betriebsverfassungsrecht, denn § 5 Abs 3 S 2 Nr 1 BetrVG verlangt die Berechtigung zur Einstellung und Entlassung zugleich. Allerdings muss die Personalkompetenz im Rahmen des § 14 Abs 2 KSchG wie bei § 5 Abs 3 BetrVG eine bedeutende Anzahl von ArbN erfassen; ein nur eng umgrenzter Personenkreis genügt nicht (BAG 24.3.11 – 2 AZR 674/09, NZA-RR 12, 243). Deren Zahl kann geringer sein, wenn es sich um einen „qualitativ bedeutsamen Personenkreis" handelt, zB um ArbN, die ihrerseits wieder Einstellungs- oder Entlassungsbefugnis gegenüber nachgeordneten ArbN haben (BAG 27.9.01 – 2 AZR 176/00, NZA 02, 1277). Für das Vorliegen von Einstellungs- oder Entlassungsbefugnis genügt weder allein das interne Dürfen noch allein das externe Können; rechtliche Befugnis im Außenverhältnis und interne Berechtigung müssen kumulativ vorliegen (BAG 27.9.01 – 2 AZR 176/00, NZA 02, 1277; 18.11.99 – 2 AZR 903/98, NZA 2000, 427). Von einer Berechtigung zur „selbstständigen" Einstellung oder Entlassung kann nicht gesprochen werden, wenn die personelle Maßnahme von der Zustimmung einer anderen Person abhängig ist (LAG NdS 8.1.04 – 7 Sa 219/03, NZA-RR 04, 524). Zudem muss die Personalkompetenz einen wesentlichen Teil der Tätigkeit des Angestellten ausmachen und somit seine Tätigkeit prägen (BAG 18.10.2000 – 2 AZR 465/99, NZA 01, 437).

20 **IV. Keine Anwendung des Arbeitszeitgesetzes.** Gem § 18 Abs 1 Nr 1 ArbZG findet das ArbZG auf leitende Angestellte keine Anwendung; insoweit wird auf die Definition des § 5 Abs 3 BetrVG verwiesen und überdies werden Chefärzte ausdrücklich ausgenommen. Die Herausnahme hat einmal zur Konsequenz, dass eine Überschreitung der gesetzlichen Höchstarbeitszeit zulässig ist. Zum anderen kann für Mehrarbeit auch jenseits der gesetzlichen Grenzen keine gesonderte Vergütung erwartet werden. Denn werden Dienste höherer Art geschuldet und wird insgesamt eine deutlich herausgehobene Vergütung bezahlt, besteht ohne besondere Vereinbarung regelmäßig kein Anspruch auf **Überstundenvergütung;** das wird grds bei Überschreitung der Beitragsbemessungsgrenze der gesetzlichen Rentenversicherung angenommen (BAG 17.8.11 – 5 AZR 406/10, NZA 11, 1335; 22.2.12 – 5 AZR 765/10, NZA 12, 861). Etwas anderes soll gelten, wenn trotz nomineller AT-Stellung der Stundenverdienst durch Einbeziehung der Überstunden unter das Tarifniveau absinkt (*Hunold* NZA-RR 10, 505).

21 **V. Leitender Angestellter im Sinne des § 22 Absatz 1 Nr 2 ArbGG.** Gem § 22 Abs 2 ArbGG können Geschäftsführer, Betriebsleiter oder Personalleiter, soweit sie zur Einstellung von ArbN in dem Betrieb berechtigt sind, oder Personen, denen Prokura oder Generalvollmacht erteilt ist, ehrenamtliche Richter aus Kreisen der ArbGeb beim ArbG sein. Der von § 22 Abs 2 Nr 2 ArbGG erfasste Personenkreis dürfte im Wesentlichen deckungsgleich mit den leitenden Angestellten iSd § 5 Abs 3 BetrVG sein (*Grunsky* ArbGG § 22 Rn 7). Vollständige Übereinstimmung besteht indes nicht. So kann insbes der Titularprokurist, der nicht leitender Angestellter iSd § 5 Abs 3 Nr 2 BetrVG ist, als ehrenamtlicher Richter aus Kreisen der ArbGeb fungieren (*Grunsky* ArbGG § 22 Rn 7).

22 **VI. Leitender Angestellter im Sinne der §§ 1 SprAuG, 3 MitbestG.** Der Begriff des leitenden Angestellten im MitbestG und im SprAuG ist identisch mit dem betriebsverfassungsrechtlichen Begriff des leitenden Angestellten, da ausdrücklich auf § 5 Abs 3 BetrVG verwiesen wird (§ 3 Abs 3 Nr 2 MitbestG; § 1 Abs 1 SprAuG).

23 **VII. Muster.** S Online-Musterformular *„M9.8 Leitende Angestellte, Arbeitsvertrag"*.

**B. Lohnsteuerrecht** *Seidel*

Der leitende Angestellte ist steuerrechtlich ArbN. Es ergeben sich gegenüber anderen ArbN keine lohnsteuerrechtlichen Besonderheiten. Dies gilt auch, wenn er zu dem in § 14 KSchG genannten, nicht begünstigten Personenkreis gehört (weiterhin BFH 20.12.61, BStBl III 62, 71). Zur ArbNEigenschaft von Geschäftsführern → *Geschäftsführer* Rn 35, 36. Zu Sonderregelungen im Rahmen von DBA → *Auslandstätigkeit* Rn 60, → *Grenzgänger* Rn 23). Bei der Besetzung der ehrenamtlichen Richter an den FG spielt der Status des leitenden Angestellten keine Rolle (→ *Arbeitgeber* Rn 19). 24

**C. Sozialversicherungsrecht** *Voelzke*

**1. Beitrags- und Leistungsrecht.** Leitende Angestellte, sofern sie nicht aufgrund eigener Kapitalbeteiligung das Unternehmen entscheidend beeinflussen oder als Organmitglieder juristischer Personen versicherungsfrei sind (Näheres: *Arbeitnehmer (Begriff)*), gehören zu den abhängig Beschäftigten in der SozV. Keine Bedeutung für das SozVRecht hat die Regelung des § 5 Abs 1 Satz 3 ArbGG, wonach ua die gesetzlichen Vertreter einer juristischen Person nicht als deren ArbN gelten (*Schlegel/Voelzke/Segebrecht* SGB IV § 7 Abs 1 Rz 120). Hinsichtlich der Versicherungspflicht in der KV bestehen keine Besonderheiten, da die Versicherungspflichtgrenze einheitlich für Arbeiter und Angestellte gilt (§ 6 Abs 1 Nr 1 SGB V); allerdings wird für leitende Angestellte idR wegen des Überschreitens der maßgeblichen Grenze für das JAE (→ *Jahresarbeitsentgelt* Rn 11) Versicherungsfreiheit in der KV bestehen. 25

Im Rahmen der Anspruchsvoraussetzungen zur Erlangung einer übergangsweise weiter zu gewährenden Rente wegen teilweiser Erwerbsminderung bei Berufsunfähigkeit (§ 240 SGB VI) sind die leitenden Angestellten bei der Prüfung der Verweisung der obersten Gruppe der Angestelltenberufe zuzuordnen, wenn ihre berufliche Stellung auf einem **Hochschulstudium** oder einer vergleichbaren Qualifikation beruht und sie ein Arbeitsentgelt oberhalb, an oder in der Nähe unterhalb der Beitragsbemessungsgrenze erzielen (BSG 22.2.90 – 4 RA 16/89, NZA 90, 582). Eine eigene Gruppe der leitenden Angestellten mit einem Gehalt oberhalb der Beitragsbemessungsgrenze ist innerhalb des Mehrstufenschemas nicht gebildet worden, da der versicherungsrechtliche Schutz insoweit begrenzt ist. In der UV und ArblV hat die Zugehörigkeit zur Gruppe der leitenden Angestellten keine praktischen Auswirkungen. 26

**2. Ehrenamtliche Richter/Entsendung in Selbstverwaltungsorgane.** Besondere ArbNGruppen werden bei der Besetzung der Richterbank der Sozialgerichtsbarkeit (ehrenamtliche Richter) und bei der Entsendung in Selbstverwaltungsorgane der SozVTträger nicht der Seite der ArbN, sondern der Seite der ArbGeb zugerechnet (§ 16 Abs 4 Nr 4 SGG; hierzu *Schlegel/Voelzke/Adams* SGG § 16 Rn 31 ff). 27

## Lohnabzugsverfahren

**A. Arbeitsrecht** *Griese*

**Der Arbeitgeber erfüllt beim Lohnsteuerabzug öffentlich-rechtliche Aufgaben, die allein ihm obliegen. Er ist Steuerentrichtungspflichtiger iSv § 43 S 2 AO. Der Arbeitnehmer kann die nach seiner Auffassung unberechtigt einbehaltenen und abgeführten Beträge nicht erfolgreich mit einer Vergütungsklage geltend machen.** Er ist vielmehr auf die steuer- und sozialrechtlichen Rechtsbehelfe beschränkt, es sei denn, für den ArbGeb wäre aufgrund der für ihn zum Zeitpunkt des Abzugs bekannten Umstände eindeutig erkennbar gewesen, dass eine Verpflichtung zum Abzug in diesem Umfang nicht bestand (BAG 21.12.16 – 5 AZR 273/16, NZA 17, 449). 1

**Arbeitsrechtlich** erfüllt der ArbGeb **mit Abzug und Abführung von Lohnsteuer gegenüber dem** ArbN **seine Vergütungspflicht. Die Abführung begründet einen besonderen Erfüllungseinwand gegenüber** dem ArbN. Der ArbGeb kann sich auf diesen besonderen **Erfüllungseinwand** des Abzugs und der Abführung von LSt nur für den

**abzurechnenden Kalendermonat** und ggf als Korrektur für den Vormonat berufen, nicht aber für Nachberechnungen für weiter zurückliegende Zeiträume. Solche unzulässigen Nachberechnungen und Nachbelastungen kann der ArbN mit der arbeitsgerichtlichen Entgeltklage angreifen (BAG 21.12.2016 – 5 AZR 266/16, NZA 17, 531).

S → *Bruttolohnvereinbarung* Rn 5–16 und → *Sozialversicherungsbeiträge* Rn 2.

**B. Lohnsteuerrecht** *Seidel*

2 **1. Allgemeines.** Das LStAbzugsverfahren ist das **Vorauszahlungsverfahren** des ArbN im LStRecht und besteht aus der Ermittlung, Festsetzung und Erhebung der LSt sowie des SolZ und ggf der KiSt bei der jeweiligen Lohnauszahlung (§§ 38 ff EStG). Auch die LStNachforderung durch das FA während des laufenden Abzugsjahres ist Teil des Abzugsverfahrens (→ *Lohnsteuernachforderung* Rn 2–16). Es endet mit der Erstellung der LStBescheinigung (→ *Lohnsteuerbescheinigung* Rn 11 ff) durch den ArbGeb, ggf nach vorher durchgeführtem LStJahresausgleich (→ *Lohnsteuerjahresausgleich* Rn 2 ff).

3 Der ArbGeb ist als Dritter in das Besteuerungsverfahren einbezogen, indem er die Besteuerungsgrundlagen ermitteln sowie die Steuer für den ArbN und das FA berechnen und einbehalten sowie für den ArbN an das FA abführen muss. Die Rechtsbeziehungen zum FA sind dabei öffentlich-rechtlicher Natur, während seine Rechtsbeziehungen zum ArbN dem Zivil- bzw Arbeitsrecht unterliegen. Aufgrund seines Tätigwerdens sowohl für das FA als auch für den ArbN, haftet er für Fehler gegenüber dem FA (→ *Lohnsteuerhaftung* Rn 4–28) und kann sich ggf dem ArbN gegenüber schadensersatzpflichtig machen (BAG 17.3.60, DB 60, 642; BFH 20.9.96, BStBl II 97, 144, 7.5.09 – VI R 16/07, BStBl II 10, 130 und → *Arbeitgeberhaftung* Rn 19). Die im Abzugsverfahren erhobene LSt betrifft die **Einkünfte aus nichtselbstständiger Arbeit** (→ *Arbeitsentgelt* Rn 30 ff) und stellt lediglich die darauf entfallende Vorauszahlung auf die mit Ablauf des Kj entstehende ESt des ArbN dar (*Schmidt/Krüger* § 38 Rz 1). Zusätzlich kann das FA **Einkommensteuervorauszahlungen** festsetzen, auch wenn der Stpfl ausschließlich dem LStAbzug unterliegende Einkünfte aus nichtselbstständiger Arbeit erzielt (BFH 20.12.04 – VI R 182/97, BStBl II 05, 358 und 22.3.11 – VII R 42/10, BStBl II 11, 607). Im **Insolvenzfall** kommt es darauf an, ob der Insolvenzverwalter den Geschäftsbetrieb freigegeben hat; der Betriebsinhaber (Schuldner) ist dann weiterhin zum LStAbzug verpflichtet (FG Nds 8.3.07 – 11 K 565/06, EFG 07, 1272).

4 **2. Steuerschuldner** der LSt ist auch bei einer Nettolohnvereinbarung der ArbN (§ 38 Abs 2 Satz 1 EStG; → *Nettolohnvereinbarung* Rn 14), es sei denn der Arbeitslohn wird pauschal besteuert (§§ 37b, 40–40b EStG; → *Lohnsteuerpauschalierung* Rn 5 ff). In diesem Fall ist der ArbGeb Schuldner der von ihm zu übernehmenden LSt (§ 40 Abs 3 EStG).

5 **3. Entstehung der Lohnsteuer** (§ 38 Abs 2 Satz 2 EStG).Die LSt entsteht mit Zufluss des Arbeitslohnsan den ArbN (→ *Lohnzufluss* Rn 2 ff, auch bzgl Zufluss von Sachbezügen und Entstehung der LSt bei der LStPauschalierung; → *Lohnsteuerpauschalierung* Rn 7). Vom Zufluss und der daraus resultierenden Entstehung der LSt ist deren Abführung zu unterscheiden (→ *Lohnsteuerabführung* Rn 2 ff).

6 **4. Inländischer Arbeitgeber (§ 38 Abs 1 Nr 1 EStG).** ist Grds trifft die Pflicht zum Abzug und zur Einbehaltung der LSt nur den inländischen ArbGeb mit Wohnsitz, gewöhnlichem Aufenthalt, Geschäftsleitung, Sitz, Betriebsstätte oder ständigem Vertreter iSd §§ 8–13 AO im Inland (→ Rn 12; zu den Voraussetzungen eines ständigen Vertreters s FG NdS 28.5.03 – 11 K 335/99, EFG 03, 1626). Unter den beiden letzten Voraussetzungen kann jedoch auch ein im Ausland ansässiger ArbGeb inländischer ArbGeb iSd § 38 Abs 1 Nr 1 EStG sein (LStH 38.3).

7 **a)** Seinen **Wohnsitz** hat jemand dort, wo er eine Wohnung unter Umständen innehat, die darauf schließen lassen, dass er die Wohnung beibehalten und benutzen wird (§ 8 AO). Dieser steuerrechtliche Wohnsitzbegriff stellt auf die tatsächliche Gestaltung und nicht auf subjektive Momente ab und unterscheidet sich vom zivilrechtlichen Wohnsitz (§§ 7, 8 BGB; BFH 23.11.88, BStBl II 89, 182 und 25.9.14 – III R 10/14, BStBl II 15, 655).

8 **b)** Der **Gewöhnliche Aufenthalt** einer Person befindet sich dort, wo diese Person sich unter Umständen aufhält, die erkennen lassen, dass sie an diesem Ort nicht nur vorüber-

gehend verweilt. Ein von Beginn an zeitlich zusammenhängender Aufenthalt von mehr als sechs Monaten gilt stets als gewöhnlicher Aufenthalt (§ 9 AO). Auch insoweit kommt es nur auf äußere Merkmale und nicht einen entsprechenden Willen der betreffenden Person an. Diese Vorschrift kann ebenso wie § 8 AO (Wohnsitz) nur für Einzelunternehmer oder für die Beschäftigung von ArbN im Haushalt relevant werden (*K/S* § 38 Rz B 24).

**c) Geschäftsleitung** ist der Mittelpunkt der geschäftlichen Oberleitung (§ 10 AO), dh, an dem der für die Geschäftsführung maßgebliche Wille gebildet wird (*T/K* § 10 AO Rz 1). Diese Vorschrift kann sowohl auf Einzelunternehmer als auch auf juristische Personen und Personengesellschaften angewendet werden (*K/S* § 38 Rz B 24). **9**

**d) Sitz** einer Körperschaft, Personenvereinigung oder einer Vermögensmasse ist der durch Gesetz, Gesellschaftsvertrag, Satzung, Stiftungsgeschäft oder dgl bestimmte Ort (§ 11 AO). Diese Vorschrift betrifft nur juristische Personen und Personenverbände (*K/S* § 38 Rz B 24). **10**

**e) Betriebsstätte** → *Betriebsstätte* Rn 3.

**f) Ständiger Vertreter** ist eine Person, die nachhaltig die Geschäfte eines Unternehmers besorgt und dabei dessen Sachweisungen unterliegt, insbes für ein Unternehmen nachhaltig Verträge schließt oder vermittelt, Aufträge einholt oder einen Bestand von Gütern oder Waren unterhält und davon Auslieferungen vornimmt (§ 13 AO). Vertreter kann dabei jede natürliche oder juristische Person sein (*T/K* § 13 AO Rz 2). Ständiger Vertreter kann ein Filialleiter oder die Aufsicht über einen Bautrupp sein (LStR 38.3 Abs 3). Diese Vorschrift ist sowohl für Einzelunternehmer als auch für juristische Personen und Personenverbände von Bedeutung (*K/S* § 38 Rz B 24). **11**

**5.** In den Fällen der **internationalen Arbeitnehmerentsendung** ist inländischer ArbGeb auch das in Deutschland ansässige aufnehmende Unternehmen, das den Arbeitslohn **wirtschaftlich trägt** (LStR 19.1 Satz 4; LStH 19.1; FG Saarland 25.7.13 1 V 1184/13, EFG 13, 1706). Es muss den Arbeitslohn hierfür nicht im eigenen Namen und für eigene Rechnung auszahlen (§ 38 Abs 1 Satz 2 EStG. Damit kann auch ein deutsches Unternehmen zum LStAbzug verpflichtet sein, das lediglich wirtschaftlicher ArbGeb iSd DBA nicht aber iSd Arbeitsrechts. Die Voraussetzung des wirtschaftlichen Tragens ist insbes **auch bei Weiterbelastung** der von dem anderen Unternehmen gezahlten Arbeitsvergütung an das deutsche Unternehmen erfüllt. Die LSt entsteht dabei bereits bei Zufluss der Arbeitslohnzahlung an den ArbN, sofern das inländische Unternehmen aufgrund der Vereinbarung mit dem ausländischen Unternehmen mit einer **Weiterbelastung** rechnen kann. Die LSt ist dann in diesem Zeitpunkt vom inländischen Unternehmen zu erheben (LStR 38.3 Abs 5). **12**

**6. Ausländische Verleiher** (§ 38 Abs 1 Nr 2 EStG). Neben dem inländischen ArbGeb sind auch ausländische Verleiher verpflichtet, LSt einzubehalten und abzuführen, wenn sie ArbGeb im Inland gewerbsmäßig verliehener ArbN sind und nicht schon als inländische ArbGeb anzusehen sind (LStR 38.3 Abs 1 Satz 2). Dies hängt mit der Haftung des Entleihers zusammen (§ 42d Abs 6–8 EStG; → *Arbeitnehmerüberlassung/Zeitarbeit* Rn 74–76). **13**

**7. Lohnzahlung durch Dritte. a) Lohnsteuerabzugspflicht Arbeitgeber.** Nach § 38 Abs 1 Satz 3 EStG unterliegt der LSt **auch** der im Rahmen des Dienstverhältnisses **von einem Dritten** gewährte Arbeitslohn, wenn der ArbGeb weiß oder erkennen kann, dass derartige Vergütungen erbracht werden; dies ist insbes anzunehmen, wenn ArbGeb und Dritter **verbundene Unternehmen** iSd § 15 AktG sind. Nach wohl einhelliger Auffassung besteht **keine eigene Ermittlungspflicht des ArbGeb** hinsichtlich der Drittlöhne (BFH 28.6.07 – VI R 45/02, DStRE 07, 1297). Nach allgemeiner Auffassung ist die gesetzliche Regelung des § 38 Abs 1Satz 3 EStG hinsichtlich des Merkmals „erkennen kann" nicht justitiabel (*Schmidt/Krüger* § 38 Rn 7). Das FA ist insoweit beweispflichtig. Das anderslautende Urteil des FG München 28.10.11 – 8 K 3176/08, EFG 12, 456, das im Zusammenhang mit einer **Rabattgewährung durch Dritte** das Merkmal für den Fall als erfüllt ansah, dass sich dem ArbGeb der Sachverhalt aufdrängt – im Streitfall die Gewährung sozialer Leistungen in Form von verbilligten Tarifen eines im selben Konzern tätigen Versicherungsunternehmens, worauf der ArbN im Arbeitsvertrag vom ArbGeb hingewiesen wurde – wurde vom BFH aufgehoben. Die Mitwirkung des ArbGeb allein – so der BFH – führt nicht dazu, dass ein von Dritten gewährter Rabatt als Arbeitslohn zu qualifizieren ist. Entscheidend ist vielmehr, ob es eine Prämie oder Belohnung für eine Leistung des ArbN **im Rahmen seines Arbeitsverhältnisses** für den ArbGeb ist (BFH 10.4.14 – VI R 62/ **14**

11, BStBl II 15, 191). Die dem ArbGeb bei der Lohnzahlung durch Dritte auferlegte LStAbzugspflicht erfordert gleichwohl, dass dieser seine ArbN auf ihre gesetzliche Verpflichtung hinweist, ihm am Ende des jeweiligen Lohnzahlungszeitraums die von einem Dritten gewährten Bezüge anzugeben (§ 38 Abs 4 Satz 3 EStG). Zur Vermeidung von Unklarheiten sollte ein schriftlicher **Hinweis erfolgen,** der als Beleg zum Lohnkonto genommen werden kann.

15 Kommt der **Arbeitnehmer** seiner **Angabepflicht** nicht nach und kann der ArbGeb bei der gebotenen Sorgfalt aus seiner Mitwirkung an der Lohnzahlung des Dritten oder aus der Unternehmensverbundenheit mit dem Dritten erkennen, dass der ArbN zu Unrecht keine Angaben macht oder seine Angaben unzutreffend sind, hat der ArbGeb die ihm bekannten Tatsachen dem BetriebsstättenFA unverzüglich anzuzeigen (§ 38 Abs 4 Satz 3 EStG; LStR 38.4 Abs 2 Satz 2–5).

16 **b) Lohnsteuerabzugspflicht Dritter.** Nach der auch für beschränkt stpfl ArbN geltenden Regelung des § 38 Abs 3a Satz 1 EStG hat der Dritte, bei der Auszahlung von Barlohn (nicht bei Sachleistungen) die ArbGebPflichten zu erfüllen, wenn er den **Arbeitslohn** aufgrund **tarifvertraglicher Regelungen zahlt,** zB die Sozialkassen des Baugewerbes. Für einen **sonstigen Bezug** kann der Dritte die LSt bis zu einer nur auf die Lohnzahlungen des Dritten bezogenen Jahresarbeitslohngrenze (→ *Jahresarbeitsentgelt* Rn 3) von 10 000 € unabhängig von den ELStAM mit 20 % ermitteln (§ 39c Abs 3 EStG). Bei der beim BetriebsstättenFA anzumeldenden LSt (§ 41a Abs 1 Nr 1 EStG (→ *Lohnsteueranmeldung* Rn 2 ff) handelt es sich um **keine pauschale LSt** (→ *Lohnsteuerpauschalierung* Rn 5). Schuldner der LSt bleibt der ArbN, dem die ermittelte und die einbehaltene LSt zu in einer besondere LStBescheinigung (→ *Lohnsteuerbescheinigung* Rn 26 f) zu bescheinigen und bei der Veranlagung auf die ESt anzurechnen ist.

17 **c) Übertragung lohnsteuerlicher Pflichten.** Darüber hinaus können Dritte mit Wohnsitz, Geschäftsleitung oder Sitz im Inland die ArbGebPflichten im eigenen Namen erfüllen, wenn sie sich hierzu **gegenüber dem Arbeitgeber verpflichtet haben,** die Steuererhebung nicht beeinträchtigt wird und das BetriebsstättenFA auf schriftlichen Antrag des Dritten im Einvernehmen mit dem BetriebsstättenFA des ArbGeb zustimmt. Die **Zustimmung** hängt davon ab, dass der Dritte für den gesamten Arbeitslohn die LStAbzugsverpflichtung übernimmt (LStR 38.5). Voraussetzung ist weiter, dass der Dritte den Lohn auszahlt oder er nur ArbGebPflichten für von ihm vermittelte ArbN übernimmt (§ 38 Abs 3a Sätze 2 und 3 EStG). Der **ArbGeb** ist dann von seinen Pflichten **insoweit befreit.** Der Dritte tritt hinsichtlich der das LStVerfahren betreffenden Vorschriften an die Stelle des ArbGeb. Er hat sich für den Datenabruf der ELStAM zu authentifizieren und zusätzlich seine Wirtschaftsidentifikationsnummer mitzuteilen (§ 39e Abs 4 Satz 6; → *Lohnsteuerabzugsmerkmale* Rn 20). Stehen ArbN in **mehreren Dienstverhältnissen,** kann der Dritte die Arbeitslöhne für die LStErmittlung und die LStBescheinigung zusammenrechnen, die dem ArbN im selben Lohnzahlungszeitraum zufließen (§ 38 Abs 3a Satz 7 EStG). Damit wurde eine gesetzliche Grundlage für die teilweise schon bestehende Praxis bei zusammengefassten Lohnabrechnungen von Mehrfacharbeitsverhältnissen im Konzernverbund oder bei zentralen Abrechnungsstellen der Kirchen oder ArbN von Wohneigentümergemeinschaften uÄ geschaffen (BMF 27.1.04, BStBl I 04, 173 Tz III. 2.).

18 **d) Haftung Dritter.** Nach § 42d Abs 9 EStG haftet neben dem ArbGeb auch der Dritte bei beiden Fallgestaltungen (→ Rn 16, 17) **gesamtschuldnerisch** (→ *Lohnsteuerhaftung* Rn 12). Eine Inanspruchnahme des ArbGeb unterbleibt, wenn beim ArbN selbst eine Nachforderung unzulässig ist, weil der Mindestbetrag nach § 42d Abs 5 EStG (10 €) nicht überschritten wird (LStR 42d.3). Für die Haftungsinanspruchnahme ist ebenso wie für die LStAußenprüfung – die auch beim ArbGeb zulässig ist – das BetriebsstättenFA des Dritten zuständig (§§ 42d Abs 9 Satz 8, 42 f Abs 3 EStG).

19 **8. Lohnsteuereinbehaltung. a) Allgemeines.** Nach § 38 Abs 3 Satz 1 EStG hat der ArbGeb bei jeder Lohnzahlung die LSt für Rechnung des ArbN vom Arbeitslohn einzubehalten. Er errechnet die auf den stpfl Arbeitslohn entfallende LSt maschinell nach dem Programmablaufplan (ausnahmsweise manuell) unter Zugrundelegung der → *Lohnsteuertabellen* Rn 2 ff und der → *Lohnsteuerabzugsmerkmale* Rn 7 ff und zahlt den um die LSt und den SolZ (ggf auch KiSt) gekürzten Arbeitslohn an den ArbN aus. **Reichen** die **Mittel** des

ArbGeb zur Zahlung des vollen Lohns (einschließlich LSt, SolZ und KiSt) **nicht** aus, hat der ArbGeb die LSt, den SolZ (ggf KiSt) aus dem zur Verfügung stehenden niedrigeren Betrag zu errechnen und einzubehalten (*Schmidt/Krüger* § 38 Rz 13). Die Lohnzahlung erfolgt mit Zufluss des gesamten Arbeitslohns an den ArbN (→ *Lohnzufluss* Rn 2 ff).

**b) Einzelfälle.**

- Bei **Abschlagszahlungen** kann er die Einbehaltung der LSt bis zur Lohnabrechnung hinausschieben (§ 39b Abs 5 EStG; → *Lohnsteuerberechnung* Rn 6). Zur elektronischen Ermittlung der LStAbzugsmerkmale seit 2013 (§§ 39, 39e EStG) → *Lohnsteuerabzugsmerkmale* Rn 7 ff.
- Werden **Beiträge zur SozV** im Rahmen des Haushaltsscheckverfahrens (→ *Hauswirtschaftliches Beschäftigungsverhältnis* Rn 37 ff) entrichtet, ist die einheitliche Pauschsteuer zu entrichten (→ *Geringfügige Beschäftigung* Rn 21). 20
- Bei einer **Nettolohnvereinbarung** (→ *Nettolohnvereinbarung* Rn 10 ff) ist der Bruttolohn mit der Auszahlung vorschriftsmäßig gekürzt (BFH 8.11.85, BStBl II 86, 186). 21
- Liegt eine **Pfändung** des Arbeitslohns vor, hat der ArbGeb auch die auf den pfändbaren Teil des Arbeitslohns entfallende LSt einzubehalten (→ *Pfändung* Rn 38–42).
- Bei Lohnzahlung an **nicht mehr beschäftigte Arbeitnehmer**, muss der ArbGeb den ArbN um Mitteilung der zum Zwecke des Abrufs der ELStAM erforderlichen Angaben auffordern (§ 39e Abs 4 EStG; → *Lohnsteuerabzugsmerkmale* Rn 19) oder den LStAbzug ohne ELStAM durchführen (§ 39c EStG; → *Sonstige Bezüge* Rn 11 und → *Lohnsteuerberechnung* Rn 15–17).

**c) Befreiung von der Einbehaltungspflicht.** Der ArbGeb ist insoweit grds nur dann befreit, wenn ihm eine **Freistellungsbescheinigung** des BetriebsstättenFA vorliegt, die auf Antrag des ArbN oder des ArbGeb erteilt wird, wenn der von einem inländischen ArbGeb gezahlte Arbeitslohn nach einem DBA von der LSt freigestellt ist. Frühestens **ab 2019** soll die Mitteilung im Rahmen der ELStAM abrufbar sein (§§ 39 Abs 4 Nr 5, 52 Abs 50g und 51b EStG iVm § 39b Abs 6 EStG idF v 31.12.10; → *Betriebsstätte* Rn 3; → *Lohnsteuerabzugsmerkmale* Rn 12). Zur Frage der Ermittlung/Aufteilung des steuerpflichtigen bzw steuerfreien Arbeitslohns nach **DBA** im Einzelnen s BMF zur steuerlichen Behandlung des Arbeitslohns nach DBA vom 3.5.18, BStBl I 18, 643 und → *Lohnsteuerberechnung* Rn 11, 21 f. Ist die Steuerbefreiung nach einem DBA nicht antragsabhängig, kann der ArbGeb zwar ohne Freistellungsbescheinigung vom LStAbzug absehen (BFH 10.5.89, BStBl II 89, 755), setzt sich allerdings dem **Haftungsrisiko** (→ *Lohnsteuerhaftung* Rn 4–28) aus, wenn die Voraussetzungen für eine Steuerfreiheit der Auslandsbezüge nicht vorliegen. Daher sollte er auch in diesen Fällen eine Freistellungsbescheinigung beantragen, die als Beleg zum → *Lohnkonto* Rn 2 ff zu nehmen ist (LStR 39b.10). Die im LStAbzugsverfahren erteilte Freistellungsbescheinigung hat allerdings **keine Bindungswirkung für das Einkommensteuerveranlagungsverfahren** des ArbN (FG Köln 22.3.01 – 7 K 1709/99, EFG 01, 974). Bei der Veranlagung des ArbN wird die Freistellung nur gewährt, wenn dieser nachweist, dass der Staat, dem das Besteuerungsrecht zusteht, hierauf verzichtet hat oder dass die von diesem Staat auf die Einkünfte festgesetzten Steuern entrichtet worden sind. Ggf kann der Steuerbescheid nachträglich geändert werden (§ 50d Abs 8 EStG; → *Auslandstätigkeit* Rn 45 und BMF zur steuerlichen Behandlung des Arbeitslohns nach DBA vom 3.5.18, BStBl I 18, 643 Rn 45). 22

Besteht **kein DBA,** in das Einkünfte aus nichtselbstständiger Arbeit einbezogen sind, kann eine Freistellungsbescheinigung nach dem sog **Auslandstätigkeitserlass** beantragt werden (BMF 31.10.83, BStBl I 83, 470 geändert durch BMF 14.3.17, BStBl I 17, 473; → *Auslandstätigkeit* Rn 57, 58). Bei im Ausland ansässigen, aber im Inland tätigen ArbN eines ausländischen Verleihers – wenn ein Besteuerungsrecht wegen eines Aufenthalts von weniger als 183 Tagen im Inland der BRD nicht zusteht – kann der ausländische Verleiher von einer LStEinbehaltung auch ohne Vorliegen einer Freistellungsbescheinigung absehen (*Schmidt/Krüger* § 38 Rz 4 mwN; aA *HHR* § 38 Rn 30). Zur vorübergehenden Auslandstätigkeit von ArbN im Ausland ansässiger ArbGeb mit inländischer Betriebsstätte → *Betriebsstätte* Rn 10. Zur Möglichkeit der Besteuerung im Rahmen der erweiterten unbeschränkten Stpfl → *Grenzgänger* Rn 16 ff. 23

**d) Durchsetzbarkeit.** Die Pflicht zur Einbehaltung der LSt ist **seitens des FA** mit **Zwangsmitteln** durchsetzbar (§§ 328 ff AO). Bei unzutreffender Einbehaltung der LSt 24 kann der ArbGeb gem § 42d Abs 1 Nr 1 EStG in Haftung (→ *Lohnsteuerhaftung* Rn 8–10) und der ArbN mit **Nachforderungsbescheid** in Anspruch genommen werden (§ 42d Abs 3 Satz 4 Nr 1 EStG; → *Lohnsteuernachforderung* Rn 3 ff). Die Verletzung der Einbehaltungspflicht kann eine LStGefährdung iSd § 380 AO darstellen (Ordnungswidrigkeit). **Billigkeitsmaßnahmen** hinsichtlich der Einbehaltungspflicht kommen für den ArbGeb **nicht** in Betracht, da es sich nicht um seine Mittel handelt (*Schmidt/Krüger* § 38 Rz 20).

25 Besteht **zwischen** dem **ArbN und** dem **ArbGeb Streit über die Berechtigung oder die Höhe** des LStAbzugs, kann durch eine gemeinsam beim FA eingeholte **Anrufungsauskunft** eine für das Lohnabzugsverfahren verbindliche Auskunft des FA erreicht werden (s hierzu → *Anrufungsauskunft* Rn 11). Außerdem kann der ArbN die Berechtigung und die Höhe des LStAbzugs im Rahmen der EStVeranlagung (→ *Antragsveranlagung* Rn 2 ff) nach Ablauf des Kj vom FA und den EStBescheid nach ablehnender Einspruchsentscheidung ggf im Klagewege vom FG prüfen lassen. Die ArbG haben lediglich im Rahmen einer Gehaltsklage über die Höhe des LStAbzugs als Vorfrage zu entscheiden. Zur Anfechtung bzw Änderung der LStAnmeldung → *Lohnsteueranmeldung* Rn 14, 15. Zur vom ArbGeb unterlassenen LStAbführung → *Lohnsteuerabführung* Rn 2, 8, 9.

26 **9. Fehlende Barmittel.** Werden zB neben dem Barlohn **hohe Sachbezüge** (→ *Sachbezug* Rn 3 ff) gewährt, kann die einzubehaltende LSt höher sein als der Barlohn. Dieser Fall kann auch eintreten, wenn der nach Leistung von Abschlagszahlungen (→ Rn 19; § 39b Abs 5 EStG) noch ausstehende Barlohn sehr gering ist. Reicht in diesen Fällen der vom ArbGeb geschuldete Barlohn zur Deckung der LSt nicht aus, hat der ArbGeb **zunächst** die **Barmittel** (stpfl und steuerfreie Bezüge) **für den LStAbzug zurückzubehalten**. Nötigenfalls ist der ArbN verpflichtet, dem ArbGeb den **Fehlbetrag zur Verfügung zu stellen** (§ 38 Abs 4 Satz 1 EStG). Entzieht sich der ArbN dieser Verpflichtung, so kann der ArbGeb durch eine **Anzeige** an das FA seine **Haftung** vermeiden (→ *Anzeigepflichten Arbeitgeber* Rn 8 und BFH 9.10.02 – VI R 112/99, BStBl II 02, 884). Nach Auffassung von *Eisgruber* (DStR 03, 141) fehlt hier jedoch eine gesetzliche Grundlage für die Haftung des ArbGeb aufgrund einer unterlassenen Anzeige. Das FA fordert die LSt dann vom ArbN nach (§ 38 Abs 4 Satz 4 EStG).

### C. Sozialversicherungsrecht *Schlegel*

31 **1. Beitragsschuldner des Gesamtsozialversicherungsbeitrags** ist der ArbGeb (§ 28e Abs 1 SGB IV); er hat die Beiträge in der gesetzlichen KV, PflegeV, ArblV oder RV für die kraft Gesetzes versicherten Beschäftigten oder Hausgewerbetreibenden als GesamtSozVBeitrag an die Beitragseinzugsstelle zu zahlen (zum Begriff des GesamtSozVBeitrags vgl § 28d SGB IV). Wer die Beiträge zu tragen hat, wer also letztlich mit den Beiträgen belastet wird, ist nicht in § 28e Abs 1 SGB IV, sondern in der KV, RV, PflegeV und ArblV geregelt.

32 **2. Beitragstragungslast.** Die gegen Entgelt beschäftigten ArbN tragen die nach dem Arbeitsentgelt zu bemessenden Beiträge in der gesetzl KV, PflegeV, ArblV und RV regelmäßig zur Hälfte; die andere Hälfte trägt der ArbGeb (§ 58 Abs 1 SGB XI; § 168 Abs 1 Nr 1 SGB VI; § 346 Abs 1 SGB III, § 249 Abs 1 SGB V, zu Modifikationen bei der paritätischen Finanzierung in der KV vgl *Krankenversicherungsbeiträge*;).

33 **3. Beitragsabzug.** Soweit der ArbN die Beiträge aus dem Arbeitsentgelt selbst zu tragen hat, besteht für den ArbGeb, der auch den Beitragsanteil des ArbN an die Beitragseinzugsstelle abführen (zahlen) muss, ein Anspruch auf diesen Teil des GesamtSozVBeitrag (§ 28g Satz 1 SGB IV). Diesen Anspruch kann der ArbGeb nur durch Abzug vom Arbeitsentgelt geltend machen. Ein unterbliebener Abzug darf im Regelfall nur bei den drei nächsten Lohn- und Gehaltszahlungen nachgeholt werden; das **Nachholen eines unterlassenen Beitragsabzugs** ist danach nur dann zulässig, wenn der Abzug ohne Verschulden des ArbGeb unterblieben ist (§ 28g Sätze 2 und 3 SGB IV). Ist der Beschäftigte seinen Pflichten nach § 28o Abs 1 Satz 1 SGB IV (Auskunfts- und Vorlagepflichten) vorsätzlich oder grob fahrlässig nicht nachgekommen, gelten § 28g Sätze 2 und 3 SGB IV nicht (§ 28g Satz 4 SGB IV), dh, dass der ArbGeb seinen Anspruch gegen den ArbN auf den ArbNAnteil in jeder ihm geeignet erscheinenden Weise geltend machen kann (zB durch Klage, Zugriff auf sonstiges Vermögen des ArbN nach Maßgabe des Rechtswegs der Zivilgerichte). Im

**Außenverhältnis zur Einzugsstelle** ist für die versicherungspflichtig Beschäftigten immer der ArbGeb für die gesamten Beiträge zahlungspflichtig. Das **Innenverhältnis zum Arbeitnehmer** regelt § 28g SGB IV, indem es dem ArbGeb einen Anspruch gegen den ArbN auf die von diesem zu tragenden Beitragsanteile einräumt. § 28g Sätze 2 und 3 SGB IV verpflichtet den ArbN insoweit, den Beitragsabzug bei der Lohn- und Gehaltszahlung zu dulden. Zum Ganzen *Schlegel/Voelzke* SGB II, § 28g.

**4. Grenzen des Beitragsabzugs** bestehen in zeitlicher und quantitativer Hinsicht. 34
**a) Zeitlich** begrenzt ist die Nachholung des unterbliebenen Beitragsabzugs in den Fällen, in denen den ArbGeb hierfür ein Verschulden trifft. Befindet er sich hinsichtlich der Pflicht zur Beitragszahlung für einen ArbN in einem Rechtsirrtum, ist dies als schuldhaftes Verhalten zu werten und der Beitragsabzug nur in den nächsten drei Lohn- oder Gehaltszahlungen zulässig. Holt er den Beitragsabzug in dieser Zeit nicht nach, kann er seinen Anspruch gegen den ArbN jedenfalls nicht mehr im Wege des Beitragsabzugs realisieren und muss letztlich auch dessen Beitragsanteile selbst aufbringen, wenn der ArbN nicht zur Zahlung bewegt werden kann. Unbegrenzt zulässig ist der Beitragsabzug, wenn den ArbGeb hieran kein Verschulden trifft, was nach der Gesetzesbegründung immer dann der Fall sein soll, wenn der ArbGeb von der zuständigen Einzugsstelle unrichtig beraten wurde (BT-Drs 11/2221 S 24, zu § 28g). Allerdings verjähren die Ansprüche des ArbGeb gegen den ArbN auf die ArbNAnteile am GesamtSozVBeitrag analog § 25 Abs 1 Satz 1 SGB IV in vier Jahren (BSG 25.10.90 – 12 RK 27/89, SozR 3–2400 § 25 Nr 2).

**Keine zeitliche Begrenzung** besteht trotz schuldhaften Unterlassens des Betragsabzugs 35
durch den ArbGeb dann, wenn der Beschäftigte seinen Auskunfts- und Vorlagepflichten nach § 28o Abs 1 Satz 1 SGB IV (→ *Meldepflichten Arbeitnehmer* Rn 7) vorsätzlich oder grob fahrlässig nicht nachgekommen ist (§ 28g Satz 4 SGB IV). Von einem solchen **Verschulden des Arbeitnehmers** ist jedenfalls dann auszugehen, wenn der ArbN gegenüber seinem ArbGeb Angaben und Mitteilungen unterlässt, bei denen jedermann weiß, dass sie für den ArbGeb bedeutsam sind. Hierzu ist insbes die Pflicht zur Anzeige geringfügiger Beschäftigungen zu rechnen, die neben anderen geringfügigen Beschäftigungen ausgeübt werden.

Der ArbGeb darf den Lohnabzug darüber hinaus **ohne zeitliche Beschränkung** vor- 36
nehmen, wenn den ArbN die **alleinige Beitragstragungspflicht** bzgl des GesamtSozVBeitrages trifft oder solange der Beschäftigte nur **Sachbezüge** erhält (§ 28g Satz 3 SGB IV).

Nach **Beendigung des Beschäftigungsverhältnisses** ist der Beitragsabzug nicht mehr 37
möglich. Nach den Motiven (BT-Drs 11/2221 S 24, zu § 28g) hat dann der ArbGeb den vollen Beitrag zu zahlen. Allerdings wird man einen Beitragsabzug noch zulassen müssen, wenn der ArbN auch nach Beendigung des Beschäftigungsverhältnisses noch Ausgleichs- oder Restzahlungsansprüche gegen den ArbGeb hat. Nach **Verjährung** der Beitragsansprüche (§ 25 SGB IV) ist ein Beitragsabzug durch den ArbGeb ausgeschlossen (BSG 25.10.90 – 12 RK 27/89, SozR 3–2400 § 25 Nr 2).

**b) Aufrechnung.** Rechtstechnisch handelt es sich beim Beitragsabzug vom Lohn und 38
Gehalt um eine Aufrechnung gem § 387 Satz 1 BGB (BT-Drs 11/2221 S 24, zu § 28g; BSG 25.10.90 – 12 RK 27/89 –, SozR 3–2400 § 25 Nr 2). Aus diesem Grund müssen beim (nachträglichen) Beitragsabzug auch die Grenzen des § 394 Satz 1 BGB **(Pfändungsfreigrenzen)** eingehalten werden (→ *Pfändung* Rn 52). Zulässig ist die Verteilung des nachzuholenden Beitragsabzugs auf mehrere Lohn- und Gehaltszahlungen, sofern die zeitlichen Grenzen des § 28g Satz 2 SGB IV nicht überschritten werden.

**5. Sachbezüge,** die dem ArbN gewährt werden und die Teil des Arbeitsentgelts sind, 39
lassen einen Beitragsabzug nicht zu, da es in diesem Fall an der Gleichartigkeit der Forderungen, die eine Aufrechnung voraussetzt, fehlt. Der Gesetzgeber ging davon aus, dass Fälle, in denen Arbeitsentgelt ganz oder überwiegend aus Sachbezügen besteht, nicht mehr vorkommen. Sollten sie gleichwohl noch ausnahmsweise vorkommen, müsse der Anspruch des ArbGeb gegen den ArbN auf den vom ArbN zu tragenden Anteil arbeitsrechtlich gelöst werden (BT-Drs 11/2221 S 24, zu § 28g). Entsprechendes gelte bei Entgelten, die nicht vom ArbGeb, sondern von Dritten gezahlt werden. § 28g Satz 4 IV stellt klar, dass ein Beitragsabzug nicht in Betracht kommt, wenn der ArbN „nur" Sachbezüge erhält; in diesen Fällen, die in der Praxis äußerst selten vorkommen dürften, hat der ArbN den Beitrag aus

den Sachbezügen selbst zu zahlen. Erhält der ArbN auch Barlohn, sind die aus den Sachbezügen von ArbN zu tragenden SozVBeiträge vom ArbGeb im Lohnabzugsverfahren einzubehalten. Zum Ganzen auch *Schlegel/Voelzke* SGB IV, § 28g Rz 31 f.

40 **6. Rechtsweg.** Besteht zwischen ArbGeb und ArbN Streit darüber, ob und ggf in welcher Höhe ein zulässiger Beitragsabzug erfolgen darf, ist nach der Rspr des BSG jedenfalls **während der Zeit des Bestehens eines versicherungs- und beitragspflichtigen Beschäftigungsverhältnisses** der Rechtsweg zu den Gerichten der Sozialgerichtsbarkeit (§ 51 SGG) eröffnet, weil das Beitragsverfahren, zu dem auch die Zulässigkeit des Lohnabzuges gehört, dem verfahrensrechtlichen Teil des öffentlich-sozialversicherungsrechtlichen Versicherungsverhältnisses zuzurechnen ist; insbes ist die Pflicht des ArbN zur Duldung des Beitragsabzugs vom Lohn/Gehalt nicht eine das Arbeitsverhältnis, sondern des öffentlich-rechtliche Beitragseinzugsverfahren betreffende Regelung (BSG 7.6.79 – 12 RK 13/78, SozR 2200 § 394 Nr 1; 25.10.90 – 12 RK 27/89, SozR 3–2400 § 25 Nr 2).

41 Zulässige Klageart ist die Feststellungsklage (§ 55 SGG), die hinsichtlich einer vom ArbN gegen den ArbGeb zulässig zu erhebenden zivilrechtlichen (arbeitsrechtlichen) Leistungsklage (auf höheren Nettolohn etc) nicht zurücktritt. Der Grundsatz der Subsidiarität der Feststellungsklage gegenüber einer möglichen Leistungsklage (fehlendes Rechtsschutzbedürfnis für den hinter dem Leistungstenor zurückbleibenden Feststellungstenor) greift hier nicht ein (BSG 25.10.90 – 12 RK 27/89, SozR 3–2400 § 25 Nr 2 mwN). Die Rspr des BAG, wonach für die Zeit **nach Beendigung des Beschäftigungsverhältnisses** ein auf § 670 BGB gestützter Ersatzanspruch des ArbGeb vor die Gerichte der Arbeitsgerichtsbarkeit gehört, zieht das BSG nicht in Zweifel (BSG 7.6.79 – 12 RK 13/78, SozR 2200 § 394 Nr 1).

42 **7. Zahlungsfiktion in der Rentenversicherung.** Führt der ArbGeb keine GesamtSozVBeiträge ab, gilt der Beitrag in der RV gleichwohl zugunsten des ArbN als gezahlt, wenn der ArbN glaubhaft macht, dass der auf ihn entfallende Beitragsanteil vom Arbeitsentgelt abgezogen worden ist (§ 203 Abs 2 SGB VI).

# Lohnersatzleistungen

## A. Arbeitsrecht *Griese*

1 Lohnersatzleistungen bezeichnen als Oberbegriff diejenigen **monetären Kompensationsleistungen,** die Entgeltersatzfunktion haben. Arbeitsrechtlich gehören hierzu die *Entgeltfortzahlung* im Krankheitsfall und der Zuschuss des ArbGeb zum Mutterschaftsgeld (→ *Mutterschaftsgeld* Rn 1 ff). Als Lohnersatzleistungen der SozV sind ua zu nennen das *Krankengeld,* das *Mutterschaftsgeld,* das *Elterngeld,* das *Verletztengeld* bei *Arbeits- und Wegeunfällen,* das *Übergangsgeld/Überbrückungsgeld* (→ *Übergangsgeld/Überbrückungsgeld* Rn 16), das *Arbeitslosengeld,* das *Kurzarbeitergeld* sowie das Insolvenzgeld nach § 165 SGB III (→ *Insolvenz des Arbeitgebers* Rn 42 ff).

2 Allen Lohnersatzleistungen gemeinsam ist, dass sie den **Ausfall des Arbeitsverdienstes** in bestimmten sozialen Situationen ganz oder teilweise **kompensieren** sollen. Damit soll insbesondere eine **Existenznot** des ArbN in belastenden sozialen Situationen (Krankheit, Arbeitsunfall, Arbeitslosigkeit, Insolvenz des ArbGeb) verhindert und eine zumindest teilweise Aufrechterhaltung des Lebensstandards gesichert werden. Sagt der ArbGeb zu, als Lohnersatzleistung Übergangsleistungen „steuerfrei" zu erbringen, verpflichtet er sich damit noch nicht, die zusätzliche steuerliche Belastung, die durch den **Progressionsvorbehalt** entsteht, ebenfalls zu übernehmen (BAG 29.7.03 – 9 AZR 100/02, NZA 03, 1276).

3 Zu sozialversicherungsrechtlichen Lohnersatzleistungen kann der ArbGeb auf einzel- oder kollektivvertraglicher Grundlage **Zuschüsse** leisten (→ *Arbeitgeberzuschuss* Rn 1 ff). Dabei muss er, soweit der Zuschuss nicht auf Tarifvertrag beruht, das **Mitbestimmungsrecht** des BRat bei der betrieblichen Lohngestaltung nach § 87 Abs 1 Nr 10 BetrVG berücksichtigen.

4 Charakteristisch für Lohnersatzleistungen ist ferner, dass sie nicht gleichzeitig mit dem Arbeitsverdienst gezahlt werden. Erbringt ein SozVTräger Lohnersatzleistungen (zB AlGeld,

Krankengeld), obgleich der ArbGeb für diesen Zeitraum Vergütung schuldet, geht der Vergütungsanspruch gem **§ 115 SGB X** iHd Lohnersatzleistung auf den SozVTräger über (s auch *Erstattungsanspruch der Agentur für Arbeit*). Nach Gewährung der Lohnersatzleistung und dem daraus folgenden gesetzlichen Forderungsübergang kann der ArbGeb, sobald er hiervon Kenntnis hat, die Vergütung nicht mehr mit befreiender Wirkung an den ArbN leisten. Doppelzahlungen können auch Erstattungsansprüche des SozVträgers gegen den ArbN auslösen (BAG 27.2.18 – 5 AZR 205/17, NZA 18, 784).

**B. Lohnsteuerrecht** *Weil*

**1. Begriff.** Mit Lohnersatzleistungen sind die anstelle von Lohnzahlungen gewährten Sozialleistungen gemeint (→ Rn 1). Diese Leistungen sind **steuerfrei** (§ 3 Nr 2 EStG). Steuerliche Auswirkung über den Progressionsvorbehalt (→ Rn 16, 17) haben die in § 32b Abs 1 Nr 1 EStG aufgeführten Leistungen (→ Rn 6–9). Betroffen hiervon sind unbeschränkt Stpfl einerseits, auch solche nach §§ 1 Abs 3 und 1a EStG (→ *Ausländer* Rn 38, 39), und beschränkt Stpfl, auf die § 50 Abs 2 Satz 2 Nr 4 EStG Anwendung findet, andererseits, also Staatsangehörige eines Mitgliedsstaates der EU oder des EWR (Island, Liechtenstein, Norwegen; nicht die Schweiz), die im Inland nichtselbstständige Einkünfte bzw Lohnersatzleistungen beziehen (→ *Ausländer* Rn 42). Die **Höhe** der einzelnen Lohnersatzleistung kann von der lt ELStAM geltenden LStKlasse abhängen (→ *Lohnsteuerklassen* Rn 11 ff). Zur Frage der Zusammenveranlagung, wenn der im EU-Ausland ansässige Ehegatte Lohnersatzleistungen bezieht → *Ausländer* Rn 39. 5

**2. Einzelfälle.** Folgende Leistungen unterliegen dem Progressionsvorbehalt (§ 32b Abs 1 Nr 1): 6

a) AlGeld (BFH 2.10.08 – VI B 96/07, BFH/NV 09, 166), TeilAlGeld, Zuschuss zum Arbeitsentgelt, Kurzarbeitergeld, Insolvenzgeld (BFH 5.3.09 – VI R 78/06, BFH/NV 09, 1110), auch das von einer Bank vorfinanzierte Insolvenzgeld (BFH 1.3.12 – VI R 4/11, BeckRS 2012, 95176) auch das einem Dritten nach § 188 Abs 1 SGB III zustehende Insolvenzgeld, Übergangsgeld,

b) Krankengeld (BFH 26.11.08 – X R 53/06, DStR 09, 471), Mutterschaftsgeld, nicht aber ausländisches (BFH 29.4.09 – X R 31/08, BFH/NV 09, 1625), Verletztengeld, Übergangsgeld oder vergleichbare Lohnersatzleistungen nach SGB V, SGB VI oder SGB VII (BFH 17.6.05 – VI R 109/00, BStBl II 06, 17: Haushaltshilfe gem § 38 Abs 4 Satz 2 SGB V unterliegt nicht dem Progressionsvorbehalt; ähnliche Leistungen s OFD RhPf 30.3.06, FR 06, 482), dem Gesetz über die KV der Landwirte, dem Zweiten Gesetz über die KV der Landwirte,

c) Mutterschaftsgeld, Zuschuss zum Mutterschaftsgeld, die Sonderunterstützungen nach dem MuSchG sowie dem Zuschuss während der Mutterschutzfristen,

d) AlBeihilfe oder AlHilfe nach dem Soldatenversorgungsgesetz, 7

e) Entschädigungen für Verdienstausfall nach dem IfSG,

f) Versorgungskrankengeld oder Übergangsgeld nach dem BVG,

g) Aufstockungsbeträge nach dem AltTZG (§ 3 Nr 28 EStG) oder Zuschläge aufgrund des § 6 Abs 2 Bundesbesoldungsgesetz,

h) Verdienstausfallentschädigung nach dem Unterhaltssicherungsgesetz,

i) Elterngeld nach dem BEEG, auch betr. den Sockelbetrag (BFH 21.9.09 – VI B 31/09, DStR 09, 2139). 8

**Nicht** dem Progressionsvorbehalt unterliegen das Arbeitslosendgeld II, die Leistungen nach der BerufskrankheitenVO (→ *Berufskrankheit* Rn 6), die Mutterschaftshilfe (→ *Mutterschaftshilfe* Rn 2), das Geburtengeld einer schweizerischen Krankenversicherung (BFH 29.4.09 – X R 31/08, BFH/NV 09, 1625), das Wintergeld (→ *Wintergeld* Rn 4), der Gründungszuschuss nach §§ 93, 94 SGB III (BFH 2.10.08 – VI B 96/07, BFH/NV 09, 166) sowie Leistungen der gesetzlichen KV im Rahmen der Haushaltshilfe nach § 38 SGB V (BFH 17.6.05 – VI R 109/00, BStBl II 06, 17; OFD Frankfurt 11.5.06, DB 06, 530). 9

**3. Übergang des Lohnanspruchs.** Werden bei Fortbestehen und Nichterfüllung des Lohnanspruchs Lohnersatzleistungen an den ArbN gewährt, geht der Lohnanspruch gesetz- 10 lich auf den Träger der Sozialleistung bis zur Höhe der erbrachten Sozialleistung über (zB beim AlGeld § 115 Abs 1 SGB X). Der auf den Träger der Sozialleistung übergegangene Anspruch unterliegt bei Zahlung durch den ArbGeb der LSt (BFH 16.3.93, BStBl II 93, 507; BFH 22.7.93, BStBl II 93, 775). Zum Besteuerungsverfahren in diesem Fall → *Erstattungsanspruch der Agentur für Arbeit* Rn 11.

11 **Erfüllt der Arbeitgeber nachträglich** den Lohnanspruch gegenüber dem ArbN, zB Lohnnachzahlung nach Streit vor dem ArbG, hat dieser die Lohnersatzleistung dem Träger der Sozialleistung zurückzugewähren (so zB beim AlGeld § 157 Abs 3, § 332 SGB III). Die nachträgliche Lohnzahlung gegenüber dem ArbN einschließlich der aufgrund des Forderungsübergangs nach § 115 SGB X an die BA gezahlte Lohnnachzahlung führt beim ArbN zu Lohnzufluss (BFH 15.11.07 – VI R 66/03, BStBl II 08, 375; → Rn 17).

12 **4. Rückzahlungen** von Lohnersatzleistungen sind mit im gleichen Jahr bezogenen Lohnersatzleistungen zu verrechnen. Hierbei kann sich auch ein negativer Betrag ergeben, nämlich wenn die Rückzahlungen höher sind als die im selben Jahr empfangenen Beträge oder wenn den zurückgezahlten keine empfangenen Beträge gegenüberstehen. Dieser Betrag ist beim Progressionsvorbehalt mitzuberücksichtigen **(negativer Progressionsvorbehalt).** Zurückgezahlte Beträge sind dem Kj zuzurechnen, in dem sie tatsächlich abgeflossen sind (BFH 12.10.95 – I R 153/94, BStBl II 96, 201). Der ArbN hat für diesen Fall den Zeitpunkt des tatsächlichen Abflusses anhand von Unterlagen, zB Aufhebungs-/Erstattungsbescheide oder Zahlungsbelege, nachzuweisen oder glaubhaft zu machen. Aus Vereinfachungsgründen sind zurückgezahlte Beträge dem Kj zuzurechnen, in dem der Rückforderungsbescheid ausgestellt worden ist.

13 **5. Bescheinigung.** Die Träger der og Sozialleistungen haben die Daten über die im Kj gewährten Leistungen sowie die Dauer des Leistungszeitraums für jeden Empfänger bis zum 28. Februar des Folgejahres nach amtlich vorgeschriebenem Datensatz durch amtlich bestimmte Datenfernübertragung zu übermitteln, soweit die Leistungen nicht auf der Lohnsteuerbescheinigung (§ 41b Abs 1 Satz 2 Nr 5 EStG) auszuweisen sind; § 41b Abs 2 und § 22a Abs 2 EStG gelten entsprechend (§ 32b Abs 3 EStG; Einzelheiten zur Bescheinigungspflicht nach § 32b Abs 3 EStG (BMF 22.2.2011, BStBl I 2011, 214; zur rückwirkenden Verrechnung zwischen Trägern der Sozialleistungen BMF 16.7.13, DStR 13, 1549). Der Empfänger der Leistungen ist entsprechend zu informieren und auf die steuerliche Behandlung dieser Leistungen und seine Steuererklärungspflicht hinzuweisen. In den Fällen des § 188 Abs 1 SGB III ist Empfänger des an Dritte ausgezahlten Insolvenzgeldes der ArbN, der seinen Arbeitsentgeltanspruch übertragen hat (§ 32b Abs 3 EStG). Zur Anwendung s § 52 Abs 43a EStG.

14 **6. Lohnkonto.** Bei Zahlung von Lohnersatzleistungen hat der ArbGeb im Lohnkonto den Großbuchstaben U – U steht für Unterbrechung – zu vermerken (sog U-Kennzeichnung), wenn der Anspruch auf Arbeitslohn für mindestens fünf aufeinanderfolgende Tage im Wesentlichen weggefallen ist (§ 41 Abs 1 Satz 5 EStG), zB wenn Krankengeldzuschuss gezahlt wird (R 41.2 LStR). In der LStBescheinigung ist ua die Anzahl der vermerkten Großbuchstaben U zu bescheinigen (§ 41b Abs 1 Satz 2 Nr 2 EStG). Dadurch soll dem FA der Bezug von Lohnersatzleistungen zwecks Anwendung des Progressionsvorbehalts erkennbar werden. Der ArbGeb hat darüber hinausgehend das Kurzarbeitergeld, das Schlechtwettergeld, das Winterausfallgeld, den Zuschuss zum Mutterschaftsgeld nach dem MuSchG, den Zuschuss nach § 4a der MutterschutzVO, die Entschädigungen für Verdienstausfall nach dem IfSG sowie Aufstockungsbeträge nach dem AltTZG in das Lohnkonto einzutragen (§ 41 Abs 1 Satz 4 EStG und § 4 Abs 2 Nr 4 LStDV) und in der LStBescheinigung zu bescheinigen (§ 41b Abs 1 Nr 5 EStG).

15 **7. Einkommensteuerveranlagung.** Nach Ablauf des Jahres findet eine Veranlagung vAw zur ESt statt, wenn die Summe der Einkünfte und Leistungen, die dem **Progressionsvorbehalt** unterliegen, mehr als 410 € beträgt (§ 46 Abs 2 Nr 1 EStG). Hierbei handelt es sich um die og → Rn 6–9 Lohnersatzleistungen (zu Ausnahmen OFD Bln 16.3.01, DB 01, 1392). Die Lohnersatzleistungen sind mit den Beträgen anzusetzen, die als Leistungsbeträge nach den einschlägigen Leistungsgesetzen festgestellt werden. Kürzungen dieser Leistungsbeträge, die sich im Fall der Abtretung oder durch den Abzug von Versichertenanteilen an den Beiträgen zur RV, ArblV und ggf zu KV ergeben, bleiben unberücksichtigt (BFH 5.3.09

– VI R 78/06, BFH/NV 09, 1110). Zum Ansatz des ArbNPauschbetrags → Rn 18, 19. Die Lohnersatzleistungen sind im Jahr des Bezugs (§ 11 Abs 1 EStG) dem zu versteuernden Einkommen in voller Höhe hinzuzurechnen (§ 32b Abs 2 Nr 1 EStG, auch bei außerordentlichen Einkünften nach § 34 Abs 1 Sätze 2–4 EStG, zB bei Vergütung für mehrjährige Tätigkeit (BFH 22.9.09 – IX R 93/07, DStR 09, 2657; → *Außerordentliche Einkünfte* Rn 17). Aus diesem Betrag wird der Steuersatz genommen und auf das zu versteuernde Einkommen ohne Lohnersatzleistung angewendet.

**Beispiel:**

| | |
|---|---|
| zu versteuerndes Einkommen | 20.000 € |
| Arbeitslosengeld | 10.000 € |

Steuersatz aus 30.000 € wird auf das zu versteuernde Einkommen 20.000 € angewendet.

Hierdurch kann es zur Steuerfestsetzung kommen, auch wenn das zu versteuernde Einkommen unterhalb des Grundfreibetrags liegt. Dies ist verfassungsgemäß (BFH 29.7.05 – VI B 199/04, BFH/NV 05, 2002). Zur Steuerermäßigung bei **Zusammenballung** von Lohnersatzleistungen, zB Nachzahlung von AlGeld oder Insolvenzgeld → *Außerordentliche Einkünfte* Rn 11. Der ArbGeb darf bei Bezug von Lohnersatzleistungen den LStJahresausgleich nicht durchführen (§ 42b Abs 1 Nr 4, 4a EStG).

**8. Steuersatzberechnung. Zur Berechnung des Steuersatzes** bei dem Bezug von 16
Lohnersatzleistungen (sog **Progressionsvorbehalt) siehe H 32b ESt.**

Ein Verlustabzug (§ 10d EStG) ist bei der Ermittlung des besonderen Steuersatzes nach § 32b Abs 1 EStG nicht zu berücksichtigen.

Treffen außerordentliche Einkünfte nach § 34 Abs 1 EStG mit Lohnersatzleistungen in einem Kj zusammen, zB Arbeitslohnzahlung für mehrere Jahre und AlGeld, so sind die Progressionseinkünfte steuersatzerhöhend zu berücksichtigen. Ist hierbei das verbleibende zu versteuernde Einkommen (§ 34 Abs 1 Satz 2 EStG) wegen anderer Einkünfte negativ, so sind die Progressionseinkünfte nur insoweit zu berücksichtigen, als sich nach Verrechnung mit dem negativen verbleibenden zu versteuernden Einkommen ein positiver Differenzbetrag ergibt (BFH 22.9.09 – IX R 93/07, BStBl II 10, 1032). Beispiele hierzu H 34.2 EStR, insbes Beispiel 4 (BFH 1.4.09 – IX R 87/07, BFH/NV 09, 1787; Problemfall hierzu, wenn sich wegen der negativen Einkünfte keine Zusammenballung positiver Einkünfte ergibt BFH 9.3.11 – IX R 9/10, BFH/NV 11, 1320). Treffen außerordentliche Einkünfte nach § 34 Abs 1 EStG mit der Rückzahlung von Lohnersatzleistungen in einem Kj zusammen, zB Arbeitslohnnachzahlung und Rückzahlung des AlGeldes, ist die Steuer mit der geringeren Steuerbelastung festzusetzen gegenüber einer Steuerfestsetzung, die sich ausschließlich aus dem negativen Progressionsvorbehalt ergäbe (BFH 17.1.08 – VI R 44/07, BStBl II 11, 21). Literatur hierzu mit Beispielsfällen *Bergkemper* FR 08, 431; *Paetsch* HFR 08, 336; *Heidenreich* NWB F 6, 4967.

**9. Arbeitnehmerpauschbetrag.** Soweit der ArbNPauschbetrag (§ 9a Satz 1 EStG) bei 17
den Einkünften des ArbN aus nichtselbstständiger Arbeit nicht zum Ansatz kommt, zB weil der ArbN im Besteuerungsjahr keine Einkünfte aus nichtselbstständiger Arbeit bezogen hat, ist der Pauschbetrag von der Summe der bezogenen Leistungen abzuziehen (§ 32b Abs 2 Nr 1 EStG).

**Beispiel:**

| | |
|---|---|
| Zu versteuerndes Einkommen | 40.000 € |
| AlGeld | 10.000 € |
| ArbNPauschbetrag | 1.000 € |
| Für die Berechnung des Steuersatzes maßgebendes zu versteuerndes Einkommen | 49.000 € |

Der ArbNPauschbetrag ist auch abzuziehen, wenn die Lohnersatzleistungen – wären sie 18
stpfl – zu anderen Einkünften als denen aus nichtselbstständiger Arbeit gehörten. Nicht jedoch, wenn bei der Ermittlung der Einkünfte aus nichtselbstständiger Arbeit den Pauschbetrag übersteigende Werbungskosten abgezogen wurden (BFH 25.9.14 – III R 61/12, DStR 14, 2382). Negative Einkünfte aus nichtselbstständiger Arbeit, zB Fortbildungskosten bei Arbeitslosigkeit (→ *Fortbildungskosten* Rn 25) gehen dem ArbN Pauschbetrag vor (FG Thür 26.7.95, EFG 95, 1012; *Heuermann* DStR 95, 1662).

**Beispiel:**

| | |
|---|---|
| Negative Einkünfte aus nichtselbstständiger Arbeit | 3.000 € |
| AlGeld | 24.000 € |
| Für die Berechnung des Steuersatzes maßgebend | 21.000 € |

19 **10. Rückwirkender Wegfall von Lohnersatzleistungen** (R 32b Abs 4 EStR).Fällt wegen der rückwirkenden Zubilligung einer Rente der Anspruch auf Krankengeld rückwirkend ganz oder teilweise weg, ist dies steuerlich wie folgt zu behandeln:

1. Soweit der Krankenkasse ein Erstattungsanspruch nach § 103 SGB X gegenüber dem RVTräger zusteht, ist das bisher gezahlte Krankengeld als Rentenzahlung anzusehen und als Leibrente der Besteuerung zu unterwerfen. Das Krankengeld unterliegt insoweit nicht dem Progressionsvorbehalt nach § 32b EStG.
2. Gezahlte und die Rentenleistung übersteigende Krankengeldbeträge iSv § 50 Abs 1 Satz 2 SGB V sind als Krankengeld nach § 3 Nr 1 Buchst a EStG steuerfrei; § 32b EStG ist anzuwenden. Entsprechendes gilt für das Krankengeld, das vom Empfänger infolge rückwirkender Zubilligung einer Rente aus einer ausländischen gesetzlichen RV nach § 50 Abs 1 Satz 3 SGB V an die Krankenkasse zurückzuzahlen ist.
3. Soweit die nachträgliche Feststellung des Rentenanspruchs auf Zeiträume zurückwirkt, für die Steuerbescheide bereits ergangen sind, sind diese Steuerbescheide nach § 175 Abs 1 Satz 1 Nr 2 AO zu ändern.

Bei anderen Leistungen ist entsprechend zu verfahren.

20 **11. Nichtbeschäftigungszeiten.** Wegen der zwingenden Anwendung des Progressionsvorbehalts hat das FA Zeiten der Nichtbeschäftigung des ArbN zu überprüfen. Der ArbN hat hierbei, wenn er kein AlGeld bezogen hat, den Ablehnungsbescheid der Agentur für Arbeit vorzulegen; hat der ArbN keinen Antrag auf AlGeld gestellt, so kann dies durch die Vorlage der vom ArbGeb nach § 312 SGB III ausgestellten Arbeitsbescheinigung im Original belegt werden. Kann ein ArbN weder durch geeignete Unterlagen nachweisen, noch in sonstiger Form glaubhaft machen, dass er keine Lohnersatzleistungen erhalten hat, kann das FA bei der für den ArbN zuständigen Agentur für Arbeit eine Bescheinigung darüber anfordern (sog **Negativbescheinigung;** R 32b Abs 5 EStR).

## C. Sozialversicherungsrecht

*Schlegel*

22 **I. Sozialrechtliche Lohnersatzleistungen. 1. Allgemeines.** Sozialrechtliche Lohnersatzleistungen stellen sich aus der Sicht des Berechtigten (ArbN/Versicherten) als Anspruch gegen bestimmte Leistungsträger dar. Anspruchsvoraussetzungen und Umfang der Ansprüche sind in den einzelnen Spezialgesetzen des SGB geregelt; insoweit wird das Nähere in den Einzelstichworten *Krankengeld, Arbeitslosengeld, Arbeitslosengeld II, Mutterschaftsgeld, Insolvenz des Arbeitgebers, Kurzarbeit* und *Kur* erläutert.

23 **2. Allgemeine Regeln für sämtliche Sozialleistungen.** Der dritte Abschnitt des SGB I regelt allgemeine, für alle Sozialleistungen geltende Grundsätze: Entstehungszeitpunkt (§ 40 SGB I: Erfüllung des gesetzlichen Tatbestandes bzw bei Ermessensleistungen Zeitpunkt der Bekanntgabe der Ermessensentscheidung), Fälligkeit (§ 41 SGB I: Fälligkeit tritt mit Entstehen des Anspruchs ein), Vorschüsse auf dem Grunde nach unstreitige Ansprüche (§ 42 SGB I: Vorschussgewährung steht im Ermessen des Leistungsträgers), vorläufige Leistungsgewährung bei Streit mehrerer Leistungsträger über Zuständigkeit (§ 43 SGB I), Verzinsung (§ 44 SGB I: Beginn der Verzinsung nach Ablauf eines Kalendermonats nach Eintritt der Fälligkeit, frühestens sechs Monate nach Eingang des vollständigen Leistungsantrags beim zuständigen Leistungsträgers bzw beim Fehlen eines Antrages nach Ablauf eines Kalendermonats nach Bekanntgabe der Entscheidung über die Leistung), Verjährung (§ 45 SGB I: vier Jahre nach Ablauf des Kj, in dem die Ansprüche entstanden sind; → *Verjährung* Rn 46 ff), Verzicht (§ 46 SGB I: möglich durch schriftliche Erklärung gegenüber dem Leistungsträger; Einzelheiten → *Verzicht* Rn 25 ff), kostenfreie Auszahlung von Geldleistungen (§ 47 SGB I), Auszahlung an Dritte bei Verletzung der Unterhaltspflicht durch den Anspruchsinhaber (§ 48 SGB I), Auszahlung bei Unterbringung des Anspruchsberechtigten (§§ 49, 50 SGB I), Aufrechnung durch und gegen den Leistungsberechtigten (§ 51 SGB I; → *Aufrechnung* Rn 29 ff), Verrechnung (§ 52 SGB I; → *Aufrechnung* Rn 34 ff),

Übertragung, Pfändung und Verpfändung (§§ 53–55 SGB I; → *Pfändung* Rn 47 ff), Sonderrechtsnachfolge und Vererbung von Sozialleistungsansprüchen (§§ 56–58 SGB I).

**3. Mitwirkungspflichten des Leistungsberechtigten.** Nach den §§ 60 ff SGB I muss, wer Sozialleistungen beantragt oder erhält, alle Tatsachen angeben, die für die Leistung erheblich sind; er muss weiter Änderungen in den Verhältnissen, die für die Leistung erheblich sind oder über die im Zusammenhang mit der Leistung Erklärungen abgegeben worden sind, unverzüglich mitteilen und Beweismittel bezeichnen sowie auf Verlangen des zuständigen Leistungsträgers Beweisurkunden vorlegen oder ihrer Vorlage zustimmen; dasselbe gilt für denjenigen, der Leistungen zu erstatten hat (§ 60 SGB I). 24

Wer Sozialleistungen beantragt hat, soll auf Verlangen des zuständigen Leistungsträgers zu einer mündlichen Erörterung des Antrags oder zur Vornahme anderer, für die Entscheidung über die Leistung notwendige Maßnahmen persönlich erscheinen (§ 61 SGB I), sich **Untersuchungen ärztlicher und psychologischer Art** unterziehen (§ 62 SGB I), sich unter bestimmten Voraussetzungen einer Heilbehandlung unterziehen, wenn zu erwarten ist, dass hierdurch eine Besserung des Gesundheitszustandes herbeigeführt oder eine Verschlechterung verhindert wird (§ 63 SGB I). Wer wegen Minderung der Erwerbsfähigkeit oder wegen Arbeitslosigkeit Sozialleistungen beantragt oder erhält, soll auf Verlangen des zuständigen Leistungsträgers auch an berufsfördernden Maßnahmen teilnehmen, wenn bei angemessener Berücksichtigung seiner beruflichen Neigung und seiner Leistung zu erwarten ist, dass seine Erwerbs- oder Vermittlungsfähigkeit auf Dauer gefördert oder erhalten werden kann (§ 64 SGB I). Zu den Grenzen der Mitwirkungspflicht s § 65 SGB I, zu den Folgen fehlender Mitwirkung § 66 SGB I. 25

**4. Versicherungs- und Beitragspflicht bei Bezug von Lohnersatzleistungen.** Ob der Bezug einer Lohnersatzleistung zur Versicherungs- und Beitragspflicht in den einzelnen Zweigen der SozV und ArblV führt, lässt sich nicht für sämtliche Sozialleistungen/Lohnersatzleistungen sagen. Anders als in früheren Jahren lässt sich jedoch eine Tendenz feststellen, dass der Gesetzgeber beim Bezug von Lohnersatzleistungen mehr und mehr dazu übergeht, diese versicherungs- und beitragsrechtlich wie den Bezug von Arbeitsentgelt zu behandeln, mithin Versicherungs- und Beitragspflicht mit entsprechenden Zahlungspflichten anzunehmen. 26

**a) Krankenversicherung.** Hier besteht Versicherungs- und Beitragspflicht für Leistungsempfänger nach dem SGB III nach dessen näherer Bestimmung (§ 5 Abs 1 Nr 2 SGB V), für Teilnehmer an berufsfördernden Maßnahmen zur Rehabilitation sowie zur Berufsfindung oder Arbeitserprobung (§ 5 Abs 1 Nr 6 SGB V), für bestimmte Rentner und Rentenantragsteller (§ 5 Abs 1 Nrn 11 und 12 SGB V), für Bezieher von Vorruhestandsgeld (§ 5 Abs 3 SGB V). Für Bezieher von Krankengeld, Mutterschaftsgeld und Erziehungsgeld wird die Mitgliedschaft – im Grundsatz ohne Beitragszahlung – aufrechterhalten (§§ 224, 192 SGB V; zu Besonderheiten beim Erziehungsgeld s § 224 Abs 1 Satz 2 SGB V). Eine Aufrechterhaltung der Mitgliedschaft erfolgt auch für Bezieher von Verletztengeld, Versorgungskrankengeld oder Übergangsgeld während einer medizinischen oder beruflichen Reha-Maßnahme, jedoch sind insoweit Beiträge zu zahlen (§ 192 Abs 1 Nr 3, § 235 Abs 1 und 2 SGB V). 27

**b) Arbeitslosenversicherung.** Versicherungspflichtig sind hier ua Personen, die von einem Leistungsträger Kranken-, Versorgungskrankengeld, Verletztengeld oder die von einem Träger der medizinischen Rehabilitation Übergangsgeld beziehen (§ 26 Abs 2 SGB III). 28

**c) Gesetzliche Rentenversicherung.** Hier besteht Versicherungs- und Beitragspflicht für Bezieher von Kurzarbeiter- und Winterausfallgeld, für die Bezieher von Krankengeld, Versorgungskrankengeld, Übergangsgeld, Unterhaltsgeld, AlGeld, AlHilfe, wenn diese Personen im letzten Jahr vor Beginn der Leistung zuletzt versicherungspflichtig waren (§ 3 Nr 3 SGB VI). Bezieher von Vorruhestandsgeld sind ebenfalls versichert und beitragspflichtig, wenn sie unmittelbar vor Beginn der Leistungen versicherungspflichtig waren (§ 3 Nr 4 SGB VI). Zur Beitragstragung und -zahlung s §§ 166, 170 Abs 1 Nrn 2–5 und § 170 Abs 2 SGB VI). 29

**5. Beitragsfreiheit für Zuschüsse des Arbeitgebers zu Lohnersatzleistungen.** Zuschüsse des ArbGeb zum Krankengeld, Verletztengeld, Übergangsgeld oder Krankentagegeld 30 und sonstige Einnahmen aus einer Beschäftigung, die für die Zeit des Bezuges von Krankengeld, Krankentagegeld, Versorgungskrankengeld, Verletztengeld, Übergangsgeld oder Mutterschaftsgeld oder während einer Elternzeit weiter erzielt werden, gelten nach § 23c SGB IV nicht als beitragspflichtiges Arbeitsentgelt, soweit die Einnahmen (Zuschüsse des ArbGeb etc) zusammen mit den genannten Sozialleistungen das Nettoarbeitsentgelt um mehr als 50 € übersteigen (§ 23c Abs 1 SGB IV). Zur Berechnung des Nettoarbeitsentgelts ist bei freiwilligen Mitgliedern der gesetzlichen KV oder einem privaten KVU Versicherten auch der um den Beitragszuschuss für Beschäftigte verminderte Beitrag des Versicherten zur KV und PflegeV abzuziehen. Mit der Festsetzung einer **Bagatellgrenze von 50 €** über dem Nettoarbeitsentgelt werden die ArbGeb seit 1.1.08 bei der verwaltungstechnischen Abwicklung der Abrechnung entlastet. In den Fällen, in denen zB durch Tarifverträge vereinbart ist, durch einen Krankengeldzuschuss auf 100 Prozent des vorherigen Nettoentgeltes aufzustocken, führt die Fortzahlung von Kleinstbeträgen wie zB der laufenden Erstattung von Kontoführungsgebühren oder der Zuschüsse zu vermögenswirksamen Leistungen nicht mehr zu einer Beitragspflicht. Die damit verbundenen Melde- und Nachweispflichten werden durch diese Bagatellgrenze vermieden.

31 **II. Sozialrechtliche Behandlung der Lohnfortzahlung.** Lohnfortzahlung durch den ArbGeb wird in der SozV und ArblV beitragsrechtlich und leistungsrechtlich wie reguläres Arbeitsentgelt behandelt.

## Lohnkonto

### A. Arbeitsrecht

*Griese*

1 Das Lohnkonto betrifft nur die **Nachweispflichten des Arbeitgebers gegenüber dem Finanzamt** und hat für die arbeitsrechtlichen Beziehungen zwischen den Arbeitsvertragsparteien keine unmittelbare Bedeutung.

### B. Lohnsteuerrecht

*Seidel*

2 **1. Allgemeines.** Der ArbGeb hat am Ort der Betriebsstätte (→ *Betriebsstätte* Rn 4 ff) für jeden ArbN und jedes Kj ein Lohnkonto zu führen (§ 41 Abs 1 Satz 1 EStG), in das die abgerufenen ELStAM (§ 39e Abs 4 Satz 2 und Abs 5 Satz 2 EStG) sowie die für den LStAbzug erforderlichen Merkmale aus der vom FA ausgestellten Bescheinigung für den LStAbzug (§§ 39 Abs 3, 39e Abs 7 und 8, 41 Abs 1 Satz 2 EStG; → *Lohnsteuerabzugsmerkmale* Rn 19) zu übernehmen sind. Es ist nicht zu verwechseln mit dem Lohn- bzw Gehaltskonto als Sachkonto der Finanzbuchhaltung (*HMW*/Lohnkonto Rz 2). Die Lohnkonten sollen dem FA insbes bei der LStAußenprüfung (→ *Außenprüfung* Rn 9 ff) die Prüfung ermöglichen, ob die LSt vom ArbGeb zutreffend ermittelt worden ist. Hat der ArbGeb mehrere Betriebsstätten (→ *Betriebsstätte* Rn 6), so darf er für jeden ArbN insgesamt nur ein Lohnkonto in einer Betriebsstätte führen (*HMW*/Lohnkonto Rz 5). Dies gilt auch für **Dritte** soweit sie tarifvertragliche Lohnansprüche zu erfüllen (§ 38 Abs 3a Satz 1 EStG) oder ArbGebPflichten übernommen haben (§ 38 Abs 3a Satz 2 EStG). Im letzteren Fall ist der ArbGeb anzugeben und auch der Arbeitslohn einzutragen, der vom ArbGeb selbst gezahlt wird. Bei Zusammenrechnung des Arbeitslohns aus mehreren Dienstverhältnissen ist der Arbeitslohn jeweils gesondert aufzuzeichnen. Der Dritte hat dann auch ein Lohnkonto zu führen (§ 4 Abs 4 LStDV; → *Lohnabzugsverfahren* Rn 16, 17).

3 **2. Inhalt.** Die Ausgestaltung des Lohnkontos steht – auch bei maschineller Lohnabrechnung – im Ermessen des ArbGeb (Bücher, Karteien oÄ). Hat der ArbGeb das Lohnkonto auf digitalen Unterlagen gespeichert ist der FinVerw bei steuerlichen Außenprüfungen der Zugriff und die Prüfung dieser Unterlagen zu ermöglichen (BMF 14.11.14, BStBl I 14, 1450→ *Außenprüfung* Rn 16). Mit dem Gesetz zur Modernisierung des Besteuerungsverfahrens vom 18.7.16 (BGBl I 16, 1679) wurde die Einführung der Digitalen LohnSchnittstelle (DLS) verbindlich festgeschrieben. Der ArbGeb hat nunmehr **ab 1.1.18** die aufzuzeichnenden lohnsteuerrelevanten Daten der FinBeh nach § 41 Abs 1 Satz 7 EStG iVm

§ 4 Abs 2a LStDV nach der amtlich vorgeschriebenen einheitlichen digitalen Schnittstelle elektronisch bereitzustellen (BMF 26.5.17, BStBl I 17, 789).

**a) Mindestinhalt** (§ 4 Abs 1 LStDV). Vorname, Familienname, Geburtstag, Wohnort, Wohnung, die in einer vom FA ausgestellten Bescheinigung für den LStAbzug (→ Rn 1) eingetragenen allgemeinen Besteuerungsmerkmale (→ *Lohnsteuerabzugsmerkmale* Rn 9 ff). **Ändern** sich im Laufe des Jahres diese Angaben, ist auch der Zeitpunkt der Änderung einzutragen (§ 4 Abs 1 Nr 1 Satz 2 LStDV). Auch der in einer vom FA ausgestellten Bescheinigung für den LStAbzug (→ Rn 1) eingetragene Jahresfrei- oder -hinzurechnungsbetrag (§ 39a Abs 1 Nr 7 EStG; → *Lohnsteuerermäßigung* Rn 10) bzw der entsprechende Monats-, Wochen oder Tagesbetrag und der Zeitraum, für den die Eintragungen gelten, sind aufzuzeichnen (§ 4 Abs 1 Nr 2 LStDV). Bei einem ArbN, der eine Freistellungsbescheinigung vorgelegt hat (LStR 39b.10 und § 39b Abs 6 EStG in der am 31.12.2010 geltenden Fassung; Freistellung aufgrund eines DBA; → *Lohnabzugsverfahren* Rn 22, → *Auslandstätigkeit* Rn 45 und → *Grenzgänger* Rn 9), sind ein **Hinweis** auf die Bescheinigung, der Zeitraum, für den die Bescheinigung gilt, das ausstellende FA und der Tag der Ausstellung zu vermerken (§ 4 Abs 1 Nr 3 LStDV). Nachdem seit 2005 bestimmte Versorgungsbezüge Bemessungsgrundlage für den Versorgungsfreibetrag und den Zuschlag zum Versorgungsfreibetrag sind (§ 19 Abs 2 EStG; → *Altersgrenze* Rn 19, 20), sind diese einschließlich ihres Beginns im Lohnkonto aufzuzeichnen (§ 4 Abs 1 Nr 4 LStDV). 4

**b) Fortlaufend** einzutragen ist der gezahlte Arbeitslohn ohne jeden Abzug, getrennt nach Barlohn und Sachbezügen. Die Sachbezüge sind unter Vermerk von Abgabetag bzw -zeitraum, Abgabeort und evtl Entgelt einzeln zu bezeichnen. Als Wert ist der – ggf um das Entgelt verminderte – Wert gem § 8 Abs 2 bzw Abs 3 EStG einzutragen (→ *Sachbezug* Rn 11 ff). Aufzuzeichnen sind ferner der Tag der Lohnzahlung (→ *Lohnzufluss* Rn 2 ff), der Lohnzahlungszeitraum sowie die einbehaltene oder übernommene LSt (§ 41 Abs 1 Satz 3 EStG; § 4 Abs 2 Nr 1 und 3 LStDV). Hat der ArbGeb die LSt von einem sonstigen Bezug im ersten Dienstverhältnis berechnet, ohne den Arbeitslohn aus früheren Dienstverhältnissen des Kj zu berücksichtigen (→ *Sonstige Bezüge* Rn 5 ff), ist dies durch Eintragung des Großbuchstabens S zu vermerken (§ 41 Abs 1 Satz 6 EStG; → *Lohnsteuerbescheinigung* Rn 18). Ist während der Dauer des Dienstverhältnisses der Anspruch auf Arbeitslohn für mindestens fünf aufeinanderfolgende Arbeitstage im Wesentlichen weggefallen (zB wenn nur vermögenswirksame Leistungen oder Krankengeldzuschüsse gezahlt werden), ist dies – zur Prüfung der Anwendung des Progressionsvorbehalts bei steuerfreien Lohnersatzleistungen (→ *Lohnersatzleistungen* Rn 16, 17) – jeweils durch Eintragung des Großbuchstabens U zu vermerken (§ 41 Abs 1 Satz 5 EStG; → *Lohnsteuerbescheinigung* Rn 17), es sei denn, der ArbGeb zahlt für diesen Zeitraum selbst steuerfreie Lohnersatzleistungen aus (Kurzarbeitergeld einschließlich Saisonkurzarbeitergeld, Zuschuss zum Mutterschaftsgeld nach dem MuschG, Zuschuss nach § 4a MutterschutzVO oder einer entsprechenden Landesregelung, Entschädigung für Verdienstausfall nach dem Infektionsschutzgesetz (vormals BSeuchG) sowie Aufstockungsbeträge nach dem AltTZG; LStR 41.2). Diese steuerfreien Lohnersatzleistungen sind aber bei jeder Auszahlung selbst im Lohnkonto einzutragen (§ 41 Abs 1 Satz 3 EStG). 5

**c) Gesondert** aufzunehmen sind: 6

- steuerfreie Bezüge nach §§ 3, 3b EStG (→ *Beihilfeleistungen* Rn 7, → *Steuerfreie Einnahmen* Rn 5 ff und → *Sonn- und Feiertagsarbeit* Rn 17 ff) mit Ausnahme der Vorteile iSd § 3 Nr 45 EStG (→ *Internet-/Telefonnutzung* Rn 32) sowie der Trinkgelder. Für andere nach § 3 EStG steuerfreie Bezüge kann das BetriebsstättenFA dies in Fällen von geringerer Bedeutung zulassen oder die Nachprüfung auf andere Weise sichergestellt ist (§ 4 Abs 2 Nr 4 Satz 2 LStDV).
- Bezüge, die nach einem DBA oder unter Progressionsvorbehalt nach § 34c Abs 5 EStG von der LSt freigestellt sind (§ 4 Abs 2 Nr 5 LStDV; → *Auslandstätigkeit* Rn 42–68; → *Lohnsteuerberechnung* Rn 11, 21 für **DBA-Fälle**);
- Bezüge für mehrjährige Tätigkeit bzw Entschädigungen als Ersatz für entgangene oder entgehende Einnahmen oder für die Aufgabe oder Nichtausübung einer Tätigkeit (§ 4 Abs 2 Nr 6 LStDV; § 34 Abs 1, Abs 2 Nr 4 und Nr 2 iVm § 24 Nr 1a und b EStG; → *Außerordentliche Einkünfte* Rn 4–19) und die davon einbehaltene LSt (§ 39b Abs 3 Satz 9 EStG; → *Sonstige Bezüge* Rn 10).

7 **d) Personalrabatte** (§ 8 Abs 3 EStG) sind grds stpfl Arbeitslohn und im Lohnkonto auch hinsichtlich des Rabattfreibetrages von 1080 € aufzuzeichnen (§ 4 Abs 2 Nr 3 Satz 3 LStDV). Das BetriebsstättenFA soll aber für solche ArbN eine Nichtaufzeichnung zulassen, für die durch betriebliche Überwachungsmaßnahmen gewährleistet ist, dass der Freibetrag nicht überschritten wird (§ 4 Abs 3 Satz 2 LStDV; → *Sachbezug* Rn 38).

Entsprechendes gilt für **Versorgungsbezüge**. Sie sind ebenfalls als solche kenntlich zu machen und ohne Kürzung um die Freibeträge nach § 19 Abs 2 EStG einzutragen

8 **e) Sammelstelle aller Vorgänge** sollte das Lohnkonto aber über die Mindestanforderungen hinaus für alle lohnsteuerlich bedeutsamen Vorgänge sein, zB Verrechnung überzahlter LSt, Ausfertigung entsprechender Bescheinigungen für das FA oder bei einer Zahlung von Abfindung Vermerke über die Gründe hierfür. Zur Aufzeichnung vermögenswirksamer Leistungen → *Vermögenswirksame Leistungen* Rn 39, 40. Nach § 42b Abs 4 Satz 1 EStG hat der ArbGeb im Lohnkonto auch den Inhalt etwaiger LStBescheinigungen aus vorangegangenen Dienstverhältnissen im Kj einzutragen, um bei der Durchführung des LStJahresausgleichs (→ *Lohnsteuerjahresausgleich* Rn 2 ff) die LSt zutreffend ermitteln zu können.

9 **f) Nacherhebung.** Fordert das FA für ein noch nicht abgeschlossenes Kj Steuerbeträge nach oder berechnet der ArbGeb von sich aus Steuerbeträge nach, hat er den nachversteuerten Arbeitslohn und die nachgeforderten oder nachträglich einbehaltenen Steuerbeträge im Lohnkonto des Kj nachzuweisen, in dem die nicht versteuerten Bezüge dem ArbN zugeflossen sind. Ist dieses Kj bereits abgeschlossen, wird das Lohnkonto des Zuflussjahres nicht mehr geändert. Übernimmt der ArbGeb aber die LSt, KiSt, den SolZ und ggf den ArbNAnteil am SozVBeitrag, sind diese Beträge und die darauf entfallende LSt im Lohnkonto des Kj der Zahlung aufzunehmen (*HMW*/Lohnkonto Rz 49, 50; → *Lohnsteuerhaftung* Rn 69, 70). Die vom ArbGeb bei Abschluss des Lohnkontos im LStJahresausgleich erstattete LSt ist für das Ausgleichsjahr gesondert einzutragen (§ 42b Abs 4 Satz 1 EStG). In der LStBescheinigung ist jedoch nur der sich nach der Verrechnung ergebende Betrag als erhobene LSt einzutragen (§ 42b Abs 4 Satz 2 EStG; → *Lohnsteuerjahresausgleich* Rn 12).

10 **3. Sonstiges. Abzuschließen** hat der ArbGeb das Lohnkonto bei Beendigung des Dienstverhältnisses oder am Ende des Kj (§ 41b Abs 1 EStG; → *Lohnsteuerbescheinigung* Rn 2). **Aufzubewahren** sind die Lohnkonten bis zum Ablauf des 6. Kj, das auf die zuletzt eingetragene Lohnzahlung folgt (§ 41 Abs 1 Satz 10 EStG). Ab 2019 brauchen daher Lohnkonten des Jahres 2012 nicht mehr aufbewahrt werden. Allerdings gilt die Frist nicht für Abrechnungsunterlagen, die ein ArbGeb als Unternehmer nach anderen Vorschriften mit seinen Geschäftsbüchern länger als 6 Jahre aufbewahren muss (§ 147 Abs 3 AO), zB wenn das Lohnkonto als Buch im Buchführungswerk des ArbGeb geführt wird (*T/K* § 147 AO Rz 48; OFD Hannover 18.2.2000, DB 2000, 697). Mit dem Steuerhinterziehungsbekämpfungsgesetz (BStBl I 09, 826) wurde in § 147a AO eine Aufbewahrungspflicht für Unterlagen und Aufzeichnungen von 6 Jahren bei den Überschusseinkünften eingeführt, sofern die Summe der positiven Überschusseinkünfte (also ohne Saldierung mit negativen Einkünften) mehr als 500 000 €/Jahr beträgt.

11 **4. Sammellohnkonto.** Die nach den §§ 37b, 40–40b EStG der **Pauschalierung** unterworfenen Bezüge sind ebenfalls im Lohnkonto des einzelnen ArbN aufzuzeichnen (§ 4 Abs 2 Nr 8 LStDV). Lassen sich bei der Pauschalierung nach § 40 Abs 1 Nr 2 EStG (Nacherhebung in einer größeren Zahl von Fällen) sowie nach § 40 Abs 2 EStG (verbilligte oder unentgeltliche Mahlzeiten im Betrieb bzw Zuschüsse hierzu, Betriebsveranstaltungen, Erholungsbeihilfen) die auf den einzelnen ArbN entfallenden Beträge nicht leicht ermitteln, kann ein Sammellohnkonto benutzt werden (zum Inhalt § 4 Abs 2 Nr 8 Satz 3 LStDV). Erhebt ein ArbGeb von pauschal besteuerten Bezügen keine KiSt, weil der ArbN keiner Religionsgemeinschaft angehört, für die KiSt vom FA erhoben wird, hat der ArbGeb die Unterlage hierüber als Beleg zum Sammellohnkonto zu nehmen (LStR 41.1 Abs 4, auch zur Art des Nachweises sowie → *Kirchenlohnsteuer* Rn 17–20).

12 Für **Pauschalierungen** nach § 40 Abs 1 Nr 1 und § 40b EStG (sonstige Bezüge oder Nacherhebung in einer größeren Zahl von Fällen; bestimmte Zukunftssicherungsleistungen) kann das Betriebsstättenfinanzamt gem § 4 Abs 3 Satz 1 LStDV Ausnahmen von der Aufzeichnung im Lohnkonto zulassen, wenn die Möglichkeit der Nachprüfung in anderer

Weise sichergestellt ist. Dies ist nur dann gegeben, wenn die Zahlung der Bezüge und die Art ihrer Aufzeichnung im Lohnkonto vermerkt wird (LStR 41.1 Abs 2). Zu den diesbezüglichen Aufzeichnungen bei pauschal versteuertem Arbeitslohn → *Teilzeitbeschäftigung* Rn 118.

**C. Sozialversicherungsrecht** *Schlegel*

**1. Führung eines Lohnkontos. a) Rechtsgrundlage.** Die Pflicht zur Führung eines Lohnkontos – jetzt von **Entgeltunterlagen** – ergibt sich aus § 28 f Abs 1 SGB IV; danach hat der ArbGeb für jeden Beschäftigten Entgeltunterlagen in deutscher Sprache, getrennt nach Kj, zu führen. Die Entgeltunterlagen sind mindestens bis zum Ablauf des auf die letzte ArbGebPrüfung (vgl *Außenprüfung*) folgenden Kj aufzubewahren (§ 28 f Abs 1 SGB IV). Die nähere Ausgestaltung der Entgeltunterlagen, insbes die Minderanforderungen an den Inhalt und die Form der Entgeltunterlagen – des Lohnkontos – sind in der aufgrund § 28n Nr 7 SGB IV erlassenen, BeitragsverfahrensVO (BVV) hier geregelt, welche die frühere BeitragsüberwachungsVO (BÜVO) abgelöst hat. Eine Ausnahme besteht nur für Beschäftigte in privaten Haushalten; für diese sind keine Lohnunterlagen zu führen (§ 28 f Abs 1 Satz 2 SGB IV). 13

**b) Sozialversicherungsrechtlicher Zweck.** Der ArbGeb berechnet die für seine abhängig beschäftigten ArbN zu zahlenden GesamtSozVBeiträge in aller Regel selbst und zahlt die Beiträge für sämtliche Beschäftigte an die Beitragseinzugsstelle in einer Summe. Aus dieser Zahlung und dem sog Beitragsnachweis (→ *Sozialversicherungsbeiträge* Rn 36 ff) kann die Beitragseinzugsstelle nicht erkennen, für welchen ArbN Beiträge in welcher Höhe und in welchem Zeitraum entrichtet wurden. Sie kann auch nicht erkennen, ob die Beiträge zutreffend und vollständig berechnet sind. Um zu gewährleisten, dass die GesamtSozVBeiträge dennoch vollständig und richtig berechnet und abgeführt werden, finden regelmäßige Außenprüfungen statt (→ *Außenprüfung* Rn 11 ff). Dabei werden die Lohnunterlagen des ArbGeb überprüft, aus denen sich dann für jeden einzelnen ArbN die Einzeltatsachen der Versicherungs- und Beitragspflicht in den einzelnen Beschäftigungszeiträumen ergeben. Zusammen mit den Lohnlisten (→ *Lohnlisten* Rn 20–22) ist es dann möglich, die Richtigkeit und Vollständigkeit der Beitragsnachweise jedenfalls stichprobenweise zu überprüfen (§ 11 BVV). 14

**2. Mindestangaben im Lohnkonto/Entgeltunterlagen.** Die Lohnunterlagen (Entgelt- und Beitragsunterlagen) müssen für jeden Beschäftigten getrennt geführt werden und dabei gewisse Mindestanforderungen erfüllen, die in §§ 8, 9 BVV beschrieben sind: Neben den Personalien (Familien- und Geburtsname, Vorname, Geburtsdatum, Anschrift) sind zB anzugeben: Beginn und Ende der Beschäftigung; Wertguthaben bei flexibler Arbeitszeitgestaltung, Beschäftigungsart; die für die Versicherungsfreiheit oder die Befreiung von der Versicherungspflicht maßgebenden Tatsachen; das Arbeitsentgelt iSd § 14 SGB IV, seine Zusammensetzung und zeitliche Zuordnung; das beitragspflichtige Arbeitsentgelt bis zur Beitragsbemessungsgrenze der RV, seine Zusammensetzung und zeitliche Zuordnung; den Beitragsgruppenschlüssel; die Beitragseinzugsstelle für den GesamtSozVBeitrag; den vom Beschäftigten zu tragenden Anteil am GesamtSozVBeitrag, nach Beitragsgruppen getrennt; die für die Erstattung von Meldungen erforderlichen Daten, soweit sie in den bisherigen Daten nicht enthalten sind, bei Ausländern aus Staaten außerhalb der EU die Arbeitsgenehmigung und schließlich bei einer Entsendung die Eigenart und die zeitliche Begrenzung der Beschäftigung. Wurde Kurzarbeiter- oder Winterausfallgeld gezahlt, ist dies ebenso zu vermerken, wie das ausgefallene meldepflichtige Arbeitsentgelt (§ 8 BVV). 15

Sofern Stornierungen oder Berichtigungen stattgefunden haben, sind diese besonders kenntlich zu machen (§ 9 Satz 3 BVV). **Anlagen zu den Lohnunterlagen** sind diejenigen Unterlagen, aus denen sich die Versicherungsfreiheit oder die Befreiung von der Versicherungspflicht ergibt (Befreiungsbescheid); desgleichen Unterlagen, aus denen sich bei einer Entsendung die Eigenart und zeitliche Begrenzung der Beschäftigung ergibt. Anlagen sind außerdem die Belege über bereits erstattete Meldungen für den betreffenden ArbN, Erklärungen des ArbN über den Verzicht auf die Versicherungsfreiheit in der RV (§ 5 Abs 2 SGB VI), die Niederschrift nach dem NachwG, Kopien eines Antrages oder Bescheides im 16

Antragsverfahren nach § 7a Abs 1 und 2 SGB IV, Aufzeichnungen über Wertguthaben; → *Meldepflichten Arbeitgeber* Rn 3 ff; → *Außenprüfung* Rn 11 ff.

17 **3. Gestaltung des Lohnkontos.** Eine gesetzliche Vorschrift, wie das Lohn- und Gehaltskonto formal auszusehen hat, gibt es nicht; werden die oben genannten inhaltlichen Anforderungen erfüllt, steht die äußere Gestaltung des Lohnkontos im Übrigen im Ermessen des ArbGeb.

18 **4. Allgemeine Anforderungen an die Lohnunterlagen.** Die Entgeltunterlagen sind so zu führen, dass sie einem sachverständigen Dritten innerhalb angemessener Zeit einen Überblick über die Lohn- und Gehaltsabrechnung des ArbGeb vermitteln können. Die Angaben sind vollständig, richtig, in zeitlicher Folge und geordnet vorzunehmen (§ 10 Abs 1 BVV).

19 **5. Besonderheiten für Arbeitnehmer des Baugewerbes.** Nach § 28 f Abs 1a SGB IV sind Bauunternehmer gleichsam zu einer „baustellenspezifischen" Führung der Lohnunterlagen verpflichtet. Bei der Ausführung eines Dienst- oder Werkvertrages im Baugewerbe hat der Unternehmer die Lohnunterlagen und die Beitragsabrechnung so zu gestalten, dass eine Zuordnung der ArbN, des Arbeitsentgelts und des darauf entfallenden GesamtSozVBeitrages zu dem jeweiligen Dienst- oder Werkvertrag möglich ist. Dies gilt auch für die Beiträge zur gesetzlichen KV (BSG 27.5.08 – B 2 U 11/07 R, BSGE 100, 243).

20 Dies gilt in gleicher Weise für **Unternehmen der Fleischwirtschaft** nach dem Gesetz zur Sicherung von Arbeitnehmerrechten in der Fleischwirtschaft (Art 30 des G vom 17.7.17, BGBl I 2541). Die für Bauunternehmen angeordnete gesteigerte Aufzeichnungspflicht nach § 28f Abs 1a SGB IV gilt mit der Maßgabe, dass der Nachweis entsprechend § 28e Abs 3b Satz 1 SGB IV ausschließlich durch eine Unbedenklichkeitsbescheinigung der zuständigen Einzugsstelle für den Nachunternehmer oder den von diesem beauftragten Verleiher entsprechend § 28e Abs 3f Satz 1 und 2 SGB IV erbracht werden kann.

21 Nach § 28f Abs 1a SGB IV haben Unternehmen der KEP-Branche (KEP = **Kurier-, Express- und Paketdienste,** § 28 f Abs 1a SGB IV) die Entgeltunterlagen und die Beitragsabrechnung bei der Ausführung eines Auftrages so zu gestalten, dass eine Zuordnung der Arbeitnehmer, des Arbeitsentgelts und des darauf entfallenden Gesamtsozialversicherungsbeitrags zu dem jeweiligen Auftrag möglich ist. Die gesteigerte Aufzeichnungspflicht ruht für einen Unternehmer im Speditions-, Transport- und damit verbundenen Logistikgewerbe, der im KEP-Bereich tätig ist, solange die Haftung des Hauptunternehmers aufgrund einer bestehenden Präqualifikation oder vorgelegten **Unbedenklichkeitsbescheinigung** nicht zum Tragen kommt (vgl G vom 15.11.19, BGBl I 1602).

22 **6. Bußgeldvorschrift.** Ordnungswidrig handelt, wer entgegen § 28 f SGB IV Lohnunterlagen nicht führt oder nicht für die vorgeschriebene Dauer aufbewahrt (§ 111 Abs 1 Nrn 3 und 3a SGB IV).

23 **7. Summenbescheid.** Hat der ArbGeb die Aufzeichnungspflichten nicht ordnungsgemäß erfüllt und kann dadurch die Versicherungs- und Beitragspflicht oder die Beitragshöhe nicht festgestellt werden, kann der Träger der RV in seiner Eigenschaft als Prüfbehörde (vgl *Außenprüfung*) den Beitrag von der Summe der vom ArbGeb gezahlten Arbeitsentgelte geltend machen (§ 27 f Abs 2 S 1 SGB IV). Es ergeht dann ein sog **Summenbescheid** (zu dessen Voraussetzungen im Einzelnen BSG 7.2.02 – B 12 KR 12/01 B, SozR 3–2400 § 28 f Nr 3). Dies gilt nicht, wenn ohne unverhältnismäßigen Aufwand festgestellt werden kann, dass eine Beitragspflicht überhaupt nicht entstanden ist oder wenn die Arbeitsentgelte ohne unverhältnismäßigen Aufwand bestimmten Beschäftigten zugeordnet werden können. Im zuletzt genannten Fall ist, soweit möglich, eine personenbezogene Feststellung der Beitragspflicht und Beitragshöhe vorzunehmen. Steht die Höhe der Arbeitsentgelte fest, ist der Beitrag hieraus zu errechnen. Zu einer **Schätzung der Arbeitsentgelte** ist der Träger der RV befugt, wenn die konkrete Höhe nicht oder nur mit unverhältnismäßigem Aufwand festgestellt werden kann (§ 28 f Abs 2 Satz 3 SGB IV). Im Ganzen auch *Schlegel/Voelzke* SGB IV, § 28 f Rz 39 ff.

## Lohnkostenzuschuss

### A. Arbeitsrecht

*Kania*

**1. Begriff.** Zur Erleichterung der **Eingliederung von Arbeitnehmern mit Vermittlungshemmnissen** (zB infolge von Krankheit, Behinderung, Alter, Mobilitätshindernissen oder eingeschränkter Qualifikation und/oder Langzeitarbeitslosigkeit) und zum Ausgleich hierdurch bedingter Minderleistungen können ArbGeb insbes gem §§ 88 ff SGB III sowie gem §§ 16e und 16i SGB II von der Agentur für Arbeit Zuschüsse zu den Arbeitsentgelten erhalten. Näheres zu Zweck, Inhalt und Förderungsumfang der verschiedenen gesetzlichen Regelungen → Rn 8 ff. 1

**2. Vertragsgestaltung. a) Rechtsnatur.** Der im Hinblick auf eine Förderung nach §§ 88 ff SGB III, §§ 16e, 16i SGB II zustande gekommene Vertrag zwischen Arbeitslosen und ArbGeb ist ein normaler Arbeitsvertrag. Es handelt sich um ein vollwertiges Arbeitsverhältnis, in dem dem ArbN alle Rechte zustehen, auf die nach Gesetz, Tarifvertrag oder Betriebsvereinbarung Anspruch besteht. Ob ein befristeter oder unbefristeter Arbeitsvertrag abgeschlossen wird, kann allenfalls für den Erhalt von Fördermitteln von Bedeutung sein, nicht aber für die Wirksamkeit des Vertrages. Da Zuschüsse gem §§ 88 ff SGB III der Förderung von Dauerarbeitsplätzen dienen, setzt die Zuschussgewährung grds den Abschluss eines unbefristeten oder eines **längerfristig befristeten Arbeitsvertrages** voraus (→ Rn 31 ff). Die Beendigung der Gewährung von Lohnkostenzuschüssen nach Ablauf des Förderzeitraums stellt im Hinblick auf diesen Zweck der Leistung keinen sachlichen Grund zur Befristung eines Arbeitsvertrages dar (BAG 11.12.91, DB 92, 2635 zum Einarbeitungszuschuss). Einen **speziellen Befristungstatbestand** hat der Gesetzgeber mit Wirkung ab dem 1.1.2019 für nach § 16i SGB II geförderte Arbeitsverhältnisse geschaffen. Nach § 16i Abs 8 SGB II ist die Befristung eines Arbeitsvertrages mit einer zugewiesenen erwerbsfähigen leistungsberechtigten Person bis zu einer Dauer von fünf Jahren zulässig, wenn dem ArbGeb zur Förderung der Teilhabe am Arbeitsmarkt ein Zuschuss zum Arbeitsentgelt gewährt wird. Bis zu der Gesamtdauer von fünf Jahren ist auch die höchstens einmalige Verlängerung des Arbeitsvertrages zulässig. Diese Vorschrift dürfte als abschließende Sonderregelung zu § 14 Abs 2 TzBfG zu verstehen sein, so dass insbes eine mehrmalige Verlängerungsmöglichkeit innerhalb der ersten zwei Jahre des Arbeitsverhältnisses nicht möglich ist. Im Übrigen gelten auch für die Beendigung des Arbeitsvertrages keine arbeitsrechtlichen Besonderheiten. Soweit der Arbeitsvertrag nicht aufgrund einer Befristung automatisch ausläuft, kann er durch ordentliche oder außerordentliche Kündigung sowie durch einen Aufhebungsvertrag beendet werden. Zu beachten ist allerdings, dass bei vorzeitiger Beendigung des Arbeitsverhältnisses gem §§ 92 Abs 2 SGB III, 16e SGB II ggf eine Rückzahlung des Zuschusses verlangt werden kann (→ Rn 11 ff). Will der ArbGeb mit dem ArbN innerhalb der nächsten vier Jahre wieder ein Arbeitsverhältnis eingehen, ist eine erneute Förderung idR nach § 92 Abs 1 SGB III ausgeschlossen (→ Rn 17). 2

**b) Koppelung an die Zuschussgewährung.** Will der ArbGeb den Abschluss des Arbeitsvertrages mit dem Arbeitslosen an die Gewährung eines Zuschusses koppeln, ist zu unterscheiden: Unbedenklich ist es, die Gewährung des Lohnkostenzuschusses als aufschiebende Bedingung zu vereinbaren und auf diese Weise den Beginn des Arbeitsverhältnisses von einem entsprechenden Bewilligungsbescheid der BA abhängig zu machen. Dagegen ist es nicht möglich, den ArbN zunächst mit der Arbeit beginnen zu lassen und zu vereinbaren, dass das Arbeitsverhältnis rückwirkend außer Kraft tritt, wenn ein Lohnkostenzuschuss verweigert wird. Eine solche Vereinbarung wäre wegen Verstoßes gegen § 622 BGB und andere Normen des zwingenden Kündigungsschutzes nichtig. 3

Möglich ist es dagegen, das Arbeitsverhältnis unter die auflösende Bedingung der Verweigerung des Lohnkostenzuschusses zu stellen. Für die auflösende Bedingung gilt gem § 21 TzBfG die Vorschrift des § 14 Abs 1 TzBfG entsprechend, so dass auch für die auflösende Bedingung ein sachlicher Grund erforderlich ist. Als sachlicher Grund iS dieser Vorschrift ist auch die Verweigerung der Zuschussgewährung einzustufen. Gem §§ 21, 15 Abs 2 TzBfG 4 ist dem ArbN die bevorstehende Beendigung des Arbeitsverhältnisses mindestens zwei Wochen vorher schriftlich mitzuteilen.

## B. Lohnsteuerrecht *Thomas*

5 Der dem ArbGeb als Finanzierungshilfe für Lohnzahlungen gewährte Zuschuss führt bei diesem zu **Betriebseinnahmen.** Die Steuerbefreiung des § 3 Nr 2 EStG greift nicht (auch nicht analog) ein, weil sie Zuschüsse direkt an die ArbN verlangt (BFH 25.9.02 – IV B 139/00, BFH/NV 03, 158 zu Lohnkostenzuschüssen des Arbeitsamtes an den ArbGeb; ebenso zur Wagnisprämie nach § 10 SGB III FG Sachs 5.6.01 – 2 K 1999/00, EFG 01, 1484). Ob Eingliederungszuschüsse auch dann steuerbefreit sein können, wenn sie an den ArbGeb gezahlt werden kann dahinstehen, weil dann der damit gezahlte Lohn nach § 3c Abs 1 EStG nicht als Betriebsausgabe zu berücksichtigen wäre (BFH 29.8.17 – VIII R 17/13, DStRE 18, 324).

Der dem jeweiligen ArbN gezahlte **Arbeitslohn** unterliegt dem LStAbzug nach den allgemeinen Regeln. Dabei spielt keine Rolle, ob ein Zuschuss gezahlt wurde wegen Einarbeitung, erschwerter Vermittlung, fortgeschrittenen Alters des ArbN oder weil ein Berufsrückkehrer betroffen ist. Ebenfalls nicht von Bedeutung ist, ob der tatsächlich gezahlte Lohn ortsüblich oder leistungsgerecht ist. Zum Arbeitslohn gehört auch ein aufgrund von § 7 Abs 1 des Soldatenversorgungsgesetzes gezahlter Einarbeitungszuschuss (R 19.3 Abs 1 Nr 3 LStR). Zur Steuerbefreiung von Bezügen für Wehrdienst, Zivildienst und Freiwilligendienst Leistenden nach § 3 Nr 5 EStG vgl SenFinBln 2.9.13 DB 13, 2182.

6 Eine über § 3 Nr 2 EStG hinausgehende **Steuerbefreiung** beim ArbN kann auch nicht aus dem Gesichtspunkt der weitergeleiteten Subvention abgeleitet werden. Denn eine Leistung ist nicht schon deswegen – ohne ausdrückliche gesetzliche Vorschrift – steuerbefreit, weil sie aus öffentlichen Kassen stammt (BFH 18.5.04 – VI R 128/99, DStRE 04, 1321; BFH 15.12.95, BStBl II 96, 169, 171; BFH 25.5.92, BStBl II 93, 45). Da die Löhne nicht ganz oder teilweise steuerbefreit sind, sind umgekehrt beruflich veranlasste Aufwendungen des ArbN nicht gem § 3c EStG teilweise vom Werbungskostenabzug ausgeschlossen.

## C. Sozialversicherungsrecht *Voelzke*

### Übersicht



11 **I. Überblick.** An ArbGeb zu zahlende Lohnkostenzuschüsse zählen im Arbeitsförderungsrecht zu den Instrumentarien, denen eine beschäftigungswirksame Zielrichtung beigemessen wird. Die Vorschriften über die Eingliederungszuschüsse (§§ 88 ff SGB III) enthalten die für die Leistungsvoraussetzungen und den Leistungsumfang für das ArblV-Recht maßgebenden Regelungen. Die genannten Regelungen finden auch für Leistungsberechtigte nach dem SGB II Anwendung (§ 16 Abs 1 S 2 Nr 5 SGB II). Darüber hinaus stellt das SGB II für besondere Problemgruppen spezifische Lohnkostenzuschüsse (§§ 16e, 16i SGB II) zur Verfügung.

Lohnkostenzuschüsse, die auf die berufliche Eingliederung behinderter Menschen abzielen, stellt das Rehabilitationsrecht bereit (§ 50 SGB IX; *Teilhabe und Inklusion*).

**II. Förderung nach dem SGB III. 1. Leistungszweck.** Die Gewährung der Eingliederungszuschüsse erfolgt, wie § 88 SGB III als Grundsatz hervorhebt, zur Eingliederung von ArbN mit **Vermittlungshemmnissen.** Das Vorliegen einer Minderleistung im Förderungszeitraum gehört ebenfalls zu den Voraussetzungen des Eingliederungszuschusses. Ein Beurteilungsspielraum kann der BA bei der Feststellung dieser Voraussetzung nach allgemeinen Grundsätzen nicht zugebilligt werden (*Hauck/Noftz/Voelzke* SGB III, § 88 Rz 27). Liegen die Voraussetzungen für einen Eingliederungszuschuss vor, so hat die AA Ermessen auszuüben. Hierbei sind ArbGebInteressen und arbeitsmarktliche Interessen gegeneinander abzuwägen (BSG 6.5.08 – B 7/7a AL 16/07 R, NZS 2009, 291 (Ls)). 12

**2. Anspruchsvoraussetzungen.** Das geltende Recht unterscheidet den (allgemeinen) Eingliederungszuschuss nach §§ 88, 89 SGB III und den Eingliederungszuschuss für behinderte und schwerbehinderte Menschen nach § 90 SGB III. Ferner enthält § 89 Satz 3 SGB III eine Regelung für ArbN, die das 50. Lebensjahr vollendet haben. Für den Personenkreis der älteren ArbN kann die Förderdauer bis zu 36 Monate betragen, wenn die Förderung (letztmals) bis zum 31.12.19 begonnen hat. 13

**a) Allgemeiner Eingliederungszuschuss.** Der Eingliederungszuschuss nach § 88 SGB III kann für alle ArbN gewährt werden, deren Vermittlung wegen in **ihrer Person liegender Umstände** erschwert ist. Ein Eingliederungszuschuss kann nur zum Ausgleich von Minderleistungen gewährt werden. Der Gesetzgeber hat bewusst auf die Bildung bestimmter Fallgruppen verzichtet und die Förderung am konkreten Einzelfall orientiert (BT-Drs 15/1515 S 93). Gleichwohl wird man in Anlehnung an das frühere Recht auch künftig anknüpfend an typische Vermittlungshemmnisse bestimmte Gruppen von förderungsbedürftigen ArbN bilden können (*Hauck/Noftz/Voelzke* SGB III, § 88 Rz 22). Die BA ist berechtigt, die Bewilligung von Lohnkostenzuschüssen davon abhängig zu machen, dass die Interessen der ArbGeb nicht gegenüber arbeitsmarktlichen Interessen überwiegen (BSG 6.5.08 – B 7/7a AL 16/07 R, NZA-RR 09, 39). 14

**b) Behinderte und schwerbehinderte Menschen.** § 90 stellt klar, dass schwerbehinderte und sonstige behinderte Menschen Personen mit Vermittlungshemmnissen sind. Die Unterscheidung zum allgemeinen Eingliederungszuschuss ist von Bedeutung, weil für den betroffenen Personenkreis eine höhere und längere Förderung erfolgen kann. Für den Begriff des **behinderten Menschen** ist maßgebend, ob deren Aussichten, am Arbeitsleben teilzuhaben oder weiter teilzuhaben, wegen Art oder Schwere ihrer Behinderung nicht nur vorübergehend wesentlich gemindert sind und sie deshalb Hilfen zur Teilhabe am Arbeitsleben benötigen (§ 19 SGB III). Abzustellen ist also nicht auf den nach § 69 SGB IX festgestellten Grad der Behinderung, sondern auf das Maß der konkreten Beeinträchtigung im Arbeitsleben (*Hauck/Noftz/Timme* SGB III, § 19 Rz 13). Auf die Feststellung der Behinderung nach dem SchwbG kommt es nicht an. Die ausdrückliche Nennung der Schwerbehinderten verdeutlicht, dass bei diesem Personenkreis allein wegen der Schwere der Beeinträchtigung regelmäßig eine Förderungsbedürftigkeit unterstellt werden kann. 15

**3. Förderungsausschluss.** Eine Förderung ist ausgeschlossen, wenn zu vermuten ist, dass der ArbGeb die **Beendigung eines** (anderen) **Beschäftigungsverhältnisses** veranlasst hat, um einen Eingliederungszuschuss zu erhalten (§ 92 Abs 1 Nr 1 SGB III). Nach der Gesetzesbegründung sollte die Vermutungsregelung dem Umstand Rechnung tragen, dass die Arbeitsverwaltung nur in seltenen Fällen den Beweis erbringen kann, dass ein ArbGeb die Beendigung eines Beschäftigungsverhältnisses veranlasst hat, um einen Eingliederungszuschuss zu erhalten. Deshalb soll eine Förderung schon ausgeschlossen sein, wenn „hinreichende Anhaltspunkte eine Vermutung in diese Richtung zulassen" (BT-Drs 13/4941 S 193). Auch mit dieser Maßgabe kommt der Vorschrift keine große praktische Bedeutung zu, da allein die Beendigung des Arbeitsverhältnisses mit einem anderen ArbN noch keinen „hinreichenden Anhaltspunkt" für die von der Vorschrift vorausgesetzte Willensrichtung des ArbGeb bietet. 16

Größere praktische Bedeutung kommt dem weiteren Ausschlussgrund zu, wonach die Förderung ausgeschlossen ist, wenn die Einstellung bei einem **früheren Arbeitgeber** erfolgt, bei dem der ArbN während der letzten vier Jahre vor Förderungsbeginn mehr als drei Monate versicherungspflichtig beschäftigt war (§ 92 Abs 1 Nr 2 SGB III). Da die Gesetzesbegründung darauf abstellt, dass eine Minderleistung bzw der Einarbeitungsaufwand 17 bei den aufgeführten ArbN nicht gegeben sei (BT-Drs 13/4941 S 193), sollten solche Vorbeschäftigungen bei demselben ArbGeb unberücksichtigt bleiben, die weniger qualifiziert als die Einarbeitung waren (zB als Urlaubsvertretung oder studentische Hilfskraft; so zum Einarbeitungszuschuss BSG 7.11.90 – 9b/7 RAr 122/89, SozR 3–4100 § 49 Nr 2; aA *Brandts* in *Brand* SGB III, § 92 Rz 8). Die befristete Beschäftigung besonders betroffener schwerbehinderter Menschen steht einer Förderung nach ausdrücklicher Regelung nicht entgegen.

18 **4. Förderumfang.** Die Förderung erfolgt durch Erbringung eines Lohnkostenzuschusses, der auf der Grundlage des regelmäßig gezahlten Arbeitsentgelts zu Beginn der Maßnahme sowie des pauschalierten Anteils des ArbGeb am GesamtSozVBeitrag errechnet wird.

19 **a) Bemessungsgrundlage.** Berücksichtigungsfähig sind nach § 91 Abs 1 SGB III die vom ArbGeb **regelmäßig gezahlten Arbeitsentgelte,** soweit sie die tariflichen Arbeitsentgelte oder, wenn eine tarifliche Regelung nicht besteht, die für vergleichbare Tätigkeiten ortsüblichen Arbeitsentgelte nicht übersteigen. Die absolute Obergrenze bildet hierbei die Beitragsbemessungsgrenze in der Arbeitsförderung, die der Beitragsbemessungsgrenze in der RV entspricht (§ 341 Abs 4 SGB III; zu den aktuellen Werten → *Rentenversicherungsbeiträge* Rn 26 Anhang). Das tarifliche Entgelt begrenzt das berücksichtigungsfähige Arbeitsentgelt auch dann, wenn der betreffende Betrieb nicht tarifgebunden ist. Nicht berücksichtigungsfähig ist nach § 91 Abs 1 Satz 2 SGB III Arbeitsentgelt, das einmalig gezahlt wird (zum Begriff s *Einmalzahlungen*). Maßgebend ist das zu Beginn der Förderung zu berücksichtigende Arbeitsentgelt. Lohnerhöhungen während der Förderungsdauer sind auch dann unbeachtlich, wenn sie auf tariflichen Vereinbarungen beruhen. Eine Anpassung der Zuschüsse erfolgt nur, wenn sich das berücksichtigungsfähige Arbeitsentgelt verringert (§ 91 Abs 2 SGB III). Zusätzlich zum berücksichtigungsfähigen Arbeitsentgelt wird auch der hierauf entfallende pauschalierte Anteil des ArbGeb am **Gesamtsozialversicherungsbeitrag** in die Bemessungsgrundlage einbezogen.

20 **b) Förderhöhe.** Die maximale Förderhöhe beträgt beim allgemeinen Eingliederungszuschuss 50 % des berücksichtigungsfähigen Arbeitsentgelts. Für behinderte und schwerbehinderte Menschen können bis zu 70 % des Arbeitsentgelts übernommen werden. Nach 12 bzw 24 Monaten der Förderung tritt eine **Minderung** des Zuschusses wegen zunehmender Leistungsfähigkeit ein (§ 90 Abs 4 SGB III).

21 **c) Förderdauer.** Die Regelförderdauer beträgt beim allgemeinen Eingliederungszuschuss 12 Monate, beim Eingliederungszuschuss für behinderte Menschen 24 Monate und für besonders betroffene schwerbehinderte Menschen kann die Förderdauer bis zu 60 Monate, nach Vollendung des 55. Lebensjahrs sogar bis zu 96 Monate betragen (§ 90 SGB III).

22 **5. Verfahren.** Das Verwaltungsverfahren wird durch einen **Antrag** des ArbGeb eingeleitet. Die Entscheidung über die Gewährung des Eingliederungszuschusses liegt im Ermessen der Agentur für Arbeit (*Hauck/Noftz/Voelzke* SGB III, § 88 Rz 34). Der Antrag auf Eingliederungszuschüsse ist rechtzeitig gestellt, wenn er vor Beginn des Arbeitsverhältnisses gestellt ist (BSG 6.4.06 – B 7a AL 20/05 R, SozR 4–4300 § 324 Nr 2). Die Zuschüsse können aus Gründen der Verwaltungsvereinfachung zu Beginn der Maßnahme in monatlichen Festbeträgen festgelegt werden.

23 **6. Rückzahlung.** Zur Sicherung des mit dem Eingliederungszuschuss verfolgten Zweckes enthält § 92 Abs 2 SGB III einen speziellen Rückzahlungstatbestand (zur Verfassungsmäßigkeit des Rückforderungstatbestandes s BSG 2.6.04 – B 7 AL 56/03 R, SozR 4–4300 § 223 Nr 1). Dieser beruht auf dem Grundgedanken, dass der ArbGeb den Lohnkostenzuschuss dann zurückzahlen muss, wenn das Förderungsziel der dauerhaften Eingliederung in den Arbeitsmarkt nicht erreicht wird, weil der ArbGeb seiner Verpflichtung, den ArbN über den **Förderungszeitraum** hinaus einschließlich der **Weiterbeschäftigungszeit** zu beschäftigen, nicht nachkommt (BT-Drs 13/4941 S 193). Die Voraussetzungen des Rückzahlungsanspruchs der Agentur für Arbeit sind nach Satz 1 der Vorschrift erfüllt, wenn das Beschäftigungsverhältnis bereits während des Förderzeitraums oder innerhalb eines Zeitraums nach Ende des Förderzeitraums, der der Förderdauer entspricht, beendet wird. Der dem Beschäftigungsverhältnis nachgelagerte Zeitraum (Weiterbeschäftigungszeit) wird allerdings auf längstens zwölf Monate begrenzt.

Der Rückzahlungsanspruch ist nach § 92 Abs 2 Satz 2 SGB III ausgeschlossen, wenn der ArbGeb berechtigt war, das Arbeitsverhältnis aus Gründen, die in der Person oder dem **Verhalten** des ArbN liegen (Nr 1), oder aus **dringenden betrieblichen Erfordernissen,** die einer Weiterbeschäftigung in diesem Betrieb entgegenstehen, zu kündigen (Nr 2). Entscheidend für diesen Ausschlusstatbestand ist allein die Berechtigung des ArbGeb zur Kündigung, während die tatsächliche Beendigung des Arbeitsverhältnisses auch auf andere Weise erfolgen kann. 24

Der Rückzahlungsanspruch ist ferner nicht gegeben, wenn die Beendigung des Arbeitsverhältnisses auf das **Bestreben des Arbeitnehmers** hin erfolgt, ohne dass der ArbGeb den Grund hierfür zu vertreten hat (Nr 3). Die Voraussetzungen dieses Ausschlussgrundes liegen vor, wenn der ArbN die wesentliche Ursache für die Beendigung des Arbeitsverhältnisses setzt, ohne dass es auf die Form der Beendigung ankäme. Der ArbGeb kann sich nicht auf diesen Ausschlussgrund berufen, wenn er seinerseits gegen arbeitsvertraglichen Pflichten verstößt. Da die Regelung des § 92 Abs 2 Satz 2 Nr 3 SGB III auf die Beweggründe des ArbN abstellt, sollten, soweit das Arbeitsverhältnis durch einen *Aufhebungsvertrag* beendet wird, die zur Beendigung des Arbeitsverhältnisses führenden Umstände glaubhaft dokumentiert werden. 25

Schließlich ist der Rückzahlungsanspruch ausgeschlossen, wenn der ArbN zum Zeitpunkt der Beendigung des Arbeitsverhältnisses das Mindestalter für den Bezug der gesetzlichen **Altersrente** (Näheres: *Altersgrenze*) erreicht hat (Nr 4). Ob das Mindestalter erreicht ist, ist nach den jeweiligen Verhältnissen des einzelnen ArbN zu beurteilen. Ein Rückzahlungsanspruch scheidet auch aus, wenn der Eingliederungszuschuss für die Einstellung eines besonders betroffenen schwerbehinderten Menschen geleistet wird (Nr 5). 26

Nach § 92 Abs 2 Satz 3 SGB III ist die Rückzahlung auf die **Hälfte des Förderungsbetrages,** höchstens aber den in den letzten zwölf Monaten vor der Beendigung des Beschäftigungsverhältnisses gewährten Förderungsbetrag begrenzt. Zusätzlich sind ungeförderte Nachbeschäftigungszeiten anteilig in Ansatz zu bringen (§ 92 Abs 2 Satz 4 SGB III). 27

**III. Förderung nach dem SGB II. a) Allgemeiner Eingliederungszuschuss.** Die in den §§ 88 ff SGB III genannten Eingliederungszuschüsse kann der ArbGeb nach § 16 Abs 1 Satz 2 Nr 5 SGB II auch erhalten, wenn er einen Leistungsbezieher nach dem SGB II einstellt (vgl zu den Leistungen an ArbGeb nach dem SGB II *Hauck/Noftz/Voelzke* SGB II, § 16 Rz 257 ff). Zusätzliche Voraussetzungen werden für die Förderung nach dem SGB II nicht aufgestellt. Allerdings muss der einzustellende ArbN zu den Leistungsberechtigten iSv § 7 SGB II gehören. 28

**b) Eingliederung von Langzeitarbeitslosen.** Das Teilhabechancengesetz vom 17.12.18 (BGBl I 18, 2583) hat die Vorschrift über die Gewährung von Lohnkostenzuschüssen zur Eingliederung von Langzeitarbeitslosen (§ 16e SGB II) neu gefasst. Hierdurch soll die **Reintegration** von Personen mit einer längeren Dauer von Langzeitarbeitslosigkeit auf dem allgemeinen Arbeitsmarkt durch die Beschäftigung in einem Arbeitsverhältnis unterstützt werden (BT-Drs 19/4725 S 10). Es handelt sich um eine Ermessensleistung der Agenturen für Arbeit. 29

Die auf den ArbN bezogenen **Voraussetzungen** der Förderung sind nach § 16e Abs 1 SGB II erfüllt, wenn erwerbsfähige Leistungsberechtigte trotz vermittlerischer Unterstützung unter Einbeziehung der übrigen Eingliederungsleistungen seit mindestens zwei Jahren arbeitslos sind. Hinsichtlich der Berechnung der Dauer der vorhergehenden Arbeitslosigkeit verweist § 16e Abs 1 Satz 2 SGB II mit der Folge auf § 18 SGB III, dass bestimmte Unterbrechungstatbestände unberücksichtigt bleiben (*Hauck/Noftz/Voelzke* SGB II, § 16e SGB II Rz 48 ff). 30

Hinsichtlich des geförderten Beschäftigungsverhältnisses gilt, dass ein (befristetes) Arbeitsverhältnis mit einer **Dauer von mindestens zwei Jahren** mit mehr als geringfügigem Umfang begründet werden muss. Eine Zuweisung durch die Agentur für Arbeit ist nicht erforderlich. Die Leistungsgewährung ist von einem Antrag des ArbGeb abhängig (§ 37 SGB II).

Die Förderungsleistungen zur Eingliederung von Langzeitarbeitslosen werden als Zuschuss zum Arbeitsentgelt für eine **Dauer von zwei Jahren** geleistet (§ 16e Abs 2 SGB II). Der Zuschuss beträgt im ersten Jahr 75 Prozent und im zweiten Jahr 50 Prozent des berück- 31 sichtigungsfähigen Arbeitsentgelts. Die in § 22 Abs 4 Satz 1 MiLoG für Langzeitsarbeitslose vorgesehene Ausnahme vom Mindestlohngebot findet hinsichtlich der geförderten Arbeitsverhältnisse keine Anwendung.

Die in § 92 Abs 1 SGB III geregelten **Leistungsausschlüsse** sind entsprechend heranzuziehen (§ 16e Abs 3 Satz 1 SGB II; → Rn 16). Der Zuschuss unterliegt bei einer vorzeitigen Beendigung des Arbeitsverhältnisses der **Rückzahlungspflicht** nach Maßgabe des § 16e Abs 3 Satz 2 SGB II iVm § 92 Abs 2 SGB III (→ Rn 23).

32 Der Gesetzgeber will die Stabilität des Arbeitsverhältnisses durch eine ganzheitliche **beschäftigungsbegleitende Betreuung** gewährleisten, die durch die Agentur für Arbeit bzw durch einen durch diese beauftragten Dritten erbracht wird. In den ersten sechs Monaten besteht insoweit gegen den ArbGeb ein Anspruch auf Fortzahlung der Vergütung in angemessenem Umfang

Die geförderten ArbN sind mit Rücksicht auf das geförderte Beschäftigungsverhältnis grundsätzlich in allen Zweigen der SozV **pflichtversichert.** Allerdings besteht zur Vermeidung von Fehlanreizen Versicherungsfreiheit in der ArblV (§ 27 Abs 3 Nr 5 SGB III).

33 **c) Teilhabe am Arbeitsmarkt.** Das Teilhabechancengesetz vom 17.12.18 (BGBl I 18, 2583) hat ein neues Förderungsinstrument (Teilhabe am Arbeitsleben – § 16i SGB II) in das Gesetz eingefügt. Hiermit soll die sozialversicherungspflichtige Beschäftigung von **sehr arbeitsmarktfernen Personen,** die bisher trotz sehr vielfältiger Anstrengungen nicht integriert werden konnten, gefördert werden (BT-Drs 19/4725 S 10). Auch die Gewährung dieser Leistungen steht im Ermessen der Agenturen für Arbeit.

34 Mittelbar begünstigt werden nach § 16i Abs 3 SGB II durch das Förderinstrument **erwerbsfähige Leistungsberechtigte,** wenn sie das 25. Lebensjahr vollendet haben, für insgesamt mindestens sechs Jahre innerhalb der letzten sieben Jahre Leistungen zur Sicherung des Lebensunterhalts nach dem SGB II erhalten haben, sie in dieser Zeit nicht oder nur kurzzeitig sozialversicherungspflichtig oder geringfügig beschäftigt oder selbständig tätig waren und für sie Zuschüsse an ArbGeb noch nicht für eine Dauer von fünf Jahren erbracht worden sind. Der Berücksichtigungszeitraum wird vom Beginn des Förderzeitraums zurückgerechnet (*Hauck/Noftz/Voelzke* SGB II § 16i Rz 62). Sämtliche Zeiten des Leistungsbezugs sind zusammenzurechnen. Ausnahmsweise genügen fünf Jahre des Leistungsbezugs, wenn der erwerbsfähige Leistungsberechtigte mit mindestens einem minderjährigen Kind in einer Bedarfsgemeinschaft lebt oder schwerbehindert iSd § 2 Abs 2 und 3 SGB IX ist. ArbGeb können eine Förderung nur beanspruchen, wenn ihnen die erwerbsfähigen Leistungsberechtigten von der Agentur für Arbeit zugewiesen worden sind.

35 Der ArbGeb muss mit dem zugewiesenen erwerbsfähigen Leistungsberechtigten ein **sozialversicherungspflichtiges Arbeitsverhältnis** begründen. Die Befristung des Arbeitsverhältnisses während des Förderungszeitraums bis zu einer Dauer von fünf Jahren ist nach ausdrücklicher gesetzlicher Regelung in § 16i Abs 8 SGB II eröffnet. Zulässig ist die höchstens einmalige Verlängerung des Arbeitsvertrages bis zur Gesamtdauer von fünf Jahren.

36 Mit der Förderung nach § 16i SGB II werden **Einsatzmöglichkeiten** auf allen denkbaren Arbeitsfeldern eröffnet. Eine Zusätzlichkeit der Arbeiten wird vom Gesetz nicht gefordert. Allerdings hat die Agentur für Arbeit zu den Einsatzfeldern nach § 16i Abs. 9 SGB II jährlich eine Stellungnahme der Vertreter der Sozialpartner im Örtlichen Beirat, insbes zu möglichen Wettbewerbsverzerrungen sowie Verdrängungsfaktoren einzuholen. Die Agentur für Arbeit ist an die Stellungnahme nicht gebunden, muss aber eine von der Stellungnahme abweichende Festlegung der Einsatzfelder schriftlich begründen.

37 Mit dem gesetzlich vorgesehenen **Leistungsumfang** will der Gesetzgeber einen starken Anreiz für ArbGeb setzen, die Anstellung des mittelbar begünstigten sehr arbeitsmarktfernen Personenkreises in Erwägung zu ziehen. Die Zuschusshöhe beträgt nach § 16i Abs 2 Satz 1 SGB II in den ersten beiden Jahren 100 Prozent, im dritten Jahr 90 Prozent, im vierten Jahr 80 Prozent und im fünften Jahr 70 Prozent der Höhe des Mindestlohns nach dem MiLoG zuzüglich des pauschalierten Anteils des ArbGeb am GesamtSozVBeitrag abzüglich des Beitrags zur Arbeitsförderung. Der Zuschuss ist nach dem höheren zu zahlenden Arbeitsentgelt zu berechnen, wenn der ArbGeb aufgrund eines Tarifvertrages oder nach kirchlichen Arbeitsrechtsregelungen zur Zahlung eines höheren Arbeitsentgelts verpflichtet ist. Die in § 22 Abs 4 Satz 1 MiLoG für Langzeitarbeitslose vorgesehene Ausnahme vom Mindestlohngebot findet hinsichtlich der geförderten Arbeitsverhältnisse keine Anwendung.

Da mit der Förderung nach § 16i SGB II mittel- bzw langfristig der Übergang in eine langfristige Beschäftigung angestrebt wird, ermöglicht das Gesetz die Durchführung von **Weiterbildungsmaßnahmen** sowie von **betrieblichen Praktika** bei anderen ArbGeb (§ 16i Abs 6 SGB II). Die genannten Maßnahmen sind bei Fortzahlung des Arbeitsentgelts förderfähig. Für derartige Weiterbildungen kann der ArbGeb je Förderfall einen Zuschuss von bis zu 3000 € erhalten. 38

# Lohnlisten

## A. Arbeitsrecht

*Kreitner*

**1. Allgemeines.** Im Rahmen einer ordnungsgemäßen Personalverwaltung verfügt der ArbGeb regelmäßig über Aufzeichnungen, in denen die Lohn- bzw Gehaltszahlungen an die ArbN aufgeführt werden. Hierbei kann es sich um schriftliche Listen oder lediglich um computermäßig gespeicherte Daten handeln, wobei die Datenerfassung wiederum durch den ArbGeb selbst oder außerhalb des Betriebes durch Dritte erfolgen kann. Hinsichtlich dieser Lohnzusammenstellungen ergeben sich rechtliche Probleme im Schnittbereich von individuellem und kollektivem Arbeitsrecht einerseits sowie datenschutz- und persönlichkeitsrechtlichen Erwägungen andererseits. 1

**2. Einblicksrecht des Betriebsrats.** Um dem BRat die Durchführung seiner Aufgaben nach dem BetrVG zu ermöglichen, hat er ua gem § 80 Abs 2 Satz 1 BetrVG einen umfassenden Unterrichtungsanspruch gegenüber dem ArbGeb. Zusätzlich gewährt § 80 Abs 2 Satz 2 BetrVG als spezielle Ausgestaltung dieses Anspruchs ein Einblicksrecht bestimmter betriebsverfassungsrechtlicher Organe in Bruttolohn/-gehaltslisten des ArbGeb (BAG 10.10.06 – 1 ABR 68/05, NZA 07, 99). Eine zusätzliche Anspruchsgrundlage besteht seit 6.7.17 nach § 13 Abs 3 EntgTranspG. Hierdurch wird der allgemeine Auskunftsanspruch nicht verdrängt (BAG 30.9.08 – 1 ABR 54/07, NZA 09, 502). Zur personalvertretungsrechtlichen Mitbestimmung im öffentlichen Dienst s BVerwG 22.4.98 – 6 P 4/97, NZA-RR 99, 274 sowie VG Köln 10.2.10 – 34 K 4552/09.PVL (Bühne). 2

**a) Berechtigte.** Gem §§ 80 Abs 2 Satz 2 BetrVG, 13 Abs 3 EntgTranspG kommt das Recht zur Einsichtnahme in ArbGebSeitig geführte Lohnlisten dem Betriebsausschuss (§ 27 BetrVG) oder einem nach § 28 BetrVG gebildeten Ausschuss zu. Bei einer wörtlichen Anwendung dieser Vorschriften wäre damit das Einblicksrecht auf Betriebe mit mehr als 200 ArbN beschränkt, da nur in diesen Betrieben ein Betriebsausschuss gebildet werden kann (§§ 9, 27 Abs 1 BetrVG). Hiermit würde jedoch der Normzweck insbes des § 80 BetrVG, der eine umfassende Unterrichtung des BRat unabhängig von der Betriebsgröße sicherstellen soll, in kleineren Betrieben vereitelt. In solchen Kleinbetrieben ohne Betriebsausschuss steht daher nach der zutreffenden Rspr des BAG das Einblicksrecht den in § 27 Abs 2 BetrVG genannten Personen zu: dem BRatVorsitzenden oder einem anderen insoweit legitimierten BRatMitglied (BAG 14.1.14 – 1 ABR 54/12, NZA 14, 738; *Fitting* § 80 Rz 71; *DKK/Buschmann* § 80 Rz 103; aA HSWGNR/*Nicolai* § 80 Rz 66: kein Einsichtsrecht in Kleinbetrieben). In Kleinstbetrieben steht das Recht aus § 80 Abs 2 Satz 2 BetrVG dem Betriebsobmann zu. Geht es demgegenüber in Ausübung des Mitbestimmungsrechts nach § 87 Abs 1 Nr 10 BetrVG um die Überwachung der überbetrieblichen, unternehmenseinheitlichen Lohngerechtigkeit, ist nicht der örtliche BRat, sondern der GBRat zuständig und auch nur diesem steht das Einblicksrecht nach § 80 Abs 2 BetrVG zu (BAG 26.9.17 – 1 ABR 27/16, NZA 18, 108). 3

**b) Anspruchsvoraussetzungen.** Entgegen dem Normwortlaut („in diesem Rahmen") bedarf es nach der Rspr des BAG bei der Geltendmachung des Einblicksrechts gem § 80 Abs 2 Satz 2 BetrVG keiner besonderen Darlegung des BRat, welche konkreten betriebsverfassungsrechtlichen Aufgaben durch die Einsichtnahme wahrgenommen werden sollen (BAG 14.1.14 – 1 ABR 54/12, NZA 14, 738). Dem ist beizupflichten, da mit Hilfe des Einblicksrechts gem § 80 Abs 2 Satz 2 BetrVG dem BRat gerade die Möglichkeit gegeben werden soll, die Einhaltung der Mitbestimmungsrechte seitens des ArbGeb zu überprüfen (ebenso *DKK/Buschmann* § 80 Rz 107; aA *Hohn* DB 90, 1187; enger auch *Rath-Glawatz* 4

DB 83, 1543). So kann der BRat das Einblicksrecht aus § 80 BetrVG auch nutzen, um die Zahlung des Mindestlohnes durch den ArbGeb zu kontrollieren (*Kleinebrink* DB 15, 375) oder der GBRat die Einhaltung des arbeitsrechtlichen Gleichbehandlungsgrundsatzes im Rahmen der Vergütung zu überprüfen (BAG 26.9.17 – 1 ABR 27/16, NZA 18, 108). Etwas anderes gilt nur dann, wenn ein Mitbestimmungsrecht des BRat offensichtlich nicht in Betracht kommt (BAG 26.1.88, NZA 88, 620). Es muss lediglich eine gewisse Wahrscheinlichkeit für das Bestehen von BRatAufgaben gegeben sein (BAG 27.6.89, NZA 89, 929). Allein mit einem solchen Normverständnis kann der Normzweck des § 80 BetrVG verwirklicht werden. Enger ist die Rspr des 1. Senats des BAG zum allgemeinen Auskunftsanspruch des BRat aus § 80 Abs 2 Satz 1 BetrVG. Hier verlangt das BAG vom BRat ausdrücklich die Darlegung, dass eine Aufgabe des BRat gegeben ist und dass die im Einzelfall begehrte Information zur Wahrnehmung dieser Aufgabe erforderlich ist (BAG 20.3.18 – 1 ABR 15/17, NZA 18, 1017).

5 Das Einblicksrecht besteht **unabhängig vom Einverständnis der** betroffenen **Arbeitnehmer.** Ebenso wie das gegenteilige Interesse des ArbGeb muss auch das Interesse des einzelnen ArbN am Schutz seiner Individualsphäre hinter dem berechtigten Interesse des BRat an der Wahrnehmung seiner betriebsverfassungsrechtlichen Aufgaben zurückstehen (BAG 30.6.81, DB 81, 2386; 20.12.88, DB 89, 1032). Die Individualinteressen der ArbN werden zudem in doppelter Hinsicht berücksichtigt. Zum einen besteht ein Einblicksrecht nur in **Bruttolohn/Gehaltslisten** (allgemeine Ansicht BAG 18.9.73, DB 74, 143; GK-BetrVG/*Weber* § 80 Rz 100). Persönliche Daten der ArbN, die aus den **Nettolohn/Gehaltslisten** ersichtlich sind, bleiben damit geheim. Zum anderen unterliegen die Erkenntnisse des BRat nach §§ 75 Abs 2 und 79 BetrVG der Verschwiegenheitspflicht.

6 Nicht eingeschränkt wird das Einblicksrecht durch **datenschutzrechtliche Vorschriften,** da insoweit § 80 Abs 2 Satz 2 BetrVG als Spezialregelung vorgeht (BAG 14.1.14 – 1 ABR 54/12, NZA 14, 738; 12.8.09 – 7 ABR 15/08, NZA 09, 1218).

7 **c) Umfang des Einblicksrechts.** Die Einsichtnahme gem § 80 Abs 2 Satz 2 BetrVG erfolgt in die Bruttolohn-/Gehaltslisten und umfasst jedenfalls übertarifliche Zulagen (BAG 12.2.80, DB 80, 1699) und freiwillige Prämien (BAG 17.3.83, DB 83, 1607). Darüber hinaus unterliegen nach der Rspr des BAG auch alle sonstigen Zahlungen (wie zB Gratifikationen) der Einsichtnahme des Betriebsausschusses bzw der entsprechenden Personen unabhängig davon, ob sie kollektiven Charakter haben oder individuell vereinbart wurden (BAG 28.5.74, DB 74, 1868; 10.2.87, DB 87, 1152; ebenso LAG SchlHol 18.4.07 – 6 TaBV 41/06, BeckRS 2007, 44711; LAG Hamm 26.10.01 – 10 TaVB 44/01, NZA-RR 02, 302: Poolzahlungen an Krankenhausärzte, die aus Chefarztliquidationen stammen; LAG Nbg 22.1.02 – 6 TaBV 19/01, NZA-RR 02, 247: Gewährung von Aktienoptionen). Diese Rspr wird zu Unrecht im Schrifttum kritisiert (vgl etwa *SW* § 80 Rz 17), da der BRat erst nach einer umfassenden Unterrichtung in der Lage ist, die Reichweite seiner Mitbestimmungsrechte im konkreten Fall zu erkennen. Die tatsächliche Information muss daher uU über den letztlich mitbestimmten Bereich hinausgehen.

8 Die Einsichtnahme kann der BRat gem § 80 Abs 2 Satz 2 BetrVG **„jederzeit"** verlangen. Dies bedeutet jedoch nicht, dass eine Voranmeldung bzw terminliche Absprache mit dem ArbGeb regelmäßig unterbleiben könnte, denn durch die Einfügung des Worts „jederzeit" in den Gesetzestext sollte lediglich klargestellt werden, dass der BRat zur Geltendmachung des Einblicksrechts keine konkreten Verdachtsmomente vorbringen muss (*Fitting* § 80 Rz 68). Auch ist das Einblicksrecht nicht auf die im Zeitpunkt der Einsichtnahme betriebsangehörigen ArbN beschränkt, denn Sinn und Zweck des § 80 Abs 2 BetrVG können in Einzelfällen auch einen Vergleich mit ausgeschiedenen ArbN erforderlich machen (ArbG Aachen 23.6.93 – 2 BV 13/93: häufige Personalfluktuation bei Zeitungszustellern).

9 Unter **Listen** iSd § 80 Abs 2 Satz 2 BetrVG ist auch die Erfassung in Datenverarbeitungssystemen zu verstehen (BAG 17.3.83, DB 83, 1607). Der ArbGeb muss in solchen Fällen eine entsprechende Liste ausdrucken (LAG SchlHol 18.4.07 – 6 TaBV 41/06, BeckRS 2007, 44711). Dies gilt unabhängig davon, ob die Datenverarbeitung außerhalb des Betriebes erfolgt (BAG 17.3.87, DB 87, 1491). Ein korrespondierendes Recht des BRat zur computermäßigen Speicherung der Lohnlisten ist aus § 80 Abs 2 BetrVG nicht herzuleiten (*Kort* RdA 92, 376). Anders als im Fall der computermäßigen Erfassung der Lohndaten und dem bloßen Ausdruck dieser Daten besteht allerdings keine Pflicht des ArbGeb derartige

Listen zu erstellen, wenn diese in seiner Lohnbuchhaltung nicht vorhanden sind (BAG 30.9.08 – 1 ABR 54/07, NZA 09, 502). Das gilt gleichermaßen für eine Aufbereitung der Lohndaten nach den Benachteiligungsmerkmalen des § 1 AGG (*Kleinebrink* FA Arbeitsrecht 06, 295). Erfolgt die Auflistung der Vergütungen der einzelnen ArbN beim ArbGeb in **verschlüsselter Form,** so sind diese Angaben den einblicknehmenden Personen zu erläutern. Nur eine jedermann verständliche Auflistung erfüllt die Anforderungen des § 80 Abs 2 Satz 2 BetrVG. Die Listen dürfen auch nicht lediglich anonymisiert zur Einsichtnahme zur Verfügung gestellt werden (BAG 7.5.19 – 1 ABR 53/17, NZA 19, 1218; LAG NdS 18.12.18 – 12 TaBV 23/18, NZA-RR 19, 92 – nicht rkr, Az beim BAG: 1 ABR 44/18; *Böhm* NZA-RR 19, 531). Außerdem müssen die Listen wegen der Vorgaben in § 13 EntgTranspG nach Geschlecht aufgeschlüsselt sein (LAG SachAnh 18.12.18 – 4 TaBV 19/17, NZA-RR 19, 256).

Das Recht aus § 80 Abs 2 Satz 2 BetrVG ist ausdrücklich **begrenzt auf die Möglichkeit zur Einsichtnahme.** Das einblicknehmende BRatMitglied bzw die Mitglieder des Betriebsausschusses sind dabei befugt, Notizen zu machen (BAG 15.6.76, DB 76, 1773; *Pramann* DB 83, 1922). Demgegenüber dürfen nach der Rspr Kopien ebenso wenig angefertigt werden wie vollständige Abschriften der Listen (BAG 3.12.81, DB 82, 653; LAG Frankfurt 19.10.89, DB 90, 2376; weitergehend LAG Hbg 7.8.96, ArbuR 97, 39). Auch ist der ArbGeb danach nicht verpflichtet, die Listen bzw Kopien herauszugeben (BAG 10.10.06 – 1 ABR 68/05, NZA 07, 99; LAG Bln Bbg 1.8.19 – 5 TaBV 313/19, NZA-RR 19, 657 – nicht rkr, Az beim BAG: 1 ABR 32/19). Dieses sehr enge Normverständnis ist nicht mehr zeitgemäß. Insbes im Hinblick auf die weitestgehend elektronisch vorgehaltenen Vergütungslisten umfasst § 80 Abs 2 Satz 2 BetrVG auch ein Einblicksrecht in diese Dateien. Das Verbot, eine solche Datei auszudrucken, erscheint praxisfern. 10

Verweigern kann der ArbGeb eine Einblicknahme ausnahmsweise dann, wenn dem Verlangen des BRat der Einwand des **Rechtsmissbrauchs** entgegensteht. Das BAG hat dies zB bejaht für den Fall, dass der BRat entgegen dem ausdrücklichen Hinweis des ArbGeb gegen die Geheimhaltungsbedürftigkeit der Information verstoßen hat und sich weigert, eine entsprechende Unterlassungserklärung für die Zukunft abzugeben (BAG 14.5.87, DB 88, 2569). 11

Ein **Anwesenheitsrecht des Arbeitgebers** bei der Einsichtnahme durch den Betriebsausschuss bzw die ansonsten zuständigen Personen **besteht nicht,** da es insoweit an einer entsprechenden Rechtsgrundlage fehlt (im Ergebnis ebenso LAG Köln 12.5.92, LAGE Nr 8 zu § 80 BetrVG 1972). Die gegenteilige Ansicht von *Leßmann* (NZA 92, 832), der aus dem Wortlaut des § 80 Abs 2 Satz 2 BetrVG und der oa Beschränkung auf die tatsächliche Einsichtnahme ein Anwesenheitsrecht des ArbGeb iS eines Überwachungsrechts herleiten will, überzeugt nicht. Mit Beschluss vom 16.8.95 (NZA 96, 330) hat das BAG klargestellt, dass eine Überwachung des BRat in diesem Zusammenhang nicht zulässig ist. Andererseits hat der BRat jedoch auch keinen Anspruch auf alleinige Anwesenheit in dem Raum, in dem die Einsichtnahme erfolgt. In diesem Raum arbeitende Personen dürfen dort auch während der Einsichtnahme weiterarbeiten. Ergibt sich für die Einsichtnehmenden das Bedürfnis einer ungestörten Besprechung, so ist zur Vermeidung von Betriebsablaufstörungen eine kurze Unterbrechung der Einsichtnahme zur Beratung in einem anderen Raum zumutbar (*Leege* BB 96, 479; insoweit kritisch *Grimberg* AiB 96, 381). 12

**d) Sonderfälle. aa) Leitende Angestellte.** Das Einblicksrecht des § 80 Abs 2 Satz 2 BetrVG umfasst nicht die Bruttogehälter der leitenden Angestellten iSd § 5 Abs 3 BetrVG, da der BRat insoweit keine Vertretungskompetenz besitzt (BAG 14.1.14 – 1 ABR 54/12, NZA 14, 738). Dies gilt auch dann, wenn das Einblicksbegehren des BRat damit begründet wird, der Status des betreffenden ArbN als leitender Angestellter solle überprüft werden. 13

**bb) AT-Angestellte.** Demgegenüber erfährt das Einblicksrecht des § 80 Abs 2 Satz 2 BetrVG hinsichtlich des Personenkreises der AT-Angestellten keine Einschränkungen (BAG 10.2.87, DB 87, 1152). So hat das BAG zB entschieden, das der BRat auch Auskunft über die Grundsätze für individuelle Versorgungszusagen für AT-Angestellte verlangen kann (BAG 19.3.81, DB 81, 2181). 14

**cc) Tendenzbetriebe.** Nach der Rspr des BAG steht die Tendenzeigenschaft eines Unternehmens dem Einblicksrecht nach § 80 Abs 2 Satz 2 BetrVG nicht entgegen (BAG 13.2.07 – 1 ABR 14/06, NZA 07, 1121). 15

16 **e) Prozessuales.** Die Durchsetzung des Anspruchs auf Einblicknahme in die Lohn-/Gehaltslisten gem § 80 Abs 2 Satz 2 BetrVG erfolgt im arbeitsgerichtlichen Beschlussverfahren gem § 2a Abs 1 Nr 1 ArbGG. Sie ist nicht auf Fälle eines groben Verstoßes iSd § 23 Abs 3 BetrVG beschränkt (BAG 17.5.83, DB 83, 1986). Die Vollstreckung des Einblicksrechts nach erfolgreich durchgeführtem Beschlussverfahren richtet sich nach § 888 ZPO.

17 **3. Einblicksrecht des Sprecherausschusses.** Die allgemeine Unterrichtungspflicht des ArbGeb gegenüber dem Sprecherausschuss ist in § 25 Abs 2 SprAuG normiert. Über diesen allgemeinen Unterrichtungsanspruch hinaus enthält diese Vorschrift **keine Regelung** bezüglich des Einblicksrechts in Bruttogehaltslisten der leitenden Angestellten. Ob gleichwohl ein Einblicksrecht besteht, ist umstritten (*Oetker* ZfA 90, 43). Teilweise wird dies bejaht mit der Begründung, das Einblicksrecht stelle lediglich einen Sonderfall des allgemeinen Unterrichtungsanspruchs dar und bedürfe daher keiner besonderen Normierung (*Hromadka* § 25 Rz 32; *Löwisch* SprAuG § 25 Rz 18). Die gegenteilige Meinung stützt sich auf das formale Argument, die Regelung des § 80 Abs 2 Satz 2 BetrVG sei vom Gesetzgeber bewusst nicht in das SprAuG übernommen worden (*Wlotzke* DB 89, 173; *Röder* NZA 89, Beil 4 S 2). Gerichtliche Entscheidungen zu dieser Frage liegen soweit ersichtlich nicht vor. Im Ergebnis dürfte mehr für die letztere Ansicht sprechen, denn gerade in dem bei leitenden Angestellten besonders sensiblen Bereich der Gehaltslisten ist davon auszugehen, dass der Gesetzgeber eine ausdrückliche Einblicksregelung getroffen hätte.

18 **4. Einsichtsrecht des Arbeitnehmers.** Ein Recht des einzelnen ArbN auf Einblick in allgemeine Bruttolohn-/Gehaltslisten besteht nicht. Jeder ArbN hat lediglich gem § 83 Abs 1 BetrVG ein Recht auf Einsichtnahme in seine beim ArbGeb geführte Personalakte sowie gem Art 15 DS-GVO, § 34 BDSG einen Auskunftsanspruch bezüglich gespeicherter persönlicher Daten (→ *Datenschutz* Rn 12).

**B. Lohnsteuerrecht** *Seidel*

19 Die Lohnlisten haben für das LStRecht keine Bedeutung. Maßgeblich ist das Lohnkonto (→ *Lohnkonto* Rn 2 ff).

**C. Sozialversicherungsrecht** *Schlegel*

20 **1. Beitragsrechtlicher Zweck von Lohnlisten. a) Kontrollbedürfnis.** Der ArbGeb berechnet die für seine abhängig beschäftigten ArbN zu zahlenden GesamtSozVBeiträge in aller Regel selbst und zahlt die Beiträge für sämtliche Beschäftigte an die Beitragseinzugsstelle in einer Summe. Aus dieser Zahlung und dem sog Beitragsnachweis (→ *Sozialversicherungsbeiträge* Rn 36 ff) kann die Beitragseinzugsstelle nicht erkennen, für welchen ArbN Beiträge in welcher Höhe und in welchem Zeitraum entrichtet wurden. Sie kann auch nicht erkennen, ob die Beiträge zutreffend und vollständig berechnet sind. Um zu gewährleisten, dass die GesamtSozVBeiträge dennoch vollständig und richtig berechnet und abgeführt werden, finden regelmäßige Außenprüfungen statt (s *Außenprüfung*). Dabei werden die Lohnunterlagen des ArbGeb überprüft, aus denen sich dann für jeden einzelnen ArbN die Einzeltatsachen der Versicherungs- und Beitragspflicht in den einzelnen Beschäftigungszeiträumen ergeben (→ *Lohnkonto* Rn 13–16; → *Aufzeichnungspflichten* Rn 9 ff).

21 **b) Betragsabrechnung.** Nach § 8 BeitragsverfahrensVO (BVV) hat der ArbGeb alle Beschäftigten mit den nachfolgend unter → Rn 22 skizzierten Daten für jeden Abrechnungszeitraum listenmäßig und nach Einzugsstellen getrennt zu erfassen. Diese in § 8 BVV als Betragsabrechnung bezeichneten Listen sollen eine Überprüfung der Lohn- und Gehaltsliste auf Vollständigkeit sowie der Eintragung im Beitragsnachweis ermöglichen.

22 **2. Mindestangaben in den Lohnlisten.** Entsprechend der Sortierfolge der Lohnunterlagen (→ *Lohnkonto* Rn 14 ff) sind gem § 8 BVV in die Lohnlisten nach Einzugsstellen getrennt folgende Angaben aufzunehmen: Familien- und Vornamen; beitragspflichtiges Arbeitsentgelt bis zur Beitragsbemessungsgrenze in der RV; Beitragsgruppenschlüssel; SozVTage; GesamtSozVBeitrag, getrennt nach Beitragsgruppen; gezahltes Kurzarbeiter- oder Winterausfallgeld und die hierauf entfallenden beitragspflichtigen Einnahmen und Beiträge zur KV, PflegeV und RV. Die Beiträge sind nach Beitragsgruppen getrennt zu summieren, um den **Abgleich mit dem Beitragsnachweis für den entsprechenden**

**Lohn- und Gehaltsabrechnungszeitraum** zu ermöglichen. Anschließend ist die Gesamtsumme der Beiträge zu bilden. Berichtigungen und Stornierungen sind besonders kenntlich zu machen.

**3. Allgemeine Anforderungen an die Entgeltunterlagen.** Die Entgeltunterlagen sind gem § 10 BVV so zu führen, dass sie einem sachverständigen Dritten innerhalb angemessener Zeit einen Überblick über die Lohn- und Gehaltsabrechnung des ArbGeb vermitteln können. Die Angaben sind vollständig, richtig, in zeitlicher Folge und geordnet vorzunehmen. Zu besonderen Anforderungen an das Lohnkonto von Beschäftigten im Baugewerbe, in der Paketbranche und in der Fleischwirtschaft vgl § 28 f Abs 1a SGB IV (→ *Lohnkonto* Rn 19). 23

# Lohnsteuerabführung

## A. Arbeitsrecht *Griese*

Der ArbGeb ist verpflichtet, die abzuführende LSt richtig zu berechnen und abzuführen. Er kann sich dabei auf eine vom FA erteilte (Anrufungs-)Auskunft verlassen (BAG 11.10.89 – 5 AZR 585/88, NZA 90, 309). **Schuldhafte, auch leicht fahrlässige Pflichtverstöße führen zum Schadensersatzanspruch des ArbN gem § 280 BGB, mit denen dieser zB gegen spätere Nachforderungsansprüche des ArbGeb aufrechnen kann** (BAG 16.6.04 – 5 AZR 521/03, NZA 04, 1274). 1

Mit der Abführung von LSt erfüllt der ArbGeb gegenüber dem ArbN seine Vergütungspflicht, denn materiell ist der ArbN Schuldner der LSt. Die Abführung begründet gegenüber dem ArbN einen besonderen Erfüllungseinwand, auf den sich der ArbGeb aber nur für den abzurechnenden Kalendermonat und ggf. als Korrektur für den Vormonat berufen kann, nicht jedoch für Nachberechnungen für weiter zurückliegende Zeiträume (BAG 21.12.2016 – 5 AZR 266/16, NZA 17, 531).

Zu den arbeitsrechtlichen Aspekten iE → *Bruttolohnvereinbarung* Rn 4 ff u → *Nettolohnvereinbarung* Rn 6 ff.

## B. Lohnsteuerrecht *Seidel*

**1. Allgemeines.** Der ArbGeb hat **spätestens** am 10. Tag nach Ablauf eines jeden LStAnmeldungszeitraums die Summe der einzubehaltenden und zu übernehmenden LSt dem BetriebsstättenFA anzumelden (§ 41a Abs 1 Nr 1 EStG; → *Lohnsteueranmeldung* Rn 2 ff) und die im LStAnmeldungszeitraum insgesamt einbehaltene und übernommene LSt an das BetriebsstättenFA abzuführen (§ 41a Abs 1 Nr 2 EStG). Dies gilt **auch** für die KiSt und den SolZ (§ 51a Abs 1 EStG; → *Lohnsteueranmeldung* Rn 4). Der ArbN kann den zur arbeitsrechtlichen Fürsorgepflicht des ArbGeb (→ *Fürsorgepflicht* Rn 14) gehörenden **Anspruch gegen den Arbeitgeber** auf Abführung der einbehaltenen LSt nur vor dem ArbGeb verfolgen. Der **Rechtsweg** zu den FG ist mangels eines abgabenrechtlichen Anspruchs des ArbN gegen den ArbGeb auf LStAbführung nicht eröffnet (BFH 29.6.93, BStBl II 93, 760 und 26.8.08 – VI B 68/08, BFH/NV 08, 2036). Zum Streit zwischen ArbGeb und ArbN über die Berechtigung und Höhe der LStEinbehaltung → *Lohnabzugsverfahren* Rn 25 sowie → *Lohnsteuerbescheinigung* Rn 29. 2

**2. Fälligkeit.** Der Fälligkeitszeitpunkt der abzuführenden LSt ergibt sich aus § 41a Abs 1 EStG. Bei nicht rechtzeitiger Abführung der LSt sind **Säumniszuschläge** verwirkt (→ *Säumniszuschlag* Rn 2–13, auch zum Zeitpunkt der Zahlung). Allerdings tritt die Säumnis nicht ein, bevor die LSt angemeldet worden ist (§ 240 Abs 1 Satz 3 AO). Zu diesem Zeitpunkt beginnt auch die dreitägige Schonfrist für die Zahlung zu laufen (§ 240 Abs 3 AO). Setzt das FA die LSt abweichend von der Anmeldung oder generell wegen Nichtabgabe der LStAnmeldung fest, wird im Allgemeinen eine Zahlungsfrist von einer Woche gewährt (*HMW*/Abführung der LSt Rz 2). Für durch Haftungsbescheid (→ *Lohnsteuerhaftung* Rn 48–62) oder Nachforderungs- bzw Pauschalierungsbescheid (→ *Lohnsteuernachforderung* Rn 15) angeforderte Steuerbeträge ist eine Zahlungsfrist von einem Monat zu setzen (LStR 42d.1 Abs 7). Von der Fälligkeit zu unterscheiden ist der Zeitpunkt der **Entstehung** 3 der LSt (→ *Lohnzufluss* Rn 2 für die einzubehaltende LSt und → *Lohnsteuerpauschalierung* Rn 7 für die zu übernehmende LSt).

4 **3. Abführung.** IdR wird der **Arbeitgeber** den angemeldeten LStBetrag abführen. Nachdem aber die ein**zu**behaltende LSt und die **zu** übernehmende LSt anzumelden, jedoch die einbehaltene und übernommene LSt abzuführen ist (§ 41a Abs 1 Nr 1 und 2 EStG), kann das FA eine fehlerhafte LStAnmeldung auf den richtigen Betrag der einzubehaltenden und zu übernehmenden LSt festsetzen (→ *Lohnsteueranmeldung* Rn 7). Der ArbGeb hat die tatsächlich einbehaltene und übernommene LSt abzuführen, unabhängig davon, ob sie zutreffend ist oder nicht (*HMW*/Abführung der Lohnsteuer Rz 5). Obwohl der ArbGeb die LSt für Rechnung des ArbN von dessen Arbeitslohn einzubehalten hat (→ *Lohnabzugsverfahren* Rn 19) und die Abführung auf einer eigenständigen Verpflichtung des ArbGeb beruht, wird er gleichwohl **nicht** zum **Steuerschuldner** der LSt, es sei denn er besteuert Arbeitslohn pauschal und übernimmt die LSt (→ *Lohnsteuerpauschalierung* Rn 5).

5 Diese einheitlich abzuführende (einbehaltene und übernommene) LSt wird als **Entrichtungs(steuer)schuld** oder **Anmeldungssteuerschuld** bezeichnet (*Schmidt/Krüger* § 41a Rz 6; *HMW*/Lohnsteueranmeldung Rz 27 ff; → *Lohnsteueranmeldung* Rn 9). Führt der ArbGeb mehr LSt ab, als das FA festgesetzt hat, ist er auch insoweit erstattungsberechtigt, als es sich um eine Steuerschuld des ArbN gehandelt hat; denn diese ist bereits erloschen, soweit vom ArbGeb die LSt einbehalten wird (s aber FG Hbg 15.6.11 – 3 K 135/10, EFG 11, 1790 zur Anrechnung aufgrund fehlenden Zuflusses zu Unrecht abgeführter LSt beim ArbN; die Rev wurde mangels ausreichender Begründung als unzulässig verworfen, BFH 20.9.12 – VII R 42/11, BFH/NV 13, 942). Deshalb darf der ArbGeb den an das FA abzuführenden Betrag nicht erneut vom Arbeitslohn einbehalten, wenn er zB wegen Verlusts des einbehaltenen Geldes die LSt mehrfach entrichten muss.

6 Auch darf bei **Insolvenz** des ArbGeb das FA die einbehaltene LSt nicht nochmals vom ArbN verlangen (*HMW*/Abführung der Lohnsteuer Rz 5; → Rn 8 für Auswirkungen bei der ESt-Veranlagung des ArbN). Die Zahlung der an das FA abzuführenden Abgaben, die auf die an die ArbN ausgezahlten Löhne entfallen, führt nicht zu einer Gläubigerbenachteiligung (BFH 21.12.98 – VII B 175/98, BFH/NV 99, 745; aA BGH 22.1.04 – IX ZR 39/03, NJW 04, 1444; → *Lohnsteuerhaftung* Rn 34).

Die oberste FinBeh eines Landes kann bestimmen, dass die LSt nicht dem BetriebsstättenFA, sondern einer anderen öffentlichen Kasse anzumelden und an diese abzuführen ist (§ 41a Abs 3 Satz 1 EStG).

7 **4. Seeschifffahrt.** Nach § 41a Abs 4 EStG dürfen ArbGeb (BFH 13.7.11 – VI R 84/10, DStR 11, 1945: der zum LStEinbehalt Verpflichtete ist regelmäßig der Vertragspartner des ArbN aus dem Dienstvertrag), die eigene oder gecharterte Handelsschiffe betreiben, dürfen die gesamte anzumeldende und abzuführende, auf den an die Besatzungsmitglieder für die Beschäftigungszeiten auf diese Schiffen gezahlten Arbeitslohn entfallende LSt abziehen und einbehalten, sofern die Handelsschiffe in einem inländischen Seeschiffsregister eingetragen sind, die deutsche Flagge führen und zur Beförderung von Personen oder Gütern im Verkehr mit oder zwischen ausländischen Häfen, innerhalb eines ausländischen Hafens oder zwischen einem ausländischen Hafen und der Hohen See betrieben werden. Dies gilt auch für Seeschiffe, die im Wirtschaftsjahr überwiegend außerhalb der deutschen Hoheitsgewässer zum Schleppen, Bergen oder zur Aufsuchung von Bodenschätzen oder zur Vermessung von Energielagerstätten unter dem Meeresboden eingesetzt werden. Soweit die LSt nach der Steuerklasse V oder VI (→ *Lohnsteuerklassen* Rn 10, 11) zu ermitteln ist, bemisst sich der Abzugsbetrag nach der LSt der Steuerklasse I. Zur Kritik an dieser Vorschrift s *Schmidt/Krüger* § 41a Rz 9.

8 **5. Unregelmäßigkeiten.** S zunächst → *Lohnsteueranmeldung* Rn 6, 7 und wegen verspäteter Zahlung → Rn 3. Erscheint dem FA die Abführung der LSt nicht gesichert, kann es anordnen, dass die LSt abweichend vom normalen LStAnmeldungszeitraum (→ *Lohnsteueranmeldung* Rn 5) anzumelden und abzuführen ist (§ 41a Abs 3 EStG). Bei Nichtabführung angemeldeter oder festgesetzter LSt wird gegen den ArbGeb das Vollstreckungsverfahren eingeleitet. Er haftet für einbehaltene, aber nicht angemeldete LSt. Der ArbN kann bei positiver Kenntnis von der Nichtanmeldung der einbehaltenen LStBeträge seine Inanspruchnahme im Wege der Haftung vermeiden, indem er dies dem FA mitteilt (§ 42d

Abs 3 Nr 2 EStG; FG München 30.6.92, EFG 92, 756 sowie → *Anzeigepflichten Arbeitnehmer* Rn 15 und → *Lohnsteuerhaftung* Rn 19, 20). Vom ArbGeb in der Steuerbescheinigung **ausgewiesene aber nicht abgeführte,** beim ArbN jedoch im Rahmen der ESt-Veranlagung erfasste **LSt-Abzugsbeträge** dürfen bei der ESt-Veranlagung nicht angerechnet werden, soweit die entsprechenden Einkünfte nicht ebenfalls erfasst wurden, da ansonsten dem Stpfl ein nicht mit der ESt-Veranlagung korrespondierender Vorteil zukäme. Zweck der Anrechnung ist jedoch die Verhinderung einer doppelten Besteuerung durch LSt und ESt (BFH 12.11.13 – VII R 28/12, BFH/NV 14, 339).

Schon bei nicht rechtzeitiger Anmeldung und Abführung einbehaltener LSt kann LStHinterziehung (§ 370 Abs 1 und 4 AO), bei nicht rechtzeitiger Abführung allein jedoch nur Steuergefährdung (§ 380 AO), eine **Ordnungswidrigkeit,** vorliegen. Die Strafbarkeit der Steuerhinterziehung kann durch eine rechtzeitige Selbstanzeige, etwa durch nachträgliche Abgabe der Anmeldung und Zahlung dieser Beträge, vermieden werden (§ 371 AO). 9

### C. Sozialversicherungsrecht *Ruppelt*

Die LStAbführung betrifft nur das Verhältnis zwischen ArbGeb und FA und hat für das SozVRecht keine Bedeutung. 10

## Lohnsteuerabzugsmerkmale

### A. Arbeitsrecht *Poeche*

**1. Allgemeines.** Die bis 2010 auf der vorderen Seite der LStKarte angegebenen Merkmale (Familienstand, Steuerklasse, Kinder, Freibeträge, Religionszugehörigkeit) werden von der Finanzverwaltung in einer Datenbank erfasst und seit dem 1.1.13 dem ArbGeb ausschließlich zum elektronischen Abruf bereitgestellt (ELStAM). Arbeitsrechtlich ist die Umstellung des Verfahrens ohne weitere Bedeutung. Der ArbGeb bleibt öffentlich-rechtlich grds verpflichtet, anhand der mitgeteilten ArbNMerkmale das Lohnabzugsverfahren durchzuführen (zum Rechtscharakter BAG 30.4.08 – 5 AZR 725/07, NZA 08, 884). Zur ausnahmsweise arbeitsrechtlich zulässigen Nichtberücksichtigung → *Lohnsteuerklasse* Rn 3 sowie zum Rechtsweg bei Streitigkeiten über die Berechtigung des Lohneinbehalts und/oder die inhaltliche Richtigkeit der ArbGebBescheinigung → *Lohnsteuerbescheinigung* Rn 2. 1

**2. Arbeitsrechtliche Relevanz der abgerufenen Lohnsteuerabzugsmerkmale.** Soweit es für die Durchführung des Arbeitsverhältnisses auf die persönlichen Daten des ArbN ankommt, können die vom FA elektronisch übermittelten Daten regelmäßig nicht ungeprüft übernommen werden. Sie vermitteln nicht notwendig ein zuverlässiges Bild über die tatsächliche Situation. Das gilt etwa für den Familienstand und die Zahl der unterhaltsberechtigten Angehörigen bei der Berechnung des **pfändbaren Einkommens** (→ *Pfändung* Rn 20; einschränkend aber LAG Hamm 15.4.15 – 2 Sa 1325/14, BeckRS 2015, 71471, wonach der Drittschuldner regelmäßig von den Eintragungen auf der LStKarte ausgehen darf, wenn er keine konkreten Anhaltspunkte zu Zweifeln an der Richtigkeit der Angaben hat). Nach Auffassung des BAG spricht viel dafür, dass es bei der Bewertung von Unterhaltspflichten im Rahmen der **sozialen Auswahl** (§ 1 Abs 3 KSchG) ebenfalls auf die objektiven Verhältnisse ankommt; gleichwohl soll eine auf die steuerrechtlich dokumentierte Kinderzahl abstellende Auswahl nicht grob fehlerhaft sein (BAG 17.1.08 – 2 AZR 405/06, NZA-RR 08, 571; → *Kündigung, betriebsbedingte* Rn 36; aA LAG RhPf 12.7.06 – 10 Sa 121/06, NZA-RR 07, 247, das eine Erkundigungspflicht des ArbGeb annimmt). Bei der einem Interessenausgleich mit Namensliste nach § 125 InsO zugrunde liegenden Sozialauswahl kann sich die Berücksichtigung von Unterhaltspflichten gegenüber Kindern daher auf diejenigen beschränken, die aus der LStKarte entnommen werden können (BAG 28.6.12 – 6 AZR 682/10, BeckRS 2012, 72740). Bei der Anhörung des BRat zu einer Kündigung nach § 102 BetrVG genügt die Angabe der mittels ELSTAM bekannten Daten (zB Kinderzahl), vorausgesetzt, der ArbGeb legt offen, dass seine Kenntnis auf den Angaben der Finanzverwaltung beruht (BAG 24.11.05 – 2 AZR 514/04, NZA 06, 665). Keine Bedenken hat die Rspr, wenn ein **Sozialplan** Kinder lediglich bei Dokumentation in der LStKarte/ 2

ELStAM berücksichtigt (BAG 12.3.97 – 10 AZR 648/96, NZA 97, 1058 sowie zu ELStAM LAG BaWü 21.2.13 – 11 Sa 130/12, BeckRS 2013, 68155; aA aber LAG Nürnberg 3.11.15 – 7 Sa 655/14, BeckRS 2016, 69245 und LAG Düsseldorf 2.9.15 – 12 Sa 543/15, BeckRS 2015, 72657). Soweit der Sozialplan keine Vorlagefrist enthält, muss der Nachweis nach der modifizierenden Rspr des LAG Hamm spätestens bei Fälligkeit der Sozialplanleistung vorliegen (LAG Hamm 15.3.06 – 18 Sa 124/06, NZA-RR 06, 572).

**B. Lohnsteuerrecht** *Seidel*

8 **1. Allgemeines.** Mit den **E**lektronischen **L**ohn**St**euer**A**bzugs**M**erkmale (§ 39e EStG) wurde die bis dahin verwendete LStKarte endgültig durch ein elektronisches Verfahren ersetzt, nachdem dem FA bereits mit der elektronischen LStBescheinigung (§ 41b EStG; → *Lohnsteuerbescheinigung* Rn 2 ff) seit 2005 die Rückseite der früheren LStKarte elektronisch übermittelt wird (ElsterLohn I). Mit dem Verfahren ElsterLohn II werden die oftmals über Jahre unverändert bleibenden Angaben auf der Vorderseite der einstigen LStKarte (Steuerklasse, Zahl der Kinder, Religionszugehörigkeit sowie etwaige Freibeträge) zum elektronischen Abruf durch den ArbGeb bereitgestellt, mit dem Ziel, die Kommunikation zwischen Bürger, ArbGeb und FA individuell, papierlos und sicher auf elektronischem Weg zu ermöglichen und so das gesamte LStAbzugsverfahren durch Verzicht auf die jährliche Neuausstellung von LStKarten und deren Übermittlung an die ArbN und von diesen an die ArbGeb, die Vermeidung umständlicher Wege bei Änderung der LStAbzugsmerkmale, für die bisher zT die Gemeinden zuständig waren, und den Wegfall der Notwendigkeit der Ausstellung kostenpflichtiger Ersatz-LStKarten bei Verlust zu vereinfachen (s auch Personalbuch 2009). Zentrales Ordnungsmerkmal ist die steuerliche Identifikationsnummer (§ 139b AO), die seit 2008 allen Bürgerinnen und Bürgern zugeteilt wird und lebenslang gilt (→ Rn 26).

9 **2. Regelverfahren. a) Allgemeines.** Wie bisher bei der LStKarte werden die ELStAM nur auf Veranlassung des ArbN gebildet (§ 39 Abs 1 Satz 1 EStG). Dies kann im Hinblick auf ein zukünftiges Dienstverhältnis durch einen konkreten Antrag des ArbN an das FA auf Mitteilung der dann erstmals zu bildenden ELStAM geschehen (Antrag unter www.formulare-bfinv.de/Steuerformulare/Lohnsteuer/Anträge zu den elektronischen LStAbzugsmerkmalen) oder, was regelmäßig der Fall sein wird, durch Mitteilung der Identifikationsnummer (§ 139b AO) und des Geburtsdatums an den ArbGeb (→ Rn 19) zur An- bzw Abfrage der ELStAM und deren Nutzung für Zwecke des LStAbzugs während des Dienstverhältnisses (→ Rn 21). Nimmt der ArbGeb nicht am elektronischen Verfahren teil, ist ausnahmsweise ein Ersatzverfahren in Papierform vorgesehen (→ Rn 24). Bei **mehreren Dienstverhältnissen** hat die Bildung von ELStAM für jedes Dienstverhältnis zu erfolgen (§ 39e Abs 3 Satz 2 EStG; § 39e Abs 4 Nr 2 EStG, Rz 19 und 21 und → *Mehrfachbeschäftigung* Rn 8 ff). Dies gilt auch, wenn ein Pensionär mit Versorgungsbezügen iSd § 19 Abs 1 Nr 2 EStG noch in einem Dienstverhältnis zu einem anderen ArbGeb steht. Im Falle einer Teilzeitbeschäftigung kann die Bildung von ELStAM bei Pauschalierung der LSt mE unterbleiben (→ *Teilzeitbeschäftigung* Rn 115). Seit dem 1.11.12 ist der LStAbzug grundsätzlich nach den ELStAM durchzuführen (Regelverfahren). Die Regelungen gelten im Hinblick auf § 2 Abs 8 EStG einheitlich **für Ehegatten und Lebenspartner**. Zur Durchführung iE vgl BMF 8.11.18, BStBl I 18, 1137).

10 **b) Lohnsteuerabzugsmerkmale** sind (BMF 8.11.18, BStBl I 18, 1137 Rz 5)

– die **Steuerklasse** (§ 38b Abs 1 EStG) und der **Faktor** (§ 39 f EStG; → *Lohnsteuerklassen* Rn 10 ff, 16), § 39 Abs 4 Nr 1 EStG,

– die Zahl der **Kinderfreibeträge** bei den Steuerklassen I bis IV (§ 38b Abs 2 EStG, und BMF 8.11.18, BStBl I 18, 1137 Rz 27 ff; → *Lohnsteuerklassen* Rn 12–15), § 39 Abs 4 Nr 2 EStG. Die bisherigen Regelungen des § 39 Abs 3 Satz 1 Nr 2, Abs 3a Sätze 2 und 3 sowie Abs 3b Satz 3 EStG wurden in den § 38b Abs 2 und 3 EStG überführt. Eine **automatische Bildung** des Merkmals erfolgt nur für unbeschränkt einkommensteuerpflichtige leibliche oder Adoptivkinder (§ 1 Abs 1 EStG, für Auslandskinder → Rn 15) des ArbN, die das 18. Lebensjahr noch nicht vollendet haben (§ 32 Abs 1 Nr 1 und Abs 3 EStG). **Kinder ab 18 Jahren** und **Pflegekinder** werden nur auf **Antrag** des ArbN berücksichtigt (Antrag unter www.formulare-bfinv.de/Steuerformulare/Lohnsteuer/Antrag auf LStErmäßigung). Die Freibeträge haben nur Auswirkungen auf den SolZ und die Kirchensteuer (→ *Lohnsteuerermäßigung* Rn 9). Gleiches dürfte für nicht in der Wohnung des ArbN gemeldete Kinder gelten (bisherige Regelung in LStR 39.2 Abs 6), da der Meldebehörde diesbezüglich keine Daten vorliegen und eine Meldung daher wohl nicht erfolgt (→ Rn 17). Ein Antrag ist auch im Falle der Übertragung des Freibetrags nach § 32 Abs 6 Sätze 6 und 7 EStG erforderlich. Die Freibeträge können allerdings für **mehrere Jahre** gelten, wenn nach den tatsächlichen Verhältnissen zu erwarten ist, dass die Voraussetzungen bestehen bleiben. Für jedes zu berücksichtigende Kind ist der Zähler 0,5 zu bescheinigen. Der Zähler 1 gilt dann, wenn das Kind bei verheirateten ArbN in Steuerklasse III oder IV zu beiden Ehegatten in einem steuerlichen Kindschaftsverhältnis steht (die Kinder des Ehegatten sind zu berücksichtigen), der andere Elternteil vor Beginn des Kj verstorben ist oder der ArbN bzw sein nicht dauernd getrennt lebender Ehegatte das Kind allein angenommen hat (→ *Kinderfreibetrag* Rn 7 ff),

- der **Frei- bzw Hinzurechnungsbetrag** nach § 39a EStG (§ 39 Abs 4 Nr 3 EStG; → Rn 13 aE und 15 sowie → *Lohnsteuerermäßigung* Rn 3 ff, 10), 11
- auf Antrag des Stpfl die Höhe der **Beiträge** für eine private **Kranken- und Pflegepflichtversicherung,** für die Dauer von zwölf Monaten über die Jahresgrenze hinweg (§ 39 Abs 4 Nr 4 EStG; → *Lohnsteuertabellen* Rn 13 ff), 12
- die Mitteilung über die **Steuerfreistellung des Arbeitslohns nach** einem **DBA** auf Antrag des ArbN oder des ArbGeb (§ 39 Abs 4 Nr 5 EStG, → Rn 13, 15)
- die für den Kirchensteuerabzug erforderlichen Merkmale (§ 39e Abs 3 Satz 1 EStG).

Damit ein für die Zeiträume vor dem 1.1.13 gebildeter Faktor oder Freibetrag nach der Umstellung berücksichtigt werden kann, muss dieser beim FA **neu beantragt** werden (BMF 25.7.13, BStBl I 13, 943 Tz V 1; → *Lohnsteuerermäßigung* Rn 5). Entsprechendes gilt für die Steuerklasse II bei volljährigen Kindern.

Der Abruf der Merkmale nach § 39 Abs 4 Nrn 4 und 5 EStG wird frühestens **ab 2019** zur Verfügung stehen. Der genaue Zeitpunkt wird durch BMF-Schreiben mitgeteilt (§ 52 Abs 50g, 51b EStG idF 2012). Bis dahin verbleibt es im Rahmen der Vorsorgepauschale bei der Mitteilung an den ArbGeb durch entsprechende Beitragsrechnungen (BMF 8.11.18, BStBl I 18, 1137 Rz 6; → *Lohnsteuertabellen* Rn 14 f). Für die Mitteilung zur Freistellung des Arbeitslohns nach DBA ist bis dahin das Betriebsstätten-FA zuständig (§ 39b Abs 6 EStG iVm § 52 Abs 51b EStG). Entsprechendes gilt für die Möglichkeit, einen **Frei- bzw Hinzurechnungsbetrag für die Dauer von zwei Kj** zu bilden und die evtl bestehende Mitteilungspflicht des ArbN (§§ 39a Abs 1 Sätze 3–5; 52 Abs 50h EStG; BMF 8.11.18, BStBl I 18, 1137 Rz 133 und → Rn 19). Den Antrag auf Bildung eines Freibetrags nach § 39a EStG für einen Zeitraum von längstens zwei Jahren können ArbN erstmals seit dem **Kj 2016** stellen (s Startschreiben des BMF gem § 52 Abs 50h EStG vom 21.5.15, BStBl I 15, 488). 13

**c) Zuständigkeit.** Das **BZSt** bildet die ELStAM nach § 39 Abs 4 Nrn 1 und 2 EStG (→ Rn 9 f) automatisiert und speichert sie unter Angabe der **Identifikationsnummer** bzw dem vorläufigen Bearbeitungsmerkmal (§ 139b Abs 6 Satz 2 AO). Zu den nach §§ 139b Abs 3 und 139c AO genannten Daten ([Wirtschafts]-Identifikationsnummer, Vorname und Familienname, frühere sowie Ordens- und Künstlernamen, Titel, Tag und Ort der Geburt, Geschlecht, aktuelle bzw letzte bekannte Anschrift, zuständige FinBeh, Übermittlungssperren nach dem MelderechtsrahmenG bzw den MeldeG der Länder, Sterbetag) werden noch folgende Daten gespeichert: 14

- die rechtliche Zugehörigkeit zu einer steuererhebenden **Religionsgemeinschaft** sowie das Datum des Ein- bzw Austritts (§ 39e Abs 2 Satz 1 Nr 1 EStG),
- der melderechtlichen **Familienstand** sowie der Tag der Begründung bzw Auflösung des Familienstands, bei Verheirateten die Identifikationsnummer des Ehegatten (§ 39e Abs 2 Satz 1 Nr 2 EStG),
- **Kinder** mit Identifikationsnummer (§ 39e Abs 2 Satz 1 Nr 3 EStG).

Die **Speicherung** der Daten nach § 39e Abs 2 Satz 1 EStG erfolgt auf der Grundlage der für die FinVerw **bindenden Mitteilung** (§ 39 Abs 1 Satz 3 EStG) durch die Meldebehörden, hinsichtlich der Kinder jedoch nur, wenn das Kind mit Hauptwohnsitz bzw alleinigem Wohnsitz im Zuständigkeitsbereich der Meldebehörde gemeldet ist und das 18. Lebensjahr noch nicht vollendet hat (§ 39e Abs 2 Sätze 2 und 3 EStG). Die Speicherung der Daten ist **verfassungsgemäß** (BFH 18.1.12 – II R 49/10, BStBl II 12, 168; BMF 22.7.13). Änderungen sollen tagesaktuell mitgeteilt und in der Datenbank des BZSt gespeichert werden, so zB bei **Änderung des Familienstands** durch Eheschließung im Kj. Nach Mitteilung des neuen Familienstands und des Datums der Eheschließung ändert die FinVerw die Steuerklasse der Verheirateten programmgesteuert. Sind die Stpfl zum Zeitpunkt der Eheschließung in unterschiedlichen Gemeinden mit ihrem Wohnsitz gemeldet, erfolgt dies erst nach Speicherung des Familienstandes „verheiratet" in der Datenbank des BZSt für beide Ehegatten. Dabei ist für den ArbN die Steuerklasse III zu bilden, wenn der Ehegatte keinen Arbeitslohn bezieht, ansonsten für beide Ehegatten die Steuerklasse IV (§ 39e Abs 3 EStG).

15 Das Wohnsitz-**Finanzamt** – bzw das Betriebsstätten-FA in den Fällen der Mitteilung des nach DBA steuerfreien Arbeitslohns (→ Rn 12), für nach § 1 Abs 2 EStG unbeschränkt EStpfl, nach § 1 Abs 3 EStG als unbeschränkt EStpfl zu Behandelnde sowie beschränkt EStpfl – ist für die **antragsgebundene Bildung** sowie die **Änderung** von ELStAM zuständig (§ 39 Abs 2 EStG) und bestimmt deren Geltungsdauer (§ 39 Abs 1 Satz 2 EStG). Ebenso stellt es diese Bescheinigung für den Fall unzutreffender ELStAM aus und sperrt den ArbGeb-Abruf für den in der Bescheinigung angegebenen Zeitraum **(Vollsperrung)**, was dazu führt, dass der ArbGeb bis zur Korrektur der fehlerhaften Daten keine Änderungslisten mehr erhält. Legt der ArbN die Bescheinigung vor, sind die darauf angegebenen ELStAM zu berücksichtigen und in das Lohnkonto zu übernehmen. Es kommt dann nicht die Steuerklasse VI (§ 39e ABs 6 Satz 8 EStG) zur Anwendung (BMF 8.11.18, BStBl I 18, 1137 Rz 12, 35 sowie → Rn 18, 20).

Dies betrifft:

- die nur für die Dauer eines Kj geltende (§ 39a Abs 1 Satz 2 EStG; → *Lohnsteuerermäßigung* Rn 12) Feststellung eines Frei- bzw Hinzurechnungsbetrags nach § 39a Abs 1 EStG, wie zB den ArbN-Pauschbetrag (§ 9a EStG) übersteigende Werbungskosten, Freibeträge für **Kinder über 18 Jahre** und Kinder mit **Wohnsitz im Ausland,** die nicht nach § 39e Abs 1 Satz 1 EStG automatisiert zu bilden sind. Die **Antragsfrist** für eine Änderung im laufenden Kj bis 30.11. ist zu beachten (§ 39a Abs 2 Sätze 2 und 3 EStG; → *Lohnsteuerermäßigung* Rn 3 f, auch zur Verteilung der Freibeträge; Antrag unter www.formulare-bfinv.de/Steuerformulare/Lohnsteuer/ → 5/10 (vereinfachter) Antrag auf LStErmäßigung; → Rn 12 f und BMF 8.11.18, BStBl I 18, 1137 Rz 134),
- die **Pauschbeträge für Behinderte und Hinterbliebene** (§ 33b EStG), dessen Geltung jedoch **nicht auf** die Dauer eines **Kj beschränkt** ist (§ 39a Abs 1 Satz 2 EStG),
- die Anwendung einer **ungünstigeren Steuerklasse,** etwa weil der ArbN dem ArbGeb zB eine Eheschließung nicht mitteilen möchte, oder einer **geringeren Anzahl von Kinderfreibeträgen** (§ 38b Abs 3 EStG) in Abweichung zu den automatisiert gebildeten ELStAM. Änderungen der Meldedaten, die zu einer günstigeren Steuerklasse (→ *Lohnsteuerklassen* Rn 10 ff) führen würden, werden dann nicht berücksichtigt. Beantragt der Stpfl die Einreihung in Steuerklasse I, geht dies mit einem Wechsel der Steuerklassenkombination von III/V zu IV/IV einher, sodass der andere Ehegatte in Steuerklasse IV eingereiht wird (Antrag unter www.formulare-bfinv.de/Steuerformulare/Lohnsteuer/ → 25 Anträge zu den ELStAM; BMF 8.11.18, BStBl I 18, 1137 Rz 87–88 und → Rn 17).

Trotz der grds Bindung des FA an die übermittelten Daten der Meldebehörden kann es in begründeten Einzelfällen bei voraussichtlicher Fehlerhaftigkeit der Meldedaten eine Prüfung durch die Meldebehörden anstoßen und ggf von den automatisiert gespeicherten Daten abweichende ELStAM bilden, um eine materielle Falschbesteuerung aufgrund fehlender oder unzutreffender Datenübermittlung zu verhindern. Die vom FA nachzuweisende Fehlerhaftigkeit kann sich etwa aus einem substantiierten Vortrag des ArbN ergeben (§ 39 Abs 1 Satz 3 EStG, BT-Drs 17/6263 S 49 f).

16 **d) Bekanntgabe.** Die Bildung und Änderung der ELStAM sind dem ArbGeb und dem ArbN nach § 119 und § 39e Abs 6 EStG bekannt zu geben (§ 39 Abs 1 Sätze 5 und 6 EStG). Einer Rechtsbehelfsbelehrung bedarf es jedoch nicht, es sei denn, einem Antrag des ArbN auf Bildung bzw Änderung der ELStAM (→ Rn 9, 17) wird nicht (in vollem) Umfang entsprochen oder der ArbN hat die Erteilung eines Bescheids beantragt (§ 39 Abs 1 Satz 7 und 8 EStG). Die ELStAM gelten dem ArbN gegenüber mit Aushändigung/elektro-

nischer Bereitstellung der üblichen Lohnabrechnung mit den darin ausgewiesenen ELStAM (s § 39e Abs 6 Satz 2 EStG) durch den ArbGeb oder nach beantragter (Antrag unter www.formulare-bfinv.de/Steuerformulare/Lohnsteuer/ → 25 Anträge zu den ELStAM) Mitteilung/elektronischer Bereitstellung durch das FA als bekannt gegeben (§ 39e Abs 6 Sätze 3 und 4 EStG; BMF 8.11.18, BStBl I 18, 1137 Rz 118 ff). Zu den Rechtsbehelfen → Rn 25.

**3. Arbeitnehmer.** Die **Antragsrechte** des ArbN bei der Bildung/Änderung der ELStAM aus → Rn 15 werden ergänzt durch § 39 Abs 6 Satz 1 EStG für den Fall der Änderung der Steuerklasse oder der Zahl der Kinderfreibeträge zu seinen Gunsten. Aufgrund der automatischen Mitteilungen der Meldebehörden bei geändertem Familienstand (→ Rn 14) werden diese Merkmale idR automatisch geändert. Ein gesonderter Antrag ist daher nicht erforderlich. Wird ein Antrag gestellt, gilt die Änderung mit Wirkung vom ersten Tag des Monats, in dem die Voraussetzungen für die Änderung erstmals vorlagen. Ehegatten, die beide ArbN sind, können – unabhängig vom Fall der Eheschließung im Kj (§ 39e Abs 3 Satz 3 EStG) oder dem Antrag auf ungünstigere ELStAM (§ 38b Abs 3 EStG und BMF 8.11.18, BStBl I 18, 1137 Tz III 6, Rz 79–88) – die Änderung der Steuerklasse ab dem 1.1.20 auch mehrfach im Kj beantragt werden. Die Änderung ist vom FA in diesem Fall mit Wirkung vom Beginn des auf die Antragstellung folgenden Kalendermonats vorzunehmen (§ 39 Abs 6 Sätze 2–5 EStG). In jedem Fall ist für eine Änderung nach § 39 Abs 6 EStG im laufenden Kj die **Antragsfrist bis 30.11.** zu beachten (§ 39 Abs 6 Satz 6 EStG). 17

Aufgrund der automatisierten Mitteilungen der Meldebehörden (§ 39e Abs 2 Satz 2 EStG) erfordert grundsätzlich auch eine Änderung dieser Merkmale zu Ungunsten des ArbN keinen Antrag des ArbN. Aus diesem Grund ist § 153 Abs 2 AO grds nicht anzuwenden (§ 39 Abs 1 Satz 9, Abs 5 Satz 3 EStG). Anders ist es hingegen bei Entfallen der Voraussetzungen der Steuerklasse II (Berücksichtigung des Entlastungsbetrags für Alleinerziehende nach § 24b EStG; → *Lohnsteuerklassen* Rn 7). Hier besteht eine **Antragspflicht** nach § 39 Abs 5 Sätze 1 und 2 EStG (BMF 8.11.18, BStBl I 18, 1137 Tz III 5, Rz 72–78). Kommt der ArbN seiner Verpflichtung nicht nach, ändert das FA vAw. Auch den **Wechsel** von der unbeschränkten **zur beschränkten Einkommensteuerpflicht** hat der ArbN dem FA unverzüglich (§ 121 Abs 1 Satz 1 BGB: ohne schuldhaftes Zögern) mitzuteilen. Das Wohnsitz-FA veranlasst dann eine Sperruf des ELStAM-Abrufs ab dem Eintritt der beschränkten Stpfl. Auf Antrag wird beim Betriebsstätten-FA eine Bescheinigung für den LSt-Abzug ausgestellt und der ArbN in die StKl I eingereiht BMF 8.11.18, BStBl I 18, 1137 Rz 77). Die dem ArbN bekannt zu gebende Änderung erfolgt vom Zeitpunkt des Eintritts der beschränkten ESt-Pflicht (§ 39 Abs 7 EStG). Sie gilt, bis dem ArbN eine Identifikationsnummer zugeteilt wird und der ArbG durch Authentifizierung den Abruf vornehmen kann (BMF 7.11.19, BStBl I 19, 1087; → Rn 20). Gleiches gilt wenn dem ArbN im Rahmen der erstmaligen Bildung der ELStAM bekannt wird, dass die gebildeten ELStAM zu seinen Gunsten von den tatsächlichen Verhältnissen abweichen (§ 39e Abs 6 Satz 5 EStG und → Rn 15). Unterbleiben die Mitteilungen bzw Änderungen fordert das FA zu wenig erhobene LSt vom ArbN nach, sofern diese 10 € übersteigt (§ 39 Abs 5 Satz 5 und Abs 7 Satz 3 EStG). 18

Jedem seiner **Arbeitgeber** hat der ArbN bei Eintritt in das Dienstverhältnis zum Zweck des Abrufs der ELStAM seine Identifikationsnummer und den Tag der Geburt **mitzuteilen** sowie, ob es sich um das erste oder ein weiteres Dienstverhältnis handelt und ob und in welcher Höhe ein nach § 39a Abs 1 Satz 1 Nr 7 EStG festgestellter Freibetrag abgerufen werden soll (§ 39e Abs 4 Satz 1 Nrn 1–3 EStG, → Rn 8, 20 und BMF 8.11.18, BStBl I 18, 1137 Tz III 4 und 5 Rz 68–73). Geschieht dies nicht, erfolgt der Einbehalt der LSt ohne ELStAM (§ 39c EStG; → *Lohnsteuerberechnung* Rn 15). 19

Gegenüber dem **Finanzamt** hat er seit dem **Kj 2016** (→ Rn 13 aE) eine Anzeigepflicht für den Fall, dass sich die Verhältnisse zu seinen Ungunsten ändern (§ 39a Abs 1 Satz 5 EStG und BMF 8.11.18, BStBl I 18, 1137 Rz 74 ff).

**4. Arbeitgeber.** Er hat bei Beginn des Dienstverhältnisses die **ELStAM** für den ArbN beim BZSt **elektronisch abzurufen** und sie **ins Lohnkonto des ArbN zu übernehmen** (§ 41 Abs 1 Satz 2 EStG; → Rn 15 und → *Lohnkonto* Rn 3 ff). Dies gilt ab 1.1.20 auch für 20 beschränkt stpfl ArbN nach § 1 Abs 4 EStG. Sie oder der ArbGeb haben dafür eine Identifikationsnummer (→ Rn 14) zu beantragen (§ 39 Abs 3 EStG; s iE BMF 7.11.19, BStBl I 19, 1087). Für den Abruf muss er unter Angabe seiner Wirtschafts-Identifikationsnummer bzw der Steuernummer der Betriebsstätte (→ *Betriebsstätte* Rn 2 ff) oder des Betriebsteils, in dem der für den LStAbzug maßgebliche Arbeitslohn (→ *Lohnabzugsverfahren* Rn 2 ff, → *Lohnsteuerberechnung* Rn 2 ff) ermittelt wird (§ 39e Abs 9 EStG) das für die **Authentifizierung** erforderliche elektronische Zertifikat (empfohlen wird die Auswahl eines **Organisationszertifikats**) einmalig im ElsterOnline-Portal (www.elsteronline.de) beantragen und die Angaben des ArbN nach § 39e Abs 4 Satz 1 (→ Rn 19) mitteilen (§ 39e Abs 4 Satz 3). Dies ermöglicht der FinVerw nachzuverfolgen, wer zu welchem Zeitpunkt als ArbGeb oder Datenübermittler welche Daten aus der Datenbank angefordert hat. Das Zertifikat wird dem Unternehmen zugewiesen. Technisch können bis zu 100 gleichwertige Organisationszertifikate zu einer Steuernummer erzeugt werden. Abruffähig sind nur Personen bzw Unternehmen, für die aufgrund der Erfassung als ArbGeb bei der FinVerw ein sog ArbGebSignal gespeichert ist, mit dem zugleich die Verpflichtung verknüpft ist, ArbGebPflichten zu erfüllen. So ist sichergestellt, dass ein Abruf der ELStAM nur von Personen und Unternehmen erfolgt, die bereits durch Übersendung elektronischer LStAnmeldungen (→ *Lohnsteueranmeldung* Rn 3) und LStBescheinigungen bzw der jeweils entsprechenden Ersatzverfahren (→ Rn 8 und → *Lohnsteuerbescheinigung* Rn 11) bei der FinVerw als ArbGeb auftreten und als solche registriert sind (→ Rn 23). Bei **Beauftragung eines Dritten,** zB eines Steuerberaters, mit der Durchführung des LStAbzugs (→ *Lohnabzugsverfahren* Rn 16 ff) bzw der Lohnabrechnung benötigt dieser nur sein eigenes bestehendes Zertifikat und keine gesonderte Registrierung für den ArbGeb, da er nur als „Datenübermittler" die Aufgaben des ArbGeb wahrnimmt. Legt der ArbN eine Bescheinigung des FA zur Korrektur des LSt-Abzugs zurückliegender Lohnzahlungszeiträume vor, ist eine Änderung des LSt-Abzugs (→ *Lohnsteuerberechnung* Rn 24) nach § 41c Abs 1 Satz 1 Nr 1 EStG möglich.

Die Anmeldung eines ersten Dienstverhältnisses ist nur bei Vorliegen einer entsprechenden Mitteilung des ArbN zulässig. Unterlässt der ArbN auch auf Nachfrage die Mitteilung, ob es sich um ein erstes oder weiteres Dienstverhältnis handelt, kann der ArbGeb nur ein weiteres Dienstverhältnis anmelden. Macht er zum Dienstverhältnis keine Angaben, kann eine Anmeldung im ELStAM-Verfahren nicht erfolgen. Neben dem Beschäftigungsbeginn hat der ArbGeb das **Referenzdatum** anzugeben, ab dem die ELStAM bereitgestellt werden sollen. Das Referenzdatum darf weder in der Zukunft noch vor dem Beschäftigungsbeginn liegen. Meldet sich ein **zweiter oder weiterer ArbGeb fälschlicherweise als Hauptangeber** an, wird der bisherige Hauptarbeitgeber automatisch zum Nebenarbeitgeber und erhält mit der nächsten Änderungsliste die Steuerklasse VI zum Abruf zugeteilt (§ 39e Abs 4 Sätze 2–6 EStG und BMF 8.11.18, BStBl I 18, 1137 Tz III 2, Rz 38–62 und Rz 51–53 zur **Rückerlangung der Hauptarbeitgeberschaft**).

21 Die **Anwendung der abgerufenen ELStAM** hat für die Durchführung des LStAbzugs des ArbN zu erfolgen, bis das BZSt geänderte ELStAM bereitstellt oder der ArbGeb dem BZSt den Tag der **Beendigung des Dienstverhältnisses** mitteilt, was unverzüglich (→ Rn 18) zu geschehen hat (§ 39e Abs 5 Satz 1 Nrn 1 und 2; Abs 4 Satz 5 EStG; BMF 8.11.18, BStBl I 18, 1137 Tz III 2, Tz III 2 Rz 56–62 auch zu Lohnzahlungen nach Beendigung des Dienstverhältnisses mit **Beispielen** sowie Tz III 3, Rz 63–67 zum **Arbeitgeberwechsel, ebenfalls mit Beispielen**). Um die korrekte Anwendung der ELStAM sicherzustellen, verpflichtet § 39e Abs 5 Satz 3 EStG den ArbGeb grds, die vom BZSt bereitgestellten Mitteilungen und ELStAM monatlich abzurufen. Zur Vermeidung von unnötigem Verwaltungsaufwand insbes bei kleineren ArbGeb, bei denen sich die ELStAM der ArbN aller Voraussicht nach nicht monatlich ändern, plant die FinVerw für die ArbGeb einen von diesen über das ElsterOnline-Portal zu beantragenden **Mitteilungsservice** per E-Mail, so dass der jeweilige ArbGeb die neuen bzw geänderten ELStAM nach entsprechendem Hinweis gezielt abrufen kann. Die für ein **weiteres Dienstverhältnis** gültigen ELStAM werden grundsätzlich rückwirkend ab dessen Beginn gebildet (BMF 8.1.18, BStBl I 18, 1137 Rz 70 und → Rn 19).

Bei Zahlung **verschiedenartiger Bezüge** durch denselben ArbGeb handelt es sich um ein einheitliches Dienstverhältnis, sodass die LSt für alle Bezüge nach denselben ELStAM zu

erheben ist. Verschiedenartige Bezüge idS liegen ausschließlich dann vor (abschließende Aufzählung), wenn der ArbN
– neben dem Arbeitslohn für ein aktives Dienstverhältnis auch Versorgungsbezüge erhält,
– neben Versorgungsbezügen aus seinem früheren Dienstverhältnis auch andere Versorgungsbezüge (zB Hinterbliebenenbezüge) bezieht oder
– neben Arbeitslohn während der Elternzeit oder vergleichbaren Unterbrechungszeiten des aktiven Dienstverhältnisses auch Arbeitslohn für ein weiteres befristetes aktives Dienstverhältnis (zB Teilzeitbeschäftigung während der Elternzeit) erhält (BMF 8.11.18, BStBl I 18, 1137 Rz 111–115). Nach § 39e Abs 5a EStG hat der ArbGeb bei Zahlung verschiedenartiger Bezüge neben dem Arbeitslohn bzw Versorgungsbezügen durch ihn selbst oder einen von ihm beauftragten Dritten ein Wahlrecht, statt Anwendung der ELStAM für den Erstbezug, die LSt für den zweiten und jeden weiteren Bezug ohne Abruf weiterer ELStAM nach der Steuerklasse VI einzubehalten. Allerdings ist in diesen Fällen eine Pflichtveranlagung durchzuführen (§ 39e Abs 5a S 3 EStG iVm § 46 Abs 2 Nr 2 EStG).

Für Fragen des **LSt-Jahresausgleichs** s BMF 8.11.18, BStBl I 18, 1137 Rz 132, zur **Korrektur des Lohnsteuerabzugs** 8.11.18, BStBl I 18, 1137 Rz 141, zur Durchführung des LStAbzugs **ohne ELStAM** 8.11.18, BStBl I 18, 1137 Tz III 8, Rz 96–110 und → *Lohnsteuerberechnung* Rn 18 f.

Für die zeitnahe **Information des Arbeitnehmers** über die dem LStAbzug zugrunde 22
gelegten ELStAM hat der ArbGeb diese in der Lohnabrechnung auszuweisen und dem ArbN je nach betrieblicher Übung als Ausdruck oder elektronisch bereitzustellen (§ 39e Abs 5 Satz 2 EStG).

**5. Schutzvorschriften.** Aus Datenschutzgründen besteht für den **Arbeitnehmer** die 23
Möglichkeit, diejenigen ArbGeb zu benennen, die zum Abruf der ELStAM berechtigt **(Positivliste)** bzw nicht berechtigt sein sollen **(Negativliste),** wofür der jeweilige ArbGeb – geschützt durch entsprechende Anwendung des § 39 Abs 8 und 9 EStG (→ Rn 24) – dem ArbN seine Wirtschafts-Identifikationsnummer oder die Ersatzmerkmale (§ 39e Abs 9 EStG; → Rn 20) mitzuteilen hat, oder die Bildung/Bereitstellung der **ELStAM allgemein sperren oder freischalten** zu lassen und die entsprechende Liste bzw Sperrung oder Freischaltung dem FA elektronisch (voraussichtlich im ElsterOnline-Portal) oder (derzeit ausschließlich) mit amtlichem Vordruck zu übermitteln. Er kann beim Wohnsitz-FA (→ Rn 15) zudem einen Antrag auf **Auskunft** über die für ihn gebildeten ELStAM und die durch den ArbGeb in den letzten 24 Monaten erfolgten Abrufe stellen (§ 39e Abs 6 Sätze 4 und 6 Nrn 1 und 2, Satz 7 EStG; Antrag unter www.formulare-bfinv.de/Steuerformulare/Lohnsteuer/Anträge zu den ELStAM). Der ArbN kann seine ELStAM mit Start des neuen Verfahrens nach einer kostenfreien Registrierung mit der Identifikationsnummer (→ Rn 14) auch über www.elsteronline.de/eportal einsehen Dem ArbGeb wird dann im Fall eines versuchten Abrufs der ELStAM des ArbN die Sperrung mitgeteilt und er hat die LSt nach Steuerklasse VI zu ermitteln (§§ 39e Abs 6 Satz 8, 39c EStG, → *Lohnsteuerklassen* Rn 11; → *Lohnsteuerberechnung* Rn 15 und BMF 8.11.18, BStBl I 18, 1137 Tz III 6, Rz 79–88).

Der **Arbeitgeber** bzw der von ihm beauftragte Dritte darf seinerseits die ELStAM nur 24
für die Einbehaltung der LSt und KiSt verwenden und sie ohne Zustimmung des ArbN nur offenbaren, soweit dies gesetzlich zugelassen ist. Ein vorsätzlicher oder leichtfertiger Verstoß kann als Ordnungswidrigkeit mit einer Geldbuße von bis zu 10 000 € geahndet werden (§§ 39 Abs 8 und 9, 39e Abs 4 Satz 7 EStG). Zivilrechtlich können der ArbGeb oder seine Hilfspersonen aus einer Verletzung der Pflichten aus dem Arbeitsvertrag schadensersatzpflichtig sein (§ 823 Abs 2 BGB iVm § 39 Abs 8 EStG, s *Schmidt/Krüger* § 39b Rz 1, aA *KSM* § 39b A 9 ff). S auch BMF 8.11.18, BStBl I 18, 1137 Tz III 10, Rz 116 f.

**6. Rechtsbehelfe.** Die Bildung der ELStAM ist eine gesonderte Feststellung von Be- 25
steuerungsgrundlagen iSv § 179 Abs 1 AO unter dem Vorbehalt der Nachprüfung (§ 164 AO; § 39 Abs 1 Sätze 4 EStG; BMF 8.11.18, BStBl I 18, 1137 Rz 118). Zur Rechtsbehelfsbelehrung → Rn 16. Der dagegen mögliche **Einspruch** ist gegen das FA des ArbN zu richten, da dieses für die Berichtigung/Änderung der ELStAM zuständig ist. Nach erfolglosem Einspruch kann **Anfechtungsklage** erhoben, **vorläufiger Rechtsschutz** im Wege

der Aussetzung der Vollziehung erreicht werden (BFH 11.5.73 – VI B 116/72, BStBl II 1973, 667 und BFH 29.4.92 – VI B 152/91, BStBl II 1992, 752, jeweils zu Eintragungen auf der LStKarte im LStErmäßigungsverfahren).

26 **7. Ausnahmen. a) Nicht meldepflichtige Personen.** Für **erweitert unbeschränkt stpfl** (§ 1 Abs 2 EStG) und **als unbeschränkt stpfl zu behandelnde** (§ 1 Abs 3 EStG) **Arbeitnehmer** kann – aufgrund der derzeit mangels Meldepflicht fehlenden Daten der Meldebehörde – eine Identifikationsnummer voraussichtlich erst ab 2014 im Rahmen eines eigenständigen automatisierten Verfahrens zugeteilt werden. Ist diesen Personen zB aufgrund eines früheren Wohnsitzes im Inland auch keine Identifikationsnummer zugeteilt, stellt das BetriebstättenFA für sie bis dahin auf ihren oder den in ihrem Namen vom ArbGeb gestellten **Antrag** eine **Abzugsbescheinigung** aus (§ 39 Abs 3 Satz 4, § 39e Abs 8 EStG; www.formulare-bfinv.de/Steuerformulare/Lohnsteuer/ → Anträge 45 und 50). Der **Antrag** nach § 39 Abs 3 bzw § 39e Abs 8 (→ Rn 26) ist **bis 31.12.** des Kj zu stellen, für das die Bescheinigung für den LSt-Abzug gilt (LStR 39.3). Das FA hat dem Antrag grds stattzugeben (BT-Drs 17/6263 S 57). Weitere ELStAM, wie zB die Zahl der Kinderfreibeträge oder ein Freibetrag nach § 39a EStG, werden jedoch nur auf Antrag des ArbN gebildet und geändert. Die **Antragsfrist** ist einzuhalten (→ Rn 15, 17 sowie → *Lohnsteuerermäßigung* Rn 3 f, auch zur Verteilung der Freibeträge). Gleiches gilt für **im Ausland lebende,** nach § 1 Abs 1 EStG **unbeschränkt steuerpflichtige Arbeitnehmer,** denen keine Identifikationsnummer zugeteilt wurde, wobei hier das WohnsitzFA die Bescheinigung ausstellt, die für ein Kj gilt und jeweils die Verpflichtung und Berechtigung des ArbGeb zum Abruf der ELStAM ersetzt. Das Verfahren kann auch bei beschränkt stpfl ArbN über den 31.12.19 hinaus angewendet werden, wenn der Abzug aufgrund einer Vielzahl gleichgelagerter Fälle (beschränkt stpfl Betriebsrentner) im vereinfachten Antrags- und Listenverfahren praktiziert wurde (BMF 7.11.19, BStBl I 19, 1087 Tz 4).

27 Der ArbN hat dem **Arbeitgeber** die Bescheinigung vor Beginn des Kj oder bei Eintritt in das Dienstverhältnis für den LStAbzug **vorzulegen.** Sie kann, da sie nicht arbeitgeberbezogen ausgestellt wird, bei einem **Arbeitsplatzwechsel** dem weiteren ArbGeb vorgelegt werden. Legt der beschränkt stpfl ArbN die Bescheinigung schuldhaft nicht vor, hat der ArbGeb auch hier die LSt nach der Steuerklasse VI zu ermitteln. Die Durchführung des LStAbzugs entspricht der Durchführung bei unbeschränkt stpfl ArbN (§§ 39e Abs 8, 39b Abs 1 Satz 4, § 39c EStG; → *Lohnabzugsverfahren* Rn 2 ff und → *Lohnsteuerberechnung* Rn 18 ff; → Rn 20, 23). An die Stelle der Identifikationsnummer tritt die bisher zur Übermittlung der elektronischen LStBescheinigung benötigte **eTin** (§§ 39 Abs 3 Satz 2, 39e Abs 8 Satz 3, 41b Abs 2 Satz 1 und 2 EStG; → *Lohnsteuerbescheinigung* Rn 11 ff). In diese Bescheinigung können verschiedene Freibeträge eingetragen werden. Näheres hierzu → *Lohnsteuerberechnung* Rn 21, 22. Der **Arbeitgeber** hat die Bescheinigung unter der Strafbewehrung des § 39 Abs 8 EStG (→ Rn 23) zum Lohnkonto (→ *Lohnkonto* Rn 2 ff) zu nehmen und während des Dienstverhältnisses, längstens bis zum Ablauf des jeweiligen Kj, aufzubewahren (§§ 39 Abs 3 Satz 4, 39e Abs 8 Satz 6, 41 Abs 1 Satz 2 EStG; BMF 8.11.18, BStBl I 18, 1137 Tz III 7, Rz 89–95).

28 **b) Härtefallregelung.** Einem ArbGeb ohne maschinelle Lohnberechnung, der ausschließlich ArbN im Rahmen einer geringfügigen Beschäftigung (→ *Geringfügige Beschäftigung* Rn 20 ff) in seinem Privathaushalt iSd § 8a SGB IV (durch privaten Haushalt begründet und sonst gewöhnlich durch Mitglieder desselben erledigt) beschäftigt, ist auf – jährlich nach amtlich vorgeschriebenem Vordruck unter Angabe der Identifikationsnummer sowie des Geburtstages des ArbN zu stellenden – **Antrag** vom Abrufverfahren freizustellen. Im Übrigen liegt die Entscheidung im Ermessen des BetriebsstättenFA. Die vom FA für ein Kj übermittelte **arbeitgeberbezogene Bescheinigung für den LStAbzug** sowie entsprechende Änderungsmitteilungen sind dem LStAbzug zugrunde zu legen (→ Rn 21), dem ArbN bekannt zu geben (→ Rn 16), zum Lohnkonto (→ *Lohnkonto* Rn 2 ff) zu nehmen und bis zum Ablauf des Kj aufzubewahren. Der ArbGeb hat dem BetriebsstättenFA den Tag der Beendigung des Dienstverhältnisses unverzüglich (→ Rn 18) mitzuteilen (§§ 39e Abs 7, 41 Abs 1 Satz 2 EStG; BMF 8.11.18, BStBl I 18, 1137 Tz V, Rz 122–131).

**8. Muster.** S. Online Musterformulare M 34.4 Anträge zu den elektronischen Lohnsteuerabzugsmerkmalen – ELStAM – und M 34.5 Antrag auf Korrektur von unzutreffenden elektronischen Lohnsteuerabzugsmerkmalen (ELStAM). 29

**C. Sozialversicherungsrecht** *Voelzke*

Zur Maßgeblichkeit der maßgebenden LStKlasse bei der Berechnung von Entgeltersatzleistungen → *Lohnsteuerklassen* Rn 30 ff. 39

## Lohnsteueranmeldung

**A. Arbeitsrecht** *Griese*

Die LStAnmeldung betrifft nur das Verhältnis zwischen ArbGeb und FA. Sie hat für die Beziehungen zwischen den Arbeitsvertragsparteien keine unmittelbare Bedeutung. 1

**B. Lohnsteuerrecht** *Seidel*

**1. Allgemeines.** Der ArbGeb **hat** nach Ablauf eines jeden LStAnmeldungszeitraums für jede lohnsteuerrechtliche Betriebsstätte (→ *Betriebsstätte* Rn 4–9) dem jeweiligen BetriebsstättenFA eine LStAnmeldung über die im Anmeldungszeitraum einzubehaltende und zu übernehmende LSt einzureichen, getrennt nach Kj, in denen der Arbeitslohn bezogen wird oder als bezogen gilt (§ 41a Abs 1 Nr 1 EStG; LStR 41a.1 Abs 2 Satz 2; zu den zentralen – nach Sitzländern gegliederten – FAZuständigkeiten bei Unternehmen, die Bauleistungen iSd § 48 Abs 1 EStG erbringen – → *Schwarzarbeit* Rn 9 – s § 20a Abs 1 Satz 2 iVm § 21 Abs 1 Satz 2 AO iVm § 1 Abs 1 UStZuStVO, Anhang 32 II LStR). Die Abgabe mehrerer LSt-Anmeldungen für dieselbe Betriebsstätte und denselben LSt-Anmeldungszeitraum getrennt nach verschiedenen Bereichen der Lohnabrechnung, gewerbliche ArbN, Gehaltsempfänger, Pauschalierungen ist nicht zulässig (LStR 41a.1 Abs 2; → Rn 4). Er ist davon **befreit,** wenn er mitteilt, dass er im LStAnmeldungszeitraum keine LSt einzubehalten oder zu übernehmen hat, weil der Arbeitslohn nicht steuerbelastet ist. Dies gilt auch, wenn der ArbGeb nur ArbN beschäftigt, für die er lediglich die **Pauschsteuer** nach § 40a Abs 2 EStG (→ *Geringfügige Beschäftigung* Rn 21) an die Deutsche Rentenversicherung Knappschaft-Bahn-See entrichtet (LStR 41a.1 Abs 1). Unerheblich ist, ob der ArbGeb die LSt pünktlich abführen kann oder nicht (*HMW*/Lohnsteueranmeldung Rz 1). Die Verpflichtung zur Abgabe entfällt erst, wenn der ArbGeb ArbN, für die er LSt einzubehalten oder zu übernehmen hat (→ *Lohnabzugsverfahren* Rn 19 ff und → *Lohnsteuerpauschalierung* Rn 5), nicht mehr beschäftigt und dies dem FA mitteilt (§ 41a Abs 1 Satz 4 EStG). Die LStAnmeldung kann seit dem 1.1.13 nur noch mit Authentifizierung übermittelt werden. Erforderlich ist dazu ein elektronisches Zertifikat, das über www.elsteronline.de → Öffentlicher Bereich → Registrierung angefordert werden kann. 2

**2. Form.** Die LStAnmeldung ist nach amtlich vorgeschriebenem Datensatz auf **elektronischem** Weg nach Maßgabe der SteuerdatenübermittlungsVO (BGBl I 03, 139; BStBl I 03, 162, zuletzt geändert am 1.11.11, BGBl I 11, 2131; BStBl I 11, 986 iVm BMF 16.11.11, BStBl I 11, 1063, Anhang 13a und b LStR) zu übermitteln (§ 41a Abs 1 Satz 2 EStG). Zur Vermeidung unbilliger Härten kann auf schriftlichen Antrag auf die elektronische Übermittlung verzichtet werden. Ein **Härtefall** kann vorliegen, wenn und solange es dem ArbGeb nicht zumutbar ist, die technischen Voraussetzungen für die Übermittlung nach der SteuerdatenübermittlungsVO einzurichten (BFH 14.3.12 – XI R 33/09, BStBl II 12, 477; LStH 41a.1 Härtefallregelung). Dann ist der amtlich vorgeschriebene Vordruck vom ArbGeb oder einer vertretungsberechtigten Person zu **unterschreiben** (§§ 41a Abs 1 Satz 3, 51 Abs 4 Nr 1d EStG). Für das **Muster** der LStAnmeldung für 2020 s BMF 24.7.19, BStBl I 19, 830. 3

Im Hinblick auf die bestehenden technischen Möglichkeiten, die amtlichen Vordrucke mit Software nachzubilden, werden keine Muster mehr versandt. Ein Hinweis auf die amtlichen Vordrucke reicht künftig aus. Zur Zulassung von Vordrucken, die von den amtlichen abweichen s BMF 15.4.12, BStBl I 12, 522. Zur elektronischen Übermittlung von Steuererklärungsdaten s unter www.elster.de/Arbeitgeber. § 87a AO lässt zu, die Erklärungen mit einer elektronischen Signatur nach dem Signaturgesetz zu versehen (s hierzu SteuerdatenübermittlungsVO, Anhang 13a, b LStR).

4 **3. Inhalt.** Trotz der Einreichung nur einer LSt-Anmeldung je Betriebsstätte und LSt-Anmeldungszeitraum (→ Rn 2) sind die Summen der einzubehaltenden (dazu zählt auch die bei einer → *Nettolohnvereinbarung* Rn 10 ff anfallende) LSt (Zeile 18) und der bei Pauschalierungen nach §§ 40, 40a Abs 1, 2a, 3, 40b EStG vom ArbGeb zu übernehmenden LSt getrennt auszuweisen (§ 40 Abs 3 EStG; → *Lohnsteuerpauschalierung* Rn 5; Zeile 19 pauschale LSt ohne § 37b EStG). Da die pauschale LSt für Sachprämien iSd § 3 Nr 38 EStG gem § 37a Abs 4 EStG als LSt gilt, ist auch diese anzumelden (→ *Lohnsteuerpauschalierung* Rn 59), ebenso wie die pauschale LSt nach § 39c Abs 3 EStG (→ *Lohnabzugsverfahren* Rn 16). Die **pauschale Lohnsteuer nach § 37b** EStG (→ *Lohnsteuerpauschalierung* Rn 60) ist getrennt von der übrigen pauschalen LSt in Zeile 20 einzutragen. Entscheidend ist bei der einzubehaltenden und bei der zu übernehmenden LSt der Lohnzufluss (§ 39b EStG; *Schmidt/Krüger* § 37b Rn 3; → *Lohnzufluss* Rn 2). Maßgebender Betrag der für den LSt-Anmeldungszeitraum (→ Rn 5) abzuführenden LSt ist die Summe der nach § 38 Abs 3 EStG im Zeitpunkt der Zahlung einbehaltenen und übernommenen LSt ohne Kürzung um das entnommene Kindergeld (§ 72 Abs 7 EStG; LStR 41a.1 Abs 3). Kommt der ArbGeb dieser Verpflichtung nicht in vollem Umfang nach, kann das FA die LSt **anderweitig festsetzen.** Der Umfang der einzubehaltenden LSt entspricht dem Betrag, für den eine Haftung des ArbGeb nach § 42d Abs 1 Nr 1 EStG in Betracht kommt (→ *Lohnsteuerhaftung* Rn 8–10). Anzumelden sind ferner die KiSt, die Arbeitskammerbeiträge (Brem und Saarl) sowie die Angestelltenkammerbeiträge (Brem; s auch Senator für Finanzen Brem 21.12.06, BStBl I 07, 98). Daneben hat der ArbGeb die im LStJahresausgleich (→ *Lohnsteuerjahresausgleich* Rn 2 ff) erstattete LSt sowie den SolZ (→ *Solidaritätszuschlag* Rn 3 ff) anzugeben (*HMW*/Lohnsteueranmeldung Rz 4). Zur Kürzung der anzumeldenden und abzuführenden LSt durch ArbGeb, die bestimmte Seeschiffe betreiben → *Lohnsteuerabführung* Rn 7. Zur Anmeldung des Förderbetrags zur betrieblichen Altersversorgung § 100 EStG und → *Betriebliche Altersversorgung* Rn 153.

5 **4. Anmeldungszeitraum. a)** Die LStAnmeldung ist spätestens am 10. Tag nach Ablauf des LStAnmeldungszeitraums abzugeben. LStAnmeldungszeitraum ist je nach Höhe der abzuführenden LSt der **Kalendermonat,** bei einer abzuführenden LSt im Vorjahr von mehr als 5000 €, das **Kalendervierteljahr,** bei einer Betrag von mehr als 1080 € und das **Kalenderjahr,** wenn sie weniger als 1080 € betragen hat (§ 41a Abs 2 Satz 2 EStG). Kürzungen durch der LSt entnommenes Kindergeld (§ 72 Abs 7 EStG) sind dabei ebenfalls nicht zu berücksichtigen (LStR 41a.1 Abs 3). Hat die Betriebsstätte nicht während des gesamten vorangegangenen Kj bestanden, so ist die auf einen Jahresbetrag umgerechnete, für den ersten Kalendermonat nach Betriebsstätteneröffnung abzuführende LSt maßgebend (§ 41a Abs 2 Satz 4 EStG). Das BetriebsstättenFA kann einen abweichenden Zeitpunkt anordnen, wenn die Abführung der LSt nicht gesichert erscheint (§ 41a Abs 3 Satz 2 EStG).

6 **b) Überwachung.** Das BetriebsstättenFA hat den rechtzeitigen Eingang der LStAnmeldung zu überwachen. Bei nicht rechtzeitigem Eingang kann es einen Verspätungszuschlag festsetzen (§ 152 AO) oder die Abgabe mit Zwangsmitteln durchsetzen (§§ 328 ff AO; LStR 41a.1 Abs 4 Sätze 1 und 2). Eine Schonfrist gibt es nicht (AEAO zu § 152 AO, BMF 31.1.14, BStBl I 14, 290 Tz 5). Gegen die Festsetzung des Verspätungszuschlags ist der Einspruch gegeben. Zur Anmeldung und Abführung der LSt an ein unzuständiges FA s FinMin NdS 30.7.97, DB 97, 1690.

7 Bei **Nichtabgabe** kann das FA die LSt auch im Schätzungswege ermitteln und den ArbGeb durch Steuerbescheid in Anspruch nehmen (§§ 162, 167 Abs 1 AO). Die Möglichkeit, einen Haftungsbescheid zu erlassen, steht dem nicht entgegen (BFH 7.7.04 – VI R 171/00, BStBl II 04, 1087 sowie VI R 168/01, BFH/NV 05, 357). Für **pauschale LSt** gilt dies, wenn der ArbGeb mit dem Pauschalierungsverfahren einverstanden ist (LStR 41a.1 Abs 4 Sätze 3 und 4). Die unterlassene, unzutreffende oder verspätete LStAnmeldung führt zu einer LStVerkürzung. Bei vorsätzlicher Begehung liegt gem § 370 AO **Steuerhinterzie-**

**hung,** bei Leichtfertigkeit die Ordnungswidrigkeit des § 378 AO vor. Durch rechtzeitige Selbstanzeige (§ 371 AO), die bereits in der Abgabe einer nachträglichen (berichtigten) Anmeldung (mit einem höheren Betrag) liegen kann, kann die Strafbarkeit (§ 370 AO) vermieden werden.

**5. Wirkung und Rechtscharakter.** Die LStAnmeldung ist eine Steuererklärung iSd § 150 Abs 1 AO, in der der ArbGeb die Steuer selbst zu berechnen hat. Die Anmeldung steht kraft gesetzlicher Fiktion einer Steuerfestsetzung unter dem Vorbehalt der Nachprüfung gleich (§ 168 Satz 1 iVm § 164 AO). Weicht das FA von der LStAnmeldung nicht ab, entfällt daher eine besondere Festsetzung. Will es abweichen, setzt es den abweichenden Steuerbetrag durch besonderen Steuerbescheid (§ 167 Abs 1 Satz 1 AO)auch dann fest, wenn es sich um LSt handelt, die der ArbGeb für den ArbN einbehalten hat (§ 38 Abs 3 Satz 1 EStG) und für die er lediglich gem § 42d EStG haftet; denn gem § 167 Abs 1 AO ist ein Steuerbescheid zu erstellen, wenn keine LStAnmeldung abgegeben wird, ohne dass zwischen einer Steuer- und Haftungsschuld des ArbGeb unterschieden wird, muss dies auch für einen nur **ergänzenden Bescheid** (→ Rn 7) gelten. 8

*Krüger* bezeichnet die vom ArbGeb aufgrund der LStAnmeldung abzuführende LSt als Entrichtungs(steuer)schuld (*Schmidt/Krüger* § 41a Rz 1). Andere sprechen von Anmeldungssteuerschuld (zB *HMW*/Lohnsteueranmeldung Rz 27). Bei sachverhaltsbezogenen Nachforderungen nach einer LStAußenprüfung (→ *Lohnsteueraußenprüfung* Rn 14 ff) hängt der Rechtscharakter des gegenüber dem ArbGeb zu erlassenden Bescheides aber davon ab, ob eine einzubehaltende (Haftungsbescheid; → *Lohnsteuerhaftung* Rn 48–62) oder eine zu übernehmende (Pauschalierungs- bzw Nachforderungsbescheid; → *Lohnsteuerpauschalierung* Rn 6) LSt festgesetzt wird (*Thomas* DStR 92, 837; *HMW*/Lohnsteueranmeldung Rz 32). Führt die LStAnmeldung zu einer Erstattung, hängt die Wirkung als Vorbehaltsfestsetzung von der Zustimmung des FA ab (§ 168 Satz 2 AO). Diese erfolgt nicht ausdrücklich, sondern wird dem ArbGeb meist erst durch die Gutschrift oder Auszahlung des Erstattungsbetrages bekannt. Das schriftliche Anerkenntnis der Zahlungsverpflichtung nach einer LStAußenprüfung steht einer LStAnmeldung gleich (§ 167 Abs 1 Satz 3 AO). 9

**6. Änderungen der Lohnsteueranmeldung. a)** Der **Arbeitgeber** hat den innerhalb eines Kj durchgeführten LStAbzug am Ende des Kj oder bei Beendigung des Dienstverhältnisses zu überprüfen und bei Abweichungen zu korrigieren (LStR 41c.1 Abs 1 Satz 1). Die Pflicht zur Prüfung und Änderung der im Kj durchgeführten Lohnabrechnungen besteht insbes auch bei **Aufteilung des Arbeitslohns in steuerfreie und steuerpflichtige Anteile nach den** DBA, da der ArbGeb am Ende des Jahres in der Lage ist, die tatsächlichen In- und Auslandstage im Beschäftigungszeitraum des Kj zu ermitteln. Das dem ArbGeb im Rahmen der Aufteilung des verbleibenden laufenden Arbeitslohns zustehende Wahlrecht, wie er die Aufteilung vornehmen will, besteht bei der abschließenden Überprüfung allerdings nicht, vgl iE BMF 14.3.17, BStBl I 17, 473, Tz 7 und → *Lohnsteuerberechnung* Rn 22. 10

Die Änderung kann geschehen

– durch Einreichung einer **berichtigten Anmeldung,** sofern diese einen höheren Steuerbetrag ausweist. Als Festsetzung unter dem Vorbehalt der Nachprüfung (§§ 168 Satz 1, 164 Abs 1 AO), kann die LStAnmeldung während dessen Bestehens jederzeit innerhalb der Festsetzungsfrist (§§ 169 ff AO; BFH 13.11.12 – VI R 38/11, BStBl II 13, 929 und BMF 7.11.13, BStBl I 13, 1474 auch für **vom ArbN veruntreute Beträge** – s dazu § 41c Abs 3 Sätze 4–6 EStG; → *Verjährung* Rn 33 ff) geändert werden. Eine Berichtigung der LStAnmeldung ist ungeachtet des § 41c Abs 3 EStG (→ Rn 11) möglich, denn bei der in der Anmeldung festgesetzten Entrichtungssteuerschuld des ArbGeb handelt es sich um einen Sollbetrag und nicht um einen durch den tatsächlichen LStAbzug bestimmten Istbetrag (BFH 30.10.08 – VI R 10/05, BStBl II 09, 354); anders beim tatsächlich erfolgten LStAbzug, der nach Ausschreibung der LStBescheinigung nicht mehr geändert werden kann. S auch → *Lohnsteuerberechnung* Rn 25;
– durch einen **Antrag auf Änderung nach § 164 Abs 2 AO,** der solange der Vorbehalt der Nachprüfung besteht auch nach Übermittlung oder Ausschreibung der LStBescheinigungnzulässig ist (BFH 30.10.08 – VI R 10/05, BStBl II 09, 354). etwa Bei einer Herabsetzung ist allerdings die formlose Zustimmung des FA erforderlich (§ 168 AO), die es bis

zur abschließenden Prüfung des Steuerfalles hinausschieben kann (§ 164 Abs 2 AO). Von der Zustimmung hängt auch die Fälligkeit des Erstattungsanspruchs und damit die Möglichkeit der Aufrechnung gegen eine andere Steuerforderung ab (*Schmidt/Krüger* § 41a Rz 6).

11 – durch eine faktische Korrektur im Rahmen einer **Änderung des Steuerabzugs nach § 41c EStG,** zum einen wenn ihm ELStAM zum Abruf zur Verfügung gestellt werden oder ihm der ArbN eine Bescheinigung für den LStAbzug mit Eintragungen vorlegt, die auf einen Zeitpunkt vor Abruf der ELStAM bzw Vorlage der Bescheinigung zurückwirken (§ 41c Abs 1 Nr 1 EStG; → *Lohnsteuerabzugsmerkmale* Rn 8, 20 f, 26 ff und → *Anzeigepflichten Arbeitgeber* Rn 9). Zum anderen ist der ArbGeb auch im Fall rückwirkender Gesetzesänderungen berechtigt, bei der jeweils nachfolgenden Lohnzahlung bisher beim ArbN zu viel erhobene LSt zu erstatten oder nicht erhobene LSt nachträglich einzubehalten, wenn er die bisherige unvorschriftsmäßige Einbehaltung der LSt erkennt (§ 41c Abs 1 Nr 2 EStG). § 41 Abs 1 Satz 2 EStG verpflichtet den ArbGeb in diesem Fall zur nachträglichen Einbehaltung bzw Erstattung, wenn ihm dies wirtschaftlich möglich ist. Dies gilt auch in Fällen der erstmaligen Abrufbarkeit von ELStAM nach Vornahme des LStAbzugs ohne ELStAM (LStR 41c.1 Abs 3). Bei nachträglicher Einbehaltung ist eine Verteilung auf mehrere nachfolgende Lohnzahlungen unzulässig. Reicht der Barlohn nicht aus, ist die nachträgliche Einbehaltung zu unterlassen und dem FA eine entsprechende Anzeige zu erstatten. Die zu erstattende LSt ist dem Betrag zu entnehmen, den der ArbGeb für seine ArbN insgesamt an LSt einbehalten oder übernommen hat. Wenn die zu erstattende LSt aus dem abzuführenden Betrag nicht gedeckt werden kann, ersetzt das FA den Fehlbetrag. Hierbei genügt die Kenntlichmachung in der LStAnmeldung.

**Nach Ablauf des Kj** oder nach **Beendigung des Dienstverhältnisses vor Ablauf** des Kj ist die Änderung des LStAbzugs **nur bis zur Übermittlung oder Ausschreibung der LStBescheinigung** (→ *Lohnsteuerbescheinigung* Rn 2 ff) **zulässig** (§ 41c Abs 3 EStG). Die Änderung muss dort berücksichtigt werden.richtet sich die nachträgliche Einbehaltung oder Erstattung nach dem Jahresarbeitslohn und der Jahreslohnsteuer. Eine Erstattung durch den ArbGeb ist dabei aber nur im Wege des LStJahresausgleichs (→ *Lohnsteuerjahresausgleich* Rn 3–6) zulässig (§ 41c Abs 3 EStG). Die nachträglich einbehaltene LSt ist zusammen mit der übrigen einbehaltenen LSt des abgelaufenen Kj in einer Summe in der LStBescheinigung anzugeben, jedoch für den Anmeldungszeitraum anzugeben und abzuführen, in dem sie einbehalten wurde (LStR 41c.1 Abs 6 Satz 4 und 5). Vom ArbGeb zu Unrecht angemeldete und abgeführte LSt (zB wegen Nichtauszahlung des Lohnes) sind beim ArbN als Arbeitslohn jedenfalls dann steuerlich zu erfassen, wenn der LStAbzug nach § 41c Abs 3 EStG nicht mehr geändert werden kann (BFH 17.6.09 – VI R 46/07, DStR 09, 2043). Bei **beschränkt steuerpflichtigen Arbeitnehmern** ist nach Ablauf des Kj eine Änderung des LStAbzugs nur für die Lohnzahlungszeiträume vorzunehmen, auf die sich die Änderungen beziehen. Änderungen mit Erstattung sind hier nur vom FA durchzuführen (LStR 41c.1 Abs 8).

Zur nachträglichen Einbehaltung bei Unterschreitung der **Pfändungsfreigrenzen** s LStR 41c.1 Abs 4 Satz 3.

12 **b) Rechte des ArbN.** Der ArbN kann aus eigenem Recht einen Antrag auf Änderung der LStAnmeldung nach § 164 Abs II AO beim FA stellen (BFH 12.10.95 – I R 39/95, BStBl II 96, 87; BFH 21.10.09 – I R 70/08, BStBl II 12, 493). Macht der ArbGeb von der Möglichkeit LStErstattung nach § 41c Abs 1 und 2 EStG keinen Gebrauch oder ist der Vorbehalt der Nachprüfung aufgehoben (→ Rn 10) und eine Änderung wegen Ausstellens der LStBescheinigung auch nicht mehr nach § 41c Abs 3 EStG möglich (→ Rn 11), kann der ArbN zwar eine Berichtigung der LStBescheinigung nicht mehr verlangen die für seine Rechnung zu viel einbehaltene LSt allerdings entweder durch einen Erstattungsanspruch nach § 37 Abs 2 AO (*HMW*/Lohnsteueranmeldung 18/4) oder durch Verrechnung im Rahmen seiner EStVeranlagung zurückerhalten, (→ Rn 15 und *Antragsveranlagung* Rn 3 ff; LStR 41c.1 Abs 5 Satz 3). Dies gilt auch, wenn der ArbGeb nach Beendigung der unbeschränkten Stpfl zu Unrecht LSt einbehalten und abgeführt hat (BFH 17.6.09 – VI R 46/07, BStBl II 10, 72 Rz 19; BFH 11.4.18 – I R 5/16 BeckRS 18, 23762 Rz 21 zum Ansatz als Arbeitslohn).

**c)** Als **partielle Änderung** der zeitraumbezogenen LStAnmeldung sieht *Thomas* sachverhaltsbezogene Nachholungen durch Haftungs- oder Pauschalierungs- bzw Nachforderungsbescheid, zB nach einer LStAußenprüfung an (*Thomas* DStR 92, 837). Zum Erlass dieser Bescheide, nachdem im Anschluss an eine LStAußenprüfung der Vorbehalt der Nachprüfung für die den Prüfungszeitraum betreffenden LStAnmeldungen aufgehoben worden ist, → *Lohnsteuerhaftung* Rn 58–61 und → *Lohnsteuerpauschalierung* Rn 11. 13

**7. Rechtsbehelfe. a) Arbeitgeber.** Da die LStAnmeldung die Wirkung einer Steuerfestsetzung entfaltet, (§ 348 AO) kann der Arbeitgeber neben den unter Rn 10 f genannten Änderungsmöglichkeiten dagegen bzw gegen eine anderweitige Festsetzung (→ Rn 4, 8) Einspruch einlegen und Aussetzung der Vollziehung beantragen, zB um eine Rechtsfrage klären zu lassen. Die Rechtsbehelfsfrist beginnt mit dem Tag des Eingangs der LStAnmeldung beim FA, wenn diese nicht zu einer Erstattung führt, ansonsten mit der Bekanntgabe der Zustimmung, idR mit der Auszahlung des Erstattungsbetrages. Einer Rechtsbehelfsbelehrung bedarf es hier nicht, trotzdem verlängert sich die Rechtsbehelfsfrist mangels Vorliegens eines schriftlichen Verwaltungsakts nicht auf ein Jahr (BFH 13.11.08 – V R 24/06, Tz II 1b) aa), BeckRS 2008, 25015011). Formell handelt es sich bei der Anmeldung anderer Abzugssteuern (SolZ, KiSt) um rechtlich gesonderte Steuererklärungen und darauf beruhende Festsetzungen (Verwaltungsakte), die zur Vereinfachung zusammengefasst sind. Diese können daher ggf einzeln angegriffen werden. Der ArbGeb sollte bei einem Einspruch gegen die LStAnmeldung klarstellen, ob er die LStAnmeldung insgesamt oder nur einzelne Festsetzungen anfechten will. Kann der LSt-Abzug nach § 41c Abs 3 EStG nicht mehr geändert werden und sind vom ArbGeb zu Unrecht angemeldete und abgeführte LSt-Beträge beim ArbN als Arbeitslohn zu erfassen kann der ArbGeb, da in diesem Fall nur der ArbN erstattungsberechtigt ist, die LSt-Anmeldung insoweit nicht anfechten (BFH 17.6.09 – VI R 46/07, BStBl II 10, 72). 14

**b) Arbeitnehmer.** Nach der wohl herrschenden Meinung hat der Arbeitnehmer vor dem Hintergrund, dass der ArbGeb die LSt lediglich für Rechnung des ArbN einbehält (§ 38 Abs 3 Satz 1 EStG), der ArbN die LSt aber rechtlich und wirtschaftlich trägt, neben den in → Rn 12 dargestellten Rechten ein eigenes Anfechtungsrecht hinsichtlich der LStAnmeldung des ArbGeb (st Rechtsprechung zuletzt BFH 21.10.09 – I R 70/08, BStBl II 12, 493). Die Rechtsbehelfsbefugnis gilt allerdings nur soweit der ArbN von der auf der Anmeldung beruhenden Steuerfestsetzung selbst betroffen (BFH 20.7.05 – VI R 165/01, BStBl II 05, 890) und noch kein ESt-Bescheid gegenüber dem ArbN ergangen ist. Im letzteren Fall erlischt der Anspruch auf Erstattung der LSt (BFH 12.10.95 – I R 39/95, BStBl II 96, 87; so auch *Schmidt/Krüger* § 41a Rz 5 mwN und BFH, zuletzt 21.10.09 – I R 70/08, IStR 10, 63, sowie 20.7.05 – VI R 165/01, BStBl II 05, 890 mit Kritik hieran *MIT* DStR 05, 1491; FG Nds 10.7.08 – 11 K 335/06, EFG 08, 1970; s hierzu auch LStH 41a.1 und *Heuermann* DStR 98, 959, der im Falle der Anfechtung durch den ArbN eine notwendige Beiladung des ArbGeb im FG-Verfahren für erforderlich hält (*Heuermann/Wagner* Teil G Rz 169a und FG München 27.4.01 – 8 K 3699/98, EFG 02, 629). 15

Zu Recht weist dagegen mE *HMW*/Lohnsteueranmeldung Rz 18/5 darauf hin, dass der ArbN auf den Rechtsschutz durch Anfechtung der LSt-Festsetzung, ob in Form der LStAnmeldung oder der anderweitigen Festsetzung (→ Rn 4), nicht angewiesen ist, da er auf arbeitsrechtlicher- oder dienstrechtlicher Grundlage einen höheren Arbeitslohn einklagen kann. Es steht ihm zudem die Möglichkeit des Erstattungsanspruchs offen (→ Rn 12). Schließlich hat die Anmeldung keine rechtlichen sondern nur wirtschaftliche Wirkungen gegenüber dem ArbN, und sie ist keine Rechtsgrundlage für die Einbehaltung der Steuer (so auch FG BaWü 14.10.91, EFG 92, 110; *K/S* § 41a A 21; *Giloy* BB 83, 2104). Letztlich aber wird im Streitfall in der Praxis die Ansicht des BFH zum Tragen kommen. Zur Erledigung der Anfechtungsklage des ArbN nach Ergehen des ESt-Bescheides s FG Hbg 16.10.01 – VI 108/00 (EFG 02, 343, insoweit bestätigt durch BFH 20.7.05 – VI R 165/01, BFH/NV 05, 1939). Zu den Möglichkeiten des ArbN, wenn der ArbGeb seiner Ansicht nach zuviel LSt einbehält, → *Lohnabzugsverfahren* Rn 25.

## C. Sozialversicherungsrecht *Ruppelt*

Die LStAnmeldung hat für das SozVRecht keine Bedeutung. 16

# Lohnsteuerberechnung

## A. Arbeitsrecht *Griese*

1 Den ArbGeb trifft die Pflicht, die LSt richtig zu berechnen und abzuführen. Fahrlässigkeiten hierbei, auch leichte, führen zu Schadensersatzansprüchen nach § 280 BGB (BAG 16.6.04 – 5 AZR 521/03, NZA 04, 1274). **Mit Abzug und Abführung von Lohnsteuer erfüllt der Arbeitgeber gegenüber dem Arbeitnehmer seine Vergütungspflicht. Die Abführung** begründet einen besonderen **Erfüllungseinwand** gegenüber dem ArbN. Der ArbGeb kann sich auf diesen besonderen **Erfüllungseinwand des Abzugs und der Abführung** von LSt **nur für den abzurechnenden Kalendermonat** und ggf als **Korrektur für den Vormonat** berufen, nicht aber für Nachberechnungen für weiter zurückliegende Zeiträume (BAG 21.12.2016 – 5 AZR 266/16, NZA 17, 531).

Vgl → Rn 11, → *Bruttolohnvereinbarung* Rn 4 ff, → *Lohnabzugsverfahren* Rn 1 ff und → *Nettolohnvereinbarung* Rn 6.

## B. Lohnsteuerrecht *Seidel*

### Übersicht



2 **1. Allgemeines.** Die LSt als besondere Erhebungsform der ESt als Jahressteuer stellt letztlich eine bei jeder Lohnzahlung einzubehaltende Vorauszahlung auf die ESt dar (→ *Lohnabzugsverfahren* Rn 2 ff). Die Regelungen zur Bemessungsgrundlage und zur Höhe der Steuer sind in § 38a EStG enthalten. Die Berechnung der LSt als gegen den ArbN gerichteten Anspruch enthalten die §§ 39b und c EStG einheitlich für unbeschränkt und beschränkt einkommensteuerpflichtige ArbN (§ 38b Abs 1 Satz 1 Nr 1 EStG). Gleiches gilt – wie schon bisher – für die verfahrensrechtlichen Vorschriften über die LStErmäßigung (→ *Lohnsteuerermäßigung* Rn 3 ff). Bei der Ermittlung der LSt werden die Besteuerungsgrundlagen des Einzelfalles durch die Einreihung der ArbN in Steuerklassen (§ 38b Abs 1 EStG; → *Lohnsteuerklassen* Rn 4 ff), Berücksichtigung von Kinderfreibeträgen (§ 38b Abs 2 EStG), Feststellung von Freibeträgen (§ 39a EStG, → *Lohnsteuerermäßigung* Rn 3 ff) sowie Bereitstellung von ELStAM oder der Ausstellung von entsprechenden Bescheinigungen für den LStAbzug (§§ 39, 39e EStG, → *Lohnsteuerabzugsmerkmale* Rn 8, 10 ff, 26 f) unter die Anwendung der Tarifformel (früher LStTabellen) sowie des § 39b Abs 2 und 3 EStG (→ *Lohnsteuertabellen* Rn 2 ff) berücksichtigt (§ 38a Abs 4 EStG). Die Berechnung der vom ArbGeb zu übernehmenden pauschalen LSt enthalten die §§ 40–40b EStG (→ *Lohnsteuerpauschalierung* Rn 5 ff und bzgl § 40a Abs 2 und 2a EStG → *Geringfügige Beschäftigung*

Rn 20 ff). Zur Pauschalierung und Berechnung der ESt in bestimmten Fällen → *Lohnsteuerpauschalierung* Rn 59, 60.

**2. Höhe der Lohnsteuer. a) Jahresarbeitslohn.** Die JahresLSt bemisst sich nach dem im Kj vom ArbN bezogenen sog Jahresarbeitslohn (→ *Jahresarbeitsentgelt* Rn 3) und entspricht in ihrer Bemessung regelmäßig der ESt, die der ArbN schuldet, wenn er ausschließlich Einkünfte aus nichtselbstständiger Arbeit hat (§ 38a Abs 1 Satz 1 und Abs 2 EStG). Die bei jeder Lohnzahlung abgezogenen Beträge stellen daher Vorauszahlungen auf die JahresLSt dar. 3

**b) Laufender Arbeitslohn** (→ Rn 12–14). Von diesem wird die LSt jeweils mit dem auf den Lohnzahlungszeitraum entfallenden **Teilbetrag** erhoben, der sich bei Umrechnung des laufenden Arbeitslohns auf einen Jahresarbeitslohn ergibt (§ 38a Abs 3 Satz 1 EStG). Daher kommt es bei schwankendem Arbeitslohn oder arbeitslosen Zeiten zu LStÜberzahlungen (→ *Lohnsteuerjahresausgleich* Rn 2 ff). Eine Durchbrechung des Zuflussprinzips (→ *Lohnzufluss* Rn 2) enthält § 38a Abs 1 Satz 2 EStG. Danach gilt laufender Arbeitslohn als in dem Kj bezogen, in dem der Lohnzahlungszeitraum endet. Wird zB Arbeitslohn für den Lohnzahlungszeitraum Januar schon am 28.12. des Vorjahres gezahlt, gilt er erst im folgenden Kj als bezogen (*Schmidt/Krüger* § 38a Rz 2). 4

**c) Sonstiger Bezug** (→ *Sonstige Bezüge* Rn 2). Hier wird die LSt mit dem Betrag erhoben, der zusammen mit der LSt für den laufenden Arbeitslohn des Kj und für etwa im Kj bereits bezogene sonstige Bezüge die JahresLSt ergibt (§ 38a Abs 3 Satz 2 EStG; zur Berechnung → *Sonstige Bezüge* Rn 4–9). 5

**d) Lohnzahlungszeitraum** ist der sich aus dem Arbeitsvertrag, dem Tarifvertrag oder einer Betriebsvereinbarung ergebende Zeitraum, für den der laufende Arbeitslohn gezahlt wird (zB Tag, Woche, Monat). Findet für diesen Zeitraum auch die Abrechnung statt, sind Lohnzahlungszeitraum und Lohnabrechnungszeitraum identisch (→ Rn 13). Sie fallen auseinander, wenn der ArbGeb zB nur wöchentliche Abschlagszahlungen in ungefährer Höhe leistet und die Lohnabrechnung für einen Lohnabrechnungszeitraum (zB Monat) vorgenommen wird, der allerdings fünf Wochen nicht übersteigen darf. Die Lohnabrechnung muss zudem innerhalb von drei Wochen nach dessen Ablauf erfolgen (§ 39b Abs 5 EStG; *Schmidt/Krüger* § 38a Rz 3). In diesen Fällen tritt für die Durchbrechung des Zuflussprinzips nach § 38a Abs 1 Satz 2 EStG an die Stelle des Lohnzahlungszeitraums der Lohnabrechnungszeitraum (→ Rn 16). Zum Lohnzahlungszeitraum bei Aufnahme oder Beendigung der Tätigkeit im Inland während eines laufenden Monats durch ausländische ArbN s BFH 10.3.04 – VI R 27/99, BFH/NV 04, 1239. 6

**3. Lohnsteuerabzug. a) Unbeschränkt einkommensteuerpflichtig** sind ArbN, die im Inland einen Wohnsitz oder ihren gewöhnlichen Aufenthalt haben (§ 1 Abs 1 Satz 1 EStG). Einen **Wohnsitz** hat jemand dort, wo er eine Wohnung unter Umständen innehat, die darauf schließen lassen, dass er die Wohnung beibehalten und benutzen wird (§ 8 AO; → *Lohnabzugsverfahren* Rn 7 und *Schmidt/Heinicke* § 1 Rz 20). Es ist nicht erforderlich, dass der Stpfl auch den Mittelpunkt der Lebensinteressen am Wohnsitz hat (BFH 22.8.07 – III R 89/06, BFH/NV 08, 351). Den **gewöhnlichen Aufenthalt** hat jemand dort, wo er sich unter Umständen aufhält, die erkennen lassen, dass er an diesem Ort nicht nur vorübergehend verweilt. Als gewöhnlicher Aufenthalt ist stets und von Beginn an ein zeitlich zusammenhängender Aufenthalt von mehr als sechs Monaten anzusehen (§ 9 AO; → *Lohnabzugsverfahren* Rn 8 und *Schmidt/Heinicke* § 1 Rz 27). 7

Unter die **erweiterte unbeschränkte Einkommensteuerpflicht** fallen deutsche Staatsangehörige, die im Inland weder einen Wohnsitz noch ihren gewöhnlichen Aufenthalt haben, aber von einer inländischen öffentlichen Kasse Arbeitslohn beziehen. Unter bestimmten Voraussetzungen gilt das auch für ihre zu ihrem Haushalt gehörenden Angehörigen (§ 1 Abs 2 EStG; iE *Schmidt/Heinicke* § 1 Rz 35 ff, soweit es sich um den Personenkreis des § 1 Abs 2 EStG handelt). Liegen bei dem Ehegatten die Voraussetzungen des § 1 Abs 2 EStG nicht vor, kann dieser unter den Voraussetzungen des § 1 Abs 3 EStG als unbeschränkt stpfl behandelt werden (§ 1a Abs 2 Satz 1 EStG) und die familienbezogenen Entlastungen des § 1a Abs 1 Nr 2–4 EStG in Anspruch nehmen (→ *Grenzgänger* Rn 17). Unter bestimmten Voraussetzungen werden auf Antrag auch Personen, die keinen Wohnsitz oder gewöhnlichen Aufenthalt im Inland, aber inländische Einkünfte haben, als **unbeschränkt steuerpflichtig** 8

**behandelt** (§ 1 Abs 3 EStG; LStH 39c Grenzpendler; → *Grenzgänger* Rn 16 und → *Ausländer* Rn 38, 39, auch zu den Sonderregelungen gem § 1a EStG bei EU- und EWR-Staatsangehörigen). Zu einer Billigkeitsregelung bei Rückversetzung ins Inland und kurzfristigem Verbleib des Ehegatten im Ausland s BMF 8.10.96, BStBl I 96, 1191.

9 **b) Beschränkt einkommensteuerpflichtig** sind ArbN, die im Inland weder einen Wohnsitz noch ihren gewöhnlichen Aufenthalt haben, nicht zu den erweitert unbeschränkt einkommenstpfl sowie nicht zu den als unbeschränkt stpfl zu behandelnden ArbN gehören und inländische Einkünfte iSd § 49 EStG haben (§ 1 Abs 4 EStG). **Inländische Einkünfte** aus nichtselbstständiger Arbeit liegen vor, wenn (alternativ)

- die Tätigkeit im Inland ausgeübt oder verwertet wird bzw verwertet worden ist,
- der Arbeitslohn aus einer inländischen öffentlichen Kasse mit Rücksicht auf ein gegenwärtiges oder früheres Dienstverhältnis gewährt wird, ohne dass ein Zahlungsanspruch gegenüber der inländischen öffentlichen Kasse bestehen muss,
- die Vergütung für eine Tätigkeit als Geschäftsführer, Prokurist oder Vorstandsmitglied einer Gesellschaft mit Geschäftsleitung im Inland bezogen wird,
- sie als Entschädigung iSd § 24 Nr 1 EStG (→ *Außerordentliche Einkünfte* Rn 5 ff) für die Auflösung eines Dienstverhältnisses gezahlt werden, soweit die für die zuvor ausgeübte Tätigkeit bezogenen Einkünfte der inländischen Besteuerung unterlegen haben,
- die Tätigkeit an Bord eines im internationalen Verkehr eingesetzten Luftfahrzeugs ausgeübt wird, das von einem Unternehmen mit Geschäftsleitung im Inland betrieben wird (§ 49 Abs 1 Nr 4a–e EStG).

Die nichtselbstständige Arbeit wird im Inland ausgeübt, wenn der ArbN hier persönlich tätig wird. Sie wird im Inland verwertet, wenn der ArbN das Ergebnis seiner außerhalb des Geltungsbereichs des EStG ausgeübten Tätigkeit im Inland seinem ArbGeb zuführt, zB bei Forschungstätigkeit im Ausland und Übergabe eines Forschungsberichts an den inländischen ArbGeb (LStR 39.4. Abs 2; BFH 12.11.86, BStBl II 87, 377, 379, 381, 383 und BFH 17.11.10 – I R 76/09, BStBl II 12, 276 Rz 36). Keine Besteuerung der Einkünfte aus der Verwertung im Inland der im Ausland ausgeübten Tätigkeit erfolgt unter den Voraussetzungen des LStR 39.4 Abs 3. Hier muss dem ArbGeb eine Freistellungsbescheinigung des BetriebsstättenFA vorgelegt werden (§ 39b Abs 6 iVm § 52 Abs 51b EStG 2012; LStR 39b.10). Die Regelung gilt, bis das BMF den Zeitpunkt für den erstmaligen automatisierten Abruf der ELStAM nach § 39 Abs 4 Nr 5 EStG mitteilt, was frühestens ab 2019 sein wird, so dass erst ab diesem Zeitpunkt die Vorlage einer Freistellungsbescheinigung entfällt (→ *Lohnabzugsverfahren* Rn 22 ff). Zur Änderung des LStAbzugs s LStR 41c.1 Abs 8. Zur Aufteilung des Arbeitslohns bei DBA Rn 21, zur Änderung des LStAbzugs Rn 24 aE und → *Lohnsteueranmeldung* Rn 10.

10 **c) Laufender Arbeitslohn** ist der Arbeitslohn, der dem ArbN regelmäßig fortlaufend zufließt, zB Monatsgehälter, Wochen- oder Tageslöhne, Mehrarbeitsvergütungen, Zuschläge und Zulagen, geldwerte Vorteile aus der ständigen Überlassung von Dienstwagen zur privaten Nutzung, Nachzahlungen und Vorauszahlungen, wenn diese sich ausschließlich auf Lohnzahlungszeiträume beziehen, die im Kj der Zahlung enden bzw innerhalb von 3 Wochen nach Ablauf des Kj gezahlt werden (LStR 39b.2 Abs 1 Nr 6 und 7; → *Entgeltnachzahlung* Rn 6, 7). Für die Ermittlung und Einbehaltung der LSt hat der ArbGeb die Höhe des laufenden stpfl Arbeitslohns im Lohnzahlungszeitraum – bei Lohnzahlungen in einer ausländischen Währung ggf durch Umrechnung (BFH 3.12.09 – VI R 4/08, BFH/NV 10, 727) – festzustellen und auf einen Jahresarbeitslohn **hochzurechnen.** Der Arbeitslohn eines monatlichen Lohnzahlungszeitraums ist mit 12, der eines wöchentlichen mit $^{360}/_{7}$ und der eines täglichen mit 360 zu vervielfältigen. Davon sind ggf ein Versorgungsfreibetrag (§ 19 Abs 2 EStG; → *Altersgrenze* Rn 19) und Altersentlastungsbetrag (§ 24a EStG; → *Altersentlastungsbetrag* Rn 6 ff) sowie ein etwaiger alsLohnsteuerabzugsmerkmal mitgeteilter Freibetrag (§ 39a Abs 1 EStG) abzuziehen und ein etwaiger Hinzurechnungsbetrag hinzuzurechnen (§ 39a Abs 1 Satz 1 Nr 7 EStG; § 39b Abs 2 EStG; → *Lohnsteuerabzugsmerkmale* Rn 11; → *Lohnsteuerermäßigung* Rn 5 ff, 10).

11 Für den so ermittelten zu versteuernden Jahresbetrag ist die LSt aus der für den Lohnzahlungszeitraum maßgebenden LStTabelle unter entsprechender Teilung des Jahresbetrages ($^{1}/_{12}$; $^{7}/_{360}$ oder $^{1}/_{360}$) zu entnehmen bzw maschinell aufgrund des amtlichen Programmablaufplans festzustellen (→ *Lohnsteuertabellen* Rn 2 ff). Die Berücksichtigung

der Vorsorgepauschale erfolgt seit 1.1.10 nur noch im Rahmen des LStAbzugsverfahrens nach § 32b Abs 2 Nr 3 EStG durch Ansatz entsprechender Teilbeträge für die gesetzliche RV, KV und PflegeV bei den versicherungspflichtigen ArbN bzw die private KV und PflegeV bei den von der Versicherungspflicht Befreiten, zB Gesellschafter-Geschäftsführer, Beamte, ArbN mit Einkommen über der BMG (→ *Lohnsteuertabellen* Rn 8 ff). Bei der Ermittlung der LSt ist die in den ELStAM gespeicherte Steuerklasse maßgebend (→ *Lohnsteuerabzugsmerkmale* Rn 10). Die sich danach ergebende LSt ist vom Arbeitslohn abzuziehen.

Das BetriebsstättenFA kann allgemein oder auf Antrag des ArbGeb ein Verfahren zulassen, durch das die LSt unter den Voraussetzungen des § 42b Abs 1 EStG (**permanenter Lohnsteuerjahresausgleich**, → *Lohnsteuerjahresausgleich* Rn 14, 15) nach dem voraussichtlichen Jahresarbeitslohn ermittelt wird, wenn gewährleistet ist, dass die zutreffende JahresLSt nicht unterschritten wird (§ 39b Abs 2 Satz 12 EStG). Bei maschineller Lohnabrechnung wird die LSt maschinell ermittelt. Hierzu hat der BMF einen Programmablaufplan zu veröffentlichen § 39b Abs 8 EStG (Programmablaufplan für 2019: BMF 12.11.18, BStBl I 18, 1152). Unter der Internetadresse des BMF, Link „Service", ist ein interaktiver Steuerrechner zur LStErmittlung zu finden. 12

**d) Sonstige Bezüge.** → Rn 18; → *Sonstige Bezüge* Rn 2–12; zur Vorsorgepauschale → *Lohnsteuertabellen* Rn 20. 13

**e) Nettolohnvereinbarung.** → *Nettolohnvereinbarung* Rn 10–19.

**f) Lohnabrechnungszeitraum.** Wenn der ArbGeb für den Lohnzahlungszeitraum lediglich Abschlagszahlungen leistet (→ Rn 6) und eine Lohnabrechnung für einen längeren Zeitraum vornimmt (Lohnabrechnungszeitraum), kann er den Lohnabrechnungszeitraum als Lohnzahlungszeitraum behandeln und die LSt abweichend von § 38 Abs 3 EStG (Einbehaltung bei Lohnzahlung) erst bei der Lohnabrechnung einbehalten, wenn der Lohnabrechnungszeitraum nicht mehr als fünf Wochen beträgt und die Lohnabrechnung innerhalb von drei Wochen nach Ablauf des Lohnabrechnungszeitraums erfolgt. Das BetriebsstättenFA kann anordnen, dass die LSt von den Abschlagszahlungen einzubehalten ist, wenn die Erhebung der LSt sonst nicht gesichert erscheint. Wenn wegen einer besonderen Entlohnungsart weder ein Lohnzahlungs- noch ein Lohnabrechnungszeitraum festgestellt werden kann, gilt als Lohnzahlungszeitraum die Summe der tatsächlichen Arbeitstage oder Arbeitswochen (§ 39b Abs 5 EStG). 14

**g) Freistellungsbescheinigung** wegen DBA (§ 39b Abs 6 iVm § 52 Abs 51b EStG 2012; LStR 39b.10, frühestens ab 2019 § 39 Abs 4 Nr 5 EStG im Rahmen des automatisierten Abrufverfahrens, → *Lohnsteuerabzugsmerkmale* Rn 13): → *Lohnabzugsverfahren* Rn 22, 23 sowie → *Auslandstätigkeit* Rn 42 ff. 15

**h) Lohnsteuerabzug ohne ELStAM (§ 39c EStG). (1) Unbeschränkt SteuerpflichGesundheitszeugnistige.** Solange der ArbN dem ArbGeb schuldhaft die Mitteilung der ihm zugeteilten Identifikationsnummer und seines Geburtstages zum Zweck des Abrufs der ELStAM (§ 39e Abs 4 Satz 1 EStG; → *Lohnsteuerabzugsmerkmale* Rn 19) oder das BZSt die Mitteilung der ELStAM wegen (gezielter) Sperrung durch den ArbN oder Antrag des ArbN, für ihn keine ELStAM mehr zu bilden, verweigert (§ 39e Abs 6 Sätze 6 und 7; → *Lohnsteuerabzugsmerkmale* Rn 23), ist der ArbGeb verpflichtet, die LSt nach der Steuerklasse VI zu ermitteln (→ *Lohnsteuerklassen* Rn 11). Hat der ArbN die fehlende Mitteilung der ihm zuzuteilenden Identifikationsnummer zB aufgrund von Verzögerungen bei der Vergabe der Nummer nicht zu vertreten oder kann der ArbGeb die ELStAM wegen technischer Störungen nicht abrufen, darf der ArbGeb für die LStBerechnung längstens für die Dauer von drei Monaten die voraussichtlichen LStAbzugsmerkmale iSd § 38b EStG und nicht die LStKlasse VI zugrunde legen (§ 39c Abs 1 Sätze 1 und 2 EStG). Sobald der ArbN die erforderlichen Daten mitgeteilt hat, muss der ArbGeb die ELStAM abzurufen, den durchgeführten LStAbzug prüfen und unter Anwendung von § 41c EStG (→ *Lohnsteueranmeldung* Rn 11) ggf durch Ausgleich der zu viel oder zu wenig einbehaltenen LSt in der nächsten Lohnabrechnung korrigieren (§ 39c Abs 1 Sätze 4 und 5 EStG). Ist abzusehen, dass die Erteilung der Identifikationsnummer länger als drei Monate dauern wird, erstellt das FA auf Antrag des ArbN ersatzweise eine Bescheinigung für den LStAbzug in Papierform (§§ 39 Abs 3 EStG, 39e Abs 8 EStG), die dieser innerhalb der **Drei-Monats-Frist** dem ArbGeb vorzulegen hat. 16

17 Bei **Überschreiten** der Drei-Monats-Frist ist der LStAbzug **rückwirkend** für die ersten drei Monate nach Steuerklasse VI vorzunehmen. Die Gesetzesbegründung ging dabei davon aus, dass im Falle der nicht (vollständigen) bzw verzögerten Abrufbarkeit der ELStAM durch den ArbGeb aufgrund technischer Probleme im Rahmen der Einführung der ELStAM der Drei-Monats-Zeitraum durch Verwaltungsanweisung großzügig verlängert wird (BT-Drs 17/6263 S 54). Dies ist jedoch nicht geschehen, s BMF 7.8.13, BStBl I 13, 943Tz III 8).

18 **(2) Erweitert unbeschränkt einkommensteuerpflichtige und auf Antrag als unbeschränkt steuerpflichtig zu behandelnde Arbeitnehmer** (→ Rn 8). Die LSt ist ebenfalls nach Steuerklasse VI zu ermitteln, wenn der Antrag auf Ausstellung einer Bescheinigung für den LStAbzug beim BetriebsstättenFA nach §§ 39 Abs 3 Satz 1, 39e Abs 8 EStG weder vom ArbN noch in ihrem Namen vom ArbGeb gestellt wurde (→ *Lohnsteuerabzugsmerkmale* Rn 26). Anstelle der Drei-Monats-Frist tritt bei diesen ArbN eine **Sechs-Wochen-Frist** ab Eintritt in das Dienstverhältnis oder nach Beginn des Kj. Für die auf Antrag als unbeschränkt stpfl zu behandelnden ArbN ist eine Pflichtveranlagung durchzuführen (§ 46 Abs 2 Nr 7b EStG; → *Antragsveranlagung* Rn 15).

**(3) Dritte.** Sie können soweit sie die ArbGebPflichten nach § 38 Abs 3a Satz 1 EStG zu erfüllen haben (→ *Lohnabzugsverfahren* Rn 16), die LSt für einen **sonstigen Bezug** (→ Rn 13; → *Sonstige Bezüge* Rn 2–12) mit 20 % unabhängig von den ELStAM des **unbeschränkt oder beschränkt steuerpfl ArbN** ermitteln, wenn der Jahresarbeitslohn zzgl des sonstigen Bezugs 10 000 € nicht übersteigt (§ 39c Abs 3 EStG).

19 **4. Besonderheiten bei beschränkt einkommensteuerpflichtigen Arbeitnehmern. a) Allgemeines.** Nach § 50 Abs 2 EStG gilt die ESt durch den Steuerabzug als abgegolten, es sei denn (alternativ),

– es wird nachträglich festgestellt, dass die Voraussetzungen der unbeschränkten Stpfl iSd § 1 Abs 2 oder 3 oder § 1a EStG (→ Rn 8) nicht vorgelegen haben (§ 50 Abs 2 Nr 2 EStG; BFH 23.9.08 – I R 65/07, BStBl II 09, 666; Verfassungsbeschwerde nicht zur Entscheidung angenommen: BVerfG 23.7.09 – 2 BvR 1464/09) oder
– der ArbN beantragt eine EStVeranlagung (§ 50 Abs 2 Nr 4b EStG)
– als ELStAM ein Freibetrag nach § 39a Abs 4 (die Pauschbeträge übersteigende Werbungskosten und/oder Sonderausgaben oder ein Frei- bzw Hinzurechnungsbetrag nach § 39a Abs 1 Nr 7 EStG) gebildet worden ist (§ 50 Abs 2 Nr 4a EStG) s auch → *Ausländer* Rn 45)
– beschränkt stpfl ArbN, die keinen inländischen ArbGeb haben und bei denen der Steuerabzug nach § 50a Abs 1 Nr 1 oder 2 EStG vorgenommen wurde, beantragen eine EStVeranlagung (§ 50 Abs 2 Nr 5 EStG; → Rn 10).

Bei beschränkt stpfl ArbN ist der zu versteuernde Jahresbetrag (§ 39b Abs 2 Satz 5 EStG) nur um den die Einkünfte abzüglich der auf die Zeit der Erzielung der Einnahmen nach § 49 Abs 1 Nr 4 EStG entfallenden Aufwendungen nach § 50 Abs 1 Satz 4 EStG (abziehbare Werbungskosten und Vorsorgeaufwendungen) übersteigenden Teil des Grundfreibetrags zu erhöhen (§ 50 Abs 1 Satz 2 EStG) wie bei anderen beschränkt Stpfl.

20 **b) Aufteilung des steuerfreien und steuerpflichtigen Arbeitslohns nach DBA.** Diese richtet sich im Rahmen der LStBerechnung für die LStAnmeldung nach BMF 14.3.2017, BStBl I 17, 473, auf das im Einzelnen verwiesen wird, insbes hinsichtlich des zusammenfassenden Beispiels in Tz 8 des Schreibens. Der ArbGeb hat ein Wahlrecht, ob er die Aufteilung des nicht aufgrund einer konkret zuordenbaren in- oder ausländischen Arbeitsleistung direkt zuordenbaren Arbeitslohn (zB Reisekosten, Überstundenvergütungen, Sonn- und Feiertagszuschläge, Unterstützungsleistungen) für den laufenden LStAbzug nach

– tatsächlichen Arbeitstagen im gesamten Beschäftigungszeitraum innerhalb eines Kj (BMF, BStBl I 17, 473, Tz I.2 Buchstabe a)
– tatsächlichen Arbeitstagen im einzelnen Lohnzahlungszeitraum (BMF, BStBl I 17, 473, Tz I.2 Buchstabe b)
– vereinbarten Arbeitstagen im gesamten Beschäftigungszeitraum innerhalb eines Kj (BMF, BStBl I 17, 473, Tz I.2 Buchstabe c) oder
– vereinbarten Arbeitstagen im einzelnen Lohnzahlungszeitraum (BMF, BStBl I 17, 473, Tz I.2 Buchstabe d)

vornimmt. Innerhalb des Dienstverhältnissees darf der ArbGeb allerdings nur nach einheitlichen Grundsätzen abrechnen. Maßgeblicher Zeitpunkt ist der Tag, an dem der Lohnzahlungszeitraum endet. Ändert sich die Prognose für die Anzahl der tatsächlichen oder vereinbarten Tage im folgenden Lohnzahlungszeitraum, ist der neue ermittelte Aufteilungsmaßstab ab diesem Lohnzahlungszeitraum anzuwenden (BMF 14.3.17, BStBl I 17, 473 I.Tz 3, 4; R 39b.5 Abs 1 Satz 3 LStR). Zu verkürzten Lohnzahlungszeiträumen bei Beginn oder Beendigung des Dienstverhältnisses während des Kalendermonats s BMF 14.3.17, BStBl I 17, 473, Tz I.5. Für die Zuordnung und Aufteilung von sonstigen Bezügen, insbes Weihnachts- und Urlaubsgeld (→ *Sonstige Bezüge* Rn 2) gelten die vorgenannten Grundsätze entsprechend (BMF, BStBl I 17, 473, Tz I.6).

Die Regelungen werden für das **Veranlagungsverfahren** ergänzt durch das BMF 3.5.18, 21 BStBl I 18, 643. Das BMF verweist in Tz 5, Rn 194 ff für die Aufteilung des Arbeitslohns zunächst auf das BMF 14.3.17, BStBl 17, 473 und gibt weitere Beispiele im Hinblick auf die der Aufteilung vorrangige Anwendung der 183-Tage-Regel. Dabei ist zu beachten, dass der ArbGeb auch nach Erstellen der LStBescheinigung für die zutreffende Anmeldung und Abführung der LSt haftet und verpflichtet ist, etwaige Änderungen nach § 41c Abs 4 EStG anzuzeigen (→ Rn 27), obwohl das LStAbzugsverfahren als Vorauszahlungsverfahren aufgrund seiner Besonderheiten nicht in das Veranlagungsverfahren hineinwirkt. Unabhängig das von ist das FA weder gehindert, die vorgenommene Aufteilung im Veranlagungsverfahren zu überprüfen noch an eine fehlerhaft erteilte Freistellungsbescheinigung gebunden (BMF 3.5.18, BStBl I 18, 643 Tz 5.2 Rn 197; BFH 13.3.85 – I R 86/80, BStBl II 85, 500).

**c) Beschränkt einkommensteuerpflichtige Künstler, Berufssportler, Schriftsteller, Journalisten und Bildberichterstatter.** 22

**(1)** Deren Bezüge unterliegen dem **normalen LStAbzug**, wenn diese **im Rahmen eines Dienstverhältnisses** tätig werden **und** die Bezüge von einem **inländischen** ArbGeb (→ *Lohnabzugsverfahren* Rn 6 ff) gezahlt werden (LStR 39.4 Abs 4 Satz 1). Dieser kann allerdings die LSt für gastspielverpflichtete **Künstler** bei Theatern oder für freie Mitarbeiter für Funk und Fernsehen oder Mitarbeiter in der Film- und Fernsehproduktion, die nichtselbstständig tätig (BMF 9.7.14, BStBl I 14, 1103) und für höchstens sechs Monate beschäftigt sind, pauschal mit 20 % der gesamten Einnahmen erheben, wenn der Künstler die LSt trägt. Übernimmt der ArbGeb die LSt und den SolZ, beträgt die LSt 25,35 %, übernimmt er nur den SolZ, beträgt die LSt 20,22 %. Die LSt ist nach den Regelvorschriften zu erheben, wenn der ArbN dies verlangt. Die Beträge gelten für Einnahmen ab 30. Juni 2013 zugeflossene Beträge (ausführlich zur Besteuerung der beschränkt stpfl Künstler s BMF 31.7.02, BStBl I 02, 707, zuletzt geändert durch BMF 28.3.13, BStBl I 13, 443; → *Ausländer* Rn 45). Zur Steuerfreistellung ausländischer Künstler und Sportler bei Vorliegen eines besonderen öffentlichen Interesses nach § 50 Abs 4 EStG s *Holthaus* IWB 09, 157, F 3, 1531. Zum Steuerabzug von Einkünften beschränkt stpfl Fotomodelle s OFD Karlsruhe 5.8.09, DStR 09, 1808.

**(2)** Die **Sondervorschriften** der §§ 50a Abs 1 Nr 1 und 2 sowie Abs 2 EStG (Steuer- 23 abzug 15 % bei künstlerischen, sportlichen, artistischen, unterhaltenden oä Darbietungen) sowie 50d EStG gelten, wenn die **Vergütungen nicht von einem inländischen ArbGeb gezahlt** werden (LStR 39.4 Abs 4 Satz 2). Auf die Vergütungen für technische Produktionsleistungen und technische Hilfe durch Dritte ist keine Künstlerabzugssteuer (§ 50a Abs 1 Nr 4 EStG aF; § 50a Abs 1 Nr 1 EStG) zu erheben (FG München 30.3.09 – 7 K 3826/05, EFG 09, 1119). Die inländische Verwertung von Auslandsdarbietungen unterliegt zwar der inländischen EStPflicht (→ Rn 18), führt jedoch seit 2009 nicht mehr zum Steuerabzug nach § 50a EStG (OFD Karlsruhe 14.1.09, DStR 09, 484). Es besteht für Darbietungen eine **Freigrenze von 250 €** pro Darbietung und Person (§ 50a Abs 2 Satz 3 iVm Abs 1 Nr 1 EStG). Nicht zur **Bemessungsgrundlage** gehören Reisekosten, die besonders gewährt werden, nur insoweit als sie bei Fahrt- und Übernachtungsauslagen die tatsächlichen Kosten und bei Verpflegungsmehraufwendungen die Pauschbeträge nach § 4 Abs 5 Satz 1 Nr 5 EStG übersteigen (§ 50a Abs 2 Satz 2 EStG). Der Schuldner der Vergütung kann von den Einnahmen mit ihnen in unmittelbarem wirtschaftlichem Zusammenhang stehende **Werbungskosten** abziehen, wenn sie ihm vom Stpfl in einer vom FA nachprüfbaren Form nachgewiesen oder vom Vergütungsschuldner übernommen werden. Der beschränkt Stpfl muss hierzu aber Staatsangehöriger eines EU- oder EWR-Staates sein und auch seinen Wohnsitz oder gewöhnlichen Aufenthalt in einem dieser Staaten haben (§ 50a Abs 3 Satz 1 und 2 EStG). Nach § 50a Abs 5 EStG **haftet der Schuldner der Vergütung** für die Einbehaltung und Abführung der Steuer, und zwar bei Vorliegen der Voraussetzungen auch dann, wenn die Voraussetzungen für Erteilung einer Freistellungsbescheinigung vorliegen, diese aber noch nicht erteilt ist (FG Bln-Bdbg 4.4.12 – 12 V 12204/11, EFG 12, 1352). Auf Verlangen hat der Schuldner der Vergütung dem Steuerschuldner nach amtlich vorgeschriebenem Muster Namen und Anschrift, Art der Tätigkeit und Höhe der Vergütung, den Zahlungstag, den Betrag der einbehaltenen und abgeführten Steuer sowie das FA, an das die Steuer abgeführt worden ist, zu bescheinigen. Zum Steuererlass für beschränkt stpfl Sportler im Zusammenhang mit inländischen Spielen der europäischen Vereinswettbewerbe von Mannschaftssportarten s BMF 20.3.08, BStBl I 08, 538.

**(3) Keine Abzugsverpflichtung** nach § 50a Abs 5 EStG trifft den Vergütungsschuldner, wenn die Zahlungen an die Empfänger mangels **Gewinnerzielungsabsicht** der Darbietenden nicht mit steuerlichen relevanten Einkünften zusammenhängen. Das FG München geht allerdings bei professionell auftretenden Theater- und Musikgruppen auch dann vom Vorliegen einer Gewinnerzielungsabsicht aus, wenn die jeweilige Gruppe im Heimatland staatliche Subventionen oder Fördermittel in Anspruch nimmt. Die Steuerabzugsverpflichtung besteht dann auch für den Vergütungsschuldner ohne Betriebsstätte (→ *Betriebsstätte* Rn 2) oder vergleichbare Einrichtung imInland, da die an die Betätigung im Inland anknüpfende beschränkte Steuerpflicht den für die Steuerabzugsverpflichtung erforderlichen Inlandbezug herstellt (FG München 29.1.18 – 7 K 52/16, EFG 18, 738; Rev eingelegt, Az BFH I R 8/18)

24 **5. Änderungen des Lohnsteuerabzugs. a)** Zu den Änderungen wegen **fehlender Mitteilung der Identifikationsnummer und des Geburtstages** (§ 39c Abs 1 EStG) oder der Bescheinigung für den LStAbzug (§ 39c Abs 2 EStG) → Rn 15–17.

25 **b) Nachträgliche Einbehaltung oder Erstattung.** Der ArbGeb ist berechtigt, bei der jeweils nächstfolgenden Lohnzahlung bisher erhobene LSt zu erstatten oder nicht erhobene LSt nachträglich einzubehalten, wenn ihm ELStAM zum Abruf bereitgestellt werden bzw der ArbN eine Bescheinigung über den LStAbzug mit Eintragungen vorlegt, die auf einen davor liegenden Zeitpunkt zurückwirken, oder der ArbGeb erkennt, dass er die LSt bisher nicht vorschriftsmäßig einbehalten hat (§ 41c Abs 1 EStG). Dies gilt aber nur, soweit die LSt von ihm einbehalten worden ist oder einzubehalten war bzw bei Nettolöhnen von ihm zu übernehmen ist (LStR 41c.1 Abs 2).

Zur **Änderung des Lohnsteuerabzugs,** der nur bis zur Übermittlung oder Ausschreibung der Lohnsteuerbescheinigung (→ *Lohnsteuerbescheinigung* Rn 11 ff) zulässig ist, s iE → *Lohnsteueranmeldung* Rn 11.

26 **c) Anzeigepflichten.** Macht der **Arbeitgeber** von seiner Berechtigung zur nachträglichen Einbehaltung der LSt keinen Gebrauch oder kann er die LSt nicht nachträglich einbehalten, weil der ArbN von dem ArbGeb keinen Lohn mehr bezieht oder der ArbGeb bereits eine LStBescheinigung ausgeschrieben hat, hat er dies dem BetriebsstättenFA zur Nachforderung der zu wenig einbehaltenen LSt vom ArbN – unabhängig von der Höhe der LSt (LStR 41c.2 Abs 1 Satz 4) – **unverzüglich** anzuzeigen (§ 41c Abs 4 Satz 1 EStG). In der schriftlichen Anzeige sind der Name, die Anschrift des ArbN und alle gebildeten ELStAM sowie der Anzeigegrund und die für die Berechnung der LStNachforderung erforderlichen Mitteilungen über Höhe und Art des Arbeitslohns, zB Auszug aus dem Lohnkonto anzugeben (LStR 41c.2 Abs 2). Durch die Anzeige kann der ArbGeb seine Haftungsinanspruchnahme ausschließen (§ 42d Abs 2 Nr 1 EStG; → *Lohnsteuerhaftung* Rn 15). Übersteigt der nachzufordernde Betrag 10 €, hat das BetriebsstättenFA die zu wenig erhobene LSt vom ArbN nachzufordern (§ 41c Abs 4 Satz 2 EStG; → *Lohnsteuernachforderung* Rn 3 ff). Erscheint es ihm zweckmäßig, zB weil der ArbN zu veranlagen ist, kann es die Anzeige zudem an das WohnsitzFA des ArbN weiterleiten (LStR 41c.2 Abs 3).

## C. Sozialversicherungsrecht *Schlegel*

27 Da die Beiträge zu den SozVTrägern auf eigenen Rechtsgrundlagen beruhen, hat die LStBerechnung für das SozVRecht nur dann und insoweit Bedeutung, als Lohnnachleis-

tungen auf das zuletzt erzielte Nettoarbeitsentgelt bzw eine vergleichbare pauschalierte Bemessungsgrundlage abstellen (§ 47 Abs 1 SGB V). Besonderheiten gelten jedoch bei der *Lohnsteuerpauschalierung*.

## Lohnsteuerbescheinigung

### A. Arbeitsrecht

*Poeche*

1 **1. Ausgangslage.** Binnen angemessener Frist nach Ablauf des Kj oder nach Beendigung des Arbeitsverhältnisses ist dem ArbN nach § 41b Abs 1 S 3 EStG vom ArbGeb die elektronische LStBescheinigung als Ausdruck auszuhändigen oder elektronisch bereitzustellen. Anhand der LStBescheinigung kann der ArbN kontrollieren, ob die arbeitsvertragsbezogenen Daten (Beginn und Ende des Arbeitsverhältnisses sowie die Höhe des Bruttoentgelts und tatsächlich gezahlten Entgelts) richtig sind. Weiter ergibt sich, welche *Lohnsteuerabzugsmerkmale* der ArbGeb zugrunde gelegt und welche Leistungen er dem LStAbzug unterworfen hat. Ungeachtet der Verankerung der LStBescheinigung im Steuerrecht besteht Einigkeit, dass die LStBescheinigung zu den *Arbeitspapieren* gehört, deren Herausgabe der ArbN beanspruchen kann (so zur Lohnsteuerkarte: BAG 20.2.97 – 8 AZR 121/95, NZA 97, 880). Für eine hierauf gerichtete Klage ist das ArbG nach § 2 Abs 1 Nr 3c ArbGG zuständig.

2 **2. Streit über die Ausfüllungspflicht und die Richtigkeit von Eintragungen. a) Rechtsweg.** Streit besteht über die Zuständigkeit des ArbG oder des FG, wenn es um die Verpflichtung des ArbGeb zur Ausfüllung der LStBescheinigung als solcher und die inhaltliche Richtigkeit der Daten geht. Das BAG nimmt eine Zuständigkeit des FG an (BAG 11.6.03 – 5 AZB 1/03, NZA 03, 877). Dabei geht es von einer arbeitsvertraglichen Nebenpflicht des ArbGeb aus, die LStBescheinigung „richtig" auszufüllen. Deren Inhalt werde aber durch die Regelungen des EStG ausgestaltet. Eine konkrete arbeitsrechtliche Vorschrift, die bestimme, wie eine LStBescheinigung auszusehen habe, gebe es nicht. Prägend sei damit das Steuerrecht. Für den Rechtsweg zum ArbG fehle es an dem Merkmal „bürgerliche" Rechtsstreitigkeit. Der BFH sieht das anders (BFH 13.12.07 – VI R 57/04, DStRE 08, 616; 4.9.08 – VI B 108/07, BeckRS 2008, 25014321). Wie das BAG geht er davon aus, maßgebend sei, ob der zur Klagebegründung vorgetragene Sachverhalt für die aus ihm hergeleitete Rechtsfolge von Rechtssätzen des Arbeitsrechts oder des öffentlichen Rechts geprägt werde. Im Gegensatz zum BAG nimmt der BFH an, die Zuständigkeit des ArbG sei dann gegeben, wenn es bei dem Rechtsstreit „im Kern" um arbeitsrechtliche Fragen gehe. Dazu gehören nach seiner Auffassung der Streit, ob und für welchen Zeitraum ein Arbeitsverhältnis bestanden hat, welche arbeitsrechtlichen Ansprüche – insbes Barlohnansprüche – bestehen/bestanden haben und damit letztlich um Entgelt gestritten wird (so auch FG München 9.7.04 – 1 K 1234/04, BeckRS 2004, 26016294). Obwohl es sowohl in dem vom BAG entschiedenen Rechtsstreit als auch in dem des BFH vom 4.9.08 ausschließlich um das nach Auffassung des ArbN fehlerhaft bescheinigte Enddatum des Arbeitsverhältnisses ging, hat der BFH sich nicht in Widerspruch zum BAG gesehen und von einer Anfrage, ob das BAG an seiner Auffassung festhält, abgesehen. Das BAG hatte, soweit ersichtlich, bisher keine Gelegenheit, sich mit der Argumentation des BFH auseinander zu setzen. Auch in seiner Entscheidung vom 7.5.13 (– 10 AZB 8/13, BeckRS 2013, 69228) konnte es offen lassen, ob es sich dessen Auffassung anschließt. Es hat aber ausdrücklich darauf hingewiesen, dass die FG jedenfalls dann zuständig sind, wenn es im Kern um einen abgabenrechtlichen Streit geht. Im Ergebnis ist dem BFH zuzustimmen. Der Finanzrechtsweg ist ausschließlich für öffentlich-rechtliche Rechtsstreitigkeiten eröffnet. Das Einkommensteuerrecht bestimmt das Ob und Wie der Steuerpflicht von ArbGebLeistungen; die Eintragungen müssen die tatsächlichen Verhältnisse widerspiegeln. Dadurch werden aber keine öffentlich-rechtlichen Pflichten des ArbGeb gegenüber dem ArbN begründet; solche bestehen – abgesehen von der Aushändigungspflicht – ausschließlich gegenüber dem Fiskus. Ansprüche des ArbN gegen den ArbGeb auf Ausfüllung und Berichtigung können daher allein auf dem „Lebenssachverhalt" Arbeitsverhältnis beruhen und mangels ausdrücklicher Vorschriften aus arbeitsvertraglicher Nebenpflicht iSv § 241 Abs 2 BGB hergeleitet werden. Inhalt und Reichweite

der Rücksichtnahmepflichten (*Fürsorgepflicht*) sind als bürgerlich-rechtliche Fragen vom ArbG zu beurteilen (FG Sachs 18.5.05 – 5 K 612/05, BeckRS 2005, 26020909). Das ArbG ist dementsprechend stets zuständig, wenn es um die **objektive (tatsächliche) Richtigkeit** der Eintragungen geht, vorausgesetzt, die Entscheidung des ArbG bindet die Finanzverwaltung nicht hinsichtlich der Beurteilung steuerrechtlicher Tatbestände (ErfK/*Koch* ArbGG § 2 Rz 19). S auch → Rn 29.

3 **b) Beispiele für die Zuständigkeit des Arbeitsgerichts:** Bescheinigt wird ein Bruttolohn, ArbN behauptet eine Nettolohnvereinbarung; der vom ArbGeb bescheinigte Bruttolohn ist nur teilweise ausgezahlt worden; dem ArbN ist tatsächlich sehr viel mehr gezahlt worden als ausgewiesen; die LStBescheinigung ist nicht deckungsgleich mit dem Lohnkonto; gestritten wird um die Übernahme der Pauschalsteuer oder der Umsatzsteuer im Innenverhältnis (BAG 20.5.08 – 9 AZR 406/07, NZA-RR 09, 168).

4 **c) Praxishinweis.** Ein Rechtsstreit des ArbN gegen den ArbGeb auf Ausfüllung oder Berichtigung lohnt sich regelmäßig nicht. Er bildet allenfalls einen Ausschnitt aus dem Streitkomplex. Streiten die Parteien darüber, ob zwischen ihnen überhaupt ein Arbeitsverhältnis bestanden hat, bietet sich der sog Statusprozess an. Bei Streit über die Übernahme der LSt durch den ArbGeb sollte auf Zahlung des vermeintlich fehlenden Entgelts geklagt werden, bei Streit über das Beendigungsdatum auf Annahmeverzugslohn. Im Übrigen dient die LStBescheinigung lediglich dem Nachweis gegenüber dem FA. Falscheintragungen, die sich zu Lasten des ArbN auswirken, können dort geklärt werden. Das BAG hat in seiner Entscheidung vom 7.5.13 (– 10 AZB 8/13, BeckRS 2013, 69228) dementsprechend auch darauf hingewiesen, dass eine Klage auf Berichtigung der LStBescheinigung unzulässig sein dürfte.

5 **3. Schadensersatz.** Da der ArbN die LStBescheinigung – anders als die LStKarte – einem neuen ArbGeb nicht vorlegen muss, stellt sich nicht mehr die Frage nach einem Ersatzanspruch wegen verspäteter oder unterlassener Herausgabe des Arbeitspapiers. Ersatzansprüche kommen dagegen in Betracht, wenn der ArbGeb bei der Errechnung und Abführung der LSt schuldhaft Nebenpflichten verletzt, dadurch einen Schaden des ArbN verursacht und dem ArbN kein Mitverschulden zur Last gelegt werden kann (BAG 30.4.08 – 5 AZR 725/07, NZA 08, 884; → *Anrufungsauskunft* Rn 2).

6 **4. Vollstreckung.** Der Anspruch des ArbN wird in Titeln häufig noch auf die Herausgabe der LStBescheinigung lauten. Genau genommen wird jedoch regelmäßig nur die Herausgabe oder die elektronische Übermittlung eines nach amtlich vorgeschriebenen Muster gefertigten Ausdrucks der elektronischen Lohnsteuerbescheinigung iSv § 41b Abs 1 S 3 EStG verlangt werden können, vgl LAG BaWü 7.12.17 – 4 Ta 12/17, BeckRS 2017, 137441. Denn nicht elektronische LStBescheinigungen dürfen nur noch in dem in § 41b Abs 3 EStG genannten Fall erteilt werden.

Ein Titel auf Erteilung einer LStBescheinigung wird nach § 888 ZPO durch Festsetzung eines Zwangsgeldes, ersatzweise Zwangshaft, vollstreckt (LAG Bln-Bbg 4.4.11 – 17 Ta 429/11, BeckRS 2011, 71012; aA aber nunmehr LAG BaWü 7.12.17 – 4 Ta 12/17, BeckRS 2017, 137441, das davon ausgeht, dass vor dem ArbG ohnehin nur die Herausgabe/Aushändigung verlangt werden kann). Wird die Herausgabe geschuldet, so handelt es sich um eine vertretbare Handlung, die nach § 883 ZPO zu vollstrecken ist (LAG BaWü 7.12.17 – 4 Ta 12/17, BeckRS 2017, 137441; LAG Nürnberg 9.6.11 – 7 Ta 15/11, BeckRS 2011, 73470). Dass der ArbGeb vor der Herausgabe die elektronische LStBescheinigung auszudrucken hat, stellt keinen eigenständigen Erstellungsakt, der nach § 888 ZPO zu vollstrecken wäre, dar (LAG BaWü 7.12.17 – 4 Ta 12/17, BeckRS 2017, 137441).

## B. Lohnsteuerrecht *Seidel*

11 **1. Elektronische Lohnsteuerbescheinigung. a)** Das BMF hat die Ausstellung der LStBescheinigungen ab den Jahren 2020 im Schreiben vom 9.9.19, BStBl I 19, 911, auf das im Einzelnen verwiesen wird, bis auf weiteres geregelt. Der ArbGeb hat bei Abschluss des Lohnkontos, dh bei Beendigung des Dienstverhältnisses oder am Ende des Kj, aufgrund der Eintragungen im Lohnkonto eine LStBescheinigung auf elektronischem Weg nach Maßgabe der SteuerdatenübermittlungsVO (→ *Lohnsteueranmeldung* Rn 3) zu übermitteln (§ 41b

Abs 1 EStG iVm § 93c AO). Die Datenübermittlung ist dabei nach amtlich vorgeschriebenem Datensatz durch Datenfernübertragung über die **amtlich bestimmte Schnittstelle** (§ 93c Absatz 1 Nummer 1 AO) authentifiziert vorzunehmen. Das für die ausnahmslos erforderliche Authentifizierung erforderliche Zertifikat muss vom Datenübermittler einmalig auf der Internetseite www.elster.de beantragt werden. S dort auch zu Einzelheiten.

Eine Ausnahme gilt nur noch für ArbGeb ohne maschinelle Lohnabrechnung, die ausschließlich ArbN im Rahmen einer geringfügigen Beschäftigung im Privathaushalt beschäftigen (→ *Hauswirtschaftliches Beschäftigungsverhältnis* Rn 10 ff). Dieser hat eine LStBescheinigung nach amtlich vorgeschriebenem Muster auszustellen (§ 41b Abs 3 Satz 1 EStG). Dies muss aber auch für ArbGeb gelten, die keinen Zugang zum Internet haben (§ 39e Abs 7 EStG, → *Lohnsteuerabzugsmerkmale* Rn 28, *HMW* Lohnsteuerbescheinigung Rz 4). Zur Ausstellung besonderer LStBescheinigungen → Rn 16. Für Teilzeitbeschäftigte (→ *Teilzeitbeschäftigung* Rn 114 ff), deren Bezüge pauschal besteuert worden sind, sind keine LStBescheinigungen zu übermitteln (→ Rn 17). Dies gilt auch, wenn ein ArbN nur pauschal besteuerte Bezüge nach §§ 40 bis 40b EStG (→ *Lohnsteuerpauschalierung* Rn 13–39, 40–57; → *Geringfügige Beschäftigung* Rn 22) erhalten hat (§ 41b Abs 2 EStG). Eine LStBescheinigung ist allerdings dann erforderlich, wenn der ArbN ausschließlich nach DBA steuerfreie Bezüge erhalten hat. Eine LStBescheinigung hat der ArbGeb auch für die ArbN zu erstellen, für die er den LStAbzug als Dritter vornimmt (→ Rn 15 und → *Lohnabzugsverfahren* Rn 14 ff).

**b)** Die elektronische LStBescheinigung ist bis spätestens 28.2. des Folgejahres, nach amtlich vorgeschriebenem Datensatz **an das Finanzamt zu übermitteln**. Dies gilt auch für nicht zur elektronischen Übermittlung der LSt-Bescheinigung verpflichtete ArbGeb (§ 41b Abs 1 Sätze 2 und 4 EStG). Der **ArbN** erhält eine **Zweitausfertigung** (§ 41b Abs 1 Satz 5 EStG). Die Datensatzbeschreibung sowie das entsprechende Vordruckmuster werden im BStBl I bekannt gemacht. Ab 2016 ist eine eindeutige, durch den Datenlieferanten zu vergebende ID **(KmId)** zu erstellen, deren Zusammensetzung in der technischen Schnittstellenbeschreibung zur elektronischen LSt-Bescheinigung dokumentiert ist. (LStR 41b. Abs 1; **2020:** BMF 9.9.19, BStBl I 19, 919). Ist der ArbGeb nicht zur elektronischen Übermittlung verpflichtet, hat er nach Ablauf des Kj oder falls das Dienstverhältnis vor diesem Zeitpunkt endet, auf der Rückseite der vom FA ausgestellten Bescheinigung für den LStAbzug (§§ 39 Abs 3, 39e Abs 7 oder 8 EStG; → Rn 26 und → *Lohnsteuerabzugsmerkmale* Rn 26 ff), die einen entsprechenden Vordruck enthalten soll (BT-Drs 17/6263 S 58), eine LStBescheinigung auszustellen und dem ArbN unabhängig von einer EStVeranlagung auszuhändigen (§ 41b Abs 1 Satz 4–6 EStG; LStR 41b. Abs 2). Zur Berechnung eines sonstigen Bezugs in diesen Fällen → *Sonstige Bezüge* Rn 6. Nach Übermittlung der elektronischen LStBescheinigung ist eine Änderung des LStAbzugs nicht mehr möglich. 12

**c)** Stellt der ArbGeb **bis zum Ablauf des siebten auf den Besteuerungszeitraum folgenden Kalenderjahres** fest, dass die übermittelten **Daten unzutreffend** waren, hat der die Bescheinigung vorbehaltlich der Reglungen des § 41c Abs 3 und 4 EStG durch Übermittlung eines weiteren Datensatzes zu korrigieren oder stornieren (§ 93c Abs 3 Satz 1 AO). Nach § 41c Abs 3 Satz 4 ist die Änderung des LStAbzugs grds nur bis zur Übermittlung der elektronischen LStBescheinigung zulässig. Eine bloße **Korrektur** (Berichtigung) eines zunächst unrichtig übermittelten Datensatzes nach § 93c Abs 3 Satz 1 AO ist jedoch unbeschadet der Anzeigepflicht nach § 41c Abs 4 Satz 1 Nr 2 EStG zulässig (LStR 41c.1 Abs 7), zB bei **Nachzahlungen** nach Beendigung des Dienstverhältnisses im selben Kj für Lohnzahlungszeiträume bis zur Beendigung des Dienstverhältnisses (LStR 39b.5 Abs 4). Bei der erneuten Übermittlung muss das vorher verwendete Ordnungsmerkmal (zB eTIN) unverändert beibehalten werden und in der Bescheinigung der Merker „Korrektur" gesetzt werden. In einigen Fällen kommt eine **Stornierung** in Betracht. Erfolgt eine Korrektur bzw Stornierung der LStBescheinigung, ist der ArbN hierüber zu informieren (§ 93c Abs 3 Satz 2iVm Abs 1 Nr 3 AO). Im Einzelnen s BMF 27.9.17, BStBl I 17, 1339 Tzn II), zur Frage der Geltendmachung von Erstattungsansprüchen H 41c.1 „Erstattungsantrag" LStH. 13

**d)** Für die Datenübermittlung hat der ArbGeb seit **2010** die **Identifikationsnummer** des ArbN (§ 139b EStG) zu verwenden (§ 41b Abs 2 Sätze 3 und 4 EStG; BMF 9.11.09, BStBl I 09, 1313), die der nach der Steuerdaten-Übermittlungsverordnung (BGBl I 03, 139, 14 zuletzt geändert am 8.1.09, BGBl I 09, 31) authentifizierte ArbGeb zur Verfahrensvereinfachung beim BZSt erheben kann (§ 41b Abs 2 Sätze 5–8 EStG). Die Speicherung der Daten ist **verfassungsgemäß** (BFH 18.1.12 – II R 49/10, BStBl II 12, 168). In den Fällen der Ausstellung einer Bescheinigung für den LStAbzug durch das FA mangels zugeteilter Identifikationsnummer, also insbes für nach § 1 Abs 2 EStG unbeschränkt EStpflichtige, nach § 1 Abs 3 EStG als estpflichtig zu behandelnde und beschränkt EStpflichtige, ist bis zum VZ 22 die bisherigen **eTin** zu verwenden (§ 41b Abs 2 Satz 1 EStG iVm §§ 39 Abs 3, 39e Abs 8 EStG) → *Lohnsteuerabzugsmerkmale* Rn 27. Die abgerufenen **ELStAM** bzw auf der entsprechenden Bescheinigung (→ Rn 26) eingetragenen LSt-Abzugsmerkmale sind **vollständig zu übermitteln,** (nur) bei einem Abruf der ELStAM auch das Datum „gültig ab".

15 **e)** Die Einführung der elektronischen LStBescheinigung ermöglicht auch die Abgabe einer vereinfachten EStErklärung (→ *Antragsveranlagung* Rn 3). Das FA kann die Lohndaten des ArbN bundesweit aufgrund der eTin bzw Steueridentifikationsnummer automatisch für die Durchführung der EStVeranlagung beisteuern. Die übermittelten Daten werden den Einkünften aus nichtselbstständiger Arbeit zugeordnet. Der ArbN erhält einen Ausdruck der elektronischen LStBescheinigung (→ Rn 19) oder den Hinweis auf eine Abrufmöglichkeit. Er braucht der EStErklärung keinen Ausdruck der LStBescheinigung beifügen. Die Angabe der eTin bzw später der Identifikationsnummer genügt.

16 **2. Inhalt.** Anzugeben sind

**a)** der **Name,** Vorname, das Geburtsdatum und die **Anschrift** des ArbN (bzw dessen eTin oder Steueridentifikationsnummer) sowie die abgerufenen ELStAM oder die auf der entsprechenden Bescheinigung für den LStAbzug eingetragenen LStAbzugsmerkmale und die Bezeichnung sowie die Nummer des FA, an das die LSt abgeführt wurde, außerdem die **Steuernummer** des **Arbeitgebers** bzw der lohnsteuerlichen Betriebsstätte (§ 41b Abs 1 Nr 1 EStG; letzte Zeile des Musters). Ebenso ist bei Lohnzahlungen durch **Dritte** deren Steuernummer anzugeben.

17 **b)** Die **Dauer** des Dienstverhältnisses im Kj oder der Monat der Auszahlung bei sonstigen Bezügen, die nach Beendigung des Dienstverhältnisses gezahlt werden, (Muster Nr 1) sowie die **Anzahl** der im Lohnkonto vermerkten Großbuchstaben U (Muster Nr 2; § 41 Abs 1 Sätze 4, 5 EStG: jeweils Fortfall des Anspruchs auf Arbeitslohn an mindestens fünf aufeinander folgenden Arbeitstagen – zB Unterbrechungszeiträume wegen Krankheit, nicht darunter fallen jedoch Zeiträume, in denen der ArbN Lohnersatzleistungen erhalten hat, wie zB Kurzarbeiter- oder Schlechtwettergeld → Rn 19; § 41b Abs 1 Nr 2 EStG; → *Lohnkonto* Rn 5).

18 **c) Bruttoarbeitslohn** (Muster Nr 3), wobei der Gesamtbetrag einschließlich des Werts der Sachbezüge (→ *Sachbezug* Rn 11 ff) für das Kj anzugeben ist. Dazu gehören neben dem laufenden Arbeitslohn für im Kj endende Lohnzahlungszeiträume (→ *Lohnzufluss* Rn 5), den im Kj zugeflossenen sonstigen Bezügen (→ *Sonstige Bezüge* Rn 2) und den laufend und einmalig gezahlten Versorgungsbezügen, die zusätzlich unter Nr 8 einzutragen sind (→ Rn 24), auch stpfl Entschädigungen und Arbeitslohn für mehrere Kj, die **nicht ermäßigt besteuert** wurden. Sie sind unter Nr 19 nochmals gesondert aufzuführen. Wurden diese **für mehrere Jahre geleistet** und **ermäßigt besteuert,** sind sie **nur** unter Nr 9 (Versorgungsbezüge) bzw 10 einzutragen, die LSt, KiSt und SolZ hierzu unter Nr 11–13. Netto gezahlter Arbeitslohn ist mit dem umgerechneten Bruttobetrag anzusetzen (→ *Nettolohnvereinbarung* Rn 15). Zusätzlich ist der **Großbuchstabe S** (gesondertes Feld Muster Nr 2; § 41 Abs 1 Satz 6 EStG) anzugeben, wenn die LSt von einem **sonstigen Bezug** im ersten Dienstverhältnis berechnet wurde und dabei der Arbeitslohn aus früheren Dienstverhältnissen des Kj außer Betracht geblieben ist (§ 41b Abs 1 Nr 3 EStG; → *Sonstige Bezüge* Rn 5). **Freibeträge** für Versorgungsbezüge (§ 19 Abs 2 EStG), der Altersentlastungsbetrag (§ 24a EStG) dürfen **nicht** gekürzt, andere Freibeträge nicht abgezogen und Hinzurechnungsbeträge nicht hinzugerechnet werden. Gleiches gilt für ***Steuerfreie Einnahmen*** (§§ 3 und 100 Abs 6; → *Steuerfreie Einnahmen* Rn 5 ff). Ein Ansatz darf hier nicht erfolgen. Hat der ArbGeb stpfl – auch ermäßigt besteuerten – Arbeitslohn **zurückgefordert,** ist bei fortbestehendem Dienstverhältnis nur der gekürzte stpfl Bruttoarbeitslohn zu bescheinigen.

Zum Ansatz von Unterstützungsleistungen in Form von Geldbeträgen bzw Zinsvorteilen oder -zuschüssen durch ArbGeb an hochwassergeschädigte ArbN und Arbeitslohnspenden → *Steuerfreie Einnahmen* Rn 25 Unterstützungsleistungen.

**d)** Der ArbGeb hat die vom bescheinigten Bruttoarbeitslohn einbehaltene **Lohnsteuer, KiSt** sowie den **SolZ** getrennt anzugeben (Muster Nr 4–6; § 41b Abs 1 Nr 4 EStG). Der bisherige Vermerk des Großbuchstabens B bei der gekürzten Vorsorgepauschale ist aufgrund der Verschiebung der gesetzlichen Regelung zur Vorsorgepauschale von § 10c EStG zu § 39b Abs 2 Satz 5 Nr 3 und Abs 4 EStG und dem Wegfall der Unterscheidung zwischen ungekürzter und gekürzter Vorsorgepauschale entfallen (Aufhebung von § 41 Abs 1 Satz 4 EStG; → *Lohnsteuertabellen* Rn 18). Die beim LStJahresausgleich erstatteten Beträge sind mit den einbehaltenen Beträgen zu verrechnen. Als erhobene LSt ist in der LStBescheinigung der sich nach Verrechnung der erhobenen mit der erstatteten LSt ergebende Betrag zu bescheinigen. Die KiSt ist stets unter Nr 6 oder 13 zu bescheinigen. Bei konfessionsverschiedenen Ehen/Lebenspartnerschaften ist der auf den Ehegatten/Lebenspartner entfallende Teil der KiSt sowohl bei Haupt- als auch bei Nebenarbeitsverhältnissen unter Nr 7 oder 14 anzugeben. Da in den Ländern Bayern, Bremen und Niedersachsen eine Halbteilung der KiSt nicht in Betracht kommt, ist die in diesen Ländern einbehaltene KiSt stets unter Nr 6 und 13 einzutragen. 19

**e)** Die Summe der ausgezahlten Beträge aus **Kurzarbeitergeld, Zuschuss zum Mutterschaftsgeld, Verdienstausfallentschädigung nach dem Infektionsschutzgesetz** sowie aus den nach § 3 Nr 28 EStG steuerfreien **Aufstockungsbeträgen** oder **Zuschlägen** (Muster Nr 15; § 41b Abs 1 Nr 5 EStG). Bei einer Rückforderung von Kurzarbeitergeld hat der ArbGeb die gekürzten Beträge zu bescheinigen und mit einem Minuszeichen zu versehen, falls sich nach Verrechnung ein negativer Betrag ergibt. 20

**f)** Die auf die Entfernungspauschale anzurechnenden **steuerfreien** Zuschüsse nach § 3 Nr 15 Satz 1 EStG und Sachbezüge nach §§ 3 Nr 15 Satz 2 und § 8 Abs 2 Satz 11 und Abs 3 EStG sowie die anzurechnenden **pauschal** besteuerten ArbGebLeistungen für **Fahrten zwischen Wohnung und Arbeitsstätte** (Muster Nr 17 und 18; § 41b Abs 1 Nr 6, 7 EStG). 21

**g) Ab 2014** den **Großbuchstaben M** für die dem ArbN während einer beruflichen Tätigkeit außerhalb seiner Wohnung und ersten Tätigkeitsstätte vom ArbGeb oder auf dessen Veranlassung von einem Dritten zur Verfügung gestellten **Mahlzeiten** (gesondertes Feld Muster Nr 2; § 41b Abs 1 Nr 8 EStG). S auch → *Essenszuschuss* Rn 19 u BMF 24.10.14, BStBl I 14, 1412 Tz 3d. 22

**h)** Der **Großbuchstabe F** (= Fahrkarte; gesondertes Feld Muster Nr 2) ist bei steuerfreier **Sammelbeförderung** nach § 3 Nr 32 EStG anzugeben (§ 41b Abs 1 Nr 9 EStG). 23

**i)** Steuerfrei tatsächlich gezahlte **Verpflegungszuschüsse** bei Auswärtstätigkeit (Dienstreisen, Einsatzwechsel- und Fahrtätigkeit) und steuerfreie Vergütungen bei doppelter Haushaltsführung nach § 3 Nr 13 und 16 EStG (Muster Nr 20 und 21; § 41b Abs 1 Nr 10 EStG). Hat das Betriebsstätten-FA für die steuerfreie Vergütung für Verpflegung eine andere Aufzeichnung als im Lohnkonto zugelassen (§ 4 Abs 2 Nr 4 Satz 2 LStDV), müssen diese Beträge nicht zwingend bescheinigt werden. Der **Ansatz** erfolgt mit dem Sachbezugswert bei einer üblichen Verköstigung (LStR 8.1 Abs 8 Nr 2). Bei Bewertung mit dem tatsächlichen Wert ist der steuerfreie Anteil zu bescheinigen, falls der Verpflegungspauschbetrag noch nicht ausgeschöpft ist. Wird die Gewährung von Mahlzeiten aufgrund eines Einbehalts durch den ArbGeb nicht als Arbeitslohn besteuert, ist der ungekürzte steuerfreie Verpflegungszuschuss, sonst der tatsächlich ausgezahlte zu bescheinigen (vgl iE BMF 24.10.14, BStBl I 14, 1412 Rz 73 ff). 24

**j) Beiträge zu den gesetzlichen RV und an berufsständische Versorgungseinrichtungen** (auch die umlagefinanzierte **Hüttenknappschaftliche Zusatzversicherung** im Saarland), getrennt nach ArbGeb- und ArbNAnteil (Muster Nr 22 und 23; § 41b Abs 1 Nr 11) mit **Ausnahme** der ArbGeb-Beiträge für Beschäftigte nach § 172 Abs 1 SGB VI (weiterbeschäftigte Rentner), Beiträge im Zusammenhang mit nach § 32 Nr 2 EStG steuerfreiem Kurzarbeitergeld (→ *Kurzarbeit* Rn 27) und steuerfreie Beiträge zur gesetzlichen RV iSv § 3 Nr 28 EStG (→ *Altersteilzeit* Rn 28). Führt der ArbGeb die Beiträge an eine berufsständische Versorgungseinrichtung unmittelbar ab **(Firmenzahler),** ist der ArbGeb-Zuschuss unter Nr 22b, der **Arbeitnehmer-Anteil** unter Nr 23b zu bescheinigen. Führt der 25

ArbN den gesamten Beitrag selbst ab **(Selbstzahler)** und leistet der ArbGeb einen zweckgebundenen Zuschuss, ist dieser unter der Nr 22b einzutragen. Eine Eintragung unter der Nr 23b unterbleibt. Gleiches gilt für Beiträge an inländische Versicherungsunternehmen zur **Alterssicherung,** sofern darin zumindest teilweise ein ArbNAnteil enthalten ist. Bei RVBeiträgen für Beschäftigte nach § 172 Abs 1 SGB VI (zB weiterbeschäftigte Rentner) bzw bei **geringfügiger Beschäftigung** (→ *Geringfügige Beschäftigung* Rn 20 ff) ist der ArbGebAnteil dann abziehbar, wenn der ArbN auf die RVFreiheit verzichtet hat § 5 Abs 4 Satz 2 SGB VI; erfolgt kein Verzicht auf die Versicherungsfreiheit sind die Beiträge nicht zu bescheinigen, da sie nicht zum stpfl Arbeitslohn gehören und damit keine steuerfreien ArbGeb-Anteile nach § 3 Nr 62 EStG darstellen. Werden **Globalbeiträge an ausländische Sozialversicherungsträger** gezahlt, ist der auf die RV entfallende Teilbetrag zu bescheinigen (s dazu BMF 9.10.17, BStBl I 17, 1326).

26 **k)** Nach § 3 Nr 62 EStG steuerfreie ArbGebZuschüsse zur **freiwilligen** Krankenversicherung sowie entsprechende Zuschüsse zu **privaten Krankenversicherung** und zur **gesetzlichen Pflegeversicherung** (Muster Nr 24a–c; § 41b Abs 1 Nr 12 EStG). Bezieht der ArbN Kurzarbeitergeld, sind die gesamten Zuschüsse zu bescheinigen.

27 **l)** Die auf den stpfl Arbeitslohn entfallenden **Arbeitnehmerbeiträge** zur inländischen **gesetzlichen KV,** zur inländischen **sozialen PflegeV** und zur **ArblV** bzw bei den nicht Versicherungspflichtigen die im LStAbzugsverfahren tatsächlich berücksichtigten Teilbeträge **zur privaten Basis-KV** und **PflegeV** (Muster Nr 25–28; § 41b Abs 1 Nr 13–15 EStG; § 39b Abs 2 Satz 5 Nr 3 Buchst d EStG s auch → *Lohnsteuertabelle* Rn 13 ff). Dies gilt auch für Versorgungsbezüge bei Pflichtversicherten nur, wenn der ArbGeb die Beiträge an die Krankenkasse abführt (sog **Firmenzahler;** → Rn 22). Entsprechendes gilt bei **freiwillig krankenversicherten Arbeitnehmern;** eine Eintragung der gesamten Beiträge – **ab 2015** einschließlich des einkommensabhängigen Zusatzbeitrags nach § 242 SGB V – findet – auch im Fall des Bezugs von Kurzarbeitergeld – nur bei Firmenzahlern statt. Etwaige ArbGeb-Zuschüsse sind unter Nr 24 einzutragen. Wurde – ggf auch in einzelnen Lohnabrechnungszeiträumen – die Mindestvorsorgepauschale berücksichtigt, ist diese zu bescheinigen (zB bei Berücksichtigung für zwei Monate $^{2}/_{12}$ der Pauschale). Auch bei geringfügig Beschäftigten, bei denen die LSt nach den LStAbzugsmerkmalen des ArbN erhoben wird, sowie bei Praktikanten, Schülern und Studenten, ist, wenn kein ArbNAnteil zu entrichten ist, die Mindestvorsorgepauschale zu bescheinigen und bei negativem Betrag mit einem Minuszeichen zu versehen. Beiträge an **ausländische SozVTräger** sind **nicht** zu bescheinigen (BMF 26.11.13, BStBl I 13, 1400 Tz 6.3; → *Lohnsteuertabellen* Rn 8 ff.

28 **m) Bescheinigung bei steuerfreiem oder pauschal besteuertem Arbeitslohn.** Bei den Nrn 22–27 dürfen keine Beiträge bescheinigt werden, die mit nach dem Auslandstätigkeitserlass (→ *Auslandstätigkeit* Rn 42 ff) oder einem DBA steuerfreien Arbeitslohn in Zusammenhang stehen. Dies betrifft die auf nach §§ 3 Nrn 56 und 63; 100 Abs 6 EStG steuerfreien oder auf den damit in Zusammenhang stehenden Hinzurechnungsbetrag nach § 1 Abs 1 Sätze 3 und 4 SvEV, nicht als Sonderausgaben abziehbaren Beträge (zur quotalen Aufteilung s BMF 9.9.19, BStBl I 19, 911 Tz 13e), nicht nach § 3 Nr 62 ESG oder einer anderen Vorschrift steuerfreien Beiträge oder Zuschüsse des ArbG und die darauf bei **pflichtversicherten** ArbN entfallenden gesetzlichen ArbN- und ArbGeb-Anteile. Unter den Nrn 22–27 sind **jedoch** die bei einem sozialversicherungspflichtigen ArbN erhobenen Beiträge von **pauschal versteuertem Arbeitslohn zu bescheinigen,** soweit sie nicht auf steuerfreien Lohn entfallen. Die auf steuerfreien Arbeitslohn entfallenden Zuschüsse und Beiträge für **freiwillig Versicherte** sind hingegen unter Nr 24–26 zu bescheinigen. Ist in einem Lohnzahlungszeitraum **sowohl steuerfreier als auch steuerpflichtiger Arbeitslohn** bezogen worden, ist nur der Anteil der SozVBeiträge zu bescheinigen, der sich nach dem Verhältnis des stpfl Arbeitslohns zum gesamten Arbeitslohn des Lohnzahlungszeitraums ergibt. Stpfl Anteile, die unabhängig von der Beitragsbemessungsgrenze nicht der SozV-Pflicht unterliegen, sind nicht in die Verhältnisrechnung einzubeziehen. Die Verhältnisrechnung ist auch durchzuführen, wenn der stpfl Arbeitslohn im Bescheinigungszeitraum die für die Beitragsberechnung maßgebende Beitragsbemessungsgrenze übersteigt (s im Übrigen auch zur Erstattung von Sozialversicherungsbeiträgen BMF 9.9.19, BStBl I 19, 911 Tz 13e; *HMW*/Lohnsteuerbelege Rz 4).

Wird bei **geringfügig Beschäftigten** die LSt nach den ELStAM erhoben und ist kein ArbN-Anteil für die KV zu entrichten, ist unter Nr 28 die Mindestvorsorgepauschale anzusetzen.

**n)** Die **Bemessungsgrundlage für den Versorgungsfreibetrag** und den Zuschlag zum Versorgungsfreibetrag (§ 19 Abs 2 EStG – das Zwölffache des Versorgungsbezugs für den ersten vollen Monat zuzüglich voraussichtlicher Sonderzahlungen einschließlich gewährter weiterer Zuwendungen, wie stpfl Fahrtkostenzuschüsse, Freifahrtberechtigungen, Kontoführungsgebühren) sowie der Beginn des Versorgungsbezugs sind entsprechend den Aufzeichnungen im Lohnkonto (→ *Lohnkonto* Rn 4) ebenfalls in die LStBescheinigung (Muster Nr 29 und 30) zu übernehmen. Unter Muster Nr 31 ist nur bei **unterjähriger Zahlung** von laufenden Versorgungsbezügen der erste und letzte Monat (zB 02–12), für den Versorgungsbezüge gezahlt werden, einzutragen. Soweit die maßgebenden Versorgungsbeginne in unterschiedliche Kj fallen, sind die Angaben zu Nr 29, 30 und ggf 31 für jeden Versorgungsbezug getrennt zu bescheinigen. Bei Versorgungsbezügen, die einen **sonstigen Bezug** darstellen (Sterbegelder, Kapitalauszahlungen/Abfindungen von Versorgungsbezügen und als sonstige Bezüge zu behandelnde Nachzahlungen von Versorgungsbezügen, die unter Nr 3 und 8 des Musters enthalten sind), sind unter Nr 32 gesondert zu bescheinigen. Fällt bei **mehreren Versorgungsbezügen** – auch bei Zahlung als sonstiger Bezug – der maßgebende Beginn in dasselbe Kj, können die zusammengerechneten Bemessungsgrundlagen in Nr 29 in einem Betrag bescheinigt werden. Die Nrn 8, 9 (→ Rn 17) sowie 30 und 32 können dann ebenfalls zusammengefasst werden. Bei unterschiedlichen Versorgungsbeginnen ist getrennt zu bescheinigen. 29

**o)** Der **Großbuchstabe FR** bei französischen Grenzgängern, bei denen aufgrund von einer Freistellung durch DBA (§ 39 Abs 4 Nr 5 EStG iVm § 53 Abs 36 EStG – wobei ein Abruf nach § 39e Abs 3 Satz 1 EStG frühestens ab 2019 möglich sein wird) vom LStAbzug abzusehen ist, ergänzt um das Land, in dem der Grenzgänger zuletzt tätig war, dies ist für Ba-Wü FR1, für RhPf FR2 und für das Saarland FR3. Im Einzelnen s BMF 30.3.17 (BStBl I 17, 753). 30

Das an Angehörige des öffentlichen Dienstes ausgezahlte **Kindergeld** ist bei Auszahlung mit den Bezügen oder dem Arbeitsentgelt unter Nr 33 zu bescheinigen, unter Nr 34 der beim LSt-Abzug nach Art 18 Abs 2 **DBA Türkei** verbrauchte Betrag.

**3. Besondere Lohnsteuerbescheinigung.** Hat das BetriebsstättenFA des ArbGeb zugelassen, dass dieser nicht am Abrufverfahren teilnimmt (§ 39e Abs 7 EStG), hat er eine manuelle LSt-Bescheinigung (besondere LStBescheinigung) nach amtlich vorgeschriebenem Muster zu erteilen und dem ArbN unabhängig von einer EStVeranlagung desselben auszuhändigen; im Übrigen hat der ArbGeb die LStBescheinigung dem BetriebsstättenFA bis zum 28.2. des folgenden Kj einzureichen und dem ArbN eine Zweitausfertigung auszuhändigen (§ 41b Abs 3 EStG; → Rn 16). Dies gilt insbes für ArbGeb ohne maschinelle Lohnabrechnung (→ Rn 2; BMF 9.9.19, BStBl I 19, 911 Tz IV). Die besondere LStBescheinigung kann aber auch elektronisch übermittelt werden. Inhaltlich entspricht die besondere LStBescheinigung den im Rahmen der elektronischen Übermittlung anzugebenden Daten. Es gelten damit die unter → Rn 6–14 dargestellten Anweisungen sowie die Anordnungen in LStR41b. Soweit der Vordruck der besonderen LStBescheinigung die Angaben zu den Versorgungsbezügen (Muster Nr 29 bis 32 der elektronischen LStBescheinigung) nicht enthält, sind sie in den nicht benötigten Feldern des Vordrucks einzutragen. Die Ausstellung einer besonderen LStBescheinigung kommt in den Fällen der Ausstellung einer Bescheinigung für den LStAbzug durch das FA in Betracht, also **a)** für ArbN, bei denen die Einbehaltung der LSt ohne ELStAM erfolgt ist (§ 39c Abs 1, 3 EStG; → *Lohnsteuerabzugsmerkmale* Rn 19 und → *Lohnsteuerberechnung* Rn 15), **b)** für die im Ausland wohnhaften Bediensteten iSd §§ 1 Abs 2, 1a Abs 2 EStG (→ *Lohnsteuerberechnung* Rn 8, → *Lohnsteuerabzugsmerkmale* Rn 26 f), **c)** für ArbN, die nach § 1 Abs 3 EStG als unbeschränkt einkommenstpfl gelten (→ *Lohnsteuerberechnung* Rn 8, → *Lohnsteuerabzugsmerkmale* Rn 26 f), **d)** geringfügig Beschäftigte iSv § 8a SGB IV (§ 39e Abs 7 EStG). 31

Die oben genannten Regelungen für den Ausdruck der elektronischen LStBescheinigung gelten dabei entsprechend (BMF 27.9.17, BStBl I 17, 1346, Tz IV).

32 Für **Teilzeitbeschäftigte,** deren Arbeitslohn nach § 40a EStG pauschal besteuert worden ist, sowie für ArbN, die nur nach §§ 40 oder 40b EStG pauschal besteuerte Bezüge erhalten haben, sind keine LStBescheinigungen auszustellen (§ 41b Abs 4 EStG). Auch dem **beschränkt** stpfl ArbN ist bei Beendigung des Dienstverhältnisses oder am Ende des Kj eine LStBescheinigung zu erteilen (§ 39d Abs 3 Satz 5 EStG). Dies gilt auch, wenn die LSt bei beschränkt stpfl Künstlern pauschaliert wurde (BMF 31.7.02, BStBl I 02, 707 Tz 3.3; → *Lohnsteuerberechnung* Rn 19). Der Vordruck für die besondere LStBescheinigung wird dem ArbGeb auf Anforderung kostenlos vom FA zur Verfügung gestellt (→ Rn 15).

33 **4. Durchsetzung der Arbeitgeberpflichten.** Das FA kann die Pflichteintragungen und die Übermittlung bzw Einsendung der LStBescheinigungen mit Zwangsmitteln durchsetzen (§§ 328 ff AO; regelmäßig Zwangsgeld). Dies kann der ArbN auch beim FA anregen (BeckPersHB/Bd I Arbeitspapiere IV 2). Wird aufgrund unrichtiger Angaben ESt (bzw LSt) verkürzt, haftet der ArbGeb nach § 42d Abs 1 Nr 3 EStG (→ *Lohnsteuerhaftung* Rn 11). Der ArbN hat einen vor dem ArbG verfolgbaren Anspruch auf Herausgabe, Erteilung, Ergänzung und Berichtigung der LStBescheinigung) bzw Herausgabe eines Abdrucks der elektronischen LStBescheinigung oder einen Hinweis auf die Abrufmöglichkeit, denn hierfür ist der ArbGeb zuständig. Die FG sind entgegen der Auffassung des BAG (11.6.03 – 5 AZB 1/03, NJW 03, 2629) nicht zuständig, es sei denn, es ist strittig, ob bei der Lohnabrechnung berücksichtigte LStAbzugsbeträge in der LStBescheinigung auszuweisen sind (BFH 13.12.07 – VI R 57/04, BStBl II 08, 434; *von Bornhaupt* BB 08, 935; *Schmidt/Krüger* § 41b Rz 2 und FG Rhld-Pf 23.9.02 – 1 K 1626/02, EFG 03, 52; FG Hbg 30.6.03 – II 110/03, EFG 03, 1639). ME übersieht das BAG, das eine öffentlich-rechtliche Verpflichtung nur zwischen dem ArbGeb und dem FA besteht; geht der ArbN gegen seinen ArbGeb vor, ist dieser Beklagter. Damit handelt es sich um einen Rechtsstreit zwischen dem ArbN und dem ArbGeb und nicht zwischen dem ArbGeb und dem FA (FG Münster 14.12.11 – 10 K 81/11, EFG 14, 447; FG München 20.7.07 – 1 K 1376/07, EFG 07, 1707 und FG Nds 1.8.08 – 11 K 239/08, EFG 08, 1987). Bei negativem Kompetenzkonflikt FG/ArbG s BFH 30.6.05 – VI S 7/05, BFH/NV 05, 1849 sowie 14.10.05 – VI S 17/05 NV, DStRE 06, 440. Nach Abschluss des LStAbzugs bzw der Übermittlung der LStBescheinigung kann der ArbN jedoch eine Berichtigung der LStBescheinigung nicht mehr verlangen (BFH 19.10.01 – IV R 36/96, BFH/NV 02, 340), eine bloße Korrektur eines zunächst unrichtig übermittelten Datensatzes bleibt zulässig (LStR 41c.1 Abs 7; → *Lohnsteuerberechnung* Rn 25 sowie → *Lohnsteuerjahresausgleich* Rn 11). Zum Schadensersatz des ArbN bei fehlerhafter Bescheinigung → *Arbeitgeberhaftung* Rn 19.

34 **5. Muster.** S Online-Musterformular *„M34.1 Ausdruck der elektronischen Lohnsteuerbescheinigung"* (BStBl I 19, 919) und *„M34.2 Besondere Lohnsteuerbescheinigung"* (www.finanzamt.bayern.de/Informationen/Formulare/Lohnsteuer_ELStAM/Arbeitgeber) Der Vordruck wird dem ArbGeb auf Anforderung im Übrigen vom FA kostenlos zur Verfügung gestellt.

### C. Sozialversicherungsrecht *Schlegel*

40 Für das SozVRecht hat die LStBescheinigung keine Bedeutung. Vgl im Übrigen → *Verdienstbescheinigung* Rn 8 ff.

## Lohnsteuerermäßigung

### A. Arbeitsrecht *Poeche*

1 Regelmäßig ist es für den ArbGeb ohne Interesse, welche steuerlichen Merkmale auf Veranlassung des ArbN gebildet wurden. Veränderungen im Lauf eines Kj wegen Eheschließung und Wahl der LStKlassen, Minderung oder Erhöhung der Kinder- oder sonstiger **Freibeträge** lassen seine Pflicht zur Zahlung des Bruttoarbeitsentgelts unberührt. Anderes gilt, wenn er zu einer **Nettozahlung** verpflichtet ist. Der ArbN hat es dann in der Hand, durch Änderung der steuerlichen Tatbestände die Belastung des ArbGeb zu erhöhen (→ *Altersteilzeit* Rn 12, → *Lohnsteuerklassen* Rn 2; → *Nettolohnvereinbarung* Rn 7).

**B. Lohnsteuerrecht** *Seidel*

**1. Allgemeines.** Im LStErmäßigungsverfahren können auf Antrag des ArbN als ELStAM (§§ 39 Abs 1, 4 Nr 3, 39e EStG; → *Lohnsteuerabzugsmerkmale* Rn 12 f, 15) bestimmte, in § 39a Abs 1 Nr 1–8 EStG genannte Freibeträge bzw ein Hinzurechnungsbetrag gebildet werden, die der ArbGeb bei der LStBerechnung (→ *Lohnsteuerberechnung* Rn 9) zu beachten hat. Bei erweitert unbeschränkt stpfl ArbN und bei als unbeschränkt stpfl zu behandelnden ArbN sind die Vorschriften über das LStErmäßigungsverfahren für die Eintragung auf deren Bescheinigungen nach §§ 39 Abs 2 und 3 EStG entsprechend anzuwenden (→ *Lohnsteuerberechnung* Rn 15). Auf die Bestätigung der ausländischen Steuerbehörde (→ *Ausländer* Rn 38) kann im Ermäßigungsverfahren verzichtet werden, wenn bereits für eines der beiden vorangegangenen Jahre eine Bestätigung vorliegt und sich die Verhältnisse nicht geändert haben (BMF 25.11.99, BStBl I 99, 990). Für beschränkt stpfl ArbN vgl → *Lohnsteuerberechnung* Rn 2, 9, 16, 19 ff. Der ArbN kann damit bereits eine frühzeitige Berücksichtigung seiner steuerlich abzugsfähigen Aufwendungen bei der jeweiligen Lohnauszahlung erreichen. Stattdessen kann er aber auch seine Aufwendungen erst nach Ablauf des Kj im Rahmen der EStVeranlagung bzw Antragsveranlagung (→ *Antragsveranlagung* Rn 2 ff) geltend machen. Ein Interesse des ArbGeb an der Bildung von Freibeträgen als ELStAM des ArbN dürfte wohl nur dann bestehen, wenn das für ihn von finanzieller Bedeutung ist, zB bei Nettolohnvereinbarungen (→ *Nettolohnvereinbarung* Rn 10 ff) und bei einer Pauschalierung nach § 40 Abs 1 EStG (→ *Lohnsteuerpauschalierung* Rn 14–27). 3

Da es sich oft um Ausgaben handelt, die erst künftig entstehen, genügt hier eine entsprechende **Glaubhaftmachung** (BFH 5.11.71 – VI R 284/69, BStBl II 72, 139). Liegen mehrere Ermäßigungsgründe vor, so ist die Summe der Beträge als ELStAM zu bilden (§ 39a Abs 1 Satz 1 EStG). Der ermittelte Jahresfreibetrag wird auf Monatsfreibeträge, erforderlichenfalls auch auf Wochen- und Tagesfreibeträge aufgeteilt (§ 39a Abs 2 Satz 6 EStG). Bei einer Eintragung während des laufenden Kj wird er gleichmäßig auf die noch verbleibenden Monate aufgeteilt (LStR 39a.1 Abs 8). Eine rückwirkende Eintragung ist, außer bei Antragstellung bis 31.1. des Kj nicht möglich (§ 39a Abs 2 Satz 7 EStG). Ob dies im Hinblick auf die Möglichkeit der rückwirkenden Minderung von EStVorauszahlungen (§ 37 Abs 3 Satz 3 EStG) verfassungsgemäß ist, ist zweifelhaft (bejaht von FG München 1.12.94, DStR 95, 1142). Zur rückwirkenden Änderung → Rn 13. 4

**2. Freibeträge** können a) automatisiert gebildet werden, b) von einer bestimmten Mindestgrenze abhängen (beschränkt eintragungsfähige Aufwendungen) oder c) nicht (unbeschränkt eintragungsfähige Aufwendungen). Sie **gelten** mit Ausnahmen des Pauschbetrags für Behinderte oder Hinterbliebene für ein Kj (§ 39a Abs 1 Satz 2 EStG). **Seit 2016** wird die Summe der nach § 39a Abs 1 Satz 1 Nrn 1–3 und 4a–8 EStG ermittelten Beträge für einen Zeitraum von zwei Jahren berücksichtigt (BMF, BStBl I 15, 488; → *Lohnsteuerabzugsmerkmale* Rn 13). Eine Änderung kann vom ArbN innerhalb dieses Zeitraums beantragt werden, wenn sich die Verhältnisse zu seinen Gunsten ändern. Bei einer Änderung zu seinen Ungunsten hat er dies dem zuständigen FA anzuzeigen (§ 39a Abs 1 Sätze 3–6 EStG). 5

**a) Automatisiert** als ELStAM gebildet werden die Kinderfreibeträge für Kinder unter 18 Jahren (§§ 39 Abs 4 Nr 2, 39e Abs 1 Satz 1 EStG; → *Lohnsteuerabzugsmerkmale* Rn 11). Zur Bildung von Kinderfreibeträgen für Kinder über 18 Jahre und Auslandskinder (→ *Lohnsteuerabzugsmerkmale* Rn 11, 15) wird im Regelfall bereits bei der Bildung der ELStAM der Freibetrag für Körperbehinderte berücksichtigt (§ 39a Abs 1 Satz 1 Nr 4, Satz 2 EStG; → *Behinderte* Rn 71–75). Für die erstmalige Bildung der ELStAM ist ein Antrag erforderlich (§§ 39 Abs 1, 39e Abs 1 EStG; → *Lohnsteuerabzugsmerkmale* Rn 9 ff). 6

**b) Die Mindestgrenze von insgesamt 600 €** für eine Bildung als Freibetrag als ELStAM gilt für folgende Aufwendungen des ArbN (§ 39a Abs 2 Satz 4 EStG) um: 7

- **Werbungskosten** (→ *Werbungskosten* Rn 2 ff) bei den Einkünften aus nichtselbstständiger Arbeit, soweit sie den ArbNPauschbetrag gem § 9a Nr 1a EStG iHv 1000 € oder bei Versorgungsbezügen den Pauschbetrag von 102 € (§ 9a Nr 1b EStG) übersteigen (§ 39a Abs 1 Nr 1 EStG; LStR 39a.1 Abs 4 Satz 2); dazu gehören als werbungskostenähnliche Aufwendungen auch **negative Einnahmen** aufgrund einer Entgeltrückzahlung (→ *Entgeltrückzahlung* Rn 17 ff; *Schmidt/Krüger*, § 39a Rz 4);

- **Sonderausgaben** (→ *Sonderausgaben* Rn 2 ff) iSd §§ 10 Abs 1 Nr 4 (gezahlte Kirchensteuer), Nr 5 Aufwendungen für Kinderbetreuung), Nr 7 Aufwendungen für die Berufsausbildung), Nr 9 (Schulgelder), Abs 1a (Unterhaltsleistungen an den geschiedenen oder dauernd getrennt lebenden Ehegatten, wiederkehrende Versorgungsleistungen Ausgleichsleistungen zur Vermeidung oder im Rahmen eines Versorgungsausgleichs) sowie nach § 10b EStG (steuerbegünstigte Spenden und Mitgliedsbeiträge), soweit sie die Sonderausgabenpauschbeträge (36 € bzw 72 € bei Ehegatten) übersteigen (§ 39a Abs 1 Nr 2 EStG), mit **Ausnahme** von Versicherungsbeiträgen (§ 10 Abs 1 Nr 2 und Nr 3 EStG), da bei der Ermittlung der LSt (→ *Lohnsteuertabellen* Rn 2 ff) bereits die **Vorsorgepauschale** für diese Aufwendungen berücksichtigt wird (BFH 9.12.09 – X R 28/07, BStBl II 10, 348). Das BVerfG hat die eingelegte Verfassungsbeschwerde Az BVerfG 2 BvR 323/10 nicht angenommen, Beschluss vom 14.6.16, DStR 16, 1731: dem Gesetzgeber steht aufgrund des umfangreichen und inhomogenen Leistungsspektrums der gesetzlichen RV einerseits, das nur zum Teil zu steuerbaren Einkünften aus § 22 EStG führe, und des doppelgesichtigen Charakters von Altersvorsorgeaufwendungen andererseits, der sowohl in die Einkunfts- als auch in die Vermögenssphäre weise, ein weiter Spielraum bei der Bewertung und Gewichtung der unterschiedlichen Anteile zu, der mit der einheitlichen Zuweisung zu den Sonderausgaben nicht überschritten sei);
- **außergewöhnliche Belastungen** nach § 33 EStG, soweit die zumutbare Eigenbelastung (§ 33 Abs 3 EStG) überstiegen wird (LStR 39a.1 Abs 4 Satz 2 und Abs 5), sowie außergewöhnliche Belastungen nach §§ 33a und 33b Abs 6 EStG (§ 39a Abs 1 Nr 3 EStG);
- der Entlastungsbetrag für **Alleinerziehende** (§ 24b EStG) bei Verwitweten, die nicht in Steuerklasse II gehören (→ *Kindervergünstigungen* Rn 10 und *Lohnsteuerklassen* Rn 7; § 39a Abs 1 Nr 8 EStG); Kinderbetreuungskosten bestimmen sich seit 1.1.12 nach § 10 Abs 1 Nr 5 EStG (→ *Kindervergünstigungen* Rn 12 ff) iVm § 39a Abs 1 Nr 2 EStG und werden dort erfasst.

**Nicht** als Freibetrag eingetragen werden dürfen steuerfreie Aufwandsentschädigungen (→ *Aufwandsentschädigung* Rn 4, 5).

Zur Berechnung der einzelnen Aufwendungen im Rahmen der Feststellung der Antragsgrenze s LStR 39a.1 Abs 2. Bei Aufwendungen von Ehegatten ist die Summe der für beide Ehegatten in Betracht kommenden Beträge zugrunde zu legen, wobei die 600 €-Grenze aber nicht zu verdoppeln ist (LStR 39a.1 Abs 2 Nr 6). Beantragt der ArbN nach der Eintragung eines Freibetrags später die Berücksichtigung weiterer Aufwendungen, so spielt die Mindestgrenze für die neuen Beträge keine Rolle (LStR 39a.1 Abs 2 Nr 7).

8 **c) Ohne Mindestgrenze** können die Pauschbeträge für **Behinderte und Hinterbliebene** nach § 33b Abs 1–5 EStG (§ 39a Abs 1 Satz 1 Nr 4 EStG; LStR 39a.1 Abs 3; → Rn 6) sowie die nachfolgend unter d) bis f) dargestellten Beträge (→ Rn 9, 10) als Freibetrag gebildet werden, außerdem für **beschränkt Steuerpflichtige** die Freibeträge nach § 39a Abs 4 EStG, dh die jeweiligen Freibeträge übersteigenden Werbungskosten und Sonderausgaben sowie ein Frei- bzw Hinzurechnungsbetrag für ein zweites oder weiteres Dienstverhältnis (→ Rn 10; LStR 39.4 und *Schmidt/Krüger*, § 39a Rz 11).

9 **d)** Berücksichtigt wird ebenfalls der **Erhöhungsbetrag** beim Entlastungsbetrag **für Alleinerziehende** nach § 24b Abs 2 Satz 2 EStG (§ 39a Abs 1 Satz 1 Nr 4a EStG). Der Grundentlastungsbetrag für Alleinerziehende iHv 1908 € wird wie bisher bereits im Rahmen der Steuerklasse II (→ *Lohnsteuerklassen* Rn 13; *HMW*/Lohnsteuertarif Rz 46) berücksichtigt.

**e)** Ferner können die Beträge berücksichtigt werden, die auch bei der **Festsetzung von EStVorauszahlungen** berücksichtigt werden können (§ 39a Abs 1 Satz 1 Nr 5 EStG; s auch LStR 39a.2):

- Verlustvorträge nach § 10d Abs 2 EStG;
- bestimmte, wie Sonderausgaben abziehbare Beträge im Rahmen des selbstgenutzten Wohnungseigentums (§§ 10e, 10 f, 10g, 10h, 10i, § 15b BerlFG) sowie die Beträge nach § 7 Fördergebietsgesetz (§ 39a Abs 1 Nr 5a EStG);
- die negative Summe der Einkünfte aus Land- und Forstwirtschaft, Gewerbebetrieb, selbstständiger Arbeit, Vermietung und Verpachtung und sonstiger Einkünfte iSd § 22 EStG sowie die negativen Einkünfte aus Kapitalvermögen (§ 39a Abs 1 Satz 1 Nr 5b EStG),

nicht aber Werbungskosten bei den Einkünften aus Kapitalvermögen allein, auch wenn dies zu einer Ungleichbehandlung gegenüber nicht dem LStAbzug unterliegenden Stpfl führt (BFH 21.11.97 – VI R 93/95, BStBl II 98, 208; BFH 9.12.09 – X R 28/07, BStBl II 10, 348 Rn 131);

– der vierfache Betrag der Steuerermäßigung nach § 34 f EStG (in § 39a Abs 1 Satz 1 Nr 5c EStG noch aufgeführt, aber ohne aktuelle Bedeutung, da mit § 10e EStG ausgelaufen);

– das Vierfache der Steuerermäßigung bei haushaltsnahen Beschäftigungsverhältnissen nach § 35a EStG (→ *Hauswirtschaftliches Beschäftigungsverhältnis* Rn 10 ff).

Ein Freibetrag wegen negativer Einkünfte aus Vermietung und Verpachtung kann aber noch nicht im Jahr der Anschaffung oder Fertigstellung des Gebäudes eingetragen werden.

**Hinweis.** Die Eigenheim- und Kinderzulage (§ 9 EigZulG) wird jährlich am 15. 3. ausgezahlt (§ 13 EigZulG), eine Bildung als ELStAM scheidet daher aus.

**f) Kinder- und Betreuungsfreibeträge** (zu Kinderbetreuungskosten → Rn 7) können berücksichtigt werden, wenn **kein** Anspruch auf Kindergeld besteht (§ 39a Abs 1 Satz 1 Nr 6 Satz 1 EStG; → *Kindergeld* Rn 6, 7), ansonsten aber die Voraussetzungen des § 32 Abs 1–4 EStG erfüllt sind (→ *Kinderfreibetrag* Rn 7 ff). Soweit für diese Kinder nach § 38b Abs 2 Kinderfreibeträge als ELStAM berücksichtigt sind (→ Rn 6), ist die Zahl der Kinderfreibeträge dann ggf entsprechend zu vermindern, um eine doppelte Berücksichtigung beim Solidaritätszuschlag zu vermeiden (*Schmidt/Krüger* § 39a Rz 6); die Pflicht, den nach Satz 1 der Vorschrift ermittelten Freibetrag in diesem Fall ändern zu lassen, trifft den ArbN (§ 39a Abs 1 Satz 1 Nr 6 Sätze 2 und 3 EStG).

**g) Hinzurechnungsbetrag.** Für ein zweites oder weiteres Dienstverhältnis kann ein **10** Freibetrag bis zur Höhe des auf volle Euro abgerundeten zu versteuernden Jahresbetrages, bis zu dem nach der LStKlasse des ArbN für das erste Dienstverhältnis LSt nicht zu erheben ist, ermittelt werden, wenn der Jahresarbeitslohn aus dem ersten Dienstverhältnis den maßgebenden zu versteuernden Jahresbetrag nicht erreicht und iHd Freibetrags zugleich für das erste Dienstverhältnis ein dem Arbeitslohn hinzuzurechnender Betrag (Hinzurechnungsbetrag) ermittelt wird (LStR 39a.1 Abs 6). Bei Eintragung auch eines anderen Freibetrages nach § 39a Abs 1 Satz 1 Nr 1–6 und 8 EStG (→ Rn 7–9) ist nur der diesen Freibetrag übersteigende Betrag als Hinzurechnungsbetrag zu übernehmen; ist der Freibetrag höher, ist nur der den Hinzurechnungsbetrag übersteigende Freibetrag zu berücksichtigen (§ 39a Abs 1 Nr 7 EStG). Der Jahreshinzurechnungsbetrag ist wie die Freibeträge auf einen Monats- und ggf Wochenhinzurechnungsbetrag **aufzuteilen** (§ 39a Abs 2 Satz 9 EStG). Da der LStAbzug bei der für das zweite und weitere Dienstverhältnisse geltenden Steuerklasse VI sofort beginnt (→ *Lohnsteuerklassen* Rn 11), kann der ArbN über dieses Verfahren erreichen, dass sich bereits im LStAbzugsverfahren der volle – steuerfreie – Eingangsbetrag insgesamt auswirkt, wenn sein Arbeitslohn im ersten Dienstverhältnis den Eingangsbetrag nicht erreicht. Der ArbN kann einen entsprechenden **Antrag** mit amtlichem Vordruck bei seinem WohnsitzFA stellen (Antrag unter www.formulare-bfinv.de/Steuern/Steuerformulare/Lohnsteuer/Antrag auf LStErmäßigung). Höchstmöglicher Freibetrag, dh es fällt keine LSt an bei einem Jahreslohn bis: LStTabelle A 2019 – maschinelle Ermittlung – Steuerklasse I/IV 12.959 €, Steuerklasse II 15.335 €, Steuerklasse III 24.659 €, Steuerklasse V 1295 €.

**3.** Für **Ehegatten,** die beide unbeschränkt stpfl sind (→ *Lohnsteuerberechnung* Rn 7 ff) **11** und nicht dauernd getrennt leben, ist die Summe der in Betracht kommenden Freibeträge zu ermitteln; lediglich die Werbungskosten müssen gesondert angesetzt werden (§ 39a Abs 3 Satz 1 EStG; LStR 39a.3). Dies hat auch zur Folge, dass der Freibetrag für Werbungskosten nur bei dem Ehegatten eingetragen werden kann, dem die Aufwendungen zuzurechnen sind. Hinsichtlich der restlichen Freibeträge können die Ehegatten übereinstimmend eine andere als die vorgesehene hälftige Aufteilung beantragen (§ 39a Abs 3 Satz 3 EStG; LStR 39a.3 Abs 5). Der Hinzurechnungsbetrag darf bei der Aufteilung nicht berücksichtigt werden.

**4. Antragsverfahren.** Zuständig ist das FA, in dessen Bezirk der ArbN im Zeitpunkt der **12** Antragstellung seinen **Wohnsitz** oder gewöhnlichen Aufenthalt hat. Bei Ehegatten mit mehrfachem Wohnsitz ist der Wohnsitz maßgebend, an dem sich die Familie vorwiegend aufhält (§ 19 Abs 1 AO). Liegt ein solcher nicht vor, ist das FA zuständig, in dessen Bezirk sich das Vermögen des ArbN befindet; fehlt es hieran – im Inland – ist das FA zuständig, in dessen Bezirk die Tätigkeit vorwiegend ausgeübt wird (§ 19 Abs 2 AO). Der Antrag kann nur nach amtlich vorgeschriebenem Vordruck ab dem 1.10. des Vorjahres, für das der Freibetrag gelten soll, **bis zum 30.11. des Kalenderjahres** gestellt werden, in dem der Freibetrag gilt (§ 39a Abs 2 Sätze 2 und 3 EStG). Das FA kann auf nähere Angaben verzichten, wenn höchstens der im Vorjahr ermittelte Freibetrag beantragt wird und der ArbN versichert, dass sich die maßgebenden Verhältnisse nicht wesentlich geändert haben (vereinfachter Antrag, § 39a Abs 2 Satz 5 EStG). Entspricht das FA dem Antrag in vollem Umfang, bildet es die ELStAM, die dem ArbN bekannt zu geben sind. Eine Rechtsbehelfsbelehrung ist nur dann erforderlich, wenn dem Antrag nicht oder nicht in vollem Umfang entsprochen wird (§ 39 Abs 1 Sätze 5–8 EStG; → *Lohnsteuerabzugsmerkmale* Rn 16). Dies gilt entsprechend für die an die Stelle der ELStAM tretenden Bescheinigungen erweitert unbeschränkt stpfl bzw als unbeschränkt stpfl zu behandelnden ArbN (→ Rn 3 und → *Lohnsteuerabzugsmerkmale* 26 ff). Allerdings ist hier das BetriebsstättenFA des ArbGeb für die Eintragung zuständig.

13 **5. Rechtsbehelfe.** Die Ermittlung eines Freibetrags oder eines Hinzurechnungsbetrags ist die gesonderte Feststellung einer Besteuerungsgrundlage iSd § 179 Abs 1 AO, die unter dem Vorbehalt der Nachprüfung steht (§ 39 Abs 1 Satz 4 EStG). Sie ist daher jederzeit änderbar. Eine rückwirkende Änderung (mE auch Erhöhung) eines bereits eingetragenen Freibetrags ist daher zulässig (*Littmann/Barein* § 39a Rz 43; *Schmidt/Krüger* § 39a Rz 20; so wohl auch BFH 12.5.95 – VI B 8/95, BFH/NV 95, 877; vgl aber → Rn 4 zur erstmaligen rückwirkenden Eintragung). Eine rechtliche **Bindungswirkung** der Entscheidungen des FA im Ermäßigungsverfahren für das Veranlagungsverfahren der ArbN (→ *Antragsveranlagung* Rn 2 ff) besteht **nicht** (BFH 29.5.79, BStBl II 79, 650). Der ArbN kann die (teilweise) ablehnende Entscheidung des FA mit dem Einspruch angreifen und auch die Eintragung des Freibetrags im Wege des vorläufigen Rechtsschutzes durch Aussetzung der Vollziehung beantragen (BFH 29.4.92, BStBl II 92, 752; wohl auch BFH 21.12.12 – III B 41/12, BFH/NV 13, 549).

14 Bei einer ablehnenden Einspruchsentscheidung kann er Klage zum FG erheben. Ergeht während des Klageverfahrens der EStBescheid, wird dieser nicht zum Gegenstand des Klageverfahrens wegen der Eintragung eines Freibetrags für dasselbe Kj (FG Nds 26.8.08 – 12 K 307/06, EFG 08, 1989). Bei einer Ablehnung des Antrags auf Aussetzung der Vollziehung kann er beim FG einen entsprechenden Antrag stellen, evtl auch erst nach erfolglosem Einspruch. Spätestens nach Ablauf des 28.2. des Folgejahres kann sich die Bildung der ELStAM nicht mehr auswirken, da der ArbGeb spätestens bis dahin die LStBescheinigung übermitteln muss (§ 41b Abs 1 Satz 2 EStG; → *Lohnsteuerbescheinigung* Rn 12). Danach darf er – auch wenn ihm § 42b Abs 3 EStG dies bis März des Folgejahres gestattet – keinen LStJahresausgleich mehr durchführen. Im Rechtsbehelfsverfahren entfällt damit das Rechtsschutzbedürfnis, da der ArbN seine Rechte nunmehr im Veranlagungsverfahren geltend machen kann. Nach der Rspr des BFH kann der ArbN aber im Wege der Fortsetzungsfeststellungsklage (§ 100 Abs 1 Satz 4 FGO) die Feststellung der Rechtswidrigkeit der Ablehnung beantragen, wenn er ein berechtigtes Interesse hieran hat (*Schmidt/Drenseck* § 39a Rz 22 mwN). Dies gilt allerdings nicht für den Antrag auf Aussetzung der Vollziehung. Dieser erledigt sich mit dem Abschluss des LStAbzugs (*K/S* § 39a Rz A 25).

15 **6. Nachfordern** kann das WohnsitzFA die zu wenig einbehaltene LSt vom ArbN, wenn ein **Freibetrag unzutreffend** eingetragen ist und die Nachforderung 10 € übersteigt (§ 39a Abs 5 EStG). Der ArbN hat jedoch keine Anzeigepflicht, wenn sich die Voraussetzungen für die Eintragung des Freibetrags nachträglich ändern (§ 39 Abs 1 Satz 9, Abs 5 EStG iVm § 153 Abs 2 AO; → *Lohnsteuerabzugsmerkmale* Rn 18 und → *Lohnsteuernachforderung* Rn 7). Anders jedoch, wenn der ArbN bereits bei der Eintragung unrichtige oder unvollständige Angaben gemacht hat (§ 153 Abs 1 AO). Ist bereits ein EStBescheid ergangen, so kann eine Nachforderung – ohne Rücksicht auf die Bagatellgrenze von 10 € – nur durch eine Änderung des EStBescheids erfolgen (→ *Lohnsteuernachforderung* Rn 16).

## C. Sozialversicherungsrecht

*Schlegel*

16 Auf die SozV hat das LStErmäßigungsverfahren keine Auswirkungen.

# Lohnsteuerhaftung

## A. Arbeitsrecht

*Griese*

Arbeitsrechtlich wesentlich ist, dass sich ArbGeb und ArbN im Außenverhältnis zum FA im **Gesamtschuldverhältnis** befinden, während der **Arbeitnehmer im Innenverhältnis** allein für die LSt haftet. Deshalb kann der ArbGeb, soweit des FA berechtigte LStNachforderungen erhebt und der ArbGeb diese erfüllt, im Wege des internen Gesamtschuldnerausgleichs deren Erstattung vom ArbN verlangen. Die Fälligkeit des Erstattungsanspruchs tritt erst mit der Nachentrichtung durch den ArbGeb ein (BAG 14.11.18 – 5 AZR 301/17, NZA 19, 250). Soweit **aufgrund eines Verschuldens des ArbGeb** zu wenig Steuern entrichtet worden sind, wird eine Aufrechnung des ArbN mit einem Schadensersatzanspruch nach § 280 BGB (richtige Berechnung und Abführung ist Nebenpflicht aus dem Arbeitsverhältnis – s BAG 16.6.04 – 5 AZR 521/03, NZA 04, 1274) in Betracht kommen. Ist die steuerrechtliche Festsetzungsfrist gegen den ArbN abgelaufen, kann auch der ArbGeb nicht mehr auf Nachentrichtung im Rahmen einer LStAußenprüfung in Anspruch genommen werden (FG München 28.11.14 – 8 K 2038/13, LSK 15, 130359, Rev eingelegt BFH VI R 3/15). 1

Leistet der ArbGeb aufgrund eines arbeitsgerichtlichen Urteils v**ersehentlich den vollen Bruttobetrag einschließlich Lohnsteuer an den Arbeitnehmer,** ist dieser insoweit ungerechtfertigt bereichert. kann sich aber auf Entreicherung gem § 818 Absatz 3 BGB berufen, wenn er die entsprechenden Beträge an die zuständige Stellen weitergeleitet hat (BAG 21.12.16 – 5 AZR 273/16, NZA 17, 449).

Schon leicht fahrlässige Fehler des ArbGeb bei der Berechnung und Abführung der Lohnsteuer führen zu **Schadensersatzansprüchen des Arbeitnehmers gegen den Arbeitgeber gem § 280 BGB** und können gegen LStNachforderungen des ArbGeb **aufgerechnet werden;** der ArbGeb darf sich aber auf Auskünfte und Berechnungen des FA verlassen (BAG 30.4.08 – 5 AZR 725/07, NJW 08, 884; BAG 16.6.04 – 5 AZR 521/03, NJW 04, 3588). Die Detailfragen sind im lohnsteuerrechtlichen Beitrag behandelt (→ Rn 17–26). Vgl außerdem → *Bruttolohnvereinbarung* Rn 9 ff, → *Nettolohnvereinbarung* Rn 1–9 und → *Fürsorgepflicht* Rn 14.

## B. Lohnsteuerrecht

*Seidel*

### Übersicht

2 **I. Allgemeines.** Haftung im Steuerrecht bedeutet das Einstehenmüssen für eine fremde Schuld, so dass der Steuerschuldner keinen steuergesetzlichen Haftungstatbestand erfüllen kann (*T/K* vor § 69 AO Rz 10, 11; → Rn 31). Da die LSt grds eine Steuerschuld des ArbN ist (§ 38 Abs 2 Satz 1 EStG), kann er diesbezüglich nicht gleichzeitig Haftungsschuldner sein. Pauschaliert der ArbGeb die LSt hingegen, wird er Steuerschuldner und hat die LSt zu übernehmen (§ 40 Abs 3 EStG; → *Lohnsteuerpauschalierung* Rn 5), kann. Gleichwohl fehlt es insoweit an Haftungstatbeständen für den ArbN. Eine Haftung des ArbN für die LSt scheidet damit generell aus. Der ArbGeb kann jedoch als Haftungsschuldner für Steuerschulden des ArbN in Anspruch genommen werden. Dies gilt auch bei Vorliegen einer Nettolohnvereinbarung (→ *Nettolohnvereinbarung* Rn 14) und bei Lohnzahlung durch Dritte, soweit der ArbGeb zur Einbehaltung der LSt verpflichtet ist; aber ebenso dann, wenn der Dritte die LSt zu übernehmen hat (LStR 42d.1 Abs 1; → Rn 8, 12 und → *Lohnabzugsverfahren* Rn 14 ff). Als Steuerschuldner bei der pauschalierten LSt ist der ArbGeb vom FA mit Steuerbescheid (Nachforderungs- bzw Pauschalierungssteuerbescheid; → *Lohnsteuerpauschalierung* Rn 6 ff) in Anspruch zu nehmen. Neben dem ArbGeb kommen noch andere Personen für die LStHaftung in Betracht (→ Rn 12, 29–46 und → *Lohnabzugsverfahren* Rn 18). Zur Haftung für die LSt gehört auch die Haftung für die darauf entfallende KiSt, die in den KiStGesetzen der Länder nach identischen Haftungsgrundsätzen geregelt ist sowie die Haftung für den SolZ (§ 3 Abs 1 Nr 3, Abs 4 SolZG, § 51a Abs 1 EStG; s dazu auch FG Bln-Brandenburg vom 9.3.11 – 9 K 9141/09, EFG 11, 1680).

3 Die Haftung des Verleihers oder Entleihers von Arbeitskräften ist unter dem Stichwort **Arbeitnehmerüberlassung** behandelt (§ 42d Abs 6–8 EStG).

4 **II. Haftung des Arbeitgebers. 1. Einführung.** Kommt der ArbGeb seiner Verpflichtung, die LSt einzubehalten und abzuführen (§§ 38 Abs 3, 41a Abs 1 Nr 2 EStG; → *Lohnabzugsverfahren* Rn 19 ff und → *Lohnsteuerabführung* Rn 2 ff) nicht oder nicht vollständig nach, führt dies zu seiner Haftung. Er kann diese öffentlich-rechtliche Pflicht auch nicht etwa durch eine privatrechtliche (arbeitsrechtliche) Vereinbarungen mit dem ArbN, dieser solle selbst die LSt berechnen und abführen, ausschließen (*HMW*/Haftung für Lohnsteuer Rz 12/1). Zur Haftung eines Dritten, der ArbGebPflichten übernommen hat, → Rn 12. Der Haftungsanspruch entsteht unabhängig vom Erlass des Haftungsbescheides mit der Verwirklichung des Haftungstatbestandes (weiterhin BFH 15.10.96, BStBl II 97, 171). Neben der Haftungsvorschrift des § 42d EStG für die LSt finden sich für den ArbGeb noch Haftungsvorschriften in § 15 Abs 3 5. VermBG (Arbeitnehmersparzulage) und in den KiStGesetzen der Länder. Mit der Haftung wird die Einziehung nicht einbehaltener LSt erleichtert, da sich das FA sonst an eine Vielzahl von ArbN halten müsste. Die Haftung des ArbGeb ist **akzessorisch,** dh dass das Vorliegen einer Steuerschuld des ArbN Voraussetzung für die Haftung ist. Maßgebend ist während des laufenden Kj die im LStAbzugsverfahren einzubehaltende LSt, da es sich insoweit um eine Steuervorauszahlung handelt.

5 **Nach Ablauf des Kalenderjahres** bestimmt sich der Haftungsumfang nach der JahresLStSchuld (BFH 26.7.74, BStBl II 74, 756; BFH 10.10.06 – VII B 30/06, BFH/NV 07, 204). Das ist die LSt, die sich nach den ELStAM für den Jahresarbeitslohn ergibt. Der ArbGeb kann dagegen nicht einwenden, dass Werbungskosten oder Sonderausgaben des ArbN noch nicht berücksichtigt sind (*HMW*/Haftung für Lohnsteuer Rz 22 ff mwN). Eine Gegenmeinung, die es vor dem Hintergrund des Vorauszahlungscharakters des LStAbzugsverfahrens als verfassungsrechtlich bedenklich ansieht, den ArbGeb für eine Steuerschuld haften zu lassen, die in dieser Höhe gar nicht endgültig bestehe (*Schmidt/Krüger* § 42d Rz 2 mwN), will den Haftungsumfang nach Ablauf des Kj auf die endgültige Steuerschuld des ArbN beschränken. Schließt man sich dem an, wären alle steuerlich zu berücksichtigenden Aufwendungen des ArbN abzuziehen, wobei der ArbGeb hierfür die Feststellungslast zu tragen hätte. Das FG BaWü (14.5.97, EFG 97, 1193) sieht es im Rahmen der Ermessensaus-

übung (→ Rn 23 ff) als gerechtfertigt an, die Werbungskosten zu berücksichtigen, wenn der ArbGeb die Steuernachholung dem ArbN nicht weiterbelastet (→ Rn 69).

Der Meinung des BFH und der sich ihm anschließenden Autoren ist zu folgen (*HMW*/Haftung für Lohnsteuer Rz 22 ff mwN). § 42d Abs 1 EStG spricht eindeutig von der einzubehaltenden und abzuführenden LSt. Damit gibt der Gesetzgeber zu erkennen, dass die Haftung die Beträge des LStAbzugsverfahrens betrifft. Soweit Aufwendungen des ArbN nicht als Freibeträge ermittelt und als ELStAM gebildet sind, müssen sie hier unberücksichtigt bleiben (→ *Lohnsteuerermäßigung* Rn 3 und → *Lohnsteuerabzugsmerkmale* Rn 10 ff) und haben keinen Einfluss auf die LStSchuld des ArbN im LStAbzugsverfahren. Dies muss im Rahmen der Akzessorietät auch für die Haftung des ArbGeb gelten (s auch Begründung bei *HMW*/Haftung für Lohnsteuer Rz 24, 25 und *Thomas* DStR 95, 273). Bei beschränkt stpfl ArbN → *Lohnsteuerberechnung* Rn 18 ff. 6

Die **Bagatellgrenze** des § 42d Abs 5 EStG, die eine Geltendmachung der Steuernachforderung oder Haftungsforderung ausschließt, wenn diese insgesamt 10 € nicht übersteigt, gilt für ArbGeb und ArbN (auch bei einer Änderung der EStVeranlagung). Nach hM ist dabei sowohl beim ArbN als auch beim ArbGeb auf den Gesamtbetrag der Nachforderung abzustellen. Nach aA ist beim ArbGeb auf die auf jeden einzelnen ArbN entfallende LSt abzustellen (zB *Gast-de Haan* DStJG 9, 162). Dem steht mE der Gesetzeswortlaut entgegen („insgesamt"). 7

**2. Haftungstatbestände. a) Der Arbeitgeber haftet für die Lohnsteuer, die er einzubehalten und abzuführen hat** (§ 42d Abs 1 Nr 1 EStG). Er muss dafür einstehen, dass die LSt vorschriftsmäßig vom stpfl Arbeitslohn einbehalten (→ *Lohnabzugsverfahren* Rn 19) und fristgerecht abgeführt wird und zwar auch im Rahmen des Steuerabzugs nach § 50a Abs 5 EStG (→ *Lohnsteuerberechnung* Rn 11). Dies gilt idR auch bei Lohnzahlungen durch Dritte (→ *Lohnabzugsverfahren* Rn 14–18, dort auch zu Ausnahmen). Der ArbGeb hat die LSt vorschriftsmäßig einbehalten, wenn er sie entsprechend den abgerufenen ELStAM (→ *Lohnsteuerabzugsmerkmale* Rn 10 ff) berechnet und für den sich ergebenden Betrag die LSt ermittelt (→ *Lohnsteuertabellen* Rn 2 ff) hat. Die LSt ist nicht vorschriftsmäßig einbehalten, wenn der ArbGeb stpfl Arbeitslohn fälschlich steuerfrei belassen oder eine zu hohe LSt im LStJahresausgleich erstattet hat. Im letzten Fall liegt zugleich der Haftungstatbestand des § 42d Abs 1 Nr 2 EStG vor (→ Rn 10). Der ArbGeb haftet nicht für LSt, die ein **früherer Arbeitgeber** hätte einbehalten müssen (*HMW*/Haftung für Lohnsteuer Rz 38). 8

Strittig ist die Auswirkung einer **unrichtigen Anrufungsauskunft** oder einer **unrichtigen verbindlichen Zusage** (§§ 204 ff AO). Während *Krüger* und andere auch hier eine vorschriftsmäßige Einbehaltung sehen und daher schon das Vorliegen des Haftungstatbestandes verneinen (*Schmidt/Krüger* § 42d Rz 3), nimmt *HMW* eine vorschriftsmäßige Einbehaltung nur dann an, wenn die LSt in der gesetzlichen Höhe erhoben wird. Letztlich kommt es darauf nach der neueren Rechtsprechung des BFH nicht mehr an, denn einerseits ist die FinVerw auf Grund des Charakters der Anrufungsauskunft als feststellender VA (→ *Anrufungsauskunft* Rn 10) an ihre Aussagen zu einem vollständig und richtig dargestellten Sachverhalt gebunden und hat einen entsprechenden Fehler selbst zu vertreten, andererseits kommt eine Nachforderung beim ArbN nach § 42d Abs 3 Satz 4 EStG ebenfalls nicht in Betracht, da der Anrufungsauskunft im Abzugsverfahren auch ihm gegenüber **Bindungswirkung** entfaltet (BFH 17.10.13 – VI R 44/12, BStBl II 14, 892 → *Anrufungsauskunft* Rn 12 f; → Rn 24 und *HMW*/Haftung für Lohnsteuer Rz 36). Diese Grundsätze gelten auch für die lohnsteuerlichen Pflichten des ArbGeb erfüllende Dritte (BFH 20.3.14 – VI R 43/13, BStBl II 14, 592). 9

Die Haftung des ArbGeb reicht, soweit er eine Verpflichtung zur Einbehaltung hat. Ist er also vom LSt-Abzug befreit, weil er nicht der deutschen Steuerhoheit unterliegt, scheidet eine Haftung aus. Gleiches gilt für die LSt früherer ArbGeb. Hingegen haftet er auch bei einer **Nettolohnvereinbarung** (weiterhin BFH 12.12.75 – VI B 124/75, BStBl II 76, 543; → Rn 19 und → *Nettolohnvereinbarung* Rn 19) sowie dann, bei Zahlung von Schwarzlöhnen zwecks Steuer- und Beitragshinterziehung die Unmöglichkeit einer späteren Rückbelastung des ArbN bewusst in Kauf genommen hat (BFH 29.10.93 – VI R 4/87, BStBl II 94, 194; *HMW*/Haftung für Lohnsteuer Rz 38 ff). Zum Fall der nicht ausreichenden

Deckung der LSt durch den geschuldeten Barlohn → Rn 15 sowie Rn 34 für den Fall, dass verfügbare Barmittel nur iHd Nettolöhne zur Verfügung stehen.

Hinsichtlich der Einbehaltungspflicht ist bei Lohnzahlungen durch Dritte (§ 38 Abs 1 Satz 3 EStG)zu beachten, dass eine Haftung des ArbGeb, soweit er eine Verpflichtung zum LStAbzug hat, nur soweit in Betracht kommt, als der ArbN ihm den von Dritten gezahlten Lohn vollständig und richtig angezeigt hat oder der ArbGeb seiner Verpflichtung zur Anzeige an das BetriebsstättenFA bei Nichtangabe oder unzutreffenden Angaben seitens des ArbN – sofern für den ArbGeb erkennbar – nicht nachgekommen ist (→ *Lohnabzugsverfahren* Rn 14; *HMW*/Haftung für Lohnsteuer Rz 44, 45). Da in diesen Fällen die Verpflichtung zum LSt-Abzug – anders als bei Satz 1 der Vorschrift – nicht davon abhängt, dass der Arbeitslohn vom ArbGeb ausgezahlt wird, können LSt-Abzug und Haftung insoweit auch nicht durch Übertragung der Berechnung und Auszahlung des Arbeitslohns im Wege des Outsourcings an einen Dritten vermieden werden kann. Zur Haftung des ArbGeb bzw Dritten bei Lohnzahlung durch Dritte im Übrigen s unter → Rn 12 und → *Lohnabzugsverfahren* Rn 18. Die **Nichtabführung** einbehaltener LSt erfüllt stets den Haftungstatbestand.

10 **b) Die unrichtige Erstattung** der LSt im LStJahresausgleich (→ *Lohnsteuerjahresausgleich* Rn 13) führt ebenfalls zu einer Haftung des ArbGeb (§ 42d Abs 1 Nr 2 EStG). Da auch hier die LSt im Ergebnis nicht richtig einbehalten worden ist, weil der LStJahresausgleich durch den ArbGeb der letzte Akt des LStAbzugsverfahrens ist, hat die Vorschrift nur klarstellende Bedeutung. Dieser Tatbestand könnte auch unter § 42d Abs 1 Nr 1 EStG subsumiert werden (*Schmidt/Krüger* § 42d Rz 4).

11 **c) Verkürzung der Einkommensteuer (Lohnsteuer) aufgrund fehlerhafter Angaben** im Lohnkonto (→ *Lohnkonto* Rn 4 ff) und in der LStBescheinigung (→ *Lohnsteuerbescheinigung* Rn 6 ff) löst ebenfalls eine Haftung des ArbGeb aus (§ 42d Abs 1 Nr 3 EStG). Dieser Haftungstatbestand dehnt die Haftung des ArbGeb über das LStAbzugsverfahren auf das Veranlagungsverfahren (→ *Antragsveranlagung* Rn 2 ff) des ArbN aus. Er beruht darauf, dass infolge unrichtiger Angaben bei den genannten Bescheinigungen dem ArbN zu viel Steuer erstattet oder von ihm zu wenig Steuer erhoben wird, zB weil der ArbGeb einen zu niedrigen Arbeitslohn bescheinigt oder Kurzarbeitergeld (→ *Kurzarbeit* Rn 27) nicht eingetragen hat. Eine Inanspruchnahme kann aber möglicherweise ermessensfehlerhaft sein (→ Rn 22 ff), wenn das FA den Fehler hätte erkennen können (*HMW*/Haftung für Lohnsteuer Rz 52). Im Übrigen beschränkt sich die Haftung bei einer fehlerhaft ausgestellten LStBescheinigung auf die LSt, die sich bei der EStVeranlagung des ArbN ausgewirkt hat (LStH 42d.1: Allgemeines zur Arbeitgeberhaftung).

12 **d) Haftung für die Lohnsteuer, die ein Dritter** nach § 38 Abs 3a EStG **zu übernehmen hat** (→ *Lohnabzugsverfahren* Rn 17, 18). Nach § 42d Abs 1 Nr 4 und Abs 9 EStG haftet der ArbGeb gesamtschuldnerisch neben dem Dritten, der die ArbGebPflichten trägt. An einem Fehlverhalten nach § 42d Abs 3 Satz 4 Nr 1 fehlt es, wenn beim LSt-Abzug entsprechend einer LSt-Anrufungsauskunft (→ *Anrufungsauskunft* Rn 5) oder in Übereinstimmung mit den Vorgaben der zuständigen Finanzbehörden der Länder oder des Bundes verfahren wird (BFH 20.3.14 – VI R 43/13, BStBl II 14, 592). Weiterer Gesamtschuldner ist der ArbN als Steuerschuldner. Die Auswahl zwischen den Gesamtschuldnern hat das FA nach pflichtgemäßem Ermessen zu treffen (LStR 42d.1 Abs 3; → Rn 26–28, 41). In den Fällen des § 38a Abs 3a Satz 2 EStG (Übernahme der ArbGebPflichten mit Zustimmung des FA) beschränkt sich die Haftung des Dritten auf die LSt, die für die Zeit zu erheben ist, für die er sich gegenüber dem ArbGeb zur Übernahme verpflichtet hat. Die Beendigung der Verpflichtung hat der Dritte seinem FA anzuzeigen. Bei Zusammenrechnung der Arbeitslöhne aus mehreren Dienstverhältnissen (→ *Lohnabzugsverfahren* Rn 17) ist als Haftungsschuld der Betrag zu ermitteln, um den die LSt, die für den gesamten Arbeitslohn des Lohnzahlungszeitraums zu berechnen und einzubehalten ist, die insgesamt tatsächlich einbehaltene LSt übersteigt. Bei mehreren ArbGeb ist die Haftungsschuld anteilig nach dem Verhältnis der Arbeitslöhne aufzuteilen. Zuständig für die Geltendmachung der Steuer- und Haftungsschuld ist das BetriebsstättenFA des Dritten.

13 **e) Verschuldensunabhängigkeit.** Die Haftungstatbestände setzen nach hM und der Rspr kein Verschulden des ArbGeb voraus. Der Verschuldensgrad kann aber im Rahmen der Ermessensausübung von Bedeutung sein. Nach aA haftet der ArbGeb nur bei vor-

sätzlicher oder grob fahrlässiger Verletzung seiner lohnsteuerlichen Pflichten, da die für eine Haftung erforderliche Pflichtverletzung durch den ArbGeb schuldhaftes Verhalten beinhalte. Der hM ist zu folgen, da der Gesetzgeber im – auch nach der Mindermeinung (zB *Gast-de Haan* DStJG 9, 152, 153) – vergleichbaren Fall des § 69 AO (→ Rn 30 ff) im Gegensatz zu § 42d Abs 1 EStG ausdrücklich das Verschulden normiert hat und auch in anderen Fällen der Quellenbesteuerung diese Einschränkung nicht zur Tatbestandsvoraussetzung gemacht hat. Dafür spricht auch der Ausschluss der sonst bei Haftungsfällen zu beachtenden Subsidiarität des Haftungsanspruchs bei der LStHaftung des ArbGeb, § 219 Satz 2 AO (s hierzu *HMW*/Haftung für Lohnsteuer Rz 13; *Schmidt/Krüger* § 42d Rz 7, jeweils mwN; → Rn 25–28).

**3. Haftungsausschluss.** § 42d Abs 2 EStG schließt eine Haftung des ArbGeb in bestimmten Fällen aus (*Mösbauer* FR 95, 173). Eine Inanspruchnahme kommt hier selbst dann nicht in Betracht, wenn die LSt beim ArbN nicht nacherhoben werden kann (→ *Lohnsteuernachforderung* Rn 3–15; *HMW*/Haftung für Lohnsteuer Rz 55). So haftet der ArbGeb nicht für zu wenig einbehaltene LSt, wenn der ArbN seine ELStAM nicht nach § 39 Abs 5 EStG (→ *Anzeigepflichten Arbeitnehmer* Rn 12) oder einen Freibetrag nicht nach § 39a Abs 1 Satz 1 Nr 6 Satz 3, Abs 5 EStG (→ *Lohnsteuerermäßigung* Rn 15 und → *Lohnsteuerabzugsmerkmale* Rn 18) hat ändern lassen. Eigentlich ist in diesen Fällen schon der Haftungstatbestand nicht erfüllt. Der Haftungsausschluss setzt stets eine Korrekturberichtigung iSd § 41c Abs 1 EStG voraus. Daran fehlt es, wenn eine LStAnmeldung von einem Angestellten des ArbGeb vorsätzlich fehlerhaft abgegeben worden war und dies dem ArbGeb zuzurechnen ist. „Erkennen" iS dieser Vorschrift bedeute, das Erlangen von Kenntnissen nach Abgabe der fehlerhaften LStAnmeldungen. Dies sei bei vorsätzlich fehlerhaftem LStEinbehalt ausgeschlossen, denn eine Auslegung dass eine bessere Erkenntnis bei bewusst falschem Einbehalt später eintreten könne, überschreite die Grenzen des Wortlauts (§ 41c Abs 1 Nr 2 EStG; BFH 21.4.10 – VI R 29/08, DStR 10, 1427). 14

Ein echter Haftungsausschluss liegt auch den beiden weiteren genannten Alternativen vor. Danach ist eine Haftung des ArbGeb ausgeschlossen, wenn er seiner Anzeigepflicht nach § 38 Abs 4 EStG – keine ausreichende Deckung der LSt durch den vom ArbGeb geschuldeten Barlohn (→ *Lohnabzugsverfahren* Rn 26) – oder nach § 41c Abs 4 EStG (→ *Lohnsteuerberechnung* Rn 26) nachkommt (BFH 9.10.02 – VI R 112/99, BStBl II 02, 884). Dabei tritt die haftungsbefreiende Wirkung der Anzeige nach § 41c Abs 4 EStG nur ein, wenn die nicht vorschriftsmäßige Einbehaltung der LSt vom ArbGeb erkannt worden ist (LStH 42d.1: Allgemeines zur Arbeitgeberhaftung). Sie scheidet aus, wenn der ArbGeb erst aufgrund von Hinweisen oder Feststellungen im Rahmen der LStAußenprüfung die fehlerhafte Behandlung anzeigt. 15

**4. Inanspruchnahme des Arbeitnehmers oder des Arbeitgebers. a) Allgemeines.** Soweit die Haftung des ArbGeb reicht, sind der ArbGeb und der ArbN **Gesamtschuldner.** Das BetriebsstättenFA kann die Steuer- oder Haftungsschuld nach pflichtgemäßem Ermessen gegenüber jedem Gesamtschuldner geltend machen (§ 42d Abs 3 Sätze 1 und 2 EStG). Dabei ist zwischen dem Entschließungsermessen (ob jemand in Anspruch genommen werden soll) und dem Auswahlermessen (wer von mehreren Personen in Anspruch genommen werden soll) zu unterscheiden. Das FA muss die Wahl, an welchen Gesamtschuldner es sich halten will, nach pflichtgemäßem Ermessen unter Beachtung der durch Recht und Billigkeit gezogenen Grenzen und unter verständiger Abwägung der Interessen aller Beteiligten treffen. Die Grundsätze von Recht und Billigkeit verlangen keine vorrangige Inanspruchnahme des ArbN als Steuerschuldner (LStH 42d.1: Ermessensausübung; → Rn 25–28). 16

Um eine Ermessensentscheidung gegenüber dem ArbN (Auswahlermessen) handelt es sich aber nur, wenn der ArbN vor Durchführung der EStVeranlagung in Anspruch genommen werden soll (BFH 17.5.85, BStBl II 85, 660). Soll der ArbGeb als Haftungsschuldner in Anspruch genommen werden, liegt stets eine Ermessensentscheidung vor (→ Rn 23–28). Da Gesamtschuldnerschaft vorliegt, wirkt die Erfüllung durch einen Gesamtschuldner auch für andere Gesamtschuldner (§ 44 Abs 2 AO). Inwieweit der ArbGeb als Haftungsschuldner beim ArbN **Regress** nehmen kann, richtet sich nach zivil-(arbeits-)rechtlichen Grundsätzen (→ Rn 69, 70). 17

18 **b) Inanspruchnahme des Arbeitnehmers während des laufenden Kalenderjahres** erfolgt durch einen LStNachforderungsbescheid (→ *Lohnsteuernachforderung* Rn 14, 15). Dabei kann der ArbN im Rahmen der Gesamtschuldnerschaft aber nur in Anspruch genommen werden, wenn

– der ArbGeb die LSt vom Arbeitslohn nicht vorschriftsmäßig einbehalten hat oder
– der ArbN weiß, dass der ArbGeb die LSt nicht vorschriftsmäßig angemeldet hat und dies nicht unverzüglich dem FA mitgeteilt hat (§ 42d Abs 3 Satz 4 Nr 1 und 2 EStG; → *Anzeigepflichten Arbeitnehmer* Rn 16).

19 Der Inanspruchnahme des ArbN steht eine dem ArbGeb erteilte unrichtige Anrufungsauskunft entgegen, da diese nach neuerer Rechtsprechung des BFH das FA auch gegenüber dem ArbN bindet (BFH 17.10.13 – VI R 44/12, BStBl II 14, 892; → Rn 9 und → *Anrufungsauskunft* Rn 4 ff). Eine Inanspruchnahme des ArbN scheidet zudem aus, wenn der ArbGeb die LSt zwar einbehalten, aber nicht beim FA angemeldet hat und der ArbN dies nicht weiß. Dies gilt auch, wenn dem ArbN lediglich bekannt ist, dass der ArbGeb die LSt nicht an das FA abgeführt hat (*Schmidt/Krüger* § 42d Rz 19; → *Lohnsteuerabführung* Rn 8). Auch im Fall einer Nettolohnvereinbarung (→ *Nettolohnvereinbarung* Rn 10 ff) hat der ArbGeb aus der Sicht des ArbN den Bruttoarbeitslohn mit der Auszahlung des Nettolohns vorschriftsmäßig gekürzt. Daher kann der ArbN auch hier nur in Anspruch genommen werden, wenn er positive Kenntnis hat, dass der ArbGeb die LSt nicht angemeldet hat (BFH 8.11.85, BStBl II 86, 186 Rn 9). Zur Inanspruchnahme des ArbN, wenn dieser im Wege der Zwangsvollstreckung durch den Gerichtsvollzieher den Bruttoarbeitslohn beim ArbGeb beitreiben lässt; → *Bruttolohnvereinbarung* Rn 20, 21.

20 c) Eine **Inanspruchnahme des Arbeitnehmers nach Ablauf des Kalenderjahres** richtet sich danach, ob bereits eine EStVeranlagung (→ *Antragsveranlagung* Rn 2 ff) durchgeführt worden ist oder nicht. Im ersten Fall, so können LStNachforderungen nur im Rahmen einer Änderung des EStBescheides durch das WohnsitzFA geltend gemacht werden, wenn die Änderung des Bescheides verfahrensrechtlich zulässig ist (zB aufgrund neuer Tatsachen; § 173 Abs 1 Nr 1 AO; BFH 13.1.89, BStBl II 89, 447). Es bedarf keiner Ermessensentscheidung (BFH 27.5.08 – VIII B 127/07, BFH/NV 08, 1664). Der Stpfl erleidet durch die Heranziehung zur gesetzlich geschuldeten Steuer keinen Vermögensschaden (BFH 13.1.11 – VI R 61/09, DStR 11, 521).

21 Liegt noch kein EStBescheid vor bzw kommt eine Veranlagung zur ESt weder vAw noch auf Antrag in Betracht, so kann bis zum Ablauf der Festsetzungsfrist (→ *Verjährung* Rn 33–39) ein LStNachforderungsbescheid ergehen. Da dann eine Jahressteuerfestsetzung erfolgt, kann der ArbN steuermindernde Merkmale (zB Werbungskosten) geltend machen. Allerdings darf dies nicht zur Erstattung einbehaltener Steuern führen. Er kann damit nur die Nachforderung zu Fall bringen (*Schmidt/Krüger* § 42d Rz 22). Auch die vom ArbGeb im LStJahresausgleich zu Unrecht erstattete Steuer kann vom ArbN nachgefordert werden, da sie im Ergebnis nicht vorschriftsmäßig einbehalten worden ist (→ Rn 11).

22 **d) Inanspruchnahme des Arbeitgebers (Entschließungsermessen).** An die von den FG voll überprüfbaren Rechtsentscheidungen der Erfüllung des Haftungstatbestandes und des Nichtvorliegens eines Haftungsausschlusses schließt sich die von den FG nur auf Ermessenfehler hin überprüfbare Entscheidung des FA an (§ 102 FGO), ob der ArbGeb überhaupt in Anspruch genommen werden soll. Eine Inanspruchnahme des ArbGeb kann insbes dann ermessensfehlerhaft sein, wenn die Ursachen für die fehlerhafte Einbehaltung der LSt in der Sphäre des FA liegen (*Schmidt/Krüger* § 42d Rz 26). Sie kann zB unbillig sein, wenn der ArbGeb eine bestimmte Methode der Steuerberechnung angewendet und das FA hiervon Kenntnis erlangt und nicht beanstandet hat oder wenn der ArbGeb durch Prüfung und Erörterung der Rechtsfrage durch das FA in einer unrichtigen Rechtsauslegung bestärkt wurde oder der ArbGeb einem **entschuldbaren Rechtsirrtum** unterlegen ist, weil das FA eine unklare oder falsche Auskunft gegeben hat oder weil der Irrtum durch Handlungen des LStPrüfers veranlasst worden ist (weiterhin BFH 24.1.92, BStBl II 92, 696) oder weil er den Angaben in einem Manteltarifvertrag über die Steuerfreiheit vertraut hat oder weil er den LStAbzug entsprechend einer Verwaltungsanweisung durchgeführt hat, auch wenn er diese nicht gekannt hat; dies gilt aber nicht, wenn ihm bekannt war, dass das BetriebsstättenFA eine andere Auffassung vertritt (LStH 42d.1: Ausübung des Ermessens und BFH 6.12.96, BStBl II 97, 413).

Auch bei einem **entschuldbaren Tatsachenirrtum** des ArbGeb kann seine Haftungsinanspruchnahme unbillig sein (*Schmidt/Krüger* § 42d Rz 26); ebenso bei einer unrichtigen Anrufungsauskunft (→ Rn 9). IdR ermessensfehlerfrei ist die Inanspruchnahme des ArbGeb, wenn die Einbehaltung der LSt in einem rechtlich einfach und eindeutig liegenden Fall nur deshalb unterblieben ist, weil sich der ArbGeb über seine Verpflichtungen nicht hinreichend unterrichtet hat. 23

Vom ArbGeb kann zwar kein umfassendes steuerrechtliches Wissen verlangt werden. 24 Andererseits hat er aber die Möglichkeit der **Anrufungsauskunft.** Gerade auch in schwierigen Fällen kann der Verzicht auf die Anrufungsauskunft vorwerfbar sein (BFH 18.8.05 – VI R 32/03, BStBl II 06, 30). Es liegt regelmäßig kein beachtlicher entschuldbarer Rechtsirrtum vor (BFH 29.5.08 – VI R 11/07, DStR 08, 1526; → Rn 26). Im Einzelfall kann eine betragsmäßige Beschränkung des Haftungsanspruchs bei entsprechender Anwendung des § 254 BGB **(Mitverschulden)** geboten sein, wobei dem FA aber nicht vorgehalten werden kann, es habe über einen längeren Zeitraum von seinen Befugnissen zur Überwachung des LStAbzugs und zur Beitreibung der LStAbzugsbeträge keinen Gebrauch gemacht (*Schmidt/Krüger* § 42d Rz 28 mwN; BFH 30.8.05 – VII R 61/04, DStRE 06, 376). Die Inanspruchnahme des ArbGeb ist regelmäßig gerechtfertigt, wenn er einbehaltene LStAbzugsbeträge nicht an das FA abführt.

**e) Inanspruchnahme des Arbeitgebers (Auswahlermessen).** Kommt nach den vor- 25 stehend dargelegten Grundsätzen eine Inanspruchnahme des ArbGeb in Betracht, so ist vom FA weiter zu prüfen, ob nicht zunächst der ArbN als Steuerschuldner in Anspruch zu nehmen ist. Ein allgemeiner Grundsatz der vorrangigen Inanspruchnahme des Steuerschuldners, besteht nicht (→ Rn 16). Entscheidend sind die Umstände des Einzelfalls. Bei einer vorsätzlich begangenen **Steuerstraftat** ist das Auswahlermessen hingegen vorgeprägt. Es bedarf insoweit keiner Begründung für die Ermessensausübung. Dies gilt auch dann, wenn sich mehrere Haftungsschuldner einer Steuerhinterziehung schuldig gemacht haben und grds gleichrangig nebeneinander stehen (BFH 12.2.09 – VI R 40/07, BStBl II 09, 478). Das Auswahlermessen der FinBeh im Rahmen des **§ 50a EStG** (→ *Lohnsteuerberechnung* Rn 11) muss auch dann jedenfalls in Grundzügen begründet werden, wenn der Vergütungsschuldner im Ausland ansässig ist und sich seine Inanspruchnahme schwieriger gestaltet als die des Vergütungsschuldners (FG Bln-Bdgb 4.4.12 – 12 V 12204/11, EFG 12, 1352).

Eine Inanspruchnahme des **Arbeitgebers** ist über die in → Rn 22–24 genannten Grün- 26 de hinaus regelmäßig **ermessensfehlerfrei,** wenn

- der Steuerabzug bewusst oder leichtfertig versäumt worden ist (*Schmidt/Krüger* § 42d Rz 31),
- sie der Vereinfachung dient, weil gleiche oder ähnliche Berechnungsfehler bei einer größeren Zahl von ArbN gemacht worden sind (regelmäßig bei mehr als 40 ArbN),
- das FA aufgrund einer fehlerhaften Unterlassung des ArbGeb aus tatsächlichen Gründen nicht in der Lage ist, die ArbN als Steuerschuldner heranzuziehen,
- die individuelle Ermittlung der LSt schwierig ist und der ArbGeb bereit ist, die LSt der ArbN endgültig zu tragen oder
- im Falle einer Nettolohnvereinbarung der ArbN nicht weiß, dass der ArbGeb die LSt nicht angemeldet hat (LStH 42d.1: Ermessensausübung).

Nach § 42d Abs 3 Satz 3 EStG kann der ArbGeb auch dann in Anspruch genommen werden, wenn der ArbN zu veranlagen ist. Trotzdem **kann** eine vorrangige Inanspruchnahme des ArbGeb vor dem **Arbeitnehmer unzulässig sein,** wenn die LSt ebenso einfach und schnell vom ArbN nacherhoben werden kann, weil er zB ohnehin zu veranlagen ist, insbes wenn er inzwischen aus dem Betrieb ausgeschieden ist (LStH 42d.1: Ermessensausübung). Der ArbGeb, der sich auf die Veranlagung des ArbN beruft, muss aber von sich aus die erforderlichen Angaben machen (weiterhin BFH 29.11.78, BStBl II 79, 182).

Eine vorrangige Inanspruchnahme des **Arbeitnehmers** kommt auch in Betracht, wenn 27

- dieser im Betrieb des ArbGeb selbst für den LStAbzug verantwortlich war,
- damit gerechnet werden kann, dass die Einkünfte des ArbN unter der stpfl Grenze liegen, vorausgesetzt, die Nachforderung betrifft nur einen oder wenige langfristig beschäftigte, mit Anschrift bekannte ArbN und das Verhalten des ArbGeb war nicht grob fahrlässig oder
- zweifelhaft ist, ob der Stpfl überhaupt ArbN ist.

Ist die ESt beim ArbN später nicht hereinzuholen, so kann der ArbGeb immer noch als Haftender in Anspruch genommen werden. Möglicherweise kann dies aber ermessensfehlerhaft sein, wenn das FA schuldhaft versäumt hatte, den ArbN vorrangig in Anspruch zu nehmen (*Schmidt/Krüger* § 42d Rz 32 mwN). Allerdings ist die Inanspruchnahme des ArbGeb idR ermessensfehlerhaft, wenn die Steuer beim ArbN deshalb nicht nachgefordert werden kann, weil seine Veranlagung zur ESt bereits bestandskräftig ist und die für eine Änderung nach § 173 Abs 1 Nr 1 AO erforderlichen Voraussetzungen nicht vorliegen (→ Rn 20; BFH 9.10.92, BStBl II 93, 169). Nach einer LStAußenprüfung ist bei der nachträglichen Inanspruchnahme des ArbGeb die Änderungssperre zu beachten (→ Rn 58, 59 sowie → *Lohnsteueraußenprüfung* Rn 16 und BFH 17.2.95, BStBl II 95, 555).

28 Das FA hat im Rahmen des Auswahlermessens auch zu prüfen, ob noch andere Personen evtl gesamtschuldnerisch nach anderen Haftungsvorschriften (→ Rn 29 ff) für dieselben Steuern haften und ggf in Anspruch zu nehmen sind (BFH 9.8.02 – VI R 41/96, BStBl II 03, 160). Ersetzt das FA während des Klageverfahrens den Haftungsbescheid durch einen anderen Haftungsbescheid, in dem erstmals Ermessenserwägungen dargestellt sind, sind im weiteren Verfahren die nunmehr angestellten Ermessenserwägungen zu berücksichtigen (BFH 16.12.08 – I R 29/08, BStBl II 09, 539).

29 **III. Haftung anderer Personen. 1. Grundsätzliches.** Außer dem ArbGeb können auch andere Personen für die richtige Einbehaltung und Abführung der LSt gesamtschuldnerisch haften. Dafür kommen neben dem Dritten, der die ArbGebPflichten übernommen hat (→ Rn 12) in Betracht:

– gesetzliche Vertreter natürlicher und juristischer Personen (zB Eltern, GmbH-Geschäftsführer, auch – ehrenamtliche – Vereinsvorsitzende: BFH 13.3.03 – VII R 46/02, BStBl II 03, 566; s zu Vereinsvorständen auch *Werner* Inf 04, 20),
– Geschäftsführer nicht rechtsfähiger Personenvereinigungen (OHG, KG, GbR) und Vermögensmassen (zB nichtrechtsfähige Stiftungen),
– Vermögensverwalter (Insolvenzverwalter, Zwangsverwalter, Liquidatoren, Testamentsvollstrecker) – §§ 69, 34 AO –, Verfügungsberechtigte (§§ 69, 35 AO; BFH 16.3.95, BStBl II 95, 859 sowie FG Hess 10.10.05 – 3 V 3913/04, DStRE 06, 683: Prokurist; BFH 11.12.07 – VII B 172/07, BFH/NV 08, 748: faktischer Geschäftsführer eines Einzelunternehmens; zur Haftung des Insolvenzverwalters s *Mösbauer* DStZ 2000, 443),
– Steuerhinterzieher (§ 71 AO),
– Betriebsübernehmer (§ 75 AO), Gesamtrechtsnachfolger (§ 45 AO) sowie
– Daten verarbeitende Unternehmer (§ 9 SteueranmeldungsdatenträgerVO).

30 **2. Vertreter, Vermögensverwalter und Verfügungsberechtigte** haften nach § 69 AO iVm §§ 34 bzw 35 AO, wenn sie die ihnen auferlegten Pflichten vorsätzlich oder grob fahrlässig verletzen und die Steueransprüche dadurch nicht oder nicht rechtzeitig festgesetzt oder erfüllt werden oder soweit infolgedessen Steuervergütungen oder Steuererstattungen ohne rechtlichen Grund gezahlt werden. Daraus ergeben sich fünf Tatbestandsmöglichkeiten, nämlich die Nichtfestsetzung, die nicht rechtzeitige Festsetzung, die Nichterfüllung, die nicht rechtzeitige Erfüllung eines Steueranspruchs sowie die Zahlung einer Steuervergütung oder Steuererstattung ohne rechtlichen Grund.

31 Die Haftung umfasst **auch** den infolge der Pflichtverletzung zu zahlenden **Säumniszuschlag** (§ 69 Satz 2 AO; → *Säumniszuschlag* Rn 2) und **Verspätungszuschlag** (BFH 26.7.88, BStBl II 88, 859; BFH 1.8.2000 – VII R 110/99, BStBl II 01, 271 bzgl anteiliger Tilgung Verspätungszuschlag und FG Bln-Bbg 9.3.11 – 9 K 9141/09, EFG 11, 1690). Geschäftsführer einer GmbH oder KG sind jedoch **nicht** Schuldner der **Hinterziehungszinsen** (BFH 27.9.91, BStBl II 92, 163). Die Haftung der Vertreter umfasst in gleicher Weise die auf ihren eigenen Arbeitslohn entfallende LSt (selbst wenn die persönliche ESt-Schuld 0 € beträgt, FG Hbg 23.5.02 – II 314/01, DStRE 02, 1338), obwohl sie eigentlich Steuerschuldner sind und sich die Eigenschaft einer Person als Haftungs- und als Steuerschuldner regelmäßig ausschließt (BFH 15.4.87, BStBl II 88, 167). In der Praxis werden von der Vertreterhaftung vornehmlich GmbH-Geschäftsführer (→ *Geschäftsführer* Rn 37) betroffen, so dass sich die Bezeichnung „Geschäftsführerhaftung“ eingebürgert hat (*Beermann* FR 92, 262 nach BFH 22.7.97 – I B 44/97, BFH/NV 98, 11 zur Haftung des Mitgeschäftsführers bei Nichtausübung der Geschäftsführung). Da die Geschäftsführerhaftung von der

Sperrwirkung des § 93 InsO nicht erfasst wird, kann sie auch nach Eröffnung des Insolvenzverfahrens vom FA mit Haftungsbescheid geltend gemacht werden (BFH 11.3.08 – VII B 214/06, BFH/NV 08, 1291). Allerdings kann die Haftungsinanspruchnahme nach erfolgreicher Anfechtung der Haftungsschuld durch den Insolvenzverwalter nicht mehr erfolgen, es sei denn, der Fälligkeitszeitpunkt der abgeführten LSt liegt vor dem Beginn der Anfechtungsfrist (BFH 11.11.08 – VII R 19/08, BStBl II 09, 342; → Rn 38). Zur Frage der Haftung einer Geschäftsführerin einer deutschen GmbH mit Wohnsitz in Polen als bevollmächtigte Vertreterin iSd Art 16 DBA-Polen und zur Haftung der GmbH für das der Geschäftsführerin gewährt Gehalt sowie die Abfindung s FG Hamburg 9.11.17 – 6 K 14/17, EFG 18, 258; Rev eingelegt Az des BFH I R 76/17).

**a) Steuerliche Pflichten.** Die Haftung beruht darauf, dass der in den §§ 34 und 35 AO 32
bezeichnete Personenkreis die steuerlichen Pflichten der von ihm Vertretenen kraft Gesetzes persönlich zu erfüllen hat (zu den Pflichten des Verfügungsberechtigten – § 35 AO – *Gmach* DStZ 01, 341 und *Beckmann* DB 07, 994). Das bedeutet, dass der Vertreter auch die dem ArbGeb obliegenden Pflichten bei der LStErhebung wahrzunehmen hat, wie die LStEinbehaltung (→ *Lohnabzugsverfahren* Rn 19 ff), die Abgabe der LStAnmeldung (→ *Lohnsteueranmeldung* Rn 2) und die LStAbführung (→ *Lohnsteuerabführung* Rn 2) bis spätestens zum 10. des Folgemonats. Er kann diese Pflichten wegen ihrer öffentlich-rechtlichen Natur nicht privatrechtlich mit befreiender Wirkung anderen Personen übertragen; er darf aber zu deren Erledigung Mitarbeiter heranziehen, muss diese allerdings entsprechend überwachen (BFH 5.3.85, BFH/NV 86, 61 und 4.5.04 – VII B 318/03, BFH/NV 04, 1363). Unerheblich ist, ob der Vertreter (Geschäftsführer) die nötige Sachkunde besitzt, sich im Unternehmen durchsetzen kann oder nur **Strohmann** ist. Zur Begründung der Pflichten genügt seine nominelle Bestellung. Ist er zur Wahrnehmung der Pflichten nicht in der Lage, muss er notfalls zurücktreten. Für die von diesem Zeitpunkt an entstehende LSt haftet er dann nicht mehr. Allerdings kann das FA die vor dem Erlöschen der Vertretung entstandene Haftung auch danach noch geltend machen (§ 36 AO). Zur Haftung des Geschäftsführers für **Schwarzlohnzahlungen** der GmbH s FG Köln 24.10.12 – 15 K 66/12, EFG 13, 654 und → Rn 9.

Sind **mehrere Vertretungsberechtigte** vorhanden, obliegen die steuerlichen Pflichten 33
jedem von ihnen uneingeschränkt. Eine **Begrenzung** durch eine eindeutige und intern verbindliche, schriftlich fixierte Verteilung der Pflichten (zB im Gesellschaftsvertrag, durch förmlichen Gesellschafterbeschluss oder in der Geschäftsordnung) ist **möglich** (BFH 31.10.05 – VII B 57/05, BFH/NV 06, 246). Besteht aber Anlass an der ordnungsgemäßen Erfüllung der Pflichten durch den intern zuständigen Geschäftsführer (Vertreter) zu zweifeln oder gibt die wirtschaftliche Lage Anlass zur Überprüfung, gilt wieder der Grundsatz der **Gesamtverantwortung** (BFH 26.4.84, BStBl II 84, 776; 22.7.97 – I B 44/97, BFH NV 98, 11 zur Haftung des Mitgeschäftsführers bei Nichtausübung der Geschäftsführung; BFH 4.5.98 – I B 116/96, BFH/NV 98, 1460; BFH 6.7.05 – VII B 296/04, BFH/NV 05, 1753 bei Liquiditätskrise; zur Inanspruchnahme des nominellen und des faktischen Geschäftsführers s BFH 19.5.09 – VII B 207/08, BeckRS 2009, 25015407, zur Inanspruchnahme des sog Titular-Geschäftsführers s BFH 12.5.09 – VII B 266/08, BFH/NV 09, 1589).

Die Pflicht zur Einbehaltung der LSt bei jeder Lohnzahlung und zur termingerechten 34
Abführung besteht **unabhängig von der wirtschaftlichen Lage.** Erforderlichenfalls dürfen nach der Rspr des BFH aus den verfügbaren Mitteln an die ArbN nur **Teilzahlungen** geleistet werden, so dass die darauf entfallende LSt (aus den verfügbaren Mitteln) noch einbehalten und abgeführt werden kann. Stehen dem ArbGeb nur Mittel in Höhe der Nettolöhne zur Verfügung und zahlt er diese aus, ohne sie um die darauf entfallende LSt zu kürzen, liegt darin eine Pflichtverletzung, weil damit der **Grundsatz der gleichrangigen Befriedigung** des FA und des ArbN verletzt wird (BFH 26.7.88, BStBl II 88, 859). Da der ArbN Anspruch auf den Bruttolohn hat und die LSt bei jeder Lohnzahlung des ArbGeb für Rechnung des ArbN einzubehalten ist, handelt es sich für den ArbGeb wirtschaftlich gesehen um fremde Geldmittel, die er treuhänderisch für den ArbN und Steuerfiskus erhebt. Eine Verwendung zu anderen Zwecken als der Abführung an das FA (zB Fortbestand des Betriebes und seiner Arbeitsplätze) ist unzulässig (BFH 12.7.88, BFH/NV 88, 764). Auch wenn der Gesellschaftergeschäftsführer die Löhne aus eigenen Mitteln bezahlt hat, haftet er für die nicht abgeführte LSt (BFH 22.11.05 – VII R 21/05, BStBl II 06, 397; → Rn 38).

Der BGH sieht in der LStAbführung eine **Gläubigerbenachteiligung** im Insolvenzverfahren (22.1.04 – IX ZR 39/03, BFH/NV Beilage 04, 329). Folgt man dem BGH, scheidet eine Haftung des Vertreters hier aus. Der BFH lässt die Haftung eines GmbH-Geschäftsführers allerdings nicht dadurch entfallen, dass der Steuerausfall unter Annahme einer hypothetischen, auf § 130 InsO gestützten Anfechtung gedachter Steuerzahlungen durch den Insolvenzverwalter ebenfalls entstanden wäre. Funktion und Schutzzweck des in § 69 AO normierten Haftungstatbestandes schließen die Berücksichtigung hypothetischer Kausalverläufe aus (BFH 5.6.07 – VII R 65/05, BStBl II 08, 273; 23.4.07 – VII B 92/06, BStBl II 09, 622; *Heeg* DStR 07, 2134). Zu einer evtl **Haftungsbeschränkung** im Hinblick auf § 64 Abs 2 GmbHG s BFH 27.2.07 – VII R 67/05 (BStBl II 09, 348).

35 **b) Verschulden.** Die Haftung nach § 69 AO setzt eine vorsätzliche oder grob fahrlässige Verletzung der den Vertretern auferlegten Pflichten voraus. Dabei ist die Frage des Verschuldens bei der **Abführung** einbehaltener LSt wegen der treuhänderischen Stellung des ArbGeb streng zu beurteilen. Leichte Fahrlässigkeit reicht aus (BFH 20.4.82, BStBl II 82, 521; BFH 21.12.98 – VII B 175/98, BFH/NV 99, 745). Die Nichtentrichtung der LSt zum gesetzlichen Fälligkeitszeitpunkt indiziert die Schuldhaftigkeit (BFH 20.10.05 – VII B 17/05, BFH/NV 06, 241). Dabei wird der Geschäftsführer nicht allein durch den Antrag auf Eröffnung des Insolvenzverfahrens von der Haftung befreit, wenn noch liquide Mittel vorhanden sind. Er muss die Zahlungen bis zur Bestellung eines Insolvenzverwalters bzw Eröffnung des Insolvenzverfahrens leisten (BFH 23.9.08 – VII R 27/07, BStBl II 09, 129). Allerdings liegt **keine** schuldhafte **Pflichtverletzung** vor, wenn der Geschäftsführer einer in Insolvenz geratenen GmbH nach Kenntniserlangung von der durch den vorläufigen Insolvenzverwalter veranlassten Stornierung mehrerer Überweisungsaufträge nicht innerhalb von 2 Tagen rechtliche Schritte gegen die Bank oder den vorläufigen Insolvenzverwalter einleitet. Eine umfassende Kontrolle der Tätigkeit des Insolvenzverwalters kann nicht verlangt werden (BFH 3.12.04 – VII B 178/04, BFH/NV 05, 661; BFH 5.6.07 – VII R 19/06, DStRE 08, 44: Kontensperrung durch vorläufigen Insolvenzverwalter). Gleiches gilt für den Fall der Rücklastschrift fristgerecht angemeldeter und eingezogener LStBeträge aufgrund des Widerrufs der Lastschrift durch den vorläufigen **Insolvenzverwalter** (FG Münster 2.7.09 – 10 K 1549/08 – L, EFG 09, 1616 – NZB BFH VII B 190/09). Bei der **Einbehaltung** der LSt muss das Verschulden des Vertreters dagegen erheblich sein (BFH 21.5.85, BFH/NV 86, 126). Damit räumt der BFH den ArbGeb und dessen Vertretern ein, dass die Anforderungen an deren Kenntnisse in der komplizierten Materie des LStRechts nicht überspitzt werden dürfen. Infolge dieser Differenzierung erscheinen aber für den Regelfall Pflichtverletzungen im Zusammenhang mit der Entrichtung der LSt ebenso grob schuldhaft wie die Verletzung der Pflicht, durch Kürzung der Löhne für die termingerechte Abführung der LSt zu sorgen (17.1.89, BFH/NV 89, 424; *Beermann* FR 92, 262). Der Tatbestand der Pflichtverletzung und des Verschuldens des Geschäftsführers richtet sich auch in den Fällen der **Lohnsteuerpauschalierung** nach dem Zeitpunkt, in dem die LSt anzumelden und abzuführen gewesen wäre (BFH 6.5.94, BStBl II 94, 715; OFD Erfurt 26.2.96, DB 96, 755, FR 96, 330; → *Lohnsteuerpauschalierung* Rn 7). Zur Frage des Mitverschuldens des FA → Rn 24 sowie BFH 2.10.86 – VII R 28/83, BFH/NV 87, 349 und BFH 30.8.05 – VII R 61/04, BFH/NV 06, 232).

36 Eine **vorsätzliche Pflichtverletzung** liegt vor, wenn der Vertreter (Geschäftsführer) die LSt nicht termingerecht abführt, weil er hofft oder darauf vertraut, er werde die Steuerrückstände später ausgleichen können (BFH 4.9.90, BFH/NV 91, 427 und 6.7.05 – VII B 296/04, BFH/NV 05, 1753). Dies gilt ebenso, wenn er öffentliche Mittel erwartet (BFH 1.2.2000 – VII B 256/99, BFH/NV 2000, 939). Hat er Steuerbeträge einbehalten, liegt es auf der Hand, dass er sie dem FA auch nicht nur vorübergehend vorenthalten und für andere betriebliche Zwecke verwenden darf. Eine entgegenstehende steuerliche Beratung durch einen Rechtsanwalt oder Steuerberater ändert hieran idR nichts (BFH 21.5.85, BFH/NV 86, 126; FG Köln 15.3.08 – 13 V 931/06, EFG 08, 1758: laufendes Aussetzungsverfahren). Allerdings kann dem Vertreter als Haftungsschuldner ein Verschulden des steuerlichen Beraters bei der Fertigung von Steuererklärungen (mE auch LStAnmeldungen) bzw eines Erfüllungsgehilfen nicht zugerechnet werden, es sei denn, ihn trifft ein Auswahl- oder Überwachungsverschulden (BFH 30.8.94, BStBl II 95, 278 und 30.6.95, BFH/NV 96, 2). Eine Haftung scheidet aus, wenn zZ der Fälligkeit der LSt der Geschäftsführer rechtlich

nicht mehr in der Lage ist, einbehaltene LSt abzuführen, weil zB zwischen Lohnauszahlung und Fälligkeit der LSt ein allgemeines Veräußerungsverbot erlassen wurde (weiterhin BFH 17.11.92, BStBl II 93, 471). Ein evtl Irrtum über seine steuerlichen Pflichten stellt einen unbeachtlichen, da vermeidbaren **Verbotsirrtum** dar; denn von einem Geschäftsführer wird erwartet, dass er sich über seine steuerlichen Pflichten informiert (weiterhin BFH 12.7.88, BFH/NV 88, 764 und 20.10.05 – VII B 17/05, BFH/NV 06, 241).

Dies gilt auch, wenn er meint, dass schon ein **Stundungsantrag** von der termingerechten Abführung befreit. Die Erfolgsaussichten des Antrags sind unerheblich (weiterhin BFH 17.9.87, BFH/NV 88, 7), so dass er ebenfalls haftet, wenn die **Stundung** nachträglich gewährt wird. Nur eine vor dem Zahlungstermin gewährte Stundung kann den für die Zahlung Verantwortlichen entlasten (BFH 20.4.82, BStBl II 82, 521). Die Stundung des Haftungsanspruchs gegen den ArbGeb ist ausgeschlossen, soweit er die LSt einbehalten hat (§ 222 Satz 4 AO). Hat der Geschäftsführer bei Verfügbarkeit über Mittel lediglich iHd Nettolöhne versäumt, diese um die darauf entfallende LSt zu kürzen, kann er sich nicht darauf berufen, dass ihm mehrere Kalendermonate stets nur Zahlungsmittel iHd ausgezahlten Nettolöhne zur Verfügung standen. Da er mehrere Monate Nettolöhne immer wieder ungekürzt auszahlte, hätte er über ausreichende Mittel verfügt, um jeweils die rückständige LSt für die vorangegangenen Monate in voller Höhe zu entrichten (weiterhin BFH 12.7.88, BFH/NV 88, 764). **37**

**c) Kausalzusammenhang** muss zwischen der Pflichtverletzung und dem eingetretenen Steuerausfall bestehen (BFH 5.3.91, BStBl II 91, 678; indirekt BFH 26.1.16 – VII R 3/15, BFH/NV 16, 893). Der Haftungsschuldner kann nur für solche Steuerbeträge in Anspruch genommen werden, für die bei einem pflichtgemäßen Verhalten seinerseits ein Ausfall nicht eingetreten wäre. Daher kommt eine **Haftungsbeschränkung** auf die Beträge, die der Geschäftsführer bei einer Kürzung der Nettolöhne um die darauf entfallende LSt hätte einbehalten müssen, dann in Betracht, wenn es sich bei den ausgezahlten Nettolöhnen um die letzten Barmittel gehandelt hat (zB kurz vor Insolvenzeröffnung) und danach keinerlei Zahlungen mehr geleistet werden, denn bei einem pflichtgemäßen Verhalten hätte er nur LSt in dieser Höhe einbehalten müssen (weiterhin BFH 26.7.88, BStBl II 88, 859). Nach BFH 11.11.08 – VII R 19/08 (BStBl II 09, 342) unterbricht die erfolgreiche Insolvenzanfechtung einer erst nach Fälligkeit abgeführten LSt den Kausalverlauf zwischen Pflichtverletzung und Schadenseintritt jedenfalls dann nicht, wenn der Fälligkeitszeitpunkt vor dem Beginn der Anfechtungsfrist lag. Zu beachten ist hier auch, dass Umstände, die die Verursachung eines Steuerausfalls durch schuldhafte haftungsbegründende Pflichtverletzung nicht berühren, für die Entstehung des Haftungsanspruchs ohne Bedeutung sind. So darf sich der Geschäftsführer nicht auf günstigere Entwicklungen der Finanzlage des Unternehmens verlassen, die, selbst wenn sie eintreten, die Verursachung des Steuerausfalls durch **schuldhafte Pflichtverletzung** nicht verhindern (*Beermann* FR 92, 262). **38**

Der Geschäftsführer darf von der Abführung der LSt am Fälligkeitstag nicht im Vertrauen auf eine **Kreditzusage der Bank** absehen, bei der er die für die LStZahlung erforderlichen Gelder erst nach dem Fälligkeitstag erhalten würde. Denn der Steuerausfall tritt schon bei nicht termingerechter Abführung ein (BFH 12.7.88, BFH/NV 88, 764). Er darf auch nicht auf den Erfolg eines Stundungsgesuchs (→ Rn 37) oder auf eine Aufrechnungslage (BFH 24.3.04 – VII B 317/03, BFH/NV 04, 1069) vertrauen. **39**

Anders ist es, wenn er fest mit einer **termingerechten Verrechnung oder Aufrechnung** durch das FA rechnen kann (BFH 29.7.86, BFH/NV 87, 74). Unerheblich ist auch, wenn die für die Nichtabführung maßgebliche schlechte Finanzlage erst innerhalb der dreitägigen Schonfrist nach § 240 Abs 3 AO eintritt (→ *Säumniszuschlag* Rn 11), die der Geschäftsführer ausnutzen wollte (BFH 11.12.90, BStBl II 91, 282). Verweigert der vorläufige Insolvenzverwalter die Zustimmung zur Abführung der LSt, scheidet eine Inanspruchnahme des Geschäftsführers insoweit aus (FG SchlHol 25.5.04 – 5 V 85/04, EFG 04, 1345). S BFH 19.3.99 – VII B 158/98, BFH/NV 99, 1304 zur Pflichtverletzung bei Hingabe eines später nicht gedeckten Schecks. **40**

Grds trifft das FA die **Feststellungslast** hinsichtlich der in den → Rn 32–40 dargestellten Voraussetzungen. Der Haftungsschuldner kann idR alle Einwendungen gegen die der Haftung zugrunde liegende (Steuer-)Schuld geltend machen. Behauptet der Geschäftsführer aber, die LStAnmeldung sei unrichtig, so hat er die Feststellungslast hierfür (BFH 12.7.88,

BFH/NV 89, 7; s auch BFH 4.2.03 – VI B 70/02, BFH/NV 03, 798 Rn 13: der Geschäftsführer muss die falsche LSt-Anmeldung uU gegen sich gelten lassen). Er kann allerdings eine unzutreffende LStAnmeldung einwenden, wenn die GmbH die Vermögensverwaltungsbefugnis durch Insolvenzeröffnung verloren und bis zum Ablauf der Festsetzungsfrist nicht wiedererlangt hat (FG NdS 24.3.98, EFG 98, 979); auch kann ihm die Bestandskraft nicht entgegengehalten werden, wenn er während der gesamten Dauer der Rechtsbehelfsfrist keine Vertretungsmacht hatte (BFH 24.8.04 – VII R 50/03, BStBl II 05, 127). Ansonsten muss der Geschäftsführer als gesetzlicher Vertreter der GmbH eine unanfechtbare LStAnmeldung gegen sich gelten lassen, da er regelmäßig in der Lage gewesen wäre, diese anzufechten (§ 166 AO; BFH 20.1.98 – VII R 80/97, BFH/NV 98, 814, rkr; FG NdS 28.11.02 – 11 K 504/00, EFG 03, 746 und *Beckmann* DB 07, 994; keine Drittwirkung wegen LStAnmeldung als Steuerfestsetzung unter Vorbehalt der Nachprüfung). Die Bindungswirkung scheidet daher aus, wenn der Geschäftsführer im Zeitpunkt der Steuerfestsetzung bereits abberufen war (BFH 4.2.03 – VI B 70/02, DStRE 03, 687).

41 **d) Ermessen** (→ Rn 22–28 sowie → Rn 50–57). Sind **mehrere Geschäftsführer** bestellt, sind erkennbare Ermessenserwägungen des FA erforderlich, warum welcher Geschäftsführer in Anspruch genommen worden ist (BFH 11.11.86, BFH/NV 87, 361). Das Auswahlermessen muss nicht Personen einbeziehen, die ernsthaft nicht als Haftungsschuldner in Betracht kommen (BFH 18.7.08 – VII B 184/07, BeckRS 2008, 25013891; BFH/NV 08, 1805). Eine **Begründung** des Auswahlermessens ist nicht erforderlich, wenn dem Haftungsschuldner bei seiner Inanspruchnahme bekannt ist, dass von 2 in Betracht kommenden Haftungsschuldnern der andere gleichartig und gleichzeitig in Anspruch genommen wurde (BFH 1.3.99 – VII B 292/98, BFH/NV 99, 1182). Ist das FA bei der Ermessensausübung von einem falschen Sachverhalt ausgegangen, ist das Auswahlermessen fehlerhaft ausgeübt (BFH 11.3.86, BFH/NV 87, 137). Die Inanspruchnahme des für die Steuerangelegenheiten zuständigen Geschäftsführers ist auch dann nicht ausgeschlossen, wenn ausnahmsweise der intern nicht für die Steuerangelegenheiten zuständige Geschäftsführer in Anspruch genommen werden kann (BFH 2.10.86, BFH/NV 87, 349). Für die Ausübung des Auswahlermessens reicht der Umstand, dass ein Geschäftsführer die **Alleinvertretungsbefugnis** besaß, während der andere nur gemeinsam mit einem anderen vertreten konnte, allein nicht aus (BFH 30.6.95, BFH/NV 96, 3). Bei zwei Geschäftsführern stellt die langfristige **Krankheit** eines Geschäftsführers keinen Grund dar, diesen nicht in Anspruch zu nehmen (FG Köln 4.9.03 – 3 K 7676/00, EFG 04, 154). Die Ermessenserwägungen, ob der Geschäftsführer oder die ArbN heranzuziehen sind, entsprechen denen, ob der ArbGeb oder der ArbN in Anspruch genommen werden soll (→ Rn 22–28). Bei **vorsätzlicher Pflichtverletzung** wird man von einer Vorprägung der Ermessensentscheidung mit der Folge, dass die Ermessenserwägungen nicht ausdrücklich angestellt und dargestellt werden müssen, ausgehen können (BFH 26.2.91, BFH/NV 91, 504; FG München 1.4.04 – 14 K 1710/01, EFG 04, 1267 betr Steuerstraftäter; offen gelassen BFH 8.11.88, BStBl II 89, 219). Dies gilt auch hinsichtlich des Auswahlermessens bei mehreren als Gesamtschuldner in Betracht kommenden Haftungsschuldnern (BFH 22.5.05 – VII B 213/04, BFH/NV 05, 1217). Der Vorwurf schuldhafter Pflichtverletzung reicht aber nicht aus (BFH 29.9.87, BStBl II 88, 176). Zum Ermessen bei Vorliegen einer **Steuerstraftat** → Rn 25. Die **Höhe des Haftungsbetrages** darf nicht vom Verschulden oder von persönlichen Verhältnissen, zB Vermögen, Zahlungsfähigkeit des Geschäftsführers abhängig gemacht werden; die Entscheidung darüber steht nicht im Ermessen des FA (BFH 12.12.96 – VII R 53/96, BFH/NV 97, 386; FG Düsseldorf 3.3.98, EFG 98, 1038).

42 **3. Steuerhinterzieher** und Teilnehmer an einer solchen Tat haften nach § 71 AO für die verkürzten Steuern sowie für die Hinterziehungszinsen (§ 235 AO). Neben dem ArbGeb können bei der LSt auch andere Personen, die das LStVerfahren beeinflussen, betroffen sein, zB Lohnbuchhalter, Steuerberater (*HMW*/Haftung für Lohnsteuer Rz 178).

43 **4. Betriebsübernehmer,** denen der ArbGeb sein Unternehmen oder einen in der Gliederung gesondert geführten Betrieb im Ganzen übereignet, haften nicht nur für die vom Betriebsvorgänger nicht abgeführte LSt, sondern auch für die zu wenig einbehaltene LSt. Die LSt muss seit dem Beginn des letzten vor der Übereignung liegenden Kj entstanden sein (→ *Lohnabzugsverfahren* Rn 5) und bis zum Ablauf eines Jahres nach der Betriebsanmeldung

beim FA durch den Erwerber angemeldet oder festgesetzt werden. Die Haftung ist nach § 219 Satz 2 AO subsidiär und beschränkt sich auf den Bestand des übernommenen Vermögens (§ 75 AO; *Schmidt/Krüger* § 42d Rz 37). Sie entfällt bei einem Erwerb aus einer Konkursmasse, Liquidationsmasse, beim gerichtlichen Vergleichsverfahren oder Erwerben im Vollstreckungsverfahren (*HMW*/Haftung für Lohnsteuer Rz 179; → *Betriebsübergang* Rn 108).

**5. Gesamtrechtsnachfolger** (zB Erben) treten in die Rechtsposition des Rechtsvorgängers ein und übernehmen dessen Haftungsschuld in der bestehenden Ausgestaltung. Bei Steuerschulden des Vorgängers werden auch sie selbst Steuerschuldner (§ 45 AO). 44

**6. Haftung eines Daten verarbeitenden Unternehmens** nach § 9 SteueranmeldungsdatenträgerVO tritt subsidiär ein, wenn und soweit durch unrichtige Verarbeitung oder Übermittlung unrichtige oder unvollständige Daten auf Datenträgern enthalten sind und dadurch Steuern verkürzt oder zu Unrecht steuerliche Vorteile erlangt werden. Dabei muss die unrichtige Verarbeitung oder Übermittlung auf grober Fahrlässigkeit des Daten verarbeitenden Unternehmens oder dessen Erfüllungsgehilfen beruhen (*HMW*/Haftung für Lohnsteuer Rz 184). 45

**7. Privatrechtliche Vorschriften** können ebenfalls zu einer Haftung für fremde Steuerschulden führen. So haften insbes Erwerber eines Handelsgeschäfts (§ 25 HGB) unter bestimmten Voraussetzungen (→ *Betriebsübergang* Rn 109, 110). Für Steuerschulden einer GbR haften grds deren Gesellschafter persönlich (§§ 421, 427 BGB; zur ArbGebEigenschaft → *Arbeitgeber* Rn 22, 23). 46

**IV. Verfahren.** Wer kraft Gesetzes für eine Steuer haftet, wird idR durch einen Haftungsbescheid in Anspruch genommen (§ 191 Abs 1 AO). Ein Nachforderungs- bzw Pauschalierungsbescheid ist zu erlassen, wenn pauschale LSt, bei der der ArbGeb Steuerschuldner ist, nacherhoben wird (→ *Lohnsteuerpauschalierung* Rn 5 ff; → *Lohnsteuernachforderung* Rn 16). Wird der ArbN in Anspruch genommen, kommt ein Nachforderungsbescheid, eine erstmalige EStVeranlagung oder eine Änderung der EStVeranlagung in Betracht (→ Rn 18–21). Für die LStHaftung ist grds das BetriebsstättenFA zuständig, bei Dritten → Rn 12. Für die Nachforderung beim ArbN soll im Allgemeinen das WohnsitzFA zuständig sein (*HMW*/Haftung für Lohnsteuer Rz 189). *Drenseck* hält dies – mE zutreffend – nur bei einer Nachforderung nach Ablauf des Kj für richtig (*Schmidt/Krüger* § 42d Rz 17; → Rn 21, 22). Bei beschränkt stpfl ArbN (→ *Lohnsteuerberechnung* Rn 18, 19) ist immer das BetriebsstättenFA zuständig (weiterhin BFH 20.6.90, BStBl II 92, 43). Dies gilt auch für erweitert unbeschränkt stpfl und als unbeschränkt stpfl zu behandelnde ArbN (zum Personenkreis → *Lohnsteuerberechnung* Rn 8, 20). Nach § 27 AO kann die Finanzverwaltung aber auch eine Zuständigkeitsvereinbarung treffen. 47

**1. Haftungsbescheid. a) Form.** Der Haftungsbescheid ist schriftlich zu erteilen (§ 191 Abs 1 Satz 2 AO) und muss klar erkennen lassen, dass der Adressat als Haftungsschuldner herangezogen wird (BFH 11.10.89, BFH/NV 91, 497; → *Lohnsteuernachforderung* Rn 16). Das Fehlen der erforderlichen Unterschrift (§ 119 Abs 1 und 2 AO) macht den Haftungsbescheid nicht rechtswidrig (BFH 18.7.85, BStBl II 86, 169). Außerdem muss er das Leistungsgebot und eine Rechtsbehelfsbelehrung beinhalten. Der Haftungsbescheid lässt die LStAnmeldung unberührt (LStR 42d.1 Abs 5 Satz 4; → Rn 58, 59). IdR erfolgt im Anschluss an eine LStAußenprüfung auch die Aufhebung des Vorbehalts der Nachprüfung hinsichtlich des geprüften Zeitraums. Dies stellt formell einen eigenen Verwaltungsakt (Steuerbescheid) dar, der mit auch der Haftungs- und/oder ein Nachforderungsbescheid auf demselben Formular verbunden werden kann (zur getrennten Darstellung → *Lohnsteuernachforderung* Rn 16). 48

Eines Haftungsbescheids und eines Leistungsgebots bedarf es nicht, soweit der ArbGeb die einbehaltene LSt (zutreffend) angemeldet hat (§ 42d Abs 4 Nr 1 EStG), da die Anmeldung bereits als Steuerfestsetzung gilt (§ 168 AO; → *Lohnsteueranmeldung* Rn 8, 9). Eines Haftungsbescheids und eines Leistungsgebots bedarf es ferner nicht, soweit der ArbGeb oder der die LSt übernehmende Dritte (→ Rn 12) nach einer LStAußenprüfung seine Zahlungsverpflichtung schriftlich anerkennt (§ 42d Abs 4 Nr 2 EStG). Das schriftliche Anerkenntnis der Zahlungsverpflichtung nach einer (LSt-)Außenprüfung steht der LStAnmeldung gleich 49

(§ 167 Abs 1 AO). Damit entfällt das Erfordernis eines Haftungsbescheids, wenn der ArbGeb seiner Zahlungsverpflichtung nicht nachkommt.

50 **b) Inhalt.** Die aufgrund verschiedener Sachverhalte entstandenen Haftungsschulden führen zu verschiedenen Haftungsfällen, die nicht voneinander abhängen und nur organisatorisch zusammengefasst sind (**Sammelhaftungsbescheid,** BFH 4.7.86, BStBl II 86, 921; BFH 4.7.13 – XB 91/13, BFH/NV 13, 1540: eine erstmalige Entscheidung hinsichtlich einzelner Steuerschuldner und Steuerabschnitte in der Einspruchsentscheidung ist rechtswidrig). Dies gilt auch, soweit der ArbGeb für die Steuerschulden mehrerer ArbN in Anspruch genommen wird (*Schmidt/Krüger* § 42d Rz 46).

51 Der Haftungsbescheid muss inhaltlich hinreichend bestimmt sein (§ 119 Abs 1 AO). Dazu gehört der gesonderte Ausweis der einzelnen Haftungsschuld (LSt, SolZ, evangelische KiSt, römisch-katholische KiSt) und grds auch die **Aufgliederung** auf die einzelnen ArbN (BFH 28.11.90, BFH/NV 91, 600). Dies ist nur ausnahmsweise dann **nicht** erforderlich, wenn die Aufgliederung objektiv unmöglich oder für das FA unzumutbar ist, zB wenn sich bei vielen ArbN meist nur kleine Nachforderungsbeträge aufgrund von im Wesentlichen gleichen Sachverhalten ergeben (BFH 20.5.80, BStBl II 80, 669). Eine Aufteilung auf einzelne ArbN ist auch dann nicht erforderlich, wenn der ArbGeb von vornherein **keinen Regress** bei seinen ArbN nehmen will (BFH 7.12.84, BStBl II 85, 170), aber auch bei einer Nettolohnvereinbarung oder wenn das FA aufgrund einer fehlerhaften Unterlassung des ArbGeb (zB mangelnde Aufzeichnungen) die Namen der einzelnen ArbN, die einen stpfl Vorteil erlangt haben und den von diesen jeweils erlangten Vorteil nicht feststellen kann (BFH 7.12.84, BStBl II 85, 164). Die **Bekanntgabe der Namen** im Klageverfahren macht den Haftungsbescheid nicht nachträglich inhaltlich unbestimmt (BFH 8.11.85, BStBl II 86, 274). Nach der Rspr führt das Fehlen der Angabe des Steuerschuldners (hier ArbN) nicht zur Nichtigkeit des Bescheides; dies ist eine Frage der materiellen Rechtmäßigkeit (BFH 3.12.96, BStBl II 97, 306 mwN).

52 Eine **Aufteilung** der LStBeträge nach Monaten ist zur inhaltlichen Bestimmtheit, zumindest nach Ablauf des Kj ebenso wenig erforderlich (BFH 18.7.85, BStBl II 86, 152) wie eine Aufteilung nach Jahren (BFH 8.3.88, BStBl II 88, 480). Den Kritikern (s zB *von Bornhaupt* BB 90, Beilage zu Heft 1) ist entgegenzuhalten, dass dies eine Frage der Begründung des Bescheides darstellt, da dieser sachverhalts- und nicht zeitraumbezogen ist (BFH 30.8.88, BStBl II 89, 193; s aber → Rn 58, 59). Es muss daher aber der Sachkomplex bezeichnet werden bzgl dessen der ArbGeb die LSt fehlerhaft einbehalten und abgeführt haben soll (*Schmidt/Krüger* § 42d Rz 47).

53 Für die **inhaltliche Bestimmtheit** ist es ausreichend, wenn auf einen zuvor oder gleichzeitig mit dem Bescheid übersandten **Prüfungsbericht** Bezug genommen wird, sofern sich daraus die konkreten Sachverhalte, die zur Haftung geführt haben, zweifelsfrei ergeben und dem Haftungsschuldner die Prüfung von Grund und Höhe der Haftungsschuld ermöglicht wird (BFH 27.8.09 – V B 75/08, BFH/NV 09, 1964). Fehlt die erforderliche Aufgliederung des Haftungsbetrages, so ist der Bescheid deswegen aber nicht nichtig, sondern allenfalls rechtswidrig und anfechtbar (BFH 22.11.88, BStBl II 89, 220).

54 Aus dem Begründungsgebot des § 121 AO ergibt sich, dass das FA – spätestens in der Einspruchsentscheidung – die für die Ermessensausübung (→ Rn 22–28) **maßgeblichen Gründe** darstellen muss (BFH 29.5.90, BStBl II 90, 1008). Es genügt nicht, dass die Ermessenserwägungen sonst aus den Akten ersichtlich sind. Floskelhafte Feststellungen über Billigkeit und Zweckmäßigkeit reichen nicht aus (BFH 18.9.81, BStBl II 81, 801). Die für die Ermessensentscheidung maßgebenden Gründe müssen nicht angegeben werden, wenn dem ArbGeb die Gründe für seine Haftungsinanspruchnahme schon bekannt sind (§ 121 Abs 2 Nr 2 AO). Ist die einbehaltene LSt nicht abgeführt worden, so ist die Inanspruchnahme des ArbGeb (oder anderer Personen) regelmäßig gerechtfertigt. Hier kann davon ausgegangen werden, dass das FA von seinem Ermessen stillschweigend sachgerecht Gebrauch gemacht hat (*Schmidt/Krüger* § 42d Rz 48). Eine Inanspruchnahme des ArbN wird in diesen Fällen regelmäßig ausgeschlossen sein (→ Rn 19, 20). Aber auch hier kann die Ermessensentscheidung nach den allgemeinen Grundsätzen überprüft werden (BFH 3.6.82, BStBl II 82, 710).

55 Von einer Darstellung der **Ermessensgründe kann abgesehen** werden, **wenn** der ArbGeb leichtfertig oder vorsätzlich den LStAbzug unterlassen hat (*Schmidt/Krüger* § 42d

Rz 48; bei Geschäftsführerhaftung → Rn 41) oder den Haftungsbescheid selbst beantragt oder zum Ausdruck gebracht hat, dass er bei seinen ArbN keinen Regress nehmen will (BFH 29.3.85, BFH/NV 86, 492) oder der Steuerschuldner (ArbN) im Ausland ansässig ist (BFH 8.11.2000 – I B 59/00, BFH/NV 01, 448). Sind die erforderlichen **Ermessenserwägungen** aus dem Haftungsbescheid oder der Einspruchsentscheidung **nicht erkennbar,** ist der Haftungsbescheid aufzuheben, es sei denn, dem Betroffenen war die Auffassung des FA ohne weiteres erkennbar (BFH 20.7.88, BStBl II 89, 99). Das FA kann seine Ermessenserwägungen bis zum Abschluss des Verfahrens beim FG ergänzen, nicht aber erstmalig darstellen (§ 126 Abs 2 AO; § 102 Satz 2 FGO, BFH 11.3.04 – VII R 52/02, BStBl II 04, 579). Die Entscheidung, den Haftenden in Anspruch zu nehmen (Entschließungsermessen) braucht idR nicht begründet werden, wenn weder außergewöhnliche Umstände vorgetragen wurden noch ersichtlich sind und eine anderweitige Realisierung des Steueranspruchs nicht möglich ist (BFH 13.6.97 – VII R 96/96, BFH/NV 98, 4).

Die Ermessenserwägungen hat das FA auch dann darzustellen, wenn es einen von mehreren GmbH-Geschäftsführern mit Haftungsbescheid in Anspruch nimmt (→ Rn 41). Das Steuergeheimnis steht dem nicht entgegen (*HMW*/Haftung für Lohnsteuer Rz 207). Eine ordnungsgemäße Ermessensentscheidung erfordert auch eine einwandfreie und **vollständige Sachverhaltsaufklärung,** denn eine fehlerfreie Ermessensentscheidung kann nur dann vorliegen, wenn das FA vom zutreffenden Sachverhalt ausgegangen ist (BFH 4.10.88, BFH/NV 89, 274). 56

Grds kann das FA im Haftungsverfahren – anders als im Pauschalierungsverfahren (→ *Lohnsteuerpauschalierung* Rn 21–25) – keinen Durchschnittssteuersatz anwenden, sondern es muss die **individuelle Steuer des einzelnen Arbeitnehmers** ermitteln (BFH 6.12.96, BStBl II 97, 331; s auch BFH 29.5.08 – VI R 11/07, BStBl I 08, 933). Dies gilt auch bei einer Vielzahl von ArbN (BFH 17.3.94, BStBl II 94, 536). Als Unterfall der Schätzung hat der BFH den Durchschnittssteuersatz dann für zulässig gehalten, wenn die Ermittlung der individuellen Steuer infolge Fehlverhaltens des ArbGeb nicht möglich (BFH 7.12.84, BStBl II 85, 164) oder schwierig ist und der ArbGeb gegen die Höhe des **durchschnittlichen Steuersatzes** keine Einwendungen erhebt und von vornherein nicht beabsichtigt, bei seinen ArbN Regress zu nehmen (BFH 7.12.84, BStBl II 85, 170). Schwierig ist die Ermittlung der individuellen Steuer zB, wenn das FA Nachforschungen über die persönlichen Besteuerungsmerkmale der einzelnen ArbN anstellen müsste (BFH 12.6.86, BStBl II 86, 681). Zum Nachforderungs- bzw Pauschalierungsbescheid → *Lohnsteuerpauschalierung* Rn 6 und zur getrennten Festsetzung von Haftungsschuld und Pauschalierungsschuld sowie zur Umdeutung → *Lohnsteuernachforderung* Rn 16. 57

**c) Änderungen** von Haftungsbescheiden richten sich nach §§ 130 ff AO, nicht dagegen nach §§ 172 ff AO, die für Steuerbescheide gelten. Da Haftungsbescheide sachverhaltsbezogen sind, steht dem Erlass eines **weiteren Haftungsbescheides** für den gleichen Zeitraum **mit einem anderen Sachverhalt** der vorhergehende Bescheid nicht entgegen (BFH 30.8.88, BStBl II 89, 193; FG Brem 21.5.08 – 2 K 74/07(1), EFG 08, 1622). Eine erneute Regelung des gleichen Sachverhalts durch ergänzenden Haftungsbescheid darf bei unveränderter Sach- und Rechtslage – ungeachtet der Korrekturvorschriften – jedoch nicht erfolgen, wenn der ursprgl Haftungsbescheid bereits bestandskräftig ist (BFH 25.5.04 – VI R 29/02, BStBl II 05, 3). 58

**d) Änderungssperre.** Da ein späterer Haftungsbescheid in den Regelungsgehalt vorher ergangener (endgültiger) LStAnmeldungen ebenso eingreift wie in Prüfungsfolgebescheide, ist nach einer LStAußenprüfung prinzipiell die Änderungssperre des § 173 Abs 2 AO zu beachten (zuletzt BFH 7.2.08 – VI R 83/04, BStBl II 09, 703), denn LStAnmeldungen stehen nach § 168 S 1 AO einer Steuerfestsetzung unter dem Vorbehalt der Nachprüfung gleich und wirken daher kraft Gesetzes wie ein Steuerbescheid. Die obligatorische Aufhebung des Vorbehalts der Nachprüfung nach einer Außenprüfung (§ 164 Abs 3 Satz 3 AO) steht nach § 164 Abs 3 Satz 2 AO ebenfalls einer Steuerfestsetzung ohne Vorbehalt der Nachprüfung und damit einem Steuerbescheid gleich. Ergeht nun nachträglich ein Haftungsbescheid, der einen zu Unrecht nicht erfassten Sachverhalt regelt, liegt darin eine Berichtigung der (endgültigen) LStAnmeldung, die alle Sachverhalte zu erfassen hat, die im jeweiligen Anmeldungszeitraum zu einem Lohnzufluss geführt haben (BFH 15.5.92, BStBl II 93, 840). Da es bei späteren Änderungen etwa durch Haftungsbescheid auf den zu 59 ändernden Bescheid ankommt, ist eine Änderung der LStAnmeldung nach Aufhebung des Vorbehalts der Nachprüfung aufgrund der Änderungssperre des § 173 Abs 2 AO nur bei Steuerhinterziehung oder leichtfertiger Steuerverkürzung möglich (LStR 42d.1 Abs 6). Zum Verfahren der Haftungsinanspruchnahme des ArbGeb nach ergebnisloser Inanspruchnahme des ArbN → *Außenprüfung* Rn 23.

**60** Dagegen ist eine Änderung der LStAnmeldung, während des Bestehens des Vorbehalts der Nachprüfung gem §§ 168 S 1, 164 Abs 2 AO jederzeit möglich. Dies ist also regelmäßig bis zum Abschluss der LStAußenprüfung der Fall (→ *Lohnsteueranmeldung* Rn 10), wenn nicht vorher die Festsetzungsfrist abgelaufen ist (→ *Verjährung* Rn 33 ff). Kommt das FA seiner Verpflichtung, nach dem Ende der LStAußenprüfung den Vorbehalt aufzuheben, versehentlich nicht nach, zB weil der Außenprüfer meint, es sei nichts veranlasst, da die Prüfung ergebnislos geblieben ist, empfiehlt es sich für den ArbGeb aus den dargestellten Gründen, die Aufhebung des Vorbehalts oder zumindest eine schriftliche Mitteilung gem § 202 Abs 1 Satz 3 AO über die Ergebnislosigkeit der Außenprüfung zu verlangen (*Thomas* DStR 92, 1468; BFH 2.10.03 – IV R 36/01, BFH/NV 04, 307).

**61** Ein **herabsetzender Änderungsbescheid** bedeutet eine Teilrücknahme, die den ursprünglichen Haftungsbescheid in dem von der Teilrücknahme nicht betroffenen Umfang nicht berührt (BFH 28.1.82, BStBl II 82, 292). Die **ersatzlose Aufhebung** kann ggf als Freistellung von der Haftung ausgelegt werden, so dass das FA am Erlass eines erneuten Haftungsbescheides gehindert ist (BFH 25.7.86, BStBl II 86, 779). Dies gilt nicht, wenn das FA einen Haftungsbescheid erkennbar wegen dessen angeblicher Nichtigkeit aufgehoben hatte (BFH 11.7.86, BStBl II 86, 775) oder wenn in dem Aufhebungsbescheid zugleich der neue Haftungsbescheid enthalten ist (BFH 22.1.85, BStBl II 85, 562). Zu den Auswirkungen der Teilrücknahme auf das Leistungsgebot s BFH 8.2.08 – VII B 156/07, BFH/NV 08, 967. Zur Festsetzungsverjährung bei finanzgerichtlich angefochtenen Bescheiden, wenn diese vom FA aufgehoben werden → Rn 62.

**62** **e) Zeitliche Grenzen.** Der Haftungsanspruch kann frühestens mit dem LStAnspruch entstehen (→ *Lohnabzugsverfahren* Rn 5). Ein Haftungsbescheid kann wegen der Akzessorietät der Haftung (→ Rn 4) nicht mehr ergehen, wenn der Anspruch gegen den Steuerschuldner wegen Ablaufs der **Festsetzungsfrist** oder wegen **Zahlungsverjährung** erloschen ist (→ *Verjährung* Rn 33 ff), es sei denn der Haftungsschuldner hat eine Steuerhinterziehung begangen (§ 191 Abs 5 AO). Ansonsten gelten die Vorschriften über die Festsetzungsfrist für Haftungsbescheide entsprechend (§§ 169, 171 AO). Die Festsetzungsfrist beträgt grds 4 Jahre bzw bis zu 5 Jahren bei leichtfertiger Steuerverkürzung und bis zu 10 Jahren bei Steuerhinterziehung des Haftenden. Allerdings sind die verlängerten Festsetzungsfristen des § 191 Abs 3 Satz 2 AO nur anzuwenden, wenn der Haftungsbescheid auf §§ 70, 71 AO gestützt wird, nicht jedoch, wenn er lediglich auf § 69 AO beruht (BFH 22.4.08 – VII R 21/07, BStBl II 08, 735). Die Festsetzungsfrist für die Haftung beginnt mit Ablauf des Kj, in dem der Haftungstatbestand verwirklicht wurde (fehlende Einbehaltung und/oder Abführung der LSt). Dabei ist die LStAnmeldung und nicht die EStErklärung der ArbN maßgebend (BFH 6.3.08 – VI R 5/05, BStBl II 08, 597). Hebt die FinBeh während eines finanzgerichtlichen Verfahrens den Haftungsbescheid unter gleichzeitigem Erlass eines neuen Haftungsbescheids auf, ist der neue Haftungsbescheid noch innerhalb der nach § 171 Abs 3a AO gehemmten Festsetzungsfrist ergangen (BFH 5.10.04 – VII R 18/03, BStBl II 05, 323). Anders ist dies jedoch, wenn die FinBeh den gerichtlich angefochtenen Haftungsbescheid aufhebt, ohne gleichzeitig einen neuen Haftungsbescheid zu erlassen. Dann hat sie die Festsetzungsfrist zu beachten, denn die Hemmungsvorschrift des § 171 Abs 3a AO gilt nur bei gerichtlicher Kassation des Bescheids, eine analoge Anwendung bei Aufhebung durch die FinBeh kommt nicht in Betracht (BFH 5.10.04 – VII R 77/03, BStBl II 05, 122). Die für die Haftung maßgebende Festsetzungsfrist ist unabhängig von der Festsetzungsfrist, die für den Steuerschuldner (den ArbN) hinsichtlich seiner Festsetzung gilt. Zur Ablaufhemmung der Verjährung gegenüber dem ArbN bei einer LStAußenprüfung beim ArbGeb → *Lohnsteueraußenprüfung* Rn 13.

**63** **2. Rechtsbehelfe. a) Anfechtungsberechtigt** ist jeweils der Adressat des Bescheides, also der ArbN bzgl des an ihn gerichteten Nachforderungsbescheides und der ArbGeb bzw der Dritte im Falle seiner Haftung (→ Rn 12) bzgl des an ihn gerichteten Haftungs- oder

Nachforderungs- bzw Pauschalierungsbescheides innerhalb eines Monats nach der Bekanntgabe des Bescheides. Nach erfolglosem Einspruch (§ 347 Abs 1 Nr 1 AO) kann Klage zum FG erhoben werden. Die hM – einschließlich Rspr und Finanzverwaltung – gesteht darüber hinaus dem ArbN ein eigenes Anfechtungsrecht hinsichtlich des an den ArbGeb gerichteten Haftungsbescheides zu, wenn der ArbN persönlich für die nachgeforderte Steuer in Anspruch genommen werden kann; der ArbGeb ist zu diesem Verfahren hinzuzuziehen bzw notwendig beizuladen (§§ 360 Abs 3 AO; 60 Abs 3 FGO; LStH 42d.1: Rechtsbehelf gegen den Haftungsbescheid; BFH 29.6.73, BStBl II 73, 780). Dies gilt auch im Falle einer Forsetzungsfeststellungsklage (BFH 7.8.15 – VI B 66/15, BFH/NV 15, 1600).

Dabei dürfte für den ArbN die **Rechtsbehelfsfrist** von einem Jahr gelten (§ 356 Abs 2 AO; FG Münster 26.2.97, EFG 97, 783). Dies ist bisher ungeklärt (s hierzu und zur Gegenmeinung *Schmidt/Krüger* § 42d Rz 59 sowie *HMW*/Haftung für Lohnsteuer Rz 239). Das Anfechtungsrecht des ArbN gilt aber nicht, wenn vom ArbGeb pauschale LSt durch Nachforderungs- bzw Pauschalierungsbescheid gefordert wird, da der ArbN hierdurch nicht beschwert sein kann (§ 350 AO); es handelt sich um eine Steuerschuld des ArbGeb. 64

**b)** Als **Einwände des Arbeitgebers gegen den Haftungsbescheid** kommen in Betracht, er hafte nicht, weil kein Arbeitsverhältnis vorliege, der LStAbzug zutreffend erfolgt oder seine Inanspruchnahme ermessensfehlerhaft sei. Die Rüge im finanzgerichtlichen Verfahren, das FG habe die Frage der Rechtmäßigkeit des Auswahlermessens rechtsfehlerhaft nicht geprüft, richtet sich gegen die Richtigkeit der finanzgerichtlichen Entscheidung und ist kein absoluter Revisionsgrund (BFH 24.2.10 – VI B 132/09, BFH/NV 10, 1828). Ermäßigungsgründe, die sich nicht aus den ELStAM ergeben und die in der Person des ArbN liegen (zB höhere Werbungskosten oder Sonderausgaben), kann der ArbGeb mE in entsprechender Anwendung der Auffassung der Finanzverwaltung und der Rspr des BFH zum bisherigen LStKartenprinzip nicht geltend machen. Dies gilt auch für den ArbN, wenn man ihm ein Anfechtungsrecht bzgl des Haftungsbescheids an den ArbGeb zugesteht (→ Rn 63, 64; BFH 26.7.74, BStBl II 74, 756 und *HMW*/Haftung für Lohnsteuer Rz 237). 65

Eine Ausnahme von diesem Grundsatz hat der BFH nur gemacht, wenn der ArbGeb und der ArbN **entschuldbar** über die Zugehörigkeit von Bezügen zum Arbeitslohn und somit über die Notwendigkeit der Eintragung damit zusammenhängender Werbungskosten geirrt haben (BFH 5.11.71, BStBl II 72, 137 Rn 14). Der Gegenmeinung, die dem ArbGeb die Geltendmachung aller dem ArbN zustehenden Einwendungen zulassen will (*Schmidt/Krüger* § 42d Rz 60), ist nicht zu folgen (→ Rn 5, 6). Zu den Einwendungen des ArbN im gegen ihn gerichteten Nachforderungsverfahren → Rn 18–21. 66

**c) Sonstiges.** Wird bei einem Haftungsbescheid, der mehrere Haftungskomplexe enthält (Sammelhaftungsbescheid), nur ein bestimmter Sachverhalt angefochten, so erwachsen die Übrigen in Bestandskraft (BFH 4.7.86, BStBl II 86, 921). Üblicherweise ist mit dem Ergehen des Haftungsbescheides zugleich auch die Zahlungsinanspruchnahme (§ 219 AO) verbunden. Dabei ist zu beachten, dass die Haftungsinanspruchnahme und die Zahlungsinanspruchnahme zwei verschiedene Verwaltungsakte darstellen, die jeweils mit Einspruch anzufechten sind. Gegen die Zahlungsinanspruchnahme können nur diesbezügliche Einwendungen (zB Zahlungsfrist – grds 1 Monat –), nicht aber Einwendungen gegen die Haftung als solche geltend gemacht werden. Letztere sind im Einspruchsverfahren gegen den Haftungsbescheid vorzubringen. Zum Entstehen von Säumniszuschlägen auf die Haftungsschuld → *Säumniszuschlag* Rn 4. Zahlungen auf die Steuerschuld oder der Eintritt der Zahlungsverjährung nach Ergehen der Einspruchsentscheidung führen nicht zur Rechtswidrigkeit des angefochtenen Haftungsbescheids (BFH 16.6.05 – VII B 295/04, BFH/NV 05, 1748). 67

Bei Rechtsstreitigkeiten über Haftungsbescheide sind **keine Prozesszinsen** zu zahlen (BFH 25.7.89, BStBl II 89, 821). Erstattungsberechtigt hinsichtlich der an das FA abgeführten LSt ist der, auf dessen Rechnung die Zahlung bewirkt worden ist (§ 37 Abs 2 AO) und nicht derjenige, der gezahlt hat. Das bedeutet, dass der ArbN als Steuerschuldner – sofern nicht der ArbGeb wegen der Pauschalierung Steuerschuldner ist (→ Rn 2) – für die von seinem Lohn einbehaltenen LStAbzugsbeträge erstattungsberechtigt ist. Dies gilt auch bei einer Nettolohnvereinbarung (→ *Nettolohnvereinbarung* Rn 14). Dem ArbGeb als Entrichtungsverpflichteten steht nur ausnahmsweise der Erstattungsanspruch zu, wenn er ver- 68 sehentlich LSt abgeführt hat, zB weil der ArbN nicht mehr beschäftigt war oder der ArbGeb kein Gehalt bezahlt hat oder die LSt doppelt abgeführt hat oder sich bereit erklärt hat, die LSt ohne Belastung des ArbN bis zur gerichtlichen Klärung abzuführen (*Schmidt/Krüger* § 42d Rz 61).

69 **V. Rückgriff.** Da den ArbN als Steuerschuldner die LStLast trifft, steht dem ArbGeb, wenn er als Haftender in Anspruch genommen wird, zivilrechtlich ein Rückgriffsanspruch zu (BAG 9.12.76 – AZR 371/75, BStBl II 77, 581; → *Nettolohnvereinbarung* Rn 10 ff). Ggf bestehen hierfür jedoch tarifliche Ausschlussfristen, deren Lauf mit der Fälligkeit des Rückgriffsanspruchs beginnt. Dieser wird frühestens mit der Zustellung des Haftungsbescheides, bei offensichtlich unrichtigem LStAbzug evtl schon früher fällig. Die Pflichtverletzung des ArbGeb kann den Rückgriffsanspruch ebenso ausschließen, wie ein vom FA in Anspruch genommener ArbN evtl **Schadensersatzansprüche** gegen den ArbGeb geltend machen kann, denn der ArbGeb ist aufgrund der arbeitsrechtlichen Fürsorgepflicht (→ *Fürsorgepflicht* Rn 1 ff) verpflichtet, die LSt richtig zu berechnen (*HMW*/Haftung für Lohnsteuer Rz 253). **Verzichtet der Arbeitgeber** auf die Geltendmachung des Ausgleichsanspruchs, der mit der Zahlung des ArbGeb entsteht, wird dem ArbN erst in diesem Zeitpunkt ein Vorteil zugewendet (BFH 29.10.93, BStBl II 94, 197 und 5.3.07 – VI B 41/06, BFH/NV 07, 1122; LStH 19.3: Beispiele: Lohnsteuerbeträge). Das hat zur Folge, dass entgegen BFH 7.12.84, BStBl II 85, 164 auch bei einem schon vor Erlass des Haftungsbescheides ausgesprochenen Verzicht von einem Brutto- und nicht von dem höheren Nettosteuersatz (Steuer auf die Steuer) auszugehen ist. Der im Verzicht liegende geldwerte Vorteil ist dann mit einem weiteren Haftungsbescheid der LSt zu unterwerfen (BFH 29.10.93, BStBl II, 94, 197; *Schmidt/Krüger* § 42d Rz 64 und § 39b Rz 16).

70 Strittig ist die Frage, ob Arbeitslohn bzgl der vom ArbGeb zu tragenden LSt auch dann vorliegt, wenn der ArbGeb keinen Regress mehr nehmen kann, sei es, dass die Ausschlussfrist eines Tarifvertrages verstrichen ist, sei es, dass er unfreiwillig hierauf verzichtet. Nach hM ist es unerheblich, aus welchen Gründen der ArbN einen geldwerten Vorteil erhält (FG München 18.5.90, EFG 90, 621; *K/S* § 42d Rz A 20; so wohl auch BFH 29.10.93, BStBl II 94, 197 unter II 1c 2. Absatz). Ist die mangelnde Rückgriffsmöglichkeit aber unverschuldet, kann die Inanspruchnahme des ArbGeb im Einzelfall jedoch unbillig sein (*K/S* § 42d Rz A 20). Die Gegenmeinung verneint Arbeitslohn, da es an einer Zuwendung des ArbGeb fehle (ausführlich s *HHR* § 42d Rz 27; differenzierend *HMW*/Übernahme der Lohnsteuer durch den Arbeitgeber Rz 2, 3). Folgt man der hM, gilt das unter → Rn 69 zum Brutto- und Nettosteuersatz Ausgeführte entsprechend.

### C. Sozialversicherungsrecht *Schlegel*

71 Für das SozVRecht hat die LStHaftung keine Bedeutung. Zur Haftung für SozVBeiträge → *Sozialversicherungsbeiträge* Rn 36 ff; *Arbeitgeberhaftung*.

## Lohnsteuerjahresausgleich

### A. Arbeitsrecht *Griese*

1 → *Bruttolohnvereinbarung* Rn 5–16 u → *Antragsveranlagung* Rn 3.

### B. Lohnsteuerrecht *Seidel*

2 **1. Allgemeines.** Die folgende Darstellung bezieht sich nur auf den LStJahresausgleich durch den ArbGeb (§ 42b EStG), da das frühere LStJahresausgleichsverfahren beim FA durch die Antragsveranlagung (→ *Antragsveranlagung* Rn 2 ff) ersetzt wurde (§ 46 Abs 2 Nr 8 EStG). Dieser ist der letzte Akt des LStAbzugsverfahrens (→ *Lohnabzugsverfahren* Rn 2 ff) und erfolgt ohne Antrag des ArbN. Damit soll der ArbN möglichst frühzeitig die zu viel erhobene LSt, die infolge schwankenden Arbeitslohns oder Änderungen der ELStAM während des Kj entstanden ist, zurückerhalten (*Schmidt/Krüger* § 42b Rz 1; → *Lohnsteuerabzugsmerkmale* Rn 14 f, 21).

**2. Voraussetzungen.** Der ArbGeb darf den LStJahresausgleich ab dem VZ für alle ArbN (§ 42b Abs 1 Satz 1 EStG; → *Lohnsteuerberechnung* Rn 7 f) durchführen. Bei weniger als **zehn Arbeitnehmern** ist der ArbGeb berechtigt, bei mindestens zehn ArbN ist er verpflichtet, seinen ArbN, die während des Kj (Ausgleichsjahr) ständig in einem Dienstverhältnis gestanden haben, die für das Ausgleichsjahr einbehaltene LSt insoweit zu erstatten, als sie die auf den Jahresarbeitslohn entfallende LSt übersteigt (§ 42b Abs 1 Sätze 1 und 2 EStG). Dabei sind auch **Teilzeitbeschäftigte,** von deren Lohn keine LSt einzubehalten war, weil dieser pauschal besteuert wurde (→ *Teilzeitbeschäftigung* Rn 115), mitzuzählen (*Schmidt/Krüger* § 42b Rz 2). 3

Außerdem muss der betreffende ArbN während des gesamten Ausgleichsjahres **im Dienst desselben Arbeitgebers** gestanden haben. Die bisherige Regelung des § 42b Abs 1 Satz 3 EStG wurde aufgehoben, da dem ArbGeb im neuen Verfahren der ELStAM nur die Abzugsmerkmale des aktuellen Dienstverhältnisses bekannt sind und er nicht mehr, wie beim alten Verfahren, die Abzugsmerkmale, die ein anderer ArbGeb in einem Dienstverhältnis dem LStAbzug zugrunde gelegt hat, anhand der weitergegebenen LStKarte erkennen und die Ausschlussfälle des § 42b Abs 1 Satz 4 EStG zweifelsfrei feststellen kann (BT-Drs 17/6263 S 58). Verzichtet der ArbN auf die Vorlage eines Ausdrucks der elektronischen LStBescheinigungen (→ *Lohnsteuerbescheinigung* Rn 12), ist ein betrieblicher LStJahresausgleich nicht zulässig. 4

Beginnt oder endet die unbeschränkte Steuerpflicht **im Laufe des Kalenderjahres,** darf der ArbGeb den LStJahresausgleich **nicht durchführen.** Ferner darf der ArbGeb den LStJahresausgleich nicht durchführen, wenn (alternativ) 5

- der **Arbeitnehmer dies beantragt,**
- der ArbN für das Ausgleichsjahr oder einen Teil davon nach den **Steuerklassen V oder VI** bzw für einen Teil des Ausgleichsjahres nach der **Steuerklasse II, III oder IV** zu besteuern war,
- das **Faktorverfahren** angewandt wurde oder bei der LStBerechnung ein **Freibetrag** oder **Hinzurechnungsbetrag** (§ 39a Abs 1 EStG; → *Lohnsteuerermäßigung* Rn 3 ff) zu berücksichtigen war,
- der ArbN im Ausgleichsjahr **Kurzarbeitergeld,** einen Zuschuss zum Mutterschaftsgeld nach dem MuschG oder nach § 4a MutterschutzVO oder einer entsprechenden Landesregelung, eine Verdienstausfallentschädigung nach dem Infektionsschutzgesetz oder nach § 3 Nr 28 EStG steuerfreie Aufstockungsbeträge oder Zuschläge (→ *Altersteilzeit* Rn 27) bezogen hat,
- die Anzahl der im Lohnkonto oder in der LStBescheinigung eingetragenen **Großbuchstaben U** (→ *Lohnkonto* Rn 5) mindestens eins beträgt,
- für den ArbN im Ausgleichsjahr im Rahmen der **Vorsorgepauschale** jeweils nur zeitweise Beträge für die RV, KV oder PflegeV (§ 39b Abs 2 Satz 5 Nr 3 Buchst a–d EStG) oder der Beitragszuschlag für Kinderlose nach § 55 Abs 3 SGB XI (§ 39b Abs 2 Satz 5 Nr 3 Buchst c EStG) nicht berücksichtigt wurden (→ *Lohnsteuertabellen* Rn 8 ff) oder
- der ArbN im Ausgleichsjahr **ausländische Einkünfte** aus nichtselbstständiger Arbeit bezogen hat, die nach einem DBA oder – unter Progressionsvorbehalt – nach § 34c Abs 5 EStG (zB Auslandstätigkeitserlass) von der LSt freigestellt waren (§ 42b Abs 1 Satz 4 Nr 1–6 EStG; → *Auslandstätigkeit* Rn 37–58).

Auch wenn der ArbN zeitweise in keinem Dienstverhältnis gestanden oder zeitweise aus einem Dienstverhältnis pauschal nach § 40a EStG (→ *Teilzeitbeschäftigung* Rn 114) besteuerten Arbeitslohn bezogen hat, darf der LStJahresausgleich grds nicht vorgenommen werden. S → aber Rn 14. 6

**3. Durchführung** (§ 42b Abs 2 EStG). **a) Feststellung des Jahresarbeitslohns** durch den ArbGeb nach den Eintragungen im Lohnkonto (→ *Lohnkonto* Rn 3–9). Dazu gehören der laufende Arbeitslohn, Bar- und Sachbezüge sowie sonstige Bezüge (→ *Sonstige Bezüge* Rn 2). Bei einer Nettolohnvereinbarung sind die entsprechenden Bruttobezüge anzusetzen (→ *Nettolohnvereinbarung* Rn 17, 18). Außer Ansatz bleiben pauschal besteuerte Bezüge (§ 40 Abs 3 Satz 3 EStG; → *Lohnsteuerpauschalierung* Rn 13–58). 7

Auf **Antrag des Arbeitnehmers** können auch ermäßigt besteuerte Entschädigungen iSd § 34 Abs 1 und 2 Nr 2 EStG (Entschädigungen für entgangene oder entgehende Ein- 8 nahmen, § 24 Abs 1 Nr 1a EStG bzw für die Aufgabe oder Nichtausübung einer Tätigkeit, § 24 Abs 1 Nr 1b EStG; → *Außerordentliche Einkünfte* Rn 4–16) und Bezüge iSd § 34 Abs 2 Nr 4 EStG (Gehaltsnachzahlung für mehrere Jahre; → *Außerordentliche Einkünfte* Rn 17–21, → *Entgeltnachzahlung* Rn 9) einbezogen werden. Diese gehören dann zum Jahresarbeitslohn mit der Folge, dass die Tarifermäßigung dann wieder rückgängig gemacht wird. Vom Jahresarbeitslohn sind der etwa in Betracht kommende Versorgungsfreibetrag und Zuschlag zum Versorgungsfreibetrag (§ 19 Abs 2 EStG; → *Altersgrenze* Rn 19) und ggf der Altersentlastungsbetrag (→ *Altersentlastungsbetrag* Rn 6 ff).

9 Für den sich ergebenden Betrag ist nach Maßgabe der Steuerklasse, die zu diesem Zeitpunkt als ELStAM abgerufen oder auf der Bescheinigung für den LStAbzug bzw einer etwaigen Mitteilungen über Änderungen zuletzt eingetragen wurde (→ *Lohnsteuerabzugsmerkmale* Rn 20, 26), die JahresLSt zu ermitteln (§ 42b Abs 2 Satz 4 EStG; → *Lohnsteuertabellen* Rn 2 ff). Die diesen Betrag übersteigenden, bisher erhobenen Abzugsbeträge einschließlich KiSt und SolZ sind dem ArbN zu erstatten. Bleiben die ermäßigt besteuerten Entschädigungen bzw Bezüge iSd § 34 Abs 2 Nr 4 EStG (→ Rn 8) außer Ansatz, ist bei der Ermittlung der insgesamt erhobenen LSt die dafür einbehaltene LSt auszuscheiden. Auch die pauschal erhobene LSt bleibt außer Ansatz, da die entsprechenden Einkünfte nicht in die Berechnung des Jahresarbeitslohns eingeflossen sind (→ Rn 7).

10 Der ArbGeb darf ohne Einwilligung des ArbN gegen dessen Erstattungsanspruch **nicht** mit einer gegen ihn gerichteten Forderung **aufrechnen,** da der Fiskus Schuldner des Erstattungsanspruchs ist.

11 **b) Zeitpunkt.** Der LStJahresausgleich darf **frühestens** bei der Lohnabrechnung für den letzten im Ausgleichsjahr endenden Lohnzahlungszeitraum, **spätestens** bei der Lohnabrechnung für den letzten, im März des Folgejahres endenden Lohnzahlungszeitraum durchgeführt werden. Hat der ArbGeb jedoch bereits zum 28.2. die elektronische LStBescheinigung übermittelt (→ *Lohnsteuerbescheinigung* Rn 12), darf er keinen LStJahresausgleich mehr durchführen. Die zu erstattende LSt ist dem Betrag zu entnehmen, den der ArbGeb für seine ArbN für den Lohnzahlungszeitraum insgesamt erhoben hat (§ 42b Abs 3 EStG). Reicht der Betrag nicht aus, wird der Fehlbetrag dem ArbGeb auf Antrag vom BetriebsstättenFA ersetzt (§ 42b Abs 3 Satz 3 EStG iVm § 41c Abs 2 Satz 2 EStG). Stellt der ArbGeb fest, dass die **Jahreslohnsteuer** die im Ausgleichsjahr **insgesamt einbehaltene** LSt **übersteigt,** ist der Differenzbetrag die für den letzten Lohnzahlungszeitraum einzubehaltende LSt, wenn der ArbGeb den LStJahresausgleich bei der Ermittlung der LSt für den letzten im Ausgleichsjahr endenden Lohnzahlungszeitraum zusammenfasst (LStR 42b Abs 3). Bei späterer Durchführung kann des FA, wenn der ArbGeb feststellt, dass er zu wenig LSt einbehalten hat, von der Nacherhebung absehen, wenn der ArbGeb dies dem FA anzeigt (§ 41c Abs 4 EStG; → *Lohnsteuerberechnung* Rn 25).

12 **c) Aufzeichnungen.** Der ArbGeb hat im **Lohnkonto** die für das Ausgleichsjahr erstattete LSt gesondert einzutragen (→ *Lohnkonto* Rn 9). In der **Lohnsteuerbescheinigung** hat er anstelle der erstatteten LSt den sich nach Verrechnung der erhobenen LSt mit der erstatteten LSt ergebenden Betrag als erhobene LSt einzutragen (§ 42b Abs 4 EStG). Bei Übersteigen der erstatteten Beträge ist als einbehaltener Betrag der übersteigende Betrag in Rot oder mit einem deutlichen Minuszeichen versehen, zu bescheinigen (→ *Lohnsteuerbescheinigung* Rn 18). Im Lohnkonto und in der LStBescheinigung des dem Ausgleichsjahr folgenden Jahres ist die LSt, die auf den Arbeitslohn für die in diesem **Folgejahr endenden** Lohnzahlungszeiträume entfällt, vor Abzug der für das Ausgleichsjahr erstatteten oder aufgerechneten Beträge anzugeben (*HMW*/Lohnsteuerjahresausgleich Rz 50).

13 **d) Sonstiges.** Der ArbGeb haftet für die LSt, die er beim LStJahresausgleich zu Unrecht erstattet hat. Erkennt er, dass ihm Fehler beim LStJahresausgleich unterlaufen sind und hat er die LStBescheinigung bereits elektronisch übermittelt (→ Rn 11), kann er dies nicht korrigieren. Seine Haftung kann er aber vermeiden, wenn er dem BetriebsstättenFA den Fehler anzeigt (§ 41c EStG; → *Lohnsteuerberechnung* Rn 25). Zur Überprüfung, wenn zwischen ArbGeb und ArbN strittig ist, ob die LSt zutreffend berechnet wurde, → *Lohnabzugsverfahren* Rn 25.

14 **4. Permanenter Lohnsteuerjahresausgleich (§ 39b Abs 2 Satz 12 EStG). a) Voraussetzungen.** Liegen die Voraussetzungen für einen LStJahresausgleich durch den Arb-

Geb vor (LStR 39b.8 Satz 2), darf die LSt schon für die einzelnen Lohnzahlungszeiträume nach dem voraussichtlichen Jahresarbeitslohn ermittelt werden (§ 39b Abs 2 Satz 12 EStG). Auf die Steuerklasse des ArbN kommt es nicht an (LStR 39b.8 Satz 3). Sind die Voraussetzungen erfüllt, gilt die Genehmigung des BetriebsstättenFA grds als erteilt, wenn sie nicht im Einzelfall widerrufen wird (LStR 39b.8 Satz 4).

Durch das Beitreibungsrichtlinie-Umsetzungsgesetz vom 7. Dezember 2011 (BGBl. I S. 2592) wurde dieses Verfahren mit Blick auf die Einführung der ELStAM auf Fälle beschränkt, bei denen seit Beginn des Kj ein durchgängiges Dienstverhältnis zu demselben ArbGeb besteht. Für **kurzfristige Beschäftigungsverhältnisse mit Steuerklasse VI,** die regelmäßig nicht das ganze Jahr über bestehen, war ein permanenter LSt-Jahresausgleich nicht mehr möglich. Für die Jahre 2014 bis 2017 konnten bzw. können im Rahmen einer Übergangsregelung die ArbGeb die bisherige Praxis weiter anwenden. Der Deutsche Bundestag hat nunmehr durch Änderung des § 39b Abs 2 EStG (Anfügung der Sätze 13–15) im Rahmen des Steuerumgehungsbekämpfungsgesetz (BGBl I 2017, 1689, Art 7) die Voraussetzungen dafür geschaffen, dass der permanente LSt-Jahresausgleich ab 2018 grds unter den bisherigen Voraussetzungen dauerhaft angewendet werden kann (BT-Drs 18/12127, S 60 f zu Art 7 Nr 4)

**b) Durchführung.** Nach jedem Lohnzahlungszeitraum wird der laufende Arbeitslohn 15 der vorangegangenen Lohnzahlungszeiträume auf einen Jahresbetrag hochgerechnet (zB Löhne Januar bis April × 3), die JahresLSt entsprechend den gebildeten ELStAM berechnet und der auf die abgelaufenen Lohnzahlungszeiträume entfallende LStJahresteilbetrag ermittelt. Von diesem Teilbetrag wird sodann die von dem laufenden Arbeitslohn der abgelaufenen Lohnzahlungszeiträume schon erhobene LSt abgezogen. Der Restbetrag ist die für den letzten Lohnzahlungszeitraum einzubehaltende LSt (*HMW*/Lohnsteuerjahresausgleich Rz 55). Nicht einzubeziehen sind sonstige Bezüge. Diese sind entsprechend der unter dem Stichwort Sonstige Bezüge dargestellten Berechnung (→ *Sonstige Bezüge* Rn 4–9) zu ermitteln. Vom Jahresbetrag sind ggf die Freibeträge für Versorgungsbezüge (§ 19 Abs 2 EStG) und der Altersentlastungsbetrag (→ *Altersentlastungsbetrag* Rn 6 ff) abzuziehen (LStR 39b.8; → Rn 7 ff).

## C. Sozialversicherungsrecht *Schlegel*

Ein dem LStJahresausgleich bzw der *Antragsveranlagung* (→ Rn 2) entsprechendes Rechts- 16 institut ist der SozV fremd. Während Ungleichgewichte in der laufenden Einkommensbesteuerung im Rahmen des LSt-Jahresausgleichs durch Steuerrückzahlungen kompensiert werden können und das Arbeitsförderungsrecht die nachträgliche leistungserhöhende Berücksichtigung von steuerlichen Änderungen zumindest bei einem LStKlassenwechsel vorsieht (§ 137 Abs 4 SGB III, dazu BSG 1.4.04 – B 7 AL 52/03 R, SozR 4–4300 § 137 Nr 1), weichen in der KV die Berechnungsgrundsätze für das Krankengeld von den Regelungen in den anderen Rechtsgebieten ab: Das Krankengeld ist aber ohne Rücksicht auf den LSt-Jahresausgleich aus dem im Bemessungszeitraum zugeflossenen Arbeitsentgelt zu berechnen, auch wenn sich dieses später aufgrund des LStJahresausgleichs noch ändert (EuGH-Vorlage des BSG vom 5.7.05 – B 1 KR 7/04 R, SGB 2006, 476).

# Lohnsteuerklassen

## A. Arbeitsrecht *Poeche*

**1. Allgemeines.** Zur Vereinfachung des Steuerabzugsverfahrens (*Lohnabzugsverfahren*) 1 werden ArbN in eine der gem § 38b EStG zur Verfügung stehenden Steuerklassen I–VI eingeteilt. Die LStKlasse ist maßgebend für die Höhe der nach der *Lohnsteuertabelle* vom ArbGeb an das FA abzuführenden LSt. Zur Haftung des ArbGeb gegenüber dem FA bei fehlerhafter LStBerechnung → *Lohnsteuerhaftung* Rn 25 ff, zum Innenverhältnis gegenüber dem ArbN (Schadensersatz) → *Anrufungsauskunft* Rn 2, → *Bruttolohnvereinbarung* Rn 10.

**2. Änderungen** der LStKlasse, zB nach Eheschließung oder Scheidung, wirken sich 2 regelmäßig auf die vom ArbGeb geschuldete Vergütung nicht aus, da ganz überwiegend

Bruttolohnvereinbarungen getroffen werden. Anders ist es bei einer sog originären **Nettolohnvereinbarung.** Hier schuldet der ArbGeb dem ArbN einen festen Nettolohn, von dem aus er die abzuführende LSt hochrechnet (→ *Nettolohnvereinbarung* Rn 8). Der Wechsel des ArbN in eine ungünstigere Steuerklasse steigert damit unmittelbar die finanzielle Belastung des ArbGeb, gegenläufig kommt ihm eine Minderung der Steuerquote zugute (wegen der steuerrechtlichen Möglichkeiten des ArbGeb, nachträgliche Änderungen der LStKlassen zu berücksichtigen, → *Lohnsteuerberechnung* Rn 23).

3 **3. Rechtsmissbrauch.** Der ArbGeb ist ausnahmsweise im Verhältnis zum ArbN nicht verpflichtet, einer von ihm geschuldeten Leistung die vom ArbN gewählte LStKlasse zugrunde zu legen. Anwendungsbereich der sog missbräuchlichen Steuerklassenwahl ist bspw der **Zuschuss zum Mutterschaftsgeld** nach § 20 Abs 1 MuSchG (→ *Mutterschutz* Rn 37). Wählt die verheiratete ArbN eine Steuerklasse, die den unterschiedlichen tatsächlichen Einkommensverhältnissen der Ehegatten nicht entspricht (zB Wahl der Steuerklassen III/V statt IV/IV), kann der ArbGeb den Zuschuss auf der Grundlage der LStKlasse IV berechnen und nicht nach Maßgabe der LStKlasse V, die seine Nettoleistung deutlich erhöhen würde. Das gilt sowohl für einen Wechsel der Steuerklasse im laufenden Kj als auch für die erstmalige Wahl (BAG 22.10.86 – 5 AZR 733/85, DB 87, 944; 18.9.91 – 5 AZR 581/90, DB 92, 787). Regelmäßig ist der Frau nicht der Einwand verschlossen, alternativ sei dann die LStKlasse IV heranzuziehen. Auch bei einem sehr viel höheren Einkommen der Frau ist die gleichberechtigende Wahl der Steuerklassen IV/IV nicht zu beanstanden (LAG Köln 9.7.86 – 7 Sa 127/85, LAGE Nr 3 zu § 14 MuSchG). Dem entspricht die Rspr des BAG zum Aufstockungsbetrag während der Altersteilzeit oder im Vorruhestand. Es ist nicht rechtsmissbräuchlich, wenn der Ehemann ein deutlich höheres Einkommen als die Ehefrau hat und die Ehegatten erstmals im zeitlichen Zusammenhang mit dem Wechsel der Ehefrau in Altersteilzeit von der Kombination III/V beide die Steuerklasse IV wählen (BAG 13.6.06 – 9 AZR 423/05, DB 06, 2470; BAG 9.9.03 – 9 AZR 605/02, NZA 04, 496). Eine sachlich nicht begründete Wahl einer ungünstigen LStKlasse ist auch im allgemeinen Zivilrecht unbeachtlich (BGH 3.7.08 – IX ZB 65/07, NZI 08, 624). Im Hinblick darauf, dass der Steuerklassenwechsel während der Schwangerschaft neuerdings regelmäßig der **Erhöhung des Elterngeldes** während der sich dem Mutterschutz anschließenden Elternzeit dienen soll und das BSG (25.6.09 – B 10 EG 3/08 R, NJW 10, 1485) dies in sozialrechtlicher Hinsicht nicht als rechtsmissbräuchlich gewertet hat, plädiert *Croissant* (NZA 13, 713) mit guten Gründen für ein Überdenken der Rspr des BAG zum Rechtsmissbrauch beim Steuerklassenwechsel während der Schwangerschaft.

4 Die Frage nach einer rechtsmissbräuchlichen Wahl der LStKlasse kann sich auch im Zusammenhang mit einer **Drittschuldnerklage** stellen (→ *Pfändung* Rn 29, 36). So muss sich der Schuldner (ArbN), der vor einer Pfändung seiner Entgeltansprüche eine ungünstigere Steuerklasse in Gläubigerbenachteiligungsabsicht gewählt hat, bei der Berechnung des pfändungsfreien Betrags im Jahr der Pfändung so behandeln lassen, als sei sein Arbeitseinkommen nach der für den pfändenden Gläubiger günstigeren Steuerklasse zu versteuern. Erfolgt die Wahl nach der Pfändung, so gilt dies ohne das Erfordernis der Gläubigerbenachteiligungsabsicht schon dann, wenn für die Wahl objektiv kein sachlich rechtfertigender Grund gegeben ist (BAG 23.4.08 – 10 AZR 168/07, NZA 08, 986 unter ausdrücklichem Anschluss an BGH 4.10.05 – VII ZB 26/05, NJW-RR 06, 569).

5 **4. Sonstiges.** Ein **Sozialplan,** der einen Zuschlag für unterhaltsberechtigte Kinder auf eine Abfindung nur dann vorsieht, wenn diese in der LStKarte eingetragen sind, diskriminiert mittelbar Frauen, wenn diese LStKlasse V haben und deshalb ein Kind bei ihnen steuerlich nicht berücksichtigt werden kann (LAG Nürnberg 3.11.15 – 7 Sa 655/14, BeckRS 2016, 69245). Das LAG Düsseldorf (2.9.15 – 12 Sa 543/15, BeckRS 2015, 72657) sieht darin jedenfalls einen Verstoß gegen den betriebsverfassungsrechtlichen Gleichbehandlungsgrundsatz gem § 75 Abs 1 BetrVG.

## B. Lohnsteuerrecht

*Seidel*

10 **1. Grundsätzliches.** Der ArbGeb hat den LStAbzug (→ *Lohnabzugsverfahren* Rn 2 ff) nach Maßgabe der abgerufenen ELStAM vorzunehmen (§§ 38 Abs 3, 38a Abs 4 EStG), zu

denen auch die automatisiert berücksichtigte Steuerklasse und der Faktor gehören. Deren Bildung ist eine unter dem Vorbehalt der Nachprüfung stehende gesonderte Feststellung von Besteuerungsgrundlagen nach § 179 Abs 1 AO, (§§ 38b, 39 Abs 1 Satz 4 und Abs 4 Nr 1 EStG; → *Lohnsteuerabzugsmerkmale* Rn 10, 14). Zusammen mit der Höhe des stpfl Arbeitslohns kann der ArbGeb die Höhe der LSt ermitteln (→ *Lohnsteuertabellen* Rn 2 ff). Die Freibeträge sowie ein etwaiger Hinzurechnungsbetrag ergeben sich ebenfalls aus den ELStAM → *Lohnsteuerermäßigung* Rn 3 ff und → *Lohnsteuerberechnung* Rn 10 f. Auf **Antrag des Arbeitnehmers** können eine für ihn ungünstigere Steuerklasse und eine geringere Zahl von Kinderfreibeträgen eingetragen werden (§ 38b Abs 3 Satz 1 EStG). Treten beim ihm im Laufe des Kj die Voraussetzungen für eine günstigere Steuerklasse oder höhere Zahl der Kinderfreibeträge ein, kann er die Änderung der der ELStAM beim zuständigen WohnsitzFA beantragen (§ 39 Abs 6 Satz 1 EStG; → *Lohnsteuerabzugsmerkmale* Rn 15). Die Verwaltung der Meldedaten verbleibt jedoch bei den Gemeinden (§ 39e Abs 2 Satz 2 EStG; → *Lohnsteuerabzugsmerkmale* Rn 15). **Ehegatten,** die beide in einem Dienstverhältnis stehen, steht es frei, im Laufe des Kj einmal, spätestens bis zum 30. 11., beim FA einmalig die Änderung der Steuerklasse in eine andere in Betracht kommende zu beantragen (III, IV, V; § 39 Abs 6 Sätze 2–5 EStG; → Rn 3 und → Rn 14 ff; Anträge unter www.formulare-bfinv.de/Steuerformulare/Lohnsteuer/→ 20 Antrag auf Steuerklassenwechsel). Ein mehrfacher Wechsel ist nach FG Düsseldorf (7.4.03 – 7 K 3301/02, EFG 03, 1104) möglich, wenn ein Ehegatte arbeitslos ist.

**2. Die einzelnen Steuerklassen. a) Allgemeines.** Für die Durchführung des LStAbzugs bei unbeschränkt wie bei beschränkt stpfl ArbN (→ *Lohnsteuerberechnung* Rn 2, 7 ff) sind sechs LStKlassen gebildet (§ 38b EStG). Je nach Einordnung werden beim LStAbzug bestimmte Frei- und Pauschbeträge berücksichtigt sowie ggf die Anwendung des Splittingverfahrens geregelt (→ *Lohnsteuertabellen* Rn 2 ff). Für beschränkt stpfl ArbN → Rn 12 und 19. Besonderheiten gelten für ArbN aus EU- oder EWR-Mitgliedsstaaten (→ Rn 18). 11

**b) Steuerklasse I** (§ 38b Abs 1 Satz 1 Nr 1 EStG). **Unbeschänkt steuerpflichtige ledige Arbeitnehmer,** die nicht in Steuerklasse II gehören; **geschiedene und verwitwete Arbeitnehmer,** die nicht in Steuerklasse II oder III gehören sowie **verheiratete Arbeitnehmer,** die nicht in Steuerklasse III oder IV gehören, weil deren Ehegatte nicht unbeschränkt stpfl ist (also im Ausland ansässig ist), oder die von ihrem Ehegatten dauernd getrennt leben (EStR 26 Abs 1 und EStH 26: Getrenntleben) sowie **beschränkt steuerpflichtige Arbeitnehmer.** 12

**c) Steuerklasse II** (§ 38b Nr 2 EStG). Die in Steuerklasse I genannten **Arbeitnehmer,** wenn bei ihnen der Entlastungsbetrag für Alleinerziehende (§ 24b EStG) zu berücksichtigen ist (→ *Kindervergünstigungen* Rn 9 und → *Lohnsteuerermäßigung* Rn 9). Entfallen während des Kj dessen Voraussetzungen, ist der ArbN verpflichtet, die Eintragung der Steuerklasse umgehend ändern zu lassen (§ 39 Abs 4 Satz 1 EStG). 13

**d) Steuerklasse III** (§ 38b Nr 3 EStG). **Verheiratete Arbeitnehmer,** die beide unbeschränkt stpfl sind (§ 1 Abs 1 und 2 EStG; → Rn 18) und nicht dauernd getrennt leben. Der Ehegatte darf entweder keinen Arbeitslohn beziehen oder muss auf Antrag beider Ehegatten in Steuerklasse V eingereiht werden. Dies gilt auch, wenn ein Ehegatte im Laufe des Kj stirbt oder ins Ausland verzieht; **verwitwete Arbeitnehmer** für das dem Todesjahr folgende Kj (sog Witwensplitting), wenn sie und der verstorbene Ehegatte im Zeitpunkt des Todes unbeschränkt stpfl waren und nicht dauernd getrennt lebten. Danach gehören sie in Steuerklasse I oder – wenn ihnen ein Entlastungsbetrag für Alleinerziehende zusteht – in Steuerklasse II; der Entlastungsbetrag für Alleinerziehende ist durch die Ermittlung eines Freibetrags zu berücksichtigen, wenn der verwitwete ArbN noch in Steuerklasse III einzureihen ist (§ 39a Abs 1 Nr 8 EStG). 14

**Im Heiratsjahr** besteht zwar keine Pflicht, die Steuerklassen ändern zu lassen. So ist zB die Besteuerung wie Unverheiratete günstiger, wenn beide Ehegatten berufstätig sind und mindestens einer in Steuerklasse II gehört. Nach der Regelung des§ 52 Absatz 39 iVm § 39e Absatz 3 Satz 3 EStG wäre mit Beginn des **Kalenderjahres 2018** bei Heirat programmgesteuert die Steuerklasse III zu bilden gewesen, wenn **nur ein Ehegatte als Arbeitnehmer berufstätig** ist. Der nicht als ArbN-tätige Ehegatte wäre in keine Steuerklasse einzureihen (Steuerklassenkombination „III/-“). Weil eine solche automatisierte Ein- 15 reihung des als ArbN tätigen Ehegatten in Steuerklasse III programmtechnisch nicht umgesetzt wurde und daher beide Ehegatten abweichend vom Gesetzeswortlaut des § 38b Absatz 1 Satz 2 Nummer 3 Buchstabe a EStG programmgesteuert in die Steuerklasse IV eingereiht wurden (Übergangsregelung nach § 52 Absatz 39 EStG), hat man sich **allerdings** im Rahmen der Beratungen zum Steuerumgehungsbekämpfungsgesetz (BGBl I 2017, 1682, Art 7) darauf geeinigt, die **Übergangsregelung** durch Änderung des § 38b Abs 1 Satz 2 Nr 3a und Nr 4 **auf Dauer beizubehalten.** Damit wird **seit dem VZ 2018 bei Heirat** die **Steuerklassenkombination IV/IV auch dann an beide Ehegatten** vergeben, **wenn nur ein Ehegatte Arbeitslohn bezieht.** Die Steuerklassenkombination **III/V** kommt **nur** zur Anwendung, **wenn und solange beide Ehegatten dies wollen.** Dazu wird in § 38b Absatz 3 EStG ergänzt, dass der **Wechsel** von der Steuerklasse III oder V **in die Steuerklasse IV auch auf Antrag nur eines Ehegatten möglich** ist mit der Folge, dass beide Ehegatten in die Steuerklasse IV eingereiht werden. Für den Ehegatten in der Steuerklasse V soll dadurch die Rechtsposition iSd Geschlechtergerechtigkeit deutlich gestärkt werden. Die Steuerklassenkombination IV/IV wird **somit** zum Regelfall für Ehegatten und die **Steuerklassenkombination III/V** zur **Wahlkombination** ausgestaltet.

16 ArbN, deren **Ehe** im Veranlagungszeitraum, in dem die Ehe durch **Scheidung** oder **Aufhebung aufgelöst** wurde, gelten als noch verheiratet und bleiben beide in Steuerklasse IV oder III und V wenn beide Ehegatten im Auflösungsjahr unbeschränkt stpfl waren und nicht dauernd getrennt gelebt haben und der andere Ehegatte in diesem Jahr wieder geheiratet hat, von seinem neuen Ehegatten nicht dauernd getrennt lebt und er sowie sein neuer Ehegatte unbeschränkt stpfl sind (§ 38b Satz 2 Nr 3c EStG). Selbstverständlich können sie aber bis 30.11. einen Steuerklassenwechsel beantragen. Eine Änderung nach Abschluss des LStAbzugs ist nicht mehr möglich (abschließend BFH 14.6.07 – VI B 16/07, BFH/NV 07, 1649). Außerdem muss; bzw im **Jahr des Beginns des dauernd Getrenntlebens.** Die Regelungen sind nach § 2 Absatz 8 EStG auch auf Lebenspartner und Lebenspartnerschaften anzuwenden (BT-Drs 18/12127, S 59 f zu Art 7 Nr 2). Zum Antrag auf Zusammenveranlagung vgl OFD Münster vom 6.3.12 – akt Kurzinfo ESt 48/2003 (→ *Antragsveranlagung* Rn 6).

17 **e) Steuerklasse IV** (§ 38b Nr 4 EStG). **Verheiratete Arbeitnehmer,** wenn beide Ehegatten unbeschränkt stpfl sind (§ 1 Abs 1 und 2 EStG; → Rn 18), nicht dauernd getrennt leben auch dann, wenn der Ehegatte des ArbN keinen Arbeitslohn bezieht und beim Wohnsitz-FA kein Antrag auf Einreihung in Steuerklasse III gestellt wurde (→ Rn 10, 15). Das gilt nicht, wenn für einen Ehegatten die Steuerklasse V gebildet wurde. Erhält ein Ehegatte nur pauschal besteuerte Bezüge, kann der andere Ehegatte Steuerklasse III erhalten, wenn für den Ehegatten, der nur pauschal besteuerte Bezüge erhält, keine ELStAM gebildet wurden (→ *Lohnsteuerabzugsmerkmale* Rn 9). Steuerklasse IV kommt auch in Betracht, wenn einem oder beiden Ehegatten Bezüge aus einem **früheren Dienstverhältnis** oder als **Rechtsnachfolger** eines verstorbenen ArbN zufließen. Die Steuerklasse IV wird im laufenden Kj bei Tod, Scheidung oder dauernder Trennung nicht vAw geändert. Von der Wahl der Steuerklassen bei arbeitenden Ehegatten hängt es ab, ob es nach Ablauf des Kj zu LStNachzahlungen oder LStErstattungen kommt. Bei Steuerklassen IV/IV wird unterstellt, dass beide gleichviel verdienen. Hier kann es zu Überzahlungen kommen, wenn die Arbeitslöhne unterschiedlich hoch sind. Zur Wahl der günstigsten Steuerklasse bei ArbNEhegatten (IV/IV oder III/V) wird vom BMF ein Merkblatt veröffentlicht (Für 2019: BMF 9.11.12, BeckVerw 442349). Berechnungsprogramme können auf den Internetseiten der einzelnen Länderfinanzverwaltungen abgerufen werden). Zur Höhe des AlGeldes in Zusammenhang mit der Steuerklassenwahl → Rn 32 ff. Da es seit 2005 beim **Arbeitslosengeld II** auf das Nettoeinkommen der Bedarfsgemeinschaft ankommt, ist zu prüfen, ob der erwerbstätige Partner Steuerklasse V eintragen lässt, da dann das AlGeld II höher ist, denn sein Nettoeinkommen ist nun geringer als es bei Steuerklasse III wäre. Beim Einkommen anzurechnen ist aber eine spätere Steuererstattung, wenn der erwerbslose Partner noch Leistungsbezieher ist. Auch beim **Elterngeld** beeinflusst die Steuerklassenwahl dessen Höhe (→ *Elterngeld* Rn 6), so dass verheirateten Frauen, die Elterngeld beziehen wollen, jedenfalls die Steuerklasse IV statt V zu empfehlen ist. Bei der Wahl der Steuerklasse III (Ehemann V) könnte dies möglicherweise als rechtsmissbräuchlich angesehen werden. Auch im Rahmen der Altersteilzeit kann ein Steuerklassenwechsel

rechtsmissbräuchlich sein (BAG 13.6.06 – 9 AZR 423/05, NZA 07, 275; → *Altersteilzeit* Rn 12).

**Als unbeschränkt steuerpflichtig gelten** für die Steuerklassen III und IV von dem 18
Personenkreis der § 1 Abs 3 und § 1a EStG (→ *Grenzgänger* Rn 16, 17) nur die EU- und EWR-Staatsangehörigen, deren Ehegatten ihren Wohnsitz auch in einem dieser Staaten haben (§ 38b Abs 1 Satz 3 EStG). Außerdem müssen die Voraussetzungen der §§ 1 Abs 3 bzw 1a EStG erfüllt sein.

**f) Steuerklasse V** (§ 38b Nr 5 EStG). **Verheiratete Arbeitnehmer,** die unbeschränkt 19
stpfl sind und nicht dauernd getrennt leben, wenn der Ehegatte des ArbN auf Antrag beider Ehegatten in Steuerklasse III eingereiht ist. Die den Ehegatten zustehenden tariflichen Freibeträge und Kinderfreibeträge wirken sich nur bei dem Ehegatten mit der Steuerklasse III aus. Bei dem Ehegatten mit der Steuerklasse V werden daher Kinder nicht eingetragen. Zu EStVorauszahlungen s OFD Magdeburg 25.1.11 – S 2297–17–St 213, BeckVerw 246803.

**g) Faktorverfahren für die Steuerklassen III–V.** Um einen möglichst zutreffenden 20
LStEinbehalt zu ermöglichen und die Höhe der LSt bei Steuerklasse V abzumildern, gibt es für Ehegatten das Faktorverfahren (§ 39f EStG). Auf Antrag beider Ehegatten hat das Finanzamt anstelle der LStKlassen III/V jeweils die Steuerklasse IV mit einem Faktor zur Ermittlung der LSt einzutragen, wenn der Faktor kleiner als 1 ist. Bei dem Faktor Y : X steht Y für die voraussichtliche ESt für beide Ehegatten nach dem Splittingverfahren unter Berücksichtigung der in § 39b Abs 2 EStG genannten Abzugsbeträge (→ *Lohnsteuerberechnung* Rn 9, 10). X ist die Summe der voraussichtlichen LSt bei Steuerklasse IV für jeden Ehegatten. Arbeitslöhne aus zweiten und weiteren Dienstverhältnissen (Steuerklasse VI) sind nicht zu berücksichtigen. Für die Einbehaltung der LSt vom Arbeitslohn sind die Steuerklasse IV und der Faktor anzuwenden. Im Programmablaufplan für die maschinelle Berechnung der LSt (→ *Lohnsteuerberechnung* Rn 11) ist das Faktorverfahren zu berücksichtigen. Das BMF hat unter www.bundesfinanzministerium.de > Bürgerinnen und Bürger > Arbeit und Steuererklärung einen Online-Rechner für das Faktorverfahren zur Verfügung gestellt. Zur Wahl im Rahmen von LStErmäßigungsanträgen s auch OFD Karlsruhe 6.10.09 – S 236.5/17 – St 144, NWB DokID RAAAD-29995.

**h) Steuerklasse VI** (§ 38b Nr 6 EStG). Sie gilt für **Arbeitnehmer,** die während des Kj 21
nebeneinander Arbeitslohn von mehreren ArbGeb beziehen, für die Einbehaltung der LSt aus dem zweiten und ggf **weiteren Dienstverhältnis.** Steuerklasse VI hat der ArbGeb auch von sich aus zu berücksichtigen, wenn der **ArbN** schuldhaft den **Abruf der ELStAM verhindert** oder das Bundeszentralamt die Mitteilung der ELStAM verweigert (§ 39c Abs 1 EStG; → *Lohnsteuerberechnung* Rn 16f). Bei Steuerklasse VI werden weder tarifliche Freibeträge noch der ArbN- und Sonderausgabenpauschbetrag berücksichtigt, wenn diese sich entweder bereits bei im Rahmen der ELStAM für das erste Dienstverhältnis ausgewirkt haben oder bei verschiedenartigen Bezügen deselben ArbGeb dieser vom Wahlrecht des § 39e Abs 5a EStG Gebrauch gemacht hat (→ *Lohnsteuerermäßigung* Rn 10; → *Lohnsteuerabzugsmerkmale* Rn 21; *HMW*/Steuerklassen Rz 27).

**3. Besonderheiten bei beschränkt steuerpflichtigen Arbeitnehmern.** Für die 22
Durchführung des LStAbzugs gelten mit Aufhebung des § 39d Abs 1 EStG und teilweiser Überführung der Regelungen in die Vorschrift des § 38b EStG durch das Gesetz zur Umsetzung der Beitreibungsrichtlinie sowie zur Änderung steuerlicher Vorschriften (BGBl I 11, 2592) nunmehr im Wesentlichen dieselben Grundsätze wie bei unbeschränkt stpfl ArbN (→ *Lohnsteuerberechnung* Rn 2, 9ff, 19ff und → *Lohnsteuerermäßigung* Rn 8). Die Einkünfte aus nichtselbstständiger Arbeit unterliegen dann idR der beschränkten EStPflicht, wenn ein ArbN im Inland weder seinen Wohnsitz noch seinen gewöhnlichen Aufenthalt hat, aber seine Tätigkeit im Inland ausübt oder diese im Inland verwertet wird oder worden ist sowie Einkünfte, die aus inländischen öffentlichen Kassen einschließlich der Kassen der Deutschen Bundesbahn und der Deutschen Bundesbank mit Rücksicht auf ein gegenwärtiges oder früheres Dienstverhältnis gewährt werden (§ 49 Abs 1 Nr 4 EStG; zur beschränkten Steuerpflicht → *Lohnsteuerberechnung* Rn 9–11, 21 und → *Ausländer* Rn 42). Keine beschränkte Steuerpflicht besteht aber trotz fehlendem inländischen Wohnsitz in den Fällen der erweiterten unbeschränkten Steuerpflicht oder als unbeschränkt stpfl zu behandelnden ArbN (→ Rn 15 und → *Grenzgänger* Rn 16, 17; → *Lohnsteuerberechnung* Rn 8, 17). Für be-

schränkt stpfl ArbN tritt allerdings bis zur Erteilung einer Identifikationsnummer und der daran anschließenden Bildung von ELStAM – frühestens ab dem Jahr 2019 – an die Stelle der ELStAM eine auf Antrag des ArbN erteilte Bescheinigung des BetriebsstättenFA (→ *Lohnsteuerabzugsmerkmale* Rn 26). Wird kein Antrag gestellt oder die Bescheinigung dem ArbGeb nicht vorgelegt, ist der LStAbzug nach Steuerklasse VI vorzunehmen (§ 39c Abs 2 EStG; → *Lohnsteuerberechnung* Rn 18 ff).

## C. Sozialversicherungsrecht *Voelzke*

30 **1. Allgemeines.** Für das Beitragsrecht in der SozV kommt der für den LStAbzug maßgebenden LStKlasse keine Bedeutung zu. Mittelbare Auswirkungen haben die LStKlassen auf die Höhe bestimmter Lohnersatzleistungen in der SozV.

31 **2. Krankengeld.** Das Krankengeld (§§ 44 ff SGB V) beträgt 70 vH des **Regelentgelts** (→ *Krankengeld* Rn 27 ff). Es darf gem § 47 Abs 1 Satz 2 SGB V 90 vH des Nettoarbeitsentgelts nicht übersteigen. Für die Berechnung des Nettoarbeitsentgelts gilt der Grundsatz der Maßgeblichkeit der LStKlasse. Vom ArbN nicht geltend gemachte Freibeträge sind nicht zu berücksichtigen (*Schlegel/Voelzke/Bohlken* SGB V, § 47 Rz 117). Damit beeinflussen die dem Steuerabzug durch den ArbGeb zugrundeliegende LStKlasse, die Kinderfreibeträge und LStFreibeträge das maßgebliche Nettoarbeitsentgelt. In Anlehnung an die Berechnung des Krankengeldes erfolgt die Berechnung der während medizinischer RehaLeistungen und der während der Dauer von Leistungen zur Teilhabe am Arbeitsleben zu gewährenden Lohnersatzleistungen (→ *Übergangsgeld/Überbrückungsgeld* Rn 16 ff), so dass sich auch hier die maßgebende LStKlasse auf die Leistungshöhe auswirken kann.

32 **3. Arbeitslosengeld.** Unmittelbar wirkt sich die LStKlasse auf in der ArblV gewährte Lohnersatzleistungen aus. Nach § 153 Abs 1 SGB III wird zur Errechnung des Leistungsentgelts die LSt nach der LStTabelle in Abzug gebracht, die sich nach dem vom BMF aufgrund des § 51 Abs 4 Nr 1a EStG bekannt gegebenen Programmablaufplan bei Berücksichtigung der Vorsorgepauschale nach § 39b Abs 2 Satz 5 Nr 3 Buchst a–c EStG in dem Jahr, in dem der Anspruch entstanden ist, ergibt. Entscheidend ist grds die Steuerklasse, die zu Beginn des Kj maßgebend war, in dem der Anspruch entstanden ist. Bei mehreren Beschäftigungen im Bemessungszeitraum, die nebeneinander ausgeübt werden, bestimmt diejenige LStKlasse die Leistungsgruppe, die für den Arbeitslosen im Falle der Arbeitsaufnahme maßgebend wäre (BSG 21.4.93 – 11 RAr 37/92, SozR 3–4100 § 111 Nr 3). Bei auf Antrag pflichtversicherten Selbstständigen ist auch dann auf die im Bemessungszeitraum maßgebende LStKlasse abzustellen, wenn wegen der selbstständigen Erwerbstätigkeit im Bemessungsverfahren ein LStAbzugsverfahren nicht stattgefunden hat (BSG 11.3.14 – B 11 AL 10/13 R, NZS 14, 554).

33 **Änderungen** der LStKlasse des Arbeitslosen werden von dem Tag an berücksichtigt, an dem erstmals die Voraussetzungen für die Änderung vorlagen, bei Änderung der Steuerklassenkombination von Ehegatten von dem Tage an, an dem erstmals die Voraussetzungen für die Änderung vorlagen (§ 153 Abs 2 Satz 2 SGB III). Änderungen der LStKlasse sind der Agentur für Arbeit mitzuteilen.

34 Die Anlehnung an das Steuerrecht wird nur für den **gewillkürten Steuerklassenwechsel** zwischen Ehegatten durchbrochen. § 153 Abs 3 Satz 1 Nr 1 SGB III schließt die Berücksichtigung des Steuerklassenwechsels für die Fälle aus, in denen die gewählten Steuerklassen dem Verhältnis der Arbeitsentgelte beider Ehegatten offensichtlich nicht entsprechen. Die Regelung ist nicht anzuwenden, wenn eine andere LStKlasse im Hinblick auf eine erst zu erwartende Arbeitslosigkeit zur Jahreswende gewählt wird (BSG 26.9.89 – 11 RAr 63/88, SozR 4100 § 113 Nr 10); hingegen wird die Wahl einer neuen LStKlassenkombination zu Beginn eines späteren Kj wie ein LStKlassenwechsel innerhalb eines Kj behandelt und nur unter den Voraussetzungen des § 153 Abs 3 Satz 1 SGB III berücksichtigt.

35 Für eine Anwendung der Regelung reicht es aus, dass die neu gewählte Steuerklassenkombination zu einem **geringeren gemeinsamen Lohnsteuerabzug** führt bzw ohne die Entgeltersatzleistung führen würde als die bisherige Kombination (BSG 4.9.01 – B 7 AL 84/00 R, SozR 3–4300 § 137 Nr 1). Maßgeblich für die Beurteilung ist der Tag, an dem der LStKlassenwechsel wirksam wird; die zu erwartende Einkommensentwicklung bleibt

selbst dann unberücksichtigt, wenn feststeht, dass zu einem späteren Zeitpunkt ein offensichtliches Missverhältnis nicht mehr gegeben ist (BSG 11.2.88 – 7 RAr 4/87, SozR 4100 § 113 Nr 7). Ist ein offensichtliches Missverhältnis zu bejahen, so ist nicht die früher maßgebende LStKlasse, sondern die dem Verhältnis der monatlichen Arbeitslöhne tatsächlich entsprechenden Arbeitslöhne der Ehegatten zu berücksichtigen. Für die Beurteilung des geringsten gemeinsamen LStAbzuges werden in der Praxis die **Tabellen zu Steuerklassenwahl** herangezogen, die der BMF und die obersten Finanzbehörden der Länder jährlich herausgeben.

Der Wechsel der LStKlasse ist unabhängig von dem Verhältnis der Arbeitsentgelte der Ehegatten zu berücksichtigen, wenn hierdurch eine Verringerung der Leistungshöhe eintritt (§ 153 Abs 3 Satz 1 Nr 2 SGB III). Die Regelung besagt im Ergebnis, dass ein Steuerklassenwechsel unabhängig von dem Verhältnis der monatlichen Arbeitsentgelte der Ehegatten stets zu berücksichtigen ist, wenn der Steuerklassenwechsel sich **zuungunsten** des ArbN auswirkt. Die hierfür vom Gesetzgeber angegebene Begründung, die Neuregelung zum Steuerklassenwechsel von Ehegatten solle stärker als das geltende Recht Manipulationen zu Lasten der ArblV verhindern (BT-Drs 13/4941 zu § 137), überzeugt nicht, denn bereits nach früherem Recht konnte eine günstigere Leistungsgruppe, als sie den bisherigen Einkommensverhältnissen entsprach, nicht erreicht werden. Aufgegeben wurde jedoch der zuvor den Gesetzgeber leitende Grundsatz, dass sich das AlGeld möglichst an der „richtigen Steuerklasse" orientieren solle (BSG 27.9.89 – 11 RAr 57/88, SozR 4100 § 113 Nr 11). Die Regelung verhindert eine im Einzelfall wirtschaftlich sinnvolle Steuerklassenwahl, ohne dass ein sachlicher Grund hierfür ersichtlich wäre. Das BSG hält die arbeitsförderungsrechtlichen Folgen eines LStKlassenwechsels aus verfassungsrechtlichen Gründen nur für hinnehmbar, wenn verheiratete Arbeitslose bereits bei Antragstellung deutlich und gesondert vom Merkblatt auf die leistungsrechtlichen Nachteile und die Notwendigkeit einer Beratung hingewiesen worden sind (BSG 1.4.04 – B 7 AL 52/03 R, SozR 4–4300 § 137 Nr 1; BSG 16.3.05 – B 11a/11 AL 41/03 R, SozR 4–4300 § 137 Nr 2). Fehlt es hieran, so billigt sie dem Arbeitslosen einen sozialrechtlichen Herstellungsanspruch (→ *Fürsorgepflicht* Rn 33) zu. 36

Ein Ausfall von Arbeitslohn, der einen Anspruch auf eine lohnsteuerfreie **Lohnersatzleistung** begründet, bleibt bei der Beurteilung des Verhältnisses der Arbeitsentgelte der Ehegatten außer Betracht (§ 153 Abs 3 Satz 2 SGB III); in diesen Fällen ist mithin das Arbeitsentgelt zugrunde zu legen, das der ArbN zuvor erzielt hat. 37

**4. Kurzarbeitergeld.** Zur Errechnung des Kurzarbeitergeldes hat der ArbGeb ein pauschaliertes Nettoentgelt aus dem Sollentgelt und dem Istentgelt zu ermitteln (Näheres: *Kurzarbeit*). Hierzu schreibt § 106 Abs 1 Satz 6 SGB III die entsprechende Geltung der Vorschriften beim AlGeld über die Berechnung des Leistungsentgelts und über die Leistungsgruppen vor. Abweichend davon hat der ArbGeb von der LStKlasse **in dem maßgebenden Antragszeitraum** auszugehen. Die aktuellen Verhältnisse sind maßgebend, damit der ArbGeb von der aufwändigen Ermittlung der leistungserheblichen LStKlasse entlastet wird. 38

# Lohnsteuernachforderung

## A. Arbeitsrecht

*Griese*

Von einer LStNachforderung ist zunächst nur das Verhältnis zwischen FA und ArbGeb oder ArbN betroffen. **Schuldner der LSt bleibt aber gem § 38 Abs 2 EStG der ArbN.** Wird der ArbGeb vom FA auf Nachentrichtung von zuwenig einbehaltener LSt in Anspruch genommen, entsteht im Innenverhältnis zwischen ArbN und ArbGeb ein Ausgleichsanspruch des ArbGeb gegen den ArbN aus dem nach **§ 42d Abs 1 und 3 EStB entstandenen Gesamtschuldverhältnis** nach § 426 Abs 1 Satz 1 Hs 2 BGB (BAG 16.6.04 – 5 AZR 521/03, NZA 04, 1274). Diesem arbeitsrechtlichen Erstattungsanspruch des ArbGeb kann der ArbN **im Wege der Aufrechnung Schadensersatzansprüche nach § 280 BGB** entgegenhalten, wenn der ArbGeb bei der Berechnung und Abführung der LSt **pflichtwidrig gehandelt hat** (→ *Bruttolohnvereinbarung* Rn 9 ff). Der ersatzpflichtige Schaden des ArbN kann etwa darin liegen, dass er im Vertrauen auf die Richtigkeit der vom 1

ArbGeb vorgenommenen Berechnung die zu wenig abgeführten Beträge verbraucht hat (→ *Entgeltrückzahlung* Rn 3). Zur verkehrsüblichen Sorgfalt, die der ArbGeb anzuwenden hat, gehört es, in Zweifelsfällen eine **Anrufungsauskunft** einzuholen (BAG 30.4.08 – 5 AZR 725/07, NJW 08, 884). Ist die steuerrechtliche Festsetzungsfrist gegen den ArbN abgelaufen, kann auch der ArbGeb nicht mehr auf Nachentrichtung im Rahmen einer LStAußenprüfung in Anspruch genommen werden (BFH 17.3.16 – VI R 3/15, BeckRS 2016, 94726; *Intemann* NZA 16,812).

Leistet der ArbGeb aufgrund eines arbeitsgerichtlichen Urteils v**ersehentlich den vollen Bruttobetrag einschließlich Lohnsteuer und ArbNAnteil des Gesamtsozialversicherungsbeitrags an den ArbN**, ist dieser insoweit ungerechtfertigt bereichert. kann sich aber auf Entreicherung gem § 818 Absatz 3 BGB berufen, sobald er die entsprechenden Beträge an die zuständigen Stellen weitergeleitet hat (BAG 21.12.16 – 5 AZR 273/16, NZA 17, 449).

## B. Lohnsteuerrecht

*Seidel*

2 **1. Allgemeines.** Eine Nachforderung liegt nach dem lohnsteuerrechtlichen Sprachgebrauch vor, wenn die LSt gegenüber dem ArbN oder dem ArbGeb, jeweils als Steuerschuldner, geltend gemacht wird. Grds ist der ArbN Schuldner der LSt (§ 38 Abs 2 Satz 1 EStG), jedoch wird der ArbGeb bei der Pauschalierung der LSt Steuerschuldner (§ 40 Abs 3 Satz 2 EStG). Davon zu unterscheiden ist die Haftung des ArbGeb oder Dritter für die LSt der ArbN, bei der der ArbGeb für eine fremde Schuld einzustehen hat (→ *Lohnsteuerhaftung* Rn 4–28). Zu Nachforderungen kommt es insbes im Rahmen von LStAußenprüfungen (→ *Lohnsteueraußenprüfung* Rn 2 ff), wenn der Prüfer Fehler des ArbGeb bei der Einbehaltung oder Pauschalierung der LSt feststellt. Eine Pauschalierung kann auch erst bei der Außenprüfung vorgenommen werden (s insbes § 40 Abs 1 Nr 2 EStG und → *Lohnsteuerpauschalierung* Rn 19, 20).

3 **2. Nachforderungen beim Arbeitnehmer** können sich neben der unzutreffenden Einbehaltung der LSt durch den ArbGeb (→ Rn 10) auch aus einer Reihe von anderen Tatbeständen ergeben:

4 **a) Sachbezüge** (→ *Sachbezug* Rn 3 ff) und Zuwendungen durch Dritte können dazu führen, dass der vom ArbGeb geschuldete Barlohn nicht ausreicht, um die auf die Sachbezüge oder die Drittlohnzahlungen entfallende LSt einzubehalten (zur Verpflichtung des ArbGeb bei einer Lohnzahlung durch Dritte die LSt einzubehalten → *Lohnabzugsverfahren* Rn 14 ff). Stellt der ArbN dem ArbGeb den fehlenden Betrag nicht zur Verfügung und ist eine Zurückbehaltung anderer Bezüge des ArbN nicht möglich, hat der ArbGeb dies dem BetriebsstättenFA anzuzeigen, das die zu wenig erhobene LSt vom ArbN nachfordert, wenn die Nachforderung bereits im Laufe des Kj erfolgt. Ansonsten ist das WohnsitzFA zuständig (§ 38 Abs 4 EStG; LStR 41c.3 Abs 1; → *Anzeigepflichten Arbeitgeber* Rn 8).

5 **b) Änderung der persönlichen Verhältnisse.** Ändern sich die persönlichen Verhältnisse des ArbN während des Kj und ist daher in den ELStAM des ArbN eine Steuerklasse (→ *Lohnsteuerklassen* Rn 10 ff), ein Familienstand oder eine Zahl der Kinderfreibeträge (→ *Lohnsteuerabzugsmerkmale* Rn 11) gebildet, die für den ArbN günstiger ist, hat er dies dem FA mitzuteilen und eine Änderung zu beantragen, soweit eine Änderung aufgrund der tagesaktuellen Mitteilungen der Meldebehörden nicht automatisiert erfolgt. Kommt er dem nicht nach, hat das WohnsitzFA die Eintragung vAw zu ändern. Unterbleibt dies, hat das WohnsitzFA die zu wenig erhobene LSt nachzufordern, wenn sie mehr als 10 € beträgt (§ 39 Abs 5 EStG, → *Lohnsteuerabzugsmerkmale* Rn 14, 18 und → *Anzeigepflichten Arbeitnehmer* Rn 12).

6 **c) Eintritt der beschränkten Steuerpflicht** nach Bildung der ELStAM verpflichtet den ArbN, dies dem FA anzuzeigen. Unterbleibt dies, hat das BetriebsstättenFA die zu wenig erhobene LSt vom ArbN nachzufordern, wenn sie 10 € übersteigt (§ 39 Abs 7 EStG; → *Anzeigepflichten Arbeitnehmer* Rn 13).

7 **d) Unrichtige oder unvollständige Angaben bei Ermittlung eines Freibetrags.** Bei unrichtigen oder unvollständigen Angaben im Rahmen der Ermittlung eines Freibetrags zur Verwendung als ELStAM hat das WohnsitzFA, wenn dadurch zu wenig LSt einbehalten worden ist, den Fehlbetrag vom ArbN nachzufordern, wenn er 10 € übersteigt (§ 39a Abs 5 EStG; → *Lohnsteuerermäßigung* Rn 15). Dies gilt auch, wenn ein ermittelter Freibetrag rück-

wirkend herabgesetzt worden ist und der ArbGeb die zu wenig einbehaltene LSt nicht rückwirkend einbehalten kann. Bei **Änderungen** aus anderen als den oben unter → Rn 5–7 genannten Gründen, zB des Freibetrages wegen Werbungskosten bei einer Änderung der entsprechenden Tätigkeit, braucht der ArbN aber keine Änderung der ELStAM vornehmen zu lassen (§ 39 Abs 1 Satz 9, Abs 5 EStG iVm § 153 Abs 2 AO; → *Antragsveranlagung* Rn 14). Die beantragten Freibeträge gelten seit 2016 maximal für einen Zeitraum von zwei Jahren (→ *Lohnsteuerermäßigung* Rn 5).

**e) Rückwirkende Änderung des Pauschbetrags für Körperbehinderte und Hinterbliebene.** Erfolgt eine entsprechende Änderung des als ELStAM gebildeten Pauschbetrags (§ 33b EStG; → *Behinderte* Rn 71 ff) und kann die Nacherhebung der LSt vom ArbGeb wegen der Übermittlung oder Ausstellung der LStBescheinigung (→ *Lohnsteuerbescheinigung* Rn 2 ff) nicht mehr vorgenommen werden, hat das WohnsitzFA die zu wenig erhobene LSt vom ArbN nachzufordern, sofern sie mehr als 10 € beträgt (LStH 41c.3 Einzelfälle;BFH 24.9.82 – VI R 64/79, BStBl II 83, 60 zur LStKarte). Der ArbN ist bei einer Änderung zur Anzeige verpflichtet (§ 39a Abs 1 Satz 5 EStG → *Lohnsteuerabzugsmerkmale* Rn 15; → *Lohnsteuerermäßigung* Rn 8). 8

**f) Anzeige des Arbeitgebers.** Zeigt der ArbGeb dem FA an, dass er von seiner Berechtigung zur nachträglichen Einbehaltung der LSt keinen Gebrauch gemacht hat oder er sie nachträglich nicht mehr einbehalten kann (→ *Lohnsteuerberechnung* Rn 25), hat das BetriebsstättenFA die zu wenig erhobene LSt vom ArbN nachzufordern, wenn die mehr als 10 € betragende Nachforderung bereits im Laufe des Kj erfolgt. Ansonsten ist das WohnsitzFA zuständig (§ 41c Abs 4 Satz 2 EStG; LStR 41c.3 Abs 2, Abs 3). 9

**g) Nichtvorschriftsmäßige Einbehaltung oder Anmeldung der Lohnsteuer** durch den ArbGeb bzw einem Dritten (→ *Lohnabzugsverfahren* Rn 14 ff) kann zu einer Nachforderung beim ArbN führen. Hier sind der ArbN, der ArbGeb und ggf der Dritte Gesamtschuldner, wobei es im Ermessen des BetriebsstättenFA steht, wen es in Anspruch nimmt. Eine Inanspruchnahme des ArbN wegen nichtvorschriftsmäßiger Anmeldung der LSt durch den ArbGeb kommt aber nur in Betracht, wenn der ArbN dies weiß, es nicht unverzüglich dem FA mitgeteilt hat und der Nachforderungsbetrag 10 € übersteigt (→ *Lohnsteuerhaftung* Rn 18). Das WohnsitzFA ist für die Nachforderung zuständig, wenn vorher die Änderung eines gegenüber dem ArbN ergangenen Steuerbescheids erforderlich ist (weiterhin BFH 21.2.92, BStBl II 92, 565). 10

**h) Veranlagung zur Einkommensteuer** (→ *Antragsveranlagung* Rn 2 ff) bietet dem WohnsitzFA ggf die Möglichkeit zur Steuernachforderung (§§ 25, 46 EStG). Unabhängig von den tatsächlichen und rechtlichen Feststellungen im LStAbzugsverfahren ermittelt das FA hier die Einkünfte aus nichtselbstständiger Arbeit (→ *Arbeitsentgelt* Rn 31), wobei stets eine Korrektur des LStAbzugs möglich ist (*HMW*/Nachforderung von Lohnsteuer Rz 35). 11

**i) Schädliche Verfügungen über Versicherungsbeiträge,** wenn diese als Sonderausgaben bei der EStVeranlagung berücksichtigt worden sind, führen ebenfalls zu einer Nachforderung von LSt beim ArbN (§§ 10 Abs 5 EStG, 30 EStDV). 12

**j) Änderungen der Bescheinigung über die Steuerklasse und den Freibetrag** bei beschränkt oder erweitert unbeschränkt stpfl ArbN, weil sich die Eintragungen als unrichtig erweisen (→ *Lohnsteuerberechnung* Rn 8f, 21), können zu einer Nachforderung durch das BetriebsstättenFA führen (*HMW*/Nachforderung von Lohnsteuer Rz 15). 13

**3. Verfahren bei Nachforderung vom Arbeitnehmer.** Das FA kann die LSt vom ArbN schon während des laufenden Kj, aber auch danach bis zum Ablauf der Festsetzungsfrist (→ *Verjährung* Rn 33 ff) fordern. Die **Kleinbetragsgrenze** gilt **nur** in den Fällen, in denen sie vorstehend genannt ist. Für die Berechnung der LSt nach Ablauf des Kj ist im Falle der Anzeige des ArbGeb (→ Rn 9) bei unbeschränkt stpfl ArbN die JahresLSt festzustellen und der nachzuerhebende Betrag durch Gegenüberstellung der insgesamt einbehaltenen LSt zu ermitteln (LStR 41c.3 Abs 2, 3 iVm LStR 41c.1 Abs 6 Satz 1; → *Lohnsteuerberechnung* Rn 24). Dies gilt mE auch bei den auf Antrag als unbeschränkt stpfl zu behandelnden ArbN (→ *Lohnsteuerberechnung* Rn 8). Bei beschränkt stpfl ArbN ist auch nach Ablauf des Kj nur eine lohnzahlungszeitraumbezogene Änderung vorzunehmen (LStR 41c.3 Abs 2 iVm LStR 41c.1 Abs 8 Satz 1). In allen anderen Fällen ist die JahresLSt unter Berücksichtigung verschiedener Freibeträge sowie von Werbungskosten, Sonderausgaben und außergewöhnli- 14 chen Belastungen zu ermitteln (LStR 41c.3 Abs 2 Sätze 2–4; s auch das dort dargestellte Ermittlungsschema). Auch ein Hinzurechnungsbetrag (§ 39a Abs 1 Nr 7 EStG; → *Lohnsteuerermäßigung* Rn 10) ist anzusetzen.

Ist bereits eine EStVeranlagung für den ArbN durchgeführt worden, so können LStNachforderungen nur im Rahmen einer Änderung des EStBescheides geltend gemacht werden, wenn die Änderung des Bescheides verfahrensrechtlich zulässig ist (zB aufgrund neuer Tatsachen, § 173 Abs 1 Nr 1 AO; weiterhin BFH 13.1.89, BStBl II 89, 447). Zum Verhältnis der LStAnsprüche gegen den ArbN zur (festgesetzten) ESt s *Heuermann* DB 96, 1052 und *Brunner* DB 97, 399. Die Heranziehung des ArbN für seine LStSchuld bedarf grds keiner Ermessensausübung durch das FA (BFH 17.5.85, BStBl II 85, 660; bestätigt BFH 11.7.16 – VI B 14/16, BeckRS 2016, 95309). Dies gilt nicht im Rahmen der Gesamtschuldnerschaft nach § 42d Abs 3 EStG (→ *Lohnsteuerhaftung* Rn 17 ff). Ist als ELStAM ein Hinzurechnungsbetrag gebildet, erfolgt die Nachforderung durch erstmalige oder geänderte Veranlagung zur ESt (LStR 41c.3 Abs 3 Satz 3).

15 **4. Nachforderung beim Arbeitgeber.** Eine Nachforderung von LSt beim ArbGeb kommt dann in Betracht, wenn es sich um eine Steuerschuld des ArbGeb handelt. Dies trifft nur bei der Pauschalierung der LSt nach §§ 40–40b EStG bzw die als LSt geltende Pauschalierung der ESt nach § 37a EStG zu. Der ArbGeb ist dann mit Nachforderungs- bzw Pauschalierungsbescheid (Steuerbescheid) in Anspruch zu nehmen (→ *Lohnsteuerpauschalierung* Rn 6–12). Ein Nachforderungsbescheid gegenüber dem ArbGeb als Entrichtungsschuldner der LSt (→ *Lohnsteuerabführung* Rn 5) nach § 167 AO ist auch bei bereits ausgestellter LStBescheinigung nach §§ 155, 167 Abs 1 AO zulässig, solange der Vorbehalt der Nachprüfung (§§ 164, 168 AO) noch besteht (BFH 30.10.08 – VI R 10/05, BStBl II 09, 354; BFH 30.4.09 – VI R 55/07, BStBl II 09, 726 und → *Lohnsteueranmeldung* Rn 10–13). In allen anderen Fällen ist der ArbN weiterhin Steuerschuldner (§ 38 Abs 2 Satz 1 EStG). Der ArbGeb und ggf ein Dritter (→ *Lohnsteuerhaftung* Rn 12 und → *Lohnabzugsverfahren* Rn 18) können in diesen Fällen aber als Haftungsschuldner mit Haftungsbescheid in Anspruch genommen werden (§ 42d EStG; → *Lohnsteuerhaftung* Rn 4 ff und 48 ff). Will das FA vom ArbGeb LSt sowohl als Steuerschuldner als auch als Haftungsschuldner fordern, so kann es zwar den Haftungs- und den Steuerbescheid (Nachforderungs- bzw Pauschalierungsbescheid) miteinander verbinden, wenn die Haftungs- und die Steuerschuld erkennbar voneinander getrennt sind (weiterhin BFH 16.11.84, BStBl II 85, 266). Wird im Tenor ein Gesamtbetrag ausgewiesen und ist es nach Bezeichnung und Inhalt des Bescheides unklar, ob das FA eine Haftungsschuld oder eine pauschale LStSchuld festsetzen wollte, ist der Bescheid aufzuheben (BFH 2.12.83, BStBl II 84, 362). Zur Auslegung kann aber auch ein beigefügter oder vorher bekanntgegebener Prüfungsbericht herangezogen werden (BFH 20.12.85, BFH/NV 86, 517). Eine Umdeutung eines Steuerbescheides in einen Haftungsbescheid und umgekehrt ist unzulässig (§ 128 Abs 3 AO; *Schmidt/Krüger* § 40 Rz 28 mwN).

16 **5. Muster.** S Online-Musterformulare *„M33.2 Antrag auf Aussetzung des Verfahrens"* u *„M33.3 Antrag auf Ruhen des Verfahrens"*.

## C. Sozialversicherungsrecht

*Voelzke*

17 Die Nachforderung von LSt gegenüber dem ArbGeb oder ArbN hat im Leistungs- und Beitragsrecht der SozV, das jeweils an eine Bruttogröße anknüpft, keine Auswirkungen. Der LStNachforderung entspricht im **Beitragsrecht** die Geltendmachung von nicht rechtzeitig erfüllten Beitragsansprüchen nach § 28h Abs 1 Satz 3 SGB IV. Zu Beitragsnachforderungen kommt es in erster Linie im Rahmen der Maßnahmen der Beitragsüberwachung (§ 28p SGB IV; → *Außenprüfung* Rn 31 ff). Die Prüfung bei den ArbGeb obliegt den RVTrägern. Diese sind im Rahmen der Prüfung nach § 28p Abs 1 S 5 SGB IV berechtigt, Verwaltungsakte zur Versicherungspflicht und Beitragshöhe zu erlassen.

18 Wird der Beitragsanspruch nicht **rechtzeitig** erfüllt, so ist auch die Einzugsstelle verpflichtet, gegenüber dem Beitragsschuldner einen Beitragsbescheid zu erlassen und diesen ggf durchzusetzen (§ 28h Abs 2 SGB IV; zu Ausnahmen von der grds Zuständigkeit der Einzugsstelle *Schlegel/Voelzke/Wissing* SGB IV § 28h Rz 75 ff). Eine Bindung an die Entscheidung des FA über die LStNachforderung besteht hierbei nicht. Die Einzugsstelle ist in den Fällen des § 28h SGB IV auch für den Erlass des Widerspruchsbescheides zuständig.

# Lohnsteuerpauschalierung

## A. Arbeitsrecht *Griese*

**1. Arbeitsrechtliche Auswirkungen.** Die LStPauschalierung ist nach §§ 40, 40a, 40b EStG in einer Reihe von Fällen möglich und hat insbes Bedeutung für die Beschäftigung von Teilzeit- und Aushilfskräften und durch das Zweite Gesetz für moderne Dienstleistungen am Arbeitsmarkt vom 23.12.02 (BGBl I 02, 4621) auch für *geringfügig Beschäftigte.* Sie hat nur zur Folge, dass gegenüber dem FA der ArbGeb der alleinige Steuerschuldner wird, so dass der ArbN insoweit gegenüber dem FA von der Steuerpflicht befreit wird. Ob der ArbGeb von der Möglichkeit der Pauschalbesteuerung nach § 40a Abs 2 EStG Gebrauch macht, soll nach der zweifelhaften, die Interessen der ArbN nicht berücksichtigenden Rspr allein in seinem Ermessen liegen (BAG 13.11.14 – 8 AZR 817/13, NJW 15, 1131). Von dem öffentlich-rechtlichen Steuerschuldverhältnis ist das privatrechtliche Innenverhältnis zwischen ArbGeb und ArbN zu unterscheiden. Die LStPauschalierung hat **nicht automatisch** zur Folge, dass der ArbGeb auch im Innenverhältnis zum ArbN die auf den Arbeitslohn entfallende PauschalLSt übernehmen müsste (BAG 24.6.03 – 9 AZR 302/02, NZA 03, 1145; → Rn 10; BAG 20.5.08 – 9 AZR 406/07, NZA 09,1213), wenngleich die Absicht der Pauschalierung eine solche Vertragsauslegung regelmäßig indizieren wird. Da die Festlegung, ob eine Brutto- oder Nettolohnvereinbarung gewollt ist, der **Vertragsfreiheit** unterfällt, ist es möglich, durch Arbeitsvertrag, aber auch durch Betriebsvereinbarung oder Tarifvertrag einen Anspruch des ArbN auf Pauschalversteuerung und auf Übernahme der Pauschalsteuer durch den ArbGeb vorzusehen. 1

Nur wenn eine *Bruttolohnvereinbarung* getroffen ist, kann die Pauschalsteuer auf den ArbN abgewälzt werden (BAG 1.2.06 – 5 AZR 628/04, DB 06, 1059). **Bei geringfügig Beschäftigten wird die Übernahme der geringen Pauschalsteuer von 2%** gem § 40a Abs 2 EStG durch den ArbGeb und damit **eine Nettolohnvereinbarung die Regel** sein. Denn für geringfügig Beschäftigte ist dies häufig **betriebs- oder branchenüblich und begründet eine *Betriebliche Übung.*** Es kommt hinzu, dass angesichts der bei den geringfügig Beschäftigten überwiegend praktizierten Nettovergütung und Tragung aller Abgaben und Steuern durch den ArbGeb eine davon abweichende **Überwälzung der Pauschalsteuer auf den Arbeitnehmer in Formulararbeitsverträgen eine unzulässige überraschende Klausel gem § 305c Abs 1 BGB** sein dürfte und darüber hinaus regelmäßig an mangelnder **Transparenz gem § 307 Abs 1 Satz 2 BGB** scheitern wird. Aus diesem Grund wäre die für Geringverdiener ausnahmsweise gewollte Bruttovergütung auch in den **Arbeitsnachweis nach § 2 Nr 6 NachwG** aufzunehmen. Offenkundig ist die Tragung durch den ArbGeb, wenn die Arbeitsvertragsparteien über die LStPauschalierung hinaus eine explizite *Nettolohnvereinbarung* getroffen haben, sich also dahingehend geeinigt haben, dass der ArbGeb im Innenverhältnis Steuern und etwaige SozVBeiträge übernimmt.

Gesetzgeberisch wäre zur besseren sozialen Absicherung eine **Reform wünschenswert,** die die Lohnsteuerpauschalierung nach § 40a EStG bei geringfügig Beschäftigten vorgibt sowie die SozV abschafft und das geringfügige Beschäftigungsverhältnis als **gesetzliches Nettoarbeitsverhältnis** kombiniert mit einer obligatorisch **pauschalierten Steuer- und Abgabenzahlung durch den ArbGeb** ausgestaltet (*Griese/Preis/Kruchen* NZA 13, 113).

Hat der ArbGeb im bisherigen Verlauf des Arbeitsverhältnisses die pauschale LSt übernommen (§ 40 Abs 3 EStG) und tatsächlich den ArbN hiermit nicht belastet, spricht dies für eine ***Nettolohnvereinbarung***. Unterbleibt der Abzug **der Pauschalsteuer generell im Betrieb für alle geringfügig Beschäftigten für drei oder mehr Lohnzahlungsperioden (idR Monate) begründet dies eine *Betriebliche Übung*** dahingehend, dass der ArbGeb auch im Innenverhältnis die Pauschalsteuer trägt. 2

In diesen Fällen ist der ArbGeb gebunden, auch wenn sich Bedingungen und die Höhe der Besteuerung ändern, etwa weil der Pauschalsteuersatz angehoben oder durch gesetzliche Änderung der Übergang von der Pauschal- zur Individualbesteuerung notwendig wird. Der ArbGeb nimmt insoweit an allen Höhen und Tiefen des Steuerrechts teil und schuldet dem

ArbN den unveränderten Nettolohn (→ *Nettolohnvereinbarung* Rn 1 ff, 6). Deshalb kann ein ArbGeb von einem geringfügig Beschäftigten, dem er die Übernahme der pauschalen LSt zugesagt hatte, nicht aus Anlass der gesetzlichen Änderungen zum 1.4.99, wonach geringfügige Beschäftigungsverhältnisse sozialversicherungspflichtig wurden, die Zahlung der – pauschalierten – LSt verlangen (LAG Köln 25.1.01 – 10 Sa 1040/00, ArbuR 01, 352).

3 Bei **Sozialplanleistungen,** die der LStPauschalierung unterfallen, soll es einer klaren Vereinbarung dahingehend bedürfen, dass der ArbGeb im Innenverhältnis die Steuerlast zu tragen hat, andernfalls kann der ArbN mit der Pauschalsteuer belastet werden (BAG 21.7.09 – 1 AZR 167/08, NZA 09, 1213).

Steht fest, dass keine Nettolohnvereinbarung getroffen wurde, hat der ArbN allerdings **jederzeit das Recht, die Einzelbesteuerung** unter Vorlage seiner Steuerkarte zu verlangen (BAG 5.8.87 – 5 AZR 22/86, NZA 88, 157). Hiervon wird der ArbN insbes Gebrauch machen, wenn die angefallene Steuer nach den individuellen Steuermerkmalen geringer ausfällt als die pauschalierte LSt. Das wird bei den **meisten der geringfügig Beschäftigten,** insgesamt ca 4,8 Millionen, die ausschließlich ein geringfügiges Beschäftigungsverhältnis haben, der Fall sein, weil das Gesamteinkommen unter dem steuerpflichtigen Existenzminimum liegt und deshalb gar keine Steuerlast anfällt.

Dieses dem ArbN zustehende **Wahlrecht** kann durch eine Betriebsvereinbarung nicht ausgeschlossen werden, da es auf öffentlich-rechtlicher Rechtsvorschrift beruht und daher für die Betriebsparteien nicht zu Lasten des ArbN disponibel ist. Anders ist es nur, wenn in einer Betriebsvereinbarung zugleich eine Nettolohnvereinbarung enthalten ist, weil dann für den ArbN überhaupt keine Steuerlast entsteht.

4 **2. Arbeitsrechtliche Stellung der pauschal besteuerten Arbeitnehmer.** Hinsichtlich der arbeitsrechtlichen Rechte und Pflichten besteht **keine Differenz zum normalen Arbeitsverhältnis.** So muss auch für den pauschal besteuerten ArbN eine **Vertragsniederschrift nach § 2 NachwG** erstellt werden. Darin ist die Regelung aufzunehmen, wer die pauschalierte LSt im Innenverhältnis zu tragen hat. Unterbleibt dies, ergeben sich hierzu Beweiserleichterungen bis hin zur Beweislastumkehr zugunsten des ArbN. Für **ArbN mit pauschal besteuertem Arbeitslohn** bestehen **wie für jeden anderen ArbN Ansprüche auf *Entgeltfortzahlung* im Krankheitsfall und an Feiertagen, auf bezahlten Erholungsurlaub und *Kündigungsschutz*** (→ *Geringfügige Beschäftigung* Rn 5 ff).

## B. Lohnsteuerrecht

*Seidel*

### Übersicht

**I. Allgemeines.** Der ArbGeb hat die LSt im Regelfall anhand der gespeicherten ELStAM bzw entsprechend der vom BetriebsstättenFA ausgestellten Bescheinigung zum LStAbzug zu ermitteln (§§ 39e Abs 4, 5 und 8 EStG; → *Lohnsteuerabzugsmerkmale* Rn 10 ff, 26 und → *Lohnsteuertabellen* Rn 2 ff) und durch Abzug vom Arbeitslohn einzubehalten und abzuführen (→ *Lohnabzugsverfahren* Rn 19 ff und → *Lohnsteuerabführung* Rn 2 ff). Die LSt belastet damit den ArbN als Steuerschuldner (§ 38 Abs 2 EStG). In verschiedenen gesetzlich geregelten Fällen (§§ 40, 40a Abs 1, 2a, 3, 40b EStG) kann eine pauschale Besteuerung des Arbeitslohns mit festen oder variablen Steuersätzen erfolgen. Zur „einheitlichen Pauschsteuer" nach § 40a Abs 2 EStG s aber ausschließlich → *Geringfügige Beschäftigung* Rn 21, 23. Die **Pauschalbesteuerung** ist davon abhängig, dass der ArbGeb die pauschale LSt, KiSt sowie den SolZ (→ *Solidaritätszuschlag* Rn 3 ff) übernimmt (§§ 40 Abs 3, 40a Abs 5, 40b Abs 5 EStG). Die Steuern sind dann vom ArbGeb zu tragen (§ 40 Abs 3 Satz 1 EStG), eine Einbehaltung vom Arbeitslohn erfolgt hierbei nicht. **Steuerschuldner** ist hier **nur der Arbeitgeber** (§ 40 Abs 3 Satz 2 EStG). Dies hat zur Folge, dass der pauschal besteuerte Arbeitslohn bei der EStVeranlagung des ArbN (→ *Antragsveranlagung* Rn 2 ff) nicht anzusetzen ist (§ 40 Abs 3 Satz 3 EStG), aber auch, dass die pauschale LSt nicht auf die ESt angerechnet werden kann (§ 40 Abs 3 Satz 4 EStG; BFH 28.4.16 – VI R 18/15, DStR 16, 2093). Allerdings liegt in der Übernahme der LSt durch den ArbGeb ein geldwerter Vorteil für den ArbN, der zur Anwendung eines Nettosteuersatzes (Steuer auf die Steuer) auf die Bemessungsgrundlage führt (§ 40 Abs 1 Satz 2 EStG). Auswirkungen hat dies aber nur bei der Pauschalierung mit variablen Steuersätzen (§ 40 Abs 1 EStG; → Rn 14 ff). Die Festsetzung einer **negativen Pauschalsteuer** ist auch dann **nicht möglich,** wenn dadurch LSt-Überzahlungen ausgeglichen werden sollen (BFH 28.4.16 – VI R 18/15, BStBl II 16, 898). 5

Der pauschal besteuerte Arbeitslohn ist grds im Lohnkonto aufzuzeichnen. Nur wenn die auf den einzelnen ArbN entfallenden Beträge sich nicht ohne weiteres ermitteln lassen (zB in den Fällen des § 40 EStG, → Rn 13–39), sind sie in einem Sammellohnkonto aufzuzeichnen (§ 41 EStG iVm § 4 Abs 2 Nr 8 LStDV). Der Inhalt des Sammellohnkontos ergibt sich aus § 4 Abs 2 Nr 8 LStDV (→ *Lohnkonto* Rn 11).

Zur arbeitsrechtlich zulässigen Überwälzung der pauschalen LSt auf den ArbN → Rn 12, 29. Als LSt gelten auch pauschale ESt gem § 37a EStG (→ Rn 59) und § 37b EStG (→ Rn 60). Dagegen handelt es sich bei der ab 2004 eingeführten LSt, die ein **Dritter** für einen **sonstigen Bezug** mit 20 % bei einem Jahresarbeitslohn bis höchstens 10 000 € unabhängig von den ELStAM ermitteln kann (§ 39c Abs 3 EStG; → *Lohnabzugsverfahren* Rn 16), nicht um eine LStPauschalierung im hier dargestellten Sinn. Sowohl der Arbeitslohn als auch die LSt sind hier bei der EStVeranlagung des ArbN zu berücksichtigen. Zur Rückzahlung pauschal besteuerbarer Leistungen s LStR 40b.1 Abs 13 und → *Entgeltrückzahlung* Rn 18.

**II. Verfahrensfragen.** Verfahrensmäßig ist das Pauschalierungsverfahren ein Besteuerungsverfahren eigener Art. Ursprünglich entsteht die LSt in individualisierter Form als Anspruch aus dem Steuerschuldverhältnis gegenüber dem ArbN. Sie wird erst dadurch zu einer Steuerschuld des ArbGeb, dass dieser einen **Antrag** auf Pauschalierung beim FA stellt, soweit dies erforderlich ist (nur für das Verfahren nach § 40 Abs 1 EStG; → Rn 14 ff und 28) und/oder die pauschale LSt übernimmt (§ 40 Abs 3 EStG). Ein Pauschalierungszwang 6 besteht nicht (BFH 3.6.82 – VI R 48/79, BStBl II 82, 710; → Rn 20). Das FA muss in diesem Fall die Pauschalierung entweder durch vorherige Einwilligung oder nachträgliche Genehmigung zulassen, die einen begünstigenden Verwaltungsakt darstellen, sodass gegen eine ablehnende Entscheidung der Einspruch gegeben ist. Liegen die Voraussetzungen des § 40 Abs 1 EStG vor (→ Rn 13 ff), ist das Ermessen des FA auf Null reduziert, sodass eine Erteilung der Genehmigung zu erfolgen hat (so auch *Schmidt/Krüger,* § 40 Rn 5 mwN; → Rn 26). Nur wenn alle Voraussetzungen erfüllt sind, bewirkt die Übernahme durch den ArbGeb die **Befreiung des Arbeitnehmers von der Steuerschuld** (BFH 30.11.89, BStBl II 90, 993). Vom Zeitpunkt der Übernahme der pauschalen LSt kann nur noch der ArbGeb, nicht mehr der ArbN für die LSt herangezogen werden. Die pauschale (übernommene) LSt ist vom ArbGeb in der LStAnmeldung wie die einbehaltene LSt anzumelden und abzuführen (§§ 40 Abs 3 und 40a Abs 5 EStG; → *Lohnsteueranmeldung* Rn 4). Die nachzufordernde pauschale LSt (zB nach einer LStAußenprüfung) ist vom FA mit **Pauschalierungs- oder Nachforderungsbescheid** (Steuerbescheid) geltend zu machen.

7 Als **Entstehungszeitpunkt** der pauschalen LSt ist nach der Rspr des BFH (6.5.94, BStBl II 94, 715) auf die Verwirklichung des Tatbestandes beim ArbN abzustellen, den Zufluss des Lohnes (→ *Lohnzufluss* Rn 2 ff). Die Ausübung des Wahlrechts durch den ArbGeb (Antrag und Übernahme) bewirkt lediglich, dass die dem Grunde nach bereits entstandene Entrichtungsschuld abweichend berechnet wird. Daraus ergibt sich, dass auch für den Beginn der Verjährung (→ *Verjährung* Rn 35) Zufluss des Arbeitslohnes maßgeblich ist (BFH 6.5.94, BStBl II 94, 715).

8 Der ArbGeb kann die Übernahme der LSt hinsichtlich bisher normal versteuerter Löhne auch noch **nachträglich erklären** solange die LStFestsetzung durch die Anmeldung änderbar ist, also bis zur Übermittlung oder Ausstellung der LStBescheinigung (*HMW*/Pauschalierung der LSt Rz 14). Der Antrag kann zB im Rahmen eines Verfahrens gegen einen Haftungsbescheid auch bis zum Abschluss der mündlichen Verhandlung vor dem FG gestellt werden (BFH 16.3.90 – VI R 88/86, BFH/NV 90, 639; offengelassen 24.9.15 – VI R 69/14, BStBl II 2016, 176, Rn 19, 21 mit dem Hinweis, dass es bei der Prüfung des Haftungsbescheides auf die Sach- und Rechtlage im Zeitpunkt der Einspruchsentscheidung ankomme). Ist für die Pauschalierung kein Antrag erforderlich (→ Rn 28–57), kann der ArbGeb, solange die LStAnmeldung noch unter dem Vorbehalt der Nachprüfung steht und die Festsetzungsfrist nicht abgelaufen ist, die Wahl der Besteuerungsart ändern und von der Pauschalierung zur Lohn-Regelbesteuerung übergehen, sofern kein Gestaltungsmissbrauch vorliegt (BFH 26.11.03 – VI R 10/99, BStBl II 04, 195). Wenn für die Pauschalierung kein Antrag beim FA erforderlich ist (§§ 40 Abs 2, 40a EStG), kann der ArbGeb auch nach Ablauf des Kj die Pauschalversteuerung rückgängig machen und zur Regelbesteuerung übergehen (BFH 26.11.03 – VI R 10/99, BStBl II 04, 195 zu § 40a EStG). Zur arbeitsrechtlichen Problematik bei einem Wechsel von der Pauschalbesteuerung zum LStAbzugsverfahren s BAG 24.6.03 – 9 AZR 302/02, BFH/NV, Beilage 04, 196.

9 Der Antrag auf Pauschalierung ist grundsätzlich unwiderruflich, sobald ein daraufhin ergangener Pauschalierungsbescheid wirksam wird. In Ausnahmefällen ist eine **Rücknahme** noch im Einspruchsverfahren möglich, wenn sich der ArbGeb zB über die Bedeutung des Pauschalierungsantrages (Übernahme der LStSchuld) nicht im Klaren war (BFH 5.3.93, BStBl II 93, 692; BFH 21.9.90, BStBl II 91, 262; aA *Schmidt/Krüger* § 40 Rn 5: der ArbGeb kann auch nach erteilter Genehmigung die LSt nach allgemeinen Grundsätzen erheben). Liegen die Voraussetzungen für eine Pauschalierung nicht vor **(fehlgeschlagene Pauschalierung),** ist der Übernahmeerklärung die Grundlage entzogen und der ArbGeb nicht Schuldner der LSt geworden. Das FA kann weder bei einer fehlgeschlagenen Pauschalierung nach § 40a EStG noch für den Fall, dass sich der ArbGeb nach einer fehlgeschlagenen Pauschalierung im Rahmen einer Außenprüfung zur Übernahme der LSt bereit erklärt, ohne Weiteres eine Nettolohnabrede unterstellen. Entsprechendes gilt bei einer gemeinsamen Steuerhinterziehung durch Verabredung von Schwarzgeldern (*HMW*/Pauschalierung der LSt Rz 13 und 13/1; → *Nettolohnvereinbarung* Rn 12).

10 Wird der Pauschalierungsbescheid gegenüber dem ArbGeb **im Rechtsbehelfsverfahren aufgehoben,** kann der dort berücksichtigte Arbeitslohn bei der EStVeranlagung des ArbN (→ *Antragsveranlagung* Rn 2 ff) erfasst werden (BFH 18.1.91, BStBl II 91, 309), die pauschale LSt ist nicht auf die EStSchuld des ArbN anzurechnen (BFH 20.3.06 – VII B 230/05, BFH/

NV 06, 1292). Für die Höhe der pauschalen Steuerschuld kommt es nicht auf den Zeitpunkt der Übernahme der pauschalen LSt an. Der für pauschaliert besteuerte Löhne nach den Verhältnissen des Zuflussjahres ermittelte Durchschnittssteuersatz ist auf einen Nettosteuersatz hochzurechnen (BFH 26.8.88, BStBl II 89, 304; LStR 40.1 Abs 3 Satz 9 iVm Beispiel LStH 40.1; → Rn 21–25). Das ändert aber nichts daran, dass die Steuerschuldnerschaft des ArbGeb erst durch den Pauschalierungs- bzw Nachforderungsbescheid entsteht. Davon zu unterscheiden ist aber der Entstehungszeitpunkt der pauschalen LSt als solcher (→ Rn 7). Es handelt sich daher um eine Steuer des Jahres, in dem der Arbeitslohn zugeflossen ist.

Da die Festsetzung pauschalierter LSt sachverhalts- und arbeitnehmerbezogen ist, steht dem Erlass eines **weiteren Pauschalierungs- bzw Nachforderungsbescheides** wegen eines anderen Sachverhalts ein früher ergangener Steuerbescheid regelmäßig nicht entgegen. Wenn aber im Anschluss an eine LStAußenprüfung der Vorbehalt der Nachprüfung für die den Prüfungszeitraum betreffenden LStAnmeldungen aufgehoben worden ist, kann wegen der dadurch herbeigeführten Änderungssperre des § 173 Abs 2 AO dem ArbGeb gegenüber später kein den Prüfungszeitraum betreffender Nachforderungs- bzw Pauschalierungsbescheid mehr ergehen, es sei denn es liegt eine Steuerhinterziehung oder leichtfertige Steuerverkürzung vor (BFH 15.5.92, BStBl II 93, 829; → *Lohnsteueraußenprüfung* Rn 16, 17). **11**

Steuerrechtlich ist die Pauschalbesteuerung ohne Zustimmung des ArbN zulässig (weiterhin BFH 15.12.89, BStBl II 90, 344). **Arbeitsrechtlich** ist wohl eine pauschale Besteuerung gegen den Willen des ArbN nicht möglich (BAG 22.6.78, BB 79, 45). Beantragt der ArbN die Bildung von ELStAM und teilt dem ArbGeb seine Identifikationsnummer und seinen Geburtstag zum Zwecke des Abrufs der ELStAM mit (§§ 39 Abs 1 Satz 1, 39e Abs 4 EStG; → *Lohnsteuerabzugsmerkmale* Rn 9, 19), um einen Steuerabzug nach allgemeinen Grundsätzen vornehmen zu lassen, weil dies für ihn günstiger ist, muss der ArbGeb dem Rechnung tragen (→ Rn 3). Die steuerrechtliche Übernahme der LSt durch den ArbGeb als Steuerschuldner beinhaltet zudem nicht, dass die Überwälzung der LSt auf den ArbN arbeitsrechtlich unzulässig ist (BAG 5.8.87, DB 88, 182; BAG 1.2.06 – 5 AZR 628/04, NZA 06, 682). Zur steuerlichen Auswirkung der Überwälzung auf die Bemessungsgrundlage → Rn 29. **12**

**III. Die Pauschalierung der Lohnsteuer in besonderen Fällen** ist in § 40 EStG geregelt. Zu unterscheiden ist dabei die Pauschalierung mit variablem Steuersatz (§ 40 Abs 1 EStG) von der Pauschalierung mit festem Steuersatz (§ 40 Abs 2 EStG). **13**

**1. Die Pauschalierung mit variablem Steuersatz** ist auf Antrag des ArbGeb möglich, wenn von diesem sonstige Bezüge (→ *Sonstige Bezüge* Rn 2 ff) in einer größeren Zahl von Fällen gewährt werden (§ 40 Abs 1 Nr 1 EStG; → Rn 21 ff) oder wenn in einer größeren Zahl von Fällen LSt nachzuerheben ist, weil der ArbGeb die LSt nicht vorschriftsmäßig einbehalten hat (§ 40 Abs 1 Nr 2 EStG). Ein ohne Antrag erlassener Nachforderungs- oder Pauschalierungsbescheid ist aber nicht nichtig, sondern allenfalls rechtswidrig (BFH 7.2.02 – VI R 80/00, BStBl II 02, 438). Macht der ArbGeb von der Pauschalbesteuerung Gebrauch, hat er sämtliche ArbN, für die er den Pauschalsteuersatz ermittelt hat, in das Verfahren einzubeziehen. Der ArbGeb kann dann – mit Ausnahme der Pauschalbesteuerung nach § 40a EStG (→ Rn 40) – nicht einen Teil der ArbN pauschal und andere individuell besteuern (*Schmidt/Krüger,* § 40 Rn 5). **14**

**a) Sonstige Bezüge.** Zur LStPauschalierung sonstiger Bezüge s auch *Albert* DStZ 97, 513. **15**

**aa) Sonstiger Bezug.** → *Sonstige Bezüge* Rn 2–12.

**bb) Größere Zahl von Fällen.** Diese kann ohne weitere Prüfung angenommen werden, wenn gleichzeitig mindestens 20 ArbN in die Pauschalbesteuerung einbezogen werden. Unter Berücksichtigung besonderer Verhältnisse des ArbGeb und dem angestrebten Zweck einer Vereinfachung der LStBerechnung (→ Rn 21 ff: Steuersatzermittlung) kann diese Voraussetzung auch bei weniger als 20 ArbN angenommen werden (LStR 40.1 Abs 1; s aber FG Münster 21.11.97, EFG 98, 822). Dabei ist insbes zu berücksichtigen, dass hier keine materielle Steuervergünstigung, sondern eine verfahrensmäßige Vereinfachung angestrebt wird. Als unbestimmter Rechtsbegriff unterliegt die Auslegung voll der finanzgerichtlichen Überprüfung. Dabei dürfte wohl auch der Einsatz computergestützter Lohnabrechnungen zu berücksichtigen sein (*HMW*/Pauschalierung der LSt Rz 70, 71). **16**

**cc) 1000 €-Grenze.** Diese Grenze für die Pauschalbesteuerung (§ 40 Abs 1 Satz 3 EStG) bezieht sich auf den Gesamtbetrag der pauschal besteuerten sonstigen Bezüge eines ArbN **17**

innerhalb eines Kj. Der übersteigende Betrag ist als sonstiger Bezug nach den allgemein hierfür geltenden Vorschriften zu besteuern (LStR 40.1 Abs 2; → *Sonstige Bezüge* Rn 3 ff). Die Pauschalierungsmöglichkeit bei den anderen ArbN wird dadurch nicht eingeschränkt, sofern noch eine „größere Zahl" gegeben ist (*Schmidt/Krüger* § 40 Rz 6). Auf die 1000 € werden sonstige Bezüge, die nach anderen Vorschriften versteuert worden sind, **nicht angerechnet**, auch wenn es sich dabei um Pauschalierungen gehandelt hat (*HMW*/Pauschalierung der LSt Rz 74 und LStR 40.2 Abs 2).

18 Mit *HMW* (Pauschalierung der LSt Rz 75) ist davon auszugehen, dass auch die auf pauschal besteuerte sonstige Bezüge entfallenden **Arbeitnehmeranteile** zur **Sozialversicherung,** die der ArbGeb übernimmt, bei der Ermittlung der Betragsgrenze anzusetzen sind, selbst wenn sie der ArbGeb aufgrund sozialversicherungsrechtlicher Bestimmungen nicht mehr auf den ArbN überwälzen kann. Nach § 2 Abs 2 Nr 3 LStDV sind die **Arbeitnehmeranteile Arbeitslohn** und können ggf auch sonstige Bezüge sein. Hat der ArbGeb irrtümlich die 1000 €-Grenze nicht beachtet, so ist nicht nur die Pauschalbesteuerung für diese ArbN rückgängig zu machen, sondern es muss ggf der Pauschsteuersatz neu berechnet werden, da ihre Verhältnisse bei dessen Ermittlung berücksichtigt wurden (→ Rn 21 ff). Möglicherweise kann die Pauschalbesteuerung insgesamt unzulässig werden, wenn nämlich eine größere Zahl von Fällen dann nicht mehr gegeben ist (*HMW*/Pauschalierung der LSt Rz 79).

19 **b) Nacherhebung wegen nicht vorschriftsmäßiger Einbehaltung der Lohnsteuer** in einer größeren Zahl von Fällen ist nicht auf sonstige Bezüge beschränkt, sondern ist auch für laufenden Arbeitslohn (→ *Lohnsteuerberechnung* Rn 9–11) zulässig. Zu einer größeren Zahl von Fällen → Rn 16. Die 1000 €-Grenze gilt hier nicht. Diese Pauschalierungsmöglichkeit kommt insbes nach einer LStAußenprüfung (→ *Lohnsteueraußenprüfung* Rn 14f) in Betracht, wenn der Prüfer Fehler beim LStAbzug oder unzulässige Pauschalierungen nach §§ 40 Abs 1 Nr 1, 40 Abs 2, 40a Abs 1, 2a, 3 (→ *Teilzeitbeschäftigung* Rn 115 ff) oder 40b (→ Rn 41 ff) EStG entdeckt. Verfährt der ArbGeb entsprechend einer ihm vom FA erteilten fehlerhaften Anrufungsauskunft, kann ihm keine nicht vorschriftsmäßige Einbehaltung entgegengehalten werden (BFH 17.10.13 – VI R 44/12, BStBl II 14, 892 Rn 13; BFH 20.3.14 – VI R 43/13, BStBl II 14, 592 Rn 16).

20 Meist erfolgt die Pauschalierung auf Vorschlag des Prüfers, wobei sie aber **gegen den Willen des Arbeitgebers nicht** möglich ist (BFH 20.11.08 – VI R 4/06, DStR 09, 263). Dies ist insbes von Bedeutung, wenn der ArbGeb die LSt von dem ArbN wieder zurückholen will. Ein **Regress** scheidet aus, wenn die LSt pauschaliert wird, denn dann ist der ArbGeb Schuldner der LSt und nicht mehr der ArbN (§ 40 Abs 3 Satz 2 EStG). Zum Erhalt der Regressmöglichkeit ist daher eine Nacherhebung nach den allgemeinen Vorschriften zu empfehlen, bei der allenfalls eine Haftungsinanspruchnahme des ArbGeb in Betracht kommt (→ *Lohnsteuerhaftung* Rn 4–28; *Schmidt/Krüger* § 40 Rz 7; zur arbeitsrechtlichen Zulässigkeit der Überwälzung der LSt auf den ArbN → Rn 12). Die Pauschalierung nach § 40 Abs 1 Nr 2 EStG kann der ArbGeb auch dann beantragen, wenn er selbst Fehler beim LStAbzug bzw der LStPauschalierung bemerkt. Er kann die pauschale LSt in diesem Fall entweder mit der nächsten LStAnmeldung erklären oder vom FA mit Steuerbescheid (Pauschalierungs- bzw Nachforderungsbescheid) festsetzen lassen. Davon zu unterscheiden ist aber die Berechtigung des ArbGeb zur nachträglichen Einbehaltung der LSt gem § 41c Abs 1 Nr 2 EStG (→ *Lohnsteuerberechnung* Rn 23–25), wenn er erkennt, dass er diese nicht vorschriftsmäßig einbehalten hat. Hier erfolgt die Nachberechnung nach den allgemeinen Vorschriften (*HMW*/Pauschalierung der Lohnsteuer Rz 88).

21 **c) Der durchschnittliche Steuersatz,** der sich unter Zugrundelegung der durchschnittlichen Jahresarbeitslöhne und der durchschnittlichen JahresLSt in jeder Steuerklasse für diejenigen ArbN ergibt, denen die Bezüge gewährt werden sollen oder gewährt worden sind, ist für die Pauschalbesteuerung nach § 40 Abs 1 EStG maßgebend. Der ArbGeb hat seinem Antrag an das BetriebsstättenFA eine entsprechende Berechnung beizufügen (§ 40 Abs 1 Satz 4 EStG). Diese Verpflichtung kann der ArbGeb dadurch erfüllen, dass er

(1) den Durchschnittsbetrag der pauschal zu versteuernden Bezüge,
(2) die Zahl der betroffenen ArbN nach Steuerklassen getrennt in folgende Gruppen:
  (a) Steuerklassen I, II und IV,
  (b) Steuerklasse III und
  (c) Steuerklassen V und VI sowie

(3) die Summe der Jahresarbeitslöhne der betroffenen ArbN, gemindert um den Versorgungsfreibetrag und den Zuschlag zum Versorgungsfreibetrag (§ 19 Abs 2 EStG; → *Altersgrenze* Rn 19), den Altersentlastungsbetrag (§ 24a EStG; → *Altersentlastungsbetrag* Rn 6 ff), evtl ermittelte und als ELStAM gebildete Jahresfreibeträge (→ *Lohnsteuerermäßigung* Rn 3 ff) und den Entlastungsbetrag für Alleinerziehende bei der Steuerklasse II (→ *Lohnsteuerklassen* Rn 7), erhöht um den Hinzurechnungsbetrag ermittelt.

Aus Vereinfachungsgründen kann davon ausgegangen werden, dass die betroffenen ArbN 22
in allen Zweigen der SozV versichert sind und keinen Beitragszuschlag für Kinderlose (§ 55 Abs 3 SGB XI) leisten; das Faktorverfahren bleibt unberücksichtigt. Zudem kann für die Ermittlungen nach (2) und (3) eine repräsentative Auswahl der betroffenen ArbN zugrunde gelegt werden. Zur Festsetzung eines Pauschsteuersatzes für das laufende Kj können für die Ermittlung nach (3) auch die Verhältnisse des Vorjahres zugrunde gelegt werden (LStR 40.1 Abs 3 Sätze 2–4). Der Durchschnittsbetrag der pauschal zu besteuernden Bezüge ist auf den nächsten durch 216 ohne Rest teilbaren Euro-Betrag aufzurunden (LStR 40.1 Abs 3 Satz 7).Zur Ermittlung des Steuersatzes (einschließlich Beispiel) vgl die vom BFH (weiterhin 11.3.88, BStBl II 88, 726) gebilligte Darstellung in LStR 40.1 Abs 3 sowie die folgenden **Berechnungsschemata** (nach LStH 40.1):

**Ermittlung der Jahresarbeitslöhne und der Steuerklassen:** 23

| Name | Jahresarbeitslohn | Steuerklassengruppen I, II, IV | III | V, VI | Freibeträge |
|---|---|---|---|---|---|
| A | 20.000 | × | | | 2340 |
| B | 30.000 | | × | | |
| C | 35.000 | | × | | 1720 |
| usw | … | … | … | … | … |
| 20 ArbN | 250.000 | 7 | 9 | 4 | 12.340 |

Der maßgebende Jahresarbeitslohn ergibt sich durch Abzug der Summe der Freibeträge vom Gesamtarbeitslohn.

**Berechnungsschema zur Pauschsteuersatzermittlung gem § 40 Abs 1 EStG (Tabelle 2020):** 24

Zahl der betroffenen Arbeitnehmer: 20
Summe der Jahresarbeitslöhne (JAL): € 250.000

1. € 300.000 JAL: 20 ArbN = Ø JAL € 15.000
   davon
   St.Kl. I, II, IV — 7 ArbN
   St.Kl. III — 9 ArbN
   St.Kl. V, VI — 4 ArbN

2. Summe der pauschal zu versteuernden Bezüge: € 4000 — Zahl der betr ArbN: 20 — Ø-Betrag sonstiger Bezug: € 200

3. Lohnsteuer nach

| | St.Kl. I € | St.Kl. III € | St.Kl. V € |
|---|---|---|---|
| a) Ø-JAL lt Ziff 1 € 15.000 | 130 | 0 | 1440 |
| b) zuzügl aufgerundeter Ø-Betrag aus Ziff 2 € 216 (LStR 40.1 Abs 3 Satz 7) | | | |
| c) Gesamtbetrag aus a) u b) € 15.216 | 158 | 0 | 1464 |
| = Differenz-LSt zwischen a) und c) | 28 | 0 | 24 |
| × Zahl der ArbN lt Ziff 1 | 7 | 0 | 4 |
| = Gesamt-LSt auf Pauschbezüge | 196 | 0 | 96 |
| | | insg € 292 | |

4. Bruttopauschsteuersatz: $\frac{\text{Gesamt-LSt lt 3)} \times 100}{\text{zu verst. Bezug lt 2)}} = \frac{29.200}{4000} = 7{,}3\,\%$

5. Nettopauschsteuersatz: $\frac{100 \times \text{\% aus 4)}}{100 \text{ ./. aus 4)}} = \frac{100 \times 7{,}3}{100 \text{ ./. } 7{,}3} = 7{,}8\,\%$

25 Die Steuersätze sind mit einer Dezimalstelle anzusetzen (LStR 40.1 Abs 3 Satz 10). Der Nettosteuersatz ist auf die Gesamtsumme der pauschal zu versteuernden Bezüge anzuwenden. Von dieser Steuer ist der SolZ (→ *Solidaritätszuschlag* Rn 3 ff) zu berechnen. Die KiSt tritt mit den länderunterschiedlichen Pauschalsteuersätzen hinzu (→ *Kirchenlohnsteuer* Rn 15). Die als ELStAM der ArbN gebildeten Kinderfreibeträge sind nicht zu berücksichtigen (BFH 26.7.07 – VI R 48/03, BStBl II 07, 844 zu auf der LStKarte eingetragenen Kinderfreibeträgen).

26 **d) Zulassungsverfahren.** Die Pauschalbesteuerung nach § 40 Abs 1 EStG wird auf **Antrag** des ArbGeb, der zugleich die Willenserklärung enthält, die pauschale LSt zu einem bestimmten Steuersatz übernehmen zu wollen (§ 40 Abs 3 EStG), vom BetriebsstättenFA zugelassen (→ Rn 6). Der Antrag, der auch vorliegt, wenn der ArbGeb bei einer LStAußenprüfung dem Prüfer sein Einverständnis zur Pauschalbesteuerung gibt (*HMW*/Pauschalierung der LSt Rz 94), ist materielle Voraussetzung für die pauschale LSt (→ Rn 14). Ob der ArbGeb einen Pauschalierungsantrag gestellt hat oder nur einen Regressverzicht (→ *Lohnsteuerhaftung* Rn 70) erklären wollte, ist notfalls im Wege der Auslegung zu ermitteln (*Thomas* DStR 92, 896 Tz 5.2.1). Ein Antrag auf Pauschalbesteuerung mit einem niedrigeren Steuersatz kann nicht auch als ein Antrag auf Pauschalbesteuerung mit einem höheren Steuersatz umgedeutet werden, wenn zB die Voraussetzungen für den niedrigeren Steuersatz (zB Aushilfslöhne in der Land- und Forstwirtschaft: 5 %, § 40a Abs 3 EStG) nicht vorliegen (BFH 25.5.84, BStBl II 84, 569).

27 Da der Antrag des ArbGeb nur den **Bruttosteuersatz** enthält (§ 40 Abs 1 Satz 4 EStG; → Rn 21) und der Nettosteuersatz (§ 40 Abs 1 Satz 2 EStG) vom FA ermittelt wird, umfasst der Antrag auch den entsprechenden **Nettosteuersatz.** Hält das FA den vom ArbGeb errechneten Bruttosteuersatz für falsch, so wird es dies im Rahmen der Antragstellung mit dem ArbGeb klären (*HMW*/Pauschalierung der LSt Rz 104). Der ArbGeb kann auch nach Anwendung des genehmigten Steuersatzes gegen die aufgrund der LStAnmeldung ergehende Steuerfestsetzung **Einspruch** einlegen. Die Entscheidung über den Antrag des ArbGeb steht zwar im Ermessen des FA, jedoch kann es bei Vorliegen der gesetzlichen Voraussetzungen nur in wenigen Ausnahmefällen dem Antrag die Genehmigung versagen (zB wenn feststeht, dass der ArbGeb zahlungsunfähig ist; *HMW*/Pauschalierung der LSt Rz 100). Die **Genehmigung** bzw deren Verweigerung stellt einen mit dem Einspruch anfechtbaren **Verwaltungsakt** dar. Der ArbGeb muss von der Genehmigung jedoch keinen Gebrauch machen, sondern kann immer noch eine Besteuerung nach den allgemeinen Vorschriften vornehmen. Zu weiteren verfahrensrechtlichen Fragen → Rn 6–12 und → Rn 63 ff.

28 **2. Pauschalierung der Lohnsteuer mit festem Steuersatz** (§ 40 Abs 2 EStG). **a) Gemeinsame Voraussetzungen.** Diese Pauschalierungen mit im Gesetz festgelegten Steuersätzen sind **ohne Antrag des ArbGeb** und **Genehmigung des Finanzamts** zulässig (BFH 24.9.15 – VI R 69/14, BStBl II 16, 176 Rn 16). Sie sind auch nicht von der Gewährung in einer größeren Zahl von Fällen abhängig. Die nach § 40 Abs 2 EStG pauschal besteuerten Bezüge sind auf die 1000 €-Grenze des § 40 Abs 1 EStG (→ Rn 17, 18) nicht anzurechnen (LStR 40.2 Abs 2). Bemessungsgrundlage der pauschalen LSt ist der stpfl Arbeitslohn (→ *Arbeitsentgelt* Rn 30 ff), der in Geld oder geldwerten Vorteilen (→ *Sachbezug* Rn 3 ff) bestehen kann.

29 Lässt sich der ArbGeb – arbeitsrechtlich zulässigerweise – die pauschale LSt vom ArbN erstatten, gilt die auf den ArbN abgewälzte pauschale LSt als zugeflossener Arbeitslohn und **mindert nicht** die Bemessungsgrundlage (§ 40 Abs 3 Satz 2 EStG). Zur Berechnung s auch die jeweils bei LStH 40.2, 40a.1 und 40b.1 zur Abwälzung der pauschalen LSt bei Fahrtkosten (→ Rn 38) und bei Direktversicherung (→ Rn 47 ff) aufgeführten Beispiele.

30 **b) Für Mahlzeiten** beträgt der Pauschalsteuersatz 25 % auf den geldwerten Vorteil, wenn der ArbGeb arbeitstäglich Mahlzeiten im Betrieb an die ArbN unentgeltlich oder verbilligt abgibt bzw einem anderen Unternehmen, das diese Leistung erbringt, Barzuschüsse leistet. Voraussetzung ist, dass die Mahlzeiten nicht als Lohnbestandteile vereinbart sind (§ 40 Abs 2 Nr 1 EStG). Der geldwerte Vorteil ist mit dem Unterschiedsbetrag zwischen den amtlichen Sachbezugswerten (s Anhang 26 LStR **ab 2020** für Mahlzeiten, die dem ArbN während einer beruflich veranlassten Auswärtstätigkeit oder im Rahmen einer doppelten Haushalts-

führung vom ArbGeb bzw auf dessen Veranlassung von eine Dritten zur Verfügung gestellt werden BMF 17.12.19, DStR 20, 52; → *Essenszuschuss* Rn 11) und dem niedrigeren Entgelt, das der ArbN für die Mahlzeit entrichtet, zu bewerten (LStR 40.2 Abs 1 Nr 1 iVm LStR 8.1 Abs 7 Satz 1 Nr 1–3). In den Fällen, in denen der ArbGeb unterschiedliche Mahlzeiten zu unterschiedlichen Preisen verbilligt an die ArbN abgibt, kann der geldwerte Vorteil mit dem Durchschnittswert der Pauschalbesteuerung zugrunde gelegt werden (LStR 8.1 Abs 7 Satz 1 Nr 5).

Bei der Ausgabe von **Essenmarken** ist der Wert der Essenmarken zugrunde zu legen. In diesen Fällen besteht aber kein geldwerter Vorteil, soweit das nach Verrechnung der Essenmarken zu entrichtende Entgelt einer Mahlzeit den amtlichen **Sachbezugswert** nicht unterschreitet (LStR 8.1 Abs 7 Satz 1 Nr 4), dh zB, dass **ab 2020** bei einer verbleibenden Zuzahlung iHv 3,40 € für ein Mittagessen bzw 1,80 € für ein Frühstück (s dazu BFH 3.7.19 – VI R 36/17, DStR 19, 1961) keine Versteuerung erfolgt (BMF 16.11.18, DStR 2018, 2527). Die Pauschalierung kann auch bei **mehr als einer Mahlzeit täglich** vorgenommen werden. Keine Pauschalierung kann aber bei Barzuschüssen an die ArbN selbst erfolgen. Statt der Pauschalierung kann der ArbGeb auch den sich nach § 8 Abs 3 EStG ergebenden Wert dem normalen LStAbzug unterwerfen (→ *Essenszuschuss* Rn 7 ff). 31

Entsprechendes gilt **ab 2014,** wenn ein **Dritter** auf Veranlassung des ArbGeb den ArbN anlässlich einer beruflichen Tätigkeit außerhalb seiner Wohnung und ersten Tätigkeitsstätte Mahlzeiten zur Verfügung stellt, die mit den Sachbezugswerten anzusetzen sind, weil zB die Mindestabwesenheitszeit bei eintägiger Auswärtstätigkeit nicht eingehalten oder vom ArbGeb nicht nachgehalten und aufgezeichnet wird (§§ 40 Abs 2 Satz 1 Nr 1a, 52 Abs 1 EStG; BMF 24.10.14, BStBl I 14, 1412 Tz 3e und LStR 40.2 Abs 1 Nr 1a). 32

**c) Zuwendungen anlässlich von Betriebsveranstaltungen.** Soweit diese Arbeitslohn sind, weil die Betriebsveranstaltung oder die Zuwendung nicht üblich ist (→ *Betriebsveranstaltung* Rn 2 ff), kann die LSt für diesen Lohnzufluss mit 25 % pauschaliert werden (§ 40 Abs 2 Nr 2 EStG). Dabei sind nach der neuen Rechtsprechung des BFH die Kosten für den äußeren Rahmen der Betriebsveranstaltung nicht zu berücksichtigen (BFH 16.5.13 VI R 94/10, DStR 13, 2170). Die Besteuerung betrifft damit nunmehr nur noch pauschal zu besteuernde Sachzuwendungen, die insoweit allerdings keiner Betragsbegrenzung unterliegen (zB Schenkung im Wert von 1000 €). S auch Rn 60. Dabei ist für die Berechnung der 110 €-Grenze der Gesamtaufwand zwar weiterhin auf teilnehmende Familienangehörige aufzuteilen. Der auf die **Angehörigen** entfallende Aufwand ist den ArbN jedoch bei der Berechnung, ob die Freigrenze überschritten ist, nun grds nicht mehr zuzurechnen (BFH 16.5.13 – VI R 79/10, DStR 13, 2172). Die Pauschalierung nach dieser Vorschrift ist **nicht** möglich bei Barabfindungen anstelle der Teilnahme an der Betriebsveranstaltung oder bei Lohnteilen, die nur bei Gelegenheit einer Betriebsveranstaltung überreicht werden (zB Abfindungszahlungen, Jubiläums- oder Weihnachtsgeld, Tantiemen usw; BFH 15.1.09 – VI R 22/06, BStBl II 09, 476). Ggf ist **aber** eine Pauschalierung als sonstiger Bezug möglich (→ Rn 15 ff). Die Zuwendung von Goldmünzen auf einer betrieblichen Weihnachtsfeier ist kein pauschalierungsfähiger Arbeitslohn gem § 40 Abs 2 Nr 2 EStG, wenn allein vom ArbGeb ausgewählte ArbN eine oder mehrere Münzen erhalten und darin nur eine andere Zahlungsmodalität des bisher üblichen, freiwillig gezahlten Weihnachtsgeldes liegt (BFH 7.11.06 – VI R 58/04, BStBl II 07, 128; BFH 12.12.12 – VI R 79/10, DStR 13, 397 Rn 15). S dazu auch FG München 17.2.12 – 8 K 3916/08, BeckRS 2012, 96314. 33

**d) Erholungsbeihilfen** können ebenfalls mit 25 % pauschal der LSt unterworfen werden, soweit sie nicht ausnahmsweise als steuerfreie Unterstützungen anzusehen sind (§ 3 Nr 11 EStG; → *Beihilfeleistungen* Rn 5). Allerdings ist der pauschal zu besteuernde Betrag auf 156 € jährlich für den ArbN, 104 € jährlich für seinen Ehegatten und 52 € jährlich für jedes Kind, für das eine Kinderfreibetragszahl als ELStAM (→ *Lohnsteuerabzugsmerkmale* Rn 11) gebildet ist (oder sonst nachgewiesen wird, dass die Voraussetzungen des § 32 Abs 4 EStG – → *Kinderfreibetrag* Rn 7 ff – vorliegen – *HMW*/Pauschalierung der Lohnsteuer Rz 148), beschränkt (§ 40 Abs 2 Nr 3 EStG). 34

Werden die **Höchstbeträge** überschritten, ist eine Pauschalbesteuerung nach § 40 Abs 2 Nr 3 EStG insgesamt unzulässig. Es kommt dann entweder eine normale Besteuerung als **sonstiger Bezug** (→ *Sonstige Bezüge* Rn 4 ff) oder eine Pauschalierung gem § 40 Abs 1 Nr 1 EStG als sonstiger Bezug (→ Rn 15–18) in Betracht. Ergibt sich bei der Gewährung einer späteren Erholungsbeihilfe, dass der Höchstbetrag zusammen mit früher gezahlten Beihilfen im Kj überschritten wird, so wird damit eine etwa für die früher gewährte Beihilfe durchgeführte Pauschalierung **nachträglich unzulässig;** der ArbGeb hat dann nachträglich die LSt entsprechend dem vorhergehenden Satz zu ermitteln. Bei der Feststellung, ob die im Kj gewährten Erholungsbeihilfen zusammen mit früher gewährten Erholungsbeihilfen die Höchstbeträge übersteigen, ist von der Höhe der Zuwendungen im Einzelfall auszugehen. Die Beihilfen müssen für die Erholung dieser Personen bestimmt sein und verwendet werden Dies hat der ArbGeb sicherzustellen (§ 40 Abs 2 Nr 3 EStG). Davon kann regelmäßig ausgegangen werden, wenn sie in zeitlichem Zusammenhang mit einem Urlaub des ArbN gewährt werden (LStR 40.2 Abs 3).

Werden die Erholungsbeihilfen **nicht in Form von Sachleistungen** (zB verbilligte Zurverfügungstellung eines eigenen Erholungsheimes), sondern durch Barzahlung gewährt, kann die Sicherstellung der zweckentsprechenden Verwendung durch unmittelbare Zahlung zugunsten des ArbN an ein Ferienheim erfolgen oder bei Auszahlung an den ArbN selbst durch Vorlage von Rechnungen von Hotels, Pensionen usw. Hat der ArbN den Urlaub zu Hause verbracht, müsste die Versicherung des ArbN, dass er die Beihilfen für Erholungszwecke verwendet hat (zB Ausflugsfahrten, sonstige Freizeitaktivitäten), genügen; denn das Gesetz verlangt nicht, dass der ArbN in Urlaub fährt. Das Geld muss innerhalb von 3 Monaten vor oder nach der Auszahlung verwendet werden (*HMW*/Pauschalierung der Lohnsteuer Rz 150). Der **ArbGeb** muss jedoch über die Verwendung der Mittel Kenntnis haben. Dies erfordert ein Mindestmaß an Vergewisserung über den Verwendungszweck in der Weise, dass der ArbGeb entscheiden kann, ob die Mittel tatsächlich zu Erholungszwecken verwendet wurden (BFH 19.9.12 – VI R 55/11, DStR 12, 2431). S auch FG NdS 16.6.11 – 11 K 81/10, BeckRS 2011, 96218.

35 **e) Verpflegungsmehraufwendungen.** Vergütet der ArbGeb Verpflegungsmehraufwendungen bei Auswärtstätigkeit (§ 9 Abs 4a EStG; → *Verpflegungsmehraufwendungen* Rn 8), kann er die übersteigenden Beträge mit 25 % pauschal der LSt unterwerfen, soweit die Vergütungen 100 % der Pauschbeträge nicht übersteigen (§ 40 Abs 2 Nr 4 EStG; → *Dienstreise* Rn 57). Diese Pauschalierungsmöglichkeit gilt nicht für Verpflegungsmehraufwendungen wegen doppelter Haushaltsführung.

36 **f) Überlassung von Datenverarbeitungsgeräten.** Mit § 40 Abs 2 Nr 5 EStG idF ab 1.1.2013 wurde die Pauschalierungsmöglichkeit an den aktuellen Stand der Technik angepasst. Übereignet der ArbGeb unentgeltlich oder verbilligt ein Datenverarbeitungsgerät, kann er die LSt mit einem Pauschalsteuersatz von 25 % erheben. Dies gilt auch für **Zubehör** und **Internetzugang** (zB Monitor, Drucker, Scanner, Software, ISDN-Anschluss) sowie **Smartphones** und **Tablets,** nicht aber für reine Telekommunikationsgeräte, die nicht zu Datenverarbeitungsgeräten rechnen und auch nicht für den Internetzugang verwendet werden können (zB Mobiltelefon). Die Möglichkeit der Pauschalierung besteht auch, wenn der ArbGeb – zusätzlich zum Arbeitslohn – **Zuschüsse zur Internetnutzung** (zB t-online) des ArbN zahlt. Aus Vereinfachungsgründen kann der ArbGeb den vom ArbN erklärten Betrag für die laufende Internetnutzung (Gebühren, auch Flatrate) als pauschalierungsfähig ansetzen, soweit dieser 50 € nicht übersteigt und der ArbN für mindestens 3 Monate anhand seiner Rechnungen die Internetgebühren festhält. Ebenfalls aus Vereinfachungsgründen kann zugunsten des ArbN eine Anrechnung des ArbGebZuschusses auf die **Werbungskosten** bis zu 50 € unterbleiben (LStR 40.2 Abs 5). Zur Frage der Auslegung des Merkmals „zusätzlich zum ohnehin geschuldeten Arbeitslohn s FG RhPf 23.11.16 – 2 K 1180/16, BeckRS 2016, 122970, das davon ausgeht, dass das Merkmal nicht erfüllt ist bei einer **Gehaltsumwandlung,** also einer Reduzierung des Barlohns bei gleichzeitiger Vereinbarung von Zusatzleistungen; Rev Az BFH VI R 21/17). Nach Auffassung des FG Münster liegt das Merkmal hingegen vor, wenn der ArbN im geänderten Arbeitsvertrag auf einen Teil seines zukünftigen regulären Barlohns verzichtet, ohne einseitig zum ursprünglich vereinbarten Barlohn zurückkehren zu können und gleichzeitig Zusatzleistungen vereinbart werden, auf die der ArbN keinen arbeits- und zivilrechtlichen Anspruch hat (FG Münster 28.6.17 – 6 K 2446/15L, EFG 17, 1598; Rev Az BFH VI R 40/17). Dem hat sich nun auch das FG Düsseldorf in einer Entscheidung zur Internetnutzung und zu den Fahrten Wohnung-Arbeitsstätte angeschlossen (FG Düsseldorf 24.5.18 – 11K 3448/15 H (L), EFG 18, 187; Rev Az BFH VI R 32/18).

**g) Fahrten zwischen Wohnung und Arbeitsstätte (ab 2014 erster Tätigkeitsstätte).** Aufwendungen hierfür kann der ArbN in bestimmtem Umfang als Werbungskosten abziehen (Entfernungspauschale § 9 Abs 1 Satz 1 Nr 4, Abs 2 EStG; → *Fahrten zwischen Wohnung und Arbeitsstätte* Rn 4 ff). Vergütet der ArbGeb dem ArbN dessen tatsächlichen Aufwendungen hierfür oder stellt er unentgeltlich bzw teilentgeltlich ein Kfz bereit, stellen diese Leistungen Arbeitslohn dar (LStR 19.3 Abs 3 Nr 2), die der ArbGeb pauschal mit 15% besteuern kann (§ 40 Abs 2 Satz 2 Nrn 1 EStG; LStR 40.2 Abs 6; BMF 31.10.13, BStBl I 13, 1376 Tz 5 sowie LStR 8.1 Abs 9 und 10 sowie BMF 4.4.18, BStBl I 18, 592). **Ab dem VZ 2020** kommt ein weiteres Wahlrecht hinzu. Der ArbN kann nunmehr unter Verzicht auf die Steuerfreiheit der Erstattungen nach § 3 Nr 15 EStG die Pauschalierung mit 25% wählen. In diesem Fall unterbleibt die Minderung der abziehbaren Werbungskosten (§ 40 Abs 2 Satz 2 Nr 2 EStG). Damit soll die Akzeptanz von Jobtickets auch derjenigen ArbN erhöht werden, die öffentliche Verkehrsmittel aufgrund ihres Wohnortes/ihrer Tätigkeitsstätte im ländlichen Bereich nicht oder nur sehr eingeschränkt nutzen können. Das **Wahlrecht** des ArbGeb wird nicht durch einen Antrag, sondern durch Anmeldung der mit dem Pauschsteuersatz erhobenen LSt ausgeübt (BFH 24.9.15 – VI R 69/14, BStBl 16, 176). Darunter fallen sowohl Barzuschüsse als auch Sachbezüge in Form der unentgeltlichen oder verbilligten Beförderung, soweit es sich nicht um steuerfreie Sammelbeförderungen nach § 3 Nr 32 EStG handelt. Vergütungen für ein Jobticket nach § 3 Nr 34 EStG aF sind seit 2004 nicht mehr steuerfrei (→ *Arbeitnehmerbeförderung* Rn 13 ff), so dass diese auch mit 15% pauschal versteuert werden können, soweit sie den Rabattfreibetrag von 44 € übersteigen. Auch auf der Fahrt zwischen Wohnung und erster Tätigkeitsstätte entstandene und weiterhin neben der Entfernungspauschale berücksichtigungsfähige Unfallkosten (BMF 31.10.13, BStBl I 13, 1376, Tz 4), die der ArbGeb dem ArbN ersetzt, können pauschaliert besteuert werden (*Schmidt/Krüger* § 40 Rz 21), soweit der ArbN sie als Werbungskosten abziehen könnte (s hierzu aber → *Fahrten zwischen Wohnung und Arbeitsstätte* Rn 38 und → *Wegeunfall* Rn 2 ff). Eine Pauschalierung ist auch bei der Aufspaltung einer Tantieme im Wege der Barlohnumwandlung in einen Fahrtkostenzuschuss und Weihnachtsgeld möglich (BFH 1.10.09 – VI R 41/07, BStBl II 10, 487). S aber → Rn 36 zur **Gehaltsumwandlung** im Rahmen einer Reduzierung des Barlohns bei gleichzeitiger Gewährung einer freiwilligen Zusatzleistung. Zur Wertermittlung bei unentgeltlicher oder verbilligter Überlassung eines Kfz durch den ArbGeb → *Dienstwagen* Rn 17 ff. 37

Die Bemessungsgrundlage ist auf den Betrag beschränkt, den der ArbN als Werbungskosten geltend machen könnte, dh 0,30 € pro km, höchstens 4500 € (§ 9 Abs 1 Nr 4, Abs 2; LStR 40.2 Abs 6 Satz 2; BMF 31.10.13, BStBl I 13, 1376, Tz 1.3). Über als Werbungskosten abzugsfähige Beträge hinausgehende Zuschüsse müssen normal versteuert werden. Bei Körperbehinderten mit einem Grad der Behinderung von mindestens 70 oder mindestens 50, aber eingeschränkter Bewegungsfähigkeit, können die tatsächlichen Fahrtkosten berücksichtigt werden (§§ 40 Abs 2 Satz 2, 9 Abs 2 EStG; → *Behinderte* Rn 78). Die pauschal besteuerten Bezüge mindern die nach § 9 Abs 2 EStG abziehbaren Werbungskosten beim ArbN (§ 40 Abs 2 Satz 5 EStG). Ersetzt der ArbGeb nur einen geringeren Betrag als den möglichen Werbungskostenabzug, so kann der ArbN den Differenzbetrag wie Werbungskosten abziehen, wenn dieser zusammen mit anderen Werbungskosten den ArbNPauschbetrag von 1000 € übersteigt (§ 9a Satz 1 Nr 1a EStG). 38

Die Fahrtkostenzuschüsse müssen zusätzlich zu dem geschuldeten Arbeitslohn erbracht werden. Eine **Umwandlung** eines Teils **des** ohnehin geschuldeten **Arbeitslohns** in einen Fahrtkostenzuschuss führt nicht zur Pauschalierungsmöglichkeit (§ 40 Abs 2 Satz 2 EStG; BFH 1.10.09 – VI R 41/07, DStR 10, 156 und 19.9.12 VI R 55/11, BStBl II 13, 398). Die Pauschalierungsmöglichkeit gilt auch für Teilzeitbeschäftigte nach § 40a EStG und bleibt bei der Prüfung der Arbeitslohngrenzen außer Ansatz (§ 40 Abs 2 Satz 3 EStG). Zur Bescheinigungspflicht (steuerfreier sowie) pauschal besteuerter ArbGebLeistungen für Fahrten zwischen Wohnung und Arbeitsstätte → *Lohnsteuerbescheinigung* Rn 11.

**h) Ladevorrichtungen für (Hybrid)Elektrofahrzeuge.** Aufgrund der mit Gesetz vom 7.11.16 (BGBl I 16, 2498) ab 1.1.17 bis 31.12.20 geltenden Neuregelung kann der ArbGeb die LSt nach § 40 Abs 2 S 1 Nr 6 EStG für die unentgeltliche bzw verbilligte Übereignung einer Ladevorrichtung für (Hybrid-)Elektrofahrzeuge iSv § 6 Abs 1 Nr 4 S 2 EStG oder für zusätzlich zum ohnehin geschuldeten Arbeitslohn (R 3.33 Abs 5 LStR 2015) 39 gewährten Zuschuss des ArbGeb für den Erwerb und die Nutzung einer derartigen Ladevorrichtung durch den ArbN mit einem Pauschsteuersatz von 25 % erheben.

Die Pauschalierungsmöglichkeit besteht **nicht** im Falle einer nur **zeitweisen Überlassung** – in diesem Fall greift die Steuerbefreiung nach § 3 Nr 46 EStG, → *Steuerfreie Einnahmen* Rn 15 Elektrofahrzeuge – und im Fall einer **Entgeltumwandlung. Bemessungsgrundlage** sind die gesamten Aufwendungen des ArbGeb einschließlich USt.

Von der Pauschalierungsmöglichkeit ist auch der Fall umfasst, dass der ArbN regelmäßig **wiederkehrende Aufwendungen** für die Nutzung hat, wenn und soweit er die entstandenen Aufwendungen für einen repräsentativen Zeitraum von drei Monaten im Einzelnen nachweist. Die Pauschalierung ist auf dieser Grundlage so lange zulässig, bis sich die Verhältnisse wesentlich ändern. Die Aufwendungen des ArbGeb für den Erwerb der Ladevorrichtung, die Zuschüsse und bezuschussten Aufwendungen des ArbN für den Erwerb und die Nutzung einer derartigen Ladevorrichtung sind nachzuweisen. Zur Frage des Auslagenersatzes für vom ArbN getragene Stromkosten für als Dienstwagen genutzte betriebliche (Hybrid-)Elektrofahrzeuge nach § 3 Nr 50 → Steuerfreie Einnahmen Rn 12. Die entsprechenden Unterlagen sind zum → ***Lohnkonto*** Rn 4, 12 zu nehmen. Für Zwecke der Reisekosten kann der ArbN anstelle der tatsächlichen Kosten die gesetzlich festgelegten pauschalen Kilometersätze (§ 9 Abs 1 S 3 Nr 4a S 2 EStG) auch im Falle einer Pauschalbesteuerung der ArbGebLeistungen nach § 40 Abs 2 S 1 Nr 6 EStG ansetzen. Im Einzelnen, auch zum Begriff der Ladevorrichtung → BMF 14.12.16, BStBl I 16, 1446, geändert durch BMF 26.10.17, BeckVerw 347966.

Entsprechendes gilt, wenn der ArbGeb dem ArbN unentgeltlich oder verbilligt ein betriebliches Fahrrad übereignet, das kein Kfz iSd § 6 Abs 1 Satz 4 Nr 2 EStG ist (§ 40 Abs 2 Satz 1 Nr 7 EStG).

40 **IV. Teilzeitbeschäftigte, Aushilfskräfte und beschränkt Steuerpflichtige** (§ 40a EStG). Zur Pauschalbesteuerung für diesen Personenkreis → *Teilzeitbeschäftigung* Rn 115 ff, → *Aushilfskräfte* Rn 23–28 und → *Geringfügige Beschäftigung* Rn 22 sowie die Übersicht bei *Schmidt/Krüger* § 40a Rn 2 und → Rn 6–12. Die Pauschalierung ist **ohne Antrag und Genehmigung** durch das FA zulässig (BFH 24.9.15 – VI R 69/14, BStBl II 16, 176 Rn 16). Die Entscheidung über die Pauschalierung trifft allein der ArbGeb, der auch bestimmen kann, bei welchen Aushilfskräften er auf den Abruf der ELStAM oder die Vorlage der Bescheinigung über den LSt-Abzug verzichtet (§ 40a Abs 2 Satz 1; → Rn 14; → *Lohnsteuerabzugsmerkmale* Rn 20, 28). Auch ein Wechsel von der Pauschalbesteuerung zur Regelbesteuerung nach Ablauf des Kj ist nicht rechtsmissbräuchlich und damit zulässig (BFH 26.11.03 – VI R 10/99, BStBl II 04, 195). Die Pauschalierungsgrenzen sind aber einzuhalten. Dies kann bei späteren Sonderzahlungen, wie etwa einem Weihnachtsgeld problematisch sein (BFH 21.7.89 – VI R 157/87, BStBl II 89, 1032).

Mit dem durch das Dritte Bürokratieentlastungsgesetz vom 22.11.19 (BGBl I 19, 1746) eingefügten § 40a Abs 7 EStG hat der ArbGeb die Möglichkeit, die LSt für an einer ausländischen Betriebsstätte dieses ArbGeb zugeordnete ArbN für kurzfristig von dem ArbN im Stammhaus im Inland ausgeübte Tätigkeiten erbrachte Arbeitslohnzahlungen unter Verzicht auf den Abruf von ELStAM (→ *Lohnsteuerabzugsmerkmale* Rn 8 ff; § 39e Abs 4 Satz 2 EStG) mit einem Pauschsteuersatz von 30 % des Arbeitslohns zu erheben. Die im Inland ausgeübte Tätigkeit darf dabei 18 zusammenhängende Arbeitstage nicht überschreiten. Andernfalls gilt sie nicht mehr als kurzfristig. Die Regelung gilt ab 1.1.20. Hintergrund ist die Frage nach der abkommensrechtlichen Zuordnung des Besteuerungsrechts von Arbeitslohnzahlungen an einer ausländischen Betriebsstätte eines inländischen Stammhauses zugeordnete beschränkt stpfl Mitarbeiter, die kurzfristig im Inland tätig werden. Die auf im Inland ausgeübte Tätigkeiten entfallenden Lohnzahlungen sind gem § 49 Abs 1 Nr 4 Buchst a EStG beschränkt einkommenstpfl. Das BMF vertritt die Auffassung, dass Deutschland insoweit auch abkommensrechtlich das Besteuerungsrecht zustehe (BMF 3.5.18, BStBl I 18, 643 Rn 186). § 40a Abs 7 EStG soll den administrativen Abwicklungsaufwand für die Betroffenen minimieren. Gleichzeitig wird die vom BMF vertretene Verwaltungsauffassung gesetzlich bestätigt.

41 **V. Zukunftssicherungsleistungen** des ArbGeb als Zuwendungen im Rahmen einer umlagefinanzierten betrieblichen Altersversorgung an eine Pensionskasse oder als Beiträge

zu einer UV des ArbN können mit 20% pauschal versteuert werden (§ 40b EStG). Die Pauschalbesteuerung der Beiträge zu einer Direktversicherung oder kapitalgedeckten betrieblichen Altersversorgung an eine Pensionskasse wurde **seit 2005** im Rahmen des Übergangs zur nachgelagerten Besteuerung der Alterseinkünfte aufgehoben. Allerdings kann für Beiträge an eine Direktversicherung oder Zuwendungen an eine Pensionskasse (bei kapitalgedeckter Altersversorgung), die aufgrund einer vor dem 1.1.05 erteilten Versorgungszusage beruhen, weiterhin eine Pauschalierung nach § 40b Abs 1 und 2 EStG idF vor 2005 erfolgen (LStR 40b.1; *Niermann* DB 04, 1449 Tz IV), wenn **a)** diese nicht gem § 3 Nr 63 EStG steuerfrei sind oder **b)** der ArbN gegenüber dem ArbGeb bis 30.6.05 auf die Steuerfreiheit verzichtet hat (§ 52 Abs 52a iVm Abs 6 EStG; s zu den Übergangsregelungen zur Anwendung der §§ 3 Nr 63 und 40b EStG aF BMF 24.7.13, BStBl I 13, 1022 Rz 349–368, hier auch zur Abgrenzung in Alt- und Neuzusagen; ausführlich zum Verzicht *Wellisch/Näth* BB 04, 2661; 05, 18). Im Übrigen → *Unfallversicherung* Rn 7 ff.

**1. Allgemeines.** Der ArbGeb hat die pauschale LSt zu übernehmen und kann keine Pauschalierung nach § 40 Abs 1 Nr 1 EStG (→ Rn 15–18) vornehmen, auch wenn die Leistungen als sonstige Bezüge gewährt werden (§ 40b Abs 5 iVm § 40 Abs 3 EStG). Für die Pauschalierung ist es unerheblich, ob die Zuwendungen zusätzlich zu dem ohnehin geschuldeten Arbeitslohn oder aufgrund von Vereinbarungen mit dem ArbN durch Herabsetzung des individuell zu besteuernden Lohnes erbracht werden, so dass eine **Barlohnumwandlung** möglich ist, selbst wenn bei der Kürzung auch die pauschale LSt und KiSt berücksichtigt wird. Die durch die Barlohnkürzung finanzierte pauschale Steuer stellt keinen zusätzlichen Arbeitslohn dar, gehört aber zur Bemessungsgrundlage für den Restlohn; → Rn 29. Zu den Besonderheiten bei einer Barlohnumwandlung bei Leistungen an eine Pensionskasse s BFH 29.4.91, BStBl II 91, 647. Die Freigrenze des § 8 Abs 2 Satz 11 EStG (bis 2013: § 8 Abs 2 Satz 9 EStG: 44 €, → *Sachbezug* Rn 8–10) findet hier auch dann keine Anwendung wenn der ArbGeb Versicherungsnehmer ist und der ArbN nur die versicherte Person (BFH 26.11.02 – VI R 68/01, BStBl II 03, 492; BMF 10.10.13, DStR 13, 2223). Es kommt darauf an, dass sich der Vorgang – wirtschaftlich betrachtet – so darstellt, als hätte der ArbGeb dem ArbN die Mittel zur Verfügung gestellt und der ArbN sie zum Zweck seiner Zukunftssicherung verwendet (abgekürzter Leistungsweg; BFH 14.4.13 – VI R 11/11, BStBl II 13, 190). 42

**Barzuwendungen** an den ArbN können nicht pauschaliert werden. Die Beiträge müssen vom ArbGeb an den Versicherer erbracht werden. Die Pauschalierung setzt auch voraus, dass die Zukunftssicherungsleistungen aus einem ersten Dienstverhältnis erbracht werden (§ 40b Abs 2 Satz 1 EStG); sie ist demnach bei ArbN der Steuerklasse VI (→ *Lohnsteuerklassen* Rn 11) nicht anwendbar (BFH 12.8.96, BStBl II 97, 143). Es ist nicht Voraussetzung, dass die Zukunftssicherungsleistungen in einer größeren Zahl von Fällen erbracht werden. Die Pauschalierung ist auch im Rahmen einer Teilzeitbeschäftigung (→ *Teilzeitbeschäftigung* Rn 115) zulässig, wenn es das erste Dienstverhältnis des ArbN ist (BFH 8.12.89, BStBl II 90, 398). Zur Frage der Gewinnausschüttung einer Versorgungskasse an das Trägerunternehmen s BFH 12.11.09 – VI R 20/07, DStR 10, 216. 43

**2. Direktversicherung.** Zum Begriff → *Betriebliche Altersversorgung* Rn 126 ff. Soweit § 40b Abs 1 und 2 EStG idF vor 2005 bei Direktversicherungen übergangsweise noch angewendet werden kann (→ Rn 41), wird auf die Ausführungen im Personalbuch 2004 Rz 41–45, 47–56 und LStR 40b.1 verwiesen. Allerdings entsprechen diese den ab 2005 bei Neuverträgen nur noch für umlagefinanzierte Pensionskassen geltenden Regelungen. Im Ergebnis gelten daher die in → Rn 47–56 dargestellten Erläuterungen sowohl für vor dem 1.1.05 abgeschlossene Altverträge (Direktversicherung und kapitalgedeckte Pensionskasse) als auch für Neuverträge für Zuwendungen an umlagefinanzierte Pensionskassen. Zur vereinfachten Weitergeltung der Pauschalversteuerung nach § 40b EStG aF für vor dem 1.1.2005 abgeschlossene Direktversicherungen soll im Rahmen des Jahressteuergesetzes 2018 durch Streichung des § 52 Abs 40 Satz 2 EStG die Verzichtserklärung des ArbN auf die Anwendung des § 3 Nr 63 EStG entfallen (Art 2 Ziff 5 Buchst d RegEntwurfs 1 Jahressteuergesetz 2018 vom 1.8.18, Bt-Drs 19/4455). 44

§ 40b EStG findet mit Einschränkungen auch Anwendung bei einem steuerrechtlich anzuerkennenden **Ehegattenarbeitsverhältnis** (→ *Familiäre Mitarbeit* Rn 30–41 und 45

→ *Betriebliche Altersversorgung* Rn 109–115). Die Einschränkungen gelten nicht bei einem steuerrechtlich anzuerkennenden Arbeitsverhältnis mit erwachsenen Kindern (BFH 10.11.82, BStBl II 83, 173 und → *Familiäre Mitarbeit* Rn 43–45).

46 **3. Pensionskasse.** Zum Begriff → *Betriebliche Altersversorgung* Rn 132 f. § 40b Abs 1 und 2 EStG idF ab 1.1.05 findet nur noch auf Zuwendungen an eine **umlagefinanzierte** Pensionskasse Anwendung (*Schmidt/Krüger,* § 40b Rz 1; LStR Anh 2.III: BMF 24.7.13, BStBl I 13, 1022, geändert durch BMF 13.1.14, BStBl I 14, 97 und BMF 13.3.14, BStBl I 14, 554 Rz 347, 348, auch zur Anwendung bei fehlender Trennung der Vermögensmassen aus Umlagen und Kapitaldeckungsverfahren). Der BFH hat in seinem Urteil vom 7.5.09 – VI R 8/07 (DStR 09, 1522) den Arbeitslohncharakter von Umlagezahlungen an die VBL bejaht, wenn diese dem ArbN einen unmittelbaren und unentziehbaren Anspruch gegen die VBL verschaffen (BFH 7.5.09 – VI R 16/07, DStR 09, 1526; VI R 37/08, DStRE 09, 903 und VI R 5/08, DStRE 09, 901). Soweit die Vorschrift in der vorher geltenden Fassung übergangsweise noch auf Zuwendungen an eine **kapitalgedeckte** Pensionskasse Anwendung findet (→ Rn 41), wird auf die Ausführungen im Personalbuch 2004 Rz 41–44, 46–56 und LStR 40b.1 verwiesen (→ Rn 44). Ab 2008 sind Zuwendungen an eine Pensionskasse im Rahmen des § 3 Nr 56 EStG steuerfrei (→ *Betriebliche Altersversorgung* Rn 132). Die folgenden Ausführungen betreffen ab diesem Zeitpunkt daher die den steuerfreien Teil übersteigenden Zuwendungen.

47 **4. Berechnung. a) Bemessungsgrundlage** der pauschalen LSt ist die tatsächliche Leistung für den einzelnen ArbN im **Zeitpunkt** des Zuflusses des Arbeitslohns bzw bei einer Direktversicherung im Zeitpunkt, in dem der ArbGeb seiner Bank den Überweisungsauftrag erteilt (BFH 7.7.05 – IX R 7/05, BStBl II 05, 726). Wird für mehrere ArbN pauschal eine Leistung erbracht, bei der der Teil, der auf den einzelnen ArbN entfällt, nicht festgestellt werden kann, ist dem einzelnen ArbN der Teil der Leistung zuzurechnen, der sich bei einer Aufteilung der Leistung nach der Zahl der begünstigten ArbN ergibt. Werden Leistungen des ArbGeb für die tarifvertragliche Zusatzversorgung der ArbN mit einem Prozentsatz der Bruttolohnsumme erbracht, so ist die ArbGebLeistung Bemessungsgrundlage der pauschalen LSt. Die Pauschalierung ist allgemein begrenzt auf pauschalbesteuerungsfähige Leistungen von 1752 € jährlich je ArbN (§ 40b Abs 2 Satz 1 EStG).

48 Die Pauschalierungsgrenze kann auch in den Fällen voll ausgeschöpft werden, in denen feststeht, dass dem ArbN bereits aus einem **vorangegangenen Dienstverhältnis** im selben Kj pauschal besteuerte Zukunftssicherungsleistungen zugeflossen sind. Soweit pauschalbesteuerungsfähige Leistungen den Grenzbetrag von 1752 € übersteigen, müssen sie dem normalen LStAbzug (laufender Arbeitslohn, sonstige Bezüge, Nettolohnvereinbarung) unterworfen werden.

Bei einer Pauschalbesteuerung der Beiträge nach § 40b EStG ist eine zusätzliche Förderung durch die Altersvorsorgezulage (§ 10a EStG; → *Altersvorsorgevermögen* Rn 6 ff) nicht möglich. Es kann jedoch eine Aufteilung der Beiträge vorgenommen werden (*Wellisch/Näth* BB 02, 1393 Tz II 1. a. bb) bbb)).

49 **b) Durchschnittssatzberechnung** kommt nach § 40b Abs 2 Satz 2 EStG in Betracht, wenn mehrere ArbN gemeinsam in einer Pensionskasse versichert sind. Dies kann eine **Gruppenversicherung** oder ein **Rahmenvertrag** sein, in dem die versicherten Personen und die versicherten Wagnisse bezeichnet sind und die Einzelheiten in Zusatzvereinbarungen geregelt sind. Direktversicherungen, die nach dem Wechsel des ArbGeb beim neuen ArbGeb als Einzelversicherungen fortgeführt werden, erfüllen diese Voraussetzungen **nicht**, denn mit dem Erfordernis einer gemeinsamen Versicherung wird auch bezweckt, eindeutig festzulegen, welche ArbN in die Durchschnittsbesteuerung einbezogen sind, um leicht nachprüfen zu können, ob die Pauschalierungsgrenze des § 40b Abs 2 Satz 2 EStG eingehalten wird (BFH 11.3.10 – VI R 9/08, DStR 10, 1176). Kein Rahmenvertrag in diesem Sinn liegt auch vor, wenn dort nur der Beitragseinzug und die Beitragsabrechnung geregelt sind. Bei der Durchschnittssatzberechnung bleiben steuerfreie Beiträge des ArbGeb an eine Pensionskasse (→ *Betriebliche Altersversorgung* Rn 125 ff) unberücksichtigt. Dies gilt auch, wenn die Beiträge des ArbGeb bei einer Gehaltsumwandlung wegen Option des ArbN zur „Riesterrente" individuell unter Anwendung der ELStAM besteuert werden. Aufgrund der Durchschnittsberechnung können die 1752 € übersteigenden Leistungen für einzelne ArbN

mit den 1752 € unterschreitenden Leistungen für andere ArbN verrechnet werden, da die Leistungen des ArbGeb zusammenzurechnen und durch die Zahl der begünstigten ArbN zu teilen sind.

Vorher müssen aber die Leistungen für die ArbN, für die pauschalbesteuerungsfähige Leistungen von mehr als 2148 € jährlich erbracht werden, ausgeschieden werden. Hier erfolgt die Besteuerung wie bei Leistungen an einzelne ArbN, dh der 1752 € übersteigende Betrag ist dem normalen LStAbzug zu unterwerfen. Übersteigt der Durchschnittsbetrag 1752 € nicht, so ist dieser für jeden ArbN der Pauschalbesteuerung zugrunde zu legen. Übersteigt er 1752 €, kommt er als Bemessungsgrundlage für die Pauschalbesteuerung nicht in Betracht. Es sind dann die tatsächlichen Leistungen zugrunde zu legen, soweit sie für den einzelnen ArbN 1752 € nicht übersteigen. Der übersteigende Betrag unterliegt dem normalen LStAbzug. 50

Ist ein ArbN gemeinsam mit anderen ArbN in **mehreren Pensionskassen** versichert, so ist der Durchschnittsbetrag für diese ArbN aus der Summe der Zuwendungen an mehrere Pensionskassen zu ermitteln. In diese gemeinsame Durchschnittsbildung dürfen solche Beträge nicht miteinbezogen werden, bei denen wegen der 2148 €-Grenze nur noch ein ArbN übrig bleibt; in diesen Fällen liegt keine gemeinsame Versicherung, die in eine Durchschnittssatzberechnung einzubeziehen ist, vor. Zur Feststellung der Pauschalierungsgrenze (→ Rn 47) ist nur eine einheitliche Durchschnittssatzberechnung unter Einbeziehung sämtlicher berücksichtigungsfähiger Beiträge vorzunehmen (FG Münster 16.6.94, EFG 95, 86). 51

Eine **gemeinsame Versicherung** liegt aber vor, wenn nur zwei ArbN gemeinsam versichert sind (FG NdS 22.4.80, EFG 80, 453). Werden die pauschalbesteuerungsfähigen Leistungen nicht in einem Jahresbetrag erbracht, so entfällt die Einbeziehung der auf den einzelnen ArbN entfallenden Leistung in die Durchschnittssatzberechnung von dem Zeitpunkt an, in dem sich ergibt, dass die Leistung voraussichtlich 2148 € im Kj übersteigen wird. Die LStPauschalierung auf der Grundlage des Durchschnittsbetrages entfällt generell von dem Zeitpunkt an, in dem sich ergibt, dass der Durchschnittsbetrag voraussichtlich 1752 € im Kj übersteigen wird; die Pauschalierungsgrenze von 1752 € ist jeweils insoweit zu vermindern, als sie bei der Pauschalbesteuerung von früheren Leistungen im Kj bereits ausgeschöpft worden ist. Die Pauschalierungsgrenze darf bei den laufend erbrachten Leistungen mit dem auf den jeweiligen Lohnzahlungszeitraum entfallenden Anteil berücksichtigt werden. 52

**c) Vervielfältigung der Pauschalierungsgrenze** ist für Beiträge und Zuwendungen des ArbGeb möglich, die aus Anlass der **Beendigung des Dienstverhältnisses** erbracht werden. Der Grenzbetrag von 1752 € ist mit der Anzahl der Kj, in denen das Dienstverhältnis zu dem ArbGeb bestanden hat, zu vervielfältigen. Die Durchschnittsberechnung ist hier nicht anwendbar (§ 40b Abs 2 Satz 3 EStG). Steht der Zeitpunkt der Auflösung des Dienstverhältnisses fest, ist die Vervielfältigungsregelung anwendbar, wenn die Beiträge im Zusammenhang mit der Beendigung des Dienstverhältnisses stehen. Die Beendigung richtet sich nach bürgerlichem Recht. Ein neues Dienstverhältnis mit dem bisherigen ArbGeb liegt nicht vor, wenn dieses im Wesentlichem dem bisherigen entspricht (BFH 30.10.08 – VI R 53/05, BStBl II 09, 162). Die Gründe, aus denen das Dienstverhältnis beendet wird, sind unerheblich. Eine Umsetzung im Konzern ist – auch bei geänderten Bedingungen – keine endgültige Beendigung des Dienstverhältnisses (FG Hbg 27.5.93, EFG 94, 86). 53

Die Regelung gilt also auch, wenn ein ArbN wegen Erreichens der **Altersgrenze** aus dem Dienstverhältnis ausscheidet. Sie gilt ferner, wenn im Zusammenhang mit der Beendigung des Dienstverhältnisses eine **Versorgungszusage** des ArbGeb von einer Pensionskasse zugunsten des ArbN von einem Versicherungsunternehmen übernommen wird oder wenn nach Beendigung des Dienstverhältnisses aufgrund eines Gerichtsurteils eine Nachversicherung vorzunehmen ist. 54

Für die **Ermittlung der Beschäftigungsjahre** kann bei Versetzung eines ArbN innerhalb eines Konzerns dann von einer Gesamtbeschäftigungsdauer im Konzern ausgegangen werden, wenn die Versetzungen in der Vergangenheit auch als Fortsetzung eines einheitlichen Dienstverhältnisses angesehen wurden. Auf die vervielfältigte Pauschalierungsgrenze sind die für den einzelnen ArbN in dem Kj, in dem das Dienstverhältnis beendet wird, und in den 6 vorangegangenen Kj tatsächlich entrichteten Beiträge und Zuwendungen an- 55 zurechnen, die nach § 40b Abs 1 EStG (→ Rn 47 ff) pauschal besteuert wurden (§ 40b Abs 2 Satz 4 EStG). Dazu gehören auch die 1752 € übersteigenden personenbezogenen Beiträge, wenn sie bei der Durchschnittsberechnung in die Bemessungsgrundlage für die Pauschsteuer einbezogen worden sind (wegen Verrechnung → Rn 49). Ist bei Pauschalzuweisungen ein personenbezogener Betrag nicht feststellbar, so ist als tatsächlicher Beitrag für den einzelnen ArbN der Durchschnittsbetrag aus der Pauschalzuweisung anzunehmen.

56 **d)** Bei **Ausscheiden des Arbeitgebers** aus einer Pensionskasse ist die LSt gem § 40b Abs 4 EStG pauschal zu erheben, wenn der ArbGeb an diese **Sonderzahlungen** für die dort bestehen bleibenden Versorgungsverpflichtungen und Versorgungsanwartschaften leisten muss. Gegenwertzahlungen bei Ausscheiden eines ArbGeb aus der VBL stellen zwar nach der Rspr keinen Arbeitslohn dar (BFH 15.2.06 – VI R 92/04, BStBl II 06, 528). Dies hat der Gesetzgeber jedoch ebenso korrigiert wie die Entscheidungen des BFH vom 14.7.05 (VII R 148/98 und VI R 32/04, BFH/NV 05, 2300 und 2304: Sonderzahlungen bei Wechsel zu einer anderen umlagefinanzierten ZVK bzw anlässlich einer Systemumstellung stellen keinen Arbeitslohn dar). Der BFH sieht in der Regelung des § 40b Abs 4 EStG einen Verstoß gegen Art 3 Abs 1 GG und hat die Frage dem BVerfG vorgelegt (BFH 14.11.13 VI R 49/12, BFH/NV 14, 418, Az BVerfG 2 BvL 7/14 und VI R 50/12, BFH/NV 14, 426, Az BVerfG 2 BvL 8/14). Nach § 19 Abs 1 Satz 1 Nr 3 EStG werden diese Sonderzahlungen seit 23.8.06 der Besteuerung unterworfen (iE → *Arbeitsentgelt* Rn 48 und → *Betriebliche Altersversorgung* Rn 122) und sind mit 15 % zu versteuern (§ 40b Abs 4 EStG). Bei entsprechender Vereinbarung ist die Abwälzung auf die ArbN möglich. Das Ausscheiden des ArbGeb aus einer umlagefinanzierten Versorgungsanstalt führt allerdings nicht zu einer Rückerstattung der in den Vorjahren entrichteten pauschalen LSt (FG Köln 25.3.09 – 12 K 5166/04, EFG 09, 1394; die eingelegte Revision VI R 31/09 wurde zurückgenommen). Zur LSt-Pflicht von Umlagezahlungen an die VBL oder andere kommunale oder kirchliche Zusatzversorgungskassen s OFD Münster 16.6.10 – Kurzinfo ESt 024/2006, DStR 10, 1383.

57 **5. Unfallversicherungsbeiträge,** die der ArbGeb für eine freiwillige UV der ArbN aufwendet, können mit 20 % pauschal besteuert werden, wenn mehrere ArbN gemeinsam versichert werden (GruppenUV) oder wenn in einem Rahmenvertrag mit einem oder mehreren Versicherern sowohl die versicherten Personen als auch die versicherten Wagnisse bezeichnet werden und Einzelheiten in Zusatzvereinbarungen geregelt sind (LStR 40b.2 Satz 3). Der Teilbetrag, der sich bei einer Aufteilung der gesamten Beiträge durch die Zahl der begünstigten ArbN ergibt, darf 100 € im Kj nicht übersteigen (§ 40b Abs 3 EStG; weiterhin BMF 28.10.09, BStBl I 09, 1275). Andernfalls unterliegt der gesamte Beitrag dem normalen LStAbzug (LStR 40b.2 Satz 1). Die Pauschalierungsmöglichkeit kann nicht dadurch herbeigeführt werden, dass einzelne besonders hoch mitversicherte ArbN herausgenommen und individuell besteuert werden; vielmehr müsste dann für diese ArbN ein gesonderter Vertrag abgeschlossen werden. Zu konzernumfassenden Gruppenunfallversicherungen s LStR 40b.2 Satz 2. Beiträge des ArbGeb zu einer UV, mit der lediglich Unfälle seiner ArbN auf Dienstreisen, Dienstgängen oder bei einer Fahrtätigkeit abgesichert werden sollen, sind als Reisenebenkosten steuerfrei; insoweit entfällt auch ein Pauschalierungsbedarf (BMF 28.10.09, BStBl I 09, 1275). Steht bei einem Gruppenversicherungsvertrag die Ausübung der Rechte ausschließlich dem ArbGeb zu, obwohl der ArbN Anspruchsinhaber ist, fehlt am Lohnzufluss im Zeitpunkt der Beitragsleistung des ArbGeb (BFH 16.4.99 – VI R 60/96, BStBl II 2000, 406 und VI R 66/97, BStBl II 2000, 408; Vorlagebeschluss VI R 50/12, BFH/NV 14, 426, Az BVerfG 2 BvL 8/14). Die Beitragszahlungen stellen daher nur dann Arbeitslohn dar, wenn der ArbN einen unmittelbaren, selbst durchsetzbaren Anspruch gegen den Versicherer erwirbt (*Schmidt/Krüger* § 19 Rz 100: Unfallversicherung). Auch bei einer Gruppenunfallversicherung, die dem ArbN keinen eigenen unentziehbaren Rechtsanspruch einräumt, stellen die auf den Versicherungsschutz entfallenden Beiträge im Zeitpunkt der Auszahlung Arbeitslohn dar, der allerdings auf die Höhe der ausgezahlten Versicherungsleistungen begrenzt ist. Soweit die Beiträge das Risiko beruflicher Unfälle abdecken, erfolgt eine Saldierung mit Werbungskosten, da dieser Anteil Werbungskostenersatz darstellt. Regelmäßig kann davon ausgegangen werden, dass die Beiträge jeweils hälftig auf das Risiko privater und beruflicher Unfälle entfallen (BFH 11.12.08 – VI R 9/05, BStBl II 09, 385; → *Unfallrente*

Rn 10, 11). Bei mehrfachen Leistungen aus der **Gruppenunfallversicherung** s BFH 11.12.08 – VI R 3/08, BFH/BV 09, 907.

**6. Sonstige Zukunftssicherungsleistungen,** die nicht unter § 40b EStG fallen, können nach § 40 Abs 1 Nr 1 EStG (→ Rn 15–18) pauschal besteuert werden. 58

**VI. Pauschalierung der Einkommensteuer durch Dritte.** Nach § 37a EStG kann das BetriebsstättenFA auf Antrag zulassen, dass Unternehmen, die Sachprämien iSd § 3 Nr 38 EStG gewähren (sog Kundenbindungsprogramme, zB Miles & More-Programm der Lufthansa; → *Arbeitsentgelt* Rn 74 und *Thomas* DStR 97, 305), die ESt für den Teil der Prämien, der nicht steuerfrei ist (Freibetrag ab 2004: 1080 €), pauschal erheben (Kritik s *Griloy* BB 98, 717; zur LSt- und SozVPflicht *Werner* NWB (6) 4952). Der auf die Bemessungsgrundlage (Gesamtprämien für im Inland ansässige Stpfl abzüglich der Freibeträge von jeweils 1080 €/Person; zur Bemessungsgrundlage auch FinMin Hess 4.7.97, DB 97, 1690) anzuwendende Steuersatz beträgt seit 2004 2,25 %. Der durch das Haushaltsbegleitgesetz 2004 eingeführte Steuersatz wurde nach dem Beschluss des BVerfG v 8.12.09 – 2 BvR 758/07, NVwZ 10, 634, wonach das Gesetz formell verfassungswidrig zustande gekommen ist, durch das Gesetz vom 5.4.11 zur bestätigenden Regelung verschiedener steuerlicher und verkehrsrechtlicher Vorschriften des Haushaltsbegleitgesetzes 2004 bestätigt (BStBl I 11, 310). Da die pauschale ESt gem § 37a Abs 2 iVm § 40 Abs 3 EStG Abgeltungswirkung hat (→ Rn 5), hat das Unternehmen den Prämienempfänger von der Steuerübernahme zu unterrichten. Die mit Wirkung für die Zukunft erteilte Genehmigung des FA kann zeitlich befristet werden und erstreckt sich auf alle im Geltungszeitraum ausgeschütteten Prämien (§ 37a Abs 3). Die pauschale ESt gilt als LSt und ist daher mit der LStAnmeldung (→ *Lohnsteueranmeldung* Rn 2 ff) des Unternehmens beim BetriebsstättenFA anzumelden. 59

**VII. Pauschalbesteuerung von Sachzuwendungen.** Nach § 37b EStG kann die ESt für ausschließlich betrieblich und nicht privat- oder gesellschaftsrechtlich veranlasste Sachzuwendungen an ArbN und an Personen, die nicht in einem Dienstverhältnis zum Stpfl stehen (zB Geschäftspartner bzw dessen ArbN) vom zuwendenden Stpfl mit einem Pauschsteuersatz von 30 % erhoben werden (s zur Anwendung des § 37b EStG insbes BMF 19.5.15, BStBl I 15, 468 idF vom 28.6.18, BStBl I 18, 814 sowie BFH 12.12.13 – VI R 47/12, DStR 14, 320). Als Beispiel kommt etwa eine Betriebsveranstaltung mit eigenen ArbN und Geschäftspartnern und dessen ArbN in Betracht. Für die eigenen ArbN kann der veranstaltende ArbGeb die Zuwendungen pauschal nach § 40 Abs 2 Nr 2 EStG mit 25 % versteuern (→ Rn 33). Die Versteuerung der Zuwendung an den Geschäftspartner und dessen ArbN erfolgt nach § 37b Abs 1 EStG mit 30 %. Der (veranstaltende) ArbGeb muss die Steuer übernehmen und den Empfänger davon unterrichten. Bei diesem bleiben die Sachzuwendungen außer Ansatz (§ 37b Abs 3 EStG). Sozialversicherungsrechtlich können die Zuwendungen bei den Mitarbeitern der Geschäftspartner allerdings Arbeitslohn von dritter Seite darstellen mit der Folge, dass eine entsprechende SozVPflicht ausgelöst wird (→ Rn 75). Die Pauschalierungsmöglichkeit ist begrenzt auf Aufwendungen iHv 10 000 € je Empfänger und Wirtschaftsjahr. Die pauschale ESt gilt als LSt und ist daher **mit der LStAnmeldung des Unternehmens** beim BetriebsstättenFA anzumelden (§ 37b Abs 4 EStG; s auch LStR 41a.1 Abs 2 Satz 2). Bemessungsgrundlage ist der tatsächliche Wert einschließlich USt, bei ArbN verbundener Unternehmen mindestens der sich nach § 8 Abs 3 EStG ergebende Wert (§ 37b Abs 1 Satz 2 EStG; → *Sachbezug* Rn 34–38). Da § 37b Abs 2 EStG keinen eigenen Einkünftetatbestand schafft, unterliegen der Pauschalierung **nur** Sachzuwendungen, auf die zwar kein Rechtsanspruch besteht, die **einkommensteuerbaren und einkommenssteuerpflichtigen Arbeitslohn** darstellen (BFH jeweils 16.10.13 – VI R 52/11, BStBl II 15, 455; VI R 57/11, BStBl II 15, 457 und VI R 78/12, BStBl II 15, 495; *v Woffersdorff/Hey* DB 15, 153). Die Pauschalierung für Zuwendungen an eigene ArbN kann auch dann noch gewählt werden, wenn bisher keine Sachzuwendungen an eigene ArbN pauschal besteuert wurden und entsprechende Sachverhalte im Rahmen einer **LStAußenprüfung,** die nach §§ 37b Abs 4 EStG, 193 Abs 2 Nr 1 AO auch auf diese Sachverhalte erstreckt werden kann (→ *Lohnsteueraußenprüfung* Rn 2 ff), entdeckt werden. Im Rahmen einer geänderten LStAnmeldung (→ *Lohnsteueranmeldung* Rn 10) kann auch die erstmalige Erklärung einer pauschalen LSt für Sachzuwendungen an Geschäftsfreunde 60 vorgenommen werden. Zur Frage der Pauschalierung der ESt bei der Überlassung von (Elektro-)Fahrrädern an ArbN in Leasingfällen s BMF 17.11.17, DStR 17, 2553.

61 Bei eigenen ArbN gilt die Pauschalierungsmöglichkeit gem § 37b Abs 2 Satz 2 EStG in folgenden Fällen **nicht:**
- § 8 Abs 2 Satz 2–8 EStG (→ *Sachbezug* Rn 21–26),
- § 8 Abs 3 EStG (→ *Sachbezug* Rn 27 ff),
- § 3 Nr 39 EStG (→ *Mitarbeiterbeteiligung* Rn 35),
- § 40 Abs 2 EStG (→ Rn 28–39) und
- § 40 Abs 1 EStG (→ Rn 14–27) erfolgt ist.

Gleiches gilt für Sachzuwendungen an ArbN, die nicht der Besteuerung im Inland unterliegen (zB ArbN ausländischer Tochtergesellschaften, BFH 16.10.13 – VI R 57/11, BStBl II 15, 457). Die nach § 37b EStG pauschal versteuerten Werte bleiben bei der Prüfung der Freigrenze nach § 8 Abs 2 Satz 9 EStG (→ *Sachbezug* Rn 8) außer Ansatz (LStR 8.1 Abs 3 Satz 1). Der Stpfl kann von der Pauschalierungsmöglichkeit nur einheitlich für alle innerhalb eines Wirtschaftsjahres gewährten Sachzuwendungen Gebrauch machen (§ 37b Abs 1 Satz 1 EStG). Der ArbGeb kann die Pauschalsteuer nur insoweit abziehen, als sie eigene ArbN betrifft, ansonsten ist sie gem **§ 4 Abs 5 Nr 1 EStG** nicht als **Betriebsausgabe** abzugsfähig, so zB für Geschenke (BFH 30.3.17 – IV R 13/14; BStBl II 17, 892 in der Fußnote hat das BMF mitgeteilt, dass die **Finanzverwaltung** Rz 25 des BMF 19.5.15, BStBl I 15, 468 weiterhin anwendet und bei der Prüfung der Freigrenze nach § 4 Abs 5 Satz 1 Nr 1 Satz 2 EStG allein auf den Betrag der Zuwendung abstellt und den Betrag der Steuer nicht einbezieht). Die bestehenden **Aufzeichnungspflichten** nach § 4 Abs 5 Satz 1 Nr 1, Abs 7 EStG bleiben auch bei einer Pauschalierung nach § 37b EStG bestehen. Besondere Aufzeichnungspflichten bestehen aber nicht. Beträgt der Wert der Zuwendung bis zu 40€, kann aus Vereinfachungsgründen davon ausgegangen werden, dass der Höchstbetrag nach § 37b Abs 1 Satz 3 Nr 1EStG nicht überschritten wird mit der Folge, dass die Aufzeichnung des Empfängers unterbleiben kann (R 4.11 Abs 2 Satz 2 Nr 2 EStR; BMF 19.5.05, BStBl I 15, 468 Tz 32). Die Sachzuwendung muss zusätzlich zur ohnehin vereinbarten Leistung erbracht werden. Entgeltumwandlungen sind daher nicht begünstigt. Str ist, ob der Zuwendende die Pauschalierung widerrufen kann (*Schmidt/Loschelder* § 37b Rz 13 mwN). Zu Aufmerksamkeiten an **Kunden** s OFD Frankfurt – 10.10.12, BeckVerw 265114 und → *Steuerfreie Einnahmen* Rn 11.

62 **VIII. Kirchensteuer und Solidaritätszuschlag.** Aufgrund landesrechtlicher Bestimmungen wird die KiSt vom FA festgesetzt und erhoben. Der ArbGeb ist beim LStAbzug auch zur Einbehaltung und Abführung der KiSt verpflichtet. Wird die LSt pauschaliert, wird auch die KiSt pauschal erhoben. Pauschale KiSt darf nicht erhoben werden, wenn der oder die betroffenen ArbN keiner kirchensteuererhebungsberechtigten Körperschaft angehören (BFH 7.12.94, BStBl II 95, 507; 15.12.99 – I R 114/98, BFH/NV 2000, 1243).

Zum Verfahren bei der Erhebung der Kirchensteuer → *Kirchenlohnsteuer* Rn 17 ff.

Auf die pauschale LSt ist auch der SolZ (→ *Solidaritätszuschlag* Rn 3 ff) zu erheben.

63 **IX. Pauschalbesteuerung bei Lohnsteuernachforderungen** (*HMW*/Pauschalierung der LSt Rz 285 ff; → *Lohnsteuernachforderung* Rn 16). Stellt das FA Fehler beim Steuerabzug durch den ArbGeb fest (idR bei einer LStAußenprüfung), ist die LSt entweder beim ArbN als dem Steuerschuldner oder beim ArbGeb als dem Haftungsschuldner nachzuerheben (→ *Lohnsteuerhaftung* Rn 17). In den Fällen fehlgeschlagener Pauschalierung nach den §§ 40, 40a Abs 1, 2a, 3, 40b EStG, weil die entsprechenden Voraussetzungen nicht vorlagen, ist der ArbN Steuerschuldner geblieben. Der ArbGeb wird dann nicht Steuerschuldner (BFH 30.11.89, BStBl II 90, 993). Dies hat zur Folge, dass die LSt für den ArbN nachzuerheben und dem ArbGeb die pauschale LSt zu erstatten ist, sofern dies verfahrensrechtlich zulässig ist.

64 Wird der **Arbeitnehmer veranlagt** (→ *Antragsveranlagung* Rn 2 ff), muss das FA den zu Unrecht pauschal besteuerten Arbeitslohn in die Einkunftsermittlung einbeziehen. Dabei ist es an Vorentscheidungen im LStVerfahren nicht gebunden (weiterhin BFH 10.6.88, BStBl II 88, 981 für die LSt). Wird der ArbGeb als Haftender anstelle des ArbN in Anspruch genommen, ist ein Haftungsbescheid zu erlassen, da wegen der fehlgeschlagenen Pauschalierung der ArbGeb nicht Steuerschuldner geworden ist. Bei der Ausübung des Auswahler-

messens im Rahmen des Haftungsverfahrens ist wohl auch zu berücksichtigen, dass der fälschlich pauschal besteuerte Arbeitslohn bei der Veranlagung des ArbN außer Betracht geblieben ist (→ Rn 5). Hinsichtlich der Anwendung eines durchschnittlichen Brutto- oder Nettosteuersatzes → *Lohnsteuerhaftung* Rn 57 und 69.

Der ArbGeb kann aber auch, wenn es sich um eine größere Zahl von Fällen handelt, zur Vermeidung großen Arbeitsaufwands oder aus anderen Gründen die Erhebung der LSt mit einem besonderen Nettopauschsteuersatz beantragen (§ 40 Abs 1 Nr 2 EStG; → Rn 19 ff). Er wird dann zum Steuerschuldner; der pauschal besteuerte Arbeitslohn und die pauschale LSt bleiben bei der Veranlagung des ArbN außer Ansatz (§ 40 Abs 3 EStG; → Rn 5). Die LSt, der SolZ und die KiSt sind mit Steuerbescheid gegenüber dem ArbGeb zu erheben, der als **Nachforderungs-** bzw **Pauschalierungsbescheid** bezeichnet wird (→ Rn 6). 65

Soweit der ArbGeb die zu übernehmende LSt angemeldet hat oder nach Abschluss einer LStAußenprüfung seine Zahlungsverpflichtung schriftlich anerkennt, bedarf es keines Nachforderungs- bzw Pauschalierungsbescheides und keines Leistungsgebots (§ 42d Abs 4 Satz 2 EStG). Das **Anerkenntnis steht** einer **LStAnmeldung gleich** und löst deren Wirkungen aus (→ *Lohnsteueranmeldung* Rn 8, 9). Die Pauschalierung der LSt tritt dann an die Stelle des Haftungsverfahrens iSd § 42d EStG (→ *Lohnsteuerhaftung* Rn 4–28), bei dem es jedoch verbleibt, wenn der ArbGeb die Pauschalierung nicht beantragt. Zur Geltendmachung von Haftungs- und Steuerschulden in zusammengefassten Bescheiden → *Lohnsteuernachforderung* Rn 16. Zur inhaltlich hinreichenden Bestimmtheit eines LStPauschalierungs- bzw -Nachforderungsbescheides ist – jedenfalls bei einer Pauschalierung nach § 40 Abs 1 EStG (→ Rn 14 ff) – weder eine Aufgliederung auf einzelne ArbN noch auf einzelne Kj erforderlich. Es genügt, wenn der **Sachverhaltskomplex** im Tenor oder in den Anlagen bezeichnet ist, auf dem die Erhebung der pauschalen LSt beruht (BFH 28.11.90, BStBl II 91, 488; indirekt bestätigt BFH 17.12.14 – II R 18/12, BStBl II 15, 619 Rn 16). 66

Da bei der Pauschalierung nach § 40 Abs 1 EStG ein einheitlicher Bescheid im Hinblick auf die Steuer der gesamten ArbNGruppe ergeht, bei der Pauschalierung nach §§ 40 Abs 2 (→ Rn 28–39), 40a Abs 1, 2a, 3 (→ *Teilzeitbeschäftigung* Rn 115) und § 40b (Rn 41–58) EStG jedoch die pauschale LSt im Hinblick auf jeden einzelnen ArbN festgesetzt wird, sind hier wohl die zum Haftungsbescheid entwickelten Grundsätze entsprechend anzuwenden (→ *Lohnsteuerhaftung* Rn 50–57; *Schmidt/Krüger* § 40 Rz 1 und 28).

**X. Muster.** S Online-Musterformulare *„M33.7 Erklärung gegenüber dem Betriebsstättenfinanzamt zur Religionszugehörigkeit für die Erhebung der pauschalen Einkommensteuer nach § 37b Abs 4 EStG"* u *„M33.8 Erklärung gegenüber dem Betriebsstättenfinanzamt zur Religionszugehörigkeit für die Erhebung der pauschalen Lohnsteuer nach § 40, § 40a Abs 1, 2a und 3 und § 40b EStG"*. 67

## C. Sozialversicherungsrecht *Voelzke*

**1. Allgemeines.** Der Begriff des Arbeitsentgelts iSd § 14 SGB IV ist nicht an den steuerrechtlichen Begriff der Einkünfte aus nichtselbstständiger Arbeit gebunden, es sei denn, Regelungen des SozVRechts sehen dies ausdrücklich vor. Eine solche Regelung trifft § 1 Abs 1 Nr 1 SvEV, der einmalige Einnahmen, laufende Zulagen, Zuschläge, Zuschüsse oder ähnliche Einnahmen, die zusätzlich zu Löhnen und Gehältern gezahlt werden, nicht dem Arbeitsentgelt in der SozV hinzurechnet, soweit diese lohnsteuerfrei sind. Darüber hinaus besteht eine mittelbare Anbindung an das Steuerrecht auch insoweit, als bestimmte Bezüge, die vom ArbGeb pauschal versteuert werden, nicht dem Begriff des Arbeitsentgelts in der SozV unterfallen. Die in § 1 Abs 1 Satz 1 Nr 2 bis 3, 13, 14 SvEV geregelten Ausnahmen dienen der Vereinfachung der Beitragsberechnung und des Beitragseinzugs für die Fälle der LstPauschalierung durch den ArbGeb. 68

**2. Voraussetzungen der Beitragsfreiheit.** Beitragsfreiheit besteht nach der SvEV nicht für alle in den §§ 40–40b EStG geregelten Fällen einer pauschalen Besteuerung des Arbeitslohnes, sondern nur für die ausdrücklich aufgeführten Zuwendungen des ArbGeb (*Schlegel/Voelzke/Werner* SGB IV § 14 Rz 130). So rechnet zB Arbeitslohn, den der ArbGeb aus Anlass von Betriebsveranstaltungen zahlt und für den er die LSt pauschal erhebt (§ 40 Abs 2 Nr 2 EStG), zum Arbeitsentgelt des SozVRechts. Im Übrigen unterliegen auch pauschal 69 versteuerte Einnahmen der Beitragspflicht in der SozV, hingegen nicht die vom ArbGeb zu tragende Pauschsteuer (s zu den pauschversteuerten laufenden Bezügen von Teilzeitbeschäftigten BSG 12.11.75 – 3/12 RK 8/74, SozR 2200 § 160 Nr 2; zur vom ArbGeb getragenen Pauschalsteuer auf den Beitragsanteil eines ArbN an dessen Direktversicherung BSG 21.8.97 – 12 RK 44/96, SozR 3–5375 § 2 Nr 1). Das BSG hat seine Rspr trotz der hiergegen geäußerten Kritik aufrechterhalten, da bei der nach § 40a EStG vom ArbGeb zu tragenden Pauschalsteuer sich der für den einzelnen ArbN ergebende mittelbare Vorteil nicht mit der Höhe der für die Teilzeitbeschäftigten und Aushilfskräfte entrichteten Pauschalsteuer deckt (BSG 13.10.93 – 2 RU 41/92, BB 94, 943; vgl auch *Köster* NZS 98, 324). Die nach § 40 Abs 1 Satz 1 Nr 2 EStG beim ArbGeb erhobene Pauschalsteuer ist ebenfalls nicht dem Arbeitsentgelt iSd § 14 SGB IV zuzurechnen (BSG 19.6.01 – B 12 KR 16/00 R, SozR 3–2400 § 14 Nr 20).

**70** Die in § 1 Satz 1 Nr 2 bis 4, 13 und 14 SvEV genannten Bezüge sind dem Arbeitsentgelt nicht zuzurechnen, soweit diese vom ArbGeb oder von einem Dritten mit der Entgeltabrechnung für den jeweiligen Abrechnungszeitraum lstfrei belassen oder pauschal besteuert werden (§ 1 Abs 1 Satz 2 SvEV). Während zuvor für die Beitragsfreiheit nur vorausgesetzt wurde, dass der ArbGeb die LSt mit einem Pauschsteuersatz erheben kann, gilt nach der ab 22.4.15 geltenden Fassung der VO, dass es auf die tatsächliche Erhebung der Pauschsteuer ankommt (SvEV IdF v 15.4.15, BGBl I 15, 583). Mit der nunmehr geltenden Fassung wird klargestellt, dass die Steuerpauschalierung im Entgeltzeitraum durchgeführt worden sein muss (*Schlegel/Voelzke/Werner* § 14 SGB IV, Rn 132).

**71** **a) Sonstige Bezüge nach § 40 Absatz 1 Satz 1 Nr 1 EStG** (→ Rn 15 ff) sind dem Arbeitsentgelt iSd SozV gem § 1 Abs 1 Satz 1 Nr 2 SvEV nur dann nicht hinzuzurechnen, wenn sie nicht **einmalig gezahltes Arbeitsentgelt** nach § 23a SGB IV sind und diese Bezüge pauschal versteuert werden. Der Begriff der sonstigen Sachbezüge in Abgrenzung zu Einmalzahlungen erfordert nicht, dass die sonstigen Sachbezüge regelmäßig oder wiederholt gewährt werden (zur Beitragsfreiheit von Sachzuwendungen im Rahmen eines betrieblichen Belohnungssystems BSG 31.10.12 – B 12 R 15/11 R, NZA-RR 13, 539; so auch die Spitzenverbände der SozVTräger im Besprechungsergebnis vom 21.11.13, wonach für sonstige Sachbezüge generell keine Beitragspflicht besteht). Die Regelung ist nicht auf einmalig gezahltes Arbeitsentgelt anzuwenden. Nach § 23a Abs 1 Satz 2 SGB IV gelten Zuwendungen nicht als einmalig gezahltes Arbeitsentgelt, wenn sie üblicherweise zur Abgeltung bestimmter Aufwendungen des Beschäftigten, die auch im Zusammenhang mit der Beschäftigung stehen (Nr 1), als Waren oder Dienstleistungen, die vom ArbGeb nicht überwiegend für den Bedarf seiner Beschäftigten hergestellt, vertrieben oder erbracht werden und monatlich in Anspruch genommen werden können (Nr 2), als sonstige Sachbezüge (Nr 3) oder als vermögenswirksame Leistungen (Nr 4) vom ArbGeb erbracht werden. Die Gesetzesfassung soll bewirken, dass insbes kostenfreie Kontenführung, erstattete Kontoführungsgebühren, Familien- und Kinderzuschläge sowie verbilligte Flugreisen weiterhin beitragsfrei bleiben (BT-Drs 115/91 S 18). Nicht unter diesen Tatbestand der Beitragsfreiheit fällt die Nacherhebung von LSt wegen nicht vorschriftsmäßiger Einbehaltung in einer größeren Zahl von Fällen nach § 40 Abs 1 Nr 2 EStG.

**72** **b) Einnahmen nach § 40 Absatz 2 EStG** (→ Rn 28 ff) gehören, soweit sie vom ArbGeb pauschal versteuert werden, nach § 1 Abs 1 Satz 1 Nr 3 SvEV nicht zum Arbeitsentgelt iSd § 14 SGB IV. Hierbei handelt es sich um den Vermögensvorteil aus unentgeltlich oder verbilligt abgegebenen Mahlzeiten (§ 40 Abs 2 Nr 1 EStG). Die aus **Essenszuschüssen** erwachsenden Vorteile gehören hingegen zum Arbeitsentgelt, wenn der ArbGeb von der Möglichkeit der Pauschalbesteuerung keinen Gebrauch macht, es sei denn, der ArbNAnteil an den Essenskosten übersteigt den hierfür vorgesehenen Sachbezugswert (→ *Sachbezug* Rn 45). Stpfl ArbGebZuwendungen anlässlich von **Betriebsveranstaltungen** (§ 40 Abs 2 Nr 2 EStG) gehören nicht zum beitragspflichtigen Arbeitsentgelt, soweit sie pauschal versteuert werden. Liegt die Betriebsveranstaltung im ganz überwiegenden betrieblichen Interesse, so folgt die Beitragsfreiheit schon aus § 1 Abs 1 Satz 1 Nr 1 SvEV. Gem § 40 Abs 2 Nr 3 EStG pauschal versteuerte **Erholungsbeihilfen** sind im Rahmen der gesetzlichen Höchstbeträge beitragsfrei. Ferner unterliegen auch vom ArbGeb nach § 40 Abs 2 Nr 4 EStG der pauschalen LSt unterworfenen Verpflegungsmehraufwendungen nicht der Beitragspflicht. Ebenfalls nicht dem beitragspflichtigen Arbeitsentgelt hinzuzurechnen sind nach Maßgabe des § 40 Abs 2 Satz 1 Nr 5 EStG pauschal versteuerte Zuwendungen in Zusammenhang mit **Personalcomputern.** Die Fahrkostenerstattung des ArbGeb und der aus der Gestellung eines Firmenwagens erwachsende Vorteil für die **Fahrten zwischen Wohnung und Arbeitsstätte** ist im Rahmen der Höchstbeträge nicht dem Arbeitsentgelt iSd § 14 SGB IV zuzurechnen (§ 40 Abs 2 Satz 2 und 3 EStG; → Rn 38–39).

**c) Beiträge und Zuwendungen nach § 40b EStG** (→ Rn 41 ff) sind nach § 1 Abs 1 Satz 1 Nr 4 SvEV nicht dem Arbeitsentgelt in der SozV zuzurechnen, soweit sie zusätzlich zu Löhnen und Gehältern gewährt werden und § 2 Abs 1 Satz 2 ArEV nichts Abweichendes bestimmt (Näheres: *Betriebliche Altersversorgung*). Die Beitragsfreiheit gilt nach § 1 Abs 1 Satz 1 Nr 4a, Satz 3 und 4 SvEV auch für Zukunftssicherungsleistungen nach § 3 Nr 56 und § 40b EStG. 73

**d) Sachprämien aus Kundenbindungsprogrammen** (§ 37a EStG) sind nach § 1 Abs 1 Satz 1 Nr 13 SvEV nicht dem Arbeitsentgelt der SozV hinzuzurechnen. Ausreichend für die Beitragsfreiheit ist, dass die Sachprämie vom Dritten dem Grunde nach von § 37a EStG erfasst ist. Unschädlich ist auch, dass der Beschäftigte die Steuer trägt (*Schlegel/Voelzke/Werner* SGB IV, § 14 Rz 141). 74

**e) Sachzuwendungen.** Ebenfalls nicht dem Arbeitsentgelt zuzurechnen sind Zuwendungen nach § 37b Abs 1 EStG, soweit die Zuwendungen an ArbN eines **Dritten** erbracht werden und diese ArbN nicht ArbN eines mit dem Zuwendenden verbundenen Unternehmens sind (§ 1 Abs 1 Satz 1 Nr 14 SvEV). Zuwendungen an die eigenen Beschäftigten sind nach den allgemeinen Regeln für Sachzuwendungen an Beschäftigte zu behandeln (Näheres: *Sachbezug*). 75

# Lohnsteuertabellen

## A. Arbeitsrecht *Poeche*

Für die Beziehungen zwischen ArbGeb und ArbN haben die LStTabellen keine Bedeutung. 1

## B. Lohnsteuerrecht *Seidel*

**1. Allgemeines.** Die LStErmittlung erfolgt regelmäßig **maschinell** stufenlos anhand der Tarifformel sowie § 39b Abs 2, 3 EStG. Hierzu ist aufgrund gesetzlicher Vorschrift ein **Programmablaufplan** aufzustellen und bekannt zu machen (§ 39b Abs 6 EStG; 2020 s BMF 11.11.19, BStBl I 19, 1089, Anlage 1; s auch Internet www.bundesfinanzministerium.de/Themen/Steuern/Steuerarten/Lohnsteuer/Programmablaufplan). Ebenso ist ein Programmablaufplan zur Herstellung von LStTabellen mit Lohnstufen zur **manuellen** Berechnung der LSt aufzustellen (§ 51 Abs 4 Nr 1a EStG), für 2020 s BMF 11.11.19, BStBl I 19, 1089, Anlage 2). 2

In einem ersten Schritt wird der Arbeitslohn (→ Rn 4) eines Lohnzahlungszeitraums (→ *Lohnsteuerberechnung* Rn 6) auf einen Jahresarbeitslohn hochgerechnet, der – vermindert um verschiedene Beträge (→ Rn 5 ff) – den zu versteuernden Jahresbetrag ergibt (§ 39b Abs 2 Sätze 2–6 EStG; → Rn 5). Hierauf wird dann die Tarifformel (§ 32a Abs 1–3, 5 EStG), je nach Steuerklasse, angewandt (§ 39b Abs 2 Satz 7 EStG). Die sich ergebende JahresLSt ist mit $^{1}/_{12}$ (bei monatlichem Lohnzahlungszeitraum), $^{7}/_{360}$ (bei wöchentlichem Lohnzahlungszeitraum) und $^{1}/_{360}$ (bei täglichem Lohnzahlungszeitraum) vom verminderten oder erhöhten Arbeitslohn (s oben) eines Lohnzahlungszeitraums einzubehalten (§ 39b Abs 2 Sätze 8 und 11 EStG). Auf die im Handel erhältlichen LSt-Tabellen (einschließlich entsprechender PC-Programme) wird hingewiesen. Eine Übersicht über die in den jeweiligen Steuerklassen im Tarif eingebauten Frei- und Pauschbeträge findet sich bei *HMW/* Lohnsteuertarif Rz 45–50. 3

**2. Korrektur des Arbeitslohns** (§ 39b Abs 2 Satz 2–4 EStG). Der Arbeitslohn eines Lohnzahlungszeitraums wird anhand eines Vervielfältigers (12 bei monatlichem, $^{360}/_{7}$ bei einem wöchentlichen und 360 bei einem täglichen Lohnzahlungszeitraum) auf einen **Jahresarbeitslohn** hochgerechnet. Danach erfolgt eine **Minderung** ggf durch den Versor- 4 gungsfreibetrag (§ 19 Abs 2 EStG; → *Altersgrenze* Rn 19), einen etwaigen Altersentlastungsbetrag (§ 24a EStG; → *Altersentlastungsbetrag* Rn 6 ff) und einen etwaigen als ELStAM für den Lohnzahlungszeitraum mitgeteilten Freibetrag (§ 39a Abs 1 Nr 1–8 EStG; → *Lohnsteuerermäßigung* Rn 3 ff), der entsprechend zu vervielfältigen ist. Evtl ist eine **Erhöhung** durch einen etwaigen Hinzurechnungsbetrag vorzunehmen (§ 39a Abs 1 Nr 7 EStG; → *Lohnsteuerermäßigung* Rn 10).

5 **3. Minderungen des Jahresarbeitslohns** durch **Frei- und Pauschbeträge** (§ 39b Abs 2 Satz 5 EStG):

6 **a) Arbeitnehmerpauschbetrag** iHv 920 € (§ 9a Satz 1 Nr 1a EStG) oder bei Versorgungsbezügen den Pauschbetrag iHv 102 € (§ 9a Satz 1 Nr 1b EStG) und der Zuschlag zum Versorgungsfreibetrag in den Steuerklassen I–V;

**b) Sonderausgabenpauschbetrag** (§ 10c Abs 1 EStG) iHv 36 € in den Steuerklassen I, II und IV sowie iHv 72 € in der Steuerklasse III;

**c) Vorsorgepauschale** (§ 39b Abs 2 Satz 5 Nr 3 Buchst a–d EStG) aus je einem Teilbetrag für die RV, die gesetzliche KV und die soziale PflegeV in den Steuerklassen I – VI bzw einem Teilbetrag für die private KV und PflegeV bei den nicht Versicherungspflichtigen (→ Rn 13) in den Steuerklassen I bis V; dabei kommt für die KV bzw PflegeV jedoch mindestens die Pauschale nach § 39b Abs 2 Satz 5 HS 3 zum Ansatz. Im Einzelnen → Rn 8 ff. Dies ist in den Programmablaufplan (→ Rn 2) bereits eingearbeitet.

**d) Entlastungsbetrag für Alleinerziehende** für ein Kind (§ 24b Abs 1 EStG) für die Steuerklasse II (→ *Kindervergünstigungen* Rn 9).

7 **e) Kinderfreibetrag** wird nicht mehr abgezogen, da dieser im LStAbzugsverfahren regelmäßig nicht mehr berücksichtigt wird, sondern Kindergeld ausgezahlt wird. Erst bei der EStVeranlagung findet eine Günstigerprüfung statt (§ 31 EStG; → *Kinderfreibetrag* Rn 3). Allerdings ist zur Ermittlung der KiSt und des SolZ (→ *Solidaritätszuschlag* Rn 3 ff) die LSt als Bemessungsgrundlage unter Berücksichtigung der Kinderfreibeträge zu ermitteln (Maßstabslohnsteuer). Insofern benötigt der ArbGeb die in den ELStAM gespeicherte Zahl der Kinderfreibeträge (→ *Lohnsteuerabzugsmerkmale* Rn 11).

8 **4. Vorsorgepauschale. a) Allgemeines.** Der Ansatz erfolgt seit 2010 (zur bisherigen Rechtslage s Personalbuch 2009) ausschließlich im LSt-Verfahren nach § 39b Abs 2 Satz 5 Nr 3 und Abs 4 EStG entsprechend der tatsächlich geleisteten Vorsorgeaufwendungen, die dem FA aufgrund der elektronischen LStBescheinigung (→ *Lohnsteuerbescheinigung* Rn 2 ff, 14) und der Übermittlung der Beiträge KV und PflegeV durch die Versicherungsunternehmen mitgeteilt werden (§ 10 Abs 2 und 2a EStG s auch → Rn 15 und → *Sonderausgaben* Rn 3 ff). Da die neuen Regelungen in der Mehrzahl der Fälle einen höheren Abzug ermöglichen, wurde auf eine Günstigerprüfung mit dem Recht des Jahres 2004 verzichtet. Die Berücksichtigung der Vorsorgeaufwendungen werden bei gesetzlich versicherten ArbN in allen LStKlassen berücksichtigt, da auch im Fall einer **Mehrfachbeschäftigung** (StKl VI → *Lohnsteuerklassen* Rn 11) grds abziehbare Vorsorgeaufwendungen (SozVBeiträge) anfallen. Bei privat versicherten ArbN, zB Beamte oder Gesellschafter-Geschäftsführer (→ *Geschäftsführer* Rn 41 f), wird dagegen in LStKlasse VI kein Teilbetrag der Vorsorgepauschale für die private KV und PflegeV berücksichtigt, da eine Mehrfachbeschäftigung nicht zu einer höheren oder zusätzlichen Beitragsleistung führt, und eine entsprechende Berücksichtigung eine ungerechtfertigte Begünstigung zur Folge hätte. Maßgebend ist der **Versicherungsstatus am Ende des Lohnzahlungszeitraums.** Bei SozVPflicht im Inland und parallel im Ausland bleiben Beiträge an **ausländische Sozialversicherungsträger** für die Berechnung der Vorsorgepauschale unberücksichtigt. Sie können bei der EStVeranlagung geltend gemacht werden. S iE auch BMF 26.11.13, BStBl I 13, 1532 und Bayerisches Landesamt für Steuern 20.7.10, BeckVerw 240364 sowie BMF 17.9.18, BStBl I 18, 1024 zur Aufteilung der an ausländische SozVTräger geleisteten Globalbeiträge für die Berücksichtigung im Rahmen der Vorsorgepauschale ab 2017). Zur einkommensteuerrechtlichen Behandlung von Vorsorgeaufwendungen s BMF 24.5.17, BStBl I 17, 820.

9 **Bezugsgröße** für die Vorsorgepauschale ist der ohne steuerlich begünstigte Entschädigungen iSv § 24 Nr 1 EStG und nicht um die Vorsorgepauschale (§ 19 Abs 2 EStG) und den Altersentlastungsbetrag (§ 24a EStG) verminderte ermittelte stpfl **Arbeitslohn,** auf dessen Grundlage bei den pflichtversicherten ArbN, unabhängig von den tatsächlich ab-

zuführenden Beiträgen, typisierend für jeden Teilbetrag ein fingierter ArbNAnteil berechnet wird. Regulär zu besteuernde Entschädigungen können aus Vereinfachungsgründen in die Bemessungsgrundlage einbezogen werden. Mindestens kommt jedoch die Pauschale nach § 39b Abs 2 Satz 5 Nr 3 2. und 3. Teilsatz EStG zum Ansatz (→ Rn 16, zu sonstigen Bezügen → Rn 20). Um ungerechtfertigte Vorteile zu verhindern, wurde korrespondierend ein entsprechender Pflichtveranlagungstatbestand geschaffen (→ Rn 17). Die jeweiligen **Beitragsbemessungsgrenzen** sind zu beachten, so dass auch bei den RVBeiträgen zukünftig wieder zwischen den sog Beitragsbemessungsgrenzen West bzw Ost zu unterscheiden ist. Die Regelung in BMF 31.1.08 (BStBl I 08, 390 Rn 62) ist damit überholt. Bei Zahlungen an **ausländische SozVTräger** bestimmt sich die maßgebliche Beitragsbemessungsgrenze nach dem Ort der lohnsteuerlichen Betriebsstätte (§ 41 Abs 2 EStG; → *Betriebsstätte* Rn 4) des ArbGeb (BMF 26.11.13, BStBl I 13, 1532 Tz 2). Die Vorsorgepauschale setzt sich zusammen aus je einem Teilbetrag für die:

**b) Rentenversicherung** (§ 39b Abs 2 Satz 5 Nr 3 Buchst a EStG) für ArbN, die in der 10
gesetzlichen RV pflichtversichert oder von der gesetzlichen RV aufgrund einer Versicherung in einer berufsständischen Versorgungseinrichtung befreit sind (§ 6 Abs 1 Nr 1 SGB VI), es sei denn, der ArbGeb trägt nach § 20 Abs 3 Satz 1 SGB IV (ua Auszubildende mit einem Arbeitsentgelt von bis zu 325 € monatlich) den GesamtSozVBeitrag allein. Der Ansatz erfolgt **nicht** bei Zuschüssen für eine Lebensversicherung (§ 3 Nr 62 Satz 2 Buchst a EStG; s iE BMF 26.11.13, BStBl I 13, 1532 Tz 3 und BMF 15.10.19, BStBl I 19, 985 zu Zahlungen an **ausländische Sozialversicherungsträger** und der **Aufteilung** eines einheitlichen SozVBeitrags **(Globalbeitrag)** für den **VZ 2020**; BFH 18.4.12 – X R 62/09, BStBl II 12, 721 zu Zahlungen an die schweizerische Alters- und Hinterlassenschaftsversicherung). Altersvorsorgeaufwendungen werden damit nur dann berücksichtigt, wenn diese auch tatsächlich vom ArbN gezahlt werden und sind daher nicht zu berücksichtigen zB bei Beamten, Gesellschafter-Geschäftsführern und weiterbeschäftigten Rentnern. Die durch das Alterseinkünftegesetz ab 2005 eingeführte **Übergangsregelung** des § 10c Abs 2 Satz 4 EStG 2005 zur Berücksichtigung der RVBeiträge in den **Kalenderjahren bis 2024** wurde in § 39b Abs 4 EStG übernommen. Im Jahr 2010 wurde der zu berücksichtigende Betrag auf 40 % des ArbNAnteils begrenzt. Der Prozentsatz steigt parallel zum Sonderausgabenabzug der RVBeiträge jedes Kj um 4 Prozentpunkte (§ 39b Abs 4 EStG). Im Ergebnis werden damit im LStVerfahren 2019 88 % der RVBeiträge steuerfrei gestellt, 50 % des Gesamtbeitrags über den nach § 3 Nr 62 EStG steuerfreien ArbGebAnteil und 76 % des ArbNAnteils (38 % des Gesamtbeitrags) über die Vorsorgepauschale.

**c) Krankenversicherung** (§ 39b Abs 2 Satz 5 Nr 3 Buchst b EStG) bei ArbN, die in 11
der gesetzlichen KV pflichtversichert oder freiwillig versichert sind. Der typisierte ArbNAnteil gilt auch bei in der gesetzlichen KV versicherten ArbN, die die anfallenden Beiträge in voller Höhe allein tragen müssen (zB freiwillig versicherte Beamte bzw Empfänger von Versorgungsbezügen), sofern die Zahlungen an inländische gesetzliche KVUnternehmen gezahlt werden. Bei Zahlungen an **ausländische Krankenversicherungsunternehmen** erfolgt immer der Ansatz der Mindestvorsorgepauschale (→ Rn 16). Aus Vereinfachungsgründen wird bei der Berechnung des Teilbetrags immer auf den einheitlichen **ermäßigten Beitragssatz** nach § 243 SGB V abgestellt. Dieser beträgt 2020 14 %. Daneben ist der Zusatzbeitrag zu berücksichtigen, der seit 2019 ebenfalls paritätisch finanziert wird. Er beträgt für das Jahr 2020 voraussichtlich 1,1 %. Das führt zu einem ArbNAnteil von 7,55 %. Diese Berechnung berücksichtigt, dass Beitragsteile, die auf das Krankengeld entfallen, grds nicht als Sonderausgaben abziehbar sind (s § 10 Abs 1 Nr 3 Buchst a EStG; → *Sonderausgaben* Rn 3 ff). Ein Teilbetrag für die gesetzliche KV ist **nicht anzusetzen,** wenn kein ArbNAnteil zu entrichten ist, zB geringfügig Beschäftigte, Schüler, Studenten (BMF 26.11.13, BStBl I 13, 1532 Tz 4).

**d) Pflegeversicherung** (§ 39b Abs 2 Satz 5 Nr 3 Buchst c EStG) für ArbN, die in der 12
sozialen PflegeV versichert sind. Maßgeblich ist der bundeseinheitliche Beitragssatz (§ 55 Abs 1 SGB XI), länderspezifische Besonderheiten (zB höherer ArbNAnteil Sachsen von zZ 1,525 % statt 1,025 %) sind jedoch ebenso zu berücksichtigen wie der **Zuschlag für kinderlose Arbeitnehmer** (§ 55 Abs 3 SGB XI, zZt 0,25 %). Bei Zahlungen an **ausländische Pflegeversicherungsunternehmen** kommt die Mindestpauschale (→ Rn 16) zum Ansatz.

13 **e) Private Basiskranken- und Pflegeversicherung** (§ 39b Abs 2 Satz 5 Nr 3 Buchst d EStG) bei ArbN, die nicht in der gesetzlichen KV und sozialen PflegeV versichert sind (zB Beamte, Gesellschafter-Geschäftsführer oder ArbN, mit Einkommen über den Beitragsbemessungsgrenzen liegt). Da die Beiträge in diesem Fall nicht vom Arbeitslohn abhängen, ist ein pauschalierter Ansatz nicht möglich. Berücksichtigt werden nur die als Sonderausgaben abziehbaren privaten KV- und PflegeVBeiträge (§ 10 Abs 1 Nr 3 EStG; → *Sonderausgaben* Rn 3 ff), nicht jedoch Beiträge und Beitragsteile zur Finanzierung von Krankengeld und Zusatz- bzw Komfortleistungen (zB Chefarztbehandlung, Ein-Bett-Zimmer). Im Fall von steuerfreien **Zuschüssen des Arbeitgebers** nach § 3 Nr 62 EStG sind die Beitragsleistungen um diese zu mindern. Aus Vereinfachungsgründen kommt im Rahmen der Vorsorgepauschale nur der Kürzungsbetrag zum Ansatz, der dem ArbGebAnteil bei einem pflichtversicherten ArbN entspricht (ermäßigter Beitragssatz einschließlich Zusatzbeitragssatz, ArbGebAnteil 7,55 %; → Rn 11), während bei der Veranlagung der tatsächlich geleistete Zuschuss zu berücksichtigen ist. Die Beitragsbemessungsgrenzen West bzw Ost sowie bei der PflegeV die länderspezifischen Besonderheiten (niedriger ArbGebAnteil Sachsen 0,525 %; → Rn 12) sind zu beachten.

14 Da der ArbGeb die entsprechenden Beträge nur berücksichtigen kann, wenn sie ihm bekannt sind, ist vorgesehen, dass der ArbGeb die Daten für die eigene private KV und PflegeV des ArbN einschließlich der Beiträge für mitversicherte, nicht dauernd getrennt lebende, unbeschränkt einkommensteuerpflichtige Ehegatten, Lebenspartner und Kinder aus der **ELStAM-Datenbank** (§ 39e Abs 2 Satz 1 Nr 5 EStG; → *Lohnsteuerabzugsmerkmale* Rn 13) abrufen und beim LStAbzug berücksichtigen kann. Dies gilt entsprechend für selbst versicherte, nicht erwerbstätige, nicht dauernd getrennt lebende, unbeschränkt einkommensteuerpflichtige Ehegatten des ArbN (zB Beamten-Ehepaar mit jeweils eigener KV und PflegeV, wenn sich ein Ehegatte in Elternzeit befindet). Eine Speicherung in der ELStAM-Datenbank erfolgt nur auf **Antrag des Steuerpflichtigen** voraussichtlich im ElsterOnline-Portal durch ein Ankreuzfeld in der EStErklärung („Ansatz der Versicherungsbeiträge beim LStAbzug") oder im Rahmen eines LStErmäßigungsantrags. Dass in der Datenbank damit die Daten des Vorjahres gespeichert werden, wird aus Vereinfachungsgründen hingenommen. Eine unterjährige Aktualisierung erfolgt nicht. Aufgrund der Tatsache, dass die Bescheinigungen der Versicherungsunternehmen (§ 10 Abs 2 EStG; → Rn 8) erst nach Ablauf des Beitragsjahres übermittelt werden, können diese Beträge über die Jahresgrenze hinweg für 12 Monate berücksichtigt werden (§ 52 Abs 51 EStG). Bei einer **Beitragssteigerung** kann der ArbN die tatsächlich geleisteten Beiträge beider EStVeranlagung geltend machen. Im Fall einer **Beitragssenkung** greift der Pflichtveranlagungstatbestand (→ Rn 19). Will der ArbN nicht, dass dem ArbGeb die Beträge bekannt werden (zB wegen eines Risikozuschlags bei der KV), kann er auf den Antrag verzichten. Der ArbGeb hat dann die Mindestvorsorgepauschale zum Ansatz zu bringen (§ 39b Abs 2 Satz 5 3. Teilsatz; → Rn 16).

15 Da die ELStAM-Datenbank derzeit in Aufbau ist, können die Daten voraussichtlich frühestens 2019 abgerufen werden. Bis zur Verfügbarkeit der Daten können die ArbN die als Sonderausgaben abziehbaren Beiträge durch entsprechende **Beitragsrechnungen** mitteilen. Bescheinigungen ausländischer Versicherungsunternehmen darf der ArbGeb allerdings **nicht** berücksichtigen. Ebenso können gesetzlich Versicherte im LStAbzugsverfahren weder für sich noch für privat versicherte Ehegatten/Lebenspartner Beiträge für eine private BasisKV bzw PflegeV ansetzen. Eine Mitteilung ist wegen der ohnehin anzusetzenden Mindestvorsorgepauschale allerdings nur erforderlich, wenn der Höchstbetrag der Mindestvorsorgepauschale (→ Rn 16) überschritten wird, der Jahresarbeitslohn in den LStKlassen I, II und IV–VI also 15 834 € bzw in der LStKlasse III 25 000 € übersteigt und damit höher als 12 % der dort genannten Abzugsbeträge ist. Handelt es sich bei den mitgeteilten Beträgen nicht um Jahresbeträge, sind diese entsprechend vervielfältigt auf einen **Jahresbetrag** hochzurechnen (BMF 26.11.13, BStBl I 13, 1532 Tz 6.2 auch zu den zu berücksichtigenden Beitragsbescheinigungen).

16 **f) Mindestvorsorgepauschale** (§ 39b Abs 2 Satz 2 Halbsatz 2 EStG) für die gesetzliche KV (→ Rn 11) oder die soziale PflegeV (→ Rn 12) bzw die private KV und PflegeV (→ Rn 13 ff) beträgt in Anlehnung an den möglichen Sonderausgabenabzug (§ 10 Abs 4 EStG iVm § 10 Abs 1 Nr 3 und 3a EStG; → *Sonderausgaben* Rn 3 ff) 12 % des Arbeits-

lohns, höchstens 1900 € in den LStKlassen I, II und IV–VI bzw höchstens 3000 € in der LStKlasse III. Sie ist anzusetzen, wenn sie höher ist als die Summe der anzusetzenden Teilbeträge bzw wenn für den entsprechenden Arbeitslohn kein ArbN-Anteil zur inländischen gesetzlichen KV und PV zu entrichten ist, zB geringfügig beschäftigte ArbN, deren Arbeitslohn nicht nach § 40a EStG pauschaliert wird. Dies kann möglicherweise zur (erstmaligen) Festsetzung von ESt-Vorauszahlungen bei den LStKlassen III und V führen (OFD Koblenz, Pressemitteilung vom 26.11.10, www.fin-rlp.de/Presse/Pressemeldungen). Mangels eines gesetzlichen Ausschlusses dürfte die Pauschale auch bei privat versicherten ArbN in der LStKlasse VI zu berücksichtigen sein, obwohl hier in den Fällen der Mehrfachbeschäftigung kein zusätzlicher Beitrag anfällt (→ Rn 8). Eine Korrektur erfolgt über die EStVeranlagung, da hier der Pflichtveranlagungstatbestand eingreift (→ Rn 19). Sind die abziehbaren tatsächlich geleisteten (→ Rn 13 ff) oder sich aufgrund der fiktiven Berechnung (→ Rn 9–12) ergebenden Beiträge höher als die Pauschale, werden diese Beträge angesetzt. Neben der Mindestvorsorgepauschale wird jedenfalls der Teilbetrag für die RV berücksichtigt, wenn die Voraussetzungen dafür vorliegen (→ Rn 10; BMF 26.11.13, BStBl I 13, 1532 Tz 7).

**g)** Ein **Lohnsteuerjahresausgleich** ist ausgeschlossen, wenn im Rahmen der Vorsorgepauschale Teilbeträge für die RV, KV oder PflegeV nur zeitweise beim LStAbzug berücksichtigt wurden, da es sonst zur Berücksichtigung von tatsächlich nicht geleisteten Abzugsbeträgen kommen könnte (§ 42b Abs 1 Satz 4 Nr 5 EStG; → *Lohnsteuerjahresausgleich* Rn 5). 17

**h) Bescheinigungs- und Aufzeichnungspflichten des Arbeitgebers** bestehen hinsichtlich der Beiträge des ArbN zur gesetzlichen KV und sozialen PflegeV, zur ArblV sowie des berücksichtigten Teilbetrags für die private KV und PflegeV, ggf der Mindestvorsorgepauschale (§ 41b Abs 1 Satz 2 Nr 13–15 EStG; → *Lohnsteuerbescheinigung* Rn 14). Die bisher vorgesehene Bescheinigung des Großbuchstabens B entfällt wegen des Wegfalls der Unterscheidung zwischen ungekürzter und gekürzter Vorsorgepauschale ebenfalls (→ *Lohnsteuerbescheinigung* Rn 9). Bei der gesetzlichen KV ist zu beachten, dass die tatsächlich gezahlten Beiträge des ArbN bescheinigt werden, da bei der Vorsorgepauschale immer der ermäßigte Beitragssatz berücksichtigt wird (→ Rn 11). Bei privat Versicherten werden die gezahlten Beiträge von den **Krankenversicherungs-/Pflegeversicherungs-Unternehmen** bescheinigt. Gleiches gilt für die in der gesetzlichen KV freiwillig Versicherten, wenn diese die Beiträge selbst entrichten **(Selbstzahler)**. Die nach § 3 Nr 62 EStG steuerfreien **Arbeitgeberzuschüsse** sind wie bisher zu bescheinigen (§ 41b Abs 1 Satz 2 Nr 12 EStG; → *Lohnsteuerbescheinigung* Rn 13). 18

**i) Pflichtveranlagung.** Um ungerechtfertigte Vorteile für den Fall auszuschließen, dass den im LStAbzugsverfahren pauschal berücksichtigten Beträgen keine als Sonderausgaben abziehbaren Aufwendungen gegenüberstehen und eine EStVeranlagung auch aus sonstigen Gründen nicht vorgeschrieben ist, besteht eine Pflicht zur EStVeranlagung, wenn bei einem Stpfl die Summe der beim LStAbzug berücksichtigten Teilbeträge der Vorsorgepauschale größer ist als die bei der Veranlagung (zB wegen Beitragsrückerstattungen, Änderungen des Erstattungssatzes oder Wechsel des Versicherungstarifs) als Sonderausgaben abziehbaren Vorsorgeaufwendungen nach § 10 Abs 1 Nr 3 und 3a iVm Abs 4 EStG (§ 46 Abs 2 Nr 3 EStG; → *Antragsveranlagung* Rn 11). 19

**j) Sonstige Bezüge** für mehrjährige Tätigkeiten (§ 34 Abs 1 und 2 Nr 4 EStG; → *Außerordentliche Einkünfte* Rn 13 ff) sind in die Bemessungsgrundlage für die Vorsorgepauschale ab 2010 einzubeziehen (§ 39b Abs 3 Satz 10 EStG; → *Sonstige Bezüge* Rn 2 ff), nicht jedoch Entschädigungen nach § 34 Abs 2 Nr 2 EStG iVm § 24 Nr 1 EStG (§ 39b Abs 2 Satz 5 2. Teilsatz, § 52 Abs 51a EStG; → Rn 9; → *Außerordentliche Einkünfte* Rn 5 ff). Zur **Pauschalierung** nach § 40 Abs 1 EStG → *Lohnsteuerpauschalierung* Rn 15 ff, 22). 20

**5. Anwendung.** Für den nach den vorstehenden Grundsätzen (→ Rn 3 ff) ermittelten Arbeitslohn ist die LSt maschinell anhand des Programmablaufplans oder manuell aus der für den betreffenden Lohnzahlungszeitraum (Jahr, Monat, Woche) geltenden Tabelle zu ermitteln. Die maßgebende Steuerklasse und die nur noch für die KiSt und den SolZ erforderliche Zahl der Kinderfreibeträge (→ Rn 5) hat der ArbGeb aus der LStKarte zu entnehmen. Wird Lohn für Zeiträume gezahlt, für die zur manuellen Ermittlung der LSt keine Tabellen 21 aufgestellt sind, ergibt sich die LSt aus den mit der Zahl der Kalendertage oder Wochen dieser Zeiträume vervielfachten Beträgen der Tages- oder Wochentabelle.

**Beispiel** (*HMW*/Lohnsteuertabelle Rz 2): Der am 20.7. eingestellte ArbN erhält Lohn vom 20.7. bis 31.7. = 12 Kalendertage. Auf den durch 12 geteilten Arbeitslohn ist die Tagestabelle anzuwenden; der Steuerbetrag ist mit 12 zu vervielfachen.

**C. Sozialversicherungsrecht** *Voelzke*

25 Für die SozV haben die LStTabellen keine unmittelbare Bedeutung (s aber → *Nettolohnvereinbarung* Rn 21).

# Lohnzufluss

**A. Arbeitsrecht** *Griese*

1 Zur Fälligkeit von Lohn- und Gehaltsforderungen → *Vorschuss* Rn 2, → *Arbeitsentgelt* Rn 10 und → *Entgeltzahlungsformen* Rn 8.

**B. Lohnsteuerrecht** *Seidel*

2 **1. Allgemeines.** Die Entstehung der LSt hängt vom Zufluss des Arbeitslohns ab (§ 38 Abs 2 Satz 2 iVm § 11 Abs 1 Satz 1 EStG) und ist für den ArbGeb von Bedeutung, da er bei jeder Lohnzahlung die LSt einzubehalten hat (→ *Lohnabzugsverfahren* Rn 19 ff). Entscheidend für den Zufluss von Arbeitslohn in Geld oder geldwerten Vorteilen ist das Erlangen der wirtschaftlichen Verfügungsmacht (BFH 9.3.90, BStBl II 90, 711; BFH 14.11.12 – VI R 56/11, BStBl II 13, 382 Rn 16). Diese braucht nicht uneingeschränkt zu bestehen (*Schmidt/Krüger* § 11 Rz 15). Für welchen Zeitraum der Lohn gezahlt wird ist dagegen unerheblich.

3 **2. Geldbeträge** fließen idR dadurch zu, dass sie bar ausgezahlt oder einem Konto des Empfängers bei einem Kreditinstitut gutgeschrieben werden (BFH 2.12.14 – VIII R 2/12, BStBl II 15, 333). Bei Übergabe eines **Schecks** liegt der Zufluss bereits in der Übergabe, sofern der Empfänger sich gegenüber dem Aussteller nicht verpflichtet hat, den Scheck erst zu einem späteren Zeitpunkt einzulösen (BFH 30.10.80, BStBl II 81, 305).

4 **3. Sachbezüge** sind dem ArbN in dem Augenblick zugeflossen, in dem er sie tatsächlich in Anspruch nimmt. Denn mit der Inanspruchnahme wird die wirtschaftliche Verfügungsmacht ausgeübt (BFH 9.3.90, BStBl II 90, 711). Zu Gutscheinen und Jahresnetzkarten → Rn 10.

5 **4. Durchbrechung.** Eine Durchbrechung des Zuflussprinzips enthält § 38a Abs 1 Satz 2 EStG. Danach gilt laufender Arbeitslohn (Arbeitslohn, der dem ArbN regelmäßig zufließt; → *Lohnsteuerberechnung* Rn 12–14) als in dem Kj bezogen, in dem der Lohnzahlungszeitraum endet. Wird zB am 28. 12. der Lohn für den Januar des Folgejahres ausbezahlt, gilt der Lohn erst im folgenden Kj als bezogen, denn der Lohnzahlungszeitraum endet erst im folgenden Kj (→ *Lohnsteuerberechnung* Rn 4). Der Lohnzahlungszeitraum (Tages-, Wochen- oder Monatslohn) ergibt sich aus dem Tarifvertrag, der Betriebsvereinbarung oder dem Einzelarbeitsvertrag. An die Stelle des Lohnzahlungszeitraums tritt der Lohnabrechnungszeitraum, wenn der ArbGeb für den Lohnzahlungszeitraum lediglich Abschlagszahlungen leistet und eine Lohnabrechnung für einen längeren Zeitraum (Lohnabrechnungszeitraum) vornimmt (§ 38a Abs 1 Satz 2 iVm § 39b Abs 5 Satz 1 EStG), zB Abrechnung für einen Monat bei wöchentlichen Abschlagszahlungen. Voraussetzung ist, dass der Lohnabrechnungszeitraum 5 Wochen nicht übersteigt und die Lohnabrechnung innerhalb von 3 Wochen nach Ablauf des Lohnabrechnungszeitraums erfolgt (§ 39b Abs 5 Satz 2 EStG; LStR 39b.5 Abs 5; → *Lohnsteuerberechnung* Rn 6 und → *Vorschuss* Rn 12–15). Für sonstige Bezüge (→ *Sonstige Bezüge* Rn 2) kommt es dagegen immer auf den Zuflusszeitpunkt an (§ 38a Abs 1 Satz 3 EStG).

**5. ABC Zufluss Arbeitslohn**

**Abfindung.** Eine Abfindung ist erst im Veranlagungszeitraum der tatsächlichen Auszahlung zugeflossen. Die einvernehmliche Verschiebung einer Zahlung in ein Folgejahr aus steuerlichen Gründen führt auch dann noch nicht zu einem Zufluss iSd § 11 Abs 1 Satz 1 EStG, wenn der ursprüngliche Abfindungszeitpunkt durch Betriebsvereinbarung festgelegt war. Eine Gestaltung des Zuflusses bzw Abflusses von Einnahmen bzw Ausgaben ist nur dann unangemessen iSd § 42 Abs 1 AO, wenn ein Zahlungszeitpunkt willkürlich ist und keinen Bezug zum wirtschaftlichen Hintergrund hat. ArbGeb und ArbN können den Zeitpunkt des Zuflusses beim ArbN vor Eintritt der vorgesehenen Fälligkeit gestalten BFH 11.11.09 – IX R 14/09, BFH/NV 10, 1089). ArbGeb und ArbN können jedoch den Zeitpunkt des Zuflusses einer Abfindung oder eines Teilbetrags davon beim ArbN in der Weise wirksam gestalten, dass sie die ursprünglich vorgesehene Fälligkeit vor ihrem Eintritt auf einen späteren Zeitpunkt verschieben (BFH 11.11.09 – IX R 1/09, BStBl II 10, 746, s aber auch BFH 14.4.15 – IX R 29/14, BFH/NV 15, 1354, bestätigt 12.5.16 – IX B 30/16, BFH/NV 16, 1274). 6

**Abtretung.** In der Abtretung einer Forderung an Zahlungs statt liegt ein Zufluss von Arbeitslohn, wenn dem ArbN eine bereits fällige, unbestrittene und einziehbare Forderung abgetreten wird (BFH 30.10.80, BStBl II 81, 305). Bei Abtretung zahlungshalber ist stets der Forderungseingang maßgebend.

**Annahmeverweigerung** durch den ArbN: Zufluss bei Hinterlegung (s aber FG München 18.3.04 – 12 K 519/03, EFG 04, 1295).

**Aufrechnung.** Zeitpunkt der Aufrechnung (BFH 19.4.77, BStBl II 77, 601). Im Übrigen → *Aufrechnung* Rn 15, 16.

**Barzahlung.** Zufluss bei Geldübergabe.

**Belegschaftsaktien.** Bei einem Aktienerwerb fließt dem ArbN der geldwerte Vorteil, der in der verbilligten Überlassung besteht, auch dann mit der Erlangung der wirtschaftlichen Verfügungsmacht zu, wenn er sich verpflichtet hat, die Aktien für eine bestimmte Zeit nicht zu veräußern, es sei denn, eine Verfügung ist rechtlich unmöglich (BFH 30.6.11 – VI R 37/09, BStBl II 11, 923). Zu **Aktienoptionen** → *Aktienoptionen* Rn 21 ff und unten Option (auch zu Wandelschuldverschreibungen). 7

**Beteiligungskonten.** Bei Gutschrift von Beteiligungskapital ist ein Zufluss von Arbeitslohn im Zeitpunkt der Gutschrift auch dann anzunehmen, wenn die ArbN langfristig in der Verwendung der gutgeschriebenen Beträge beschränkt sind (BFH 11.2.10 – VI R 47/08, BFH/NV 10, 1094 und → Rn 10 Gutschrift).

**Darlehen.** Zugeflossener Arbeitslohn kann dem ArbGeb darlehensweise zur Verfügung gestellt werden (BFH 19.10.82, BStBl II 83, 295). Dies kann auch im Wege der Umbuchung geschehen (*Schmidt/Krüger* § 11 Rz 50 Darlehen).

**Direktversicherung** → *Betriebliche Altersversorgung* Rn 107 ff und unten Zukunftssicherungsleistungen.

**Forderung.** Verzichtet der ArbGeb gegenüber dem ArbN auf eine Forderung (zB Schadensersatz, Weiterberechnung einer LStNachholung), kann darin ein geldwerter Vorteil (→ *Arbeitsentgelt* Rn 58) für den ArbN liegen, der im Zeitpunkt des Verzichts – wenn der ArbGeb zu erkennen gibt, dass er keinen Rückgriff vornimmt – zufließt (BFH 27.3.92, BStBl II 92, 837). Bei einem gesetzlichen Übergang der Lohnforderung des ArbN auf eine andere Person, zB BA, fließt der Arbeitslohn im Zeitpunkt des Eingangs beim Zessionar zu (BFH 16.3.93, BStBl II 93, 507); → Rn 6 Abtretung. 8

**Gehaltsverzicht.** Kein Zufluss von Arbeitslohn (*Schmidt/Krüger* § 11 Rz 50 Verzicht und BFH 3.2.11 – VI R 4/10, DStR 11, 618 sowie → Rn 13 Verzicht und → *Entgeltverzicht* Rn 8 ff). Dies gilt auch bei Stundung der Gehaltsforderung wegen Liquiditätsschwierigkeiten (BFH 2.9.94, BFH/NV 95, 208; s aber unten Gesellschafter-Geschäftsführer) und Gehaltskürzung.

**Geldwerte Vorteile.** Zufluss bei tatsächlicher Inanspruchnahme (→ Rn 4). 9

**Gesamtsozialversicherungsbeitrag.** Die ArbNAnteile sind bei eigenem Rechtsanspruch des ArbN gegen die Versorgungseinrichtung als Arbeitslohn mit ihrer Abführung durch den ArbGeb zugeflossen (BFH 16.1.07 – IX R 69/04, BStBl II 07, 579; BFH 16.9.15 – I R 61/13, BFH/NV 16, 401).

**Gesellschafter-Geschäftsführer.** Stundet der beherrschende Gesellschafter-Geschäftsführer einer GmbH wegen Liquiditätsproblemen seine Gehaltsforderung, liegt ein Lohnzufluss nur dann nicht vor, wenn die GmbH iSv § 17 InsO im Zeitpunkt der Fälligkeit insolvenzreif war (FG Bln 29.4.02 – 9 K 8168/01, EFG 02, 1088). Werden aufgrund einer unzutreffenderweise angenommenen SozVPflicht Beiträge zur SozV geleistet und überlässt der ArbGeb (GmbH) dem ArbN die ArbGebAnteile zur RV, fließen diese erst im Zeitpunkt der Feststellung der Nichtversicherungspflicht zu. Die ArbGebAnteile zur KV fließen hingegen bereits in dem Kj der Beitragsleistung zu (*HMW*/Zufluss von Arbeitslohn Rz 19; → *Geschäftsführer* Rn 40 ff). Zum Zufluss des werthaltigen Teils bei Verzicht auf eine Pensionszusage → *Entgeltverzicht* Rn 15.

10 **Gewinnbeteiligung.** S unten Gutschrift.

**Gutschein.** Der Zufluss erfolgt bei einem Gutschein, der bei einem Dritten einzulösen ist, mit Hingabe des Gutscheins, weil der ArbN zu diesem Zeitpunkt einen Rechtsanspruch gegenüber dem Dritten erhält. Ist der Gutschein beim ArbGeb einzulösen, fließt Arbeitslohn erst bei Einlösung des Gutscheins zu (LStR 38.2 Abs 3; *Niermann* DB 03, 2244, Tz II.5).

**Gutschrift.** Bei einer Gutschrift in den Büchern des Schuldners (ArbGeb) ist ein Zufluss dann anzunehmen, wenn die Gutschrift nicht nur das buchmäßige Festhalten einer Schuldverpflichtung darstellt, sondern darüber hinaus zum Ausdruck bringt, dass der Betrag dem Berechtigten von nun an zur Verfügung steht (BFH 10.7.01 – VIII R 35/00, BStBl II 01, 646). Ist die Gutschrift im überwiegenden Interesse des ArbGeb erfolgt, weil er nicht über ausreichende Barmittel zur sofortigen Begleichung verfügt, spricht dies dafür, dass der ArbN nicht die wirtschaftliche Verfügungsmacht über die Beträge erlangt hat. Erfolgt die Gutschrift dagegen im überwiegenden Interesse des ArbN, insbes weil er sich durch das Stehenlassen einer Gewinnbeteiligung eine Kapitalanlage schaffen wollte, spricht dies dafür, dass er über die Beträge verfügt hat, sie ihm also zugeflossen sind. Es liegt aber kein Zufluss vor, wenn der ArbN die Gewinnbeteiligung ohne Wahlmöglichkeit 10 Jahre im Betrieb stehen lassen muss. Die Verzinsung allein bedingt keinen Zufluss. Ein Zufluss liegt aber vor, wenn der ArbN derart über gutgeschriebene Gewinnanteile verfügt, dass er sie als Darlehen stehen lässt (BFH 14.5.82, BStBl II 82, 469; → Rn 7 Beteiligungskonten).

**Jahresnetzkarte.** Bei Jahresnetzkarten (Jobtickets) fließt dem ArbN der geldwerte Vorteil mit Ausübung des Bezugsrechts, also dem Erwerb der Karte zu (BFH 14.11.12 – VI R 56/11, BStBl II 13, 382).

11 **Kaskoversicherung.** Hat der ArbGeb eine Dienstreisekaskoversicherung für das seinem ArbN gehörende Kfz abgeschlossen, führt die Prämienzahlung beim ArbN nicht zum Lohnzufluss (BFH 27.6.91, BStBl II 92, 365; so nun auch BMF 9.9.15, BStBl I 15, 734 unter Bezugnahme auf das genannte BFH-Urteil).

**Option.** Bei Gewährung eines Optionsrechts im Rahmen eines Arbeitsverhältnisses kommt eine vermögenswerte Sachzuwendung erst in Betracht, wenn der Berechtigte die Option ausübt und der Kurswert der Aktien den Übernahmepreis übersteigt (BFH 20.11.08 – VI R 25/05, BStBl II 09, 382 sowie → *Aktienoptionen* Rn 21 ff). Bei **Wandelschuldverschreibungen,** die Anspruch auf Verschaffung von Aktien gewähren, erfolgt der Zufluss erst, wenn aufgrund der Ausübung des Wandlungsrechts dem ArbN das wirtschaftliche Eigentum an den Aktien verschafft wird (BFH 23.6.05 – VI R 124/99, BStBl II 05, 766; BFH 16.6.15 – IX R 26/14, BStBl II 15, 1019).

12 **Pauschalierung.** Der mit der Pauschalierung der LSt verbundene geldwerte Vorteil (§ 40 Abs 1 Satz 2 EStG) fließt dem ArbN bei Pauschalierung der sonstigen Bezüge in einer größeren Zahl von Fällen (§ 40 Abs 1 Nr 1 EStG) mit der Abgabe der LStAnmeldung und bei der Pauschalierung im Rahmen der Nacherhebung in einer größeren Zahl von Fällen (§ 40 Abs 1 Nr 2 EStG) mit der Übernahme der pauschalen LSt durch den ArbGeb zu (§ 40 Abs 1 Satz 2 EStG; → *Lohnsteuerpauschalierung* Rn 6 ff).

**Pfändung.** Die Pfändung bzw Verpfändung des Arbeitslohnes steht seinem Zufluss nicht entgegen (*Schmidt/Krüger* § 11 Rz 50 Pfändung; → *Pfändung* Rn 38–43).

**Rückforderungsanspruch.** Auch versehentliche Zahlungen bewirken trotz eines Rückforderungsanspruches einen Lohnzufluss (BFH 4.5.06 – VI R 17/03, BStBl II 06, 830; s auch Vorschüsse → Rn 14).

**Sachbezüge.** → Rn 4.

**Scheck.** Zufluss idR im Zeitpunkt der Übergabe.

**Tantiemen.** → Rn 10 Gutschrift (BFH 3.7.64, BStBl III 65, 83; bestätigt BFH 20.11.08 – VI R 25/05, BStBl II 2009, 382 Rn 24). Trotz Nichtauszahlung ist eine Tantieme an den Gesellschafter-Geschäftsführer zum vertraglich festgelegten Auszahlungszeitpunkt zugeflossen, wenn sie in der jeweiligen Jahresbilanz ausgewiesen ist (FG NdS 15.10.92, EFG 93, 412). Verzichtet ein ArbN auf Tantiemeansprüche zugunsten anderer gleichwertiger ArbGebLeistungen (zB zeitlich begrenzte Pensionszusage), so kann darin die Vereinbarung eines Erfüllungssurrogats liegen mit der Konsequenz, dass es an einem Zufluss der ursprünglich vereinbarten Tantieme zum ursprünglich vereinbarten Zeitpunkt fehlt (FG RhPf 26.3.96, EFG 96, 1103). Dem alleinigen oder **beherrschenden Gesellschafter** fließt die Tantieme mit Fälligkeit, dh mit Feststellung des Jahresabschlusses zu (BFH 3.2.11 – VI R 66/09, DStR 11, 805 und 2.12.14 – VIII R 2/12, BStBl II 15, 333).

**Überweisung.** Gutschrift auf dem Konto (→ Rn 3).

**Verlosung.** Die Einräumung einer bloßen Gewinnchance bei einer Verlosung durch den ArbGeb führt noch nicht zum Zufluss von Arbeitslohn, sondern erst der Gewinn (BFH 25.11.93, BStBl II 94, 254).

**Verzicht.** Verzichtet der ArbN, zB zur wirtschaftlichen Gesundung des Betriebs, auf Teile **13**
des Arbeitslohns, ohne zu bestimmen, was mit dem Verzichtsbetrag geschehen soll, liegt in der Höhe des Verzichts kein Zufluss vor (*HMW*/Zufluss von Arbeitslohn Rz 24; → Rn 8: Gehaltsverzicht. Verzichtet der ArbN gegen Entgelt auf ein ihm vom ArbGeb eingeräumtes Aktienankaufs- oder Vorkaufsrecht, fließt ihm der geldwerte Vorteil erst zum Zeitpunkt des Verzichts und nicht schon zum Zeitpunkt der Rechtseinräumung zu (BFH 19.6.08 – VI R 4/05, DStR 08, 1632). Zum Verzicht des ArbGeb auf Geltendmachung einer Forderung gegenüber dem ArbN → Rn 8: Forderung. Zum Tantiemeverzicht → Rn 12: Tantiemen.

**Vorschüsse.** Einnahmen sind auch dann zugeflossen, wenn noch nicht feststeht, ob diese **14**
dem Empfänger verbleiben, da ein Stpfl über an ihn vorschussweise geleistete Geldbeträge auch dann wirtschaftlich verfügen kann, wenn sich später aufgrund einer endgültigen Abrechnung ergibt, dass ein Teil zurückgezahlt werden muss (BFH 29.4.82, BStBl II 82, 593). Vorschüsse auf den Arbeitslohn sind daher im Zeitpunkt der Zahlung zugeflossen. Ergibt sich bei der endgültigen Abrechnung eine Überzahlung, hebt die spätere Rückzahlung den Zufluss nicht auf, sondern ist erst zum Rückzahlungszeitpunkt zu berücksichtigen (→ *Entgeltrückzahlung* Rn 17 ff und → *Vorschuss* Rn 11 ff).

**Wechsel.** Bei Annahme eines Wechsels zahlungshalber liegt Zufluss erst bei der Dis- **15**
kontierung vor (BFH 30.10.80, BStBl II 81, 305).

**Wertguthaben.** Die Wertgutschrift auf dem Arbeitszeitkonto führt nicht zum Zufluss. Dieser erfolgt erst bei Auszahlung des Guthabens während der späteren Freistellungsphase (Hessisches FG 19.1.12 – 1 K 250/11, EFG 12, 1243; die Rev Az BFH VI R 25/12 wurde mangels Einreichens einer Begründung als unzulässig verworfen; → *Wertguthaben/Zeitguthaben* Rn 7).

**Zinsersparnisse.** Soweit diese Arbeitslohn sind (→ *Arbeitgeberdarlehen* Rn 14), liegt Zufluss in dem Zeitpunkt vor, in dem üblicherweise der angemessene Zinsbetrag zu zahlen gewesen wäre (*HMW*/Zufluss von Arbeitslohn Rz 12). Bei zinslosen Darlehen kann davon ausgegangen werden, dass das Entgelt üblicherweise zusammen mit der Tilgungsrate fällig wäre (BMF 1.10.08, BStBl I 08, 892, Rz 18).

**Zukunftssicherungsleistungen.** Durch das Alterseinkünftegesetz (BStBl I 04, 554) **16**
erfolgte eine Neuregelung der Besteuerung der privaten und betrieblichen Altersversorgung. Dabei wird hinsichtlich der Behandlung von Altersvorsorgeaufwendungen und Altersbezügen schrittweise (bis 2040) zur nachgelagerten Besteuerung übergegangen, die Altersvorsorgebeiträge werden in der Erwerbsphase bis zu einer bestimmten Höhe steuerfrei gestellt und die darauf beruhenden Renten besteuert. Zur lohnsteuerrechtlichen Behandlung der verschiedenen Formen der betrieblichen Altersversorgung → *Betriebliche Altersversorgung* Rn 101 ff, dort auch zum Lohnzufluss → *Betriebliche Altersversorgung* Rn 122–124 sowie BFH 24.8.17 – VI R 58/15, DStR 17, 2541 und → *Lohnsteuerpauschalierung* Rn 41 ff. Behält der ArbGeb einen Beitrag vom Arbeitslohn ein und führt ihn einer Versorgungsrückstellung zu, fließt dem ArbN (noch) kein Arbeitslohn zu (BFH 20.7.05 – VI R 165/01, BStBl II 05, 890). Hinsichtlich der freiwilligen Unfallversicherungen der ArbN → *Unfallversicherung* Rn 7 ff und BMF 17.7.00 (BStBl I 2000, 1203). Der ArbNAnteil zur gesetzlichen SozVersicherung fließt mit der Abführung durch den ArbGeb als Arbeitslohn zu (BFH

16.1.07 – IX R 69/04, BStBl II 07, 579). Zur privaten Altersvorsorge – sog Riesterrente – → *Altersvorsorgevermögen* Rn 6–8.

17 **Zurückbehaltung.** Behält der ArbGeb einen Teil des Arbeitslohnes vereinbarungsgemäß zurück, um ihn als Sicherheitsleistung zu verwenden, zB Kaution eines Bankangestellten, ist auch dieser Teil zugeflossen (*HMW*/Zufluss von Arbeitslohn Rz 11).

18 **Zusage.** Wenn der ArbGeb dem ArbN einseitig zusätzliche, erst in Zukunft zu erbringende Leistungen verspricht, dann liegt beim ArbN noch kein gegenwärtiger Zufluss vor (BFH 3.7.64, BStBl III 65, 83, bestätigt 20.11.08 – VI R 25/05, BStBl II 09, 382). Auch in der endgültigen Zusage einer Gewinnbeteiligung liegt noch kein Zufluss (BFH 14.5.82, BStBl II 82, 469).

## C. Sozialversicherungsrecht *Schlegel*

19 **I. Versicherungspflicht- und Beitragsrecht. 1. Bedeutung der Höhe des Arbeitsentgelts für die Versicherungs- und Beitragspflicht.** Die Höhe des Arbeitsentgelts ist in der SozV sowohl für die Versicherungspflicht als auch die konkrete Höhe der zu zahlenden Beiträge von entscheidender Bedeutung. In der KV, PflegeV, RV und ArblV tritt für abhängig Beschäftigte Versicherungspflicht nur ein, wenn ihr Entgelt die Geringfügigkeitsgrenzen des § 8 SGB IV überschreitet bzw in der KV die JAEGrenze (§ 6 Abs 1 Nr 1 SGB V) nicht überschreitet. Außerdem ist das Arbeitsentgelt in allen Zweigen der SozV Teil der Beitragsbemessungsgrundlage. Vor allem gehört es zu den beitragspflichtigen Einnahmen der versicherungspflichtig Beschäftigten (§ 342 SGB III, § 226 Abs 1 S 1 Nr 1 SGB V, § 162 Nr 1 SGB VI, § 57 Abs 1 SGB XI). Damit kommt es im Versicherungs- und Beitragsrecht der SozV entscheidend darauf an, ob bei der Bestimmung des Arbeitsentgelts nur auf das Arbeitsentgelt abzustellen ist, das dem ArbN tatsächlich zufließt oder auf das der ArbN einen – wenn auch nicht in vollem Umfang erfüllten – Anspruch hat.

20 **2. Maßgeblichkeit des Entstehungsprinzips in der Sozialversicherung für laufendes Arbeitsentgelt.** Was dem Grunde nach als **Arbeitsentgelt** anzusehen und wie seine konkrete Höhe zu ermitteln ist, ergibt sich aus dem für alle Zweige der SozV geltenden § 14 Abs 1 SGB IV (vgl *Arbeitsentgelt*). Danach sind Arbeitsentgelt „alle laufenden oder einmaligen Einnahmen aus einer Beschäftigung, gleichgültig, ob ein Rechtsanspruch auf die Einnahmen besteht, unter welcher Bezeichnung oder in welcher Form sie geleistet werden und ob sie unmittelbar aus der Beschäftigung oder im Zusammenhang mit ihr erzielt werden".

21 Zwar könnte man allein aufgrund des **Wortlauts** dieser Legaldefinition durchaus auf den Gedanken kommen, dass es für den Umfang des Arbeitsentgelts auch in der SozV wie im Steuerrecht nur auf das tatsächlich zugeflossene Entgelt ankommt, denn § 14 Abs 1 SGB IV verwendet den auch dem Steuerrecht bekannten Begriff der „Einnahmen" und spricht davon, dass diese „geleistet" oder „erzielt" werden. Aus der Entstehungsgeschichte der Vorschrift (bewusste Abkoppelung des Beitragsabzugs vom Lohnsteuerabzug seit 1977), ihrem systematischen Zusammenhang mit § 22 Abs 1 Satz 1 SGB IV und dem Sicherungszweck der SozV (dazu BSG 26.10.82 – 12 RK 8/81, BSGE 54, 136, 139; BSG 26.11.85 – 12 RK 51/83, BSGE 59, 183, 189) ergibt sich jedoch, dass es in der SozV weder für die Begründung der Versicherungspflicht noch für die konkrete Beitragshöhe darauf ankommt, dass dem ArbN das ihm zustehende laufende Arbeitsentgelt tatsächlich zugeflossen ist. Für laufendes Arbeitsentgelt gilt nicht das Zuflussprinzip, sondern das Entstehungsprinzip. Dieses führt vor allem dazu, dass Beiträge auch für Arbeitsentgelt (nach-)gefordert werden kann, auf das der ArbN einen Anspruch erworben hat, das ihm aber tatsächlich nicht ausgezahlt worden ist. Demgegenüber entstehen Beiträge auf Einmalzahlungen erst, wenn die Einmalzahlungen bestimmten Entgeltabrechnungszeiträumen zugeordnet werden können, was erst der Fall ist, wenn sie gezahlt worden sind (vgl Wortlaut des § 23a Abs 1 Satz 2 SGB IV, zum Ganzen BSG 14.7.04 – B 12 KR 7/04 R, SozR 4–2500 § 22 Nr 1; 14.7.04 – B 12 KR 1/04 R, SozR 4–2400 § 22 Nr 2). Zur historischen Entwicklung vgl 22. Aufl Rz 21 ff.

22 **3. Konsequenzen aus der Entstehungstheorie. a) Allgemeines.** Für das Entstehen der jeweiligen Beitragsansprüche ist es nicht notwendig, dass der ArbGeb das geschuldete Arbeitsentgelt auch gezahlt hat (BSG 21.5.96 – 12 RK 64/93, SozR 3–2500 § 226 Nr 2

mit Anm *Eichenhofer* SGB 97, 132). Entscheidend ist, was dem ArbN tarifvertraglich oder kraft Individualarbeitsvertrag als Gegenleistung für seine Arbeit zusteht.

**b) Einzelfälle.** Hieraus ergeben sich Konsequenzen zB für folgende Fallgruppen: 23

**aa) Bedingungsfeindlichkeit von Vereinbarungen über die Höhe des Arbeitsentgelts.** Das von einem ArbGeb an seinen Ehegatten gezahlte Arbeitsentgelt, aus dem Beiträge nachgewiesen und gezahlt worden sind, bleibt auch insoweit beitragspflichtig, als es vom FA später nicht in vollem Umfang als Betriebsausgaben anerkannt wird. Anders lautende Vereinbarungen der Arbeitsvertragsparteien sind sozialversicherungsrechtlich unbeachtlich, selbst wenn Arbeitsentgelt nach einer Betriebsprüfung teilweise zurückgezahlt wurde (BSG 7.2.02 – B 12 KR 13/01 R, SozR 3–2400 § 14 Nr 24).

**bb) Tarifliche Ausschlussklauseln.** Die Einzugsstelle kann vom ArbGeb Beiträge auch 24
auf Arbeitsentgelt fordern, das der ArbN vom ArbGeb wegen einer tariflichen Ausschlussklausel nicht mehr verlangen kann (BSG 30.8.94 – 12 RK 59/92, SozR 3–2200 § 385 Nr 5).

**cc) Untertarifliche Bezahlung.** Zahlt der ArbGeb weniger als dem ArbN kraft Tarif- 25
vertrages zusteht, ändert dies nichts daran, dass Grundlage der Beitragsbemessung das dem ArbN tarifvertraglich zustehende **laufende Arbeitsentgelt** ist (BSG 14.7.04 – B 12 KR 1/04 R, SozR 4–2400 § 22 Nr 2). Anders ist dies nur bei Einmalzahlungen; diese führen nur dann und insoweit zur Beitragspflicht, als sie tatsächlich ausgezahlt werden (anders soweit es um die Frage der Beurteilung der Versicherungsfreiheit geht, dazu BSG 14.7.04 – B 12 KR 1/04 R, SozR 4–2500 § 22 Nr 1). Dies gilt auch, wenn ein LeihArbN zunächst auf Grund eines AbweichungsTV ein niedrigeres Arbeitsentgelt als ein vergleichbarer StammArbN erhalten hat und sich später die **Unwirksamkeit des AbweichungsTV** herausstellt; selbst wenn der ArbN seinen Anspruch auf Zahlung des Equal-Pay-Lohnes arbeitsrechtlich wg Auschlussfristen, Verjährung etc nicht mehr realisieren kann, bleibt er Anspruch auf Nachzahlung von SVBeiträgen bestehen (zum CGZP-Beschlusses des BAG vom 14.12.10 – 1 ABR 19/10, LSK 11, 110586 und seinen beitragsrechtlichen Folgen vgl *Schlegel* NZA 2011 S 380).

**dd) Zahlung geringeren als des einzelarbeitsvertraglich vereinbarten Entgelts.** 26
Auch hier ist im Grundsatz davon auszugehen, dass vom vereinbarten Arbeitsentgelt auszugehen ist. Nimmt es der ArbN aber über längere Zeit bewusst hin, dass ihm nicht das volle Arbeitsentgelt ausgezahlt wird, ist zumindest daran zu denken, dass eine stillschweigende Änderung der Vertragsbedingungen stattgefunden hat.

**ee) Nachträgliche Vereinbarungen der Arbeitsvertragsparteien über eine Verrin-** 27
**gerung des Arbeitsentgelts** führen nicht zu einer nachträglichen Verringerung der Beitragsschuld. Dies gilt insbes für einen nachträglich vereinbarten **Verzicht auf Teile des Arbeitsentgelts.** Hiervon zu unterscheiden sind Fälle, in denen zB mit Rücksicht auf die finanzielle Situation des ArbGeb mit Wirkung für die Zukunft auf Teile des Arbeitsentgelts „verzichtet" wird, das Arbeitsentgelt damit rechtlich für die Zukunft kraft Vertragsänderung niedriger festgesetzt wird (BSG 12.4.02 – B 14 KG 4/99, SozR 3–5870 § 2 Nr 44; → *Entgeltverzicht* Rn 17 ff).

**ff) Vertragsstrafen,** die zu einer faktischen Reduzierung des ausgezahlten Arbeitsent- 28
gelts führen, berühren weder die Höhe des Anspruchs auf Arbeitsentgelt noch den Beitragsanspruch (BSG 21.5.96 – 12 RK 64/93, SozR 3–2500 § 226 Nr 2; vgl dazu auch *Vertragsstrafe*).

**gg) Rückzahlungsklauseln.** Ob gängige Rückzahlungsklauseln zu einer nachträglichen 29
Beitragsreduzierung führen können, ist fraglich. Das BSG hat insoweit zunächst einen Fall zu Unrecht entrichteter Beiträge iSv § 26 Abs 2 SGB IV angenommen und eine Beitragserstattung nach Eintritt der Bedingung zugelassen. Es hat aber nunmehr ausdrücklich offen gelassen, ob hieran weiterhin festzuhalten ist (BSG 7.2.02 – B 12 KR 13/01 R, SozR 3–2400 § 14 Nr 24; dazu ausführlich *Rückzahlungsklausel*).

**4. Lohnzufluss ohne entsprechenden Entgeltanspruch.** Hat der ArbN Arbeitsentgelt 30
tatsächlich erhalten (erzielt), kommt es nach § 14 Abs 1 Satz 1 SGB IV nicht darauf an, ob ein wirksamer (arbeitsrechtlicher) Anspruch auf das gezahlte Arbeitsentgelt bestand. Insoweit löst der Zufluss des Arbeitsentgelts den Beitragsanspruch aus, es sei denn, es handele sich um eine lediglich irrtümliche Zahlung, zB aufgrund eines Bankirrtums oder eines ArbGebVersehens (zB Berechnungsfehler oder offenbare Unrichtigkeit, vgl BSG 14.7.04 – B 12 KR 1/04 R, SozR 4–2400 § 22 Nr 2; BSG 7.2.02 – B 12 KR 13/01 R, SozR 3–2400 § 14 Nr 24).

31 **5. Entstehungs- und Zuflussprinzip.** Der frühere Streit über die Geltung des Entstehungs- oder des Zuflussprinzips (dazu Personalbuch 2003) ist durch die Urteile des BSG vom 14.7.04 (B 12 KR 1/04 R, SozR 4–2400 § 22 Nr 1 und B 12 KR 7/04 R, SozR 4–2570 § 22 Nr 1) entschieden.

32 **6. Ausnahmsweise Geltung des Zuflussprinzips. a) Einmalzahlungen.** § 22 Abs 1 in seiner seit 1.1.03 geltende Fassung bestimmt, dass die Beitragsansprüche bei einmalig gezahltem Arbeitsentgelt (erst) entstehen, „sobald dieses ausgezahlt worden ist". Damit steht aber fest, dass einmalige Einnahmen nur dann beitragspflichtig sein sollen, wenn sie dem Beschäftigten tatsächlich ausgezahlt worden sind (BT-Drs 15/26 S 51 zu Nr 2 – § 22). Eine **Ausnahme vom Zuflussprinzip für Einmalzahlungen** gilt nur dann, wenn das einmalig gezahlte Arbeitsentgelt wegen eines **Insolvenzereignisses** nicht ausgezahlt worden ist (§ 22 Abs 1 Satz 3 SGB IV); dann soll der Beitragsanspruch offenbar bereits mit der Fälligkeit der Einmalzahlung entstehen. Nach der Gesetzesbegründung soll das für Einmalzahlungen geltende Zuflussprinzip des § 22 Abs 1 Satz 2 SGB IV „ArbGeb und ArbN" entlasten, jedoch soll die BA, die im Insolvenzfall wirtschaftlich die Stellung des ArbGeb einnimmt, den GesamtSozVBeitrag auf Einmalzahlungen entrichten, „wenn der ArbGeb ungeachtet seiner Insolvenz die Einmalzahlung ausgezahlt hätte" (BT-Drs 15/4228 S 22 zu Art 1 Nr 3).

33, 34 **b) Arbeitsentgelt aus Arbeitszeitguthaben.** Nach § 22 Abs 2 Satz 2 SGB IV gilt das Zuflussprinzip weiter für Arbeitsleistungen, die zunächst nicht vergütet, sondern in ein Arbeitszeitguthaben geführt werden und erst später zu einer Entgeltzahlung führen. Der Gesetzgeber möchte so erreichen, dass auch bei Arbeitszeitkonten, die – ohne die Voraussetzungen eines „echten" Wertguthabens zu erfüllen – als Entgeltkonten geführt werden, Beiträge und Steuern erst bei Auszahlung als Arbeitsentgelt fällig werden (BT-Drs 16/10289 S 19 zu Nr 5 – § 22 Abs 1). Zur Entstehung des Beitragsanspruchs bei „echten" Wertguthaben vgl § 23b SGB IV und *Wertguthaben.*

35 **7. Zeitliche Zuordnung von Sonderzahlungen** im Beitragsrecht. **a) Einmalig gezahltes Entgelt/„Einmalzahlung".** Für einmalig gezahltes Arbeitsentgelt, insbes Weihnachtsgeld, Urlaubsgeld, zusätzliche Monatsgehälter etc ordnet § 23a SGB IV an, dass einmalig gezahltes Arbeitsentgelt dem Entgeltabrechnungszeitraum zuzuordnen ist, in dem es gezahlt wird. Übersteigt das Arbeitsentgelt und die Einmalzahlung im Kalendermonat des Zuflusses jedoch die monatliche Beitragsbemessungsgrenze bzw die monatliche JAEGrenze, findet gem § 23a Abs 3 SGB IV eine Zuordnung auch zu bestimmten zurückliegenden Beitragsabrechnungszeiträumen statt; die Zuwendungen werden damit beitragsrechtlich so behandelt, als wären sie in mehreren Monatsraten erfolgt (Einzelheiten und Beispiele hierzu → *Einmalzahlung* Rn 8 ff). Erst mit der Zahlung der Einmalzahlung kann festgestellt werden, auf welche Zeiträume, in denen die Beitragsbemessungsgrenze noch nicht mit laufendem Arbeitsentgelt erreicht ist, eine Einmalzahlung verteilt und aus ihr Beiträge verlangt werden können.

36 **b) Zeitliche Zuordnung laufenden Arbeitsentgelts.** Bei der Beitragsberechnung ist laufendes Arbeitsentgelt auf die Zeit seiner Erarbeitung zu verteilen und zwar auch dann, wenn es ganz oder teilweise erst nach dem Abrechnungszeitraum gezahlt wird, in dem es erarbeitet wurde, dh eine **Nachzahlung laufenden Entgelts** vorliegt (BSG 27.10.89 – 12 RK 9/88, BSGE 66, 34, 41 ff). Wird laufendes Entgelt, wozu insbes auch Akkordspitzen, Zuschläge für Nacht- und Mehrarbeit, Schmutz- und Erschwerniszulagen gehören, als Nachzahlung erst nach demjenigen Entgeltabrechnungszeitraum ausbezahlt, in welchem es erarbeitet wurde, ist es auch nachträglich noch demjenigen Entgeltabrechnungszeitraum zuzurechnen, in dem die entsprechende Arbeitsleistung stattfand. Falls eine exakte Zuordnung nicht möglich ist, sollte jedenfalls eine weitgehende Annäherung hierzu angestrebt werden (BSG 15.5.84 – 12 RK 28/83, SozR 2200 § 385 Nr 9 = NZA 85, 102: Akkordspitzen). Überschreitet die Nachzahlung in einem bestimmten Entgeltabrechnungszeitraum mit demjenigen Arbeitsentgelt, das bereits früher ausbezahlt wurde, die monatliche JAEGrenze (korrekt: Beitragsbemessungsgrenze), ist es mit dem über diese Grenze hinausgehenden Anteil beitragsfrei. Eine weitergehende Verteilung auf andere Zeitabschnitte als diejenigen, in denen das (nachgezahlte) Entgelt erarbeitet wurde, findet – anders als bei Sonderzahlungen/einmalig gezahltem Arbeitsentgelt – nicht statt.

**II. Leistungsrecht: Zuflusserfordernis für Leistungsbemessung.** Anders als im Beitragsrecht fand Arbeitsentgelt bei der Bemessung von Lohnersatzleistungen früher idR nur dann Berücksichtigung, wenn es vom Versicherten/ArbN tatsächlich erzielt wurde. Dies konnte zu dem rechtspolitisch wenig erfreulichen Ergebnis führen, dass Arbeitsentgelt, das der ArbN zwar erarbeitet hat, das ihm aber vom ArbGeb – aus welchen Gründen auch immer – vorenthalten wird, zwar zur Beitragszahlung herangezogen wird, andererseits aber bei der Bemessung von Lohnersatzleistungen unberücksichtigt bleibt. **37**

**Erzielt** ist das Arbeitsentgelt nach der Rspr des BSG nicht schon dann, wenn es erarbeitet ist, ein einklagbarer Anspruch auf das Arbeitsentgelt besteht oder ein Anspruch auf Arbeitsentgelt durch den ArbGeb anerkannt oder dieser Anspruch anderweitig festgestellt ist. Erzielt ist Arbeitsentgelt erst dann, wenn es dem ArbN zugeflossen ist, so dass er darüber **verfügen kann** (BSG 18.4.91 – 7 RAr 52/90, SozR 3–4100 § 112 Nr 10 zum AlGeld). **38**

Das BSG hat diese Rspr später gelockert (ua BSG 21.3.96 – 11 RAr 101/94, SozR 3–1300 § 48 Nr 48). Der Gesetzgeber ist dem gefolgt und rechnet nunmehr zum Bemessungsentgelt für das AlGeld kraft der gesetzlichen Fiktion in § 151 Abs 1 Satz 2 SGB III auch Arbeitsentgelte, auf die der Arbeitslose beim Ausscheiden aus dem Beschäftigungsverhältnis Anspruch hatte, wenn sie später noch zugeflossen oder nur wegen **Zahlungsunfähigkeit** des ArbGeb nicht zugeflossen sind (dazu BSG 8.2.07 – B 7a AL 28/06 R). Für die Berechnung des **Krankengeldes** gilt Ähnliches; auch insoweit wird vorenthaltenes Arbeitsentgelt berücksichtigt, soweit es dem Versicherten für den maßgeblichen Bemessungszeitraum bei Annahmeverzug des ArbGeb zur nachträglichen Vertragserfüllung noch zugeflossen ist (BSG 16.2.85 – B 1 KR 19/03 R, SozR 4–255 § 47 Nr 2). **39**

Zur Behandlung und zum Einfluss von Einmalzahlungen auf den Anspruch auf Leistungen zur **Grundsicherung für Arbeitssuchende** vgl § 11 SGB II, § 2 Alb II–V, zu sonstigen einmaligen Einnahmen vgl BSG 30.9.2008 – B 4 AS 29/07 R (Steuererstattung), NJW 09, 2155 und BSG 30.9.2008 – B 4 AS 57/07 R (Zinsgutschrift), NZS 09, 456 (Ls). **40**

# Massenentlassung

## A. Arbeitsrecht

*Kreitner*

### Übersicht



**1. Allgemeines.** Erklärt der ArbGeb eine größere Anzahl von Kündigungen, sind die besonderen Massenentlassungsbestimmungen der §§ 17 ff KSchG zu beachten. Diese im Wesentlichen unter arbeitsmarktpolitischen Gesichtspunkten in das KSchG aufgenommenen Vorschriften verlangen vom ArbGeb unter bestimmten Voraussetzungen eine Beteiligung des BRat sowie eine Anzeige an die Agentur für Arbeit, bevor er Kündigungen wirksam aussprechen kann. Zusätzlich sind europäische Vorschriften zu beachten, die diese nationalen Bestimmungen zT überlagern. Hierbei handelt es sich um die aktuelle Massenentlassungsrichtlinie (MERL) 98/59/EG vom 20.7.98 (ABlEG Nr L 225 vom 12.8.98, S 16), die die ursprünglichen Richtlinien 75/129/EWG (ABlEG Nr L 48 vom 22.2.75, S 29) und 92/56/EWG (ABlEG Nr L 245 vom 26.8.92, S 3) ohne inhaltliche Änderung aus Transparenzgründen zusammenfasst. Die letzte Änderung der geltenden Richtlinie 98/59/EG betraf lediglich einzelne Sonderbestimmungen des Searbeitsrechts (Richtlinie (EU) 2015/1794, ABlEG Nr L 263 vom 8.10.15). Die MERL ist – anders als das schwerpunktmäßig arbeitsmarktpolitisch orientierte nationale Recht – im Wesentlichen individualrechtlich ausgerichtet, wie sich insbes aus dem zweiten Erwägungsgrund der Richtlinie ergibt, wonach Zweck der Richtlinie ist, „den Schutz der ArbN bei Massenentlassungen zu verstärken“. 1

Das **Nebeneinander von nationalem und EU-Recht** führt dabei in mehrfacher Hinsicht zu Rechtsunsicherheit für den Anwender. So ist zum einen die Richtlinie durch den nationalen Gesetzgeber nicht 1:1 umgesetzt worden, so dass das nationale Recht die EU-Vorgabe zT nicht abdeckt bzw an anderer Stelle eine überschießende Regelung enthält. Zum anderen werden bspw die Begriffe „Arbeitnehmer“ und „Betrieb“ national und EU-rechtlich unterschiedlich definiert. Dies führt dazu, dass in jedem Einzelfall beide Bereiche geprüft werden müssen und die Massenentlassung nur dann rechtswirksam erfolgt ist, wenn insgesamt alle rechtlichen Vorgaben erfüllt sind. Im Schrifttum wird daher zu Recht jedenfalls seit der Grundsatzentscheidung des EuGH zum Entlassungsbegriff (EuGH 27.1.05 – C-188/03, NZA 05, 212 – Junk) ein Tätigwerden des nationalen Gesetzgebers gefordert (*Spelge* RdA 18, 297; *Hohenstatt/Naber* NZA 14, 637; *Schmidt/Wilkening* NZA-RR 17, 169). Instruktive Hinweise und Übersichten finden sich hierzu im aktuellen Schrifttum insbes bei *Freckmann/Hendricks* BB 18, 1205; *Seidel/Wagner* BB 18, 692; *Krebber* RdA 18, 271; *Wolff/Winter* BB 17, 2490; *Weber* NZA 16, 727. 2

**2. Anwendungsvoraussetzungen.** Wie bereits ausgeführt bedarf es einer differenzierten Untersuchung der §§ 17 ff KSchG sowie der MERL. 3

**a) Betrieblich.** Für den betrieblichen Anwendungsbereich ist der zugrunde zu legende **Betriebsbegriff** von entscheidender Bedeutung. Im **nationalen Recht** geht das BAG in ständiger Rspr vom allgemeinen betriebsverfassungsrechtlichen Betriebsbegriff aus (BAG 14.3.13 – 8 AZR 153/12, BeckRS 2013, 74879; BAG 28.6.12 – 6 AZR 780/10, NZA 12,

1029). Danach ist unter einem Betrieb eine organisatorische Einheit zu verstehen, innerhalb derer der ArbGeb allein oder mit seinen ArbN mit Hilfe von sächlichen immateriellen Mitteln bestimmte arbeitstechnische Zwecke fortgesetzt verfolgt, die sich nicht in der Befriedigung des Eigenbedarfs erschöpfen (→ *Betrieb (Begriff)* Rn 3). Das gilt in gleicher Weise für selbstständige Betriebsteile (BAG 14.3.13 – 8 AZR 153/12, BeckRS 2013, 74879).

4 Demgegenüber definiert das **europäische Recht** den Betrieb anders. Bereits in einer Entscheidung aus dem Jahr 1995 hat der EuGH grundlegend zum Betriebsbegriff iSd MERL ausgeführt, dass hierunter nach Maßgabe der Umstände die Einheit zu verstehen ist, der die von der Entlassung betroffenen ArbN zur Erfüllung ihrer Aufgabe angehören. Ob diese Einheit über eine Leitung verfügt, die selbstständig Massenentlassungen vornehmen könne, sei dabei für die Definition des Betriebsbegriffs nicht entscheidend (EuGH 7.12.95 – C-449/93, NZA 96, 471 – Rockfon). In einer späteren Folgeentscheidung des EuGH heißt es ergänzend, im Rahmen eines Unternehmens könne eine unterscheidbare Einheit iSd Betriebsbegriffs vorliegen, wenn diese von einer gewissen Dauerhaftigkeit und Stabilität gekennzeichnet, zur Erledigung einer oder mehrerer Aufgaben bestimmt sei und über eine Gesamtheit von ArbN sowie über technische Mittel und eine organisatorische Struktur zur Erfüllung dieser Aufgaben verfüge. Außerdem sei weder eine räumliche Trennung von anderen Einheiten und Einrichtungen des Unternehmens erforderlich, noch müsse die fragliche Einheit rechtliche, wirtschaftliche, finanzielle, verwaltungsmäßige oder technologische Autonomie besitzen (EuGH 15.2.07 – C-270/05, NZA 07, 319 – Chartopoiia). Gleichzeitig hat der EuGH den Begriff des Betriebes von dem des Unternehmens abgegrenzt. Diese Grundsätze hat das Gericht zuletzt 2015 bestätigt und nochmals betont, dass der Betriebsbegriff iSd Richtlinie ein unionsrechtlicher Begriff sei, der nicht anhand von Rechtsvorschriften der Mitgliedstaaten bestimmt werden könne. Außerdem hat es klargestellt, dass die MERL in Art 1 Abs 1 von einem einheitlichen Betriebsbegriff ausgeht (EuGH 30.4.15 – C-80/14, NZA 15, 601 – USDAW und Wilson; EuGH 13.5.15 – C-392/13, NZA 15, 669 – Rabal Canas; EuGH 13.5.15 – C-182/13, NZA 15, 731 – Lyttle; Näheres → *Betrieb (Begriff)* Rn 7).

5 Immer wenn ein Unternehmen über **mehr als einen Betrieb** verfügt, sind daher beide Prüfungsraster anzuwenden. Man kann zunächst weiterhin vom nationalen betriebsverfassungsrechtlichen Betriebsbegriff ausgehen, muss allerdings in einem zweiten Schritt im Rahmen einer europarechtskonformen Auslegung anhand des Betriebsbegriffs der MERL prüfen, ob eine andere Einheit maßgeblich ist. Das Gleiche gilt auch für **Betriebsteile** iSd § 4 BetrVG unabhängig von ihrer betriebsverfassungsrechtlichen Qualifizierung. Bilden mehrere Unternehmen einen **gemeinsamen Betrieb**, ist dieser regelmäßig auch als Betrieb iSd MERL zugrunde zu legen, da die Anforderungen des EuGH an die betriebliche Einheit in aller Regel nicht vom jeweiligen VertragsArbGeb, sondern vom Gemeinschaftsbetrieb erfüllt werden dürften (EUArbR/*Spelge* RL 98/59/EG Art 1 Rz 61). Allerdings können im Einzelfall wegen der geringeren Anforderungen des EuGH an die Betriebsstruktur gleichwohl einzelne betriebliche Einheiten innerhalb des nationalen Gemeinschaftsbetriebs bestehen, die dann europarechtlich maßgeblich bleiben (*Kleinebrink/Commandeur* NZA 15, 853).

6 Ist der nationale Betriebsbegriff im Einzelfall ausnahmsweise weiter gefasst und ist dies für den betroffenen ArbN günstiger, bleibt es bei dem betriebsverfassungsrechtlichen Betrieb, ohne dass eine europarechtliche Korrektur erforderlich wäre, da insoweit lediglich eine überobligatorische nationale Umsetzung der Richtlinie vorliegt. Dies ergibt sich im Übrigen bereits aus Art 5 MERL, der ausdrücklich für die ArbN günstigere nationale Vorschriften gestattet. Aus diesem Grund kann auch eine durch Tarifvertrag oder Betriebsvereinbarung nach **§ 3 BetrVG** gebildete Organisationseinheit dann maßgeblich sein, wenn sie die für die ArbN günstigere Struktur darstellt, die zur Anwendung der Massenentlassungsvorschriften im Einzelfall führt (EUArbR/*Spelge* RL 98/59/EG Art 1 Rz 64; aA ErfK/*Kiel* § 17 KSchG Rz 10; APS/*Moll* § 17 KSchG Rz 7; *Salamon* NZA 15, 789). Werden allerdings die Schwellenwerte für die Anwendung der Massenentlassungsvorschriften bei Zugrundelegen der betriebsverfassungsrechtlichen Strukturen des § 3 BetrVG nicht erreicht, bleibt der Betriebsbegriff der MERL maßgeblich (aA *Naber/Sittard* in Preis/Sagan § 10 Rz 27, die eine hypothetische Betrachtung nach §§ 1, 4 BetrVG vornehmen wollen).

Dabei gelten die §§ 17 ff KSchG gem § 23 Abs 2 KSchG für alle Betriebe und Verwaltungen des privaten Rechts sowie für Betriebe, die von einer öffentlichen Verwaltung geführt werden, soweit sie wirtschaftliche Zwecke verfolgen (BAG 24.8.06 – 8 AZR 317/05, NZA 07, 1287). **Nicht anwendbar** sind die Massenentlassungsbestimmungen nach einer neueren Entscheidung des LAG Düsseldorf auf eine militärische Dienststelle, sofern diese keine wirtschaftlichen Zwecke verfolgt (LAG Düsseldorf 3.6.16 – 6 Sa 206/16 BeckRS 2016, 71600). Ebenfalls ausgenommen sind gestützt auf Art 1 Abs 2 lit a MERL nach § 22 Abs 1 KSchG Kampagnebetriebe, soweit es um Entlassungen geht, die durch die Eigenart des Betriebes bedingt sind, sowie nach § 23 Abs 2 S 2 KSchG Seeschiffe und ihre Besatzung (LAG SchlHol 13.9.16 – 1 Sa 14/16, BeckRS 2016, 72971). 7

Nach § 17 Abs 3a KSchG gelten die Auskunfts-, Beratungs- und Anzeigepflichten nach § 17 Abs 1–3 KSchG auch dann, wenn die Entscheidung über die Entlassung von einem den ArbGeb **beherrschenden Unternehmen** getroffen wurde. Hierzu hat der EuGH klargestellt, dass unter einem beherrschenden Unternehmen iSd Richtlinie jedes Unternehmen zu verstehen ist, das mit dem ArbGeb durch Beteiligungen an dessen Gesellschaftskapital oder durch andere rechtliche Verbindungen verbunden ist, die es ihm ermöglichen, einen bestimmenden Einfluss in den Entscheidungsorganen des ArbGb auszuüben und ihn zu zwingen, Massenentlassungen in Betracht zu ziehen oder vorzunehmen (EuGH 7.8.18 – C-61/17, NZA 18, 1051 – Aviation Passage Service Berlin; ebenso LAG BlnBbg 20.12.18 – 10 Sa 284/16, BeckRS 2018, 42046).

**b) Persönlich.** Der persönliche Anwendungsbereich der §§ 17 ff KSchG erstreckt sich auf **alle Arbeitnehmer** einschließlich der Auszubildenden (insoweit aA EUArbR/*Spelge* RL 98/59/EG Art 1 Rz 53), unabhängig von der für den allgemeinen Kündigungsschutz erforderlichen sechsmonatigen Wartezeit. Auch auf Teilzeitbeschäftigte sind die Massenentlassungsvorschriften uneingeschränkt anwendbar (vHH/L/*von Hoyningen-Huene* § 17 Rz 16). Ebenfalls zählen finanziell von der BA geförderte Umschüler nach der neueren EuGH-Rspr zu den geschützten ArbN (EuGH 9.7.15 – C-229/14, NZA 15, 861 – Balkaya). 8

**Nicht erfasst** werden Heimarbeiter und andere ArbNÄhnliche Personen wie freie Mitarbeiter und Handelsvertreter. Das gilt gleichermaßen für LeihArbN, deren Entlassung nur beim Verleiher relevant werden kann (ErfK/*Kiel* § 17 KSchG Rz 6).

**§ 17 Abs 5 KSchG** nimmt Organmitglieder juristischer Personen und Vertreter von Personengesellschaften sowie Geschäftsführer, Betriebsleiter und ähnliche leitende Angestellte iSd § 14 KSchG vom ArbNBegriff und damit vom persönlichen Anwendungsbereich des § 17 KSchG aus. Der Ausschluss der **leitenden Angestellten** ist in der MERL nicht vorgesehen und somit europarechtswidrig. Auch der generelle Ausschluss von Geschäftsführern entspricht nicht dem europäischen Recht. Nach einer neueren Grundsatzentscheidung des EuGH ist auch der **Fremdgeschäftsführer einer GmbH** ArbN iSd MERL (EuGH 9.7.15 – C-229/14, NZA 15, 861 – Balkaya). Zwar ging es bei der zugrunde liegenden deutschen Vorlage (ArbG Verden 6.5.14 – 1 Ca 35/13, NZA 14, 665) lediglich um die Frage, ob Geschäftsführer bei der Ermittlung der Schwellenwerte zu berücksichtigen sind (→ Rn 16). Mit der grundlegenden Einbeziehung dieser Personen in den ArbNBegriff unterfallen sie aber gleichzeitig auch dem personellen Anwendungsbereich der Norm. Dabei betont der EuGH, dass der ArbNBegriff der Richtlinie innerhalb der Unionsrechtsordnung autonom und einheitlich ausgelegt werden muss und keinesfalls zur Disposition der Mitgliedstaaten steht (EuGH 9.7.15 – C-229/14, NZA 15, 861 – Balkaya; ebenso bereits EuGH 18.1.07 – C-385/05, NZA 07, 193 – CGT). 9

Der **EuGH** sieht das wesentliche Merkmal eines Arbeitsverhältnisses darin, dass eine Person während einer bestimmten Zeit für eine andere nach deren Weisung Leistungen erbringt, für die sie eine Gegenleistung erhält und bejaht das im Fall des Fremdgeschäftsführers (EuGH 9.7.15 – C-229/14, NZA 15, 861 – Balkaya im Anschluss an EuGH 11.11.10 – C-232/09, NZA 11, 143 – Danosa). Diese Entscheidung wird im Schrifttum zu Recht deutlich kritisiert (*Weber* NZA 16, 727; *Lunk* NZA 15, 917; *Lunk/Hildebrand* NZA 16, 129). Gleichwohl ist in der Praxis von einer Übernahme dieser Rspr durch die deutschen Arbeitsgerichte auszugehen. 10

**c) Verhältnis zu anderen Kündigungsschutzbestimmungen.** Soweit in den §§ 17 ff KSchG für Massenentlassungen besondere Regelungen getroffen sind, bleibt hiervon der 11

**allgemeine individualrechtliche Kündigungsschutz** iSd §§ 1 ff KSchG unberührt (BAG 6.12.73 – 2 AZR 10/73, NJW 74, 1263; APS/*Moll* vor § 17 KSchG Rz 17). Auch für Massenentlassungen gilt daher das Gebot der sozialen Auswahl nach § 1 Abs 3 KSchG (→ *Kündigung, betriebsbedingte* Rn 26). Allerdings können betriebliche Ablaufstörungen im Zusammenhang mit einer Massenkündigung als berechtigte betriebliche Bedürfnisse iSd § 1 Abs 3 S 2 KSchG beachtlich sein (BAG 5.12.02 – 2 AZR 697/01, NZA 03, 849).

Der gekündigte ArbN muss auch bei Massenentlassungen die dreiwöchige **Klagefrist** des § 4 KSchG beachten (LAG NdS 6.4.09 – 9 Sa 1297/08, BeckRS 2009, 69729; EuGH 16.7.09 – C-12/08, BeckRS 2009, 70805 – Mono Car). Insbes bewirkt die Sperrfrist des § 18 Abs 1 KSchG keine Verlängerung der gesetzlichen Klagefrist. Schließlich bleiben auch der besondere Kündigungsschutz iSd SGB IX, MuSchG, BEEG, PflegeZG, ArbPlSchG sowie der Sonderkündigungsschutz für BRatMitglieder im Rahmen der Betriebsverfassung unberührt (BAG 7.10.04 – 2 AZR 81/04, NZA 05, 156). § 4 S 4 KSchG findet im Zusammenhang mit §§ 17 ff KSchG keine Anwendung (LAG NdS – 12 Ta 101/15, BeckRS 2015, 72191).

12 **3. Massenentlassung.** Kommen die Massenentlassungsvorschriften grds zur Anwendung, sind die inhaltlichen Anforderungen zu prüfen. An erster Stelle steht dabei der Begriff der Entlassung.

**a) Entlassungsbegriff.** Nach der langjährigen **früheren Rechtsprechung des BAG** war unter Entlassung iSd §§ 17 ff KSchG die tatsächliche Beendigung des Arbeitsverhältnisses zu verstehen (BAG 6.12.73 – 2 AZR 10/73, NJW 74, 1263; zuletzt BAG 18.9.03 – 2 AZR 79/02, NZA 04, 375). Dem ist der **EuGH** nicht gefolgt und hat auf einen Vorlagebeschluss des ArbG Bln im Jahr 2005 nicht die tatsächliche Beendigung, sondern die Kündigungserklärung als das maßgebliche Ereignis angesehen, das die Entlassung im Rechtssinne darstellt (EuGH 27.1.05 – C-188/03, NZA 05, 212 – Junk). In seiner **neueren Rechtsprechung** hat sich das **BAG** daraufhin unter ausdrücklicher Aufgabe seines früheren Rechtsstandpunkts dieser EuGH-Rspr angeschlossen und hält hieran seither fest (BAG 23.3.06 – 2 AZR 343/05, NZA 06, 971; 25.4.13 – 6 AZR 49/12, BeckRS 2013, 70060; 20.1.16 – 6 AZR 601/14, NZA 16, 490). Gegenüber der früheren Rechtslage findet mithin eine Vorverlagerung des maßgeblichen Zeitpunkts für die Beurteilung der Massenentlassungspflichten des ArbGeb auf die Abgabe der Kündigungserklärung statt.

13 Dabei hat das BAG zunächst aus Gründen des **Vertrauensschutzes** für Alt- bzw Übergangsfälle, in denen sich der ArbGeb in unverschuldeter Unkenntnis der neuen EuGH-Rspr an der früheren Rspr des BAG orientiert hatte, weiter den bisherigen Entlassungsbegriff zugrunde gelegt (BAG 13.7.06 – 6 AZR 198/06, NZA 07, 25; 22.3.07 – 6 AZR 499/05, NZA 07, 1101; 12.7.07 – 2 AZR 492/05, NZA 08, 476; 8.11.07 – 2 AZR 554/05, BeckRS 2008, 50414). Diese Vertrauensschutz-Rspr des BAG verstößt gegen das Gebot des gesetzlichen Richters nach Art 101 Abs 1 S 2 GG. Das **BVerfG** hat auf die Verfassungsbeschwerde eines unterlegenen ArbN das betreffende Revisionsurteil des BAG aufgehoben und klargestellt, dass es Aufgabe des EuGH sei, über die Gewährung von Vertrauensschutz zu befinden (BVerfG 10.12.14 – 2 BvR 1549/07, NZA 15, 375; *Sagan* NZA 15, 341).

**Änderungskündigungen** sind ebenfalls Entlassungen iSd § 17 KSchG. Das gilt nach neuerer Rspr des BAG unabhängig davon, ob der ArbN das ihm mit der Kündigung unterbreitete Änderungsangebot ablehnt oder – und sei es ohne Vorbehalt – annimmt (BAG 20.2.14 – 2 AZR 346/12, NZA 14, 1069; zustimmend *Schrader/Thoms* AP Nr 46 zu § 17 KSchG 1969; ebenso zuletzt EuGH 21.9.17 – C-149/16, NZA 17, 1323 sowie EuGH 21.9.17 – C-429/16, NZA 17, 1325 jeweils auf eine polnische Vorlage).

14 Auch **andere Beendigungsformen** sind nach § 17 Abs 1 S 2 KSchG relevant, sofern die Beendigung des Arbeitsverhältnisses **vom Arbeitgeber veranlasst** worden ist. Erforderlich ist hierfür eine unmittelbare Willensäußerung des ArbGeb (BAG 19.3.15 – 8 AZR 119/14, BeckRS 2015, 70521). Typische Fälle sind ArbGebSeitig veranlasste Eigenkündigungen der ArbN oder gleichermaßen veranlasste Aufhebungsverträge (BAG 28.6.12 – 6 AZR 780/10, NZA 12, 1029; 19.3.15 – 8 AZR 119/14, BeckRS 2015, 70521). Das Gleiche gilt für ArbN, die vor Ausspruch einer Kündigung dreiseitige Verträge unterschrieben haben und in eine Transfergesellschaft gewechselt sind (LAG BaWü 23.10.13 – 10 Sa 32/13, NZA-RR 14, 192; *Naber/Sittard* in Preis/Sagan § 10 Rz 35; aA *Niklas/Koehler* NZA 10, 913). Der

ArbN kann auch im Rahmen eines Aufhebungsvertrages nicht wirksam auf den Massenentlassungsschutz verzichten (BAG 11.3.99 – 2 AZR 461/98, NZA 99, 761).

**Nicht** zu den Entlassungen iSd §§ 17 ff KSchG zählen demgegenüber gem § 17 Abs 4 KSchG **fristlose Entlassungen** aus wichtigem Grund gem § 626 Abs 1 BGB, unabhängig davon, ob sie im Einzelfall mit einer sozialen Auslauffrist ausgesprochen werden (*Stahlhacke/Preis/Vossen* Rz 1644). Gleiches gilt für ArbNSeitige Kündigungen, Aufhebungsverträge oder andere Beendigungstatbestände, sofern nicht die Ausnahmeregelung des § 17 Abs 1 S 2 KSchG eingreift. Auch die Rückgabe eines **LeihArbN** an den Verleiher ist keine Entlassung im Rechtssinne. 15

Gleichermaßen bleiben Entlassungen, die auf einer **Befristung** des Arbeitsverhältnisses beruhen, unberücksichtigt (EuGH 13.5.15 – C-392/13, NZA 15, 669 – Rabal Canas). Schließlich sind bei einer zweckbezogenen Auslegung des Gesetzes solche Entlassungen nicht einzubeziehen, bei denen die ArbN in den **Ruhestand** oder eine selbstständige Tätigkeit wechseln und damit den Arbeitsmarkt nicht belasten (APS/*Moll* § 17 KSchG Rz 29).

**b) Schwellenwert.** § 17 Abs 1 KSchG macht das Eingreifen der Massenentlassungsvorschriften vom Überschreiten bestimmter Schwellenwerte abhängig. Danach müssen in Betrieben mit idR mehr als 20 und weniger als 60 ArbN mehr als 5 ArbN, in Betrieben mit idR mindestens 60 und weniger als 500 ArbN 10 % der im Betrieb regelmäßig beschäftigten ArbN oder mehr als 25 ArbN sowie in Betrieben mit idR mindestens 500 ArbN mindestens 30 ArbN entlassen werden. Kleinbetriebe mit 20 und weniger ArbN werden nicht erfasst, auch dann wenn dort mehr als 5 ArbN entlassen werden. 16

Erneut kommt es somit entscheidend auf den zugrunde zu legenden **Betriebsbegriff** (→ Rn 3 ff) sowie den **Arbeitnehmerbegriff** (→ Rn 8 ff) an. Für beide gilt das oben Gesagte. Also ist letztlich der vom EuGH definierte europarechtliche Betriebsbegriff ebenso maßgeblich wie der europarechtliche ArbNBegriff. Nach der neueren EuGH-Rspr zählen demgemäß Fremdgeschäftsführer einer GmbH ebenso mit wie von der BA finanziell unterstützte Umschüler (EuGH 9.7.15 – C-229/14, NZA 15, 861 – Balkaya; kritisch *Lunk/Hildebrand* NZA 16, 129). Ob insoweit LeihArbN zu berücksichtigen sind, ist bislang ungeklärt. Eine zunächst erfolgte entsprechende Anfrage des BAG an den EuGH (BAG 16.11.17 – 2 AZR 90/17 (A), NZA 18, 245) hat sich durch zwischenzeitliche Rücknahme der Revision erledigt.

Insbes beim **Gemeinschaftsbetrieb** bleibt der Betrieb die maßgebliche Bezugsgröße und es ist nicht auf den VertragsArbGeb, also das jeweilige Unternehmen, abzustellen (BAG 14.8.07 – 8 AZR 1043/06, NZA 07, 1431; LAG NdS 18.12.13 – 17 Sa 335/13, BeckRS 2014, 66597). Es können allerdings dennoch im Einzelfall die europarechtlichen Betriebsvorgaben maßgeblich sein und kleinere betriebliche Einheiten innerhalb des nationalen Gemeinschaftsbetriebs erlauben (→ Rn 5). 17

Aus der Formulierung **„in der Regel“** ist ersichtlich, dass es auf die Zahl der im Normalfall im konkreten Betrieb beschäftigten ArbN ankommt, also auf die Personalstärke, die für den Betrieb im Allgemeinen kennzeichnend ist (APS/*Moll* § 17 KSchG Rz 20; HWK/*Molkenbur* § 17 KSchG Rz 9). Diese ist mit Hilfe eines Rückblicks auf die bisherige Personalstärke des Betriebs in der Vergangenheit sowie einer Prognoseentscheidung bezüglich der künftigen Entwicklung zu ermitteln (BAG 24.2.05 – 2 AZR 207/04, NZA 05, 766). Soweit der EuGH grds auch befristet beschäftigte ArbN mitzählen will (EuGH 11.11.15 – C-422/14, NZA 15, 1441 – Pujante Rivera) kann dies nur mit der Einschränkung gelten, dass es sich hierbei um regelmäßig in dieser Form besetzte Arbeitsplätze handelt (*Franzen* NZA 16, 26; *Weber* NZA 16, 727). Nur vorübergehend beschäftigte Aushilfskräfte bleiben unberücksichtigt (vHH/L/*von Hoyningen-Huene* § 17 Rz 21). 18

Führt der ArbGeb mehrere Entlassungsmaßnahmen nacheinander durch, ist grds jede Maßnahme für sich zu beurteilen (*Stahlhacke/Preis/Vossen* Rz 1639). Etwas anderes gilt nur dann, wenn es sich hierbei um eine **stufenweise Entlassung** handelt, die auf einem einheitlichen Beschluss des ArbGeb beruht (BAG 9.6.16 – 6 AZR 638/15, NZA 16, 1202; *Bernuth* DB 17, 1027). Die Rspr des BAG im Bereich der Betriebsänderung gilt hier entsprechend (BAG 28.3.06 – 1 ABR 5/05, NZA 06, 932; 8.6.99 – 1 AZR 696/98, BeckRS 1999, 30779066; → *Betriebsänderung* Rn 11). Dann kommt es auf die im Zeitpunkt der Beschlussfassung vorhandene regelmäßige ArbNZahl sowie die Gesamtzahl aller durch die Maßnahme erfolgenden Entlassungen an (BAG 8.6.89 – 2 AZR 624/88, NZA 90, 224).

Werden die gesetzlichen **Schwellenwerte überschritten,** gelten die Anforderungen der §§ 17 ff KSchG für sämtliche Entlassungen, die aufgrund dieser ArbGebEntscheidung erfolgen. Es müssen also nicht nur die über die Schwellenwerte hinausgehenden Entlassungen angezeigt werden.

19 **c) Zeitpunkt.** Neben dem Überschreiten der vorgenannten Schwellenwerte gilt nach § 17 Abs 1 KSchG auch eine zeitliche Beschränkung von **30 Kalendertagen.** Eine Massenentlassung liegt nur dann vor, wenn entsprechend viele Entlassungen innerhalb dieses Zeitraumes erfolgen. Maßgeblich ist dabei der Zeitpunkt des Kündigungszugangs beim ArbN (vHH/L/*von Hoyningen-Huene* § 17 Rz 49). Dabei sind alle nach § 17 Abs 1 KSchG relevanten Entlassungstatbestände, die innerhalb dieses Zeitraums erfolgen, zusammenzuzählen. Das gilt unabhängig davon, ob sie auf einem oder auf mehreren Kündigungsentschlüssen des ArbGeb beruhen (BAG 20.1.16 – 6 AZR 601/14, NZA 16, 490). Nach dieser BAG-Entscheidung zählt auch eine nach Kündigungszugang einvernehmlich zurückgenommene Kündigung weiter mit. Das beruht auf ihrer mit Kündigungszugang eintretenden Gestaltungswirkung.

20 Arbeitnehmerinnen, die sich zum Zeitpunkt der Massenentlassung in Elternzeit befinden und **besonderen Kündigungsschutz nach § 18 BEEG** genießen, würden bei einer strikten Anwendung der 30-Tage-Frist geschlechtsspezifisch diskriminiert. Ihnen könnte wegen des nach § 18 Abs 1 S 4 BEEG durchzuführenden Verfahrens immer erst nach Ablauf der 30-Tage-Frist gekündigt werden, so dass sie den besonderen gesetzlichen Massenentlassungsschutz verlören. Wegen der weitaus überwiegenden Inanspruchnahme von Elternzeit durch Frauen liegt hierin eine faktische Benachteiligung wegen des Geschlechts. Vermeiden lässt sich dies nur dadurch, dass die gegenüber diesen Arbeitnehmerinnen erklärten Kündigungen, die allein deshalb außerhalb des 30-Tages-Zeitraums zugehen, weil zunächst das vorgenannte andere, nicht gleichwertige behördliche Verfahren nach § 18 Abs 1 S 4 BEEG durchzuführen war, so behandelt werden wie Kündigungen, für die die Regeln des Massenentlassungsschutzes gelten (BVerfG 8.6.16 – 1 BvR 3634/13, NZA 16, 939; BAG 26.1.17 – 6 AZR 442/16, NZA 17, 577).

21 **4. Beteiligung des Betriebsrats.** Das europäische Recht verlangt in Art 2 MERL bei der Durchführung einer Massenentlassung die rechtzeitige Konsultation des BRat. Dieses Erfordernis hat der nationale deutsche Gesetzgeber in § 17 Abs 2 KSchG umgesetzt, der iSd Richtlinie europarechtskonform auszulegen ist.

**a) Anforderungen an den Arbeitgeber.** Gem § 17 Abs 2 S 2 KSchG muss der ArbGeb eine anzeigepflichtige Entlassungsmaßnahme mit dem BRat beraten. Die MERL bezeichnet dies als sog **Konsultationsverfahren.** Verlangt wird danach zunächst eine **schriftliche Unterrichtung** des BRat vor Ausspruch der Entlassungsmaßnahmen, die die Gründe für die geplanten Entlassungen, die Zahl und die Berufsgruppen (die MERL spricht hier von Kategorien) der zu entlassenden sowie der in der Regel beschäftigten ArbN, den Zeitraum, in dem die Entlassungen vorgenommen werden sollen und schließlich die Kriterien für die Auswahl der zu entlassenden ArbN sowie die Berechnung etwaiger Abfindungen enthalten muss (zum Begriff der Berufsgruppe *Klumpp/Holler* NZA 18, 408).

22 Für das **Schriftformerfordernis** genügt ein der Textform des § 126b BGB (also insbes eine E-Mail) entsprechendes Schreiben des ArbGeb. Eine analoge Anwendung des § 126 BGB ist nach Normzweck des § 17 Abs 2 KSchG und der Interessenlage beider Parteien nicht geboten (BAG 22.9.16 – 2 AZR 276/16, NZA 17, 175).

Über die bloße Unterrichtung hinaus verlangt das Gesetz aber ausdrücklich eine **Beratung** der Betriebspartner (hierzu im Einzelnen *Hinrichs* ArbuR 19, 348; *von Steinau-Steinrück/Bertz* NZA 17, 145). Gegenstand dieser Beratung sind nach dem Gesetz insbes Möglichkeiten, Entlassungen zu vermeiden oder einzuschränken und ihre Folgen zu mildern. Der ArbGeb muss also mit dem BRat über die geplanten Entlassungen bzw die Möglichkeiten ihrer Vermeidung ernstlich verhandeln, bzw ihm dies zumindest anbieten (BAG 21.3.13 – 2 AZR 60/12, NZA 13, 966; LAG BlnBbg 6.1.16 – 23 Sa 1347/15; LAG Düsseldorf 13.11.13 – 4 Sa 699/13, BeckRS 2014, 66905). Allerdings verlangt § 17 Abs 2 KSchG auch keine über das vom KSchG grds vorgesehene Maß der gerichtlichen Kontrolle unternehmerischer Entscheidungen hinausgehende Kontrolle. Die Freiheit des ArbGeb oder eines hinter ihm stehenden Dritten, zu entscheiden, ob und wann Massenentlassungen erfolgen sollen, wird nicht beschränkt (BAG 26.10.17 – 2 AZR 457/16, BeckRS 2017, 136127).

23 Auch das Vorliegen eines Interessenausgleichs nach § 1 Abs 5 S 1 KSchG entbindet den ArbGeb grds nicht von der gesetzlichen Konsultationspflicht (BAG 18.1.12 – 6 AZR 407/10, NZA 12, 817). Erst recht ist das Konsultationsverfahren nicht deshalb entbehrlich, weil eine Betriebsstilllegung erfolgt und alle ArbN entlassen werden. Etwas anderes gilt nur dann, wenn kein ArbGeb mehr vorhanden ist, der als Ansprechpartner für Verhandlungen dienen könnte (BAG 13.12.12 – 6 AZR 752/11, BeckRS 2013, 68180).

Die Beratung muss **mit dem Betriebsrat** erfolgen. Zuständig ist dabei regelmäßig der örtliche BRat, es sei denn es liegen die Voraussetzungen für eine Zuständigkeit des GBRat bzw KBRat nach §§ 50, 58 BetrVG vor. Es genügen weder „Gespräche" mit dem Wirtschaftsausschuss, noch reicht die Einholung persönlicher Äußerungen des BRatVorsitzenden (BAG 26.2.15 – 2 AZR 955/13, NZA 15, 881). Auch Verhandlungen in einer betriebsänderungsbedingten **Einigungsstelle** können das Konsultationserfordernis des § 17 Abs 2 KSchG nicht erfüllen (LAG BlnBbg 9.12.15 – 15 Sa 1512/15, BeckRS 2016, 65387). Berät der ArbGeb mit einer **Verhandlungskommission** des BRat oder mit einzelnen BRat-Mitgliedern, ist das Konsultationsverfahren frühestens abgeschlossen, wenn der BRat nach den Beratungen als Gremium in angemessener Frist Gelegenheit hatte, eine abschließende Stellungnahme abzugeben. Auch bei einer unmittelbaren Beratung mit dem BRat muss ausreichend Gelegenheit zu einer abschließenden Beratung gegeben werden, ohne dass hiermit eine weitergehende Kontrolle der unternehmerischen Entscheidung verbunden wäre (BAG 26.10.17 – 2 AZR 618/16, BeckRS 2017, 136221). Sollen in einem Betrieb nacheinander **mehrere Massenentlassungsverfahren** durchgeführt werden, kann uU das Konsultationsverfahren ebenso wie das Anzeigeverfahren bezogen auf alle beabsichtigten Kündigungen zusammengefasst werden (BAG 9.6.16 – 6 AZR 638/15, NZA 16, 1202). Bei Folgekündigungen nach einer bereits erfolgten Betriebsstilllegung bleibt der BRat auch für das Konsultationsverfahren nach § 17 Abs 2 KSchG gem § 21b BetrVG im Rahmen des Restmandats zuständig (BAG 22.9.16 – 2 AZR 276/16, NZA 17, 175).

24 Die Beratung hat **rechtzeitig** zu erfolgen. Der EuGH hat für einen konzernangehörigen ArbGeb entschieden, dass die Unterrichtungsverpflichtung bereits zu einem äußerst **frühen Zeitpunkt** beginnt, nämlich sobald strategische oder betriebswirtschaftliche Entscheidungen (ggf durch die Muttergesellschaft) getroffen wurden, die den ArbGeb dazu zwingen, Massenentlassungen ins Auge zu fassen oder zu planen (EuGH 10.9.09 – C-44/08, NZA 10, 1083 – Keskuliitto). Das wird im Schrifttum zu Recht kritisiert und darauf abgestellt, dass eine sachgerechte Beratung mit dem BRat nur möglich ist, wenn zumindest ein unternehmerisches Konzept vorliegt, das tatsächlich und rechtlich umgesetzt werden könnte (ErfK/*Kiel* § 17 Rz 20). Keinesfalls sollte die Unterrichtung weniger als zwei Wochen vor der Erstattung der Anzeige gegenüber der Agentur für Arbeit erfolgen, da ansonsten bei fehlender Stellungnahme des BRat nach § 17 Abs 3 S 3 KSchG keine wirksame Anzeige mehr möglich ist.

Allerdings handelt es sich ausdrücklich nur um eine Beratung. Eine **Einigung** muss mit dem BRat **nicht** erzielt werden (BAG 21.5.08 – 8 AZR 84/07, NZA 08, 753; 22.9.16 – 2 AZR 276/16, NZA 17, 175). Auch eine bestimmte **Verhandlungsdauer** ist weder europarechtlich noch nach nationalem Recht vorgeschrieben (BAG 16.5.07 – 8 AZR 693/06, NZA 07, 1296). So ist die Konsultation immer dann (noch) rechtzeitig, solange der ArbGeb nicht durch den Ausspruch von Kündigungen unumkehrbare Fakten schafft (LAG Düsseldorf 25.4.19 – 11 Sa 481/18, BeckRS 2019, 10158). Daher darf der ArbGeb den Konsultationsanspruch des BRat im konkreten Fall jedenfalls dann als erfüllt ansehen, wenn er den BRat zuvor vollständig unterrichtet und ihm alle zweckdienlichen Auskünfte erteilt hat und der BRat keine Bereitschaft zu zielführenden Verhandlungen erkennen lässt (BAG 22.9.16 – 2 AZR 276/16, NZA 17, 175).

25 Ein besonderes Problem hinsichtlich der Konsultationspflicht des ArbGeb besteht bei der **Entlassung von Geschäftsführern.** Da diese nach der Rspr des EuGH ebenfalls unter den ArbNBegriff und damit in den Anwendungsbereich der Massenentlassungsvorschriften fallen, müsste der ArbGeb auch bei ihnen das Konsultationsverfahren mit dem BRat durchführen (so *Forst* EuZW 15, 664). Das erscheint jedoch unsinnig und systemfremd, da der BRat vom Geschäftsführer weder gewählt wird noch diesen repräsentiert, sondern letzterer vielmehr der typische Gegenpart zum BRat ist (*Lunk/Hildebrand* NZA 16, 129). Mangels einer für den Geschäftsführer zuständigen kollektivrechtlichen Vertretung bedarf es in diesem Fall richtigerweise keines Konsultationsverfahrens.

26 **b) Reaktionsmöglichkeiten des Betriebsrats.** Das Konsultationsverfahren soll insbes dem BRat die Möglichkeit bieten, **konstruktive Vorschläge** zu unterbreiten, um die Massenentlassung zu verhindern oder deren Auswirkungen für die Belegschaft abzumildern (BAG 26.10.17 – 2 AZR 457/16, BeckRS 2017, 136127; 20.1.16 – 6 AZR 601/14, NZA 16, 490; 20.9.12 – 6 AZR 155/11, NZA 13, 32).

Nach einer ordnungsgemäßen Unterrichtung hat der BRat längstens zwei Wochen Zeit für eine **Stellungnahme** iSv § 17 Abs 3 S 2 KSchG (BAG 28.6.12 – 6 AZR 780/11, NZA 12, 1029). Das setzt allerdings auch voraus, dass der ArbGeb dem gesetzlichen Beratungserfordernis nachgekommen ist und mit dem BRat ernsthaft verhandelt hat. Richtigerweise sollte die Zweiwochenfrist erst nach Beendigung oder Scheitern dieser ernsthaften Verhandlung beginnen. § 17 Abs 3 S 3 KSchG verlangt hier etwas missverständlich nur die Darlegung des Beratungsstands.

27 Dieser Stellungnahme des BRat muss sich entnehmen lassen, dass er seine Beteiligungsrechte als gewahrt ansieht und er eine abschließende Meinung zu den beabsichtigten Entlassungen äußert (BAG 26.2.15 – 2 AZR 955/13, NZA 15, 881; LAG BlnBbg 11.12.15 – 8 Sa 1090/15, BeckRS 2016, 66734). Die Stellungnahme kann durch einen **Interessenausgleich mit Namensliste** nach § 1 Abs 5 S 4 KSchG ersetzt werden. Das Gleiche gilt für einen der Anzeige des ArbGeb beigefügten, allein durch den BRat im Original unterschriebenen entsprechenden Interessenausgleich mit Namensliste, aus dem sich der Standpunkt des BRat mit hinreichender Deutlichkeit entnehmen lässt (BAG 18.1.12 – 6 AZR 407/10, NZA 12, 817). Ein **Interessenausgleich ohne Namensliste** genügt hierfür grds nicht. Allerdings kann auch ein solcher Interessenausgleich eine Stellungnahme des BRat iSv § 17 Abs 3 KSchG beinhalten. Das gilt jedoch nur, wenn zweifelsfrei zu erkennen ist, dass sich die Stellungnahme des BRat auf die angezeigten Entlassungen bezieht (BAG 21.3.12 – 6 AZR 596/10, NZA 12, 1058; 22.11.12 – 2 AZR 371/11, NZA 13, 845).

28 **Zuständig** für das Konsultationsverfahren ist regelmäßig der **örtliche BRat,** nicht GBRat oder KBRat (EuGH 10.9.09 – C-44/08, NZA 10, 1083 – Keskuliitto; *Reinhard* RdA 07, 207; *Lembke/Oberwinter* NJW 07, 721; kritisch *Frost* NZA 10, 144). Interessenausgleichsverhandlung zwischen Muttergesellschaft und KBRat ersetzen daher die Konsultationspflicht des VertragsArbGeb gegenüber dem örtlichen BRat regelmäßig nicht (LAG Düsseldorf 24.4.13 – 15 Sa 1892/12, BeckRS 2013, 70903). Ausnahmsweise kann jedoch bei einer betriebsübergreifenden Betriebsänderung ein mit dem GBRat geschlossener Interessenausgleich mit Namensliste die Stellungnahme der örtlichen BRäte nach § 17 Abs 3 S 2 KSchG ersetzen (BAG 7.7.11 – 6 AZR 248/10, NZA 11, 1108; *Naber/Sittard* in Preis/Sagan § 10 Rz 52). Bei Unklarheiten im Einzelfall empfiehlt sich die vorsorgliche Beteiligung beider BRäte (*Krieger/Ludwig* NZA 10, 919).

29 **c) Rechtsfolgen bei Missachtung.** Weder §§ 17 ff KSchG noch die MERL enthalten Regelungen über die Rechtsfolgen einer Missachtung der Konsultationspflicht. Sie waren daher lange umstritten (Näheres: Personalbuch 2013, Massenentlassung Rz 18). Im Jahr 2013 hat das BAG grds entschieden, dass die Durchführung des Konsultationsverfahrens ein **eigenständiges Wirksamkeitserfordernis** für die Kündigung darstellt und eine ohne vorherige ordnungsgemäße Konsultation des BRat im Rahmen einer Massenentlassung erklärte Kündigung unwirksam ist (BAG 21.3.13 – 2 AZR 60/12, NZA 13, 966; LAG RhPf 20.2.14 – 2 Sa 119/13, BeckRS 2014, 69486). Ebenso wie bei § 102 Abs 1 S 3 BetrVG muss auch hier die fehlerhafte Konsultation einer insgesamt unterbliebenen Konsultation gleichgestellt werden (LAG BlnBbg 26.2.16 – 6 Sa 1581/15, BeckRS 2016, 69454, offengelassen von BAG 26.10.17 – 2 AZR 298/16, BeckRS 2017, 136121; *Temming* NZA 16, 599).

30 Dabei gilt dieses Wirksamkeitserfordernis unabhängig von der Anzeigepflicht nach § 17 Abs 3 KSchG, da es sich insoweit um zwei getrennt durchzuführende Verfahren handelt (BAG 20.1.16 – 6 AZR 601/14, NZA 16, 490). Gleichwohl kommt bei bestimmten Mängeln eine **Heilung** durch den BRat in Betracht. Hat der ArbGeb etwa lediglich die von § 17 Abs 2 S 1 KSchG geforderte Schriftform nicht eingehalten, kann dies durch die spätere abschließende Stellungnahme des BRat geheilt werden (BAG 20.9.12 – 6 AZR 155/11, NZA 13, 32; *Sittard/Knoll* BB 13, 2037; *Lelley/Taterka* DB 13, 2564). Hat der ArbGeb bei einer beabsichtigten Entlassung aller ArbN wegen der Stilllegung des Betriebs gegenüber dem BRat im Rahmen des Konsultationsverfahrens die Unterrichtung nicht – wie nach

§ 17 Abs 2 KSchG und Art 2 Abs 3 MERL erforderlich – auch auf die betroffenen Berufsgruppen bezogen, kann auch dieser Fehler durch eine abschließende Stellungnahme des BRat geheilt werden, sofern dieser Stellungnahme zu entnehmen ist, dass der BRat seinen Beratungsanspruch als erfüllt ansieht (BAG 9.6.16 – 6 AZR 405/15, NZA 16, 1198; *Moll/Katerndahl* RdA 18, 57).

Ob eine nicht rechtzeitig erfolgte Konsultation im späteren Verfahren **nachgeholt** werden kann, erscheint demgegenüber vor dem Hintergrund der von der Norm bezweckten Einflussnahmemöglichkeit des BRat auf die Willensbildung des ArbGeb zweifelhaft (aA *Salamon* NZA 15, 789).

**d) Weitere Beteiligungsrechte des Betriebsrats.** Neben dem Konsultationsverfahren 31
des § 17 Abs 2 KSchG können bei Massenentlassungen weitere Mitwirkungsrechte des BRat gem § 92 BetrVG (*Personalplanung*) und §§ 111 ff BetrVG (*Betriebsänderung*) sowie des Wirtschaftsausschusses gem § 106 Abs 2 BetrVG bestehen. Die Mitbestimmung bei Betriebsänderungen wird dabei oftmals durch die *Einigungsstelle* ausgeübt.

In jedem Fall gilt auch bei Massenentlassungen wie vor jeder anderen Kündigung das Anhörungserfordernis des BRat nach **§ 102 BetrVG** (BAG 21.5.08 – 8 AZR 84/07, NZA 08, 753). Dabei gelten für das Verfahren nach § 102 BetrVG dieselben Anforderungen wie auch bei sonstigen Kündigungen (BAG 16.3.93 – 2 AZR 267/93, NZA 94, 311); insbes bleibt es bei der einwöchigen Anhörungsfrist (BAG 14.8.86 – 2 AZR 561/85, NZA 87, 601).

Soweit die vom ArbGeb gegenüber dem BRat gem § 17 Abs 2 S 1 KSchG zu erfüllenden 32
Pflichten mit denen aus § 102 Abs 1 BetrVG sowie § 111 BetrVG übereinstimmen, kann er diese gleichzeitig erfüllen (LAG Düsseldorf 13.11.13 – 4 Sa 699/13, BeckRS 2014, 66905). Die **Verbindung der Verfahren** verletzt auch keine unionsrechtlichen Vorgaben (BAG 20.9.12 – 6 AZR 155/11, NZA 13, 32). Allerdings muss der ArbGeb dies hinreichend deutlich machen. In der Praxis ist von einer solchen Verbindung insbes von Konsultationsverfahren und Anhörung nach § 102 BetrVG abzuraten. Denn der Zweck des Konsultationsverfahrens, mit dessen Hilfe dem BRat Gelegenheit zur Einflussnahme auf die Entlassungsentscheidung des ArbGeb gegeben werden soll, läuft letztlich leer. Leitet der ArbGeb gleichzeitig mit dem Konsultationsverfahren das individuelle kündigungsrechtliche Anhörungsverfahren nach § 102 BetrVG ein, wird das Konsultationsverfahren zur bloßen offensichtlich unbedeutenden Formalie (so zu Recht ErfK/*Kiel* § 17 KSchG Rz 26). Außerdem besteht die Gefahr, dass der unzuständige BRat beteiligt wird, da die Zuständigkeiten zwischen örtlichem BRat und GBRat oder gar KBRat bei den verschiedenen Verfahren auseinanderfallen können.

Die vorstehenden Ausführungen gelten entsprechend für die Beteiligung des Sprecher- 33
ausschusses nach dem SprAuG, soweit **leitende Angestellte** von den Entlassungen betroffen sind (aA APS/*Moll* § 17 KSchG Rz 57). Unabhängig von der Frage, ob es sich bei der unterbliebenen Erwähnung des Sprecherausschusses in § 17 Abs 2 KSchG um einen Irrtum des Gesetzgebers handelt, folgt dies jedenfalls aus einer richtlinienkonformen Auslegung des § 17 KSchG, da Art 2 Abs 1 MERL nur von einer Konsultation der ArbNVertreter spricht und leitende Angestellte zweifelsfrei dem Anwendungsbereich der Richtlinie unterfallen (→ Rn 9).

Schließlich können weitere Beteiligungsrechte für den EBRat sowie den SE-BRat bestehen (*Forst* NZA 09, 294).

**5. Anzeige an die Agentur für Arbeit.** Beabsichtigte Entlassungen muss der ArbGeb im 34
Rahmen einer Massenentlassung gem § 17 Abs 1 KSchG vor Ausspruch der Kündigungen gegenüber der örtlich zuständigen Agentur für Arbeit ordnungsgemäß anzeigen. Maßgeblich ist insoweit der Zeitpunkt des Zugangs der Kündigung beim ArbN (BAG 13.6.19 – 6 AZR 459/18, NZA 19, 1638). Eine vom Insolvenzschuldner mit Zustimmung des vorläufigen schwachen Insolvenzverwalters erstattete Anzeige bleibt idR auch nach Insolvenzeröffnung für den Insolvenzverwalter weiterhin wirksam (BAG 22.4.10 – 6 AZR 948/08, NZA 10, 1057).

**a) Ordnungsgemäße Anzeige.** Anzeige gegenüber der Agentur für Arbeit und Konsultation des BRat sind deutlich voneinander zu trennen. Es handelt sich um zwei separate Verfahren, deren Einhaltung jeweils Wirksamkeitsvoraussetzung für die beabsichtigte Entlassung ist. Aus jedem dieser beiden Verfahren kann sich ein **eigenständiger Unwirk-**

**samkeitsgrund** für die Entlassung ergeben (BAG 20.1.16 – 6 AZR 601/14, NZA 16, 490; *Wolff/Köhler* BB 17, 1078; *Johnson* BB 19, 1909). Kommt der ArbGeb seiner gesetzlichen Anzeigepflicht nach, hat dies gem § 18 Abs 1 KSchG eine einmonatige Entlassungssperre zur Folge (→ Rn 38). Erklärt der ArbGeb nach Erstattung einer ordnungsgemäßen Massenentlassungsanzeige die darin angezeigte Kündigung, ist die durch diese Anzeige eröffnete Kündigungsmöglichkeit verbraucht. Das gilt auch dann, wenn diese Kündigung später einvernehmlich zurückgenommen wird (BAG 20.1.16 – 6 AZR 601/14, NZA 16, 490).

35 Nach § 17 Abs 3 S 4 und 5 KSchG besteht die Anzeige aus zwingend **vorgeschriebenen und optionalen Bestandteilen.** Außerdem verlangt § 17 Abs 3 S 2 KSchG die Beifügung einer Stellungnahme des BRat, die allerdings durch eine entsprechende Glaubhaftmachung des ArbGeb unter den Voraussetzungen des § 17 Abs 3 S 3 KSchG ersetzt werden kann. Verweigert der BRat eine Stellungnahme oder ist die von ihm abgegebene Erklärung – möglicherweise – unzureichend, kann der ArbGeb (vorsorglich) gem § 17 Abs 3 S 3 KSchG verfahren und kann zwei Wochen nach vollständiger Unterrichtung des BRat gem § 17 Abs 2 S 1 KSchG und nach abgeschlossener oder gescheiterter Beratung rechtssicher und rechtswirksam unter Darlegung des Beratungsstandes die Massenentlassungsanzeige erstatten (BAG 26.2.15 – 2 AZR 955/13, NZA 15, 881). Stellt der ArbGeb gegenüber der Agentur für Arbeit den Beratungsstand mit dem BRat irreführend („Beratung", obwohl nur „Meinungsaustausch" erfolgt) dar, führt dies zur Unwirksamkeit der Anzeige (LAG BlnBbg 11.7.19 – 21 Sa 2100/18, NZA-RR 19, 640 – nicht rkr, Az beim BAG: 6 AZR 562/19).

Wegen der Einzelheiten von Form und Inhalt der Anzeige → Rn 57.

36 **b) Fehlende oder fehlerhafte Anzeige.** Verstöße des ArbGeb gegen seine Anzeigepflichten nach § 17 Abs 1 und 3 KSchG führten nach der früheren Rspr des BAG allenfalls zur Unwirksamkeit der tatsächlichen Entlassung und ließen die Wirksamkeit der Kündigung unberührt (zuletzt BAG 18.9.03 – 2 AZR 79/02, NZA 04, 375). Nach dem nunmehr in ständiger Rspr geltenden unionsrechtlich vorgegebenen Entlassungsbegriff (→ Rn 12) ergibt sich ein gänzlich anderes Bild. Ist die Massenentlassungsanzeige fehlerhaft oder sogar gänzlich unterblieben, hat dies die **Unwirksamkeit der Kündigung** zur Folge (BAG 22.11.12 – 2 AZR 371/11, NZA 13, 845; 21.3.13 – 2 AZR 60/12, NZA 13, 966). Das gilt für sämtliche Verstöße des ArbGeb gegen die zwingenden gesetzlichen Vorgaben bezüglich Form und Inhalt der Anzeige.

**Ausgenommen** sind insoweit nur Fehler, die den gekündigten ArbN nicht betreffen und keine Auswirkungen auf die sachliche Prüfung der Arbeitsagentur haben (BAG 28.6.12 – 6 AZR 680/10, NZA 12, 1029; LAG RhPf 15.10.15 – 5 Sa 181/15, BeckRS 2015, 73558). Ebenfalls ohne rechtliche Folge bleibt schließlich eine Nichtbeachtung der Sollvorgaben des § 17 Abs 3 S 5 KSchG (vHH/L/*von Hoyningen-Huene* § 17 Rz 96).

37 Die Rspr zeigt viele **Beispiele unwirksamer Kündigungen.** Fehlt etwa die Stellungnahme des BRat oder ist sie inhaltlich unzureichend und sind auch die Voraussetzungen des § 17 Abs 3 S 3 KSchG nicht erfüllt, ist die Kündigung rechtsunwirksam (BAG 28.6.12 – 6 AZR 780/10, NZA 12, 1029). Das Gleiche gilt bei einer unvollständigen Unterrichtung über die in § 17 Abs 3 S 4 KSchG genannten Kriterien (LAG Düsseldorf 26.9.13 – 5 Sa 530/13, BeckRS 2013, 74192) oder die fehlerhafte Angabe der ArbNZahl im Gemeinschaftsbetrieb (LAG NdS 18.12.13 – 17 Sa 335/13, BeckRS 2014, 66597). Auch die Anzeige bei der **örtlich unzuständigen Arbeitsagentur** führt zur Unwirksamkeit der Kündigung (BAG 14.3.13 – 8 AZR 153/12, BeckRS 2013, 74879).

Eine **Heilung** fehlerhafter Massenentlassungsanzeigen durch bestandskräftige Verwaltungsakte der Arbeitsagenturen findet nicht statt (BAG 28.6.12 – 6 AZR 780/10, NZA 12, 1029; 13.12.12 – 6 AZR 752/11, BeckRS 2013, 68180; *Spelge* RdA 18, 297). Seine frühere gegenteilige Rspr hat das BAG mit dieser Entscheidung ausdrücklich aufgegeben (*Ferme* DB 12, 2162; *Sittard/Knoll* BB 13, 2037).

38 **6. Sperrfrist und Freifrist.** Die ordnungsgemäße Anzeige der beabsichtigten Massenentlassung gegenüber der Agentur für Arbeit setzt gem § 18 Abs 1 KSchG regelmäßig eine einmonatige **Sperrfrist** in Lauf, die von der Agentur auf zwei Monate verlängert werden kann (§ 18 Abs 2 KSchG). Innerhalb der Sperrfrist können Kündigungen nur

mit Zustimmung der Agentur für Arbeit wirksam erklärt werden. Die Zustimmung ist rückwirkend bis zum Tag der Antragstellung möglich. Die Sperrfrist dient allein arbeitsmarktpolitischen Zwecken und soll einen zeitlichen Mindesthandlungsspielraum für die Agentur für Arbeit sicherstellen (LAG BaWü 12.3.08 – 12 Sa 54/07, BeckRS 2008, 52380).

Auch für § 18 KSchG gilt der neue **Entlassungsbegriff** des EuGH (→ Rn 12). Es kommt also auch hier auf die Kündigungserklärung und nicht auf die tatsächliche Beendigung des Arbeitsverhältnisses an (BAG 22.4.10 – 6 AZR 948/08, NZA 10, 1057). Das bedeutet allerdings nicht, dass die Kündigung im Rahmen einer Massenentlassung erst einen Monat nach erfolgter Anzeige ausgesprochen werden kann. Vielmehr wird in § 18 KSchG nur der Vollzug der Entlassung geregelt und ein Mindestzeitraum festgeschrieben, der zwischen Anzeigenerstattung und tatsächlicher Beendigung des Arbeitsverhältnisses liegen muss (BAG 28.5.09 – 8 AZR 273/08, NZA 09, 1267). Die Kündigungserklärung kann also problemlos während der Sperrfrist erfolgen. Der Sperrfrist kommt damit die Qualität einer öffentlich-rechtlichen Mindestkündigungsfrist zu (*Stahlhacke/Preis/Vossen* Rz 1661). 39

Sofern ausnahmsweise kürzere (tarifliche) Kündigungsfristen gelten, werden diese auf einen Monat verlängert (BAG 6.11.08 – 2 AZR 935/07, NZA 09, 1013). Schließlich führt die Sperrfrist auch nicht zu einer Verlängerung der Dreiwochenfrist des § 4 KSchG.

Zusätzlich zu der einmonatigen bzw ausnahmsweise zweimonatigen Sperrfrist normiert § 18 Abs 4 KSchG eine sog **Freifrist** von 90 Tagen. Auch insoweit gilt nach zutreffender hM derselbe Entlassungsbegriff (BAG 23.2.10 – 2 AZR 268/08, NZA 10, 944; ErfK/*Kiel* § 18 KSchG Rz 7; aA HWK/*Molkenbur* § 18 KSchG Rz 13; → Rn 12). Der ArbGeb muss also die Kündigung innerhalb der Freifrist erklären. Geht die Kündigungsfrist über den Ablauf der Freifrist hinaus, ist keine erneute Anzeige erforderlich. Etwas anderes gilt nur dann, wenn der ArbGeb bis zum Ablauf der Freifrist von seiner Kündigungsmöglichkeit gerade keinen Gebrauch gemacht hat. Dann ist eine neue Anzeige erforderlich (BAG 23.2.10 – 2 AZR 268/08, NZA 10, 944). Ebenfalls neu angezeigt werden muss natürlich eine weitere Folgekündigung, sofern die Voraussetzungen des § 17 Abs 1 KSchG vorliegen (BAG 22.4.10 – 6 AZR 948/08, NZA 10, 1057). 40

Insgesamt stellt § 18 Abs 4 KSchG damit sicher, dass „Vorratsanzeigen" des ArbGeb verhindert werden, die das tatsächliche Ausmaß einer Massenentlassungsmaßnahme gegenüber der Agentur für Arbeit verschleiern würden (BAG 9.6.16 – 6 AZR 638/15, NZA 16, 1202; 20.1.16 – 6 AZR 601/14, NZA 16, 490; 23.2.10 – 2 AZR 268/08, NZA 10, 944).

**7. Streitigkeiten.** Die öffentlich-/arbeitsrechtliche Doppelnatur der §§ 17 ff KSchG wirkt sich naturgemäß auch auf den **Rechtsweg** aus. Für Rechtsstreitigkeiten, die das Verhältnis zwischen ArbGeb und der Agentur für Arbeit betreffen, sind die **Sozialgerichte** zuständig (→ Rn 59). Geht es demgegenüber um die Rechtsbeziehungen zwischen ArbGeb und ArbN, wie insbes bei der Frage um die Wirksamkeit der Entlassungen, ist der Rechtsweg zu den **Arbeitsgerichten** im Urteilsverfahren (§§ 2 Abs 1 Nr 3, 46 ff ArbGG) oder, soweit die Mitbestimmung des BRat betroffen ist, im Beschlussverfahren (§§ 2a Abs 1 Nr 1, 80 ff ArbGG) gegeben. Im arbeitsgerichtlichen Verfahren obliegt dem ArbN lediglich die Darlegung bzw ggf der Nachweis der tatsächlichen Voraussetzungen für das Bestehen der Anzeigepflicht nach § 17 Abs 1 KSchG. Steht diese fest, trifft die Darlegungs- und Beweislast für die ordnungsgemäße Durchführung des gesamten Massenentlassungsverfahrens als Wirksamkeitsvoraussetzung der Kündigung nach § 17 KSchG den ArbGeb (BAG 13.12.12 – 6 AZR 5/12, BeckRS 2013, 67924). 41

Allerdings muss der ArbN einzelne Unwirksamkeitsgründe im Kündigungsschutzprozess **geltend machen.** Hierzu besteht nach fristgerecht erhobener Kündigungsschutzklage grds Gelegenheit während des gesamten gerichtlichen Verfahrens, bei entsprechendem gerichtlichen Hinweis nach § 6 S 2 KSchG jedoch begrenzt bis zum Schluss der mündlichen Verhandlung in erster Instanz. Aus diesem Grund ist ein ArbN in der Berufungsinstanz bspw mit der Rüge eines fehlerhaften Konsultationsverfahrens prozessual ausgeschlossen, wenn er erstinstanzlich nur Rügen in Bezug auf das Anzeigeverfahren vorgebracht hat (BAG 20.1.16 – 6 AZR 601/14, NZA 16, 490). 42

**B. Lohnsteuerrecht** *Seidel*

51 Die Massenentlassung als solche ist lohnsteuerlich unerheblich. Zu den lohnsteuerlichen Folgen bei Annahmeverzug (→ Rn 25) s bei → *Annahmeverzug* Rn 25, 26. Zur Kündigung → *Kündigung, allgemein* Rn 82.

**C. Sozialversicherungsrecht** *Voelzke*

56 **1. Anzeigepflicht.** Die Bestimmungen über die Anzeigepflicht und Entlassungssperre bei Massenentlassungen gegenüber der BA verfolgten ursprünglich ausschließlich arbeitsmarktpolitische Zwecke. Die Arbeitsverwaltung sollte in die Lage versetzt werden, Massenentlassung zu verhindern oder sich rechtzeitig auf Entlassungen größeren Umfangs einzustellen. Aus dem überlagernden Europäischen Recht (→ Rn 1) folgt allerdings, dass die Anzeigepflicht auch einen individualrechtlichen Schutz bewirken soll (ErfK/*Kiel* § 17 KSchG Rz 2).

57 Eine **Verpflichtung** des ArbGeb, der Agentur für Arbeit **Entlassungen im Sinne des § 17 Abs 1 KSchG schriftlich anzuzeigen,** besteht, bevor er in dem in der Vorschrift aufgeführtem Umfang ArbN innerhalb von 30 Tagen entlässt (*Dzida/Hohenstatt* DB 06, 1901; zur Anzeigepflicht bei der Entlassung in Wellen *Bernuth* DB 17, 1027; zum Begriff der Entlassung auch *Reinhard* RdA 07, 207). Anzeigepflichtig ist auch der Insolvenzverwalter. Die Anzeige muss nach § 17 Abs 3 Satz 4 KSchG Angaben über den Namen des ArbGeb, den Sitz und die Art des Betriebes enthalten, ferner die Gründe für die geplanten Entlassungen, die Zahl und die Berufsgruppen der zu entlassenden und der idR beschäftigten ArbN, den Zeitraum, in dem die Entlassungen vorgenommen werden sollen und die vorgesehenen Kriterien für die Auswahl der zu entlassenden ArbN (kritisch zur Gestaltung des Formulars *Wolff/Köhler* BB 17, 1078). Zusätzlich soll die Anzeige im Einvernehmen mit dem BRat Angaben über Geschlecht, Alter, Beruf und Staatsangehörigkeit der zu entlassenden ArbN enthalten. Die nach § 17 Abs 2 KSchG erforderliche Mitteilung an den BRat ist gleichzeitig auch der Agentur für Arbeit zuzuleiten. Angaben über die für die Berechnung von Abfindungen vorgesehenen Kriterien brauchen dort nicht enthalten sein. Der Anzeige ist grds eine Stellungnahme des BRat beizufügen. Der BRat ist gegenüber der Agentur für Arbeit zu weiteren Stellungnahmen berechtigt; er hat dem ArbGeb eine Abschrift der Stellungnahme zuzuleiten (§ 17 Abs 3 Satz 7 und 8 KSchG).

58 Die Anzeige an die Agentur für Arbeit setzt die Sperrfrist von idR einem Monat in Lauf (→ Rn 26 ff). Die Ermessensentscheidungen des Geschäftsführers der Agentur für Arbeit bzw des bei der Agentur für Arbeit gebildeten Ausschusses (§ 20 Abs 1 KSchG) über eine Verkürzung (§ 18 Abs 1 KSchG) oder Verlängerung der Sperrfrist (§ 18 Abs 2 KSchG) sind **Verwaltungsakte,** die vom ArbGeb bei den SG angefochten werden können. Werden die Entlassungen nicht innerhalb von 90 Tagen nach dem Zeitpunkt, zu dem sie nach § 18 Abs 1 und 2 KSchG zulässig sind, durchgeführt, so bedarf es ggf einer neuen Anzeige (§ 18 Abs 4 KSchG).

59 Ein privatrechtsgestaltender Verwaltungsakt liegt auch vor, soweit die BA nach § 19 Abs 1 KSchG die Einführung von **Kurzarbeit** gestattet, weil der ArbGeb nicht in der Lage ist, alle ArbN während der Dauer der Sperrfrist zu beschäftigen (ErfK/*Kiel* § 19 KSchG Rz 3). Die Klage ist gegen die BA zu richten; der Ausschuss ist nicht beteiligtenfähig (BSG 21.3.78 – 7/12 RAr 6/77, SozR 7820 § 18 Nr 1). Dem ArbN und dem bei der Anzeige zu beteiligenden BRat (BSG 14.8.80 – 7 RAr 68/79, SozR 1500 § 54 Nr 44) stehen keine eigene Klagebefugnis zu.

60 **2. Sperrzeit.** Problematisch ist, ob die Mitwirkung des ArbN bei Maßnahmen des ArbGeb zum Abbau von Personal durch Zustimmung zu einer **Auflösungsvereinbarung** zum Eintritt einer Sperrzeit nach § 159 Abs 1 Satz 2 Nr 1 SGB III führt und damit den AlGeldAnspruch des ArbN belastet. Die einvernehmliche Lösung des Beschäftigungsverhältnisses erfüllt grds die Voraussetzungen des genannten Sperrzeittatbestandes (→ *Sperrzeit* Rn 11). Dies gilt idR sogar dann, wenn im Rahmen eines betrieblichen Personalabbaus ein älterer ArbN ausscheidet und damit die Entlassung eines jüngeren ArbN vermeidet, da es nicht Aufgabe des ArbN ist, Arbeitsmarktpolitik zu betreiben. Zudem sind gerade ältere

ArbN idR schwer zu vermitteln und stellen deshalb eine besondere Belastung für die Versichertengemeinschaft dar.

Allerdings hat das BSG unter engen Voraussetzungen Ausnahmen von den vorstehenden Grundsätzen zugelassen (KassHB SGB III/*Voelzke* § 12 Rz 371). Das Vorliegen eines wichtigen Grundes wurde bei älteren ArbN bejaht, wenn bei einem größeren Betrieb in einer krisenhaften Situation der **Zwang** zu einem kurzfristig durchzuführenden **drastischen Personalabbau** besteht, um den Betrieb und damit auch die Arbeitsplätze zu erhalten, und die drohende Arbeitslosigkeit der freizusetzenden ArbN durch den örtlichen Arbeitsmarkt nicht ohne weiteres aufgefangen werden kann (BSG 17.2.81 – 7 RAr 90/79, DB 81, 1523). Zusätzlich sind Anhaltspunkte dafür erforderlich, dass der ArbN durch sein vorzeitiges Ausscheiden aus dem Betrieb einem anderen ArbN die Entlassung und damit die Arbeitslosigkeit erspart. Ein drastischer Personalabbau in diesem Sinn liegt vor, wenn innerhalb eines Jahres mindestens 25 vH der Belegschaft abgebaut wird. Die Anerkennung eines wichtigen Grundes ist bei einer Freisetzung von Mitarbeitern zu verneinen, die lediglich der Verbesserung der Altersstruktur der Belegschaft oder der Sicherstellung der Wettbewerbsfähigkeit des Unternehmens dient. Die Fortsetzung des Arbeitsverhältnisses kann in Einzelfällen auch deshalb unzumutbar sein, weil der ArbN einem **erheblichen Druck** des ArbGeb oder jüngerer, von Kündigungen bedrohter Mitarbeiter ausgesetzt wird, seinen Arbeitsplatz aufzugeben (BSG 29.11.89 – 7 RAr 86/88, NZA 90, 628). 61

Auch bei Massenentlassungen ist ein wichtiger Grund nach der neueren Rspr des BSG zu bejahen, wenn dem ArbN eine betriebsbedingte Kündigung droht und die Höhe der **Abfindung** die in § 1a Abs 2 KSchG genannten Beträge nicht übersteigt (→ *Sperrzeit* Rn 30). 62

Zu beachten ist in diesem Zusammenhang, dass Zusagen des ArbGeb über den Nichteintritt einer Sperrzeit für den Leistungsanspruch unbeachtlich sind, aber ggf einen Schadensersatzanspruch auslösen können (BAG 10.3.88 – 8 AZR 420/85, BB 88, 1962). Zusagen der Agentur für Arbeit, AlGeld unmittelbar nach Eintritt der Arbeitslosigkeit zu zahlen, bedürfen zu ihrer Wirksamkeit der Schriftform (§ 34 Abs 1 SGB X). Ein **Irrtum** über das Vorliegen eines wichtigen Grundes bei drastischem Personalabbau lässt die Sperrzeit nicht entfallen, denn es ist erforderlich, dass der wichtige Grund objektiv gegeben ist. Der Irrtum des Arbeitslosen begründet eine besondere Härte, die zur Verminderung der Regeldauer einer Sperrzeit führt, nur, wenn er durch die konkrete Auskunft einer hiermit vertrauten Stelle – idR einer Dienststelle der BA – hervorgerufen oder unterstützt wird (BSG 5.6.97 – 7 RAr 22/95, SozR 3–1500 § 144 Nr 12). 63

# Matrixorganisation

## A. Arbeitsrecht

*Schmidt*

### Übersicht



**1. Begriff.** Matrixorganisation oder -struktur meint eine in der betriebswirtschaftlichen Organisationslehre verwandte Kategorie der **mehrdimensionalen Organisation** eines Unternehmens oder einer Unternehmensgruppe (vgl zum Ganzen auch *Maschmann/Fritz*, Matrixorganisationen, 2019). Der Ausdruck Matrix ist der Mathematik entlehnt. Kennzeichnend ist in der zweidimensionalen Variante die Implementierung von zwei Hierarchieebenen, die sich schematisch als Zeilen- und Spaltenelement (Mehrliniensystem) darstellen 1 lässt. Die zweidimensionale Matrixstruktur ist grds unter Abspaltung von mehr als zwei Aufgabendimensionen ausbaufähig zu einer drei- oder mehrdimensionalen Organisation (sog Tensororganisation). Als typisches organisationales Matrixkonzept gilt die Aufteilung eines Unternehmens oder mehrerer, zusammenarbeitender Unternehmen nach Geschäftsbereichen (Sparten) und Funktionen. In diesem Sinn kann etwa eine Gliederung nach einerseits Funktionsbereichen (Einkauf, Vertrieb) und andererseits nach Produktbereichen (Produkte, Kunden) erfolgen. Auch einem Konzern kann diese – unternehmensübergreifende – Form der funktionalen Organisation zugrunde liegen; die betriebswirtschaftliche Organisation weicht dann von der rechtlichen Struktur des Konzerns ab (*Kort* NZA 13, 1318). Im Zuge fortschreitender Globalisierung haben sich vor allem in multinationalen Konzernen Matrixstrukturen gebildet (zur unternehmerische Mitbestimmung nach dem MitbestG vgl *Mückl/Theusinger* BB 18, 117 ff), in denen die Weisungs- und Berichtswege der ArbN nicht innerhalb der Anstellungsgesellschaft im Inland, sondern mehrdimensional verlaufen. Sie sollen zu Effizienz, Synergieeffekten und damit auch Kosteneinsparung führen.

2 Die Kombination von Leitungsebenen in matrixorganisierten Unternehmen, Unternehmensgruppen und Konzernen bedingt eine **hierarchische Doppelunterstellung** als „strukturelles Kernelement an den Schnittstellen" (*Witschen* RdA 16, 38, 39). In der Praxis führt dies dazu, dass der ArbN seine Arbeitsleistung nicht mehr ortsgebunden, sondern für eine (ausländische) Gesellschaft an verschiedenen Standorten erbringt; oder dass nicht mehr der VertragsArbGeb das fachliche Weisungsrecht ausübt, sondern der Fachvorgesetzte in der Matrixstruktur (Matrixmanager; auch „steuernde Einheit"). Das entfernt sich vom Verständnis des „klassischen" Arbeitsverhältnisses, in dem die Arbeitsleistung allein im Unternehmen des VertragsArbGeb und für diesen erbracht wird, und wirft diverse Fragestellungen auf.

3 **2. Individualrechtliche Fragestellungen.** Bei einem in einer unternehmensinternen Matrixstruktur eingesetzten Mitarbeiter ergeben sich, insbes bei der Vertragsgestaltung, grds keine Besonderheiten, weil die Grenzen des mit dem VertragsArbGeb begründeten Arbeitsverhältnisses nicht überschritten werden. Anders ist dies bei einer **unternehmensübergreifenden Matrixorgansiation.** Der Tätigkeit eines ArbN in solch einer Organisation können verschiedene arbeitsvertragliche Gestaltungen zugrunde liegen.

4 **a) Einheitliches Arbeitsverhältnis.** Von einem solchen (kritisch zu der Kategorie *Schubert*, HSI-Schriftenreihe Bd 23, S 25) kann auszugehen sein, wenn der ArbN einen (Einheits-)Vertrag mit allen oder mehreren matrixorganisierten Unternehmen schließt, welche auf ArbGebSeite als mehrere natürliche oder juristische Personen bzw mehrere rechtlich selbstständige Gesellschaften dann an dem einheitlich zu wertenden Arbeitsverhältnis beteiligt sind (BAG 27.3.81 – 7 AZR 523/78, DB 82, 1569; 15.12.11 – 8 AZR 692/10, DB 12, 1690). Nach Maßgabe von §§ 133, 157 BGB ist entscheidend, ob nach den Vorstellungen der Vertragschließenden die einzelnen Vereinbarungen nur gemeinsam gelten und zusammen durchgeführt werden, dh Teile eines einzigen Gesamtgeschäfts sein sollen (BAG 19.4.12 – 2 AZR 186/11, NZA 13, 27). In der Folge kann aber solch ein Arbeitsverhältnis im Regelfall nur von und gegenüber allen auf einer Vertragsseite Beteiligten gekündigt werden (BAG 19.4.12 – 2 AZR 186/11, NZA 13, 27).

5 **b) Doppelarbeitsverhältnis.** ArbN und matrixbeteiligte Unternehmen können aber jeweils auch (Einzel-)Verträge schließen, was zu einem sog Doppelarbeitsverhältnis, ggf auch Mehrfacharbeitsverhältnis führt (zu einer Konstellation des Ruhens und Wiederauflebens eines der Arbeitsverhältnisse LAG Hamburg 21.5.08 – 5 Sa 82/07, BeckRS 2008, 56425). Für eine solche Gestaltung müssen hinreichende Anhaltspunkte für einen entsprechenden Vertragswillen des ArbN und des Unternehmens bestehen. Allein die Tätigkeit eines ArbN in einem anderen oder für ein anderes Unternehmen spricht nicht für den Abschluss eines eigenständig bestehenden Arbeitsvertrags mit dem Unternehmer des Einsatzbetriebs. Entsprechend lässt sich die Annahme eines (weiteren) Arbeitsverhältnisses nicht aufgrund einer Projekttätigkeit im Rahmen einer Matrixstruktur (LAG Köln 8.3.17 – 11 Sa 545/16, rk oder mit dem Umstand begründen, dass die Arbeitsleistung des ArbN (zumindest auch) einem anderen Unternehmen in der Matrixstruktur zugutekommt (*Neufeld* AuA 12, 219, 220).

**c) Arbeitsverhältnis mit einem (Vertrags-)Arbeitgeber.** Ein einheitliches Arbeitsverhältnis oder Doppelarbeitsverhältnis wird bei einer Matrixorganisation regelmäßig nicht begründet, da dies dem Willen der Parteien bei Vertragsschluss widerspricht (*Wolf/Weller* AuA 15, 210, 211). Relevanter sind daher bei Einsätzen in unternehmensübergreifenden Matrixstrukturen die vertraglichen Konstellationen, in denen der ArbN in (nur) einem Arbeitsverhältnis mit einem der matrixbeteiligten Unternehmen als seinem VertragsArbGeb steht. Prägend für den Einsatz des ArbN ist allerdings, dass er fachlich und ggf auch örtlich jedenfalls nicht ausschließlich für den VertragsArbGeb tätig ist (*Mückl* DB 15, 2695, 2697). 6

Im Hinblick auf das **fachliche Weisungsrecht** ist er typischerweise Matrixmanagern unterstellt oder berichtsverpflichtet, die in keinem Vertragsverhältnis zu seinem VertragsArbGeb stehen. Bei einer solchen der unternehmensübergreifenden Matrix immanenten Ausübung des fachlichen Weisungsrechts durch nicht unternehmensangehörige Dritte kann es sich um eine **Ermächtigung** durch den VertragsArbGeb iSd §§ 164 ff. BGB handeln. Das Direktionsrecht kann vom ArbGeb auf externe Personen übertragen werden, die es als Vorgesetzte gegenüber den ihnen unterstellten ArbN ausüben (vgl zu einer Fallgestaltung, bei der der Weisungsberechtigte allerdings in einem Dienstvertrag zum VertragsArbGeb stand, BAG 10.3.98 – 1 AZR 658/97, NZA 98, 1242). Dies bedarf keiner Zustimmung des weisungsunterliegenden ArbN, setzt jedoch die Erteilung einer entsprechenden Vollmacht und ein Handeln des bevollmächtigten Matrixmanagers oder der steuernden Einheit im Namen des VertragsArbGeb voraus. Hiervon kann nicht ausgegangen werden, wenn der das Weisungsrecht tatsächlich Ausübende seinerseits ausschließlich im Namen und für ein anderes matrixbeteiligtes Unternehmen handelt und seine Weisungen nicht (zumindest auch) den Betriebszwecken des VertragsArbGeb, sondern ausschließlich denen eines anderen Unternehmens dienen (HWK/*Lembke* § 106 GewO Rn 7a; diff *Schubert* HSI-Schriftenreihe Bd 23 S 29 f). 7

Liegt der Weisungsausübung durch Externe keine Ausübungsermächtigung zugrunde, gewinnt die Frage an Bedeutung, ob ihr ohne Zustimmung des ArbN die – abdingbare – **Auslegungsregel des § 613 S 2 BGB** entgegensteht, wonach der Anspruch auf die Dienste im Zweifel nicht übertragbar ist. Jedenfalls für die Übertragung des Direktionsrechts auf einen Dritten zur Verfolgung der Betriebszwecke dieses Dritten – wie bei der ArbN-Überlassung der Fall – bedarf es einer § 613 S 2 BGB abbedingenden Vereinbarung (HWK/*Lembke* § 106 GewO Rn 7a). Auch wenn sich Einsatz in einer Matrixorganisation und ArbNÜberlassung gerade dadurch unterscheiden, dass bei ersterem der VertragsArbGeb auch eigene Betriebszwecke verfolgt (*Kort* NZA 13, 1318, 1320), wird in der beratenden Praxis zur rechtssicheren Umsetzung einer unternehmensübergreifenden Matrixorganisation – über die belastbare Dokumentation von Weisungsbefugnissen hinausgehend – die Aufnahme von sog **Matrixklauseln** in den Arbeitsvertrag bzw deren nachträglicher Abschluss empfohlen, die freilich ihrerseits wirksam vereinbart sein und im Übrigen einer Inhaltskontrolle nach §§ 305 BGB standhalten müssen, sofern die Klausel einseitig vom ArbGeb vorformuliert verwendet wird (*Neufeld* AuA 12, 219, 220). Dabei ist eine Aufspaltung des Weisungsrechts in das einem Externen zustehende fachliche und das beim VertragsArbGeb verbleibende disziplinarische Weisungsrecht (Urlaubsgewährung, Vorgaben für den Fall einer Arbeitsunfähigkeit, Abmahnungserteilung) grds unbedenklich (ausf etwa *Lützeler* in Braun/Wisskirchen, Konzernarbeitsrecht, Rn 183 ff), zumal die Delegationsfähigkeit zumindest bestimmter Aspekte außerhalb des fachlichen Weisungsrechts nicht unumstritten ist und sich überdies fachliche und disziplinarische Weisungsbereiche überschneiden können. Dogmatisch werden solche Vereinbarungen zT als Verbleib des Weisungsrechts beim VertragsArbGeb mit temporärer und partieller Abgabe an einen Dritten (*Neufeld* AuA 12, 219, 220) und zT als anteilige Ausübung des Direktionsrechts durch mehrere Berechtigte eingeordnet (*Kort* NZA 13, 1318 f). 8

Der unternehmensübergreifende Einsatz eines ArbN kann – vor allem wenn er eine Arbeitsverpflichtung an verschiedenen Standorten verschiedener Unternehmen rechtfertigen soll – arbeitsvertraglich von sog **Konzernversetzungsklauseln** (Konzernvorbehaltsklauseln) flankiert sein. Beinhalten sie die Möglichkeit einer vorübergehenden Abordnung oder Entsendung des ArbN in ein anderes Konzernunternehmen (und damit ggf die bloße vorübergehende Übertragung von Weisungsbefugnissen), werden sie – auch unter dem Aspekt ihrer AGB-Kontrolle – als weniger problematisch angesehen als „echte" Konzern- 9 versetzungsklauseln, die einhergehend mit der dauerhaften Übertragung des Weisungsrechts auf einen Wechsel des ArbGeb zielen (*Klumpp* in Clemenz/Kreft/Krause, AGB-Arbeitsrecht, § 307 BGB Rn 181). Mit letzteren können Grundsätze von Bestandsschutz und Vertragsfreiheit unterlaufen werden (zu Art 12 Abs 1 GG *Staudinger/Krause*, BGB, Anhang zu § 310 Rn 198). Unter dem Aspekt der Klauselkontrolle werden echte Konzernversetzungsklauseln daher überwiegend nach § 307 Abs 1, § 307 Abs 2 Nr 1 BGB als unwirksam angesehen (*Schaub/Linck*, ArbR-Hdb, § 45 Rn 61; ähnlich auch ErfK/Preis, BGB § 310 Rn 86; offen gelassen BAG 13.4.10 – 9 AZR 36/09, DB 10, 2805). § 309 Nr 10 BGB ist dagegen nicht anwendbar; dem stehen arbeitsrechtliche Besonderheiten iSd § 310 Abs 4 S 2 BGB entgegen (*Schlewing* in Clemenz/Kreft/Krause, AGB-Arbeitsrecht, 309 BGB Rn 124).

10 **d) Bestandsschutz.** Die Einbindung des ArbN in eine Matrixstruktur kann sich auf seinen Kündigungsschutz auswirken. Bei einem einheitlichen Arbeitsverhältnis bezieht sich der Kündigungsschutz anhand der Vertragsgestaltung auf alle am Vertrag beteiligten Unternehmen. Bei dem – typischeren – Arbeitsverhältnis mit (nur) einem in der unternehmensübergreifenden Matrixorganisation eingebundenen VertragsArbGeb bezieht sich die **Sozialauswahl** auch bei konzernweiter Einsatzmöglichkeit des ArbN auf den Betrieb des kündigungsbefugten VertragsArbGeb (BAG 14.3.13 – 8 AZR 154/12, DB 13, 2687; 2.6.05 – 2 AZR 158/04, NZA 05, 1175; *Wisskirchen/Bissels* DB 07, 340, 342). Bilden mehrere matrixbeteiligte Unternehmen einen gemeinschaftlichen Betrieb, so ist die Sozialauswahl bis zu einer etwaigen Auflösung des Gemeinschaftsbetriebs auf den gesamten Betrieb zu erstrecken (BAG 29.11.07 – 2 AZR 763/06, BeckRS 2008, 51914).

11 Im Übrigen ist das KSchG grds nicht konzernbezogen ausgestaltet. In der Rspr ist jedoch anerkannt, dass auf Grund besonderer Sachverhaltsgestaltungen Ausnahmefälle denkbar sind, in denen eine konzernbezogene Betrachtung geboten ist (BAG 23.3.06 – 2 AZR 162/05, DB 06, 2351; ausf – auch im Hinblick auf Matrixstrukturen mit Auslandsbezug – *Bodenstedt/Schnabel* BB 14, 1525; *Wisskirchen/Bissels* DB 07, 340). So kommt eine die soziale Rechtfertigung einer betriebsbedingten Kündigung ausschließende **konzernweite Weiterbeschäftigungsmöglichkeit** in Betracht, wenn in einem anderen Konzernunternehmen ein geeigneter freier Arbeitsplatz vorhanden ist, das Arbeitsverhältnis einen – ggf durch Konzernversetzungsvorbehalt vermittelten – Konzernbezug aufweist und der VertragsArbGeb gegenüber dem Unternehmen mit der Möglichkeit der Weiterbeschäftigung einen „bestimmenden Einfluss" in dem Sinn hat, dass er diese aufgrund rechtlicher oder faktischer Macht durchzusetzen vermag (BAG 21.2.02 – 2 AZR 749/00, BB 02, 2335; 23.11.04 – 2 AZR 24/04, NZA 05, 929; 23.3.06 – 2 AZR 162/05, NZA 07, 30; 24.5.12 – 2 AZR 62/11, NZA 13, 277; 18.10.12 – 6 AZR 41/11, NZA 13, 1007; 22.11.12 – 2 AZR 673/11, NZA 13, 730).

12 **e) Betriebs(teil-)übergang.** Bei einem Betriebs(teil-)übergang iSv § 613a Abs 1 BGB gehen die mit dem Rechtsträger des übergehenden Betrieb(steils) geschlossenen Arbeitsverhältnisse der ArbN, die dem übergehenden Betrieb(steil) zuzuordnen sind, auf den Betriebserwerber über. Bei der Übertragung einer steuernden Einheit, die das fachliche Weisungsrecht über ArbN anderer Unternehmen ausübt, bleiben demnach bei anderen VertragsArbGeb angestellte Beschäftigte vom Betriebsübergang unberührt. Unionsrechtlich kann aber bei einem Übergang eines konzernangehörenden Unternehmens auf ein Unternehmen, das diesem Konzern nicht angehört, als Veräußerer iSv. Art. 2 Abs. 1 Buchst. a der Richtlinie 2001/23/EG auch das Konzernunternehmen anzusehen sein, zu dem ArbN ständig abgestellt waren, ohne mit diesem durch einen Arbeitsvertrag verbunden gewesen zu sein, obwohl es in diesem Konzern ein Unternehmen gibt, an das die betreffenden ArbN durch einen Arbeitsvertrag gebunden waren (EuGH 21.10.10 – C-242/09, [Albron Catering]; hierzu zB APS/*Steffan* § 613a BGB Rn 83). Insoweit werden Auswirkungen auf Betriebs(teil-)übergänge in matrixverfassten Konzernen diskutiert (*Henssler* NZA 14 Beil 3, 95, 102; *Mückl* DB 15, 2695).

13 **3. Betriebsverfassungsrechtliche Fragestellungen.** Das BetrVG gestaltet die Verfassung des Betriebs und regelt die Errichtung, die Organisation und die Zuständigkeiten von BRat und anderen Gremien sowie deren Mitwirkung und Mitbestimmung bei Entscheidungen des ArbGeb. Der Wesensgehalt dieser Mitbestimmung liegt – allgemein ausgedrückt – darin, durch die Beteiligung der von Entscheidungen Betroffenen eine angemessene Berück-

sichtigung ihrer Interessen zu gewährleisten. Dabei wird der betriebsverfassungsrechtliche Teilhabezweck maßgebend von den institutionellen Rahmenbedingungen beeinflusst. Die Mitbestimmungsstrukturen des BetrVG sollen daher die Organisations- und Entscheidungsstrukturen der Praxis erfassen und abbilden. Das kann in dezentralisierte Matrixorganisationen Wertungsschwierigkeiten bedingen (*Bauer/Herzberg* NZA 11, 713; *Engesser* ArbuR 15, 79; *Günther/Böglmüller* NZA 15, 1025; *Henssler* NZA 14 Beil 3, 95, 102; *Karthaus* NZA 17, 558; *Kort* NZA 13, 1318; *Reinhardt/Kettering* ArbR 14, 87; *Rieble* NZA 14 Beil 3, 30; *Schubert* HSI-Schriftenreihe Bd 23, S 25; *Wisskirchen/Block* NZA-Beil 17, 90; *Witschen* RdA 16, 38).

**a) Organisatorisches Betriebsverfassungsrecht.** Die Bildung eines BRat, seine Mitwirkungs- und Mitbestimmungsrechte sowie in der Betriebsverfassung geregelte Schwellenwerte sind grds mit der Organisationseinheit des (im Gesetz nicht näher definierten) Betriebs verknüpft, die auch für die Zugehörigkeit von ArbN relevant ist. 14

**aa) Betrieb.** Der Betrieb iSd BetrVG (→ *Betrieb* Rn 3) ist eine organisatorische Einheit, innerhalb derer der ArbGeb zusammen mit den vom ihm beschäftigten ArbN bestimmte arbeitstechnische Zwecke fortgesetzt verfolgt. Dazu müssen die in der Betriebsstätte vorhandenen materiellen und immateriellen Betriebsmittel zusammengefasst, geordnet und gezielt eingesetzt und die menschliche Arbeitskraft von einem einheitlichen Leitungsapparat gesteuert werden (BAG 17.5.17 – 7 ABR 21/15, NZA 17, 1282). Ein entscheidendes Kriterium für einen Betrieb ist also die Steuerung des Einsatzes der menschlichen Arbeitskraft durch eine **einheitliche Leitungsmacht** (BAG 23.11.16 – 7 ABR 3/15, NZA 17, 1003), wobei sich diese auf die wesentlichen Funktionen des ArbGeb in sozialen und personellen Angelegenheiten erstrecken muss (BAG 11.2.04 – 1 ABR 27/03, NZA 04, 618). Insofern kann eine abgesonderte, unternehmensinterne und nicht nur vorübergehend gebildete Matrixeinheit unter separater Leitung einen eigenständigen Betrieb darstellen. Häufig dürfte es aber an der Übertragung umfassender Entscheidungsbefugnisse auf den oder die Matrixmanager fehlen (*Wisskirchen/Block* NZA-Beil 17, 90). Ist ein matrixorganisierter Konzern dergestalt gegliedert, dass unterhalb der an der Konzernspitze angesiedelten Matrixmanager jeweils eine einheitliche Leitungsmacht bezogen auf ihrerseits nicht rechtsträgerübergreifend gestaltete Matrixzellen installiert ist, ergeben sich bei der Betriebsbestimmung keine Schwierigkeiten (*Witschen* RdA 16, 39, 43). 15

Unter Umständen kann die Betriebseigenschaft einer Einheit der Matrixorganisation aus § 4 Abs 1 S 1 BetrVG folgen. Insoweit genügt für das Vorliegen eines **Betriebsteils** iSv § 4 Abs 1 S 1 BetrVG ein Mindestmaß an organisatorischer Selbstständigkeit gegenüber dem Hauptbetrieb. Es reicht aus, dass in der organisatorischen Einheit überhaupt eine den Einsatz der ArbN bestimmende Leitung institutionalisiert ist, die Weisungsrechte des ArbGeb wahrnimmt (BAG 17.5.17 – 7 ABR 21/15, NZA 17,1282). Nach ArbG Frankfurt (12 BV 184/09) muss sich die Leitungsmacht nicht auf alle Mitarbeiter in einer organisatorischen Einheit oder ausschließlich auf diese Einheit beziehen; auch kann eine bloße fachliche Weisungsbefugnis leitungsrelevant sein. Allerdings können in Matrixstrukturen übliche Standorte unterschiedlicher Unternehmen nicht zu einem Betrieb nach § 4 Abs 1 BetrVG zusammengefasst werden (*Wisskirchen/Block* NZA-Beil 17, 90). 16

Denkbar ist bei unternehmensübergreifenden Matrixorganisationen, dass ein **gemeinsamer Betrieb** mehrerer Unternehmen vorliegt (vgl § 1 Abs 2 BetrVG). Hingegen bedingt die Einführung einer Matrixorganisation für sich gesehen eine solche Annahme nicht (*Fitting*, § 1 Rn 81). Ein Gemeinschaftsbetrieb setzt voraus, dass sich die beteiligten Unternehmen rechtlich zumindest stillschweigend zu einer gemeinsamen Leitung verbunden haben, die sich auf die wesentlichen ArbGebFunktionen in personellen und sozialen Angelegenheiten erstreckt (BAG 23.11.16 – 7 ABR 3/15, NZA 17, 1003). Hiervon wird regelmäßig mangels einheitlicher Wahrnehmung der ArbGebFunktion durch die beteiligten Unternehmen an den Schnittstellen von Matrixzellen nicht auszugehen sein (*Bauer/Herzberg* NZA 11, 713; *Hoffmann-Remy/Zaumseil* BB 17, 1717, 1718; *Kort* NZA 13, 1318, 1322; *Reinhard/Kettering* ArbRB 2014, 87, 89; *Witschen* RdA 16, 38, 44; aA *Karthaus* ArbuR 18, 342). 17

Gem § 3 Abs 1 Nr 1 bis 3 BetrVG ist die Festlegung abweichender betriebsverfassungsrechtlicher Strukturen vornehmlich durch Tarifvertrag (sog **Zuordnungstarifvertrag**) oder (nachrangig und nicht bei § 3 Abs 1 Nr 3 BetrVG) Betriebsvereinbarung möglich. Die so 18 gebildeten betriebsverfassungsrechtlichen Organisationseinheiten gelten als Betriebe (§ 3 Abs 5 S 1 BetrVG). Ist die Matrix nur bei einem Rechtsträger installiert, kann die Bildung eines **unternehmenseinheitlichen Betriebsrats** nach § 3 Abs 1 Nr 1 Buchst a BetrVG eine Option sein. Für die betriebsverfassungsrechtliche Organisationsstruktur einer unternehmensübergreifenden Matrix bietet sich die Bildung von **Spartenbetriebsräten** (§ 3 Abs 1 Nr 2 BetrVG; dazu *Salamon* NZA 18, 143 ff) und **anderer Arbeitnehmervertretungsstrukturen** (§ 3 Abs 1 Nr 3 BetrVG) an. Die Abweichung von der gesetzlichen Betriebsverfassung ist allerdings an näher geregelte Voraussetzungen gebunden. So setzt etwa die mit § 3 Abs 1 Nr 3 BetrVG eröffnete Möglichkeit, durch Tarifvertrag vom Gesetz abweichende ArbNVertretungsstrukturen zu bestimmen, einen Zusammenhang zwischen vornehmlich organisatorischen oder kooperativen Rahmenbedingungen auf ArbGebSeite und der wirksamen sowie zweckmäßigen Interessenvertretung der ArbN voraus. Fehlt es hieran, ist der Tarifvertrag unwirksam und eine auf seiner Grundlage durchgeführte BRat-Wahl anfechtbar (BAG 13.3.13 – 7 ABR 70/11, NZA 13, 783).

Unabhängig von einer BRatWahl kann das Vorliegen einer **betriebsratsfähigen Organisationseinheit** nach § 18 Abs 2 BetrVG durch die in der Vorschrift genannten Antragsberechtigten im arbeitsgerichtlichen Beschlussverfahren einer **Klärung** zugeführt werden.

19 **bb) Betriebszugehörigkeit.** Nach der sog Zwei-Komponenten-Lehre gehört zu den konstitutiven Merkmalen der Betriebszugehörigkeit einerseits ein Arbeitsverhältnis zum Betriebsinhaber und andererseits die tatsächliche Eingliederung in dessen Betriebsorganisation (BAG 10.11.04 – 7 ABR 12/04, DB 05, 1067). Ist der in eine Matrixorganisation eingebundene ArbN in einem Betrieb seines VertragsArbGeb tätig, stellen sich keine besonderen Betriebszugehörigkeitsfragen. Bei einem betriebsübergreifenden Einsatz wird diskutiert, ob eine Zugehörigkeit zu verschiedenen Betrieben des VertragsArbGeb in Betracht kommt (*Karthaus* ArbuR 18, 342; *Witschen* RdA 16, 38, 45; *Fritz* NZA-RR 18, 304 f). Das BAG bejaht dies beim Mitbestimmungstatbestand des § 99 BetrVG, hat aber bisher ausdrücklich **offengelassen,** ob ein durch gleichzeitige Eingliederung in mehreren Betrieben eingestellter ArbN zwangsläufig auch in allen Betrieben **wahlberechtigt** und **wählbar** ist und ob er bei der Ermittlung von betriebsverfassungsrechtlichen **Schwellenwerten** mitzählt (BAG 12.6.19 – 1 ABR 5/18, NZA 19, 1288).

20 Bei einem Einsatz im Betrieb eines anderen Unternehmens fehlt es an der arbeitsvertraglichen Komponente. Die der unternehmensübergreifenden Matrixorganisation immanente Aufteilung des Weisungsrechts zwischen VertragsArbGeb und steuernder Einheit ist insofern vergleichbar mit einem drittbezogenen Personaleinsatz bzw einer aufgespaltenen ArbGeb-Stellung. Der hierfür von der Rspr unter Modifizierung der Zwei-Komponenten-Lehre entwickelte **normzweckorientierte Ansatz** ist auf den Einsatz in einer matrixorgansierten Unternehmensgruppe übertragbar. Danach sind bei der betriebsverfassungsrechtlichen Zuordnung des ArbN differenzierende Lösungen geboten (BAG 5.12.12 – 7 ABR 48/11, NZA 13, 793). Folglich kann ohne arbeitsvertragliches „Band" eine Zugehörigkeit des in der Matrixstruktur tätigen ArbN zum (Dritt-)Betrieb der steuernden Einheit vorliegen, wenn der Einsatz nicht nur kurzzeitig erfolgt (in Anlehnung an § 7 S 2 BetrVG wird im Schrifttum ein Zeitraum von mehr als drei Monaten vorgeschlagen, vgl *Schubert*, HSI-Schriftenreihe Bd 23, S 92 mwN; vgl zum Ganzen auch *Fitting*, § 7 Rn 46b). Für die betriebsverfassungsrechtliche Betriebszugehörigkeit eines ArbN ist auch bei einer aufgespaltenen ArbGebStellung die **tatsächliche Eingliederung** in den Betrieb und nicht die rechtliche Wirksamkeit der – bei der Matrixorganisation über die Übertragung der Weisungsbefugnisse vermittelten – Eingliederungsverhältnisses entscheidend. Ob die Übertragung gegenüber dem einzelnen ArbN wirksam ist, ist kollektivrechtlich ohne Belang.

21 **b) Materielles Betriebsverfassungsrecht.** Die Einführung von Matrixstrukturen kann **Informationsrechte** des BRat nach § 80 BetrVG auslösen (*Kort* NZA 13, 1318, 1325). In ihr kann eine **Betriebsänderung** iSv § 111 S 1, 3 BetrVG liegen; in Betracht kommen insbes die grundlegende Änderung der Betriebsorganisation, des Betriebszwecks oder der Betriebsanlagen nach § § 111 S 3 Nr 4 BetrVG oder die Einführung grundlegend neuer Arbeitsmethoden und Fertigungsverfahren nach § 111 S 3 Nr 5 BetrVG. Es kommt insoweit aber auf die konkreten Maßnahmen und deren betriebliche Umsetzung an (BAG 22.3.16 – 1 ABR 12/14, NZA 16, 894). Zuständig ist bei einem zwingenden Erfordernis nach einer betriebsübergreifenden Regelung der GesamtBRat (BAG 11.12.01 – 1 AZR

193/01, DB 02, 1276); nach einer unternehmensübergreifenden Regelung der KonzernBRat (wobei im Zusammenhang mit Betriebsänderungen nach § 111 BetrVG – in Form einer Betriebsschließung – bisher höchstrichterlich nicht geklärt ist, ob eine originäre Zuständigkeit des KonzernBRat überhaupt eröffnet sein kann, vgl BAG 18.7.17 – 1 AZR 546/15, NZA 17, 1618).

Für die **Anhörung vor einer Kündigung** nach § 102 Abs 1 BetrVG ist regelmäßig (nur) der beim VertragsArbGeb gebildete BRat zuständig, weil diesem das Kündigungsrecht zusteht (*Müller-Bonanni/Mehrens* ZIP 10, 2228; BAG 24.5.18 – 2 AZR 54/18, BB 18, 2547). 22

Die einer Matrixstruktur typische Indienstnahme betriebs- oder unternehmensexterner Mitarbeiter kann eine die Mitbestimmung des BRat nach § 99 Abs 1 BetrVG bedingende **Einstellung** sein. Eine solche liegt vor, wenn eine Person in eine betriebliche Organisation eingegliedert wird, um zusammen mit den dort schon beschäftigten ArbN dessen arbeitstechnischen Zweck durch weisungsgebundene Tätigkeit zu verwirklichen (BAG 13.5.14 – 1 ABR 50/12, NZA 14, 1149). Eine Einstellung iSv § 99 Abs 1 S 1 BetrVG liegt demnach vor, wenn ein ArbN, der seinen Dienstsitz in einem bestimmten Betrieb des Unternehmens hat und dort regelmäßig tätig ist, zum Vorgesetzten von unternehmensangehörigen ArbN eines anderen Betriebs bestellt und durch die Wahrnehmung dieser Führungsaufgaben (auch) der arbeitstechnische Zweck dieses anderen Betriebs verwirklicht wird; der BRat des anderen Betriebs ist entspr § 99 Abs 1 S 1 BetrVG zu beteiligen (BAG 12.6.19 – 1 ABR 5/18, NZA 19, 1288 für den Fall einer nicht betriebsübergreifenden Matrix; krit *Mues* ArbRB 2019, 300). Die organisatorische Entscheidungshoheit des ArbGeb, welchem Betrieb er den vom Vorgesetzten Arbeitsplatz zuordnet, bleibt aber unberührt (auch dazu BAG 12.6.19 – 1 ABR 5/18, NZA 19, 1288). In einer bloßen Übertragung von fachlichen Weisungsbefugnissen auf Matrixmanager oder einem bloßen Wechsel des Matrixmanagers ohne organisatorische Änderung für den in der Matrixstruktur tätigen ArbN liegt idR keine **Versetzung** des unterstellten ArbN nach § 99 Abs 1, § 95 Abs 3 BetrVG (*Witschen* RdA 16, 38, 47).

Insbes bei der Mitbestimmung des BRat in **sozialen Angelegenheiten** hängt es in den Konstellationen einer Eingliederung des in der Matrix beschäftigten ArbN in einen Drittbetrieb vom Gegenstand der Mitbestimmung ab, ob sich das Mitbestimmungsrecht an den ArbGeb des Einsatzbetriebs (und den dortigen BRat) oder den VertragsArbGeb (und den dortigen BRat) richtet (vgl für die Personalgestellung BAG 18.7.17 – 1 ABR 15/16, BeckRS 2017, 124456). Ersteres betrifft eher die Mitbestimmung nach § 87 Abs 1 Nrn 1, 2, 3, 5 und 6 BetrVG; letzteres die Mitbestimmung nach § 87 Abs 1 Nrn 4, 10 und 11 BetrVG. Ggf lassen sich Abgrenzungsprobleme auch durch eine Auslegung der Regelungen zum Geltungsbereich geschlossener Betriebsvereinbarungen lösen. 23

**4. Beschäftigtendatenschutz.** Die rechtsträgerübergreifende Matrixorganisation bedingt einen unternehmensübergreifenden Austausch personenbezogener Daten. Dies bedarf einer besonderen datenschutzrechtlichen Rechtfertigung. Das BDSG sieht kein Konzernprivileg vor. Inwieweit globale Berichts- und Leistungswege zu einer Erweiterung der Zweckbestimmung des Arbeitsverhältnisses und damit ggf zu einer Erlaubnis von Datenübermittlungen entlang der Berichtswege und Organisationsstrukturen führen mit Auswirkungen auf das datenschutzrechtliche Transparenzgebot, ist nicht abschließend geklärt (*Schneider*, Hdb EDV-Recht, Teil A Rn 933). Im transnationalen Matrixkonzern verschärfen sich die datenschutzrelevanten Probleme (zum Ganzen *Grimm* ArbRB 15, 336; *Kuß* DuD 16, 150; *Reinhardt*, PersF 16, 70). 24

## B. Lohnsteuerrecht

*Seidel*

Lohnsteuerlich ergeben sich keine Besonderheiten. Die Erfüllung der lohnsteuerlichen Pflichten obliegt dem ArbGeb. Wer dies ist, bestimmt sich nach den allgemeinen Grundsätzen → *Arbeitgeber* Rn 19 ff und → *Arbeitnehmer (Begriff)* Rn 29 ff. Maßgeblich dürfte insoweit aufgrund der Besonderheiten der Matrixorganisation die Direktionsbefugnis sein → Rn 7 f. Dies gilt grds auch im Falle der Lohnzahlung durch Dritte, es sei denn dieser hat gegenüber dem ArbGeb die Erfüllung der lohnsteuerlichen Pflichten übernommen → *Lohnabzugsverfahren* Rn 14 ff. Zur ArbeitGebEigenschaft bei Matrixstrukturen im Konzern → *Konzernarbeitsverhältnis* Rn 21 ff. Zum Betriebsstättenbegriff → *Betriebsstätte* Rn 2 ff. 30

Die Ermittlung des steuerfreien und stpfl Arbeitslohns nach den Doppelbesteuerungsabkommen sowie nach dem Auslandstätigkeitserlass richten sich nach BMF 14.3.17, BStBl I 17, 473. Kommen die Grundsätze der ArbNÜberlassung zur Anwendung ist ArbGeb grds der Verleiher → *Arbeitnehmerüberlassung/Zeitarbeit* Rn 71 ff.

**C. Sozialversicherungsrecht** *Ruppelt*

35 **Beitragsrecht.** Die mehrdimensionale Organisation eines Unternehmens oder einer Unternehmensgruppe und die damit mögliche hochfrequente Umsetzung der Beschäftigten in unterschiedliche Leitungsebenen innerhalb eines Unternehmens oder einer Unternehmensgruppe im In- und Ausland führt aus sozversrechtlicher Sicht vor allem zu beitragsrechtlichen Fragen. Dies gilt insbes für eine **unternehmensübergreifende Matrixorganisation.** Wenn der ArbN seine Arbeitsleistung nicht mehr unternehmensgebunden, sondern innerhalb der Unternehmensgruppe an verschiedenen Standorten erbringt und nicht mehr der VertragsArbGeb das fachliche Weisungsrecht ausübt, sondern die steuernde Einheit in der Matrixstruktur, ist zu klären, wer als ArbGeb die sozversrechtlichen Beitragspflichten zu erfüllen und dafür auch zu haften hat. Dabei kann jedenfalls beitragsrechtlich sowohl das sog Einheitsarbeitsverhältnis als auch das sog Doppelarbeitsverhältnis (→ Rn 4 f) nur wie ein Mehrfacharbeitsverhältnis behandelt werden, dh jeder beteiligte ArbGeb hat die auf ihn entfallenden SozVBeiträge abzuführen und die sonstigen Pflichten des ArbGeb zu erfüllen. Handelt es sich wie regelmäßig schon aus praktischen Gründen um ein Arbeitsverhältnis mit **einem Vertragsarbeitgeber** (→ Rn 6), der sein Weisungsrecht auf eine außerbetriebliche Organisationseinheit delegiert hat, so trägt dieser grds die Beitragslast und die sonstigen sozversrechtlichen Pflichten des ArbGeb, vgl → *Konzernarbeitsverhältnis* Rn 26 ff.

# Medizinischer Dienst

**A. Arbeitsrecht** *Poeche*

1 **1. Aufgaben des Medizinischen Dienstes.** Die Möglichkeiten, im **bestehenden Arbeitsverhältnis** eine ärztlich attestierte AU des ArbN zu überprüfen, sind im Zuge der Regelung der PflegeV entscheidend verbessert worden. So wird die Krankenkasse selbst verpflichtet, jede Krankschreibung unverzüglich zu überprüfen. Sie hat eine gutachterliche Stellungnahme des Medizinischen Dienstes einzuholen, um **Zweifel an der Arbeitsunfähigkeit** zu beseitigen, dazu → Rn 9 ff.

2 **2. Tätigwerden des Dienstes auf Veranlassung des Arbeitgebers.** Der ArbGeb kann von der gesetzlichen KV zur Beseitigung von Zweifeln an der AU eines ArbN, die nicht näher dargelegt werden müssen (*Kühn* NZA 12, 1249), verlangen, dass diese die AU ihres Mitglieds überprüft (§ 275 Abs 1a Satz 2 SGB V). Im Verhältnis zum ArbN hat der ArbGeb keine Obliegenheit, die KV einzuschalten; er kann den Beweiswert einer AUBescheinigung auch auf andere Weise erschüttern (LAG Hamm 9.4.08 – 18 Sa 1938/07, BeckRS 2008, 54151). Von der Einschaltung des Medizinischen Dienstes kann die KV absehen, wenn sich die AU aus ihr vorliegenden Unterlagen eindeutig ergibt. Bei privat versicherten ArbN ist der ArbGeb auf Hausbesuche und sonstige Kontrollen beschränkt, wobei die Rechte des BRat zu beachten sind (→ *Betriebsordnung* Rn 7; *Heider* NJW 15, 1051). Ob mit ihnen vertraglich Untersuchungspflichten durch den Amts- oder Vertrauensarzt vereinbart werden können, ist str (*Heider* NJW 15, 1051).

3 **3. Mitteilungspflichten.** Das **Ergebnis** der ärztlichen Untersuchung – nicht die Diagnose – wird dem ArbGeb von der KV nur für die Dauer seiner Entgeltfortzahlungspflicht und auch nur dann mitgeteilt, wenn die AU des ArbN abweichend vom Attest des behandelnden Arztes beurteilt wird, also generell verneint oder für eine kürzere oder längere Zeit bescheinigt wird (§ 277 Abs 2 SGB V). Der ArbGeb wird auch unterrichtet, wenn der ArbN nicht zu der angeordneten Untersuchung erscheint.

4 **4. Rechtsfolgen der Einschaltung des Medizinischen Dienstes.** Der Entgeltfortzahlungsanspruch des ArbN entfällt nicht zwangsläufig, wenn der Medizinische Dienst abweichend vom behandelnden Arzt seine Arbeitsfähigkeit feststellt. Dem ArbGeb steht weder

nach § 7 EFZG noch nach § 273 BGB ein Leistungsverweigerungsrecht zu. Das Gutachten hat nicht ohne weiteres einen höheren Beweiswert als die AUBescheinigung des behandelnden Arztes (aA *Kühn* NZA 12, 1249; *Heider* NJW 15, 1051). Deren Beweiswert ist allerdings erschüttert, so dass der ArbN seine AU nunmehr **nachzuweisen** hat (→ *Arbeitsunfähigkeitsbescheinigung* Rn 6 ff; aA *Heider* NJW 15, 1051: Widerlegung der Arbeitsunfähigkeit). Gleiches gilt, wenn der ArbN die Untersuchung ohne triftigen Grund verweigert (*Kühn* NZA 12, 1249). Im Rechtsstreit wird die behauptete AU idR nur über einen Sachverständigen geklärt werden können. Sieht ein Tarifvertrag bei gegebener Veranlassung vor, dass der ArbGeb die Untersuchung durch den medizinischen Dienst anordnen kann und weigert sich der ArbN, kann der ArbGeb auch zum Ausspruch einer außerordentlichen **Kündigung** berechtigt sein (zum BAT/AOK-neu: BAG 25.1.18 – 2 AZR 382/17, NZA 18, 845; aA in einem Fall, in dem es keine geregelte Verpflichtung des ArbN gab, der Anordnung des ArbGeb Folge zu leisten: LAG Köln 21.6.18 – 7 Sa 768/17, BeckRS 2018, 25703). Vor der Anordnung ist der ArbGeb bei schwerbehinderten ArbN nicht zur Durchführung eines bEM verpflichtet.

**5. Sonstiges.** Auch der **Arbeitnehmer** kann den Nachweis seiner AU infolge Krankheit zur Begründung eines Anspruches auf Entgeltfortzahlung durch ein Attest des Medizinischen Dienstes erbringen (LAG BaWü 6.7.16 – 9 Sa 20/16, BeckRS 2016, 72229; ebenso zum Nachweis der AU gegenüber der Krankengeld zahlenden KV: SG Stuttgart 20.3.17 – S 15 KR 3635/15, PM). Zur **Eingruppierung** eines Facharztes vgl BAG 24.2.99 – 4 AZR 156/98, ZTR 99, 323, eines Leiters von Beratungsstellen des Medizinischen Dienstes BAG 20.3.02 – 4 AZR 83/01, NZA 04, 287. Der bei einer gesetzlichen KV beschäftigte Arzt hat keinen Anspruch auf Erteilung einer Nebentätigkeitsgenehmigung zur Erstellung von Gutachten für eine private KV (BAG 28.2.02 – 6 AZR 33/01, ZTR 02, 429). Bei der Gestaltung seines Privatlebens unterliegt der Arzt besonderen **Rücksichtnahmepflichten** auf die Interessen des ArbGeb. Diese sind verletzt, wenn er trotz bescheinigter AU Freizeitaktivitäten wahrnimmt, die mit der AU schwerlich in Einklang zu bringen sind. Das BAG hat daher ausgehend von seiner Rspr zum krankheitsangepassten Verhalten (→ *Kündigung, verhaltensbedingte* Rn 36) die außerordentliche Kündigung eines im Medizinischen Dienst beschäftigten schwerbehinderten Arztes bestätigt (eingetragenes Merkmal „G" = gehbehindert), der während einer Krankschreibung wegen Meningoenzephalitis (Hirnhautentzündung mit Auswirkungen auf die Gehirnsubstanz) in Skiurlaub fuhr, im Skikurs stürzte und sich dabei Schien- und Wadenbein brach (BAG 2.3.06 – 2 AZR 53/05, NZA-RR 06, 636). Zum **Arbeitnehmerstatus** eines begutachtenden Arztes im medizinischen Dienst der Krankenkassen: BAG 21.7.15 – 9 AZR 484/14, BeckRS 2016, 65025. Ein Anhörungsrecht des **PRat** nach § 75 Abs 1 Nr 4 LPVG NRW (Anordnung von amts- und vertrauensärztlichen Untersuchungen zur Feststellung der Arbeits- oder Dienstfähigkeit) besteht nicht bei der Anordnung der Untersuchung durch den medizinischen Dienstes wegen Zweifeln an der AU (VG Gelsenkirchen 29.11.16 – 12c K 3238/16.PVL, BeckRS 2016, 55822). 5

## B. Lohnsteuerrecht *Thomas*

Die Tätigkeit des medizinischen Dienstes als solche hat auf die lohnsteuerliche Beurteilung des ArbN keine Auswirkung. 7

## C. Sozialversicherungsrecht *Ruppelt*

**Der Medizinische Dienst** der KV stellt den Trägern der gesetzlichen KV (→ *Krankenversicherungsträger* Rn 6) den medizinischen Sachverstand zur Verfügung, den diese zur Erfüllung ihrer Aufgaben benötigen. Er ist personell und sachlich unabhängig und unterliegt keinen Weisungen der Krankenkassen. Er ist als Gemeinschaftseinrichtung der gesetzlichen Kranken- und Pflegekassen auf Länderebene organisiert und beschäftigt Ärzte aller Fachgebiete mit idR sozialmedizinischer Zusatzqualifikation. Die Krankenkassen bedienen sich des Medizinischen Dienstes zur Klärung aller Fragen, die in Zusammenhang mit ihren Aufgaben stehen. Die Ärzte des medizinischen Dienste sind nicht berechtigt, in die ärztliche Behandlung einzugreifen (§ 275 SGB V). 8

9 Bei **Zweifeln an der Arbeitsunfähigkeit** hat der KVTräger eine gutachtliche Stellungnahme des Medizinischen Dienstes einzuholen. Zweifel an der AU (zum Begriff → *Arbeitsunfähigkeit* Rn 17) sind insbes in Fällen anzunehmen, in denen Versicherte auffällig häufig oder auffällig häufig nur für kurze Dauer arbeitsunfähig sind oder der Beginn der AU häufig auf einen Arbeitstag am Beginn oder Ende einer Woche fällt oder die AU von einem Arzt festgestellt worden ist, der durch die Häufigkeit der von ihm ausgestellten Bescheinigungen über AU auffällig geworden ist. Die Prüfung hat unverzüglich nach Vorlage der ärztlichen Feststellung über die AU zu erfolgen. Der ArbGeb kann bei Zweifeln an der AU des ArbN **verlangen,** dass die Krankenkasse eine gutachtliche Stellungnahme des Medizinischen Dienstes zur Überprüfung der AU einholt (§ 275 Abs 1a Satz 3 SGB V). Das gilt schon während des Entgeltfortzahlungszeitraums (→ Rn 2 ff; → *Arbeitsunfähigkeitsbescheinigung* Rn 23). Die Feststellungen des Medizinischen Dienstes zur AU setzen nicht zwingend eine körperliche Untersuchung des Versicherten voraus (LSG Hamburg 25.9.13 – L 1 KR 68/11, BeckRS 2013, 73450).

10 Im Rahmen der **Wirtschaftlichkeitsprüfung** überprüft der Medizinische Dienst bei Vertragsärzten (Kassenärzten) stichprobenartig Feststellungen der AU (§ 275 Abs 1b Satz 1 SGB V).

## Mehrfachbeschäftigung

### A. Arbeitsrecht *Röller*

1 **1. Begriff.** Mehrfachbeschäftigung liegt vor, wenn ein ArbN ein oder mehrere zusätzliche Arbeitsverhältnisse bei anderen ArbGeb eingeht (s auch *Nebentätigkeit*). Sie ist insbes gegeben, wenn ein **in Teilzeit** oder ein **geringfügig beschäftigter Arbeitnehmer** ein weiteres Arbeitsverhältnis aufnimmt und somit eine Doppelbeschäftigung vorliegt.

2 **2. Zulässigkeit.** Eine Doppel- oder Mehrfachbeschäftigung ist **grundsätzlich zulässig** (BAG 19.6.59 – 1 AZR 565/57, NJW 59, 2036). Der ArbN schuldet dem ArbGeb nicht seine gesamte Arbeitskraft, sondern ist lediglich verpflichtet, für eine bestimmte Zeit dem ArbGeb leistungsmäßig zur Verfügung zu stehen. Das zweite Arbeitsverhältnis ist jedoch nichtig, wenn unter Berücksichtigung der geschuldeten Arbeitszeit im ersten Arbeitsverhältnis die gesetzlich zulässige Höchstarbeitszeit (§§ 3, 14 ArbZG) erheblich überschritten wird. Geringfügige Überschreitungen führen lediglich unter Einhaltung des Vertrages mit der gesetzlich zulässigen Arbeitszeit zu einem Beschäftigungsverbot auf Seiten des ArbGeb und zu einem Leistungsverweigerungsrecht auf Seiten des ArbN (BAG 19.6.59, NJW 59, 2036).

3 Dem geringfügig beschäftigten ArbN kann die Aufnahme einer weiteren geringfügigen Beschäftigung, die durch Zusammenrechnung zur SozVPflicht führt, durch eine vertragliche Vereinbarung nicht untersagt werden. Die Ausübung nur einer einzigen geringfügigen Beschäftigung kann auch nicht zur Geschäftsgrundlage eines Arbeitsvertrages gemacht werden (BAG 6.9.90, DB 91, 496; 18.11.88, DB 89, 848; LAG Köln 28.1.94, ArbuR 95, 158). Anders ist die Rechtslage dann zu beurteilen, wenn die zweite Beschäftigung zeitlich oder aus Gründen verbotener **Konkurrenztätigkeit** mit der ersten Beschäftigung kollidiert.

4 **3. Folgen der Mehrfachbeschäftigung.** Für die nebeneinander bestehenden Arbeitsverhältnisse gelten die gesetzlichen Bestimmungen. In jedem Arbeitsverhältnis besteht ua ein Anspruch auf bezahlten Urlaub (BAG 19.6.59 – 1 AZR 565/57, NJW 59, 2036) und Entgeltfortzahlung im Krankheitsfall (BAG 17.1.79 – 5 AZR 498/77, NJW 80, 470). Für jedes der Arbeitsverhältnisse gilt das KSchG (ErfK/*Oetker* § 1 KSchG Rn 24).

Die Ausübung mehrerer geringfügiger Beschäftigungen kann nach § 8 SGB IV zur **Sozialversicherungspflicht** führen. Für den ArbN, der eine geringfügige Beschäftigung ausübt, besteht deshalb nach Aufnahme eines weiteren Beschäftigungsverhältnisses die Pflicht, dieses dem ArbGeb **unverzüglich anzuzeigen.** Diese Meldepflicht besteht unabhängig von einer ausdrücklichen vertraglichen Regelung. Ein Verstoß gegen die Anzeigepflicht hat für den ArbGeb zunächst keine Konsequenzen, auch wenn durch die Aufnahme eines weiteren Beschäftigungsverhältnisses die SozVPflicht begründet wird. Nach § 8 Abs 2

Satz 3 SGB IV tritt in den Fällen der Zusammenrechnung nach Satz 2 die Versicherungspflicht nicht bereits kraft Gesetzes ein, sondern erst mit dem Tag der Bekanntgabe einer entsprechenden **Feststellung** durch die Einzugsstelle oder einen Träger der RV. Diese Feststellung ist für die Entstehung der Versicherungspflicht und damit auch der Beitragspflicht konstitutiv. Der verzögerte Eintritt der Versicherungspflicht ist nach § 8 Abs 2 Satz 4 SGB IV ausgeschlossen, wenn der ArbGeb es vorsätzlich oder grob fahrlässig versäumt hat, den Sachverhalt für die versicherungsrechtliche Beurteilung der Beschäftigung aufzuklären.

## B. Lohnsteuerrecht *Seidel*

Eine Mehrfachbeschäftigung liegt vor, wenn ein ArbN aus mehreren gleichzeitigen 8
Dienstverhältnissen Arbeitslohn bezieht. Mehrere Dienstverhältnisse liegen steuerrechtlich auch vor, wenn ein ArbN sowohl aus einem **aktiven** als auch aus einem **früheren Dienstverhältnis** (§ 19 Abs 1 Nr 2 EStG) Arbeitslohn erhält. Handelt es sich um mehrere ArbGeb, hat der ArbN jedem seiner ArbGeb bei Eintritt in das Dienstverhältnis zum Zweck des Abrufs der ELStAM mitzuteilen, ob es sich um das erste oder ein weiteres Dienstverhältnis handelt sowie ob und ggf in welcher Höhe ein festgestellter Frei- bzw Hinzurechnungsbetrag abgerufen werden soll (§§ 39e Abs 4 Nrn 2 und 3, 39a Abs 1 Nr 7 EStG; → *Lohnkonto* Rn 4). Für jedes weitere Dienstverhältnis sind eigene ELStAM zu bilden (§ 39e Abs 3 Satz 2 EStG); es gilt jeweils die Steuerklasse VI (§ 38b Abs 1 Satz 2 Nr 6 EStG). Wurden für den ArbN keine ELStAM gebildet, hat er die vom WohnsitzFA auszustellende Bescheinigung für den LStAbzug vorzulegen (§ 39e Abs 8; → *Lohnsteuerabzugsmerkmale* Rn 27 und → *Lohnsteuerklassen* Rn 11).

Welchem ArbGeb der ArbN mitteilt, dass es das erste bzw das zweite oder weitere 9
Arbeitsverhältnis ist, ist Sache des ArbN. Er kann die für ihn **günstigste Lösung wählen** (*HMW*/Mehrere Dienstverhältnisse Rz 7). Der ArbGeb hat den Altersentlastungsbetrag (§ 24a EStG; → *Altersentlastungsbetrag* Rn 6 ff) und den Versorgungsfreibetrag sowie den Zuschlag zum Versorgungsfreibetrag (§ 19 Abs 2 EStG) bei der LStEinbehaltung und LStAbführung auch zu berücksichtigen, wenn ihm mitgeteilt wurde, dass es sich um ein zweites oder weiteres Dienstverhältnis handelt. Für Stpfl, die nebeneinander Arbeitslohn von mehreren ArbGeb bezogen haben, ist vAw eine EStVeranlagung durchzuführen (§ 46 Abs 2 Nr 2 EStG; → *Antragsveranlagung* Rn 7). Ist der ArbGeb dieselbe Person, so sind die Bezüge – auch bei mehreren Dienstverhältnissen – zusammenzurechnen und einheitlich der LSt zu unterwerfen. Zur Unterscheidung, ob mehrere Dienstverhältnisse oder nur Nebenpflichten aus der Haupttätigkeit bzw eine Hilfstätigkeit vorliegen → *Arbeitnehmer (Begriff)* Rn 42, 43.

Durch die Hartz-Reform besteht seit 1.4.03 wieder die Möglichkeit, eine pauschal 10
besteuerte geringfügige Beschäftigung (§ 40a Abs 2 und 2a EStG; → *Geringfügige Beschäftigung* Rn 21, 22) beim selben ArbGeb neben einem dem normalen LStAbzug unterworfenen Arbeitsverhältnis auszuüben. Das Verbot der Aufteilung gilt nurmehr bei Ausübung einer kurzfristigen Beschäftigung (§ 40a Abs 1 EStG; → *Aushilfskräfte* Rn 24–26) oder bei land- und forstwirtschaftlichen Aushilfskräften (§ 40a Abs 3 EStG; → *Aushilfskräfte* Rn 27–29; hierzu § 40a Abs 4 EStG). Über die Frage, ob eine eigenständige geringfügige Beschäftigung vorliegt, hat die Minijobzentrale der Knappschaft Bahn See zu entscheiden. Diese Entscheidung bindet die FA. Ferner gilt das Aufteilungsverbot nicht, wenn es sich einerseits um Ruhestandsbezüge und andererseits um Aktivbezüge handelt. Die Aktivbezüge können bei Vorliegen der Voraussetzungen pauschal besteuert werden (BFH 27.7.90, BStBl II 90, 931).

Eine Pauschalierung kommt auch bei mehreren ArbGeb in Betracht, wenn in dem 11
jeweiligen Dienstverhältnis die Voraussetzungen hierfür vorliegen (LStR 40a.1 Abs 1 Sätze 2 und 3; iE → *Teilzeitbeschäftigung* Rn 115 ff, → *Aushilfskräfte* Rn 23 ff, → *Geringfügige Beschäftigung* Rn 22 und 24). Zur bis 2019 geltenden Günstigerregelung des § 10 Abs 3 EStG (idF vor 2005) iVm § 10 Abs 4a EStG (s Personalbuch 2019).

## C. Sozialversicherungsrecht *Schlegel*

**1. Versicherungspflicht.** Die Versicherungspflicht eines ArbN, der in mehreren Be- 12
schäftigungsverhältnissen steht (sog Mehrfachbeschäftigter), ist zunächst für jedes der mehre-

ren Beschäftigungsverhältnisse je für sich gesondert zu prüfen (BSG 13.9.79 – 12 RK 26/77, BSGE 49, 38, 49). Liegt in einem der Beschäftigungsverhältnisse Versicherungsfreiheit wegen Geringfügigkeit vor, ist zu prüfen, ob sich hieran etwas durch die Zusammenrechnungsvorschrift des § 8 Abs 2 SGB IV ändert (→ *Geringfügige Beschäftigung* Rn 79 ff).

13 Die **Versicherungsfreiheit** eines Beschäftigungsverhältnisses in der RV berührt die Versicherungspflicht eines anderen Beschäftigungsverhältnisses grds nicht. Übt zB ein Beamter neben einer versicherungsfreien Beamtentätigkeit eine entgeltliche Beschäftigung aus, so erstreckt sich die Versicherungsfreiheit als Beamter nicht auf diese Beschäftigung (§ 5 Abs 1 SGB VI: Versicherungsfrei sind … Beamte etc „in dieser Beschäftigung"). Entsprechendes gilt für die Beitragspflicht zur BA. Anders dagegen in der KV; dort bestünde die Gefahr, dass man sich durch eine „relativ geringfügige", aber doch bereits versicherungspflichtige Nebenbeschäftigung einen billigen KVSchutz schafft und man sich deshalb zB als Beamter, Soldat etc nicht zusätzlich zur beamtenrechtlichen Versorgung privat absichern müsste. Die nach § 6 Abs 1 SGB V in der KV versicherungsfreien Personen (ArbN über JAEGrenze, Beamte, Geistliche, Soldaten etc) bleiben deshalb auch dann versicherungsfrei, wenn sie in einer anderen Beschäftigung an sich nach § 5 Abs 1 Nr 1, 5–12 SGB V versicherungspflichtig wären (§ 6 Abs 3 SGB V). Eine getrennte Beurteilung ist auch dann vorzunehmen, wenn neben einem abhängigen Beschäftigungsverhältnis zugleich eine selbstständige Tätigkeit ausgeübt wird.

Die **Befreiung von der Versicherungspflicht** in der gesetzlichen RV ist auf die ihrer Erteilung zugrundeliegende „jeweilige" Beschäftigung oder selbstständige Tätigkeit beschränkt. Eine früher erteilte Befreiung entfaltet bei einem Wechsel der Beschäftigung hinsichtlich des neuen Beschäftigungsverhältnisses auch dann keine Wirkungen, wenn hierbei dieselbe oder eine vergleichbare berufliche Tätigkeit verrichtet wird (BSG 3.10.12 – B 12 R 3/11 R, NJW 2013, 1624).

14 **2. Beitragstragung bei Mehrfachbeschäftigung.** Steht der ArbN gleichzeitig in mehreren versicherungspflichtigen Arbeitsverhältnissen, haften die ArbGeb nur für den GesamtSozVBeitrag, der auf das bei ihnen erzielte Arbeitsentgelt entfällt.

15 Liegt die Summe der Arbeitsentgelte aus mehreren Beschäftigungsverhältnissen über den jeweiligen Beitragsbemessungsgrenzen der KV bzw RV, sind aus sämtlichen Beschäftigungsverhältnissen Beiträge insgesamt nur einmal aus einem durch die Beitragsbemessungsgrenze limitierten Betrag zu zahlen. Dh für den ArbN ist nur einmal der Höchstbeitrag zu zahlen.

16 Die Frage, wie der Höchstbeitrag auf ArbN und die beiden bzw auf mehrere ArbGeb aufzuteilen ist, wird durch § 22 Abs 2 Satz 1 SGB IV geregelt „Treffen beitragspflichtige Einnahmen aus mehreren Versicherungsverhältnissen zusammen und übersteigen sie die für das jeweilige Versicherungsverhältnis maßgebliche Beitragsbemessungsgrenze, so vermindern sie sich zum Zwecke der Beitragsberechnung nach dem Verhältnis ihrer Höhe so zueinander, dass sie zusammen höchstens die Beitragsbemessungsgrenze erreichen." Dies würde bedeuten, dass auch Arbeitsentgelte über der jeweiligen Beitragsbemessungsgrenze in die Verhältnisrechnung eingehen und ausgehend hiervon eine Berechnung des Verhältnisses dieser Arbeitsentgelte stattfände. Wäre zB das Arbeitsentgelt aus der ersten Beschäftigung doppelt so hoch wie aus der zweiten Beschäftigung, zahlt der ArbGeb des höheren Arbeitsentgelts zwei Drittel, der andere ArbGeb ein Drittel der insgesamt zu zahlenden ArbGebAnteile des Gesamtbeitrages, und zwar auch dann, wenn beide Arbeitsentgelte für sich genommen jeweils über der Beitragsbemessungsgrenze liegen. – So die Rechtslage bis 31.12.2011.

17 Seit 1.1.2012 wurde dem § 22 Abs 2 SGB IV ein Satz 2 angefügt: „Die beitragspflichtigen Einnahmen aus dem jeweiligen Versicherungsverhältnis sind vor der Verhältnisrechnung nach Satz 1 auf die maßgebliche Beitragsbemessungsgrenze zu reduzieren. Für die knappschaftliche RV und die allgemeine RV sind die Berechnungen nach Satz 1 getrennt durchzuführen."

18 Dies bedeutet, dass für die Berechnung der Anteile am Höchstbeitrag Arbeitsentgelt über der Beitragsbemessungsgrenze unberücksichtigt bleiben (zur Gesetzesbegründung BT-Drs 17/6764 S 17 f zu Art 1 Nr 4). Liegen zB die Arbeitsentgelte in zwei Beschäftigungsverhältnissen jeweils über der Beitragsbemessungsgrenze, zahlen beide ArbGeb jeweils die Hälfte des ArbGebAnteils auf den Höchstbeitrag, und dies selbst dann, wenn das Arbeitsentgelt aus der ersten Beschäftigung das Arbeitsentgelt aus der zweiten Beschäftigung um ein

Mehrfaches übersteigt. Die andere Hälfte des Höchstbeitrages trägt der ArbN. In der KV ist zu beachten, dass kein reine paritätische Beitragstragung“ stattfindet; für die Verhältnisrechnung nach § 22 Abs 2 SGB IV spielen diese Besonderheiten des nur vom ArbN zu tragenden 0,9-prozentigen ArbNAnteils keine Rolle.

Liegen die Arbeitsentgelte jeweils unterhalb der jeweiligen Beitragsbemessungsgrenzen 19
der KV- und RV findet eine Aufteilung der ArbGebAnteile nach dem Verhältnis der jeweiligen Arbeitsentgelte zueinander statt.

**Beispiel:** Arbeitsentgelt aus der ersten Beschäftigung 2000 €, aus der zweiten Beschäftigung 1000 €: ArbGeb 1 trägt zwei Drittel, ArbGeb 2 ein Drittel des auf den nach 3000 € berechneten ArbGebAnteils am Beitrag.

Liegt das Arbeitsentgelt aus der ersten Beschäftigung über, das Arbeitsentgelt aus der 20
zweiten Beschäftigung unterhalb der jeweiligen Beitragsbemessungsgrenze, wird zunächst das Arbeitsentgelt aus der ersten Beschäftigung zur Ermittlung der Anteile auf die Beitragsbemessungsgrenze begrenzt. Erst anschließend wird das Verhältnis dieses – nunmehr der Beitragsbemessungsgrenze entsprechenden – Beitrages zum Arbeitsentgelt aus der zweiten Beschäftigung ermittelt.

**3. Zuständige Krankenkasse.** Ein Kompetenzkonflikt zwischen mehreren Krankenkas- 21
sen, den § 178 SGB V aF regelte, kann seit Einführung des Wahlrechts der Versicherten nach §§ 173 ff SGB V nicht mehr auftreten.

**4. Beitragszuschuss** für Mehrfachbeschäftigte. Gem § 257 Abs 1 SGB V erhalten privat 22
oder freiwillig in der gesetzlichen KV versicherte Beschäftigte, die nur wegen Überschreitens der JAEGrenze versicherungsfrei sind, von ihrem ArbGeb einen Beitragszuschuss (→ *Arbeitgeberzuschuss* Rn 11 ff). Bestehen innerhalb desselben Zeitraumes mehrere Beschäftigungsverhältnisse, sind die beteiligten ArbGeb **anteilig** nach dem Verhältnis der Höhe der jeweiligen Arbeitsentgelte zur Zahlung des Beitragszuschusses verpflichtet (§ 257 Abs 1 Satz 2 SGB V; BR-Drs 200/88 S 227, BT-Drs 11/2237 S 227).

**5. Berechnung von Lohnersatzleistungen. a) Krankengeld.** Gem § 47 Abs 1 23
SGB V beträgt das Krankengeld 70 vH des erzielten regelmäßigen Arbeitsentgelts und Arbeitseinkommens, soweit es der Beitragsberechnung unterliegt. Steht der ArbN in mehreren Beschäftigungsverhältnissen und ist er hinsichtlich dieser mehreren Beschäftigungsverhältnisse arbeitsunfähig krank, so sind bei der Berechnung des Krankengeldes grds die Arbeitsentgelte aus allen versicherungspflichtigen Beschäftigungsverhältnissen zugrunde zu legen.

**b) Verletztengeld.** Sind im Unfallzeitpunkt mehrere Beschäftigungsverhältnisse aus- 24
geübt worden, ist das in der UV zu zahlende Verletztengeld grds aus allen in denjenigen Beschäftigungsverhältnissen erzielten Entgelten zu berechnen, hinsichtlich derer der Verletzte arbeitsunfähig krank ist (§ 47 SGB VII). Dem Gesetz kann nicht entnommen werden, dass sich das Verletztengeld nur nach dem Arbeitsentgelt derjenigen Beschäftigung bemessen soll, bei der sich der Arbeitsunfall ereignet hat (BSG 19.8.75 – 8 RU 228/74, BSGE 40, 134, 136). Dies gilt auch, wenn neben einer oder mehreren Beschäftigungen noch eine oder mehrere selbstständige Tätigkeiten ausgeübt werden (BSG 21.3.74 – 8 RU 81/73, SozR 2200 § 560 Nr 1). Der Berechnung des Verletztengeldes ist aber das Arbeitsentgelt aus einer Beschäftigung dann nicht zugrunde zu legen, wenn und solange es aus dieser Beschäftigung trotz der auch insoweit bestehenden AU weitergezahlt wird oder deshalb kein Verdienstausfall eintritt, weil der Lohn/das Gehalt fortgezahlt wird (BSG 4.12.91 – 2 RU 76/90, SozR 3–2200 § 560 Nr 1).

**c) Arbeitslosengeld.** Zur Möglichkeit nach zwei Teilzeitbeschäftigungen bei demselben 25
ArbGeb Anspruch auf **Teil-Arbeitslosengeld** zu erwerben vgl BSG 6.2.03 – B 7 AL 12/01 R, SozR 4–4300 § 150 Nr 1.

**6. Negativabgrenzung: Einheitliches Beschäftigungsverhältnis.** Ein Mehrfach- 26
beschäftigungsverhältnis liegt sozialversicherungsrechtlich dann nicht vor, wenn ein ArbN bei demselben ArbGeb gleichzeitig mehrere Beschäftigungen ausübt. Ist letzteres der Fall, so liegt sozialversicherungsrechtlich ohne Rücksicht auf die arbeitsvertragliche Gestaltung ein **einheitliches Beschäftigungsverhältnis** vor. Andernfalls wäre der Möglichkeit, durch Aufspaltung einer einheitlichen Vertragsbeziehung in eine Haupt- und eine geringfügige

Nebenbeschäftigung Teile der Arbeitsleistung für den ArbN beitragsfrei und für den ArbGeb beitragsgünstiger zu stellen, Tür und Tor geöffnet (zur Abgrenzung von einer sog gemischten Tätigkeit, etwa bei Notariatsangestellten, die bei ihrem ArbGeb auch als Auflassungsbevollmächtigte fungieren, vgl BSG 3.2.94 – 12 RK 18/93, SozR 3–2400 § 14 Nr 8; → *Arbeitsentgelt* Rn 66; BSG 27.6.12 – B 12 KR 28/10 R: keine geringfügige Beschäftigung neben einer Hauptbeschäftigung bei demselben ArbGeb; teilweise anders offenbar BSG 6.2.03 – B 7 AL 12/01 R, SozR 4–4300 § 150 Nr 1 zum Teilarbeitslosengeld). Das BSG hat bei **Rechtsreferendare** angenommen, dass zusätzliche Vergütungen, die ihnen von einer die Stationsausbildung durchführenden Rechtsanwaltskanzlei „freiwillig und ohne Rechtsgrund" gezahlt werden, beitragspflichtiges Arbeitsentgelt des Vorbereitungsdienstes sind und folglich vom Dienstherrn OLG (!) auch insoweit Beiträge zu zahlen sind, wenn der Zusatzvergütung keine hiervon abgrenzbare Beschäftigung oder selbstständige Tätigkeit in der Kanzlei zugrunde liegt (BSG vom 31.3.15 – B 12 R 1/13 R, BeckRS 2015, 70953). Soll in solchen Konstellationen ein einheitliches Beschäftigungsverhältnis ausgeschlossen werden, müssen Anhaltspunkte für die Existenz besonderer Vereinbarungen über eine über das Verhältnis Referendar/Dienstherr (Hauptbeschäftigung) hinausgehende bezahlte Nebentätigkeit (dort: Arbeitsverhältnis zur Anwaltskanzleien) vorgetragen werden.

27 Erbringt der ArbN für seinen ArbGeb in anderer Vertragsbeziehungen eine von der abhängigen Beschäftigung **losgelöste selbstständige (Neben-)Tätigkeit** liegt nach der Rspr des BSG „einheitliche Beschäftigung" nicht vor, wenn zwischen der Beschäftigung und der selbstständigen Tätigkeit kein notwendiger Zusammenhang besteht, insbes wenn weder die selbstständige Tätigkeit als solche noch die konkrete Art und Weise ihrer Ausübung vom Bestand der Beschäftigung abhängig ist (BSG 31.10.12 – B 12 R 1/11 R, NZS 13, 349). Ob dies der Fall ist, muss jeweils anhand der konkreten Umstände des Einzelfalles entscheiden werden. Konkret ging es bei der Entscheidung des BSG um ArbN, die für ihren ArbG (Krankenkasse) als selbstständig Tätige neue Mitglieder werben und hierfür Prämien (30 DM für jedes geworbene Neumitglied) erhielten. Das BSG konnte nicht abschließend klären, ob die für die Annahme eines einheitlichen Beschäftigungsverhältnisses notwendige „Verklammerung von Beschäftigung und selbstständiger Tätigkeit" vorlag. Indizien hierfür können sein: Vorwissen auf Grund der abhängigen Beschäftigung, Unterstützung durch den ArbGeb, die externen Selbstständigen (Werbern) nicht zuteilwird, etc.

## Meinungsfreiheit

### A. Arbeitsrecht

*Schmidt*

1 **1. Grundsätzliches.** Die Garantie der Meinungsfreiheit stellt eine der wesentlichen Grundlagen einer demokratischen Gesellschaft und eine der grundlegenden Bedingungen für den gesellschaftlichen Fortschritt und die Selbstverwirklichung jedes Einzelnen dar. Art 10 MRK schützt allgemein die Kommunikationsfreiheiten. Nach **Art 10 Abs 1 MRK** hat jede Person das Recht auf freie Meinungsäußerung. Ihre Einschränkung ist nur im Rahmen des Art 10 Abs 2 MRK zulässig, der eng auszulegen ist (EGMR 12.9.11 – 28955/05, NZA 12, 1421). Gem **Art 5 Abs 1 S 1 GG** hat jeder das Recht, seine Meinung in Wort, Schrift und Bild frei zu äußern und zu verbreiten. Das schützt auch den ArbN in seiner freien Meinungsäußerung im Arbeitsverhältnis (BAG 24.11.05 – 2 AZR 584/04, NZA 06, 650). Dasselbe gilt für den ArbGeb; nicht jede Meinungsäußerung stellt eine Persönlichkeitsrechtsverletzung oder Mobbing dar. Mit der Bedeutung des Grundrechts auf Meinungsfreiheit wäre es unvereinbar, wenn es in der betrieblichen Arbeitswelt nicht oder nur eingeschränkt anwendbar wäre (BAG 31.7.14 – 2 AZR 505/13, NZA 15, 245). Auch bei **tarifvertraglichen Regelungen** ist dies zu beachten. Die Gerichte für Arbeitssachen sind durch die Schutzfunktion der Grundrechte verpflichtet, solchen Tarifregelungen die Durchsetzung zu verweigern, die eine unangemessene Beschränkung eines grundrechtlichen Freiheitsrechts zur Folge haben (BAG 7.6.06 – 4 AZR 316/05, NZA 07, 343). Eine tarifliche Vorschrift, welche im Printmedienbereich der Redakteur zur anderweitigen Verwertung der ihm bei seiner Tätigkeit für den Verlag bekannt gewordenen Nachrichten der schriftlichen Einwilligung des Verlags bedarf, beschränkt diesen – zulässig – in seiner

Meinungsäußerungsfreiheit iSv Art 5 Abs 1 GG (LAG Düsseldorf 26.6.19 – 4 Sa 970/18, ArbRB 19, 225 [nrk Rev anhängig bei MAG unter Az 10 AZR 413/19).

**2. Gewährleistungsumfang.** Der sachliche Schutzbereich der Meinungsfreiheit umfasst neben der Meinungsbildungsfreiheit und der Meinungsverbreitungsfreiheit vor allem die Meinungsäußerungsfreiheit. 2

**a) Schutzbereich.** Sämtliche dieser Gewährleistungsbereiche sind auf den zentralen Begriff der „Meinung" bezogen (Grabenwarter in *Maunz/Düring* GG-Komm Rn 46). **Tatsachenbehauptungen** sind nicht vom Schutzbereich des Grundrechts umfasst (BVerfG 25.10.12 – 1 BvR 901/11, NJW 13, 217; BAG 31.7.14 – 2 AZR 505/13, NZA 15, 245). Meinungen sind durch die subjektive Beziehung des Einzelnen zum Inhalt seiner Aussage geprägt. Für sie ist das Element der Stellungnahme und des Dafürhaltens kennzeichnend. Insofern lassen sie sich auch nicht als wahr oder unwahr erweisen (BVerfG 4.11.09 – 1 BvR 2150/08, NJW 10, 47). Das gilt aber auch für Äußerungen, in denen sich Tatsachen und Meinungen vermengen, sofern sie durch die Elemente der Stellungnahme, des Dafürhaltens oder Meinens geprägt sind. Um der Meinungsfreiheit gerecht zu werden, dürfen Gerichte einer Äußerung keine Bedeutung beilegen, die sie objektiv nicht hat. Bei **Mehrdeutigkeit** dürfen **Äußerungen** wegen eines möglichen Inhalts nicht zu nachteiligen Folgen führen, ohne dass eine Deutung, die zu einem von der Meinungsfreiheit gedeckten Ergebnis führen würde, mit überzeugenden Gründen ausgeschlossen worden ist (BAG 31.7.14 – 2 AZR 505/13, NZA 15, 245). Der Grundrechtsschutz bezieht sich ebenso auf die **Form der Äußerung** und besteht unabhängig davon, ob eine Bekundung rational oder emotional, begründet oder grundlos ist und ob sie von anderen für nützlich oder schädlich, wertvoll oder wertlos gehalten wird (BAG 23.2.10 – 2 AZR 554/08, NZA 10, 1123). Auch polemische, verletzende, schockierende oder beunruhigende Äußerungen können durch die Meinungsfreiheit geschützt sein (EGMR 12.9.11 – 28955/05, NZA 12, 1421; BVerfG 16.10.98 – 1 BvR 1685/92, NZA 99, 77; BAG 29.8.13 – 2 AZR 419/12, NZA 14, 660). Bei einem Austausch in sozialen Netzwerken gelten keine anderen Maßstäbe (zur Kommentareinstellungen eines ArbN mit Bezug zu seinem Vorgesetzten bei Facebook vgl LAG Rheinland-Pfalz 19.12.16 – 3 Sa 387/16, BeckRS 2016, 122996). 3

**b) Einschränkungen.** Die Meinungsäußerungsfreiheit ist nicht vorbehaltlos gewährleistet, sondern gem Art 5 Abs 2 GG durch die allgemeinen Gesetze und das Recht der persönlichen Ehre beschränkt. Mit diesen muss es in ein ausgeglichenes Verhältnis gebracht werden. Gesetze, die in die Meinungsfreiheit eingreifen, müssen dabei ihrerseits so interpretiert werden, dass der prinzipielle Gehalt des Rechts auf Meinungsäußerung in jedem Fall gewahrt bleibt. Es findet eine **Wechselwirkung** in dem Sinn statt, dass die Schranken zwar dem Wortlaut nach dem Grundrecht Grenzen setzen, ihrerseits aber aus der Erkenntnis der grundlegenden Bedeutung dieses Grundrechts im freiheitlich demokratischen Staat ausgelegt und so in ihrer das Grundrecht begrenzenden Wirkung selbst wieder eingeschränkt werden müssen (BVerfG 26.2.15 – 1 BvR 1036/14, NJW 15, 2022). 4

Zwischen dem Recht auf Meinungsäußerung und den grundrechtsbegrenzenden allgemeinen Gesetzen ist im Einzelfall eine **Güterabwägung** vorzunehmen, bei der die besondere Bedeutung dieses Grundrechts zu beachten ist. Zu den gesetzlichen Einschränkungen der Meinungsfreiheit gehören zunächst einmal **Strafgesetze.** Als Volksverhetzung strafbare Äußerungen sind vom Grundrecht der freien Meinungsäußerung nicht gedeckt (BAG 14.2.96 – 2 AZR 274/95, NZA 96, 873); nicht jede rechtsextremistische Äußerung erfüllt aber diesen Straftatbestand (LAG Rheinland-Pfalz 19.12.16 – 3 Sa 387/16, BeckRS 2016, 122996). Die Meinungsfreiheit muss auch dann regelmäßig zurücktreten, wenn sich das in der Äußerung enthaltene Werturteil als strafrechtlich relevante **Formalbeleidigung** oder **Schmähkritik** erweist (BVerfG 8.5.07 – 1 BvR 193/05, NJW 08, 358). Allerdings ist die Schmähung verfassungsrechtlich eng definiert. Sie ist dadurch gekennzeichnet, dass nicht mehr die Auseinandersetzung in der Sache, sondern die Diffamierung der Person im Vordergrund steht (BVerfG 2.7.13 – 1 BvR 1751/12, NJW 13, 3021). Handelt es sich um Äußerungen in einer öffentlichen Auseinandersetzung, liegt nur ausnw Schmähkritik vor (BVerfG 30.5.18 – 1 BvR 1149/17, NZA 18, 924). Auch die polemische oder verletzende Formulierung einer Aussage entzieht diese grds nicht dem Schutzbereich der Meinungsfreiheit (BVerfG 14.6.19 – 1 BvR 2433/17 – NJW 2019, 2600).

Zu den allgemeinen, das Grundrecht auf Meinungsfreiheit beschränkenden Gesetzen gehört aber auch die Generalklausel der **gegenseitigen Rücksichtnahmepflicht des § 241 Abs 2 BGB.** Sie schränkt die Meinungsäußerungsfreiheit insoweit ein, als ArbN durch Meinungsäußerungen das Zusammenleben im Betrieb weder ernsthaft stören noch dem Zweck des Betriebes zuwiderhandeln dürfen. Schließlich kann neben den die Meinungsfreiheit begrenzenden allgemeinen Gesetzen auch eine Kollision des Freiheitsrechts mit anderen Grundrechten in Frage kommen. Durch Art 12 GG wird die **wirtschaftliche Betätigungsfreiheit** des ArbGeb geschützt, die durch geschäftsschädigende Äußerungen des ArbN beeinträchtigt sein kann. Die Grenze der Meinungsfreiheit ist daher regelmäßig auch durch eine auf einen angemessenen Ausgleich zielende Abwägung der beiderseits verfassungsrechtlich geschützter Positionen bestimmt (praktische Konkordanz).

5 **c) Beurteilungsmaßstab.** Sowohl für die Beurteilung, ob es sich bei einer Aussage um eine Tatsachenbehauptung oder um ein Werturteil handelt, als auch für die Bewertung, ob eine vom Schutzbereich des Art 5 Abs 1 GG umfasste Äußerung die Grenzen der Meinungsfreiheit überschreitet, kommt es entscheidend auf den Sinngehalt der fraglichen Erklärung an (BVerfG 24.7.13 – 1 BvR 444/13, 1 BvR 527/13). Dessen Ermittlung hat vom Wortlaut der Äußerung auszugehen, darf aber den sprachlichen Kontext, in dem sie steht, sowie die für den Empfänger erkennbaren Begleitumstände, unter denen sie gefallen ist, nicht unberücksichtigt lassen. Die isolierte Betrachtung nur eines Teils der Äußerung wird diesen Anforderungen in der Regel nicht gerecht (BAG 29.8.13 – 2 AZR 419/12, NZA 14, 660).

6 **3. Beispiele.** Eine unternehmensöffentliche **Kritik des ArbN** an den allgemeinen wirtschaftlichen und sozialen Verhältnissen einerseits und dem ArbGeb und den betrieblichen Verhältnissen andererseits ist – auch wenn sie überspitzt und polemisch ausfällt – vom Grundrecht der freien Meinungsäußerung gedeckt (BAG 27.9.12 – 2 AZR 646/11, NZA 13, 808). Der ArbGeb muss jedoch **grob unsachliche** Angriffe, welche die Position des Vorgesetzten untergraben können, ebenso wenig hinnehmen wie Formalbeleidigungen oder Schmähkritik, das bewusste Verbreiten wahrheitswidriger Behauptungen oder das Verbreiten von Gerüchten über die Geschäftsentwicklung (BAG 10.12.09 – 2 AZR 534/08, NZA 10, 698; LAG Baden-Württemberg 11.1.19 – 4 Sa 131/16, BeckRS 2019, 14911). Das gilt auch, wenn es anlässlich einer **Betriebsratswahl** geschieht (BAG 29.8.13 – 2 AZR 419/12, NZA 2014, 660; vgl auch BVerfG 30.5.18 – 1 BvR 1149/17, NZA 18, 924).

Beim sog **Whistleblowing** (→ *Whistleblowing* Rn 1 ff) ist die Meinungsfreiheit des ArbN sowie dessen Anzeigerecht mit den berechtigten Interessen des Arbeitgebers in Einklang zu bringen.

7 **Politische Meinungsäußerungen** sind als solche am Arbeitsplatz selbstverständlich zulässig. Der Betrieb stellt keine politische Exklave dar. Auch mit Plaketten, Buttons, Stickern, Nadeln und Aufklebern kann politische Meinung im Betrieb bis zur Grenze der konkreten Störung von Betriebsabläufen und des betrieblichen Zusammenlebens kundgetan werden (BAG 9.12.82, DB 83, 2578 „Anti-Strauß-Plakette"). Allein diese Vervielfachung der Meinungsäußerung – der „Beflaggungseffekt" – bedeutet noch keine konkrete Störung des Betriebsfriedens (ErfK/*Schmidt* Art 5 GG Rn 34). Der ArbGeb muss ebenso rechts- oder linksradikale Äußerungen seiner Mitarbeiter grds tolerieren (ErfK/*Schmidt* Art 5 GG Rn 33). Wenn sie aber zu Störungen im Betriebsablauf führen, zB den übrigen Mitarbeitern die Erfüllung ihrer Arbeitspflichten erschweren bzw unmöglich machen, sind sie unzulässig. Politische Betätigung **im Umfeld des Arbeitsplatzes** wird kaum jemals zu konkreten Störungen des betrieblichen Ablaufes oder des Zusammenlebens im Betrieb führen. Das Verteilen von Flugblättern vor dem Betrieb im Rahmen einer Friedensinitiative wird daher als zulässig angesehen (LAG München 4.10.84, DB 85, 1539). Man wird ebenso im Regelfall davon ausgehen können, dass es zu derartigen Störungen nicht kommt, wenn Mitarbeiter ihre mit Aufklebern politischen Inhalts versehenen Privatfahrzeuge auf dem Firmenparkplatz abstellen.

Der **ausländerfeindliche** und menschenverachtende **Beitrag** eines ArbN in **sozialen Medien** (Facebook) kann eine außerordentliche Kündigung rechtfertigen (Sächsisches LAG 27.2.18 – 1 Sa 515/17, NZA-RR 18, 244).

**Werkszeitungen** unterliegen der Pressefreiheit nach Art 5 Abs 1 S 2 GG (BVerfG 8.10.96 – 1 BvR 1183/90, NJW 97, 386).

Im **öffentlichen Dienst** wird von den Mitarbeitern mit hoheitlichen Aufgaben erwartet, dass sie durch ihr gesamtes Verhalten zur freiheitlich demokratischen Grundordnung im Sinne des Grundgesetzes bekennen (BAG 10.9.09 – 2 AZR 257/08, NZA 10, 220). Sie sollen sich in ihrer politischen Betätigung am Arbeitsplatz mäßigen und Zurückhaltung auferlegen, weil sie dem ganzen Volk und nicht einer Partei oder sonstigen politischen Gruppierung dienen. Dabei bemisst sich der Umfang der Rücksichtspflichten auch an der ausgeübten Funktion (BAG 6.2.80 – 5 AZR 848/77, AP GG Art 33 Abs 2 Nr 5). Strafbare Volksverhetzung – etwa durch Verbreitung ausländerfeindlicher Pamphlete – stellt deshalb auch dann einen erheblichen Verstoß gegen arbeitsvertragliche Verpflichtungen dar, wenn es sich um außerdienstliches Verhalten handelt (BAG 14.2.96, DB 96, 2134). Nicht schon die Mitgliedschaft, wohl aber das Eintreten für eine verfassungsfeindliche Partei kann die personenbedingte Kündigung eines im öffentlichen Dienst Beschäftigten ebenso begründen (BAG 12.5.11 – 2 AZR 479/09, NZA-RR 12, 43) wie das Beschimpfen oder Verächtlichmachen der Verfassung und derer Organe (BAG 6.9.12 – 2 AZR 372/11, NZA-RR 13, 441). Auch im öffentlichen Dienst rechtfertigt aber nicht bspw allein die Zugehörigkeit des ArbN zur AFD die Verweigerung der Zustimmung des Personalrats zu einer beabsichtigten personellen Maßnahme (zum BPersVG vgl VG Berlin 24.8.18 – 72 K 3.18 PVB, BeckRS 2018, 20311). Bei Lehrern und Erziehern kann sich eine Einschränkung ihrer Meinungsäußerungsfreiheit aus dem Erziehungsauftrag ergeben (BAG 2.3.82 – 1 AZR 694/79, NJW 82, 2888 „Anti-Atomkraft-Plakette"). Sie sollen ihre natürliche Autorität als Lehrer nicht dazu benutzen im Dienst für bestimmte politische Gruppierungen zu werben. 8

Im **Tendenzbetrieb** werden an die Rücksichtspflichten des ArbN erhöhte Anforderungen gestellt. Dazu gehören die Interessenverbände, wie Gewerkschaft und ArbGebVerbände, politische Einrichtungen und Parteien, Unternehmen mit konfessionellen, karitativen, erzieherischen, wissenschaftlichen und künstlerischen Zielen sowie die Medien. ArbN haben hier grds Äußerungen zu unterlassen, die der Tendenz zuwiderlaufen (BAG 23.10.08 – 2 AZR 483/07, NZA-RR 09, 362) → *Tendenzbetrieb* Rn 1 ff). Die Mitarbeiterin in einem evangelischen Kindergarten darf nicht in der Öffentlichkeit werbend für eine andere Religionsgemeinschaft auftreten (BAG 21.2.01 – 2 AZR 139/00, NZA 01, 1136). Ein Redakteur kann die Rücksichtnahmepflicht verletzen, indem er sich mit einer Gegendarstellung gegen die Berichterstattung seiner Zeitung wendet (BAG 23.10.08 – 2 AZR 483/07, NZA-RR 09, 36).

**Gewerkschaftswerbung** im Betrieb ist durch die verfassungsrechtliche Garantie der Koalitionsfreiheit in Art 9 Abs 3 GG gedeckt (BVerfG 14.11.95 – 1 BvR 601/92 AP GG Art 9 Nr 80) und kann durch betriebsfremde Gewerkschaftsbeauftragte geschehen (BAG 28.2.06 – 1 AZR 460/04, NZA 06, 798). Sie entscheidet auch grds darüber, auf welche Art und Weise sie für ihre Ziele Werbung betreibt (BAG 21.1.09 – 1 AZR 515/08, NZA 09, 615). Geworben werden darf durch Plakate (BAG 30.8.83 – 1 AZR 121/81, AP GG Art 9 Nr 38) oder das Verteilen einer Gewerkschaftszeitung (BVerfG 14.11.95 – 1 BvR 601/92, AP GG Art 9 Nr 80). Die tarifzuständige Gewerkschaft darf auch über betriebliche E-Mail-Adressen für sich werben (BAG 20.1.09 – 1 AZR 515/08, NZA 09, 615). Die Werbung kann mit dem Grundrecht des ArbGeb auf wirtschaftliche Betätigungsfreiheit kollidieren. Ihre Grenzen werden durch eine Abwägung beiderseits geschützter Positionen bestimmt. Mit ihr dürfen daher weder Betriebsabläufe noch der Betriebsfrieden konkret gestört werden (BAG 21.1.09 – 1 AZR 515/08, NZA 09, 615). Der ArbGeb ist nicht verpflichtet, die Nutzung eines für dienstliche Zwecke eingerichteten E-Mail Accounts durch die bei ihm beschäftigten ArbN zu Zwecken des Arbeitskampfs zu dulden (BAG 15.10.13, DB 14, 606). 9

**4. Besondere Stellung der Betriebsparteien.** Wie der **Arbeitgeber** ist auch der **Betriebsrat** berechtigt, sich auf das Recht der freien Meinungsäußerung zu berufen. **Beide** müssen aber nach **§ 74 Abs 2 S 2 BetrVG** Betätigungen, durch die der Arbeitsablauf oder der Betriebsfrieden gestört werden, und darüber hinaus nach **§ 74 Abs 2 S 3 BetrVG** jede parteipolitische Betätigung unterlassen, soweit es nicht um Angelegenheiten tarifpolitischer, sozialpolitischer, umweltpolitischer und wirtschaftlicher Art geht, die den Betrieb oder seine ArbN unmittelbar betreffen. **Parteipolitische Betätigungen** sind ohne Rücksicht darauf untersagt, ob sie den Betriebsfrieden stören. **Allgemeinpolitische Äußerungen** ohne Bezug zu einer Partei sind für den BRat wie andere Meinungsäußerungen bis zur Grenze 10 des § 74 Abs 2 S 2 BetrVG zulässig (BAG 17.3.10 – 7 ABR 95/08, NZA 10, 1133). So ist die **Wahlwerbung** eines BRatMitglieds für ArbNKandidaten **verschiedener Parteien** ebenso zulässig (BVerfG 28.4.76 – 1 BvR 71/73, NJW 76, 1627) wie allgemeine Äußerungen, die erkennbar ein persönliches Bekenntnis darstellen (ErfK/*Schmidt* Art 5 GG Rn 43) oder die **Einladung von Politikern** als sozialpolitische Referenten zu Betriebsversammlungen, solange es nicht darum geht, dass diese in ihrem Wahlkreis im Rahmen ihrer Wahlstrategie auftreten wollen und die Veranstaltung damit der Werbung für eine bestimmte Partei dient (BAG 13.9.77 – 1 ABR 67/75, AP BetrVG 1972 § 42 Nr 1). Verstöße des BRat gegen das Verbot parteipolitischer Betätigung begründen aber keinen Unterlassungsanspruch des ArbGeb gegenüber dem BRat (BAG 17.3.10 – 7 ABR 95/08, NZA 10, 1133).

## B. Lohnsteuerrecht *Weil*

12 Für das LStRecht hat die Meinungsfreiheit keine Bedeutung (→ *Gewissensfreiheit* Rn 14).

## C. Sozialversicherungsrecht *Voelzke*

13 Berechtigt eine Meinungsäußerung oder parteipolitische Betätigung des ArbN den ArbGeb arbeitsrechtlich zur Kündigung des Arbeitsverhältnisses oder schließen die Arbeitsvertragsparteien einen Aufhebungsvertrag, so stellt sich bei anschließender Arbeitslosigkeit des ArbN hinsichtlich seines Anspruchs auf AlGeld die Frage, ob das Verhalten des Versicherten zusätzlich mit der Verhängung einer **Sperrzeit** gem § 159 Abs 1 Satz 2 Nr 1 SGB III zu sanktionieren ist und damit der AlGeldAnspruch des ArbN belastet wird. Eine vergleichbare Problematik entsteht, wenn Gewissensentscheidungen oder religiöse Bindungen als Vertragsverletzungen zu werten sind und zu einer Beendigung des Arbeitsverhältnisses führen. Eine Sperrzeit tritt trotz Vorliegens der übrigen Voraussetzungen (→ *Sperrzeit* Rn 8 ff) nicht ein, wenn der Arbeitslose für sein Verhalten einen wichtigen Grund anführen kann. Die Auslegung und Anwendung des unbestimmten Rechtsbegriffs wichtiger Grund muss mit dem höherrangigen Verfassungsrecht vereinbar sein (BSG 18.2.87 – 7 RAr 72/85, SozR 4100 § 119 Nr 30).

14 Bei der zur Feststellung der Voraussetzungen eines wichtigen Grundes erforderlichen **Interessenabwägung** sind auf der Seite des Versicherten insbes dessen Grundrechte und auf der Seite der Versichertengemeinschaft aus dem Sozialstaatsprinzip abzuleitende gleichermaßen bedeutsame Gemeinschaftsgüter, insbes das gemeinsame Interesse an einer finanzierbaren und funktionsfähigen SozV, zu berücksichtigen (BSG 15.5.85 – 7 RAr 83/83, SozR 4100 § 119 Nr 26). Bei einer Bewertung ist einerseits auf die Intensität der Grundrechtsbeeinträchtigung und andererseits auf Zahl und Gewicht der möglichen Beeinträchtigungen der Gemeinschaftsinteressen abzustellen.

15 Ist damit die Grundrechtsposition des ArbN im Rahmen des Sperrzeittatbestandes als einer staatlichen Maßnahme stärker zu berücksichtigen, als dies im Rahmen eines Arbeitsverhältnisses möglich ist, so treten doch die Belange der Versichertengemeinschaft nicht in jedem Fall zurück. Das BSG hat das Vorliegen eines wichtigen Grundes trotz einer die **Meinungsfreiheit** (Art 5 Abs 1 GG) und das Recht zur **parteipolitischen Betätigung** (Art 21 GG) des ArbN betreffenden Fallgestaltung wegen eines vermeidbaren Verstoßes gegen die Grundregeln des Arbeitsverhältnisses verneint (zur Unterstützung einer verfassungsfeindlichen Partei BSG 15.5.85 – 7 RAr 83/83, SozR 4100 § 119 Nr 26).

16 Andererseits hat es der Freiheit der **Gewissensbetätigung** (Art 4 Abs 1 GG; → *Gewissensfreiheit* Rn 16–18) den Vorrang gegenüber den Interessen der Versichertengemeinschaft eingeräumt, wenn im Rahmen des Arbeitsverhältnisses eine andere Lösung der Konfliktlage, etwa durch eine innerbetriebliche Umsetzung, nicht möglich ist (BSG 18.2.87 – 7 RAr 72/85, SozR 4100 § 119 Nr 30 zum Einsatz eines Kriegsdienstverweigerers bei der unmittelbaren Produktion von Kriegsgerät; s aber auch BSG 23.6.82 – 7 RAr 89/81, NJW 83, 701).

17 Das Grundrecht auf ungestörte **Religionsausübung** (Art 4 Abs 2 GG) führt zur Annahme eines wichtigen Grundes, wenn der Arbeitslose bei der Annahme einer von der Agentur für Arbeit angebotenen Arbeit (§ 159 Abs 1 Satz 2 Nr 2 SGB III) gezwungen wäre, entgegen seiner religiösen Überzeugung am Sabbat zu arbeiten (BSG 10.12.80 – 7 RAr 93/79, NJW 81, 1526).

# Meldepflichten Arbeitgeber

## A. Arbeitsrecht *Poeche*

**Meldepflichten** des ArbGeb sind typisch für das SozVRecht im Bereich des Beitrags- 1
rechts. Der ArbGeb ist im Innenverhältnis zum ArbN verpflichtet, die bestehenden Vorschriften einzuhalten, und kann sich bei schuldhafter Unterlassung oder unrichtiger Anmeldung schadensersatzpflichtig machen. Die sich hieraus ergebenden Folgen können vor allem im Bereich der KV beträchtlich sein, wenn zB die Krankenkasse die Aufnahme des gemeldeten ArbN wegen Überschreitens der Versicherungsgrenze verweigert und dieser ohne private Absicherung ärztliche Leistungen in Anspruch nehmen muss. Allerdings kann dem ArbN ggf mitwirkendes Verschulden entgegengehalten werden mit der Folge der Minderung oder auch dem Wegfall seines Anspruchs (§ 254 BGB). Daran ist zu denken, wenn er die ihm vom ArbGeb überlassene Durchschrift der Meldung nicht auf ihre inhaltliche Richtigkeit kontrolliert. Der ArbN ist gem § 28o SGB IV verpflichtet, dem ArbGeb die zur Durchführung des Meldeverfahrens und der Beitragszahlung erforderlichen Angaben zu machen und, soweit erforderlich, Unterlagen vorzulegen. Verletzt er diese Pflicht grob fahrlässig, kann der ArbGeb die Erstattung nachentrichteter ArbNAnteile zur SozV verlangen (LAG Köln 21.2.06 – 9 Sa 1164/05, BeckRS 2006, 134866; LAG Bln-Bbg 26.11.10 – 6 Sa 1814/10, BeckRS 2011, 65751). Ein Streit zwischen ArbN und ArbGeb über Schadensersatzansprüche wegen der Verletzung der Meldepflicht gehört in die Zuständigkeit der ArbG (LAG Hamm 5.8.09 – 2 Ta 198/09, BeckRS 2009, 138097; zu einem derartigen Streit ArbG Siegen 24.2.15 – 2 Ca 1553/14, das eine Schadensersatzpflicht verneint und dabei übersieht, dass die Meldepflicht auch eine Nebenpflicht aus dem Arbeitsverhältnis ist). Streiten die Arbeitsvertragsparteien hingegen über die Verpflichtung des ArbGeb, den ArbN für einen bestimmten Zeitraum bei der für ihn zuständigen Krankenkasse (nicht) anzumelden, liegt nach der Rspr des BAG (14.5.18 – 9 AS 2/18, NZA 18, 1287; 5.10.05 – 5 AZB 27/05, NZA 05, 1429) keine bürgerlich-rechtliche Streitigkeit iSv § 2 Abs 1 Nr 3 ArbGG vor. Gleiches gilt für den Anspruch des ArbN gegen den ArbGeb auf Abgabe einer Korrekturmeldung gegenüber der Einzugsstelle (LAG BaWü 2.2.11 – 18 Ta 2/11, BeckRS 2011, 68820) sowie für eine Vergütungsklage, wenn es im Kern darum geht, dass der ArbGeb zu Unrecht Beiträge zur Sozialversicherung abgeführt haben soll, es sei denn, dem ArbGeb wäre aufgrund der für ihn zum Zeitpunkt des Abzugs bekannten Umstände eindeutig erkennbar gewesen, dass eine Verpflichtung zum Abzug nicht bestand (BAG 14.5.18 – 9 AS 2/18, NZA 18, 1287). Dem ist uneingeschränkt zu folgen. Der (arbeitsvertragliche) Anspruch des ArbN gegen den ArbGeb auf Erfüllung der sozialrechtlichen Meldevorschriften bestimmt sich inhaltlich ausschließlich nach Sozialrecht. Zuständig sind daher die Sozialgerichte (*Steppler/Denecke* NZA 13, 482). Zum Streit bei der Ausfüllung der steuerlichen Nachweise → *Lohnsteuerabzugsmerkmale* Rn 1.

Zur Meldepflicht bei Massenentlassungen → *Massenentlassung* Rn 21 ff sowie zu den vergleichbaren Anzeigepflichten des Arbeitgebers → *Anzeigepflichten Arbeitgeber* Rn 1–4.

Der öffentliche ArbGeb ist nach § 165 S 1 SGB IX verpflichtet, den Agenturen für Arbeit frühzeitig frei werdende und neu zu besetzende sowie neue Arbeitsplätze zu melden. Den Agenturen soll damit die Möglichkeit eröffnet werden, ggf zusätzliche Förderungen schwerbehinderter Menschen anzuregen oder durchzuführen. Ein Verstoß gegen diese Pflicht kann Entschädigungsansprüche erfolgloser schwerbehinderter Bewerber nach § 15 Abs 2 AGG zur Folge haben (BAG 12.9.06 – 9 AZR 807/05, NZA 07, 507).

Meldepflichten des ArbGeb können sich auch aus Tarifverträgen ergeben. So hat der BauArbGeb nach § 6 des Tarifvertrags über das Sozialkassenverfahren im Baugewerbe (VTV-Bau) der Urlaubs- und Lohnausgleichskasse der Bauwirtschaft monatlich Meldung über bestimmte Daten des Arbeitsverhältnisses zu machen (ähnlich § 5 VTV-Maler).

Im Ausland ansässige ArbGeb haben nach § 16 MiLoG für die ArbN, die sie in Deutschland in für Schwarzarbeit anfälligen Branchen beschäftigen, besondere Meldepflichten zu erfüllen.

## B. Lohnsteuerrecht

*Seidel*

2 Zu der vom ArbGeb gegenüber dem FA bestehenden Pflicht, bestimmte Umstände anzuzeigen, → *Anzeigepflichten Arbeitgeber* Rn 8 ff.

## C. Sozialversicherungsrecht

*Schlegel*

### Übersicht



3 **I. Meldepflichten im Beschäftigungsverhältnis. 1. Rechtsgrundlagen der Meldepflichten.** Die Meldepflichten des sozialversicherungsrechtlichen Beitragsrechts treffen in erster Linie den ArbGeb (zu Ausnahmen → *Meldepflichten Arbeitnehmer* Rn 7 ff). Die Meldepflichten gelten auch für **Insolvenzverwalter** und andere Meldepflichtige (§ 28a Abs 1 Satz 1 SGB IV; BT-Drs 16/6540 zu § 281 SGB IV). Rechtsgrundlagen sind ua die §§ 28a bis 28c SGB IV. Die Meldevorschriften des SGB IV werden durch Verordnungen (DEÜV) und Verwaltungsbinnenrecht in Gestalt von gemeinsamen Grundsätzen und Richtlinien der SozVTräger ergänzt (zum Melderecht nach der DEÜV vgl BR-Drs 1052/97).

4 **a) Materielle Meldeanlässe/Übersicht.** § 28a Abs 1 und 2 SGB IV regeln in Gestalt eines formellen Gesetzes die sog Meldeanlässe. Diese Vorschriften beschreiben diejenigen Tatbestände, bei deren Vorliegen der ArbGeb gegenüber der Einzugsstelle eine Meldung abzugeben hat.

5 **Regelmeldungen** sind zu erstatten insbes bei Beginn und Ende des Beschäftigungsverhältnisses (An- und Abmeldung, Unterbrechungsmeldung etc) sowie bei der Jahresmeldung.

6 Außerdem regelt § 28a SGB IV ein besonderes Meldeverfahren für in privaten Haushalten beschäftigte ArbN in Gestalt des sog **Haushaltsschecks** (§ 28a Abs 7 und 8; § 28b Abs 4 SGB IV; Einzelheiten: *Hauswirtschaftliches Beschäftigungsverhältnis*).

7 **b) Formelles Meldeverfahren.** § 28c SGB IV enthält eine **Verordnungsermächtigung** an das BMAS, das Nähere über das Meldeverfahren durch Rechtsverordnung zu regeln. Aufgrund dieser Vorschrift ist die **Datenerfassungs- und -übermittlungsverordnung (DEÜV)** erlassen worden.

8 Das formelle Meldeverfahren kommt seit dem 1.1.99 **ohne Sozialversicherungsnachweisheft** aus (zu den Gründen hierfür BT-Drs 13/8994 S 86 zu Art 2, zu Nr 2a Buchst a).

Die zur Zuordnung der Meldungen erforderliche **Versicherungsnummer** wird vom RVTräger ausgestellt (§ 147 SGB VI).

Ergänzt wird die DEÜV durch § 28b Abs 2 SGB IV, wonach die Spitzenverbände der SozVTräger in **gemeinsamen Grundsätzen** bundeseinheitlich Vordrucke, Schlüsselzahlen und den Aufbau von Datenträgern zu bestimmen haben. Diese Gemeinsamen Grundsätze bedürfen der Genehmigung des zuständigen Ministeriums, das vorher die ArbGebVerbände hierzu anzuhören hat (§ 28b Abs 2 Satz 2 SGB IV). 9

Eine weitere Regelungsebene bilden schließlich die **Richtlinien der Sozialversicherungsträger** über die Benutzung der Datensätze und das Ausfüllen der Vordrucke. 10

**2. Allgemeine Grundsätze. a) Meldepflichtig** sind **Arbeitgeber** (§ 28a Abs 1 und 2 SGB IV; § 2 DEÜV), Personen, die wie ein ArbGeb Beiträge aufgrund gesetzlicher Grundlage zahlen sowie Leistungsträger (§ 2 Nrn 2 und 4 DEÜV). 11

**b) Zu meldende Personen.** Zu melden sind Beschäftigte, die in der KV, RV, PflegeV oder ArblV versicherungspflichtig sind; Beschäftigte, für die jedenfalls Beiträge zur RV nach dem Recht der Arbeitsförderung zu entrichten sind; geringfügig Beschäftigte, LeihArbN, Bezieher von Lohnersatzleistungen sowie Wehr- und Ersatzdienstleistende (§ 3 DEÜV). 12

**c) Adressat der Meldung.** Annahmestelle der Meldungen ist die zuständige Einzugsstelle (§ 28a Abs 1 iVm § 28h SGB IV). Die Einzugsstelle hat für die rechtzeitige Erstattung der Meldungen und dafür zu sorgen, dass diese die erforderliche Angaben vollständig und richtig enthalten und dass die Meldungen rechtzeitig an die übrigen Träger weitergeleitet werden (§ 28b Abs 1 SGB IV; BSG 12.10.2000 – B 12 KR 2/00 R, SozR 3–2400 § 28b Nr 1 zur Überprüfungskompetenz). 13

**d) Allgemeine Anforderungen an Meldungen. Maßgeblicher Zeitpunkt** für Meldungen sind die Verhältnisse zu der Zeit, auf die sich die Meldung bezieht (§ 5 Abs 1 DEÜV). **Sammelmeldungen** sind dergestalt möglich, dass Meldungen nach Maßgabe der DEÜV (dh soweit diese dies erlaubt) zusammen erstattet werden können (§ 5 Abs 2 DEÜV). Es gilt das **Annuitätsprinzip und Verbot zeitlicher Mehrfachmeldung,** dh es müssen für jedes Kj getrennte Meldungen erstattet werden; für denselben Zeitraum dürfen nicht mehrere Meldungen erfolgen (§ 5 Abs 3 DEÜV). 14

Beitragspflichtiges Arbeitsentgelt ist in **vollen Euro** zu melden (§ 5 Abs 4 DEÜV zur Rundung). 15

Der ArbGeb hat, wenn für seinen Betrieb eine **Betriebsnummer** noch nicht zugeteilt ist, bei der Agentur für Arbeit für den Betrieb des Beschäftigungsortes eine Betriebsnummer zu beantragen (§ 5 Abs 5 DEÜV). Alle persönlichen Angaben für Meldungen sind den **amtlichen Unterlagen,** die Versicherungsnummer ist dem SozVAusweis zu entnehmen (§ 5 Abs 6 DEÜV). Zur erstmaligen Aufnahme einer Beschäftigung durch Angehörige anderer EG-Staaten und bei Beschäftigung bei unbekannter Versicherungsnummer vgl § 5 Abs 7 und 8 DEÜV. 16

**e) Ordnungswidrigkeiten bei Meldepflichtverletzung.** Kommen die meldepflichtigen Personen und Stellen ihren Meldepflichten nicht oder nicht ordnungsgemäß nach, indem sie die Meldungen insbes nicht vollständig oder nicht rechtzeitig erstatten, erfüllt dies den Tatbestand der Schwarzarbeit für § 1 Abs 2 SchwarzArbG und ggf den Ordnungswidrigkeitentatbestand des § 111 Abs 1 SGB IV; § 41 DEÜV. 17

**f) Datenübertragungsverfahren.** Die Datenübermittlung darf nur durch gesicherte und verschlüsselte Datenübertragung aus systemgeprüften Programmen oder mittels maschinell erstellter Ausfüllhilfen erfolgen (§ 28 Abs 1 SGB IV). Dies gilt sowohl für das **Meldeverfahren** des ArbGeb als auch für den **Beitragsnachweis** (§ 28 f Abs 3 SGB IV, § 1 Satz 1, §§ 16, 17 DEÜV). 18

Die Möglichkeit, Meldungen mittels Formularen oder Disketten bzw sonstige Datenträger zu erstatten, ist ausgeschlossen (§ 16 DEÜV). Gleiches gilt für den **Beitragsnachweis** (§ 26 iVm § 16 Satz 1 DEÜV). 19

Die Datenübertragung muss bestimmten **DIN-Normen** entsprechen, die in § 17 Abs 1 DEÜV näher bezeichnet sind. ArbGeb dürfen Meldungen und Beitragsnachweise nur durch Datenübertragung mittels **zugelassener systemgeprüfter Programme** oder maschinell erstellter Ausfüllhilfen übermitteln (§ 18 DEÜV). Für maschinell geführte Lohn- und Gehaltsabrechnungsprogramme und maschinell erstellte Ausfüllhilfen ist – regelmäßig vom 20

Hersteller des Programms – vor dem erstmaligen Einsatz eine Systemprüfung zu beantragen (§ 19 DEÜV), die nach entsprechender Prüfung ggf zu einer Zulassung des betreffenden Produkts führt (zur Zulassung § 21 DEÜV).

21 **Adressat** des Beitragsnachweises und der Meldungen ist zwar die Beitragseinzugsstelle, jedoch sind die betreffenden Daten an die zuständige Annahmestelle zu übermitteln; das ist diejenige Stelle, die im Zulassungsbescheid des vom ArbGeb zur Datenübermittlung verwendeten Programms genannt wird (§ 23 iVm § 26 DEÜV).

22 **g) Unterrichtung des Arbeitnehmers von Meldungen.** Der ArbGeb hat auch weiterhin die Pflicht, dem Beschäftigten den Inhalt der Meldung schriftlich mitzuteilen (§ 28a Abs 5 SGB IV) und ihm mindestens einmal im Jahr, spätestens bis zum 30.4., für alle im Vorjahr durch Datenübertragung erstatteten Meldungen eine maschinell erstellte Bescheinigung zu übergeben. Diese muss inhaltlich getrennt alle gemeldeten Daten wiedergeben. Bei Auflösung des Arbeitsverhältnisses ist die Bescheinigung unverzüglich nach Abgabe der letzten Meldung auszustellen (§ 25 DEÜV).

23 **3. Einzelne Meldungen. a) Regelmeldungen nach § 28a Absatz 1 SGB IV. aa) Meldeanlass.** Gegenüber der Einzugsstelle ist für jeden in der KV, PflegeV, ArblV und RV kraft Gesetzes versicherten Beschäftigten bei ua folgenden Anlässen eine Meldung zu erstatten: Beginn und Ende der Beschäftigung, Ende der Entgeltzahlung, Änderungen der Beitragspflicht, Wechsel der Einzugsstelle, Unterbrechung der Entgeltzahlung und Beschäftigung, Auflösung des Arbeitsverhältnisses, Gewährung von einmalig gezahltem Arbeitsentgelt (soweit dieses nicht in einer Meldung aus anderem Anlass erfasst werden kann), Beginn und Ende der Berufsausbildung, Wechsel der Betriebsstätte im Beitrittsgebiet zu einer solchen im übrigen Bundesgebiet oder umgekehrt, Beginn und Ende von Altersteilzeitarbeit, nach § 23b Abs 2 und 3 SGB IV gezahltes Arbeitsentgelt, Wechsel eines Wertguthabens (§ 28a Abs 1 SGB IV).

24 **bb) Inhalt der Meldung.** Die Meldung enthält folgende allgemeine Angaben: Die Personalien (Familienname, Vorname, Geburtsdatum) inklusive Staatsangehörigkeit und Versicherungsnummer, Angaben über die Tätigkeit (verschlüsselt), die Betriebsnummer des Beschäftigungsbetriebes (wird von der Agentur für Arbeit zugeteilt), die Beitragsgruppe (verschlüsselt), die zuständige Einzugsstelle für den ArbGeb; bei der Anmeldung außerdem: Anschrift, Beginn der Beschäftigung und sonstige, für die Vergabe der Versicherungsnummer erforderliche Angaben. Außerdem ist anzugeben, ob beim Beschäftigten eine Beziehung zum ArbGeb als Ehegatte oder Lebenspartner besteht oder/und ob es sich um eine Tätigkeit als geschäftsführender Gesellschafter einer GmbH handelt. Bei der Abmeldung und der Jahresmeldung: Eine Anschriftenänderung, das beitragspflichtige Arbeitsentgelt in € und den Zeitraum, in dem das Arbeitsentgelt erzielt wurde (§ 28a Abs 3 SGB IV).

25 **cc) Gelockerte Meldefristen.** Die Anmeldung und die Abmeldung sind seit 1.1.06 mit der nächsten folgenden Lohn- und Gehaltsabrechnung, spätestens jedoch sechs Wochen nach Beginn bzw dem Ende der versicherungspflichtigen Beschäftigung abzugeben (§ 6, § 8 Abs 1 DEÜV). Die Jahresmeldung ist ebenfalls mit der nächsten folgenden Lohn- und Gehaltsabrechnung, spätestens zum 15.4. abzugeben (§ 10 Abs 1 DEÜV). Zur Meldung von unregelmäßig gezahlten Arbeitsentgelten bei flexiblen Arbeitszeitgestaltungen vgl § 11a DEÜV.

26 **dd) Besonderheiten.** Solche bestehen für die Meldung **einmalig gezahlten Arbeitsentgelts;** vgl hierzu § 11 DEÜV. Eine An- und Abmeldung ist auch zu erstatten **bei Änderung der gemeldeten Beitragsgruppe, des Personengruppenschlüssels oder der Krankenkasse** des ArbN, oder wenn ein Wechsel der Betriebsstätte von den alten in die neuen Bundesländer stattfindet oder umgekehrt (§ 12 DEÜV). Gleiches gilt bei Beginn von **Altersteilzeitarbeit** (§ 12 Abs 3 DEÜV).

27 Zur **Unterbrechungsmeldung** bei **Wegfall des Anspruchs auf Arbeitsentgelt für mindestens einen Kalendermonat** vgl § 9 DEÜV.

28 **b) Sofortmeldung.** Seit dem 1.1.2009 gilt in bestimmten Branchen (wieder) eine Pflicht zur Sofortmeldung (§ 28a Abs 4 SGB IV, § 7 DEÜV).

29 Die ArbGeb haben den Tag des Beginns des Beschäftigungsverhältnisses spätestens bei dessen Aufnahme zu melden. Die Meldepflicht gilt in folgenden **Branchen:** Baugewerbe; Gaststätten- und Beherbergungsgewerbe; Personenbeförderungsgewerbe, Speditions-,

Transport- und damit verbundene Logistikgewerbe, Schaustellergewerbe, Unternehmen der Forstwirtschaft, Gebäudereinigungsgewerbe, Unternehmen, die sich am Auf- und Abbau von Messen und Ausstellungen beteiligen, Fleischwirtschaft. Die Meldung muss elektronisch spätestens bei Beschäftigungsaufnahme gegenüber der DRVB erfolgen. Sie geht in die Betriebsprüfungsdatei und wird wieder gelöscht, sobald die normale Anmeldung erfolgt. Zugriff auf diese Meldungen haben sowohl die Kontrolleure der Schwarzarbeitsbekämpfung wie auch die Berufsgenossenschaften in Fällen von vermuteter illegaler Beschäftigung. In den genannten Branchen gilt für die ArbN bei der Erbringung von Dienst- und Werkleistungen außerdem eine Mitführungspflicht bzgl ihres Personalausweises, Passes oder Passersatze; diese Ausweise sind den Behörden der Zollverwaltung auf Verlangen vorzulegen (§ 2a SchwarzArbG).

**c) Jahresmeldungen nach § 28a Abs 2 SGB IV.** Der ArbGeb hat der Einzugsstelle für jeden am 31.12. des Vorjahres Beschäftigten in der vorgeschriebenen Weise zu melden (§ 28a Abs 2 SGB IV); die Meldung muss bis zum 15. April des Folgejahres erfolgen. Arbeitsentgelt ist dabei nur insoweit zu melden, als es nicht schon gemeldet ist (§ 10 DEÜV). 30

**d) Meldung geringfügiger Beschäftigung.** Geringfügig Beschäftigte sind seit 1999 in das allgemeine Meldeverfahren der SozV für Beschäftigte integriert. Für die Meldung geringfügiger Beschäftigungsverhältnisse gelten folgende **Besonderheiten:** Für geringfügig Beschäftigte sind keine Jahresmeldungen zu erstatten. Da das Arbeitsentgelt bei geringfügiger Beschäftigung nicht beitragspflichtig ist, kann solches bei der Meldung auch nicht genannt werden (§ 13 DEÜV; § 28a Abs 9 SGB IV). Einer besonderen Meldung bedarf es dann, wenn sich bei einem ArbN das Arbeitsentgelt ändert und die **450 €-Grenze** dadurch entweder über- oder unterschritten wird (§ 28a Abs 1 Nr 18 SGB IV). Die Änderung des Arbeitsentgelts muss in Gestalt einer An- oder Abmeldung innerhalb von zwei Wochen nach der Änderung erfolgen. 31

**Befreiung von der Rentenversicherungspflicht für geringfügig Beschäftigte seit 1.1.2013** nach § 6 Abs 1b SGB VI erfolgt auf schriftlichen Antrag des ArbN, den der ArbN dem ArbG (nicht dem RVTäger oder der Minijob-Zentrale) übergibt. Der ArbGeb meldet der Einzugsstelle (= Minijobzentrale, § 28i Satz 5 SGB IV, § 6 Abs 1b Satz 3 SGB VI), dass und wann ihm der Befreiungsantrag zugegangen ist (§ 28a Abs 1 Nr 11, Abs 8 Nr 4f SGB IV). 32

Aus Gründen der Verwaltungspraktikabilität soll auf ein förmliches Befreiungsverfahren, insbes auf Befreiungsbescheide der Minijob-Zentrale verzichtet werden **(Befreiungsfiktion).** Die Befreiung von der RVPflicht nach § 6 Abs 1b SGB VI gilt als erteilt, wenn die Minijobzentrale dem Befreiungsantrag des ArbN nicht innerhalb eines Monats nach Eingang der § 28a SGB IV-Meldung über den Eingang des Befreiungsantrages widerspricht. Ein Befreiungsbescheid, der dergestalt fingiert und bestandkräftig wird, kann nur entsprechend der §§ 44ff SGB X zurückgenommen werden (§ 6 Abs 3 SGB VI). **Zeitpunkt der Befreiung** ist der Beginn des Monats, in dem der Befreiungsantrag dem ArbGeb zugegangen ist, wenn der ArbGeb den Befreiungsantrag der Einzugsstelle mit der ersten folgenden Entgeltabrechnung, spätestens innerhalb von 6 Wochen nach Zugang des Antrages, gemeldet und die Einzugsstelle dem Antrag nicht innerhalb eines Monats nach Eingang der Meldung widersprochen hat (§ 6 Abs 4 SGB VI). Erfolgt die Meldung des ArbGeb später, wirkt die Befreiung vom Beginn des auf den Ablauf der Widerspruchsfrist folgenden Monats; die Widerspruchsfrist beträgt einen Monat und läuft ab Zugang der Meldung bei der Einzugsstelle. 33

**e) Familienangehörige oder geschäftsführende Gesellschafter.** Die Meldepflicht des ArbGeb gegenüber der Einzugsstelle nach § 28a SGB IV muss seit 1.1.05 auch die Angabe enthalten, ob der Beschäftigte zum ArbGeb in einer Beziehung als Ehegatte, Lebenspartner, Verwandter oder Verschwägerter in gerader Linie bis zum zweiten Grad steht (§ 28a Abs 3 Satz 2 SGB IV). Außerdem ist in der ArbGebMeldung für den Beschäftigten anzugeben, ob er als geschäftsführender Gesellschafter einer GmbH tätig ist (§ 28a Abs 3 Satz 2 SGB IV). Ergibt sich, dass der Beschäftigte Angehöriger des ArbGeb ist, muss die Einzugsstelle als Adressat der Meldung bei der DRVB eine Statusfeststellungsverfahren nach § 7a SGB IV beantragen allgemein zum Anlageverfahren nach § 7a SGB IV vgl → *Scheinselbstständigkeit* Rn 15. Kommt die für das Anfrageverfahren zuständige DRVB im Anfrage- 34 verfahren zu dem Ergebnis, dass Versicherungspflicht vorliegt, ist die BA hieran leistungsrechtlich gebunden, solange der die Versicherungspflicht feststellende Verwaltungsakt der BfA wirksam ist. Damit will der Gesetzgeber möglichst ausschließen, dass mitarbeitende Familienangehörige oder GmbH-Geschäftsführer jahrelang Beiträge zahlen und sie im Falle der Arbeitslosigkeit dennoch kein AlGeld erhalten.

35 **f) Korrektur/Stornierung von Meldungen.** Meldungen sind nach § 14 DEÜV unverzüglich zu stornieren (und ggf neu zu melden), wenn sie nicht zu erstatten waren, bei einer unzuständigen Einzugsstelle erstatten wurde oder wenn sie unzutreffende Angaben über folgende Punkte enthalten: die Zeit der Beschäftigung, das beitragspflichtige Arbeitsentgelt, den Grund der Abgabe der Meldung, die Beitragsgruppe, den Personengruppenschlüssel, den Tätigkeitsschlüssel oder die Betriebsnummer; bei geringfügig Beschäftigten über den Beginn, das Ende oder die Art der Beschäftigung sowie die Betriebsnummer des ArbGeb.

36 **II. Sonstige meldepflichtige Tatbestände (Anzeigepflichten). 1. Unfallversicherung. a) Unfallanzeige.** Der Betriebsunternehmer hat jeden Unfall in seinem Betrieb anzuzeigen, wenn durch den Unfall ein im Betrieb Beschäftigter getötet oder so verletzt wird, dass er stirbt oder für mehr als drei Tage völlig oder teilweise arbeitsunfähig ist. Die Anzeige ist binnen drei Tagen, nachdem der Betriebsunternehmer von dem Ereignis erfahren hat, von ihm zu erstatten und die Anzeige vom BRat (Personalrat) mitzuunterzeichnen (§ 193 SGB VII). Zu Unfallanzeigen auf Seefahrzeugen vgl § 194 SGB VII. Wer als Unternehmer vorsätzlich oder fahrlässig der Pflicht zur Anzeige von Arbeitsunfällen nicht oder nicht rechtzeitig nachkommt, handelt ordnungswidrig (§ 209 Abs 1 Nr 9 SGB VII).

37 **b) Betriebseröffnung.** Wer als Unternehmer durch Eröffnung eines Unternehmens oder Aufnahme der vorbereitenden Arbeiten für das Unternehmen (kraft Gesetzes) Mitglied einer BG wird, hat binnen einer Woche der zuständigen BG folgendes anzuzeigen (§ 192 SGB VII): Den Gegenstand und die Art des Unternehmens, die Zahl der Versicherten, den Eröffnungstag oder den Tag der Aufnahme der vorbereitenden Handlungen für das Unternehmen. **Unterrichtungspflichten gegenüber den Arbeitnehmern bestehen** in diesem Zusammenhang insoweit, als der ArbGeb die Beschäftigten darüber zu unterrichten hat, welcher BG und Bezirksverwaltung das Unternehmen angehört, wo deren Geschäftsstellen sind und innerhalb welcher Frist Ansprüche auf Unfallentschädigung anzumelden sind.

38 **c) Unternehmerwechsel.** Der Unternehmer hat jeden Wechsel der Person, für deren Rechnung das Unternehmen geht, in der satzungsmäßig bestimmten Frist der BG zur Eintragung in das Unternehmerverzeichnis anzuzeigen. Diese Anzeigepflicht hat insbes haftungsrechtliche Konsequenzen; zur Zahlung der Beiträge bis zum Ablauf des Geschäftsjahres, in dem der Wechsel angezeigt wird, sind der bisherige Unternehmer und sein Nachfolger als Gesamtschuldner verpflichtet (→ *Betriebsübergang* Rn 118 ff).

39 **d) Unternehmensänderungen,** die für die Zugehörigkeit zu einer BG wichtig sind, sind der BG anzuzeigen.

40 **2. Arbeitsförderungsrecht (Arbeitslosenversicherung). a) Arbeitskämpfe.** Bei Ausbruch und Beendigung eines Arbeitskampfes sind die ArbGeb verpflichtet, dem für den Betrieb zuständige Agentur für Arbeit schriftlich Anzeige zu erstatten (§ 320 Abs 5 SGB III). Die Gewerkschaft kann, muss aber nicht eine derartige Anzeige erstatten. Die Vorschrift steht im engen Zusammenhang mit der Neutralitätspflicht der BA bei Streik und Aussperrung. Rechtsfolge der Anzeige ist, dass die BA in dem durch den Arbeitskampf unmittelbar betroffenen Bereich nur noch dann vermittelt, wenn der ArbN und der ArbGeb dies trotz eines Hinweises der BA auf den Arbeitskampf verlangen (§ 36 Abs 3 SGB III). Die Anzeige hat zudem Beweismittelfunktion hinsichtlich des Zeitpunkts, von dem an sich die BA ihrer **Neutralitätspflicht** bewusst sein musste und von dem an spätestens ein Verstoß gegen die Neutralitätspflicht vorwerfbar wird. Allerdings tritt die Neutralitätspflicht kraft Gesetzes bei Ausbruch des Arbeitskampfes ein; die Anzeige ist insofern für die Neutralitätspflicht nicht konstitutiv. Bei Ausweitung oder Einschränkung des Arbeitskampfgebietes sind die hiervon betroffenen Betriebe jeweils zur Erstattung neuer Anzeigen verpflichtet. Entsprechendes gilt für Teilstreiks einzelner Berufsgruppen und Betriebsteile innerhalb eines Betriebes.

Die Anzeigepflicht trifft **jeden** am Arbeitskampf beteiligten Unternehmer, so dass bei einer Sammelanzeige jeder einzelne ArbGeb unterschreiben muss. Die Verletzung der Anzeigepflicht stellt für den ArbGeb (nicht für die Gewerkschaft) eine Ordnungswidrigkeit dar (§ 404 Abs 2 Nr 22 SGB III). Die Anzeigepflicht gilt für rechtmäßige wie rechtswidrige Arbeitskampfmaßnahmen gleichermaßen. Denn der Wortlaut der Vorschrift umfasst auch rechtswidrige Streiks und Aussperrungen. Zudem ist es nicht Aufgabe der BA, die Rechtmäßigkeit einer Arbeitskampfmaßnahme zu beurteilen. 41

**b) Konkursverfahren/Insolvenzverfahren.** Wird der Antrag auf Eröffnung des Insolvenzverfahrens mangels Masse abgewiesen, hat der ArbGeb diesen Beschluss des Insolvenzgerichts dem BRat oder – falls ein BRat nicht besteht – den ArbN unverzüglich mitzuteilen (§ 165 Abs 5 SGB III). Damit sollen die ArbN in die Lage versetzt werden, ihre Ansprüche auf InsG (KAUG) rechtzeitig geltend zu machen. Hat der ArbN in Unkenntnis des Abweisungsbeschlusses weitergearbeitet, verschiebt sich der zeitliche Rahmen, für den der ArbN KAUG verlangen kann. Die Verletzung der Mitteilungspflicht/Anzeigepflicht stellt eine Ordnungswidrigkeit dar (§ 404 Abs 2 Nr 1 SGB III). 42

**c) Kurzarbeit.** Anspruchsvoraussetzung für das Kurzarbeitergeld ist ua, dass der Arbeitsausfall durch Kurzarbeit der Agentur für Arbeit vom ArbGeb schriftlich angezeigt wird (§ 99 Abs 1 SGB III). Der Anzeige, die eine öffentlich-rechtliche Willenserklärung darstellt, ist eine Stellungnahme der Betriebsvertretung beizufügen; in der Anzeige selbst sind die Voraussetzungen für das Kurzarbeitergeld glaubhaft zu machen. Die Anzeige ist materiellrechtliche Anspruchsvoraussetzung (§ 95 Nr 4 SGB III; zum alten Recht BSG 21.1.87 – 7 RAr 76/85, SozR 4100 § 66 Nr 1 Satz 4). Einzelheiten s *Kurzarbeit*. 43

**3. Rentenversicherungspflichtige Selbstständige.** Selbstständig Tätige, die nach § 2 Satz 1 Nr 1–3 und 9 SGB VI versicherungspflichtig sind (selbstständige Lehrer und Erzieher, Hebammen und Entbindungshelfer, Seelotsen und sog ArbNÄhnliche Selbstständige) sind verpflichtet, sich innerhalb von drei Monaten nach Aufnahme der selbstständigen Tätigkeit beim zuständigen RVTräger zu melden (§ 190a SGB VI). Das EM-LeistungsverbesserungsG vom 17.7.17 (BGBl I 2509) erweitert ab 1.4.18 die **Meldepflicht für Inhaber von Handwerksbetrieben** beim erst späteren/nachträglichem Erwerb der handwerkerrechtlichen Befähigung (§ 190a SGB VI) sowie die Meldepflichten der Handwerkskammern (§ 196 Abs 3 SGB VI). Seit Novellierung der HwO 2004 müssen die Inhaber von Handwerksbetrieben nicht mehr selbst die handwerkerrechtliche Befähigung besitzen, wenn ein im Betrieb beschäftigter Betriebsleiter diese Befähigung besitzt. Die handwerkerrechtliche Befähigung ist jedoch weiterhin Voraussetzung für den Eintritt der Versicherungspflicht in der RV. Ein Betriebsinhaber oder ein Gesellschafter, der die handwerkerrechtliche Befähigung erst später erwirbt, muss in diesen Fällen innerhalb von drei Monaten dem Träger der RV mitteilen, dass er jetzt die für die Eintragung in die Handwerksrolle erforderlichen Voraussetzungen auch in seiner Person erfüllt. Damit sollen vor allem hohe Beitragsnachforderungen vermieden werden (BT-Drs 18/11926 S 20). 44

**4. Meldepflichten/Betriebsprüfung bezüglich gesetzlicher Unfallversicherung.** Das Meldeverfahren der UV wird seit 2009 in das allgemeine Meldeverfahren der SozV integriert. Das Verfahren sorgt dafür, dass die RVTräger seit 2010 die notwendigen Angaben für die Betriebsprüfung auch in Sachen UV zur Verfügung haben. Zum Ganzen *Hölle* BG 2008, 402 ff. 45

**Betriebsprüfung und Meldeverfahren bezüglich Unfallversicherung.** Bis 2009 galten die Auskunftspflichten der Unternehmer/ArbGeb und die Vorschriften über die Betriebsprüfung nach § 28p SGB IV für den Bereich der UV nur entsprechend und nur insoweit, als sich die Auskunfts- und Vorlagepflichten der ArbGeb und die Prüfungs- und Überwachungsbefugnisse der UV-Träger auf Angaben und Unterlagen über diejenigen betrieblichen Verhältnisse erstreckten, die für die Veranlagung der Unternehmen und für die Zuordnung der Entgelte zu den Gefahrklassen erforderlich waren. Zuständig für die Prüfung waren die Träger der UV. 46

**a) Zuständigkeit Deutsche Rentenversicherung Bund für Betriebsprüfung.** Seit 1.1.10 wird die unmittelbare **Zuständigkeit der Träger der Rentenversicherung** für Betriebsprüfungen auf die UV erstreckt. Die Träger der RV führen die Prüfung „im Auftrag" der Träger der UV durch (§ 166 Abs 2 SGB VII, Art 25 Nr 1, Art 36 des 2. Bürokratie- 47 abbauG vom 7.9.07, BGBl I 07, 2246; UVMG vom 30.10.08, BGBl I 08, 2130). Die Prüfung nach § 166 SGB VII wird durch Träger der RV im Rahmen der allgemeinen Betriebsprüfung nach § 28p SGB IV durchgeführt. Allerdings bedarf es bei der Prüfung für die Zwecke der UV keiner ArbN-bezogenen Kontrolle. In der UV gibt es keinen ArbN-bezogenen Beitrag, sodass sich die Prüfung nur auf die Beitragsgrundlagen der UV, dh die unfallversicherungsrechtlichen Entgelte und ggf deren zutreffende Zuordnung zu einer Gefahrtarifstelle erstreckt (Summenmeldungen nach § 165 SGB VII). Die Befugnis zur Erteilung von Beitragsbescheiden und zur Beitragsnachberechnung bleibt den Trägern der UV vorbehalten (§ 28p Abs 1b SGB IV iF UVMG vom 30.10.08, BGBl I 08, 2130). Kraft Übergangsrecht werden die Prüfungen bzgl der Jahre 2005–2008 in den Jahren 2010 und 2011 weiterhin durch die Träger der UV durchgeführt (§ 218e Abs 4 SGB VII).

48 **b) Meldungen.** Die ArbGeb/Unternehmen melden (seit 2010) für die Zwecke der UV an die Einzugsstelle mit der **Jahresmeldung** nach § 28a Abs 3 SGB IV die in der UV beitragspflichtigen Arbeitsentgelte, die geleisteten Arbeitsstunden, UV-Mitgliedsnummer des Betriebes und die Betriebsnummer des zuständigen UV-Trägers sowie die anzuwendende Gefahrtarifstelle. Der ArbGeb hat alle Auskünfte zu erteilen, die für die Veranlagung zu Gefahrtarifstellen erforderlich sind.

# Meldepflichten Arbeitnehmer

## A. Arbeitsrecht

*Poeche*

1 **1. Gesetzliche Meldepflichten.** Meldepflichten des ArbN sind für das Arbeitsrecht eher untypisch. Bekannt sind sie im ArbNErfindungsrecht: Unverzüglich nach ihrer Fertigstellung hat der ArbN von ihm gemachte Erfindungen dem ArbGeb zu melden (§ 5 ArbNErfG; → *Arbeitnehmererfindung* Rn 12).

2 Im **Arbeitsschutz** hat der ArbN nach § 16 ArbSchG jede von ihm festgestellte unmittelbare erhebliche Gefahr für die Sicherheit und Gesundheit sowie jeden an den Schutzsystemen festgestellten Defekt zu melden. Adressat der Meldung ist der ArbGeb oder der zuständige Vorgesetzte. Informiert werden sollen auch die anderen mit dem Arbeitsschutz befassten Personen, wie Betriebsarzt, Fachkraft für Arbeitssicherheit und Sicherheitsbeauftragte. Der anzeigende ArbN muss nur subjektiv berechtigterweise davon ausgehen dürfen, dass eine Gefährdungslage vorliegt. Liegt sie dann objektiv nicht vor, handelt er mit der Anzeige nicht pflichtwidrig (LAG Nds 12.9.18 – 14 Sa 140/18, BeckRS 2018, 25518). Im autonomen Arbeitsschutz verpflichten die UVV den ArbN, festgestellte sicherheitstechnische Mängel an Einrichtungen sowie an der Verpackung, Kennzeichnung und Beschaffenheit von Arbeitsstoffen oder an der Gestaltung von Arbeitsverfahren und -abläufen dem Vorgesetzten zu melden (→ *Arbeitssicherheit/Arbeitsschutz* Rn 15).

3 **2. Sonstiges.** Außerhalb dieser Komplexe spielen Meldepflichten des ArbN gegenüber dem ArbGeb eine untergeordnete Rolle. Seine Verpflichtung zur Offenlegung eines Sachverhaltes, zB Produktion von Ausschuss, Sabotage uÄ, wird herkömmlich im bestehenden Arbeitsverhältnis noch mit dem synonymen Begriff **Anzeigepflichten** (→ *Anzeigepflichten Arbeitnehmer* Rn 2) und bei Eingehung des Arbeitsverhältnisses mit dem der **Auskunftspflichten** (→ *Auskunftspflichten Arbeitnehmer* Rn 2–29) gekennzeichnet. Ein **BRatmitglied** muss sich grds bei seinem ArbGeb abmelden, bevor es BRattätigkeiten verrichtet (BAG 29.6.11 – 7 ABR 135/09, NZA 12, 47). Dies gilt auch für freigestellte BRatMitglieder, wenn sie außerhalb des Betriebs BRatsaufgaben nachgehen (BAG 24.2.16 – 7 ABR 20/14, NZA 16, 831).

4 Gelegentlich finden sich auch **Mitteilungspflichten,** so zB im Bereich des Mutterschutzes die Sollpflicht der Schwangeren zur Bekanntgabe ihrer Schwangerschaft und des mutmaßlichen Entbindungstermins (§ 15 Abs 1 MuSchG) und im Bereich des ArbNErfindungsrechts die Mitteilung einer freien Erfindung (§ 18 ArbNErfG).

5 **Mitwirkungspflichten** gegenüber dem ArbGeb begründen sich aus dessen Meldepflichten in der SozV (→ Rn 7 ff). Ihre Verletzung kann je nach Gewicht des Einzelfalles zu Konsequenzen führen (zB Ablehnung der Arbeitsleistung, Abmahnung). Zu Haftungsfragen

→ *Anzeigepflichten Arbeitnehmer* Rn 6. Auf die Meldepflicht des ArbN gegenüber der **Bundesagentur** hat der ArbGeb den ArbN zwar nach § 2 Abs 2 Satz 2 Nr 3 SGB III hinzuweisen. Eine Verletzung der Hinweispflicht begründet aber keinen Schadensersatzanspruch des ArbN (BAG 29.9.05 – 8 AZR 571/04, NZA 05, 1406).

**B. Lohnsteuerrecht** *Seidel*

Zu der vom ArbN gegenüber dem FA bestehenden Pflicht, bestimmte Umstände anzuzeigen, → *Anzeigepflichten Arbeitnehmer* Rn 10–17 und → *Lohnsteuerabzugsmerkmale* Rn 17 f. 6

Zu Angaben des ArbN bei Lohnzahlungen durch Dritte gegenüber dem ArbGeb → *Lohnabzugsverfahren* Rn 14.

**C. Sozialversicherungsrecht** *Schlegel*

**1. Auskunfts- und Vorlagepflichten gegenüber dem Arbeitgeber.** Nach § 28o Abs 1 SGB IV hat der Beschäftigte dem ArbGeb die zur Durchführung des Meldeverfahrens und der Beitragszahlung erforderlichen Angaben zu machen und, soweit erforderlich, Unterlagen vorzulegen (zum Ganzen *Voelzke/Schlegel* SGB IV, § 28o Rz 9 ff). Spezialgesetzlich ist die Meldepflicht für zusätzlich ausgeübte geringfügige Beschäftigungen in § 11 AltTZG geregelt. Inhaltlich sind insbes diejenigen Tatsachen anzuzeigen und mitzuteilen, die der ArbGeb der Einzugsstelle seinerseits gem §§ 28a ff SGB IV zu melden hat, oder die für die Beurteilung der Versicherungspflicht bedeutsam sind (persönliche Daten, Gesamteinkommen und Verdienst/Dauer einer anderen Nebenbeschäftigung). 7

**2. Auskunfts- und Vorlagepflichten des Arbeitnehmers gegenüber der Einzugsstelle.** Nach § 28o Abs 2 SGB IV hat der Beschäftigte der Einzugsstelle auf Verlangen Auskunft über die Art und Dauer seiner Beschäftigung, die hierbei erzielten Arbeitsentgelte, seinen ArbGeb und die für die Erhebung von Beiträgen notwendigen Tatsachen zu erteilen und alle für die Prüfung der Meldung und der Beitragszahlung erforderlichen Unterlagen vorzulegen. Dies kann insbes der Fall sein, wenn der ArbGeb seinen Meldepflichten und der Pflicht zur Abführung des GesamtSozVBeitrages nicht nachkommt oder Zweifel an der Richtigkeit seiner Angaben bestehen. 8

Nach § 199 Abs 1 SGB V haben **unständig Beschäftigte** – anders als sonstige ArbN – eine **eigenständige Meldepflicht** gegenüber ihrer Krankenkasse. Sie haben der zuständigen Krankenkasse den Beginn und das Ende der berufsmäßigen Ausübung von unständigen Beschäftigungen unverzüglich zu melden. Sodann hat die Krankenkasse – ebenfalls abweichend vom Normalfall – eine konstitutive Feststellung über die Versicherungspflicht zu treffen (§ 186 Abs 2 SGB V; zum Begriff der unständigen Beschäftigung → *Aushilfskräfte* Rn 41 ff). Der ArbGeb wird dadurch jedoch nicht von seinen Meldepflichten befreit; er hat auch für unständig Beschäftigte Meldungen wie für sonstige ArbN zu erstatten. 9

**3. Spezielle Meldevorschriften** für besondere Personengruppen (zB Wehrdienstleistende, unständig Beschäftigte, Rentenantragsteller, Bezieher von Versorgungsbezügen, Bezieher von Erziehungsgeld etc) sind für die **Krankenversicherung** in §§ 194 ff SGB V, für die **Pflegeversicherung** in §§ 50 ff SGB XI und für die **Rentenversicherung** in §§ 190 ff SGB VI vorgesehen. 10

**4. Leistungsrechtliche Melde-(Mitwirkungs-)Pflichten** sind für alle Personen, die Sozialleistungen beanspruchen – damit auch für ArbN –, in § 60 Abs 1 SGB I geregelt. Danach hat, wer Sozialleistungen beantragt oder erhält, alle Tatsachen anzugeben, die für die Leistung erheblich sind, und auf Verlangen des zuständigen Leistungsträgers der Erteilung der erforderlichen Auskünfte durch Dritte zuzustimmen (Nr 1), Änderungen in den Verhältnissen, die für die Leistung erheblich sind oder über die im Zusammenhang mit der Leistung Erklärungen abgegeben worden sind, unverzüglich mitzuteilen (Nr 2), sowie Beweismittel zu bezeichnen und auf Verlangen des zuständigen Leistungsträgers Beweisurkunden vorzulegen oder ihrer Vorlage zuzustimmen. Die Verletzung dieser Pflichten räumt dem Leistungsträger gem § 66 Abs 1 SGB I ein **Leistungsverweigerungsrecht** hinsichtlich beantragter Sozialleistungen und ggf auch ein **Rückforderungsrecht** hinsichtlich bereits gewährter Leistungen ein. Allerdings ist der Antragsteller/Berechtigte auf diese 11

Rechtsfolge vorher schriftlich hinzuweisen und unter Fristsetzung aufzufordern, seiner Mitwirkungs- bzw Meldepflicht nachzukommen (§ 66 Abs 3 SGB I). Rechtsdogmatisch handelt es sich bei den dem Berechtigten gem § 60 SGB I auferlegten „Pflichten" nicht um zwangsweise durchsetzbare Rechtspflichten, sondern um Obliegenheiten, bei deren Verletzung der Antragsteller/Berechtigte ggf Rechtsnachteile zu gewärtigen hat. Zur Pflicht von Leistungsempfängern (zB Arbeitslosen, AlGeldBezieher), den ArbGeb einer von ihm ausgeübten Nebentätigkeit zu benennen vgl BSG 2.9.04 – B 7 AL 88/03 R, BeckRS 2004, 41941.

12 **5. Meldepflichten arbeitsloser Arbeitnehmer** bestehen insoweit, als sich diese während der Zeit, für die sie Anspruch auf AlGeld geltend machen, bei der Agentur für Arbeit und gleichgestellten Stellen zu melden haben, wenn sie hierzu von der Agentur für Arbeit aufgefordert werden (§ 309 SGB III). Wird zB wegen Umzug eine andere Agentur für Arbeit zuständig, hat sich der Arbeitslose von sich aus unverzüglich bei der nunmehr zuständigen Agentur für Arbeit zu melden (§ 310 SGB III).

# Minderjährige

## A. Arbeitsrecht

*Röller*

1 **I. Allgemeines.** Minderjährige, die das 7. Lebensjahr vollendet haben, sind nach Maßgabe der §§ 107–113 BGB beschränkt geschäftsfähig (§ 106 BGB). Ohne Mitwirkung des gesetzlichen Vertreters sind Willenserklärungen von Minderjährigen nur wirksam in den Fällen des § 107 BGB (lediglich rechtlicher Vorteil), bei der Bewirkung einer Leistung aus eigenen Mitteln (§ 110 BGB), bei einer Ermächtigung zum selbstständigen Betrieb eines Erwerbsgeschäfts (§ 112 BGB) oder zur Eingehung eines Arbeitsverhältnisses (§ 113 BGB).

2 **II. Minderjährige als Arbeitnehmer. 1. Beschäftigungsverbote und -beschränkungen.** Das JArbSchG regelt für Minderjährige Beschäftigungsverbote und -beschränkungen. Einzelheiten → *Jugendarbeitsschutz* Rn 10 ff. Keine Anwendung findet das JArbSchG auf geringfügige Hilfeleistungen, soweit sie gelegentlich aus Gefälligkeit, aufgrund familienrechtlicher Vorschriften (→ *Familiäre Mitarbeit* Rn 4), in Einrichtungen der Jugendhilfe und in Einrichtungen zur Eingliederung Behinderter erbracht werden sowie auf die Beschäftigung durch die Personensorgeberechtigten im Familienhaushalt (§ 1 Abs 2 JArbSchG).

3 **2. Arbeitsvertrag mit Minderjährigen. a) Gesetzliche Vertretung durch Eltern bei Abschluss des Arbeitsvertrages.** Ein Minderjähriger bedarf zum Abschluss eines Arbeitsvertrages der Einwilligung, dh der vorherigen Zustimmung (§ 183 Satz 1 BGB), des gesetzlichen Vertreters (§ 107 BGB). Schließt er den Arbeitsvertrag ohne die erforderliche Einwilligung, hängt die Wirksamkeit dieses Arbeitsvertrages nach § 108 Abs 1 BGB von der Genehmigung, dh der nachträglichen Zustimmung (§ 184 Abs 1 BGB), des gesetzlichen Vertreters ab. Bis zur Genehmigung ist der Arbeitsvertrag schwebend unwirksam. Verweigert der gesetzliche Vertreter seine Zustimmung, wird der Vertrag endgültig unwirksam (§ 108 BGB).

4 Der Minderjährige kann den von ihm geschlossenen Vertrag selbst genehmigen, sobald er das 18. Lebensjahr erreicht und damit unbeschränkt geschäftsfähig geworden ist (§§ 2, 108 Abs 3 BGB).

5 Der Vertragspartner des Minderjährigen kann den Schwebezustand beenden, indem er den Arbeitsvertrag wegen der Minderjährigkeit des Vertragspartners widerruft (§ 109 Abs 1 Satz 1 BGB). Mit der Erklärung des Widerrufs, die auch gegenüber dem Minderjährigen selbst erfolgen kann (§ 109 Abs 1 Satz 2 BGB), wird der Arbeitsvertrag endgültig unwirksam. Nach § 108 Abs 2 Satz 1 Hs 1 BGB kann der Vertragspartner den Vertreter des Minderjährigen zu einer Erklärung über die Genehmigung auffordern. Genehmigt dieser den Abschluss des Arbeitsvertrages nicht innerhalb von 2 Wochen seit der Aufforderung, gilt die Genehmigung als verweigert (§ 108 Abs 2 Satz 2 BGB) mit der Folge, dass der Arbeitsvertrag ebenfalls unwirksam ist.

6 Als gesetzliche Vertreter für den Minderjährigen treten regelmäßig die Eltern auf. Sie vertreten den Minderjährigen grds **gemeinschaftlich** aufgrund ihrer elterlichen Sor-

gepflicht, §§ 1626 Abs 1, 1629 BGB. Jeder Elternteil kann jedoch den anderen ausdrücklich oder stillschweigend bevollmächtigen, ihn in der Vertretung des Kindes zu vertreten.

**b) Vormundschaftsgerichtliche Genehmigung.** Ist gesetzlicher Vertreter des Minder- 7
jährigen ein Vormund, so bedarf der Abschluss eines Dienst- oder Arbeitsvertrages, aufgrund dessen sich der Minderjährige zu einer persönlichen Leistung für eine längere Zeit als 1 Jahr verpflichtet, der vormundschaftsgerichtlichen Genehmigung (§ 1822 Ziff 7 BGB). Für Eltern gilt dies nicht (BAG 25.4.13 – 8 AZR 453/12, NZA 13, 1206; *Palandt/Götz* § 1822 Rn 23; aA *Fomferek* NJW 04, 410).

**c) Ermächtigung gemäß § 113 BGB.** Nach § 113 Abs 1 Satz 1 BGB kann der 8
gesetzliche Vertreter den Minderjährigen ermächtigen, in Dienst oder Arbeit zu treten. Anders als nach § 112 BGB ist zusätzlich keine vormundschaftsgerichtliche Genehmigung erforderlich. § 113 BGB führt zu einem wirksamen Arbeitsvertrag, den der Minderjährige auf Grund einer vom gesetzlichen Vertreter erteilten Ermächtigung mit diesem eingeht. Wegen der Gefahr des Interessenskonflikts ist § 181 BGB analog anwendbar (ErfK/*Preis* § 113 BGB Rn 5).

**aa) Erklärung der Ermächtigung.** Die Ermächtigung durch den gesetzlichen Vertreter 9
kann ausdrücklich oder stillschweigend erklärt werden. Sie ist konkludent erklärt, wenn die Eltern als gesetzliche Vertreter längere Zeit die ihnen bekannte Tätigkeit des Minderjährigen in einem bestimmten Betrieb oder in einer bestimmten Branche dulden und nicht einschreiten. Schlichtes Resignieren trotz vorher verweigerter Zustimmung genügt jedoch nicht (BAG 19.4.74, EzA Nr 1 zu § 113 BGB). Das Vormundschaftsgericht kann eine vom Vormund verweigerte Zustimmung gem § 113 Abs 3 BGB ersetzen, nicht aber die der Eltern (Palandt/*Ellenberger* § 113 Rn 1).

**bb) Zurücknahme und Einschränkung der Ermächtigung.** Eine bereits erteilte 10
Ermächtigung kann gem § 113 Abs 2 BGB von dem gesetzlichen Vertreter zurückgenommen oder – anders als nach § 112 BGB – nachträglich eingeschränkt werden. Die Rücknahme der Ermächtigung erfolgt durch formfreie, empfangsbedürftige Willenserklärung gegenüber dem Minderjährigen (BAG 19.7.74, EzA Nr 1 zu § 113 BGB). Die Rücknahme der Ermächtigung wirkt ex nunc. Widerspricht der gesetzliche Vertreter einem vom Minderjährigen beabsichtigten Rechtsgeschäft, so liegt darin konkludent die nachträgliche Einschränkung der Ermächtigung (*Palandt/Ellenberger* § 113 Rn 5). Die Ermächtigung wird nachträglich widerrufen, wenn der gesetzliche Vertreter selbst für den Minderjährigen ein Rechtsgeschäft schließt.

**cc) Umfang der Ermächtigung.** Die Ermächtigung nach § 113 Abs 1 Satz 1 BGB 11
umfasst Rechtsgeschäfte, welche die Eingehung und Aufhebung eines Dienst- oder Arbeitsverhältnisses der gestatteten Art und die Erfüllung der sich daraus ergebenden Pflichten auf der Grundlage üblicher Regelungen betreffen. Beschränkt sich die Ermächtigung auf ein bestimmtes Dienst- oder Arbeitsverhältnis, gilt die Ermächtigung nach § 113 Abs 4 BGB im Zweifel auch als allgemeine Ermächtigung zur Eingehung von Verhältnissen derselben Art. Dies ist der Fall, wenn das Arbeitsverhältnis den gleichen sozialen Gehalt hat und der Minderjährige in der gleichen Art und Weise verpflichtet wird (*Schaub/Linck* § 32 Rn 31). Von der Ermächtigung nach § 113 BGB umfasst sind auch Dienste höherer Art, wie Engagement-Verträge von Schauspielern (OLG Düsseldorf 27.4.10, OLGZ 22, 161), ebenso ein selbstständiges Handelsvertreterverhältnis (BAG 20.4.64, NJW 64, 1641) und ein Berufsausbildungsvertrag (BAG 22.1.08 – 9 AZR 999/06, NZA-RR 08, 565; offen gelassen BAG 8.12.11 – 6 AZR 354/10, NZA 12, 495; aA Erfk/Preis § 113 BGB Rn 2, *Schaub/Linck* § 31 Rn 30).

**(1) Erfasste Rechte und Pflichten aus Dienst- oder Arbeitsvertrag.** Der Minder- 12
jährige ist berechtigt, die Rechtsgeschäfte vorzunehmen, die mit der Eingehung, Abwicklung und Beendigung eines Arbeitsverhältnisses **üblicherweise** verbunden sind. Tarifvertragliche Gestaltungsmöglichkeiten sind idR als verkehrsüblich anzusehen (BAG 8.6.99 – 3 AZR 71/98, NZA 2000, 34). Der Minderjährige ist darüber hinaus auch berechtigt, eine Kündigungserklärung ohne Hinzuziehung der gesetzlichen Vertreter rechtswirksam auszusprechen und in Empfang zu nehmen (BAG 18.2.77, DB 77, 1194).

Soweit die Ermächtigung des § 113 BGB reicht, ist der Minderjährige **prozessfähig.** 13
Der Minderjährige ist im Rahmen des § 113 auch zum Abschluss von Rechtsgeschäften berechtigt, die in unmittelbarem Zusammenhang mit dem Arbeitsverhältnis stehen, wie

etwa dem **Beitritt zu einer Gewerkschaft.** In diesem Fall schließt der Minderjährige zwar kein Rechtsgeschäft mit dem ArbGeb, sondern mit der Gewerkschaft als dritter Vertragspartei. Dieses Rechtsgeschäft wird jedoch von § 113 BGB umfasst, weil der Minderjährige seinen Arbeitsvertrag mit Hilfe der Gewerkschaftszugehörigkeit gegenüber tarifgebundenen ArbGeb unmittelbar gestaltet (ErfK/*Preis* § 113 BGB Rn 9).

14 **(2) Nicht erfasste Rechte und Pflichten.** Die Ermächtigung nach § 113 BGB umfasst nicht die Verfügung über den Lohn (ErfK/*Preis* § 113 BGB Rn 9). Der Minderjährige kann folglich **keine Leistungsklage** gegen den ArbGeb erheben. Zur **selbstständigen** Verfügung über den Lohn wie auch zur selbstständigen Prozessführung ist deswegen eine besondere Zustimmung des gesetzlichen Vertreters nötig. Nachvertragliche Wettbewerbsverbote ggü einem Minderjährigen sind unwirksam, § 110 GewO, § 74a Abs 2 Satz 2 HGB.

15 **3. Kündigung des Arbeitsverhältnisses. a) Durch den Arbeitgeber.** Diese ist ausdrücklich an den gesetzlichen Vertreter zu richten. Sie muss mit dem erkennbaren Willen abgegeben werden, dass sie in den Herrschaftsbereich des Vertreters gelangt (BAG 8.12.11 – 6 AZR 354/10, NZA 12, 495).

16 Bei **Gesamtvertretung,** dh also bei gesetzlicher Vertretung des Minderjährigen durch die Eltern, genügt die Adressierung der Kündigung an und deren Zugang gegenüber einem Gesamtvertreter (BGH 14.2.74, BGHZ 62, 167, 173).

17 **b) Durch den minderjährigen Arbeitnehmer.** Bei einer Ermächtigung gem § 113 BGB kann der Minderjährige den Arbeitsvertrag selbst fristlos oder fristgerecht kündigen.

18 **4. Faktisches Arbeitsverhältnis mit beschränkt geschäftsfähigen Minderjährigen.** Ist das Arbeitsverhältnis von den Parteien in Vollzug gesetzt worden und stellt sich nachträglich die Unwirksamkeit des Vertrages heraus, so besteht nur ein faktisches Arbeitsverhältnis. Es kann jederzeit durch einseitige Erklärung unmittelbar beendet werden, ohne dass die Wirksamkeitsvoraussetzungen einer außerordentlichen Kündigung vorzuliegen brauchen (→ *Faktisches Arbeitsverhältnis* Rn 5). Für die zurückliegende Zeit behält der Minderjährige sowohl den Anspruch auf die Entlohnung als auch sämtliche gegen den ArbGeb im Falle der Gültigkeit des Arbeitsvertrages bestehenden sonstigen Ansprüche.

19 **5. Betriebsverfassung.** Minderjährige sind weder wahlberechtigt (§ 7 BetrVG) noch wählbar (§§ 7, 8 BetrVG). Die Zahl der beschäftigten Minderjährigen hat keinen Einfluss auf die Mindestgröße des BRat. Sie richtet sich ausschließlich nach der Anzahl der wahlberechtigten Mitarbeiter (§§ 1, 7 BetrVG). ISd BetrVG sind Minderjährige sog **jugendliche Arbeitnehmer** (§ 60 BetrVG). Sind mehr als fünf jugendliche ArbN oder zur Berufsausbildung Beschäftigte, die das **25. Lebensjahr** noch nicht vollendet haben, in einem Betrieb tätig, ist eine JAV wählen. Die Wahl ist von dem BRat zwingend vorzubereiten und durchzuführen, (*DKK/Trittin* § 60 Rn 12). Nach § 63 Abs 2 Satz 1 BetrVG hat der BRat den Wahlvorstand und seinen Vorsitzenden spätestens acht Wochen vor Ablauf der Amtszeit der JAV zu bestellen.

20 **III. Minderjährige als Arbeitgeber. 1. Abschluss von Arbeitsverträgen ohne Ermächtigung gem § 112 BGB.** Schließt der Minderjährige als ArbGeb einen Arbeitsvertrag ohne die erforderliche Einwilligung ab, hängt dessen Wirksamkeit nach § 108 Abs 1 BGB von der Genehmigung des gesetzlichen Vertreters ab. Wird die Genehmigung des gesetzlichen Vertreters nicht erteilt oder der Arbeitsvertrag von einem geschäftsunfähigen Kind als ArbGeb abgeschlossen, stoßen das soziale Schutzinteresse des ArbN mit dem Schutz des Geschäftsunfähigen oder des beschränkt Geschäftsfähigen zusammen. Aufgrund des vorrangigen Schutzzwecks der §§ 104 ff BGB ist es geboten, den geschäftsunfähigen oder in seiner Geschäftsfähigkeit beschränkten ArbGeb auch bei Vollzug des Arbeitsverhältnisses keine quasivertraglichen Pflichten, so auch nicht die Lohnzahlungspflicht treffen zu lassen. Der ArbN ist auf außervertragliche Ansprüche gem §§ 812 ff BGB und §§ 823 ff BGB beschränkt (MünchArbR/*Richardi/Buchner* § 34 Rn 47; aM *Soergel/Hefermehl* Rn 14 vor § 104: „Sachgerecht, dem ArbN für die Vergangenheit einen vertraglichen Lohnanspruch zuzubilligen").

21 **2. Abschluss von Arbeitsverträgen mit Ermächtigung gem § 112 BGB.** Nach § 112 Abs 1 Satz 1 BGB kann der gesetzliche Vertreter mit Genehmigung des Vormundschaftsgerichts den Minderjährigen zum selbstständigen Betrieb eines Erwerbsgeschäftes

ermächtigen. Die Ermächtigung ist eine einseitige und formfreie, an den Minderjährigen zu richtende Willenserklärung (*Palandt/Ellenberger* § 112 Rn 2). Sie kann Dritten gegenüber nicht beschränkt und nach § 112 Abs 2 BGB nur mit Genehmigung des Vormundschaftsgerichts zurückgenommen werden. Ein Erwerbsgeschäft, auf dessen Betrieb sich die Ermächtigung bezieht, ist jede erlaubte, selbstständige, berufsmäßig ausgeübte und auf Gewinn gerichtete Tätigkeit (*Scheerer* BB 71, 981, 982 mwN). Sie umfasst insbes den Betrieb eines Handelsgeschäftes, einer Fabrik oder Landwirtschaft, die Ausübung eines Handwerks sowie eines künstlerischen oder wissenschaftlichen Berufes. Die Eingehung eines Handelsvertreterverhältnisses fällt ebenso unter § 112 BGB (BAG 20.4.64, NJW 64, 1641).

Die Ermächtigung bewirkt, dass der Minderjährige für solche Rechtsgeschäfte unbeschränkt geschäftsfähig ist, welche der Geschäftsbetrieb mit sich bringt. Der Minderjährige kann in den ArbGebVerband eintreten (*Löwisch/Rieble* TVG § 3 Rn 22), Arbeitsverträge abschließen, diese kündigen und Kündigungen der ArbN entgegennehmen. Von der Ermächtigung ausgenommen sind solche Rechtsgeschäfte, zu denen der gesetzliche Vertreter vormundschaftsgerichtlicher Genehmigung bedarf (§ 112 Abs 1 Satz 2 BGB). 22

Gem § 1822 Ziff 8 BGB bedarf die Aufnahme von Geld auf den **Kredit** eines Minderjährigen der vormundschaftsgerichtlichen Genehmigung, ebenso die Erteilung einer Prokura (§§ 1643 Abs 1, 1822 Ziff 11 BGB). Angesichts des begrenzten Anwendungsbereichs von § 112 BGB ist eine entsprechende Ermächtigung in der Praxis außergewöhnlich. 23

**IV. Haftung Minderjähriger.** Sie ist nach Maßgabe des § 1629a Abs 1 BGB beschränkt. Diese Bestimmung gilt nicht für Verbindlichkeiten aus dem selbstständigen Betrieb eines Erwerbsgeschäfts, soweit der Minderjährige hierzu nach § 112 BGB ermächtigt war (§ 1629a Abs 2 BGB). Näheres s *Glöckner* FamRZ 2000, 1397; *Löwisch* NJW 99, 1002. Bei Rechtsgeschäften zwischen Eltern und Minderjährigen kann die Haftung des Minderjährigen nach dem Gesetz zur Haftungsbeschränkung Minderjähriger (MHbeG) v 25.8.98 (BGBl I 98, 2487) beschränkt sein. 24

## B. Lohnsteuerrecht

*Weil*

**1. Minderjährige als Arbeitnehmer.** Arbeitsverträge mit Kindern unter 14 Jahren und voll schulpflichtigen Jugendlichen sind auch steuerrechtlich grds nur anzuerkennen, soweit sie sie nach dem JArbschG zulässig sind (→ Rn 2 ff). Dies gilt insbes auch für die Arbeitsverträge zwischen Familienmitgliedern (R 4.8 Abs 3 Satz 2 EStR zu Arbeitsverhältnissen zwischen Eltern und Kindern). Arbeitsverträge über gelegentliche *Hilfeleistungen,* die üblicherweise auf familienrechtl Grundlage erbracht werden, nur geringe Zeit in Anspruch nehmen und die Arbeitszeit nicht ausfüllen, werden steuerrechtlich nicht anerkannt (BFH 9.12.1993 – IV R 14/92, DStR 1994, 355 zB Entgegennahme von Telefonanrufen, Mithilfe bei Wochenendbereitschaft in einem Arzthaushalt, Chauffeurdienste bei Patientenbesuchen). Hiervon sind andererseits Arbeitsverhältnisse über nicht nur gelegentliche *Aushilfstätigkeiten* abzugrenzen (BFH 25.1.1989 IV R 168/87, BStBl II 89, 453: stundenweise Aushilfe beim Verkauf oder der Buchhaltung eines Lebensmittelgeschäft, BFH 30.6.1989 III R 130/86, BFH/NV 90, 224: Mitarbeit in Gärtnerei). Diese Arbeitsverhältnisse können auch unter Familienmitgliedern anerkannt werden, sofern sie einem Fremdvergleich standhalten. Zu den Anforderungen an den Arbeitsvertrag iE → *Arbeitsvertrag* Rn 85; → *Familiäre Mitarbeit* Rn 29 ff). 32

Sind die Arbeitsverträge mit den Minderjährigen steuerrechtlich anzuerkennen, ist die LSt vom ArbGeb nach den allgemeinen Grundsätzen einzubehalten und abzuführen (→ *Lohnsteuerabführung* Rn 2 ff). Es kommt insbesondere eine LStpauschalierung für Teilzeitkräfte und Aushilfskräfte iSd § 40a EStG in Betracht (→ *Lohnsteuerpauschalierung* Rn 40). Zur **Ferienarbeit** von Minderjährigen → *Geringfügige Beschäftigung* Rn 20 ff. Minderjährige sind im Verwaltungsverfahren insoweit handlungsfähig (§ 79 Abs 1 Nr 2 AO), als sie auch zivilrechtlich im Rahmen eines Arbeitsverhältnisses als geschäftsfähig anerkannt sind (beschränkte Geschäftsfähigkeit § 113 BGB). Der Minderjähige ist deshalb befugt die Durchführung einer Veranlagung zu beantragen (§ 46 Abs 2 Nr 8 EStG); sofern er zB eine Lohnsteuererstattung geltend machen möchte (→ *Antragsveranlagung* Rn 2 ff). 33

Bezieht der Minderjährige neben seinen Lohneinkünften andere Einkünfte, zB aus Vermietung und Verpachtung, die eine Veranlagung vAw erforderlich machen (§ 46 Abs 2 Nr 1 34

EStG), sind sämtliche Einkünfte in die Veranlagung einzubeziehen. Der Minderjährige ist dann verpflichtet eine Steuererklärung für den Veranlagungszeitraum abzugeben (§ 25 Abs 3 EStG). Er wird, soweit er hinsichtlich der übrigen Einkünfte zB aus VuV nicht handlungsfähig ist, von seinem zivilrechtlichen Vertreter (zB die Eltern), vertreten, da die gesetzlichen Vertreter natürlicher Personen deren steuerliche Pflichten zu erfüllen haben (§ 34 Abs 1 AO).

35 **2. Minderjähriger als Arbeitgeber.** Liegt eine wirksame Ermächtigung des gesetzlichen Vertreters zum selbstständigen Betrieb eines Unternehmens mit der Genehmigung des Vormundschaftsgericht vor (§ 112 BGB), so ist dies auch steuerlich zu beachten. Den Minderjährigen treffen alle ArbGebPflichten (→ *Arbeitgeber* Rn 19 ff). Er ist insoweit steuerlich handlungsfähig (§ 79 Abs 1 Nr 2 AO).

## C. Sozialversicherungsrecht *Voelzke*

37 **1. Allgemeines.** Die Rechtsstellung von Minderjährigen **(Handlungsfähigkeit)** wird im Sozialrecht durch § 36 SGB I geregelt. Danach kann Anträge auf Sozialleistungen stellen und verfolgen sowie Sozialleistungen entgegennehmen, wer das **15. Lebensjahr** vollendet hat (§ 36 Abs 1 Satz 1 SGB I). Diese Regelung beruht auf der Überlegung, dass Minderjährige vielfach mit der Vollendung des 15. Lebensjahres in das Erwerbsleben eintreten und die damit zusammenhängenden sozialversicherungsrechtlichen Pflichten erfüllen müssen (*Schlegel/Voelzke/Reyels* SGB I, § 36 Rz 11).

38 Die Ausübung der Rechte der **gesetzlichen Vertreter** wird dadurch gewährleistet, dass der Sozialleistungsträger diese über die Antragstellung und die erbrachten Sozialleistungen unterrichten soll (§ 36 Abs 1 Satz 2 SGB I). Der gesetzliche Vertreter kann gem § 36 Abs 2 SGB I die Handlungsfähigkeit des Minderjährigen durch schriftliche Erklärung gegenüber dem Leistungsträger einschränken und ist bei Handlungen, die sich zum Nachteil des Minderjährigen auswirken können, zwingend hinzuzuziehen. § 36 SGB I wird für das Verwaltungsverfahrensrecht durch § 11 Abs 1 Nr 2 SGB X und für das gerichtliche Verfahren durch § 71 Abs 2 SGG und § 62 Abs 1 VwGO ergänzt. Diese Vorschriften räumen dem über 15 Jahre alten Minderjährigen durch die Bezugnahme auf § 36 SGB I das Recht eines selbstständigen Verfahrensbeteiligten ein, dem gegenüber Verfahrenshandlungen vorzunehmen sind. Der gesetzliche Vertreter kann lediglich als Prozessbevollmächtigter auftreten, es sei denn, er gibt eine Erklärung nach § 36 Abs 2 Satz 1 SGB I ab (*Meyer-Ladewig/B. Schmidt* § 71 Rz 5a). Das Gericht ist allerdings nicht ohne konkreten Anlass von Amts gehalten, beim gesetzlichen Vertreter nach einer solchen Erklärung nachzufragen (*Schlegel/Voelzke/Roller* SGG, § 71 Rn 30). Die Rücknahme eines Rechtsbehelfs bedarf der Zustimmung des gesetzlichen Vertreters.

39 Handlungen von Minderjährigen, denen § 36 SGB I keine Handlungsfähigkeit einräumt, bedürfen zu ihrer Wirksamkeit der **Einwilligung** des gesetzlichen Vertreters. Da § 36 SGB I die Handlungsfähigkeit im Sozialrecht nur unvollkommen regelt, nämlich für die Leistungsansprüche von Personen, die das 15. Lebensjahr vollendet haben, sind die auftretenden Regelungslücken nach hM durch eine analoge Anwendung der Vorschriften des bürgerlichen Rechts zur Geschäftsfähigkeit natürlicher Personen zu schließen.

40 **2. Umfang der Handlungsfähigkeit.** § 36 Abs 1 SGB I ermöglicht die Stellung aller Arten von Leistungsanträgen, nicht jedoch von Anträgen, die nicht auf eine Sozialleistung gerichtet sind (zB auf Befreiung von der Versicherungspflicht, s *Schlegel/Voelzke/Reyels* SGB I, § 36 Rz 15). Eine entsprechende Anwendung des § 36 SGB I ist für Handlungen zu bejahen, die die Voraussetzungen für die Inanspruchnahme von Sozialleistungen schaffen (zB Arbeitslosmeldung, Anzeige der AU) oder die auf ein für den Betroffenen ausschließlich vorteilhaftes Handeln von Leistungsträgern gerichtet sind (zB die Feststellung der Schwerbehinderteneigenschaft). Die Antragsfähigkeit umfasst auch die Geltendmachung von Ansprüchen als mitversicherter Familienangehöriger in der KV, da es sich um einen eigenen Anspruch der Kinder und des Ehegatten handelt (§ 10 SGB V).

41 Verfahrensrechtlich ist der Minderjährige, der das 15. Lebensjahr vollendet hat, im Verwaltungsverfahren einschließlich des Widerspruchsverfahrens und im Gerichtsverfahren zur Verfolgung des Antrages berechtigt. Der Leistungsträger kann mit befreiender Wirkung an

den über 15 Jahre alten Minderjährigen leisten, ohne dass es einer Einwilligung des gesetzlichen Vertreters bedürfte. Dies erstreckt sich allerdings nicht auf die Verfügungsmöglichkeit über die empfangene Sozialleistung, die sich ausschließlich nach bürgerlichem Recht richtet. Die Handlungsfähigkeit nach § 36 SGB I schließt es ein, dass dem Minderjährigen auch die Erfüllung der Mitwirkungspflichten gem §§ 60 ff SGB I obliegt.

Soweit allerdings die Mitwirkungspflichten des Leistungsempfängers im Rahmen der §§ 62, 63, 65 SGB I die Durchführung von Operationen erfordern, sollte entsprechend den zivilrechtlichen Grundsätzen auf die Einsichtsfähigkeit des Minderjährigen abgestellt werden (GK-SGB I/*Schellhorn* § 36 Rz 12; aA *Schlegel/Voelzke/Reyels* SGB I, § 36 Rz 24). Eine Versagung oder Entziehung der Leistung gem § 66 SGB I ist in allen Fällen ohne einen an den **gesetzlichen Vertreter** gerichteten Hinweis und eine entsprechende Fristsetzung nicht möglich (entsprechend § 36 Abs 2 SGB I; *Hauck/Noftz/Fastabend* SGB I, § 36 Rz 16). 42

**3. Unterrichtung des gesetzlichen Vertreters.** Der Leistungsträger soll den gesetzlichen Vertreter über die Antragstellung und die erbrachten Sozialleistungen unterrichten (§ 36 Abs 1 Satz 2 SGB I), damit dieser seine Kontrollfunktionen wahrnehmen kann. Bei laufenden Sozialleistungen genügt eine Benachrichtigung über die erste Leistungsbewilligung. Die Unterrichtung des gesetzlichen Vertreters hat lediglich im Regelfall zu erfolgen und kann bei Vorliegen besonderer Gründe im Einzelfall unterbleiben, etwa wenn schutzwürdige Belange des Minderjährigen entgegenstehen. 43

**4. Einschränkung der Handlungsfähigkeit.** Die Handlungsfähigkeit des Minderjährigen kann gem § 36 Abs 2 Satz 1 SGB I durch **schriftliche Erklärung** des gesetzlichen Vertreters gegenüber dem Leistungsträger eingeschränkt werden. Der gesetzliche Vertreter kann die Handlungsfähigkeit umfassend (allerdings nicht abstrakt für alle denkbaren Sozialleistungen) oder nur für einzelne Handlungen ausschließen. Der Leistungsträger ist an die Erklärung des gesetzlichen Vertreters gebunden, es sei denn, sie ist rechtsmissbräuchlich. 44

Bei bestimmten, uU für den Minderjährigen **nachteiligen Erklärungen** bedarf der Minderjährige nach ausdrücklicher gesetzlicher Regelung in jedem Falle der Zustimmung des gesetzlichen Vertreters (§ 36 Abs 2 Satz 2 SGB I). Es handelt sich hierbei um die Rücknahme von Anträgen, den Verzicht auf Sozialleistungen (→ *Verzicht* Rn 25 ff) und die Entgegennahme von Darlehen. Der Vorschuss auf Geldleistungen nach § 42 SGB I ist nach zutreffender Auffassung kein Darlehen. Der Leistungsträger kann den gesetzlichen Vertreter, soweit der Minderjährige eine der genannten Handlungen vorgenommen hat, in entsprechender Anwendung des § 108 Abs 2 BGB zur Erklärung über die Genehmigung auffordern. Bei fehlender Zustimmung bleibt die Rechtshandlung schwebend unwirksam (*Schlegel/Voelzke/Reyels* SGB I, § 36 Rz 34). 45

**5. Haftungsbeschränkung.** Für die finanziellen Folgen, die für Minderjährige durch die Vertretungsregelung für Bedarfsgemeinschaften im SGB II entstehen, gilt die Vorschrift des BGB über die Beschränkung der Minderjährigenhaftung entsprechend (BSG 7.7.11 – B 14 AS 153/10 R, SozR 4–4200 § 38 Nr 2, zu Fragen des Minderjährigenschutzes im SGB II *Kellner* NZS 18, 684). Ein Verschulden des Vertreters des Minderjährigen setzt die Beschränkung der Minderjährigenhaftung nach § 1629a BGB nicht voraus (BSG 28.11.18 – B 14 AS 34/17 R, SozR 4–4200 § 38 Nr 5). 46

## Mindestlohn

### A. Arbeitsrecht

*Griese*

**I. Gesetzgeberische Vorgeschichte.** Die Debatte um die Einführung eines Mindestlohnes wurde im Vorfeld der gesetzlichen Einführung des **Mindestlohngesetzes** (**MiLoG** – Art 1 des **Tarifautonomiestärkungsgesetzes** v 11.8.2014 – BGBl I S 1348) durch den Umstand geprägt, dass eine wachsende Zahl von ArbN trotz Arbeit aufgrund geringer Lohnhöhe kein ausreichendes Einkommen zum Lebensunterhalt erzielt und ergänzende Sozialtransferleistungen in Anspruch nehmen muss. Die Fehlentwicklung ist vor allem durch die Kombination aus staatlichen Transferleistungen und geringfügiger Beschäftigung entstanden und bedurfte gesetzgeberischer Korrektur (*Griese/Preis/Kruchen* NZA 2013, 113). 1

Die arbeitsrechtliche Abteilung des 68. Deutschen Juristentages 2010 hatte aufbauend auf den Empfehlungen des Gutachters (*Waltermann*, Gutachten zum 68. Deutschen Juristentag 2010, B 94 ff) bereits 2010 mit großer Mehrheit die Einführung eines flächendeckenden einheitlichen Mindestentgelts gefordert (Beschlüsse des 68. DJT Abteilung Arbeits- und Sozialrecht unter II. 10a–d).

2 **1. Probleme unzureichender Mindestlohnregelungen.** Instrumente der Mindestlohnsicherung waren auch bisher dem deutschen Recht nicht fremd. Die meisten bisherigen Instrumente hatten aber die Unzulänglichkeit, dass sie existenzsichernde Tarifverträge oder feststellbare angemessene Vergütungssätze voraussetzen. Genau diese fehlten aber in den meisten Niedriglohnbereichen.

Es half nicht weiter, den sog Kombilohn als Gegenmodell zu einem staatlich festgelegten Mindestentgelt zu intensivieren. Denn die Leistungen der Grundsicherung nach dem SGB II (Arbeitslosengeld II – Hartz IV) führten zu einem marktverzerrenden staatlich subventionierten Kombilohn. Die Entwicklung der sog **„Aufstocker"** bestätigte die diesbezüglichen Befürchtungen; mehr als 1,4 Millionen Bezieher von Grundsicherungsleistungen nach SBG II (Hartz IV) im Jahr 2010 arbeiten, verdienten aber so wenig, dass sie staatliche Aufstockungsleistungen beziehen. Im Ergebnis wurden **Arbeitgeber, die zu niedrige Löhne zahlten, durch staatliche Mittel subventioniert.** Die als Kombilohn wirkende soziale Grundsicherung wurde von den Arbeitsvertragsparteien zur Entgeltsenkung einkalkuliert und verzerrte die Wettbewerbsverhältnisse der konkurrierenden ArbGeb untereinander auf Kosten der Steuerzahler. Zugleich wurde den ArbN jeder Anreiz genommen, sich um besser bezahlte Stellen und um eine weitere Qualifizierung zu bemühen (s eingehend *Waltermann* NJW 10, 801).

Angesichts dieser Ausgangslage stand dem Gesetzgeber – wie das BVerfG in der Entscheidung über die Verfassungsmäßigkeit des Berliner Tariftreuegesetzes betont hat (BVerfG 11.7.06 – 1 BvL 4/00, NJW 07, 51) auch in **verfassungsrechtlicher Hinsicht** eine **weitgehende Einschätzungsprärogative** zu. **Verfassungsbeschwerden gegen das MiLoG wurden abgelehnt** (BVerfG 25.6.15 – 1 BvR 555/15, NZA 15, 864 u BVerfG 25.6.15 – 1 BvR 37/15, NZA 15, 866).

3 **2. Mindestlöhne in Europa und den USA.** In den wichtigsten marktwirtschaftlich orientierten Industrienationen in Europa und die USA gab es bereits seit Jahren, zT seit Jahrzehnten Mindestlöhne. (Einzelheiten s Personalbuch 2017).

4 **3. Vorteile einer einheitlichen gesetzlichen Mindestlohnfestsetzung.** Ein **einheitlicher** staatlicher **Mindestlohn** vermeidet die Schwächen der auf vorhandene Tarifverträge bezogener und zersplitterter Lösungen; er führt zu **klarer und einfacher Rechtsanwendung.** Aus diesem Grund sind auch die als Alternative diskutierten Lohnuntergrenzen, die jeweils unterschiedlich für die einzelnen Tarifbereiche gelten sollen, keine praktikable Lösung. Sie helfen von vorneherein nicht, soweit es – was in Niedriglohnsektoren häufig ist – gar keine Tarifverträge gibt oder diese völlig unzureichend sind. Sie führen darüber hinaus zu vielfältigen gerichtlichen Streitigkeiten über die Zuordnung zum richtigen Tarifbereich. Der dagegen gerichtete Verweis auf die Tarifautonomie ist nicht überzeugend, weil **der tarifliche Handlungsspielraum grundsätzlich immer erst oberhalb der gesetzlichen Mindestregelungen gilt,** etwa bei der Dauer des bezahlten Erholungsurlaubs oder der Dauer der gesetzlichen Entgeltfortzahlung im Krankheitsfall.

5 **II. Gesetzlicher Mindestlohn nach MiLoG.** Durch Art 1 des **Tarifautonomiestärkungsgesetzes** v 11.8.14 (BGBl I S 1348) erlangte das **Mindestlohngesetz (MiLoG)** Gesetzeskraft. Ab dem 1.1.15 gilt gem § 1 Abs 2 Satz 1 MiLoG ein **allgemeiner gesetzlicher Mindestlohn** von zunächst 8,50 € pro Stunde, ab **1.1.17 von 8,84 € pro Stunde.** Nach Angaben des Bundesarbeitsministeriums ist er ca 3,7 Millionen ArbN in Deutschland zugutegekommen. Die Anpassungen erfolgen nach § 1 Abs 2 Satz 2 MiLoG auf Vorschlag der Mindestlohnkommission durch RVO des Bundes. **Ab 1.1.19 beträgt der Mindestlohn 9,19 € und ab 1.1.20 dann 9,35 €** (Beschluss der Mindestlohnkommission vom 26.6.18 u Kabinettsbeschluss der BReg zur RVO v 31.10.18).

6 **1. Erfasste Arbeitnehmer. a) Grundsatz.** Der gesetzliche Mindestlohn gilt für alle in Deutschland tätigen ArbN über 18 Jahre, unabhängig davon ob sie Inländer sind oder aus

dem Ausland kommen und unabhängig davon, ob sie bei einem in- oder einem ausländischen Unternehmen beschäftigt sind.

7 **b) Geringfügige Arbeitsverhältnisse (Minijobs)** sind **in vollem Umfang** ebenso wie alle anderen Voll- oder Teilzeitarbeitsverhältnisse vom MiLoG erfasst. ArbN im *Minijob* haben daher grundsätzlich Anspruch auf den gesetzlichen Mindestlohn.

8 **c) Beschäftigte in Inklusionsbetrieben gemäß § 215 SGB IX (bis 31.12.2017: § 132 SGB IX).** Durch das Neunte Gesetz zur Änderung des Zweiten Buches SGB – Rechtsvereinfachung – sowie zur vorübergehender Aussetzung der Insolvenzantragspflicht v 26.7.2016 (BGBl I 2016, 1824) ist durch dessen Artikel 3 mit Wirkung ab dem 1.8.2016 § 132 SGB 9 in Abs 2 um die Nr. 4 erweitert sowie Abs 4 neu angefügt worden. Die so gefasste Vorschrift gilt zum 1.1.2018 durch das **Bundesteilhabegesetz** (BTHG – BGBl I 2016 I, 3234 ff) als § 215 SGB 9 fort.

Dabei wird im Gesetz der Begriff **Integrationsprojekte durch** den Begriff **Inklusionsbetriebe ersetzt.** Zugleich wurde durch § 215 Absatz 3 SGB 9 die **Mindestbeschäftigungsquote für die behinderten Menschen von 25 % auf 30 % erhöht.** Inklusionsbetriebe beschäftigen **mindestens 30 % schwerbehinderte Menschen** der Zielgruppe; ihr Anteil an allen beschäftigten Mitarbeitern soll aber in der Regel 50 % nicht übersteigen. Durch dieses Verhältnis der Beschäftigten soll gewährleistet werden, dass tatsächlich am Arbeitsplatz auch eine Integration von schwerbehinderten Menschen in den Arbeitsprozess mit nicht behinderten Menschen stattfindet. Die **Beschäftigten** in Integrationsprojekten sind – anders als die Beschäftigten in Werkstätten für Behinderte – **Arbeitnehmer.** Dies folgt aus der gesetzgeberischen Festlegung, dass Integrationsprojekte Teil des allgemeinen Arbeitsmarktes sind. Damit haben die **Beschäftigten in den Integrationsbetrieben Arbeitnehmerstatus. Deshalb gilt der Mindestlohn auch für alle Beschäftigte in Inklusionsbetrieben.**

9 **d) Saisonkräfte in der Landwirtschaft.** Der gesetzliche Mindestlohn gilt ab dem 1. Januar 2015 auch für **Saisonkräfte in der Landwirtschaft (s aber auch § 24 MiloG: Abweichung durch Tarifvertrag vorübergehend möglich).** Um dieser Branche die Einführung des Mindestlohns zu erleichtern, wird die bereits vorhandene Möglichkeit der kurzfristigen sozialabgabenfreien Beschäftigung (*Geringfügige Beschäftigung* in der Form der Zeitgeringfügigkeit) gem § 115 SGB IV (*Marschner* in Kreikebohm Kom zum SGB IV § 115 Rz 3) von 50 auf 70 Tage ausgedehnt. Diese Regelung wird auf vier Jahre befristet. Sie beeinflusst **die Höhe des Mindestlohns nicht.**

10 **e) Übergangsregelungen für abweichende Tarifverträge bis 31.12.2017.** Um einzelnen Branchen den Übergang in den allgemeinen gesetzlichen Mindestlohn zu erleichtern, wurde das AEntG für alle Branchen geöffnet. Einigten sich die Tarifparteien auf einen bundesweiten Branchentarifvertrag mit unterhalb des gesetzlichen Mindestlohnes liegenden Mindestentgelten, konnten diese bis zum 31.12.2017 noch auf Grundlage des AEntG oder des AÜG per Rechtsverordnung auf alle ArbGeb und Beschäftigten in der Branche Anwendung finden gem § 24 Abs 1 MiLoG. Dasselbe galt, wenn entsprechende Tarifverträge gem § 5 TVG für allgemeinverbindlich erklärt wurden. Voraussetzung war, dass der branchenspezifische Mindestlohn zum 1. Januar 2017 bei mindestens 8,50 Euro lag. Ab dem 1. Januar 2018 gilt der von der Mindestlohnkommission festgesetzte allgemeine gesetzliche Mindestlohn ohne jede Einschränkung.

11 **2. Besondere Arbeitnehmergruppen.** Gem § 22 MiLoG, der den persönlichen Anwendungsbereich regelt, sind bestimmte Beschäftigtengruppen teilweise, vorübergehend oder vollständig ausgenommen:

**a) Praktikanten** gelten nach § 22 MiLoG als ArbN und werden erfasst (s dazu *Picker/Sausmikat* NZA 14, 942). Dies gilt aber dann nach § 22 Abs 1 Nr 1–3 MiLoG nicht, wenn das Praktikum schul- oder hochschulrechtlich vorgeschrieben ist (§ 22 Abs 1 Nr 1 MiLoG) oder begleitend 3 Monate lang zu einer Berufs- oder Hochschulausbildung (§ 22 Abs 1 Nr 2 MiLoG). Ein Orientierungspraktikum zur Berufsausbildung unterfällt bis zur Dauer von drei Monaten gem § 22 Abs 1 Satz 2 Nr 2 MiLoG nicht den Mindestlohnvorschriften; Unterbrechungszeiten, um die das Praktikum verlängert wird, werden dabei nicht mitgerechnet (BAG v 30.1.2019 – 5 AZR 556/17 Rn 14 juris, NJW 2019, 1765).

12 **b) Für Langzeitarbeitslose** in den ersten sechs Monaten gilt der Mindestlohn nicht, danach in voller Höhe.

13 **c) Zeitungszusteller** haben bis zum 1.1.17 nur 85 % (§ 24 Abs 2 MiLoG) zu beanspruchen, ab 1.1.17 pro Stunde 8,50 € und **ab 1.1.18 den vollen jeweils von der Mindestlohnkommission festgesetzten allgemeinen Anspruch**. Die Regelung ist verfassungsgemäß (BAG 25.4.18 – 5 AZR 25/17, NJW 18, 2745).

14 **d) Jugendliche unter 18 ohne Berufsausbildung** sind vorübergehend ausgenommen bis zur Vollendung des 18. Lebensjahres.

15 **e) Kritik.** Die Ausnahmen und Einschränkungen bezüglich des persönlichen Geltungsbereichs sind nur teilweise überzeugend. So ist eine sachliche Rechtfertigung dafür, Zeitungszusteller befristet nur 85 % des Mindestlohnes zuzubilligen, nicht erkennbar. Nahegelegen hätte vielmehr eine Lösung über abweichende Tarifverträge gem § 24 Abs 1 MiLoG.

Verständlich ist die Motivation, **jungen Arbeitnehmern, die sich in der Berufsausbildung befinden, keinen Fehlanreiz zu geben, statt einer Berufsausbildung einer ungelernten Tätigkeit zum Mindestlohn anzunehmen.** Durch die Gesetzesfassung wird dieser Anreiz gegen die Gesetzesintention doch gesetzt, wenn der ArbN im Lauf der Berufsausbildung das 18. Lebensjahr vollendet oder eine Berufsausbildung erst nach dem 18. Lebensjahr beginnt.

Nicht überzeugend ist zudem die Differenzierung bei den Praktika gem § 22 Abs MiLoG. Eine zeitliche Vorlauffrist ähnlich der bei Langzeitarbeitslosen (§ 22 Abs 4 MiLoG) wäre sachgerechter.

16 **3. Umfang des Anspruchs. a) Zeitpunkt und Berechnung.** Der Mindestlohn von 8,50 € pro Arbeitsstunde gilt ab 1.1.15. Die nach § 4 MiLoG einzurichtende Mindestlohnkommission hat gem § 9 MiLoG alle zwei Jahre über die Anpassung der Höhe des Mindestlohns zu beschließen, erstmals zum 30.6.16 mit Wirkung ab dem 1.1.17 (§ 9 Abs 1 MiLoG). Ab 1.1.17 betrug der Mindestlohn aufgrund des Beschlusses der Mindestlohnkommission 8,84 €. Ab 1.1.19 beträgt er 9,19 € und ab 1.1.20 dann 9,35 € (Kabinettbeschluss der BReg v 31.10.18).

Bezugszeitraum für den Mindestlohn ist der Kalendermonat (*Bayreuther* NZA 14, 865). Der Monatslohn muss mindestens die mit dem Mindeststundenlohn multiplizierte Stundenzahl ergeben. Einmalzahlungen, insbes solche, die mit Bindungs- oder Rückforderungsklauseln verknüpft sind, bleiben dabei außer Betracht.

**Bereitschaftszeiten** sind bei der Berechnung des Mindestlohnes mitzurechnen (BAG 11.10.17 – 5 AZR 591/16, NZA 18, 32; BAG 29.6.16 – 5 AZR 716/15, NZA 16, 1332; kritisch *Thüsing* NZA 15, 970).

Der Mindestlohn wird nicht nur für die tatsächlich geleisteten Arbeitsstunden geschuldet, **sondern auch für alle Zeiträume, für die die Vergütung fortzuzahlen ist, also auch im Rahmen der Entgeltfortzahlung im Krankheitsfall, an Feiertagen** (BAG 30.1.19 – 5 AZR 43/18, NZA 19, 768), **während des Urlaubs oder bei sonstiger vom Arbeitgeber zu vergütender Arbeitsverhinderung** (BAG 18.11.15 – 5 AZR 761/13, NZA 16, 828; BAG 13.5.15 – 10 AZR 191/14, BB 15, 1331).

Der Mindestlohn ist auch die Basisgröße, von der aus gesetzliche Entgeltzuschläge wie der Nachtzuschlag und gesetzliche Ansprüche auf Urlaubsentgelt und Entgeltfortzahlung zu berechnen sind (BAG 20.9.17 – 10 AZR 171/16 juris). Gesetzlich festgelegte Zuschläge zB der Nachtarbeitszuschlag gem § 6 Abs 5 ArbZG kommen dadurch zum Mindestlohn hinzu (BAG 25.4.18 – 5 AZR 25/17, NJW 18, 2745).

17 **b) Erfüllung des Mindestentgeltanspruchs.** Ein gesetzlicher oder tariflicher Mindestentgeltanspruch **wird nur durch die entsprechende Regelvergütung erfüllt.** Zusatzleistungen, die für zusätzliche Arbeitsstunden, zusätzliche Leistungen oder zusätzliche Erschwernisse oder aus anderen Gründen, zB vermögenswirksame Leistungen oder Urlaubsgeld, erbracht werden, können auf die Erfüllung des Mindestentgelts nicht angerechnet werden (BAG 20.9.17 – 10 AZR 171/16 juris; BAG 18.4.12 – 4 AZR 139/10, NZA 13, 382 und BAG 18.4.12 – 4 AZR 168/10, NZA 13, 386; vgl auch EuGH 12.2.15 – C-396/13, NZA 15, 345 u *Franzen* NZA 15, 338). Auch Spesen, Aufwandsentschädigungen und Fahrtkostenerstattungen bleiben außer Betracht (LAG BaWü 27.8.12 – 9 Sa 187/11, NZA 12, 724). Die in einem Monat geleisteten gesetzlichen Ansprüche auf Feiertagsvergütung oder Urlaubsentgelt können nicht auf den Mindestlohn für die geleisteten Arbeitsstunden angerechnet werden (BAG 20.9.17 – 10 AZR 171/16, NZA 18, 53).

Eine Anrechnung von Sachbezügen wird sich wegen § 107 Abs 2 Satz 5 GewO nicht auf den pfändbaren Teil des Arbeitseinkommens beziehen dürfen (BAG 17.2.09 – 9 AZR 676/07, NZA 10, 99).

**Zahlt der Arbeitgeber monatlich eine Sonderzahlung, zB ein zusätzliches Urlaubsgeld in zwölf monatlichen Teilbeträgen, ist dies auf den im jeweiligen Monat entstandenen Mindestlohnanspruch anzurechnen** (BAG Urt v 25.5.16 – 5 AZR 135/16, BB 16, 1395). Erfüllungswirkung haben ferner 18

Leistungsprämien, Funktions- und Wechselschichtzulagen (BAG v. 21.12.16 – 5 AZR 374/16, NJW 17, 1050),

vertraglich vereinbarte Sonn- und Feiertagszuschläge (BAG 24.5.17 – 5 AZR 431/16, NZA 17, 1387; BAG 17.1.18 – 5 AZR 69/17, NZA 18, 781),

Schichtzulagen (BAG 22.3.17 – 5 AZR 424/16, NZA 17, 1073 Rn 38),

Laufende Anwesenheitsprämien (BAG 6.12.17 – 5 AZR 864/16, NZA 18, 525); LAG MeVo 22.11.2016 – 5 Sa 298/15, NZA-RR 2017, 140),

Besitzstandszulagen (BAG 6.12.17 – 5 AZR 699/16, NZA 18, 582)

Treueprämie, die für jede Arbeitsstunde gezahlt wird (BAG 22.3.17 – 5 AZR 666/15, NJOZ 17, 1163)

Akkordzulagen (LAG Hamm v. 22.4.16 – 16 Sa 1627/15, DB 16,1445).

Für eine Anrechnung bleibt aber kein Raum, wenn schon die vertraglich geschuldete Stundenvergütung den Mindestlohn erreicht oder übersteigt (BAG 11.10.17 – 5 AZR 621/16, NZA 17, 1598).

Zur Erfüllung ist die **volle Bruttovergütung auf der Basis des geltenden Mindestlohns geschuldet. § 1 Abs 2 MiLoG legte ausdrücklich „brutto 8,50 € je Zeitstunde" fest. Unzulässig ist es deshalb, aus dem geschuldeten Bruttoentgelt erst ein fiktives Nettoentgelt zu errechnen und dieses mit dem tatsächlich gezahlten Nettoentgelt zu vergleichen.** Denn die Nettobezüge eines geringfügig Beschäftigten sind wegen der fehlenden sozialversicherungsrechtlichen Absicherung deutlich weniger wert als die Nettobezüge eines sozialversicherungspflichtig tätigen Teilzeitbeschäftigten und deshalb auch nicht vergleichbar. 19

Der ArbGeb schuldet also den **vollen Bruttomindestlohn.** Wenn dadurch die Sozialversicherungspflicht eintritt, hat dies auf den Bestand des Arbeitsverhältnisses keinen Einfluss (→ Rn 6). Der ArbGeb muss dann den GesamtSozVBeitrag (in der Gleitzone *Minijob*) abführen und die ArbNAnteile von der Vergütung einbehalten.

Soweit das Mindestentgelt nicht gezahlt und dadurch SozialVersBeiträge für den ArbN der SozV vorenthalten werden, greift die Strafbarkeit nach § 266a StGB ein (BGH 12.9.12 – 5 StR 363/12, NJW 12, 3385). Dabei muss bei Reinigungskräften jede am Reinigungsort erbrachte Arbeitszeit mit dem Mindestlohn vergütet werden, nicht nur die konkrete Reinigungszeit (für Toilettenreinigung BGH 12.9.12 – 5 StR 363/12, NJW 12, 3385).

**c) Fälligkeit.** Der Mindestlohn ist nach § 2 Abs 1 Nr 2 MiLoG spätestens fällig am letzten Bankarbeitstag, der auf den Monat folgt, in dem die Arbeitsleistung erbracht wurde. 20

**d) Verzicht, Ausschlussklauseln.** Der Mindestlohnanspruch kann wegen § 3 Satz 1 MiLoG **nicht abbedungen oder eingeschränkt werden, zB durch vertragliche Ausschlussfristen** (BAG 24.8.16 – 5 AZR 703/15, NZA 16, 1539); er unterliegt nach § 3 Satz 3 MiLoG **nicht der Verwirkung.** 21

Der in einem Entgeltfortzahlungsanspruch enthaltene Mindestlohn wird von einer tariflichen oder vertraglichen Ausschlussfrist wegen der Regelung des § 3 Satz 1 MiLoG nicht erfasst (BAG 20.6.18 – 5 AZR 377/17, BB 18, 2941).

Eine vom ArbGeb nach Inkrafttreten des MiLoG verwendete Verfallklausel, nach der einschränkungslos alle Ansprüche mit Fristablauf verfallen sollen, und die damit auch Mindestlohnansprüche umfassen würde, ist insgesamt wegen des Verstoßes gegen das Transparenzgebot des § 307 Abs 1 Satz 2 BGB rechtsunwirksam (BAG 18.9.18 – 9 AZR 162/18, NZA 18, 1619 *Rüschenbaum* jurisPR-ArbR 29/2018 Anm 1). Hingegen ist eine vor Inkrafttreten des MiLoG (1.1.2015) vereinbarte Verfallklausel nur bezogen auf Mindestlohnansprüche rechtsunwirksam, behält aber ihre Wirksamkeit für sonstige abdingbare arbeitsrechtliche Ansprüche (BAG v 30.1.2019 – 5 AZR 43/18, Rn 30 juris).

**e) Haftung des Auftraggebers.** § 13 MiloG verweist auf § 14 AEntG. Dadurch wird geregelt, dass der ArbGeb auch für die Mindestlohnverpflichtungen haftet, die bei von ihm 22 mit Dienst- oder Werkleistungen **beauftragten Unternehmen** entstanden sind. Diese **Generalunternehmerhaftung** (*Bayreuther* NZA 14, 865) ist so ausgestaltet, dass der Generalunternehmer wie ein Bürge haftet, der auf die Einrede der Vorausklage verzichtet hat.

23 **4. Dokumentation und Kontrolle.** Diesbezüglich übernehmen die §§ 14 ff MiLoG wörtlich die Regelungen in §§ 16 ff AEntG (s zu Details *Schmitz-Witte/Killian* NZA 15, 415; *Maschmann* NZA 14, 929). Dies heißt im einzelnen Zuständigkeit der Zollverwaltung (§ 14 MiLoG), Meldepflicht im Ausland ansässige ArbGeb (§ 16 MiLoG und dazu erlassene MindestlohnmeldeVO, BGBl I 14, 1824), Dokumentationspflichten (§ 17 MiLoG) und Bußgeldvorschriften (§ 21 MiLoG). **Weitreichende Dokumentationspflichten nach § 17 Absatz 1 MiLoG** bestehen **für die Branchen nach § 2a Schwarzarbeitsbekämpfungsgesetz und für alle geringfügig Beschäftigten.** Zu den betroffenen Branchen gehören ua das Baugewerbe, das Gaststätten- und Beherbergungsgewerbe, das Gebäudereinigungsgewerbe und die Fleischwirtschaft. **Für Minijobs besteht die Dokumentationspflicht unabhängig von der Branche. Aufzuzeichnen ist spätestens bis zum Ablauf des siebten auf den Tag der Arbeitsleistung folgenden Kalendertages Beginn, Ende und Dauer der täglichen Arbeitszeit. Die Unterlagen sind mindestens zwei Jahre aufzubewahren.** Ab 1.8.2015 gilt durch die Mindestlohndokumentationspflichtenverordnung vom 29.7.2015 eine Erleichterung für ArbN mit mindestens 2.000 € Monatseinkommen, wenn dies nachweislich seit mehr als einem Jahr, gezahlt worden ist: Für diese besteht keine Aufzeichnungspflicht mehr.

Der Verstoß gegen die Melde- und Dokumentationspflichten wird in **§ 21 MiLoG als Ordnungswidrigkeit deklariert und ist deshalb bußgeldbewehrt.**

24 **5. Wettbewerbsrechtliche Folgen.** Verstöße gegen die Entgeltpflichten des MiLoG stellen regelmäßig einen Wettbewerbsverstoß und damit einen Verstoß gegen § 3a UWG dar. Konkurrenten des ArbGeb können dagegen mit einer UWG-klage vorgehen (*Fechner/Kocher*, NZA 17, 755).

Nach § 19 MiLoG sollen zudem ArbGeb, die wegen Verstößen gegen das MiLoG zu einer Geldbuße wegen einer Ordnungswidrigkeit nach § 21 MiLoG von wenigstens 2.500 € verurteilt worden sind, **von der Vergabe von öffentlichen Aufträgen bis zur nachgewiesenen Wiederherstellung ihrer Zuverlässigkeit ausgeschlossen werden.**

25 **6. Weitere Instrumente einer Mindestentgeltabsicherung. a) Das Gesetz über die Festsetzung von Mindestarbeitsbedingungen vom 11.1.1952,** das bereits die Festsetzung von Mindestlöhnen erlaubte, wie auch das Gesetz zur Änderung dieses Gesetzes v 22.4.09 (BGBl I 09, 818), mit dem das **gesetzliche Instrument der Festsetzung von Mindestarbeitsbedingungen und damit Mindestentgelten aktiviert werden sollte,** hatten keinerlei praktische Bedeutung erlangt.

Durch Art 14 des **Tarifautonomiestärkungsgesetzes** vom 11.8.2014 (BGBl I S 1348) **wurde das Gesetz über Mindestarbeitsbedingungen daher aufgehoben.**

26 **b) Regelungen zur Arbeitnehmer-Entsendung.** Durch das AEntG wurde ursprünglich für die **Entsendung von Arbeitnehmern aus dem Ausland** im Bausektor das tariflich geltende Mindestentgelt auf vom Tarifvertrag nicht erfasste Arbeitsverhältnisse erstreckt *(Arbeitnehmerentsendung)* und wirkt damit wie **ein Mindestlohn für aus dem Ausland entsandte Arbeitnehmer.** Damit soll verhindert werden, dass ArbN zu Niedriglohnbedingungen ihres Herkunftslandes in wettbewerbsverzerrender Weise tätig werden. Das Gesetz beruht auf der EG-RL 96/71 vom 16.12.1996 und ist europarechtskonform (ErfK/*Schlachter* § 1 AEntG Rz 3 f). Die darauf beruhende Erstreckung des Mindestlohnvertrages im **Baugewerbe** auf nicht tarifgebundene ArbN ist verfassungsgemäß (BVerfG 18.7.2000 – 1 BvR 948/00, ArbuR 2000, 353). Später wurde der Geltungsbereich auf weitere Tarifbereiche erstreckt.

Durch eine Neufassung (AEntG v 20.4.09 (BGBl I 09, 799) wurde zudem der **Zweck des AEntG erweitert.** Nach § 1 AEntG ging es nicht mehr nur um Mindestbedingungen für aus dem Ausland entsandte ArbN, sondern auch um die Mindestarbeitsbedingungen für **regelmäßig im Inland beschäftigte** ArbN.

27 Durch das **Tarifautonomiestärkungsgesetz** v 11.8.14 (BGBl I 1348) ist durch dessen Art 6 das AEntG **grundlegend erweitert worden. Die Begrenzungen auf bestimmte Tarifbereiche sind entfallen.** In allen Branchen ist eine Erstreckung möglich, wenn

entsprechend § 4 Abs 2 AEntG es im öffentlichen Interesse geboten scheint, um die in § 1 AEntG genannten Grundsätze zu erreichen und dabei insbes einem Verdrängungswettbewerb über Lohnkosten entgegen zu wirken. Dies wird genutzt, um höhere als die gesetzlichen Mindestlöhne festzulegen, zB im Pflegebereich ab 1.1.2019 in den alten BL 11,05 €, in den neuen BL 10,55 € pro Std (s *Waltermann* NZA 18, 686). Erforderlich ist jeweils **nach §§ 7, 7a AEntG ein gemeinsamer Antrag der Tarifvertragsparteien.** Nach § 1 Abs 3 MiLoG gehen die Regelungen eines solchen Tarifvertrages vor, wenn sie den gesetzlichen Mindestlohn nicht unterschreiten.

**c) Lohnuntergrenze gem § 3a AÜG.** Durch den mit Wirkung vom 30.4.11 in Kraft 28
getretenen § 3a AÜG (BGBl I 11, 642) ist es möglich geworden, für **Zeitarbeitnehmer Lohnuntergrenzen** auf gemeinsamen Vorschlag der Tarifvertragsparteien hin durch Rechtsverordnung festzulegen (ErfK/*Wank* § 3a AÜG Rz 9 ff; *Arbeitnehmerüberlassung/Zeitarbeit*).

**Der jeweils bessere Mindestlohn ist maßgebend** gem § 1 Abs 3 MiLoG (*Bayreuther* NZA 14, 865).

**d) Allgemeinverbindlicherklärung.** Die Tarifbindung kann bei nicht tarifgebundenen 29
Arbeitsvertragsparteien nach § 5 TVG dadurch hergestellt werden, dass der Tarifvertrag durch das Bundesarbeitsministerium für allgemeinverbindlich erklärt wird (*Tarifvertrag*). Die Allgemeinverbindlichkeitserklärung hat die Wirkung, dass der Tarifvertrag auch für nichttarifgebundene ArbN und ArbGeb unmittelbar und zwingend gilt. Als Instrument der Mindestlohnsicherung funktioniert sie nur, wenn entsprechende Tarifverträge vorliegen.

Bis 2014 waren **Im Entgeltbereich** nur sehr **wenige Lohn-Tarifverträge** für allgemein verbindlich erklärt worden, insbes im Baubereich, im Maler- und Lackiergewerbe, im Abbruch- und Abwrackgewerbe und im Dachdeckerhandwerk. Voraussetzung für die Allgemeinverbindlicherklärung soll sein, dass sich die zuständigen Minister oder Staatssekretäre persönlich mit dem jeweiligen Tarifvertrag befassen (BAG 21.9.16 – 10 ABR 33/15, BB 16, 2419).

Durch das **Tarifautonomiestärkungsgesetz** v 11.8.14 (BGBl I 1348) sind durch dessen Art 5 die **Voraussetzungen für die Allgemeinverbindlicherklärung in § 5 TVG erleichtert worden.** Die frühere 50 %-Klausel wurde aufgegeben. Es ist ausreichend, wenn der Tarifvertrag in seinem Geltungsbereich **überwiegende Bedeutung** erlangt hat (§ 5 Abs 1 Nr 1 TVG). Alternativ reicht aus, dass die Absicherung der tarifvertraglichen Normsetzung gegen die Folgen **wirtschaftlicher Fehlentwicklung** eine Allgemeinverbindlicherklärung verlangt (§ 5 Abs 1 Nr 2 TVG). Erforderlich ist des Weiteren ein gemeinsamer Antrag der Tarifvertragsparteien (*Tarifvertrag*).

**e) Lohnwucher und Sittenwidrigkeit.** Partiell übernimmt die Rspr zu Lohnwucher 30
und sittenwidrig niedrigen Löhnen die Funktion einer Mindestlohnabsicherung, weil in diesen Fällen nach § 612 Abs 2 BGB die übliche Vergütung geschuldet wird (→ *Arbeitsentgelt* Rn 20 f).

Nach § 138 Abs 2 BGB liegt Lohnwucher vor, wenn Arbeitsleistung und Verdienst in einem auffallenden Missverhältnis stehen und die Vergütungsvereinbarung unter Ausnutzung einer Zwangslage, der Unerfahrenheit, des Mangels an Urteilsvermögen oder einer erheblichen Willensschwäche zustande gekommen ist. Ein besonders krasses Missverhältnis zwischen Arbeitsleistung und Entgelt kann zur Annahme des Lohnwuchers nach § 138 Abs 1 BGB führen, zB wenn weniger als zwei Drittel des Tariflohns bzw des üblichen Lohns gezahlt wird (BAG 19.8.15 – 5 AZR 500/14, NZA 16, 183; BAG 17.12.14 – 5 AZR 663/13, NZA 15, 608). Der BGH (Urt v 22.4.97 – 1 StR 701/96, NJW 97, 2689 mit Anm von *Reinecke* ArbuR 97, 453) hat **Strafbarkeit** des ArbGeb wegen Lohnwuchers gem § 302a Abs 1 Nr 3 StGB angenommen in einem Fall, in dem der ArbGeb nur **66 % des Tariflohns bezahlte.** Die $^2/_3$-Grenze kann durch die spätere Tarifentwicklung unterschritten werden; dies führt dazu, dass eine möglicherweise zunächst nicht zu beanstandende Vergütung durch Tarifentgelterhöhung wucherisch wird (BAG 22.4.09 – 5 AZR 436/08, ArbuR 09, 211). Andererseits wird die Vereinbarung einer Entgeltabsenkung nicht als sittenwidrig eingestuft, solange die $^2/_3$-Grenze eingehalten wird (BAG 17.10.12 – 5 AZR 792/11, NJW 13, 1388).

Eine Entgeltvereinbarung, mit der eine Ersatzschule, die aus **öffentlichen Mitteln** 31
**finanziert wird,** den Lehrkräften eine Vergütung von weniger als 80 % des Verdienstes

vergleichbarer Lehrkräfte im öffentlichen Dienst zubilligt, ist sittenwidrig (BAG 19.8.15 – 5 AZR 500/14, NZA 16, 183). Eine Vergütung von 375 € monatlich in einem Arbeitsverhältnis, das als sog **Praktikantenverhältnis** nach Studienabschluss deklariert wird, ist sittenwidrig (LAG BaWü 8.2.08 – 5 Sa 45/07, NZA 08, 768). Ein Stundenlohn von 5 € im Einzelhandel ist sittenwidrig (LAG Bremen 17.6.08 – 1 Sa 29/08, ArbuR 08, 357).

Durch die **Einführung des gesetzlichen Mindestlohns zum 1.1.2015 hat diese Rspr-Kontrolle nicht jegliche Relevanz verloren.** Sie greift ein, wenn der **gezahlte Lohn zwar den Mindestlohn erreicht, aber gleichzeitig in krassem Missverhältnis zum üblicherweise für solche Tätigkeiten gezahlten Lohn** steht, bspw der übliche Tariflohn 17 € pro Stunde beträgt und damit etwa doppelt so hoch ist wie der Mindestlohn (BAG 18.11.15 – 5 AZR 814/14, NJW 16, 2359; *Bayreuther* NZA 14, 865).

32 **7. Gerichtliche Geltendmachung.** Streitgegenstand einer Vergütungsklage ist stets der in der Vergütung enthaltene gesetzliche Mindestlohn. Eine erhobene Vergütungsklage kann daher auch im späteren Verfahren oder in einer höheren Instanz zusätzlich hierauf gestützt werden, ohne dass dies eine Klageerweiterung wäre (BAG 30.1.19 – 5 AZR 43/18, NZA 19, 768).

## B. Lohnsteuerrecht *Thomas*

35 Soweit der ArbN Mindestentgelte bzw Mindestarbeitsbedingungen verlangen kann, wirkt sich das für die LSt nur aus, wenn und soweit dem ArbN tatsächlich Bar- oder Sachlohn zugeflossen ist. Denn nach dem die LSt beherrschenden Realisierungsprinzip (→ *Aktienoptionen* Rn 22) sind Ansprüche nur insoweit von Belang, als sie auch erfüllt werden.

36 Zur Frage, wann vorteilhafte Arbeitsbedingungen nur übliche Begleiterscheinung der Arbeit oder geldwerte Vorteile darstellen, → *Sozialeinrichtungen* Rn 21 f.

## C. Sozialversicherungsrecht *Schlegel*

40 Mindestarbeitsbedingungen, insbes Mindestentgelte (Mindestlöhne), wirken sich auf die SozV aus, wenn sie zu einem Anspruch auf eine bestimmte Vergütung führen. Rechtsgrundlage eines solchen zwingenden Anspruchs auf Arbeitsentgelt kann die Festsetzung eines Mindestarbeitsentgelts nach den Vorschriften des **Arbeitnehmerentsendegesetzes** (AEntG) durch RechtsVO für allgemein verbindlich erklärten TV, eines nach **§ 5 TVG für allgemeinverbindlich erklärten TV** oder § 1 MiLoG sein.

Ein Anspruch auf ein (Mindest-)Arbeitsentgelt in Höhe des Arbeitsentgelts eines vergleichbaren StammArbN ergibt sich für einen **Leiharbeitnehmer** auch dann, wenn er auf Grund eines sog Abweichungs-TV zunächst ein geringeres, vom Equal-Pay-Grundsatz (§ 3 Abs 1 Nr 3 AÜG) abweichendes, niedrigeres Arbeitsentgelt erzielt hat, sich aber später herausstellt, dass der TV unwirksam und mithin ungeeignet war, vom Grundsatz des Equal-Pay zu Lasten des ArbN abzuweichen.

41 Die sozialversicherungsrechtliche **Beitragspflicht** richtet sich in diesen Fällen hinsichtlich des **laufenden Arbeitsentgelts** nach der Höhe des Anspruchs, wie er sich aus den normativen Regelungen bzw Mindestarbeitsbedingungen ergibt, unabhängig davon, ob das Arbeitsentgelt tatsächlich in dieser Höhe ausgezahlt worden ist, und auch unabhängig davon, ob dem arbeitsrechtlichen Entgeltzahlungsanspruch eine gesetzliche oder tarifvertragliche Ausschlussfrist entgegensteht (sog **Entstehungstheorie,** → *Lohnzufluss* Rn 35 ff). Dh der Beitragsanspruch entsteht auch dann nach Maßgabe des dem ArbN normativ zustehenden laufenden Arbeitsentgelts, wenn dieses nicht in dieser Höhe gezahlt worden ist. Die nachträgliche **Erfüllung eines „equal pay"-Arbeitsentgeltanspruchs** bei Leiharbeit fällt nicht unter die für Einmalzahlungen geltende Sonderreglung **des § 22 Abs 1 S 2 SGB IV,** die für Einmalzahlungen ausnahmsweise das Zuflussprinzip anordnet (BSG 4.9.18 – B 12 R 4/17 R, Rz 17, BeckRS 2018, 30350). Zuschüsse für Verpflegungsmehr- und Übernachtungsaufwendungen sowie Fahrtkosten zB an Leiharbeitnehmer sind nicht als „Zahlung auf den Mindestlohn" bzw als Teil des „equal-pay" anzusehen, da es sich nicht um Gegenleistungen des ArbGeb für erbrachte Arbeit handelt, sondern als echter Aufwendungsersatz im Interesse des Verleihers getätigte Aufwendungen kompensieren, die (nur) dadurch ent-

standen sind, dass die ArbN ihre Arbeitsleistung nicht in dessen, sondern auswärts im Betrieb der Entleiher verrichten muss (BSG 18.1.18 – B 12 R 3/16 R, BeckRS 2018, 15685)

Die regelmäßige **Verjährung** für den Beitragsanspruch beträgt vier Jahre (§ 25 SGB IV), jedoch verjähren die noch nicht nach der 4-jährigen Verjährungsfrist verjährten Beitragsansprüche erst nach 30 Jahren, sofern vor Ablauf der regelmäßigen Verjährungsfrist zumindest bedingter Vorsatz eintritt, dh Kenntnis des ArbGeb davon, dass sein ArbN bei korrekter Vorgehensweise einen höheren als den tatsächlich erfüllten Anspruch auf Arbeitsentgelt gehabt hätte (BSG 30.3.2000 – B 12 KR 14/99 R, SozR 3–2400 § 25 Nr 7). Nach dem Urteil des BSG vom 16.12.15 (B 12 R 11/14 R, becklink 2001968) darf Vorsatz nicht pauschal unterstellt werden, vielmehr müssen jeweils „genaue Feststellungen zum subjektiven Tatbestand" geschaffen werden. 42

Die insoweit erforderliche **Kenntnis von der Beitragspflicht** kann nicht bereits aufgrund des Beschlusses des BAG vom 14.12.2010 – 1 ABR 19/10, NZA 2011, 289 unterstellt werden, ebenso wenig das allgemeine Informationsschreibender Sozialversicherungsträger nach Ergehen der BAG-Entscheidung an Verleihunternehmen (BSG 4.9.18 – B 12 R 4/17 R, Rz 28, BeckRS 2018, 30350). Die Hemmung der Verjährung beginnt nach § 25 Abs 2 Satz 4 und 5 SGB IV mit dem Tag des Beginns einer **Arbeitgeberprüfung** nach § 28p SGB IV. Diese erfolgt grds nach vorheriger Ankündigung (§ 7 Beitragsverfahrensordnung). Die Ankündigung hemmt die Verjährung nur dann, wenn ein konkret bestimmter Prüfungstag oder Prüfzeitraum bezeichnet ist (BSG 4.9.18 – B 12 R 4/17 R, Rz 29, BeckRS 2018, 30350). 43

Kommt es zu **Lohnnachzahlungen,** kann sich ggf auch ein höherer **Arbeitslosengeld-Anspruch** eines arbeitslos gewordenen LeihArbN ergeben. Desgleich können sich möglicherweise höhere **Rentenansprüche** ergeben. Zu beachten ist insoweit allerdings die nicht disponible Ausschlussfrist des § 44 Abs 4 SGB X für die rückwirkende Erbringung von Leistungen. 44

Beim tariflichen Mindestentgelt handelt es sich um beitragspflichtiges Arbeitsentgelt. Es gelten die allgemeinen Regeln des Beitrags- und Leistungsrechts (→ *Arbeitsentgelt* Rn 80 ff). Zu den Besonderheiten bei ArbNEntsendung insbes im Bausektor → *Arbeitnehmerentsendung* Rn 19 f. Zahlt der ArbGeb den ggf durch Allgemeinverbindlicherklärung oder eine VO erstreckten tariflichen Mindestlohn nicht, sind trotzdem GesamtSozVersBeiträge mit der entsprechenden Arbeitsleistung entstanden und zu bezahlen. 45

Wird durch oder auf Grund eines TV im Anwendungsbereich der AÜG ein Arbeitsentgelt gezahlt, das unterhalb des Arbeitsentgelts liegt, das nach dem Grundsatz des Equal-pay zu zahlen wäre, und stellt sich später die Unwirksamkeit des TV heraus (zB weil er von einer nicht tariffähigen Gewerkschaft geschlossen wurde), sind auch nachträglich noch Beiträge zu zahlen, die angehend von einem Equal-pay-Entgelt zu berechnen sind. Tarifliche oder arbeitsverträgliche Ausschlussklauseln stehen der Beitragsschuld der ArbGeb nicht entgegen; vgl auch → *Mindestarbeitsbedingungen* Rn 12 f. 46

# Minijob

## A. Arbeitsrecht

*Griese*

**1. Definition.** Als Minijobs werden sowohl *geringfügige Beschäftigungen* als auch Arbeitsverhältnisse, die sich im Übergangsbereich (vor dem 1.7.19 als Gleitzone bezeichnet) von 450,01 € bis 1.300 € (gem § 20 Abs 2 SGB IV idF mit Geltung ab 1.7.19) Monatsverdienst bewegen, bezeichnet. Kennzeichnend ist, dass die ArbN bei Minijobs gar keine SozVBeiträge (bei der geringfügigen Beschäftigung) oder gegenüber den regulären Prozentsätzen verringerte SozVBeiträge im Übergangsbereich zu tragen haben. 1

**2. Arbeitsrechtliche Stellung.** Eine arbeitsrechtliche Definition für Minijobs gibt es nicht, weil sich die **arbeitsrechtliche Position** des ArbN im Minijob nicht von der im regulären Arbeitsverhältnis unterscheidet. Das Minijob-Arbeitsverhältnis ist ein **vollwertiges Arbeitsverhältnis mit allen arbeitsrechtlichen Rechten und Pflichten,** die auch im Normalarbeitsverhältnis gegeben sind. Dies wird auch durch **§ 2 Abs 2 iVm § 4 TzBfG** 2 untermauert, der jegliche **Diskriminierung** im Minijob-Arbeitsverhältnis **untersagt.** Die Besonderheiten liegen allein im sozialversicherungsrechtlichen Bereich.

3 **a) Entgeltansprüche.** Der ArbN im Minijob hat ebenso wie jeder andere ArbN Anspruch auf bezahlten Urlaub, Entgeltfortzahlung an Feiertagen und im Krankheitsfall, betriebsübliche Einmalzahlungen und Sozialleistungen. Ebenso besteht für ihn der **Anspruch auf den gesetzlichen *Mindestlohn*** nach § 1 MiLoG. Er kann sich auf den **Gleichbehandlungsgrundsatz** berufen und die Aufstockung seiner Arbeitszeit nach § 9 TzBfG verlangen; Befristung und Kündigung unterliegen denselben Vorschriften und derselben Rechtskontrolle wie normale Arbeitsverhältnisse (→ *Geringfügige Beschäftigung* Rn 3 ff).

Bei der Berechnung der Beschäftigungszeit für eine tarifliche Unkündbarkeit müssen die Zeiten geringfügiger Beschäftigung mitgerechnet werden (BAG 25.4.07 – 6 AZR 746/06, NZA 07, 881). Die Überwälzung der ArbGebBeiträge zur SozV auf den ArbN ist nach § 32 SGB I unzulässig; dem im Minijob befindlichen ArbN steht aufgrund des Gleichbehandlungsgrundsatzes Gleichbehandlung beim Bruttolohn zu, was zu einer vom Gesetzgeber gewollten Bevorzugung beim Nettolohn führt (*Hanau* NZA 06, 809).

In der **Praxis werden die gesetzlichen Verpflichtungen in großem Umfang missachtet.** Nach einer im März 2013 vorgestellten Studie des RWI haben mehr als 65 % der Minijobber noch nie den ihnen gesetzlich zustehenden bezahlten Urlaub genommen. 41 % wird der bezahlte Urlaub generell verwehrt. Selbst die ArbGeb geben in der Befragung zu, gesetzlich vorgeschriebene Leistungen nicht zu gestatten. So sagen 30 % von ihnen, dass sie keinen Urlaub gewähren, 40 % der ArbGeb zahlen kein Entgelt, wenn der Arbeitstag auf einen Feiertag fällt, 39 % gewähren keine Entgeltfortzahlung im Krankheitsfall. Eine gesetzgeberische Reform ist daher dringlich (*Griese/Preis/Kruchen* NZA 2013, 113).

4 **b) Mehrere Beschäftigungsverhältnisse.** Weitere geringfügige oder nicht geringfügige Beschäftigungen können schon wegen der in **Art 12 Abs 1 GG verfassungsrechtlich geschützten Berufs- und Arbeitsplatzfreiheit** grds arbeitsvertraglich nicht untersagt werden, auch nicht bei einem Wettbewerber, solange es sich dort um Hilfstätigkeiten ohne Wettbewerbsbezug handelt (BAG 24.3.10 – 10 AZR 66/09, NZA 10, 693).

Wird aus einem sozialversicherungsfreien ein sozialversicherungspflichtiges Arbeitsverhältnis, ist dies **kein Kündigungsgrund;** das Interesse des ArbGeb an der **Aufrechterhaltung der Sozialversicherungsfreiheit ist kein rechtlich geschütztes Interesse** (BAG 18.1.07 – 2 AZR 731/05, NZA 07, 680).

5 **c) Auswirkungen der sozialversicherungsrechtlichen Sonderstellung auf das Arbeitsverhältnis. Für Arbeitgeber und für Arbeitnehmer ist die Beschäftigung von Arbeitnehmern im Minijob oberhalb der Geringfügigkeitsgrenze innerhalb des Übergangsbereichs inzwischen regelmäßig attraktiver als die geringfügige Beschäftigung:** Der ArbGeb muss dann nur die ArbGebAnteile zur SozV von ca 20 % des Entgelts übernehmen (gegenüber der Pauschale von regelmäßig 30 % des Entgelts bei der geringfügigen Beschäftigung; anschauliche Berechnung zur Günstigkeit bei *Vöcking* NZA 13, 1186). Die durch den ArbN zu zahlenden SozVAbgaben beginnen mit 4 % bei einem Monatsverdienst ab 450,01 EUR und steigen linear bis zum vollen ArbNAnteil von rund 20 % bei 1.300 € (bis 30.6.19 850 €, s § 20 Abs 2 SGB IV) Verdienst (→ Rn 6 ff). **Der Arbeitnehmer erhält dadurch den Schutz aller Zweige der Sozialversicherung zu reduzierten Arbeitnehmeranteilen zur Sozialversicherung.**

Der mit dem Übergangsbereich verbundene vorteilhafte Status bei den ArbNBeiträgen zur SozV kann sich auch dadurch ergeben, dass arbeitsvertraglich ein Wechsel von einer Vollzeit- zu einer Teilzeittätigkeit vollzogen oder ein Altersteilzeitarbeitsverhältnis begründet wird (*Intemann* NZA 19, 378; BSG 15.8.18 – B 12 R 4/18 R, BeckRS 2018, 27897).

## B. Lohnsteuerrecht

*Seidel*

10 **1. Geringfügige Beschäftigung.** Soweit der Arbeitslohn 450 € im Monat nicht übersteigt, ist die lohnsteuerrechtliche Behandlung unter dem Stichwort → *Geringfügige Beschäftigung* Rn 20 ff dargestellt.

11 **2. Gleitzone.** Die für die SozVBeiträge des ArbN seit 1.4.03 eingeführte Gleitzone für Löhne zwischen 450,01 € und 850,01 € (→ Rn 5 ff) ist steuerlich ohne eigenständige

Bedeutung. Hier erfolgt weiterhin eine individuelle Besteuerung nach den ELStAM (→ *Lohnabzugsverfahren* Rn 2 ff und → *Lohnsteuerabzugsmerkmale* Rn 9, 28).

**C. Sozialversicherungsrecht** *Schlegel*

**1. Minijobs – Gleitzone. Überblick.** Zu differenzieren ist zwischen geringfügiger Beschäftigung (§ 8 SGB IV), die ein Arbeitsentgelt bis zu 450 €/Monat (bis 31.12.12: 400 €) zulässt, und sog Minijobs, die ein Arbeitsentgelt zwischen 450,01 € und 1300 €/Monat umfassen. In der Praxis wird beides oft vermengt. Arbeitsentgelte innerhalb des Übergangsbereichs/der Gleitzone führen zur Versicherungspflicht, jedoch gelten Besonderheiten für die Berechnung des ArbNBeitrags; dieser wird bei einem Arbeitsentgelt von 450,01 € aus rund 4 % des Arbeitsentgelts berechnet und steigt dann an, bis er bei einem Arbeitsentgelt von 1300 € den vollen ArbNBeitrag erreicht. Der ArbGeb zahlt auch im Übergangsbereich ab 450 € den vollen ArbGebBeitrag. Die rechtlichen Grundlagen der geringfügigen Beschäftigung bei Arbeitsentgelten von bis zu 450 € werden nicht unter dem Stichwort Minijob, sondern unter dem eigenen Stichwort *Geringfügige Beschäftigung* dargestellt. 15

**2. Begriff Übergangsbereich.** Ein Übergangsbereich, früher Gleitzone, liegt nach dem für alle Zweige der SozV geltenden § 20 Abs 2 SGB IV bei einem Beschäftigungsverhältnis vor, wenn das daraus erzielte Arbeitsentgelt **zwischen 450,01 € und 1300 €** im Monat liegt und die Grenze von 1300 € im Monat regelmäßig nicht überschreitet; bei mehreren Beschäftigungsverhältnissen ist das insgesamt erzielte Arbeitsentgelt maßgebend (§ 20 Abs 2 2. Hs SGB IV). Letzteres bedeutet, dass im Ergebnis eine Zusammenrechnung stattfindet und die Gleitzonenregelung nur dann zur Anwendung kommt, wenn das Arbeitsentgelt insgesamt innerhalb der Gleitzone liegt. Die Gleitzonenregelung gilt auch für Arbeitsentgelte, die sich auf Grund einer Altersteilzeitvereinbarung auf einen Betrag innerhalb der Gleitzone verringert haben (BSG 15.8.18 – B 12 R 4/18 R, BeckRS 2018, 27897). 16

**3. Beitragsbemessung und Tragung der Beiträge.** Im Normalfall wird bei versicherungspflichtig Beschäftigten das Arbeitsentgelt aus der versicherungspflichtigen Beschäftigung zugrunde gelegt (§ 342 SGB III, § 226 Abs 1 Nr 1 SGB V, § 162 Nr 1 SGB VI, § 57 Abs 1 SGB XI). Bei Arbeitsentgelten, die innerhalb des Übergangsbereichs liegen, wird der Beitragsbemessung dagegen ein Betrag zugrunde gelegt, der sich nach einer speziellen Formel (§ 344 Abs 4 SGB III, § 226 Abs 4 SGB V, § 163 Abs 10 SGB VI) ermittelt. 17

Die Beiträge zur **Krankenversicherung und Pflegeversicherung** werden vom ArbGeb in Höhe der Hälfte des Betrages getragen, der sich ergibt, wenn der um 0,9 % verminderte allg oder ermäßigte Beitragssatz auf das der Beschäftigung zugrunde liegende Arbeitsentgelt angewandt wird; im Übrigen vom Versicherten (§ 249 Abs 3 SGB V). 18

In der **Rentenversicherung** und der **Arbeitslosenversicherung** wird der Beitrag vom ArbGeb ebenfalls in Höhe der Hälfte des Betrages getragen, der sich ergibt, wenn der Beitragssatz auf das der Beschäftigung zugrunde liegende Arbeitsentgelt angewendet wird; im Übrigen vom Versicherten (§ 346 Abs 1a SGB III, § 168 Abs 1 Nr 1d SGB VI). Der ArbGeb trägt auch im Übergangsbereich im Ergebnis weder höhere noch geringere Beiträge als ohne Gleitzonenregelung. Zur Ermittlung des geringeren ArbNAnteils ist es aber erforderlich, zu ermitteln, wie hoch der ArbGebAnteil wäre, wenn die Beiträge nicht aus dem „Gleitzonen-Betrag", sondern aus dem der Beschäftigung zugrunde liegenden Arbeitsentgelt berechnet würden. 19

Die Krankenkassen bieten auf ihren Internetseiten regelmäßig sog **Übergangs-, Gleitzonenrechner** an. 20

**4. Ausnahmen von der Anwendung der Übergangsbereichsregelung. a) Verzicht auf die Übergangsbereichsregelung.** In der **Rentenversicherung** kann der ArbN auf die Anwendung der Gleitzone durch schriftliche Erklärung gegenüber dem ArbGeb verzichten. Bei Verzicht auf die Gleitzonenregelung ist beitragspflichtige Einnahme das Arbeitsentgelt aus der versicherungspflichtigen Beschäftigung ohne Anwendung der Gleitzonenformel. Die Erklärung kann nur mW für die Zukunft und bei mehreren Beschäftigungen nur einheitlich abgegeben werden und ist für die Dauer der Beschäftigungen bindend (§ 163 Abs 10 SGB VI). 21

22 **b) Auszubildende.** Die Gleitzonenregelung gilt nur für „Arbeitnehmer" bzw „versicherungspflichtig Beschäftigte", nicht für Personen, die zB zu ihrer Berufsausbildung beschäftigt sind (§ 244 Abs 4 SGB III, § 249 Abs 4 SGB V, § 163 Abs 10 SGB VI).

# Mitarbeiterbeteiligung

## A. Arbeitsrecht

*Röller*

1 **1. Begriff.** Mitarbeiterbeteiligung im engeren Sinne (häufig auch Vermögensbeteiligung genannt) ist die Beteiligung des ArbN am/im arbeitgebenden Unternehmen. Als Mitarbeiterbeteiligung im weiteren Sinne werden auch Erfolgsbeteiligungen wie die Gewinn-, Ertrags- oder Leistungsbeteiligung bezeichnet, die arbeitsrechtlich Lohnformen sind. Die nachfolgenden Ausführungen beziehen sich auf die Mitarbeiterbeteiligung im engeren Sinne.

2 **2. Formen der Mitarbeiterbeteiligung.** Die Beteiligung der ArbN am Kapital des arbeitgebenden Unternehmens kann in Form einer Beteiligung am Eigenkapital, am Fremdkapital oder in einer Mischform zwischen beiden erfolgen. Die **Beteiligung am Eigenkapital** ist die am weitesten reichende Form der Kapitalbeteiligung am Unternehmen, da Eigenkapital dem Unternehmen auf Dauer zur Verfügung gestellt wird; der ArbN wird voll am Gewinn und Verlust des Unternehmens beteiligt und mit vollen gesellschaftsrechtlichen Mitgliedschaftsrechten ausgestattet. Der ArbN erlangt durch die Beteiligung am Eigenkapital einen vollwertigen Gesellschafterstatus, der dem der übrigen Gesellschafter gleichgestellt ist. Bei start-up Unternehmen gibt es häufig **Phantom Stock Programme,** bei denen die Mitarbeiter zwar am Wertzuwachs des Unternehmens beteiligt werden sollen, ohne dass ihnen die mit der Eigentümer-/Gesellschafterstellung einhergehenden Mitspracherechte eingeräumt werden (*Wilhelm* NZG 13, 1211). Durch die **Beteiligung am Fremdkapital** erlangt der ArbN im Vergleich zum Eigenkapital eine weniger weitgehende Bindung an das Unternehmen. Das Fremdkapital steht dem Unternehmen nur befristet zur Verfügung und nimmt nicht am Verlust teil und wird idR ergebnisunabhängig verzinst. Auch unter Motivationsgesichtspunkten werden mit einer Beteiligung am Fremdkapital idR keine Anreize gesetzt, da bzw bei einem festverzinslichen ArbNDarlehen der vereinbarte Zins unabhängig von der Leistung des ArbN und dem Erfolg des Unternehmens am Markt ist. Zwischen den Möglichkeiten eigen- oder fremdkapitalmäßiger Beteiligung sind **Mischformen** angesiedelt, die erhebliche Gestaltungsspielräume bezüglich Kapitalcharakter oder Mitwirkungsrechte bieten. Sie bleiben rechtlich in jedem Fall Fremdkapital.

3 Bekannteste Formen der Eigenkapitalbeteiligung sind die Ausgabe von **Belegschaftsaktien, Aktienoptionen** *(Aktienoptionen)* und **GmbH-Anteilen.** Die Fremdkapitalbeteiligung erfolgt idR durch Gewährung eines **Arbeitnehmerdarlehens** (*Arbeitnehmerdarlehen*). Mischformen sind die Einräumung von **Genussrechten,** die **direkte stille Beteiligung** sowie die **indirekte Beteiligung.** Eine solche liegt beispielsweise vor, wenn eine Beteiligungsgesellschaft eingeschaltet wird, die die Aufgabe einer organisatorischen Zusammenfassung der Vielzahl von Beteiligungsrechten hat. Die ArbN sind dann unmittelbar nur Gesellschafter der Beteiligungsgesellschaft, die ihrerseits wieder – zB als Kommanditistin – am Unternehmen beteiligt ist. Zu den verschiedenen Beteiligungsformen s *Weitnauer* GWR 17, 391; *Blunck* BB 15, 437; *John/Stachel* BB-Special 1.09, 17.

4 **3. Vereinbarungsformen.** Die Mitarbeiterbeteiligung erfolgt idR durch Einzelvertrag, ist jedoch auch durch Betriebsvereinbarung möglich. Soweit der ArbN die Mittel für die Beteiligung selbst aufzubringen hat, kann in einer Betriebsvereinbarung nur das Angebot zum Abschluss einer Kapitalbeteiligung ausgesprochen werden. Die zwingende Verpflichtung zur Kapitalbeteiligung stellt gegenüber dem ArbN eine unzulässige Lohnverwendungsabrede dar, die der Regelungsbefugnis der Betriebspartner entzogen ist (MünchArbR/*Krause* § 61 Rn 9). Rechtlich-problematisch sind Regelungen von Kapitalbeteiligungen in Tarifverträgen. Tarifverträge, in denen dem ArbGeb lediglich eine Pflicht zu Geldleistungen auferlegt wird, die der ArbN dann vermögenswirksam anlegen kann, sind rechtlich unproblematisch. Unter verfassungsrechtlichen Gesichtspunkten rechtlich bedenklich ist hingegen

ein Tarifvertrag, durch den ein ArbGeb gegen seinen Willen gezwungen werden kann, seinen ArbN Beteiligungen am Unternehmen zur Verfügung zu stellen (MünchArbR/*Krause* § 61 Rn 10).

**4. Arbeitnehmerstatus.** Die Beteiligung des ArbN am Unternehmen hat idR keinen Einfluss auf den arbeits- und sozialversicherungsrechtlichen Status des ArbN. Steht dem Gesellschafter jedoch die Mehrheit der Stimmen zu oder besitzt er als Minderheitsgesellschafter eine Sperrminorität, kann er nicht zugleich ArbN sein. S → *Arbeitnehmer (Begriff)* Rn 23. 5

**5. Abgrenzung Arbeits-, Schuld- und Gesellschaftsrecht.** Ist der ArbN Aktionär, Mitgesellschafter oder Fremdkapitalgeber des Unternehmens am Markt, dh ohne eine irgendwie geartete Verknüpfung mit seinem Arbeitsverhältnis geworden, ist für seine Beteiligung am Unternehmen je nach Beteiligungsform ausschließlich Gesellschafts- oder Schuldrecht maßgebend. Hat der ArbN eine entsprechende Stellung mit Rücksicht auf den Bestand des Arbeitsverhältnisses zu günstigeren als marktüblichen Beteiligungsbedingungen oder mit zusätzlich gewährten ArbGebMitteln erworben, gehört die Aufbringung der Mittel zum Arbeitsrecht und deren Verwendung zum allgemeinen Schuld- oder Gesellschaftsrecht. Es liegen dann zwei gesonderte Rechtsbeziehungen zwischen ArbN und ArbGeb vor: für das Arbeitsverhältnis ist das Arbeitsrecht maßgebend, für das Beteiligungsverhältnis allgemeines Schuld- oder Gesellschaftsrecht. 6

Die aus der Beteiligung des ArbN resultierenden finanziellen Vorteile, wie Gewinne und Zinsen, zählen nicht zum Arbeitsentgelt. Eine etwa mit der Gesellschafterstellung des ArbN verbundene Verlustbeteiligung ist möglich. Anders als eine entsprechende arbeitsrechtliche Vergütungsregelung verstößt sie nicht gegen die guten Sitten iSv § 138 Abs 1 BGB (BAG 10.10.90 – 5 AZR 404/89, DB 91, 659). Änderungen von Art und Höhe der Beteiligung kann der ArbGeb nur dann vornehmen, wenn sie nach dem für das Beteiligungsverhältnis maßgebenden Recht zulässig sind.

**6. Haftung des Arbeitgebers.** Der ArbGeb haftet dem ArbN für finanzielle Schäden nach allg Grundsätzen. In Betracht kommt ua eine Haftung nach dem WpPG und dem BörsG (*Buchinger/Pfeiffer* NZG 06, 449; *Kollmergen/Feldhaus* BB 07, 225) sowie wegen Verletzung vorvertraglicher Pflichten. Fördert der ArbGeb den Kauf von Belegschaftsaktien, deren „Notierung an der Börse" angekündigt wird, durch die Gewährung von zweckgebendenen zinsgünstigen Darlehen, hat er die ArbN über die besonderen Risiken des Erwerbs nicht zum Börsenhandel zugelassener Aktien aufzuklären. Bei schuldhafter Verletzung seiner Aufklärungspflicht haftet er den ArbN auf Schadensersatz. Der Schadensersatzanspruch richtet sich auf Befreiuung von der Verpflichtung zur Rückzahlung des Darlehens Zug um Zug gegen Rückgabe der Aktien (BAG 4.10.05 – 9 AZR 598/04, NZA 06, 545; sa BAG 21.1.10 – 6 AZR 593/07, NZA-RR 10, 646; BAG 28.9.06 – 8 AZR 568/05, BeckRS 2007, 40021). 7

Weder die Gesellschafter noch die Geschäftsführer einer Mitarbeiterbeteiligungsgesellschaft haften persönlich, wenn diese in Insolvenz fällt. Eine persönliche Haftung ist nur bei Vorlegen eines besonderen Haftungsgrundes gegeben, zB wenn Vertreter, Vermittler oder Sachwalter in besonderem Maße Vertrauen für sich in Anspruch genommen haben oder ein unmittelbares wirtschaftliches Interesse am Abschluss des Geschäfts hatten (BAG 24.11.05 – 8 AZR 1/05, DB 06, 956).

**7. Gleichbehandlung.** Bei der Einräumung von Beteiligungsmöglichkeiten ist der ArbGeb an den Gleichbehandlungsgrundsatz gebunden, denn die Möglichkeit, sich am Unternehmen zu beteiligen, ist, wenn sie nicht auch betriebsfremden Dritten zu gleichen Konditionen offen steht, eine Vergünstigung aus dem Arbeitsverhältnis. Bei Teilzeitbeschäftigten ist es zulässig, die Beteiligung entsprechend dem Verhältnis der Arbeitszeit und nach dem Verhältnis der Tage, an denen ein Anspruch auf Arbeitsentgelt besteht, zu gewähren (MünchArbR/*Krause* § 61 Rn 7). 8

**8. AGB-Kontrolle.** Gem § 310 Abs 4 Satz 1 BGB finden die Bestimmungen der §§ 305–310 BGB keine Anwendung bei Verträgen auf dem Gebiet des Gesellschaftsrechts. Da die ArbN bei den gesellschaftsrechtlichen Formen der Mitarbeiterbeteiligung idR keinerlei Einfluss auf die Ausgestaltung des Vertrages haben, wird in der Literatur erwogen, die von der Rspr zum Schutz der Anleger in größeren Publikumsgesellschaften entwickelten 9

Grundsätze heranzuziehen und Beteiligungsverträge einer Inhaltskontrolle gem § 242 BGB zu unterziehen (MünchArbR/*Krause* § 61 Rn 6; MüKoBGB/*Basedow* § 310 Rn 80 ff).

10 **9. Kündigung von Mitarbeiterbeteiligung und Arbeitsverhältnis. a) Kündigungsausschluss während und nach Beendigung des Arbeitsverhältnisses.** Die Unternehmen haben häufig ein großes Interesse daran, dass Mitarbeiterbeteiligungen während des bestehenden Arbeitsverhältnisses nicht gekündigt werden. Aus diesem Grunde wird die isolierte Kündigung von gesellschaftsrechtlichen Beteiligungen vielfach ausgeschlossen. Wegen des zwingenden Charakters der §§ 723 Abs 1 und 3 BGB, 133 Abs 1 und 3 HGB ist der Ausschluss des außerordentlichen Kündigungsrechtes des ArbN unzulässig (MünchArbR/*Krause* § 61 Rn 11). Anerkannt ist jedoch die Möglichkeit, das ordentliche Kündigungsrecht für die Dauer des Bestands des Arbeitsverhältnisses auszuschließen. Eine Knebelung iSv § 138 BGB wird hierin nicht gesehen (MünchArbR/*Krause* § 61 Rn 11; *Staudinger/Keßler* § 724 Rn 2). Rechtlich problematisch ist jedoch der Ausschluss der ordentlichen Kündbarkeit einer Mitarbeiterbeteiligung auch für die Zeit nach Beendigung des Arbeitsverhältnisses. Der ArbN kann ein Interesse daran haben, das Kapital, das er dem Unternehmen nur mit Rücksicht auf das zugrunde liegende Arbeitsverhältnis zur Verfügung gestellt hat, baldmöglichst zurückzuerhalten. Für ihn nachteilig können deshalb Bestimmungen sein, die ihn zwängen, von ihm dem Unternehmen zur Verfügung gestelltes Kapital auf Dauer oder für einen längeren Zeitraum nach Beendigung des Arbeitsverhältnisses zu belassen. Angemessene Kündigungsfristen für die Mitarbeiterbeteiligung nach Ausscheiden des ArbN, bzw solche, die dem Unternehmen das Kapital bis zum Ende des Wirtschaftsjahres belassen, sind nicht zu beanstanden (*Preis* Grundfragen der Vertragsgestaltung, S 575; *Schimana/Frauenkron* DB 80, 445). Unterschiedlich beurteilt wird die Frage der Höchstkündigungsfrist. Teilweise wird in Anlehnung an § 624 BGB ein Kündigungsausschluss für die Dauer von 5 Jahren als zulässig erachtet (MünchArbR/*Krause* § 61 Rn 12; *Fohrmann* Der ArbN als Gesellschafter, S 71). Nach anderer Auffassung soll jedenfalls bei formularmäßigen Kündigungsausschlussklauseln die Bestimmung des § 309 Ziff 9 BGB zu berücksichtigen sein, die bei einem Vertragsverhältnis über die Erbringung von Dienst- oder Werkleistungen eine den anderen Vertragsteil länger als 2 Jahre bindende Laufzeit des Vertrages als unwirksam betrachtet (*Preis* S 575).

Die Übertragbarkeit von Belegschaftsaktien kann nicht beschränkt werden, da die zwingenden Vorschriften der §§ 53a–75 AktG, die das Rechtsverhältnis der Gesellschaft zu ihren Gesellschaftern regeln, eine unterschiedliche Behandlung von Belegschaftsaktien und Aktien im Eigentum von NichtArbN verbieten (MünchArbR/*Krause* § 61 Rn 11; BayOLG 24.11.88 – 3 Z 111/88, DB 89, 214).

11 **b) Kopplung der Beteiligung an den Bestand des Arbeitsverhältnisses.** In der Praxis häufig vorzufinden sind Regelungen, die die Beteiligung von ArbN an dem Unternehmen an den Fortbestand des jeweiligen Arbeitsverhältnisses koppeln. Solche Verfallklauseln sind sowohl in gesellschafts- als auch in -arbeitsrechtlicher Hinsicht bedenklich, gesellschaftsrechtlich deshalb, weil sie einem nur unter eingeschränkten Voraussetzungen möglichen „Hinauskündigungsrecht" gleichkommen könnten und arbeitsrechtlich, weil der drohende Verlust der Beteiligung bzw des Bezugsrecht eine unzulässige Kündigungserschwerung bedeuten könnte. Die hM geht dennoch davon aus, dass die Kopplung der Beteiligung an den Fortbestand des Arbeitsverhältnisses sachlich gerechtfertigt ist (BGH 19.9.05 – II ZR 342/03, II ZR 173, 04, GmbHR 05, 1558; OLG Düsseldorf 16.1.04 – 17 U 50/03, ZIP 04, 1804; OLG Celle 15.10.03 – 9 U 124/03, GmbHR 03, 1428; *Baltke/Grünberg* GmbHR 06, 225; *Habersack/Verse* ZGR 05, 451; aA OLG Frankfurt 23.6.04 – 13 U 89/03, ZIP 04, 1802). Begründet wird dies damit, dass die Mitarbeiter ihre Beteiligungen nur treuhänderisch halten und sie kein berechtigtes Interesse daran haben, auch nach ihrem Ausscheiden noch am Unternehmen beteiligt zu sein. Solche Beteiligungen sind nach Auffassung des BGH auch nur dann möglich, wenn die Anteile am Ende der Unternehmenszugehörigkeit zurückgegeben würden und dabei nicht ein Kaufpreis gezahlt wird, der die weitere Durchführung des Beteiligungsmodells verhindert.

12 **c) Abfindung für den Verlust der Beteiligung.** In Mitarbeiterbeteiligungsmodellen ist häufig vereinbart, dass bei Beendigung der Beteiligung die Abfindung nicht zum Verkehrswert, sondern zu einem deutlich darunter liegenden Betrag erfolgen soll, etwa zum Buchwert

oder zu dem Betrag, den der ArbN selbst für die Beteiligung gezahlt hat. Hierdurch kann es je nach Wertentwicklung der Beteiligung zu gravierenden Unterschieden zwischen dem Verkehrswert und dem vertraglich vorgesehenen Abfindungsbetrag kommen. Abfindungsregelungen, die zu einem groben Missverhältnis zwischen dem Verkehrswert und dem vorgesehenen Abfindungsbetrag führen, sind gesellschaftsrechtlich bedenklich. Sofern das grobe Missverhältnis bereits zum Zeitpunkt der Regelung, also von Anfang an bestand, werden entsprechende Abfindungsregelungen grds als sittenwidrig und damit nichtig (§ 138 Abs 1 BGB) angesehen (BGH 9.1.89 – II ZR 83/88, NJW 89, 2685). Tritt es erst nachträglich ein, führt dies zwar nicht zur Nichtigkeit, wohl aber zu einer Anpassung der Abfindungsregelung im Wege der ergänzenden Vertragsauslegung (BGH 20.9.93 – II ZR 104/92, GmbHR 94, 800). Bei Mitarbeiterbeteiligungen hält der BGH einen völligen Ausschluss der Abfindung bzw eine Beschränkung der Abfindung auf den Betrag, den der ArbN beim Erwerb gezahlt hat, für zulässig (BGH 19.9.05 – II ZR 342/05, NJW 05, 3644). In der Literatur sind die Sonderregeln für Abfindungsbeschränkungen im Rahmen von Mitarbeiterbeteiligungen auf unterschiedliche Reaktionen gestoßen (zustimmend: *Habersack/Verse* ZGR 05, 451; *Kowalski/Burmann* GmbHR 04, 1438; ablehnend: *Schröder* GmbHR 03, 1430).

**10. Mitbestimmungsrechte.** Gem § 88 Nr 3 BetrVG können Maßnahmen zur Förderung der Vermögensbildung, darunter die Beteiligung am arbeitgebenden Unternehmen im Rahmen einer freiwilligen Betriebsvereinbarung geregelt werden. Beabsichtigt der ArbGeb, Belegschaftsaktien auszugeben oder Beteiligungsverträge beispielsweise mit AT-Angestellten zu schließen, besteht hinsichtlich der Beteiligungsgrundsätze und deren Durchführung ein zwingendes Mitbestimmungsrechts des BRat aus § 87 Abs 1 Nr 10 BetrVG. Der BRat kann jedoch nicht über die Einigungsstelle die Einführung zusätzlicher Leistungen erzwingen (MünchArbR/*Krause* § 61 Rn 8; GK-BetrVG/*Wiese* § 87 Rn 919). Ein Mitbestimmungsrecht des BRat kann sich ferner über § 87 Abs 1 Nr 8 BetrVG ergeben, wenn die Mitarbeiterbeteiligung der ArbN durch Einschaltung einer Beteiligungsgesellschaft erfolgt. Dies gilt jedoch nur dann, wenn die Beteiligungsgesellschaft unter dem treuhänderischen zugunsten des ArbN ausgeübten Einfluss des ArbGeb steht und von diesem wenigstens teilweise finanziert wird. Da eine Sozialeinrichtung nicht vorliegt, wenn es sich um eine Selbsthilfeeinrichtung der ArbN handelt, greift § 87 Abs 1 Nr 8 BetrVG nicht ein, wenn die ArbN selbst über Form, Ausgestaltung und Verwaltung der Beteiligungsgesellschaft bestimmen können (MünchArbR/*Krause* § 61 Rn 8). 13

**11. Staatliche Förderung.** Die Mitarbeiterbeteiligung wird durch das Mitarbeiterkapitalbeteiligungsgesetz v 7.3.09 (BGBl I 09, 451) und das 5. VermBG (BGBl I 08, 2850) staatlich gefördert. Zu deren Voraussetzungen → Rn 26 ff. 14

**12. Gerichtszuständigkeit.** Für Streitigkeiten im Zusammenhang mit Mitarbeiterbeteiligungen am arbeitgebenden Unternehmen können gem § 2 Abs 1 Nr 4a ArbGG die ArbG zuständig sein. Wird die Beteiligung im Hinblick auf das Arbeitsverhältnis gewährt, ist der Bestand des Arbeitsverhältnisses mit dem der Beteiligung verknüpft und haben die Mitarbeiter die Beteiligung zu günstigeren Konditionen als Betriebsfremde erwerben können, ist ein unmittelbarer rechtlicher und wirtschaftlicher Zusammenhang des Beteiligungsvertrages mit dem Arbeitsverhältnis zu bejahen (MünchArbR/*Krause* § 61 Rn 15). 15

## B. Lohnsteuerrecht

*Seidel*

### Übersicht

21 **1. Allgemeines. a) Mitarbeiterbeteiligungen** sind nur in Form der Vermögensbeteiligung steuerlich begünstigt (→ Rn 22). Zur Besteuerung von Gewinnbeteiligungen (→ Rn 1: Mitarbeiterbeteiligung im weiteren Sinne) → *Sonstige Bezüge* Rn 2 ff und → *Lohnzufluss* Rn 10. Zur Besteuerung bei Gewährung von Aktienoptionen durch den ArbGeb → *Aktienoptionen* Rn 21 ff. Wird ein ArbN in einer Form am Unternehmen des ArbGeb beteiligt, die ihn steuerrechtlich zum **Mitunternehmer** macht, stellen seine Bezüge **keinen Arbeitslohn** (Einkünfte aus nichtselbstständiger Arbeit) mehr dar, sondern Einkünfte aus Gewerbebetrieb (§ 15 Abs 1 Nr 2 EStG; → *Arbeitnehmer (Begriff)* Rn 36). Allein die Gewährung eines **Darlehens** an den ArbGeb reicht aber hierzu nicht aus (*HMW*/Vermögensbeteiligungen Rz 49; → *Arbeitnehmerdarlehen* Rn 8 ff sowie → *Lohnzufluss* Rn 7). Beteiligungen an **Kapitalgesellschaften** (zB typische stille Beteiligung an einer GmbH oder Aktien einer AG) beeinträchtigen die ArbNEigenschaft dagegen nicht. Einnahmen hieraus gehören auch nicht zum Arbeitslohn, sondern zu den Einkünften aus Kapitalvermögen. Zur Rückveräußerung einer Mitarbeiterbeteiligung durch den ArbN an den ArbGeb → *Entgeltrückzahlung* Rn 18. Zur Bedeutung der **Anrufungsauskunft** im Rahmen von Mitarbeiterbeteiligungsprogrammen sowohl bei unmittelbaren Beteiligungen als auch bei Beteiligungen durch Dritte → *Anrufungsauskunft* Rn 9.

22 **b) Vermögensbeteiligungen.** Die **Vermögensbeteiligung** der ArbN wird steuerlich auf zwei Arten gefördert. Dies geschieht zum einen durch die Gewährung einer **Arbeitnehmersparzulage** nach dem 5. VermBG. Dabei wird für vom ArbGeb erbrachte vermögenswirksame Leistungen, die als Arbeitslohn lohnsteuerpflichtig sind, eine ArbNSparzulage mit 9 % bzw 20 % vom Anlagebetrag gewährt, wenn bestimmte Einkommensgrenzen nicht überschritten sind (s auch Übersicht bei BeckPersHB/Bd II StW IV: Vermögensbildungsgesetz). Die Auszahlung der Sparzulage erfolgt idR erst nach Ablauf der Sperrfrist durch das FA. Die ArbNSparzulage zählt nicht zu den stpfl Einnahmen (→ *Vermögenswirksame Leistungen* Rn 25 ff).

23 Die zweite Art der Förderung, die im Folgenden dargestellt wird, betrifft die Förderung der Beteiligung von ArbN am Unternehmenskapital durch **§ 3 Nr 39 EStG**. Zur alten Rechtslage vgl Personalbuch 2017. Im Rahmen des § 3 Nr 39 EStG werden bestimmte Sachzuwendungen des ArbGeb, die sonst als geldwerter Vorteil (→ *Geldwerter Vorteil* Rn 8 und → *Arbeitsentgelt* Rn 36 ff) voll lohnsteuerpflichtig wären, durch **Gewährung eines Freibetrages** gefördert. Einkommensgrenzen bestehen nicht. Im Gegensatz zur Förderung der vermögenswirksamen Leistungen ist die Vermögensbeteiligung noch sehr viel weniger verbreitet. Entrichtet der ArbN den Kaufpreis verbilligt überlassener Vermögensbeteiligungen mit vermögenswirksamen Leistungen, so ist bei Vorliegen der jeweiligen übrigen Voraussetzungen beider Förderungsformen eine doppelte Förderung möglich (→ Rn 26 f). Durch die Verweisung in § 3 Nr 39 EStG auf das 5. VermBG ist die weitgehende Inhaltsgleichheit der Anlagen nach den beiden Rechtsvorschriften sichergestellt soweit die Vermögensbeteiligungen betroffen sind (→ Rn 28; → *Vermögenswirksame Leistungen* Rn 26). Zur lohnsteuerlichen Behandlung der Überlassung von Vermögensbeteiligungen ab 2009 iE s BMF 8.12.09 (BStBl I 09, 1513).

24 **2. Begünstigter Personenkreis** sind unbeschränkt und beschränkt stpfl ArbN (→ *Lohnsteuerberechnung* Rn 7 ff, 18 ff), wobei hier – im Gegensatz zu den vermögenswirksamen Leistungen – der steuerrechtliche ArbNBegriff (→ *Arbeitnehmer (Begriff)* Rn 29 ff) maßgebend ist. Der ArbN muss jedoch in einem **gegenwärtigen Dienstverhältnis** stehen. Dazu gehören auch ArbN, deren Dienstverhältnis ruht (zB während der Mutterschutzfristen, der Elternzeit oder der Wehrdienst- bzw Zivildienstzeiten) oder die sich in der Freistellungsphase einer Altersteilzeitvereinbarung befinden. Frühere ArbN gehören auch dann **nicht** zu dem begünstigten Personenkreis, wenn sie zB wegen Bezugs von Einnahmen aus einem früheren Dienstverhältnis (zB Betriebspensionäre, Bezieher von Vorruhestandsgeld) steuerrechtlich ArbN sind (§ 1 Abs 1 Satz 1 LStDV). Anders ist dies nur, wenn die Vermögensbeteiligung im Rahmen der Abwicklung des bisherigen Dienstverhältnisses noch als Arbeitslohn für die tatsächliche Arbeitsleistung überlassen wird (§ 3 Nr 39 Satz 2 EStG; BMF 8.12.09, BStBl I 09, 1513 Tz 1.1.1). Nicht begünstigt ist damit weiterhin auch die Überlassung einer Vermögensbeteiligung an andere Personen als den ArbN selbst (zB den Ehegatten), auch wenn dies steuerlich zu Arbeitslohn des ArbN führt (→ *Arbeitsentgelt*

Rn 76). Die Steuerfreiheit nach § 3 Nr 39 EStG kann bei einem unterjährigen ArbGeb-Wechsel oder **parallelen Arbeitsverhältnissen** mehrfach in Anspruch genommen werden. Verwaltungsaufwendige Mitteilungspflichten, Überwachungen etc sind – auch wegen der Begrenzung der Steuerfreiheit auf 360 € – nicht erforderlich (BT-Drs 13.10.08 16/10531 Begründung B zu § 3 Nr 39 EStG; BMF 8.12.09, BStBl I 09, 1513 Tz 1.1.4).

Um eine Diskriminierung einzelner Gruppen zu verhindern, verlangt die steuerliche Förderung zudem, dass die unentgeltliche oder verbilligte Vermögensbeteiligung mindestens **allen** ArbN **gleichermaßen** offensteht, die im Zeitpunkt der Bekanntgabe des Angebots ein Jahr oder länger in einem gegenwärtigen Dienstverhältnis zum Unternehmen stehen (§ 3 Nr 39 Satz 2 Buchst b EStG). **Dazu gehören** auch Geringfügig Beschäftigte, Teilzeitkräfte, Auszubildende und weiterbeschäftigte Rentner (→ *Rentnerbeschäftigung* Rn 4 ff), **nicht** jedoch die **Leiharbeitnehmer** (→ *Arbeitnehmer (Begriff)* Rn 44 f) eines Entleihers (BMF 8.12.09, BStBl I 09, 1513 Tz 1.2). Bei einem **Konzernunternehmen** verlangt der Grundsatz der Gleichbehandlung jedoch nicht, dass die Beteiligung auch den ArbN der übrigen Konzernunternehmen gewährt werden muss (§ 3 Nr 39 Satz 3 EStG). Nach BMF 8.12.09, BStBl I 09, 1513 Tz 1.2.2 wird es nicht beanstandet, wenn ins Ausland entsandte ArbN (Expatriates) bzw ArbN, die zwischen dem Zeitpunkt des Angebots und dem der Überlassung ausscheiden, nicht einbezogen werden. Eine weitergehende arbeitsrechtliche Verpflichtung zur Gleichbehandlung (zB Gewährung an ArbN, die kürzer als ein Jahr beim Unternehmen beschäftigt sind) bleibt von der steuerlichen Regelung unberührt. Ebenso sind verbindliche Regelungen über die Verteilungsgrundsätze, also der Maßstäbe, nach denen der vorgegebene finanzielle Rahmen verteilt werden soll, für die Steuerfreiheit unschädlich (BT-Drs 13.10.08 16/10531 und 21.1.09 16/11679 jeweils Begründung B zu § 3 Nr 39). Bei direkten Beteiligungen kann damit die Höhe der Beteiligung, der Gewinn-/Verlustbeteiligung, der Laufzeit/Sperrfristen, Kündigungsbedingungen, Informations- und Kontrollrechte, Verwaltung der Beteiligung frei vertraglich festgelegt werden (BR-Drs 29.8.08 632/08 Begründung A 3.; BMF 8.12.09, BStBl I 09, 1513 Tz 1.2.). 25

**3. Allgemeine Voraussetzungen der Steuerbegünstigung.** Begünstigt ist die unentgeltliche oder verbilligte Zuwendung von Sachbezügen in Form von **Vermögensbeteiligungen** durch den ArbGeb (§ 3 Nr 39 Satz 1 EStG). Da der ArbN eine Vermögensbeteiligung als Sachbezug nur erhält, soweit sie für ihn kostenlos ist, kommt eine Steuerbegünstigung für **Geldleistungen** des ArbGeb, mit denen der ArbN die Vermögensbeteiligung erwirbt, **nicht** in Betracht. Dies gilt auch, soweit vermögenswirksame Leistungen als Gegenleistung für die überlassene Vermögensbeteiligung verwendet werden (BMF 8.12.09, BStBl I 09, 1513 Tz 1.1.5; → Rn 35). Der Zuschuss des ArbGeb im Rahmen eines ausgelagerten Optionsmodells zur Vermögensbeteiligung an Dritte als Entgelt für die Übernahme von Kursrisiken stellt jedoch vergünstigten Sachlohn dar, wenn die Risikoübernahme des Dritten auf einer vertraglichen Vereinbarung mit dem ArbGeb beruht (BFH 13.9.07 – VI R 26/04, BStBl II 08, 204). 26

Eine **doppelte Förderung** nach § 3 Nr 39 EStG und dem 5. VermBG ist daher ua nur möglich, wenn eine verbilligt überlassene Vermögensbeteiligung mit vermögenswirksamen Leistungen erworben wird (→ Rn 22; BR-Drs 29.8.08 632/08 Begründung B zu § 2 Abs 1 Nr 1 Buchst d 5. VermBG).

**Keine Voraussetzung** der Steuerbegünstigung ist, dass der **ArbGeb selbst Rechtsinhaber** der Vermögensbeteiligung ist. So kann der geldwerte Vorteil dem ArbN **auch** unmittelbar **von** einem **Dritten** überlassen werden, wenn die Überlassung durch das gegenwärtige Dienstverhältnis veranlasst ist (BMF 8.12.09, BStBl I 09, 1513 Tz 1.1.3 mit Beispielen). Die Übernahme der mit der Überlassung verbundenen Depotgebühren (auch die kostenlose Depotführung durch den ArbGeb) und Nebenkosten durch den ArbGeb, zB Notariatsgebühren, Eintrittsgelder im Zusammenhang mit Geschäftsguthaben bei einer Genossenschaft, Kosten für Registereintragungen, sind kein Arbeitslohn (BMF 8.12.09, BStBl I 09, 1513 Tz 1.1.6). 27

Nach § 3 Nr 39 EStG werden nur Vorteile aus direkten Beteiligungen und Vorteile aus einer Beteiligung an einem Mitarbeiterbeteiligungs-Sondervermögen (§ 90l InvG) steuerfrei gestellt, vgl iE → Rn 29 ff. **Voraussetzung** für die Steuerfreiheit ist **nicht** mehr, dass die Vermögensbeteiligung als **freiwillige Leistung zusätzlich zum geschuldeten Arbeits-** 28

**lohn** überlassen (On-top-Leistung) und nicht auf bestehende oder künftige Ansprüche angerechnet wird (§ 3 Nr 39 Satz 2 EStG, der bisherige Buchst a, wurde gestrichen; s auch BMF 22.5.13, BStBl I 13, 728). Die bisher mögliche sog **Entgeltsumwandlung** von stpfl Arbeitslohn in steuerfreie Entgeltbestandteile in Form von Unternehmensbeteiligungen bleibt damit rückwirkend zum 2.4.09 weiterhin **möglich** (§ 3 Nr 39 Satz 2 EStG). Da die Mitarbeiterkapitalbeteiligung nicht in Konkurrenz zur betrieblichen Altersversorgung und der privaten Altersvorsorge treten, muss die Teilnahme an Mitarbeiterbeteiligungen auch auf Seiten der ArbN freiwillig sein (BR-Drs 29.8.08 632/08 Begründung A 1. Buchst b). Unbeachtlich ist jedoch, wenn die zusätzliche Leistung des ArbGeb (zB Gewährung eines Bonus) von einer Eigenleistung des ArbN abhängig gemacht wird, da nach § 3 Nr 39 Satz 1 EStG auch die nur verbilligte Überlassung begünstigt ist (Schmidt/*Levedag* § 3 Rz 133 und → Rn 37).

29 **4. Formen der begünstigten Vermögensbeteiligungen. a) Begriff.** Vermögensbeteiligungen sind Beteiligungen am Vermögen eines Unternehmens (Kapitalbeteiligungen) oder Darlehensforderungen gegen ein Unternehmen. Anders als bisher werden aber **nur noch Direktbeteiligungen** am Unternehmen des ArbGeb. Die steuerbegünstigten Vermögensbeteiligungen sind in § 2 Abs 1 Nr 1 Buchst a, b und f bis l und Abs 2–5 5. VermBG abschließend aufgezählt (§ 3 Nr 39 Satz 1 EStG). IE s BMF 9.8.04, BStBl I 04, 717, idF des BMF 16.3.09, BStBl I 09, 501 (Anhang 30 III LStR); Personalbuch 2008 Mitarbeiterbeteiligung Rz 30–42). **Außerbetriebliche** (indirekte) Beteiligungen sind damit **nicht** mehr begünstigt. Durch den Ausschluss des Buchst c des § 2 Abs 1 Nr 1 5. VermBG wird klargestellt, dass die dort genannten in- und ausländischen Investmentanteile nicht steuerbegünstigt überlassen werden können. Insofern liegt eine Beteiligung am Unternehmen des ArbGeb nicht vor. (BT-Drs 21.1.09 16/11679 Seite 21; BMF 8.12.09, BStBl I 09, 1513 Tz 1.1.2).

30 **b) Mitarbeiterbeteiligungs-Sondervermögen.** Die Begünstigung von Beteiligungen am Mitarbeiterbeteiligungs-Sondervermögen wurde mit Wirkung zum 1.1.14 aufgehoben (Streichung des § 2 Abs 1 Nr 1 Buchst d im 5. VermBG und des Verweises in § 3 Nr 39 EStG (zur Rechtslage bis einschließlich 2013 s Personalbuch 2016).

31 **5. Wertermittlung. a) Allgemein.** Als Wert der Vermögensbeteiligung ist gem § 3 Nr 39 Satz 4 EStG der **gemeine Wert** im Zeitpunkt der Überlassung anzusetzen. Für die Höhe des Wertes gelten die Grundsätze des BewG. Die Regelung für die Wertermittlung der in § 3 Nr 39 EStG genannten Vermögensbeteiligungen und ggf des geldwerten Vorteils geht als Spezialregelung (lex specialis) der allgemeinen Grundregel des § 8 EStG für die Wertermittlung von Sachbezügen (→ *Sachbezug* Rn 11 ff) auch dann vor, wenn die Steuerbegünstigung nach § 3 Nr 39 EStG nicht greift. Veräußerungssperren mindern den Wert der Vermögensbeteiligung nicht. Die Bewertung von Aktien richtet sich nach § 11 Abs 1, Abs 2 Satz 2 BewG (iE BMF 8.12.09, BStBl I 09, 1513 Tz 1.3). Die früheren Sonderregelungen in § 19a Abs 2 Sätze 2–7 EStG wurden aus Gründen der zT schwierigen Handhabung und der daraus uU für den ArbN entstehenden Nachteile nicht in die Neuregelung übernommen (BT-Drs 13.10.08 16/10531 Begründung B zu § 3 Nr 39 EStG).

32 **b)** Der **Zuflusszeitpunkt** bestimmt sich nach allgemeinen lohnsteuerlichen Regeln. Danach liegt ein Zufluss vor, wenn der ArbN über die Vermögensbeteiligung **verfügen** kann (BFH 23.6.05 – VI R 10/03, BStBl II 05, 770; → *Lohnzufluss* Rn 2 ff). Bei Aktien ist dies der Zeitpunkt der Einbuchung in das Depot des ArbN (BFH 20.11.08 – VI R 25/05, BStBl II 09, 382). Aus Vereinfachungsgründen kann die Wertermittlung beim einzelnen ArbN am Tag der Ausbuchung beim Überlassenden oder dessen Erfüllungsgehilfen erfolgen bzw kann bei allen begünstigten ArbN der durchschnittliche Wert der Beteiligung angesetzt werden, wenn das Zeitfenster der Überlassung nicht mehr als einen Monat beträgt. Ist vom ArbN aufgrund der getroffenen Vereinbarung ein höherer Kaufpreis als der Kurswert der Beteiligung zu entrichten, betrifft dies die private Vermögenssphäre und führt nicht zu negativem Arbeitslohn. Gleiches gilt für Kursrückgänge nach dem Zuflusszeitpunkt (BMF 8.12.09, BStBl I 09, 1513 Tz 1.6). Zum Zufluss bei Mitarbeiterbeteiligungsprogrammen nach französischem Recht (FCPE) s Tz 4 des BMF-Schreibens.

33 **c) Mitarbeiterbeteiligungs-Sondervermögen.** → Rn 30; zur Rechtslage bis einschließlich 2013 s Personalbuch 2016.

**6. Steuerfreier geldwerter Vorteil.** Der geldwerte Vorteil ergibt sich aus dem Unterschied zwischen dem Wert der Vermögensbeteiligung (→ Rn 33 f) und dem Preis, zu dem diese dem ArbN überlassen wird. Zahlungen des ArbN sind abzusetzen (Schmidt/*Levedag* § 3 Rz 133). Es kommt also weder auf den Zeitpunkt der Beschlussfassung über die Überlassung noch den Zeitpunkt des Angebots an den ArbN oder den Zeitpunkt des Abschlusses des obligatorischen Rechtsgeschäfts an. Bei einer Verbilligung ist es unerheblich, ob ein prozentualer Abschlag oder ein Preisvorteil in Form eines Fixbetrags gewährt wird (BMF 8.12.09, BStBl I 09, 1513 Tz 1.4). Die bisherige Begrenzung auf den halben Wert der Beteiligung ist weggefallen. Der steuerfreie Höchstbetrag wurde auf 360 € angehoben. Ist der steuerfreie Höchstbetrag ausgeschöpft oder liegen die Voraussetzungen für eine Steuerfreiheit nicht vor, ist der geldwerte Vorteil individuell zu versteuern. Eine **Pauschalierungsmöglichkeit** besteht weiterhin **nicht** (§ 37b Abs 2 Satz 2 EStG; → *Lohnsteuerpauschalierung* Rn 60). Geldwerte Vorteile aus der verbilligten Überlassung von Vermögensbeteiligungen stellen schließlich selbst keine vermögenswirksame Leistung dar (BMF 9.8.04, BStBl I 04, 717, idF des BMF 16.3.09, BStBl I 09, 501 Abschn 2 Abs 1; → *Vermögenswirksame Beteiligungen* Rn 26). 34

**7. Erträge aus Vermögensbeteiligungen** stellen beim ArbN regelmäßig **Einkünfte aus Kapitalvermögen** dar (§ 20 EStG), die beim Zufluss der Kapitalertragsteuer bzw dem Zinsabschlag unterliegen (s §§ 43 ff EStG). Die Einbehaltung durch den nach § 44 Abs 1 EStG zum Steuerabzug Verpflichteten kann ggf durch Erteilung eines Freistellungsauftrages des ArbN oder die Vorlage einer Nichtveranlagungsbescheinigung des WohnsitzFA vermieden werden (§ 44a Abs 2 EStG). Gewinne und Verluste aus der Veräußerung von Vermögensbeteiligungen sind idR steuerlich unbeachtlich. Schuldzinsen für Darlehen, mit denen ArbN den Erwerb von Gesellschaftsanteilen (zB Aktien) an seinem ArbGeb finanziert, gehören regelmäßig zu den Werbungskosten bei den Einkünften aus Kapitalvermögen (→ *Werbungskosten* Rn 35 und → *Geschäftsführer* Rn 43). 35

## C. Sozialversicherungsrecht *Schlegel*

**Mitarbeiterbeteiligung als Arbeitsentgelt, Arbeitseinkommen oder Gesamteinkommen.** Gewinnanteilen, Bonus, Provisionen und Tantiemen ist gemeinsam, dass diese Zuwendungen abhängig sind vom wirtschaftlichen Erfolg. Für ihre Behandlung in der SozV und ArblV ist maßgeblich darauf abzustellen, ob der wirtschaftliche Erfolg an eine abhängige Beschäftigung oder an eine selbstständige Tätigkeit anknüpft. 40

Eine **Mitarbeiterbeteiligung auf Provisionsbasis** ist orientiert am Arbeitsergebnis des einzelnen Beschäftigten. Um Arbeitsentgelt iSd § 14 SGB IV handelt es sich, wenn die Provision aufgrund abhängiger Arbeit verdient wird; ist dagegen persönliche Abhängigkeit zu verneinen, handelt es sich um Arbeitseinkommen aus selbstständiger Tätigkeit iSd § 15 SGB IV, dessen Höhe maßgeblich nach steuerrechtlichen Vorschriften zu ermitteln ist (→ *Provision* Rn 36 ff). Wird dem ArbN zusätzlich zum regulären Lohn/Gehalt in Form einmaliger Einnahmen, laufenden Zulagen, von Zuschlägen oder Zuschüssen eine Vermögensbeteiligung eingeräumt, ist diese nicht dem Arbeitsentgelt zuzurechnen und damit beitragsfrei, wenn und soweit diese Vermögensbeteiligung nach Maßgabe von § 19a EStG steuerfrei ist (§ 1 Abs 1 Satz 1 Nr 1 SvEV). Diese Vorschrift ist für eine vor dem 1. 4 09 überlassene Vermögensbeteiligung nach Maßgabe des § 52 Abs 35 EStG weiterhin anzuwenden. Daneben besteht Beitragsfreiheit, soweit die Mitarbeiterbeteiligung nach § 3 Nr 38 EStG steuerfrei ist und zusätzlich zum Arbeitsentgelt gewährt wird; insbes darf die Mitarbeiterbeteiligung nicht aus einer Entgeltumwandlung stammen. 41

Mitarbeiterbeteiligungen aufgrund einer Kapitalbeteiligung führen regelmäßig nicht zu Einnahmen, die als Arbeitsentgelt iSd § 14 SGB IV oder Arbeitseinkommen iSd § 15 SGB IV angesehen werden können; die Einnahmen haben ihren Rechtsgrund hier in der Verzinsung des vom ArbN zur Verfügung gestellten Kapitals, beruhen mithin nicht auf abhängiger oder selbstständiger Tätigkeit. Derartige Gewinnanteile sind deshalb allenfalls nach § 16 SGB IV (Gesamteinkommen) zu behandeln. Dies gilt auch dann, wenn die Kapitalbeteiligung durch eine Vermögensbeteiligung des ArbN iSd § 19a Abs 1 Satz 1, Abs 3 EStG zustande gekommen ist (zur Behandlung der Vermögensbeteiligung als solcher in der SozV und ArblV). Mitarbeiterbeteiligungen wegen Zugehörigkeit zum Betrieb, die 42 zB in Form eines Jahresbonus in Betracht kommen, und die allein daran anknüpfen, dass ein Beschäftigungsverhältnis vorgelegen hat oder vorliegt, führen zu Einnahmen des Mitarbeiters iSd § 14 SGB IV.

# Mitbestimmung, personelle Angelegenheiten

## A. Arbeitsrecht

*Kreitner*

### Übersicht



1 **I. Überblick.** Hinsichtlich der Mitbestimmung des BRat bei personellen Angelegenheiten unterscheidet das BetrVG zwischen den allgemeinen personellen Angelegenheiten (§§ 92–95 BetrVG), der Berufsbildung (§§ 96–98 BetrVG) sowie den personellen Einzelmaßnahmen (§§ 99–105 BetrVG).

2 Die **Intensität der Mitwirkungsrechte des Betriebsrats** ist dabei in den genannten Bereichen der personellen Angelegenheiten höchst unterschiedlich ausgestaltet. Sie reicht vom einfachen Unterrichtungsrecht (zB bei der Personalplanung gem § 92 BetrVG) über Beratungs- und Vorschlagsrechte (zB bei der Einrichtung betrieblicher Bildungsmaßnahmen gem §§ 96 ff BetrVG) sowie dem zwingenden Anhörungsrecht bei Kündigungen (mit der Folge der Unwirksamkeit der Kündigung gem § 102 Abs 1 Satz 3 BetrVG bei nicht ordnungsgemäß durchgeführter BRatAnhörung) bis hin zu erzwingbaren Mitbestimmungsrechten durch Errichtung einer Einigungsstelle (zB bei der Durchführung betrieblicher Bildungsmaßnahmen gem § 98 BetrVG, bei Personalfragebögen gem § 94 Abs 1 BetrVG, bei Auswahlrichtlinien gem § 95 BetrVG) oder durch Erzwingung eines gerichtlichen Zustimmungsersetzungsverfahrens (bei personellen Einzelmaßnahmen iSd § 99 BetrVG oder bei außerordentlichen Kündigungen von BRatMitgliedern gem § 103 BetrVG). ArbGeb und BRat sind berechtigt, im Rahmen ihrer Zuständigkeit die betriebsverfassungsrechtlichen **Beteiligungsrechte** zu **erweitern,** ohne auf die in § 88 BetrVG genannten Regelungsgegenstände beschränkt zu sein. Dies gilt allerdings nicht, soweit es um Eingriffe in das arbeitsgerichtliche Verfahren geht (BAG 18.8.09 – 1 ABR 49/08, NZA 10, 112). Inwieweit eine Erweiterung der Mitwirkungsrechte des BRat in personellen Angelegenheiten durch Tarifvertrag möglich ist, ist umstritten (dafür: BAG 10.2.88 – 1 ABR 70/86, NZA 88, 699; 31.1.95 – 1 ABR 35/94, NZA 95, 1059; *Fitting* § 1 Rz 259; *DKK/Kittner* § 99 Rz 31; dagegen: GK-BetrVG/*Raab* § 99 Rz 5; *Richardi* Einl Rz 138 ff). Eine materiellrechtliche **Verwirkung** von Mitbestimmungsrechten des BRat ist ausgeschlossen (BAG 28.8.07 – 1 ABR 70/06, NZA 08, 188).

3 **II. Einzelne Mitbestimmungstatbestände.** Eine ausführliche Darstellung der einzelnen Mitbestimmungstatbestände aus dem Bereich der personellen Einzelmaßnahmen des § 99 BetrVG erfolgt jeweils bei den speziellen Einzelstichworten, so dass auf die dortige Darstellung verwiesen werden kann. Die Beteiligungsrechte des BRat bei Kündigungen gem § 102 BetrVG werden hier im Zusammenhang dargestellt.

4 **1. Allgemeine personelle Angelegenheiten.** Bereits im Vorfeld personeller Einzelentscheidungen soll eine möglichst umfassende Unterrichtung des BRat über die personelle Situation des Betriebes und deren zukünftige Entwicklung sichergestellt werden. Dies bezweckt zunächst der Mitbestimmungstatbestand der Personalplanung (→ *Personalplanung* Rn 4 ff). Darauf aufbauend ist der BRat auch bei weiteren allgemeinen Maßnahmen zu

beteiligen. Mitbestimmungsrechte bestehen gem § 93 BetrVG bei der Ausschreibung von Arbeitsplätzen (→ *Ausschreibung* Rn 12 ff), bei der Aufstellung von Personalfragebögen und Beurteilungsgrundsätzen gem § 94 BetrVG (→ *Leistungsorientierte Vergütung* Rn 8) sowie bei dem Erlass von Auswahlrichtlinien iSd § 95 BetrVG (→ *Personalauswahl* Rn 20).

**2. Berufsbildung.** Eine besondere, ausdrückliche Normierung hat der Bereich der betrieblichen Bildung im Rahmen der personellen Mitbestimmung in den §§ 96–98 BetrVG erfahren. Der BRat hat bei Einrichtung und Durchführung der betrieblichen Bildungsmaßnahmen weitreichende, aber im Einzelnen abgestufte Mitwirkungsrechte. Diese reichen vom Vorschlags- und Beratungsrecht bei der Einrichtung bis hin zu erzwingbaren Mitbestimmungsrechten bei der Durchführung der Maßnahmen und der Auswahl der teilnehmenden ArbN (→ *Betriebliche Berufsbildung* Rn 13–15). 5

**3. Personelle Einzelmaßnahmen. a) Einstellung, Eingruppierung, Umgruppierung, Versetzung.** In Unternehmen mit mehr als 20 ArbN bestehen umfassende Mitbestimmungsrechte des BRat bei der Durchführung personeller Einzelmaßnahmen durch den ArbGeb. Gem § 99 Abs 1 BetrVG muss der ArbGeb vor jeder Einstellung, Eingruppierung, Umgruppierung und Versetzung die Zustimmung des BRat einholen. Dies ist formlos möglich. Reagiert der ArbGeb auf eine Zustimmungsverweigerung des BRat, indem er von seiner ursprünglichen Maßnahme Abstand nimmt und eine neue personelle Einzelmaßnahme einleitet, handelt sich um zwei unterschiedliche personelle Einzelmaßnahmen iSd § 99 BetrVG (BAG 11.10.16 – 1 ABR 49/14, NZA 17, 135; 9.10.13 – 7 ABR 1/12, NZA 14, 156). Entscheidend ist immer, dass der BRat der Mitteilung des ArbGeb entnehmen kann, dass er um Zustimmung zu einer personellen Maßnahme iSd § 99 Abs 1 Satz 1 BetrVG ersucht wird (BAG 10.11.09 – 1 ABR 64/08, NZA-RR 10, 416). Betrifft die personelle Maßnahme ein BRatMitglied, so darf dieses an der Beschlussfassung des BRat wegen Interessenkollision nicht teilnehmen. Geschieht dies dennoch, ist der Beschluss des BRat unwirksam und die Zustimmungsfiktion des § 99 Abs 3 Satz 2 BetrVG greift ein (BAG 3.8.99 – 1 ABR 30/98, NZA 2000, 440). Zum Sonderfall der Beschäftigung Freiwilliger nach dem BFDG zuletzt *Becker* NZA 16, 923. 6

**aa) Eingruppierung und Umgruppierung.** Bei Ein- und Umgruppierungen erfolgt im Rahmen der betrieblichen Mitbestimmung lediglich eine sog Richtigkeitskontrolle durch den BRat (BAG 27.6.2000 – 1 ABR 36/99, NZA 01, 626). Der betroffene ArbN hat einen Rechtsanspruch auf richtige Eingruppierung, den er individualrechtlich unabhängig vom BRat durchsetzen kann. Dementsprechend hat ein arbeitsgerichtliches Beschlussverfahren zwischen ArbGeb und BRat über die Ersetzung der Zustimmung des BRat zu der Eingruppierung keine präjudizielle Wirkung für den Eingruppierungsrechtsstreit des ArbN (BAG 28.1.86, DB 86, 1398). Unterlässt der ArbGeb eine betriebsverfassungsrechtlich gebotene Ein- oder Umgruppierung, so kann der BRat verlangen, dem ArbGeb die Ein- oder Umgruppierung aufzugeben und ihn sodann zur Erteilung seiner Zustimmung sowie bei deren Verweigerung zur Einleitung eines gerichtlichen Zustimmungsersetzungsverfahrens zu verpflichten (BAG 26.10.04 – 1 ABR 37/03, NZA 05, 367). Im Gemeinschaftsbetrieb besteht das Mitbestimmungsrecht ausschließlich gegenüber dem VertragsArbGeb des betroffenen ArbN (BAG 23.9.03 – 1 ABR 35/02, NZA 04, 800). Wegen der weiteren Einzelheiten → *Eingruppierung* Rn 9 bzw → *Umgruppierung* Rn 7 ff. 7

**bb) Einstellung und Versetzung.** Beabsichtigt der ArbGeb die Vornahme von Einstellungen oder Versetzungen, so muss er vor Durchführung der jeweiligen Maßnahme die Zustimmung des BRat einholen. Hierzu bedarf es zunächst der rechtzeitigen und umfassenden Information des BRat über die personelle Maßnahme. Der ArbGeb hat dem BRat unter Vorlage der erforderlichen Unterlagen Auskunft über die Person der Beteiligten und die Auswirkungen der geplanten Maßnahme zu geben (BAG 18.10.88, DB 89, 530). Bei Neueinstellungen müssen die Personalien sowie die fachlichen und persönlichen Voraussetzungen aller Bewerber für den in Aussicht genommenen Arbeitsplatz mitgeteilt werden. Der ArbGeb muss in nachvollziehbarer Weise die Tatsachen darstellen, die ihn veranlasst haben, einen von mehreren Bewerbern auszuwählen. Soweit vorhanden, sind bspw schriftliche Protokolle der Vorstellungsgespräche vorzulegen (BAG 28.6.05 – 1 ABR 26/04, NZA 06, 112). Der BRat hat keinen Anspruch auf Teilnahme an einem Vorstellungsgespräch. Findet eine Vorauswahl der Bewerber durch ein unternehmensinternes Recruitment-Center statt, 8 sind dem BRat auch die vorab aussortierten Bewerbungen vorzulegen (BAG 21.10.14 – 1 ABR 10/13, NZA 15, 311). Der Unterrichtungsanspruch erstreckt sich grds nicht auf den Inhalt des Arbeitsvertrages oder auf einzelvertragliche Vereinbarungen, denn die Unterrichtung dient nicht der Vertragskontrolle (BAG 27.10.10 – 7 ABR 36/09, NZA 11, 527). Dementsprechend ist bei einer befristeten Einstellung der ArbGeb nicht zur Mitteilung des Befristungsgrundes verpflichtet (BAG 27.10.10 – 7 ABR 69/09, NZA 11, 418). Für die Unterrichtung des BRat gelten keine besonderen Formerfordernisse. Aus Beweisgründen empfiehlt sich jedoch eine schriftliche Unterrichtung. Eine nachträgliche Einholung der Zustimmung kann der BRat vom ArbGeb nicht verlangen. Ihm bleibt nur der Aufhebungsantrag nach § 101 BetrVG (BAG 20.2.01 – 1 ABR 30/00, NZA 01, 1033). Eine nachträgliche Unterrichtung des BRat durch den ArbGeb im Verfahren nach § 101 BetrVG über die bereits erfolgte Einstellung des ArbN genügt nicht den Anforderungen des § 99 Abs 1 BetrVG und löst daher nicht die Fiktionswirkung des § 99 Abs 3 S 2 BetrVG aus (BAG 21.11.18 – 7 ABR 16/17, NZA 19, 711). Maßgeblich für die Mitbestimmung des BRat ist dabei immer die Eingliederung in den Betrieb und nicht das Rechtsverhältnis der Person zum Betriebsinhaber (BAG 13.12.16 – 1 ABR 59/14, NZA 17, 525; 8.11.16 – 1 ABR 57/14, NZA-RR 17, 134). Daher stellt jeder auch noch so kurze Einsatz eines LeihArbN eine mitbestimmungspflichtige Einstellung dar (BAG 9.3.11 – 7 ABR 137/09, NZA 11, 871).

**9** Bei der **Versetzung eines Arbeitnehmers** in einen anderen Betrieb des Unternehmens sind grds beide BRäte zu beteiligen (*Schwab/Weicker* DB 12, 976). Eine Beteiligung des BRat des abgebenden Betriebs entfällt – auch im Restmandat nach § 21b BetrVG –, wenn dieser Betrieb komplett stillgelegt wird (BAG 8.12.09 – 1 ABR 41/09, NZA 10, 665). Im Übrigen entfällt ein Mitbestimmungsrecht des BRat des abgebenden Betriebes immer dann, wenn der ArbN mit der Versetzung einverstanden ist (BAG 20.9.90, NZA 91, 195). Eine Zustimmung des abgebenden BRat bindet den BRat des aufnehmenden Betriebes nicht. Er kann gleichwohl die Zustimmung verweigern mit der Folge, dass die Durchführung des gerichtlichen Zustimmungsersetzungsverfahrens erforderlich wird (BAG 22.1.91, DB 91, 2088). Insgesamt kommt es für das Mitbestimmungsrecht weder darauf an, ob es sich bei den von der Personalmaßnahme betroffenen Personen um ArbN handelt, noch ob diese Personen vom BRat repräsentiert werden. Allein maßgeblich ist, ob sich die Personalmaßnahme auf die geschützten Interessen der vom BRat repräsentierten Belegschaft auswirken kann (BAG 9.10.13 – 1 ABR 12/12, NZA 14, 795). Bei der **Versetzung von Betriebsratsmitgliedern** ist zusätzlich § 103 Abs 3 BetrVG zu beachten.

**10** § 99 Abs 2 BetrVG stellt einen grds abschließenden Katalog von **Zustimmungsverweigerungsgründen** für den BRat auf, allerdings können durch freiwillige Betriebsvereinbarung weitere Zustimmungsverweigerungsgründe von den Betriebspartnern vereinbart werden (BAG 23.8.16 – 1 ABR 22/14, NZA 17, 194). Dies sind im Einzelnen Verstoß gegen Gesetz, Tarifvertrag, Betriebsvereinbarung und UVV sowie gegen Auswahlrichtlinien nach § 95 BetrVG, Besorgnis der ungerechtfertigten Benachteiligung anderer ArbN oder des betroffenen ArbN (BAG 30.8.95 – 1 ABR 11/95, NZA 96, 496), fehlende Stellenausschreibung nach § 93 BetrVG sowie eine drohende Gefahr für den Betriebsfrieden durch den ArbN. Ein zur Zustimmungsverweigerung berechtigender Gesetzesverstoß liegt ua dann vor, wenn der ArbGeb den ArbN in ein anderes Entgeltschema eingruppieren will als dasjenige, das im Betrieb zur Anwendung kommt, ohne dass die hierfür nach § 87 Abs 1 Nr 10 BetrVG erforderliche Zustimmung des BRat vorliegt (BAG 21.3.18 – 7 ABR 38/16, NZA 18, 1090). Allein die Verletzung der Unterrichtungspflicht (→ Rn 8) stellt noch keinen Gesetzesverstoß iSd § 99 Abs 2 BetrVG dar (BAG 10.8.93 – 1 ABR 22/93, NZA 94, 187). Danach kann der BRat des Entleiherbetriebs bspw bei der mehr als vorübergehenden Beschäftigung eines LeihArbN die Zustimmung zur Übernahme des LeihArbN nach § 14 Abs 3 Satz 1 AÜG, § 99 Abs 2 Nr 1 BetrVG verweigern (BAG 30.9.14 – 1 ABR 79/12, NZA 15, 240). Eine evtl Zustimmungsverweigerung des BRat muss **schriftlich binnen einer Woche unter Angabe von Gründen** erfolgen. Ein Widerspruch per Telefax reicht aus (BAG 11.6.02 – 1 ABR 43/01, NZA 03, 226). Auch die Einhaltung der Textform nach § 126b BGB genügt (BAG 9.12.08 – 1 ABR 79/07, NZA 09, 627; 10.3.09 – 1 ABR 93/07, NZA 09, 622). Dabei genügt eine Wiederholung des Gesetzeswortlauts des § 99 Abs 2 BetrVG nicht. Allerdings dürfen an die Begründungspflicht keine zu hohen Anforderungen gestellt werden. Ausreichend ist, wenn die Begründung einem gesetzlichen Widerspruchsgrund zugeordnet werden kann und dessen Geltendmachung als möglich erscheint (BAG 26.1.88, DB 88, 1167; 20.11.90, DB 91, 1474). Stützt der BRat seine Zustimmungsverweigerung auf einen Verstoß gegen Rechtsvorschriften, muss er diese nicht ausdrücklich benennen; es genügt, wenn der Inhalt der in Bezug genommenen Vorschrift zumindest angedeutet wird (BAG 9.10.13 – 7 ABR 1/12, NZA 14, 156). Verweigert der BRat seine Zustimmung nicht unter „Angabe von Gründen", wird die Zustimmung nach § 99 Abs 3 Satz 2 BetrVG fingiert (BAG 13.5.14 – 1 ABR 9/12, NZA-RR 15, 23). Im Übrigen ist grds zu beachten, dass nur eine vollständige Information seitens des ArbGeb die Wochenfrist in Lauf setzt (BAG 29.6.11 – 7 ABR 24/10, NZA-RR 12, 18).

Die Wochenfrist stellt eine **Ausschlussfrist** dar, die mit dem auf die Unterrichtung des **11**
BRat folgenden Tag beginnt. Ausgelöst wird sie aber nur durch eine ordnungsgemäße Unterrichtung (BAG 5.5.10 – 7 ABR 70/08, BeckRS 2010, 72051). Die Wochenfrist kann bis zu ihrem Ablauf einvernehmlich von ArbGeb und BRat verlängert, aber nicht gänzlich aufgehoben werden (BAG 6.10.10 – 7 ABR 80/09, NZA 12, 50; 23.8.16 – 1 ABR 22/14, NZA 17, 194). Eine nachträgliche Verlängerung ist nicht möglich, da nach Eintritt der gesetzlichen Fiktionswirkung des § 99 Abs 3 BetrVG die Verfügungsbefugnis der Parteien endet (LAG Bln 22.9.86, DB 87, 234). Ausgeschlossen ist auch eine Vereinbarung der Betriebspartner dahingehend, dass das Zustimmungsverfahren nach § 99 BetrVG erst endet, wenn der BRat die Zustimmung zu der beabsichtigten personellen Maßnahme erteilt oder verweigert hat, da hiermit § 99 Abs 3 BetrVG vollständig abbedungen würde (LAG Sachs 8.8.95, NZA-RR 96, 331). Hat der BRat ordnungsgemäß die Zustimmung zu der beabsichtigten Maßnahme verweigert, bedarf es gem § 99 Abs 4 BetrVG der Durchführung des arbeitsgerichtlichen Zustimmungsersetzungsverfahrens. In diesem Verfahren ist der BRat auf die geltend gemachten Verweigerungsgründe beschränkt. Ein **Nachschieben weiterer Gründe** ist unzulässig (BAG 17.11.10 – 7 ABR 120/09, NZA-RR 11, 415; 18.8.09 – 1 ABR 49/08, NZA 10, 112). Zulässig bleibt lediglich eine konkretisierende Darlegung des bereits benannten Widerspruchsgrunds (BAG 15.9.87, BB 88, 348). Weist der BRat auf erkennbare Mängel im Zustimmungsverfahren nach § 99 BetrVG nicht hin (zB fehlende Ausschreibung), so kann er dies im späteren gerichtlichen Verfahren nicht mehr einwenden (LAG Köln 22.4.04 – 5 TaBV 11/04). Der betroffene ArbN kann vom ArbGeb nicht verlangen, ein Zustimmungsersetzungsverfahren durchzuführen, um ihm die Beschäftigung zu geänderten Arbeitsbedingungen zu ermöglichen. Der ArbGeb kann ohne weiteres von der beabsichtigten Ausübung des Direktionsrechts Abstand nehmen und die Versetzung unterlassen (BAG 21.2.17 – 1 AZR 367/15, NZA 17, 740; 16.3.10 – 3 AZR 31/09, NZA 10, 1028).

Bei besonderer Dringlichkeit der Maßnahme besteht gem § 100 BetrVG die Möglichkeit **12**
einer **vorläufigen Durchführung** (*Gillen/Vahle* BB 10, 761). Dies setzt voraus, dass der ArbGeb den BRat unverzüglich von der vorläufigen personellen Maßnahme unterrichtet und bei Widerspruch des BRat binnen drei Tagen beim ArbG die Ersetzung der Zustimmung des BRat und die Feststellung beantragt, dass die Maßnahme aus sachlichen Gründen dringend erforderlich war (§ 100 Abs 2 BetrVG). Diese Unterrichtungspflicht umfasst nicht nur die Information über die Einleitung, sondern auch über das Ende der vorläufigen Maßnahme, das allerdings seinerseits nicht der Zustimmung des BRat unterliegt (BAG 15.4.14 – 1 ABR 101/12, NZA 14, 920). Führt der ArbGeb entgegen § 99 BetrVG eine personelle Maßnahme ohne Zustimmung des BRat durch oder hält er eine vorläufige personelle Maßnahme iSd § 100 Abs 2 BetrVG aufrecht, ohne das erforderliche arbeitsgerichtliche Verfahren durchzuführen, unterfällt er der **Sanktionierung** gem § 101 BetrVG. Der BRat kann nach dieser Vorschrift beim ArbG die Aufhebung der personellen Maßnahme unter Zwangsgeldandrohung beantragen. Eine darauf gerichtete einstweilige Verfügung ist wegen der besonderen gesetzlichen Regelung in § 101 BetrVG unzulässig (LAG Hamm 17.2.98 – 13 TaBv 14/98, NZA-RR 98, 421; *Kempter/Steinat* NZA-RR 17, 630; aA LAG Köln 13.8.02 – 12 Ta 244/02, NZA-RR 03, 249). Ein Antrag des BRat nach § 101 BetrVG wird wegen seines Zukunftsbezugs unbegründet, wenn die personelle Maßnahme – etwa durch Zeitablauf – zwischenzeitlich geendet hat (BAG 25.4.18 – 7 ABR 30/16, NZA 18, 1094). Daneben besteht ggf die Möglichkeit, einen Unterlassungsanspruch nach § 23 Abs 3 BetrVG geltend zu machen (BAG 6.12.94 – 1 ABR 30/94, NZA 95, 488). Schweigt der BRat auf eine Unterrichtung durch den ArbGeb nach § 100 Abs 2 BetrVG

bzw widerspricht er nicht unverzüglich, ist der ArbGeb nicht verpflichtet, innerhalb der Drei-Tage-Frist einen Zustimmungsersetzungsantrag zu stellen (*Kania* NZA 16, 614).

13 **b) Kündigung.** Bei Kündigungen besteht kein erzwingbares Mitbestimmungsrecht des BRat. Dieser kann den Ausspruch einer Kündigung durch den ArbGeb nicht verhindern. Allerdings normiert § 102 BetrVG ein zwingendes Anhörungsverfahren (iE *Bader* NZA-RR 15, 505). Hört der ArbGeb den BRat vor Ausspruch einer Kündigung nicht an oder ist die Anhörung unvollständig oder anderweitig fehlerhaft, hat dies gem § 102 Abs 1 Satz 3 BetrVG die Unwirksamkeit der Kündigung zur Folge (BAG 5.4.01 – 2 AZR 580/99, NZA 01, 893; 27.9.01 – 2 AZR 236/00, NZA 02, 750). Gleiches gilt, wenn der ArbGeb den falschen BRat angehört hat. Dies kann zB bei Gemeinschaftsbetrieben problematisch sein (BAG 19.11.03 – 7 AZR 11/03, NZA 04, 435; → *Betrieb (Begriff)* Rn 14). Die ordnungsgemäße Durchführung der BRatAnhörung muss der ArbGeb im Kündigungsschutzprozess in vollem Umfang darlegen und nachweisen. Vom ArbG geprüft wird sie allerdings nur auf entsprechende Rüge des ArbN (BAG 18.11.99 – 2 AZR 852/98, NZA 2000, 381), der nach entsprechendem Sachvortrag des ArbGeb dann ein substantiiertes Bestreiten des ArbN folgen muss (BAG 16.3.2000 – 2 AZR 75/99, NZA 2000, 1332; 23.6.05 – 2 AZR 193/04, NZA 05, 1233). Eine Vereinbarung zwischen ArbGeb und BRat, wonach das Verfahren iSd § 102 BetrVG entfallen soll, ist unwirksam. § 102 BetrVG steht nicht zur Disposition der Parteien (LAG Hamm 9.9.74, DB 74, 2063). Allerdings können die Betriebspartner gem § 102 Abs 6 BetrVG durch Betriebsvereinbarung ein über das gesetzliche Anhörungsverfahren hinausgehendes Zustimmungserfordernis vereinbaren, das dann an die Stelle des Anhörungsverfahrens nach § 102 Abs 1, 2 BetrVG tritt (BAG 7.12.2000 – 2 AZR 391/99, NZA 01, 495). Einzelvertraglich ist eine solche Erweiterung des Mitbestimmungsrechts nicht möglich (BAG 23.4.09 – 6 AZR 263/08, NZA 09, 915). Eine § 102 Abs 1 Satz 3 BetrVG entsprechende Sanktion muss dabei deutlich geregelt werden (BAG 6.2.97, DB 97, 2081).

14 **aa) Anwendungsbereich des § 102 BetrVG.** Eine Anhörung des BRat ist gem § 102 Abs 1 BetrVG für **jede Kündigung** durchzuführen. Dies gilt unabhängig davon, ob der ArbGeb eine ordentliche oder außerordentliche Kündigung beabsichtigt, ob es um Probe-, Aushilfsarbeitsverhältnisse oder Teilzeitbeschäftigte geht, oder ob eine Kündigung vor Arbeitsantritt ausgesprochen werden soll. Gleiches gilt für Kündigungen in den ersten sechs Beschäftigungsmonaten (BAG 1.7.99 – 2 AZR 926/98, NZA 2000, 437; 12.9.13 – 6 AZR 121/12, BeckRS 2013, 73530) für Massenkündigungen (BAG 5.12.02 – 2 AZR 697/01, NZA 03, 849), Kündigungen durch den Konkursverwalter oder Kündigungen in Tendenzunternehmen sowie für Kündigungen, die in Vollzug einer mündlichen Aufhebungsvereinbarung mit Abwicklungsvertrag erfolgen (BAG 28.6.05 – 1 ABR 25/04, NZA 06, 48: Kündigung ist kein Scheingeschäft). Auch die Kündigung eines Heimarbeiters unterliegt der Anhörungspflicht des § 102 BetrVG. In örtlicher Hinsicht kommt es auf die Zugehörigkeit des ArbN zum jeweiligen Betrieb an, wobei die tatsächliche Eingliederung entscheidend ist (LAG Köln 4.11.03 – 13 Sa 596/03, NZA-RR 04, 586: Trainee). Trifft der ArbGeb hier eine an sozialen Kriterien orientierte Auswahlentscheidung, so muss er diese Kriterien dem BRat mitteilen (BAG 7.11.95 – 9 AZR 268/94, NZA 96, 380).

15 Ist eine Kündigung eines schwerbehinderten ArbN mangels vorheriger Zustimmung des Integrationsamtes unwirksam, so bedarf es für die nach Zustimmung erfolgende **Wiederholungskündigung** einer erneuten Anhörung des BRat (BAG 16.9.93 – 2 AZR 267/93, NZA 94, 311). Das Gleiche gilt für die vorsorgliche Wiederholung einer zunächst durch einen Bevollmächtigten ausgesprochenen Kündigung durch den ArbGeb selbst (BAG 31.1.96 – 2 AZR 273/95, NZA 96, 649), die Wiederholung einer nach § 174 BGB zurückgewiesenen Kündigung unter nunmehriger Beifügung der Vollmacht (LAG Köln 27.1.05 – 5 (11) Sa 798/04) sowie im Fall der Wiederholung einer vor Ablauf der einwöchigen Anhörungsfrist ohne Vorliegen einer BRatStellungnahme erklärten ordentlichen Kündigung. Im letztgenannten Fall ist das ursprüngliche Anhörungsverfahren mit Ausspruch der ersten Kündigung beendet, so dass die Folgekündigung einer erneuten Anhörung bedarf (LAG Köln 25.8.95 – 13 Sa 367/95, NZA-RR 96, 373). Das Erfordernis zur erneuten Anhörung des BRat besteht auch unabhängig davon, dass die Folgekündigung auf denselben Sachverhalt gestützt wird (BAG 10.11.05 – 2 AZR 623/04, NZA 06, 491; 3.4.08 – 2 AZR 965/06, NZA 08, 807). Demgegenüber ist bei einem lediglich **fehl-**

**geschlagenen Zustellungsversuch** eine nochmalige BRatAnhörung vor einer erneuten Zustellung entbehrlich (BAG 6.2.97 – 2 AZR 192/96, BeckRS 1997, 30766940; 7.5.98 – 2 AZR 285/97, BeckRS 1998, 30370058).

Die **Namensliste nach § 1 Absatz 5 KSchG** in der bis zum 31.12.98 geltenden Fassung 16
ersetzte die BRatAnhörung iSv § 102 BetrVG nicht. Das ergab sich im Gegenschluss aus der ausdrücklichen gesetzlichen Regelung in § 1 Abs 5 Satz 4 KSchG aF bezüglich der BRatStellungnahme nach § 17 KSchG. Eine Schwächung der Mitbestimmungsrechte entsprach auch nicht der gesetzgeberischen Intention, wie die gegenläufige Tendenz zur Kollektivierung des Kündigungsschutzes verdeutlichte (wie hier *Fitting* § 102 Rz 35b; *Preis* DB 98, 1614; wohl aA *Schiefer* DB 98, 925). Dies hat das BAG bestätigt (BAG 20.5.99 – 2 AZR 148/99, NZA 99, 1038 und 2 AZR 532/98, NZA 99, 1101; 21.2.02 – 2 AZR 581/00, BeckRS 2002, 41380). Möglich blieb allerdings eine Verbindung von Interessenausgleichsverfahren (Vereinbarung der Namensliste) und Anhörung nach § 102 BetrVG (LAG Düsseldorf 9.10.97 – 13 Sa 996/97, BeckRS 1997, 30457347). Auf diese Rspr ist nach der Wiedereinführung des § 1 Abs 5 KSchG zum 1.1.2004 uneingeschränkt zurückzugreifen (LAG RhPf 18.10.07 – 2 Sa 458/07, NZA-RR 08, 356). Sie gilt auch für den Interessenausgleich mit Namensliste iSv § 125 Abs 1 InsO (BAG 28.8.03 – 2 AZR 377/02, AP Nr 134 zu § 102 BetrVG 1972).

Bei **Änderungskündigungen** muss der BRat ebenfalls beteiligt werden und dabei auch 17
über das Änderungsangebot umfassend informiert werden (BAG 12.8.10 – 2 AZR 945/09, NZA 11, 460; 27.9.01 – 2 AZR 236/00, NZA 02, 750). Da die Änderungskündigung als Beendigungskündigung wirken kann, empfiehlt es sich, den BRat gleichzeitig auch zu der möglichen Beendigungskündigung anzuhören (BAG 30.11.89, DB 90, 993). Da die Wahrnehmung des geänderten Vertragsangebots regelmäßig mit einer Umgruppierung oder Versetzung verbunden sein wird, sind zusätzlich zu § 102 BetrVG die Mitbestimmungsrechte des BRat gem § 99 BetrVG zu beachten. Es handelt sich insoweit um zwei verschiedene Anhörungsverfahren, die gleichzeitig durchgeführt und miteinander verbunden werden können (*Fitting* § 102 Rz 9). Für den BRat muss jedoch klar erkennbar sein, zu welchen Maßnahmen er angehört wird. Eine BRatAnhörung nach § 102 BetrVG gilt daher nicht automatisch auch als solche iSd § 99 BetrVG. Da nach der Rspr des BAG die ordnungsgemäße Beteiligung des BRat nach § 99 BetrVG Voraussetzung für eine wirksame tatsächliche Tätigkeitszuweisung ist, hemmt ein insoweit fehlerhaftes Anhörungsverfahren auch die Durchsetzbarkeit einer ansonsten wirksamen Änderungskündigung (→ *Versetzung* Rn 29).

**Keiner Anhörung** des BRat nach § 102 BetrVG bedürfen diejenigen Beendigungstat- 18
bestände, die keine Kündigung darstellen, wie zB Aufhebungsvereinbarung, Beendigung durch Fristablauf, Anfechtung gem §§ 119, 123 BGB. Besonderheiten gelten bezüglich arbeitskampfbedingter Kündigungen (zB wegen wildem Streik der ArbN), da der BRat nicht in die Kampfparität eingreifen darf (BAG 14.2.78, DB 78, 1231; *Bayer* DB 92, 782).

Bei **leitenden Angestellten** sieht das Gesetz in § 105 BetrVG lediglich eine Mitteilung 19
an den BRat vor. Eine Anhörungspflicht nach § 102 BetrVG besteht nicht. Gleichwohl empfiehlt es sich, den BRat vorsorglich nach § 102 BetrVG zu beteiligen, da die rechtliche Einordnung eines ArbN als leitender Angestellter regelmäßig problematisch ist.

**bb) Anhörungsverfahren.** Die Anhörung durch den ArbGeb unterliegt keinem For- 20
merfordernis (BAG 6.2.97 – 2 AZR 168/96, NZA 97, 877), aus Beweisgründen empfiehlt sich jedoch eine schriftliche Anhörung. Erfolgt die Anhörung durch einen Boten oder Vertreter des ArbGeb, kann der BRat diese nicht entsprechend § 174 Satz 1 BGB zurückweisen, wenn der Anhörung keine Vollmachtsurkunde beigefügt ist (BAG 13.12.12 – 6 AZR 348/11, NZA 13, 669). Die Zustimmung des BRat ist formlos möglich, der BRat-Widerspruch muss gem § 102 Abs 2 BetrVG schriftlich erfolgen. Anzuhören ist „der BRat". Dies geschieht durch Information des BRatVorsitzenden oder im Verhinderungsfall des Stellvertreters (§ 26 Abs 3 BetrVG), wobei die Anhörung im Betrieb während der Arbeits- bzw Dienstzeit des entsprechenden BRatMitglieds vorzunehmen ist (BAG 27.8.82, DB 83, 181). Der ArbGeb kann auch ein anderes BRatMitglied informieren. Dann wird dieses jedoch lediglich als Erklärungsbote für den ArbGeb tätig mit der Folge, dass der ArbGeb das Risiko der ordnungsgemäßen und zeitgerechten Übermittlung trägt. Insgesamt ist auf die Anhörung des **zuständigen** BRat zu achten (BAG 12.5.05 – 2 AZR 149/04, NZA 05, 1358: Kündigung eines Trainees). In größeren Betrieben kann ein Ausschuss gem

§ 28 BetrVG zuständig sein. Bei der Kündigung von ArbN, die einem Betriebsübergang gem § 613a BGB widersprochen haben, kann die Beteiligung des „richtigen" BRat problematisch sein (BAG 21.3.96 – 2 AZR 559/95, NZA 96, 974; → *Betriebsübergang* Rn 51). Auch bei einer angefochtenen und nach Zugang der Kündigung rechtskräftig für unwirksam erklärten BRatWahl bleibt es bei dem Anhörungserfordernis nach § 102 Abs 1 BetrVG, etwas anderes gilt nur im Fall der Nichtigkeit der BRatWahl (BAG 9.6.11 – 6 AZR 132/10, BeckRS 2011, 74719).

**21** Nach Eingang der Anhörung hat der BRat bei der ordentlichen Kündigung eine Woche und bei der außerordentlichen Kündigung drei Tage Zeit zur Abgabe einer Stellungnahme. Der BRat muss diese **Frist** nicht ausschöpfen. Vor Ablauf der Fristen kann jedoch nur dann eine Kündigung ausgesprochen werden, wenn eine abschließende Stellungnahme des BRat vorliegt. Bloße Empfangsbestätigung oder kommentarloses Zurücksenden des Anhörungsschreibens stellen keine abschließende Stellungnahme des BRat dar. Der abschließende Charakter muss sich eindeutig aus der Stellungnahme ergeben (BAG 25.5.16 – 2 AZR 345/15, NZA 16, 1140). Empfehlenswert ist daher die Verwendung von entsprechenden Formularen, bzw, wenn möglich, das Abwarten des Fristablaufs.

**22** Die **Fristberechnung** erfolgt nach den allgemeinen Vorschriften der §§ 187 ff BGB. Dabei zählen Kalendertage, nicht Werktage. Der Fristablauf beginnt jeweils mit dem ersten Tag nach Eingang der Anhörung beim BRat, dh der Tag der Unterrichtung durch den ArbGeb wird nicht mitgerechnet. Die Wochenfrist endet mit dem Ablauf desjenigen Tages der nächsten Woche, welcher durch seine Benennung dem Tag entspricht, in den das Ereignis fällt (Beispiel: Unterrichtung des BRat an einem Donnerstag; letzter Tag der Wochenfrist ist der Donnerstag der darauf folgenden Woche). Fällt der letzte Tag der Wochenfrist auf einen Samstag, Sonntag oder einen gesetzlichen Feiertag, so ist gem § 193 BGB der Ablauf des nächsten Werktags maßgeblich. Die Wartefrist endet dabei regelmäßig am letzten Tag der Frist mit Dienstschluss der Personalverwaltung. Die Einrichtung eines Nachtbriefkastens durch den ArbGeb ist nicht erforderlich (LAG Hamm 11.2.92, DB 92, 2640). Maßgeblich ist dabei grds nicht das Datum des Kündigungszugangs, sondern die Abgabe der Kündigungserklärung. Etwas anderes gilt nach Sinn und Zweck der BRatMitbestimmung nur dann, wenn der ArbGeb bei Absendung der Kündigungserklärung vor Fristablauf sicherstellt, dass er die Übergabe an den ArbN noch verhindern kann (BAG 8.4.03 – 2 AZR 515/02, NZA 03, 961; aA *Reiter* NZA 03, 954). Die Fristen stehen zur Disposition der Betriebspartner, beide können sich auf längere oder kürzere Fristen einigen. Insoweit ist jedoch immer eine Vereinbarung zwischen ArbGeb und BRat erforderlich. Auch bei Massenentlassungen bleibt es grds bei der Wochenfrist, jedoch kann uU eine Verlängerungsverweigerung des ArbGeb rechtsmissbräuchlich sein (BAG 14.8.86, DB 87, 1050). Die Fristen stellen Ausschlussfristen dar, dh eine Wiedereinsetzung ist auch bei unverschuldeter Fristversäumnis nicht möglich.

**23** Die **ordnungsgemäße Beschlussfassung** durch den BRat fällt nicht in den Verantwortungsbereich des ArbGeb. Dieser ist nur für die korrekte Einleitung des Anhörungsverfahrens verantwortlich. Von daher hindert ein unwirksamer BRatBeschluss die Wirksamkeit der Anhörung nicht (BAG 24.6.04 – 2 AZR 461/03, NZA 04, 1330; 6.10.05 – 2 AZR 316/04, NZA 06, 990). Auch sonstige Verfahrensfehler des BRatVorsitzenden sind dem ArbGeb nicht zuzurechnen (LAG Köln 9.12.04 – 5 (7) Sa 925/04, BeckRS 2005, 40548). Etwas anderes kann nach der Rspr des BAG allenfalls gelten, wenn der ArbGeb die fehlerhafte Behandlung durch den BRat selbst veranlasst hat oder erkennbar eine offensichtlich unzureichende Beschlussfassung (zB ad hoc-Zustimmung des BRatVorsitzenden ohne Einberufung einer BRatSitzung) vorliegt (BAG 15.11.95 – 2 AZR 974/94, NZA 96, 419; 16.1.03 – 2 AZR 707/01, NZA 03, 927; LAG Saarland 30.11.16 – 2 Sa 4/16, NZA-RR 17, 247). Bei fehlender Veranlassung ist daher jedenfalls dann von einer ordnungsgemäßen BRatAnhörung auszugehen, wenn der ArbGeb vor Ausspruch der Kündigung die einwöchige bzw dreitägige Anhörungsfrist abgewartet hat (LAG Köln 14.12.95, NZA-RR 96, 376). Nach einer im Schrifttum vertretenen Ansicht soll demgegenüber eine fehlerhafte Beschlussfassung bereits dann zur Unwirksamkeit der genannten BRatAnhörung führen, wenn der ArbGeb den Mangel kannte bzw kennen musste (*DKK/Kittner* § 102 Rz 229).

**24** **cc) Inhalt und Umfang der Anhörung.** Der ArbGeb muss die Person des zu kündigenden ArbN namentlich bezeichnen („alle ArbN der Abteilung XY" genügt nicht). Dabei sind folgende **Mindestangaben zur Person** erforderlich: Alter, Betriebszugehörigkeit, Privatanschrift, Familienstand, Kinderzahl, besondere soziale Umstände wie zB Schwerbehinderung oder Schwangerschaft (BAG 15.12.94 – 2 AZR 327/94, NZA 95, 521: Alter, Betriebszugehörigkeit, evtl Sonderkündigungsschutz sind unverzichtbare Daten; BAG 15.11.95 – 2 AZR 974/94, NZA 96, 419: ungefähres Alter, langjährige Betriebszugehörigkeit kann im Einzelfall genügen; LAG Köln 28.11.14 – 10 Sa 490/14, NZA-RR 15, 423: tariflicher Sonderkündigungsschutz), es sei denn, diese sind dem BRat bekannt (BAG 21.9.2000 – 2 AZR 385/99, NZA 01, 535). Dabei kann der ArbGeb mangels anderweitiger Kenntnisse von den Eintragungen in der LStBescheinigung ausgehen, muss dies aber gegenüber dem BRat kenntlich machen (BAG 24.11.05 – 2 AZR 514/04, NZA 06, 665; 6.7.06 – 2 AZR 520/05, NZA 07, 266; 17.1.08 – 2 AZR 405/06, NZA-RR 08, 571). Bei einer Probezeitkündigung hat das BAG allerdings zuletzt die unterbliebene Mitteilung des Lebensalters und der Unterhaltspflichten als unschädlich angesehen (BAG 23.4.06 – 6 AZR 516/08, NZA 09, 959).

Der BRat muss der Anhörung ferner die **Kündigungsart** entnehmen können, ob 25
nämlich eine ordentliche oder eine außerordentliche Kündigung erfolgen soll. Eine Anhörung zur außerordentlichen Kündigung beinhaltet nicht gleichzeitig die Anhörung zu einer ordentlichen Kündigung (BAG 12.8.76, DB 76, 2163). Deshalb sollte der BRat bei einer beabsichtigten außerordentlichen Kündigung regelmäßig auch zu einer hilfsweisen ordentlichen Kündigung angehört werden. Anderenfalls muss der BRat bei Scheitern der außerordentlichen Kündigung erneut wegen der ordentlichen Kündigung beteiligt werden. Die möglicherweise vorzunehmende Umdeutung der außerordentlichen Kündigung in eine hilfsweise ordentliche Kündigung geht dann wegen der fehlenden Anhörung des BRat ins Leere (einzige Ausnahme nach BAG 16.3.78, DB 78, 1454: ausdrückliche vorbehaltlose Zustimmung des BRat zu der außerordentlichen Kündigung bei identischem Kündigungssachverhalt). Bei der Verbindung von außerordentlicher und ordentlicher Kündigung sind die unterschiedlichen Stellungnahmefristen des BRat nach § 102 Abs 2 BetrVG zu beachten. Spricht der ArbGeb eine außerordentliche Kündigung mit sozialer Auslauffrist aus (bei ordentlich unkündbaren ArbN), muss diese Kündigung als solche ausdrücklich bezeichnet werden (BAG 29.8.91, NZA 92, 416). Um Wertungswidersprüche zu vermeiden, gelten bei einer solchen Kündigung die Verfahrensregelungen wie bei einer ordentlichen Kündigung (BAG 5.2.98 – 2 AZR 227/97, NZA 98, 771; 18.10.2000 – 2 AZR 627/99, NZA 01, 219).

Umstritten ist, ob der ArbGeb den **Endtermin** mitteilen oder die Kündigungsfrist 26
beziffern muss. Nach einer Entscheidung des 7. Senats des BAG (29.1.86, DB 86, 2549) ist dies nicht erforderlich. Der 2. Senat des BAG hat in einer späteren Entscheidung demgegenüber eine Anhörung dann als unwirksam angesehen, wenn die Fristangabe für den Kündigungsgrund relevant ist (BAG 29.3.90, DB 90, 2124: betriebsbedingte Änderungskündigung mit Reduzierung des Weihnachtsgeldes). Andererseits reicht es jedenfalls aus, wenn der BRat über die für die Berechnung der Kündigungsfrist und des Kündigungstermins erforderliche Kenntnis verfügt. Unter diesen Voraussetzungen führt die fehlerhafte Angabe des Kündigungstermins nicht zur Unwirksamkeit der Unterrichtung (BAG 25.4.13 – 6 AZR 49/12, BeckRS 2013, 70060).

**dd) Mitteilung des Kündigungsgrundes.** Nach der ständigen Rspr des BAG muss der 27
ArbGeb den Kündigungssachverhalt so genau umschreiben, dass der BRat ohne eigene Nachforschungen in die Lage versetzt wird, die Stichhaltigkeit der Kündigungsgründe zu überprüfen (BAG 17.2.2000 – 2 AZR 913/98, NZA 2000, 761; 5.12.02 – 2 AZR 697/01, NZA 03, 849). Anderenfalls ist die Kündigung unwirksam. Dementsprechend reicht bei einer Kündigung wegen Beleidigung eines Vorgesetzten die Mitteilung der Beleidigung als solche nicht aus, sondern dem BRat müssen die näheren Sachumstände mitgeteilt werden (LAG Köln, 20.12.93, NZA 95, 128: Vorlage des Schreibens, das die Beleidigung enthielt). Erfolgt die vollständige Information erst auf Nachfrage des BRat, so ist dies unschädlich (BAG 6.2.97 – 2 AZR 168/96, NZA 97, 877), hat allerdings eine Verlängerung der Äußerungsfrist für den BRat zur Folge (LAG SchlHol 15.4.97, NZA-RR 97, 483). Umstände, die der BRat von vornherein kennt, müssen nicht nochmals ausdrücklich aufgeführt werden. Vorsorglich sollte jedoch auch insoweit das Anhörungsverfahren immer umfassend durchgeführt werden, da der ArbGeb in einem späteren Kündigungsrechtsstreit die vor-

handene Kenntnis des BRat nachweisen muss. Stichwortartige Umschreibungen der Kündigungsgründe wie zB „Auftragsmangel", „erheblicher Umsatzrückgang", „Rationalisierungsmaßnahmen", „Wegfall des Arbeitsplatzes", „Schlechtleistung des ArbN", „ständiges Fehlen", „häufiges Zuspätkommen" etc genügen nicht. Zu den mitteilungspflichtigen Umständen gehören auch solche Gründe, die den BRat nach § 102 Abs 3 Nr 2–5 BetrVG zum Widerspruch berechtigen können (BAG 17.2.2000 – 2 AZR 913/98, NZA 2000, 761).

**28** Nach der Rspr des BAG und der hM im Schrifttum unterliegt die Anhörungspflicht einer sog **subjektiven Determinierung** (BAG 16.7.15 – 2 AZR 15/15, NZA 16, 99; 23.10.14 – 2 AZR 736/13, NZA 15, 476; 6.7.06 – 2 AZR 520/05, NZA 07, 266). Der ArbGeb muss dem BRat die Gründe mitteilen, die ihn zum Ausspruch der Kündigung veranlassen und aus seiner subjektiven Sicht den Kündigungsentschluss tragen. Umstände, die der ArbGeb nicht für entlastend hält, braucht er dem BRat nicht mitzuteilen (BAG 27.2.97 – 2 AZR 37/96, BeckRS 1997, 30767459). Weitergehende Mitteilungspflichten bestehen jedoch dann, wenn der BRat bereits vor Einleitung des Anhörungsverfahrens Auskunft über die Weiterbeschäftigungsmöglichkeit des zu kündigenden ArbN auf einem konkreten, kürzlich frei gewordenen Arbeitsplatz verlangt hat (BAG 17.2.2000 – 2 AZR 913/98, NZA 2000, 761). Liegen darüber hinaus weitere Umstände vor, die zwar objektiv eine Kündigung rechtfertigen könnten, für den Kündigungsentschluss des ArbGeb jedoch nicht relevant waren, ändert dies an der Wirksamkeit der BRatAnhörung nichts. Allerdings ist der ArbGeb gehindert, diese weiteren Umstände später zur Begründung der Kündigung in einem evtl Rechtsstreit heranzuziehen.

Wegen dieses Grundsatzes der subjektiven Determinierung kommt es für die Wirksamkeit der Anhörung allein auf die Sicht des ArbGeb an. Teilt der ArbGeb dem BRat objektiv kündigungsrechtlich erhebliche Tatsachen nicht mit, weil er diese für unerheblich oder entbehrlich hält, ändert das an der Wirksamkeit der BRatAnhörung nichts. Dennoch führt dies mittelbar zur Unwirksamkeit der Kündigung, da es dem ArbGeb im Prozess verwehrt ist, solche Umstände zur Begründung der Kündigung heranzuziehen, die nicht Gegenstand der BRatAnhörung waren (BAG 22.9.94 – 2 AZR 31/94, NZA 95, 363; 27.9.01 – 2 AZR 236/00, NZA 02, 750; LAG SchlHol 1.9.04 – 3 Sa 210/04, NZA-RR 04, 635). Von daher ist die subjektive Determinierung für diejenigen Arbeitsverhältnisse von besonderer Bedeutung, die nicht dem KSchG unterfallen (LAG SchlHol 30.10.02 – 5 Sa 345/02, NZA-RR 03, 310).

**29** Eine **bewusst irreführende** Sachverhaltsschilderung zB durch Verschweigen wesentlicher Umstände führt demgegenüber zur Unwirksamkeit der BRatAnhörung und hat daher die Unwirksamkeit der Kündigung zur Folge (BAG 9.3.95 – 2 AZR 461/94, NZA 95, 678; LAG Köln 12.11.14 – 11 Sa 493/14, NZA-RR 15, 294). Dies hat nichts mit dem Grundsatz der subjektiven Determinierung zu tun. Für die nicht bewusste Irreführung ist der ArbGeb darlegungs- und beweispflichtig (BAG 22.9.94 – 2 AZR 31/94, NZA 95, 363; LAG Thür 20.4.98 – 8 Sa 739/96, DB 98, 2474). Unzureichend ist bereits die Mitteilung eines aus Sicht des ArbGeb unrichtigen oder unvollständigen Sachverhalts. Andererseits darf der ArbGeb seinen Kenntnisstand gegenüber dem BRat auch nicht bewusst umfassender darstellen, als er in Wirklichkeit ist (BAG 16.7.15 – 2 AZR 15/15, NZA 16, 99).

**30** Ein solches **Nachschieben von Kündigungsgründen** im Prozess ist zwar individualrechtlich möglich (BAG 11.4.85, DB 86, 1726). Da eine Begründungspflicht bei Ausspruch der Kündigung nicht besteht, kann der ArbGeb die Kündigung im Prozess auf sämtliche Gründe stützen, die im Zeitpunkt der Kündigungserklärung vorlagen. In betriebsverfassungsrechtlicher Hinsicht gelten jedoch engere Grenzen. Tatsachen, die dem ArbGeb vor Ausspruch der Kündigung bereits bekannt waren, können nach der Rspr des BAG nicht mehr angeführt werden. Sie können lediglich zur Begründung eines späteren Auflösungsantrags des ArbGeb herangezogen werden (*Lunk* NZA 2000, 807; aA *Kittner/Däubler/Zwanziger* § 9 KSchG Rz 23). Umstände, die zwar vor Ausspruch der Kündigung entstanden sind, dem ArbGeb jedoch erst später bekannt wurden, können in den Rechtsstreit eingeführt werden, soweit der ArbGeb während des laufenden Rechtsstreits wegen dieser Umstände die BRatAnhörung nachholt (BAG 18.6.15 – 2 AZR 256/14, NZA 16, 287). Ein sachlicher oder zeitlicher Zusammenhang zwischen den Kündigungsgründen ist dabei nicht erforderlich. Bezüglich der **Sozialauswahl** muss der ArbGeb dem BRat unaufgefordert im Rahmen der Anhörung nach § 102 BetrVG die Gründe mitteilen, die ihn zur

Auswahl gerade dieses ArbN veranlasst haben (BAG 29.3.84 – 2 AZR 429/83, NZA 84, 169). Dies gilt auch für die Sozialdaten der vergleichbaren, nicht gekündigten ArbN (BAG 26.10.95 – 2 AZR 1026/94, NZA 96, 703) sowie für die nach § 1 Abs 3 Satz 2 KSchG ausnahmsweise nicht in die Sozialauswahl einbezogenen ArbN (BAG 9.7.03 – 5 AZR 305/02, NZA 03, 1191), da insoweit erst recht ein Informationsbedürfnis des BRat besteht. Der ArbGeb darf sich dabei grds auf die Daten in den LStBescheinigungen verlassen (→ Rn 24 sowie → *Kündigung, betriebsbedingte* Rn 36). Kommt es allerdings dem ArbGeb wegen der Schwere der Kündigungsvorwürfe ersichtlich nicht auf die genauen Sozialdaten an, genügt eine ungefähre Kenntnis der Daten auf Seiten des BRat (BAG 15.11.95 – 2 AZR 974/94, NZA 96, 419: Schmiergeldannahme in Millionenhöhe eines bekanntermaßen langjährig beschäftigten, ca 50 Jahre alten ArbN; BAG 29.1.97 – 2 AZR 292/96, NZA 97, 813). Hält der ArbGeb eine Sozialauswahl für überflüssig, beeinflusst dies die Wirksamkeit der BRatAnhörung selbst bei einer objektiv erforderlichen Sozialauswahl wegen des Grundsatzes der subjektiven Determinierung nicht (BAG 27.9.01 – 2 AZR 236/00, NZA 02, 750; LAG Hess 24.1.2000 – 6 Sa 943/99, NZA-RR 01, 34; LAG Hamm 14.6.05 – 19 Sa 287/05, NZA-RR 05, 640). Daher muss der ArbGeb den BRat bei einer Betriebsstilllegung nicht über Familienstand und Unterhaltspflichten der zu kündigenden ArbN unterrichten (BAG 13.5.04 – 2 AZR 329/03, NZA 04, 1037). Hat der ArbGeb (zufällig) den sozial am wenigsten schutzwürdigen ArbN gekündigt, bleibt die Kündigung wirksam (BAG 24.2.2000 – 8 AZR 167/99, NZA 2000, 764).

Bei **verhaltensbedingten Kündigungen** müssen vorherige Abmahnungen dem BRat mitgeteilt und in ihren Grundzügen erläutert werden. Dies gilt auch für evtl Gegendarstellungen des ArbN (BAG 31.8.89 – 2 AZR 453/88, AP Nr 1 zu § 77 LPVG SchlHol). Hier empfiehlt es sich, diese in Kopie dem Anhörungsschreiben beizufügen. Außerhalb der Mitwirkung bei Kündigungen nach § 102 BetrVG muss der BRat bei der Erteilung von Abmahnungen nicht beteiligt werden (BAG 17.9.13 – 1 ABR 26/12, NZA 14, 269). Demgegenüber ist der ArbGeb nicht verpflichtet, dem BRat sämtliches Beweismaterial (hier: Fotomappe und Videofilm) vorzulegen (BAG 26.1.95 – 2 AZR 386/94, NZA 95, 672). 31

Bei **Verdachtskündigungen** ist zu beachten, dass nach der Rspr deutlich zwischen Verdachtskündigungen und Kündigungen wegen erwiesener Straftat zu differenzieren ist. Der ArbGeb muss den BRat daher deutlich darüber in Kenntnis setzen, welche Art der Kündigung er beabsichtigt. Eine Anhörung wegen erwiesener Straftat ersetzt nicht die BRatAnhörung wegen einer Verdachtskündigung, wenn im späteren Rechtsstreit der Nachweis der Straftat nicht gelingt und der ArbGeb daher auf die Verdachtskündigung zurückgreift (BAG 3.4.86, DB 86, 2187). Es empfiehlt sich daher auch bei einer Kündigung wegen erwiesener Straftat, den BRat immer hilfsweise auch zu einer Verdachtskündigung anzuhören. Stützt der ArbGeb eine außerordentliche Tatkündigung allein auf die nicht rechtskräftige Verurteilung des ArbN im Strafverfahren ohne die schriftlichen Entscheidungsgründe zu kennen, genügt eine entsprechende Information gegenüber dem BRat den Anforderungen des § 102 BetrVG (BAG 18.11.99 – 2 AZR 852/98, NZA 2000, 381). Hat der ArbGeb den BRat lediglich zu einer beabsichtigten Verdachtskündigung angehört, schließt dies die Anerkennung einer nachgewiesenen Pflichtwidrigkeit als Kündigungsgrund dann nicht aus, wenn dem BRat alle Tatsachen mitgeteilt worden sind, die – ggf auch im Rahmen eines zulässigen Nachschiebens von Kündigungsgründen – nicht nur den Verdacht, sondern den Tatvorwurf selbst begründen (BAG 23.6.09 – 2 AZR 474/07, NZA 09, 1136). 32

Bei der **krankheitsbedingten Kündigung** muss der ArbGeb im Rahmen der BRatAnhörung die krankheitsbedingten Fehlzeiten des ArbN sowie die hierdurch entstandenen und künftig zu erwartenden betrieblichen Auswirkungen darlegen (dh Darstellung der Betriebsablaufstörungen im Einzelnen sowie der wirtschaftlichen Belastungen durch anderweitige Arbeitsvergabe oder Lohnfortzahlungskosten). Dabei müssen die Fehlzeiten im Einzelnen aufgeführt werden; eine Auflistung allein der Jahresfehlzeiten genügt nicht (*DKK/Kittner* § 102 Rz 86). Schließlich muss die voraussichtliche Krankheitsprognose nach dem derzeitigen Kenntnisstand des ArbGeb mitgeteilt werden. Nur eine derart vollständige BRatAnhörung ermöglicht die Verwertung aller kündigungsbegründenden Umstände im Prozess (LAG SchlHol 1.9.04 – 3 Sa 210/04, NZA-RR 04, 635). 33

**c) Kündigung von Betriebsratsmitgliedern.** Weiterreichend ist das Mitbestimmungsrecht des BRat bei Kündigungen von BRatMitgliedern gem § 103 BetrVG. Hier bedarf es 34 ähnlich wie bei personellen Einzelmaßnahmen iSd § 99 BetrVG zur Wirksamkeit der Kündigung der Zustimmung des BRat. Das betroffene BRatMitglied ist von der Beratung und der Beschlussfassung ausgeschlossen und nach § 25 BetrVG rückt ein Ersatzmitglied nach. Ein unter Missachtung dieser Regelung zustande gekommener Widerspruch des BRat ist unwirksam. Dies ist bei zustimmungsverweigernden Beschlüssen im Rahmen der Mitbestimmung nach § 103 BetrVG unproblematisch. Hier greift dann mangels wirksamer Zustimmung die **Verweigerungsfiktion** des § 102 Abs 2 Satz 3 BetrVG analog. Handelt es sich demgegenüber um eine personelle Maßnahme iSv § 99 BetrVG kommt die **Zustimmungsfiktion** des § 99 Abs 4 BetrVG zum Tragen (BAG 3.8.99 – 1 ABR 30/98, NZA 2000, 440), sofern nicht die Voraussetzungen des § 103 Abs 3 BetrVG vorliegen. Ggf ist vor Ausspruch der Kündigung ein arbeitsgerichtliches Zustimmungsersetzungsverfahren unter Beteiligung des betroffenen BRatMitglieds durchzuführen (→ *Kündigungsschutz* Rn 146). Zu beachten ist insoweit, dass ein vor erfolgter Zustimmungsverweigerung des BRat gestellter gerichtlicher Zustimmungsersetzungsantrag unzulässig ist und nur ein zulässiger Antrag iSv § 103 Abs 2 BetrVG die Ausschlussfrist des § 626 Abs 2 BGB wahrt (BAG 24.10.96, DB 97, 1285). Wird in einem Beschlussverfahren nach § 103 Abs 2 BetrVG rechtskräftig die Zustimmung des BRat ersetzt, kann sich der betroffene ArbN im anschließenden Kündigungsschutzprozess wegen der eingetretenen Bindungswirkung grds (auch) nicht mehr wirksam darauf berufen, die Frist des § 626 Abs 2 BGB sei nicht eingehalten worden. Möglich bleibt allein der Einwand, der ArbGeb habe die Kündigung anschließend nicht unverzüglich nach Eintritt der formellen Rechtskraft des gerichtlichen Zustimmungsersetzungsbeschlusses erklärt (BAG 25.4.18 – 2 AZR 401/17, NZA 18, 1087). Scheidet ein BRatMitglied während des Zustimmungsersetzungsverfahrens nach § 103 BetrVG aufgrund einer Neuwahl des BRat aus dem BRat aus, bedarf es für die außerordentliche Kündigung keiner erneuten Anhörung des BRat. Die Zustimmung des alten BRat gilt fort (BAG 8.6.2000 – 2 AZN 276/00, NZA 2000, 899).

35 **d) Entfernung betriebsstörender Arbeitnehmer.** Einen Sondertatbestand der Mitbestimmung in personellen Angelegenheiten regelt § 104 BetrVG. Nach dieser Vorschrift kann der BRat bei Vorliegen der gesetzlichen Voraussetzungen vom ArbGeb die Entfernung betriebsstörender ArbN verlangen. Diese Vorschrift normiert einen eigenen Anspruch des BRat auf Entlassung oder Versetzung eines ArbN (BAG 28.3.17 – 2 AZR 551/16, NZA 17, 985). Sie gilt nach hM für sämtliche ArbN iSd BetrVG und demnach insbes nicht für leitende Angestellte iSd § 5 Abs 3, 4 BetrVG (*Richardi/Thüsing* § 104 Rz 13; KR/*Etzel/Rinck* § 104 BetrVG Rz 5; LAG Nbg 22.1.02 – 6 TaBV 13/01, NZA-RR 02, 524: sogar bei erstmaliger Prokuraerteilung nach erstinstanzlicher Entscheidung).

36 Ein derartiges Entlassungs- bzw Versetzungsverlangen des BRat setzt voraus, dass der ArbN sich gesetzeswidrig verhalten oder wiederholt durch grobe Verletzung der in § 75 Abs 1 BetrVG enthaltenen Grundsätze den **Betriebsfrieden** derart ernstlich gestört hat, dass die Zusammenarbeit der Betriebspartner tatsächlich erschüttert und eine erhebliche Beunruhigung unter der Belegschaft entstanden ist (LAG Köln 15.10.93, NZA 94, 431). Dies entspricht inhaltlich dem Widerspruchsgrund des BRat iSd § 99 Abs 2 Nr 6 BetrVG. Im Einzelfall kann auch ein außerbetriebliches Verhalten (Unterschlagung, Diebstahl oÄ) ausreichen. Zu beachten ist, dass ein grober Verstoß gegen die Grundsätze des § 75 Abs 1 BetrVG erforderlich ist. Geringfügige Zuwiderhandlungen reichen nicht aus. Wegen des individuellen Sanktionscharakters der Vorschrift verlangt die hM zu Recht das Vorliegen eines schuldhaften Fehlverhaltens des ArbN (*Richardi/Thüsing* § 104 Rz 9).

37 Bei seinem Beschluss, vom ArbGeb die Versetzung oder Entlassung eines betriebsstörenden ArbN zu verlangen muss der BRat insbes den Grundsatz der Verhältnismäßigkeit beachten. Ein Entlassungsbegehren ist nur als letztes Mittel zulässig. Diese Rechtmäßigkeitsprüfung des Begehrens des BRat muss der ArbGeb eigenverantwortlich in jedem Einzelfall vornehmen. Kommt der ArbGeb sodann dem Entlassungsbegehren des BRat nach, bedarf es vor Ausspruch der Kündigung keiner weiteren BRatAnhörung iSd § 102 BetrVG mehr (BAG 28.3.17 – 2 AZR 551/16, NZA 17, 985). Das Gleiche gilt bei einem Kündigungsverlangen des BRat außerhalb des Anwendungsbereichs des § 104 BetrVG (BAG 15.5.97, DB 97, 2227). Eine BRatAnhörung zur Kündigung ist nur dann erforderlich, wenn der BRat lediglich die Versetzung des ArbN gefordert hatte. Wird einem Entlassungsverlangen des BRat im Verfahren nach § 104 Satz 2 BetrVG rechtskräftig stattgegeben, begründet dies

ein dringendes betriebliches Erfordernis iSd § 1 Abs 2 Satz 1 KSchG (BAG 28.3.17 – 2 AZR 551/16, NZA 17, 985). Für den betroffenen ArbN bleiben die allgemeinen individualrechtlichen Verteidigungsmittel der Kündigungsschutzklage bzw Änderungskündigungsschutzklage.

Kommt der ArbGeb dem Verlangen des BRat nicht nach, kann der BRat ein arbeitsgerichtliches Beschlussverfahren gegen den ArbGeb einleiten mit dem Ziel, dem ArbGeb die Entlassung oder Versetzung des ArbN gerichtlich aufgeben zu lassen. Der betroffene ArbN ist in diesem Beschlussverfahren zu beteiligen. Gibt das ArbG dem Verlangen des BRat statt, ist der ArbGeb verpflichtet, unter Einhaltung entsprechender Kündigungsfristen die begehrte Maßnahme durchzuführen. Er kann vom BRat hierzu durch Zwangsgeld bis zu 250 € für jeden Tag der Zuwiderhandlung gezwungen werden. 38

**e) Leitende Angestellte.** Bei Einstellungen oder personellen Veränderungen von leitenden Angestellten iSd § 5 Abs 3 BetrVG besteht gem § 105 BetrVG lediglich eine Informationspflicht gegenüber dem BRat. Ein Verstoß gegen § 105 BetrVG bleibt weitgehend sanktionslos. Insbesondere scheidet eine analoge Anwendung des § 101 BetrVG aus (LAG Düsseldorf/Köln 13.5.76, DB 76, 1383; KR/*Etzel/Rinck* § 105 BetrVG Rz 42). Bei nachhaltigen Verstößen kommt allenfalls eine Sanktionierung gem § 23 Abs 3 BetrVG in Betracht (HaKo-BetrVG/*Braasch* § 105 Rz 7). 39

Unabhängig von § 105 BetrVG sind gem § 31 SprAuG bei personellen Maßnahmen betr leitender Angestellter die Mitwirkungsrechte des **Sprecherausschusses** zu beachten.

**III. Muster.** S Online-Musterformulare *„M17 Betriebsratsanhörung"*. 40

## B. Lohnsteuerrecht *Seidel*

Für das LStRecht hat die Mitbestimmung in personellen Angelegenheiten keine Bedeutung. 41

## C. Sozialversicherungsrecht *Ruppelt*

Im Wege der Mitbestimmung in personellen Angelegenheiten kann in sozversrechtliche Tatbestände oder Regelungen nicht eingegriffen werden. 42

# Mitbestimmung, soziale Angelegenheiten

## A. Arbeitsrecht *Kreitner*

**I. Überblick.** Die Mitbestimmung des BRat in sozialen Angelegenheiten stellt den Kernbereich der betrieblichen Mitbestimmung dar. Sie ist geregelt in den §§ 87 ff BetrVG. Zu unterscheiden ist dabei zwischen der **erzwingbaren Mitbestimmung** (§ 87 BetrVG) und der **freiwilligen Mitbestimmung** (§ 88 BetrVG). Während im Bereich der erzwingbaren Mitbestimmung eine Regelung nur von ArbGeb und BRat gemeinsam getroffen werden kann und ggf gem §§ 87 Abs 2, 76 Abs 5 BetrVG die Einigungsstelle entscheidet, hindert im Regelungsbereich der freiwilligen Mitbestimmung eine fehlende Beteiligung des BRat den ArbGeb nicht an der Durchführung der Maßnahme. In § 89 BetrVG ist schließlich die Beteiligung des BRat im Bereich des Arbeits- und betrieblichen Umweltschutzes näher geregelt (→ *Arbeitssicherheit/Arbeitsschutz* Rn 22 ff). 1

Allgemeine Voraussetzung einer jeden Mitbestimmung des BRat in sozialen Angelegenheiten ist das Vorliegen eines **generellen Regelungsgegenstandes.** Dies ist immer dann der Fall, wenn es um Maßnahmen des ArbGeb geht, die sich entweder auf den ganzen Betrieb bzw jedenfalls eine Gruppe von ArbN oder unabhängig von der Person des ArbN auf einen bestimmten Arbeitsplatz beziehen. Dabei ist nicht allein die Zahl der betroffenen ArbN ausschlaggebend. Vielmehr kommt es für die Einordnung einer Maßnahme als generelle, kollektive Regelung ausschließlich auf ihren Regelungsgehalt an. Werden zB in einem konkreten Einzelfall allgemeine betriebliche Grundsätze angewendet, kann gleichwohl die betriebliche Mitbestimmung zum Tragen kommen, wenn eine in § 87 BetrVG geregelte Materie berührt ist. Die Zahl der betroffenen ArbN ist lediglich ein Indiz für das Vorliegen eines 2 kollektiven Tatbestandes (BAG 29.2.2000 – 1 ABR 4/99, NZA 2000, 1066). Ausnahmsweise kann allerdings in einzelnen Mitbestimmungstatbeständen die Regelung konkreter Arbeitsverhältnisse der Mitbestimmung ausdrücklich unterworfen sein (zB § 87 Abs 1 Nr 5 BetrVG).

3 Ohne Einfluss auf die Frage der Mitbestimmungspflicht ist ein mögliches Einverständnis des betroffenen ArbN (*Zachert* DB 90, 988 insbes zu Arbeitszeitregelungen).

4 **II. Erzwingbare Mitbestimmung. 1. Allgemeines.** Das Mitbestimmungsrecht nach § 87 BetrVG stellt kein bloßes Vetorecht des BRat dar (*Bieder* NZA-RR 17, 225). Schweigen des BRat gilt daher nicht als Zustimmung. Auch ist nicht ausreichend, wenn der BRat zu erkennen gibt, er sehe kein Mitbestimmungsrecht (BAG 29.1.08 – 3 AZR 42/06, NZA-RR 08, 469).

5 **a) Vorrang von Gesetz und Tarifvertrag.** Gem § 87 Abs 1 Einleitungssatz BetrVG kann eine Mitbestimmung des BRat nur insoweit erfolgen, als die ArbGebSeitige Maßnahme nicht bereits durch Gesetz oder Tarifvertrag geregelt ist.

6 Gemeint sind hiermit sämtliche **Gesetze** im materiellen Sinne, also insbes auch VO. Ebenfalls mitbestimmungssperrende Wirkung haben oftmals **behördliche Anordnungen** und Genehmigungen, die aufgrund gesetzlicher Vorschriften erlassen werden. Sie schränken in vielen Fällen den Regelungsspielraum des ArbGeb dergestalt ein, dass für eine Auswahl zwischen verschiedenen Regelungsmöglichkeiten und damit für eine sinnvolle Beteiligung des BRat kein Raum bleibt (BAG 11.12.12 – 1 ABR 78/11, NZA 13, 913: öffentliche Spielbank; BAG 22.7.14 – 1 ABR 96/12, NZA 14, 1151: § 3 Abs 1 Satz 1 PflegeArbbV in Pflegebetrieben). Betrifft die behördliche Anordnung jedoch lediglich das „Ob" der Maßnahme, so hat dies naturgemäß keinen Einfluss auf das Mitbestimmungsrecht des BRat hinsichtlich der konkreten Durchführung des Maßnahme im Betrieb (BAG 6.11.90, DB 91, 2141; 9.7.91, DB 92, 143).

Dies gilt jedoch nur für zwingende Rechtsvorschriften. Gesetze mit lediglich dispositivem Charakter, die also zB durch eine individualvertragliche Regelung abbedungen werden können, lassen aufgrund ihrer Rechtsnatur die Mitbestimmungsrechte des BRat unberührt (*Fitting* § 87 Rz 35). § 8 TzBfG begründet keinen Gesetzesvorbehalt iSd Eingangssatzes (BAG 16.3.04 – 9 AZR 323/03, NZA 04, 1048).

7 Ebenso wie Gesetze entwickeln auch einschlägige **Tarifverträge** Sperrfunktion für die betriebliche Mitbestimmung, wobei die Reichweite der Sperrwirkung in Rspr und Schrifttum seit langem umstritten ist (*Wank* RdA 91, 129). Der Meinungsstreit geht dahin, ob die gesetzliche Regelung des Tarifvorbehalts in § 77 Abs 3 BetrVG und des Tarifvorrangs in § 87 Abs 1 Einleitungssatz BetrVG nebeneinander Anwendung finden (sog Zwei-Schranken-Theorie) oder im Anwendungsbereich des § 87 BetrVG dieser als spezielle Regelung vorgeht (sog Vorrangtheorie). Die letztere Ansicht hat das BAG in mehreren neueren Entscheidungen befürwortet (→ *Betriebsvereinbarung* Rn 9).

8 **Keine Sperrwirkung** entfalten Tarifverträge, die bestimmte Materien nicht selbst regeln, sondern durch **Öffnungsklauseln** die Regelungsbefugnis auf die betriebliche Ebene verlagern (BAG 17.11.98 – 1 ABR 12/98, NZA 99, 662; LAG RhPf 24.10.2000 – 2 TaBV 693/00, NZA-RR 01, 369). Das Gleiche gilt für nachwirkende Tarifverträge (§ 4 Abs 5 TVG). Ebenso wie dispositive gesetzliche Vorschriften stehen auch sie einer Mitbestimmung des BRat nicht entgegen (BAG 24.2.87, DB 87, 1435).

9 Für **AT-Angestellte** gilt ein uneingeschränktes Mitbestimmungsrecht, da die Nichtregelung der Arbeitsbedingungen dieses Personenkreises in Tarifverträgen keine Negativregelung darstellt, der Sperrwirkung hinsichtlich der BRatMitbestimmung zukäme (BAG 22.1.80, DB 80, 1895).

10 **b) Eilfälle.** Das Mitbestimmungsrecht des BRat in sozialen Angelegenheiten erfährt auch in sog Eilfällen grds keine Einschränkungen. Anders als zB im Bereich der personellen Angelegenheiten (§ 100 BetrVG) kennt das BetrVG in sozialen Angelegenheiten keine Sonderregelung. Dementsprechend muss auch in eiligen Fällen der ArbGeb das ordnungsgemäße Mitbestimmungsverfahren der betrieblichen Mitbestimmung einhalten (BAG 19.2.91, DB 91, 2043; 17.11.98 – 1 ABR 12/98, NZA 99, 662). Eilfälle werden grds als Ergebnis einer unzureichenden Organisation des ArbGeb angesehen.

11 Lediglich in unvorhersehbaren Situationen (zB Naturkatastrophe, Brand oÄ) kann eine vorübergehende einseitige Anordnungsbefugnis des ArbGeb unter Suspendierung der Mit-

bestimmungsrechte des BRat auf der Grundlage der vertrauensvollen Zusammenarbeit iSd § 2 Abs 1 BetrVG bestehen (BAG 17.11.98 – 1 ABR 12/98, NZA 99, 662; *Worzalla* Mitbestimmung des BRat in Eil- und Notfällen, 1992, S 46 ff, 114 ff: Rechtsmissbrauch und Unzumutbarkeit; zu weit dagegen LAG SchlHol 5.12.86, DB 87, 1442: auch für „rechtlichen Notfall").

12 In allen anderen Fällen muss jedenfalls eine einstweilige Regelung mit dem BRat getroffen werden. Kommt es dabei zu keiner Einigung, muss die **Einigungsstelle** angerufen werden. Eine arbeitsgerichtliche **einstweilige Verfügung** des ArbGeb ist entgegen einer teilweise im Schrifttum vertretenen Ansicht (*Richardi* § 87 Rz 61; *Worzalla* BB 05, 1737) nicht zulässig, da die Gerichte sonst ohne rechtliche Grundlage in die Regelungskompetenz der betrieblichen Einigungsstelle eingreifen würden. Nach dem Gesetz steht den Gerichten nur eine Rechts- und Ermessenskontrolle von Einigungsstellensprüchen, jedoch keine eigene Regelungskompetenz zu (ArbG Hbg 9.4.85, NZA 85, 404; *Schaub/Koch* § 235 Rz 13).

13 **2. Regelungsgegenstand. a) Abschließende Regelung.** Der Bereich der erzwingbaren Mitbestimmung des BRat wird durch den Katalog des § 87 Abs 1 BetrVG umfassend und abschließend beschrieben (allgemeine Ansicht *Fitting* § 87 Rz 61). Er kann auch durch eine Einigungsstelle gegen den Willen des BRat nicht erweitert werden (BAG 15.5.01 – 1 ABR 39/00, NZA 01, 1154).

14 **b) Erweiterung durch Tarifvertrag.** Die Beteiligungsrechte des BRat in sozialen Angelegenheiten können nach der Rspr des BAG mit Hilfe einer tariflichen Regelung erweitert werden (BAG 18.8.87 – 1 ABR 30/86, NZA 87, 779; 10.2.88 – 1 ABR 70/86, NZA 88, 699; offen gelassen von BAG 29.9.04 – 1 ABR 29/03, NZA 05, 313). Begründet wird dies im Wesentlichen mit der Regelungskompetenz des Tarifvertrags für betriebsverfassungsrechtliche Fragen gem § 1 Abs 1 TVG. Die Meinungen im Schrifttum sind geteilt (**dafür:** *Fitting* § 1 Rz 258; GK-BetrVG/*Wiese* § 87 Rz 11; *DKK/Däubler* Einleitung Rz 79; **dagegen:** *Richardi* Einleitung Rz 147).

15 **c) Einzelne Mitbestimmungstatbestände.** Die in Ziffern 1–12 des § 87 Abs 1 BetrVG katalogartig aufgeführten Mitbestimmungstatbestände werden weitestgehend entsprechend der jeweiligen Regelungsmaterie bei den einschlägigen Stichworten erläutert, so dass im Folgenden hierauf verwiesen werden kann.

**Nr 1:** Fragen der Ordnung des Betriebs und des Verhaltens der ArbN (→ *Betriebsordnung* Rn 2)

**Nr 2:** Beginn und Ende der täglichen Arbeitszeit einschließlich der Pausen sowie Verteilung der Arbeitszeit auf die einzelnen Wochentage (→ *Arbeitszeit* Rn 36)

**Nr 3:** vorübergehende Verkürzung oder Verlängerung der betriebsüblichen Arbeitszeit (→ *Arbeitszeit* Rn 36, → *Überstunden* Rn 18, → *Kurzarbeit* Rn 7)

**Nr 4:** Zeit, Ort und Art der Auszahlung der Arbeitsentgelte (→ *Entgeltzahlungsformen* Rn 8)

**Nr 5:** Aufstellung allgemeiner Urlaubsgrundsätze und des Urlaubsplans sowie Festsetzung der zeitlichen Lage des Urlaubs für einzelne ArbN, wenn zwischen dem ArbGeb und den beteiligten ArbN kein Einverständnis erzielt wird (→ *Urlaubsgewährung* Rn 18)

**Nr 6:** Einführung und Anwendung von technischen Einrichtungen, die dazu bestimmt sind, das Verhalten oder die Leistung der ArbN zu überwachen (→ *Kontrolle des Arbeitnehmers* Rn 11, → *Personalinformationssystem* Rn 5)

**Nr 7:** Regelungen über die Verhütung von Arbeitsunfällen und Berufskrankheiten sowie über den Gesundheitsschutz im Rahmen der gesetzlichen Vorschriften oder der UVV (BAG 7.6.16 – 1 ABR 25/14, NZA 16, 1420; 18.3.14 – 1 ABR 73/12, NZA 14, 855)

**Nr 8:** Form, Ausgestaltung und Verwaltung von Sozialeinrichtungen, deren Wirkungsbereich auf den Betrieb, das Unternehmen oder den Konzern beschränkt ist (→ *Sozialeinrichtungen* Rn 9)

**Nr 9:** Zuweisung und Kündigung von Wohnräumen, die den ArbN mit Rücksicht auf das Bestehen des Arbeitsverhältnisses vermietet werden, sowie die allgemeine Festlegung der Nutzungsbedingungen (→ *Dienstwohnung* Rn 15)

**Nr 10:** Fragen der betrieblichen Lohngestaltung, insbes die Aufstellung von Entlohnungsgrundsätzen und die Einführung und Anwendung von neuen Entlohnungsmethoden sowie deren Änderung (→ *Arbeitsentgelt* Rn 2)

**Nr 11:** Festsetzung der Akkord- und Prämiensätze und vergleichbarer leistungsbezogener Entgelte, einschließlich der Geldfaktoren (→ *Arbeitsentgelt* Rn 2)

**Nr 12:** Grundsätze über das betriebliche Vorschlagswesen (→ *Verbesserungsvorschläge* Rn 6)

**Nr 13:** Grundsätze über die Durchführung von Gruppenarbeit (→ *Gruppenarbeitsverhältnis* Rn 18)

16 **3. Verfahren.** Die Einleitung des Mitbestimmungsverfahrens kann grds sowohl vom ArbGeb als auch vom BRat ausgehen. Da § 87 Abs 1 BetrVG Gegenstände der erzwingbaren Mitbestimmung regelt, kommt dem BRat konsequenterweise auch grds ein **Initiativrecht** zu. Der BRat kann von sich aus initiativ werden und den Abschluss einer Betriebsvereinbarung erzwingen (ständige Rspr BAG 14.11.74, DB 75, 647; 26.10.04 – 1 ABR 31/03 (A), NZA 05, 538).

17 **Etwas anderes** gilt nur, soweit dies aus dem Mitbestimmungsrecht selbst folgt. So hat der BRat im Rahmen des § 87 Abs 1 Nr 6 BetrVG **kein Initiativrecht** bezüglich der Einführung und Anwendung technischer Überwachungseinrichtungen (BAG 28.11.89, DB 90, 743; → *Kontrolle des Arbeitnehmers* Rn 13). Nach § 87 Abs 1 Nr 8 BetrVG besteht das Mitbestimmungsrecht bei Sozialeinrichtungen nur bezüglich deren Form, Ausgestaltung und Verwaltung, nicht jedoch hinsichtlich der Entscheidungen über das „Ob" (→ *Sozialeinrichtungen* Rn 10). Ähnlich kann durch die Mitbestimmung nach § 87 Abs 1 Nr 10 BetrVG schließlich der BRat auf das „Ob" der freiwilligen Leistung des ArbGeb keinen Einfluss ausüben. Ein Mitbestimmungsrecht zur Höhe des Lohns besteht nicht (BAG 11.6.02 – 1 AZR 390/01, NZA 03, 571; 21.1.03 – 1 ABR 5/02, NZA 03, 810; 28.2.06 – 1 ABR 4/05, NZA 06, 1426). Hat sich der ArbGeb jedoch zu einer entsprechenden Zahlung entschlossen, unterliegt die nähere Ausgestaltung des Verteilungsverfahrens der Mitbestimmung.

18 Hinsichtlich der **Form** der BRatBeteiligung ist der ArbGeb zunächst frei. Er kann entweder eine Betriebsvereinbarung oder eine formlose Regelungsabrede (→ *Betriebsvereinbarung* Rn 2) mit dem BRat abschließen. Auch eine lediglich konkludente Zustimmung des BRat genügt. Wegen der weiterreichenden normativen Wirkung der Betriebsvereinbarung kann der BRat jedoch vom ArbGeb den Abschluss einer Betriebsvereinbarung verlangen (BAG 8.8.89 – 1 ABR 62/88, NZA 90, 322; 26.10.04 – 1 ABR 31/03, NZA 05, 538). Kommt es nicht zu einer Einigung entscheidet auf Antrag einer Partei gem §§ 87 Abs 2, 76 Abs 5 BetrVG die *Einigungsstelle,* deren Spruch die Einigung der Parteien ersetzt.

19 Liegt schließlich eine Regelung vor (Betriebsvereinbarung, Regelungsabrede, Einigungsstellenspruch), obliegt dem ArbGeb gem § 77 Abs 1 BetrVG die **Durchführung** der Maßnahme. Wegen der fehlenden normativen Wirkung der formlosen Regelungsabrede bedarf der ArbGeb bei der Durchführung der Maßnahme in diesem Fall der Zustimmung der betroffenen ArbN soweit diese durch das arbeitgeberseitige *Weisungsrecht* (→ *Weisungsrecht* Rn 1 ff) nicht mehr gedeckt ist. Durch eine Betriebsvereinbarung kann dem ArbGeb in bestimmten Einzelfällen auch ein einseitiges Handeln gestattet werden, solange hierdurch das Mitbestimmungsrecht nicht aufgeweicht und in seiner Substanz verletzt wird (BAG 1.7.03 – 1 ABR 22/02, NZA 03, 1209).

20 **4. Rechtsfolgen bei Missachtung der Mitbestimmungsrechte. a) Wirksamkeitsvoraussetzung.** Nach der ständigen Rspr des BAG ist die ordnungsgemäße Beteiligung des BRat unbedingte Voraussetzung für die Rechtswirksamkeit der Maßnahme; sog Theorie der Wirksamkeitsvoraussetzung (BAG 25.4.17 – 1 AZR 427/15, NZA 17, 1346; 5.5.15 – 1 AZR 435/13, NZA 15, 1207; 22.6.10 – 1 AZR 853/08, NZA 10, 1243). Dies führt nicht gleichzeitig auch in jedem Fall zu einem prozessualen Verwertungsverbot. Vielmehr sind insoweit die allgemeinen Grenzen maßgebend (→ *Kontrolle des Arbeitnehmers* Rn 3). Davon unabhängig ist der ArbGeb für die Vergangenheit an sein mitbestimmungswidriges Verhalten gebunden. Dies gebieten Sinn und Zweck der Mitbestimmung des BRat. Einem Berufen des ArbGeb auf sein eigenes mitbestimmungswidriges Handeln stünde zudem der Einwand des Rechtsmissbrauchs gem § 242 BGB entgegen. Durch eine spätere Zustimmung des BRat kann die Unwirksamkeit der Maßnahme nicht geheilt werden. Aufgrund der Theorie der Wirksamkeitsvoraussetzung muss vor Durchführung der Maßnahme das Mitbestimmungsverfahren durchlaufen werden. Es bedarf daher zunächst eines ordnungsgemäßen

Beteiligungsverfahrens, um sodann ggf die Maßnahme erneut durchführen zu können. Dabei trägt die Theorie der Wirksamkeitsvoraussetzung keinen Anspruch des ArbN auf Vergütung nach mitbestimmungswidrig geänderten Entlohnungsgrundsätzen. Sie setzt ein mitbestimmungswidriges Verhalten des ArbGeb voraus, ist aber nicht Anspruchsgrundlage zur Durchsetzung mitbestimmungswidrigen Verhaltens (BAG 5.5.15 – 1 AZR 435/13, NZA 15, 1207). Allerdings kann ein ArbN in Fortführung der Theorie der Wirksamkeitsvoraussetzung bei einer unter Verstoß gegen § 87 Abs 1 Nr 10 BetrVG vorgenommenen Änderung der im Betrieb geltenden Entlohnungsgrundsätze eine Vergütung auf der Grundlage der zuletzt mitbestimmungsgemäß eingeführten Entlohnungsgrundsätze fordern (BAG 25.4.17 – 1 AZR 427/15, NZA 17, 1346).

**b) Unterlassungsanspruch des Betriebsrats.** Bei entsprechendem Gewicht („grober Verstoß") kann ein mitbestimmungswidriges Verhalten des ArbGeb einen Unterlassungsanspruch des BRat gem § 23 Abs 3 BetrVG begründen. Ob darüber hinaus ein sog allgemeiner Unterlassungsanspruch des BRat besteht ist seit langem umstritten. Die überzeugenderen Argumente sprechen für die Anerkennung eines solchen allgemeinen Unterlassungsanspruchs (→ *Unterlassungsanspruch* Rn 14–18). Damit korrespondiert ein entsprechender **Beseitigungsanspruch** des BRat. Mitbestimmungswidrig entstandene Zustände muss der ArbGeb auf Verlangen des BRat beseitigen (BAG 16.6.98 – 1 ABR 68/97, NZA 99, 49). 21

**c) Feststellung des Mitbestimmungsrechts.** Bestehen zwischen ArbGeb und BRat Meinungsverschiedenheiten, ob eine bestimmte Maßnahme mitbestimmungspflichtig ist, können beide Parteien diese Frage in einem arbeitsgerichtlichen Beschlussverfahren im Wege eines Feststellungsantrages gerichtlich klären lassen. Die rechtskräftige Entscheidung eines solchen Verfahrens hat präjudizielle Wirkung für einen späteren Individualrechtsstreit. Ist in dem Verfahren zwischen ArbGeb und BRat festgestellt, dass ein Mitbestimmungsrecht nicht besteht, können sich ArbN gegenüber dem ArbGeb nicht mehr auf die angebliche Verletzung des Mitbestimmungsrechts berufen (BAG 10.3.98 – 1 AZR 658/97, NZA 98, 1242). Das Beschlussverfahren zur Feststellung eines Mitbestimmungsrechts kann unabhängig von einem evtl gleichzeitig gem § 100 ArbGG eingeleiteten Einigungsstellenverfahren (BAG 1.7.03 – 1 ABR 20/02, NZA 04, 620; → *Einigungsstelle* Rn 19) durchgeführt werden. In materiell-rechtlicher Hinsicht beeinflussen sich beide Verfahren nicht. Anders als im Verhältnis zum Individualrechtsstreit haben insoweit Entscheidungen in einem Verfahren keine rechtliche Bindungswirkung für das andere Verfahren (BAG 24.11.81, DB 82, 1413; 25.4.89, DB 89, 1928; 4.7.89, DB 90, 485). Zu beachten ist, dass die konkrete Angelegenheit, über deren Mitbestimmungspflichtigkeit gestritten wird, genau bezeichnet werden muss (BAG 29.6.88, DB 89, 536; 15.1.02 – 1 ABR 13/01, NZA 02, 995). Globalanträge genügen nicht, da das Bestehen eines Mitbestimmungsrechts nicht allgemein, sondern für den konkreten Einzelfall entschieden werden soll (LAG Hbg 21.9.2000 – 7 TaBV 3/98, NZA-RR 01, 190). 22

Die materiellrechtliche Verwirkung von Mitbestimmungsrechten ist grds ausgeschlossen (BAG 28.8.07 – 1 ABR 70/07, NZA 08, 188). Der BRat kann weder auf sein Mitbestimmungsrecht verzichten noch darf er es der einseitigen Regelung durch den ArbGeb überlassen. Der ArbGeb seinerseits muss grds damit rechnen, dass der BRat seine Beteiligung verlangt und diese ggf auch gerichtlich durchsetzt (LAG SchlHol 4.3.08 – 2 TaBv 42/07, NZA-RR 08, 414). 23

**III. Freiwillige Mitbestimmung. 1. Allgemeines.** Neben den in § 87 BetrVG festgeschriebenen Gegenständen der erzwingbaren Mitbestimmung gibt es in sozialen Angelegenheiten einen weiten Bereich, der der freiwilligen Mitbestimmung offensteht. Bei der freiwilligen Mitbestimmung erfolgt die Beteiligung des BRat allein aufgrund der zwischen ArbGeb und BRat insoweit getroffenen Vereinbarung. Dabei kann auch vereinbart werden, dass wie im Bereich der erzwingbaren Mitbestimmung im Nichteinigungsfall die **Einigungsstelle** entscheiden soll. Diese Unterwerfung unter den Spruch der Einigungsstelle kann bereits in der freiwilligen Betriebsvereinbarung selbst erfolgen (BAG 13.7.62, DB 62, 1473). Kraft Gesetzes ist eine Anrufung der Einigungsstelle jedoch nicht vorgesehen. 24

**2. Regelungsgegenstand.** § 88 BetrVG führt beispielhaft einige Gegenstände auf, die im Wege einer freiwilligen Betriebsvereinbarung geregelt werden können. Es sind dies die zusätzlichen Maßnahmen zur Verhütung von Arbeitsunfällen und Gesundheitsschädigungen 25

(Nr 1), die Errichtung von Sozialeinrichtungen (Nr 2) sowie Maßnahmen zur Förderung der Vermögensbildung (Nr 3). Darüber hinaus können jedoch auch alle sonstigen sozialen Fragen durch eine freiwillige Betriebsvereinbarung geregelt werden (BAG GS 7.11.89, DB 90, 1724). Diese werden durch § 88 BetrVG nicht in ihrem Regelungsgegenstand begrenzt (BAG 18.8.09 – 1 ABR 49/08, NZA 10, 112).

26 **IV. Leitende Angestellte.** Der mit § 87 BetrVG vergleichbare Mitbestimmungstatbestand des SprAuG findet sich in § 30 SprAuG. Das Gesetz räumt hier dem Sprecherausschuss ein Unterrichtungs- und Beratungsrecht hinsichtlich Änderungen der Gehaltsgestaltung und sonstiger allgemeiner Arbeitsbedingungen sowie bei der Einführung oder Änderung allgemeiner Beurteilungsgrundsätze ein. Die Mitwirkung des Sprecherausschusses ist damit vom Gegenstand her weiter als die erzwingbare Mitbestimmung des BRat nach § 87 BetrVG. Von der Intensität her ist sie jedoch schwächer, da ein volles Mitbestimmungsrecht des Sprecherausschusses nicht besteht.

Der Mitwirkung des Sprecherausschusses unterliegen ebenso wie im Bereich des § 87 BetrVG nur allgemeine ArbGebSeitige Maßnahmen. Unter den Mitwirkungstatbestand der **Änderung der Gehaltsregelung** fällt daher nicht die individuelle Gehaltserhöhung eines einzelnen leitenden Angestellten (*Hromadka/Sieg* § 30 Rz 6). Gleiches gilt zB für individuelle Versorgungszusagen uÄ. Mitwirkungspflichtig ist demgegenüber das Gehaltssystem, wobei der Gehaltsbegriff im weitesten Sinn zu verstehen ist (inklusive Tantiemen, Gratifikationen etc). Dabei endet die Mitwirkung des Sprecherausschusses bei der Frage der Dotierung. Ebenso wie im Bereich des § 87 Abs 1 Nr 10 BetrVG erfolgt eine Beteiligung nur bei der Gehaltsgestaltung, nicht hinsichtlich der Höhe (*Hromadka/Sieg* § 30 Rz 14).

27 Der Begriff der **sonstigen allgemeinen Arbeitsbedingungen** stellt einen Auffangtatbestand der sozialen Angelegenheiten dar, der sämtliche anderen Angelegenheiten außerhalb der Gehaltsgestaltung erfasst. Das Gesetz spricht in einer etwas unklaren Formulierung von der „Änderung" der Arbeitsbedingungen. Hiermit ist auch die erstmalige Einführung gemeint (*Löwisch* SprAuG § 30 Rz 7).

## B. Lohnsteuerrecht

*Seidel*

28 **Betriebsvereinbarungen nach § 87 Absatz 1 Nummer 10 BetrVG.** Ob Betriebsvereinbarungen über Entlohnungsgrundsätze (zB Gratifikationen; → Rn 15) eine **Nettolohnvereinbarung** beinhalten, bestimmt sich nach den allgemeinen Grundsätzen des Vertragsrechts. IdR müssen die Parteien des Arbeitsvertrages ausdrücklich erklären, ob der ArbGeb sämtliche oder nur bestimmte Lohnabzüge trägt (*HMW*/Nettolohn Rz 3; → *Nettolohnvereinbarung* Rn 10–13). Enthält die Betriebsvereinbarung hierüber keine Aussagen, so ist vom Regelfall einer Bruttolohnvereinbarung (→ *Bruttolohnvereinbarung* Rn 17 ff) auszugehen. Zur Besteuerung netto gewährter einmaliger Arbeitslohnzahlungen (zB Nettogratifikationen), die steuerrechtlich sonstige Bezüge (→ *Sonstige Bezüge* Rn 2 ff) darstellen, → *Nettolohnvereinbarung* Rn 18.

29 Da die Zulässigkeit einer **Lohnsteuerpauschalierung** steuerrechtlich nicht von einer Zustimmung des ArbN abhängt (→ *Lohnsteuerpauschalierung* Rn 12), ist allein nach arbeitsrechtlichen Grundsätzen zu entscheiden, ob eine Betriebsvereinbarung eine evtl arbeitsrechtlich erforderliche Zustimmung des ArbN zur LStPauschalierung durch den ArbGeb ersetzen kann (→ *Lohnsteuerpauschalierung* Rn 3).

## C. Sozialversicherungsrecht

*Ruppelt*

30 **Sozialversicherungsrechtliche Angelegenheiten** sind nicht Gegenstand der betrieblichen Mitbestimmung nach §§ 87, 88 BetrVG. § 87 Abs 1 Nr 8 und § 88 Nr 2 BetrVG beziehen sich nur auf **Sozialeinrichtungen,** deren Wirkungsbereich auf den Betrieb, das Unternehmen oder den Konzern beschränkt ist. Dabei handelt es sich um Werksküchen, Kantinen, Sportplätze, Erholungsheime, Werksbibliotheken, Kindergärten usw. Kein Gegenstand der Mitbestimmung ist die Einrichtung oder Ausgestaltung einer **Betriebskrankenkasse** nach §§ 147 ff SGB V, obwohl diese Einrichtung betriebsbezogen ist. Betriebskrankenkassen sind Träger der gesetzlichen KV und unterliegen hinsichtlich Errichtung und Betrieb den Vorschriften des SGB V. So fordert § 148 Abs 2 SGB V zur Errichtung einer

Betriebskrankenkasse, neben der Genehmigung durch die zuständige Aufsichtsbehörde nach § 148 Abs 1 SGB V, die Zustimmung der Mehrheit der abstimmenden im Betrieb beschäftigten volljährigen ArbN, die der Betriebskrankenkasse nach der Errichtung angehören oder angehören können. Eine Betriebsvereinbarung ist insoweit nicht ausreichend.

## Mitbestimmung, wirtschaftliche Angelegenheiten

### A. Arbeitsrecht *Kreitner*

1 **1. Überblick.** Das BetrVG geht vom Grundsatz der freien unternehmerischen Entscheidung aus und versucht eine Beteiligung des BRat weitestgehend durch Unterrichtungs- und Beratungsrechte sicherzustellen. Ferner bestehen in größeren Unternehmen originäre Unterrichtungsrechte der ArbN (§ 110 BetrVG). Eine erzwingbare Mitbestimmung des BRat erfolgt lediglich bei Sozialplänen ggf durch Errichtung einer Einigungsstelle.

2 Zur Erteilung wirtschaftlicher Informationen ist der ArbGeb in vielfacher Hinsicht verpflichtet. Gem **§ 43 Abs 2 Satz 3 BetrVG** muss er im Rahmen einer **Betriebsversammlung** mindestens einmal im Kj ua über die wirtschaftliche Lage und Entwicklung des Betriebs berichten soweit hierdurch nicht Betriebs- oder Geschäftsgeheimnisse gefährdet werden (→ *Betriebsversammlung* Rn 23).

3 Gem **§ 110 Abs 1 BetrVG** besteht für den ArbGeb in Unternehmen mit mehr als 1000 ständig beschäftigten ArbN die Verpflichtung, mindestens einmal im Quartal einen schriftlichen Bericht über die wirtschaftliche Lage und Entwicklung des Unternehmens den ArbN zur Kenntnis zu bringen (zB durch Veröffentlichung in der Werkszeitung, am Schwarzen Brett oä). Der Bericht ist zuvor mit Wirtschaftsausschuss und BRat abzustimmen. In kleineren Unternehmen, die jedoch ständig über mehr als 20 ArbN beschäftigen, besteht gem **§ 110 Abs 2 BetrVG** grds die gleiche Verpflichtung. Allerdings kann hier der Bericht mündlich erstattet werden und ist bei Unternehmen mit weniger als 100 ArbN mangels Existenz eines Wirtschaftsausschusses lediglich mit dem BRat abzustimmen. Der BRat selbst ist nicht nach § 110 BetrVG befugt, die ArbN über die wirtschaftliche Lage und Entwicklung des Unternehmens zu unterrichten (BAG 14.5.13 – 1 ABR 4/12, NZA 13, 1223).

4 Gem **§ 80 Abs 2 BetrVG** trifft den ArbGeb eine umfassende Unterrichtungsverpflichtung gegenüber dem BRat (→ *Auskunftspflichten Arbeitgeber* Rn 11 ff). Diese erstreckt sich auf den gesamten Aufgabenbereich des BRat und umfasst demgemäß auch die wirtschaftlichen Angelegenheiten. Dabei ist jedoch zu beachten, dass die Unterrichtungspflicht wegen des konkreten Aufgabenbezugs in § 80 Abs 2 BetrVG erst dann ausgelöst wird, wenn der ArbGeb sich zur Durchführung bestimmter Maßnahmen entschlossen hat (BAG 27.6.89, NZA 89, 929). Einen pauschalen, von konkreten Gegebenheiten unabhängigen Anspruch auf umfassende Informationserteilung gibt § 80 Abs 2 BetrVG dem BRat nicht. Eine analoge Anwendung des § 106 Abs 2 BetrVG auf den BRat in Unternehmen, in denen kein Wirtschaftsausschuss besteht, scheidet nach der Rspr des BAG ebenfalls aus. Auch insoweit bleibt es bei dem Unterrichtungsanspruch des § 80 Abs 2 BetrVG (BAG 5.2.91, DB 91, 1382; aA *Mayer* ArbuR 91, 14).

5 Auswirkungen auf den wirtschaftlichen Bereich hat naturgemäß auch die **Personalplanung,** hinsichtlich derer gem **§ 92 Abs 1 BetrVG** eine umfassende Unterrichtung des BRat durch den ArbGeb erfolgen muss. Einzelheiten → *Personalplanung* Rn 6 ff.

6 Schließlich regeln die **§§ 106 ff BetrVG** die Pflicht des ArbGeb zur Unterrichtung des Wirtschaftsausschusses (→ Rn 16) sowie die §§ 111 ff BetrVG die Mitwirkung des BRat bei Betriebsänderungen (→ *Betriebsänderung* Rn 1 ff, → *Interessenausgleich* Rn 1 ff, → *Nachteilsausgleich* Rn 1 ff und → *Sozialplan* Rn 1 ff).

7 **2. Wirtschaftsausschuss. a) Errichtung.** § 106 Abs 1 Satz 1 BetrVG schreibt die Errichtung eines Wirtschaftsausschusses in Unternehmen mit idR mehr als 100 ständig beschäftigten ArbN vor (zu komplexen Unternehmensstrukturen zuletzt *Edenfeld* DB 15, 679). Da es insoweit nicht auf die Wahlberechtigung der ArbN ankommt, zählen sowohl Auszubildende (LAG NdS 27.11.84, BB 85, 2173) als auch leitende Angestellte (*Schaub/Koch* § 243 Rz 2; aA *Fitting* § 106 Rz 15) mit.

8 **Berechnungsgrundlage** für die Ermittlung der ArbNZahl ist das Unternehmen. Demgemäß sind die ArbN sämtlicher Betriebe eines Unternehmens zu addieren, unabhängig davon, ob sie iE mangels BRatFähigkeit einen BRat nicht errichten konnten oder lediglich nicht gewählt haben (LAG Frankfurt 7.11.89, NZA 90, 628 [LS]). Bilden mehrere Unternehmen einen **gemeinsamen Betrieb,** ist ausnahmsweise auf den Betrieb als Berechnungsgrundlage abzustellen, so dass ein Wirtschaftsausschuss zu errichten ist, sobald der gemeinschaftliche Betrieb mehr als 100 ArbN beschäftigt (BAG 1.8.90 – 7 ABR 91/88, NZA 91, 643; *Salamon* NZA 17, 891). Bilden allerdings zwei Unternehmen, von denen nur eines in der Regel mehr als 100 ArbN beschäftigt, einen Gemeinschaftsbetrieb und ist dieses Unternehmen zugleich Alleineigentümer des anderen beteiligten Unternehmens, ist der Wirtschaftsausschuss ausschließlich bei dem herrschenden Unternehmen zu errichten (BAG 22.3.16 – 1 ABR 10/14, NZA 16, 969).

9 Da der Geltungsbereich des BetrVG auf das Gebiet Deutschlands beschränkt ist, sind ArbN in **ausländischen Betrieben** deutscher Unternehmen jedenfalls so lange nicht zu berücksichtigen, wie sie nicht von der Ausstrahlungswirkung eines inländischen Betriebes erfasst werden (→ *Auslandstätigkeit* Rn 14–18). Umgekehrt greift allerdings die Verpflichtung zur Bildung eines Wirtschaftsausschusses für ausländische Unternehmen hinsichtlich ihrer in Deutschland liegenden Betriebe mit mehr als 100 ArbN ein, sofern die inländischen Betriebe dergestalt zusammengefasst sind, dass für den Wirtschaftsausschuss ein kompetenter inländischer Partner zur Verfügung steht (BAG 1.10.74, DB 75, 453; 31.10.75, DB 76, 295).

10 Auf **Konzernebene** sieht das BetrVG die Bildung eines Wirtschaftsausschusses nicht vor. Auch die analoge Anwendung des § 106 BetrVG scheidet aus (BAG 23.8.89, DB 90, 1519). Hier ist lediglich eine freiwillige Errichtung kraft Vereinbarung zwischen Konzernleitung und KBRat möglich (*Nebendahl* DB 91, 384). Auf **Tendenzbetriebe** finden die Vorschriften über den Wirtschaftsausschuss gem § 118 Abs 1 Satz 2 BetrVG keine Anwendung (BAG 22.7.14 – 1 ABR 93/12, NZA 14, 1417; Einzelheiten → *Tendenzbetrieb* Rn 14). Auf den gesetzlichen Tendenzschutz kann der ArbGeb jedoch – zB durch Tarifvertrag – verzichten (BAG 5.10.2000 – 1 ABR 14/00, NZA 01, 1325).

11 **b) Personelle Zusammensetzung/Amtszeit.** Nach § 107 BetrVG besteht der Wirtschaftsausschuss aus mindestens drei und höchstens sieben Mitgliedern. Die Mitglieder werden vom BRat mit einfacher Stimmenmehrheit gewählt. Wählbar sind sämtliche Unternehmensangehörige einschließlich der leitenden Angestellten. Zwingend vorgeschrieben ist lediglich die Mitgliedschaft eines BRatMitglieds.

12 Die **Auswahl** der Mitglieder des Wirtschaftsausschusses soll durch den BRat nach den Kriterien der fachlichen und persönlichen Eignung für dieses Amt erfolgen (§ 107 Abs 1 Satz 3 BetrVG; zu Besonderheiten im Gemeinschaftsbetrieb: LAG Hess 7.2.17 – 4 TaBV 155/16, BeckRS 2017, 109504). Das BAG setzt bei Wirtschaftsausschussmitgliedern ein wirtschaftliches Grundwissen voraus (BAG 18.7.78, DB 78, 2223; 28.4.88, NZA 89, 221). Andererseits besteht nach Ansicht des BAG kein **Freistellungsanspruch** für Bildungsveranstaltungen analog § 37 BetrVG (BAG 11.11.98 – 7 AZR 491/97, NZA 99, 1119). Dies ist angesichts der hohen persönlichen und fachlichen Anforderungen, die an die Mitglieder des Wirtschaftsausschusses gestellt werden, abzulehnen (LAG Hess 22.5.17 – 16 TaBVGa 116/17, BeckRS 2017, 124014).

13 Die **Amtszeit** der Wirtschaftsausschussmitglieder ist mit derjenigen des BRat verknüpft. Mit Beendigung der Amtszeit des BRat endet auch das Amt der Mitglieder des Wirtschaftsausschusses. Im Übrigen können die Mitglieder des Wirtschaftsausschusses jederzeit ohne Angabe von Gründen mit Stimmenmehrheit des BRat abberufen werden (*Fitting* § 107 Rz 15). Unabhängig von der Amtszeit des BRat endet das Amt der Mitglieder des Wirtschaftsausschusses, wenn die Belegschaftsstärke dauerhaft unter den Schwellenwert absinkt (BAG 7.4.04 – 7 ABR 41/03, NZA 05, 312).

14 Gem § 107 Abs 3 BetrVG können durch Mehrheitsbeschluss des BRat die Aufgaben des Wirtschaftsausschusses einem **besonderen Ausschuss des Betriebsrats** übertragen werden. Die Mitgliederzahl dieses Ausschusses darf höchstens 11 Mitglieder betragen (entsprechend der Höchstzahl der Mitglieder des Betriebsausschusses gem § 27 Abs 1 BetrVG). Da der BRat gem § 107 Abs 3 Satz 3 BetrVG nochmals bis zur Höhe der Mitgliederzahl weitere sachkundige ArbN in den Ausschuss berufen kann, ist somit eine personelle Höchstbesetzung von bis zu 22 Personen möglich.

Die Mitglieder des Wirtschaftsausschusses unterliegen derselben **Verschwiegenheitspflicht** (→ *Verschwiegenheitspflicht* Rn 2 ff) wie BRatMitglieder analog § 79 BetrVG. Sie genießen allerdings keinen besonderen Kündigungsschutz. 15

**c) Unterrichtungspflicht des Arbeitgebers.** § 106 Abs 2 BetrVG verpflichtet den ArbGeb zur rechtzeitigen und umfassenden Unterrichtung des Wirtschaftsausschusses (LAG BlnBbg 30.3.12 – 10 TaBV 2362/11, BeckRS 2012, 69525; *Brems/Croonenbrock* DB 17, 1513). Diese Unterrichtung ist nach dem Gesetzeswortlaut unter **Vorlage der erforderlichen Unterlagen** und unter Darstellung der sich auf die Personalplanung ergebenden Auswirkungen vorzunehmen. Ihre Grenze findet diese umfassende Unterrichtungspflicht lediglich in der Gefährdung von Betriebs- und Geschäftsgeheimnissen. Zu den vorlagepflichtigen Unterlagen gehört bspw der jährliche Wirtschaftsprüfungsbericht jedenfalls dann, wenn ein entsprechender Einigungsstellenspruch den ArbGeb hierzu verpflichtet (BAG 8.8.89, DB 89, 2621). Das Gleiche gilt für monatliche Erfolgsrechnungen (Betriebsabrechnungsbögen) einzelner Filialen (BAG 17.9.91, NZA 92, 418) sowie eine konzernweit erstellte Auswertung sog Benchmarkdaten, die Auswirkungen auf die Personalplanung des Unternehmens haben (LAG Köln 5.10.11 – 9 TaBV 94/10, BeckRS 2012, 66873). Im Konzernverbund folgt aus § 106 Abs 2 BetrVG kein Anspruch auf generelle Information über die wirtschaftliche Lage des herrschenden Unternehmens (LAG BlnBbg 19.7.18 – 21 TaBV 33/18, NZA-RR 18, 604 – nicht rkr, Az beim BAG: 1 ABR 35/18). Ein Informationsdurchgriff auf die Konzernebene kommt vielmehr nur bei rechtsmissbräuchlichem Verhalten der Konzernunternehmen in Betracht (*Lerch/Weinbrenner* NZA 13, 355). Eine Verpflichtung zur Vorlage des Kaufvertrages über Gesellschaftsanteile des Unternehmens besteht nach einer neueren Entscheidung des LAG BaWü nicht (LAG BaWü 9.10.13 – 10 TaBV 2/13, BeckRS 2014, 67294). Das BAG hat die Rechtsfrage im Rechtsbeschwerdeverfahren offen gelassen (BAG 22.3.16 – 1 ABR 10/14, NZA 16, 969). 16

Umstritten ist, ob aufgrund der Verpflichtung **„zur Vorlage"** der ArbGeb dem Wirtschaftsausschuss Unterlagen dauerhaft überlassen muss. Richtigerweise wird man mit der Rspr des BAG eine Überlassung rechtzeitig vor den Sitzungen des Wirtschaftsausschusses befürworten müssen, damit eine sachgemäße Sitzungsvorbereitung gewährleistet wird. Eine kurze Einsichtnahme vor oder gar erst während der Sitzung des Wirtschaftsausschusses ist angesichts der vielfach gegebenen Komplexität der Materie nicht ausreichend (BAG 20.11.84, DB 85, 924; *Richardi/Annuß* § 106 Rz 30). Nach Sitzungsende müssen die Unterlagen wieder an den ArbGeb herausgegeben werden. Kopien dürfen ohne Zustimmung des ArbGeb nicht gefertigt werden. Sind die vom Wirtschaftsausschuss gewünschten Berichte vom Umfang her so überschaubar, dass dessen Informationsanspruch durch Überlassung der Berichte in Papierform problemlos erfüllt werden kann, ist der ArbGeb nicht verpflichtet, dem Wirtschaftsausschuss diese Information in elektronischer Form zur Verfügung zu stellen (LAG Köln 10.3.17 – 9 TaBV 17/16, BeckRS 2017, 113568). Das BAG hat im Rechtsbeschwerdeverfahren diese Frage zu Recht offen gelassen, da ihre Klärung gem § 109 BetrVG in die Zuständigkeit der Einigungsstelle fällt und daher allenfalls iRd gerichtlichen Überprüfung eines Einigungsstellenspruchs relevant werden könnte (BAG 12.2.19 – 1 ABR 37/17, NZA 19, 787). 17

**d) Sitzungen** des Wirtschaftsausschusses sollen gem § 108 Abs 1 BetrVG einmal monatlich erfolgen. Sie sind nicht öffentlich und finden regelmäßig während der Arbeitszeit statt. Die Vorschriften des § 37 Abs 2 und 3 BetrVG hinsichtlich Arbeitsbefreiung und Vergütungserstattung finden entsprechend Anwendung. Außer den Mitgliedern des Wirtschaftsausschusses können **dritte Personen** teilnahmeberechtigt sein. 18

**Teilnahmepflicht** besteht zunächst gem § 108 Abs 2 BetrVG für den Unternehmer bzw ein Mitglied des gesetzlichen Vertretungsorgans. Er kann gem § 108 Abs 2 Satz 2 BetrVG sachkundige ArbN hinzuziehen. 19

Eine Hinzuziehung von **Sachverständigen** ist gem §§ 108 Abs 2 Satz 3, 80 Abs 3 BetrVG nur nach näherer Vereinbarung zwischen Wirtschaftsausschuss und ArbGeb möglich (→ *Sachverständiger* Rn 6–8). Wegen der idR hohen fachlichen Kompetenz der Wirtschaftsausschussmitglieder wird eine Hinzuziehung von Sachverständigen nur selten erforderlich sein. 20

In analoger Anwendung des § 31 BetrVG ist der Wirtschaftsausschuss berechtigt, einen **Vertreter einer** im Betrieb vertretenen **Gewerkschaft** zu den Sitzungen hinzuzuziehen 21

(BAG 25.6.87, DB 87, 2468). Gleiches gilt analog § 29 Abs 4 Satz 2 BetrVG für einen **Verbandsvertreter aufseiten des Arbeitgebers** (BAG 18.11.80, DB 81, 1240).

**22** Teilnahmeberechtigt ist weiterhin der **Vertrauensmann der Schwerbehinderten** (BAG 4.6.87, DB 87, 2467). Die Hinzuziehung eines freigestellten BRatMitglieds als Protokollführer ist nicht zulässig (BAG 17.10.90, DB 91, 1523).

**23** **e) Aufgaben des Wirtschaftsausschusses.** Der Wirtschaftsausschuss ist ein Gremium mit Doppelfunktion. Einerseits obliegt ihm die Beratung mit dem ArbGeb, andererseits soll er den BRat/GBRat über die wirtschaftliche Situation des Unternehmens unterrichten und diesem so eine Entscheidungsgrundlage für die zu treffenden Einzelentscheidungen liefern. Der Wirtschaftsausschuss hat daher keine eigenen Mitbestimmungsrechte. Er dient der Beratung und dem Informationsaustausch.

**24** In § 106 Abs 3 Nr 1–10 sowie § 108 Abs 5 BetrVG (hierzu zuletzt *Oetker* NZA 01, 689) werden in einer beispielhaften, **nicht abschließenden Aufzählung** die wichtigsten Aufgaben des Wirtschaftsausschusses vom Gesetz genannt. Wegen der Einzelheiten wird auf die Kommentierungen bei *DKK/Däubler* § 106 Rz 62 ff; GK-BetrVG/*Oetker* § 106 Rz 48 ff; *Fitting* § 106 Rz 48 ff verwiesen (vgl BAG 9.5.95, NZA 96, 55: § 106 Abs 3 Nr 6 BetrVG gilt auch für die Stilllegung betriebsratsloser Betriebe). Insgesamt lässt sich festhalten, dass eine Beteiligung des Wirtschaftsausschusses in wirtschaftlichen Angelegenheiten immer dann vorzunehmen ist, wenn es sich um Maßnahmen handelt, die über die gewöhnliche Geschäftsführung hinausgehen (BAG 1.10.74, DB 75, 453). Ob diese Maßnahmen für die ArbN nachteilig sind, ist unerheblich (*Fitting* § 106 Rz 50).

**25** Der Katalog der unterrichtungspflichtigen wirtschaftlichen Angelegenheiten in § 106 Abs 3 BetrVG ist durch das am 19.8.08 in Kraft getretene Gesetz zur Begrenzung der mit Finanzinvestitionen verbundenen Risiken (Risikobegrenzungsgesetz – BGBl I 08, 1666) um die Nr 9a ergänzt worden. Zu unterrichten ist danach auch über die Übernahme des Unternehmens, wenn hiermit der Erwerb der Kontrolle verbunden ist. Durch den ebenfalls neu eingefügten § 109a BetrVG wird diese Unterrichtungspflicht in Unternehmen, in denen kein Wirtschaftsausschuss besteht, auf den BRat ausgedehnt (vgl hierzu *Schröder/Falter* NZA 08, 1097; *Simon/Dobel* BB 08, 1955; *Fleischer* ZfA 09, 787).

**26** **f) Streitigkeiten.** Sämtliche Streitigkeiten betr Errichtung, Zusammensetzung und Geschäftsführung des Wirtschaftsausschusses sowie die Frage, ob es sich im konkreten Fall um eine wirtschaftliche Angelegenheit iSd § 106 Abs 2 und 3 BetrVG handelt, sind im arbeitsgerichtlichen **Beschlussverfahren** zwischen ArbGeb und BRat zu klären (BAG 15.3.06 – 7 ABR 24/05, ZTR 06, 564). Gleiches gilt für die Hinzuziehung von Sachverständigen zu Sitzungen des Wirtschaftsausschusses.

**27** Demgegenüber ist bei Streitigkeiten über die Erteilung der Auskunft gem § 109 BetrVG die **Einigungsstelle** zuständig, deren Entscheidung der vollen arbeitsgerichtlichen Rechtskontrolle unterliegt (BAG 11.7.2000 – 1 ABR 43/99, NZA 01, 402). Die Primärzuständigkeit der Einigungsstelle bezieht sich dabei auch auf die Art und Weise der Erteilung von Auskünften (BAG 12.2.19 – 1 ABR 37/17, NZA 19, 787). Nach der Rspr ist die Einigungsstelle jedenfalls nicht offensichtlich unzuständig bezüglich der Frage, ob ein Wirtschaftsprüfungsbericht dem Wirtschaftsausschuss vorzulegen ist (LAG Bln 13.7.88, BB 89, 147 [LS]; LAG Frankfurt 19.4.88, DB 88, 1807). Andererseits ist sie nicht dazu berufen festzustellen, ob der ArbGeb in der Vergangenheit den Erfordernissen des § 106 Abs 2 BetrVG gerecht geworden ist. Sie hat allein zukunftsgewandt über ein bestimmtes Auskunftsverlangen zu entscheiden (LAG Hbg 12.6.13 – 6 TaBV 9/13, BeckRS 2014, 65029; LAG Hamm 30.4.10 – 13 TaBV 94/09, BeckRS 2010, 71900). Dabei genügt es, dass bei einem Auskunftsbegehren des Wirtschaftsausschusses ArbGeb und BRat unterschiedlicher Meinung über dessen Berechtigung sind (LAG Hess 14.2.06 – 4 TaBV 1/06, BeckRS 2014, 66426).

Ansprüche der Wirtschaftsausschussmitglieder wegen Lohn- bzw Gehaltsausfall aufgrund ihrer Tätigkeit gem § 37 Abs 2 und 3 BetrVG analog sind schließlich im arbeitsgerichtlichen **Urteilsverfahren** geltend zu machen.

### B. Lohnsteuerrecht *Seidel*

Hinsichtlich der lohnsteuerlichen Behandlung der Vergütungserstattung der Mitglieder des Wirtschaftsausschusses (→ Rn 18) sowie deren Aufwendungen gelten die Ausführungen unter dem Stichwort → *Betriebsratsfreistellung* Rn 38–41 entsprechend. 28

### C. Sozialversicherungsrecht *Ruppelt*

Im Wege der Mitbestimmung in wirtschaftlichen Angelegenheiten kann in sozialversicherungsrechtliche Regelungen nicht eingegriffen werden. 29

## Mobbing

### A. Arbeitsrecht *Poeche*

**1. Allgemeines.** Mit Beginn der 90er Jahre des letzten Jahrhunderts wurde in der deutschen Arbeitsrechtswissenschaft das Problem des Mobbings (engl „über jemanden herfallen"), das bis zu diesem Zeitpunkt weniger als rechtliches begriffen wurde, angesichts seiner tatsächlichen Verbreitung auch in deutschen Betrieben und Unternehmen zunehmend aufgegriffen und versucht, es rechtlich zu erfassen (*Grunewald* NZA 93, 1071; *Haller/Koch* NZA 95, 356). Nachdem das BAG sich 1997 nur mit der Erforderlichkeit einer BRatSchulung zu diesem Thema zu befassen hatte (BAG 15.1.97 – 7 ABR 14/96, NZA 97, 781), setzt sich die Rechtsprechung seit 2001 häufiger mit den individualrechtlichen Folgen des „Mobbings", wie Schmerzensgeld- und Unterlassungsansprüchen sowie der Kündigung des „Mobbingtäters", auseinander (so zuerst LAG Thüringen 15.2.01 – 5 Sa 102/00, NZA-RR 01, 577; 10.4.01 – 5 Sa 403/00, NZA-RR 01, 347; LAG Rheinland-Pfalz 16.8.01 – 6 Sa 102/00, NZA-RR 02, 121). Seit der Entscheidung des BAG vom 16.5.07 (– 8 AZR 709/06, NZA 07, 1154) und der ihr nachfolgenden Rspr kann auf eine gefestigte höchstrichterliche Rspr zurückgegriffen werden. 1

**2. Begriff.** Mobbing ist – entgegen landläufiger Meinung – kein Rechtsbegriff und erst recht keine Anspruchsgrundlage. Der Begriff stammt aus der Verhaltensforschung (*Benecke* RdA 08, 357). Der Rspr und der Arbeitsrechtswissenschaft ist es in den letzten Jahren gelungen, Sachverhalte, die von einer Prozesspartei als „Mobbing" bezeichnet werden, rechtlich einzuordnen. Da Mobbing kein Rechtsbegriff ist und das Bezeichnen eines Sachverhalts als „Mobbing" allein noch keine Rechtsfolgen auslöst, bedarf es auch keiner allgemeingültigen, subsumtionsfähigen Definition. Zu beachten ist dabei auch, dass nicht alles, was als Mobbing bezeichnet wird, von rechtlicher, insbes arbeits- und schadensrechtlicher Relevanz ist (BAG 16.5.07 – 8 AZR 709/06, NZA 07, 1154). Gleichwohl wird Mobbing allgemein als das systematische Anfeinden, Schikanieren oder Diskriminieren von ArbN untereinander oder durch Vorgesetzte (BAG 15.1.97 – 7 ABR 14/96, NZA 97, 781) bezeichnet. Seit seiner Entscheidung vom 25.10.07 (– 8 AZR 593/06, NZA 08, 223, BAG 22.7.10 – 8 AZR 1012/08, NZA 11, 93) geht das BAG davon aus, dass der Begriff des Mobbings im Wesentlichen dem der „Belästigung" iSd § 3 Abs 3 AGG entspricht, der allerdings einen Zusammenhang mit einem sog verpönten Merkmal iSd § 1 AGG voraussetzt (kritisch hierzu *Benecke* RdA 08, 357). Rechtlich ändert dies nichts. Der Verweis auf das AGG verdeutlicht lediglich, was auch schon zuvor angenommen wurde: Die rechtliche Besonderheit der als Mobbing bezeichneten tatsächlichen Erscheinungen liegt darin, dass nicht eine einzelne abgrenzbare Handlung, sondern die Zusammenfassung mehrerer Einzelakte in einem Prozess zu einer Verletzung des Persönlichkeitsrechts oder der Gesundheit des betroffenen ArbN führen kann, wobei die einzelnen Teilakte jeweils für sich betrachtet rechtlich „neutral" sein können. Wesensmerkmal der als „Mobbing" bezeichneten Form der Rechtsverletzung des ArbN ist damit die systematische, sich aus vielen einzelnen Handlungen/Verhaltensweisen zusammensetzende Verletzung arbeitsrechtlicher Pflichten oder eines Rechts oder Rechtsguts iSd §§ 823 ff BGB (BAG 16.5.07 – 8 AZR 709/06, NZA 07, 1154). Demgegenüber zeichnet sich das derzeit verstärkt diskutierte sog **Straining** (engl „to strain" = „belasten, überanstrengen, strapazieren", vgl hierzu *Jansen/Hartmann* NJW 12, 2

1540) dadurch aus, dass bereits mit einer einzigen Handlung eine auf Dauer angelegte, konstante Folge hinsichtlich der Arbeitsbedingungen erzielt wird, die negative physische oder psychische Beeinträchtigungen nach sich zieht. Eine besondere Form des Mobbings ist das sog **Cybermobbing.** Hier finden die Verletzungen nicht am „realen" Arbeitsplatz, sondern mithilfe neuer Kommunikationsmedien im Internet, etwa in sozialen Netzwerken oder per Email, statt (hierzu und zu den Pflichten des ArbGeb *Hey* BB 13, 2805 und *Schrader* AiB 14, 42).

3 **3. Rechtliche Einordnung. a) Anspruchsgrundlagen.** Der von Mobbing betroffene ArbN kann gegen seinen ArbGeb und/oder gegen (vorgesetzte) Kollegen vorgehen. Voraussetzung ist in jedem Fall, dass das als Mobbing empfundene Verhalten eine Vertragspflichtverletzung und/oder eine unerlaubte Handlung darstellt (ausführlich zu den Ansprüchen des Betroffenen *Benecke* RdA 08,357). Grundlage einer vertraglichen Haftung des ArbGeb kann ein Verstoß gegen die ihm obliegende, sich aus § 241 Abs 2 BGB ergebende Fürsorgepflicht sein. Diese verpflichtet ihn, die Rechte und Rechtsgüter des ArbN, im Fall des Mobbings sind dies regelmäßig die Gesundheit und das Persönlichkeitsrecht, zu schützen (BAG 16.5.07 – 8 AZR 709/06, NZA 07, 1154; 15.9.16 – 8 AZR 351/15, BeckRS 2016, 113588). Der ArbGeb ist daraus auch verpflichtet, ArbN vor Rechts(gut)verletzungen durch Dritte zu schützen. Für das Verschulden seiner Organe haftet er gem §§ 31, 89 BGB, für das seiner Erfüllungsgehilfen gem § 278 BGB. Eine deliktische Haftung kommt wegen Unterlassung gebotenen Handelns oder wegen eigenen positiven Tuns aus § 823 Abs 1 und 2 BGB sowie § 826 BGB und schließlich als Haftung für Verrichtungsgehilfen gem § 831 BGB in Betracht. Die Frage, ob ein bestimmtes, regelmäßig prozesshaftes Verhalten des ArbGeb selbst, seiner Organe, seiner Erfüllungs- oder Verrichtungsgehilfen in das Persönlichkeitsrecht eines ArbN eingreift, ist durch eine Würdigung des Gesamtverhaltens aufgrund objektiver Betrachtungsweise zu beantworten (BAG 16.5.07 – 8 AZR 709/06, NZA 07, 1154; vgl außerdem die Übersicht bei *Stück* MDR 13, 378). Im Arbeitsleben übliche Konfliktsituationen, wie Meinungsverschiedenheiten über Sachfragen, Beurteilungen und die Bewertung von Arbeitsergebnissen, werden regelmäßig keinen Eingriff in das Persönlichkeitsrecht darstellen. Gleiches kann auch für das Direktionsrecht überschreitende Weisungen gelten, solange ihnen sachlich nachvollziehbare Erwägungen zugrunde liegen (BAG 16.5.07 – 8 AZR 709/06, NZA 07, 1154). Auch mit dem Ausspruch einer unwirksamen Kündigung verletzt der ArbGeb grundsätzlich nicht seine Fürsorge- und Rücksichtnahmepflicht (BAG 24.4.08 – 8 AZR 347/07, NZA 09, 38). Auch mehrere, in engem zeitlichen Zusammenhang ausgesprochene Abmahnungen müssen nicht zwingend Rechte des ArbN verletzen (LAG Hamm 16.7.09 – 17 Sa 619/09 BeckRS 2009, 74996; LAG Niedersachsen 9.3.10 – 13 Sa 896/09, BeckRS 2010, 74678). Etwas anderes kann für die vorsätzlich herbeigeführte Unterbeschäftigung (LAG Köln 12.7.10 – 5 Sa 890/09, BeckRS 2010, 74304) und die Bedrohung des ArbN (LAG Niedersachsen 9.11.09 – 9 Sa 1573/08, BeckRS 2010, 68027) gelten.

Gegen Vorgesetzte und Kollegen wird der betroffene ArbN idR unmittelbar nur mit Hilfe des Deliktsrechts vorgehen können.

4 **b) Kausalität und Rechtsfolgen** richten sich nach allgemeinem Recht. Vorausgesetzt wird Kausalität zwischen Verletzungshandlung und Schadenseintritt. Ausgeschlossen sind deshalb **nicht adäquat verursachte** Schäden (BAG 24.4.08 – 8 AZR 347/07, NZA 09, 38: Keine Haftung des ArbGeb für Selbstmord des ArbN, es sei denn, es bestanden objektiv erkennbare Anhaltspunkte für eine Selbstmordgefährdung). Zu ersetzen ist der **Vermögensschaden** (zB Verdienstausfall, Krankheitskosten). Hat der ArbN wegen Mobbing selbst außerordentlich gekündigt (§ 626 BGB), beschränkt sich der Ersatzanspruch auf den bis zum Ablauf der ordentlichen Kündigungsfrist entgangenen Verdienst (BAG 26.7.01 – 8 AZR 739/00, NZA 02, 325). Zum Ausgleich eines immateriellen Schadens kommen Ansprüche auf **Schmerzensgeld** (§ 253 Abs 2 BGB, vgl hierzu LAG Hamm 15.3.12 – 15 Sa 1424/11, BeckRS 2012, 75215; allerdings nicht bei der Verletzung des Persönlichkeitsrechts) und eine angemessene Entschädigung (§§ 823 ff BGB iVm Art 1 Abs 1 und Art 2 Abs 1 GG) in Betracht. Entgangener Verdienst kann nicht wegen der Verletzung des **Persönlichkeitsrechts** beansprucht werden (BAG 16.5.07 – 8 AZR 709/06, NZA 07, 1154). Die Höhe der geschuldeten „billigen" Entschädigung orientiert sich insbes am

Ausmaß des Verschuldens und an Art und Intensität der Beeinträchtigung (vgl hierzu auch BAG 19.2.15 – 8 AZR 1007/13, NZA 15, 994). Ob sie darüber hinaus wegen der Vergleichbarkeit mit den Tatbeständen des § 1 AGG auch durch den Bruttoverdienst beeinflusst wird, ist fraglich. Dagegen dürfte sprechen, dass ein „Gleichlauf" der Rechtsfolgen – wie schon § 15 Abs 5 AGG zeigt – nicht angestrebt werden muss. Der Betrag ist jedenfalls so zu bemessen, dass der ArbN Genugtuung erfährt. Hierbei sind auch Dauer und Verlauf des Arbeitsverhältnisses im Übrigen zu berücksichtigen. Bei der Beurteilung, ob dem ArbN eine finanzielle Entschädigung (§ 253 Abs 2 BGB) zusteht, kann auch eine bereits gezahlte besonders hohe Abfindung (11 Bruttogehälter/4 Beschäftigungsjahre) berücksichtigt werden (LAG Köln 13.1.05 – 6 Sa 1154/04, BeckRS 2005, 41189).

**Weitere Ansprüche** sind § 12 AGG in entsprechender Anwendung (BAG 25.10.07 – 8 AZR 593/06, NZA 08, 223) zu entnehmen: Der ArbGeb muss ggf gegen den Schädiger vorgehen und arbeitsrechtliche Maßnahmen wie Abmahnung, Umsetzung, Versetzung oder Kündigung ergreifen. In Betracht kommt auch die Durchführung eines (Team-)Supervisionsverfahrens (LAG RhPf 19.12.13 – 10 Sa 375/13, BeckRS 2014, 66087). Die Maßnahmen müssen ihm zumutbar sein. Daran fehlt es, wenn die beanspruchte Kündigung des Schädigers rechtsunwirksam wäre oder die vom geschädigten ArbN verlangte andere Beschäftigung nicht möglich ist (BAG 25.10.07 – 8 AZR 593/06, NZA 08, 223). Der betroffene ArbN kann berechtigt sein, seine Arbeitsleistung zu verweigern, wenn der ArbGeb seine Gesundheit oder sein Persönlichkeitsrecht verletzt und mit weiteren Verletzungen zu rechnen ist (§ 273 Abs 1 BGB). Allerdings muss er hierzu die behauptete Pflichtverletzung und „Gegenforderung" genau bezeichnen. Ein pauschales Berufen auf einen „Mobbingsachverhalt" reicht nicht aus (BAG 13.3.08 – 2 AZR 88/07, BeckRS 2008, 54095). Sofern die Mobbinghandlungen zugleich eine Belästigung iSd AGG darstellen, kommen Ansprüche aus § 21 AGG in Betracht. Analog den §§ 12, 862, 1004 BGB kann Unterlassung geltend gemacht werden.

**c) Ausschlussfrist.** Eine Ausschlussklausel, nach der „Ansprüche aus dem Arbeitsverhältnis" zur Vermeidung ihres Verfalls binnen einer bestimmten Frist geltend zu machen sind, gilt für alle Ansprüche, auch soweit sie auf eine Verletzung des *Persönlichkeitsrechts* gestützt werden (BAG 16.5.07 – 8 AZR 709/06, NZA 07, 1154). Sie beginnt wegen der systematischen, sich aus mehreren Handlungen zusammensetzenden Verletzungen idR erst mit dem zeitlich letzten Ereignis. § 276 Abs 3 BGB, wonach die Haftung für **Vorsatz** nicht im Voraus erlassen werden kann, steht der Anwendung nur bei eigenem vorsätzlichen Handeln des ArbGeb (und seiner Organe, vgl BAG 26.9.13 – 8 AZR 1013/12, NZA-RR 14, 177) entgegen, dh vertragliche Ausschlussfristen, die auch Ansprüche wegen vorsätzlichen Handelns des ArbGeb oder seiner Organe ausschließen, sind wegen Verstoßes gegen § 202 Abs 1 BGB teilweise nichtig. Dies gilt nicht, sofern ein normativ wirkender Tarifvertrag die Haftung auch für eigenes vorsätzliches Handeln ausschließt, hier gilt § 202 Abs 1 BGB nicht (BAG 26.9.13 – 8 AZR 1013/12, NZA-RR 14, 177). Nach der Rspr des BAG sind in allgemeinen Geschäftsbedingungen geregelte Ausschlussfristen jedoch dahingehend auszulegen, dass sie nicht vertragliche oder deliktische Ansprüche wegen einer vorsätzlichen oder grob fahrlässigen Pflichtverletzung eines Erfüllungs- oder Verrichtungsgehilfen erfassen (BAG 20.6.13 – 8 AZR 280/12, BeckRS 2013, 70881). Die analoge Heranziehung gesetzlicher Ausschlussfristen, etwa des § 15 Abs 4 AGG, kommt nicht in Betracht (BAG 18.5.17 – 8 AZR 74/16, BeckRS 2017, 128536; 11.12.14 – 8 AZR 838/13, BeckRS 2015, 65381). Eine Verwirkung des nach nur drei Jahre verjährenden Schmerzensgeldanspruchs nach § 823 BGB kann nur unter ganz besonderen Umständen angenommen werden (BAG 11.12.14 – 8 AZR 838/13, BeckRS 2015, 65381). 5

**4. Prozessuales.** Im Entschädigungs- oder Kündigungsrechtsstreit genügt nicht die Behauptung einer Mobbingsituation (BAG 13.3.08 – 2 AZR 88/07, EzA-SD 08, Nr 4, 8 (LS)). Die **Darlegungs- und Beweislast** für die Pflichtverletzung und die unerlaubte Handlung des ArbGeb trägt der ArbN (zu den Voraussetzungen einer Parteivernehmung nach § 448 ZPO bei Mobbingvorwürfen BAG 14.11.13 – 8 AZR 813/12, NZA 14, 564). Die beanstandeten Verhaltensweisen sind konkret darzulegen und ggf zu beweisen. Das ArbG muss beurteilen können, ob der ArbGeb sich rechtswidrig und schuldhaft verhalten hat. Das gilt insbes wegen der im Einzelfall schwierigen Abgrenzung zu den im Arbeitsleben 6 üblichen Konfliktsituationen. Eine konkrete Schilderung nach zeitlicher Lage, beteiligten Personen, Anlass und Ablauf ist unerlässlich (BAG 24.4.08 – 8 AZR 347/07, NZA 09, 38; LAG Rheinland-Pfalz 30.4.09 – 11 Sa 677/08, BeckRS 2009, 69299). Der ArbN muss ausschließen, dass es an der erforderlichen Klammer (Systematik) deshalb fehlt, weil er von verschiedenen Vorgesetzten, die weder zeitlich noch sachlich zusammengewirkt haben, kritisiert oder schlecht beurteilt worden ist. Zwischen Teilakten liegende lange Zeiträume sind erläuterungsbedürftig. Darzulegen ist auch, dass und weshalb der ArbGeb mit einer seelischen Erkrankung des ArbN rechnen musste. Beweiserleichterungen greifen nicht ein (BAG 16.5.07 – 8 AZR 709/06, NZA 07, 1154; BAG 28.10.10 – 8 AZR 546/09, NZA-RR 11, 378). Allerdings spricht bei einem zeitlichen Zusammenhang zwischen Rechtsverletzung und Erkrankung ein starkes Indiz für die Kausalität. Bei einer auf Zahlung gerichteten Klage ist deutlich zu machen, welche Art von Schaden – etwa der aus einer mittels „Mobbings" begangenen Gesundheitsverletzung entstandene materielle und/oder der immaterielle – ersetzt werden soll. Kommt dies in der Klage nicht zum Ausdruck, kann sie mangels hinreichender Bestimmtheit iSd § 253 Abs 3 ZPO unzulässig sein (BAG 15.9.16 – 8 AZR 351/15, BeckRS 2016, 113588). Eine **Feststellungsklage,** mit der das Bestehen eines Zurückbehaltungsrechts „wegen Mobbings" geltend gemacht wird, ist idR unzulässig, weil nicht hinreichend bestimmt iSv § 253 Abs 2 Nr 2 ZPO (BAG 23.1.07 – 9 AZR 557/06, NZA 07, 1166). Zu den Anforderungen an einen **Prozesskostenhilfeantrag** LAG RhPf 19.2.04 – 2 Ta 12/04, NZA-RR 04, 232.

7 **5. Betriebsverfassungsrecht.** Der ArbN kann sich mit einer **Beschwerde** an den BRat wenden (Näheres zum Inhalt und Verfahren → *Beschwerderecht (Arbeitnehmer)* Rn 6–11). Zu dessen originären **Aufgaben** gehört es, darüber zu wachen, dass alle ArbN nach den Grundsätzen von Recht und Billigkeit behandelt werden. Die freie Entfaltung der Persönlichkeit der ArbN ist zu schützen und zu fördern (§ 75 BetrVG). Von daher ist der BRat verpflichtet, auch ohne eine Beschwerde des Betroffenen gegen Mobbing vorzugehen; im äußersten Fall kann er von seinem Recht Gebrauch machen, die Versetzung oder Entlassung des mobbenden ArbN zu verlangen (§ 104 BetrVG; → *Mitbestimmung, personelle* Rn 35–38). Gem § 85 Abs 2 BetrVG kann der BRat wegen einer ArbNBeschwerde, die den Vorwurf des Mobbings enthält und auch rein tatsächliche Beeinträchtigungen zum Inhalt hat, angerufen werden (LAG Hamm 5.10.09 – 10 TaBV 63/09, BeckRS 2009, 74323). Eine **Schulung** zum Thema „Mobbing" kann erforderlich iSv § 37 Abs 6 BetrVG sein (BAG 15.1.97 – 7 ABR 14/96, DB 97, 1475; LAG RhPf 13.10.04 – 10 TaBV 19/04, NZA-RR 05, 376; einschränkend LAG Mecklenburg-Vorpommern 18.3.09 – 2 TaBV 18/08, BeckRS 2009, 62900), wenn sich der BRat aufgrund der konkreten Verhältnisse im Betrieb veranlasst sehen darf, sich mit diesem Thema zu befassen, so etwa, wenn im Betrieb Konfliktlagen bestehen, aus denen sich Mobbing entwickeln kann. Dies erfordert nicht die Darlegung, dass es in der Vergangenheit bereits zu Mobbingsituationen gekommen ist oder dass aktuell Mobbinghandlungen vorgenommen werden. Ein Konflikt, der als Vorstufe eines Mobbingverhaltens angesehen werden kann, genügt (BAG 14.1.15 – 7 ABR 95/12, NZA 15, 632). Der BRat kann nach § 87 Abs 1 Nr 1 und Nr 7 BetrVG den Abschluss einer Betriebsvereinbarung „Schutz der ArbN vor Mobbing und sexueller Belästigung" erzwingen, muss dabei aber genau angeben, für welche konkreten betrieblichen Angelegenheiten ein Mitbestimmungsrecht festgestellt werden soll, Ein Antrag, wonach ein Mitbestimmungsrecht des BRat zum Schutz gegen Mobbing festgestellt werden soll, ist zu unbestimmt (BAG 23.2.16 – 1 ABR 18/14, NZA 16, 338; aA: LAG München 20.10.05 – 4 TaBV 61/05 mit zust Anm *Kothe/Faber* jurisPR-ArbR 31/2006 Nr 3; *Wolmerath* dbr 06, Nr 7 Seite 40; LAG Düsseldorf 22.7.04 – 5 TaBV 38/04, AiB 05, 122 mit Anm Bertzbach jurisPR-ArbR 1/05; ArbG Köln 12 BV 227/00, AiB 02, 374; *Wolmerath* AiB 02, 475; aA LAG Hbg 15.7.98 – 5 TaBV 4/98, AiB 99, 102).

8 **6. Praktische Hinweise.** Im betroffenen Betrieb empfehlen sich frühzeitige Personalgespräche unter Einbeziehung aller Beteiligten, eine sorgfältige Sachverhaltsaufklärung und eine deutliche Klarstellung der Haltung des ArbGeb. Zur vorbeugenden Bekämpfung: Musterbetriebsvereinbarung s *Esser/Wolmerath* AiB 97, 23; *Wolmerath* ArbRAktuell 15, 118; Dienstvereinbarung bei der Stadt München *Teppert-Neumann/Wolmerath* PersR 98, 355 sowie *Pauken* ArbR 13, 350 und *Wolmerath* ArbRAktuell 17, 384. Der betroffene ArbN ist

dagegen im eigenen Interesse gehalten, die aus seiner Sicht belastenden Vorfälle sorgfältig zu dokumentieren („Mobbingtagebuch"). Nur dann kann er betriebliche Abhilfe erreichen und, gelingt das nicht, in einem Rechtsstreit in tatsächlicher Hinsicht ausreichend vortragen. Zu den Reaktionsmöglichkeiten des ArbGeb auf unberechtigte oder unwahre Mobbingvorwürfe: *Reiter/Toma* BB 17, 1269.

**B. Lohnsteuerrecht** *Weil*

Aufwendungen des ArbN zur Abwendung des Mobbing sind Werbungskosten (BFH 1.3.07 – VI B 92/06, BFH/NV 07, 1172; → *Werbungskosten* Rn 2 ff und → *Rechtsanwaltskosten* Rn 22). Zur steuerlichen Behandlung von Schadensersatzleistungen einschließlich Schmerzensgeld → *Arbeitgeberhaftung* Rn 19; → *Arbeitsentgelt* Rn 45 ff. Seelische Erkrankung aufgrund Karriereknicks führt nicht zu Werbungskosten (BFH 23.1.08 – VI B 91/07, BFH/NV 08, 569). „Mobbing" des FA rechtfertigt es nicht, einen Verspätungszuschlag aufzuheben (BFH 5.6.02 – X R 40/01, BFH/NV 02, 1419). 11

**C. Sozialversicherungsrecht** *Schlegel*

Der Begriff des Mobbing spielt im Bereich der UV eine gewisse Rolle. Dabei wird diskutiert, ob Mobbing als eine arbeitsbedingte Gesundheitsgefahr iSd SGB VII anzusehen ist (*Kaiser* BG 03, 154 ff). Für die ArblV gilt Folgendes: Sowohl **unrechtmäßiges** als auch **nicht sozialadäquates** Verhalten des Vorgesetzten über einen langen Zeitraum hinweg (zB Mobbing) kann eine Verletzung des Persönlichkeitsrechts eines ArbN und deshalb einen **wichtigen Grund** für die Lösung eines Beschäftigungsverhältnisses darstellen. Bei Kündigung des Arbeitsverhältnisses durch den ArbN (ggf nach einem Versuch, Abhilfe zu erreichen) tritt dann keine **Sperrzeit** ein (BSG 21.10.03 – B 7 AL 92/02 R, SozR 4–4300 § 144 Nr 4). 16

Mobbing ist regelmäßig kein tätlicher Angriff iS des Sozialen Entschädigungsrechts (**Opferentschädigung** – OEG). Zwar können Mobbing-Aktivitäten als sich über längere Zeit hinziehende Konflikte zwischen dem Opfer und Personen seines gesellschaftlichen Umfeldes (Mitarbeiter, Vorgesetze, „Untergebene" etc) die Schwelle zur strafbaren Handlung und somit zum kriminellen Unrecht überschreiten. Zu einem möglichen Entschädigungsanspruch nach dem Opferentschädigungsgesetz führende tätliche Angriffe liegen bei Mobbing allerdings nur dann vor, wenn auf den Körper des Opfers gezielt eingewirkt wird, wie zB durch einen Fußtritt (BSG Urteil vom 14.2.01 – B 9 VG 4/00 R, BSGE 87, 276, 278).

# Mobiles Arbeiten

**A. Arbeitsrecht** *Röller*

**1. Allgemeines/Begrifflichkeiten.** Der digitale Wandel in der Arbeitswelt ermöglicht es, mit Hilfe von Laptops, Tablets, Smartphones und Internettelefonie von nahezu überall zu arbeiten. Die räumliche und zeitliche Entgrenzung der Arbeit wird politisch unter dem Stichwort „Arbeiten 4.0" diskutiert (Grünbuch des BMAS v 24.4.15). Nach einer Studie bieten heute bereits 20 Prozent aller Betriebe mit mind 50 ArbN zumindest einem Teil ihrer Beschäftigten die Möglichkeit, mobil zu arbeiten. Die Tätigkeit ganz von zu Hause aus wird entsprechend der Formulierung in § 2 Abs 7 der zum 3.12.16 neu gefassten ArbStättV als **Telearbeit** oder als Arbeiten im **Homeoffice** (*Homeoffice)* bezeichnet. Bei **alternierender Telearbeit** wird im Betrieb und an einem festen Arbeitsplatz außerhalb des Betriebs gearbeitet. **Mobiles Arbeiten** liegt vor, wenn, die Arbeitsleistung unabhängig von einem festen Arbeitsplatz von jedem denkbaren Arbeitsplatz erbracht wird, zB vor Ort beim Kunden, auf Reisen, im Hotel, im Café oder zu Hause im Garten. Zu den Erscheinungsformen s *Schiefer/Worzalla* DB 19, 1904; *Eufinger/Burbach* DB 19, 1147; *Voigt* AuR 18,452; *Hülsemann* ArbRAktuell 17,483; *Krause* NZA-Beil 17, 53; *Schirmer* NZA-Beil 16, 85; *Schulze/Ratzenberger* ArbRAktuell 16,109; *Oberthür* NZA 13, 246. Beim mobilen Arbeiten und bei alternierender Telearbeit sind für die Mitarbeiter im Betrieb des ArbGeb häufig 1 keine festen Arbeitsplätze mehr vorhanden. Die Mitarbeiter benutzen temporär die im Betrieb vorhandenen Arbeitsplätze, was als **Desk Sharing** bezeichnet wird.

2 **2. Rechtliche Einordnung von mobilem Arbeiten.** Mobiles Arbeiten kann sowohl im Rahmen eines Arbeitsverhältnisses erfolgen als auch auf Grundlage eines Dienst-/Werkvertrages in freier Mitarbeit oder in Heimarbeit. Entscheidend ist, ob und inwieweit eine persönliche Weisungsgebundenheit bzw Fremdbestimmheit iSv § 611a BGB vorliegt (Preis NZA 18, 817; Richardi NZA 18, 974). IdR wird ein Arbeitsverhältnis bestehen, da der Beschäftigte in die betriebliche Kommunikationsstruktur eingebunden ist, er Zugriff auf Daten und Programme des Betriebes hat, durch welche die Tätigkeit inhaltlich strukturiert wird, und die Lage der Arbeitszeit, freie Tage oder Urlaub mit dem Vertragspartner abzustimmen sind (*Fitting* § 5 Rn 191; *Kamann* ArbRAktuell 16, 75; *Schaub/Vogelsang* § 164 Rn 15 ff; *Boemke* BB 2000, 147). Ein Arbeitsverhältnis wird nur dann zu verneinen sein, wenn der Beschäftigte bei Verwendung eigener Arbeitsmittel seine Arbeitsergebnisse lediglich beim Auftraggeber abliefert. Er kann dann, abhängig von den Umständen des Einzelfalls, selbstständiger Unternehmer, ArbNÄhnliche Person oder Heimarbeiter sein (BAG 14.6.16 – 9 AZR 305/15, NZA 16, 1453; ErfK/*Preis*, § 611a BGB Rn 80 ff; *Kamann* ArbRAktuell 16, 75).

3 **3. Rechtsanspruch auf mobiles Arbeiten – Verpflichtung zum mobilen Arbeiten?**
**a) Kein gesetzlicher Anspruch.** Anders als in den Niederlanden, wo der ArbGeb Telearbeit/Arbeiten im Homeoffice und mobiles Arbeiten nur aus schwerwiegenden dienstlichen oder betrieblichen Interessen ablehnen kann, gibt es in Deutschland derzeit noch keine gesetzliche Grundlage für einen solchen Anspruch. Eine solche ergibt sich nicht aus § 106 GewO. Nach dieser Bestimmung kann der ArbGeb Inhalt, Ort und Zeit der Arbeitsleistung nach billigem Ermessen näher bestimmen. Aus der gewählten Formulierung „kann" ergibt sich, dass es sich um ein Gestaltungsrecht des ArbGeb handelt. Eine Pflicht des ArbGeb zur Ausübung des Direktionsrechts dahingehend, dem ArbN einen mobilen Arbeitsplatz zuzuweisen, lässt sich aus § 106 GewO nicht ableiten (zum Homeoffice: LAG Köln 24.5.16 – 12 Sa 677/13, BeckRS 2016, 69901; LAG RhPf 18.12.14 – 5 Sa 378/14, ArbRAktuell 15, 158; LAG Dü 19.9.14 – 12 Sa 505/14, BeckRS 2014, 73155; *Isenhardt* DB 16, 1499; *Oberthür* MDR 15, 1269; *Bissels/Meyer-Michaelis* DB 15, 2331). Zum wesentlichen Inhalt der unternehmerischen Freiheit gehört auch die Gestaltungsfreiheit hinsichtlich der betrieblichen Organisation (LAG Köln 24.5.16, BeckRS 2016, 69901; LAG RhPf 18.12.14, ArbRAktuell 15, 158).

4 **b) Zuweisung von mobilen Arbeiten durch den Arbeitgeber.** Die Bestimmung des Arbeitsortes obliegt – vorbehaltlich anderweitiger individual- oder kollektivvertraglicher Vereinbarungen – gem § 106 GewO grds dem ArbGeb. Inwieweit die Anordnung des ArbGeb zu mobilem Arbeiten von dem Direktionsrecht gem § 106 GewO erfasst ist, ist durch die Rspr bislang nicht geklärt. Soweit die Zuweisung rechtlich zulässig ist, liegt eine Versetzung iSd § 95 Abs 3 BetrVG vor, zu deren Umsetzung die Zustimmung des BRat gem § 99 BetrVG erforderlich ist.

5 **4. Arbeitszeit.** Wie bei jedem anderen Arbeitsverhältnis bedarf es einer Bestimmung der regelmäßigen Arbeitszeit des ArbN, der mobil arbeitet. Neben dem Arbeitszeitvolumen ist die Lage der Arbeitszeit zu regeln, insbes wenn der ArbGeb zu bestimmten Zeiten Zugriff auf die Arbeitsleistung nehmen will. Die Tätigkeit im Homeoffice und mobiles Arbeiten leben gerade davon, dass der ArbN in vieler Hinsicht Lage und Verteilung der Arbeitszeit selbst bestimmen will, was für ihn eine Verbesserung der Work-Life-Balance darstellen kann.

6 **a) Anwendbarkeit des Arbeitszeitgesetzes.** Für die Tätigkeit im Homeoffice und für mobiles Arbeiten gilt das ArbZG. Dessen Anwendungsbereich erfasst nicht nur die betriebliche Arbeitsstätte. Der Zweck des Arbeitszeitschutzes besteht vielmehr darin, ortsunabhängig die Sicherheit und den Gesundheitsschutz der ArbN bei der Arbeitszeitgestaltung zu gewährleisten. Bei der Ausübung einer mobilen Tätigkeit, wie auch bei einer Homeoffice-Tätigkeit, sind deshalb die Regelungen des ArbZG zu beachten, insbesondere die werktägliche **Höchstarbeitszeit**, die Einhaltung von **Ruhepausen** und die Einhaltung der **Mindestruhezeit,** daneben aber auch **Sonn- und Feiertagsruhe.** Für die Einhaltung des ArbZG ist grds der ArbGeb verantwortlich. Dies gilt auch bei einer Vertrauensarbeitszeit

(BAG 6.5.13 – 1 ABR 13/02, NZA 03, 1348). Der ArbGeb bleibt in diesem Fall in der Verpflichtung, die Einhaltung der Vorgaben des Arbeitszeitschutzes zu kontrollieren und sicherzustellen (Schaub/*Vogelsang* § 160 Rn 35; *Wiebauer* NZA 16, 1430). Gem. § 16 Abs 2 Satz 1 ArbZG besteht die Verpflichtung, die über die werktägliche Arbeitszeit des § 3 Abs 1 ArbZG hinausgehende Arbeitszeit aufzuzeichnen. Der ArbGeb sollte diese Aufzeichnungspflicht auf den ArbN delegieren und ihn gleichzeitig verpflichten, seine Aufzeichnungen auf Verlangen der Aufsichtsbehörde vorzulegen (*Isenhardt* DB 16, 1499; ErfK/*Wank*, § 16 ArbZG Rn 5). Alternativ besteht die Möglichkeit, dass die ArbN die von ihnen geleistete Arbeitszeit digital im EDV-System des ArbGeb eintragen. Beispiele bei *Siebens* AiB 15,43. Zu beachten ist das Urteil des EuGH v 14.5.19, nach dem die Nationalstaaten verpflichtet sind, ein System einzurichten, mit dem die von jedem ArbN geleistete tägliche Arbeitszeit gemessen werden kann (EuGH 14.5.19 – C-55/18, NZA 19, 683) und die Umsetzung dieser Vorgabe in Deutschland. S → *Arbeitszeit* Rn 25.

**b) Werktägliche Höchstarbeitszeit, Ruhepausen, Ruhezeiten.** Gem § 3 ArbZG darf innerhalb von sechs Kalendermonaten (oder innerhalb von 24 Wochen) im Durchschnitt die werktägliche Arbeitszeit nicht überschritten werden. Auch beim mobilen Abreiten sind die in § 4 ArbZG verankerten Ruhepausen zwingend einzuhalten, ebenso die in § 5 Abs 1 ArbZG normierte ununterbrochene Ruhezeit von mindestens 11 Stunden. Die Einhaltung dieser zwingenden Schutzbestimmungen kann beim mobilen Arbeiten schwierig festzustellen sein. Denn mobiles Arbeiten führten häufig dazu, dass die Grenzen zwischen privaten Verrichtungen und Arbeitsleistung verschwimmen, oder sich die Frage stellt, ob bestimmte Tätigkeiten, die der ArbN „freiwillig" außerhalb der regelmäßigen betrieblichen Arbeitszeit erbringt, wie zB das Lesen und Bearbeiten von dienstlichen E-Mails, als Arbeitszeit iSd ArbZG und als vergütungspflichtige Arbeit zu qualifizieren sind. Tw wird die Auffassung vertreten, dass freiwillige Aktivitäten des ArbN keine Arbeitsleistung darstellen und arbeitszeit- und vergütungsrechtlich irrelevant sind. Eine Arbeitsleistung soll nur dann vorliegen, wenn eine Tätigkeit vom ArbGeb ausdrücklich oder zumindest konkludent angeordnet worden ist (*Schlegel* NZA-Beil 14, 16; *Neumann/Biebl* § 7 Rn 13a; *Bissels/Domke/Wisskirchen* DB 10, 2052). Eine dem ArbGeb aufgedrängte Arbeit stellt danach keine Arbeitsleistung dar. Nach anderer Auffassung soll jede Tätigkeit des ArbN im dienstlichen Interesse als Arbeitszeitleistung zu bewerten sein (*Krause* NZA-Beil 17, 53), jedenfalls eine Tätigkeit, die eine Dauer von 10 bis 20 Minuten überschreitet (NK-GA/*Wichert* § 5 ArbZG Rn 61; *Giesen/Kersten* DB 17, 2865; *Freyler* NZA 17, 1296; *Wirtz* BB 14, 1397). Eine Zurechnung von freiwilligen Aktivitäten kann der ArbGeb dadurch verhindern, dass er diese ausdrücklich untersagt und auch nicht duldet (*Jacobs* NZA 16, 733; *Wiebauer* NZA 16, 1430). Das BAG tendiert dazu, eine vergütungspflichtige Arbeitszeit dann anzunehmen, wenn der ArbGeb das Arbeitsergebnis annimmt und damit die Tätigkeit des ArbN genehmigt (BAG 24.8.16 – 5 AZR 129/16, NZA 17, 58; ebenso *Zöll/Kielkowski* BB 12, 2625). Je nach Betrachtung können damit selbst geringfügige Unterbrechungen der Arbeitszeit durch ein „freiwilliges" Tätigwerden des ArbN erneut elfstündige Ruhezeit auslösen. 7

Auch beim mobilen Arbeiten sind die Ruhepausen zu beachten. Die Festlegung kann nur durch den ArbN erfolgen. Zu beachten ist, dass nach der Rspr des BAG jedenfalls bei Antritt der Ruhepause feststehen muss, wie lange sie dauert (BAG 25.2.15 – 5 AZR 886/12, NZA 15, 494; 29.10.02 – 1 AZR 603/01, NZA 03, 1212). Während der Ruhepause besteht keine Arbeitspflicht. Der ArbN darf auch keine Nebenleistung erbringen oder sich zur Arbeit bereithalten, zum Beispiel indem er in der Pause auf einen Anruf oder eine E-Mail eines Kunden oder Vorgesetzten wartet und sich entsprechend bereithält. 8

Arbeitszeitrechtlich problematisch ist ferner das Phänomen der **ständigen Erreichbarkeit,** unter der eine Situation verstanden wird, in der vom ArbGeb zwar keine Rufbereitschaft angeordnet ist, jedoch eine mehr oder weniger stark ausgeprägte Erwartungshaltung besteht, dass der ArbN per Smartphone oder Internet durch Vorgesetzte, Kollegen oder Kunden kontaktiert werden kann und er auf Anfragen umgehend oder jedenfalls zeitnah reagiert. Nach der Rechtsprechung des EuGH zählt Rufbereitschaft arbeitszeitrechtlich zur Arbeitszeit, wenn der ArbN nicht nur verpflichtet ist, für seinen ArbGeb verfügbar zu sein, sondern dem ArbN auch vorgegeben ist, sich auf Zuruf innerhalb einer bestimmten Zeit am Arbeitsplatz einzufinden (EuGH 21.2.18 – C-518/15, NZA 18, 293; sa Bayreuther NZA 18, 348). Dies entspricht der Rspr des BAG (BAG 31.1.02 – 6 AZR 214/00, BeckRS 2002, 9

40880; sa ErfK/*Wank* § 2 ArbZG Rn 31 mwN). Die ständige Erreichbarkeit im Allgemeinen kann deshalb nicht als Arbeitszeit iSd ArbZG, sondern nur als eine besondere Form von Rufbereitschaft eingeordnet werden (*Krause* NZA-Beil 17,53; *Wiebauer* NZA 16, 1430; *Wank* RdA 14, 285). Zur Vergütungspflicht → *Rufbereitschaft* Rn 5.

10 **5. Kosten der Arbeitsmittel.** Die Kosten für die Anschaffung von Laptop, Smartphone etc bei mobilem Arbeiten trägt idR ohne abweichende vertragliche Regelung der ArbGeb. Dem ArbN steht ein Aufwendungsersatzanspruch gem § 670 BGB zu (BAG 14.10.03 – 9 AZR 657/02, NZA 04, 604). Der ArbGeb stellt dem ArbN typischerweise die erforderlichen Arbeitsmittel zur Verfügung. In der IT-Branche gibt es den Trend, dass der ArbN seine Hardware selbst stellt („Bring your own device", BYOD). Da der ArbN in diesem Fall seine eigenen Arbeitsmittel einsetzt, sind die ihm zusätzlich entstehende Kosten entsprechend § 670 BGB zu ersetzen (*Isenhardt* DB 16, 1499; *Göpfert/Wilke* NZA 12, 765; *Schaub/Vogelsang* § 164 Rn 33). Der Anspruch auf Kostenerstattung betrifft die Abnutzung oder eventuelle Beschädigung oder Zerstörung des Geräts, ebenso eine eventuelle Erhöhung einer Flatrate.

11 **6. Arbeitsschutz.** Auf mobiles Arbeiten findet die ArbStättV keine Anwendung (*Schiefer/Worzalla* DB 19, 1904). Gleichwohl ist der gerätebezogene Arbeitsschutz zu beachten, wie er in Anhang Nr 6 der ArbStättV niedergelegt ist.

12 Pflichten des ArbGeb ergeben sich jedoch aus § 618 Abs 1 BGB sowie aus §§ 3 ff ArbSchG sowie aus dem ArbSichG. Nach § 4 Nr 1 ArbSchG ist die Arbeit so zu gestalten, dass eine Gefährdung für das Leben sowie die physische und psychische Gesundheit möglichst vermieden wird. Praktische Relevanz hat hier insbes eine Gefährdungsbeurteilung gem § 5 ArbSchG (*Isenhardt* DB 16,1499; *Bissels/Meyer-Michaelis* DB 15,2331).

13 **7. Haftung.** Für die Tätigkeit beim mobilen Arbeiten gelten die allgemeinen arbeitsrechtlichen Grundsätze der Haftungsbegrenzung; Einzelheiten s *Arbeitnehmerhaftung*.

14 **8. Datenschutz.** Die Bestimmungen des Datenschutzrechts sind auch bei mobilem Arbeiten zu beachten. S → *Homeoffice* Rn 7.

15 **9. Mitbestimmung des Betriebsrats. a) Anwendbarkeit des BetrVG.** Der mobile Arbeitsplatz (Mobile Office) gehört grds zum Betrieb, weil der betriebsverfassungsrechtliche Betriebsbegriff nicht nur räumlich, sondern auch funktional zu verstehen ist. Der ArbN im Mobile Office ist ArbN des Betriebs, § 5 Abs 1 Satz 1 BetrVG (*Fitting* § 5 Rn 193 ff; *Oltmanns/Fuhbrott* NZA 18, 1225).

16 **b) Mitbestimmungsrechte des Betriebsrats.** Die Gestaltung der mobilen Arbeit unterliegt der sozialen, personellen und wirtschaftlichen Mitbestimmung des BRat. Mitbestimmungsrechte des BRat können sich ergeben bei Regelungen zur privaten Nutzung von Telefon, Internet und E-Mail-Systemen nach § 87 Abs 1 Nr 1 BetrVG, bei Fragen der Arbeitszeitgestaltung gem § 87 Abs 1 Nr 2 BetrVG, aus § 87 Abs 1 Nr 6 BetrVG (technische Einrichtung), aus § 87 Abs 1 Nr 7 BetrVG (Arbeitsschutz) sowie aus § 87 Abs 1 Nr 10 BetrVG (Vergütung; Aufwandsentschädigung und Auslagenersatz sind keine Vergütungsbestandteile und unterliegen deshalb nicht dem Mitbestimmungsrecht). Beim **Desk Sharing** bestehen Mitbestimmungsrechte gem § 87 Abs 1 Nr 1 und Nr 6 BetrVG sowie gem § 87 Abs 1 Nr 7 BetrVG, wenn es um die Einrichtung der Arbeitsräume geht (Mindestgröße, Beachtung der ArbStättV)

17 Bei der Begründung und der Beendigung von mobiler Arbeit und handelt es sich aufgrund der Änderung des Arbeitsorts und der Änderung der Arbeitsumstände um eine nach §§ 99 Abs 1, 95 Abs 3 BetrVG mitbestimmungspflichtige Versetzung (LAG Dü 10.9.14 – 12 Sa 505/14, BeckRS 2014, 73155; *Isenhardt* DB 16, 1499; *Schaub/Vogelsang* § 164 Rn 42).

18 Der BRat hat gem § 80 Abs 1 Nr 1 BetrVG die Aufgabe, auch beim mobilen Arbeiten die Einhaltung der Vorgaben des ArbZG zu überwachen. Er ist berechtigt, die Vorlage der Arbeitszeitaufzeichnungen zum Zwecke der Kontrolle zu verlangen, und zwar auch dann, wenn Vertrauensarbeitszeit vereinbart wurde (BAG 6.5.03 – 1 ABR 13/02, NZA 03, 1348; *Wiebauer* NZA 16, 1430). Es bestehen ferner Unterrichtungs- und Beratungsrechte nach §§ 90, 92 BetrVG (s hierzu *Schulze/Volk* ArbRAktuell 19, 404).

19 **10. Zuständiges Arbeitsgericht.** Bei mobilem Arbeiten ist zu prüfen, ob es einen gewöhnlichen Arbeitsort iSv § 48 Abs 1a Satz 1 ArbGG gibt, der die örtliche Zuständigkeit

eines AbGG begründen kann. Wenn dies nicht der Fall ist, bestimmt sich die örtliche Zuständigkeit nach dem allg Gerichtsstand des ArbGeb, §§ 12 ff ZPO.

## B. Lohnsteuerrecht

*Weil*

**1. Nichtselbständige Tätigkeit (§ 19 Abs 1 Nr 1 EStG).** Die Tätigkeit im Rahmen des mobilen Arbeitens kann steuerrechtlich selbständige Tätigkeit zB als freier Mitarbeiter (insbes bei Bestehen eines Unternehmerrisikos) oder aber trotz der gelockerten Eingliederung (insbes hinsichtlich des Arbeitsorts) wegen fortbestehender Eingliederung in den Geschäftsbetrieb des ArbGeb nichtselbständige Tätigkeit als ArbN sein. Zur Abgrenzung der selbständigen und der nichtselbständigen Arbeit wird auf die Ausführungen zum Homeoffice (→ Rn 30 ff), zur freien Mitarbeit (→ Rn 32 ff) und zum Arbeitnehmerbegriff (→ Rn 30 ff) Bezug genommen. 26

**2. Arbeitslohn (§ 19 Abs 1 EStG, § 2 LStDV).** Alle Einnahmen, die dem mobilen ArbN aus dem Dienstverhältnis zufließen sind Arbeitslohn (§ 2 Abs 1 Satz 1 LStDV). Zum Begriff des Arbeitslohns wird auf die Ausführungen zum Arbeitsentgelt (→ Rn 30 ff) verwiesen. 27

**a) Ausstattung des Arbeitsplatzes.** → *Homeoffice* Rn 34.

**Telekommunikationseinrichtungen (Internet- und Telefonanschluss).** Die vom ArbGeb getragenen Kosten eines Internet- und Telefonanschlusses (zB Einrichtungskosten, Grundgebühr, Gesprächsgebühren) des ArbN in seiner Wohnung oder für ein Mobiltelefon sind in Höhe des Anteils der **berufliche Nutzung steuerfreier Auslagenersatz (§ 3 Nr 50 EStG,** → *Aufwendungsersatz* Rn 23 ff). Nur die anteilige **Privatnutzung** führt zu einem **geldwerten Vorteil,** der als Arbeitslohn zu versteuern ist. Das Verhältnis der beruflichen zur privaten Nutzung ist ggf. zu schätzen. Der ArbN kann hierzu den beruflichen Anteil der Aufwendungen an den Gesamtkosten über einen repräsentativen Zeitraum von drei Monaten nachweisen (LStR 3.50 Abs 2 S 2). Für die Zukunft kann er stattdessen auch den sich aus der dreimonatigen Aufzeichnung ergebenden Durchschnittsbetrag bis zu einer wesentlichen Änderung der Verhältnisse zu Grunde legen (LStR 3.50 Abs 2 S 5–7). Fallen erfahrungsgemäß derartige Kosten an, kann der ArbGeb ohne Einzelnachweis bis zu 20 % des Rechnungsbetrages, höchstens 20 € pro Monat, steuerfrei ersetzen (LStR 3.50 Abs 2 S 4).

**b) Private Nutzung von betrieblichen Datenverarbeitungs- und Telekommunikationsgeräten sowie Softwareüberlassung.** Die Vorteile des ArbN aus der privaten Nutzung von dem ArbGeb gehörenden Datenverarbeitungs- und Telekommunikationsgeräten (zB Personalcomputer, Laptop, Handy, Smartphone, Tablet) ist nach **§ 3 Nr 45 EStG steuerfrei.** Auch die Nutzung von Zubehörgeräten (zB Monitor, Drucker, Scanner, Modem) sowie der System- und Anwendungsprogramme (zB Betriebssysteme und Home-Use-Programme) sind steuerfrei. Begünstigt ist auch die Installation oder Inbetriebnahme der Geräte und Programme iSd § 3 Nr 45 EStG durch einen IT-Service des Arbeitgebers. Zu den Beispielen zur Anwendung des § 3 Nr 45 EStG s LStR 3.45. 28

**c) Übereignung von Geräten und Zubehör sowie entsprechende Zuschüsse durch den ArbG.** Übereignet der ArbG dem ArbN (zusätzl zum ohnehin geschuldeten Arbeitslohn) unentgeltlich oder verbilligt Datenverarbeitungsgeräte (ggf einschließlich Zubehör u. Internetzugang), kann er den dem ArbN zufließenden **steuerpflichtigen Vorteil mit 25 % pauschal als Arbeitslohn versteuern** (§ 40 Abs 2 Nr 5 Satz 1 EStG, Lohnsteuerpauschalierung). Das Gleiche gilt für **Zuschüsse** des ArbG, die zusätzl zum ohnehin geschuldeten Arbeitslohn zu den Aufwendungen des ArbN für die Internetnutzung gezahlt werden (§ 40 Abs 2 Nr 5 Satz 1). Soweit die pauschal besteuerten Bezüge auf Werbungskosten entfallen, ist der Werbungskostenabzug grundsätzlich ausgeschlossen. Aus Vereinfachungsgründen unterbleibt zu Gunsten des Arbeitnehmers eine Anrechnung auf seine Werbungskosten bei Zuschüssen bis zu 50 Euro im Monat. Vgl iE LStR 40.2 Abs 5. 3. 29

**d) Werbungskostenersatz.** Wenn der ArbGeb dem ArbN Aufwendungen ersetzt, die ihrer Natur nach Werbungskosten sind, führt dies beim ArbN zu Arbeitslohn iSd § 19 Abs 1 Nr 1 EStG. Die **Erstattung der Reisekosten** für Fahrten des mobilen ArbN zu den Kunden des ArbGeb können nach § 3 Nr 16 EStG steuerfrei sein (→ *Aufwandsentschädigung* Rn 7 ff). Die **Erstattung der Fahrtkosten des ArbN zum ArbGeb** können nach § 40 30

Abs 2 Satz 2 EStG mit einem Pauschsteuersatz von 15% versteuert werden (→ *Homeoffice* Rn 35, → *Lohnsteuerpauschalierung* Rn 37 ff).

## C. Sozialversicherungsrecht

*Voelzke*

35 **1. Versicherungspflicht.** Die Ausübung einer **Beschäftigung** (§ 7 Abs 1 Satz 1 SGB IV) gegen Arbeitsentgelt bildet den Hauptfall der Versicherungspflicht kraft Gesetzes in allen Zweigen der SozV (→ *Arbeitnehmer* Rn 50 ff). Hingegen sind selbstständig Tätige nur ausnahmsweise in die Versicherungspflicht und die daraus folgende Beitragspflicht einbezogen (→ *Arbeitnehmerähnliche Selbstständige* Rn 5 ff).

36 Gerade im Bereich des mobilen Arbeitens, das durch die räumliche und zeitliche Entgrenzung der Arbeitsleistung gekennzeichnet ist und durch die Digitalisierung ermöglicht wird (→ Rn 1 ff), stellt sich in noch größerem Umfang als bisher die Schwierigkeit einer **Einordnung der Arbeitsleistung** in den Übergangsbereichen zwischen abhängiger Beschäftigung und selbständiger Tätigkeit (zur SozVPflicht bei agilen Projekten *Heise* NZA 17, 1571). Denn es gibt keine Bindung an einen bestimmten Arbeitsort und keine festen Arbeitszeiten (*Merz* jM 19, 330). Da Weisungsrechte bezüglich Art, Zeit und Ort der Arbeitsleistung zu den Kriterien abhängiger Beschäftigung gehören, rechnete gerade der „feste" Arbeitsplatz in den Räumen des ArbGeb zu den hergebrachten Indizien, die regelmäßig für das Vorliegen eines Beschäftigungsverhältnisses streiten (*Schlegel/Voelzke/Segebrecht* SGB IV § 7 Abs 1 Rz 93). Demgegenüber ist festzuhalten, dass die genannten Weisungsrechte für die Einordnung zunehmend eine geringere Rolle spielen. Die räumliche Trennung des Arbeitsplatzes von der Arbeitsstätte des ArbGeb schließt es nicht aus, den ArbN als abhängig Beschäftigten anzusehen.

37 In der Rspr des BSG ist ein Prüfungsschema zur Abgrenzung des Beschäftigungsverhältnisses zur selbstständigen Tätigkeit entwickelt worden (zum insoweit heranzuziehenden Indizienkatalog → *Arbeitnehmer* Rn 90 ff), das auch für das mobile Arbeiten sinngemäß anzuwenden ist. Hinsichtlich des Weisungsrechts bezüglich der Zeit und des Orts des Arbeitsleistung gilt in den Fällen des mobilen Arbeitens, dass dieses insbesondere durch die Einbindung in das Datennetz des ArbGeb weitgehend ersetzt werden kann. Hinsichtlich des Vertragsinhaltes gilt, dass ein gewichtiges **Indiz für eine abhängige Beschäftigung** vorliegt, wenn der Inhalt der nach dem Vertrag geschuldeten Leistung nicht genau bestimmt wird, sondern erst auf der Grundlage der fachlichen Eingliederung in den Betrieb konkretisiert wird (LSG BaWü 14.2.12 – L 11 KR 3007/11, NZS 12, 667). Ferner ist die Verpflichtung, regelmäßig an Teambesprechungen des ArbGeb teilzunehmen, als Indiz für das Vorliegen einer abhängigen Beschäftigung anzusehen (LSG BaWü 18.5.15 – L 11 R 4586/12, BeckRS 2015, 71952). Darüber hinaus ist zu berücksichtigen, ob dem Mitarbeiter während des mobilen Arbeitseinsatzes Betriebsmittel des ArbGeb in nennenswertem Umfang zur Verfügung stehen. Schließlich sind die weiteren allgemeinen Kriterien zur Abgrenzung von abhängiger Beschäftigung und selbständiger Tätigkeit (zB Urlaubsregelung, Urlaubsgeld, Weihnachtsgeld, Vertragsbezeichnung usw) sinngemäß heranzuziehen.

38 Das BSG hält in seiner neueren Rspr ferner die **Vergütungsstruktur** des ArbGeb für beachtlich. Liegt das vereinbarte Honorar deutlich über dem Einkommen eines sozialversicherungspflichtigen Beschäftigten und lässt es infolgedessen eine Eigenvorsorge zu, so bildet dies ein gewichtiges Indiz für eine selbstständige Tätigkeit (BSG 30.3.17 – B 12 R 7/15 R, NZS 17, 664). Allerdings sind auch insoweit die Gesamtumstände maßgebend, so dass allein aus einer unterdurchschnittlichen Honorierung bei fehlender Eingliederung in den Betrieb des ArbGeb nicht auf das Vorliegen eines Beschäftigungsverhältnisses geschlossen werden kann.

39 **2. Unfallversicherung.** In der gesetzlichen UV sind in erster Linie die Beschäftigten versichert. Selbständige können, soweit sie nicht ausdrücklich durch das Gesetz in die Versicherungspflicht einbezogen werden, durch **Satzungsrecht** der Berufsgenossenschaften in die Versicherungspflicht einbezogen sein (zum versicherten Personenkreis → *Unfallversicherung* Rn 37 ff). Darüber hinaus besteht nach § 6 SGB VII die Möglichkeit einer freiwilligen Versicherung.

40 Auch wenn das Vorliegen eines Beschäftigungsverhältnisses bzw die Versicherungspflicht aus anderen Gründen zu bejahen ist, entstehen bei Unfällen außerhalb der Betriebsstätte

vielfältige Schwierigkeiten bei der **Abgrenzung des versicherten Risikos.** Dies betrifft insbes die klare Trennung von versicherten und nicht versicherten „eigenwirtschaftlichen" Tätigkeiten. Hinzu kommen bislang nicht ansatzweise gelöste Abgrenzungsschwierigkeiten hinsichtlich der in der UV versicherten Wege von und nach dem Ort der Tätigkeit (→ *Wegeunfall* Rn 13 ff).

# Mutterschaftsgeld

## A. Arbeitsrecht

*Poeche*

**Mutterschaftsgeld** erhalten in der gesetzlichen KV versicherte Frauen für die Dauer der Schutzfristen vor und nach der Entbindung (§ 3 MuSchG) nach § 24i SGB V (§ 19 Abs 1 MuSchG). Die Vorschrift im MuSchG hat nur deklaratorische Bedeutung; maßgeblich sind die sozialrechtlichen Bestimmungen (→ Rn 6 ff). Die ausdrückliche Erwähnung im MuSchG versteht sich aus dem Interesse an umfassender Information der Frauen über ihre Rechte, da nur das MuSchG im Betrieb auszulegen oder auszuhängen ist (§ 26 MuSchG). **Nichtversicherte Arbeitnehmerinnen** erhalten Mutterschaftsgeld in entsprechender Anwendung des SGB V über das Mutterschaftsgeld iHv insgesamt höchstens 210 Euro monatlich vom Bundesversicherungsamt. Privat versicherte, selbständige Frauen haben nach einer 2017 in Kraft getretenen Änderung des § 192 Abs 5 S 2 VVG Anspruch auf Zahlung von Krankentagegeld während der mutterschutzrechtlichen Fristen. Gleiches gilt für Frauen, deren Arbeitsverhältnis zulässig vom ArbGeb nach Maßgabe von § 17 Abs 2MuSchG aufgelöst worden ist (§ 19 Abs 2 S 3 MuSchG). 1

Das **Arbeitsrecht** bestimmt die vom ArbGeb geschuldete Mitwirkung zur Darlegung der Anspruchsvoraussetzungen gegenüber den zuständigen Stellen. Seine Verletzung kann zu Schadensersatz verpflichten (→ *Verdienstbescheinigung* Rn 4). **Finanziell** von Interesse ist der vom ArbGeb zu zahlende Zuschuss zum Mutterschaftsgeld (§ 20 Abs 1 MuSchG; → *Mutterschutz* Rn 33–36). 2

## B. Lohnsteuerrecht

*Weil*

**Das Mutterschaftsgeld** (→ Rn 6) sowie entsprechende Zuschüsse nach dem MuSchG sind gem § 3 Nr 1d EStG steuerfrei. Der steuerfreie Zuschuss zum Mutterschaftsgeld nach § 14 MuSchG kann nach § 11 des 5. VermBG vermögenswirksam angelegt werden (→ *Vermögenswirksame Leistungen* Rn 26). Das Geburtengeld nach Schweizer Recht ist nicht als Arbeitslohn zu erfassen, weil die Beiträge des ArbGeb als Versicherungsbeitrag bereits zu Lohn führen. Es unterliegt auch nicht dem Progressionsvorbehalt (BFH 20.4.09 – X R 31/08, BFH/NV 09, 1625; → *Lohnersatzleistungen* Rn 10). 3

Die Zahlung von Arbeitsentgelt während der Mutterschaftsfristen (§ 11 MuSchG), soweit die steuerfreien Leistungen nach dem MuSchG noch nicht eingreifen, ist stpfl. 4

**Beispiel:** Die werdende Mutter darf nicht während der Nacht (zwischen 20.00 Uhr und 6.00 Uhr) und nicht an Sonn- und Feiertagen beschäftigt werden (§ 8 MuSchG). Sie hat jedoch einen Anspruch auf die Zahlung der Nacht-, Sonn- und Feiertagszuschläge (§ 11 MuSchG). Die Zahlung dieses Zuschlags ist dann stpfl (BFH 27.5.09 – VI B 69/08, DStRE 09, 835).

Zahlungen von Arbeitsentgelt anstelle steuerfreier Leistungen nach dem MuSchG (zB wenn eine werdende Mutter innerhalb der Mutterschutzfrist freiwillig arbeitet; § 3 Abs 2 MuSchG) oder als freiwillige Leistung des ArbGeb neben dem Mutterschaftsgeld sind stpfl.

Die steuerfreien Leistungen nach § 3 Nr 1 Buchst d EStG unterliegen dem **Progressionsvorbehalt** (§ 32b Abs 1 Nr 1Buchst b EStG; → *Lohnersatzleistungen* Rn 6, 10). Der ArbGeb hat den Zuschuss zum Mutterschaftsgeld (§ 14 MuSchG) und den Zuschuss während der Mutterschutzfristen in das Lohnkonto (§ 41 Abs 1 Satz 4 EStG) und auf der elektronischen LStBescheinigung (§ 41b Abs 1 Satz 2 Nr 5 EStG) einzutragen. Der ArbGeb darf bei Bezug derartiger steuerfreier Leistungen keinen LStJahresausgleich durchführen (§ 42b Abs 1 Satz 3 Nr 4 EStG), auch keinen permanenten LStJahresausgleich (R 39b.8 Satz 2 Nr 6 LStR; → *Lohnsteuerjahresausgleich* Rn 14), vielmehr ist eine Veranlagung vAw durchzuführen, wenn die steuerfreien Leistungen, die dem Progressionsvorbehalt unterlie- 5 gen, mehr als 410 € im Kj betragen (§ 46 Abs 2 Nr 1 EStG). Zur Behandlung **ausländischer** Zahlungen, die dem Mutterschaftsgeld entsprechen → *Ausländer* Rn 39; → *Lohnersatzleistungen* Rn 6.

**C. Sozialversicherungsrecht** *Voelzke*

6 **1. Allgemeines.** Das Mutterschaftsgeld nach § 24i SGB V gehört zu den Leistungen der KV bei Eintritt der Versicherungsfälle Schwangerschaft und Mutterschaft (§§ 24c ff SGB V; → *Mutterschaftshilfe* Rn 3). Das Mutterschaftsgeld wird idR für die letzten 6 Wochen vor, den Entbindungstag und die ersten 8 Wochen nach der Entbindung gezahlt. Das im Zeitraum nach der Geburt gezahlte Mutterschaftsgeld wird nach Maßgabe des § 3 Abs 1 BEEG auf das *Elterngeld* angerechnet. Anspruch auf die Mutterschaftsleistungen haben alle weiblichen Versicherten, unabhängig davon, ob sie kraft Gesetzes oder freiwillig versichert sind. Frauen, die nicht in der gesetzlichen KV versichert sind, können nach § 18 Abs 2 MuSchG Mutterschaftsgeld zulasten des Bundes durch das Bundesversicherungsamt erhalten. Da das nach § 24i SGB V zu gewährende Mutterschaftsgeld insbes die wirtschaftliche Versorgung berufstätiger Mütter sicherstellen soll, kommt dieser Leistung **Lohnersatzfunktion** zu.

7 Wegen der Begrenzung des Mutterschaftsgeldes auf höchstens 13 € kalendertäglich wird eine wirtschaftliche Absicherung allerdings idR erst durch die zusätzlichen Zahlungen des ArbGeb nach dem MuSchG erreicht. Das BVerfG hatte entschieden, dass die Regelung über den Zuschuss des ArbGeb zum Mutterschaftsgeld in ihrer damaligen Ausgestaltung einer Diskriminierung von Frauen im Erwerbsleben Vorschub leiste und deshalb die einschlägige Gesetzesvorschrift für unvereinbar mit dem GG erklärt (BVerfG 18.11.03 – 1 BvR 302/96, DB 03, 2788). Der Gesetzgeber hat daraufhin das Ausgleichsverfahren neu geregelt. In das Ausgleichsverfahren sind alle ArbGeb ohne Rücksicht auf die Zahl der Beschäftigten einbezogen (→ *Mutterschutz* Rn 56 ff). Das Mutterschaftsgeld wird nach § 16 Abs 1 Satz 2 SGB V auch bei einem Aufenthalt außerhalb des Geltungsbereichs des SGB V erbracht.

8 **2. Leistungsvoraussetzungen.** Weibliche Krankenkassenmitglieder erhalten nach § 24i SGB V Mutterschaftsgeld, wenn sie bei Arbeitsunfähigkeit Anspruch auf Krankengeld haben oder wegen der Schutzfristen des § 3 Abs 2 MuSchG kein Arbeitsentgelt erhalten.

9 **a) Anspruchsberechtigte.** Mutterschaftsgeld steht gem § 24i Abs 1 SGB V nur weiblichen Mitgliedern einer Krankenkasse zu. Die Mitgliedschaft muss bei Beginn der Schutzfristen nach dem MuSchG oder bei Beginn des Anspruchs auf Mutterschaftsgeld noch bestehen. Es wird nur leiblichen Müttern gewährt, während **Adoptivmütter** (BSG 3.6.81 – 3 RK 74/79, SozR 2200 § 200 Nr 6) und **Väter** (BSG 19.10.83 – 3 RK 19/82, SozR 7830 § 13 Nr 5) vom Bezug des Mutterschaftsgeldes ausgeschlossen sind.

10 **b) Lohnersatz.** Mutterschaftsgeld nach § 24i SGB V wird Kassenmitgliedern gezahlt, die bei AU **Anspruch auf Krankengeld** haben oder denen wegen der Schutzfristen des § 3 Abs 2 MuSchG kein Arbeitsentgelt gezahlt wird. Keinen Anspruch auf Krankengeld und damit idR keinen Anspruch auf Mutterschaftsgeld haben die in § 44 Abs 1 Satz 2 SGB V genannten Versicherten, die Familienversicherten (§ 10 SGB V) und freiwillige Mitglieder einer Krankenkasse, wenn die Satzung den Anspruch auf Krankengeld ausschließt (§ 44 Abs 2 SGB V; → *Krankengeld* Rn 11 ff). Auch ohne Krankengeldanspruch haben weibliche Versicherte Anspruch auf Mutterschaftsgeld, soweit ihnen wegen der genannten Schutzfristen kein Arbeitsentgelt gezahlt wird. Von dieser Alternative werden insbes Mitglieder erfasst, die zum Personenkreis des § 44 Abs 1 Satz 2 SGB V gehören und zusätzlich eine geringfügige Beschäftigung ausüben.

Beginnt ein **Arbeitsverhältnis während der Schutzfrist,** so ist Mutterschaftsgeld von Beginn des Arbeitsverhältnisses zu zahlen. Für diesen Anspruch reicht es aus, dass sämtliche Merkmale eines Beschäftigungsverhältnisses vorliegen und eine Arbeitsaufnahme nur wegen der Schutzfristen nicht erfolgt (*Schlegel/Voelzke/Pitz* § 24i Rn 17).

11 **3. Höhe des Mutterschaftsgeldes.** Das Mutterschaftsgeld errechnet sich für Mitglieder, die bei Beginn der Schutzfrist in einem Arbeitsverhältnis stehen oder in Heimarbeit beschäftigt sind oder deren Arbeitsverhältnis vom ArbGeb während ihrer Schwangerschaft zulässig aufgelöst worden ist, nach dem Arbeitsentgelt der letzten drei abgerechneten

Kalendermonate vor Beginn der Schutzfrist (§ 24i Abs 2 SGB V). Für die Höhe des Anspruchs kommt es auf den arbeitsrechtlichen Begriff des Arbeitsverhältnisses an (BSG 16.2.05 – B 1 KR 13/03 R, SozR 4–2200 § 200 Nr 2). Die anderen Mitglieder erhalten Mutterschaftsgeld in Höhe des Krankengeldes (§ 24i Abs 2 Satz 7 SGB V).

**a) Personenkreis nach § 24i Abs 2 Sätze 1–6 SGB V.** Das Mutterschaftsgeld in Höhe des zuletzt erzielten Verdienstes erhält neben den in einem Arbeitsverhältnis stehenden oder in Heimarbeit beschäftigten Versicherten auch der Personenkreis, dessen Arbeitsverhältnis vom ArbGeb ausnahmsweise während der Schwangerschaft zulässig aufgelöst werden konnte. Das Merkmal der Zulässigkeit der Kündigung wird von der Rspr entsprechend dem Normzweck restriktiv ausgelegt. Keine Gleichstellung mit den in einem Arbeitsverhältnis stehenden Versicherten erfolgt, wenn der ArbGeb wirksam gekündigt hat, weil die Versicherte ihm die Schwangerschaft nicht angezeigt hat (BSG 10.9.75 – 3 RK 12/74, SozR 2200 § 200 Nr 2) oder wenn der ArbGeb das befristete Arbeitsverhältnis wegen arglistiger Täuschung angefochten hat (BSG 17.9.86 – 3 RK 3/85, SozR 2200 § 200 Nr 11). 12

Der Bemessungszeitraum für die Berechnung des Mutterschaftsgeldes umfasst die **letzten drei tatsächlich abgerechneten Kalendermonate** (nicht Zeitmonate) vor Beginn der Schutzfrist nach § 3 Abs 2 MuSchG. Zu berücksichtigen ist das innerhalb des Bemessungszeitraumes erzielte durchschnittliche kalendertägliche Arbeitsentgelt, das um die gesetzlichen Abzüge und um einmalig gezahltes Arbeitsentgelt zu mindern ist. Außer Betracht bleiben gem § 24i Abs 2 Satz 3 SGB V auch Tage, an denen infolge von Kurzarbeit, Arbeitsausfällen oder unverschuldetem Arbeitsversäumnis kein oder ein vermindertes Arbeitsentgelt erzielt wurde. 13

Ist eine Berechnung nach den vorstehenden Grundsätzen nicht möglich (zB Beendigung der Ausbildung und Wechsel in ein reguläres Arbeitsverhältnis), so kommt es nach § 24i Abs 2 Satz 4 SGB V auf das Arbeitsentgelt an, das ein **gleichartig Beschäftigter** erzielen würde. 14

Das Mutterschaftsgeld wird durch § 24i Abs 2 Satz 2 SGB V der Höhe nach auf **kalendertäglich 13 €** begrenzt. Den zwischen dem nach den vorstehenden Grundsätzen errechneten Nettoarbeitsentgelt und dem gesetzlichen Höchstbetrag bestehenden Unterschiedsbetrag zahlen der ArbGeb oder der Bund als Zuschuss zum Mutterschaftsgeld nach § 19 MuSchG (→ *Mutterschutz* Rn 33 ff). Der Zuschuss wird nicht vom ArbGeb, sondern vom Bundesversicherungsamt zulasten des Bundes gezahlt, wenn das Arbeitsverhältnis der Frau während der Schutzfrist vom ArbGeb zulässig aufgelöst wurde (§ 19 Abs 3 Satz 1 MuSchG) oder wenn der ArbGeb seine Verpflichtung zur Zahlung des Zuschusses für die Zeit nach Vollendung des Insolvenzverfahrens oder nach rechtskräftiger Abweisung mangels Masse bis zur zulässigen Auflösung des Arbeitsverhältnisses wegen Zahlungsunfähigkeit nicht erfüllen kann (§ 19 Abs 3 Satz 2 MuSchG). Diese Vorschriften können nicht auf Gestaltungen erstreckt werden, in denen Frauen den Zuschuss des ArbGeb aus anderen Gründen nicht erhalten (BSG 7.11.2000 – B 1 SF 1/99 R, SozR 3–7830 § 14 Nr 1).

**b) Personenkreis nach § 24i Abs 2 Satz 7 SGB V.** Andere Mitglieder, die keinen Anspruch auf Mutterschaftsgeld nach § 24i Abs 2 Satz 1–5 SGB V haben, erhalten diese Leistung iHd Krankengeldes (→ *Krankengeld* Rn 24–29). Hierunter fallen sowohl Mitglieder, die nicht in einem Arbeitsverhältnis stehen, als auch solche, die keinen Anspruch auf den Zuschuss nach Satz 5 haben. Die Begrenzung des § 24i Abs 2 Satz 2 SGB V gilt für das iHd Krankengeldes gezahlte Mutterschaftsgeld nicht. Da hier kein Arbeitsverhältnis besteht, kommt ein Zuschuss des ArbGeb zum Mutterschaftsgeld nicht in Betracht. 15

**4. Dauer des Anspruches.** Das Mutterschaftsgeld wird innerhalb der Bezugsfristen des § 24i Abs 3 SGB V gewährt. Diese schließen die letzten sechs Wochen vor dem mutmaßlichen Tag der Entbindung, den Entbindungstag und ersten acht Wochen nach der Entbindung ein. Auszugehen ist für den vor der Entbindung liegenden Zeitraum grds vom mutmaßlichen Tag der Entbindung, der sich aus dem Zeugnis des Arztes oder der Hebamme nach § 24i Abs 3 Satz 3 SGB V ergibt. Das Zeugnis darf nicht früher als eine Woche vor Beginn der Schutzfrist nach § 3 Abs 2 MuSchG ausgestellt sein. 16

Findet die Entbindung später statt, als in der Bescheinigung ausgewiesen, so **verlängert** sich gem § 24i Abs 3 Satz 4 SGB V die Bezugsfrist bis zur Entbindung. Diese Wirkung tritt nicht ein, wenn ein entsprechendes Zeugnis erst nach der Entbindung erstellt oder ein vor der Entbindung ausgestelltes Zeugnis erst nach der Entbindung vorgelegt wird (BSG 10.9.75 – 3 RK 69/74, SozR 2200 § 200 Nr 3). Für die Berechnung der Bezugsdauer nach der Entbindung ist vom tatsächlichen Entbindungstag auszugehen (KassKomm/*Nolte* § 24i SGB V Rz 43). Versicherte, die sich zu Beginn der Schutzfristen in unbezahltem Urlaub befinden, haben Anspruch auf Mutterschaftsgeld vom Zeitpunkt der geplanten Wiederaufnahme der Arbeit an (BSG 17.2.04 – B 1 KR 7/02 R, SozR 4–2200 § 200 Nr 1).

17 Die Bezugsdauer verlängert sich nach § 24i Abs 3 Satz 1 SGB V bei **Früh- oder Mehrlingsgeburten** auf zwölf Wochen nach der Entbindung. Eine Frühgeburt liegt nach der Verwaltungspraxis vor, wenn das Kind ein Geburtsgewicht unter 2500 Gramm hat, nicht voll ausgebildete Reifezeichen besitzt oder wegen verfrühter Beendigung der Schwangerschaft einer wesentlich erweiterten Hilfe bedarf. Die Verlängerung des Anspruchs bei einer Frühgeburt gilt auch dann, wenn das Kind tot geboren worden ist. Schließlich kann das Mutterschaftsgeld für einen Zeitraum von zwölf Wochen nach der Entbindung in Fällen beansprucht werden, in denen vor Ablauf von acht Wochen nach der Geburt bei dem Kind eine Behinderung im Sinne von § 2 Abs 1 Satz 1 SGB IX ärztlich festgestellt und eine Verlängerung der Schutzfrist nach § 6 Abs 1 MuSchG von der Mutter beantragt wird.

**Beispiel:**

| | | |
|---|---|---|
| mutmaßlicher Entbindungstag | = | 8.2.2020 |
| Beginn der Schutzfrist (§ 3 Abs 2 MuSchG) | = | 28.12.2019 |
| letzter Arbeitstag | = | 27.12.2019 |
| Entbindungstag | = | 9.1.2020 |
| Verkürzung der Schutzfrist | = | 28.12.2019 – 8.1.2020 |
| dadurch „nicht in Anspruch genommen" | = | 30 Tage |

Ergebnis:
Die Schutzfrist verlängert sich um 30 Tage und endet nunmehr am 3.5.2020.

18 **5. Sozialversicherung.** Während der Dauer des Anspruchs auf Mutterschaftsgeld bleibt die Mitgliedschaft in der KV **beitragsfrei** erhalten (§§ 192, 224 SGB V). In der RV sind Zeiten, in denen eine versicherungspflichtige Beschäftigung durch die Schutzfristen nach dem MuschG unterbrochen wird, als **Anrechnungszeiten** (§ 58 SGB VI) zu berücksichtigen. Nach § 56 SGB VI gelten für Zeiten der Erziehung eines Kindes in dessen ersten 3 Lebensjahren die Pflichtbeiträge als gezahlt (→ *Kindervergünstigungen* Rn 51). In der ArblV begründet der Bezug von Mutterschaftsgeld die Versicherungspflicht (§ 26 Abs 2 Nr 1 SGB III). Ergänzend ordnet § 26 Abs 2a SGB III die Versicherungspflicht für Personen an, in der sie ein Kind, das das dritte Lebensjahr noch nicht vollendet hat, erziehen und unmittelbar vor der Kindererziehung versicherungspflichtig waren oder eine laufende Entgeltersatzleistung nach dem SGB III bezogen haben. Die Versicherungspflicht nach § 26 Abs 2 SGB III ist vorrangig (§ 26 Abs 3 Satz 3 SGB III).

19 **6. Mutterschaftsgeld gemäß § 18 Absatz 2 MuSchG** erhalten Frauen, die **nicht** in der gesetzlichen KV **versichert** sind und auch keinen Anspruch auf nachgehenden Versicherungsschutz gem § 19 Abs 2 SGB V haben. Die Leistung wird durch das Bundesversicherungsamt gezahlt und ist der Höhe nach auf einen Betrag von 210 € während der gesamten Schutzfrist begrenzt (zur Verfassungsmäßigkeit s BVerfG 16.11.84 – 1 BvR 142/84, SozR 7830 § 13 Nr 6).

20 **7. Verfahren.** Das Mutterschaftsgeld nach § 24i SGB V wird auf Antrag gewährt. Der bei der Krankenkasse zu stellende Antrag hat keine materiell-rechtliche Bedeutung, sondern leitet lediglich das Leistungsverfahren ein. Wird der Antrag erst nach der Entbindung gestellt, so ist für die Berechnung des Zeitraums der Leistungsgewährung vor der Entbindung die Angabe in dem Zeugnis über den mutmaßlichen Entbindungstag unerheblich. Entscheidend ist dann der tatsächliche Entbindungstermin. Gegen nachteilige Entscheidungen der Krankenkasse ist nach Durchführung des Widerspruchsverfahrens der Rechtsweg zu den Gerichten der Sozialgerichtsbarkeit eröffnet.

# Mutterschaftshilfe

## A. Arbeitsrecht *Poeche*

**Mutterschaftshilfe** nach den Vorschriften der RVO erhielten in der gesetzlichen KV versicherte Frauen. Die einzelnen, in Betracht kommenden Leistungen, die früher unter dem Begriff der Mutterschaftshilfe zusammengefasst wurden, wurden bislang in § 15 MuSchG aF aufgezählt. Die Vorschrift hatte allerdings nur deklaratorische Bedeutung und stellte keine eigene Anspruchsgrundlage dar; Grund und Umfang des sozialrechtlichen Anspruchs bestimm(t)en sich nach den §§ 24c ff SGB V (→ Rn 3 ff). Die ausdrückliche Erwähnung der Mutterschaftshilfe im MuSchG erklärte sich aus dem Ziel, die Frauen umfassend über ihre Rechte zu informieren. In das Gesetz zum Schutz von Müttern bei der Arbeit, in der Ausbildung und im Studium (MuSchG 2018) v 23.5.17, welches stufenweise ab dem 1.1.18 in Kraft getreten ist, ist dieser umfassende Verweis auf weitere Leistungen für Mütter nicht wieder aufgenommen worden. Die §§ 24c ff SGB V gelten unverändert fort. 1

## B. Lohnsteuerrecht *Weil*

Leistungen der Mutterschaftshilfe (→ Rn 3) sind **steuerfrei.** Nachdem die Leistungen der Mutterschaftshilfe zusätzlich zum Mutterschaftsgeld gewährt werden, ergibt sich die Steuerfreiheit der Leistungen der Mutterschaftshilfe aus **§ 3 Nr 1 Buchst d EStG.** Die Leistungen der Mutterschaftshilfe unterliegen jedoch **nicht** dem **Progressionsvorbehalt** nach § 32b EStG, da es sich bei diesen Leistungen nicht um *Lohnersatzleistungen* (→ Rn 10), vielmehr um Leistungen handelt, die unabhängig von einem Arbeitsverhältnis jeder Mutter als ärztliche Versorgung zugutekommen. 2

## C. Sozialversicherungsrecht *Voelzke*

**1. Überblick.** Rechtsgrundlage für die **Leistungen bei Schwangerschaft und Mutterschaft** sind die §§ 24c ff SGB V. Anspruchsberechtigt sind in der gesetzlichen KV versicherte Personen. Außerhalb der gesetzlichen KV können entsprechende Leistungen bei bestehender Bedürftigkeit vom Sozialhilfeträger im Rahmen der Vorschriften über die Hilfe bei Schwangerschaft und Mutterschaft erbracht werden. 3

Der **Leistungskatalog** des § 24c SGB V umfasst ärztliche Betreuung und Hebammenhilfe (Nr 1), Versorgung mit Arznei-, Verband- und Heilmitteln (Nr 2), Entbindung (Nr 3), häusliche Pflege (Nr 4), Haushaltshilfe (Nr 5) und Mutterschaftsgeld (→ *Mutterschaftsgeld* Rn 6 ff). Für die Gewährung der genannten Leistungen gelten die leistungsrechtlichen Vorschriften des SGB V. 4

**2. Einzelne Leistungen.** Während der Schwangerschaft, bei und nach der Entbindung hat die Versicherte nach der gegenüber der Krankenbehandlung spezielleren Vorschrift des § 24d SGB V Anspruch auf **ärztliche Betreuung** einschließlich der Untersuchungen zur Feststellung der Schwangerschaft und zur Schwangerenvorsorge sowie auf die **Hebammenhilfe.** Für den Begriff der Entbindung ist darauf abzustellen, ob eine nach Personenstandsrecht eintragungspflichtige Geburt vorliegt, ansonsten kommen die Leistungen nach den §§ 27 ff SGB V in Betracht. Ein Rechtsanspruch auf **Arznei-, Verband- und Heilmittel** besteht für Versicherte bei Schwangerschaftsbeschwerden und im Zusammenhang mit der Entbindung. Praktisch bedeutsam ist, dass die Versicherte hierfür keine Eigenbeteiligung in Form der Zuzahlung nach §§ 31 Abs 3, 32 Abs 2 SGB V zu leisten hat. 5

Die Versicherte hat nach § 24 f SGB V Anspruch auf **ambulante oder stationäre Entbindung.** 6

Ist wegen der Schwangerschaft oder Entbindung **häusliche Pflege** erforderlich, so besteht auf die damit verbundenen Leistungen ein Rechtsanspruch nach § 24g SGB V. An der Erforderlichkeit der häuslichen Pflege fehlt es, soweit eine im Haushalt lebende Person die Versicherte pflegen kann. Die Leistungsverpflichtung der Krankenkasse besteht grds nur, wenn die Versicherte in ihrem eigenen Haushalt verbleibt und dort gepflegt wird. 7

8 Kann wegen der Schwangerschaft oder Entbindung durch die Versicherte der Haushalt nicht weitergeführt werden und steht hierfür auch eine andere im Haushalt lebende Person nicht zur Verfügung, so erhält die Versicherte **Haushaltshilfe** (§ 24h SGB V). Der Anspruch besteht für den gesamten Haushalt in dem Umfang, in dem Versicherte ihn nicht weiterführen kann (*Schlegel/Voelzke/Pitz* SGB V, § 24h Rz 6).

9 **3. Verfahren.** Die Versicherten erhalten die Leistungen bei Schwangerschaft und Mutterschaft nach den gleichen Grundsätzen wie die Leistungen der gesetzlichen KV nach dem SGB V. Grds erforderlich ist hiernach ein **Antrag,** dem allerdings nur verfahrensrechtliche Bedeutung zukommt. Die Inanspruchnahme der ärztlichen Betreuung erfolgt unmittelbar ohne vorgeschaltetes Antragsverfahren durch Aushändigung der KVKarte an den Arzt (§ 15 Abs 2 SGB V).

# Mutterschutz

## A. Arbeitsrecht

*Poeche*

### Übersicht



1 **1. Allgemeines.** Nach Art 6 Abs 4 GG hat jede Mutter Anspruch auf den Schutz und die Fürsorge der Gemeinschaft. Auf seiner Grundlage gewährleistet das **MuSchG** auf dem Gebiet des Arbeitsrechts während der Schwangerschaft und für einige Zeit nach der Entbindung umfassenden Schutz (BVerfG 23.4.74 – 1 BvL 19/73, NJW 74, 1461). Seine **öffentlich-rechtlichen Arbeitsschutzbestimmungen** bezwecken durch Anordnung von Beschäftigungsverboten und die nun auch in das MuSchG aufgenommenen vorrangigen Verpflichtungen zur Umgestaltung des Arbeitsplatzes und zur Versetzung auf einen anderen Arbeitsplatz die Abwehr von arbeitsplatzbedingten Risiken und Gefahren für Leben und Gesundheit von Mutter und Kind **(Gesundheitsschutz).** Während der Beschäftigungsverbote wird die Frau vor finanziellen Nachteilen geschützt **(Entgeltschutz).** Die Kosten teilen sich ArbGeb, Krankenkasse und der Bund. Der effektiven Verwirklichung von Gesundheits- und Entgeltschutz dient ein umfassendes **Kündigungsverbot (Arbeitsplatzschutz).** Die Einhaltung des MuSchG wird durch die nach Landesrecht zuständigen **Aufsichtsbehörden** gesichert, denen umfassend Auskunft zu erteilen und Zutritt zum Betrieb zu gewähren ist (§§ 19, 20 MuSchG). Verstöße des ArbGeb und der für ihn handelnden

verantwortlichen Personen werden als **Ordnungswidrigkeit** und **Straftat verfolgt** (§§ 21 MuSchG; § 9 Abs 2 OWiG). Mit dem **Gesetz zur Neuregelung des Mutterschutzrechts** v 23.5.17 (BGBl I, 1228) ist das **Gesetz zum Schutz von Müttern bei der Arbeit, in der Ausbildung und im Studium (MuSchG 2018)** stufenweise ab der Verkündung, der wesentliche Teil aber am 1.1.18, in Kraft getreten. Mit diesem Gesetz ist das bisherige MuSchG völlig neu strukturiert worden. Der persönliche Anwendungsbereich des Gesetzes ist insbes durch die Erstreckung auf arbeitnehmerähnliche Beschäftigte erweitert worden. Die Schutzfrist nach der Geburt eines behinderten Kindes wurde verlängert. Der Sonderkündigungsschutz hat Änderungen erfahren. Die Regelungen zur Nacht-, Sonn- und Feiertags- sowie zur Mehrarbeit wurden leicht verändert. Grundlegende Änderungen gibt es – insbes durch die Einbeziehung der Regelungen der MuSchArbV, die mit dem 31.12.17 außer Kraft getreten ist – im betrieblichen Gesundheitsschutz. Ziel der Novelle ist, das seit 1952 weitgehend unverändert gebliebene MuSchG den geänderten gesellschaftlichen und rechtlichen Rahmenbedingungen anzupassen. Frauen sollen während der Schwangerschaft und Stillzeit ohne Beeinträchtigung ihrer Gesundheit oder der des Kindes ihrem Beruf einfacher weiter nachgehen können, was durch einen verbesserten **betrieblichen Gesundheitsschutz** bewerkstelligt werden soll. Der ArbGeb hat nun für jeden Arbeitsplatz im Rahmen der Gefährdungsbeurteilung anlassunabhängig und auch ggf anlassbezogen zu prüfen, ob Risiken bestehen; er hat rechtzeitig Schutzmaßnahmen zu ergreifen und nur in seltenen Fällen, in denen weder eine Arbeitsplatzumgestaltung noch eine Umsetzung in Betracht kommen, von der Beschäftigung freizustellen (zu der Novellierung: *Bayreuther* NZA 17, 1145; *Richter/Kirchbach* ArbRAktuell 17, 293; *Nebe* jurisPR-ArbR 25/2017 Anm 1; *Schiefer/Baumann* DB 17, 2929; *Karb* öAT 18, 8; *Schiefer/Baumann* DB 17, 2929; *Schiefer* JbArbR, Bd 59, 2019, 21).

Soweit die Bestimmungen Gegenstand arbeitsvertraglicher Vereinbarung sein können, steht der Frau ein **arbeitsvertraglicher Anspruch** auf ihre Einhaltung zu; sie sind Schutzgesetze iSd § 823 Abs 2 BGB und begründen deshalb auch Ansprüche aus **unerlaubter Handlung.** Die Leistung verbotener Arbeit kann die Frau ohne Rechtsnachteile verweigern. Zur **Information** ist in Betrieben mit regelmäßig mehr als drei beschäftigten Frauen der **Gesetzestext auszulegen.**

**2. Geltungsbereich. a) Persönlich.** Das MuSchG 2018 hat den bisherigen persönlichen Geltungsbereich wesentlich erweitert. Es setzt nicht mehr das Bestehen eines Arbeitsverhältnisses voraus. Vielmehr gilt es für **alle Frauen** in einer **Beschäftigung iSv § 7 Abs 1 SGB IV** (§ 1 Abs 2 MuSchG), so das zB auch Fremdgeschäftsführerinnen einer GmbH erfasst werden (so auch *Mävers* ArbRAktuell 19, 4). Unabhängig vom Bestand eines Beschäftigungsverhältnisses gilt es für Frauen in betrieblicher Berufsbildung und Praktikantinnen iSv § 26 BBiG, für in einer Werkstatt für Behinderte beschäftigte Frauen, für als Freiwillige beschäftigte Frauen während eines Jugendfreiwilligendienstes bzw Bundesfreiwilligendienstes und für Mitglieder geistlicher Genossenschaften und Diakonissen sowie mit Einschränkungen für Entwicklungshelferinnen (ausgenommen sind die §§ 18–22), für in Heimarbeit beschäftigte Frauen (ausgenommen sind die §§ 10 und 14, § 9 Abs 1–5 gilt nur entsprechend), für arbeitnehmerähnliche Personen (ausgenommen sind §§ 18, 19 Abs 2 und § 20) und für Schülerinnen und Studentinnen (ausgenommen sind die §§ 17–24). Damit sind Studentinnen und Schülerinnen erstmals vom Geltungsbereich umfasst. Auch die Erstreckung auf **Arbeitnehmerähnliche Personen** ist neu. Nach § 1 Abs 4 MuSchG gilt das Gesetz für jede Person, die schwanger ist, ein Kind geboren hat oder stillt. Damit sind entsprechend den Vorgaben der Mutterschutzrichtlinie 92/85/EWG auch vor kurzem entbundene Frauen, die ihr Kind nicht stillen, grds in den Schutzbereich einbezogen, werden jedoch in verschiedenen Detailregelungen (§ 10 MuSchG und § 9 MuSchG) nicht bedacht, da keine gesundheitlichen Beeinträchtigungen bekannt sind, die unabhängig vom Stillen nach dem Wochenbett auftreten und die Belastbarkeit der Frauen nach der Schutzfrist herabsetzen. Erfolgt die Beschäftigung im Rahmen eines Arbeitsverhältnisses ist gleichgültig, ob das Arbeitsverhältnis zur Probe, Aushilfe, auf Dauer oder befristet, haupt- oder nebenberuflich geführt wird. Die Rechtswirksamkeit des Arbeitsvertrages ist nicht entscheidend; die Grundsätze des **faktischen Arbeitsverhältnisses** finden mit Ausnahme des Arbeitsplatzschutzes Anwendung. Der frühere Rechtszustand, nach dem ArbNÄhnliche Personen,

2

selbstständige Gewerbetreibende und Freiberuflerinnen, Organmitglieder juristischer Personen, Familienangehörige, Frauen in karitativer oder ehrenamtlicher Tätigkeit keinen Schutz genießen, ist mit der Novellierung weitgehend aufgehoben worden. Er war angesichts der Entwicklungen des maßgeblichen EU-Rechts auch nicht mehr haltbar. Die Richtlinie 2010/41/EU v 7.7.10 (Abl L 180/1) zur Verwirklichung des Grundsatzes der Gleichbehandlung sieht ua vor, dass selbstständig erwerbstätige Frauen sowie mithelfende Ehefrauen und Lebenspartnerinnen (→ *Familiäre Mitarbeit* Rn 5) ausreichend Mutterschutzleistungen erhalten müssen, die eine Unterbrechung ihrer Erwerbstätigkeit wegen Schwangerschaft oder Mutterschaft für mindestens 14 Wochen ermöglichen. Änderungsbedarf ergab sich weiter aus der Rspr des EuGH zum ArbNBegriff der Mutterschutzrichtlinie 92/85/EWG (EuGH 20.1.11 – C-463/09, NZA 11, 143 – Danosa), wonach auch Organmitglieder, die teils weisungsgebunden oder unter Aufsicht eines anderen Vertretungsorgans arbeiteten, erfasst würden.

3 **b) Sachlich** erstreckt sich das MuSchG ausnahmslos auf alle Tätigkeitsbereiche in Privatwirtschaft und öffentlicher Verwaltung einschließlich der Privathaushalte. **Räumlich** knüpft es an den **Arbeitsort** an (Territorialitätsprinzip). Er muss im **Bundesgebiet** liegen. Staatsangehörigkeit und Wohnsitz von ArbGeb iSd § 2 Abs 1 MuSchG und Beschäftigter sind unerheblich. Es gilt auch für Frauen, die bei den sog Exterritorialen (diplomatische Vertretungen) arbeiten. Liegt der Arbeitsort im **Ausland,** ist das MuSchG nur bei vorübergehender Entsendung der Frau oder Vereinbarung deutschen Rechts anwendbar. Auch bei grds Anwendung ausländischen Rechts, sind sog **Eingriffsnormen** nach Art 34 EGBGB anzuwenden (→ *Ausländer* Rn 5, 6; → *Auslandstätigkeit* Rn 9, 10). Das deutsche Recht ist maßgeblich, wenn eine zwingende Vorschrift nicht nur den Schutz der Individualinteressen der ArbN bezweckt, sondern mit ihr zumindest auch öffentliche Gemeinwohlinteressen verfolgt werden. Das hat das BAG ua für den Anspruch einer in der Bundesrepublik wohnhaften und dem deutschen SozVRecht unterliegenden ArbN auf Zuschuss zum Mutterschaftsgeld nach § 14 MuSchG bejaht (BAG 12.12.01 – 5 AZR 255/00, NJW 02, 2733 m Anm *Junker* SAE 02, 258; *Schlachter* NZA 2000, 57).

4 **c)** Für **Beamtinnen,** Richterinnen und Soldatinnen gilt das MuSchG nicht, § 1 Abs 3 MuSchG. Es finden aufgrund Bundes- und Landesrechts dem MuSchG entsprechende Regelungen Anwendung. Das gilt nach § 36 SGB IX ebenso für die in einer Einrichtung der **beruflichen Rehabilitation** Beschäftigten. Die Beschäftigungsverbote gelten auch für Frauen, die sich in einer stufenweisen Wiedereingliederung befinden (§ 28 SGB IX, § 74 SGB V).

5 **d)** Der **Schutz der Gebärfähigkeit,** der bisher in den § 5 Abs 1 MuSchG und § 6 Abs 3 MuSchArbV geregelt war, wurde mit der Novellierung 2017 aus dem sachlichen Anwendungsbereich des Gesetzes herausgenommen.

6 **3. Mutterschutzrechtliche Begriffe. a) Schwangerschaft** ist der Zeitabschnitt von der Befruchtung der Frau bis zur Entbindung des Kindes. Der medizinisch exakte Termin der Empfängnis lässt sich nur in Ausnahmefällen zuverlässig feststellen. Aus Gründen der Rechtssicherheit ist deshalb in allen Fällen, in denen es nach dem MuSchG auf den Bestand der Schwangerschaft ankommt, von dem **voraussichtlichen Tag der Niederkunft** auszugehen. Er bestimmt sich nach dem **ärztlichen Zeugnis.** Von ihm ausgehend ist zur Ermittlung des Beginns der Schwangerschaft um 280 Tage zurückzurechnen; der voraussichtliche Entbindungstag ist nicht mitzuzählen (BAG 12.12.85 – 2 AZR 82/85, DB 86, 1579). Der ArbGeb kann allerdings, was den **Beginn** der 280-Tage-Frist betrifft, den Beweiswert der ärztlichen Bescheinigung erschüttern (BAG 7.5.98 – 2 AZR 417/97, DB 98, 1039). Bei **künstlicher Befruchtung** beginnt der Schutz des MuSchG bereits, wenn die befruchteten Eizellen in die Gebärmutter der ArbN eingesetzt worden sind, sog Embryonentransfer, und nicht erst mit der Einnistung (EuGH 26.2.08 – C 506/06, NZA 08, 345; BAG 26.3.15 – 2 AZR 237/14, BeckRS 2015, 68180; *Humberg* NJW 15, 3410; *Brose* NZA 16, 604).

7 **b) Entbindung** iSd MuSchG ist die Trennung des lebensfähigen Kindes vom mütterlichen Organismus; der **Lebendgeburt** gleichgestellt und damit für das Eingreifen der Schutzbestimmungen relevant ist auch die Totgeburt iSd § 31 Abs 2 PStV (keine Lebensmerkmale, aber ein Mindestgewicht von 500 Gramm, zur Trennung der toten Leibesfrucht

als Entbindung iSd Gesetzes v: BAG 12.12.13 – 8 AZR 838/12, NZA 14, 722). Maßgeblich ist die standesamtliche Geburtsurkunde (BAG 15.12.05 – 2 AZR 462/04, NZA 06, 994 zur medizinisch-indizierten Einleitung der Geburt). Fehlgeburt oder Schwangerschaftsabbruch sind keine Entbindung iSd Gesetzes. **Frühgeburt** ist eine Entbindung, bei der das Kind ein Geburtsgewicht von weniger als 2500 Gramm hat (BAG 12.3.97 – 5 AZR 329/96, NZA 97, 764) oder wegen noch nicht voll ausgebildeter Reifezeichen oder aufgrund verfrühter Beendigung der Schwangerschaft einer wesentlich erweiterten Pflege bedarf. **Mehrlingsgeburt** ist die Entbindung von mehr als einem Kind bei einem einheitlichen Geburtsakt, auch wenn er sich über einen längeren Zeitraum erstreckt.

**4. Mitteilungspflichten. a) Rechtscharakter.** Obgleich erst die Kenntnis des ArbGeb ihn zu anlassbezogenen Maßnahmen des Gesundheitsschutzes veranlassen kann, wird für die Schwangere in Achtung ihrer Intimsphäre **keine Rechtspflicht** zur Mitteilung begründet. Sie **soll,** sobald ihr ihr Zustand bekannt ist, dem ArbGeb ihre Schwangerschaft und den mutmaßlichen Tag der Entbindung mitteilen (§ 15 Abs 1 MuSchG). Eine Verpflichtung zur Mitteilung kann sich aus **arbeitsvertraglicher Nebenpflicht (§ 241 BGB)** ergeben, wenn erhebliche berechtigte Interessen des ArbGeb betroffen sind. So wenn Beschäftigungsverbote eingreifen und die Frau eine Schlüsselposition innehat, die eine längere Einarbeitung der Vertretung notwendig macht. Im Einzelfall können sich aus einer schuldhaft verspäteten oder völligen Unterlassung der Mitteilung Schadensersatzpflichten ergeben. Eine **stillende Frau** soll nach § 15 Abs 1 S 2 MuSchG so früh wie möglich, dh schon in Zeiten der Erwerbsunterbrechung etwa durch die Schutzfristen, mitteilen, dass sie stillt. Beide Mitteilungsobliegenheiten bestehen in erster Linie – wie die Aufnahme der stillenden Mutter im Zuge der Novellierung des MuSchG zeigt – im Interesse der Frau, denn zu ihren Gunsten soll der Gesundheitsschutz wirkungsvoll sein. 8

**b) Empfänger/Inhalt.** Die Mitteilung ist an den **Arbeitgeber** oder seinen **Vertreter** zu richten. Hier wie in allen anderen Fällen, in denen es auf die Kenntnis des ArbGeb ankommt, stehen ihm gleich die **Personen,** die er mit der Leitung des Betriebes oder besonderen Personalaufgaben betraut hat und die aus Sicht der Frau Ansprechpartner sind (Personalabteilung, Filialleitung; LAG Köln 30.6.94 – 5 Sa 360/95, NZA 95, 995). Nicht ausreichend ist damit die bloße Vorgesetztenstellung, die sich auf die fachliche Arbeit beschränkt (Vorarbeiter). Unterrichtung des BRat oder von Kollegen genügen nicht. Die Mitteilung braucht weder persönlich gemacht zu werden noch bedarf sie der Schriftform. Sie wird als **rechtsgeschäftsähnliche Handlung** mit **Zugang** wirksam (§ 130 BGB), so dass der ArbGeb sie auch dann gegen sich gelten lassen muss, wenn er sie nicht zur Kenntnis genommen oder missverstanden hat (BAG 13.4.56 – 1 AZR 390/55, SAE 56, 130: Hyperemesis gravid = Erbrechen während der Schwangerschaft). Genügend ist auch die Angabe einer voraussichtlichen oder vermuteten Schwangerschaft. Der ArbGeb kann auf seine Kosten die Vorlage eines ärztlichen Zeugnisses oder das einer Hebamme oder eines Entbindungspflegers verlangen, §§ 15 Abs 2, 9 Abs 6 MuSchG. Sobald der ArbGeb von der Schwangerschaft erfahren hat, sind die mutterschutzrechtlichen Vorschriften einzuhalten, insbes hat er die in den §§ 9 ff MuSchG enthaltenen Vorgaben zum betrieblichen Gesundheitsschutz zu beachten. 9

**c) Offenlegung der Mitteilung.** Der ArbGeb hat die **Aufsichtsbehörde** unverzüglich von der Mitteilung der Schwangerschaft und dem Umstand, dass die Frau stillt, zu benachrichtigen (§ 27 Abs 1 Nr 1 MuSchG). Beruht die Kenntnis des ArbGeb von der Schwangerschaft nicht auf der Mitteilung, sondern hat er hiervon auf andere Weise erfahren, kann die Benachrichtigung unterbleiben. Verboten ist dem ArbGeb die **unbefugte Weitergabe** der Mitteilungen an **Dritte** (§ 27 Abs 1 S 2 MuSchG). Sie ist also bei berechtigtem Anlass gestattet, zB wenn Beschäftigungsbeschränkungen die Information von Vorgesetzten erforderlich machen. Zulässig ist die Unterrichtung der mit dem Arbeitsschutz im Betrieb beauftragten Personen (Betriebsarzt, Sicherheitsfachkraft), wenn die der ArbN übertragene Arbeitsaufgabe oder die Umgebungseinflüsse Anlass zu gesundheitlichen Bedenken geben. Streitig ist, ob der BRat auf sein Verlangen oder auf Initiative des ArbGeb verständigt werden darf (so BAG 27.2.68 – 1 ABR 6/67, DB 68, 1224 zu § 58 BetrVG aF). Nach der Rspr des BVerwG steht dem das Recht der Frau auf Schutz ihrer Persönlichkeit entgegen; sie ist vorab zu befragen (BVerwG 29.8.90 – 6 P 30/87, ZTR 91, 130). Nach Auffassung 10 der BAG kann der BRat hingegen sogar bei Widerspruch der Frau vom ArbGeb verlangen, die Namen schwangerer ArbN mitzuteilen. Er muss allerdings darlegen, dass er zur Wahrnehmung der Interessen der von der Datenverarbeitung betroffenen ArbN angemessene und spezifische Schutzmaßnahmen trifft (BAG 9.4.19 – 1 ABR 51/17, NZA 19, 1055).

11 **5. Gesundheitsschutz. a) Allgemeines.** Mit der Reform des Mutterschutzrechts im Jahr 2017 wurde der unter Abschnitt 2 des Gesetzes geregelte Gesundheitsschutz erweitert und neu strukturiert. Der Gesundheitsschutz wird nunmehr einheitlich im MuSchG geregelt. Die MuSchArbV und deren Anlagen sind in das neue MuSchG integriert worden. Grundlegende systematische Änderungen finden sich seitdem insbes im sog betrieblichen Gesundheitsschutz, §§ 9 ff MuSchG. Der Gesundheitsschutz gliedert sich nun in den sog arbeitszeitrechtlichen Gesundheitsschutz (§§ 3 ff MuSchG), den sog betrieblichen Gesundheitsschutz (§§ 9 ff MuSchG) und den ärztlichen Gesundheitsschutz (§ 16 MuSchG). Zentraler Begriff des arbeitszeitrechtlichen und betrieblichen Gesundheitsschutzes ist der der **unverantwortbaren Gefährdung,** der in § 9 Abs 2 MuSchG definiert und mit dem eine neue abstrakte Gefährdungsschwelle umschrieben wird, ab der eine Handlungspflicht des ArbGeb besteht. Eine Gefährdung liegt im Unterschied zu einer Gefahr vor, wenn die Möglichkeit besteht, dass die Frau oder ihr Kind durch eine bestimmte Tätigkeit gesundheitlich beeinträchtigt werden. Unverantwortbar ist eine Gefährdung, wenn die Eintrittswahrscheinlichkeit einer Gesundheitsbeeinträchtigung angesichts der zu erwartenden Schwere des möglichen Gesundheitsschadens nicht hinnehmbar ist (so die Gesetzesbegründung BR-Drs 230/16, S. 71 im Anschluss an BAG 12.8.08 – 9 AZR 1117/06, NZA 09, 102; s auch *Bayreuther* NZA 17, 1145; *Richter/Kirchbach* ArbRAktuell 17, 293).

12 **b) Arbeitszeitrechtlicher Gesundheitsschutz, §§ 3 ff MuschG. aa) Schutzfristen.** Die früher in § 3 Abs 2 und § 6 geregelten Schutzfristen vor und nach der Entbindung finden sich nun zusammengefasst mit wenigen Änderungen in § 3 MuSchG. Nach wie vor gilt, dass eine schwangere Frau in den letzten sechs Wochen vor der Entbindung nicht beschäftigt werden darf, § 3 Abs 1 MuSchG **(Schutzfrist vor der Entbindung).** Der ArbGeb muss aktiv auf die Einhaltung der Frist hinwirken und darf die Frau nur dann beschäftigen, wenn sie sich hierzu ausdrücklich (jederzeit widerruflich) bereit erklärt hat. Eine Beschäftigungspflicht wird dadurch nicht begründet (aA LAG SchlHol 15.12.05 – 2 Ta 210/05, NZA-RR 06, 178). Die Frist berechnet sich, indem von dem nach dem ärztlichen Zeugnis mutmaßlichen Entbindungstermin sechs Wochen zurückgerechnet werden (fällt der Entbindungstag auf einen Freitag, beginnt die Schutzfrist am Freitag der 6. vorhergehenden Woche). Maßgeblich ist das **zuletzt vorgelegte Zeugnis.** Entbindet die Frau nicht am voraussichtlichen Tag verkürzt oder verlängert sich die Frist entsprechend.

13 **Nach der Entbindung** beläuft sich die Schutzfrist auf acht Wochen, die sich bei Mehrlings- oder Frühgeburt auf zwölf Wochen verlängert, § 3 Abs 2 MuSchG. Neu eingefügt wurde mit der Nr 3 die Verlängerung der Schutzfrist auf zwölf Wochen, wenn vor Ablauf von acht Wochen nach der Entbindung bei dem Kind eine **Behinderung** iSv § 2 Abs 1 SGB IX ärztlich festgestellt wird. Mit der Verlängerung der Schutzfristen verlängert sich auch der Anspruch auf mutterschutzrechtliche Leistungen während der Schutzfristen. Hierzu bedarf es keines Verfahrens zur Feststellung der Behinderung nach § 69 SGB IX. Die Schutzfrist verlängert sich aber nur auf Antrag, der beim ArbGeb gestellt werden muss. Die Frau muss auch ihre Krankenkasse über den gestellten Antrag informieren, damit diese die längere Auszahlung des Mutterschaftsgeldes veranlassen kann. Der Anspruch auf eine Verlängerung der Schutzfrist besteht bereits, wenn eine Behinderung zu erwarten ist. **Frühgeburt** und sonstige vorzeitige Entbindungen führen zur Verlängerung um den Zeitraum, der nach § 3 Abs 1 S 4 MuSchG nicht in Anspruch genommen werden konnte (Entbindungstag Mittwoch, Ende der Schutzfrist Mittwoch der achten/zwölften Woche zuzüglich „Resttage"). Für ihre Dauer besteht ein absolutes Beschäftigungsverbot, von dem auch nicht auf Wunsch der Mutter abgewichen werden darf. Beim Tod des Kindes darf die Mutter auf ihr jederzeit widerrufliches, ausdrückliches Verlangen hin auch schon vorher beschäftigt werden, wenn nach ärztlichem Zeugnis nichts dagegen spricht, allerdings nicht in den ersten beiden Wochen nach der Entbindung. Nach § 3 Abs 3 MuSchG können Schülerinnen und Studentinnen iSd § 1 Abs 2 S 2 Nr 8 MuSchG bereits

in der Schutzfrist nach der Entbindung tätig werden, wenn sie dies ausdrücklich verlangen, was wiederum jederzeit widerrufbar ist. Zur Geltung der Schutzfrist bei der sog Leihmutterschaft: *Brose* NZA 16, 607.

**bb) Mehrarbeit, Ruhezeit, § 4 MuschG.** Das bisherige, in § 8 MuSchG aF geregelte Verbot der Mehrarbeit wurde im Wesentlichen unverändert in § 4 Abs 1 MuSchG übernommen. Werdende und stillende Mütter dürfen nicht mit **Mehrarbeit** beschäftigt werden: Eine schwangere oder stillende Frau über 18 Jahren darf nicht mit einer Arbeit beschäftigt werden, die über achteinhalb Stunden täglich oder neunzig Stunden in der Doppelwoche hinausgeht. Eine schwangere oder stillende Frau unter 18 Jahren darf nicht mit einer Arbeit beschäftigt werden, die über acht Stunden täglich oder achtzig Stunden in der Doppelwoche hinausgeht. Sonntage werden in die Doppelwoche eingerechnet. Ausnahmen sind in begründeten Einzelfällen nach Bewilligung der Aufsichtsbehörde möglich, § 29 Abs 3 S 2 Nr 1 MuSchG. Nach Beendigung der täglichen Arbeitszeit muss der schwangeren oder stillenden Frau eine ununterbrochene Ruhezeit von 11 Stunden gewährt werden (§ 4 Abs 2 MuSchG). 14

**cc) Nachtarbeit, § 5 MuSchG.** Auch nach der Novellierung des MuSchG darf der ArbGeb eine schwangere oder stillende Frau nicht zwischen 20 und 6 Uhr beschäftigen. Statt der bisher vorgesehenen branchenbezogenen Ausnahmetatbestände in § 8 Abs 3 MuschG aF ist unter den Voraussetzungen des § 28 MuSchG die Beschäftigung allgemein zulässig. Erforderlich ist hierfür, dass die Frau sich zur Nachtarbeit ausdrücklich bereit erklärt hat, nach ärztlichem Zeugnis nichts gegen die Beschäftigung spricht und eine unverantwortbare Gefährdung der Frau oder ihres Kindes durch nächtliche Alleinarbeit ausgeschlossen ist (§§ 28, 29 Abs 3 S 2 MuSchG). Die Beschäftigung ist außerdem an die Genehmigung der Aufsichtsbehörde gebunden. Bei der geplanten Beschäftigung zwischen 20.00 bis 22.00 Uhr darf der ArbGeb die Frau bereits ab Antragstellung vorläufig einsetzen bis eine ablehnende Entscheidung ergeht oder die Behörde die vorläufige Beschäftigung untersagt, § 28 Abs 2 MuSchG. Sind nach Eingang des Antrags mehr als sechs Wochen ohne Entscheidung der Behörde vergangen, so gilt die Genehmigung als erteilt. Abweichungen gelten nach § 5 Abs 2 MuschG wiederum für Schülerinnen und Studentinnen. 15

**dd) Sonn- und Feiertagsarbeit, § 6 MuSchG.** Auch das in § 8 Abs 1 MuSchG aF enthaltene Beschäftigungsverbot der Sonn- und Feiertagsarbeit für schwangere und stillende Frauen wurde gelockert. Wiederum sind die branchenbezogenen Ausnahmen entfallen (§ 8 Abs 1 MuschG aF). Eine Beschäftigung ist – ohne behördliche Genehmigung – erlaubt, wenn die Frau sich ausdrücklich hierzu bereit erklärt, Sonn- und Feiertagsarbeit ausnahmsweise nach § 10 ArbZG zulässig ist, der Frau ein Ersatzruhetag im Anschluss an eine ununterbrochene Nachtruhezeit gewährt wird und eine unverantwortbare Gefährdung für die schwangere Frau oder ihr Kind durch Alleinarbeit ausgeschlossen ist. Beschäftigt der ArbGeb die Frau an Sonn- und/oder Feiertagen, hat er dies der zuständigen Aufsichtsbehörde mitzuteilen (§ 27 MuSchG). Liegen die gesetzlichen Voraussetzungen für die Sonn- und Feiertagsarbeit nicht vor, kann die Behörde diese untersagen, § 29 Abs 3 S 2 Nr. 2 lit b MuSchG. Wiederum gelten Besonderheiten für Schülerinnen und Studentinnen. 16

**ee) Freistellung für Untersuchungen und zum Stillen, § 7 MuSchG.** In § 7 MuSchG sind die bisherigen Regelungen des § 16 S 1 und 2 MuSchG aF und des § 7 Abs 1 MuSchG aF zusammengefasst worden. Nach Abs 1 der Neuregelung hat der ArbGeb die schwangere Frau und auch die Frau nach der Entbindung für erforderliche Untersuchungen freizustellen. Die Freistellungspflicht umfasst auch etwaige Wegezeiten. Die in § 7 Abs 2 MuSchG geregelte Verpflichtung zur Freistellung für Stillzeiten besteht **nur** noch **in den ersten zwölf Monaten nach der Entbindung.** Damit ist der frühere Streit über eine am Alter des Kindes orientierte zeitliche Höchstgrenze für das Stillen gelöst (zur kontrovers diskutierten früheren Rechtslage: LAG BaWü 3.11.89 – 5 Sa 106/88, AiB 90, 266; *Zmarzlik/Zipperer/Viethen* MuSchG, 9. Aufl, § 7 Rz 8 ff: höchstens zwölf Monate; LAG NdS 29.10.87 – 10 Sa 379/87, NZA 88, 312 – Sonderfall, der uU nach § 242 BGB gelöst werden kann). Bei der zeitlichen und organisatorischen Gestaltung der Stillzeit hat die Frau auf betriebliche Belange Rücksicht zu nehmen (BAG 3.7.85 – 5 AZR 79/84, DB 86, 129). Gem § 23 MuSchG darf durch die Gewährung der Freistel- 17 lungen kein Entgeltausfall eintreten, die Zeiten dürfen auch nicht vor- oder nach gearbeitet werden.

18 **c) Betrieblicher Gesundheitsschutz, §§ 9 ff MuSchG. aa) Allgemeines.** Die §§ 9 ff MuSchG fassen die ehemalige Generalklausel des § 2 MuSchG aF und die bisherige MuSchArbV zusammen. Der ArbGeb hat nach § 9 Abs 1 MuSchG bei der Gestaltung der Arbeitsbedingungen einer schwangeren und stillenden Frau grds alle erforderlichen Maßnahmen für den Schutz ihrer physischen und psychischen Gesundheit sowie der des Kindes zu treffen. Er hat Gefährdungen möglichst zu vermeiden und unverantwortbare Gefährdungen auszuschließen. Um dies zu gewährleisten hat er gem § 10 MuSchG vorab eine Gefährdungsbeurteilung für jede im Unternehmen anfallende Tätigkeit vorzunehmen. Die zu ergreifenden Schutzmaßnahmen sind an dem Ergebnis auszurichten und nicht auf ein Beschäftigungsverbot beschränkt.

19 **bb) Allgemeine Gefährdungsbeurteilung, § 10 MuSchG.** Bereits die zum 19.4.97 in Kraft getretene VO zum Schutz der Mütter am Arbeitsplatz (MuSchArbV), mit der die EG-Richtlinie Mutterschutz 92/85 EG vom 19.10.92 (ABl Nr L 348/1) ergänzend in nationales Recht umgesetzt worden ist, verpflichtete den ArbGeb zu einer **Beurteilung der Arbeitsbedingungen.** § 10 MuSchG ist dem bisherigen § 1 MuSchArbV nachgebildet (zur Gefährdungsbeurteilung nach der Novellierung: *Aligbe* ArbRAktuell 18, 62; *Börkircher* PuR 18, 206). Die Beurteilung soll gewährleisten, dass für jede Tätigkeit, bei der werdende oder stillende Mütter oder ihr Kind gefährdet werden können, rechtzeitig die erforderlichen Schutzmaßnahmen getroffen werden. Der ArbGeb hat **bei jeder Gefährdungsbeurteilung nach § 5 ArbSchG** die Tätigkeit daraufhin zu überprüfen, ob und ggf in welchem Ausmaß sich mit ihr Risiken für schwangere, stillende Frauen oder ihre Kinder verbinden könnten und welche Schutzmaßnahmen erforderlich sein werden. Die Gefährdungsbeurteilung hat also – im Unterschied zur früheren Rechtslage – anlassunabhängig zu erfolgen. Unerheblich ist auch, ob es sich bei der jeweiligen Tätigkeit um eine gefahrenspezifische Beschäftigung handelt oder nicht. Nach § 10 Abs 2 MuSchG sind die Schutzmaßnahmen nach Maßgabe der Gefährdungsbeurteilung festzulegen, sobald die Mitteilung über eine Schwangerschaft oder das Stillen des Kindes vorliegt (zur ggf europarechtlich gebotenen anlassbezogenen Pflicht zur Gefährdungsbeurteilung: *Nebe* jurisPR-ArbR 25/2017 Anm 1 sowie ZESAR 19, 197). Die Gefährdungsbeurteilung ist durch Unterlagen zu **dokumentieren,** § 14 Abs 1 Nr 1 MuSchG. Der ArbGeb hat alle bei ihm beschäftigten Personen und im konkreten Fall auch die schwangere oder stillende Frau über das Ergebnis der Beurteilung und über den Bedarf an Schutzmaßnahmen zu **informieren,** § 14 Abs 2 und 3 MuSchG. § 13 MuSchG gibt die **Rangfolge der Schutzmaßnahmen** bei einer sich ergebenden Gefährdung infolge der Beurteilung vor: Umgestaltung der Arbeitsbedingungen, Arbeitsplatzwechsel, Beschäftigungsverbot. Die bisherige Unterscheidung zwischen individuellen und allgemeinen Beschäftigungsverboten wird damit nicht aufrechterhalten. Ein Verstoß gegen die Verpflichtung zur Gefährdungsbeurteilung kann nach EuGH (19.10.17 – C-531/15 – *Ramos*, BeckRS 2017, 128391; 19.9.18 – C-41/17 – *Gonzáles Castro*, NZA 18, 1391) eine unmittelbare Diskriminierung aufgrund des Geschlechts indizieren.

20 **cc) Unzulässige Tätigkeiten und Arbeitsbedingungen für schwangere und stillende Frauen, §§ 11, 12 MuSchG.** In den §§ 11, 12 MuSchG hat der Gesetzgeber selbst geregelt, bei welchen Tätigkeiten oder Arbeitsbedingungen er von einer unverantwortbaren Gefährdung für die schwangere oder stillende Frau ausgeht, nämlich dann, wenn bestimmte Schadfaktoren als besonders gefährdend gelten. In die Vorschriften sind die Regelungen des § 4 MuSchG aF und der MuSchArbV eingeflossen. § 11 MuSchG bestimmt unzulässige Tätigkeiten und Arbeitsbedingungen für schwangere Frauen im Hinblick auf Gefahrstoffe (Abs 1), Biostoffe (Abs 2), physikalische Einwirkungen (Abs 3), eine belastende Arbeitsumgebung (Abs 4), körperliche Belastungen oder mechanische Einwirkungen (Abs 5) sowie **Akkord- und Fließarbeit** (Abs 6). Untersagt sind alle Entlohnungsarten, die an die Schnelligkeit, das Arbeitstempo oder die Quantität anknüpfen (Stück- oder Geldakkord, Mengenprämien uä). Hierzu gehören auch die Schreibzulagen im öffentlichen Dienst. Nicht erfasst werden Prämien für besonders gute Qualität oder hohe Wirtschaftlichkeit (geringer Ausschuss, Materialverbrauch). Tätigkeiten mit Umsatzprovision unterliegen der Beschränkung nur, wenn die Menge die Höhe des Entgelts unmittelbar bestimmt. Bei

Umsatzprovisionen im Einzelhandel steht idR der Anreiz zu qualitativer Arbeit (Kundenbetreuung) im Vordergrund (BAG 25.5.83 – 5 AZR 226/81, DB 84, 52). Die sich aus § 11 MuSchG ergebenden Verbote schließen eine Beschäftigung nicht generell aus. Vielmehr ist zunächst gem der in § 13 MuSchG vorgegebenen Rangfolge der Schutzmaßnahmen zu prüfen, ob andere Maßnahmen in Betracht kommen. Das betriebliche Beschäftigungsverbot nach § 13 Abs 1 Nr 3 MuSchG soll nur ultima ratio sein (*Nebe* jurisPR-ArbR 25/2017 Anm 1).

§ 12 MuSchG bestimmt unzulässige Tätigkeiten und Arbeitsbedingungen für stillende Frauen im Hinblick auf Gefahrstoffe (Abs 1), Biostoffe (Abs 2), physikalische Einwirkungen (Abs 3) oder eine belastende Arbeitsumgebung (Abs 4) sowie Akkord- und Fließarbeit (Abs 5). Die Regelung integriert ebenfalls die Regelungen der §§ 4, 6 MuSchG aF sowie Regelungen der MuSchArbV. Die Abs 4 und 5 enthalten hierbei Kataloge von Tätigkeiten und Arbeitsbedingungen, die ohne eine gesonderte Prüfung vom ArbGeb als unzulässig bewertet werden, da sie aufgrund der gesetzgeberischen Wertung auf jeden Fall eine unverantwortbare Gefährdung sind. Nach § 29 MuSchG kann die Aufsichtsbehörde bestimmte Tätigkeiten oder Arbeitsbedingungen nach §§ 11, 12 MuSchG verbieten oder Ausnahmen bewilligen.

**dd) Rangfolge der Schutzmaßnahmen, § 13 MuSchG.** § 13 MuSchG übernimmt 21
im Wesentlichen den Regelungsgehalt des früheren § 3 MuSchArbV, der gleichwohl nicht verhindert hat, dass regelmäßig vom Eingreifen eines sog allgemeinen Beschäftigungsverbots ausgegangen wurde. Mit der nun in das MuSchG aufgenommenen Rangfolge vorzunehmender Schutzmaßnahmen soll vermieden werden, dass vorschnell ein Beschäftigungsverbot ausgesprochen wird, ohne im Vorfeld andere Maßnahmen zu prüfen. Vorrangig soll eine **Umgestaltung der Arbeitsbedingungen** geprüft werden. Können die Gefährdungen auch auf diese Weise nicht oder nicht ohne unverhältnismäßigen Aufwand ausgeschlossen werden, soll ein **Arbeitsplatzwechsel** in Betracht kommen, soweit ein zumutbarer und geeigneter Arbeitsplatz zur Verfügung steht. Nur, wenn auch ein Arbeitsplatzwechsel nicht möglich ist, soll ein **betriebliches Beschäftigungsverbot** ausgesprochen werden können. Die ArbN ist gehalten, die andere angebotene Arbeit bei einem Arbeitsplatzwechsel auszuführen, wenn diese nicht nur erlaubt, sondern ihr auch objektiv und subjektiv zumutbar ist. Andernfalls verliert sie ihren Anspruch auf Mutterschutzlohn. Voraussetzung hierfür ist indessen, dass der ArbGeb überhaupt sein (erweitertes) Weisungsrecht ausübt. Das ist nur dann der Fall, wenn er die Ersatztätigkeit konkretisiert, mithin angibt, zu welchen Zeiten die ArbN welche Arbeitsleistung und in welchem Umfange erbringen soll (BAG 15.11.2000 – 5 AZR 365/99, NZA 01, 386). Die Zumutbarkeit bestimmt sich nach den Umständen des Einzelfalls, damit ua einem Vergleich beider Beschäftigungen und nach den persönlichen Verhältnissen der Frau (Kinderbetreuung). Für eine Flugbegleiterin soll zB bis zum sechsten Schwangerschaftsmonat auch eine auswärtige Beschäftigung in Betracht kommen (BAG 22.4.98 – 5 AZR 478/97, NZA 98, 936; 21.4.99 – 5 AZR 174/98, NZA 99, 1044). Die ArbN trifft dagegen keine gesteigerte Treuepflicht, im Interesse der finanziellen Entlastung des ArbGeb eine vermehrt belastende oder berufsfremde Arbeit zu übernehmen (LAG Bln 2.2.82 – 8 Sa 85/81, 8 Sa 87/81, DB 82, 1677). Ein Arbeitsplatzwechsel kann auch unzumutbar sein, wenn damit zB eine Änderung der Arbeitszeiten verbunden ist, die mit privaten Verpflichtungen der Frau (Kinderbetreuung) nicht vereinbar sind (BR-Drs 230/16, 94). Bei Auszubildenden ist § 13 Abs 2 BBiG zu beachten, der die Übertragung ausbildungsfremder Aufgaben untersagt. Im Fall der Umsetzung gilt das Gebot zur arbeitsplatzbezogenen Gleichbehandlung. Die ArbN hat Anspruch auf die evtl höhere Gesamtvergütung, die die ArbN erhalten, die regelmäßig auf dem Arbeitsplatz beschäftigt sind, soweit sie die Anspruchsvoraussetzungen erfüllt (EuGH 1.7.10 – C-471/08, NZA 10, 1284 – Parviainen; *Junker* NZA 11, 950). Stellt sich die Umsetzung als Versetzung im Sinne des § 99 BetrVG dar, ist der BRat zu beteiligen. Der ArbGeb ist nach der Gesetzesbegründung (BR-Drs 230/16, S. 94) auch verpflichtet, besetzte Arbeitsplätze anzubieten und dabei dem derzeitigen Stelleninhaber gem § 106 GewO einen anderen Arbeitsplatz zuzuweisen. Eine Pflicht zum Freikündigen oder zur Schaffung eines neuen Arbeitsplatzes besteht nicht (*Bayreuther* NZA 17, 1145). Zuständig und verantwortlich für die Erteilung und Durchsetzung des Beschäftigungsverbots ist der ArbGeb. Der Entgeltanspruch der Frau richtet sich in diesem Fall nach § 18 MuSchG. Das Beschäftigungsverbot ist „teilbar". Es darf nur in dem Umfang erfolgen, in dem es zum Ausschluss der Gefährdung erforderlich ist. Für den

übrigen Teil der Arbeit sind die anderen Schutzmaßnahmen zu ergreifen. Das betriebliche Beschäftigungsverbot ist vom ärztlichen nach § 16 MuSchG zu unterscheiden. Das Verbot ist vom ArbGeb auszusprechen und durchzusetzen. Spricht der Betriebsarzt es im Auftrag des ArbGeb aus, ist es als betriebliches einzuordnen.

22 **d) Ärztliches Beschäftigungsverbot, § 16 MuSchG.** Die Vorschrift des § 16 MuSchG übernimmt den Regelungsgehalt der bisherigen § 3 Abs 1 und § 6 Abs 2 MuSchG (individuelle Beschäftigungsverbote). Werdende Mütter dürfen nicht beschäftigt werden, soweit nach ärztlichem Zeugnis Leben oder Gesundheit von Mutter oder Kind bei einer Fortdauer der Beschäftigung gefährdet sind. Anlass für das ärztliche Beschäftigungsverbot kann lediglich der individuelle, nicht notwendigerweise durch die betrieblichen Arbeitsbedingungen beeinflusste Gesundheitszustand in der Schwangerschaft oder nach der Entbindung der Frau sein. Der Arzt entscheidet über das Beschäftigungsverbot in eigener Verantwortung und hat hierbei einen Entscheidungsspielraum, ob er ein teilweises (zeitlich befristetes/aufgabenbezogenes/vorläufiges; so bereits BAG 11.11.98 – 5 AZR 49/98, NZA 99, 763, und jetzt auch die Gesetzesbegründung BR-Drs 230/16, S 98) oder ein vollumfängliches Beschäftigungsverbot attestiert.
Dem ArbGeb ist aufgrund der insoweit „konstitutiven" Bescheinigung des Arztes jede Beschäftigung der ArbN untersagt (LAG BaWü 27.1.12 – 12 Sa 46/11, BeckRS 2012, 76218). Ihre Arbeitspflicht wird suspendiert. Soweit der Arzt in dem ärztlichen Zeugnis jedoch die gefährdenden Tätigkeiten oder Arbeitsbedingungen konkret benennt und der ArbGeb die benannten Gefährdungen durch Zuweisung geeigneter und zumutbarer Tätigkeiten abwenden kann und dies in einer neuen konkretisierten Gefährdungsbeurteilung schriftlich dokumentiert, verliert das Zeugnis seine Gültigkeit (BR-Drs 230/16, S 98). Hiervon zu unterscheiden ist die Frage, ob das Beschäftigungsverbot objektiv berechtigt ist und ob die ArbN Anspruch auf Mutterschutzlohn nach § 18 MuSchG hat. Solange das Beschäftigungsverbot vom Arzt nicht aufgehoben ist, darf der ArbGeb die ArbN nicht zur Arbeitsleistung heranziehen.

23 **aa)** Der **Umfang** des Beschäftigungsverbots bemisst sich nach dem **ärztlichen Zeugnis.** Dabei kommt es nicht darauf an, ob vom Arbeitsplatz als solchem Gefahren für die Schwangere ausgehen. Der Arbeitsplatz kann an sich völlig „ungefährlich" sein. Es genügt, dass die Fortsetzung der Arbeit die Gesundheit von Mutter und Kind gefährdet, ohne dass es auf die genaue Ursache der Gefährdung ankommt. Auch **arbeitsplatzbedingter psychischer Stress** kann daher ein Beschäftigungsverbot begründen (BAG 21.3.01 – 5 AZR 352/99, NZA 01, 1017). Ein Beschäftigungsverbot besteht regelmäßig dann, wenn eine in der Anlage zu § 1 BerufskrankheitsV genannte Krankheit droht. Das ist beispielhaft bei einer in einem Kindergarten tätigen Erzieherin zu bejahen, die über keine Mumps-Antikörper verfügt (BVerwG 26.4.05 – 5 CCR 11/04, NZA-RR 05, 649). Für Zeiträume nach dem Embryonentransfer, der bei einer **In-vitro-Fertilisation** als Beginn der Schwangerschaft gilt, kann ein ärztliches Beschäftigungsverbot ausgesprochen werden, wenn nach ärztlicher Einschätzung Leben oder Gesundheit von Mutter oder Kind bei Fortdauer der Beschäftigung gefährdet ist (BAG 26.10.16 – 5 AZR 167/16, NZA 17, 240).

24 **bb) Darlegungs- und Beweislast.** Der ArbGeb braucht das Attest, das keine näheren Angaben zum Gesundheitszustand der Frau oder den Verlauf der Schwangerschaft zu enthalten hat (BAG 12.3.97 – 5 AZR 766/95, NZA 97, 282), nicht ohne weiteres hinzunehmen. Er kann von dem Arzt Auskunft verlangen, welche **tatsächlichen Arbeitsbedingungen** er seinem Attest zugrunde gelegt hat, um diese zu ändern und so eine Beschäftigung der ArbN zu ermöglichen (BAG 17.10.13 – 8 AZR 742/12, NZA 14, 303). Eine Entbindung von der Schweigepflicht ist hierfür nicht erforderlich (schon LAG Brem 25.1.91 – 4 Sa 198/90, 4 Sa 290/90, BB 91, 827). Hat der ArbGeb **Zweifel** an der Richtigkeit der Bescheinigung, kann er eine **Nachuntersuchung** verlangen. Die freie Arztwahl liegt bei der Frau, die allerdings, wenn der ArbGeb den Betriebsarzt oder einen Amtsarzt benennt, für deren Ablehnung triftige Gründe anführen muss. Bleibt es beim Beschäftigungsverbot, so begründet das bloße Bestreiten des ArbGeb keine Pflicht der Schwangeren, ergänzende Angaben zu machen und ihren Arzt von der Schweigepflicht zu entbinden (BAG 12.3.97 – 5 AZR 766/95, NZA 97, 882). Die Beweislast für die Umstände, die den Beweiswert der ärztlichen Bescheinigung erschüttern sollen, trägt der ArbGeb. Die Beweislast, dass das ärztliche Verbot trotz des erschütterten Beweiswerts angezeigt war,

trägt die ArbN (ausführlich BAG 13.2.02 – 5 AZR 588/00, NZA 02, 738; LAG Bbg 13.6.03 – 5 Sa 490/02, NZA-RR 05, 67). Andererseits muss die Schwangere den Beweis für den Ausspruch des Beschäftigungsverbots nicht durch eine zeitnah ausgestellte ärztliche Bescheinigung erbringen (BAG 1.10.97 – 5 AZR 685/96, NZA 98, 194). Der Beweiswert eines nicht näher begründeten Beschäftigungsverbot ist erschüttert, wenn die ArbN trotz Aufforderung des ArbGeb keine ärztliche Bescheinigung vorlegt, von welchen Arbeitsbedingungen der Arzt ausgegangen ist und welche Einschränkungen bestehen (BAG 7.11.07 – 5 AZR 883/06, ZTR 08, 279).

**cc) Wegerisiko.** Beruht die Gesundheitsgefährdung ausschließlich auf dem Weg zwischen Wohnung und Arbeitsstätte, ist nach der Rspr des BAG kein Beschäftigungsverbot zu bescheinigen (BAG 7.8.70 – 3 AZR 484/69, NJW 70, 2261). Das LAG Hess hat sich dem angeschlossen (LAG Hess 14.4.08 – 17 Sa 1855/07, nv). Schwangere ArbN seien nicht anders (besser) zu behandeln als andere ArbN, die ebenfalls das Risiko trügen, den Arbeitsplatz aus persönlichen Gründen nicht erreichen zu können. Die Rspr ist mit dem Zweck des MuSchG kaum vereinbar. Denn die Frau wird dem Druck ausgesetzt, zur Vermeidung von Entgeltverlusten trotz Gesundheitsgefährdung weiterzuarbeiten (BAG 20.8.02 – 9 AZR 353/01, NZA 03, 333). 25

**6. Entgeltschutz.** Geldnöte sollen für die Frau bei der Verwirklichung des Gesundheitsschutzes keine Rolle spielen und jeder Anreiz genommen werden, gesundheitsgefährdende Arbeiten zu übernehmen. Während der Dauer der Beschäftigungsverbote einschließlich der Schutzfristen wird sie deshalb vor finanziellen Nachteilen geschützt. Das bisherige Leistungsrecht ist dabei mit der Reform 2017 weitgehend beibehalten worden. Allerdings ist der Berechnungsmodus zur Ermittlung des durchschnittlichen Arbeitsentgelts durch eine einheitliche Regelung in § 21 MuSchG vereinfacht worden. Abzustellen ist jetzt generell nur noch auf die letzten drei abgerechneten Kalendermonate vor dem Eintritt der Schwangerschaft. 26

**a) Mutterschutzlohn, § 18 MuSchG.** Der ArbGeb ist verpflichtet, der Frau, die wegen eines Beschäftigungsverbots außerhalb der Schutzfristen vor oder nach der Entbindung ganz oder teilweise mit der Arbeit aussetzt, die Beschäftigung oder die Entlohnungsart wechselt, mindestens den **Durchschnittsverdienst** der letzten drei abgerechneten Kalendermonate **vor dem Eintritt der Schwangerschaft** zu gewähren (§ 18 Abs 1 MuSchG). Der 13-Wochen-Zeitraum ist damit nicht mehr einschlägig (s hierzu § 11 Abs 3 MuSchG aF). Der Anspruch entsteht bereits ab dem ersten Arbeitstag. Er setzt keine vorherige Arbeitsleistung voraus (LAG BlnBbg 30.9.16 – 9 Sa 917/16, BeckRS 2016, 73758). Ein Missbrauch des Rechts aus § 18 MuSchG liegt nicht vor, wenn die stillende Mutter einem Beschäftigungsverbot unterfällt und nicht direkt nach Ablauf der Mutterschutzfristen, sondern erst erheblich später Elternzeit in Anspruch nehmen möchte (LAG BaWü 15.1.19 – 19 Sa 52/18, BeckRS 2019, 7751). Die **Ermittlung des durchschnittlichen Arbeitsentgelts** ergibt sich nunmehr aus § 21 MuSchG (auch für die §§ 19 und 20 MuSchG). 27

**aa) Ursachenzusammenhang.** Auszugleichen ist der **wegen** des Beschäftigungsverbots ausfallende Verdienst, dh die Frau ist so zu stellen, wie sie ohne Schwangerschaft und Mutterschaft und die deshalb gegebenen Beschränkungen stehen würde. Gefordert wird ein ursächlicher Zusammenhang zwischen Lohnausfall und Beschäftigungsverbot. 28

**bb) Arbeitsunfähigkeit.** Schwangerschaft ist keine Krankheit, die allgemein als „regelwidriger Gesundheitszustand" umschrieben wird, sondern ein für Frauen durchaus regelgerechter Zustand, der allerdings mit gravierenden Veränderungen, die Körper und Geist umfassen, einhergeht. Krankheitsbedingte AU (zum Begriff → *Arbeitsunfähigkeit* Rn 1 ff) während der Schwangerschaft ist indessen keine Seltenheit. Die mit außergewöhnlichen Beschwerden verbundene Schwangerschaft wird als Krankheit beurteilt, die sich als „Grundleiden" darstellen kann mit der Folge, dass der Anspruch auf Krankenvergütung auf die Dauer von sechs Wochen beschränkt ist (BAG 12.3.97 – 5 AZR 766/95, DB 97, 1570). Der Konflikt liegt auf der Hand. Die der AU zugrunde liegende Krankheit begründet zwangsläufig ein Beschäftigungsverbot iSv § 16 MuSchG, da eine weitere Beschäftigung Leben oder Gesundheit der Mutter gefährdet. Ein Anspruch auf Entgelt über Wochen/Monate bis zum Beginn der Schutzfrist des § 3 Abs 1 MuSchG besteht gleichwohl nicht, weil das Beschäftigungsverbot nicht die **alleinige Ursache** für den Arbeitsausfall ist (BAG 29

13.2.02 – 5 AZR 588/00, NZA 02, 738, und 5 AZR 753/00). Liegt eine Krankheit vor, die aktuell zur AUführt, ist deshalb AU und kein Beschäftigungsverbot zu bescheinigen. Anderes gilt, wenn die ArbN zwar krank, aber nicht aktuell arbeitsunfähig ist und erst die fortdauernde Beschäftigung AU begründet. Ist hierfür ausschließlich die Schwangerschaft ursächlich, ist das Beschäftigungsverbot vorrangig und Mutterschutzlohn zu zahlen. Dieser Anspruch ist dem Anspruch auf Entgeltfortzahlung im Krankheitsfall dann vorrangig (BAG 13.2.02 – 5 AZR 588/00, NZA 02, 739; LAG NdS 16.3.04 – 9 Sa 517/03, MDR 04, 1008). Das hat der behandelnde Arzt zu beurteilen, der hierbei einen gewissen **Beurteilungsspielraum** hat (BAG 9.10.02 – 5 AZR 443/01, NZA 04, 257). Im Einzelfall ergeben sich schwierige Abgrenzungsfragen, die gerichtlich nicht ohne fachärztliche Hilfe geklärt werden können. Die ArbG haben dabei auch zu beurteilen, ob der Arzt den Begriff „Beschäftigungsverbot" zutreffend verstanden hat (fachübergreifend *Schliemann/König* NZA 98, 1030). Das kann nicht ohne weiteres unterstellt werden. Als „Faustformel" kommt die Prüfung in Betracht, ob die ArbN überhaupt auf einem irgendwie gestalteten Arbeitsplatz ohne Gefährdung ihrer Gesundheit eingesetzt werden könnte. Ist das nicht der Fall, spricht das für AU jedenfalls dann, wenn die von der ArbN geltend gemachten betrieblichen Umstände objektiv nicht vorliegen (*Schlachter* Anm zu BAG AP Nr 16 MuSchG § 3 und *Gutzeit* NZA 03, 81).

30 **b) Zuschuss zum Mutterschaftsgeld. aa) Allgemeines.** Während der Schutzfristen vor und nach der Entbindung sowie für den Entbindungstag besteht kein Entgeltanspruch, wenn die ArbN mit der Arbeit aussetzt. Ihre finanzielle Absicherung erfolgt über eine Kombination von Leistungen der SozVTräger/öffentlichen Hand und Leistungen des ArbGeb. Frauen, die Anspruch auf Mutterschaftsgeld nach § 24i SGB V haben (→ *Mutterschaftsgeld* Rn 6–18), erhalten von ihrem ArbGeb bei fortbestehendem Arbeitsverhältnis für die Dauer der Schutzfristen und den Entbindungstag einen Zuschuss zum Mutterschaftsgeld (§ 20 Abs 1 Satz 1 MuSchG). Anspruchsvoraussetzung ist nicht die tatsächliche Zahlung von Mutterschaftsgeld durch die Krankenkasse, sondern das Bestehen des sozialrechtlichen Anspruchs. Dieser wiederum hängt allein davon ab, dass wegen der Schutzfristen kein Entgelt gezahlt wird (BAG 25.2.04 – 5 AZR 160/03, NZA 04, 537). Bei dem **Anspruch auf Zuschuss** handelt es sich um einen **lohnähnlichen arbeitsrechtlichen Anspruch.** Für Rechtstreitigkeiten ist deshalb das ArbG zuständig. Der Zuschuss dient dem Ausgleich der durch die Schutzfristen entstehenden finanziellen Nachteile. Die Schutzfristen müssen deshalb die **alleinige Ursache** für den Wegfall des Entgeltanspruchs sein. Das ist etwa nicht der Fall, wenn die ArbN mit dem ArbGeb unbezahlten Sonderurlaub vereinbart hatte. Der Anspruch ist aber nur bis zur vereinbarten Beendigung des Sonderurlaubs ausgeschlossen. Liegt dieser Zeitpunkt innerhalb der Schutzfristen, ist ab dann der Zuschuss zu bezahlen (BAG 25.2.04 – 5 AZR 160/03, NZA 04, 537). Ebenso wenig entfällt der Anspruch auf Zuschuss zum Mutterschaftsgeld für den gesamten Zeitraum der Schutzfristen, wenn das Arbeitsverhältnis bei Beginn der Schutzfrist des § 3 Abs 1 MuSchG wegen Elternzeit geruht hat. (BAG 22.8.12 – 5 AZR 652/11, NZA 12, 1277). Er ist nur bis zum Ende der Elternzeit ausgeschlossen. Auch im Beamtenrecht besteht grds kein Anspruch auf Besoldung während der Schutzfristen, wenn die ArbN während dieser Zeit aufgrund einer besonderen Arbeitszeitregelung ohne Entgeltanspruch nicht gearbeitet hätte (OVG NRW 30.12.04 – 6 A 40/04, BeckRS 2007, 28036). Unbeachtlich ist allerdings eine vorausgegangene und fortdauernde AU ohne Entgeltanspruch, da die ArbN den Zuschuss auch dann verlangen könnte, wenn sie arbeitsfähig wäre (BAG 12.3.97 – 5 AZR 226/96, NZA 97, 763).

31 **bb) Höhe und Berechnung.** Der Zuschuss beläuft sich auf den Unterschiedsbetrag zwischen dem von der Krankenkasse bezahlten Mutterschaftsgeld (13 EUR) und dem um die gesetzlichen Abzüge verminderten kalendertäglichen Arbeitsentgelt. Dieses berechnet sich grds nach denselben Kriterien wie der Mutterschutzlohn. Auch für den Zuschuss gilt die nun alle Leistungen der §§ 18 ff MuSchG erfassende, vereinheitlichende Berechnungsregelung des § 21 MuSchG. **Bezugszeitraum** für die Berechnung sind die letzten drei **abgerechneten Kalendermonate** vor Beginn der Schutzfrist.

32 **cc) Gesetzliche Abzüge.** Dazu gehören Lohn- und KiSt und sonstige Abgaben (Solidaritätszuschlag), die ArbNAnteile zur SozV und ArblV sowie die Zuschüsse des ArbGeb zu einer gesetzlichen Ersatzversicherung nach § 6 Abs 1 Nr 1 SGB VI. Das gilt auch, wenn der

ArbGeb satzungsgemäß die Beiträge mit der Bruttovergütung an die ArbN auszahlt und diese sie an die Versorgungsanstalt weiterleitet (BAG 1.6.88 – 5 AZR 464/87, DB 88, 1805). Für die Errechnung der LSt sind grds die auf der LStKarte eingetragenen **steuerlichen Merkmale** maßgebend. Anderes gilt, wenn die Frau in Absprache mit ihrem Mann eine Steuerklasse wählt, die der tatsächlichen Verdiensthöhe widerspricht oder Freibeträge für den Bezugszeitraum einträgt, um eine höhere Nettoauszahlung zu erreichen (BAG 22.10.86 – 5 AZR 733/85, DB 87, 944; 18.9.91 – 5 AZR 581/90, DB 92, 787). Bereits früher eingetragene Freibeträge sind mithin beachtlich und steigern die Höhe des Zuschusses (→ *Lohnsteuerermäßigung* Rn 1).

**dd)** Steht die Frau bei **mehreren Arbeitgebern** im Beschäftigungsverhältnis, sind die durchschnittlichen kalendertäglichen Arbeitsentgelte aus diesen Beschäftigungsverhältnissen zusammenzurechnen und der sich daraus ergebende Zuschuss anteilig im Verhältnis der Nettobezüge zu zahlen, § 20 Abs 2 MuSchG. Auf die Versicherungspflichtigkeit der Beschäftigung kommt es nicht an (BAG 3.6.87 – 5 AZR 592/86, DB 88, 1018). Die **Bindung des Zuschusses** an den sozialrechtlichen Anspruch auf Mutterschaftsgeld, der von dem ArbGeb selbstständig zu überprüfen ist, bewirkt, dass für die Berechnung des Sechs-Wochen-Zeitraums ausnahmsweise nicht das errechnete, sondern das tatsächliche Entbindungsdatum entscheidend ist. Bei **vorzeitiger Geburt** ist vom tatsächlichen Entbindungsdatum ausgehend zurückzurechnen mit der Folge, dass – falls die ArbN wegen AU Krankenvergütung bezogen hat – eine Neuberechnung zu erfolgen hat und sich ihr Anspruch nachträglich auf den Zuschuss beschränkt. Nach wie vor können sich **Nachzahlungsansprüche** auf den Zuschuss ergeben, wenn die ArbN bereits den Entgeltfortzahlungszeitraum von sechs Wochen überschritten hatte (BAG 12.3.97 – 5 AZR 226/96, DB 97, 1671; 7.10.87 – 5 AZR 610/86, DB 88, 234). 33

**c) Durchschnittliches Arbeitsentgelt, § 21 MuSchG.** Die mutterschutzrechtlichen Leistungen berechnen sich jetzt einheitlich nach § 21 MuSchG. Abzustellen ist nach den §§ 18 ff MuSchG jetzt generell nur noch auf die letzten drei abgerechneten Kalendermonate vor dem Eintritt der Schwangerschaft. War das Beschäftigungsverhältnis kürzer als drei Monate, ist der Berechnung der tatsächliche Zeitraum zugrunde zu legen, § 21 Abs 1 S 2 MuSchG. § 21 MuSchG macht Vorgaben zur Bestimmung des Berechnungszeitraums (Abs 1), zur Ermittlung des (tatsächlichen) durchschnittlichen Arbeitsentgelts (Abs 2), zur fiktiven Arbeitsentgeltermittlung (Abs 3) und zur Berücksichtigung von dauerhaften Änderungen der Entgelthöhe (Abs 4). 34

**aa) Berechnungszeitraum.** Die mutterschutzrechtlichen Leistungen berechnen sich nach einem kombinierten System: Grundlage ist zunächst der Arbeitsverdienst der letzten drei abgerechneten Kalendermonate vor Eintritt der Schwangerschaft. Hat das Arbeitsverhältnis – etwa wegen Elternzeit – über mehrere Jahre geruht, ist für die Berechnung auf den Arbeitsverdienst vor der Unterbrechung abzustellen (BAG 22.8.12 – 5 AZR 652/11, NZA 12, 1277; EuGH 13.2.14 – C 512/11 und C 513/11, NZA 14, 316). Nach LAG Hamm (31.10.06 – 9 (1) Sa 1243/06, NZA-RR 07, 118) ist ein längerer Bezugszeitraum dann anzuwenden, wenn arbeitsvertraglich die wöchentliche Arbeitszeit im Durchschnitt eines halben Jahres zu erbringen ist. Auf diese Arbeitszeit ist dann abzustellen, wenn der Umfang des Arbeitseinsatzes allein vom ArbGeb gesteuert wird. Korrekturen ergeben sich zugunsten wie zulasten der ArbN aus der Funktion des Entgeltschutzes. Da die ArbN weder besser noch schlechter gestellt werden soll, als sie ohne Schwangerschaft und Mutterschutz gestanden hätte, greift ergänzend das Lohnausfallprinzip ein. Für eine zwischenzeitlich eingetretene dauerhafte Entgeltminderung hat der ArbGeb zumindest Indizien vorzutragen (BAG 22.8.12 – 5 AZR 662/11, NZA 12, 1277). 35

Unberücksichtigt bleiben bei der Bestimmung des Berechnungszeitraums gem § 21 Abs 1 S 1 MuSchG Zeiten, in denen die Frau infolge **unverschuldeter Fehlzeiten** kein Arbeitsentgelt erhalten hat. Derartige Fehlzeiten können durch AU oder unbezahlten Urlaub verursacht werden.

**bb) Ermittlung des Arbeitsverdiensts. (1)** Zum **Arbeitsverdienst** gehören alle regelmäßigen festen Bezüge einschließlich etwaiger Prämien und Akkord, auch wenn die Akkordarbeit während der Schwangerschaft verbotswidrig geleistet worden ist (BAG 20.12.72 – 3 AZR 60/72, DB 73, 829), **Bedienungsprozente** im Gaststättenbereich, nicht das Trinkgeld. Besteht die vereinbarte Vergütung nicht nur in Geld, sondern auch in **Natural-** 36

**leistungen** (Näheres *Sachbezug*), so spricht der das Mutterschutzrecht bestimmende Gesundheitsschutz regelmäßig dafür, dass die ArbN diese Leistung auch während der Schutzfristen beanspruchen kann. Die andernfalls erforderliche Ersatzbeschaffung kann mit Mühen verbunden sein, die gerade vermieden werden sollen. Für den Sachbezug „freie Unterkunft" oder „vergünstigt überlassene Dienstwohnung" liegt eine Verpflichtung des ArbGeb zur weiteren Überlassung auf der Hand. Auch ein Dienstfahrzeug, das dem ArbN zur unbeschränkten Privatnutzung zur Verfügung gestellt worden ist, kann vom ArbGeb nicht herausverlangt werden (BAG 11.10.2000 – 5 AZR 240/99, NZA 01, 445; BAG 14.12.10 – 9 AZR 631/09, NZA 11, 569; zum Herausgabeanspruch bei verbotener Eigenmacht des ArbGeb LAG BlnBbg 31.8.08 – 13 Ta 519/08, EZA-SD 08 Nr 11, 5). Kann der Sachbezug aus Gründen, die in der Person der AbN liegen, nicht weiter gewährt werden, ist er für die Berechnung des Arbeitsentgelts in Geld umzurechnen und bestimmt damit auch die Höhe des Zuschusses zum Mutterschaftsgeld. Dabei sind regelmäßig die für die Ermittlung der LSt maßgebenden Werte anzusetzen (BAG 27.5.99 – 8 AZR 415/98, NZA 99, 1038; → *Dienstwagen* Rn 13). **Provisionen** sind anzusetzen, soweit sie im Bezugszeitraum nach § 87a Abs 4, § 87c Abs 11 HGB (aufschiebend bedingt) entstanden sind (BAG 14.12.11 – 5 AZR 439/10, NZA 12, 1900 unter Aufgabe von 28.11.84 – 5 AZR 243/83, DB 85, 765). Das gilt auch für **Zuschläge** für Mehr-, Nacht-, Sonn- und Feiertagsarbeit. Diese sowie der Grundlohn sind für den Monat zu berücksichtigen, in dem die Arbeit geleistet worden ist; der Abrechnungsmonat ist unerheblich (BAG 14.12.11 – 5 AZR 439/10, NZA 12, 1900: die in der Abrechnung ausgewiesenen Beträge sind nur dann maßgeblich, wenn sie den Wert der Arbeitsleistung im Berechnungszeitraum widerspiegeln). **Erfolgsabhängige Entgelte** sind im jeweiligen Berechnungszeitraum anteilig zu berücksichtigen (BAG 14.12.11 – 5 AZR 439/10, NZA 12, 1900, hier: Zielvereinbarung). Einzubeziehen sind ferner alle Leistungen des ArbGeb, die trotz fehlender Arbeitsleistung erbracht wurden (zB Entgeltfortzahlung bei Krankheit und Feiertagen, Urlaubsentgelt, Bildungsurlaub). **Vermögenswirksame Leistungen** (BAG 15.8.84 – 5 AZR 47/83, DB 84, 2714), nicht aber die ArbNSparzulage, und Zuschläge jeder Art fließen in die Berechnung mit ein. Kein Arbeitsentgelt iSv § 20 MuSchG sind der Zuschuss zur KV nach § 257 SGB V, Leistungen des ArbGeb zu einer zusätzlichen Alters- und Hinterbliebenenversorgung, wohl aber ein monatlich gezahlter sog Kindergartenzuschuss (LAG SchlHol 19.3.14 – 3 Sa 388/13, BeckRS 2014, 52251).

37 **Einmalzahlungen** wie Urlaubsgeld, Weihnachtsgratifikation, Tantiemen, ArbNErfindervergütung oder Prämien für einen Verbesserungsvorschlag bleiben außer Betracht, da es um die Aufrechterhaltung des Durchschnittsverdienstes geht, § 21 Abs 2 Nr 1 MuSchG. Außer Ansatz bleibt deshalb auch echter Aufwandsersatz (Fahrtkostenerstattung, Spesen).

Unberücksichtigt bleiben nach § 21 Abs 2 Nr 2 MuSchG auch **Kürzungen des Arbeitsentgelts**, die im Berechnungszeitraum infolge von Kurzarbeit, Arbeitsausfällen oder unverschuldeter Arbeitsversäumnis eintreten. Dies entspricht der bisherigen Rechtslage (vgl zur rechtmäßigen Aussperrung – BAG 22.10.86 – 5 AZR 550/85, DB 87, 1363 zu § 14 MuSchG aF). Anderes gilt im Fall des Streiks, an dem sich die Frau nicht beteiligt (BAG 15.1.91 – 1 AZR 178/90, NZA 91, 604 zu § 37 Abs 6 BetrVG).

Bislang nicht geregelt war der Fall, dass eine Frau vor Eintritt der Schwangerschaft in **Elternzeit** einer **Teilzeittätigkeit** nachgegangen ist. In diesem Fall stellte sich die Frage, ob das zuletzt erzielte Teilzeitentgelt oder das ursprüngliche Vollzeitentgelt maßgeblich ist. Hier ist der Gesetzgeber nun mit § 21 Abs 2 Nr 3 MuSchG in Umsetzung europarechtlicher Vorgaben (EuGH 20.9.07 – C-116/06, *Kiiski*, NZA 07, 1274) tätig geworden. Danach bleibt das Teilzeitentgelt aus der Elternzeit unberücksichtigt, soweit diese Vorgehensweise nicht zu einem geringeren durchschnittlichem Arbeitsentgelt führt als ohne die Berücksichtigung dieser Zeiten. Dies ist allerdings nur dann der Fall, wenn die Frau rechtzeitig im Voraus ausdrücklich mitteilt, die Elternzeit vorzeitig zu beenden, was ihr nach § 16 Abs 3 S 3 BEEG möglich ist. Wird die Elternzeit nicht beendet, ist § 22 S 2 MuSchG für die Berechnung des Arbeitsentgelts zu berücksichtigen.

38 **(2) Fiktive Arbeitsentgeltermittlung, § 21 Abs 3 MuSchG.** Ist die Ermittlung des durchschnittlichen Arbeitsentgelts nach den Abs 1 und 2 nicht möglich, ist das durchschnittliche kalendertägliche Arbeitsentgelt einer vergleichbar beschäftigten Person zugrunde zu legen.

**(3) Änderungen der Arbeitsentgelthöhe, § 21 Abs 4 MuSchG.** Das bisherige Recht (§ 11 Abs 2 S 1 und 3 MuSchG aF und § 14 Abs 1 S 3 und 5 MuSchG aF) differenzierte uneinheitlich hinsichtlich der Rechtsfolgen nach dem Zeitpunkt, zu dem die Änderung des Arbeitsentgelts wirksam wird. Da nach der Rspr des BAG (s nur 20.9.00 – 5 AZR 924/98, NJW 01, 2194) Frauen, die aufgrund von mutterschutzrechtlichen Beschäftigungsverboten Arbeitsentgeltausfälle haben, nicht schlechter, aber auch nicht besser gestellt werden dürfen, als wenn sie durchgängig gearbeitet hätten, hat der Gesetzgeber nun einheitliche Vorgaben geschaffen. Klarstellend wird nach dem **Zeitpunkt des Wirksamwerdens der dauerhaften Änderung des Arbeitsentgelts** nach Nr 1 (Arbeitsentgeltänderungen im Berechnungszeitraum) und nach Nr 2 (Arbeitsentgeltänderungen mit Wirksamkeit im Zeitraum des Bezugs von Leistungen nach dem MuSchG) differenziert. Bei einer dauerhaften Änderung der Entgelthöhe, die **während des Berechnungszeitraums** wirksam wird, ist für den gesamten Berechnungszeitraum von der geänderten Arbeitsentgelthöhe auszugehen. Denn hätte die Frau zu den Zeiten des Beschäftigungsverbots weitergearbeitet, hätte sie ein Arbeitsentgelt zu den geänderten Bedingungen erhalten. Bei einer dauerhaften Änderung des Arbeitsentgelts, die nach Ablauf des Berechnungszeitraums wirksam wird, ist ab Wirksamkeit der Änderung der Arbeitsentgelthöhe von der geänderten Höhe auszugehen. Denn hätte die Frau zu den Zeiten der Beschäftigungsverbote weitergearbeitet, hätte sie auch erst ab dem Zeitpunkt des Wirksamwerdens der Änderung der Entgelthöhe das Entgelt in der geänderten Höhe bezogen. Eine etwaige Erhöhung kann auch ein wegen des Neugeborenen erhöhter Ortszuschlag (BAG 31.7.96 – 5 AZR 9/95, NZA 96, 1205) sein. 39

**d) Erstattungsanspruch.** Das BVerfG hat die alleinige finanzielle Belastung des ArbGeb mit dem ArbGebZuschuss als verfassungswidrig beurteilt (BVerfG 18.11.02 – 1 BvR 302/96, NZA 04, 33); bis zum 31.12.05 war eine verfassungskonforme Regelung zu schaffen. Dem ist der Gesetzgeber durch das Gesetz über den Ausgleich der ArbGebAufwendungen für Entgeltfortzahlung vom 22.12.05 (Aufwendungsausgleichsgesetz – AAG) nachgekommen (BGBl I 05, 3686). Der ArbGeb hat seit 1.1.06 Anspruch gegen die für die Frau zuständige Krankenkasse auf Erstattung des **Zuschusses,** § 1 Abs 2 Nr 1 AAG. Nach Nr 2 ist auch das bei **Beschäftigungsverboten gem** § 11 MuSchG aF (jetzt § 18 MuSchG; Mutterschutzlohn) gezahlte Arbeitsentgelt zu erstatten. Mit der Einbeziehung dieser Aufwendungen in das „U2-Verfahren“ ist der Gesetzgeber zu Recht über den konkreten Auftrag des BVerfG hinausgegangen. Zu den Einzelheiten des Umlageverfahrens „U2“ → *Mutterschutz* Rn 56. 40

**7. Arbeitsplatzschutz. a) Kündigungsverbot.** Während der Schwangerschaft und bis zum Ende der Schutzfrist nach der Entbindung, mindestens jedoch bis zum Ablauf von vier Monaten nach der Entbindung darf das Arbeitsverhältnis nicht gekündigt werden. Mit der Reform 2017 gilt nun auch ein Kündigungsverbot für Frauen, die eine Fehlgeburt erlitten haben. Diese haben bis zum Ablauf von vier Monaten nach der Fehlgeburt Kündigungsschutz, wenn die Fehlgeburt nach der 12. Schwangerschaftswoche eintritt, § 17 Abs 1 MuSchG. Die bisherige Anknüpfung daran, ob das Kind iSd § 31 Abs 2 PStV tot geboren wurde (so BAG 15.12.05 – 2 AZR 462/04, NZA 06, 994) ist damit kündigungsrechtlich nicht mehr von Bedeutung. Die Gesetzesbegründung (BR-Drs 230/16, S 99) fasst daher zusammen, dass der Kündigungsausschluss nunmehr für Fälle der Entbindung (einer Lebendgeburt iSd § 31 Abs 1 PStV oder einer Totgeburt iSv § 31 Abs 2 PStV) und im Fall der Fehlgeburt iSv § 31 Abs 3 PStV, wenn die Schwangerschaft mindestens zwölf Wochen bestanden hat, gilt. Für die in § 16 Abs 1 MuSchG genannten Zeiten besteht ein Kündigungsverbot des ArbGeb. Unerheblich ist, ob der bereits abgeschlossene Arbeitsvertrag in Vollzug gesetzt worden ist (LAG Düsseldorf 30.9.92 – 11 Sa 1040/92, NZA 93, 1041). Entgegenstehende Kündigungen sind gem § 134 BGB **nichtig.** Das Verbot erfasst Kündigungen jeder Art, neben der außerordentlichen und ordentlichen Beendigung auch die Änderungskündigung, Kündigung im Insolvenz- oder Vergleichsverfahren, Massenentlassungen. Der EuGH erstreckt das Kündigungsverbot auf alle Maßnahmen des ArbGeb, die auf eine mit der Schwangerschaft/Mutterschaft zusammenhängende einseitige Beendigung des Arbeitsverhältnisses durch den ArbGeb abzielen (EuGH 11.10.07 – C-460/06, NZA 07, 1271). Dass die Kündigungsfrist erst nach Ablauf der Schutzfrist abläuft, ist danach unerheblich. Voraussetzung ist das **Bestehen einer Schwangerschaft** oder eine Entbindung (→ Rn 5). Ein Verstoß gegen das Kündigungs- 41 verbot gegenüber einer schwangeren ArbN indiziert – bei Kenntnis des ArbGeb von der Schwangerschaft – zudem die Benachteiligung wegen der Schwangerschaft und damit wegen des Geschlechts und kann einen Entschädigungsanspruch nach § 15 Abs 2 AGG auslösen (BAG 12.12.13 – 8 AZR 838/12, NZA 14, 722).

42 Der ArbGeb muss im Zeitpunkt der Kündigung **Kenntnis** von Schwangerschaft oder Entbindung haben oder ihm muss diese Kenntnis innerhalb von **zwei Wochen** nach Zugang der Kündigung vermittelt werden. Der Kenntnis des ArbGeb gleichgestellt wird das Wissen einer der Personen, die zum Empfängerkreis der Mitteilung nach § 15 Abs 1 MuSchG gehören (→ Rn 8). Sie kann auch gegenüber einem Prozessbevollmächtigten des ArbGeb im Kündigungsschutzprozess erfolgen (BAG 20.5.88 – 2 AZR 739/87, DB 88, 2107). Im Fall der Betriebsübernahme (§ 613a BGB) wird das Wissen des früheren Inhabers dem des neuen gleichgestellt. **Inhalt** der Mitteilung muss das Bestehen oder vermutete Bestehen einer Schwangerschaft im Zeitpunkt der Kündigung sein (BAG 15.11.90 – 2 AZR 270/90, DB 91, 2191; LAG BlnBbg 15.3.18 – 10 Sa 1509/17, BeckRS 2018, 25417); die **Frist** berechnet sich nach §§ 187 Abs 1, 188 Abs 1 Hs 1, 193 BGB: Zugang der Kündigung Mittwoch; die Frist endet mit dem Mittwoch der zweiten Woche, bei Zugang der Kündigung am Wochenende am Montag der dritten Woche. Die Mitteilung der Schwangerschaft nach Ausspruch der Kündigung muss nicht durch die schwangere ArbN selbst erfolgen (LAG Sachsen-Anhalt 9.12.14 – 6 Sa 539/13, BeckRS 2015, 67220).

43 Das **Überschreiten** der Zweiwochenfrist ist ausnahmsweise unschädlich, wenn es auf einem von der Frau nicht zu vertretenden Grund beruht und die Mitteilung **unverzüglich nachgeholt** wird (§ 9 Abs 1 Satz 1 Hs 2 MuSchG). Der Gesetzestext entspricht der Entscheidung des BVerfG vom 13.11.79 (1 BvL 24/77, 1 BvL 19/78, 1 BvL 38/79, DB 80, 402) zur verfassungskonformen Auslegung des § 9 Abs 1 MuSchG aF und der hierauf beruhenden höchstrichterlichen Rspr. Auf die dort entwickelten Grundsätze ist zurückzugreifen. **Zu vertreten** ist eine Fristversäumnis, die auf einen gröblichen Verstoß gegen das von einem verständigen Menschen im eigenen Interesse billigerweise zu erwartende Verhalten zurückzuführen ist (BAG 6.10.83 – 2 AZR 368/82, DB 84, 1044). Schuldhaft handelt daher die Frau, die trotz Kenntnis ihrer Schwangerschaft oder zwingender Anhaltspunkte nichts zur Abklärung ihres Zustandes und zur Wahrung ihrer Rechte unternimmt. Die Bestätigung ihres Arztes mit dem Datum des voraussichtlichen Geburtstermins kann sie trotz Kenntnis der Schwangerschaft abwarten (LAG Nbg 17.3.92 – 4 Sa 566/91, DB 93, 1009). Die Unkenntnis der Frau von der Schwangerschaft ist grds geeignet, ein Verschulden auszuschließen (BAG 20.5.88 – 2 AZR 739/87, DB 88, 2107). Fehldiagnosen ihres Arztes sind ihr nicht zuzurechnen. Sie hat ferner nicht einzustehen für Übermittlungsfehler, dh die unverzügliche Absendung einer schriftlichen Mitteilung mit normaler Post genügt (BAG 16.5.02 – 2 AZR 730/00, NJW 03, 308). Sie braucht sich auch Verschulden ihrer Bevollmächtigten nicht zurechnen zu lassen (BAG 27.10.83 – 2 AZR 214/82, DB 84, 1203). Ebenso ist die Fristversäumnis unverschuldet, wenn die ArbN vom Zugang der Kündigung zB wegen Krankenhausaufenthaltes oder Urlaubsabwesenheit keine Kenntnis erlangt, und sie ihre Schwangerschaft unverzüglich nach Kenntnis der Kündigung anzeigt (BAG 13.6.96 – 2 AZR 736/95, NZA 96, 1156). Das BAG billigt der Frau, die nach Zugang der Kündigung und vor Ablauf der Zweiwochenfrist von ihrer Schwangerschaft erfährt, auch noch eine gewisse Überlegungsfrist zu, wie auf die neue Kenntnis zu reagieren ist. Die Mitteilung ist dann idR innerhalb einer Woche nachzuholen (BAG 26.9.02 – 2 AZR 392/01, AP MuSchG § 9 Nr 31). **Darlegungs- und Beweislast** für alle tatsächlichen Voraussetzungen des Kündigungsschutzes nach § 17 MuSchG liegen bei der Frau. Zu den Anforderungen vgl LAG Bln 5.7.93 – 9 Sa 9/93, NZA 94, 319.

Eine außerhalb des Geltungsbereichs des KSchG ausgesprochene Kündigung ist gem § 134 BGB iVm § 7 Abs 1, §§ 1, 3 **AGG** nichtig, wenn sie wegen der – beabsichtigten – Durchführung einer -Fertilisation und der damit einhergehenden **Möglichkeit einer Schwangerschaft** erklärt wird (BAG 26.3.15 – 2 AZR 237/14, BeckRS 2015, 68180).

44 **b) Vorbereitungsmaßnahmen.** Eine mit der Reform des Mutterschutzrechts 2017 eingeführte Neuerung ist die in § 17 Abs 1 S 3 MuSchG geregelten Unzulässigkeit von Vorbereitungshandlungen, die der ArbGeb im Hinblick auf die Kündigung der Frau trifft (*Evermann* NZA 18, 550). Dies dient der Klarstellung iSd Rspr des EuGH (11.10.07 – C-460/06 – *Paquay,* NZA 07, 1271). Danach liegt bereits dann ein Verstoß gegen das

Kündigungsverbot der Mutterschutzrichtlinie vor, wenn vor Ablauf der Schutzfristen Maßnahmen in Vorbereitung einer Kündigung, wie etwa die Suche und Planung eines etwaigen Ersatzes für die betroffene Frau, getroffen werden. Fallen die Vorbereitungen in die Fristen, so ist die Kündigung unwirksam. Damit wird es dem ArbGeb häufig nicht mehr möglich sein, eine Kündigung direkt im Anschluss an das Auslaufen der Fristen auszusprechen (*Bayreuther* NZA 17, 1145). Bedeutung erlangt dies auch mit Blick auf die Anhörung des BRat (§§ 102, 103 BetrVG), die Beteiligung der Schwerbehindertenvertretung oder einer erforderlichen Zustimmung des Integrationsamtes (s *Bayreuther* NZA 17, 1145). Die Vorbereitungshandlungen müssen allerdings zielgerichtet auf das Beschäftigungsverhältnis der Frau bezogen sein. Der Beschluss der ArbGebOrgane zur Umstrukturierung oder der Abschluss eines Interessenausgleichs und Sozialplans dürften, auch wenn sie letztlich zur Kündigung der Frau führen, diese nicht zu Fall bringen, nur weil diese Maßnahmen in die Schutzfristen fallen. In die Massenentlassungsanzeige dürfen geschützte Frauen aber nicht aufgenommen werden (*Bayreuther* NZA 17, 1145).

**c) Zulassung der Kündigung.** Auf Antrag des ArbGeb kann die nach Landesrecht für den Arbeitsschutz zuständige oberste Behörde oder die von ihr bestimmte Stelle **in besonderen Fällen ausnahmsweise** die Kündigung zulassen (§ 17 Abs 2 MuSchG). Der Kündigungsgrund darf nicht mit der Situation der Frau während der Schwangerschaft oder ihrer Lage nach der Entbindung in Zusammenhang stehen. **Zuständig:** Baden-Württemberg Regierungspräsidien; Bayern Nordbayern Gewerbeaufsichtsamt Nbg und Südbayern Gewerbeaufsichtsamt München-Land; Bln Landesamt für Arbeitsschutz, Gesundheitsschutz und technische Sicherheit; Brandenburg Landesamt für Arbeitsschutz; Hbg Behörde für Soziales, Familie, Gesundheit und Verbraucherschutz; Hess und NRW örtlich zuständiger Regierungspräsident/Bezirksregierung; Mecklenburg-Vorpommern Landesamt für Gesundheit und Soziales, Abt. Arbeitsschutz; RhPf Struktur- und Genehmigungsdirektionen; Saarl Landesamt für Umwelt und Arbeitsschutz; Sachsen Landesdirektionen, Abt. Arbeitsschutz; Sachsen-Anhalt Landesamt für Verbraucherschutz, Gewerbeaufsicht; Thüringen Thüringer Landesbetrieb für Arbeitsschutz und technischen Verbraucherschutz; Schleswig-Holstein Staatliche Arbeitsschutzbehörde bei der Unfallkasse Nord, in den anderen Bundesländern die örtlich zuständigen Gewerbeaufsichtsämter (eine aktuelle Übersicht findet sich im Internet auf der Seite www.bmfsfj.de). Anträge, die an ein unzuständiges Gewerbeaufsichtsamt gerichtet werden, werden idR weitergeleitet. Der **Antrag** kann formfrei gestellt werden; er ist fristgebunden, wenn eine außerordentliche Kündigung beabsichtigt ist (zwei Wochen nach Kenntnis des Grundes, § 626 Abs 2 BGB). Gegen die Entscheidung ist der Weg zu den **Verwaltungsgerichten** eröffnet. Der Frau kann es im Einzelfall verwehrt sein, gegen die Zustimmung zulässig Klage zu erheben (OVG Münster 8.8.97 – 24 A 1966/94, NZA-RR 98, 159). **Inhaltlich** gehen die Anforderungen über den „wichtigen Grund“ iSd § 626 Abs 1 BGB hinaus; besondere Umstände müssen hinzutreten (st Rspr VGH München 29.2.12 – 12 C 12.64, NZA 12, 302; s auch die Zusammenstellung bei *Wiebauer* BB 13, 1784). In Betracht kommen schwerwiegende vorsätzliche Vertragsverstöße, Vermögensdelikte, tätliche Bedrohung des ArbGeb. Aus dem betrieblichen Bereich Stilllegung oder wirtschaftliche Gefährdung des ArbGeb (OVG NW 21.6.18 – 12 E 581/17, BeckRS 2018, 29726). Teils sind für die Behörde Erlasse ergangen (*Zmarzlik/Zipperer/Viethen* MuSchG, 7. Aufl, Anhang 13). Wegen des häufigen Zusammentreffens von Mutterschutz und Elternzeit ist zu beachten, dass die Kündigung stets sowohl nach § 17 Abs 2 MuSchG als auch nach § 18 Abs 1 BEEG zugelassen sein muss (BAG 31.3.93 – 2 AZR 595/92, DB 93, 1783; LAG BlnBbg 6.4.11 – 15 Sa 2454/10, BeckRS 2011, 72994). Allerdings wird die Klage des ArbGeb auf Zulässigerklärung einer Kündigung nach § 9 Abs 3 MuSchG nach Wegfall des mutterschutzrechtlichen Kündigungsverbots unzulässig und kann nicht umgedeutet werden in eine Klage nach § 18 Abs 1 S 2 BEEG (VG Ansbach 23.9.13 – AN 6 K 13.00290, BeckRS 2013, 57422). 45

**d) Form und Inhalt der Kündigung.** Die Kündigung kann nach Erteilung der Zustimmung erklärt werden; die Bestandskraft der Entscheidung braucht nicht abgewartet zu werden (BAG 17.6.03 – 2 AZR 245/02, NZA 03, 1329). Die Kündigung bedarf der **Schriftform** und muss den zulässigen Kündigungsgrund angeben. 46

**e) Klagefrist.** Die nach § 4 Satz 1 KSchG einzuhaltende Klagefrist von drei Wochen beginnt nach § 4 Satz 4 KSchG nicht bereits mit dem Zugang der Kündigung, sondern mit 47 der Bekanntgabe der Zulässigkeitserklärung der nach Landesrecht für den Mutterschutz zuständigen Behörde. Das gilt allerdings nur, wenn der ArbGeb Kenntnis von der Schwangerschaft oder der Entbindung hatte. Ist das nicht der Fall, muss die ArbN innerhalb von drei Wochen nach Kündigungserhalt klagen (BAG 19.2.09 – 2 AZR 286/07, NZA 09, 980; → *Kündigungsschutz* Rn 111). Zur vergleichbaren Rechtslage im Behindertenrecht und im Recht der Elternzeit (BAG 3.7.03 – 2 AZR 487/02, NZA 03, 1335; 13.2.08 – 2 AZR 864/06, NZA 08, 1055). Hat die ArbN von ihrer Schwangerschaft aus einem von ihr nicht zu vertretenden Grund erst nach Ablauf der Klagefrist Kenntnis erlangt, kann sie nach Maßgabe des § 5 KSchG die nachträgliche Zulassung der Klage bewirken (→ *Kündigungsschutz* Rn 122). Die Regelung trägt den verfassungsrechtlich gebotenen Anforderungen an einen wirksamen Bestandsschutz der Schwangeren Rechnung.

48 **f) Annahmeverzug.** Nicht zu folgen ist der Entscheidung ArbG München 18.6.04 – 35 Ca 1822/04, NZA-RR 05, 28. Danach soll dem ArbGeb trotz unwirksamer Kündigung die Beschäftigung einer schwangeren ArbN (Metzgereiverkäuferin) dann unzumutbar sein, wenn diese nachweislich der Kasse Geld entnommen hat. Dem ArbGeb sei nicht zumutbar, die ArbN ständig zu kontrollieren. Dabei wird ua übersehen, dass das mutterschutzrechtliche Kündigungsverbot auch dem Schutz des ungeborenen Lebens dient. Er ist nicht gewährleistet, wenn der werdenden Mutter der Annahmeverzugslohn vorenthalten wird und sie sich nunmehr zur Sicherung ihrer Existenz eine andere Geldquelle erschließen muss.

49 **8. Beendigung des Arbeitsverhältnisses aus anderen Gründen.** Sie wird von dem Kündigungsverbot nicht erfasst.

**a) Befristung.** Ist das Arbeitsverhältnis rechtswirksam befristet (LAG Köln 26.5.94 – 10 Sa 244/94, NZA 95, 1105) oder auflösend bedingt abgeschlossen, endet es mit Fristablauf/Eintritt der Bedingung. Eine dem ArbGeb zZ des Vertragsschlusses bekannte Schwangerschaft hindert nicht die Befristung des Arbeitsvertrages (BAG 6.11.96 – 7 AZR 909/95, NZA 97, 1222). Die Berufung des ArbGeb auf die Beendigung kann rechtsmissbräuchlich sein, wenn eine Weiterbeschäftigung nur wegen der Schwangerschaft abgelehnt wird, vor allem bei Bewährung der Frau (BAG 16.3.89 – 2 AZR 325/88, DB 89, 1728). Eine arbeitsvertraglich oder tarifrechtlich vorgesehene Nichtverlängerungsmitteilung steht der Kündigung nicht gleich; § 17 Abs 1 MuSchG gilt nicht (BAG 23.10.91 – 7 AZR 56/91, DB 92, 2637 zu § 24 Abs 1 Normalvertrag Tanz). Das befristete **Berufsausbildungsverhältnis** wird weder durch die Schutzfristen noch die Beschäftigungsverbote verlängert; die Auszubildende kann aber gem § 8 Abs 2 BBiG bei der für die Berufsausbildung zuständigen Stelle die Verlängerung der Ausbildungszeit beantragen, wenn zu erwarten ist, dass sie andernfalls das Ausbildungsziel nicht erreicht.

50 **b) Faktisches Arbeitsverhältnis.** Das Arbeitsverhältnis kann jederzeit durch **einfache Erklärung** beendet werden, wenn der zugrunde liegende Arbeitsvertrag von vornherein **nichtig** oder erfolgreich **angefochten** ist (→ *Faktisches Arbeitsverhältnis* Rn 5). Soweit die **Nichtigkeit** des Arbeitsvertrags mit einer Schwangeren nach § 134 BGB wegen eines Beschäftigungsverbots als möglich angesehen wurde, ist diese Rspr spätestens aufgrund des EG-Rechts, insbes der Gleichbehandlungsrichtlinie 76/207/EWG, überholt (EuGH 5.5.94 – C-421/92, NZA 94, 609; → *Diskriminierung* Rn 1–5; → *Gleichbehandlung* Rn 26 ff).

51 **c) Anfechtung.** Nachdem das BAG zu Recht erkannt hat, dass die Frage nach dem Bestehen einer Schwangerschaft grds unzulässig ist, deshalb auch ohne Rechtsnachteile für die Schwangere falsch beantwortet werden darf, kommt ein Anfechtungsrecht wegen Irrtums über eine verkehrswesentliche Eigenschaft idR ebenso wenig in Betracht wie das wegen arglistiger Täuschung (§§ 119 Abs 2, 123 BGB; BAG 15.10.92 – 2 AZR 227/92, DB 93, 435). Eine Pflicht zur wahrheitsgemäßen Beantwortung hatte das BAG angenommen, wenn die ArbN auf dem vorgesehenen Arbeitsplatz wegen eines Beschäftigungsverbots nicht eingesetzt werden darf. Die vorsätzlich wahrheitswidrige Auskunft, nicht schwanger zu sein, berechtigte den ArbGeb dann zur Anfechtung wegen vorsätzlicher Täuschung (BAG 1.7.93 – 2 AZR 25/93, DB 93, 1978). Das widerspricht dem EuGH. Schwangerschaft ist kein Grund, den Abschluss eines unbefristeten Arbeitsvertrages abzulehnen, weil die ArbN für die Dauer der Schwangerschaft einem mutterschutzrechtlichen Beschäftigungsverbot unterliegt (EuGH 3.2.2000 – Rs C-207/98, NZA 2000, 255). Das BAG hat deshalb seine Rspr aufgegeben und die Frage nach einer Schwangerschaft als regelmäßig unzulässig beur-

teilt, wenn die Frau unbefristet eingestellt werden soll. Die ArbN ist nach zutreffender Auffassung des LAG Köln (11.10.12 – 6 Sa 641/12, NZA-RR 13, 232 mit Anm *Pallasch* NZA-RR 13, 232) aber auch dann nicht zur Offenbarung oder wahrheitsgemäßen Beantwortung der Frage nach einer Schwangerschaft verpflichtet, wenn sie befristet als Schwangerschaftsvertretung eingestellt werden soll. Eine wahrheitswidrige Antwort der Frau berechtigt daher nicht zur Kündigung (BAG 6.2.03 – 2 AZR 621/01, NZA 03, 848). S auch → *Auskunftspflichten Arbeitnehmer* Rn 9, 22 und → *Arbeitsvertrag* Rn 58.

**d) Aufhebungsvertrag/Eigenkündigung.** Für Aufhebungsverträge wie auch für eine von der Schwangeren ausgesprochene **Eigenkündigung** gelten grds keine Besonderheiten. Ein Irrtum der Schwangeren über das Bestehen einer Schwangerschaft bei Abgabe ihrer Erklärung begründet kein Anfechtungsrecht (BAG 6.2.92 – 2 AZR 408/91, DB 92, 1478). Das Sonderrecht der Frau, das Arbeitsverhältnis jederzeit zum Ende der Schutzfrist nach der Entbindung zu kündigen (§ 10 Abs 1 MuSchG aF) ist in das reformierte MuSchG nicht mehr aufgenommen worden. Ihm kam in der Praxis seit Geltung des BErzGG/BEEG keine nennenswerte Bedeutung mehr zu. 52

**9. Erholungsurlaub. a) Allgemeines.** Nach § 24 Satz 1 MuSchG gelten für den Anspruch auf bezahlten Erholungsurlaub und dessen Dauer die Ausfallzeiten wegen mutterschutzrechtlicher Beschäftigungsverbote als Beschäftigungszeiten. Die Regelung entspricht allgemeinem Urlaubsrecht (→ *Urlaubsanspruch* Rn 13). § 24 Satz 2 MuSchG enthält eine vom Urlaubsrecht abweichende **Übertragungsregelung** (zu § 7 Abs 3 BUrlG → *Urlaubsanspruch* Rn 18). Hat die ArbN ihren Urlaub vor Beginn der Beschäftigungsverbote nicht oder nicht vollständig erhalten, so kann sie nach Ablauf der Fristen den Resturlaub im laufenden oder im nächsten Urlaubsjahr beanspruchen. Auslösendes Moment sind nicht nur die Schutzfristen vor und nach der Entbindung, sondern alle sonstigen individuellen oder betrieblichen Beschäftigungsverbote. 53

**b) Übertragungszeiträume.** Da die Vorschrift im Wesentlichen § 17 Abs 2 BEEG entspricht, ist das „laufende Urlaubsjahr" nicht das Urlaubsjahr, in dem der offene Resturlaubsanspruch entstanden ist, sondern das Urlaubsjahr, in dem die Schutzfrist des § 3 Abs 2 MuSchG endet (so wohl auch *Joussen* NZA 02, 702). Dieser Urlaub kann dann bis zum Ende des darauffolgenden Kj beansprucht werden. Es braucht **kein weiterer Übertragungsgrund** (betriebs- oder personenbedingt iSv § 7 Abs 3 BUrlG) vorzuliegen. In Anlehnung an die Rspr zu § 17 Abs 2 BEEG (→ *Elternzeit* Rn 32–35) wird allerdings zu verlangen sein, dass zwischen dem „Nichterhalten" des Urlaubs und den Beschäftigungsverboten ein **ursächlicher Zusammenhang** bestehen muss. Der Urlaub wird nur aufrechterhalten, soweit die ArbN ihn ohne Arbeitsausfall hätte nehmen können. Andernfalls würde sie besser gestellt als nicht schwangere ArbN (zutreffend *Sowka* DB 02, 1658). 54

**Beispiel:** Es besteht ein Resturlaub für 2002 von 10 Arbeitstagen, der von der ArbN krankheitsbedingt nicht genommen werden kann und deshalb gesetzlich bis 31.3.02 übertragen ist. Am 25.3.03 beginnt die Schutzfrist des § 3 Abs 1 MuSchG. Aufrecht erhalten bleibt der Urlaub nur für die bis zum 31.3.03 möglichen Arbeitstage; der überschießende Teil erlischt.

**c) Verhältnis zu § 17 Abs 2 BEEG.** § 24 Satz 2 MuSchG enthält ausschließlich eine (zusätzliche) Übertragungsregelung für den wegen der Beschäftigungsverbote nicht erhaltenen Urlaub. Soweit der ArbN wegen der Inanspruchnahme von Elternzeit kein Urlaub gewährt werden kann, verbleibt es deshalb bei der weiträumigeren Übertragung des Urlaubs nach § 17 Abs 2 BEEG. Beispiel (nach *Sowka* DB 02, 1658): ArbN hat für 2003 Anspruch auf 30 Urlaubstage; im Januar 2003 erhält sie 20 Urlaubstage. Im Februar 2003 beginnen die Schutzfristen, anschließend geht sie nahtlos bis Oktober 2006 in Elternzeit. Der Resturlaub von 10 Tagen kann dann bis 31.12.07 beansprucht werden. Schließt sich die Elternzeit nicht nahtlos an die Schutzfrist nach der Entbindung an, sondern nimmt die ArbN zunächst ihre Tätigkeit auf, um erst später in Elternzeit zu gehen, greifen sowohl § 24 Satz 2 MuSchG als auch § 17 Abs 2 BEEG ein. Es ist dann zu prüfen, ob der nach § 24 Satz 2 MuSchG zunächst übertragene Urlaub „wegen" der Inanspruchnahme der Elternzeit nicht gewährt werden konnte. Beispiel wie oben: Die ArbN nimmt ihre Arbeit im Mai 2003 auf. Folge: Übertragung des Urlaubs von 10 Tagen bis 31.12.04 nach § 24 Satz 2 MuSchG. Sie erhält weder 2003 noch 2004 Urlaub. Nach Weihnachten 2004 geht sie in Elternzeit. Folge: Übertragung des Urlaubs aus 2003 nur hinsichtlich der möglichen Arbeitstage bis 31.12.04 55 nach § 17 Abs 2 BEEG; der Rest erlischt zum Jahresende. Übertragen ist zusätzlich der Urlaub 2004 (ausführlich *Friese* NZA 03, 597).

56 **d) Erfüllung des Urlaubsanspruchs während eines Beschäftigungsverbots?** § 24 Satz 2 MuSchG wird entnommen, die ArbN könne während eines Beschäftigungsverbots keinen Urlaub erhalten (*Graue* AiB 02, 589; wohl auch *Moderegger* ArbRB 02, 111). Das erscheint in dieser Allgemeinheit nicht zutreffend. Urlaub im Rechtssinne bedeutet nichts anderes als bezahlte Freistellung von der Arbeitspflicht. Ist der ArbN nicht zur Arbeit verpflichtet, kann er folgerichtig nicht freigestellt werden. Der ArbN kann sicherlich kein Urlaub für die Dauer der Schutzfristen vor und nach der Entbindung gewährt werden (EuGH 18.3.04 – C-342/01, NZA 04, 535). Anderes gilt hinsichtlich der betrieblichen oder individuellen Beschäftigungsverbote. In diesen Fällen wird zwar die Arbeitspflicht der ArbN suspendiert. Diese Befreiung von der Arbeitspflicht ist aber „relativ"; sie gilt nur „im Umfang des Beschäftigungsverbots" (BAG 21.3.01 – 5 AZR 352/99, NZA 01, 1017). Der ArbGeb kann der ArbN aufgrund seines mutterschutzrechtlichen Umsetzungsrechts einen nicht gesundheitsgefährdenden Arbeitsplatz zuweisen. Insoweit bleibt sie zur Arbeitsleistung verpflichtet. Urlaub kann deshalb nach Maßgabe des BUrlG gewährt werden und zwar auch dann, wenn der ArbGeb sein Umsetzungsrecht aus welchen Gründen auch immer nicht ausübt (ArbG Marburg 11.1.08 – 2 Ga 1/08, PflR 08, 337; ErfK/*Schlachter* § 3 MuSchG Rz 6; *Friese* NZA 03, 597; für Betriebsurlaub *Zmarzlik/Zipperer/Viethen* MuschG, 9. Aufl, vor § 3 Rz 14). Das BAG hat nun entschieden, dass während eines tätigkeitsbezogenen, generellen (nunmehr: betrieblichen Beschäftigungsverbots) nach § 4 MuSchG aF der Urlaubsanspruch auch dann nicht erfüllt werden kann, wenn der Urlaubszeitraum bereits vor Eintritt des Beschäftigungsverbots festgelegt war und der ArbGeb keine zumutbare Ersatztätigkeit zugewiesen hat (BAG 9.8.16 – 9 AZR 575/15, NZA 16, 1392). Keine Urlaubserteilung liegt allerdings in der Erklärung des ArbGeb, er stelle die ArbN frei, weil er keine anderweitige Beschäftigungsmöglichkeit habe (BAG 25.1.94 – 9 AZR 312/92, NZA 94, 652). Eine Verrechnung der Zeiten dieser Freistellung mit dem Urlaub kommt nicht in Betracht.

57 **10. Fehlzeiten und Mutterschutz.** Das gänzliche oder teilweise Aussetzen mit der Arbeit infolge Beschäftigungsverboten oder Schutzfristen darf grds nicht zu einer Benachteiligung der ArbN führen. Das BAG hatte daher zunächst angenommen, **Gratifikationen** (Jahressonderleistung) dürften nicht um Zeiten gekürzt werden, in denen die ArbN infolge der Schutzfristen mit der Arbeit ausgesetzt hatte (BAG 12.5.93 – 10 AZR 528/91, NZA 93, 1002). Diese Rspr hat es aufgegeben (BAG 12.7.95 – 10 AZR 511/94, NZA 95, 1165). Hieran wird es nach der zutreffenden Rspr des EuGH nicht festhalten können. So steht Art 119 EG-Vertrag (jetzt Art 157 AEUV) einer Regelung entgegen, die den ArbGeb unterschiedslos berechtigt, eine Gratifikation um Fehlzeiten zu kürzen. Zeiten der Beschäftigungsverbote (§ 3 MuSchG) dürfen nicht leistungsmindernd berücksichtigt werden (EuGH 21.10.99 – Rs C-333/97, NZA 99, 1325). Ob eine Kürzung wegen krankheitsbedingter Fehlzeiten für den Fall einer schwangerschaftsbedingten AU vereinbart werden kann (so BAG 27.7.94 – 10 AZR 314/93, NZA 95, 233), ist danach ebenfalls zweifelhaft. Eine tarifliche Vergütungsregelung, die dazu führt, dass Mutterschutzfristen nicht in die Bemessungsgrundlage eines ergebnisbezogenen Entgelts einbezogen werden, ist unwirksam (BAG 2.8.06 – 10 AZR 425/05, NZA 06, 1411).

58 Wegen des besonderen Schutzauftrags des Art 6 Abs 4 GG hat das BAG eine Tarifnorm als unwirksam beurteilt, nach der die ArbN wegen der Inanspruchnahme der (vorgeburtlichen) Schutzfrist des § 3 Abs 1 MuSchG keinen Anspruch auf **Urlaubsgeld** erwirbt (BAG 20.8.02 – 9 AZR 353/01, NZA 03, 333). Dieses Ergebnis ergibt sich auch aus den Vorgaben des Unionsrechts. Nach der Rspr des EuGH (13.1.05 – C-356/03, EuZW 05, 150) steht die Gleichbehandlungsrichtlinie einer Bestimmung entgegen, nach der eine Frau während des teilweise vom ArbGeb bezahlten „Mutterschaftsurlaubs" (gemeint sind die Schutzfristen) deshalb keine Anwartschaften auf eine **Versicherungsrente,** die Teil eines Zusatzversorgungssystems ist, erwirbt, weil der Erwerb solcher Anwartschaft voraussetzt, dass die ArbN während des Mutterschaftsurlaubs stpfl Arbeitslohn erhält. In Umsetzung dieser Entscheidung hat der BGH (1.6.05 – IV ZR 100/02, FamRZ 05, 1545) die Versorgungsanstalt Bund/Länder verpflichtet, Mutterschutzzeiten bei der Errechnung der Versicherungsrentenanwartschaft wie Umlagemonate zu berücksichtigen. Dem entspricht die

Rspr des BVerfG: Die Schutzfristen sind zwingend auf die Wartezeit der VBL anzurechnen (BVerfG 28.4.11 – 1 BvR 1409/10, NZA 11, 857).

### B. Lohnsteuerrecht

*Weil*

→ *Mutterschaftsgeld* Rn 3–5 und → *Mutterschaftshilfe* Rn 2. **Haftung nach §§ 34, 69 AO.** Wenn sich eine Schwangere trotz der bevorstehenden Geburt ihres Kindes dafür entscheidet, ihre berufliche Tätigkeit als Geschäftsführerin einer GmbH fortzusetzen, befreit sie das MuSchuG nicht von der Beachtung ihrer Pflichten als Geschäftsführerin (BFH 5.3.98 – VII B 36/97, BFH/NV 98, 1325; → *Lohnsteuerhaftung* Rn 30 ff). **Anspruch auf Kindergeld** während der Mutterschutzfristen. Mutterschutzzeiten führen innerhalb der Grenzen der § 3 Abs 2 MuSchG und § 6 Absatz 1 MuSchG nicht zur Unterbrechung der Ausbildung (BFH 13.6.13 – III R 58/12, NJW 2013, 3599 und FG München 27.1.16 – 7 K 713/15, BeckRS 2017, 94485). Die Beschäftigungsverbote betragen im Grundsatz sechs Wochen vor der Geburt und acht Wochen danach. Bei Früh- oder Mehrlingsgeburten sowie bei Feststellung einer Behinderung innerhalb der acht Wochen nach der Geburt ist die Schutzzeit auf zwölf Wochen verlängerbar. Die Betreuung des eigenen Kindes im Rahmen der Elternzeit führt zum Wegfall des Kindergeldanspruchs, wenn eine Berufsausbildung hierdurch unterbrochen wird (BFH 31.8.10 – III B 61/10, BeckRS 2010, 25016585). 65

### C. Sozialversicherungsrecht

*Voelzke*

**1. Allgemeines.** S zunächst → *Mutterschaftsgeld* Rn 6 ff und → *Mutterschaftshilfe* Rn 3 ff. Für das **Beitragsrecht** in der SozV ist von Bedeutung, dass für den Zuschuss des ArbGeb zum Mutterschaftsgeld (→ Rn 33–39) keine Beiträge zu entrichten sind, da der Zuschuss nach § 1 Abs 1 Satz 1 Nr 6 SvEV nicht dem Arbeitsentgelt zuzurechnen ist. 70

**2. Ausgleichsverfahren.** Das Verfahren zum Ausgleich von ArbGebAufwendungen für Entgeltfortzahlung richtet sich nach den Regelungen des AAG. In das Ausgleichsverfahren der Entgeltfortzahlung bei Mutterschaft (sog U2 Verfahren) sind alle ArbGeb **unabhängig von der Zahl der Beschäftigten** einbezogen. Dies gilt auch für ArbGeb mit ausschließlich männlichen Beschäftigten. Die Mittel zur Durchführung des Ausgleichsverfahrens werden durch eine Umlage aufgebracht. Maßstab für die Höhe der Umlage ist nach § 7 Abs 2 S 1 AAG der Umlagesatz (Prozentsatz des Entgelts), nach dem die Beiträge zur gesetzlichen RV für die im Betrieb beschäftigten ArbN und Auszubildenden bemessen werden oder bei Versicherungspflicht in der gesetzlichen RV zu bemessen wären (zur Einbeziehung von „freien Mitarbeitern" von Rundfunkanstalten BSG 26.9.17 – B 1 KR 31/16 R, NZS 18, 319 mit Anm *Bürger*). Die Regelungen für das U1-Verfahren gelten hinsichtlich der Berechnung der Umlage und deren Fälligkeit entsprechend (Näheres *Kleinbetrieb*). Bei der Ermittlung der Bemessungsgrundlage bleibt einmalig gezahltes Arbeitsentgelt iSd § 23a SGB IV unberücksichtigt. Im Übrigen wird das Arbeitsentgelt nur bis zur Beitragsbemessungsgrenze in der gesetzlichen RV in Ansatz gebracht. 71

Dem ArbGeb werden auf Antrag die Aufwendungen, die er aus Anlass der Mutterschaft an Arbeitnehmerinnen gezahlt hat, zu 100% erstattet. Im Einzelnen umfasst der **Erstattungsbetrag** nach § 1 Abs 2 AAG den vom ArbGeb nach § 20 Abs 1 MuSchG gezahlten Zuschuss zum Mutterschaftsgeld, das vom ArbGeb nach § 18 MuSchG bei Beschäftigungsverboten gezahlte Arbeitsentgelt und die auf diese Arbeitsentgelte entfallenden von den ArbGeb zu tragenden Beiträge zur BA und die ArbGebAnteile an Beiträgen zur gesetzlichen KV, RV und sozialen PflegeV, die ArbGebZuschüsse nach § 172a SGB VI sowie die Beitragszuschüsse nach § 257 SGB V und § 61 SGB XI. Eine Herabsetzung des Erstattungsbetrags durch die Satzung der Krankenkasse ist nicht zulässig (BSG 13.12.11 – B 1 KR 7/11 R, NZA-RR 12, 429). 72

**3. Versicherungspflicht.** In der KV beginnt die Pflichtmitgliedschaft mit dem Zeitpunkt der beabsichtigten Arbeitsaufnahme, wenn die tatsächliche Arbeitsaufnahme nur durch ein **Beschäftigungsverbot** nach dem MuSchG verhindert wird (iE BSG 10.12.98 – B 12 KR 7/98 R, SozR 3–2500 § 186 Nr 7). 73

# Nachtarbeit

## A. Arbeitsrecht

*Poeche*

**1. Allgemeines.** Das zum 1.7.94 in Kraft getretene ArbZG regelt ansatzweise die Beschäftigung von ArbN zur Nachtzeit (zum Geltungsbereich des ArbZG und den Sanktionen → *Arbeitszeit* Rn 3 ff, 27). Damit wird ua einem Auftrag des BVerfG entsprochen, das mit Urt vom 28.1.92 das ausschließlich für Arbeiterinnen bestimmte Nachtarbeitsverbot für verfassungswidrig erklärt hat (1 BvR 1025/82, 1 BvL 16/83, 1 BvL 10/91, DB 92, 377). Der Gesetzgeber ist verpflichtet worden, den Schutz der ArbN vor den schädlichen Folgen der Nachtarbeit neu zu regeln und dem **Gesundheits- und Familienschutz** dienende flankierende Maßnahmen vorzusehen. Als schädliche Folgen der Nachtarbeit nennt das BVerfG: Schlaflosigkeit, Appetitlosigkeit, Störung des Magen- und Darmtraktes, erhöhte Nervosität, Reizbarkeit, Herabsetzung der Leistungsfähigkeit. Zu beachten hatte der Gesetzgeber zudem die EG-Richtlinie 93/104 über bestimmte Aspekte der Arbeitszeit. Die Richtlinie wurde mit Wirkung zum 2.8.04 durch die Richtlinie 2003/88/EG ersetzt. Ausführlich zur Nachtarbeit *Lakies* ArbR Aktuell 12, 521. 1

Zum Nachtarbeitsverbot für Jugendliche → *Jugendarbeitsschutz* Rn 24; für Schwangere und stillende Mütter → *Mutterschutz* Rn 18.

**2. Grundsätze.** Das ArbZG enthält keine konkreten Vorgaben, unter welchen Voraussetzungen Nachtarbeit möglich, zulässig oder zu beschränken ist. Sie wird vielmehr generell für alle Wirtschaftszweige einschließlich den öffentlichen Dienst, Männer und Frauen, freigegeben. Inhaltlich wird nur bestimmt, dass die Arbeitszeit der NachtArbN nach den gesicherten arbeitswissenschaftlichen Erkenntnissen über die **menschengerechte Gestaltung der Arbeit** festzulegen ist (§ 6 Abs 1 ArbZG). Vor diesem Hintergrund ist der ArbGeb auf Grund seines **Weisungsrechts** berechtigt, vorbehaltlich einer tariflichen Regelung und der Beteiligungsrechte des BRat, Dauer, Lage und Häufigkeit von Nachtschichten nach billigem Ermessen (§ 106 GewO) festzulegen (BAG 10.12.14 – 10 AZR 63/14, NZA 15, 483; 11.2.98 – 5 AZR 472/97, NZA 98, 647, das allerdings noch davon ausgegangen ist, es gäbe keine gesicherten arbeitsmedizinischen Erkenntnisse, ob eine längere oder kürzere Schichtfolge den ArbN stärker belastet). Kann ein ArbN aus gesundheitlichen Gründen keine Nachtarbeit mehr leisten, ist der ArbGeb ggf verpflichtet, sein Weisungsrecht so auszuüben, dass für diesen ArbN keine Nachtdienste mehr anfallen (BAG 9.4.14 – 10 AZR 10 AZR 637/13, NZA 14, 719). 2

**3. Begriffe. Nachtzeit** ist die Zeit von 23.00–6.00 Uhr. **Nachtarbeit** ist jede Arbeit, die mehr als zwei Stunden der Nachtzeit umfasst. **Nachtarbeitnehmer** sind ArbN, die aufgrund ihrer Arbeitszeitgestaltung regelmäßig wiederkehrend in Wechselschichtarbeit Nachtarbeit zu leisten haben oder Nachtarbeit an mindestens achtundvierzig Tagen im Kj erbringen (§ 2 Abs 3–5 ArbZG). In **Bäckereien und Konditoreien** liegt die Nachtzeit zwischen 22.00–5.00 Uhr. 3

**4. Arbeitszeit.** Die gesetzlich höchstzulässige Arbeitszeit der NachtArbN beläuft sich wie auch für andere ArbN auf acht Stunden werktäglich mit der Möglichkeit, sie auf bis zu zehn Stunden zu verlängern. Der **Ausgleich,** also die Rückführung der Arbeitszeit auf durchschnittlich acht Stunden, muss innerhalb eines Kalendermonats oder innerhalb von vier Wochen erfolgen. Es bleibt bei dem langen Ausgleichszeitraum von sechs Monaten/ 24 Wochen nach § 3 Satz 2 ArbZG für die Tagesarbeitszeiten der nicht in Wechselschicht arbeitenden NachtArbN des § 2 Abs 5 Nr 2 ArbZG (§ 6 Abs 2 ArbZG). 4

Durch **Tarifvertrag** oder bei tariflicher **Öffnungsklausel** durch Betriebsvereinbarung kann die Arbeitszeit auch über zehn Stunden werktäglich ohne Ausgleich verlängert werden, wenn in die Arbeitszeit regelmäßig und in erheblichem Umfang Arbeitsbereitschaft fällt (→ *Arbeitsbereitschaft* Rn 4). Außerdem kann ein anderer Ausgleichszeitraum festgelegt werden. Gestattet wird es tariflichen Regelungen auch, den Beginn des siebenstündigen Nachtzeitraums iSd § 2 Abs 3 ArbZG auf die Zeit zwischen 22.00 und 24.00 Uhr festzulegen (§ 7 Abs 1 Nr 5 ArbZG). Damit wird ermöglicht, dass bei Betriebsschluss um 1.00 Uhr nachts –

wie im Gaststättenbereich häufig anzutreffen – im Ergebnis keine Nachtarbeit im gesetzlichen Sinn anfällt, wenn ihr Beginn auf 24.00 Uhr verschoben wird. In bestimmten Bereichen bestehen weitergehende Möglichkeiten, die Nachtarbeit den spezifischen betrieblichen Bedürfnissen anzupassen; so in der Landwirtschaft und bei der Behandlung, Pflege und Betreuung von Personen. Vorausgesetzt wird eine tarifliche Regelung oder eine zugelassene Betriebsvereinbarung. Außerdem muss sichergestellt sein, dass der **Gesundheitsschutz** der ArbN durch einen entsprechenden Zeitausgleich gewährleistet wird (§ 7 Abs 2 ArbZG).

Zu den auch für die Nachtarbeit zulässigen Ausnahmen im **öffentlichen Dienst** und gleichgestellten ArbGeb, Kirchen und die öffentlich-rechtlichen Religionsgesellschaften sowie für nicht tarifgebundene Betriebe und solche ohne BRat → *Arbeitszeit* Rn 18–22.

5 **5. Belastungsausgleich. a) Grundsätze.** Der ArbGeb hat dem NachtArbN für die während der Nachtzeit geleisteten Arbeitsstunden eine **angemessene Zahl** bezahlter **freier Tage** oder einen angemessenen **Zuschlag** auf das ihm für die Nachtarbeit zustehende Bruttoarbeitsentgelt zu gewähren (§ 6 Abs 5 ArbZG), soweit keine tarifvertragliche Regelung eingreift (umfassend zum Nachtarbeitsausgleich: *Raab* ZfA 14, 237). Beides dient dem Gesundheitsschutz. Der Freizeitausgleich verschafft dem ArbN unmittelbar ein Mehr an Erholung, der Geldzuschlag verteuert die Arbeitsstunde und soll so mittelbar den ArbGeb davon abhalten, Nachtarbeit anzuordnen. Dem ArbGeb ist gesetzlich ein **Wahlrecht** iSv § 262 BGB zwischen beiden Ausgleichsleistungen eingeräumt. Trotz der dem Gesundheitsschutz besser gerecht werdenden Gewährung zusätzlicher freier Tage besteht kein Vorrang des Freizeitausgleichs (BAG 28.6.97 – 1 ABR 16/97, NZA 98, 441). Gegenläufig beschränkt sich der Belastungsausgleich nicht allein deshalb auf den Geldzuschlag, weil zwischen der geleisteten Nachtarbeit und deren Ausgleich ein erheblicher Zeitraum verstrichen ist (BAG 5.9.02 – 9 AZR 202/01, NZA 03, 563). Klagt der ArbN im bestehenden Arbeitsverhältnis auf einen Ausgleich aus § 6 Abs 5 ArbZG, hat er eine sog Alternativklage zu erheben, also zu beantragen, den ArbGeb nach seiner Wahl zur Zahlung oder zur Gewährung freier Arbeitstage zu verurteilen (BAG 12.12.12 – 5 AZR 918/11, BeckRS 2013, 68694 und BAG 1.2.06 – 5 AZR 422/04, NZA 06, 494). Macht der ArbN seinen Anspruch auf einen Belastungsausgleich klageweise geltend, hat er zur Schlüssigkeit der Klage zunächst darzulegen – und im Fall des Bestreitens zu beweisen –, dass er Nachtarbeitnehmer iSv § 2 Abs 5 ArbZG ist, in welchem Umfang er Nachtarbeit geleistet hat und - als negatives Tatbestandsmerkmal -, dass keine tarifvertragliche Ausgleichsregelung besteht (BAG 9.12.15 – 10 AZR 423/14, NZA 16, 426). Es ist dann Sache des ArbGeb darzulegen, dass er diesen Anspruch erfüllt hat, wobei er bei Zahlung eines Zuschlags iHv 25% regelmäßig keine weiteren Darlegungen zur Angemessenheit machen muss.

6 **b) Tarifliche Ausgleichsregelung.** Die Ausgestaltung des Nachtarbeitsausgleichs ist wegen ihrer größeren Sachnähe den Tarifvertragsparteien überlassen. Der gesetzliche Anspruch ist gegenüber einem auf das Arbeitsverhältnis kraft Vereinbarung oder Tarifbindung anzuwendenden Tarifvertrag subsidiär (BAG 18.5.11 – 10 AZR 369/10, NZA 11, 581). Das gilt auch im Nachwirkungszeitraum (BAG 28.6.97 – 1 ABR 16/97, NZA 98, 441). Eine tarifliche Regelung schließt den gesetzlichen Anspruch nur aus, wenn sie eine Kompensation für die mit der Nachtarbeit verbundenen Belastungen vorsieht; die Nachtarbeit muss in irgendeiner Form „belohnt" werden. Eine tarifliche Bestimmung, nach der kein Nachtzuschlag zu zahlen ist, ist keine solche Regelung. Sie reduziert lediglich die Wahlmöglichkeit des ArbGeb auf die Gewährung von Freizeitausgleich (BAG 13.12.18, 6 AZR 549/17, NZA 19, 935; 26.4.05 – 1 ABR 1/04, NZA 05, 884). Die Kompensation kann auch stillschweigend in allgemeinen tariflichen Arbeitsbedingungen erfolgen. Das setzt voraus, dass der Tarifvertrag selbst einen Hinweis auf den Ausgleich enthält oder sich aus der Tarifgeschichte oder aus Besonderheiten seines Geltungsbereichs hierfür Anhaltspunkte ergeben (BAG 12.12.12 – 10 AZR – 10 AZR 192/11, NZA-RR 13, 476; 18.5.11 – 10 AZR 369/10, NZA 11, 581; so schon BAG 28.6.97 – 1 ABR 16/97, NZA 98, 441). Bei der Auslegung eines Tarifvertrags ist zu berücksichtigen, dass die Tarifvertragsparteien wirksame Regelungen treffen wollen. Dieser Grundsatz kann Bedeutung gewinnen, wenn der ArbN während der Nachtschicht **Bereitschaftsdienst** leistet. Da dieser Dienst zur Arbeitszeit gehört, ist er in seiner gesamten Dauer auszugleichen und nicht nur die Zeiten, in denen der ArbN tatsächlich arbeitet (BAG 28.7.10 – 5 AZR 342/09, NZA-RR 11, 28; 23.2.11

– 10 AZR 579/09, NZA 11, 1176). **Ausschlussfristen** sind zu beachten. Beschränkt sich die tarifliche Regelung auf einen Zusatzurlaub, kann dessen Abgeltung nur bei Beendigung des Arbeitsverhältnisses verlangt werden (BAG 12.12.12 – 10 AZR 192/11, NZA-RR 13, 476). Die tarifliche Regelung darf NachtschichtArbN nicht wesentlich besser stellen als ArbN, die außerhalb eines Schichtsystems Nachtarbeit leisten. Eine derartige Regelung kann gegen Art 3 GG verstoßen, der SchichtArbN hat dann ggf einen entsprechenden Ausgleichsanspruch (BAG 21.3.18 – 10 AZR 34/17, NZA 19, 622; LAG Bremen 10.4.19 – 3 Sa 12/18, BeckRS 2019, 11974).

**c) Höhe des gesetzlich geschuldeten Ausgleichs.** Maßgebend ist zunächst, was die Arbeitsvertragsparteien ausdrücklich vereinbart haben. Eine inhaltliche Kontrolle nach §§ 305 ff BGB dürfte auch bei einem vom ArbGeb vorformulierten Arbeitsvertrag ausscheiden, da es um die Hauptpflichten der Arbeitsvertragsparteien geht. Der Belastungsausgleich kann auch stillschweigend vereinbart werden. Eine Aufstockung der Grundvergütung um den Nachtarbeitszuschlag muss sich dann aber unmissverständlich aus dem Arbeitsvertrag ergeben. Das ist idR nur anzunehmen, wenn wegen der Entgelthöhe ausdrücklich auf die zu leistende Nachtarbeit Bezug genommen wird (BAG 27.5.03 – 9 AZR 180/02, ZTR 04, 212). Ausnahmsweise kann sich auch aus Umständen außerhalb der Vertragsurkunde ergeben, dass der Nachtzuschlag im **Grundgehalt** enthalten ist (BAG 31.8.05 – 5 AZR 545/04, NZA 06, 324). Das hat das BAG für den Fall bejaht, dass mit dem zunächst im Stundenlohn (zzgl Nachtarbeitszuschlägen) beschäftigten Rettungssanitäter ein Monatsgrundgehalt und die Zahlung von Mehrarbeit zu einem festen Stundensatz vereinbart wird und der sich aus dem Monatsgehalt ergebende Stundenlohn höher als die Mehrarbeitsvergütung ist. **Teilzeitkräfte** sind gleich zu behandeln. Ihr geringeres Arbeitszeitvolumen rechtfertigt nicht, sie von Nachtarbeitszuschlägen auszuschließen (BAG 15.12.98 – 3 AZR 239/97, NZA 99, 882). Haben die Parteien keine Regelung getroffen, ist der Nachtzuschlag vom ArbG festzusetzen. Ein Nachtzuschlag ist **angemessen,** wenn er der besonderen Belastung durch die ungünstige Arbeitszeit Rechnung trägt. Für seine Höhe ist nicht schematisch auf den einschlägigen Tarifvertrag zurückzugreifen (BAG 24.2.99 – 4 AZR 62/98, NZA 99, 995). Andernfalls würde die vom Gesetz gerade nicht vorgesehene Bindung an den Tarifvertrag hergestellt. Die tarifliche Regelung bietet lediglich eine Orientierungshilfe (BAG 5.9.02 – 9 AZR 202/01, NZA 03, 563: 30 % statt 50 % bei Dauernachtschicht). Die Bandbreite der tariflich vereinbarten Nachtarbeitszuschläge, die von 10 % bis hin zu 100 % reicht (WSI Handbuch 2000), lässt sich zudem mit der gesundheitlichen und sozialen Belastung durch Nachtarbeit allein nicht erklären. Vorbehaltlich der Besonderheiten des Einzelfalls ist im Übrigen regelmäßig ein Satz von 25 % angemessen (BAG 9.12.15 – 10 AZR 423/14, NZA 16, 426; 27.5.03 – 9 AZR 180/02, ZTR 04, 212). Eine Erhöhung oder Verminderung des Umfangs des Ausgleichs kommt in Betracht, wenn Umstände im Zusammenhang mit der Erbringung der Arbeitsleistung vorliegen, die den regelmäßig angemessenen Wert von 25 % wegen der im Vergleich zur üblichen niedrigeren oder höheren Belastung als zu gering oder zu hoch erscheinen lassen. Bei Erbringung der regulären Arbeitsleistung in Dauernachtarbeit erhöht sich der Ausgleichsanspruch regelmäßig auf 30 % (BAG 25.4.18 – 5 AZR 25/17, NZA 18, 1145; 9.12.15 – 10 AZR 423/14, NZA 16, 426). Ein geringerer Satz kommt in Betracht wenn die Belastung durch die Nachtarbeit im Vergleich zum Üblichen geringer ist (zB während Arbeitsbereitschaft oder Bereitschaftsdienst) oder Nachtarbeit nach der Natur der Arbeitsleistung unvermeidbar ist (BAG 9.12.15 – 10 AZR 423/14, NZA 16, 426; 31.8.05 – 5 AZR 545/04, NZA 06, 324: Rettungssanitäter 10 %; LAG SchlHol 20.3.04 – 2 Sa 563/03, NZA-RR 04, 488: Nachtportier 15 %). Nach der Rspr des BAG entspricht der Anspruch auf eine angemessene Zahl bezahlter freier Tage als Ausgleich für die geleistete Nachtarbeit der Höhe des angemessenen Zuschlags auf das Bruttoarbeitsentgelt (1.2.06 – 5 AZR 422/04, NZA 06, 494). Dabei hat das BAG im Wesentlichen darauf abgestellt, das gesetzlich kein Vorrang des Freizeitausgleichs besteht. Das Wahlrecht des ArbGeb zwischen Zuschlag und Freistellung mache nur Sinn, wenn sich beide Leistungen nach ihrem Wert grds entsprächen. Zuschläge für Nachtarbeit sind Erschwerniszuschläge iSd § 850a Nr 3 ZPO und damit **unpfändbar** (so jetzt auch BAG 23.8.17 – 10 AZR 859/16, NJW 17, 3675, sofern der Zuschlag der Höhe nach üblich ist, wobei an die Regelung in § 3b EStG angeknüpft werden kann; ebenso schon BGH 29.6.16 – VII ZB 4/15, NJW 16, 2812 – soweit sie steuerfrei gewährt werden; LAG 7

BlnBbg 9.1.15 – 3 Sa 1335/14, ZTR 15, 349). Mit der Zahlung eines Nachtarbeitszuschlags erfüllt der ArbGeb nicht den Anspruch des ArbN auf Zahlung des gesetzlichen **Mindestlohn** nach dem MiLoG, da die Zahlung auf der besonderen gesetzlichen Zweckbestimmung des § 6 Abs 5 ArbZG beruht (BAG 21.12.16 – 5 AZR 374/16, NZA 17, 378; 25.5.16 – 5 AZR 135/16, NJW 16, 3323; hierzu und zu der Frage, ob das auch für den über das gesetzliche Maß nach § 6 Abs 5 ArbZG hinausgehenden Zuschlag gilt: *Weigert*, NZA 17, 745). Etwas anderes gilt, wenn der Zuschlag für die während der Nachtzeit geleistete Arbeit, die nicht Nachtarbeit ist, gezahlt wird (LAG Hamm 29.11.17, 6 Sa 620/17, BeckRS 2017, 135374). Sieht ein Tarifvertrag einen Nachtarbeitszuschlag vor, der auf den tatsächlichen Stundenverdienst zu zahlen ist, ist auch der Zuschlag mindestens aus dem gesetzlichen Mindestlohn zu berechnen (BAG 20.9.17 – 10 AZR 171/16, BeckRS 2017, 128194). Der Zuschlag knüpft an das dem NachtArbN für die Nachtarbeit zustehende Bruttoarbeitsentgelt an, welches bei Fehlen einer günstigeren Regelung der Mindestlohn ist. Bleibt bspw der arbeitsvertraglich vereinbarte Stücklohn hinter dem gesetzlichen Mindestlohn zurück, so ist der Zuschlag nach dem Mindestlohn zu berechnen (BAG 25.4.18 – 5 AZR 25/17, NZA 18, 1145).

8 **6. Gesundheitsschutz.** NachtArbN sind berechtigt, sich vor Beginn der Beschäftigung und danach in regelmäßigen Zeitabständen von nicht weniger als drei Jahren **arbeitsmedizinisch untersuchen** zu lassen. Nach Vollendung des 50. Lebensjahres steht ihnen dieses Recht in Zeitabständen von einem Jahr zu. Zur Durchführung der arbeitsmedizinischen Untersuchung → *Betriebliche Gesundheitsförderung* Rn 6). Die Kosten der Untersuchungen hat der ArbGeb zu tragen, sofern er diese nicht kostenlos durch einen Betriebsarzt oder überbetrieblichen Dienst anbietet (§ 6 Abs 3 ArbZG). Der ArbGeb ist ferner verpflichtet, den NachtArbN auf dessen Verlangen auf einen für ihn **geeigneten Tagesarbeitsplatz** umzusetzen. Voraussetzung ist, dass nach arbeitsmedizinischer Feststellung der ArbN mit hinreichender Wahrscheinlichkeit in seiner Gesundheit beeinträchtigt wird, wenn er weiterhin Nachtarbeit verrichtet.

9 Die **Pflicht** des ArbGeb zur **Umsetzung** entfällt nur dann, wenn aus dringenden betrieblichen Erfordernissen kein geeigneter Tagesarbeitsplatz zur Verfügung gestellt werden kann. In diesem Fall hat der ArbGeb den BRat oder Personalrat zu hören, die ihm Vorschläge für einen anderweitigen Einsatz des ArbN unterbreiten können (§ 6 Abs 4a ArbZG). In Betracht kommen alle Arbeitsplätze, die der ArbN aufgrund seiner Fähigkeiten und Kenntnisse entsprechend seinen gesundheitlichen Möglichkeiten ausfüllen kann. Die Verwendung des Begriffs „Umsetzung“ schließt einen Anspruch des ArbN auf Zuweisung eines höherwertigen oder anderen als den vertraglich vereinbarten Tätigkeitsbereich aus. Umsetzung als Rechtsbegriff findet sich weder im Arbeitsvertragsrecht noch im BetrVG. Allgemein wird darunter die bloße organisatorische Änderung der Lage der Arbeitszeit bei sonst gleichen Arbeitsbedingungen verstanden (Umsetzung von einer Schicht in die andere). Zum Anspruch eines NachtArbN auf eine bestimmte Verteilung der Arbeitszeit BAG 23.9.04 – 6 AZR 567/03, NZA 05, 359. Weitergehende Ansprüche des ArbN auf Freistellung von Nachtarbeit können sich aus dem **Behindertenrecht** ergeben (BAG 3.12.02 – 9 AZR 462/01, NZA 03, 1215).

10 **7. Familienschutz.** Anspruch auf Umsetzung auf einen geeigneten Tagesarbeitsplatz besteht im Interesse notwendiger **Kinderbetreuung.** Vorausgesetzt wird, dass im Haushalt des ArbN ein Kind unter zwölf Jahren lebt, das nicht von einer anderen im Haushalt lebenden Person betreut werden kann (§ 6 Abs 4b ArbZG). Eine familienrechtliche Beziehung zu dem Kind wird nicht verlangt. Der ArbN kann nicht auf eine mögliche Betreuung durch außerhalb des Haushalts lebende Familienangehörige oder Dritte verwiesen werden. Arbeiten sowohl Mutter wie auch Vater in Nachtarbeit und leben sie mit dem Kind allein, können sie unter sich entscheiden, wer seine Umsetzung verlangt. Der Einsatz in Tagesarbeit kann ferner verlangt werden, wenn der ArbN einen **schwerpflegebedürftigen Angehörigen** zu versorgen hat, der nicht von einem anderen im Haushalt lebenden Angehörigen versorgt werden kann (§ 6 Abs 4c ArbZG). Für den Begriff der Schwerpflegebedürftigkeit ist wegen fehlender eigener Definition des ArbZG auf § 15 SGB XI (mindestens Pflegegrad 2) zurückzugreifen. Einer Umsetzungspflicht des ArbGeb können auch hier wie bei dem Gesundheitsschutz dringende betriebliche Gründe entgegenstehen.

**8. Weiterbildung.** Im Interesse der Chancengleichheit hebt § 6 Abs 6 ArbZG ausdrücklich hervor, dass NachtArbN den gleichen Zugang zur betrieblichen Weiterbildung und zu aufstiegsfördernden Maßnahmen haben wie die übrigen ArbN (→ *Betriebliche Berufsbildung* Rn 6). 11

**9. Mitbestimmungsrechte des Betriebsrats** bestehen nach § 87 Abs 1 Nr 2 BetrVG (Arbeitszeit). Sie kommen – vorbehaltlich einer abschließenden tariflichen Ausgleichsregelung iSv § 6 Abs 5 ArbZG – auch nach § 87 Abs 1 Nr 10 BetrVG (betriebliche Lohngestaltung) in Betracht. Entgeltcharakter hat der für die besonderen Erschwernisse der Nachtarbeit vom ArbGeb zu gewährende angemessene Zeit-/Geldausgleich. Vor- oder Rückverlegung des Zeitrahmens der Nachtarbeit (Beginn statt 23.00 Uhr eine beliebige Zeit zwischen 22.00 und 24.00 Uhr) können nicht einseitig vom ArbGeb bestimmt werden. Gleiches gilt, wenn ein Tarifvertrag den Nachtarbeitszuschlag verbindlich regelt, und er es im Übrigen der Vereinbarung zwischen ArbGeb und BRat überlässt, die zuschlagspflichtige Zeitspanne innerhalb eines vorgegebenen zeitlichen Rahmens festzulegen (BAG 21.9.93 – 1 ABR 16/93, DB 94, 1193). Nach § 87 Abs 1 Nr 7 BetrVG hat der BRat mitzubestimmen über den **Gesundheitsschutz**. Er ist deshalb zu beteiligen bei der Entscheidung, ob und unter welchen Voraussetzungen der angemessene Ausgleich über Freizeitausgleich oder einen Entgeltzuschlag erfolgen soll. Die Zahl der zu gewährenden freien Tage oder die Höhe des zu zahlenden Zuschlags unterliegen nicht seiner Mitbestimmung. Die Angemessenheit des Ausgleichs ist eine Rechtsfrage, die der betrieblichen Regelung nicht zugänglich ist (BAG 26.8.97 – 1 ABR 16/97, NZA 98, 441; vgl auch BAG 26.4.05 – 1 ABR 1/04, NZA 05, 884). Zu beachten ist der **Tarifvorbehalt.** Das Beteiligungsrecht entfällt, wenn im Betrieb eine normativ oder aufgrund einzelvertraglicher Vereinbarung geltende tarifliche Ausgleichsregelung iSv § 6 Abs 5 ArbZG besteht (BAG 17.1.12 – 1 ABR 62/10, NZA 12, 513). 12

## B. Lohnsteuerrecht

*Seidel*

Da, bis auf die Höhe der Zuschlagssätze, die Steuerfreiheit der Zuschläge für Nachtarbeit denselben gesetzlichen Voraussetzungen wie die Steuerfreiheit für Sonn- und Feiertagsarbeit unterliegt und teilweise auch eine Verknüpfung untereinander besteht, erfolgt die lohnsteuerrechtliche Darstellung grds unter dem Stichwort → *Sonn- und Feiertagsarbeit* Rn 17 ff. Zahlt der ArbGeb regelmäßig und fortlaufend **Wechselschichtzuschläge,** gehören diese zum Grundlohn und sind auch während der begünstigten Nachtzeit nicht steuerbefreit (BFH 7.7.05 – IX R 81/98, BStBl II 05, 888; BFH 9.7.07 – IX B 65/07, BFH/NV 07, 1879). 13

## C. Sozialversicherungsrecht

*Schlegel*

**1. Allgemeines.** Die Nachtarbeit hat sozialversicherungsrechtlich insbes insoweit Bedeutung, als hierfür zusätzlich zum Grundlohn Zuschläge gezahlt werden. 14

**2. Beitragsrecht.** Gem § 1 Abs 1 Nr 1 SvEV werden dem Arbeitsentgelt laufende Zulagen und Zuschüsse sowie ähnliche Einnahmen nicht zugerechnet, soweit sie lohnsteuerfrei sind. Dies gilt nicht für Sonntag-, Feiertags- und Nachtarbeitszuschläge, soweit das Entgelt, auf dem sie berechnet werden, mehr als **25 €** beträgt. Somit ist bei **Zuschlägen für Sonn- und Feiertagsarbeit** und **Nachtarbeit** wie folgt vorzugehen: Es ist zu prüfen, ob das Entgelt pro Stunde (Stundengrundlohn iSv § 3b EStG), für das die Zuschläge gezahlt werden, über 25 € liegt; ist dies nicht der Fall, sind die Zuschläge nicht dem Arbeitsentgelt zuzurechnen und damit auch beitragsfrei, soweit sie steuerfrei sind. Liegt das Entgelt pro Stunde (Stundengrundlohn), für das die Zuschläge gezahlt werden, über 25 €, sind nur die auf einen Grundlohn-Betrag von bis 25 € entfallenden Zuschläge, nicht jedoch die auf den Betrag von über 25 € entfallenden Zuschläge im Rahmen ihrer Steuerfreiheit auch beitragsfrei (vgl Besprechungsergebnis der Spitzenverbände vom 22.6.2006 zum HBeglG 2006). Aus den Tatbestandsmerkmalen „zusätzlich" bei § 1 Abs 1 Nr 1 SvEV und „neben dem Grundlohn gezahlt" bei § 36 Abs 1 EStG ergibt sich, dass die Beitragsfreiheit entfällt, wenn Nachtarbeit die regelmäßige Arbeitszeit des ArbN ist. Ebenso entfällt die Beitragsfreiheit, wenn für die Nachtarbeit **Freizeitausgleich** gewährt wird, da hier nur eine mittelbare 15

Zahlung des Nachtzuschlags erfolgt. Werden Nachtzuschläge im Krankheitsfall oder bei Mutterschutz etc **fortgezahlt,** liegt mangels tatsächlicher Nachtarbeit keine Steuer- und damit keine Beitragsfreiheit vor. Was unter Nachtarbeit zu verstehen ist, bestimmt sich auch im Rahmen der §§ 14, 17 SGB IV, 1 SvEV nach § 3b Abs 2 Satz 2, Abs 3 EStG (Einzelheiten → *Sonn- und Feiertagsarbeit* Rn 32 ff). Zur beitragsrechtlichen Behandlung freigestellter BRatMitglieder → *Betriebsratsfreistellung* Rn 42–44.

16 **3. Lohnsteuerfreiheit:** Gem § 3b Nr 1 EStG besteht LStFreiheit für Zuschläge, die für tatsächlich geleistete Nachtarbeit gezahlt werden, soweit diese den in § 3b Nr 1 EStG genannten vH-Satz des Grundlohns nicht übersteigen. Höhere Nachtarbeitszuschläge unterliegen der Steuer- und damit auch der Beitragspflicht zur gesetzlichen KV, RV, PflegeV und ArblV. Letzteres ist auch dann der Fall, wenn Nachtarbeitszuschläge gezahlt werden, ohne dass tatsächlich Nachtarbeit geleistet wurde.

17 **4. Leistungsrecht.** Bei der Ermittlung der für Lohnersatzleistungen maßgeblichen Bemessungsgrundlage sind auch Zuschläge für Nachtarbeit zu berücksichtigen, soweit es sich um Arbeitsentgelt iSd §§ 14, 17 SGB IV, 1 SvEV handelt, dh soweit für die Zuschläge LStPflicht besteht. Sind die Nachtzuschläge dagegen nach den §§ 14, 17 SGB IV, 1 SvEV iVm § 3 EStG nicht dem Arbeitsentgelt zuzurechnen, werden sie auch bei der Berechnung der Lohnersatzleistungen nicht in die Bemessungsgrundlage eingestellt. Die Unmöglichkeit, Nachtarbeit zu leisten, kann in der RV für die Frage der **verminderten Erwerbsfähigkeit** wegen Vorliegens einer Summierung ungewöhnlicher Leistungseinschränkungen oder einer schweren spezifischen Leistungsbehinderung eine Rolle spielen (vgl dazu allg BSG 23.5.06 – B 13 RJ 38/05 R, SozR 4–2600 § 43 Nr 9 mwN).

## Nachteilsausgleich

### A. Arbeitsrecht

*Schmidt*

1 **1. Allgemeines.** Entschließt sich der ArbGeb zu einer Betriebsänderung, muss er nach § 111 BetrVG den BRat hierüber unterrichten und sie mit ihm beraten (s *Interessenausgleich*). Ein endgültiger gemeinsamer Ausgleich der Interessen als Ergebnis dieser Beratung kann – anders als Sozialpläne – vom BRat nicht erzwungen werden. § 113 BetrVG sieht jedoch finanzielle Sanktionen gegen den ArbGeb vor, der von einem Interessenausgleich ohne zwingenden Grund abweicht oder der nicht zumindest einen Interessenausgleich mit dem BRat versucht hat. Diesen **Nachteilsausgleich** gibt es nach § 111 Abs 1 BetrVG nur in Unternehmen mit idR mehr als 20 wahlberechtigten ArbN. Er kann weder durch eine Vereinbarung der Betriebspartner noch durch die Arbeitsvertragsparteien ausgeschlossen werden (BAG 20.11.01 – 1 AZR 97/01, NZA 02, 992). Er sichert über einen finanziellen Ausgleich zu Gunsten der von der Betriebsänderung betroffenen ArbN das Beratungsrecht des BRats und sanktioniert zugleich betriebsverfassungsrechtliches Fehlverhalten des ArbGeb bei der Durchführung einer Betriebsänderung (BAG 20.11.01 – 1 AZR 97/01, NZA 02, 992). Wird in einem Beschlussverfahren über die Mitbestimmungspflichtigkeit einer betrieblichen Maßnahme des ArbGeb entschieden, ist dies für den vom ArbN geführten Prozess über einen Nachteilsausgleich bindend. Nur den Betriebsparteien – nicht den jeweiligen ArbN – kommt die Befugnis zu, in einem Beschlussverfahren das (Nicht-)Bestehen von Mitbestimmungsrechten klären zu lassen. Entsprechend kann sich der einzelne ArbN auch dann, wenn er an dem vorherigen Beschlussverfahren nicht beteiligt war, im nachfolgenden Individualprozess nicht darauf berufen, die Entscheidung über die kollektivrechtliche Streitfrage, die als Vorfrage auch im Individualprozess zu beantworten ist, sei unrichtig entschieden (BAG 23.2.16 – 1 AZR 73/14, NZA 16, 906). Der Anspruch auf Nachteilsausgleich erfasst nur solche ArbN, deren Arbeitsverhältnis von der Betriebsänderung unmittelbar nachteilig betroffen ist. Die durch § 113 BetrVG bewirkte Sanktion erstreckt sich daher nicht auf eine Zuwiderhandlung des Unternehmers gegen die in einem Interessenausgleich enthaltenen Folgeregelungen wie die Besetzung von neu geschaffenen Arbeitsplätzen und das darauf bezogene Auswahlverfahren (BAG 22.1.13 – 1 AZR 873/11, NZA 13, 1232). Bei einer das Unternehmen betreffenden Betriebsänderung ist dieses – und

nicht das herrschende oder ein anderes konzernangehöriges Unternehmen – zur Beteiligung des BRats nach § 111 BetrVG verpflichtet und damit ggf Schuldner des Nachteilsausgleichs iSd § 113 BetrVG (BAG 14.4.15 – 1 AZR 794/13, NZA 15, 1147). Im **Tendenzbetrieb** setzt der Anspruch auf einen Nachteilsausgleich voraus, dass der Unternehmer seine Informations- und Beratungspflichten nach § 111 Satz 1 BetrVG im Blick auf das Zustandekommen eines Sozialplanes verletzt (BAG 18.11.03 – 1 AZR 637/02, NZA 04, 741). Unterlässt der Tendenzunternehmer nur den weitergehenden Versuch eines Interessenausgleichs, muss er den Nachteilsausgleich nicht fürchten (BAG 27.10.98 – 1 AZR 766/97, NZA 99, 328). Ob in diesen Betrieben das Abweichen von einem Interessenausgleich Ansprüche nach § 113 Abs 1 und 2 BetrVG auslöst, hat das BAG offengelassen.

Ein **Verschulden** des ArbGeb ist für seine Verpflichtung aus § 113 BetrVG nicht 2 erforderlich (BAG 23.9.03 – 1 AZR 576/02, NZA 04, 440). Ansprüche auf Nachteilsausgleich entstehen selbst dann, wenn der ArbGeb in entschuldbarer Unkenntnis seiner gesetzlichen Pflichten aus § 112 BetrVG handelte. Der Interessenausgleich lässt sich nicht nachholen, um den Sanktionen des § 113 BetrVG zu entgehen (BAG 14.9.76 – 1 AZR 784/75, AP BetrVG 1972 § 113 Nr 2); auch ein nachfolgender Sozialplan beseitigt nicht den Anspruch auf Nachteilsausgleich (BAG 13.6.89 – 1 AZR 819/87, AP BetrVG 1972 § 113 Nr 19). Es kommt ebenso wenig darauf an, dass mit dem Versuch eines Interessenausgleichs dieselben Folgen eingetreten wären. Dies zwingt den ArbGeb (in Unternehmen mit mehr als 20 ArbN) in allen Fällen möglicher Betriebsänderung sorgfältig zu prüfen, ob und wie der BRat zu beteiligen ist. Aus einem Verstoß des ArbGeb gegen seine Anzeigepflichten nach § 17 Abs 1 und Abs 3 KSchG können keine Nachteilsausgleichsansprüche nach § 113 Abs 3 BetrVG hergeleitet werden (BAG 14.4.15 – 1 AZR 794/13, NZA 15, 1147).

**2. Abweichen vom Interessenausgleich.** Eine **„Aufrechnung"** findet bei der Abwei- 3 chung von einem Interessenausgleich nicht statt. Führt der ArbGeb eine Betriebsänderung anders als im Interessenausgleich festgelegt durch, ist er grds verpflichtet, einen Nachteilsausgleich an alle ArbN zu zahlen, die infolge der Abweichung entlassen werden. Dies gilt selbst dann, wenn dafür andere ArbN – entgegen der ursprünglichen Planung – im Betrieb verbleiben. Ob der ArbGeb einen Nachteilsausgleich auch leisten muss, wenn er den Interessenausgleich versucht hat, dieser aber nicht zustande kommt und er dann von seiner ursprünglichen Planung abweicht, ist umstr (dafür *Matthes* DB 72, 289). Ohne Dokumentation der geplanten Betriebsänderung in einem Interessenausgleich lässt sich kaum feststellen, ob hiervon abgewichen worden ist. Dies kann den ArbGeb dazu verführen, Interessenausgleichsverhandlungen scheitern zu lassen. Auf der anderen Seite kann der BRat dies schon dadurch vereiteln, indem er in einem schriftlich vereinbarten Interessenausgleich der ursprünglich geplanten Betriebsänderung zwar nicht zustimmt, sie aber schlicht „zur Kenntnis nimmt". Dem darf sich der ArbGeb nicht entziehen, ohne sich Nachteilsausgleichsansprüchen auszusetzen.

**Abweichungen vom Interessenausgleich** können sich auf einzelne Teile beziehen (zB 4 Personalabbau in größerem Umfang als im Interessenausgleich beschrieben) oder auf den gesamten Interessenausgleich (Durchführung einer anderen als der vereinbarten Betriebsänderung oder auf den vereinbarten zeitlichen Rahmen einer Betriebsänderung). Unterlässt der ArbGeb eine beschlossene Betriebsänderung vollständig, weicht er nicht vom Interessenausgleich ab; dieser wird gegenstandslos, es entsteht kein Anspruch auf Nachteilsausgleich (BAG 14.6.17 – 10 AZR 308/15, BB 17, 2228). Die **Abweichung von einem Sozialplan** fällt nicht unter § 113 BetrVG. Entscheidend dafür, ob es sich bei der Betriebsvereinbarung, von der abgewichen wird, um einen Sozialplan oder einen Interessenausgleich handelt, ist ihr materieller Inhalt, nicht ihre Bezeichnung. Enthält eine Betriebsvereinbarung sowohl Elemente eines Sozialplans als auch eines Interessenausgleichs, entscheidet der Inhalt der einzelnen Vorschrift, von der abgewichen wird.

Der ArbGeb darf aus **zwingendem Grund** von einem Interessenausgleich abweichen, 5 ohne einen Nachteilsausgleich befürchten zu müssen. Die Gründe müssen nach Vereinbarung oder Scheitern des Interessenausgleichs eingetreten sein und dürfen nicht allein in den ursprünglichen Gründen für die Betriebsänderung liegen (BAG 17.9.74 – 1 AZR 16/74, AP BetrVG § 113 Nr 1). An die Notwendigkeit der Abweichung ist ein **strenger**

**Maßstab** anzulegen (*Fitting* § 113 Rn 8). Vom Standpunkt eines verantwortungsbewussten ArbGeb muss es sich um Gründe handeln, die ihm keine andere Wahl lassen, als vom Interessenausgleich abzuweichen (ErfK/*Kania* § 113 BetrVG Rn 4). Dabei kann es sich im Regelfall nur um unmittelbar drohende Gefahren für den Bestand des Unternehmens handeln.

6 Entscheidend für die Beurteilung der Notwendigkeit der Abweichung ist der **Zeitpunkt,** in dem die Maßnahme durchgeführt wird (*Fitting* § 113 Rn 11). Ob mit einer Maßnahme vom Interessenausgleich abgewichen wird oder ob es sich um selbstständige Aktionen handelt, die für sich eine weitere Betriebsänderung darstellen, bei der sich die Frage nach der Mitbestimmungspflicht nach allgemeinen Grundsätzen richtet, ist nicht immer leicht festzustellen. Ohne äußeren Anlass für die weiteren Maßnahmen handelt es sich jedenfalls idR um eine Abweichung vom Interessenausgleich.

7 **3. Unterlassener Interessenausgleich.** Der ArbGeb ist nach den §§ 111, 112 Abs 2 BetrVG verpflichtet, die geplante Betriebsänderung mit dem BRat zu beraten und unter Wahrung eigener Interessen eine Einigung anzustreben. Unterlässt er dies, ist er nach § 113 Abs 3 BetrVG zum Nachteilsausgleich verpflichtet gegenüber den ArbN, die infolge der Betriebsänderung entlassen werden oder andere wirtschaftliche Nachteile erleiden. Diese Pflicht trifft ihn unabhängig davon, ob er den Interessenausgleich gar nicht oder nur teilweise oder verspätet – dh nach Einleitung der Betriebsänderung – versucht. Der Anspruch auf Nachteilsausgleich **entsteht,** sobald der Unternehmer – ohne mit dem BRat einen Interessenausgleich versucht zu haben – die Betriebsänderung **durchführt** (BAG 14.4.15 – 1 AZR 794/13, NZA 15, 1147). Durchgeführt wird eine geplante Betriebsänderung ab dem Zeitpunkt, in welchem der Unternehmer mit ihr beginnt und damit vollendete Tatsachen schafft (BAG 7.11.17 – 1 AZR 186/16, NZA 18, 464). Besteht die geplante Betriebsänderung in der Stilllegung von Betrieben, beginnt der Unternehmer mit der Durchführung, wenn er zu diesem Zweck die bestehenden Arbeitsverhältnisse kündigt (BAG 14.4.15 – 1 AZR 794/13, NJW-Spezial 15, 403; BAG 16.5.07 – 8 AZR 693/06, NZA 07, 1296) oder ein Dritter die Funktionen übernimmt, mit denen die ArbN bisher betraut waren (BAG 16.5.07 – 8 AZR 693/06, NZA 07, 1296). Der ArbGeb beginnt weder mit der Anhörung des BRat zu den beabsichtigten Kündigungen nach § 102 BetrVG noch mit einer Massenentlassungsanzeige nach § 17 KSchG mit einer Betriebsstilllegung. Die Maßnahmen dienen der Vorbereitung von Kündigungen. Sie zwingen nicht zu deren Ausspruch (BAG 14.4.15 – 1 AZR 794/13, NZA 15, 1147). Die Einstellung der Produktion oder der sonstigen betrieblichen Tätigkeit und die widerrufliche Freistellung der Belegschaft lassen den Anspruch auf Nachteilsausgleich ebenfalls regelmäßig nicht entstehen (BAG 7.11.17 – 1 AZR 186/16, NZA 18, 464). Dies ist nicht mehr der Fall, wenn der ArbGeb – durch Veräußerung von nicht einfach wieder beschaffbaren Betriebsmitteln – bereits mit der Auflösung der betrieblichen Organisation beginnt (BAG 18.7.17 – 1 AZR 546/15, BB 17, 1739).

8 Der Anspruch **besteht** auch, wenn der BRat die Verhandlung über den Interessenausgleich vom Abschluss eines Sozialplanes abhängig gemacht hat (BAG 22.1.70 – 1 AZR 408/69, AP BetrVG § 72 Nr 7) oder erklärt, er wolle keine rechtlichen Schritte wegen der Unterlassung eines Interessenausgleichs unternehmen (BAG 14.9.76 – 1 AZR 784/75, AP BetrVG 1972 § 113 Nr 2). Die zum Nachteilsausgleich führende Verpflichtung des Versuchs eines Interessenausgleichs besteht ebenso, wenn ein Sozialplan nach § 112a BetrVG nicht erzwungen werden kann (BAG 20.11.01 – 1 AZR 97/01, NZA 02, 992).

§ 113 Abs 3 BetrVG gilt grds auch für den **Insolvenzverwalter** (BAG 7.11.17 – 1 AZR 186/16, NZA 18, 464). Diesem wird mit §§ 121 und 122 InsO freilich die Betriebsänderung ohne Interessenausgleich erleichtert.

9 Der **Versuch eines Interessenausgleichs** bedeutet, dass der ArbGeb alle Möglichkeiten ausschöpfen muss, die zu einem Interessenausgleich führen können. Dazu gehört auch, dass er die Einigungsstelle anruft, wenn es zwischen den Betriebsparteien nicht zu einer Einigung kommt. Auch dort können die Betriebsparteien nicht mehr tun, als mit Hilfe des Vorsitzenden nach § 74 Abs 1 S 2 BetrVG „mit dem ernsten Willen zur Einigung zu verhandeln" und nach § 112 Abs 3 S 1 BetrVG „der Einigungsstelle Vorschläge zur Beilegung der Meinungsverschiedenheiten über den Interessenausgleich (zu) machen". Führt dies nicht

zum Konsens, ist das Verfahren erledigt (BAG 26.10.04 – 1 AZR 493/03, NZA 05, 237; → *Interessenausgleich* Rn 19). Dies kann der Vorsitzende feststellen und im Protokoll festhalten. Ein förmlicher Beschluss der Einigungsstelle ist nicht erforderlich (BAG 16.8.11 – 1 AZR 44/10, NZA 12, 640). Ob der Interessenausgleichsversuch ggf auch ohne Anrufung der Einigungsstelle hinreichend unternommen worden ist, wenn der BRat eindeutig zu erkennen gibt, seinen Informations- und Beratungsanspruch des § 111 Satz 1 BetrVG auch ohne Durchführung des Verfahrens nach § 112 Abs 2 BetrVG als erfüllt anzusehen, hat das BAG zuletzt offen gelassen (BAG 7.11.17 – 1 AZR 186/16, NZA 18, 464).

**4. Ausgleich.** Besteht die ausgleichspflichtige Maßnahme in einer **Entlassung,** muss der ArbGeb eine **Abfindung** entsprechend § 10 KSchG zahlen. Der Begriff der Entlassung ist derselbe wie bei der *Betriebsänderung* (→ *Betriebsänderung* Rn 19 ff) und beim Sozialplan. Sie muss nicht auf einer Kündigung durch den ArbGeb beruhen. Sie kann auch auf einen Aufhebungsvertrag oder auf eine vom ArbGeb veranlasste Eigenkündigung zurückzuführen sein (BAG 23.9.03 – 1 AZR 576/02, NZA 04, 440). Auch Änderungskündigungen sind erfasst, wenn der Vorbehalt nicht oder nicht fristgerecht erklärt wird (LAG BaWü 16.6.87, LAGE Nr 6 zu § 111 BetrVG 1972). Für den Anspruch aus § 113 BetrVG reicht die tatsächliche Beendigung des Arbeitsverhältnisses aus (BAG 14.12.04 – 1 AZR 504/03, NZA 05, 818). Unerheblich ist, ob die Kündigung wirksam war. Dies braucht nicht zuvor in einem Klageverfahren festgestellt zu werden (*Fitting* § 113 Rn 23). Der ArbN kann nicht gezwungen werden, Kündigungsschutzklage zu erheben. Wird jedoch im Kündigungsschutzverfahren die Unwirksamkeit der Kündigung festgestellt, besteht kein Anspruch auf Nachteilsausgleich, weil der Nachteil – die Beendigung des Arbeitsverhältnisses – nicht eingetreten ist (BAG 14.12.04 – 1 AZR 504/03, NZA 05, 818). 10

Die Entlassung muss **kausal** auf dem Abweichen vom Interessenausgleich beruhen. Wer aus anderen Gründen zum selben Zeitpunkt – zB krankheitsbedingt oder verhaltensbedingt – gekündigt wird, kann keinen Nachteilsausgleich verlangen. Für die Kausalität spricht bei zeitlichem Zusammenhang ein Anscheinsbeweis (*Richardi/Annuß* § 113 Rn 22). 11

Über die **Höhe der Abfindung** entscheidet das ArbG gem § 287 Abs 1 ZPO nach freier Überzeugung unter Würdigung aller Umstände. Die in § 1a Abs 2 KSchG festgelegte Höhe des gesetzlichen Abfindungsanspruchs nach § 1a Abs 1 KSchG kann aber wegen der hierin ausgedrückten gesetzgeberischen Wertung als Berechnungsgrundlage herangezogen werden (BAG 7.11.17 – 1 AZR 186/16, NZA 18, 464). Die Schwere des betriebsverfassungsrechtlichen Pflichtenverstoßes des ArbGeb kann eine Rolle spielen (BAG 24.8.06 – 8 AZR 317/05, NZA 07, 1287; BAG 7.11.17 – 1 AZR 186/16, NZA 18, 464), etwa das völlige Übergehen des Verhandlungsanspruchs des BRats (BAG 22.7.03 – 1 AZR 541/02, NZA 04, 93). Bei der Festsetzung können ideelle Nachteile berücksichtigt werden, die mit dem Verlust langjähriger Betriebszugehörigkeit verbunden sind (BAG 29.2.72 – 1 AZR 176/71, AP BetrVG § 72 Nr 9). Der Sanktionszweck des § 113 BetrVG rechtfertigt es, bei der Berechnung der Abfindung die für einen Sozialplan geltenden Kriterien – insbes auch § 112 Abs 5 Satz 2 Nr 2 BetrVG – nicht heranzuziehen (BAG 20.11.01 – 1 AZR 97/01, NZA 02, 992). Ein an den betroffenen ArbN gerichtetes Beschäftigungsangebot ist grds zu berücksichtigen (BAG 10.12.96 – 1 AZR 290/96, NZA 97, 787). Das Gesetz sieht Obergrenzen vor (→ *Abfindung* Rn 32). Der Nachteilsausgleichsanspruch hängt ansonsten weder von der Leistungsfähigkeit noch von der Leistungsbereitschaft des ArbGeb ab (BAG 20.11.01 – 1 AZR 97/01, NZA 02, 992). Selbst die Insolvenzsituation des ArbGeb spielt keine Rolle (BAG 22.7.03 – 1 AZR 541/02, NZA 04, 93; BAG 7.11.17 – 1 AZR 186/16, NZA 18, 464). 12

Der Anspruch auf einen Nachteilsausgleich wird durch den Abschluss eines **Sozialplans** nicht beseitigt (BAG 16.5.07 – 8 AZR 693, 06, NZA 07, 1296). Auch die Höhe der Abfindungen nach § 113 BetrVG ist grds von den Leistungen aus einem Sozialplan unabhängig. Sie ist nicht auf die Höhe der Sozialplanabfindung beschränkt (BAG 16.5.07 – 8 AZR 693/06, NZA 07, 1296). Der Nachteilsausgleich sichert die Mitbestimmung. Daneben sorgt er für eine Entschädigung der ArbN, denen der ArbGeb durch die fehlende Beteiligung des BRat nicht die Chance gegeben hat, wirtschaftliche Nachteile über den Interessenausgleich gar nicht erst entstehen zu lassen oder sie schon dort abzumildern. Da aber auch der Sozialplan wirtschaftliche Nachteile ausgleichen bzw. abmildern soll, besteht 13 insoweit eine Zweckidentität. Zahlungen einer Abfindung aus einem Sozialplan nach § 112 Abs 1 S 2 BetrVG und der eines Nachteilsausgleichs nach § 113 Abs 3 iVm Abs 1 BetrVG sind daher miteinander verrechenbar. Seine dogmatische Verortung findet dies in der Erfüllungswirkung; unionsrechtliche Vorgaben hindern diese Annahme nicht (BAG 12.2.19 – 1 AZR 279/17, NZA 19, 719).

14 Andere **wirtschaftliche Nachteile** sind für den Zeitraum von bis zu 12 Monaten auszugleichen, wenn die Abweichung vom Interessenausgleich nicht in einer Entlassung, sondern zB in einer Versetzung oder Umgruppierung besteht. Es geht nach dem Gesetzeswortlaut des § 113 Abs 2 BetrVG um einen vollen Ausgleich, nicht nur um eine Milderung (ErfK/*Kania* § 113 BetrVG Rn 7). Als Nachteile kommen geringere Vergütung, höhere Fahrtkosten uä in Betracht. Immaterielle Schäden – zB die Unlust wegen früheren Beginns der Arbeitszeit – werden nicht ersetzt (*Fitting* § 113 Rn 25). Der abstrakte **Verzicht** auf mögliche zukünftige Ansprüche auf Nachteilsausgleich ist unwirksam. Auf schon entstandene Nachteilsausgleichsansprüche kann der ArbN grds wirksam verzichten (BAG 29.3.03 – 1 AZR 576/02, NZA 04, 440; → *Verzicht* Rn 8).

15 **Tarifliche Ausschlussfristen** sollen Ansprüche aus § 113 BetrVG erfassen (BAG 21.10.97 – 1 AZR 138/97, BeckRS 1997, 30940992). Die für den Lauf der Ausschlussfrist entscheidende Fälligkeit des Anspruchs tritt auch ein, solange über die Wirksamkeit der Kündigung noch gerichtlich gestritten wird (BAG 3.8.82 – 1 AZR 77/81, AP BetrVG 1972 § 113 Nr 5). Prozessual fängt man dies damit auf, dass der Antrag nach § 113 BetrVG im Kündigungsschutzprozess hilfsweise gestellt werden kann (*Fitting* § 113 Rn 38). Der ArbN kann auf einen bereits bestehenden Nachteilsausgleichsanspruch auch ohne Zustimmung des BRats wirksam **verzichten** (BAG 23.9.03 – 1 AZR 576/02, NZA 04, 440).

16 In der **Insolvenz** ist der Anspruch auf Nachteilsausgleich nur dann eine Masseverbindlichkeit nach § 55 Abs 1 Nr 2 InsO, wenn die Betriebsänderung nach Eröffnung des Insolvenzverfahrens durchgeführt wird. Hat der Insolvenzschuldner vor Eröffnung des Insolvenzverfahrens mit der Durchführung einer Betriebsänderung ohne Versuch des Interessenausgleichs begonnen, ist der Anspruch auf Nachteilsausgleich einfache Insolvenzforderung (BAG 7.11.17 – 1 AZR 186/16, NZA 18, 464) und damit kaum zu realisieren. Dies gilt auch, wenn die Kündigungen in Absprache mit dem vorläufigen Insolvenzverwalter und mit dessen Zustimmung erfolgen (BAG 4.12.02 – 10 AZR 16/02, NZA 03, 665).

17 **5. Gerichtliche Auseinandersetzung.** Der Anspruch auf Nachteilsausgleich wird im **Urteilsverfahren** geltend gemacht. Die Klage ist an keine gesetzliche Frist gebunden. Ein bezifferter Antrag ist für den Anspruch aus § 113 Abs 1 BetrVG nicht erforderlich (BAG 22.2.83, DB 83, 1447). Die Vorfrage, ob eine Betriebsänderung vorgelegen hat, ist in diesem Verfahren mitzuentscheiden (BAG 18.3.75, DB 75, 1322).

18 ArbGeb und BRat können im **Beschlussverfahren** vorab klären, ob die geplante Maßnahme Beteiligungsrechte des BRats auslöst. Im Rechtsstreit über die Zahlung des Nachteilsausgleichs sind die Gerichte an die rechtskräftige Entscheidung in diesem Beschlussverfahren gebunden (BAG 10.11.87 – 1 AZR 360/86, DB 88, 609).

## B. Lohnsteuerrecht *Seidel*

19 Zur lohnsteuerlichen Behandlung von **Abfindungen** nach § 113 Abs 1 und 3 BetrVG → *Abfindung* Rn 41 ff und → *Außerordentliche Einkünfte* Rn 2 ff. Zahlungen des ArbGeb an den ArbN zum **Ausgleich wirtschaftlicher Nachteile** nach § 113 Abs 2 und 3 BetrVG (zB wegen Herabsetzung des Entgelts oder Arbeitserschwernissen) sind regelmäßig stpfl Arbeitslohn. Fahrtkosten- und Umzugskostenersatz können jedoch unter bestimmten Voraussetzungen steuerfrei sein (§ 3 Nr 16 EStG; → *Doppelte Haushaltsführung* Rn 22 ff und → *Umzugskosten* Rn 15).

20 Zu steuerlichen Vergünstigungen im Rahmen des Nachteilsausgleichs bei **Behinderten** → *Behinderte* Rn 70 ff, Rn 86 ff.

## C. Sozialversicherungsrecht *Voelzke*

21 In der SozV sind Abfindungen, die als Ausgleich für den Verlust des Arbeitsplatzes gezahlt werden, unbegrenzt **beitragsfrei** (BSG 21.2.90 – 12 RK 20/88, DB 90, 1520). Für die

nach § 113 BetrVG bei der Entlassung von ArbN zu zahlenden Abfindungen gelten daher beitragsrechtlich die allgemein für die „echte Abfindung" iSd Rspr des BSG geltenden Regeln (→ *Abfindung* Rn 52 ff).

Unter bestimmten Voraussetzungen gewährt die BA **Zuschüsse zu Transfermaßnahmen** (→ *Sozialplan* Rn 65 ff).

Leistungsrechtlich führt die Zahlung einer Abfindung ggf zum **Ruhen des Anspruchs** auf *Arbeitslosengeld* nach § 158 SGB III (→ *Abfindung* Rn 60 ff).

## Nebentätigkeit

### A. Arbeitsrecht *Röller*

1 **1. Allgemeines.** Unter Nebentätigkeit ist jede Tätigkeit zu verstehen, in der der ArbN außerhalb seines Hauptarbeitsverhältnisses seine Arbeitskraft zur Verfügung stellt. Dies kann bei demselben ArbGeb oder bei einem Dritten geschehen. Nebentätigkeit kann im Rahmen eines Dienst-, Werk- oder Arbeitsvertrags ausgeübt werden. Auch unentgeltliche oder ehrenamtliche Tätigkeit unterfällt dem arbeitsrechtlichen Begriff der Nebentätigkeit (MünchArbR/*Blomeyer* § 55 Rn 1).

2 Der ArbN ist in der Verwendung seiner Arbeitskraft außerhalb der Arbeitszeit grds frei. Gegenüber seinem ArbGeb verpflichtet er sich nur dazu, die vertraglich vereinbarte Arbeitszeit zur Verfügung zu stellen. Der ArbN hat einen grundgesetzlich geschützten Anspruch (Art 12 Abs 1, Art 2 Abs 1 GG) auf Ausübung einer Nebentätigkeit (BAG 13.5.15 – 2 ABR 38/14, NZA 16, 116). Erfolgt die **Nebentätigkeit im Rahmen eines zweiten Arbeitsverhältnisses,** so gelten für dieses die allgemeinen arbeitsrechtlichen Bestimmungen und Grundsätze. Auch im Nebenarbeitsverhältnis hat der ArbN Anspruch auf **Lohnfortzahlung im Krankheitsfall** (LAG Hamm 8.2.06 – 18 Sa 1083/05, NZA-RR 06, 406) und **bezahlten Urlaub,** ggf auch auf **betriebliche Altersversorgung** (BAG 22.11.94, DB 95, 930). Führt ein nicht verschuldeter Betriebsunfall bei Ausübung einer Nebentätigkeit zur Arbeitsunfähigkeit, so ist auch der ArbGeb des Hauptarbeitsverhältnisses zur Entgeltfortzahlung im Krankheitsfall verpflichtet; dies gilt auch dann, wenn die Nebentätigkeit nicht genehmigt war (LAG Hamm 8.2.06 – 18 Sa 1083/05, NZA-RR 06, 406). Bei Beendigung des Nebenarbeitsverhältnisses ist der **allgemeine und besondere Kündigungsschutz** zu beachten.

3 **2. Grenzen der Nebentätigkeit.** Der ArbN hat jede Nebentätigkeit zu unterlassen, die mit seiner Arbeitspflicht oder die mit schätzenswerten Interessen des ArbGeb kollidiert. Unzulässig ist eine Nebentätigkeit, die den ArbN daran hindert, seine vertraglichen Verpflichtungen aus dem Hauptarbeitsverhältnis zu erfüllen. Dies ist der Fall, wenn sie gleichzeitig mit der Haupttätigkeit ausgeübt werden soll oder bei nicht gleichzeitiger Ausübung dann, wenn die vertraglich vereinbarte Arbeitsleistung darunter leidet (BAG 13.5.15 – 2 ABR 38/14, NZA 16, 116).

4 Zu unterlassen sind ferner Nebentätigkeiten, die gegen das vertragliche Wettbewerbsverbot verstoßen oder sonst einen Interessenswiderstreit hervorrufen, der geeignet ist, das Vertrauen des ArbGeb in die Loyalität und Integrität des ArbN zu zerstören (BAG 30.5.18 – 10 AZR 780/16, NZA 18, 1425; BAG 23.10.14 – 2 AZR 644/13, NZA 15, 429; BAG 13.3.03 – 6 AZR 585/01, NZA 03, 976). Offen ist, ob dies auch für Nebentätigkeiten gilt, die nur zu einer untergeordneten wirtschaftlichen Unterstützung des Wettbewerbers führen kann (BAG 24.3.10 – 10 AZR 66/09, NZA 10, 693; LAG RhPf 2.6.16 – 2 Sa 507/15, BeckRS 2016, 72973). Näheres → *Wettbewerb* Rn 1, 2.

5 Gem § 2 Abs 1 Satz 2 ArbZG dürfen bei der **Beschäftigung in mehreren Arbeitsverhältnissen** die einzelnen Beschäftigungen zusammen die gesetzliche Höchstgrenze der Arbeitszeit nicht überschreiten. Bei einer Überschreitung der gesetzlichen Höchstarbeitszeit ist der die Arbeitszeitgrenze übersteigende zusätzliche Arbeitsvertrag nichtig, soweit es sich nicht nur um eine gelegentliche oder geringfügige Überschreitung handelt (BAG 14.12.67, BB 68, 206; LAG Nürnberg 19.9.95, NZA 96, 882; *Schaub/Linck* § 40 Rn 6 f)). Für trotz Nichtigkeit geleistete Arbeit hat der ArbN einen Vergütungsanspruch nach den Grundsätzen

vom *Faktischen Arbeitsverhältnis* (BAG 14.12.67, BB 68, 206). Nimmt der ArbGeb vorsätzlich oder fahrlässig eine Überschreitung der nach ArbZG höchstzulässigen Arbeitszeit hin, begeht er unter den Voraussetzungen der §§ 22, 23 ArbZG eine **Straftat** oder **Ordnungswidrigkeit.**

6 § 8 BUrlG untersagt dem ArbN, während des gesetzlichen Mindesturlaubs eine **dem Urlaubszweck widersprechende Erwerbstätigkeit** zu leisten. Verstößt der ArbN gegen das Verbot des § 8 BUrlG, so entfallen damit weder der Urlaubs- noch der Entgeltanspruch (BAG 25.2.88, DB 88, 1554; MünchArbR/*Düwell* § 78 Rn 6). Zur Ausübung einer Nebentätigkeit während eines Sonderurlaubs s BAG 3.3.03 – 6 AZR 585/01, NZA 03, 976.

Zur → *Schwarzarbeit* Rn 3, 4.

7 **3. Vereinbarte Nebentätigkeitsverbote. Vorformulierte einzelvertragliche** Regelungen unterliegen einer Rechts- und Inhaltskontrolle (§§ 305 ff BGB). S hierzu *Gaul/Kahanian* MDR 06, 68. Ein absolutes Nebentätigkeitsverbot ist unzulässig. Eine Klausel, die dem ArbN jede entgeltliche oder unentgeltliche Nebentätigkeit untersagt, ist unwirksam. Dies wurde vom BAG bereits vor der Geltung der §§ 305 ff BGB aus einer allgemeinen Inhaltskontrolle hergeleitet (BAG 6.9.90 – 2 AZR 165/90, NZA 91, 221). Ein beschränktes Nebentätigkeitsverbot ist zulässig, soweit der ArbGeb hieran ein **berechtigtes Interesse** hat. Ein solches besteht dann, wenn durch die Nebentätigkeit die vertraglich geschuldete Leistung beeinträchtigt wird (BAG 18.1.96 – 6 AZR 314/95, NZA 97, 41; Überblick bei *Hunold* NZA-RR 02, 505). Hierfür ist der ArbGeb darlegungs- und beweispflichtig. Bei einem Nebentätigkeitsverbot mit **Erlaubnisvorbehalt** ist dem ArbN nicht jede Nebentätigkeit verboten, sondern er hat lediglich zuvor die Zustimmung des ArbGeb einzuholen. Der Erlaubnisvorbehalt soll dem ArbGeb bereits vor Aufnahme der Tätigkeit die Überprüfung ermöglichen, ob seine Interessen berücksichtigt werden. Das Nebentätigkeitsverbot mit Erlaubnisvorbehalt bewirkt keine unangemessene Benachteiligung des ArbN iSv § 307 Abs 1 BGB und ist damit wirksam (BAG 11.12.01 – 9 AZR 464/00, NZA 02, 965). Es berechtigt den ArbGeb jedoch nicht, die Aufnahme einer Tätigkeit willkürlich zu verwehren.

8 **In Tarifverträgen** kann ein Nebentätigkeitsverbot geregelt werden (BAG 26.6.01 – 9 AZR 343/00, NZA 02, 98). Strittig ist die Regelungsbefugnis der Betriebsparteien in einer Betriebsvereinbarung (ablehnend *Richardi* § 77 Rn 98; *Fitting* § 77 Rn 56; aA ErfK/*Preis* § 611a BGB Rn 728, der eine Rechtskontrolle gem § 310 Abs 1, 4 BGB vornehmen will).

9 **4. Genehmigungserfordernis, Anzeigepflicht.** Gesetzlich angeordnet ist eine **Genehmigungspflicht** für die Nebentätigkeit von Beamten (§ 42 BRRG, §§ 64 ff BBG und die vergleichbaren Vorschriften der Landesbeamtengesetze). Für die **Beschäftigten im öffentlichen Dienst** besteht die Verpflichtung, die Nebentätigkeit dem ArbGeb anzuzeigen (§ 3 Abs 3 TVöD).

10 Im Bereich der **Privatwirtschaft** ist für die Ausübung einer Nebentätigkeit keine Genehmigung durch den ArbGeb erforderlich. Der ArbN ist jedoch verpflichtet, dem ArbGeb eine **geplante Nebentätigkeit anzuzeigen,** soweit die Interessen des ArbGeb tangiert werden können (BAG 18.1.96, NZA 97, 41; MünchArbR/*Reichold* § 49 Rn 5). Dies ist etwa der Fall, wenn der ArbN eine Wettbewerbstätigkeit aufnehmen will (BAG 13.3.03 – 6 AZR 585/01, NZA 03, 976; LAG Köln 22.3.13 – 4 Sa 1062/12, BeckRS 2013, 70869; LAG München 27.8.08 – 10 Sa 174/08, BeckRS 2009, 67519), ein pauschal versicherter geringfügig beschäftigter ArbN eine weitere geringfügige Beschäftigung aufnimmt und damit die Grenzen der Geringfügigkeit gem § 8 SGB IV überschritten werden (BAG 18.11.88, DB 89, 781). S → *Mehrfachbeschäftigung* Rn 8 ff.

11 **5. Widerruf einer Nebentätigkeitserlaubnis.** Ist eine bestimmte **Nebentätigkeit ausdrücklich genehmigt** worden, so stellt sich die Frage, ob die Genehmigung „zurückgenommen“ werden kann, wenn sich ein nicht vorhersehbarer Konflikt mit der Haupttätigkeit einstellt. Möglich ist dies, wenn sich der ArbGeb ausdrücklich den **Widerruf vorbehalten** hat und seine betrieblichen Interessen dies erfordern (BGH 7.11.16 – AnwZ 58/14, NJW-RR 17, 439; BAG 11.12.01 – 9 AZR 464/00, NZA 02, 965). Der Widerruf muss gem § 106 GewO billigem Ermessen entsprechen und regelmäßig erfordern, dass sich die Sachlage nachträglich geändert hat. Fehlt es an einem solchen Widerrufsvorbehalt, so ist der

ArbGeb – wenn man mit der hM die Teilkündigung für unzulässig erachtet – auf die Möglichkeit der **Änderungskündigung** angewiesen. Diese dürfte allerdings immer dann gerechtfertigt sein, wenn durch die weitere Beibehaltung der Nebentätigkeit berechtigte Interessen des ArbGeb beeinträchtigt werden.

**6. Rechtsfolgen des Verstoßes gegen ein Nebentätigkeitsverbot.** Dem ArbN kann eine Abmahnung erteilt werden, wenn eine Vertragsklausel die Verpflichtung beinhaltet, vor Aufnahme einer Nebentätigkeit die Genehmigung des ArbGeb einzuholen (BAG 11.12.01 – 9 AZR 464/00, DB 02, 1507). Verletzt der ArbN durch die Ausübung einer Nebentätigkeit seine arbeitsvertraglichen Pflichten aus dem Hauptarbeitsverhältnis in erheblichem Umfang, so kann – im Regelfall nach Abmahnung – eine **verhaltensbedingte Kündigung** gerechtfertigt sein (ErfK/*Preis* § 611a BGB Rn 728). In Betracht kommt eine Kündigung etwa bei Ausübung einer Konkurrenztätigkeit, bei Ausübung einer Nebentätigkeit während krankheitsbedingter Abwesenheit, wenn der Heilungsprozess verzögert wird (BAG 26.8.93, DB 93, 2534; 13.11.79, DB 80, 741), bei Ausübung einer Nebentätigkeit während der Arbeitszeit (BAG 18.1.96, NZA 97, 41) oder bei Überschreiten der nach ArbZG höchstzulässigen Arbeitszeit (*Hunold* NZA 95, 558 ff). 12

Eine **fristlose Kündigung** kann im Ausnahmefall gerechtfertigt sein, so bei der Ausübung von Konkurrenztätigkeit (BAG 13.5.15 – 2 ABR 38/14, NZA 16, 116; 19.4.07 – 2 AZR 180/06, NZA-RR 07, 571; LAG RPf 10.7.19 – 7 Sa 427/18, BeckRS 2019, 20975; 20.3.14 – 2 TaBV 18/13, BeckRS 2014, 71147) oder bei Missbrauch von ArbGebEigentum für die Nebentätigkeit (LAG Hamm 5.6.98 – 5 Sa 1397/97, NZA-RR 99, 126). Gegen ein **unberechtigt erteiltes Nebentätigkeitsverbot** darf der ArbN verstoßen; der ArbGeb kann auf diesen Verstoß keine Kündigung stützen. 13

Soweit der ArbN infolge der Nebentätigkeit schlechte Arbeit leistet, kommt für den ArbGeb die Geltendmachung von **Schadenersatzansprüchen** in Betracht (*Schaub/Linck* § 40 Rn 5). Der Nachweis eines konkreten Schadens dürfte im Allgemeinen aber schwierig sein. 14

**7. Rechtsschutz bei beabsichtigter Ausübung einer Nebentätigkeit.** Besteht zwischen ArbGeb und ArbN Streit darüber, ob der ArbN eine bestimmte Nebenbeschäftigung eingehen darf oder nicht, so kann er dies im Wege der **Feststellungsklage** gerichtlich klären lassen. Ein schutzwertes Interesse ergibt sich für den ArbN daraus, dass dieser ansonsten gezwungen wäre, arbeitsrechtliche Sanktionen im Hinblick auf die Ausübung der Nebentätigkeit abzuwarten, um dann im Rahmen eines Rechtsstreits über die Berechtigung etwa einer Abmahnung oder Kündigung die Zulässigkeit der Ausübung der Nebentätigkeit als Vorfrage klären zu lassen. Der ArbN kann ferner **Leistungsklage** auf Erteilung einer Genehmigung zur Ausübung einer bestimmten Nebentätigkeit erheben (BAG 28.2.02 – 6 AZR 357/01, DB 02, 1560). 15

## B. Lohnsteuerrecht

*Seidel*

**1. Allgemeines.** Ob eine Neben- oder Aushilfstätigkeit steuerrechtlich als **Arbeitnehmer** oder selbstständig ausgeübt wird, ist nach den allgemeinen Abgrenzungskriterien zu prüfen (LStH 19.2: Allgemeines). Bei Ausübung mehrerer Tätigkeiten nebeneinander ist **jede für sich** zu beurteilen. Eine Tätigkeit wird nicht als Nebentätigkeit oder nebenberuflich ausgeübt, wenn sie als Teil der Haupttätigkeit anzusehen ist (→ *Arbeitnehmer (Begriff)* Rn 42, 43; FG SachsAnh 16.4.02 – 4 K 10500/99, EFG 02, 958BFH 20.12.2000 – XI R 32/00, BStBl II 01, 496: Sonderhonorar des ArbGeb für Beratung beim Verkauf des Betriebes). 20

**2. Einzelfälle.** Bei der **Lehrtätigkeit** von Verwaltungsbeamten oder Lehrern außerhalb ihrer eigentlichen Unterrichtstätigkeit kommt es darauf an, ob die Lehrtätigkeit zu den Obliegenheiten ihrer nichtselbstständigen Tätigkeit im Hauptberuf gehört oder ob sie als unabhängig davon anzusehen ist. Die Nebentätigkeit ist dann nach den allgemeinen Grundsätzen für sich zu beurteilen und wird idR wegen der fehlenden Eingliederung als selbstständige (freiberufliche) Tätigkeit einzustufen sein (BFH 11.8.94 – XI R 99/92, BStBl II 95, 346; BFH 19.8.09 – III R 31/07, BFH/NV 10, 844). Entscheidend sind die tatsächlichen Verhältnisse. Lediglich ein Indiz für die fehlende Eingliederung stellt das Abstellen auf 21 nicht mehr als sechs Wochenstunden dar (LStR 19.2 Satz 3; BFH 4.10.84, BStBl II 85, 51). Bei der Ausübung durch Angehörige der freien Berufe oder Handwerksmeister dürfte idR selbstständige Tätigkeit anzunehmen sein (*HHR* § 19 Anm 600: Lehrtätigkeit von Angehörigen anderer Berufe).

Eine **Prüfungstätigkeit** wird selbstständig ausgeübt, wenn sie nicht zu den Obliegenheiten des ArbN gehört (LStH 19.2: Nebenberufliche Prüfungstätigkeit). Bei Hochschullehrern kommt es darauf an, ob es sich um eine Studienabschlussprüfung (nichtselbstständig) oder um eine sog Laufbahnprüfung (selbstständig) – zB 2. juristisches Staatsexamen, aber auch als Mitglieder eines staatlichen Ausschusses für ärztliche Prüfungen – handelt (*HHR* § 19 Anm 600: Prüfungstätigkeit).

Auch bei **Musikern** ist das tatsächliche Gesamtbild der Verhältnisse entscheidend, weniger die vertraglichen Bezeichnungen (BFH 9.8.74, BStBl II 74, 720). Bei größeren, unabhängigen Kapellen sind die Musiker idR ArbN des Leiters, außer sie haben sich – insbes bei kleinen Gruppen – zu einer GbR zusammengeschlossen, dann sind sie selbstständig tätig. Als selbstständig sind regelmäßig auch Musiker anzusehen, die nur gelegentlich (an einem Abend oder Wochenende) bei Veranstaltungen oder in Gaststätten auftreten. Sie sind jedoch ArbN des Wirts, wenn sie bei diesem regelmäßig am Wochenende spielen (BFH 10.9.76, BStBl II 77, 178). Ausführlich zur Einkünftequalifikation bei Musikern s *Wolf* FR 02, 202.

**Übungsleiter** können selbstständig oder nichtselbstständig tätig sein. Ein nebenberuflicher Fußballtrainer, der nicht mehr als sechs Stunden wöchentlich tätig ist, ist idR als selbstständig anzusehen (FG Hess 9.7.93, EFG 94, 396). Zu Aufwandsentschädigungen → Rn 22. Zur Berücksichtigung von Verlusten s BFH 20.11.18 – VIII R 17/16, BStBl II 19, 423.

Bei **Vermittlungstätigkeit** von Bank- oder Versicherungsangestellten gehören die Provisionen zum Arbeitslohn aus der Haupttätigkeit – auch bei Vermittlung institutsfremder Verträge –, wenn die Vermittlung zur Haupttätigkeit gehört. Es liegt dann eine Lohnzahlung durch Dritte vor (LStH 19.4; BMF 20.1.15, BStBl I 15, 143; BFH 10.4.14 – VI R 42/11, BStBl II 15, 191, Rz 16). Anders aber, wenn der Angestellte freiwillig außerhalb der Dienstzeit tätig wird, auch wenn er Verträge seines ArbGeb vermittelt (FG Nbg 6.6.78, EFG 78, 591; s aber BFH 20.5.10 – VI R 41/09, DStRE 10, 1002: zweifelhaft hinsichtlich des Verzichts von Bausparkassen gegenüber den als Vermittler tätigen ArbN der „Partnerbanken").

**Zeitungsausträger** sind idR als ArbN anzusehen, auch wenn sie das Inkassorisiko tragen und sich vertreten lassen können. Bei Werbung neuer Abonnenten kann Selbstständigkeit vorliegen. Dies ist idR keine Nebenpflicht aus dem Dienstverhältnis als Zeitungsausträger (BFH 22.11.96, BStBl II 97, 254; FG SchlHol 22.5.80, EFG 80, 497; FG Düsseldorf 22.7.80, EFG 81, 176), ggf sind das Austragen und die Werbung getrennt zu beurteilen (FG NdS 17.4.96, EFG 96, 822). Austräger von kostenlosen Anzeigeblättern und Wurfsendungen sind regelmäßig ArbN (BFH 24.7.92, BStBl II 93, 155, s aber auch BFH 9.9.03 – VI B 53/03, BFH/NV 04, 42: Werbeprospektverteiler). Zur Nichtselbstständigkeit **weiterer** häufig nebenberuflich ausgeübter **Tätigkeiten,** zB Amateursportler, Buchhalter, Ehrenämter, Kassierer und Mannequins s auch ABC bei → *Arbeitnehmer (Begriff)* Rn 84.

22 **3. Lohnsteuerliche Besonderheiten.** Bei nichtselbstständiger Ausübung von Nebentätigkeiten (ArbN) wird meist eine **Pauschalierung** der LSt in Betracht kommen (→ *Teilzeitbeschäftigung* Rn 115 ff, → *Aushilfskräfte* Rn 23 ff, → *Geringfügige Beschäftigung* Rn 20 ff). Ansonsten ist dem ArbGeb für Zwecke der Bildung und des Abrufs von **ELStAM** mitzuteilen, dass es sich um ein zweites bzw weiteres Dienstverhältnis handelt (→ *Mehrfachbeschäftigung* Rn 8 ff).

**Aufwandsentschädigungen** bleiben bei bestimmten nebenberuflich ausgeübten Tätigkeiten (unabhängig davon, ob sie selbstständig oder nichtselbstständig ausgeübt werden) bis 2400 € steuerfrei (§ 3 Nr 26 EStG; → *Aufwandsentschädigung* Rn 12 ff und OFD Frankfurt/Main 12.8.14, BeckVerw 289003 sowie BayLfSt 8.9.11, DB 11, 2169). Eine nebenberufliche Ausübung iSd § 3 Nr 26 EStG liegt vor, wenn die Tätigkeit – bezogen auf das Kj – nicht mehr als ein **Drittel der Arbeitszeit** eines vergleichbaren Vollzeiterwerbs in Anspruch nimmt (BFH 30.3.90, BStBl II 90, 854; LStR 3.26 Abs 2 Satz 1). Dabei können auch Personen, die keinen Hauptberuf im steuerrechtlichen Sinn ausüben (zB Hausfrauen, Rentner, Studenten uÄ) nebenberuflich iSd § 3 Nr 26 EStG tätig sein (LStR 3.26 Abs 2

Satz 2). Zum Steuerfreibetrag von 720 € (§ 3 Nr 26a EStG) bei nebenberuflicher Tätigkeit im **gemeinnützigen Bereich** → *Ehrenamtliche Tätigkeit* Rn 23. Der Kreis der möglichen Auftraggeber entspricht dem der Regelung des § 3 Nr 26, → *Aufwandsentschädigung* Rn 13. Zur steuerrechtlichen Behandlung von **Schadensersatzleistungen** an den ArbGeb bei Schlechtleistung → *Arbeitnehmerhaftung* Rn 27. Zu Aufwandsentschädigungen aus öffentlichen Kassen an öffentliche Dienste leistende Personen (§ 3 Nr 12 Satz 2 EStG) s LStR 3.12 Abs 2 ff und LStH 3.12.

**C. Sozialversicherungsrecht** *Schlegel*

**1. Versicherungs- und Beitragspflicht.** Die SozV knüpft nicht an den Begriff „Nebentätigkeit" an. Gleiches gilt für die Begriffe „Aushilfskräfte", „Mehrfachbeschäftigung" etc. Die mit einer Nebentätigkeit, einer Aushilfs- oder Mehrfachbeschäftigung zusammenhängenden Probleme sind mit den Regelungen über die Beschäftigung (§ 7 Abs 1 Satz 1 SGB IV), die geringfügige Beschäftigung (§ 8 SGB IV) und die unständige Beschäftigung zu lösen. Dabei geht es regelmäßig um die Frage, ob zB bei einer Nebentätigkeit Versicherungspflicht besteht oder die Beschäftigung wegen Geringfügigkeit versicherungs- und damit auch beitragsfrei ist. 23

Für die versicherungsrechtliche Beurteilung einer sog Nebentätigkeit ist zwischen Beschäftigungen zu unterscheiden, die neben einer Hauptbeschäftigung ausgeübt werden (sog **echte Nebenbeschäftigung**), und einer Beschäftigung, die isoliert ausgeübt wird, also die einzige Beschäftigung oder Tätigkeit einer Person ist, die angesichts ihres Umfangs aber als „Nebentätigkeit" erscheint (sog **unechte Nebentätigkeit**). Für beide Formen der Nebentätigkeit ist für die Beurteilung ihrer Versicherungs- und Beitragspflicht zu prüfen, ob die Beschäftigung oder Tätigkeit unter einen der beiden Tatbestände des § 8 Abs 1 Nr 1 oder 2 SGB IV (Einzelheiten hierzu vgl *Geringfügige Beschäftigung*). Ist dies der Fall, ist eine unechte Nebentätigkeit versicherungs- und beitragsfrei. Liegt eine echte Nebentätigkeit vor, ist zu prüfen, ob diese mit der Hauptbeschäftigung zusammengerechnet werden muss, oder ob dies nicht der Fall ist (dazu nachfolgend). Eine dritte Kategorie bilden Beschäftigungen oder Tätigkeiten eines ArbN, die der ArbN nicht für einen Dritten, sondern für seinen ArbGeb/Auftraggeber erbringt. Insoweit ist die Rspr des BSG zum sog **einheitlichen Beschäftigungsverhältnis** zu beachten, das einer „künstlichen Aufspaltung" einer im Großen und Ganzen einheitlichen Vertragsbeziehung und damit Manipulationsmöglichkeiten entgegen wirkt. Danach gelten alle von einem Beschäftigten bei demselben ArbGeb ausgeübten Beschäftigungen als einheitliche Beschäftigung iSv § 8 SGB IV, sodass neben einer versicherungspflichtigen (Haupt-)Beschäftigung bei demselben ArbG keine versicherungsfreie geringfügige Beschäftigung besteht (BSG 27.6.12 – B 12 KR 28/10 R, NJOZ 14, 904). Zur Abgrenzung einer von der abhängigen Beschäftigung losgelösten zusätzlichen selbstständigen Tätigkeit vgl BSG 31.10.2012 – B 12 R 1/11 R, NZS 13, 349. Das BSG hat bei **Rechtsreferendare** angenommen, dass zusätzliche Vergütungen, die ihnen von einer die Stationsausbildung durchführenden Rechtsanwaltskanzlei „freiwillig und ohne Rechtsgrund" gezahlt werden, beitragspflichtiges Arbeitsentgelt des Vorbereitungsdienstes sind und folglich vom Dienstherrn OLG (!) auch insoweit Beiträge zu zahlen sind, wenn der Zusatzvergütung keine hiervon abgrenzbare Beschäftigung oder selbstständige Tätigkeit in der Kanzlei zugrunde liegt (BSG vom 31.3.15 – B 12 R 1/13 R, BeckRS 2015, 70953). Soll in solchen Konstellationen ein einheitliches Beschäftigungsverhältnis ausgeschlossen werden, müssen Anhaltspunkte für die Existenz besonderer Vereinbarungen über eine über das Verhältnis Referendar/Dienstherr (Hauptbeschäftigung) hinausgehende bezahlte Nebentätigkeit (dort: Arbeitsverhältnis zur Anwaltskanzleien) vorgetragen werden. 24

**2. Zusammenrechnung „Haupt- und Nebenbeschäftigung".** Nach § 8 Abs 2 Satz 1 SGB IV sind bei der Anwendung des § 8 Abs 1 mehrere geringfügige Beschäftigungen nach Nr 1 (Entgeltgeringfügigkeit) oder Nr 2 (Zeitgeringfügigkeit) „mit Ausnahme einer geringfügigen Beschäftigung nach Nr 1 und nicht geringfügige Beschäftigungen zusammenzurechnen". Die Vorschrift geht auf einen Vorschlag des Vermittlungsausschusses zurück; im ursprünglichen Gesetzentwurf der Regierungsparteien war sie nicht enthalten; sie ist amtlich nicht begründet worden. Die Bestimmung macht nur dann Sinn, wenn die 25

Betonung auf „mit Ausnahme **einer** geringfügigen Beschäftigung nach Nummer 1“ gelegt wird.

26 Danach gelten folgende **Regeln über die Zusammenrechnung:**
- Mehrere Beschäftigungen, die je für sich betrachtet nach § 8 Abs 1 Nr 1 entgelt-geringfügig sind, werden zusammengerechnet.
- Mehrere Beschäftigungen, die je für sich betrachtet nach § 8 Abs 1 Nr 2 zeit-geringfügig sind, werden zusammengerechnet.
- Werden neben einer nicht geringfügigen (Haupt-)Beschäftigung mehrere nach § 8 Abs 1 Nr 1 geringfügige Beschäftigungen ausgeübt, werden diese – **bis auf eine** dieser Nebenbeschäftigungen – mit der Hauptbeschäftigung zusammengerechnet.

27 Es werden **nicht zusammengerechnet:**
- Eine nicht geringfügige (Haupt-)Beschäftigung mit **nur einer (1) daneben ausgeübten** entgelt-geringfügigen Beschäftigung nach § 8 Abs 1 Nr 1 SGB IV. Dh: Sofern nur eine (1) nach § 8 Abs 1 Nr 1 SGB IV entgelt-geringfügige Beschäftigung ausgeübt wird, findet keine Zusammenrechnung statt, so dass diese Beschäftigung versicherungsfrei und damit ein Nebenverdienst von maximal 450 € „anrechnungsfrei“ bzw „zusammenrechnungsfrei“ bleibt.
- Eine entgelt-geringfügige Beschäftigung nach § 8 Abs 1 Nr 1 SGB IV mit einer zeit-geringfügigen Beschäftigung nach § 8 Abs 1 Nr 2 SGB IV.
- Eine oder mehrere nach § 8 Abs 1 Nr 2 SGB IV zeit-geringfügige Beschäftigungen mit einer nicht geringfügigen (Haupt-)Beschäftigung.

28 Nach § 8 Abs 2 Satz 3 SGB IV tritt in den Fällen der Zusammenrechnung nach § 8 Abs 2 Satz 1 SGB IV die Versicherungspflicht allerdings nicht bereits kraft Gesetzes sondern erst mit dem Tag der Bekanntgabe einer entsprechenden **Feststellung durch die Einzugsstelle** oder einen Träger der RV ein. Nach dem Wortlaut des § 8 Abs 2 Satz 3 SGB IV ist diese Feststellung für die Entstehung der Versicherungs- und damit auch der Beitragspflicht konstitutiv.

29 **3. Ausnahmen von der Zusammenrechnung nach § 8 Abs 2 SGB IV. a) Arbeitslosenversicherungen.** Hier werden zwar mehrere geringfügige Beschäftigungen, die in der ArblV grds versicherungsfrei sind, zusammengerechnet, nicht jedoch geringfügige mit nicht geringfügigen Beschäftigungen (§ 27 Abs 2 Satz 1 SGB III). Damit soll vermieden werden, dass Bagatellbeschäftigungen Ansprüche auf Entgeltersatzleistungen der Arbeitsförderung (zB Ansprüche auf AlGeld) begründen können (BT-Drs 12/280 S 12 zu Art 2 Nr 1). § 27 Abs 2 Satz 1 SGB III geht dem § 8 Abs 2 Satz 1 SGB IV als lex specialis vor, so dass auch dann keine Zusammenrechnung von entgelt-geringfügigen Beschäftigungen nach § 8 Abs 1 Nr 1 SGB IV stattfindet, wenn der ArbN neben einer nicht geringfügigen (Haupt-) Beschäftigung mehrere solcher geringfügigen (Neben-)Beschäftigungen ausübt.

30 **b) Kranken- und Pflegeversicherung.** Hier findet eine Zusammenrechnung geringfügiger Beschäftigungen mit einer nicht geringfügigen Beschäftigung (nur) statt, wenn diese, dh die nicht geringfügige (Haupt-)Beschäftigung die Versicherungspflicht begründet (§ 7 Satz 2 SGB V). Negativ formuliert: Eine Zusammenrechnung findet in der KV und PflegeV zB dann nicht statt, wenn die nicht geringfügige (Haupt-)Beschäftigung wegen Überschreitens der JAEGrenze (§ 6 Abs 1 Nr 1 SGB V) oder wegen einer vorrangigen Versorgung zB als Beamter (§ 6 Abs 1 Nr 2 SGB V) versicherungsfrei ist.

31 Zur Frage, ob **Versicherungsfreiheit wegen Überschreitens der Jahresarbeitsentgeltgrenze** vorliegt, vgl § 6 Abs 1 Nr 1 SGB V; vgl auch *Jahresarbeitsentgelt; Geringfügige Beschäftigung*).

32 **c) Rentenversicherung.** In der RV erfolgt eine Zusammenrechnung einer zeitgeringfügigen mit einer nicht geringfügigen (Haupt-)Beschäftigung nur, wenn diese versicherungspflichtig ist (vgl § 5 Abs 2 Satz 2 SGB VI nF). Dies ist der Fall, wenn die nicht geringfügige (Haupt-)Beschäftigung dem Grunde nach der Versicherungspflicht unterliegt und kein Tatbestand der Versicherungsfreiheit oder eine Befreiung von der Versicherungspflicht vorliegt.

Negativ formuliert: Es erfolgt in der RV keine Zusammenrechnung einer geringfügigen zeitgeringfügigen Beschäftigung mit einer zwar nicht geringfügigen aber versicherungsfreien Beschäftigung zB als Beamter, Richter etc (§ 6 SGB V; § 5 Abs 1 SGB VI) oder mit der nicht geringfügigen Beschäftigung eines hauptberuflich Selbstständigen (§ 5 Abs 5 SGB V). Für entgeltgeringfügige Beschäftigungen spielt die Zusammenrechnungsfrage seit 1.1.13 für die Frage der Versicherungspflicht keine Rolle mehr, weil seither in der RV auch für entgeltgeringfügige Beschäftigungen Versicherungspflicht angeordnet ist.

**d) Beitragsrechtliche Konsequenzen.** In beitragsrechtlicher Hinsicht gilt Folgendes: Entfällt der Tatbestand der Versicherungsfreiheit, weil eine geringfügige Beschäftigung mit einer versicherungspflichtigen Hauptbeschäftigung zusammengerechnet wird oder mehrere geringfügige Beschäftigungen zusammentreffen und hierdurch die Geringfügigkeitsgrenzen überschritten werden (§ 8 Abs 2 Satz 1 SGB IV), unterliegt auch die geringfügige Beschäftigung der Versicherungspflicht. Der für die KV geltende Tatbestand des § 249b SGB V, der nur versicherungsfreie oder nicht versicherungspflichtige geringfügige Beschäftigungen erfasst, ist daher nicht erfüllt. Entsprechendes gilt für die RV. Vielmehr gelten hier die allgemeinen **Grundsätze des Beitragsrechts,** dh dass Beiträge nach dem allgemeinen Beitragssatz nach dem Grundsatz hälftiger Beitragstragung zu zahlen sind. 33

**4. Auswirkungen einer Nebentätigkeit auf Sozialleistungen.** Solche treten insbes in Form von Anrechnungsvorschriften in Erscheinung. 34

**a) Rente wegen voller Erwerbsminderung.** Diese wird durch die Ausübung einer Nebentätigkeit ausgeschlossen, sofern der ArbN unter den üblichen Bedingungen des allg Arbeitsmarktes noch mehr als drei Stunden täglich erwerbstätig sein kann (§ 43 Abs 2 SGB VI). Zu Hinzuverdienstgrenzen vgl § 96a SGB VI. 35

**b) Nebentätigkeiten von Beziehern von Hinterbliebenenrente.** In den §§ 118a bis 118e SGB IV ist geregelt, in welchem Umfang eigenes Einkommen eines Beziehers einer Hinterbliebenenrente in Betracht kommt. Diese Regelungen beruhen auf dem Grundgedanken, dass Hinterbliebenenrenten Unterhaltsfunktion haben und deshalb ganz oder teilweise ruhen, solange und soweit der Hinterbliebene über angemessenes eigenes Einkommen verfügt. 36

**c) Nebentätigkeit von Arbeitslosen.** Diese sind nach Maßgabe § 155 SGB III auf das AlGeld anzurechnen (Einzelheiten → *Anrechnung anderweitigen Einkommens* Rn 5 ff). 37

# Nettolohnvereinbarung

## A. Arbeitsrecht

*Griese*

**1. Begriff.** Die Nettolohnvereinbarung beinhaltet, dass die Arbeitsvertragsparteien abweichend vom **Regelfall der Bruttovergütung** vereinbaren, dass der ArbGeb sämtliche Steuern und SozVBeiträge übernimmt, so dass der ArbN die zugesagte Vergütung vollständig ausgezahlt bekommt. Die Nettolohnvereinbarung birgt **erhebliche Risiken,** für den ArbG deshalb, da der ArbN die Lohnkostenbelastung durch Änderung von in seiner Sphäre liegenden individuellen Umständen beeinflussen kann, für den ArbN deshalb, weil ihm mögliche gesetzliche Steuerentlastungen verloren gehen. 1

Zu den Auswirkungen der Pauschalierung der LSt (§§ 40–40b EStG) → *Lohnsteuerpauschalierung* Rn 1.

**2. Voraussetzungen der Nettolohnvereinbarung.** Eine Nettolohnvereinbarung ist zulässig, sowohl durch Individualvertrag als auch durch Tarifvertrag oder Betriebsvereinbarung. Sie kann auch durch *Betriebliche Übung* entstehen. Explizit wird die Zulässigkeit der Nettolohnvereinbarung in § 14 Abs 2 SGB IV festgehalten. Voraussetzung ist eine ausdrückliche und unmissverständliche Vereinbarung, für die der ArbN darlegungs- und beweispflichtig ist (BAG 21.7.09 – 1 AZR 167/08, NZA 09, 1213). Die Vereinbarung muss beinhalten, dass der ArbGeb zumindest im Verhältnis ArbGeb/ArbN sämtliche Beiträge zur SozV einschließlich der ArbNAnteile sowie die auf die Vergütung entfallende Steuer trägt. Ist eine entsprechende Formulierung missverständlich oder nicht zweifelsfrei oder lässt sich die Nettolohnvereinbarung nicht beweisen, ist von dem Normalfall der Bruttolohnvergütung auszugehen (BAG 17.2.16 – 5 AZN 981/15, NZA 16, 574). 2

Sagt der ArbGeb zu, bestimmte Krankenkassenbeiträge **als Bruttozahlung zu übernehmen, liegt keine Unklarheit iSd § 305c Abs 2 BGB** vor, so dass die auf diese Zahlung wiederum entstehenden SozVBeitragsanteile des ArbN kein Anspruch des ArbN auf Erstattung durch den ArbGeb entstehen (BAG 24.1.13 – 8 AZR 965/11, NJW 13, 2138). Zahlt der ArbGeb die vereinbarte Vergütung stets bar, ohne Abzüge und ohne Erteilung einer Abrechnung aus, begründet dies die Vermutung für eine Nettolohnvereinbarung (LAG Köln 1.8.97 – 11 (7)/Sa 152/97, ArbuR 98, 334; ErfK/*Preis* § 611 BGB Rz 597).

Bei **geringfügig Beschäftigten** wird eine Vergütungsvereinbarung regelmäßig als *Nettolohnvereinbarung* auszulegen sein. Angesichts der bei geringfügig Beschäftigten ganz überwiegend praktizierten Nettovergütung in diesem Sektor wäre eine davon abweichende **Überwälzung von Steuern und** SozVBeiträgen auf den ArbN **in Formulararbeitsverträgen eine unzulässige überraschende Klausel gem § 305c Abs 1 BGB** und würde darüber hinaus an **mangelnder Transparenz gem § 307 Abs 1 Satz 2 BGB** scheitern (→ *Geringfügige Beschäftigung* Rn 13 ff). Eine gesetzgeberische Reform der geringfügigen Beschäftigung, die die Sozialversicherungsfreiheit beseitigt und geringfügige Beschäftigungsverhältnisse als **gesetzliche Nettoarbeitsverhältnisse** ausgestaltet, würde an die übliche Praxis anknüpfen und ist dringlich, um die fehlende soziale Absicherung dieser Beschäftigungsgruppe zu beseitigen (*Griese/Preis/Kruchen* NZA 2013, 113).

Sagt ein ArbGeb einem ArbN aus Anlass eines Aufhebungsvertrages einen bestimmten Prozentsatz des Nettogehaltes als Nettomindestvergütung zu, muss er gewährleisten, dass diese Summe dem ArbN netto zugutekommt; zum Ausgleich darüber zusätzlicher steuerlicher Nachteile, die sich aus dem Progressionsvorbehalt ergeben, ist der ArbGeb aber nicht verpflichtet (BAG 8.9.98 – 9 AZR 255/97, NZA 99, 769).

3 **3. Nettolohnvereinbarung bezüglich einzelner Vergütungsbestandteile.** Möglich ist es, einen **Teil der Vergütung** als Nettovergütung zuzusagen, etwa dergestalt, dass der ArbGeb einen Aufstockungsbetrag zur Erreichung des bisherigen Nettogehaltes zusagt (BAG 9.9.03 – 9 AZR 554/02, NZA 05, 483). In der Zusage, während der Altersteilzeit einen prozentualen Aufstockungsbetrag zu leisten, liegt nicht ohne weiteres die Verpflichtung, auch die steuerliche Mehrbelastung aus dem Progressionsvorbehalt zu übernehmen (BAG 25.6.02 – 9 AZR 155/01, NZA 03, 860). Hat der ArbGeb eine Nettoüberbrückungshilfe zugesagt, ist hierfür die in der Vergangenheit maßgebende Steuerklasse des ArbN zugrunde zu legen; führt ein nachträglicher Wechsel der Steuerklasse zu einer Mehrbelastung, kann der ArbGeb diese auf den ArbN abwälzen (BAG 15.11.05 – 9 AZR 530/04, DB 06, 848). Einigen sich ArbGeb und ArbN auf eine teilweise **Entgeltumwandlung** zur Altersversorgung (→ *Betriebliche Altersversorgung* Rn 18 ff), hat der ArbN die Wahl, dies aus dem Bruttoentgelt vorzunehmen oder bei Entgeltumwandlung aus dem Nettoentgelt zusätzlich die staatliche „Riester"-Förderung in Anspruch zu nehmen (*Preis* Innovative Arbeitsformen, S 442). Für Betriebsrenten kann eine **Nettogesamtobergrenze** festgelegt werden (BAG 27.6.06 – 3 AZR 196/05, becklink 185568).

Eine anlässlich einer Nettolohnvereinbarung getroffene weitere Vereinbarung, dass der ArbN seine Steuererklärung durch eine vom ArbGeb beauftragte Steuerberatungsgesellschaft bearbeiten lassen muss, ist eine unangemessene Benachteiligung des ArbN iSd § 307 Abs 1 Satz 1 BGB, weil damit unzulässig in das Recht des ArbN auf informationelle Selbstbestimmung eingegriffen wird (BAG 23.8.12 – 8 AZR 804/11, NZA 13, 268).

4 **4. Schwarzgeldabrede.** Eine **Schwarzgeldabrede,** mit der beide Arbeitsvertragsparteien *bewusst* eine Hinterziehung von Steuern und Sozialabgaben vereinbaren, kann gem § 14 Abs 2 S 2 SGB IV bei Vorsatz als illegales Beschäftigungsverhältnis und damit als fiktive Nettolohnvereinbarung (*Körner* NJW 14, 584) gewertet werden, mit der Folge, dass der ArbGeb sämtliche Steuern und Sozialabgaben tragen muss, wenn die Hinterziehung von Steuern und Sozialabgaben bekannt wird und der ArbGeb von FA und Einzugsstelle in Anspruch genommen wird. Eine Schwarzgeldabrede macht das Arbeitsverhältnis nicht nichtig (BAG 26.2.03 – 5 AZR 690/01, NZA 04, 313).

5 Die Einzugsstelle für die SozVBeiträge wird, wenn ihr Schwarzgeldzahlungen bekannt werden, den ArbGeb als Schuldner des GesamtSozVBeitrages (§ 28e SGB IV) in Anspruch nehmen. Wird der ArbGeb nachträglich in Anspruch genommen, wird eine Erstattungsforderung gegen den ArbN hinsichtlich der ArbNAnteile zur SozV an § 28g Satz 2 und 3 SGB IV scheitern, wonach der ArbNAnteil zur SozV **nur durch Gehaltsabzug im Aus-**

**zahlungsmonat oder bei den drei folgenden Lohn- und Gehaltszahlungen erfolgen darf.**

Nur bei fehlendem Verschulden des ArbGeb, das wegen der Schwarzgeldabrede aber gerade nicht angenommen werden kann, wäre eine spätere Geltendmachung durch **Gehaltsabzug** möglich. Ist der ArbN bereits ausgeschieden, ist eine Inanspruchnahme ohnehin unzulässig, da nach der gesetzlichen Regelung der **Abzug vom Entgelt** grds der einzig zulässige Weg ist, die ArbNAnteile zur SozV gegenüber dem ArbN geltend zu machen (*Segebrecht* in Schlegel/Voelzke, jurisPK-SGB IV, 3. Aufl 2016, § 28g SGB IV).

Die oben geschilderten Grundsätze gelten in gleicher Weise, wenn der ArbGeb nur einen Teil der Arbeitsvergütung „schwarz" zahlt. Bei **illegaler Beschäftigung,** also zB bei illegaler Ausländerbeschäftigung oder Verstoß gegen gesetzliche Beschäftigungsverbote gilt, wenn keine Steuern und Sozialabgaben entrichtet worden sind, gem § 14 Abs 2 S 2 SGB IV ein **Nettoarbeitsentgelt** als vereinbart (LSG RhPf 29.7.09 – L 6 R 105/09, DB 09, 2443). **Die Fiktion des § 14 Abs 2 Satz 2 SGB IV ist allerdings auf das Sozialversicherungsrecht beschränkt** und hat keine unmittelbaren Wirkungen auf das Arbeitsverhältnis, so dass der ArbN nur den Bruttolohn verlangen kann (BAG 17.3.2010 – 5 AZR 301/09, NJW 10, 2604). Die Fiktion des § 14 Abs 2 S 2 SGB IV kann **nicht auf die Berechnung der tariflichen Sozialkassenbeiträge im Baugewerbe angewandt werden** (BAG 22.6.16 – 10 AZR 806/14, BB 16, 2292 mit zustimmender Anm v Bader, jurisPR-Arb 40/16 Anm 6). Zu den strafrechtlichen Folgen der Schwarzarbeit → *Schwarzarbeit* Rn 1 ff.

**5. Wirkungen der Nettolohnvereinbarung.** Haben die Parteien eine Nettovergütung vereinbart, wird der Nettolohn als konstante Größe geschuldet. Änderungen in den gesetzlichen Vorschriften über Besteuerung und Sozialabgaben wirken sich daher auf den dem ArbN zustehenden Nettolohn nicht aus. Hieraus resultierende Entlastungen kommen dem ArbGeb zugute, etwa die Steuersenkungen durch Steuerentlastungsgesetze, ohne dass der ArbGeb die Entlastung an den ArbN weitergeben müsste (LAG Köln 6.9.90 – 10 Sa 574/90, DB 91, 1229). Umgekehrt trägt der ArbGeb das Risiko einer Mehrbelastung durch den SolZ zur LSt und ESt oder durch Einführung zusätzlicher Sozialabgaben wie zB der PflegeVBeiträge oder der Erhöhung der SozVBeiträge. 6

Ändert der ArbN willkürlich und damit rechtsmissbräuchlich (BAG 9.9.03 – 9 AZR 554/02, NZA 05, 483) die individuellen Besteuerungsgrundlagen, etwa Wechsel der LStKlasse, Verzicht auf Eintragung eines in der Vergangenheit in Anspruch genommenen Freibetrages, ohne hierfür irgendwelche sachlichen Gründe zu haben, kommt eine Anpassung nach § 313 BGB wegen Störung der Geschäftsgrundlage in Betracht. Die Änderung in die **LStKlassenkombination IV/IV ist idR nicht missbräuchlich und muss daher vom ArbGeb berücksichtigt werden** (BAG 13.6.06 – 9 AZR 423/05, BB 06, 2588). 7

Zur schlüssigen gerichtlichen Begründung einer Nettolohnklage gehört die für den Tag des Zuflusses geltende Darlegung der individuellen Besteuerungsmerkmale; bei Nettolohnnachzahlung sind die im Nachzahlungszeitpunkt geltenden Besteuerungsmerkmale zugrunde zu legen (BAG 26.2.03 – 5 AZR 223/02, NZA 03, 922).

Eine Entgeltforderung ist **nicht schlüssig** dargelegt, wenn in einer Entgeltaufstellung **unzulässigerweise Brutto- und Nettoforderungen miteinander verrechnet** oder gegeneinander aufgerechnet werden (LAG Köln 18.2.08 – 14 Sa 1029/07, BeckRS 2008, 52731).

## B. Lohnsteuerrecht

*Seidel*

**1. Begriff.** Im Regelfall der Bruttolohnabrede hat der ArbN aus dem vereinbarten Bruttolohn die gesetzlichen Abgaben (LSt, KiSt, SolZ, ArbNAnteil SozVBeiträge) zu tragen (→ *Bruttolohnvereinbarung* Rn 17). Es ist Aufgabe des ArbGeb, die gesetzlichen Abgaben für den ArbN an die Gläubiger dieser Abgaben abzuführen (→ *Lohnabzugsverfahren* Rn 3). Abweichend davon können die Arbeitsvertragsparteien auch vereinbaren, dass das Arbeitsentgelt als Nettolohn gezahlt wird und der ArbGeb gegenüber dem ArbN verpflichtet ist, sämtliche oder bestimmte gesetzliche Abgaben zu tragen. Im Regelfall werden sich die Parteien keine Gedanken darüber machen, welcher Bruttolohn dem Nettolohn entsprechen soll. Der Nettolohn wird als konstanter Betrag geschuldet. 10

11 Die **Höhe der Abzugsbeträge** hängt von den Besteuerungsmerkmalen des ArbN ab. Die bei der Nettolohnvereinbarung vom ArbGeb für den ArbN zu tragenden Abzugsbeträge, die dem Nettolohn hinzugerechnet den Bruttolohn ergeben, sind Teil des Arbeitslohnes des ArbN und fließen diesem zusammen mit der Auszahlung des Nettolohns zu (BFH 6.12.91, BStBl II 92, 441 und 3.9.15 – VI R 1/14, BStBl II 16, 31 Rz 19).

12 Ob eine Nettolohnvereinbarung vorliegt, bestimmt sich nach den **Grundsätzen des Vertragsrechts** (→ Rn 3). Hat ein Vergütungsschuldner die Steuer nicht einbehalten und abgeführt, ist nicht ohne weiteres vom Vorliegen einer Nettolohnvereinbarung auszugehen (FG Bln-Bdbg 4.4.12 – 12 V 12204/11, EFG 12, 1352 Rz 22; → *Lohnsteuerberechnung* Rn 2ff, 11). Die Beteiligten des Dienstverhältnisses müssen **vor Beginn** des LStAbzugs **Vereinbarungen** darüber getroffen haben, dass der ArbGeb zusätzlich die LSt, den SolZ und ggf die KiSt sowie den ArbNAnteil zur SozV tragen soll. Absprachen mit Dritten oder von diesen dem ArbGeb gegenüber geäußerte Rechtsauffassungen können eine Nettolohnvereinbarung nicht begründen. Für eine Klage des ArbN gegen den ArbGeb über das Bestehen einer Nettolohnvereinbarung ist der Finanzrechtsweg nicht gegeben (BFH 29.6.93, BStBl II 93, 760). **Voraussetzung** ist ferner, dass der ArbN dem ArbGeb vor Durchführung des LStAbzugs die notwendigen Mitteilungen nach §§ 39e Abs 4 EStG für den Abruf der ELStAM gemacht bzw die Bescheinigung für den LStAbzug nach § 39e Abs 8 EStG (→ *Lohnsteuerabzugsmerkmale* Rn 9) ausgehändigt hat, denn er kann nur dann von einer vorschriftsmäßigen LStEinbehaltung ausgehen, wenn dem ArbGeb die hierfür erforderlichen Daten bzw die Bescheinigung vorliegen (BFH 28.2.92, BStBl II 92, 733 zur LStKarte). Zu steuerlichen Fragen im Zusammenhang mit Nettolohnvereinbarungen s ausführlich OFD Düsseldorf 29.11.05, DStZ 06, 84).

13 Die Nettolohnvereinbarung ist zu unterscheiden von der Übernahme der LSt in Pauschalierungsfällen (§ 40 Abs 3 EStG; → *Lohnsteuerpauschalierung* Rn 6) und der Entrichtung der Pauschsteuer durch den ArbGeb in den Fällen der geringfügigen Beschäftigung (→ *Geringfügige Beschäftigung* Rn 21). Bei einer fehlgeschlagenen Pauschalierung kann keine Nettolohnvereinbarung unterstellt werden (BFH 13.10.89, BStBl II 90, 30; BFH 31.3.95 – VI R 84/94, BFH/NV 95, 783). Die Vereinbarung schwarzer Lohnzahlungen stellt steuerrechtlich keine Nettolohnvereinbarung dar (BFH 21.2.92, BStBl II 92, 443 sowie BFH 13.9.07 – VI R 54/03, BStBl II 08, 58 zur Höhe des geldwerten Vorteils; → Rn 4 und → *Schwarzarbeit* Rn 7).

14 **2. Wirkung.** Durch eine Nettolohnvereinbarung wird das Steuerschuldverhältnis zwischen Steuergläubiger und Steuerschuldner nicht beeinflusst. Der **Arbeitnehmer bleibt Steuerschuldner** der LSt und ggf KiSt. Evtl Steuererstattungsansprüche stehen dem ArbN zu. Die Steuererstattung an den ArbN, die dieser an den ArbGeb abgetreten hat, ist jedoch vom Bruttoarbeitslohn abzuziehen (BFH 30.7.09 – VI R 29/06, BStBl II 10, 148). Beruft sich der ArbN auf eine Nettolohnvereinbarung, hat er sie einwandfrei nachzuweisen, denn da der ArbGeb aus der Sicht des ArbN mit der Auszahlung des Nettolohns den Bruttoarbeitslohn vorschriftsmäßig gekürzt hat, wird der ArbN von seiner Steuerschuld befreit, so dass die einbehaltene LSt bei der EStVeranlagung (→ *Antragsveranlagung* Rn 2ff) auf die EStSchuld des ArbN anzurechnen ist. Diese **Befreiungswirkung** ist die Hauptrechtsfolge der Nettolohnvereinbarung (BFH 6.12.91, BStBl II 92, 441). Das gilt selbst dann, wenn die auf den Nettolohn entfallende LSt höher ist als die später festgesetzte ESt (weiterhin BFH 16.8.79, BStBl II 79, 771) oder die vom ArbGeb einbehaltene LSt tatsächlich nicht an das FA abgeführt worden ist (BFH 13.11.87, BFH/NV 88, 566).

15 Bei **Streitigkeiten über die Anrechnung** der vom ArbGeb einbehaltenen LSt hat das FA mit Abrechnungsbescheid (§ 218 Abs 2 AO) und nicht im Steuerfestsetzungsverfahren zu entscheiden (BFH 26.2.82, BStBl II 82, 403). Behauptet ein ArbN im Veranlagungsverfahren eine Nettolohnvereinbarung und begehrt die Anrechnung der LSt, kann dies aber nur im Verfahren gegen den Steuerbescheid verfolgt werden, da er gleichzeitig den Ansatz eines um die LSt heraufgerechneten Lohnes begehren muss (BFH 8.11.85, BStBl II 86, 186; *Schmidt/Krüger* § 39b Rz 17), denn bei der EStVeranlagung des ArbN ist der um die vom ArbGeb übernommenen und einbehaltenen Abzüge erhöhte Nettolohn (= Bruttolohn) anzusetzen.

16 Hat der ArbN etwaige **Erstattungsansprüche** an den ArbGeb **abgetreten,** wird dadurch der anzusetzende Lohn nicht beeinflusst; wird der Erstattungsbetrag in einem späteren

Jahr an den ArbGeb erstattet, wirkt dies wie eine Lohnrückzahlung (→ Rn 14 und *Entgeltrückzahlung* Rn 17 ff und) und führt im Jahr der Erstattung zu wie Werbungskosten abziehbaren negativen Einnahmen aus nichtselbstständiger Arbeit (*Schmidt/Krüger* § 39b Rz 14; *HMW*/Nettolohn Rz 8 und 9). Die Abtretung von LStErstattungsansprüchen ausländischer ArbN an den ausländischen Werkvertragsunternehmer ist unwirksam, da dann von einem unzulässigen geschäftsmäßigem Erwerb von Erstattungsansprüchen auszugehen ist (§ 46 Abs 4 AO). Dies gilt auch, wenn Nettolohnvereinbarungen (nach polnischem Recht) vorliegen oder die Gefahr einer Übervorteilung des ArbN nicht besteht (FG München 4.6.97, EFG 97, 1159; bestätigt durch BFH 4.2.99 – VII R 112/97, BStBl II 99, 430; *HMW*/ Abtretung von Steuererstattungsansprüchen Rz 8). Auch die ESt-**Nachzahlung** durch den ArbGeb ist bei einer Nettolohnvereinbarung nicht auf einen Bruttobetrag hochzurechnen. Begleicht der ArbGeb die EStNachzahlung für den ArbN liegt darin vielmehr Arbeitslohn der dem ArbN als sonstiger Bezug im Zeitpunkt der Leistung zufließt (BFH 3.9.15 – VI R 1/14, BStBl II 16, 31).

**3. Berechnung. a) Laufender Arbeitslohn.** Soweit der ArbGeb für die Lohnabrechnung – übergangsweise – noch kein maschinelles Verfahren anwendet, hat er aus der für die Steuerklasse des ArbN maßgebenden Spalte der LStTabelle (→ *Lohnsteuertabellen* Rn 2) durch **Abtasten** den Bruttoarbeitslohn zu ermitteln, der, vermindert um die LSt, den ausgezahlten Nettobetrag ergibt (grundlegend BFH 30.7.09 – VI R 29/06, BStBl II 10, 148). Die aus dem Bruttolohn berechnete LSt ist vom ArbGeb abzuführen. Übernimmt der ArbGeb außer der LSt auch die KiSt, den SolZ und den ArbNAnteil zur SozV, sind bei der Ermittlung des Bruttoarbeitslohnes außer der LSt auch diese Beträge einzubeziehen. Aus Vereinfachungsgründen können vor der Steuerberechnung vom hochgerechneten Nettojahresarbeitslohn ggf die Freibeträge für Versorgungsbezüge (§ 19 Abs 2 EStG; → *Altersgrenze* Rn 19) und der Altersentlastungsbetrag (§ 24a EStG; → *Altersentlastungsbetrag* Rn 6 ff) abgezogen werden (LStR 39b.9 Abs 1). Die PC-Programme zur Ermittlung der LSt bieten idR auch die Möglichkeit, aus einem vereinbarten Nettolohn den entsprechenden Bruttolohn zu berechnen. Die Übernahme von **Steuerberatungskosten** für die Erstellung von ESt-Erklärungen der ArbN durch den ArbGeb führt bei Vorliegen einer Nettolohnvereinbarung entgegen der bisherigen Rechtsprechung nicht mehr zu Arbeitslohn (BFH 9.5.19 – VI R 28/17, DStR 19, 1742; Aufgabe des Urteils BFH 21.1.10 – VI R 2/ 08, BStBl II 10, 639). **17**

**b) Sonstige Bezüge,** die netto gezahlt werden, sind grds nach der für sonstige Bezüge allgemein geltenden Berechnungsweise (→ *Sonstige Bezüge* Rn 3 ff) mit folgenden Ergänzungen zu besteuern: **18**

(1) Bei der Ermittlung des maßgebenden Jahresarbeitslohns sind der voraussichtliche Jahresarbeitslohn und frühere netto gezahlte sonstige Bezüge mit den entsprechenden Bruttobeträgen anzusetzen; dabei braucht der ArbGeb bei der Schätzung des voraussichtlichen Jahresarbeitslohns grds nur den bei ihm erzielten Arbeitslohn zu berücksichtigen (FG Bln 5.7.04 – 8 K 8313/03, EFG 05, 234; Revisionsentscheidung hierzu BFH 13.12.07 – VI R 57/04, BStBl II 08, 434);

(2) übernimmt der ArbGeb auch die auf den sonstigen Bezug entfallende KiSt, den SolZ und ggf den ArbNAnteil am GesamtSozVBeitrag, so sind bei der Ermittlung des sonstigen Bezugs außer der LSt auch die weiteren Lohnabzugsbeträge zu berücksichtigen. Bruttobezug ist in jedem Fall der Nettobetrag zuzüglich der tatsächlich abgeführten Beträge an LSt, KiSt, SolZ und übernommenem ArbNAnteil. Der hiernach ermittelte Bruttobezug ist auch bei späterer Zahlung sonstiger Bezüge im selben Kj bei der Ermittlung des maßgebenden Jahresarbeitslohns zugrunde zu legen (LStR 39b.9 Abs 2).

**4. Sonstiges.** Im Lohnkonto (→ *Lohnkonto* Rn 3 ff) und in der LStBescheinigung (→ *Lohnsteuerbescheinigung* Rn 11) sind in allen Fällen von Nettozahlungen die Bruttoarbeitslöhne anzugeben (LStR 39b.9 Abs 3). Zur **Haftung** des ArbGeb für nicht abgeführte LSt → *Lohnsteuerhaftung* Rn 8 ff. Der ArbN kann nur in Anspruch genommen werden, wenn er positive Kenntnis davon hat, dass der ArbGeb die LSt nicht angemeldet hat und der ArbN dies nicht unverzüglich dem FA mitgeteilt hat (§ 42d Abs 3 Satz 4 Nr 2 EStG; BFH 8.11.85, BStBl II 86, 186). **19**

**C. Sozialversicherungsrecht** *Schlegel*

20 **1. Nettoarbeitsentgelt.** Dieses wird als das um die gesetzlichen Abzüge verminderte Bruttoarbeitsentgelt definiert; es handelt sich nicht um einen eigenständigen sozialversicherungsrechtlichen Begriff, sondern um eine vom Bruttoarbeitsentgelt abgeleitete nicht selbstständige Berechnungsgröße. Ist ein Nettoarbeitsentgelt vereinbart, gelten als Arbeitsentgelt die Einnahmen des Beschäftigten einschließlich der darauf entfallenden Steuern, der seinem gesetzlichen Anteil entsprechenden Beiträge zur SozV und seines Beitrages zur BA (§ 14 Abs 2 SGB IV).

21 **a) Abtastverfahren („Hochrechnung").** Das sowohl im Beitrags- als auch im Leistungsrecht maßgebliche Bruttoprinzip (BSG 22.8.69 – 3 RK 78/68, BSGE 30, 61, 64; 22.9.88 – 12 RK 36/86, SozR 2100 § 14 Nr 22) erfordert, dass ein vereinbartes Nettoarbeitsentgelt stets in ein entsprechendes Bruttoarbeitsentgelt umgerechnet wird. Dies geschieht durch ein Abtastverfahren, da von den vom ArbGeb übernommenen und mit zum Arbeitsentgelt gehörenden Steuern und Beiträgen wiederum Beiträge zu entrichten sind („Beiträge von Steuern" und „Beiträge zu Beiträgen"). Entsprechendes gilt für die Entrichtung von Steuern, soweit das Steuerrecht die vom ArbGeb übernommenen Steuern und Beitragsanteile des ArbN als stpfl Arbeitsentgelt ansieht (→ Rn 14 ff). Das „Hochrechnen" des Nettoarbeitsentgelts zum Bruttoarbeitsentgelt geschieht durch „Abtasten" anhand der LSt- und Beitragstabellen. Schon im Hinblick auf die hiermit verbundenen Schwierigkeiten sollten Nettolohnvereinbarungen tunlichst vermieden werden. Zum Ganzen *Voelzke/Schlegel* SGB IV, Rz 273 ff.

22 **b) Gesetzliche Abzüge** iSd § 14 Abs 2 S 1 SGB IV. Hierzu zählen die LSt und KiSt sowie die ArbNAnteile zur gesetzlichen KV, RV, PflegeV und ArblV. Nicht zu den gesetzlichen Abzügen gehören die ArbGebAnteile und die LSt und KiSt, wenn Pauschalbesteuerung vorliegt, da der ArbGeb hier keine Steuerschuld des ArbN, sondern eine ihm obliegende Steuerschuld erfüllt (BSG 12.11.75 – 3/12 RK 22, BB 76, 887 ff; → *Lohnsteuerpauschalierung* Rn 3, 4).

23 **c) „Unmögliche Nettoarbeitsentgelte".** Besondere Probleme entstehen bei der Vereinbarung eines Nettoarbeitsentgelts im Hinblick auf die **Jahresarbeitsverdienstgrenze in der Krankenversicherung,** bei deren Überschreiten der ArbN versicherungsfrei ist (hierzu → *Beitragsbemessungsgrenzen* Rn 5 ff; → *Jahresarbeitsentgelt* Rn 6 ff). Bei der Nettolohnvereinbarung werden die Steuern und Beiträge allein vom ArbGeb getragen, auch soweit es sich um ArbNAnteile handelt. Da das Nettoarbeitsentgelt – bei gleichem Bruttoarbeitsentgelt – je nach Vorliegen von Versicherungsfreiheit oder Versicherungspflicht in der KV unterschiedlich hoch ist, gibt es bei gegebener Steuerklasse und feststehenden Beitragssätzen in den einzelnen Versicherungszweigen ausgehend vom Bruttoarbeitsentgelt immer einem bestimmten Bereich, der als Nettoarbeitsentgelt nicht ausgezahlt werden kann, gleichgültig in welcher Höhe ein Bruttoarbeitsentgelt vereinbart ist. Entspricht letzteres nämlich genau der Versicherungspflichtgrenze in der KV und wird es dann um einen einzigen Euro angehoben, ist das nunmehr auszuzahlende Nettoarbeitsentgelt wegen des nicht mehr anfallenden und damit zusätzlich auszuzahlenden ArbNAnteils am KVBeitrag stets um die Hälfte des Höchstbeitrages zur KV höher als bei einem vereinbarten Bruttoarbeitsentgelt, das der Versicherungspflichtgrenze entspricht. Je nach der LStBelastung und den Beitragssätzen gibt es für jeden Beschäftigten an der Versicherungspflichtgrenze einen Bereich, der – ausgehend vom Bruttoarbeitsentgelt – als Nettoarbeitsentgelt nicht ausgezahlt werden kann.

24 Ein unmögliches Nettoarbeitsentgelt liegt immer dann vor, wenn die Hochrechnung bei Annahme von Versicherungspflicht in der KV ein Bruttoarbeitsentgelt über der Versicherungspflichtgrenze ergibt, dieses aber nach Abzug des ArbNAnteils am KVBeitrag unter der Versicherungspflichtgrenze liegt. Es stellt sich deshalb die Frage, ob bei einem vereinbarten unmöglichen Nettoarbeitsentgelt von **Versicherungspflicht oder Versicherungsfreiheit in der Krankenversicherung** auszugehen ist. Diese – logisch nicht zu lösende – Frage hat das BSG dahin entschieden, dass Versicherungspflicht in der KV anzunehmen ist, wenn ein unmögliches Nettoarbeitsentgelt vereinbart wurde. Für die Entscheidung, ob diese Versicherungspflicht besteht, ist deshalb aus dem Nettoarbeitsentgelt unter Berücksichtigung der Steuern sowie unter Annahme von Versicherungspflicht in der KV, PflegeV, ArblV und RV das Bruttoarbeitsentgelt festzustellen. Versicherungspflicht in der KV besteht solange,

wie das auf diese Weise ermittelte Bruttoarbeitsentgelt nach Abzug des ArbNAnteils am Beitrag zur KV die Versicherungspflichtgrenze der KV nicht übersteigt (BSG 19.12.95 – 12 RK 39/94, SozR 3–1500 § 6 Nr 10).

**d) Illegale Beschäftigung, Schwarzarbeit und Schattenbeschäftigung.** Sind bei illegalen Beschäftigungsverhältnissen Steuern und Beiträge zur SozV nicht gezahlt worden, gilt nach **§ 14 Abs 2 S 2 SGB IV** ein Nettoarbeitsentgelt als vereinbart. Der früheren anderslautenden Rspr des BSG (BSG 22.9.88 – 12 RK 36/86, SozR 2100 § 14 Nr 22) ist durch diese zum 1.8.02 in Kraft getretenen Regelung die Grundlage entzogen worden (zur Gesetzesbegründung BT-Drs 14/8221 S 14). ArbGeb und ArbN werden bei illegaler Beschäftigung damit im Ergebnis so behandelt, als hätten sie ein Nettoarbeitsentgelt vereinbart. Das tatsächlich gezahlte Entgelt muss daher wie bei der Nettolohnvereinbarung im sog **Abtastverfahren** in ein hypothetisches Bruttoarbeitsentgelt hochgerechnet werden. § 14 Abs 2 Satz 2 SGB IV ist nicht nur auf die Fälle illegaler Beschäftigung ausländischer ArbN beschränkt. Die Vorschrift ist auf **sämtliche Fälle der Schattenwirtschaft** anzuwenden, bei denen trotz Ausübung einer abhängigen Beschäftigung keine oder zu wenig SozVBeiträge gezahlt werden (vgl auch *Schwarzarbeit*). Allerdings kommt § 14 Abs 2 Satz 2 SGB IV nach der Rspr des BSG nur dann zur Anwendung, wenn die objektive Verletzung zentraler ArbGebPflichten zumindest bedingt vorsätzlich erfolgt; mit dieser Einschränkung (zumindest bed Vorsatz) möchte das BSG vermeiden, dass bereits „schlichte Berechnungsfehler und bloße einfache versicherungs- und beitragsrechtliche Fehlbeurteilungen" zur Anwendung des Abtastverfahrens führen (BSG 9.11.11 – B 12 R 18/09, NZA-RR 12, 539, Rz 27). 25

**2. Begrenzungen der Lohnersatzleistungen.** In aller Regel sind Lohnersatzleistungen der Höhe nach auf bestimmte vH-Sätze des „zuletzt" erzielten Nettoarbeitsentgelts begrenzt, vgl zB vorgesehen das Krankengeld § 47 Abs 1 Satz 2 SGB V, Übergangsgeld bei medizinischen Reha-Maßnahmen der RV (§ 21 Abs 1 SGB VI iVm § 47 SGB V) und das Verletztengeld der UV (§§ 47 SGB VII; 47 Abs 1 SGB V). 26

## Nichtraucherschutz

### A. Arbeitsrecht

*Poeche*

**1. Allgemeines.** Die lang anhaltende Diskussion über Recht und Pflicht des ArbGeb, im Interesse des Gesundheitsschutzes der nicht rauchenden ArbN betriebliche Rauchverbote oder -beschränkungen einzuführen, hat sich weitgehend erledigt. Der Gesetzgeber ist tätig geworden. Seit 3.10.02 hat der ArbGeb nach § 5 ArbStättV die erforderlichen Maßnahmen zu treffen, damit die nicht rauchenden Beschäftigten in Arbeitsstätten wirksam vor den Gesundheitsgefahren durch Tabakrauch geschützt sind. 1

Das zum 1.9.07 in Kraft getretene **Bundesnichtraucherschutzgesetz** (BGBl I 07, 1595) hat den Gesundheitsschutz durch Einfügung von Satz 2 in § 5 Abs 1 ArbStättV weiter verstärkt. Der ArbGeb hat, soweit erforderlich, ein allgemeines oder auf einzelne Bereiche beschränktes Rauchverbot zu erlassen. Mit der Aufnahme des Nichtraucherschutzes in den **öffentlich-rechtlichen Arbeitsschutz** ist der medizinische Streit über die Gesundheitsgefährdung durch Passivrauchen gesetzlich entschieden. Jeder (nichtrauchende) ArbN kann vom ArbGeb nach § 618 BGB iVm § 5 ArbStättV Schutzmaßnahmen auch individualrechtlich beanspruchen (→ *Arbeitsstätte* Rn 8). Auf seine individuelle Disposition kommt es nicht (mehr) an. Mit der weiteren, am 3.12.16 in Kraft getretenen Neufassung des § 5 Abs 2 ArbStättV wurde schließlich klargestellt, dass auch der ArbGeb in Bereichen der Arbeitsstätte mit Publikumsverkehr (zB Gaststätten) geeignete Vorkehrungen bzw angepasste technische oder organisatorische Maßnahmen zum Schutz der nicht rauchenden Beschäftigten treffen muss. § 5 ArbStättV schützt aber nicht vor den mit E-Zigaretten verbunden Gesundheitsgefahren (*Bissels/Falter* BB 15, 2999; von *Steinau-Steinrück/Kuntzsch* NJW-Spezial 18, 370). Ausführlich zum Schutz gegen „Dicke Luft im Betrieb" *Ginal/Pinetzki/Weitnauer* ArbRAktuell 12, 369. Umfassend auch *Kock* NJW 17, 198.

Zu beachten ist, dass der **Geltungsbereich** des § 5 über den der ArbStättV hinausgeht. Die Vorschrift ist ausnahmslos in allen Betrieben und Verwaltungen anzuwenden, die dem

ArbSchG unterfallen (→ *Arbeitssicherheit/Arbeitsschutz* Rn 7), damit ua auch für Markt- und Reisegewerbe, Verkehrsbetriebe usw (→ *Arbeitsstätte* Rn 2).

2 **2. Handlungspflichten.** Adressat des Nichtraucherschutzes ist wie stets im Arbeitsschutz der ArbGeb. Er hat den wirksamen Nichtraucherschutz zu gewährleisten und die hierfür erforderlichen Maßnahmen zu ergreifen. Trotz der anerkannt krebserzeugenden Wirkung von Passivrauchen bestehen keine Grenzwerte. Dies beruht letztlich auf der Schwierigkeit, aus der Fülle der schädlichen Inhaltsstoffe des Tabakrauchs einen aussagefähigen Leitstoff zu wählen. Im Interesse des bezweckten umfassenden Gesundheitsschutzes ist deshalb regelmäßig ohne Rücksicht auf die Konzentration von Tabakrauch ein **tabakrauchfreier Arbeitsplatz** gefordert. Das ist der vom ArbGeb zur Verfügung gestellte Ort, an dem sich der ArbN aufhalten muss, um die von ihm geschuldete Arbeit zu leisten (BAG 19.5.09 – 9 AZR 241/08, NZA 09, 775). Tabakrauch darf dort nicht sinnlich wahrnehmbar sein, also nicht zu sehen, nicht zu schmecken und nicht zu riechen (BAG 17.2.98 – 9 AZR 84/97, NZA 98, 1231). Gemeinsames Arbeiten von Rauchern und Nichtrauchern ist danach ausgeschlossen. Es sind grds getrennte Arbeitsbereiche vorzuhalten. Be- und Entlüftungsanlagen dürften idR nicht genügen. Der ArbGeb hat weitergehend den Nichtraucherschutz in der gesamten **Arbeitsstätte** zu gewährleisten. Betroffen sind damit alle Räumlichkeiten, die der ArbN im Zusammenhang mit seiner Arbeit betreten muss (→ *Arbeitsstätte* Rn 4), insbes Pausen- und Bereitschaftsräume. Ggf lässt sich ein wirksamer Nichtraucherschutz nur durch das in § 5 Abs 1 Satz 2 ArbStättV ausdrücklich genannte allgemeine Rauchverbot oder abgestufte Verbote erreichen.

3 **3. Einschränkungen des Nichtraucherschutzes, § 5 Abs 2 ArbStättV.** Der Nichtraucherschutz besteht in **Arbeitsstätten mit Publikumsverkehr** nur eingeschränkt. Schutzmaßnahmen waren nach § 5 Abs 2 ArbStättV aF hier nur insoweit zu treffen, als „die Natur des Betriebs und die Art der Beschäftigung" es zuließen (hierzu BAG 10.5.16 – 9 AZR 347/15, NZA 16, 1134; *Sparchholz* AiB 10/16, 41). Der Gesetzgeber hat mW zum 3.12.16 deutlich gemacht, dass der ArbGeb auch hier zu Schutzmaßnahmen technischer oder organisatorischer Natur verpflichtet ist. Er kann aufgrund der Einschränkung des § 5 Abs 2 ArbStättV ggf nur verpflichtet sein, die Belastungen durch Passivrauchen zu minimieren, nicht aber gänzlich auszuschließen. Erfasst werden etwa Verkehrsmittel, Räumlichkeiten der öffentlichen Hand, Bildungseinrichtungen, Krankenhäuser sowie die Gastronomie. Die Ausnahme setzt eine **rechtmäßige Betätigung** des ArbGeb voraus (BAG 19.5.09 – 9 AZR 241/08, NZA 09, 775 und NJW 09, 1627 mit dem Ergebnis zustimmender Anm *Ritter, Raif/Böttcher* ArbuR 09, 289). Daran fehlt es, wenn für die Arbeitsstätte ein **gesetzliches Rauchverbot** besteht. Derartige Verbote enthalten das BundesnichtraucherschutzG (→ Rn 1) sowie entsprechende Landesgesetze; verfassungsgemäße Bedenken gegen allgemeine Rauchverbote in Gaststätten bestehen nicht (vgl BVerfG 30.7.08 – 1 BvR 3262/07, NJW 08, 2409; 10.9.09 – 1 BvR 2054/09, DÖV 09, 1006).

4 **4. Mitbestimmungsrechte** des BRat ergeben sich nach § 87 Abs 1 Nr 1 BetrVG. Die Einführung von Rauchverboten und -beschränkungen betreffen regelmäßig Fragen der allgemeinen Ordnung und des Verhaltens der ArbN im Betrieb (BAG 19.1.99 – 1 AZR 499/98, NZA 99, 546). Angesprochen ist außerdem der Gesundheitsschutz iSv § 87 Abs 1 Nr 7 BetrVG. Aus der „offenen" Formulierung, wonach die Schutzmaßnahmen „erforderlich" sein müssen, ergibt sich ein erheblicher Regelungsspielraum. Dabei wird es, ähnlich der sonst im Arbeitsschutz verlangten Gefährdungsanalyse, darauf ankommen, zunächst die „Immissionsquellen" und das Ausmaß der Gefährdung festzustellen, um dann unter Berücksichtigung der konkreten Verhältnisse die geeigneten Schutzmaßnahmen festzulegen. Beschränkt wird das Mitbestimmungsrecht indessen durch den zwingenden Anspruch des (nicht rauchenden) ArbN auf tabakrauchfreien Arbeitsplatz. Eine Abwägung zwischen der Handlungsfreiheit der Raucher (dem Recht auf Rauchen) und dem Gesundheitsschutz der Nichtraucher kommt nach der Aufnahme des Nichtraucherschutzes in die ArbStättV kaum in Betracht (denkbare Ausnahme: ein rauchender ArbN mit einem minimalen „Zigarettenkonsum"). Für die anderen Räumlichkeiten der Arbeitsstätte ist allerdings stets der Grundsatz der Verhältnismäßigkeit zu beachten (*Düwell* AiB 02, 400). Das BAG hat eine betriebliche Regelung, die das Rauchen nur außerhalb der Betriebsräume und nur auf einem Teil

des Freigeländes gestattet, als verhältnismäßig beurteilt (BAG 19.1.99 – 1 AZR 499/98, NZA 99, 546 mit Anm *Ahrens* NZA 99, 686; *Wank* EWiR 99, 489).

**5. Prozessuales.** Der Antrag, dem ArbN einen „tabakrauchfreien Arbeitsplatz zur Verfügung zu stellen“, ist hinreichend bestimmt (BAG 17.2.98 – 9 AZR 84/97, NZA 98, 1231). Ggf kommt der Erlass einer einstweiligen Verfügung in Betracht (LAG München 27.11.90 – 2 Sa 542/90, BB 91, 624). 5

**B. Lohnsteuerrecht** *Seidel*

Lohnsteuerrechtlich hat der Nichtraucherschutz keine Bedeutung. Zur lohnsteuerlichen Behandlung von Schadensersatzleistungen wegen Verletzung der Fürsorgepflicht des ArbGeb → *Fürsorgepflicht* Rn 24. 7

**C. Sozialversicherungsrecht** *Voelzke*

**1. Krankenversicherung.** Für das KVRecht betont die Einweisungsvorschrift des § 1 SGB V den Grundsatz der **Eigenverantwortung** der Versicherten für ihre Gesundheit. Danach haben die Versicherten ua bereits durch eine gesundheitsbewusste Lebensführung und durch eine frühzeitige Beteiligung an gesundheitlichen Vorsorgemaßnahmen dazu beizutragen, den Eintritt von Krankheit und Behinderung zu vermeiden und ihre Folgen zu überwinden. Daneben gehört es zu den Aufgaben der Krankenkassen, auf gesunde Lebensverhältnisse hinzuwirken. 8

Konkrete **leistungsrechtliche Folgerungen** werden hinsichtlich der durch das Rauchen bewirkten gesundheitlichen Folgen nicht gezogen. Mittel zur Raucherentwöhnung gehören zu den ausgeschlossenen Arzneimitteln (*Schlegel/Voelzke/Wiegand* SGB V § 93 Rz 15). Nicht zu den von der gesetzlichen KV zu erbringenden Leistungen gehört eine Verhaltenstherapie zur Raucherentwöhnung (BSG 28.5.19 – B 1 KR 25/18 R, NZS 20, 26 mit Anm *Bankow von Creytz*). 9

Im **Beitragsrecht** haben sich die im Zusammenhang mit der Diskussion über eine Senkung des Anteils der Gesundheitsausgaben am Bruttoinlandsprodukt erhobenen rechtspolitischen Forderungen nach einer Erhöhung der Beiträge für Raucher bisher nicht durchgesetzt. Im Beitragsrecht der KV, das vom Leistungsrecht weitgehend getrennt ist, bleiben die persönlichen Verhältnisse des Versicherten (zB Alter, Geschlecht, Risikofaktoren, Vorerkrankungen) nach dem Solidaritätsprinzip unberücksichtigt. Nach geltendem Recht sind außer in den gesetzlich ausdrücklich vorgesehen Fällen (§§ 242 ff SGB V) Differenzierungen des von den Kassen jeweils festgelegten Beitragssatzes nicht erlaubt. Eine Abstufung nach dem Versicherungsrisiko ist unzulässig (*Schulin* Bd 1/Engelhard § 54 Rz 222). Die Rspr verneint in diesem Zusammenhang einen aus dem Mitgliedschaftsverhältnis in der gesetzlichen Krankenkasse abzuleitenden Anspruch des Versicherten, gegen die seiner Auffassung nach rechtswidrige Mittelverwendung vorzugehen (BSG 24.9.86 – 8 RK 8/85, NZA 87, 182; KassKomm/*Peters* § 195 SGB V Rz 13 mwN). 10

**2. Unfallversicherung.** Bewirkt der Tabakrauch am Arbeitsplatz gesundheitliche Schädigungen nicht rauchender ArbN, so begründet dies keinen Anspruch auf die Leistungen der gesetzlichen UV. Die Voraussetzungen für die Anerkennung einer **Berufskrankheit** (→ *Berufskrankheit* Rn 11 ff) sind nur erfüllt, wenn die Krankheit durch besondere Einwirkungen verursacht ist, denen bestimmte Personengruppen durch ihre Arbeit in erheblich höherem Grad als die übrige Bevölkerung ausgesetzt sind (§ 9 Abs 1 SGB VII). Damit werden Erkrankungen vom Begriff der Berufskrankheit ausgeschlossen, die in der Bevölkerung allgemein verbreitet sind und nicht als besonderes berufliches Schicksal angesehen werden können. 11

**3. Arbeitslosenversicherung.** Eine **Sperrzeit** wegen Arbeitsaufgabe (§ 159 Abs 1 Satz 2 Nr 1 SGB III) tritt ein, wenn der ArbN das Beschäftigungsverhältnis löst und er dadurch vorsätzlich oder grob fahrlässig die Arbeitslosigkeit herbeiführt (→ *Sperrzeit* Rn 9 ff). Auf einen wichtigen Grund kann sich der ArbN nach zutreffender Auffassung berufen, soweit er am Arbeitsplatz der Einwirkung von Tabakrauch ausgesetzt war (*Hauck/Noftz/Valgolio* SGB III, § 159 Rz 190 mwN; sehr weitgehend LSG Hessen 11.10.06 – L 6 AL 24/05, NJW 07, 1837, wonach es weder auf die persönliche Disposition des ArbN noch 12 auf die Intensität der Belastung ankommt). Allerdings ist insoweit zu fordern, dass der ArbN während des Arbeitsverhältnisses den ernsthaften Versuch unternommen hat, den gesundheitsgefährdenden Zustand auf andere Weise zu beenden.

## Null-Stunden-Verträge

### A. Arbeitsrecht *Röller*

1 **1. Allgemeines.** Ein in anderen EU-Mitgliedsstaaten, insbes in Großbritannien weit verbreitetes Flexibilisierungsinstrument sind sog **Null-Stunden-Verträge.** Der Inhalt solcher Verträge divergiert deutlich. Die Gemeinsamkeit besteht darin, dass eine Festlegung des Arbeitszeitvolumens unterbleibt, dh die zu vergütende Leistung ohne zeitlichen Mindestumfang erbracht und der konkrete Arbeitseinsatz durch weitere Absprachen zwischen den Parteien bestimmt wird. Beispielhaft ist etwa eine Formulierung wie „es ist eine Festbeschäftigung mit flexibler Arbeitszeit nach den betrieblichen Erfordernissen vereinbart". Häufig finden sich auch Regelungen des Inhalts, dass „keinerlei Anspruch auf eine monatliche durchschnittliche Beschäftigungsdauer" besteht, oder auch Regelungen, die zwar eine Verpflichtung des Beschäftigten zur Leistung der angeforderten Dienste normieren, dem Beschäftigten aber auch das Recht einräumen, die Zuweisung des Dienstes abzulehnen. Zu den Erscheinungsformen s *Bepler* FA 16, 362; *Bieder* RdA 15, 388; *Preis* RdA 15, 244; *Forst* NZA 14, 998.

2 **2. Rechtliche Einordnung.** Nicht abschließend geklärt ist, ob Null-Stunden-Verträge nach deutschem Recht als Arbeitsverträge zu bewerten sind. Eine Rahmenvereinbarung, welche nur die Bedingungen der erst noch abzuschließenden Arbeitsverträge wiedergibt, selbst aber noch keine Verpflichtung zur Arbeitsleistung begründet, ist nach Auffassung des BAG kein Arbeitsvertrag (BAG 15.2.12 – 10 AZR 111/11, NZA 12, 733). Für Null-Stunden-Verträge wird tw eine Differenzierung danach vorgenommen, ob der Beschäftigte unmittelbar und unbedingt zur Leistung der Dienste auf Abruf des Vertragspartners verpflichtet ist, dann Arbeitsvertrag, oder ob dem Beschäftigten das Recht zusteht, Arbeitseinsätze abzulehnen, oder wenn der weitere Einsatz erst abzustimmen ist, dann Rahmenvereinbarung, die noch keinen Arbeitsvertrag darstellt (*Forst* NZA 14, 998; MüHB zum ArbR/*Reichhold* § 40 Rn 83). Nach aA ist ein Null-Stunden-Vertrag stets ein Arbeitsvertrag, was unter anderem damit begründet wird, dass ansonsten zentrale Schutzvorschriften des Arbeitsrechts nicht zur Anwendung gelangen würden (*Bieder* RdA 15, 388; LAG Dü 29.7.17 – 7 Sa 313/15, BeckRS 2015, 71935; LAG RhPf17.4.11 – 5 Sa 637/10, BeckRS 2011, 74684). Das BAG hat einen Vertrag, in dem eine „Festbeschäftigung mit flexibler Arbeitszeit nach den betrieblichen Erfordernissen" vereinbart war, als Arbeitsvertrag eingeordnet (BAG 24.9.14 – 5 AZR 1024/12, NZA 14, 1328).

3 **3. Wirksamkeit von Null-Stunden-Verträgen.** Im TzBfG erkennt der Gesetzgeber eine Teilzeitbeschäftigung selbst nur mit geringem Umfang im allgemeinen (§ 2 Abs 2 TzBfG) und die Abrufarbeit (§ 12 TzBfG) ausdrücklich an. Das MiLoG garantiert einem ArbN lediglich einen Mindeststundenlohn, aber kein absolutes Mindesteinkommen. Ein Teil der Lit leitet aus diesen Vorschriften ab, dass ein Null-Stunden-Vertrag nicht per se sittenwidrig iSv § 138 BGB und auch nicht wegen Umgehung des Kündigungsschutzes oder wegen einer zu weit gehenden Verlagerung des Wirtschaftsrisikos gem § 134 BGB unwirksam sei (*Bieder* RdA 15, 388). Nach aA sollen Null-Stunden-Abreden wegen unangemessener Benachteiligung gem § 307 Abs 1 Satz 1 BGB unwirksam sein (LAG Dü 29.7.15 – 7 Sa 313/15, BeckRS 2015, 71935; *Bepler* FA 16, 362; *Raif/Nann* GWR 16, 221; *Preis* RdA 15, 244; *Forst* NZA 14, 998). Es stellt sich jedoch die Frage, ob die Null-Stunden-Abrede eine gem § 307 Abs 1 Satz 1 BGB kontrollfähige Nebenabrede oder eine Regelung über die Hauptleistung darstellt, die grds nur am Transparenzgebot des § 307 Abs 1 Satz 2 BGB gemessen werden kann (so *Bieder* RdA 15, 388; in diese Richtung wohl auch BAG 24.9.15 – 5 AZR 1024/12, NZA 14, 1328, das sich mit der Frage der Wirksamkeit der Vereinbarung überhaupt nicht auseinandersetzt).

**4. Anwendbarkeit der Regelungen zur Abrufarbeit?** Die Besonderheit bei der Arbeit auf Abruf ist ein einseitiges Bestimmungsrecht des ArbGeb, wann die Arbeit erbracht werden soll. Fallgestaltungen, in denen der ArbN die Lage der Arbeitszeit frei bestimmen bzw entscheiden kann, ob er überhaupt arbeitet, unterfallen nicht § 12 TzBfG (ErfK/*Preis* § 12 TzBfG Rn 8). § 12 Abs 1 Satz 2 TzBfG erfordert die Festlegung einer Mindestdauer der wöchentlichen und der täglichen Arbeitszeit. Ist die Dauer der wöchentlichen Arbeitszeit nicht festgelegt, gilt gem § 12 Abs 1 Satz 3 AÜG eine Arbeitszeit von 20 Stunden als vereinbart (§ 12 TzBfG in idF 11.12.18, zuvor nur 10 Stunden). Die Arbeitsvertragsparteien können auch wirksam vereinbaren, dass der ArbN über die vertragliche Arbeitszeit hinaus Arbeit auf Abruf leisten muss. Bei einem über 25% hinausgehenden Anteil abrufbarer Arbeitsleistung liegt jedoch eine unangemessene Benachteiligung des ArbN gem § 307 Abs 1 BGB vor (BAG 7.12.05 – 7 AZR 535/04, NZA 06, 423). Da bei Null-Stunden-Verträgen kein zeitlicher Mindestumfang der Arbeitsleistung festgelegt wird, stellt sich die Frage, ob § 12 Abs 1 Satz 3 und Satz 4 TzBfG zum Schutz des ArbN nicht dennoch anzuwenden ist (bejahend BAG 24.9.14 – 5 AZR 1024/12, NZA 14, 1328; *Dzida* ArbRB 16, 19; *Bieder* RdA 15, 388; *Forst* NZA 14, 998; kritisch *Bepler* FA 16, 362; *Preis* RdA 15, 244 unter Hinweis auf ein nicht sachgerechtes Ergebnis, wenn der ArbN in der Vergangenheit länger gearbeitet hat). 4

**5. AGB-Kontrolle.** Null-Stunden-Verträge unterliegen der AGB-Kontrolle gem §§ 305 ff BGB, wenn man zum Ergebnis kommt, dass die Abrede wirksam ist. Es stellt sich dann in erster Linie die Frage, ob dem Transparenzgebot des § 307 Abs 1 Satz 2 BGB genügt ist (*Bieder* RdA 15, 388; *Forst* NZA 14, 998; so auch für eine Abrede über eine monatliche Durchschnittsarbeitszeit BAG 21.6.11 – 9 AZR 236/10, NZA 11, 1274). Die Auffassungen zum Inhalt und zur Transparenz von Null-Stunden-Abreden sind vielfältig. Der 5. Senat des BAG nimmt bei einer Klausel „Es ist eine Festbeschäftigung mit flexibler Arbeitszeit nach den betrieblichen Erfordernissen vereinbart" ein Teilzeitarbeitsverhältnis mit dem Mindestschutz des § 12 Abs 1 Satz 3 TzBfG an (BAG 24.9.14 – 5 AZR 1024/12, NZA 14, 1328). Der 9. Senat hat eine Vertragsklausel, die die Arbeitszeit mit 150 Stunden „im monatlichen Durchschnitt" bestimmt, ohne den für die Ermittlung des Durchschnitts maßgeblichen Zeitraum anzugeben, für nicht hinreichend klar und verständlich iSv § 307 Abs 1 Satz 2 BGB bewertet und im Wege der ergänzenden Vertragsauslegung aus ihr den mutmaßlichen Parteiwillen abgeleitet, ein Vollzeitarbeitsverhältnis zu begründen (BAG 19.6.12 – 9 AZR 736/10, BeckRS 2012, 75184; BAG 21.6.11 – 9 AZR 236/10, NZA 11, 1274). Wird keine ausdrückliche Regelung über die Dauer der Arbeitszeit getroffen, leitet der 10. Senat hieraus ab, dass die Parteien im Zweifel die betriebsübliche Arbeitszeit, dh ein Vollzeitarbeitsverhältnis vereinbaren wollten (BAG 15.5.13 – 10 AZR 325/12, NZA 14, 519). Die Entscheidung im Einzelfall kann nur durch Auslegung der konkreten Regelung getroffen werden. Zur Transparenzkontrolle s *Bieder* RdA 15, 388; *Preis* RdA 15, 244; *Forst* NZA 14, 998. 5

## B. Steuerrecht

*Seidel*

Lohnsteuerrechtlich ergeben sich keine Besonderheiten. Aufgrund der Ausgestaltung der Verträge und des Bestimmungsrechts des ArbGeb zur Erbringung der Arbeitsleistung dürfte sich die Frage einer selbständigen Tätigkeit im Hinblick auf die nicht fest vereinbarte Arbeitszeit nicht stellen. Zur Abgrenzung iE → *Arbeitnehmer (Begriff)* Rn 29 ff. Im Übrigen kann es zu einer Abgrenzung zum → *Werkvertrag* Rn 15 ff bzw zur → *Arbeitnehmerüberlassung/Zeitarbeit* Rn 71 ff kommen. Maßgeblich dürfte mE die Einstufung des Vertrags nach Arbeitsrecht sein. Im LStR kommt es auf die tatsächliche Lohnzahlung an. Je nach Umfang der erbrachten Arbeitsleistung, kann es sich um eine geringfügige Beschäftigung, zur lohnsteuerrechtlichen Behandlung insoweit → *Geringfügige Beschäftigung* Rn 20 ff, oder aber um eine Vollzeitbeschäftigung handeln (→ Rn 5), zur lohnsteuerrechtlichen Behandlung insoweit → *Lohnabzugsverfahren* Rn 2 ff, → *Lohnsteuerabführung* Rn 2 ff, → *Lohnsteuerabzugsmerkmale* Rn 8 ff, → *Lohnsteueranmeldung* Rn 2 ff, → *Lohnsteuerberechnung* Rn 2 ff, → *Lohnsteuerbescheinigung* Rn 11 ff, → *Lohnsteuernachforderung* Rn 2 ff, → *Lohnsteuerpauschalierung* Rn 5 ff, → *Lohnsteuertabellen* Rn 2 ff sowie → *Sonstige Bezüge* Rn 2 ff. Hinsichtlich der Steuerfreiheit von gewährten Sonn- und Feiertagszuschlägen kommt es ebenfalls wie beim 10 sonstigen Arbeitsverhältnis darauf an, dass die Arbeitsleistung zu den begünstigten Zeiten erfolgt ist und die Zuschläge gesondert und zusätzlich gezahlt werden → *Sonn- und Feiertagsarbeit* Rn 17 ff. Verwiesen wird auch auf die Stichworte → *Bereitschaftsdienst* Rn 15, → *Beschäftigungsanspruch* Rn 10 und → *Teilzeitbeschäftigung* Rn 114 ff.

**C. Sozialversicherungsrecht** *Schlegel*

15 **1. Begriff.** Der Begriff wird in der SozV nicht definiert und so auch nicht verwendet. Die arbeitsrechtliche Begrifflichkeit des Null-Stunden-Vertrags knüpft daran an, dass die Vertragsparteien keinen zeitlichen Mindestumfang festlegen, zu dem die Dienste erbracht werden müssen. Nur soweit die Dienste erbracht werden, erhält der Dienst- bzw Arbeitnehmer dafür eine Vergütung. Bei einem Null-Stunden-Vertrag besteht kein Anspruch auf eine monatliche durchschnittliche Beschäftigungsdauer. Sofern ein Ablehnungsrecht besteht, liegt kein Arbeitsvertrag vor, sondern lediglich eine Null-Stunden-Rahmenvereinbarung. Wenn die Dauer der wöchentlichen Arbeitszeit in einem Null-Stunden-Vertrag nicht festgelegt ist, gilt kraft Gesetzes allerdings eine Arbeitszeit von 20 Stunden als vereinbart (§ 12 TzBfG in der Fassung vom 11.12.2018, zuvor nur 10 Stunden). Dies hat für die SozVers die nachfolgend skizzierte Konsequenz.

16 **2. Ausschluss geringfügiger Beschäftigung.** Handelt es sich um einen zeitlich unbefristeten Vertrag, folgt daraus für die SozVers, dass die fingierte Mindestarbeitszeit von 20 Stunden/ Woche in Verbindung mit dem gesetzlich geregelten Mindestlohn von 9,19 €/ Stunde eine entgeltgeringfügige Beschäftigung ausschließt: bei 4 Wochen (entspricht etwa einem Monat) und einer Arbeitszeit von (4x20 Stunden =) 80 Stunden ergibt sich ein Bruttoarbeitsentgelt von 735,20 €, geringfügige Beschäftigung aber ist bei einem über 450 € liegenden regelmäßigen monatlichen Arbeitsentgelt ausgeschlossen (§ 8 Abs 1 SGB IV, *Geringfügige Beschäftigung*). Die sozialrechtliche Situation des ArbN kann bei Null-Stunden-Verträgen insoweit seit 1.1.2019 nicht anders beurteilt werden als bei einer **Freistellung des ArbN von der Arbeit** trotz fortbestehenden Arbeitsverhältnisses und fortbestehender Pflicht zu Zahlung des Arbeitsentgelts; in beiden Fällen ist ein wirksames, zur Versicherungs- und Beitragspflicht führendes Beschäftigungsverhältnis anzunehmen. Unerheblich ist, dass der ArbN tatsächlich keine Arbeit leistet. Der ArbN verliert bei der Freistellung von der Arbeit seinen SozVSchutz nicht und muss auch keine Sozialleistungen in Anspruch nehmen (zu den Gründen vgl *Schlegel* NZA 05, 972 ff; → *Freistellung von der Arbeit* Rn 47 ff). Ebenso wenig darf der Schutz der SozV in Fällen versagt werden, in denen zB bei Arbeit auf Abruf ein Mindeststundenumfang vertraglich nicht festgelegt ist, das Gesetz dem ArbN aber letztlich trotz fehlender tatsächlicher Arbeitsleistung einen Vergütungsanspruch im Umfang von (seit 1.1.2019) 20 Stunden einräumt.

# Pauschbeträge

## A. Arbeitsrecht

*Griese*

**1. Begriff.** Pauschbeträge dienen der vereinfachten Abrechnung von Aufwendungen. Durch Pauschbeträge sollen arbeitsaufwendige Detailabrechnungen und langwieriger Streit über vom ArbGeb oder vom ArbN geschuldete Ersatzleistungen vermieden werden. 1

**2. Anwendungsbereiche für Pauschbeträge. a) Pauschbeträge für ArbNAnsprüche.** Häufigster Anwendungsfall für Pauschbeträge ist die Festsetzung eines pauschalen Aufwendungsersatzes (→ *Aufwendungsersatz* Rn 3 f) anstelle einer konkreten Berechnung der Aufwendungen. Grds ist der ArbN verpflichtet, Aufwendungen, die er im betrieblichen Interesse erbracht hat und für die er den ArbGeb auf Aufwendungsersatz in Anspruch nehmen will, oder solche, deren Übernahme der ArbGeb zugesagt hat, konkret zu berechnen, also die tatsächlich entstandenen Kosten darzulegen und nicht statt dessen Kostenpauschalen zugrunde zu legen. Die Vereinbarung von Pauschbeträgen für im Betrieb häufig vorkommende Aufwendungen erleichtert die Handhabung und Abrechnung der Aufwendungsersatzansprüche für Arbeitnehmer und Arbeitgeber (zur Pauschalierung bei Vergütungsbestandteilen s BAG 28.1.04 – 5 AZR 530/02, NZA 04, 656). 2

Pauschbeträge finden sich in der Praxis vor allem für Aufwendungen anlässlich von Dienstreisen und Aufwendungsersatz für Fahrt-, Übernachtungs- und Verpflegungsaufwendungen (Reisekostenrichtlinien), für die Abnutzung und Reinigung von Arbeitskleidung (Bekleidungs- und Reinigungsrichtlinien) sowie für die Abgeltung von Verpflegungsmehraufwendungen (→ *Verpflegungsmehraufwendungen* Rn 1).

**b) Pauschbeträge für ArGebAnsprüche.** Für Leistungen des ArbGeb können ebenfalls Pauschbeträge vereinbart werden. Dies kann zB für die private Nutzung von betrieblichen Mitteln geschehen, etwa der privaten Nutzung eines Firmen-Pkw oder der Nutzung betrieblicher Einrichtungen, etwa einer betrieblich organisierten Kinderbetreuung. Zu Lasten des ArbN dürfen keine Pauschbeträge von der Vergütung abgezogen werden, wenn der ArbGeb gesetzlich verpflichtet ist, die Aufwendungen im eigenen Interesse zu tätigen, so etwa für die gesetzlich vorgeschriebene Hygienekleidung in Schlachtbetrieben (BAG 14.6.16 – 9 AZR 181/15, BB 16, 565). Kostenpauschalen zur Bearbeitung von Pfändungs- und Überweisungsbeschlüssen kann der ArbGeb dem ArbN nicht in Rechnung stellen, auch durch Betriebsvereinbarung kann keine Erstattungsverpflichtung festgelegt werden (BAG 18.7.06 – 1 AZR 578/05, BB 07, 221). 3

**3. Rechtsgrundlage für Pauschbeträge.** Die Pauschbeträge müssen auf einzelvertraglicher (Arbeitsvertrag), gesamtvertraglicher (Betriebliche Übung, Gesamtzusage) oder kollektivvertraglicher (Tarifvertrag, Betriebsvereinbarung) Rechtsgrundlage beruhen. Verweist ein Tarifvertrag zur Berechnung einer Reisekostenpauschale auf eine Reisekostenstufe des Bundesreisekostengesetzes, die später ersatzlos wegfällt, kann diese Regelungslücke nicht durch die Arbeitsgerichte geschlossen werden (BAG 20.7.2000 – 6 AZR 347/99, NZA 01, 559). 4

Ein vereinbarter Pauschbetrag, den ein ArbN für erhaltene Aufwendungen an den ArbGeb zahlen soll, ist wegen der insoweit vorzunehmenden **Inhaltskontrolle** (§§ 307 Abs 1 Satz 1 iVm 309 Nr 5 Buchstabe b BGB) nur dann rechtswirksam vereinbart, wenn dem ArbN die Möglichkeit eröffnet wird, nachzuweisen, dass dem ArbGeb geringere oder gar keine Ansprüche zustehen (BAG 27.7.10 – 3 AZR 777/08, NZA 10, 1237).

Die Höhe der vereinbarten Pauschbeträge orientiert sich häufig an den steuerrechtlichen Vorgaben, muss es aber nicht. Als Pauschbeträge werden, zB bei Fahrtkostenerstattung (hier häufig die Kilometerentfernungspauschale, die verfassungsgemäß ist s BFH 15.11.16 – VI R 4/15, DStR 17, 93; zustimmend *Itermann* NZA 17, 166) oft diejenigen Beträge vereinbart, die lohnsteuerfrei gewährt werden können. 5

Eine Änderung der steuerrechtlichen Vorgaben führt nicht automatisch zu einer Anpassung der arbeitsrechtlich geschuldeten Pauschbeträge.

Zur Abänderung der Pauschbeträge bedarf es daher entsprechender vertragsrechtlicher Schritte (zB Änderungsvereinbarung, Änderungskündigung, Ausübung eines vertraglich vereinbarten Widerrufsrechts) oder neuer Kollektivvereinbarungen. Nach der Rspr des BAG ist der Erlass einer Dienstreiseordnung und des darin geregelten pauschalierten Aufwendungsersatzes idR nicht mitbestimmungspflichtig (BAG 27.10.98 – 1 ABR 3/98, NZA 99, 381).

6 **4. Wirkung der Pauschalierungsabrede.** Die Festlegung von Pauschbeträgen bewirkt, dass der ArbN einerseits die Pauschbeträge verlangen kann, selbst wenn sein tatsächlicher Aufwand geringer gewesen ist. So ist eine tarifvertraglich festgelegte Verpflegungspauschale für Einsatzwechseltätigkeit unabhängig von der Zahl und der Dauer der Einsätze zu zahlen (BAG 30.1.02 – 10 AZR 441/01, NZA 02, 815). Voraussetzung für Einsatzwechseltätigkeit ist, dass der konkrete Einsatzort tatsächlich ständig wechselt. Die Tätigkeit in einem Forstrevier an verschiedenen Stellen in einem Forstamtsbezirk ist keine Einsatzwechseltätigkeit (BAG 20.3.12 – 9 AZR 518/10, ZTR 12, 390).

Bei einer rechtswirksamen Pauschalierung ist es dem ArbN verwehrt, den gegenüber dem Pauschbetrag tatsächlich höheren Aufwand gegenüber dem ArbGeb geltend zu machen (BAG 21.7.93 – 4 AZR 471/92, NZA 94, 663). Insofern hat der ArbN kein Wahlrecht. Sinn des Pauschbetrages ist es gerade, unabhängig von dem konkreten Aufwand eine pauschale, alle Einzelaufwendungen abdeckende Entschädigung zu gewähren und mühsame Nachforschungen über die tatsächliche Höhe der Aufwendungen zu verhindern.

Der Pauschbetrag deckt alle Aufwendungen ab. So sind mit der Zahlung einer Kilometerpauschale von 0,30 €/km für die Benutzung des Privat-Pkw alle Aufwendungen für den Betrieb des Pkw abgedeckt. Hierzu gehören auch die Kosten der Haftpflichtversicherung. Erleidet der ArbN einen Unfall, kann er den Verlust des Schadensfreiheitsrabatts nicht vom ArbGeb verlangen, dies ist vielmehr durch die Kilometerpauschale abgegolten (BAG 30.4.92 – 8 AZR 409/91, BB 92, 2363; ErfK/*Preis* § 611 BGB Rz 557).

7 **5. Pauschbeträge ohne Pauschalierungsvereinbarung.** Sind Pauschbeträge nicht vereinbart, bleibt es bei der Pflicht des ArbN, die entstandene Aufwendung im Einzelnen und konkret zu berechnen. Nur für besonders häufig vorkommende Aufwendungen, bei denen sich ein einheitlicher, üblicher Pauschbetrag in der Praxis im Betrieb oder einer Branche herausgebildet hat, etwa für Fahrtkosten bei Benutzung des eigenen Pkw im betrieblichen Interesse, kann eine entsprechende Anwendung von § 612 Abs 2 BGB in Betracht kommen, mit der Folge, dass der ArbN auch ohne eine Pauschalierungsvereinbarung den üblichen Pauschbetrag verlangen kann. Bei entsprechender betrieblicher Praxis kann der Anspruch auf Pauschbeträge ferner aus betrieblicher Übung (→ *Betriebliche Übung* Rn 1 ff) oder dem Gleichbehandlungsgrundsatz (→ *Gleichbehandlung* Rn 1 ff) erwachsen.

Die **steuerlichen Pauschalen können zudem die zutreffende Grundlage für eine Schätzung gem § 287 ZPO** der tatsächlich entstandenen Aufwendungen sein (LAG RLP 17.5.17 – 7 Sa 410/15, BeckRS 2017, 130810).

## B. Lohnsteuerrecht *Thomas*

8 **1. Arten.** Die Verwaltung bedient sich im LStRecht zahlreicher Typisierungen und Pauschalierungen, die der Vereinfachung bzw gleichmäßigen Handhabung des Gesetzesvollzugs dienen. Es können drei Arten von Pauschalierungen unterschieden werden, nämlich erstens solche, durch die Zuwendungen in typisierender Betrachtung dem steuerbaren bzw nicht steuerbaren Bereich zugeordnet werden, zweitens solche, mit denen die Höhe steuerbarer Zuwendungen bewertet wird und drittens solche, die an die Stelle nachgewiesener Aufwendungen treten.

9 **a) Typisierende Auslegung.** Zuwendungen des ArbGeb, die dem ArbN nicht in Entlohnungsabsicht, sondern zur Verfolgung eigenbetrieblicher Ziele (→ *Arbeitsentgelt* Rn 46) gewährt werden, können dadurch Entlohnungscharakter erlangen, dass eine bestimmte Zuwendungshöhe überschritten wird. Um die diesbezügliche Grenze nicht der Wertvorstellung des jeweiligen Finanzbeamten zu überlassen, setzt die Verwaltung sie für einzelne, häufig vorkommende Arten von Zuwendungen einheitlich fest.

Beispiele für derartige Frei- bzw **Nichtbeanstandungsgrenzen** sind die Freigrenze von 110 € bei bestimmten Betriebsfesten (R 19.3 Abs 2 Nr 3 und 4 LStR; → *Betriebsveranstaltung* Rn 18), die 60 €-Grenze bei Aufmerksamkeiten (R 19.6 LStR; → *Bewirtungsaufwendungen* Rn 7) und die 16 €-Grenze bei Fehlgeldentschädigungen (→ *Fehlgeldentschädigung* Rn 29; R 19.3 Abs 1 Nr 4 LStR). Ähnlichen Charakter haben Wertgrenzen, mit denen das Tatbestandsmerkmal einer Steuerbefreiung betragsmäßig konkretisiert wird, wie zB die 600 €-Grenze in R 3.11 Abs 2 Satz 4 LStR zum Begriff Hilfsbedürftigkeit in § 3 Nr 11 EStG (→ *Beihilfeleistungen* Rn 7), und die Grenzen von R 3.12 Abs 3 LStR, innerhalb derer nach § 3 Nr 12 EStG Steuerfreiheit von Aufwandsentschädigungen (→ *Aufwandsentschädigung* Rn 5) bejaht wird. Eine gesetzliche Freigrenze enthält § 8 Abs 2 Satz 11 EStG, nach dem Sachbezüge (→ *Sachbezug* Rn 8, 11) bis 44 € monatlich außer Ansatz bleiben. 10

**b) Wertfestsetzende Pauschalen. aa) Gesetzliche.** Nach § 8 Abs 2 Sätze 2 und 3 EStG kann der Nutzungswert eines dem ArbN überlassenen BetriebsPkw statt mit den diesbezüglichen Kosten (§ 8 Abs 2 Satz 4 EStG) mit einem vH-Satz des Bruttolistenpreises bewertet werden (→ *Dienstwagen* Rn 26 ff). Und nach § 8 Abs 2 Satz 6 EStG sind für solche Sachbezüge, deren Bemessung – ermächtigt ua durch § 17 Abs 1 SGB IV – in der SvEV geregelt ist, die dort vorgesehenen Werte auch lohnsteuerrechtlich anzusetzen. Ab 2014 ist auch die Bewertung von Mahlzeiten, die der ArbGeb auf Dienstreisen stellt, mit dem Sachbezugswert und die pauschale Bewertung von Kfz-Kosten mit 0,30 €/km gesetzlich geregelt. 11

**bb) Verwaltungspauschalen** werden für häufig vorkommende und schwer zu ermittelnde Zuwendungen in der Form von Durchschnittswerten angesetzt. Hierzu gehört die Bewertung des Vorteils der Fahrergestellung durch Zuschläge zum Nutzungswert des Pkw (R 8.1 Abs 10 LStR; vgl aber BMF 15.7.14, BStBl I 14, 1109 und → *Dienstwagen* Rn 34) und die Bewertung des Vorteils bei Überlassung von (Elektro-)Fahrrädern (Gleichlautender Erlass 13.3.19 BStBl I 19, 216).

**c) Werbungskostenpauschbeträge. aa) Gesetzliche Pauschalierungen** enthalten § 3 Nr 26, § 4 Abs 5 Nr 5 iVm § 9 Abs 4a (Verpflegungspauschalen), § 9 Abs 1 Nr 4, § 9a EStG und § 3 Nr 12 EStG iVm § 12 AbgG (Kostenpauschale von Bundes- und Landtagsabgeordneten, vgl dazu BVerfG 26.7.10 – 2 BvR 2227/08, 2 BvR 2228/08, DStRE 10, 1058; BFH 11.9.08 – VI R 13/06, DStR 08, 2009). Die Übungsleiterpauschale in § 3 Nr 26 EStG sieht vor, dass Einnahmen aus bestimmten – selbstständig oder nichtselbstständig ausgeübten – nebenberuflichen Tätigkeiten bis zu 2400 € im Jahr steuerfrei bleiben (→ *Aufwandsentschädigung* Rn 12 ff). Die Entfernungspauschale des § 9 Abs 1 Nr 4 EStG ersetzt den Kostennachweis und wirken begünstigend, wenn die tatsächlichen Kosten geringer sind. 12

Auch der ArbNPauschbetrag und der Pauschbetrag bei Versorgungsbezügen (§ 9a Abs 1 Nr 1a und b EStG) ist eine Werbungskostenpauschale. Zur Aufteilung des ArbNPauschbetrages bei stpfl und steuerfreien Arbeitslöhnen FG Sachs 27.2.97, DStRE 97, 789 und bei Einkünften aus selbstständiger und nichtselbstständiger Arbeit BFH 10.6.08 – VIII R 76/05, BStBl II 08, 937 = DStR 08, 1773. 13

**bb) Verwaltungspauschalen** für Werbungskosten werden für einzelne Formen beruflicher Betätigung bzw einzelne Arten von Aufwendungen angesetzt (Einzelpauschalierungen), aber auch für den Gesamtaufwand, der bei bestimmten Berufen anfällt. Zu den zuletzt genannten **Gesamtpauschalierungen** zählt die Regelung, dass Lohnzuschläge, die Heimarbeitern (→ *Heimarbeit* Rn 52) gewährt werden, als steuerfreier *Aufwendungsersatz* anzusehen sind, soweit sie 10 vH des Grundlohns nicht übersteigen (R 9.13 Abs 2 LStR), sowie die in R 3.12 Abs 3 LStR aufgestellten Grenzen, innerhalb deren eine als Aufwandsentschädigung aus öffentlichen Kassen iSv § 3 Nr 12 Satz 2 EStG gezahlte Vergütung als steuerfrei anzusehen ist (dazu BFH 29.11.06 – VI R 3/04 DStR 07, 63 und BFH 13.10.06 – XI B 129/05, BFH/NV 07, 43; FinMin SachsAnh 21.2.96, DStZ 96, 349: ehrenamtlich tätige Kommunalvertreter; OFD Frankfurt 13.3.96, FR 96, 532: Entschädigung für Gutachterausschüsse für Grundstückswerte; BMF 13.3.96, DB 96, 960: ehrenamtliche Verbandstätigkeit; OFD Bln 21.2.96, FR 96, 433: Schiedsrichterspesen; OFD Hann 25.8.97, DB 97, 2097: ehrenamtliche Mitarbeit im Luftschutzdienst, zur Rettung Schiffbrüchiger; FinMin MeVo 4.11.96, DB 97, 404: als Rettungsschwimmer). Andere vergleichbare Pauschalierungen für nebenberufliche Lehr- und Prüfungstätigkeit, Kirchenmusiker, Film- und 14

Fernsehschaffende, freiwillige Werksfeuerwehr uÄ wurden nach 1990 und für Parlamentsjournalisten ab 1994 nicht mehr weitergeführt. Gleiches gilt nach 1999 für die bisher in LStR 47 geregelten Pauschalen für Artisten, darstellende Künstler und Journalisten. Beibehalten wurde dagegen zunächst eine Pauschale von 30 vH der Betriebseinnahmen, höchstens jedoch 2455 €, für hauptberufliche schriftstellerische oder journalistische Tätigkeit und von 25 vH der Betriebseinnahmen, höchstens aber 614 € jährlich, für wissenschaftliche, künstlerische oder schriftstellerische Nebentätigkeit (H 18.2 „Betriebsausgabenpauschale" EStR; *Reimer* FR 11, 929 ff). Die Ermächtigung in § 51 Abs 1 Nr 1c EStG eröffnet die Möglichkeit, derartige Pauschalierungen durch Rechtsverordnung zu regeln.

15 **Einzelpauschalierungen** für Werbungskosten bestehen zu Kfz-Kosten (→ Rn 11), zu Übernachtungskosten (R 9.7 Abs 3 und R 9.11 Abs 10 Satz 7 Nr 3 LStR) und zu Telekommunikationseinrichtungen (→ *Internet/Telefonnutzung* Rn 35), aber nicht mehr zu Kontoführungsgebühren (jetzt Aufteilung H 9.1 LStR vgl auch R 19.3 Abs 3 LStR). Früher wurde ebenfalls nicht beanstandet, wenn für *Arbeitsmittel* (Fachliteratur, Arbeitskleidung, Werkzeuge) 200 DM jährlich angesetzt wurden. Weitere Einzelpauschalierungen werden nicht mehr fortgeführt zB für Instrumenten-, Saiten-, Rohr-, Blattgeld, Kleidergeld für Orchestermitglieder (FinMin Bbg 19.5.92, DStZ 92, 512; BFH 21.8.95, BStBl II 95, 906 = DStR 95, 1872), Spesenersatz für Amateur-Fußballspieler (FinMin Bbg 15.5.92, DStZ 92, 512), Wege- und Zehrgeld für Wald-, Straßen- und Wasserarbeiter (FinMin NRW 3.11.82 – LStKartei NRW Teil B § 3 Fach 4 Nr 108), sowie Futtergeld für Wachhunde (BMF 24.4.90, FR 90, 317, dazu Anm FR 90, 471; → *Aufwendungsersatz* Rn 23 ff). Es können jedoch regelmäßig wiederkehrende Aufwendungen in der Höhe pauschal berücksichtigt werden, in der sie für einen repräsentativen Zeitraum von 12 Monaten nachgewiesen worden sind (R 3.50 Abs 2 Satz 2 LStR).

16 **2. Regelungsbefugnis.** Inwieweit Pauschalierungen ohne ausdrückliche gesetzliche Grundlage zulässig sind, ist zweifelhaft.

17 **a)** Eine **typisierende Auslegung,** die die begrifflichen Grenzen eines Tatbestandsmerkmals für bestimmte Sachverhaltsgruppen einheitlich zieht, ist zulässig. Sie ist in anderen Rechtsgebieten (zB Bemessung der absoluten Fahruntüchtigkeit nach einer für alle Kfz-Führer einheitlichen Alkohol-Promille-Grenze) insbes im Sozialrecht (*Haueisen* NJW 73, 641; *Diedrichsen* SGb 82, 91; *Reiter* SGb 87, 92) gängige Praxis. Lohnsteuerrechtlich kann bspw der Begriff „für" in § 19 Abs 1 Nr 1 EStG als Ausdruck der Absicht, Lohn zuzuwenden, für alle Zuwendungen, die aus Anlass einer *Betriebsveranstaltung* erfolgen, typisierend mit einer einheitlichen Zuwendungsobergrenze interpretiert werden (BFH 25.5.92, BStBl II 92, 655; BFH 16.11.05 – VI R 151/00, DStRE 06, 29). Ein weiteres Beispiel für typisierende Auslegung ist die Rspr, dass Umzugskosten ohne Arbeitsplatzwechsel als beruflich veranlasst angesehen werden, wenn die Fahrtzeitersparnis arbeitstäglich mindestens eine Stunde beträgt (BFH 23.5.06 – VI R 56/02, DStRE 06, 1043). Da die Typisierung im Rahmen der Rechtsauslegung erfolgt, ist sie von den Gerichten in vollem Umfang nachprüfbar, weshalb der BFH zu einer anderen Wertung und dementsprechend auch zu anderen Zuwendungsgrenzen bzw Abgrenzungskriterien kommen kann, als die Verwaltung (so zu „nicht nur gelegentlichen Fahrten" iSv § 9 Abs 1 Nr 4 Satz 6 EStG BFH 26.11.03 – VI R 152/99, BStBl II 04, 233 = DStR 04, 219 mit Anm *MIT*).

18 **b)** Bei **wertfestsetzenden Pauschalen** gilt Gleiches nur, wenn sie unmittelbar aus dem Gesetz herzuleiten sind. Soweit es sich um Durchschnittswerte handelt, die eine genauere Sachverhaltsermittlung erübrigen sollen, sind dagegen die Grundsätze zu beachten, die für Einzelpauschalierungen von Werbungskosten gelten.

19 **c) Werbungskostenpauschalierungen. aa) Gesetzliche.** Der Ansatz der Verpflegungspauschalen des § 9 Abs 4a Sätze 2 ff EStG kann in Einzelfällen ArbN übermäßig begünstigen bzw durch den Ausschluss des Einzelnachweises (§ 9 Abs 4a Satz 1 EStG) benachteiligen. Gleichwohl ist die Regelung insgesamt verfassungsrechtlich unbedenklich. Die Entfernungspauschalen des § 9 Abs 1 Nr 4 EStG, sind, nachdem die zwischenzeitliche Einschränkung durch § 9 Abs 2 EStG aF verfassungswidrig war (BVerfG 9.12.08 – BvL 1/07 ua, DStR 08, 2460), jetzt wieder mit dem GG vereinbar.

20 **bb) Gesamtpauschalierungen** des Aufwands bestimmter Berufsgruppen (→ Rn 14) anstelle des, erst recht aber neben dem ArbNPauschbetrag(s), sind danach nicht zulässig. Die

Regelung des § 9a Nr 1 EStG ist insofern abschließend (FG Saarl 9.11.83, EFG 84, 174; aA FG München 30.5.90, EFG 90, 635).

**cc) Einzelpauschalierungen.** Den Beispielsfällen (→ Rn 14) ist gemeinsam, dass für bestimmte Arten von häufig vorkommenden Aufwendungen nicht die bei dem betreffenden ArbN tatsächlich angefallenen Kosten ermittelt und berücksichtigt werden (zB die auf einer Dienstreise durch den individuell verwendeten Pkw angefallenen Kfz-Kosten), sondern Werte, die bei Geschäften der zu beurteilenden Art erfahrungsgemäß, gewöhnlich, häufig oder im Durchschnitt entstehen. Durch Ansatz derartiger Erfahrungswerte wird der ArbNPauschbetrag nicht berührt, weil sie auf ihn angerechnet werden. Problematisch ist vielmehr, inwieweit die Verfahrensbeteiligten und die Gerichte an derartige Erfahrungswerte gebunden sind. Das hängt wiederum von der Rechtsnatur der Pauschalierungen ab, wobei gleiche Ergebnisse erzielt werden müssen, wenn nicht Aufwendungen, sondern Einnahmen (Fälle → Rn 11) pauschalisiert werden. 21

**dd) Schätzungen.** Der BFH nimmt in ständiger Rspr (zuletzt BFH 25.5.92, BStBl II 92, 700 = DStR 92, 1130 mit Anm *MIT;* 26.7.91, BStBl II 92, 105) an, dass die Erfahrungswerte auf Schätzungen nach § 162 AO beruhten, bzw dass es sich um typisierende Regelungen handle, die als vertretbare Schätzungen zu respektieren seien (vgl aber zum Unterschied von Schätzung und Pauschalierung bei Übernachtungskosten BFH 12.9.01 – VI R 72/97, BStBl II 01, 775). Dem ist entgegenzuhalten, dass Schätzungen üblicherweise (BFH 17.10.01 – I R 103/00, BStBl II 04, 171) nur Bestand haben, wenn die Tatsachen festgestellt sind, auf denen die Schätzung beruht. Auf welchen tatsächlichen Annahmen die Erfahrungssätze der Verwaltung beruhen, ist aber nicht bekannt. Im Übrigen ist es gerade nicht Ziel der Verwaltungspauschalen, den im Einzelfall verwirklichten Sachverhalten möglichst nahe zu kommen, also der Anforderungen an jede Schätzung entsprechend (BFH 6.2.91, BStBl II 91, 673) ein Ergebnis zu erzielen, das die größte Wahrscheinlichkeit der Richtigkeit für sich hat (Einzelheiten bei *Thomas* DB 94, 1389 ff; StbJb 95/96, 343 ff). 22

Zweck der Pauschalierung ist vielmehr, einer statistischen Wahrscheinlichkeit für Durchschnittsverhalten gerecht zu werden. Dementsprechend sind Verwaltungspauschalen keine Schätzungen im technischen Sinne, also keine Wahrscheinlichkeitsüberlegungen über die Tatsachenverwirklichung eines bestimmten ArbN. Davon geht auch die Verwaltung insofern aus, als sie die Pauschalen nur als Angebot ansieht, das der ArbN nicht anzunehmen braucht (formelle Typisierung, *K/S* § 2 Rz A 570), wenn er statt dessen den Einzelnachweis führt. Wäre die Pauschale eine vertretbare Schätzung, wäre dem ArbN der Gegenbeweis abgeschnitten (materielle Typisierung, *K/S* § 2 Rz A 571 ff). 23

**ee) Bindung.** Aus den obigen Ausführungen folgt, dass **der Arbeitnehmer** an Pauschalierungen der Verwaltung nicht gebunden ist. Bspw braucht er sich bei einer *Dienstreise* mit dem eigenen Pkw nicht mit dem Erfahrungssatz von 0,30 €/km zufriedenzugeben, wenn er nachweist, dass seine tatsächlichen Kosten höher waren (BFH 7.4.92, BStBl II 92, 854). Umgekehrt ist das **Finanzamt** grds (Ausnahme: offensichtlich unzutreffende Besteuerung, BFH 11.5.90, BStBl II 90, 777; 18.5.90, BStBl II 90, 909; BFH 21.10.99 – I R 68/98, HFR 2000, 517) verpflichtet, eine bestehende Pauschale auch anzuwenden, wenn im Einzelfall geringere Kosten wahrscheinlicher sind. Dies folgt aus dem Grundsatz der Selbstbindung der Verwaltung bzw des Vertrauensschutzes des ArbN, der mit dem Zweck der Pauschalierung – Arbeitserleichterung im Bereich der Sachverhaltsermittlung und Gleichmäßigkeit der Besteuerung – korrespondiert. Ein derartiger Vertrauensschutz besteht allerdings nur hinsichtlich solcher Pauschalierungen, die einer Plausibilitätsprüfung standhalten (dazu folgend). 24

**ff) Gerichtliche Überprüfung.** Der BFH hat schon früher für sich in Anspruch genommen, Verwaltungspauschalen überprüfen zu dürfen (BFH 24.7.62, BStBl III 62, 440; 25.10.85, BStBl II 86, 200; 8.8.86, BStBl II 86, 824; BFH 30.9.97 – IX R 39/94, BFH/NV 98, 446 und BFH 30.11.98 – I B 60/98, BFH/NV 99, 791), von einer tatsächlichen Überprüfung aber in aller Regel mit der Begründung Abstand genommen, die Plausibilität ergebe sich bereits daraus, dass vergleichbare Regelungen im öffentlichen Dienstrecht enthalten seien. Letzteres trifft aber nicht für alle Arten von Verwaltungspauschalen zu, abgesehen davon, dass sich das Dienstrecht an Fürsorgegesichtspunkten orientiert, während für das Steuerrecht die berufliche Veranlassung maßgebend ist (BFH 27.5.94, BStBl II 95, 17 zu Umzugskosten). 25

26 Im Übrigen lehnt der BFH auch **Erfahrungswerte** als solche ab, wenn ihre Unrichtigkeit auf der Hand liegt (nur vierjährige Nutzungsdauer eines Pkw: BFH 26.7.91, BStBl II 92, 1000; dazu BMF 3.12.92, BStBl I 92, 734). Im Widerspruch hierzu steht die Rspr, dass die Gerichte noch nicht einmal eine eigenständige Auslegung von Verwaltungspauschalen vornehmen dürften, sondern sie so zu übernehmen hätten, wie sie von der Verwaltung nach ihrem eigenen Verständnis aufgefasst würden (BFH 11.12.87, BStBl II 88, 445 mwN; BFH 13.1.05 – V R 35/03, BStBl II 05, 460). Es ist nicht Sache der Rspr, sondern des Gesetzgebers oder der Verwaltung zu bestimmen, für welche Sachverhalte im Interesse der Verwaltungsvereinfachung pauschalierende Regelungen getroffen werden (BFH 24.8.04 – VIII R 50/03, DStRE 04, 1406 unter 2b). Deswegen ist es problematisch, wenn die Rspr pauschale Sachverhaltsannahmen vornimmt, wie das zum Arbeitszimmer (BFH 9.12.03 – VI R 150/01, DStR 04, 306), zum Computer (BFH 19.2.04 – VI R 135/01, DStR 04, 812) und zur Gruppenunfallversicherung (BFH 11.12.08 – VI R 9/05, BStBl II 09, 385 = DStR 09, 317) geschehen ist (BFH 17.5.05 – VII R 76/04, BFH/NV 05, 1713 keine Bindung des BFH an Sachverhaltsunterstellungen des FG).

27 Verwaltungspauschalen haben das Ziel, das auf Vollzug angelegte Gesetz im steuerlichen Massenverfahren dadurch zu angemessenen Kosten handhaben zu können, dass im Umfang der Typisierung auf Ermittlungen verzichtet wird. Insofern wird die Gesetzgebung ergänzt (zu Billigkeitsmaßnahmen, mit denen die Verwaltungspraxis an abweichende Rechtsauffassung von der bisherigen Verwaltungsmeinung angepasst wird BFH 16.4.04 – VIII R 33/02, BStBl II 04, 927). Nach dem Prinzip der Gewaltenteilung (Art 20 GG) darf das aber nicht dazu führen, dass Regelungen mit sehr großen finanziellen Auswirkungen am Gesetzgeber vorbei getroffen werden (BFH 28.11.16 – GrS 1/15, DStR 17, 305 zum Sanierungserlass). Nimmt man – aus guten Gründen – hin, dass die Exekutive als Notgesetzgeber fungiert (zum Meinungsstreit vgl Nachweise bei *Lang* DStJG 86, Bd 9, 15 ff, 77; sowie *Jaehnike* StuW 79, 293; *Martens* DStJG 82, Bd 5, 165; *Leisner* Verwaltungsvorschriften als „Nebengesetze" im Steuerrecht, 82, S 54; *Vogel* StuW 91, 254; *Gast-de Haan* in Festschrift 75 Jahre RFH-BFH, S 227; *Osterloh* JuS 90, 100; *Jachmann* StuW 94, 347; *Völlmecke* DStZ 96, 1070; grundlegend *Osterloh* Gesetzesbindung und Typisierungsspielräume bei der Anwendung der Steuergesetze, Nomos 1992), so muss dem wenigstens eine Plausibilitätskontrolle durch die Gerichte korrespondieren.

## C. Sozialversicherungsrecht

*Schlegel*

28 **1. Allgemeines.** Das Leistungs- und Beitragsrecht der SozV und ArblV knüpft an das Arbeitsentgelt als einer Bruttogröße an. Der Abzug von Werbungskostenpauschalen, wie er im Steuerrecht vorgesehen ist, scheidet deshalb von vornherein aus. Problematisch ist, inwieweit die Gewährung von Pauschbeträgen, die einen Aufwendungsersatz anstelle der konkreten Berechnung der Aufwendungen abdecken sollen (→ Rn 1), als zusätzlich zum Lohn oder Gehalt gewährtes Arbeitsentgelt anzusehen sind. Eine Charakterisierung des pauschalen Aufwendungsersatzes als zusätzlich gewährtes Arbeitsentgelt kommt dann in Betracht, wenn der ArbN auch bei konkretem Nachweis seiner Aufwendungen keinen Ersatz verlangen könnte (zB weil er ein eigenes und kein Geschäft des ArbGeb besorgte) oder wenn die Pauschale sehr großzügig bemessen ist und die entstandenen tatsächlichen Aufwendungen deutlich übersteigt. Problematisch ist auch, ob und inwieweit die steuerrechtlichen Pauschbeträge im Bereich der SozV und ArblV unmittelbare Anwendung finden.

29 **2. Gesetzlich festgelegte Pauschbeträge.** Pauschbeträge des Steuerrechts sind in der SozV und ArblV anwendbar, wenn sozialrechtliche Vorschriften, wie zB § 16 SGB IV oder § 14 SGB IV iVm § 1 SvEV an das Steuerrecht anknüpfen. Um gesetzlich festgelegte Pauschalbeträge handelt es sich auch bei der Bewertung von Sachbezügen (s *Sachbezug*).

30 **3. Pauschbeträge der Finanzverwaltung.** Diese sind in der SozV und ArblV nur bedingt anwendbar. Unbedenklich ist ihre Anwendung bei § 15 SGB IV, der für die Ermittlung des Arbeitseinkommens unmittelbar an die steuerrechtlichen Gewinnermittlungsvorschriften anknüpft; hier ist es aus Gründen der Einheit der Rechtsordnung unabdingbar, auch den verwaltungsinternen Pauschbeträgen Beachtung beizumessen. Im Übrigen können

sonstige durch das LStRecht festgelegte Pauschbeträge dann auf die SozV und ArblV übertragen werden, wenn es sich hierbei um eine typisierende Auslegung oder die Festlegung von Erfahrungswerten der Finanzverwaltung handelt, wie dies zB für die Wertermittlung des Vorteils einer Kfz-Nutzung der Fall ist. Denn ebenso wie im Steuerrecht sind auch bei der Massenverwaltung der SozV Typisierungen und Pauschalierungen zulässig in den durch Art 3 Abs 1 GG geltenden Grenzen.

Bedenklich ist die Übertragung jedoch für Pauschbeträge, die die Verwaltung allein aus Gründen der Verwaltungspraktikabilität oder des Bagatellcharakters einer Zuwendung wegen festsetzt (zB Fehlgeldentschädigung, Bewirtungsaufwendungen). Jedenfalls wäre insoweit eine gesetzliche Regelung schon aus Gründen der Rechtssicherheit wünschenswert. 31

# Pause

## A. Arbeitsrecht

*Poeche*

**1. Begriff.** Nach allgemeinem Sprachgebrauch liegt eine Pause vor, wenn die Arbeit unterbrochen wird (BAG 1.7.03 – 1 ABR 20/02, NZA 04, 620). Gesetzlich geregelt ist die **Ruhepause** iSv § 4 ArbZG. Sie bezweckt den Schutz des ArbN vor körperlicher und geistiger Überforderung. Der ArbGeb ist zur Gewährung von Ruhepausen verpflichtet, die dem ArbN Entspannung und Erholung bringen und die Einnahme von Mahlzeiten ermöglichen. Der öffentlich-rechtlichen Verpflichtung des ArbGeb entspricht ein arbeitsvertraglicher Anspruch des ArbN. Mit Ausnahme des Bergbaus unter Tage gehört die Ruhepause nicht zur Arbeitszeit (§ 2 Abs 1 ArbZG; zur analogen Anwendung auf ArbN in einem Atomendlager: LAG BaWü 19.9.18 – 3 Sa 43/18, BeckRS 2019, 33902, nrkr). 1

**Betriebspausen** liegen vor, wenn der ArbN aufgrund technischer oder organisatorischer Umstände, geplant oder ungeplant, an seinem Arbeitsplatz nicht weiter arbeiten kann (Einrichtung und Umrüsten von Maschinen; Störfälle). Sie gehören zur Arbeitszeit, da der ArbN jederzeit bereit sein muss, seine Arbeit wieder aufzunehmen. **Arbeitspausen** sind die im teil- oder vollmechanisierten Betrieb vorgesehenen Arbeitsunterbrechungen, die der ArbN nach seinem Ermessen einlegen kann. Ihre Regelung beruht überwiegend auf Tarifrecht. Tarifrechtlich sind außerdem (bezahlte) **Erholzeiten** von wenigen Minuten pro Arbeitsstunde bekannt, die zu **Kurzpausen** zusammenzufassen sind. **Lärm- und Bildschirmpausen** dienen dem Gesundheitsschutz. (→ *Bildschirmarbeitsplatz* Rn 6). Zum Anspruch auf **Gebetspausen** LAG Hamm 26.2.02 – 5 Sa 1582/01, AP BGB § 611 Gewissensfreiheit Nr 3; 18.1.02 – 5 Sa 1782/01, NZA 02, 675. Zu **Raucherpausen** (LAG Nürnberg 5.8.15 – 2 Sa 132/15, BeckRS 2015, 71725). 2

**2. Ruhepause.** Das ArbZG hat die unterschiedlichen Pausenregelungen für Männer und Frauen aus Gründen der Gleichbehandlung vereinheitlicht (zum Geltungsbereich des ArbZG → *Arbeitszeit* Rn 3–6). Die Gestaltung der Pausenräume richtet sich nach der ArbStättV (s *Arbeitsstätte*). Umfassend zur Thematik *Kleinebrink* DB 15, 2013. 3

**a) Inhalt.** Pausen sind im Voraus feststehende Unterbrechungen der Arbeit, in denen der ArbN weder Arbeit zu leisten noch sich dafür bereitzuhalten hat und frei über die Nutzung des Zeitraums bestimmen kann (BAG 25.2.15 – 5 AZR 886/12, NZA 15, 494; BAG 13.10.09 – 9 AZR 139/09, NZA-RR 10, 623; LAG Köln 16.2.17 – 7 Sa 577/16, BeckRS 2017, 122728). Er muss grds frei entscheiden können, wo und wie er diese Zeit verbringen will. Die Pausenregelung muss dem ArbN verbindlich gestatten, sich jeglicher Arbeitstätigkeit zu enthalten. Das ist nicht der Fall, wenn ein Kraftfahrer während der Be- und Entladezeiten sein Fahrzeug und das Betriebsgelände zwar verlassen darf, einem Arbeitsauftrag aber umgehend nachzukommen hat (BAG 29.10.02 – 1 AZR 603/01, NZA 03, 1212). Schädlich ist auch die Anordnung von *Bereitschaftsdienst* oder *Rufbereitschaft* (BAG 16.12.09 – 5 AZR 157/09, NZA 10, 505 zum Bereitschaftsdienst). Auf die freie Wahl des Aufenthaltsortes kommt es ausnahmsweise nicht an, wenn der ArbN den Betrieb aufgrund einer die betriebliche Abrechnungspraxis berücksichtigenden Betriebsvereinbarung nicht verlassen darf (BAG 21.8.90 – 1 AZR 567/89, DB 91, 394). Während der Ruhepause ist der ArbGeb 4 nicht zur Entgegennahme der Arbeitsleistung verpflichtet, so dass er trotz eines etwaigen Arbeitsangebots des ArbN nicht in Annahmeverzug geraten kann. Der ArbN wird außerstande gesetzt, die Arbeitsleistung zu bewirken (BAG 25.2.15 – 5 AZR 886/12, NZA 15, 494).

5 **b) Lage und Dauer.** Bei einer Arbeitszeit von mehr als sechs Stunden bis zu neun Stunden ist die Arbeit durch eine im Voraus feststehende Ruhepause von mindestens 30 Minuten, und bei einer Arbeitszeit von mehr als neun Stunden insgesamt, spätestens nach sechs Stunden, durch eine solche von 45 Minuten zu unterbrechen. Die Ruhepausen können in Zeitabschnitte von jeweils mindestens 15 Minuten aufgeteilt werden (§ 4 ArbZG). Durch Tarifvertrag oder einer aufgrund Öffnungsklausel möglichen Betriebsvereinbarung kann die Gesamtdauer der Ruhepausen in Schichtbetrieben und Verkehrsbetrieben auf **Kurzpausen** von angemessener Dauer aufgeteilt werden (§ 7 Abs 1 Nr 2 ArbZG). Kurzpausen müssen die allgemeinen Anforderungen an eine Ruhepause erfüllen (BAG 13.10.09 – 9 AZR 139/08, NZA-RR 10, 623). Wegen der weiteren Ausnahmen im öffentlichen Dienst und gleichgestellten ArbGeb, für Kirchen und öffentlich-rechtliche Religionsgesellschaften sowie für Betriebe, in denen Menschen behandelt, versorgt oder betreut werden, → *Arbeitszeit* Rn 16–21.

6 **c) Beginn und Ende** der Ruhepause müssen **im Voraus** feststehen, dh es muss organisatorisch bestimmt sein, zu welcher Zeit oder welchen Zeiten der ArbN seine Arbeit einstellen und die Ruhepause nehmen kann und muss. Umstritten ist, wie lange im Voraus der Beginn und die Dauer der Pause feststehen müssen. Nach Auffassung des BAG ist jedenfalls erforderlich, dass der ArbN bei Beginn der Pause weiß, wie lange sie andauert (BAG 29.10.02 – 1 AZR 603/01, NZA 03, 1212). Nicht erforderlich ist, dass Lage und Dauer der gesetzlichen Pause vor Beginn der täglichen Arbeitszeit festgelegt werden (BAG 25.2.15 – 5 AZR 886/12, NZA 15, 494). Es genügt, wenn Beginn und Dauer der Pause zu Beginn der täglichen Arbeitszeit mitgeteilt werden. Allerdings reicht es nicht aus, wenn der ArbGeb einer Gruppe von ArbN die einvernehmliche Regelung der Ruhepause überlässt, tatsächlich die ArbN sich nicht einigen oder sich an ihr Einvernehmen nicht halten (BAG 27.2.92 – 6 AZR 478/90, DB 92, 2247: Pflegepersonal im Krankenhaus).

Den betrieblichen Bedürfnissen kann Rechnung getragen werden: Völlige Betriebsruhe, also eine einheitliche Pause für alle ArbN, gestaffelt nach Funktionsgruppen, Abteilungen oder Arbeitsplätzen. Ausreichend ist es, wenn der Zeitrahmen inhaltlich vorgegeben wird, wie bei Gleitzeit üblich und sinnvoll (zB von 12.00 bis 14.00 Uhr; spätestens vier Stunden nach Arbeitsaufnahme). Genutzt werden können geplante Betriebspausen, wenn feststeht, dass der ArbN sich nicht zur Arbeit bereitzuhalten braucht. Die Ruhepause muss innerhalb der Arbeitszeit liegen, also angemessene Zeit nach Aufnahme und vor Ende der Arbeit. Sie muss die Arbeit unterbrechen, darf also nicht unmittelbar am Anfang oder am Ende einer Schicht liegen (LAG Köln 16.2.17 – 7 Sa 577/16, BeckRS 2017, 122728).

7 **d) Festlegung** von Lage und Dauer der Ruhepause obliegt dem ArbGeb bei Beachtung des zwingenden Mitbestimmungsrechtes des BRat (→ Rn 11) und der Grenzen des § 106 GewO. Es ist Aufgabe des ArbGeb, durch entsprechende Regelungen oder Anordnungen die Voraussetzungen dafür zu schaffen, dass die ArbN die ihnen zustehenden Ruhepausen auch tatsächlich nehmen (LAG RhPf 27.4.18 – 1 Sa 361/17, BeckRS 2018, 14857).

Zulässig ist, bisher als Arbeitszeit vergütete Lenkunterbrechungen unter Berücksichtigung der Mitbestimmungsrechte des BRat in Ruhepausen umzuwandeln. Die dadurch verlängerte Dienstschicht braucht nicht insgesamt als Arbeitszeit bezahlt zu werden (BAG 23.6.88 – 6 AZR 137/86, DB 89, 131). Gleiches gilt für die mitbestimmte Umwandlung einer bezahlten Mittagspause in eine unbezahlte Ruhepause, wenn der ArbGeb tariflich berechtigt ist, die Arbeitszeit der ArbN an die der Beamten anzupassen (BAG 14.8.86 – 6 AZR 18/84, NZA 87, 529). Der Grundsatz billigen Ermessens (§ 106 GewO) ist bei Ausübung des Direktionsrechtes zu beachten (→ *Weisungsrecht* Rn 17). Unbillig ist eine Pausenregelung, wenn der ArbGeb einseitig eine tarifliche Arbeitszeitverkürzung durch Verlängerung der Mittagspause „umsetzt" (BAG 19.5.92 – 1 AZR 418/91, NZA 92, 978).

8 **e) Bußgeld.** Der ArbGeb handelt ordnungswidrig, wenn er Ruhepausen überhaupt nicht oder nicht mit der vorgeschriebenen Mindestdauer gewährt (§ 22 Abs 1 Nr 2 ArbZG). Vorsätzliche gesundheitsgefährdende Tatbegehung begründet Strafbarkeit (§ 23 ArbZG).

**3. Pausenvergütung.** Das öffentliche Recht regelt allein die Verpflichtung des ArbGeb zur Gewährung von Ruhepausen. Ob der ArbN Anspruch auf Entgelt für Pausenzeiten hat und ob das vereinbarte Entgelt zB während des Urlaubs, bei Krankheit oder für den Feiertag fortzuzahlen ist, richtet sich nach dem Arbeitsvertrag. Grds sind Ruhepausen, weil sie keine Arbeit, sondern eine Unterbrechung der Arbeit sind und damit nicht zur Arbeitszeit zählen, nicht zu vergüten (BAG 25.2.15 – 5 AZR 886/12, NZA 15, 494). Anderes gilt für die Pausen, die gem § 2 Abs 1 S 2 ArbZG als Arbeitszeit gelten (LAG BaWü 19.9.18 – 3 Sa 43/18, BeckRS 2019, 33902, nrkr). Tarifverträge sehen insbesondere für ArbN in **Mehrschichtbetrieben** vielfach die Bezahlung vor, weil sich Pausen im kontinuierlichen Betrieb regelmäßig nicht genau festlegen lassen. Die bezahlten Arbeitsunterbrechungen zur Einnahme von Mahlzeiten nach dem MTV Metallindustrie NRW 1988 steigern die Feiertagsvergütung, nicht aber die Urlaubsvergütung, weil sie keine Arbeitszeit sind (BAG 31.1.91 – 8 AZR 52/90, NZA 91, 70; vgl auch BAG 16.5.90 – 4 AZR 45/90, NZA 90, 866). In der kunststoff- und holzverarbeitenden Industrie RhPf sind die bezahlten Arbeitspausen in die Urlaubsvergütung einzubeziehen (BAG 23.1.01 – 9 AZR 104/00, BB 01, 1536 [LS]). Zur Berücksichtigung bezahlter Pausen für die Höhe einer tariflichen Verdienstsicherung s BAG 5.10.99 – 4 AZR 578/98, NZA 2000, 268. Der Anspruch auf bezahlte Pausen kann sich aus betrieblicher Übung ergeben (BAG 19.8.15 – 5 AZR 450/14, BeckRS 2016, 65017); zu den Voraussetzungen → *Betriebliche Übung* Rn 4 ff. 9

**4. Prozessuales.** Die Darlegungs- und Beweislast für die Gewährung der Ruhepause obliegt dem ArbGeb (so auch LAG Köln 5.6.13 – 3 Sa 131/13, BeckRS 2013, 71733; abgestufte Darlegungslast: LAG Köln 3.8.12 – 5 Sa 252/12, BeckRS 2012, 73554). Besteht eine klare und verbindliche betriebliche Pausenregelung, ist es Sache des ArbN, vorzutragen, aus welchen tatsächlichen oder rechtlichen Gründen ihm die Inanspruchnahme der Pause unmöglich war (BAG 23.9.92 – 4 AZR 562/91, DB 93, 1194). 10

**5. Betriebsverfassung.** Gem § 87 Abs 1 Nr 2 BetrVG hat der BRat mitzubestimmen bei der Einführung und Festlegung von Lage und Dauer der unbezahlten Ruhepausen iSd ArbZG sowie bei der Festlegung von zusätzlich unbezahlten Pausen, die über das in § 4 ArbZG geregelte Mindestmaß hinausgehen (BAG 25.2.15 – 5 AZR 886/12, NZA 15, 494; 25.2.2015 – 1 AZR 642/13, NZA 15, 442) einschließlich der Pausenregelung für Teilzeitbeschäftigte (BAG 13.10.87 – 1 ABR 10/86, DB 88, 341), nicht aber über Lärm- oder Bildschirmpausen (BAG 28.7.81 – 1 ABR 65/79, DB 82, 386; BAG 6.12.83 – 1 ABR 43/81, DB 84, 775). Insoweit kommen Mitbestimmungsrechte nach § 87 Abs 1 Nr 7 BetrVG (Gesundheitsschutz) in Betracht (→ *Bildschirmarbeitsplatz* Rn 15–18). Bei tariflich geregelten bezahlten Kurzpausen beschränkt sich das Mitbestimmungsrecht auf die Festlegung ihrer zeitlichen Lage (BAG 1.7.03 – 1 ABR 20/02, NZA 04, 620). Der BRat hat einen **Unterlassungsanspruch,** wenn der ArbGeb anordnet, dass ArbN während mitbestimmt festgelegter Pausenzeiten arbeiten oder Arbeiten während der Pausenzeiten duldet (BAG 7.2.12 – 1 ABR 77/10, NZA-RR 12, 359 m Anm *Kern* ArbRAktuell 12, 282; zum Durchführungsanspruch des BRat → *Betriebsvereinbarung* Rn 19, 20). Verstößt der ArbGeb gegen einen auf § 23 Abs 3 BetrVG beruhenden Unterlassungstitel, indem er Arbeitsleistungen während der Pausen entgegen nimmt oder duldet, so kann gegen ihn ein Ordnungsgeld nach § 23 Abs 3 S 3 BetrVG verhängt werden (LAG BlnBbg 5.4.17 – 15 Ta 1522/16). 11

## B. Lohnsteuerrecht

*Thomas*

Der für die Zeit der Pause weiter entrichtete Arbeitslohn unterliegt dem LStAbzug nach den allgemeinen Vorschriften. Nutzt der ArbN eine Pause zu privaten Erledigungen, sind die damit verbundenen Aufwendungen (zB Fahrtkosten) keine Werbungskosten. Das gilt auch für die mittägliche Fahrt zu einem Lokal, das der ArbN mangels einer Kantine in Arbeitsplatznähe aufsucht (BFH 18.12.92 – VI R 36/92, DStR 93, 720). Ein Unfall abseits des Nachhauseweges führt nicht deswegen zu Werbungskosten, weil Lebensmittel für die betriebliche Kaffeepause eingekauft werden sollten (BFH 12.1.96 – VI R 69/95, BFH/NV 96, 538). Ob solche Fahrtaufwendungen ausnahmsweise Werbungskosten sind, wenn sich der ArbN auf einer Dienstreise befindet (bejahend FG BaWü 8.4.92, EFG 92, 444), ist fraglich. 12

### C. Sozialversicherungsrecht *Ruppelt*

14 **Versicherungsschutz der gesetzlichen Unfallversicherung** kann auch während Arbeitspausen (Regelpausen, betriebsbedingte Pausen usw) gegeben sein (BSG 26.10.04 – B 2 U 24/03 R, SozR 4–2700 § 8 Nr 9). Weder ist die Arbeitpause völlig vom UVschutz ausgenommen, noch sind sämtliche Verrichtungen während der Pause unfallversichert. Auch während einer Pause ist Voraussetzung für den UVSchutz, dass die während der Pause zum Unfall führende konkrete Verrichtung in ihrer Handlungstendenz wesentlich der versicherten Tätigkeit und nicht allein privaten Interessen zu dienen bestimmt war (LSG Saarl 28.8.13 – L 2 U 1/13, BeckRS 2013, 72387; BSG 17.12.15 – B 2 U 8/14 R, SozR 4–2700 § 8 Nr 55; s → *Arbeitsunfall* Rn 34). Allein privaten Interessen dienen insbes die Nahrungsaufnahme (Essen und Trinken) und Einkäufe oder Besorgungen. Verletzt sich der Versicherte also etwa beim Trinken aus einer defekten Glasflasche, liegt kein Arbeitsunfall vor, es sei denn, besondere betriebliche Umstände (Staub, Hitze) hätten die Flüssigkeitszufuhr erforderlich gemacht (BSG 10.10.02 – B 2 U 6/02 R, NZS 03, 268). Gleiches gilt etwa für die Reparatur des privaten KFZ während der Arbeitspause oder den Besuch einer Sportveranstaltung durch einen Busfahrer während einer Fahrpause (BayLSG 25.10.11 – L 3 U 52/11, ArbuR 12, 163; LSG Saarl 28.8.13 – L 2 U 1/13, BeckRS 2013, 72387). Versichert ist jedoch uU der **Weg,** der zurückgelegt wird, um sich in der Pause eine Pausenverpflegung zu kaufen, in einer Gaststätte oder an einem sonstigen vom Ort der Tätigkeit verschiedenen Ort eine Mahlzeit einzunehmen oder die Kantine zu erreichen (BSG 27.4.10 – B 2 U 23/09 R, ArbuR 10, 274; LSG Hess 14.6.19 – L 9 U 208/17, BeckRS 2019, 13433).

## Persönlichkeitsrecht

### A. Arbeitsrecht *Kania*

1 **1. Inhalt und Grundlagen.** Das Persönlichkeitsrecht wird definiert als Recht des Einzelnen auf Achtung seiner Menschenwürde und auf Entfaltung seiner individuellen Persönlichkeit (BGH 14.2.58, BGHZ 26, 349). Anerkennung als subjektives Privatrecht wurde dem Persönlichkeitsrecht zunächst nur im Bereich des Deliktsrechts als sonstiges Recht iSd § 823 Abs 1 BGB – entwickelt auf Grundlage des Art 2 Abs 1 GG – verschafft. Spezifisch arbeitsrechtliche Bedeutung erlangte das Persönlichkeitsrecht mit der Erkenntnis, dass die **Fürsorgepflicht** als vertragliche Schutzpflicht des ArbGeb auch den Persönlichkeitsschutz als subjektives Recht des ArbN **beinhaltet** (MünchArbR/*Reichold* § 86 Rn 1). Inhalt und Umfang des Persönlichkeitsschutzes sind gesetzlich nicht näher konkretisiert.

2 Ausdrücklich erwähnt – jedoch ohne nähere Inhaltsbestimmung – wird der Persönlichkeitsschutz lediglich in **§ 75 Abs 2 BetrVG.** Diese Regelung wendet sich zunächst nur an die Betriebspartner, wobei unklar und umstritten ist, ob sie Grundlage für ein subjektives Recht des einzelnen ArbN ist (bejahend: *DKK/Berg* § 75 Rn 64; verneinend: *Fitting* § 75 Rn 141; GK-BetrVG/*Kreutz* § 75 Rn 105).

3 **Ausprägungen des Persönlichkeitsschutzes** finden sich zB in §§ 81–84 und § 87 Abs 1 Nr 6 BetrVG in Gestalt besonderer Mitwirkungs- und Beschwerderechte des ArbN bzw BRat, im Schwerbehindertenrecht (SGB IX) und vor allem im BDSG. Darüber hinaus ist anerkannt, dass das Persönlichkeitsrecht – über die nur peripheren gesetzlichen Regelungen hinaus – als **Abwehrrecht** Schutz vor rechtswidrigen Eingriffen des ArbGeb in die Persönlichkeitssphäre bietet (*Wiese* ZfA 71, 279). Bzgl der Veröffentlichung von Fotos und Werbefilmen enthalten §§ 22, 23 KUG Spezialnormen gegenüber dem BDSG (zB Erfordernis der Einwilligung; zum abgestuften Schutzkonzept: BAG 11.12.14 – 8 AZR 1010/13, NZA 15, 604; *Benecke/Groß* NZA 15, 833). Zu einzelnen das Persönlichkeitsrecht des ArbN tangierenden Maßnahmen (zB betriebliche Überwachungs- und Kontrollmaßnahmen, Bekleidungsvorschriften oder die Erforschung von Personaldaten) s unten. Zu Persönlichkeitsverletzungen durch sog Mobbing → *Mobbing* Rn 1 ff. Weiterhin kann das Persönlichkeitsrecht auch **Handlungspflichten** des ArbGeb, zB die Beschäftigungspflicht, begründen (→ *Beschäftigungsanspruch* Rn 1 ff).

**Begrenzt** wird der Anspruch des ArbN auf Persönlichkeitsschutz durch schützenswerte **betriebliche Interessen** des ArbGeb oder seiner Kollegen. Ein berechtigtes ArbGebInteresse kann zB an der Wahrung der betrieblichen Ordnung, am Schutz des Unternehmenseigentums oder an der Geheimhaltung von Betriebsgeheimnissen bestehen. Dagegen kann die Verunglimpfung einer ArbN als „faulste Mitarbeiterin Deutschlands, Königin der Taschendiebe" in einem Zeitungsartikel nicht unter Berufung auf die Pressefreiheit gerechtfertigt werden (BAG 18.2.99 – 8 AZR 735/97, NZA 99, 645). Da nur die betrieblichen Interessen des ArbGeb dem Persönlichkeitsrecht des ArbN Grenzen ziehen, sind persönliche Erwartungen des ArbGeb hinsichtlich der **privaten Lebensführung** des ArbN grds nicht schutzwürdig, soweit nicht ausnahmsweise der private Lebenswandel eines ArbN die Zusammenarbeit der Mitarbeiter, den Betriebsfrieden, Kundenbeziehungen usw beeinträchtigt (BAG 23.6.94 – 2 AZR 617/93, NZA 94, 1080; → *Kirchenarbeitsrecht* Rn 9 ff). Zur Lösung der im Einzelfall entstehenden Interessenkonflikte ist eine objektive Würdigung und Abwägung der widerstreitenden Interessen sowie der sonstigen Umstände nach den allgemeinen Grundsätzen der Verhältnismäßigkeit erforderlich (BAG 11.7.2000 – 1 AZR 551/99, NZA 01, 462; *Fitting* § 75 Rn 144). Das AGG enthält bzgl der dort genannten Differenzierungsmerkmale besondere arbeitsrechtliche Vorgaben (→ *Diskriminierung* Rn 1 ff). Zur Begrenzung des ArbGebFragerechts und anderer Formen der Bewerberprüfung durch das Persönlichkeitsrecht des ArbN → *Personalauswahl* Rn 9 und → *Auskunftspflichten Arbeitnehmer* Rn 2 ff. 4

**2. Einzelfälle. a) Überwachungs- und Kontrollmaßnahmen.** Kontrolleinrichtungen, die ausschließlich den maschinellen Arbeitsablauf überwachen, sind grds unbedenklich. Wird dagegen zugleich oder sogar überwiegend das Verhalten der ArbN kontrolliert, ist zu differenzieren. Die rein **gelegentliche Kontrolle** des ArbN am Arbeitsplatz, zB durch Vorgesetzte, Meister oder die Erstellung von Tätigkeitsberichten, dient im Regelfall der Überprüfung der Arbeitspflichterfüllung und ist insoweit zulässig. Die **systematische und ständige Überwachung** dagegen, vor allem durch technische Einrichtungen (zB Videokameras, Mikrophone, Zeitstempler, Spiegel oder Einwegscheiben), stellt wegen des damit verbundenen „Überwachungsdrucks" regelmäßig einen erheblichen Eingriff in die Persönlichkeitssphäre des ArbN dar (BAG 26.8.08 – 1 ABR 16/07, NZA 08, 1187; zur Videoüberwachung *Alter* NJW 15, 2375) und ist am **Grundsatz der Verhältnismäßigkeit** zu messen (BAG 15.4.14 – 1 ABR 2/13, NZA 14, 551). Das bloße Interesse des ArbGeb an der Gewährleistung sorgfältiger Arbeit rechtfertigt genauso wenig die ständige Überwachung durch technische Einrichtungen wie das an sich berechtigte ArbGebInteresse, Belastungssituationen zu analysieren, um Arbeitsabläufe effektiver zu gestalten (BAG 25.4.17 – 1 ABR 46/15, NZA 17, 1205). Dagegen kann der Verdacht vorgetäuschter Arbeitsunfähigkeit und damit einer schwerwiegenden vertraglichen Pflichtverletzung die heimliche Observation des ArbN durch einen Detektiv rechtfertigen (BAG 29.6.17 – 2 AZR 597/16, NZA 17, 1179; anders noch BAG 19.2.15 – 8 AZR 1007/13, NZA 15, 994). 5

Eine **verdeckte Überwachung** (zB durch Videoübertragung oder -aufzeichnung) war bislang nach dem Verhältnismäßigkeitsgrundsatz gerechtfertigt, wenn sie – vor allem zur Ermittlung bei Diebstählen oder Warenverlusten – das **einzig brauchbare Mittel** darstellte, und genügte auch bei „einfachem" Anfangsverdacht grds den Anforderungen des bisherigen Datenschutzrechts aus § 32 Abs 1 Satz 2 BDSG aF. Zudem sollte selbst die Verletzung des Datenschutzes oder der Mitbestimmungsrechte aus § 87 Abs 1 BetrVG nicht grds zu einem Beweisverwertungsverbot im Kündigungsschutzprozess führen (BAG 20.10.16 – 2 AZR 395/15, NZA 17, 443; BAG 21.6.12 – 2 AZR 153/11, NZA 12, 1025). Nunmehr sehen seit dem 25.5.18 die unmittelbar und zwingend geltende Datenschutz-GrundVO (DSGVO) sowie das BDSG nF **umfangreiche Transparenz- und Informationspflichten für den Arbeitgeber** im Umgang mit Mitarbeiterdaten vor. Gerade der Transparenzgrundsatz aus Art 5 Abs 1a) DSGVO und die Informationspflicht aus Art 13 DSGVO stehen der Zulässigkeit verdeckter ArbNKontrollen entgegen. Auch sieht das BDSG nF bislang keinen Ausnahmetatbestand iSd Art 23 DSGVO als Abweichung von der Informationspflicht vor. Dennoch werden verdeckte Kontrollen am Arbeitsplatz in **engen Ausnahmefällen** nach wie vor zulässig sein, wenn im konkreten Fall die betroffenen ArbGeb- und ArbNInteressen gem der europarechtlichen Erlaubnisnorm Art 6 Abs 1 lit f) DSGVO umfassend gegen- 6 einander abgewogen werden. Insoweit wird auf die bisherige Rspr und ihre Anforderungen an die Verhältnismäßigkeit zurückgegriffen werden können (eingehend *Byers* NZA 17, 1086 mwN). Erlaubnisnorm für die offene **Videoüberwachung in öffentlich zugänglichen Räumen** ist nunmehr § 4 BDSG nF, der dem bisherigen § 6b BDSG aF im Wesentlichen entspricht. Fraglich ist allerdings, ob § 4 BDSG nF überhaupt im Arbeitsverhältnis Anwendung findet, da dies in seinem Wortlaut keinen Niederschlag findet. Jedenfalls wird bei der Überwachung öffentlich zugänglicher Arbeitsplätze eine Rechtfertigung über § 26 BDSG nF auch weiterhin möglich sein (*Byers/Wenzel* BB 17, 2036). Das setzt voraus, dass die Überwachung für zuvor **konkret festgelegte Zwecke** erforderlich und angemessen ist (BAG 28.3.19 – 8 AZR 421/17, NZA 19, 1212). Grds zulässig ist die aus Sicherheitsgründen durchgeführte Überwachung von Bankschaltern oder die Torüberwachung wegen der nur mittelbaren ArbNKontrolle. Das gilt auch zwecks Verhinderung von Diebstählen oder anderen strafbaren Handlungen. Das schutzwürdige ArbNInteresse gebietet aber, die überwachten Bereiche auf das Notwendige zu beschränken. Eine Überwachung von Toiletten und Umkleiden ist nicht gerechtfertigt und der ArbN muss sich zumindest in den Pausen in einen nicht überwachten Raum zurückziehen können (*Däubler* NZA 17, 1481). Für die im Rahmen der Verhältnismäßigkeit durchzuführende Interessenabwägung kann auf die bisherige Rspr zurückgegriffen werden (s insbes BAG 21.6.12 – 2 AZR 153/11, NZA 12, 1025). Der ArbGeb ist nicht zur sofortigen Auswertung der Videodaten verpflichtet, sondern kann damit bis zu einem berechtigten Anlass warten. Rechtmäßig erworbene Aufzeichnungen werden nicht durch bloßen Zeitablauf unverhältnismäßig mit der Folge eines Beweisverwertungsverbots (BAG 28.3.19 – 8 AZR 421/17, NZA 19, 1212; BAG 23.8.18 – 2 AZR 133/18, NZA 18, 1329). Wie bereits § 6b Abs 2 BDSG aF sieht § 4 Abs 2 BDSG nF die Kenntlichmachung der Videoüberwachung vor. S hierzu → *Datenschutz* Rn 1 ff.

7 Das **heimliche Abhören von Telefongesprächen** – gleich ob dienstlicher oder privater Natur – oder das verdeckte Einloggen in den Dienstcomputer ist datenschutz- und persönlichkeitsrechtlich grds unzulässig und wird lediglich ausnahmsweise bei einem konkreten Verdacht einer Straftat oder schweren Pflichtverletzung gerechtfertigt sein (BAG 29.10.97 – 5 AZR 508/96, DB 98, 371; BAG 27.7.17 – 2 AZR 681/16, NZA 17, 1327 (Einzelheiten → *Internet-/Telefonnutzung* Rn 8 ff, → *Soziale Netzwerke* Rn 7). Zulässig ist das **Mithören** eines Telefongesprächs (zB durch Zweithörer, Lautsprecher), sofern der ArbN konkret zugestimmt hat (BVerfG 19.12.91, NZA 92, 307; LAG Bln 19.2.74, DB 74, 1243; aA LAG BaWü 29.4.76, DB 77, 776). Die nicht genehmigte **Aufzeichnung privater Gespräche,** also auch von Telefongesprächen, und deren Verwertung ist unzulässig und nach § 201 Abs 1 StGB strafbar.

8 Erlaubt ist dagegen die automatische **Erfassung von Telefondaten** bei Dienstgesprächen oder Privatgesprächen aus dienstlichem Anlass hinsichtlich Anzahl, Zeitpunkt, Dauer, Gebühreneinheiten, Zielnummer, Nummer des benutzten Apparates; unmittelbar betroffen ist nur das Arbeitsverhalten und nicht die Persönlichkeit des ArbN (MünchArbR/*Reichold* § 86 Rn 11). Bzgl der angewählten Nummer kann jedoch ein berechtigtes Geheimhaltungsinteresse des ArbN oder Gesprächsteilnehmers bestehen, zB bei Beratungstätigkeit eines angestellten Psychologen (BAG 13.1.87, DB 87, 1153; LAG Hbg 31.1.86, DB 86, 702). Bei reinen Privatgesprächen darf die Zielnummer nur erfasst werden, wenn der ArbN dies zur Gebührenabrechnung wünscht (BAG 27.5.86 – 1 ABR 48/84, NZA 86, 643; LAG Frankfurt 27.8.81, BB 82, 2049). Bei der Überwachung des **E-Mail-Verkehrs** am Arbeitsplatz gelten vergleichbare Grundsätze. Ein Kontrollinteresse des ArbGeb bzgl privater E-Mails des ArbN kann bestehen in Hinblick auf die Weitergabe von Geschäftsgeheimnissen oder zur Kosten- und Netzbeschränkung. Der ArbGeb hat die Vorgaben des BDSG zu beachten (§§ 1 Abs 1 S 2, 24 BDSG nF).

9 Erfolgt die Überwachung mit Hilfe von technischen Geräten, ist das **Mitbestimmungsrecht des Betriebsrats** gem § 87 Abs 1 Nr 6 BetrVG zu beachten. Danach unterliegt die Einführung und Anwendung von technischen Einrichtungen zur Überwachung von Verhalten oder Leistung der ArbN der erzwingbaren Mitbestimmung. In jedem Fall muss aber auch der einzelne ArbN von vornherein generell über die betreffende Maßnahme unterrichtet werden (*Wiese* ZfA 71, 287).

10 **b) Erfassung von Personaldaten.** Bereits im Rahmen der Personalauswahl wird die Erhebung von ArbNDaten im Interesse des Persönlichkeitsschutzes des Bewerbers be-

schränkt. **Graphologische Gutachten, ärztliche Untersuchungen, psychologische Tests** usw sind nur insoweit zulässig, als der ArbGeb ein berechtigtes und schutzwürdiges Interesse an den gewünschten Bewerberdaten im Hinblick auf den zu besetzenden Arbeitsplatz hat (BAG 20.2.86, BB 86, 1852). Hierzu → *Personalauswahl* Rn 14 ff.

Der **Missbrauch von Arbeitnehmerdaten** droht zunehmend durch den Einsatz moderner Technologien. Die zur bloßen Steuerung und Unterstützung der Arbeitsabläufe verwandten technischen Einrichtungen ermöglichen vielfach die Erfassung und Auswertung von ArbNDaten. Weiterhin treten an die Stelle manuell geführter Personalakten vermehrt elektronische **Personalinformationssysteme,** in denen ArbNDaten gespeichert und für die Personalverwaltung oder Personalplanung nutzbar gemacht werden können. Bei solchen Datensystemen besteht die Möglichkeit der Verknüpfung personen-, verhaltens- und leistungsbezogener ArbNDaten und damit die Gefahr der Erstellung eines umfassenden – über das konkrete Arbeitsverhältnis und die erlaubten Erkenntnismethoden hinausgehenden – Persönlichkeitsbilds. Zu beachten sind hier neben dem Recht des Einzelnen auf **informationelle Selbstbestimmung** – als Ausprägung des Persönlichkeitsrechts – die Anforderungen des neuen Datenschutzrechts nach der unmittelbar geltenden DSGVO, des BDSG und des § 87 Abs 1 Nr 6 BetrVG. Näheres dazu → *Personalakte* Rn 4 ff; → *Personalinformationssystem* Rn 1 ff; → *Datenschutz* Rn 1 ff. 11

**c) Verhaltens- und Bekleidungsvorschriften.** Das Recht des Einzelnen auf freie Gestaltung des Äußeren wird insoweit beschränkt, als dies durch die Betriebsverhältnisse geboten ist (BAG 8.8.89, DB 90, 893; 13.2.07 – 1 ABR 18/06, AP BetrVG 1972 § 87 Ordnung des Betriebes Nr 40 mit Anm *Edenfeld*). Der Schutz des ArbGebEigentums und die betriebliche Ordnung rechtfertigen die Aufforderung des ArbGeb, **Schutzkleidung** zu tragen und keine Schuhe zu tragen, die uU den Bodenbelag in Mitleidenschaft ziehen (MünchArbR/*Reichold* § 86 Rn 20 mwN). Der ArbN ist grds auch verpflichtet, die allgemein übliche **Dienst- oder Arbeitskleidung** zu tragen, die Aufschluss über seine Funktion (Kellner, Schaffner, Stewardess) oder seine Zugehörigkeit zu einem bestimmten Unternehmen verdeutlicht (Tankwart, Restaurantkette; ArbG Frankfurt 8.8.88, AiB 89, 17). Näheres hierzu → *Arbeitskleidung* Rn 1 ff. 12

Zur Reglementierung des ArbNVerhaltens durch sog Verhaltens- oder Ethikrichtlinien → *Compliance* Rn 1 ff und → *Whistleblowing* Rn 11 ff. Zu der Frage, inwiefern sich aus dem Persönlichkeitsrecht ein Recht auf **Rauchen im Betrieb** bzw auf Schutz vor Rauchern im Betrieb ableiten lässt, ausführlich → *Nichtraucherschutz* Rn 2 ff. 13

**3. Rechtsfolgen der Persönlichkeitsverletzung.** Bei rechtswidrigen Eingriffen in das Persönlichkeitsrecht hat der betroffene ArbN einen **Beseitigungsanspruch** analog §§ 12, 862, 1004 BGB (BAG 15.5.91 – 5 AZR 115/90, NZA 92, 43). Weiterhin kann ein **Schadensersatzanspruch** aus positiver Forderungsverletzung (§ 280 BGB) und aus § 823 Abs 1 BGB gegeben sein (MünchArbR/*Reichold* § 86 Rn 28 ff). Bei schwerwiegenden Persönlichkeitsverletzungen kann der ArbN **Schmerzensgeld** beanspruchen, soweit Art und Schwere des Eingriffs die Zuerkennung eines Schmerzensgeldes erfordern und das Persönlichkeitsrecht auf andere Weise nicht ausreichend geschützt werden kann (BAG 25.10.07 – 8 AZR 593/06, NZA 08, 223; 18.2.99 – 8 AZR 735/97, NZA 99, 645). Bei Diskriminierungen nach dem AGG sieht § 15 Abs 1 und 2 AGG besondere Schadensersatz- und Entschädigungsansprüche vor (→ *Diskriminierung* Rn 1 ff). Prozessual kann die Erlangung von Beweisen unter Verletzung des Persönlichkeitsrechts zu einem Beweisverwertungsverbot führen (LAG Hamm 24.7.01 – 11 Sa 1524/00, NZA-RR 02, 464). 14

**B. Lohnsteuerrecht** *Seidel*

Die dem FA bzw den Steuerprüfern im Rahmen ihrer Tätigkeit bekannt gewordenen Daten und Verhältnisse der ArbN und des ArbGeb sind durch das strafbewehrte Steuergeheimnis geschützt (§ 30 AO; § 355 StGB; → *Datenschutz* Rn 35 ff, auch zur befugten Offenbarung). Da weder der ArbGeb noch der ArbN zu dem in § 30 AO genannten Personenkreis gehören, der das Steuergeheimnis zu wahren hat, ergibt sich eine Pflicht zur Geheimhaltung der Verhältnisse eines ArbN durch den ArbGeb oder durch andere ArbN oder der Verhältnisse des ArbGeb durch die ArbN gegenüber Dritten – mit Ausnahme des 15

FA – nur aufgrund außersteuerlicher Geheimhaltungsvorschriften (→ *Betriebsgeheimnis* Rn 4 ff, 18 sowie → *Verschwiegenheitspflicht* Rn 1 ff).

16 Lediglich für die gespeicherten ELStAM enthält das Steuerrecht in § 39 Abs 8 EStG eine Schutzvorschrift. Der ArbGeb darf diese Merkmale ohne Zustimmung des ArbN nur für die Einbehaltung der LSt verwenden und sie nur offenbaren, soweit dies gesetzlich zugelassen ist (→ *Lohnsteuerabzugsmerkmale* Rn 21). Zu Auskünften des ArbGeb oder des ArbN gegenüber dem FA → *Auskunftspflichten Arbeitgeber* Rn 26 ff, → *Auskunftspflichten Arbeitnehmer* Rn 36 und → *Außenprüfung* Rn 16, 17). Zum Anspruch eines Stpfl auf Benennung der Person, die ihn beim FA angezeigt hat, s BFH 19.11.02 – VII B 123/02, BFH/NV 03, 294, bestätigt BFH 9.1.07 – VII B 134/05, BFH/NV 07, 1141.

**C. Sozialversicherungsrecht** *Schlegel*

19 **1. § 35 SGB I und §§ 67 ff SGB X als verfassungskonforme Begrenzung des Rechts auf informationelle Selbstbestimmung.** Dieses Recht auf „informationelle Selbstbestimmung" (Volkszählungsgesetz BVerfG NJW 84, 419 = BVerfGE 65, 1), also die Befugnis des Einzelnen, selbst über die Preisgabe und Verwendung seiner persönlichen Daten zu bestimmen, ist nicht schrankenlos gewährleistet. Der Einzelne hat nicht ein Recht iS einer absoluten, uneinschränkbaren Herrschaft über „seine" Daten, er ist vielmehr eine sich innerhalb der sozialen Gemeinschaft entfaltende, auf Kommunikation angewiesene Persönlichkeit. Information, auch soweit sie personenbezogen ist, stellt ein Abbild sozialer Realität dar, das nicht ausschließlich dem Betroffenen allein zugeordnet werden kann.

20 Das GG hat die Spannung Individuum – Gemeinschaft im Sinne der Gemeinschaftsbezogenheit der Person entschieden. Grds muss daher der Einzelne Einschränkungen seines Rechts auf informationelle Selbstbestimmung im überwiegenden Allgemeininteresse hinnehmen. Diese Beschränkungen bedürfen aber nach Art 2 Abs 1 GG einer (verfassungsgemäßen) gesetzlichen Grundlage, aus der sich die Voraussetzungen und der Umfang der Beschränkungen klar und für den Bürger erkennbar ergeben und die dem rechtsstaatlichen Gebot der Normklarheit entspricht. So ist zB der gesetzlich vorgesehene **automatisierte Datenabgleich des SGB 2-Trägers mit dem Bundeszentralamt für Steuern** ist verfassungsgemäß (BSG, 24.4.15 – B 4 AS 39/14 R, ZD 2016, 85).

21 **2. Adressat des Sozialgeheimnisses.** Adressat des Sozialgeheimnisses nach § 35 Abs 1 Satz SGB I sind nur die Leistungsträger und ihre Arbeitsgemeinschaften: die im SGB genannten öffentlich-rechtlichen Vereinigungen, die Künstlersozialkasse, die Deutsche Post (soweit sie mit der Berechnung oder Auszahlung von Sozialleistungen betraut ist) und die aufsichts-, rechnungs- oder weisungsberechtigten Behörden. Die ArbGeb werden in § 35 SGB I nicht genannt, so dass sich deren Pflicht zur Wahrung des Persönlichkeitsschutzes nicht aus dem SGB ergibt.

22 **3. Gegenstand.** Gegenstand des Sozialgeheimnisses ist nach der Definition des § 35 Abs 1 Satz 1 SGB I der Anspruch des Einzelnen darauf, dass Einzelangaben über seine Sozialdaten „von den Leistungsträgern als Sozialgeheimnis gewahrt und nicht unbefugt offenbart werden". Sozialdaten sind nach § 67 Abs 1 Satz 1 SGB X Einzelangaben über persönliche und sachliche Verhältnisse einer bestimmten natürlichen Person, die einer Stelle, die Aufgaben nach dem SGB wahrnimmt, bei der Wahrnehmung dieser Aufgaben erhoben, verarbeitet oder genutzt werden. Zu den Rechtsfolgen (zB **Beweisverwertungsverbot**) bei Verstoß gegen den Schutz persönlicher Daten im Zusammenhang mit Begutachtung (zB medizinischer Sachverständigengutachten) vgl § 76 SGB X, speziell in der KV § 200 SGB VII (zum Ganzen BSG 5.2.08 – B 2 U 8/07 R, NZS 09, 99). Die Obliegenheit, dass sich Versicherte im System der gesetzlichen KV durch eine **elektronische Gesundheitskarte** ausweisen müssen, um Leistungen zu erhalten, verstößt nicht gegen das Recht auf informationelle Selbstbestimmung (BSG 18.11.2014 – B 1 KR 35/13 R, SozR 4–2500 § 291a Nr 1).

23 **4. Löschung und Berichtigung von Sozialdaten in Akten der Leistungsträger.** Als Ausfluss des Persönlichkeitsrechts sind nach § 84 Abs 1 SGB X Sozialdaten zu berichtigen, wenn sie unrichtig sind. Wird die Richtigkeit von Sozialdaten von dem Betroffenen bestritten und lässt sich weder die Richtigkeit noch die Unrichtigkeit der Daten feststellen,

bewirkt dies keine Sperrung, soweit es um die Erfüllung sozialer Aufgaben geht; die ungeklärte Sachlage ist in geeigneter Weise festzuhalten. Die bestrittenen Daten dürfen nur mit einem Hinweis hierauf genutzt und übermittelt werden. Sozialdaten sind nach § 84 Abs 2 SGB X zu löschen, wenn ihre Speicherung unzulässig ist. Sie sind auch zu löschen, wenn ihre Kenntnis für die verantwortliche Stelle zur rechtmäßigen Erfüllung der in ihrer Zuständigkeit liegenden Aufgaben nicht mehr erforderlich ist und kein Grund zu der Annahme besteht, dass durch die Löschung schutzwürdige Interessen des Betroffenen beeinträchtigt werden. Über den Anspruch auf Löschung von Sozialdaten ist zunächst im Rahmen eines Verwaltungsverfahrens durch Verwaltungsakt zu entscheiden; eine isolierte Leistungsklage auf Löschung ist unzulässig (BSG 21.3.06 – B 2 U 24/04 R, SozR 4–1300 § 84 Nr 1).

Ein Versicherter hat Anspruch auf Auskunft über die für ihn aufgewandten Leistungen der KV (§ 305 SGB V): dieser Anspruch verdrängt andere Auskunftsansprüche, zB einen Anspruch gegen eine Kassenärztliche Vereinigung auf Auskunftserteilung über die von dieser über den Versicherten gespeicherten Sozialdaten, nicht (BSG 2.11.10 – B 1 KR 12/10 R, SozR 4–1300 § 83 Nr 1).

# Personalakte

## A. Arbeitsrecht

*Poeche*

1 **1. Begriff. a) Ausgangslage.** Personalplanung und -verwaltung des ArbGeb setzen idR eine systematische Anlage und Führung von Personalakten voraus. Interesse des ArbN ist, dass die in Papierform oder elektronisch gespeicherte Dokumentation des ArbGeb keine Tatsachen enthält, die für ihn ungünstig sind oder ihm nachteilig werden können.

2 **b) Personalakte im materiellen Sinn** ist eine Sammlung von Urkunden und Vorgängen, die die persönlichen und dienstlichen Verhältnisse des ArbN betreffen und in einem inneren Zusammenhang mit dem Arbeitsverhältnis stehen, wobei es auf eine äußere Zuordnung nicht ankommt (BAG 16.11.10 – 9 AZR 573/09, NZA 11, 453). Der materielle Personalaktenbegriff bestimmt demnach darüber, ob Unterlagen und Vorgänge zur Personalakte gehören. „Personalakte" ist also nicht nur das, was der ArbGeb als solche bezeichnet und führt. Begrifflich kommt es auch weder auf die betriebliche oder außerbetriebliche Stelle an, wo die Personalakte geführt wird (Personalabteilung, Produktionsbereich, Konzernverwaltung, Steuerberater), noch auf Form oder verwendetes Material (Karteikarte, Hefter, Mikrofilme, EDV). Damit fallen auch in elektronischen Datenbanken gespeicherte Personaldaten unter den materiellen Personalaktenbegriff (LAG BaWü 15.11.12 – 4 Ta 15/12, BeckRS 2012, 75665).

3 **c) Personalakte im formellen Sinn** ist herkömmlich die in Aktendeckeln untergebrachte, chronologisch oder alphabethisch geordnete, ggf nach Untergruppen (Haupt- und Beiakten: Urlaub, Beihilfe, Beurteilungen) gegliederte Sammlung von *Arbeitspapieren,* wie sie einheitlich im öffentlichen Dienst, weitgehend auch in der Privatwirtschaft, angelegt wird. Derartige qualifizierte Personalakten braucht der ArbGeb nicht zu führen. Art und Weise der Dokumentation der für das Arbeitsverhältnis maßgebenden Daten, Aufmachung und Gestaltung einer Personalakte liegen in der Entscheidung des ArbGeb (*Herfs-Röttgen* NZA 13, 478). Eine „Paginierung" (Versehen mit Seitenzahlen) kann der ArbN nicht verlangen (BAG 16.10.07 – 9 AZR 110/07, NZA 08, 368).

4 **d) Elektronische Personalakte.** Dem ArbGeb steht es frei, die Personalakte elektronisch zu führen. Auch in diesem Fall handelt es sich um eine Personalakte im materiellen Sinne (zur elektronischen bzw digitalen Personalakte *Hitzelberger-Kijiama* öAT 16, 87; *Diller/Schuster* DB 08, 928; *Herfs-Röttgen* NZA 13, 478; *Staack/Sparchholz* AiB 2/14, 50; *Lauck* AuA 13, 594; LAG BaWü 15.11.12 – 4 Ta 15/12, BeckRS 2012, 75665). Das Führen der Personalakte in dieser Form unterliegt – im Vergleich zur Papierakte – weitergehenden Beschränkungen. Nach Art. 12 ff DSGVO ist der ArbN darüber zu unterrichten, dass seine Personalakte in elektronischer Form geführt wird. Besondere Auskunfts-, Löschungs-, Berichtigungs- und Sperrungsrechte ergeben sich aus den §§ 34 ff BDSG nF iVm Art 17 DSGVO (hierzu eingehend *Nebeling/Lankes* DB 17, 2542). Wegen des besonderen Gefähr-

dungspotenzials für die Daten des ArbN müssen zur Wahrung des Vertraulichkeitsgrundsatzes besondere Vorkehrungen durch den ArbGeb getroffen werden, zB abgestufte Zugriffsberechtigungen auf den Datenbestand (sog differenziertes Berechtigungskonzept, *Staack/Sparchholz* AiB 2/14, 50; *Herfs-Röttgen* NZA 13, 478). Die erforderlichen Datensicherungsmaßnahmen ergeben sich aus § 9 BDSG. Die Einführung der elektronischen Personalakte unterliegt nach überwiegender Auffassung der Mitbestimmung des BRat nach § 87 Abs 1 Nr 6 BetrVG (*Fitting* § 83 Rn 3, *Staack/Sparchholz* AiB 2/14, 50), da regelmäßig nicht nur Statusdaten verarbeitet, sondern Daten gespeichert werden, die zur Überwachung des Verhaltens des ArbN geeignet sind. Zur Digitalisierung von Personalakten und den damit verbundenen Risiken bei der Vernichtung von Unterlagen: *Lüthge/Springer* BB 17, 1397; *Lüthge/Springer* PuR 17, 199.

5 **2. Inhalt der Personalakte. a) Ausgangslage.** Der Inhalt der Personalakte bestimmt sich nach dem Zweck der Personalaktenführung. Dieser besteht darin, möglichst lückenlos über die Person des ArbN und seine dienstliche Laufbahn Aufschluss zu geben (BAG 12.9.06 – 9 AZR 271/06, NZA 07, 269; BAG 7.9.88 – 5 AZR 625/87, DB 89, 284). Inhalt der Personalakte können daher alle Unterlagen werden, die sich auf das Arbeitsverhältnis beziehen und an deren Aufnahme ArbGeb oder ArbN ein berechtigtes Interesse haben. Im Einzelfall bedarf es einer Güterabwägung (BAG 12.9.06 – 9 AZR 271/06, NZA 07, 269; BAG 6.6.84 – 5 AZR 286/81, DB 84, 2626). Betroffen sind mithin alle Schriftstücke von der Bewerbung über Abschluss des Arbeitsvertrages und Einstellung, Durchführung des Arbeitsverhältnisses bis hin zu seiner Beendigung und Abwicklung. Im Einzelnen gehören dazu etwa Bewerbungsschreiben und -unterlagen, Lebenslauf, Lichtbild, Zeugnisse und Referenzen, Personalfragebogen, Arbeitsvertrag und Ergänzungen, Führungs- und Leistungsbeurteilungen, Abmahnungen, Zeugnisse über Fortbildungsmaßnahmen, Krankheitsbescheinigungen, Urlaubsanträge und -bewilligungen, abgeschlossene Vorgänge des Werkschutzes, schließlich Kündigungsschreiben, Aufhebungsvertrag, Schlusszeugnis. Wird davon ausgegangen, dass die Führung einer Personalakte den Vorgaben des § 32 BDSG aF (§ 26 BDSG nF) unterliegt (bejahend *Herfs-Röttgen* NZA 13, 478; näher hierzu *Müller* DB 11, 2604), dürfte sich nichts anderes ergeben. Danach ist die Führung von Personalakten nur insoweit zulässig, als dies für die Durchführung des Arbeitsverhältnisses erforderlich ist. Das Führen der Personalakte liegt allerdings im Organisationsermessen des ArbGeb, dh es muss keine einheitliche Akte geführt werden; es können auch Beiakten angelegt werden (LAG Düsseldorf 14.3.18 – 7 Sa 464/17, BeckRS 2018, 6432).

6 **b) Einschränkungen im Interesse des Arbeitnehmers.** Das Interesse des ArbN am Schutz seiner Privatsphäre (→ *Datenschutz* Rn 1; → *Persönlichkeitsrecht* Rn 1 ff) begrenzt den Umfang der legitim aufzunehmenden Unterlagen. Ihr Kreis deckt sich in etwa mit dem Katalog der Fragen, die dem ArbN bei seiner Bewerbung zulässigerweise gestellt werden dürfen (→ *Auskunftspflichten Arbeitnehmer* Rn 13; → *Personalauswahl* Rn 10). Aufzeichnungen des **Betriebsarztes** sind nur aufzunehmen, soweit dem ArbGeb ein Unterrichtungsanspruch zusteht (Mitteilung des **Untersuchungsergebnisses** (→ *Betriebsarzt* Rn 14). Sensible Gesundheitsdaten des ArbN dürfen in die Personalakte aufgenommen werden, müssen jedoch besonders vor unbefugter zufälliger Kenntnisnahme geschützt werden (BAG 12.9.06 – 9 AZR 271/06, NZA 07, 269). Unterlagen aus dem BEM-Verfahren sollen ebenfalls nur in einer gesonderten Akte, auf die nur die Verfahrensbeteiligten Zugriff haben, aufbewahrt werden dürfen (*Schierbaum* PersR 17, Nr 4, 19; *Faas/Henseler* DB 18, 2292).

7 **c) Einschränkungen im Interesse des Arbeitgebers.** Vorausgesetzt wird stets ein Bezug zum **konkreten Arbeitsverhältnis.** Kein Bestandteil der Personalakten sind betriebliche Unterlagen, in denen der ArbN nur namentlich aufgeführt wird, ohne dass damit seine persönliche Rechtsstellung betroffen ist (zB Personal-, Lohn- und Gehaltslisten, Schichtpläne). Die gemeinsame Nennung mehrerer ArbN in einem Schriftstück schließt für sich allerdings nicht aus, dass es Gegenstand der materiellen Personalakte ist. Es ist ein gewisser „offizieller" Anstrich der Schriftstücke zu verlangen, so dass Notizen, Aufzeichnungen der Vorgesetzten, Zeugnisentwürfe, die erst Grundlage einer Entscheidung werden sollen, nicht genügen.

**Prozessakten des Arbeitgebers** sind ebenso wenig der Personalakte zuzuordnen wie Unterlagen des ArbGeb über den BRat als Organ (LAG Brem 4.3.77 – 1 Sa 303/76, DB 77, 1006).

**3. Vertraulichkeit der Personalakte.** Persönlichkeitsrecht des ArbN und Fürsorge verpflichten den ArbGeb, Personalakten vor dem Zugriff Dritter zu bewahren. Das gilt auch für Betriebsangehörige. Der Kreis der zugangsberechtigten Personen ist möglichst klein zu halten und auf die für Personalentscheidungen zuständigen Mitarbeiter zu beschränken. Ein **Mitbestimmungsrecht** des BRat bei der Festlegung des Personenkreises, der Einsicht nehmen darf, besteht deshalb nicht (LAG Düsseldorf 14.11.05 – 10 TaBV 46/05, NZA-RR 2006, 81). Besonders sensible Daten wie Angaben zum körperlichen, geistigen und seelischen Zustand sind vor Einblick zu sichern. Sie müssen gesondert außerhalb der formellen Akte oder im verschlossenen Umschlag aufbewahrt werden, damit sie nicht bei der regelmäßigen Sachbearbeitung der Personalakte ohne konkreten Anlass ins Auge fallen (BAG 12.9.06 – 9 AZR 271/06, NZA 07, 269; 15.7.87 – 5 AZR 215/86, DB 87, 2571). Soweit im Schrifttum (*Kammerer* AuR 07, 189) Ausführungen des BAG zur Datenschutzrichtlinie vermisst werden, wird übersehen, dass die Richtlinie eine automatisierte Aktenführung voraussetzt. Allerdings sind auch bei einer digitalen Personalaktenführung entsprechende Vorkehrungen in der Datenverarbeitung zu treffen (*Müller* DB 11, 2604). 8

**Überwiegende Interessen** des ArbGeb können im Einzelfall die Offenlegung der Personalakte auch Dritten gegenüber rechtfertigen (BAG 4.4.90 – 5 AZR 299/89, DB 90, 1522: Kontrolle durch zur Verschwiegenheit verpflichtete Revisoren; BAG 17.5.83 – 1 AZR 1249/79, DB 84, 139: Weiterleitung des vom ArbN in Kenntnis der Bedeutung und Funktion ausgefüllten Fragebogens zur Sicherheitsüberprüfung an das Bundesamt für Verfassungsschutz). Die Rechte des **Betriebsrats** gehen nicht weiter als die sonstiger Personen; Personalakten sind ihm weder vorzulegen noch auszuhändigen (BAG 20.12.88 – 1 ABR 63/87, NZA 89, 393; LAG Frankfurt 22.5.84 – 4 TaBV 93/83, NZA 85, 97; LAG NdS 22.1.07 – 11 Sa 614/06, NZA-RR 07, 585). Andererseits darf der ArbGeb Kontrollrechte des BRat nach § 80 Abs 2 BetrVG nicht dadurch unterlaufen, dass er Aufzeichnungen zur Personalakte eines ArbN nimmt (LAG BaWü 21.2.94 – 15 TaBV 11/93, DB 95, 51: EDV-Ausdruck über verfallene Gleitzeit). 9

**Behörden** hat der ArbGeb entsprechend den gesetzlichen Vorschriften Auskunft aus der Personalakte zu erteilen (zB FA, Krankenkassen). Das gilt auch für die gem § 95 Abs 1 Bundeshaushaltsordnung dem Bundesrechnungshof zuzuleitenden Schaublätter aus Fahrtenschreibern (BAG 12.1.88 – 1 AZR 352/86, DB 88, 1552). Andere öffentliche Institutionen können auf die Personalakte nur dann Zugriff nehmen, wenn hieran unter Beachtung des Grundsatzes der Verhältnismäßigkeit ein überwiegendes Interesse der Allgemeinheit besteht. Für den Petitionsausschuss ist das abzulehnen (OVG Münster 3.6.88 – 1 B 426/88, NJW 88, 2496). Auch das Beweiserhebungsrecht der Gerichte oder Parlamentarischen Untersuchungsausschüsse begründet keinen Anspruch auf Einsichtnahme (BVerfG 1.10.87 – 2 BvR 1178/86, NJW 88, 890). Voraussetzung für die Beiziehung von Personalakten ist das Einverständnis des betroffenen ArbN. 10

Der ArbGeb kann sich **schadensersatzpflichtig** machen, wenn er unbefugt den Inhalt der Personalakte offenbart. Ein Schmerzensgeldanspruch wegen Verletzung des Persönlichkeitsrechts ist jedoch dann nicht gegeben, wenn die Offenbarung zu keinen materiellen Schäden oder sonstigen nachteiligen Auswirkungen geführt hat und der ArbGeb den Interessen des ArbN dienen wollte (BAG 18.12.84 – 3 AZR 389/83, DB 85, 2307). Die **unerlaubte Einsichtnahme** in Personalakten eines Dritten kann auch ohne Abmahnung eine ordentliche Kündigung rechtfertigen (ArbG Marburg 27.5.94 – 2 Ca 514/93, BB 95, 259). 11

**4. Einsichtsrecht. a) Allgemeines.** ArbN können jederzeit und ohne besonderen Anlass in ihre Personalakten Einsicht nehmen. Das in §§ 83 Abs 1 BetrVG, 26 Abs 2 SprAuG ausdrücklich genannte Recht steht allen ArbN zu, auch Auszubildenden. Es handelt sich um einen nebenvertraglichen Anspruch des ArbN, der nicht auf ArbN in Betrieben mit BRat beschränkt ist. Er erfasst die Personalakte im materiellen Sinn. Die Personalakte ist dem ArbN **vollständig** vorzulegen. Schriftstücke dürfen nicht vorher entfernt und gesondert verwahrt werden. Das gilt auch dann, wenn die aufgenommene Information dem ArbGeb mit der Bitte um Vertraulichkeit erteilt worden ist, wie es gelegentlich bei der Einholung von Auskünften anlässlich von Bewerbungen oder der Zusage von Vertraulichkeit an einen sog Hinweisgeber der Fall ist (LAG BaWü 20.12.18 – 17 Sa 11/18, NZA-RR 19, 242; kritisch *Wybitul/Brams* NZA 19, 672). Ggf hat der ArbGeb entsprechende Passagen 12 unkenntlich zu machen. Der ArbGeb hat nur die Wahl zwischen Offenlegung oder Vernichtung der Unterlage. Das Einsichtsrecht schließt die Befugnis zur Fertigung von **Notizen und Abschriften** ein. Fotokopien kann der ArbN auf seine Kosten herstellen. Unzulässig soll die Erstellung eines Doppels der Personalakte sein (*Richardi/Thüsing* § 83 Rn 17; GK-BetrVG/*Franzen* § 83 Rz 24). Ein Grund für diese Beschränkung ist nicht ersichtlich. Der ArbN hat aber jedenfalls keinen Anspruch darauf, dass der ArbGeb eine vollständige Kopie der Akte fertigt und zur Abholung bereithält (Hess LAG 9.5.14 – 14 Sa 903/13, BeckRS 2015, 67850). Der ArbGeb oder ein von ihm Beauftragter kann während der Einsichtnahme anwesend sein (aA sofern ein besonderes Interesse, das gegen die Anwesenheit des ArbGeb spricht, geltend gemacht wird: LAG Thüringen 28.5.14 – 6 Sa 213/13, BeckRS 2014, 73159 mit krit Anm *Müller* öAT 14, 257). Führt der ArbGeb die Personalakte in Papierform, lässt sich ein Einsichtsrecht nicht auf § 34 BDSG aF gründen (BAG 16.11.10 – 9 AZR 573/09, NZA 11, 453, aA *Riesenhuber* NZA 14, 753).

13 **b) Auskunftsanspruch.** Das Einsichtsrecht kann umfassend nur wahrgenommen werden, wenn dem ArbN bekannt ist, wo seine Personalunterlagen aufbewahrt werden. Deshalb sind **Hinweise** auf Bei- oder Sonderakten in der formellen Hauptakte aufzunehmen (so richtig LAG Brem 4.3.77 – 1 Sa 303/76, DB 77, 1006; *Fitting* § 83 Rz 5; aM GK-BetrVG/*Franzen* § 83 Rz 14). Kurzschrift und fremdsprachige Texte sind in **lesbare Form** zu bringen. Verwendet der ArbGeb ein ***Personalinformationssystem,*** braucht der ArbN sich nicht mit einem Blick auf den Bildschirm zu begnügen. Zur gezielten Abfragung seiner Daten kann er vielmehr Auskunft über die Methoden ihrer Verarbeitung verlangen; ihm ist ein **Ausdruck** auszuhändigen.

14 **c) Beteiligung Dritter.** Der ArbN kann bei der Wahrnehmung seines Einsichtsrechts ein **Betriebsratsmitglied seiner Wahl,** der Schwerbehinderte gem § 95 Abs 3 SGB IX auch ein Mitglied der Schwerbehindertenvertretung, hinzuziehen, die einer besonderen Schweigepflicht über den Inhalt der Personalakte unterliegen. Die Verletzung der Schweigepflicht ist gem § 120 Abs 2, 4 BetrVG auf Antrag strafbar. Ein Zeugnisverweigerungsrecht erwirbt das BRatMitglied nicht; der Katalog der Aussageverweigerungsrechte in den Verfahrensgesetzen ist abschließend.

15 Der ArbN kann die Einsicht einem **Bevollmächtigten** übertragen. Anders als §§ 3 Abs 5 TVöD, 13 Abs 1 BAT sieht § 83 BetrVG das nicht ausdrücklich vor, schließt diese Möglichkeit aber auch nicht aus. Da der ArbN ohnehin Abschriften aus den Akten fertigen kann, wäre es unnötiger Formalismus, die Einschaltung eines Bevollmächtigten zu versagen, der auf dem Umweg über den ArbN doch vollständige Kenntnis der Personalakten erhält (so richtig *GL* § 83 Rz 13; aA aber BAG 12.7.16 – 9 AZR 791/14, BeckRS 2016, 73183, NZA 16, 1344 jedenfalls für den Fall, dass dem ArbN gestattet wird, Kopien zu fertigen; LAG SchlHol 17.4.14 – 5 Sa 385/13, NZA-RR 14, 465, ArbG München 7.3.79 – 24 Ca 434/79, DB 79, 2284; GK-BetrVG/*Franzen* § 83 Rz 26). Der ArbGeb kann den Bevollmächtigten zurückweisen, wenn dies aus betrieblichen Gründen geboten ist (so auch die Regelung in § 13 Abs 1 Satz 4 BAT).

16 **d) Modalitäten des Einsichtsrechts.** Sie können durch Betriebsvereinbarung geregelt werden (§ 87 Abs 1 Nr 1 BetrVG). Sonst gilt, dass der ArbN jederzeit Einsicht nehmen kann; ein besonderer Anlass braucht nicht zu bestehen. Die Einsicht ist grds während der Arbeitszeit zu gewähren, die Vergütung in dieser Zeit fortzuzahlen (§§ 39 Abs 3 BetrVG; 616 Abs 1 BGB). Zeitaufwändige Abschriften hat der ArbN außerhalb seiner Arbeitszeit zu fertigen. Das Einsichtsrecht besteht nicht nur für die **Dauer** des Arbeitsverhältnisses, sondern auch **nach** seiner **Beendigung.** Insoweit ergibt es sich aus dem Selbstbestimmungsrecht des ArbN, der überprüfen können muss, ob der Inhalt der Personalakte der Wahrheit entspricht (BAG 16.11.10 – 9 AZR 573/09, NJW 11, 1306). Ein konkretes berechtigtes Interesse hieran ist nicht notwendig. Die nachträgliche Einsichtnahme ist in den Räumlichkeiten des ehemaligen ArbGeb zu gewähren und – sofern der ArbN hierfür ein berechtigtes Interesse anbringen kann – in Gegenwart eines Bevollmächtigten sowie in Abwesenheit des ArbGeb (LAG Thüringen 28.5.14 – 6 Sa 213/13, BeckRS 2014, 73159 mit krit Anm *Müller* öAT 14, 257).

17 **5. Beifügung von Erklärungen zu den Personalakten.** Der ArbN hat das Recht, der Personalakte Erklärungen beizufügen (§ 83 Abs 2 BetrVG). Ihm wird damit die Möglichkeit

eröffnet, die Personalakte so zu vervollständigen, dass sie ein möglichst objektives Bild ergibt. Er kann zu ihn betreffende Maßnahmen Stellung nehmen, insbes **Gegendarstellungen** zu Vorgängen, die der ArbGeb in die Personalakte eingebracht hat. Darüber hinaus kann er Aufnahme von Unterlagen verlangen, zB Zeugnis über eine während des Arbeitsverhältnisses erworbene Zusatzqualifikation. Ist der ArbN der deutschen Sprache nicht mächtig, kann der ArbGeb im Einzelfall nach Treu und Glauben verpflichtet sein, seine Erklärungen zu protokollieren und der Akte beizufügen. Die Erklärungen des ArbN müssen sich auf den sachlichen Inhalt der Personalakte richten, nicht auf die formelle Aktenführung. Vorheftung eines Inhaltsverzeichnisses oder Paginierung kann der ArbN nicht verlangen (BAG 16.10.07 – 9 AZR 110/07, NZA 08, 367). Der ArbN kann jederzeit die **Berichtigung** falscher Daten verlangen. „Falsch" ist auch die Bezeichnung als „ledig", wenn der ArbN in einer eingetragenen Lebenspartnerschaft lebt (BVerwG 4.3.04 – 1 WB 32/03, NVwZ 04, 178).

**6. Entfernung von Vorgängen aus der Personalakte.** Der ArbN kann die Entfernung unrichtiger, ihn zu Unrecht belastender oder unzulässig aufgenommener Unterlagen aus der Personalakte verlangen. Dies gilt insbesondere im Zusammenhang mit Abmahnungen (→ *Abmahnung* Rn 39 ff). Der Anspruch begründet sich aus dem allgemeinen Persönlichkeitsrecht des ArbN (→ *Persönlichkeitsrecht* Rn 1). Er unterliegt keiner tariflichen Ausschlussfrist (BAG 14.12.94 – 5 AZR 137/94, DB 95, 981). Hat der ArbGeb Teile der Personalakte zu entfernen, genügt es nicht, wenn er die strittigen Passagen lediglich überklebt (LAG Köln 4.7.88 – 6 Sa 305/88, DB 89, 636). Erfolglos gebliebene **Stellenbewerber** können die Vernichtung eines Personalfragebogens verlangen (BAG 6.6.84 – 5 AZR 286/81, DB 84, 2626). Streitig ist, ob nach **Beendigung des Arbeitsverhältnisses** die Entfernung nachteiliger Schriftstücke durchgesetzt werden kann (ArbG Münster 14.12.89 – 2 Ca 1299/89, DB 90, 1144; anders ArbG Wetzlar 16.5.89 – 1 Ca 530/88, BB 89, 1979). Das BAG verlangt objektive Anhaltspunkte für eine fortwirkende Benachteiligung des ArbN (BAG 19.4.12 – 2 AZR 233/11, NZA 12, 1449; 14.9.94 – 5 AZR 632/93, DB 95, 732), was zB anzunehmen ist, wenn der öffentliche ArbGeb gesetzlich zur (befristeten) Aufbewahrung der Personalakte verpflichtet ist und nicht ausgeschlossen werden kann, dass sie als Grundlage für künftige Personalentscheidungen herangezogen wird (BAG 18.8.09 – 9 AZR 617/08, NZA 10, 115). Ob an dem Erfordernis der fortwirkenden Beeinträchtigung mit der Änderung des BDSG durch das „Gesetz zur Änderung datenschutzrechtlicher Vorschriften" vom 14.8.2009, die das BAG bereits zur Aufgabe seiner Rspr zum nachvertraglichen Einsichtsrecht veranlasst hat, festgehalten werden konnte, war fraglich (LAG Bln-Bbg 18.7.11 – 10 Ta 1325/11, BeckRS 2011, 75304; bejahend LAG Sachsen 14.1.14 – 1 Sa 266/13, ZTR 14, 294; LAG RhPf 12.12.12 – 8 Sa 379/12, BeckRS 2013, 68251; LAG SchlHol 19.7.16 – 1 Sa 37/16, BeckRS 2016, 74268). Naheliegend erschien es, dem ArbN den Anspruch zuzubilligen, solange der ArbGeb die Personalakte aufbewahrt. Das BAG hat demgegenüber klargestellt, dass es an seiner Rspr festhält und nach Beendigung des Arbeitsverhältnisses die Entfernung einer Abmahnung aus der Personalakte nur verlangt werden kann, wenn es objektive Anhaltspunkte dafür gibt, dass sie dem ArbN noch schaden kann. Zugleich hat es betont, dass sich an dieser Rechtslage auch unter Berücksichtigung der Rspr zum nachvertraglichen Einsichtsrecht nichts geändert hat (BAG 17.11.16 – 2 AZR 730/15, NZA 17, 394). Das LAG Sachsen-Anhalt hat den Anspruch auf Entfernung einer Abmahnung nach Beendigung des Arbeitsverhältnisses nun auf § 17 Abs 1 DSGVO gestützt, da die dort enthaltenen personenbezogenen Daten nicht mehr notwendig seien (LAG Sachsen-Anhalt 23.11.18 – 5 Sa 7/17, BeckRS 2018, 35988). Wann eine **zu Recht erteilte Abmahnung** zu entfernen ist, ist eine Frage des Einzelfalls. Da die Abmahnung zum einen eine Rüge- und Dokumentationsfunktion und zum anderen eine Warnfunktion hat, genügt es nicht, wenn die Abmahnung zB wegen Zeitablaufs ihre (kündigungsrechtliche) Warnfunktion verloren hat. Vielmehr muss das gerügte Verhalten für das Arbeitsverhältnis in jeglicher Hinsicht bedeutungslos geworden sein. Auch die Dokumentationsfunktion, die im Hinblick auf spätere Beförderungsentscheidungen und Beurteilungen, aber auch im Rahmen der Interessenabwägung späterer Kündigungen, von Bedeutung ist, muss entfallen sein (BAG 19.7.12 – 2 AZR 782/11, BeckRS 2012, 76055; hierzu *Salamon/Rogge* NZA 13, 363). Der Anspruch auf Entfernung steht allein dem betroffenen ArbN zu. Der BRat kann aus § 78 **18**

S 1 BetrVG kein Recht auf Entfernung einer Abmahnung aus der Personalakte eines BRatsmitglieds herleiten (BAG 4.12.13 – 7 ABR 7/12, NZA 14, 803). Ob das oben (→ Rn 12) behandelte Einsichtsrecht und der Entfernungsanspruch auch oder sogar nur auf die §§ 34, 35 BDSG gestützt werden können, ist str (ablehnend BAG 16.11.10 – 9 AZR 573/09, NJW 11, 1306; bejahend *Riesenhuber* NZA 14, 753). Das Löschungs- und Berichtigungsrecht nach § 35 BDSG nF bei einer **elektronischen Personalaktenführung** behandeln eingehend *Nebeling/Lankes* DB 17, 2542. Die datenschutzrechtlichen Löschpflichten gelten hingegen nicht für die klassischen Papierakten (*Haußmann/Karwatzki/Ernst* DB 18, 2697).

19 **7. Anhörungspflicht.** Im öffentlichen Dienst war der ArbN nach altem Tarifrecht vor Aufnahme belastender und möglicherweise benachteiligender Vorgänge in die Personalakte zu **hören** (§ 13 Abs 2 BAT, MTArb). Der TVöD enthält – anders als der TV-L in § 3 Abs 6 – keine entsprechende Vorschrift. Daher stellt sich nun umso mehr die Frage, ob es sich hierbei um einen allgemeinen Rechtssatz handelt (→ *Abmahnung* Rn 29; *Brierley* öAT 13, 95). Eine vorherige Anhörung liegt jedenfalls aber im eigenen Interesse des ArbGeb, der sich dadurch oft den mit einem Rechtsstreit verbundenen wirtschaftlich unvertretbaren Aufwand ersparen kann. Insbes wird er zur Konkretisierung der Vorwürfe gezwungen, wie sie in der Praxis oft zu vermissen ist und dann zur Verurteilung des ArbGeb auf Entfernung einer Abmahnung führt. In einigen Tarifwerken, zB im BAT-KF, ist die Anhörungspflicht nach wie vor enthalten. Zu beachten ist, dass ein Verstoß gegen diese Verpflichtung auch vorliegt, wenn die Anhörung zwar erfolgt, aber nicht ordnungsgemäß ist (LAG Hamm 19.1.17 – 18 Sa 915/16, BeckRS 2017, 124668).

20 **8. Verwahrungspflicht.** Mit Beendigung des Arbeitsverhältnisses sind vom ArbGeb dem ArbN die in seinem Eigentum verbliebenen Unterlagen auszuhändigen (→ *Arbeitspapiere* Rn 6). Über die steuerlichen und sozialversicherungsrechtlichen Vorschriften hinaus trifft den ArbGeb keine Pflicht zur Aufbewahrung der rein arbeitsvertraglichen Unterlagen. Zweckmäßig ist es, sie zumindest für die Dauer von Ausschluss- und Verjährungsfristen aufzubewahren. Schon wegen einer etwaigen Wiederbewerbung des ArbN sollte die Frist nicht zu kurz bemessen sein.

21 **9. Streitigkeiten.** Beschwerden des ArbN über den Inhalt der Personalakte kann er dem ArbGeb unmittelbar vortragen, aber auch den BRat einschalten (§§ 84, 85 BetrVG). Kommt es zwischen den Beteiligten nicht zu einer einverständlichen Beurteilung der Beschwerde als berechtigt oder unberechtigt, ist der ArbN auf die eigenständige Rechtsverfolgung vor dem ArbG angewiesen.

22 Die **Einigungsstelle** ist nicht zuständig, da es sich bei den mit der Personalakte zusammenhängenden Fragen um **Rechtsansprüche** handelt (LAG BlnBbg 15.8.17 – 7 TaBV 860/17, BeckRS 2017, 124104). **Schadenersatz** schuldet der ArbGeb, wenn der ArbN infolge fehlerhafter Aktenführung materiellen Nachteil erleidet (BAG 26.7.79 – 3 AZR 1107/77, DB 79, 2429: Unterlassene Beförderung). Darlegungs- und Beweislast für die tatsächlichen Voraussetzungen des Anspruchs liegen beim ArbN. Hat sich der ArbGeb zur Entfernung eines Abmahnungsschreibens „aus der Personalakte“ verpflichtet, so bezieht sich diese Formulierung regelmäßig auf die Akte, die betrieblich als solche bezeichnet wird. Ob sich der Anspruch des ArbN auch auf andere Akten (zB Prozessakten) bezieht, ist im **Erkenntnisverfahren** zu entscheiden und kann nicht Gegenstand des Vollstreckungsverfahrens sein (LAG Köln 20.3.2000 – 7 (13) Ta 384/99, ZTR 2000, 323 [LS]). „Entfernung“ bedeutet allerdings vollständige körperliche Vernichtung. Die Verschiebung des zu entfernenden Vorgangs in eine andere Akte oder in einen anderen Dateiordner stellt keine „Entfernung“ dar, wenn der ArbGeb den Vorgang jederzeit wieder mit der Personalakte zusammenführen kann (LAG BaWü 15.11.12 – 4 Ta 15/12, BeckRS 2012, 75665). Ein auf die Feststellung der Rechtswidrigkeit einer Abmahnung gerichteter Antrag ist unzulässig, da er kein feststellungsfähiges Rechtsverhältnis betrifft (BAG 9.9.15 – 7 ABR 69/13, NZA 16, 57).

## B. Lohnsteuerrecht *Weil*

25 **Einsichtnahme in die Personalakte.** Dem FA steht das Recht auf **Einsichtnahme** in die Personalakte des ArbGeb zu, **soweit** deren Inhalt Bedeutung für die Besteuerung hat. Dies wird insbes bei **LStAußenprüfungen** zum Tragen kommen (R 42 f Abs 1 LStR).

Dem Recht auf Einsichtnahme entspricht das **Steuergeheimnis** (§ 30 AO; → *Datenschutz* Rn 35 ff). Das Recht auf Einsichtnahme steht unter dem Grundsatz der Verhältnismäßigkeit (§ 2 Abs 1 S 2 BpO). Das bedeutet: Sind die Besteuerungsgrundlagen auf andere Weise ermittelbar, zB aus dem Lohnkonto zu ersehen oder durch ein Erörterungsgespräch mit dem ArbGeb oder durch Auskünfte des betreffenden ArbN zu ermitteln (→ *Lohnsteueraußenprüfung* Rn 10), tritt das Recht auf Einsichtnahme in die Personalakte zurück. Die Einsichtnahme in die Personalakte ist quasi das letzte Mittel, die für die LSt bedeutsamen Besteuerungsgrundlagen aufzuklären. Dazu gehört die Einsichtnahme unter Aufsicht des ArbGeb am Ort der Aufbewahrung der Personalakte und die Beschränkung der Einsicht auf die steuerlich bedeutsamen Umstände.

Folgende Unterlagen aus der Personalakte können für die Lohnbesteuerung von Bedeutung sein: Anstellungsverträge, insbesondere von AT-Angestellten, Tantiemevereinbarungen, Sondervergütungen, Erfindervergütungen, Vereinbarung über die Zukunftssicherung und Altersversorgung, Vorgänge, die Unterbrechung (zB Schwangerschaft) oder die Beendigung von Arbeitsverhältnissen betreffend, Abfindungen uÄ, Vereinbarungen über Sachbezüge und geldwerten Vorteil (Wohnung, Kfz uÄ). Die während einer **Außenprüfung** vom Prüfer gegenüber dem Stpfl erlassene schriftliche Aufforderung, bestimmte Unterlagen aus der Personalakte vorzulegen, ist in der Regel kein Verwaltungsakt, sondern eine nicht selbstständig anfechtbare Vorbereitungshandlung, wenn sie ausschließlich der Ermittlung steuermindernder Umstände dient (BFH 10.11.1998 – VIII R 3/98, BStBl II 1999, 199). Es handelt sich regelmäßig um eine Maßnahme, die von der Prüfungsanordnung gedeckt ist (FG Düsseldorf 4.4.2017 – 6 K 1128/15, EFG 2017, 1052). Zu Einzelheiten der LStAußenprüfung → *Lohnsteueraußenprüfung* Rn 2 ff. **26**

**Zuordnung zu einer ersten Tätigkeitsstätte** iSd § 9 Abs 4 EStG. Die Zuordnung eines Arbeitnehmers zu einer betrieblichen Einrichtung aus organisatorischen Gründen (zB **Personalaktenführung**), ohne dass der Arbeitnehmer in dieser Einrichtung tätig werden soll, ist keine Zuordnung iSd § 9 Abs 4 EStG. Sofern der Arbeitnehmer in einer vom Arbeitgeber festgelegten Tätigkeitsstätte zumindest in ganz geringem Umfang tätig werden soll, zB Hilfs- und Nebentätigkeiten (Auftragsbestätigungen, Stundenzettel, Krank- und Urlaubsmeldung abgeben etc), kann der Arbeitgeber den Arbeitnehmer zu dieser Tätigkeitsstätte zuordnen, auch wenn für die Zuordnung organisatorische Gründe ausschlaggebend sind. Die Abgabe von Krank- oder Urlaubsmeldungen durch Dritte (zB mittels Post, Bote oder Familienangehörige) reicht für eine Zuordnung nicht aus, da ein Tätigwerden auch ein persönliches Erscheinen des Arbeitnehmers voraussetzt (BMF 24.10.2014, BeckVerw 290850).

### C. Sozialversicherungsrecht — *Schlegel*

Der Begriff Personalakte ist für das SozVRecht ohne Bedeutung. **27**

## Personalauswahl

### A. Arbeitsrecht — *Kania*

**Übersicht**

1 **I. Anwerbung der Arbeitnehmer.** Personalauswahl bedeutet die Auswahl zwischen mehreren Personen bei der Durchführung einer personellen Einzelmaßnahme durch den ArbGeb. Ausgangspunkt sind die Personalplanung (→ *Personalplanung* Rn 1 ff) und die entspr Anwerbung von ArbN, etwa durch Einschaltung der Agenturen für Arbeit, Personal-Service-Agenturen, Aufgabe von Zeitungsinseraten, innerbetriebliche Stellenausschreibung usw.

2 Der ArbGeb kann sich der **Arbeitsvermittlung** durch die Agentur für Arbeit bedienen, indem er der Agentur für Arbeit den Auftrag zur Zuweisung von Arbeitskräften für den zu besetzenden Arbeitsplatz erteilt (§§ 35 ff SGB III), oder indem er von der Möglichkeit privater Arbeitsvermittlung Gebrauch machen. Näheres → *Arbeitsvermittlung (private)* Rn 1 ff. Sollen Arbeitskräfte durch Stellenanzeigen in Zeitungen oder über Internetportale (Stepstone, Monster) angeworben werden, so enthält die Anzeige lediglich die Aufforderung zu einem Arbeitsangebot seitens der Interessenten. Stellt sich ein Bewerber daraufhin unmittelbar vor, so ist der ArbGeb zum **Ersatz der Vorstellungskosten** jedenfalls dann verpflichtet, wenn der ArbGeb die ArbN im Inserat zur persönlichen Vorstellung aufgefordert oder seine Zustimmung zur Vorstellung gegeben hat (→ *Bewerbung* Rn 4–7). Vorsicht ist geboten bei übertrieben anpreisenden Stellenanzeigen, da hierin uU ein Wettbewerbsverstoß gegenüber Marktmitbewerbern liegen kann. Im Verhältnis zum Bewerber schafft die Ausschreibung oder Anzeige einen Vertrauenstatbestand, auf den sich dieser nach Abschluss des Arbeitsvertrages berufen kann, sofern im Einzelnen nicht anderes ausgehandelt wurde (*Schaub/Linck* § 25 Rn 4; LAG Hess 13.1.93, NZA 94, 884 zur unrealistischen Angabe eines „Mindesteinkommens" in einer Zeitungsanzeige).

3 Nach § 93 BetrVG kann der BRat vom ArbGeb verlangen, dass freiwerdende oder neu geschaffene **Stellen innerhalb des Betriebes ausgeschrieben** werden. Eine Ausschreibung muss nach § 11 AGG benachteiligungsfrei sein (→ *Ausschreibung* Rn 1 ff sowie → *Diskriminierung* Rn 107; zum „Audience Targeting" *Romeis/Keßenich* DB 18, 445).

4 **II. Bewerberauswahl. 1. Beschränkungen der Auswahlfreiheit.** Der ArbGeb ist grds frei in seiner Entscheidung, ob und mit wem er einen Arbeitsvertrag schließt. Aus dem Gesichtspunkt „gestörter Vertragsparität" und dem daraus folgenden besonderen Schutzbedürfnis des Bewerbers haben Gesetzgeber und Rspr die Abschlussfreiheit des ArbGeb allerdings in mehrfacher Hinsicht beschränkt.

5 Bei der Auswahl unter den Arbeitsplatzbewerbern ist der ArbGeb zunächst an bestimmte gesetzliche und tarifliche **Beschäftigungsverbote und -gebote** gebunden, die aus sozialstaatlichen Gesichtspunkten den Schutz besonders benachteiligter ArbNGruppen bezwecken. Es besteht zB für den ArbGeb mit mindestens 20 Arbeitsplätzen gem § 154 IX die Pflicht zur Beschäftigung von wenigstens 5 % Schwerbehinderten. Weitere Einschränkungen können sich ergeben aus MuSchG, JArbSchG, ArbPlSchG. Möglich sind auch Abschlussgebote und -verbote als Abschlussnormen in TV gem § 1 Abs 1 TVG. Näheres → *Beschäftigungsverbot* Rn 9 ff.

6 Weitere Beschränkungen bei der Personalauswahl erfährt der ArbGeb durch die **gesetzlichen Differenzierungsverbote.** Seit Inkrafttreten des AGG werden Benachteiligungen aus Gründen der Rasse, wegen der ethnischen Herkunft, des Geschlechts, der Religion oder Weltanschauung, des Alters oder der sexuellen Identität ausdrücklich untersagt (→ *Diskriminierung* Rn 1 ff). § 99 Abs 2 Nr 3 BetrVG verpflichtet den ArbGeb, anstelle der gewünschten unbefristeten Einstellung eines externen Bewerbers einem gleichgeeigneten befristet beschäftigten ArbN einen unbefristeten Arbeitsvertrag zu geben; ansonsten kann der BRat der Einstellung des externen Bewerbers widersprechen. Daneben besteht gem Art 9 Abs 3 S 1 und 2 GG ein weiteres verfassungsrechtliches Differenzierungsverbot hinsichtlich der Beurteilung eines Bewerbers nach seiner Gewerkschaftszugehörigkeit.

7 Für den **öffentlichen ArbGeb** gelten zusätzlich insbes die Differenzierungsverbote des Art 3 GG, die Pflicht zur sachgerechten Auswahl nach Art 33 Abs 2 GG sowie die **Frauenförderungsgesetze** der Länder und des Bundes.

8 **2. Erkenntnismittel der Bewerberauswahl. a) Einstellungsgespräch und Personalfragebogen. aa) Allgemeines.** Unter den in Betracht kommenden Personen muss der geeignete Bewerber ermittelt werden. Geläufige Erkenntnismittel, die Aufschluss über Person, Kenntnisse und Fertigkeiten des Bewerbers geben, sind zB Einstellungsgespräch, Einstellungs- oder Personalfragebogen, Testverfahren und ärztliche Untersuchungen. Ein

**Personalfragebogen** ist die formularmäßig gefasste Zusammenstellung von Fragen des ArbGeb, die der Bewerber zum Zwecke seiner Einstellung ebenso formularmäßig beantworten soll. Seine Verwendung hat den Vorteil, dass er bereits vor dem persönlichen Vorstellungsgespräch ausgefüllt werden kann, und damit Freizeitanspruch zur Stellungssuche gem § 629 BGB beim bisherigen ArbGeb und Vorstellungskosten vermieden werden können (→ *Stellensuche* Rn 1 ff). Sein Inhalt unterliegt der erzwingbaren Mitbestimmung des BRat gem § 94 Abs 1 BetrVG.

**bb) Inhalt und Umfang des Arbeitgeberfragerechts.** Problematisch sind Inhalt und Umfang zulässiger Informationserhebung und -verwertung durch den ArbGeb bei der Bewerberauswahl. Das verständliche Interesse des ArbGeb, den Arbeitsplatz mit dem geeigneten Bewerber zu besetzen und daher so viel wie möglich über den Einzelnen in Erfahrung zu bringen, findet seine Grenze im **Persönlichkeitsrecht des Arbeitnehmers.** Bei der Beurteilung der Zulässigkeit einzelner Fragen bedarf es danach einer Abwägung zwischen dem Recht des ArbN auf Schutz seiner Privat- und Intimsphäre sowie dem Interesse des ArbGeb an einer Risikobeschränkung bezüglich des angestrebten Arbeitsverhältnisses (BAG in ständiger Rspr seit 5.12.57, DB 58, 282). Demnach dürfen nur insoweit Fragen gestellt werden, als im Hinblick auf die Tätigkeit und den Arbeitsplatz ein berechtigtes, billigenswertes und schutzwürdiges Interesse des ArbGeb an der Beantwortung der Frage besteht (BAG 5.10.95 – 2 AZR 923/94, NZA 96, 371). Dies ist zu bejahen, wenn die Frage in konkreter Beziehung zum angestrebten Arbeitsplatz steht, den Menschen nicht in seiner ganzen Persönlichkeit erfassen will und nicht in den Intimbereich eindringt (BAG 7.6.84, DB 84, 2706; 20.2.86, BB 86, 1852). Einzelheiten → *Persönlichkeitsrecht* Rn 1 ff; zum Umfang des ArbGebFragerechts → *Auskunftspflichten Arbeitnehmer* Rn 13 ff. 9

**cc) Auskunftspflicht des Bewerbers.** Im Rahmen der mit Aufnahme der Vertragsverhandlungen entstehenden wechselseitigen Schutz- und Sorgfaltspflichten ist der Bewerber verpflichtet, auf zulässigerweise gestellte Fragen des ArbGeb wahrheitsgemäß zu antworten (BAG in ständiger Rspr seit 5.12.57, DB 58, 282). Die Beantwortung unzulässiger Fragen dagegen kann er nicht nur ablehnen; vielmehr darf er, da keine Antwort bekanntlich auch eine Antwort ist, solche Fragen unrichtig beantworten. Die **wahrheitswidrige Antwort** auf eine unzulässige Frage hat für ihn anerkanntermaßen keine negativen rechtlichen Konsequenzen (BAG 7.6.84, DB 84, 2706); vgl → *Auskunftspflichten Arbeitnehmer* Rn 1 ff. 10

**dd) Offenbarungspflicht des Bewerbers.** Erkundigt sich der ArbGeb nicht ausdrücklich nach bestimmten risikoträchtigen Faktoren, so kann für den Bewerber gleichwohl die Verpflichtung bestehen, auch ohne entspr Frage bestimmte, in seiner Person liegende Umstände zu offenbaren. Das ist etwa der Fall, wenn die betr Umstände die Erfüllung seiner Leistungspflicht erheblich beeinträchtigen bzw unmöglich machen oder seine Eignung für den vorgesehenen Arbeitsplatz entscheidend berühren (BAG 30.3.14 – 2 AZR 1071/12, NZA 14, 1131). Einzelheiten → *Auskunftspflichten Arbeitnehmer* Rn 4 ff. 11

**ee) Rechtsfolgen von Pflichtverstößen.** Für den **ArbGeb ergibt sich ein Verwertungsverbot** der auf rechtswidrige Fragen erlangten Antworten. Mit der Ausnutzung rechtswidrig erlangter Antworten macht sich der ArbGeb uU **schadensersatzpflichtig** nach § 311 Abs 2 BGB (Verschulden bei Vertragsschluss; vgl Rn 23 ff) bzw gem §§ 823, 847 BGB wegen der damit verbundenen Verletzung des Persönlichkeitsrechts. Ergibt sich aus Art und Inhalt einer Frage ein Indiz für eine Diskriminierung wegen eines nach dem AGG verpönten Merkmals, drohen Schadenersatz- und Entschädigungsansprüche nach § 15 AGG (→ *Diskriminierung* Rn 119 ff). **Verletzt der ArbN** die ihm obliegende Wahrheitspflicht, droht neben der außerordentlichen Kündigung auch die Anfechtung des Arbeitsvertrags wegen arglistiger Täuschung (BAG 6.9.12 – 2 AZR 270/11, NZA 13, 1087; → *Auskunftspflichten Arbeitnehmer* Rn 29). 12

**b) Testverfahren und Eignungsuntersuchungen. aa) Auswahlseminare.** Die weit verbreiteten **Assessment-Center** werden als systematische Verfahren zur qualifizierten Festlegung der Leistungsfähigkeit bzw von Leistungsdefiziten definiert, bei denen gleichzeitig mehrere Kandidaten hinsichtlich der Anforderungen der zu besetzenden Stelle durch mehrere Beobachter beurteilt werden (*Hunold* DB 93, 228). Auch hier gilt das zuvor Gesagte entspr. Die Bewerber sind über Art und Umfang des Verfahrens gem §§ 26 Abs 2, 32 BDSG nF aufzuklären, diese müssen ggf ihr Einverständnis mit der Weitergabe des Ergebnisses an den ArbGeb erklären. 13

14 **bb) Graphologische Gutachten.** Analysen der Handschrift, die ua Persönlichkeitsdaten zur Charakterstudie ermitteln sollen, dürfen nur mit Zustimmung des Bewerbers eingeholt werden (BAG 16.9.82 – 2 AZR 228/80, DB 83, 2780; *Michel/Wiese* NZA 86, 505). Diese kann nicht schon dann unterstellt werden, wenn ein handgeschriebener Lebenslauf eingereicht wird. Es gehört zum Selbstbestimmungsrecht des Bewerbers frei darüber zu entscheiden, ob und inwieweit er gestattet, seine Persönlichkeit mit unüblichen Erkenntnismitteln ausleuchten zu lassen. Setzt sich der ArbGeb darüber hinweg, kann neben dem Anspruch aus Verschulden bei Vertragsschluss gem §§ 311 Abs 2, 280 Abs 1 BGB (→ Rn 23 ff) uU ein Anspruch auf Schmerzensgeld aus §§ 823, 847 BGB wegen Verletzung des Persönlichkeitsrechts gegeben sein (LAG BaWü 26.1.72, NJW 76, 310).

15 **cc) Auskünfte und Einstellungsuntersuchungen. Amtliche Auskünfte, Gesundheitschecks und psychologische Tests** sind grds nur zulässig, wenn der Bewerber einwilligt und es sich um die Ermittlung arbeitsplatzbezogener Daten handelt (*Franzen* NZA 13, 1), wobei der Grundsatz der Verhältnismäßigkeit gewahrt sein muss (*Fitting* § 75 Rn 153; ErfK/*Kania* § 75 BetrVG Rn 9). Dabei gelten keine anderen als die bereits im Rahmen des Fragerechts genannten Grundsätze. Wonach der ArbGeb selbst nicht unmittelbar fragen darf, das darf er auch nicht über Umwege, also Dritte, zB Ärzte, Psychologen, Gutachter, frühere ArbGeb, erforschen (→ *Einstellungsuntersuchung* Rn 1 ff). Bedenklich sind umfassende **Background-Checks** oder Pre-Employment-Screenings, mit Hilfe derer umfassende Erkenntnisse über Charakter, Fähigkeiten, Zuverlässigkeit und Integrität des jeweiligen Bewerbers gesammelt werden, und die es zudem ermöglichen, die Angaben des Bewerbers zu verifizieren (zB durch Schufa-Auskünfte und die Vorlage polizeilicher Führungszeugnisse, psychologische Tests, Überprüfung von Zertifikaten und Referenzen). Ein flächendeckendes Screening ist idR unverhältnismäßig. Entscheidend ist vielmehr im Einzelfall, ob die zu besetzende Stelle so hohe Anforderungen an Qualifikation, Verantwortung und Integrität stellt, dass ein umfassender Check oder die Verifizierung der Angaben geboten erscheint. Auch darf die Überprüfung nicht zu einer Ausforschung des Bewerbers führen (→ Rn 19; *Kania/Sansone* NZA 12, 360; *Thum/Szczesny* BB 07, 2405; *Hohenstatt/Stamer/Hinrichs* NZA 06, 1065).

16 Die in die Diskussion um die Bewerberauswahl geratene **Genomanalyse** kann mittels einer Untersuchung von Struktur und Funktion der Gene Aufschluss über gesundheitliche Risiken, körperliche oder psychische Belastbarkeit geben. Ein solches Eindringen in die Persönlichkeitssphäre – weit über das bereits oben umrissene Maß hinaus – ist schon bisher überwiegend als nicht zulässig angesehen worden (*Fitting* § 94 Rn 26 mwN). Mit dem 2010 in Kraft getretenen **Gesetz über genetische Untersuchungen bei Menschen (GenDG)** ist ausdrücklich die Vornahme und Verwendung genetischer Analysen sowohl vor als auch nach Begründung eines Beschäftigungsverhältnisses grds verboten (§ 19 GenDG). Ausnahmen gelten in sehr engen Grenzen, wenn an bestimmten Arbeitsplätzen genetische Dispositionen zu schwerwiegenden Erkrankungen führen können (§ 20 Abs 2, Abs 3 GenDG). Als Rechtsfolge sieht das Gesetz ein umfassendes Benachteiligungsverbot vor und verweist ergänzend auf §§ 15, 22 AGG (§ 21 GenDG). Ebenso unzulässig ist die Frage nach Erkrankungen in der Familie eines Bewerbers (*Bayreuther* NZA 10, 679; → Rn 10 f). **Drogenscreenings** dürften dann zulässig sein, wenn eine Alkohol- oder Drogenabhängigkeit des Bewerbers seine Eignung für den Arbeitsplatz entfallen ließe (*Diller/Powietzka* NZA 01, 1227).

17 **c) Handgeschriebener Lebenslauf, Zeugnisse, sonstige Bewerbungsunterlagen.** Keine Bedenken bestehen, wenn der ArbGeb bei schriftlichen Bewerbungen ein Anschreiben des ArbN, ein Lichtbild, Zeugnisse sowie einen tabellarischen oder handschriftlichen Lebenslauf verlangt. Denn bei Informationen, die die Ausbildung und Qualifikation betreffen, besteht grds ein gerechtfertigtes ArbGebInteresse. Wünscht der ArbGeb einen **handgeschriebenen Lebenslauf,** so meint er damit die Vorlage eines eigenhändig geschriebenen Lebenslaufs. Bringt der Bewerber den von einem Dritten verfassten Lebenslauf bei, kann darin eine arglistige Täuschung liegen, die den ArbGeb zur Anfechtung des Arbeitsvertrages berechtigt.

18 **d) Internetrecherche.** Im Anbahnungsverhältnis gilt zwar grds das Prinzip der Direkterhebung, gleichwohl ist damit eine **Dritterhebung von Bewerberdaten** nicht ausgeschlossen. Diese darf nicht gegen Treu und Glauben aus Art 5 Abs 1 lit a) DSGVO verstoßen und muss durch die spezielle Interessenlage gerechtfertigt sein, wobei das Schutz-

interesse bei öffentlich zugänglichen Daten idR abgeschwächt ist (zu den besonderen Erlaubnistatbeständen im Datenschutz → Rn 19; iÜ zum Internet als Informationsquelle *Gola* NZA 19, 654). Entspr ist bei der Informationssammlung über das Internet zu differenzieren: Daten, die über Suchmaschinen ohne Netzwerkmitgliedschaft des ArbGeb **frei zugänglich** sind, können auch nach der Novellierung des Datenschutzrechts grds erhoben werden; für freiwillig eingestellte sensitive Daten enthält Art 9 Abs 2 lit e) EU-Datenschutz-GrundVO (DSGVO) sogar eine ausdrückliche Privilegierung. Sofern es um Informationen aus sozialen Netzwerken geht, für die eine Mitgliedschaft erforderlich ist (zB Facebook, XING etc), ist weiter zu unterscheiden: zulässig ist grds das Sammeln von Daten in **berufsorientierten Netzwerken** (zB XING, LinkedIn). Die Grenze ist hier erst bei einem Zugriff über Profile Dritter erreicht. Bei **freizeitorientierten Netzwerken** dagegen (zB Facebook) stehen dem Zugriff auf Informationen bereits regelmäßig die allgemeinen Geschäftsbedingungen der Betreiber entgegen, welche die Nutzung der Netzwerke auf private Zwecke beschränken (→ *Soziale Netzwerke* Rn 1 ff).

**3. Beschäftigtendatenschutz.** Bereits bei der Anbahnung des Arbeitsverhältnisses ist der Beschäftigtendatenschutz zu beachten. Hier findet seit dem 25.5.18 die **EU-Datenschutz-Grundverordnung** (DSGVO) **unmittelbare Anwendung,** die allerdings keine spezifischen Vorschriften zum ArbNDatenschutz enthält, den Mitgliedstaaten insoweit jedoch die Ausgestaltung auf nationaler Ebene ermöglicht (Art 88 Abs 1 DSGVO). In Anlehnung an diese Ermächtigung erlaubt das gleichfalls seit dem 25.5.18 geltende neue BDSG in § 26 Abs 1 S 1 – wie bisher § 32 Abs 1 BDSG aF – die **Verarbeitung personenbezogener Daten** von Beschäftigten für allgemeine Zwecke des Beschäftigungsverhältnisses im Zusammenhang mit dessen Begründung und unter der Voraussetzung ihrer Erforderlichkeit. Das bedeutet, dass das **Kriterium der Erforderlichkeit** nach wie vor – entspr der bisherigen Rspr zu § 32 Abs 1 BDSG aF – auf Grundlage einer Abwägung des ArbGebInteresses an der Datenverarbeitung und dem Persönlichkeitsrecht des Bewerbers zu bewerten ist. Die Grenzen der Datenerhebung entsprechen grds denen des ArbGebFragerechts (→ Rn 9 ff). Erfasst ist auch die Datenerhebung durch Personalfragebögen oder manuelle Aufzeichnungen des Vorstellungsgesprächs; nicht erforderlich ist die technische oder automatisierte Verarbeitung der Daten (§ 26 Abs 7 BDSG nF). Weitergehend kann die Datenverarbeitung auf Grundlage einer (widerruflichen) **Einwilligung des Betroffenen** erfolgen; insoweit sind die Voraussetzungen des § 26 Abs 2 BDSG nF zu beachten. Danach muss die Einwilligung freiwillig sein und bedarf grds der Schriftform. Weiter von Bedeutung ist hier Art 7 Abs 4 DSGVO, der die Koppelung von Einwilligung und Vertragsschluss verbietet. Zudem sehen die DSGVO und das BDSG nF **umfangreiche Transparenz- und Informationspflichten** bei der Datenerhebung beim ArbN oder bei Dritten vor, vgl Art 5 Abs 1 lit a) und Art 13, 14 DSGVO, § 33 BDSG nF. IE → *Datenschutz* Rn 1 ff. **19**

Nach wie vor unklar ist die Rechtslage bei der **automatisierten Bewertung persönlicher Eigenschaften und Verhaltensweisen.** Da herkömmliche Auswahlkriterien wie etwa Schulabschlüsse, Ausbildung und Diplome bei der Personalauswahl zunehmend an Bedeutung verlieren, sollen vermehrt Datenanalysen umfassende Erkenntnisse über den Bewerber verschaffen. Die Verknüpfung gesammelter Daten und deren Auswertung durch Algorithmen ermöglichen aussagekräftigere Ergebnisse. So können zB mit Hilfe von **Big-Data-Analysen** Persönlichkeitsprofile erstellt werden, die ein künftiges Verhalten des Bewerbers prognostizierbar machen. Die DSGVO billigt mit Art 4 Nr 4 grds ein solches **„Profiling"** und verbietet durch Art 22 Abs 1 DSGVO lediglich eine Entscheidung mit rechtlicher oder ähnlich beeinträchtigender Wirkung, die sich ausschließlich auf eine automatisierte Auswertung von Daten stützt. Dennoch sind hier zum Schutz von Persönlichkeits- und Selbstbestimmungsrecht weitergehende Grenzen zu ziehen. Selbst wenn der ArbGeb neben den ihm zum Zwecke der Bewerbung zur Verfügung gestellten Daten grds auf weitere frei zugängliche Informationen, etwa aus dem Internet, zurückgreifen darf, darf er mit derer Hilfe nicht beliebig die Persönlichkeit des Bewerbers ausleuchten. Hier kann nichts anderes gelten als bei der Einholung graphologischer Gutachten; → Rn 14 (*Dzida* NZA 17, 541; *Däubler,* Gläserne Belegschaften, Rn 120, 134e). **20**

**4. Mitbestimmung des Betriebsrats.** Personalplanung und -auswahl durch den ArbGeb unterliegen der Mitbestimmung des BRat nach dem BetrVG. Gem § 92 BetrVG hat **21**

der ArbGeb den BRat über die **Personalplanung** rechtzeitig und umfassend zu unterrichten. Näheres dazu → *Personalplanung* Rn 4 ff. Sollen Arbeitsplätze besetzt werden, kann der BRat vom ArbGeb gem § 93 BetrVG verlangen, dass eine innerbetriebliche **Ausschreibung** erfolgt (→ *Ausschreibung* Rn 1 ff). Im Rahmen der Personalauswahl unterliegen **Personalfragebögen, Beurteilungsgrundsätze und Auswahlrichtlinien** der Zustimmung des BRat gem §§ 94, 95 BetrVG. Dieses Zustimmungserfordernis muss ferner auf alle anderen Verfahren erstreckt werden, bei denen dem Bewerber schematisierte Fragen gestellt und die Antworten schriftlich fixiert werden, zB auch auf psychologische Eignungstests und Assessment Center (*Franzen* NZA 13, 1). Die Mitbestimmung bei der Verwendung von Personalfragebögen soll gewährleisten, dass dem Bewerber nur solche Fragen gestellt werden, die mit dem in Aussicht genommenen Arbeitsplatz im Zusammenhang stehen (*Fitting* § 94 Rn 2). Ist allerdings die Frage zulässig, gibt das bloße Fehlen der Zustimmung des BRat dem ArbN nicht das Recht, die Frage wahrheitswidrig zu beantworten (BAG 2.12.99 – 2 AZR 724/98, BB 2000, 1092; ErfK/*Kania* § 94 BetrVG Rn 3; aA *DKK/Klebe* § 94 Rn 25).

22 Jedoch obliegt das **Initiativrecht,** ob Personalfragebögen eingeführt bzw wie sie gestaltet werden, dem ArbGeb (LAG Düsseldorf 24.7.84, DB 85, 134). Nach erfolgter Personalentscheidung des ArbGeb hat der BRat keine Kontroll- und Sanktionsbefugnisse als Mittel der Rechtsdurchsetzung. Er kann lediglich unter den Voraussetzungen des § 99 BetrVG Einstellungen verhindern, nicht jedoch die Einstellung bestimmter Bewerber erzwingen. Näheres zum Verfahren der Beteiligung des BRat → *Mitbestimmung, personelle Angelegenheiten* Rn 6 ff.

23 **III. Das Anbahnungsverhältnis. 1. Vorvertragliches Schuldverhältnis.** Durch die Aufnahme von Vertragsverhandlungen entsteht zwischen den Verhandlungspartnern ein **gesetzliches Schuldverhältnis** mit wechselseitigen Schutz- und Sorgfaltspflichten (*Schaub/Linck* § 26 Rn 1). Ein solches vorvertragliches Schuldverhältnis entsteht ohne Rücksicht auf ein späteres Zustandekommen des Vertrages. Bei Verletzung der Pflichten aus dem Anbahnungsverhältnis können Schadensersatzansprüche aus Verschulden bei Vertragsschluss (§§ 311 Abs 2, 280 Abs 1 BGB) erwachsen. Erweckt der ArbGeb etwa in dem Bewerber schuldhaft das nicht gerechtfertigte Vertrauen auf ein Zustandekommen des Vertrages, indem er zB den Bewerber veranlasst, eine sichere Stelle zu kündigen, so wird er bei **Abbruch der Vertragsverhandlungen** schadensersatzpflichtig. Das BAG hat einem Bewerber, der infolge einer Einstellungszusage sein bisheriges Arbeitsverhältnis gekündigt hatte, einen Schadensersatzanspruch iHd Verdienstausfalls zuerkannt (BAG 15.5.74, DB 74, 2060).

24 **2. Aufklärungs- und Mitteilungspflichten.** Bei der Einstellungsverhandlung sind Bewerber und ArbGeb verpflichtet, einander über Umstände aufzuklären, die jeweils für den Entschluss des anderen von erkennbarer Bedeutung sind. Zwar besteht keine Aufklärungspflicht über das allgemeine Vertragsrisiko, jedoch sind Umstände mitzuteilen, die die Vertragsdurchführung gefährden können (*Schaub/Linck* § 26 Rn 4). **Seitens des Arbeitgebers** können das sein: absehbare Zahlungsschwierigkeiten hinsichtlich der Löhne und Gehälter (BAG 29.4.74, BB 75, 184); ein konkret geplanter Stellenabbau (BAG 14.7.05 – 8 AZR 300/04, NZA 05, 1298); die voraussichtliche Verlegung oder Schließung des Betriebes; sämtliche Umstände, welche die Durchführung eines Berufsausbildungsverhältnisses hindern können (BAG 8.3.77, DB 77, 1322); überdurchschnittliche Anforderungen des Arbeitsplatzes (BAG 12.12.57, DB 58, 371); die Zustimmungsverweigerung des BRat (ErfK/*Preis* § 611 BGB Rn 264). Verletzt der ArbGeb seine Auskunftspflichten, kann ein Anspruch auf Ersatz des Vertrauensschadens gem §§ 280 Abs 1, 311 Abs 2 BGB entstehen, nicht aber auf Ersatz des Erfüllungsinteresses (BAG 15.3.12 – 8 AZR 37/11, NZA 12, 910; *Schaub/Linck* § 26 Rn 7).

25 Schadensersatzpflichten **seitens des Bewerbers** können entstehen, wenn dieser nicht rechtzeitig mitteilt, dass er die Stelle gar nicht antreten will, wenn er auf eine zulässige Frage des ArbGeb wahrheitswidrig antwortet (→ Rn 10) oder für das Arbeitsverhältnis wesentliche Umstände nicht offenbart (→ Rn 11).

26 **3. Obhuts- und Sorgfaltspflichten.** Hinsichtlich der vom Bewerber eingereichten **Bewerbungsunterlagen** bestehen Obhuts- und Sorgfaltspflichten (*Schaub/Linck* § 26 Rn 1). Bei Erfolglosigkeit der Bewerbung sind die eingereichten Zeugnisse, Arbeitsproben

und sonstigen Unterlagen wie Lebenslauf, Lichtbild und dgl zurückzugeben. Im Übrigen besteht seitens des erfolglosen Bewerbers ein Anspruch auf Vernichtung seiner Daten und des von ihm ausgefüllten Personalfragebogens gem § 1004 BGB analog (BAG 6.6.84, DB 84, 2626). Das BAG hat damit im Anschluss an das sog Volkszählungsurteil des BVerfG entschieden, dass die dauerhafte Aufbewahrung der persönlichen Daten im Regelfall einen Eingriff in das Persönlichkeitsrecht des Bewerbers darstellt. Auch ist der ArbGeb zur Weitergabe der Bewerbungsunterlagen an Dritte nicht berechtigt, da diese idR eine Reihe von persönlichen Daten enthalten, die dem Recht des Einzelnen auf informationelle Selbstbestimmung unterliegen.

### B. Lohnsteuerrecht *Weil*

Lohnsteuerrechtlich ist die Personalauswahl ohne Bedeutung (→ *Bewerbung* Rn 16 ff). 33 Zur steuerlichen Einordnung eines Personalberaters und -vermittlers BFH 26.6.03 – IV R 12/02, BFH/NV 04, 168.

### C. Sozialversicherungsrecht *Schlegel*

Macht der ArbGeb **Einschränkungen bei Stellenangeboten für Arbeitslose gegen-** 34 **über der BA,** muss die BA prüfen, ob sie diese Einschränkungen berücksichtigen darf. Maßstab ist insoweit § 36 Abs 2 SGB III. Danach darf die BA, die der ArbGeb hinsichtlich Geschlecht, Alter, Gesundheitszustand oder Staatsangehörigkeit des Ausbildungsuchenden und Arbeitsuchenden vornimmt, die regelmäßig nicht die berufliche Qualifikation betreffen, nur berücksichtigen, wenn diese Einschränkungen nach Art der auszuübenden Tätigkeit unerlässlich sind. Einschränkungen aus Gründen der Rasse oder wegen der ethnischen Herkunft, der Religion oder Weltanschauung, einer Behinderung oder der sexuellen Identität des Ausbildungssuchenden und Arbeitsuchenden dürfen nur berücksichtigt werden, soweit sie nach dem allgemeinen Gleichbehandlungsgesetz zulässig sind (Einzelheiten *Rixen* in Eicher/Schlegel SGB III, § 36 Rz 4 ff).

## Personalinformationssystem

### A. Arbeitsrecht *Kreitner*

**1. Allgemeines.** Mit ständig fortschreitender Datenverarbeitungstechnik gewinnen auto- 1 matisierte Datensammlungs- und -auswertungssysteme immer größere Bedeutung in der betrieblichen Praxis. Ein Anwendungsgebiet sind die sog Personalinformationssysteme, die in den verschiedensten Ausgestaltungen der Erfassung, Speicherung und Verwertung personenbezogener Daten der ArbN dienen.

Üblicherweise unterscheidet man zwischen sog administrativen und dispositiven Persona- 2 linformationssystemen. Erstere dienen dem betrieblichen Lohn- und Gehaltswesen sowie der Bearbeitung von personellen Maßnahmen wie Einstellungen, Versetzungen, Beförderungen und Entlassungen von ArbN. Letztere sind Hilfsmittel zur Planung des gegenwärtigen und künftigen Personalbedarfs (zum Begriff → *Personalplanung* Rn 2). Derartige Personalinformationssysteme sind grds zulässig; allerdings sind bei ihrem Einsatz persönlichkeits- und datenschutzrechtliche Schutzbereiche einerseits sowie die Mitbestimmungsrechte des BRat andererseits zu beachten.

**2. Persönlichkeitsrecht** (s zunächst dort). Da mit Hilfe von Personalinformationssyste- 3 men personenbezogene Daten erfasst und verarbeitet werden, stehen derartige Einrichtungen in einem ständigen Widerstreit mit dem verfassungsrechtlich garantierten Persönlichkeitsrecht des ArbN. In anderem Zusammenhang hat das BVerfG im sog Volkszählungsurteil ein Recht auf informationelle Selbstbestimmung aus der Verfassung hergeleitet (BVerfG 15.12.83, NJW 84, 419). Im Lichte dieser Entscheidung ist auch die Verwendung personenbezogener Daten im Arbeitsverhältnis zu sehen. Allerdings stellt das Persönlichkeitsrecht des einzelnen ArbN keine absolute Schranke dar, sondern es bedarf vielmehr jeweils einer Einzelfallabwägung anhand des Verhältnismäßigkeitsgrundsatzes. Danach wird in den meisten Fällen der Gebrauch von Personalinformationssystemen im Arbeitsverhältnis zulässig sein. Bei unverhältnismäßiger Beeinträchtigung des Persönlichkeitsrechts besteht allerdings ein Unterlassungsanspruch des einzelnen ArbN gegen den ArbGeb gem § 1004 BGB.

4 **3. Datenschutz.** Das BDSG regelt den Schutz personenbezogener Daten (wegen der Einzelheiten → *Datenschutz* Rn 4 ff). Daneben normiert § 83 Abs 1 BetrVG ein spezielles Auskunftsrecht des ArbN bezüglich Personaldaten. Zum betrieblichen Datenschutzbeauftragten vgl → *Betriebsbeauftragte* Rn 24–26.

5 **4. Mitbestimmungsrechte des Betriebsrats.** Personalinformationssysteme berühren in mehrfacher Hinsicht Mitwirkungsrechte des BRat.

6 **a) Zentrales Mitbestimmungsrecht.** Die Einführung von Personalinformationssystemen unterliegt nach § 87 Abs 1 Nr 6 BetrVG der zwingenden Mitbestimmung des BRat. Dies hat das BAG in der grundlegenden sog PAISY-Entscheidung im Einzelnen ausgeführt (BAG 11.3.86, DB 86, 1469). Gerade für den Bereich der Personalinformationssysteme ist dabei zu beachten, dass nach der ständigen Rspr des BAG die Mitbestimmungspflicht bereits dann einsetzt, wenn nur ein Teilbereich der Personaldatenverarbeitung mit Hilfe einer technischen Einrichtung erfolgt. Nach Sinn und Zweck der Norm gewährt § 87 Abs 1 Nr 6 BetrVG ein umfassendes Mitbestimmungsrecht. Insbesondere besteht ein solches Mitbestimmungsrecht auch dann, wenn die Erfassung der Personaldaten auf manuellem Wege (zB eigene Aufzeichnungen des ArbN) und lediglich die Auswertung technisiert erfolgt (BAG 14.9.84, DB 84, 2513; 23.4.85, DB 85, 1897; 18.2.86, DB 86, 1178). Ebenfalls ist für das Eingreifen des Mitbestimmungstatbestandes unerheblich, welche Daten erfasst und gespeichert werden. Wie das BAG zu Recht ausführt, können selbst durch die Verknüpfung verschiedener Statusdaten (Lebensalter, Vorbildung, beruflicher Werdegang, Stellung in betrieblicher Hierarchie) neue Informationen geschaffen werden und kann damit die Mitbestimmung des BRat ausgelöst werden (BAG 6.12.83, DB 84, 775; 18.2.86, DB 86, 1178; 11.3.86, DB 86, 1469; weiterführend zu dem insoweit kritischen Schrifttum *Fitting* § 87 Rz 236). Schließlich kommt es nur auf die objektive Eignung der technischen Einrichtung zur Überwachung an (BAG 6.12.83, DB 84, 775). Dies ist bei Personalinformationssystemen regelmäßig der Fall (wegen der allgemeinen tatbestandlichen Voraussetzungen des § 87 Abs 1 Nr 6 BetrVG vgl → *Kontrolle des Arbeitnehmers* Rn 13–18). Geht es um die Einführung und Nutzung einer Personalverwaltungssoftware, mittels derer ein konzernabhängiges Unternehmen Verhaltens- oder Leistungsdaten von ArbN anderer Konzernunternehmen verarbeitet, ist gem §§ 58 Abs 1 Satz 1 Halbsatz 1, 87 Abs 1 Nr 6 BetrVG der KBRat originär zuständig (BAG 25.9.12 – 1 ABR 45/11, NZA 13, 275).

7 **b) Weitere Mitbestimmungsrechte.** Nach § 90 Abs 1 Nr 2 BetrVG ist der ArbGeb verpflichtet, den BRat über die Planung von technischen Anlagen rechtzeitig zu unterrichten und die Auswirkungen mit ihm zu beraten. Personalinformationssysteme zählen zu den technischen Anlagen iSd Vorschrift (*DKK/Klebe* § 90 Rz 9). Führt der ArbGeb die Datenermittlung für das Personalinformationssystem mit Hilfe von Personalfragebogen durch, so ist das Mitbestimmungsrecht des BRat gem § 94 Abs 1 BetrVG zu beachten. Gleiches gilt für die EDV-mäßige Erstellung von Eignungsprofilen, da insoweit § 94 Abs 2 BetrVG berührt ist.

8 **c) Betriebsvereinbarung.** Wegen der Bedeutung und der Komplexität der Materie ist es sinnvoll, den Einsatz von Personalinformationssystemen mit Hilfe von Betriebsvereinbarungen zu regeln. Da meist eine unternehmenseinheitliche Regelung angestrebt werden dürfte, ist bei größeren Unternehmen der GBRat zuständig (BAG 14.11.06 – 1 ABR 4/06, NZA 07, 399; LAG BlnBbg 20.4.16 – 15 TaBV 52/16, BeckRS 2016, 69490). Oftmals wird sich auch der Abschluss einer Rahmen-Betriebsvereinbarung zur Frage der EDV-Nutzung anbieten, die im Einzelfall jeweils der konkreten Ausfüllung durch die Betriebspartner bedarf (LAG Düsseldorf 4.11.88, NZA 89, 146, das aber ein Mitbestimmungsrecht des BRat hinsichtlich einer Rahmen-Betriebsvereinbarung im konkreten Fall abgelehnt hat).

9 **5. Personalinformationssystem für Betriebsrat.** Bislang in der Rspr noch wenig erörtert ist die Frage, ob und ggf in welchem Umfang der BRat selbst ein Personalinformationssystem einsetzen darf. Ein Anspruch gegen den ArbGeb auf Einrichtung eines solchen Systems besteht regelmäßig nicht (zum PC-Einsatz → *Betriebsratskosten* Rn 19). Jedoch

dürfte der Problemkreis im Zuge der weiteren Technisierung und der damit verbundenen sinkenden Anschaffungskosten für derartige Systeme künftig aktuell werden. Das BVerwG hat den Einsatz von den Umständen des Einzelfalls abhängig gemacht (BVerwG 4.4.90, PersR 90, 329 = RdV 91, 38). Stimmt man einem Einsatz von Personalinformationssystemen für den BRat grds zu, so stellt sich die Frage der Speicherung einzelner Daten und ihrer Zulässigkeit. Diese wird man von dem Schutzbereich und Schutzzweck des jeweiligen Mitbestimmungsrechts abhängig machen müssen, aufgrund dessen die Daten erstellt wurden (wegen der insoweit bestehenden datenschutzrechtlichen Besonderheiten vgl LAG Hbg 26.11.09 – 7 TaBV 2/09, BeckRS 2010, 69776; *Gola/Wronka* NZA 91, 790; *Kort* RdA 92, 378).

**B. Lohnsteuerrecht** *Weil*

Für das LStRecht haben Personalinformationssysteme keine unmittelbare Bedeutung. 10
Mittelbar können sie im → *Lohnabzugsverfahren* Rn 2 ff, beim → *Lohnkonto* Rn 2 ff, bei der → *Lohnsteueranmeldung* Rn 2 ff und beim → *Lohnsteuerjahresausgleich* Rn 2 ff eine Rolle spielen. S auch → *Datenschutz* Rn 27 ff.

**C. Sozialversicherungsrecht** *Schlegel*

Im SozVRecht können Personalinformationssysteme bei der Abführung der SozVBeiträ- 11
ge eine mittelbare Rolle spielen. Einzelheiten s *Lohnkonto; Lohnlisten; Meldepflichten Arbeitgeber; Persönlichkeitsrecht.*

## Personalplanung

**A. Arbeitsrecht** *Kreitner*

**1. Allgemeines.** Notwendige Grundlage eines jeden Unternehmenskonzeptes ist eine 1
vorausschauende Personalplanung. Der BRat ist hieran gem § 92 BetrVG zu beteiligen. Auf diese Weise soll in einem möglichst frühen Zeitpunkt eine umfassende Unterrichtung des BRat über die personelle Situation des Betriebes und deren Entwicklung gewährleistet werden.

**2. Begriff.** Das BetrVG definiert den Begriff der Personalplanung nicht, sondern setzt 2
ihn vielmehr voraus. Üblicherweise wird unter Personalplanung jede Planung verstanden, die sich auf den gegenwärtigen und künftigen Personalbedarf in quantitativer und qualitativer Hinsicht, auf deren Deckung im weitesten Sinne, also auf den abstrakten Einsatz der personellen Kapazität im weitesten Sinn, bezieht (BAG 12.3.19 – 1 ABR 43/17, NZA 19, 1153; 8.11.16 – 1 ABR 64/14, NZA 17, 942). Hierzu gehören nach BAG jedenfalls die Personalbedarfsplanung, die Personaldeckungsplanung (Personalbeschaffung und -abbau), die Personalentwicklungsplanung und die Personaleinsatzplanung (BAG 23.3.10 – 1 ABR 81/08, NZA 11, 811). Ob das Mitbestimmungsrecht auch die Personalkostenplanung mitumfasst, hat das BAG bislang offen gelassen (BAG 12.3.19 – 1 ABR 43/17, NZA 19, 1153).

**3. Beteiligung des Betriebsrats.** Den Schwerpunkt der Mitwirkung des BRat bei der 3
Personalplanung bildet § 92 BetrVG. Außerdem besteht ein Informationsrecht des Wirtschaftsausschusses gem § 106 Abs 2 BetrVG, wobei sich dieses Unterrichtungsrecht sogar auf die Unternehmensplanung richtet, die der Personalplanung regelmäßig vorgelagert sein wird. Abzugrenzen ist die Personalplanung von konkreten personellen Einzelmaßnahmen (BAG 27.10.10 – 7 ABR 86/09, NZA 11, 418). Werden aufgrund der Personalplanung bestimmte personelle Maßnahmen ergriffen, können zusätzlich weitere Mitbestimmungsrechte des BRat wie zB §§ 99, 102, 111 BetrVG in Betracht kommen.

**a) Geltungsbereich des § 92 BetrVG.** Die Vorschrift gilt grds in allen Betrieben, in 4
den ein BRat existiert. Dabei ist grds der örtliche BRat zuständig. Eine Zuständigkeit des GBRat besteht, wenn der ArbGeb eine betriebsübergreifende Personalplanung vornimmt (LAG BaWü 12.7.17 – 2 TaBV 5/16, BeckRS 2017, 118984 – in der Rechtsbeschwerdeent-

scheidung offengelassen von BAG 12.3.19 – 1 ABR 43/17, NZA 19, 1153). Für sog Tendenzbetriebe (→ *Tendenzbetrieb* Rn 1 ff) gelten keine besonderen Einschränkungen (BAG 6.11.90, DB 91, 654). Lediglich die Personalplanung im Bereich der leitenden Angestellten iSd § 5 Abs 3 BetrVG ist mitbestimmungsfrei; anders nur, wenn es um die Personalentwicklung bestimmter ArbN und deren Qualifizierung zum leitenden Angestellten geht (GK-BetrVG/*Raab* § 92 Rz 5).

5 Mitbestimmungspflichtig ist nicht nur die systematische lang-, mittel- oder kurzfristige Personalplanung, sondern auch eine rein „intuitive" Maßnahmenplanung des ArbGeb (LAG Bln 13.6.88, DB 88, 1860). Demgegenüber wird nicht von § 92 BetrVG die der Personalplanung vorhergehende wirtschaftliche, unternehmerische Planung erfasst. Insoweit besteht einzig ein mögliches Informationsrecht des Wirtschaftsausschusses gem § 106 Abs 2 BetrVG (LAG Bln 13.6.88, DB 88, 1860; aA *DKK/Klebe* § 92 Rz 34). Insbes ist zu beachten, dass nicht nur die Planung selbst, sondern auch die Methoden der Personalplanung dem Anwendungsbereich des § 92 BetrVG unterfallen. Dies gilt zB für automatisierte Personalinformationssysteme (wegen Einzelheiten der Mitbestimmung bei der Einführung solcher Systeme → *Personalinformationssystem* Rn 6).

6 **b) Unterrichtungspflicht gemäß § 92 Absatz 1 Satz 1 BetrVG.** Sobald die Personalüberlegungen des ArbGeb das Stadium der Planung erreichen, ist der ArbGeb gem § 92 Abs 1 Satz 1 BetrVG verpflichtet, den BRat rechtzeitig und umfassend zu unterrichten. Diese Unterrichtungspflicht erstreckt sich seit der zum 1.4.17 in Kraft getretenen Novellierung des ArbNÜberlassungsrechts ausdrücklich auch auf Leiharbeitsverhältnisse. Will der ArbGeb lediglich Möglichkeiten einer Personalerweiterung oder -reduzierung erkunden („Planspiel"), so liegt noch keine Personalplanung iSd § 92 Abs 1 BetrVG vor. Solange der ArbGeb nur theoretisch/abstrakt ermitteln will, welche Handlungsspielräume ihm zur Verfügung stehen, ist das mitwirkungsrelevante Stadium der Planung noch nicht erreicht (BAG 19.6.84, DB 84, 2305; 6.11.90, DB 91, 654).

7 Die Unterrichtung muss allerdings so **rechtzeitig** erfolgen, dass Vorschläge des BRat bei der Durchführung der personellen Maßnahme noch Berücksichtigung finden können. Daher ist zB eine Information des BRat über eine Betriebsstilllegung erst nach definitivem Vorstandsbeschluss verspätet und stellt einen groben Verstoß gegen § 92 BetrVG dar (ArbG Bamberg 30.11.84, NZA 85, 259).

8 Das Gesetz verlangt weiter die **umfassende** Unterrichtung des BRat. Dies bedeutet, dass der ArbGeb den BRat über alle Tatsachen in Kenntnis setzen muss, die Grundlage seiner jeweiligen Personalplanung sind (BAG 19.6.84, DB 84, 2305). Die Information soll dabei „anhand von Unterlagen" erfolgen. Aus dieser Formulierung des Gesetzes wird zu Recht die Verpflichtung des ArbGeb zur **Überlassung der Unterlagen** an den BRat hergeleitet, da nur auf diese Weise eine effektive Wahrnehmung der Mitwirkungsrechte seitens des BRat möglich ist (BAG 31.1.89, DB 89, 982; LAG BaWü 12.7.17 – 2 TaBV 5/16, BeckRS 2017, 118984). Die Gegenansicht (LAG Sachs 9.12.11 – 3 TaBV 25/10) billigt dem BRat lediglich ein Einsichtsrecht in die Unterlagen zu. Außerdem hat die Unterrichtung anhand von Unterlagen zu erfolgen, die der ArbGeb selbst seiner Personalplanung zugrunde legt, unabhängig davon, in welchem Zusammenhang sie erhoben oder festgestellt wurden. Soweit ein ArbGeb mit den geforderten von ihm erstellten Daten neben einer Personalplanung noch andere Zwecke verfolgt, steht dies dem Auskunftsbegehren des BRat nicht entgegen (BAG 8.11.16 – 1 ABR 64/14, NZA 17, 942).

9 Das Gesetz schreibt keine regelmäßige Unterrichtung des BRat in bestimmten Zeitabständen vor. Die Unterrichtungspflicht variiert insbes nach Art und Größe des Unternehmens. Sie lebt jedoch jedenfalls immer dann auf, wenn erhebliche Änderungen eines bereits besprochenen Personalkonzepts anstehen.

10 **c) Beratungspflicht gemäß § 92 Absatz 1 Satz 2 BetrVG.** Über die nach der Personalplanung erforderlichen Maßnahmen hat der ArbGeb mit dem BRat zu beraten. § 92 Abs 1 Satz 2 BetrVG normiert damit eine im Verhältnis zum ersten Satz des ersten Absatzes abgestufte Beratungspflicht dahingehend, dass hinsichtlich der Personal**bedarfs**planung lediglich eine Unterrichtungs-, jedoch keine Beratungspflicht besteht. Erst wenn es um die Frage der Personal**deckung** geht, soll der BRat im Hinblick auf die zu erwartenden mitbestimmungspflichtigen Einzelmaßnahmen (§ 99 BetrVG) beratend eingeschaltet werden (BAG 6.11.90, DB 91, 654). Gleichwohl kann natürlich der BRat von sich aus bereits im

Stadium der Bedarfsplanung Vorschläge unterbreiten, die der ArbGeb bereits wegen der Verpflichtung zur vertrauensvollen Zusammenarbeit nach § 2 Abs 1 BetrVG gewissenhaft prüfen muss. Lediglich eine Verpflichtung des ArbGeb, auch insoweit selbst initiativ zu werden, besteht nicht. Allerdings dürften sich in der Praxis die beiden Bereiche kaum trennen lassen, da eine Beratung über Fragen der Personaldeckung ohne Behandlung des Personalbedarfs kaum möglich sein dürfte.

**Einigungszwang** der Betriebspartner über die in § 92 Abs 1 Satz 2 BetrVG angeführten Punkte besteht nicht. Die erzwingbare Mitbestimmung des BRat setzt vielmehr erst danach bei der Durchführung der konkreten personellen Maßnahme ein (→ *Mitbestimmung, personelle Angelegenheiten* Rn 6 ff). 11

**d) Vorschlagsrecht gemäß § 92 Absatz 2 BetrVG.** Der BRat kann gem § 92 Abs 2 BetrVG dem ArbGeb Vorschläge für Einführung und Durchführung einer Personalplanung machen. Dies setzt eine umfassende Unterrichtung des BRat nach § 92 Abs 1 BetrVG voraus, wobei dem BRat hierzu nach § 80 Abs 2 Satz 2 BetrVG auf Verlangen die erforderlichen Unterlagen schon dann zur Verfügung zu stellen sind, wenn erst ihre Prüfung ergeben kann, ob der BRat aus eigener Initiative tätig werden soll oder kann (→ *Auskunftspflichten Arbeitgeber* Rn 14). In der Sache besteht kein erzwingbares Mitbestimmungsrecht des BRat, sondern lediglich die Pflicht des ArbGeb zur gewissenhaften Prüfung der Vorschläge. Freiwillige Betriebsvereinbarungen sind unbeschränkt möglich; für die Einigungsstelle gilt § 76 Abs 6 BetrVG. 12

**4. Streitigkeiten** zwischen ArbGeb und BRat sind im Wege des arbeitsgerichtlichen Beschlussverfahrens gem §§ 2a, 80 ff ArbGG zu klären. Der BRat kann dabei entweder die ordnungsgemäße Unterrichtung oder die Feststellung seiner Rechte nach § 92 BetrVG verlangen. Ein Verstoß gegen § 92 BetrVG wird von der Norm selbst nicht sanktioniert. Möglich ist allerdings ein Ordnungswidrigkeitenverfahren nach § 121 BetrVG (Geldbuße bis 10 000 Euro) sowie bei groben Verstößen des ArbGeb ein Verfahren nach § 23 Abs 3 BetrVG (→ *Unterlassungsanspruch* Rn 1 ff). 13

### B. Lohnsteuerrecht

*Weil*

Die Personalplanung ist für das LStRecht ohne Bedeutung. 14

### C. Sozialversicherungsrecht

*Schlegel*

Für das SozVRecht hat die Personalplanung keine Bedeutung. 15

# Pfändung

### A. Arbeitsrecht

*Griese*

**Übersicht**



**1. Allgemeines.** Die Pfändung von Lohn- und Gehaltsansprüchen ermöglicht es den Gläubigern, auf das Arbeitseinkommen der ArbN zuzugreifen. Die Pfändung bewirkt, dass 1 der ArbGeb die Vergütung im pfändbaren Umfang nicht mehr an den ArbN selbst, sondern an dessen Gläubiger auszahlen muss. Auf der anderen Seite ermöglicht die Pfändung dem ArbN rückständige (Entgelt-)Ansprüche durch Pfändung von Forderungen des ArbGeb gegen Dritte (Kunden, Banken etc) zu vollstrecken. Die Pfändung gehört zum **Recht der Zwangsvollstreckung.** Sie ist zulässig zur Vollstreckung wegen Geldforderungen und in §§ 828 ff ZPO geregelt. Demzufolge gilt auch die Terminologie der ZPO, wonach bei Pfändung von Lohn- und Gehaltsforderungen der ArbN der Schuldner, der Betreiber der Pfändung der Gläubiger und der ArbGeb der Drittschuldner ist, während bei Pfändungen von ArbGebForderungen zugunsten des ArbN der ArbN der Gläubiger, der ArbGeb der Schuldner und zB die Kunden oder Banken des ArbGeb die Drittschuldner sind.

Eine Möglichkeit zu überprüfen, ob der ArbGeb oder der ArbN vollstreckbare Ansprüche und Pfändungen nicht erfüllt und der Pflicht zur Abgabe einer Vermögensauskunft nicht nachgekommen ist, bietet seit **1.1.2013 das gerichtliche Schuldnerverzeichnis nach § 882b ZPO.** Das Einsichtsrecht richtet sich nach § 882 f ZPO. **Das Schuldnerverzeichnis wird gem § 882h Abs 2 ZPO in jedem Bundesland bei einem zentralen durch Landesverordnung bestimmten Vollstreckungsgericht geführt.** Folgende Zuständigkeiten wurden durch Landesrecht festgelegt:

| **Bundesland** | **Amtsgericht** |
|---|---|
| Baden-Württemberg | Karlsruhe |
| Bayern | Hof |
| Berlin | Berlin-Mitte |
| Brandenburg | Nauen |
| Bremen | Bremerhaven |
| Hamburg | Hamburg |
| Hessen | Hünfeld |
| Mecklenburg-Vorpommern | Neubrandenburg |
| Niedersachsen | Goslar |
| Nordrhein-Westfalen | Hagen |
| Rheinland-Pfalz | Kaiserslautern |
| Saarland | Saarbrücken |
| Sachsen | Zwickau |
| Sachsen-Anhalt | Dessau-Roßlau |
| Schleswig-Holstein | Schleswig |
| Thüringen | Meiningen |

2 **2. Voraussetzungen der rechtswirksamen Pfändung. a) Titulierter Anspruch.** Ein Antrag auf Erlass eines Pfändungs- und Überweisungsbeschlusses setzt voraus, dass der Gläubiger (zB die Bank des ArbN oder der Vermieter des ArbN) einen zur Vollstreckung geeigneten Zahlungstitel gegen den ArbN erworben hat. Dies bedeutet nach § 704 ZPO, dass ein rechtskräftiges Endurteil oder ein vorläufig vollstreckbares Urteil zugunsten des Gläubigers vorliegen muss. Ausreichend ist aber auch ein anderer der in § 794 ZPO aufgeführten Vollstreckungstitel, etwa ein Vollstreckungsbescheid, ein gerichtlicher Vergleich oder eine notarielle Urkunde gem § 794 Abs 1 Nr 5 ZPO, die einen vollstreckbaren Anspruch enthält. Der Vollstreckungstitel muss mit der **Vollstreckungsklausel versehen und dem Schuldner zugestellt worden sein (§ 750 ZPO).**

3 **b) Antrag des Gläubigers.** Die Entgeltpfändung setzt einen Antrag des Gläubigers auf Erlass eines Pfändungs- und Überweisungsbeschlusses bei dem zuständigen Gericht voraus. Zuständig ist das Amtsgericht als Vollstreckungsgericht, die örtliche Zuständigkeit wird durch den allgemeinen Gerichtsstand des ArbN, der von seinem Wohnsitz abhängt (§§ 828 Abs 2, 13 ZPO), bestimmt. Im Antrag müssen Gläubiger und Schuldner genau mit Vor- und Zunamen, Anschrift und Beruf bezeichnet sein. Ungenauigkeiten oder Fehler können zur Unwirksamkeit des Pfändungs- und Überweisungsbeschlusses führen, so dass er für den ArbGeb unbeachtlich ist.

4 Geringfügige Schreibfehler bei Namens- und Adressenangabe, etwa Vertauschung eines Buchstabens, machen den Pfändungs- und Überweisungsbeschluss nicht rechtsunwirksam.

Abgrenzungskriterium ist, ob der Schuldner trotz der fehlerhaften Schreibweise oder Angabe sofort und ohne weiteren Ermittlungsaufwand erkennbar und ob es trotz der Ungenauigkeit zweifelsfrei feststeht, wer Drittschuldner ist (BAG 6.5.09 – 10 AZR 834/08, NZA 09, 805).

Der Pfändungsantrag muss die Forderung bezeichnen, wegen der die Vollstreckung erfolgen soll, was durch Bezugnahme auf den Vollstreckungstitel geschieht. Der Gläubiger kann den Pfändungsantrag auf einen Teilbetrag der titulierten Forderung beschränken. 5

**c) Pfändung von Arbeitseinkommen.** Im Pfändungsantrag und in dem daraufhin erlassenen Pfändungs- und Überweisungsbeschlusses muss die Forderung aufgeführt werden, in die vollstreckt werden soll. Im Rahmen der Lohn- und Gehaltspfändung richtet sich die Pfändung auf das Arbeitseinkommen des ArbN (Definition in § 850 ZPO). 6

Erfasst sind mit Arbeitseinkommen alle, auch nach der Pfändung fällig werdende (§ 832 ZPO) Vergütungsansprüche, die aus dem Arbeitsverhältnis resultieren. Hierzu gehören auch einmalige Vergütungsleistungen, ***Einmalzahlungen*** oder **Abfindungen** (LAG Bremen 30.8.07 – 3 Sa 75/07, BeckRS 2007, 47788), soweit nicht Pfändungsbeschränkungen eingreifen (→ Rn 18 ff). Gem § 833 Abs 1 ZPO unterliegen auch Ansprüche aus **Beförderungen** und **Gehaltserhöhungen** einer ausgebrachten Pfändung. Ist Arbeitseinkommen gepfändet, ist davon auch ein Schadensersatzanspruch des ArbN erfasst, der an die Stelle des tarifvertraglich verfallenen Arbeitsentgeltanspruchs getreten ist (BAG 6.5.09 – 10 AZR 834/08, NZA 09, 805). Ferner ergreift eine Pfändung nicht nur Ansprüche bei rechtswirksamem Arbeitsverhältnis, sondern auch Ansprüche aus faktischem Arbeitsverhältnis. Voraussetzung für die Rechtswirksamkeit der Pfändung ist, dass zwischen Schuldner und Drittschuldner ein Arbeitsverhältnis (auch ein faktisches) zurzeit der Pfändung besteht. Ist zu diesem Zeitpunkt das Arbeitsverhältnis beendet und der Arbeitslohn bereits ausgezahlt, geht die Pfändung ins Leere. Gem **§ 833 Abs 2 ZPO** wird die Lohnpfändung auf ein Neues mit demselben ArbGeb abgeschlossenes Arbeitsverhältnis erstreckt, wenn es innerhalb von **neun** Monaten nach Beendigung des vorangehenden Arbeitsverhältnisses begründet wird. 7

Nach einem **Betriebsübergang** bleiben die Pfandverstrickung und die Reihenfolge der Pfändungen erhalten; neue Pfändungs- und Überweisungsbeschlüsse gegen den Betriebserwerber sind nicht notwendig (LAG Hess 22.7.99 – 5 Sa 13/99, ArbuR 2000, 38). 8

**d) Erlass und Zustellung des Pfändungs- und Überweisungsbeschlusses.** Die Pfändung wird wirksam mit dem Erlass des Pfändungs- und Überweisungsbeschlusses durch das Vollstreckungsgericht und die Zustellung dieses Beschlusses. Der Gläubiger kann nach § 835 Abs 1 ZPO wählen, ob er sich die gepfändete Forderung zur Einziehung (dh erfüllungshalber), was im Zweifel gewollt ist, oder an Zahlungs statt (dh mit Erfüllungswirkung) überweisen lässt. Mit dem Pfändungsbeschluss wird dem Drittschuldner verboten, an den Schuldner zu zahlen, gleichzeitig wird dem Schuldner verboten, über die Vergütungsforderung noch zu verfügen, insbes diese einzuziehen (§ 829 Abs 1 ZPO). Alle nach Zustellung des Pfändungs- und Überweisungsbeschlusses vorgenommenen Verfügungen des Schuldners über seine Vergütungsforderung, etwa Einziehung, Aufrechnung, Verzicht oder Abtretung, sind gegenüber dem Gläubiger unwirksam. Der Drittschuldner darf ab der Zustellung des Pfändungs- und Überweisungsbeschlusses nicht mehr an den Schuldner zahlen oder diesem gegenüber mit einer Forderung aufrechnen, die erst nach der Zustellung entstanden oder fällig geworden ist. 9

**3. Rechtsbehelfe und Einwendungen.** Der **Arbeitnehmer** als Schuldner kann gegen die Forderung, wegen der vollstreckt wird, regelmäßig nicht mehr vorgehen, da ein vollstreckungsfähiger Titel vorliegen muss, so dass idR die Berechtigung dieser Forderung in einem anderen gerichtlichen Verfahren bereits rechtskräftig festgestellt worden ist. Bei einem Titel, der in einem vorläufig vollstreckbaren oder nach § 323 ZPO abänderbaren Urteil besteht, oder bei Vorliegen von Gründen für eine Vollstreckungsgegenklage oder ein Wiederaufnahmeverfahren iSd §§ 578 ff ZPO ist allerdings ein Vorgehen des Schuldners gegen den Gläubiger mit dem Ziel der Aufhebung des Titels möglich. 10

Gegen den zu vollstreckenden rechtskräftigen Titel können grds keine Einwendungen erhoben werden, es sei denn, der Titel ist **wegen Verstoßes gegen die guten Sitten** nichtig.

11 Für diesen Fall hat das BVerfG (6.12.05 – 1 BvR 1905/02, ArbuR 06, 415) die analoge Anwendung der Vollstreckungsabwehrklage eröffnet. Zudem kann bei Sittenwidrigkeit auf Antrag Vollstreckungsschutz nach § 765a ZPO beantragt werden.

12 Gegen den Pfändungs- und Überweisungsbeschluss können **Arbeitgeber und Arbeitnehmer Erinnerung** nach § 766 ZPO beim Vollstreckungsgericht einlegen. Hiermit können Rechtsmängel des Pfändungs- und Überweisungsbeschlusses geltend gemacht werden, insbes Formmängel, Zustellungsmängel und die Nichtbeachtung von Pfändungsschutzvorschriften. Gegen die gepfändete Forderung kann der **Arbeitgeber** als Drittschuldner alle **Einwendungen** vorbringen, die ihm gegen die Vergütungsforderung des ArbN ohne die Pfändung zugestanden hätten. Es kann sich also insbes auf Verjährungs- und Verfallfristen berufen, auf vorherige Erfüllung oder Aufrechnung.

13 **4. Pflichten des Arbeitgebers bei rechtswirksamer Pfändung. a) Drittschuldnererklärung.** Nach § 840 Abs 1 ZPO hat der ArbGeb auf Verlangen des Gläubigers binnen zwei Wochen nach Zustellung des Pfändungs- und Überweisungsbeschlusses eine Erklärung darüber abzugeben, ob und in welchem Umfang er die Forderung anerkennt und erfüllen will, ob und welche anderen Personen Anspruch auf die Forderung erheben und ob anderweitige Pfändungen vorliegen.

14 Wird die Drittschuldnerauskunft nicht erteilt, macht sich der ArbGeb **schadensersatzpflichtig** gem § 840 Abs 2 ZPO. Der Anspruch zielt darauf, den Gläubiger so zu stellen, als wäre die Auskunft ordnungsgemäß erteilt worden, hingegen nicht so, als bestünde der Anspruch gegen den ArbN (BAG 7.7.15 – 10 AZR 416/14, NZA 15,1533). Er umfasst die Kosten, die der Gläubiger für die Zuziehung eines Prozessbevollmächtigten zur Eintreibung der gepfändeten Forderungen aufgewandt hat. Voraussetzung ist, dass die Kosten nutzlos aufgewandt worden sind, weil die Drittschuldnererklärung nicht oder nicht fristgerecht abgegeben worden ist, und dass diese Kosten vermieden worden wären, wenn der ArbGeb seine Verpflichtung zur Drittschuldnererklärung ordnungsgemäß erfüllt hätte. Der Schadensersatzanspruch kann nicht im Kostenfestsetzungsverfahren geltend gemacht werden (BAG 16.11.05 – 3 AZR 45/05, NJW 06, 717).

15 Für die **Kosten** der ordnungsgemäß erteilten Drittschuldnerauskunft kann der ArbGeb nicht den Gläubiger in Anspruch nehmen. Kosten der Bearbeitung von Pfändungs- und Überweisungsbeschlüssen kann der ArbGeb auch **nicht dem Arbeitnehmer in Rechnung stellen,** auch durch Betriebsvereinbarung kann keine Erstattungsverpflichtung festgelegt werden (BAG 18.7.06 – 1 AZR 578/05, BB 07, 221).

16 **b) Abführung der pfändbaren Beträge.** Der rechtswirksame Pfändungs- und Überweisungsbeschluss verpflichtet den ArbGeb, die pfändbaren Lohn- und Vergütungsbestandteile an den Gläubiger auszuzahlen. Eine Zahlung an den ArbN hat insoweit keine Erfüllungswirkung mehr. Zahlt der ArbGeb gleichwohl an den ArbN, läuft er Gefahr, ein zweites Mal an den Gläubiger zahlen zu müssen. Nach § 836 Abs 2 ZPO darf der ArbGeb von der Richtigkeit des Pfändungs- und Überweisungsbeschlusses ausgehen, selbst wenn dieser tatsächlich zu Unrecht erlassen worden ist. Das partielle Leistungsverbot gilt auch im Fall der **Insolvenz des Arbeitnehmers** (→ *Insolvenz des Arbeitnehmers* Rn 4). Der ArbGeb darf nach Kenntnis der Insolvenz nur den pfändbaren Teil des Arbeitsentgelts an den insolventen ArbN zahlen; der pfändbare Teil muss gem § 82 InsO an den **Treuhänder** abgeführt werden (BAG 29.1.14 – 6 AZR 642/12, NZA 14, 685).

17 Dieser Gutglaubensschutz zugunsten des Drittschuldners besteht, bis der Pfändungs- und Überweisungsbeschluss aufgehoben und dies dem ArbGeb bekannt gemacht worden ist. Auf den durch § 836 Abs 2 ZPO gewährleisteten **Gutglaubensschutz** kann sich allerdings derjenige ArbGeb nicht berufen, der einen Pfändungs- und Überweisungsbeschluss nicht beachtet und keine Abführungen geleistet hat (BAG 6.2.91 – 4 AZR 419/90, NZA 91, 506).

18 **aa) Ermittlung des abzuführenden Nettoeinkommens.** Zur Sicherung des Existenzminimums des ArbN bestimmt § 850c ZPO, dass nur ein Teil des dem ArbN zustehenden Nettoeinkommens pfändbar ist. Der pfändbare Teil ist der als Anlage zu § 850c ZPO mit Gesetzeskraft geltenden **Pfändungstabelle** zu entnehmen, die nach Bezugszeitraum des Arbeitseinkommens und der Belastung mit Unterhaltspflichten differenziert. Gem § 850c Abs 2a ZPO wird die Unpfändbarkeitsgrenze in jedem zweiten Jahr jeweils zum 1.7. an die

Entwicklung des steuerrechtlichen Grundfreibetrages angepasst. Nach der ab 1.7.2019 geltenden Pfändungsfreigrenzenbekanntmachung 2019 (BGBl I 2019, 443) bleiben auch ohne Unterhaltspflichten mindestens 1.179,99 € pro Monat unpfändbar.

Bei der Berücksichtigung von aus besonderen Gründen unpfändbaren Bezügen (zB Überstundenvergütung) sind gem § 850e ZPO vom Bruttoeinkommen die unpfändbaren Beträge als Bruttobeträge und alsdann die auf den verbleibenden Betrag abzuführenden Steuern und SozVBeiträge abzuziehen (BAG 17.4.13 – 10 AZR 59/12, NJW 13, 2924, sog **Nettomethode**). Die in § 850c Abs 2a ZPO vorgesehene **Dynamisierung der pfändungsfreien Beträge** wirkt auch auf bereits in der Vergangenheit erlassene Pfändungs- und Überweisungsbeschlüsse ein. Die pfändungsfreien Beträge erhöhen sich, wenn **gesetzliche Unterhaltsverpflichtungen erfüllt werden**. Zu den berücksichtigungsfähigen gesetzlichen Unterhaltsberechtigten gehören der Ehegatte, Lebenspartner nach Lebenspartnerschaftsgesetz und Verwandte in gerader Linie (Kinder, Enkel, Eltern, Großeltern etc). Die Unterhaltspflicht muss auf Gesetz beruhen, eine vertragliche oder freiwillige Unterhaltspflicht reicht nicht (BAG 26.11.86, DB 87, 794). 19

Voraussetzung ist ferner, dass der Schuldner **tatsächlich den Unterhalt auch leistet.** Lebt der ArbN mit seinem Ehegatten in häuslicher Gemeinschaft ist grundsätzlich davon auszugehen, dass Unterhalt geleistet wird; bei Getrenntleben muss der ArbN dem ArbGeb die Unterhaltszahlungen nachweisen, wenn er den erhöhten Pfändungsschutz in Anspruch nehmen will (BAG 28.8.13 – 10 AZR 323/12, NZA 13, 1302). 20

Verfügt eine unterhaltsberechtigte Person über eigene ausreichende Einkünfte, bleibt diese nach näherer Bestimmung des Vollstreckungsgerichts ganz oder teilweise bei der Bestimmung des pfändbaren Betrages außer Betracht. Dies setzt aber jeweils eine – vom Gläubiger zu beantragende – Entscheidung des Vollstreckungsgerichts nach § 850c Abs 4 ZPO voraus. Solange diese nicht ergangen ist, muss der Angehörige als voll unterhaltsberechtigt in Ansatz gebracht werden.

Eine **erweiterte Pfändungsmöglichkeit** besteht nach § 850d ZPO, wenn wegen **Unterhaltsansprüchen** gepfändet wird. Der pfändende Unterhaltsgläubiger ist an die Begrenzung des § 850c ZPO nicht gebunden, vielmehr setzt das Vollstreckungsgericht im Pfändungs- und Überweisungsbeschluss den **notwendigen Selbstbehalt** fest, der regelmäßig erheblich unter den nach § 850c ZPO pfändbaren Beträgen liegt. Ein solcher Pfändungs- und Überweisungsbeschluss wird allerdings durch die Eröffnung des **Verbraucherinsolvenzverfahrens** über das Vermögen des Schuldners unwirksam (BAG 17.9.09 – 6 AZR 369/08, NZA 10, 300). 21

**bb) Unpfändbare und bedingt pfändbare Bezüge.** Nach § 850a ZPO sind bestimmte Vergütungsbestandteile unpfändbar. Hierzu gehören nach § 850a Nr 1 ZPO die Hälfte der für Mehrarbeitsstunden gezahlten Vergütung und nach § 850a Nr 2 ZPO im Rahmen des Üblichen gewährte zusätzliche Urlaubsgeld- und Jubiläumszahlungen. Dass eine Sonderzuwendung von der Dauer der Betriebszugehörigkeit abhängig gemacht wird, bedeutet noch nicht, dass darin ein unpfändbares Treuegeld läge (BAG 30.7.08 – 10 AZR 459/07, NJW 09, 167). Unpfändbar sind gem § 850a Nr 3 ZPO ferner die Ansprüche auf *Aufwendungsersatz* (Fahrt- und Reisekosten, *Verpflegungsmehraufwendungen, Umzugskosten, Bewirtungsaufwendungen* etc), Auslösungen, Schmutz-, Erschwernis- und Gefahrenzulagen und vergleichbare Ansprüche. Zulagen für **Sonntags-, Feiertags- und Nachtarbeit sind Erschwerniszulagen iSv § 850a Nr 3 ZPO und damit im Rahmen des Üblichen unpfändbar.** Hinsichtlich der Üblichkeit kann an die Regelung in § 3b EStG angeknüpft werden. Zulagen für Schicht-, Samstags- oder sog. Vorfestarbeit sind hingegen der Pfändung unterworfen (BAG 23.8.17 – 10 AZR 859/16, NZA 17, 1548). Die Unpfändbarkeit gilt grundsätzlich auch für Aufwendungsersatzansprüche des BRat nach § 40 Abs 1 BetrVG gegen den ArbGeb; eine Ausnahme wird für den Gläubiger gemacht, der die Aufwendungen vorausgeleistet hat (BGH – VII ZB 9/15, NZA 18, 126). 22

Die **Weihnachtsgratifikation** ist bis zur Hälfte des monatlichen Nettoeinkommens, maximal bis 500 €, unpfändbar (§ 850a Nr 4 ZPO). **Die Jahressonderzahlung nach § 20 TVöD ist keine Weihnachtsvergütung im Sinne des § 850a Nr 4 ZPO** (BAG 18.5.16 – 10 AZR 233/15, NZA 16, 840; LAG Köln 6.3.15 – 4 Sa 871/14, ZTR 15, 447), ebenso wenig die Sparkassensonderzahlung (BAG 14.3.12 – 10 AZR 778/10, DB 12, 1157). 23

Heirats- und Geburtsbeihilfen, Erziehungsgelder, Studienbeihilfen und ähnliche Leistungen, wozu auch die Ausbildungsvergütung gehört, sowie Sterbe- und Gnadenbezüge und Blindenzulagen sind ebenfalls nicht pfändbar.

Bei der Ermittlung des pfändbaren Nettoeinkommens dürfen Pflichtumlagen, die der ArbGeb aufgrund tariflicher Bestimmungen vom Nettogehalt des ArbN einzubehalten und abzuführen hat, nicht mitgerechnet werden (BAG 20.11.18 – 9 AZR 349/18, NZA 19, 722).

24 § 850b ZPO erklärt die dort aufgeführten **Sozialleistungen** für unpfändbar, lässt aber eine Pfändbarkeit durch Entscheidung des Vollstreckungsgerichts zu, wenn die Vollstreckung in das bewegliche Vermögen nicht zu einer vollständigen Befriedigung geführt hat und die Pfändung der Billigkeit entspricht. Bedeutung hat dies im Arbeitsverhältnis vor allem für vom ArbGeb zu zahlende Betriebsrenten. **Auf Antrag** sind nach entsprechender Entscheidung des Vollstreckungsgerichts die Zusammenrechnung von Einkommen und pfändbaren Sozialleistungen nach dem SGB vorzunehmen. Die Zusammenrechnung kommt nur dem Vollstreckungsgläubiger zugute, zu dessen Gunsten sie erwirkt worden ist (BAG 23.4.96 – 9 AZR 940/94, NZA 97, 63).

Der Pfändungsschutz für Arbeitseinkommen kann nicht durch eine Vereinbarung umgangen werden, in der dem ArbGeb die Befugnis eingeräumt wird, eine monatliche Beteiligung des ArbN an der Reinigung und Pflege der Berufskleidung mit dem monatlichen Nettoentgelt ohne Rücksicht auf Pfändungsfreigrenzen zu „verrechnen" (BAG 17.2.09 – 9 AZR 676/07, NZA 10, 99).

Bei der Berechnung der pfändbaren Bezüge darf der geldwerte Vorteil eines Firmenwagens wegen § 107 Abs 2 Satz 5 GewO nicht auf den unpfändbaren Teil des Entgelts angerechnet werden (BAG 24.3.09 – 9 AZR 733/07, NZA 09, 861; BAG 17.2.09 – 9 AZR 676/07, NZA 10, 99; s ferner § 850e Abs 3 Satz 2 ZPO).

25 **cc) Begrenzungen und Erweiterungen der Pfändbarkeit auf Antrag.** Sowohl der Gläubiger als auch der Schuldner haben nach der ZPO Möglichkeiten, den pfändbaren Teil des Arbeitseinkommens abweichend von dem sich aus der Pfändungstabelle ergebenden Betrag durch das Vollstreckungsgericht festsetzen zu lassen. So kann der ArbN als Schuldner aufgrund der Härteregelung in § 850f Abs 1 ZPO beantragen, den an sich pfändbaren Betrag ganz oder teilweise für unpfändbar zu erklären, wenn dies aus besonderen beruflichen oder persönlichen Gründen oder wegen des besonderen Umfangs der Unterhaltspflichten notwendig ist.

26 Eine weitere Möglichkeit bietet § 850i ZPO, wonach dem Schuldner bei einmaligen Leistungen des ArbGeb auf Antrag des ArbN so viel zu belassen ist, wie für den Unterhalt des Schuldners und seiner Familie notwendig ist. Bedeutung hat dies besonders für **Abfindungen,** deren Pfändbarkeit durch die vorgenannte Vorschrift begrenzt werden kann. Eine Hinweispflicht des ArbGeb besteht nicht (BAG 13.11.91 – 4 AZR 20/91, NZA 92, 384). Keine Veränderung der pfändbaren Bezüge kann der ArbN durch einen Antrag auf Entgeltumwandlung erreichen (BAG 30.7.08 – 10 AZR 459/07, NJW 09, 167). Bereits vor der Pfändung eingegangene Verträge zur **privaten Altersvorsorge** können die Pfändungsfreigrenze gem § 851c Abs 2 ZPO erhöhen (*Tavakoli* NJW 08, 3259).

27 **c) Lohnschiebungsverträge und verschleiertes Arbeitseinkommen.** Gegenüber dem Gläubiger ist es nach § 850h Abs 1 ZPO unwirksam, wenn ArbGeb und ArbN vereinbaren, dass das Entgelt oder ein Teil desselben einem Dritten zustehen sollen. Erhält ein ArbN eine im Verhältnis zum üblichen Lohn unverhältnismäßig geringe oder gar keine Vergütung, so kann verschleiertes Arbeitseinkommen nach § 850h Abs 2 ZPO vorliegen. Dabei ist auf die Umstände des Einzelfalls Rücksicht zu nehmen, insbes die Art der Arbeitsleistung, die Beziehungen der Vertragsparteien und die wirtschaftliche Leistungsfähigkeit des ArbGeb (BAG 22.10.08 – 10 AZR 703/07, NZA 09, 163).

28 Der Gläubiger genügt seiner Darlegungslast im Prozess, wenn er den Umfang der Tätigkeit ausgehend von einem unstreitigen Stundensatz darlegt (BAG 3.8.05 – 10 AZR 585/04, NZA 06, 175).

Aufgrund des mit Beginn des Jahres 2015 eingeführten **gesetzlichen *Mindestlohnes*** (s dort) durch das MiLoG kann bei jeder Arbeitstätigkeit der **gesetzliche Mindeststundenlohn als Untergrenze** zugrunde gelegt werden. Bei der Berechnung des unpfändbaren Teils der fiktiven Arbeitsvergütung ist nicht die vom Schuldner gewählte Steuerklasse, sondern diejenige zugrunde zu legen, die der Schuldner sinnvollerweise gewählt hätte (BAG 23.4.08 – 10 AZR 168/07, NJW 08, 2606).

Ist von einem verschleierten Arbeitseinkommen auszugehen, fingiert das Gesetz zugunsten des Gläubigers, dass die **angemessene Vergütung** geschuldet wird. Im Streitfall hat der Gläubiger darzulegen, dass und in welchem Umfang der Schuldner welche Art von Tätigkeit erbringt. Macht ein Gläubiger erfolgreich verschleiertes Arbeitseinkommen geltend, muss er sich gleichwohl vorrangige Pfändungen anderer Gläubiger entgegenhalten lassen (BAG 15.6.94 – 4 AZR 317/93, AP Nr 18 zu § 850h ZPO). Die Pfändung verschleierten Arbeitseinkommens wirkt nicht zurück auf Entgeltansprüche vor der Zustellung des Pfändungs- und Überweisungsbeschlusses (BAG 23.4.08 – 10 AZR 168/07, NJW 08, 2606). 29

**d) Mehrere Pfändungen.** Liegen mehrere Pfändungen vor, entscheidet das **Prioritätsprinzip über die Rangfolge.** Vorrangig ist der zeitlich früher zugestellte Pfändungs- und Überweisungsbeschluss zu bedienen. Da bei bestimmten Forderungen, insbesondere Unterhaltsforderungen eine erweitere Pfändbarkeit gegeben ist, besteht für einen später pfändenden Unterhaltsgläubiger die Möglichkeit, in die Lohn- und Gehaltsbestandteile zu pfänden, die den übrigen Gläubigern verschlossen sind. Auf diese nachfolgende Pfändung ist die Differenz zwischen dem Normalpfändungsbereich und dem erweitert pfändbaren Vorrechtsbereich an den Unterhaltsgläubiger abzuführen, während der zeitlich früher pfändende, nicht bevorrechtigte Gläubiger den nach der Pfändungstabelle pfändbaren Betrag zu bekommen hat. 30

Pfänden **mehrere Unterhaltsgläubiger,** gilt zunächst wieder das **Prinzip der Priorität.** Auf Antrag kann das Vollstreckungsgericht eine andere Rangfolge nach § 850d Abs 2 ZPO festlegen und hat dabei die Rangfolge der Unterhaltsansprüche zu berücksichtigen. Die Anordnung des Vollstreckungsgerichts, dass Pfändungs- und Überweisungsbeschlüsse mehrerer Unterhaltgläubiger mit rückwirkender Wirkung gleichrangig zu behandeln sind, muss der Drittschuldner für die Vergangenheit nur beachten, soweit er im Zeitpunkt der Kenntnisnahme von dieser Anordnung noch keine Zahlung geleistet hat (BAG 6.2.91 – 4 AZR 419/90, NZA 91, 506). Ansonsten greift der Gutglaubenschutz des § 836 Abs 2 ZPO ein. 31

**e) Zusammentreffen von Pfändungen und Abtretungen.** Das Verhältnis von Pfändungen und Abtretungen ist durch das Prinzip der Priorität gekennzeichnet. Entscheidend ist, ob zuerst der Abtretungsvertrag geschlossen oder der Pfändungs- und Überweisungsbeschluss zugestellt wurde. Ein Pfändungs- und Überweisungsbeschluss entfaltet keine vollstreckungsrechtlichen Wirkungen, wenn die gepfändete Forderung im Zeitpunkt der Pfändung abgetreten war (BAG 17.2.93 – 4 AZR 161/92, NZA 93, 813). Die Tatsache der Bekanntgabe der Abtretung ist nur insoweit von Bedeutung, als der ArbGeb aufgrund von § 407 BGB nicht verpflichtet ist, aufgrund einer früher erfolgten Abtretung Leistungen für die Zeit vor der Offenlegung der Abtretung zu erbringen. Nach Bekanntgabe einer Abtretung, die vor Zustellung des Pfändungs- und Überweisungsbeschlusses vereinbart wurde, muss der ArbGeb allerdings den pfändbaren Teil des Arbeitseinkommens an den Zessionar auszahlen. Dies setzt eine wirksame Abtretung voraus. Scheitern kann dies an der **mangelnden Bestimmtheit der abgetretenen Forderung,** an der **Sittenwidrigkeit** einer Mithaftungsabrede (BGH 25.1.05 – XI ZR 325/03, ArbuR 05, 167) wie auch an einem **Verstoß einer Formularabtretung gegen die gesetzliche Regelung der Allgemeinen Geschäftsbedingungen** (§§ 305–310 BGB; → *Entgeltabtretung* Rn 5). 32

**Tarifvertragliche** Abtretungsverbote sind zu beachten (LAG Köln 27.3.06 – 14 (9) Sa 1335/05, NZA-RR 06, 365). Auch im Verhältnis zur Abtretung gilt, dass ein nachrangiger Unterhaltsgläubiger die Differenz zwischen dem Normalpfändungsbereich und dem erweitert pfändbaren Vorrechtsbereich verlangen kann. 33

Der Pfändungsschutz wird unterstützt durch § 850k ZPO. Danach können **Kontoguthaben des Schuldners bei Geldinstituten nicht gepfändet werden** bzw **ist deren Pfändung aufzuheben,** soweit die der Pfändung nicht unterworfenen Teile von Einkünften betroffen sind. Durch die Einführung des **Pfändungsschutzkontos** (§ 850k nF ZPO), welches auf Verlangen jede Bank für den ArbN zu führen hat, wird dieser Schutz verstärkt (*Neiseke*, jurisPR-BKR 10/2009 Anm 1), weil der ArbN trotz Kontenpfändung über die pfändungsfreien Beträge frei verfügen kann. Damit wird der Grundsatz auch bei Konten und Bankguthaben durchgesetzt, dass dem Schuldner das Existenzminimum auf jeden Fall verbleibt.

34 **f) Hinterlegungsrecht und -pflicht.** Treffen mehrere Pfändungen zusammen, läuft der Drittschuldner Gefahr, nicht an den bestrangigen Gläubiger auszuzahlen und deshalb die Leistung zweimal erbringen zu müssen. Deshalb eröffnet § 853 ZPO dem Drittschuldner die Möglichkeit, den pfändbaren Teil der Forderung zu hinterlegen. Der ArbGeb ist **verpflichtet zu hinterlegen,** wenn es ein Gläubiger (§ 804 ZPO) oder der ArbN als Schuldner (§ 804 ZPO iVm § 1281 BGB) verlangen. Da § 853 ZPO rechtswirksame Pfändungen voraussetzt, kommt die **Hinterlegung nur hinsichtlich der pfändbaren Beträge** in Betracht. Bei Zusammentreffen von Pfändung und Abtretung oder mehreren Abtretungen benötigt der ArbGeb eine besondere Hinterlegungsbefugnis gem § 372 BGB. Diese ist gegeben, wenn sich der ArbGeb in einer nicht auf Fahrlässigkeit beruhenden Ungewissheit über die Person des Berechtigten befindet. Dazu ist erforderlich, dass eine begründete und objektiv nachvollziehbare Ungewissheit darüber besteht, wer der Berechtigte ist, so dass dem Drittschuldner nicht zugemutet werden kann, den Zweifel auf eigene Gefahr zu lösen. Hinterlegungsstelle ist das Amtsgericht, in dessen Bezirk der ArbGeb seinen Betrieb hat.

35 **5. Drittschuldnerklage.** Leistet der ArbGeb trotz wirksamer Pfändung keine Zahlungen an den Gläubiger, kann dieser die abzuführenden Vergütungsteile im Wege der Drittschuldnerklage einklagen. Da es sich um Vergütungsansprüche handelt, ist das ArbG zuständig. Der Gläubiger trägt im Rahmen der Drittschuldnerklage die Darlegungs- und Beweislast dafür, dass und in welchem Umfang der Schuldner bei dem Drittschuldner gearbeitet hat. Bei der Drittschuldnerklage auf Zahlung gepfändeter Arbeitsvergütung, die nach Zeitabschnitten bemessen ist, gehört es zur Schlüssigkeit, die Zeitabschnitte, für die Vergütung in näher bestimmter Höhe verlangt wird, darzulegen. Das Unterbleiben einer ordnungsgemäßen Drittschuldnererklärung macht dies nicht entbehrlich (BAG 7.7.15 – 10 AZR 416/14, NZA 15, 1533).

## B. Lohnsteuerrecht *Seidel*

38 **1. Pfändung von Arbeitslohn. a) Arbeitgeber.** Die lohnsteuerliche Rechtslage ist ähnlich der bei der Lohnabtretung (→ *Entgeltabtretung* Rn 13–15). Wird Arbeitslohn gepfändet, so steht dies dem Zufluss nicht entgegen, der mit der Zahlung des pfändbaren Betrages an den Pfändungsgläubiger (→ *Lohnzufluss* Rn 12) und des pfändungsfreien Betrages an den ArbN erfolgt.

39 Bei **Hinterlegung** des pfändbaren Arbeitslohns (→ Rn 34) fließt der Arbeitslohn mit der Hinterlegung zu (s aber *Lohnzufluss* Rn 6: Annahmeverweigerung). Der ArbGeb hat die LSt bei der Zahlung von dem gesamten stpfl Bruttolohn nach den ELStAM einzubehalten (→ *Lohnsteuerabzugsmerkmale* Rn 9 ff sowie → *Lohnsteuerberechnung* Rn 3–6 und → *Lohnabzugsverfahren* Rn 19 ff), auch wenn im Urt oder im Vergleich eine Beschränkung auf den um die LSt gekürzten Arbeitslohn fehlt. Erhält der ArbN aufgrund einer Nettolohnklage nur den als netto bezeichneten Arbeitslohn zugesprochen, ist nur dieser der LSt zu unterwerfen (BFH 18.6.93, BStBl II 94, 182; → Rn 18, 19).

40 Der **Gerichtsvollzieher** beschränkt die Vollstreckung auf den um die LSt geminderten Betrag, wenn der ArbGeb eine Bescheinigung des FA, eine öffentliche Urkunde oder einen Einzahlungs- oder Überweisungsnachweis über die Einzahlung der LSt vorlegt. Um die ordnungsgemäße Einbehaltung und Abführung der LSt auch im Vollstreckungsverfahren sicherzustellen, müssen die Gerichtsvollzieher dem FA die Pfändung anzeigen (§ 775 Ziff 4 und 5 ZPO; *HMW*/Pfändung von Arbeitslohn Rz 2). Die Lohnpfändung erstreckt sich nicht auf einen evtl **Steuererstattungsanspruch** des ArbN gegenüber dem FA, da dieser als öffentlich-rechtlicher Anspruch nicht zum Arbeitseinkommen gem § 850 ZPO gehört (FG Brem 10.5.93, EFG 94, 77; → Rn 45, 46), aber ggf auf einen Erstattungsanspruch aufgrund des vom ArbGeb durchzuführenden LStJahresausgleichs (→ *Lohnsteuerjahresausgleich* Rn 7 ff), da dieser Erstattungsbetrag Teil des Anspruchs auf Arbeitslohn gegenüber dem ArbGeb ist (*HMW*/Pfändung des Steuererstattungsanspruchs Rz 12; → Rn 45).

41 **Rechnet** der ArbGeb mit Ansprüchen gegen den ArbN **auf,** ändert dies nichts am Lohnzufluss (→ *Aufrechnung* Rn 15, 16). Der ArbGeb hat sowohl den gesamten Bruttoarbeitslohn als auch die einbehaltene LSt wie üblich in der LStBescheinigung (→ *Lohnsteuerbescheinigung* Rn 11 ff) anzugeben.

Bei der sog **Lohnschiebung** (§ 850h Abs 1 ZPO; → Rn 27) ergeben sich keine Besonderheiten, denn stpfl Arbeitslohn liegt auch vor, wenn das Entgelt oder Teile davon an einen Dritten gezahlt werden (→ *Arbeitsentgelt* Rn 76). Ist dagegen im Rahmen der Vollstreckung gem § 850h Abs 2 ZPO von einer **Lohnverschleierung** auszugehen, handelt es sich **nicht** um Arbeitslohn. Hier wird lediglich im Verhältnis Gläubiger – ArbGeb für das Vollstreckungsverfahren eine angemessene Vergütung fingiert. Ein Anspruch des ArbN gegen den ArbGeb auf Lohnzahlung in üblicher Höhe entsteht hierdurch nicht (BeckPersHB/Bd I Pfändung von Lohn und Gehalt XIX 2). Der LSt unterliegt daher in diesen Fällen nur der bisher schon gezahlte „unangemessen“ niedrige Arbeitslohn, jedoch nicht der fingierte Arbeitslohn. 42

**b) Arbeitnehmer.** Bearbeitungskosten des ArbGeb (→ Rn 15) bzw die gezahlte Hinterlegungsgebühr, die als Zwangsvollstreckungskosten grds vom ArbN (Schuldner) zu tragen sind (§ 788 Abs 1 ZPO), stellen idR keine Werbungskosten des ArbN dar, es sei denn sie stehen im Zusammenhang mit der beruflichen Tätigkeit. Dafür reicht es mE aber nicht aus, dass der Arbeitslohn gepfändet wird, sondern das der Pfändung zugrunde liegende Rechtsverhältnis muss im Zusammenhang mit der beruflichen Tätigkeit des ArbN stehen (zB Ansprüche eines früheren ArbGeb, hier liegen dann nachträgliche Werbungskosten vor; → *Werbungskosten* Rn 9). 43

**2. Pfändung von Sozialleistungen.** Soweit Sozialleistungsansprüche gepfändet werden, ist dies für den ArbGeb lohnsteuerlich ohne Bedeutung, da es sich bei diesen Leistungen nicht um Arbeitslohn handelt. Sind Sozialleistungen steuerfrei (zB AlGeld, Kurzarbeitergeld, Krankengeld ua) und unterliegen sie im Rahmen der EStVeranlagung des ArbN dem Progressionsvorbehalt (§ 32b Abs 1 Nr 1 EStG; → *Lohnersatzleistungen* Rn 5 ff), so ändert eine Pfändung hieran nichts. Werden **Sozialleistungen in Rentenform** erbracht, die nicht steuerfrei sind (steuerfrei ist zB die Rente aus der gesetzlichen UV; → *Unfallrente* Rn 8), zB die Alters- oder Hinterbliebenenrente aus der gesetzlichen RV (→ *Altersrente* Rn 8 ff), ist seit 2005 an die Stelle des Ertragsanteils ein Besteuerungsanteil von 50 % getreten (aktuell 2019: 78 %), der sich bei Rentenbeginn in den Folgejahren bis 2040 auf 100 % erhöht (§ 22 Nr 1 Satz 3 EStG). Auch hier bleibt eine Pfändung ohne Auswirkung auf die steuerliche Behandlung, da sie dem Zufluss nicht entgegensteht, der mit dem Forderungseinzug bzw dem Zahlungseingang beim Pfandgläubiger erfolgt (*Schmidt/Krüger* § 11 Rz 50 Pfändung). Zur Pfändung künftiger Rentenansprüche s BFH 20.8.91 – VII R 86/90, BStBl II 91, 869 (→ Rn 54), des Anspruchs auf **Kindergeld** s § 76 EStG iVm DA-Fam EStG V 23 (BZSt 29.7.15, BStBl I 15, 584 und → Rn 55) und einer Kapitallebensversicherung mit Rentenwahlrecht → *Arbeitslosengeld II* Rn 5. Zum Pfändungsschutz des Altersvorsorgevermögens s BMF 21.12.17, BStBl I 18, 93 Rz 282–284. 44

**3. Pfändung des Lohnsteuererstattungsanspruchs.** Der Erstattungsanspruch des ArbN gegenüber dem FA kann abgetreten, verpfändet und gepfändet werden (§ 46 Abs 1 AO). Als öffentlich-rechtlicher Anspruch unterliegt seine Pfändung jedoch besonderen Voraussetzungen. Während die Abtretung und die Verpfändung auch schon vor dem Entstehen des Erstattungsanspruchs zulässig sind, jedoch ua erst mit der Entstehung wirksam werden (§ 46 Abs 2–5 AO; *T/K* § 46 AO Rz 6 ff), kann eine Pfändung des LStErstattungsanspruchs erst nach seinem Entstehen (regelmäßig mit Ablauf des entsprechenden Kj) erfolgen. Ein Pfändungs- und Überweisungsbeschluss bzw eine Pfändungs- und Einziehungsverfügung dürfen vorher nicht erlassen werden, da sie sonst nichtig sind (§ 46 Abs 6 Sätze 1 und 2 AO). Fehlt die Jahresangabe des gepfändeten Erstattungsanspruchs, ist er nicht hinreichend bestimmt und die Pfändung nicht wirksam (FG Münster 19.2.99 – 11 K 7566/97 AO, EFG 99, 936). Da der LStErstattungsanspruch nicht Bestandteil des Arbeitseinkommens iSd Pfändungsschutzbestimmungen der §§ 850 ff ZPO ist, kann er ohne Rücksicht auf die Pfändungsgrenzen des § 850c ZPO abgetreten, gepfändet und verpfändet werden (weiterhin BFH 13.7.95, BFH/NV 96, 10 und 26.9.95, BFH/NV 96, 281 unter Hinweis auf die teilweise entgegenstehende Auffassung der ArbG). 45

Als Drittschuldner gilt bei der Pfändung die FinBeh, die über den Anspruch entscheidet (§ 46 Abs 7 AO). Mit der Zustellung an diese wird die Pfändungsverfügung wirksam (§ 829 Abs 3 ZPO). Der Pfändungsgläubiger wird durch den Pfändungs- und Überweisungsbeschluss nicht ermächtigt, den Antrag auf Veranlagung (→ *Antragsveranlagung* Rn 3–5) für 46 den Schuldner (ArbN) und ggf dessen Ehegatten/Lebenspartner zu stellen.). Der Pfändungsgläubiger kann eine Klage gegen das FA auf Auszahlung der gepfändeten Steuererstattungsansprüche erst dann mit Erfolg erheben, wenn diese mit Steuerbescheid festgesetzt sind und durch einen Abrechnungsbescheid festgestellt ist, dass sie noch nicht erloschen sind (BFH 30.11.99 – VII R 97/98, BFH/NV 2000, 412).

## C. Sozialversicherungsrecht *Voelzke*

47 **1. Beitragsrecht.** Auf die Verpflichtung des ArbGeb zur Zahlung des GesamtSozVBeitrages hat es keinen Einfluss, dass der Lohnanspruch von einem Dritten gepfändet wurde. Der Beitragsanspruch entsteht mit der Erbringung der Arbeit (§ 22 SGB IV) und bleibt bei der Berechnung des pfändbaren Einkommens unberücksichtigt. Dementsprechend bestimmt § 850e Nr 1 Satz 1 ZPO, dass bei der Berechnung des pfändbaren Arbeitseinkommens die unmittelbar aufgrund steuerrechtlicher und sozialrechtlicher Vorschriften zur Erfüllung gesetzlicher Verpflichtungen des Schuldners abzuführenden Beträge nicht mitzurechnen sind.

48 Der Drittschuldner (ArbGeb) hat diese vom Arbeitseinkommen abzusetzenden Beträge auch ohne Anordnung im Pfändungsbeschluss zu errechnen. Den Pflichtbeiträgen sind auf den Auszahlungszeitraum entfallenden Beträge gleichgestellt, die der Schuldner nach den Vorschriften der SozV zur Weiterversicherung entrichtet oder an eine Ersatzkasse oder an ein privates Unternehmen der KV leistet, soweit sie den Rahmen des Üblichen nicht übersteigen (§ 850e Nr 1 Satz 2 ZPO). Den Maßstab für die Angemessenheit der Zahlungen an die private KV bilden die Sätze der gesetzlichen KV.

49 **2. Pfändung von Sozialleistungen.** Ansprüche auf Dienst- und Sachleistungen können nicht verpfändet und nicht gepfändet werden (§§ 53 Abs 1, 54 Abs 1 SGB I). Geldleistungen unterliegen der Pfändung als staatlicher Beschlagnahme von Forderungen nach näherer Maßgabe des § 54 SGB I (vgl den Überblick über Abtretung, Pfändung und Abzweigung von Sozialleistungen bei *Günther* ZFSH/SGB 98, 272). Die Regelungen beziehen sich nur auf Sozialleistungen nach dem SGB, während der Beitragsrückerstattungsanspruch nach § 26 SGB IV ohne Einschränkungen pfändbar ist (*Schlegel/Voelzke/Pflüger* SGB I, § 54 Rz 25). Die Pfändbarkeit von Sozialleistungen hat auch Bedeutung für eine Aufrechnung oder Verrechnung, die jeweils nur bei pfändbaren Sozialleistungen zulässig sind (*Fischer* NZS 03, 196). Soweit die Pfändung von Sozialleistungen von einer Billigkeitsprüfung abhängt, soll dem Leistungsberechtigten rechtliches Gehör gewährt werden. Drittschuldner ist idR der Leistungsträger; nur bei der Pfändung des vom ArbGeb auszuzahlenden Kurzarbeitergelds gilt der ArbGeb als Drittschuldner (§ 108 Abs 2 SGB III).

50 Der **Rechtsweg** bei Klagen des Pfändungsgläubigers auf Auszahlung der gepfändeten Sozialleistungen bestimmt sich entsprechend dem zwischen Leistungsberechtigten und Leistungsträger bestehendem Rechtsverhältnis. Zuständig für die Geltendmachung von Ansprüchen auf Leistungen der SozV oder der ArblV sind mithin die SG (§ 51 SGG; BSG 12.5.82 – 7 RAr 20/81, SozR 1200 § 54 Nr 6). Die Rückforderung von zu Unrecht an den Pfändungsgläubiger erbrachten Zahlungen kann der Versicherungsträger durch Verwaltungsakt geltend machen (*Bormann* DAngVers 01, 454). Nach der Rspr des BSG sind Pfändungen unwirksam, soweit der Pfändungsbeschluss die gepfändete Forderung nicht hinreichend genau bezeichnet (zB „sämtliche laufende Geldleistungen nach dem SGB III" oder „gesamte Rentenbezüge"; BSG 12.3.86 – 5a RKn 22/84, SozR 1200 § 54 Nr 10). Eine Sonderregelung gilt gem § 171 Satz 1 SGB III für die Pfändung des Anspruches auf Insolvenzgeld, der nach Beantragung des Insolvenzgelds wie Arbeitsentgelt übertragen, gepfändet und verpfändet werden kann.

51 **a) Einmalige Geldleistungen** können wegen beliebiger Forderungen gepfändet werden, soweit die Pfändung nach den Umständen des Falles, insbesondere nach den Einkommens- und Vermögensverhältnissen des Leistungsberechtigten, der Art des beizutreibenden Anspruches sowie der Höhe und Art der beizutreibenden Geldleistung der Billigkeit entspricht (§ 54 Abs 2 SGB I). Die Billigkeitsprüfung ist vom Vollstreckungsorgan, nicht vom Leistungsträger vorzunehmen (BSG 12.6.92 – 11 RAr 139/90, SozR 3–1200 § 54 Nr 1).

**b) Laufende Geldleistungen.** Die Fassung der Vorschriften über die Pfändbarkeit von laufenden Geldleistungen soll das Pfändungsverfahren von aufwändigen Einzelfallprüfungen entlasten. Unpfändbar sind nach § 54 Abs 3 SGB I: 52

- Elterngeld und Betreuungsgeld bis zur Höhe der nach § 10 BEEG anrechnungsfreien Beträge,
- Mutterschaftsgeld nach § 19 Abs 1 MuSchG, soweit das Mutterschaftsgeld nicht aus einer Teilzeitbeschäftigung während des Erziehungsurlaubs herrührt bis zur Höhe des Elterngeldesgeldes nach § 2 BEEG,
- Wohngeld, soweit nicht die Pfändung wegen Ansprüchen erfolgt, die Gegenstand der §§ 9, 10 WoGG sind,
- Geldleistungen, die dafür bestimmt sind, den durch einen Körper- oder Gesundheitsschaden bedingten Mehraufwand auszugleichen (zB Grundrente und Schwerbeschädigtenzulage nach dem BVG).

Der Inhalt eines Pfändungs- und Überweisungsbeschlusses ist vom Leistungsträger bis zur Änderung durch das Amtsgericht zu beachten. Eine Änderung der Verhältnisse lässt sich auch im Wege des sozialrechtlichen Herstellungsanspruchs nicht fingieren (BSG 15.12.99 – B 9 V 12/99 R, SozR 3–1200 § 14 Nr 28).

Im Übrigen können Ansprüche auf laufende Geldleistungen (zB AlGeld, Krankengeld, Renten der RV) nach § 54 Abs 4 SGB I wie **Arbeitseinkommen** gepfändet werden. Eine Billigkeitsprüfung ist ebenso nicht erforderlich, wie die zusätzliche Prüfung der Frage, ob der Leistungsberechtigte nicht hilfebedürftig iSd Vorschriften des SGB XII über die Hilfe zum Lebensunterhalt wird. Zu beachten sind allerdings wegen des Verweises auf die Vorschriften über die Pfändung von Arbeitseinkommen die Pfändungsfreigrenzen des § 850c ZPO. Hierbei ist der pfändbare Teil des Krankengeldanspruches nicht nach der Tagestabelle, sondern nach der Monatstabelle zu § 850c ZPO zu bestimmen (BSG 13.5.92 – 1 RK 26/91, SozR 3–1200 § 53 Nr 5). Ein unter der Pfändungsfreigrenze des § 54 Abs 4 iVm § 850c ZPO liegender Anspruch ist nicht insolvenzbefangen und kann mit offenen SozVBeiträgen verrechnet werden (LSG Hess 3.8.16 – C 5 R 123/15, BeckRS 2016, 73378). 53

Die Pfändung umfasst nicht nur die zurzeit der Pfändung fälligen Sozialleistungen, sondern auch **künftige Ansprüche** (§ 832 ZPO). Der BGH hat entschieden, dass künftige Rentenansprüche auch pfändbar sind, obwohl der Schuldner das 60. Lebensjahr noch nicht vollendet hat und keine Gründe für einen vorzeitigen Rentenbeginn vorliegen (BGH 21.11.02 – IX ZB 85/02, BB 03, 585; s zur Pfändung künftiger Rentenansprüche eingehend *Schmidt* DAngVers 04, 13; zum Bestimmtheitsgebot *Diepenbrock* NZS 04, 585). Etwas anderes gilt, wenn die Versicherungsleistung auf seit der Pfändung neu erworbenen Ansprüchen beruht (Münchener Kommentar zur ZPO *Smid* § 850i Rz 43). Für den Fall, dass aufgrund der bisherigen Anwartschaft bei neu eingetretener Arbeitslosigkeit AlGeld zu zahlen ist, hat das BSG eine Erstreckung des Pfandrechts bejaht (BSG 18.3.82 – 7 RAr 14/81, SozR 1200 § 54 Nr 5). Durch die Neuregelung des § 54 Abs 4 SGB I sind die gegen eine Zulässigkeit der Pfändung zukünftiger Rentenansprüche vorgetragenen Bedenken gegenstandslos geworden (*Hartmann* SozV 93, 228). 54

**c) Geldleistungen für Kinder** (Kindergeld, Kinderzuschläge und vergleichbare Rentenbestandteile) unterliegen dem besonderen Pfändungsschutz gem § 54 Abs 5 SGB I. Eine Pfändung kann lediglich wegen der gesetzlichen Unterhaltsansprüche eines Kindes, das bei der Festsetzung der Geldleistungen berücksichtigt wird, erfolgen. Pfändungsgläubiger kann jedes Kind sein, wenn es zur Zahlung der Leistung beiträgt und ihm ein gesetzlicher Unterhaltsanspruch zusteht (*Schlegel/Voelzke/Pflüger* SGB I, § 54 Rz 104). Die Höhe des pfändbaren Betrages bei der Zahlung von Kindergeld ist in § 54 Abs 5 Satz 2 SGB I festgesetzt (Münchener Kommentar zur ZPO *Smid* § 850i Rz 49 ff). 55

**3. Pfändung von Arbeitsentgelt und Sozialleistungen.** Grds bleiben bei der Feststellung der pfändbaren bzw unpfändbaren Einkommensbeträge das Arbeitseinkommen und laufende Geldleistungen nach dem SGB selbstständig. Eine **Zusammenrechnung** kann allerdings unter den Voraussetzungen des § 850e Nr 2a ZPO erfolgen. Die Zusammenrechnung setzt voraus, dass die Sozialleistung selbst der Pfändung unterliegt (BSG 17.12.86 – 11a RA 6/86, SozR 1200 § 54 Nr 11). Die Zusammenrechnung erfolgt aufgrund einer 56

Anordnung des Vollstreckungsgerichts auf Antrag des Gläubigers. Der unpfändbare Grundbetrag ist nach § 850e Nr 2a ZPO, soweit die Pfändung nicht wegen gesetzlicher Unterhaltsansprüche erfolgt, in erster Linie den laufenden Geldleistungen nach dem SGB zu entnehmen.

## Pflegeversicherungsbeiträge

### A. Arbeitsrecht *Griese*

1 Durch das PflegeVG (BGBl I 94, 1014) ist mit dem SGB XI die **Pflegeversicherung** eingeführt worden, die ambulante und stationäre Pflegeleistungen abdeckt. Die **Beiträge** tragen grds die **Arbeitnehmer,** die in der gesetzlichen Krankenkasse pflichtversichert sind und die deshalb auch der Versicherungspflicht in der PflegeV unterliegen, und ihre **Arbeitgeber** durch ihre jeweiligen Beitragsanteile. Nach der Grundsatzentscheidung des BVerfG (3.4.01 – 1 BvR 2014/95, NZS 01, 309) ist die PflegeV im Wesentlichen verfassungsgemäß, allerdings musste bei der Beitragsbemessung die **Betreuung und Erziehung von Kindern zukünftig stärker berücksichtigt werden.** Deshalb wurde eine entsprechende Beitragsdifferenzierung ab 2005 notwendig (→ Rn 12 ff).

2 Da § 60 SGB XI hinsichtlich der Beitragsabführung und -zahlung auf §§ 253–256 SGB V verweist, die ihrerseits auf §§ 28d–28n und 28r SGB IV Bezug nehmen, ergibt sich gegenüber den sonstigen SozVBeiträgen keine Besonderheit. Der ArbGeb ist sowohl gegenüber dem SozVTräger als auch gegenüber dem ArbN verpflichtet, die **Beiträge korrekt zu berechnen und abzuführen.** Einzugsstelle ist die Krankenkasse (§ 60 Abs 3 SGB XI). Der ArbGeb hat den Beitragsanteil des ArbN von dessen Bruttovergütung abzuziehen und zusammen mit dem ArbGebAnteil am PflegeVBeitrag an die Krankenkasse als Teil des GesamtSozVBeitrages zu überweisen. Er ist hierbei für die richtige Ermittlung des Beitrages verantwortlich und kann den Beitragsanteil des ArbN grds **nur durch Gehaltsabzug nach § 28g SGB IV realisieren** (→ *Sozialversicherungsbeiträge* Rn 1 ff; → *Beitragsbemessungsgrenzen* Rn 1; → *Bruttolohnvereinbarung* Rn 1). Aus Fahrlässigkeit bei Berechnung oder Abführung können **Schadensersatzansprüche des ArbN** gegen den ArbGeb aus § 280 BGB erwachsen (BAG 16.6.04 – 5 AZR 521/03, NZA 04, 1274; → *Sozialversicherungsbeiträge* Rn 1 ff und → *Beitragsbemessungsgrenzen* Rn 1 ff).

Ist der ArbN nicht gesetzlich pflegeversichert, schuldet der ArbGeb keinen Beitragszuschuss für die PflegeV der Kinder des ArbN (BAG 21.1.03 – 9 AZR 695/01, NZA 04, 262).

3 Bei einer ***Nettolohnvereinbarung*** führt dies zu der Konsequenz, dass der ArbGeb die PflegeVBeiträge allein zu tragen hat und damit die Chancen, aber auch die Risiken, die in dem Schwanken der Höhe des GesamtSozVBeitrages liegen, übernimmt.

### B. Lohnsteuerrecht *Weil*

7 **1. Beiträge des ArbGeb.** Die Beitragsteile und Zuschüsse des ArbGeb zur sozialen PflegeV eines ArbN sind **steuerfrei (§ 3 Nr 62 EStG),** soweit der ArbGeb zur Tragung der Beiträge gesetzlich verpflichtet ist (§§ 58, 61 Abs 1 SGB XI, → Rn 28 und 34; R 3.62 Abs 2 Nr 1 und 2 LStR). Die Zuschüsse des ArbGeb zu den PflegeVBeiträgen eines ArbN, der eine private Pflege-Pflichtversicherung abgeschlossen hat, sind bis zur Höhe des ArbGebanteils in der sozialen PflegeV steuerfrei (§ 61 Abs 2 SGB XI; → Rn 34; R 3.62 Abs 2 Nr 3 LStR). Der Beitragszuschlag für **Kinderlose** in der sozialen PflegeV iHv 0,25 % (→ Rn 12) ist vom ArbN allein zu tragen und kann deshalb vom ArbGeb nicht steuerfrei erstattet werden (§ 55 Abs 3 iVm § 58 Abs 1 SGB X). Im Übrigen gelten für Leistungen des ArbGeb die Ausführungen zu den KVBeiträgen entsprechend (→ *Krankenversicherungsbeiträge* Rn 3–9). Steuerfrei sind auch die Leistungen zur sozialen Sicherung der Pflegepersonen gem § 44 SGB XI. ArbGebZuschüsse zur PflegeV von **Vorstandsmitgliedern** einer AG sind nicht steuerfrei (FG Köln 15.12.05 – 10 K 2143/04, EFG 06, 953), weil keine gesetzliche Verpflichtung des ArbGeb für die Zukunftssicherung dieser ArbN besteht. Gleiches gilt für Vorstandsmitglieder einer VVaG und eingetragenen Genossenschaft. Fremd- und nicht beherrschende **GmbH-Geschäftsführer** sind in einem abhängigen Beschäfti-

gungsverhältnis iSv § 7 SGB IV, auch wenn sie wegen Überschreitens der JAE-Grenze versicherungsfrei oder von der Versicherungspflicht befreit sind (→ *Geschäftsführer* Rn 41, 44 ff). Somit haben sie Anspruch gegen den ArbGeb auf Beitragszuschuss nach § 61 Abs 1 oder 2 SGB XI (→ Rn 34), der steuerfrei nach § 3 Nr 62 EStG ist. Bei **beherrschenden** Gesellschafter-Geschäftsführern soll dies auch gelten, wenn der SozVTräger die SozVPflicht feststellt, da die Entscheidung des zuständigen SozVTrägers Tatbestandswirkung hat und im Besteuerungsverfahren zu berücksichtigen ist, sofern sie nicht offensichtlich rechtswidrig ist (sog **Tatbestandswirkung;** BFH 21.1.10 – VI R 52/08, BStBl II 10, 703; → *Geschäftsführer* Rn 41). Zu Zuschüssen des ArbGeb bei **Entgeltfortzahlung** im Krankheitsfall → *Entgeltfortzahlung* Rn 42. Zu Beiträgen an einen EU-ausländischen SozVTräger → *Diskriminierung* Rn 147.

**2. Beiträge des ArbN.** Die Beiträge des ArbN zur gesetzlichen PflegeV (zur sozialen PflegeV oder zur privaten Pflege-Pflichtversicherung) sind als **Sonderausgaben** abzugsfähig (§ 10 Abs 1 Nr 3 Buchst b EStG). Beitragsrückerstattungen mindern die nach § 10 Abs 1 Nr 3 Satz 1 Buchst b EStG abziehbaren Pflegeversicherungsbeiträge in dem Jahr, in dem sie zufließen. Auch die Beiträge zur freiwilligen privaten PflegeV werden berücksichtigt (§ 10 Abs 1 Nr 3a EStG; zum Sonderausgabenabzug von Vorsorgeaufwendungen BMF 24.5.2017, BeckVerw 342000 Rn 117 ff). Die vom Stpfl im Rahmen der Unterhaltsverpflichtung getragenen eigenen Beiträge eines Kindes zur gesetzlichen PflegeV, für das ein Anspruch auf einen Kinderfreibetrag (→ *Kinderfreibetrag* Rn 7 ff) oder auf Kindergeld (→ *Kindergeld* Rn 5 ff) besteht, werden als Sonderausgaben anerkannt (§ 10 Abs 1 Nr 3 Satz 2 EStG). Unterhaltszahlungen reichen als Nachweis der Aufwandstragung (Schmidt/*Heinicke* EStG § 10 Rz 74). Ausreichend ist eine wirtschaftliche Belastung der Eltern (BMF 3.4.19, BStBl I 2019, 254 und BMF 24.5.2017, BStBl I 2017, 820 Rz 81). Der Abzug von **Beitragsvorauszahlungen** ist nach § 10 Abs 1 Nr 3 Satz 4 EStG auf das 2,5-fache des auf den laufenden Veranlagungszeitraum entfallenden Betrags beschränkt. Übersteigende Beiträge sind in den Jahren (Veranlagungszeiträumen) abziehbar, für die sie geleistet werden. Zur Frage, ob der ArbNAnteil zum **stpfl Lohn** gehört, → *Sozialversicherungsbeiträge* Rn 14, 17; → *Arbeitsentgelt* Rn 62; → *Sonderausgaben* Rn 5). 8

**3. Lohnsteuerbescheinigung.** Der ArbGeb hat die Beiträge des ArbN zur sozialen Pflegeversicherung und zur privaten Pflegepflichtversicherung in der elektronischen Lohnsteuerbescheinigung an das FA zu übermitteln (§ 41b Abs 1 Satz 2 Nr 13 und Nr 15 EStG, BMF 27.9.2017, DStR 2017, 2226). Zur Ausstellung der Lohnsteuerbescheinigung iE → *Lohnsteuerbescheinigung* Rn 11 ff. 9

## C. Sozialversicherungsrecht

*Schlegel*

### Übersicht

10 **1. Berechnungsgrundlagen.** Faktoren der Beiträge für die soziale PflegeV sind der gesetzlich festgelegte bundesweite Beitragssatz und die Beitragsbemessungsgrundlage.

11 **a) Beitragssatz.** Der Beitragssatz beträgt seit 1.1.19 einheitlich 3,05 % (bis 31.12.12 waren es 1,95 %, bis 31.12.14 noch 2,05 % und 2,35 bis 31.12.16; 2,55 % bis bis 31.12.18, § 55 Abs 1 SGB XI).

12 **b) Zusätzlicher 0,25 %iger Beitrag für Kinderlose.** Der Beitragszuschlag für Kinderlose ihn Höhe von 0,25 Prozentpunkten ist von allen kinderlosen Mitgliedern zu zahlen, die das 23. Lebensjahr vollendet haben (§ 25 Abs 3 Satz 1 SGB XI nF). Zuschlagsfreiheit besteht nur für

– Eltern iSv § 56 Abs 1 Satz 1 Nr 3 (leibliche Eltern), Pflegeeltern (§ 56 Abs 3 Nr 3 SGB I) und Stiefeltern (§ 56 Abs 3 Nr 2); der Begriff der Stiefeltern erfasst nicht Partner einer nichtehelichen Lebensgemeinschaft, sondern setzt die Eheschließung mit einem Elternteil leiblicher oder angenommener Kinder voraus (BSG 5.12.17 – B 12 P 1/16 R, NZS 2018, 547);
– kinderlose Mitglieder, die vor dem 1.1.1940 geboren sind (§ 25 Abs 1 Satz 7 SGB XI; dazu vgl BT-Drs 15/3671 S 6);
– Wehr- und Zivildienstleistende (§ 25 Abs 1 Satz 7 SGB XI);
– Bezieher von AlGeld II (dazu BT-Drs 15/3837 S 8 zu Art 1 Nr 3 Abs 3 – neu).

Zur Gesetzgebungsgeschichte vgl Kinder-Berücksichtigungsgesetz vom 15.12.04 (BGBl I 04, 3448), BVerfG Urt vom 3.4.01 (1 BvR 1629/94, BVerfGE 103, 242). Zur Verfassungsmäßigkeit der Regelung vgl BSG 27.2.08 – B 12 P 2/07 R, BeckRS 2008, 54576.

13 Die **Elternschaft** muss gegenüber der beitragsabführenden Stelle (ArbGeb, RVTräger usw) in geeigneter Weise nachgewiesen werden (§ 25 Abs 3 Satz 2 SGB XI). In Betracht kommen LStKarte, Nachweis der Berücksichtigung von Kindererziehungszeiten in der RV, nachgewiesene Familienversicherung iSv § 10 SGB V, Geburtsurkunden, Abstammungsurkunden usw. Einzelheiten hierzu werden noch geregelt.

14 Der **Nachweis** gilt mit Beginn des Monats der Geburt des Kindes, dh rückwirkend, wenn er innerhalb von drei Monaten nach der Geburt erbracht wird. Ansonsten wirkt der Nachweis nur zunkuftsgerichtet, dh erst ab dem nächsten Monat, in dem er erbracht wird. Bis zum Nachweis gilt ein Mitglied als kinderlos mit der Folge, dass bis zum Nachweis der Beitragszuschlag zu zahlen ist. Die Frage, warum jemand keine Kinder hat, soll nach der Gesetzesbegründung keine Rolle spielen. Motivforschung wird nicht betrieben (BT-Drs 13/3671 S 5 zu Art 1). Eine Differenzierung nach der Kinderzahl (was insbes der Bundesrat verlangt hatte, BT-Drs 15/4176) findet nicht statt.

15 Die Zuschlagsfreiheit wird bereits durch ein einzelnes Kind ausgelöst, und zwar bei beiden Elternteilen. Eltern, deren Kind nicht mehr lebt, gelten nicht als kinderlos. Dh, dass bereits eine Lebendgeburt die Zuschlagsfreiheit auslöst (BT-Drs 15/3671 S 4).

16 **c) Beihilfe- und Heilfürsorgeberechtigte.** Eine Besonderheit gilt für Personen, die – trotz ihrer Versicherungspflicht in der sozialen PflegeV – nach beamtenrechtlichen Grundsätzen bei Krankheit und Pflege Anspruch auf Beihilfe oder Heilfürsorge haben (zB freiwillig krankenversicherte Beamte etc). Erforderlich ist, dass diese Personen selbst beihilfeberechtigt sind – und nicht nur ein bei der Beihilfe berücksichtigungsfähiger Angehöriger ist (BSG 6.11.97 – 12 RP 4/96, SozR 3–3300 § 55 Nr 1). Sie erhalten nach § 28 Abs 2 SGB XI aus der sozialen PflegeV nur die Hälfte der jeweils zustehenden Leistungen; die andere Hälfte wird durch die Beihilfe gedeckt. Entsprechend dieser Reduzierung des Leistungsanspruchs auf die Hälfte beträgt für diese Personen der Beitragssatz auch (nur) die Hälfte des allgemeinen Beitragssatzes (§ 55 Abs 1 Satz 2 SGB XI). Diese Regelung ist abschließend, so dass zB versicherungspflichtige Mitglieder Beiträge aus Versorgungsbezügen (§ 229 SGB V) nach dem vollen Beitragssatz allein zu tragen haben (BSG 3.9.98 – B 12 P 4/97 R, BeckRS 1998, 30023261).

17 **d) Beitragsbemessungsgrenze.** Die Beitragsbemessungsgrenze für die Beiträge zur sozialen PflegeV entspricht dem in § 6 Abs 7 SGB V festgesetzten Betrag (§ 55 Abs 2 SGB XI). Sie entspricht damit der Beitragsbemessungsgrenze der gesetzlichen KV (§ 6 Abs 7, § 223 Abs 3 SGB V; → Rn 37 und → *Beitragsbemessungsgrenzen* Rn 5 ff).

18 **2. Bemessungsgrundlagen – Beitragspflichtige Einnahmen. a) Regelungstechnik.** Das Beitragsrecht der sozialen PflegeV folgt weitestgehend den Grundsätzen der

gesetzlichen KV und nimmt gesetzestechnisch auf die Vorschriften des SGB V Bezug, nämlich für Pflichtmitglieder in der KV auf die §§ 226–238 und § 244 SGB V und für freiwillige Mitglieder der Krankenkassen auf § 240 SGB V. Durch die Verweisungstechnik auf das SGB V, das seinerseits bereits ein nicht einfach zu durchschauendes System von Regeln und Ausnahmen der Beitragsbemessung und Beitragstragung kennt, wird die Regelung der Beitragsbemessung und Beitragstragung im Recht der sozialen PflegeV nahezu undurchschaubar, weil durch weitere Besonderheiten der sozialen PflegeV, das SGB XI Ausnahmen von der Bezugnahme auf Vorschriften des SGB V kennt oder die Bezugnahmen zum Teil modifiziert. Es empfiehlt sich deshalb folgende **Vorgehensweise:** 1. Schritt: Es ist zu fragen, welche Art der Versicherung hinsichtlich der KV besteht (Pflichtversicherung oder freiwillige Versicherung). 2. Schritt: Es ist zu fragen, welche Einnahmen der betreffenden Person in der KV der Beitragsberechnung zugrunde gelegt werden. 3. Schritt: Es ist zu fragen, ob die PflegeV hiervon in den §§ 56 ff SGB XI Ausnahmen oder Modifikationen vorsieht.

**b) Krankenversicherungspflichtig Beschäftigte.** Arbeiter, Angestellte und gegen Entgelt beschäftigte Auszubildende, die in der KV pflichtversichert und Mitglied einer Pflegekasse sind, zahlen Beiträge zunächst aus ihrem Arbeitsentgelt, das sie in der versicherungspflichtigen Beschäftigung erzielen. Daneben unterliegen der Beitragspflicht auch der Zahlbetrag einer eventuell bezogenen Rente aus der gesetzlichen RV oder der Zahlbetrag der der Rente vergleichbaren Einnahmen (sog Versorgungsbezüge, zB Betriebsrente; § 229 SGB V; zur Pflicht des Versicherten, die Beiträge nach dem vollen Beitragssatz allein zu tragen, BSG 3.9.98 – B 12 P 4/97 R, SozR 3–3300 § 55 Nr 3) und das Arbeitseinkommen (dh Einkommen aus einer zusätzlich ausgeübten selbstständigen Tätigkeit; § 226 SGB V iVm § 57 Abs 1 SGB XI). Die Beitragspflicht von Versorgungsbezügen oder Arbeitseinkommen der versicherungspflichtig Beschäftigten entfällt, wenn diese Einnahmen insgesamt weniger betragen als ein Zwanzigstel der monatlichen Bezugsgröße (zu dieser Bagatellgrenze § 57 Abs 1 SGB XI iVm § 226 Abs 2 SGB V). Einmalig gezahltes Arbeitsentgelt (Weihnachtsgeld, Urlaubsgeld etc) wird nicht nur bis zur monatlichen Beitragsbemessungsgrenze, sondern wie in der KV bis zu der (bei demselben ArbGeb zurückgelegten) anteiligen JAEGrenze zur Beitragszahlung herangezogen (Einzelheiten hierzu → *Einmalzahlungen* Rn 8 ff). 19

**c) Krankengeldbezieher.** Für Krankengeldbezieher werden die Beiträge nach Maßgabe des § 57 Abs 2 SGB XI bestimmt. Die Krankenkasse und der Krankengeldbezieher tragen die Beiträge je zur Hälfte (§ 59 Abs 2 SGB X). Gezahlt werden die Beiträge von der Krankenkasse, wobei § 28g SGB IV entsprechend gilt, dh, dass die Krankenkasse den Beitragsanteil des Krankengeldbeziehers bei der Zahlung des Krankengeldes einbehalten darf. 20

**d) Landwirtschaftliche Unternehmer.** Die Beiträge zur sozialen PflegeV zahlen die landwirtschaftlichen Unternehmer in Form eines Zuschlages zu ihrem KVBeitrag (Einzelheiten hierzu § 57 Abs 3 SGB XI). 21

**e) Freiwillige Mitglieder der Krankenkassen und Mitglieder der sozialen Pflegeversicherung, die nicht in der Krankenversicherung versichert sind/Selbstständige.** Für diesen Personenkreis ist gem § 57 Abs 4 Satz 1 SGB XI „§ 240 SGB V entsprechend anzuwenden". Dies bedeutet, dass die Pflegekassen zunächst Satzungen beschließen müssen, durch die die Beitragsbemessung geregelt wird. Dabei müssen die Pflegekassen die Mindestanforderungen des § 240 SGB V beachten. Einzelheiten dazu vgl *Krankenversicherungsbeiträge*. 22

Besonderheiten bestehen für **Selbstständige.** Bei ihnen ist im Regelfall der Beitragsbemessung pro Tag der dreißigste Teil der monatlichen Beitragsbemessungsgrenze zugrunde zu legen. Weisen sie niedrigere Einnahmen nach, ist als Bemessungsgrundlage mindestens der vierzigste Teil der monatlichen Bezugsgröße zugrunde zu legen (§ 57 Abs 4 SGB XI iVm § 240 Abs 4 SGB V; Einzelheiten → *Krankenversicherungsbeiträge* Rn 18 ff). 23

**f) Freiwillig krankenversicherte Rentner.** Diese zahlen ebenfalls Beiträge aus ihren Gesamteinnahmen, wobei die Rangfolge der Heranziehung ergänzend durch §§ 238a, 239 SGB V geregelt wird, dh, zunächst werden Beiträge aus dem Zahlbetrag ihrer Rente, dann aus dem Zahlbetrag eventueller Versorgungsbezüge, vom Arbeitseinkommen und zuletzt von sonstigen Einnahmen bis zur Beitragsbemessungsgrenze herangezogen (zur Verfassungs- 24 mäßigkeit ihrer Heranziehung nach der Mindesteinnahmengrenze des § 240 SGB V vgl BSG 6.11.97 – 12 RP 3/96, SozR 3–3300 § 57 Nr 1).

25 **g) Sondervorschriften für Künstler und Publizisten etc.** In der KV bestehende Spezialregelungen für die beitragspflichtigen Einnahmen der Künstler und Publizisten (dazu § 234 SGB V), von Rehabilitanden, Jugendlichen und Behinderten in Einrichtungen (dazu § 235 SGB V), der Studenten und Praktikanten (dazu § 236 SGB V) und der versicherungspflichtigen Rentner (§ 237 SGB V) werden durch ihre Bezugnahme an § 57 Abs 1 SGB XI unverändert übernommen, sofern diese Personen in der KV pflichtversichert sind (Einzelheiten → *Krankenversicherungsbeiträge* Rn 15 ff).

26 **h) Sondervorschriften für bestimmte freiwillige Krankenkassenmitglieder.** Für **Praktikanten** (§ 20 Abs 1 Nr 10 SGB XI), die in der KV freiwillig versichert sind und die deshalb im Recht der KV Beiträge nach Maßgabe des § 240 SGB V aus ihrer gesamten wirtschaftlichen Leistungsfähigkeit zu zahlen haben, gilt in der PflegeV § 236 SGBV entsprechend; dh, Praktikanten zahlen Beiträge in der sozialen PflegeV, wie wenn sie in der KV pflichtversichert wären, also aus einem Dreißigstel des Betrages, der nach § 13 Abs 1 Nr 2 und Abs 2 BAföG für Stunden als Bedarfssatz festgesetzt ist (§ 57 Abs 4 Satz 3 SGB XI). Ebenso gilt § 240 SGB V in der sozialen PflegeV nicht für freiwillig krankenversicherte **Mitglieder geistlicher Genossenschaften, Diakonissen** und ähnliche Personen; sie zahlen in der sozialen PflegeVBeiträge nach dem Wert der ihnen gewährten Sachbezüge oder des ihnen zur Beschaffung der unmittelbaren Lebensbedürfnisse an Wohnung, Verpflegung, Kleidung und dergleichen gezahlten Entgelts (§ 57 Abs 4 Satz 3 SGB XI). Desgleichen gilt in der sozialen PflegeV § 240 SGB V nicht für freiwillige Mitglieder der KV, die von einem Träger der Reha Verletztengeld, Versorgungskrankengeld oder Übergangsgeld erhalten; Bemessungsgrundlage ist für sie das diesen Lohnersatzleistungen zugrunde liegende Regelentgelt (§ 57 Abs 4 Satz 4 SGB XI iVm § 235 Abs 2 SGB V).

27 **3. Beitragstragung.** Die Beitragstragung bei Versicherten, die in der gesetzlichen KV pflichtversichert und Mitglied einer Pflegekasse sind, folgt den für die KV geltenden Regeln der KV (§ 58 SGB XI). Allerdings tragen Rentner die Beiträge seit 1.4.04 allein.

28 **a) Beitragstragung im Beschäftigungsverhältnis.** Die Beiträge versicherungspflichtig Beschäftigter tragen ArbGeb und ArbN je zur Hälfte (Grundsatz: § 58 Abs 1 SGB XI). Zum Ausgleich der mit den ArbGebBeiträgen verbundenen Belastungen werden die Länder einen landesweiten gesetzlichen Feiertag, der stets auf einen Werktag fällt, aufheben (§ 58 Abs 2 SGB XI); geschieht dies nicht, tragen die ArbN die Beiträge zur sozialen PflegeV in Höhe von 1 vH allein, im Übrigen ArbGeb und ArbN je zur Hälfte (§ 58 Abs 3 SGB XI). Der ArbGeb trägt die Beiträge zur sozialen PflegeV alleine für Personen, die im Rahmen betrieblicher Berufsbildung beschäftigt sind und nicht mehr als 325 € verdienen; ferner für Personen, die ein freiwilliges soziales oder ökologisches Jahr ableisten (§ 20 Abs 3 SGB IV). Gezahlt werden die Beiträge im Regelfall von ArbGeb. Der ArbNAnteil wird im **Lohnabzugsverfahren** einbehalten. § 60 SGB XI nimmt insoweit auf § 253 SGB V und §§ 28d bis 28n, 28r SGB IV Bezug.

29 **b) Sonstige Mitglieder.** Bei sonstigen Mitgliedern, die nach § 20 Abs 1 Nr 2–11 SGB XI Mitglied der Pflegekasse und Pflichtmitglied einer Krankenkasse sind, sind die Beiträge zur PflegeV ebenso zu behandeln wie die Beiträge zur KV. Der nach einer Rente zu bemessende PflegeVBeitrag ist vom Rentenbezieher allein zu tragen (§ 59 Abs 1 Satz 1 SGB XI, zur Verfassungsmäßigkeit BSG 29.11.06 – B 12 RJ 4/05, SozR 4–3300 § 59 Nr 1).

30 Mitglieder der sozialen PflegeV, die in der KV freiwillig krankenversichert sind, tragen ihre Beiträge insgesamt allein (§ 59 Abs 4 SGB XI); sie sind auch verpflichtet, die Beiträge selbstständig an die Krankenkasse zur Weiterleitung an die Pflegekassen zu zahlen (§ 60 Abs 1 SGB XI iVm § 252 SGB V). Zu Beitragszuschüssen für bestimmte Personenkreise → Rn 34 ff.

31 **c) Tragung und Zahlung des Beitragszuschlags.** Den Beitragszuschlag für Kinderlose nach § 55 Abs 3 SGB XI trägt das Mitglied (§ 59 Abs 5 SGB XI). Entsprechendes gilt für Beschäftigte; hierzu bestimmt § 58 Abs 1 Satz 3 SGB XI, dass der Beitragszuschlag für Kinderlose von den Beschäftigten zu tragen ist. Insoweit findet im Beschäftigungsverhältnis keine paritätische Beitragsfinanzierung mehr statt.

Der Beitragszuschlag ist im Grundsatz vom Mitglied zu zahlen (§ 59 Abs 3 SGB XI). Wird der „allgemeine" PflegeVBeitrag von einem Dritten gezahlt (zB vom Träger der RV bei Rentnern oder vom ArbGeb bei Beschäftigten), zahlt der Dritte auch den Beitragszuschlag. Der Dritte hat dann einen Anspruch gegen das Mitglied auf den von dem Mitglied zu zahlenden Beitragszuschlag. Dieser Anspruch kann von dem Dritten durch Abzug von der an das Mitglied zu erbringenden Geldleistung geltend gemacht werden (§ 60 Abs 5 SGB XI). Vorbild dieser Regelung ist das Lohnabzugsverfahren des § 28g SGB IV. Ist einer derartiger Abzug (zB von der Rente oder vom Bruttoarbeitentgelt) nicht möglich, weil der Dritte keine laufende Geldleistung an das Mitglied erbringen muss, hat das Mitglied den Beitrag selbst an die Pflegekasse zu zahlen (§ 60 Abs 6 SGB XI). 32

Auch Bezieher von AlGeld, Unterhaltsgeld, Kurzarbeitergeld und Winterausfallgeld haben den Beitragszuschlag zu tragen. Allerdings werden die Beitragszuschläge für diesen Personenkreis von der Bundesagentur für Arbeit (BA) nicht konkret-individuell ermittelt; vielmehr lässt § 60 Abs 7 SGB XI eine pauschale Abgeltung zu. Die BA kann sodann mit Zustimmung des Bundesministeriums für Wirtschaft und Arbeit bei den Leistungsbeziehern „hinsichtlich der übernommenen Beiträge Rückgriff nehmen" (so § 60 Abs 7 Satz 2 SGB XI; BT-Drs 15/3837 S 9). 33

**4. Beitragszuschüsse.** Die in der sozialen PflegeV (pflichtversicherten) Beschäftigten, die in der KV freiwillig versichert sind, tragen ihre Beiträge allein und sind auch verpflichtet, die Beiträge an die Krankenkasse zur Weiterleitung an die Pflegekassen zu zahlen (§ 59 Abs 4 Satz 1, § 60 Abs 1 SGB XI). Diese Beschäftigten erhalten von ihrem ArbGeb einen Zuschuss zu den PflegeVBeiträgen. Dies gilt auch für Beschäftigte, die zur Erfüllung ihrer Versicherungspflicht nach den §§ 22 und 23 SGB XI eine private PflegeV abgeschlossen haben; der Zuschuss ist der Höhe nach begrenzt auf den Betrag, der als ArbNAnteil bei Versicherungspflicht in der sozialen PflegeV zu zahlen wäre, höchstens jedoch auf die Hälfte des Betrages, den der Beschäftigte tatsächlich zu zahlen hat (§ 61 Abs 2 SGB XI). Dagegen haben geringfügig Beschäftigte, die in der gesetzlichen KV freiwillig versichert und damit in der SozialPflegeV pflegeversichert sind, keinen Anspruch auf einen Beitragszuschuss des ArbGeb; der Anspruch nach § 61 SGB XI ist auf diejenigen Beschäftigten beschränkt, die in der KV wegen Überschreitens der JAVGrenze versicherungsfrei sind und deswegen die Versicherung freiwillig fortgeführt haben (BSG 4.6.98 – B 12 P 2/97 R, SozR 3–3300 § 61 Nr 1). 34

Für Personen mit Anspruch auf Beihilfe nach beamtenrechtlichen Grundsätzen zahlt der Dienstherr keinen Beitragszuschuss zu den Kosten einer privaten PflegeV; an die Stelle des Zuschusses treten hier die Beihilfeleistungen (§ 61 Abs 8 SGB XI). 35

**5. Beitragsfreiheit in der sozialen Pflegeversicherung.** Beitragsfrei versichert sind in der sozialen PflegeV im wesentlichen Familienangehörige iSd § 25 SGB XI und bestimmte Rentenantragsteller (§ 56 Abs 2 SGB XI). Eine begrenzte Beitragsfreiheit besteht für Mitglieder für die Dauer ihres Mutterschafts- oder Erziehungsurlaubs; sie zahlen aus dem Mutterschaftsgeld und dem Erziehungsgeld keine Beiträge, wohl aber aus sonstigen beitragspflichtigen Einnahmen (§ 56 Abs 3 SGB XI). 36

**6. Anhang. Aktuelle Werte:** 37

| BL = Bundesländer | | 2020 in € | | 2019 in € | |
|---|---|---|---|---|---|
| | | alte BL | neue BL | alte BL | neue BL |
| a) **Bezugsgröße** iSd § 18 SGB IV | monatlich | 3.185 | 3.010 | 3.115 | 2.870 |
| | jährlich | 38.220 | 36.120 | 37.380 | 34.440 |
| b) **Beitragsbemessungsgrenze** | monatlich | 4.687,50 | 4.687,50 | 4.537,50 | 4.537,50 |
| (§ 6 Abs 7 SGB V, § 55 Abs 2 SGB XI) | jährlich | 56.250 | 56.250 | 54.450 | 54.450 |
| c) **Geringfügigkeitsgrenze** (§ 8 Abs 1 SGB VI) | monatlich | 450 | 450 | 450 | 450 |
| d) **Beitragssatz** | | 2,55 vH | 2,55 vH | 3,05 vH | 3,05 vH |
| Beitragszuschlag für Kinderlose | | 0,25 vH | 0,25 vH | 0,25 vH | 0,25 vH |

Zum Beitragssatz ab 1.1.15 vgl Art 1 Nr 21 PSG I vom 17.12.14 BGBl I, 2222; ab 1.1.17 vgl Art 2 Nr 32 PSG II vom 21.12.15, BGBl I, 2424, ab 1.1.19; 5. SGB XI – ÄndG – Beitragsanpassung vom 17.12.2018, BGBl I, 2587.

## Pflegeversicherungsleistungen

### A. Arbeitsrecht *Griese*

1 Die PflegeVLeistungen haben keine arbeitsrechtlichen Auswirkungen. **Zur Freistellung von Arbeitnehmer zur Pflege erkrankter Angehöriger, zur Vergütung und zum besonderen Kündigungsschutz** *Pflegezeit u Arbeitsverhinderung.*

### B. Lohnsteuerrecht *Weil*

2 **I. 1.** Die **Leistungen aus der Pflegeversicherung (§§ 28 ff SGB XI),** zB die Pflegesachleistung (§ 36 SBG XI), das Pflegegeld für selbstbeschaffte Pflegehilfe (§ 37 SGB XI) sowie die Kombination von Geldleistungen und Sachleistungen (§ 38 SGB XI) sind **steuerfrei** (§ 3 Nr 1a EStG). Das gilt für Leistungen aus der gesetzlichen oder privaten PflegeV sowie für die Beihilfe (§§ 20 ff SGB XI).

**2.** Bei **privat vereinbarten** Altenteilsleistungen, die die Pflege (mit) umfassen, bezieht der pflegebedürftige Altenteiler insoweit Einkünfte aus wiederkehrenden Bezügen (§ 22 Nr 1 Satz 1 EStG). Entsprechend sind (Lohn)Aufwendungen beim Altenteilsverpflichteten als dauernde Last abziehbar (§ 10 Abs 1a Nr 2 EStG; BFH 3.3.04 – X R 135/98, BStBl II 04, 824), nicht als außergewöhnliche Belastung (BFH 19.6.08 – III R 34/07, BFH/NV 08, 1827). Diese Rechtsfolge gilt nur noch für vor dem 1.1.08 vereinbarte Altenteilsleistungen (§ 52 Abs 23g EStG). Zu schenkungssteuerlichen Gesichtspunkten FG RhPf 23.3.07 – 4 K 2892/04, EFG 07, 1095.

3 **II. Aufwendungen der pflegebedürftigen Person. 1. Außergewöhnliche Belastungen (§ 33 EStG).** Aufwendungen der pflegebedürftigen Person können als außergewöhnliche Belastungen abgezogen werden. Voraussetzung ist, dass die pflegebedürftige Person die Aufwendungen tatsächlich getragen hat. Die Aufwendungen sind deshalb um die Leistungen aus der PflegeV zu kürzen (§ 3c EStG). Die Vorteilsanrechnung, die der Vermeidung einer steuerlichen Doppelentlastung dient, ist geboten, wenn (steuerfreie) Leistung und Aufwand auf dem nämlichen Ereignis beruhen (BFH 15.4.11 – VI R 8/10, DStRE 11, 889). Abziehbar sind die üblichen Kosten für eine krankheitsbedingte Unterbringung (BFH 14.11.13 – VI R 20/12, DStR 14, 73). Unabhängig vom Pflegegrad können deshalb die gesondert in Rechnung gestellten Pflegesätze berücksichtigt werden, wenn die Unterbringung in einem Wohn- und Pflegeheim krankheitsbedingt ist (BFH 10.5.07 – III R 39/05, BStBl II 07, 764). Hat die pflegebedürftige Person ihren häuslichen Haushalt aufgelöst, sind die als außergewöhnliche Belastung abzugsfähigen Pflegekosten um die – anhand des Unterhaltshöchstbetrags nach § 33a Abs 1 EStG zulässig geschätzte – Haushaltsersparnis zu mindern. Sind beide Ehegatten krankheitsbedingt in einem Pflegeheim untergebracht, ist für jeden der Ehegatten eine Haushaltsersparnis anzusetzen (BFH 4.10.2017 – VI R 22/16, DStR 17, 2650); R 33.3 Abs. 2 Satz 2 EStH). Zu den Aufwendungen für die Beschäftigung von privaten Arbeitskräften durch eine vollstationär untergebrachte Person als außergewöhnliche Belastung vgl BFH 30.3.17 – VI R 55/15, BeckRS 2017, 114432.

**2. Steuerermäßigung (§ 35a EStG).** Soweit die Aufwendungen der pflegebedürftigen Person für ihre Pflege durch den Abzug als außergewöhnliche Belastung nicht gedeckt sind, können sie zur Ermäßigung der tariflichen ESt führen (§ 35a Abs 5 S 1 EStG). Wird die Pflegeleistung im Rahmen eines geringfügigen Beschäftigungsverhältnisses iSd § 8a SGB IV im Haushalt der pflegebedürftigen Person erbracht (§ 35a Abs 1 EStG; → *Geringfügige Beschäftigung* Rn 20 ff), richtet sich die Steuerermäßigung hiernach (→ *Hauswirtschaftliches Beschäftigungsverhältnis* Rn 10 ff). Liegen diese Voraussetzungen nicht vor, sind Pflege- und Betreuungsleistungen (unabhängig vom Pflegegrad) nach § 35a Abs 2 Satz 2 Alt 1 EStG begünstigt. Es reicht aus, wenn Dienstleistungen zur Grundpflege, dh zur unmittelbaren Pflege am Menschen (Körperpflege, Ernährung und Mobilität) oder zur Betreuung im

Haushalt der pflegebedürftigen in Anspruch genommen werden. Die Steuerermäßigung steht neben der pflegebedürftigen Person auch anderen Personen zu, wenn diese für Pflege- oder Betreuungsleistungen aufkommen. Die Steuerermäßigung ist haushaltsbezogen. Werden zB zwei pflegebedürftige Personen in einem Haushalt gepflegt, kann die Steuerermäßigung nur einmal in Anspruch genommen werden (BMF 9.11.2016, BStBl I 2016, 1213 Rn 13, 43 Beispiel 6). Zweckgebundene Pflege- und Betreuungsleistungen der PflegeV sind anzurechnen. Danach sind Pflegesachleistungen nach § 36 SGB XI und der Kostenersatz für zusätzliche Betreuungsleistungen nach § 45b SGB XI auf die entstandenen Aufwendungen anzurechnen. Leistungen der PflegeV iSd § 37 SGB XI (sog Pflegegeld) sind dagegen nicht anzurechnen, weil sie nicht zweckgebunden für professionelle Pflegedienste bestimmt sind (BMF, BStBl I 2016, 1213, Rn 42). Auch Aufwendungen, die wegen der Unterbringung in einem Heim oder zur dauernden Pflege entstehen, können berücksichtigt werden, soweit sie für Dienstleistungen (nicht Unterbringungskosten) geleistet werden, die mit denen einer Hilfe im Haushalt vergleichbar sind (§ 35a Abs 2 Satz 2 Alt 2 EStG, BMF, BStBl I 2016, 1213 Rn 15 ff zB Zubereiten und Servieren der Mahlzeiten, Reinigung des Zimmers, Wäscheservice). Die Steuerermäßigung gilt auch für Aufwendungen für ein Notrufsystem in einer Seniorenresidenz (BFH 3.9.15 – VI R 18/14, DStRE 16, 221).

**III. Besteuerung der Pflegeperson. 1. Aufwendungen der Pflegeperson.** Entstehen einem StPfl durch die Pflege einer pflegebedürftigen Person Aufwendungen, die ihm nicht ersetzt werden und für die er keine Vergütung erhält, so können die Aufwendungen **außergewöhnliche Belastungen (§ 33 EStG)** sein (BFH 19.6.08 – III R 57/05, BStBl II 09, 365). Erfolgt die Pflege als Gegenleistung für vom Pflegebedürftigen übernommenes Vermögen, so sind die Aufwendungen für Pflege und Unterbringung keine außergewöhnliche Belastung (BFH 12.11.96 – III R 38/95, BStBl II 97, 387). Aufwendungen für Besuchsfahrten zu einer zB in einem Krankenhaus liegenden pflegebedürftigen Person können nur als außergewöhnliche Belastung berücksichtigt werden, wenn die Besuche nicht lediglich einem privaten Bedürfnis entspringen, sondern unmittelbar der Heilung oder Linderung der Krankheit dienen. Die medizinische Indikation der Besuche muss nachgewiesen werden (BFH 12.1.2011 – VI B 97/10, BFH/NV 2011, 640). Aufwendungen für die krankheitsbedingte Unterbringung eines Angehörigen in einem Altenpflegeheim können als Krankheitskosten eine außergewöhnliche Belastung i. S. des § 33 EStG darstellen (BFH 30.6.2011 – VI R 14710, DStR 11, 1755 zur Abgrenzung von Unterhaltsaufwendungen nach § 33a EStG bei altersbedingter Unterbringung in einem Pflegeheim). 4

Anstelle der tatsächlichen Aufwendungen steht der Pflegeperson wegen der Aufwendungen für die Pflege einer „hilflosen" Person ohne Kostennachweis ein **Pflegepauschbetrag** iHv 924 € pro Jahr zu (§ 33b Abs 6 EStG) zu. „Hilflosigkeit" liegt bei den Pflegegraden 4 und 5 vor (BMF BStBl I 2016, 804). Voraussetzung ist, dass die Pflegeperson keine Einnahmen für die Pflege erhält. Beiträge zur RV, Kranken- und PflegeV der pflegenden Person, die die Pflegekasse übernimmt, führen nicht zu Einnahmen iSd § 33b Abs 6 Satz 1 EStG (R 33b Abs 7 EStR, → *Rentenversicherungsbeiträge* Rn 2). Beteiligen sich mehrere Personen an der Pflege, ist der Pauschbetrag aufzuteilen. Der Pflegepauschbetrag ist ein Jahresbetrag. Der Pauschbetrag soll Aufwendungen der Pflegeperson infolge der Pflege abdecken. Weitere Aufwendungen können zB als außergewöhnliche Belastungen (§ 33 EStG) abgezogen werden (BFH 24.2.2011 – VI R 16/10, BStBl II 2011, 1012). Dies gilt auch soweit die Pflegeaufwendungen den Pauschbetrag übersteigen.

**2. Einnahmen für Pflege- und Versorgungsleistungen.** Vergütungen für die Grundpflege oder hauswirtschaftliche Versorgung eines Pflegebedürftigen können bis zur Höhe des Pflegegeldes (§ 37 SGB XI) **steuerfrei** (§ 3 Nr 36 Satz 1 EStG) sein, wenn diese Leistungen von **Angehörigen** (§ 15 AO) des Pflegebedürftigen oder von anderen Personen, die damit eine sittliche Pflicht iSd § 33 Abs 2 EStG gegenüber dem Pflegebedürftigen erfüllen (zB Nachbar, Freund), erbracht werden. Entsprechendes gilt, wenn der Pflegebedürftige Pflegegeld aus privaten Versicherungsverträgen nach den Vorgaben des SGB XI oder eine Pauschalbeihilfe nach Beihilfevorschriften für häusliche Pflege erhält (§ 3 Nr 36 Satz 2 EStG). Werden die Pflege- und Versorgungsleistungen von **fremden Personen** erbracht, sind die Vergütungen **steuerpflichtige Einnahmen.** Regelmäßig werden dann gewerblichen Einnahmen iSd § 15 EStG (BFH 30.8.07 – XI B 1/07, BFH/NV 07, 2280) 5 oder Einnahmen aus nichtselbstständiger Arbeit (§ 19 EStG, → *Arbeitnehmer (Begriff)* Rn 29 ff) vorliegen. Wird die Pflege im Dienst oder im Auftrag einer inländischen juristischen Person des öffentlichen Rechts oder einer gemeinnützigen Organisation **nebenberuflich** ausgeübt (→ *Nebentätigkeit* Rn 20 ff), kann die Vergütung bis 2400 € steuerfrei sein (§ 3 Nr 26 EStG; Abgrenzung zur Steuerpflicht BFH 1.6.04 – XI B 117/02, BFH/NV 04, 1405).

## C. Sozialversicherungsrecht *Ruppelt*

10 **1. Pflegereform.** Die **Soziale Pflegeversicherung** und die **Private Pflege-Pflichtversicherung** sind im Wesentlichen mit Wirkung ab 1.1.17 durch mehrere Änderungsgesetze einer grundlegenden Reform unterzogen worden (iE Personalbuch 2017 Pflegeversicherungsleistungen Rn 10). Eingeführt wurde ein umfassender Begriff der Pflegebedürftigkeit, mit dem die weitgehende Ausklammerung der auf geistigem bzw psychischem Gebiet auftretenden Ursachen bei der Feststellung von Pflegebedürftigkeit überwunden werden sollte. Maßgeblich für den **Pflegegrad** ist nunmehr der Grad der Selbstständigkeit einer Person in allen pflegerelevanten Bereichen. Abgestellt wird allein auf die gesundheitlich bedingte Beeinträchtigung der Selbstständigkeit oder von Fähigkeiten, die für die eigenständige Bewältigung von Aktivitäten des täglichen Lebens notwendig sind. Die von der PflegeV zu gewährenden Leistungen werden durch den Pflegegrad bestimmt.

11 **2. Leistungen und Leistungsvoraussetzungen. a) Leistungen.** Die soziale PflegeV gewährt die in §§ 28 u 28a SGB XI genannten Leistungen. Im Vordergrund stehen die Leistungen bei häuslicher und stationärer Pflege. Pflegebedürftige der Pflegegrade 2 bis 5 haben bei häuslicher Pflege nach § 36 Abs 1 S 1 SGB XI Anspruch auf körperbezogene Pflegemaßnahmen und pflegerische Betreuungsmaßnahmen sowie auf Hilfen bei der Haushaltsführung als Sachleistung (häusliche Pflegehilfe). Die Leistungen der PflegeV zur **häuslichen Pflege** umfassen insbesondere Pflegeeinsätze durch ambulante Pflegedienste und Sozialstationen als Sachleistungen (→ Rn 19). Pflegebedürftige der Pflegegrade 2 bis 5 können anstelle der häuslichen Pflegehilfe ein Pflegegeld beantragen. Der Anspruch setzt voraus, dass der Pflegebedürftige mit dem Pflegegeld die erforderlichen körperbezogenen Pflegemaßnahmen und pflegerischen Betreuungsmaßnahmen sowie Hilfen bei der Haushaltsführung in geeigneter Weise selbst sicherstellt (§ 37 Abs 1 SGB XI). Leistungen der **stationären Pflege** (§§ 43 ff SGB XI) sind die (Teil-) Übernahme der Pflegekosten in einer stationären Einrichtung (→ Rn 20). Pflegebedürftige der Pflegegrade 2 bis 5 haben Anspruch auf Pflege in vollstationären Einrichtungen, wenn häusliche oder teilstationäre Pflege nicht möglich ist oder wegen der Besonderheit des einzelnen Falles nicht in Betracht kommt. Neben häuslicher und stationärer Pflege als Hauptleistungen der PflegeV sieht § 28 Abs 1 SGB XI **weitere Leistungen** wie Pflegehilfsmittel, wohnumfeldverbessernde Maßnahmen, Pflegekurse, Leistungen für Pflegebedürftige in ambulant betreuten Wohngruppen, Kombination von Geldleistung und Sachleistung, häusliche Pflege bei Verhinderung der Pflegeperson, Pflegekurse für Angehörige und ehrenamtliche Pflegepersonen usw vor. Bei einem bis zu sechswöchigen Auslandsaufenthalt können Versicherte Leistungen der Verhinderungspflege in Anspruch nehmen (BSG 20.4.16 – B 3 P 4/14 R, SozR 43300 § 34 Nr 3).

**Leistungserbringer** der **Sozialen Pflegeversicherung** sind die bei den Trägern der gesetzlichen KV gebildeten Pflegekassen. Die **Private Pflege-Pflichtversicherung** wird von den privatrechtlich organisierten Versicherungsunternehmen getragen (→ *Pflegeversicherungspflicht* Rn 6). Die Vertragsleistungen dieser Unternehmen müssen nach Art und Umfang den Leistungen der sozialen PflegeV entsprechen (§ 23 Abs 1 Satz 2 SGB XI). Dabei tritt an die Stelle der Sachleistung eine der Höhe nach gleiche Kostenerstattung. Für Rechtstreite gegen Träger beider Systeme ist nach § 51 Abs 2 Satz 2 SGG der Rechtsweg zu den Sozialgerichten eröffnet.

12 **b) Vorversicherungszeiten als Leistungsvoraussetzung.** Leistungsansprüche bestehen nur, wenn der Versicherte in den letzten zehn Jahren vor der Antragstellung mindestens zwei Jahre als Mitglied versichert oder familienversichert war (§ 33 Abs 2 SGB XI). Die vor der Leistungsgewährung zu erfüllende Warte- bzw Anwartschaftszeit ist verfassungsrechtlich unbedenklich (BSG 30.11.17. – B 3 P 5/16 R, SozR 4–3300 § 33 Nr 2).

**c) Antragsprinzip.** Leistungen werden nur auf Antrag gewährt. Wird der Antrag später als einen Monat nach Eintritt der Pflegebedürftigkeit gestellt, werden die Leistungen vom Beginn des Monats der Antragstellung an gewährt (§ 33 Abs 1 SGB XI), ansonsten ab Eintritt der Pflegebedürftigkeit. Der Antrag ist beim Träger der PflegeV zu stellen. Das ist idR die Pflegekasse der zuständigen KV bzw das Versicherungsunternehmen der privaten PflegepflichtV. Die Feststellung des Pflegegrades erfolgt durch **Bescheid der Pflegekassen** nach Begutachtung des Versicherten durch den medizinischen Dienst der KV bzw durch die von der Pflegekasse beauftragten Gutachter. Besteht eine private Pflegepflichtversicherung, wird die Begutachtung durch von dieser Versicherung beauftragte Gutachter durchgeführt. 13

**3. Pflegebedürftigkeit und Pflegegrad a) Begriff der Pflegebedürftigkeit.** Pflegebedürftig sind Personen, die aufgrund von gesundheitlich bedingten Beeinträchtigungen ihrer Selbstständigkeit oder ihrer Fähigkeiten nach Maßgabe der in § 14 Abs 2 SGB XI nF abschließend festgelegten Kriterien in sechs Bereichen der Hilfe durch andere bedürfen. Pflegebedürftig ist nur, wer die körperlichen, kognitiven oder psychischen Beeinträchtigungen sowie gesundheitlich bedingte Belastungen oder Anforderungen nicht selbstständig kompensieren oder bewältigen kann. Der Hilfebedarf muss auf den in den Kriterien beschriebenen, gesundheitlich bedingten Beeinträchtigungen der Selbstständigkeit oder der Fähigkeiten beruhen; andere Ursachen für einen Hilfebedarf bleiben außer Betracht. Die sechs in § 14 Abs 2 SGB XI definierten Bereiche sind: 14

- Mobilität,
- kognitive und kommunikative Fähigkeiten,
- Verhaltensweisen und psychische Problemlagen,
- Selbstversorgung,
- Bewältigung von und selbstständiger Umgang mit krankheits- oder therapiebedingten Anforderungen und Belastungen,
- Gestaltung des Alltagslebens und sozialer Kontakte.

**b) Feststellung des Pflegegrades.** Pflegebedürftige erhalten abhängig von der Schwere der Beeinträchtigungen der Selbstständigkeit oder der Fähigkeiten einen **Grad der Pflegebedürftigkeit (Pflegegrad)**. Der Pflegegrad wird mit Hilfe des sogenannten Begutachtungsinstruments in einem für Außenstehende nur **schwer nachvollziehbaren Verfahren** ermittelt. Das neue System lässt aus rechtlicher Sicht allenfalls einen Austausch der Ergebnisse von Sachverständigengutachten oder Plausibilitätskontrollen zu. Das Begutachtungsinstrument ist in sechs Module gegliedert, die den oben genannten sechs Bereichen entsprechen (§ 15 Abs 1 SGB XI). In jedem Modul sind für die in den Bereichen genannten Kriterien die in Anlage 1 zu § 15 SGB XI dargestellten Kategorien vorgesehen. Die Kategorien stellen die in ihnen zum Ausdruck kommenden verschiedenen Schweregrade der Beeinträchtigungen dar. Den Kategorien werden in Bezug auf die einzelnen Kriterien Einzelpunkte zugeordnet, die aus Anlage 1 zu § 15 SGB XI ersichtlich sind. In jedem Modul werden die jeweils erreichbaren Summen aus Einzelpunkten nach den in Anlage 2 zu § 15 SGB IX festgelegten Punktbereichen gegliedert. Die Summen der Punkte werden nach den in ihnen zum Ausdruck kommenden Schweregraden der Beeinträchtigungen wie folgt bezeichnet: 15

- Punktbereich 0: keine Beeinträchtigungen,
- Punktbereich 1: geringe Beeinträchtigungen,
- Punktbereich 2: erhebliche Beeinträchtigungen,
- Punktbereich 3: schwere Beeinträchtigungen,
- Punktbereich 4: schwerste Beeinträchtigungen.

Jedem Punktbereich in einem Modul werden die in Anlage 2 zu § 15 SGB XI festgelegten Punkte zugeordnet. Diese Punkte der Module werden sodann wie folgt gewichtet: 16

- Mobilität mit 10 Prozent,
- kognitive und kommunikative Fähigkeiten sowie Verhaltensweisen und psychische Problemlagen zusammen mit 15 Prozent,
- Selbstversorgung mit 40 Prozent,
- Bewältigung von und selbständiger Umgang mit krankheits- oder therapiebedingten Anforderungen und Belastungen mit 20 Prozent,
- Gestaltung des Alltagslebens und sozialer Kontakte mit 15 Prozent.

17 Zur Ermittlung des Pflegegrades sind die bei der Begutachtung festgestellten Einzelpunkte in jedem Modul zu addieren und dem in Anlage 1 zu § 15 SGB XI festgelegten Punktbereich sowie den sich daraus ergebenden Punkten zuzuordnen. Den Modulen 2 und 3 ist ein gemeinsamer Punkt zuzuordnen, der aus den höchsten Punkten entweder des Moduls 2 oder des Moduls 3 besteht. Aus den Punkten aller Module sind durch Addition die Gesamtpunkte zu bilden. Auf der Basis der erreichten Gesamtpunkte werden Pflegebedürftige in einen Pflegegrad eingeordnet:

- ab 12,5 bis unter 27 Gesamtpunkten in den Pflegegrad 1,
- ab 27 bis unter 47,5 Gesamtpunkten in den Pflegegrad 2,
- ab 47,5 bis unter 70 Gesamtpunkten in den Pflegegrad 3,
- ab 70 bis unter 90 Gesamtpunkten in den Pflegegrad 4,
- ab 90 bis 100 Gesamtpunkten in den Pflegegrad 5.

18 Pflegebedürftige mit besonderen Bedarfskonstellationen, die einen spezifischen, außergewöhnlich hohen Hilfebedarf mit besonderen Anforderungen an die pflegerische Versorgung aufweisen, können nach § 15 Abs 4 SGB XI aus pflegefachlichen Gründen dem Pflegegrad 5 zugeordnet werden, auch wenn ihre Gesamtpunkte unter 90 liegen.

19 **4. Häusliche Pflegehilfe und Pflegegeld.** Pflegebedürftige der **Pflegegrade 2 bis 5** haben nach § 36 Abs 1 SGB XI bei häuslicher Pflege Anspruch auf körperbezogene Pflegemaßnahmen und pflegerische Betreuungsmaßnahmen sowie auf Hilfen bei der Haushaltsführung als Sachleistung (häusliche Pflegehilfe). Der Anspruch umfasst pflegerische Maßnahmen in den Bereichen Mobilität, kognitive und kommunikative Fähigkeiten, Verhaltensweisen und psychische Problemlagen, Selbstversorgung, Bewältigung von und selbständiger Umgang mit krankheits- oder therapiebedingten Anforderungen und Belastungen sowie Gestaltung des Alltagslebens und sozialer Kontakte. Häusliche Pflegehilfe wird nach § 36 Abs 4 S 2 SGB XI durch geeignete **Pflegekräfte** erbracht, die idR bei ambulanten Pflegeeinrichtungen, mit denen die Pflegekasse einen Versorgungsvertrag abgeschlossen hat, angestellt sind. Auch durch Einzelpersonen, mit denen die Pflegekasse einen Vertrag nach § 77 Abs 1 SGB XI abgeschlossen hat, kann häusliche Pflegehilfe als Sachleistung erbracht werden (→ Rn 23). Pflegebedürftige des **Pflegegrades 1** haben keinen Anspruch auf häusliche Pflegehilfe, ihnen werden Leistungen nach § 28a Abs 1 SGB XI gewährt. Es handelt sich in erster Linie um Beratungsleistungen, Versorgung mit Pflegehilfsmitteln, Pflegekurse für Angehörige usw. Zudem wird bei Vorliegen der Voraussetzung ein zweckgebundener Entlastungsbetrag nach § 45b Absatz 1 Satz 1 SGB XI in Höhe von bis zu 125 € monatlich gezahlt. Dieser kann im Wege der **Erstattung von Kosten** eingesetzt werden, die dem Versicherten im Zusammenhang mit der Inanspruchnahme von Leistungen der Tages- und Nachtpflege sowie der Kurzzeitpflege und von Leistungen der ambulanten Pflegedienste entstehen. Der Anspruch auf häusliche Pflegehilfe umfasst nach § 36 Abs 3 SGB XI je Kalendermonat in Pflegegrad 2 Leistungen bis zu einem Gesamtwert von **689 €,** in Pflegegrad 3 Leistungen bis zu einem Gesamtwert von **1298 €,** in Pflegegrad 4 Leistungen bis zu einem Gesamtwert von **1612 €** und in Pflegegrad 5 Leistungen bis zu einem Gesamtwert von **1995 €**. Pflegebedürftige der Pflegegrade 2 bis 5 können **anstelle der häuslichen Pflegehilfe ein Pflegegeld** beantragen. Der Anspruch setzt nach § 37 Abs 1 SGB XI voraus, dass der Pflegebedürftige mit dem Pflegegeld dessen Umfang entsprechend die erforderlichen körperbezogenen Pflegemaßnahmen und pflegerischen Betreuungsmaßnahmen sowie Hilfen bei der Haushaltsführung in geeigneter Weise (im Regelfall durch Personen aus dem persönlichen Umfeld) selbst sicherstellt. Das Pflegegeld beträgt nach § 37 Abs 1 S 3 SGB XI je Kalendermonat **316 €** bei Pflegegrad 2, **545 €** bei Pflegegrad 3, **728 €** bei Pflegegrad 4 und **901 €** bei Pflegegrad 5. **Pflegesachleistungen** werden an Pflegebedürftige, die sich **dauerhaft im Ausland** aufhalten, nicht gewährt (§ 34 Abs 1 Nr 1 Satz 1 SGB XI). Der Anspruch auf **Pflegegeld** ruht nach § 34 Abs 1a SGB XI nicht bei Pflegebedürftigen, die sich in einem Mitgliedstaat der EU, einem Vertragsstaat des Abkommens über den Europäischen Wirtschaftsraum oder der Schweiz aufhalten (BSG 25.2.15 – B 3 P 6/13 R, SozR 4–3300 § 34 Nr 2).

20 **5. Stationäre Pflege. a) Subsidiarität.** Stationäre Pflegeleistungen kommen grds nur in Betracht, wenn häusliche oder teilstationäre Pflege nicht möglich ist oder wegen der Besonderheiten des Einzelfalles ausscheiden (§ 43 Abs 1 SGB XI). Entsprechendes gilt für

teilstationäre Pflegeleistungen, wenn häusliche Pflege nicht in ausreichendem Umfang sichergestellt werden kann (§ 41 Abs 1 SGB XI).

**b) Vollstationäre Pflege.** Für Pflegebedürftige der Pflegegrade 2 bis 5 in vollstationären Einrichtungen übernimmt die Pflegekasse die pflegebedingten Aufwendungen einschließlich der Aufwendungen für Betreuung und die Aufwendungen für Leistungen der medizinischen Behandlungspflege. Der Anspruch beträgt nach § 43 Abs 2 SGB XI je Kalendermonat **770 €** bei Pflegegrad 2, **1262 €** bei Pflegegrad 3, **1775 €** bei Pflegegrad 4 und **2005 €** bei Pflegegrad 5. Pflegebedürftige des Pflegegrades 1 erhalten bei vollstationärer Versorgung einen monatlichen Kostenzuschuss von **125 €**. Wählen Pflegebedürftige der Pflegegrade 2 bis 5 vollstationäre Pflege, obwohl diese nach Feststellung der Pflegekasse nicht erforderlich ist, erhalten sie nach § 43 Abs 4 Satz 1 SGB XI einen Zuschuss in Höhe von 80 vH des für den jeweiligen Pflegegrad vorgesehenen Gesamtwertes. Die Beträge decken die tatsächlichen Kosten der stationären Unterbringung nicht, da die Kosten für Unterkunft und Verpflegung sowie die Investitionskosten zu den Pflegekosten hinzutreten. Die überschießenden Kosten sind vom Pflegebedürftigen bzw dessen Unterhaltsverpflichteten aufzubringen. Nach § 94 Abs 1a Satz 1 SGB XII idF des **Angehörigen-Entlastungsgesetzes** vom 10.12.19 (BGBl I 2019, 2135) sind ab 2020 Unterhaltsansprüche gegenüber Kindern und Eltern nur insoweit heranzuziehen, wenn deren jährliches Gesamteinkommen iSv § 16 SGB IV **jeweils** mehr als 100.000 € beträgt. 21

**c) Teilstationäre Pflege und Kurzzeitpflege.** Diese Leistungen können nur Pflegebedürftige der **Pflegegrade 2 bis 5** in Anspruch nehmen. Die Pflegekasse übernimmt **im Rahmen der Höchstbeträge** nach § 41 Abs 2 Satz 2 SGB XI die pflegebedingten Aufwendungen der teilstationären Tages- oder Nachtpflege einschließlich der Aufwendungen für Betreuung und die Aufwendungen für die in der Einrichtung notwendigen Leistungen der medizinischen Behandlungspflege, wenn häusliche Pflege nicht in ausreichendem Umfang sichergestellt werden kann. Vollstationäre **Kurzzeitpflege** kann nach Maßgabe von § 42 SGB XI für eine Übergangszeit im Anschluss an eine stationäre Behandlung oder in sonstigen Krisensituationen beansprucht werden, wenn häusliche Pflege zeitweise nicht erbracht werden kann und auch teilstationäre Pflege nicht ausreicht. Eine Anrechnung auf Pflegegeld, Pflegesachleistungen oder Kombinationsleistungen findet nicht statt. **Kurzzeitpflege bei schwerer Krankheit** und fehlender Pflegebedürftigkeit nach dem SGB XI ist eine Leistung der gesetzlichen KV (§ 39c SGB V). 22

**6. Sozialversicherungsrechtliche Stellung der pflegenden Person. a) Gestaltungsformen der Pflegetätigkeit.** Pflege als Gegenstand einer Arbeitsleistung kann in einem abhängigen Beschäftigungsverhältnis zu Pflegeeinrichtungen oder zum Pflegebedürftigen selbst erbracht werden. Die Pflegearbeit kann auch von einzelnen geeigneten Pflegekräften erbracht werden, die von der Pflegekasse gem § 77 Abs 1 SGB XI zur Gewährung häuslicher Pflege und zur hauswirtschaftlichen Versorgung zugelassen worden sind; ein derartiger Vertrag kann aber nur mit solchen Einzelpersonen geschlossen werden, die mit dem Pflegebedürftigen nicht verwandt oder verschwägert bis zum dritten Grad sind und mit ihm nicht in häuslicher Gemeinschaft leben. 23

**b) Pflegetätigkeit in einem Arbeitsverhältnis.** Wird die Pflegetätigkeit in einem Arbeits- bzw Beschäftigungsverhältnis ausgeübt, gelten die allgemeinen Regeln der SozV, dh es ist in erster Linie zu prüfen, ob der zeitliche Aufwand und das Entgelt die Geringfügigkeitsgrenzen übersteigen (→ *Geringfügige Beschäftigung* Rn 25). Ist dies der Fall, liegt **Versicherungs- und Beitragspflicht in sämtlichen Zweigen der SozV** nach den allg für ArbN geltenden Bestimmungen vor. Ein Arbeits- und Beschäftigungsverhältnis kann dabei zwischen der pflegenden Person – also dem ArbN – und ambulanten Pflegeeinrichtungen (Pflegediensten, § 77 Abs 1 SGB XI), stationären Pflegeeinrichtungen (Pflegeheime, § 71 Abs 2 SGB XI) oder den Pflegekassen (§ 77 Abs 2 SGB XI) bestehen. In Betracht kommt aber auch ein den allgemeinen Regeln der SozV unterliegendes Arbeits- und Beschäftigungsverhältnis zwischen dem zu Pflegenden und der pflegenden Person. Zu beachten ist bei Verwandtschaftsverhältnissen in derartigen Fällen die Abgrenzung zwischen Beschäftigungsverhältnis und (nicht versicherter) familiärer Mitarbeit (→ *Familiäre Mitarbeit* Rn 46 ff). 24

**c) Nichterwerbsmäßig tätige Pflegepersonen. aa) Voraussetzungen.** Werden Pflegetätigkeiten von **Angehörigen oder sonstigen Personen nicht erwerbsmäßig** in der 25 häuslichen Umgebung des Pflegebedürftigen mit mindestens Pflegegrad 2 erbracht, erhält die Pflegeperson Leistungen zur sozialen Sicherung nach § 44 SGB XI, wenn sie eine oder mehrere pflegebedürftige Personen wenigstens zehn Stunden wöchentlich, verteilt auf regelmäßig mindestens zwei Tage in der Woche, pflegt (Pflegeperson iSv § 19 S 2 SGB XI). Pflegepersonen, die für ihre Tätigkeit von dem oder den Pflegebedürftigen ein Arbeitsentgelt erhalten, welches das dem Umfang der jeweiligen Pflegetätigkeit entsprechende Pflegegeld nicht übersteigt, gelten als nicht erwerbsmäßig tätig (§ 3 S 2 SGB VI). Die SozVBeiträge werden von den Pflegekassen und den privaten Versicherungsunternehmen, bei denen eine private Pflege-Pflichtversicherung durchgeführt wird, allein getragen. Wird für die Pflege **Pflegezeit** nach dem PflegeZG in Anspruch genommen, ist die soziale Absicherung der Pflegeperson in § 44a SGB XI besonders geregelt (→ *Pflegezeit* Rn 54 ff).

26 **bb) Rentenversicherung.** Für Pflegepersonen, die nicht erwerbsmäßig eine oder mehrere pflegebedürftige Personen mit mindestens Pflegegrad 2 **wenigstens zehn Stunden wöchentlich,** verteilt auf regelmäßig mindestens zwei Tage in der Woche in häuslicher Umgebung pflegen (Pflegepersonen iSv § 19 SGB XI), entrichten die Pflegekassen und die privaten Versicherungsunternehmen, bei denen eine private Pflege-Pflichtversicherung durchgeführt wird, Beiträge nach Maßgabe des § 166 Abs 2 SGB VI an die gesetzliche RV, Dies gilt nicht, wenn die nicht erwerbsmäßig tätige Pflegeperson neben der Pflegetätigkeit noch regelmäßig mehr als 30 Stunden wöchentlich beschäftigt oder selbstständig tätig ist (§ 3 S 3 SGB VI). Der Begriff Pflege ist dem neuen Pflegebedürftigkeitsbegriff entsprechend so zu verstehen, dass er alle pflegerischen Maßnahmen in den in § 14 Abs 2 SGB XI genannten Bereichen sowie Hilfen bei der Haushaltsführung umfasst. Eingeschlossen sind auch pflegerische Maßnahmen in Form von Betreuungsmaßnahmen. Ein **Antrag** auf Leistungen der Pflegeversicherung impliziert regelmäßig auch das Ziel, dass die Pflegeversicherung neben den unmittelbaren Leistungen zur Pflege bei Vorliegen der gesetzlichen Voraussetzungen auch Beitragszahlungen zur Rentenversicherung für die Pflegeperson erbringen möge (LSG NdsBrem 28.2.18 – L 2/9 R 550/14, BeckRS 2018, 3798, Rn 36).

27 **cc) Gesetzliche Unfallversicherung und Arbeitslosenversicherung.** Die nicht erwerbsmäßig tätige Pflegeperson ist unter den genannten Voraussetzungen während der pflegerischen Tätigkeit nach Maßgabe des § 2 Abs 1 Nr 17 SGB VII in den Versicherungsschutz der **gesetzlichen Unfallversicherung** einbezogen. und nach Maßgabe des § 26 Abs 2b SGB III nach dem **Recht der Arbeitsförderung** versichert (§ 44 Abs 2a und 2b SGB XI nF).

28 **dd) Kranken- bzw Pflegeversicherungspflicht** besteht für nicht erwerbsmäßige Pflegetätigkeit nicht.

## Pflegeversicherungspflicht

### A. Arbeitsrecht *Griese*

1 Die PflegeVPflicht betrifft das Verhältnis zwischen dem Versicherungspflichtigen und dem Träger der PflegeV. Sie hat arbeitsrechtlich die Auswirkung, dass der ArbGeb den **Beitrag zur** PflegeV **fehlerfrei errechnen und als Teil** des GesamtSozVBeitrages **abführen muss** (BAG 30.4.08 – 5 AZR 725/07, NZA 08, 884) Für die **richtige Berechnung und Abführung** der PflegeVBeiträge haftet der ArbGeb dem ArbN ebenso wie bei den Beiträgen zu den übrigen SozVZweigen (→ *Sozialversicherungsbeiträge* Rn 3–13 und → *Beitragsbemessungsgrenzen* Rn 2). Fehler hierbei können zu Rückabwicklungsansprüchen (→ *Bruttolohnvereinbarung* Rn 5) und zu **Schadensersatzansprüchen nach § 280 BGB** führen.

Nach § 28g Satz 2 SGB IV kann der Beitragsanteil des ArbN nur in engen zeitlichen Grenzen und **nur durch Abzug vom Arbeitsentgelt** geltend gemacht werden. Eine separate zB klageweise Geltendmachung ist daher nicht möglich. Nach § 28g Satz 3 SGB IV darf ein unterbliebener Beitragsabzug **nur bei den drei nächsten Lohn- und Gehaltszahlungen nachgeholt werden,** danach nur dann, wenn den ArbGeb an dem ganz oder teilweise unterbliebenen Beitragsabzug kein Verschulden trifft (BAG 30.4.08 – 5 AZR 725/07, NZA 08, 884).

Weitere Einzelheiten *Pflegeversicherungsbeiträge; Sozialversicherungsbeiträge; Bruttolohnvereinbarung* und *Beitragsbemessungsgrenzen.* Zur ***Befreiung von der Versicherungspflicht*** s dort.

**B. Lohnsteuerrecht** *Weil*

Zur Tatbestandswirkung für die Frage der Steuerfreiheit oder -pflicht von ArbGeb-Zuschüssen → *Krankenversicherungspflicht* Rn 2, → *Pflegeversicherungsbeiträge* Rn 7. Zu Fragen der Steuerpflicht und -freiheit bei PflegeVPflichtigen → *Pflegeversicherungsbeiträge* Rn 7 ff und → *Krankenversicherungsbeiträge* Rn 3 ff. 2

**C. Sozialversicherungsrecht** *Schlegel*

**1. Allgemeines zur Pflegeversicherung.** Die Versicherung erfasst **nahezu die gesamte Bevölkerung.** 3

**Träger der sozialen Pflegeversicherung,** die im SGB XI geregelt ist, sind die **Pflegekassen;** deren Aufgaben werden von den Krankenkassen wahrgenommen (§ 1 Abs 3 SGB XI; zur Organisation der Pflegekassen § 46 SGB XI; zur Zuständigkeit der Entscheidung über Versicherungspflicht BSG 6.11.97 – 12 RP 1/96, SozR 3–3300 § 20 Nr 2). Die Ausgaben der PflegeV werden durch Mittel der Mitglieder und der ArbGeb finanziert. Bemessungsgrundlage sind die beitragspflichtigen Einnahmen der Mitglieder; für versicherte Familienangehörige werden Beiträge nicht erhoben (§ 1 Abs 6 SGB XI). 4

Die Leistungen sind nicht darauf gerichtet, den gesamten Pflegebedarf sicherzustellen: Es handelt sich um **keine Vollversicherung,** vielmehr sind die vorgesehenen Leistungen der Höhe nach (pauschalierend) begrenzt (→ *Pflegeversicherungsleistungen* Rn 5 ff). 5

**2. Abgrenzung soziale und private Pflegeversicherung.** Die PflegeV beruht auf einem dualen System, nämlich der sozialen PflegeV als Teil der SozV iSd Art 74 Abs 1 Nr 12 GG und der privaten PflegeV, die dem privaten Versicherungswesen iSd Art 74 Abs 1 Nr 11 GG zuzurechnen ist. Für beide ist der **Rechtsweg** zu den Gerichten der Sozialgerichtsbarkeit eröffnet; dies ergibt sich aus § 51 Abs 2 Satz 2 SGG, der sämtliche Angelegenheiten nach dem SGB XI, also auch Streitigkeiten aus der privaten PflegeV, dem SG zuweist (BSG 8.8.96 – 3 BS 1/96, SozR 3–1500 § 51 Nr 19). Zur Abgrenzung der Systeme und zur Bestimmung des versicherten Personenkreises knüpft das SGB XI an die organisatorische Versicherung gegen das Risiko der Krankheit an. Danach gilt folgender **Grundsatz:** Wer in der gesetzlichen KV versichert ist – gleichgültig, ob im Wege einer Pflicht- oder einer freiwilligen Versicherung –, wird hinsichtlich seines Pflegerisikos nach dem SGB XI („automatisch") in der PflegeV (pflicht-)versichert. Wer gegen Krankheit bei einem privaten Unternehmen versichert war, muss eine private PflegeV abschließen (§ 1 Abs 2 SGB XI; zur Zulässigkeit dieses Anknüpfungspunktes BSG 6.11.97 – 12 RP 1/96, SozR 3–3300 § 20 Nr 2). 6

Innerhalb der sozialen PflegeV gibt es **keine freiwillige Versicherung;** auf dieses in der gesetzlichen KV oder in der RV, teilweise auch in der UV (§ 6 SGB VII) gebräuchliche Rechtsinstitut wurde beim PflegeVG verzichtet. Hier gibt es nur die alternative: Pflichtversicherung in der sozialen PflegeV oder private PflegeV bei privaten Versicherungsunternehmen. 7

Zum **Beitrittsrecht** § 26a SGB XI. 8

**3. Versicherungspflichtige Personen. a) Pflichtmitglieder der gesetzlichen Krankenversicherung.** Wer in der gesetzlichen KV pflichtversichert ist, ist auch nach dem PflegeVG in der sozialen PflegeV pflichtversichert (§ 20 Abs 1 Satz 1 SGB XI). Dh, Versicherungspflicht besteht nach § 20 Abs 1 Satz 2 SGB XI ua für **abhängig beschäftigte Arbeitnehmer, Auszubildende,** Studenten, Praktikanten, Rentner und Rentenantragsteller, wenn die im SGB V genannten Voraussetzungen vorliegen und es sich zB bei ArbN nicht nur um eine geringfügig Beschäftigte handelt (Einzelheiten zur Versicherungspflicht in der KV → *Krankenversicherungspflicht* Rn 5 ff). 9

Über den Kreis der in der KV pflichtversicherten Personen hinaus werden in der PflegeV weiter bestimmte Personen versichert, die bisher nach speziellen Rechtsvorschriften Leistungen bei Krankheit zu beanspruchen hatten, ohne in der KV Mitglied sein zu müssen (zB Kriegsopfer). Diese Personen werden in der PflegeV ebenfalls pflichtversichert (§ 21 10

SGB XI). Wie in der KV (§ 5 Abs 1 Nr 13 SGB V) sind in der PflegeV Personen pflichtversichert, die bisher keinen Anspruch auf Absicherung im Krankheitsfall hatten, wenn sie zuletzt in der KV versichert waren (§ 20 Abs 1 Nr 12 SGB XI). Damit hat sich die Relevanz des vom BVerfG geforderten Zugangsrechts zur PflegeV (BVerfG 3.4.01 – 1 BvR 81/98, BVerfGE 103, 225) nach § 26a SGB XI verringert.

11 **b) Freiwillige Mitglieder der gesetzlichen Krankenversicherung.** Wer in der KV freiwillig versichert ist, ist in der sozialen PflegeV versicherungspflichtig (§ 20 Abs 3 SGB XI; zur Verfassungsmäßigkeit dieser Versicherungspflicht BSG 3.9.98 – B 12 KR 23/97 R, SozR 3–3300 § 20 Nr 5). Die genannten Personen haben allerdings ein **Befreiungsrecht** von ihrer Versicherungspflicht in der PflegeV. Dies setzt einen bei den Pflegekassen (Krankenkassen) zu stellenden Befreiungsantrag und den Nachweis voraus, dass die zu befreiende Person bei einem privaten Versicherungsunternehmen gegen das Risiko der Pflegebedürftigkeit versichert ist und für sich und ihre Angehörigen, die an sich nach dem PflegeVG (mit-)versichert wären (hierzu § 25 SGB XI), Leistungen beanspruchen können, die nach Art und Umfang den Leistungen nach dem SGB XI gleichwertig sind (hierzu s *Pflegeversicherungsleistungen*). Dieser Antrag ist befristet; er ist innerhalb von drei Monaten nach Beginn der Versicherungspflicht bei der Pflegekasse (dh der Krankenkasse) zu stellen; die Befreiung ist unwiderruflich (§ 22 Abs 2 SGB XI).

12 **c) Beihilfeberechtigte Personen.** Bei diesen Personen, insbes also Richtern, Beamten, Soldaten bzw entsprechenden Versorgungsempfängern (Ruhestandsbeamten etc), ist ebenfalls danach zu differenzieren, ob sie das bisher im Falle einer Krankheit nicht durch die Beihilfe abgedeckte Risiko durch eine freiwillige (Teil-)Versicherung in der gesetzlichen KV, durch eine private KV oder überhaupt nicht abgedeckt haben. Im Einzelnen gilt Folgendes: Haben sich die Beihilfeberechtigten bzgl des nicht durch die Beihilfe abgedeckten Krankheitsrisikos in der gesetzlichen KV freiwillig versichert, tritt nach dem Grundsatz, dass freiwillige Mitglieder einer Krankenkasse in der sozialen PflegeV pflichtversichert sind, auch für sie Versicherungspflicht in der sozialen PflegeV ein (§ 20 Abs 3 SGB XI; zu den Leistungsansprüchen der Beihilfeberechtigten § 28 Abs 2 SGB XI; zum halben Beitragssatz § 55 Abs 1 Satz 2 SGB XI). Sie können sich aber von dieser Versicherungspflicht nach § 22 Abs 1 Satz 1 SGB XI befreien lassen, wenn sie eine private Versicherung abschließen und nachweisen. Deren Leistungen müssen nach Art und Umfang den Leistungen nach dem PflegeVG gleichwertig sein (§ 22 Abs 1 Satz 3 SGB XI).

13 Wer als Beihilfeberechtigter bisher privat krankenversichert ist oder sich für das nicht durch die Beihilfe abgedeckte Krankheitsrisiko überhaupt nicht versichert hat, muss hinsichtlich des Pflegerisikos eine anteilige beihilfekonforme private Versicherung abschließen, soweit bei Pflegebedürftigkeit keine Beihilfeleistungen vorgesehen sind (§ 23 Abs 1 und 3 SGB XI; BSG 12.2.04 – B 12 P 3/02 R, SozR 4–3300 § 23 Nr 1; § 23 Abs 3 SGB XI: eigenständiger Vorsorgepflicht-Tatbestand).

14 **d) Beitragsfreie Versicherung von Familienangehörigen in der sozialen Pflegeversicherung.** Zu den Familienangehörigen zählen gem § 25 Abs 1 SGB XI der Ehegatte und Kinder von Mitgliedern der sozialen PflegeV, wenn sie ihren Wohnsitz oder gewöhnlichen Aufenthalt in Deutschland haben und für diese Personen nicht eine vorrangige eigene Pflichtversicherung oder die Pflicht zum Abschluss eines privaten PflegeV-Vertrages besteht, wenn sie nicht hauptberuflich selbstständig erwerbstätig sind und sie kein Gesamteinkommen haben, das regelmäßig im Monat ein Siebtel der monatlichen Bezugsgröße überschreitet (Geringfügigkeitsgrenze; § 25 Abs 1 SGB XI).

15 **Kinder** sind idR bis zur Vollendung des 18. Lebensjahres familienversichert, wenn sie nicht erwerbstätig sind, bis zur Vollendung des 23. Lebensjahres, oder bei Ausbildung bis zum vollendeten 25. Lebensjahr; ohne Altersgrenzen sind Kinder pflegeversichert, wenn wie wegen körperlicher, geistiger oder seelischer Behinderung außerstande sind, sich selbst zu unterhalten und dieser Zustand bereits zu einem Zeitpunkt eingetreten ist, als das Kind noch nicht 18 Jahre alt, bei Erwerbslosigkeit noch nicht 23 Jahre alt, bzw bei Ausbildung noch nicht 25 Jahre alt war (Einzelheiten § 25 Abs 2 SGB XI iVm § 10 Abs 4 und 5 SGB V).

16 **Ausnahme:** Bei Mitgliedern der Pflegekassen sind Kinder nicht (mit-)versichert, wenn der mit den Kindern verwandte Ehegatte des Mitglieds (dh der andere Elternteil) von der Pflichtversicherung in der PflegeV befreit oder nach § 23 privat pflegeversichert ist und sein Gesamteinkommen (§ 16 SGB IV) sowohl höher als das Gesamteinkommen des Mitglieds

als auch höher als monatlich ein Zwölftel der monatlichen Bezugsgröße ist (§ 25 Abs 3 SGB XI; zur Bezugsgröße § 18 SGB IX und → *Sozialversicherungsbeiträge* Rn 66 Anhang). Dann ist es Sache des anderen Ehegatten, die Kinder gegen das Risiko der Pflegebedürftigkeit zu versichern (zur entsprechenden Regelung in der KV BSG 25.1.01 – B 12 KR 12/00 R, SozR 3–2500 § 10 Nr 20; zur Verfassungsmäßigkeit durch BVerfG 12.2.03 – 1 BvR 624/01, SozR 4–2500 § 10 Nr 1).

Familienangehörige iSd § 25 SGB XI genießen in der sozialen PflegeV **beitragsfreien Versicherungsschutz** (§ 56 Abs 1 SGB XI). In der privaten PflegeV sind nur Kinder iSd § 25 SGB XI beitragsfrei mitzuversichern (§ 110 Abs 1 Nr 2 Buchst f, Abs 3 Nr 6 SGB XI); für Ehegatten sind dort lediglich gewisse Prämienvergünstigungen vorgesehen (§ 110 SGB XI). 17

**e) Missbrauchsabwehr.** Nach § 20 Abs 4 SGB XI wird widerlegbar vermutet, dass eine zur Versicherungspflicht führende Beschäftigung oder Tätigkeit iSv § 20 Abs 1 Nrn 1, 3 oder 4 SGB XI tatsächlich nicht ausgeübt wird, wenn Personen eine dem „äußeren Anschein nach versicherungspflichtige Beschäftigung oder Tätigkeit von untergeordneter wirtschaftlicher Bedeutung aufnehmen", nachdem sie mindestens 10 Jahre nicht in der sozialen PflegeV oder gesetzlichen KV versicherungspflichtig waren. Von untergeordneter wirtschaftlicher Bedeutung ist eine Beschäftigung, welche die Geringfügigkeitsgrenzen übersteigt, für den Beschäftigten aber finanziell nicht ins Gewicht fällt, weil er seinen Lebensunterhalt anderweitig gesichert hat; die Beschäftigung und das dann erzielte Entgelt müssen evident darauf hinweisen, dass die Beschäftigung nicht mit Blick auf das Entgelt, sondern allein mit Blick auf den dadurch vermittelten Versicherungsschutz ausgeübt wird. 18

Einen weiteren Tatbestand zur Missbrauchsabwehr stellt § 33a SGB XI dar. Danach besteht in der PflegeV kein **Leistungsanspruch** für Personen, wenn sie sich nur deshalb nach Deutschland begeben, um hier in einer Versicherung nach § 20 Abs 1 Satz 2 Nr 12 SGB XI (**Auffang-Pflichtversicherungstatbestand** für alle Personen, die keinen anderweitigen Schutz im Falle von Pflege haben) oder einer hierauf beruhenden Familienversicherung (§ 25 SB XI) Leistungen in Anspruch zu nehmen. 19

# Pflegezeit

## A. Arbeitsrecht

*Poeche*

### Übersicht

1 **1. Einführung.** Zum 1.1.15 ist das Gesetz zur besseren Vereinbarkeit von Familie, Pflege und Beruf in Kraft getreten (BGBl 2014 I, 2462), welches wichtige Änderungen des bereits am 1.7.08 in Kraft getretenen Pflegezeitgesetzes (PflegeZG) und des am 1.1.12 in Kraft getretenen Familienpflegezeitgesetzes (FPfZG) enthält (umfassend zum neuen Recht: *Karb* ZTR 15, 427; *Sievers* JM 15, 160; *Herion* ZTR 15, 193; *Sasse* DB 15, 310; *Thüsing/Pötters* BB 15, 181). Eine Zusammenführung beider Gesetze in einem Gesetz ist damit nicht erfolgt. Die wichtigste Neuerung in arbeitsrechtlicher Hinsicht dürfte die Schaffung eines Rechtsanspruchs auf Familienpflegezeit im FPfZG sein. Außerdem wurde in beide Gesetze ein Anspruch auf (teilweise) Freistellung zur Betreuung eines minderjährigen pflegebedürftigen nahen Angehörigen in häuslicher oder außerhäuslicher Umgebung aufgenommen. Ebenfalls neu ist der Anspruch auf Freistellung zur Sterbebegleitung. Beschäftigte, die sich nach dem PflegeZG für eine bis zu sechsmonatige teilweise oder vollständige Freistellung entscheiden und Beschäftigte, die eine Freistellung nach dem FPfZG in Anspruch nehmen, haben jetzt außerdem einen Anspruch auf Förderung durch ein zinsloses Darlehen. Der ArbN hat zusammengefasst nun folgende Ansprüche nach den beiden Gesetzen: Er ist 1. berechtigt, wegen eines plötzlichen familiären Pflegefalles kurzzeitig mit der Arbeit auszusetzen (§ 2 PflegeZG: **kurzzeitige Arbeitsverhinderung**), 2. kann er eine **vollständige oder teilweise Freistellung** a) zur Pflege eines pflegebedürftigen nahen Angehörigen in häuslicher Umgebung (nach beiden Gesetzen möglich, § 2 Abs 1 S 1 FPFZG, § 3 Abs 1 S 1 PflegeZG) oder b) zur Betreuung eines minderjährigen pflegebedürftigen nahen Angehörigen in häuslicher oder außerhäuslicher Umgebung (nach beiden Gesetzen möglich, § 2 Abs 5 FPfZG, § 3 Abs 5 S 1 PflegeZG) beanspruchen und 3. kann er eine vollständige oder teilweise Freistellung zur Begleitung eines nahen Angehörigen in der letzten Lebensphase geltend machen (§ 3 Abs 6 S 1 PflegeZG). Die Freistellungen nach § 3 PflegeZG können ganz oder teilweise – ohne eine Mindestarbeitszeit – bis zur Dauer von sechs Monaten bzw. von drei Monaten im Fall der Sterbebegleitung – beansprucht werden. Nach dem FPfZG kann die Freistellung nur als Teilfreistellung bis zu einer Mindestwochenarbeitszeit von 15 Stunden erfolgen, allerdings bis zu einer Gesamtdauer von 24 Monaten. Im Interesse einer effektiven Wahrnehmung der Rechte ist der ArbN während der Pflegezeit vor einer Kündigung geschützt (§ 5 PflegeZG, § 2 Abs 3 FPfZG). Für die **Auslegung** der Gesetze kann vielfach auf bestehende Vorschriften zurückgegriffen werden, insbes § 5 EFZG sowie §§ 15 ff BEEG. Das unübersichtliche Nebeneinander beider Gesetze kann zur Folge haben, dass im Einzelfall die Voraussetzungen für die Inanspruchnahme einer Pflegezeit sowohl nach dem PflegeZG als auch nach dem FPfZG gegeben sind (hierzu *Sievers* JM 15, 160). Die Vorteile der Inanspruchnahme der Teilzeitansprüche nach den beiden Gesetzen gegenüber § 8 TzBfG bestehen zunächst darin, dass eine Wartezeit vor der Inanspruchnahme der Rechte nicht erfüllt werden muss, weiterhin in der Befristung der Ansprüche, dem besonderen Kündigungsschutz während der Teilzeit und dem Umstand, dass der Antrag auf Teilzeit nur aus dringenden betrieblichen Gründen abgelehnt werden kann.

2 **2. Persönlicher Anwendungsbereich des PflegeZG und des FPfZG.** Das FPfZG nimmt in § 2 Abs 3 auf die §§ 5–8 PflegeZG Bezug, so dass in beiden Gesetzen die Begriffsbestimmungen nach § 7 PflegeZG gelten.

**a) Beschäftigte.** Das sind nach der Legaldefinition des § 7 Abs 1 Nr 1 PflegeZG zunächst ArbN, also die auf der Grundlage eines Arbeitsvertrags Beschäftigten, sowie nach Nr 2 die zu ihrer Berufsbildung Beschäftigten. Die Formulierung knüpft an den Begriff „Berufsbildung" iSv § 1 BBiG an. Erfasst sind damit die Berufsausbildungsvorbereitung, die Berufsausbildung, die berufliche Fortbildung und die berufliche Umschulung einschließlich der sonstigen Vertragsverhältnisse iSv § 26 BBiG. Das Gesetz gilt nach Nr 3 auch für Personen, die wegen ihrer wirtschaftlichen Unselbstständigkeit als arbeitnehmerähnliche

Personen anzusehen sind und die in Heimarbeit Beschäftigten und die ihnen Gleichgestellten. Ausgenommen sind öffentlich-rechtliche Bedienstete. Für Beamte gelten Sonderregelungen, etwa § 92a BBG zur Familienpflegezeit. Die Einbeziehung der arbeitnehmerähnlichen Personen in das PflegeZG und das FPfZG, insbes das alleinige Abstellen auf deren wirtschaftliche Abhängigkeit, überrascht (ausführlich *Müller* BB 08, 1058; *Preis/Nehring* NZA 08, 72). Die in Heimarbeit Beschäftigten und die ihnen Gleichgestellten werden dagegen auch in anderen Schutzgesetzen berücksichtigt, vgl § 20 BEEG.

**b) Arbeitgeber, § 7 Abs 2 PflegeZG.** Insoweit bestehen keine Besonderheiten. Arb- 3
Geb sind natürliche und juristische Personen sowie rechtsfähige Personengesellschaften, die Personen iSd PflegeZG beschäftigen. Für die arbeitnehmerähnlichen Personen, die in Heimarbeit Beschäftigten und ihnen Gleichgestellten tritt an die Stelle des ArbGeb der Auftraggeber oder Zwischenmeister.

**c) Nahe Angehörige.** Der Beschäftigte muss zu dem pflegebedürftigen Menschen in 4
personaler Beziehung stehen; es muss sich um einen „nahen Angehörigen" handeln. Dazu zählen (§ 7 Abs 3 PflegeZG): Großeltern, Eltern, Schwiegereltern, Stiefeltern (Nr 1), Ehegatten, Lebenspartner, Partner einer eheähnlichen oder lebenspartnerschaftsähnlichen Gemeinschaft, Geschwister, Ehegatten der Geschwister und Geschwister der Ehegatten sowie Lebenspartner der Geschwister und Geschwister der Lebenspartner (Nr 2), Kinder, Adoptiv- oder Pflegekinder, die Kinder, Adoptiv- oder Pflegekinder des Ehegatten oder Lebenspartners, Schwiegerkinder und Enkelkinder (Nr 3). Ausgenommen sind die Kinder der Partner aus einer eheähnlichen Gemeinschaft (nicht genannt in Nr 3, während die Partner selbst in Nr 2 erwähnt werden). Der **Katalog** ist abschließend; eine tatsächliche persönliche Beziehung genügt nicht (zB Vater der Verlobten, Onkel, Tanten).

**3. Sachlicher Anwendungsbereich. a) Pflegebedürftigkeit.** Sachlich setzt das Pfle- 5
geZG – und auch das FPfZG – die Pflegebedürftigkeit des nahen Angehörigen voraus. Die Feststellung richtet sich nach der Stufeneinteilung gem §§ 14, 15 SGB XI (→ *Pflegeversicherungsleistungen* Rn 6 ff). Erforderlich ist damit, dass mindestens die Pflegestufe I festgestellt worden ist. Das gilt uneingeschränkt für die Inanspruchnahme von Pflegezeit iSv § 3 PflegeZG und der Familienpflegezeit nach § 2 FPfZG. Geht es um die kurzzeitige Verhinderung des ArbN iSv § 2 PflegeZG genügt es, wenn der nahe Angehörige **voraussichtlich pflegebedürftig** ist. Für die gebotene Prognose ist das Krankheitsbild/die Behinderung maßgeblich. Danach darf die Pflegebedürftigkeit nicht nur möglich, sondern muss **überwiegend wahrscheinlich** sein. Mit Inkrafttreten des **zweiten Pflegestärkungsgesetzes** (PSG II, BGBl I 2015, 2424 ff) am 1.1.2017 wurde der Begriff der Pflegebedürftigkeit in §§ 14, 15 SGV XI neu gefasst und deutlich erweitert. Menschen in der bisherigen Pflegestufe 0, vor allem Demenzkranke oder Menschen mit kognitiven und psychischen Erkrankungen, werden in die PflegeV einbezogen und Menschen mit körperlichen Einschränkungen gleichgestellt. Zugleich werden die bis zum 31.12.2016 geltenden drei Pflegestufen durch fünf Pflegegrade abgelöst. Ab 2017 ist daher zu prüfen, ob der zu pflegende Angehörige zumindest die Voraussetzungen des Pflegegrades 1 erfüllt, dessen Anforderungen unter den der bisherigen Stufe I liegen (hierzu *Müller* BB 16, 1338).

**b) Wartezeit/Kleinunternehmensklausel.** Die Rechte aus §§ 2 und 3 **PflegeZG** sind 6
an keine Wartezeit gebunden. Anders als § 2 PflegeZG, der für alle Unternehmen unabhängig von der Belegschaftsstärke gilt, besteht ein Anspruch auf Pflegezeit nach § 3 PflegeZG nur, wenn der ArbGeb idR mehr als fünfzehn Beschäftigte hat (§ 3 Abs 1). Die Berechnung erfolgt nach Köpfen, Auszubildende sind mitzuzählen

Demgegenüber besteht der Anspruch auf Familienpflegezeit gem § 2 Abs 1 S 4 **FPfZG** nur ggü ArbGeb mit in der Regel mehr als 25 Beschäftigten, ausschließlich der zu ihrer Berufsbildung Beschäftigten. Die Darlegungs- und Beweislast trägt der Beschäftigte (ErfK/*Gallner* § 3 PflegeZG Rz 6; *Sievers* JM 15, 160). Zur Ermittlung der „regelmäßigen" Anzahl → *Kündigungsschutz* Rn 55. Die unterschiedliche Ausgestaltung der „Kleinunternehmerklausel" hat allein politische Gründe (*Sasse* DB 15, 310). Die Übernahme der Werte des PflegeZG erschien dem Gesetzgeber für das FPfZG nicht durchsetzbar.

**4. Kurzzeitige Arbeitsverhinderung. a) Inhalt/Rechtliche Einordnung.** Nach § 2 7
Abs 1 PflegeZG haben Beschäftigte „das Recht, bis zu zehn Arbeitstagen der Arbeit fernzubleiben, wenn dies erforderlich ist, um für einen pflegebedürftigen nahen Angehörigen in

einer akut aufgetretenen Pflegesituation eine bedarfsgerechte Pflege zu organisieren oder eine pflegerische Versorgung in dieser Zeit sicherzustellen." Nach dem unmissverständlichen Wortlaut des Gesetzes ist die Arbeitsbefreiung weder vom ArbN zu beantragen noch bedarf es des Einverständnisses oder einer Freistellungserklärung des ArbGeb. Liegt ein Akutfall vor, erlischt die Arbeitspflicht des ArbN kraft Gesetzes. Entgegen weit verbreiteter Meinung liegt deshalb **kein Leistungsverweigerungsrecht** vor (aA *Müller* BB 08, 1058; *Preis/Nehring* NZA 08, 729). Leistungsverweigerungsrechte (§ 275 Abs 2 und Abs 3 BGB) suspendieren die Arbeitspflicht erst, wenn sie im Wege der Einrede geltend gemacht werden (→ *Leistungsverweigerungsrecht* Rn 7, 10; BAG 22.12.82 – 2 AZR 282/82, DB 93, 1602). Dagegen bleibt der ArbN bei Vorliegen der materiellen Voraussetzungen auch dann berechtigt der Arbeit fern, wenn er den ArbGeb über seine „Zwangslage" nicht informiert. Näher liegt deshalb, wie im Fall krankheitsbedingter AU, die Annahme einer normierten Unmöglichkeit iSv § 275 Abs 1 BGB. Die Mitteilungs- und Nachweispflichten sind keine Tatbestandsvoraussetzung (*Müller* BB 08, 1058; *Preis/Nehring* NZA 08, 729; *Karb* ZTR 15, 427). Die Rechte ähneln sich lediglich insofern, als der ArbN (zunächst) selbst beurteilen muss, ob er freie Tage in Anspruch nimmt. Er trägt das **Risiko einer Fehleinschätzung.**

8 **b) Voraussetzungen. aa) Akut aufgetretene Pflegesituation.** Die Arbeitsbefreiung setzt eine akut eingetretene Pflegesituation voraus. Ein unerwartetes Ereignis muss die sofortige familiäre Hilfe erfordern. Gegenläufig scheiden alle planbaren und vorhersehbaren Ereignisse als Grund für die Arbeitsbefreiung aus. Je nach den Umständen des Einzelfalls können auf den ersten Blick gleiche Sachverhalte unterschiedlich zu behandeln sein. In Betracht kommen: Eintritt der Pflegebedürftigkeit als solcher; Ausfall der häuslichen Pflegeperson (Familienmitglied oder Angestellte) infolge Krankheit oder (fristloser) Kündigung, für die nicht rechtzeitig Ersatz beschafft werden kann; plötzliche Schließung der Pflegeeinrichtung (Insolvenz; behördliche Untersagungsverfügung). Auch ein längerer **Krankenhausaufenthalt** des Pflegebedürftigen kann akuten **Handlungsbedarf** begründen, wenn der Umfang des künftigen Pflegebedarfs unklar ist und deshalb die sich anschließende Unterbringung (stationäre oder häusliche Pflege) nicht abschließend organisiert werden kann.

9 **bb) Erforderliche Hilfeleistungen des Beschäftigten.** Die Arbeitsbefreiung verschafft dem ArbN den benötigten Freiraum zur **Organisation** einer bedarfsgerechten Pflege. Was im Einzelnen „erforderlich" ist, um die Pflegesituation in den Griff zu bekommen, richtet sich unter Berücksichtigung der Umstände des Einzelfalls nach objektiven Merkmalen. Ein Beurteilungsspielraum des ArbN ist wegen der Vielfalt der anzustellenden Überlegungen und der Wichtigkeit der Problemlösung für den zu Pflegenden unerlässlich. Zu denken ist an: Information und Auswahl einer Pflegeeinrichtung, Anwerbung einer häuslichen Pflegekraft, Erwirkung einer Betreuungsvollmacht, Organisation des Umzugs in eine neue häusliche/stationäre Umgebung (nicht: Auflösung des bisherigen Haushalts als solche). Erforderlich kann auch die **Übernahme der Pflege** durch den ArbN selbst sein, etwa bei Ausfall der häuslichen Pflegekraft oder der Unmöglichkeit, den Angehörigen unmittelbar im Anschluss an einen Krankenhausaufenthalt stationär unterzubringen. Soweit ein **anderes Familienmitglied** an sich die anfallenden Aufgaben erledigen könnte, kann der ArbN auf ihn nur verwiesen werden, wenn der Dritte subjektiv und objektiv pflegefähig ist, mithin bereit und geeignet, die Pflege/ihre Organisation zu übernehmen. **Wünsche** des pflegebedürftigen oder voraussichtlich pflegebedürftigen nahen Angehörigen nach einer bestimmten Pflegeart oder -person sind wegen seiner unmittelbaren Betroffenheit vorrangig. Sie dürfen deshalb vom ArbN stets berücksichtigt werden.

10 **cc) Umfang und Dauer der Arbeitsbefreiung.** Die Arbeitsbefreiung beträgt „bis zu zehn Arbeitstagen". Es handelt sich dabei um eine **Höchstfrist,** die nur im Rahmen des Erforderlichen ausgeschöpft werden kann. Der Wortlaut des Gesetzes „Arbeitstage" und Gründe der Praktikabilität sprechen dafür, dass sich die Arbeitsbefreiung stets auf den vollen Arbeitstag bezieht, und zwar auch dann, wenn der ArbN sich nur wenige Stunden um den Pflegefall kümmern muss.

11 Die Höchstfrist gilt für **jeden Akutfall.** Die Arbeitsbefreiung wegen kurzzeitiger Verhinderung kann deshalb mehrfach für den **denselben Pflegebedürftigen** in Anspruch genommen werden (*Preis/Nehring* NZA 08, 729; *Karb* ZTR 15, 427). In der Gesetzesbegründung (BT-Drs 16/7439 Seite 91) wird zwar die Erwartung geäußert, dass eine

pflegerische Versorgung iSv § 2 Abs 1 PflegeZG regelmäßig nur einmal je pflegebedürftigen nahen Angehörigen notwendig und das Recht regelmäßig auch nur einmal je Pflegefall ausgeübt werde. Diese Erwartung hat sich im Gesetzestext nicht niedergeschlagen. Sie ist auch wenig lebensnah (*Schwerdle* ZTR 2007, 655). Krankheit/Behinderung sind nicht statisch. Es können immer neue Situationen eintreten, die eine Neuorganisation der bisherigen Betreuung bedingen. Mit aus diesem Grund ist die Arbeitsbefreiung nicht auf das Kalenderjahr beschränkt.

**c) Teilzeitbeschäftigte.** In der Fünf-Tage-Woche ergibt sich je Akutfall eine ununterbrochene Höchstdauer von zwei Wochen für jeden Beschäftigten. Nicht ausdrücklich geregelt ist, ob Beschäftigte, deren Arbeitszeit auf mehr oder weniger als auf fünf Arbeitstage/Woche verteilt ist, einen entsprechend ihrer Arbeitszeit kürzeren oder längeren Freistellungsanspruch haben (vgl die Urlaubsregelung in § 125 Abs 1 SGB IX). Wäre dies zu bejahen, ergibt sich zB in der Drei-Tage-Woche eine Höchstdauer von (10 : 5 × 3) sechs Arbeitstagen, bei nicht quotaler Betrachtung eine Höchstdauer von mehr als drei Wochen. Anders als in den Vorauflagen vertreten, ist davon auszugehen, dass Teilzeitbeschäftigten, die weniger als fünf Wochentage arbeiten, wie bei der Umrechnung der Urlaubsansprüche nur eine anteilig gekürzte Zahl von Freistellungstagen zu gewähren ist, so dass ihnen insgesamt ein zweiwöchiger Zeitraum zur Organisation der Pflege zur Verfügung steht (*Karb* ZTR 427; ErfK/*Gallner* § 2 PflegeZG Rz 1). Dagegen erscheint für die Sechs-Tage-Woche eine Verlängerung des Anspruchs auf zwölf Tage aus Gründen der Gleichbehandlung naheliegend. Teilzeitbeschäftigte werden jedoch besonders darauf zu achten haben, dass sie nur für die „erforderlichen" Arbeitstage von der Arbeit befreit sind. Geht es nicht um eigene Pflegeleistungen, müssen sie regelmäßig ihre freien Tage nutzen, um die erforderlichen organisatorischen Maßnahmen zu ergreifen. Das **Risiko einer Fehleinschätzung** ist deshalb höher als das bei Vollzeitbeschäftigten. 12

**d) Mitteilungs- und Nachweispflicht, § 2 Abs 2 PflegeZG.** Der Beschäftigte hat die Verhinderung an der Arbeitsleistung und deren voraussichtliche Dauer unverzüglich iSv § 121 Abs 1 BGB mitzuteilen und auf Verlangen des ArbGeb eine ärztliche Bescheinigung über die Pflegebedürftigkeit des nahen Angehörigen und die Erforderlichkeit der in „§ 2 Abs 1" genannten Maßnahmen vorzulegen. Die Mitteilung bedarf keiner Form. Sie ist regelmäßig nur dann rechtzeitig, wenn der ArbGeb am Morgen des ersten Abwesenheitstages fernmündlich, per Fax, SMS oder E-Mail verständigt wird (→ *Arbeitsunfähigkeit* Rn 6). Für die Rechtzeitigkeit der Mitteilung („unverzüglich") kommt es auf den Zugang beim ArbGeb oder der von ihm bestimmten Empfangspersonen an (→ *Arbeitsunfähigkeit* Rn 8). Eine **zusätzliche schriftliche Bestätigung** ist aus Beweisgründen empfehlenswert; der Kündigungsschutz des § 5 beginnt erst mit Zugang der Mitteilung (→ Rn 37). 13

**aa) Inhalt.** Inhaltlich muss die Mitteilung den Grund der Verhinderung enthalten. Anzugeben ist der Name des pflegebedürftigen nahen Angehörigen. Außerdem ist mitzuteilen, warum die Pflegebedürftigkeit das Fernbleiben des ArbN von der Arbeit bedingt. Im Ergebnis muss die mündliche Mitteilung inhaltlich dem entsprechen, was in der auf Verlangen des ArbGeb vorzulegenden ärztlichen Bescheinigung zu stehen hat. Diese dient lediglich dem Nachweis der behaupteten Tatsachen. Die vorzulegende Bescheinigung hat den Beweiswert der ärztlichen AUBescheinigung, vorausgesetzt der bescheinigende Arzt hat sich vom Gesundheitszustand des voraussichtlich Pflegebedürftigen persönlich ein Bild gemacht (→ *Arbeitsunfähigkeitsbescheinigung* Rn 6). Die Kosten der Bescheinigung dürfte der ArbN zu tragen haben. 14

**bb) Rechtsfolgen einer unterlassenen, verspäteten oder unvollständigen Mitteilung.** Dem ArbGeb steht bis zur Mitteilung und bis zum Eingang einer von ihm verlangten ärztlichen Bescheinigung ein Leistungsverweigerungsrecht zu, falls er zur Entgeltfortzahlung verpflichtet ist. Im Übrigen steht das bei Fehlverhalten des ArbN bekannte arbeitsrechtliche Instrumentarium zur Verfügung: Ermahnung/Abmahnung/Kündigung. Bei letzterer ist allerdings das Kündigungsverbot des § 5 zu beachten (→ Rn 36). In Betracht kommen außerdem Schadensersatzansprüche des ArbGeb nach § 280 BGB. 15

**e) Fortzahlung der Vergütung, § 2 Abs 3 PflegeZG.** Ungeachtet der Einordnung der Arbeitsbefreiung als Fall der Unmöglichkeit iSv § 275 Abs 1 BGB oder als eine besondere Ausgestaltung der Unzumutbarkeitsregelung des § 275 Abs 3 BGB, entfällt der Anspruch auf die Arbeitsvergütung nach § 326 Abs 1 Satz 1 BGB. Vergütung kann dann 16 nur auf Grund einer gesonderten Regelung beansprucht werden. Das PflegeZG enthält keine solche Regelung. Nach § 2 Abs 3 PflegeZG ist der ArbGeb zur Fortzahlung der Verfügung nur verpflichtet, soweit sich eine solche Verpflichtung aus **anderen gesetzlichen Vorschriften** oder auf Grund einer Vereinbarung ergibt. In der Gesetzesbegründung wird ua auf § 616 BGB hingewiesen. Danach entfällt der Vergütungsanspruch nicht dadurch, dass der ArbN für eine verhältnismäßig nicht erhebliche Zeit durch einen in seiner Person liegenden Grund ohne sein Verschulden an der Arbeitsleistung verhindert ist. Ob sich daraus ein Anspruch herleiten lässt, wenn der ArbN die vollen zehn Arbeitstage „am Stück" fernbleibt, ist zweifelhaft. Zum Kreis der „nahen Angehörigen" iSd § 616 S 1 BGB gehören außerdem idR nur Ehegatten, Eltern, Kinder, Geschwister und Lebenspartner (ErfK/*Gallner* § 3 PflegeZG Rz 4). Vgl Näheres zu den allgemeinen Voraussetzungen → *Arbeitsverhinderung* Rn 2 ff, zum Begriff „verhältnismäßig nicht erhebliche Zeit" → *Arbeitsverhinderung* Rn 10. Der Anspruch von **Auszubildenden** ergibt sich aus § 19 Abs 1 Nr 2a BBiG. Entgeltansprüche können sich aus Tarifvertrag (zB § 29 Abs 1c TVöD, vgl hierzu *Karb* ZTR 15, 427), (freiwilliger) Betriebsvereinbarung oder Einzelarbeitsvertrag ergeben. Seit dem 1.1.15 besteht ein Anspruch auf Pflegeunterstützungsgeld während der kurzzeitigen Arbeitsverhinderung → Rn 47.

17 **f) Verhältnis zu anderen Rechten.** Das PflegeZG schließt Rechte der Beschäftigten, die sich aus anderen Vorschriften ergeben, nicht aus. Sind die Voraussetzungen des § 2 PflegeZG nicht erfüllt, kann die in der Person des ArbN auftretende Pflichtenkollision ein Leistungsverweigerungsrecht nach § 275 Abs 3 BGB begründen (→ *Leistungsverweigerungsrecht* Rn 6 ff).

18 **5. Pflegezeit nach § 3 Abs 1 S 1 PflegeZG. a) Voraussetzungen.** Nach § 3 Abs 1 S 1 PflegeZG sind „Beschäftigte von der Arbeitsleistung vollständig oder teilweise freizustellen, wenn sie einen pflegebedürftigen nahen Angehörigen in häuslicher Umgebung pflegen (Pflegezeit)." Der Begriff „Pflegezeit" kennzeichnet, wie der bereits eingeführte Begriff „Elternzeit", den Freistellungsgrund, hier die Pflege. Das Merkmal ist erfüllt, wenn der ArbN die Betreuung und Versorgung des Pflegebedürftigen übernimmt. Die Inanspruchnahme der ambulanten Hilfsdienste der Pflegeversicherung (→ *Pflegeversicherung* Rn 20) ist unschädlich.

19 **aa) Häusliche Umgebung.** Pflegezeit setzt keinen gemeinsamen Haushalt des Pflegenden mit dem Pflegebedürftigen voraus. Es genügt jeder beliebige Haushalt: der Haushalt des Pflegebedürftigen, der Haushalt des pflegenden Beschäftigten, auch der Haushalt eines Dritten, in dem der Beschäftigte seine pflegerischen Leistungen erbringt. Entsprechend der sozialrechtlichen Abgrenzung ist die Inanspruchnahme von Pflegezeit bei stationärer Unterbringung des zu Pflegenden schon begrifflich ausgeschlossen.

20 **bb) Pflege durch mehrere Beschäftigte.** Das Gesetz schließt die gleichzeitige Inanspruchnahme von Pflegezeit durch mehrere Beschäftigte für denselben pflegebedürftigen nahen Angehörigen nicht ausdrücklich aus. Es bestehen auch keine Anhaltspunkte, anspruchsberechtigt sei stets nur ein berufstätiges Familienmitglied. Dagegen spricht bereits, dass die Inanspruchnahme von Pflegezeit anders als die kurzzeitige Arbeitsverhinderung iSv § 2 nicht unter dem Vorbehalt der Erforderlichkeit steht. Die Pflege von Pflegebedürftigen der Pflegestufe III, vor allem in Härtefällen, kann überdies regelmäßig nicht allein geleistet werden. Bei vielen Verrichtungen werden zwei Pflegekräfte benötigt, wie dies in stationären Einrichtungen gewährleistet ist. Eine „Anspruchssperre" würde dem Pflegenden entgegen der gesetzlichen Zielsetzung die Chance der häuslichen Pflege nehmen (*Müller* BB 08, 1058; offen gelassen *Preis/Nehring* NZA 08, 729).

21 **cc) Mehrfache Inanspruchnahme.** Pflegezeit kann für jeden pflegebedürftigen nahen Angehörigen in Anspruch genommen werden. Eine weitere Begrenzung sieht das PflegeZG nicht vor. Der ArbN kann deshalb Freistellung wegen der Pflege eines anderen nahen Angehörigen verlangen, nicht hingegen nochmals wegen desselben Angehörigen (BAG 15.11.11 – 9 AZR 348/10, NZA 12, 323).

22 **b) Rechtsnatur/Rechtsfolge.** § 4 Abs 1 PflegeZG ist § 16 Abs 1 BEEG nachgebildet. Der ArbN hat nach der gesetzlichen Formulierung einen „Anspruch" auf Freistellung; richtigerweise ist ihm ein **Gestaltungsrecht** eingeräumt (BAG 15.11.11 – 9 AZR 348/10, NZA 12, 323). Zur Durchsetzung seines Rechts ist er nicht auf gerichtliche Hilfe angewie-

sen. Bei Vorliegen der gesetzlichen Voraussetzungen und form-/fristgerechter Mitteilung kann er der Arbeit auch gegen den Willen des ArbGeb fernbleiben. Das Arbeitsverhältnis bleibt bestehen. Es wird für die Dauer der Pflegezeit kraft Gesetzes zum Ruhen gebracht. Näheres zur Qualifizierung als „Anspruch", den Rechtsfolgen, insbes der betriebsverfassungsrechtlichen Stellung des ArbN → *Elternzeit* Rn 4, 5 sowie → *Ruhen des Arbeitsverhältnisses* Rn 15 f.

**c) Inanspruchnahme der Pflegezeit. aa) Inhalt der Erklärung.** Der Beschäftigte hat ein Wahlrecht, ob er vollständig oder teilweise mit der Arbeit aussetzen will. Die beabsichtigte Pflegezeit ist dem ArbGeb spätestens zehn Arbeitstage vor Beginn schriftlich anzukündigen und gleichzeitig zu erklären, für welchen Zeitraum und in welchem Umfang die Freistellung von der Arbeitsleistung in Anspruch genommen wird. Es handelt sich um eine einseitige, empfangsbedürftige Willenserklärung, die mit Zugang beim ArbGeb wirksam wird und den ArbN entsprechend bindet (→ *Elternzeit* Rn 10 f). Anzugeben sind die konkreten Daten, mithin Beginn und Ende der Pflegezeit. 23

**bb) Ankündigungsfrist.** Die Frist von zehn Arbeitstagen bezieht sich auf die betriebsübliche Verteilung der Arbeitszeit auf fünf Tage/Woche (ebenso *Karb* ZTR 15, 427). Die Wochenenden bleiben bei der Berechnung deshalb ausgespart. Die Frist beginnt mit dem Zugang beim ArbGeb (→ *Elternzeit* Rn 11). Die Ankündigungsfrist soll dem ArbGeb ermöglichen, die für die Überbrückung der Abwesenheit des ArbN erforderlichen organisatorischen Maßnahmen zu treffen (Ersatzeinstellung; Vertretung; Arbeitsverteilung). Das wird in den zur Verfügung stehenden zwei Wochen oft nicht möglich sein. Die kurze Zeitspanne erklärt sich jedoch aus den Besonderheiten des mit dem PflegeZG verfolgten Ziels der besseren Vereinbarkeit von Beruf und familiärer Hilfe. Die nahtlose persönliche Pflege durch das berufstätige Familienmitglied ist nur möglich, wenn die Pflegezeit unmittelbar an die kurzzeitige Arbeitsverhinderung anschließt. Eine **verspätete Ankündigung** ist nicht unwirksam. Der Beginn der Pflegezeit verschiebt sich lediglich um die fehlenden Arbeitstage (→ *Teilzeitbeschäftigung* Rn 28). Nimmt der Beschäftigte die Pflegezeit im Anschluss an eine Familienpflegezeit in Anspruch, beträgt die Ankündigungsfrist mindestens acht Wochen, § 3 Abs 3 S 6 PflegeZG. 24

**cc) Schriftform.** Die Ankündigung muss, ebenso wie die Inanspruchnahme von Elternzeit nach § 16 Abs 1 BEEG, **schriftlich** erfolgen. Hier wie dort (→ *Elternzeit* Rn 14) ist zweifelhaft, ob darunter die Form des § 126 BGB (eigenhändige Unterschrift) zu verstehen ist (zweifelnd auch *Preis/Nehring* NZA 08, 729; aA *Müller* BB 14, 3125). Richtigerweise genügt Textform (§ 126b BGB).Da allerdings die formwidrige Ankündigung wirkungslos bleibt, sollte – bis zum Vorliegen höchstrichterlicher Rspr – vorsorglich die Schriftform gewählt werden. 25

**d) Nachweispflicht.** Die Pflegebedürftigkeit des nahen Angehörigen ist durch Vorlage einer Bescheinigung der Pflegekasse oder des Medizinischen Dienstes der KV nachzuweisen. Ist der Pflegebedürftige Mitglied einer privaten PflegeV, ist ein entsprechender Nachweis zu erbringen (§ 3 Abs 2 PflegeZG). Eine zeitliche Vorgabe zur Vorlage der Bescheinigung fehlt. Nach hM muss er nicht bei der Ankündigung oder beim Antritt der Pflegezeit vorgelegt, sondern kann nachgereicht werden (ErfK/*Gallner* § 3 PflegeZG Rz 3). Der Nachweis ist nicht Tatbestandsvoraussetzung für eine wirksame Inanspruchnahme. Die Kosten des Nachweises trägt der ArbN. 26

**e) Dauer der Pflegezeit. aa) Regelfall.** Die Pflegezeit beträgt für jeden pflegebedürftigen nahen Angehörigen „höchstens" sechs Monate, sie kann also auch darunter liegen. Nach der Rspr des BAG geht der nicht ausgeschöpfte Zeitraum ersatzlos unter (BAG 15.11.11 – 9 AZR 348/10, NZA 12, 323). Eine spätere Inanspruchnahme restlicher Pflegetage ist danach ausgeschlossen. Offen gelassen hat das BAG, ob der ArbN die Pflegezeit von vornherein auf mehrere Zeitabschnitte verteilen kann. Nach § 4 Abs 1 S 4 PflegeZG dürfen die Pflegezeit und die Familienpflegezeit zusammen 24 Monate nicht überschreiten. 27

**bb) Verlängerung der Pflegezeit.** Hat der ArbN eine kürzere Freistellung als sechs Monate beansprucht, kann die Pflegezeit mit Zustimmung des ArbGeb bis zur Höchstdauer verlängert werden (§ 4 Abs 1 Satz 2 PflegeZG). Ein Anspruch auf Zustimmung besteht nicht. Über die Annahme des Verlängerungsantrags des ArbN kann der ArbGeb autonom nach freiem Ermessen entscheiden (aA *Schwerdle* ZTR 2007, 655: billiges Ermessen). Der bei einer Entscheidung nach billigem Ermessen über § 315 Abs 3 BGB bewirkte Kontrahie- 28 rungszwang des ArbGeb lässt sich dem Gesetzestext nicht entnehmen. Er besteht auch nicht aufgrund arbeitsvertraglicher Nebenpflicht des ArbGeb (BAG 10.2.04 – 9 AZR 89/03, AP ATG § 2 Nr 6 zum Abschluss eines Altersteilzeitarbeitsvertrags; anders BAG 18.10.11 – 9 AZR 315/10, NZA 12, 262 zur Verlängerung der Elternzeit: billiges Ermessen).

29 **cc) Anspruch auf Verlängerung, § 4 Abs 1 S 3 PflegeZG.** Der ArbN hat Anspruch auf Verlängerung bis zur Höchstdauer, wenn ein vorgesehener Wechsel in der Person des Pflegenden aus einem wichtigen Grund nicht erfolgen kann. Angesprochen ist der Fall, dass an sich mehrere berufstätige Familienmitglieder nacheinander die Pflege übernehmen wollten und die „aus wichtigem Grund" scheitert. Ein **wichtiger Grund** liegt vor, wenn dem Freistellungsinteresse des ArbN gegenüber dem Dispositionsinteresse des ArbGeb der Vorrang gebührt (→ *Elternzeit* Rn 18). Zu denken ist insbesondere an Gründe, die es der präsumtiven Pflegeperson unmöglich machen, die Pflege zu übernehmen (Krankheit, Umzug an anderen Ort). Persönliche Gründe des Pflegebedürftigen, die sich ausschließlich gegen die in Aussicht genommene Person (Aversion) richten, kommen in Betracht.

30 **dd) Umsetzung des Verlängerungsanspruchs.** Der Anspruch auf Verlängerung entspricht der Regelung der Elternzeit in § 16 Abs 3 Satz 4 BEEG; Verfahren und Rechtsfolge sind gleich: Die Verlängerung ist zu verlangen. Die Tatsachen, die den wichtigen Grund ausmachen, sind mitzuteilen. Ist der ArbGeb mit der Verlängerung nicht einverstanden, ist der ArbN gleichwohl berechtigt, der Arbeit fernzubleiben (→ *Elternzeit* Rn 18).

31 **ee) Verkürzung der Pflegezeit, § 4 Abs 2 PflegeZG.** Die Pflegezeit verkürzt sich in zwei Fällen: Wegfall der Pflegebedürftigkeit und Unzumutbarkeit/Unmöglichkeit der häuslichen Pflege (Satz 1). Gemeint sind die Aberkennung jeder Pflegestufe iSv §§ 14 f SGB XI. Unzumutbarkeit/Unmöglichkeit können sich aus mannigfachen Gründen ergeben. Sie können in der Person des Pflegenden oder des zu Pflegenden (Erfordernis einer stationären Unterbringung) liegen, auf äußeren Umständen beruhen (unfreiwilliger Verlust der Wohnung), der Angehörige kann versterben. Ausreichen soll nach Gesetzesbegründung, dass die pflegende Person wider Erwarten dringlich auf Erwerbseinkünfte angewiesen ist (BT-Drs 16/7439 Seite 93). Die Pflegezeit endet dann **vier Wochen** nach Eintritt der veränderten Umstände. Das Arbeitsverhältnis lebt mit den früheren Rechten und Pflichten wieder auf. Der ArbGeb ist über die **veränderten Umstände** unverzüglich zu unterrichten (Satz 2). Mit **Zustimmung** des ArbGeb kann die Pflegezeit stets abgebrochen werden (Satz 3).

32 **ff) Berufsausbildungszeiten, § 4 Abs 1 S 3 PflegeZG.** Die Pflegezeit wird nicht auf Berufsbildungszeiten angerechnet. Die Vorschrift ist § 20 Abs 2 BEEG nachgebildet. Die in der Gesetzesbegründung BT-Drs 16/7439 Seite 92) anklingende Auffassung, ein auf bestimmte Zeit eingegangenes Berufsausbildungsverhältnis verlängere sich automatisch um die Ausfallzeit, hat im Gesetzestext keinen Niederschlag gefunden. Eine solche Automatik würde den Interessen der Auszubildenden nicht gerecht. Der Auszubildende muss selbst entscheiden können, ob er die „Nichtanrechnung" beansprucht. Auf Verlangen des Auszubildenden hat der Ausbildende dann den Berufsausbildungsvertrag zu verlängern. Er unterliegt insoweit einem Kontrahierungszwang.

33 **f) Pflegeteilzeit.** Das Gesetz ermöglicht dem ArbN, unter Inanspruchnahme von Pflegezeit mit verringerter Arbeitszeit weiterzuarbeiten. Er hat dann den *Umfang* der gewünschten Freistellung und die **Verteilung** der verbleibenden Arbeitszeit mitzuteilen (§ 3 Abs 2 PflegeZG). Hierüber haben der ArbGeb und der Beschäftigte nach § 3 Abs 4 PflegeZG eine **schriftliche Vereinbarung** zu treffen. Der ArbGeb hat dabei den Wünschen des Beschäftigten zu entsprechen, sofern nicht dringende betriebliche Gründe entgegenstehen. Die Vorschrift ist dem Teilzeitanspruch während der **Elternzeit** nach § 15 Abs 7 BEEG nachgebildet (→ *Elternzeit* Rn 20 ff), weist aber eine deutlich geringere Regelungsdichte auf.

**aa) Einvernehmliche Verringerung der Arbeitszeit.** Kommt es zu einer Einigung der Arbeitsvertragsparteien, ist diese **schriftlich** festzuhalten. Die Vertragsurkunde muss enthalten: Die Zahl der verbleibenden Arbeitsstunden/Arbeitstage und deren zeitliche Lage sowie die vereinbarte Dauer der veränderten Arbeitsbedingungen. Eine nur mündliche Abrede ist unwirksam. Ob allerdings die Schriftform des § 126 BGB (eigenhändige Unterschrift beider Parteien) verlangt ist oder ob Textform iSv § 126b BGB ausreicht, ist ungeklärt. Ohnehin erscheint die Formvorschrift wenig durchdacht. Nach der Gesetzesbegründung wurde die Schriftform „im Interesse der Rechtssicherheit und mit Blick auf das Nachweisgesetz vorgesehen" (BT-Drs 16/7439 Seite 92). Der schriftliche Nachweis iSv § 2

NachwG ist indessen gerade nicht Wirksamkeitsvoraussetzung für den Arbeitsvertrag (→ *Arbeitsvertrag* Rn 50; ebenso LAG München 20.4.16 – 11 Sa 698/15, BeckRS 2016, 124696). Textform iSv § 126b BGB dürfte reichen (*Preis/Nehring* NZA 08, 729).

**bb) Streitige Verringerung der Arbeitszeit.** Verringerung der Arbeitszeit und deren Verteilung können aus „dringenden betrieblichen Gründen" abgelehnt werden. Der Begriff ist nicht anders zu verstehen als in § 16 BEEG; dazu → *Elternzeit* Rn 25; zum Ablehnungsgrund aus „betrieblichen Gründen" iSv § 8 Abs 3 TzBfG → *Teilzeitbeschäftigung* Rn 33 ff. Der ArbN kann bei Ablehnung seiner Wünsche Klage auf Annahme seines Antrags auf Verringerung/Verteilung der Arbeitszeit erheben. Die Erklärung des ArbGeb gilt mit der Rechtskraft des Urteils als abgegeben (§ 894 ZPO). In der Praxis wird es angesichts der Höchstdauer von sechs Monaten dazu nicht kommen. Der ArbN ist auf **einstweiligen Rechtsschutz** angewiesen. Dieser kommt auch zur Durchsetzung von Ansprüchen aus dem (F)PflegeZG in Betracht (LAG BlnBbg 20.9.17 – 15 SaGa 823/17, BeckRS 2017, 129788; LAG Hamm 28.12.16 – 6 SaGa 17/16, NZA-RR 17, 176). Keine Einigkeit herrscht über die richtige Antragstellung. Letztlich besteht aber gerade im Verfahren auf Erlass einer einstweiligen Verfügung ein großer Auslegungsspielraum für die Gerichte (s etwa LAG Hamm 28.12.16 – 6 SaGa 17/16, NZA-RR 17, 176). Zutreffend dürfte wegen der streitigen Frage der Anwendbarkeit des § 894 ZPO im einstweiligen Verfügungsverfahren ein Antrag sein, wonach dem ArbN das Recht eingeräumt wird, die Arbeitszeit in einem bestimmten Umfang (mit einer bestimmten Verteilung) zu reduzieren (vgl LAG Hamm 28.12.16 – 6 SaGa 17/16, NZA-RR 17, 176). Nach aA ist der Antrag auf die Erteilung der Zustimmung des ArbGeb zum gewünschten reduzierten Umfang (und zur Verteilung) der Arbeitszeit zu richten (LAG BlnBbg 20.9.17 – 15 SaGa 823/17, BeckRS 2017, 129788). Die stattgebende Entscheidung ist zeitlich bis zur Rechtskraft einer Entscheidung im Hauptsacheverfahren, längstens jedoch bis zu dem Zeitpunkt zu begrenzen, zu dem unter Berücksichtigung des § 2 Abs 2 FPfZG 24 Monate ausgeschöpft sind (vgl LAG BlnBbg 20.9.17 – 15 SaGa 823/17, BeckRS 2017, 129788). Zum einstweiligen Rechtsschutz s auch → *Elternzeit* Rn 28). Das Gesetz regelt, anders als § 8 TzBfG oder § 15 BEEG nicht, innerhalb welchen Zeitraums der ArbGeb reagieren muss und was geschieht, wenn er gar nicht reagiert. Auch sieht es keine Zustimmungsfiktion vor. Reagiert er bis zum angekündigte Beginn nicht, wird diese wohl verbindlich werden (*Möller* AuA 15, 408).

**6. Sonstige Freistellungen nach § 3 Abs 5 und 6 PflegeZG.** Mit dem am 1.1.15 in **34** Kraft getretenen Gesetz zur besseren Vereinbarkeit von Familie, Pflege und Beruf sind die Ansprüche auf vollständige oder teilweise Freistellung zur Betreuung eines minderjährigen pflegebedürftigen nahen Angehörigen in häuslicher oder außerhäuslicher Umgebung (§ 3 Abs 5 PflegeZG) und zur Sterbebegleitung (§ 3 Abs 6 PflegeZG) neu eingeführt worden.

**a) Betreuung eines minderjährigen pflegebedürftigen nahen Angehörigen.** § 3 **35** Abs 5 PflegeZG sieht eine vollständige oder teilweise Freistellung zur Betreuung eines minderjährigen pflegebedürftigen nahen Angehörigen in häuslicher oder außerhäuslicher Umgebung vor. Es wird damit weder eine Pflegeleistung noch eine Betreuung in häuslicher Umgebung vorausgesetzt. Der Betreuungsbegriff ist weiter zu verstehen als die Pflege. Gedacht wurde hier insbes an die Freistellung von Eltern zur Betreuung ihrer stationär untergebrachten minderjährigen Kinder (*Karb* ZTR 15, 427). Der Anspruch kann wahlweise statt des Anspruchs auf Pflegezeit geltend gemacht werden. Im Übrigen verweist § 3 Abs 5 PflegeZG auf § 3 Abs 1 S 2 und die Abs 2 bis 4 PflegeZG, so dass für die Ankündigung, den Nachweis und die teilweise Freistellung entsprechendes wie bei der Pflegezeit nach Abs 1 gilt.

**b) Begleitung eines nahen Angehörigen in der letzten Lebensphase.** § 3 Abs 6 **36** PflegeZG ermöglicht die vollständige oder teilweise Freistellung bis zu einer Dauer von drei Monaten, um einen nahen Angehörigen in der letzten Lebensphase zu begleiten. Nicht notwendig ist, dass der Beschäftigte den Angehörigen pflegt oder betreut. Unerheblich ist auch, ob die Begleitung in häuslicher Umgebung erfolgt. Voraussetzung ist, dass der nahe Angehörige an einer Erkrankung leidet, die progredient verläuft und bereits ein weit fortgeschrittenes Stadium erreicht hat, bei der eine Heilung ausgeschlossen und eine palliativmedizinische Behandlung notwendig ist und die lediglich eine begrenzte Lebenserwartung von Wochen oder wenigen Monaten erwarten lässt, was dem ArbGeb ggü durch ein ärztliches Attest nachzuweisen ist. Bis auf die Dauer, die auf drei Monate begrenzt ist, gelten auch hier dieselben Grundsätze zur Ankündigung(sfrist) und zur teilweisen Freistellung wie bei der Pflegezeit. Die Sterbebegleitung kann zusätzlich zur Pflegezeit (oder Familienpflegezeit) oder zur Freistellung nach § 3 Abs 5 PflegeZG beansprucht werden, wobei die Höchstdauer von insgesamt 24 Monaten nicht überschritten werden darf.

37 **7. Sonderkündigungsschutz, § 5 PflegeZG.** Nach § 5 Abs 1 PflegeZG darf der ArbGeb das Beschäftigungsverhältnis von der Ankündigung, höchstens jedoch zwölf Wochen vor dem angekündigten Beginn, bis zur Beendigung der kurzzeitigen Arbeitsverhinderung nach § 2 PflegeZG oder der Pflegezeit und der Freistellung nach § 3 PflegeZG nicht kündigen. Eine Wartezeit ist nicht normiert. Die Kündigung kann ausnahmsweise von der zuständigen Behörde für zulässig erklärt werden (§ 5 Abs 2). Das **Kündigungsverbot mit Erlaubnisvorbehalt** soll Beschäftigte motivieren, ohne Sorge vor dem Verlust des Arbeitsplatzes die Rechte aus dem PflegeZG wahrzunehmen (BT-Drs 16/7439 Seite 93). Das anerkennenswerte Ziel vermag nicht, das Missbrauchspotenzial des Sonderkündigungsschutzes zu verschleiern (*Freihube/Sasse* DB 08, 1320; *Preis/Nehring* NZA 08, 729).

38 **a) Beginn/Ende.** Der Sonderkündigungsschutz beginnt mit dem Zugang der (formlosen) Mitteilung des ArbN über seine kurzzeitige Arbeitsverhinderung nach § 2 Abs 2 S 1 PflegeZG oder mit Zugang der Erklärung über die Inanspruchnahme von Pflegezeit oder Freistellung, nach der zum 1.1.15 in Kraft getretenen Neufassung des Gesetzes jedoch frühestens zwölf Wochen vor dem angekündigten Beginn. Er endet zu dem vom ArbN mitgeteilten Datum, soweit sich die Pflegezeit nicht kraft Gesetzes oder Vereinbarung verlängert/verkürzt.

39 **b) Zulässigkeitserklärung.** Die Voraussetzungen, unter denen das Arbeitsverhältnis ausnahmsweise außerordentlich aus einem besonderen Grund gekündigt werden kann, entsprechen im Wesentlichen der Rechtslage bei der Elternzeit. Das gilt auch für das vom ArbGeb einzuhaltende Verfahren. Näheres deshalb unter → *Elternzeit* Rn 37 f. Keinen Kündigungsschutz genießen TeilzeitArbN, die ohne Inanspruchnahme von Pflegezeit pflegebedürftige nahe Angehörige pflegen.

40 **8. Befristete Verträge, § 6 Abs 1 bis 3 PflegeZG. a) Einstellung einer Ersatzkraft.** Die Vorschrift gestattet dem ArbGeb die Einstellung einer Ersatzkraft für die Dauer der kurzzeitigen Arbeitsverhinderung nach § 2 PflegeZG oder der Pflegezeit nach § 3 PflegeZG sowie für notwendige Zeiten einer Einarbeitung und erklärt die Befristung des Arbeitsverhältnisses ausdrücklich für sachlich begründet. Zeit- und Zweckbefristung sind zugelassen. Die Vorschrift entspricht § 21 Abs 1 BEEG, Näheres → *Elternzeit* Rn 39.

**b) Sonderkündigungsrecht, § 6 Abs 3 PflegeZG.** Der ArbGeb kann den befristeten Arbeitsvertrag unter Einhaltung einer Frist von **zwei Wochen** kündigen, wenn die Pflegezeit wegen veränderter Umstände (Wegfall der Pflegebedürftigkeit oder Unmöglichkeit/Unzumutbarkeit weiterer häuslicher Pflege, § 4 Abs 2 Satz 1) vorzeitig endet. Das KSchG ist auf diese Kündigung nicht anzuwenden, auch nicht die Klagefrist des § 4 KSchG. Anwendbar bleibt das sonstige Kündigungsrecht, insbes § 102 BetrVG. Das außerordentliche Kündigungsrecht kann vertraglich, auch tarifvertraglich, abbedungen werden, Näheres → *Elternzeit* Rn 40.

41 **9. Beschäftigtenzahl und Arbeitsplätze, § 6 Abs 4 PflegeZG.** Kommt es bei der Anwendung arbeitsrechtlicher Gesetze oder Verordnungen auf die Anzahl der ArbN oder der Arbeitsplätze an, wird im Ergebnis entweder der freigestellte ArbN oder die für ihn eingestellte Ersatzkraft gezählt. Damit wird sichergestellt, dass durch die Inanspruchnahme der Pflegezeit einerseits und der vorübergehenden Besetzung des (ggf durch Ringversetzung) frei gewordenen Arbeitsplatzes keine rechtserheblichen Schwellenwerte überschritten werden (beispielhaft: § 23 KSchG, §§ 9, 99, 111 BetrVG; §§ 71 Abs 1, 73 Abs 1 SGB IX). Gegenläufig scheidet in gleicher Weise eine (vorübergehende) Unterschreitung der für den Bestand von ArbNSchutzrechten maßgeblichen Beschäftigtenzahl aus. Die Regelung entspricht inhaltlich § 21 Abs 7 BEEG (→ *Elternzeit* Rn 41).

42 **10. Urlaub.** Nach dem durch das Gesetz zur besseren Vereinbarkeit von Familie, Pflege und Beruf zum 1.1.15 geänderten § 4 Abs 5 PflegeZG kann der ArbGeb den **Erholungsurlaub** für jeden vollen Kalendermonat der vollständigen Freistellung von der Arbeitsleistung um ein Zwölftel **kürzen.** Weiterhin fehlt es an einer § 17 Abs 2 BEEG entsprechen-

den Vorschrift zur Regelung der Übertragbarkeit eines bei der Freistellung offenstehenden Urlaubsanspruchs (*Karb* ZTR 15, 427).

**11. Sonstiges.** Die sich bei der Rückkehr des ArbN aus der Pflegezeit stellenden Fragen sind nach überschlägiger Einschätzung nach den Grundsätzen zu beantworten, die für die Elternzeit gelten. Das gilt auch für die Berücksichtigung der Abwesenheitszeit bei der Bemessung betrieblicher Leistungen wie Sonderzahlungen (siehe Rechtsprechungs-ABC → *Elternzeit* Rn 44 ff). Zu beachten ist, dass nach der Rechtsprechung des EuGH das Verbot der **Diskriminierung Behinderter** nicht auf Personen beschränkt ist, die selbst behindert sind. Es untersagt auch die ungleiche Behandlung derjenigen, die einen behinderten Menschen pflegen (EuGH 17.7.08 – C-303/06 [Coleman], NZA 08, 932). 43

**12. Familienpflegezeit.** Das zum 1.1.12 in Kraft getretene Familienpflegezeitgesetz vom 7.12.11 – FPfZG (BGBl I 11, 2564) sah keinen Rechtsanspruch auf Familienpflegezeit vor. Mit dem Gesetz zur besseren Vereinbarkeit von Familie, Pflege und Beruf vom 23.12.2014 (BGBl I 14, 2462) wurde ein solcher eingeführt. Neu eingeführt wurde außerdem ein Anspruch des Beschäftigten auf teilweise Freistellung zur Betreuung eines pflegebedürftigen minderjährigen nahen Angehörigen in häuslicher oder außerhäuslicher Umgebung. Im Unterschied zum PflegeZG kann eine Freistellung nur teilweise, nämlich bis zu einer Wochenarbeitszeit von mindestens 15 Stunden und für längstens 24 Monate erfolgen. 44

**a) Anwendungsbereich.** Der persönliche Anwendungsbereich des FPfZG entspricht durch den Verweis in § 2 Abs 3 FPFZG dem des PflegeZG. Zu den Unterschieden in der sog Kleinunternehmerklausel → Rn 6. 45

**b) Ansprüche.** Auch nach dem FPfZG kann die teilweise Freistellung zur Pflege eines pflegebedürftigen nahen Angehörigen in häuslicher Umgebung (§ 2 Abs 1 FPfZG) oder zur Betreuung eines minderjährigen nahen Angehörigen in häuslicher oder außerhäuslicher Umgebung (§ 2 Abs 5 FPfZG) beansprucht werden. Die wöchentliche Mindestarbeitszeit beträgt in beiden Fällen 15 Stunden. Eine Begrenzung nach oben gibt es nicht. Die Höchstdauer der teilweisen Freistellung beträgt 24 Monate.

**c) Anspruchsvoraussetzungen.** Die Familienpflegezeit und die Freistellung nach § 2 Abs 5 FPfZG ist dem ArbGeb spätestens acht Wochen vor dem gewünschten Beginn schriftlich anzukündigen, § 2a Abs 1 FPfZG. Anzugeben ist dabei, für welchen Zeitraum und in welchem Umfang die Freistellung erfolgen soll und wie die Arbeitszeit verteilt werden soll. Wird die Ankündigungsfrist nicht eingehalten, verschiebt sich der Beginn der Familienpflegezeit entsprechend. Auch hier gilt die sog Vertragslösung, dh ArbGeb und ArbN haben eine schriftliche Vereinbarung über die Verringerung und die Verteilung der Arbeitszeit zu treffen. Den Wünschen des ArbN kann der ArbGeb auch hier nur dringende betriebliche Gründe entgegenhalten. Im Übrigen gilt das zur Pflegezeit Gesagte entsprechend → Rn 33 ff.

**13. Abgrenzung der Ansprüche nach dem PflegeZG und dem FPfZG.** Da die Tatbestandsvoraussetzungen der in den beiden Gesetzen geregelten Ansprüche teilweise deckungsgleich sind, kann es uU fraglich sein, welchen Anspruch der Beschäftigte im konkreten Einzelfall geltend macht. Ist keine eindeutige Festlegung gegeben, gilt die Ankündigung nach § 3 Abs 3 S 3 PflegeZG bzw § 2a Abs 1 S 3 FPfZG als Ankündigung von Pflegezeit (*Sievers* JM 15, 160; *Karb* ZTR 15, 427). 46

**14. Kombination der Ansprüche.** Die Pflegezeit und die weiteren Freistellungen nach dem PflegeZG können mit der Familienpflegezeit kombiniert werden. Allerdings dürfen zusammen 24 Monate nicht überschritten werden, § 4 Abs 1 S 4 PflegeZG, § 2 Abs 2 FPfZG. Möchte der Beschäftigte nach einer Pflegezeit oder Freistellung nach § 3 Abs 1 oder Abs 5 PflegeZG eine Familienpflegezeit in Anspruch nehmen, so muss sich diese unmittelbar anschließen. Eine zeitliche Unterbrechung kommt nicht in Betracht (*Karb* ZTR 15, 427). In diesem Fall gilt auch eine längere Ankündigungsfrist von drei Monaten statt acht Wochen, § 3 Abs 3 S 5 PflegeZG. Soll sich demgegenüber die Pflegezeit oder sonstige Freistellung nach § 3 PflegeZG unmittelbar an die Familienpflegezeit anschließen, muss dies spätestens acht Wochen vor dem Beginn der Anschluss-Freistellung geltend gemacht werden, § 3 Abs 3 S 6 PflegeZG, § 2a Abs 1 S 6 FPfZG. Die Regelung der unterschiedlichen Ankündigungsfristen ist sehr unübersichtlich. Die verfristete Ankündigung hat zudem zur 47

Folge, dass die Anschlussfreistellung nicht wirksam beantragt wurde, da eine Verschiebung ihres Beginns nicht in Betracht kommt (ebenfalls kritisch *Karb* ZTR 15, 427; *Sievers* JM 15, 160).

**B. Lohnsteuerrecht** *Thomas*

48 Zahlt der ArbGeb während der kurzzeitigen Arbeitsverhinderung oder der Pflegezeit den Arbeitslohn weiter, obwohl er dazu nicht verpflichtet ist, unterliegt dieser Lohn auch dem LStAbzug nach den allgemeinen Grundsätzen. Erfolgt die Zahlung irrtümlich und fordert der ArbGeb die Überzahlung erfolgreich zurück, wird nicht der ursprüngliche LStAbzug rückgängig gemacht, sondern es liegen zum Zeitpunkt der Rückzahlung negative Einnahmen vor, die der ArbGeb mit Lohnzuflüssen des gleichen Anmeldungszeitraums verrechnen kann (BFH 4.5.06 – VI R 19/03, DStRE 06, 909). Besteht keine Verrechnungsmöglichkeit mehr, kann der ArbN die negativen Einnahmen bei der Veranlagung des Rückforderungsjahres geltend machen. Der aufrechterhaltene Versicherungsschutz bzw Beitragszuschüsse hierzu haben keine lohnsteuerrechtliche Auswirkung.

**C. Sozialversicherungsrecht** *Ruppelt*

49 **I. Allgemeines.** Das **Pflegezeitgesetz** und das **Familienpflegezeitgesetz,** jeweils idF des Gesetzes zur besseren Vereinbarkeit von Familie, Pflege und Beruf vom 23.12.14 (BGBl I 14, 2462), ermöglichen Beschäftigten im Notfall **(kurzzeitige Arbeitsverhinderung),** während einer längeren Krankheit **(Pflegezeit)** oder für eine lange Pflegebedürftigkeit **(Familienpflegezeit)** die Pflege von Angehörigen, ohne das ArbVerhältnis aufgeben zu müssen. Die einzelnen Ansprüche können kombiniert werden. Bis zu insgesamt 24 Monate lang können pflegende Angehörige das ArbVerhältnis teilweise oder ganz unterbrechen. In diesem Zeitraum besteht Kündigungsschutz. Zu den Voraussetzungen im Einzelnen und zum berechtigten Personenkreis → Rn 2 ff. Die soziale und sozialversicherungsrechtliche Absicherung der Pflegepersonen ist in den einzelnen Pflegephasen unterschiedlich geregelt.

50 **II. Kurzzeitige Arbeitsverhinderung. a) Versicherungsverhältnis.** Beschäftigte haben nach § 2 Abs 1 PflegeZG das Recht, bis zu zehn Arbeitstage der Arbeit fernzubleiben, wenn dies erforderlich ist, um für einen pflegebedürftigen nahen Angehörigen (→ Rn 4) in einer akut aufgetretenen Pflegesituation eine bedarfsgerechte Pflege zu organisieren oder eine pflegerische Versorgung in dieser Zeit sicherzustellen. Dieser Anspruch besteht auch gegenüber ArbGeb mit idR weniger 15 Beschäftigten (→ Rn 6). Die SozV setzt in der Kranken-, Pflege-, Renten- und ArblV grds die abhängige Beschäftigung gegen Arbeitsentgelt (über der Geringfügigkeitsgrenze) voraus (§ 5 Abs 1 Nr 1 SGB V; § 20 Abs 1 Satz 2 Nr 1 SGB XI; § 1 Satz 1 Nr 1 SGB VI; § 25 Abs 1 SGB III). Nach § 7 Abs 3 Satz 1 SGB IV gilt eine abhängige Beschäftigung gegen Arbeitsentgelt als fortbestehend, solange das Beschäftigungsverhältnis ohne Anspruch auf Arbeitsentgelt fortdauert, jedoch nicht länger als einen Monat. Diese Regelung erhält den Versicherungsschutz in der Kranken-, Pflege-, Renten- und ArblV für Beschäftigte, die der Arbeit unter den Voraussetzungen des § 2 PflegeZG kurzzeitig bis zu zehn Tage fernbleiben, weil die Arbeitsverhinderung stets innerhalb der Monatsfrist des § 7 Abs 3 Satz 1 SGB IV liegt. Auch die übrigen Voraussetzungen des § 7 Abs 3 Satz 1 SGB IV sind erfüllt: Das Arbeitsverhältnis besteht fort, lediglich die Hauptpflichten hieraus (Arbeitsleistung und Arbeitsentgelt) ruhen für maximal zehn Arbeitstage. **Wird Pflegeunterstützungsgeld bezogen,** gilt zwar die Fiktion des § 7 Abs 3 Satz 1 SGB IV nicht, das Fortbestehen der Mitgliedschaft in der gesetzlichen KV und PflegeV ist aber durch § 192 Abs 1 Nr 2 SGB V iVm § 20 Abs 1 Satz 1 SGB XI und die Versicherungspflicht in der gesetzlichen RV durch § 3 Satz 1 Nr 3 SGB VI gewährleistet. Entsprechendes gilt für die ArblVers nach § 26 Abs 2 Nr 2b SGB III.

51 **b) Pflegeunterstützungsgeld.** Für kurzzeitige Arbeitsverhinderung nach § 2 Abs 1 des PflegeZG haben Beschäftigte, die für diesen Zeitraum keine Entgeltfortzahlung und kein Kranken- oder Verletztengeld nach § 45 SGB V oder nach § 45 Abs 4 SGB VII beanspruchen können, gem § 44a Abs 3 SGB XI Anspruch auf Pflegeunterstützungsgeld für bis zu zehn Arbeitstagen. Das Pflegeunterstützungsgeld wird auf Antrag, der unverzüglich zu stellen ist, unter Vorlage der ärztlichen Bescheinigung nach § 2 Abs 2 Satz 2 PflegeZG von

der Pflegekasse oder dem privaten Versicherungsunternehmen des pflegebedürftigen nahen Angehörigen gezahlt. Die Höhe des Pflegeunterstützungsgeldes berechnet sich nach § 45 Abs 2 Satz 3–5 SGB V und entspricht dem Krankengeld bei Pflege eines erkrankten Kindes. Als Grundlage wird nicht das vor der Freistellung von der Arbeit erzielte Arbeitsentgelt, sondern das während der Freistellung ausfallende Arbeitsentgelt herangezogen (→ *Krankengeld* Rn 18).

Das Pflegeunterstützungsgeld unterliegt der **Beitragspflicht** zur SozV mit Ausnahme der PflegeV (§ 347 Nr 6b SGB III, § 249c SGB V, § 170 Abs 1 Nr 2e SGB VI, § 56 Abs 5 SGB XI). Die Beiträge werden jeweils zur Hälfte vom Empfänger des Pflegeunterstützungsgeldes und vom Träger der PflegeV (Pflegekasse, PflegeVUnternehmen oder Beihilfeträger) des nahen Angehörigen getragen. Freiwillig in der gesetzlichen KV versicherte und privat krankenversicherte Beschäftigte, die sich in einer kurzzeitigen Arbeitsverhinderung befinden, erhalten auf Antrag Beitragszuschüsse nach § 44a Abs 4 SGB XI, soweit keine beitragsfreie Familienversicherung möglich ist. 52

**III. Pflegezeit. 1.** Beschäftigte haben nach § 3 Abs 1 PflegeZG Anspruch auf vollständige oder teilweise Freistellung von der Arbeitsleistung bis zur Dauer von sechs Monaten, wenn sie einen pflegebedürftigen nahen Angehörigen in häuslicher Umgebung pflegen. Entsprechendes gilt für die Betreuung eines pflegebedürftigen Kindes auch außerhalb der häuslichen Umgebung (§ 3 Abs 5 PflegeZG). Der Umfang der teilweisen Freistellung unterliegt der Vereinbarung. Im Unterschied zur Familienpflegezeit ist keine Zeituntergrenze vorgesehen. Für die Sterbebegleitung nach § 3 Abs 6 PflegeZG kann Freistellung bis zu drei Monaten beansprucht werden. Diese Ansprüche auf **Freistellung wegen Inanspruchnahme von Pflegezeit** bestehen **nicht** gegenüber ArbGeb mit in der Regel 15 oder weniger Beschäftigten (→ Rn 6). Nach § 7 Abs 3 Satz 4 SGB IV gilt die Fiktion des § 7 Abs 3 Satz 1 SGB IV (Fortbestehen des Beschäftigungsverhältnisses ohne Anspruch auf Arbeitsentgelt bis zu einem Monat) nicht für die Inanspruchnahme von Pflegezeit iSd § 3 PflegeZG. Da mit vollständiger Freistellung von der Arbeitsleistung der Anspruch auf Arbeitsentgelt ab Beginn der Freistellung grds entfällt, liegen die Voraussetzungen der Versicherungspflicht in der Kranken-, Pflege-, Rentenversicherung ab Beginn der Freistellung nicht mehr vor. Das Gesetz billigt dem Beschäftigten in diesem Fall also nicht die einmonatige „Überlegungs- und Reaktionsfrist" des § 7 Abs 3 Satz 1 SGB IV zu. Bei Reduzierung der Arbeitsleistung unter die Grenze der geringfügigen Beschäftigung gilt entsprechendes, ggf mit Ausnahmen hinsichtlich der RVPflicht (→ *Geringfügige Beschäftigung* Rn 27 f). Bleibt die Restarbeitsleistung versicherungspflichtig, tritt eine Beendigung der Versicherungspflicht durch die Pflegezeit nicht ein. Der Wegfall des Entgeltanspruchs während der Freistellung kann durch die Inanspruchnahme eines Darlehens überbrückt werden. Für die Dauer der Freistellungen gewährt das Bundesamt für Familie und zivilgesellschaftliche Aufgaben Beschäftigten auf Antrag ein in monatlichen Raten zu zahlendes zinsloses Darlehen nach § 3 Abs 1 FPZG. Das Darlehen wird im Prinzip in Höhe der Hälfte des Produkts aus monatlicher Arbeitszeitverringerung in Stunden und dem durchschnittlichen Entgelt pro Arbeitsstunde gewährt. 53

**2. Kranken- und Pflegeversicherung.** Anders als bei der Inanspruchnahme von Elternzeit (§ 192 Abs 1 SGB V) wird die Mitgliedschaft in der KV und PflegeV während der Freistellung wegen Inanspruchnahme von Pflegezeit nicht aufrechterhalten. Der Beschäftigte kann sich beitragspflichtig freiwillig krankenversichern, falls er nicht über einen Angehörigen (zB Ehegatte) nach § 10 SGB V familienversichert ist. Die Voraussetzungen für die freiwillige Versicherung ergeben sich aus § 9 SGB V und setzen Mindestvorversicherungszeiten voraus. Liegen die Voraussetzungen einer freiwilligen Versicherung nicht vor, kommt die Auffangversicherungspflicht nach § 5 Abs 1 Nr 13 SGB V in Betracht (→ *Krankenversicherungspflicht* Rn 20). Die Bemessung der Beiträge erfolgt nach § 240 SGB V und berücksichtigt die gesamte wirtschaftliche Leistungsfähigkeit des Mitglieds. Die freiwillige KV führt zur Versicherungspflicht in der PflegeV mit Beiträgen nach Maßgabe von § 57 Abs 4 Satz 1 SGB XI iVm § 240 SGB V. Beschäftigte, die nach § 3 PflegeZG von der Arbeitsleistung vollständig freigestellt werden oder deren Beschäftigung durch eine Reduzierung der Arbeitsleistung zu einer geringfügigen Beschäftigung wird, erhalten auf Antrag **Beitragszuschüsse** zur KV und PflegeV nach § 44a Abs 1 SGB XI in Höhe der Mindestbeiträge, 54 die von freiwilligen Mitgliedern in der KV und in der sozialen PflegeV zu entrichten sind. Die Zuschüsse dürfen die tatsächliche Höhe der Beiträge nicht übersteigen.

55 **3. Arbeitslosenversicherung.** Die Inanspruchnahme von Pflegezeit führt unmittelbar nicht zur Versicherungspflicht in der ArblV. Versicherungspflichtig sind nach § 26 Abs 2b SGB III – unabhängig von der Inanspruchnahme einer Pflegezeit nach dem PflegeZG – Personen in der Zeit, in der sie als Pflegeperson einen Pflegebedürftigen mit mindestens Pflegegrad 2, der Leistungen aus der PflegeV oder Hilfe zur Pflege nach dem SGB XII oder gleichartige Leistungen nach anderen Vorschriften bezieht, nicht erwerbsmäßig wenigstens zehn Stunden wöchentlich, verteilt auf regelmäßig mindestens zwei Tage in der Woche, in seiner häuslichen Umgebung pflegen, wenn sie unmittelbar vor Beginn der Pflegetätigkeit versicherungspflichtig waren oder Anspruch auf eine laufende Entgeltersatzleistung nach dem SGB III (idR ALG I) hatten. Nicht versicherungspflichtig ist, wer nach anderen Vorschriften des SGB III versicherungspflichtig ist oder während der Zeit der Pflege Anspruch auf Entgeltersatzleistungen nach dem SGB III hat. Die Beiträge von 50 vH der Bezugsgröße (§ 345 Nr 8 SGB III iVm § 18 SGB IV) werden von derjenigen Einrichtung getragen, die für die Leistungen an den Pflegebedürftigen zuständig ist, also die Pflegekasse, das PflegeVUnternehmen oder der Beihilfeträger (§ 347 Nr 10 SGB III).

56 **4. Rentenversicherung.** Versicherungspflichtig sind nach § 3 S 1 Nr 1a SGB VI –unabhängig von der Inanspruchnahme von Pflegezeit nach dem PflegeZG – Personen in der Zeit in der sie als Pflegeperson eine oder mehrere pflegebedürftige Personen mit mindestens Pflegegrad 2 wenigstens zehn Stunden wöchentlich, verteilt auf regelmäßig mindestens zwei Tage in der Woche, in ihrer häuslichen Umgebung nicht erwerbsmäßig pflegen (nicht erwerbsmäßig tätige Pflegepersonen), wenn der Pflegebedürftige Anspruch auf Leistungen aus der sozialen PflegeV oder einer privaten Pflege-Pflichtversicherung hat und die Pflegeperson bei Mehrfachpflege den Mindestpflegeaufwand oder den addierten Mindestpflegeaufwand nach § 44 Abs 1 S 3 SGB XI erfüllt. Die Beiträge werden nach § 44 Abs 1 S 1 SGB XI vollständig von dem zuständigen Träger der PflegeV (idR die Pflegekasse) gezahlt. Die Beitragsberechnung richtet sich nach dem Pflegegrad des Pflegebedürftigen (§ 166 Abs 2 SGB VI). Die Versicherungspflicht tritt nicht ein, wenn die pflegende Person trotz der Pflege noch regelmäßig mehr als 30 Stunden wöchentlich abhängig beschäftigt oder selbstständig tätig ist (§ 3 Satz 3 SGB VI). Im ersteren Fall besteht regelmäßig weiter Versicherungspflicht auf Grund abhängiger Beschäftigung. Vgl → *Pflegeversicherungsleistungen* Rn 26; → *Rentenversicherungspflicht* Rn 10.

57 **IV. Familienpflegezeit. 1. Allgemeines.** Die Familienpflegezeit nach § 1 Abs 1 Satz 1 FPfZG kann für die Dauer von höchstens 24 Monaten (einschließlich ggf vorausgegangener Arbeitsverhinderung und Pflegezeit) zur Pflege naher Angehöriger nur gegenüber ArbGeb mit regelmäßig mehr als 25 Beschäftigten beansprucht werden (→ Rn 6). Bei Vorliegen der Voraussetzungen besteht ein **Rechtsanspruch auf Reduzierung der Arbeitszeit** (keine Freistellung) bis zu einer Grenze von 15 Stunden pro Woche (§ 2 Abs 1 Satz 1 FPfZG). Die Reduzierung wird durch **Beschäftigtendarlehen** entsprechend den Regelungen für die Pflegezeit gefördert (→ Rn 53). Zu den weiteren Voraussetzungen → Rn 44 ff).

58 **2. Sozialversicherung.** Während der Reduzierung der Arbeitszeit wegen Inanspruchnahme von Familienpflegezeit verbleibt es idR bei der Versicherungspflicht des Beschäftigten nach den allgemeinen Regeln, soweit die (Rest-)Beschäftigung nicht unter die Geringfügigkeitsgrenze (→ *Geringfügige Beschäftigung* Rn 27 ff) fällt.

59 **V. Beschäftigungsverhältnis.** Wird die Pflege im Rahmen eines Beschäftigungsverhältnisses durchgeführt, gelten die allg. sozialversicherungsrechtlichen Regelungen (→ *Hauswirtschaftliches Beschäftigungsverhältnis* Rn 31 ff).

60 **VI. Unfallversicherung.** Der Versicherungsschutz der Pflegeperson in der UV nach § 2 Abs 1 Nr 17 SGB VII setzt voraus, dass die Pflegeperson die Voraussetzungen des § 19 SGB XI erfüllt, die Pflege also nicht erwerbsmäßig erfolgt (→ *Unfallversicherung* Rn 34), und die Pflege einem Pflegebedürftigen mit mindestens Pflegegrad 2 im Sinne der §§ 14 und 15 Abs 3 SGB XI gilt. Die versicherte Tätigkeit umfasst pflegerische Maßnahmen in den in § 14 Abs 2 SGB XI genannten Bereichen sowie Hilfen bei der Haushaltsführung

nach § 18 Abs 5a S 3 Nr 2 SGB XI. Für die Pflege im Rahmen eines Beschäftigungsverhältnisses gelten die allg Regeln der gesetzlichen UV.

# Praktikant

## A. Arbeitsrecht

*Röller*

**1. Begriff.** Praktikant ist nach herkömmlicher Definition, wer sich für eine vorübergehende Dauer zwecks Erwerb praktischer Kenntnisse und Erfahrungen einer bestimmten betrieblichen Tätigkeit und Ausbildung, die keine systematische Berufsausbildung darstellt, im Rahmen einer Gesamtausbildung unterzieht, weil er diese für die Zulassung zum Studium oder Beruf, zu einer Prüfung oder zu anderen Zwecken benötigt. Der Ausbildungszweck steht im Vordergrund (BAG 29.4.15 – 9 AZR 78/14, BeckRS 2015, 71693; 13.3.03 – 6 AZR 564/01, BeckRS 2008, 54164). Dieses Verständnis hat der Gesetzgeber durch die Definition in § 22 Abs 2 Satz 3 MiLoG grds anerkannt. Danach ist Praktikant unabhängig von der Bezeichnung des Rechtsverhältnisses, wer sich nach der tatsächlichen Ausgestaltung und Durchführung des Vertragsverhältnisses für eine begrenzte Dauer zum Erwerb praktischer Kenntnisse und Erfahrungen einer bestimmten betrieblichen Tätigkeit zur Vorbereitung auf eine berufliche Tätigkeit unterzieht, ohne dass es sich dabei um eine Berufsausbildung iSd BBiG oder um eine damit vergleichbare praktische Tätigkeit handelt. 1

**2. Abgrenzung zu anderen Personengruppen.** Zur **Unterscheidung des Praktikanten** vom: 2

**a) Arbeitnehmer.** Wer aufgrund eines privatrechtlichen Vertrags im Dienst eines anderen zur Leistung weisungsgebundener, fremdbestimmter Arbeit in persönlicher Abhängigkeit verpflichtet ist, ist ArbN; *Arbeitnehmer (Begriff)*. Zur Abgrenzung ArbN-Praktikant s BAG 13.3.03 – 6 AZR 564/01, BeckRS 2008, 54164; LAG Bln Bbg 20.5.16 – 6 Sa 1787/15, BeckRS 2016, 72890; LAG Köln 31.5.06 – 3 Sa 225/06, NZA-RR 06, 525.

**b) Volontär.** Ein solcher ist, wer zum Zwecke der Ausbildung für den ArbGeb tätig wird, ohne dass mit der Ausbildung eine vollständig abgeschlossene Fachausbildung in einem anerkannten Ausbildungsberuf beabsichtigt ist (ErfK/*Schlachter* § 26 BBiG Rn 2). Volontäre können sich in einem Arbeitsverhältnis oder einem anderen Vertragsverhältnis iSv § 26 BBiG befinden; § 26 BBiG gilt nur, wenn sich der Betreffende nicht wie in einem Arbeitsverhältnis überwiegend zur Arbeitsleistung verpflichtet hat, sondern wenn der Ausbildungszweck im Vordergrund steht (BAG 1.12.04 – 7 AZR 129/04, NZA 05, 779). Es finden dann die §§ 10–23 und 25 BBiG Anwendung. Es gilt zwingend § 17 Abs 1 BBiG, wonach eine angemessene Vergütung zu gewähren ist. 3

**c) Auszubildenden.** Der Unterschied besteht im Wesentlichen nur darin, dass vom Auszubildenden eine im Einzelnen genau geregelte, möglichst vollständige Ausbildung zu einem anerkannten Lehrberuf, insbes im Handel, Gewerbe und Handwerk, mit abschließender Prüfung angestrebt wird. Der Ausbildende ist für die Erreichung des Berufszieles mitverantwortlich und hat den Auszubildenden ggf mit Nachdruck zur Erreichung seines Berufszieles anzuhalten. Einem Praktikanten gegenüber ist der ArbGeb nur verpflichtet, ihm die Gelegenheit zu geben, selbst den gewünschten Nutzen für das berufliche Fortkommen zu ziehen, indem er ihm die betrieblichen Informationen, die personelle Einweisung, die Unterlagen und das Material gibt. 4

**d) Werkstudenten.** Diese werden regelmäßig nicht zu ihrer Berufsausbildung, sondern im Rahmen eines Arbeitsverhältnisses beschäftigt. Die **Ausbildung** steht anders als beim Praktikanten **nicht im Vordergrund,** sondern die entgeltliche Arbeitsleistung. 5

**e) Schüler.** Werden Schüler im Rahmen eines Berufspraktikums im Betrieb tätig, kommt weder ein Ausbildungs- noch ein Arbeitsverhältnis mit dem Betriebsinhaber zustande. Die von den Schülerpraktikanten zu verrichtende Tätigkeit ist ihrer Art nach keine weisungsgebundene Tätigkeit, die der Verwirklichung des arbeitstechnischen Zwecks des Betriebs des ArbGeb zu dienen bestimmt ist. Der Einsatz der Schülerpraktikanten dient in erster Linie der persönlichen Information über einen Teil der sozialen Wirklichkeit, um den Schülern ihre Ausbildungs- und Berufswahl zu erleichtern; der Einsatz soll zu einer kriti- 6 schen Auseinandersetzung mit der Arbeits- und Berufswelt führen (BAG 8.5.90, DB 90, 2124).

7 **f) Fachhochschul- und Hochschulpraktikanten, dualer Studiengang.** Studenten, die im Rahmen ihres Studiums in Betrieben eine dem Studienziel dienende praktische Ausbildung erhalten, sind keine Auszubildenden iSd BBiG (BAG 18.11.08 – 3 AZR 192/07, NZA 09, 435; 16.10.02 – 4 AZR 429/01, BB 03, 906; *Koch-Rust/Rosentreter* NZA 13, 879). § 26 BBiG sowie die §§ 10–25 BBiG finden auf sie keine Anwendung. Ein Arbeitsverhältnis liegt hingegen vor, wenn die Studenten in einer privatrechtlichen Vertragsbeziehung zu dem Betriebsinhaber stehen (BAG 15.3.06 – 7 ABR 39/05, BeckRS 2008, 54162).

8 **g) Betriebspraktikum zur beruflichen Fortbildung.** Es ist nicht auf eine Gesamt- oder Grundausbildung ausgerichtet, sondern soll es ermöglichen, bereits vorhandene berufliche Kenntnisse und Fertigkeiten zu erhalten, zu erweitern, der technischen Entwicklung anzupassen oder beruflich aufzusteigen (§ 1 Abs 4 BBiG). Die berufliche Fortbildung ist in §§ 53 ff BBiG nur ansatzweise geregelt. Einzelheiten der beruflichen Fortbildung sollen in einer Fortbildungsverordnung festgelegt werden. Auf ein derartiges Praktikum sind deshalb nicht ohne weiteres die für den Arbeitsvertrag geltenden Rechtsvorschriften und Rechtsgrundsätze anzuwenden. Es ist im Einzelfall zu prüfen, ob das Praktikum im Rahmen eines Arbeitsverhältnisses abgeleistet worden ist (BAG 18.11.99 – 2 AZR 89/99, DB 2000, 772).

9 **3. Rechtsstellung des Praktikanten. a) Anspruch auf Mindestlohn.** Praktikanten haben gem § 22 Abs 1 Satz 2 iVm § 1 Abs 2 MiLoG ab 1.1.15 Anspruch auf den gesetzlichen Mindestlohn. Dieser beträgt ab 1.1.20 EUR 9,35 je Zeitstunde. Ausgenommen sind Pflichtpraktika im Rahmen einer Schul-, Ausbildungs- oder Studienordnung, Kurzpraktika zur Orientierung, Berufs- oder Hochschulbegleitende Praktika sowie Praktika im Rahmen einer Einstiegsqualifizierung nach § 54a SGB III oder im Rahmen einer Berufsausbildungsvorbereitung nach §§ 68–70 BBiG. Das Praktikum zur Orientierung für eine Berufsausbildung oder für die Aufnahme eines Studiums iSv § 22 Abs 2 Satz 2 Nr 2 MiLoG kann aus Gründen in der Person des Praktikanten rechtlich oder tatsächlich unterbrochen werden und um die Dauer der Unterbrechungszeit verlängert werden (BAG 30.1.19 – 5 AZR 556/17, NZA 19, 773). Einzelheiten s *Greiner* NZA 16, 594. Die vom Geltungsbereich des MiLoG ausgenommenen Praktikanten haben gem § 17 iVm § 26 BBiG Anspruch auf eine angemessene Vergütung. Liegt nur ein Scheinpraktikum vor, weil der Zweck, erste berufliche Erfahrung zu erwerben, nicht im Vordergrund steht, oder verrichtet der Praktikant höhere Dienste als die, die er nach dem Inhalt des Praktikums zu erbringen hat, ist die Höhe des Vergütungsanspruchs nach § 612 Abs 1 BGB entsprechend der üblichen bzw der außervertraglichen, höherwertigen Leistung entsprechenden Vergütung zu bemessen (BAG 10.2.15 – 9 AZR 289/13, BeckRS 2015, 68606; 18.3.14 – 9 AZR 694/12, BeckRS 2014, 70029). Zu den Regelungen des MiLoG s *Düwell* BB 14, 2047; *Picker/Sausmikat* NZA 14, 942; *Natzel* BB 14, 2490).

10 **b) Anwendung der Regelungen des BBiG.** Auf das Praktikantenverhältnis finden gem § 26 BBiG die **§§ 10–23 und 25 BBiG** mit der Maßgabe Anwendung, dass die gesetzliche Probezeit abgekürzt und bei vorzeitiger Lösung des Vertragsverhältnisses nach Ablauf der Probezeit abweichend von § 23 Abs 1 Satz 1 BBiG Schadensersatz nicht verlangt werden kann. § 78a BetrVG ist auf Vertragsverhältnisse iSv § 26 BBiG anwendbar (BAG 1.12.04 – 7 AZR 129/04, NZA 05, 779). Tarifvertragliche Regelungen bestehen im Bereich des öffentlichen Dienstes (TVPöD); für Praktikanten des Bundes s BMI-Rundschreiben v 3.5.12.

11 **c) Mutterschutz.** Praktikantinnen fallen seit 1.1.18 unter den Geltungsbereich des MuSchG (§ 1 Abs 1 Satz 4 Nr 8 MuSchG).

**d) Plicht zur Vertragsniederschrift.** Praktikanten wurden mit Wirkung ab 1.1.15 in den Geltungsbereich des NachweisG einbezogen. In § 2 Abs. 1a) NachweisG wurden die in eine Niederschrift aufzunehmenden wesentlichen Vertragsbedingungen den Besonderheiten des Praktikumsverhältnisses angepasst. Die Niederschrift ist zwingend vor Durchführung des Praktikums vorzunehmen. Die elektronische Form ist ausgeschlossen. Die Niederschrift muss deshalb in einer Urkunde erfolgen, die nach § 126 Abs 1 BGB vom Aussteller eigenhändig durch Namensunterschrift unterzeichnet werden muss. Zu den Rechtsfolgen einer Verletzung der Nachweispflicht s *Düwell* BB 14, 2047.

**B. Lohnsteuerrecht** *Weil*

**1. Praktikant als Arbeitnehmer.** Praktikanten, die für ihre Praktikantentätigkeit eine Vergütung erhalten, erzielen als ArbN (→ *Arbeitnehmer* Rn 29 ff) Einkünfte aus nichtselbstständiger Arbeit (§ 19 EStG). Die Vergütung ist grds stpfl (→ *Berufsausbildungsförderung* Rn 8). Die Vergütung kann **steuerfrei** sein, wenn sie aus öffentlichen Mitteln oder aus Mitteln einer öffentlichen Stiftung zur Förderung der Ausbildung gewährt werden (§ 3 Nr 11 EStG). Zu den steuerfreien Leistungen im Rahmen der Berufsausbildungsförderung (→ *Berufsausbildungsförderung* Rn 4 ff), der Beschäftigung von Studenten (→ *Studentenbeschäftigung* Rn 21) oder einem entgeltlichem Schülerpraktikum mit gemeinnütziger Verwendung des Engelts zB „Sozialer Tag" (→ *Entgeltverzicht* Rn 11). Reiner Kostenersatz (zB Reisekosten § 3 Nr 13, 16 EStG) ist ebenfalls steuerfrei (→ *Aufwendungsersatz* Rn 23 ff). Der steuerpflichtige Arbeitslohn unterliegt dem LStAbzug (→ *Lohnabzugsverfahren* Rn 2 ff). Liegen bei einer zu versteuernden Vergütung die Voraussetzungen für Lohnsteuerpauschalierung vor (zB Teilzeitbeschäftigung oder geringfügige Beschäftigung § 40a EStG), so richtet sich die Besteuerung hiernach (*Lohnsteuerpauschalierung*). Aufwendungen im Zusammenhang mit der Praktikantentätigkeit können **Werbungskosten** (§ 9 EStG) sein (→ *Ausbildungsverhältnis* Rn 86 ff). Im **Ausland** abgeleistete und vergütete Praktikantentätigkeit kann nach DBA im Inland steuerfrei sein (Art 20 OECD-MA 2005, Art 20 Abs 2 DBA-USA). Damit im Zusammenhang stehende Aufwendungen sind dann im Inland insoweit ebenfalls nicht zu berücksichtigen (§ 3c; BFH 11.2.09 – I R 25/08, BFH/NV 09, 1318). Beruht die Tätigkeit als Praktikant auf einem entgeltl Arbeitsverhältnis, so fällt der Arbeitslohn grds unter Art 15 OECD-MA. → *Auslandstätigkeit* Rn 37 ff. 15

**2. Familienleistungsausgleich.** Praktikantentätigkeit (→ Rn 1) ist regelmäßig Berufsausbildung iSd § 32 Abs 4 Nr 2a EStG mit den entsprechenden Folgerungen hieraus (→ *Kinderfreibetrag* Rn 2 ff) auch für Kindergeldzwecke (→ *Kindergeld* Rn 9). 16

**C. Sozialversicherungsrecht** *Schlegel*

**1. Begriff. a) Legaldefinition.** Nach der Rspr ist es Zweck des Praktikums, dass der (ggf erst angehende) Student mit den im Beruf verwendeten Materialien, Werkzeugen und Maschinen vertraut gemacht wird, damit er den Vorlesungen mit Verständnis folgen kann (BSG 17.12.80 – 12 RK 20/79, SozR 2200 § 165 Nr 53). Im geisteswissenschaftlichen Bereich geht es darum, mit den Arbeitsweisen und Methoden der Praktiker vertraut gemacht zu werden. Praktika sind abzugrenzen von abhängiger Beschäftigung, bei der die Bezeichnung Praktikum nur der Verschleierung eines Arbeitsverhältnisses zur Umgehung arbeits- und sozialrechtlicher Standards dient. Außerdem ist das Praktikum von versicherungspflichtiger Ausbildung abzugrenzen. Stellen sich im Rahmen eines sog praxisintegrierten dualen Studiums die berufspraktischen Phasen infolge organisatorischer und/oder curricularer Verzahnung mit der theoretischen Hochschulausbildung als Bestandteil des Studiums dar, sind die **Teilnehmer an dualen Studiengängen** in der KV und damit auch der PflegeV, der RV und der ArblV seit 1.1.2012 den Beschäftigten gleichgestellt (§ 5 Abs 4a Satz 1 SGB V, § 1 Satz 1 SGB VI, § 25 Abs 1 Satz 2 SGB III). Mit dem 4. SGB IV-ÄndG hat der Gesetzgeber insoweit auf das Urteil des BSG vom 1.12.09 – B 12 R 4/08 R reagiert und – anders als vom BSG entschieden – Versicherungspflicht ausdrücklich angeordnet (BT-Drs 17/6764 S 19 zu Art 2 Nr 2). 20

Nach der Legaldefinition des § 20 Abs 1 Nr 10 SGB XI sind Praktikanten Personen, die ohne Arbeitsentgelt eine in Studien- oder Prüfungsordnungen vorgeschriebene berufspraktische Tätigkeit ohne Arbeitsentgelt verrichten. Diese Legaldefinition ist enger als der **umgangssprachliche Begriff;** letzterer schließt auch Personen ein, die während ihres Praktikums ein Arbeitsentgelt erhalten oder ein nicht im Einzelnen vorgeschriebenes, sondern nur „nützliches" Praktikum ableisten. 21

**b) Prüfungsschritte.** Die SozV der Praktikanten ist äußerst unübersichtlich; teils ist sie der SozV der Studenten nachgebildet, teils weicht sie hiervon ab. Das Gesetz regelt den Status der Praktikanten nur punktuell und in den einzelnen Zweigen der SozV zudem nicht einheitlich. Es muss daher jeweils geklärt werden, welche allgemein für ArbN oder zu ihrer Berufsausbildung Beschäftigte geltenden Regeln anzuwenden sind, wenn Spezialvorschriften 22 nicht greifen. Sind zB die Voraussetzungen einer speziell auf bestimmte Praktikanten abstellenden Vorschrift (§ 5 Abs 1 Nr 10 SGB V; § 20 Abs 1 Nr 10 SGB XI) nicht erfüllt, weil ein Entgelt gezahlt wird, muss geprüft werden, ob für die betreffende Person Versicherungspflicht besteht, weil es sich um eine Beschäftigung zur Berufsausbildung handelt (§ 5 Abs 1 SGB V; § 20 Abs 1 Nr 1 SGB XI; § 1 Satz 1 Nr 1 SGB VI). Dies ist regelmäßig der Fall, wenn das Praktikum vorgeschrieben ist. Fehlt es hieran, kommt Versicherungspflicht der berufspraktischen Beschäftigung nach den für ArbN allgemein geltenden Vorschriften in Betracht.

23 **2. Kranken- und Pflegeversicherung. a) Allgemeines.** In der KV und PflegeV ist zwischen vorgeschriebenen und nicht vorgeschriebenen Praktika sowie innerhalb dieser beiden Gruppen nochmals danach zu differenzieren, ob ein Entgelt gezahlt wird oder ob dies nicht der Fall ist. Unerheblich ist, ob es sich um ein Vor-, Zwischen- oder Nachpraktikum handelt.

24 **b) Vorgeschriebenes Praktikum ohne Arbeitsentgelt.** Wird ein in Prüfungs- und Ausbildungsordnungen vorgeschriebenes Praktikum abgeleistet, ohne dass der Praktikant hierfür ein Arbeitsentgelt erhält, besteht in der KV **Versicherungspflicht** nach § 5 Abs 1 Nr 10 SGB V, in der PflegeV nach § 20 Abs 1 Nr 10 SGB VI. Diese Versicherungspflicht der Praktikanten ist in der KV gegenüber einer (beitragsfreien) Familienversicherung des Praktikanten nach § 10 SGB V subsidiär (§ 5 Abs 7 SGB V); in der PflegeV fehlt eine entsprechende Subsidiaritätsklausel. § 5 Abs 1 Nr 10 SGB V wurde mit der KV der Studenten eingeführt. Die Praktikantenversicherung ist als Ergänzung hierzu zu verstehen, damit Lücken im Versicherungsschutz vermieden werden, wenn Zeiten des Studiums mit solcher berufspraktischer Tätigkeit abwechseln. Die Unterbrechung des Studiums durch ein vorgeschriebenes Praxissemester soll die Versicherungspflicht in der KV nicht beenden bzw unterbrechen.

25 Die **Beitragsbemessungsgrundlage** bei der Versicherung nach § 5 Abs 1 Nr 10 SGB V, § 20 Abs 1 Nr 10 SGB XI wird fingiert, weil ein tatsächliches Arbeitsentgelt als Anknüpfungspunkt fehlt. Nach § 236 SGB V, § 57 Abs 1 SGB XI gelten wie für Studenten in der KVdS als beitragspflichtige Einnahmen pro Tag $^{1}/_{30}$ des Betrages, der als monatlicher Bedarf nach § 13 Abs 1 Nr 2, Abs 2 BAföG für Studenten festgesetzt ist. Der Monatsbetrag wird also nach dem BAföG-Bedarfssatz für Studenten berechnet. Der Praktikant trägt die Beiträge allein (§ 250 Abs 1 Nr 3 SGB V; § 59 Abs 1 Satz 1 SGB XI). Es gilt auch in der KV ein einheitlicher **Beitragssatz,** der $^{7}/_{10}$ des allgemeinen Beitragssatzes beträgt (§ 245 Abs 1 SGB V).

26 **c) Vorgeschriebenes Praktikum mit Arbeitsentgelt.** Erhält der Praktikant für sein Praktikum ein Arbeitsentgelt, ist der Tatbestand der § 5 Abs 1 Nr 10 SGB V, § 20 Abs 1 Nr 10 SGB XI nicht erfüllt (anders noch vor dem 1.1.2000; BSG 3.2.94 – 12 RK 78/92, SozR 3–2500 § 5 Nr 15). Ein derartiges Praktikum führt jedoch regelmäßig zur **Versicherungspflicht nach § 5 Abs 1 Nr 1 SGB V** in der KV und nach § 20 Abs 1 Nr 1 SGB XI in der PflegeV, weil der Praktikant zu seiner Berufsausbildung beschäftigt ist (BT-Drs 14/1245 S 59 zu § 5 Buchst a). Ist die berufspraktische **Beschäftigung geringfügig** iSv § 8 SGB IV (*Geringfügige Beschäftigung*), führt dies gleichwohl nicht zur Versicherungsfreiheit. § 7 Satz 1, 2. Hs SGB V ordnet nämlich an, dass eine Beschäftigung im Rahmen betrieblicher Berufsbildung nicht versicherungsfrei ist. Auch in diesem Fall bleibt der Student während des Praxissemesters versicherungspflichtig, allerdings ist der Rechtsgrund und die beitragsrechtliche Situation eine andere.

27 Die Beiträge werden nach dem für die jeweiligen Krankenkasse geltenden (§ 241 SGB V) bzw in der PflegeV nach dem einheitlichen **Beitragssatz** berechnet. **Bemessungsgrundlage** ist das tatsächlich gewährte Arbeitsentgelt des Praktikanten (§ 226 Abs 1 Nr 1 SGB V; § 57 Abs 1 SGB XI). Der ArbGeb trägt die Beiträge allein, wenn das Arbeitsentgelt im Monat 450 € nicht übersteigt (§ 249 Abs 2 Nr 1 SGB V; § 58 Abs 5 SGB XI).

28 **d) Nicht vorgeschriebenes Praktikum ohne Arbeitsentgelt.** Liegt dem Praktikum ein Vertragsverhältnis zugrunde, das in den Anwendungsbereich des BBiG fällt, gilt das als Beschäftigung iSv § 7 Abs 1 SGB IV. Abs 2 dieser Vorschrift dehnt den Begriff der Beschäftigung auf den Erwerb beruflicher Kenntnisse, Fertigkeiten oder Erfahrungen im Rahmen der betrieblichen Berufsbildung aus. Unter betrieblicher Berufsbildung ist nicht nur die

Ausbildung im Rahmen eines „klassischen Lehrlingsverhältnisses", dh einem Berufsausbildungsverhältnis iSd §§ 3–18 BBiG zu verstehen. Vielmehr wird in § 7 Abs 2 SGB IV auf die Teilnahme an „betrieblicher Berufsbildung iSv § 1 Abs 5 BBiG" insgesamt Bezug genommen (BT-Drs 7/4122 S 31 zu § 7 Abs 2). Nach § 1 Abs 5 BBiG liegt betriebliche Berufsbildung vor, wenn die Berufsbildung in Betrieben der Wirtschaft oder in vergleichbaren Einrichtungen außerhalb der Wirtschaft, insbes des öffentlichen Dienstes, der Angehörigen freier Berufe und in Haushalten durchgeführt wird. Grundlage der beruflichen Bildung können neben einem Berufsausbildungsverhältnis iSd §§ 3–18 BBiG auch andere Vertragsverhältnisse sein, deren Zweck es ist, dass die eingestellte Person berufliche Kenntnisse, Fertigkeiten oder Erfahrungen erwirbt (§ 19 BBiG); das BSG hat insoweit berufliche Bildung – je nach landesrechtlicher Ausgestaltung – ua auch bei bestimmten berufspraktischen Tätigkeiten im Rahmen der einstufigen Juristenausbildung bejaht (BSG 6.10.88 – 1 RA 53/87 SozR 2200 § 1232 Nr 26; 21.2.90 – 12 RK 12/87, SozR 3–2940 § 2 Nr 1). Versicherungspflicht ist jedoch nur angeordnet, wenn das Praktikum gegen Entgelt durchgeführt wird, zumal andernfalls der Tatbestand den § 5 Abs 1 Nr 1 SGB V, § 20 Abs 1 Nr 1 SGB XI nicht erfüllt ist.

**e) Nicht vorgeschriebenes Praktikum mit Arbeitsentgelt.** § 7 Abs 1, 2. Hs SGB V 29
belässt er auch bei geringfügigem Entgelt bei der Versicherungspflicht und schließt Versicherungsfreiheit der Praktikanten aus.

Übersteigt das Arbeitsentgelt die Geringfügigkeitsgrenzen, gilt der Grundsatz hälftiger 30
Beitragstragung bzw im Rahmen der Gleitzone deren Sonderrecht (§ 249 Abs 4, § 226 Abs 1 SGB V iVm § 20 Abs 2 SGB IV).

**3. Rentenversicherung. a) Grundsatz Versicherungspflicht.** Für die RV gibt es 31
keine § 5 Abs 1 Nr 10 SGB V und § 20 Abs 1 Nr 10 SGB XI entsprechende Vorschrift, die speziell für Praktikanten Versicherungspflicht anordnet. Es gelten daher zunächst die für ArbN und zur Berufsausbildung Beschäftigten geltenden Vorschriften. Ist das Praktikum in Studien und Prüfungsordnungen vorgeschrieben, ist der Praktikant zu seiner Berufsausbildung beschäftigt. Der Personenkreis der zur Berufsausbildung Beschäftigten ist in der RV im Grundsatz nach § 1 Satz 1 Nr 1 SGB VI versicherungspflichtig. Werden die Geringfügigkeitsgrenzen des § 8 SGB IV nicht überschritten, bleibt die Versicherungspflicht bestehen (§ 6 Abs 1b Satz 5 SGB VI: keine Versicherungsfreiheit bei Geringfügigkeit). Dies gilt zunächst auch für Praktikanten, jedoch gibt es insoweit die nachfolgenden Ausnahmen.

**b) Versicherungsfreiheit bei vorgeschriebenem Praktikum.** § 5 Abs 3 SGB VI 32
ordnet Versicherungsfreiheit für Personen an, die während der Dauer eines Studiums als ordentliche Studierende einer Fachschule oder Hochschule ein Praktikum ableisten, das in der Studienordnung oder Prüfungsordnung vorgeschrieben ist (zur Begründung vgl BT-Drs 13/8671). Entgegen der Gesetzesbegründung kann dem Wortlaut des § 5 Abs 3 SGB VI nicht entnommen werden, dass Versicherungsfreiheit nur in solchen Fällen angeordnet werden sollte, in denen das Praktikum die Voraussetzungen betrieblicher Berufsbildung nicht erfüllt, sondern bei dem es nur um eine in Betriebe verlagerte schulische Ausbildung geht. Abgesehen davon hat das BSG in Fällen, in denen das Praktikum aufgrund landesrechtlicher Vorschriften in die Hochschul- oder Fachschulausbildung eingegliedert und deshalb als Teil des Studiums und eigene Studienveranstaltung der Fachhochschule selbst anzusehen ist, das Vorliegen betrieblicher Berufsbildung und damit Versicherungspflicht aufgrund einer Beschäftigung zur Ausbildung iVm § 7 Abs 2 SGB IV verneint (SGB 3.2.94 – 12 RK 78/92, SozR 3–2500 § 5 Nr 15 S 49 mwN). Für die Anordnung von Versicherungsfreiheit besteht in solchen Fällen schon mangels Vorliegens von Versicherungspflicht kein Grund. Eigenständiger Regelungsgehalt kann dem § 5 Abs 3 SGB VI somit nur in solchen Fällen zukommen, in denen ein in Studienordnungen vorgeschriebenes Praktikum die Voraussetzungen beruflicher Bildung und somit der einschlägigen Versicherungspflichttatbestände erfüllt, letzteres ist nach der Rspr bei ausgelagerter schulischer Ausbildung gerade nicht der Fall (BSG 3.2.94 – 12 RK 78/92, SozR 3–2500 § 5 Nr 15 S 49). Dauer des Praktikums, die wöchentliche Arbeitszeit und die Höhe eines etwaigen Entgelts spielen keine Rolle. Letztlich geht es auch hierbei – wie in der KV und PflegeV – darum, Kontinuität im versicherungsrechtlichen Status von Studenten während eines Praxissemes-

ters herzustellen: Sind diese als Student nicht versicherungspflichtig bzw versicherungsfrei, sollen sie dies auch während eines Praxissemesters bleiben.

33 Nach dem Wortlaut („während der Dauer des Studiums") ist davon auszugehen, dass § 5 Abs 3 Nr 1 SGB VI nur Zwischenpraktika (Praxissemester), nicht jedoch Vor- und Nachpraktika erfasst (aA *Grintsch* DRV 98, S 88, 90).

34 **c) Nicht vorgeschriebenes, aber unbezahltes oder geringfügiges Praktikum.** Bis Juli 2004 war Versicherungsfreiheit außerdem für diejenigen Praktikanten angeordnet, die während der Dauer eines Studiums als ordentliche Studierende einer Fachschule oder Hochschule ein Praktikum ableisten, für das sie kein Entgelt oder nur ein Entgelt erhalten, das regelmäßig im Monat 450 € nicht überstieg (§ 5 Abs 3 Nr 2 SGB VI aF). Diese Regelung sollte studienbegleitende Praktika erfassen, die zwar nicht vorgeschrieben sind, aber zweckmäßig erscheinen. Sie sollte dazu beitragen, dass solche Praktika nicht daran scheitern, dass eine Anordnung der Versicherungspflicht für Betriebe und die öffentliche Verwaltung mit einem unverhältnismäßigem Aufwand verbunden ist (BT-Drs 13/8671 S 117 zu Art 1 Nr 1a). Auch insoweit legt der Wortlaut („während der Dauer des Studiums") nahe, dass § 5 Abs 3 Nr 1 SGB VI nur Zwischenpraktika (Praxissemester), nicht jedoch Vor- und Nachpraktikum erfasst (aA *Grintsch* DRV 98, S 88, 90).

35 Diese Regelung ist ab 1.8.04 entfallen (vgl RV-NachhaltigkeitsG vom 21.7.04, BGBl I 04, 1791). Es gelten daher die allgemeinen Regeln des § 7 Abs 2 SGB IV iVm § 1 Satz 1 Nr 1 SGB VI über die Versicherungspflicht der zu ihrer Berufsausbildung Beschäftigten. § 5 Abs 2 Satz 3 SGB IV ordnet jedoch für diesen Personenkreis selbst bei Geringfügigkeit der Beschäftigung Versicherungsfreiheit nicht an. Zur Beitragstragung vgl § 168 Abs 1 Nr 1 SGB VI.

36 **d) Nicht vorgeschriebenes, nicht geringfügiges Zwischenpraktikum.** Hier bleibt es bei den allgemeinen Regeln der Versicherungspflicht nach § 1 Abs 1 SGB VI. RVBeiträge sind vom ArbGeb und dem Praktikanten je zur Hälfte zu zahlen. Bemessungsgrundlage ist das vereinbarte Entgelt. Die Gleitzonenregelung findet Anwendung.

37 **e) Nicht vorgeschriebenes Vor- oder Nachpraktikum.** Diese werden von § 5 Abs 3 SGB VI nicht erfasst.

38 **f) Vorgeschriebenes Vor- oder Nachpraktikum.** Hier findet zwar § 5 Abs 3 SGB VI keine Anwendung, wohl aber § 5 Abs 2 Satz 3 SGB VI. Bei einem vorgeschriebenen Vor- oder Nachpraktikum handelt es sich um eine Beschäftigung zur Berufsausbildung, so dass nach § 1 Satz 1 Nr 1 SGB VI iVm § 5 Abs 2 Satz 3 SGB VI Versicherungspflicht auch dann besteht, wenn die Beschäftigung geringfügig ist. Beitragsbemessungsgrundlage ist das vereinbarte Arbeitsentgelt, mindestens jedoch 1 vH der Bezugsgröße (§ 162 Nr 1 SGB VI). Bei Arbeitsentgelten, die im Monat 450 € nicht übersteigen, trägt der ArbGeb den Beitrag allein (§ 168 Abs 1 Nr 1 SGB VI).

39 **4. Arbeitslosenversicherung. a) Ausgangspunkt.** Für die ArblV gibt es keine § 5 Abs 1 Nr 10 SGB V und § 20 Abs 1 Nr 10 SGB XI entsprechende Vorschrift, die speziell für Praktikanten Versicherungspflicht anordnet. Es gelten daher wie in der RV zunächst die für ArbN und zur Berufsausbildung Beschäftigten geltenden Vorschriften. Ist das Praktikum in Studien und Prüfungsordnungen **vorgeschrieben,** ist der Praktikant zu seiner Berufsausbildung beschäftigt. Der Personenkreis der zur Berufsausbildung Beschäftigten ist im Grundsatz nach § 25 Abs 1 SGB III versicherungspflichtig, und zwar selbst dann, wenn die Geringfügigkeitsgrenzen des § 8 SGB IV nicht überschritten sind (§ 27 Abs 2 Satz 2 Nr 1 SGB III: keine Versicherungsfreiheit bei Geringfügigkeit) oder wenn überhaupt kein Entgelt gezahlt wird. Als Bemessungsgrundlage für die Beiträge zur ArblV sind mindestens 1 vH der Bezugsgröße zugrunde zu legen (§ 342 SGB III). Bei einem **nicht vorgeschriebenen Vor- und Nachpraktikum** handelt es sich nicht um Beschäftigung zur Berufsausbildung. § 27 Abs 2 Satz 2 Nr 1 SGB III findet keine Anwendung, so dass es darauf ankommt, ob die Geringfügigkeitsgrenzen des § 8 SGB IV überschritten sind.

40 **b) Versicherungsfreiheit.** In der ArblV geht es wie auch in der RV darum, Kontinuität im versicherungsrechtlichen Status von Studenten herzustellen, die während ihres Studiums eine Beschäftigung ausüben (zum sog Studentenprivileg vgl *Studentenbeschäftigung*). § 27 Abs 4 SGB III ordnet daher für Personen Versicherungsfreiheit an, die während der Dauer ihres Studiums als ordentliche Studierende einer Hochschule oder einer der fachlichen

Ausbildung dienenden Schule eine Beschäftigung ausüben. Sind diese als Student nicht versicherungspflichtig bzw versicherungsfrei, sollen sie dies auch während eines Praxisseminars bleiben.

Dauer der Beschäftigung (des Praktikums), die wöchentliche Arbeitszeit und die Höhe eines etwaigen Entgelts spielen keine Rolle. Ebenso wenig kommt es darauf an, ob das der Beschäftigung zugrunde liegende Praktikum in der Studien- oder Prüfungsordnung vorgeschrieben ist. Das studentische Erscheinungsbild darf durch die Beschäftigung allerdings nicht verlorengehen. Dies ist bei dem Studium untergeordneten Praktika, Praktika während der Semesterferien oder bei einem vorgeschriebenen Praxisseminar unproblematisch. 41

**5. Unfallversicherung.** In der UV besteht für Praktikanten Versicherungspflicht, sei es, dass sie „wie ein ArbN" tätig werden (§ 2 Abs 2 SGB VII), sei es, dass man ihre Tätigkeit als solche eines Lernenden während der beruflichen Aus- und Fortbildung in Betriebsstätten ähnlichen Einrichtungen ansieht (§ 2 Abs 1 Nr 1 SGB VII). 42

**6. Rechtsreferendare.** Zur rechtlichen Stellung von Rechtsreferendaren und der Behandlung von zusätzlichen Vergütungen etwa in der „Anwaltsstation" vgl BSG 31.3.2015 – B 12 R 1/13 R, BeckRS 2015, 70953. 43

## Probearbeitsverhältnis

### A. Arbeitsrecht

*Kania*

**1. Allgemeines.** Das Probearbeitsverhältnis dient ArbGeb und ArbN dazu, im Rahmen einer angemessenen Zeitspanne Klarheit gewinnen zu können, ob eine dauerhafte Zusammenarbeit möglich erscheint. Gesetzlich zwingend vorgeschrieben ist eine Probezeit im Rahmen von Berufsausbildungsverhältnissen (§ 20 BBiG). Zu unterscheiden ist das Probearbeitsverhältnis vom sog **Einfühlungsverhältnis.** Bei diesem wird dem ArbN lediglich die Möglichkeit zum Kennenlernen eines Arbeitsplatzes eingeräumt, ohne dass er bereits eine Arbeitspflicht übernimmt (LAG Hamm 24.5.89, DB 89, 1974; LAG Bremen 25.7.02 – 3 Sa 83/02, BeckRS 2002, 30812212). Ein Probearbeitsverhältnis kann sowohl als **befristetes Arbeitsverhältnis** als auch als **vorgeschaltete Probezeit** im Rahmen eines unbefristeten Arbeitsverhältnisses vereinbart werden (zu den Unterschieden → Rn 4 und 7). 1

Die Einstellung eines ArbN zur Probe unterliegt der **Mitbestimmung** des BRat gem § 99 BetrVG. Allerdings steht dem BRat kein Widerspruchsrecht gem § 99 Abs 2 Nr 4 BetrVG zu, wenn ein befristetes statt eines unbefristeten Probearbeitsverhältnisses abgeschlossen wird, da die Vorschrift ansonsten zweckwidrig zu einer Benachteiligung des ArbN missbraucht würde (LAG Düsseldorf 7.11.78, BB 80, 578). Die Einstellung eines Schwerbehinderten zur Probe ist innerhalb von vier Tagen dem Integrationsamt anzuzeigen (§ 90 Abs 3 SGB IX). 2

**2. Dauer der Probezeit.** Gesetzlich vorgeschrieben ist eine bestimmte Dauer der Probezeit nur im Rahmen von Berufsausbildungsverhältnissen; sie muss mindestens einen Monat und darf höchstens vier Monate betragen (§ 20 BBiG; BAG 12.2.15 – 6 AZR 831/13, NZA 15, 737 zur Inhaltskontrolle der vereinbarten Probezeitdauer). Häufig enthalten TV Regelungen über die Dauer der Probezeit. Bei der individuellen Vereinbarung sollte sich die Dauer der Probezeit an den Anforderungen des jeweiligen Arbeitsplatzes orientieren. Rechtlich zwingend ist die Ausrichtung am Erprobungszweck aber nur bei der Probezeitbefristung (→ Rn 7). Bei der Probezeit im unbefristeten Arbeitsverhältnis kann gem § 622 Abs 3 BGB unabhängig vom tatsächlichen Erprobungsbedarf eine Probezeit von längstens sechs Monaten vereinbart werden (BAG 24.1.08 – 6 AZR 519/07, BB 08, 1217). Die vereinbarte Probezeit beginnt im Zweifel mit der tatsächlichen Arbeitsaufnahme (LAG RhPf 30.4.10 – 9 Sa 776/09, NZA-RR 10, 464). Ob sich die Probezeit durch **Unterbrechungen** der Tätigkeit verlängert, ist unter Berücksichtigung des Zwecks der Probezeit und der Art der Unterbrechung im Wege der Auslegung zu ermitteln. Kürzere krankheitsbedingte Unterbrechungen führen im Allgemeinen nicht zu einer Verlängerung der Probezeit (*Schaub/Koch* § 41 Rn 11). Eine einverständliche **Verlängerung der Probezeit** ist innerhalb der ersten sechs Monate möglich, und zwar auch dann, wenn die zunächst vereinbarte kürzere Probezeit 3 bereits abgelaufen war (LAG RhPf 5.1.99 – 2 [4] Sa 1139/98, NZA 2000, 258). Eine Verlängerung der Probezeit über sechs Monate hinaus ändert nichts am Eingreifen des allgemeinen Kündigungsschutzes gem § 1 KSchG. Einer faktischen Verlängerung der Probezeit durch Abschluss eines Aufhebungsvertrags mit eingeräumter Bewährungschance zu einem die sechs Monate erheblich überschreitenden Beendigungstermin hat das BAG wohl eine endgültige Absage erteilt. Insoweit handelt es sich grds um eine befristete Fortsetzung des Arbeitsverhältnisses, die der Befristungskontrolle unterliegt (BAG 14.12.16 – 7 AZR 49/15, NZA 17, 634; anders noch BAG 7.3.02 – 2 AZR 93/01, DB 02, 1997). Dagegen wird die gegen Ende der Probezeit ausgesprochene Kündigung mit unwesentlich verlängerter Kündigungsfrist wohl noch keine Umgehung des KSchG darstellen (LAG BaWü 6.5.15 – 4 Sa 94/14, BeckRS 2015, 69008; LAG MeVo 24.6.14 – 5 Sa 222/13, NZA-RR 15, 72; BAG 21.4.66, DB 66, 985; zum Meinungstand ausführlich *Fuhlrott* NZA 17, 1433).

4 **3. Unbefristetes Arbeitsverhältnis mit vorgeschalteter Probezeit. a) Allgemeines.** Soweit nicht eine eindeutige Befristungsabrede getroffen wurde, ist im Zweifel die Probezeit als Beginn eines Arbeitsverhältnisses auf unbestimmte Zeit anzusehen (ErfK/*Müller-Glöge* § 622 BGB Rn 15; sog „weiche Probezeit"). Während der Probezeit kann das Arbeitsverhältnis grds sowohl ordentlich als auch – bei Vorliegen der Voraussetzungen des § 626 BGB – außerordentlich gekündigt werden. Die ordentliche Kündigung ist jedoch dann ausgeschlossen, wenn die Probezeit – etwa um eine Gelegenheit zur Einarbeitung zu geben – als **Mindestvertragszeit** vereinbart ist. Eine solche untypische Abrede wird nur bei einer eindeutigen Vertragsgestaltung anzunehmen sein. Für die Kündigung eines unbefristeten Arbeitsverhältnisses mit vorgeschalteter Probezeit gilt zugunsten des ArbN der **allgemeine und besondere Kündigungsschutz.** Der allgemeine Kündigungsschutz gem § 1 KSchG greift aber ebenso wie der Kündigungsschutz für Schwerbehinderte (§ 90 Abs 1 Nr 1 SGB IX) erst nach einer Wartezeit von sechs Monaten ein. Das Kündigungsverbot gem § 9 MuSchG gilt dagegen von Anfang an. Dasselbe gilt für das allgemeine Verbot treu- oder sittenwidriger Kündigungen (BAG 23.6.94, DB 94, 2190 für Kündigung in der Probezeit wegen Homosexualität). Der BRat ist gem § 102 BetrVG vor jeder Kündigung anzuhören.

5 **b) Ordentliche Kündigung.** § 622 Abs 3 BGB trifft eine ausdrückliche gesetzliche Regelung über die Kündigungsfrist während der Probezeit. Diese beträgt einheitlich für Arbeiter und Angestellte **zwei Wochen,** soweit die Probezeit die Dauer von sechs Monaten nicht übersteigt. Eine ausdrückliche Vereinbarung der kurzen Kündigungsfrist ist nicht erforderlich; sie folgt aus der Probezeitabrede (LAG Düsseldorf 20.10.95, NZA 96, 1156). Wird eine Probezeit von mehr als sechs Monaten vereinbart, gilt nach Ablauf des sechsten Monats die gesetzliche Grundkündigungsfrist gem § 622 Abs 1 BGB. **Längere Kündigungsfristen** während der Probezeit können einzelvertraglich vereinbart werden. **Kürzere** als die gesetzlichen Kündigungsfristen können gem § 622 Abs 4 BGB nur in **Tarifverträgen** geregelt werden. Dabei gibt es keine Mindestfristen, so dass in TV sogar die völlig entfristete Kündigungsmöglichkeit vereinbart werden kann (*Stahlhacke/Preis/Vossen* Rn 494). Für die Anwendbarkeit einer für die Probezeit geltenden verkürzten Kündigungsfrist kommt es nur darauf an, dass der **Ausspruch der Kündigung** während der Probezeit erfolgt, auch wenn der Beendigungszeitpunkt außerhalb der Probezeit liegt (BAG 21.4.66, DB 66, 985).

6 **c) Außerordentliche Kündigung.** Die außerordentliche Kündigung während der Probezeit ist möglich, wenn die Voraussetzungen des § 626 BGB erfüllt sind, also ein wichtiger Grund vorliegt und die Zweiwochenfrist des § 626 Abs 2 BGB eingehalten ist. Keinen wichtigen Grund iSd § 626 Abs 1 BGB stellt grds die **fehlende Eignung** des ArbN dar, denn die Frage, ob der ArbN geeignet ist, soll ja gerade während der Probezeit geprüft werden (BAG 10.5.71, DB 71, 1820; zu Ausnahmen LAG Frankfurt 5.2.87, BB 87, 1672). Der außerordentlichen Kündigung kommt im Hinblick auf die verkürzten Kündigungsfristen für die ordentliche Kündigung nur geringe Bedeutung zu.

7 **4. Befristetes Probearbeitsverhältnis.** Der Erprobungszweck ist als **sachlicher Grund** für die Rechtfertigung eines befristeten Arbeitsverhältnisses anerkannt (sog „harte Probezeit"; § 14 Abs 1 S 2 Nr 5 TzBfG). Im Allgemeinen wird eine 6-monatige Probezeit in Anlehnung an § 1 Abs 1 KSchG, § 622 Abs 3 BGB für ausreichend erachtet; das Gesetz benennt aber keine Höchstfrist (→ Rn 3). Voraussetzung für eine wirksame Befristung ist,

dass die Befristung nicht durch Gesetz, TV oder Betriebsvereinbarung ausgeschlossen ist und die Dauer des befristeten Arbeitsverhältnisses in einem angemessenen Verhältnis zum Erprobungszweck steht (BAG 2.6.10 – 7 AZR 85/09, NZA 10, 1293; BAG 24.1.08 – 6 AZR 519/07, BB 08, 1217; ErfK/*Müller-Glöge* § 14 TzBfG Rn 49). Für ein befristetes Probearbeitsverhältnis von 9 oder sogar 12 Monaten kann nur ausnahmsweise bei besonders anspruchsvollen Aufgaben eine sachliche Rechtfertigung vorliegen. Eine noch länger befristete „Probezeit" kann nur unter den Voraussetzungen des § 14 Abs 2 TzBfG geschlossen werden (→ *Befristetes Arbeitsverhältnis* Rn 40).

Da **im Zweifel** von einem unbefristeten Arbeitsverhältnis mit anfänglicher Probezeit auszugehen ist, muss sich die Befristung eindeutig aus dem Vertrag ergeben (BAG 29.7.58, DB 59, 147). Die **Beweislast** für das Vorliegen eines befristeten Probearbeitsverhältnisses trägt immer derjenige, der sich auf die Befristung beruft, im Regelfall also der ArbGeb (LAG Düsseldorf 18.6.76, EzA Nr 3 zu § 611 BGB Probearbeitsverhältnis). Um diese Auslegungsprobleme zu vermeiden, sieht § 14 Abs 4 TzBfG für die Befristungsabrede die Schriftform vor. 8

Liegt eine wirksame Befristung vor, so endet das Arbeitsverhältnis **nach Ablauf der Vertragszeit,** wenn es nicht zuvor verlängert worden ist. Weder allgemeiner (§ 1 KSchG, § 102 BetrVG) noch besonderer Kündigungsschutz (§ 9 MuSchG, § 85 SGB IX) sind zu beachten. Allerdings kann die Berufung auf die Befristung rechtsmissbräuchlich sein, wenn sie allein aus sachfremden Gründen, zB wegen einer zwischenzeitlich eingetretenen Schwangerschaft, erfolgt (BAG 16.3.89, NZA 89, 719). Während der Probezeit ist, soweit nichts anderes vereinbart ist, die ordentliche Kündigung ausgeschlossen. 9

**5. Muster.** S Online-Musterformular *„M31.5 Probearbeitsverhältnis, Probezeitklausel im Arbeitsvertrag".* 10

### B. Lohnsteuerrecht *Thomas*

Der aufgrund eines Probearbeitsverhältnisses gezahlte Arbeitslohn unterliegt dem LStAbzug nach den allgemeinen Vorschriften, wie auch beruflich veranlasste Aufwendungen des ArbN genauso wie bei anderen Dienstverhältnissen Werbungskosten sind. Zweifelhaft ist, ob bei einem Arbeitsplatzwechsel mit geplanter Rückkehr erst nach Jahren für die Anfangszeit (die ersten 3 Monate) Dienstreisegrundsätze angewendet werden können (so aber FG BaWü 17.3.98 – 1 K 92/94, EFG 98, 1389 ohne Begründung bestätigt, BFH 19.3.03 – VI R 42/98). Jedenfalls sind für die Fahrt zur Arbeit nicht deshalb die tatsächlichen Kosten statt der Entfernungspauschale (§ 9 Abs 1 Nr 4 Satz 2 EStG) anzusetzen, weil das Arbeitsverhältnis nach Ende der Probezeit nicht fortgesetzt werden könnte (BFH 16.12.15 – VI R 6/15, BFH/NV 16, 399). 12

### C. Sozialversicherungsrecht *Schlegel*

Das Probearbeitsverhältnis unterliegt in vollem Umfang den Vorschriften der SozV und ArblV. Verlangt der ArbGeb vor Abschluss eines Arbeitsvertrages ein Probestück, liegt nach der Rspr des BSG ein wichtiger Grund für die Ablehnung des Arbeitsangebotes iSv § 159 SGB III (vgl *Sperrzeit*) nicht vor, wenn die Anfertigung des Probestückes der Feststellung der Eignung des Arbeitslosen dient und das Maß des Zumutbaren nicht überschritten wird (BSG 13.3.97 – 11 RAr 25/96, SozR 3–4100 § 119 Nr 11). 13

## Prokurist

### A. Arbeitsrecht *Kania*

**1. Begriff und Umfang der Prokura.** Die Prokura ist eine besondere handelsrechtliche Vollmacht mit gesetzlich festgelegtem Umfang. Der Prokurist handelt im Rechtsverkehr als Vertreter des Unternehmers. Seine Erklärungen wirken unmittelbar für und gegen den Vertretenen (§ 164 Abs 1 BGB). Der Prokurist zeichnet mit einem die Prokura andeutenden Zusatz, üblicherweise mit dem Zusatz „ppa" vor seinem handgeschriebenen Namen (§ 51 HGB). Die Prokura ermächtigt den Prokuristen zu allen Arten von gerichtlichen und 1 außergerichtlichen Geschäften und Rechtshandlungen, die der Betrieb eines Handelsgewerbes mit sich bringt. Ausgenommen ist lediglich die Veräußerung und Belastung von Grundstücken, es sei denn, dass insoweit eine besondere Befugnis erteilt ist (§ 49 HGB).

2 Eine **Beschränkung des Umfangs der Prokura** ist grds gegenüber Dritten unwirksam (§ 50 Abs 1 HGB). Zulässig ist lediglich die Erteilung der Prokura an mehrere Personen mit der Folge, dass diese nur gemeinschaftlich vertreten können (Gesamtprokura, § 48 Abs 2 HGB) sowie die Beschränkung der Prokura auf eine Niederlassung, die unter einer anderen Firma betrieben wird (§ 50 Abs 3 HGB). Wegen ihrer Bedeutung sind Erteilung, zulässige Beschränkungen und Erlöschen der Prokura zur Eintragung in das Handelsregister anzumelden (§ 53 HGB). Die Eintragung wirkt nur deklaratorisch (*Baumbach/Hopt* § 53 HGB Rn 1). Die Prokura ist jederzeit widerruflich, nicht übertragbar und erlischt nicht durch den Tod des Inhabers des Handelsgeschäfts (§ 52 HGB).

3 **2. Arbeitsrechtliche Stellung des Prokuristen. a) Prokurist als leitender Angestellter.** Der Prokurist ist leitender Angestellter iSd § 5 Abs 3 Nr 2 BetrVG, wenn „die Prokura auch im Verhältnis zum ArbGeb **nicht unbedeutend** ist". Dieses funktionsbezogene Merkmal ist dahingehend zu verstehen, dass das der Prokura zugrunde liegende Aufgabengebiet nicht unbedeutend sein darf. Diese Voraussetzung ist dann erfüllt, wenn Prokuristen auch im Innenverhältnis zum ArbGeb Aufgaben wahrnehmen, die den in § 5 Abs 3 Nr 3 BetrVG umschriebenen **Leitungsfunktionen** entsprechen (BAG 29.6.11 – 7 ABR 5/10, NZA-RR 11, 647; BAG 11.1.95 – 7 ABR 33/94, DB 95, 1333; → *Leitende Angestellte* Rn 9). An einem entspr Aufgabengebiet fehlt es immer dann, wenn ein Prokurist von der Arbeitsleistung freigestellt wird; geschieht dies zeitlich vor Ausspruch einer Kündigung, muss der BR gem § 102 BetrVG bzgl der Kündigung beteiligt werden. **Leitende Angestellte iSd § 14 Abs 2 KSchG** sind Prokuristen nur dann, wenn sie eine Stellung einnehmen, die der eines Geschäftsführers oder Betriebsleiters ähnlich ist, und zur selbstständigen Einstellung oder Entlassung von ArbN berechtigt sind (Näheres zu den Anforderungen des § 14 Abs 2 KSchG, → *Leitende Angestellte* Rn 14 ff). Der sog **Titularprokurist** ist jedenfalls weder leitender Angestellter iSd § 5 Abs 3 BetrVG noch iSd § 14 Abs 2 KSchG (*Fitting* § 5 Rn 389; KR/*Rost* § 14 Rn 33).

4 **b) Kündigungsbefugnis des Prokuristen.** Auch der Ausspruch der Kündigung von Arbeitsverhältnissen wird von den Befugnissen des Prokuristen umfasst. Spricht der Prokurist in Vertretung seines ArbGeb eine Kündigung aus, so ist er nicht verpflichtet, eine auf sich lautende Vollmachtsurkunde vorzulegen. Vielmehr gilt der zu kündigende ArbN durch die Eintragung und Bekanntmachung der Prokura im Handelsregister als „von der Bevollmächtigung in Kenntnis gesetzt" iSd § 174 S 2 BGB. Eine Zurückweisung der Kündigung wegen fehlender Vollmachtsvorlage kommt deshalb nicht in Betracht (BAG 11.7.91, DB 92, 895; BAG 25.9.2014 – 2 AZR 567/13, NZA 15, 159; dagegen *Lux* NZA-RR 08, 393). Dies gilt selbst dann, wenn der Prokurist es entgegen § 51 HGB versäumt, seinem Namen einen die Prokura andeutenden Zusatz beizufügen, da § 51 HGB eine reine Ordnungsvorschrift ist, deren Verletzung keine unmittelbare Sanktion auslöst (BAG 11.7.91, DB 92, 895). Kündigungen, die durch Gesamtprokuristen ausgesprochen werden, sind nur entsprechend der allgemeinen Vorschriften zur Gesamtprokura wirksam (BGH 6.11.1986, NJW 87, 841). Unterschreibt also ein Gesamtprokurist zusammen mit einem anderen ArbN, kann die Kündigung grds zurück gewiesen werden. Ist der Gesamtprokurist aber gleichzeitig im Rahmen seiner betrieblichen Stellung zur Vornahme von Kündigungen befugt (zB Betriebs- oder Personalleiter) und gelten deswegen potentielle Erklärungsempfänger iSd § 174 BGB als in Kenntnis gesetzt, kann er auch ohne die Teilnahme eines Mitprokuristen Kündigungen ohne Vollmachtsvorlage aussprechen (BAG 25.9.2014 – 2 AZR 567/13, NZA 15, 159).

5 **c) Widerruf der Prokura.** Auch wenn ein ArbN laut seinem Anstellungsvertrag ausdrücklich als Prokurist eingestellt ist, kann die Prokura gleichwohl **jederzeit** widerrufen werden. Ein Anspruch auf Wiedererteilung der Prokura besteht nicht (BAG 26.8.86, DB 87, 51).

6 Nach Auffassung des BAG sind grds die Interessen des ArbN hinreichend dadurch geschützt, dass gem § 52 HGB von dem Widerruf der Prokura die vertragsrechtliche Stellung des ArbN unberührt bleiben soll. Zwar spricht das Gesetz nur verkürzt davon, dass der Anspruch auf vertragsmäßige Vergütung erhalten bleibt. Gewollt ist jedoch, dass in den Rechten und Pflichten des Arbeitsverhältnisses im Innenverhältnis keine Änderungen ein-

treten sollen (BAG 26.8.86, DB 87, 51). Diese Absicht des Gesetzgebers ändert indes nichts daran, dass jedenfalls dann, wenn die Stellung als Prokurist arbeitsvertraglich vereinbart ist, die Entziehung der Prokura eine einseitige Änderung der Arbeitsvertragsbedingungen darstellt, die – ohne die Vorschrift des § 52 HGB – nur im Wege der Änderungskündigung durchgesetzt werden könnte. Auch wenn der Widerruf der Prokura handelsrechtlich zulässig ist, bleibt es dabei, dass es sich hierbei um ein **arbeitsvertragswidriges Verhalten** des ArbGeb handelt, soweit nicht ausnahmsweise Rechtfertigungsgründe für eine dem Widerruf entsprechende Änderungskündigung bestehen. Verhält sich aber der ArbGeb arbeitsvertragswidrig, so hat dies zur Folge, dass der ArbN kündigen und ggf Schadensersatzansprüche geltend machen kann.

Der Ausspruch einer **fristlosen Kündigung** wird nur ausnahmsweise in Betracht kommen, wenn besondere Umstände, etwa eine unzumutbare Diskriminierung nach langjähriger Tätigkeit als Prokurist, einen Fortbestand des Arbeitsverhältnisses bis zum Ablauf der Kündigungsfrist unzumutbar machen (BAG 17.9.70, DB 71, 391; 26.8.86, DB 87, 51). Bestand die Prokura nur für eine im Verhältnis zur Gesamtdauer des Arbeitsverhältnisses kurze Zeitspanne, so hat der ArbN keinen Anspruch auf zeitlich unbestimmte Erwähnung der Prokura im **Arbeitszeugnis** (LAG BaWü 19.6.92, DB 93, 1040; LAG Hamm 17.6.99 – 4 Sa 309/98, BeckRS 2000, 40219). 7

## B. Lohnsteuerrecht *Seidel*

Ob ein ArbN Prokurist ist, ist für die lohnsteuerrechtliche Behandlung als ArbN ohne Belang (→ *Leitende Angestellte* Rn 24). Als Verfügungsberechtigter iSd § 35 AO fällt er jedoch unter den als Haftende in Betracht kommenden Personenkreis des § 69 AO. Für seine Haftungsinanspruchnahme gelten die unter → *Lohnsteuerhaftung* Rn 30–41 dargestellten Grundsätze (zur Haftung auch FG Hess 10.10.05 – V 3913/04, DStRE 06, 683). 8

## C. Sozialversicherungsrecht *Voelzke*

Die dem Prokuristen im Außenverhältnis zu Dritten eingeräumte Vertretungsmacht führt allein nicht zur Annahme einer **selbstständigen Tätigkeit.** Besitzt der Prokurist keine Gesellschafterstellung, so ist er regelmäßig abhängig beschäftigt (Sächs LSG 5.12.17 – L 9 KR 26/12, BeckRS 2017, 144604). Dies gilt sogar dann, wenn einem Gesellschafter durch die Prokura die Möglichkeit zur Vornahme gewöhnlicher Geschäftshandlungen eingeräumt wird (BSG 1.2.96 – 2 RU 7/95, SozR 3–2200 § 723 Nr 2). Entscheidend sind die tatsächliche Dienststellung und die Ausgestaltung des Arbeitsvertrages. Auf die Ausführungen zur sozialversicherungsrechtlichen Stellung von leitenden Angestellten wird verwiesen (→ *Leitende Angestellte* Rn 25–27). Auch ein GmbH-Gesellschafter, dem zwar Prokura eingeräumt wird, aber der nicht zum Geschäftsführer bestellt ist, ist weisungsgebunden und damit Beschäftigter (BSG 11.11.15 – B 12 R 2/14 R, GmbHR 16, 537; → *Geschäftsführer* Rn 60 ff). 9

# Provision

## A. Arbeitsrecht *Griese*

**Übersicht**

1 **1. Begriff und Rechtsgrundlagen.** Die Provision ist eine **erfolgsbezogene** Vergütungsform. Sie ist dadurch charakterisiert, dass eine Vergütung für die Vermittlung oder den Abschluss von Verträgen mit dem Unternehmen gezahlt wird. Für die Handelsvertreter (→ *Handelsvertreter* Rn 1 ff), also für selbstständige Vermittlungs- und Abschlusstätigkeit (§ 84 Abs 1 HGB), sind die Rechtsgrundlagen für die Provision in §§ 87–87c HGB enthalten, für Versicherungs- und Bausparkassenvertreter zusätzlich in § 92 HGB.

2 Arbeitet ein **Arbeitnehmer auf Provisionsbasis,** bestimmt § 65 HGB, dass die vorgenannten handelsrechtlichen Provisionsvorschriften bis auf die Vorschriften über die Bezirksvertretung (§ 87 Abs 2 HGB) und die Inkassoprovision (§ 87 Abs 4 HGB) auf Handlungsgehilfen entsprechend anwendbar sind. Von diesen im HGB geregelten Provisionen sind **Umsatzprovisionen** (→ *Mitarbeiterbeteiligung* Rn 28) abzugrenzen, die auf den Gesamtumsatz des Unternehmens oder eines Betriebes oder Teilbetriebes bezogen sind und nicht an die konkrete Tätigkeit und den konkreten Verkaufserfolg des einzelnen ArbN anknüpfen.

3 Die Tätigkeit eines ArbN auf Provisionsbasis bedarf einer individual- oder kollektivrechtlichen Grundlage. Dabei ist es im Rahmen der Vertragsfreiheit zwar zulässig, mit einem ArbN zu vereinbaren, dass dieser als Vergütung **ausschließlich Provision** und kein Fixum oder eine Provisionsgarantie erhält.

**Das ab dem 1.1.2015 geltenden MiLoG bringt eine entscheidende Verbesserung** (s *Mindestlohn*). Der gesetzliche **Mindestlohn** gilt für jeden ArbN, auch für solche, die allein auf Provisionsbasis tätig sind. Er steigt ab 1.1.2019 auf 9,19 € für jede aufgewandte Arbeitsstunde, ab 1.1.2020 auf 9,35 €. Er darf nicht unterschritten werden und **wirkt wie ein gesetzliches Fixum.**

Eine vertragliche Vereinbarung über eine ausschließliche Vergütung auf Provisionsbasis hält zudem unter dem Gesichtspunkt der **Sittenwidrigkeit (§ 138 BGB)** der rechtlichen Nachprüfung nicht stand, wenn von vorneherein absehbar ist, dass der ArbN aus den Provisionen **keinen angemessenen Verdienst** erreichen kann (BAG 20.6.89 – 3 AZR 504/87, NZA 89, 843; LAG Bln 3.11.86 – 9 Sa 65/86, AP Nr 14 zu § 65 HGB). Seiner diesbezüglichen Darlegungs- und Beweislast kann der ArbN zB dadurch nachkommen, dass er darlegt, dass nicht nur er, sondern auch kein anderer auf Provisionsbasis beschäftigter ArbN einen angemessenen Verdienst erzielt hat. Erweist sich in einem solchen Fall die Abrede, der ArbN solle allein auf Provisionsbasis vergütet werden, als sittenwidrig und damit rechtsunwirksam, schuldet der ArbGeb nach § 612 Abs 2 BGB den üblichen (Fest-)Lohn für die vom ArbN ausgeübte Tätigkeit. Durch die **Einführung des gesetzlichen Mindestlohns zum 1.1.2015 hat diese Rspr-Kontrolle nicht jegliche Relevanz verloren.** Sie greift ein, wenn das **gezahlte Entgelt zwar den Mindestlohn erreicht, aber gleichzeitig in krassem Missverhältnis zum üblicherweise für solche Tätigkeiten gezahlten Entgelt** steht, bspw wenn das übliche Entgelt doppelt so hoch ist wie der Mindestlohn (BAG 18.11.15 – 5 AZR 814/14, NJW 16, 2359; *Bayreuther* NZA 14, 865).

Besteht eine Vergütung nach der zugrunde liegenden Rechtsgrundlage aus einem Fixanteil und einer erfolgsorientierten variablen Vergütung, ist der ArbGeb nicht verpflichtet, die Arbeit so zu organisieren, dass ein maximales variables Entgelt erzielt wird (BAG 16.2.12 – 8 AZR 98/11, BB 12, 571).

Ist hingegen die Vertragsbeziehung rechtlich wirksam als **freies, selbstständiges Vertragsverhältnis** vereinbart und tatsächlich praktiziert, kann eine Vergütung nur **auf Provisionsbasis ohne Garantieeinkommen** vereinbart werden, wenn das **Transparenzgebot** gem § 307 BGB eingehalten wird (BAG 9.6.10 – 5 AZR 332/09, NZA 10, 877).

4 Grds zulässig ist es auch, mit dem ArbN eine befristete Provisionszusage neben einem Festgehalt zur vereinbaren, oder ein Widerrufsrecht hinsichtlich der neben dem Festgehalt gezahlten Provision vorzusehen. Allerdings darf hierdurch nicht der gesetzliche Schutz gegen Änderungskündigungen umgangen werden. Unter diesem Gesichtspunkt ist es gerade noch zulässig, wenn eine Provisionszusage befristet wird, die neben das Tarifgehalt tritt und lediglich 15% der Gesamtvergütung ausmacht (BAG 21.4.93 – 7 AZR 297/92, DB 94, 2400). Soweit eine vertragliche Widerrufsklausel in einem vom ArbGeb vorgegebenen Text oder in einem Formulararbeitsvertrag enthalten ist (§ 310 Abs 3 Nr 2 BGB, § 305 BGB), sind die engen Grenzen des § 308 Nr 4 BGB zu beachten: Danach kann ein **freies Widerrufsrecht nicht vereinbart werden,** sondern nur eins, das an vorab vertraglich

festgelegte triftige Gründe geknüpft wird, nicht mehr als 25 % der Gesamtvergütung betrifft und das Tarifniveau unangetastet lässt (BAG 12.1.05 – 5 AZR 364/04, NZA 05, 465).

Eine arbeitsvertragliche Vereinbarung, die die Provision von einer **Jahressollvorgabe** abhängig macht und keine Regelung für die unterjährige Beschäftigung enthält (Kündigung zum Ende des ersten Halbjahres) würde eine nach § 622 Abs 6 BGB unzulässige Kündigungserschwerung zulasten des ArbN bedeuten und bedarf daher der ergänzenden Vertragsauslegung (BAG 20.8.96 – 9 AZR 471/95, NZA 96, 1151).

**2. Anspruchsvoraussetzungen. a) Bestand des Arbeitsverhältnisses.** Voraussetzung 5
für den Provisionsanspruch des ArbN ist, dass zum Zeitpunkt der provisionspflichtigen Tätigkeit des ArbN ein Arbeitsverhältnis mit **Provisionszusage** besteht. § 87 Abs 1 HGB verlangt insoweit, dass das provisionspflichtige Geschäft **während des Vertragsverhältnisses** abgeschlossen sein muss. Eine Einschränkung dieser Voraussetzung ergibt sich jedoch durch die Grundsätze des Faktischen Arbeitsverhältnisses (→ *Faktisches Arbeitsverhältnis* Rn 1 ff). Nichtigkeit und Anfechtbarkeit des Arbeitsvertrages können nur für die Zukunft geltend gemacht und einem Provisionsanspruch, der bei faktischer Durchführung eines rechtsunwirksamen Arbeitsverhältnisses entstanden ist, nicht entgegengesetzt werden.

**Nach Vertragsbeendigung** entsteht nach § 87 Abs 3 Nr 1 HGB ein Provisions- 6
anspruch, wenn der ArbN das provisionspflichtige Geschäft noch während des bestehenden Arbeitsvertrages vermittelt oder so vorbereitet oder eingeleitet hat, dass der Abschluss überwiegend auf seine Tätigkeit zurückzuführen ist, wenn das Geschäft angemessene Zeit nach Beendigung des Arbeitsverhältnisses tatsächlich zustande kommt. Diesbezüglich kann nach § 87 Abs 3 Satz 2 HGB auch eine **Provisionsteilung** in Betracht kommen, wenn die Tätigkeit des ArbN **und** seines Nachfolgers zum Vertragsabschluss geführt haben und die Teilung wegen besonderer Umstände der Billigkeit entspricht. Trotz Vertragsbeendigung besteht ferner gem § 87 Abs 3 Nr 2 HGB dann ein Provisionsanspruch, wenn der Kunde noch vor Ende des Arbeitsverhältnisses aufgrund der Tätigkeit des ArbN sein Angebot zum Vertragsabschluss abgibt.

Mit Vertragsbeendigung ist der rechtlich maßgebende Beendigungszeitpunkt gemeint. 7
Der Provisionsanspruch entfällt nicht deshalb, weil er bei Vertragsbeendigung zwar entstanden, aber noch nicht fällig war. Die Vereinbarung, dass eine Umsatzprovision im Folgejahr in monatlichen gleichen Raten ausgezahlt werden soll, regelt nur die Leistungszeit und bewirkt nicht, dass der Anspruch untergeht, wenn das Arbeitsverhältnis im Folgejahr nicht mehr besteht (BAG 8.9.98 – 9 AZR 223/97, NZA 99, 420). Der vollständige Ausschluss von **Überhangprovisionen** hält der Inhaltskontrolle gem § 307 Abs 1 BGB nicht stand (BAG 20.2.08 – 10 AZR 125/07, NZA 08, 1124). Provisionsansprüche können nicht mit Bindungsklauseln belegt werden, die bestimmen, dass eine Fortdauer des Arbeitsverhältnisses für einen bestimmten Zeitraum Anspruchsvoraussetzung ist. Dies gilt auch für Umsatzprovisionen, denn darin läge eine unzulässige Kündigungserschwerung für den ArbN (BAG 20.8.96 – 9 AZR 471/95, NZA 96, 1151; ErfK/*Müller-Glöge* § 620 BGB Rz 103), so dass es für den Anspruch auf die Umsatzprovision genügt, wenn der ArbN bis zum Ende des Umsatzzeitraums im Arbeitsverhältnis war.

**b) Geschäftsabschluss zwischen Arbeitgeber und Dritten.** Da die Provision erfolgs- 8
bezogen ist, erhält der ArbN sie nur, wenn tatsächlich ein Geschäftsabschluss zwischen ArbGeb und dem Vertragspartner zustande kommt. Dies setzt einen rechtswirksamen Vertrag zwischen dem ArbGeb und dem Vertragspartner voraus (zum Fall der Vertragsanfechtung s BAG 14.3.2000 – 9 AZR 855/98, NZA 2000, 827). Der ArbGeb kann den vermittelten oder vorbereiteten Vertragsschluss zwar ablehnen, macht sich aber gegenüber dem ArbN dann iHd entgangenen Provision schadensersatzpflichtig, wenn er für die Ablehnung keine sachlichen Gründe hat (*Schaub/Vogelsang* § 74 Rz 17).

Immer ist Voraussetzung für den Provisionsanspruch, dass es sich um Geschäfte handelt, 9
deren Abschluss oder Vermittlung der ArbGeb dem ArbN **übertragen** hatte. Für Geschäfte, die der ArbN außerhalb seiner dienstlichen Verpflichtungen abschließt oder vermittelt, entsteht ein Provisionsanspruch nur nach besonderer vertraglicher Vereinbarung.

Bei **Sukzessivlieferungsverträgen** werden die Nachlieferungen nur provisionspflichtig, 10
wenn sie von vorneherein vereinbart werden. Bei dynamischen Versicherungen, bei denen die Versicherungssumme in regelmäßigen Abständen steigt, wenn der Versicherungsnehmer

nicht widerspricht, sind die Erhöhungen, da von Beginn an vereinbart, provisionspflichtig (BAG 28.2.84 – 3 AZR 472/81, BB 84, 1687).

11 Die Entstehung des Provisionsanspruchs setzt darüber hinaus voraus, dass der Geschäftsabschluss auf eine **Tätigkeit des Vertreters** zurückzuführen ist. Mitursächlichkeit reicht aus (LAG Köln 23.10.06, NZA-RR 07, 236). Von dem erforderlichen **Kausalzusammenhang** macht § 87 Abs 1 Satz 1 2. Alternative HGB eine Ausnahme, wenn der Kunde zuvor von dem Vertreter **neu** geworben wurde und nunmehr ohne Mitwirkung des ArbN ein **gleichartiges** Geschäft abschließt. Mit dieser Regelung wird bezweckt, dem Vertreter die Früchte der Neuwerbung von Kunden, die Folgeverträge abschließen, zukommen zu lassen. Diese abdingbare Regelung gilt wegen § 92 Abs 3 HGB nicht für Versicherungs- und Bausparkassenvertreter (BGH 24.4.86 – I ZR 83/84, BB 86, 2091).

12 Für Handelsvertreter, also diejenigen, die nicht als ArbN tätig werden, besteht darüber hinaus das Recht, gem § 87 Abs 2 HGB Provisionen für die im zugewiesenen Bezirk oder Kundenkreis abgeschlossenen Geschäfte verlangen zu können, obwohl sie am konkreten Geschäftsabschluss nicht mitgewirkt haben. Damit wird für Handelsvertreter der Gebiets- und Kundenschutz abgesichert. Da diese Regelung für ArbN nicht gilt, bedarf ihre Anwendung der vertraglichen Vereinbarung. Die Änderung von zugewiesenen Bezirken ist im Wege des Direktionsrechts nur möglich, wenn ein entsprechender vertraglicher Vorbehalt besteht. Zudem ist die Änderung daran zu messen, ob sie den in § 2 KSchG festgelegten Kündigungsschutz gegen Änderungskündigungen umgeht.

13 **c) Ausführung des Geschäfts.** Der Provisionsanspruch bleibt bestehen, wenn das vom Vertreter vermittelte oder abgeschlossene Geschäft tatsächlich ausgeführt wird (§ 87a Abs 1 HGB). Dazu ist erforderlich, dass der Unternehmer seine Leistung erbringt. Für Versicherungs- und Bausparkassenverträge tritt nach § 92 Abs 4 HGB die Zahlung der Beiträge an die Stelle der Vertragsausführung. Steht fest, dass der Kunde die Gegenleistung nicht erbringt, entfällt der Provisionsanspruch nach § 87a Abs 2 HGB. Der Provisionsanspruch bleibt bei Nichtausführung des Geschäfts nach § 87a Abs 3 HGB bestehen, wenn die Nichtausführung auf Gründen beruht, die der Unternehmer zu vertreten hat. So bleibt der Unternehmer zur Provisionszahlung verpflichtet, wenn er an den Dritten mangelhaft, unvollständig oder verspätet leistet und es hierdurch letztlich nicht zur Vertragsdurchführung kommt. Nicht unter die Rückzahlungsbestimmung des § 87a Abs 2 HGB fällt es, wenn das zugrunde liegende Geschäft später **angefochten und rückabgewickelt wird; hier kann lediglich ein Rückgewährunganspruch nach § 812 BGB** in Betracht kommen (BAG 14.3.2000 – 9 AZR 855/98, NZA 2000, 827).

14 Der Provisionsanspruch des Untervertreters kann wegen Nichtausführung des Geschäfts nur dann entfallen, wenn auch der Provisionsanspruch des Hauptvertreters gegen den Unternehmer entfallen ist. Dies wiederum ist im Verhältnis zwischen Hauptvertreter und Unternehmer nach § 87a Abs 3 Satz 2 HGB zu beurteilen. Der Provisionsanspruch des Untervertreters bleibt auch dann bestehen, wenn der Hauptvertreter den eigenen Provisionsanspruch nicht ordnungsgemäß verteidigt (OLG Schleswig 9.1.09 – 14 U 102/08, BeckRS 2009, 15934).

15 Wird die Vertragsausführung **unmöglich,** hat der ArbGeb Vorsatz und Fahrlässigkeit zu vertreten. Zudem haftet er auch für Erfüllungsgehilfen nach § 278 BGB. Scheitert die Vertragsausführung somit an Umständen, die der ArbGeb zu verantworten hat, entsteht der Provisionsanspruch. Er entfällt hingegen, wenn die Vertragsausführung aus nicht vom ArbGeb zu vertretenden Umständen unmöglich ist. Der nicht zu vertretenden Unmöglichkeit steht es gleich, wenn die Vertragsdurchführung für den ArbGeb **unzumutbar** gem § 275 Abs 2 und 3 BGB wird. Ein Anwendungsfall hierfür ist die **Unsicherheitseinrede** (zB wegen Vermögensverschlechterung des Kunden, § 321 BGB) oder die Insolvenz des Kunden. Die Unwilligkeit des Kunden, den abgeschlossenen Vertrag durchzuführen, rechtfertigt es indessen nicht, die Vertragsdurchführung als unzumutbar anzusehen. Ebenso wie bei Nichterbringung der Gegenleistung durch den Kunden ist der ArbGeb verpflichtet, **alle zumutbaren Nachbearbeitungsmaßnahmen** zu ergreifen, um den Vertrag aufrecht zu erhalten. Diese aus § 87a Abs 3 HGB folgende **Nachbearbeitungspflicht ist nicht abdingbar gem § 87a Absatz 5 HGB.** Dies gilt auch für Stornofälle im Versicherungs- und Bausparkassenbereich. **Für kleine Rückforderungsbeträge, sog Kleinstorni besteht keine Ausnahme** (BAG 21.1.15 – 10 AZR 84/14, NZA 15, 875). Zu den zumutbaren

Nachbearbeitungsmaßnahmen kann die Klage gegen den Kunden auf Erbringung der Gegenleistung gehören.

In jedem Fall zumutbar sind **außergerichtliche** Bestandserhaltungsmaßnahmen. Dazu gehören entsprechende, mehrmalige Mahnschreiben, die den Kunden zur Vertragserfüllung auffordern Auch eine Beauftragung des zuständigen Außendienstmitarbeiters mit einer persönlichen Kontaktaufnahme mit dem Kunden dürfte idR zumutbar sein (OLG Zweibrücken 11.6.15 – 4 U 15/13, BeckRS 2016, 15592). 16

Um die notwendige Nachbearbeitung durchführen zu können, benötigt der provisionsberechtigte Mitarbeiter die sog **Stornogefahrmitteilung** (OLG Düsseldorf 27.5.16 – 16 U 187/14 MDR 16, 1206). Ist der provisionsberechtigte Mitarbeiter ausgeschieden, kann er wegen der Abwerbungsgefahr für die nach seinem Ausscheiden notleidend gewordenen Verträge keine Stornogefahrmitteilungen verlangen; der ArbGeb bleibt aber auch insoweit zur ausreichenden Nachbearbeitung verpflichtet (BAG 21.1.15 – 10 AZR 84/14, NZA 15, 875). **Unterlässt** der ArbGeb **zumutbare Nachbearbeitungsmaßnahmen** und informiert auch den ArbN nicht, hat dies zur Folge, dass der Provisionsanspruch bestehen bleibt. 17

Eine schlüssige Klage auf Rückforderung von Provisionsvorschüssen erfordert die Darlegung, für welchen Vertrag Superprovision/Provision in welcher Höhe als Vorschuss gezahlt wurde, für welche Prämie der Provisionsanspruch entsteht, inwieweit es nicht zur Prämienzahlung durch den Versicherungsnehmer gekommen ist **und welche Auswirkungen dies nach welchen vertraglichen Vereinbarungen der Parteien auf den Provisionsanspruch des Vermittlers hat. Darüber hinaus hat der AbGeb die ordnungsgemäße Nachbearbeitung des einzelnen notleidenden Versicherungsvertrags darzulegen,** für den er eine Rückforderung geltend macht (BAG 21.1.15 – 10 AZR 84/14, NZA 15, 875).

**3. Höhe der Provision. a) Rechtsgrundlage.** Die Höhe der jeweiligen Provision hängt von der jeweiligen Rechtsgrundlage ab. Provisionsregelungen können sowohl durch Einzelarbeitsvertrag, als auch durch arbeitsvertragliche Einheitsregelung, Gesamtzusage, betriebliche Übung, Betriebsvereinbarung oder Tarifvertrag gestaltet werden. Liegt keinerlei Regelung hinsichtlich der Höhe vor, gilt nach § 87b Abs 1 HGB die **übliche** Provision als vereinbart. Kann die Provision nicht berechnet werden, zB weil der ArbGeb die Arbeitsleistung des ArbN wegen Betriebsstillegung nicht mehr angenommen hat, muss sie **geschätzt werden.** Anhaltspunkt für die Schätzung kann der vereinbarte monatliche Provisionsvorschuss sein (BAG 11.8.98 – 9 AZR 410/97, ArbuR 98, 374). 18

Die **Änderung** der vertraglich vereinbarten Provisionsregelung, erst recht die **nachträgliche** Änderung, bedarf einer Änderungsvereinbarung oder einer Änderungskündigung. 19

**b) Verrechnung mit Fixum und Provisionsgarantie.** Die Parteien können vereinbaren, dass Provisionen auf einen vom ArbGeb gezahlten Garantielohn angerechnet werden. Dies kann auch in der Weise geschehen, dass vereinbart wird, dass ein Provisionsanspruch nur entsteht, soweit die Provisionen die Summe aus Festgehalt und Reisekostenpauschale übersteigen. Ist mit einem tarifgebundenen ArbN ein untertarifliches Fixum sowie Provisionszahlungen vereinbart, muss die Summe aus beiden Komponenten **mindestens jeden Monat** die tarifliche Mindestvergütung erreichen; allerdings kann die tarifliche Mindestvergütung nicht neben oder unabhängig von der Höhe der verdienten Provisionen verlangt werden (BAG 19.1.00 – 4 AZR 814/98, NZA 00, 1300). 20

**c) Mitbestimmung des Betriebsrats.** Soweit keine tarifliche Regelung besteht, greift das Mitbestimmungsrecht des BRat bei der **betrieblichen Lohngestaltung** nach § 87 Abs 1 Nr 10 BetrVG (ErfK/*Kania* § 87 BetrVG Rn 97). Daher hat der BRat, wenn Vertriebsbeauftragte ein Einkommen erhalten, das sich aus Grundgehalt, Provision und Prämien zusammensetzt, mitzubestimmen bei der Festlegung des Verhältnisses von Festgehalt zu den variablen Einkommensbestandteilen sowie bei der Festlegung des Verhältnisses der variablen Einkommensbestandteile untereinander (BAG 6.12.88 – 1 ABR 44/87, NZA 89, 479). 21

**d) Provisionen bei Urlaub und Krankheit.** Ist der ArbN arbeitsunfähig krank, ist für den Zeitraum der Entgeltfortzahlung (→ *Entgeltfortzahlung* Rn 28 ff) der vom ArbN in der für ihn maßgebenden regelmäßigen Arbeitszeit erzielbare Provisionsdurchschnitt zugrunde zu legen (§ 4 Abs 1a Satz 2 EFZG). Die Höhe des ausgefallenen Verdienstes kann aus dem Provisionsdurchschnitt eines längeren vor der Krankheit liegenden Zeitraums ermittelt wer- 22 den, ggf muss eine Schätzung erfolgen (BAG 11.8.98 – 9 AZR 410/97, BB 98, 1796; Erfk/*Preis* § 615 BGB Rn 77). Bei starken monatlichen Schwankungen der Provisionszahlungen in der Vergangenheit kann ein Referenzzeitraum von 12 Monaten angemessen sein (LAG Köln 8.11.18 – 6 Sa 256/18, BeckRS 2018, 38289). Während der **Mutterschutzfristen nach §§ 3 Abs 2 und 6 Abs 1 MuSchG** ist der Provisionsdurchschnitt der Vergangenheit fortzuzahlen; die Mutterschutzfristen dürfen nicht aus einer Berechnungsgrundlage herausgerechnet werden, auch nicht durch tarifvertragliche Regelung (BAG 2.8.06 – 10 AZR 425/05, NZA 06, 1411).

23 Im Urlaub ist nach § 11 BUrlG der Provisionsdurchschnitt der **letzten abgerechneten 13 Wochen** vor Urlaubsantritt zu zahlen (BAG 11.4.2000 – 9 AZR 266/99, NZA 01, 153). Ansprüche auf Bezirksprovision gem § 87 Abs 2 HGB sind bei der Durchschnittsberechnung nicht zu berücksichtigen (BAG 11.4.2000 – 9 AZR 266/99, NZA 01, 153). Eine abweichende Berechnungsmethode kann nach § 13 BUrlG nur durch Tarifvertrag festgelegt werden. Eine vertragliche Beschränkung der Urlaubsentgeltansprüche auf das Grundgehalt unter Ausschluss der Provisionsansprüche ist unzulässig (LAG BaWü 24.2.17 – 9 Sa 28/16, BeckRS 2017, 117191).

24 **4. Abrechnung des Provisionsanspruchs.** Der ArbN hat wie der Handelsvertreter nach §§ 87c, 65 HGB Anspruch auf Abrechnung. Grds ist monatlich abzurechnen, der Abrechnungszeitraum kann durch vertragliche Vereinbarung auf drei Monate erstreckt werden (§ 87c Abs 1 Satz 1 HGB). Über die Provisionsansprüche ist, nachdem sie **entstanden sind,** unverzüglich, spätestens aber zum Ablauf des Folgemonats abzurechnen. Zu den die Abrechnung notwendig enthaltenden Angaben gehören Name oder Kennziffer des Kunden, Art und Menge der verkauften Waren oder Dienstleistungen, der Wert der Geschäfte, die Geschäftsausführung und die Höhe der Provision.

25 Der gesetzlich vorgeschriebene Abrechnungszeitpunkt begründet zugleich die Fälligkeit der Provisionsansprüche, da nach § 87a Abs 4 HGB die **Fälligkeit** am letzten Tag des Monats eintritt, in dem abzurechnen ist. Ergänzt wird der Abrechnungsanspruch durch den **Anspruch auf einen Buchauszug** (§ 87c Abs 2 HGB) und den **Anspruch auf Auskunft** über alle für den Provisionsanspruch wesentlichen Umstände (§ 87c Abs 3 HGB). Diese Ansprüche sind nicht davon abhängig, dass der ArbN die erteilte Abrechnung beanstandet. Ein Buchauszug kann allerdings nicht mehr verlangt werden, wenn die Parteien sich bereits zuvor über die Richtigkeit der Abrechnung ausdrücklich geeinigt haben (BGH 11.7.80, DB 81, 369). Ein erweiterter Auskunftsanspruch kommt zur Geltung, wenn die Besorgnis besteht, dass der ArbGeb den ArbN bei der Zuteilung von Aufträgen benachteiligt hat (BAG 21.11.2000 – 9 AZR 665/99, NZA 01, 1093 – Auskunft über die Verteilung der Aufträge auf alle ArbN).

26 Das darüber hinausgehende Recht nach § 87c Abs 4 auf **Einsichtnahme in die Geschäftsbücher** – nach Wahl des Unternehmers durch den ArbN selbst oder einen Wirtschaftsprüfer oder vereidigten Buchsachverständigen – kann nur durchgesetzt werden, wenn der Buchauszug verweigert wird oder der ArbN begründete Zweifel an der Richtigkeit und Vollständigkeit der Abrechnung darlegen kann.

27 Aus der **widerspruchslosen Hinnahme von Provisionsabrechnungen** kann **kein Einverständnis** des ArbN mit den jeweiligen Abrechnungen hergeleitet werden. Vertragsklauseln, die das Einverständnis des ArbN unterstellen, falls dieser nicht innerhalb einer bestimmten Frist der Abrechnung widerspricht, sind **rechtsunwirksam,** da die Ansprüche auf Buchauszug, Auskunft und Einsicht in die Geschäftsbücher gem § 87c Abs 5 HGB zwingendes Recht sind. Diese Unabdingbarkeit hat den Zweck, dem ArbN die ausreichende Möglichkeit zu geben, die Richtigkeit der Abrechnung im Einzelnen kontrollieren und ergänzende Provisionsansprüche durchsetzen zu können. Hierin kann durch **Saldoanerkenntnisklauseln** nicht eingegriffen werden. Eine Verfallklausel, die sich lediglich auf vertragliche Ansprüche bezieht, schließt gesetzliche Ansprüche, insbes solche auf Schadensersatz nach § 280 Abs 1 oder §§ 823 ff BGB nicht aus (BAG 21.4.16 – 8 AZR 753/14, NZA 16, 1271).

28 **5. Rückforderung von nicht verdienten Provisionen und Provisionsvorschüssen.** Entfällt der Provisionsanspruch, etwa wegen Stornierung des Vertrages, oder werden Provisionsvorschüsse, ohne dass ein Fortzahlungsanspruch, zB Annahmeverzug, Entgeltfortzah-

lung, Urlaubsentgelt, besteht, nicht ins Verdienen gebracht, hat der ArbGeb einen Anspruch auf Erstattung der bereits ausgezahlten Beträge. Kein Rückzahlungsanspruch besteht, wenn den Provisionsvorschüssen ein **Scheingeschäft** zugrunde liegt, etwa wenn Provisionsvorschüsse an eine 20-jährige Schülerin gezahlt werden, tatsächlich aber der Vater der Schülerin für die Versicherung tätig wird und die Vorschüsse an sich nimmt (BAG 22.9.92 – 9 AZR 385/91, NJW 93, 2767). Die Rückforderung der zuviel geleisteten Nettobeträge kann durch *Aufrechnung* unter Beachtung der Pfändungsfreigrenzen oder durch Geltendmachung eines Anspruchs auf *Entgeltrückzahlung* (→ *Entgeltrückzahlung* Rn 11) realisiert werden.

Den Rückzahlungsanspruch kann der ArbGeb nicht darauf stützen, dass der ArbN den übersandten Provisionsabrechnungen nicht innerhalb einer bestimmten Frist widersprochen habe, da dies kein Anerkenntnis begründet und Saldoanerkenntnis – oder sonstige Anerkenntnisklauseln – rechtsunwirksam sind (BAG 23.3.82 – 3 AZR 637/79, BB 83, 195; *Stötter* DB 83, 867). Wird ein laufendes Provisionskonto geführt, muss der ArbGeb im Streitfall, wenn kein ausdrückliches Anerkenntnis vorliegt, die der Saldoberechnung zugrundeliegenden gegenseitigen Ansprüche so substantiiert darlegen, dass dem Gericht eine vollständige rechnerische und rechtliche Überprüfung möglich ist. Dazu muss er zurückgehen auf einen Zeitpunkt, in dem der Saldo zwischen den Parteien unstreitig ist, und von da ab – bei Bestreiten des ArbN – alle eingetretenen Änderungen des Saldos (Aktiv- und Passivposten) substantiiert vortragen (BGH 28.5.91 – XI ZR 214/90, NJW 91, 2908). 29

Sollen Provisionen aufgrund der **Stornierung** von Verträgen zurückgefordert werden, muss der ArbGeb darlegen, seine **Nachbearbeitungspflicht** erfüllt zu haben. Dazu reicht es nicht aus, lediglich pauschal die generellen Nachbearbeitungsmaßnahmen vorzutragen, erforderlich ist vielmehr der Nachweis, dass dies im konkreten Einzelfall geschehen ist. **Für kleine Rückforderungsbeträge, sog Kleinstorni besteht keine Ausnahme** (BAG 21.1.15 – 10 AZR 84/14, NZA 15, 875). Der Rückforderungsanspruch kann gem § 242 BGB entfallen, wenn der ArbGeb seine Förderungs- und Rücksichtnahmepflicht verletzt hat (LAG Hamm 3.2.09 – 14 Sa 361/08, NZA-RR 2009, 631). 30

Für Streitigkeiten über Provision ist, soweit ArbN betroffen sind, die Arbeitsgerichtsbarkeit zuständig. Darüber hinaus sind die Arbeitsgerichte auch für Provisionsstreitigkeiten von selbstständigen **Einfirmenvertretern** nach § 92a HGB iVm § 5 Abs 3 Satz 1 ArbGG zuständig (BAG 20.10.09 – 5 AZB 30/09, NZA 09, 1411).

## B. Lohnsteuerrecht *Seidel*

**1. Arbeitslohn.** Vermittlungsprovisionen, die ArbN von ihrem ArbGeb erhalten, sind grds Arbeitslohn, zB Innendienstangestellte von Versicherungen für die gelegentliche Vermittlung von Versicherungen oder Bankangestellte für die Vermittlung von Wertpapiergeschäften, wenn die Vermittlungstätigkeit im Rahmen des Dienstverhältnisses des Angestellten ausgeübt wird (→ *Arbeitnehmer (Begriff)* Rn 42, 43 sowie → *Nebentätigkeit* Rn 20 ff). Dies gilt auch für die Weiterleitung von Provisionszahlungen Dritter durch den ArbGeb an den ArbN (LStR 19.4 Abs 1). Erhält der ArbN einen als Provision bezeichneten Preisnachlass für den Abschluss eigener Verträge, der gewöhnlichen Kunden nicht eingeräumt wird, stellt der Preisnachlass stpfl Arbeitslohn dar (weiterhin BFH 22.5.92, BStBl II 92, 840). 31

Hat der ArbGeb dem ArbN Schadensersatz zu zahlen (→ Rn 8), sind die Zahlungen ebenso wie die Provision Arbeitslohn (→ *Arbeitgeberhaftung* Rn 20). Zur steuerlichen Behandlung der Rückzahlung von Provisionen (→ Rn 28) wird auf das Stichwort → *Entgeltrückzahlung* Rn 17 ff Bezug genommen. Verzichtet der ArbGeb auf Vermittlungsprovisionen (zB Makler bei Erwerb einer Immobilie durch Angestellte), liegt iHd Verzichts Arbeitslohn des ArbN vor, wenn der Nachlass über das hinausgeht, was auch Dritten als Nachlass gewährt wird (→ *Arbeitsentgelt* Rn 40, 41 und → *Sachbezug* Rn 27 ff). 32

Erfolgt die Provisionszahlung nicht im Rahmen eines Dienstverhältnisses, zB bei selbstständiger Nebentätigkeit (→ *Arbeitnehmer (Begriff)* Rn 42, 43 und → *Nebentätigkeit* Rn 20), und gehört daher nicht zum Arbeitslohn, kann sie entweder zu den Einkünften aus Gewerbebetrieb (§ 15 EStG, zB selbstständiger Versicherungsvertreter, → *Handelsvertreter* Rn 7 ff) oder bei nur gelegentlicher Vermittlung – zB einer Wohnung oder eines Auftrags – zu den Einkünften aus sonstiger Tätigkeit gehören (§ 22 Nr 3 EStG). 33

34 **2. Verfahren.** Stellt die gezahlte Provision Arbeitslohn dar, hat sie der ArbGeb idR auch dann dem LStAbzug zu unterwerfen, wenn sie von einem Dritten geleistet wird (Lohnzahlung durch Dritte, s hierzu → *Lohnabzugsverfahren* Rn 14 ff auch hinsichtlich der Anzeigepflichten des ArbN und der Haftung des ArbGeb). Werden Provisionen nicht regelmäßig fortlaufend, sondern neben dem laufenden Arbeitslohn als einmaliger Arbeitslohn gezahlt, sind sie als sonstiger Bezug dem LStAbzug zu unterwerfen (→ *Sonstige Bezüge* Rn 3 ff auch hinsichtlich einer Auszahlung erst nach dem Ende des Arbeitsverhältnisses).

## C. Sozialversicherungsrecht *Schlegel*

35 **1. Beitragsrecht.** Beitragspflichtiges Arbeitsentgelt sind alle laufenden oder einmaligen Einnahmen aus der Beschäftigung. Hierzu zählen auch Provisionen (BSG 24.3.83 – 10 RAr 15/81, SozR 4100 § 141b Nr 26; 20.3.84 – 10 RAr 4/83, USK 84, 277), die das BSG als Vergütung definiert, die in einem bestimmten vH-Satz des Wertes eines abgeschlossenen oder vermittelten Geschäftes gemessen wird (BSG 15.2.90 – 7 RAr 68/89, SozR 3–4100 § 112 Nr 1 Satz 6; zum Begriff der Provision allgemein → Rn 1–3).

36 **Abhängige Beschäftigung und selbstständige Tätigkeit** können Provisionsansprüche gleichermaßen auslösen. Auch ein abhängig Beschäftigter kann neben seiner versicherungspflichtigen Beschäftigung noch eine selbstständige Tätigkeit ausüben, und dies sogar für seinen ArbGeb, indem er zB nebenher noch selbstständig für diesen werbend tätig wird (Beispiel: Zeitungsausträger). Es ist deshalb stets zu prüfen, ob ein die Provision auslösender Tatbestand Teil der Gesamttätigkeit dieser Person in ihrer Eigenschaft als abhängig beschäftigter ArbN oder als Teil einer hiervon abgrenzbaren selbstständigen Tätigkeit anzusehen ist (BSG 15.2.89 – 12 RK 34/87, SozR 2200 § 165 Nr 95, 162; BSG 29.1.81 – 12 RK 63/79, BB 81, 2074 zur Frage, ob jemand, den die Bausparkasse hauptberuflich mit der Vermittlung von Bausparverträgen betraut hat, als – selbstständiger – Handelsvertreter iSd § 184 HGB oder als – abhängig beschäftigter – Handlungsgehilfe iSd § 59 HGB Provisionen erhält; BSG 31.10.72 – 2 RU 186/69, SozR Nr 34 zu § 539: Bezirksstellenleiter staatlicher Toto- und Lottogesellschaften; BSG 12.10.79 – 12 RK 24/78, BB 91, 124: Propagandisten).

37 Nur wenn der Provisionsanspruch durch abhängige Beschäftigung ausgelöst wird, handelt es sich um Arbeitsentgelt iSd § 14 SGB IV, ansonsten um sonstiges Arbeitseinkommen gem § 15 SGB IV aus selbstständiger Tätigkeit.

38 **2. Zeitliche Zuordnung.** Entgegen der Begründung zu § 385 RVO aF, der Vorgängervorschrift des § 227 SGB V bzw § 23a SGB IV, wonach es sich bei Provisionen um einmalig gezahltes Arbeitsentgelt handeln soll (BR-Drs 302/83, 70), handelt es sich bei den Provisionen um **laufendes Arbeitsentgelt** selbst dann, wenn die Provision nicht monatlich, sondern in größeren Zeitabständen gezahlt wird. Provisionen sind dem Lohnabrechnungszeitraum zuzurechnen, in dem der Anspruch auf die Provision als Teil des Arbeitsentgelts entstanden ist; dies wird regelmäßig der Zeitpunkt des Geschäftsabschlusses bzw der Geschäftsvermittlung sein (BSG 20.3.84 – 10 RAr 4/83, USK 84, 277; 15.5.84 – 12 RK 28/83, SozR 2200 § 385 Nr 9, 36). Je nach der vertraglichen Vereinbarung kann der Provisionsanspruch jedoch von weiteren Handlungen des ArbN abhängig sein (BSG 24.3.83 – 10 RAr 15/81, SozR 4100 § 141b Nr 26); in diesem Fall ist auch der Zeitpunkt der Beitragsentstehung hinausgeschoben (§ 22 SGB IV).

39 Bei **verspäteter Auszahlung** der Provision sind bereits abgeschlossene Beitragsberechnungen vergangener Lohnabrechnungszeiträume zu korrigieren, selbst wenn dies für ArbGeb und Versicherungsträger mit Mehrarbeit verbunden ist. Aus Praktikabilitätsgründen, die mit dem Gesetz allerdings kaum zu vereinbaren sind, lassen es die SozVTräger bei zeitversetzter, aber monatlicher Auszahlung der Provision zu, diese im Lohnabrechnungszeitraum der Auszahlung zur Beitragsberechnung heranzuziehen und bei Zahlung in größeren Zeitabständen die Provision gleichmäßig auf den Zahlungszeitraum zu verteilen. Wünschenswert wäre insoweit eine gesetzliche Regelung, die diesem (unabweisbaren) praktischen Bedürfnis Rechnung trägt.

40 **3. Berechnung der Jahresarbeitsentgeltgrenze.** Das Überschreiten der JAEGrenze führt gem § 6 Abs 1 Nr 1 SGB V in der gesetzlichen KV zur Versicherungsfreiheit (→ *Jah-*

*resarbeitsentgelt* Rn 7). Hierbei sind auch schwankende Provisionen zu berücksichtigen, obwohl die Vorschrift davon spricht, dass Versicherungsfreiheit nur für Arbeiter und Angestellte besteht, „deren regelmäßiges JAE" die JAEGrenze übersteigt. Bei schwankenden Provisionen ist nach den Gesamtumständen des Einzelfalles deren Höhe für die Zukunft zu schätzen; hierbei können idR die im Vorjahr erzielten Provisionen oder die Provisionen vergleichbarer ArbN herangezogen werden (BSG 23.11.71 – 3 RK 79/68, SozR Nr 66 zu § 165).

**4. Berücksichtigung beim Elterngeld.** Provisionen sind als laufender Arbeitslohn bei der Elterngeldberechnung zu berücksichtigen, wenn sie neben dem monatlichen Grundgehalt für kürzere Zeiträume als ein Jahr und damit mehrmals im Jahr nach festgelegten Berechnungsstichtagen regelmäßig gezahlt werden. Sie sind bei der Elterngeldberechnung nur dann nicht zu berücksichtigen, wenn sie nicht zum arbeitsvertraglich vereinbarten Fälligkeitszeitpunkt gezahlt werden und es durch ihre Voraus- oder Nachzahlung zu einer Verlagerung in den Bemessungszeitraum und somit zu einem „verzerrten Bild" der wirtschaftlichen Verhältnisse im Bemessungszeitraum kommt. Der Umstand allein, dass der ArbGeb bestimmte Einnahmen (zB Provisionen) im LStAbzugsverfahren faktisch als sonstige Bezüge behandelt, rechtfertigt es nicht, diese bei der Berechnung des Elterngelds unberücksichtigt zu lassen (BSG 26.3.14 – B 10 EG 14/13 R, SozR 4–7837 § 2 Nr 25). 41

Das BSG hat diese Rspr mit Urteil BSG v 14.12.2017 – B 10 EG 7/17 R aufgegeben. 42
Das Verfahren betraf einen Kläger, der im Jahr vor der Geburt seines Kindes aus seiner Beschäftigung als Berater neben einem monatlich gleichbleibenden Gehalt im Oktober und Dezember 2014 quartalsweise gezahlte Prämien („Quartalsprovisionen") erzielt hatte. Seine Gehaltsmitteilungen wiesen die Prämien als sonstige Bezüge im lohnsteuerrechtlichen Sinne aus. Die Provisionen – so das BSG nunmehr – seien nicht laufend, sondern nur quartalsweise gezahlt worden. Der Gesetzgeber habe durch die Neuregelung des § 2c Absatz 1 Satz 2 BEEG solche Provisionen von der Bemessung des Elterngeldes ausgenommen. Die unangefochtene LStAnmeldung entfalte Bindungswirkung. Einnahmen, die im LStAbzugsverfahren verbindlich als sonstige Bezüge zu behandeln sind, unterlägen deshalb nicht der Elterngeldbemessung. Hinzu komme, dass der Ausschluss sonstiger Bezüge nicht besonders schwer wiege, weil es der Elterngeldberechtigte selbst in der Hand habe, diesen durch entsprechende Vertragsgestaltung mit seinem ArbGeb zu vermeiden, und eine fehlerhafte lohnsteuerliche Zuordnung erforderlichenfalls anzufechten. Nach dieser Rspr treten die mit dem BEEG verfolgten materiellen Ziele hinter das Interesse der Elterngeldstellen an einfach zu ermittelnden Anknüpfungstatsachen (Lohnabrechnung) zurück.

Dagegen ist einzuwenden: Nach wie vor bestimmten weder § 38a Abs 1 Satz 2 EStG noch die LStRL, dass Provisionen unter allen Umständen zu den sonstigen Bezügen gehören; abgesehen davon wird der Zweck des Elterngeldes, das sich an der auch durch mehr oder weniger regelmäßige Provisionen geprägten wirtschaftlichen Leistungsfähigkeit orientieren soll, ausgeblendet und eine Ungleichbehandlung gegenüber Eltern in Kauf genommen wird, denen sonstige Bezüge nicht gewährt werden. Verwaltungsvereinfachung kann dies nicht rechtfertigen, zumal der ArbN steuerlich regelmäßig angesichts des Jahresprinzips kein allzu großes Interesse daran hat, dass zB Provisionen nicht als sonstige Bezüge vom ArbGeb behandelt werden. Abgesehen von einer Klage zum ArbG ist ein einfacher förmlicher Rechtsbehelf des ArbN gegen die lohnsteuerliche Behandlung bestimmter Entgeltkomponenten seitens des ArbGeb nicht ersichtlich.

# Rechtsanwaltskosten

## A. Arbeitsrecht

*Kreitner*

**1. Allgemeines.** Die anwaltlichen Gebühren richten sich nach dem RVG. Zu den Gebührenansprüchen im Einzelnen *Gerold/Schmidt/van Eicken/Madert/Müller-Rabe* RVG, 24. Aufl 2019; *Mayer/Kroiß* RVG, 7. Aufl 2018. Zu Fragen der Rechtsschutzversicherung im Arbeitsrecht *Küttner* NZA 96, 453. 1

**2. Besonderheiten** gelten im arbeitsgerichtlichen Verfahren bezüglich der Kostentragung gem § 12a ArbGG. Nach dieser Vorschrift findet eine Kostenerstattung für die obsiegende Partei im erstinstanzlichen Verfahren grds nicht statt. Erfasst sind hiervon neben den Gebühren des Prozessbevollmächtigten für die Prozessvertretung die hierdurch entstandenen Auslagen des Bevollmächtigten sowie die Tätigkeiten, die zur Vorbereitung des Rechtsstreits erforderlich waren. Dabei ist unerheblich, ob es tatsächlich zum gerichtlichen Verfahren kommt. Auch § 42 Abs 4 GKG ist zur Wertberechnung der Rechtsanwaltsgebühren heranzuziehen, wenn ein Aufhebungsvertrag geschlossen wird, ohne dass ein gerichtliches Verfahren eingeleitet wird (BAG 16.5.2000 – 9 AZR 279/99, NZA 2000, 1246 zu § 12 Abs 7 ArbGG aF). Jeder in einem arbeitsgerichtlichen Urteilsverfahren geschlossene Vergleich löst eine Termingebühr aus, ohne dass es darauf ankommt, ob der Vergleich in mündlicher Verhandlung protokolliert oder schriftlich nach § 278 Abs 6 ZPO festgestellt worden ist (BAG 20.6.06 – 3 AZB 78/05, NZA 06, 1060). Ausgeschlossen ist ein Kostenerstattungsanspruch auch für Privatgutachten (LAG Düsseldorf 14.5.63, AP Nr 28 zu § 91 ZPO). Bei einer Vollstreckungsgegenklage nach § 767 ZPO erfolgt ebenfalls keine Kostenerstattung (LAG Düsseldorf 9.6.05 – 16 Ta 299/05, BeckRS 2005, 41842). Ausgenommen sind gem § 12a Abs 1 Satz 3 ArbGG auch die Kosten, die durch die Anrufung eines unzuständigen Gerichts entstanden sind (BAG 1.11.04 – 3 AZB 10/04, NZA 05, 429; LAG Düsseldorf 15.8.06 – 16 Ta 392/06; LAG Thür 14.8.2000 – 8 Ta 87/00, NZA-RR 01, 106). Abweichende Parteivereinbarungen hinsichtlich der Kostentragung (auch in gerichtlichen oder außergerichtlichen Vergleichen) sind zulässig (LAG Düsseldorf 27.5.04 – 16 Ta 274/04, NZA-RR 04, 550; LAG Hamm 26.2.91, NZA 92, 524 [LS]). Bei parallelen Sachverhalten kann ausnahmsweise die Erhebung einer Sammelklage geboten sein (LAG Bln 27.4.06 – 17 Ta (Kost) 6012/06, NZA-RR 06, 432). Werden durch die Beauftragung eines Rechtsanwalts Reisekosten vermieden, die der Gegner ansonsten zu erstatten hätte, so findet bis zu dieser Höhe eine Anwaltskostenerstattung ausnahmsweise statt (BAG 17.8.15 – 10 AZB 27/15, NZA 15, 1150). 2

Seit 2014 existiert in der Arbeitsgerichtsbarkeit ein sog **Streitwertkatalog,** der von einer aus Arbeitsrichtern mehrerer Bundesländer zusammengesetzten Kommission erarbeitet wurde. Dieser Katalog dient der Vereinheitlichung der Streitwertfestsetzung, ohne jedoch verbindlichen Charakter zu haben. Mittlerweile liegt eine 2018 überarbeitete Fassung des Streitwertkatalogs vor (abgedruckt in NZA 18, 497). 3

**Verteidigerkosten** eines Berufskraftfahrers für die gerichtliche Klärung eines Verkehrsunfalls sind vom ArbGeb regelmäßig gem § 670 BGB zu zahlen. Diese Vorschrift greift immer dann ein, wenn der Schaden dem Betätigungsbereich des ArbGeb zuzurechnen ist und der ArbN ihn nicht ausnahmsweise selbst tragen muss, weil er dafür eine besondere Vergütung erhält (BAG 16.3.95, DB 95, 1770). Eine solche Ausnahme greift im genannten Fall nicht ein. Ebenso wenig ist der Kraftfahrer zum Abschluss einer Rechtsschutzversicherung verpflichtet, so dass ein Mitverschuldenseinwand iSv § 254 BGB ausscheidet (BAG 16.3.95 – 8 AZR 260/94, NZA 95, 836; *Dzida/Beckmann* ArbRB 17, 193; → *Aufwendungsersatz* Rn 15). 4

Für die **Rechtsmittelinstanzen** gelten keine besonderen Regelungen. Es bleibt insoweit bei der Kostentragung gem §§ 91 ff ZPO. Lediglich für Verbandsvertreter ist § 12a Abs 2 ArbGG zu beachten. Dabei sind der obsiegenden Partei im Berufungsverfahren die Rechtsanwaltskosten auch dann zu ersetzen, wenn eine Vereinigung von ArbN oder ArbGeb iSv § 11 Abs 2 Nr 4 und Nr 5 ArbGG bereit gewesen wäre, die Vertretung unentgeltlich zu 5 übernehmen (BAG 18.11.15 – 10 AZB 43/15, NZA 16, 188). Eine Ausnahme von § 12a ArbGG bildet lediglich der Schadenersatzanspruch des Gläubigers gegen den Drittschuldner gem § 840 Abs 2 Satz 2 ZPO (zu den Anspruchsvoraussetzungen zuletzt LAG Hamm 7.3.01 – 2 Sa 1626/00, NZA-RR 02, 15). Nach der zutreffenden Rspr des BAG umfasst dieser Anspruch auch die Rechtsanwaltskosten (BAG 16.5.90 – 4 AZR 56/90, NZA 91, 27; 16.11.05 – 3 AZB 45/05, NZA 06, 343). Auch wenn eine Berufung nur „vorsorglich" eingelegt wird, darf die Gegenpartei im Regelfall sofort einen Rechtsanwalt beauftragen, so dass die Gebühr nach Nr 3201 VV RVG gem § 91 Abs 2 Satz 1 ZPO zu erstatten ist, wenn die Berufung vor ihrer Begründung zurückgenommen wird (LAG Köln 25.2.16 – 4 Ta 31/16, NZA-RR 16, 382).

Für die **Gebührenklage** eines Rechtsanwalts gegen seinen zahlungsunwilligen Mandanten ist der Rechtsweg zu den ordentlichen Gerichten auch dann gegeben, wenn es sich um Gebühren aus einem arbeitsrechtlichen Mandat handelt (BAG 28.10.97 – 9 AZB 35/97, NZA 98, 219).

6 Besonderheiten gelten auch im **arbeitsgerichtlichen Beschlussverfahren,** wo der ArbGeb gem § 40 BetrVG grds die Kosten beider Seiten tragen muss (→ Rn 8 ff). Anders als im Urteilsverfahren sehen die ArbG hier meist von einer Festsetzung des Gegenstandswerts im Beschluss ab. Diese kann der Rechtsanwalt nach § 33 Abs 2 RVG aus eigenem Recht beim ArbG beantragen und gegen eine fehlerhafte Festsetzung binnen zwei Wochen mit der befristeten Beschwerde gem § 33 Abs 3 RVG vorgehen. Für die außergerichtlichen Kosten gibt es keinen prozessualen Kostenerstattungsanspruch. Eine Gewerkschaft kann die durch gerichtliche Durchsetzung ihres betriebsverfassungsrechtlichen Zutrittsrechts nach § 2 Abs 2 BetrVG entstehenden Kosten auch nicht als Schaden gem § 280 Abs 1 BGB ersetzt verlangen (BAG 2.10.07 – 1 ABR 59/06, NZA 08, 372).

7 Die Handhabung der **Gegenstandswertfestsetzung** im Beschlussverfahren war **bisher** in den verschiedenen LAG-Bezirken uneinheitlich. Teilweise erfolgte eine deutliche Orientierung an der gesetzlichen Auffangvorschrift des § 23 Abs 3 RVG, der einen Streitwert von 5000 € (bis 31.7.13: 4000 €, bis zum 30.6.94: 6000 DM) anregt (zB LAG SchlHol 7.12.2000 – 2 Ta 127/00, NZA-RR 01, 384). Andere Entscheidungen stellten auf § 23 Abs 3 RVG nur dann ab, wenn eine nichtvermögensrechtliche Streitigkeit vorlag oder für eine wertmäßige Bestimmung jegliche Anhaltspunkte fehlten (zB LAG RhPf 30.3.04 – 2 Ta 69/04, NZA-RR 04, 373). Bei entsprechender Bedeutung der Angelegenheit wurde auch ein Mehrfaches von 5000 € als angemessen erachtet. Ging es um eine Vielzahl gleichgelagerter Verfahren, wurde teilweise eine Ermäßigung des Streitwerts vorgenommen. So hat LAG Düsseldorf den Antrag eines BRat, die Kündigung von 100 ArbN und die Versetzung von 50 ArbN bis zum Abschluss des Interessenausgleichsverfahrens zu unterlassen, mit 40 000 € bewertet (rund 300 € pro ArbN und Kündigung sowie 150 € pro ArbN und Versetzung – LAG Düsseldorf 12.2.08 – 6 Ta 44/08, NZA-RR 09, 276). In den letzten Jahren hat hier ein **Trendwechsel** bei der Mehrzahl der Landesarbeitsgerichte hin zu einer regelmäßigen Anwendung von § 23 Abs 3 RVG stattgefunden. Allerdings geschieht dies nicht schematisch, sondern 5000 € werden als Ausgangswert betrachtet und in jedem Einzelfall nach Schwierigkeit und Bedeutung der Materie gewichtet (zB LAG RhPf 16.1.09 – 1 Ta 2/09, NZA-RR 09, 332: Feststellung der Unwirksamkeit einer Betriebsvereinbarung). Es steht zu erwarten, dass in naher Zukunft der sog **Streitwertkatalog** (→ Rn 3) insgesamt für eine weitgehende Vereinheitlichung sorgen wird.

8 **3. Beauftragung eines Rechtsanwalts durch den Betriebsrat oder einzelne Betriebsratsmitglieder. a) Betriebsrat.** Für die Kosten eines Rechtsanwalts, den der BRat mit der Wahrnehmung seiner Interessen beauftragt hat und dessen Heranziehung in einem arbeitsgerichtlichen Beschlussverfahren oder in einem Einigungsstellenverfahren er zur Durchsetzung oder Ausübung eines von ihm in Anspruch genommenen Mitbestimmungsrechts für erforderlich halten durfte, muss grds im Rahmen des **§ 40 BetrVG** der ArbGeb aufkommen (BAG 14.12.16 – 7 ABR 8/15, NZA 17, 514; 25.6.14 – 7 ABR 70/12, BeckRS 2014, 73317; *Lüders/Weller* DB 15, 2149; *Althoff* NZA 14, 74). Das gilt gleichermaßen für die Tätigkeit eines Rechtsanwalts im Vorfeld eines solchen Verfahrens. Gleiches gilt für die Heranziehung durch den für eine BRatWahl gebildeten Wahlvorstand (BAG

11.11.09 – 7 ABR 26/08, NZA 10, 353). Auch die Kosten für die Hinzuziehung eines Rechtsanwalts bei der Inanspruchnahme des Strafantragsrechts des BRat gem § 119 Abs 2 BetrVG wegen Behinderung der BRatTätigkeit sowie einer Ordnungswidrigkeitenanzeige nach § 121 BetrVG wegen unvollständiger Information des Wirtschaftsausschusses hat der ArbGeb zu tragen (LAG SchlHol 14.11.2000 – 1 TaBV 22a/00, NZA-RR 01, 592). Abzugrenzen von derartigen Rechtsanwaltskosten im Zusammenhang mit der gerichtlichen Inanspruchnahme bzw Durchsetzung von Rechten des BRat sind solche, die bei einer Hinzuziehung eines Rechtsanwalts zur Beratung des BRat entstehen. Derartige Kosten sind nur unter den weiteren Voraussetzungen des **§ 80 Abs 3 BetrVG** als **Sachverständiger** bzw nach **§ 111 Satz 2 BetrVG** als sog **Berater** erstattungsfähig (LAG Hess 25.1.16 – 16 TaBV 139/15, BeckRS 2016, 70207; → *Sachverständiger* Rn 4 ff; → *Betriebsänderung* Rn 14).

Formelle Voraussetzung ist immer ein **ordnungsgemäßer Betriebsratsbeschluss** vor Mandatserteilung (BAG 18.3.15 – 7 ABR 4/13, NZA 15, 954; 29.4.04 – 1 ABR 30/02, NZA 04, 670; 5.4.2000 – 7 ABR 6/99, NZA 2000, 1178). Ein solcher Beschluss ist sowohl zur Verfahrenseinleitung als auch zur wirksamen Beauftragung eines Rechtsanwalts erforderlich (BAG 9.12.03 – 1 ABR 44/02, NZA 04, 747). Bei einem gerichtlichen Verfahren muss der Beschluss vor der erstinstanzlichen Entscheidung gefasst werden (BAG 18.2.03 – 1 ABR 17/02, NZA 04, 337). Entbehrlich ist dies ausnahmsweise dann, wenn ein rechtzeitiges Zusammentreffen des BRat zur Beschlussfassung über die Anwaltsbestellung aufgrund der besonderen Eilbedürftigkeit der Angelegenheit unmöglich oder unverhältnismäßig ist. In diesem Fall genügt es, wenn der BRatVorsitzende den Rechtsanwalt bestellt und der BRat diese Bestellung nachträglich billigt (LAG Köln 14.7.95, NZA-RR 96, 94). Im Übrigen ist entscheidend, dass der BRat sowohl die Führung des Rechtsstreits als auch die Hinzuziehung eines Rechtsanwalts bei vernünftiger Betrachtung für erforderlich halten durfte (BAG 20.10.99 – 7 ABR 25/98, NZA 2000, 556; 18.1.06 – 7 ABR 25/05; 18.1.12 – 7 ABR 83/10, NZA 12, 683). Bei dieser Abwägung steht dem BRat ein gewisser Beurteilungsspielraum zu (BAG 3.10.78 – 6 ABR 102/76, NJW 80, 1486). 9

Das BAG geht regelmäßig vom Bedürfnis für die Heranziehung eines Rechtsanwalts aus, so dass nach der höchstrichterlichen Rspr die **Erforderlichkeit** nur dann fehlt, wenn die Rechtsverfolgung von vornherein aussichtslos ist oder die Beauftragung des Rechtsanwalts lediglich vorgenommen wird, um den ArbGeb mit zusätzlichen Kosten zu belasten, die Rechtsverfolgung also mutwillig und rechtsmissbräuchlich ist (BAG 29.7.09 – 7 ABR 95/07, NZA 09, 1223; LAG SchlHol 4.7.2000 – 3 TaBV 15/00, NZA-RR 2000, 590; LAG Nds 29.1.07 – 6 TaBV 66/05, LAGE § 40 BetrVG 2001, Nr 8). So hält das BAG zB die Beauftragung eines Rechtsanwalts mit der Durchsetzung des Anspruchs auf Zugang zum Internet regelmäßig für erforderlich (BAG 18.7.12 – 7 ABR 23/11, BeckRS 2012, 74489). Im Streitfall muss der BRat die erbrachte Beratungsleistung dezidiert darlegen, um die Erforderlichkeit zu belegen (*Hinrichs/Plitt* NZA 11, 1006). Immer notwendig ist die Beauftragung eines Rechtsanwalts in der Rechtsbeschwerdeinstanz (LAG, BAG), da insoweit eine Vertretung gesetzlich vorgeschrieben ist. Der beauftragte Rechtsanwalt kann die Anwaltsgebühren nach Abtretung des Freistellungsanspruchs aus § 40 BetrVG durch den BRat selbst gegenüber dem ArbGeb im arbeitsgerichtlichen Beschlussverfahren geltend machen (BAG 13.5.98 – 7 ABR 65/96, NZA 98, 900). Das gilt auch nach dem Ende der Amtszeit des BRat (BAG 24.10.01 – 7 ABR 20/00, NZA 03, 53). Verweigert der ArbGeb die Erfüllung des Gebührenanspruchs des Rechtsanwalts, stellen die weiteren Rechtsverfolgungskosten keinen ersatzfähigen Verzugsschaden dar. Bei entsprechender Erforderlichkeit kann jedoch ein materiellrechtlicher Anspruch nach § 40 Abs 1 BetrVG bestehen (BAG 1.8.18 – 7 ABR 41/17, NZA 18, 1574). Im Übrigen ist der Anspruch gem § 851 Abs 1 ZPO iVm § 399 1. Fall BGB unpfändbar (BGH 8.11.17 – VII ZB 9/15, NZA 18, 126). Kein Freistellungsanspruch besteht hinsichtlich bereits verjährter Gebührenforderungen. Ein Verzicht des BRat auf die Verjährungseinrede verstößt gegen § 2 Abs 1 BetrVG (LAG SchlHol 7.4.2000 – 3 TaBV 15/00, NZA-RR 2000, 590). 10

Bei der Beauftragung eines **auswärtigen Rechtsanwalts** ist entscheidend, ob der BRat bei pflichtgemäßer Berücksichtigung der objektiven Gegebenheiten und Würdigung 11 aller Umstände die Inanspruchnahme des auswärtigen Rechtsanwalts für erforderlich halten durfte (BAG 15.11.2000 – 7 ABR 24/00, BeckRS 2000, 30787996). Dies ist idR nur dann der Fall, wenn es sich um eine tatsächlich und rechtlich schwierige Sache handelt, für deren Beurteilung gerade der auswärtige Rechtsanwalt aufgrund seiner speziellen Sach- und Rechtskunde besonders geeignet erscheint (BAG 2.4.87, DB 88, 187).

12 **Vereinbart** der BRat mit dem Rechtsanwalt ein über den gesetzlichen Sätzen des RVG liegendes Honorar, so muss er vorher den ArbGeb unterrichten, um diesem die Möglichkeit zur Überprüfung bzw Verhinderung übermäßiger Kosten zu geben (BAG 20.10.99 – 7 ABR 25/98, NZA 2000, 556). Bei einer nicht erforderlichen Beauftragung eines Rechtsanwalts kommt nach der Rspr des BGH sogar eine persönliche Haftung des BRat in Betracht (→ *Betriebsratskosten* Rn 3). Der BRat ist nach dem Grundsatz der Verhältnismäßigkeit verpflichtet, für eine **möglichst kostensparende Prozessführung** zu sorgen. So muss er zB anstelle von mehreren parallel gelagerten Einzelverfahren möglichst ein Gesamtverfahren durchführen, das wegen der Streitwertprogression kostengünstiger ist (LAG Düsseldorf 9.1.89, LAGE Nr 25 zu § 40 BetrVG 1972). Bei einer späteren **Insolvenz** des ArbGeb sind die Ansprüche des BRat wegen vor Insolvenzeröffnung entstandener Rechtsanwaltskosten aus der Insolvenzmasse zu befriedigen (§ 38 InsO). Sie gehen bei einem nachfolgenden Betriebsübergang wegen der dort geltenden besonderen Haftungsgrundsätze (→ *Betriebsübergang* Rn 108) nicht auf den Erwerber über (BAG 13.7.94, DB 95, 150). Eine Kostenfestsetzung gegen den BRat scheidet wegen dessen fehlender Rechts- und Vermögensfähigkeit grds aus (LAG Düsseldorf 13.5.98 – 7 TaBV 10/98, NZA 98, 1080).

13 **b) Betriebsratsmitglieder.** Für Rechtsanwaltskosten einzelner BRatMitglieder gelten die vorgenannten Grundsätze entsprechend. Der ArbGeb ist nach der Rspr insbes auch zur Tragung der Rechtsanwaltskosten in einem Ausschlussverfahren nach § 23 Abs 3 BetrVG (BAG 19.4.89, DB 90, 740) oder dem einstweiligen Verfügungsverfahren eines Wahlbewerbers, der auf diese Weise Zutritt zum Betrieb zum Zweck der Wahlwerbung erlangen will (LAG Bln 11.3.88, BB 88, 978) verpflichtet. Rechtsanwaltskosten, die dem zu kündigenden BRatMitglied in einem Zustimmungsersetzungsverfahren nach § 103 Abs 2 BetrVG entstehen, unterfallen grds nicht § 40 BetrVG, können aber in Einzelfällen gem § 78 Satz 2 BetrVG durch den ArbGeb erstattungsfähig sein (BAG 31.1.90, DB 91, 495; ArbG Hbg 24.1.97, NZA-RR 97, 386). Die gleichzeitige Vertretung von BRat und BRatMitglied durch denselben Rechtsanwalt im Zustimmungsersetzungsverfahren nach § 103 Abs 2 BetrVG stellt nach der Auffassung des BAG jedenfalls so lange keine Interessenkollision dar, wie beide Beteiligte die Zustimmungsersetzung verhindern wollen, so dass die Erstattungspflicht uneingeschränkt besteht (BAG 25.8.04 – 7 ABR 60/03, NZA 05, 168; LAG NdS 1.7.03 – 13 TaBV 6/03, NZA-RR 04, 22). Nicht erstattungsfähig sind Rechtsanwaltskosten, die einem BRatMitglied bei der Klärung individualrechtlicher Interessen entstanden sind (LAG RhPf 23.5.08 – 6 Sa 187/08, BeckRS 2008, 55040: Abmahnung). – Das Gleiche gilt für Anwaltskosten, die einem Mitglied der JAV in einem Verfahren nach § 78a Abs 4 BetrVG entstanden sind (BAG 5.4.2000 – 7 ABR 6/99, NZA 2000, 1178). Demgegenüber können zu den gem § 20 Abs 3 Satz 1 MitbestG vom ArbGeb zu tragenden Kosten der Aufsichtsratswahl auch Rechtsanwaltskosten eines ArbN aus einem Beschlussverfahren gehören (BAG 25.5.05 – 7 ABR 42/04, NZA 05, 1250). Eine vergleichsweise Regelung in einem arbeitsgerichtlichen Urteilsverfahren eines BRat-Mitglieds dahin, dass dieses seine Rechtsanwaltskosten selbst trägt, ist rechtlich unbedenklich (BAG 20.1.10 – 7 ABR 68/08, NZA 10, 777). Zu weiteren Einzelheiten vgl → *Betriebsratskosten* Rn 12 ff.

14 **c) Sprecherausschuss.** Für den Sprecherausschuss der leitenden Angestellten gelten gem § 14 SprAuG die gleichen Grundsätze (*Hromadka* SprAuG § 14 Rz 15 ff).

15 **d) Sonstiges.** Zu den Kosten, die einer kirchlichen Mitarbeitervertretung durch die Hinzuziehung eines Rechtsanwalts entstehen können, vgl Schlichtungsausschuss der Evangelischen Landeskirche Baden 3.9.87, NZA 88, 704 sowie Schlichtungsstelle im Bistum Essen 8.1.98, NZA-RR 98, 373; zu Rechtsanwaltskosten im Vorfeld von personalvertretungsrechtlichen Streitigkeiten OVG Bautzen 16.12.97 – P 5 S 29/96, NZA-RR 99, 221, bei personalvertretungsrechtlichen Beschwerdeverfahren (OVG SachsAnh 20.4.06 – 5 L 13/

05, PersV 06, 303) sowie ansonsten zum Öffentlichen Dienst *Gerauer* NZA 88, Beilage 4, 19.

**4. Einigungsstelle.** Eine Gebührenansprüche auslösende Tätigkeit des Rechtsanwalts kann auch im Einigungsstellenverfahren anfallen. 16

**a) Beisitzer.** Der Rechtsanwalt kann als Beisitzer gem § 76 Abs 2 BetrVG an einer Einigungsstelle teilnehmen. Er hat dann gegen den ArbGeb gem § 76a Abs 3 BetrVG einen unmittelbaren Vergütungsanspruch. Dieser richtet sich in der Höhe nach § 76a Abs 4 BetrVG; → *Einigungsstelle* Rn 33–35. Wegen der Erstattung der Mehrwertsteuer bedarf es einer vorherigen Vereinbarung (BAG 31.7.86, DB 89, 232). Umstritten ist, ob der ArbGeb für die vom BRat benannten Einigungsstellen-Beisitzer und die von ihm selbst gestellten Beisitzer unterschiedliche Vergütungen vereinbaren darf (dafür: *Bauer/Röder* DB 89, 226; dagegen: *Löwisch* DB 89, 224).

**b) Verfahrensbevollmächtigter.** Daneben kann der Rechtsanwalt als Verfahrensbevollmächtigter von ArbGeb oder BRat für das Einigungsstellenverfahren beauftragt werden. 17
Insofern gelten die gleichen Grundsätze wie für die Vertretung bei Rechtsstreitigkeiten (BAG 14.12.16 – 7 ABR 8/15, NZA 17, 514). Nach der Rspr des BAG ist es dabei unbeachtlich, ob der Einigungsstellenvorsitzende eine schriftliche Darlegung der Standpunkte von den Beteiligten zur Vorbereitung der Einigungsstellenverhandlung verlangt hat (BAG 21.6.89, DB 89, 2436). Aus § 76a BetrVG folgert eine Mindermeinung im Schrifttum zu Unrecht, dass jegliche anwaltliche Vertretung des BRat vor der Einigungsstelle ausgeschlossen sei (*Bengelsdorff* NZA 89, 497; *Eich* SAE 90, 111). Allerdings ist nach einer Entscheidung des BAG aus dem Jahr 1989 der BRat berechtigt, einem Rechtsanwalt für die Interessenwahrnehmung vor der Einigungsstelle ein Honorar iHd Vergütung eines betriebsfremden Beisitzers zuzusagen, wenn der Rechtsanwalt nur gegen eine solche Honorarzahlung zur Mandatsübernahme bereit ist (BAG 21.6.89, DB 89, 2436; ebenso zuletzt LAG SchlHol 16.1.14 – 4 TaBV 30/13, BeckRS 2014, 67631). Eine derartige Gleichsetzung von Interessenvertretung und Beisitzertätigkeit erscheint bedenklich. In einer Entscheidung aus dem Jahr 1996 hat das BAG für einen anderen Sachverhalt eine Verknüpfung der Gebührenregelung für Verfahrensbevollmächtigte und der Kosten als Beisitzer ausdrücklich abgelehnt. Liegen die anwaltlichen Gebühren aufgrund der Streitwerthöhe (zB bei einem Sozialplan) über dem Beisitzerhonorar, so ist der BRat aus Kostengründen weder an der Beauftragung des Verfahrensbevollmächtigten gehindert, noch gehalten, diesen ggf als Beisitzer zu benennen. Auch eine betragsmäßige Begrenzung der Rechtsanwaltsgebühren durch das Beisitzerhonorar erfolgt nicht (BAG 14.2.96, DB 96, 2187). Wegen der Probleme um die Bemessung der Vergütung der Einigungsstellenmitglieder im Hinblick auf die noch nicht erlassene RVO iSv § 76a Abs 4 BetrVG vgl → *Einigungsstelle* Rn 31–33.

**c) Honorardurchsetzung.** Verweigert der ArbGeb die Honorarzahlung an einen unternehmensfremden Beisitzer und macht dieser seine Ansprüche im arbeitsgerichtlichen Beschlussverfahren geltend, so können hierbei entstehende Rechtsanwaltskosten ab Verzugsdatum gem § 286 Abs 1 BGB vom ArbGeb zu ersetzen sein. § 12a Abs 1 Satz 1 ArbGG schränkt einen solchen materiell-rechtlichen Kostenerstattungsanspruch nicht ein. Diese Grundsätze gelten auch dann, wenn der Einigungsstellenbeisitzer selbst Rechtsanwalt ist und das Beschlussverfahren selbst führt (BAG 27.7.94, DB 95, 835). 18

Der **Gegenstandswert** für Einigungsstellenverfahren ist regelmäßig gem § 23 Abs 3 RVG nach billigem Ermessen zu bestimmen. Dabei ist zu berücksichtigen, welche wirtschaftliche Bedeutung der Regelungsgegenstand hat (→ *Einigungsstelle* Rn 38). Ficht der ArbGeb den Spruch der Einigungsstelle über einen Sozialplan wegen des nach seiner Auffassung überhöhten Gesamtvolumens des Sozialplans an, berechnet sich der Gegenstandswert des Verfahrens nach der Differenz zwischen dem Volumen des angefochtenen und des vom ArbGeb für angemessen erachteten Sozialplans (BAG 9.11.04 – 1 ABR 11/02, NZA 05, 70). Im umgekehrten Fall des aus Sicht des BRat zu geringen Sozialplanvolumens ist eine solche Differenzbetrachtung nicht möglich, so dass die Festsetzung nach § 23 Abs 3 RVG erfolgen muss (BAG 20.7.05 – 1 ABR 23/03 (A), AP Nr 2 zu § 8 BRAGO).

**5. Muster.** S Online-Musterformulare *„M35 Rechtsanwaltskosten“*. 19

## B. Lohnsteuerrecht



20 **1. Steuerstreitigkeiten.** Im Gegensatz zu den Verfahren vor dem FG besteht für Verfahren beim BFH **Vertretungszwang.** Nach § 62 Abs 2 S 1 und Abs 4 FGO muss sich dort jeder Beteiligte durch einen Rechtsanwalt, Wirtschaftsprüfer, Steuerberater, Steuerbevollmächtigten, niedergelassenen europäischen Rechtsanwalt oder vereidigten Buchprüfer (§ 3 Nr 1 Steuerberatungsgesetz) vertreten lassen. Vertretungsberechtigt sind auch bestimmte Partnerschaftsgesellschaften sowie Steuerberatungs-, Wirtschaftsprüfer-, Buchprüfer- und Rechtsanwaltsgesellschaften (§ 3 Nr 2 und 3 Steuerberatungsgesetz), die durch vorstehend genannte Personen tätig werden. Allerdings können sich juristische Personen des öffentlichen Rechts (zB das beklagte Land – FA –) durch Beamte oder Angestellte mit der Befähigung zum Richteramt sowie durch Diplomjuristen vertreten lassen. Vor dem FG (nicht jedoch vor dem BFH) können auch LStHilfevereine im Rahmen ihrer Beratungsbefugnisse (§§ 4 Nr 11; 13 ff Steuerberatungsgesetz) als Bevollmächtigte auftreten. Bevollmächtigte, die nicht nach Abs 2 der Vorschrift vertretungsbefugt sind, werden vom Gericht durch unanfechtbaren Beschluss zurückgewiesen.

Die **Abrechnung** der Rechtsanwaltsgebühren erfolgt bei gerichtlichen Verfahren vor dem FG und dem BFH auch für Steuerberater (§§ 1, 45 SteuerberatergebührenVO) nach dem RVG. Die Hilfeleistung in Steuersachen (Erfüllung allgemeiner Steuerpflichten, auch Einspruchsverfahren beim FA, Buchführungspflichten) wird nach der SteuerberatergebührenVO abgerechnet (§ 35 RVG). Bei Entscheidungen (Urt, Gerichtsbescheide, wenn sie als Urt wirken – § 90a Abs 3 FGO –, Beschlüsse nach § 126a FGO) ohne mündliche Verhandlung erhält der Rechtsanwalt die gleichen Gebühren wie in einem Verfahren mit mündlicher Verhandlung (RVG Anl 1 zu § 2 Abs 2, Teil 3 Abschnitt 2, Unterabschnitt 1 Nr 3202). Berichtigt das FA jedoch den angefochtenen Bescheid während des Klageverfahrens, liegt selbst dann keine gerichtliche Entscheidung vor, wenn dies auf Anregung oder Empfehlung des Gerichts erfolgt ist. Die Termingebühr entfällt damit. Dies gilt auch, wenn das Gericht nach der Erledigung der Hauptsache nur über den Streitwert und die Kosten entscheidet. Zu beachten ist, dass im erstinstanzlichen Verfahren vor dem FG wegen des nur 2-stufigen Gerichtsaufbaus höhere Gebührensätze gelten als in anderen erstinstanzlichen Verfahren (RVG Anl 1 zu § 2 Abs 2, Teil 3 Abschnitt 2, Unterabschnitt 1).

21 Da im FGVerfahren regelmäßig das FA Beklagter ist, bekommt der Kläger bei (teilweisem) Obsiegen die Gebühren vom FA (teilweise) selbst bei auch im FGVerfahren grds zulässiger Honorarvereinbarung (§ 4 RVG) maximal iHd im RVG vorgesehenen Vergütung **erstattet.** Bei Vereinbarung und Berechnung niedrigerer Gebühren werden nur diese erstattet. **Unterliegt** der Kläger (teilweise), hat er Aufwendungen der FinBeh nicht zu erstatten (§ 139 Abs 2 FGO). Bei Tätigwerden der LStHilfevereine vor dem FG sind für den Kläger die Bevollmächtigtengebühren idR mit dem Mitgliedsbeitrag abgegolten, so dass das Kostenrisiko hier beim LStHilfeverein liegt. Gebühren und Auslagen des Bevollmächtigten für ein **Vorverfahren** (beim FA) sind nur dann erstattungsfähig, wenn das Gericht die Zuziehung eines Bevollmächtigten im Vorverfahren für notwendig erklärt (§ 139 Abs 3 S 3 FGO). Dies wird regelmäßig – auf Antrag – der Fall sein. Der entsprechende Beschluss ergeht regelmäßig gesondert im Kostenverfahren. Endet das Vorverfahren jedoch ohne nachfolgendes gerichtliches Verfahren, werden die dadurch bedingten Aufwendungen unabhängig vom Ergebnis nicht erstattet; anders ist dies aber bei erfolgreichem Einspruch gegen die Kindergeldfestsetzung der Familienkasse (§ 77 Abs 1 EStG; → *Kindergeld* Rn 18). Treten vor dem FG Bevollmächtigte oder Beistände auf, für die Gebühren und Auslagen gesetzlich nicht vorgesehen sind, können deren Aufwendungen bis zur Höhe der gesetzlichen Gebühren und Auslagen der Rechtsanwälte erstattet werden (§ 139 Abs 3 S 2 FGO).

22 **2. Steuerliche Berücksichtigung.** Die Rechtsanwaltskosten für Beratung und Vertretung vor dem FA, dem FG und dem BFH bei **steuerrechtlichen Streitigkeiten** können als Steuerberatungskosten nur noch als Werbungskosten oder Betriebsausgaben angesetzt werden, soweit sie beruflich oder betrieblich veranlasst sind. Die Abzugsfähigkeit als Sonderausgaben ist seit 1.1.06 mit Aufhebung des § 10 Abs 1 Nr 6 EStG entfallen

(BMF 21.12.07, BStBl I 08, 256 und → *Werbungskosten* Rn 33). Zu diesen Steuerberatungskosten rechnen ebenso Fahrt- und Unfallkosten für den Besuch beim Rechtsanwalt oder Steuerberater sowie Aufwendungen für Fachliteratur. Diese Grundsätze sind auch für Aufwendungen für alle anderen Beratungspersonen anzuwenden, selbst wenn deren Tätigkeit nach dem Steuerberatungsgesetz unzulässig sein sollte. **Rechtsanwaltskosten,** die der **Arbeitgeber** aufgrund arbeitsrechtlicher Streitigkeiten zu tragen hat, sind bei diesem als Betriebsausgaben abzugsfähig. Für den **Arbeitnehmer** sind Rechtsanwaltskosten, die auf arbeitsrechtlichen Streitigkeiten beruhen Werbungskosten (→ *Werbungskosten* Rn 2 ff). Entsprechendes gilt für Rechtsanwaltskosten, die ihm wegen seiner dienstlichen Tätigkeit oder zB wegen eines auf einer Dienstreise verschuldeten Unfalls entstehen sowie für **Strafverteidigungskosten,** wenn die dem ArbN zur Last gelegte Tat nur aus seiner beruflichen Tätigkeit erklärbar ist, außer sie ist in einem nicht nur unbedeutendem Maße privat mitveranlasst (→ *Werbungskosten* Rn 30 sowie BFH 30.6.04 – VIII B 265/03, BFH/NV 04, 1639 und 18.10.07 – VI R 42/04, DStR 07, 2254). Im Übrigen können Kosten eines **Strafprozesses** als außergewöhnliche Belastung unter Abzug der zumutbaren Eigenbelastung (§ 33 EStG) nur bei einem Freispruch abgezogen werden, soweit hier überhaupt Kosten entstehen (*HMW*/Prozesskosten Rz 7). Keine außergewöhnliche Belastung durch Strafverteidigungskosten liegt mangels Zwangsläufigkeit bei einer Einstellung nach § 153a StPO vor (→ *Werbungskosten* Rn 33). Auch die Aufwendungen zur Erfüllung von Auflagen und Weisungen erfüllen die Voraussetzungen nicht (BFH 19.12.95, BStBl II 96, 197). Liegen Werbungskosten vor, sind diese allerdings nur in der Höhe abzugsfähig, in der der ArbN endgültig belastet wird (→ *Werbungskosten* Rn 5). Entstehen dem Stpfl Aufwendungen für die Strafverteidigung des Sohnes können diese im Einzelfall uU als außergewöhnliche Belastung abzugsfähig sein (BFH 30.10.03 – III R 23/02, BStBl II 04, 267). Zu **Zivilprozesskosten** als außergewöhnliche Belastung → *Werbungskosten* Rn 30.

Trägt eine **Rechtsschutzversicherung** die Anwaltskosten, scheidet regelmäßig ein Wer- 23
bungskostenabzug aus. Aufwendungen für eine Rechtsschutzversicherung sind nur insoweit als Werbungskosten abzugsfähig, als die Versicherung im Zusammenhang mit der Berufstätigkeit des ArbN abgeschlossen worden ist, zB Arbeitsrechtsschutz (zum Nachweis BDL, Pressemitteilung 6.8.12, www.bdl-online.de/Infos). Andere Rechtsschutzversicherungsbeiträge sind weder als Werbungskosten noch als Sonderausgaben abzugsfähig (EStH 88: Rechtsschutzversicherung). Dies gilt insbes für eine Kfz-Rechtsschutzversicherung, die sich allenfalls im Rahmen der Abzugsmöglichkeit tatsächlicher Fahrtkosten als Werbungskosten auswirken kann. Bei den Fahrten Wohnung/Arbeitsstätte ist der Beitrag durch die Entfernungspauschale abgegolten (→ *Werbungskosten* Rn 31 und → *Fahrten zwischen Wohnung und Arbeitsstätte* Rn 36).

## C. Sozialversicherungsrecht

*Schlegel*

**Übersicht**

24 **1. Allgemeines zu Gerichtskosten, Pauschgebühren und Anwaltsvergütung.** Die Fälle, in denen das Verfahren vor den Gerichten der Sozialgerichtsbarkeit gerichtskostenfrei ist und nur Pauschgebühren erhoben werden, sind in § 183 iVm § 184 SGG abschließend aufgezählt. In allen übrigen Fällen werden Gerichtskosten (Gebühren und Auslagen) nach dem GKG erhoben (§ 197a Abs 1 SGG). Diese **Unterscheidung** zwischen **gerichtkostenfreiem Pauschgebührenverfahren** (§§ 183 ff) und **GVG-Kostenverfahren** (§ 197a SGG) hat Auswirkungen auch auf die anwaltliche Vergütung, die im Grundsatz diesem Dualismus folgt (§ 3 RVG). Es ist daher sowohl für die Gerichtsgebühren/-kosten als auch für die Anwaltsvergütung zunächst zu klären, ob es sich um ein Pauschgebührenverfahren (dazu 2.) oder ein GVG-Kostenverfahren handelt.

25 **2. Pauschgebührenverfahren – § 183 SGG. a) Begünstigter Personenkreis.** Sind am Prozess **Versicherte,** Leistungsempfänger einschl ihrer Hinterbliebenen, Behinderte oder deren Sonderrechtsnachfolger (§ 56 SGB I) **in dieser jeweiligen Eigenschaft als Kläger oder Beklagte** beteiligt, ist das SGG-Verfahren für diese Personen gerichtskostenfrei (§ 183 Satz 1 SGG). Ist zB ein Versicherter dagegen nur Beigeladener und gehören die übrigen Beteiligten nicht zu den in § 183 SGG genannten Personen, richtet sich die Kostenentscheidung nach § 197a SGG. Geht es im Prozess gerade darum, festzustellen, ob jemand Versicherter oder Leistungsempfänger ist, ist das Verfahren für die betreffende Person ebenfalls gerichtskostenfrei, wenn sie im Falle ihres Obsiegens zu den in § 183 Satz 1 SGG genannten Versicherten, Leistungsempfängern usw gehören würde (§ 183 Satz 3 SGG); dies ist insbesondere für Verfahren der Statusfeststellung nach § 7a IV SGB oder bei Entscheidungen über die Versicherungs- und Beitragspflicht der Einzugsstellen nach § 28p Abs 1 Satz 5 SGB IV von Bedeutung.

26 Geht es in den Verfahren vor den Gerichten der Sozialgerichtsbarkeit um Zuschüsse (zB Lohnkostenzuschüsse nach dem SGB III/Sozialsubventionen) an ArbGeb oder Träger, sind diese mE „Leistungsempfänger" iSv § 183 Satz 1 SGG, zumal das SGG in diesem Zusammenhang nur von Leistungen, nicht hingegen von Sozialleistungen spricht (aA *Meyer-Ladewig* SGG, 7. Aufl, § 183 Rz 3). Geht es im Verfahren um die Rechte Selbstständiger oder eines Unternehmers als Versicherte (zB landwirtschaftlicher Unternehmer nach § 2 Abs 1 Nr 5 SGB VII; § 2 SGB VI), gilt ebenfalls § 183 SGG.

27 **b) Gerichtskostenfreiheit.** Diese bedeutet, dass die genannten Personen im Grundsatz keine Gerichtsgebühren und Auslagen zu zahlen haben. Ausnahmen: Sie tragen die Kosten für die Anhörung eines bestimmte Arztes (§ 109 SGG), für Abschriften (§ 93 Satz 3, 120 Abs 2 Satz 1 SGG) und Missbrauchskosten (§ 192 SGG).

Hiervon zu unterscheiden ist die Frage, welche außergerichtlichen Kosten die Beteiligten selbst oder im Verhältnis zueinander zu tragen haben (zur Anwaltsvergütung → Rn 49) und ob sie vom Prozessgegner die Erstattung dieser außergerichtlichen Kosten verlangen können (→ Rn 36).

28 **c) Pauschgebühren zugunsten der Staatskasse.** Gerichtskosten werden in den Fällen des § 183 SGG nur von den am Prozess beteiligten Körperschaften und Anstalten des öffentlichen Rechts sowie den Unternehmen der privaten PflegeV in Form von Pauschgebühren erhoben (§§ 184–197 SGG). Pauschgebühren sind für jeden Rechtszug zu zahlen und betragen vor dem SG 150 €, vor dem LSG 225 € und vor dem BSG 300 € (§ 184 Abs 2 SGG). Die Pauschgebühr entsteht, sobald die Streitsache anhängig geworden ist (§ 184 Abs 1 Satz 2 SGG), also mit Einlegung von Klage, Berufung und Revision usw. Fällig wird sie, sobald die Streitsache durch Zurücknahme des Rechtsbehelfs, Vergleich, Beschluss oder Urteil erledigt ist (§ 185 SGG).

29 **Gebührenpflichtige** sind die am Prozess beteiligten Körperschaften und Anstalten des öffentlichen Rechts sowie die Unternehmen der privaten PflegeV. Die Pauschgebührenpflicht besteht **unabhängig vom Ausgang des Prozesses,** dh auch dann, wenn zB die Krankenkasse im Prozess obsiegt hat. Streitsachen sind das Klage-, Berufungs- und Revisionsverfahren, das Verfahren der Nichtzulassungsbeschwerde dann, wenn die Beschwerde verworfen, zurückgewiesen oder zurückgenommen wird. Wird die Berufung oder Revision auf Beschwerde zugelassen und eingelegt, ist das Beschwerdeverfahren als unselbstständiger Teil des Berufungs- bzw Revisionsverfahrens anzusehen (Einzelheiten *Hennig/Knittel* SGG § 184 Anm 4).

**d) Beigeladene.** Die zum Rechtsstreit Beigeladenen (zB ein ArbGeb oder ArbN oder andere SozVTräger im Streit um die Versicherungs- und Beitragspflicht) müssen keine Pauschgebühr zahlen, und zwar auch dann nicht, wenn sie das Rechtsmittel eingelegt haben; der Wortlaut des § 184 SGG nennt als pauschgebührenpflichtig nur die nicht zum Personenkreis des § 183 SGG gehörenden Kläger und Beklagten. 30

**e) Übergangsrecht.** Vgl hierzu Art 17 Abs 1 Satz 1 des 6. SGG-ÄndG vom 7.8.01 (BGBl I 01, 2144; BSG 30.8.02 – B 13 SF 1/02 S, SozR 3–1500 § 184 Nr 2; *Hennig/Knittel* § 184 Anm 6). 31

**3. Gerichtsverfahren nach GKG – § 197a SGG. a) Allgemeines.** Gehören in einem Rechtszug weder der Kläger noch der Beklagte zu den in § 183 SGG genannten Personen, werden Kosten nach dem GKG erhoben (zu Problematik, wenn erst im Laufe des Instanzenzuges ein nach § 183 Privilegierter hinzutritt oder aus dem Prozess ausscheidet *Hennig/Knittel* SGG § 197a Anm 2). Die §§ 184–195 SGG finden keine Anwendung; die §§ 154–162 VwGO sind dagegen entsprechend anzuwenden (§ 197a Abs 1 SGG). 32

**b) Kosten im Sinne des § 197a SGG.** Kosten iSd § 197a SGG iVm § 162 VwGO sind die Gerichtskosten (Gebühren und Auslagen) und die zur zweckentsprechenden Rechtsverfolgung oder Rechtsverteidigung notwendigen Aufwendungen der Beteiligten einschließlich der Kosten des Vorverfahrens. Es fallen eine Gebühr für das Verfahren im Allgemeinen (Prozessgebühr) und ggf 2,5 Gebühren für ein Endurteil an (Urteilsgebühr). Der Streitwert wird nach §§ 13–22 GKG berechnet (→ Rn 34). Schreibauslagen und Aktenversendungspauschalen sind nach Nr 9000 und 9003 des Kostenverzeichnisses (§ 11 Abs 1 GKG) zu entrichten. 33

**c) Streitwert.** Die Gerichtskosten richten sich nach dem Streitwert (§ 11 Abs 2 Satz 1 GKG). Bei bezifferten Anträgen oder einem hierauf gerichteten Verwaltungsakt ist deren Höhe maßgebend (§ 13 Abs 1 Satz 1 GKG). Bieten Sach- und Streitstand keine hinreichenden Anhaltspunkte zur Bestimmung des Streitwertes, ist ein Regelstreitwert von 4000 € anzunehmen (§ 13 Abs 1 Satz 2 GKG). Bei wiederkehrenden Geldleistungen ist idR der dreifache Jahresbetrag anzusetzen (§ 131 Abs 3 Satz 1 GKG). Der Streitwert ist auf 2,5 Mio begrenzt (§ 13 Abs 7 GKG). Zum Streitwert im Rechtsmittelverfahren §§ 14, 15 GKG. 34

Die Wertfestsetzung erfolgt vAw (§ 25 Abs 2 Satz 1 Hs 2 GKG). Zur Anfechtbarkeit der Streitwertfestsetzung § 25 Abs 3 GKG.

**d) Übergangsrecht.** Nach Art 17 Abs 1 Satz 2 des 6. SGG-ÄndG gilt für Verfahren nach § 197a SGG, die vor dem 1.1.2002 rechtshängig waren, die Vorschrift des § 183 SGG aF. Nach der Rspr des BSG gilt dies nicht nur für die Gerichtskostenfreiheit des § 183 SGG aF, sondern auch für die Kostentragungspflicht der Beteiligten untereinander: Für Streitigkeiten, die vor dem 1.1.2002 anhängig geworden sind, ergeht auch die Kostengrundentscheidung auf der Grundlage des § 193 SGG aF (BSG 30.1.02 – B 6 KA 12/01 R, SozR 1500 § 116 Nr 24). 35

**4. Kostengrundentscheidung über Tragung der außergerichtlichen Kosten/Anwaltskosten. a) Begriff.** Das Gericht hat mit seiner Kostengrundentscheidung darüber zu befinden, ob ein Prozessbeteiligter vom Prozessgegner die Erstattung seiner außergerichtlichen Kosten ganz oder teilweise verlangen kann. Dabei ist wiederum der bereits erwähnte Dualismus der Verfahrensarten zu beachten. 36

**b) Gerichtskostenfreies Pauschgebührenverfahren.** In diesen Fällen richtet sich die Kostengrundentscheidung nach §§ 192–197 SGG. Bei Abschluss des Verfahrens durch Urteil oder einen gleichgestellten Beschluss ist vAw im Urteil/Beschluss zu entscheiden, ob und in welchem Umfang die Beteiligten einander Kosten zu erstatten haben (Kostengrundentscheidung, § 193 Abs 1 SGG). 37

Bei Erledigung der Rechtssache auf sonstige Weise (zB Rücknahme des Rechtsmittels, angenommenes Anerkenntnis, Vergleich usw) wird hierüber auf Antrag durch besonderen Beschluss entschieden. Verfahren zur Erlangung einstweiligen Rechtsschutzes sind vom Hauptsacheverfahren unabhängige Verfahren und ebenfalls mit einer Kostengrundentscheidung zu versehen (weitere Einzelheiten *Hennig/Knittel* SGG § 193 Anm 2). 38

Die Kostengrundentscheidung trifft das Gericht nach **pflichtgemäßem Ermessen** ohne Bindung an die strengen Kostenvorschriften der ZPO oder VwGO. Allerdings kann sich das 39

Gericht an den Vorschriften der ZPO orientieren; es wird dabei in erster Linie auf den Ausgang des Rechtsstreits abstellen (Einzelheiten *Hennig/Knittel* SGG § 193 Anm 2.4).

40 **Erstattungsberechtigt** sind je nach Ausgang des Rechtsstreits neben Versicherten und Leistungsberechtigten auch Beigeladene, sofern es sich nicht um Behörden und die in § 184 Abs 1 SGG genannten Gebührenpflichtigen handelt. Nicht erstattungsfähig sind die „Aufwendungen der Behörden, der in § 184 Abs 1 SGG genannten Gebührenpflichten" (so § 193 Abs 4 SGG wörtlich). Daraus folgt, dass Behörden und den in § 184 Abs 1 SGG genannten Gebührenpflichtigen zwar die Kosten eines Rechtsstreits auferlegt, aber nicht zugesprochen werden können. Daher muss ein im Prozess unterliegender Versicherter dem obsiegenden Versicherungsträger keine Aufwendungen erstatten.

41 Nach der Rspr des BSG gilt dieser Ausschluss auch für **private Pflegeversicherungsunternehmen** (BSG 8.7.02 – B 3 P 3/02 R, SozR 4–1500 § 184 Nr 1). Quasi „im Gegenzug" können sich auch private PflegeVUnternehmen vor dem BSG durch „eigenes Personal" selbst, dh ohne Einschaltung eines selbstständigen Anwalts vertreten (§ 166 Abs 1 SGG; zur Rechtsentwicklung BSG 28.5.03 – B 3 P 2/03 B, SozR 4–1500 § 166 Nr 1).

42 Die Kostengrundentscheidung erstreckt sich auf die zur zweckentsprechenden Rechtsverfolgung oder Rechtsverteidigung notwendigen Aufwendungen der Beteiligten (§ 193 Abs 2 SGG) und Aufwendungen für Rechtsanwälte und Rechtsbeistände (§ 193 Abs 3 SGG).

43 Kostenentscheidungen in einem Urteil oder gleichgestellten Beschlüssen (zB Gerichtsbescheid) sind mit Berufung und Revision **nicht isoliert anfechtbar** (§ 144 Abs 4 SGG). Abweichend von § 158 Abs 2 VwGO kann eine außerhalb der Entscheidung in der Hauptsache ergangene Kostenentscheidung jedoch mit der Beschwerde zum LSG angefochten werden (§ 177 Abs 1 SGG; *Hennig/Knittel* SGG § 197a Anm 3.4).

44 **c) GKG-Kostenverfahren.** Die Kostengrundentscheidung richtet sich in den Verfahren des § 197a SGG nach den **§§ 154–162 VwGO.** Sie ergeht in sämtlichen Fällen, also auch bei Erledigung außerhalb eines Urteils, vAw (§ 161 Abs 1 VwGO). Haben die Beteiligten bei einem Vergleich keine Kostenregelung getroffen, fallen die Gerichtskosten jedem zur Hälfte zu Last; seine außergerichtliche Kosten trägt jeder Beteiligte selbst (§ 160 VwGO).

45 Raum für Ermessenserwägungen über die Kostentragungspflicht hat das Gericht nur in den Fällen, in denen sich die **Hauptsache erledigt** hat (§ 161 Abs 2 VwGO). Dies gilt auch für Erledigung durch angenommenes Anerkenntnis und eine einseitige Erledigungserklärung: letztere kommt insbes in Betracht, wenn der Kläger im Laufe des Prozesses durch einen Bescheid nach § 96 SGG klaglos gestellt wird. Falls die Beklagte der Erledigungserklärung nicht zustimmt, muss das Gericht entscheiden, ob sich der Rechtsstreit erledigt hat (*Hennig/Knittel* SGG § 197a Anm 3.3).

46 Eine **Klagerücknahme** gilt zwar als Erledigung der Hauptsache (§ 102 SGG), jedoch wird § 161 Abs 2 VwGO durch § 197a Abs 1 Satz 2 SGG ausdrücklich ausgeschlossen. Für Klagerücknahmen gilt § 155 Abs 2 VwGO: danach hat derjenige die Kosten zu tragen, der einen Antrag, eine Klage, ein Rechtsmittel oder einen anderen Rechtsbehelf zurücknimmt. Im Übrigen trägt der unterliegende Teil die Kosten (§ 154 Abs 1 VwGO).

47 Die Kosten eines ohne **Erfolg** eingelegten Rechtsmittels fallen demjenigen zur Last, der das Rechtsmittel eingelegt hat (§ 154 Abs 2 VwGO). Bei sofortigem Anerkenntnis durch den Beklagten, ohne dass er Veranlassung zur Klageerhebung gegeben hat, trägt der Kläger die Kosten (§ 156 VwGO).

48 Einem **Beigeladenen,** der zu den in § 183 SGG privilegierten Personen gehört, können keine Kosten auferlegt werden (§ 197a Abs 2 Satz 2 SGG). Den übrigen Beigeladenen können Kosten auferlegt werden, wenn sie Anträge gestellt oder Rechtsmittel eingelegt haben (§ 154 Abs 3 VwGO) oder wenn sie nach § 75 Abs 5 SGG verurteilt worden sind (§ 197a Abs 2 Satz 1 SGG). Einem Beigeladenen, der zu den Personen des § 183 SGG gehört, können Aufwendungen nur unter den Voraussetzungen des § 191 SGG erstattet werden (§ 197a Abs 2 Satz 3 SGG), also dann, wenn sein persönliches Erscheinen angeordnet war. Im Übrigen können solche Beigeladene die Kosten zB eines von ihnen beauftragten Rechtsanwaltes nicht ersetzt verlangen; dies ist ein Ausgleich dafür dass sie auch kein Kostenrisiko tragen. Die übrigen Beigeladenen sind von dieser Einschränkung des § 197a Abs 2 Satz 3 SGG wohl nicht betroffen (*Hennig/Knittel* SGG § 197a Anm 4.3).

**5. Anwaltliches Gebührenrecht. a) Rechtsanwaltsvergütungsgesetz.** Die anwaltliche Vergütung (Gebühren und Auslagen) bemisst sich nach dem am 1.7.04 in Kraft getretenen Rechtsanwaltsvergütungsgesetz (RVG) vom 5.5.04 (BGBl I 04, 718); übergangsrechtlich gelten nach Maßgabe des § 60 RVG noch die Bestimmungen der durch das RVG abgelösten BRAGO. Zur Tätigkeit von **Steuerberatern** in sozialversicherungsrechlichen Angelegenheiten vgl § 73 Abs 2 S 2 Nr 4 SGG iVm § 28h SGB IV, § 28p SGB IV (= Abführung des Gesamtsozialversicherungsbeitrages und Betriebsprüfung; nach der sehr restriktiven und die tatsächlichen Verhältnisse der betrieblichen Praxis ignorierenden Rspr des BSG dürfen Steuerberater dagegen im Anfrageverfahren nach § 7a SGB IV nicht tätig werden, BSG 5.3.14 – B 12 R 7/12 R, SozR 4–1300 § 13 Nr 2). 49

Es gilt der Grundsatz, dass sich die Gebühren nach Gegenstandswert bemessen, soweit nicht das RVG etwas anderes bestimmt (§ 2 Abs 1 RVG); eine solche Ausnahme sind in bestimmten sozialgerichtlichen Verfahren die sog Betragsrahmengebühren. Die Höhe der Vergütung im Einzelnen ergibt sich aus den Tatbeständen des **Vergütungsverzeichnisses** (VV) der Anlage 1 zum RVG. 50

Die Vergütung des Anwalts folgt der oben genannten, für das sozialgerichtliche Verfahren geltenden grundlegenden Unterscheidung und differenziert zwischen Betragsrahmengebühren und Gebühren nach dem Gegenstandswert wie folgt: 51

– Beim **gerichtskostenfreien Pauschgebührenverfahren** (zum Begriff → Rn 25) entstehen für den Anwalt **Betragsrahmengebühren** (§ 3 Abs 1 Satz 1 RVG).
– Bei **GKV-Kostenverfahren** (zum Begriff → Rn 27) werden die anwaltlichen Gebühren nach dem **Gegenstandwert** berechnet, wenn der Auftraggeber nicht zu den in § 183 SGG genannten (kostenprivilegierten) Personen gehört (§ 3 Abs 1 Satz 2 RVG).
– Für **außergerichtliche Tätigkeit** gilt Entsprechendes (§ 3 Abs 2 RVG), dh es ist für außergerichtliche Anwaltstätigkeit (hypothetisch) zu prüfen, in welchem Verfahren die Angelegenheit ggf streitig zu entscheiden wäre.

**b) Wertgebühren.** Handelt es sich um eine nach Gegenstandwert abzurechnende Angelegenheit, ergib sich die Gebühr aus der Wertgebühren-Tabelle des § 13 RVG. 52

Der **Gegenstandswert selbst** bestimmt sich im gerichtlichen Verfahren nach den für die Gerichtsgebühren geltenden Vorschriften (§ 23 Abs 1 RVG), vorliegend also nach dem GKG. Setzt das Gericht für die Gerichtsgebühren den maßgeblichen Wert fest, gilt die **gerichtliche Wertfestsetzung** auch für die Gebühren des Anwalts (§ 32 Abs 1 RVG); er kann daher aus eigenem Interesse die Festsetzung beantragen oder gegen eine Festsetzung Rechtsmittel einlegen (§ 23 Abs 2 RVG).

**c) Rahmengebühren.** Diese werden vom Anwalt im Einzelfall unter Berücksichtigung aller Umstände (zB Umfang und Schwierigkeit, Bedeutung der Angelegenheit, Einkommens- und Vermögensverhältnisse des Auftraggebers, Haftungsrisiko) innerhalb des Gebührenrahmens nach billigem Ermessen bestimmt (§ 14 Abs 1 RVG). 53

In bestimmten Fällen sieht das Vergütungsverzeichnis (VV, Anlage 1 zum RVG) sog **Schwellenwerte** vor, deren Überschreitung im Einzelfall der Begründung bedarf. Zur Erhöhung der Schwellengebühr, wenn der Rechtsanwalt für mehrere Auftraggeber tätig wird, BSG 21.12.09 – B 14 AS 83/08 R, NJW 10, 3533; zur reduzierten Geschäftsgebühr für ein erfolgreiches Widerspruchsverfahren bei vorherigem Tätigwerden im Verwaltungsverfahren BSK 25.2.10 – B 11 AL 24/08 R, BSGE 106, 21. In der anwaltlichen Praxis empfiehlt sich insoweit eine frühzeitige Dokumentation entsprechender Gesichtspunkte. Die Schwellengebühr hat die **Mittelgebühr** nicht ersetzt. Die **billige Gebühr** für das Tätigwerden eines Rechtsanwalts im sozialgerichtlichen Vorverfahren wird in einem ersten Schritt ausgehend von der Mittelgebühr bestimmt. Sie ist in einem zweiten Schritt in der Höhe des Schwellenwertes zu kappen, wenn weder der Umfang noch die Schwierigkeit der anwaltlichen Tätigkeit mehr als durchschnittlich ist (BSG 1.7.09 – B 4 AS 21/09 R, BeckRS 2009, 72728). Auf Antrag wird der „Wert der anwaltlichen Tätigkeit“ durch Beschluss des Gerichts des ersten Rechtszugs festgesetzt (§ 33 RVG). 54

**d) Abgeltung der Gebühren.** Nach § 15 RVG entgelten die Gebühren die gesamte Tätige des Rechtsanwalts vom Auftrag bis zur Erledigung der Angelegenheit (Abs 1). Der Rechtsanwalt kann die Gebühren in derselben Angelegenheit nur einmal fordern (Abs 2 Satz 1); hieraus folgt zugleich, dass für Angelegenheiten, die nicht dieselben Angelegenheiten sind, jeweils eine eigene Gebühr gefordert werden kann. Im gerichtlichen Ver- 55 fahren kann der Anwalt die Gebühren für jeden Rechtszug fordern (§ 15 Abs 1 Satz 2 RVG).

56 Was **„dieselbe Angelegenheit"** ist, regelt § 16 RVG, was **„verschiedene Angelegenheiten"** sind, § 17 RVG. § 19 RVG benennt Tätigkeiten, die mit dem Verfahren zusammenhängen.

57 **e) Einzelne Gebührentatbestände – Vergütungsverzeichnis.** Das Vergütungsverzeichnis beschreibt unter den einzelnen Nummern und Erläuterungen detailliert, welche Umstände vorliegen müssen, damit der Gebührentatbestand erfüllt ist. Zu den Auslagen (Fotokopien, Portokosten) vgl Vergütungsverzeichnis 7000 ff.

## Rehabilitation, medizinische

### A. Arbeitsrecht

*Poeche*

1 **1. Allgemeines.** Das Recht der Kur- und Heilverfahren ist durch das zum 1.6.94 in Kraft getretene EFZG bundeseinheitlich und für alle ArbNGruppen zusammenfassend geregelt worden (zum Geltungsbereich des EFZG → *Entgeltfortzahlung* Rn 1) und mit der Verwendung der Begriffe „Maßnahmen der medizinischen Vorsorge oder Rehabilitation" sprachlich dem Sozialrecht angepasst worden. Materiell-rechtlich hat sich durch diese Anpassung nichts geändert. In Zweifelsfällen kann daher auf die zu § 7 LFZG ergangene Rspr und veröffentlichte Literatur zurückgegriffen werden.

2 **2. Anspruchsvoraussetzungen.** Anspruch auf Entgeltfortzahlung für bis zu sechs Wochen besteht, wenn der ArbN an einer Maßnahme der medizinischen Vorsorge oder Reha teilnimmt und deshalb an seiner Arbeit verhindert ist (§ 9 Abs 1 iVm § 3 EFZG). Welche medizinischen Maßnahmen den Anspruch auslösen, bestimmt sich nach den Kategorien des SozVRecht (→ Rn 17, 21). Maßnahmen der beruflichen Rehabilitation werden vom EFZG nicht erfasst. Da nicht alle ArbN Mitglied der gesetzlichen KV oder in der gesetzlichen RV versichert sind, wird zwischen diesen ArbNGruppen differenziert.

3 **a) Pflichtversicherte Arbeitnehmer.** Die Kur muss von einem Träger der SozV, also der KV, RV, einer Verwaltungsbehörde der Kriegsopferversorgung oder einem sonstigen Träger von Sozialleistungen **bewilligt** worden sein. Sie muss in einer Einrichtung der medizinischen Vorsorge oder Reha ambulant oder stationär durchgeführt werden. Damit soll sichergestellt werden, dass der ArbN während der Maßnahme nicht nur die verordneten ärztlichen und sonstigen medizinischen Leistungen in Anspruch nimmt, sondern sich auch in seiner privaten Lebensführung auf seine Gesundheit konzentriert (zB Beachtung der Hausordnung, Einhaltung einer Diät; s hierzu LAG RhPf 16.3.16 – 4 Sa 218/15, BeckRS 2016, 71273). Zeiten einer ambulanten Kur oder eines sog Kurlaubs, bei denen Unterkunft und Verpflegung frei gewählt werden können, sind nicht zu vergüten (BAG 19.1.2000 – 5 AZR 685/98, NZA 2000, 773 noch zu § 9 EFZG aF, der eine Entgeltfortzahlungspflicht nur bei stationären Kuren vorsah). Sog Erholungskuren sind damit keine Maßnahmen der medizinischen Vorsorge oder Reha und begründen keinen Entgeltfortzahlungsanspruch. Gesetzlich Versicherte haben während einer ambulanten Vorsorgekur gegen ihren ArbGeb vielmehr ausschließlich dann Anspruch auf Entgeltfortzahlung, wenn die vom Sozialleistungsträger bewilligte Maßnahme in einer Einrichtung der medizinischen Vorsorge oder Rehabilitation iSd § 107 Abs 2 SGB V durchgeführt wird und keinen urlaubsmäßigen Zuschnitt hat (BAG 25.5.16 – 5 AZR 298/15, NZA 16, 1028).

4 **b) Nichtpflichtversicherte Arbeitnehmer.** Da für diese ArbN eine Bewilligung durch einen SozVTräger ausscheidet, genügt die **ärztliche Verordnung** einer medizinischen Vorsorge- oder RehaMaßnahme. Es bleibt bei der **stationären Unterbringung,** wobei jede Einrichtung gewählt werden kann, die mit den vom SozVTräger anerkannten Einrichtungen vergleichbar ist. Vergleichbarkeit liegt vor, wenn gewährleistet ist, dass der Aufenthalt in der Einrichtung den gesundheitlichen Erfordernissen entsprechend gestaltet wird.

5 **3. Anspruchsumfang.** Der Entgeltanspruch entspricht in Dauer und Höhe sowie den weiteren Anspruchsvoraussetzungen dem Anspruch auf Entgeltfortzahlung im Krankheitsfall

(§ 9 Abs 1 iVm §§ 3, 4, 6–8 EFZG). Die Krankheit, derentwegen die Vorsorge- oder RehaMaßnahme gewährt wird, darf also nicht verschuldet sein. Zeiten der Arbeitsunfähigkeit und der Kur, die auf derselben Krankheit beruhen, gelten als **Fortsetzungserkrankung** (→ *Entgeltfortzahlung* Rn 19), dh die Entgeltfortzahlung für die Kur und die Arbeitsunfähigkeit ist auf insgesamt sechs Wochen begrenzt, wenn der zur Bewilligung der Kur führende Tatbestand auf demselben Grundleiden beruht wie die Arbeitsunfähigkeit. § 3 Abs 1 S 2 EFZG gilt dabei auch im Verhältnis einer Maßnahme der medizinischen Vorsorge und Rehabilitation zu einer vorausgegangenen oder nachfolgenden AU infolge Krankheit, sofern dem dasselbe Grundleiden zugrunde liegt (LAG RhPf 8.3.17 – 4 Sa 294/16, BeckRS 2017, 113811). Die von der Rspr entwickelten Grundsätze zur **Einheit des Verhinderungsfalls** (Entgeltfortzahlung auch dann nur für sechs Wochen, wenn während einer bestehenden AU infolge Krankheit eine weitere Krankheit hinzutritt) gelten hingegen bei dem Zusammentreffen einer Maßnahme der medizinischen Vorsorge oder Rehabilitation und einer AU infolge Krankheit nicht (so ausdrücklich nun BAG 10.9.14 – 10 AZR 651/12, BeckRS 2014, 72611). Die Kur muss die **alleinige Ursache** für den Arbeitsausfall sein (→ *Entgeltfortzahlung* Rn 3). Die **Beendigung des Arbeitsverhältnisses** lässt den Entgeltfortzahlungsanspruch des ArbN unberührt, wenn der ArbGeb aus Anlass der Vorsorge-/RehaMaßnahme kündigt oder der ArbN aus einem vom ArbGeb zu vertretenden Grund, der zur fristlosen Beendigung berechtigt, seinerseits das Arbeitsverhältnis beendet (→ *Entgeltfortzahlung* Rn 17).

**4. Anzeige- und Nachweispflichten.** Der ArbN ist verpflichtet, dem ArbGeb den Zeitpunkt des Antritts der Maßnahme, die voraussichtliche Dauer und eine etwaige Verlängerung unverzüglich, also ohne schuldhaftes Zögern iSv § 121 BGB, mitzuteilen. Dem ArbGeb ist ferner die Bescheinigung über die Bewilligung der Maßnahme durch den SozVTräger oder die ärztliche Bescheinigung über ihre Erforderlichkeit vorzulegen (§ 9 Abs 2 EFZG). Er hat ein vorläufiges **Leistungsverweigerungsrecht,** solange ihm die erforderlichen Nachweise nicht vorliegen (§ 9 iVm § 7 EFZG), das mit deren Vorlage rückwirkend erlischt (→ *Entgeltfortzahlung* Rn 21). Für den Beweiswert der ärztlichen Bescheinigung und seine Erschütterung kann auf die zum Attest im Krankheitsfall entwickelten Grundsätze zurückgegriffen werden (→ *Arbeitsunfähigkeitsbescheinigung* Rn 5 ff). Ähnliches gilt bei Zweifeln an der stationären Unterbringung des ArbN während der Kur, wobei es regelmäßig ausreichen wird, wenn der ArbN eine entsprechende Bescheinigung der Einrichtung vorlegt. Entzieht er sich den ärztlichen Anordnungen, der Kur- oder Hausordnung und gestaltet er seinen Aufenthalt wie einen beliebigen Erholungsurlaub, besteht wegen der notwendigen stationären Unterbringung kein Anspruch (BAG 14.11.79 – 5 AZR 930/77, DB 80, 551, das für die alte Rechtslage einen möglichen Rechtsmissbrauch des ArbN annahm). 6

Der ArbN kann sich **schadensersatzpflichtig** machen, wenn er seine Mitteilungs- und Nachweispflicht schuldhaft verletzt, so, wenn wegen des unerwarteten Ausfalls des ArbN Arbeiten nicht rechtzeitig abgeschlossen werden, oder zB das vom ArbN sonst geführte Fahrzeug stillsteht. Kein Schaden im Rechtssinn ist die vom ArbGeb während der Kur zu gewährende Entgeltfortzahlung (BAG 27.3.91 – 5 AZR 58/90, DB 91, 2144).

**5. Schonzeit.** In Anpassung an das Sozialrecht, das eine ärztlich verordnete Schonzeit nicht mehr kennt, fehlt auch eine arbeitsrechtliche Regelung. Um dem ArbN nach der Heilmaßnahme noch für einen gewissen Zeitraum Erholung zu ermöglichen, wird der ArbGeb verpflichtet, dem ArbN auf sein Verlangen für die sich an die Maßnahme anschließende Zeit **Erholungsurlaub** zu gewähren (§ 7 Abs 1 Satz 2 BUrlG). Die Regelung ist zwingend; der ArbGeb kann dem ArbN weder Urlaubswünsche anderer ArbN noch dringende betriebliche Belange iSv § 7 Abs 2 BUrlG entgegenhalten. 7

**6. Sonstiges.** Im Einzelfall kann sich eine Pflicht des ArbN ergeben, den ArbGeb bei Einstellungsverhandlungen ungefragt über ein unmittelbar bevorstehendes Heilverfahren zu unterrichten. Das ist bejaht worden, wenn es sich um ein zweckgebundenes, befristetes Arbeitsverhältnis handelt (LAG Bln 18.4.78 – 3 Sa 115/77, BB 79, 1145 [LS]). 8

**7. Erholungsurlaub.** Nach § 10 BUrlG dürfen Kurzeiten auf den Erholungsurlaub nicht angerechnet werden. Dies gilt auch für Kurzeiten, die außerhalb des Entgeltfortzahlungszeitraums liegen (ErfK/*Gallner* § 10 BUrlG Rz 11). 9

**B. Lohnsteuerrecht** *Thomas*

12 **1. Aufwendungen des ArbGeb. a) Lohnfortzahlung.** Soweit der ArbN, der an einer Maßnahme der medizinischen Vorsorge oder Reha teilnimmt, Fortzahlung seines Arbeitslohns verlangen kann, unterliegt dieser dem LStAbzug nach den allgemeinen Vorschriften. Zu darüber hinaus gewährtem Übergangsgeld vgl → *Übergangsgeld/Überbrückungsgeld* Rn 8 ff.

13 **b) Sonstige Kostenübernahme.** Krankheitskosten fallen in den Verantwortungsbereich des ArbN. Finanziert der ArbGeb Krankheitskosten des ArbN wendet er daher grds Arbeitslohn zu, sei es durch Verschaffung von KVSchutz (→ *Krankenversicherungsbeiträge* Rn 3 ff) oder sei es durch Übernahme der Krankheitskosten als solcher. Das zeigen auch die andernfalls überflüssigen Steuerbefreiungen der § 3 Nr 4d, 5c und 11 EStG (zu Letzterer vgl → *Beihilfeleistungen* Rn 3 ff) und insbes des § 3 Nr 34 EStG (→ *Betriebliche Gesundheitsförderung* Rn 15 ff). Auch die Übernahme von Kurkosten des ArbN durch den ArbGeb führt zu Arbeitslohn (BFH 11.3.10 – VI R 7/08, DStRE 10, 789 Kur eines Fluglotsen; keine Aufteilung in Arbeitslohn und Zuwendung im eigenbetrieblichen Interesse) und es kommt dabei nicht darauf an, ob die Kur der allgemeinen Gesundheitsvorsorge oder der Behebung bzw Linderung einer Krankheit dient. Dem gegenüber soll die Übernahme von Massagekosten bei Bildschirmarbeit unter bestimmten Voraussetzungen im eigenbetrieblichen Interesse des ArbGeb liegen (BFH 30.5.01 – VI R 177/99, DStR 01, 1698; → *Berufskrankheit* Rn 6).

14 **2. Aufwendungen des ArbN. a) Werbungskosten** liegen nur ausnahmsweise vor, wenn die Rehamaßnahme zur Heilung bzw Linderung einer oder zur Vorbeugung gegen eine typische Berufskrankheit (→ *Berufskrankheit* Rn 5 ff) erfolgt. Dagegen reicht eine bloß dem allgemeinen Gesundheitszustand dienende vorbeugende Maßnahme nicht aus. Daher wird bei einer Kur ein hinreichender beruflicher Bezug nicht schon dadurch hergestellt, dass wegen der Art des ausgeübten Berufs eine besondere Fitness erforderlich ist (BFH 17.7.92 – VI R 96/88, DStR 92, 1396 zur Kur eines Bundeswehrpiloten).

15 **b) Außergewöhnliche Belastung.** Eigene Aufwendungen des ArbN für Krankheitskosten können nach § 33 EStG abgezogen werden, soweit sie die zumutbare Eigenbelastung (§ 33 Abs 3 EStG) übersteigen. Das gilt für Heilkuren dann, wenn sie aufgrund einer Erkrankung medizinisch angezeigt sind (zu Nachweiserfordernissen § 64 Abs 1 Nr 2a EStDV; H 33.1 EStR „Kur"). Bei derartigen Kuren wird nicht mehr verlangt, dass sie zur Linderung der Krankheit nachweislich notwendig sind und eine andere Behandlung nicht oder kaum erfolgsversprechend ist (BFH 5.10.11 – VI R 88/10, BFH/NV 12, 35). Dagegen sind nicht medizinisch indizierte Badekuren oder Erholungsreisen gesunder ArbN auch dann nicht abziehbar, wenn sie auch der Erhaltung der Gesundheit und damit der Arbeitskraft dienen (BFH 17.7.92 – VI R 96/88, DStR 92, 1396). Hinweise hierfür können schon äußere Umstände sein wie Teilnahme der ganzen Familie oder Vermittlung solcher Reisen durch Reisebüros an Erholungssuchende.

16 Bei einer medizinisch indizierten Kur sind als Kosten nicht anderweit erstattete eigene Aufwendungen des ArbN abziehbar für die Hin- und Rückfahrt (aber grundsätzlich nur in Höhe der Kosten öffentlicher Verkehrsmittel und gar nicht zwischenzeitliche Familienheimfahrten oder Besuchsfahrten Angehöriger), für Arzt und Kurmittel, für Unterkunft in angemessener Höhe, für Verpflegungskosten abzüglich $^{1}/_{3}$ Haushaltsersparnis, aber nicht für Trinkgelder.

**C. Sozialversicherungsrecht** *Voelzke*

17 **1. Allgemeines. a) Leistungsrecht.** Leistungen zur medizinischen Rehabilitation gehören zu den von den Rehabilitationsträgern (§ 6 SGB IX) zu erbringenden **Leistungen zur Teilhabe** (§ 5 Nr 1 SGB IX). Die Leistungsgewährung untersteht damit vergleichbaren Zielen und Grundsätzen, wie sie auch für die Leistungen zur Teilhabe am Arbeitsleben gelten (→ *Teilhabe und Inklusion*). Das Teilhaberecht ist durch das Bundesteilhabegesetz vom 23.12.16 (BGBl I 16, 3234; hierzu *Schneider* WzS 17, 67) umfassend reformiert worden. Die gemeinsamen Vorschriften für die Leistungen zur Teilhabe befinden sich im Teil 1 des SGB IX. Dieser Teil enthält die für alle Rehabilitationsträger geltenden Grundsätze. Die

Regelungen des SGB IX sind durch das Bundesteilhabegesetz verbindlicher ausgestaltet worden.

Die Leistungen zur **medizinischen Rehabilitation** sind in den §§ 42 ff SGB IX aufgeführt. Zum Leistungskatalog der KV gehören auch die Vorsorgekuren zur Krankheitsverhütung, bei Gefährdung der gesundheitlichen Entwicklung eines Kindes oder zur Vermeidung von Pflegebedürftigkeit (§§ 23, 24 SGB V). In Abgrenzung zur Krankenhausbehandlung handelt es sich bei Leistungen zur medizinischen Rehabilitation häufig um komplexe Leistungen mit einer Kombination verschiedenartiger medizinischer und pflegerischer Maßnahmen.

**b) Arbeitsentgelt.** Beitragsrechtlich ergeben sich gegenüber der Behandlung im LStRecht keine Besonderheiten. Damit unterfallen Zuwendungen des ArbGeb zu den Kurkosten idR dem der Beitragspflicht unterliegenden Arbeitsentgelt. Etwas anderes gilt hier nur, wenn die Kuren im ganz überwiegenden betrieblichen Interesse zur Wiederherstellung oder Erhaltung der Arbeitsfähigkeit durchgeführt werden. 18

**2. Zuständigkeiten** für die Leistungserbringung ergeben sich im gegliederten System der sozialen Sicherung für die Träger der KV, RV und UV, des sozialen Entschädigungsrechts sowie der Träger der Jugendhilfe und der Träger der Eingliederungshilfe (§ 6 SGB IX). Zur Klärung von Zuständigkeitsfragen sieht § 14 SGB IX das Verfahren der Zuständigkeitsklärung vor. Danach muss der Träger innerhalb von zwei Wochen nach Eingang des Antrags seine Zuständigkeit feststellen; verneint er sie, muss er den Antrag unverzüglich dem nach seiner Auffassung zuständigen Rehabilitationsträger zuleiten. 19

Die Zuständigkeit des **Trägers der Unfallversicherung** ist lediglich im Rahmen der Heilbehandlung wegen der Folgen eines Arbeitsunfalls gegeben.

Die Zuständigkeit der **Träger der Rentenversicherung** wird nach den §§ 9 ff SGB VI begründet, wenn die persönlichen und versicherungsrechtlichen Voraussetzungen hierfür erfüllt sind. Zu den persönlichen Voraussetzungen gehört, dass beim Versicherten eine erhebliche Gefährdung oder Minderung der Erwerbsfähigkeit vorliegt und eine hinreichende Erfolgsaussicht besteht (§ 10 SGB VI). Medizinische Leistungen zur Reha können nicht gewährt werden, wenn lediglich das Leistungsvermögen in einer Werkstatt für Behinderte erhalten oder wiederhergestellt werden soll (BSG 23.2.2000 – B 5 RJ 8/99 R, SozR 3–2600 § 10 Nr 2).

In Erweiterung der allgemeinen Regelungen über die versicherungsrechtlichen Voraussetzungen für Leistungen zur Reha (*Teilhabe und Inklusion*) können medizinische RehaLeistungen in der RV nach § 11 Abs 2 SGB VI an Versicherte gewährt werden, wenn sie in den letzten zwei Jahren vor der Antragstellung sechs Kalendermonate mit **Pflichtbeiträgen** für eine versicherte Beschäftigung oder Tätigkeit haben (Nr 1), innerhalb von zwei Jahren nach Beendigung einer Ausbildung eine versicherungspflichtige Beschäftigung oder Tätigkeit aufgenommen und bis zum Antrag ausgeübt haben (AU und Arbeitslosigkeit nach Aufnahme der Beschäftigung sind unschädlich, Nr 2) oder bei Erfüllung der allgemeinen Wartezeit von fünf Jahren und bereits eingetretener bzw absehbarer Verminderung der Erwerbsfähigkeit (Nr 3). Vom RVTräger sind RehaMaßnahmen nur dann zu erbringen, wenn sich die Prognose stellen lässt, die Erwerbsfähigkeit des Versicherten lasse sich herstellen oder bessern (BSG 27.2.91 – 5 RJ 51/90, NZA 92, 90). Ausgeschlossen sind Leistungen zur Reha nach § 12 Abs 1 Nr 4a SGB VI für Versicherte, die eine Leistung beziehen, die regelmäßig bis zum Beginn einer Rente wegen Alters gezahlt wird. Dieser Ausschlusstatbestand für „Vorruheständler“ findet nach Auffassung der RV-Träger auch auf den Bezug von betrieblichen Versorgungsleistungen, die auf die Altersrente hinführen, Anwendung (vgl auch *Schlegel/Voelzke/Luthe* SGB VI § 12 Rz 48). 20

Die **Zuständigkeit der Krankenkassen** ist in den verbleibenden Fällen gegeben, also insbes bei Fehlen der versicherungsrechtlichen Voraussetzungen für die Zuständigkeit der RVTräger bzw bei Versicherten, die keine Erwerbstätigkeit ausüben.

**3. Voraussetzungen.** Die erforderlichen Leistungen zur medizinischen Rehabilitation von Menschen mit **Behinderungen** und von Behinderung bedrohten Menschen werden erbracht, um Behinderungen einschließlich chronischer Krankheiten abzuwenden, zu beseitigen, zu mindern, auszugleichen oder eine Verschlimmerung zu verhüten (§ 42 Abs 1 Nr 1 SGB IX). Die Voraussetzungen sind auch erfüllt, wenn die erforderlichen Leistungen 21 zu erbringen sind, um Einschränkungen der Erwerbsfähigkeit und Pflegebedürftigkeit zu vermeiden, zu überwinden, zu mindern, eine Verschlimmerung zu verhindern sowie den vorzeitigen Bezug von laufenden Sozialleistungen zu verhüten oder laufende Sozialleistungen zu mindern (§ 42 Abs 1 Nr 2 SGB IX).

Erforderlich ist ein **Antrag** auf Rehabilitationsleistungen sowie die Zustimmung des Betroffenen zu der konkret bevorstehenden RehaMaßnahme (BSG 23.4.92 – 13/5 RJ 12/90, SozR 3–2200 § 1236 Nr 3). Die Erbringung der Leistungen steht im Ermessen der SozVTräger. Die Ermessensbestätigung erstreckt sich allerdings im Regelfall nur auf das „Wie" und nicht auf das „Ob" der Leistungsgewährung (BSG 15.11.83 – 1 RA 33/83, SozR 2200 § 1236 Nr 43 zur Auswahl der RehaEinrichtung).

22 § 31 Satz 1 SGB IX erlaubt die Erbringung von Sach- und Dienstleistungen im **Ausland,** wenn dies bei zumindest gleicher Qualität und Wirksamkeit wirtschaftlicher ist.

23 Grds dürfen Leistungen zur medizinischen Rehabilitation in der KV und RV nicht vor **Ablauf von vier Jahren** nach Durchführung einer solchen oder ähnlichen Leistung erbracht werden, deren Kosten aufgrund von öffentlich-rechtlichen Vorschriften getragen oder bezuschusst worden sind (§ 40 Abs 3 Satz 4 SGB V; § 12 Abs 2 SGB VI). Eine Ausnahme hiervon gilt nur, wenn eine vorzeitige Leistung aus dringenden medizinischen Gründen erforderlich ist. Dies kann angenommen werden, wenn die Leistungserbringung unaufschiebbar ist, weil ansonsten erhebliche gesundheitliche Schäden oder Nachteile zu befürchten sind.

24 **4. Leistungsumfang.** Der Leistungsatalog der **gesetzlichen Krankenversicherung** erstreckt sich, soweit eine ambulante Krankenbehandlung nicht ausreicht, auf ambulante Rehabilitationsleistungen in Rehabilitationseinrichtungen, für die ein Versorgungsvertrag besteht (§ 40 Abs 1 SGB V). Auch bei den ambulanten Leistungen handelt es sich um Komplexmaßnahmen, bei denen die im Einzelfall erforderlichen therapeutischen Interventionen auf Grund eines ärztlichen Behandlungsplanes zu einem Gesamtkonzept zusammengefasst werden (zu Einzelheiten *Schlegel/Voelzke/Waßer* SGB V, § 40 Rz 47). Die Krankenkassen erbringen stationäre Rehabilitationsleistungen unter den Voraussetzungen des § 40 Abs 2 SGB V, wenn ambulante Leistungen nicht ausreichen. Dies ist insbes der Fall, wenn Art oder Ausmaß der Schädigungen, eine stark ausgeprägte Multimorbidität oder die Notwendigkeit der Herausnahme aus dem sozialen Umfeld eine stationäre Maßnahme erforderlich machen (*Schlegel/Voelzke/Waßer* SGB V, § 40 Rz 47). Die Leistungspflicht der Krankenkasse wird für die Behandlung in einer Kur- oder Spezialeinrichtung nur begründet, wenn sie unter ärztlicher Aufsicht und Verantwortung steht (BSG 27.11.90 – 3 RK 1789, SozR 3–2200 § 184a Nr 1).

Die von den **Rentenversicherungsträgern** zu erbringenden Leistungen zur medizinischen Rehabilitation sind in § 15 SGB VI geregelt. Die stationären Leistungen umfassen die Behandlung mit Unterkunft und Verpflegung in einer RehaEinrichtung. Die Behandlung darf nur in solchen RehaEinrichtungen erfolgen, die von einem RVTräger selbst betrieben werden oder zu denen der Versicherungsträger in vertraglichen Beziehungen steht.

25 **5. Zuzahlung.** Versicherte in der KV und RV, die das 18. Lebensjahr vollendet haben, haben bei stationärer Behandlung eine sog Zuzahlung von 10 € je Kalendertag zu leisten (§ 40 Abs 5 SGB V, § 32 SGB VI). Die Zuzahlung ist für jeden angefangenen Behandlungstag, also auch für den Aufnahme- und den Entlassungstag, zu entrichten (BSB 19.2.02 – B 1 KR 32/00 R, SozR 3–2500 § 40 Nr 4). In den Fällen der Anschlussrehabilitation wird die Dauer der Zuzahlung auf längsten 28 Jahre je Kj begrenzt, wobei Zuzahlungen zu stationären medizinischen Leistungen der RV sowie zur vollstationären Krankenhausbehandlung angerechnet werden (§ 40 Abs. 6 SGB V). Liegen die vorgenannten Voraussetzungen nicht vor, so ist die Zuzahlung zeitlich unbegrenzt zu leisten. Zuzahlungen sind während eines Kj nur bis zur Belastungsgrenze des § 62 SGB V zu leisten. Bei der Berechnung der Belastungsgrenze sind nur die tatsächlich erzielten Bruttoeinnahmen zum Lebensunterhalt, nicht jedoch Vermögensumschichtungen oder fiktive Einnahmen zu berücksichtigen (BSG 19.9.07 – B 1 KR 1/07 R, BeckRS 2007, 47886). Die Zuzahlung steht nach der ausdrücklichen Regelung in § 32 Abs 5 SGB VI der Annahme einer vollen Übernahme für die Leistungen zur Teilhabe iS arbeitsrechtlicher Vorschriften nicht entgegen.

**6. Ergänzende Leistungen.** Bei stationären medizinischen Rehabilitationsleistungen besteht nach Ablauf der Verpflichtung des ArbGeb zur Entgeltfortzahlung (s oben) gegen den RVTräger ein Anspruch auf Übergangsgeld (→ *Übergangsgeld/Überbrückungsgeld* Rn 16 ff), gegen die Krankenkasse ein Anspruch auf Krankengeld (→ *Krankengeld* Rn 11 ff) und gegen den UVTräger ein Anspruch auf Verletztengeld (§§ 45 ff SGB VII) als Lohnersatzleistung. Außerdem können als ergänzende Leistungen ua Betriebs- oder Haushaltshilfe und Reisekosten erbracht werden (§ 64 SGB IX). 26

**7. Unfallversicherung.** Die Teilnahme an medizinischen RehaLeistungen gehört in der UV, auch bei einer betrieblichen Kostenbeteiligung oder bei einem Aufenthalt in betrieblichen Heimen, grds zum **unversicherten persönlichen Lebensbereich.** Einen inneren Zusammenhang zwischen der Kurmaßnahme und der versicherten Tätigkeit bejaht die Rspr nur, wenn die Tätigkeit in dem Unternehmen mit einer besonderen Gefährdung verbunden ist und aus der besonderen Gestaltung des Kurablaufs eindeutig erkennbar ist, dass ihre Durchführung wesentlich in Wahrnehmung betrieblicher Belange erfolgt und das Interesse des Versicherten an seiner Gesundheit nur Nebenzweck ist (BSG 17.10.90 – 2 Ru 13/90, NZA 91, 406). 27

Versicherungsschutz ist allerdings nach § 2 Abs 1 Nr 15 Buchst a SGB VII gegeben, wenn von einem Träger der gesetzlichen KV, der gesetzlichen RV oder einer landwirtschaftlichen Alterskasse **stationäre Behandlung** gewährt wird. Werden Personen auf Kosten eines der genannten Versicherungsträger stationär behandelt, so erfasst der Versicherungsschutz Handlungen, die sie vornehmen, um die Behandlung zu erhalten oder an ihrer Durchführung mitzuwirken, soweit sie sich dabei im Rahmen der ärztlichen Anordnung halten (BSG 27.4.10 – B 2 U 11/09 R, BeckRS 2010, 71396). Eine entsprechende Anwendung dieser Regelung bei einer anderen Kostenträgerschaft oder bei einer bloßen Bezuschussung durch die genannten Kostenträger ist zu verneinen (BSG 22.3.83 – 2 Ru 12/82, SozR 2200 § 539 Nr 89). Es besteht trotz Bewilligung einer stationären RehaMaßnahme durch die RVTräger kein UVSchutz, soweit der Beschäftigte sich vor Beginn der Maßnahme dafür benötigte ärztliche Unterlagen beschafft (BSG 7.11.2000 – B 2 U 35/99 R, SozR 3–2200 § 539 Nr 53).

# Rente mit 63

## A. Arbeitsrecht

*Kreitner*

**1. Allgemeines.** Die sog Rente mit 63 ist Teil des am 1.7.14 in Kraft getretenen RV-Leistungsverbesserungsgesetz vom 23.6.14 (BGBl I 14, 787), das im Wesentlichen Änderungen der gesetzlichen RV beinhaltet. Die Einzelheiten werden daher in der sozialversicherungsrechtlichen Kommentierung (→ Rn 15 ff) behandelt. Vgl hinsichtlich statistischer Daten über die Inanspruchnahme der Rente mit 63 die Antwort der Bundesregierung in BT-Drs 19/8776 vom 22.2.18. 1

Unmittelbar arbeitsrechtlicher Natur sind lediglich die in Art 3 und 3a des Artikelgesetzes geregelten Änderungen des BetrAVG sowie des AltTZG. Die Änderung des BetrAVG betrifft die Berechnung der Rentenanwartschaft in **§ 2 Abs 1 BetrAVG.** Die Novellierung stellt klar, dass die sog Rente mit 63 ausschließlich die gesetzliche RV betrifft und für die Anwartschaftsberechnung bei Betriebsrenten einheitlich auf den Zeitpunkt der Vollendung des 65. Lebensjahres abzustellen ist (*Reinhard/Hoffmann-Remy* NZA 15, 1159). Ferner ist in das AltTZG eine weitere Übergangsregelung eingefügt worden. **§ 15h AltTZG** bestimmt, dass der Anspruch des ArbGeb auf Leistungen der BA nach § 4 AltTZG abweichend von § 5 Abs 1 Nr 2 AltTZG nicht erlischt, wenn mit der Altersteilzeit vor dem 1.1.10 begonnen wurde und die Voraussetzungen des § 236b SGB VI erfüllt sind. Diese Regelung betrifft jedoch nur die sozialrechtliche (Förderungs-)komponente der Altersteilzeit, arbeitsrechtliche Folgeprobleme eines „gestörten" Altersteilzeitverhältnisses bleiben ungeklärt (darauf weist *Schmidt* jurisPR-SozR 18/2014 Anm 1 zu Recht hin; → Rn 4). Soweit in Art 1 RV-Leistungsverbesserungsgesetz unter Nr 1a die ebenfalls arbeitsrechtlich bedeutsame Vorschrift des § 41 SGB VI um einen weiteren dritten Satz ergänzt worden ist, betrifft dies 2 nicht die Rente mit 63, sondern es geht um erleichterte Befristungsmöglichkeiten bei einer Fortsetzung des Arbeitsverhältnisses über die Regelaltersgrenze hinaus (→ *Altersgrenze* Rn 5).

Im Übrigen gelten für das Verhältnis von Arbeitsrecht zu SozVR bei der sog Rente mit 63 dieselben **arbeitsrechtlichen Grundsätze** wie für sonstige Rentenfälle (→ *Rentenbeginn* Rn 1).

3 **2. 63er-Rente bei bestehendem Arbeitsverhältnis.** Eher unproblematisch ist aus arbeitsrechtlicher Sicht der gesetzliche Regelfall, dass ein ArbN im bestehenden Arbeitsverhältnis die sozialversicherungsrechtlichen Voraussetzungen für die abschlagsfreie sog 63-er Rente erfüllt. Hier bedarf es lediglich einer rechtswirksamen schriftlichen (§ 623 BGB) Beendigung des Arbeitsverhältnisses. Dies kann im Wege eines – ggf sofortigen – Aufhebungsvertrages geschehen. Kündigt der ArbN, sind die gesetzliche Kündigungsfrist aus § 622 Abs 1 BGB bzw ggf längere tarifvertragliche oder arbeitsvertraglich vereinbarte Kündigungsfristen zu beachten. Eine Pflicht des ArbN zur vorherigen Information des ArbGeb über eine beabsichtigte Inanspruchnahme der 63er-Rente (etwa bei Erhalt des Rentenbescheids) besteht nicht. Sie ergibt sich weder aus dem Gesetz noch als arbeitsvertragliche Nebenpflicht (aA *Weis* NZA 16, 1116).

4 **3. 63er-Rente bei vereinbarter Altersteilzeit.** Schwierigkeiten können demgegenüber bei bestehenden Altersteilzeitverträgen eintreten, wenn diese auf einen Beendigungszeitpunkt abgeschlossen sind, der einem nunmehr möglichen Bezug der sog 63er-Rente nachfolgt.

Der Gesetzgeber hat – wie oben angesprochen – das Zusammentreffen von sog 63-er Rente und Altersteilzeit nur in sozialrechtlicher Hinsicht in § 15h AltTZG dahingehend geregelt, dass dem ArbGeb durch den Rentenbezug und die unerwartete vorzeitige Beendigung des Altersteilzeitverhältnisses keine förderungsrechtlichen Nachteile entstehen sollen. Weitergehende arbeitsrechtliche Probleme ergeben sich darüberhinaus immer dann, wenn die dem Altersteilzeitverhältnis zugrunde liegende Regelung besondere **Beendigungsklauseln** dergestalt enthält, dass das Altersteilzeitverhältnis vorzeitig dann endet, wenn ein ungeminderter Altersrentenbezug für den ArbN möglich ist. Derartige Klauseln sind insbes in Altersteilzeittarifverträgen oftmals enthalten (*Koch* BB 14, 1589), können grds jedoch auch einzelvertraglich vereinbart werden, wenn die Grundsätze des AGB-Rechts beachtet werden (BAG 8.8.07 – 7 AZR 605/06, BeckRS 2007, 48967; → *Altersteilzeit* Rn 8). Sind die Rechtsfolgen einer solchen vorzeitigen Beendigung des Altersteilzeitverhältnisses nicht geregelt (anders bspw im Bereich der Metallindustrie, *Nakielski/Winkel* ArbuR 14, 423) und kommt es auch im Einzelfall nicht zu einer einvernehmlichen Regelung, ist diese ebenso wie sonstige vorzeitige Beendigungssituationen (zB arbeitgeberseitige Kündigung) als sog Störfall zu behandeln (→ *Altersteilzeit* Rn 14).

5 **4. Zwei-Jahres-Grenze vor Rentenbeginn.** Nach § 51 Abs 3a Nr 3 SGB VI werden Zeiten des Bezugs von Entgeltersatzleistung der Arbeitsförderung in den letzten beiden Jahren vor Rentenbeginn bei der Ermittlung der 45jährigen Wartezeit grds nicht berücksichtigt (→ Rn 20).

6 **a) Geringfügige Beschäftigung als Umgehungstatbestand?** Bei isolierter arbeitsrechtlicher Betrachtung steht es den Arbeitsvertragsparteien frei, ein bisher bestehendes Vollzeitarbeitsverhältnis in eine geringfüge Beschäftigung umzuwandeln. Je nach Lage des Einzelfalls kann dem ArbN nach § 8 TzBfG sogar ein gesetzlicher Anspruch auf eine entsprechende Arbeitszeitverringerung zustehen. Eine derartige Änderung des Arbeitsvertrages kann grds auch in den beiden letzten Beschäftigungsjahren vor dem Renteneintritt erfolgen. Als versicherungspflichtige Tätigkeit, würde diese gem § 51 Abs 3a Nr 1 SGB VI grds auf die Wartezeit angerechnet. Bleibt der ArbN dabei mit der geringfügigen Beschäftigung unter den sozialrechtlichen Anrechnungsgrenzen, besteht gleichzeitig ein Anspruch auf AlGeld (→ *Arbeitslosengeld* Rn 46). Damit würde ebenfalls § 51 Abs 3a Nr 3 SGB VI eingreifen und wegen der nicht vorliegenden Ausnahmen (Insolvenz oder Geschäftsaufgabe) eine Anrechnung unterbleiben.

7 Für die Ermittlung der Anspruchsvoraussetzungen einer sog 63er-Rente stellt eine solche Vertragsgestaltung jedoch eine **gesetzliche Umgehung** dar. Sie verstößt offensichtlich gegen den Normzweck des § 51 Abs 3a Nr 3 SGB VI, der Fehlanreize vermeiden soll (so

die ausdrückliche Begründung des Ausschusses für Arbeit und Soziales in seiner Beschlussempfehlung vom 21.5.14, BT-Drs 18/1489, S. 26, auf die die nunmehrige gesetzliche Formulierung zurückgeht). Es sollte vermieden werden, dass ArbN bereits nach Vollendung des 61. Lebensjahres aus dem Arbeitsverhältnis ausscheiden und die Wartezeit dann über den zweijährigen Bezug von AlGeld erfüllen (*Schlegel* JM 14, 379). Genau dies wäre aber Folge einer geringfügigen Beschäftigung bei gleichzeitigem Bezug von AlGeld. Immer dann, wenn bei einer solchen Vertragsgestaltung der Bezug von AlGeld betragsmäßig die Vergütung aus der Beschäftigung überwiegt, steht die sozialrechtliche Unterstützung im Vordergrund, so dass § 51 Abs 3a Nr 3 SGB VI die nach ihrem Wortlaut gleichzeitig erfüllte Regelung aus § 51 Abs 3a Nr 1 SGB VI verdrängt. Zu Recht wird daher auch im Schrifttum Kritik geäußert und eine umgehende (klarstellende) gesetzliche Nachbesserung gefordert (*Thüsing* BB 14 Heft 32, I). Der DGB sieht diese Vorgehensweise demgegenüber als zulässigen „letzten Notnagel" für die Erfüllung der Wartezeit (DGB Bundesvorstand, Info Recht v 10.7.14 S 10) an.

**b) Überbrückungserfordernis.** Endet das Arbeitsverhältnis vereinbarungsgemäß in- 8
nerhalb der letzten zwei Jahre vor dem möglichen Bezugszeitpunkt einer sog 63er-Rente und fehlen dem ArbN weniger als 24 Kalendermonate an der 45jährigen Wartezeit, stellt sich die Frage einer möglichen Überbrückung. Eine derartige Überbrückung kann durch Abschluss eines befristeten Arbeitsvertrages erfolgen. Geschieht dies mit einem dritten ArbGeb, ist die Befristung nach § 14 Abs 2 TzBfG sachgrundlos möglich; aber auch mit dem bisherigen ArbGeb kann nach § 14 Abs 1 Satz 2 Nr 6 TzBfG eine Befristung aus sozialen Gründen mit Sachgrund erfolgen (BAG 24.8.11 – 7 AZR 368/10, BeckRS 2012, 65285; APS/*Backhaus* § 14 TzBfG Rz 288). Ein Anspruch auf eine entsprechende Vertragsanpassung besteht nicht (*Neufeld/Flockenhaus/Schemmel* BB 14, 2741). Wegen der Darlegungs- und Beweispflicht des ArbGeb im Bestreitensfall für den Befristungsgrund sollte die vom ArbN ausgehende Initiative möglichst dokumentiert werden. Die Befristung muss schriftlich vereinbart werden (§ 14 Abs 4 TzBfG). Ggf kann dabei auch eine Freistellung des ArbN vereinbart werden (→ *Freistellung von der Arbeit* Rn 16 f, 23 ff), allerdings muss das Arbeitsverhältnis zumindest einmal in Vollzug gesetzt worden sein, da nur dann ein die Sozialversicherungspflicht auslösendes Beschäftigungsverhältnis vorliegt (zuletzt BSG 4.3.14 – B 1 KR 64/12 R, BeckRS 2014, 70754; *Schindele* ArbRAktuell 14, 379).

Wird eine solche Überbrückung bei einem innerhalb des Zwei-Jahres-Zeitraums auslaufenden **Altersteilzeitverhältnisses** erforderlich, gelten dieselben Grundsätze. Allerdings bietet es sich aus Praktikabilitätsgründen an, das Arbeitsverhältnis nicht in Form der Altersteilzeit, sondern als reguläres Arbeitsverhältnis fortzusetzen. Dabei sind dann auch die Beteiligungsrechte des BRat nach § 99 BetrVG zu beachten (ebenso *Koch* BB 14, 1589).

## B. Lohnsteuerrecht *Weil*

Die Altersrente unterliegt der nachgelagerten Besteuerung (→ *Altersrente* Rn 8 ff). Für 11
die zum 1. Juli 2014 eingeführte abschlagsfreie Altersrente ab Vollendung des 63. Lebensjahres ergibt sich steuerrechtlich keine Besonderheit.

## C. Sozialversicherungsrecht *Ruppelt*

**1. Allgemeines.** Unter dem politischen Begriff „Rente mit 63" ist keine neue Alters- 15
rente zu verstehen. Vielmehr sind durch das am 1.7.14 in Kraft getretene RV-Leistungsverbesserungsgesetz vom 23.6.14 (BGBl I 2014, 787) die Altersgrenze für die abschlagsfreie **Altersrente für besonders langjährig Versicherte** nach § 38 SGB VI (→ *Altersrente* Rn 46) **für eine Übergangszeit** vorgezogen (§ 236b SGB VI) und die Zeiten, mit denen die für diese Rente erforderliche Wartezeit von 45 Jahren erfüllt werden kann, erweitert worden (§ 51 Abs 3a SGB VI). Das befristete Vorziehen der Altersgrenze hat es vor allem vielen in einem Beschäftigungsverhältnis stehenden Fachkräften ermöglicht, frühzeitig ohne Abschläge in den Ruhestand zu wechseln.

**2. Altersgrenze.** Nur für die Geburtsjahrgänge bis einschließlich 1952 bestand die 16
Möglichkeit, diese Rente ab der Vollendung des 63. Lebensjahres in Anspruch zu nehmen.

Für Versicherte der Geburtsjahrgänge 1953–1963 steigt der Zeitpunkt der frühesten Inanspruchnahme dieser Rente nach Maßgabe der Tabelle des § 236b Abs 2 SGB VI schrittweise bis zum 65. Lebensjahr und damit wieder auf die bis 30.6.14 geltende Altersgrenze. Nach dem 31.12.1963 Geborene werden von der Absenkung der Altersgrenze durch das RV-Leistungsverbesserungsgesetz nicht mehr begünstigt und können die abschlagsfreie Altersrente für besonders langjährige Versicherte nach § 38 SGB VI erst ab der Vollendung des 65. Lebensjahres in Anspruch nehmen. Bestandsrentner, die bereits eine Altersrente mit Abschlägen beziehen, können nicht in die abschlagsfreie Altersrente mit 63 für besonders langjährige Versicherte wechseln (LSG RhPf 12.8.15 – L 6 R 114/15, NZS 15, 791, LSG BaWü 21.5.15 – L 7 R 5354/14, NZS 15, 586).

17 **3. Wartezeit. a) Ausweitung der anrechenbaren Zeiten.** Im Gegensatz zur übergangsweisen Absenkung der Altersgrenze für die Rente für besonders langjährige Versicherte wirkt sich die Erweiterung der Zeiten, welche zur Erfüllung der Wartezeit von 45 Jahren für diese Rente berücksichtigt werden, auf Dauer auf die Rente nach § 38 SGB VI aus. Zur Erfüllung der Wartezeit können nunmehr alle Kalendermonate herangezogen werden, die mit folgenden Zeiten belegt sind:

- wie bisher: Pflichtbeitragszeiten einer versicherten Beschäftigung oder Tätigkeit sowie Ersatzzeiten und Berücksichtigungszeiten,
- neu: Zeiten des Bezugs von Entgeltersatzleistungen der Arbeitsförderung gem § 51 Abs 3a S 1 Nr 3 Buchst a SGB VI, soweit sie Pflichtbeitragszeiten oder Anrechnungszeiten sind (außer solche in den letzten zwei Jahren vor Rentenbeginn, es sei denn, der Bezug war durch eine **Insolvenz** oder vollständige Geschäftsaufgabe des ArbGeb bedingt),
- neu: Zeiten des Leistungsbezugs bei Krankheit und Zeiten des Bezugs von Übergangsgeld, soweit sie Pflichtbeitragszeiten oder Anrechnungszeiten sind (§ 51 Abs 3a S 1 Nr 3 Buchst b und Buchst c SGB VI),
- neu: freiwillige Beitragszeiten, wenn mindestens 18 Jahre mit Pflichtbeiträgen für eine versicherte Beschäftigung oder Tätigkeit vorhanden sind gem § 51 Abs 3a S 1 Nr 4 SGB VI (außer solche in den letzten zwei Jahren vor Rentenbeginn, wenn gleichzeitig Anrechnungszeiten wegen Arbeitslosigkeit vorliegen),

18 Kalendermonate, die durch Rentensplitting oder Versorgungsausgleich ermittelt wurden, werden nicht berücksichtigt (§ 51 Abs 3a S 2 SGB VI). Weiterhin nicht angerechnet werden Zeiten des Bezugs von AlHilfe oder AlGeld II (§ 244 Abs 3 S 1 SGB VI).

19 **b) Zeiten der Arbeitslosigkeit und Krankheit.** Entgeltersatzleistungen der Arbeitsförderung iSv § 51 Abs 3a S 1 Nr 3 SGB VI sind in erster Linie das AlGeld I und seine Vorläuferleistungen, die im Zeitverlauf rentenrechtlich unterschiedlich als Beitrags- oder als Anrechnungszeiten berücksichtigt wurden. Dazu zählen aber auch Kurzarbeitergeld, Transferkurzarbeitergeld, Saisonkurzarbeitergeld, AlGeld bei beruflicher Weiterbildung, Strukturkurzarbeitergeld, Schlechtwettergeld und Winterausfallgeld. Dabei handelt es sich im Gegensatz zur AlHilfe und dem AlGeld II um versicherungsfinanzierte Leistungen, die typischerweise die Erwerbsbiografie nur kurzfristig unterbrochen haben. Dies rechtfertigt die Berücksichtigung der Zeiten des Bezugs dieser Leistungen bei der Berechnung der Wartezeit. Entsprechendes gilt für Krankheits- und Rehabilitationszeiten, in denen Leistungen wie Krankengeld und Übergangsgeld gezahlt worden sind.

20 **c) Freiwillige Beitragszeiten.** Die Wartezeit von 45 Jahren kann auch durch freiwillige Beitragszeiten erfüllt werden, wenn mindestens 18 Jahre mit Pflichtbeiträgen für eine versicherte Beschäftigung oder Tätigkeit vorhanden sind (§ 51 Abs 3a S 1 Nr 4 SGB VI). Die Regelung zielt insbes auf selbstständige Handwerker, die sich nach 18 Jahren Pflichtbeitragszeiten von der Versicherungspflicht befreien lassen und sich sodann freiwillig weiterversichern können.

21 **d) Zwei-Jahres-Grenze vor Rentenbeginn.** Die Einschränkung in § 51 Abs 3a Nr 3 und Nr 4 SGB VI soll Fehlanreize vermeiden, die sich aus der Anrechnung von Zeiten des Bezugs von Entgeltersatzleistungen der Arbeitsförderung auf die Wartezeit von 45 Jahren bei der Altersrente für besonders langjährig Versicherte ergeben könnten. Durch die Regelung werden Zeiten des Bezugs von **Entgeltersatzleistungen der Arbeitsförderung** für die Wartezeit dann nicht berücksichtigt, wenn sie in den letzten zwei Jahren vor Rentenbeginn liegen. Gleiches gilt für die Entrichtung **freiwilliger Beiträge** in diesem

Zeitraum. Damit soll verhindert werden, dass ein Beschäftigungsverhältnis bereits im 61. Lebensjahr des Versicherten aufgegeben wird, um die Zwischenzeit bis zur Altersrente mit AlGeld I zu überbrücken (LSG BaWü 21.6.16 – L 9 R 695/16, NZS 16, 827; BayLSG 15.3.17 – L 19 R 696/15, BeckRS 2017, 110892). Um Härtefälle zu vermeiden, werden diese Zeiten zwei Jahre vor Rentenbeginn dennoch berücksichtigt, wenn sie durch **Insolvenz** oder vollständige Geschäftsaufgabe (LSG BaWü 3.7.19 – L 2 R 247/18, NZS 19, 791 m Anm *Hoffmann)* des ArbGeb bedingt sind. Andere Beendigungstatbestände des Beschäftigungsverhältnisses reichen nicht aus (BSG 17.8.17 – B 5 R 8/16 R, SozR 4–2600 § 51 Nr 1; LSG Sachs 25.10.18 – L 4 R 791/17, BeckRS 2018, 32685). Auch nicht die Aufgabe einer selbstständigen Tätigkeit des Versicherten (LSG NdsBrem 22.8.18 – L 2 R 145/17, BeckRS 2018, 28728). Fallen jedoch neben dem Bezug von AlGeld I wegen einer **geringfügigen Nebenbeschäftigung** Pflichtbeitragszeiten nach § 51 Abs 3a S 1 Nr 1 SGB VI an, kann mit diesen die Wartezeit bis zum Renteneintritt unbeschadet des Bezugs von AlGeld I in den letzten zwei Jahren vor Rentenbeginn erfüllt und die Zwei-Jahres-Grenze umgangen werden (→ Rn 6; → *Arbeitslosengeld* Rn 46; → *Geringfügige Beschäftigung* Rn 58).

**e) Glaubhaftmachung.** Soweit die Versicherten keine Nachweise vorlegen können, 22
wird mit § 244 Abs 3 S 2 SGB VI die Glaubhaftmachung von Zeiten des Bezugs von Entgeltersatzleistungen der Arbeitsförderung oder von Leistungen bei Krankheit für Zeiten vor 2001 zugelassen. Dies erlangt besondere Relevanz durch den Umstand, dass sich aus den bei den Rentenversicherungsträgern geführten Versicherungskonten zumindest für die Jahre 1978–2000 nicht entnehmen lässt, ob der Versicherte AlGeld oder AlHilfe bezogen hat; für noch weiter zurückliegende Zeiten fehlt es sogar an einem Nachweis für die Tatsache des Leistungsbezugs. Die Aufbewahrungsfristen der Akten der Arbeitsverwaltung sind insoweit abgelaufen. Vielfach wird den Betroffen selbst nicht mehr erinnerlich sein, wann sie für welchen Zeitraum welche Leistung bezogen haben. Nicht empfohlen werden kann die **bloße Behauptung,** über einen längeren Zeitraum Arbeitslosengeld bezogen zu haben. Denn aus dem Rentenverlauf ergeben sich aus der Dauer der Vorversicherungszeit Hinweise auf die maximale Leistungsdauer. Im Ergebnis wird also nur derjenige mit einer eidesstattlichen Erklärung erfolgreich sein, der ganz genau prüft, welches die maximale Bezugszeit zu dem bestimmten Zeitraum war und ob er diese anhand der Feststellungen im Versicherungsverlauf hätte erreichen können oder nicht.

# Rentenanpassung

## A. Arbeitsrecht

*Griese*

Die Rentenanpassung in der SozV regelt nur die Beziehungen zwischen Rentnern und 1
SozVTrägern. Sie hat arbeitsrechtlich keine Bedeutung. Zu arbeitsrechtlichen Ansprüchen und zur Anpassung von **Betriebsrenten** → *Betriebliche Altersversorgung* Rn 30 ff.

## B. Lohnsteuerrecht

*Weil*

**1. Fortführung des Rentenfreibetrags.** Die Anpassung der Renten aus der gesetzli- 2
chen RV gem § 65 SGB VI (→ Rn 4) erhöht die Renteneinnahmen (→ *Altersrente* Rn 13), verändert aber nicht den ursprünglichen Prozentsatz des Besteuerungsanteils der Rente bei nachgelagerter Besteuerung (§ 22 Nr 1 Satz 3a) aa) S 7 EStG) bzw des Ertragsanteils der Rente, die mit dem Ertragsanteil besteuert wird (§ 22 Nr 1 S 3a) bb) S 3 EStG; → *Rentenbeginn* Rn 5 ff). Das bedeutet, dass regelmäßige Rentenanpassungen nicht zu einer Erhöhung des steuerfreien Teils der Rente führen, mit der Folge, dass spätere reguläre Rentenerhöhungen uneingeschränkt der Besteuerung unterworfen werden (BFH 6.3.13 – X B 113/11, BFH/NV 13, 929). Das Gleiche gilt, wenn eine Rente aufgrund einer Wertsicherungsklausel an die gestiegenen Lebenshaltungskosten angepasst wird (R 22.4 Abs 1 S 3 EStR; BFH 16.12.97 – VIII R 38/94, BStBl II 98, 339), auch bei Vereinbarungen der Abänderung der Rente nach § 323 ZPO (BFH 17.12.91 – VIII R 80/87, BStBl II 93, 15). Bei **Verzicht** des Rentenberechtigten auf die Anpassung (aufgrund § 323 ZPO) liegt iHd Verzichts keine

stpfl Einnahme vor (FG NdS 14.10.92, EFG 94, 209). Zu Rentennachzahlungen → *Rentenbeginn* Rn 7. Zur Umwandlung von Renten (§ 22 Nr 1 S 3a) aa) S 8 EStG) → *Erwerbsminderung* Rn 12; → *Hinterbliebenenrente* Rn 14.

3 **2. Neuberechnung des Rentenfreibetrags.** Andererseits ist der steuerfreie Teil der Rente neu zu ermitteln (zum Rentenfreibetrag → *Altersrente* Rn 13), wenn sich die Rentenhöhe aufgrund tatsächlicher oder rechtlicher Gründe ändert (§ 22 Nr 1 S 3a) aa) S 6 EStG, BFH 22.8.12 – X R 47/09, DB 13, 96; BMF 19.8.13, BStBl I 13, 1087 Tz 232 ff). Dies ist zB der Fall, wenn eine Altersrente zunächst als Teilrente in Anspruch genommen wird und erst später als Vollrente gezahlt oder wenn eine Hinterbliebenenrente aufgrund der Anrechnung eigener Einkünfte und Bezüge zeitweise gekürzt wird (FG Köln 23.10.13 – 4 K 2322/10, BeckRS 2013, 96587; BFH 17.11.15 – X R 53/13, BFH/NV 16, 549 hat im Revisionsverfahren diese Frage mangels Entscheidungserheblichkeit offen gelassen). Gleiches gilt bei einer Rentenerhöhung infolge des Bezugs der „Mütterrente" (Beispiele hierzu: FinMin Schleswig-Holstein 10.11.2014, BeckVerw 291567). Der Rentenfreibetrag der Rente wird in dem Verhältnis angepasst, in dem der veränderte Jahresbetrag der Rente zum Jahresbetrag der Rente steht, der der Ermittlung des steuerfreien Teils der Rente zugrunde liegt (§ 22 Nr 1 S 3a) aa) S 6 EStG).

**Beispiel** (nach *Risthaus* DB 04, 1329, 1335): A erhält ab dem 1.8.2015 eine Altersrente als Teilrente (50 %) iH von 1000 € monatlich. Zum 1.7.2016 erfolgt eine Rentenanpassung auf 1050 €, zum 1.7.2017 auf 1100 €. Ab dem 1.9.2017 erhält A die volle Altersrente mit 2200 €.

Lösung: Für einen Rentenbeginn in 2015 sieht § 22 Nr 1 S 3 Buchst a Doppelbuchst aa EStG einen Besteuerungsanteil von 70 % vor (→ *Rentenbeginn* Rn 6).

Folglich hat A folgende Beträge zu versteuern:

| | | |
|---|---|---|
| **in 2015** | | |
| 5 × 1000 € | 5000 € | |
| × 70 % | | 3500 € |
| abzüglich Werbungskosten-Pauschbetrag | | 102 € |
| zu versteuern | | 3398 € |
| **in 2016** | | |
| 6 × 1000 € | 6000 € | |
| 6 × 1050 € | 6300 € | |
| Summe | 12300 € | |
| × 70 % | | 8610 € |
| abzüglich Werbungskosten-Pauschbetrag | | 102 € |
| zu versteuern | | 8508 € |

Für die restliche Laufzeit der (Teil-)Rente wird ein Freibetrag von 3690 € (12.300 -8.610) festgeschrieben (→ *Altersrente* Rn 13)

| | | |
|---|---|---|
| **in 2017** | | |
| 6 × 1050 € | 6300 € | |
| 2 × 1100 € | 2200 € | |
| Summe | 8500 € | |
| abzüglich Freibetrag $^8/_{12}$ von 3690 € | 2460 € | |
| steuerpflichtige Teilrente | | 6040 € |
| 4 × 2200 € | 8800 € | |
| abzüglich Freibetrag 2 × 3690 € × $^4/_{12}$ | 2460 € | |
| steuerpflichtige Vollrente | | 6340 € |
| abzüglich Werbungskosten-Pauschbetrag | | 102 € |
| zu versteuern | | 12 278 € |

## C. Sozialversicherungsrecht *Ruppelt*

4 **1. Allgemeines.** Grds zum 1. Juli eines jeden Jahres werden die Renten der gesetzlichen RV der Entwicklung der durchschnittlichen Arbeitsentgelte angepasst, indem der bisherige **aktuelle Rentenwert** durch den neuen aktuellen Rentenwert im Verordnungswege mit Zustimmung des Bundesrates ersetzt wird (§§ 65, 69 Abs 1 SGB VI). Der aktuelle Rentenwert ist ein für alle Versicherten geltender Betrag in Euro und entspricht der monatlichen Altersrente aus dem Durchschnittsverdienst für ein Jahr. Damit wird die Rentenentwicklung

an die Entwicklung der durchschnittlichen Arbeitsentgelte gebunden. Die Berechnung des aktuellen Rentenwertes richtet sich nach der Anpassungsformel.

Die **Anpassungsformel** ergibt sich aus § 68 SGB VI. Sie orientiert sich an der beitragspflichtigen Lohn- und Gehaltssumme der ArbN und berücksichtigt das Verhältnis von Leistungsbeziehern und Beitragszahlern. Weniger Beitragszahler und geringere Löhne führen zu geringeren Rentenerhöhungen bis hin zum Ausfall der Rentenerhöhung (Nachhaltigkeitsfaktor). Dieser Faktor berücksichtigt die Entwicklung der Lebenserwartung und der Geburtenhäufigkeit sowie der Erwerbstätigkeit. Führt die Bevölkerungsentwicklung zu einem relativ höheren Rentneranteil, fallen die Anpassungen geringer aus bzw fallen ganz weg. Wegen der demografischen Entwicklung kann mittel- bis langfristig nicht damit gerechnet werden, dass durch Rentenanpassungen eine reale Rentenerhöhung eintritt. Durch die zusätzliche Konjunkturabhängigkeit des Faktors wirken sich auch Verschlechterungen auf dem Arbeitsmarkt anpassungsmindernd aus. Umgekehrt führen konjunkturelle Verbesserungen mit entsprechender Belebung des Arbeitsmarkts durch die vermehrte Zahl von Beitragszahlern zu Rentenerhöhungen. § 68a SGB VI verhindert eine **Rentenkürzung,** wenn diese rechnerisch auf Grund des Nachhaltigkeitsfaktors erfolgen müsste. Allerdings werden die unterbliebenen Minderungen der aktuellen Rentenwerte mit zukünftigen positiven Rentenanpassungen verrechnet. Die Verrechnung erfolgt, indem positive Rentenanpassungen solange halbiert werden, bis der Ausgleichsbedarf abgebaut ist. 5

Diese Regelungen sind allerdings nicht oder nur eingeschränkt wirksam, wenn aus **politischen Gründen** in das Regelungssystem eingegriffen wird. Dies gilt insbesondere in Zeiten, in denen geburtenstarke Jahrgänge in den Ruhestand treten und die Finanzen empfindlich belastet werden. Sytemwidrig ist insbes die durch das **RV-Leistungsverbesserungs- und -Stabilisierungsgesetz** vom 28.11.18 (BGBl I 2018, 2016) festgeschriebene sog Rentengarantie (garantierte Rentensteigerung bis 2025 in Höhe der durchschnittlichen Lohnsteigerung) verbunden mit einem begrenzten Rentenbeitragssatz von höchstens 20 vH des Bruttolohns. 6

**2. Grundsätze der Rentenberechnung.** Die Höhe einer Rente richtet sich in erster Linie nach der Höhe der während des Versicherungslebens durch Beiträge versicherten ArbEntgelte und ArbEinkommen (§ 63 Abs 1 SGB VI). Bezüge oberhalb der Beitragsbemessungsgrenze (→ *Beitragsbemessungsgrenze* Rn 5) wirken sich daher nicht rentenerhöhend aus. Das in den einzelnen Kjen erzielte versicherte ArbEntgelt wird in **Entgeltpunkte** umgerechnet. Für beitragsfreie Zeiten werden Entgeltpunkte (Ep) angerechnet, deren Höhe von der Höhe der in der übrigen Zeit erzielten Arbeitsentgelte des Versicherten abhängig sind (§ 63 Abs 3 SGB VI). Die Höhe der Rente ergibt sich aus der Vervielfältigung des **aktuellen Rentenwertes** mit dem **Rentenartfaktor,** dem **Zugangsfaktor** und den **persönlichen Entgeltpunkten.** Während sich der Rentenartfaktor nach der jeweiligen Rentenart (Altersrente, Hinterbliebenenrente usw) nach Maßgabe des § 67 SGB VI richtet, spiegeln die persönlichen EP das Versicherungsleben des Versicherten wieder.

Die persönlichen EP sind die Summe aller EP, die im gesamten Versicherungsleben erzielt wurden. Ihre Ermittlung ergibt sich aus den §§ 70–78 SGB VI. Sonderfälle sind in den §§ 256–262 SGB VI geregelt. Für Beitragszeiten werden die EP ermittelt, indem die Beitragsbemessungsgrundlage durch das Durchschnittsentgelt für dasselbe Kj geteilt wird (vgl § 70 Abs 1 S 1 SGB VI). Beitragsbemessungsgrundlage ist das der Beitragsbemessung (Beitragsheranziehung) zugrunde liegende individuelle – beitragspflichtige – Einkommen des Versicherten bis zur Beitragsbemessungsgrenze. Dieses beitragspflichtige Einkommen des Versicherten eines bestimmten Kj wird dem beitragspflichtigen Einkommen aller Versicherten desselben Kj gegenübergestellt und das **Verhältnis** ermittelt. Hat ein Versicherter in einem Kj ein beitragspflichtiges Einkommen erzielt, das genau dem durchschnittlichen beitragspflichtigen Einkommen (Durchschnittseinkommen) sämtlicher Versicherter entspricht, ergibt dies 1 EP. Hat er ein höheres beitragspflichtiges Einkommen erzielt, ergibt dies einen Wert von mehr als 1 EP; hat er weniger erzielt, liegt der EP unter dem Wert von 1. Beitragsfreie und beitragsgeminderte Zeiten werden im Wege der Vergleichs- und Gesamtleistungsbewertung nach §§ 71 ff SGB VI berücksichtigt. 7

8 Der Wert der persönlichen Entgeltpunkte wird darüber hinaus maßgeblich durch den **Zugangsfaktor** nach § 77 SGB VI beeinflusst. Der Zugangsfaktor richtet sich nach dem Alter des Versicherten bei Rentenbeginn oder für die Hinterbliebenenrenten bei Tod des Versicherten. Der Zugangsfaktor gleicht bei einer Vorzeitigen Inanspruchnahme einer Altersrente oder bei einem Verzicht auf die Regelalterrente Vor- und Nachteile einer unterschiedlichen Rentenbezugsdauer versicherungsmathematisch aus (§ 63 Abs 5 SGB VI). Dieser Faktor, mit dem die persönlichen Entgeltpunkte vervielfältigt werden, beläuft sich bei Renten wegen Alters die ab der Regelaltersgrenze in Anspruch genommen werden auf den Wert 1. Für **vorzeitig in Anspruch genommene Renten** vermindert sich dieser Wert nach Maßgabe von § 77 Abs 2 SGB VI um 0,3 vH für jeden Kalendermonat, den die Rente vorzeitig in Anspruch genommen wird. Der Abschlag ist auf höchstens 10,8 vH begrenzt. Entsprechendes gilt für Erwerbsminderungsrenten und Erziehungsrenten, die vor dem 65. Lebensjahr in Anspruch genommen werden. Diese Kürzung der vorzeitig in Anspruch genommenen Renten begegnet keinen verfassungsrechtlichen Bedenken (BVerfG 11.1.11 – 1 BvR 3588/08, NJW 11, 2035; LSG BaWü 18.10.18 – L 10 R 2783/16, BeckRS 2018, 35392). Für Erwerbsminderungsrenten und Hinterbliebenenrenten gilt bis 2023 die Übergangsvorschrift des § 264d SGB VI (stufenweise Anhebung der Altersgrenze bei Beginn der Rente oder bei Tod des Versicherten). Der Zugangsfaktor wird für eine Rente, die Versicherte nach Erreichen der Regelaltersgrenze nicht in Anspruch nehmen, für jeden Monat der Nichtinanspruchnahme um 0,5 vH erhöht (§ 77 Abs 3 Satz 3 SGB VI). Vgl auch → *Flexirente* Rn 20 ff; → *Rentnerbeschäftigung* Rn 12 ff. Zum Ausgleich einer verfrüht eingestellten Beitragszahlung durch Erwerbsminderung oder Tod können **Zurechnungszeiten** den Zugangsfaktor erhöhen (→ *Rentenversicherungsrechtliche Zeiten* Rn 21).

9 **3. Aktueller Rentenwert (Ost).** In den **neuen Bundesländern** ist bis 2025 der aktuelle Rentenwert (Ost) maßgebend. Für bis dahin erworbene Rentenanwartschaften werden persönliche Entgeltpunkte (Ost) und ein aktueller Rentenwert (Ost) für die Ermittlung des Monatsbetrags der Rente aus Beitragszeiten außerhalb der BRD gebildet, weshalb die bis dahin im Beitrittsgebiet gezahlten RVBeiträge trotz eines Höherwertungsfaktors zu einer im Vergleich zum übrigen Bundesgebiet geringeren Rente führen. Durch das Rentenüberleitungs-Abschlussgesetz vom 24.7.17 (BGBl I 2017, 2575) werden **ab dem Jahr 2025** in den neuen und alten Bundesländern erworbene Anwartschaften gleich behandelt. Bis dahin erfolgt eine Angleichung in mehreren Schritten nach § 255a Abs 1 SGB VI in der ab 1.1.18 geltenden Fassung. Der aktuelle Rentenwert (Ost) wird zum 1.7.18 auf 95,8 Prozent des Westwerts angehoben. In weiteren Schritten wird der Verhältniswert zwischen aktuellem Rentenwert (Ost) und dem Westwert jedes Jahr um 0,7 Prozentpunkte angehoben, bis der aktuelle Rentenwert (Ost) zum 1.7.2024 100 Prozent des Westwerts erreicht haben wird. Die Bezugsgröße (Ost) und die Beitragsbemessungsgrenze (Ost) werden jedes Jahr schrittweise an die Westwerte angenähert, bis sie zum 1.1.2025 vollständig den Westwerten entsprechen werden.

# Rentenauskunft

## A. Arbeitsrecht

*Kreitner*

1 **1. Allgemeines.** Ebenso wie im Bereich der gesetzlichen RV (→ Rn 13 ff) besteht auch bei der betrieblichen Altersversorgung eine Auskunftspflicht bezüglich der Versorgungsanwartschaften des ArbN. Rechtsgrundlage dieses Auskunftsanspruchs ist sowohl die allgemeine ArbGebSeitige Fürsorgepflicht (BAG 27.6.06 – 3 AZR 85/05, NZA 07, 860; → *Fürsorgepflicht* Rn 14 ff) als auch in spezieller gesetzlicher Ausgestaltung § 4a BetrAVG.

2 **2. Normzweck.** Der ArbN ist regelmäßig an einer sinnvollen persönlichen Versorgungsplanung interessiert. Hierfür bedarf er einer Auskunft des ArbGeb über seine voraussichtliche Versorgungssituation bei altersbedingtem Ausscheiden aus dem Arbeitsverhältnis. Gleichermaßen interessant ist für den ArbN die Information über den Übertragungswert bei Anwartschaftsübertragungen nach § 4 Abs 3 BetrAVG (sog Portabilität; → *Betriebliche Alters-*

*versorgung* Rn 49 ff). Der Durchsetzung dieses Informationsbedürfnisses dient der spezielle gesetzliche Auskunftsanspruch. Er war früher nur für die ausgeschiedenen ArbN in § 2 Abs 6 BetrAVG aF normiert und ist seit dem 1.1.05 als eigenständige Rechtsnorm in **§ 4a BetrAVG** geregelt. Die Vorschrift ist durch das Gesetz zur Umsetzung der EU-Mobilitäts-Richtlinie 2014/50/EU (ABl L128 vom 30.4.14) mit Wirkung zum 1.1.18 erneut novelliert worden (BGBl I 2015, 2553) und seither gem § 19 Abs 3 BetrAVG nicht mehr tarifdispositiv. Nach wie vor gibt § 4a BetrAVG dem Versorgungsberechtigten auch keinen Anspruch auf Neuberechnung seiner Anwartschaft gegen den Versorgungsschuldner mit dem Ziel, Meinungsverschiedenheiten über den Inhalt des Versorgungsanspruchs auszuräumen. Hierfür bedarf es ggf der Klage auf Feststellung des Inhalts und der Höhe des Versorgungsanspruchs (BAG 23.8.11 – 3 AZR 669/09, NZA-RR 12, 268).

**3. Auskunftserteilung. a) Auskunftsberechtigter und -verpflichteter. Auskunftspflichtig** sind nach § 4a Abs 1 BetrAVG der ArbGeb und der Versorgungsträger. Nach § 4a Abs 2 BetrAVG gilt das auch für den neuen ArbGeb für den Übertragungswert und den daraus resultierenden späteren Versorgungsanspruch sowie für die Frage, ob eine Invaliditäts- oder Hinterbliebenenversorgung bestehen würde. Nach einem Betriebsübergang besteht der Auskunftsanspruch nach § 4a BetrAVG nur gegenüber dem Betriebserwerber (BAG 22.5.07 – 3 AZR 357/06, NZA 07, 1285). In Ausnahmefällen können sich darüber hinaus Ansprüche gegen den Betriebsveräußerer nach Treu und Glauben (§ 242 BGB) ergeben, wenn Auskünfte vom Erwerber nur unter besonderen Erschwernissen zu erlangen sind und der ArbN ein berechtigtes Interesse an der Auskunft hat (BAG 22.5.07 – 3 AZR 834/05, NZA 07, 1283). **Auskunftsberechtigt** ist nach § 4a BetrAVG nunmehr jeder ArbN. Die nach § 2 Abs 6 BetrAVG aF früher geltende Beschränkung auf ausgeschiedene ArbN hat der Gesetzgeber bereits mit der ersten Einfügung des § 4a BetrVG aF bewusst aufgegeben. Daneben können weitere Auskunftsansprüche dritter Personen (zB Hinterbliebene) nach dem Grundsatz von Treu und Glauben begründet sein. 3

**b) Auskunftsverlangen.** Der ArbGeb ist nur **auf Verlangen des Arbeitnehmers** zur Auskunft verpflichtet. Der Darlegung eines besonderen, berechtigten Interesses bedarf es insoweit seit der Novellierung zum 1.1.18 nicht mehr. Allerdings wurden auch nach § 4a Abs 1 BetrAVG aF an das früher erforderliche berechtigte Interesse keine hohen Anforderungen gestellt. Letztlich sollte mit diesem Erfordernis lediglich ein missbräuchliches Verhalten der ArbN verhindert werden (*Förster/Cisch* BB 04, 2126; *Höfer* DB 04, 1426). Befürchtet ein ArbGeb übermäßigen Verwaltungsaufwand durch eine Vielzahl individueller Auskunftsverlangen, kann er dem zB durch ein formalisiertes Verfahren jährlicher Kontoauszüge über den Stand der betrieblichen Altersversorgung des einzelnen ArbN entgegenwirken (*Langohr-Plato/Teslau* NZA 04, 1353). Das Auskunftsverlangen ist auch nicht vom Bestehen einer unverfallbaren Anwartschaft abhängig (*Blomeyer/Rolfs/Otto* § 4a Rn 19). 4

**c) Form der Auskunft.** Die Auskunft ist nach § 4a Abs 4 BetrAVG in **Textform** zu erteilen. Das früher geltende Schriftformerfordernis ist zum 1.1.18 aufgehoben worden. 5

**d) Inhalt der Auskunft.** Gem § 4a Abs 1 BetrAVG muss der ArbGeb dem ArbN mitteilen, **ob** und ggfl **wie** die Betriebsrentenanwartschaft **erworben** wird, **wie hoch** diese ist, wie sich eine **Beendigung** des Arbeitsverhältnisses auf sie **auswirkt** und wie sie sich anschließend **weiterentwickelt.** § 4a Abs 1 Nr 2 BetrAVG stellt in der ab dem 1.1.18 geltenden Fassung gegenüber der bisher geltenden Regelung klar, dass sich die Auskunft nicht nur auf den aktuellen Stand der Anwartschaft bezieht. 6

Gem § 4a Abs 2 BetrAVG ist ebenfalls eine Auskunft über die **Höhe des Übertragungswerts** bei einer Anwartschaftsübertragung zu erteilen. Hiermit korrespondierend hat der neue ArbGeb mitzuteilen, in welcher Höhe aus der übertragenen Anwartschaft ein Versorgungsanspruch bestehen würde. Diese gesetzliche Auskunftspflicht zum Übertragungswert gilt dabei nur für Übertragungen nach § 4 Abs 3 BetrAVG (*Höfer* Rz 3865.20 ff; *Langohr-Plato/Teslau* NZA 04, 1353).

Ferner erstreckt sich die Auskunft auf das **Bestehen einer Invaliditäts- oder Hinterbliebenenversorgung.** Die Bezifferung einer eventuellen Leistung verlangt das Gesetz insoweit nicht. Ob § 4a BetrAVG aufgrund seines spezialgesetzlichen Charakters die Auskunftspflicht abschließend regelt, ist streitig (dafür: *Langohr-Plato/Teslau* NZA 04, 1353; aA *Doetsch* BetrAV 03, 49).

Nach § 4a Abs 4 BetrAVG muss die Auskunft **verständlich** und in **angemessener Frist** erteilt werden. Nach Sinn und Zweck der Vorschrift umfasst die Auskunftsverpflichtung nicht nur die isolierte Angabe eines bezifferten Betrages, sondern auch eine für den ArbN nachvollziehbare Berechnung (BAG 9.12.97 – 3 AZR 695/96, NZA 98, 1171). Schließlich gilt der Auskunftsanspruch gem § 4a Abs 3 BetrAVG auch für **ausgeschiedene Arbeitnehmer** und Hinterbliebene im Versorgungsfall.

Sind bei der Berechnung der Anwartschaft Renten der gesetzlichen RV zu berücksichtigen, kann der ArbGeb nach § 2a BetrAVG das sog **Näherungsverfahren** zugrunde legen, wenn nicht der ArbN die **individuelle Berechnung** verlangt und die hierfür erforderlichen Unterlagen zur Verfügung stellt. Andererseits kann auch der ArbN eine Berechnung nach dem Näherungsverfahren nicht gegen den Willen des ArbGeb durchsetzen, wenn dieser die individuelle Berechnung wählt (BAG 9.12.97 – 3 AZR 695/96, NZA 98, 1171).

7 **e) Rechtsqualität der Auskunft.** Die Auskunft begründet auch nach der Neuregelung in § 4a BetrAVG kein selbstständiges Schuldverhältnis und stellt daher weder ein abstraktes noch ein deklaratorisches Schuldanerkenntnis, sondern lediglich eine Wissenserklärung dar (BAG 22.1.19 – 3 AZR 9/18, BeckRS 2019, 9844; 22.1.02 – 3 AZR 554/00, NZA 02, 1224; *Blomeyer/Rolfs/Otto* § 4a Rz 11; *Höfer* § 4a Rz 3865.31). Deshalb führt eine fehlerhafte Auskunft nicht zu einer Änderung der Versorgungsleistungen. Gleichwohl kann eine schuldhafte Falschauskunft Schadensersatzpflichten des ArbGeb begründen, wenn der ArbN im Vertrauen auf eine günstige Versorgungsauskunft eine anderweitige private Vorsorge unterlassen hat (BAG 3.7.90, DB 90, 2431; 12.3.91, ZIP 91, 1446; LAG Hess 22.8.01 – 8 Sa 146/01, NZA-RR 02, 323; ArbG Lörrach 11.1.12 – 5 Ca 115/11, BeckRS 2012, 65780). Erteilt der ArbGeb dem ArbN Auskünfte, so müssen sie vollständig und richtig sein (BAG 17.10.2000 – 3 AZR 605/99, NZA 01, 206). Oftmals wird allerdings ein kausal verursachter Schaden nur schwer nachweisbar sein. Bejaht hat das BAG zuletzt den Schadensersatzanspruch im Fall eines durch unrichtige Auskunft des ArbGeb zum Wechsel des Versorgungssystems veranlassten ArbN (BAG 21.11.2000 – 3 AZR 13/00, NZA 02, 618). Im Übrigen kann sich eine Bindung des ArbGeb im Einzelfall aus besonderen zusätzlichen Umständen ergeben (BAG 17.6.03 – 3 AZR 462/02, EzA § 2 BetrAVG Nr 20; LAG Düsseldorf 27.1.09 – 17 Sa 1244/08, NZA-RR 09, 388).

8 **4. Gerichtliche Durchsetzung des Auskunftsanspruchs.** Der Auskunftsanspruch ist im Wege der Leistungsklage arbeitsgerichtlich durchsetzbar (*Blomeyer/Rolfs/Otto*, § 4a Rn 54). Kommt der ArbGeb oder ein sonstiger Versorgungsträger seiner gesetzlichen Auskunftsverpflichtung nicht nach, kann der ArbN nach § 260 BGB die Herausgabe sämtlicher einschlägiger Unterlagen und soweit begründete Bedenken bezüglich Vollständigkeit und Richtigkeit der Unterlagen bestehen eine diesbezügliche eidesstattliche Versicherung des ArbGeb verlangen und diesen Anspruch ggf klageweise durchsetzen (BAG 8.11.83, DB 84, 836).

9 Streiten ArbGeb und ArbN über den Inhalt der erteilten Auskunft, so kann der ArbN dies im Wege der Feststellungsklage gerichtlich klären lassen. Er muss nicht bis zum Eintritt des Versorgungsfalls warten, um dann eine entsprechende Zahlungsklage erheben zu können. Der Normzweck des § 4a BetrAVG begründet konsequenterweise ein entsprechendes Feststellungsinteresse des ArbN im Zeitpunkt des Auskunftserteilung (BAG 18.3.86, DB 86, 1930; LAG Hamm 7.3.89, ZIP 89, 1215). Hat der ArbGeb eine Auskunft gem § 4a BetrAVG erteilt, kann der Inhalt der Auskunft in einem nachfolgenden Prozess mit dem Betriebsrentner weder vom ArbGeb noch von einem Rechtsnachfolger wirksam mit Nichtwissen bestritten werden (LAG BaWü 13.2.15 – 12 Sa 68/14, BeckRS 2015, 72521).

## B. Lohnsteuerrecht *Weil*

10 Eine der Anrufungsauskunft für LStFragen (→ *Anrufungsauskunft* Rn 5 ff; § 42e EStG) vergleichbare Vorschrift gibt es für die Rentenbesteuerung nicht. Die FinBeh sind nach ihrem Ermessen zur Erteilung verbindlicher Steuerauskünfte verpflichtet (§ 89 Abs 2 AO; Einzelheiten → *Anrufungsauskunft* Rn 5). Die Rentenbezugsmitteilung nach § 22a EStG

(→ *Altersrente* Rn 14) braucht dem Stpfl nicht bekannt gegeben zu werden. Er muss hierüber nur unterrichtet werden (§ 22a Abs 3 EStG).

Entstehen dem Stpfl Aufwendungen im Zusammenhang mit einer Rentenauskunft (zB Porto, Schreibgebühren, Kosten für die Beibringung von Unterlagen und Nachweisen, Rechtsberatung, Prozesskosten uÄ), so stellen diese Aufwendungen **Werbungskosten** bei den „sonstigen Einkünften" (§ 22 Nr 1 Satz 3 Buchst a) EStG) dar, vor Bezug der Rente als vorweggenommene Werbungskosten. Die Aufwendungen gehören nicht zum Arbeitsverhältnis. Bei Aufwendungen bis 102 € greift der Werbungskostenpauschbetrag in Höhe von 102 € ein (§ 9a Nr 3 EStG; → *Altersrente* Rn 15). Ist die Rente steuerfrei (zB Renten aus der gesetzlichen UV; § 3 Nr 1a EStG), so können die Aufwendungen auch steuerlich nicht berücksichtigt werden (§ 3c EStG). 11

Zur **Tatbestandswirkung** betr SozVPflicht → *Krankenversicherungspflicht* Rn 2; → *Pflegeversicherungsbeiträge* Rn 7. Eine weitergehende Bindungswirkung besteht nicht. 12

## C. Sozialversicherungsrecht *Ruppelt*

**1. Gesetzliche Grundlagen.** Die Ansprüche gegen den Träger der gesetzlichen RV auf Renteninformation und Rentenauskunft sowie auf Hilfe in Angelegenheiten der Grundsicherung im Alter und bei Erwerbsminderung sind in §§ 109, 109a SGB VI geregelt. 13

**2. Grundsicherung und Erwerbsminderung.** Die RVTräger informieren und beraten Versicherte, die die Regelaltersgrenze erreicht oder das 18. Lebensjahr vollendet haben und dauerhaft voll erwerbsgemindert sind, über die Leistungsvoraussetzung der Grundsicherung nach den §§ 41 ff SGB XII (§ 109a Abs 1 S 1 SGB VI; → *Altersrente* Rn 53). Den Informationsanspruch haben die RVTräger vAw zu befriedigen, eines Auskunftsersuchens bedarf es grds nicht. Personen, welche die Anspruchsvoraussetzungen einer Rente nicht erfüllen, werden nur auf Anfrage beraten. Der Inhalt des Informationsanspruchs ergibt sich im Einzelnen aus § 109a SGB VI. 14

**3. Renteninformation und Rentenauskunft.** Versicherte, die das 27. Lebensjahr vollendet und die Wartezeit (fünf Jahre Beitragszahlung) erfüllt haben, erhalten jährlich eine schriftliche oder elektronische Renteninformation über den aktuellen Stand des RVKontos und über die Ansprüche, die ihnen aus der RV zustehen, einschließlich einer Hochrechnung über die Höhe der zu erwartenden Regelaltersrente. Allerdings handelt es sich bei der hochgerechneten Altersrente nur um eine Prognose, die nicht der tatsächlichen Höhe der zukünftigen Altersrente entsprechen muss, da die Dynamisierung der aktuellen Werte auf modellhaften Annahmen beruht. Nach Vollendung des 54. Lebensjahres wird die Renteninformation alle drei Jahre durch eine ausführliche Rentenauskunft ersetzt. Auf Antrag kann die Rentenauskunft auch jüngeren Versicherten erteilt werden oder in kürzeren Abständen erfolgen. Der Inhalt der **Renteninformation** ergibt sich im Einzelnen aus § 109 Abs 3 SGB VI, der Inhalt der **Rentenauskunft** aus § 109 Abs 4 SGB VI. Letztere enthält auch Hinweise zu den Auswirkungen der vorzeitigen Inanspruchnahme einer Rente wegen Alters und zu den Auswirkungen eines Hinausschiebens des Rentenbeginns über die Regelaltersgrenze hinaus (§ 109 Abs 4 Nr 6 SGB VI idF des FlexirentenG vom 8.12.16, BGBl I 16, 2838). Vgl → *Flexirente* Rn 20. Weder Renteninformation noch Rentenauskunft sind verbindlich und bewirken damit auch keinen Anspruch auf die spätere Gewährung der Rente in der Höhe, wie sie in der Renteninformation/Rentenauskunft enthalten war (BayLSG 5.8.10 – L 14 R 586/09, BeckRS 2010, 73983; LSG BaWü 19.2.13 – L 13 R 4059/12, WzS 13, 347, zur Abgrenzung einer Rentenauskunft zur verbindlichen Zusage). Eine unrichtige Rentenauskunft, die den Versicherten bewogen hat, Rentenantrag zu stellen und vorzeitig aus dem Erwerbsleben auszuscheiden, kann zu Amtshaftungsansprüchen gegen den RV-Träger führen (BGH 10.7.03 – III ZR 155/02, NJW 03, 3051). 15

**4. Versorgungsausgleich.** Über die Höhe ihrer auf die Ehezeit entfallenden Rentenanwartschaften erhalten Versicherte auf Antrag Auskunft. Diese Auskunft erhält auf Antrag auch der Ehegatte oder der geschiedene Ehegatte eines Versicherten, wenn der Versicherte seine Auskunftspflicht gegenüber dem Ehegatten nicht oder nicht vollständig erfüllt hat. Eine solche Auskunft wird auch dem Versicherten mitgeteilt. Entsprechendes gilt für die 16

Lebenspartnerschaftszeit und die aktuellen und verflossenen Lebenspartner iSd LPartG (§ 109 Abs 5 SGB VI).

# Rentenbeginn

## A. Arbeitsrecht

*Kreitner*

1 Entgegen einer weit verbreiteten Ansicht endet das Arbeitsverhältnis nicht automatisch mit dem Erreichen einer bestimmten Altersgrenze. Es bedarf vielmehr eines besonderen Beendigungsakts, wobei nach § 41 SGB VI das bloße Vorliegen der Voraussetzungen für den Erhalt einer Altersrente nicht als Kündigungsgrund ausreicht (→ *Altersgrenze* Rn 2, 3).

2 Außer der gesetzlichen Altersrente kommen weitere Rentenansprüche des ArbN in Betracht, die er im bestehenden Arbeitsverhältnis erwerben kann. Erwähnenswert sind insoweit Hinterbliebenenrente, Rente wegen Erwerbsminderung sowie Verletztenrente der gesetzlichen UV (→ Rn 14 ff). Auch diese führen – vorbehaltlich einer anderweitigen tariflichen Regelung – nicht zu einer automatischen Beendigung des Arbeitsverhältnisses. Allerdings können die Umstände, die zum Bezug derartiger Renten geführt haben, Ursache einer erheblichen Leistungsminderung des ArbN sein. Der ArbGeb kann in solchen Fällen geeignete Maßnahmen der Vertragsanpassung (Versetzung, Änderungskündigung, einvernehmliche Vertragsänderung) oder Vertragsbeendigung (Kündigung, Aufhebungsvertrag) ergreifen.

## B. Lohnsteuerrecht

*Weil*

3 **1. Stellung des Arbeitgebers.** Scheidet der ArbN mit Rentenbeginn aus dem Arbeitsverhältnis aus (→ Rn 1), so hat der ArbGeb das Lohnkonto des ArbN abzuschließen und auf Grund der Eintragungen im Lohnkonto eine LStBescheinigung zu übermitteln (§ 41b Abs 1 Sätze 1 und 3 EStG; → *Lohnsteuerbescheinigung* Rn 11 ff). Der ArbGeb ist mit der Besteuerung aus der gesetzlichen RV nicht befasst (→ *Betriebliche Altersversorgung* Rn 178 und → *Altersgrenze* Rn 17 betr Versorgungsbezüge). Richtet der ArbGeb eine Verabschiedungsfeier aus, ist der Wert der Zuwendung bis 110 € (einschließlich Geschenk) einschließlich USt je teilnehmende Person kein Arbeitslohn (R 19.3 Abs 2 Nr 3 LStR; → *Betriebsveranstaltung* Rn 2 ff; → *Bewirtungsaufwendungen* Rn 7).

4 Bleibt bei einer anderen Art Rente das Arbeitsverhältnis bestehen (zB Witwenrente, Unfallrente), hat die Rente keine Auswirkung auf die lohnsteuerlichen Vorgänge aus dem Arbeitsverhältnis. Zur Betriebsrente → Rn 5 und → *Betriebliche Altersversorgung* Rn 101 ff.

5 **2. Stellung des Rentners.** Bei der nachgelagerten Besteuerung ab 2005 (→ *Altersrente* Rn 8 ff) hängt die Höhe des Besteuerungsanteils der Rente vom Jahr des Rentenbeginns ab. Ab dem Jahr 2005 beträgt der Besteuerungsanteil der Rente für Bestandsrenten und für Stpfl, die im Jahr 2005 in Rente gehen, einheitlich 50 % der Bruttorente. Dieser Besteuerungsanteil bleibt bis zum Rentenende gleich (→ *Altersrente* Rn 13). Der Besteuerungsanteil steigt für Neurentner in den folgenden Jahren an (s Tabelle), bis im Jahr 2040 die nachgelagerte Besteuerung voll = zu 100 % eingreift. Bei Renten, die mit dem Ertragsanteil besteuert werden (→ *Altersrente* Rn 25), hängt die Höhe der Besteuerung = Ertragsanteil vom Lebensjahr der Rentenberechtigten bei Rentenbeginn ab. Unter **Rentenbeginn** ist dabei nicht der Beginn der tatsächlichen Zahlungen, der Zeitpunkt von Nachzahlungen oder der Zeitpunkt des Rentenantrags, sondern der Zeitpunkt zu verstehen, von dem an die Rente laut Rentenbescheid bewilligt wird. Das ist der Zeitpunkt der Entstehung des Rentenanspruchs (BFH 14.11.01 – X R 90/98, BStBl II 02, 191). Die Verjährung einzelner Rentenansprüche hat auf den Rentenbeginn keinen Einfluss (BFH 30.9.80 – VIII R 13/79, BStBl II 81, 155). Zum Rentenbeginn bei Erwerbsminderungsrenten, wenn zuvor Krankengeld bezogen wurde, dass vom zuständigen Leistungsträger zu erstatten ist (BFH 9.12.15 – X R 30/14, DStRE 16, 386).

**a) Tabelle des § 22 Nr 1 Satz 3a) aa) EStG ab 2005 (nachgelagerte Besteuerung).** 6

| Jahr des Rentenbeginns | Besteuerungsanteil in vH |
|---|---|
| Bis 2005 | 50 |
| Ab 2006 | 52 |
| 2007 | 54 |
| 2008 | 56 |
| 2009 | 58 |
| 2010 | 60 |
| 2011 | 62 |
| 2012 | 64 |
| 2013 | 66 |
| 2014 | 68 |
| 2015 | 70 |
| 2016 | 72 |
| 2017 | 74 |
| 2018 | 76 |
| 2019 | 78 |
| 2020 | 80 |
| 2021 | 81 |
| 2022 | 82 |
| 2023 | 83 |
| 2024 | 84 |
| 2025 | 85 |
| 2026 | 86 |
| 2027 | 87 |
| 2028 | 88 |
| 2029 | 89 |
| 2030 | 90 |
| 2031 | 91 |
| 2032 | 92 |
| 2033 | 93 |
| 2034 | 94 |
| 2035 | 95 |
| 2036 | 96 |
| 2037 | 97 |
| 2038 | 98 |
| 2039 | 99 |
| 2040 | 100 |

**Beispiel** → *Altersrente* Rn 12, 13. 7

Zur Umwandlung von Renten → *Erwerbsminderung* Rn 12, → *Hinterbliebenenrente* Rn 14 (zu § 22 Nr 1 Satz 3a) aa) Satz 8 EStG).

**Rentennachzahlungen** sind im Jahr des Zuflusses zu erfassen (BFH 16.4.02 – VIII R 76/01, BStBl II 02, 525). Auch der Besteuerungsanteil richtet sich nach dem Jahr des Zuflusses, wenn die Rentennachzahlung sich auf den Rentenbeginn bezieht. Dies gilt auch, wenn die Rentennachzahlung sich auf einen Zeitraum vor 2005 bezieht, in dem die niedrigeren Ertragsanteile galten. Dies ist verfassungsgemäß (BFH 13.4.11 – X R 1/10, BFH/NV 11, 1581).

**Beispiel:** Rentenbeginn im Jahr 2011, erstmalige Auszahlung mit Nachzahlung ab Bewilligung im Jahr 2012; Besteuerungsanteil 64 %.

**Zinszahlungen** im Rahmen einer Rentennachzahlung sind Zinsen nach § 20 Abs 1 Nr 7 EStG (BFH 9.6.2015 – VIII R 18/12, BeckRS 2015, 95628). Im Übrigen werden Zinsen als Renteneinkünfte erfasst.

8 **b) EStG für Renten mit Ertragsanteilbesteuerung ab 2005.**

| Bei Beginn der Rente vollendetes Lebensjahr des Rentenberechtigten | Ertragsanteil in vH |
|---|---|
| 0 bis 1 | 59 |
| 2 bis 3 | 58 |
| 4 bis 5 | 57 |
| 6 bis 8 | 56 |
| 9 bis 10 | 55 |
| 11 bis 12 | 54 |
| 13 bis 14 | 53 |
| 15 bis 16 | 52 |
| 17 bis 18 | 51 |
| 19 bis 20 | 50 |
| 21 bis 22 | 49 |
| 23 bis 24 | 48 |
| 25 bis 26 | 47 |
| 27 | 46 |
| 28 bis 29 | 45 |
| 30 bis 31 | 44 |
| 32 | 43 |
| 33 bis 34 | 42 |
| 35 | 41 |
| 36 bis 37 | 40 |
| 38 | 49 |
| 30 bis 40 | 38 |
| 41 | 37 |
| 42 | 36 |
| 43 bis 44 | 35 |
| 45 | 34 |
| 46 bis 47 | 33 |
| 48 | 32 |
| 49 | 31 |
| 50 | 30 |
| 51 bis 52 | 39 |
| 53 | 28 |
| 54 | 27 |
| 55 bis 56 | 26 |
| 57 | 25 |
| 58 | 24 |
| 59 | 23 |
| 60 bis 61 | 22 |
| 62 | 21 |
| 63 | 20 |
| 64 | 19 |
| 65 bis 66 | 18 |
| 67 | 17 |
| 68 | 16 |
| 69 bis 70 | 15 |
| 71 | 14 |
| 72 bis 73 | 13 |
| 74 | 12 |
| 75 | 11 |
| 76 bis 77 | 10 |
| 78 bis 79 | 9 |
| 80 | 8 |
| 81 bis 82 | 7 |

| Bei Beginn der Rente vollendetes Lebensjahr des Rentenberechtigten | Ertragsanteil in vH |
|---|---|
| 83 bis 84 | 6 |
| 85 bis 87 | 7 |
| 88 bis 91 | 4 |
| 92 bis 93 | 3 |
| 94 bis 96 | 2 |
| Ab 97 | 1 |

Zum Anwendungsbereich der Ertragsanteilsbesteuerung → *Altersrente* Rn 25 ff.

Zur **Witwenrente und Waisenrente** → *Hinterbliebenenrente* Rn 11–17. 9

**3. Einkunftsart.** Mit dem Beginn des Laufs der Rente bezieht der Rentenempfänger sonstige Einkünfte (§ 22 Nr 1 Satz 3 Buchst a) EStG). Renten unterliegen nicht einem Steuerabzugsverfahren wie der Lohn der LSt. Die Rente wird brutto = netto ausbezahlt. Der einbehaltene KVBeitrag ist nicht einnahmemindernd zu berücksichtigen. Beitragszuschüsse der gesetzlichen RVTräger zur KV der Rentner sind steuerfrei (§ 3 Nr 14 EStG). Sie sind also nicht als Renteneinnahme anzusetzen. Soweit die einbehaltenen KVBeiträge die steuerfreien Beitragszuschüsse übersteigen, können sie bei den Sonderausgaben als Vorsorgeaufwendungen (§ 10 Abs 1 Nr 3 EStG) geltend gemacht werden (→ *Sonderausgaben* Rn 7). Zur PflegeV → *Pflegeversicherungsbeiträge* Rn 9. 10

Durch den erstmaligen Rentenbezug kann das FA bei Vorliegen anderer Einkünfte eine Anpassung der EStVorauszahlungen vornehmen (§ 37 Abs 3 S 3 EStG). Renten werden in die EStVeranlagung miteinbezogen (§ 2 Abs 2 EStG; → *Altersrente* Rn 15). 11

Der Besteuerungsanteil der Rente bzw der zu versteuernde Ertragsanteil ist um die Werbungskosten in tatsächlicher Höhe zu kürzen (→ *Altersrente* Rn 15). Werden keine höheren Aufwendungen nachgewiesen, so wird ein Werbungskostenpauschbetrag von 102 € abgezogen (§ 9a Nr 3 EStG; → *Rentenauskunft* Rn 11). Erreicht das zu versteuernde Einkommen nicht den Grundfreibetrag, findet eine Veranlagung nicht statt, da die ESt mit 0 € festzusetzen wäre. Die höchste Jahresbruttorente 2017, die noch steuerunbelastet bleibt, beträgt bei einem Rentenbeginn im Jahr 2005:17.638 € s → *Altersrente* Rn 17. 12

Hat der ArbN wegen andauernder AU einen Rentenantrag gestellt, kann er Werbungskosten aus seinem Arbeitsverhältnis (zB Arbeitszimmer, Telefon) nicht mehr geltend machen (FG RhPf 25.1.95, EFG 95, 512; → *Rentenauskunft* Rn 11). Verpflichtet er sich, nach Eintritt in den Ruhestand ein begonnenes Projekt zu Ende zu führen, so sind diesbezügliche Aufwendungen, für die er keinen Spesenersatz erhält, nachträgliche Werbungskosten bei den Einkünften aus nichtselbstständiger Arbeit (FG München 6.2.07 – 9 K 4418/04, BeckRS 2007, 26023015). Aufwendungen für eine Feier anlässlich der Verabschiedung in den Ruhestand können Werbungskosten sein (BFH 11.1.07 – VI R 52/03, BStBl II 07, 317; → *Bewirtungsaufwendungen* Rn 16). 13

**Literaturhinweis:** BMF 19.8.13, BStBl I 13, 1087.

## C. Sozialversicherungsrecht *Ruppelt*

**1. Rentenversicherung. a) Die Renten** aus eigener Versicherung der gesetzlichen RV werden von dem Kalendermonat an geleistet, zu dessen Beginn die Anspruchsvoraussetzungen für die Rente vollständig vorliegen, wenn die Rente bis zum Ende des **dritten Kalendermonats** nach Ablauf des Monats beantragt wird, in dem die Anspruchsvoraussetzungen erfüllt sind (§ 99 Abs 1 S 1 SGB VI). 14

Die gesetzlichen Anspruchsvoraussetzungen einer Rente sind **zu Beginn eines Kalendermonats** erfüllt, wenn sie am Monatsersten um 0.00 Uhr vorliegen. Daraus folgt, dass die Voraussetzungen erst zu Beginn des folgenden Kalendermonats erfüllt sind, wenn sie im Laufe des vorangegangenen Kalendermonats eingetreten sind. Erreicht somit ein Versicherter die Regelaltersgrenze am 15. Januar, ist diese Anspruchsvoraussetzung erst zu Beginn des Februars erfüllt. 15

Neben der Erfüllung der Anspruchsvoraussetzungen ist der Beginn der Rente davon abhängig, dass ein entsprechender **Rentenantrag** gestellt wird, da die Renten der gesetzli- 16 chen RV gem § 19 S 1 SGB IV iVm § 115 Abs 1 SGB VI **nur auf Antrag** gewährt werden. Auch nach Erreichen der Regelaltersgrenze kann weiter versicherungspflichtig (mit Ausnahme der ArblV) gearbeitet werden, wenn ein Rentenantrag nicht gestellt wird. Die weiter zu entrichtenden Beiträge erhöhen eine später beantragte Rente. Zur Weiterarbeit neben dem Rentenbezug → *Rentnerbeschäftigung* Rn 11 ff.

17 Die Antragsfrist von **drei Monaten** (§ 99 Abs 1 S 1 SGB VI) beginnt mit **Ablauf** des Kalendermonats, in dem die Anspruchsvoraussetzungen erstmalig erfüllt sind. Wurde die letzte Anspruchsvoraussetzung (zB Erreichen der *Altersgrenze*) am 15. Januar erfüllt, läuft die Antragsfrist für einen Rentenbeginn am 1. Februar bis 30. April. Wird der Rentenantrag später gestellt, beginnt die Rente erst mit dem Ersten des Antragsmonats (§ 99 Abs 1 S 2 SGB VI). Voraussetzung ist jedoch, dass zu Beginn des Antragsmonats die Voraussetzungen zur Rentengewährung (noch) erfüllt sind. Ansonsten droht Anspruchsverlust. Wegen den regelmäßig zu erwartenden Bearbeitungszeiten sollte der Rentenantrag bereits vor dem zu erwartenden Rentenbeginn beim RVTräger gestellt werden. Zur Fristwahrung kann dies formlos geschehen.

18 Die **Versäumung** der Antragsfrist kann nur nach den Grundsätzen des sozialrechtlichen Herstellungsanspruchs geheilt werden, wenn ein pflichtwidriges Handeln des RVTrägers ursächlich für die Säumnis war, zB weil entgegen § 115 Abs 6 SGB VI nicht auf die erforderliche Antragstellung hingewiesen worden ist (BSG 6.3.03 – 4 RA 38/02 R, NZS 04, 149). Ein solcher Hinweis ist jedoch nur aufgrund eines konkreten Anlasses (Anfrage des Versicherten) oder bei erkennbar typischen Sachverhalten erforderlich. Die RVTräger weisen daher Versicherte, welche die Altersgrenze erreicht und die Wartezeit erfüllen, aber eine Rente weder beziehen noch beantragt haben, im automatisierten Verfahren auf die Antragsmöglichkeit hin. Der Antrag eines Versicherten auf Leistung vorzeitiger Altersrente ist grds auf die ihm günstigste Altersrentenart gerichtet (BSG 29.11.07 – B 13 R 44/07 R, NZS 08, 602).

19 **b) Hinterbliebenenrenten** werden grds ab dem Monat gewährt, zu dessen Beginn die Anspruchsvoraussetzungen erfüllt sind (wenn an den Versicherten im Sterbemonat keine Rente zu leisten war, bereits ab dem Todestag). Allerdings wird eine Hinterbliebenenrente nicht für mehr als zwölf Kalendermonate vor dem Monat geleistet, in dem die Rente beantragt wird (§ 99 Abs 2 S 3 SGB VI).

20 **c) Befristete Renten. Renten wegen verminderter Erwerbsfähigkeit** (§ 43 SGB VI) und **große Witwen- oder Witwerrente** wegen verminderter Erwerbsfähigkeit (§ 46 Abs 2 Nr 3 SGB VI) werden nach § 102 Abs 2 SGB VI grds nur befristet gewährt. Daraus folgt ein **hinausgeschobener Rentenbeginn,** da diese befristeten Renten nach § 101 Abs 1 und 2 SGB VI nicht vor Beginn des siebten Kalendermonats nach dem Eintritt der Minderung der Erwerbsfähigkeit (→ *Erwerbsminderung* Rn 19) geleistet werden. Auf den Rentenbeginn muss daher regelmäßig ein halbes Jahr gewartet werden. Das gilt nicht für die **Rente wegen voller Erwerbsminderung,** wenn die Voraussetzungen des § 101 Abs 1a SGB VI vorliegen. Diese Rente wird dann von dem Tag an geleistet, der auf den Tag folgt, an dem der Anspruch auf AlGeld, Krankengeld oder Krankentagegeld endet. Weitere Sonderregelungen gelten für Witwen- und Witwerrenten aus der Rentenanwartschaft eines vor dem 1.7.77 geschiedenen Ehegatten (§ 268 SGB VI) und bei Änderung der Rentenhöhe (§ 100 SGB VI). Der Änderungszeitpunkt der Rente nach Versorgungsausgleich ist in § 101 Abs 3 SGB VI geregelt.

21 **d) Fälligkeit und Auszahlung.** Der Auszahlungszeitpunkt der Renten ist der letzte Bankarbeitstag des Monats, **zu dessen Beginn** die Anspruchsvoraussetzungen erfüllt sind (§ 118 Abs 1 SGB VI). Dh die Renten werden am Ende des Monats gezahlt, für den sie bestimmt sind. Bei Rentenbeginn vor dem 1.4.04 verbleibt es beim früheren Auszahlungszeitpunkt zum letzten Bankarbeitstag des Monats, dem der Monat der Fälligkeit **vorausgeht** (§ 272a SGB VI).

22 **2. Unfallversicherung.** Der Verletzte erhält vom Träger der gesetzlichen UV eine Rente, wenn die rentenberechtigende MdE über die 26. Woche nach dem Arbeitsunfall hinaus vorliegt (§ 56 Abs 1 S 1 SGB VII; → *Unfallversicherung* Rn 56).

Die Verletztenrente beginnt mit dem Tag, der dem Tag folgt, an dem der Anspruch auf Verletztengeld endet oder der Versicherungsfall eingetreten ist, wenn kein Anspruch auf

Verletztengeld entstanden ist (§ 72 Abs 1 SGB VII). Die Satzung des UVTrägers kann für Unternehmer einen späteren Rentenbeginn vorsehen (§ 72 Abs 3 SGB VII). Der Auszahlungszeitpunkt der Verletztenrente ist für Neurentner entsprechend der Rechtslage in der RV das Monatsende (§ 218c SGB VII).

## Rentenversicherungsbeiträge

### A. Arbeitsrecht *Griese*

1 Der ArbGeb hat die Pflicht, den GesamtSozVBeitrag richtig zu berechnen und abzuführen. Dazu gehören auch die RVBeiträge. Für den Regelfall der Bruttovergütung bedeutet dies, dass der ArbGeb von der Bruttovergütung den ArbNAnteil des RVBeitrages abzuziehen und zusammen mit dem ArbGebAnteil abzuführen hat. Nach **§ 28g Satz 2 SGB IV** kann der ArbGeb den Beitragsanteil des ArbN **nur im Wege des Lohnabzuges geltend machen** (BAG 30.4.08 – 5 AZR 725/07, NZA 08, 884; näheres: *Bruttolohnvereinbarung, Sozialversicherungsbeiträge* und → *Lohnabzugsverfahren* Rn 1 ff). Bei einer Nettolohnvereinbarung muss der ArbGeb den ArbNAnteil übernehmen (→ *Nettolohnvereinbarung* Rn 1 ff). Für die **richtige Berechnung und Abführung** der RVBeiträge **haftet der Arbeitgeber** auch gegenüber dem ArbN gem § 280 BGB (BAG 16.6.04 – 5 AZR 521/03, NZA 04, 1274; → *Sozialversicherungsbeiträge* Rn 1 ff und → *Beitragsbemessungsgrenzen* Rn 1 ff).

ArbGeb und ArbN können über den Empfänger der RVBeiträge **nicht vertraglich disponieren** und zB die Zahlung an einen anderen als den gesetzlichen RVTräger, etwa **ein berufsständisches Versorgungswerk vorsehen.** Endet zB eine Versicherungsbefreiung in der RV muss der ArbGeb den RVBeitrag an den gesetzlichen RVTräger als Teil des GesamtSozVBeitrages zahlen. Ein entgegenstehender Vertrag wäre wegen des Verstoßes gegen den Versicherungszwang gem § 134 BGB nichtig (BAG 15.11.12 – 8 AZR 146/10, NZA 13, 568; ferner *Berufsständische Versorgung*).

### B. Lohnsteuerrecht *Thomas*

2 **1. Sonderausgabenabzug.** Beiträge zur RV können nicht als Werbungskosten abgezogen werden (BFH 8.11.06 – X R 45/02, DStR 07, 147; BVerfG 20.8.97 – 1 BvR 1523/88 – nv; auch nicht die Beiträge eines beurlaubten Soldaten BFH 21.9.2000 – XI B 59/00, BFH/NV 01, 434 bzw Beiträge an ein ärztliches Versorgungswerk BFH 6.3.06 – X B 5/05, BFH/NV 06, 1091), sondern nur als Sonderausgaben (§ 10 Abs 1 Nr 2a EStG; BFH 18.11.09 – X R 6/08, DStRE 10, 75; zur Abzugserweiterung aufgrund der Entscheidung BVerfG 13.2.08 – 2 BvL 1/06, DStR 08, 604; → *Sonderausgaben* Rn 10). Der Abzug beschränkt sich auf eigene Aufwendungen des ArbN, also den von ihm getragenen ArbNAnteil, bzw den vom ArbGeb übernommenen ArbNAnteil, wenn die Übernahme Arbeitslohn darstellt. Denn auch im zuletzt genannten Fall wird der ArbNAnteil aus versteuertem Einkommen des ArbN erbracht. Die Nachentrichtung von RVBeiträgen stellt regelmäßig keine außergewöhnliche Belastung dar (FG München 1.7.98, EFG 98, 1467). Zur Frage, wann die Übernahme des ArbNAnteils durch den ArbGeb Arbeitslohn darstellt vgl → *Sozialversicherungsbeiträge* Rn 19. Die Übernahme von RVBeiträgen einer Tochter, die ihre hilflose Mutter pflegt, durch die Pflegekasse gem § 94 Abs 1 Nr 3 SGB XI soll jedenfalls keine Einnahme iSv § 33b Abs 6 EStG sein und deshalb einem Pflege-Pauschbetrag nicht entgegenstehen (FG Bln 9.5.01 – 6 K 6175/00, DStRE 01, 1279).

3 Der Sonderausgabenabzug entfällt, wenn die Beiträge in unmittelbarem wirtschaftlichen Zusammenhang mit steuerfreien Einnahmen stehen (§ 10 Abs 2 Nr 1 EStG), zB bei steuerfreien ausländischen Einnahmen (BFH 18.4.12 – X R 62/09, BFH/NV 12, 1527) oder bei dem nach § 3 Nr 62 EStG steuerfreien ArbGebAnteil. Zur Berechnung des Progressionsvorbehalts bei entfallendem Sonderausgabenabzug vgl BFH 29.4.92 – I R 102/91, DStR 92, 1127.

4 **2. Steuerbefreiung. a) Gesetzliche Pflichtbeiträge.** Obwohl der ArbGeb gegenüber der Einzugsstelle alleiniger Beitragsschuldner ist, sind als „Ausgaben des ArbGeb" iSv § 3

Nr 62 EStG nur der ArbGebAnteil zu verstehen, da der ArbNAnteil, vom Bruttolohn einbehalten, Ausgaben des ArbN darstellt. Hat der ArbGeb von Gesetzes wegen den ganzen Beitrag zu tragen, bspw weil das Arbeitsentgelt die Geringfügigkeitsgrenze nicht übersteigt, ist auch der ganze Beitrag befreit. Voraussetzung der Steuerbefreiung ist, dass die Beiträge auf gesetzlicher Grundlage geschuldet sind (→ *Krankenversicherungsbeiträge* Rn 3–5). Das ist nicht der Fall bei Verpflichtungen lediglich aufgrund eines Tarifvertrages, einer Betriebsvereinbarung, eines Einzelarbeitsverhältnisses oder einer freiwilligen Grundlage (BFH 6.11.70, BStBl II 71, 22; FG Bln 5.5.98, EFG 98, 1570 bestätigt durch BFH 14.11.2000 – VI R 149/98 nach Art 1 Nr 7 BFHEntlG ohne Mitteilung von Gründen; vgl aber FG Sachs 20.6.01 – 7 K 2353/99, DStRE 03, 1073) oder wenn der ArbGeb seiner Verpflichtung zu Beihilfeleistungen mittels einer Versicherung nachkommt (BFH 27.4.73, BStBl II 73, 588; FG Brem 1.3.85, EFG 85, 277). Eine Verpflichtung, die sich aus einer auf gesetzlicher Ermächtigung beruhenden Bestimmung (§ 3 Nr 62 Satz 1 Alternative 3 EStG) ergibt, liegt auch bei einem allgemeinverbindlich erklärten Tarifvertrag vor (BFH 13.9.07 – VI R 16/06, DStR 07, 2008). Die Bundeszuschüsse zur RV und KV aufgrund des Gesetzes zur Förderung der Einstellung der landwirtschaftlichen Erwerbstätigkeit (FELEG) gehören nicht zum Arbeitslohn (BFH 14.4.05 – VI R 134/01, DStRE 05, 693). Ebenso liegt kein Arbeitslohn vor, wenn Vorsorgekapital, das durch ArbGebBeiträge gebildet wurde, auf eine andere Versorgungseinrichtung übertragen wird und der ArbN mit der Übertragung keine Verfügung über das Versorgungskapital erlangt (BFH 13.11.12 – VI R 20/10, DStR 13, 82). Umgekehrt führen bei einem Ausländer mit Nettolohnvereinbarung erstattete ArbNAnteile zur RV zu negativen Einnahmen (FG Düsseldorf 12.9.2000 – 3 K 8148/97 E, EFG 01, 429; ebenso zu an den ArbGeb erstattete Einkommensteuer BFH 30.7.09 – VI R 29/06, DStR 09, 2140).

5 Die Befreiung greift auch für Beitragsteile ein, die aufgrund einer nach **ausländischem Recht** bestehenden Verpflichtung an eine den inländischen SozVTrägern vergleichbaren Einrichtung geleistet werden, nicht aber bei freiwillig gezahlten Beiträgen (BFH 18.5.04 – VI R 11/01, DStRE 04, 866). Eine Begrenzung der Höhe nach auf den Betrag, der hälftig in der gesetzlichen RV zu zahlen wäre, ist nicht vorzunehmen, weil sich die Steuerbefreiung aus Satz 1 und nicht Satz 2 des § 3 Nr 62 EStG ergibt (aA *K/S* § 3 Rz B 62/12).

6 **b) Gleichgestellte Beitragsleistungen.** Gem § 3 Nr 62 Sätze 2–4 EStG sind Zuschüsse des ArbGeb zu bestimmten Einrichtungen für von der Versicherungspflicht in der gesetzlichen RV befreite ArbN (dazu R 3.62 Abs 3 LStR) bis zur Höhe des vergleichbaren ArbGebAnteils in der RV steuerfrei. Das gilt auch, wenn der ArbN auf Antrag des ArbGeb befreit worden ist und die Leistungen aus dem Versicherungsverhältnis auf die arbeitsvertragliche Versorgungsleistung angerechnet werden (BFH 20.5.83, BStBl II 83, 712). Nicht zu den befreiten ArbN gehören solche – wie zB Vorstandsmitglieder einer AG –, die der Versicherungspflicht nicht unterliegen (BMF 22.2.96, DStR 96, 748; BFH 9.10.92 – VI R 47/91, DStR 93, 50; BVerfG 25.6.92 – 1 BvR 514/88, HFR 93, 35; aA *Scharfenberg* DStR 98, 1623). Ebenfalls nicht befreit sind Beiträge für einen nicht sozialversicherungspflichtigen Geschäftsführer, selbst wenn er bei früher bestehender Beitragspflicht auf eigenen Antrag befreit worden ist (BFH 10.10.02 – VI R 95/99, BStBl II 02, 886).

## C. Sozialversicherungsrecht *Schlegel*

7 **1. Hauptfinanzierungsmittel.** RVBeiträge sind das Hauptfinanzierungsmittel der RV. Die Beiträge werden nach einem festen Vom-Hundert-Satz (Beitragssatz) von der Beitragsbemessungsgrundlage (zB dem Arbeitsentgelt) erhoben, wobei die Beitragsbemessungsgrundlage nur bis zur jeweiligen Beitragsbemessungsgrenze berücksichtigt wird (§ 157 SGB VI; s *Beitragsbemessungsgrenzen*).

8 **2. Beitragssätze** der RV werden jeweils für die Zeit vom 1.1. für das folgende Kj von der Bundesregierung mit Zustimmung des Bundesrates festgesetzt (Verordnungsermächtigung: § 160 Satz 1 Nr 1 SGB VI). Der Beitragssatz ist bundeseinheitlich. Zu dem derzeit geltenden Beitragssatz → Rn 29.

**3. Beitragsbemessungsgrundlage** sind für Versicherungspflichtige die beitragspflichtigen Einnahmen (§ 161 Abs 1 SGB VI), für freiwillig Versicherte jeder Betrag zwischen der Beitragsbemessungsgrenze und der Mindestbeitragsbemessungsgrundlage (§ 161 Abs 2 SGB VI). 9

**a) Beitragspflichtige Einnahmen der gegen Entgelt beschäftigten Arbeitnehmer** ist das Arbeitsentgelt aus der versicherungspflichtigen Beschäftigung (*Arbeitsentgelt*); bei den zu ihrer Berufsausbildung beschäftigten Personen wird mindestens 1 vH der Bezugsgröße als beitragspflichtiges Entgelt angenommen, wenn die Ausbildungsvergütung geringer ist als dieser Betrag (§ 162 Nr 1 SGB VI; zur Bezugsgröße → Rn 29).

**b)** Beitragspflichtige Einnahmen **besonderer Personengruppen** (behinderte Menschen, unständig Beschäftigte, Seeleute; Bezieher von Lohnersatzleistungen wie AlGeld, Krankengeld etc oder AlGeld II, Entwicklungshelfer, Krankengeld-Bezieher etc) werden in §§ 162–167 SGB VI im Einzelnen geregelt. Für **„unständig Beschäftigte"** sind als beitragspflichtige Einnahmen ohne Rücksicht auf die Beschäftigungsdauer das innerhalb eines Kalendermonats erzielte Arbeitsentgelt bis zur Höhe der monatlichen Beitragsbemessungsgrenze zugrunde zu legen. „Unständig" ist nach § 163 Abs 1 S 2 SGB VI eine Beschäftigung, die auf weniger als eine Woche entweder nach der Natur der Sache befristet zu sein pflegt oder im Voraus durch den Arbeitsvertrag befristet ist. Die Bestimmung beitragspflichtiger Einnahmen von unständig Beschäftigten setzt in der RV nicht voraus, dass sie ihre Beschäftigung „berufsmäßig" ausüben (BSG 31.3.17 – B 12 KR 16/14 R, NZS 2017, 784). 10

**c) Beitragspflichtige Einnahmen selbstständig Tätiger.** Bei Selbstständigen ist zu differenzieren, ob sie in der RV pflichtversichert oder freiwillig versichert sind. Liegt ein Tatbestand der Versicherungspflicht vor, sind Bemessungsgrundlage ihre beitragspflichtigen Einnahmen (§ 161 Abs 1, § 165 SGB VI); ist dies nicht der Fall und ist die Versicherung eine freiwillige, zahlen die Selbstständigen – wie sonstige freiwillige Mitglieder auch – Beiträge aus einem Betrag zwischen der Mindestbemessungsgrundlage und der Beitragsbemessungsgrenze (§ 161 Abs 2 SGB VI). Besondere Gruppen Selbstständiger unterliegen kraft Gesetzes der RVPflicht: Seelotsen (§ 2 Nr 4 SGB VI), Künstler und Publizisten (nach Maßgabe des KSVG, § 2 Nr 5 SGB VI), Hausgewerbetreibende (§ 2 Nr 6 SGB VI), Küstenschiffer und Küstenfischer (§ 2 Nr 7 SGB VI), Pflegepersonen (§ 2 Nr 2 SGB VI), Hebammen und Entbindungspfleger (§ 2 Nr 3 SGB VI), Handwerker, die in der Handwerksrolle eingetragen sind (§ 2 Nr 8 SGB VI). Beitragspflichtige Einnahmen sind das Arbeitseinkommen bei Seelotsen und Hausgewerbetreibenden (§ 165 Abs 1 Nrn 2 und 4 SGB VI), bei Küstenschiffern und Küstenfischern das in der UV maßgebende beitragspflichtige Arbeitseinkommen (§ 165 Abs 1 Satz 1 Nr 5 SGB VI), bei Publizisten und Künstlern das voraussichtliche Jahreseinkommen iSd § 12 KSVG, wobei Arbeitseinkommen auch die Vergütung für die Verwertung und Nutzung urheberrechtlich geschützter Werke und Leistungen ist (§ 165 Abs 1 Nr 3 SGB VI; hiervon zu unterscheiden ist das Bemessungsentgelt der Künstlersozialabgabe, → *Künstlersozialversicherung* Rn 22 ff). 11

**Sonstige selbstständig Tätige** zahlen Beiträge aus einem Arbeitseinkommen in Höhe der Bezugsgröße (sog Regelbeitrag). Bei Nachweis eines niedrigeren oder höheren Arbeitseinkommens zahlen sie Beiträge aus diesem Arbeitseinkommen, jedoch mindestens aus 450 € (§ 165 Abs 1 Nr 1 SGB VI). Zu diesem Nachweis ist der Einkommensteuerbescheid nach Maßgabe der Sätze 3–10 des § 165 Abs 1 SGB VI heranzuziehen (BT-Drs 13/2590 S 26 zu Nr 22 – § 165). Auf Antrag des Versicherten ist vom laufenden Arbeitseinkommen auszugehen, wenn dieses voraussichtlich um mindestens 30 vH geringer ist als das Arbeitseinkommen aus dem letzten EStBescheid (§ 165 Abs 1a SGB VI). Eine **Beitragsermäßigung** besteht für selbstständig Tätige außerdem insoweit, als sie abweichend von § 165 Abs 1 Satz 1 Nr 1 SGB VI bis zum Ablauf von drei Jahren nach dem Jahr der Aufnahme der selbstständigen Tätigkeit (zu diesem Zeitpunkt BSG 10.12.98 – B 12 RJ 2/98 R, SozR 3–2600 § 165 Nr 1) auf Antrag Beiträge nur aus einem Arbeitseinkommen zu entrichten haben, das 50 vH der Bezugsgröße beträgt (§ 165 Abs 1 Satz 2 SGB VI). 12

**d) Freiwillig Versicherte** zahlen einen Beitrag zwischen dem Mindestbeitrag und der Beitragsbemessungsgrenze (§§ 161 Abs 2, 167 SGB VI; → *Beitragsbemessungsgrenzen* Rn 7 ff). Wirksam ist die Entrichtung des freiwilligen Beitrages, wenn sie bis zum 31.3. des Jahres erfolgt, das dem Jahr folgt, für das der freiwillige Beitrag gelten soll (§ 197 Abs 2 SGB VI; zu Ausnahmen in Härtefällen s § 197 Abs 3 SGB VI). 13

14 **4. Beitragstragung/Beitragszahlung. a) Allgemeines.** Die §§ 168–172 SGB VI regeln, wer die Beiträge aus den beitragspflichtigen Einnahmen zu tragen hat, während die §§ 173 f SGB VI Aussagen dazu enthalten, wer die Beiträge zu zahlen, dh an die Beitragseinzugsstelle bzw an den Träger der RV zu entrichten hat. Hier gilt der durch vielfache Ausnahmen durchbrochene Grundsatz, dass derjenige, der die Beiträge zu tragen hat, auch zahlungspflichtig, also Schuldner der Beiträge ist (§ 173 SGB VI).

15 **b) Beschäftigte.** Es sind drei Beschäftigtengruppen zu unterscheiden, und zwar geringfügig Beschäftigte, Pflichtversicherte mit einem Arbeitsentgelt zwischen 450,01 € und 850 € sowie Pflichtversicherte mit einem Arbeitsentgelt von mehr als 850 €.

16 Für **geringfügig Beschäftigte** sind seit 1.1.13 Pflichtbeiträge zu zahlen. Einzelheiten und Übergangsregelung vgl → *Geringfügige Beschäftigung* Rn 58 ff.

17 Für sog **Minijobs** im **Übergangsbereich** (früher Gleitzone) (dazu § 20 Abs 2 SGB IV) sind für **Arbeitsentgelte zwischen 450,01 und 1300 €** zwar Pflichtbeiträge zu zahlen, jedoch ist insoweit der Grundsatz hälftiger Beitragstragung aufgehoben: Um in diesem Lohnbereich Anreize zur Arbeit zu schaffen, zahlt nur der ArbGeb den regulären auf das Arbeitsentgelt entfallenden „halben Beitrag"; der ArbN zahlt weniger als die „Hälfte des Beitrags". Der ArbNAnteil wächst in der Gleitzone von einem etwa 4 %igen Beitrag bei 450,01 € auf annähernd die Hälfte des regulären Beitrages bei 1300 € an (§ 163 Abs 10 SGB V). Die Beiträge sind als GesamtSozVBeitrag an die Einzugsstelle, dh für den ArbN jeweils zuständige Krankenkasse zu zahlen (§§ 28d, 28e SGB IV). Rentenwirksam wird nur das nach der Gleitzonenformel ermittelte fiktive (Bemessungs-)Arbeitsentgelt, das regelmäßig niedriger ist, als das tatsächliche Bruttoarbeitsentgelt, zumal nur aus dieser fiktiven Bemessungsgrundlage Beiträge zur RV entrichtet werden. Dem ArbN wird in diesen Fällen ein Wahlrecht eingeräumt. Abweichend von § 163 Abs 10 Satz 1 SGB VI ist beitragspflichtige Einnahme das (Brutto)-Arbeitsentgelt aus der versicherungspflichtigen Beschäftigung, wenn der ArbN dies schriftlich gegenüber dem ArbGeb erklärt. Die Erklärung kann nur mit Wirkung für die Zukunft und bei mehreren Gleitzonen-Beschäftigungen nur einheitlich abgegeben werden. Sie ist für die Dauer der Beschäftigungen bindend.

18 Für ArbN mit einem **Arbeitsentgelt von mehr als 1300 €** gilt folgendes: ArbGeb und ArbN tragen jeweils die Hälfte des Beitrages (§ 168 Abs 1 Nr 1 SGB VI). Zahlungsschuldner ist allein der ArbGeb. Er zahlt den Beitrag zur KV als GesamtSozVBeitrag an die zuständige Beitragseinzugsstelle (§§ 28d, 28e und 28i SGB IV, vgl auch *Sozialversicherungsbeiträge; Lohnabzugsverfahren; Lohnlisten.*

19 Der ArbGeb trägt den Beitrag allein für die zu ihrer Berufsausbildung Beschäftigten, sofern die Ausbildungsvergütung den Betrag von monatlich 325 € nicht übersteigt; Gleiches gilt (nicht begrenzt auf 325 €) für Beschäftigte im freiwilligen sozialen oder ökologischen Jahr oder im Bundesfreiwilligendienst (§ 20 Abs 2 SGB IV). **Beitragsschuldner** ist allein der ArbGeb: Er hat die auf das Arbeitsentgelt entfallenden Beiträge im Lohnabzugsverfahren (→ *Lohnabzugsverfahren* Rn 25) als GesamtSozVBeitrag nach Maßgabe der §§ 28d–28n und 28r SGB IV an die Einzugsstelle zu entrichten (§ 174 Abs 1 SGB VI; *Sozialversicherungsbeiträge*). Hausgewerbetreibende werden – obwohl sie selbstständig tätig sind – bezüglich der Beitragsverteilung und Beitragszahlung wie die gegen Entgelt beschäftigten (pflichtversicherten) ArbN behandelt (§§ 169 Nr 3, 174 Abs 1 SGB VI).

20 **c) Sonstige Personengruppen. Behinderte und Angehörige geistiger Genossenschaften** sowie ihre ArbGeb zahlen ebenfalls die Hälfte der Beiträge, wenn das Arbeitsentgelt eine bestimmte Höhe erreicht; ist dies nicht der Fall, trägt der ArbGeb die Beiträge allein (Einzelheiten s § 168 Abs 1 Nrn 2 und 4 SGB VI). Bei Personen, die für eine Erwerbstätigkeit befähigt werden sollen, wird der Beitrag vom ArbGeb getragen (§ 168 Abs 1 Nr 3 SGB VI). Beitragsschuldner ist auch insoweit in allen Fällen der ArbGeb (Träger der Einrichtung). **Selbstständig Tätige** tragen und zahlen ihre Beiträge selbst (§§ 169 Nr 1, 173 SGB VI). Weitere Besonderheiten bestehen nach §§ 168–172a SGB VI ua für, Künstler (§ 169 Nr 2 SGB VI), Bezieher von Vorruhestandsgeld (§ 170 Abs 1 Nr 3 SGB VI), Entwicklungshelfer oder im Ausland beschäftigte Deutsche (§§ 4 Abs 1, 170 Abs 1 Nr 4 SGB VI).

21 **Bezieher von Kranken- oder Verletztengeld** und die Leistungsträger dieser Leistungen tragen die zu entrichtenden Beiträge je zur Hälfte, soweit sie auf die Leistung entfallen und diese Leistungen nicht in Höhe der Leistungen der BA zu zahlen sind. Im Übrigen ist

allein der Leistungsträger zur Beitragstragung verpflichtet, ebenso, wenn das der Leistung zugrunde liegende monatliche Arbeitsentgelt die Geringverdienstgrenze unterschreitet (§ 170 Abs 1 Nr 2 Buchst a SGB VI). Sind die Leistungsbezieher zur Beitragstragung verpflichtet, zahlen die Leistungsträger die Beiträge an die Träger der RV, wobei für den Beitragsabzug § 28g Satz 1 SGB IV entsprechend anwendbar ist (→ *Lohnabzugsverfahren* Rn 25). **Bezieher von sonstigen Lohnersatzleistungen,** nämlich von Versorgungskrankengeld, Übergangsgeld, Unterhaltsgeld, AlGeld und AlGeld II tragen insoweit keine Beiträge; die Beitragslast trifft hier allein den zuständigen Leistungsträger (§ 170 Abs 1 Nr 2 Buchst b SGB VI), wobei die Beiträge als gezahlt gelten, wenn ein Träger der RV Träger der zur Leistung berechtigenden Reha ist (§ 176 Abs 3 SGB VI). Im Übrigen wird die Beitragszahlung zwischen den Leistungsträgern und den Trägern der RV durch Vereinbarung geregelt (§ 176 Abs 2 SGB VI).

**5. Wirksamkeit der Beitragszahlung** setzt die rechtzeitige Zahlung der Beiträge vo- 22
raus. Pflichtbeiträge (auch solche der selbstständig Tätigen) sind wirksam, wenn sie gezahlt werden, solange der Anspruch auf ihre Zahlung noch nicht verjährt ist (§ 197 Abs 1 SGB VI), wobei für die Verjährung § 25 Abs 1 SGB IV gilt (→ *Sozialversicherungsbeiträge* Rn 29; zur Fristenberechnung vgl § 198 SGB VI). Freiwillige Beiträge dagegen sind nur wirksam, wenn sie bis zum 31.3. des Jahres, das dem Jahr folgt, für das sie gelten sollen, gezahlt werden (§ 197 Abs 2 SGB VI; zur Fristverlängerung in Härtefällen vgl § 197 Abs 3 SGB VI). Eine Vermutung der Beitragszahlung und damit Wirksamkeit der Beitragszahlung wird dann angenommen, wenn dem Träger der RV Beschäftigungszeiten ordnungsgemäß gemeldet worden sind (§ 199 SGB VI).

Unabhängig von der tatsächlichen Beitragszahlung oder einer ordnungsgemäßen Mel- 23
dung sind Beschäftigungszeiten in der RV **als Beitragszeit anzuerkennen,** wenn der Versicherte glaubhaft macht, dass er eine versicherungspflichtige Beschäftigung gegen Arbeitsentgelt ausgeübt hat und für diese Beschäftigung entsprechende Beiträge gezahlt worden sind (§ 203 Abs 1 SGB VI). Macht der Versicherte zudem glaubhaft, dass der auf ihn entfallende Beitragsanteil vom Arbeitsentgelt abgezogen worden ist, so gilt der Beitrag als gezahlt (§ 203 Abs 2 SGB VI). Glaubhaftmachung liegt vor, wenn das Vorliegen einer Tatsache (hier: Beitragsabzug) nach dem Ergebnis der Ermittlungen, die sich auf sämtliche erreichbaren Beweismittel erstrecken sollen, überwiegend wahrscheinlich ist. Es müssen mehr Anhaltspunkte für als gegen die behauptete Tatsache sprechen.

**6. Irrtümlich und zu Unrecht geleistete Beiträge.** Diese sind nur ausnahmsweise zu 24
erstatten. § 26 Abs 1 SGB IV sieht insoweit Folgendes vor. Sind Pflichtbeiträge zu RV zu Unrecht entrichtet und nicht spätestens bei der nächsten Prüfung beim ArbGeb (§ 28p SGB IV, *Außenprüfung*) beanstandet worden, gilt § 45 Abs 2 SGB X entsprechend. Beiträge, die nicht mehr beanstandet werden dürfen, gelten als zu Recht entrichtete Pflichtbeiträge (§ 26 Abs 1 Satz 2 SGB IV). Die Bezugnahme auf § 45 Abs 2 SGB X begrenzt den Vertrauensschutz auf schutzwürdige Fälle. Der Versicherte genießt mE Vertrauensschutz, wenn er auf die Wirksamkeit der für ihn entrichteten Pflichtbeiträge vertraut hat und im Hinblick hierauf von einem anderweitigen Vorsorgeplan (zB private Lebensversicherung) abgesehen hat. Insoweit hat er ebenfalls „Dispositionen" getroffen, die er nicht mehr rückgängig machen kann. Gem § 26 Abs 1 SGB IV können somit bei künftigen Betriebsprüfung immer nur die seit der letzten **beanstandungslos gebliebenen Betriebsprüfung** entrichteten Beiträge als zu Unrecht entrichtete Beiträge beanstandet werden (zur Rechtsnatur der Beanstandung BSG 13.6.85 – 7 Rar 107/83, SozR 2100 § 27 Nr 4; 25.4.91 – 12 RK 31/90, SozR 3–2400 § 27 Nr 1). Darüber hinaus gelten auch **zu Unrecht entrichtete Beiträge** als zu Recht entrichtete Pflichtbeiträge, wenn der Beitragserstattungsanspruch (vier Jahre nach der Beitragszahlung) verjährt ist (§ 26 Abs 1 S 3 iVm § 27 Abs 2 SGB IV; dazu BSG 5.3.14 – B 12 R 1/12 R). § 27 Abs 2 SGb IV abgelaufen ist.

Flankiert wird § 26 Abs 1 SGB IV durch die **Fiktion freiwilliger Beiträge.** Beiträge, 25
die bei einer Betriebsprüfung als zu Unrecht entrichtet beanstandet, aber nicht zurückgefordert werden, gelten gem § 202 SGB VI als freiwillige Beiträge, wenn in der betreffenden Zeit für den Versicherten das Recht zur freiwilligen Versicherung bestand. Verlangt der ArbGeb den „Arbeitgeberanteil" zurück, hat der ArbN das Recht, die an den ArbGeb erstatteten Beiträge (wieder ein-) zu zahlen.

26 **7. Anhang: Aktuell geltende Werte der Beitragsbemessung in der Rentenversicherung.**

| | | 2020 in € | | 2019 in € | |
|---|---|---|---|---|---|
| | | alte Bl | neue Bl | alte Bl | neue Bl |
| (1) **Beitragsbemessungsgrenze** für alle Versicherten | | | | | |
| allgemeine RV Monat | jährlich | 82.800 | 77.400 | 80.400 | 73.800 |
| | monatlich | 6.900 | 6.450 | 6.700 | 6.150 |
| knappschaftliche RV | jährlich | 101.400 | 94.800 | 98.400 | 91.200 |
| | monatlich | 8.450 | 7.900 | 8.200 | 7.600 |
| (2) **Bezugsgröße** | jährlich | 38.220 | 36.120 | 37.380 | 34.440 |
| | monatlich | 3.185 | 3.010 | 3.115 | 2.870 |
| (3) **Beitragssätze** | | | | | |
| allgemeine RV | | 18,6 vH | 18,6 vH | 18,6 vH | 18,6 vH |
| knappschaftliche RV | | 24,7 vH | 24,7 vH | 24,7 vH | 24,7 vH |

Beitragssatz seit 1.1.20 vgl VO vom 27.11.18, BGBl I 2024, seit 1.1.20 vgl VO vom 28.11.19 BGBl I 1999.

# Rentenversicherungspflicht

## A. Arbeitsrecht

*Griese*

1 Die RentenVPflicht betrifft das Verhältnis zwischen dem Versicherungspflichtigen und dem Träger der RV. Sie hat arbeitsrechtlich die Auswirkung, dass der ArbGeb den Beitrag zur RV fehlerfrei errechnen und als Teil des GesamtSozVBeitrages abführen muss (BAG 30.4.08 – 5 AZR 725/07, NZA 08, 884). Dabei muss er gesetzliche Befreiungen von der Versicherungspflicht berücksichtigen (*Befreiung von der Versicherungspflicht*).

**Die gesetzliche Versicherungspflicht steht nicht zur Disposition von Arbeitgeber und Arbeitnehmer.** Endet zB eine Versicherungsbefreiung in der RV, muss der ArbGeb den RVBeitrag an den gesetzlichen RVTräger als Teil des GesamtSozVBeitrages zahlen. Es besteht keine Möglichkeit, einen anderen Träger der RV (zB berufsständisches Versorgungswerk) zu bestimmen (BAG 15.11.12 – 8 AZR 146/10, NZA 13, 568).

Für die **richtige Berechnung und Abführung** der RentenVBeiträge haftet der ArbGeb dem ArbN ebenso wie bei den Beiträgen zu den übrigen SozVZweigen (→ *Sozialversicherungsbeiträge* Rn 3–13 und → *Beitragsbemessungsgrenzen* Rn 2). Fehler hierbei können zu Rückabwicklungsansprüchen (→ *Bruttolohnvereinbarung* Rn 5) und zu **Schadensersatzansprüchen nach § 280 BGB** führen. Nach § 28g Satz 2 SGB IV kann der Beitragsanteil des ArbN nur in engen zeitlichen Grenzen und **nur durch Abzug vom Arbeitsentgelt** geltend gemacht werden. Eine separate zB klageweise Geltendmachung ist daher nicht möglich. Nach § 28g Satz 3 SGB IV darf ein unterbliebener Beitragsabzug **nur bei den drei nächsten Lohn- und Gehaltszahlungen nachgeholt werden**, danach nur dann, wenn den ArbGeb an dem ganz oder teilweise unterbliebenen Beitragsabzug kein Verschulden trifft (BAG 30.4.08 – 5 AZR 725/07, NZA 08, 884, ebenso für den LStAbzug BAG 21.12.2016 – 5 AZR 266/16, NZA 17, 531).

Weiteres unter *Sozialversicherungsbeiträge, Beitragsbemessungsgrenzen, Berufsständische Versorgung* und *Bruttolohnvereinbarung* sowie *Befreiung von der Versicherungspflicht.*

## B. Lohnsteuerrecht

*Weil*

2 Zur Tatbestandswirkung für die Frage der Steuerfreiheit oder -pflicht von ArbGeb-Zuschüssen → *Krankenversicherungspflicht* Rn 2, → *Pflegeversicherungsbeiträge* Rn 7; → *Sonderausgaben* Rn 7 ff. Aufwendungen des ArbN für das Statusfeststellungsverfahren sind Wer-

bungskosten (BFH 6.5.10 – VI R 25/09, BStBl II 10, 851; → *Meldepflichten Arbeitgeber* Rn 34). S auch → *Altersvorsorgevermögen* Rn 6.

## C. Sozialversicherungsrecht *Ruppelt*

Übersicht



**I. Allgemeines.** Die Versicherungspflicht in der gesetzlichen RV ist in den §§ 1–4 SGB VI geregelt. Sie folgt dem Enumerationsprinzip. Es handelt sich bei Erfüllung der gesetzlichen Voraussetzungen um eine Versicherung kraft Gesetzes mit daraus folgender Pflicht zur Beitragsentrichtung, ohne dass es auf den Willen oder die Kenntnis des Versicherungspflichtigen oder eines Dritten ankommt. Die Regelungen zur RVPflicht werden durch die Regelungen zur RVFreiheit in § 5 und § 6 SGB VI ergänzt (→ *Befreiung von der Versicherungspflicht* Rn 15 ff). 3

Als Besonderheit sieht die gesetzliche RV die **Versicherungspflicht auf Antrag** nach § 4 SGB VI vor (→ Rn 14). Darüber hinaus besteht die Möglichkeit der **freiwilligen Versicherung** (§ 7 SGB VI). Die freiwillige Versicherung steht allen Personen offen, die nicht versicherungspflichtig sind und ihren gewöhnlichen Aufenthalt im Geltungsbereich des Gesetzes haben oder deutsche Staatsangehörige sind (§ 7 Abs 1 SGB VI). Nach Bewilligung oder Bezug einer Vollrente wegen Alters ist die Begründung einer freiwilligen Versicherung nicht mehr möglich, wenn die Regelaltersgrenze erreicht wurde (§ 7 Abs 2 SGB VI). 4

**II. Versicherungspflicht kraft Gesetzes. 1. Beschäftigte.** Versicherungspflichtig sind Personen, die gegen Arbeitsentgelt (§ 14 SGB IV) oder zu ihrer Berufsausbildung beschäftigt sind (§ 1 Satz 1 Nr 1 SGB VI). Dies gilt auch während des Bezuges von **Kurzarbeitergeld.** Zur Versicherungspflicht **geringfügig Beschäftigter** → *Geringfügige Beschäftigung* Rn 25 ff. **Selbstständig Tätige** unterliegen der Versicherungspflicht in der gesetzlichen RV nur dann, wenn sie in § 2 Satz 1 Nr 1–9 SGB VI ausdrücklich aufgeführt sind (→ Rn 7). Zum beitragsrechtlichen Begriff der Beschäftigung und Abgrenzung zwischen dem (idR versicherungspflichtigen) **nichtselbstständigen Beschäftigungsverhältnis** und der (idR versicherungsfreien) **selbstständiger Tätigkeit** → *Arbeitnehmer (Begriff)* Rn 47 ff u 84 (Arbeitnehmer-ABC). Vgl auch die Rspr: Honorararzt (BSG 4.6.19 – B 12 R 11/18 R, AuA 19, 398, → Rn 8); Kameramann (LSGSachs 17.9.15 – L 1 KR 10/11, BeckRS 2016, 66148); Filmarchitekt (LSG BlnBbg 7.12.16 – L 9 KR 434/14, BeckRS 2016, 118126); Videoeditor (LSG BlnBbg 14.6.17 – L 9 KR 354/13, BeckRS 2017, 126839); Schaufenstergestalter (LSG BaWü 29.9.15 – L 11 R 3559/14, BeckRS 2016, 65692); BayLSG 23.11.15 – L 7 R 173/14, NZS 16, 233; LSG Hess 19.11.15 – L 8 KR 9/14, BeckRS 2016, 70114); Zahnarzt in fremder Praxis (LSG NdsBrem 15.5.17 – L 2 R 427/15, BeckRS 2017, 113065); Arzt in Berufsausübungsgemeinschaft (LSG BaWü 23.11.16 – L 5 R 1176/15, Die Beiträge, Beilage 2017, 22): Krankenpfleger/Pflegekraft (LSG BaWü 15.11.16 – L 11 R 4602/15, PflR 17, 174; LSG SchlHol 11.5.17 – L 5 KR 73/15, BeckRS 2017, 115542; LSG Hess 16.5.17 – L 1 KR 551/16, PflR 17, 595; LSG BaWü 23.3.18 – L 4 R 4791/15, Die Beiträge Beilage 2018, 260; 14.12.18 – L 8 R 985/17, BeckRS 2018, 33755); Gastronomieleiter (LSG BaWü 27.4.16 – L 5 R 2484/14, NZS 16, 469); Museumsführer (LSG BaWü 24.2.15 – L 11 R 5165/13, BeckRS 2015, 66148; 26.7.16 – L 11 R 4903/15, BeckRS 2016, 72181); Fitnesstrainer (LSG BaWü 27.7.16 – L 5 R 2554/15, BeckRS 2016, 72182); Stiller Gesellschafter Steuerberatungs-GmbH (BSG 11.11.15 – B 12 KR 13/14 R, 5

BSGE 120, 59); Steuerberater in Steuerberatungsgesellschaft (LSG BaWü 13.12.16 – L 11 R 391/15, DStR 2017, 1895; LSG RhPf 12.12.17 – L 6 R 133/17, DStR 18, 1735); Rackjobbing (BSG 18.11.15 – B 12 KR 16/13 R, SozR 4–2400 § 7 Nr 25); Schauspieler mit Gastvertrag (LSG NdsBrem 16.11.16 – L 2 R 579/16, BeckRS 2016, 116938); Hotelleiter (LSG NdsBrem 15.5.17 – L 2 R 346/16, BeckRS 2017, 113061); Synchronsprecher (BSG 31.3.17 – B 12 KR 16/17 R, NZS 17, 784); LKW-Fahrer (LSG BaWü 30.11.17 – L 10 R 3020/17 ER-B, BeckRS 2017, 137839; 13.12.18 – L 10 BA 537/18, BeckRS 2018, 35727); IT-Berater (LSG BaWü 7.11.17 – L 11 R 4543/16, NZS 18, 382); Maurer als Subunternehmer (LSG BaWü 8.8.19 – L 7 BA 3027/18, BeckRS 2019, 18233); Physiotherapeut (LSG BaWü 19.7.18 – L 7 R 1319/17, BeckRS 2018, 16752).

Einnahmen aus Tätigkeiten als **Notarzt** im Rettungsdienst sind nicht beitragspflichtig und führen nicht zur Versicherungspflicht, wenn diese neben vertragsärztlicher oder vergleichbarer Tätigkeit iSv § 23c Abs 2 SGB IV idF des Heil- und Hilfsmittelversorgungsgesetz vom 4.4.2017 (BGBl I 2017, 778) ausgeübt werden. **Teilzeit-Arbeitnehmer** nach dem AltTZG sind pflichtversichert auch in den Phasen, in denen sie von der Arbeitsleistung freigestellt sind. Entsprechendes gilt in der Kranken-, Pflege- und Arbeitslosenversicherung (→ *Altersteilzeit* Rn 46).

6 Neben den Beschäftigten im engeren Sinne werden von der RVPflicht auch sonstige Personen, die eine Tätigkeit ausüben, erfasst (Beschäftigte im Bundesfreiwilligendienst und im freiwilligen sozialen oder ökologischen Jahr, → *Freiwilligendienste* Rn 16). Dazu gehören auch Behinderte, soweit sie unter den in § 1 Satz 1 Nr 2 SGB VI genannten Voraussetzungen in geeigneten Einrichtungen einer Erwerbstätigkeit in gewisser Regelmäßigkeit nachgehen. Ebenso zählen dazu Personen, die in Einrichtungen der Jugendhilfe oder in Berufsbildungswerken oder ähnlichen Einrichtungen für Behinderte zu einer Erwerbstätigkeit befähigt werden sollen, Auszubildende, die in einer außerbetrieblichen Einrichtung im Rahmen eines Berufsausbildungsvertrages nach dem BBiG ausgebildet werden sowie Mitglieder geistlicher Gemeinschaften während ihres Dienstes für die Gemeinschaft und während ihrer außerschulischen Ausbildung (§ 1 Satz 1 Nrn 3, 3a, 4 SGB VI). Die Versicherungspflicht von Personen, die gegen Arbeitsentgelt oder zu ihrer Berufsausbildung beschäftigt sind, erstreckt sich auch auf Deutsche, die im Ausland bei einer amtlichen Vertretung des Bundes oder der Länder oder bei deren Leitern, deutschen Mitgliedern oder Bediensteten beschäftigt sind. **Mitglieder des Vorstandes einer AG** sind in dem Unternehmen (Konzern), dessen Vorstand sie angehören nicht versicherungspflichtig (§ 1 Satz 3 SGB VI). Die Versicherungsfreiheit ist beschäftigungsbezogen, dh Beschäftigungsverhältnisse in konzernfremden Unternehmen werden nicht erfasst. Das Vorstandsmitglied (auch stellvertretendes Mitglied) einer AG ist sowohl in dieser Tätigkeit als auch in allen sonstigen Beschäftigungen für die AG oder Konzernunternehmen rentenversicherungsfrei, auch wenn diese Beschäftigungen dem Grunde nach versicherungspflichtig wären (BSG 9.11.11 – B 12 R 1/10 R, BSGE 109, 265; zum Verwaltungsrat einer SE: LSG BaWü 21.11.18 – L 2 BA 1487/18, ZIP 19, 223 Revision anhängig B 12 R 27/18 R). Eine **Private Limited Company (PLC)** nach britischem oder irischem Recht entspricht nicht einer inländischen AG. Für die RVpflicht mitarbeitender Gesellschafter einer solchen Gesellschaft gelten die Grundsätze einer GmbH nach deutschem Recht (BSG 27.2.08 – B 12 KR 23/06 R, SozR 4–2600 § 1 Nr 3). Zur umfangreichen Rspr zum versicherungsrechtlichen Status des **Gesellschafter/Geschäftsführers** s → *Geschäftsführer* Rn 60 ff. Ein **Rechtsreferendar,** der zur Ausbildung in der Pflichtstation einer Kanzleigemeinschaft von Rechtsanwälten zugewiesen wird und dort aufgrund einer schriftlichen Vereinbarung einen Anspruch auf Vergütung für Leistungen hat, die über den notwendigen Teil der Ausbildung hinausgehen, ist in dieser gesondert vergüteten Tätigkeit bei der Anwaltssozietät versicherungspflichtig beschäftigt (LSG BaWü 25.7.17 – L 11 KR 3980/16, NZA 18, 217). Nach § 1 Satz 2 des Gesetzes zur Regelung der Rechtsverhältnisse der Prostituierten (ProstG) kann **Prostitution** im Rahmen eines versicherungspflichtigen Beschäftigungsverhältnisses ausgeübt werden.

7 **2. Selbstständig Tätige** unterliegen der Versicherungspflicht in der gesetzlichen RV nur dann, wenn sie in § 2 Satz 1 Nr 1–10 SGB VI ausdrücklich aufgeführt sind. Es handelt sich ungeachtet ihrer rechtlichen Unabhängigkeit und Eigenbestimmtheit um Gruppen von Selbstständigen, die hinsichtlich ihrer sozialen Schutzbedürftigkeit den abhängig Beschäftig-

ten so nahe stehen, dass auch ihre Einbeziehung in das RVSystem geboten ist. Selbständig Tätige nach § 2 Satz 1 Nr 1–3 und 9 SGB VI sind nach § 190a Abs 1 Satz 1 SGB VI verpflichtet, sich innerhalb von drei Monaten nach der Aufnahme der selbständigen Tätigkeit beim zuständigen Rentenversicherungsträger zu melden. Eine entsprechende Meldepflicht für Handwerker ergibt sich aus und nach Maßgabe von § 190a Abs 1 Satz 2 SGB VI.

**Versicherungspflichtig sind selbstständig tätige** 8

– Lehrer und Erzieher, die im Zusammenhang mit ihrer **selbstständigen Tätigkeit** keinen versicherungspflichtigen ArbN iSv § 2 Satz 2 SGB VI beschäftigen. Lehrer iSd Regelung sind alle Personen, die durch Erteilung theoretischen oder praktischen Unterrichts Allgemeinbildung oder spezielle Kenntnisse, Fähigkeiten oder Fertigkeiten vermitteln (BSG 27.9.07 – B 12 R 12/06 R, Die Beiträge Beilage 08, 60 mwN). Unter diese umstrittene Regelung fallen grds alle selbstständig ausgeübten Lehrtätigkeiten oberhalb der Geringfügigkeitsgrenze (→ *Geringfügige Beschäftigung* Rn 25 ff), auch wenn sie neben einer anderen (versicherungspflichtigen oder versicherungsfreien) Beschäftigung ausgeübt werden (LSG Hess 29.3.07 – L 1 KR 138/06, BeckRS 2007, 44440 zur nebenberuflichen Dozententätigkeit eines Richters; BayLSG 17.3.10 – L 13 R 550/09, RV 10, 122 zum Aerobictrainer; LSG BlnBbg 13.4.11 – L 9 KR 294/08, Die Beiträge Beilage 2011, 228 zum Lehrbeauftagten an Berliner Hochschulen; BSG 25.5.11 – B 12 R 13/09 R, SozR 4–2600 § 2 Nr 14 zur Tagesmutter als selbstständige Erzieherin; LSG BaWü 21.10.14 – L 11 R 4761/13, BeckRS 2015, 65242 zur Dozententätigkeit an einer Sprachschule; LSG BaWü 24.2.15 – L 11 R 2016/13, BeckRS 2015, 67559 zur Lehrtätigkeit an einer Waldorfschule). Die Beschäftigung eines versicherungspflichtigen ArbN steht nicht in Zusammenhang mit der selbstständigen Tätigkeit eines Lehrers oder Erziehers, wenn die Beschäftigung zu dieser Tätigkeit keinen Bezug hat (zB Hausgehilfin ausschließlich im Haushalt). Werden mehrere ArbN geringfügig beschäftigt, werden die Entgelte zusammengerechnet. Wird danach die Geringfügigkeitsgrenze überschritten, besteht keine Versicherungspflicht des Lehrers oder Erziehers (BSG 23.11.03 – B 12 RA 5/03 R, SozR 4–2600 § 231 Nr 1).

– Pflegepersonen, die in der Kranken-, Wochen-, Säuglings- oder Kinderpflege tätig sind und im Zusammenhang mit ihrer **selbstständigen Tätigkeit** keinen versicherungspflichtigen ArbN iSv § 2 Satz 1 Nr 2 SGB VI beschäftigen. Für die Pflegeberufe typische Merkmale sind, dass sie einerseits nicht die Heilkunde als solche umfassen, andererseits eine über die bloß mechanische Hilfeleistung hinausgehende Tätigkeit als Hilfsperson eines Arztes beinhalten. Selbstständig tätige **Logopäden** sind daher idR ebenfalls in der Krankenpflege tätige Pflegepersonen iSd § 2 S 1 Nr 2 SGB VI und damit als Selbstständige versicherungspflichtig (BSG 23.7.15 – B 5 RE 17/14 R, NZS 15, 910). Entsprechendes gilt idR für selbstständig tätige **Physiotherapeuten** (BSG 12.1.07 – B 12 R 14/06 B, BeckRS 2007, 40674). Ein selbstständig tätiger (niedergelassener) Arzt oder Heilpraktiker unterliegt nicht der Versicherungspflicht nach § 2 S 1 Nr 2 SGB VI. Hingegen üben **Krankenhausärzte** idR eine abhängige und damit nach § 1 Abs 1 Nr 1 SGB VI versicherungspflichtige Beschäftigung aus. Die selbstständige Tätigkeit eines Arztes in einem Krankenhaus im Rahmen einer Kooperation mit diesem setzt zumindest eine vorhandene Berechtigung zur Behandlung von eigenen Patienten und damit die Niederlassung des Arztes voraus. Liegt diese nicht vor, kann er im Krankenhaus nur **abhängig beschäftigt** werden (LSG BaWü 17.4.13 – L 5 R 3755/11, NZS 13, 501 Rn 116; LSG BlnBbg 7.7.17 – L 1 KR 101/14, GesR 18, 94; LSG NdsBrem 21.8.17 – L 2 R 248/17, BeckRS 2017, 124536). Vgl *Stindt*, Neues Recht und neue Rechtsprechung zur Statusbestimmung bei Solo-Selbstständigen Beispiel Honorarärzte, NZS 2018, 481; → Rn 5.

Abhängig beschäftigt ist idR auch das im Krankenhaus tätige **Pflegepersonal** (HessLSG 7.7.16 – L 8 KR 110/15, PflR 16, 578; LSG München 6.10.15 – L 7 R 240/13, PflR 16, 52). Zur Versicherungspflicht von Pflegepersonen iSd SGB XI → Rn 10 u → *Pflegezeit* Rn 56.

– Hebammen und Entbindungspfleger.
– Seelotsen der Reviere iSd Gesetzes über das Seelotsenwesen.
– Künstler und Publizisten nach näherer Bestimmung des KSVG (→ *Künstlersozialversicherung* Rn 11 ff).

– Hausgewerbetreibende, die in eigener Arbeitsstätte im Auftrag und für Rechnung Dritter gewerblich arbeiten, auch wenn sie Roh- oder Hilfsstoffe selbst beschaffen oder vorübergehend für eigene Rechnung tätig sind (§ 12 Abs 1 SGB IV).
– Küstenschiffer und Küstenfischer, die zur Besatzung ihres Fahrzeuges gehören oder als Küstenfischer ohne Fahrzeug fischen und regelmäßig nicht mehr als vier versicherungspflichtige ArbN iSv § 2 Satz 2 SGB VI beschäftigen.
– Gewerbetreibende, die in die **Handwerksrolle** eingetragen sind und in ihrer Person die für die Eintragung in die Handwerksrolle erforderlichen Voraussetzungen erfüllen, wobei Eintragungen aufgrund der Führung eines Handwerksbetriebes nach §§ 2–4 HandwO außer Betracht bleiben; ist eine Personengesellschaft in die Handwerksrolle eingetragen, gilt als Handwerker, wer als Gesellschafter in seiner Person die Voraussetzungen für die Eintragung in die Handwerksrolle erfüllt. Die Handwerkerversicherungspflicht beginnt und besteht nur dann und solange, wenn und wie der Handwerker seine handwerkliche Erwerbstätigkeit tatsächlich ausübt und zugleich in die Handwerksrolle eingetragen ist; sie endet bereits mit dem Wegfall nur einer dieser kumulativ zu erfüllenden Voraussetzungen. Gewerbetreibende im zulassungsfreien Handwerk unterliegen nicht der RVPflicht. Nach 18 Jahren Pflichtmitgliedschaft besteht für Gewerbetreibende in Handwerksbetrieben eine Befreiungsmöglichkeit von der RVPflicht nach § 6 Abs 1 Satz 1 Nr 4 SGB VI (LSG BaWü 15.2.11 – L 13 R 741/10, *Breithaupt* 11, 447).

9 – ArbNÄhnliche Selbstständige iSv § 2 Satz 1 Nr 9 SGB VI. Das sind Personen, die im Zusammenhang mit ihrer selbstständigen Tätigkeit regelmäßig keinen versicherungspflichtigen ArbN iSv § 2 Satz 2 SGB VI beschäftigen und auf Dauer und im Wesentlichen nur für einen Auftraggeber tätig sind. Zur Vermeidung divergierender Statusentscheidungen (Selbstständiger oder Beschäftigter) kann eine abschließende Entscheidung der DRV Bund nach § 7a SGB IV herbeigeführt werden (iE → *Scheinselbstständigkeit* Rn 16). Voneinander abzugrenzen sind **scheinselbstständig Beschäftigte** (in allen Zweigen der SozV versicherungspflichtig) und **arbeitnehmerähnliche Selbstständige** (nur in der RV versicherungspflichtig). ArbNähnliche Selbstständige sind selbstständig tätige Personen, die im Zusammenhang mit ihrer selbstständigen Tätigkeit regelmäßig keinen versicherungspflichtigen ArbN beschäftigen, dessen Beschäftigungsverhältnis die Geringfügigkeitsgrenze (→ *Geringfügige Beschäftigung* Rn 25 ff) übersteigt, **und** die auf Dauer und im Wesentlichen nur für einen Auftraggeber tätig sind. Bei Gesellschaftern gelten als Auftraggeber die Auftraggeber der Gesellschaft. Damit steht der Versicherungsfreiheit eines Gesellschafter-Geschäftsführers nicht entgegen, dass dieser nur für die Gesellschaft tätig wird (→ *Geschäftsführer* Rn 60 ff; *Arbeitnehmer (Begriff)* Rn 50 ff). Zur Versicherungspflicht eines selbstständig tätigen EDV-Beraters: BayLSG 15.10.09 – L 14 R 463/06, BeckRS 2010, 65315; zur Versicherungspflicht von Franchise-Nehmern: BSG 4.11.09 – B 12 R 3/08 R, NJW 10, 2010; LSG SchlHol 5.12.11 – L 1 R 59/11, *Breithaupt* 12, 645. S auch *Timmermann,* Rentenversicherungspflicht des Franchise-Nehmers nach § 2 Satz 1 Nr 9 SGB VI, BB 15, 309. Selbstständige, die keinen ArbN beschäftigen und nur für einen Auftraggeber tätig sind, können sich von der RVPflicht nach Maßgabe von § 6 Abs 1a SGB VI **befreien** lassen. Dies gilt für **Existenzgründer** für einen Zeitraum von drei Jahren, der insgesamt zweimal in Anspruch genommen werden kann und ohne Befristung für **über 58-jährige Selbstständige,** die bisher nicht versicherungspflichtig waren (§ 6 Abs 1a SGB VI). Die Befreiung wirkt vom Vorliegen der Befreiungsvoraussetzungen an, wenn sie innerhalb von drei Monaten beantragt wird, sonst vom Eingang des Antrags an. Einzelheiten des Antragsverfahrens regelt § 6 Abs 2–5 SGB VI. S → *Befreiung von der Versicherungspflicht* Rn 36.

10 **3. Sonstige Versicherte. Der Versicherungspflicht in der RV unterliegen nach § 3 SGB VI des Weiteren**

– Personen in der Zeit, für die ihnen Kindererziehungszeiten anzurechnen sind (→ *Kindervergünstigungen* Rn 50 ff). Für Zeiten der Erziehung eines Kindes in dessen ersten drei Lebensjahren werden Pflichtbeiträge in vollem Umfang vom Bund getragen (§ 56 Abs 1 Satz 1 SGB VI iVm § 170 Abs 1 Nr 1 SGB VI), wenn das Kind nach dem 31.12.91 geboren ist. Zu den Leistungen für Mütter (oder Väter) deren Kinder vor 1992 geboren wurden; → *Kindervergünstigungen* Rn 51.

– Personen in der Zeit, in der sie eine oder mehrere pflegebedürftige Personen mit mindestens Pflegegrad 2 wenigstens zehn Stunden wöchentlich, verteilt auf regelmäßig mindestens zwei Tage in der Woche, in ihrer häuslichen Umgebung nicht erwerbsmäßig pflegen (nicht erwerbsmäßig tätige Pflegepersonen), wenn der Pflegebedürftige Anspruch auf Leistungen aus der sozialen PflegeV oder einer privaten Pflege-Pflichtversicherung hat (§ 3 Satz 1 Nr 1a SGB VI). Pflegepersonen, die für ihre Tätigkeit von den Pflegebedürftigen ein Arbeitsentgelt erhalten, welches das Pflegegeld nicht übersteigt, gelten als nicht erwerbsmäßig tätig (§ 3 Satz 2 SGB VI). Voraussetzung ist, dass die Pflegeperson neben der Pflege nicht regelmäßig mehr als dreißig Stunden in der Woche erwerbstätig ist und bereits dadurch einen ausreichenden rentenrechtlichen Schutz aufbauen kann (§ 3 Satz 3 SGB VI). Die **Beiträge** werden von der Pflegekasse oder dem privaten Versicherungsunternehmen aufgebracht. Die nicht erwerbsmäßig tätige Pflegeperson braucht also keine eigenen RVBeiträge zu entrichten, obwohl RVPflicht besteht. Siehe auch → *Pflegezeit* Rn 56, → *Pflegeversicherungsleistungen* Rn 26. Die Versicherungspflicht **erwerbsmäßig** tätiger Pflegepersonen richtet sich nach den allgemeinen Vorschriften für Beschäftigte.

– Wehrdienstleistende in der Zeit, in der sie Wehrdienst leisten. Die Vorschrift hat auch **11**
nach Aussetzung der Wehrpflicht Bedeutung, da § 1 Satz 2 SGB VI auf § 3 Satz 1 Nr 2 SGB VI verweist. Durch diese verschachtelte Bezugnahme werden freiwillig Wehrdienstleistende (§§ 6a Abs 1, 6b Abs 1 WPflG) in die RVPflicht mit alleiniger Aufbringung der Beiträge durch den Bund einbezogen. Pflichtversichert nach diesen Grundsätzen sind auch Personen, die im Rahmen einer besonderen Auslandsverwendung freiwillig Wehrdienst leisten (Verwendung aufgrund eines Übereinkommens, eines Vertrags oder einer Vereinbarung mit einer über- oder zwischenstaatlichen Einrichtung oder mit einem auswärtigen Staat auf Beschluss der Bundesregierung). Pflichtversichert sind auch einsatzgeschädigte Wehrpflichtige in einem Wehrdienstverhältnis besonderer Art nach § 6 des Einsatz-Weiterverwendungsgesetzes (§ 1 Satz 2 iVm § 3 Satz 1 Nr 2a, Satz 4 SGB VI). Berufssoldaten und Soldaten auf Zeit stehen in einem öffentlich-rechtlichen Dienstverhältnis und unterliegen in dieser Tätigkeit nicht der Versicherungspflicht.

– Bezieher von Krankengeld, Verletztengeld, Versorgungskrankengeld (§§ 16ff BVG), **12**
Übergangsgeld, Pflegeunterstützungsgeld oder **AlGeld I,** wenn sie im letzten Jahr vor Beginn der Leistung zuletzt versicherungspflichtig waren. Der Zeitraum von einem Jahr verlängert sich um Anrechnungszeiten (→ *Rentenversicherungsrechtliche Zeiten* Rn 4) wegen des Bezugs von AlGeld II. Maßgebend ist nicht das vor dem Leistungsbeginn liegende Kj, sondern das Datum des Vorjahres, das dem Tag des Leistungsbeginnes entspricht. Es ist ausreichend, dass der Leistungsbezieher bis zu einem beliebigen Zeitpunkt innerhalb dieses Jahres versicherungspflichtig war **und** nicht in der Zeit zwischen dem Ende der Versicherungspflicht und dem Beginn der Leistung versicherungsfrei, von der Versicherung befreit oder freiwillig versichert gewesen ist.

– Lebendorganspender nach näherer Maßgabe von § 3 Satz 1 Nr 3a SGB VI in der Zeit, für die sie Leistungen für den Ausfall von Arbeitseinkünften im Zusammenhang mit einer Organspende nach den §§ 8 und 8a TransplantationsG erhalten.

Für Bezieher von **AlGeld II** besteht keine RVPflicht (§ 3 Satz 1 Nr 3 SGB VI). Die **13**
Bezugszeit kann nur als Anrechnungszeit berücksichtigt werden (→ *Rentenversicherungsrechtliche Zeiten* Rn 9).

**III. Versicherungspflicht auf Antrag.** Diese Versicherungspflicht ist antragsabhängig. **14**
Antragsberechtigt ist in den Fällen des § 4 Abs 1 SGB VI ausschließlich die Beschäftigungsstelle, in den übrigen Fällen der Beschäftigte. Auf Antrag versicherungspflichtig sind nach näherer Bestimmung des § 4 Abs 1–3 SGB VI:

– Entwicklungshelfer iSd Entwicklungshelfer-Gesetzes, die Entwicklungsdienst oder Vorbereitungsdienst leisten (§ 4 Abs 1 Satz 1 Nr 1 SGB VI).

– Beschäftigte während einer **zeitlich begrenzten Auslandstätigkeit** nach § 4 Abs 1 Satz 1 Nr 2 SGB VI. Die Regelung ermöglicht die Antragspflichtversicherung für vorübergehende Auslandstätigkeiten, die nicht erwerbsorientiert sein müssen (zB Tätigkeiten für humanitäre Einrichtungen). Entsprechendes gilt ohne zeitliche Begrenzung für Personen, die im Interesse des Bundes im Rahmen eines internationalen Einsatzes zur zivilen

Krisenprävention nach dem Sekundierungsgesetz tätig werden (§ 4 Abs 1 Satz 1 Nr 3 SGB VI). Antragspflichtversichert sind nach näherer Bestimmung des § 4 Abs 1 Satz 2 SGB VI ohne zeitliche Begrenzung Beschäftigte bei einer **deutschen Auslandsvertretung.** Die Pflichtversicherung aufgrund einer Entsendung ins Ausland nach § 1 Abs 1 Satz 1 SGB VI iVm § 4 SGB IV ist jedoch in jedem Fall vorrangig (→ *Auslandstätigkeit* Rn 73 ff).

15 – Personen, die nicht nur vorübergehend selbstständig tätig sind, wenn sie die Versicherungspflicht **innerhalb von fünf Jahren** nach Aufnahme der selbstständigen Tätigkeit oder dem Ende einer Versicherungspflicht aufgrund dieser Tätigkeit beantragen (§ 4 Abs 2 SGB VI). Unter diesen Voraussetzungen ist grds jeder im Geltungsbereich des SGB selbstständig Tätige berechtigt, Versicherungspflicht in der gesetzlichen RV zu beantragen, soweit er nicht (oder nicht mehr) der gesetzlichen Versicherungspflicht nach § 2 SGB VI unterliegt und die Geringfügigkeitsgrenze (§ 8 Abs 3, § 8a SGB IV) überschreitet (BSG 27.7.11 – B 12 R 15/09 R, SozR 4–2600 § 5 Nr 6). Die Antragsfrist ist eine materielle Ausschlussfrist, die eine Wiedereinsetzung in den vorigen Stand nicht zulässt.

16 – Bezieher von Entgeltersatzleistungen (→ Rn 12) und Arbeitsunfähige ohne Krankengeldanspruch, soweit sie nicht nach § 3 Satz 1 Nr 3 oder Nr 3a SGB VI versicherungspflichtig sind. Für Personen, die nur deshalb keinen Anspruch auf Krankengeld haben, weil sie nicht in der gesetzlichen KV oder in der gesetzlichen KV ohne Anspruch auf Krankengeld versichert sind, gilt dies nur für die Zeit der AU oder der medizinischen Rehabilitation/Teilhabe am Arbeitsleben – längstens für 18 Monate –, wenn sie im letzten Jahr vor Beginn der AU oder der Wiedereingliederungsmaßnahme versicherungspflichtig waren (§ 4 Abs 3 Nr 2 SGB VI).

17 **IV. Versicherungsfreiheit. 1. Begriff.** Versicherungsfreiheit iSd RVRechts ist die Ausnahme von einer im Grundsatz gegebenen Versicherungspflicht in der gesetzlichen RV (→ Rn 3 ff). Zu unterscheiden ist zwischen der **Versicherungsfreiheit kraft Gesetzes** (§ 5 SGB VI) und der **Befreiung von der Versicherungspflicht auf Antrag** (§ 6 SGB VI). Bei Versicherungsfreiheit **kraft Gesetzes** erfüllt der Beschäftigte zwar grds die Voraussetzungen für die RVPflicht nach §§ 1 und 2 SGB VI, ist aber dennoch von der Versicherungspflicht ausgenommen, weil er einem anderen Sicherungssystem (zB als Beamter) angehört oder aus sonstigen Gründen des Versicherungsschutzes nicht bedarf (zB als Bezieher einer Vollrente wegen Alters). Die **Befreiung von der Versicherungspflicht auf Antrag** kann nur erfolgen, wenn ein Befreiungstatbestand (zB Mitgliedschaft in einem berufsständischen Versorgungswerk) vorliegt und der Versicherte die Befreiung beantragt (→ *Befreiung von der Versicherungspflicht* Rn 3 ff). Die Versicherungspflicht in den verschiedenen Zweigen der SozV ist unterschiedlich geregelt. Daher folgt aus dem Umstand der Versicherungsfreiheit oder Versicherungspflicht in der RV nicht zwingend eine entsprechende Regelung in den anderen Zweigen der SozV.

18 **2. Versicherungsfreiheit kraft Gesetzes** (§ 5 SGB VI) ist die Ausnahme zur RVPflicht nach §§ 1–3 SGB VI. Dabei ist bei Mehrfachbeschäftigten oder bei Personen, die zugleich als ArbN und selbstständig tätig sind, für jede Tätigkeit **getrennt** zu prüfen, ob Versicherungspflicht bzw Versicherungsfreiheit gegeben ist (BSG 4.11.09 – B 12 R 7/08 R, SozR 4–2600 § 2 Nr 13). Wie die RVPflicht tritt auch die Versicherungsfreiheit kraft Gesetzes ungeachtet der Kenntnis und des Willens von ArbGeb und Versicherten ein und beginnt mit dem Tag des Eintritts des sie auslösenden Tatbestandes. Entsprechendes gilt für die Beendigung der Versicherungsfreiheit.

19 **a) Beamte und Richter** auf Lebenszeit, auf Zeit oder Probe, **Berufssoldaten und Soldaten auf Zeit** sowie **Beamte auf Widerruf im Vorbereitungsdienst** sind in dieser Beschäftigung versicherungsfrei (§ 5 Abs 1 Satz 1 Nr 1 SGB VI).

20 **b) Sonstige Beschäftigte** öffentlich-rechtlicher ArbGeb, denen nach beamten- oder kirchenrechtlichen Regelungen **Anwartschaft auf Versorgung** bei verminderter Erwerbsfähigkeit und im Alter sowie auf Hinterbliebenenversorgung zusteht, sind unter den weiteren Voraussetzungen des § 5 Abs 1 Satz 2 SGB VI in dieser Beschäftigung versicherungsfrei (§ 5 Abs 1 Satz 1 Nr 2 SGB VI). Gleiches gilt für **satzungsmäßige** Mitglieder geistlicher Genos-

senschaften, Diakonissen und Angehörige ähnlicher Gemeinschaften, wenn ihnen nach Maßgabe von § 5 Abs 1 Satz 1 Nr 3 SGB VI **Anwartschaft auf Versorgung** zusteht.

**c) Geringfügige Beschäftigung.** Für eine entgeltgeringfügige Beschäftigung (nicht für die kurzfristige Beschäftigung nach § 8 Abs 1 Nr 2 SGB IV) besteht grundsätzlich **Versicherungspflicht** in der gesetzlichen **Rentenversicherung.** Für die Kranken-, Pflege- und ArblV gilt dies nicht. Versicherte können sich jedoch ohne Angabe von Gründen von dieser RVPflicht **befreien** lassen (§ 6 Abs 1b SGB VI). Vgl im Einzelnen → *Geringfügige Beschäftigung* Rn 25 ff. 21

**d) Studenten.** Studenten sind in **Beschäftigungen neben ihrem Studium** nach allg Regeln rentenversicherungspflichtig. Die Regelung gilt nur für die RV. (Vgl iE → *Studentenbeschäftigung* Rn 22 ff; → *Krankenversicherungspflicht* Rn 22 f) Nach Maßgabe des § 5 Abs 3 SGB VI besteht Versicherungsfreiheit in der RV für Personen, die während der Dauer eines Studiums als ordentliche Studierende einer Fachschule oder Hochschule ein (Pflicht-)Praktikum ableisten, das in ihrer Prüfungsordnung vorgeschrieben ist (→ *Praktikant* Rn 23 ff). Teilnehmer an **dualen Studiengängen** (berufsbegleitend oder berufsintegriert) unterliegen während der gesamten Dauer des Studiengangs der SozVPflicht (§ 1 Satz 5 SGB VI, → *Krankenversicherungspflicht* Rn 15). 22

**e)** Bezieher einer **Vollrente wegen Alters** aus der gesetzlichen RV sind unter den Voraussetzungen des § 5 Abs 4 SGB VI nach Ablauf des Monats, in dem die **Regelaltersgrenze** erreicht wurde, versicherungsfrei (→ *Rentnerbeschäftigung* Rn 24 ff). Entsprechendes gilt für **Versorgungsempfänger** nach beamten-/kirchenrechtlichen Grundsätzen und für Versorgungsempfänger einer berufsständischen Versorgungseinrichtung, wenn diese Personen Versorgung nach Erreichen einer in der jeweiligen Versorgungseinrichtung geltenden Altersgrenze erhalten. Diese Altersgrenzen können von der in der gesetzlichen RV geltenden Altersgrenze abweichen. Nach dem sog **Flexirentengesetz** vom 8.12.16 (BGBl I 16, 2838) kann der Bezieher einer **Vollrente,** der nach Erreichen der Regelaltersgrenze einer Beschäftigung nachgeht, durch schriftliche Erklärung gegenüber dem ArbGeb auf die **Versicherungsfreiheit verzichten**. Durch die dann gezahlten eigenen und die vom ArbGeb gezahlten RVBeiträge erhöht sich die Rente ab der Rentenanpassung im darauffolgenden Jahr (→ *Rentnerbeschäftigung* Rn 26 ff). Renten wegen Alters sind die Regelaltersrente und die ihr gleichgestellten Renten (→ *Altersrente* Rn 41; → *Rentnerbeschäftigung* Rn 13). Versicherungsfrei sind nur **Rentenbezieher.** Wird die Vollrente wegen Alters (zunächst) nicht in Anspruch genommen und zB ein Beschäftigungsverhältnis trotz Erreichen der Altersgrenze fortgeführt oder aufgenommen, besteht Versicherungspflicht mit dem Erwerb weiterer Entgeltpunkte in der gesetzlichen RV nach den allgemeinen Vorschriften (mit Ausnahme der ArblVersicherung). Vgl *Rolfs* Die neue Flexirente, NZS 17, 164. **Versicherungsfrei** sind Beschäftigte, die bis zum Erreichen der Regelaltersgrenze nicht versichert waren oder nach Erreichen dieser Grenze eine Beitragserstattung aus ihrer Versicherung erhalten haben (§ 172 Abs 1 S 1 Nr 3 iVm § 5 Abs 4 Nr 3 SGB VI). 23

Liegt Versicherungsfreiheit wegen der Zugehörigkeit zu dem og Personenkreis vor, hat der ArbGeb dennoch **die Hälfte des Rentenversicherungsbeitrags** zu zahlen, der zu zahlen wäre, wenn Versicherungspflicht bestünde, sofern die vom Altersrentner oder ihm gleichgestellten Personen verrichtete Beschäftigung nicht (auch) aus anderen Gründen versicherungsfrei ist (§ 172 Abs 1 SGB VI). Dies soll einem Wettbewerbsvorteil der Altersrentner gegenüber versicherungspflichtigen Beschäftigten entgegenwirken. 24

**3. Befreiung von der Versicherungspflicht auf Antrag** ist nach § 6 SGB VI für Beschäftigte oder selbstständig Tätige möglich, die zwar dem Grunde nach eine versicherungspflichtige Tätigkeit ausüben, die aber aufgrund anderweitiger Sicherung des Schutzes der gesetzlichen RV nicht bedürfen. Die Befreiung von der Versicherungspflicht erfolgt **nur auf Antrag** des Betroffenen bzw in den Fällen § 6 Abs 1 Satz 1 Nr 2 und 3 SGB VI seines ArbGeb (§ 6 Abs 2 SGB VI) durch Entscheidung des RVTrägers. S iE → *Befreiung von der Versicherungspflicht* Rn 15 ff. 25

**4. Entsendung.** Versicherungsfreiheit (in allen Zweigen der SozV) besteht in den Entsendefällen nach § 5 Abs 1 SGB IV (Ausstrahlung). Hierfür sind ein ausländisches Beschäftigungsverhältnis und eine im Voraus zeitlich begrenzte Tätigkeit im Inland erforderlich. Werden ausländische ArbN konzernintern an eine inländische Tochtergesellschaft entsandt 26 und sind die ArbN in den inländischen Betrieb eingegliedert und erhalten von diesem ihr Gehalt, unterliegen sie grds der RVPflicht (iE → *Auslandstätigkeit* Rn 73 ff; → *A1-Bescheinigung* Rn 15 ff).

## Rentenversicherungsrechtliche Zeiten

### A. Arbeitsrecht
*Griese*

1 Arbeitsrechtliche Bedeutung haben rentenversicherungsrechtliche Zeiten nicht, sie wirken sich nur sozialversicherungsrechtlich aus. Wenn **Vordienstzeiten** in anderen Arbeitsverhältnissen oder bei anderen ArbGeb auf das aktuelle Arbeitsverhältnis angerechnet werden sollen, etwa um Mindestbetriebszugehörigkeiten für eine Jubiläumszahlung oder eine *Betriebliche Altersversorgung* zu erreichen, bedarf dies einer Rechtsgrundlage, zB einer arbeitsvertraglichen Vereinbarung oder eines Tarifvertrages. Bei der Berechnung von **Beschäftigungszeiten** müssen wegen § 4 Abs 1 TzBfG die Zeiten **geringfügiger Beschäftigung mitgezählt werden** (BAG 25.4.07 – 6 AZR 746/06, NZA 07, 881).

### B. Lohnsteuerrecht
*Weil*

2 **Rentenversicherungsrechtliche Zeiten** sowie **Anrechnungszeiten** sind keine steuergesetzlichen Begriffe. Zur steuerlichen Behandlung von Leistungen, die während Anrechnungszeiten geleistet werden, → *Lohnersatzleistungen* Rn 5 ff sowie → *Arbeitslosengeld* Rn 4 ff, → *Arbeitslosengeld II* Rn 5 ff, → *Ausbildungsverhältnis* Rn 86 ff, → *Mutterschaftsgeld* Rn 3 ff, → *Mutterschaftshilfe* Rn 2, → *Übergangsgeld/Überbrückungsgeld* Rn 8 ff, sowie → *Rentenversicherungsbeiträge* Rn 2 ff.

### C. Sozialversicherungsrecht
*Ruppelt*

3 **1. Begriff.** Die Höhe der Rentenleistungen aus der gesetzlichen RV hängt grds von der Beitragshöhe und der Dauer der Beitragsleistung ab (→ *Rentenanpassung* Rn 6 ff). Neben den mit RVBeiträgen belegten **Beitragszeiten** (zB mit Pflichtbeiträgen aus abhängiger Beschäftigung) können bei der Rentenberechnung weitere Zeiten grds rentensteigernd berücksichtigt werden, in denen keine oder geminderte Beiträge entrichtet worden sind. Rentenversicherungsrechtliche Zeiten sind Beitragszeiten, beitragsfreie Zeiten und Berücksichtigungszeiten (§ 54 Abs 1 SGB VI). **Beitragszeiten** sind Zeiten, für die Pflichtbeiträge oder freiwillige Beiträge gezahlt worden sind oder Pflichtbeiträge als gezahlt gelten (§ 55 Abs 1 SGB VI). **Beitragsfreie Zeiten** sind nach § 54 Abs 4 SGB VI Kalendermonate, die mit **Anrechnungszeiten, Ersatzzeiten** oder mit einer **Zurechnungszeit** belegt sind, wenn für diese nicht auch Beiträge gezahlt worden sind. **Berücksichtigungszeiten** sind Zeiten der Erziehung eines Kindes nach § 57 SGB VI und der nicht erwerbsmäßigen Pflege nach § 249b SGB VI. Die Renten der gesetzlichen RV werden nur nach Zurücklegung rentenversicherungsrechtlicher Mindestzeiten geleistet. Der erforderliche Umfang dieser Zeiten **(Wartezeite)** richtet sich nach der jeweiligen Rentenart (→ *Altersrente* Rn 41 ff; → *Erwerbsminderung* Rn 25; → *Rente mit 63* Rn 17 ff).

4 **2. Anrechnungszeiten. a) Allgemeines.** Anrechnungszeiten sind nach näherer Bestimmung des § 58 SGB VI beitragsfreie Zeiten in der RV, die deshalb nicht mit Beiträgen belegt sind, weil besondere, **in der Person des Versicherten** liegende Umstände dies verhindert haben (AU, Schwangerschaft, Arbeitslosigkeit, Schul-, Fachschul- oder Hochschulbesuch nach vollendetem 17. Lebensjahr, Teilnahme an einer beruflichen Bildungsmaßnahme, Zeiten einer beruflichen Bildung, Rentenbezug). Weitere Anrechnungszeiten können sich aus Sondervorschriften ergeben (zB §§ 252, 252a SGB VI, §§ 21, 28a, 29 FRG).

5 Soweit für solche Zeiten **Lohnersatzleistungen** (zB Krankengeld oder AlGeld I) gezahlt werden, handelt es sich grds um **Beitragszeiten,** wenn im letzten Jahr vor Leistungsbeginn Versicherungspflicht bestand (§ 3 S 1 Nr 3 SGB VI).

Grds werden Anrechnungszeiten nur berücksichtigt, wenn durch die entsprechende Zeit eine **versicherte Tätigkeit oder Beschäftigung unterbrochen** worden ist. Davon abweichend werden Zeiten der Krankheit, der Schwangerschaft/Mutterschaft oder Arbeitslosigkeit, die in der Zeit nach Vollendung des 17., aber vor Vollendung des 25. Lebensjahres zurückgelegt sind, als Anrechnungszeiten auch dann angerechnet, wenn durch sie eine versicherte Beschäftigung oder selbstständige Tätigkeit nicht unterbrochen worden ist (§ 58 Abs 2 S 1 SGB VI). Nur in diesem Lebensabschnitt kann die **Anrechnungszeit wegen Krankheit** (ohne AU) nach § 58 Abs 1 S 1 Nr 1a SGB VI berücksichtigt werden. 6

**b) Zeiten der Arbeitsunfähigkeit und des Leistungsbezugs zur Teilhabe am Arbeitsleben und der medizinischen Rehabilitation** sind grds Anrechnungszeiten (§ 58 Abs 1 S 1 Nr 1 SGB VI), falls der Versicherte nicht wegen Bezugs von Sozialleistungen versicherungspflichtig ist und damit Beitragszeiten zurücklegt (→ *Rentenversicherungspflicht* Rn 12). Eine Anrechnungszeit wg AU endet auch bei formal fortbestehendem Arbeitsverhältnis spätestens nach drei Jahren (BSG 25.2.10 – B 13 R 116/08 R, SozR 4–2600 § 58 Nr 11; LSG SachsAnh 16.1.13 – L 3 R 35/08, BeckRS 2013, 69755). Wegen des in der Vergangenheit für bestimmte Zeiträume unterschiedlichen Charakters der AU- und Reha-Zeiten enthält § 252 SGB VI Sonder- und Übergangsregelungen zur Bewertung dieser Zeiträume. Zu den Besonderheiten für Anrechnungszeiten aus dem Beitrittsgebiet vgl § 252a SGB VI. 7

**c) Zeiten der Schwangerschaft oder Mutterschaft** sind Anrechnungszeiten, falls dadurch eine versicherungspflichtige Beschäftigung während der Schutzfristen des MuSchG unterbrochen worden ist und nach Vollendung des 25. Lebensjahres keine Versicherungspflicht wegen des Bezuges von Sozialleistungen bestand (§ 58 Abs 1 S 1 Nr 2 iVm Abs 1 S 3 SGB VI). 8

**d) Zeiten der Arbeitslosigkeit und der bei der Arbeitsagentur gemeldeten Ausbildungssuche** sind grds Anrechnungszeiten, falls der Versicherte nach Vollendung des 25. Lebensjahrs nicht wegen des Bezugs von Sozialleistungen versicherungspflichtig ist (§ 58 Abs 1 S 1 Nr 3 und 3a iVm Abs 1 S 3 SGB VI). Letzteres ist ua für Bezieher von AlGeld I grds der Fall (→ *Rentenversicherungspflicht* Rn 12). Zeiten des Bezugs von AlGeld II nach dem 31.12.10 sind Anrechnungszeiten, wenn kein Ausschlusstatbestand nach § 58 Abs 1 S 1 Nr 6 Buchstabe a–d SGB VI vorliegt. Bei jüngeren Versicherten können gleichzeitig Anrechnungs- und Beitragszeiten berücksichtigt werden, was sich im Rahmen der Gesamtleistungsbewertung nach § 71 SGB VI grds rentensteigernd auswirkt. Zu den Anforderungen für den Nachweis regelmäßiger Arbeitslosmeldungen zur Begründung von Anrechnungszeiten nach §§ 43 Abs 4 Nr 1, 58 Abs 1 S 1 Nr 3 SGB VI vgl LSG BaWü 16.3.16 – L 2 R 1590/15, BeckRS 2016, 68526. Zeiten der **Ausbildungssuche** nach dem 17. Lebensjahr sind Anrechnungszeiten nach Maßgabe von § 58 Abs 1 S 1 Nr 3a SGB VI. Wegen der zahlreichen Rechtsänderungen enthält § 252 Abs 2 SGB VI Sonder- und Übergangsbestimmungen. 9

**e) Zeiten der schulischen Ausbildung** (Schule, Fachschule, Hochschule, berufsvorbereitende Bildungsmaßnahme). Diese Zeiten werden nach dem 17. Lebensjahr für maximal acht Jahre als Anrechnungszeit berücksichtigt (§ 58 Abs 1 Nr 4 SGB VI). Für maximal drei Jahre erhalten **Zeiten der Fachschulausbildung und der Teilnahme an berufsvorbereitenden Bildungsmaßnahmen** einen eigenen (Entgeltpunkte-)Wert im Rahmen der Gesamtleistungsbewertung nach § 74 S 3 SGB VI und wirken rentensteigernd. Damit wird die rentenmindernde Wirkung geringer Beiträge, wie sie für Ausbildungszeiten typisch sind, gemildert. Für Zeiten einer akademischen oder Fachhochschulausbildung gibt es diese Abmilderung nicht (mehr). Es verbleibt bei der Berücksichtigung dieser Zeiten als Anrechnungszeit. Damit soll nach Darstellung der BReg die Besserstellung von Versicherten mit Hoch- oder Fachhochschulausbildung beseitigt werden, die durch bessere Verdienstmöglichkeiten höhere Rentenanwartschaften aufbauen könnten. Die Regelung verstößt nicht gegen höherrangiges Recht (BSG 19.4.11 – B 13 R 27/10 R, NZS 12, 108; BVerfG 18.5.16 – 1 BvR 2217/11, BeckRS 2016, 49754). Der Anrechnungszeittatbestand einer Hochschulausbildung ist nicht auf Ausbildungen im Inland beschränkt (LSG Nds-Brem 18.3.09 – L 2 R 195/07, BeckRS 2009, 59407). Nach Erreichen des ersten möglichen Abschlusses sind weitere Ausbildungsabschnitte an einer Hochschule keine Anrechnungszeiten. Für Ausbildungszeiten, die nicht als Anrechnungszeiten berücksichtigt werden, 10 können freiwillige Beiträge nachgezahlt werden. Die Ausbildung muss Zeit und Arbeitskraft überwiegend beanspruchen, um als Anrechnungszeit anerkannt werden zu können. Ein Abschluss der schulischen Ausbildung ist nicht erforderlich. Eine Wartezeit zwischen versicherungspflichtigem Praktikum und nachfolgendem Fachschulbesuch ist grds keine Anrechnungszeit (LSG Nds-Brem 7.4.10 – L 2 R 647/09, BeckRS 2010, 69017). Das **Berufsgrundbildungsjahr** ist eine berufsvorbereitende Bildungsmaßnahme und kann daher als Anrechnungszeit berücksichtigt werden (HessLSG 24.2.17 – L 5 R 173/14, BeckRS 2017, 103865).

11 **f) Rentenbezugszeiten** sind für eine folgende Rente Anrechnungszeiten, soweit während oder vor der Bezugszeit eine Zurechnungszeit (§ 59 SGB VI) berücksichtigt wurde (§ 58 Abs 1 Nr 5 SGB VI). Übergangsvorschriften in § 252 Abs 1 Nr 4, 5 SGB VI.

12 **g) Unterbrechungstatbestand.** Anrechnungszeiten wegen Arbeitsunfähigkeit (oder Rehabilitation), Schwangerschaft (oder Mutterschaft) und Arbeitslosigkeit liegen nur vor, wenn durch diese Zeiten eine versicherte Beschäftigung oder versicherte selbstständige Tätigkeit oder ein versicherter Wehrdienst **unterbrochen** worden ist. Zu den Ausnahmen bei Jugendlichen → Rn 6. Eine selbstständige Tätigkeit ist nur dann unterbrochen, wenn sie ohne die Mitarbeit des Versicherten nicht weiter ausgeübt werden kann (§ 58 Abs 2 SGB VI). Ein völlig nahtloser Anschluss der Anrechnungszeit an die versicherte Tätigkeit ist nicht erforderlich. Es reicht, wenn die Anrechnungszeit in dem Kalendermonat beginnt, der auf den Kalendermonat folgt, für den der letzte Beitrag gezahlt wurde.

13 **h) Begrenzte Gesamtleistungsbewertung.** Der sich aus der Gesamtleistungsbewertung ergebende Wert wird für jeden Kalendermonat mit Anrechnungszeiten wegen Krankheit und Arbeitslosigkeit nach § 263 Abs 2a SGB VI grds auf 80 vH begrenzt. Anrechnungszeiten wegen berufsvorbereitender Ausbildung (maximal 3 Jahre, → Rn 10) werden mit 75 vH des Gesamtleistungswertes, höchstens 75 vH des Durchschnittsentgelts, bewertet (§ 263 Abs 3 SGB VI). Als versicherungsrechtliche Zeiten sind Anrechnungszeiten gem § 51 Abs 3 SGB VI nur auf die Wartezeit von 35 Jahren anzurechnen, nicht auf die übrigen Wartezeiten. Auf die Wartezeit von 45 Jahren für die Altersrente für besonders langjährige Versicherte sind nach § 51 Abs 3a SGB VI nur bestimmte Anrechnungszeiten anrechenbar (→ *Rente mit 63* Rn 17).

14 **3. Berücksichtigungszeiten. a) Begriff.** Berücksichtigungszeiten sind rentenrechtliche Zeiten wegen Kindererziehung bis zum vollendeten 10. Lebensjahr des Kindes (§ 57 SGB VI). Bei gleichzeitiger Erziehung mehrerer Kinder geht die Berücksichtigungszeit von der Geburt des ersten Kindes bis zur Vollendung des 10. Lebensjahres des zuletzt geborenen Kindes. Die **Berücksichtungszeiten wegen Kindererziehung** nach § 57 SGB VI sind von den **Kindererziehungszeiten** nach § 56 SGB VI zu unterscheiden, bei denen es sich um **Beitragzeiten** handelt, für die Pflichtbeiträge als gezahlt gelten. Der Umfang der berücksichtigungsfähigen **Kindererziehungszeiten** nach § 56 SGB VI und die Erhöhung der Zahl der anrechenbaren Monate durch das RV-Leistungsverbesserungsgesetz vom 23.6.2014 (BGBl I 2014, 787) und das RV-Leistungsverbesserungs- und -Stabilisierungsgesetz vom 28.11.18 (BGBl I 2018, 2016) für Mütter (bzw Väter), deren Kinder vor dem 1.1.1992 geboren worden sind, ist iE bei → *Kindervergünstigungen* Rn 51 ff und → *Elternzeit* Rn 87 dargestellt. Der Ausschluss von Kindererziehungszeiten **im Ausland** von der Anrechnung in der gesetzlichen RV ist verfassungsgemäß (BVerfG 6.3.17 – 1 BvR 2740/16, NJW 2017, 1938; LSG BaWü, 4.12.15 – L 4 R 3715/15, BeckRS 2016, 65850). Zur **Pflegezeit** als Beitragszeit → *Pflegezeit* Rn 50).

15 **b) Rechtnatur.** Bei den Berücksichtigungszeiten handelt sich nicht um Beitragszeiten oder Anrechnungszeiten (beitragsfreie oder beitragsgeminderte Zeiten), sondern um Zeiten, die sich nur im Rahmen weiterer rentenrechtlicher Regelungen auswirken. So verlängern sie den Zeitraum von fünf Jahren zur Erhaltung der Anwartschaft für die Renten wegen verminderter Erwerbsfähigkeit, dh den Zeitraum, der mit Pflichtbeiträgen belegt sein muss (§ 43 Abs 4 Nr 2 SGB VI) verschiebt sich, idR zugunsten des Versicherten, in die Vergangenheit. Berücksichtigungszeiten werden auf die **Wartezeit** von 35 Jahren für die Altersrente für langjährig Versicherte nach § 36 SGB VI und für die Altersrente für Schwerbehinderte nach § 37 SGB VI (§ 51 Abs 3 SGB VI) angerechnet. Berücksichtigungszeiten werden auch auf die Wartezeit von 45 Jahren für die Altersrente für besonders langjährige Versicherte nach

§ 38 SGB VI angerechnet (→ *Altersrente* Rn 46). Keine Anrechnung finden die Berücksichtigungszeiten bei der allgemeinen rentenrechtlichen Wartezeit von 5 Jahren (§ 50 Abs 1 SGB VI). Berücksichtigungszeiten wirken sich bei der Gesamtleistungsbewertung von beitragfreien und beitragsgeminderten Zeiten grds **rentensteigernd** aus, indem sie Lücken im Versicherungsleben schließen. Dies geschieht dadurch, das jedem Kalendermonat an Berücksichtigungszeit die Entgeltpunkte zugeordnet werden, die sich ergeben würden, wenn diese Kalendermonate Kindererziehungszeiten nach § 56 SGB VI wären (§ 71 Abs 3 S 1 Nr 1 SGB VI).

**c) Begünstigte.** Die Regelung gilt auch für Adoptiv-, Pflege- oder Stiefeltern; maßgebend ist, wer das Kind überwiegend erzogen hat. Wird das Kind von beiden Elternteilen gemeinsam erzogen, kann die Berücksichtigungszeit ganz oder teilweise durch gemeinsame bindende Erklärung einem Elternteil zugeordnet werden; das gilt jedoch nicht für die Zeit, die bereits mit einer Kindererziehungszeit belegt ist (BSG 31.8.2000 – B 4 RA 28/00 R, Die Beiträge Beilage 01, 67). Zeitgleiche Kindererziehungszeiten und Kinderberücksichtigungszeiten sind aneinander gekoppelt. Anders als die Kindererziehungszeit nach § 56 SGB VI verlängert sich die Berücksichtigungszeit nicht, wenn **mehrere Kinder** gleichzeitig erzogen werden. Sie endet in allen Fällen mit der Vollendung des 10. Lebensjahres des zuletzt geborenen Kindes. 16

**d) Keine Berücksichtigungszeit** wird bei Personen angerechnet, die während der Erziehungszeit versicherungsfrei (zB als Beamte) oder von der Versicherungspflicht befreit sind (zB als Mitglieder einer berufsständischen Versorgungseinrichtung). Der ausgeschlossene Personenkreis ergibt sich im Einzelnen aus § 56 Abs 4 SGB VI und § 57 S 2 SGB VI. 17

**4. Ersatzzeiten. a) Begriff.** Ersatzzeiten sind vor dem 1.1.1992 zurückgelegte Zeiten nach vollendetem 14. Lebensjahr, in denen der Versicherte wegen Kriegsereignissen und den daraus resultierenden besonderen Umständen an der Beitragsleistung gehindert war (§ 250 Abs 1 SGB VI). Die Ersatzzeiten sind den beitragfreien Zeiten gem § 54 Abs 4 SGB VI zugeordnet. Zeiten des Wehrdienstes bei der **Bundeswehr** oder der nach dem 8.5.45 im Beitrittsgebiet geleistete Wehrdienst aufgrund gesetzlicher Wehrpflicht sind keine Ersatz-, sondern **Beitragzeiten.** Ersatzzeiten sind ohne Vorversicherungszeit bzw Halbbelegung bei der **Rentenberechnung** und der **Wartezeiterfüllung** anrechenbar, wenn mindestens ein wirksamer Beitrag zur RV gezahlt worden ist. Die Bewertung der Ersatzzeiten erfolgt nach dem Prinzip der **Gesamtleistungsbewertung** (§ 71 Abs 1 SGB VI), dh, die beitragsfreien Zeiten erhalten grds den Durchschnittswert an Entgeltpunkten, der sich aus der Gesamtbeitragsleistung für alle Beitragszeiten im gesamten Versicherungsleben des Versicherten errechnet. 18

**b) Ersatzzeittatbestände** ergeben sich aus § 250 Abs 1 Nr 1–6 SGB VI. Es handelt sich im Wesentlichen um Zeiten des **militärischen oder militärähnlichen Dienstes** iSd §§ 2 und 3 BVG, der vor dem 9.5.45 aufgrund gesetzlicher Dienst- oder Wehrpflicht oder während eines Krieges geleistet worden ist und vergleichbare Zeiten (iE Personalbuch 2016, *Rentenversicherungsrechtliche Zeiten*, Rn 18 ff). 19

**Ersatzzeiten** sind für den Personenkreis des § 1 HHG auch Zeiten des **Gewahrsams** nach dem 8.5.45 und vor dem 1.1.90 im Beitrittsgebiet bzw den in § 1 Abs 2 Nr 3 BVFG genannten Gebieten sowie Zeiten des **Freiheitsentzuges** im Beitrittsgebiet während des genannten Zeitraums, soweit der Versicherte rehabilitiert oder das Urteil aufgehoben worden ist (§ 250 Abs 1 Nr 5 u 5a SGB VI). 20

**5. Zurechnungszeiten.** Die Zurechnungszeit nach § 59 SGB VI gewährt einen Ausgleich für eine verfrüht beendete Beitragszahlung durch Erwerbsminderung **(Erwerbsminderungsrenten)** oder Tod **(Hinterbliebenenrenten)** und eine daraus resultierende geringe Rentenleistung für Erwerbsgeminderte oder Hinterbliebene. Der Gesetzgeber hat bei der Verlängerung der Zurechnungszeit für Neurentner eine bemerkenswerte Dynamik entwickelt. Wurde die Zurechnungszeit zunächst auf Grund des RRG 1992 durch das 55. Lebensjahr begrenzt, folgte nach dem 60. Lebensjahr das 62. Lebensjahr im Jahr 2014. Sodann kam es 2018 durch das EM-Leistungsverbesserungsgesetz vom 17.7.17 (BGBl I 2017, 2509) zur stufenweisen Anhebung auf das vollendete 65. Lebensjahr. Durch das RV-Leistungsverbesserungs- und -Stabilisierungsgesetz vom 28.11.18 (BGBl I 2018, 2016) wurde die Begrenzung der Zurechnungszeit für **Rentenzugänge** im Jahr 2019 in einem Schritt 21 auf das Alter von 65 Jahren und 8 Monaten verlängert und ab 2020 schrittweise bis zum Jahr 2031 auf das vollendete 67. Lebensjahr angehoben. Damit wird die Zurechnungszeit nur noch durch die für den jeweiligen Versicherten geltenden Regelaltersgrenze begrenzt. Erwerbsminderungsrentner werden so gestellt, als ob sie mit ihrem bisherigen durchschnittlichen Einkommen bis zur gesetzlichen Regelaltersgrenze weitergearbeitet hätten. Die letzten vier Jahre vor Eintritt der Erwerbsminderung fallen für die Bewertung der Zurechnungszeit heraus, wenn dies für den Versicherten günstiger ist. Entsprechendes gilt für **Hinterbliebenenrenten**. Bestandsrentner profitieren von den Neuregelungen nicht.

## Rentnerbeschäftigung

### A. Arbeitsrecht

*Griese*

1 **1. Arbeitsrechtliche Position.** Das Arbeitsverhältnis mit Rentnern weist in arbeitsrechtlicher Hinsicht gegenüber dem normalen Arbeitsverhältnis grds keine Besonderheiten auf. Dies gilt sowohl, wenn es sich um ein Vollzeitarbeitsverhältnis handelt, als auch, wenn eine Teilzeitbeschäftigung bis hin zur geringfügigen Beschäftigung oder eine **Kombination von Teilrente und Beschäftigung** nach dem *Flexirentengesetz* (vom 8.12.16 – BGBl I 2838, *Flexirente)* vorliegt.

**a) Keine eingeschränkten Arbeitnehmerrechte bei geringfügiger Beschäftigung.** Der **geringfügig Beschäftigte** hat grds **dieselben arbeitsrechtlichen Ansprüche wie** ein VollzeitArbN, etwa in Bezug auf Entgelt, bezahlten Urlaub, Entgeltfortzahlung im Krankheitsfall oder an Feiertagen (→ *Geringfügige Beschäftigung* Rn 5 ff). Insbes rechtfertigt die Tatsache, dass ein ArbN aufgrund einer früheren hauptberuflichen Tätigkeit Altersruhegeld bezieht, keine schlechtere Bezahlung (BAG 1.11.95 – 5 AZR 880/94, NZA 96, 816). Handelt es sich um eine geringfügige Beschäftigung, ist diese in der Praxis regelmäßig eine **Nettolohnbeschäftigung;** eine Abweichung hiervon müsste individuell vertraglich geregelt werden (→ *Geringfügige Beschäftigung* Rn 13 f). Eine gesetzgeberische Reform der geringfügigen Beschäftigung, die die Sozialversicherungsfreiheit beseitigt und auch geringfügige Rentnerbeschäftigungsverhältnisse als **gesetzliche Nettoarbeitsverhältnisse** ausgestaltet, würde sich daran orientieren und ist für den gesamten Bereich der geringfügigen Beschäftigung wegen der Defizite in diesem Bereich dringlich (*Griese/Preis/Kruchen* NZA 13, 113).

**b) Erleichterte Befristungsmöglichkeiten für ältere Arbeitnehmer.** Erleichterte Befristungsmöglichkeiten, auch für Frührentner, sieht europarechtskonform (APS/*Backhaus* § 14 TzBfG Rz 422; BAG 28.5.14 – 7 AZR 360/12, NZA 15, 1131) § 14 Abs 3 TzBfG vor, wenn der ArbN das 52 Lebensjahr und mindestens 4 Monate beschäftigungslos war (zu § 14 TzBfG aF siehe aber → *Befristetes Arbeitsverhältnis* Rn 16 ff u EuGH 22.11.05 – C-144/04 Mangold, NZA 05, 1345). Die maximale Befristungsdauer beträgt hierbei fünf Jahre.

Eine Befristungserleichterung bezüglich des **Hinausschiebens der Beendigung über die Regelaltersgrenze hinaus** wurde mit Wirkung zum 1.7.2014 durch **§ 41 Satz 3 SGB VI** vorgenommen (→ *Altersgrenze* Rn 9). Danach ist das befristete Hinausschieben des Beendigungszeitpunktes über die Regelaltersgrenze hinaus zulässig, ohne dass ein Sachgrund für eine Befristung nach § 14 Abs 1 TzBfG vorliegen müsste. Die Regelung ist mit EU-Recht vereinbar (BAG 19.12.18 – 7 AZR 70/17, NZA 19, 523).

Soweit die Voraussetzungen des § 41 Satz 3 SGB IV nicht vorliegen, kommt zudem die Befristungserlaubnis nach § 14 Abs 1 Nr 6 TzBfG in Betracht. Darin liegt keine Altersdiskriminierung, wenn die gesetzliche Altersrente gesichert und eine nachvollziehbare Personalplanung des ArbGeb zugrundeliegt (BAG 11.2.15 – 7 AZR 17/13, BB 15, 1786 m zust Anm v *Hamann/Rudnik*, jurisPR-ArbR 37/2015 Anm 3).

**c) Betriebliche Altersversorgung.** Eine Ausnahme von der Anwendung arbeitsrechtlicher Grundsätze wird für die Teilhabe an der betrieblichen Altersversorgung zu machen sein, da der ArbN durch seinen Rentenbezug bereits für das Alter abgesichert ist. Ansonsten ist der ArbGeb bei der Rentnerbeschäftigung an den **Gleichbehandlungsgrundsatz** gebunden.

**d) Kollektive Rechtslage.** Der ArbGeb muss beschäftigte Rentner in kollektivrechtlicher Hinsicht ebenso wie alle anderen ArbN behandeln, insbes bestehen die Mitwirkungs- und Mitbestimmungsrechte des BRat bei Einstellung, Versetzung und Kündigung.

**2. Beendigung der Rentnerbeschäftigung.** Die Überschreitung der **Hinzuverdienstgrenzen,** die für Bezieher von Altersruhegeld gelten, die das gesetzliche Rentenalter noch nicht erreicht haben, und **die durch das*Flexirentengesetz*vom 8.12.16** (BGBl I 2016, 2838, *Flexirente*) **erhöht worden sind,** tangiert die Rechtswirksamkeit des Arbeitsverhältnisses nicht, sondern führt lediglich zum gekürzten Rentenbezug. Entsprechendes gilt, wenn Hinzuverdienstgrenzen oder Anrechnungsklauseln im Rahmen einer betrieblichen Altersversorgung Anwendung finden (s *Betriebliche Altersversorgung*). Beschäftigte Rentnerinnen und Rentner können den regulären Kündigungsschutz in Anspruch nehmen. § 41 Satz 1 SGB VI stellt ausdrücklich klar, dass der Rentenanspruch wegen Alters keinen Kündigungsgrund darstellt. Dem entspricht es, dass die Rspr auch ansonsten bei einem nebenberuflich tätigen ArbN die Tatsache, dass dieser wirtschaftlich durch eine Haupttätigkeit gesichert ist, nicht als personenbedingten Kündigungsgrund iSd § 1 Abs 2 KSchG ansieht (BAG 13.3.87 – 7 AZR 724/85, BB 87, 1320). Im Fall betriebsbedingter Kündigung ist eine soziale Auswahl gem den in § 1 Abs 3 KSchG aufgeführten Sozialkriterien vorzunehmen. Bei dem Sozialkriterium Betriebszugehörigkeit zählt **nur die ununterbrochene Zugehörigkeit zu demselben Betrieb oder Unternehmen;** bei einer Unterbrechung zwischen Renteneintritt und späterer Rentnerbeschäftigung bei demselben ArbGeb beginnt die anrechenbare Betriebszugehörigkeit erst mit Beginn der Rentnerbeschäftigung (HWK/*Quecke* § 1 KSchG Rn 371). Die Bedeutung des Sozialkriteriums Lebensalter sinkt schon mit unmittelbarer Annäherung an das Rentenalter (HWK/*Quecke* § 1 KSchG Rn 372). 2

Löst der **geringfügig beschäftigte Rentner** durch eine weitere geringfügige Beschäftigung eine Beitragsmehrbelastung des ArbGeb aus, berechtigt dies den ArbGeb nicht zur Kündigung (BAG 6.9.90 – 2 AZR 165/90, NJW 91, 1002; → *Mehrfachbeschäftigung* Rn 6). Wird aus einem sozialversicherungsfreien ein sozialversicherungspflichtiges Arbeitsverhältnis, ist dies **kein Kündigungsgrund;** das Interesse des ArbGeb an der **Aufrechterhaltung der Sozialversicherungsfreiheit ist kein rechtlich geschütztes Interesse** (BAG 18.1.07 – 2 AZR 731/05, NZA 07, 680). 3

**B. Lohnsteuerrecht** *Seidel*

Bei der Beschäftigung von Rentnern als ArbN entstehen lohnsteuerrechtlich keine besonderen Probleme. Die Besteuerung hat grds nach den allgemeinen Vorschriften zu erfolgen. Zu beachten ist, dass ggf der Altersentlastungsbetrag nach § 24a EStG bei der LStBerechnung abgezogen werden kann (§ 39b Abs 2 S 3 EStG; → *Altersentlastungsbetrag* Rn 10). 4

Soweit erwerbsgeminderte (→ *Erwerbsminderung* Rn 1) Rentner beschäftigt werden, kann der ArbGeb den Körperbehindertenpauschbetrag (→ *Behinderte* Rn 71–75) nur berücksichtigen, wenn dieser in den ELStAM gespeichert ist (→ *Lohnsteuerabzugsmerkmale* Rn 15). Meist wird bei der Rentnerbeschäftigung die Möglichkeit der **Pauschalierung** der LSt bestehen (→ *Mitarbeiterbeteiligung* Rn 25, 37; → *Teilzeitbeschäftigung* Rn 115 ff, → *Geringfügige Beschäftigung* Rn 20 ff). Der pauschale ArbGebBeitrag zur gesetzlichen KV und RV führt nicht zu einer Kürzung des – im Rahmen des § 10 Abs 4a EStG noch anzuwendenden – Vorwegabzugs, sofern sie nicht zugleich auch für die Zukunftssicherung des ArbN erbracht werden (BFH 31.5.06 – X R 6/06, BFH/NV 06, 2239; BFH 8.11.06 – X R 9/06, BFH/NV 07, 432; Bayerisches Landesamt für Steuern 10.11.08 – S 2221.1.1–6/4 St 32/St 33, DStR 08, 2420). 5

Bezieht ein Rentner von demselben ArbGeb auch ein betriebliches **Altersruhegeld,** so besteht hier die Möglichkeit, neben der nach den allgemeinen Vorschriften der LSt unterworfenen Betriebsrente (→ *Altersgrenze* Rn 17 ff) die Bezüge aus dem aktiven Beschäftigungsverhältnis der pauschalen LSt zu unterwerfen (LStH 40a.1: Ruhegehalt neben kurzfristiger Beschäftigung; → *Mehrfachbeschäftigung* Rn 10). Zur Besteuerung der Leistungen nach dem AltTZG → *Altersteilzeit* Rn 27–29 und der Teilrente → *Altersrente* Rn 8 ff. 6

## C. Sozialversicherungsrecht

*Schlegel*

Übersicht



11 **I. Allgemeines. 1. Begriff Rentnerbeschäftigung.** Eine Rentnerbeschäftigung liegt vor, wenn dem beschäftigten ArbN bereits das Recht auf eine Rente aus der gesetzlichen RV zusteht und er diese bezieht. In Betracht kommen Renten wegen Alters, wegen verminderter Erwerbsfähigkeit (früher: Rente wegen Erwerbs- oder Berufsunfähigkeit) sowie Renten an Hinterbliebene. Zur Rechtslage bis 31.12.2016 (Versicherungsfreiheit) bzw bis 30.7.2017 (Hinzuverdienst) vgl Personalbuch 2016.

12 **2. Problem- und Fragestellung.** BeiArbN, die Altersrente oder eine Rente wegen geminderter Erwerbsfähigkeit beziehen, stellen sich ua folgende Fragen:

– Wie wirkt sich der Verdienst aus einer dem Grunde nach versicherungspflichtigen Beschäftigung (ebenso bei einer versicherungspflichtigen selbstständigen Tätigkeit) auf die Rente aus?
– Wird der (Hinzu-)verdienst auf die Rente angerechnet, wenn ja, in welchem Umfang oder erlischt der Rentenanspruch dem Grund nach?
– Besteht in der neben den Rentenbezug ausgeübten Beschäftigung Versicherungs- und Beitragspflicht?
– Welche Gestaltungsmöglichkeiten gibt es insoweit für Versicherte/Rentner (Verzicht auf Versicherungsfreiheit)?
– Wir wirken sich vom ArbGeb und ArbN aus einer Rentnerbeschäftigung zu zahlende Beiträge auf die Höhe der aktuellen oder einer künftig veränderten (Teil- oder Voll-) Rente aus?

13 **II. Beschäftigung von Beziehern einer Altersrente. 1. Arten von Altersrenten.** Die gesetzliche RV sieht mehrere Arten von Altersrenten vor. Diese unterscheiden sich in ihren Voraussetzungen (Einzelheiten hierzu *Altersrente*), aber auch hinsichtlich der Rechts-

folgen bei Zusammentreffen mit Erwerbseinkommen (zB bzgl Versicherungspflicht und Hinzuverdienstgrenzen).

Im Einzelnen kommen in der RV gem § 33 Abs 2 SGB VI folgende Rentenarten in Betracht:

- **Regelaltersrente** (§ 35 SGB VI). Diese setzt voraus: Erreichen der Regelaltersgrenze (stufenweise Anhebung vom 65. auf das 67. Lebensjahr); Wartezeit von 5 Jahren (§§ 50, 51 Abs 1 SGB VI).
- **Altersrente für langjährig Versicherte** (§ 36 SGB VI). Diese setzt voraus: Vollendung des 67. Lebensjahres, Wartezeit von 35 Jahren (§§ 50, 52 Abs 3 SGB VI). Vorzeitige Inanspruchnahme möglich ab Vollendung des 63. Lebensjahres.
- **Altersrente für besonders langjährig Versicherte** (§ 38 SGB VI). Diese setzt voraus: Erreichen der Altersgrenze von 65 Jahren, Erfüllung einer Wartezeit von 45 Jahren (§ 50 Abs 5 SGB VI).
- **Altersrente für Schwerbehinderte** (§ 37 SGB VI). Diese setzt voraus: Vollendung des 65. Lebensjahres, Vorliegen der Schwerbehinderteneigenschaft iS von § 2 Abs 2 SGB IX (*Behinderte*), Wartezeit von 35 Jahren (§§ 50, 52 Abs 3 SGB VI). Vorzeitige Inanspruchnahme möglich ab Vollendung des 62. Lebensjahres.
- **Altersrente für langjährig unter Tage beschäftigte Bergleute** (§ 40 SGB VI). Diese setzt voraus: Vollendung des 62. Lebensjahres, Wartezeit von 25 Jahren (§§ 50, 51 Abs 2 SGB VI).
- **Altersrente wegen Arbeitslosigkeit oder nach Altersteilzeitarbeit** (§ 237 SGB VI). Diese setzt voraus: Geburtsjahrgang 1951 und älter, Vollendung des 60. Lebensjahres, Arbeitslosigkeit/Verrichtung von Altersteilzeitarbeit, 8 Jahre Pflichtbeitragszeit wegen Beschäftigung in den letzten 10 Jahren vor Rentenbeginn, Wartezeit von 15 Jahren und
- **Altersrente für Frauen** (§ 237a SGB VI). Diese setzt voraus: Geburtsjahrgang 1951 und älter, Vollendung des 60. Lebensjahres, 10 Jahre Pflichtbeiträge aufgrund einer Beschäftigung nach dem 40. Lebensjahr, Wartezeit von 15 Jahren.

**2. Einfluss des Verdienstes eines Rentners auf die Höhe seiner Altersrente: Voll- und Teilrenten.** Renten wegen Alters können als Vollrente oder als Teilrente in Anspruch genommen werden (§ 42 SGB VI). Eine Teilrente muss mindestens 10 % der Vollrente betragen; zudem dürfen die Hinzuverdienstgrenzen des § 34 Abs 3 SGB VI nicht überschritten werden (§ 42 SGB VI). 14

**a) Übersicht.** Nach **Erreichen der Regelaltersgrenze** (§ 35, § 235 SGB VI, ab Jahrgang 1964 = Vollendung des 67. Lebensjahres) bestehen **keine Hinzuverdienstgrenzen** mehr. 15

**Vor Erreichen der Regelaltersgrenze** ist wie folgt zu differenzieren:

- Will ein Versicherter eine **vorzeitige Vollrente wegen Alters** ohne Minderung seiner Rentenhöhe in Anspruch nehmen, beträgt der zulässige **Hinzuverdienst maximal 6.300 € im Kj** (§ 34 Abs. 2 SGB VI).
- Bei Überschreiten der (jährlichen) Hinzuverdienstgrenze von 6300 €/Kj wird ein Teil des Hinzuverdienstes auf die (Vollrente) angerechnet und nur noch eine sog **Teilrente** gezahlt.
- Erreicht der abzuziehende Hinzuverdienst die Höhe der Vollrente, besteht überhaupt kein Rentenanspruch mehr (§ 34 Abs 3 S 1 SGB VI).

**b) Hinzuverdienstrelevante Verdienste.** Hinzuverdienst des Rentners sind Arbeitsentgelte aus abhängiger Beschäftigung, Arbeitseinkommen aus selbstständiger Tätigkeit und vergleichbares Einkommen. Übt der Rentner mehrere Beschäftigungen oder Tätigkeiten aus, werden die hierbei erzielten Arbeitsentgelte oder Arbeitseinkommen zur Ermittlung des zulässigen Hinzuverdienstes zusammengerechnet. Dagegen sind die Entgelte eines Rentners, der als Pflegeperson aus einer Pflegetätigkeit einen Betrag erhält, der das Pflegegeld iSd § 37 SGB XI nicht übersteigt, nicht als rentenschädliches Arbeitsentgelt (Hinzuverdienst) anzusehen; gleiches gilt für Arbeitsentgelte, die er als Behinderter in einer Behinderteneinrichtung des § 1 S 1 Nr 2 SGB VI erzielt (§ 34 Abs 3b SGB VI). 16

**c) Vollrente nach Erreichen der Regelaltersgrenze.** Nimmt ein Rentner nach Erreichen der Regelaltersgrenze (künftig: 67) die Regelaltersrente in Anspruch, bestehen **keine Hinzuverdienstgrenzen**. 17

18 **d) Inanspruchnahme einer Altersrente vor Erreichen der Regelaltersgrenze.** Wird eine Rente wegen Alters vor Erreichen der Regelaltersgrenze in Anspruch genommen, dürfen im Kj maximal 6.300 € (entspricht: 12x450 €) hinzuverdient werden, damit die Rente als Vollrente, also in vollem Umfang gezahlt wird (§ 34 Abs 2 SGB VI). Abzustellen ist auf den Hinzuverdienst im gesamten Kj, nicht – wie bis 2016 – auf den Hinzuverdienst in einzelnen Kalendermonaten.

Der Hinzuverdienst ist jeweils zum 30. Juni für das folgende Kj zu prognostizieren (zur **Hinzuverdienst-Prognose** vgl BT-Drucks 18/9787 S 40 und BSG 9.10.12 – B 5 R 8/12 R, NJOZ 14, 787).

Wird die Hinzuverdienstgrenze nicht überschritten, kann der Versicherte die Höhe seiner Teilrente in Höhe von mindestens 10 % der Vollrenten frei wählen (§ 42 Abs 2 SGB VI). Wird die Hinzuverdienstgrenze dagegen überschritten, ergibt sich aus dem Maß der Überschreitung, in welcher Höhe eine Teilrente noch gezahlt werden kann. Bei Überschreiten der Hinzuverdienstgrenzen kann es zur Überzahlung von Renten und deren Rückforderung kommen.

19 **e) Hinzuverdienstmöglichkeiten: Höhe der Teilrente bei Überschreiten von 6.300 €/Kj.** Bei Hinzuverdiensten über 6.300 €/Kj besteht nur noch ein Anspruch auf Teilrente. Zur Berechnung der Teilrente ist zunächst der voraussichtliche kalenderjährliche Hinzuverdienst zu ermitteln (vgl § 34 Abs 3c SGB VI) und jeweils zum 1. Juli an neu zu bestimmen.

20 **1. Schritt: 40-%-Anrechnung:** Die Teilrente wird in einem ersten Schritt berechnet, indem ein Zwölftel des die 6.300 €-Hinzuverdienstgrenze übersteigenden Betrages zu 40 % von der Vollrente abgezogen wird (§ 34 Abs 3 S 2 SGB VI).

Dh Teilrente = Vollrente ./. 40 % eines Zwölftels der Differenz zwischen tatsächlichem Hinzuverdienst und 6.300 €.

Beispiel 1 nach BT-Drucks 18/9787 S 38: Angenommen die Vollrenten wegen Alters beträgt 1.200 €, der Hinzuverdienstdeckel (dazu sogleich) liegt bei 3.000 € und der tatsächliche kalenderjährliche Hinzuverdienst beträgt 18.000 €/Kj:

Der kalenderjährliche Hinzuverdienst übersteigt die 6.300 €-Grenze um (18.000,– ./. 6.300,– =) 11.700 €, ein Zwölftel davon sind 975 €. Dieser Betrag wird zu 40 % (= 390 €) von der Vollrente abgezogen. Es ergibt sich eine Teilrente von (1.200 ./. 390 € =) 810 €.

Beispiel 2 nach BT-Drucks 18/9787 S 38: Angenommen die Vollrente wegen Alters beträgt 1.200 €, der Hinzuverdienstdeckel (dazu sogleich) liegt bei 3.000 € und der tatsächliche kalenderjährliche Hinzuverdienst 42.000 €/Kj:

Der kalenderjährlicher Hinzuverdienst übersteigt die 6.300 €-Grenze um (42.000,– ./. 6.300,– =) 35.700 €, ein Zwölftel davon sind 2.975 €. Dieser Betrag wird zu 40 % (= 1.190 €) von der Vollrente abgezogen. Es ergibt sich eine Teilrente von (1.200 € ./. 1.190 € =) 10 €.

21 **2. Schritt: Höhere Anrechnung bei Überschreiten des Hinzuverdienstdeckels:** Überschreitet die Summe des sich aus dem 1. Schritt ergebenden Teilrentenbetrages und einem Zwölftel des kalenderjährlichen Hinzuverdienstes den sog Hinzuverdienstdeckel, wird der überschreitende Betrag von dem sich aus Schritt 1 ergebenden Teilrentenbetrag abgezogen. Damit wird erreicht, dass Versicherte nur ein Einkommen aus (Teil-)Rente und Hinzuverdienst bis zur Höhe des früheren Einkommens erzielen können (BT-Drucks 18/9787 S 38).

22 Der **Hinzuverdienstdeckel** wird berechnet, indem die monatliche Bezugsgröße (§ 18 SGB IV), die jeweils zum 1.1. des Kj neu festgesetzt wird, mit den Entgeltpunkten des Kj mit den höchsten Entgeltpunkten aus den letzten 15 Jahren vor Beginn der ersten Rente wegen Alters vervielfältigt wird (§ 34 Abs 3a S 1 SGB VI). Damit sollen Versicherte begünstigt werden, die in den letzten Jahren vor Rentenbeginn nur wenige oder keine Entgeltpunkte erworben haben (zB wg Arbeitslosigkeit oder reduzierter Erwerbstätigkeit).

Beispiel: Geht ein Versicherter 2017 in Rente, und hat er in den letzten 15 Jahren davor „im besten Jahr" 1,5 Entgeltpunkte erreicht, wird die monatliche Bezugsgröße (ab 1.1.2017/West) 2.975, € mit dem Wert 1,5 vervielfältigt; dies ergibt einen Hinzuverdienstdeckel von 4.625,– €.

Hat der Versicherte in seinem „besten Jahr" einen Wert von 1,0084 Entgeltpunkte erzielt, ergibt dies einen Hinzuverdienstdeckel von (1,0084x 2.975,– € =) gerundet 3.000,– €.

Der Hinzuverdienstdeckel beträgt mindestens die Summe aus einem Zwölftel von 6.300 € und dem Monatsbetrag der Rente (§ 34 Abs 3a S 2 SGB VI). Damit wird vermieden, dass es bei einem Überschreiten der Hinzuverdienstgrenzen zu einem geringeren Gesamteinkommen kommt als bei Einhaltung der Hinzuverdienstgrenzen (BT-Drucks 18/9787 S 38).

Erreicht der anzurechnende Hinzuverdienst die Höhe der Vollrente, besteht kein Anspruch mehr auf Teilrente

Beispiel 1 (wie oben): Die Summe aus dem Teilrentenbetrag (810 €) und einem Zwölftel des kalenderjährlichen Hinzuverdienstes (im Bsp angenommen 18.000 : 12 = 1.500 €) darf den Hinzuverdienstdeckel nicht überschreiten. Dies ist nicht der Fall: 810 € + 1.500 € = 2.310 €, die unterhalb des angenommenen Deckels von 3.000 € liegen.

Beispiel 2 (wie oben): Die Summe aus dem Teilrentenbetrag (10 €) und einem Zwölftel des kalenderjährlichen Hinzuverdienstes (im Bsp angenommen 42.000 : 12 = 3.500 €) darf den Hinzuverdienstdeckel (angenommen: 3.000) nicht überschreiten. Dies ist der Fall: 10 € + 3.500 € = 3.510 €, die über dem angenommenen Deckel von 3.000 € liegen. Folge: Es besteht kein Anspruch auf eine Teilrente.

**f) Rückwirkende Überprüfung des zu berücksichtigenden Hinzuverdienstes/ Rentenneuberechnung.** Maßgeblich für die Frage, ob der Versicherte Anspruch auf die Vollrente oder auf eine Teilrente hat – und wenn, ja in welcher Höhe der Teilrentenanspruch besteht, ist zunächst die Höhe des prognostizierten Hinzuverdienstes (§ 43 Abs 3c SGB VI). Die Prognose ist in den Folgejahren jeweils zum 1. Juli zu überprüfen und für das vorige Kj der tatsächliche Hinzuverdienst statt des bisher berücksichtigten Hinzuverdienstes zu berücksichtigen, wenn sich dadurch rückwirkend eine Änderung des Rentenanspruchs ergibt (§ 34 Abs 3d SGB VI). 23

Bei Berücksichtigung des tatsächlichen statt des prognostizierten Hinzuverdienstes kann sich eine rückwirkende Neuberechnung der Rente für das abgelaufene Kj ergeben. Ist dies der Fall, sind die der Rentenberechnung zu Grunde liegenden Bescheide (insoweit) von dem Zeitpunkt an aufzuheben, ab dem sich der veränderte Rentenanspruch nach § 34 Abs 3c bis 3e SGB VI ergibt. Bereits erbrachte Leistungen (insbes Renten) sind zu erstatten; dh es kann zur **Rentenrückzahlung** kommen (§ 34 Abs 3 f S 1 SGB VI).

War der Hinzuverdienst geringer als prognostiziert, kann sich ein höherer Rentenanspruch und somit eine **Rentennachzahlung** ergeben. Eine Anhörung des Rentners ist nicht erforderlich. Vertrauensschützende Regelungen der §§ 45 und 48 SGB X finden keine Anwendung (§ 34 Abs f SGB VI); es soll der Zustand hergestellt werden, der bestanden hätte, wenn das tatsächlich zu berücksichtigende Einkommen bereits bei der (ersten) Bescheiderteilung bekannt gewesen wäre (BT-Druck 18/9787 S 39).

Überzahlungsbeträge von bis zu 200 € werden unmittelbar bei der laufenden Renten einbehalten, wenn der Rentner damit einverstanden ist (§ 34 Abs 3g SGB VI). Dabei dürfte es sich rechtstechnisch um eine Aufrechnung handeln, mit der vermieden werden soll, dass der Rentner Überzahlungen zurücküberweisen muss. Das Einverständnis kann jederzeit mit Wirkung für die Zukunft widerrufen werden.

**3. Versicherungs- und Beitragspflicht in der Rentenversicherung. a) Bis 31.12.2016 geltendes Recht.** In der gesetzlichen RV waren bis 31.12.2016 Personen, die eine **Vollrente wegen Alters** beziehen, in einer dem Grunde nach versicherungspflichtigen (Rentner-)Beschäftigung generell **versicherungsfrei** (§ 5 Abs 4 Nr 1 SGB VI aF), und zwar auch dann, wenn es sich um eine Vollrente wegen Alters vor Erreichen der regulären Altersgrenze handelte. Und obwohl für die Beschäftigung Versicherungsfreiheit bestand, waren vom ArbGeb aus der (Rentner-)Beschäftigung nach § 172 Abs 1 Nr 1 SGB VI **Arbeitgeberanteile** an den RVTräger zu zahlen, wie wenn der beschäftigte Rentner versicherungspflichtig wäre. Handelte es sich um den Bezieher einer **Alters-Teilrente,** bestand keine Versicherungsfreiheit (Umkehrschluss aus § 5 Abs 4 Nr 1 SGB VI aF). 24

**b) Rechtslage seit 1.1.2017. Versicherungsfreiheit** bzgl einer (Rentner-)Beschäftigung tritt bei Personen, die eine **Vollrente** wegen Alters beziehen, erst nach Ablauf des Monats ein, in dem sie die Regelaltersgrenze erreicht haben (§ 5 Abs 4 Nr 1 SGB VI nF); zum Inkrafttreten vgl Art 9 Abs 1 FlexirentenG vom 8.12.2016 BGBl I 2828). Der ArbGeb hat trotz Versicherungsfreiheit weiterhin ArbGeb-Beiträge zu zahlen (§ 172 Abs 1 S 1 SGB VI). 25

Da die Versicherungsfreiheit in § 5 Abs 4 Nr 1 SGB VI nF nur für Personen angeordnet ist, die eine Vollrente wegen Alters beziehen und die Regelaltersgrenze erreicht haben, steht zugleich fest, dass für Personen in einer dem Grund nach versicherungspflichtigen Beschäftigung **keine Versicherungsfreiheit** besteht, wenn sie eine Vollrente oder eine Teilrente wegen Alters **vor Erreichen der Regelaltersgrenze** beziehen; sie sind nicht versicherungsfrei und haben folglich reguläre Pflichtbeiträge aus der (Rentner-)Beschäftigung zu zahlen.

26 **c) Einflussmöglichkeiten auf die Rentenhöhe.** Wer die Regelaltersgrenze erreicht hat und nach § 5 Abs 4 Nr 1 SGB VI nF versicherungsfrei ist, hat das Recht auf einen **Verzicht auf die Versicherungsfreiheit;** der Verzicht ist schriftlich gegenüber dem ArbGeb zu erklären. Der Verzicht gilt für die Dauer der (Rentner-)Beschäftigung und kann nur für die Zukunft erklärt werden (§ 5 Abs 4 S 2 SGB VI nF).

Rechsfolge: Macht der ArbN von seinem Verzichtsrecht Gebrauchwerden die vom ArbN und vom ArbGeb aus der Beschäftigung zu zahlenden **Pflichtbeiträge** in Form von Zuschlägen an Entgeltpunkten **rentenwirksam.** Die **Zuschläge an Entgeltpunkten** werden erstmals mit Ablauf des Kalendermonats des Erreichens der Regelaltersgrenze – und wenn der Rentner auch darüber hinaus versicherungspflichtig beschäftigt bleibt – anschließend jährlich jeweils zum 1. Juli berücksichtigt (§ 66 Abs 3a SGB VI). Damit können – jedenfalls teilweise – Einbußen ausgeglichen werden, die der beschäftigte Rentner dadurch erleidet, dass er für die Inanspruchnahme einer Vollrente oder Teilrente vor Erreichen der Regelaltersgrenze entsprechend des Umfangs der in Anspruch genommenen Rente **„Rentenabschläge"** in Gestalt eines **verminderten Zugangsfaktors** hinnehmen muss (zu diesen § 66 Abs 3, § 77 Abs 2 Nr 2 SGB VI).

27 Bei **Arbeiten über die Regelaltersgrenze hinaus** gilt folgendes: Arbeitet ein ArbN ohne eine Altersrente in Anspruch zu nehmen oder nur eine Teilrente in Anspruch zu nehmen, wird für jeden Kalendermonat, in dem die Altersrente (ganz oder teilweise) nicht in Anspruch genommen wird, der **Zugangsfaktor** für den nicht in Anspruch genommenen Teil der Altersrente (1,0) um jeweils 0,005 erhöht. Damit wird faktisch die „verkürzte Rentenlaufzeit" durch eine höhere Bewertung zurückgelegter Zeiten „belohnt" bzw ausgeglichen.

Zusätzlich erwirbt der ArbN aus seiner Beschäftigung **weitere Entgeltpunkte,** deren Zugangsfaktor sich ebenfalls für jeden Monat, in dem diese Entgeltpunkte nicht in Anspruch genommen worden sind, erhöht (§ 66 Abs 3a, § 77 Abs 2 SGB VI).

Die Zuschläge werden nicht sofort nach jedem Monat geleisteter und gezahlter Beiträge berücksichtigt; vielmehr werden die Zuschläge aus solchen Entgeltpunkten erst mit Ablauf des Kalenderjahres des Erreichens der Regelaltersgrenze und anschließend jährlich zum 1.7. berücksichtigt (§§ 77 Abs 2 S 4 iVm § 66 Abs 3a SGB VI).

28 **4. Arbeitslosenversicherung.** In der ArblV besteht Versicherungsfreiheit für Personen, die die Regelaltersgrenze erreicht haben (§ 28 Nr 1 SGB III). Dies ist bei Rentnern der Fall, die eine **Regelaltersrente** beziehen. Dennoch war auch hier der ArbGeb bis Ende 2016 verpflichtet, einen **Arbeitgeberanteil** an Beiträgen zur BA zu zahlen, wie wenn der Rentner versicherungspflichtig wäre (§ 346 Abs 3 SGB III). Diese Regelung ist bis zum 31.12.2021 nicht anzuwenden (§ 346 Abs 3 S 3 SGB III), so dass bis zu diesem Zeitpunkt keine ArbGeb-Beiträge zu zahlen sind.

Bei den übrigen Altersrentnern, die die Regelaltersgrenze noch nicht erreicht haben, gelten für ihre Beschäftigung die auch sonst für ArbN geltenden Vorschriften über die Versicherungs- und Beitragspflicht.

29 **5. Kranken- und Pflegeversicherung.** Hier gelten die für Beschäftigte auch sonst geltenden Vorschriften. Spezielle Tatbestände für Rentner sind nicht vorgesehen. Zu beachten ist allerdings, dass auch die Rente aus der gesetzlichen RV zusätzlich zum Arbeitsentgelt der Beitragspflicht unterliegt (§ 226 Abs 1 Nr 2, § 228 SGB V).

30 **III. Beschäftigung des Beziehers einer Rente wegen verminderter Erwerbsfähigkeit. 1. Zweistufenmodell: Volle und teilweise Erwerbsminderung.** Das Gesetz geht vom Modell einer zweistufigen Erwerbsminderungsrente aus. Eine **volle Erwerbsminderungsrente** (**„Rente wegen voller Erwerbsminderung"**, Rentenartfaktor 1,0, § 67 SGB VI) wird gewährt, wenn der Versicherte mit seinem Restleistungsvermögen auf dem allgemeinen Arbeitsmarkt nur noch unter drei Stunden arbeiten kann.

Die **halbe Erwerbsminderungsrente** (**„Rente wegen teilweiser Erwerbsminderung"**, Rentenartfaktor 0,5; § 67 SGB VI) wird bei einem Restleistungsvermögen auf dem allgemeinen Arbeitsmarkt von drei bis sechs Stunden gewährt. Allgemeiner Arbeitsmarkt sind alle nur denkbaren Arbeiten. Insoweit bleibt es bei der konkreten Betrachtungsweise, dh die Rente wird auch dann gewährt, wenn Versicherte mindestens drei, aber nicht mehr als sechs Stunden arbeiten können, das verbliebene Restleistungsvermögen wegen Arbeitslosigkeit aber nicht in Erwerbseinkommen umgesetzt werden kann (BT-Drs 14/4230 S 23, 25 f zu Nr 10).

Eine Erwerbsminderungsrente wird nicht gewährt bei einem Restleistungsvermögen auf dem allgemeinen Arbeitsmarkt von sechs Stunden und mehr (BT-Drs 14/4230 S 23). Dabei ist die jeweilige Arbeitsmarktlage – anders als bei einem (zeitlichen) **Restleistungsvermögen** von drei bis sechs Stunden – nicht zu berücksichtigen (§ 43 Abs 3, 2. Hs SGB VI).

Diese zeitlichen Grenzen **(zeitlich eingeschränkte Leistungsfähigkeit),** die für das Vorliegen verminderter Erwerbsfähigkeit nicht überschritten werden dürfen, werden durch die nachfolgenden Hinzuverdienstgrenzen weder aufgehoben noch relativiert. Werden die genannten zeitlichen Grenzen überschritten, entfallen die tatbestandlichen Voraussetzungen des Rentenanspruchs, weil der Versicherte bei umfangreicherem zeitlichen Leistungsvermögen eben nicht mehr voll oder auch nicht mehr teilweise erwerbsgemindert ist. Dh die Hinzuverdienstgrenzen führen nur dann zu höheren Hinzuverdienstmöglichkeiten, wenn der Hinzuverdienst bei voller Erwerbsminderung innerhalb von weniger als drei Stunden (bzw weniger als sechs Stunden bei teilweiser Erwerbsminderung) täglicher Arbeitszeit erzielt werden kann (vgl dazu BT-Drucks 18/9787 S 41).

**2. Hinzuverdienst bei Erwerbsminderungsrenten. a) Ungekürzte Renten.** Renten wegen teilweiser oder voller Erwerbsminderung werden nur dann in voller Höhe gezahlt, wenn die kalenderjährliche Hinzuverdienstgrenze nicht überschritten wird (§ 96a Abs 1 SGB VI). 31

Die **kalenderjährlichen Hinzuverdienstgrenzen** betragen (§ 96a Abs 1c SGB VI):

- bei einer Rente wegen voller Erwerbsminderung 6300 €
- bei einer Rente wegen teilweiser Erwerbsminderung das 0,81-fache der jährlichen Bezugsgröße vervielfältigt mit den Entgeltpunkten des Kj mit den höchsten Entgeltpunkten aus den letzten 15 Kj vor Eintritt der Erwerbsminderung, mindestens jedoch mit 0,5 EP.

**b) Kürzung der Renten wegen Erwerbsminderung bei Überschreiten der Hinzuverdienstgrenzen.** Werden die genannten Hinzuverdienstgrenzen überschritten, führt dies nicht zum Wegfall der tatbestandlichen Voraussetzungen des Rentenanspruchs; vielmehr findet eine „Kürzung" der Erwerbsminderungsrenten der Höhe nach statt; dh die Renten werden – wie § 96a Abs 1a SGB VI es formuliert – „nur teilweise geleistet". 32

Die teilweise zu leistende Erwerbsminderungsrente wird bei Überschreiten der Hinzuverdienstgrenzen wie folgt berechnet: Von der (monatlichen) Erwerbsminderungsrente wird ein Zwölftel des die Hinzuverdienstgrenzen übersteigenden Betrages zu **40 %** abgezogen. Ein Zuschuss des ArbGeb zum Krankengeld bleibt bei einer Rente wegen teilweiser Erwerbsminderung als rentenschädlicher Hinzuverdienst außer Betracht, soweit er als nicht beitragspflichtiges Arbeitsentgelt gilt (BSG 6.9.17 – B 13 R 33/16 R, BeckRS 2017, 124791; BSG 20.11.03 – B 13 RJ 43/02 R, BeckRS 2004, 40101).

Darüber hinaus ist auch bei Erwerbsminderungsrenten ein **Hinzuverdienstdeckel** zu beachten. Dieser wird berechnet, indem die monatliche Bezugsgröße mit den Entgeltpunkten des Kj mit den höchsten Entgeltpunkten aus den letzten 15 Kj vor Eintritt der Erwerbsminderung vervielfältigt wird.

Um zu verhindern, dass bei Versicherten, die in den letzten 15 Kj vor Rentenbeginn nur wenige oder keine Entgeltpunkte erworben haben (zB wg Arbeitslosigkeit oder reduzierter Erwerbstätigkeit), beträgt der Hinzuverdienstdeckel

- bei einer Rente wegen voller Erwerbsminderung mindestens die Summe aus einem Zwölftel von 6300 € und dem Monatsbetrag der Rente in voller Höhe (§ 96a Abs 1b Nr 2 SGB VI)
- bei einer Rente wegen teilweiser Erwerbsminderung die Summe aus einem Zwölftel des bei teilweise Erwerbsminderung geltenden Hinzuverdienstbetrages nach § 96a Abs 1c S 1 Nr 1 SGB VI und dem Monatsbetrag der Renten wegen voller Erwerbsminderung (§ 96a Abs 1b S 2 Nr 2 SGB VI).

Die Erwerbsminderungsrente wird nicht geleistet, wenn der von der Rente abzuziehende Hinzuverdienst den Betrag der Erwerbsminderungsrente in voller Höhe erreicht (§ 96a Abs 1a SGB VI).

33 **3. Versicherungs- und Beitragspflicht. a) Rentenversicherung.** In der gesetzlichen RV sind nur Personen versicherungsfrei, die eine Vollrente wegen Alters beziehen (§ 5 Abs 4 Nr 1 SGB VI). Hieraus folgt im Umkehrschluss, dass die Bezieher sonstiger Renten nicht nach § 5 Abs 4 Nr 1 SGB VI versicherungsfrei sind, sondern die allgemein für ArbN geltenden Vorschriften Anwendung finden. Danach kann Versicherungsfreiheit bestehen, wenn die Geringfügigkeitsgrenzen des § 8 SGB IV nicht überschritten sind (*Geringfügige Beschäftigung*).

34 **b) Arbeitslosenversicherung.** In der ArblV sind ArbN während der Zeit versicherungsfrei, für die ihnen ein Anspruch auf Rente wegen voller Erwerbsminderung aus der gesetzlichen RV zusteht (§ 28 Nr 3 SGB VI). Es wird nicht darauf abgestellt, ob die Rente wegen voller Erwerbsminderung in voller Höhe oder wegen des Hinzuverdienstes nur teilweise zu zahlen ist.

Eine dem § 346 Abs 3 SGB III entsprechende Vorschrift, die den ArbGeb verpflichtet, für den versicherungsfrei beschäftigten Rentner gleichwohl den ArbGebAnteil zu zahlen, ist nicht vorgesehen.

35 **c) Kranken- und Pflegeversicherung.** Hier gelten die für Beschäftigte auch sonst geltenden Vorschriften. Spezielle Tatbestände für Rentner sind nicht vorgesehen. Zu beachten ist, dass auch die Rente aus der gesetzlichen RV zusätzlich zum Arbeitsentgelt der Beitragspflicht unterliegt (§ 226 Abs 1 Nr 2, § 228 SGB V).

# Restmandat/Übergangsmandat

## A. Arbeitsrecht

*Schmidt*

1 **1. Begriffe.** Der BRat ist grds nur für die betriebliche Organisationseinheit zuständig, für welche er gewählt wurde. Entstehen durch Organisationsänderungen neue betriebsratsfähige Einheiten oder fällt ein Betrieb endgültig weg, endet im Regelfall auch das Mandat des BRat. Die entstehenden Mitbestimmungslücken sollen Rest- und Übergangsmandat schließen. Dabei erfasst das Restmandat (§ 21b BetrVG) den ursprünglichen Betrieb, das Übergangsmandat (§ 21a BetrVG) die neu entstandene Einheit. Beim Wegfall einer Betriebsorganisation wird es sich oft um Tatbestände handeln, welche Mitbestimmungsrechte auslösen. Das **Restmandat** sorgt nach **§ 21b BetrVG** dafür, dass diese Mitbestimmungsrecht vom BRat noch ausgeübt werden können, obwohl sein Amt nach § 24 Nr 4 BetrVG beendet ist. Werden Betriebe gespalten oder Betriebsteile und/oder Betriebe zusammengelegt, wird die Mitbestimmung durch das **Übergangsmandat** nach § 21a BetrVG abgesichert, auch wenn die Identität des ursprünglichen Betriebes verloren gegangen ist. Das Restmandat übt der zuvor existierende BRat gegenüber der Leitung des nicht mehr existenten Ursprungsbetriebes aus; das Übergangsmandat wird gegenüber der Leitung neu entstandener Einheiten wahrgenommen.

2 **2. Restmandat.** Geht ein Betrieb durch Stilllegung, Spaltung oder Zusammenlegung unter, bleibt der BRat nach § 21b BetrVG so lange im Amt, wie dies zur Wahrnehmung der damit in Zusammenhang stehenden Mitwirkungs- und Mitbestimmungsrechte erforderlich ist (BAG 8.5.14 – 2 AZR 1005/12, NZA 15, 889). Ein Restmandat entsteht daher nicht, wenn kein BRat mehr gewählt wurde und deshalb eine ArbNVertretung zu dem Zeitpunkt fehlt, an dem des Restmandat entstehen könnte (BAG 6.12.06 – 7 ABR 62/05, AP BetrVG 1972 § 21b Nr 5). Wird ein Betrieb stillgelegt, dh die Produktionsgemeinschaft zwischen ArbGeb und ArbN auf unbestimmte Zeit aufgelöst (BAG 21.6.01 – 2 AZR 137/00, NZA 02, 212), und sind die Arbeitsverhältnisse beendet, nimmt der BRat die Interessen der betroffenen ArbN weiterhin wahr. Dasselbe gilt, wenn die Restbelegschaft aus weniger als 5 ArbN besteht und der Betrieb damit nicht mehr betriebsratsfähig ist (*Fitting* § 21b BetrVG Rn 9). Eine Betriebsspaltung führt zu einem Restmandat des BRat, wenn der ursprüngliche Betrieb aufgrund der Spaltung unter Verlust seiner Identität aufgelöst wird. Eine Spaltung

iSd § 21b BetrVG liegt daher nicht vor, wenn sich die Umstrukturierung darin erschöpft, die betriebliche Tätigkeit eines Betriebsteils zu beenden, solange der Restbetrieb seine Identität behält und funktionsfähig bleibt (BAG 24.5.12 – 2 AZR 62/11, NZA 13, 277). Ein Restmandat entsteht ebenso wenig, wenn ein Betrieb als Ganzes an einen anderen Ort verlegt wird oder nach § 613a BGB auf einen Dritten übergeht (BAG 8.5.14 – 2 AZR 1005/12, NZA 15, 889; BAG 24.5.12 – 2 AZR 62/11, NZA 13, 277), weil er seine Identität behält und der BRat daher im Amt bleibt. Alle ArbN, die in diesem Fall dem Übergang ihrer Arbeitsverhältnisse widersprechen, sind dann ohne Vertretung durch den BRat, weil dieser für die weiterhin beim Veräußerer verbleibenden ArbN weder originär, noch über ein Restmandat zuständig ist. Der Veräußerer muss ihn bei nachfolgenden Kündigungen nicht beteiligen (BAG 8.5.14 – 2 AZR 1005/12, NZA 15, 889).

**a) Umfang.** Das Restmandat ist **inhaltlich beschränkt.** Es setzt einen funktionalen 3 Bezug zu den durch die Stilllegung, Spaltung oder Zusammenlegung ausgelösten Aufgaben des BR voraus. Es entsteht mit dem Wegfall der betrieblichen Organisation; zu diesem Zeitpunkt wandelt sich das originäre Vollmandat des BR in ein – vom Umfang her beschränktes – Restmandat nach § 21b BetrVG um (BAG 11.10.16 – 1 ABR 51/14, BB 16, 3135). Es begründet daher weder ein allgemeines Abwicklungsmandat für alle im Zeitpunkt der betrieblichen Umstrukturierung noch nicht erledigten Aufgaben des BRat, noch erstreckt es sich auf Aufgaben, die erst nach einer Betriebsspaltung in den durch sie geschaffenen neuen Einheiten anfallen. Solche Aufgaben können allenfalls Gegenstand eines Übergangsmandats sein (BAG 24.9.15 – 2 AZR 562/14, NZA 16, 366). Es greift nicht, wenn es nach dem Untergang eines Betriebes nichts mehr zu regeln gibt (BAG 14.8.01 – 1 ABR 52/00, NZA 02, 109).

**Beispiele:** Der BRat eines stillgelegten Betriebs ist nicht im Rahmen seines Restmandats nach § 99 Abs 1 Satz 1, § 95 Abs 3 Satz 1 BetrVG zu beteiligen, wenn der ArbGeb einem ArbN nach der vollständigen Stilllegung des Betriebs eine Tätigkeit in einem anderen Betrieb des Unternehmens zuweist (BAG 8.12.09 – 1 ABR 41/09, NZA 10, 665). Er ist ebenso wenig nach § 102 BetrVG zu beteiligen, wenn der ArbGeb nach Aufspaltung eines Betriebes ArbN kündigt, die dem Betriebsübergang widersprochen haben (BAG 24.9.15 – 2 AZR 562/14, NZA 16, 366). Ein Auskunftsverlangen des BR hinsichtlich einer variablen Vergütung besteht nicht, wenn sein Mandat aufgrund der Stilllegung des Betriebs geendet hat und die variable Vergütung nicht wegen der oder im Hinblick auf die Betriebsstilllegung gezahlt wurde (BAG 11.10.16 – 1 ABR 51/14, BB 16, 3135). Mit der Betriebsstilllegung endet ein Einigungsstellenverfahren zur Lage der Arbeitszeit sowie jedes Beschlussverfahren, dessen Streitgegenstand in keinem Zusammenhang mit der Auflösung des Betriebes steht (BAG 14.8.01 – 1 ABR 52/00, NZA 02, 109). Der BRat behält jedoch das Mandat für solche Mitbestimmungsrechte, welche mit Stilllegung, Spaltung oder Zusammenlegung zusammenhängende betriebsverfassungsrechtliche Aufgaben betreffen unabhängig davon, ob er die Rechte schon zuvor geltend gemacht hat. Dies gilt zB für die Vereinbarung oder Abänderung eines Sozialplanes selbst lange Zeit nach dem Untergang des Betriebes (BAG 12.6.19 – 1 AZR 154/17, NZA 19, 1203). Zum Restmandat gehört ebenso die ordnungsgemäße Abwicklung bereits eingeleiteter Geschäfte des BRat durch sog Liquidationsbeschlüsse (BAG 24.10.01 – 7 ABR 20/00, NZA 03, 53).

**b) Dauer.** Die **zeitliche Dauer** des Restmandats ist **unbeschränkt.** Es endet erst, wenn 4 alle mit ihm zusammenhängenden Mitbestimmungsrecht ausgeübt sind oder kein Mitglied des BRat mehr bereit ist, es auszuüben (BAG 6.12.06 – 7 ABR 62/05, AP BetrVG 1972 § 21b Nr 5; BAG 5.10.00 – 1 ABR 48/00, NZA 01, 849) und die Ansprüche auf Kostenerstattung aus der BRatTätigkeit erfüllt sind (ErfK/*Koch* § 21b BetrVG Rn 5). Es endet nicht zu dem Zeitpunkt, an dem die Amtszeit des BRat regelmäßig ausgelaufen wäre (BAG 16.6.87 – 1 AZR 528/85, NZA 87, 858), denn die ehemaligen ArbN haben keine Möglichkeit, einen neuen BRat zu wählen.

**c) Personelle Zusammensetzung.** Das Restmandat wird von dem BRat ausgeübt, 5 der bei Beendigung des Vollmandats im Amt war (BAG 6.12.06 – 7 ABR 62/05, AP BetrVG 1972 § 21b Nr 5; 12.1.00 – 7 ABR 61/98, NZA 2000, 669). Es wird grds vom gesamten Gremium, nicht nur von seinem Vorsitzenden wahrgenommen (BAG 14.11.78 – 6 ABR 85/75, AP KO § 59 Nr 6). Ist die Zahl der BRatMitglieder zu dem Zeitpunkt, in dem das Restmandat entsteht, bereits unter die in § 9 BetrVG vorgeschriebene Mitgliederzahl gesunken, führen die verbliebenen Mitglieder die Geschäfte nach den §§ 22, 13 Abs 2 Nr 2 BetrVG weiter. Der BRat darf nicht mit zu diesem Zeitpunkt bereits ausgeschiedenen Mitgliedern aufgefüllt werden (BAG 12.1.00 – 7 ABR 61/98, NZA 00, 669). Es besteht, solange noch mindestens ein Mitglied des BRat vorhanden und willens ist, es wahrzunehmen (BAG 12.1.00 – 7 ABR 61/98, NZA 00, 669). Scheidet ein BRatMitglied aus dem Arbeitsverhältnis aus, nachdem das Restmandat entstanden ist, wird seine Mitgliedschaft im restmandatierten BRat hierdurch ebenso wenig beendet (BAG 5.5.10 – 7 AZR 728/08, NZA 10, 1025) wie durch einen zu diesem Zeitpunkt stattfindenden Wechsel in einen anderen Betrieb (ErfK/*Koch* § 21b BetrVG Rn 4). Bei einem Restmandat handelt es sich jedoch nur um die Fortsetzung des originären Mandats. Ein bereits früher erloschenes Mandat lebt nicht wieder zur Ausübung des Restmandates auf. Sind in dem Zeitpunkt, in dem ein Restmandat entsteht, bereits alle BRatMitglieder aus dem Betrieb ausgeschieden, kann es daher nicht mehr wahrgenommen werden. Die ein Restmandat ausübenden Mitglieder des BRat können ihr Amt niederlegen, weil sie nicht stärker gebunden sein können als durch das originäre Mandat (BAG 12.1.00 – 7 ABR 61/98, NZA 00, 669).

6 **d) Kosten.** Der ArbGeb des Ursprungsbetriebes trägt nach § 40 BetrVG auch die Kosten des Restmandats. Ist das Arbeitsverhältnis eines Mitglieds des BRat beendet und ist es arbeitslos oder übt es das Restmandat während seiner Freizeit aus, kann es keine Vergütung oder Freizeitausgleich verlangen (BAG 5.5.10 – 7 AZR 728/08, NZA 10, 1025). Ist das Mitglied schon bei einem anderen ArbGeb beschäftigt, muss dieser es zur Ausübung des Restmandats entsprechend § 37 Abs 2 BetrVG unbezahlt freistellen und der ArbGeb des Ursprungbetriebs muss sein Entgelt fortzahlen (ErfK/*Koch* BetrVG § 21b Rn 5; *Fitting* § 21b Rn 20).

7 **3. Übergangsmandat.** Mit dem Übergangsmandat wird die **Zuständigkeit** des BRat nach § 21a BetrVG inhaltlich unbeschränkt, aber zeitlich beschränkt **betriebsübergreifend** ausgeweitet. Die Vorschrift stellt sicher, dass die von bestimmten betrieblichen Organisationsänderungen betroffenen ArbN für eine Übergangsphase nicht ihren betriebsverfassungsrechtlichen Schutz verlieren. Ein Übergangsmandat entsteht nur bei Wegfall des bisherigen BRat oder wenn ein Teil der ArbN aus seinem Zuständigkeitsbereich herausfallen. Der zuvor schon existierende BRat übt es gegenüber der Leitung neu entstandener Einheiten aus, bei denen jetzt ein Teil der Belegschaft des Ursprungsbetriebes beschäftigt wird.

8 **a) Voraussetzungen.** Das Übergangsmandat greift bei betrieblichen Organisationsänderungen, mit denen betriebsverfassungsrechtliche Strukturen so verändert werden, dass ArbN ihre gewählte Vertretung verlieren. Nach § 21a Abs 1 BetrVG greift es bei der Spaltung von Betrieben; nach § 21a Abs 2 BetrVG bei der Zusammenfassung von Betrieben oder Betriebsteilen. Bei einer **Spaltung** werden entweder ein oder mehrere Teile aus einem im Übrigen fortbestehenden Betrieb ausgegliedert (Abspaltung) oder die betriebliche Einheit vollständig aufgeteilt (Aufspaltung). Die neu gebildeten Organisationseinheiten bilden ihrerseits neue Betriebe oder werden in andere Betriebe eingegliedert. Bei einer Abspaltung behält der weiter bestehende Ursprungsbetrieb in der Regel seine Identität, der BRat bleibt im Amt und hat unter den Voraussetzungen des § 21a BetrVG für die abgespaltenen Betriebsteile ein Übergangsmandat. Bei der Aufspaltung wird der Ursprungsbetrieb aufgelöst. Der BRat behält falls erforderlich – neben einem nach § 21a Abs 1 S 1 BetrVG bestehenden Übergangsmandat in neuen Betriebseinheiten – nach § 21b BetrVG ein Restmandat für den Ursprungsbetrieb (BAG 24.5.12 – 2 AZR 62/11, NZA 13, 277), aber kein „Übergangsmandat zum Übergangsmandat" für die nach einem Widerspruch gegen den Übergang ihres Arbeitsverhältnisses „zurückgebliebenen" ArbN. Bei ihrer Kündigung muss der ArbGeb den BRat nicht beteiligen. Sein Restmandat greift nicht, weil die Beteiligungsrechte erst nach der Spaltung entstanden sind; ein Übergangsmandat entsteht nicht, weil § 21a BetrVG nicht (analog) anzuwenden ist (BAG 24.9.15 – 2 AZR 562/14, NZA 16, 366). Bei der **Zusammenlegung** werden Betriebe oder Betriebsteile zu einer neuen betriebsratsfähigen Organisationseinheit zusammengefasst. Entscheidend ist, dass die **einheitliche Leitung** des Betriebes **aufgehoben** wird. Der Betrieb muss seine Identität verlieren (BAG 24.5.12 – 2 AZR 62/11, NZA 13, 277). Geht ein Betrieb als Ganzes auf einen anderen Inhaber über, entsteht daher kein Übergangsmandat, weil der Betrieb weder gespalten, noch seine Organisation allein durch den Übergang verändert wurde und der BRat mit allen Rechten und Pflichten im Amt bleibt

(BAG 8.5.14 – 2 AZR 1005/12, NZA 15, 889). Dies gilt auch, soweit ArbN dem Übergang ihres Arbeitsverhältnisses widersprechen und ihr Arbeitsverhältnis damit zum bisherigen ArbGeb fortbesteht. Werden sie von ihm gekündigt, ist der – jetzt beim Erwerber angesiedelte – BRat nicht zu beteiligen (BAG 8.5.14 – 2 AZR 1005/12, NZA 15, 889).

Das Übergangsmandat sichert die **Kontinuität** der BRatArbeit. Es entsteht nach § 21a 9
Abs 1 BetrVG daher nur bei der Eingliederung in einen **betriebsratslosen** Betrieb (BAG 31.5.00 – 7 ABR 78/98, NZA 00, 1350) und zwar unabhängig davon, ob der aufnehmende Betrieb selbst vor der Eingliederung betriebsratsfähig war; er muss es nur mit der Eingliederung werden (ErfK/*Koch* § 21a BetrVG Rn 3). Das Übergangsmandat entsteht in keinem Fall, wenn es sich bei dem gespaltenen Betrieb um einen Kleinstbetrieb handelt, für den ein BRat nicht gewählt werden kann. Hier gibt es nichts zu überbrücken (ErfK/*Koch* § 21a BetrVG Rn 3). Es entsteht aber unabhängig davon, ob die aus einem Betrieb mit BRat ausgegliederten Teile selbst betriebsratsfähig sind (BAG 31.5.00 – 7 ABR 78/98, NZA 00, 1350) und es entsteht nicht, wenn die neu gebildete Einheit selbst nicht betriebsratsfähig wird (ErfK/*Koch* § 21a BetrVG Rn 3). Werden Betriebe oder Betriebsteile zu einem neuen Betrieb zusammengefasst, legt § 21a Abs 2 BetrVG für eine Übergangszeit die Vertretung aller ArbN durch einen beteiligten BRat nach dem Prinzip der größten Zahl fest. Das Übergangsmandat entsteht bei einer Zusammenlegung auch für Betriebe und Betriebsteile, die bisher ohne BRat waren, wenn die neue Einheit betriebsratsfähig ist und zumindest bei einem beteiligten bzw abgebenden Betrieb ein BRat bestand (ErfK/*Koch* § 21a BetrVG Rn 4).

Für verschiedene denkbare Konstellationen (auch bei gewillkürten Betriebsverfassungsstrukturen aufgrund von § 3 BetrVG) vgl ausf *Linsenmeier* RdA 17, 128.

**b) Umfang.** Das Übergangsmandat ist nicht auf Übergangs- oder Abwicklungsrechte 10
beschränkt. Es handelt sich um ein **befristetes Vollmandat** (BAG 15.4.14 – 1 ABR 2/13 (B), NZA 14, 551). Der BRat behält gegenüber dem „fremden" ArbGeb **alle Befugnisse** im organisatorischen Bereich und nimmt **alle Beteiligungsrechte** in sozialen, personellen und wirtschaftlichen Angelegenheiten wahr. Er kann Einigungsstellenverfahren betreiben und Rechtsstreite führen, Betriebsvereinbarungen abschließen und Sprechstunden abhalten. Das bedeutet zB auch, dass der Inhaber des aufnehmenden Betriebs bei der Kündigung von ArbN, die aus dem abgebenden Betrieb übernommen wurden, den BRat dieses Betriebes nach § 102 BetrVG beteiligen muss. Das Übergangsmandat ist personell unbeschränkt. Im Fall des § 21a Abs 1 BetrVG erstreckt es sich auf die ArbN des betriebsratslosen aufnehmenden Betriebs und im Fall des § 21a Abs 2 BetrVG nicht nur auf die ArbN aus Betrieben mit BRat (ErfK/Koch § 21a BetrVG Rn 7; Fitting § 21a BetrVG Rn 23). Entsprechend kommt es bei den bestimmte BRatRechte auslösenden Schwellenwerten allein auf die Größe der neuen Einheit an.

**c) Dauer.** Das Übergangsmandat **beginnt** mit dem Übergang der Leitungsmacht auf den 11
neuen Betriebsinhaber (ähnlich BAG 31.5.00 – 7 ABR 78/98, NZA 00, 1350). Es **endet** nach § 21a Abs 1 S 3 BetrVG mit der Bekanntgabe des Wahlergebnisses der BRatWahl, die im Rahmen des Übergangsmandats nach § 21a Abs 1 S 2 BetrVG eingeleitet werden muss. Ohne BRatWahl endet es spätestens nach sechs Monaten, wenn es nicht durch Tarifvertrag oder Betriebsvereinbarung verlängert wird, § 21a Abs 1 Satz 4 BetrVG. Bei Auf- oder Abspaltung von Betriebsteilen kann neben dem Übergangs- ein Restmandat entstehen. Kommt es nach Entstehung des Übergangsmandates in der neu entstandenen betrieblichen Einheit zu einer sozialplanpflichtigen Betriebsänderung und wurde dort kein neuer BRat gewählt, entsteht ein Restmandat zum Übergangsmandat (BAG 24.5.12 – 2 AZR 62/11, NZA 13, 277). Es wird vom BRat des Übergangsmandats wahrgenommen.

**d) Personelle Zusammensetzung.** Für die Ausübung des Übergangsmandats ändert 12
sich nicht die personelle Zusammensetzung des BRat. Dies gilt auch beim Wechsel von BRatMitgliedern in die neue Einheit (*Fitting* § 21a BetrVG Rn 16). Sonst ließe sich bei der Betriebsaufspaltung der Fortbestand der ArbNVertretung nicht sichern. Die in den neuen Betrieb gewechselten BRatMitglieder nehmen zusammen mit den im abgebenden Betrieb verbliebenen BRatMitgliedern das Übergangsmandat wahr, dh sie nehmen insoweit an den Sitzungen des BRat im abgebenden Betrieb mit allen Rechten und Pflichten teil. Die Zusammensetzung des BRat ändert sich aber beim Wechsel von BRatMitgliedern in die

neue Einheit, soweit Mitbestimmungsrechte wahrgenommen werden, die allein die Restbelegschaft im abgebenden Betrieb betreffen (ErfK/*Koch* § 21a BetrVG Rn 7; aA *Fitting* § 21a BetrVG Rn 16). Die aus dem Betrieb ausgeschiedenen Mitglieder des BRat verlieren grds nach § 24 Abs 2 Nr 4 BetrVG ihr Mandat und gehören nicht mehr zu der vom RestBRat vertretenen Belegschaft. An ihre Stelle treten in diesem Fall nach § 25 BetrVG die Ersatzmitglieder des BRat. Anders müsste der Leiter einer neu entstandenen betrieblichen Einheit Aufwendungen für die Sitzung eines BRat tragen, der Mitbestimmungsrechte in einem fremden Betrieb für die dort Beschäftigten wahrnimmt.

13 **e) Kosten und Status.** Die im abgebenden Betrieb entstehenden Sachkosten des Übergangsmandats trägt dessen Inhaber nach § 40 BetrVG (ErfK/*Koch* § 21a BetrVG Rn 8). Er muss auch den Anspruch auf Freistellung und Entgeltfortzahlung nach § 7 Abs 2 BetrVG erfüllen (*Fitting* § 21a BetrVG Rn 27), soweit es um Mitglieder des BRat geht, die nach wie vor in seinem Betrieb beschäftigt sind. Haben BRatMitglieder als Folge der Betriebsspaltung den ArbGeb gewechselt, trägt die Sachkosten des Übergangsmandats ihr neuer ArbGeb als Inhaber des Betriebs, soweit sie bei ihm anfallen. Er ist auch zu ihrer Freistellung und Entgeltfortzahlung verpflichtet, weil das Übergangsmandat ihm gegenüber wahrgenommen wird (ErfK/*Koch* § 21a BetrVG Rn 8). Beim Wechsel des ArbGeb wirken **Statusrechte** wie der (nachwirkende) Kündigungsschutz gegenüber dem neuen ArbGeb (ErfK/*Koch* § 21a BetrVG Rn 8). Wer ein Übergangsmandat wahrnimmt, muss in seiner Amtsführung weiterhin geschützt bleiben. Die übergewechselten BRatMitglieder können nicht in den GBRat des Unternehmens gewählt werden, dem der aufnehmende Betrieb angehört (ErfK/*Koch* § 21a BetrVG Rn 8). Sie vertreten nicht die gesamte Belegschaft des aufnehmenden Betriebes und das Übergangsmandat ist zeitlich begrenzt. Auch erhöht sich durch die Wahrnehmung des Übergangsmandats nicht die Anzahl der Freistellungen nach § 38 BetrVG im abgebenden Betrieb, weil sie sich nicht an der Zahl der ArbN im aufnehmenden Betrieb ausrichtet (*Fitting* § 21a BetrVG Rn 27).

### B. Lohnsteuerrecht *Seidel*

16 Zu lohnsteuerrechtlichen Fragen im Zusammenhang mit der Stellung als BRat → *Betriebsratsfreistellung* Rn 38 ff, → *Betriebsratskosten* Rn 26, → *Betriebsratsschulung* Rn 34. Hinsichtlich der lohnsteuerrechtlichen Bedeutung der Betriebsänderung → *Betriebsänderung* Rn 34.

### C. Sozialversicherungsrecht *Schlegel*

21 Rest- und Übergangsmandat haben keine sozialversicherungsrechtliche Bedeutung.

# Rückzahlungsklausel

### A. Arbeitsrecht *Poeche*

1 **I. Begriff/Anwendungsbereich.** Rückzahlungsklauseln finden sich vorwiegend für Gratifikationen, für Urlaubsentgelt (→ *Urlaubsentgelt* Rn 16) und für Umzugskosten (→ *Umzugskosten* Rn 8 ff). Weiterer Schwerpunkt ist die hier angesprochene, vom ArbGeb voll- oder teilfinanzierte **Aus-, Fort- oder Weiterbildung** des ArbN: Der ArbN verpflichtet sich zur Rückzahlung der vom ArbGeb für die Bildungsmaßnahme gemachten Aufwendungen, wenn das Arbeitsverhältnis vor Ablauf einer im Einzelfall festgelegten Zeit endet oder wenn ein Arbeitsverhältnis trotz finanzierter Ausbildung nicht begründet wird (BAG 18.11.08 – 3 AZR 192/07, NZA 09, 435). Auf die Bezeichnung der Bildungsmaßnahme durch die Arbeitsvertragsparteien kommt es nicht an (Aus-, Fort- oder Weiterbildung); die von der Rspr entwickelten Grundsätze zur Zulässigkeit und Reichweite von Rückzahlungsklauseln sind stets anzuwenden. Typische Fälle sind zB Führerscheinerwerb der verschiedenen Klassen, Meisterkurse, Technikerausbildung, Sparkassenlehrgänge, EDV-Schulungen, Facharztausbildung sowie Qualifizierung bei den medizinischen Hilfsberufen, Studiengänge im sog dualen System.

**II. Rechtsgrundlage.** Rückzahlungsklauseln bedürfen einer gesonderten, ausdrücklichen Vereinbarung, die in einem Tarifvertrag, im Einzelarbeitsvertrag oder in einer Betriebsvereinbarung enthalten sein kann. Das Mitbestimmungsrecht des BRat bei der Durchführung betrieblicher Berufsbildung (§ 98 Abs 1 BetrVG) schließt die Kompetenz zur Regelung von Kostenfragen zwar nicht ein (Näheres zu den Beteiligungsrechten des BRat → *Betriebliche Berufsbildung* Rn 13). Freiwillige Betriebsvereinbarungen (§ 88 BetrVG) sind aber zulässig und können dann in den Grenzen der Verhältnismäßigkeit (vgl zu Ausschlussfristen BAG 12.12.06 – 1 AZR 96/06, NZA 07, 453; LAG Nds 29.10.14 – 17 Sa 274/14, BeckRS 2015, 69952; zu den Zulässigkeitsgrenzen für in Betriebsvereinbarungen enthaltenen Rückzahlungsklauseln vgl *Löwisch* NZA 13, 549) auch Rückzahlungsklauseln enthalten. Im Tarifrecht des öffentlichen Dienstes ist die Regelung durch Dienstvereinbarung ausdrücklich vorgesehen (zB § 5 TVöD). 2

Rückzahlungsklauseln können idR **formfrei** vereinbart werden. Sie sind aber wegen ihrer finanziellen Folgen bei einer vom ArbN erklärten Kündigung des Arbeitsverhältnisses vom ArbGeb in die **Niederschrift** nach § 2 NachwG als wesentliche Vertragsbedingung aufzunehmen. Eine für Nebenabreden bestimmte tarifliche Schriftform ist einzuhalten (zB § 2 Abs 3 TVöD/TdL). Die Berufung des ArbN auf die Formnichtigkeit kann treuwidrig sein, wenn er trotz schriftlichen Hinweises des ArbGeb auf eine noch einzugehende Rückzahlungsverpflichtung die Ausbildung durchläuft und anschließend grundlos kündigt (BAG 16.5.72 – 5 AZR 459/71, DB 72, 1492). Die Vereinbarung sollte zeitlich vor Beginn der Weiterbildungsmaßnahme getroffen werden, da der ArbN nur so frei entscheiden kann (*Lakies* ArbRAktuell 12, 216; offen gelassen BAG 13.12.11 – 3 AZR 791/09, BeckRS 2012, 67608; ebenso wohl aber BAG 19.3.80 – 5 AZR 362/78, BeckRS 2010, 65625). 3

**III. Schranken. Gesetzlich** untersagt sind Rückzahlungsklauseln im **Berufsausbildungsverhältnis** und gleichgestellten Ausbildungsgängen (§ 12 Abs 2, § 26 BBiG); zur Abgrenzung BAG 18.11.08 – 3 AZR 192/07, NZA 09, 435; *Günther* öAT 14, 137; → *Ausbildungsverhältnis* Rn 40. Das Verbot erfasst alle zum Ausbildungsberuf hinführenden Bildungsmaßnahmen. Der zur Berufsausbildung des Berufskraftfahrers gehörende Erwerb des Führerscheins der Klasse 2 kann damit nicht, auch nicht bei Abbruch der Ausbildung, kostenmäßig auf den Auszubildenden abgewälzt werden (BAG 25.4.84 – 5 AZR 386/83, DB 85, 51). Nichtig sind wegen Verstoßes gegen ein gesetzliches Verbot (§ 134 BGB) auch Vereinbarungen über Kosten von **Bildungsmaßnahmen,** die der ArbGeb zwingend zu tragen hat (zB *Betriebsarzt, Betriebsbeauftragte, Betriebsratsschulung,* Entgeltfortzahlung beim *Bildungsurlaub*; *Dorth* RdA 13, 287). Das gilt auch für die mit der Einweisung des ArbN in seinen Arbeitsplatz nach § 81 Abs 1 BetrVG verbundenen Aufwendungen (BAG 16.1.03 – 6 AZR 384/01, EzA § 611 BGB 02 Ausbildungsbeihilfe Nr 4) und Kosten, die anfallen, weil der ArbGeb den bisherigen Arbeitsplatz umgestaltet und die Kenntnisse/Fähigkeiten des ArbN den geänderten betrieblichen Verhältnissen angepasst werden müssen (BAG 5.12.02 – 6 AZR 539/01, NZA 03, 559; 16.3.94 – 5 AZR 495/92, DB 94, 1726). Die Kosten von Weiterbildungsmaßnahmen zur Vermeidung einer Kündigung (§ 1 Abs 2 Satz 3 KSchG) treffen den ArbGeb. Weitere Verbote und inhaltliche Beschränkungen können sich aus **Tarifvertrag** und **Betriebsvereinbarung** ergeben. 4

**IV. Einzelvertragliche Rückzahlungsklauseln. 1. Inhaltskontrolle/Entwicklung. a) Vor der Schuldrechtsreform.** Das BAG hat einzelvertraglich vereinbarte Rückzahlungsklauseln stets inhaltlich überprüft. Zunächst nach Maßgabe von Art 12 GG, später nach § 242 BGB (*Schmidt* NZA 04, 1002). Sie wurden als angemessen beurteilt, wenn der ArbN durch die Aus- oder Fortbildung einen beruflichen Vorteil erlangte, der in einem ausgewogenen Verhältnis zu der eingegangenen Bindung stand. Dann rechtfertigte sich der Eingriff in das Grundrecht der Berufsfreiheit des ArbN nach Art 12 Abs 1 GG, der das Recht umfasst, einen einmal gewählten Arbeitsplatz aufzugeben. Auf Seiten des ArbGeb wurde berücksichtigt, dass er die Kosten der Ausbildung regelmäßig mit dem Ziel und in der Erwartung übernimmt, die erhöhte Qualifikation des ArbN jedenfalls für eine begrenzte Zeit für sich nutzbar zu machen. Nur dann „rechnet" sich sein Aufwand. Dieses Interesse des ArbGeb hat das BAG als schützenswert anerkannt, soweit die Bindung des ArbN einem begründeten und zu billigendem Interesse des ArbGeb entsprach. Berücksichtigt hat es 5 jeweils die Umstände des Einzelfalls zur Zeit des Vertragsschlusses nach Maßgabe des Grundsatzes der Verhältnismäßigkeit (ständige Rspr seit 62, zusammenfassend BAG 21.7.05 – 6 AZR 452/04, NZA 06, 542).

6 **b) AGB-Kontrolle.** Für die im Arbeitsleben üblicherweise verwendeten Formularverträge und „Verbraucherverträge" gilt für dort festgelegte Rückzahlungsklauseln seit 1.1.03 uneingeschränkt der Kontrollmaßstab der §§ 305 ff BGB. Nach § 305c BGB werden sie nicht Inhalt des Arbeitsvertrags, wenn sie überraschend oder mehrdeutig sind. Das ist der Fall, wenn sie nach den Umständen, insbes nach dem äußeren Erscheinungsbild so ungewöhnlich sind, dass der ArbN mit ihnen nicht zu rechnen brauchte. Das **Überraschungsmoment** kann sich aus der Unterbringung an unerwarteter Stelle unter einer irreführenden Überschrift und ohne drucktechnische Hervorhebung ergeben (BAG 15.2.07 – 6 AZR 286/06, NZA 07, 614) oder auch aus den außervertraglich vom ArbGeb geweckten begründeten Erwartungen des ArbN (BAG 8.8.07 – 7 AZR 605/06, DB 08, 133). Die Rückzahlungspflicht muss dem Transparenzgebot des § 307 Abs 1 S 2 BGB genügen, so dass sich ihr Inhalt und ihre Voraussetzungen aus der vertraglichen Regelung ableiten lassen müssen. Eine Abrede, nach der sich der ArbN verpflichtet, an den für seine Aufgaben „erforderlichen" Fortbildungen teilzunehmen und die Kosten zu erstatten, genügt dem nicht. Sie ist mangels **Bestimmtheit** unwirksam (BAG 21.11.02 – 6 AZR 77/01, EzA § 611 BGB 02 Ausbildungsbeihilfe Nr 2). Dem Transparenzgebot ist außerdem nur genügt, wenn die ggf zu erstattenden Kosten dem Grunde und der Höhe nach im Rahmen des Möglichen angegeben sind. Eine exakte Bezifferung ist also nicht erforderlich, das Rückzahlungsrisiko muss jedoch abschätzbar sein. Art und Berechnungsgrundlagen der ggf zu erstattenden Kosten sind daher anzugeben (BAG 21.8.12 – 3 AZR 698/10, NZA 12, 1428). Eine Klausel, die den ArbN lediglich zur Erstattung der „entstandenen Aufwendungen für die Weiterbildung, einschließlich der Lohnfortzahlungskosten" verpflichtet, genügt diesen Anforderungen folglich nicht. Aus der Klausel muss sich auch ergeben, ob sich die Rückzahlungsverpflichtung auf die Brutto- oder die Nettobeträge bezieht (BAG 6.8.13 – 9 AZR 442/12, NZA 13, 1361). Eine Klausel ist auch dann wegen Intransparenz unwirksam, wenn sie zwar der Länge nach eine zulässige Bindungsdauer vorsieht, es aber in der Hand des ArbGeb liegt, wann die „Bindungsfrist" zu laufen beginnt (LAG Nürnberg 2.11.11 – 7 Sa 138/11, BeckRS 2013, 71174). Weiterhin ist genügt sie auch dann nicht dem Transparenzgebot, wenn sie erst nach Beginn der Fort- oder Weiterbildungsmaßnahme vereinbart wird (LAG SchlHol 21.8.19 – 3 Sa 67/19).

7 Für die **Angemessenheitskontrolle** iSv § 307 BGB kann weitgehend auf die Rspr vor der Schuldrechtsreform zurückgegriffen werden (BAG 11.4.06 – 9 AZR 610/05, NZA 06, 1042; 18.3.08 – 9 AZR 186/07, NZA 08, 1004). Eine Rückzahlungsklausel ist danach stets möglich, wenn die Bildungsmaßnahme für den ArbN von geldwertem Vorteil ist und dieser Vorteil mit der Dauer der Bindung in einem angemessenen Verhältnis steht. Die gebotene **Interessenabwägung** erfolgt in zwei Stufen. Festzustellen ist, ob der Sachverhalt überhaupt eine an die Aufgabe des Arbeitsplatzes durch den ArbN geknüpfte finanzielle Belastung rechtfertigt. Wird das verneint, ist die Klausel unwirksam. Ist sie dagegen dem Grunde nach berechtigt, bleibt zu klären, ob die vereinbarten Modalitäten interessengerecht sind (*Düwell/Ebeling* DB 08, 406). Hält eine Klausel einer Prüfung nach Maßgabe der §§ 305 ff BGB nicht stand, ist sie unwirksam. Dies gilt unabhängig davon, ob die Klausel im konkreten Einzelfall überhaupt mit ihren unangemessenen Voraussetzungen zur Anwendung kommt. Denn die §§ 305 ff BGB missbilligen bereits das Stellen inhaltlich unangemessener AGB, nicht erst deren Gebrauch im konkreten Einzelfall (BAG 11.12.18 – 9 AZR 383/18, NZA 19, 781; 13.12.11 – 3 AZR 791/09, NZA 12, 738).

8 **2. Angemessenheitskontrolle im Einzelnen. a) Eignung der Bildungsmaßnahme.** Ausbildung iSd Rspr des BAG ist jede Maßnahme zur Entwicklung von Fähigkeiten und Kenntnissen, die generell für den ArbN beruflich von Nutzen ist. Sie kann auch darin bestehen, bereits vorhandene Kenntnisse zu verbessern oder durch tatsächliche praktische Übungen zu vervollkommnen. Eine systematische Wissensvermittlung muss nicht vorgesehen werden; auch ein spezieller Arbeitseinsatz des ArbN mit dem Ziel, sein Leistungsniveau zu heben, kann eine Rückzahlungsabrede tragen (BAG 30.11.94 – 5 AZR 715/93, NZA

95, 727). Eine systematische Ausbildung muss dagegen vereinbart werden, wenn das Arbeitsverhältnis wegen der Weiterbildung befristet werden soll (BAG 22.4.09 – 7 AZR 96/08, NZA 09, 1099). Die in der betrieblichen Praxis verbreitete Abwälzung der Kosten für das sog TÜV-Schweißerzeugnis ist idR unwirksam (*Hoß* ArbRB 02, 216). Denn der ArbN verfügt bereits über die abverlangten Fertigkeiten; es geht um den Nachweis der öffentlich-rechtlichen Gestattung. Dieser liegt im überwiegenden Interesse des ArbGeb, der sonst auf dem Markt nicht tätig werden könnte. Da die Prüfung regelmäßig zu wiederholen ist, führte eine Anerkennung der Rückzahlungsklausel zu einer „Dauerbindung" des Schweißers an seinen ArbGeb, die mit Art 12 GG unvereinbar sein dürfte (LAG Düsseldorf 7.11.90 – 4 Sa 1295/90, DB 91, 708).

**b) Geldwerter Vorteil.** Vorausgesetzt wird, dass dem ArbN mit der Aus- oder Weiter- 9
bildung ein verwertbarer Vorteil zufließt. Der Vorteil kann sich aus innerbetrieblichen oder unternehmensbezogenen Aufstiegsmöglichkeiten ergeben wie auch aus erhöhten Chancen am allgemeinen Arbeitsmarkt (BAG 11.4.90 – 5 AZR 308/89, DB 90, 2222; 12.12.79 – 5 AZR 1056/77, DB 80, 1704: Lehrerausbildung; 6.9.95, DB 96, 532: Fachprüfung für BAT-Bewährungsaufstieg). Dabei kann es ausreichen, wenn die Bildungsmaßnahme realistisch die Möglichkeit zum weiteren beruflichen Aufstieg eröffnet (BGH 5.6.84 – VI ZR 184/83, DB 84, 2456). Zum Erwerb allgemein verwertbarer Kenntnisse und Fertigkeiten (BAG 30.11.94 – 5 AZR 715/93, DB 95, 1283: Fremdsprachenkenntnisse; LAG Düsseldorf 23.1.89 – 4 Sa 1518/88, DB 89, 1295: Ausbildung als Kraftomnibusfahrer; LAG Köln 6.3.06 – 14 (11) Sa 1327/05, NZA-RR 06, 404: Herstellerübergreifende Ausbildung zum zertifizierten Automobilverkäufer). Kein berücksichtigungsfähiger Vorteil liegt vor, wenn die Bildungsmaßnahme nur den Zweck hat, vorhandene Kenntnisse und Fertigkeiten des ArbN aufzufrischen oder zu vertiefen, und keine weiteren Vorteile bringt (LAG Frankfurt 7.9.88 – 2 Sa 359/88, DB 89, 887: Fortbildungsseminar von drei Wochen für gelernte Bankkauffrau; LAG RhPf 23.10.81 – 6 Sa 353/81, DB 82, 991: Drei-Wochen-Lehrgang für Bankmitarbeiter ohne Ausbildung). Gleiches gilt, wenn sie lediglich der „Qualitätssicherung" dient (LAG Hessen 31.1.12 – 13 Sa 1208/11, BeckRS 2012, 70262).

**c) Bindungsdauer. aa) Grundsätze.** Die Angemessenheit der vereinbarten Bindung 10
des ArbN an den finanzierenden ArbGeb beurteilt sich vorrangig nach der Dauer der Fortbildungsmaßnahme, der Höhe der ArbGeb-Aufwendungen, den Zeiten der (bezahlten) Freistellung des ArbN wie auch dem Ausmaß der ihm zufließenden Vorteile. Ein **gesetzliches Höchstmaß** ergibt sich aus § 624 BGB (5 Jahre; weitergehend § 46 Abs 3 Soldatengesetz: dreifache Ausbildungszeit, längstens 10 Jahre). Sie wird nur in Ausnahmefällen gerechtfertigt sein, so wenn der ArbN bei bezahlter Freistellung und voller Kostenübernahme eine besonders hohe Qualifikation, die mit überdurchschnittlichen Vorteilen verbunden ist, erwirbt (BAG 12.12.79 – 5 AZR 1056/77, DB 80, 1704: Hochschulstudium für Sozialarbeiter). Wegen der Besonderheiten der **Musterberechtigungen** zum Führen von Flugzeugen soll dagegen unabhängig von deren Art und der vom ArbGeb aufgewendeten Kosten idR nur eine Bindungsdauer von einem Jahr zulässig sein (BAG 16.3.94 – 5 AZR 495/92, DB 94, 1726), anderes aber dann gelten, wenn die Musterberechtigung Voraussetzung dafür ist, das Arbeitsverhältnis überhaupt zu begründen. Maßgeblich ist hierfür, dass der ArbN die für die Aufnahme seiner Tätigkeit erforderlichen Fähigkeiten/Kenntnisse idR „mitbringen" muss. Eine Bindung von drei Jahren kann dann „angemessen" sein (BAG 19.2.04 – 6 AZR 552/02, MDR 04, 1244). Ein billigenswertes Interesse des ArbGeb an einer langen Bindungsdauer besteht auch dann nicht, wenn der ArbGeb die durch die Fortbildung erlangte Qualifikation des ArbN nicht nutzen konnte oder wollte (BAG 18.3.14 – 9 AZR 545/12, NZA 14, 957).

Das BAG hat für Sachverhalte, in denen der ArbN für die Teilnahme an Lehrgängen/ 11
Kursen uä bezahlt freigestellt wird, eine **„Faustformel"** entwickelt. Sie ist nicht als feste rechnerische Größe zu verstehen; einzelfallbezogene Umstände, gemeint sind die Eigenarten der jeweiligen Aus- oder Fortbildung, können eine kürzere oder längere Bindungsdauer rechtfertigen (BAG 14.1.09 – 3 AZR 900/07, NZA 09, 666; vgl zB LAG MeVo 23.8.11 – 5 Sa 44/11, NZA-RR 12, 181 für den Fall, dass die Ausbildung außerhalb der Arbeitszeit stattfindet und *Hoffmann* NZA-RR 15, 337):

| | |
|---|---|
| Fortbildung bis zu einem Monat (BAG 5.12.02 – 6 AZR 539/01, NZA 03, 559; BAG 15.9.09 – 3 AZR 173/08, NZA 10, 342) | Bindung bis zu sechs Monaten |
| Fortbildung von bis zwei Monaten (BAG 15.12.93 – 5 AZR 279/93, NZA 94, 835) | Bindung bis zu zwölf Monaten |
| Fortbildung von drei bis vier Monaten (BAG 27.7.05 – 6 AZR 452/04, NZA 06, 542) | Bindung bis 24 Monate |
| Fortbildung von sechs Monaten bis ein Jahr (BAG 15.12.93 – 5 AZR 279/93, DB 94, 140: Substitutin im Kaufhaus; 5.6.07 – 9 AZR 604/06, NZA-RR 2008, 107: Bankwirt) | Bindung nicht länger als drei Jahre |
| Fortbildung von mehr als zwei Jahren (BAG 21.7.05 – 6 AZR 452/04, NZA 06, 542: Ausbildung zur Altenpflegerin) | Bindung bis fünf Jahre |

12 **bb) Abwesenheitszeiten.** Gelegentlich wird vereinbart, dass auf die Bindungsfrist nur solche Zeiten angerechnet werden, für die der ArbN „Anspruch auf Entgeltfortzahlung" hat. Höchstrichterlich ist die Zulässigkeit einer solchen Abrede nicht entschieden. Sie dürfte wegen der idR zwingenden spezialgesetzlichen Schutzvorschriften unwirksam sein. So hat eine Frau nach § 3 MuSchG zwar keinen Anspruch auf Entgelt, sondern nach § 20 MuSchG einen zwingenden Anspruch auf Zuschuss des ArbGeb zu dem von der KV gezahlten Mutterschaftsgeld. Einkommenseinbußen werden dadurch vermieden. Damit ist eine Regelung, nach der sich die Bindungsfrist um Zeiten gesetzlicher Verhinderung verlängern soll (neben den Schutzfristen vor und nach der Entbindung, Elternzeit, Wehr- oder Zivildienst) nicht vereinbar (§ 6 Abs 1 ArbPlSchG; → *Elternzeit* Rn 1; → *Mutterschutz* Rn 52; zur Elternzeit LAG NdS 11.5.04 – 13 Sa 1765/03, BeckRS 2005, 41636; *Dimsic* RdA 16, 106).

13 **cc) Rechtsfolge einer zu langen Bindungsfrist.** Die nach bisherigem Recht vom BAG praktizierte geltungserhaltende Reduktion, also die Rückführung einer zu langen Bindung auf das vom ArbG als angemessen erkannte Maß, kommt bei Anwendung der §§ 305 ff BGB nicht in Betracht (BAG 11.4.06 – 9 AZR 610/05, NZA 06, 1042, 14.1.09 – 3 AZR 900/07, NZA 09, 666). Nicht ausgeschlossen ist allerdings eine ergänzende Vertragsauslegung, wenn es für den ArbGeb objektiv schwierig war, die zulässige Bindungsdauer zu bestimmen (BAG 14.1.09 – 3 AZR 900/07, NZA 09, 666, s hierzu krit *Ulrici* jurisPR-ArbR 09, 28 Anm 1). Der ArbGeb kann einen Erstattungsanspruch bei einer unwirksamen Klausel nicht auf § 812 BGB stützen, weil die Übernahme der Kosten nicht ohne Rechtsgrund erfolgt ist. Dieser besteht in der – mit Ausnahme der Rückzahlungsklausel – wirksamen Fortbildungsvereinbarung. Auch ein bereicherungsrechtlicher Anspruch wegen Zweckverfehlung kommt nicht in Betracht, da es eine (unwirksame) vertragliche Abrede gibt (BAG 28.5.13 – 3 AZR 102/12, BeckRS 2013, 71140; 21.8.12 – 3 AZR 698/10, NZA 12, 1428; zum Ausschluss dieser Anspruchsgrundlage in anderen Fällen der AGB-rechtlichen Unwirksamkeit einer Rückzahlungsklausel: BAG 10.5.16 – 9 AZR 434/15, BeckRS 2016, 73355).

14 **d) Rückzahlungstatbestände. aa) Grundsatz.** Im Rahmen der nach § 307 BGB anzustellenden Interessenabwägung ist auch der die Rückzahlungspflicht auslösende Tatbestand zu berücksichtigen. Die Verpflichtung des ArbN zur Rückzahlung entsteht idR mit der Beendigung des Arbeitsverhältnisses. Sie soll die aus Sicht des ArbGeb fehlgeschlagene Investition in die Aus- oder Fortbildung des ArbN kompensieren. Diese Interessenlage begrenzt die zulässige Vertragsgestaltung.

**bb) Ausscheiden innerhalb der Bleibefrist.** Es ist nicht zulässig, die Rückzahlungspflicht schlechthin an jedes Ausscheiden des ArbN zu knüpfen, das innerhalb der in der Klausel vorgesehenen Bleibefrist stattfindet. Vielmehr muss nach dem Grund des vorzeitigen Ausscheidens unterschieden werden. Unangemessen und damit unwirksam ist, wenn der ArbN die Rückzahlungsverpflichtung nicht durch Betriebstreue vermeiden kann (BAG 18.11.08 – 3 AZR 192/07, NZA 09, 435). Die Abrede muss deshalb danach differenzieren, in wessen **Verantwortungs- und Risikobereich** die Beendigung des Arbeitsverhältnisses fällt (BAG 11.4.06 – 9 AZR 610/05, NZA 06, 1042; BAG 13.12.11 – 3 AZR 791/09, BeckRS 2012, 67608). Der ArbN darf nicht zur Rückzahlung im Fall einer berechtigten Eigenkündigung, im Fall einer betriebsbedingten Kündigung des ArbGeb oder in sonstigen Fällen, in denen die arbeitgeberseitige Kündigung nicht auf einem vertragswidrigen Verhalten des ArbN beruht, verpflichtet sein (BAG 18.3.14 – 9 AZR 545/12, NZA 14, 957; 28.5.13 – 3 AZR 102/12, BeckRS 2013, 71140; 18.11.08 – 3 AZR 192/07, NZA 09, 435; zur personenbedingten Kündigung: *Hoffmann* NZA-RR 15, 337; ArbG Ulm 8.5.17 – 4 Ca 486/16, BeckRS 2017, 1144075; *Bettinghausen* NZA-RR 17, 573). Eine Rückzahlungsklausel, die auch den Fall der Eigenkündigung des ArbN erfasst, wenn dieser wegen Wegfalls seiner medizinischen Tauglichkeit die Arbeitsleistung nicht mehr erbringen kann und gleichzeitig der ArbV für diesen Fall eine Suspendierung der gegenseitigen Hauptleistungspflichten vorsieht, ist ebenfalls in der Gesamtschau dieser vertraglichen Regelungen unwirksam (BAG 11.12.18 – 9 AZR 383/18, NZA 19, 781). Eine Abwälzung ist auch unzulässig, wenn der ArbGeb nicht bereit und in der Lage ist, den ArbN seiner Ausbildung entsprechend zu beschäftigen und dieser das Arbeitsverhältnis aus diesem Grund selbst kündigt (BAG 5.12.02 – 6 AZR 537/02, ZTR 03, 302). Wird die Rückzahlung an eine „auf Wunsch des Mitarbeiters" zurückzuführende Beendigung des Arbeitsverhältnisses geknüpft und ebenfalls nicht ausreichend deutlich differenziert (LAG Hamm 11.10.19 – 1 Sa 503/19, BeckRS 2019, 29819.

**cc) Abbruch der Aus-/Fortbildung.** Bei länger andauernden Ausbildungsmaßnahmen, etwa Studiengang oder beruflicher Umschulung, muss dem ArbN nach Beginn der Ausbildung eine angemessene Überlegungsfrist ohne Kostenrisiko eingeräumt werden, ob er die Ausbildung fortsetzt oder nicht. Eine Frist von einem Jahr ist ausreichend (BAG 12.12.79 – 5 AZR 1056/77, DB 80, 1704). Etwas anderes gilt, wenn es lediglich um den Erwerb einer zusätzlichen Qualifikation innerhalb eines Berufsbildes ging und wenn es aufgrund der Umstände des Einzelfalls, die wegen § 310 Abs 3 Nr 3 BGB zu berücksichtigen sind, einer Überlegungsfrist nicht bedurfte (BAG 19.1.11 – 3 AZR 621/08, BeckRS 2011, 72734). Ob bei kürzeren Bildungsmaßnahmen der Abbruch durch den ArbN mit Rückzahlungspflichten belastet werden kann, ist problematisch (LAG Köln 8.9.94 – 10 Sa 555/94, BB 95, 411). Bedenken bestehen, an das **Nichtbestehen einer Prüfung** Rückzahlungspflichten zu knüpfen. Jedenfalls ist zu differenzieren, aus wessen Verantwortungsbereich der Grund für die erfolglose Teilnahme herrührt (LAG Nds 29.10.14 – 17 Sa 274/14, BeckRS 2015, 69952). Es ist das Risiko des ArbGeb, sich über die Fähigkeiten des ArbN vor Finanzierung der Ausbildung näheren Aufschluss zu verschaffen. Ein Fall des Abbruchs der Fortbildungsmaßnahme soll auch vorliegen, wenn der ArbN das Arbeitsverhältnis während der laufenden Maßnahme beendet (LAG Nds. 30.10.18 – 10 Sa 268/18, BeckRS 2018, 37275). 15

**dd) Ausscheiden vor Abschluss der Aus-/Fortbildung.** Eine unangemessene Benachteiligung liegt nicht vor, wenn der ArbN dem ArbGeb die Kosten der Aus- oder Fortbildung für den Fall zu erstatten hat, dass er bereits vor dem Abschluss der Ausbildung auf eigenen Wunsch oder aus seinem Verschulden aus dem Arbeitsverhältnis ausscheidet (BAG 19.1.11 – 3 AZR 621/08, BeckRS 2011, 72734).

**ee) Nichteingehen eines Arbeitsverhältnisses nach Beendigung der Aus-/Fortbildung.** Eine Rückzahlungsverpflichtung für den Fall, dass der Unternehmer und potentielle ArbGeb seinem Vertragspartner und potentiellem ArbN nach Abschluss der Aus-/Fortbildung keinen Arbeitsvertrag anbietet, ist unangemessen iSd § 307 Abs 1 S 1 BGB (zur Übernahme von Studiengebühren BAG 18.11.08 – 3 AZR 192/07, NZA 09, 435). Es genügt allerdings, wenn in der Rückzahlungsklausel lediglich von einem „angemessenen Angebot" die Rede ist (LAG MeVo 14.12.11 – 3 Sa 263/11, BeckRS 2012, 67940).

**e) Umfang der Rückzahlungsverpflichtung.** Die Höhe des vom ArbN zu erstattenden Betrags muss nach Grund und Höhe bestimmbar sein. Maßgebend ist die Vereinbarung der Parteien. Unter dem Gesichtspunkt der Angemessenheitskontrolle nach Maßgabe von § 307 BGB ergeben sich insoweit keine Besonderheiten. Ist ein bestimmter Höchstbetrag festgelegt, gilt dieser auch dann, wenn tatsächlich höhere Kosten angefallen sind. Andererseits darf der ArbGeb durch die Rückzahlung des ArbN keinen Vorteil erlangen. Sein Anspruch ist deshalb begrenzt auf die durch die Ausbildung tatsächlich entstandenen Kosten (BAG 16.3.94, DB 94, 1726; 21.7.05 – 6 AZR 452/04, NZA 06, 542). Hierzu gehören das 16 für die Zeit der Freistellung gezahlte Entgelt, Zusatzversicherungsbeiträge, Schulgeld, Fahrt- und Unterbringungskosten und Kosten für Sachmittel wie Schulmaterial. Ist der ArbGeb selbst Träger der Bildungsmaßnahme, kommt eine Abwälzung der Dozentenkosten auf den einzelnen ArbN wohl nicht in Betracht. Sozialabgaben können mit Ausnahme des ArbGebAnteils zurückverlangt werden (BAG 17.11.05 – 6 AZR 160/05, NZA 06, 872). Unangemessen benachteiligend ist eine Klausel, die bei einer das Bruttomonatseinkommen um ein Vielfaches übersteigenden Rückforderungssumme keine monatliche, sondern nur eine jährliche Staffelung vorsieht (LAG Hamm 9.3.12 – 7 Sa 1500/11, BeckRS 2012, 69038). Unangemessen benachteiligend ist auch eine Klausel, die eine Rückzahlungspflicht bei Vertragsbeendigung mit einer (teilweisen) Abgeltung der Ausbildungskosten durch eine in den ersten drei Beschäftigungsjahren verringerte Vergütung kombiniert (BAG 10.5.16 – 9 AZR 434/15, BeckRS 2016, 73355), da dies zu einer Übersicherung des ArbGeb führen kann.

17 **V. Tarifvertragliche Rückzahlungsklauseln.** In einem Tarifvertrag vereinbarte Rückzahlungsklauseln unterliegen einer nur beschränkten Rechtskontrolle. Die Beteiligung der TV-Parteien spricht regelmäßig für eine angemessene Abwägung und Bewertung der Interessen, wie durch § 310 Abs 1 Satz 1 BGB bestätigt wird. Prüfmaßstab sind Verfassungsnormen, sonstiges höherrangiges Recht und gute Sitten (BAG 6.9.95 – 5 AZR 174/94, DB 96, 531 zu BAT SR 2a Nr 7). Unerheblich ist, ob der Tarifvertrag aufgrund Tarifbindung oder aufgrund einzelvertraglicher Vereinbarung anzuwenden ist. Auch im letzten Fall ist er keiner Inhaltskontrolle nach § 307 BGB zu unterziehen (LAG Hamm 11.10.13 – 1 Sa 1006/13, BeckRS 2013, 73746). Klauseln, nach denen die Fort- oder Weiterbildung „auf Veranlassung und im Rahmen des Personalbedarfs des ArbGeb“ erfolgt, setzen zunächst voraus, dass es sich um eine vergütungsrelevante Bildungsmaßnahme handelt. Das Merkmal „auf Veranlassung des ArbGeb“ ist erfüllt, wenn die Fortbildung vom ArbGeb erkennbar gewollt ist. Für das weitere Merkmal „Personalbedarf“ genügt, dass mit einiger Wahrscheinlichkeit innerhalb der Bindungsdauer eine Stelle zu besetzen ist, für die die Fortbildung erforderlich ist (BAG 15.3.2000 – 5 AZR 584/98, DB 2000, 2226). Das Tarifrecht des öffentlichen Dienstes enthält keine Rückzahlungsklauseln mehr. Sie werden aber auch nicht ausgeschlossen. Die Kosten einer tariflich geregelten Qualifizierungsmaßnahme einschließlich der Reisekosten trägt der ArbGeb, soweit sie nicht von Dritten übernommen werden. Ein möglicher Eigenbetrag des ArbN ist in einer **Qualifizierungsvereinbarung** zu regeln. Die Betriebsparteien, also BRat/PersRat und der ArbGeb, sind gehalten, die Grundsätze einer fairen Kostenverteilung unter Berücksichtigung des betrieblichen und individuellen Nutzens zu regeln.

18 **VI. Kirchliche Arbeitsvertragsrichtlinien.** Anders als Tarifverträge sind kirchliche Regelungen von der Inhaltskontrolle nach §§ 305 ff BGB nicht ausgenommen. Das BAG hat gleichwohl die AVR – Caritas Richtlinien über die Rückzahlung von Weiterbildungskosten nicht inhaltlich überprüft. Hierzu hat es sich vorrangig auf die nach § 310 Abs 4 Satz 2 BGB zu berücksichtigenden Besonderheiten des Arbeitsrechts gestützt, die bei einer den Tarifvorschriften des öffentlichen Dienstes nachgebildeten Regelung eine weitergehende gerichtliche Kontrolle nicht zuließen (BAG 17.11.05 – 6 AZR 160/05, NZA 06, 872; BAG 6.11.96 – 5 AZR 334/95, NZA 97, 663).

19 **VII. Umgehungstatbestände.** Vereinbarungen, mit denen dem ArbN die Rückzahlung gestundet wird, er aber ohne Rücksicht auf die Begründung eines Arbeitsverhältnisses oder dessen Dauer zur Kostenbeteiligung verpflichtet wird (BAG 16.10.74 – 5 AZR 575/73, DB 75, 262), sind als angemessen iSv § 307 Abs 1 BGB zu beurteilen. Anders liegt es, wenn der Rückzahlbetrag als Darlehen geschuldet wird und sich der zu erstattende Betrag bei Fortbestand des Arbeitsverhältnisses zeitanteilig bis auf Null mindert. In Wahrheit liegt dann eine Rückzahlungsklausel und kein Darlehen iSv § 488 Abs 1 BGB vor (BAG 18.3.08 – 9 AZR 186/07, NZA 08, 1004). Gleiches gilt, wenn bei Beendigung des Arbeitsverhältnisses eine Rückzahlungsklausel in eine Darlehensschuld „umgewandelt“ wird (BAG 26.10.94 – 5 AZR 390/92, DB 95, 632). **Schutz vor einer vorzeitigen Beendigung** des Arbeitsverhältnisses kann im Übrigen auch auf andere Weise erreicht werden. So kann der ArbGeb mit dem ArbN beiderseitig längere Kündigungsfristen vereinbaren oder für beide Seiten das Recht zur ordentlichen Kündigung bis zur zulässigen Höchstdauer von fünf

Jahren (§ 624 BGB) ausschließen. Keine Anwendung findet die Rspr daher dann, wenn der ArbN auf eigenen Wunsch vor Ablauf einer solchen vertraglichen Bindung durch Aufhebungsvertrag ausscheidet und er sich nunmehr zur Rückzahlung von Ausbildungskosten verpflichtet.

**VIII. Ausschlussfristen.** Der Rückzahlungsanspruch unterliegt tariflichen und/oder einzelvertraglichen **Ausschlussfristen,** die für „Ansprüche aus dem Arbeitsverhältnis" gelten (BAG 19.6.74 – 4 AZR 299/73, AP Nr 1 zu § 611 BGB Ausbildungsbeihilfe). Da der Anspruch erst mit Beendigung des Arbeitsverhältnisses fällig wird, beginnt die Verfallfrist auch erst zu diesem Zeitpunkt (BAG 5.7.2000 – 5 AZR 883/98, BB 2000, 2208). Handelt es sich um eine sog zweistufige *Ausschlussfrist* und ist die gerichtliche Geltendmachung von der Ablehnung durch die Gegenseite abhängig, soll die Frist zur gerichtlichen Geltendmachung dann mit der Fälligkeit des Anspruchs (also mit der Beendigung des Arbeitsverhältnisses) beginnen, wenn der ArbN den vom ArbGeb vorzeitig angemeldeten Anspruch noch vor dessen Fälligkeit ablehnt (BAG 18.11.04 – 6 AZR 651/03, NZA 05, 516). Die Verjährungsfrist beträgt 3 Jahre. Eine **Aufrechnung** des Entgeltanspruchs mit dem Rückzahlungsanspruch ist nur nach Maßgabe der § 394 BGB, § 850c ZPO zulässig (BAG 5.12.02 – 6 AZR 569/01, NZA 03, 802). 20

**IX. Prozessuales.** Zuständig für den Erstattungsanspruch des ArbGeb ist das ArbG (§ 2 Abs 1 Nr 3a ArbGG). Das VG ist zuständig, wenn die Ausbildung als Voraussetzung für die Begründung eines Beamtenverhältnisses durchgeführt wird und lediglich formal ein Arbeitsvertrag abgeschlossen wurde, um dem Auszubildenden eine höhere als die beamtenrechtliche Anwärtervergütung gewähren zu können (BAG 10.10.90 – 5 AZR 634/89, DB 91, 872). 21

**Darlegungs- und Beweislast** für die tatsächlichen Voraussetzungen der Wirksamkeit der Rückzahlungsklausel hat der ArbGeb. Das gilt auch für den beruflichen Vorteil des ArbN, wobei es genügt, dass der ArbGeb substantiiert darlegt, dass bei Abschluss der Klausel ein entsprechender geldwerter Vorteil überwiegend wahrscheinlich war. Ausreichend ist die Darlegung des Erwerbs einer anerkannten Qualifikation und von innerbetrieblichen Vorteilen für den ArbN (BAG 16.3.94 – 5 AZR 339/92, DB 94, 1726 unter Minderung der Anforderungen des Urt vom 24.7.91 – 5 AZR 430/90, AP Nr 15 zu § 611 Ausbildungsbeihilfe). Beim Erwerb allgemeiner Fertigkeiten oder Qualifikationen wie Führerschein der verschiedenen Klassen, Meister, Techniker oÄ spricht für bessere Chancen am Arbeitsmarkt idR eine tatsächliche Vermutung. Den Einwand der Entreicherung nach § 818 Abs 3 BGB kann der zur Rückzahlung verpflichtete ArbN nicht erheben. Er kann vertraglich vereinbarten Rückzahlungsverpflichtungen nicht entgegen gehalten werden (LAG Hamm 11.10.13 – 1 Sa 1006/13, BeckRS 2013, 73746). 22

**X. Muster.** S Online-Musterformular *„M9.13 Rückzahlungsklausel in einer Fortbildungsvereinbarung"*. 23

**B. Lohnsteuerrecht** *Seidel*

**1. Arbeitslohn.** Gewährt der ArbGeb Teile des Arbeitslohns unter dem Vorbehalt der Rückzahlung (zB Weihnachtsgeld), so ändert dies nichts an dem für die Lohnbesteuerung maßgeblichen Zufluss (→ *Lohnzufluss* Rn 2 ff). Zur lohnsteuerlichen Behandlung der Rückzahlung von Arbeitslohn durch den ArbN → *Entgeltrückzahlung* Rn 17 ff. Dies gilt auch für die Rückzahlung von Zuschüssen und Beihilfen des ArbGeb zur Aus- und Fortbildung, die regelmäßig stpfl Arbeitslohn darstellen (→ *Beihilfeleistungen* Rn 4–8 und → *Ausbildungsverhältnis* Rn 86). Zur Rückzahlung diesbezüglicher ArbGebDarlehen → *Arbeitgeberdarlehen* Rn 6 ff. Hat der ArbN neben der Rückzahlung eines Ausbildungsdarlehens auch einen Zuschlag zur Abgeltung der Vorteile, die er im Rahmen der Ausbildung in Anspruch genommen hatte, zu leisten, handelt es sich bei dem Zuschlag um nachträgliche Ausbildungskosten (BFH 28.2.92, BStBl II 92, 834; → *Bildungsurlaub* Rn 32). Die Zahlung einer in einem Ausbildungsverhältnis begründeten Vertragsstrafe wegen Nichteinhaltung der anschließenden Tätigkeitsdauer kann zu Werbungskosten führen (BFH 22.6.06 – VI R 5/03, BStBl II, 07, 4). 24

25 **2. Leistungen der Sozialversicherungsträger** sind regelmäßig steuerfrei (§ 3 Nrn 1 und 2 EStG), unterliegen aber, soweit sie Lohnersatzleistungen darstellen, dem Progressionsvorbehalt (§ 32b Abs 1 Nr 1 EStG; → *Lohnersatzleistungen* Rn 17), der allerdings nicht vom ArbGeb, sondern erst bei der EStVeranlagung (§ 46 Abs 2 Nr 1 EStG) zu berücksichtigen ist. Bei Rückzahlung von Lohnersatzleistungen, die dem Progressionsvorbehalt unterlagen (→ *Lohnersatzleistungen* Rn 6), wirkt sich dies jedoch bei der EStVeranlagung des ArbN auf den dann zu berücksichtigenden Progressionsvorbehalt aus, wobei auch ein negativer Progressionsvorbehalt möglich ist (EStR 32b Abs 3; → *Lohnersatzleistungen* Rn 13). Sind steuerfrei gewährte Leistungen, die nicht dem Progressionsvorbehalt unterlagen, aufgrund einer Rückzahlungsklausel zurückzuzahlen, so bleibt die Rückzahlung grds ohne steuerliche Auswirkung. Zu Rückzahlungen des ArbGeb an die Agentur für Arbeit → *Erstattungsanspruch der Agentur für Arbeit* Rn 11 ff.

## C. Sozialversicherungsrecht *Schlegel*

26 **1. Einfluss arbeitsrechtlicher Rückzahlungsklauseln auf das Beitragsrecht. a) Grundsatz: Keine Beitragserstattung.** Zahlt der ArbGeb dem ArbN Arbeitsentgelt und legt er dieses sowohl seinen Beitragsnachweisen und Beitragszahlungen zugrunde, darf und muss die Einzugsstelle davon ausgehen, dass der Beitragsberechnung ein vom ArbGeb in zutreffender Höhe festgestelltes Arbeitsentgelt zugrunde lag. Die Beiträge können dann im Grundsatz nicht mit der Begründung zurückgefordert werden, die Zahlung des Arbeitsentgelts habe von vornherein unter einem Vorbehalt gestanden, zB dem, dass das Arbeitsentgelts in voller Höhe vom FA auch als Betriebsausgabe anerkannt wird. Ein solcher Vorbehalt ist sozialrechtlich unbeachtlich. In der SozV kann es aus Gründen der Rechtssicherheit grds nicht hingenommen werden, dass nach Auszahlung des Arbeitsentgelts, und dessen Nachweis gegenüber der Einzugsstelle die Bestimmung über die endgültige Höhe des Arbeitsentgelts und damit die Versicherungspflicht oder die Höhe der Beiträge von ungewissen, in der Zukunft liegenden Ereignissen abhängt.

27 Das BSG hat deshalb entschieden, dass das von einem ArbGeb an seinen Ehegatten gezahlte Arbeitsentgelt, aus dem Beiträge nachgewiesen und gezahlt worden sind, auch insoweit beitragspflichtig bleibt, als es vom FA später nicht in vollem Umfang als Betriebsausgaben anerkannt wird. Denn in der SozV müssen die Versicherungsträger jedenfalls anhand von gemeldetem und gezahltem Arbeitsentgelt das versicherte Risiko zum Zeitpunkt der Beschäftigung bestimmten können. Die Frage, ob Versicherungspflicht oder Versicherungsfreiheit vorliegt oder wie hoch ein Leistungsanspruch ist, darf nicht vom ungewissen Eintritt künftiger Ereignisse abhängen. Insoweit ist die SozV sowohl zum Schutz des Beschäftigten als auch zum Schutz der Solidargemeinschaft bedingungsfeindlich (BSG 7.2.02 – B 12 RK 13/01 R, SozR 3–2400 § 14 Nr 24; 14.7.04 – B 12 KR 7/04 R, SozR 4–2400 § 22 Nr 1 zur Maßgeblichkeit der sog Feststellungstheorie trotz eventueller Rückzahlungsklauseln).

28 **b) Eventuelle Ausnahmen bei typischen Rückzahlungsklauseln.** 1967 hat das BSG entschieden, dass gezahlte Beiträge nachträglich zu erstatten sind, soweit sie auf einer zurückgezahlten **Weihnachtsgratifikation** beruhten (BSG 28.2.67 – 3 RK 72/64, und 3 RK 73/63). Das Gericht hat diese Rspr bisher nicht aufgegeben; es hat jedoch im Jahre 2002 ausdrücklich offengelassen, ob an ihr festzuhalten ist und Beiträge iSd § 26 Abs 2 SGB IV ausnahmsweise dann als zu Unrecht entrichtet anzusehen und zu erstatten sind, wenn sie zunächst auch aus Arbeitsentgelt berechnet und gezahlt worden sind, das in der betrieblichen Praxis unter einer gängigen und arbeitsrechtlich zulässigen Rückzahlungsklausel gezahlt und später entsprechend der Klausel tatsächlich zurückgezahlt wurde (BSG 30.8.94 – 12 RK 59/92, SozR 3–2200 § 385 Nr 5 S 15; 21.5.96 – 12 RK 64/94, SozR 3–2500 § 226 Nr 2 S 7 f; 7.2.02 – B 12 KR 13/01 R, SozR 3–2400 § 14 Nr 24).

29 Die Rechtsfrage ist somit wieder offen. Sie dürfte angesichts der oben geschilderten Zwecke der SozV aber eher zu verneinen und eine Rückzahlung von Beiträgen auch im Rahmen gängiger Rückzahlungsklauseln (zB Weihnachtsgeld) abzulehnen sein. Denn immerhin wäre auch eine eventuelle Lohnersatzleistung (zB Krankengeld) nach Maßgabe des zunächst tatsächlich gezahlten (höheren) Arbeitsentgelts zu berechnen, wenn der Versicherungsfall noch vor der Rückzahlung eingetreten ist; dh der Versicherungsträger trägt das

Leistungsrisiko in größerem Umfang. Die „Prämie" für den Versicherungsschutz im Nachhinein zu reduzieren, widerspräche auch dem in § 26 Abs 2 SGB IV zum Ausdruck kommenden Rechtsgedanken. Dennoch folgen die Spitzenverbände der SozVTräger bislang weiterhin der früheren Rspr (zum Melde- und Erstattungsverfahren insoweit vgl *Entgeltrückzahlung*; Besprechungsergebnis der Spitzenverbände vom 31.5.2000, Die Beiträge 2000, 468). Wünschenswert wäre insoweit eine ausdrückliche Klarstellung durch Gesetz.

**2. Zuschüsse und Beihilfen des Arbeitgebers zur Fortbildung.** Zahlt der ArbGeb seinem ArbN für und während einer Fortbildung Kostenzuschüsse oder Beihilfen, sind diese als sozialversicherungsrechtliches Arbeitsentgelt anzusehen, wenn die Fortbildung im Rahmen eines weiterbestehenden Beschäftigungsverhältnisses ausgeübt wird. Enthält der Fortbildungsvertrag eine Rückzahlungsklausel für den Fall, dass der ArbN nach Abschluss der Ausbildung nicht eine Mindestzeit in den Diensten des ArbGeb verbleibt, verliert die gezahlte Vergütung (Beihilfen, Zuschüsse) hierdurch nicht ihren Entgeltcharakter, dh die Rückzahlungsklausel steht der Annahme eines versicherungs- und beitragspflichtigen Beschäftigungsverhältnisses in der Vergangenheit nicht entgegen (BSG 12.11.75 – 3/12 RK 13/74, SozR 2200 § 165 Nr 8, 13; zur Annahme eines versicherungspflichtigen Beschäftigungsverhältnisses bei Fortbildungsmaßnahmen allgemein → *Bildungsurlaub* Rn 24–28). 30

**3. Leistungsgewährung durch Sozialleistungsträger unter Vorbehalt der Rückzahlung** kommt gem § 32 Abs 2 SGB X als Nebenbestimmung zu einem Verwaltungsakt in Betracht. Der Katalog von Nebenbestimmungen zu einem Verwaltungsakt ist in § 32 Abs 2 SGB X nicht abschließend geregelt. Abzugrenzen ist der Rückzahlungsvorbehalt von Vorschüssen nach § 42 SGB I; Vorschüsse kann der zuständige Leistungsträger zahlen, wenn ein Anspruch auf Geldleistungen dem Grunde nach besteht und zur Feststellung seiner Höhe voraussichtlich längere Zeit erforderlich ist. Die Vorschusszahlung soll einerseits den Berechtigten vor Nachteilen bewahren, die er dadurch erleidet, dass er die ihm – dem Grunde nach – zustehende Leistung zunächst nicht erhält; andererseits haben Vorschüsse auch den Zweck zu verhindern, dass sich zwei Leistungsträger mit derselben Angelegenheit befassen und später ein Ausgleich – insbes im Verhältnis zum Träger der Sozialhilfe – durchzuführen ist. 31

**Generelle Rückzahlungsklauseln** dergestalt, dass die Leistung für den Fall zurückzuzahlen ist, dass sich später herausstellt, dass die gesetzlichen Voraussetzungen des Verwaltungsaktes nicht vorlagen, sind dagegen unzulässig; diese Auslegung würde nämlich dazu führen, dass die Leistungsträger ihre Bewilligungsbescheide bereits dann mit einem Vorbehalt versehen dürften, wenn die bloße Möglichkeit einer späteren Rechts- oder Tatsachenänderung bestünde. Dies hätte weiter zur Folge, dass sich die Leistungsträger praktisch die Aufhebung jeder Leistungsbewilligung vorbehalten dürften, da jeder Sachverhalt, der einen Leistungsanspruch gegen sie begründet, sich in einer den Anspruch begründenden Weise verändern kann und hierdurch die Regelungen der §§ 45, 48 SGB X praktisch außer Kraft gesetzt würden (vgl zum Verbot vorzeitigen Verfahrensabschlusses durch Beifügung einer Nebenbestimmung BSG 28.6.90 – 4 RA 57/89, SozR 3–1300 § 32 Nr 2; BSG 11.6.87 – 7 RAr 105/85, SozR 4100 § 71 Nr 2 = NZA 88, 292 zur Rückforderung von Wintergeld aufgrund eines Vorbehalts der Rückzahlung bei nachträglicher Feststellung des Fehlens von Anspruchsvoraussetzungen). 32

## Rufbereitschaft

### A. Arbeitsrecht *Poeche*

**1. Arbeitszeitschutz. a) Begriff.** Im öffentlich-rechtlichen Arbeitszeitrecht wird zwischen Vollarbeit, Arbeitsbereitschaft, Bereitschaftsdienst und Rufbereitschaft unterschieden (→ *Arbeitszeit* Rn 7). Der Gesetzgeber hat den Inhalt dieser Begriffe als bekannt vorausgesetzt und deshalb von näheren Definitionen abgesehen. Nach allgemeinem Verständnis leistet der ArbN Rufbereitschaft, gelegentlich auch als Hintergrunddienst bezeichnet, wenn er verpflichtet ist, außerhalb seiner regelmäßigen Arbeitszeit auf Abruf die Arbeit aufzunehmen. Während dieses Dienstes kann er sich grds an einem Ort seiner Wahl aufhalten. Er 1 muss nur für seine ständige Erreichbarkeit sorgen und dem ArbGeb seinen Aufenthaltsort anzeigen. Von einer solchen „Anzeige" wird inzwischen allerdings regelmäßig abgesehen und die Verfügbarkeit des ArbN sichergestellt, indem er über „Piepser" oder „Handy" zur Arbeit abgerufen wird.

2 **b) Rechtsnatur.** Im Verhältnis zu den verschiedenen Formen der Bereitschaft belastet Rufbereitschaft den ArbN am geringsten. Sie ist **Ruhezeit** iSv § 5 ArbZG (→ *Arbeitszeit* Rn 14). Die Ruhezeit wird mit dem **Abruf** des ArbN zur Arbeit **unterbrochen.** An das Ende des Arbeitseinsatzes muss sich die gesetzlich vorgeschriebene Ruhezeit von elf Stunden anschließen. In Krankenhäusern und anderen Einrichtungen zur Behandlung, Pflege und Betreuung von Personen können Kürzungen der Ruhezeit, die auf der tatsächlichen Arbeitsleistung während der Rufbereitschaft beruhen, dann zu anderen Zeiten ausgeglichen werden, wenn der ArbN nicht mehr als die Hälfte der Ruhezeit tatsächlich zur Arbeitsleistung in Anspruch genommen worden ist (§ 5 Abs 3 ArbZG). Die Behandlung der Rufbereitschaft als Ruhezeit ist mit der Arbeitszeit-Richtlinie 93/104/EG vereinbar (EuGH 3.10.00 – C-303/98, NZA 00, 1227). Allerdings kann das nationale Recht nicht Zeiten, die nach Unionsrecht als Arbeitszeit einzustufen sind, nicht als Arbeitszeit erfassen. Es handelt sich daher nicht mehr um Rufbereitschaft, sondern vielmehr um Bereitschaftsdienst, wenn die Arbeit innerhalb von acht Minuten aufgenommen werden muss (EuGH 21.2.18 – C-518/15 – Matzak, NZA 18, 293; hierzu ausführlich *Bayreuther* NZA 18, 348). Damit liegt Rufbereitschaft im Sinne des ArbZG nicht immer bereits dann vor, wenn der ArbN sich an einem von ihm gewählten Aufenthaltshort bereithalten kann. Denn gibt der ArbGeb dem ArbN nur ein sehr kurzes Zeitfenster für die Arbeitsaufnahme vor, handelt es sich um Bereitschaftsdienst und damit um Arbeitszeit.

3 **2. Arbeitsvertragsrecht. a) Begriff.** Der Begriff Rufbereitschaft hat arbeitsvertraglich idR keinen anderen Inhalt als im Arbeitsschutz. Unerheblich ist, ob der ArbN aufgrund des Abrufes seinen Ort wechseln muss oder ob er vom jeweiligen Aufenthaltsort aus tätig werden kann. So ist Rufbereitschaft auch gegeben, wenn der ArbN über Handy erreichbar ist und – ebenfalls fernmündlich – die erforderlichen Arbeitsschritte zu veranlassen hat (BAG 29.6.00 – 6 AZR 900/98, NZA 01, 166; wohl aA BVerwG 30.10.18 – 2 A 4/17, NVwZ-RR 19, 329). § 7 Abs 4 TVöD bestimmt dementsprechend, dass Rufbereitschaft nicht dadurch ausgeschlossen wird, dass der ArbN vom ArbGeb mit einem Mobiltelefon oder einem vergleichbaren technischen Hilfsmittel ausgestattet wird. **Überstunden** leistet der zur Rufbereitschaft eingeteilte ArbN, wenn er im unmittelbaren Anschluss an sein Dienstzeitende nahtlos zur Arbeitsleistung herangezogen wird (BAG 26.11.92 – 6 AZR 455/91, DB 93, 692). Soweit in Tarifverträgen die Rufbereitschaft vom *Bereitschaftsdienst* danach abgegrenzt wird, ob der ArbGeb den Ort vorgibt, von dem aus zur Arbeit abgerufen wird, oder ob der ArbN diesen Ort selbst wählen kann, behalten diese Bestimmungen grds ihre Bedeutung. Die Entscheidung des EuGH (3.10.00 – Rs C-303/98, NZA 00, 1227) betrifft nur die richtlinienkonforme Auslegung des Bereitschaftsdienstes iSd ArbZG.

4 **b) Leistungspflicht.** Der ArbN ist zur Übernahme von Rufbereitschaft nur dann verpflichtet, wenn hierfür eine gesonderte arbeitsrechtliche Grundlage besteht. Eine solche findet sich ua regelmäßig im Tarifrecht des öffentlichen Dienstes und in anderen Arbeitsbereichen, die der kontinuierlichen Versorgung der Bevölkerung dienen. Vorbehaltlich einer anderen Regelung haben dann auch **Teilzeitbeschäftigte** Rufbereitschaft zu leisten (BAG 12.2.92 – 5 AZR 566/90, DB 92, 1632). Ein **Anspruch** auf Teilnahme am Hintergrunddienst oder auf Beibehaltung eines solchen eingeführten Dienstes besteht hingegen nicht (BAG 17.3.88 – 6 AZR 268/85, DB 88, 1855; LAG Hamm 17.1.19 – 11 Sa 357/18, BeckRS 2019, 24759). Der ArbGeb kann idR nach seinem Ermessen entscheiden, welche (n) ArbN er zur Bereitschaft heranzieht. Der ArbN kann andererseits nicht Befreiung von der Rufbereitschaft verlangen, weil er die Arbeitsstelle infolge ungünstiger Wohn- oder Verkehrsverhältnisse nur unter erschwerten Bedingungen und hohem Zeitaufwand erreichen kann. Er hat sicherzustellen, dass er dem Zweck der Bereitschaft entsprechend bei einem Abruf seine Arbeit innerhalb einer Zeitspanne aufnimmt, die den Einsatz nicht gefährdet (BAG 20.5.10 – 6 AZR 1015/08, NZA-RR 10, 616). Ist im Tarifvertrag/AVR von einer „kurzfristigen" oder „alsbaldigen" Arbeitsaufnahme die Rede, ist der ArbGeb nicht berechtigt, die **Zeitspanne** verbindlich vorzugeben. Der ArbN muss vielmehr Gele-

genheit haben, die Zeit der Rufbereitschaft nach eigenem Belieben zu gestalten; er muss sich insbes zu Hause aufhalten können. Eine Wegezeit vom Aufenthaltsort bis zur Arbeitsstätte von 30 Minuten ist ihm zuzubilligen (BAG 31.1.02 – 6 AZR 214/00, NZA 02, 871 (LS) = ZTR 02, 432). Der ArbN muss sich in seinem sonstigen Verhalten auf den möglichen Arbeitseinsatz einrichten (Alkoholverbot).

**c) Entgelt.** Rufbereitschaft ist als besondere Leistung des ArbN zu vergüten und wird idR **pauschal** abgegolten. Denn durch Arbeitsvertrag oder Tarifvertrag kann eine gesonderte Vergütungsregelung für unterschiedliche Formen der Arbeit, wie Vollarbeit, *Bereitschaftsdienst* und eben auch Rufbereitschaft, getroffen werden (BAG 12.12.12 – 5 AZR 918/11, BeckRS 2013, 68694). Tatsächliche Arbeitsleistung während der Bereitschaft ist mit dem „normalen" Entgelt zu vergüten. Eine Rufbereitschaftszulage ist als Gegenleistung für die eingeschränkte Freizeitgestaltung des ArbN regelmäßig nicht neben diesem Arbeitsentgelt für tatsächliche Arbeitsleistung zu zahlen. Wegen der unterschiedlichen Zwecke beider Leistungen muss eine „doppelte" Zahlungspflicht des ArbGeb ausdrücklich geregelt sein (BAG 20.5.10 – 6 AZR 1015/08, NZA 10, 616). Wird in **vorformulierten Vertragsbedingungen** eine Pauschalvergütung für Sonderformen der Arbeit wie Arbeitsbereitschaft, Bereitschaftsdienst und Rufbereitschaft vorgesehen, ist diese unwirksam, wenn sich aus dem Arbeitsvertrag nicht ergibt, welche Arbeitsleistung in welchem zeitlichen Umfang von ihr erfasst werden soll (BAG 18.11.15 – 5 AZR 751/13, NZA 16, 487). Ob der **Mindestlohn** nach dem MiLoG für Zeiten der Rufbereitschaft zu zahlen ist, wird – anders als etwa für den Bereitschaftsdienst – überwiegend verneint (LAG Hessen 21.11.16 – 16 Sa 1257/15, BeckRS 2016, 116469; *Lembke* NZA 16, 1). In seiner Entscheidung zur Mindestlohnpflichtigkeit von Bereitschaftsdiensten (BAG 29.6.16 – 5 AZR 716/15, NZA 16, 1332) bezieht sich das BAG nur auf Bereitschaftsdienste iS der Arbeitsbereitschaft oder des Bereitschaftsdienstes im engeren Sinne. Zur Rufbereitschaft trifft es keine Aussage (wohl aA *Spätlich* jurisPR-ArbR 17/2017 Anm 1). **Fahrten** zwischen Wohnung und Arbeitsstelle, die wegen einer erforderlichen Arbeitsaufnahme anfallen, sind keine Fahrten aus besonderem dienstlichem Anlass iSd Reisekostenrechts im öffentlichen Dienst und damit nicht erstattungsfähig (BAG 16.2.89 – 6 AZR 289/87, DB 89, 1827). Einzelvertraglich oder durch (freiwillige) Betriebsvereinbarung kann Fahrkostenersatz vorgesehen werden. Beim Urlaubsentgelt ist die Rufbereitschaftsvergütung zu berücksichtigen (BAG 24.10.2000 – 9 AZR 634/99, NJW 01, 1813). Der Gleichbehandlungsgrundsatz ist nicht verletzt, wenn der ArbGeb einem **Chefarzt mit Liquidationsrecht** keine Bereitschaftsvergütung zahlt, die nachgeordnete Ärzte erhalten (BAG 31.5.01 – 6 AZR 171/00, NZA 02, 351 (LS) = ZTR 02, 173; ebenso LAG Hamm 15.3.13 – 18 Sa 1802/12, BeckRS 2013, 72521). Ob die für Rufbereitschaft gezahlte Vergütung bei der Bemessung einer **Betriebsrente** anzusetzen ist, richtet sich nach der jeweiligen Versorgungsordnung (BAG 19.11.02 – 3 AZR 561/01, AP BetrVAG § 1 Nr 23). 5

**d) Aufwendungsersatz.** Der ArbN, der im Rahmen seiner Rufbereitschaft bei der Fahrt von seinem Wohnort zum Arbeitsplatz mit seinem Privatfahrzeug verunglückt, hat grds Anspruch gegen seinen ArbGeb auf Ersatz des Unfallschadens, wenn er es für erforderlich halten durfte, seinen privaten Wagen für die Fahrt zur Arbeitsstätte zu benutzen, um rechtzeitig zu erscheinen (BAG 22.6.11 – 8 AZR 102/10, NZA 12, 91). Die zu einem Klinikarzt ergangene Entscheidung kann auf alle Fälle der Rufbereitschaft verallgemeinert werden. Zu beachten bleibt, dass der Ersatzanspruch nur in dem Umfang besteht, in dem der ArbGeb eine Beschädigung seiner eigenen Sachmittel hinzunehmen hätte. Einen vollen Schadensausgleich kann der ArbN daher nur beanspruchen, wenn er darlegt und ggf beweist, dass er den Unfall leicht fahrlässig verursacht hat (BAG 28.10.10 – 8 AZR 647/09, NZA 11, 406 (→ *Aufwendungsersatz* Rn 10). 6

**3. Betriebsverfassung.** Mitbestimmungsrechte des BRat bestehen bei der Aufstellung des Rufbereitschaftsplans, der Festlegung der zeitlichen Lage nach § 87 Abs 1 Nr 2 BetrVG (BAG 21.12.82 – 1 ABR 14/81, DB 83, 611; nun auch BVerwG 4.9.12 – 6 P 10/11, PersR 12, 464). Die Einführung einer Rufbereitschaft außerhalb der regelmäßigen Arbeitszeit führt ebenfalls wie die Einführung eines Bereitschaftsdienstes zur vorübergehenden Verlängerung der betriebsüblichen Arbeitszeit. Der BRat hat daher nach § 87 Abs 1 Nr 3 BetrVG auch über das „Ob" der Rufbereitschaft mitzubestimmen (BAG 29.2.2000 – 1 ABR 15/99, 7

NZA 2000, 1243). Bei der Bemessung des Entgelts für freigestellte Mitglieder des BRat/Personalrat ist ausgefallene Rufbereitschaft zu berücksichtigen (LAG Köln 21.2.2000 – 8 (13) Sa 907/99, NZA-RR 01, 222; → *Betriebsratsfreistellung* Rn 16).

**B. Lohnsteuerrecht** *Seidel*

11 Die Ausführungen unter dem Stichwort → *Bereitschaftsdienst* Rn 16, 17 gelten entsprechend. Wenn für Rufbereitschaft an Sonn- oder Feiertagen Zeitzuschläge gezahlt werden, sind diese steuerfrei, soweit sie die in § 3b EStG vorgesehenen Prozentsätze, gemessen an der Rufbereitschaftsentschädigung, nicht übersteigen (BFH 27.8.02 – VI R 64/96, BStBl II 02, 883). Wird dem ArbN während der Dauer der Rufbereitschaft ein Kfz zur Verfügung gestellt, liegt hierin kein Arbeitslohn (BFH 25.5.00 – VI R 195/98, BStBl II 00, 690; → *Dienstwagen* Rn 18).

**C. Sozialversicherungsrecht** *Voelzke*

16 Die arbeitsrechtliche Abgrenzung der Rufbereitschaft vom Bereitschaftsdienst ist für das SozVRecht unerheblich. Die unter dem Stichwort → *Bereitschaftsdienst* Rn 21 ff dargestellten Grundsätze gelten entsprechend. Das Vorliegen einer abhängigen Beschäftigung ist zu verneinen, wenn bei einer „Abrufbereitschaft" die Bezahlung nur nach den tatsächlich geleisteten Stunden gem den Sätzen des Gesetzes über die Entschädigung von Zeugen und Sachverständigen erfolgt (zur Dolmetschertätigkeit im Auftrag des Bundesgrenzschutzes: LSG Saarl 26.6.86 – L 1 K 13/83, *Breithaupt* 88, 705).

## Ruhen des Arbeitsverhältnisses

**A. Arbeitsrecht** *Röller*

1 **1. Begriff.** Ein Ruhen des Arbeitsverhältnisses liegt vor, wenn die wechselseitigen Hauptpflichten (Arbeitsleistung und Vergütung) suspendiert sind und somit der jeweilige Gläubiger von seinem Schuldner die Erbringung der Leistungen nicht verlangen und nicht durchsetzen kann, während die Nebenpflichten fortbestehen (BAG 9.8.95 – 10 AZR 539/94, NZA 96, 154). Die Begriffe „Ruhen des Arbeitsverhältnisses", „Ruhen der Hauptpflichten des Arbeitsverhältnisses", „Suspendierung der Hauptpflichten" oder „Suspendierung des Arbeitsverhältnisses" werden synonym gebraucht (BAG 7.12.89, DB 90, 842). Das Ruhen des Arbeitsverhältnisses erfolgt kraft Gesetzes, durch Vereinbarung der Arbeitsvertragsparteien oder durch einseitige Suspendierung seitens einer Vertragspartei (BAG 7.6.90, DB 90, 1971; 26.1.89, DB 89, 2129).

2 **2. Ruhen kraft Gesetzes. a) §§ 1, 10 ArbPlSchG.** Wird ein ArbN auf Grund freiwilliger Verpflichtung zu einer Wehrübung einberufen, ruht das Arbeitsverhältnis während des Wehrdienstes. Das Ruhen des Lohnanspruches nach § 1 Abs 1 ArbPlSchG erfasst auch die Eigenschaft des Lohns, Berechnungsgrundlage für den Durchschnittslohn eines späteren Lohnzahlungszeitraums zu sein (BAG 27.1.94, NZA 94, 1007).

3 **b) § 1 EigUebG.** Wird ein ArbN aufgrund freiwilliger Verpflichtung zu einer Übung zur Auswahl von freiwilligen Soldaten (Eignungsübung) einberufen, so ruht das Arbeitsverhältnis während der Eignungsübung bis zur Dauer von 4 Monaten.

4 **c) § 78 ZDG.** Das ArbPlSchG gilt für die Ableistung von Zivildienst entsprechend.

5 **d) § 15 ArbSG.** Wird ein ArbN im Verteidigungsfalle oder Entspannungszeiten in ein Arbeitsverhältnis verpflichtet, so ruht sein bisheriges Arbeitsverhältnis während der Dauer der Verpflichtung.

6 **e) Elternzeit.** Bei dem Verlangen des/der ArbN handelt es sich zwar um eine einseitige gestaltende Willenserklärung. Die Rechtsfolge aus der Erklärung, Elternzeit in Anspruch zu nehmen, eben das Ruhen des Arbeitsverhältnisses, tritt aber kraft Gesetzes ein (BAG 15.4.08 – 9 AZR 380/07, NZA 08, 998).

7 **f) Pflegezeit.** Neben der Möglichkeit der kurzzeitigen Arbeitsbefreiung sieht das PflegeZG auch die Möglichkeit einer bis zu 6-monatigen Pflegezeit vor (§§ 3, 4 Abs. 1

PflegeZG). Die Inanspruchnahme der Pflegezeit führt bei einer vollständigen Freistellung zu einem Ruhen der Hauptleistungspflichten. Einer Mitwirkungshandlung des ArbGeb bedarf es nicht (BAG 15.11.11 – 9 AZR 348/10, NZA 12, 323).

**3. Ruhen kraft Vereinbarung. a) AGB-Kontrolle.** Eine vertragliche Regelung in vorformulierten Arbeitsverträgen, das Arbeitsverhältnis nicht zu kündigen, sondern unter gleichzeitiger Suspendierung der wechselseitigen Hauptpflichten fortbestehen zu lassen, ist gem §§ 305 ff BGB auf ihre Wirksamkeit hin zu überprüfen. Keine unangemessene Benachteiligung des ArbN soll eine Regelung darstellen, die das Ruhen des Arbeitsverhältnisses einer Reinigungskraft während der Schulferien vorsieht (BAG 10.1.07 – 5 AZR 84/06, NZA 07, 384). Eine solche Regelung ist jedoch intransparent iSv § 307 Abs 1 Satz 2 BGB, wenn sich der ArbGeb den anderweitigen Einsatz des ArbN außerhalb der Schule vorbehält (BAG 26.10.16 – 5 AZR 456/12, NZA 17, 123). 8

**b) Konkludente Ruhensvereinbarung.** Eine Ruhensvereinbarung kann auch konkludent geschlossen werden, zB durch übereinstimmendes Handeln der Parteien, indem der ArbN dem Arbeitsplatz fernbleibt und der ArbGeb die Arbeitsentgeltzahlungen einstellt, beide aber von der fortdauernden Zugehörigkeit des ArbN zum Betrieb des ArbGeb ausgehen (BAG 7.6.90, DB 90, 1971). Eine konkludente Ruhensvereinbarung liegt vor, wenn der ArbN bei fortbestehender AU auf seinen Antrag hin nach Aussteuerung durch die Krankenkasse AlGeld nach § 145 SGB III bezieht (BAG 14.3.06 – 9 AZR 312/05, NZA 06, 1232; LAG SchlHol 21.6.12 – 5 Sa 80/12, BeckRS 2012, 72142). Allein aus einer langandauernden AU und dem gleichzeitigen Bezug einer Erwerbminderungsrente kann nicht auf eine stillschweigende Ruhensvereinbarung geschlossen werden (BAG 11.10.95 – 10 AZR 985/94, NZA 96, 542).

**c) Tarifvertragliche Regelungen.** Es gibt eine Vielzahl tarifvertraglicher Regelungen, die bei Bezug einer befristeten Erwerbsminderungsrente das Ruhen des Arbeitsverhältnisses anordnen, zB § 33 Abs 2 TVöD. Die Norm ist, auch für den Fall der Bewilligung einer Rente wegen teilw Erwerbsminderung auf Zeit verfassungskonform (BAG 17.3.16 – 6 AZR 221/15, NZA 16, 1220).

**d) Beispiele.** Vereinbarungen zur Herbeiführung des Ruhenstatbestandes können unterschiedliche Gründe haben, wie zB Entsendung des ArbN zu einer Tochtergesellschaft (LAG Hamburg 21.5.08 – 5 Sa 82/07, BeckRS 2008, 56425), Bestellung zum Organmitglied der Gesellschaft oder einer Tochtergesellschaft (→ *Arbeitnehmer (Begriff)* Rn 24), unbezahlter Urlaub zur Inanspruchnahme einer länger dauernden Ferienreise, einer Kur nach schwerer Krankheit oder Inanspruchnahme eines Sabbatical. 9

**4. Ruhen kraft einseitiger Erklärung. a) Freistellung zu einer Arbeitsgemeinschaft.** Für längere Einsätze bei einer ARGE können ArbN von ihrem StammArbGeb freigestellt werden (→ *Arbeitsgemeinschaft (ARGE)* Rn 12–15). Mit der Arbeitsaufnahme wird zwischen dem freigestellten ArbN und der ARGE ein Arbeitsverhältnis begründet. Daneben besteht das Arbeitsverhältnis zum freistellenden ArbGeb fort, das aber während der Dauer der Freistellung ruht (BAG 26.2.87, DB 87, 2158). 10

**b) Beteiligung des Arbeitnehmers an rechtmäßigem Streik.** Sie führt zu einem Ruhen des Arbeitsverhältnisses (BAG 13.2.07 – 9 AZR 374/06, NZA 07, 573; 30.8.94, DB 95, 101). Es ist Sache des einzelnen ArbN, konkludent oder ausdrücklich gegenüber dem ArbGeb zu erklären, dass er sich am Streik beteiligt (BAG 1.3.95, DB 95, 1819; 22.3.94, DB 95, 100). Die Streikteilnahmeerklärung erfolgt idR konkludent durch Niederlegung der Arbeit im Anschluss an einen Aufruf der Gewerkschaft zum Streik. Der gewerkschaftliche Streikaufruf selbst bewirkt noch keine Suspendierung der einzelnen Arbeitsverhältnisse (BAG 7.12.89, DB 90, 842). 11

**c) Suspendierende Abwehraussperrungen.** Jedenfalls solche, die zur Abwehr von Teil- oder Schwerpunktstreiks mit dem Ziel der Herstellung der Verhandlungsparität durch den ArbGeb dienen (BVerfG 26.6.91 – 1 BvR 779/85, DB 91, 1678; BAG 10.10.91, DB 92, 43), bewirken ebenfalls ein Ruhen des Arbeitsverhältnisses (BAG 7.12.89, DB 90, 842). Die Aussperrung durch den ArbGeb erfolgt – wie die Streikteilnahme des ArbN – durch einseitige empfangsbedürftige Willenserklärung gegenüber dem ArbN oder der Belegschaft (BAG 7.12.89, DB 90, 842; 7.6.88, AP Nr 107 zu Art 9 GG Arbeitskampf). Der Aussperrungsbeschluss eines ArbGebVerbandes bewirkt noch keine Suspendierung der einzelnen Arbeits- 12 verhältnisse. Es muss eine Teilnahmehandlung des ArbGeb hinzukommen, damit die Rechtsfolge des Ruhens eintritt. Die Erklärung muss eindeutig sein. Es darf nicht unklar bleiben, ob der ArbGeb aussperren oder lediglich auf streikbedingte Betriebsstörungen reagieren will (BAG 27.6.95, DB 96, 143 mit Anm *Rieble* SAE 96, 227). Für arbeitswillige ArbN muss hinreichend klar sein, ob und inwieweit ihre Arbeitspflicht ruht (BAG 11.7.95, DB 95, 1469).

13 **d) Streikbedingte Betriebsstörung.** Ein ArbGeb kann einen bestreikten Betrieb oder Betriebsteil für die Dauer des Streiks ganz stillegen mit der Folge, dass die beiderseitigen Rechte und Pflichten aus dem Arbeitsverhältnis suspendiert werden und auch arbeitswillige ArbN ihren Lohnanspruch verlieren (BAG 11.7.95, DB 96, 223; 31.1.95, BB 96, 214; 22.3.94, DB 95, 100). Diese Folge tritt auch ein, wenn der Streik (Wellenstreik) dazu führt, dass der ArbGeb als Reaktion auf den Streik Organisationsmaßnahmen getroffen hat, die dazu führen, dass ihm die Annahme der Arbeitskraft des ArbN nach Streikende bis bspw Ablauf der Schicht nicht zumutbar ist (BAG 12.11.97, NJW 97, 1801).

14 **5. Rechtsfolgen des Ruhens.** Während des Ruhens des Arbeitsverhältnisses entfallen die arbeitsvertraglichen Hauptleistungspflichten, also die Pflicht des ArbN zur Arbeitsleistung und die Pflicht des ArbGeb zur Zahlung des Arbeitsentgeltes. Das Arbeitsverhältnis selbst besteht seinem rechtlichen Bande nach unter Aufrechterhaltung aller Nebenpflichten, wie Fürsorgepflicht und Treuepflicht, Verschwiegenheitspflichten, Unterlassungspflichten, Wettbewerbsverbot, Auskunfts-, Rechnungs- und Herausgabepflichten, Pflichten zum Schutz der Persönlichkeit des ArbN und seines Eigentums, fort (BAG 7.6.90, DB 90, 1971; 26.1.89, DB 89, 2129). Die Ruhensfolgen bei Entsendung zu in- und ausländischen konzernangehörigen Gesellschaften werden idR vertraglich näher geregelt. Die Regelungen betreffen insbesondere Aufgaben, Stellung und Vergütung des ArbN bei Rückkehr ins entsendende Unternehmen. Durch die Weiterführung einer fiktiven Vergleichsvergütung (Schattengehalt) für die Entsendedauer soll bspw sichergestellt werden, dass der ArbN an der Entwicklung der Bezüge und sonstigen Leistungen entsprechend der allgemeinen Situation beim ArbGeb teilnimmt.

15 **a) Betriebszugehörigkeit.** Sie wird durch ein ruhendes Arbeitsverhältnis nicht unterbrochen. War das ruhende Arbeitsverhältnis einem inzwischen auf einen Betriebserwerber übergegangenen Betriebsteil zugeordnet, so ist der Betriebserwerber mit Beendigung des Ruhenstatbestandes **alleiniger** ArbGeb (BAG 14.7.05 – 8 AZR 392/04, NZA 05, 1411).

16 **b) Urlaub.** Das Ruhen des Arbeitsverhältnisses hat keinen Einfluss auf die Wartezeit für die Entstehung des Urlaubsanspruchs gem §§ 1, 3 BUrlG, da dieser nicht unter der Bedingung steht, dass der ArbN im Bezugszeitraum eine Arbeitsleistung erbracht hat. Nach der neueren Rspr des BAG ist jedoch zu berücksichtigen, dass der Umfang des dem ArbN zustehenden Jahresurlaubs grds proportional zu der Anzahl der Tage zu berechnen ist, an denen der ArbN im Urlaubsjahr seine Arbeitsleistung zu erbringen hat. Der Zeitraum eines Sonderurlaubs ist bei der Berechnung des Urlaubsanspruchs mit „null" Arbeitstagen in Ansatz zu bringen (BAG 21.5.19 – 9 AZR 259/18, BeckRS 2019, 20771; 19.3.19 – 9 AZR 406/17, BeckRS 2019, 18641; sa → *Urlaubsanspruch* Rn 11). Dies gilt nicht für die Elternzeit aufgrund der Regelungen in § 17 BEEG. Die dort vorgesehene Kürzungsmöglichkeit setzt das Bestehen eines Urlaubsanspruchs voraus. Urlaubsansprüche entstehen nach der bisherigen Rspr jedoch dann, wenn das Arbeitsverhältnis während des Bezugs einer befristeten Rente wegen Erwerbsminderung (BAG 18.9.12 – 9 AZR 623/10, NZA 13, 216; BAG 7.8.12 – 9 AZR 353/10, NZA 12, 1216) ruht.

17 **c) Vergütung für Feiertage** ist nicht zu leisten (BAG 31.5.88, DB 88, 1328, 2260).

18 **d) Gratifikationen** und tarifliche Sonderzahlungen sind ohne Kürzung um die Ruhenszeit zu zahlen, wenn es für den Anspruch auf den Bestand des Arbeitsverhältnisses und nicht auf die tatsächliche Arbeitsleistung ankommt. Dies ist durch Auslegung der jeweiligen Regelung zu ermitteln (BAG 11.10.95 – 10 AZR 985/94, DB 96, 1041). Einzelheiten → *Einmalzahlungen* Rn 12 ff.

19 **e) Anrechnung für Höherstufung.** Ist in einem Tarifvertrag das Aufrücken in eine höhere Gehaltsstufe von der Dauer zur Zugehörigkeit zu einer Vergütungsgruppe abhängig, kommt es auf die mit der Höherstufung nach dem Tarifvertrag verfolgten Zwecke an (BAG 21.10.92, DB 93, 690). Zum Bewährungsaufstieg s BAG 12.4.16 – 6 AZR 731/13, NZA 16, 833.

**f) Entgeltfortzahlung im Krankheitsfall** ist für die Dauer des Ruhens nicht zu leisten (BAG 8.3.73, DB 73, 1027). 20

**g) Kündigung/Einbeziehung in die Sozialauswahl.** Ein ruhendes Arbeitsverhältnis kann grds gekündigt werden. Der ArbGeb braucht nicht solange zu warten, bis das ruhende Arbeitsverhältnis wieder auflebt (BAG 9.9.10 – 2 AZR 493/09, BeckRS 2010, 75378). Bei der Kündigung anderer ArbN sind die ArbN, deren Arbeitsverhältnis ruht, aber kündbar ist, in die Sozialauswahl miteinzubeziehen (BAG 26.2.87, DB 87, 2158; ErfK/*Oetker* § 1 KSchG Rn 314). 21

**6. Beendigung des Ruhenstatbestandes. a)** Bei **Ruhen kraft Gesetzes** lebt das Arbeitsverhältnis bei Vorliegen der im Gesetz bestimmten Voraussetzungen wieder auf, also zB mit Beendigung des Wehr- oder Zivildienstes, der Eignungsübung oder mit Aufhebung des Verpflichtungsbescheides bei Verpflichtung in ein Arbeitsverhältnis im Verteidigungsfall und in Spannungszeiten. 22

**b)** Bei **Ruhen kraft Vereinbarung** richtet sich die Beendigung des Ruhenstatbestandes nach dem zugrunde liegenden Vertrag.

**c)** Bei **Ruhen kraft einseitiger Erklärung** bedarf es einer einseitigen, die Suspendierung der Hauptpflichten beendigenden Erklärung. Bei einem Streik kann der ArbN erklären, er scheide aus dem Streikgeschehen aus. Das kann auch vor offizieller Kampfbeendigung der Fall sein (BAG 31.5.88, DB 88, 1328, 2260). Mit Beendigung des Streiks leben die beiderseitigen Hauptpflichten wieder auf. Die Beendigungserklärung kann auch durch öffentliche Verlautbarung seitens der Gewerkschaft in den Medien erfolgen, wenn der ArbGeb dadurch hinreichend genaue Erkenntnisse erlangt (BAG 23.10.96 – 1 AZR 269/96, NZA 97, 397). Ebenso muss der ArbGeb die Aufhebung der suspendierenden Aussperrung erklären. 23

## B. Lohnsteuerrecht *Seidel*

Die LSt knüpft an den tatsächlichen Bezug von Arbeitslohn an. Erhält der ArbN trotz (einvernehmlichen) Verzichts auf die Arbeitsleistung weiterhin seinen Arbeitslohn, ergeben sich für den LStAbzug keine Besonderheiten. Zur Behandlung von Gratifikationen → *Sonstige Bezüge* Rn 2 ff. Evtl im Arbeitslohn enthaltene Zuschläge für Sonn-, Feiertags- oder Nachtarbeit sind jedoch wegen Fehlens der tatsächlichen Arbeitsleistung zu den begünstigten Zeiten nicht steuerfrei (→ *Sonn- und Feiertagsarbeit* Rn 29). 25

Fließt dem ArbN kein Arbeitslohn zu, ist auch lohnsteuerlich nichts veranlasst (→ *Freistellung von der Arbeit* Rn 34 und → *Arbeitsverhinderung* Rn 20). Zu den steuerlichen Auswirkungen bei Abordnung oder Freistellung zu einer ARGE → *Arbeitsgemeinschaft (ARGE)* Rn 17. Zur Aussperrung und zum Streik → *Arbeitskampf (Vergütung)* Rn 24 ff. 26

## C. Sozialversicherungsrecht *Voelzke*

**1. Versicherungspflicht.** Die Versicherungspflicht der unselbstständig Beschäftigten in der ArblV, KV, RV und sozialen PflegeV wird begründet, wenn Personen gegen Entgelt beschäftigt sind (§§ 25 SGB III; 5 Abs 1 Nr 1 SGB V; 1 Satz 1 Nr 1 SGB VI; 20 Abs 1 Nr 1 SGB XI). Den sozialversicherungsrechtlichen Begriff der **Beschäftigung** definiert § 7 Abs 1 Satz 1 SGB IV als die nichtselbstständige Arbeit, insbesondere in einem Arbeitsverhältnis. Für die Annahme eines Beschäftigungsverhältnisses reicht es nicht aus, dass ein Arbeitsvertrag besteht, jedoch einvernehmlich auf die Erbringung der Arbeitsleistung verzichtet wird, selbst wenn der ArbGeb hierfür Arbeitsentgelt zahlt (zur Erhaltung der Versicherungspflicht in der SozV den Überblick bei *Marburger* BB 99, 2295). 30

Vielmehr kommt es für die Versicherungspflicht in der SozV grds auf die **tatsächliche Verrichtung** einer Arbeitsleistung an. Hierauf kann verzichtet werden, wenn durch eine vorübergehende Arbeitsbefreiung der Status als ArbN nicht geändert wird und sich der ArbN weiterhin dem Weisungsrecht des ArbGeb mit dem Willen unterstellt, die Arbeit fortzusetzen (→ *Arbeitnehmer (Begriff)* Rn 65). Allerdings muss die Dauer der Unterbrechung der Arbeitsleistung absehbar sein (BSG 18.4.91 – 7 RAr 106/90, SozR 3–4100 § 104 Nr 6). 31

Wird das Arbeitsverhältnis beendet, so besteht das beitragsrechtliche Beschäftigungsverhältnis bis zum Ende des Arbeitsverhältnisses fort, solange der ArbN Anspruch auf Arbeitsentgelt hat (*Schlegel* NZA 05, 927; *Voelzke* in FS Küttner, 345). Das versicherungspflichtige Beschäftigungsverhältnis besteht auch bis zum **Ende des Arbeitsverhältnisses** fort, wenn bei fortlaufender Zahlung des Arbeitsentgelts der ArbN einvernehmlich und unwiderruflich bis zum Ende des Arbeitsverhältnisses von der Arbeitsleistung freigestellt ist (BSG 24.9.08 – B 12 KR 22/07 R, NZA-RR 09, 272). Unabhängig vom Fortbestehen des Arbeitsverhältnisses endet das Beschäftigungsverhältnis jedoch, wenn sich das Festhalten am Arbeitsverhältnis als „leere Hülse" darstellt (BSG 4.7.12 – B 11 AL 16/11 R, SozR 4–4300 § 123 Nr 6).

Um trotz der grundsätzlichen Anknüpfung an die tatsächlichen Verhältnisse eine flexible Gestaltung der Lebensarbeitszeit zu erreichen, besteht nach § 7 Abs 1a Satz 1 SGB IV während der Zeiten einer Freistellung von der Arbeitsleistung eine Beschäftigung fort, wenn für Zeiten der Freistellung Arbeitsentgelt fällig wird, das mit einer vor oder nach diesen Zeiten erbrachten Arbeitsleistung erzielt wird (sog *Wertguthaben; → Arbeitszeitmodelle* Rn 18 ff). Für die SozVPflicht unschädlich ist zudem eine bis zu **dreimonatige Freistellung,** wenn Arbeitsentgelt aus einer Vereinbarung zur flexiblen Gestaltung der werktäglichen oder wöchentlichen Arbeitszeit oder dem Ausgleich betrieblicher Produktions- und Arbeitszyklen fällig ist (§ 7 Abs 1a Satz 2 SGB IV).

32 Unabhängig vom Fortbestehen der tatsächlichen Beschäftigung entfällt die Versicherungspflicht in der KV, sozialen PflegeV, RV und ArblV für Zeiten, in denen auch die Verpflichtung des ArbGeb zur Zahlung des Arbeitsentgelts suspendiert ist. Hierbei gilt eine für die genannten Zweige der SozV einheitliche Regelung hinsichtlich der Frage, in welchem Umfang eine Unterbrechung der Arbeitsentgeltzahlung für das Fortbestehen der Versicherungs- und Beitragspflicht unschädlich ist. Nach § 7 Abs 3 Satz 1 SGB IV gilt eine Beschäftigung gegen Arbeitsentgelt als fortbestehend, solange das Beschäftigungsverhältnis **ohne Anspruch auf Arbeitsentgelt** fortdauert, jedoch nicht länger als einen Monat. Entscheidend ist der Lohnanspruch und nicht die tatsächliche Arbeitsentgeltzahlung; erfüllt lediglich der ArbGeb den Lohnanspruch nicht, so besteht das Beschäftigungsverhältnis ohne die zeitlichen Grenzen des § 7 Abs 3 SGB IV fort. Mehrere zeitlich aufeinanderfolgende Arbeitsunterbrechungen sind nur zusammenzurechnen, wenn es sich um gleichartige Tatbestände handelt. Steht fest oder ist unsicher, ob die Entgeltfortzahlung vor Ablauf der Monatsfrist wieder aufgenommen werden muss, so endet das Beschäftigungsverhältnis dennoch erst mit Ablauf des weiteren Monats. Zu einer Fortdauer des Beschäftigungsverhältnisses kommt es nicht, wenn eine der in § 7 Abs 3 Satz 3 SGB IV genannten Sozialleistungen bezogen wird (*Krankengeld,* Krankentagegeld, Verletztengeld, Versorgungskrankengeld, *Übergangsgeld,* Pflegeunterstützungsgeld, *Mutterschaftsgeld, Elterngeld*) oder eine Elternzeit (s *Elternzeit*) in Anspruch genommen wird.

33 **a) Krankenversicherung.** § 192 SGB V regelt für die gesetzliche KV zusätzlich weitere Fallgestaltungen, bei denen trotz einer Unterbrechung des Beschäftigungsverhältnisses die Mitgliedschaft weiterhin besteht (eingehend *Schlegel/Voelzke/Felix* SGB V, § 192 Rz 9 ff). Beibehalten wurde die krankenversicherungsrechtliche Regelung, dass die Mitgliedschaft für die Dauer eines rechtmäßigen Arbeitskampfs (unbegrenzt) erhalten bleibt (§ 192 Abs 1 Nr 1 SGB V). Ebenfalls erhalten bleibt die Mitgliedschaft bei Anspruch auf *Krankengeld, Mutterschaftsgeld,* Elterngeld oder wenn Elternzeit (s *Elternzeit*) in Anspruch genommen oder Pflegeunterstützungsgeld bezogen wird (§ 192 Abs 1 Nr 2 SGB V), für die Dauer der Zahlung von Verletztengeld, Versorgungskrankengeld oder Übergangsgeld während einer medizinischen Maßnahme zur Rehabilitation (§ 192 Abs 1 Nr 3 SGB V) sowie während des Bezugs von Kurzarbeitergeld (§ 192 Abs 1 Nr 4 SGB V; → *Kurzarbeit* Rn 28 ff). Besonderheiten bei Organ- oder Gewebespenden regelt § 192 Abs 1 Nr 2 SGB V. Für die Dauer der **Schwangerschaft** bleibt die Mitgliedschaft, soweit das Mitglied unter Wegfall des Arbeitsentgelts beurlaubt oder das Arbeitsverhältnis ausnahmsweise zulässig aufgelöst wurde, erhalten (§ 192 Abs 2 SGB V). Besteht die Mitgliedschaft nach § 192 Abs 1 Nr 1 SGB V ohne Entgeltzahlung fort, so ist Beitragsfreiheit in dem Sinne gegeben, dass kein fiktives Arbeitsentgelt zugrunde gelegt wird (BSG 10.5.90 – 12 RK 38/87, SozR 3–5085 § 4 Nr 1), während Schwangere, deren Mitgliedschaft nach § 192 Abs 2 SGB V erhalten bleibt, die Beiträge nach § 250 Abs 2 SGB V alleine tragen.

**b) Rentenversicherung.** Beitragszeiten werden in der RV, soweit die Verpflichtung des ArbGeb zur Zahlung des Arbeitsentgelts ruht, nur in den Grenzen des § 7 Abs 3 SGB IV begründet. Unschädlich ist ferner, wenn der jeweilige **Kalendermonat** nur zum Teil mit rentenrechtlichen Zeiten belegt ist, da dieser Monat trotzdem als voller Monat angerechnet wird (§ 122 Abs 1 SGB VI). Abhängig vom Grund für das Ruhen des Arbeitsverhältnisses können diese Zeiten auch als Anrechnungszeiten (→ *Rentenversicherungsrechtliche Zeiten* Rn 4 ff) zu berücksichtigen sein oder jedenfalls als Überbrückungstatbestände (KassKomm/ *Gürtner* § 58 SGB VI Rz 77–80) längere zeitliche Lücken zwischen versicherungspflichtiger Beschäftigung und Anrechnungszeiten schließen. 34

**c) Arbeitslosenversicherung.** In der ArblV dienen Zeiten einer Beschäftigung, für die kein Arbeitsentgelt gezahlt wird, nicht zur Erfüllung der **Anwartschaftszeit** für einen Anspruch auf AlGeld. Das Versicherungspflichtverhältnis besteht allerdings auch hier nach § 7 Abs 3 Satz 1 SGB IV ohne Zahlung von Arbeitsentgelt für längstens einen Monat fort. Unerheblich ist, aus welchem Grund das Arbeitsentgelt nicht zu zahlen war. Eine Ausnahme hiervon gilt für Tage, die infolge von Kurzarbeit ausfallen. Für diese Zeiten wird das Fortbestehen des Versicherungspflichtverhältnisses ohne zeitliche Begrenzung angeordnet (§ 24 Abs 3 SGB III). 35

**2. Leistungsrecht.** Ruhen die Hauptpflichten des Arbeitsverhältnisses, so stellt sich im SozVRecht die Frage, ob der ArbN während dieser Zeit Lohnersatzleistungen beanspruchen kann (*Schweiger* NZS 13, 767). Der Anspruch auf AlGeld setzt die Arbeitslosigkeit des Arbeitslosen voraus (§ 138 SGB III; → *Arbeitslosengeld* Rn 14 ff). Allgemein anerkannt ist, dass das Fortbestehen des (ruhenden) Arbeitsverhältnisses die Unterbrechung oder Beendigung eines **leistungsrechtlichen Beschäftigungsverhältnisses** nicht ausschließt (BSG 9.9.93 – 7 RAr 96/92, SozR 3–4100 § 101 Nr 4). 36

Ob **Arbeitslosigkeit** als Anspruchsvoraussetzung für den Anspruch auf AlGeld zu bejahen ist (§ 138 SGB III), richtet sich nach den gesamten Umständen des Einzelfalls. Entscheidend ist, ob das leistungsrechtliche Beschäftigungsverhältnis beendet worden ist (*Voelzke* in FS Küttner 347). Den Erklärungen von ArbGeb und ArbN hierzu ist lediglich indizielle Bedeutung zuzumessen; die Erklärungen sind nicht maßgebend, wenn sie den tatsächlichen Gegebenheiten widersprechen. Als für eine Beendigung des Beschäftigungsverhältnisses sprechende Indikatoren sind neben den Erklärungen der Arbeitsvertragsparteien ua eine Arbeitslosmeldung, ein Rentenantrag, eine längere eingeschränkte gesundheitliche Leistungsfähigkeit und fehlende betriebliche Umsetzungsmöglichkeiten zu berücksichtigen (BSG 28.9.93 – 11 RAr 69/92, NZS 94, 140). Die Voraussetzungen der Anspruchsvoraussetzungen Arbeitslosigkeit und Verfügbarkeit können auch vorliegen, wenn sog Aussetzzeiten im Rahmen eines fortbestehenden Arbeitsverhältnisses auftreten (zur Bewirtschafterin einer Mensa s BSG 10.9.98 – B 7 AL 96/97 R, SozR 3–4100 § 101 Nr 9; zu einer Beamtin, der Urlaub ohne Dienstbezüge bewilligt worden ist s BSG 21.10.99 – B 11 AL 21/99 R, SozR 3–4100 § 103 Nr 21). Hinsichtlich der Bemessung des AlGeldes nach einer unwiderruflichen Freistellung gilt, dass das in diesem Zeitraum zu zahlende Arbeitsentgelt die Höhe der Leistung beeinflusst (BSG 30.8.18 – B 11 AL 15/17 R, BeckRS 2018, 31014).

Die **Bemessung des Arbeitslosengelds** richtet sich nach § 150 SGB III. Nach § 150 Abs 1 Satz 1 SGB III umfasst der Bemessungszeitraum die beim Ausscheiden aus dem jeweiligen Beschäftigungsverhältnis abgerechneten Entgeltabrechnungszeiträume der versicherungspflichtigen Beschäftigungen im Bemessungsrahmen. Für die Bemessungsvorschriften ist das versicherungsrechtliche Beschäftigungsverhältnis maßgebend, so dass das während einer unwiderruflichen Freistellung gezahlte und abgerechnete Arbeitsentgelt in die Bemessung des AlGelds einzubeziehen ist (BSG 30.8.18 – B 11 AL 15/17 R, NZA-RR 19, 217). 37

# Sachbezug

## A. Arbeitsrecht

*Griese*

**1. Leistung von Sachbezügen.** Neben oder zusätzlich zu der Vergütung in Geld kann ein Teil des Vergütungsanspruchs vereinbarungsgemäß durch Naturalleistungen erfüllt werden. Diesbezüglich kommen insbesondere die Gewährung von Unterkunft und Verpflegung in Betracht, aber auch die Lieferung von Energie, Aktienoptionen, Belegschaftsrabatte (→ *Geldwerter Vorteil* Rn 1 ff) und die Überlassung eines Dienstwagens (→ *Dienstwagen* Rn 1 ff) mit dem Recht der Privatnutzung. 1

**2. Sachbezüge als zusätzliche Angebote des ArbGeb.** Soweit der ArbGeb im späteren Verlauf des Arbeitsverhältnis zusätzlich zu den vereinbarten Geldbezügen Sachbezüge als vergütungserhöhende Bestandteile ohne Anrechnung auf die Geldzahlungspflichten anbietet oder einführt, unterliegt er nicht den Beschränkungen des § 107 GewO. Insoweit handelt es sich um zusätzliche *Freiwillige Leistungen.* Bei der Gewährung solcher Leistungen ist der ArbGeb an den Gleichbehandlungsgrundsatz gebunden (s *Geldwerter Vorteil).* Zusätzliche Sachbezüge können ferner durch TV erfolgen. Der vorsätzliche Verstoß gegen das durch Tarifregelung festgesetzte Verbot, sich statt ausgeteilter Sachleistungsgutscheine eine Barabgeltung zu verschaffen, kann nach erfolgloser Abmahnung eine außerordentliche Kündigung rechtfertigen (BAG 23.6.09 – 2 AZR 103/08, NZA 09, 1198). 2

**3. Anrechnung von Sachbezügen auf das Arbeitsentgelt.** Eine Anrechnung oder teilweise Ersetzung von geschuldetem Entgelt durch Sachbezüge stellt eine Ausnahme von dem in § 107 Abs 1 GewO statuierten Grundsatz dar, dass der Entgeltanspruch der ArbN nur durch Geldzahlung in Euro erfolgen kann und andere Leistungen des ArbGeb keine Erfüllungswirkung haben. Diese Ausnahme erfordert eine vertragliche Vereinbarung und unterliegt engen Begrenzungen nach § 107 Abs 2 GewO (→ *Entgeltzahlungsformen* Rn 5 ff). 3

**a) Vertragliche Vereinbarung.** Die Anrechnung erfordert eine vertragliche Vereinbarung gem § 107 Abs 2 Satz 1 GewO. Diese muss in den schriftlichen Arbeitsnachweis gem § 2 Abs 1 Nr 6 NachwG aufgenommen werden. Ergibt sich die Anrechnung aus vereinbarten einheitlichen Arbeitsverträgen, darf kein Verstoß gegen das Transparenzgebot des § 307 Abs 1 Satz 2 BGB vorliegen. Die vertragliche Anrechnungsvereinbarung muss deshalb den anzurechnenden Wert des Sachbezugs eindeutig und transparent ausweisen. 4

**b) Interesse des ArbN.** Das nach § 107 Abs 2 Satz 1 GewO erforderliche Interesse des ArbN setzt voraus, dass der Sachbezug für den ArbN vorteilhaft ist. Dazu ist die wirtschaftliche Lage des ArbN mit und ohne Sachbezug zu vergleichen. Für den notwendigen Vergleich spielt der vereinbarte Wert des Sachbezugs eine wichtige Rolle. Das Interesse des ArbN wird in der Regel nur dann bestehen, wenn der vereinbarte Sachbezugswert niedriger ist als der Preis, den der ArbN am Markt für den Sachbezug aufwenden müsste. Der ArbN wird zudem idR kein Interesse daran haben, Sachbezüge zu Werten oberhalb der sich aus der SvEV und dem EStG ergebenden Werte zu beziehen. 5

An der Vorteilhaftigkeit fehlt es, wenn der Sachbezug ganz oder überwiegend im Interesse des ArbGeb liegt.

**c) Eigenart des Arbeitsverhältnisses.** Fehlt es am ArbNInteresse, kann die Anrechnung von Sachbezügen gem § 107 Abs 2 Satz 1 GewO durch die Eigenart des Arbeitsverhältnisses gerechtfertigt sein. Dabei kann als Kriterium auf die Branchen- oder Betriebsüblichkeit abgestellt werden. Bei der Bewertung der Sachbezüge stellen die Werte der SvEV und des EStG wiederum idR die Obergrenze dar, weil dies die üblichen Werte sind, die die Eigenart dieser Arbeitsverhältnisse bereits berücksichtigen. 6

**d) Bewertung von Sachbezügen.** Soweit die Gewährung und Anrechnung von Sachbezügen zulässig ist, obliegt die Bewertung der einzelnen Sachbezüge zwar den Vertragsparteien. Sowohl aus dem Interesse des ArbN wie auch aus der Eigenart der Arbeitsverhältnisse ergibt sich aber, dass die Werte der SvEV und des EStG die Obergrenze der vertraglichen Wertfestsetzung bilden. 7

Handelt es sich um Sachleistungen, für die keine Wertfestsetzung durch Gesetz oder Verordnung existiert, kann nach dem Rechtsgedanken des § 612 Abs 2 BGB der übliche Wert der Sachleistung vereinbart.

8 **e) Pfändbares Arbeitseinkommen als Mindestgeldleistung.** Der pfändungsfreie Betrag muss gem § 107 Abs 2 Satz 5 GewO auf jeden Fall ausgezahlt werden (BAG 24.3.09 – 9 AZR 733/07, NZA 09, 861). Die Vereinbarung, mit Aktienoptionen das monatlichen Grundgehalt abzugelten, verstößt regelmäßig gegen § 107 GewO (LAG Düsseldorf 30.10.08 – 5 Sa 977/08; DB 09, 687). Auch sonstige Lohnverwendungsabreden sind unzulässig (BAG 18.7.06 – 1 AZR 578/05, NZA 07, 462; BAG 11.7.2000 – 1 AZR 551/99, NZA 01, 462). Dieselben Grundsätze gelten, soweit der gesetzliche *Mindestlohn* zum Teil mit Sachbezügen abgegolten werden soll. Daher wird angesichts der Höhe des Mindestlohnes und der draus folgenden Nettovergütung einerseits und der Höhe des pfändungsfreien Betrages andererseits (s *Pfändung*) in aller Regel bei Mindestlohnempfängern kein Raum für die Anrechnung von Sachbezüge auf die geschuldete Entgeltleistung bleiben.

Bei der Berechnung der pfändbaren Bezüge des ArbN darf der geldwerte Vorteil von Sachbezügen wegen § 107 Abs 2 Satz 5 GewO nicht auf den unpfändbaren Teil des Entgelts angerechnet werden (BAG 17.2.09 – 9 AZR 676/07, DB 09, 1542; BAG 24.3.09 – 9 AZR 733/07, NZA 09, 861; s ferner § 850e Abs 3 Satz 2 ZPO).

9 **4. Kreditierungsverbot.** Auf Missbräuche zu Beginn der Industrialisierung geht das in § 107 Abs 2 Satz 2 GewO festgeschriebene Kreditierungsverbot zurück. Die identische Vorgängerregelung in § 115 Abs 2 GewO war verfassungsgemäß (BVerfG 24.2.92 – 1 BvR 980/88, NJW 92, 2143).

Das Kreditierungsverbot verbietet dem ArbGeb, den ArbN Waren zu kreditieren. Es ist also nicht erlaubt, dem ArbN Waren des ArbGeb auf Kredit zu verkaufen und zu vereinbaren, dass der Kaufpreis durch Kreditraten, die vom Entgelt abgezogen werden, getilgt werden soll. Auf diese Weise wird ein Junktim zwischen *Arbeitgeberdarlehen* und der Verwendung der Darlehenssumme für den Warenbezug beim ArbGeb verhindert.

10 **5. Warenüberlassung unter Anrechnung auf das Arbeitsentgelt.** Aufgrund konkreter Vereinbarung darf der ArbGeb dem ArbN Waren unter Verrechnung mit Arbeitsentgeltansprüchen veräußern. Bei der Anrechnung dieser Warenlieferungen dürfen gem § 107 Abs 2 Satz 3 GewO nur die durchschnittlichen Selbstkosten vereinbart werden. Die geleisteten Gegenstände müssen gem § 107 Abs 2 Satz 4 GewO vorbehaltlich anderweitiger Abmachung mindestens mittlerer Art und Güte sein.

11 **6. Sachbezüge bei Arbeitsabwesenheit.** Kann der ArbN für einen Zeitraum, in dem ihm die Vergütung fortzuzahlen ist, zB Urlaub oder Krankheit, den Naturalbezug nicht entgegennehmen, ist der Wert abzugelten (§ 11 Abs 1 Satz 3 BUrlG; ErfK/*Dörner* § 4 EFZG Rz 12). Für freie Unterkunft, zB Gestellung einer Wohnung (s auch *Dienstwohnung*) kann keine Barabgeltung verlangt werden; der Sachbezugsanspruch erstreckt sich andererseits regelmäßig über den sechswöchigen Entgeltfortzahlungszeitraum hinaus (*Schmitt* EFZG § 4 Rz 102).

Anders ist es bei der Firmenwagenüberlassung. Sie ist Teil des Arbeitsentgelts und nur solange geschuldet, wie Vergütungspflicht besteht, also nicht nach Ablauf des Entgeltfortzahlungszeitraums (BAG 14.12.10 – 9 AZR 631/09, NZA 11, 569). Für Firmenwagen kann in AGB vereinbart werden, dass die Berechtigung zur Privatnutzung im Fall der Freistellung widerrufen werden kann; ein solcher Widerruf muss aber die Grenzen des billigen Ermessens gem § 315 BGB einhalten (BAG 21.3.2012 – 5 AZR 651/10, NZA 12,616; s auch *Dienstwagen*).

## B. Lohnsteuerrecht

*Thomas*

**Übersicht**

**I. Einnahmen. 1. Arbeitslohn** sind Einnahmen, die im Rahmen der Einkünfte aus nichtselbstständiger Arbeit zufließen (§ 8 Abs 1 iVm § 19 EStG). Das setzt voraus, dass die Einnahmen „für eine Beschäftigung … gewährt" worden sind (§ 19 Abs 1 Nr 1 EStG), also Entlohnungscharakter besitzen. Zur Beurteilung der Frage, ob eine Einnahme Ertrag der Arbeit ist oder auf anderen Gründen beruht (zB auf anderen Rechtsbeziehungen wie Kauf, Miete usw oder auf privaten Beziehungen oder nicht auf Entlohnungs- sondern eigenbetrieblichen Interessen des ArbGeb) wird auf die Ausführungen zum Stichwort Arbeitsentgelt verwiesen. Haben Einnahmen Lohncharakter wird zwischen den Lohnformen Geld und Sachbezüge unterschieden (§ 8 Abs 1, Abs 2, Satz 1 EStG), da sie unterschiedlichen Bewertungsregeln folgen. Außerdem sind geringfügige Sachbezüge (dazu folgend) steuerfrei. 15

**2. Sachbezugsfreigrenze.** Sachbezüge, die nach § 8 Abs 2 Satz 1 EStG bewertet werden, brauchen nicht erfasst zu werden, wenn ihr Wert insgesamt 44 € im Kalendermonat nicht übersteigt (§ 8 Abs 2 Satz 11 EStG). Es handelt sich nicht um einen Freibetrag, sondern eine Freigrenze, weil bereits bei einem geringfügigen Überschreiten (zB 45 €) nicht nur der 44 € übersteigende, sondern der gesamte Betrag zu erfassen ist. Bei der Sachbezugsfreigrenze handelt es sich um eine Vereinfachungsregelung, die die Erfassung geringer Vorteile wie zB die Nutzung stpfl Sozialeinrichtungen (→ *Sozialeinrichtungen* Rn 22) und den damit anfallenden Verwaltungsaufwand erübrigen soll. Außer Ansatz bleiben die nach § 8 Abs 2 Satz 1 EStG zu bewertenden Vorteile, die nach § 37b oder § 40 EStG pauschal versteuert werden (R 8.1 Abs 3 Satz 1 LStR). Dagegen kann die Freigrenze nicht dadurch für andere Sachbezüge erhalten werden, dass ein laufender Mietnachlass von 44 € monatlich nach der LStKarte versteuert wird. In die Freigrenze sind auch Versandkosten einzubeziehen, wenn der ArbGeb seinen ArbN gestattet, sich Sachbezüge aus dem Sortiment eines Dritten auszuwählen und der ArbGeb dem Dritten die Versandkosten erstattet (BFH 6.6.18 – VI R 32/16, DStR 18, 1752). 16

Auf Zuschüsse des ArbGeb zu eigenen Zukunftssicherungsleistungen des ArbN ist die Freigrenze nicht anzuwenden, weil Bar- und nicht Sachlohn vorliegt (BFH 4.7.18 – VI R 16/17, DStR 18, 1910). Darüber hinaus hat der BFH die Freigrenze in restriktiver Auslegung auch auf Sachbezüge versagt, wenn sie nach § 40b EStG pauschaliert werden können (BFH 26.11.02 – VI R 68/01, DStR 03, 729). Das hat die Verwaltung dahingehend verallgemeinert, dass die Freigrenze auf alle Zukunftssicherungsleistungen des § 2 Abs 2 Nr 3 LStDV nicht anzuwenden ist (R8.1 Abs 3 Satz 4 LStR), also auch auf solche für Krankheitskosten, selbsst wenn Sachlohn vorliegt. Dem ist der BFH für Beiträge des ArbGeb für eine private Zusatzkrankenversicherung seiner ArbN nicht gefolgt (BFH 7.6.18 – VI R 13/16, DStR 18, 1907). Offen gelassen wurde, ob das auch für Beiträge iSv § 19 Abs 1 Nr 3 EStG gilt.

**a) Freigestellte Sachbezüge** sind nur solche, die nach § 8 Abs 2 Satz 1 EStG bewertet werden, also weder die nach § 8 Abs 2 Sätze 2 ff EStG zu erfassende Kfz-Nutzung, noch Sachbezüge, für die Werte nach der SvEV oder nach § 8 Abs 2 Satz 10 EStG Durchschnittswerte gelten, noch Sachbezüge, bei denen die Personalrabattsregelung des § 8 Abs 3 EStG zum Zuge kommt. Ein Sachbezug ist auch ein Zinsvorteil, den ein Dritter (Bank) gewährt und den der ArbGeb finanziert (FG Hess 5.11.03 – 11 K 3108/01, EFG 04, 1673) bzw das durch Zuschüsse des ArbGeb an eine Bank übernommene Kursrisiko (BFH 13.9.07 – VI R 26/04, DStRE 07, 141). Auf Barlohnzuschüsse ist § 8 Abs 2 Satz 11 EStG nicht anwendbar (BFH 26.11.02 – VI R 161/01, BStBl II 03, 331; BFH 27.10.04 – VI R 29/02, DStRE 05, 72 zu Fremdwährungsentgelten; BFH 14.9.05 – VI R 37/03, DStR 05, 1933 zum ADAC-Schutzbrief). Das gilt auch bei zweckgebundenen Zuschüssen etwa für die Mitgliedschaft in einem Sportclub (BFH 27.10.04 – VI R 51/03, DStR 05, 23). Zu Warengutscheinen → Rn 11. 17

18 **b) Monatsgrenze.** Weil 44 € monatlich und nicht 528 € im Jahr frei sind, kann der in einem Monat nicht ausgeschöpfte Betrag nicht auf einen anderen Monat übertragen werden. Das kann Auswirkungen haben, wenn der ArbGeb dem ArbN nicht Monatskarten, sondern eine Jahresnetzkarte vergünstigt verschafft, weil der diesbezügliche Vorteil bereits mit dem Erwerb der Jahresnetzkarte zufließt (BFH 14.11.12 – VI R 56/11, DStR 13, 353). Wird die Fahrtberechtigung nach den Tarifbestimmungen durch rechtzeitige monatliche Zahlung erworben, fließt auch der geldwerte Vorteil monatlich zu (Bay LFSt 12.8.15, DStR 15, 2287). Da in Fällen möglicher Überschreitung der Freigrenze wegen Zweifelns über Art, Höhe und Zeitpunkt der Bewertung ohnehin Aufzeichnungen erfolgen müssen, wird sich der beabsichtigte Vereinfachungseffekt in Grenzen halten.

19 **II. Bewertung. 1. Grundsätze. a) Einnahmen in Geld** (vgl → Rn 23) sind mit dem Nennbetrag zu versteuern (Nominalwertprinzip, BVerfG 19.12.78, BStBl II 79, 308; BFH 9.3.11 – X B 137/10, BFH/NV 11, 979; zu Geldleistungen zusätzlich zu Nutzungsentgelten BFH 22.7.04 – VI B 189/01, BFH/NV 04, 1644). **Fremdwährungen** sind kein Sachbezug, sondern Einnahmen in Geld (R 8.1 Abs 1 Satz 6 LStR) und daher mit dem Euroreferenzkurs der Europäischen Zentralbank umzurechnen. Aus Vereinfachungsgründen kann statt des Tageskurses des Zuflusstages der Durchschnittsreferenzkurs des Zuflussmonats zu Grunde gelegt werden (BFH 3.12.09 – VI R 4/08, DStR 10, 479).

20 Bar- und nicht Sachlohn liegt vor, wenn ein bereits entstandener Anspruch auf Urlaubsgeld wahlweise durch Überlassen von Warengutscheinen erfüllt werden kann (BFH 6.3.08 – VI R 6/05, DStR 08, 861; ebenso zum Wahlrecht zwischen Weihnachtsgeld und Deputaten BFH 10.6.08 – VI B 113/07, BFH/NV 08, 1482). Ebenso liegen Einnahmen in Geld vor, wenn der ArbGeb selbst verdiente Provisionen an seine ArbN weitergibt (BFH 23.8.07 – VI R 44/05, DStR 07, 2107). Beim Zinszuschuss des ArbGeb zu einem vom ArbN bei einer Bank aufgenommenen Darlehen dürfte wirtschaftlich selbst dann Barlohn anzunehmen sein, wenn der ArbGeb seinen Beitrag der Bank als eigenen schuldete (BFH 4.5.06 – VI R 67/03, DStRE 06, 1174 mit Anm *MIT; Bergkemper* FR 06, 1134), da das Darlehen selbst dem ArbN nur von der Bank gewährt wird. Grds bleiben vom ArbGeb verbilligt verschaffte Waren, Nutzungsmöglichkeiten oder Dienstleistungen auch dann Sachbezüge, wenn der ArbN Zuzahlungen vornimmt, zB zum Kantinenessen. Zur Abgrenzung von Bar- und Sachlohn bei der Kfz-Nutzung vgl → *Dienstwagen* Rn 22.

21 Entgegen der bisherigen Rspr grenzt der BFH beim **Warengutschein** Bar- vom Sachlohn nicht mehr danach ab, ob der ArbGeb selbst Vertragspartner des Leistungserbringers (zB der Tankstelle beim Tankgutschein) ist. Maßgebend ist danach vielmehr, ob der ArbN arbeitsrechtlich vom ArbGeb statt Barlohn eine Sachleistung verlangen kann, während es nicht darauf ankommt, auf welche Art und Weise der ArbGeb den Anspruch erfüllt bzw dem ArbN den zugesagten Vorteil verschafft. Danach soll Sachlohn sogar angenommen werden können, wenn der ArbGeb dem ArbN Geld mit der Auflage gibt, es in bestimmter Weise zu verwenden, wobei die betreffende Ware noch nicht einmal konkret bezeichnet werden muss (BFH 11.11.10 – VI R 26/08, BFH/NV 11, 589; BFH 11.11.10 – VI R 21/09, DStRE 11, 274; BFH 11.11.10 – VI R 27/09, DStR 11, 260; BFH 11.11.10 – VI R 40/10, BFH/NV 11, 590; BFH 11.11.10 – VI R 41/10, DStRE 11, 276). Schädlich ist aber weiterhin, wenn der ArbN wahlweise statt einer Ware eine auflagenfreie Geldleistung verlangen kann.

22 Die Verwaltung (H 8.1 (1–4) „Geldleistung oder Sachbezug" LStR) wendet die Entscheidungen mit der Maßgabe an, dass der „Sachbezug" dann nicht nach R 8.1 Abs 2 Satz 9 LStR mit 96% des üblichen Endpreises angesetzt werden kann, wenn keine Bewertung erforderlich ist, wie zB bei nachträglicher Kostenerstattung, bei betragsmäßig begrenztem Warengutschein oder bei zweckgebundener Geldzuwendung (OFD Münster 17.5.11, DB 11, 1250; *Koller/Renn* DStR 11, 555; zur USt vgl EuGH 29.7.10, C-40/09, Astra Zeneca UK Ltd, DStR 10, 1632). Die Verwaltung ist insofern nicht konsequent, als der von ihr bei Sachlohn aus Vereinfachungsgründen gewährte Bewertungsabschlag von 4% versagt wird. Entweder es liegt Barlohn vor, bei dem ein Abschlag ohnehin nicht in Betracht kommt oder es liegt Sachlohn vor, der einheitlich behandelt werden müsste.

23 Die RsprÄnderung begegnet Bedenken. Nach dem Realisierungsprinzip des LStRechts sind nicht Ansprüche, sondern Erfüllungshandlungen maßgebend (→ *Aktienoptionen*

Rn 22). Da Gegenstand der Besteuerung nicht Ansprüche sondern Einnahmen sind (§ 2 Abs 2 Nr 2 iVm § 8 Abs 1 EStG), kann Gegenstand der Bewertung auch nur sein, was zufließt und nicht, was hätte verlangt werden können. Liegt nach dem verwirklichten Sachverhalt Barlohn vor, weil der ArbGeb den Kauf des ArbN lediglich ganz oder teilweise finanziert, kann dem nicht entgegen gehalten werden, der ArbN hätte vom ArbGeb statt dessen die Verschaffung der Ware selbst verlangen können. Das wird besonders deutlich, wenn der ArbN für 54 € tankt und mit einem Benzingutschein seines ArbGeb über 44 € und eigenen 10 € bezahlt. Die Steuer knüpft an die Sachverhaltsverwirklichung (§ 38 AO) an, während Vereinbarungen der Beteiligten über deren Behandlung unbeachtlich sind. Zweck der Sachbezugsfreigrenze des § 8 Abs 2 Satz 11 EStG ist es, bei einem geringen Vorteil Ermittlungen über dessen Wert zu erübrigen. Erwirbt der ArbN eine Ware und leistet der ArbGeb hierzu nur einen Finanzierungsbeitrag, bedarf es keiner derartigen Ermittlungen, weil bei Einnahmen in Geld der Nennbetrag zugrunde gelegt wird. Der Gesetzgeber stellt mit dem IStG 2019 klar, dass zu den Einnahmen in Geld auch zweckgebundene Geldleistungen, nachträgliche Kostenerstattungen, Geldsurrogate und andere Vorteile gehören, die auf einen Geldbetrag lauten. Ungeachtet dessen gelten Gutscheine und Geldkarten als Sachbezug, wenn sie die Kriterien des § 2 Abs 1 Nr 10 Zahlungsdiensteaufsichtsgesetz (ZAG) erfüllen. Das wird eher zur Verunsicherung als zur Klarstellung führen, zumal sich das Merkblatt der BaFin zum ZAG an Zahldienste und nicht an ArbGeb wendet (*Buse* DB 19, 2839).

**b) Sachbezüge. aa) Bewertung nach Vorteilscharakter.** Es gelten je nach der Art des eingeräumten Vorteils unterschiedliche Bewertungsmethoden. Während Kantinenessen im Normalfall nach § 8 Abs 2 EStG (Anwendung von Sachbezugswerten) bewertet werden, liegen bspw bei Gewährung freier Kost an ArbN einer Gaststätte oder Fernküche (zum Krankenhaus BFH 27.8.02 – VI R 63/97, DStRE 02, 1417) die Voraussetzungen auch von § 8 Abs 3 EStG (Personalrabattregelung) vor, wobei die letztgenannte Regelung vorgeht, da dann die Werte „abweichend von Absatz 2" anzusetzen sind. Sofern man nicht eine unbewusste Gesetzeslücke annimmt und diese mit Vorrang der sachnäheren Bestimmung schließt, könnte man sich für den Fall, dass das Personal nicht auch im Gastraum speist, damit helfen, dass keine identischen Leistungen (vgl Bedienung, Ambiente) vorliegen und dass deshalb nur § 8 Abs 2 EStG eingreift. Jedenfalls kann der ArbGeb dieses Ergebnis dadurch erreichen, dass er den Vorteil pauschal versteuert (§ 8 Abs 3 Satz 1 iVm § 40 EStG). Die unterschiedlichen Regelungen können zur Folge haben, dass wirtschaftlich vergleichbare Sachverhalte unterschiedlich besteuert werden (*Henkel* DStR 92, 165 zu Personalrabatten durch ein Reisebüro oder einen Reiseveranstalter; dazu BMF 14.9.94, BStBl I 94, 755), was sich besonders bei Rabatten im Konzern (→ Rn 14) auswirkt. 24

**bb) Bewertungsarten.** Das Gesetz sieht die Einzelbewertung mit dem üblichen Endpreis am Abgabeort (§ 8 Abs 2 Satz 1 EStG; → Rn 16 ff), die Sonderbewertung bei der Kfz-Gestellung (§ 8 Abs 2 Sätze 2 ff EStG), die Pauschalbewertung mit Sachbezugswerten (§ 8 Abs 2 Sätze 6–9 EStG; → Rn 23) sowie mit Durchschnittswerten (§ 8 Abs 2 Satz 10 EStG; → Rn 24) und die Sonderbewertung von Personalrabatten mit einer Wertfiktion (§ 8 Abs 3 EStG, „so gelten als deren Wert") vor. **Bewertungszeitpunkt** ist grundsätzlich der des Zuflusses. Jedoch soll bei der Verschaffung von Aktien für die Frage, ob überhaupt ein Vorteil entstanden ist, der Zeitpunkt der Verpflichtung maßgebend sein (BFH 7.5.14 – VI R 73/12, DStR 14, 1328; dazu kritisch → *Aktienoptionen* Rn 21). 25

**cc) Preisnachlässe Dritter.** (1) Maßgebende Bewertungsvorschrift ist § 8 Abs 2 Satz 1 EStG und nicht § 8 Abs 3 EStG, da die betreffenden Sachbezüge nicht vom ArbGeb, sondern einem Dritten stammen (BFH 20.8.97 – VI B 93/97, BFH/NV 98, 163). Zwar kann § 8 Abs 3 EStG auch in Fällen zur Anwendung kommen, in denen sich der ArbGeb eines Dritten zur Vorteilsgewährung bedient. Dann muss er den Vorteil aber wirtschaftlich selber tragen (BFH 30.5.01 – VI R 123/00, DStR 01, 1656; Sondertarife an ArbN einer Bank durch mit dieser verbundene Versicherungen; BFH 23.6.05 – VI R 10/03, DStRE 05, 991, Abwicklung eines Wandeldarlehens über eine Bank). Bei Preisnachlässen Dritter tragen diese den Rabatt, den der ArbGeb ggfalls nur vermittelt. Rabatte Dritter haben aber nur Lohncharakter, wenn sie eine zusätzliche Entlohnung der Dienste darstellen, die der ArbN arbeitsvertraglich schuldet (vgl FG Düsseldorf 21.12.16 – 5 K 2504/14, DStRE 18, 400, FG Hbg 29.11.17 – 1 K 111/16, DStRE 18, 772 und FG Köln 11.10.18 – 7 K 2053/17, 26

DStRK 19, 56 Rev VI R 53/18). Werden nach einer Umstrukturierung im Konzern bisherige Personalrabatte vom früheren ArbGeb (der Konzernmutter) weitergewährt, greift § 8 Abs 3 EStG nur ein, wenn es sich um „Vorteile aus früheren Dienstleistungen" (§ 19 Abs 1 Nr 2 EStG) handelt. Das ist nicht der Fall, wenn Voraussetzung der Rabattgewährung die Beschäftigung bei einer Konzerntochter (dem jetzigen ArbGeb) ist, weil der Rabatt dann eine zusätzliche Entlohnung für die derzeitige Beschäftigung, also eine Lohnzahlung Dritter darstellt (BFH 8.11.96 – VI R 100/95, DStR 97, 573 mit Anm *MIT;* zweifelhaft FG Düsseldorf 28.6.00 – 14 K 447/00 E, DStRE 00, 897; aA *Schmidt* DB 96, 2202; *Gast-de Haan* DStR 97, 1114). Kraft gesetzlicher Sonderregelung werden Ruhestandsbeamte des Bundeseisenbahnvermögens wie ArbN der Deutschen Bahn AG behandelt (BFH 26.6.14 – VI R 41/13, DStRE 14, 1474). Die Verwaltung geht bei Rabatten von dritter Seite wahlweise von dem um 4 vH gekürzten Angebotspreis oder dem Durchschnittspreis aus, der in der Mehrzahl der Fälle vom Letztverbraucher am Abgabeort gezahlt wurde (R 8.1 Abs 2 Satz 9 LStR). Der Bewertungsabschlag ist keine Übernahme aus § 8 Abs 3 EStG, wie auch die Nichtberücksichtigung des Rabattfreibetrags zeigt, sondern ein aus Gründen der Verwaltungsvereinfachung eingeräumter Unsicherheitsabschlag. Zur Änderung eines bestandskräftigen Bescheides bei unzutreffend erfassten Jahreswagenrabatt vgl BFH 20.6.01 – VI R 70/00, DStRE 01, 1017 und BFH 25.7.01 – VI R 82/96, BFH/NV 01, 1533.

**27** (2) LStAbzug. Lohnzahlungen Dritter unterliegen dem LStAbzug, wenn der ArbGeb sie kennt – zB aufgrund der Angaben, die der ArbN nach § 38 Abs 4 Satz 2 EStG machen muss – oder kennen kann, was bei verbundenen Unternehmen iSv § 15 AktG vermutet wird (§ 38 Abs 1 Satz 2 EStG).

**28** **2. Einzelbewertung. a) Kein Korrespondenzprinzip** (grds *K/S* § 8 Rz B 6). Der als Arbeitslohn stpfl Vorteil deckt sich nicht notwendigerweise mit dem als Betriebsausgaben zu berücksichtigenden Aufwand des ArbGeb (BFH 5.7.96 – VI R 10/96, DStR 96, 1402; *Thomas* DStR 96, 1680) und zwar weder der Höhe nach, noch nach dem Zeitpunkt des Abzugs (*Büchele* DB 97, 2133). Bspw kann Arbeitslohn auch bei Nutzungsvorteilen des ArbN vorliegen, die beim ArbGeb nicht mit zusätzlichen Kosten verbunden sind (zB Freifahrt durch Bahnbedienstete, BFH 25.9.70, BStBl II 71, 55), wie umgekehrt der Aufwand des ArbGeb höher sein kann als der beim ArbN zu erfassende Vorteil (zB bei Sachbezugswerten). So können dem ArbN vom ArbGeb überlassene wertvolle Gemälde unter den Anschaffungskosten des ArbGeb zu bewerten sein, wenn Fehlkäufe vorliegen (FG Köln 24.8.2000 – 7 K 2853/94, EFG 2000, 1247). Dass aus Vereinfachungsgründen häufig gleichwohl die Aufwendungen des ArbGeb zum Maßstab für den Vorteil des ArbN genommen werden (BFH 23.10.92 – VI R 1/92, DStR 93, 201: private Kfz-Kosten; BFH 25.5.92 – VI R 91/89, DStR 92, 1236: Zuwendungen bei Betriebsveranstaltungen; BFH 18.8.05 – VI R 32/03, DStR 05, 1810: Incentivereise), beruht auf der Annahme, der ArbN werde den Vorteil am Markt jedenfalls nicht günstiger erlangen können (→ *Arbeitsentgelt* Rn 41).

**29** **b) Üblicher Endpreis. aa) Entwicklung.** Durch das Steuerreformgesetz 1990 wurde der bisher benutzte Begriff des „üblichen Mittelpreises des Verbrauchsorts" (BFH 27.3.81, BStBl II 81, 577) durch den „üblichen Endpreis am Abgabeort" abgelöst. Nach der Gesetzesbegründung (BT-Drs 11/2157 S 141) sollten keine substantiellen Änderungen vorgenommen werden, sondern lediglich die Anwendbarkeit der Vorschrift verbessert werden. Auch durch die Einfügung … „mit dem um übliche Preisnachlässe geminderten" üblichen Endpreisen … durch das JStG 1996 sollte nur die bisherige Auslegung bestätigt werden (BT-Drs 13/901 S 132). Anstelle eines statistischen Durchschnittbetrages sollte der tatsächliche Preis anzusetzen sein, „der üblicherweise im allgemeinen Geschäftsverkehr von Letztverbrauchern gefordert wird" (vgl ähnlich zur aF BFH 22.7.88, BStBl II 88, 995, 999; zum „gemeinen Wert" nach dem BewG s BFH 7.4.89, BStBl II 89, 608; BFH 1.2.07 – VI R 72/05, BFH/NV 07, 898). Mit dem Abgabeort anstelle des Verbrauchsortes werde sichergestellt, „dass Sachbezüge aus einem Dienstverhältnis einheitlich nach den Verhältnissen an dem Ort bewertet werden können, an dem der ArbGeb diese Sachbezüge seinen ArbN verschafft" (BT-Drs 13/901 S 132).

**30** **bb) Endpreis.** Nach § 1 Abs 1 Satz 1 PreisangabenVO werden als Endpreise diejenigen Preise definiert „die einschließlich Umsatzsteuer und sonstiger Preisbestandteile unabhängig von einer Rabattgewährung zu zahlen sind". Da der „um übliche Preisnachlässe geminderte“ Endpreis maßgebend ist, kann das das günstigste Angebot am Markt sein (BFH 17.8.05 – IX R 10/05, BStBl II 06, 71 = DStRE 06, 132 und 4.5.06 – VI R 28/05, BStBl II 06, 781 = DStR 06, 1594). Wie sich aus der neuen Fassung des Gesetzes und dem Folgenden ergibt, sind im Bereich der Bewertung nach § 8 Abs 2 Satz 1 EStG also Preisnachlässe zu berücksichtigen. Maßgebender Zeitpunkt ist dabei, wenn Bestell- und Liefertag auseinanderfallen, der Bestelltag (R 8.1 Abs 2 Satz 8 LStR).

**cc) Üblichkeit** heißt entsprechend der Mehrzahl der Verkaufsfälle (R 8.1 Abs 2 Satz 2 31 LStR). Es wird also weder auf einem überdurchschnittlich verhandlungsgewandten, noch auf einen ganz ungeschickten Käufer abgestellt, wohl aber darauf ob bei Leistungen dieser Art es überhaupt üblich ist zu handeln. Mit der abweichenden Gesetzesformulierung war keine materielle Änderung beabsichtigt. Da der Begriff des „Mittelpreises“ schon bislang nicht als Aufforderung zu statistischen Durchschnittserhebungen verstanden wurde, sondern als Schätzung des Betrages, den ein Fremder unter gewöhnlichen Verhältnissen für Güter gleicher Art im freien Verkehr aufwenden muss (BFH 17.6.05 – VI R 84/04, DStR 05, 1437 zum verbilligten Gebrauchtwagenverkauf; BFH 23.1.07 – VI B 115/06, BFH/NV 07, 889 zur Schätzung mit Hilfe üblicher Marktübersichten), dient der Begriff des üblichen Endpreises lediglich der Klarstellung. Dementsprechend ist Maßstab der durchschnittliche Endverbraucher, der als fremder Dritter gleichwertige Güter in Anspruch nimmt. Da diesem auch befristete Sonderangebote zur Verfügung stehen, mindern solche den zu erfassenden Lohn. Dagegen sind Sonderkonditionen, die nur bestimmten Marktteilnehmern, zB Großabnehmern, eingeräumt werden, nicht in die Bewertung einzubeziehen. Auch außergewöhnliche Zugeständnisse im Einzelfall bleiben wegen des Erfordernisses der Üblichkeit außer Ansatz. Preisauszeichnungen, die nicht eingehalten werden, sind – anders als in § 8 Abs 3 EStG (dazu unten), aber wie bei dem aus Gründen der steuerlichen Gleichbehandlung ebenso ausgelegten Entnahmewert (§ 6 Abs 1 Nr 4 Satz 1 EStG) – nicht beachtlich. Die unterschiedliche Auslegung von Abs 2 und Abs 3 des § 8 EStG rechtfertigt sich aus dem verschiedenen Wortlaut und den nur in Abs 3 vorgesehenen Erleichterungen (Bewertungsabschlag und Rabattfreibetrag), die bei der Entnahme ebenfalls nicht gewährt werden.

**c) Abgabeort** ist grds der Ort, an dem der Sachbezug verschafft wird. Das wirkt sich 32 insbesondere aus, wenn die Ware oder Leistung, aus der der Vorteil resultiert, am Markt zu unterschiedlichen Preisen erhältlich ist. Bspw ist bei einer vom ArbGeb verbilligt überlassenen Wohnung neben Alter, Größe, Ausstattung usw die Lage in die Vorteilsbewertung einzubeziehen. Es liegt auf der Hand, dass als Ausgangswert des Vorteils aus einer exklusiven Großstadtwohnung nicht Preisvergleiche mit einer Wohnung auf dem Land angestellt werden können. Abweichend von dem für **§ 8 Abs 2 EStG** maßgebende Verschaffungsort ist bei der Rabattermittlung nach **§ 8 Abs 3 EStG,** jedenfalls bei genormten Produkten, unabhängig davon, wo der Vorteil jeweils verschafft wird, regelmäßig der Sitz des ArbGeb maßgebend, an dem über die Höhe des Rabattes entschieden wird. In § 8 Abs 3 EStG ist nämlich nicht der um marktübliche Rabatte geminderte örtliche Endpreis, sondern deswegen ein für alle ArbN einheitlicher Angebotspreis zugrunde zu legen, weil dem ArbGeb die Vorteilsermittlung möglichst einfach gemacht werden soll. Hiermit wäre nicht vereinbar, wenn der ArbGeb für alle Verschaffungsorte ermitteln müsste, zu welchem Endpreis die vergleichbare Ware dort fremden Letztverbrauchern im allgemeinen Geschäftsverkehr angeboten wird (BFH 5.9.06 – VI R 41/02, DStRE 06, 1369). Übereinstimmende Bewertungsergebnisse sind vielmehr nur durch einen für alle ArbN maßgebenden einheitlichen Abgabeort zu erzielen.

**3. Pauschalbewertung. a) Betroffene Sachbezüge.** § 8 Abs 2 Sätze 2 ff EStG lässt 33 die Bewertung von bestimmten Sachbezügen abweichend von § 8 Abs 2 Satz 1 EStG (üblicher Marktwert) mit pauschalierten Werten zu, bei der die Besonderheiten des Einzelfalles, zB Kosten und Güte der verabreichten Mahlzeiten, außer Betracht bleiben.

**aa) Kfz-Gestellung.** Wegen der nach § 8 Abs 2 Sätze 2 ff EStG vorzunehmenden 34 Pauschalbewertung eines dem ArbN vom ArbGeb überlassenen Pkw wird auf die Ausführungen zum → *Dienstwagen* Rn 43 ff verwiesen.

**bb) Freie Kost und Wohnung.** Maßgebend sind die jährlich fortgeschriebenen Werte 35 der SvEV (→ Rn 40 ff). Diese Werte sind auch bei Stpfl anzusetzen, die nicht der gesetzlichen RVPflicht unterliegen (§ 8 Abs 2 Satz 7 EStG). Es handelt sich grds um Monatswerte (zu den Werten → Rn 44 f) einschließlich Heizung und Beleuchtung mit Abschlägen, wenn nur Teilleistungen erbracht, und Zuschlägen, wenn Angehörige einbezogen werden. Sachbezugswerte sind auch anzusetzen, wenn sie angeblich über dem Marktwert liegen (BFH 23.8.07 – VI R 74/04, DStRE 07, 1482). Des Weiteren ist der Sachbezugswert anzuwenden, wenn dem ArbN bei einer Auswärtstätigkeit eine Mahlzeit vom ArbGeb oder auf dessen Veranlassung von einem Dritten zur Verfügung gestellt wird, sofern der Preis der Mahlzeit 60 € nicht übersteigt (§ 8 Abs 2 Satz 8 EStG; gesetzliche Korrektur von BFH 19.11.08 – VI R 80/06, DStR 09, 29). Der sonst anzusetzende Wert entfällt, wenn dem ArbN eine Verpflegungspauschale zusteht, da diese je nach gewährter Mahlzeit gekürzt wird (§ 8 Abs 2 Satz 9 EStG). Barzuschüsse sind keine Sachbezüge und deshalb grds mit dem Nennbetrag zu erfassen. Bei Ausgabe von Essensmarken oder Restaurantschecks wird auch eine Barlohnumwandlung anerkannt (→ *Essenszuschuss* Rn 13); zu freier Kost auf Schiffen → *Arbeitsentgelt* Rn 48 und → *Dienstreise* Rn 50.

36 **cc) Amtliche Durchschnittswerte,** die für andere Sachbezüge von einer obersten FinBehörde eines Landes mit Zustimmung des BMF festgesetzt werden, sind gem § 8 Abs 2 Satz 10 EStG ebenfalls für die Bewertung heranzuziehen (zB Gleichlautende Erlasse v 13.3.19, BStBl I 19, 216 zum Nutzungsvorteil bei Überlassung von Elektro-Fahrrädern). Allerdings erfüllen weder die LStR (BFH 4.5.06 – VI R 28/05, DStR 06, 1594) noch reine BMF-Schreiben diese Voraussetzungen und gleichbleibende Erlasse von obersten Finanzbehörden der Länder (vgl vom 15.6.15 DStR 15, 1755 zur Beköstigung im Bereich der Seeschifffahrt/Fischerei und vom 16.10.18 DStR 18, 2273 zu verbilligten Flügen durch Luftfahrtunternehmen; zu Standby-Flügen *Weber* DStR 06, 1024; *Metzner/Schönfeld* DStR 06, 2012) nur, wenn sie mit Zustimmung des BMF ergehen.

37 Ebenfalls keine verbindlichen Durchschnittswerte liegen vor, wenn aus Gründen einfachen Gesetzesvollzugs anstelle des Einzelnachweises pauschalierte Kosten angesetzt werden dürfen, der Stpfl aber statt dessen seine höheren individuellen Aufwendungen nachweisen darf. Bspw steht es dem Stpfl frei, die Kfz-Kosten bei Dienstreisen mit der (zwischenzeitlich gesetzlich geregelten) km-Pauschale von 0,30 € oder statt dessen mit den nachgewiesenen höheren Kosten anzusetzen (BFH 7.4.92 – VI R 113/88, DStR 92, 980).

38 **b) Verbindlichkeit.** Während die aus Gründen der Verwaltungsvereinfachung gewährten Verwaltungspauschalen nur Wertangebote darstellen (zur Bindung bzw gerichtlichen Überprüfbarkeit → *Pauschbeträge* Rn 24 ff), ist bei den Pauschalen des § 8 Abs 2 Sätze 2–10 EStG der Nachweis der Unrichtigkeit (nach oben und nach unten) nicht möglich (zu den Sachbezugswerten nach der SvEV vgl BFH 23.8.07 – VI R 74/04, DStRE 07, 1482). Sie stehen aber unter dem allgemeinen Verfassungsvorbehalt des Art 3 GG (BVerfG 7.10.80, BVerfGE 55, 72, 88; 30.5.90, BVerfGE 82, 126, 146) und dürfen deshalb nicht wirklichkeitsfern festgesetzt werden. Bei Rabatten auf Leistungen aus der Produktpalette des ArbGeb (→ Rn 33) sind die Durchschnittswerte des § 8 Abs 2 Satz 6 EStG deshalb nicht anwendbar, weil die Bewertung nach Abs 3 des § 8 EStG die nach Abs 2 verdrängt; vgl im Übrigen → Rn 35 zum Verhältnis von § 8 Abs 2 zu Abs 3 EStG.

39 **4. Sonderbewertung.** Nach § 8 Abs 3 EStG werden die Werte von bestimmten vom ArbGeb gewährten Personalrabatten „abweichend von Abs 2", also abschließend, wenn dessen Voraussetzungen vorliegen, nach besonderen Grundsätzen ermittelt.

40 **a) Voraussetzungen.** Die Preisnachlässe müssen Produkte des ArbGeb betreffen und im LStRegelabzug (nach der LStKarte) zu erfassen sein.

**aa) Negativabgrenzung.** (1) Keine Pauschalierung. Die besondere Bewertung für Personalrabatte greift nicht ein, wenn die betreffenden Vorteile nach § 40 EStG pauschal versteuert werden. Dies eröffnet Gestaltungsmöglichkeiten. Der ArbGeb kann Sachbezüge, die unter § 8 Abs 3 EStG fallen, zB die verbilligte Mahlzeit an ArbN im Gaststättengewerbe (s aber → Rn 12) – nicht jedoch die Kantinenmahlzeit in anderen Branchen, da dort die Voraussetzungen des Abs 3 regelmäßig nicht vorliegen (aA *Schmidt/Krüger* § 40 Rz 12) –, bis zur Ausschöpfung des Rabattfreibetrages steuerfrei belassen und dann zur Pauschalierung übergehen. Zur Ausübung des Wahlrechts zwischen § 8 Abs 3 EStG und der Pauschalierung vgl R 8.2 Abs 1 Nr 4 LStR und BMF 28.4.95, BStBl I 95, 273.

41 Wird bei Aushilfskräften nach § 40a EStG pauschaliert, sind dort alle Vorteile einzubeziehen, also auch ein Weinachtsgeld oder solche aus Rabattgewährung. Umgekehrt orientiert

sich die Pauschalierung nach § 40a EStG nur am Arbeitslohn, weshalb Werbungskosten oder Freibeträge nicht berücksichtigit werden (BFH 21.7.89 – VI R 157/87; DStR 89, 640). Werden durch die Rabattgewährung die zulässigen Pauschalierungsgrenzen überschritten, liegt eine fehlgeschlagene Pauschalierung vor, die zu Nachforderungen nach allgemeinen Grundsätzen führt.

(2) Keine Drittrabatte. Die Sonderbewertung des § 8 Abs 3 EStG findet nur statt, wenn 42
der Rabatt vom ArbGeb und nicht einem Dritten stammt (vgl aber zur Deutschen Bahn AG → Rn 14). Das gilt wegen des Fehlens einer Konzernklausel auch für Rabatte durch ein verbundenes Unternehmen, und zwar sowohl bei Preiszuschüssen des ArbGeb auf fremde Lieferungen (BFH 15.1.93 – VI R 32/92, DStR 93, 647; vgl aber FinMin NdS 13.12.99, DStR 2000, 246), als auch bei vom Dritten selbst getragenen Rabatten (FG Münster 4.2.98, EFG 98, 1126). Die Rabattbesteuerung des § 8 Abs 3 EStG kann auch nicht dadurch auf Vorteile, die ein anderes Konzernunternehmen gewährt, ausgeweitet werden, dass – entgegen sonstigen lohnsteuerrechtlichen Grundsätzen (vgl zB BFH 10.5.06 – IX R 82/98, BStBl II 06, 669 = DStR 06, 1268) – der Konzern selbst als ArbGeb angesehen wird (so aber *Birk* in FS Raupach, 423). Wird der ArbN im Rahmen einer Umstrukturierung auf eine Konzerntochter umgesetzt, können von der Konzernmutter weitergewährte Personalrabatte unter § 8 Abs 3 EStG fallen, wenn es sich um Lohn aus einem ehemaligen Dienstverhältnis handelt und nicht um Lohnzahlungen für Arbeitsleistungen an Dritte. Denn § 8 Abs 3 EStG kann auch bei Personalrabatten an Pensionäre eingreifen (BFH 4.6.93 – VI R 95/92, DStR 93, 1216). Dabei muss die verbilligt abgegebene Leistung zum Zeitpunkt der Rabattgewährung aber noch zur Produktpalette der Muttergesellschaft gehören, was nicht der Fall ist, wenn dieser Teil der Produktion zwischenzeitlich an eine andere Konzerntochter ausgelagert worden ist. Vereinbarungen zwischen den Beteiligten über Besitzstandswahrungen können das gesetzliche Erfordernis, dass ein Eigenprodukt des rabattgewährenden ArbGeb vorliegen muss, nicht ersetzen (BFH 8.11.96 – VI R 100/95, DStR 97, 573). Eine **Konzernklausel** ist bewusst nicht in das Gesetz aufgenommen worden (BT-Drs 11/2536 S 16). Damit hat der Gesetzgeber nicht gegen das Gleichbehandlungsgebot des Art 3 Abs 1 GG verstoßen (aA *Glenk* § 8 EStG Rz 131; s auch *HHR* § 8 Rz 91; *Birk* FR 90, 237; *Reuter* StVj 90, 237). Eine alle vergleichbaren Fälle einbeziehende Entlastung hätte nur ein allgemeiner Verwendungsfreibetrag für alle Sachbezüge an ArbN bewirkt, der seinerseits zu verfassungsrechtlichen Zweifeln durch die Benachteiligung des Barlohns bzw anderer Stpfl als ArbN geführt hätte. Die historisch zu erklärende Begünstigung lediglich derjenigen Rabatte, die schon bislang am häufigsten (zu Sozialleistungen s unten) gewährt wurden, lag im gesetzgeberischen Ermessen, zumal der Rabattfreibetrag in erster Linie nicht als Steuerbefreiung, sondern als Ermittlungserleichterung zu werten ist.

(3) Keine Bedarfsdeckung. § 8 Abs 3 EStG greift nicht für Rabatte des ArbGeb auf solche 43
Produkte ein, die überwiegend für den Bedarf seiner ArbN hergestellt, vertrieben oder erbracht werden (FG Hess 2.8.96, EFG 97, 229 und FG Düsseldorf 28.6.2000 – 14 K 447/00 E, DStRE 2000, 897: „Standby-Flüge", die nur eigenen Mitarbeitern angeboten werden; vgl dazu *Weber* DStR 06, 1024 und *Metzner/Schönfeld* DStR 06, 2012). Zweck der Vorschrift ist es, die Sonderbewertung auf solche Produkte zu begrenzen, die überwiegend am Markt und nicht im Belegschaftshandel abgesetzt werden. Hierfür spricht auch, dass Anknüpfungspunkt der Angebotspreis des ArbGeb am Markt oder der seines nächstgelegenen Abnehmers ist. **Überwiegend** bedeutet zu mehr als 50 vH, was bei Waren mengenmäßig, bei Dienstleistungen nach dem Umsatz zu bestimmen ist (*K/S* § 8 Rz D 7). Folge dessen ist, dass die vorteilhafte Bewertung gerade auf soziale Leistungen, wie verbilligtes Kantinenessen oder Betriebskindergärten nicht anwendbar ist. Dies begegnet ebenfalls keinen verfassungsrechtlichen Bedenken, zumal anderweit Entlastungen vorgesehen sind (niedere Sachbezugswerte: § 8 Abs 2 EStG; Steuerbefreiungen: § 3 Nr 33 EStG).

Nicht begünstigt sind Rabatte auf Produkte, mit denen der ArbGeb gar nicht oder nur 44
gelegentlich am Markt erscheint und die er nur für innerbetriebliche Zwecke vorhält (zum verbilligten ArbGebDarlehen, wenn der ArbGeb Kredite sonst nur an verbundene Unternehmen vergibt BFH 18.9.02 – VI R 134/99, BStBl II 03, 371; zum ArbGebDarlehen bei Unterhalten von Festgeldkonten BFH 9.10.02 – VI R 54/01, DStRE 03, 264; zum ArbGebDarlehen einer LZB BFH 9.10.02 – VI R 164/01, BStBl II 03, 373). Eine Ware oder Dienstleistung vertreibt nicht nur derjenige, der sie im eigenen Namen und auf

eigene Rechnung gegenüber Letztverbrauchern anbietet, sondern auch derjenige, der sie für einen Dritten entgeltlich auf dessen Rechnung am Markt vertreibt (BFH 26.4.18 – VI R 39/16, DStR 18, 1853, der Sachverhalt des Streittfalls wurde wegen des Steuergeheimnisses nicht veröffentlicht). Die Verwaltung bejaht die Anwendbarkeit des § 8 Abs 3 EStG auf Rohstoffe, Zutaten und Halbfertigprodukte, wenn diese mengenmäßig überwiegend in die Erzeugnisse des Betriebes eingehen und verneint sie bei Betriebs- und Hilfsstoffen, die mengenmäßig überwiegend nicht an fremde Dritte abgegeben werden (R 8.2 Abs 1 Nr 3 LStR; gegen diese Differenzierung *Glenk* § 8 EStG Rz 152; *Schmidt* FR 90, 361; *HHR* § 8 Rz 91 ff). ME ist der Wortlaut „hergestellt, vertrieben oder erbracht" nicht nur auf das vorhergehende „für den Bedarf seiner ArbN", sondern auch auf davor „vom ArbGeb" zu beziehen, also darauf abzustellen, ob der ArbGeb mit dem verbilligt abgegebenen Produkt – ggf auch mittelbar über einen Händler – selbst überwiegend am Markt erscheint. Deshalb fällt die unentgeltliche Abgabe von Baumaterial nicht unter § 8 Abs 3 EStG, wenn der ArbGeb am Markt kein Baumaterial vertreibt, sondern nur ganze Gebäude. Dagegen fällt die Abgabe von Medikamenten an Krankenhauspersonal unter § 8 Abs 3 EStG, weil ihre Abgabe an Patienten nicht in ein einheitliches Produkt Pflegeleistung eingeht (BFH 27.8.02 – VI R 63/97, BStBl II 02, 881 mit Anm *MIT* DStRE 02, 1417; anders für Medikamente, die nicht für die Patienten benötigt werden: BFH 27.8.02 – VI R 158/99, BStBl II 03, 95 und anders auch, wenn die Rabatte auf die Medikamente nicht vom ArbGeb sondern von einem Dritten eingeräumt werden: BFH 18.10.12 – VI R 64/11, DStR 12, 2433). Umgekehrt kann, wenn ein ArbGeb, der nicht Kfz-Hersteller oder Händler ist, aber aus seinem Bestand regelmäßig gebrauchte Kfz veräußerte („vertreibt"), § 8 Abs 3 EStG eingreifen, wenn die Gebrauchtwagen überwiegend an Fremde veräußert werden, aber im Einzelfall ein Gebrauchtwagen verbilligt an einen ArbN abgegeben wird (BFH 23.1.07 – VI B 115/06, BFH/NV 07, 889 und BFH 22.2.07 – VI B 121/06, BFH/NV 07, 905). Zur Überlassung von gebrauchten Waren in anderen Fällen vgl BMF 7.8.90, DStR 90, 603; zur verbilligten Überlassung eines Pkw an einen Schwerbehinderten als Arbeitserleichterung FG Hess 20.11.97, EFG 98, 465. Eine Zeitung kann zur Produktpalette des herausgebenden Verlages und auch der das Blatt herstellenden selbstständigen Druckerei gehören (BFH 28.8.02 – VI R 88/99, DStR 03, 108; zur UStlichen Behandlung bei verbilligter Lieferung von Zeitungen an eigene ArbN BFH 19.6.11 – XI R 8/09, DStRE 12, 46). Hersteller ist auch, wer gewichtige Beiträge zur Herstellung einer Ware erbringt, indem er sie auf eigene Kosten nach seinen Vorgaben und Plänen von einem Dritten produzieren lässt (BFH 1.10.09 – VI R 22/07, BStBl II 10, 204 = DStR 09, 2481 mit Anm *Birk/Specker,* DB 09, 2742; *Schneider* HFR 10, 117). Dies wirft, wenn der ArbGeb die Ware nicht selbst vertreibt insbes bei arbeitsteiliger Produktion im Konzern Abgrenzungsfragen auf, welche Konzerngesellschaften bereits oder noch nicht als Hersteller anzusehen sind. Jedenfalls ist Hersteller eines Endprodukts (zB Auto) nicht schon jeder Zulieferer einzelner Teile (zB Getriebe, Motor, Reifen, Sitze, Radio usw). Schenkt der ArbGeb seinem ArbN eine Reise, hängt die Bewertung nach § 8 Abs 2 oder 3 EStG davon ab, ob derartige Reisen zur Produktpalette des ArbGeb gehören, was nicht der Fall ist, wenn der ArbGeb nur Vermittler und nicht Veranstalter ist (BFH 7.2.97 – VI R 17/94, DStR 97, 863). Die Verwaltung lässt den Rabattfreibetrag dann jedenfalls auf eine fiktive Vermittlungsprovision zu (H 8.2 „Berechnung des Rabatt-Freibetrages" Beispiel 2 LStR), was zweifelhaft ist, weil nicht eine Vermittlungsleistung, sondern eine Reise zu bewerten ist. Ob der ArbGeb Veranstalter ist, bestimmt sich unter Berücksichtigung von § 651a Abs 2 BGB nicht nach dem Kleingedruckten in den Reiseunterlagen, sondern danach ob beim Anwerben der Teilnehmer der Anschein erweckt wird, dass die Reiseleistungen in eigener Verantwortung erbracht werden (*Thomas* DStR 96, 1679). Werden ArbN eines Reisebüros von einem Luftfahrtunternehmen Rabatte auf Flüge eingeräumt, greift § 8 Abs 3 EStG nicht ein, weil es sich um Drittrabatte handelt (→ Rn 14) und weil das Reisebüro nicht Veranstalter der Flüge ist (FG München 28.2.97, DStRE 97, 885, bestätigt durch BFH 20.8.97 – VI B 93/97, DStRE 97, 885; zur Bewertung der Reise und zur Freistellung einer fiktiven Vermittlungsleistung OFD Bln 17.12.96, DB 97, 450).

45 **bb) Produktpalette.** Die Bewertung des § 8 Abs 3 EStG bezieht sich auf **Waren** und **Dienstleistungen.** Zu den Waren gehören auch solche Wirtschaftsgüter, die im Wirt-

schaftsverkehr wie Sachen behandelt werden, zB Strom und Wärme. Dienstleistungen sind alle personellen Leistungen, die üblicherweise gegen Entgelt erbracht werden (Beförderung, Beratung, Datenverarbeitung, Kontenführung, Werbung, Versicherungsschutz, Vermittlungsleistungen, FG Köln 21.4.05 – 10 K 7434/01, EFG 05, 1231 = DStRE 05, 926). Im Anschluss an BFH 4.11.94, BStBl II 95, 338 sieht die Verwaltung als Dienstleistungen im weiteren Sinne auch bloße **Nutzungsüberlassungen** (Wohnungsüberlassung, Kfz-Gestellung, Darlehensgewährung) an. Danach fallen Rabatte unter § 8 Abs 3 EStG, wenn die betreffende Nutzungsüberlassung zum Unternehmensgegenstand des ArbGeb gehört (Wohnungs-Mietwagenunternehmen, Bank; zum Hotelgewerbe OFD Münster 18.8.95, DStR 95, 1551; OFD Düsseldorf 20.6.95, DB 95, 1442; zum Bankgewerbe BMF 20.9.94, FR 94, 757). Daraus folgt gleichzeitig, dass in diesen Fällen die zu § 8 Abs 2 EStG ergangenen Wertermittlungen der Verwaltung zu Zinsersparnissen (BMF 13.6.07 – IV C 5 – S 2334/07/0009 DStR 07, 1125) nicht zum Zuge kommen können; Ausgangsbetrag ist also auch in diesen Fällen nicht der übliche Endpreis, sondern der Angebotspreis (→ Rn 35 ff).

**b) Bewertungsfolgen.** Liegen die Voraussetzungen des § 8 Abs 3 EStG vor, ist als Arbeitslohn die Differenz zwischen dem um 4 vH geminderten Angebotspreis und dem entrichteten Entgelt zu erfassen, wobei die Summe dieser Differenzbeträge bis zu 1080 € jährlich steuerfrei bleibt. Maßgebender Angebotspreis ist der des ArbGeb am Abgabeort bzw der des nächstansässigen Abnehmers. 46

**aa) Angebotspreis.** Aus dem unterschiedlichen Wortlaut von § 8 Abs 2 EStG die „um übliche Preisnachlässe geminderten" Endpreise und § 8 Abs 3 EStG Endpreise, „zu denen der … im allgemeinen Geschäftsverkehr anbietet" folgen auch unterschiedliche Bezugsgrößen. Während bereits der Begriff des Endpreises wegen seiner Verwendung in § 1 Abs 1 PreisangabenVO auf Angebotspreise vor Rabattgewährung hinweist (→ Rn 18), wird dies sowohl durch Verwendung des Wortlautes „anbietet" verstärkt, als auch durch die Maßgeblichkeit des „allgemeinen" Geschäftsverkehrs, also des ersten Kontakts mit dem Endverbraucher. Außerdem sieht der Ausgangsbetrag des § 8 Abs 3 EStG – anders als Abs 2 – eine Minderung um übliche Preisnachlässe gerade nicht vor, woraus folgt, dass das Angebot vor Verhandlungen, also der erste Zugang zum Markt gemeint ist. Hiervon ging bisher auch der BFH (BFH 4.6.93, BStBl II 93, 687) grds aus, allerdings unter dem Vorbehalt „sofern nicht offenkundig ist, dass nach den Gepflogenheiten im allgemeinen Geschäftsverkehr tatsächlich ein niedrigerer Preis, etwa ein Haus- oder Normalpreis gefordert und bezahlt wird". Nunmehr soll als Endpreis iSd § 8 Abs 3 EStG der am Ende von Verkaufsverhandlungen als letztes Angebot stehende Preis anzusehen sein und deshalb auch Rabatte umfassen (BFH 26.7.12 – VI R 30/09, DStR 12, 2270 und VI R 27/11, DStR 12, 2272). Danach wäre der Endpreis in § 8 Abs 3 EStG mit dem des § 8 Abs 2 EStG identisch. Darüber hinaus nimmt die Rspr an, dass zwischen der Bewertung nach Abs 2 und der nach Abs 3 des § 8 EStG ein Wahlrecht besteht (BFH 5.9.06 – VI R 41/02, BStBl II 07, 309 = DStRE 06,1369 und BFH 26.7.12 – VI R 30/09, DStR 12, 2270). 47

Nachdem die Verwaltung zunächst von anderen Grundsätzen ausgegangen ist (vgl Personalbuch 2013 Sachbezug Rz 35), folgt sie dem BFH nunmehr in modifizierter Form (BMF 16.5.13 DStR 13, 1086 mit Anm *Plenker* DB 13, 1145): Danach hat sowohl der ArbGeb beim LStAbzug als auch der ArbN bei der Veranlagung unabhängig voneinander die Wahl zwischen beiden Bewertungen. Bei der Bewertung nach § 8 Abs 2 EStG darf der günstigste Preis am Markt, also nicht nur der des ArbGeb sondern auch der anderer Anbieter zum Vergleich herangezogen, aber kein Bewertungsabschlag von 4 % und kein Rabattfreibetrag abgezogen werden. Das kann bei vorheriger anderweiter Ausschöpfung des Rabattfreibetrages die günstigste Lösung sein. Bei der Bewertung nach § 8 Abs 3 EStG können vom Angebotspreis des ArbGeb nur von diesem selbst durchschnittlich gewährte Rabatte (ohne Sonderrabatte an Großkunden) abgezogen werden, während sein günstigstes Angebot, ebenso wie günstigere Angebote anderer Marktteilnehmer nicht berücksichtigt werden (R 8.1 LStR; *Plenker* DB 14, 1037, 1042). 48

Stellungnahme: Wie oben (→ Rn 13, 26) dargelegt wurde, stehen bei Sachbezügen der Regelbewertung des § 8 Abs 2 Satz 1 EStG Sonderbewertungen nach § 8 Abs 2 Sätze 2–10 und Abs 3 EStG gegenüber, die in ihrem Anwendungsbereich jeweils abschließend gelten. Wie dem Gesetzesbefehl in § 8 Abs 3 EStG, dass dort „abweichend von Abs 2" zu verfahren ist, ein Wahlrecht zwischen Abs 2 und Abs 3 entnommen werden kann, ist schwer nachzuvollziehen. Entsprechendes gilt für die angebliche inhaltliche Übereinstimmung beider Bewertungen. Während bei § 8 Abs 2 Satz 1 EStG übliche Rabatte ausdrücklich zu berücksichtigen sind („mit den um übliche Preisnachlässe geminderten üblichen Endpreisen"), fehlt in § 8 Abs 3 EStG bewusst eine derartige Regelung. Vielmehr wird aus Gründen der praktischen Handhabung von einer Preisfiktion („so gelten als deren Wert") ausgegangen, die sich am leicht feststellbaren (weil gesetzlich vorgeschriebenen) ersten Angebot an den Markt („zu denen der ArbGeb die Waren … im allgemeinen Geschäftsverkehr anbietet") orientiert. Demgegenüber ist keine Rede davon, dass in die Vorteilsbewertung Rabatte einzubeziehen seien. Das erübrigt schwierige Feststellungen (des ArbGeb bzw der FinBeh) darüber, wie am Markt tatsächlich abgeschlossen wird.

Eine Typisierung, die aus Gründen einfacher Handhabung auf Angebote und nicht auf Abschlüsse abstellt, weicht von dem für das jeweilige Produkt am Markt individuell erzielbaren Preis notwendigerweise ab. Sie kann belastend aber auch begünstigend wirken, insbes in solchen Fällen, in denen – wie bspw im Lebensmitteleinzelhandel, bei Gaststätten, bei genormten Produkten von Banken und Versicherungen usw – Preise üblicherweise nicht ausgehandelt werden. Wer sich im Hinblick auf das objektive Nettoprinzips bzw zur Vermeidung von Scheinlohnbesteuerungen (vgl dazu *Thomas* DB Beilage 6 zu Heft 39/2006, 58 unter III.2.c) befugt sieht, im Wege der Rosinenpickerei nur günstige Elemente der Typisierung übernehmen zu müssen, setzt sich über die Rspr des BVerfG hinweg, nach welchen Typisierungen, die der Vereinfachung dienen, hinzunehmen sind, sofern die Typisierung als solche nicht zu beanstanden ist. Wäre sie nicht sachgerecht, kann sie nicht dadurch korrigiert werden, dass einzelne Regelungsteile ignoriert werden. Denn damit setzte man sich über die ausschließliche Verwerfungskompetenz des BVerfG hinweg.

49 **bb) Abgabeort.** Es wird auf die Ausführungen zur Einzelbewertung nach § 8 Abs 2 Satz 1 EStG (→ Rn 20) verwiesen.

**cc) Nächstansässiger Abnehmer.** Bietet der ArbGeb seine Produkte nicht selbst Endverbrauchern an, tritt an dessen Stelle der Angebotspreis des dem Abgabeort nächstansässigen Abnehmers. Auch diese Regelung spricht für die Maßgeblichkeit von Preisauszeichnungen, also – wo vorhanden – von Listenpreisen, weil sich der ArbGeb hierüber am leichtesten orientieren kann und angenommen werden kann, dass dem ArbGeb umfangreiche Marktforschungsmaßnahmen und daraus für den LStAbzug resultierende Haftungsrisiken erspart bleiben sollten.

50 **dd) Rabattfreibetrag.** Der für die Summe der in einem Kj gewährten Rabatte steuerfreie Betrag von 1080 € ist neben der mit der Wertfiktion des § 8 Abs 3 EStG verfolgten einfachen Vorteilsermittlung ein Ausgleich dafür, dass – wo gehandelt werden kann – auch am Markt erzielbare Rabatte in die Besteuerung einbezogen sein können. Er kann beim LStAbzug je Dienstverhältnis berücksichtigt werden, weil das Gesetz eine Einschränkung (zB nur im ersten Dienstverhältnis oder Verpflichtung zum Ausweis in der LStKarte bei Wechsel des ArbGeb) nicht vorsieht. Da es sich nicht um einen Jahressteuerfreibetrag, sondern um eine Bewertungsbestimmung handelt, muss eine im LStAbzug erfolgte mehrfache Berücksichtigung bei der Veranlagung nicht rückgängig gemacht werden (fraglich). Das Gesetz schließt auch eine **Barlohnumwandlung** nicht aus. Allerdings ist Tatfrage, ob wirklich eine Lohnkürzung und dafür die Option auf Sachlohn durch Rabattgewährung vereinbart wurde oder ob nur im Einzelfall eine Verwendungsabsprache über Barlohn vorliegt (*Thomas* DStR 97, 1841).

## C. Sozialversicherungsrecht *Schlegel*

55 **1. Sachbezüge als Bestandteil des Arbeitsentgelts. a) Gegenleistung für abhängige Arbeit.** Für die Frage, ob dem Grunde nach Arbeitsentgelt vorliegt, spielt es keine Rolle, in welcher Form der ArbGeb seine Gegenleistung für die Arbeit des ArbN erbringt. Daher sind auch Sachbezüge Arbeitsentgelt, wenn ihnen die Zweckbestimmung einer Entlohnung des ArbN zu entnehmen ist. Bei Sachbezügen stellt sich dann regelmäßig die Frage, wie diese zu bewerten sind und um welchen Betrag sie den vereinbarten „Geldlohn" erhöhen.

56 **b) Sachbezugsverordnung – Bewertung geldwerter Vorteile.** Die Bewertung geldwerter Vorteile und von Sachbezügen erfolgte bis Ende 2006 nach der SachBezV.

**c) Sozialversicherungsentgeltsverordnung – SvEV. Seit** 1.1.2007 sind die Regelungen der SachbezugsVO und der ArbeitsentgeltVO in der SvEV zusammengefasst (SvEV vom 21.12.06, BGBl I 06, 3385; zur Begründung BR-Drs 819/06). 57

**2. Abgrenzung zwischen freier Wohnung und freier Unterkunft. a) Freie Wohnung.** Dieser Sachbezug setzt eine in sich geschlossene Einheit von Räumen voraus, in denen ein selbstständiger Haushalt geführt werden kann. Wesentlich ist, dass eine Wasserversorgung und -entsorgung, zumindest eine einer Küche vergleichbare Kochgelegenheit sowie eine Toilette vorhanden sind. Danach stellt zB ein Einzimmerappartement mit Küchenzeile und WC als Nebenraum eine Wohnung dar, nicht dagegen ein Wohnraum bei Mitbenutzung von Bad, Toilette und Küche. 58

Eine freie Wohnung ist mit dem ortsüblichen Mietpreis, Energie, Wasser, sonstige Nebenkosten sind mit dem üblichen Abgabepreis zu bewerten (§ 3 Abs 1 Satz 1 SvEV). Ist dies mit außergewöhnlichen Schwierigkeiten verbunden, sind – ab 1.1.2019 bundesweit einheitlich – je Quadratmeter monatlich 4,05 € (bis Ende 2018: 3,97 €) anzusetzen, bei einfacher Ausstattung (ohne Sammelheizung oder ohne Dusche/Bad) 3,31 € (bis Ende 2018: 3,24 €), vgl § 2 Abs 4 Satz 2 SvEV. 59

**b) Freie Unterkunft.** Die einem ArbN zur Verfügung gestellte freie Unterkunft (§ 2 Abs 3 SvEV) ist von Art und Größe her mit dem beheizbaren Zimmer eines Untermieters vergleichbar. Als Maßstab der Bewertung ist deshalb der für ein solches Zimmer einschließlich Heizung im Durchschnitt zu zahlende Preis genommen worden. Der Wert für die Unterkunft schließt auch die bisher besonders bewertete Beleuchtung ein; er beträgt seit 1.1.20 gem § 2 Abs 3 Satz 1 SvEV 235 € (bis Ende 2019: 231 €). Dieser Wert ermäßigt sich gem § 2 Abs 3 Satz 2 SvEV 60

| | |
|---|---|
| bei Aufnahme des Beschäftigten in den Haushalt des ArbGeb | um 15 vH, |
| oder bei Unterbringung in einer Gemeinschaftsunterkunft | |
| für Jugendliche bis zur Vollendung des 18. Lebensjahres und Auszubildende | um 15 vH, |
| bei der Belegung mit zwei Beschäftigten | um 40 vH, |
| mit drei Beschäftigten | um 50 vH, |
| mit mehr als drei Beschäftigten | um 60 vH. |

**c) Freie Verpflegung.** Gem § 2 Abs 1 SvEV waren bzw sind folgende Werte festgesetzt (ab ab 1.1.20 vgl VO vom 29.11.19, BGBl I 1997; ab 1.1.19, VO vom 6.11.18, BGBl I 1842): 61

| | ab 1.1.20 | ab 1.1.19 |
|---|---|---|
| Freie Verpflegung insgesamt | 258 € | 251 € |
| Frühstück | 54 € | 53 € |
| Mittagessen | 102 € | 99 € |
| Abendessen | 102 € | 99 € |

Ausreichend für den Ansatz der genannten Werte als Arbeitsentgelt ist, dass der Sachbezug (zB das Mittagessen) zur Verfügung gestellt wird. Ob der Beschäftigte zB das Mittagessen tatsächlich eingenommen hat, spielt keine Rolle (BSG 23.2.17 – B 11 AL 1/16 R, BeckRS 2017, 112711, Rn 28).

**3. Verbilligte Verpflegung, Unterkunft oder Wohnung.** Werden Verpflegung, Unterkunft oder Wohnung verbilligt als Sachbezug zur Verfügung gestellt, ist der Unterschiedsbetrag zwischen dem vereinbarten Preis und dem Wert, der sich bei freiem Bezug nach den Abs 1–4 des § 2 SvEV ergeben würde, dem Arbeitsentgelt zuzurechnen (§ 2 Abs 5 SvEV). 62

**4. Sonstige Sachbezüge. a) Allgemeines.** Der Wert sonstiger Sachbezüge, die nicht unter § 2 SvEV fallen, ist nach § 3 SvEV zu bestimmen. Diese Vorschrift nimmt im Wesentlichen auf Regelungen in § 8 EStG Bezug und übernimmt insoweit die für das Steuerrecht festgesetzten Werte in der SozV. Sie bestimmt den Wert insbes der **privaten Nutzung eines betrieblichen Kfz** (§ 3 Abs 1 Sätze 2 und 3 SvEV iVm § 8 Abs 2 Satz 2–5 EStG). Sind von der obersten Finanzbehörde eines Landes nach § 8 Abs 2 Satz 10 EStG für weitere Sachbezüge der ArbN Durchschnittswerte festgesetzt worden **(amtliche** 63

**Sachbezugswerte),** sind diese auch in der SozV maßgebend (§ 6 Abs 1 Satz 2 EStG). Bei **Belegschaftsrabatten** wird danach differenziert, ob eine Pauschalbesteuerung durch den ArbGeb nach § 40 EStG stattgefunden und der ArbGeb insoweit den ArbNAnteil zur SozV übernommen hat (dann § 3 Abs 3 Satz 1 SvEV: Durchschnittsbetrag der pauschal versteuerte Waren und Dienstleistungen), oder ob dies nicht der Fall ist (dann § 3 Abs 1 Satz 3 SvEV iVm § 8 Abs 3 Satz 1 EStG: üblicher Verkaufspreis gegenüber fremden Letztverbrauchern abzüglich 4 vH).

64 **b) Bloße Verbilligung.** Werden dem ArbN Sachen und Dienstleistungen nicht kostenlos zur Verfügung gestellt, sondern erhält er nur eine **Verbilligung,** ist als Wert seines geldwerten Vorteils der Unterschiedsbetrag zwischen dem vereinbarten Preis und dem nach der SachBezV für kostenlose Waren und Dienstleistungen festgesetzten Wert anzusetzen (§ 3 Abs 2 SvEV). Soweit sich der Wert des geldwerten Vorteils nicht aus aufgeführten speziellen Vorschriften der SachBezV ggf iVm § 8 EStG ergibt, ist als Wert für unentgeltliche Sachbezüge/Dienstleistungen der hierfür um übliche Preisnachlässe geminderte **übliche Endpreis** am Abgabeort anzusetzen.

65 **c) Bagatell-Sachbezüge.** Sachzuwendungen bleiben völlig „außer Ansatz", sind also im Ergebnis als rechtlich nicht relevantes Arbeitsentgelt anzusehen, wenn sich nach Anrechnung des vom ArbN hierfür gezahlten Preises ein geldwerter Vorteil von nicht mehr als **44 € im Monat** ergibt (§ 3 Abs 1 Satz 4 SvEV iVm § 8 Abs 2 Satz 11 EStG).

66 **d) Amtliche Sachbezugswerte.** Sind von der obersten Finanzbehörde eines Landes nach § 8 Abs 2 Satz 10 EStG für weitere Sachbezüge der ArbN Durchschnittswerte festgesetzt worden, sind diese auch in der SozV maßgebend (§ 3 Abs 1 Satz 3 SvEV).

67 **e) Private Nutzung eines betrieblichen Kfz.** Der darin liegende geldwerte Vorteil ist je Kalendermonat mit 1 vH des inländischen Listenpreises im Zeitpunkt der Erstzulassung anzusetzen (§ 3 Abs 1 Satz 2 SvEV iVm § 8 Abs 2 Satz 2, § 6 Abs 1 Nr 4 Satz 2 EStG). Kann das Kfz auch für Fahrten zwischen Wohnung und Arbeitsstätte benutzt werden, erhöht sich der Wert um 0,03 vH des Listenpreises für jeden Entfernungskilometer (§ 8 Abs 2 Satz 3 EStG). Der ArbN kann die Pauschalierung des Nutzen eines privat nutzbaren betrieblichen Kfz vermeiden, wenn er für die gesamte Nutzungszeit ein Fahrtenbuch führt und alle Kfz-Kostenbelege für die dienstliche und die private Nutzung sammelt, so dass der private Nutzungsaufwand konkret berechnet werden kann (§ 8 Abs 2 Satz 4, § 6 Abs 1 Nr 4 Satz 2 EStG). Kann das Kfz auch für Familienheimfahrten bei doppelter Haushaltsführung benutzt werden, erhöht sich der Wert um 0,002 vH des Listenpreises für jeden Entfernungskilometer zwischen dem Ort des Hausstandes und der Beschäftigung (§ 8 Abs 2 Satz 5 EStG).

68 **f) Personalrabatte und Belegschaftsrabatte. aa) Begriff.** Personalrabatte werden in § 8 Abs 3 EStG und in § 3 Abs 3 SvEV als Waren oder Dienstleistungen beschrieben, die vom ArbGeb nicht überwiegend für den Bedarf seiner ArbN hergestellt, vertrieben oder erbracht werden. Für die Bewertung von Personalrabatten kommt es maßgeblich darauf an, ob eine Pauschalbesteuerung durch den ArbGeb stattgefunden hat oder ob dies nicht der Fall ist.

69 **bb) Individualbesteuerung/Keine Pauschalbesteuerung.** Hat keine Pauschalbesteuerung nach § 40 EStG stattgefunden, gilt als Wert der Ware oder der Dienstleistung der um das um übliche Preisnachlässe geminderte Endpreis, zu denen der ArbGeb die Werte oder Dienstleistungen fremden Letztverbrauchern im allgemeinen Geschäftsverkehr anbietet (§ 3 Abs 1 Satz 1 SvEV). Es ist konkret darauf abzustellen, welche Zuwendungen gerade dieser ArbN erhalten hat.

70 Derartige Personalrabatte können aus dem Anwendungsbereich des Arbeitsentgelts ausgenommen und damit beitragsfrei sein, denn in der systematisch zu § 3 EStG gehörenden Vorschrift des § 8 Abs 3 Satz 2 EStG ist die Steuerfreiheit für Leistungen iSd § 8 Abs 3 Satz 1 EStG (Personalrabatte) bis zu einem bestimmten Steuerfreibetrag angeordnet. Die Inanspruchnahme dieses Steuerfreibetrages ist lediglich dann ausgeschlossen, wenn eine Pauschalbesteuerung nach § 40 Abs 1 Satz 1 Nr 1 EStG stattgefunden hat (zum Wahlrecht zwischen Pauschalbesteuerung und Inanspruchnahme des Steuerfreibetrages BSG 7.2.02 – B 12 KR 6/01 R, SozR 3–2400 § 14 Nr 23 mwN).

71 **cc) Pauschalbesteuerung** durch den ArbGeb nach § 40 Abs 1 Satz 1 Nr 1 EStG führt dazu, dass die Zuwendung an den ArbN mit dem Durchschnittsbetrag der pauschal

versteuerten Waren und Dienstleistungen angesetzt wird; dh es wird ein **betriebsinterner Durchschnittswert,** der vom ArbGeb insgesamt an alle seine ArbN gewährten Personalrabatte, einer bestimmten Kategorie gebildet. Zulässig ist es auch, den Durchschnittsbetrag des Vorjahres anzusetzen (§ 3 Abs 3 Satz 1 SvEV). Dabei kommt es nicht darauf an, in welchem Umfang der einzelne ArbN solche Waren und Dienstleistungen konkret in Anspruch genommen hat und ob er mehr oder weniger Personalrabatte als seine Kollegen erhalten hat; es wird immer der Durchschnittswert der vom ArbGeb an alle seiner ArbN gewährten Sachen und Dienstleistungen angesetzt. Dies könnte für den einzelnen ArbN dazu führen, dass er aus den mit dem Durchschnittswert angesetzten Personalrabatt höhere Beiträge zu zahlen hat, als es seinen tatsächlichen geldwerten Vorteilen entspricht. Daher lässt § 3 Abs 3 Satz 3 SvEV dieses Wertermittlungsverfahren nur zu, wenn der ArbGeb den vom Beschäftigten zu tragenden Teil des auf den Personalrabatt entfallenden GesamtSozVBeitrag übernimmt. Die vom ArbGeb übernommene ArbNAnteil ist nach § 1 Abs 1 Satz 1 Nr 7 SvEV nicht dem Arbeitsentgelt zuzurechnen und damit insgesamt beitragsfrei.

**g) Auffangregelung.** Soweit sich der Wert des geldwerten Vorteils nicht aus aufgeführten speziellen Vorschriften der SachBezV ggf iVm § 8 EStG ergibt, ist als Wert für unentgeltliche Sachbezüge/Dienstleistungen der hierfür um übliche Preisnachlässe geminderte Endpreis am Abgabeort anzusetzen (§ 3 Abs 1 SvEV). Bei lediglich verbilligter Abgabe an den ArbN ist die Differenz zwischen dem tatsächlich vereinbarten Preis und dem nach § 3 Abs 3 SvEV ermittelten, um Preisnachlässe verminderten üblichen Endpreis anzusetzen. 72

**5. Beitragsrecht.** Freie sowie verbilligte Kost und Wohnung sind als laufend gezahltes Entgelt zu behandeln und beitragsrechtlich nur in dem Abrechnungszeitraum zu berücksichtigen, in dem sie dem ArbN gewährt werden. Bei sonstigen Sachbezügen ist zu prüfen, ob sie dem ArbN für seine Arbeit in einem bestimmten Lohnabrechnungszeitraum laufend (zB Freitrunk) gewährt werden, oder ob dies nicht der Fall ist. Belegschaftsrabatte sowie sonstige kostenlose oder verbilligte Überlassung von Waren oder Dienstleistungen werden dem ArbN in aller Regel nicht für die Arbeit in einem einzelnen Entgeltabrechnungszeitraum gewährt; sie sind daher als einmalig gezahltes Arbeitsentgelt zu behandeln (*Einmalzahlungen*). 73

Kraft ausdrücklicher Regelung sind die nach § 3 Abs 3 Satz 5 SvEV mit dem Durchschnittswert angesetzten Sachbezüge, die in einem Kj gewährt werden, insgesamt dem letzten Entgeltabrechnungszeitraum in diesem Kj zuzuordnen. Insoweit trifft § 3 Abs 3 Satz 5 SvEV auch für Einmalzahlungen eine Sonderregelung. Die März-Klausel des § 23a SGB IV kommt nicht zur Anwendung. Für Sachbezüge, die nicht einem Durchschnittswert angesetzt werden, verbleibt es bei der allgemeinen Regelung für Einmalzahlungen. 74

**6. Beitragsabzugsverfahren.** Gem § 28g SGB IV hat der ArbGeb gegen den Beschäftigten einen Anspruch auf den vom Beschäftigten zu tragenden Teil des GesamtSozVBeitrages, den der ArbGeb durch Abzug vom Arbeitsentgelt geltend machen kann (→ *Lohnabzugsverfahren* Rn 25). Hierbei handelt es sich rechtstechnisch um eine Aufrechnung. Da Beitragsansprüche Geldschulden sind, Sachbezüge aber in aller Regel Naturalleistungen anderer Art darstellen, fehlt es an der bei der Aufrechnung erforderlichen Gleichartigkeit der sich gegenüberstehenden Forderungen. Ein Beitragsabzug kommt insoweit bei Sachbezügen rechtstechnisch nicht in Betracht. Hierzu wurde in den Gesetzesmotiven ausgeführt, dass hinsichtlich des Beitragsabzugsverfahrens davon auszugehen sei, dass es heute Fälle, in denen Arbeitsentgelt ganz oder überwiegend aus Sachbezügen besteht, nicht mehr gebe. „Sollten solche Fälle oder Fälle, in denen Entgelt von Dritten gezahlt wird, vereinzelt vorkommen, kann das ‚Wie' des Anspruchs des ArbGeb gegen den Beschäftigten auf den von diesem zu tragenden Anteil arbeitsrechtlich gelöst werden" (BT-Drs 11/2221 S 24 zu § 28g SGB IV). Es ist deshalb zunächst zu prüfen, ob Sachbezüge dem ArbN im Hinblick auf die zwischen ArbN und ArbGeb getroffene Vereinbarung netto zufließen sollen. Ist dies der Fall, so sind sämtliche auf den Wert der Sachbezüge entfallenden GesamtSozVBeiträge vom ArbGeb analog § 14 Abs 2 SGB IV zu tragen. Ein zunächst unterbliebener ‚Abzug' bzw Einbehalt der auf Sachbezüge zu entrichtenden GesamtSozVBeiträge kann nach § 28g Satz 4 SGB IV während eines bestehenden Beschäftigungsverhältnisses ohne zeitliche Beschränkungen vorgenommen werden. 75

76 Ein Indiz für derartige Vereinbarungen wird insbes dann vorliegen, wenn dem ArbN neben den Sachbezügen nur ein (relativ geringes) Taschengeld zustehen soll. Im Übrigen wird die Vereinbarung von Sachbezügen auch die konkludente Vereinbarung zwischen ArbGeb und ArbN enthalten, dass der ArbGeb sich hinsichtlich der vom ArbN zu tragenden, auf die Sachbezüge entfallenden GesamtSozVBeiträge durch Lohnabzug schadlos halten darf, obwohl eine Gleichartigkeit der Leistungen, die für eine Aufrechnung an sich erforderlich wäre, nicht vorliegt. Eine Vereinbarung, dass der ArbN die hinsichtlich der Sachbezüge zu tragenden GesamtSozVBeiträge selbst an die Beitragseinzugsstelle entrichtet, dürfte im Hinblick auf die §§ 28e Abs 1, 28 m SGB IV unzulässig sein.

# Sachverständiger

## A. Arbeitsrecht

*Kreitner*

1 **1. Begriff.** § 80 Abs 3 BetrVG ermöglicht dem BRat unter bestimmten Voraussetzungen die Hinzuziehung eines Sachverständigen. Das Gleiche gilt sinngemäß nach §§ 13 Abs 4, 29 EBRG für den Europäischen BRat. In betriebsverfassungsrechtlicher Hinsicht sind unter Sachverständigen solche Personen zu verstehen, die dem BRat fehlende fachliche oder rechtliche Kenntnisse vermitteln, um auf diese Weise eine sachgemäße Zusammenarbeit zwischen ArbGeb und BRat zu gewährleisten (BAG 26.2.92 – 7 ABR 51/90, NZA 93, 86). Die besonderen Fachkenntnisse müssen dabei immer zur Beantwortung einer konkreten und aktuellen Fachfrage erforderlich sein (BAG 19.4.89, DB 89, 1774). Der Sachverständige zeichnet sich durch seine Unabhängigkeit und Vertrauenswürdigkeit aus, kann aber im Einzelfall seine Sachkunde auch an den Interessen des BRat ausgerichtet zur Verfügung stellen (BAG 16.11.05 – 7 ABR 12/05, NZA 06, 553). Auch Rechtsanwälte und Gewerkschaftsvertreter können Sachverständige iSd § 80 BetrVG sein, nämlich immer dann, wenn sie dem BRat spezielle Rechtskenntnisse vermitteln sollen, die in der konkreten Situation, in der der BRat seine Aufgaben zu erfüllen hat, als erforderlich anzusehen sind (BAG 25.6.14 – 7 ABR 70/12, NZA 15, 629; 16.11.05 – 7 ABR 12/05, NZA 06, 553; *Runkel* FA Arbeitsrecht 15, 135). Gleiches gilt für Aufsichtsratsmitglieder.

2 **Abzugrenzen** ist der Sachverständige im vorgenannten Sinn von sog Beratern iSv § 111 Abs 1 Satz 2 BetrVG sowie von sachkundigen ArbN, die dem BRat gem § 80 Abs 2 Satz 3 BetrVG als Auskunftspersonen zur Verfügung zu stellen sind. Einen **Berater** iSv § 111 Abs 1 Satz 2 BetrVG kann der BRat in Unternehmen mit mehr als 300 ArbN bei einer Betriebsänderung zu seiner Unterstützung hinzuziehen (→ *Betriebsänderung* Rn 14). Besondere Voraussetzungen sind dabei nicht zu erfüllen. Vielmehr soll ausweislich der Gesetzesbegründung mit dieser Sonderregelung dem BRat die Möglichkeit gegeben werden, unbürokratisch externen Sachverstand zu Rate zu ziehen, um schnell und kompetent auf geplante Betriebsänderungen reagieren zu können (BT-Drs 14/5741 S 52). Insbes bedarf es also keiner vorherigen Vereinbarung mit dem ArbGeb (LAG RhPf 7.11.11 – 7 TaBV 23/11, BeckRS 2012, 68102; *Mückl/Polzer* DB 18, 2177; *Benecke* NZA 18, 1361). Entgegen dem Gesetzeswortlaut ist der BRat auch nicht zwingend auf die Hinzuziehung nur eines Beraters beschränkt (LAG Hamm 26.8.05 – 10 TaBV 152/04, ZIP 05, 2269; *Bauer* NZA 01, 375). Der Berater hat keinen eigenen Auskunftsanspruch gegenüber dem ArbGeb, sondern ist auf die Unterrichtung durch den BRat angewiesen (*Oetker* NZA 02, 465).

3 Keine Sachverständigen sind auch die sog **sachkundigen Arbeitnehmer.** Aus dem Normzweck folgt, dass hierzu nur die ArbN des Betriebes und nicht alle unternehmensangehörigen ArbN zählen (*Oetker* NZA 03, 1233). Richtigerweise erfasst die Vorschrift auch die leitenden Angestellten. Da es nicht um die Wahlberechtigung und die Vertretung der Belegschaft geht, hindert § 5 BetrVG ein solches Normverständnis nicht (*Richardi/Thüsing* § 80 Rz 99; aA *Oetker* NZA 03, 1233). Anders als die externen Berater sind diese dem BRat jedoch nur im Rahmen der Erforderlichkeit zur Verfügung zu stellen. Dabei ist kein strenger Maßstab anzulegen, da diese Mitarbeiter grds vorrangig zu externen Sachverständigen heranzuziehen sind und eine besondere Kostenbelastung für den ArbGeb in aller Regel nicht entsteht (BAG 16.11.05 – 7 ABR 12/05, NZA 06, 553; 26.2.92 – 7 ABR 51/90, NZA 93, 86). Grund für die Inanspruchnahme eines sachkundigen ArbN

muss eine konkrete BRatAufgabe sein. Die Befriedigung eines allgemeinen Informationsinteresses des BRat genügt nicht (*Oetker* NZA 03, 1233). Der BRat darf einen ArbN nicht von sich aus heranziehen; es bedarf stets der Zuweisung durch den ArbGeb (*Löwisch* BB 01, 1790). Der ArbGeb soll bei der Auswahl der sachkundigen ArbN die Vorschläge des BRat berücksichtigen und darf hiervon nur bei entgegenstehenden betrieblichen Notwendigkeiten abweichen (zB Unabkömmlichkeit wegen aktueller projektbezogener Arbeiten). Gegenstand und Umfang der Auskunft bestimmt der ArbGeb gegenüber der Auskunftsperson nach § 106 GewO. Diese ist hierdurch gebunden (BAG 20.1.15 – 1 ABR 25/13, NZA 15, 696). Aber auch wenn der ArbGeb keine konkreten Anweisungen erteilt, darf der sachkundige ArbN dem BRat nur Auskünfte erteilen, die inhaltlich die Grenzen der ArbGebSeitigen Auskunftspflicht nicht überschreiten (*Hanau* RdA 01, 65; *Natzel* NZA 01, 872). Im Übrigen kann er Fachwissen uneingeschränkt weitergeben. Dabei gelten bezüglich der Vertraulichkeit gem § 80 Abs 4 BetrVG die allgemeinen Bestimmungen. Der ArbGeb hat bei der Befragung durch den BRat kein Anwesenheitsrecht (BAG 20.1.15 – 1 ABR 25/13, NZA 15, 696). Daneben besteht auch weiterhin für den BRat die Möglichkeit Informationen von **sonstigen Personen** (zB Bedienstete von Betriebskrankenkassen) einzuholen, die ihm diese im Rahmen ihrer normalen beruflichen Tätigkeit ohne Gebührenansprüche erteilen.

Abzugrenzen ist der Sachverständige auch gegenüber der Tätigkeit als Einigungsstellenbeisitzer bzw als Verfahrensbevollmächtigter (→ *Rechtsanwaltskosten* Rn 17 und → *Betriebsratskosten* Rn 8).

**2. Hinzuziehung durch den Betriebsrat.** Der BRat ist nur dann berechtigt, einen Sachverständigen zu beauftragen, wenn die Voraussetzungen des § 80 Abs 3 BetrVG erfüllt sind. Dies sind im Einzelnen: 4

**a) Bezug zu Betriebsratsaufgaben.** Der Sachverständige muss dem BRat bei der Durchführung seiner Aufgaben dienen. Hierunter sind im Einzelfall konkret anstehende betriebliche Problemstellungen zu verstehen. Nicht umfasst ist die generelle, gleichsam auf Vorrat erfolgende Vermittlung von Fachkenntnissen. Für den Erwerb solcher Kenntnisse sind vielmehr BRatSchulungen durchzuführen (BAG 25.7.89, DB 90, 434). Das bedeutet aber nicht, dass der BRat seine Mitglieder auf Schulungen schicken müsste, bevor er die Hinzuziehung eines Sachverständigen verlangen kann. Schulungen und Sachverständigengutachten sind vielmehr funktionell voneinander abzugrenzen (BAG 25.6.14 – 7 ABR 70/12, NZA 15, 629). Ebenfalls vermag bspw eine anstehende Betriebsversammlung und der Hinweis des BRat darauf, möglichst fachkundig die eventuellen Fragen der ArbN beantworten zu können, keine Hinzuziehung eines Sachverständigen zu rechtfertigen (BAG 25.7.89, DB 90, 434). Auch die Überprüfung, ob eine Tarifnorm gegen höherrangiges Recht verstößt, gehört nicht zu den Aufgaben des BRat (LAG SchlHol 19.8.08 – 5 TaBV 23/08, NZA-RR 09, 136). In jedem Fall muss die Tätigkeit losgelöst von einem konkreten rechtlichen Konfliktfall erfolgen, da ansonsten § 40 BetrVG die Kostentragung regelt und einen einfacheren Weg zur Beauftragung eines Rechtsanwalts zur Verfügung stellt (BAG 25.6.14 – 7 ABR 70/12, BeckRS 2014, 73317; 15.11.2000 – 7 ABR 24/00, EzA § 40 BetrVG 1972 Nr 92; LAG Köln 2.2.07 – 4 Ta BV 61/06, BeckRS 2007, 41716). § 80 Abs 3 BetrVG gilt entsprechend für die Hinzuziehung eines Sachverständigen durch den für eine BRatWahl gebildeten Wahlvorstand (BAG 11.11.09 – 7 ABR 26/08, NZA 10, 353). 5

**b) Vereinbarung.** Der Sachverständige darf ausschließlich nach entsprechender Vereinbarung zwischen BRat und ArbGeb tätig werden. Mindestinhalt dieser Vereinbarung ist die Einigung über den Gegenstand der Beratung, die Person des Sachverständigen sowie die voraussichtlichen Kosten (BAG 19.4.89, DB 89, 1774). Die vorherige Vereinbarung ist nach BAG zwingende Voraussetzung (zuletzt BAG 25.6.14 – 7 ABR 70/12, NZA 15, 629). Der BRat kann daher grds nicht auf eigene Faust handeln und bei späterem Nachweis der Erforderlichkeit des Sachverständigen dessen Kosten beim ArbGeb liquidieren. 6

Kommt eine solche Vereinbarung nicht zustande, kann der BRat mittels eines arbeitsgerichtlichen Beschlussverfahrens die gerichtliche Ersetzung der Zustimmung des ArbGeb erreichen (BAG 25.6.14 – 7 ABR 70/12, NZA 15, 629). Bei entsprechender Eilbedürftigkeit kann dies im Einzelfall auch im Wege der einstweiligen Verfügung geschehen (LAG 7

Hamm 22.2.08 – 10 TaBVGa 3/08, BeckRS 2008, 53298; enger LAG Köln 5.3.86, LAGE Nr 5 zu § 80 BetrVG 1972). Der Gegenstandswert des gerichtlichen Verfahrens richtet sich nach dem objektiven Wert des Sachverständigengutachtens, der von den veranschlagten Kosten des Sachverständigen abweichen kann (aA LAG Hamm 12.6.01 – 10 TaBV 50/01, NZA-RR 02, 472).

8 **c) Erforderlichkeit.** Schließlich muss die Hinzuziehung des Sachverständigen in der konkreten Situation, in der der BRat seine Aufgaben zu erfüllen hat, als erforderlich anzusehen sein (BAG 16.11.05 – 7 ABR 12/05, NZA 06, 553; LAG RhPf 15.6.12 – 9 TaBV 1/12, BeckRS 2012, 71659; LAG Hamm 8.8.08 – 10 TaBV 21/08, BeckRS 2008, 57191).

9 Das setzt voraus, dass dem BRat keine gleich effektiven, kostengünstigeren Informationsquellen zur Verfügung stehen. Aus den Grundsätzen der vertrauensvollen Zusammenarbeit und der Verhältnismäßigkeit ist der BRat verpflichtet, zunächst innerbetriebliche Erkenntnisquellen, wie zB sachkundige ArbN zu nutzen (BAG 16.11.05 – 7 ABR 12/05, NZA 06, 553). Dabei besteht jedoch kein genereller Vorrang eigener BRatSchulungen vor der Inanspruchnahme eines Sachverständigen. Dies ließe die unterschiedlichen Funktionen von § 80 BetrVG einerseits und § 37 Abs 6 BetrVG andererseits unbeachtet (BAG 25.6.14 – 7 ABR 70/12, NZA 15, 629).

10 **d) Abgrenzung.** Die Anwendungsbereiche der allgemeinen Kostentragungsregelung des **§ 40 Abs 1 BetrVG** einerseits (→ *Betriebsratskosten* Rn 2 ff) und der Spezialregelung für Sachverständige in **§ 80 Abs 3 BetrVG** bzw Berater in **§ 111 Satz 2 BetrVG** andererseits sind deutlich voneinander abzugrenzen. Letztere sind die alleinigen Rechtsgrundlagen für die Heranziehung sachkundiger Personen durch den BRat zum Zweck seiner Beratung außerhalb von arbeitsgerichtlichen Beschlussverfahren oder Einigungsstellenverfahren. Dabei besteht die Aufgabe eines Sachverständigen iSv § 80 Abs 3 BetrVG sowie eines Beraters iSv § 111 Satz 2 BetrVG darin, die fehlende Sachkunde des BRat zu ersetzen, ihn also hinsichtlich konkreter Fragestellungen zu beraten, um ihn in die Lage zu versetzen, die Verhandlungen mit dem ArbGeb sachkundig führen zu können. Nicht hierunter fällt die Tätigkeit eines Rechtsanwalts zur Durchsetzung oder Wahrnehmung der betriebsverfassungsrechtlichen Rechte des BRat bei oder im Vorfeld eines arbeitsgerichtlichen Beschlussverfahrens oder eines Einigungsstellenverfahrens. Hier regelt § 40 Abs 1 BetrVG die Kostentragungspflicht des ArbGeb (BAG 14.12.16 – 7 ABR 8/15, NZA 17, 514; *Benecke* NZA 18, 1361).

11 **3. Kosten.** Bei ordnungsgemäßer Hinzuziehung eines Sachverständigen iSd § 80 Abs 3 BetrVG ist der ArbGeb zur Tragung der Kosten verpflichtet. § 80 Abs 3 BetrVG stellt insoweit eine abschließende Sonderregelung zu § 40 BetrVG dar (BAG 25.4.78, DB 78, 1747). Das Honorar des Sachverständigen wird in der Vereinbarung zwischen BRat und ArbGeb festgelegt. Der Sachverständige hat daher keinen eigenen betriebsverfassungsrechtlichen Vergütungsanspruch gegenüber dem ArbGeb, sondern ist auf die Geltendmachung eines entsprechenden Freistellungsanspruchs durch den BRat angewiesen (LAG Hess 12.5.97, NZA 97, 1360). Will der Sachverständige seine Vergütung selbst gegenüber dem ArbGeb geltend machen, bedarf es zuvor einer Abtretung des Freistellungsanspruchs an ihn nach entsprechendem Beschluss des BRat (BAG 13.5.98 – 7 ABR 65/96, NZA 98, 900). Im Fall der arbeitsgerichtlichen Zustimmungsersetzung ist die in der freien Wirtschaft übliche Vergütung festzusetzen. Die regelmäßig geringeren Entschädigungssätze für Gerichtssachverständige sind nicht heranzuziehen. Bei einer mangelhaften Leistung des Sachverständigen kann der ArbGeb Gewährleistungsrechte gegenüber dem Sachverständigen geltend machen. Dies gilt unabhängig davon, ob er oder einzelne BRatMitglieder unmittelbarer Vertragspartner des Sachverständigen sind (iE *Bohr* ZfA 95, 433). Kommt es im Laufe des Beratungsverhältnisses zu einer Insolvenz des ArbGeb, sind die Beratungshonorare für die bis zur Insolvenzeröffnung erbrachten Leistungen auch bei einer darüber hinausgehenden Fortsetzung der Beratungstätigkeit keine Masseverbindlichkeiten, sondern Insolvenzforderungen (BAG 9.12.09 – 7 ABR 90/07, NZA 10, 461). Für den Europäischen BRat ist die Kostentragungspflicht des ArbGeb in §§ 16 Abs 1, 30 EBRG geregelt, dort allerdings auf einen Sachverständigen begrenzt. Ein deutlich größeres Kostenrisiko trägt der BRat bei der Hinzuziehung eines Beraters nach § 111 Satz 2 BetrVG, da es hier keiner vorherigen

Vereinbarung mit dem ArbGeb bedarf. Nach einer neuen Grundsatzentscheidung des BGH können BRatMitglieder, die als Vertreter des BRat mit einem Beratungsunternehmen eine Beratung iSv § 111 Satz 2 BetrVG vereinbaren, die zur Erfüllung der Aufgaben des BRat nicht erforderlich ist, gegenüber dem Beratungsunternehmen entsprechend § 179 BGB persönlich haften. Dabei geht der BGH von einer Teilrechtsfähigkeit des BRat aus und legt bei der ex ante vorzunehmenden Erforderlichkeitsbetrachtung einen großzügigen Maßstab an (BGH 25.10.12 – III ZR 266/11, NZA 12, 1382). Je nach Lage des Einzelfalls dürfte zugunsten des BRat eine Anwendung von § 179 Abs 3 BGB in Betracht kommen (*Bergmann* NZA 13, 57; *Jaeger/Steinbrück* NZA 13, 401; *Zange* BB 13, 384; *Müller/Jahner* BB 13, 440; *Dommermuth-Alhäuser/Heup* BB 13, 1461; *Dzida* NJW 13, 433; *Hayen* ArbuR 13, 95; *Fischer* FA Arbeitsrecht 14, 6).

### B. Lohnsteuerrecht — *Weil*

Die vom ArbGeb zu tragenden Kosten eines Sachverständigen sind Betriebsausgaben. 12
Lohnsteuerrechtlich ergeben sich keine Auswirkungen, da der Sachverständige nicht als ArbN des Betriebs tätig wird.

### C. Sozialversicherungsrecht — *Ruppelt*

Der vom BRat hinzugezogene Sachverständige übt seine Tätigkeit regelmäßig in einem 13
unabhängigen Dienstverhältnis aus. SozVrechtliche Beziehungen zu Unternehmen oder BRat bestehen nicht.

## Säumniszuschlag

### A. Arbeitsrecht — *Griese*

Säumniszuschläge betreffen das Verhältnis zwischen ArbGeb oder ArbN auf der einen 1
und FA oder SozVTräger auf der anderen Seite. Hat ein ArbN unter Anwendung der **Grundsätze des innerbetrieblichen Schadensausgleichs** schuldhaft die Verhängung eines Säumniszuschlags verursacht, haftet er dem ArbGeb nach den Grundsätzen und mit den Begrenzungen der ArbNHaftung (→ *Arbeitnehmerhaftung* Rn 10 ff). Umgekehrt wird der ArbGeb nach **§ 280 BGB** haften, wenn er durch sein zumindest leicht fahrlässiges Verhalten einen Säumniszuschlag zulasten des ArbN auslöst (→ *Fürsorgepflicht* Rn 14 und BAG 16.6.04 – 5 AZR 521/03, NZA 04, 1274).

### B. Lohnsteuerrecht — *Seidel*

**1. Allgemeines.** Der Säumniszuschlag (§ 240 AO) ist im Steuerrecht ein Druck- und 2
Zwangsmittel eigener Art, um den Schuldner zur rechtzeitigen Erfüllung seiner Zahlungsverpflichtung anzuhalten. Er entsteht kraft Gesetzes allein durch Tatbestandsverwirklichung (§ 218 Abs 1 AO). Eine Festsetzung erfolgt nicht, so dass im Steuerrecht eine Ermessensausübung durch das FA ausscheidet (BFH 8.12.75, BStBl II 76, 262). Die Entstehung ist auch unabhängig von einer vorhergehenden Mahnung, insbes hat eine damit verbundene Zahlungsfrist (§ 259 AO) keinen Einfluss auf die Fälligkeit. Auch bedarf es keines Leistungsgebots, wenn die Säumniszuschläge zusammen mit der Steuer beigetrieben werden (§ 254 Abs 2 AO). Der ArbGeb kann den Säumniszuschlag zur LSt als Betriebsausgabe absetzen.

**2. Tatbestandsvoraussetzungen.** Nach § 240 Abs 1 Sätze 1 und 3 AO ist ein Säum- 3
niszuschlag verwirkt, wenn festgesetzte oder angemeldete Steuern bei Fälligkeit nicht entrichtet werden.

**a) Festsetzung oder Anmeldung.** Eine Steuerfestsetzung erfolgt durch **Steuer-** 4
**bescheid** (§ 155 Abs 1 AO). Hierunter fallen im LStRecht hauptsächlich der LStPauschalierungs- bzw -Nachforderungsbescheid an den ArbGeb (→ *Lohnsteuerpauschalierung* Rn 6 und → *Lohnsteuernachforderung* Rn 15) sowie der Nachforderungsbescheid und der ESt-Bescheid an den ArbN (→ *Lohnsteuernachforderung* Rn 2, 14 und → *Antragsveranlagung* Rn 2). § 240 AO ist auch auf **Haftungsbescheide** anzuwenden. Dies trifft zB auf Haf-

tungsbescheide gegenüber dem ArbGeb gem § 42d EStG oder dem Geschäftsführer gem §§ 34, 69 AO zu (→ *Lohnsteuerhaftung* Rn 4–28, 30–41). Da die LSt vom ArbGeb zu festgelegten Terminen anzumelden und abzuführen ist (§ 41a EStG; → *Lohnsteueranmeldung* Rn 5 und → *Lohnsteuerabführung* Rn 3) und die Anmeldung als Steuerfestsetzung unter dem Vorbehalt der Nachprüfung gilt (§ 168 AO), erfolgt hier keine Festsetzung durch das FA. Es genügt idR die Abgabe der LStAnmeldung durch den ArbGeb (→ *Lohnsteueranmeldung* Rn 8 ff).

5 **b) Fälligkeit.** Für die Entstehung von Säumniszuschlägen kommt es neben der Festsetzung oder Anmeldung der Steuer auch auf die Fälligkeit an. Soweit die Steuer festzusetzen ist, tritt die Fälligkeit nicht vor der Bekanntgabe der Festsetzung ein (§ 220 Abs 2 S 2 AO). Säumniszuschläge können daher frühestens am Tag nach der Bekanntgabe der Steuerfestsetzung entstehen. Regelmäßig wird bei der Steuerfestsetzung jedoch auch eine Zahlungsfrist bestimmt. Erst nach deren Ablauf tritt Fälligkeit ein, so dass Säumniszuschläge von dem auf den letzten Tag der Zahlungsfrist folgenden Tag an entstehen (*T/K* § 240 AO Rz 22). Bei der LSt, die aufgrund einer LStAnmeldung zu entrichten ist, handelt es sich dagegen um eine Fälligkeitssteuer, die der ArbGeb zu bestimmten Terminen anzumelden und abzuführen hat, zB bei monatlicher Abgabeverpflichtung bis zum 10. Tag des Folgemonats (§ 41a EStG; → *Lohnsteueranmeldung* Rn 5). Der Termin der Abgabe der LStAnmeldung ist dann zugleich Fälligkeitstag, dh mit der Abgabe der Anmeldung ohne gleichzeitige Abführung der entsprechenden LSt entsteht der Säumniszuschlag. Der Zeitpunkt der Abgabe der LStAnmeldung ist für den Fälligkeitstag auch dann maßgebend, wenn die LStAnmeldung verspätet abgegeben wird, denn die Fälligkeit kann nicht vor der Wirksamkeit der Steuerfestsetzung eintreten.

6 Bei nicht termingerechtem Eingang der Anmeldung kann das FA aber einen **Verspätungszuschlag** festsetzen (§ 152 AO). Wird keine Anmeldung abgegeben, setzt das FA die LSt fest und bestimmt den Fälligkeitstag. Säumniszuschläge entstehen dann bei Nichtzahlung erst ab dem dem Fälligkeitstag folgenden Tag (*HMW*/Säumniszuschlag Rz 21). Der Fälligkeitstermin kann durch Aussetzung der Vollziehung (§ 361 Abs 2 AO; § 69 Abs 2 FGO) oder durch Stundung (§ 222 AO; → *Zurückbehaltungsrecht* Rn 13) hinausgeschoben werden. Wird der entsprechende Antrag vor Fälligkeit gestellt, aber erst nach Fälligkeit abgelehnt, ist die ursprüngliche Fälligkeit nicht aufgehoben (BFH 17.7.85, BStBl II 86, 122). Räumt das FA in diesen Fällen entsprechend bestehender Verwaltungsanweisungen jedoch eine Nachfrist ein, tritt an die Stelle der früheren Fälligkeit die neue Zahlungsfrist, so dass erst nach deren Ablauf Säumniszuschläge verwirkt sind (AO-Kartei § 240 Karte 3 Tz I 2 und II). Der Vollstreckungsaufschub (§ 258 AO) bewirkt dagegen kein Hinausschieben der Fälligkeit (weiterhin BFH 15.3.79, BStBl II 79, 429).

7 **c) Nichtentrichtung.** Die Schuld muss zur Vermeidung von Säumniszuschlägen bis zum Fälligkeitstag entrichtet sein. Die Zahlung gilt bei Barzahlung am Tag des Eingangs, bei Hingabe oder Übersendung von Schecks jedoch 3 Tage nach dem Tag des Eingangs, bei Überweisung oder Zahlung auf ein Konto der FA, auch mit Zahlschein oder Postanweisung am Gutschriftstag und bei Vorliegen einer Einzugsermächtigung am Fälligkeitstag als entrichtet (§ 224 Abs 2 AO). Bei → *Aufrechnung* Rn 17 ff gelten Forderung und Gegenforderung in dem Zeitpunkt als erloschen, in dem sie erstmals als zur Aufrechnung geeignet einander gegenübergetreten sind (§ 226 Abs 1 AO iVm § 389 BGB). Säumniszuschläge, die bis zur Fälligkeit der Schuld des Aufrechnenden entstanden sind, bleiben unberührt (§ 240 Abs 1 Satz 5 AO).

8 **3. Rechtsfolge. a) Höhe und Schuldner.** Der Säumniszuschlag entsteht mit Ablauf des Fälligkeitstages für jeden angefangenen Monat der Säumnis, unabhängig von einem Verschulden des Schuldners mit 1 % des abgerundeten rückständigen Steuerbetrages. Abzurunden ist auf den nächsten durch 50 € teilbaren Betrag. Schuldner der Säumniszuschläge ist der zur Entrichtung der Steuer Verpflichtete also uU auch der ArbGeb, der die LSt angemeldet, aber nicht entrichtet hat (*T/K* § 240 AO Rz 34).

9 Auch ein Haftungsschuldner kann kraft Gesetzes für die Säumniszuschläge haften; so zB der **Geschäftsführer** einer GmbH oder ein Insolvenzverwalter, der für die aufgrund seines Verschuldens (mindestens grob fahrlässig) nicht abgeführten LStBeträge der ArbN haftet. Er haftet darüber hinaus für die infolge der Pflichtverletzung zu zahlenden Säumniszuschläge

(§§ 34, 69 AO; → *Lohnsteuerhaftung* Rn 31), wobei die Haftung **für** Säumniszuschläge von Säumniszuschlägen bei Nichtentrichtung der Haftungsschuld (→ Rn 4) zu unterscheiden ist.

**b) Änderungen** der Bemessungsgrundlage durch Aufhebung oder Berichtigung des Steuerbescheides oder Änderung der LStAnmeldung lassen die bis dahin verwirkten Säumniszuschläge unberührt (§ 240 Abs 1 S 4 AO). 10

**c) Schonfrist.** Bei innerhalb einer Schonfrist von drei Tagen eingehenden Zahlungen wird kein Säumniszuschlag erhoben. Dies gilt nicht für Bar- und Scheckzahlungen (§ 240 Abs 3 AO). Wird allerdings bis zum Ablauf der Schonfrist keine Zahlung geleistet, hat die Schonfrist keinen Einfluss auf die Berechnung der Säumniszuschläge, dh der Säumniszeitraum beginnt mit Ablauf des Fälligkeitstages und nicht mit Ablauf der Schonfrist. 11

**4. Erlass.** Da der Säumniszuschlag kraft Gesetzes ohne Rücksicht auf ein Verschulden entsteht, kann sein Einzug aus sachlichen oder persönlichen Gründen unbillig sein und ein Erlass in Betracht kommen (§ 227 AO). Aus sachlichen Gründen ist zB ein Erlass geboten, wenn der Schuldner im Zeitpunkt der Fälligkeit überschuldet oder zahlungsunfähig iSd §§ 17–19 InsO ist (BFH 30.3.06 – V R 2/04, BStBl II 06, 612: Erlass nur zur Hälfte) oder eine entschuldbare Säumnis vorliegt (zB Versehen eines sonst pünktlichen Steuerzahlers oder Krankheit; AEAO zu § 240 Tz 5: BMF 31.1.14, BStBl I 14, 290). Bei erstmaligem Überschreiten der Fälligkeit (einschließlich Schonfrist) erlässt das FA im Regelfall den Zuschlag. 12

**5. Rechtsbehelfe.** Entsteht Streit über die Entstehung oder Höhe eines nicht eigens angeforderten Säumniszuschlags, ist darüber vom FA gem § 218 Abs 2 AO durch Verwaltungsakt zu entscheiden (Abrechnungsbescheid), der mit dem **Einspruch** angefochten werden kann (BFH 12.8.99 – VII R 92/98, BStBl II 99, 751). Wird der Säumniszuschlag durch Leistungsgebot angefordert, weil er ohne Steuer beigetrieben werden soll (§ 254 Abs 2 AO), ist ebenfalls der Einspruch gegeben. 13

**C. Sozialversicherungsrecht** *Schlegel*

**1. Erhebungspflicht.** Es besteht eine **Pflicht zur Erhebung von Säumniszuschlägen.** Für Beiträge und Beitragsvorschüsse, die der Zahlungspflichtige nicht bis zum Ablauf des Fälligkeitstages gezahlt hat, ist für jeden angefangenen Monat der Säumniszuschlag von **1 vom Hundert** des rückständigen, auf jeweils 50 € nach unten abgerundeten Betrages zu zahlen. Bei einem rückständigen Betrag unter 100 € ist der Säumniszuschlag nicht zu erheben, wenn dieser gesondert schriftlich anzufordern wäre (§ 24 Abs 1 SGB IV). 14

**Ausnahme:** Wird eine Beitragsforderung durch Bescheid mit Wirkung für die Vergangenheit festgestellt, ist ein darauf entfallender Säumniszuschlag nicht zu erheben, soweit der Beitragsschuldner glaubhaft macht, dass er unverschuldet keine Kenntnis von der Zahlungspflicht hatte (§ 24 Abs 2 Satz 1 SGB IV). 15

Für die Frage, ob unverschuldet keine **Kenntnis** von der Zahlungspflicht vorgelegen hat, kann mE auf die Grundsätze zurückgegriffen werden, die das BSG für das Vorliegen von Vorsätzen bei der Vorenthaltung von Beiträgen entwickelt hat. Danach liegt dann regelmäßig verschuldete Unkenntnis vor, wenn für das gesamte typische Arbeitsentgelt (zB bei Schwarzarbeit) überhaupt keine Beiträge entrichtet worden sind. Schuldhafte Unkenntnis ist außerdem anzunehmen, wenn Beiträge für verbreitete „Nebenleistungen" zum Arbeitsentgelt nicht gezahlt werden und zwischen steuerrechtlicher und beitragsrechtlicher Behandlung eine bekannte oder ohne weiteres erkennbare Übereinstimmung besteht (BSG 30.2.2000 – B 12 KR 14/99 R, SozR 3–2400 § 25 Nr 7 S 35 f; zur unverschuldeten Nichtkenntnis bei einem Organisationsverschulden BSG 1.7.2010 – B 13 R 67/09 R, NZS 11, 513 (Ls)). Unverschuldet ist die Unkenntnis von der Beitragspflicht auch dann nicht, wenn die Steuerverwaltung für bestimmte Zuwendungen die Annahme eines stpfl geldwerten Vorteils angenommen hat, der in der Arbeitsentgeltverordnung nicht aus dem Begriff des Arbeitsentgelts ausgenommen wird. – Bei Unklarheiten kann vom ArbGeb zumindest verlangt werden, dass er bei der Beitragseinzugsstelle eine Festlegung über die Beitragspflicht oder Beitragsfreiheit der Vergütungsbestandteile beantragt; der Verzicht auf eine entsprechende Klärung kann vorwerfbar sein (ähnlich BSG subjektive Komponente bei illegaler Beschäftigung iSv § 14 Abs 2 Satz 2 SGB IV, Urt vom 9.11.11 – B 12 R 18/09 R, NZA-RR 12, 16

539). Letztlich ist dies eine Frage der Beweiswürdigung nach dem Motto: „Wegsehen hilft nicht".

17 Zur Maßgeblichkeit der unverschuldeten Unkenntnis bzw zur Zurechnung des Wissens einzelner Mitarbeiter bei **juristischen Personen und Behörden** und zur Notwendigkeit eines Informationsaustausches innerhalb der Einrichtung vgl BSG 17.4.08 – B 13 R 123/07 R, BeckRS 2008, 54052.

18 **a) Fälligkeit laufender Beiträge.** Fällig sind laufende Beiträge zu dem im Gesetz selbst, in der Satzung der Beitragseinzugsstelle bzw den Regelungen des Spitzenverbandes Bund der Krankenkassen festgelegten Termin (§ 23 Abs 1 Satz 1 SGB IV).

19 **Fälligkeit der Beiträge aus dem Arbeitsentgelt** (also insbes GesamtSozVBeiträge) oder aus dem **Arbeitseinkommen.** Insoweit gilt Folgendes: Die aus dem Arbeitsentgelt oder -einkommen zu bemessenden Beiträge sind in voraussichtlicher Höhe der Beitragsschuld spätestens am **drittletzten Bankarbeitstag des Monats fällig,** in dem die Beschäftigung oder Tätigkeit, mit der das Arbeitsentgelt oder Arbeitseinkommen erzielt wird, ausgeübt worden ist oder als ausgeübt gilt; ein verbleibender Restbeitrag wird zum drittletzten Bankarbeitstag des Folgemonats fällig. Daraus folgt, dass parallel mit der Berechnung des Lohnes und Gehaltes zum Monatsende auch der GesamtSozVBeitrag in voraussichtlicher Höhe berechnet (und gezahlt) werden soll. In den Fällen, in denen es zB wegen variabler Lohnbestandteile oder durch Krankheit zwischen dem Tag der Berechnung und dem Monatsende doch noch zu Abweichungen („nach oben") kommt, ist der Restbetrag mit der nächsten Fälligkeit (also Abrechnung im Folgemonat) zu zahlen (zur Begründung BT-Drs 15/5574 S 4).

20 **Sonstige Beiträge** werden spätestens am Fünfzehnten des Monats fällig, der auf den Monat folgt, für den sie zu entrichten sind.

21 **Umlagebeiträge zur UV** werden gem § 23 Abs 3 SGB IV am 15. des auf die Bekanntgabe des Beitragsbescheides folgenden Monats fällig.

22 Während einer Stundung werden Beiträge nicht fällig, so dass auch keine Säumniszuschläge erhoben werden können.

23 **b) Wochenfrist.** Gem § 26 SGB X iVm §§ 187, 188, 192, 193 BGB beginnt die Wochenfrist mit dem Tag, der auf den Tag der Fälligkeit der Beiträge folgt; mit dem Ablauf des 7. Tages ist sie verstrichen. Ob der Beitrag zu diesem Zeitpunkt entrichtet ist, hängt von der Zahlungsweise ab. Regelungen hierzu trifft die aufgrund § 28n Nr 2 SGB IV ergangene BeitragsverfahrensVO. Danach gilt bei Zahlungen des ArbGeb oder sonstiger Zahlungspflichtiger an die zuständige Einzugsstelle als **Tag der Zahlung:** Bei Barzahlung der Tag des Geldeingangs; bei Zahlung durch Scheck, bei Überweisung oder Einzahlung auf ein Konto der Einzugsstelle sowie bei Vorliegen einer Einzugsermächtigung der Tag der Wertstellung zugunsten der Einzugsstelle (bei rückwirkend vorgenommener Wertstellung der Buchungstag der Einzugsstelle; § 3 Abs 1 BeitragsverfahrensVO).

24 **2. Säumniszuschläge im Insolvenzverfahren.** Nach Eröffnung des Insolvenzverfahrens entstehende Säumniszuschläge auf die vor diesem Zeitpunkt begründete Forderungen von SozTrägern sind seit dem Inkrafttreten der InsO am 1.1.99 nicht Insolvenzforderungen, sondern wie Zinsen als nachrangige Insolvenzforderungen zu behandeln (BSG 26.1.05 – B 12 KR 23/03 R, SozR 4–2400 § 24 Nr 3). Seit 1.1.04 zahlt die BA auf Antrag der zuständigen Einzugsstelle zwar noch den GesamtSozVBeitrag nach § 28d SGB IV, der auf Arbeitsentgelte für die letzten dem Insolvenzereignis vorausgehenden drei Monate des Arbeitsverhältnisses entfällt und bei Eintritt des Insolvenzereignisses noch nicht gezahlt worden ist (§ 175 Abs 1 Satz 1, Hs 1 SGB III); davon ausgenommen sind nach Hs 2 aber Säumniszuschläge, die infolge von Pflichtverletzungen des ArbGeb zu zahlen sind sowie Zinsen für dem ArbGeb gestundete Beiträge. Säumniszuschläge, Stundungszinsen und Kosten der Zwangsvollstreckung sind nach dem Willen des Gesetzes von der Erstattung ausgeschlossen (BT-Drs 15/1515 S 90, zu Nr 115; BSG 14.9.05 – B 11a/11 AL 83/04 R, SozR 4–4300 § 208 Nr 1).

# Saisonarbeit

## A. Arbeitsrecht

*Kania*

**1. Begriff und Vertragsgestaltung.** Hinsichtlich des Begriffs der Saisonarbeit im allgemeinen Sprachgebrauch ist in Anlehnung an § 22 KSchG zu differenzieren zwischen der Tätigkeit in Saison- und Kampagne-Betrieben. **Saisonbetriebe** sind Betriebe, in denen zwar das ganze Jahr hindurch gearbeitet wird, die aber regelmäßig zu einer bestimmten Jahreszeit verstärkt arbeiten und während dieser Zeit einen erheblich erhöhten Personalbedarf haben. Auf die Gründe, die zu den periodisch wiederkehrenden Schwankungen des Personalbedarfs führen, kommt es nicht an (KR/*Weigand* § 22 KSchG Rn 6). Beispiele für Saisonbetriebe sind etwa Badeanstalten oder Hotels und Gaststätten in Kurorten, Drahtseilbahnen zu Aussichtspunkten, Spielzeugfabriken, Hersteller von Weihnachtsartikeln usw. Demgegenüber handelt es sich bei **Kampagne-Betrieben** um Betriebe, in denen regelmäßig nur einige Monate im Jahre gearbeitet wird; nicht ausreichend ist eine nur kurze jährliche Betriebsunterbrechung (APS/*Backhaus* § 14 TzBfG Rn 284). Auch hier kommt es nicht darauf an, aus welchen Gründen der Betrieb nur vorübergehend im Jahr arbeiten kann. Beispiele sind etwa Zuckerfabriken, Freibäder, Skiliftanlagen, Hotels, die nur wenige Monate im Jahr geöffnet haben, Gemüse- und Obstkonservenfabriken. 1

Für die **rechtliche Ausgestaltung** der Saison- und Kampagne-Arbeitsverhältnisse besteht weitgehender Gestaltungsspielraum. Das Arbeitsverhältnis kann einmal **unbefristet** abgeschlossen und zum jeweiligen Saison- oder Kampagneende durch Kündigung aufgelöst werden. Zum Kündigungsschutz → Rn 4 ff. Zulässig ist aber auch der Abschluss eines auf die Saison bzw Kampagne **befristeten Arbeitsvertrages.** Die Befristung eines Arbeitsverhältnisses nur für die saisonal bedingte Öffnungszeit bzw die Zeit der verstärkten Tätigkeit ist regelmäßig sachlich gerechtfertigt (BAG 29.1.87 – 2 AZR 109/86, NZA 87, 627; → *Befristetes Arbeitsverhältnis* Rn 43). Zulässig ist sowohl die kalendermäßige Befristung als auch die sog Zweckbefristung, etwa „für die Zuckerkampagne", wenn eine genaue Dauer der Saison bzw Kampagne im Voraus nicht zu übersehen ist (BAG 20.10.67, BB 68, 83; → *Befristetes Arbeitsverhältnis* Rn 43). Ausländer aus Staaten, die nicht der EU angehören, bedürfen zur Ausübung der Saisonbeschäftigung eines Aufenthaltstitels mit Zustimmung der BA nach § 15a BeschäftigungsVO (Art 12 RL 2014/36/EU – EU-SaisonarbeiterRL). 2

Hat der ArbGeb ein verstärktes Interesse daran, eingearbeitete ArbN in der nächsten Saison oder Kampagne wieder zu beschäftigen, so besteht die Möglichkeit, einen auf längere oder unbefristete Zeit geschlossenen Arbeitsvertrag abzuschließen, der während der Ruheperiode suspendiert bleibt. Dem verständlichen Interesse des ArbN, sicherzustellen, dass er auch im nächsten Jahr wieder beschäftigt wird, kann dadurch Rechnung getragen werden, dass ein auf die Saison oder Kampagne befristetes Arbeitsverhältnis mit einem **Wiedereinstellungsanspruch** für die nächste Arbeitsperiode verknüpft wird. Zur Rechtslage, wenn ein Wiedereinstellungsanspruch nicht ausdrücklich vereinbart ist, → *Wiedereinstellungsanspruch* Rn 2. 3

**2. Kündigungsschutz. a) Massenentlassungen.** Um Saison- und Kampagnebetrieben die Möglichkeit einer raschen Anpassung an den in periodischer Wiederkehr sich verändernden Personalbedarf zu gewährleisten, sind diese gem § 22 KSchG von den Vorschriften über den Massenentlassungsschutz gem §§ 17 ff KSchG befreit. Dies gilt nicht für Betriebe des Baugewerbes, in denen die ganzjährige Beschäftigung nach dem SGB III gefördert wird (§ 22 Abs 2 KSchG). Im Übrigen führt § 22 Abs 1 KSchG nicht zu einem generellen Fortfall des Kündigungsschutzes gem §§ 17 ff KSchG, sondern nimmt auch in den von der Vorschrift erfassten Saison- und Kampagnebetrieben nur solche Entlassungen aus, die gerade durch diese **Eigenart der Betriebe** bedingt sind, also wegen Beendigung der Kampagne oder wegen des Endes der Saison erfolgen (*von Hoyningen-Huene/Link* § 22 Rn 8). Während der Saison oder Kampagne erfolgende Massenentlassungen aus sonstigen Gründen sind dagegen stets anzeigepflichtig gem § 17 KSchG (KR/*Weigand* § 22 KSchG Rn 11). 4

5 In **Mischbetrieben,** in denen nur einzelne Abteilungen Saison- oder Kampagnearbeit verrichten, gilt § 22 KSchG für die saison- oder kampagneabhängigen Teile des Betriebes (*von Hoyningen-Huene/Link* § 22 Rn 9; KR/*Weigand* § 22 KSchG Rn 13). Unabhängig von § 22 KSchG finden die Vorschriften über den Massenentlassungsschutz dann keine Anwendung, wenn die Arbeitsverhältnisse zum Ende der Saison bzw Kampagne aufgrund einer wirksamen Befristung enden, da in diesem Fall keine „Entlassungen" vorliegen.

6 **b) Allgemeiner Kündigungsschutz.** § 22 KSchG erklärt lediglich den dritten Abschnitt des KSchG für Saison- und Kampagnebetriebe für unanwendbar. Der allgemeine Kündigungsschutz gem §§ 1–14 KSchG sowie der Sonderkündigungsschutz für betriebsverfassungsrechtliche Funktionsträger gem §§ 15, 16 KSchG findet deshalb grds in Saison- und Kampagnebetrieben uneingeschränkt Anwendung. Aus der Eigenart dieser Betriebe ergeben sich jedoch gewisse **Besonderheiten.** So ist eine **betriebsbedingte Kündigung** zum Ende der Saison oder Kampagne regelmäßig sozial gerechtfertigt, falls nicht – bei einer Entlassung von nur Teilen der SaisonArbN – eine fehlerhafte Sozialauswahl vorgenommen wurde. Der ArbGeb ist nicht gehalten, die Kündigung mit einer Wiedereinstellungszusage für die nächste Saison oder Kampagne zu verknüpfen (BAG 7.11.95, DB 96, 1525). Für die Anwendung der **Kleinbetriebsklausel** des § 23 Abs 1 S 2 KSchG ist auf die regelmäßige Zahl der Beschäftigten während der Saison oder Kampagne abzustellen (KR/*Weigand* § 23 Rn 44 f).

7 Probleme entstehen im Hinblick auf die **Sechsmonatsfrist** gem § 1 Abs 1 KSchG. Anwendbar ist das KSchG zunächst nur für solche Saison- oder Kampagnearbeiter, die während einer Saison mehr als sechs Monate beschäftigt sind. Bedenken bestehen dagegen hinsichtlich der ArbN in Saison- oder Kampagnebetrieben, die mehrere Jahre hintereinander jeweils für einen kürzeren Zeitraum als sechs Monate tätig sind. Eine Zusammenrechnung mehrerer Beschäftigungszeiten für die Berechnung der Wartefrist des § 1 Abs 1 KSchG kommt nach der Rspr des BAG bei längerfristigen Unterbrechungen von mehreren Wochen oder sogar Monaten grds nicht in Betracht (APS/*Dörner* § 1 KSchG Rn 37). Ein Bedürfnis, gerade bei Saisonkräften, die den Großteil des Jahres ihren Lebensunterhalt anderweitig verdienen, von dieser Rspr abzuweichen, ist nicht zu erkennen.

8 Auch Vorschriften des **Sonderkündigungsschutzes** für besondere ArbNGruppen (zB § 9 MuSchG, § 168 SGB IX) finden grds für ArbN in Saison- und Kampagnebetrieben Anwendung. Eine Ausnahme enthält § 173 Abs 2 SGB IX. Danach gilt der Sonderkündigungsschutz für Schwerbehinderte nicht bei Entlassungen, die aus Witterungsgründen vorgenommen werden, sofern die Wiedereinstellung des Schwerbehinderten bei Wiederaufnahme der Arbeit gewährleistet ist.

## B. Lohnsteuerrecht

*Seidel*

9 Es gilt das unter dem Stichwort → *Befristetes Arbeitsverhältnis* Rn 61, 62 Dargestellte entsprechend. Bei vorübergehender Beschäftigung von ArbN, die weniger als sechs Monate (183 Tage) bei einem inländischen ArbGeb (→ *Lohnabzugsverfahren* Rn 6 ff) tätig sind (zB Skiliftpersonal, Kellner uÄ) und keinen Wohnsitz im Inland haben, ist zu beachten, dass sie mit ihren inländischen Einkünften idR beschränkt stpfl sind; für bestimmte Personengruppen gelten jedoch Besonderheiten (→ *Ausländer* Rn 35 ff; → *Grenzgänger* Rn 3 ff sowie → *Lohnsteuerberechnung* Rn 18–22, → *Lohnabzugsverfahren* Rn 22, 23). Zur LStPauschalierung bei Saisonarbeitskräften in der Land- und Forstwirtschaft → *Aushilfskräfte* Rn 27–29. Eine LStPauschalierung nach § 40a Abs 1 und 3 EStG (→ *Aushilfskräfte* Rn 23–29) ist auch bei beschränkt stpfl ArbN möglich (LStR 40a.1 Abs 1 S 1). Inwieweit eine Pauschsteuer nach § 40a Abs 2 EStG oder eine Pauschalierung nach § 40a Abs 2a EStG (→ *Geringfügige Beschäftigung* Rn 21, 22; → *Hauswirtschaftliches Beschäftigungsverhältnis* Rn 10 ff) in Betracht kommt, hängt von der sozialversicherungsrechtlichen Beurteilung als geringfügige Beschäftigung ab (LStR 40a. 2; → Rn 11 und → *Geringfügige Beschäftigung* Rn 20, 25 ff).

## C. Sozialversicherungsrecht

*Schlegel*

10 **1. Versicherungs- und Beitragspflicht.** Für Saisonarbeiter gibt es in den einschlägigen SozVGesetzen keine Sonderregelungen über die Versicherungs- und Beitragspflicht. Viel-

mehr finden die allgemeinen Vorschriften über die geringfügige Beschäftigung und für unständig Beschäftigte Anwendung.

**a) Geringfügige Beschäftigung.** Beitrags- und Versicherungsfreiheit in der KV, PflegeV, RV und ArblV (§§ 7 Satz 1 SGB V; 5 Abs 2 Satz 1 SGB VI, § 27 Abs 2 SGB III) liegt nach § 8 Abs 1 Nr 2 SGB IV auch bei Saisonarbeitern vor, wenn die Beschäftigung innerhalb eines Kj seit ihrem Beginn auf längstens 70 Arbeitstage bzw drei Kalendermonate nach ihrer Art begrenzt zu sein pflegt, es sei denn, dass die Beschäftigung berufsmäßig ausgeübt wird und ihr Entgelt 450 € übersteigt. Wird die Saisonarbeit nicht berufsmäßig (dh nicht zur ganz überwiegenden Bestreitung des Lebensunterhaltes) ausgeübt, kommt es auf die Höhe des erzielten Entgelts nicht an, sofern die genannten zeitlichen Grenzen nicht überschritten werden (Einzelheiten sowie Beispiele zur kurzzeitigen Beschäftigung iSd § 8 Abs 1 Nr 2 SGB IV *Geringfügige Beschäftigung*). 11

**b) Unständige Beschäftigung.** Diese liegt vor, wenn die Beschäftigung auf weniger als eine Woche entweder nach der Natur der Sache befristet zu sein pflegt oder im Voraus durch Arbeitsvertrag befristet ist (§ 163 Abs 1 Satz 2 SGB VI). Die Gesetzesmaterialien zur vergleichbaren Vorschrift in der RVO bezeichneten die unständig Beschäftigten als Personen, deren Hauptberuf die Lohnarbeit bildet, die aber ohne festes Arbeitsverhältnis bald hier, bald dort, heute mit dieser, morgen mit jener Arbeit beschäftigt sind. Werden derartige **Gelegenheitsarbeiten** berufsmäßig ausgeübt, besteht in der gesetzlichen KV und RV Versicherungs- und Beitragspflicht, nicht dagegen in der ArblV (§ 27 Abs 3 Nr 1 SGB III). Von der (versicherungsfreien) geringfügigen Beschäftigung unterscheidet sich die (versicherungspflichtige) unständige Beschäftigung im Wesentlichen durch das Kriterium der Berufsmäßigkeit. Liegt Berufsmäßigkeit vor, findet § 8 Abs 1 Nr 2 SGB IV keine Anwendung, wenn das Arbeitsentgelt mehr als 450 € (Einzelheiten *Aushilfskräfte*). 12

**2. Leistungsrechtliche Besonderheiten.** Sonderregelungen für Saisonarbeiter bei der Berechnung der Anwartschaftszeit für das AlGeld werden durch das Vierte Gesetz für moderne Dienstleistungen am Arbeitsmarkt beseitigt. Zum Saison-Kurzarbeitergeld vgl § 101 SGB III. 13

# Scheinselbstständigkeit

## A. Arbeitsrecht

*Röller*

**1. Begriff. Scheinselbstständigkeit** ist gegeben, wenn jemand zwar nach der zugrunde liegenden Vertragsgestaltung selbstständige Dienst- oder Werkleistungen für ein fremdes Unternehmen erbringt, tatsächlich aber **nichtselbstständige** Arbeiten in einem Arbeitsverhältnis mit der damit verbundenen Folge der SozV- und LStPflicht leistet. 1

**2. Arbeitsrechtliche Entsprechungen** des in erster Linie auf das sozialversicherungsrechtliche Begriffspaar nichtselbstständige Arbeit/selbstständige Arbeit abstellenden Begriffs der Scheinselbstständigkeit sind die Begriffe Scheindienst- und -werkvertrag. Zur Abgrenzung zwischen ArbNEigenschaft und Freier Mitarbeit sowie zu den **Rechtsfolgen** bei Scheindienst- und -werkvertrag → *Freie Mitarbeit* Rn 4 ff, 18 ff u → *Werkvertrag* Rn 2 ff. 2

## B. Lohnsteuerrecht

*Seidel*

Ob jemand steuerrechtlich als selbstständig oder als ArbN zu behandeln ist, richtet sich nach den von der finanzgerichtlichen Rspr hierzu entwickelten **Abgrenzungsmerkmalen,** die unter dem Stichwort → *Arbeitnehmer (Begriff)* Rn 29–40 dargestellt sind. Dabei kommt es auf die tatsächlichen Verhältnisse an. Die Beurteilung erfolgt für die ESt, GewSt und USt im Wesentlichen nach denselben Grundsätzen. Der jeweiligen sozial- bzw arbeitsrechtlichen Beurteilung kommt dabei zwar individuelle Bedeutung zu, eine rechtliche Bindung besteht aber nicht (BFH 20.10.10 – VIII R 34/08, BFH/NV 11, 585 und 24.1.08 – VIII B 197/06, BFH/NV 08, 1133; → *Arbeitnehmerähnliche Selbstständige* Rn 3 und EStR 15.1 Abs 3. 3

Die Beschäftigung eines Scheinselbstständigen kann für den als ArbGeb anzusehenden „Auftraggeber" ein finanzielles **Risiko** darstellen. Das FA kann bis zur Grenze der Festsetzungsverjährung zurück (regelmäßig 4 Jahre; → *Verjährung* Rn 33–39) den ArbGeb für 4 die an sich einzubehaltende und abzuführende LSt in Haftung nehmen (→ *Lohnsteuerhaftung* Rn 4 ff). Zivilrechtliche Vereinbarungen, dass der „Auftragnehmer" für die Versteuerung des Entgelts selbst zu sorgen habe, haben keinen Einfluss auf den öffentlich-rechtlichen Anspruch des FA. Ob ein Regress des ArbGeb gegenüber dem ArbN Erfolg hat, ist in diesen Fällen meist sehr zweifelhaft (→ *Lohnsteuerhaftung* Rn 69, 70). Um einer evtl Haftungsinanspruchnahme zu entgehen, ist daher in Zweifelsfällen die Einholung einer Anrufungsauskunft (→ *Anrufungsauskunft* Rn 10) beim BetriebstättenFA anzuraten.

## C. Sozialversicherungsrecht *Voelzke*

11 **1. Einführung.** Gegenstand der deutschen SozV ist historisch und rechtstatsächlich die soziale Absicherung der ArbN bei Eintritt der in den einzelnen Versicherungszweigen versicherten Risiken. Die Einbeziehung der abhängig Beschäftigten in das Zwangsversicherungssystem erfolgt durch ausdrückliche gesetzliche Anordnung der Versicherungspflicht für ArbN und für Auszubildende in den jeweiligen Versicherungszweigen. Selbstständig Tätige zählen lediglich in sehr begrenztem Umfang zum versicherten Personenkreis. Maßgebend für das Vorliegen der ArbNEigenschaft in Abgrenzung zur selbstständigen Tätigkeit ist hierbei der Begriff der **Beschäftigung,** den § 7 Abs 1 Satz 1 SGB IV als die nichtselbstständige Arbeit, insbes in einem Arbeitsverhältnis, legaldefiniert (→ *Arbeitnehmer (Begriff)* Rn 59 ff). Das Vorliegen eines Beschäftigungsverhältnisses kann nach § 7a SGB IV in einem Statusfeststellungsverfahren geklärt werden.

Die fehlerhafte Einstufung einer Tätigkeit wird meist im Rahmen von Betriebsprüfungen (§ 28p SGB IV) aufgedeckt werden. Die falsche Einordnung der Tätigkeit als selbstständig kann zur **Nachforderung von Beiträgen** im Rahmen der Verjährungsfrist des § 25 SGB IV führen (→ *Verjährung* Rn 48). Handelt es sich hierbei um ein „illegales Beschäftigungsverhältnis" iS des § 14 Abs 2 Satz 2 SGB IV (hierzu BSG 4.11.11 – B 12 R 18/04 R, DStR 12, 662), erfolgt die Verbeitragung nach einem Nettoentgelt. Zur Strafbarkeit im Zusammenhang mit Scheinselbstständigkeit *Floeth* NZS 15, 60.

12 **2. Vorliegen eines Beschäftigungsverhältnisses nach § 7 Abs 1 SGB IV.** Die allgemeinen Grundsätze zur Abgrenzung von selbstständiger Tätigkeit und abhängiger Beschäftigung ergeben sich aus den von der Rspr des BSG zu § 7 Abs 1 SGB IV entwickelten Grundsätzen. Der „Scheinselbstständige" unterliegt der SozVPflicht, wenn sich seine Tätigkeit nach den tatsächlichen Gegebenheiten als abhängige Beschäftigung darstellt. Entscheidend für das Vorliegen einer Beschäftigung ist, ob sich anhand der von der Rspr des BSG entwickelten Kriterien eine persönliche Abhängigkeit von einem ArbGeb feststellen lässt (→ *Arbeitnehmer (Begriff)* Rn 73; *Mette* NZS 15, 721; *Diepenbock* NZS 15, 127; *Reiserer* BB 18, 1588; *Schlegel/Voelzke/Segebrecht* SGB IV, § 7 Abs 1 Rz 93 zu den Indizien für eine abhängige Beschäftigung; zur Abgrenzung bei Scheinwerkverträgen *Becker* DB 15, 2267; zur „neuen Selbständigkeit" *Ruland* NZS 19, 720). Maßgebend ist das **Gesamtbild** der jeweiligen Arbeitsleistung unter Berücksichtigung der Verkehrsanschauung. Zu den maßgebenden tatsächlichen Verhältnissen gehört auch unabhängig von ihrer Ausübung die einem Beteiligten eingeräumte Rechtsmacht (BSG 29.8.12 – B 12 KR 25/10 R, NZS 13, 181).

§ 7 Abs 1 Satz 2 SGB IV enthält die Aussage, dass Anhaltspunkte für eine Beschäftigung eine **Tätigkeit nach Weisungen** und eine **Eingliederung in die Arbeitsorganisation** des Weisungsgebers sind. Es handelt sich insoweit um nicht mehr als durch ausdrückliche Nennung herausgehobene Anhaltspunkte innerhalb der weiterhin erforderlichen Gesamtbetrachtung.

13 Für die Annahme einer abhängigen Beschäftigung in Abgrenzung zur selbstständigen Tätigkeit spricht es zB, wenn der Erwerbstätige die Arbeitsleistung ausschließlich persönlich erbringt und er keine anderen ArbN beschäftigt, er über kein Eigenkapital verfügt, die Betriebsmittel wirtschaftlich von einem anderen Unternehmer gestellt werden und er ausschließlich oder doch zumindest ganz überwiegend für einen ArbGeb tätig wird (vgl zu Unterfrachtführern BSG 25.2.95 – 12 BK 98/93, Die Beiträge 95, 296; zu Propagandistinnen LSG Bln 14.8.96 – L 15 Kr 16/95, NZS 97, 31). Die Höhe des Honorars einer Honorarkraft ist, wenn es eine Eigenvorsorge ermöglicht, ein gewichtiges Indiz für ihre Selbstständigkeit (BSG 31.3.17 – B 12 R 7/15 R, NZS 17, 664). Zu fragen ist außerdem, ob dem Erwerbstätigen überhaupt ein Unternehmerrisiko in dem Sinne übertragen ist,

dass er unternehmerische Chancen iSv größeren Freiheiten und Verdienstmöglichkeiten nutzen kann (BSG 12.12.90 – 11 RAr 73/90, SozR 3–4100 § 4 Nr 1), oder ob ihm nicht nur die mit der Ausübung der Tätigkeit zusammenhängenden Risiken aufgebürdet werden. Äußerliche Anzeichen für das Vorliegen von persönlicher Abhängigkeit sind ferner gegeben, wenn der abhängige Selbstständige weiterhin dadurch in die Betriebsorganisation des ArbGeb eingegliedert bleibt, dass ihm zB Berichtspflichten obliegen oder eine anderweitige Kontrolle seiner Tätigkeit vorgesehen ist.

Eine bessere Vorhersehbarkeit bei der Beurteilung der Frage, ob eine Person als scheinselbstständiger ArbN oder als ArbNÄhnlicher Selbstständiger einzuordnen ist, wird man von der Anwendung eines **Kriterienkatalogs** der Spitzenorganisationen der SozV erwarten können. Die Spitzenverbände haben in diesem Rundschreiben unter Beachtung branchenspezifischer Besonderheiten Auslegungskriterien zusammengefasst, die typische Gestaltungen bei einzelnen Berufsgruppen berücksichtigen. 14

Zusammenfassend ist allerdings zu betonen, dass allein die **wirtschaftliche Abhängigkeit** und soziale Schutzbedürftigkeit nach geltendem Recht kein hinreichendes Merkmal für den Schluss auf eine die SozVPflicht begründende Beschäftigung sind. Das Abstellen auf die wirtschaftliche Abhängigkeit würde die Grenzziehung zwischen abhängiger Beschäftigung und selbstständiger Tätigkeit verwischen und die erforderliche Vorhersehbarkeit der Entscheidung über die Versicherungspflicht unerträglich erschweren. Das BSG hat deshalb eine Indizfunktion der wirtschaftlichen Abhängigkeit, die auch bei selbstständigen Mitarbeitern vorliegen kann, zu Recht abgelehnt (Urt vom 25.1.79 – 3 RK 69/78, SozR 2200 § 165 Nr 34). 15

**3. Anfrageverfahren.** Zur rechtssicheren Klärung der Frage, ob eine Tätigkeit als selbstständig oder abhängig einzustufen ist, sieht das Gesetz das in § 7a SGB IV geregelte Anfrageverfahren vor (zum Anfrageverfahren s insbes *Schlegel/Voelzke/Pietrek* SGB IV, § 7a Rz 30 ff; *Berchtold* NZS 14, 885; *Lehmann* RVaktuell 19, 143; *Becker* BB 19, 820; zum anwaltlichen Verfahrensmanagement in Scheinselbstständigkeitsfällen *Olgemöller* SGb 16, 11), durch das die Beteiligten (Auftraggeber/Auftragnehmer) eine schnelle Klärung der Statusfrage erreichen sollen (§ 7a Abs 1 SGB IV). Das Anfrageverfahren ermächtigt nicht zur Elementenfeststellung des Vorliegens einer abhängigen Beschäftigung (BSG 11.3.09 – B 12 R 11/07 R, SozR 4–2400 § 7a Nr 2; hierzu *Merten* SGb 10, 271; zur Einbeziehung von Folgebescheiden SG Berlin 22.4.10 – S 36 KR 2638/08). Das Verfahren kann jeweils durch Auftragnehmer oder Auftraggeber eingeleitet werden. 16

Die Meldung des ArbGeb bei der Anmeldung des ArbN muss die Angabe enthalten, ob der Beschäftigte zum ArbGeb in einer Beziehung als Ehegatte, Abkömmling oder Lebenspartner besteht (§ 28a Abs 3 Satz 2 Nr 1d SGB IV). Außerdem ist zu melden, ob er als geschäftsführender Gesellschafter einer GmbH tätig ist (§ 28a Abs 3 Nr 1e SGB IV). In diesen Fällen ist die **Einzugsstelle** verpflichtet, ein Statusfeststellungsverfahren zu beantragen (*Geisler* DAngVers 04, 553). Es entscheidet in alleiniger Zuständigkeit die Deutsche Rentenversicherung Bund (DRV Bund). Der für das Verfahren entwickelte Antragsvordruck steht im Internet unter www.deutsche-rentenversicherung-bund.de (Formularcenter) zur Verfügung.

Die Durchführung eines Anfrageverfahrens wird nach § 7a Abs 1 Satz 1 SGB IV dadurch gehindert, dass die Einzugsstelle oder ein anderer Versicherungsträger im Zeitpunkt der Antragstellung bereits ein Verfahren zur Feststellung einer Beschäftigung eingeleitet hatten. Nach dieser Regelung besteht etwa zwischen einem Statusfeststellungsverfahren und einem Betriebsprüfungsverfahren ein wechselseitiger Ausschluss nach dem Kriterium der zeitlichen Vorrangigkeit (BSG 4.9.18 – B 12 KR 11/17 R, NZS 19, 743). Die DRV Bund ist berechtigt, Bescheide der Einzugsstelle mit dem Argument anzufechten, ihre Alleinzuständigkeit im obligatorischen Cleaningstellenverfahren sei verletzt (BSG 16.7.19 – B 12 KR 6/18 R, BeckRS 2019, 18192). Die **Sperrwirkung** tritt nicht durch eine frühere Entscheidung der Künstlersozialkasse ein (BSG 12.12.18 – B 12 R 1/18 R, SozR 4–2400 § 7a Nr 11).

§ 7a Abs 4 SGB IV verpflichtet die DRV Bund zur vorherigen Bekanntgabe der beabsichtigten Entscheidung und zur Bezeichnung der entscheidungserheblichen Tatsachen. Hierdurch soll den Beteiligten ermöglicht werden, vor Erlass der Statusentscheidung weitere 17

Tatsachen und neue rechtliche Gesichtspunkte vorzubringen (BT-Drs 14/1855 S 7). **Widerspruch und Klage** gegen die Entscheidung, dass eine Beschäftigung vorliegt, haben aufschiebende Wirkung. Die aufschiebende Wirkung tritt auch ein, wenn Rechtsmittel gegen Bescheide anderer Versicherungsträger eingelegt werden (BT-Drs 14/1855 S 8). Richtige Klageart ist die reine Anfechtungsklage (zu den Problemen des Gerichtsverfahrens *Berchtold* NZS 14, 887).

**18** Bedeutsam ist, dass – soweit innerhalb eines Monats nach Aufnahme der Tätigkeit ein entsprechender Antrag gestellt wird – die Versicherungspflicht erst **mit dem Tag der Bekanntgabe der Entscheidung** eintritt, wenn der Beschäftigte zustimmt und er sich für die Zwischenzeit gegen das Risiko von Krankheit und zur Altersvorsorge entsprechend den Leistungen der gesetzlichen KV und RV ausreichend finanziell absichert (§ 7a Abs 6 SGB IV; zu den Anforderungen an eine adäquate Absicherung gegen die Risiken BSG 7.6.18 – B 12 KR 17/17 R, BeckRS 2018, 20812). Die Zustimmungserklärung des ArbN, das die SozVPflicht erst mit der Bekanntgabe der Entscheidung eintreten soll, kann auch nach Ihrem Zugang bei der DRV Bund noch widerrufen werden (BSG 24.3.16 – B 12 R 12/14 R, SozR 4–2400 § 7a Nr 6). Eine Kausalität der geforderten Altersvorsorge mit der zu beurteilenden Beschäftigung ist nach der zutreffenden Auffassung der SozVTräger nicht zu fordern. Auf diese Weise werden Beitragsnachforderungen vermieden.

**19** Abweichend von § 23 SGB IV tritt bei Durchführung eines Statusfeststellungsverfahrens die **Fälligkeit** des GesamtSozVBeitrags erst mit der unanfechtbar gewordenen Entscheidung ein, dass ein Beschäftigungsverhältnis besteht (§ 7a Abs 6 Satz 2 SGB IV). Nach Auffassung der Spitzenorganisationen werden die Beiträge spätestens mit den Beiträgen der Entgeltabrechnung des Monats fällig, der auf den Monat folgt, in dem die Entscheidung unanfechtbar geworden ist. Für den Beginn der aufgeschobenen Beitragspflicht kommt es auf die im Statusfeststellungsverfahren getroffene Entscheidung, nicht aber auf eine spätere Entscheidung über die Versicherungspflicht an (BSG 24.3.16 – B 12 R 3/14 R, SozR 4–2400 § 7a Nr 5).

**20** **4. Einzelfälle.** Zur Abgrenzung von abhängiger Beschäftigung und selbstständiger Tätigkeit sind seit jeher Einzelheiten der tatsächlichen Handhabung sowie der Vertragsgestaltung bezogen auf die ausgeübten **Funktionen** herangezogen worden (s hierzu das Arbeitnehmer-ABC mit zahlreichen Nachweisen aus der Rspr im Anhang zum Stichwort *Arbeitnehmer (Begriff)*). Auch in Rspr und Literatur wird der Versuch unternommen, berufsgruppenbezogene Hinweise zur sozialversicherungsrechtlichen Stellung der betroffenen ArbN zu geben (vgl zu Bühnenkünstlern BSG 14.3.18 – B 12 KR 3/17 R, NZS 2018, 867; zu Musikschullehrern BSG 14.3.18 – B 12 R 3/17 R, SozR 4–2400 § 7 Nr 36; zur Anwaltschaft *Ennemann* MDR 2000, 252; zu Therapeuten *Berndt* BB 2000, 1674; zu Promotionskräften *Reichenbach* SGb 01, 412; zu virtuellen Arbeitsplätzen *Haupt/Wollenschläger* NZA 01, 289; zu nebenberuflich tätigen Lehrbeauftragten *Wissing* SGb 01, 720; zu Gesundheitsberufen *Plagemann/Schafhausen* ArbRAktuell 2015, 415 und 440). Die Spitzenverbände der SozVTräger haben einen Berufsgruppenkatalog erstellt, dem Anhaltspunkte für die Abgrenzung zwischen abhängiger Beschäftigung und selbstständiger Tätigkeit sowie zur Bestimmung der Merkmale typischen unternehmerischen Handelns entnommen werden können. Das Rundschreiben ist mit Wirkung vom 1.7.19 aktualisiert worden. Bei den Auslegungs- und Abgrenzungshilfen des Kataloges handelt es sich um Hinweise ohne Rechtsnormqualität (BSG 18.12.01 – B 12 KR 8/01 R, SozR 3–2400 § 7 Nr 19). Das Rundschreiben der SozVTräger ist abrufbar unter www.deutsche-rentenversicherung.de. Es enthält: in der Anlage 1 einen Abgrenzungskatalog für im Bereich Theater, Orchester, Rundfunk- und Fernsehanbieter, Film- und Fernsehproduktionen tätige Personen; in der Anlage 2 Hinweise zur versicherungsrechtlichen Beurteilung von Handelsvertretern; in der Anlage 3 Hinweise zur versicherungsrechtlichen Beurteilung von Gesellschafter-Geschäftsführern, Fremdgeschäftsführern, mitarbeitenden Gesellschaftern einer GmbH sowie Geschäftsführern einer Familien-GmbH; in Anlage 5 einen ausführlichen Katalog von Berufsgruppen in alphabetischer Form (vgl auch das Arbeitnehmer-ABC unter → *Arbeitnehmer (Begriff)* Rn 180; *Schlegel/Voelzke/Segebrecht* SGB IV, § 7 Abs 1 Rn 215, 216).

# Schmiergeld

## A. Arbeitsrecht

*Kania*

**1. Allgemeines.** Schmiergelder sind Vorteile, die ein Angestellter oder Beauftragter eines geschäftlichen Betriebs als Gegenleistung dafür fordert, sich versprechen lässt oder annimmt, dass er einen anderen bei dem Bezug von Waren oder gewerblichen Leistungen im Wettbewerb in unlauterer Weise bevorzugt (§ 299 Abs 1 StGB). 1

Nicht darunter fallen **kleine Geschenke** im Rahmen des Üblichen, die nicht zum Zwecke einer Bevorzugung gewährt werden (*Stahlhacke/Preis/Vossen* Rz 683). Keine Schmiergelder sind danach kleine Werbegeschenke (Feuerzeug, Kalender), übliche Weihnachts- oder Neujahrsgeschenke und *Trinkgelder* (→ *Trinkgeld* Rn 1). Die Abgrenzung im Einzelfall ist fließend und hat nach Treu und Glauben unter Berücksichtigung der Verkehrssitte zu erfolgen (*Schaub/Vogelsang* § 55 Rz 41). 2

Die **Schmiergeldvereinbarung** ist wegen Verstoßes gegen die guten Sitten gem § 138 BGB nichtig (BGH 14.12.72, DB 73, 323); folglich hat der geschmierte ArbN **keinen Anspruch auf Leistung des Schmiergelds** oder auf Erstattung verauslagter Schmiergelder (BAG 9.11.64, BB 65, 13). Die Nichtigkeit der Schmiergeldvereinbarung lässt die Wirksamkeit des Hauptvertrages grds unberührt, sofern nicht dem Hauptvertrag selbst ein Unwirksamkeitsgrund anhaftet. Gem § 299 StGB ist die Schmiergeldannahme genauso wie die aktive Bestechung mit Geldstrafe oder Freiheitsstrafe bis zu einem Jahr bedroht. Die Tat wird grds nur auf Antrag verfolgt, es sei denn, dass die Staatsanwaltschaft wegen besonderen öffentlichen Interesses ein Einschreiten vAw für geboten hält (§ 301 StGB). 3

**2. Kündigung wegen Schmiergeldannahme.** Die Entgegennahme von Schmiergeldern rechtfertigt regelmäßig den Ausspruch der **ordentlichen Kündigung** (BAG 17.8.72, AP Nr 65 zu § 626 BGB; *Stahlhacke/Preis/Vossen* Rz 683) und kann je nach den Umständen des Einzelfalls auch einen Grund für den Ausspruch einer **fristlosen Kündigung** darstellen (BAG 15.11.01 – 2 AZR 605/00, AP Nr 175 zu § 626 BGB; BAG 21.6.01 – 2 AZR 30/00, NZA 02, 232; BAG 15.11.95, DB 96, 836; LAG RhPf 16.1.09 – 9 Sa 572/08, NJW 09, 1369; LAG SchlHol 6.5.96, DB 96, 1291; LAG Bln 16.5.78, BB 78, 1570; LAG Düsseldorf 12.8.80, EzA Nr 73 zu § 626 BGB nF; *Stahlhacke/Preis/Vossen* Rz 683). Dabei ist insbes von Bedeutung, in welcher Position der ArbN tätig ist (*Stahlhacke/Preis/Vossen* Rz 683). Ob der ArbGeb durch die Schmiergeldannahme einen Schaden erlitten hat, ist nicht entscheidend; es reicht vielmehr aus, dass der gewährte Vorteil allgemein die Gefahr begründet, der Annehmende werde nicht mehr allein die Interessen des ArbGeb wahrnehmen (BAG 15.11.95, DB 96, 836). Bei einem ArbN in Vertrauensstellung kann schon eine relativ geringfügige, einmalige Schmiergeldannahme eine außerordentliche Kündigung rechtfertigen (BAG 22.11.62, DB 63, 1055). Die Annahme üblicher Gelegenheitsgeschenke berechtigt nicht zur Kündigung (KR/*Etzel* § 1 KSchG Rz 495). Da durch die Annahme von Schmiergeldern der Vertrauensbereich betroffen und mit einer Wiederherstellung des Vertrauens nicht zu rechnen ist, ist eine vorherige **Abmahnung** grds nicht erforderlich (→ *Abmahnung* Rn 13). 4

Hat ein ArbN in einem **früheren Arbeitsverhältnis** Schmiergelder entgegengenommen, ist dies allein grds irrelevant. Hält der ArbGeb das „Vorleben" seines ArbN für bedeutsam, muss er dies durch entsprechende Fragen bei der Einstellung zum Ausdruck bringen. Nur wenn ein unmittelbarer Zusammenhang mit der aktuellen Tätigkeit besteht (zB Identität der Lieferanten), kann uU eine (außer-)ordentliche Kündigung gerechtfertigt sein. In diesem Fall bestünde auch eine Pflicht, die frühere Schmiergeldannahme von sich aus im Einstellungsgespräch zu offenbaren (Näheres zu Fragerecht und Offenbarungspflicht → *Auskunftspflichten Arbeitnehmer* Rn 2 ff). 5

**3. Kündigung wegen Schmiergeldgewährung.** In der Praxis ist neben der Schmiergeldannahme auch die Schmiergeldgewährung durch ArbN von erheblicher Bedeutung. Diese kann einmal aus eigenen Mitteln des ArbN erfolgen, um sich auf diese Weise höhere Provisionsansprüche beim ArbGeb zu erwerben oder um Beförderungschancen zu verbes- 6 sern. Nicht selten erfolgt aber auch die Schmiergeldgewährung im Auftrag des ArbGeb oder im Zusammenspiel mit einem Vorgesetzten. Schließlich sind hier Fälle zu nennen, in denen der ArbN durch – für den ArbGeb schwer überprüfbare – Preiszugeständnisse an den Kunden schmiergeldähnliche Vergünstigungen gewährt. Die Gewährung von Schmiergeldern kann eine **ordentliche**, je nach den Umständen des Einzelfalls auch eine **fristlose Kündigung** des Arbeitsverhältnisses nach sich ziehen. Maßgeblich abzustellen ist darauf, inwiefern die Schmiergeldgewährung den **Ruf des Arbeitgebers gefährdet.** Die Gefahr der Rufgefährdung nimmt zu, wenn der ArbN in leitender Position tätig ist, da dessen Verhalten eher mit dem des ArbGeb identifiziert wird. Bei der Gewährung von Schmiergeldern durch leitende Angestellte ist deshalb – vorbehaltlich besonderer Umstände des Einzelfalls – auch bei einmaligen Vorfällen eine außerordentliche Kündigung möglich.

7 Auf das Vorliegen eines **finanziellen Schadens** des ArbGeb ist demgegenüber nicht entscheidend abzustellen. Ein solcher finanzieller Schaden wird meist nicht vorliegen, weil erst die Schmiergeldgewährung den Auftragsabschluss überhaupt ermöglicht hat. Wirken ArbGeb und ArbN bei der Schmiergeldgewährung zusammen, kommt eine Kündigung regelmäßig nicht in Betracht, da dies gegen das **Verbot widersprüchlichen Verhaltens** („venire contra factum proprium") verstoßen würde (ArbG München 2.10.08 – 13 Ca 17197/07, NZA-RR 09, 134 mit Besprechung *Kolbe* NZA 09, 228; *Steinkühler/Kunze* RdA 09, 367). Der ArbGeb hat kein schutzwürdiges Interesse, die bewusst riskierte Rufgefährdung durch ein „Bauernopfer" zu beseitigen.

8 **4. Herausgabe von Schmiergeldern und Schadenersatz.** Der ArbGeb hat gegen seinen ArbN einen Anspruch auf Herausgabe der empfangenen Schmiergelder. Der Anspruch folgt nicht aus §§ 675, 667 BGB (so aber BGH 7.1.63, AP Nr 2 zu § 687 BGB), denn Schmiergelder werden nicht „aus der Geschäftsführung", sondern nur in Verfolgung eigener Interessen anlässlich der Geschäftsführung erlangt. Da der ArbN aber ein objektiv fremdes Geschäft als eigenes führt, besteht für den ArbGeb ein Herausgabeanspruch aus §§ 687 Abs 2, 681, 667 BGB, sofern die dem Schmiergeld entsprechende Vergünstigung bei korrektem Verhalten dem ArbGeb zugeflossen wäre (BAG 14.7.61 – 1 AZR 288/60, NJW 61, 2036; LAG München 8.5.12 – 6 Sa 957/11, BeckRS 2012, 72251; LAG Hess 25.1.08 – 10 Sa 11 95/06, BeckRS 2008, 57211; LAG Köln 1.9.98 – 13 [11] Sa 754/97, NZA 99, 597; *Schaub/Linck* § 53 Rz 42). Zur Sicherung der ArbGebAnsprüche kann sich die Einleitung eines Arrestverfahrens empfehlen (dazu *Straube* DB 08, 1744). Schadenersatzansprüche ggü bestochenen ArbN oder Schmiergeld gewährenden Auftragnehmern können sich aus §§ 826 und 823 iVm §§ 246, 266, 299 Abs 1 StGB ergeben (OLG Zweibrücken 12.3.09 – 4 U 68/08, BeckRS 2009, 10754).

## B. Lohnsteuerrecht

*Thomas*

9 **1. Arbeitslohn** liegt nicht bereits dann vor, wenn der ArbN durch das Dienstverhältnis in die Lage versetzt wird, gegen den Willen seines ArbGeb Einnahmen zu erzielen (BFH 13.11.12 – VI R 38/11, DStR 13, 303). Deswegen erhält der ArbN als Empfänger von Schmier- bzw Bestechungsgeld regelmäßig keinen Arbeitslohn („Verliererprämie" eines Berufssportlers: FG Bln 25.11.77, EFG 78, 280; „Gewinnprämie", auch eines Dritten, kann Arbeitslohn sein). Er handelt insofern auch nicht weisungsgebunden, also nicht in seiner ArbNEigenschaft; umgekehrt liegen dann aber bei Herausgabe des Schmiergeldes an den ArbGeb (→ Rn 8) keine Werbungskosten vor (Fg BlnBbg 26.6.14 – 5 K 3082/12, DStRE 15, 655 Rev IX R 26/14; BFH 8.6.2000 – IV R 39/99, BStBl II 2000, 670 zum veruntreuenden Gesellschafter). Stellen die gegen den Willen des ArbGeb erzielten Einnahmen keinen Lohn dar, stehen die damit riskierten Aufwendungen auch nicht mit den Einkünften aus nichtselbstständiger Arbeit in Veranlassungszusammenhang. Demgegenüber soll ein solcher bereits zu vermuten sein, wenn dieser Aufwand Gegenstand eines arbeitsgerichtlichen Vergleichs ist (BFH 9.2.12 – VI R 23/10, DStR 12, 1267). Bezieht der ArbN unter Missbrauch seiner Stellung nachhaltig Einnahmen, kann er gewerblich tätig sein (BFH 3.7.91, BStBl II 91, 802); sonst kann es sich um Leistungen iSv § 22 Nr 3 EStG handeln (BFH 26.1.2000 – IX R 87/95, DStRE 2000, 688; BFH 5.7.05 – III B 149/04, BFH/NV 05, 2023 ähnlich BGH 5.5.04 – 5 StR 139/03, BFH/NV 05, 273; BFH 20.7.07 – XI B 193/06, BFH/NV 07, 1887). Bekommt der ArbN von einem Geschäftspartner seines

ArbGeb zur Vertiefung der schon bisher guten Zusammenarbeit eine Zuwendung (s oben „Gewinnprämie"), stellt diese auch dann Arbeitslohn dar, wenn der Geschäftspartner sie als Geschenk iSv § 4 Abs 5 Nr 1 EStG nicht als Betriebsausgaben abziehen darf (BFH 5.7.96 – VI R 10/96, DStR 96, 1402).

**2. Werbungskosten** können gegeben sein, wenn der ArbN aus eigenen beruflichen 10
Gründen Schmiergelder entrichtet (BFH 18.5.90 – VI R 67/86, BFH/NV 91, 151). Der Abzug ist aber gem § 9 Abs 5 EStG iVm § 4 Abs 5 Nr 8 EStG ausgeschlossen, wenn die Vorteilszuwendung mit festgesetzten Geldbußen, Ordnungsgeldern und Verwarnungsgeldern einhergeht (vgl BFH 22.5.19 – XI R 40/17, DStR 19, 2015), die von einem Gericht oder einer Behörde im Inland oder von einem Mitgliedstaat oder von Organen der EU festgesetzt wurden sowie damit zusammenhängende Aufwendungen oder iVm § 4 Abs 5 Nr 10 EStG, wenn die Vorteilszuwendung eine rechtswidrige Handlung darstellt, die mit Strafe oder mit einer Geldbuße geahndet werden kann (BFH 14.5.14 – X R 23/12, DStRE 14, 1156 mit Anm *Schneider/Perrar* DB 14, 2428; Einzelheiten insbes zu Auslandssachverhalten *Randt* BB 2000, 1006; *Kiesel* DStR 2000, 949; *Stapf* DB 2000, 1092; *Dörn* DStZ 01, 736; BMF 10.10.02, NWB F 3 S 12 193; *Drüen* DB 13, 1133). Ob der diesbezügliche Aufwand und die Zweckverwendung erweislich ist, ist Tatfrage. Im Zweifel muss der Empfänger benannt werden (§ 160 AO). Verfolgt der ArbN mit dem Schmiergeld betriebliche Zwecke seines ArbGeb, kann dessen Aufwendungsersatz (→ *Aufwendungsersatz* Rn 31) gem § 3 Nr 50 EStG steuerfreien Auslagenersatz darstellen. Beim Empfänger liegt kein Geschenk iSv § 4 Abs 5 Nr 1 EStG (zum Geschenk einerseits und zur Zugabe andererseits vgl BFH 23.6.93 – I R 14/93, DStR 93, 1443 und BFH 21.9.93 – III R 76/88, DStR 94, 168) vor, sondern eine als Betriebsausgabe abziehbare Provision, wenn die Zuwendung gemacht wird, weil oder damit der Empfänger eine bestimmte Gegenleistung für den Betrieb erbringt (BFH 18.2.82, BStBl II 82, 394). Wird aus beruflichen Gründen Beihilfe zur Steuerhinterziehung geleistet und deswegen für den Steuerausfall gehaftet, kann der Haftungsbetrag zu Werbungskosten führen (BFH 9.12.03 – VI R 35/96, DStR 04, 910). Erwerbsaufwendungen liegen auch bei Strafverteidigungskosten vor, wenn der strafrechtliche Vorwurf, gegen den sich der ArbN zur Wehr setzt, durch sein berufliches Verhalten veranlasst ist. Das kann der Fall sein, wenn der ArbN Schmiergeld einsetzt, um den Gewinn seines ArbGeb zu steigern (BFH 18.10.07 – VI R 42/04, DStR 07, 2254). Muss ein ArbN wegen verbotener Preisabsprachen eine Geldauflage nach § 153a StPO entrichten, damit von einer Strafverfolgung abgesehen wird und übernimmt der ArbGeb diese Auflage, wendet er Arbeitslohn zu (BFH 30.10.08 – VI R 10/05, DStRE 09, 374; BFH 22.7.08 – VI R 47/06, DStR 08, 2310: Verstoß gegen das Lebensmittelgesetz). Ein damit korrespondierender Werbungskostenabzug ist nach § 12 Nr 4 EStG ausgeschlossen. Das Abzugsverbot würde aber nicht für im Strafverfahren ausgesprochene Auflagen zur Wiedergutmachung des zivilrechtlichen Schadens gelten (BFH 15.1.09 – VI R 37/06, DStR 09, 736). Zum Abzug von Prozesskosten als außergewöhnliche Belastung vgl BFH 18.5.17 – VI R 9/16, DStR 17, 1808.

## C. Sozialversicherungsrecht *Schlegel*

**Kein Arbeitsentgelt im Sinne des § 14 SGB IV** sind Zuwendungen an den ArbN, die 11
nach ihrem Zweck und Umfang darauf gerichtet sind, einen ArbN gefügig zu machen (Schmiergelder, zur Begriffsbestimmung → Rn 1, 2; *Schaub* § 53 II 7a). Schmiergelder sind nämlich nicht, was § 14 SGB IV verlangt, „unmittelbar aus der Beschäftigung oder im Zusammenhang" mit der Beschäftigung erzielt; denn hinsichtlich des Schmiergeldes nimmt der ArbN das Beschäftigungsverhältnis nur zum Anlass, sich dieses zu eigenen Zwecken und Vorteilen dienstbar zu machen. Zwar liegt ein Zusammenhang zwischen der Erzielung des Schmiergeldes und dem Beschäftigungsverhältnis in dem Sinne vor, dass das Schmiergeld ohne das Beschäftigungsverhältnis und die damit verbundene Stellung des ArbN nicht gewährt würde (conditio sine qua non). Auch wenn das dem ArbN von einem Dritten gezahlte Bestechungsgeld steuerrechlich als sonstige Einkünfte iS des § 22 Nr 3 EStG zu qualifizieren ist (BFH 16.6.15 – IX R 26/14, DStR 15, 2422), stellt das Schmiergeld in sozialversicherungsrechtlichen Beitragsrecht **keine Gegenleistung** für die aufgrund des Arbeitsvertrages/Beschäftigungsverhältnisses zu erbringende Leistung des ArbN dar, sondern eine Belohnung dafür, dass der ArbN Handlungen gerade iSd Schmiergeldgebers erbringt

bzw unterlässt. Es wird mithin nicht im Hinblick auf die Beziehungen ArbN/ArbGeb, sondern auf die hiervon rechtlich zu trennenden Beziehungen zwischen ArbN und Schmiergeldgeber erbracht. Dies lässt es zu, das Schmiergeld im Rechtssinne als nicht „im Zusammenhang" mit dem Beschäftigungsverhältnis (§ 14 SGB IV) erzielt zu werten.

## Schwangerschaftsabbruch

### A. Arbeitsrecht *Kania*

1 **1. Entgeltfortzahlung.** Gem § 3 Abs 2 EFZG gilt als unverschuldete AU auch eine Arbeitsverhinderung, die durch einen nicht rechtswidrigen Abbruch der Schwangerschaft (oder eine nicht rechtswidrige Sterilisation) eintritt. Hinsichtlich der Begrifflichkeiten ist auf die strafrechtlichen Erwägungen zu verweisen (Beck OK ArbR/*Ricken*, § 3 EFZG Rn 74). „Rechtswidrigkeit" eines Schwangerschaftsabbruchs liegt danach dann nicht vor, wenn dieser objektiv nicht strafbar ist, gleichgültig ob man die Indikation gem § 218a StGB als Rechtfertigungs- oder Strafausschließungsgrund einstuft (BAG 14.12.94 – 5 AZR 524/89, NZA 95, 459). Der Schwangerschaftsabbruch innerhalb der ersten 12 Wochen der Schwangerschaft wird dem unter den Voraussetzungen von § 3 Abs 2 S 2 EFZG ausdrücklich gleichgestellt.

2 **2. Pflichten des angestellten Arztes.** In § 12 Schwangerschaftskonfliktgesetz (SchKG) ist geregelt, dass niemand verpflichtet ist, an einem Schwangerschaftsabbruch mitzuwirken, solange es nicht um die Abwendung einer akuten Gefahr für Leben und Gesundheit der Frau geht. Dies gilt auch für den angestellten Arzt. Eine Kündigung seines Arbeitsverhältnisses wegen entsprechender Weigerung kann deshalb nur dann ausnahmsweise in Betracht kommen, wenn der ArbGeb keine andere Möglichkeit hat, den Arzt zu beschäftigen (BVerfG 28.5.93, NJW 93, 1751; *Stoffels* DB 93, 1718). Demzufolge muss der ArbGeb vor Ausspruch einer Kündigung zunächst versuchen, andere Ärzte mit der Durchführung von Schwangerschaftsabbrüchen zu betrauen, und dem Arzt, der sich weigert, an Schwangerschaftsabbrüchen mitzuwirken, andere Tätigkeiten zuweisen. Nur wenn dies nicht möglich ist, kommt ausnahmsweise eine personenbedingte Kündigung in Betracht (zur Arbeitsverweigerung aus Gewissensgründen → *Gewissensfreiheit* Rn 2 ff).

### B. Lohnsteuerrecht *Seidel*

5 Zur Entgeltfortzahlung durch den ArbGeb (→ Rn 3) → *Entgeltfortzahlung* Rn 42. Erhält die ArbN im Rahmen eines Abbruchs Leistungen aus der KV (→ Rn 9, 10, 12), sind diese steuerfrei (§ 3 Nr 1a EStG; → *Krankenbehandlung* Rn 5). Zur steuerlichen Behandlung von Krankengeld → *Krankengeld* Rn 8. Ggf nicht erstattete Aufwendungen bei **indikationsbedingten** Schwangerschaftsabbrüchen können als außergewöhnliche Belastungen bei der EStVeranlagung berücksichtigt werden (→ *Krankenbehandlung* Rn 5; *Schmidt/Loschelder* § 33 Rz 35: Schwangerschaft).

6 Hat die ArbN die Aufwendungen für einen **rechtswidrigen,** aber straffreien Abbruch selbst zu tragen (Beratungsregelung → Rn 3 und → Rn 11), können diese Kosten mE nicht als außergewöhnliche Belastung im Rahmen der EStVeranlagung der ArbN berücksichtigt werden (§ 33 EStG). Es fehlt hier wohl an der vom Gesetz geforderten – bei Krankheitskosten regelmäßig unterstellten – Zwangsläufigkeit (§ 33 Abs 2 EStG). Sind in diesen Fällen schon Zweifel daran angebracht, ob es sich um Krankheitskosten in diesem Sinne handelt, so kann rechtswidriges Tun ebenso wenig wie sittenwidriges Tun zwangsläufig sein. Dies gilt erst recht, wenn der Abbruch strafbar ist, da strafbares Tun nicht zwangsläufig ist (*Schmidt/Loschelder* § 33 Rz 20).

### C. Sozialversicherungsrecht *Ruppelt*

7 **1. Allgemeines.** Der Schwangerschaftsabbruch ist in Deutschland grds strafbar (§ 218 StGB). Dies gilt allerdings in zahlreichen Fallgestaltungen für die Schwangere und/oder den Arzt nicht, wenn bestimmte Voraussetzungen erfüllt sind. Dazu gehört an erster Stelle die

Teilnahme der Schwangeren an einer Beratung, die darauf ausgerichtet ist, die Schwangere durch Rat und Hilfe zum Austragen des Kindes zu ermutigen. Dabei muss die Beratung nach Inhalt, Durchführung und Organisation geeignet sein, der Schwangeren die Einsichten und Informationen zu vermitteln, deren sie für eine verantwortliche Entscheidung über die Fortsetzung oder den Abbruch der Schwangerschaft bedarf (→ Rn 9). Unabhängig vom Ergebnis der Beratung ist der Straftatbestand des § 218 StGB nicht erfüllt, dh der Schwangerschaftsabbruch bleibt **straflos,** wenn der Abbruch dann innerhalb der ersten zwölf Wochen der Schwangerschaft von einem **Arzt** vorgenommen und durch eine **Bescheinigung** der Nachweis erbracht wird, dass die Schwangerschaftskonfliktberatung nach den gesetzlichen Vorschriften **mindestens drei Tage** vor dem Eingriff stattgefunden hat (§ 218a Abs 2 StGB).

**Nicht rechtswidrig** ist der Schwangerschaftsabbruch, wenn der Abbruch nach Pflicht- 8
beratung und dreitägiger Wartefrist notwendig ist, um eine Lebensgefahr oder die Gefahr einer schwerwiegenden Beeinträchtigung der körperlichen oder seelischen Gesundheit der **Schwangeren** abzuwenden. Der Abbruch ist nicht an eine Frist nach der Empfängnis gebunden (**medizinische Indikation** nach § 218a Abs 2 StGB). Nicht rechtswidrig ist der Abbruch auch dann, wenn die Schwangerschaft nach ärztlicher Erkenntnis auf einer Straftat, zB Vergewaltigung, beruht. Seit der Empfängnis dürfen nicht mehr als 12 Wochen vergangen sein (**kriminologische Indikation** nach § 218a Abs 3 StGB). Eine mutmaßliche oder gewiss zu erwartende Behinderung des **Kindes** rechtfertigt eine Abtreibung grds nicht. Allerdings kann sich diese Erwartung so auf die Gesundheit der Schwangeren auswirken, dass die Voraussetzungen einer medizinischen Indikation erfüllt sind.

**2. Beratungsangebot.** Nach § 8 SchKG (→ Rn 14) haben die Länder ein ausreichen- 9
des plurales Angebot wohnortnaher Beratungsstellen sicherzustellen. Diese Beratungsstellen bedürfen besonderer staatlicher Anerkennung. Als Beratungsstellen können auch Einrichtungen freier Träger und Ärzte anerkannt werden. Die Schwangere hat nach Abschluss der Beratung Anspruch auf Ausstellung einer **Beratungsbescheinigung,** und zwar auch dann, wenn sie sich der Argumentation der Beratungsstelle nicht aufgeschlossen gezeigt hat. Die Länder haben ein ausreichendes Angebot ambulanter und stationärer Einrichtungen zur Vornahme des Abbruchs sicherzustellen (§ 13 Abs 2 SchKG).

**3. Krankenversicherungsrecht.** Die Leistungen der gesetzlichen KV bei Schwanger- 10
schaftsabbruch ergeben sich aus § 24b SGB V. Voraussetzung für einen Leistungsanspruch ist die Mitgliedschaft der Schwangeren in der gesetzlichen KV zum Zeitpunkt des Abbruchs (→ Rn 14). Der Leistungsumfang ist in § 24b SGB V geregelt und hängt von der Indikation sowie der Rechtfertigung des Abbruchs ab. Die Sterilisation ist nur Kassenleistung, wenn sie in Folge einer Krankheit erforderlich ist. Während der Schwangerschaft bleibt eine bestehende Pflichtmitgliedschaft in der gesetzlichen KV auch dann erhalten, wenn das Beschäftigungsverhältnis vom ArbGeb aufgelöst worden ist (§ 192 Abs 2 SGB V).

**a) Medizinische oder kriminologische Indikation.** Der Abbruch ist nicht rechts- 11
widrig, wenn dieser aufgrund einer medizinischen oder kriminologischen Indikation iSv § 218a Abs 2 und 3 StGB erfolgt (→ Rn 8). In diesen Fällen gewährt die gesetzliche KV ärztliche Behandlung, Versorgung mit Arznei-, Verband- und Heilmitteln sowie Krankenhausbehandlung zur Durchführung des Abbruchs (§ 24b Abs 2 SGB V). Wird die Versicherte durch einen solchen nicht rechtswidrigen Schwangerschaftsabbruch arbeitsunfähig, besteht Anspruch auf Krankengeld (zum Anspruch auf Entgeltfortzahlung → Rn 3).

**b) Beratungsregelung.** Der Schwangerschaftsabbruch nach der Beratungsregelung 12
(§ 218a Abs 1 StGB) ist straflos, bleibt jedoch trotz ordnungsgemäßer Durchführung der Beratung rechtswidrig. In diesen Fällen besteht **kein Anspruch** gegen die gesetzliche KV auf die **eigentliche ärztliche Vornahme des Abbruchs** und die komplikationslose Nachbehandlung. Die ausgeschlossenen Leistungen ergeben sich iE aus § 24b Abs 4 SGB V. Auch ein Anspruch auf Krankengeld besteht grds nicht. Allerdings hat die gesetzliche KV ärztliche Leistungen im Vorfeld des Abbruchs sowie bei komplikationsbedingten Nachbehandlungen nach § 24b Abs 3 SGB V zu erbringen.

**c) Strafbarer Schwangerschaftsabbruch.** Auch nach einem strafbaren Schwanger- 13
schaftsabbruch hat die gesetzliche KV Leistungen nach allgemeinen Vorschriften zu erbringen, wenn die Versicherte nach oder infolge des Abbruchs erkrankt.

14 **4. Hilfen nach dem Schwangerschaftskonfliktgesetz (SchKG).** Grds hat die Schwangere die Kosten für einen unter den Voraussetzungen der **Beratungsregelung** nach § 218a Abs 1 StGB durchgeführten Abbruch der Schwangerschaft selbst zu tragen. Sind ihr die Aufbringung dieser Mittel **nicht zuzumuten** und hat sie ihren Wohnsitz oder gewöhnlichen Aufenthalt in der Bundesrepublik, so hat die gesetzliche KV den Schwangerschaftsabbruch als **Sachleistung** zu gewähren (§ 19 Abs 1 S 1 iVm § 20 Abs 2 Satz 1 SchKG). Dies gilt auch, wenn die Schwangere nicht Mitglied einer Krankenkasse ist. In diesem Fall kann die Schwangere einen KVTräger am Ort ihres Wohnsitzes oder gewöhnlichen Aufenthalts selbst wählen. Für **Asylbewerberinnen** gilt § 10a Abs 3 S 4 AsylbLG entsprechend. Leistungen sind die in § 24b Abs 4 SGB V genannten ärztlichen Maßnahmen zum eigentlichen Abbruch der Schwangerschaft, die von der gesetzlichen KV bei einem Abbruch nach der Beratungsregelung als Kassenleistung grds nicht zur Verfügung gestellt werden (→ Rn 12). Die komplizierten und unübersichtlichen Regelungen sind der langjährigen politischen und verfassungsrechtlichen Auseinandersetzung über die Zulässigkeit des Schwangerschaftsabbruchs geschuldet.

15 **Unzumutbar** ist der Schwangeren die Aufbringung der Mittel zur Durchführung des Abbruchs, wenn die verfügbaren persönlichen Einkünfte in Geld oder Geldeswert die Einkommensgrenzen des § 19 Abs 2 SchKG nicht erreichen und der Schwangeren persönlich kein kurzfristig verwertbares Vermögen zur Verfügung steht oder der Einsatz des Vermögens für sie eine unbillige Härte bedeuten würde, bzw die Voraussetzungen des § 19 Abs 3 SchKG (laufende Hilfe zum Lebensunterhalt uä) vorliegen. Einkünfte und Vermögen von eventuell Unterhaltsverpflichteten (Erzeuger, Ehemann, Eltern usw) werden weder angerechnet noch ermittelt.

16 **Die Anspruchsvoraussetzungen** sind lediglich glaubhaft zu machen. Der KVTräger hat der Schwangeren sodann unverzüglich eine **Bescheinigung über die Kostenübernahme** auszustellen. Die Schwangere kann wählen, ob sie die Bescheinigung durch persönliche Vorsprache oder schriftlich beantragt. Der Arzt rechnet die Leistungen mit der Krankenkasse ab. Die Länder erstatten den gesetzlichen Krankenkassen die ihnen durch dieses Gesetz entstehenden Kosten. Über Streitigkeiten in den Angelegenheiten dieses Gesetzes entscheiden die Gerichte der Sozialgerichtsbarkeit.

## Schwarzarbeit

### A. Arbeitsrecht

*Kania*

1 **1. Begriff.** Früher musste man zwischen Schwarzarbeit im engeren und weiteren Sinne unterscheiden, da das Gesetz zur Bekämpfung der Schwarzarbeit unmittelbar lediglich Fälle handwerks- und gewerberechtlicher Anzeige- und Eintragungspflichtverletzungen erfasste, während man iwS unter Schwarzarbeit allgemein Verstöße gegen sozialversicherungs- und steuerrechtliche Melde- und Abführungspflichten versteht. 2004 ist das Gesetz zur Bekämpfung der Schwarzarbeit und illegalen Beschäftigung (Schwarzarbeitsbekämpfungsgesetz – SchwarzArbG) in Kraft getreten. Dieses Gesetz definiert den Bereich der erfassten Schwarzarbeit im weitesten Sinne in § 1 Abs 2 SchwarzArbG. Insbes leistet danach Schwarzarbeit, wer Dienst- oder Werkleistungen erbringt oder ausführen lässt und dabei als ArbGeb, Unternehmer oder versicherungspflichtiger Selbstständiger seine sich aufgrund der Dienst- oder Werkleistungen ergebenden sozialversicherungsrechtlichen Melde-, Beitrags- oder Aufzeichnungspflichten nicht erfüllt (§ 1 Abs 2 Nr 1 SchwarzArbG) oder als Stpfl seine sich aufgrund der Dienst- oder Werkleistungen ergebenden steuerlichen Pflichten nicht erfüllt (§ 1 Abs 2 Nr 2 SchwarzArbG).

2 **Zweck** des SchwarzArbG ist die Intensivierung der Bekämpfung der Schwarzarbeit. Dabei liegt ein ganz zentraler Punkt des Gesetzes in der Einbindung der Zollverwaltung in die Bekämpfung der Schwarzarbeit. Zu den Prüfbefugnissen → Rn 34.

3 **2. Verträge zwischen Auftraggeber und Schwarzarbeiter.** Ein beiderseitiger Verstoß gegen das SchwarzArbG führt bei Abschluss eines Dienst- oder Werkvertrages zur **Nichtigkeit** des Vertrags (BAG 24.3.04 – 5 AZR 233/03, EzA § 134 BGB 2002 Nr 2; BGH

23.9.82 – VII ZR 183/80, BGHZ 85, 39). Früher wurde auch bei Nichtigkeit ein Anspruch des Unternehmers auf die Vergütung nach Bereicherungsrecht bejaht (BGHZ 31.5.90 – VII ZR 336/89, NZA 90, 809). Heute verneint der BGH Wertersatz- und Bereicherungsansprüche und stellt die Parteien bei Verstoß gegen das SchwarzArbG ausdrücklich schutzlos (BGH 11.6.15 – VII ZR 216/14, NZA 15, 941; BGH 10.4.14 – VII ZR 241/13, NZA 14, 784). Demgegenüber führt die **Abrede in einem Arbeitsvertrag,** die Arbeitsvergütung ohne Berücksichtigung von Steuern und SV-Beiträgen „schwarz" auszuzahlen, nur zur Nichtigkeit dieses Teils der Abrede (BAG 26.2.03 – 5 AZR 690/01, NZA 04, 313). Das ergibt sich mittelbar aus Satz 2, der in § 14 Abs 2 SGB IV durch das SchwarzArbG eingefügt worden ist (*Schaub/Linck* § 42 Rn 25). § 14 Abs 2 S 2 SGB IV enthält aber lediglich eine sozialrechtliche Fiktion zur Berechnung der nachzufordernden GesamtSozVBeiträge und hat keine arbeitsrechtliche Wirkung (BAG 17.3.10 – 5 AZR 301/09, NZA 10, 881; LAG Hess 17.10.14 – 10 Sa 816/14, BeckRS 2015, 70668).

**3. Kündigung und Schadensersatz.** Allein die Ausübung von Schwarzarbeit in Nebentätigkeit berechtigt den ArbGeb nicht, das Hauptarbeitsverhältnis zu kündigen. Die Möglichkeit zur ordentlichen, im Ausnahmefall auch zur fristlosen Kündigung besteht nur, wenn durch die Schwarzarbeit arbeitsvertragliche **Pflichten aus dem Hauptarbeitsverhältnis** verletzt werden, etwa bei Ausübung einer Konkurrenztätigkeit oder bei zeitlicher Kollision. Näheres zur Kündigung wegen Nebentätigkeit → *Nebentätigkeit* Rn 15. 4

Verursacht der Schwarzarbeiter bei der Schwarzarbeit **Schäden,** so ist er seinem Auftraggeber nach allgemeinen Regeln zum Schadensersatz verpflichtet. Allein die Einschaltung eines Schwarzarbeiters kann dem Auftraggeber nicht als **Mitverschulden** iSd § 254 BGB angerechnet werden. Ein Mitverschulden liegt nur dann vor, wenn es sich um besonders gefährliche Arbeiten handelt und dem Auftraggeber bewusst gewesen sein muss, dass der Schwarzarbeiter nicht über die erforderliche Kompetenz verfügt (BGH 2.10.90, DB 91, 223). **Kein Schadensersatzanspruch** besteht, wenn der Schwarzarbeitsvertrag unwirksam ist, für Schäden, die durch die unterlassene Weiterführung der Schwarzarbeit entstehen, nachdem die Schwarzarbeit entdeckt wurde. Denn es besteht keine Verpflichtung des Schwarzarbeiters, weiterhin gegen das SchwarzArbG zu verstoßen (LG Karlsruhe 9.4.75, NJW 75, 1420; *Köhler* JZ 90, 466, 470). 5

## B. Lohnsteuerrecht

*Seidel*

Die **Arbeitnehmereigenschaft** von Schwarzarbeitern richtet sich steuerrechtlich nach der allgemeinen Definition des § 1 LStDV (→ *Arbeitnehmer (Begriff)* Rn 29 ff). Entscheidend sind die Umstände des Einzelfalles. Schwarzarbeiter sind keine ArbN des Auftraggebers, wenn sie hinsichtlich Art und Zeit der Arbeit nicht dessen Weisungen unterliegen, die Arbeit auf Hilfskräfte übertragen können und das Unternehmerrisiko mindestens zusammen mit dem Auftraggeber tragen (BFH 21.3.75, BStBl II 75, 513; *HHR* § 19 Anm 600 Schwarzarbeiter). 6

Die **Offenbarung** der an sich dem Steuergeheimnis (§ 30 AO) unterliegenden Verhältnisse der Betroffenen, des Schwarzarbeiters (§ 1 SchwArbG; → Rn 1) und des Auftraggebers, durch die FinBeh an die mit der Bekämpfung der Missstände befasste Behörde ist **zulässig,** soweit dies für die Durchführung eines Straf- oder Bußgeldverfahrens bzw eines anderen gerichtlichen oder Verwaltungsverfahrens mit dem Ziel der Bekämpfung der Schwarzarbeit erforderlich ist. (§ 31a Abs 1 S 1 Nr 1a AO; AEAO zu § 31a Tz 2 auch zu den gegenseitigen Mitteilungspflichten der FinBeh und der Finanzkontrolle Schwarzarbeit (FKS): BMF 31.1.14, BStBl I 14, 290. Zur neu eingeführten **LSt-Nachschau** (§ 42g EStG) → *Außenprüfung* Rn 25.

Für die **Nacherhebung** der LSt, wenn der Schwarzarbeiter steuerrechtlich als ArbN anzusehen ist, hat der BFH für das Steuerrecht entschieden, dass in dem einvernehmlichen Zusammenwirken von ArbGeb und ArbN zur Hinterziehung der LSt und der SozVBeiträge keine Nettolohnvereinbarung (→ *Nettolohnvereinbarung* Rn 4, 10 ff; s für die SozV → Rn 38) gesehen werden kann (BFH 21.2.92, BStBl II 92, 443). Der Zufluss des geldwerten Vorteils kommt erst dann in Betracht, wenn bei der Steuernachholung durch das FA der ArbGeb auf die Rückforderung der LSt von dem Schwarzarbeiter verzichtet oder er die LSt aus tatsächlichen Gründen nicht mehr beim ArbN geltend machen kann (zB Unkenntnis 7 von Namen und Adresse). Da die Beteiligten vorher gerade davon ausgehen, dass keine Abgaben geleistet werden, kann der geldwerte Vorteil dem ArbN erst dann zufließen, wenn die Abgaben nachgeholt werden, aber den ArbN nicht belasten (BFH 13.9.07 – VI R 54/03, BStBl II 08, 58; *Schmidt/Krüger* § 39b Rz 13). Zur Anwendung des Bruttosteuersatzes → *Lohnsteuerhaftung* Rn 69, 70.

§ 50e Abs 2 EStG bestimmt jedoch, dass bei geringfügigen Beschäftigungen in **Privathaushalten** eine steuerstrafrechtliche Verfolgung nicht erfolgt, wenn der ArbGeb die LStAnmeldung und die Anmeldung der einheitlichen Pauschsteuer (§ 40a Abs 2 EStG; → *Geringfügige Beschäftigung* Rn 21) nicht oder nicht rechtzeitig durchführt. Dies gilt auch für die betreffenden ArbN. Allerdings kommt eine Ahndung als Ordnungswidrigkeit gem § 378 AO in Betracht.

8 Auch wenn der ArbGeb die ArbNAnteile zur SozV nach Ablauf der nächsten drei Lohnzahlungen nicht mehr nachholen darf (Beitragslastverschiebung) – dies wird regelmäßig der Fall sein –, liegt kein geldwerter Vorteil (Arbeitslohn) für den ArbN vor (s auch BFH 13.9.07 – VI R 54/03, BStBl II 08, 58). Näheres hierzu → *Sozialversicherungsbeiträge* Rn 19.

9 Nach dem Gesetz zur Eindämmung der illegalen Betätigung im **Baugewerbe** wurde zur Sicherung des Steueraufkommens ein **Steuerabzugsverfahren** eingeführt (§§ 48–48d EStG). Der vom bauauftraggebenden Unternehmer an das FA abzuführende Steuerabzug iHv 15% der vereinbarten Gegenleistung dient ua auch der Sicherung der LStAnsprüche. Der Auftraggeber kann dann nicht mehr als Entleiher für die LSt der eingesetzten ArbN in Haftung genommen werden (§ 42d Abs 8 EStG, → *Arbeitnehmerüberlassung* Rn 37). Unter bestimmten Voraussetzungen kann der Auftraggeber eine **Freistellungsbescheinigung** erhalten (§ 48b EStG). Näheres hierzu s BMF 27.12.02, BStBl I 02, 1399, geändert durch BMF 4.9.03, BStBl I 03, 431; BMF 20.9.04, BStBl I 04, 862.

## C. Sozialversicherungsrecht

*Schlegel*

### Übersicht



10 **I. Allgemeines zum Schwarzarbeitsbekämpfungsgesetz.** Das **Gesetz zur Intensivierung der Bekämpfung der Schwarzarbeit und damit zusammenhängender Steuerhinterziehung** vom 23.7.04 (BGBl I 04, 1842; SchwarzArbG) soll ein neues Unrechtsbewusstsein gegenüber Schwarzarbeit schaffen und durch die Bündelung von Prüfungs- und Ermittlungsrechten bei der Zollverwaltung leistungsfähige Strukturen zur Bekämpfung der gewerblichen Schwarzarbeit bilden. Die vielfältigen Formen von Schwarzarbeit werden gesetzlich definiert sowie die in verschiedenen Gesetzen enthaltenen Regelungen zur Schwarzarbeitsbekämpfung weitgehend in einem „Stammgesetz" – dem Schwarzarbeitsbekämpfungsgesetz – zusammengefasst (BT-Drs 15/2948 S 1, gleichlautend BT-Drs 15/2573). Die Zuständigkeit zur Verfolgung und Bekämpfung von Schwarzarbeit wird bei den

Zollbehörden konzentriert und im SchwarzArbG geregelt. Die Zollbehörden prüfen ua, ob Vorenthalten von ArbGebBeiträgen (Beitragshinterziehung, § 266a Abs 2 StGB nF) vorliegt.

**II. Legaldefinition der Schwarzarbeit.** § 1 Abs 2 SchwarzArbG definiert Schwarzarbeit, ohne selbst Rechtsfolgen anzuordnen. Danach leistet Schwarzarbeit, wer Dienst- oder Werkleistungen erbringt oder ausführen lässt und dabei 11

1. als ArbGeb, Unternehmer oder versicherungspflichtiger Selbstständiger seine sich aufgrund der Dienst- oder Werkleistungen ergebenden sozialversicherungsrechtlichen Melde-, Beitrags- oder Aufzeichnungspflichten nicht erfüllt,
2. als Steuerpflichtiger seine sich aufgrund der Dienst- oder Werkleistungen ergebenden steuerlichen Pflichten nicht erfüllt,
3. als Empfänger von Sozialleistungen seine sich aufgrund der Dienst- oder Werkleistungen ergebenden Mitteilungspflichten gegenüber dem Sozialleistungsträger nicht erfüllt,
4. als Erbringer von Dienst- oder Werkleistungen seiner sich daraus ergebenden Verpflichtung zur Anzeige von Beginn des selbstständigen Betriebes eines stehenden Gewerbes (§ 14 GewO) nicht nachkommt oder die erforderliche Reisegewerbekarte (§ 55 GewO) nicht erworben hat,
5. als Erbringer von Dienst- oder Werkleistungen ein zulassungspflichtiges Handwerk als stehendes Gewerbe betreibt, ohne in der Handwerksrolle eingetragen zu sein (§ 1 HandwO).

Gem § 1 Abs 3 SchwarzArbG findet Abs 2 keine Anwendung für nicht nachhaltig auf Gewinn gerichtete Dienst- oder Werkleistungen, die von Angehörigen, aus Gefälligkeit, im Wege der Nachbarschaftshilfe oder im Wege der Selbsthilfe bei staatlich gefördertem sozialem Wohnungsbau iSd § 26 des II. Wohnungsbaugesetzes bzw § 12 WohnraumförderungsG erbracht werden. Als nicht nachhaltig auf Gewinn gerichtet gilt dabei „eine Tätigkeit, die gegen geringes Entgelt" erbracht wird. – Aus sozialrechtlicher Sicht ist bzgl der Tatbestände des § 1 Abs 2 SchwarzArbG nachfolgend nur auf die Nr 1 (→ Rn 13 ff) und die Nr 2 (→ Rn 29 ff) näher einzugehen. 12

**III. Schwarzarbeit durch Verstoß gegen sozialversicherungsrechtliche Melde-, Beitrags- oder Aufzeichnungspflichten. 1. Tatbestand des § 1 Abs 2 Nr 1 SchwarzArbG.** Die Behörden des Zolls prüfen, ob die sich aus einem Dienst- oder Werkvertrag ergebenden Pflichten nach § 28a SGB IV erfüllt sind. Sozialversicherungsrechtliche Melde-, Beitrags- oder Aufzeichnungspflichten richten sich in erster Linie an die ArbGeb abhängig Beschäftigter. Hinsichtlich der **Meldepflichten von Arbeitgebern** wird in der KV, PflegeV, RV und ArblV im Wesentlichen auf die Vorschriften des SGB IV Bezug genommen (§ 198 SGB V; § 50 Abs 1 Satz 2 SGBG XI; § 190 SGB VI). Nach § 28a SGB IV hat der ArbGeb der Einzugsstelle jeden in der KV, PflegeV, RV und ArblV kraft Gesetzes Versicherten zu melden. Meldeanlässe sind neben Beginn und Ende der Beschäftigung praktisch jede für die SozV beachtliche Änderung im Beschäftigungsverhältnis. Nach § 28a Abs 9 SGB IV erstreckt sich die Meldung auch auf versicherungsfrei geringfügig Beschäftigte; insoweit entfällt lediglich die sog Jahresmeldung nach § 28a Abs 2 SGB IV. Adressat der Meldung sind die Einzugsstellen, also die jeweilige Krankenkasse des Beschäftigten bzw bei geringfügig Beschäftigten die Deutsche Rentenversicherung Knappschaft-Bahn-See (§ 28i SGB IV, Einzelheiten → *Meldepflichten Arbeitgeber* Rn 3 ff). In einigen Wirtschaftsbranchen besteht eine Sofortmeldepflicht. Diese muss elektronisch spätestens bei Beschäftigungsaufnahme gegenüber der Deutschen Rentenversicherung Bund erfolgen. Sie geht in die Betriebsprüfungsdatei und wird wieder gelöscht, sobald die normale Anmeldung erfolgt. Zugriff auf diese Meldungen haben sowohl die Kontrolleure der Schwarzarbeitsbekämpfung wie auch die Berufsgenossenschaften in Fällen von vermuteter illegaler Beschäftigung. Die **Sofortmeldung** (§ 28a Abs 4 SGB IV) gilt für folgende **Branchen:** Baugewerbe, Gaststätten- und Beherbergungsgewerbe, Personenbeförderungsgewerbe, Speditions-, Transport- und damit verbundene Logistikgewerbe, Schaustellergewerbe, Unternehmen der Forstwirtschaft, Gebäudereinigungsgewerbe, Unternehmen, die sich am Auf- und Abbau von Messen und Ausstellungen beteiligen, Fleischwirtschaft, Prostitutionsgewerbe sowie im Wach- und Sicherheitsgewerbe. In den genannten Branchen gilt für die ArbN bei der Erbringung von Dienst- und Werkleistungen eine **Mitführungspflicht bzgl ihres Personalausweises,** Passes und Passersatzes; 13

diese Ausweise sind den Behörden der Zollverwaltung auf Verlangen vorzulegen (§ 2a SchwarzArbG).

14 Die **Beitragspflicht** des ArbGeb umfasst die Pflicht zur Tragung des ArbGebAnteils und die Beitragszahlungspflicht. ArbGeb sind verpflichtet, die Beiträge ihrer Beschäftigten KV, RV, PflegeV und ArblV eigenständig zu berechnen und diese insgesamt (ArbGeb- und ArbNAnteil) als GesamtSozVBeitrag an die zuständige Einzugsstelle zu zahlen (§ 28d Abs 1, § 28e Abs 1 SGB IV, § 348 SGB III, § 253 SGB V, § 174 SGB VI). Sie haben nach § 28f Abs 3 SGB IV mit jeder Beitragszahlungen einen **Beitragsnachweis** einzureichen und für jeden Beschäftigten Lohnunterlagen zu führen, in denen die versicherungs- und beitragsrelevanten Umstände und Daten dokumentiert werden; für das Baugewerbe gelten insoweit „verschärfte" **Aufzeichnungs- und Dokumentationspflichten** (§ 28f Abs 1a und 2 SGB IV; zum Ganzen → *Lohnkonto* Rn 13ff; → *Lohnlisten* Rn 20ff; → *Sozialversicherungsbeiträge* Rn 24ff).

15 Besonderheiten bestehen für die in Privathaushalten Beschäftigten, deren Arbeitsentgelt (§ 14 Abs 3 SGB IV) regelmäßig im Monat 450 € nicht übersteigt; für sie gilt in Form des sog **Haushaltsschecks** ein besonderes, vereinfachtes Meldeverfahren (§ 28a Abs 7 und 8 SGB IV, dazu → *Hauswirtschaftliches Beschäftigungsverhältnis* Rn 32f).

In der **Unfallversicherung** gilt Folgendes: Die Beiträge zur UV, die von den ArbGeb allein getragen werden, sind nicht Bestandteil des GesamtSozVBeitrags. Jedoch treffen den ArbGeb/Unternehmer auch insoweit die Pflicht, dem Träger der UV zur Berechung der Umlage Lohnnachweise vorzulegen, Aufzeichnungen zu führen (§ 165 SGB VII) und dem zuständigen UVTräger die Zahl der Versicherten mitzuteilen (§ 192 SGB VII). Allerdings wird diese Meldepflicht in § 1 SchwarzArbG nicht genannt.

16 Nach § 190a SGB VI bestehen Meldpflichten für die nach § 2 Abs 1 Nr 1–3 und 9 SGB VI versicherungspflichtigen Selbstständigen, dh für selbstständige Lehrer und Erzieher, selbstständige Pflegepersonen, Hebammen und Entbindungspfleger sowie Selbstständige, die auf Dauer und im Wesentlichen nur für einen Auftraggeber tätig sind und selbst keine ArbN beschäftigten. Diese Personengruppen haben dem Träger der RV die Aufnahme ihrer Tätigkeit innerhalb von drei Monaten anzuzeigen. Auch diese Meldpflicht wird in § 1 SchwarzArbG nicht genannt.

17 § 1 Abs 2 SchwarzArbG selbst knüpft an das Vorliegen von Schwarzarbeit keine **Rechtsfolgen.** Die Vorschrift hat in erster Linie die Funktion, durch Beschreibung einschlägiger Tatbestände ein **„neues Unrechtsbewusstsein gegenüber der Schwarzarbeit zu schaffen"** (so BT-Drs 15/2573 S 1). Konkrete Rechtsfolgen ergeben sich aus § 14 Abs 2 Satz 2 SGB IV, der bestimmt, dass bei illegaler Beschäftigung ein Nettoarbeitsentgelt als vereinbart gilt, wenn Steuern und Beiträge nicht bezahlt worden sind. Dh zur Berechnung der auch bei Schwarzarbeit zu entrichtenden Beiträge ist das (fiktive) Nettoarbeitsentgelt im Abtastverfahren in ein entsprechendes Bruttoarbeitsentgelt hochzurechnen (dazu § 14 Abs 2 Satz 2 SGB IV; → *Nettolohnvereinbarung* Rn 22ff). Weitere Sanktionen bei Schwarzarbeit ergeben sich bei Hinzutreten weiterer Umstände (zB Vorenthaltung; Vorsatz, Fahrlässigkeit) aus Straftatbeständen (→ Rn 18ff) und Ordnungswidrigkeitsvorschriften (→ Rn 23).

18 **2. Strafrechtliche Sanktionen des § 266a Abs 2 StGB nF.** Während der vorsätzliche Verstoß gegen Beitragszahlungspflichten nach Maßgabe des § 266a StGB unter Strafe steht, sieht der Gesetzgeber bei bloßen vorsätzlichen, jedoch auch fahrlässigen Verstößen gegen Melde-, Aufzeichnungs- und Aufbewahrungspflichten nur Ordnungswidrigkeitstatbestände vor.

19 Die Beitragshinterziehung nach § 266a Abs 1 StGB weist im Hinblick auf den ArbNAnteil „untreueähnliche Elemente" auf.

20 Der Gesetzgeber hat mit Gesetz vom 23.7.04 § 266a Abs 2 StGB die Tatbestandsmäßigkeit auch auf die „vom ArbGeb zu tragenden Beiträge zur SozV einschließlich der Arbeitsförderung" erstreckt und die genannte **Strafbarkeitslücke** geschlossen (BT-Drs 15/2573 S 28 zu Art 2 zur Neufassung der Abs 2 und 3 des § 266a StGB).

21 Bei **§ 266a Abs 2 StGB** kommt es nicht darauf an, dass bei der Einzugsstelle oder einem sonstigen Träger der SozV ein Irrtum entsteht, der zu Vermögensdisposition wegen Nichtgeltendmachen einer Forderung führt. Mit § 266a Abs 2 StGB nF werden mE nicht nur die in der Gesetzesbegründung genannten Fälle erfasst, in denen der ArbGeb die Beiträge allein

zu tragen hat (zB Beiträge der UV nach § 150 SGB VII oder Pauschalbeiträge nach § 249b SGB V). „Vom ArbGeb zu tragende Beiträge zur SozV einschließlich der Arbeitsförderung" liegen auch vor, soweit es um die ArbGebAnteile im „Normalarbeitsverhältnis" geht. Sachliche Gründe dafür, diese strafrechtlich anders zu behandeln als Beiträge, die der ArbGeb allein zu tragen hat, sind nicht ersichtlich und werden auch in der Gesetzesbegründung nicht genannt.

Von der Strafbarkeit nach § 266a StGB ausgenommen sind lediglich Fälle, in denen sich der Verstoß gegen Melde-, Beitrags- oder Aufzeichnungspflichten auf **geringfügig Beschäftigte in Privathaushalten** iSv § 8a SGB IV bezieht (§ 111 Abs 1 Satz 2 SGB IV, § 209 Abs 1 Satz 2 SGB VII). Zu dieser Ausnahme heißt es in der Gesetzesbegründung, angesichts des regelmäßig geringen Unrechts- und Schuldgehalts werde das Vorenthalten der niedrig angesetzten Beiträge von ArbGeb nicht in die Strafbarkeit einbezogen. Ausreichend sei eine Ahndung als Ordnungswidrigkeit (BT-Drs 15/2573 S 28 zu Art 2). 22

**3. Ordnungswidrigkeiten.** Wer seinen sozialversicherungsrechtlichen Melde-, Beitrags- oder Aufzeichnungspflichten nach § 28a SGB IV nicht nachkommt, erfüllt den objektiven Tatbestand der Schwarzarbeit iSv § 1 Abs 2 Nr 1 SchwarzArbG. Kommt der betreffende ArbGeb seinen Pflichten zur Einreichung von Lohnachweisen und seinen Aufzeichnungspflichten in der UV (§ 165 SGB VII) sowie seiner Meldepflicht bzgl der Zahl der Versicherten (§ 192 SGB VII) nicht ordnungsgemäß nach und sind ihm insoweit Vorsatz oder Fahrlässigkeit nachzuweisen, liegt eine Ordnungswidrigkeit vor (§ 209 SGV VII). Wer als in der RV versicherungspflichtiger Selbstständiger seine Meldepflicht nach § 190a SGB VI nicht, nicht richtig oder nicht rechtzeitig erstattet, handelt bei Vorsatz und Leichtfertigkeit ebenfalls ordnungswidrig (§ 320 Abs 1 Nr 1 SGB VI). Gleiches gilt, wer entgegen § 28a Abs 1–3 und 9, § 28a Abs 7 seine Meldungen nicht, nicht richtig, nicht vollständig oder nicht rechtzeitig erstattet oder seine Lohnunterlagen entgegen § 28f SGB IV nicht führt oder nicht aufbewahrt (zu Einzelheiten § 111 Abs 1 SGB IV). 23

**4. Nachbarschaftshilfe, familiäre Mithilfe, Gefälligkeiten – keine Schwarzarbeit.** 24
Nach § 1 Abs 3 SchwarzArbG findet Abs 2 keine Anwendung, dh es liegt keine Schwarzarbeit vor, wenn es sich um „nicht nachhaltig auf Gewinn gerichtete Dienst- oder Werkleistungen" handelt, die 1. von Angehörigen iSd § 15 AO oder 2. aus Gefälligkeit, oder 3. im Wege der Nachbarschaftshilfe oder 4. im Wege der Selbsthilfe iSd § 36 Abs 2 und 4 des II. Wohnungsbaugesetzes oder als Selbsthilfe iSd § 12 Abs 1 Satz 2 des Wohnraumförderungsgesetzes erbracht werden. Als nicht nachhaltig auf Gewinn gerichtet gilt nach § 1 Abs 3 Satz 2 SchwarzArbG „insbesondere eine Tätigkeit, die gegen geringes Entgelt erbracht wird." Klar definiert sind die Begriffe **Angehörige iSd § 15 AO** sowie die Dienst- und Werkleistungen im Rahmen des öffentlich geförderten sozialen Wohnungsbaus.

Dunkel bleiben jedoch die Begriffe „Nachbarschaftshilfe", „Gefälligkeiten", „nicht nachhaltig auf Gewinn gerichtet" und „geringes Entgelt". Nach der Gesetzesbegründung soll **Nachbarschaftshilfe** vorliegen, wenn die Hilfeleistung von Personen erbracht wird, die zueinander in persönlicher Beziehung stehen und in gewisser räumlicher Nähe wohnen. 25

**Gefälligkeiten** sollen vorliegen, wenn Dienst- oder Werkleistungen aufgrund persönlichen Entgegenkommens im Rahmen gesellschaftlicher Gepflogenheiten oder in Notfällen erbracht werden (BT-Drs 15/2573 S 19 zu 1 Abs 3). Die Auslegung dieser Begriffe hängt maßgeblich davon ab, welche Folgen es hat, wenn der Tatbestand des § 1 Abs 3 SchwarzArbG erfüllt ist, insbes ob in allen Fällen einer Entgeltgeringfügigkeit der Tatbestand der Schwarzarbeit von vornherein ausscheidet. 26

ME enthält Abs 3 des § 1 SchwarzArbG keine echten, konstitutiven Ausnahmen zu dessen Abs 2 Nr 1, in allen Fällen, in denen Nachbarschaftshilfe oder Gefälligkeiten etc „gegen geringes Entgelts" verrichtet werden. An die Beschreibung von Schwarzarbeit in Abs 2 Nr 1 selbst werden keine Rechtsfolgen geknüpft. Diese sind vielmehr in Ordnungswidrigkeitstatbeständen bzw bei Hinzutreten einer Beitragsvorenthaltung in § 266a StGB geregelt. Systematische Gesichtspunkte legen es nahe, dass in § 1 Abs 3 SchwarzArbG mit deklaratorischer Wirkung diejenigen Fälle aufgeführt werden, in denen mangels Versicherungspflicht auch keine Melde-, Beitrags- und Nachweispflichten bestehen. Denn soweit die betreffende Tätigkeit schon nicht als abhängige Beschäftigung anzusehen ist, scheiden Melde-, Beitrags- und Nachweispflichten und damit bei Verstoß hiergegen auch Schwarz- 27 arbeit iSd § 1 Abs 2 Nr 2 SchwarzArbG aus. Insoweit hat die Vorschrift klarstellende Funktion.

28 Im Übrigen jedoch treffen den ArbGeb Melde-, Beitrags- und Aufzeichnungspflichten nicht erst dann, wenn das Arbeitsentgelt regelmäßig monatlich 450 € übersteigt, damit die **Geringfügigkeitsgrenzen des § 8 Abs 1 Nr 1 SGB IV** überschritten wird und Versicherungsfreiheit ausscheidet. Melde-, Beitrags- und Aufzeichnungspflichten bestehen auch bei geringfügiger Beschäftigung iSv §§ 8, 8a SGB IV. Insoweit sind die Beschäftigten zwar idR versicherungsfrei und der ArbGeb hat lediglich Pauschalbeiträge zur KV und RV zu zahlen. Jedoch liegen auch insoweit „echte" Beitrags- und Meldepflichten vor (§§ 28a Abs 7 und 8 SGB IV). Dem Gesetz kann nicht entnommen werden, dass der Verstoß gegen diese Pflichten den Tatbestand der Schwarzarbeit nicht erfüllen sollte und insoweit zB eine Ordnungswidrigkeit ausscheidet. Lediglich bei geringfügiger Beschäftigung in **Privathaushalten** iSv § 8a SGB IV sah der Gesetzgeber kein Strafbedürfnis. In der Gesetzesbegründung wird jedoch ausdrücklich erwähnt, die Ordnungswidrigkeitentatbestände seien insoweit ausreichend (§ 111 Abs 1 Satz 2 SGB IV, § 209 Abs 1 Satz 2 SGB VII; BT-Drs 15/2573 S 28 zu Art 2). Dies wäre kaum verständlich, wenn in allen Fällen eines geringen Entgelts iSv §§ 8, 8a SGB IV der Tatbestand der Schwarzarbeit nicht mehr erfüllt wäre.

29 **IV. Schwarzarbeit von Leistungsempfängern durch Verstoß gegen Mitteilungspflichten gegenüber Sozialleistungsträgern – § 1 Abs 2 Nr 2 SchwarzArbG. 1. Mitteilungspflichten.** Nach § 1 Abs 2 Nr 2 SchwarzArbG leistet Schwarzarbeit auch, wer Dienst- oder Werkleistungen erbringt und dabei als Empfänger von Sozialleistungen seinen sich aufgrund der Dienst- und Werkleistungen ergebenden Mitteilungspflichten gegenüber dem Sozialleistungsträger nicht nachkommt. Derartige Mitteilungspflichten ergeben sich insbes aus **§ 60 SGB I.**

30 Zu den mitteilungsbedürftigen Tatsachen gehört für Bezieher von Lohnersatzleistungen insbesondere das Arbeitsentgelt aus einer (Neben-)Beschäftigung, da dies regelmäßig zum Ausschluss, Ruhen oder zumindest zur Minderung der beantragten oder bezogenen Sozialleistung führt (vgl dazu die Übersicht bei → *Anrechnung anderweitigen Einkommens* Rn 5 ff). Da **Arbeitslose/Arbeitslosengeld-Empfänger** der BA jede Aufnahme einer Beschäftigung melden müssen, die Aufnahme von Schwarzarbeit aber regelmäßig „geheim gehalten" und der BA nicht angezeigt wird, tritt bei Schwarzarbeitern regelmäßig ein **Erlöschen der Arbeitslosmeldung** und damit ein **Verlust des Anspruchs auf Arbeitslosengeld** ein. Dabei spielt es keine Rolle, ob der Arbeitslose Schwarzarbeit in mehr als geringfügigem (§ 8 SGB IV, *Geringfügige Beschäftigung*), zur Versicherungs- und Beitragspflicht führenden Umfang ausübt. Die persönliche Meldung der Arbeitslosigkeit soll nämlich nicht fortwirken, wenn der Arbeitslose seinen Anzeigepflichten nicht oder nicht rechtzeitig nachkommt (BSG 13.7.06 – B 7a AL 16/05 R, NZA-RR 07, 382).

31 **2. Sanktionen.** Neben den materiell-rechtlichen Folgen, die bei einem Verstoß gegen Mitteilungspflichten regelmäßig eintreten (Aufhebung der Leistungsbewilligung und Rückforderung der Leistung, je nach den Umständen des Einzelfalles) sieht das SchwarzArbG selbst Sanktionen vor. Die bloße Verletzung der Mitteilungspflichten aus § 60 Abs 1 Nr 1 und 2 SGB I stellt eine **Ordungswidrigkeit** dar, die mit einem Bußgeld geahndet werden kann (§ 8 Abs 1 Buchst a und b SchwarzArbG; § 404 Abs 2 Nr 26 SGB III). Eine Ordnungswidrigkeit liegt nicht vor, wenn es sich um nicht nachhaltig auf Gewinn gerichtete Dienst- oder Werkleistungen handelt, die von Angehörigen iSv § 15 AO, aus Gefälligkeit, im Wege der Nachbarschaftshilfe oder im Wege der Selbsthilfe iSd § 36 Abs 2 des II. WohnungsbauG bzw als Selbsthilfe iSd § 12 WohnraumförderungsG geleistet wird (§ 8 Abs 4 SchwarzArbG).

32 Einen **Straftatbestand** erfüllt, wer gegen seine Pflichten aus § 60 Abs 1 Satz 1 Nr 1 oder 2 SGB I verstößt und dadurch bewirkt, dass ihm eine Leistung zu Unrecht gewährt wird (§ 9 SchwarzArbG: Erschleichen von Sozialleistungen im Zusammenhang mit der Erbringung von Dienst- oder Werkleistungen). Bisher war ein entsprechendes Verhalten nur unter den Voraussetzungen des § 263 StGB strafbar, wobei vor allem der Nachweis der Bereicherungsabsicht zu praktischen Schwierigkeiten führte. Nunmehr reicht es für das **Erschleichen von Sozialleistungen** aus, dass im Zusammenhang mit der Erbringung von

Dienst- oder Werkleistungen vorsätzlich Leistungen nach dem SGB rechtswidrig bezogen werden (BT-Drs 15/2573 S 25 zu § 9).

Zum zusätzlichen zeitlichen **Ausschluss von der Teilnahme an einem Wettbewerb um Bauaufträge** vgl § 21 SchwarzArbG. 33

**V. Zuständigkeit der Zollverwaltung.** Neben der Einhaltung der Meldepflichten nach § 28a SGB IV prüfen die Zollbehörden, ob aufgrund der Dienst- und Werkleistungen Sozialleistungen nach dem SGB III, dem SGB II oder Leistungen nach dem AltersteilzeitG zu Unrecht bezogen werden (§ 2 Abs 1 Nr 2 SchwarzArbG). Dabei werden die Behörden der Zollverwaltung ua durch die SozVTräger unterstützt (§ 2 Abs 2 SchwarzArbG). Einzelheiten zu den Kompetenzen, der Datenschutz etc sind in den §§ 3 ff SchwarzArbG geregelt. Auf deren Wiedergabe wird hier verzichtet. Für das Verwaltungsverfahren der Behörden der Zollverwaltung gelten die **Vorschriften der AO** sinngemäß (§ 22 SchwarzArbG). In öffentlich-rechtlichen Streitigkeiten über Verwaltungshandeln der Zollverwaltung nach dem SchwarzArbG ist der **Finanzrechtsweg** gegeben (§ 23 SchwarzArbG); § 51 Abs 1 Nr 9 SGG wurde aufgehoben. 34

**VI. Aufwendungsersatz für Arbeitsunfälle bei Schwarzarbeit.** Im Hinblick auf die allein von den ArbGeb finanzierte UV sind die ArbGeb im Grundsatz von zivilrechtlichen Schadensersatzansprüchen freigestellt (§§ 104–107 SGB VII). Die „Haftungsersetzung durch Unfallversicherungsschutz" findet ihre Grenze allerdings bei Vorsatz und grober Fahrlässigkeit. Haben Personen, deren Haftung nach den §§ 104–106 SGB VII begrenzt ist, den Versicherungsfall vorsätzlich oder grob fahrlässig herbeigeführt, haben sie dem UVTräger die diesem entstandenen Aufwendungen zu ersetzen (§ 110 Abs 1 SGB VII). 35

Mit Wirkung vom 1.8.04 ist dem § 110 SGB VI ein Absatz 1a hinzugefügt worden. Danach haben ArbGeb den UVTrägern auch die Aufwendungen zu erstatten, die diesen infolge von Versicherungsfällen bei der Ausführung von Schwarzarbeit entstanden sind. Die Erstattungspflicht setzt weder eine vorsätzliche noch grob fahrlässige Verursachung des Versicherungsfalles voraus. Vielmehr tritt die Erstattungspflicht bereits dann ein, wenn der Unternehmer Schwarzarbeit iSv § 1 SchwarzArbG geleistet und dadurch bewirkt hat, dass Beiträge zur UV nicht, nicht in der richtige Höhe und nicht rechtzeitig entrichtet werden. Eine nicht ordnungsgemäße Beitragsentrichtung wird vermutet, wenn der Unternehmer den verunglückten ArbN nicht nach § 28a SGB IV angemeldet hatte. Auf ein Verschulden soll es dabei nach der Gesetzesbegründung nicht ankommen (BT-Drs 15/2573 S 32 zu Art 7 Buchst a). 36

Damit stehen zwar auch **„Schwarzarbeiter"** unter dem **Schutz der Unfallversicherung** und erwerben Ansprüche gegen den zuständigen UVTräger, jedoch kann sich letzterer in solchen Fällen beim ArbGeb schadlos halten. Wer als ArbGeb seinen Meldepflichten nach § 28a SGB IV nicht nachkommt, läuft damit Gefahr, für die Aufwendungen, die aus einem Arbeitsunfall resultieren, selbst aufkommen zu müssen. Sind für den eingetretenen Schaden mehrere verantwortlich, kann der UVTräger sowohl den ArbGeb nach § 110 Abs 1a SGB VII als auch den Drittschädiger nach § 116 SGB X als Gesamtschuldner in Anspruch nehmen (BT-Drs 15/2573 S 32 zu Art 7 Buchst a). 37

Mit dem 4. SGB IV-ÄndG wurde zur Umsetzung der sog **Sanktionsrichtlinie** (RL 2009/52 EG vom 18.6.2009 über Mindeststandards für Sanktionen und Maßnahmen gegen Arbeitgeber, die Drittstaatsangehörige ohne rechtmäßigen Aufenthalt beschäftigten, ABl L 168 vom 30.6.2009, S 24) eine **singuläre Vermutungsregelung** eingeführt. Danach wird vermutet, dass ein Beschäftigungsverhältnis für den Zeitraum von 3 Monaten bestanden hat, wenn ein ArbGeb einen Ausländer ohne die nach § 284 Abs 1 SGB III erforderliche Genehmigung oder ohne die nach § 4 Abs 3 AufenthG erforderliche Berechtigung zur Erwerbstätigkeit beschäftigt (§ 7 Abs 4, eingeführt durch Art 1 Nr 2 des 4. SGB IV-ÄndG vom 22.12.11, BGBl I 11, 3057). In der Gesetzesbegründung wird dazu ausgeführt, die **zu Gunsten illegal beschäftigter Ausländer wirkende Vermutung dreimonatiger Beschäftigung** führe zu einer erheblichen Erleichterung bei der Berechnung der Nachforderung von Beiträgen und vereinfache damit das Verwaltungsverfahren (BT-Drs 17/6764 S 17 zu Art 1 Nr 2). Der Ausschuss für Arbeit und Soziales hat die Vermutung auf das Vorliegen einer Beschäftigung beschränkt und – anders als noch der Gesetzentwurf der BReg – die Vermutung nicht auf Beschäftigung „gegen Arbeitsentgelt" erstreckt. Begründet wurde dies nicht (BT-Drs 17/7991, zu Nr 1 Buchst b, S 18). Hierbei 38 handelt es sich um ein **Redaktionsversehen.** Dies ergibt sich daraus, dass **§ 98a Aufenthaltsgesetz** als das arbeitsrechtliche Pendant zu § 7 Abs 4 SGB IV (BT-Drs 17/7991) im Hinblick auf das zu zahlende Arbeitsentgelt vorgreiflich ist. Nach § 98a AufenthaltsG wird vermutet, dass der ArbGeb, der einen Ausländer ohne aufenthaltsrechtliche Legitimation eingesetzt hat, diesen Ausländer für drei Monate beschäftigt hat (Abs 1) und dass er ihm dafür die **übliche Vergütung** (in der Regel die vergleichbare tarifliche Vergütung) zahlen muss (Abs 1 Satz 1, Abs 2). Die zu zahlende Vergütung umfasst arbeitsrechtlich Steuern und Sozialversicherungsbeiträge (Bruttoentgeltprinzip). Die in § 98a AufenthaltsG geregelten Vermutungen sind widerlegbar (§ 292 ZPO). Nichts anderes kann für § 7 Abs 4 SGB IV gelten (Begründung BT-Drs 17/6764, zu Art 1, zu Nr 2, S 17).

39 **VII. Beitragsrecht. 1. Fiktive Nettolohnvereinbarung bei Schwarzgeldabrede.** Werden vom ArbGeb im Einvernehmen mit dem ArbN weder Steuern noch SozVBeiträge abgeführt („Schwarzgeldabrede") und dieser Umstand aufgedeckt, hatte der ArbGeb nach früherer Ansicht des BSG außer dem gezahlten Lohn Beiträge nur auf Steuern (Lohn- und Kirchensteuer) zu entrichten, soweit der ArbGeb die Steuern nachträglich endgültig übernommen hatte. Das bei einer echten Nettolohnabrede maßgebliche „Abtastverfahren" war nach der Rspr des BSG nicht anzuwenden, der Barlohn also nicht um Beitragsanteile und die Steuern des ArbN zu erhöhen und zu einem Bruttolohn hochzurechnen (BSG 22.9.88 – 12 RK 36/86, SozR 2100 § 14 Nr 22; zur Kritik hieran Personalbuch 2002, Schwarzarbeit Rz 15 ff). Seit 1.8.02 bestimmt **§ 14 Abs 2 Satz 2 SGB IV,** dass ein Nettoarbeitsentgelt als vereinbart gilt, wenn bei illegalen Beschäftigungsverhältnissen Steuern und Beiträge zur SozV nicht gezahlt worden sind (BT-Drs 14/8221 S 14). § 14 Abs 2 Satz 2 SGB IV ist nicht nur auf die Fälle illegaler Beschäftigung ausländischer ArbN beschränkt, sondern auf **sämtliche Fälle der Schattenwirtschaft** anzuwenden, bei denen trotz Ausübung einer abhängigen Beschäftigung keine oder zu wenig SozVBeiträge gezahlt werden und die objektive Verletzung zentraler ArbGebPflichten mindestens mit bedingtem Vorsatz erfolgt; die Voraussetzung zumindest bedingten Vorsatzes ist nach Ansicht des BSG erforderlich, um das Abtastverfahren nicht schon dann greifen zu lassen, wenn die Vorenthaltung von Beiträgen auf schlichten Berechnungsfehlern und bloßer (einfacher) versicherungs- und beitragsrechtlicher Fehlbeurteilungen erfolgt (BSG 9.11.2011 – B 12 18/09 R, BSGE 109, 254).

40 **2. Verjährung der Beiträge.** Ansprüche auf vorsätzlich nicht entrichtete Beiträge verjähren in 30 Jahren nach Ablauf des Kj, in dem die Beiträge fällig geworden sind (§ 25 Abs 1 SGB IV). Dieser Tatbestand liegt bei Schwarzarbeit und illegaler Beschäftigung regelmäßig vor.

41 **VIII. Abgrenzung zwischen abhängiger Beschäftigung und selbstständiger Tätigkeit.** Ausgangspunkt ist zunächst das Vertragsverhältnis der Beteiligten, so wie es sich aus den von ihnen getroffenen Vereinbarungen ergibt oder sich aus ihrer gelebten Beziehung erschließen lässt. Eine im Widerspruch zu ursprünglich getroffenen Vereinbarungen stehende tatsächliche Beziehung und die hieraus gezogene Schlussfolgerung auf die tatsächlich gewollte Natur der Rechtsbeziehung geht der nur formellen Vereinbarung vor, soweit eine – formlose – Abbedingung rechtlich möglich ist. Umgekehrt gilt, dass die Nichtausübung eines Rechts unbeachtlich ist, solange diese Rechtsposition nicht wirksam abbedungen ist. Zu den tatsächlichen Verhältnissen in diesem Sinne gehört daher unabhängig von ihrer Ausübung auch die einem Beteiligten zustehende Rechtsmacht. In diesem Sinne gilt, dass die tatsächlichen Verhältnisse den Ausschlag geben, wenn sie von Vereinbarungen abweichen. Maßgebend ist die Rechtsbeziehung so wie sie praktiziert wird und die praktizierte Beziehung so wie sie rechtlich zulässig ist (BSG 30.4.13 – B 12 KR 19/11, DB 14, 728). Zu den **Abgrenzungskriterien** iE vgl → *Arbeitnehmerbegriff* Rn 69 ff; *Schlegel* in Eicher/Schlegel SGB III § 25 Rz 97).

42 Werden Einnahmen aufgrund einer Arbeitsleistung sowohl auf der Auftraggeber- als auch auf der Auftragnehmerseite ordnungsgemäß **als Umsätze verbucht bzw versteuert** und vom Auftragnehmer bei der Einkommensteuer als Einnahmen aus selbstständiger Tätigkeit versteuert, ist dies ein gewichtiges Indiz für selbstständige Tätigkeit. In solchen Fällen dürfte abhängige Beschäftigung regelmäßig selbst dann ausscheiden, wenn zB bei einer selbstständigen Dienstleistung „nach Stunden abgerechnet" wird. Hiervon zu unterscheiden ist

die bloße Vereinbarung zwischen Auftragnehmer und Auftraggeber, dass auf die Zahlungen Umsatz- oder Mehrwertsteuer zu zahlen sei (BSG 25.1.01 – B 12 KR 17/00 R, SozVers 2001, 329).

Lassen die tatsächlichen Verhältnisse allerdings sowohl die Wertung zu, dass abhängige Beschäftigung vorliegt als auch, dass eine solche nicht vorliegt, sprechen also etwa genauso viele Gesichtspunkte für wie gegen abhängige Beschäftigung, sollten dem **Willen der Beteiligten** Rechnung getragen werden und danach gefragt werden, ob sie ein Verhältnis abhängiger Beschäftigung eingehen wollen oder ob dies nicht der Fall war (näher dazu *Schlegel* in Eicher/Schlegel SGB III § 25 Rz 108, 115). 43

# Schwerbehindertenvertretung

## A. Arbeitsrecht

*Kania*

**1. Wahl- und Amtszeit.** In Betrieben und Dienststellen, in denen wenigstens **fünf schwerbehinderte Menschen** nicht nur vorübergehend beschäftigt sind, werden eine Vertrauensperson und wenigstens ein stellvertretendes Mitglied als Schwerbehindertenvertretung gewählt (§ 177 Abs 1 S 1 SGB IX). Die Stellung der Schwerbehindertenvertretung ist im Zuge der Reform des Schwerbehindertenrechts durch das Bundesteilhabegesetz zum 1.1.17 gestärkt worden. Der Begriff des Betriebes und der Begriff der Dienststelle bestimmen sich grds nach dem BetrVG bzw dem Personalvertretungsrecht. Folge ist, dass auch im **Gemeinschaftsbetrieb** zweier Unternehmen eine einheitliche Schwerbehindertenvertretung zu wählen ist. 1

Die **Amtszeit** der Schwerbehindertenvertretung beträgt vier Jahre. Die regelmäßigen Wahlen finden jeweils in der Zeit vom 1.10. bis 30.11. statt. Die nächste regelmäßige Wahl findet im Jahre 2022 statt. Außerhalb der regelmäßigen Wahl finden Wahlen statt, wenn das Amt der Schwerbehindertenvertretung vorzeitig erlischt und kein Stellvertreter nachrückt, die Wahl mit Erfolg angefochten ist oder eine Schwerbehindertenvertretung noch nicht gewählt ist (§ 177 Abs 5 SGB IX). **Wahlberechtigt** sind alle in dem Betrieb oder der Dienststelle beschäftigten Schwerbehinderten; **wählbar** sind alle in dem Betrieb oder der Dienststelle nicht nur vorübergehend Beschäftigten, die am Wahltage das 18. Lebensjahr vollendet haben und dem Betrieb oder der Dienststelle seit sechs Monaten angehören mit Ausnahme der leitenden Angestellten (§ 177 Abs 2, 3 SGB IX). Die **Vertrauensperson** muss kein Schwerbehinderter sein. Die Wahl der Schwerbehindertenvertretung erfolgt in geheimer und unmittelbarer Wahl nach den Grundsätzen der Mehrheitswahl. Im Übrigen sind die Vorschriften über die Wahlanfechtung, den Wahlschutz und die Wahlkosten bei der Wahl des Betriebs- oder Personalrats entspr anzuwenden (§ 177 Abs 6 SGB IX). Für Umstrukturierungen ist seit dem 1.1.17 ein **Übergangsmandat** entspr § 21a BetrVG anerkannt (§ 177 Abs 8 SGB IX). 2

**2. Aufgaben.** Die Aufgaben der Schwerbehindertenvertretung ergeben sich aus § 178 SGB IX. Danach hat die Schwerbehindertenvertretung die **Eingliederung schwerbehinderter Menschen** in den Betrieb oder die Dienststelle zu fördern, die Interessen der Schwerbehinderten in dem Betrieb oder der Dienststelle zu vertreten und ihnen beratend und helfend zur Seite zu stehen. Insbes hat sie über die Einhaltung der zu Gunsten schwerbehinderter Menschen geltenden Normen zu wachen, Maßnahmen, die den Schwerbehinderten dienen, bei den zuständigen Stellen zu beantragen und Anregungen und Beschwerden von Schwerbehinderten aufzugreifen (§ 178 Abs 1 SGB IX). Die Erfüllung der gesetzlichen Pflichten wird der Schwerbehindertenvertretung in erster Linie durch die Einräumung **weitgehender Teilnahmerechte** ermöglicht (§ 178 Abs 4 SGB IX). Dieses Recht auf beratende Teilnahme erstreckt sich auch auf solche Sitzungen, in denen nicht spezifisch Fragen schwerbehinderter ArbN auf der Tagesordnung stehen (LAG Hess 4.12.01, NZA-RR 02, 587, 588). Berechtigt ist die Schwerbehindertenvertretung zur Teilnahme an allen Sitzungen des Betriebs- und Personalrats, an den Sitzungen ihrer Ausschüsse (BAG 21.4.93 – 7 ABR 44/92, NZA 94, 43) sowie an den monatlichen Besprechungen zwischen ArbGeb und BRat. 3

4 In allen **Angelegenheiten,** die einen **einzelnen oder die schwerbehinderten Menschen als Gruppe** berühren, ist die Schwerbehindertenvertretung rechtzeitig und umfassend zu unterrichten und vor einer Entscheidung zu hören (§ 178 Abs 2 SGB IX). Die Unterrichtungs- und Anhörungspflicht betrifft etwa **Einstellung, Versetzung oder Kündigung** sowie alle sonstigen Entscheidungen, die sich auf schwerbehinderte Menschen als solche beziehen oder durch die schwerbehinderte Menschen anders als die sonstigen ArbN berührt werden (LAG München 30.8.89, DB 89, 2236). Liegt kein Bezug zur Behinderung vor, besteht auch keine Beteiligungspflicht (LAG BaWü 7.4.17 – 7 TaBV 1/17, NZA-RR 17, 639 zu Abmahnungen). Die Schwerbehindertenvertretung nimmt am **Personalauswahlverfahren** teil, wenn sich ein schwerbehinderter oder gleichgestellter Mensch bewirbt. Dann erstreckt sich das Beteiligungsrecht auf die Einsicht in die entscheidungserheblichen Teile der Bewerbungsunterlagen und die Teilnahme an Vorstellungsgesprächen. Bei der Besetzung einer Führungsposition mit einem Nichtbehinderten ist die Schwerbehindertenvertretung nur zu beteiligen, wenn die Aufgabe schwerbehinderungsspezifische Führungsanforderungen stellt (BAG 17.8.10 – 9 ABR 83/09, NZA 10, 1431). Verstößt der ArbGeb gegen die Unterrichtungs- und Anhörungspflicht, so berührt dies grds nicht die individualrechtliche Zulässigkeit der Maßnahme gegenüber dem schwerbehinderten Menschen (BAG 28.7.83, DB 84, 133; LAG RhPf 18.8.93, NZA 93, 1133). Als Sanktion bestimmt § 178 Abs 2 SGB IX grds nur, dass die unter Verletzung des Beteiligungsrechtes getroffene Maßnahme **auszusetzen** und die Beteiligung **innerhalb von sieben Tagen** nachzuholen ist. Zudem begeht der ArbGeb gem § 238 Abs 1 Nr 8 SGB IX eine Ordnungswidrigkeit, die mit einer Geldbuße bis 10.000 € geahndet werden kann. Anders ist es seit 2017 für die **Kündigung.** Hier ist die Anhörung gem § 178 Abs 2 S 3 SGB IX Wirksamkeitsvoraussetzung; bzgl der Unterrichtungspflicht und Stellungnahmefristen ist § 102 BetrVG analog anzuwenden (zur Beteiligung vor Ausspruch der Kündigung im Einzelnen → Behinderte Rn 47). Gem § 166 SGB IX ist der ArbGeb verpflichtet, mit der Schwerbehindertenvertretung sowie dem BRat eine sog **„verbindliche Inklusionsvereinbarung"** abzuschließen, die bis 2017 „Integrationsvereinbarung" hieß. Die Vereinbarung soll Regelungen über die Eingliederung schwerbehinderter Menschen, insbes über Personalplanung, Arbeitszeitgestaltung, Arbeitsorganisation und Arbeitszeit, enthalten. Über die Einigungsstelle erzwingbar ist der Abschluss einer Inklusionsvereinbarung nicht. **Rechtsstreitigkeiten** über Rechte und Pflichten der Schwerbehindertenvertretung gegenüber dem ArbGeb oder dem BRat sind im Beschlussverfahren geltend zu machen.

5 **3. Persönliche Rechtstellung der Schwerbehindertenvertretung.** Die Regelung über die persönlichen Rechte und Pflichten der Vertrauenspersonen der Schwerbehinderten in § 179 SGB IX gleicht die Rechtsstellung der Schwerbehindertenvertretung den Mitgliedern des Betriebs- oder Personalrates an. Die Schwerbehindertenvertretung führt ihr Amt unentgeltlich als **Ehrenamt.** Sie darf in der Ausübung ihres Amtes nicht behindert, wegen ihres Amtes nicht benachteiligt oder begünstigt werden und genießt insbes den gleichen **Kündigungs-, Versetzungs- und Abordnungsschutz** wie ein Mitglied des Betriebs- oder Personalrats. Damit gilt § 15 KSchG iVm § 103 BetrVG entsprechend, so dass die Vertrauensperson grds nur aus wichtigem Grund und nur mit Zustimmung des BRat gekündigt werden kann. Hingegen bedarf es einer Zustimmung der Schwerbehindertenvertretung weder nach dem Wortlaut noch nach dem Sinn und Zweck des § 179 SGB IX (BAG 19.7.12 – 2 AZR 989/11, NZA 13, 143). Die Vertrauensperson ist von ihrer beruflichen Tätigkeit ohne Minderung des Arbeitsentgelts oder der Dienstbezüge zu befreien, wenn und soweit es zur Durchführung ihrer Aufgaben erforderlich ist. Eine völlige Freistellung kann auf freiwilliger Basis vereinbart werden, wenn dies wegen der Fülle der zu erledigenden Aufgaben geboten ist (BAG 30.4.87 – 6 AZR 428/84, NZA 88, 172). Gem § 179 Abs 4 Satz 2 SGB IX besteht in Betrieben mit mehr als 100 schwerbehinderten Menschen ein Anspruch auf vollständige Freistellung der Vertrauenspersonen. Ein Anspruch auf Entgeltfortzahlung besteht auch für die Teilnahme an **Schulungs- und Bildungsveranstaltungen,** soweit diese Kenntnisse vermitteln, die für die Arbeit der Schwerbehindertenvertretung erforderlich sind. Für außerhalb der Arbeitszeit durchgeführte Schulungsveranstaltungen besteht nach Auffassung des BAG kein Anspruch auf bezahlten Freizeitausgleich (BAG 14.3.90 – 7 AZR 147/89, NZA 90, 698). Rechtsstreitigkeiten über Kostenerstat-

tungsansprüche sind im arbeitsgerichtlichen Beschlussverfahren zu entscheiden (BAG 30.3.10 – 7 AZB 32/09, NZA 10, 668).

**4. Gesamt- und Konzernschwerbehindertenvertretung.** Wenn für mehrere Betriebe eines ArbGeb ein GBRat errichtet ist, wählen die Schwerbehindertenvertretungen der einzelnen Betriebe auch eine Gesamtschwerbehindertenvertretung. Ist eine Schwerbehindertenvertretung nur in einem der Betriebe gewählt, nimmt diese die Rechte und Pflichten der Gesamtschwerbehindertenvertretung wahr (§ 180 Abs 1 SGB IX). Die Gesamtschwerbehindertenvertretung vertritt die Interessen der schwerbehinderten Menschen in Angelegenheiten, die das Gesamtunternehmen oder mehrere Betriebe des ArbGeb betreffen und von den Schwerbehindertenvertretungen der einzelnen Betriebe nicht geregelt werden können, sowie die Interessen der schwerbehinderten Menschen, die in einem Betrieb tätig sind, für die eine Schwerbehindertenvertretung nicht gewählt ist (§ 180 Abs 6 Satz 1 SGB IX). Soweit für mehrere Unternehmen ein KBRat errichtet ist, wählen die Gesamtschwerbehindertenvertretungen eine Konzernschwerbehindertenvertretung. Hinsichtlich der Zuständigkeit gilt § 180 Abs 6 Satz 1 SGB IX entsprechend. Ist keine Konzernschwerbehindertenvertretung gewählt, können deren Aufgaben nicht von einer einzelnen Schwerbehindertenvertretung wahrgenommen werden (BAG 4.11.15 – 7 ABR 61/13, NZA-RR 16, 191). 6

### B. Lohnsteuerrecht *Seidel*

Zu lohnsteuerrechtlichen Vergünstigungen bei Vorliegen der Schwerbehinderteneigenschaft → *Behinderte* Rn 70 ff. Hinsichtlich der Sachkosten → *Betriebsratskosten* Rn 26. Zur lohnsteuerlichen Behandlung der Leistungen des ArbGeb an den ArbN in seiner Eigenschaft als Schwerbehindertenvertreter → *Betriebsrat* Rn 61 sowie → *Freistellung von der Arbeit* Rn 33. Zum Werbungskostenabzug von Aufwendungen des Schwerbehindertenvertreters zur Wahrnehmung seiner Aufgaben → *Betriebsratsfreistellung* Rn 39. 11

### C. Sozialversicherungsrecht *Schlegel*

Die Schwerbehindertenvertretung hat keine sozialversicherungsrechtliche Bedeutung. Zum Nachteilsausgleich für Behinderte s *Behinderte.* 16

## Solidaritätszuschlag

### A. Arbeitsrecht *Griese*

Die Einführung eines zusätzlichen Steuerbestandteils oder deren Abschaffung tangiert die arbeitsrechtlichen Ansprüche zwischen ArbGeb und ArbN grds nicht. Dies gilt auch für den SolZ. Denn bei den auf die Vergütung entfallenden Steuern handelt es sich um öffentlich-rechtliche Abgaben, die der ArbGeb von der arbeitsrechtlich geschuldeten Vergütung einzubehalten und an das FA abzuführen hat. Soweit der Regelfall (BAG 21.7.09 – 1 AZR 167/08, NZA 09, 1213) der ***Bruttolohnvereinbarung*** vorliegt, ist daher der SolZ zusätzlich zu den sonstigen auf die Vergütung entfallenden Steuern von der Vergütung abzuziehen und vermindert den Nettoverdienst des ArbN. Aus der Einführung des SolZ kann der ArbN auch keinen Anspruch auf Erhöhung der Bruttovergütung herleiten. 1

Haben die Parteien hingegen eine ***Nettolohnvereinbarung*** getroffen, zB **üblicherweise bei *geringfügiger Beschäftigung***, muss die Nettovergütung auch nach Einführung oder Änderung des SolZ konstant bleiben. Denn mit dem Abschluss einer Nettolohnvereinbarung garantiert der ArbGeb dem ArbN ein bestimmtes Nettoeinkommen unabhängig von der konkreten steuerlichen Belastung. So wie dem ArbGeb bei der **Nettolohnvereinbarung** eine Steuersenkung zB die angekündigte Reduzierung des Solidaritätszuschlages, zugutekommt und er keine Verpflichtung hat, diese an den ArbN weiterzugeben, so ist er andererseits bei der Nettolohnvereinbarung gehindert, eine Belastung, die durch eine Steuererhöhung eintritt, an den ArbN weiterzugeben. Aus der ab 2020 erfolgenden Abschaffung des Solidaritätszuschlages für die meisten Steuerzahler wird daher für die mit Nettolohnvereinbarung tätigen ArbN kein Vorteil erwachsen. 2

## B. Lohnsteuerrecht

*Seidel*

3 **1. Allgemeines.** Der Zuschlag wird seit 1995 – zeitlich unbefristet – iHv 5,5% der Bemessungsgrundlage als Ergänzungsabgabe erhoben (§§ 1 Abs 1, 4 SolZG). Ab dem Jahr 2021 soll er im Wesentlichen abgeschafft und nur für Spitzenverdiener bestehen bleiben. Nach den Plänen der BReg sollen etwa 6,5% der Stpfl weiterhin belastet bleiben. Die Umsetzung erfolgt durch Anhebung der Bemessungsgrundlage des § 3 SolzG (→ Rn 5). Stpfl sind insbes alle natürlichen Personen, die unbeschränkt oder beschränkt einkommenstpfl sind (§ 2 Nr 1 SolZG; → *Lohnsteuerberechnung* Rn 7, 8, 20). Die Erhebung ist verfassungsgemäß (BFH 21.7.11 – II R 52/10, BFH/NV 11, 1616; vgl aber neue Vorlage durch FG Nds 7 K 143/08, DStRE 14, 534 → Rn 7). Seit 2004 erfolgt eine maschinelle Berechnung anhand eines vom BMF zur Verfügung gestellten Programmablaufplans (für **2020** BMF 11.11.19, Anlage 1, BStBl I 19, 1089 ff); für die manuelle Berechnung gilt der Programmablaufplan in Anlage 2 BStBl I 18, 1152, 1185 ff.

4 **2. Erhebungsverfahren bei Arbeitsverhältnissen. a) Zuschlagsteuer.** Für die Festsetzung und Erhebung des SolZ sind die für die LSt geltenden Vorschriften entsprechend anzuwenden (§ 51a Abs 1 EStG). Im LStAbzugsverfahren ist die Ergänzungsabgabe vom ArbGeb daher wie die LSt einzubehalten, abzuführen und anzumelden (→ *Lohnabzugsverfahren* Rn 19 ff; → *Lohnsteuerabführung* Rn 2 ff und → *Lohnsteueranmeldung* Rn 2 ff). Im → *Lohnkonto* Rn 2 ff und in der → *Lohnsteuerbescheinigung* Rn 2 ff ist er unter entsprechender Kennzeichnung einzutragen. Der ArbGeb haftet für den SolZ wie für die LSt (→ *Lohnsteuerhaftung* Rn 4). Auch bei der LStPauschalierung ist der SolZ zu erheben (→ Rn 5).

5 **b) Höhe.** Der SolZ beträgt 5,5% der Bemessungsgrundlage. Zur Ermittlung sind von der Bemessungsgrundlage für die LSt (→ *Lohnsteuertabellen* Rn 2 ff) zum Erhalt der LSt als Bemessungsgrundlage für den SolZ noch die Kinderfreibeträge und der Freibetrag für Betreuung und Erziehung oder Ausbildung (§ 32 Abs 6 EStG) abzuziehen (§ 3 Abs 1 Nr 3 SolZG iVm Abs 2a; zur Bemessungsgrundlage bei sonstigen Bezügen → *Sonstige Bezüge* Rn 8), da diese Freibeträge für die Ermittlung der LSt nicht mehr erforderlich sind (→ *Lohnsteuertabellen* Rn 7). Das Gesetz (§ 3 Abs 4 SolZG) hat eine Nullzone (Freigrenze) vorgesehen. Der ArbGeb hat den SolZ nur einzubehalten und abzuführen, wenn die Bemessungsgrundlage bei monatlicher Lohnzahlung in Steuerklasse III mehr als 162 € (ab 2021 mehr als 2826 €) und in den anderen Steuerklassen mehr als 81 € (ab 2021 mehr als 1413 €) beträgt. Bei wöchentlicher Lohnzahlung liegen die Grenzen bei 37,80 € (ab 2021 bei 659,40 €) bzw 18,90 € (ab 2021 bei 329,70 €), bei täglicher Zahlung bei 5,40 € (ab 2021 bei 94,20 €) bzw 2,70 € (ab 2021 bei 47,10 €; § 3 Abs 4 SolZG). Ist die vom ArbGeb zu übernehmende pauschale LSt die Bemessungsgrundlage, fehlt eine entsprechende Regelung, so dass hier der SolZ immer anhand der sich ergebenden pauschalen LSt zu ermitteln ist (BFH 1.3.02 – VI R 171/98, BStBl II 02, 440). Bei einer geringfügigen Beschäftigung gem § 40a Abs 2 EStG ist der SolZ mit dem einheitlichen Pauschsteuersatz von 2% abgegolten (→ *Geringfügige Beschäftigung* Rn 21).

6 Auch in den LStJahresausgleich durch den ArbGeb ist der SolZ einzubeziehen (§ 3 Abs 1 Nr 4 SolZG). Bemessungsgrundlage ist dann die JahresLSt, ggf nach Berücksichtigung der Freibeträge nach § 32 Abs 6 EStG (→ Rn 5). Dabei ist der SolZ nur zu ermitteln, wenn die Bemessungsgrundlage in Steuerklasse III mehr als 1944 € und in den Steuerklassen I, II oder IV mehr als 972 € beträgt (§ 3 Abs 5 SolZG). Im Rahmen der EStVeranlagung (→ *Antragsveranlagung* Rn 2 ff) kann sich durch die Regelung des § 4 Satz 2 SolZG eine Abmilderung des SolZ ergeben, wenn er bei zusammen veranlagten Ehegatten höher ist als 20% des 1944 € (ab 2021 des 33912 €) und bei anderen Personen höher als 20% des 972 € (ab 2021 des 16956 €) übersteigenden Teils der ESt.

7 **3. Rechtsbehelfe.** Der ArbGeb kann die Festsetzung des SolZ in der LStAnmeldung sowie im Haftungs- oder Nachforderungsbescheid ebenso wie den bei der EStVeranlagung festgesetzten SolZ mit dem Einspruch anfechten. Die Einsprüche wegen der Frage der Verfassungsmäßigkeit des SolZ wurden mit Allgemeinverfügung vom 22.7.08 als unbegründet zurückgewiesen (BStBl I 08, 747). Das BVerfG hat die Vorlage des FG NdS v 25.11.09 im Verfahren 7 K 143/08 (DStR 10, 854) mit Beschluss vom 8.9.10 (2 BvL 3/10, DStR 10, 1982) als unzulässig zurückgewiesen. Die erneute Vorlage wird beim BVerfG unter dem Az

2 BvL 6/14 geführt. Die Festsetzung erfolgt weiterhin für die Veranlagungszeiträume ab 2005 vorläufig (BMF18.6.18, BStBl I 18, 702). Zur Anfechtung der LStAnmeldung durch den ArbN → *Lohnsteueranmeldung* Rn 15. Wegen der Bindungswirkung der Bemessungsgrundlage kann die Festsetzung des SolZ nicht mit der Begründung angegriffen werden, die Bemessungsgrundlage sei fehlerhaft ermittelt (§ 1 Abs 5 S 1 SolZG). In diesen Fällen ist daher die Steuerfestsetzung anzufechten. Wird diese nach oben oder nach unten geändert, ist die Festsetzung des SolZ ebenfalls entsprechend zu ändern (§ 1 Abs 5 S 2 SolZG).

### C. Sozialversicherungsrecht *Ruppelt*

**Beitragsrecht.** Die EStBerechnung hat auf die abzuführenden SozVBeiträge grds keine Auswirkung. Daher berührt der Zuschlag auf die LSt (SolZ) das sozialversicherungsrechtliche Beitragsverhältnis nicht (→ *Sozialversicherungsbeiträge* Rn 21 ff). 8

## Sonderausgaben

### A. Arbeitsrecht *Griese*

S *Aufwendungsersatz, Sozialversicherungsbeiträge, Ausbildungskosten.* 1

### B. Lohnsteuerrecht *Weil*

**Übersicht**



**I. Begriff.** Sonderausgaben sind die in §§ 10, 10a und 10b EStG enumerativ und abschließend aufgeführten Aufwendungen aus dem **privaten** Lebensbereich des Stpfl, also außerhalb des Einkünftebereichs (§ 10 Abs 1 Einleitungssatz EStG), die im Rahmen der ESt-Veranlagung (§ 46 Abs 2 EStG; → *Antragsveranlagung* Rn 2 ff) bzw beim LStJahresausgleich (→ *Lohnsteuerjahresausgleich* Rn 2 ff) in Durchbrechung des Grundsatzes der Nichtabzugsfähigkeit privater Lebenshaltungskosten (§ 12 EStG) vom Gesamtbetrag der Einkünfte (§ 2 Abs 4 EStG) steuermindernd abgezogen werden können. Es gilt grds das **Abflussprinzip** (§ 11 Abs 2 EStG), dh Abzug im Jahr der Zahlung, mit Einschränkung im Bereich der Basiskranken- und gesetzlichen PflegeVbeiträge (→ Rn 10). Ein sofortiger Abzug vorausbezahlter Beiträge ist nur in Höhe des 2,5-fachen der für diesen Veranlagungszeitraum geschuldeten Beiträge möglich (§ 10 Abs 1 Nr 3 S 4 EStG). Ein Selbstbehalt ist kein Beitrag und daher nicht abzugsfähig (BFH 1.6.16 – X R 43/14, DStR 16, 2631). Abzugsberechtigt ist der Stpfl nur dann, wenn er die begünstigten Aufwendungen nicht nur selbst entrichtet, sondern auch selbst geschuldet hat, dh wenn er tatsächlich und endgültig wirtschaftlich belastet ist. Beiträge zur Basiskranken- und gesetzlicher PflegeV für das **unterhaltsberechtigte Kind** werden als eigene Beiträge des Stpfl behandelt (§ 10 Abs 1 Nr 3 S 2 EStG). Dies gilt auch für die vom ArbGeb von der Ausbildungsvergütung des Kindes einbehaltenen Beiträge, soweit sie dem unterhaltsberechtigten Kind im Wege des Barunterhalts erstattet werden (BFH 13.3.18 – X R 25/15, DStR 18, 2133). Beiträge, die für den Lebensgefährten gezahlt werden, sind nicht abzugsfähig (FG Brem 11.11.15 – 1 K 97/15 (6), BeckRS 2016, 94031). 2

Abgekürzter Zahlungsweg durch Zahlung eines Dritten ist steuerlich aber wirksam, sog **Drittaufwand** (aA BMF 7.7.08, BStBl I 08, 717; H 10.1 EStH). Von Drittaufwand wird gesprochen, wenn ein Dritter Kosten trägt, die durch die Einkünfteerzielung des Stpfl 3 veranlasst sind (BFH 26.9.06 – X R 3/05, BFH/NV 07, 323). Der Stpfl kann Aufwendungen selbst dann abziehen, wenn ein Dritter ihm den entsprechenden Betrag zuvor geschenkt hat, oder – statt ihm den Geldbetrag unmittelbar zu geben – in seinem Einvernehmen seine Schuld tilgt (BFH 7.2.08 – VI R 41/05, BFH/NV 08, 1136). Die Aufwendungen sind aber nicht nur im Fall der Abkürzung des Zahlungswegs dem Stpfl zurechenbar, sondern ebenso, wenn der Dritte im eigenen Namen für den Stpfl einen Vertrag abschließt und auf Grund dessen auch selbst die geschuldete Zahlung leistet. Dies gilt jedenfalls dann, wenn Zuwendungsgegenstand entsprechend dem abgekürzten Zahlungsweg ein Geldbetrag ist (BFH 15.1.08 – IX R 45/07, BStBl II 08, 572). Bei Dauerschuldverhältnissen kommt eine Berücksichtigung der Zahlung unter dem Gesichtspunkt der Abkürzung des Vertragswegs nach der Rspr indes nicht in Betracht (vgl zusammenfassend BFH 15.11.05 – IX R 25/03, BStBl II 06, 623; der BFH-Rspr folgend BMF 7.7.08, BStBl I 08, 717). Beispiele: der Vater als Versicherungsnehmer zahlt die Haftpflichtversicherung für den Pkw des Sohnes (kritisch *Schmidt/Heinicke* § 10 Rz 23, 24); der Vater zahlt die Miete bei auswärtiger Ausbildung des Kindes (§ 10 Abs 1 Nr 7 Satz 4 EStG; → *Arbeitszimmer* Rn 20; → *Ausbildungskosten* Rn 29).

4 **Wie Sonderausgaben** werden die Abzugsbeträge nach § 10d bis § 10i EStG behandelt (zu § 10f EStG BFH 20.6.07 – X R 13/06, BStBl II 07, 879). Der Verlustvortrag (§ 10d Abs 2 EStG) geht dem Sonderausgabenabzug vor (BFH 9.4.10 – IX B 191/09, BFH/NV 10, 1270). Schließlich mindern die **außergewöhnlichen Belastungen** (§§ 33–33c EStG) als private Lebenshaltungskosten das Einkommen (§ 2 Abs 4 EStG). Mangels tatsächlicher Aufwendungen sieht § 10c EStG einen **Sonderausgabenpauschbetrag** iHv 36 €, bei Verheirateten iHv 72 € für Sonderausgaben nach § 9c, § 10 Abs 1 Nr 1, Nr 1a, Nr 4, 7 und 9, § 10b EStG vor. Zur Vorsorgepauschale bei den Versicherungsbeiträgen → Rn 12. Für die übrigen wie Sonderausgaben abzugsfähigen Beträge (§§ 10d–10i EStG) sind mit Ausnahme von § 10i Abs 1 Nr 1 EStG keine Pauschbeträge vorgesehen. **Schuldzinsen,** die im Zusammenhang mit Sonderausgaben gezahlt werden, zB fremdfinanzierte Kirchensteuernachzahlung, sind nicht in jedem Fall als Sonderausgaben abzugsfähig (BFH 14.11.01 – X R 120/98, BStBl II 02, 413 zu § 10 Abs 1 Nr 1a EStG). Die folgende Darstellung beschränkt sich auf Sonderausgaben im Zusammenhang mit einem Arbeitsverhältnis.

5 **II. Sonderausgaben im Arbeitsverhältnis. 1. Vorsorgeaufwendungen. a) Allgemein.** Der aufgrund SozVRecht **pflichtversicherte** ArbN hat via ArbGeb Beiträge zur gesetzlichen KV (§§ 226 ff SGB V), zur gesetzlichen PflegeV (§§ 58 ff SGB XI), zur gesetzlichen RV (§§ 157 ff SGB VI) und an die BA (§§ 340 ff SGB III) zu entrichten, sog **Vorsorgeaufwendungen** (§ 10 Abs 2 EStG; → *Sozialversicherungsbeiträge* Rn 14 ff). Der ArbNAnteil ist begrenzt als Sonderausgabe abziehbar (§ 10 Abs 1 Nr 2 S 1 EStG), der ArbGebAnteil nicht, soweit dieser steuerfrei ist (§ 10 Abs 2 S 1 Nr 1 und Abs 3 S 5, 7 EStG).

6 **b) Neuregelungen.** Die Abzugsfähigkeit der **Beiträge zur Altersvorsorge** wurde auf Grund von BVerfG-Rspr **ab 2005** neu geregelt, die **der Gesundheitsvorsorge ab 2010.** Zur Rechtslage bis 2009 s Personalbuch 2009, Sonderausgaben Rz 6. Zur Vorläufigkeit wegen der nur beschränkten Abzugsfähigkeit der Vorsorgeaufwendungen bis 2009 BMF 10.6.14, BStBl I 14, 831, ab 2010 s Rn 10.

7 **c) Rechtslage seit 2010. aa)** Die Vorsorgeaufwendungen gliedern sich in folgende Beiträge:

- zur gesetzlichen RV u zu berufsständischen Versorgungseinrichtungen (§ 10 Abs 1 Nr 2a) EStG) → *Rentenversicherungsbeiträge* Rn 2 ff,
- zum Aufbau einer eigenen kapitalgedeckten Altersversorgung (§ 10 Abs 1 Nr 2b) EStG) → *Altersrente* Rn 22,
- zur gesetzlichen und privaten KV (§ 10 Abs 1 Nr 3a) EStG) → *Krankenversicherungsbeiträge* Rn 3 ff,
- zur gesetzlichen und privaten PflegeV (§ 10 Abs 1 Nr 3b) EStG) → *Pflegeversicherungsbeiträge* Rn 7 ff,
- zu anderen Versicherungen (§ 10 Abs 1 Nr 3a EStG):
  - Arbeitslosigkeit → *Arbeitslosenversicherungsbeiträge* Rn 2 ff,
  - Unfall → *Unfallversicherung* Rn 9 ff,
  - Erwerbs-/Berufsunfähigkeit → *Erwerbsminderung* Rn 9 ff,

– Haftpflicht,
– Lebensversicherung auf den Todesfall (BayLfSt 27.2.09, DStR 09, 1262),
– andere Lebensversicherungen, vor dem 31.12.2004 abgeschlossen.

**bb) Einheitliche Voraussetzung** für die Abzugsfähigkeit der Beiträge für die bezeichneten Versicherungen ist ua, dass sie
– nicht in unmittelbarem wirtschaftlichen Zusammenhang mit steuerfreien Einnahmen stehen (§ 10 Abs 2 Nr 1 EStG); ungeachtet dessen sind die Beiträge zu berücksichtigen, soweit sie in unmittelbarem wirtschaftlichen Zusammenhang mit in einem Mitgliedstaat der EU oder einem Vertragsstaat des EWR erzielten Einnahmen aus nichtselbständiger Tätigkeit stehen, diese Einnahmen nach einem DBA im Inland steuerfrei sind und der Beschäftigungsstaat keinerlei steuerliche Berücksichtigung von Vorsorgeaufwendungen im Rahmen der Besteuerung dieser Einnahmen zulässt,
– an Versicherungsunternehmen im Inland oder EU-Ausland mit inländischer Geschäftserlaubnis geleistet werden (§ 10 Abs 2 EStG; s die Übersicht zu ausländischen Versicherungen OFD Hannover 19.1., BeckVerw 072047). Beiträge zum Erwerb eines BasisKVSchutzes (→ Rn 10) sind ab 2013 auch an ein Versicherungsunternehmen oder eine andere Einrichtung außerhalb der EU und des EWR-Raums abzugsfähig (§§ 10 Abs 2 Nr 2 Satz 2, 52 Abs 1 EStG).

**cc) Weitere Voraussetzung** für den Abzug der Vorsorgeaufwendungen aus Basisrentenverträgen (→ *Altersrente* Rn 22) und Basis-Kranken und PflegeV (§ 10 Abs 1 S 1 Nr 3 Buchst a und b EStG) ist die Einwilligung der Stpfl in die **Datenübermittlung** (§ 10 Abs 2 S 2 Nr 2 und S 3 und Abs 2a EStG; zur elektronischen Datenübermittlung § 10 Abs 2a Satz 4 EStG; BMF 18.8.11, BStBl I 11, 788). Sind die Versicherungsbeiträge in der elektronischen LStBescheinigung eingetragen, gilt die Einwilligung des Stpfl in die Datenübermittlung durch den Versicherungsträger an das FA als erteilt (§ 10 Abs 2a EStG). Dies gilt ab 2011 auch für Zusatzbeiträge nach § 242 SGB V (§ 10 Abs 2 S 3 EStG idF JStG 2010). Im Rahmen der Datenübermittlung kann ein Steuerbescheid geändert werden, soweit bestimmte Daten zu Vorsorgeaufwendungen betr kapitalgedeckte Altersvorsorge und Kranken- und PflegeV übermittelt werden (§ 10 Abs 2a S 8 EStG). Die Übermittlung der Daten allein ist Änderungsvoraussetzung. Weitere Voraussetzungen zur Änderung eines Bescheides brauchen nicht vorzuliegen, wobei eine Änderung bei Bagatellbeträgen (§ 156 AO, KleinbetragsVO, § 177 AO) entfällt. Vorsorgeaufwendungen für **Basisrentenverträge** bedürfen zudem der **Zertifizierung** des Anlagenvertrags (§ 10 Abs 2 S 2 Nr 1 EStG). Der Vertrag muss nach § 10 Abs 1 Nr 2 Buchst b EStG eine lebenslange Leibrente vorsehen. Die Ansprüche dürfen weder vererblich, übertragbar, beleihbar oder kapitalisierbar sein. Alternativ zur monatlichen Auszahlung ist jedoch eine zusammengefasste jährliche Auszahlung möglich. Bei Basisrentenverträgen, die nach dem 31.12.2011 abgeschlossen worden sind, dürfen die sich ergebenden Altersleistungen nicht vor Vollendung des 62. Lebensjahres des Anlegers ausgezahlt werden. Ab 2014 besteht die Möglichkeit, sich ausschließlich gegen den Eintritt der Berufsunfähigkeit oder der verminderten Erwerbsfähigkeit abzusichern (§ 10 Abs 1 Nr 2 Buchst b) bb) EStG). 8

**dd)** Für **beschränkt Steuerpflichtige** (§ 1 Abs 4 EStG) sind Vorsorgeaufwendungen abziehbar, wenn sie Einkünfte iSv § 49 Abs 1 Nr 4 EStG beziehen (§ 50 Abs 1 S 4 EStG; → *Ausländer* Rn 42). Dies gilt nicht für Beiträge nach § 10 Abs 1 Nr 3a EStG (→ Rn 7). Die abzugsfähigen Gesamtbeiträge (sog Globalbeiträge) an **ausländische** SozVTräger sind länderunterschiedlich nach Versicherungsarten aufzuteilen. Einzelheiten BMF 5.7.11, BStBl I 11, 711; ab 2019 BMF 17.9.18, DStR 18, 1974.

**ee) Höchstbetragsregelungen.** Entsprechend der Zweiteilung der Vorsorgeaufwendungen in Altersvorsorge und Gesundheitsvorsorge (→ Rn 5) gelten für die Abzugsfähigkeit verschiedene Höchstbeträge. Für die **Altersvorsorge:** Höchstbetrag bis 2014: 20.000/40.000 €, ab 2015: Höchstbeitrag zur knappschaftlichen RV (2019: 24.304/48.608 €) alleinstehend/Zusammenveranlagung (§ 10 Abs 3 Sätze 1 und 2 EStG). Der Höchstbetrag vermindert sich bei Personen, die der gesetzlichen RV unterliegen oder die keine eigenen Leistungen zu ihrer Altersversorgung beitragen, um den %-Anteil des jährlichen RV-Beitrags (§ 10 Abs 3 S 3 EStG). Der sich hieraus ergebende Betrag war im Jahr 2005 iHv 60 % anzusetzen (§ 10 Abs 3 S 4 EStG). Dieser Abzugsbetrag vermindert sich um den steuer- 9 freien ArbGebZuschuss zur RV (§ 10 Abs 3 S 5 EStG). Zur Frage, ob ein Gesellschafter-Geschäftsführer einer Kapitalgesellschaft hierunter fällt, BFH 20.3.13 – X R 30/11, BFH/NV 13, 1393; BFH 21.8.13 – X R 41/10, BeckRS 2013, 96389, BFH 15.7.14 – X R 35/12, BeckRS 2014, 96436.

Ab dem Jahr 2006 erhöht sich der %-Ansatz pro Jahr um je 2 %, also im Jahr 2006 auf 62 % usw, im Jahr 2016 auf 82 % im Jahr 2017 auf 84 % usw, bis der 100 %-Ansatz im Jahr 2025 erreicht ist (§ 10 Abs 3 Satz 6 EStG). Die beschränkte Abziehbarkeit im Überleitungsstadium – also **kein Werbungskostenabzug** – ist verfassungsrechtlich unbedenklich (BVerfG 2 BvR 323/10, DStR 16, 1731).

**Beispiel:** A ist alleinstehender ArbN. ArbGeb- und ArbNAnteil zur gesetzlichen RV betragen je 5000 €. Als Sonderausgaben abzugsfähig sind im Jahr 2017 8400 € (84 % aus 10.000 €) abzüglich 5000 € ArbGebAnteil = 3400 €.

Weitere Beispiele s BMF 24.5.17, BStBl I 2017, 820 Rz 75–79. Ob die Höchstbetragsbegrenzung wegen der nachgelagerten Besteuerung der Altersbezüge zu einer Doppelbesteuerung führt, ist nicht beim Sonderausgabenabzug, sondern erst bei der Besteuerung der Altersbezüge zu entscheiden (BFH 9.3.11 – X B 137/10, BFH/NV 11, 979). Zur steuerlichen Behandlung der Beiträge zum Schweizerischen Altersvorsorgesystem s BMF 27.7.16, BStBl I 16, 759.

10 **Höchstbetrag für die übrigen Versicherungen** (§ 10 Abs 4 EStG): § 10 Abs 4 EStG ist nicht verfassungswidrig (BFH 9.9.15 – X R 5/13, BStBl II 15, 1043). Die hiergegen gerichteten Einsprüche und Änderungsanträge wurden mit Allgemeinverfügung der Obersten Finbeh der Länder zurückgewiesen (18.6.18, DStR 18, 1371). Es gibt zwei Höchstbeträge: 1900 € und 2800 €. Der Höchstbetrag iHv 1900 € gilt für ArbN, für die der ArbGeb steuerfreie Beiträge zur KV leistet (§ 3 Nr 62 EStG), für Kindertagesmütter (§ 3 Nr 9 EStG), für Rentner, die einen Zuschuss für ihre KV erhalten (§ 3 Nr 14 EStG), für beihilfeberechtigte Beamte, Richter, Soldaten und für Gesellschafter-Geschäftsführer einer Kapitalgesellschaft mit Anspruch auf Altersversorgung (hierzu BFH 27.5.09 – X R 50/06, BFH/NV 09, 1635). Für andere StPfl, die für ihre Vorsorge in vollem Umfang selbst aufkommen müssen, also insbes für Selbstständige, gilt der Höchstbetrag iHv 2800 €. Bei den Versicherungsbeiträgen ist zu unterscheiden zwischen Kranken- und PflegeV einerseits und anderen Versicherungen andererseits. Begünstigt sind die Beiträge für die KV iHd sog **Basisversorgung** = Leistungen aus der gesetzlichen KV und PflegeV. Bei Anspruch auf Krankengeld ist der Beitrag um 4 % zu kürzen, Beiträge für sog Komfortleistungen sind um 10 % zu kürzen. Begünstigt sind zudem die Beiträge zu allen anderen Versicherungen. Übersteigen die Beiträge aller Versicherungen den Höchstbetrag von 1900/2800 €, ist der Höchstbetrag anzusetzen. Bleibt die Summe darunter, ist der tatsächliche Aufwand begünstigt. Übersteigen die Beiträge zur Basis-Kranken- und PflegeV den Höchstbetrag, ist der über dem Höchstbetrag liegende tatsächliche Aufwand abzusetzen. Die übrigen Versicherungen bleiben dann außer Ansatz.

**Beispiel:** Der ledige ArbN X zahlt folgende Versicherungsbeiträge:

| | |
|---|---|
| gesetzliche KV (ArbNAnteil) | 1800 € |
| Krankenzusatzversicherung | 1200 € |
| Pflegeversicherung | 560 € |
| Arbeitslosenversicherung | 180 € |
| Haftpflichtversicherung | 690 € |
| Unfallversicherung | 300 € |
| | 4730 € |

Der Höchstbetrag von 1900 € ist überstiegen. Für die Basisversorgung wurden aufgewendet: 2288 € (1800 ./. 4 % für Krankengeld = 1728 + 560). Dazuzurechnen sind 1080 (1200 ./. 10 %). Als Sonderausgaben nach § 10 Abs 4 EStG sind somit abzugsfähig 3368 € (2288 + 1080).

Bei Zusammenveranlagung von Ehegatten ist der Höchstbetrag für jeden Ehegatten nach dessen persönlichen Verhältnissen zu bestimmen. Die Summe für die beiden Ehegatten ergibt den zu gewährenden Höchstbetrag. Für Angehörige von Beihilfeberechtigten (Ehegatten, Kinder) die über den Beihilfeanspruch des Beihilfeberechtigten abgesichert sind, gilt der ermäßigte Höchstbetrag von 1900 € (BFH 23.1.13 – X R 43/09, BStBl II 13, 608).

Soweit Höchstbetragsberechnungen von KVBeiträgen auf Grund fehlerhaften EDV-Programms in den LStBescheinigungen für 2010 fehlerhaft ausgewiesen sind, s BMF 23.2.2011, BeckVerw 255738.

**Günstigerprüfung** (§ 10 Abs 4a EStG). Bei Stpfl mit geringem Einkommen können die Abzugsbeträge aufgrund der Neuregelung (→ Rn 6) niedriger sein als die **Abzugsbeträge bis 2004.** Der Gesetzgeber hat deshalb zur Besitzstandwahrung eine Günstigerprüfung für die Jahre ab 2005 bis 2019 des Inhalts eingeführt, dass folgende Höchstbeträge zum Abzug kommen: 11

| Kalenderjahr | Vorwegabzug alleinstehend | Vorwegabzug Ehegatten |
|---|---|---|
| 2005 bis 2010 | 3068 € | 6136 € |
| 2011 | 2700 € | 5400 € |
| 2012 | 2400 € | 4800 € |
| 2013 | 2100 € | 4200 € |
| 2014 | 1800 € | 3600 € |
| 2015 | 1500 € | 3000 € |
| 2016 | 1200 € | 2400 € |
| 2017 | 900 € | 1800 € |
| 2018 | 600 € | 1200 € |
| 2019 | 300 € | 600 € |

**ff) Vorsorgepauschale.** Eine Vorsorgepauschale wird ab 2010 im Veranlagungsverfahren nicht mehr gewährt, vielmehr nur noch im Lohnsteuerabzugsverfahren (§ 39b Abs 2 S 5 Nr 3 und Abs 4 EStG; zur Berechnung der Vorsorgepauschale BMF 26.11.13, BStBl I 13, 1532). Dadurch kann es zu Steuernachzahlungen bei der Veranlagung kommen, wenn die tatsächlich geleisteten Beiträge niedriger sind als die Vorsorgepauschale. Andererseits entfällt im LStAbzugsverfahren die Günstigerprüfung. Hierdurch ergibt sich eine höhere Lohnsteuerschuld, die erst im Veranlagungsverfahren ausgeglichen wird. In die Bemessungsgrundlage der Vorsorgepauschale dürfen Entschädigungen nach § 24 Nr 1 EStG nicht miteinbezogen werden (§ 39b Abs 2 S 5 Nr 3 nach Buchst d) Satz 2 EStG). Ausnahmsweise können aber regulär zu besteuernde Entschädigungen für die Berechnung der Vorsorgepauschale berücksichtigt werden (R 39b.6 Abs 5 LStR). Dies hat den für den ArbN vorteilhaften Effekt, dass die LStSchuld der niedrigeren ESt-Jahresschuld angeglichen wird. Einzelheiten → *Lohnsteuertabellen* Rn 8 ff. Zum Umfang der Vorsorgepauschale bis 2009 BFH 27.5.09 – X R 50/06, BFH/NV 09, 1635. 12

Zur Behandlung des Altersentlastungsbetrags bei den Vorsorgeaufwendungen → *Altersentlastungsbetrag* Rn 12.

**d)** Werden Vorsorgeaufwendungen **erstattet,** ist der Erstattungsbetrag in diesem Kj von gleichartigen Aufwendungen abzuziehen, so dass nur der Differenzbetrag als Sonderausgabe abzugsfähig ist (BFH 6.7.16 – X R 6/14, DStR 16, 2385). Gleichartig sind Sonderausgaben, die jeweils innerhalb des § 10 EStG genannt sind, zB Verrechnung von erstatteten Haftpflichtprämien mit gezahlten Unfallversicherungsprämien. Bei Erstattungsüberhang (dh die Erstattung ist höher als die geleisteten Aufwendungen) erfolgt ab 2012 die Verrechnung nur im Rahmen der Aufwendungen nach § 10 Abs 1 S 1 Nr 2–3a EStG (§ 10 Abs 4b EStG; → Rn 7). Ein Erstattungsüberhang bei Aufwendungen nach § 10 Abs 1 Nr 3 EStG (voll absetzbare Kranken- und PflegeVBeiträge) wird bei der Ermittlung des Gesamtbetrags der Einkünfte hinzugerechnet. Dadurch soll die frühere Steuerentlastung kompensiert werden. Das gleiche gilt bei steuerfreien Zuschüssen zu Basiskranken- und gesetzlichen PflegeVBeiträgen. Zur Rechtslage bis 2011 s Personalbuch 2011, Sonderausgaben Rz 3. Prämienzahlungen nach § 53 Abs 1 SGB V stellen eine Beitragsrückerstattung dar (BFH 6.6.18, BeckRS 2018, 7348). Verzichtet ein Stpfl auf die Erstattung seiner Krankheitskosten, um von seiner privaten KV eine Beitragsrückerstattung zu erhalten, können diese Kosten nicht von den erstatteten Beiträgen abgezogen werden (BFH 29.11.17, BeckRS 2017, 145112). Die Abtretung von Beitragserstattungen führt beim ArbN zu **negativen Einnahmen** (FG Düsseldorf 12.9.2000 – 3 K 8148/97, EFG 01, 429). **Bonuszahlungen** einer gesetzlichen Krankenkasse gem § 65a SGB V sind nicht als Beitragsrückerstattungen anzusehen, wenn diese keine Aufwendungen bezuschussen, die auf die Basisabsicherung entfallen, sondern 13 selbst getragene Aufwendungen, für die kein Versicherungsschutz besteht (zu Bonusmodell „Vorsorge PLUS" BFH 1.6.16 – X R 17/15, DStR 16, 2156; sa BMF 24.5.17, BStBl I 2017, 820 Rz 89).

14 **e)** Übernimmt der ArbGeb bei Direktversicherungen und UV die **pauschale Lohnsteuer** (§ 40b EStG), entfällt beim ArbN eine entsprechende Einnahme und ein entsprechender Sonderausgabenabzug (§ 40 Abs 3 EStG). Nachdem die **gesetzliche Unfallversicherung** mittels Umlage zugunsten der BG allein vom ArbGeb getragen wird (→ *Unfallversicherung* Rn 22 ff), spielt sie bei den Sonderausgaben des ArbN keine Rolle.

**Literaturhinweis zu Vorsorgeaufwendungen:** BMF 24.5.17, BStBl I 17, 820.

15 **2. Kirchensteuer** (§ 10 Abs 1 Nr 4 EStG). Die vom ArbGeb einbehaltene KiSt (→ *Kirchenlohnsteuer* Rn 6 ff) wird nicht wie die LSt auf die ESt des betreffenden Jahres angerechnet, sondern ist Sonderausgabe iSv § 10 Abs 1 Nr 4 EStG. Die KiSt muss tatsächlich bezahlt worden sein. KiSt, die sich im Jahr der Zahlung nicht steuermindernd auswirkt (zB kein Einkommen), ist nicht als Sonderausgabe in einem früheren Jahr abziehbar (BFH 8.10.07 – XI B 112/06, BFH/NV 08, 43), auch nicht vortragbar. Zahlungen auf offene KiSt des Erblassers durch den Erben sind bei diesem im Jahr der Zahlung als Sonderausgabe abziehbar (BFH 21.7.16 – X R 43/13, BeckRS 2016, 95627). **Erstattete** KiSt ist grds im Jahr der Erstattung der gezahlten KiSt entgegenzurechnen. Ein Erstattungsüberhang (→ Rn 13) ist ab 2012 im Jahr der Erstattung dem Gesamtbetrag der Einkünfte hinzuzurechnen (§ 10 Abs 4b EStG). Dadurch soll der Vorteil aus dem früheren Sonderausgabenabzug rückgängig gemacht werden. Ein Ausgleich mit Verlustvorträgen ist nicht möglich. Der Erstattungsüberhang ist als Einkommen zu versteuern (BFH 12.3.19 – IX R 34/17, DStR 2019, 1563).

**Beispiel:** Im Jahr 2012 gezahlten Kirchensteuern iHv 1050 € stehen Erstattungen von Kirchensteuer aus dem geänderten früheren Veranlagungsjahr 2010 in Höhe von 1200 € gegenüber. Der verbleibende Erstattungsüberhang Kirchensteuer 150 € wird dem Gesamtbetrag der Einkünfte im Bescheid für 2012 hinzugerechnet; ebenso zB Erstattung Unfallversicherung mit Aufwand Haftpflichtversicherung und bei verbleibendem Überhang Hinzurechnung zum Gesamtbetrag der Einkünfte (§ 10 Abs 4b EStG). Zuschüsse zu Beiträgen nach § 10 Abs 1 Nr 3 EStG sind wie Erstattungsüberhänge zu behandeln.

Eine Steuernachzahlung, die sich aus dem Erstattungsüberhang ergibt, kann nicht (teilweise) erlassen werden (BFH 17.4.13 – X R 6/11, BFH/NV 13, 1537). Zu Unrecht erstattete KiSt kann zurückgefordert werden (FG Köln 19.3.03 – 11 K 916/01, EFG 03, 1453). Auch Kirchenbeiträge (R 10.7 Abs 1 EStR) sind abziehbar (BFH 10.10.01 – XI R 52/00, BStBl II 02, 201). Die Höhe richtet sich nach der festgesetzten Steuer und dem KiStSatz (BFH 12.6.02 – XI R 96/97, BStBl II 03, 281). Zahlungen an nicht kirchensteuerberechtigte Religionsgemeinschaften können Spenden iSv § 10b EStG sein (→ *Kirchenlohnsteuer* Rn 7). **Kirchgeld** fällt wie KiSt unter § 10 Abs 1 Nr 4 EStG. Bei Zahlung von nicht geschuldeter KiSt entfällt der Sonderausgabenabzug (BFH 22.11.74 – VI R 138/72, BStBl II 75, 350), ebenso bei Zahlung an eine ausländische Religionsgemeinschaft (BFH 4.6.75 – I R 250/73, BStBl II 75, 708), außer bei Religionsgemeinschaften in anderen EU-/EWR-Staaten, die Körperschaften des öffentlichen Rechts vergleichbar sind (Dänemark und Finnland; BMF 16.11.10, DStR 10, 2459). Zur Kirchensteuer bei Entsendungen ins Ausland *Vetter/Schreiber* IWB 11, 271.

Die **Abgeltungssteuer** (§ 32d EStG), auf die auch KiSt erhoben wird (§ 32d Abs 1 S 3 EStG), betrifft Kapitalerträge (§ 20 EStG), nicht aber die Lohnzahlung. Erhobene Abgeltungssteuer kann nicht als Sonderausgabe geltend gemacht werden (§ 10 Abs 1 Nr 4, 2. Hs EStG; *Arps-Aubert* DStR 11, 1548).

16 **3. Steuerberatungskosten.** Seit 2006 besteht kein Sonderausgabenabzug mehr; → *Werbungskosten* Rn 33. Zur Verfassungsmäßigkeit der Abschaffung der Abzugsfähigkeit privater Steuerberaterkosten BFH 17.10.12 – VIII R 51/09, BeckRS 2013, 94120. Steuerfestsetzungen erfolgen insoweit nicht mehr vorläufig (BMF 25.4.13, DB 13, 967). Private Steuerberatungskosten können nicht als abzugsfähige Kosten behandelt werden (BFH 18.5.11 – X B 124/10, BeckRS 2011, 96275). Zur Zuordnung zu Betriebsausgaben, Werbungskosten und Kosten der Lebensführung s OFD Frankfurt 6.5.08 – S 2227 A – 25 – St 217, BeckVerw 152097. Übernimmt der ArbGeb für den ArbN die Kosten des Steuerberaters für

dessen EStErklärung, so führt dies bei einer Nettovereinbarung zu zu versteuerndem Arbeitslohn (BFH 21.1.2010 – VI R 2/08, BStBl II 2010, 639). Dies gilt auch für einen ins Inland entsandten AusländerArbN (FG Hbg 27.1.11 – 2 K 13/10, EFG 11, 1421; → *Arbeitnehmerentsendung* Rn 16).

17 **4. Berufsausbildungskosten** (§ 10 Abs 1 Nr 7 EStG) → *Ausbildungskosten* Rn 6 ff.

**Schulgeld** (§ 10 Abs 1 Nr 9 EStG) → *Kindervergünstigungen* Rn 14. Zu Studiengebühren → *Ausbildungskosten* Rn 26; → *Ausbildungsverhältnis* Rn 88.

**Kinderbetreuungskosten** (§ 10 Abs 1 Nr 5 EStG) → *Kindervergünstigungen* Rn 12 ff.

18 **III. Kostenersatz durch den Arbeitgeber.** Übernimmt der ArbGeb Aufwendungen, die der ArbN als Sonderausgaben §§ 10, 10a, 10b EStG) oder wie Sonderausgaben (§§ 10d bis 10i EStG) geltend machen kann, zB ArbNAnteil zur gesetzlichen SozV, oder Höherversicherung, so ist die Übernahme der Aufwendungen durch den ArbGeb einerseits als lohnsteuerpflichtige Einnahme zu erfassen, da die Kostenübernahme durch das Arbeitsverhältnis veranlasst ist (BFH 21.1.10 – VI R 2/08, BStBl II 10, 639); andererseits sind die Aufwendungen beim ArbN abzugsfähige Sonderausgaben, die der Höchstbetragsbeschränkung (§ 10 Abs 3 und Abs 4 EStG; → Rn 9, 10) unterliegen. Es gilt das Zufluss-Abfluss-Prinzip (§ 11 EStG). Zur Überweisung eines Lohnteils als Spende durch den ArbGeb an einen begünstigten Spendenempfänger → *Entgeltverzicht* Rn 10.

19 **IV. Lohnsteuerabzug.** Hier sind Sonderausgaben wie folgt zu berücksichtigen: Die Vorsorgeaufwendungen (§ 10 Abs 1 Nr 2 und Nr 3 EStG; → Rn 5 ff) sind in Höhe der Vorsorgepauschale (§ 39b Abs 2 S 5 Nr 3 und Abs 4 EStG) in die LStTabellen eingearbeitet. Tatsächlich höhere Vorsorgeaufwendungen sind im LStVerfahren nicht berücksichtigungsfähig; sie können erst im Rahmen der Jahressteuerveranlagung berücksichtigt werden (→ Rn 12). Es ist verfassungsrechtlich nicht zu beanstanden, dass Altersvorsorgeaufwendungen iSd § 10 Abs 1 Nr 2 Buchst b EStG auf eine „Rürup-Rente" (→ *Altersrente* Rn 22) nicht als Freibetrag auf der LStKarte eingetragen werden können (BFH 10.11.16 – VI R 55/08, BeckRS 2017, 94386).

20 Im Übrigen können die Sonderausgaben nach § 10 und § 10b als Freibetrag beim LStAbzug durch entsprechende Geltendmachung im Rahmen der ELStAM steuermindernd berücksichtigt werden, wenn die geltend gemachten Aufwendungen zusammen mit anderen berücksichtigungsfähigen Aufwendungen insgesamt 600 € übersteigen (§ 39a Abs 1 Nr 2 und Abs 2 Satz 4 EStG; Einzelheiten → *Lohnsteuerermäßigung* Rn 3 ff).

## C. Sozialversicherungsrecht

*Schlegel*

25 → *Beitragsbemessungsgrenzen* Rn 6 ff; → *Ausbildungskosten* Rn 26, 27; → *Aufwendungsersatz* Rn 34 ff.

# Sonn- und Feiertagsarbeit

## A. Arbeitsrecht

*Poeche*

1 **1. Allgemeines.** Der Sonntag und die staatlich anerkannten Feiertage sind als „Tage der Arbeitsruhe und der seelischen Erhebung" grundgesetzlich geschützt (Art 140 GG iVm Art 139 Weimarer Verfassung). Das Verfassungsgebot wird durch das ArbZG in staatliches Recht umgesetzt. Zum Geltungsbereich des ArbZG → *Arbeitszeit* Rn 3 ff. Für werdende und stillende Mütter gilt daneben § 6 MuSchG (→ *Mutterschutz* Rn 18). Der Arbeitszeitschutz der Jugendlichen richtet sich nach dem JugArbSchG (→ *Jugendarbeitsschutz* Rn 27 ff). Für **Verkaufsstellen** sind zusätzlich die landesrechtlichen Vorschriften zu den Ladenöffnungszeiten zu beachten. Die Beschäftigung von ArbN an Sonn- und den gesetzlichen Feiertagen ist nach § 9 ArbZG grds verboten. Das grundsätzliche Verbot ist verfassungsrechtlich nicht nur unbedenklich, sondern sogar verlangt (BVerfG 9.6.04 – 1 BvR 636/02, NJW 04, 2363; 1.12.09 – 1 BvR 2857/07, NVwZ 10, 570). Gleichwohl wird es vielfach durchbrochen. Leitgedanke der Zulässigkeit von Sonn- und Feiertagsarbeit sind jeweils übergeordnete Interessen, wie zB Gefahrenabwehr, Versorgung der Bevölkerung, arbeitstechnische Erfordernisse sowie Sicherung des Standorts Deutschland.

2 **Gesetzliche Feiertage** sind aufgrund Bundesgesetzes der 3.10., bundeseinheitlich nach den landesrechtlichen Regelungen Neujahr, Karfreitag, Ostermontag, 1. Mai, Christi Himmelfahrt, Pfingstmontag, der 25. und 26. Dezember. Es kommen hinzu: Fronleichnam in BaWü, Bay, Hess, NRW, RhPf, Saarl, Thür (in Gebieten mit überwiegend katholischer Bevölkerung); Reformationstag in Bbg, MeVo, Sachs, SachsAnh, Thür (in Gebieten mit überwiegend evangelischer Bevölkerung); Allerheiligen in BaWü, Bay, NRW, RhPf, Saarl, Thür (in Gebieten mit überwiegend katholischer Bevölkerung); Maria Himmelfahrt in bayerischen Gemeinden mit überwiegend katholischer Bevölkerung und im Saarl; Heilige Drei Könige in BaWü, Bay und SachsAnh; Internationaler Frauentag in Berlin; Weltkindertag in Thüringen sowie in der Stadt Augsburg der 8. August und in Sachs Buß- und Bettag. Zu den landesgesetzlichen **Freistellungsansprüchen** der ArbN am Buß- und Bettag und anderen religiösen Feiertagen s *Marschner* DB 95, 1026.

3 **2. Öffentliches Arbeitszeitrecht. a) Grundsätze.** ArbN dürfen an Sonn- und Feiertagen in der Zeit von 0.00 bis 24.00 Uhr nicht beschäftigt werden. Von dem strikten Zeitrahmen des Verbots kann in mehrschichtigen Betrieben mit regelmäßiger Tag- oder Nachtschicht abgewichen werden: Beginn oder Ende der Sonn- und Feiertagsruhe dürfen um bis zu sechs Stunden vor- oder zurückverlegt werden, wenn der Betrieb ab Beginn der Ruhezeit für 24 Stunden völlig ruht. Zulässig ist es, entsprechend der Dauer des Fahrverbots nach § 30 Abs 3 StVO von 0.00 bis 22.00 Uhr den Beginn der 24-stündigen Sonn- und Feiertagsruhe für Kraftfahrer und Beifahrer um bis zu zwei Stunden vorzuverlegen (§ 9 Abs 1–3 ArbZG).

4 **b) Gesetzliche Ausnahmen.** Der Katalog der Durchbrechungen des grds Arbeitsverbot steht unter dem allgemeinen **Vorbehalt,** dass die Arbeiten nicht an Werktagen vorgenommen werden können (§ 10 Abs 1 ArbZG). Der ArbGeb darf den ArbN also nur zu solchen Arbeiten heranziehen, die nach der Natur des Betriebs weder einen Aufschub noch eine Unterbrechung gestatten (zB in der Gastronomie Beschäftigung des Kochs, nicht des Buchhalters, im Theater Einsatz des Schauspielers, nicht der Personalabteilung; nicht zur Abarbeitung eines streikbedingten Arbeitsstaus: OVG NW 10.7.15 – 4 B 791/15, BeckRS 2015, 48636). Nicht problematisiert hat das BAG das Sonntagstraining bei einem Fußballverein der Bundesliga (BAG 5.2.86 – 5 AZR 564/84, DB 86, 1979 mit zu Recht krit Anm *Löwisch* in AP Nr 12 zu § 339 BGB). Zu verlangen ist stets eine besondere Dringlichkeit der Arbeiten; die Präsenz des ArbN am Sonn- oder Feiertag muss notwendig sein (abgelehnt für den Einsatz von Wartungstechnikern an Flugsimulatoren: BAG 4.5.93 – 1 ABR 57/92, NZA 93, 856). Zur Zulässigkeit von Sonntagsarbeit zur Begrenzung von Streikfolgen: OVG Münster 10.7.15 – 4 B 791/15, BeckRS 2015, 48436; *Dommermuth-Alhäuser* NZA 16, 522.

5 **c) Katalog des § 10 Absatz 1 ArbZG:** 1. In Not- und Rettungsdiensten sowie bei der Feuerwehr, 2. zur Aufrechterhaltung der öffentlichen Sicherheit und Ordnung sowie der Funktionsfähigkeit von Gerichten und Behörden und für Zwecke der Verteidigung, 3. in Krankenhäusern und anderen Einrichtungen zur Behandlung, Pflege und Betreuung von Personen, 4. in Gaststätten und anderen Einrichtungen der Bewirtung und Beherbergung sowie im Haushalt, 5. bei Musikaufführungen, Theatervorstellungen, Filmvorführungen, Schaustellungen, Darbietungen und anderen ähnlichen Veranstaltungen, 6. bei nichtgewerblichen Aktionen und Veranstaltungen der Kirchen, Religionsgesellschaften, Verbände, Vereine, Parteien und anderer ähnlichen Vereinigungen, 7. beim Sport und in Freizeit-, Erholungs- und Vergnügungseinrichtungen, beim Fremdenverkehr, in Museen und wissenschaftlichen Präsenzbibliotheken, 8. beim Rundfunk, bei der Tages- und Sportpresse, bei Nachrichtenagenturen sowie bei den der Tagesaktualität dienenden journalistischen Tätigkeiten für andere Presseerzeugnisse einschließlich des Austragens, bei der Herstellung von Satz, Filmen und Druckformen für tagesaktuelle Nachrichten und Bilder, bei tagesaktuellen Aufnahmen auf Ton- und Bildträger sowie beim Transport und Kommissionieren von Presseerzeugnissen, deren Ersterscheinungstag am Montag oder am Tag nach einem Feiertag liegt, 9. bei Messen, Ausstellungen und Märkten iSd Titels IV der GewO sowie bei Volksfesten, 10. in Verkehrsbetrieben sowie beim Transport und Kommissionieren von leicht verderblichen Waren iSd § 30 Abs 3 Nr 2 StVO, 11. in den Energie- und Wasserversorgungsbetrieben sowie in Abfall- und Abwasserentsorgungsbetrieben, 12. in der Landwirtschaft und in der Tierhaltung sowie in Einrichtungen zur Behandlung und Pflege von

Tieren, 13. im Bewachungsgewerbe und bei der Bewachung von Betriebsanlagen, 14. bei der Reinigung und Instandhaltung von Betriebseinrichtungen, soweit hierdurch der regelmäßige Fortgang des eigenen oder eines fremden Betriebes bedingt ist, bei der Vorbereitung der Wiederaufnahme des vollen werktätigen Betriebes sowie bei der Aufrechterhaltung der Funktionsfähigkeit von Datennetzen und Rechnersystemen, 15. zur Verhütung des Verderbens von Naturerzeugnissen oder Rohstoffen oder des Misslingens von Arbeitsergebnissen sowie bei kontinuierlich durchzuführenden Forschungsarbeiten, 16. zur Vermeidung einer Zerstörung oder erheblichen Beschädigung der Produktionseinrichtungen (§ 10 Abs 1 ArbZG).

Erfordert die infolge der Produktionsunterbrechung nach Nr 14 zulässige Arbeit den Einsatz von mehr ArbN, als es bei durchgehender Produktion nötig wäre, kann vom Verbot der Sonn- und Feiertagsruhe generell abgewichen werden (§ 10 Abs 2 ArbZG). Erforderlich ist ein Vergleich der jeweils anfallenden Arbeitsstunden. Zu Ausnahmen wegen **außergewöhnlicher Fälle** und in **Notfällen** → *Arbeitszeit* Rn 23.

**d) Bäckereien und Konditoreien.** Die spezialgesetzliche Arbeitszeitregelung für Bäckereien und Konditoreien ist im Zuge der Änderungen des LadSchlG mit dem 1.11.96 außer Kraft getreten und in das ArbZG integriert worden. ArbN in Bäckereien und Konditoreien dürfen nunmehr gem § 10 Abs 3 ArbZG an Sonn- und Feiertagen bis zu drei Stunden beschäftigt werden und zwar mit der Herstellung, dem Austragen und Ausfahren von Konditorwaren und an diesem Tag zum Verkauf kommenden Bäckerwaren. Die Lage der Ladenöffnungszeit wird von der Landesregierung oder der von ihr bestimmten Stelle durch RechtsVO festgesetzt. **6**

**e) Geld- und Devisenhandel.** Nach § 10 Abs 4 ArbZG dürfen ArbN zur Durchführung des Eil- und Großbetragsverfahrens sowie des Geld-, Devisen-, Wertpapier und Derivatehandels an Feiertagen, die auf einen Werktag fallen, beschäftigt werden, es sei denn, der Feiertag gilt in allen EU-Staaten. **7**

**f) Erweiterung des Ausnahmekatalogs.** Mit Zustimmung des Bundesrats kann die Bundesregierung durch RechtsVO zulässige Sonn- und Feiertagsarbeit regeln. Von den bereits bestehenden RechtsVO sind die zur Eisen- und Stahlindustrie sowie die zur Papierindustrie mit iw redaktionellen Änderungen übernommen worden. Der Bund hat keinen Gebrauch gemacht von der Möglichkeit, Sonn- und Feiertagsarbeit zuzulassen, wenn „die Beschäftigung von ArbN zur Befriedigung täglicher oder an diesen Tagen besonders hervortretender Bedürfnisse der Bevölkerung" erforderlich ist. Eine Reihe von Bundesländern hat diese Lücke genutzt und aufgrund der den Ländern eingeräumten Ersatzermächtigung sog BedarfsgewerbeVO erlassen (*Richardi/Annuß* NZA 99, 953). Die **Aufsichtsbehörde** kann im Einzelfall die Beschäftigung von ArbN bewilligen, zB im Handel an bis zu zehn Sonn- und Feiertagen im Jahr, an denen besondere Verhältnisse einen erweiterten Geschäftsverkehr erforderlich machen, oder an einem Sonntag im Jahr zur Durchführung einer gesetzlich vorgeschriebenen Inventur (§ 13 Abs 1–4 ArbZG). Zur **Sicherung der Beschäftigung** hat sie Sonn- und Feiertagsarbeit zu bewilligen. Voraussetzung ist, dass der ArbGeb in seinem Betrieb die von Montag bis Samstag zulässige Betriebszeit von 144 Stunden/Woche weitgehend ausschöpft, die Betriebszeit ausländischer Konkurrenz länger ist, seine Konkurrenzfähigkeit unzumutbar beeinträchtigt ist und ohne die Genehmigung von Sonn- und Feiertagsarbeit Arbeitsplätze verloren gehen würden (§ 13 Abs 5 ArbZG, hierzu *Meyer* PuR 2013, 154). **8**

**g) Ladengeschäfte und sonstige Verkaufsstände und -buden.** Das LadSchlG des Bundes ist zwischenzeitlich durch Landesgesetze über die Öffnungszeiten abgelöst worden (Übersicht Schaub/*Vogelsang* § 157 Rz 19 ff). Wie bisher das LadSchlG gestatten die Landesgesetze für bestimmte Bereiche Sonn- und Feiertagsarbeit, ua für Apotheken, Kioske für den Verkauf von Zeitungen und Zeitschriften, Tankstellen, Verkaufsstellen auf Bahnhöfen, Flug- und Fährhäfen. Die Regelungsbefugnis des Gesetzgebers wird begrenzt durch höherrangiges Recht. Das BVerfG hat die voraussetzungslose Freigabe der Öffnung von Verkaufsstellen an allen vier Adventssonntagen von 13.00 bis 20.00 Uhr im Land Bln für verfassungswidrig erklärt (BVerfG 1.12.09 – 1 BvR 2857/07, NVwZ 10, 570). **9**

**3. Klagebefugnis/Feststellung der Zulässigkeit.** Die Feststellung, ob eine erlaubte Sonn- oder Feiertagsarbeit vorliegt, obliegt der Aufsichtsbehörde, die hierüber auf Antrag **10**

des ArbGeb entscheidet. ArbN, die arbeitsvertraglich zur Sonn- und Feiertagsarbeit verpflichtet sind, sind befugt, gegen eine auf Antrag des ArbGeb ergangene behördliche Feststellung der Zulässigkeit ihrer Beschäftigung vor den Verwaltungsgerichten zu klagen (BVerwG 19.9.2000 – 1 C 17/99, NZA 2000, 1232). Die Entscheidung betrifft zwar die in § 10 Abs 1 Nr 14 ArbZG geregelte Ausnahme „Misslingen von Arbeitsergebnissen", ist aber auf alle vergleichbaren Fälle zugelassener oder von der Aufsichtsbehörde als zulässig beurteilter Sonn- und Feiertagsarbeit anzuwenden. Dem BRat steht keine Klagebefugnis zu, eine dem Unternehmen erteilte Ausnahmegenehmigung anzufechten (VG SchlHol 24.9.14 – 12 A 219/13, BeckRS 2014, 57728). Normenkontrollanträge gegen landesrechtliche BedarfsgewerbeVO können auch Gewerkschaften erheben (BVerwG 26.4.14 – 6 CN 1.13, NVwZ 15, 590). Gewerkschaften können auch gegen nach § 13 Abs 3 ArbZG erteilte Bewilligungen vorgehen (OVG NRW 18.12.15 – 4 B 1463/15, BeckRS 2016, 40224; OVG Sachsen 11.12.15 – 3 B 369/15; *Dommermuth-Alhäuser* NZA 16, 522).

11 **4. Inhaltlich** bestimmt sich zulässige Sonn- und Feiertagsarbeit nach den für die Normalarbeitszeit geltenden Bestimmungen, also hinsichtlich der Dauer am Tage, der Ruhepausen und Ruhezeiten (→ *Arbeitszeit* Rn 9–16). Sonn- und Feiertagsarbeit wird auf die Dauer der werktäglichen Arbeitszeit angerechnet; deren Höchstgrenzen dürfen nicht überschritten werden (§ 11 Abs 2 ArbZG).

12 **5. Ausgleich; arbeitsfreie Tage. a) Gesetzliche Regelung.** Mindestens fünfzehn Sonntage im Jahr müssen für den Einzelnen beschäftigungsfrei bleiben (§ 11 Abs 1 ArbZG). Für gesetzliche Sonn- und Feiertagsarbeit ist kein gesetzlicher Zuschlag zu gewähren (BAG 11.1.06 – 5 AZR 97/05, NZA 06, 372). Der Ausgleich erfolgt ausschließlich über freie Tage. Der Ersatzruhetag muss innerhalb eines den Beschäftigungstag einschließenden Zeitraums von zwei Wochen liegen. Als Ersatzruhetag kommt jeder **Werktag** in Betracht – damit auch ein wegen der Lage der Arbeitszeit in der Woche ohnehin arbeitsfreier und deshalb nicht zu vergütender Werktag wie zB der Sonnabend (BAG 23.3.06 – 6 AZR 497/05, NZA-RR 07, 112; 19.9.12 – 5 AZR 727/11, BeckRS 2012, 75598). Der Ruhetag dient der Gesundheit des ArbN und nicht der Verdienstsicherung (BAG 12.12.01 – 5 AZR 294/00, NZA 02, 505). Zeitlich kann er sowohl vor als auch nach der Sonn- oder Feiertagsarbeit liegen. Soweit technische oder arbeitsorganisatorische Gründe nicht entgegenstehen, ist der Ersatzruhetag in Verbindung mit der Ruhezeit von elf/zehn Stunden des § 5 ArbZG zu gewähren (§ 11 Abs 3 und 4 ArbZG). Das strikte Zeitregime des ArbZG kann dazu führen, dass dem SonntagsArbN aus personenbedingten Gründen rechtswirksam gekündigt werden kann, wenn der ArbGeb ihm den zwingend vorgeschriebenen Ersatzruhetag nicht gewähren kann, weil der ArbN an allen übrigen Wochentagen in einem anderen Arbeitsverhältnis arbeitet (BAG 24.2.05 – 2 AZR 211/04, NZA 05, 759).

13 **b) Kollektivrechtliche Regelungen.** In einem Tarifvertrag oder bei Öffnungsklausel in einer Betriebsvereinbarung können weitere Abweichungen vereinbart werden (→ *Arbeitszeit* Rn 17): In den Betrieben und Einrichtungen des § 10 Abs 1 Nr 2, 3, 4 und 10 ArbZG kann die Zahl der arbeitsfreien Sonntage auf mindestens zehn Sonntage, im Rundfunk in Theaterbetrieben, Orchestern sowie bei Schaustellungen auf mindestens acht Sonntage, in Filmtheatern und in der Tierhaltung auf mindestens sechs Sonntage im Jahr verringert werden. Zulässig ist es außerdem, den Wegfall von Ersatzruhetagen zu vereinbaren oder einen anderen Ausgleichszeitraum festzulegen. Ferner darf die Arbeitszeit in vollkontinuierlichen Schichtbetrieben an Sonn- und Feiertagen auf bis zu zwölf Stunden verlängert werden, wenn dadurch zusätzliche freie Schichten an Sonn- und Feiertagen erreicht werden. In der Seeschifffahrt können die Ersatzruhetage zusammenhängend gewährt werden (§ 12 ArbZG).

14 **6. Dokumentation.** Der ArbGeb ist verpflichtet, Sonn- und Feiertagsarbeitsstunden aufzuzeichnen und die Unterlagen zwei Jahre lang aufzubewahren. Das ArbZG und alle für den Betrieb geltenden Arbeitszeitvorschriften sind auszuhängen (§ 16 ArbZG). Die Verletzung von § 16 ArbZG ist mit Bußgeld bis zu 2500 €, die aller anderen sich aus dem Komplex Sonn- und Feiertagsarbeit ergebenden Pflichten (zB auch die nicht zeitgerechte Gewährung des Ersatzruhetags) mit **Bußgeld** bis zu 15 000 € belegt; bei vorsätzlicher Tatbegehung kommt Haftstrafe in Betracht (§§ 22, 23 ArbZG).

**7. Privates Arbeitszeitrecht.** Die Höhe des **Entgelts** für geleistete Sonn- und Feiertagsarbeit richtet sich nach den getroffenen Vereinbarungen. Hierfür ist unerheblich, ob es sich um zulässige oder unzulässige Sonn- und Feiertagsarbeit handelt. Regelmäßig werden neben der Grundvergütung weitere Zuschläge aufgrund von Tarifvertrag, Betriebsvereinbarung oder Einzelarbeitsvertrag gezahlt. Verschweigt sich ein Arbeitsvertrag hierüber, sind sie bei Orts- oder Branchenüblichkeit zu zahlen. Ein gesetzlicher Anspruch auf **Sonn- und Feiertagszuschläge** besteht nicht (BAG 11.1.06 – 5 AZR 97/05, NZA 06, 372). Die Verweisung in § 11 Abs 2 ArbZG auf die §§ 3–8 ArbZG bezieht sich auf die arbeitszeitbezogenen Regelungen und nicht auf die Ausgleichsleistungen des ArbGeb bei Nachtarbeit gem § 6 Abs 5 ArbZGG. Ein Zuschlag für „Arbeit an einem gesetzlichen Feiertag“ fällt nicht bei Arbeit am Oster- oder Pfingstsonntag an, bei denen es sich zwar um christliche, nicht aber um gesetzliche Feiertage handelt (BAG 13.4.05 – 5 AZR 475/04, NZA 05, 882; 17.3.10 – 5 AZR 317/09, AP TVG § 1 Tarifverträge: Brotindustrie Nr 9; 17.8.11 – 10 AZR 347/10, NZA 12, 824 [Ls]). Wegen der Vergütung für die wegen eines Feiertags ausfallenden Arbeitszeit → *Entgeltfortzahlung* Rn 36–43. Zuschläge für Sonntags- und Feiertagsarbeit sind Erschwerniszuschläge iSd § 850a Nr 3 ZPO und damit im Rahmen des Üblichen unpfändbar. Zur Bestimmung der „Üblichkeit“ kann an die Regelung in § 3b EStG angeknüpft werden (BAG 23.8.17 – 10 AZR 859/16, BeckRS 2017, 123353; BGH 20.9.18 – IX ZB 41/16, NJW 18, 3461). Die Zuschläge sind mindestlohnwirksam, dh sie sind auf den gesetzlichen **Mindestlohn** nach § 1 Abs 2 MiLoG anrechenbar (BAG 17.1.18 – 5 AZR 69/17, NZA 18, 781; 24.5.17 – 5 AZR 431/16, NZA 17, 1387). 15

Nach der Rspr des BAG soll der ArbGeb kraft seines *Weisungsrechts* (§ 106 GewO) befugt sein, Sonntagsarbeit anzuordnen (BAG 15.9.09 – 9 AZR 757/08, NZA 09, 1333; kritisch *Preis/Ulber* NZA 10, 729). Bei der Ausübung seines Weisungsrechts hat der ArbGeb zumindest billiges Ermessen zu wahren. Bei einem ArbN, der aus religiösen Gründen Sonntagsarbeit verweigert, sind deshalb die Glaubens- und Bekenntnisfreiheit (Art 4 GG) zu berücksichtigen. Im Einzelfall kommt ein *Leistungsverweigerungsrecht* des ArbN nach § 275 Abs 3 BGB in Betracht (→ *Leistungsverweigerungsrecht* Rn 9).

**8. Mitbestimmungsrechte** des BRat bestehen bei Einführung und Durchführung von Sonn- und Feiertagsarbeit nach § 87 Abs 1 Nr 2, 3 BetrVG (entsprechend zum PersVG NW: OVG NW 9.11.18 – 20 A 526/17.PVL, BeckRS 2018, 33863). Danach hat der BRat mitzubestimmen bei der Festlegung von Beginn und Ende der täglichen Arbeitszeit sowie deren Verteilung auf die Wochentage. Die öffentlich-rechtliche Gestattung schränkt das Mitbestimmungsrecht nicht ein. Das gilt auch, wenn ein Tarifvertrag Sonn- und Feiertagsarbeit zulässt. Das Mitbestimmungsrecht scheidet nur dann aus, wenn die Regelung inhaltlich und abschließend durchgesetzt oder im Tarifvertrag geregelt ist und auch der ArbGeb keinen Entscheidungsspielraum hat (BAG 6.11.90 – 1 ABR 88/89, DB 91, 2141). Deshalb muss der ArbGeb den BRat jedenfalls nach § 87 Abs 1 Nr 2 BetrVG beteiligen, wenn er ausnahmsweise am Sonntag arbeiten lässt und hierfür nicht betriebsangehörige ArbN heranzieht, sondern auf Betriebsfremde zurückgreift (BAG 25.2.97 – 1 ABR 69/96, NZA 97, 955 ). 16

## B. Lohnsteuerrecht

*Seidel*

**1. Allgemeines.** Alle Einnahmen, die dem ArbN aus dem Dienstverhältnis zufließen, gehören steuerrechtlich zum Arbeitslohn (→ *Arbeitsentgelt* Rn 30 ff; § 2 Abs 1 S 1 LStDV) und damit zu den Einkünften aus nichtselbstständiger Arbeit (§ 19 Abs 1 EStG). Grds sind daher auch Lohnzuschläge stpfl. Aus arbeitsmarktpolitischen Gründen hat der Gesetzgeber jedoch Zuschläge wegen Sonn-, Feiertags- und Nachtarbeit in bestimmten Grenzen steuerfrei gestellt (§ 3b EStG). Auf die Bezeichnung der Lohnzuschläge kommt es für die Anwendung des § 3b EStG nicht an (LStR 3b Abs 1 Satz 5; s auch FG BaWü 10.1.12 – 8 K 4030/09, BeckRS 2012, 96568: Rufbereitschaft als Mehrarbeit). Begünstigt sind nur ArbN im steuerrechtlichen Sinne, auch wenn sie arbeitsrechtlich als Selbstständige gelten (→ *Arbeitnehmer (Begriff)* Rn 23; BFH 21.5.87, BStBl II 87, 625). Zu Gesellschaftergeschäftsführern → *Geschäftsführer* Rn 39. 17

Unerheblich ist, ob es sich um Aushilfskräfte oder Teilzeitbeschäftigte handelt, deren Arbeitslohn pauschal versteuert wird (→ *Aushilfskräfte* Rn 23 ff; → *Teilzeitbeschäftigung*

Rn 115 ff und → *Geringfügige Beschäftigung* Rn 21, 22). Die Steuerbefreiung gilt auch unabhängig davon, ob es sich um beschränkt oder unbeschränkt (→ *Lohnsteuerberechnung* Rn 7 ff, 18 ff) einkommensteuerpflichtige ArbN handelt. Steuerrechtlich ist es gleichfalls unerheblich, ob die Sonn-, Feiertags- oder Nachtarbeit gegen ein gesetzliches Verbot verstößt (→ Rn 3). Im Zusammenhang damit gezahlte Buß- oder Strafgelder kann der ArbGeb jedoch nicht als Betriebsausgaben abziehen (§ 4 Abs 5 Nr 8 EStG).

18 **2. Voraussetzungen der Steuerfreiheit.** Steuerfrei sind Zuschläge in bestimmter Höhe, die für tatsächlich geleistete Sonntags-, Feiertags- und Nachtarbeit neben dem Grundlohn gezahlt werden (§ 3b Abs 1 EStG). Erfolgt ein Nachweis durch Einzelabrechnung, kann auf diesen Nachweis nur in Einzelfällen verzichtet werden (BFH 16.12.10 – VI R 18/11, BStBl II 12, 291). Dies gilt auch bei Beschäftigung des ArbN bei einem ausländischen ArbGeb (BFH 24.9.13 – VI R 48/12, BFH/NV 14, 341).

19 **a) Grundlohn** ist der laufende Arbeitslohn, der dem ArbN bei der für ihn maßgebenden regelmäßigen Arbeitszeit für den jeweiligen Lohnzahlungszeitraum zusteht (§ 3b Abs 2 Satz 1 EStG). Dazu gehören auch Ansprüche auf Sachbezüge, Aufwendungszuschüsse und vermögenswirksame Leistungen sowie pauschale Zulagen (→ Rn 27), wenn sie laufender Arbeitslohn sind (→ *Lohnsteuerberechnung* Rn 12–14), Erschwerniszuschläge (→ *Entgeltzuschläge* Rn 13; die Erschwerniszulage für wechselnde Dienstzeiten, zB bei Polizeibeamten, nach §§ 17a ff Erschwerniszulagenverordnung selbst ist nicht nach § 3b EStG steuerfrei, BFH 15.2.17 – VI R 30/16, BStBl II 17, 644), nach §§ 40a bis 40b EStG (→ *Aushilfskräfte* Rn 23 ff, → *Teilzeitbeschäftigung* Rn 115 ff, → *Geringfügige Beschäftigung* Rn 21, 22, → *Lohnsteuerpauschalierung* Rn 40 ff) pauschal besteuerter Arbeitslohn und Zuschläge für Zeiten, die nicht nach § 3b EStG begünstigt sind (LStR 3b Abs 2 Nr 1b). Seit 2004 ist der auf eine Stunde bezogene Grundlohn mit höchstens 50 € anzusetzen (§ 3b Abs 2 S 1 EStG).

20 **Nachzahlungen** oder **Vorauszahlungen** erhöhen, soweit sie zum laufenden Arbeitslohn gehören, den laufenden Arbeitslohn des Lohnzahlungszeitraums, für den sie nach- oder vorausgezahlt werden (LStR 3b Abs 2 Nr 1a). Daher kann die nachträgliche Erhöhung des laufenden Arbeitslohns zu einer entsprechenden Erhöhung des steuerfrei bleibenden Teils der Zuschläge führen. Zugunsten des ArbN muss daher der ArbGeb die vorangegangenen Lohnzahlungszeiträume aufrollen, soweit diese noch nicht durch eine LStBescheinigung (→ *Lohnsteuerbescheinigung* Rn 11 ff) für das Kj der Änderung des LStAbzugs durch den ArbGeb entzogen sind (§ 41c Abs 3 S 1 EStG; → *Lohnsteuerberechnung* Rn 22–25 und *HMW*/Lohnzuschläge Rz 23). Sonstige Bezüge (→ *Sonstige Bezüge* Rn 2 ff) wie Tantiemen, Weihnachts- und Urlaubsgeld uÄ sind ebenso wenig zu berücksichtigen wie Vergütungen für Mehr- und Überarbeit.

21 Zum Grundlohn gehören die Zuschläge für Sonntags-, Feiertags- und Nachtarbeit auch **nicht,** soweit sie stpfl sind. Steuerfreie Bezüge (→ *Steuerfreie Einnahmen* Rn 5 ff) und nach § 40 EStG pauschal besteuerte Bezüge (→ *Lohnsteuerpauschalierung* Rn 13–39) bleiben unberücksichtigt (Ausnahme: steuerfreie Beiträge nach § 3 Nr 56 oder 63 EStG, soweit es sich um laufenden Arbeitslohn handelt, LStR 3b Abs 2 Nr 1c; → *Betriebliche Altersversorgung* Rn 125 ff). Der fortlaufend gezahlte Wechselschichtzuschlag ist dagegen dem stpfl Grundlohn zuzurechnen (BFH 7.7.05 – IX R 81/98, BStBl II 05, 888; → *Nachtarbeit* Rn 13). Der in Betracht kommende Grundlohn ist in einen Stundenlohn umzurechnen (§ 3b Abs 2 S 1 1. Hs EStG). Abzustellen ist dabei auf die vereinbarte regelmäßige Normalarbeitszeit (LStR 3b Abs 2 Nr 1b S 3). Im Regelfall des monatlichen Lohnzahlungszeitraums und einer vereinbarten wöchentlichen Arbeitszeit, ergibt sich die monatliche Stundenzahl aus dem 4,35fachen der Wochenarbeitszeit. Arbeitszeitausfälle, zB durch Urlaub oder Krankheit, bleiben außer Betracht (LStR 3b Abs 2 Nr 2a S 5 und 6). Bei einer Beschäftigung nach dem AltTZG ist der Grundlohn so zu berechnen, als habe eine Vollzeitbeschäftigung bestanden (LStR 3b Abs 2 Nr 5).

22 **b) Die Zuschläge** müssen gesondert und zusätzlich neben dem Grundlohn (bei einer Nettolohnvereinbarung neben dem vereinbarten Nettolohn, LStR 3b Abs 1 S 3) gezahlt werden. Die Steuerfreiheit entfällt daher, wenn wegen regelmäßig zu verrichtender **Nachtarbeit** ein höherer Grundlohn gezahlt wird (zB Pförtner oder Nachtwächter, LStR 3b Abs 5 S 5). Das nachträgliche Herausrechnen aus einem einheitlich vereinbarten und

gezahlten Gehalt ist unzulässig (BFH 28.11.90, BStBl II 91, 296). Werden Zuschläge in einen zur Glättung von Lohnschwankungen durchschnittlich gezahlten Stundenlohn einkalkuliert, bleiben sie steuerfrei, solange die **Trennung von Grundlohn und Zusatzlohn** nicht aufgehoben wird (BFH 17.6.10 – VI R 50/09, DStR 10, 1886). Unschädlich ist es auch, wenn neben dem Zuschlag für Sonntags-, Feiertags- und Nachtarbeit, die gleichzeitig **Mehrarbeit** ist, keine gesonderte Mehrarbeitsvergütung oder ein Grundlohn gezahlt wird, mit dem die Mehrarbeit abgegolten ist (LStR 3b Abs 1 S 4). Hat der ArbN Anspruch auf Zuschläge für Mehrarbeit und wird Mehrarbeit als Sonntags-, Feiertags- oder Nachtarbeit geleistet, bleibt von den gezahlten Zuschlägen grds der Betrag steuerfrei, der dem arbeitsrechtlich jeweils in Betracht kommenden Zuschlag entspricht, wenn sowohl die in Betracht kommenden Zuschläge für Sonntags-, Feiertags- und Nachtarbeit als auch für Mehrarbeit gezahlt werden oder wenn nur der in Betracht kommende Zuschlag für Sonntags-, Feiertags- und Nachtarbeit gezahlt wird, der ebenso hoch oder höher ist als der Zuschlag für Mehrarbeit (LStR 3b Abs 5 S 1 Nr 1 und 2). Wird nur ein Zuschlag für Mehrarbeit gezahlt, so liegt kein begünstigter Zuschlag vor (LStR 3b Abs 5 S 1 Nr 3, S 3). Die **Abgeltung** eines **Freizeitanspruchs,** der für Feiertagsarbeit gewährt wird, ist **nicht** steuerfrei, denn die Abgeltung ist eine Entschädigung für den nicht erhaltenen freien Tag und keine zusätzliche Vergütung für die an einem Feiertag geleistete Arbeit, auch wenn ein Zuschlag gezahlt wird (BFH 7.7.05 – IX R 56/04, BFH/NV 06, 44; BFH 21.2.06 – IX R 27/05, BFH/NV 06, 1274).

Ein **Mischzuschlag** ist im Verhältnis der in Betracht kommenden Einzelzuschläge in einen nach § 3b EStG begünstigten Anteil und einen nicht begünstigten Anteil **aufzuteilen** (BFH 13.10.89, BStBl II 91, 8), unabhängig davon, ob der einheitliche Zuschlag (Mischzuschlag) niedriger oder höher ist als die Summe der jeweils in Betracht kommenden Zuschläge (LStR 3b Abs 5 S 1 Nr 4 und 5). Das bedeutet, dass bei einem Mischzuschlag, der niedriger ist als die Summe der Einzelzuschläge, nur der Anteil als Zuschlag iSd § 3b EStG behandelt werden kann, der dem Verhältnis zwischen dem Sonntags-, Feiertags- oder Nachtarbeitszuschlag und dem Mehrarbeitszuschlag entspricht. Die Übertragung der auf dem BFH-Urt vom 13.10.89 beruhenden Aufteilungsgrundsätze durch die LStR bezweifelt *Wermelskirchen,* wenn der Mischzuschlag niedriger ist als die Summe der Einzelzuschläge. Dem Urt habe ein Mischzuschlag zugrunde gelegen, der höher war als die Summe der Einzelzuschläge. Sei der Mischzuschlag jedoch niedriger als die Summe der Einzelzuschläge, sei die Annahme gerechtfertigt, dass die Tarifpartner den begünstigten Zuschlag auf Kosten des nichtbegünstigten Mehrarbeitszuschlags in der Höhe gewähren wollten, wie sie ihn für den Einzelzuschlag vorgesehen hätten. Mit *Wermelskirchen* ist den Tarifpartnern daher zu empfehlen, ausdrücklich festzulegen, dass in einem niedrigeren Mischzuschlag der begünstigte Zuschlag mit dem gleichen Zuschlagssatz enthalten ist, wie er für ihn als Einzelzuschlag vereinbart wurde (DStR 92, 1529 unter 3). 23

Wird an Sonn- und Feiertagen **zugleich Nachtarbeit** geleistet, dürfen beide Zuschläge nebeneinander steuerfrei gezahlt werden. Die steuerfreien Zuschlagssätze (→ Rn 30) können auch dann zusammengerechnet werden, wenn nur ein Zuschlag gezahlt wird (LStR 3b Abs 3 S 2). 24

Bei **Feiertagsarbeit an Sonntagen** kann ein steuerfreier Zuschlag nur bis zur Höhe des entsprechenden Feiertagszuschlags gezahlt werden. Dies gilt auch dann, wenn nur ein Sonntagszuschlag gezahlt wird (LStR 3b Abs 4). 25

Bei **zeitversetzter Auszahlung** bleibt die Steuerfreiheit erhalten, wenn vor Leistung der begünstigten Arbeit bestimmt wird, dass ein steuerfreier Zuschlag – ggf teilweise – als Wertguthaben auf ein Arbeitszeitkonto genommen und getrennt ausgewiesen wird, zB in Fällen der Altersteilzeit bei Blockmodellen (LStR 3b Abs 8). Die Verzinsung dieser Zuschläge ist aber nicht steuerfrei (BMF 27.4.2000, DStR 2000, 969; → *Arbeitszeitmodelle* Rn 17). 26

**Pauschale Zuschläge** sind nicht steuerfrei, wenn sie mit festen Monatsbeträgen pauschal ohne Rücksicht auf die tatsächlich geleisteten Arbeitsstunden gezahlt werden. Sie fallen jedoch dann unter die Steuerbefreiung, **wenn** sie als **Abschlagszahlungen oder Vorschüsse** auf Zuschläge für tatsächlich geleistete Sonntags-, Feiertags- oder Nachtarbeit gezahlt werden. Erforderlich ist aber, dass eine Verrechnung der Zuschläge mit den tatsächlich erbrachten Arbeitsstunden an Sonn- und Feiertagen oder zur Nachtzeit jeweils vor 27

Erstellung bzw Übermittlung der LStBescheinigung (→ *Lohnsteuerbescheinigung* Rn 2 ff), also beim Lohnkontenabschluss erfolgt (BFH 13.5.05 – IX B 6/05, BFH/NV 05, 1552; BFH 24.9.13 – VI R 48/12, BFH/NV 14, 341 für einen nichtselbstständig arbeitenden Grenzgänger in die Schweiz). Sie dürfen nicht Teil einer einheitlichen Tätigkeitsvergütung sein (BFH 16.12.10 – VI R 27/10, BStBl II 12, 288). Der fehlende Nachweis tatsächlich erbrachter Arbeitsleistungen kann nicht durch eine Modellrechnung ersetzt werden (BFH 25.5.05 – IX R 72/02, BStBl II 05, 725). Die Aufzeichnung der Arbeitsstunden allein ersetzt die Verrechnung nicht (BFH 18.11.03 – VI B 123/03, BFH/NV 04, 335 und 18.5.05 – IX B 178/04, BFH/NV 05, 1553). Hat der ArbN weniger zuschlagspflichtige Stunden geleistet, als durch die Pauschalzahlungen abgegolten sind, ist die Differenz zwischen der Pauschale und der zum jährlichen Abschluss des Lohnkontos vorgenommenen Einzelabrechnung steuerpflichtiger Arbeitslohn (BFH 16.12.10 – VI R 27/10, DStR 11, 358). Unter bestimmten Voraussetzungen kann die (monatliche) pauschale Abschlagszahlung steuerfrei belassen werden (LStR 3b Abs 7):

28 **aa)** der steuerfreie Betrag darf nicht nach höheren als den in § 3b EStG genannten Prozentsätzen berechnet werden;

**bb)** der steuerfreie Betrag ist nach dem durchschnittlichen Grundlohn und der durchschnittlichen, im Kj tatsächlich anfallenden Sonntags-, Feiertags- und Nachtarbeit zu bemessen;

**cc)** die Verrechnung mit den einzeln ermittelten Zuschlägen erfolgt jeweils vor Erstellung der LStBescheinigung und somit regelmäßig zum Ende des Kj oder beim Ausscheiden des ArbN aus dem Dienstverhältnis. Für die Ermittlung der einzeln nachzuweisenden Zuschläge ist auf den jeweiligen Lohnzahlungszeitraum abzustellen. Dabei ist auch der steuerfreie Teil der einzeln ermittelten Zuschläge festzustellen und die infolge der Pauschalierung zu wenig oder zu viel einbehaltene LSt auszugleichen;

**dd)** bei der Pauschalzahlung muss erkennbar sein, welche Zuschläge im Einzelnen – jeweils getrennt nach Sonntags-, Feiertags- und Nachtarbeit – abgegolten sein sollen und nach welchen Prozentsätzen des Grundlohns die Zuschläge bemessen worden sind;

**ee)** die Pauschalzahlung muss tatsächlich neben dem Grundlohn gezahlt und nicht nur aus dem Arbeitslohn herausgerechnet werden.

Ergibt sich, dass der dem ArbN zustehende Zuschlag höher ist als die Pauschalzahlung, so ist der übersteigende Betrag nur steuerfrei, wenn er auch tatsächlich noch zusätzlich gezahlt wird; nicht zulässig ist eine bloße Kürzung stpfl Arbeitslohns um diesen Betrag.

29 **c) Tatsächliche Arbeitsleistung** zu den begünstigten Zeiten ist für die Steuerfreiheit erforderlich (LStR 3b Abs 6 S 1). Werden Zuschläge gezahlt, ohne dass der ArbN zu den begünstigten Zeiten gearbeitet hat, zB bei Lohnfortzahlung im Krankheits- oder Urlaubsfall (BFH 2.3.05 – IX B 166/03, BFH/NV 05, 1285) bzw bei einem freigestellten BRatMitglied, sind sie stpfl. Deshalb sind auch die während des Mutterschutzes weitergezahlten Zuschläge nicht steuerfrei (BFH 27.5.09, BStBl II 09, 730; s auch FG Köln 26.6.08 – 15 K 4337/07, EFG 08, 1600). Die tatsächlich geleistete Arbeit zu den begünstigten Zeiten kann auch nachträglich nachgewiesen werden, sofern es sich um einzeln zu berechnende Zuschläge handelt (BFH 28.11.90, BStBl II 91, 298), auch wenn diese zunächst pauschal als Abschlagszahlung oder Vorschuss geleistet werden. Spätestens vor Erstellung der LStBescheinigung müssen sie aber verrechnet werden. Ein nachträglicher Nachweis für Pauschalentschädigungen, bei denen eine derartige Verrechnung nicht erfolgt ist, ist jedoch nicht möglich (BFH 28.11.90, BStBl II 91, 293; → Rn 27 zu Modellrechnung). Ist eine Einzelanschreibung und die Einzelberechnung der geleisteten Sonntags-, Feiertags- und Nachtarbeit wegen der Besonderheiten nicht möglich, so darf das BetriebsstättenFA den Teil der Vergütung, der als steuerfreier Zuschlag anzuerkennen ist, von Fall zu Fall feststellen (LStR 3b Abs 6 S 6–9). Zur Anerkennung steuerfreier Sonntags-, Feiertags- und Nachtzuschläge bei Fluggesellschaften s FinMin NRW 6.7.98, DB 98, 1490.

30 **3. Die Höhe der begünstigten Zuschläge** ist unabhängig davon, ob die Zahlungen auf Gesetz, Tarifvertrag, Betriebsvereinbarung oder Einzelarbeitsvertrag beruhen. Im Hinblick auf die Inanspruchnahme der steuerlichen Zuschläge durch Profifußballspieler erfolgte ab 2004 eine Beschränkung der Steuerfreiheit auf einen Stundengrundlohn von höchstens 50 €. Bei Monatseinkommen unter 8000 € bzw Jahreseinkünften von unter 100 000 €

kommt daher noch eine Begünstigung in Betracht. Auch sind demzufolge nur noch maximal 12,50 €/Std bei Nachtarbeit, 25 €/Std bei Sonntagsarbeit und 62,50 € bei Feiertagsarbeit nach § 3b Abs 1 Nr 3 EStG bzw 75 €/Stunde bei Feiertagsarbeit nach § 3b Abs 1 Nr 4 EStG steuerfrei. Dadurch wird der prozentuale höchstmögliche Zuschlagsatz nach oben begrenzt.

**Tabellarischer Überblick** (*HMW*/Lohnzuschläge Rz 66):

| Begünstigte Arbeitszeit | Höchstmöglicher Zuschlagssatz | Besonderheiten |
|---|---|---|
| – Nachtarbeit 20–6 Uhr | 25 vH | bei Aufnahme vor 0 Uhr: 40 vH von 0–4 Uhr, zusätzlich Zuschlag für Sonntags- und Feiertagsarbeit von 0–4 Uhr des auf den Sonn- oder Feiertag folgenden Tages; |
| – Sonntagsarbeit 0–24 Uhr | 50 vH | nicht neben Feiertagszuschlägen; |
| – Feiertagsarbeit 0–24 Uhr und Silvester ab 14 Uhr; | 125 vH | daneben kein Zuschlag für Sonntagsarbeit; |
| – Weihnachten 24.12. bis 26.12., 24 Uhr sowie 1. Mai. | 150 vH | daneben kein Zuschlag für Sonntagsarbeit |

Die gesetzlichen Feiertage werden durch die am Ort der Arbeitsstätte geltenden Vorschriften bestimmt (§ 3b Abs 2 S 4 EStG).

**4. Beispiele** (BeckPersHB/Bd II StW IV Sonntags-, Feiertags- und Nachtarbeit: Nachtarbeit an Sonn- und Feiertagen): 31

– Für Arbeit an einem Sonntag von 6 Uhr bis Montag 6 Uhr wird ein Zuschlag von 100 vH gezahlt. Davon sind steuerfrei für Arbeit von
Sonntag 6 Uhr bis 20 Uhr 50 vH
Sonntag 20 Uhr bis 24 Uhr (50 vH + 25 vH Nachtzuschlag) 75 vH
Montag 0 Uhr bis 4 Uhr (50 vH + 40 vH Nachtzuschlag) 90 vH
Montag 4 Uhr bis 6 Uhr als Nachtzuschlag 25 vH

– Für Arbeit an Feiertagen von 6 Uhr bis 6 Uhr des folgenden Tages wird ein Zuschlag von 150 vH gezahlt. Davon sind steuerfrei für Arbeit
am Feiertag 6 Uhr bis 20 Uhr 125 vH
Feiertag 20 Uhr bis 24 Uhr (125 vH + 25 vH Nachtzuschlag) 150 vH
auf den Feiertag folgender Tag (0 Uhr bis 4 Uhr 125 vH + 40 vH Nachtzuschlag) an sich 165 vH, höchstens aber der gezahlte Zuschlag 150 vH
auf den Feiertag folgender Tag von 4 Uhr bis 6 Uhr als Nachtzuschlag. 25 vH

Zur Optimierung der Zuschläge *Fischer/Hoberg* DB 06, 1333 mit Bsp.

## C. Sozialversicherungsrecht

*Schlegel*

**1. Bedeutung** hat die Sonn- und Feiertagsarbeit ebenso wie die Nachtarbeit sozialversicherungsrechtlich insbes insoweit, als hierfür in aller Regel Zuschläge zum sonstigen Lohn/Gehalt gezahlt werden, um Erschwernisse auszugleichen, die der ArbN deshalb auf sich nehmen muss, weil er an den vorgenannten Tagen bzw Zeiten arbeitet. 32

**2. Beitragsrecht. a) Zuschläge zum „normalen" Stundenlohn** (Grundlohn) für Sonntags- und Feiertagsarbeit sind Arbeitsentgelt iSd § 14 SGB IV, soweit sie nicht steuerfrei sind (§§ 17 SGB IV, SvEV). Es handelt sich um laufendes Arbeitsentgelt, das demjenigen Entgeltabrechnungszeitraum zuzurechnen ist, in dem es erarbeitet wurde. Werden derartige Zuschläge nicht bereits in dem Abrechnungszeitraum berücksichtigt bzw ausgezahlt, in dem sie erarbeitet wurden, sondern später nachgezahlt, so werden sie durch diese Nachzahlung nicht zu einmalig gezahltem Arbeitsentgelt; es ist vielmehr auch nachträglich auf die Abrechnungszeiträume ihrer jeweiligen Erarbeitung zu verteilen und mit dem in diesem Zeitpunkt geltenden Beitragssatz zur Beitragszahlung heranzuziehen, soweit nicht mit den sonstigen 33

Bezügen dieses Zeitraumes bereits die anteilige JAEGrenze/anteilige Beitragsbemessungsgrenze überschritten ist (BSG 27.10.89 – 12 RK 9/88, SozR 2200 § 385 Nr 22).

34 **b) Lohnsteuerfreie Zuschläge.** Gem § 1 Abs 1 Nr 1 SvEV werden dem Arbeitsentgelt laufende Zulagen und Zuschüsse sowie ähnliche Einnahmen nicht zugerechnet, soweit sie lohnsteuerfrei sind. Dies gilt nicht für Sonntags-, Feiertags- und Nachtarbeitszuschläge, soweit das Entgelt, auf das sie berechnet werden, mehr als **25 €** beträgt. Somit ist bei Zuschlägen für Sonn- und Feiertagsarbeit wie folgt vorzugehen: Es ist zu prüfen, ob das Entgelt pro Stunde (Stundengrundlohn iSv § 3b EStG), für das die Zuschläge gezahlt werden, über 25 € liegt; ist dies nicht der Fall, sind die Zuschläge nicht dem Arbeitsentgelt zuzurechnen und damit auch beitragsfrei, soweit sie steuerfrei sind. Liegt das Entgelt pro Stunde (Stundengrundlohn), für das die Zuschläge gezahlt werden, über 25 €, sind nur die auf einen Grundlohn-Betrag von bis 25 € entfallenden Zuschläge, nicht jedoch die auf den Betrag von über 25 € entfallenden Zuschläge im Rahmen ihrer Steuerfreiheit auch beitragsfrei (Besprechungsergebnis der Spitzenverbände vom 22.6.2006 zum HBeglG 2006). Entsprechendes gilt für Arbeit am 24.12. ab 14.00 Uhr, am 25. und 26.12. sowie am 1.5. die in § 3b EStG genannten vH-Sätze für Arbeit am 31.12. ab 14.00 Uhr (§§ 3b Abs 1 EStG, § 1 AvEV). Was unter Sonn- und Feiertagsarbeit zu verstehen ist, bestimmt sich auch im Rahmen der §§ 14, 17 SGB IV, § 1 SvEV nach § 3b Abs 2 Satz 3, Abs 3 EStG; Einzelheiten → Rn 16 ff.

35 **Ausnahme:** Für die gesetzliche UV bestimmt § 1 Abs 2 SvEV, dass Zuschläge für Sonn-, Feiertags- und Nachtarbeit selbst dann dem Arbeitsentgelt zuzurechnen sind, wenn sie lohnsteuerfrei sind (leistungsrechtlich gilt dies nicht für Erwerbseinkommen, das bei einer Hinterbliebenenrente zu berücksichtigen ist). Für die RV, KV, PflegeV und ArblV bleibt es indessen bei dem Grundsatz, dass, soweit für die oben genannten Zuschläge LStFreiheit besteht, auch keine Beiträge zu diesen Versicherungszweigen zu entrichten sind (Besonderheiten gelten für freigestellte BRatMitglieder, denen derartige Zuschläge gewährt werden, obgleich entsprechende Arbeit nicht geleistet wird, → *Betriebsratsfreistellung* Rn 42–44).

36 **3. Leistungsrecht. a) Bemessungsgrundlage.** Bei der Ermittlung der für Lohnersatzleistungen maßgeblichen Bemessungsgrundlage sind Zuschläge für Nacht-, Feiertags- und Sonntagsarbeit (ebenso wie Erschwerniszulagen, Schmutzzulagen, Lärmzulagen) als Arbeitsentgelt nur zu berücksichtigen, soweit keine Steuerfreiheit besteht. Denn der Begriff des Arbeitsentgelts im Leistungsrecht knüpft an denselben Arbeitsentgeltbegriff wie das Beitragsrecht an, sofern das Gesetz keine ausdrücklichen Sonderbestimmungen vorsieht. Damit tragen steuerfreie Zuschläge für Nacht- und Feiertagsarbeit selbst dann nicht zur Erhöhung von Lohnersatzleistungen bei, wenn sie regelmäßig anfallen (für das AlGeld: BSG 14.6.88 – 7 RAr 123/87, SozR 4100 § 112 Nr 40).

37 **b) Anrechnung der Zuschläge auf Lohnersatzleistungen.** Da es sich, wie ausgeführt, bei den zusätzlich zum Grundlohn gezahlten steuerfreien Zuschlägen für tatsächlich geleistete Sonntags-, Feiertags- und Nachtarbeit nicht um Arbeitsentgelt handelt, bzw diese Zuschläge gem den §§ 14, 17 Abs 1 SGB IV, 1 SvEV nicht dem Arbeitsentgelt zuzurechnen sind, bleiben diese Zuschläge allerdings auch unberücksichtigt, soweit Arbeitsentgelt auf Lohnersatzleistungen anzurechnen ist (zu dem Arbeitsentgelt, um das das Übergangsgeld gem § 18 f Abs 1 AVG aF/§ 241 f RVO aF gekürzt wird, gehören deshalb lohnsteuerfreie Zuschläge nicht; BSG 16.2.89 – 4 RA 2/88, SozR 2200 § 1241 f Nr 4 = NZA 89, 656; → *Anrechnung anderweitigen Einkommens* Rn 5 ff).

# Sonstige Bezüge

## A. Arbeitsrecht

*Griese*

1 Der Begriff „Sonstige Bezüge" hat **keine eigenständige arbeitsrechtliche Bedeutung.** Die unter diesen steuerrechtlichen Begriff fallenden einmaligen, nicht zum laufenden Arbeitsentgelt gehörenden Zahlungen, wie etwa *Einmalzahlungen, Urlaubsgeld, Abfindung,* sind jeweils dort erörtert.

**B. Lohnsteuerrecht** *Seidel*

**1. Begriff.** Ein sonstiger Bezug ist der nicht als laufender bezahlte Arbeitslohn (→ *Lohnsteuerberechnung* Rn 12). Dazu gehören insbes einmalige neben dem laufenden Arbeitslohn gewährte Arbeitslohnzahlungen, zB 13. und 14. Monatsgehälter, einmalige Abfindungen und Entschädigungen, nicht fortlaufend gezahlte Gratifikationen, Tantiemen und Urlaubsgelder, Entschädigungen zur Abgeltung nicht genommenen Urlaubs, Jubiläumszuwendungen, unregelmäßig gezahlte Erfindervergütungen, Weihnachtszuwendungen, Nachzahlungen und Vorauszahlungen, wenn sie sich ganz oder teilweise auf Lohnzahlungszeiträume (→ *Lohnsteuerberechnung* Rn 6) beziehen, die in einem anderen Jahr als dem der Zahlung enden oder der Arbeitslohn für Lohnzahlungszeiträume des abgelaufenen Kj später als drei Wochen nach Ablauf des Jahres zufließen (LStR 39b.2 Abs 2 Nr 8) sowie seit **2014** Ausgleichszahlungen für in der Arbeitsphase erbrachte Vorleistungen im Rahmen des Blockmodells, wenn das Altersteilzeitverhältnis vorzeitig beendet wird (LStR 39b.2 Abs 2 Nr 9) und schließlich Zahlungen innerhalb eines Kalendervierteljahres als viertel- oder halbjährliche Teilbeträge (LStR 39b.2 Abs 2 Nr 10). 2

**2. Ermittlung der Lohnsteuer. a) Zeitpunkt.** Ein sonstiger Bezug wird in dem Kj bezogen, in dem er dem ArbN zufließt (§ 38a Abs 1 EStG). Zu diesem Zeitpunkt ist auch die LSt einzubehalten, so dass auch die für den Tag des Zuflusses geltenden ELStAM zugrunde zu legen sind (LStR 39b.5 Abs 1 S 3). 3

**b) Berechnung.** Der LStAbzug von sonstigen Bezügen muss anders geregelt werden als der LStAbzug vom laufenden Arbeitslohn, denn beim LStAbzug wird von einem regelmäßig in gleicher Höhe zufließenden Arbeitslohn ausgegangen (→ *Lohnsteuerberechnung* Rn 3). Wegen der Progression käme es bei einer Hinzurechnung der sonstigen Bezüge zum laufenden Arbeitslohn zu einer überhöhten Einbehaltung von LSt. Ein zutreffender LStAbzug lässt sich nur dadurch erreichen, dass die auf die sonstigen Bezüge entfallende LSt mit dem **Unterschiedsbetrag** erhoben wird, der sich bei Ermittlung der JahresLSt für den voraussichtlichen Jahresarbeitslohn zuzüglich des sonstigen Bezugs und auf den voraussichtlichen Jahresarbeitslohn ohne den sonstigen Bezug ergibt (*Schmidt/Krüger* § 39b Rz 5). 4

Daher bestimmt § 39b Abs 3 S 1 EStG, dass der ArbGeb zunächst den voraussichtlichen Jahresarbeitslohn ohne den sonstigen Bezug festzustellen hat. Dabei sind der laufende Arbeitslohn, der für die im Kj bereits abgelaufenen Lohnzahlungszeiträume zugeflossen ist, und die in diesem Kj bereits zugeflossenen sonstigen Bezüge mit dem laufenden Arbeitslohn zusammenzurechnen, der sich voraussichtlich für die Restzeit des Kj ergibt. Dieser künftige Arbeitslohn kann auch durch Umrechnung des bisher zugeflossenen laufenden Arbeitslohns ermittelt werden. Im Kj früher gezahlte sonstige Bezüge iSd § 39b Abs 3 S 9 EStG (Vergütung für mehrjährige Tätigkeit – § 34 Abs 2 Nr 4 EStG und Entschädigungen – § 34 Abs 2 Nr 2 EStG; → Rn 10 und → *Außerordentliche Einkünfte* Rn 4 ff) sind nur mit einem Fünftel anzusetzen. Dabei wird nach der neuen Rechtslage beim Steuerabzug für nach dem 31.12.13 zufließende sonstige Bezüge auch der **Versorgungsfreibetrag** und der **Altersentlastungsbetrag** abgezogen (§ 39b Abs 3 S 6 EStG). Bei der Berechnung der LSt, der einem ehemaligen ArbN nach einem **Wechsel** von der **unbeschränkten** in die **beschränkte Steuerpflicht** in diesem Kj zufließt, ist der während der Zeit der unbeschränkten Stpfl bezahlte Arbeitslohn im Jahresarbeitslohn zu berücksichtigen (BFH 25.8.09 – I R 33/08, DStRE 09, 1367). Künftige sonstige Bezüge, deren Zahlung bis zum Ablauf des Kj zu erwarten ist, sind nicht zu erfassen. Hat der ArbN den Ausdruck der elektronischen LStBescheinigung aus einem vorausgegangenen Dienstverhältnis im Kj nicht vorgelegt (wozu er nicht verpflichtet ist), ist bei der Ermittlung des voraussichtlichen Jahresarbeitslohns der Arbeitslohn bei früheren ArbGeb mit dem Betrag anzusetzen, der sich ergibt, wenn der laufende Arbeitslohn im Monat der Zahlung des sonstigen Bezugs entsprechend der Beschäftigungsdauer bei früheren ArbGeb hochgerechnet wird (§ 39b Abs 3 S 2 EStG). Der ArbGeb hat dann allerdings im Lohnkonto und bei Erstellen der LStBescheinigung den Großbuchstaben S einzutragen; dadurch wird der ArbN verpflichtet, eine EStErklärung abzugeben (§ 46 Abs 2 Nr 5a EStG; → *Antragsveranlagung* Rn 16). Will er dies vermeiden, muss der ArbN dem ArbGeb alle LStBescheinigungen aus den vorangegangenen Dienst- 5 verhältnissen im Kj vorlegen. Berechnungsbeispiele zur Ermittlung des voraussichtlichen Jahresarbeitslohns s LStH 39b.6.

6 An die Ermittlung des voraussichtlichen Jahresarbeitslohns schließt sich die **Feststellung des maßgebenden Jahresarbeitslohns** an. Dazu sind vom voraussichtlichen Jahresarbeitslohn ggf der Versorgungsfreibetrag nach § 19 Abs 2 EStG und der Altersentlastungsbetrag (§ 24a EStG; → *Altersentlastungsbetrag* Rn 6) sowie ein etwaiger in den ELStAM mitgeteilten Jahresfreibetrag (→ *Lohnsteuerermäßigung* Rn 3 ff) abzuziehen und ein etwaiger Jahreshinzurechnungsbetrag (→ *Lohnsteuerermäßigung* Rn 10) hinzuzurechnen (§ 39b Abs 3 S 3 EStG). Der maßgebende Jahresarbeitslohn kann auch negativ sein (LStR 39b.6 Abs 1 S 3). Für den so ermittelten Jahresarbeitslohn ist die LSt unter Berücksichtigung der als ELStAM mitgeteilten Steuerklasse zu ermitteln (§ 39b Abs 3 S 7 EStG). Im Rahmen der Anwendung des Satzes 4 ist in die Bemessungsgrundlage für die Vorsorgepauschale ab 2010 ein sonstiger Bezug für mehrjährige Tätigkeiten (§ 34 Abs 1 und 2 Nr 4 EStG) einzubeziehen (§ 39b Abs 3 S 10 EStG). (s zur Vorsorgepauschale auch → *Lohnsteuertabellen* Rn 8–20).

7 Außerdem ist die JahresLSt für den maßgebenden Jahresarbeitslohn unter Einbeziehung des sonstigen Bezugs zu ermitteln. Dabei ist der sonstige Bezug, soweit es sich um eine Vergütung für mehrjährige Tätigkeit handelt (→ Rn 10), vor Hinzurechnung zum maßgebenden Jahresarbeitslohn um evtl bei dessen Ermittlung nicht ausgeschöpfte Freibeträge (Versorgungsbezüge, Altersentlastungsbetrag) zu kürzen (§ 39b Abs 3 S 5 und 6 EStG). Der Unterschied zwischen den so ermittelten Jahreslohnsteuerbeträgen ist die LSt, die von dem sonstigen Bezug einzubehalten ist (§ 39b Abs 3 S 8 EStG).

8 **Berechnungsschema**

| | | |
|---|---|---|
| Voraussichtlicher Jahresarbeitslohn | ………… | |
| – Versorgungsfreibetrag | ………… | |
| – Altersentlastungsbetrag | ………… | |
| – Jahresfreibetrag LStKarte | ………… | |
| + Jahreshinzurechnungsbetrag | ………… | |
| Maßgebender Jahresarbeitslohn | ………… | |
| | | |
| JahresLSt I | | ………… |
| + Sonstiger Bezug | ………… | |
| (– Versorgungsfreibetrag | ………… | |
| – Altersentlastungsbetrag, | ………… | |
| + Jahreshinzurechnungsbetrag | ………… | |
| wenn nicht bei der Ermittlung des maßgebenden Jahresarbeitslohns bereits berücksichtigt) | | |
| Jahresarbeitslohn mit sonstigem Bezug | ………… | |
| – JahresLSt II | | ………… |
| LSt auf sonstigen Bezug | | ………… |

9 Zur Bemessung der LSt nach Pauschsteuersätzen → *Lohnsteuerpauschalierung* Rn 15–18. Bei der Ermittlung der auf den sonstigen Bezug entfallenden **Zuschlagsteuern** (KiSt, SolZ) ist, anders als bei laufenden Bezügen (→ *Solidaritätszuschlag* Rn 5), die für den sonstigen Bezug ermittelte LSt unmittelbar – ohne Berücksichtigung der Kinderfreibeträge – Bemessungsgrundlage (Umkehrschluss aus § 51a Abs 2a S 1 EStG ).

10 **c) Außerordentliche Einkünfte.** Stellt der sonstige Bezug eine **Entlohnung für mehrjährige Tätigkeit** dar (→ *Außerordentliche Einkünfte* Rn 17 ff), so wird die durch die zusammengeballte Lohnzahlung auftretende Tarifprogression dadurch gemindert, dass der sonstige Bezug bei der vorstehenden Berechnung nur mit einem Fünftel angesetzt wird und die auf dieses Fünftel entfallende LSt verfünffacht wird; ist das verbleibende zu versteuernde Einkommen negativ (zB wegen eines Freibetrags ) und das zu versteuernde Einkommen positiv (zB stpfl Teil einer Abfindung), beträgt die ESt das Fünffache der auf ein Fünftel des zu versteuernden Einkommens entfallenden ESt. Bei stpfl **Entschädigungen** (§ 34 Abs 1 und 2 Nr 2 EStG; → *Außerordentliche Einkünfte* Rn 5–15) wird ebenso verfahren (§ 39b Abs 3 S 9 iVm § 34 Abs 1 Satz 3 EStG). Bei netto gezahlten sonstigen Bezügen → *Nettolohnvereinbarung* Rn 18. Die Regelung gilt auch für beschränkt stpfl ArbN (→ *Lohnsteuerbe-*

*rechnung* Rn 9 ff; § 50 Abs 1 S 3 EStG; LStH 39b.6). Zur Berücksichtigung im Rahmen der Vorsorgepauschale → Rn 6 und → *Lohnsteuertabellen* Rn 20. Liegen die Voraussetzungen für die Steuerermäßigung nicht vor, ist die Entschädigung als regulär zu besteuernder Bezug zu behandeln (LStR 39b.6 Abs 5). Zur **Günstigerprüfung im Lohnsteuerabzugsverfahren** s BMF 10.1.2000, BStBl I 2000, 138 Tz 2 (LStR Anl b zu § 34).

**d) Ausgeschiedene Arbeitnehmer.** Sonstige Bezüge an ArbN, die im Zeitpunkt der 11 Zahlung Arbeitslohn von einem **anderen ArbGeb** beziehen, sind ebenfalls entsprechend dem dargestellten Schema zu besteuern. Allerdings haben diese ArbN dem früheren ArbGeb zum Zwecke der Bildung bzw des Abrufs von ELStAM mitzuteilen, dass es sich um ein zweites oder weiteres Dienstverhältnis handelt (§ 39e Abs 4 Nr 2 EStG). Die JahresLStBeträge sind in diesen Fällen nach der Steuerklasse VI zu ermitteln (→ *Lohnsteuerklassen* Rn 11, 18). Bezieht der ArbN zur Zeit der Zahlung des sonstigen Bezugs **keinen** Arbeitslohn von einem **anderen ArbGeb,** ist der sonstige Bezug aufgrund der zum Ende des Lohnzahlungszeitraums des Zuflusses maßgebenden ELStAM für ein erstes Dienstverhältnis zu besteuern. Der voraussichtliche Jahresarbeitslohn ist dann auf der Grundlage der Angaben des ArbN zu ermitteln. Macht dieser keine Angaben, ist der beim bisherigen ArbGeb zugeflossene Arbeitslohn auf einen Jahresbetrag hochzurechnen. Dies ist nicht erforderlich, wenn mit dem Zufluss von weiterem Arbeitslohn im Laufe des Kj, zB wegen Alters oder Erwerbsunfähigkeit, nicht zu rechnen ist (LStR 39b.6 Abs 3). Der frühere ArbGeb muss den ArbN dafür erneut bei der FinVerw anmelden. Ansonsten ist der LSt-Abzug ebenfalls nach Steuerklasse VI vorzunehmen (→ *Lohnsteuerabzugsmerkmale* Rn 21).

**3. Eintragung in der Lohnsteuerbescheinigung,** insbes des Großbuchstaben S in den 12 Fällen mehrerer Dienstverhältnisse im Kj (→ Rn 5) → *Lohnsteuerbescheinigung* Rn 11, 17.

## C. Sozialversicherungsrecht *Schlegel*

**1. Pauschal besteuerte sonstige Bezüge. a) Fiktion des § 1 Abs 1 Satz 1 Nr 2 13 SvEV.** Nach § 1 Abs 1 Satz 1 Nr 2 SvEV gelten sonstige Bezüge iSv § 40 Abs 1 Satz 1 Nr 1 EStG, die nicht einmalig gezahltes Arbeitsentgelt sind, nicht als Arbeitsentgelt und sind damit beitragsfrei, soweit der ArbGeb die LSt mit einem Pauschalsteuersatz erheben kann (rechtliches Können) und er die LSt nach den §§ 39b, 39c oder § 39d EStG erhebt (tatsächliches Verhalten; vgl Satz 2 des § 1 Nr 1 SvEV). Die Regelung gilt nur für laufendes Arbeitsentgelt, das steuerrechtlich zu den sonstigen Bezügen gehört, nicht jedoch für sozialversicherungsrechtliche Einmalzahlungen.

**b) Abgrenzung sonstige Bezüge – einmalig gezahltes Arbeitsentgelt.** Sonstige 14 Bezüge sind nach § 38a Abs 1 Satz 3 EStG der Arbeitslohn, der nicht als laufender Arbeitslohn gezahlt wird (→ Rn 2 ff; LStR 115). Der Begriff „sonstige Bezüge" des Steuerrechts deckt sich weitgehend, aber nicht vollständig mit dem Begriff „einmalig gezahltes Arbeitsentgelt" iSd SozV. Bei Einmalzahlungen iSd SozV steht nicht die **Zahlungsweise** – einmalige Zahlung von Arbeitsentgelt – im Vordergrund, sondern die **Zuordnung** des Entgelts zu einer bestimmten Arbeitsleistung.

**Einmalzahlungen** sind Zuwendungen, die nicht durch die Arbeit im Einzelnen, konkret 15 bestimmbaren Entgeltabrechnungszeiträumen erwerben – erarbeitet – werden, sondern die für das Arbeitsverhältnis als solches gewährt werden (zB als Dank für Treue, Ansporn etc; zur Definition § 23a SGB IV). Dementsprechend lässt es das Beitragsrecht zu, dass sie – anders als laufendes Arbeitsentgelt – beitragsrechtlich nicht nur im Kalendermonat ihrer Auszahlung, sondern nach Maßgabe des § 23a SGB IV auch auf zurückliegende Entgeltabrechnungszeiträume verteilt werden. Typische Einmalzahlungen sind zB Weihnachtsgeld, Urlaubsgeld, Treueprämien, Jubiläumszuwendungen, zusätzliche Monatsgehälter oder ein Bonus (Einzelheiten hierzu vgl *Einmalzahlungen*).

Demgegenüber ist das in einem bestimmten Entgeltabrechnungszeitraum erarbeitete 16 Arbeitsentgelt oder Teile davon (zB Akkordspitzen, Schmutz-, Erschwernis-, Nachtzulagen etc) **laufendes Arbeitsentgelt.** Dies bleibt es auch dann und wird nicht zur Einmalzahlung, wenn es nicht sofort, sondern erst als Nachzahlung und „auf einmal" zB mit den für mehrere Entgeltabrechungszeiträume bestimmten Arbeitsentgeltbestandteilen ausgezahlt wird (zB angesammelte Nachtzuschläge, Akkordspitzen etc). Dies gilt auch dann, wenn derartige Zahlungen steuerrechtlich als sonstige Bezüge angesehen werden. Laufendes Arbeitsentgelt ist auch dann, wenn es nachgezahlt wird, auf diejenigen Entgeltabrechnungszeiträume zu verteilen, in denen es erarbeitet bzw verdient wurde (BSG 27.10.89 – 12 RK 9/88, SozR 2200 § 385 Nr 22: nachträglich ausgezahlte Montagebeteiligungen; BSG 15.5.84 – 12 RK 28/83, SozR 2200 § 385 Nr 9: nachgezahlte Akkordspitzen). Eine Behandlung wie Einmalzahlungen (§ 23a SGB IV) scheidet insoweit aus.

17 **2. Pauschal versteuerte Einmalzahlungen.** Nach § 1 Abs 1 Nr 2 SvEV sind sonstige Bezüge nach § 40 Abs 1 Satz 1 Nr 1 EStG, die nicht einmalig gezahltes Arbeitsentgelt nach § 23a SGB IV sind, nicht dem Arbeitsentgelt zuzurechnen und damit beitragsfrei. § 23a Abs 1 Satz 2 SGB IV nennt einige geldwerte Vorteile, die an sich die Qualität von Einmalzahlungen erfüllen könnten, die aber kraft ausdrücklicher Regelung nicht als Einmalzahlungen gelten.

18 Beitragsfreiheit tritt somit gem § 23a Abs 1 Satz 2 SGB IV iVm § 1 Abs 1 Nr 2 SvEV bei Zuwendungen ein, wenn sie vom ArbGeb

- üblicherweise zur **Abgeltung bestimmter Aufwendungen** des Beschäftigten, die auch im Zusammenhang mit der Beschäftigung stehen (§ 23a Abs 1 Satz 2 Nr 1 SGB IV) erbracht werden,
- als **Waren und Dienstleistungen** erbracht werden, die vom ArbGeb nicht überwiegend für den Bedarf seiner Beschäftigten hergestellt, vertrieben oder erbracht werden und monatlich in Anspruch genommen werden können (§ 23a Abs 1 Satz 2 Nr 2 SGB IV),
- bei **sonstigen Sachbezügen** (§ 23a Abs 1 Satz 2 Nr 3 SGB IV, BSG 31.10.12 – B 12 R 15/11 zu pauschal versteuerten Belobigungsprämien, die ein ArbGeb seinen Mitarbeitern eines Verkaufsteams anlassbezogen gewährt und die das Team für Gemeinschaftsveranstaltungen einsetzte) oder
- als **vermögenswirksame Leistungen** erbracht werden.

Der oben genannten Rspr zB zu Freiflügen und zur Kontoführung ist damit für Sachverhalte 1.1.03 die Grundlage entzogen.

19 Bei den **pauschal nach § 40 Abs 1 Satz 1 Nr 1 EStG versteuerten „sonstigen Sachbezüge"** kommt es nicht darauf an, ob es sich um regelmäßige, fortlaufende, wiederholt oder nur einmalige Zuwendungen (geldwerte Vorteile) handelt (BSG 31.1.2012 – B 12 R 15/11, Rz 22 für pauschal versteuerte Belobigungsprämien, die ein ArbGeb den Mitarbeitern eines seiner Verkaufsteams gewährt hat; konkret ging es um ein betriebliches Belohnungssystem, bei dem der ArbGeb denjenigen ArbN, die dem in einem bestimmten Zeitraum erfolgreichsten Verkaufsteam angehörten, Prämien gewährte, die das Team – nicht der einzelnen ArbN – für Gemeinschaftsveranstaltungen verwenden konnten, zB Kurzreisen, → *Incentivreisen* Rn 14, 15).

20 In diesen Fällen sind die Beiträge bei Pauschalbesteuerung durch den ArbGeb – abweichend von der allgemeinen Regel des § 1 Abs 1 Satz 1 Nr 1 SvEV – nicht dem Arbeitsentgelt zuzurechnen und beitragsfrei. Zur Begründung der Neuregelung wurde im Ausschuss für Wirtschaft und Arbeit sinngemäß ausgeführt, dass diese Leistungen des ArbGeb unter Beibehaltung der bisherigen praktischen Handhabung der SozVTräger – und zur Abwendung der Rspr des BSG – bei Pauschalbesteuerung weiterhin beitragsfrei sein sollen. Eine Erstreckung der Beitragsfreiheit von sonstigen Bezügen iSv § 40 Abs 1 Nr 1 EStG auf (sämtliche) einmalig gezahlte Entgelte wäre zu umfassend und wegen der möglichen negativen Auswirkungen auf den GesamtSozVBeitrag nicht vertretbar (G vom 23.12.02, BGBl I 02, 4621, BT-Drs 15/91 zu Art 2 Nr 7a). Nach der Rspr des BSG kommt es nicht darauf an, ob die sonstigen Bezüge „wirklich" nach § 40 Abs 1 S 1 Nr 1 EStG versteuert wurden. Vielmehr genügt es, dass es sich bei den gewährten Vergünstigungen „ihrer Art nach" um sonstige Bezüge im Sinne dieser Vorschrift handelt, für die der ArbGeb die LSt (grds) mit einem Pauschsteuersatz erheben kann, und dass er die LSt nicht (tatsächlich) nach den Vorschriften der §§ 39b, 39c oder 39d EStG erhebt (BSG 17.12.2014 – B 12 KR 20/12 R, SozR 4–5375 § 2 Nr 3).

21 **3. Berechnung des Elterngeldes.** Wie auch andere Entgeltersatzleistungen ist das Elterngeld dazu bestimmt, das zuletzt (vor der Geburt des Kindes) zum Lebensunterhalt dienende Einkommen zu ersetzen. Seiner Berechnung müssen deshalb diejenigen Einkünfte zugrunde gelegt werden, die während des gesetzlich definierten letzten wirtschaftlichen Dauerzustandes den Lebensstandard des Elterngeldberechtigten geprägt haben. Zu berück-

sichtigen sind beim Elterngeldberechtigten alle ihm im maßgebenden Zwölfmonatszeitraum vor dem Monat der Geburt zugeflossenen laufenden Einnahmen aus nichtselbstständiger Arbeit; nicht in die Bemessungsgrundlage gehen Einkünfte iSd § 2 Abs 1 EStG ein, die ausdrücklich steuerfrei gestellt sind (zur Nichtberücksichtigung steuerfreier Beitragszahlungen des ArbGeb an eine Pensionskasse BSG 25.6.2009 – B 10 EG 9/08 R, SozR 4–7837 § 2 Nr 3; steuerfreie Zuschläge zur Sonntags-, Feiertags- und Nachtarbeit, BSG 5.4.12 – B 10 EG 3/11 R, SozR 4–7837 § 2 Nr 16). Gem § 2 Abs 7 Satz 2 BEEG in seiner ab 1.1.2011 geltenden Fassung werden im LStVerfahren als sonstige Bezüge iSv § 38a Abs 1 Satz 3 EStG behandelte Einnahmen nicht (mehr) berücksichtigt (zur Berücksichtigung nachträglich zugeflossenen Lohns beim Elterngeld für Zeiten vor dem 1.1.2011 BSG 18.8.11 – B 10 EG 5/11 R, SozR 4–7837 § 2 Nr 11). Ist der Lohn rechtswidrig vorenthalten worden und erst nachträglich zugeflossen und daher nach § 2 Abs 7 BEEG nF nicht mehr zu berücksichtigen, kann dies bei schuldhaftem Verhalten des ArbGeb mE einen auf entgangenes Elterngeld gerichteten **Schadensersatzanspruch** des ArbN auslösen. Provisionen sind als laufender Arbeitslohn bei der Elterngeldberechnung zu berücksichtigen, wenn sie neben dem monatlichen Grundgehalt für kürzere Zeiträume als ein Jahr und damit mehrmals im Jahr nach festgelegten Berechnungsstichtagen regelmäßig gezahlt werden. Der Umstand allein, dass der ArbGeb bestimmte Einnahmen (zB Provisionen) im LStAbzugsverfahren faktisch als sonstige Bezüge behandelt, rechtfertigt es nicht, diese bei der Berechnung des Elterngelds unberücksichtigt zu lassen (BSG 26.3.14 – B 10 EG 14/13 R, BeckRS 2014, 70409).

Das BSG hat diese Rspr mit Urteil BSG v 14.12.17 – B 10 EG 7/17 R, BeckRS 2017, 142713, wieder aufgegeben (vgl dagegen zutreffende Kritik von *Koppenfels-Spies* NZS 2017, 641 ff; NZS 2018 S 289, 291). 22

# Sozialeinrichtungen

## A. Arbeitsrecht

*Kreitner*

**1. Allgemeines.** Bei betrieblichen Sozialeinrichtungen muss der ArbGeb die zwingenden Mitbestimmungsrechte des BRat beachten. Nach § 87 Abs 1 Nr 8 BetrVG unterliegen Form, Ausgestaltung und Verwaltung von Sozialeinrichtungen der Mitbestimmung des BRat. 1

**2. Begriff.** Unter Sozialeinrichtung iSd BetrVG (vor 1972: Wohlfahrtseinrichtung; § 56 Abs 1 Buchst e BetrVG 1952) versteht man ein **zweckgebundenes Sondervermögen,** in dem ein Teil der sachlichen oder finanziellen Mittel des Unternehmens abgesondert und einer eigenen Organisation und Verwaltung unterstellt werden (ständige Rspr BAG 8.11.11 – 1 ABR 37/10, NZA 12, 462). Nur bei ausreichend deutlicher Eigenständigkeit ist das Merkmal der „Einrichtung" erfüllt. Fehlt es hieran, wie bspw bei bloßen Bilanzrückstellungen zum Zweck der betrieblichen Altersversorgung, scheidet zwar eine Sozialeinrichtung aus, regelmäßig bleibt aber eine mögliche Mitbestimmung des BRat nach § 87 Abs 1 Nr 10 BetrVG zu beachten (vgl zB BAG 9.5.89, DB 89, 2491). 2

Wegen der sozialen Zweckrichtung setzt die Qualifizierung einer Maßnahme als Sozialeinrichtung iSd § 87 Abs 1 Nr 8 BetrVG voraus, dass hierdurch den ArbN oder ihren Familienangehörigen zusätzliche Vorteile gewährt werden. **Jegliche Vorteile** – auch solche immaterieller Art – genügen. 3

Unerheblich sind die **Motive des Arbeitgebers,** die ihn zur Errichtung einer Sozialeinrichtung bewogen haben. Eine besondere Uneigennützigkeit aufseiten des ArbGeb ist nicht erforderlich, denn es kommt für die Frage der Mitbestimmungspflicht allein auf die objektiv bestehende Sachlage an (*Fitting* § 87 Rz 337; *DKK/Klebe* § 87 Rz 208). 4

Erforderlich ist schließlich, dass die Einrichtung durch den **Arbeitgeber** veranlasst worden ist. Er muss zumindest bei wirtschaftlicher Betrachtungsweise als **Stifter** anzusehen sein. Weder eine Vorteilsgewährung durch Dritte noch eine Selbsthilfeeinrichtung der ArbN erfüllt daher die begrifflichen Voraussetzungen einer Sozialeinrichtung iSd § 87 Abs 1 Nr 8 5

BetrVG (*Röder* NZA 87, 799). Gleiches gilt für gemeinsame Einrichtungen der Tarifparteien.

6 **3. Einzelfälle aus Rechtsprechung und Schrifttum. a) Sozialeinrichtungen** wurden **bejaht** bei: Erholungseinrichtungen (BAG 3.6.75, DB 75, 1752), Fortbildungseinrichtungen (*Richardi* § 87 Rz 619), Kantinen (BAG 11.7.00 – 1 AZR 551/99, NZA 01, 462; LAG Düsseldorf 12.12.18 – 12 TaBV 37/18, NZA-RR 19, 148), Kindergärten (BAG 22.10.81, DB 82, 811), Kindertagesstätten (nur sofern diese ausschließlich den Familien der ArbN zur Verfügung stehen: BAG 10.2.09 – 1 ABR 94/07, NZA 09, 562), Mitarbeiterbeteiligungsgesellschaft (LAG Hamm 21.1.08 – 2 Ta 363/07, BeckRS 2008, 51290), Sportanlagen (*Fitting* § 87 Rz 347), Parkplätzen (GK-BetrVG/*Wiese* § 87 Rz 491), Parkhaus (VGH Kassel 24.6.93, NZA 94, 432), Pensions- und Unterstützungskassen (BAG 15.2.11 – 3 AZR 196/09, BeckRS 2011, 73996; 9.12.08 – 3 AZR 384/07, NZA 09, 1341; LAG Hess 15.2.08 – 8 Ta 259/07, BeckRS 2008, 53184: sofern sie nicht allgemein am Markt tätig sind), Verkaufsautomaten (BAG 16.10.65, BB 66, 78), Werksbücherei (*Schaub/Koch* § 235 Rz 81), Werkbusverkehr (BAG 9.7.85, DB 86, 230; LAG SchlHol 17.3.83, BB 84, 140), Eisenbahn-Wohnungseinrichtungen (BVerwG 28.6.2000 – 6 P 1/00, NZA 2000, 1123), Werkmietwohnungen (Sonderregelung in § 87 Abs 1 Nr 9 BetrVG), Beschäftigungsgesellschaft (BAG 23.8.01 – 5 AZB 11/01, DB 01, 2559, NZA 02, 230); Härtefonds eines Sozialplans (LAG Düsseldorf 28.2.07 – 12 TaBV 117/06, BeckRS 2007, 47013).

7 **b) Keine Sozialeinrichtungen** sind: ArbGebDarlehen ohne abgesonderten Fonds (BAG 9.12.80, DB 81, 996), Betriebsfeiern und Betriebsausflüge (BAG 27.1.98 – 1 ABR 35/97, NZA 98, 835; *Berger-Delhey/Platz* DB 88, 857), Betriebskrankenkassen als gesetzliche Träger der SozV (GK-BetrVG/*Wiese* § 87 Rz 695), Bilanzrückstellungen (LAG Frankfurt 16.3.76, BB 77, 796; LAG Hbg 22.11.73, DB 74, 634; LAG Hamm 21.3.74, DB 74, 1239), Ausgabe von Essenmarken unmittelbar an die ArbN (BAG 15.1.87, DB 87, 2315), Fahrradeinstellplätze innerhalb des umzäunten Betriebsgeländes (LAG BaWü 4.11.86, NZA 87, 428 [LS]), Gratifikationen (BAG 13.7.62, DB 62, 1473), Personalverkauf – selbst unter Einsatz sächlicher Betriebsmittel – (BAG 8.11.11 – 1 ABR 37/19, NZA 12, 462), Vermittlung des verbilligten Warenbezugs durch den ArbGeb (LAG Hamm 22.12.82, DB 83, 1985), Werkzeitungen (*Fitting* § 87 Rz 348).

8 **4. Wirkungsbereich.** In **sachlicher Hinsicht** ist Wirkungsbereich eine Sozialeinrichtung der Betrieb, das Unternehmen oder der Konzern. Vereinbarungen über die Sozialeinrichtung sind dementsprechend vom ArbGeb mit dem BRat, GBRat oder KBRat zu treffen. In **persönlicher Hinsicht** muss die Sozialeinrichtung den ArbN oder ihren Angehörigen zugute kommen. Sie darf nicht einem unbeschränkten Personenkreis zur Verfügung stehen. Wird Außenstehenden als Gästen die Nutzung ermöglicht, so ist dies unschädlich (BAG 21.6.79, DB 79, 2039).

9 **5. Umfang der Mitbestimmung.** Zu unterscheiden ist zwischen der freien unternehmerischen Entscheidung, **ob** eine Sozialeinrichtung errichtet oder geschlossen werden soll, einerseits und der konkreten **Ausgestaltung** der Sozialeinrichtung andererseits. Einzig der letztere Gesichtspunkt unterliegt der Mitbestimmung des BRat.

10 **a) Mitbestimmungsfrei.** Die Entscheidung des ArbGeb über die Errichtung oder Schließung einer Sozialeinrichtung ist mitbestimmungsfrei, wie dies § 88 Nr 2 BetrVG zeigt. Gleiches gilt bezüglich der Veräußerung einer Sozialeinrichtung (*Bachmann* NZA 02, 1130). Ebenfalls mitbestimmungsfrei entscheidet der ArbGeb über den Umfang der zur Verfügung gestellten Mittel (Dotierung) sowie die Zweckbestimmung (BAG 15.9.87, DB 88, 404; 26.4.88, DB 88, 2411). Stellt der ArbGeb zB ein Wohnhaus für Werkmietwohnungen zur Verfügung, so kann der BRat nicht eine anderweitige Nutzung des Hauses als Erholungsheim oder Betriebskindergarten verlangen. Ebenfalls mitbestimmungsfrei ist die generelle Festlegung des Kreises der Begünstigten einschließlich der Art der zu gewährenden Leistungen (BAG 26.4.88, DB 88, 2411; LAG Hamm 25.9.85, DB 86, 919). Insgesamt der Regelungsmacht der Betriebspartner entzogen ist auch eine Verpflichtung der ArbN zur Teilnahme an derartigen Sozialeinrichtungen. So stellt zB eine durch Betriebsvereinbarung geregelte Kostenbeteiligungsverpflichtung aller ArbN an den Kantinenkosten eine unzulässige Lohnverwendungsregelung dar (BAG 11.7.2000 – 1 AZR 551/99, NZA 01, 462).

**b) Mitbestimmungspflichtig.** Nach dem Wortlaut des § 87 Abs 1 Nr 8 BetrVG sind Form, Ausgestaltung und Verwaltung von Sozialeinrichtungen mitbestimmungspflichtig. Der BRat hat demnach ein erzwingbares Mitbestimmungsrecht hinsichtlich der erstmaligen Festlegung sowie einer späteren Änderung der Rechtsform der Sozialeinrichtung. Grenzen findet dieses Mitbestimmungsrecht nur insoweit, als über die Rechtsform Einfluss auf den mitbestimmungsfreien Dotierungsrahmen genommen würde, wie zB bei der Gründung einer GmbH mit mindestens 25 000 € Stammkapital. 11

Ausgestaltung und Verwaltung der Sozialeinrichtung umfassen die gesamte Organisation der Einrichtung bis hin zur **Geschäftsführung,** die Erstellung einer Satzung, die Bildung von Verwaltungsgremien, die Aufstellung einer Geschäftsordnung oder von **Benutzungsrichtlinien,** den Abschluss und die Kündigung von Pachtverträgen sowie sonstigen einzelnen Verwaltungsmaßnahmen (vgl zB BAG 15.9.87, DB 88, 404: Kantine; 26.4.88, DB 88, 2411: Betriebliche Altersversorgung). 12

**6. Durchführung der Mitbestimmung.** Regelmäßig werden die Vereinbarungen von ArbGeb und BRat in schriftlichen Betriebsvereinbarungen festgehalten. Möglich sind jedoch auch formlose Regelungsabreden. 13

**a) Unselbstständige Einrichtung.** Handelt es sich bei der Sozialeinrichtung um eine juristisch unselbstständige Einrichtung, so bietet sich die Einsetzung eines gemeinsamen Ausschusses nach § 28 Abs 3 BetrVG zur Verwaltung der Sozialeinrichtung an (BAG 13.3.73, DB 73, 1458). Alternativ können ArbGeb und BRat auch ein anderes paritätisch besetztes Verwaltungsgremium bilden. Zulässig ist es auch, die Verwaltung teilweise oder insgesamt dem BRat zu übertragen. Dieser darf allerdings wegen der fehlenden Rechtsfähigkeit nicht Träger der Sozialeinrichtung sein (BAG 24.4.86, DB 86, 2680). Die Übertragung sämtlicher Verwaltungsaufgaben auf den ArbGeb ist unzulässig, da dies letztlich einem Verzicht des BRat auf zwingende Mitbestimmungsrechte gleichkäme. 14

**b) Selbstständige Einrichtung.** Ist die Sozialeinrichtung juristisch selbstständig, kann die Mitbestimmung des BRat auf zwei Wegen verwirklicht werden. Zum einen kann dem BRat durch Entsendung von BRatMitgliedern in die satzungsmäßigen Organe der Einrichtung gleichberechtigter Einfluss auf die Verwaltungsentscheidungen eingeräumt werden (sog **organschaftliche Lösung**). Mitbestimmungsrelevante Fragen werden dann innerhalb dieser Organe besprochen und entschieden (BAG 8.12.81, DB 82, 50). 15

Zum anderen können sämtliche Fragen, soweit sie den mitbestimmungspflichtigen Bereich betreffen, zunächst zwischen ArbGeb und BRat geklärt werden, um dann anschließend vom ArbGeb mit Hilfe des allgemeinen Weisungsrechts in der Sozialeinrichtung durchgesetzt zu werden (sog **zweistufige Lösung**). Dieses umständlichere Modell kommt immer dann zur Anwendung, wenn nähere Vereinbarungen über die Durchführung der Mitbestimmung zwischen den Betriebspartnern fehlen. 16

**c) Besonderheiten.** Sie bestehen, wenn die Sozialeinrichtung von einem **Pächter** geführt wird (zB Kantine). Da in diesen Fällen der Pachtvertrag regelmäßig zwischen ArbGeb und Pächter abgeschlossen wird, hat der BRat keine unmittelbare Einwirkungsmöglichkeit auf den Pächter. Hier ist es Aufgabe des ArbGeb, die auf betrieblicher Ebene getroffenen Vereinbarungen gegenüber dem Pächter durchzusetzen. 17

**d) Eigenständiger Betrieb.** Problematisch kann die Durchführung der Mitbestimmung ferner dann sein, wenn die Sozialeinrichtung einen eigenständigen, betriebsratsfähigen Betrieb darstellt. In diesem Fall ist zwischen der Mitbestimmung auf der Ebene des begünstigten Betriebes einerseits sowie der Mitbestimmung des BRat der Sozialeinrichtung andererseits zu unterscheiden. Die Mitbestimmung erfolgt zweistufig. Zunächst muss auf der Ebene des begünstigten Betriebes hinsichtlich der Verwaltung der Sozialeinrichtung eine Einigung der Betriebspartner herbeigeführt werden. Bei der Umsetzung dieser Entscheidung in der Sozialeinrichtung können dann weitere Mitbestimmungsrechte des dort bestehenden BRat ausgelöst werden, die sodann auf dieser Ebene zur betrieblichen Einigung zu führen sind (GK-BetrVG/*Wiese* § 87 Rz 758; *DKK*/*Klebe* § 87 Rz 212). 18

**7. Rechtsfolgen.** Verstöße gegen das Mitbestimmungsrecht des BRat nach § 87 Abs 1 Nr 8 BetrVG führen nach der Theorie der Wirksamkeitsvoraussetzung zur individualrechtlichen Unwirksamkeit der Maßnahme (BAG 26.4.88, DB 88, 2411; *Wiese* NZA 03, 1113). Hat zB ein ArbGeb die Mittel für die betriebliche Altersversorgung gekürzt und Ver- 19 sorgungszusagen gegenüber einzelnen ArbN widerrufen, so sind diese individualrechtlichen Widerrufserklärungen unwirksam, wenn der BRat bei der Umstrukturierung des Leistungsplans der betrieblichen Altersversorgung nicht beteiligt worden ist. Die Rechtsfolge der individualrechtlichen Unwirksamkeit tritt dabei unabhängig davon ein, ob es sich um eine rechtlich selbstständige Sozialeinrichtung handelt (BAG 26.4.88, DB 88, 2411).

Zu beachten ist allerdings, dass die individualrechtliche Unwirksamkeit nur im Verhältnis zwischen ArbGeb und BRat bzw ArbN eintritt. Das Rechtsverhältnis zu Dritten (zB Kantinenpächter) bleibt rechtswirksam. Bei fehlender Mitwirkung des BRat kann der ArbGeb jedoch im Außenverhältnis gegenüber Dritten zum Schadensersatz verpflichtet sein.

20 **8. Prozessuales.** Für die Anfechtung von Beitragszahlungen eines ArbGeb an eine Sozialeinrichtung des privaten Rechts ist der Rechtsweg zu den ordentlichen Gerichten gegeben (BGH 6.12.12 – IX ZB 84/12, NZA 13, 694). Der Begriff der Sozialeinrichtung iSv § 2 Abs 1 Nr 4b ArbGG entspricht im Wesentlichen dem in § 87 Abs 1 Nr 8 BetrVG (BAG 5.12.13 – 10 AZB 25/13, NZA 14, 221; LAG Hbg 18.1.16 – 4 Ta 12/15, BeckRS 2016, 65976).

## B. Lohnsteuerrecht

*Thomas*

21 **1. Steuerbarkeit.** Übernimmt der ArbGeb Aufwendungen, die beim ArbN Einkommensverwendungen beinhalten, so gewährt er regelmäßig Arbeitslohn. Dem steht grds nicht entgegen, dass die Zuwendungen aus Fürsorglichkeit oder sonstiger sozialer Einstellung erfolgen. Dementsprechend liegen, wie auch die diesbezüglichen Steuerbefreiungen zeigen (zB § 3 Nr 11 EStG für Bedürftigkeitsbeihilfen, § 3 Nr 33 EStG für Kindergärten, § 3b EStG für Sonntags-, Feiertags oder Nachtarbeitszuschläge usw), grds steuerbare Zuwendungen vor. Abweichend hiervon scheidet die Annahme von Arbeitslohn aus, wenn der betreffende Vorteil lediglich eine Form oder übliche Begleiterscheinung der Arbeitserbringung darstellt (Ausgestaltung des Arbeitsplatzes im weiteren Sinne; → *Arbeitsentgelt* Rn 51 ff) oder sich sonst als notwendige Begleiterscheinung betriebsfunktionaler Ziele erweist (→ *Arbeitsentgelt* Rn 46 ff).

22 **2. Einzelfälle.** Vorab wird auf die Stichworte *Beihilfeleistungen, Betriebliche Altersversorgung, Betriebliche Bildung, Betriebskindergarten, Betriebssport, Betriebsveranstaltung, Bewirtungsaufwendungen, Essenszuschuss, Fürsorgepflicht, Gesundheitsvorsorge, Internet-/Telefonnutzung* und *Rehabilitation (medizinische)* hingewiesen. Als nicht steuerbare Sozialleistungen werden angesehen Sozialzuwendungen des ArbGeb aus Anlass von bestimmten **Betriebsfeiern,** wenn sie 110 € je Teilnehmer nicht überschreiten (R 19.3 Abs 2 Nr 3 LStR), ebenso wie pauschale Zuwendungen des ArbGeb zur **Sozialbetreuung** durch Dritte, wenn diese sich verpflichten, alle ArbN des Auftraggebers kostenlos in persönlichen und sozialen Angelegenheiten zu beraten und betreuen (R 19.3 Abs 2 Nr 4 LStR; *Grote/Kellersmann* DStR 02, 741). Die Übernahme von Anwaltskosten für die Beratung nur einzelner (zB leitender) Angestellten etwa bei Abfindungen fällt nicht hierunter (zweifelnd FG Düsseldorf 31.5.2000 – 17 V 1736/00 A (H), EFG 01, 1613). Die Überlassung von **Parkplätzen** im Betrieb des ArbGeb ist kein steuerbarer Vorteil. Dagegen liegt Arbeitslohn vor, wenn dem ArbN eine vom ArbGeb angemietete Parkfläche zur ausschließlichen Nutzung überlassen wird (FG Köln 15.3.06 – 11 K 5680/04, EFG 06, 1516 = DStRE 06, 1053; OFD Münster 25.6.07 DStR 07, 1677 und → *Dienstwagen* Rn 34); jedenfalls, wenn sie auch außerhalb der Arbeitszeit genutzt werden darf (*Kettler* DStZ 01, 667; *Zinnkann/Adrian* DB 06, 2256). **Personalrabatte,** die der ArbGeb einräumt, stellen Arbeitslohn dar. Auch bei **Preisnachlässen Dritter** kann Arbeitslohn vorliegen, wenn der ArbGeb in qualifizierter Form in die Verschaffung des Rabatts eingeschaltet war (BMF 27.9.93, BStBl I 93, 814; Einzelheiten bei → *Arbeitsentgelt* Rn 73).

## C. Sozialversicherungsrecht

*Voelzke*

23 **1. Arbeitsentgelt.** Beitrags- und leistungsrechtlich ist es ohne Bedeutung, ob vom ArbGeb gewährte zusätzliche Vorteile dem Begriff der Sozialeinrichtung iSd BetrVG unterfallen. Nicht zum Arbeitsentgelt in der SozV gehören diejenigen betrieblichen Sachleistungen, die der ArbGeb im **überwiegenden betrieblichen Interesse** erbringt und die nicht

als Ertrag der nichtselbstständigen Arbeit des ArbN angesehen werden können (zur Abgrenzung von privaten und betrieblichen Interessensphären *Schlegel/Voelzke/Werner* SGB IV § 14 Rz 53 ff). Hierzu gehören insbesondere Zuwendungen des ArbGeb, die an die Belegschaft in ihrer Gesamtheit erbracht werden und die der ArbN nicht unmittelbar für sich verwerten kann (zB die Schaffung von Sportanlagen, Büchereien, Aufenthalts- und Erholungsräumen, Dusch- und Badeeinrichtungen, Parkplätzen). Im Übrigen wird wegen der Vielfalt von Sozialeinrichtungen in der betrieblichen Praxis auf die Erläuterungen zu den Begriffen → *Arbeitsentgelt* Rn 80 ff, → *Arbeitskleidung* Rn 29, → *Betriebliche Altersversorgung* Rn 207 ff, → *Betriebskindergarten* Rn 11, → *Betriebssport* Rn 23, 24, → *Essenszuschuss* Rn 23, → *Geldwerter Vorteil* Rn 9 ff, → *Sachbezug* Rn 57, 58 und → *Internet-/Telefonnutzung* Rn 37 verwiesen.

**2. Unfallversicherungsschutz.** Die Inanspruchnahme betrieblicher Sozialeinrichtungen gehört grds nicht zu den in der gesetzlichen UV versicherten Tätigkeiten (KassKomm/*Ricke* § 8 SGB VII Rz 100). Ein Arbeitsunfall iSd § 8 SGB VII liegt jedoch vor, wenn die Inanspruchnahme in einem **inneren Zusammenhang** mit der Beschäftigung im Unternehmen steht. Bei der Feststellung des Zusammenhangs stellt die umfangreiche Rspr jeweils auf die besonderen Umstände des Einzelfalls ab. **Versicherungsschutz wurde bejaht** bei: betrieblicher Gemeinschaftsveranstaltung (Familiensonntag), soweit sie allen Beschäftigten des Unternehmens oder eines Unternehmensteils offen steht (BSG 9.12.03 – B 2 U 52/02 R, SozR 4–2700 § 8 Nr 2); Weihnachtsfeier der Abteilung eines Betriebs (BSG 5.7.16 – B 2 U 19/14 R, NZS 17, 25); dienstlicher Fortbildungsreise (BSG 31.5.88 – 2/9b RU 16/87, NZA 89, 195); Skifreizeit für Lehrlinge (BSG 4.2.87 – 5a RknU 9/85, SozR 2200 § 539 Nr 121); Weg zur betrieblichen Teeküche (BSG 18.2.87 – 2 RU 22/86, NZA 87, 432); Weg zur Werksambulanz (BSG 26.5.77 – RU 97/76, SozR 2200 § 548 Nr 31); Weg zur betriebseigenen Kantine (BSG 5.8.93 – 2 RU 2/93, BB 93, 2454). **Kein Versicherungsschutz bei:** Kur im firmeneigenen Kurheim (BSG 17.10.90 – 2 RU 13/90, NZA 91, 406); Weg zum betrieblichen Vesperraum (BSG 6.12.89 – 2 RU 5/89, NZA 90, 455); Besorgung einer Flasche Bier aus Getränkeautomaten (BSG 27.6.2000 – B 2 U 22/99 R, SozR 3–2200 § 548 Nr 38); Fußballturnier als rein sportliche Gemeinschaftsveranstaltung (BSG 7.12.04 – B 2 U 47/03 R, SozR 4–2700 § 8 Nr 11); Teilnahme an Fußball-Europameisterschaft von Betriebssportgemeinschaften (BSG 19.3.91 – 2 RU 23/90, NZA 91, 823; → *Betriebssport* Rn 14–22); Sprung vom Pferd bei einer betrieblichen Gemeinschaftsveranstaltung (BSG 27.6.2000 – B 2 U 25/99 R, SozR 3–2200 § 548 Nr 40); mehrtägige Skiausfahrt einer Betriebssportgemeinschaft (BSG 13.12.05 – B 2 U 29/04 R, SozR 4–2700 § 8 Nr 16). 24

# Soziale Netzwerke

## A. Arbeitsrecht

*Kania*

**1. Allgemeines.** Unter sozialen Netzwerken versteht man Internetplattformen, auf denen der Benutzer seine Person unter privaten (zB Facebook, Twitter, Google+) oder beruflichen (zB XING, LinkedIn) Gesichtspunkten präsentieren kann. Der Nutzer muss hierfür idR ein Benutzerkonto (sog Account) einrichten und kann auf seinem Profil Informationen wie Fotos, Interessengebiete und Statusmeldungen veröffentlichen. Darüber hinaus kann er mit anderen Nutzern mittels Nachrichtensystemen oder Chats interagieren. Berufliche Plattformen wie LinkedIn und XING bieten Nutzern sowie Unternehmen die Möglichkeit, geschäftliche Kontakte zu knüpfen, Leistungen und Qualifikationen zu präsentieren, Mitarbeiter zu suchen, Stellenausschreibungen zu veröffentlichen und sich in Themengruppen auszutauschen. Die Nutzung durch einen ArbN steht damit im Spannungsfeld des Persönlichkeitsrechts und Datenschutzes des ArbN und dem Interesse des ArbGeb an der Einhaltung der Pflichten aus dem Arbeitsverhältnis und zunehmend auch an der Darstellung des Unternehmens in der Öffentlichkeit. 1

**2. Begründung des Arbeitsverhältnisses.** Bereits bei Begründung des Arbeitsverhältnisses stellt sich die Frage, ob der ArbGeb im Wege der sog **Dritterhebung von Daten** auf 2

Informationen aus sozialen Netzwerken zugreifen darf (zu den Grenzen eines pre-employment-screening *Kania/Sansone* NZA 12, 360). Während § 28 Abs 1 S 1 Nr 3 BDSG aF vorsah, dass jedermann auf **allgemein zugängliche Daten** zugreifen darf, soweit der Datenerhebung nicht offensichtlich überwiegende Interessen des Bewerbers entgegenstehen, enthält die seit dem 25.5.18 geltende **EU-Datenschutz-Grundverordnung** (DSGVO) hierzu keine Regelung. Lediglich für die Verarbeitung sensitiver Daten enthält Art 9 Abs 2 lit e) DSGVO erstaunlicherweise eine Privilegierung, soweit die betroffene Person die Daten offensichtlich öffentlich gemacht hat. Zudem kennt die DSGVO keinen ausdrücklichen Vorrang der Direkterhebung von Daten beim Betroffen. Damit wird man auf die in der DSGVO niedergelegten allgemeinen Prinzipien zurückgreifen müssen, insbes auf die Verarbeitung personenbezogener Daten nach Treu und Glauben gem Art 5 Abs 1 lit a) DSGVO und die Interessenabwägungsklausel des Art 6 Abs 1 lit f) DSGVO sowie auf das Kriterium der Erforderlichkeit aus § 26 Abs 1 S 1 BDSG. Insgesamt wird man aber – entspr der bisherigen Rspr zu § 32 Abs 1 BDSG aF – im Rahmen der Interessenabwägung zugunsten des ArbGeb die allgemeine Zugänglichkeit von Daten berücksichtigen können, denn hier besteht regelmäßig eine geringe Vertraulichkeitserwartung. Ein Zugriff auf Daten, die ohne Anmeldung im Netzwerk über eine Suchmaschinenanfrage erhoben werden können, wird daher wie bisher zulässig sein (*Gola* NZA 19, 654; zur alten Rechtslage: *Göpfert/Koops* ArbRAktuell 2017, 185). Daten in **freizeitorientierten Netzwerken,** zu denen der Zugang nur über eine Mitgliedschaft mit eigenem **User-Profil** eröffnet ist (zB Facebook), werden schon nicht als allgemein zugänglich betrachtet werden können. Zudem sehen die Betreiber in den AGB regelmäßig eine ausschließliche Nutzung für private Zwecke vor. Aber selbst wenn eine solche Einschränkung nicht besteht, dürften der Datenerhebung – wie schon nach altem Recht – überwiegende Interessen des Bewerbers entgegenstehen (*Gola* NZA 19, 654; *Dzida* NZA 17, 541; aA *Ernst* NJOZ 11, 953). Eine andere Bewertung ist bei **berufsorientierten Netzwerken** wie XING oder LinkedIn vorzunehmen. Deren Nutzung erfolgt auch zu geschäftlichen Zwecken, weshalb die dort vom Bewerber eingestellten Daten trotz der unionsrechtlichen Stärkung des Datenschutzes als bewusst vom Bewerber zugänglich gemachte Daten anzusehen sind. Das ist nur dann anders zu beurteilen, wenn die Daten **über Profile Dritter** erhoben werden, da Bewerber mit einer solchen Datenerhebung nicht rechnen müssen und auf diesen Datenfluss keinen Einfluss haben (*Göpfert/Koops* ArbRAktuell 2017, 185; *Forst* NZA 10, 427). Allerdings ist zu beachten, dass die DSGVO sowie das BDSG weitreichende **Informationspflichten** bei der Erhebung von Daten sowohl beim ArbN als auch bei Dritten vorsehen, vgl Art 5 Abs 1 lit a) und Art 13, 14 DSGVO; iE → *Datenschutz* Rn 1 ff.

3 **3. Durchführung des Arbeitsverhältnisses.** Auf die grundlegende Frage, ob ArbN Internetplattformen am Arbeitsplatz besuchen und nutzen dürfen, sind die Grundsätze zur **Privatnutzung des Internets** anwendbar. Wegen des kommunikativen Elements bei der Nutzung von sozialen Netzwerken gilt hier nichts anderes als bei der Kommunikation per Email (*Oberwetter* NJW 11, 417; *Borsutzky* NZA 13, 647; → *Internet-/Telefonnutzung* Rn 1 ff).

4 Um die Kommunikationskanäle in diversen sozialen Netzwerken auch geschäftlich zu nutzen, werden dem ArbN vom ArbGeb zunehmend **dienstliche Accounts nebst Zugangsdaten** zur Verfügung gestellt. Diese können rein funktions- und unternehmensbezogen oder personenbezogenen sein, wobei sich der Benutzernamen idR aus dem Unternehmensnamen sowie dem Namen des ArbN zusammensetzt. Die meisten sozialen Netzwerke erlauben jedoch nur personalisierte Accounts und lassen Unternehmensaktivitäten lediglich in engen Grenzen zu. Fraglich ist, ob ein ArbGeb den Beschäftigten **zur Anmeldung in einem sozialen Netzwerk anweisen** darf. Hier kann er sich allenfalls auf sein allgemeines Direktionsrecht berufen, das er nur nach billigem Ermessen ausüben darf und das die Rechte der betroffenen Mitarbeiter hinreichend berücksichtigen muss. Ein Zwang zur Nutzung von berufsbezogenen Netzwerken kommt allenfalls in Betracht, wenn die Aufgabe des Beschäftigten gerade die Teilnahme an einem sozialen Netzwerk voraussetzt (*Wiese* NZA 12, 1; *Kort* DuD 12, 722). Dies dürfte insbes für Mitarbeiter in den Bereichen Öffentlichkeitsarbeit, Marketing und Human Resources gelten (*Gabriel* MMR-Aktuell 11, 316759). Gegen die Verpflichtung spricht hingegen das allgemeine Persönlichkeitsrecht in Form des Rechts auf

informationelle Selbstbestimmung. Dies ist gefährdet, da der Veröffentlichung im Internet die Gefahr der unkontrollierten Verwendung und Speicherung der Daten innewohnt. Jedenfalls dürften ohne Einverständnis des Beschäftigten nur fragmentarische Informationen (Name, Funktion, dienstliche Erreichbarkeit) veröffentlicht werden (*Oberwetter* NJW 11, 417).

Die Nutzungsbedingungen sozialer Netzwerke können auf arbeitsvertraglicher Ebene 5
festgelegt werden. Hierbei ist insbes das AGB-Recht (→ *Arbeitsvertrag* Rn 23 ff) zu beachten. Es ist aber auch möglich, den Umgang mit sozialen Netzwerken durch **verbindliche Verhaltensrichtlinien** festzulegen. Denkbar sind Regelungen zur Einrichtung von Benutzerkonten, der Art der Nutzung, etwa zu geschäftlichen oder privaten Zwecken und ggf während der Arbeitszeit, Hinweise zur Einhaltung arbeitsvertraglicher Verschwiegenheits- und Loyalitätspflichten oder auf einschlägige gesetzliche Regeln zum Persönlichkeits- und Datenschutz sowie Fragen zum Benutzerkonto bei Beendigung des Arbeitsverhältnisses. Soll die Privatnutzung sozialer Netzwerke eingeführt werden, hat der BRat ein **Mitbestimmungsrecht** nach § 87 Abs 1 Nr 1 BetrVG. Da sich aus der Nutzung regelmäßig Überwachungsmöglichkeiten für den ArbGeb ergeben, ist dies ferner nach § 87 Abs 1 Nr 6 BetrVG mitbestimmungspflichtig (BAG 13.12.16 – 1 ABR 7/15, NZA 17, 657 zum Facebookprofil des Blutspendedienstes des DRK; *Oberwetter* NJW 11, 417). Unterhält ein Unternehmen ein Profil in sozialen Netzwerken, das auch die Bewertung von Arbeitsleistungen der ArbN durch Dritte ermöglicht, muss das vom ArbN nicht hingenommen werden. Auch aus datenschutzrechtlicher Sicht wäre eine Einwilligungserklärung gem Art 6 Abs 1 lit a), Art 7 DSGVO iVm § 26 Abs 2 BDSG notwendig (zu arbeitsrechtlichen Implikationen dienstlicher Accounts: *Greif* NZA 15, 1106).

**4. Beendigung des Arbeitsverhältnisses. a) Verletzung vertraglicher Nebenpflichten.** Werden soziale Netzwerke vom ArbN unzulässigerweise während der Dienstzeit 6
benutzt, so kann dies wie die **unbefugte Internetnutzung** vom ArbGeb sanktioniert werden (→ *Internet-/Telefonnutzung* Rn 12 ff; → *Kündigung, verhaltensbedingte* Rn 31). Auch die **außerdienstliche Nutzung** eines sozialen Netzwerks kann arbeitsrechtliche Konsequenzen haben. So können Äußerungen privater Natur für den ArbGeb ruf- und geschäftsschädigend sein. Postet der ArbN rassistische oder menschenverachtende Äußerungen und ergibt sich aus seinem Nutzerprofil, dass er bei dem ArbGeb beschäftigt ist, kann dies zur außerordentlichen Kündigung berechtigen (LAG Sachsen 27.2.18 – 1 Sa 515/17, NZA-RR 18, 244; ArbG Mannheim 19.2.16 – 6 Ca 190/15, NZA-RR 16, 254). Zwar darf ein ArbN im Rahmen des Grundrechts der freien Meinungsäußerung auch **kritische Beiträge über den ArbGeb** veröffentlichen. Jedoch trifft ihn als arbeitsvertragliche Nebenpflicht auch eine **Loyalitätspflicht,** wonach er die berechtigten Interessen des Unternehmers zu wahren hat (→ *Treuepflicht* Rn 1 ff). Hier ist eine Abwägung im Einzelfall vorzunehmen. Zu berücksichtigen ist etwa, ob die kritische Äußerung in beruflichen Netzwerken erfolgt ist und so ein höheres Schadenspotenzial aufweist oder ob der ArbN eine herausgehobene Stellung hat (*Gabriel* MMR-Aktuell 11, 316759). Ein einmaliges „Liken" hat geringere Verletzungsintensität als ein proaktiver Post oder wiederholte Äußerungen. Sachliche Kritik am eigenen ArbGeb kann von der Meinungsfreiheit noch gedeckt sein (LAG Hessen 14.11.05 – 10 Sa 1580/04, BeckRS 2006, 41360), in jedem Fall hat ein ArbN bewusst unwahre und ehrverletzende Tatsachenäußerungen zu unterlassen (*Oberwetter* NJW 11, 417; → *Whistleblowing* Rn 4). Bei negativen Äußerungen über den ArbGeb oder Kunden während der Arbeitszeit liegt idR eine zusätzliche Verletzung arbeitsvertraglicher Pflichten vor, die je nach zeitlichem Ausmaß erschwerend zu berücksichtigen ist (*Kort* NZA 12, 1321; *Byers/Mößner* BB 12, 1665). Selbstverständlich muss ein ArbN auch bei der Nutzung von sozialen Netzwerken die Betriebsgeheimnisse wahren (→ *Betriebsgeheimnis* Rn 1 ff). Grds kann kein Nutzer darauf vertrauen, dass Äußerungen und Inhalte nur dem ursprünglich vorgesehenen Adressatenkreis gegenüber zur Kenntnis gelangen, denn durch Kommentierungen, „Teilen" oder „Liken" von Posts können diese leicht weitergeleitet oder verbreitet werden. Erfolgt ein „posting" etwa durch Anpassung der Privatsphäreeinstellungen nur im **nicht öffentlichen Bereich,** ist dies daher nur in engen Grenzen zu Gunsten des ArbN zu bewerten (LAG Hamm 10.10.12 – 3 Sa 644/12, BeckRS 2012, 74357; differenzierend *Fuhlrott/Oltmanns* NZA 16, 785; *Klinkhammer/Müllejans* ArbRAktuell 2014, 503; *Kort* NZA 12, 1321). Ein Eintrag bei Facebook, auch wenn nur für sog Facebook-Freunde sichtbar, ist

keine Äußerung im privaten Kreis und kann zur fristlosen Kündigung ohne vorherige Abmahnung berechtigten (ArbG Duisburg 26.9.12 – 5 Ca 949/12, NZA-RR 13, 18; Beispiele s *Bauer/Günther* NZA 13, 67). Auch die Löschung einer Äußerung kann die einmal begangene Pflichtverletzung nicht mehr beseitigen (LAG Berlin-Bbg 11.4.14 – 17 Sa 2200/13, NZA-RR 14, 468). Ohnehin dürfte ein restloses Löschen in sozialen Netzwerken rein tatsächlich nicht möglich sein.

7 **b) Datenschutz.** Werden die Pflichtverletzungen in der Freizeit und auf privaten Benutzerkonten begangen, stellt sich die Frage, inwieweit der ArbGeb die ihm zur Kenntnis gelangten verletzenden Äußerungen nachprüfen und verwerten darf. Etwaige Maßnahmen müssen nach Art 6 DSGVO **datenschutzrechtlich legitimiert** sein. Eine bei Abschluss des Arbeitsvertrags etwa erteilte Einwilligung des ArbN gem Art 7 DSGVO, § 26 Abs 2 BDSG nF in die Erhebung oder Nutzung seiner Daten wird hier nicht greifen. Bei **Ermittlungen des Arbeitgebers** wird man regelmäßig auf die Auffangnorm des Art 6 Abs 1 lit f) DSGVO zurückgreifen müssen, die ein überwiegendes berechtigtes Interesse des ArbGeb verlangt. Dieser wird sich nach den oben (unter → Rn 2) dargestellten Grundsätzen regelmäßig nur öffentlich zugänglicher Informationen bedienen dürfen. **Heimliche Eingriffe,** zB unter Nutzung eines „Fake-Accounts", sind grds datenschutz- und persönlichkeitsrechtlich unzulässig und werden lediglich ausnahmsweise bei einem durch konkrete Tatsachen begründeten Verdacht einer Straftat oder einer schweren Pflichtverletzung und allenfalls im Falle der Beweisnot des ArbGeb gerechtfertigt sein (*Kort* NZA 12, 1321; *Fuhlrott/Oltmanns* NZA 16, 785). Dies gilt auch im Fall des Verdachts der **unerlaubten Internetnutzung am Arbeitsplatz,** wenn der ArbGeb verdeckt Daten am dienstlichen Computer des ArbN erhebt, zB durch die heimliche Sichtung privater Kalendereinträge, die Auswertung des Browserverlaufs oder die Überwachung der Tastatureingaben mittels eines Keyloggers. Dagegen können bloß vorübergehende Sichtungsmaßnahmen und Stichprobenkontrollen als weniger eingriffsintensive Maßnahmen uU auch präventiv zulässig sein (BAG 27.7.17 – 2 AZR 681/16, NZA 17, 1327; LAG Berlin-Bbg 14.1.16 – 5 Sa 657/15, BeckRS 2016, 67048). Jedoch führt ein einfacher Verstoß gegen datenschutzrechtliche Bestimmungen noch nicht zu einem Beweisverwertungsverbot (LAG RhPf 15.11.14 – 8 Sa 363/14, BeckRS 2015, 68577; LAG Hamm 10.7.12 – 14 Sa 1711/10, BeckRS 2012, 71605; anders dagegen das BAG 20.6.13 – 2 AZR 546/12, NZA 14, 143 bei heimlicher Schrankkontrolle, BAG 27.7.17 – 2 AZR 681/16, NZA 17, 1327 verlangt eine notwehrähnliche Situation). Im Einzelnen → *Datenschutz* Rn 24 ff.

8 **c) Herausgabe von Datensätzen.** Bei der Beendigung des Arbeitsverhältnisses ist fraglich, ob der ArbGeb die Herausgabe von Daten oder sogar deren Löschung vom ArbN verlangen kann (zB Zugangsdaten zu beruflich genutztem Netzwerk, Passwörter, Kontaktlisten, Adressen, Nachrichten). Unproblematisch dürfte eine **Herausgabepflicht bei rein dienstlichen Accounts** gem § 667 BGB analog in Bezug auf die Zugangsdaten und die Geschäftskontakte zu bejahen sein. Von einem rein dienstlichen Account wird man idR ausgehen können, wenn der Account schon dem Namen nach funktions- bzw unternehmensbezogen ist (*Hoffmann-Remy/Tödtmann* NZA 16, 792; BAG 14.12.11 – 10 AZR 283/10, NZA 12, 501). Das gilt gleichermaßen, wenn der ArbGeb das Mitgliedskonto zur Erfüllung der Arbeitsaufgaben zur Verfügung gestellt oder die Kosten der Mitgliedschaft getragen hat (*Oberwetter* NJW 11, 417; *Ernst* NJOZ 11, 953, differenzierend *Frik/Klühe* DB 13, 1174). Bei einem **rein privaten Account** braucht der ArbN hingegen gespeicherte Datensätze nur dann herauszugeben, wenn es sich um geschäftsrelevante Daten handelt, die durch dienstliche Tätigkeit erlangt wurden (*Hoffmann-Remy/Tödtmann* NZA 16, 792). Schwieriger ist die Frage bei **gemischt privater und dienstlicher Nutzung** sozialer Netzwerke zu beantworten, wenn der ArbN seinen Privataccount auch geschäftlich genutzt hat oder sogar zur geschäftlichen Nutzung umgewidmet hat. Denn häufig wird der bei Berufseinstieg eingerichtete private Account (zB bei XING) später auch zeitweilig der geschäftlichen Nutzung beim jeweiligen ArbGeb zugeführt. Der ArbGeb muss im Einzelfall eine konkret überwiegende geschäftliche Nutzung des Accounts darlegen und beweisen (ArbG Hamburg 24.1.13 – 29 Ga 2/13, BeckRS 2013, 68150). Das wird in der Praxis regelmäßig schwierig sein. Zudem dürften etwaige Ansprüche auf Herausgabe bzw Löschung an **datenschutzrechtliche Grenzen** stoßen, denn der ArbGeb hat regelmäßig kein Recht, private Kontakte oder Kommunikation einzusehen. Andererseits muss der ArbN die

Möglichkeit haben, rein private Kontakte und Korrespondenzen vor der Herausgabe an den ArbGeb zu sichern (OLG Dresden 5.9.12 – 4 W 961/12, NJW-RR 13, 27). Weiter kommt ein **Anspruch auf Unterlassung einer weiteren Nutzung** der in dem Account gespeicherten Kontakt- und Geschäftsdaten, zB aus §§ 6, 4 Abs 2 Nr 2 GeschGehG, in Betracht, denn Kundendaten können grds ein Geschäftsgeheimnis darstellen. Allerdings trägt auch hier der ArbGeb die Darlegungs- und Beweislast, dass die Kundenkontakte und die Aufnahme der Kontaktdaten im Rahmen der arbeitsvertraglich geschuldeten Tätigkeit entstanden sind (ArbG Hamburg 24.1.13 – 29 Ga 2/13, BeckRS 2013, 68150; zu den Schwierigkeiten einer Abgrenzung bei Misch-Accounts und der Herausgabe von eingestellten Daten: AG Brandenburg 31.1.18 – 31 C 212/17, NZA-RR 18, 364). Um die weitere Nutzung der Kontaktdaten zu verhindern, ist es ratsam, die geschäftliche Nutzung von privaten Profilen in sozialen Netzwerken vertraglich zu regeln (*Verschwiegenheitspflicht*; zu den Vertragsgestaltungsmöglichkeiten *Hoffmann-Remy/Tödtmann* NZA 16, 792).

### B. Lohnsteuerrecht *Seidel*

Die private Nutzung der sozialen Netzwerke auf betrieblichen PCs durch den ArbN ist steuerbefreit (§ 3 Nr 45 EStG; → *Steuerfreie Einnahmen* Rn 18). Die Vorteile sind nicht in das Lohnkonto zu übernehmen, → *Lohnkonto* Rn 6. Die Zulässigkeit der Nutzung kann innerbetrieblich geregelt werden, → *Betriebsvereinbarung* Rn 7. Soweit eine betriebliche Nutzung auf privaten Geräten erfolgt, können Werbungskosten vorliegen, s iE die Ausführungen zu → *Internet-/Telefonnutzung* Rn 32 ff. Der ArbGeb kann die ihm entstehenden Kosten als Betriebsausgaben abziehen. **11**

### C. Sozialversicherungsrecht *Ruppelt*

Die Nutzung sozialer Netzwerke auf betrieblichen Informationsanlagen löst keine beitragsrechtlichen oder anderen sozialversicherungsrechtlichen Folgen aus (→ *Internet-/Telefonnutzung* Rn 37). **16**

# Sozialplan

### A. Arbeitsrecht *Schmidt*

**Übersicht**



**1. Grundsätze.** Im Zuge einer mitbestimmungspflichtigen *Betriebsänderung* hat der ArbGeb mit dem BRat einen **Sozialplan** zu vereinbaren. Er muss mit ihm Regelungen zum Ausgleich oder Milderung der wirtschaftlichen Nachteile treffen, die den ArbN als Folge der Betriebsänderung entstehen. Gegenstand des Sozialplanes ist nicht das Ob, Wann und Wie der Betriebsänderung. Dies regelt der *Interessenausgleich*. Beide können gemeinsam in einer Urkunde niedergelegt werden (BAG 20.4.94, DB 94, 2038). Der Sozialplan kann frei vereinbart oder nach § 112 Abs 4 BetrVG vom BRat erzwungen werden. Im einen Fall bestehen erhebliche Regelungsspielräume, im anderen muss die Einigungsstelle die Vorgaben nach § 112 Abs 5 BetrVG beachten. Zum Sozialplan gehört auch, dass der ArbGeb dem BRat diejenigen **Informationen** über die geplante Betriebsänderung erteilt, welche dieser zur Ausübung seines Mitbestimmungsrechts in Bezug auf den Sozialplan benötigt, soweit er sie nicht schon im Zuge der Interessenausgleichsverhandlungen erhalten hat. Ein Verstoß löst nach § 113 Abs 3 BetrVG Ansprüche auf einen Nachteilsausgleich aus (BAG 30.3.04 – 1 AZR 7/03, NZA 04, 931). **1**

2 Der Sozialplan hat nach § 112 Abs 1 S 3 BetrVG die Wirkung einer **Betriebsvereinbarung.** Das BAG spricht vom Sozialplan als „Betriebsvereinbarung eigener Art" (BAG 15.5.18 – 1 AZR 20/17, NZA 18, 1198). Allerdings gilt für den Sozialplan nach § 112 Abs 1 S 4 BetrVG **nicht** die **Tarifsperre** des § 77 Abs 3 BetrVG. Sozialpläne können daher auch abgeschlossen werden, wenn entsprechende tarifliche Regelungen – zB sog Rationalisierungsschutzabkommen – für den Geltungsbereich des Sozialplans vorliegen oder üblich sind. In einigen Personalvertretungsgesetzen ist dies abweichend geregelt – zB §§ 62 Abs 6, 70 PersVG Bbg.

3 Im **Verhältnis von Sozialplan zum Tarifvertrag** gilt das Günstigkeitsprinzip (BAG 6.12.06 – 4 AZR 798/05, NZA 07, 821). Der ArbGeb ist danach verpflichtet, die jeweils für den durch Gesetz oder Vereinbarung tarifgebundenen Betroffenen bessere Leistung zu erbringen. Der Sozialplan kann die tarifliche Regelung ohne Öffnungsklausel im Tarifvertrag nach § 4 Abs 3 TVG für die tarifgebundenen ArbN nicht wirksam unterschreiten (BAG 11.7.95 – 3 AZR 8/95, NZA 96, 264). Tarifverträge können das Verhältnis zu Sozialplänen durch sog Subsidiaritätsklauseln regeln: Der Tarifvertrag gilt, wenn keine oder keine bessere betriebliche Regelung getroffen wurde (BAG 21.4.93 – 4 AZR 543/92, NZA 94, 231). In einem tariflichen Sozialplan kann – anders als im Sozialplan (BAG 31.5.05 – 1 AZR 254/04, NZA 05, 997) – vereinbart werden, dass eine Abfindung ausgeschlossen ist, falls der ArbN gegen seine Kündigung Klage erhebt, wenn der ArbGeb vorher auf diese Bedingung hingewiesen hat (BAG 6.12.06 – 4 AZR 798/05, NZA 07, 821).

4 **Tarifsozialpläne** gelten für die bei der tarifschließenden Gewerkschaft organisierten ArbN des Betriebs. Sie sind neben einem für alle ArbN des Betriebs geltenden Sozialplan der Betriebsparteien möglich (BAG 15.4.15 – 4 AZR 796/13, NZA 15, 1388). Die Betriebspartner haben nicht das Monopol auf den Abschluss von Sozialplänen, wie § 112 Abs 1 S 4 BetrVG zeigt. Die Vorschrift wäre sonst überflüssig. Die Betriebsparteien sind nicht gezwungen, die Regelungen aus einem Tarifsozialplan zu übernehmen (BAG 15.4.15 – 4 AZR 796/13, NZA 15, 1388). Die Tarifvertragsparteien sind nicht darauf beschränkt, nur Regelungen zu treffen, die auch wirksamer Inhalt eines betrieblichen Sozialplans nach § 112 BetrVG sein könnten und müssen keine Rücksicht auf Außenseiter nehmen. Dem steht schon die auf die Mitglieder beschränkte Regelungsmacht entgegen. Sie beschränkt die Ordnungsfunktion eines Tarifvertrags durch § 3 Abs 1, § 4 Abs 1 TVG auf ihre Mitglieder (BAG 15.4.15 – 4 AZR 796/13, NZA 15, 1388; BAG 13.4.16 – 4 AZR 8/14, BeckRS 2016, 73063). Ein Sozialplanmonopol steht den Betriebspartnern auch dann nicht zu, wenn es nicht um das Verhältnis Verbandstarif/Sozialplan, sondern um die Frage geht, ob eine Gewerkschaft die Folgen einer konkreten Betriebsänderung über einen Haustarif abfangen darf (BAG 24.4.07 – 1 AZR 252/06, NZA 07, 987). **Tarifsozialpläne** dürfen in den Grenzen der relativen Friedenspflicht **erstreikt** werden. Dies gilt für Haustarifverträge, soweit es um Gegenstände geht, die nicht schon im Verbandstarif geregelt sind (BAG 10.12.02 – 1 AZR 96/02, NZA 03, 734) und selbst dann für firmenbezogene Verbandstarifverträge, wenn die Tarifvertragsparteien zur gleichen Zeit Verhandlungen über einen Flächentarifvertrag mit dem gleichen Regelungsgegenstand führen (BAG 24.4.07 – 1 AZR 252/06, NZA 07, 987). Es verstößt nicht gegen die negative Koalitionsfreiheit, wenn ein Tarifsozialplan höhere Abfindungen enthält als der betriebliche Sozialplan. Dies folgt schon aus der **Tarifautonomie**. Tarifsozialpläne dürfen auch zwischen verschiedenen Gruppen von Gewerkschaftsmitgliedern – solchen, die vor einem Stichtag Gewerkschaftsmitglied waren und später eingetretenen – grds differenzieren, wenn der Stichtag nicht willkürlich gewählt wird, sondern für ihn ein sachlicher Grund besteht – etwa Datum des Abschlusses der Tarifverhandlungen über eine Teilbetriebsstillegung (BAG 15.4.15 – 4 AZR 796/13, NZA 15, 1388).

5 Bestimmungen in von ArbGeb, Gewerkschaft und BRat **gemeinsam abgeschlossenen** Vereinbarungen – etwa in **Standortsicherungsverträgen** – sind unwirksam, wenn sich nicht aus diesen selbst ohne Weiteres und zweifelsfrei ergibt, wer Urheber der einzelnen Regelungskomplexe ist. Da sie normative Regelungen enthalten, folgt dies schon aus dem Gebot der Rechtsquellenklarheit, das den Schriftformerfordernissen des § 1 Abs 2 TVG, § 77 Abs 2 S 1 und 2 BetrVG zugrunde liegt (BAG 26.9.17 – 1 AZR 717/15, NZA 18, 803). Die **Mitunterzeichnung** eines von den hierfür zuständigen Personen oder Stellen geschlossenen und unterzeichneten kollektiven Normenvertrags durch einen Dritten hat für

sich gesehen nicht die Unwirksamkeit der getroffenen Vereinbarung zur Folge. Eine von ArbGeb, Gewerkschaft und BRat unterzeichnete Vereinbarung ist daher nicht bereits wegen der gemeinsamen Unterzeichnung unwirksam. Dies gilt jedenfalls dann, wenn sich die gesamte Vereinbarung insgesamt ohne weiteres als Tarifvertrag oder Betriebsvereinbarung qualifizieren lässt (BAG 15.4.08 – 1 AZR 86/07, NZA 08, 1074).

Sozialpläne haben eine **zukunftsbezogene Ausgleichs- und Überbrückungsfunktion** 6 (BAG 26.9.17 – 1 AZR 717/15, NZA 18, 803). Zum einen sollen sie einen Ausgleich für den Verlust des Arbeitsplatzes oder die Verschlechterung von Arbeitsbedingungen gewähren; zum anderen soll den von Entlassung Betroffenen eine Überbrückungshilfe bis zum neuen Arbeitsverhältnis oder dem Bezug des gesetzlichen Altersruhegeldes verschafft werden. Die in Sozialplänen vorgesehenen Leistungen sind demnach kein zusätzliches Entgelt für die in der Vergangenheit erbrachten Dienste, sondern sollen die künftigen Nachteile ausgleichen, die den Arbeitnehmern durch die Betriebsänderung entstehen können (BAG 15.5.18 – 1 AZR 475/07, NZA 18, 1198). Die **Dauer der Betriebszugehörigkeit** muss daher der Berechnung von Sozialplanleistungen nicht zwingend zugrunde gelegt werden (BAG 9.11.94 – 10 AZR 218/94, NZA 95, 644). Zeiten der Betriebszugehörigkeit stellen andererseits kein unzulässiges Bemessungskriterium für Sozialplanleistungen dar. Sozialpläne dürfen die Höhe der Leistungen zwar nicht ausschließlich (BAG 12.11.02 – 1 AZR 58/02, NZA 03, 1287), aber jedenfalls auch nach der Dauer der Betriebszugehörigkeit staffeln (BAG 26.5.09 – 1 AZR 198/08, NZA 09, 849) und Abfindungen vorsehen, die der ArbN selbst dann nicht verliert, wenn er alsbald einen neuen Arbeitsplatz findet (BAG 13.3.07 – 1 AZR 262/06, NZA 08, 190). Die zukunftsbezogene Ausgleichs- und Überbrückungsfunktion eröffnet den Betriebsparteien **Beurteilungs- und Gestaltungsspielräume.** Sie bezieht sich auf die Beurteilung der den ArbN voraussichtlich entstehenden wirtschaftlichen Nachteile und deren Ausgleich bzw. Abmilderung. Die Betriebsparteien können typisierend nach der Vermeidbarkeit der Nachteile unterscheiden und müssen nicht alle denkbaren Nachteile entschädigen (BAG 20.4.10 – 1 AZR 988/08, NZA 10, 1018).

Vom **persönlichen Geltungsbereich** des Sozialplans werden alle Personen erfasst, welche durch die Betriebsänderung Nachteile erleiden. Freiwillige Sozialpläne können Leistungen an ArbN enthalten, deren Arbeitsverhältnis geraume Zeit vor Planung der dem Sozialplan zugrunde liegenden Betriebsänderung aufgelöst wurde (BAG 8.3.95 – 5 AZR 869/93, NZA 95, 675) und Ausgleichszahlungen bei zukünftigen Arbeitsplatzverlusten unabhängig von deren Sozialplanpflichtigkeit vorsehen (BAG 19.2.08 – 1 AZR 1004/96, NZA 08, 719). In der Praxis haben sich Stichtagsregelungen bewährt, die Unklarheiten verhindern können. Sie legen fest, ab wann der Sozialplan gelten und danach ausscheidende ArbN erfassen soll. Schneidet eine Stichtagsregelung ohne sachlichen Grund Ansprüche von ArbN ab, die von der Betriebsänderung betroffen sind, können sie aus Gleichbehandlungsgesichtspunkten bzw den in § 75 Abs 1 BetrVG normierten Grundsätzen von Recht und Billigkeit Leistungen entsprechend dem Sozialplan verlangen, wenn sie nicht einer Gruppe angehören, die nach allgemeinen Grundsätzen von der Sozialplanleistung ausgeschlossen werden darf (BAG 19.2.08 – 1 AZR 1004/06, NZA 08, 719). **Stichtagsregelungen,** die am Zeitpunkt des Scheiterns eines Interessenausgleichs festmachen, sind sachlich gerechtfertigt (BAG 12.4.11 – 1 AZR 505/09, NZA 11, 1302). Sozialpläne dürfen keine unterschiedlichen Leistungen vorsehen, wenn sie aus Anlass stufenweise durchgeführter Maßnahmen vereinbart werden, die auf einer einheitlich geplanten Betriebsänderung beruhen (BAG 28.3.06 – 1 ABR 5/05, NZA 06, 932). Führt der ArbGeb zunächst Entlassungen durch, die allein noch keine Betriebsänderung darstellen, und fasst er erst danach auf Grund neuer Umstände den Entschluss zu weiteren Entlassungen, sind die Entlassungswellen mitbestimmungsrechtlich nicht zusammenzurechnen. Die zuerst entlassenen ArbN bleiben ohne Sozialplan (BAG 28.3.06 – 1 ABR 5/05, NZA 06, 932). Wird zu einem späteren Zeitpunkt ein höher dotierter Sozialplan infolge einer zweiten eigenständigen Betriebsänderung abgeschlossen, hat ein von einer Betriebsänderung betroffene ArbN nur Anspruch auf Leistungen aus demjenigen Sozialplan, von dessen Betriebsänderung er auch betroffen ist (BAG 23.3.10 – 1 AZR 981/08, NZA 10, 1144). Der spätere Sozialplan darf aber (erneut) Leistungen auch für ArbN vorsehen, welche bereits aufgrund einer vorangegangenen Betriebsänderung den Arbeitsplatz verloren haben (BAG 9.12.81 – 5 AZR 549/79, AP BetrVG 1972 § 112 Nr 14).

8 **Teilzeitbeschäftigte** dürfen wegen des Diskriminierungsverbots nach § 4 Abs 1 S 1 TzBfG von Sozialplanleistungen nicht ausgenommen werden, müssen sich aber mit Leistungen zufrieden geben, die entsprechend ihrer persönlichen Arbeitszeit im Verhältnis zur tariflichen Arbeitszeit (BAG 13.2.07 – 9 AZR 729/05, NZA 07, 860) oder auf der Grundlage einer Durchschnittberechnung ihrer Arbeitszeit (BAG 22.9.09 – 1 AZR 316/08, BB 10, 640) herabgesetzt sind. **Leitende Angestellte** werden von Sozialplänen nicht erfasst (BAG 10.2.09 – 1 AZR 767/07, NZA 09, 970). Insbes besteht keine Pflicht, sie in den Sozialplan mit einzubeziehen, wie § 32 Abs 2 SprAuG klarstellt, der für diesen Personenkreis nur eine Beratungspflicht vorsieht. Leitende Angestellte können aber durch Vereinbarung mit dem ArbGeb die unmittelbare und zwingende Wirkung eines mit dem BRat abgeschlossenen Sozialplanes auch für sie nach § 28 Abs 2 S 1 SprAuG herbeiführen. Alleine die Mitunterzeichnung dieses Sozialplans durch den Sprecherausschuss genügt idR für eine solche Vereinbarung nicht (BAG 10.2.09 – 1 AZR 767/07, NZA 09, 970).

9 Der Sozialplan kann **nachträglich** – also nach durchgeführter Betriebsänderung – abgeschlossen werden. So werden aufgrund einer sozialplanpflichtigen Betriebsänderung bereits ausgeschiedene Mitarbeiter von dem dazu abgeschlossenen Sozialplan erfasst (BAG 11.2.98 – 10 AZR 22/97, NZA 98, 895). In einem einvernehmlich zustande gekommenen Sozialplan können die Betriebsparteien vorsehen, dass dieser bei einer Eigenkündigung eines von der Betriebsänderung nicht betroffenen ArbN gilt, wenn der ArbGeb der Kündigung nicht binnen einer bestimmten Frist widerspricht und die Fortsetzung des Arbeitsverhältnisses anbietet (BAG 6.8.02 – 1 AZR 247/01, NZA 03, 449). Ein ArbN kann im Sozialplan von Leistungen ausgenommen werden, wenn er vor Beginn der Verhandlungen über Interessenausgleich und Sozialplan sein Ausscheiden aus dem Betrieb gegen Abfindungszahlung akzeptiert hat, weil er die Abfindung auch behalten darf, wenn die Abfindungen im nachfolgenden Sozialplan geringer ausfallen (BAG 13.11.96 – 10 AZR 340/96, NZA 97, 390). In den persönlichen Geltungsbereich eines zu einer bestimmten Betriebsänderung vereinbarten Sozialplans fallen auch ArbN, die – etwa wegen einer Elternzeit – erst Jahre später entlassen werden. Sie können nicht die Abfindung aus einem zu einer weiteren Betriebsänderung aber vor ihrer Kündigung abgeschlossenen Sozialplan verlangen (BAG 23.3.10 – 1 AZR 981/08, DB 10, 1595). **Befristet Beschäftigte** können jedenfalls im Sozialplan bedacht werden, wenn ihr Arbeitsverhältnis aufgrund der Betriebsänderung vor Ablauf der Befristung betriebsbedingt endet.

10 Die **Wirkung** des Sozialplans besteht darin, dass er vom einzelnen ArbN unmittelbar einklagbare Ansprüche schafft (BAG 27.6.06 – 1 AZR 322/05, NZA 06, 1238). Enthält der Sozialplan Wiedereinstellungsverpflichtungen, kann der BRat der Einstellung Dritter die Zustimmung nach § 99 Abs 2 Nr 1 BetrVG verweigern (BAG 18.12.90 – 1 ABR 15/90, NZA 91, 482). Werden im Geltungsbereich eines Sozialplans individualvertragliche Regelungen zum Ausgleich der durch eine Betriebsänderung entstehenden Nachteile getroffen, gilt das Günstigkeitsprinzip. Derartige Vereinbarungen können Sozialpläne „überholen", aber nicht ersetzen, soweit sie hinter diesen zurückbleiben. Der Verzicht auf Ansprüche aus einem Sozialplan ist nur wirksam, wenn zweifelsfrei feststellbar ist, dass die Abweichung vom Sozialplan objektiv die für den ArbN günstigere Regelung ist (BAG 27.1.04 – 1 AZR 148/03, NZA 04, 667). Ansprüche auf Leistungen aus dem Sozialplan entstehen unabhängig davon, ob Kündigungen sozial gerechtfertigt sind.

11 Sozialpläne sind als Betriebsvereinbarungen eigener Art aufgrund ihrer unmittelbaren und zwingenden Wirkung wie Tarifverträge auszulegen (BAG 7.6.17 – 1 AZR 382/15, BB 17, 2484). Der Wille der Betriebspartner kann bei der Auslegung nur berücksichtigt werden, soweit er sich im Sozialplan niedergeschlagen hat (BAG 13.2.07 – 1 AZR 163/06, NZA 07, 756). Sozialpläne sind geltungserhaltend auszulegen (BAG 12.11.02 – 1 AZR 632/01, NZA 03, 676). Davon ausgehend sind der Gesamtzusammenhang, die Systematik der Bestimmung, Sinn und Zweck der Regelung für die Auslegung bestimmend. Im Zweifel ist eine Auslegung vorzuziehen, die zu einem sachgerechten, zweckorientierten, praktisch brauchbaren und gesetzeskonformen Verständnis führt (BAG 17.11.15 – 1 AZR 881/13, AP BetrVG 1972 § 112 Nr 231). Sind **Teile** eines Sozialplanes **unwirksam,** bleibt der Rest wirksam, soweit er eine sinnvolle Regelung ergibt (BAG 19.2.08 – 1 AZR 1004/06, NZA 08, 719).

12 Sozialplanregelungen unterliegen als normative Vorschriften dem rechtsstaatlichen **Bestimmtheitsgebot.** Es muss daher möglich sein, auf ihrer Grundlage die Höhe von Aus-

gleich oder Milderung durch Auslegung exakt zu bestimmen. Lassen die Regelungen – und sei es nach entsprechender Auslegung – keine klare Inhaltsbestimmung zu, haben sie ihr Ziel verfehlt und bleiben normativ wirkungslos. Ein Sozialplan ist dann nicht vorhanden und muss erneut aufgestellt werden (BAG 26.5.09 – 1 ABR 12/08, NZA-RR 09, 588).

**2. Zustandekommen.** Der Sozialplan kommt wie ein Interessenausgleich zustande (→ *Interessenausgleich* Rn 8–11). Anders als dieser kann der Sozialplan aber nach § 112 Abs 4 BetrVG durch die Einigungsstelle beschlossen werden. Wird der Sozialplan in einer Einigungsstelle von den Betriebsparteien vereinbart, muss ihn nach § 112 Abs 3 S 3 BetrVG auch der Einigungsstellenvorsitzende unterzeichnen. Der durch Spruch der Einigungsstelle zustande gekommene Sozialplan wird allein vom Vorsitzenden unterzeichnet. Fehlt seine Unterschrift, ist der Spruch unwirksam. Sie kann nicht nachgeholt (BAG 13.3.12 – 1 ABR 78/10, NZA 12, 748; BAG 14.9.10 – 1 ABR 30/09, NZA-RR 11, 526) und nach dem Rechtsgedanken des § 126 Abs. 3 BGB weder durch die elektronische Form (§ 126a BGB) noch durch die Textform (§ 126b BGB) ersetzt werden (BAG 10.12.13 – 1 ABR 45/12, NZA 14, 862). Der wirksame Einigungsstellenspruch schafft wie die Betriebsvereinbarung Ansprüche, die von den ArbN eingeklagt werden können. Der Sozialplan sollte zusammen mit dem Interessenausgleich verhandelt und vereinbart bzw beschlossen werden. Er ist – anders als der Interessenausgleich – nach Durchführung der Betriebsänderung **nachholbar.** Dies gilt selbst dann, wenn der Betrieb schon stillgelegt ist. Der BRat behält hierfür ein Restmandat (BAG 5.10.00 – 1 AZR 48/00, NZA 01, 849; → *Restmandat/Übergangsmandat* Rn 3). Ist ein Sozialplan formnichtig, kann er nach den allgemeinen Grundsätzen (BAG 23.2.16 – 3 AZR 960/13, NZA 16, 642) als Gesamtzusage weiterbestehen und Ansprüche der ArbN begründen. **13**

**Vorsorgliche Sozialpläne** können – allerdings nur freiwillig – vereinbart werden, wenn noch ungeklärt ist, ob eine vorgesehene Maßnahme durchgeführt wird oder ob es sich bei dieser Maßnahme um eine Betriebsänderung handelt (BAG 22.3.16 – 1 ABR 12/14, NZA 16, 894; BAG 11.12.01 – 1 AZR 193/01, NZA 02, 688). Die Betriebsparteien können vorsehen, dass der Sozialplan und die sich daraus ergebenden Ansprüche ganz oder teilweise dann entfallen, wenn es nicht oder nicht in vollem Umfang zu der vorgesehenen Betriebsänderung kommt (BAG 22.7.03 – 1 AZR 575/02, AP BetrVG 1972 § 112 Nr 160). Vorsorglich können Sozialpläne ebenso abgeschlossen werden, wenn ungewiss ist, ob ein Betriebsübergang vorliegt oder der ArbGeb doch noch kündigen wird. Darin enthaltene Sozialplanansprüche können aber nicht davon abhängig gemacht werden, dass der ArbN vorher erfolglos gegen den Betriebserwerber auf Beschäftigung geklagt hat (BAG 22.7.03 – 1 AZR 575/02, AP BetrVG 1972 § 112 Nr 160). **14**

Auch **Rahmensozialpläne,** die für eine Vielzahl künftig möglicher, noch nicht geplanter Betriebsänderungen den Ausgleich oder die Milderung wirtschaftlicher Nachteile vorsehen, können nur freiwillig abgeschlossen werden (BAG 22.3.16 – 1 ABR 12/14, NZA 16, 894). Sie sind kündbar und wirken nicht nach (*Fitting* §§ 112, 112a Rn 99). Der Rahmensozialplan verbraucht das Mitbestimmungsrecht soweit die künftige Betriebsänderung nicht völlig ungewiss und schon in groben Umrissen abschätzbar ist (BAG 26.8.97 – 1 ABR 12/97, NZA 98, 216), jedoch nur für seine zeitliche Dauer. Er kann von einem nachfolgenden freiwilligen Sozialplan abgelöst werden. Der geht selbst dann vor, wenn er für die ArbN ungünstigere Regelungen enthält, soweit nicht etwa anderes vereinbart ist (BAG 19.2.08 – 1 AZR 1004/06, NZA 08, 720). Und er kann nach Kündigung für eine nachfolgende sozialplanpflichtige Maßnahme erzwungen werden. Für vom GBRat abgeschlossene Rahmensozialpläne folgt dies schon aus den gesetzlichen Zuständigkeitsregelungen. Im Übrigen können mit dem GBRat abgeschlossene Rahmensozialpläne die Handlungsmöglichkeiten der örtlichen Betriebsräte nicht beschränken und nehmen diesen nicht die Befugnis, anlässlich einer konkreten Betriebsänderung mit dem ArbGeb Sozialplanregelungen zu treffen, soweit sie im konkreten Fall zuständig sind. Ihre nach dem Gesetz zugewiesene Regelungszuständigkeit kann durch den Abschluss freiwilliger Vereinbarungen nicht aufgehoben werden (BAG 17.4.12 – 1 AZR 119/11, NZA 12, 1240). Der nachfolgende Sozialplan löst den Rahmensozialplan ab. Es findet weder eine Kumulation der Ansprüche aus beiden Sozialpländen statt, noch gilt das Günstigkeitsprinzip. Wird kein weiterer Sozialplan abgeschlossen, gilt der Rahmensozialplan unabhängig davon, wer ihn abgeschlossen hat (BAG 17.4.12 – 1 AZR 119/11, NZA 12, 1240).

15 Für einen **betriebsratslosen Betrieb** kann ein Sozialplan durch den GBRat nur erzwungen werden, soweit er schon nach § 50 Abs 1 BetrVG originär zuständig ist, weil ein Sozialplan betriebsübergreifend abgeschlossen werden muss. Das Gesetz macht den GBRat nicht zum „Ersatzbetriebsrat" in Angelegenheiten, die allein den betriebsratslosen Betrieb betreffen (BAG 9.12.09 – 7 ABR 46/08, NZA 10, 662). Einfache Betriebsteile, bei denen die Voraussetzungen des § 4 Abs 1 S 1 BetrVG nicht vorliegen und Betriebsstätten, in denen nach § 1 Abs 1 Satz 1 BetrVG keine Betriebsräte errichtet werden können, werden dem Hauptbetrieb zugeordnet, dessen BRat daher deren ArbN auch bei Betriebsänderungen vertritt (BAG 17.9.13 – 1 ABR 21/12, NZA 14, 96). Wird ein BRat erst gewählt, nachdem die Planung einer Betriebsänderung abgeschlossen ist, muss auch dann kein Sozialplan vereinbart werden, wenn dem ArbGeb bekannt war, dass ein BRat gewählt werden soll (BAG 28.10.92 – 10 ABR 75/91, NZA 93, 420). Aus der **Zuständigkeit des GBRat** für die Vereinbarung eines Interessenausgleichs folgt nicht zwingend die gesetzliche Zuständigkeit für den Abschluss des Sozialplans. Ob nach § 50 Abs 1 BetrVG ein zwingendes Bedürfnis nach einer betriebsübergreifenden Regelung besteht, bestimmt aber auch der Inhalt des Interessenausgleichs (BAG 3.5.06 – 1 ABR 15/05, NZA 07, 1245; BAG 11.12.01 – 1 AZR 193/01, NZA 02, 688).

16 Bei reinem Personalabbau sind **Sozialpläne** unter den Voraussetzungen des § 112a Abs 1 BetrVG **erzwingbar.** Die Vorschrift ist für Betriebe mit mehr als 20 ArbN eingeschränkt, für kleinere Betriebe ausgeweitet worden. Der Personalabbau stellt schon eine Betriebsänderung dar, wenn die Schwellenwerte des § 17 KSchG erreicht werden, mindestens aber 5% der Belegschaft betroffen sind (BAG 9.11.10 – 1 AZR 708/09, NZA 11, 466). Der ArbGeb muss dann mit dem Betriebsrat einen Interessenausgleich vereinbaren. Nach § 112a Abs. 1 BetrVG ist der Personalabbau jedoch nur sozialplanpflichtig, wenn die dort enthaltenen höheren Schwellenwerte erreicht werden. Die Vorschrift ist auch anwendbar, wenn zu dem Personalabbau weitere Maßnahmen des ArbGeb hinzukommen. Nicht anzuwenden ist sie, wenn die sonstigen Maßnahmen allein oder zusammen mit dem Personalabbau eine Betriebsänderung iSv. § 111 BetrVG darstellen. Dann ist ein Sozialplan nach § 112 Abs 4 BetrVG erzwingbar (BAG 28.3.06 – 1 ABR 5/05, NZA 06, 932). Als Entlassung gelten nach § 112a Abs 1 S 2 BetrVG auch der vom ArbGeb aus Gründen der Betriebsänderung veranlasste Abschluss von Aufhebungsverträgen und Eigenkündigungen (ErfK/*Kania* BetrVG § 112a Rn 16). Betriebe mit weniger als 20 ArbN werden nicht von § 17 KSchG, aber von § 112a Abs 1 BetrVG erfasst. Werden dort bei einem reinen Personalabbau mehr als sechs ArbN entlassen, kann ein Sozialplan vom BRat erzwungen werden.

17 **Neugegründete Unternehmen** sind nach § 112a Abs 2 BetrVG in den ersten vier Jahren nach ihrer Gründung nicht zum Abschluss von Sozialplänen verpflichtet, um ihnen den Aufbau von Betrieben und damit das Schaffen von Arbeitsplätzen zu erleichtern (BAG 15.12.16 – 8 AZR 612/15, NZA 17, 783). Die Frist beginnt nach § 112a Abs 2 S 3 BetrVG mit der tatsächlichen Aufnahme der Erwerbstätigkeit als meldepflichtiges Ereignis, nicht erst mit ihrer Mitteilung an das FA (*Fitting* BetrVG § 112a Rn 110). Für die Privilegierung ist bei Ablauf der Frist weder entscheidend, wann der ArbGeb mit einer Betriebsänderung begonnen hat oder wann eine Einigungsstelle über die Sozialplanpflicht entscheidet. Es kommt allein darauf an, wann der ArbGeb den BRat erstmals nach den §§ 111 ff BetrVG an der Betriebsänderung beteiligt (HWK/*Hohenstatt/Willemsen* BetrVG § 112a Rn 9; aA *Fitting* BetrVG § 112a Rn 113; GK/*Oetker* § 112a Rn 113). Sonst könnte ein Sozialplan vom BRat durch Verzögern seiner Verhandlung erzwungen werden.

Die Ausnahme besteht nur für Unternehmensneugründungen, **nicht für neue Betriebe,** die ein länger bestehendes Unternehmen errichtet (BAG 27.6.06 – 1 ABR 18/05, NZA 07, 106; BAG 15.12.16 – 8 AZR 612/15, NZA 17, 783). Die Privilegierung besteht nach § 112a Abs 2 Satz 2 BetrVG ebenso wenig für die Neugründung von Unternehmen, die im Zusammenhang mit einer rechtlichen Umstrukturierung von Unternehmen oder Konzernen erfolgt – zB für Verschmelzung, Umwandlung, Aufspaltung oder Abspaltung. Die Aufzählung im Gesetz ist nicht abschließend. Entscheidend ist eine wirtschaftliche Betrachtungsweise (BAG 10.12.1996 – 1 ABR 32/96, NZA 97, 898). Privilegiert wird das unternehmerische Neuengagement, nicht das Altengagement in neuer Rechtsform (BAG 22.2.95 – 10 ABR 23/94, NZA 95, 697). Nach § 112a Abs 2 BetrVG werden daher ebenso wenig Unternehmen privilegiert, die Betriebe auf neu gegründete Unternehmen übertragen, welche keine zusätzlichen unternehmerischen Aktivitäten entwickeln und nur die zuvor verfolgten Zielsetzungen weiterhin fortführen sollen (BAG 22.2.95 – 10 ABR 23/94, NZA 95, 687; BAG 22.2.95 – 10 ABR 21/94, NZA 95, 699). Und endlich kann eine Berufung auf die Befreiung von der Sozialplanpflicht rechtsmissbräuchlich sein, wenn der Betrieb auf ein neugegründetes Unternehmen übertragen und dann dort stillgelegt wird (BAG 10.12.96 – 1 ABR 32/96, NZA 97, 898).

Die Rspr privilegiert auch die in einem älteren Betrieb durchgeführte Betriebsänderung, wenn dieser einem neu gegründeten Unternehmen angehört (BAG 22.2.95 – 10 ABR 23/94, NZA 95, 687). Dies folgt aus dem Zweck der Regelung. Wenn junge Unternehmen in übernommenen älteren Betrieben schon in den ersten vier Jahren sozialplanpflichtig wären, würde ihre neue unternehmerische Tätigkeit erschwert, die der Gesetzgeber gerade fördern will (BAG 27.6.06 – 1 ABR 18/05, NZA 07, 106). Freilich ermöglicht dies Gesetzesumgehungen durch Neugründung – sog „Vorratsgesellschaften".

**3. Inhalt.** Betriebspartner und Einigungsstelle sind grds frei, welche Nachteile der von der Betriebsänderung betroffenen ArbN sie in welchem Umfang ausgleichen oder mildern wollen (BAG 19.6.07 – 1 AZR 340/06, NZA 07, 1357). Sie verfügen insoweit über einen **weiten Spielraum** (BAG 14.8.01 – 1 AZR 760/00, NZA 02, 451). Sie können von einem Nachteilsausgleich gänzlich absehen oder nach der Vermeidbarkeit der Nachteile unterscheiden (BAG 14.8.01 – 1 AZR 760/00, NZA 02, 451). Der Sozialplan muss aber stets dem Normzweck von § 112 Abs 1 S 2 BetrVG entsprechen, die wirtschaftlichen Nachteile zu mildern, welche ArbN infolge der geplanten Betriebsänderung entstehen (BAG 19.6.07 – 1 AZR 340/06, NZA 07, 1357). Er darf sich daher nicht darauf beschränken, lediglich Bestimmungen über die Verteilung eines Sozialplanvolumens zu treffen, ohne den Umfang der vom ArbGeb zur Verfügung zu stellenden Finanzmittel festzulegen. Ihm muss sich – und sei es auch nach entsprechender Auslegung – eindeutig entnehmen lassen, welchen genauen Umfang der beschlossene Ausgleich oder die Milderung der Nachteile hat (BAG 26.5.09 – 1 ABR 12/08, NZA 10, 63). 18

Zu den berücksichtigungsfähigen Nachteilen gehört weder eine Verringerung der Haftungsmasse beim Betriebserwerber noch dessen betriebliche Befreiung von der Sozialplanpflicht nach § 112a Abs 2 BetrVG (BAG 10.12.96 – 1 ABR 32/96, NZA 97, 898). Auch der Inhalt eines Interessenausgleichs (→ *Interessenausgleich* Rn 2–8) gehört nicht in einen Sozialplan. Die Verpflichtung zur Fortbildung kann nach § 97 Abs 2 BetrVG in den dort genannten Fällen durch Spruch einer Einigungsstelle herbeigeführt werden.

Auch im Hinblick auf die den Betriebsparteien zukommenden weiten Gestaltungsspielräume haben diese die ihnen durch zwingendes höherrangiges Recht gesetzten Grenzen zu beachten (BAG 26.5.09 – 1 ABR 12/08, NZA 10, 63). Dazu gehören vor allem der betriebsverfassungsrechtliche **Gleichbehandlungsgrundsatz** des § 75 Abs 1 S 1 BetrVG und die dort sowie im AGG enthaltenen **Benachteiligungsverbote** (BAG 15.4.15 – 4 AZR 796/13, NZA 15, 1388) sowie **verfassungsrechtliche Vorgaben** wie Art 6 GG. Die Betriebsparteien dürfen keine Regelungen treffen, welche geeignet sind, ArbN wegen ihrer ehelichen Lebensgemeinschaft oder deshalb zu diskriminieren, weil sie ihre Rechte und Pflichten gegenüber ihren Kindern wahrnehmen (BAG 22.9.09 – 1 AZR 316/08, AP BetrVG 1972 § 112 Nr 204; BAG 6.11.07 – 1 AZR 960/06, NZA 08, 232). Aus Art 6 GG ergibt sich für die Betriebsparteien aber nicht die Pflicht, verheiratete ArbN oder solche, die mit ihren Kindern in häuslicher Gemeinschaft leben, gegenüber unverheirateten, kinderlosen ArbN zu bevorzugen. Der grundgesetzliche Schutz von Ehe und Familie verpflichtet die Betriebsparteien nicht zu einer „positiven Diskriminierung" (BAG 6.11.07 – 1 AZR 960/06, NZA 08, 232). 19

Der auf den allgemeinen Gleichheitssatz des Art 3 Abs 1 GG zurückzuführende betriebsverfassungsrechtliche Gleichbehandlungsgrundsatz zielt darauf ab, eine **Gleichbehandlung** von Personen in vergleichbaren Sachverhalten sicherzustellen und eine gleichheitswidrige Gruppenbildung auszuschließen. Sind in einem Sozialplan für verschiedene Arbeitnehmergruppen unterschiedliche Leistungen vorgesehen, verlangt der Gleichheitssatz, dass diese Differenzierung sachlich gerechtfertigt ist. Maßgeblich hierfür ist vor allem der mit der Regelung verfolgte Zweck. Dabei ist bei einer personenbezogenen Ungleichbehandlung der Gleichheitssatz bereits dann verletzt, wenn eine Gruppe von Normadressaten im Vergleich zu anderen Normadressaten anders behandelt wird, obwohl zwischen beiden Gruppen keine Unterschiede von solcher Art und solchem Gewicht bestehen, dass diese die ungleiche Behandlung rechtfertigen könnten (BAG 8.12.15 – 1 AZR 595/14, BB 15, 2123). Im Übrigen hat der Gesetzgeber die in § 1 AGG geregelten Benachteiligungsverbote in § 75 Abs 1 BetrVG übernommen. Die unterschiedliche Behandlung wegen eines in § 1 AGG aufgeführten Merkmals ist daher nur unter den in diesem Gesetz genannten Voraussetzungen zulässig. Soweit Regelungen eines Sozialplans diesen entsprechen, sind sie andererseits auch betriebsverfassungsrechtlich wirksam (BAG 9.12.14 – 1 AZR 102/13, NZA 15, 365).

**Beispiele:** Betriebliche Interessen an der Erhaltung einer eingearbeiteten und qualifizierten Belegschaft oder von Teilen derselben sind nicht geeignet, Differenzierungen bei der Höhe von Sozialplanabfindungen zu rechtfertigen (BAG 19.2.08 – 1 AZR 1004/06, NZA 08, 719; BAG 6.11.07 – 1 AZR 960/06, NZA 08, 232).

Als ArbN beschäftigte beurlaubte Beamte dürfen einerseits von den Abfindungen in einem Sozialplan ausgeschlossen werden, wenn dieser ausschließlich die wirtschaftlichen Nachteile der von Arbeitslosigkeit bedrohten ArbN ausgleichen soll (BAG 8.12.15 – 1 AZR 595/14, NZA 16, 767), andererseits darf eine Betriebsvereinbarung, nach der ArbN eine Sonderprämie erhalten, wenn sie auf die Kündigungsschutzklage verzichten, beurlaubte Beamte von dieser Regelung nicht ausschließen (BAG 8.12.15 – 1 AZR 595/14, NZA 16, 767).

Die Betriebsparteien dürfen nach § 10 S 3 Nr 6 AGG in einem Sozialplan eine nach Alter oder Betriebszugehörigkeit gestaffelte Abfindungsregelung vorsehen, in der sie die wesentlich vom Alter abhängenden Chancen auf dem Arbeitsmarkt durch eine verhältnismäßig starke Betonung des Lebensalters erkennbar berücksichtigen, oder auch Beschäftigte von den Leistungen des Sozialplans ausschließen, weil diese, gegebenenfalls nach Bezug von AlGeld I, rentenberechtigt sind (BAG 9.12.14 – 1 AZR 102/13, NZA 15, 365). Zulässig ist es, **für ältere Mitarbeiter** nur eine Überbrückungszahlung bis zum Rentenalter statt der vollen Leistung vorzusehen (BAG 22.9.16 – 6 AZR 397/15, NZA 17, 398) oder sie von Sozialplanleistungen ganz auszunehmen, wenn sie nach Beendigung des Arbeitsverhältnisses AlGeld I und/oder im unmittelbaren Anschluss daran Rente oder vorgezogenes Altersruhegeld erhalten können (BAG 9.12.14 – 1 AZR 102/13, NZA 15, 365; BAG 20.1.09 – 1 AZR 740/07, NZA 09, 495) oder wegen des Bezugs einer befristeten vollen Erwerbsminderungsrente nicht beschäftigt sind und mit der Wiederherstellung ihrer Arbeitsfähigkeit nicht zu rechnen ist (BAG 7.6.11 – 1 AZR 34/10, NZA 11, 1370).

Unzulässig ist es, für rentenberechtigte **schwerbehinderte Menschen** eine Pauschalierung der Abfindung vorzusehen, wenn dies bei allen anderen nicht geschieht (BAG 17.11.15 – 1 AZR 938/13, NZA 16, 501).

20 Zulässig ist es, beurlaubte Beamte von Abfindungszahlungen auszuschließen, wenn der Sozialplan Sozialpläne dürfen auch eine nach **Lebensalter** oder Betriebszugehörigkeit gestaffelte Abfindungsregelung vorsehen. Die mit beidem verbundene unterschiedliche Behandlung wegen des Alters ist durch § 10 S 3 Nr 6 AGG gedeckt (BAG 23.4.13 – 1 AZR 916/11, NZA 13, 980; BAG 12.4.11 – 1 AZR 743/09, NZA 11, 985 – Alterszuschlag; BAG 12.4.11 – 1 AZR 764/09, NZA 11, 988 – Altersstufen).

Bei der Bemessung der Abfindungen dürfen Zeiten der Vollzeit- und **Teilzeitbeschäftigung** anteilig berücksichtigt werden (BAG 22.9.09 – 1 AZR 316/08, AP BetrVG 1972 § 112 Nr 204; BAG 14.8.01 – 1 AZR 760/00, NZA 02, 451).

Sozialpläne dürfen für die Berechnung von Abfindungen regeln, dass in Fällen, in denen sich die individuelle Arbeitszeit in der näheren Vergangenheit – etwa den letzten zwei Jahren – wesentlich geändert hat, eine die gesamte Betriebszugehörigkeit einbeziehende Durchschnittsberechnung maßgeblich ist oder auf die zuletzt bezogene Monatsvergütung abstellen (BAG 22.9.09 – 1 AZR 316/08, AP BetrVG 1972 § 112 Nr 204). Da die Elternzeit einem besonderen Schutz und einer besonderen Förderung unterliegt, dürfen Teilzeitbeschäftigte und **Elternzeitbeschäftigte** unterschiedlich behandelt werden (BAG 5.5.15 – 1 AZR 826/13, ArbR 15, 479).

Bei **fristloser Kündigung** (BAG 31.1.79 – 5 AZR 454/77, AP BetrVG 1972 § 112 Nr 8), der **Weigerung,** einen zumutbaren Arbeitsplatz im Betrieb, Unternehmen oder Konzern anzunehmen (BAG 6.11.07 – 1 AZR 960/06, NZA 08, 26; 28.9.88 – 1 ABR 23/

87, NZA 89, 168), bei **Widerspruch** gegen den Übergang des Arbeitsverhältnisses nach § 613a BGB (BAG 5.2.97 – 10 AZR 553/96, NZA 98, 158) können ArbN von den Leistungen eines Sozialplanes ganz oder teilweise ausgeschlossen werden. Im letzteren Fall muss der Sozialplan hinreichende Anhaltspunkte für den entsprechenden Willen der Betriebspartner enthalten (BAG 15.12.98 – 1 AZR 332/98, NZA 99, 667). Dafür reicht es schon aus, wenn der Sozialplan von seinem Geltungsbereich solche Mitarbeiter ausnimmt, die einen angebotenen zumutbaren Arbeitsplatz ablehnen. Dies soll dann auch für ArbN gelten, die dem Übergang ihres Arbeitsverhältnisses im Wege eines Betriebsüberganges nach § 613a BGB widersprechen (BAG 5.2.97 – 10 AZR 553/96, NZA 98, 158).

ArbN, deren Arbeitsverhältnis durch einen vom ArbGeb veranlassten **Aufhebungsvertrag** 21
oder eine von ihm veranlasste **Eigenkündigung** endet, sind grundsätzlich mit denen gleich zu behandeln, deren Arbeitsverhältnis vom ArbGeb gekündigt wurde (BAG 13.2.07 – 1 AZR 163/06, NZA 07, 756). Der ArbGeb hat die Eigenkündigung oder den Aufhebungsvertrag veranlasst, wenn er bei dem ArbN im Hinblick auf eine konkret geplante Betriebsänderung die objektiv berechtigte Annahme hervorgerufen hat, mit der eigenen Initiative zur Beendigung des Arbeitsverhältnisses komme er einer andernfalls notwendig werdenden betriebsbedingten Kündigung des ArbGeb lediglich zuvor (BAG 13.2.07 – 1 AZR 184/06, NZA 07, 825; BAG 23.9.03 – 1 AZR 576/02, NZA 04, 440). Der bloße Hinweis auf eine unsichere Lage des Unternehmens, auf notwendige Betriebsänderungen und die nicht auszuschließende Möglichkeit des Arbeitsplatzverlustes soll nicht genügen, um von einer vom ArbGeb veranlassten Beendigung des Arbeitsverhältnisses auszugehen (BAG 13.2.07 – 1 AZR 184/06, NZA 07, 825; BAG 25.3.03 – 1 AZR 169/02, NZA 04, 64). Jedenfalls ist die Eigenkündigung und der Aufhebungsvertrag vom ArbGeb veranlasst, wenn er dem ArbN zuvor mitgeteilt hat, er habe für ihn nach Durchführung der Betriebsänderung keine Beschäftigungsmöglichkeit mehr (BAG 13.2.07 – 1 AZR 184/06, NZA 07, 825; BAG 25.3.03 – 1 AZR 169/02, NZA 04, 64). Der Sozialplan kann **verminderte Leistungen** für ArbN vorsehen, die das Arbeitsverhältnis durch Eigenkündigung beenden, bevor das Ausmaß einer sie betreffenden Betriebsänderung genau absehbar und der Umfang der daran anknüpfenden wirtschaftlichen Nachteile prognostiziert werden kann (BAG 1.2.11 – 1 AZR 417/09, NZA 11, 880), nach Bekanntwerden eines geplanten Personalabbaus vor der entsprechenden offiziellen Mitteilung des ArbGeb einen Aufhebungsvertrag abgeschlossen haben (BAG 24.11.93 – 10 AZR 311/93, NZA 94, 716) oder vor der geplanten Stilllegung kündigen, obwohl der ArbGeb auf ihr Verbleiben im Betrieb noch angewiesen ist (BAG 9.11.94 – 10 AZR 281/94, NZA 95, 644). Der Sozialplan darf einen Stichtag bestimmen, der festlegt, ob eine Eigenkündigung durch eine konkrete Betriebsänderung veranlasst wurde oder nicht. Die Ausgleichspflicht kann dabei an einen Zeitpunkt anknüpfen, in dem die Art und Weise der durchzuführenden Betriebsänderung feststeht (BAG 12.4.11 – 1 AZR 505/09, NZA 11, 1302). Ist das Verfahren zum Interessenausgleich noch nicht abgeschlossen, sind Hinweise des ArbGeb oder seiner Mitarbeiter über die zur Betriebsänderung getroffenen Beschlüsse nicht geeignet, die vor dem Stichtag ausgesprochenen Eigenkündigungen als durch die Betriebsänderung veranlasst anzusehen (BAG 12.4.11 – 1 AZR 505/09, NZA 11, 1302). Die Betriebsparteien können den Anspruch auf eine Sozialplanabfindung im Fall einer vom ArbGeb veranlassten Eigenkündigung des ArbN an die Voraussetzung knüpfen, dass dem ArbN zuvor ein – unzumutbares – Arbeitsplatzangebot gemacht wurde (BAG 13.2.07 – 1 AZR 163/06, NZA 07, 756) oder die Kürzung der Abfindung vorsehen (BAG 6.11.07 – 1 AZR 960/06, NZA 2008, 232).

ArbN, die im unmittelbaren Anschluss an die Beendigung des Arbeitsverhältnisses – auch 22
durch Vermittlung des ArbGeb – eine neue Tätigkeit gefunden haben, dürfen (BAG 30.11.94 – 10 AZR 578/93, NZA 95, 492), müssen aber nicht (BAG 23.4.85 – 1 ABR 3/81, NZA 85, 628) von Abfindungsansprüchen ausgenommen werden. Der Sozialplan kann vorsehen, dass ArbN eine Abfindung erhalten, die ein regional unzumutbares Arbeitsangebot angenommen haben und innerhalb einer vereinbarten nicht zu langen Erprobungszeit dort selbst kündigen (BAG 20.4.10 – 1 AZR 988/08, NZA 10, 1018), oder vorsehen, dass sie eine Abfindung nur erhalten, wenn dort der ArbGeb kündigt (BAG 8.12.09 – 1 AZR 801/08, NZA 10, 351). Schwerbehinderte und ArbN, die pflegebedürftige Angehörige betreuen, können von einer Regelung ausgenommen werden, wonach Abfindungen entfallen, wenn der ArbN einen Arbeitsplatz nicht annimmt, der mit einem Ortswechsel verbunden ist (BAG 6.11.07 – 1 AZR 960/06, NZA 08, 232).

23 Den ArbN **lediglich belastende Regelungen** sind unzulässig. Der Sozialplan dient dem Ausgleich und der Milderung wirtschaftlicher Nachteile. Im Sozialplan können daher Leistungen nicht davon abhängig gemacht werden, dass keine **Kündigungsschutzklage** erhoben oder eine erhobene Klage wieder zurückgenommen wird (BAG 19.7.16 – 2 AZR 536/15, NZA 17, 121). Auch nach Inkrafttreten des § 1a KSchG dürfen allenfalls außerhalb des Sozialplans vereinbarte, zusätzliche dotierungsübersteigende Leistungen von dieser Bedingung abhängig gemacht werden – sog **„Turboprämien"** (BAG 19.7.16 – 2 AZR 536/15, NZA 17, 121), aber davon wiederum nicht beurlaubte Beamte ausgeschlossen werden (BAG 8.12.15 – 1 AZR 595/14, NZA 16, 767). Dem ArbGeb bleibt es unbenommen, neben den gesetzlich auch in der Höhe als Rahmen abstrakt vorgegebenen und dann im Sozialplan konkret festgeschriebenen Verpflichtungen zusätzliche Leistungen anzubieten, mit denen er sich an das Modell des § 1a KSchG anlehnt. Es macht daher auch keinen Unterschied, ob diese „Turboprämien" vom ArbGeb mit dem einzelnen ArbN oder von den Betriebspartnern in einer freiwilligen Betriebsvereinbarung nach § 88 BetrVG neben dem Sozialplan festgeschrieben werden. Solange keine greifbaren Anhaltspunkte für die Annahme bestehen, dass die Betriebspartner dem an sich dem Sozialplan zur Verfügung stehende Finanzvolumen Mittel entzogen und sie funktionswidrig im „Bereinigungsinteresse" des ArbGeb eingesetzt haben, sind derartige Vereinbarungen wirksam (BAG 31.5.05 – 1 AZR 254/04, NZA 05, 997). Sieht eine solche sozialbegleitende Betriebsvereinbarung Sonderprämien für ArbN vor, die keine Kündigungsschutzklage erheben, darf sie ArbN nicht ausschließen, welche nach ihrer Entlassung bei einem anderen Unternehmen innerhalb des Konzerns weiterhin beschäftigt werden (BAG 8.12.15 – 1 AZR 595/14, NZA 2016, 767). Die in einer Gesamtbetriebsvereinbarung festgelegte **Stichtagsregelung,** nach der nur denjenigen ArbN das Angebot der Zahlung einer zusätzlichen Abfindung bei einvernehmlicher Beendigung des Arbeitsverhältnisses unterbreitet wird, die im Zeitpunkt des Inkrafttretens der Vereinbarung noch keinen Aufhebungsvertrag geschlossen haben, ist wirksam. Eine solche Vereinbarung zwischen den Betriebsparteien stellt keinen Sozialplan dar und unterliegt als freiwillige Betriebsvereinbarung iSd § 88 BetrVG nicht den für Sozialpläne aus § 112 Abs 1 BetrVG folgenden Regelungsbeschränkungen (BAG 18.5.10 – 1 AZR 187/09, NZA 10, 1304).

24 Die Zahlung von Abfindungen darf nicht davon abhängig gemacht werden, dass ein ArbN wegen eines möglicherweise vorliegenden Betriebsübergangs den vermuteten Betriebserwerber erfolglos auf Feststellung des Übergangs seines Arbeitsverhältnisses verklagt (BAG 22.7.03 – 1 AZR 575/02, AP BetrVG 1972 § 112 Nr 160). Bereits **entstandene Entgeltansprüche** können im Sozialplan nicht gekürzt werden; ebenso wenig kann eine ungünstigere Zahlungsweise vorgesehen werden (LAG München 22.11.87, LAGE § 112 BetrVG 1972 Nr 10).

**Unverfallbare Versorgungsanwartschaften** können weder aufgehoben noch kapitalisiert werden (BAG 24.3.81 – 1 AZR 805/78, AP BetrVG 1972 § 112 Nr 12). Regelungen in einem Sozialplan sind unwirksam, wonach Nettovergütungen, die ArbN nach Ablauf der Kündigungsfrist deshalb bezogen haben, weil sie mit ihrem Weiterbeschäftigungsverlangen nach § 102 Abs 5 BetrVG erfolgreich waren, zur Hälfte auf den Abfindungsbetrag angerechnet werden, wenn die Vergütung ohne Gegenleistung der betreffenden ArbN wegen Annahmeverzugs der Arbeitgeberin erfolgt ist und diese Anrechnung unterbleiben soll, wenn ArbN tatsächlich weiterbeschäftigt wurden (BAG 24.8.04 – 1 ABR 23/03, NZA 05, 302). Der Sozialplan kann einen Ausgleich dafür bestimmen, dass **verfallbare Anwartschaften** auf betriebliche Altersversorgung verlorengehen (BAG 27.10.87 – 1 ABR 9/86, NZA 88, 203) oder in Zukunft nicht mehr ansteigen (BAG 29.11.78 – 5 AZR 553/77, AP BetrVG 1972 § 112 Nr 7).

Die Betriebsparteien können in einem Sozialplan vereinbaren, dass die eingesparten Kosten des vorzeitigen Ausscheidens eines ArbN aus einer externen Transfergesellschaft – zumindest teilweise – als zusätzliche Abfindung gezahlt werden – sog **„Sprinterprämie"** (BAG 10.2.09 – 1 AZR 809/07, AP BetrVG 1972 § 112 Nr 199). Dies dürfte auch gelten, wenn ein ArbN vor Ablauf der Kündigungsfrist durch Eigenkündigung oder Aufhebungsvertrag aus dem Arbeitsverhältnis ausscheidet.

25 Der ArbGeb ist bei Abschluss dieses Aufhebungsvertrags nicht verpflichtet, von sich aus den ArbN darauf hinzuweisen, dass er weitere Entlassungen beabsichtigt, die auch zu einer

sozialplanpflichtigen Betriebseinschränkung führen können (BAG 13.11.96 – 10 AZR 340/96, NZA 97, 390). Schließen ArbGeb und ArbN im Hinblick auf eine geplante Betriebsänderung einen Aufhebungsvertrag unter Zahlung einer Abfindung und vereinbaren sie, dass der ArbN Leistungen aus einem noch abzuschließenden Sozialplan bekommen soll, falls dieser günstiger sei, hat diese „Nachbesserungsklausel" regelmäßig den Sinn, dem ArbN einen Anspruch auf Sozialplanleistungen gerade für den Fall einzuräumen, dass der ArbN vom zeitlichen Geltungsbereich des Sozialplanes wegen seines frühzeitigen Ausscheidens nicht mehr erfasst wird (BAG 6.8.97 – 10 AZR 66/97, NZA 98, 155). War der ArbGeb aufgrund eines Sozialplans verpflichtet, an ArbN, die durch Aufhebungsverträge ausschieden, Abfindungen zu zahlen und vereinbaren die Betriebspartner anschließend einen weiteren Sozialplan mit gleichem persönlichen Geltungsbereich und einer höheren Sozialplanabfindung, ist der arbeitsrechtliche Gleichbehandlungsgrundsatz anzuwenden (BAG 11.2.98 – 10 AZR 22/97, NZA 98, 895).

Die Zahlung von **Abfindungen** bei betriebsbedingtem Verlust des Arbeitsplatzes ist für Sozialpläne typisch. Dabei darf pauschaliert und davon abgesehen werden, dass einzelne ArbN keine Nachteile durch die Betriebsänderung erlitten haben. Bei der Festlegung von Abfindungen dürfen die Betriebspartner vielmehr auf die wirtschaftlichen Nachteile abstellen, die bei Abschluss der Planung einer Betriebsänderung typischerweise zu erwarten waren (BAG 11.11.08 – 1 AZR 475/07, NZA 09, 210). So verhindert man, dass Sozialpläne bewusst verspätet abgeschlossen werden. Üblicherweise wird der **Berechnung von Abfindungen** für den Verlust des Arbeitsplatzes entweder ein **Punktsystem** zugrunde gelegt, welches ua Lebensalter, Dauer der Betriebszugehörigkeit und Unterhaltspflichten berücksichtigt, oder man berechnet die Höhe der Abfindung nach einer **Formel,** in welche diese Bezugsgrößen einfließen. Zur Festlegung der Bezugsgrößen sollte der Sozialplan Stichtagsregelungen enthalten. Fehlen sie, ist Stichtag der letzte Tag des Arbeitsverhältnisses. 26

Die Dauer der **Betriebszugehörigkeit** muss der Berechnung von Sozialplanleistungen nicht zugrunde gelegt werden (BAG 9.11.94 – 10 AZR 218/94, NZA 95, 644). Geschieht dies, werden auch ohne besondere Regelungen nur die ununterbrochenen Zeiten der Betriebszugehörigkeit herangezogen, solange zwischen den Arbeitsverhältnissen kein enger rechtlicher Zusammenhang besteht (BAG 13.3.07 – 1 AZR 262/06, NZA 08, 190). Stellt der Sozialplan auf den „ununterbrochenen Bestand des Arbeitsverhältnisses" ab, kommt es auf den rechtlichen Bestand, nicht auf den Vollzug an (BAG 10.11.93, DB 94, 2636). Es verstößt aber gegen Art 6 GG, wenn Elternzeiten, in denen das Arbeitsverhältnis ruht, bei der Betriebszugehörigkeit nicht berücksichtigt werden (BAG 22.9.09 – 1 AZR 316/08, AP BetrVG 1972 § 112 Nr 204; 21.10.03 – 1 AZR 407/02, NZA 04, 559). 27

Nach § 10 Satz 3 Nr 6 AGG dürfen die Betriebsparteien bei der Berechnung von Abfindungen das **Lebensalter** der betroffenen ArbN heranziehen. Dabei können sie Altersstufen vorsehen (BAG 12.4.11 – 1 AZR 764/09, NZA 11, 988) oder vereinbaren, dass ArbN zusätzlich zu der sich aus der Dauer der Betriebszugehörigkeit und dem Arbeitsverdienst errechneten Abfindung mit Erreichen des 45. und des 50. Lebensjahres der Höhe nach gestaffelte Alterszuschläge erhalten (BAG 12.4.11 – 1 AZR 743/09, NZA 11, 985).

Bei Schwankungen der Vergütung können die Betriebsparteien bestimmen, dass sich die Abfindungshöhe nach einer zuletzt bezogenen **Bruttomonatsvergütung** richtet oder den Durchschnitt des in einem Referenzzeitraum erzielten monatlichen Arbeitseinkommens maßgebend sein lassen. Sie dürfen hiervon bestimmte Entgeltbestandteile – wie etwa Leistungszulagen, Weihnachts- und Urlaubsgeld – ausnehmen. Solche Berechnungsvarianten bezwecken, die Abmilderung der zu erwartenden wirtschaftlichen Nachteile eines Arbeitsplatzverlustes nicht an den Zufälligkeiten des jeweiligen Entgeltbezugs auszurichten (BAG 26.9.17 – 1 AZR 137/15, BB 17, 3059). Wird in einem Sozialplan als Grundlage für die Abfindung auf das Bruttomonatsgrundgehalt für einen Referenzmonat abgestellt, kommt es auf die dem ArbN vertraglich im Monat zustehende Vergütung und nicht auf das tatsächlich im Referenzmonat geleistete Entgelt an (BAG 15.5.18 – 1 AZR 20/17, NZA 18, 1198). Bei der Berechnung der Sozialplanabfindung eines ArbN, der im Referenzmonat Teilzeit während einer Elternzeit leistet, ist dann dasjenige Bruttomonatsgehalt maßgebend, dass ihm arbeitsvertraglich zugestanden hätte, wenn er sich im Referenzmonat nicht in Elternzeit befunden hätte (BAG 15.5.18 – 1 AZR 20/17, NZA 18, 1198).

28 Die **Höhe der Abfindung** in einem Punktsystem (→ Rn 26) bemisst sich an der für den Sozialplan insgesamt zur Verfügung stehenden und dort festgelegten Summe. Man teilt dieses Sozialplanvolumen durch die Anzahl der von den Betroffenen erreichten Gesamtpunktzahl. Das so errechnete Ergebnis vervielfältigt man um die vom einzelnen ArbN erreichten Punkte und erhält so seine Abfindung. Das Punktsystem ermöglicht eine stärkere Differenzierung. Es versagt, wenn der Kreis der betroffenen ArbN beim Erstellen des Sozialplanes noch nicht feststeht.

Eine **gängige Formel** für die Berechnung von Abfindungen lautet: Dauer der Betriebszugehörigkeit × Lebensalter × Bruttomonatsvergütung geteilt durch einen von den Betriebspartnern ausgehandelten oder von der Einigungsstelle beschlossenen Divisor gleich Abfindung. Je kleiner dieser Divisor, desto höher ist die einzelne Abfindung und damit das Volumen des Sozialplanes, welches sich nur als rechnerische Größe aus der Gesamtsumme der Abfindungen ergibt. Knüpft ein Sozialplan für die Berechnung der Abfindungen an das Entgelt „vor dem Kündigungstermin" an, ist damit – wenn andere Anhaltspunkte fehlen – der Tag des Ablaufs der Kündigungsfrist maßgeblich (BAG 17.11.98 – 1 AZR 221/98, NZA 99, 600).

Werden **Sockelbeträge** vereinbart, kommen auch die Mitarbeiter zu einer Abfindung, die bei Berechnung nach einer Formel notwendig leer ausgehen, weil sie noch kein Jahr beschäftigt waren. Zusätzliche Zahlungen an besondere Gruppen von ArbN, wie **Schwerbehinderte** oder Sockelbeträge für jedes **unterhaltsberechtigte Kind** sind üblich. Dabei verstößt es nicht gegen den Gleichheitssatz, wenn erhöhte Leistungen nicht an Schwerbehinderte gehen, deren Behinderung erst rückwirkend anerkannt wird (BAG 19.4.83, DB 83, 2372), und es ist zulässig, die Zahlung für unterhaltsberechtigte Kinder davon abhängig zu machen, dass sie auf der LStKarte eingetragen sind (BAG 12.3.97 – 10 AZR 648/96, NZA 97, 1058). Nach LAG Nürnberg stellt aber die Regelung in einem Sozialplan, die einen Zuschlag für unterhaltsberechtigte Kinder nur dann vorsieht, wenn diese in die LStKarte eingetragen sind, dann eine mittelbare Diskriminierung von Frauen dar, wenn diese die Lohnsteuerklasse V haben und deshalb ein Kind bei ihnen steuerlich nicht berücksichtigt werden kann (LAG 3.11.15 – 7 Sa 655/14, BB 16, 1460; die Rev war beim BAG aus ausschließlich prozessrechtlichen Gründen erfolgreich und führte zur Zurückverweisung der Sache an das LAG und zur anschl Einigung der Parteien). Ggf wäre daran zu denken, eine Sozialplanregelung, die den Kinderzuschlag von einem bis zu einem näher bestimmten Stichtag „auf der LStKarte vermerkten Kind" abhängig macht, dahin auszulegen, dass dies nur dann als konstitutive Voraussetzung gemeint sein kann, wenn den Eltern insoweit eine steuerrechtliche Wahlmöglichkeit überhaupt eröffnet ist.

29 Für Sonderzahlungen können **Härtefonds** gebildet werden. Den Betriebsparteien steht frei, Härtefälle im Sozialplan zu definieren – wie zB längere Arbeitslosigkeit, hohe Verschuldung, besondere Belastung durch Kinder in der Ausbildung usw. Nicht selten wird die Bestimmung des Härtefalles denjenigen überlassen, die den Fonds verwalten. Beim Härtefonds handelt es sich um eine Sozialeinrichtung nach § 87 Abs 1 Nr 8 BetrVG. Soweit der ArbGeb über den Härtefonds verfügt, hat der BRat daher bei der Vergabe der Mittel mitzubestimmen.

30 Als **weitere Leistungen** können im Sozialplan Ausgleichszahlungen für die durch Arbeitsplatzwechsel entstandenen Nachteile vorgesehen werden, wie Auslösungen bei Versetzung, Zahlung von Lohnausgleich, Beihilfen für Umschulungs- und Fortbildungsmaßnahmen, Mietbeihilfen, Übernahme von Umzugskosten. Der Sozialplan kann vorsehen, dass Werkwohnungen weiterhin bewohnt, Bewerbungskosten übernommen und Deputate weitergewährt werden, vermögenswirksame Leistungen und Urlaubsabgeltungen unabhängig vom Zeitpunkt der Beendigung des Arbeitsverhältnisses für das gesamte Jahr gezahlt und Zuschüsse zum AlGeld geleistet werden. Und endlich kann der Sozialplan Wiedereinstellungsklauseln enthalten. Die Aufzählung ist nicht abschließend.

31 Anstelle von Abfindungszahlungen sollen nach § 112 Abs 5 Nr 2a BetrVG insbes die im SGB III vorgesehenen **Förderungsmöglichkeiten** zur Vermeidung von Arbeitslosigkeit in einem sog **„Transfersozialplan"** berücksichtigt werden. Dazu gehören die in **§§ 110 ff SGB III** angesprochenen Leistungen zur Förderung der Teilnahme an Transfermaßnahmen. Danach erwirbt der aufgrund einer Betriebsänderung von Arbeitslosigkeit bedrohte ArbN unter den dort genannten Voraussetzungen einen Rechtsanspruch auf Förderung bei der

Eingliederung in den Arbeitsmarkt. Hierfür kommen alle Leistungen der aktiven Arbeitsförderung in Betracht (*Fitting* §§ 112, 112a Rz 228). Mit Betriebsänderung ist der Begriff aus § 111 BetrVG gemeint. Der dort enthaltene Schwellenwert von 20 beim VertragsArbGeb beschäftigten wahlberechtigten ArbN muss nach § 110 Abs 1 Satz 3 SGB III nicht erreicht werden (*Fitting* §§ 112, 112a Rz 225). Der ArbGeb muss sich an den Maßnahmen angemessen beteiligen. Diese Beteiligung kann im Sozialplan vereinbart und auch durch Spruch der Einigungsstelle erzwungen werden (*Fitting* §§ 112, 112a Rz 231). Die Arbeitsverwaltung fördert nach § 110 Abs 2 Satz 2 SGB III bis zu 50% der angemessenen und erforderlichen Maßnahmekosten, höchstens aber 2500 € je gefördertem ArbN. Die Förderung ist nach § 110 Abs 3 Satz 1 SGB III ausgeschlossen, wenn der ArbN nur auf eine Anschlussbeschäftigung beim gleichen ArbGeb – oder im Fall eines konzernangehörigen Unternehmens auf eine Anschlussbeschäftigung in einem Betrieb eines anderen Konzernunternehmens – vorbereitet werden soll.

Daneben können ArbN nach **§ 111 SGB III** bei Personalanpassungsmaßnahmen aufgrund **32** einer betrieblichen Restrukturierung zur Vermeidung von Entlassung und zur Verbesserung ihrer Eingliederungschancen im Anschluss an die Beendigung ihres Arbeitsverhältnisses in einer **betriebsorganisatorisch eigenständigen Einheit (beE)** zusammengefasst werden, in der sie nach § 111 Abs 1 Satz 2 SGB III bis zu 12 Monaten Transferkurzarbeitergeld beziehen. Diese Einheit kann im Unternehmen selbst gebildet oder einer Beschäftigungs- und Qualifizierungsgesellschaft zugeordnet werden. ArbN haben so die Möglichkeit, sich zu qualifizieren und an anderer Stelle zu bewerben. Zumindest verlängert sich ihr Anspruch auf AlGeld um die Zeiten des Bezugs von Transferkurzarbeitergeld. Der Anspruch ist nach § 111 Abs 8 SGB III ausgeschlossen, wenn die ArbN nur vorübergehend in der beE zusammengefasst werden, um anschließend im selben Betrieb oder einem anderen Betrieb desselben Unternehmens wieder beschäftigt zu werden (Einzelheiten → *Beschäftigungsgesellschaft* Rn 1 ff und 15 ff). Der Wechsel in die externe beE erfolgt durch einen dreiseitigen Vertrag zwischen ArbN, seinem bisherigen ArbGeb und der Transfergesellschaft. Die zum Transferkurzarbeitergeld bestehende „Lohnlücke" kann durch die vom ArbGeb zur Verfügung gestellten Sozialplanmittel abgedeckt werden. Jedenfalls die **Finanzierung** einer externen beE durch den ArbGeb kann durch Spruch der Einigungsstelle erzwungen werden (*Fitting* §§ 112, 112a Rz 279; ErfK/*Kania* BetrVG §§ 112, 112a Rz 37d). Die **Errichtung** einer beE betrifft zwar in erster Linie das „Wie" einer Betriebsänderung und wäre danach Gegenstand des nicht erzwingbaren Interessenausgleichs (→ *Interessenausgleich* Rn 5). Nach § 112 Abs 5 Nr 2a BetrVG soll die Einigungsstelle aber in ihrem Spruch über einen Sozialplan die im SGB III vorgesehenen Förderungsmöglichkeiten berücksichtigen. Damit hat der Gesetzgeber dieses Thema dem erzwingbaren Sozialplan zugeordnet (aA *Fitting* §§ 112, 112a Rn 278;). Dass damit in die unternehmerische Freiheit eingegriffen wird, ist in der Mitbestimmung angelegt (BVerfG 18.12.1985 – 1 BvR 143/83, NJW 86, 1601). Dem Verlust von Arbeitsplätzen bei Betriebsänderungen dient daneben die **Maßnahmen der Berufsbildung** und der **Beschäftigungssicherung** nach den §§ 92a und 97 Abs 2 BetrVG. Damit kann der BRat – notfalls durch Spruch der Einigungsstelle – durchsetzen, dass ArbN, deren berufliche Kenntnisse nicht mehr ausreichen, um ihre durch Maßnahmen des ArbGeb geänderten Tätigkeiten auszuüben, qualifiziert werden, um eine Kündigung zu vermeiden.

**Obergrenzen** für freiwillig vereinbarte Sozialplanregelungen sieht das Gesetz nicht vor. **33** Die Grenzen des § 113 BetrVG gelten nicht für Sozialplanabfindungen (BAG 27.10.87 – 1 ABR 9/86, NZA 88, 203). Der Sozialplan selbst darf jedoch **Höchstbegrenzungsklauseln** für Abfindungen enthalten. Eine solche Kappungsgrenze behandelt alle davon betroffenen ArbN gleich. Diese Gruppenbildung ist mit dem betriebsverfassungsrechtlichen Gleichbehandlungsgrundsatz vereinbar (BAG 21.7.09 – 1 AZR 566/08, NZA 09, 1107). Zur **Sicherung von Sozialplanansprüchen** können Grundschulden eingetragen werden (*DKK/Däubler* §§ 112, 112a Rn 115). Meist geschieht dies zugunsten eines von den Betriebspartnern bestimmten Treuhänders.

**4. Erzwungener Sozialplan.** Kommt ein freiwilliger Sozialplan – auch durch Vermitt- **34** lung der Einigungsstelle – nicht zustande, entscheidet die Einigungsstelle nach § 112 Abs 4 BetrVG verbindlich und abschließend. Hat die **Einigungsstelle** keine endgültige Einigung der Betriebsparteien herbeigeführt und offengelassen, ob und in welchem Umfang der

ArbGeb Sozialplanmittel zur Verfügung zu stellen hat, ist ihr Regelungsauftrag nicht erfüllt. Die Einigungsstelle darf auch nicht dauerhaft von einer eigenen Entscheidung über die Höhe des Sozialplanvolumens absehen, ohne zumindest ein eindeutiges, möglichen Manipulationen nicht zugängliches Verfahren zu beschließen, mittels dessen die offenen Fragen geklärt werden können (BAG 26.5.09 – 1 ABR 12/08, NZA-RR 09, 588).

Für die Einigungsstelle gibt das Gesetz in § 112 Abs 5 BetrVG **Richtlinien** vor. Sie hat bei ihrer Entscheidung einerseits die **sozialen Belange** der betroffenen ArbN und andererseits die wirtschaftliche **Vertretbarkeit für das Unternehmen** zu beachten. Die so eröffnete Ermessensausübung für die der Einigungsstelle unterliegt Grenzen. Sie darf – als **Obergrenze** – kein größeres Gesamtvolumen des Sozialplans vorsehen als selbst für den vollen Ausgleich aller wirtschaftlichen Nachteile der Arbeitnehmer erforderlich ist. Zudem muss sie grundsätzlich – als **Untergrenze** – mindestens Leistungen vorsehen, die noch als spürbare Milderung der wirtschaftlichen Nachteile angesehen werden können. Der Ausgleichs- und Milderungsbedarf bemisst sich ausschließlich nach den dem ArbN entstehenden Nachteilen und nicht nach der Wirtschaftskraft des Unternehmens. Der wirtschaftlichen Vertretbarkeit des Sozialplans für den ArbGeb kommt – das zeigt § 112 Abs 5 S 1 BetrVG – lediglich eine Korrekturfunktion zu (BAG 24.8.04 – 1 ABR 23/03, DB 05, 397).

35 Nach § 112 Abs 5 Nr 1 BetrVG sollen Regelungen getroffen werden, die idR den Gegebenheiten des Einzelfalls Rechnung tragen. Dies bedeutet nicht, dass die Einigungsstelle ihr Verfahren so lange hinauszögern muss, bis die konkreten Nachteile für jeden einzelnen ArbN feststehen. Die Einigungsstelle darf daher **Pauschalierungen** vornehmen, die typischen individuellen Situationen entsprechen (BAG 24.8.04 – 1 ABR 23/03, NZA 05, 302). Soweit nach § 112 Abs 5 Nr 2 Satz 1 BetrVG die weiteren Aussichten der betroffenen ArbN auf dem Arbeitsmarkt berücksichtigt werden sollen, ist es möglich, die Höhe festgelegter Abfindungen anteilig je nach Dauer der Arbeitslosigkeit in einem Bezugszeitraum zu staffeln. Die Einigungsstelle verfügt auch über einen **Gestaltungsspielraum** dahingehend, ob und welche Nachteile ganz oder teilweise ausgeglichen und welche lediglich gemildert werden sollen. Allein der Umstand, dass ein Sozialplan nicht sämtliche mit der Betriebsänderung verbundenen Nachteile der Arbeitnehmer vollständig ausgleicht, obwohl dies dem Unternehmen wirtschaftlich möglich wäre, ist nicht fehlerhaft. Allerdings darf der Normzweck des § 112 Abs 1 S 2 BetrVG, die wirtschaftlichen Nachteile der Arbeitnehmer zumindest zu mildern, nicht verfehlt werden (BAG 7.5.19 – 1 ABR 54/17, BB 19, 2043). Enthält der Spruch der Einigungsstelle etwa keine Regelung zur betrieblichen Altersversorgung, so ist er nicht deshalb ermessensfehlerhaft. Berücksichtigt ein erzwungener Sozialplan aber nicht einmal typisiert und pauschaliert die Gegebenheiten des Einzelfalls, wie etwa Lebensalter, familiäre Belastungen, Schwerbehinderteneigenschaft, kann er allein deshalb unwirksam sein. Der Ausschluss der Arbeitnehmer, die nach dem Ausscheiden oder einem möglichen Bezug von Alg I eine gekürzte oder ungekürzte Altersrente in Anspruch nehmen können, aus den Sozialplanleistungen, verstößt weder gegen den betriebsverfassungsrechtlichen Gleichbehandlungsgrundsatz noch liegt darin eine Altersdiskriminierung (BAG 7.5.19 – 1 ABR 54/17, BB 19, 4043).

Die nach dem Spruch der Einigungsstelle auszugleichenden Nachteile dürfen nur solche sein, die gerade auf die mitbestimmungspflichtige Betriebsänderung zurückzuführen sind (BAG 7.5.19 – 1 ABR 54/17, BB 19, 2043). Abfindungen für ArbN, deren Arbeitsverhältnisse nach § 613a BGB auf einen Betriebserwerber übergehen, sind damit grundsätzlich ausgeschlossen. Ein Sozialplan kommt nur in Betracht, wenn der Betriebsübergang mir einer Betriebsänderung nach § 111 BetrVG einhergeht (BAG 25.1.00 – ABR 1/99, NZA 00, 1069), etwa mit der Stilllegung von nicht übergegangenen Betriebsabteilungen nach einem Betriebsteilübergang.

36 Die Einigungsstelle soll den **Ausschluss von Leistungen** nach § 112 Abs 5 Nr 2 S 2 BetrVG für ArbN vorsehen, die in einem **zumutbaren Arbeitsverhältnis** im selben Betrieb oder in einem anderen Betrieb des Unternehmens oder eines zum Konzern gehörenden Unternehmens weiterbeschäftigt werden können und dies ablehnen. Dabei begründet die mögliche Weiterbeschäftigung an einem anderen Ort allein nicht die Unzumutbarkeit. Die **sozialrechtlichen Regelungen** über die Unzumutbarkeit in § 140 SGB III müssen nicht angewandt werden. Sozialpläne betreffen allein das private Rechtsverhältnis zwischen ArbGeb und ArbN. Es geht nicht darum, auf Beiträgen beruhende

Leistungen zu verweigern, sondern um die Verteilung eines vom ArbGeb zur Verfügung gestellten, beträchtlichen finanziellen Volumens auf die von der Betriebsänderung betroffenen ArbN und die Beurteilung der ihnen entstehenden wirtschaftlichen Nachteile (BAG 6.11.07 – 1 AZR 960/06, NZA 08, 232). An die Zumutbarkeit sind strenge Anforderungen zu stellen, weil der Verlust von Sozialplanleistungen für den betroffenen ArbN einschneidend sein kann (HWK/*Hohenstatt/Willemsen* BetrVG § 112 Rn 67). Sozialplanansprüche können entfallen oder jedenfalls reduziert werden, wenn ArbN dem Übergang ihres Arbeitsverhältnisses auf einen Betriebserwerber nach § 613a BGB widersprechen und im Anschluss daran betriebsbedingt gekündigt werden, weil ihre Beschäftigungsmöglichkeit weggefallen ist (*Fitting* §§ 112, 112a Rn 267).

Die Einigungsstelle muss selbst festlegen, was **„zumutbar"** ist. Sie hat dabei einen weiten **Beurteilungsspielraum.** IdR sind **gleichwertige Arbeitsbedingungen** zumutbar, sie müssen nicht gleichartig sein (*Fitting* §§ 112, 112a Rn 268). Die Gleichwertigkeit muss in finanzieller Hinsicht gegeben sein. Dies ist jedenfalls so, wenn die neue Tätigkeit der Vorbildung und der Berufserfahrung entspricht und keine niedrigere tarifliche Eingruppierung erfolgt (BAG 25.10.83 – 1 AZR 260/82, BB 84, 598). **37**

Die bisherige Betriebszugehörigkeit muss angerechnet werden (*Fitting* §§ 112, 112a Rn 269). Bei einem Wechsel zu einem anderen Konzernunternehmen müssen der Kündigungsschutz und die für den ArbN geltenden Kündigungsfristen durch verbindliche Zusage des neuen ArbGeb erhalten bleiben (*Fitting* §§ 112, 112a Rn 169). Erfolgt eine Abgruppierung, sind im Sozialplan jedenfalls Ausgleichszahlungen vorzusehen (BAG 27.10.87, DB 88, 558); ein etwas geringer vergüteter Arbeitsplatz kann im Sozialplan für zumutbar erklärt werden (BAG 28.9.88 – 1 ABR 23/87, NZA 89, 186). Der Wegfall von Überstunden nimmt nicht die Zumutbarkeit (*Fitting* §§ 112, 112a Rn 271), der Wegfall nicht nur geringfügiger Zulagen nimmt sie. **38**

Bei einem notwendigen **Ortswechsel** kann die Unzumutbarkeit auf besonderen Umständen beruhen. In Frage kommen ua Schwerbehinderung, Pflege von Familienangehörigen, Schulwechsel von Kindern. Sozialpläne brauchen jedoch nicht auf alle Umstände Rücksicht nehmen, die es einem ArbN schwer machen, einen Arbeitsplatz an einem anderen Ort anzunehmen (BAG 6.11.07 – 1 AZR 960/06, NZA 08, 232). **39**

Die **Obergrenze der Dotierung** eines Sozialplans ist durch den vollständigen Ausgleich der den ArbN aufgrund einer Betriebsänderung entstandenen Nachteile gekennzeichnet. Dieser Ausgleich steht unter dem Vorbehalt seiner wirtschaftlichen Vertretbarkeit. Für die Unternehmen notwendige Investitionen müssen möglich bleiben. Selbst bei einem wenig leistungsstarken Unternehmen dürfen im Fall der Entlassung eines großen Teils der Belegschaft die Belastungen bis an den Rand der Bestandsgefährdung gehen (BAG 6.5.03 – 1 ABR 11/02, NZA 04, 108). **40**

Auch ein Sozialplan, der durch die Betriebsänderung begründete Einsparungen für ein Jahr (BAG 27.10.87 – 1 ABR 9/86, NZA 88, 203) oder sogar für zwei Jahre (BAG 6.5.03 – 1 ABR 11/02, NZA 04, 108) aufzehrt, ist im Einzelfall nicht zu beanstanden. Vertretbar ist in jedem Fall ein Sozialplanvolumen, das den in der Bilanz hierfür ausgewiesenen Rückstellungen entspricht; wobei die Rspr davon ausgeht, dass entsprechende „Rücklagen" gebildet werden (BAG 13.6.89 – 1 ABR 14/88, NZA 89, 974). **41**

Auch die **Untergrenze der Dotierung** bildet letztlich die wirtschaftliche Vertretbarkeit für den ArbGeb. Der Normzweck eines Sozialplans wird nach § 112 Abs 1 S 2 BetrVG nicht nur durch den Ausgleich, sondern auch durch die Minderung der den ArbN aufgrund der Betriebsänderung entstehenden Nachteile erreicht. Er erfüllt nur dann nicht seinen Zweck, wenn er nicht einmal eine substanzielle Milderung der Nachteile vorsieht. Wo genau diese Untergrenze verläuft, ergibt sich im Einzelfall (BAG 7.5.19 – 1 ABR 54/17, BB 19, 2043). Die Abfindungshöhe nach § 1a KSchG ist kein tauglicher Maßstab (BAG 24.8.04 – 1 ABR 23/03, NZA 05, 302). Selbst wenn diese Untergrenze unterschritten wird, kann der Sozialplan gesetzeskonform sein, wenn andernfalls sein Volumen für das Unternehmen wirtschaftlich nicht vertretbar wäre, weil sein Fortbestand gefährdet würde (BAG 22.1.13 – 1 ABR 85/11, NZA-RR 13, 409). **42**

Eine **Durchgriffshaftung** auf den Gesellschafter zur Realisierung von Sozialplanansprüchen ist denkbar (*Fitting* §§ 112, 112a Rn 258). In einem **Konzern** kann die herrschende Gesellschaft auf Ausgleich von Sozialplanansprüchen in Anspruch genommen werden (BAG **43**

22.1.13 – 1 ABR 85/11, NZA-RR 13, 409). Dieser **Bemessungsdurchgriff** setzt voraus, dass sie die Konzernleitungsmacht in einer Weise ausübt, die keine Rücksicht auf die Belange der abhängigen Gesellschaft nimmt, ohne dass sich die dadurch zugefügten Nachteile durch andere Maßnahmen kompensieren ließen (BAG 8.3.94 – 9 AZR 197/92, NZA 94, 931). Dies kann zB bei einem Beherrschungs- und Gewinnabführungsvertrag der Fall sein (BAG 14.2.89 – 3 AZR 191/87, NZA 89, 844; BAG 10.3.15 – 3 AZR 739/13, DB 15, 1843 zur betrieblichen Altersversorgung). Ist für eine Betriebsgesellschaft iSd § 134 Abs 1 UmwG ein Sozialplan aufzustellen, darf die Einigungsstelle für die Bemessung des Sozialplanvolumens auch die wirtschaftliche Leistungsfähigkeit einer Anlagegesellschaft iSd § 134 Abs 1 UmwG berücksichtigen. Der Bemessungsdurchgriff ist jedoch der Höhe nach auf die der Betriebsgesellschaft bei der Spaltung entzogenen Vermögensteile begrenzt (BAG 15.3.11 – 1 ABR 97/09, NZA 11, 1112). Der Gesellschafter einer GmbH haftet, wenn er missbräuchlich das zweckgebundene Gesellschaftsvermögen schädigt (BGH 9.2.09 – 2 ZR 292/07, DB 09, 891; BAG 15.1.13 – 3 AZR 638/10, NZA 14, 87). Derartige – im Einzelfall schwierig festzustellende – Schadensersatzansprüche gehören zum Vermögen der Gesellschaft und können daher bei der Dotierung eines Sozialplans berücksichtigt werden (BAG 15.3.11 – 1 ABR 97/09, NZA 11, 1112). Im Übrigen haftet der Alleingesellschafter einer GmbH bei einem Eingriff in das Gesellschaftsvermögen nach den Grundsätzen der **„Existenzvernichtung"** Die Haftung aus Existenzvernichtung war nach – aufgegebener – Rspr des BGH ein Fall der Durchgriffshaftung und als Außenhaftung analog § 128 HGB konzipiert (BGH 24.6.02 – II ZR 300/00, BB 02, 1823). Diese Dogmatik hat der BGH in der „Trihotel"-Entscheidung zugunsten einer deliktsrechtlich begründeten Haftung des betreffenden Gesellschafters gegenüber der Gesellschaft aufgegeben (Innenhaftung; BGH 16.7.07 – II ZR 3/04, DB 07, 1802). Voraussetzung ist der Existenzvernichtungshaftung ist ein gezielter, betriebsfremder Eingriff in das Vermögen oder die Interessen der Gesellschaft ohne Rücksicht auf deren Fähigkeit zur Bedienung ihrer Verbindlichkeiten (BGH 16.7.07 – II ZR 3/04, DB 07, 1802). Diese Voraussetzungen liegen bei bloßer Schädigung des Gesellschaftsvermögens nicht vor. In solchen Fällen ist allenfalls der allgemeine Tatbestand des § 826 BGB in Betracht zu ziehen, dessen Voraussetzungen unabhängig vom Vorliegen eines existenzvernichtenden Eingriffs erfüllt sein können (BGH 10.12.07 – II ZR 239/05, DB 08, 574). Verlangt man eine „insolvenzverursachende oder -vertiefende Selbstbedienung" des Gesellschafters (BGH 28.4.08 – II ZR 264/06, NJW 08, 2437; BAG 15.1.13 – 3 AZR 638/10, NZA 14, 87), kommt die Existenzvernichtung zur Begründung eines Haftungsdurchgriffs zur Finanzierung eines außerhalb der Insolvenz aufzustellenden Sozialplans nicht in Betracht (*Schweibert* NZA 16, 321).

44 **5. Auszahlung.** Die **Fälligkeit** von Leistungen aus einem Sozialplan ergibt sich aus den getroffenen Vereinbarungen. Wird hierzu nichts festgelegt, werden Abfindungszahlungen mit der rechtlichen – nicht faktischen – Beendigung des Arbeitsverhältnisses fällig (BAG 18.12.84 – 1 AZR 176/82, NZA 85, 400). Die Fälligkeit darf davon abhängig gemacht werden, dass der ArbN keine Kündigungsschutzklage erhebt oder im Kündigungsschutzprozess rechtskräftig unterliegt (BAG 19.6.06 – 1 AZR 541/06 nv; BAG 31.5.05 – 1 AZR 254/04, NZA 05, 997). Ein **Verzicht** auf Leistungen aus dem Sozialplan ist – soweit es sich nicht um einen „Tatsachenvergleich" handelt (BAG 25.4.17 – 1 AZR 714/15, NZA 17, 1464) – nach § 77 Abs 4 iVm § 112 Abs 1 Satz 3 BetrVG nur mit Zustimmung des BRat möglich. Sie kann grds nur für den einzelnen konkreten Fall erteilt werden und setzt neben einem entsprechenden Beschluss des Brat dessen ordnungsgemäße Unterrichtung über die Umstände voraus, insbes über den Umfang des individuellen Verzichts (BAG 15.10.13 – 1 AZR 405/12, NZA 14, 217). Dies gilt ebenso, wenn in einem Prozessvergleich eine allgemeine Ausgleichsklausel – „Damit sind alle Ansprüche aus dem Arbeitsverhältnis und seiner Beendigung abgegolten" – vereinbart wird (BAG 25.4.17 – 1 AZR 714/15, NZA 17, 1464). Rechte aus dem Sozialplan können nach diesen Vorschriften nicht **verwirken.**

Ansprüche auf Zahlung einer **Abfindung** aus einem Sozialplan nach § 112 Abs 1 S 2 BetrVG und einem **Nachteilsausgleich** nach § 113 Abs 3 iVm Abs 1 BetrVG sind miteinander **verrechenbar.** Seine dogmatische Verortung findet dies in der Erfüllungswirkung; unionsrechtliche Vorgaben hindern diese Annahme nicht (BAG 12.2.19 – 1 AZR 279/17,

NZA 19, 719). Im Sozialplan kann auch die Anrechnung von Abfindungen nach den §§ 9, 10 KSchG vereinbart werden (BAG 20.6.85 – 2 AZR 427/87, NZA 86, 258). Ob Ansprüche aus § 1a KSchG auf Sozialplanansprüche von Gesetzes wegen anzurechnen sind, weil sie in Anspruchskonkurrenz stehen, hat das BAG offengelassen. Dies kann aber im Sozialplan vereinbart werden (BAG 19.7.16 – 2 AZR 536/15, NZA 17, 121).

Allgemeine **tarifliche Ausschlussfristen** erfassen nach der Rspr auch Ansprüche aus **45** Sozialplänen (BAG 27.1.04 – 1 AZR 148/03, NZA 04, 667). Dies gilt nicht, soweit sie Vorsorgecharakter haben (BAG 3.4.90 – 1 AZR 131/89 EzA § 4 TVG Ausschlussfristen Nr 94). Der Verfall von Abfindungsansprüchen ist problematisch. Auf besonders wichtige Ansprüche hat die Rspr von je her allgemeine Ausschlussfristen nicht angewandt (→ *Ausschlussfristen* Rn 12). Bei der Beendigung von Arbeitsverhältnissen stellen Ansprüche aus einem Sozialplan die wichtigsten vom ArbGeb noch zu erwartenden Leistungen dar. Abfindungszahlungen bieten vor allem (BAG 20.4.10 – 1 AZR 988/08, NZA 10, 1018) eine Überbrückung bis zum Beginn eines neuen Arbeitsverhältnisses oder des Rentenbezugs und haben damit jedenfalls auch Vorsorgecharakter. Dies rechtfertigt, allgemeine tarifliche Ausschlussklauseln auf Sozialplanansprüche nicht anzuwenden. Jedenfalls werden Sozialplanansprüche nicht von einer tariflichen Ausschlussfrist erfasst, wonach „vertragliche Ansprüche aus dem Arbeitsverhältnis" verfallen (BAG 13.2.07 – 1 AZR 184/06, NZA 07, 825). Die Betriebsparteien können jedoch Ausschlussfristen im Sozialplan selbst vereinbaren, wie § 77 Abs 4 S 3 BetrVG zeigt. **Einzelvertraglich** vereinbarte **Ausschlussfristen** erfassen schon nach §§ 77 Abs 4 Satz 4, 112 Abs 1 S 3 BetrVG keine Ansprüche aus Sozialplänen (*Fitting* §§ 112, 112a Rn 197). Für den Verfall von Sozialplanansprüchen gelten bei der arbeitsvertraglichen Bezugnahme auf einen Tarifvertrag dessen Regelungen (BAG 27.1.04 – 1 AZR 148/03, NZA 04, 667).

Ansprüche aus Sozialplänen sind **nicht vererblich,** wenn der ArbN vor Ablauf der **46** Kündigungsfrist (Fälligkeit) (BAG 27.6.06 – 1 AZR 322/05, NZA 06, 1238) bzw nach Abschluss eines Aufhebungsvertrags, aber vor der vereinbarten Beendigung des Arbeitsverhältnisses stirbt (BAG 25.9.96 – 10 AZR 311/96, NZA 97, 163). Das Arbeitsverhältnis endet in diesem Fall durch Tod und nicht aufgrund einer Betriebsänderung (BAG 27.6.06 – 1 AZR 322/05, NZA 06, 1238). In der **Zwangsvollstreckung** werden Sozialplanabfindungen als „Arbeitseinkommen" iSv § 850 ZPO von Pfändungsmaßnahmen erfasst. Teile der Abfindung können auf Antrag des ArbN nach § 850i ZPO der Pfändung entzogen werden; der ArbGeb muss den ArbN jedoch nicht auf diese Möglichkeit hinweisen (BAG 13.11.91 – 4 AZR 39/91, AP ZPO § 850 Nr 13).

**6. Abänderung und Kündigung.** Sozialpläne können wie jede Betriebsvereinbarung – **47** auch zulasten der ArbN – **abgeändert** werden. Der neue Sozialplan ersetzt dann den alten. Das gilt auch bei freiwilligen, „vorsorglich" für künftige, noch nicht konkret geplante Betriebsänderungen vereinbarten sogenannten Rahmen- oder Dauersozialplänen. Die Betriebsparteien können diese sowohl generell als auch anlässlich einer konkret anstehenden Betriebsänderung einvernehmlich abändern (BAG 19.2.08 – 1 AZR 1004/06, NZA 08, 719). Von dieser Änderung werden bereits **fällige Ansprüche** nicht erfasst, weil sie schon individualisiert sind (BAG 24.3.81 – 1 AZR 805/78, AP BetrVG 1972 § 112 Nr 12). Auch bereits **entstandene,** aber noch nicht fällige **Ansprüche** können in einem nachfolgenden Sozialplan nur in den Grenzen der Verhältnismäßigkeit und des Vertrauensschutzes vermindert werden (BAG 19.2.08 – 1 AZR 1004/06, NZA 08, 719; BAG 5.10.2000 – 1 AZR 48/00, NZA 01, 849). Eine vor Auszahlung der Abfindungen nachträglich in einen Sozialplan aufgenommene Klausel, nach der Abfindungen nach § 1a KSchG auf die Sozialplanabfindung angerechnet werden, ist wirksam (BAG 19.6.07 – 1 AZR 340/06, NZA 07, 1357). Werden im Sozialplan das **Gleichbehandlungsgebot** oder das Diskriminierungsverbot verletzt, können die Betroffenen die Anpassung ihrer Ansprüche „nach oben" verlangen (BAG 15.1.91 – 1 AZR 80/90, NZA 91, 692). Die damit verbundene **Ausdehnung** des vereinbarten **Finanzvolumens** hat der ArbGeb hinzunehmen, solange sie im Verhältnis zum Gesamtvolumen nicht ins Gewicht fällt (BAG 24.8.04 – 1 ABR 23/03, NZA 05, 302). Dabei kommt es nicht darauf an, wie viele ArbN von der Korrektur betroffen sind (BAG 21.10.03 – 1 AZR 407/02, NZA 04, 559). Bei einer schwerwiegenden Veränderung der Belastungen für den ArbGeb kann die Geschäftsgrundlage für den Sozialplan wegfallen. Er muss dann angepasst und damit neu aufgestellt werden (*Fitting* BetrVG §§ 112, 112a Rn 173).

**48** Wird ein Betrieb erst teilstillgelegt und werden wegen einer angestrebten Sanierung geringe Abfindungen vereinbart, müssen bei einer nachfolgenden Liquidation und erhöhter Dotierung des Sozialplanes auch die Mitarbeiter berücksichtigt werden, welche aufgrund der vorangegangenen Betriebsänderung ausgeschieden sind. So wird ihre Gleichbehandlung gesichert (BAG 9.12.81 – 5 AZR 549/79, AP BetrVG 1972 § 112 Nr 14).

**49** Ohne **Kündigung** endet der Sozialplan mit der Abwicklung aller sich aus ihm ergebenden Ansprüche. Seine ordentliche Kündigung kann im Sozialplan vereinbart werden. Ansonsten soll sie ausgeschlossen sein (BAG 10.8.94 – 10 ABR 61/93, NZA 95, 314), soweit der Sozialplan nicht Dauerregelungen enthält und fortlaufende, zeitlich unbegrenzte Leistungsansprüche begründet (BAG 24.3.81 – 1 AZR 805/78, AP BetrVG 1972 § 112 Nr 12). Bereits **entstandene Ansprüche** werden durch die Kündigung des Sozialplanes ebenso wenig berührt wie schon **fällige Ansprüche** (BAG 10.8.94 – 10 ABR 61/93, NZA 95, 314). Der Sozialplan **wirkt** nach § 77 Abs 6 BetrVG **nach,** dh seine Regelungen gelten weiter, bis er durch einen anderen Sozialplan ersetzt wird oder – auch durch Spruch der Einigungsstelle – ein weiterer Sozialplan nicht zustande kommt (BAG 24.3.81 – 1 AZR 805/78, AP BetrVG 1972 § 112 Nr 12). Die Sicherung in ihm vorgesehener fortlaufender, zeitlich unbegrenzter Leistungsansprüche folgt nach Vertrauensschutzgrundsätzen.

**50** Die **fristlose Kündigung** von Sozialplänen ist auf wenige Sonderfälle beschränkt, in denen es um die Existenz des Unternehmens geht (offengelassen in BAG 10.8.94 – 10 ABR 61/93, NZA 95, 314). Auch außerordentlich gekündigte Sozialpläne wirken nach (BAG 10.8.94 – 10 ABR 61/93, NZA 95, 314). Ist die **Geschäftsgrundlage** eines Sozialplanes weggefallen und ist einem Betriebspartner das Festhalten am Sozialplan nicht mehr zuzumuten, können die Betriebsparteien die Regelungen des Sozialplanes den veränderten tatsächlichen Umständen anpassen. Verweigert ein Betriebspartner die Anpassung, entscheidet die Einigungsstelle verbindlich. Die neue Regelung soll auch schon entstandene Ansprüche zulasten des ArbN abändern können (BAG 10.8.94 – 10 ABR 61/93, NZA 95, 314). Der gemeinsame Irrtum der Betriebspartner über die für den Sozialplan zur Verfügung stehende Finanzmasse wird ebenso als Wegfall der Geschäftsgrundlage gesehen (BAG 17.2.81 – 1 AZR 290/78 AP BetrVG 1972 § 112 Nr 11) wie die Übernahme des Betriebs durch Dritte unter Fortführung der ursprünglich gekündigten Arbeitsverhältnisse (BAG 28.8.96 – 10 AZR 886/95, NZA 97, 109). **Rahmensozialpläne** sind nach § 77 Abs 5 BetrVG ordentlich kündbar und wirken nach § 77 Abs 6 BetrVG nicht nach, weil sie nicht erzwingbar sind.

**51** **7. Gerichtliche Auseinandersetzung.** Die **einzelnen Arbeitnehmer** können ihre Ansprüche aus einem Sozialplan gerichtlich verfolgen (BAG 22.2.01 – 1 AZR 233/00, NZA 01, 903). Wer zu Unrecht von Leistungen des Sozialplanes ausgeschlossene wurde, kann dagegen gerichtlich vorgehen (BAG 19.2.08 – 1 AZR 1004/06, NZA 08, 719). ArbN können aber nicht geltend machen, das Gesamtvolumen des Sozialplanes sei zu niedrig bemessen (BAG 26.7.88 – 1 AZR 156/87, NZA 89, 25).

**52** Der **Betriebsrat** kann individuelle Ansprüche der ArbN aus dem Sozialplan weder aus eigenem Recht einklagen, noch vom ArbGeb gerichtlich Erfüllung dieser Ansprüche auf dem Umweg über seine Durchführungspflicht verlangen. Er hat keinen eigenen Anspruch darauf, dass im Sozialplan begründete Rechte der einzelnen ArbN erfüllt werden (BAG 17.10.89 – 1 ABR 75/88, NZA 90, 441). Verfolgt er nicht in Prozessstandschaft Vermögensansprüche der Beschäftigten und geht es ihm nicht um die die Verfolgung eigener vermögensrechtlicher Rechtspositionen, sondern um die Durchsetzung seines Mitbestimmungsrechts bei – auch von einer Einigungsstelle beschlossenen – Sozialplänen, kann er seinen betriebsverfassungsrechtlichen Durchführungsanspruch aus § 77 BetrVG gerichtlich geltend machen. Wird der Spruch einer Einigungsstelle über einen Sozialplan angefochten, kann der BRat seine Durchführung erst nach rechtskräftiger Entscheidung über den auf Feststellung der Unwirksamkeit dieses Spruchs gerichteten Antrags verlangen (BAG 22.1.13 – 1 ABR 92/11, NZA 13, 752).

**53** **Streitigkeiten** über die **Auslegung** eines Sozialplans können nicht durch verbindlichen Spruch der Einigungsstelle beigelegt werden (BAG 27.10.87 – 1 AZR 80/86, NZA 88,

207). Eine entsprechende Klausel im Sozialplan enthält die unzulässige Vereinbarung eines Schiedsgerichts (BAG 20.11.90 – 1 ABR 45/89). Haben die Betriebsparteien die Einigungsstelle nur dem arbeitsgerichtlichen Verfahren „vorschalten" wollen, ist die Vereinbarung zulässig (BAG 23.2.16 – 1 ABR 5/14, NZA 16, 972).

Die **Anfechtung von Sozialplänen** setzt eine Ermessensüberschreitung durch die Einigungsstelle voraus. Insbes kann geltend gemacht werden, dass die Regelungen in § 112 Abs 5 Nr 1–3 BetrVG nicht beachtet wurden. Der Antrag muss nach § 76 Abs 5 Satz 4 BetrVG binnen zwei Wochen nach Zuleitung des Einigungsstellenspruchs beim ArbG gestellt werden. Er lautet: „festzustellen, dass der auf dem Spruch der Einigungsstelle beruhende Sozialplan vom … unwirksam ist". Eine Abänderung des Sozialplans nach Anfechtung durch das Gericht kommt nicht in Betracht. Eine anfechtungsbegründende Ermessensüberschreitung liegt nicht vor, wenn ein anderer Sozialplan vernünftiger wäre. Anfechtbar ist der Sozialplan nur, wenn er mit seinem Zweck nicht mehr vereinbar ist oder die sozialen Belange der ArbN bzw die wirtschaftlichen des ArbGeb nicht hinreichend berücksichtigt wurden. Dagegen ist ohne Bedeutung, ob die von der Einigungsstelle angenommenen tatsächlichen und rechtlichen Umstände zutreffen und ihre weiteren Überlegungen frei von Fehlern sind und eine erschöpfende Würdigung aller Umstände zum Inhalt haben (BAG 24.8.04 – 1 ABR 23/03, NZA 05, 302). Entscheidend ist der Inhalt des Sozialplans, nicht die Überlegungen der Einigungsstelle, die zu diesem Inhalt geführt haben. Ficht der ArbGeb den Sozialplan wegen mangelnder wirtschaftlicher Vertretbarkeit an, hat er daher entweder darzulegen, dass dessen Regelungen zu einer Überkompensation der eingetretenen Nachteile führen und deshalb schon die Obergrenze des § 112 Abs 1 S 2 BetrVG verletzen oder dass sie die Grenze der wirtschaftlichen Vertretbarkeit für das Unternehmen überschreiten (BAG 22.1.13 – 1 ABR 85/11, NZA-RR 13, 409). Hat der BRat den Spruch der Einigungsstelle zur Aufstellung eines Sozialplans mit der Begründung angefochten, dessen Gesamtvolumen sei zu gering, muss er darlegen, dass der Sozialplan seinen gesetzlichen Zweck nicht erfüllt, weil er nicht einmal eine substantielle Milderung der Nachteile vorsieht (BAG 24.8.04 – 1 ABR 23/03, NZA 05, 302). 54

Im Übrigen unterliegen die von der Einigungsstelle beschlossenen Sozialpläne ebenso wie die freiwillig geschlossenen der **gerichtlichen Rechtmäßigkeitskontrolle** und sind daraufhin zu überprüfen, ob sie mit höherrangigem Recht – zB dem betriebsverfassungsrechtlichen Gleichbehandlungsgrundsatz – vereinbar sind.

**8. Sozialplan bei Insolvenz.** Der Gesetzgeber behandelt Ansprüche aus Sozialplänen bei Insolvenz des ArbGeb gesondert. Entscheidend ist der Zeitpunkt, in dem sie abgeschlossen wurden. Am besten sind Forderungen aus Sozialplänen geschützt, die der Insolvenzverwalter nach Eröffnung des Insolvenzverfahrens abgeschlossen hat. Halbwegs geschützt sind Ansprüche aus Sozialplänen, die in den letzten drei Monaten vor dem Eröffnungsantrag abgeschlossen wurden. Alle anderen Sozialplanforderungen sind ungeschützt. 55

Mit **Eröffnung des Insolvenzverfahrens** durch den entsprechenden Beschluss des Insolvenzgerichts nach § 27 InsO wird der Insolvenzverwalter zum ArbGeb. Wie dieser hat er die Mitbestimmungsrechte des BRat zu beachten. Soweit es das BetrVG vorsieht, sind von ihm veranlasste Betriebsänderungen daher auch sozialplanpflichtig (BAG 22.7.03 – 1 AZR 541/02, NZA 04, 93). Die **Dotierung** dieser **nach Eröffnung des Insolvenzverfahrens** aufgestellten Sozialpläne ist nach § 123 InsO doppelt begrenzt. Einmal stehen als Gesamtvolumen nach § 123 Abs 1 InsO nur $2^1/_2$ Monatsverdienste aller von Entlassung betroffenen (*Fitting* §§ 112, 112a Rn 294) ArbN zur Verfügung. Mit den **Monatsverdiensten** sind die individuellen Bruttomonatsvergütungen ohne Abzug von Steuern und SozVBeiträgen gemeint (*Fitting* §§ 112, 112a Rn 300). Dazu gehören neben den Grundvergütungen die Akkordverdienste, Zulagen und Sonderzahlungen, die anteilig umgelegt werden. Sachbezüge sind in Geld umzurechnen (*Fitting* §§ 112, 112a Rn 301). **Bemessungszeitraum** ist nach den §§ 123 Abs 1, 10 Abs 3 KSchG der Monat, in dem das Arbeitsverhältnis endet. Bei der Ermittlung der von der **Entlassung betroffenen Arbeitnehmer** sind auch Teilzeitbeschäftigte und befristet Beschäftigte, deren Arbeitsverhältnisse vorzeitig enden, aber nicht die leitenden Angestellten hinzuzurechnen. Von der Entlassung betroffen sind neben den gekündigten alle ArbN, die auf Veranlassung des ArbGeb gekündigt oder einen Aufhebungsvertrag abgeschlossen haben (*Fitting* §§ 112, 112a Rn 295, 296). 56

57 Wird der **Höchstbetrag** überschritten, ist der Sozialplan insgesamt unwirksam. Er muss dann neu aufgestellt werden (*Fitting* §§ 112, 112a Rn 304). Zur Vermeidung ungewollter Überschreitungen kann er die anteilige Herabsetzung der Ansprüche vorsehen. Vereinbart man die Verteilung über ein Punktsystem, bleibt das Gesamtvolumen offen, bis alle Fragen geklärt sind. Eine Überschreitung der Höchstgrenze ist dann kaum denkbar. Darüber hinaus erfolgt nach § 123 Abs 2 InsO eine **anteilige Kürzung,** wenn ein Insolvenzplan nicht zustande kommt und die Gesamtsumme aller Sozialplanforderungen ein Drittel der Masse übersteigt, die ohne Sozialplan für die Verteilung an die Insolvenzgläubiger zur Verfügung stünde. Die Verbindlichkeiten aus diesem Sozialplan sind jedoch nach § 123 Abs 2 InsO **Masseverbindlichkeiten.** Anmeldung und Feststellung der Sozialplanforderungen entfallen. Sind ausreichende Barmittel vorhanden, soll daher der Insolvenzverwalter nach § 123 Abs 3 InsO mit Zustimmung des Insolvenzgerichts Abschlagszahlungen auf die Sozialplanforderungen leisten. So wird verhindert, dass ArbN teilweise Jahre auf die Erfüllung ihrer Ansprüche warten müssten. Wurde der Sozialplan nach Anzeige der Masseunzulänglichkeit abgeschlossen, ist eine Leistungsklage gegen den Insolvenzverwalter auf Zahlung der Abfindung unzulässig (BAG 21.1.10 – 6 AZR 785/08, NZA 10, 413).

58 Ein Sozialplan, der vor Eröffnung des Insolvenzverfahrens – § 27 InsO, aber nicht früher als **3 Monate vor dem Eröffnungsantrag** – § 13 Abs 1 InsO – aufgestellt wurde, kann vom BRat und dem Insolvenzverwalter nach § 124 Abs 1 InsO widerrufen werden. Der Widerruf führt zur Unwirksamkeit des Sozialplanes. Ein Widerrufsgrund ist nicht erforderlich (*Fitting* §§ 112, 112a Rn 322). Der Sozialplan ist nach § 126 BGB an dem Tag aufgestellt, an dem er von BRat und ArbGeb unterzeichnet wurde. Beruht er auf dem Spruch einer Einigungsstelle, ist er nach § 76 Abs 3 Satz 3 BetrVG mit der Zustellung an ArbGeb und BRat aufgestellt. Für den **Widerruf** besteht keine Frist. Er sollte aber erklärt werden, bevor ein Sozialplan vom Insolvenzverwalter erstellt wird. Der BRat wird den Sozialplan widerrufen, wenn er nicht erfüllt wurde, da es sich bei diesen Sozialplanforderungen aus einem vor Insolvenzeröffnung aufgestellten Sozialplan um einfache Insolvenzforderungen handelt, falls er nicht durch einen vorläufigen Insolvenzverwalter mit Verfügungsbefugnis nach § 55 II InsO abgeschlossen wurde (BAG 31.7.02 – 10 AZR 275/01, NZA 02, 1332). Er wird auch widerrufen, wenn die Dotierung des Sozialplans deutlich unter der Grenze des § 123 Abs 1 InsO liegt. Der Insolvenzverwalter wird widerrufen, wenn diese Grenze überschritten wurde und eine Anpassungsregelung im Sozialplan fehlt. Leistungen, die ein ArbN vor Eröffnung des Insolvenzverfahrens schon erhalten hat, können nach § 124 Abs 3 InsO wegen des Widerrufs nicht zurückgefordert werden. ArbN, denen Forderungen aus dem widerrufenen Sozialplan zustanden, sind – entgegen dem missverständlichen Wortlaut der Vorschrift – grds bei der Aufstellung des neuen Sozialplanes nach § 124 Abs 2 InsO zu berücksichtigen (unter Beachtung des Gleichbehandlungsgrundsatzes *Fitting* §§ 112, 112a Rn 324). Werden sie in den neuen Sozialplan aufgenommen, ist nach § 124 Abs 3 InsO die Höchstgrenze des § 123 Abs 1 InsO um die an sie aus dem Altsozialplan ausgezahlten Beträge zu kürzen.

59 Sozialpläne, die **außerhalb der Zeiträume** der §§ 123 und 124 InsO zustande gekommen sind, begründen nur einfache Insolvenzforderungen. Sie sind damit wertlos. Weder der BRat noch der Insolvenzverwalter können allein deshalb verlangen, dass ein neuer Sozialplan aufgestellt wird. Im Einzelfall können aber die Grundsätze zum Wegfall der Geschäftsgrundlage helfen.

60 **9. Muster.** S Online-Musterformulare *„M 37.1 Sozialplan"* u *„M 43.2 Sozialplanabfindung"*.

## B. Lohnsteuerrecht

*Seidel*

61 Bei Zahlungen des ArbGeb im Rahmen eines Sozialplans ergeben sich lohnsteuerrechtlich keine Besonderheiten. Diese Leistungen stellen grds Arbeitslohn dar (FG BaWü 28.6.89, EFG 89, 574), dessen Besteuerung sich nach den für die Art der Zahlung geltenden Grundsätzen richtet. Da der LStAbzug erst beim Zufluss des Arbeitslohns vorzunehmen ist (→ *Lohnzufluss* Rn 2 und → *Lohnabzugsverfahren* Rn 5), kommt eine LStEinbehaltung erst bei der Auszahlung der betreffenden Leistungen in Betracht, so dass sich auch im Insolvenz-

verfahren diesbezüglich keine lohnsteuerrechtlichen Besonderheiten ergeben. Die LSt ist Masseforderung (→ *Insolvenz des Arbeitgebers* Rn 27).

**Abfindungen** aufgrund eines Sozialplans dürften regelmäßig auf einer vom ArbGeb veranlassten Auflösung des Dienstverhältnisses beruhen, so dass uU eine Steuerermäßigung in Betracht kommt (→ *Abfindung* Rn 41 ff, → *Außerordentliche Einkünfte* Rn 2 ff). 62

Der **Ausgleich wirtschaftlicher Nachteile** durch Zahlungen des ArbGeb (zB Verdienstausfall) gehört regelmäßig zum stpfl Arbeitslohn. Fahrtkosten- und Umzugskostenersatz sowie Vergütungen für Mehraufwendungen wegen doppelter Haushaltsführung (Trennungsentschädigungen) können jedoch unter bestimmten Voraussetzungen steuerfrei sein (§ 3 Nr 16 EStG; → *Umzugskosten* Rn 15, → *Doppelte Haushaltsführung* Rn 30, 31). Bei **Verzicht** auf Sozialplanleistungen (→ Rn 44) → *Entgeltverzicht* Rn 8 ff. Erhält erst der **Erbe** des ArbN die Leistungen, unterliegen diese dem LStAbzug nach den Besteuerungsmerkmalen des Erben (→ *Arbeitsentgelt* Rn 76). 63

**C. Sozialversicherungsrecht** *Schlegel*

**1. Förderung von Sozialplanmaßnahmen durch Arbeitsförderung.** Sozialplanmaßnahmen werden durch Instrumente des Arbeitsförderungsrechts unter bestimmten Bedingungen finanziell unterstützt. Bis Ende 2004 leistete die BA Zuschüsse zu Sozialplanmaßnahmen. Seit 1.1.04 kann die Teilnahme an Transfermaßnahmen gefördert werden. 64

**2. Förderung der Teilnahme an Transfermaßnahmen.** Mit dem Gesetz vom 23.12.03 (BGBl I 03, 2848) wurden ab 1.1.04 die bisherigen Zuschüsse zu Sozialplanmaßnahmen abgelöst und die Förderung der Teilnahme an Transfermaßnahmen geregelt (zur Gesetzesbegründung BT-Drs 15/1515 S 91 zu § 216a). Rechtsgrundlage hierfür sind nunmehr die §§ 101, 111 SGB III. 65

**a) Förderungsziel.** Auch die Förderung der Teilnahmen an Transfermaßnahmen ist wie bereits die Zuschüsse zu Sozialplanmaßnahmen als Anreizsystem konzipiert, das die bei Betriebsänderungen verantwortlich Handelnden dazu bewegen soll, den von Arbeitslosigkeit bedrohten ArbN anstelle von Abfindungen beschäftigungswirksame Maßnahmen anzubieten. Ziel ist die **Erleichterung eines direkten Übergangs des Arbeitnehmers aus dem alten in ein neues Beschäftigungsverhältnis.** Nebeneffekt sind dabei ggf Einsparungen der BA bei den Ausgaben für AlGeld. 66

**b) Gläubiger und Geltendmachung des Anspruchs.** Anders als die bisherigen Sozialplanmaßnahmen handelt es sich bei dem neuen Förderungsinstrument nicht um Ermessensleistungen. Vielmehr besteht bei Vorliegen der Voraussetzungen des § 110 SGB III ein Anspruch auf Zuschussgewährung (sog **Pflichtleistung**). Die soll die Planungssicherheit bei den Betriebspartnern und die Akzeptanz des Instruments erhöhen. 67

Anders als bei den Zuschüssen bei Sozialplanmaßnahmen ist **Anspruchberechtigter** nicht der Träger der Maßnahme, sondern der einzelne ArbN. Nach der Gesetzesbegründung soll dem bei Betriebsänderungen regelmäßig bestehenden kollektiven Bezug dadurch Rechnung getragen werden, dass aus Gründen der Praktikabilität und der Verfahrensvereinfachung der Individualanspruch des ArbN ähnlich wie beim Kurzarbeitergeld durch den ArbGeb geltend gemacht wird (BT-Drs 15/1515 S 91 zu § 216a Abs 1; zu diesem Verfahren → *Kurzarbeit* Rn 50 ff). Da es für diese Vorgehensweise im Gesetz selbst keinen Anhaltspunkt gibt, wird man eine ausdrückliche Ermächtigung des ArbN gegenüber dem ArbGeb zur Geltendmachung der Ansprüche aus 110 SGB III verlangen müssen. 68

**c) Anspruchsvoraussetzungen.** § 110 Abs 1 Satz 2 SGB III setzt voraus, dass unabhängig von der Unternehmensgröße eine **Betriebsänderung iSv § 111 BetrVG** vorliegt. Dh der Begriff der Betriebsänderung gilt im Rahmen des § 110 SGB III auch dann, wenn es sich um betriebliche Restrukturierungsprozesse in Kleinunternehmen handelt, die wegen ihrer Größe nicht unter das BetrVG fallen. 69

Unter den **Begriff der Transfermaßnahmen** fallen gem § 110 Abs 1 Satz 2 SGB III „alle Maßnahmen zur Eingliederung von ArbN in den Arbeitsmarkt, an deren Finanzierung der ArbGeb sich angemessen beteiligt". Dabei spielt es keine Rolle, ob sich der ArbGeb in einem Sozialplan, aufgrund kollektiv- oder individualrechtlicher Vereinbarung zur Mitfinanzierung verpflichtet hat. Die Angemessenheit seiner Finanzierungsbeteiligung richtet sich ua nach der wirtschaftlichen Lage des ArbGeb. Aus der Höhe des Zuschusses (50 % der

Aufwendungen für die Maßnahmen) ergibt sich, dass der ArbGeb den Rest der Aufwendungen zu tragen hat, sofern diese nicht – was kaum vorkommen dürfte – aus Quellen sonstiger Dritter mitfinanziert werden.

Die **Durchführung der Transfermaßnahmen** dürfen nicht durch den ArbGeb erfolgen, sondern müssen in der Hand eines Dritten (§ 110 Abs 1 Satz 1 Nr 1 SGB III) liegen. Wer dieser **Dritte** ist, entscheiden die betrieblichen Akteure (ArbGeb und ArbN/BRat). Jedenfalls muss es sich um einen vom ArbGeb verschiedenen Rechtsträger handeln (zur Begründung eines neuen Versicherungspflichtverhältnisses auch bei Kurzarbeit-Null BSG 10.5.12 – B 1 KR 26/11 R, SozR 4–2500 § 47 Nr 13). ME schließt dies jedoch nicht aus, dass die Maßnahme im Betrieb des ArbGeb durchgeführt wird.

Die vorgesehen Maßnahmen müssen der **Eingliederung** des ArbN in den Arbeitsmarkt dienen (§ 110 Abs 1 Satz 1 Nr 2 SGB III). Dies dürfte zB bei beruflichen Fort-, Weiterbildungs- oder Qualifizierungsmaßnahmen der Fall sein.

**70** Schließlich muss die Durchführung der Maßnahme gesichert sein (§ 110 Abs 1 Satz 1 Nr 3 SGB III) und ein „System zur Sicherung der Qualität angewendet werden" (Nr 4 SGB III). Eine **Sicherung der Maßnahme** erfordert mE sowohl die Vorlage eines schlüssigen, individuell auf die einzelnen ArbN zugeschnittenen Maßnahmeplans („wer wird wie auf eine neue Beschäftigung vorbereitet") sowie die Darlegung, dass die Mitfinanzierung des ArbGeb über die gesamte Dauer der Maßnahme gewährleistet ist. Der Träger der Maßnahme muss schlüssig darlegen, dass die tatsächlichen Voraussetzungen für die erfolgreiche Durchführung der Maßnahme vorliegen, dh dass zB geeignetes Schulungspersonal und die sächlichen Mittel für eine Weiterqualifizierung des ArbN vorhanden sind. Bestehen hinreichende Anhaltspunkte dafür, dass der ArbGeb nicht in der Lage sein wird, die beabsichtigte Maßnahme bis zu deren Ende mitzufinanzieren (zB drohende Insolvenz, bevorstehende Betriebsaufgabe oder Betriebsübernahme), ist die Maßnahme nur dann gesichert, wenn auch für diesen Fall Vorsorge getroffen ist. Diese kann etwa darin bestehen, dass hinsichtlich der Finanzierung der Maßnahme eine Bankbürgschaft, ein Treuhandkonto, sonstige Sicherheiten oder Garantieerklärungen solventer Dritter nachgewiesen werden.

Nach der Gesetzesbegründung zu § 216a Abs 1 Satz 1 Nr 4 SGB III aF, jetzt § 110 SGB III **(„Evaluation")** soll nach Durchführung der Maßnahme die Zufriedenheit der ArbN und des Auftraggebers systematisch erhoben und Vermittlungserfolge sowie die Verbleibquote sechs Monate nach Abschluss der Transfermaßnahmen dokumentiert werden.

**71** **d) Zuschusshöhe.** Die Förderung wird als Zuschuss gewährt. Der Zuschuss beträgt 50 % der Aufwendungen für die Maßnahme, jedoch höchstens 2500 € je gefördertem ArbN (§ 110 Abs 2 SGB III). Zuschussfähig sind nur die Maßnahmekosten selbst, nicht jedoch Zuschüsse zur Finanzierung der Lebenshaltungskosten des ArbN. Dh dass die Lohnfortzahlung während einer Freistellung des ArbN für Transfermaßnahmen allein Sache des ArbGeb ist und er insoweit keine Entlastung durch Zuschüsse der BA erhält.

**72** **e) Ausschlussgründe.** Der Zuschuss ist ausgeschlossen, wenn die Maßnahme dazu dient, den ArbN auf eine **Anschlussbeschäftigung im gleichen Betrieb** oder in einem anderen Betrieb des gleichen Unternehmens oder, falls das Unternehmen einem Konzern angehört, in einem Betrieb eines anderen Konzernunternehmens des Konzerns vorzubereiten. Durch die Förderung darf zudem der ArbGeb nicht von bestehenden sonstigen gesetzlichen oder vertraglichen Verpflichtungen entlastet werden (§ 110 Abs 3 SGB III). § 110 Abs 5 SGB III enthält ein **Kumulierungsverbot:** Werden für Transfermaßnahmen Zuschüsse nach § 216a SGB III gewährt, dürfen während dieser Maßnahmen nicht zusätzliche Leistungen der aktiven Arbeitsförderung mit gleicher Zielsetzung gewährt werden.

## Sozialversicherungsausweis

### A. Arbeitsrecht *Poeche*

**1** **1. Allgemeines.** Der **Sozialversicherungsausweis** gehört zu den aufgrund öffentlich-rechtlicher Bestimmungen zu erteilenden **Arbeitspapieren.** Seine Behandlung im Arbeitsverhältnis ist atypisch und wird entscheidend durch das gesetzgeberische Motiv geprägt, illegale Beschäftigung zu bekämpfen. Zum betroffenen Personenkreis und den sozialversicherungsrechtlichen Fragen → Rn 7 ff.

**2. Vorlagepflicht.** Der ArbN hat bei Beginn der Beschäftigung den SozVAusweis vorzulegen (§ 18h Abs 2 SGB IV). Ist dem ArbN die Vorlage nicht möglich, muss sie unverzüglich nachgeholt werden. Die unterlassene Vorlegung berührt die Wirksamkeit des Arbeitsvertrages nicht. Allerdings ist der ArbGeb wegen der möglichen Folgen einer Verletzung der ihn treffenden Meldepflichten berechtigt, die Beschäftigung bis zur Vorlage zu verweigern; er gerät nicht in **Annahmeverzug.** Legt der ArbN trotz Aufforderung des ArbGeb den SozVAusweis nicht vor, kann das Arbeitsverhältnis ordentlich gekündigt werden. Die Frage der sozialen Rechtfertigung der Kündigung iSv § 1 Abs 1 KSchG stellt sich wegen des unter sechs Monaten liegenden Bestandes des Arbeitsverhältnisses nicht. Eine fristlose Kündigung wird dagegen idR nicht zulässig sein, zumal die vorübergehende Fortführung des Arbeitsvertrages den ArbGeb nicht sonderlich belastet und den ArbN oft kein Verschulden treffen wird. 2

**3. Durchführung des Beschäftigungsverhältnisses.** Der SozVAusweis verbleibt regelmäßig im **Besitz des Arbeitnehmers.** Seit dem 1.1.2009 besteht eine **Mitführungspflicht** für den ArbN nicht mehr (→ Rn 11). 3

**4. Beendigung des Arbeitsverhältnisses.** Soweit der SozVAusweis sich ausnahmsweise im Besitz des ArbGeb befindet, ist er mit Beendigung des Arbeitsverhältnisses unverzüglich herauszugeben. Da es um die bloße Rückgabe geht und keinerlei Eintragungen vorzunehmen sind, werden bei einer verspäteten Aushändigung an das Verschulden des ArbGeb geringe Anforderungen gestellt werden müssen. Die sich daraus ergebenden Schadensersatzansprüche des ArbN können erheblich sein, wenn der neue ArbGeb eine Beschäftigung ohne SozVAusweis verweigert. 4

## B. Lohnsteuerrecht *Weil*

Für das LStRecht hat der SozVAusweis keine Bedeutung. Insbes hängt die LStPauschalierung nicht von der Vorlage des SozVAusweises ab. Einzelheiten hierzu → *Lohnsteuerpauschalierung* Rn 5 ff. Der Besitz eines SozVAusweises führt nicht zwingend zum ArbNStatus (FG Düsseldorf 26.4.02 – 1 K 2937/99 U, DStRE 04, 833; → *Arbeitnehmer (Begriff)* Rn 29 ff; → *Schwarzarbeit* Rn 6 ff). 5

## C. Sozialversicherungsrecht *Voelzke*

**1. Allgemeines.** Der Sozialversicherungsausweis dient dem Nachweis der Versicherungsnummer und der Bekämpfung von illegaler Beschäftigung, Schwarzarbeit und Leistungsmissbrauch. Das 6. SGB IV-Änderungsgesetz vom 11.11.16 (BGBl I 16, 2500) hat die Regelung über den SozVAusweis (§ 18h SGB IV) durch die Ergänzung von Informationen mit einem maschinenlesbaren Code versehen. 6

**2. Betroffener Personenkreis.** Der SozVAusweis wird von der Datenstelle der Träger der RV ausgestellt. Einen SozVAusweis erhalten alle Personen, für die eine **Versicherungsnummer** vergeben wird (§ 18h Abs 1 SGB IV). Jede Person darf nur einen SozVAusweis besitzen. Der Verlust des Ausweises ist der Einzugsstelle unverzüglich anzuzeigen (§ 18h Abs 3 SGB IV). 7

**3. Inhalt.** Der SozVAusweis darf nur die ausdrücklich aufgeführten Angaben enthalten. Danach enthält der SozVAusweis als **personenbezogene Angaben** die Versicherungsnummer, den Familien- und den Geburtsnamen, den Vornamen sowie das Ausstellungsdatum. 8

**4. Mitwirkungspflichten.** ArbGeb und ArbN treffen im Zusammenhang mit dem SozVAusweis öffentlich-rechtliche Mitwirkungspflichten. Die Erfüllung der Verpflichtungen wird durch den Katalog der **Ordnungswidrigkeiten** des § 111 SGB IV gesichert. 9

**a) Vorlagepflicht.** ArbN sind nach § 18h Abs 2 SGB IV verpflichtet, den SozVAusweis bei **Beginn einer Beschäftigung** dem ArbGeb vorzulegen. Soweit der ArbN die Verpflichtung zu diesem Zeitpunkt nicht erfüllen kann, hat er dies unverzüglich nachzuholen. Die Vorlagepflicht besteht ferner auch im Falle einer nur geringfügigen Beschäftigung. Weil die Vorlage des SozVAusweises beim ArbGeb der Feststellung des Beschäftigten und der 10

SozVNummer dient, braucht im Falle einer neuerlichen Beschäftigung beim selben ArbGeb der SozVAusweis grds nicht erneut vorgelegt zu werden. Das gilt jedenfalls dann, wenn es zu einer Folgebeschäftigung im Anschluss an eine befristete Beschäftigung kommt (*Schlegel/Voelzke/Gutzeit* SGB IV § 18h Rn 17)

11 **b) Mitführungspflicht.** Die bis zum 31.12.08 für ArbN in bestimmten Wirtschaftsbereichen bestehende Verpflichtung, den SozVAusweis bei der Ausübung einer Beschäftigung mitzuführen, ist schon durch das Gesetz vom 21.12.08 (BGBl I 08, 2933) beseitigt worden. Das Gesetz hat stattdessen für Beschäftigte in Wirtschaftsbereichen, in denen ein erhöhtes Risiko für Schwarzarbeit und illegale Beschäftigung besteht, eine Mitführungspflicht hinsichtlich eines **amtlichen Lichtbildausweises** eingeführt (§ 2a Schwarzarbeiterbekämpfungsgesetz).

## Sozialversicherungsbeiträge

### A. Arbeitsrecht

*Griese*

1 **1. Allgemeines.** Der ArbGeb ist im Arbeitsverhältnis für die Abführung des GesamtSozVBeitrages nach §§ 28d, 28e SGB IV verantwortlich. Dazu gehört die **Feststellung,** ob ein sozialversicherungspflichtiges **Arbeitsverhältnis** vorliegt, und die richtige Berechnung und Abführung der Kranken-, Arbeitslosen-, Pflege- und Rentenversicherungsbeiträge (zum Begriff und der Berechnung iE → *Krankenversicherungsbeiträge* Rn 1 ff; → *Arbeitslosenversicherungsbeiträge* Rn 1 ff; → *Pflegeversicherungsbeiträge* Rn 1 ff; → *Rentenversicherungsbeiträge* Rn 1 ff; *Befreiung von der Versicherungspflicht*). Der aus diesen Komponenten bestehende GesamtSozBeitrag ist jahrelang gestiegen, von durchschnittlich 36,7 % im Jahr 1991 auf durchschnittlich 42,3 % im Jahr 1997, und hat so eine erhebliche Verteuerung der Arbeitsleistung und eine Verringerung der Nettoverdienste der ArbN bewirkt. Erstmals im Zuge der ökologischen Steuerreform erfolgte eine Absenkung (Art 5 des KSSA), seit 1.1.03 dann aber wieder eine Steigerung. Der reguläre GesamtSozV lag zum 1.7.05 bei 40,96 % (ArbuR 05, 371) und liegt seit 1.1.2013 auf Grund der erhöhten KVBeiträge aber gesunkener RVBeiträge bei knapp unter 40 %. Aufgrund der Anhebung der Beiträge in der Pflegeversicherung durch das **Pflegestärkungsgesetz** I (BGBl I 14, 2222) und das Pflegestärkungsgesetz II (BGBl I 15, 2424) werden wieder fast 40 % erreicht. In 2019 wird die Summe der SozVBeiträge nicht sinken, da die sinkenden Arbeitslosenversicherungsbeiträge durch die erneut steigenden Pflegeversicherungsbeiträge neutralisiert werden.

Die Feststellung der SozVPflichtigkeit ist für den ArbGeb im eigenen Interesse dringend geboten, da der ArbGeb keine Möglichkeit hat, die ArbNAnteile zur SozV für die länger als drei Monate zurückliegenden Abrechnungsmonate vom ArbN zurückzuerhalten, wenn das Vertragsverhältnis noch besteht; ist es beendet, hat er grundsätzlich überhaupt keinen Rückerstattungsanspruch (§ 28g Satz 2 u 3 SGB IV sowie → *Bruttolohnvereinbarung* Rn 5 ff).

2 **Beitragsschuldner** gegenüber der SozV ist gem §§ 28d, 28e SGB IV, 253 SGB V, 174 Abs 1 SGB VI **allein der Arbeitgeber.** Der ArbGeb hat daher seinen Anteil am SozVBeitrag zusammen mit dem Beitragsanteil des ArbN an die Krankenkasse als Einzugstelle des GesamtSozVBeitrages zu überweisen. Den Beitragsanteil des ArbN kann der ArbGeb **nur durch Entgeltabzug nach § 28g Satz 2 SGB IV** geltend machen (→ *Lohnabzugsverfahren* Rn 26 ff und → *Mehrfachbeschäftigung* Rn 12), und zwar grds im Auszahlungsmonat oder bei den drei folgenden Auszahlungsterminen. Bei späteren Auszahlungsterminen darf der **Abzug nicht nachgeholt werden** (BAG 30.4.08 – 5 AZR 725/07, NZA 08, 884). Das Nachholverbot des § 28g Satz 3 SGB IV bezweckt aber nicht den Schutz des ArbN vor verspäteter Lohn- und Gehaltszahlung. Daher wird der ArbGeb idR auch bei verspäteter Vergütungsabrechnung und -auszahlung berechtigt sein, die im Abrechnungszeitraum angefallenen ArbNAnteile zur SozV abzuziehen (BAG 15.12.93 – 5 AZR 326/93, NZA 94, 620). Das Nachholverbot gilt nicht für Betriebsrenten und die darauf entfallenen SozVBeiträge (BAG 12.12.06 – 3 AZR 806/05, NZA 07, 1105).

Gegenüber dem ArbN ist der ArbGeb aufgrund seiner Fürsorgepflicht verpflichtet, die Abzüge von Lohn und Gehalt richtig zu berechnen und abzuführen (BAG 30.4.08 – 5 AZR 725/07, NZA 08, 884).

**Vertragliche Abreden,** die zu Lasten des ArbN die Beitrags- und Abführungspflicht des ArbGeb verändern oder die Lohnabzugsmöglichkeiten erweitern oder verlängern, sind gem **§ 32 SGB I nichtig.** Vertragliche Regelungen **zugunsten des Arbeitnehmers,** zB den Ausschluss des bis zu drei Monaten rückwirkenden Beitragsabzuges vom Entgelt des ArbN (*Schaub* § 71 Rz 109), sind hingegen zulässig.

Eine erweiterte Haftung für SozBeiträge treffen ArbGeb, die LeihArbN beschäftigen oder im Baugewerbe tätig sind. Sie haften nach § 28e SGB IV nicht nur für die GesamtSozVBeiträge der eigenen ArbN, sondern wie ein selbstschuldnerischer Bürge auch für die GesamtSozVBeiträge der LeihArbN und der ArbN von Subunternehmen (BSG 27.5.08 – B 2 U 11/07 R, NZS 09, 396). Erweiterte Haftungspflichten für SozVBeiträge sind ebenfalls vorgesehen, soweit § 14 AEntG Anwendung findet (BAG 16.10.19 – 5 AZR 241/18), oder Mindestlohnansprüche gem § 13 MiLoG betroffen sind. Durch das Paketboten-Schutz-Gesetz v 15.11.19 (BGBl I 19, 1602) ist auch für Paketboten eine Nachunternehmerhaftung für deren SozVBeiträge eingeführt worden (s dazu *Rinckhoff* NZA 19, 1667). Wird aus einem sozialversicherungsfreien ein sozialversicherungspflichtiges Arbeitsverhältnis, ist dies **kein Kündigungsgrund;** das Interesse des ArbGeb an der **Aufrechterhaltung der Sozialversicherungsfreiheit ist kein rechtlich geschütztes Interesse** (BAG 18.1.07 – 2 AZR 731/05, NZA 07, 680).

**2. Unrichtige Berechnung des Sozialversicherungsbeitrages.** Der ArbGeb hat die Pflicht, die Beiträge korrekt zu berechnen und abzuführen (BAG 29.3.01 – 6 AZR 653/99, NZA 03, 105. In Zweifelsfällen hat er eine Auskunft der Einzugsstelle nach § 28h Abs 2 SGB IV einzuholen. Führt der ArbGeb grob fahrlässig **zu hohe Sozialversicherungsbeiträge** ab (s BAG 21.12.2016 – 5 AZR 266/16, NZA 17, 531 Rn 20), kann der ArbN den ihm zu viel belasteten Beitragsanteil vom ArbGeb als Schadensersatz gem § 280 BGB im Wege der **Nettolohnklage** verlangen, die darauf gerichtet ist, die Differenz zwischen geschuldetem und tatsächlich im Wege des Lohnabzugs erbrachten Beitrag unmittelbar an den ArbN auszuzahlen. Bei eigenem Verschulden kann der ArbGeb den ArbN insoweit nicht auf einen Rückforderungsanspruch gegen den SozVTräger verweisen, denn die korrekte Berechnung der SozVBeiträge ist eine Nebenpflicht aus dem Arbeitsverhältnis, für deren Erfüllung der ArbGeb dem ArbN unmittelbar nach § 280 BGB haftet (BAG 30.4.08 – 5 AZR 725/07, NZA 08, 884; bezüglich der LSt BAG 16.6.04 – 5 AZR 521/03, NZA 04, 1274). 3

Liegt hingegen kein Verschulden des ArbGeb vor und hat legt der ArbGeb nachvollziehbar dar, daß er bestimmte SozVBeiträge einbehalten und abgeführt hat, ist der ArbN, wenn er rechtlich anderer Auffassung hinsichtlich der Abzugsumfangs ist, auf die sozialrechtlichen Rechtsbehelfe beschränkt. Dies gilt allerdings nur für den abzurechnenden Kalendermonat und den Vormonat, nicht für länger zurück liegende Zeiten (BAG 21.12.16 – 5 AZR 266/16, NZA 17, 531).

Sozialrechtlich kann der ArbN von seinem **sozialversicherungsrechtlichen Rückforderungsanspruch** nach § 26 Abs 2 SGB IV gegen den SozVTräger Gebrauch machen. Diese Lösung empfiehlt sich auch dann, wenn der ArbGeb zwischenzeitlich in Insolvenz gefallen ist und deshalb ein direkter Anspruch gegen den ArbGeb wenig aussichtsreich ist. Mit einer zu Unrecht geleisteten Beitragsleistung kann der ArbGeb aufrechnen (BAG 1.2.06 – 5 AZR 395/05, NJOZ 06, 3373). 4

Werden fälschlich zu **niedrige Beiträge** zur SozV eingezogen und abgeführt, bleibt dem ArbGeb nur die Möglichkeit, diese zunächst zu wenig vom Arbeitslohn in Abzug gebrachten Beitragsanteile bei den drei folgenden Auszahlungsterminen von der Arbeitsvergütung abzuziehen, wobei er die Pfändungsfreigrenzen (§ 394 Satz 1 BGB) beachten muss. Ein späterer Entgeltabzug ist nur möglich, wenn kein Verschulden des ArbGeb vorlag (§ 28g Satz 3 SGB IV; → *Bruttolohnvereinbarung* Rn 9 ff). Regelmäßig wird ein Verschulden des ArbGeb anzunehmen sein, da der ArbGeb nach § 276 BGB bereits leichte Fahrlässigkeit zu vertreten hat. Den Schuldvorwurf kann der ArbGeb nur vermeiden, wenn er bei der Einzugsstelle nach § 28h Abs 2 SGB IV eine Auskunft eingeholt bzw das Anfrageverfahren nach § 7a Abs 1 SGB IV (s dazu BSG 4.6.10 – B 12 KR 31/07 R, NZA-RR 10, 435) betrieben und sich hierauf verlassen hat. 5

Ist der **Arbeitnehmer ausgeschieden,** ist eine Geltendmachung des zu Unrecht nicht abgeführten Beitragsteils überhaupt nicht mehr möglich, denn der **Entgeltabzug ist der** 6

**einzige gesetzlich nach § 28g SGB IV zugelassene Weg,** vom ArbN den Beitragsanteil zur SozV zu bekommen (BAG 30.4.08 – 5 AZR 725/07, NZA 08, 884). Anders ist es gem § 28g Satz 3 SGB IV nur, wenn die unrichtige Beitragsberechnung auf einer vorsätzlichen oder grob fahrlässigen Verletzung der Auskunfts- und Vorlagepflicht (Meldepflicht) des ArbN nach § 28o Abs 1 Satz 1 SGB IV beruht.

Leistet der ArbGeb aufgrund eines arbeitsgerichtlichen Urteils versehentlich den vollen Bruttobetrag einschließlich LSt und ArbNAnteil des Gesamtsozialversicherungsbeitrags an den ArbN, schuldet der ArbN Herausgabe nach Bereicherungsrecht, kann sich aber auf Entreicherung gem § 818 Absatz 3 BGB berufen, wenn er die entsprechenden Beträge an die zuständigen Stellen weitergeleitet hat (BAG 21.12.16 – 5 AZR 273/16, NZA 17, 449).

7 Entsteht dem ArbN durch die fälschlich zu niedrig vorgenommene Abführung von RVBeiträgen ein **Versorgungsschaden,** so ist der ArbGeb hierfür einstandspflichtig nach § 280 BGB, wenn der ArbGeb nicht beweisen kann, dass er die diesbezügliche Pflichtverletzung nicht zu vertreten hat. Steht ein konkreter, durch die fehlerhafte Beitragsberechnung verursachter Versorgungsschaden fest, kann dieser im arbeitsgerichtlichen Verfahren gegen den ArbGeb geltend gemacht werden. Ein **Mitverschulden** kann den Anspruch nach § 254 BGB mindern oder ausschließen.

8 **3. Unterbliebene Beitragsabführung.** Der ArbGeb ist Beitragsschuldner des GesamtSozVBeitrages. Werden die SozVBeiträge entgegen den bestehenden gesetzlichen Verpflichtungen überhaupt nicht abgeführt, kann die Einzugsstelle die Abführung der Beiträge zwangsweise durchsetzen. Ist der ArbGeb eine juristische Person, kann nicht nur das Unternehmen selbst, sondern die Person mit Organstellung im Unternehmen, zB der **Geschäftsführer einer GmbH** persönlich von der Einzugsstelle in Anspruch genommen werden (BGH 29.9.08 – II ZR 162/07, NJW 09, 295). Der Anspruch ergibt sich aus § 823 Abs 2 BGB iVm § 266a Abs 1 StGB. Danach macht sich **strafbar** (BGH 24.10.06 – 1 StR 44/06, NJW 07, 233). **und verletzt gleichzeitig ein Schutzgesetz,** wer als Geschäftsführer einer GmbH die SozVAnteile der ArbN vorenthält. Vorenthalten ist bereits gegeben, wenn die Beiträge zum Fälligkeitszeitpunkt nicht abgeführt werden. Für den bedingten Vorsatz, den **§ 266a Abs 1 StGB** erfordert, reicht das Bewusstsein und der Wille aus, die Abführung der Beiträge bei Fälligkeit zu unterlassen. Es kommt nicht darauf an, ob der ArbGeb das Arbeitsentgelt ganz oder teilweise ausgezahlt hat (BGH 16.5.2000 – VI ZR 90/99, DStR 2000, 1318). Soweit ein gesetzliches ***Mindestentgelt*** (s dort) nicht gezahlt und dadurch SozialVersBeiträge für den ArbN der SozV vorenthalten werden, greift ebenfalls die Strafbarkeit nach § 266a StGB ein (BGH 12.9.12 – 5 StR 363/12, NJW 12, 3385; für die ArbGebAnteile zur SozV s § 266a Abs 2 StGB).

Dies gilt allerdings nur für die ArbNAnteile zur SoV. Hinsichtlich der ArbGebAnteile zur SozV kommt § 823 Abs 2 BGB iVm § 266a Abs 2 StGB in Betracht (OLG Saarbrücken 27.5.15 – 1 W 89/14, NZA 16, 1283).

9 Der Tatbestand des § 266a Abs 1 StGb ist allerdings nicht erfüllt, soweit dem ArbGeb die Beitragsabführung infolge **Zahlungsunfähigkeit** unmöglich ist. Allerdings kann sich die Haftung daraus ergeben, dass pflichtwidrig keine Rücklagen gebildet worden sind (BGH 25.9.06 – II ZR 108/05, NJW 06, 3573). Bei Zahlungsunfähigkeit besteht (§§ 64 GmbHG; 92 AktG) **Insolvenzantragspflicht** (→ *Insolvenz des Arbeitgebers* Rn 1 ff; BAG 14.5.07 – II ZR 48/06, NJW 07, 2118). Erbringt der Geschäftsführer auf den geschuldeten GesamtSozVBeitrag Teilzahlungen, so sind diese mangels besonderer Tilgungsbestimmung je zur Hälfte auf die ArbN- und ArbGebAnteile anzurechnen (zu den Anforderungen an eine abweichende Tilgungsbestimmung s BGH 26.6.01 – VI ZR 111/00, NZA 02, 153). Vom Schadensersatzanspruch nicht umfasst sind nicht abgeführte Zahlungen an die Urlaubs- und Lohnausgleichskasse der Bauwirtschaft (BAG 18.8.05 – 8 AZR 542/04, NZA 05, 1235) oder Säumniszuschläge (BGH 14.7.08 – II ZR 238/07, NJW 08, 3557).

Die Zahlung von ArbGebBeiträgen zur SozV durch den Geschäftsführer ist indes nach der Insolvenzreife der Gesellschaft mit der Sorgfalt eines ordentlichen Geschäftsmanns nicht vereinbar und führt zur Erstattungspflicht nach § 64 Satz 1 und 2 GmbHG an den Insolvenzverwalter (BGH 8.6.2009 – II ZR 147/08, NJW 09, 2599).

10 Der ArbN hat verschiedene Möglichkeiten, die Abführung der SozVBeiträge zu erzwingen. Er kann die einbehaltenen, aber nicht abgeführten ArbNAnteile zur SozV im

Wege der Vergütungsdifferenzklage vor dem ArbG einklagen, vollstrecken und selbst abführen (→ *Bruttolohnvereinbarung* Rn 12 ff). Hiermit kann der ArbN allerdings nicht die Abführung der ArbGebAnteile zur SozV erzwingen, denn diese gehören nicht zum Bruttolohn. Für die Klage auf Anmeldung bei der SozV ist nicht das ArbG, sondern das SG zuständig (BAG 5.10.05 – 5 AZB 27/05, NJW 06, 171). Um dies zu erreichen, kann der ArbN sich an die Einzugsstelle wenden und von ihr den Einzug des GesamtSozVBeitrages verlangen. Ggf kann der ArbN die Einzugsstelle durch eine Verpflichtungsklage im **sozialgerichtlichen Verfahren** zum Tätigwerden zwingen. Möglich ist ferner, im sozialgerichtlichen Verfahren zwischen ArbN und ArbGeb den Umfang der abzuführenden Beiträge feststellen zu lassen. Hingegen ist eine **unbezifferte** Klage im **arbeitsgerichtlichen** Verfahren auf Abführung der SozVBeiträge **unzulässig,**, weil dies gegen den Bestimmtheitsgrundsatz verstößt und außerdem die ArbG nicht für die ArbGebAnteile zur SozV zuständig sind.

Schließlich macht sich der ArbGeb durch die Nichtabführung von SozVBeiträgen schadensersatzpflichtig gegenüber dem ArbN, vorausgesetzt, es tritt ein Schaden in Gestalt ausfallender Versicherungsleistung auf. Erleidet der ArbN durch die Nichtabführung der Beiträge zur RV einen Versorgungsschaden, ist der ArbGeb hierfür nach § 280 BGB **schadensersatzpflichtig,** Ein Versorgungsschaden ist ausgeschlossen, wenn der ArbN glaubhaft machen kann, dass der auf ihn entfallende Beitragsanteil vom Arbeitsentgelt abgezogen worden ist, weil dann nach § 203 Abs 2 SGB VI der Beitrag als gezahlt gilt (→ *Rentenversicherungsbeiträge* Rn 26). 11

In den übrigen Zweigen der SozV kann beim ArbN durch die unterbliebene Beitragsabführung meistens deshalb kein Schaden entstehen, weil die Gewährung von Leistungen durch die SozVTräger nicht davon abhängt, dass Beiträge entrichtet worden sind. Erforderlich für die Leistungsgewährung ist in der KV, ArblV und UV nur, dass ein sozialversicherungspflichtiges Beschäftigungsverhältnis besteht. 12

## B. Lohnsteuerrecht *Thomas*

**1. Einordnung.** Aufwendungen, mit denen einem ArbN für die Wechselfälle des Lebens, wie Krankheit, Pflegebedürftigkeit, Arbeitslosigkeit oder Alter, Versicherungsschutz verschafft wird, gehören bei ihm zu den Einkommensverwendungen, also nicht zum Bereich der Einkunftserzielung und damit nicht zu den Werbungskosten (BFH 8.11.06 – X R 45/02, DStR 07, 147 mit Anm *Fischer* NWB F 3, 13895 und 14405; *Manz* HFR 06, 456; *Schneider/Bahr* Inf 06, 386; *Söhn* FR 06, 905). Ihre steuerliche Berücksichtigung erfolgt unter den Voraussetzungen des § 10 Abs 1 Nr 2 EStG und im Rahmen des § 10 Abs 3 EStG als **Sonderausgaben** (BFH 31.5.06 – X R 9/05, BStBl II 06, 858). Dem entspricht, für den Fall, dass der ArbGeb Beiträge für derartige Risiken ganz oder teilweise übernimmt, grds die Zuwendung von Arbeitslohn anzunehmen (BFH 27.5.93 – VI R 19/92, DStR 93, 1455). Hiervon wird bei Verschaffung von Versicherungsschutz für die Zukunftssicherung (§ 2 Abs 2 Nr 3 LStDV) **auf privatrechtlicher Grundlage** allgemein ausgegangen (BFH 16.5.75, BStBl II 75, 642; 13.4.76, BStBl II 76, 599; 15.7.77, BStBl II 77, 761; 27.11.87, BFH/NV 88, 640; BFH 21.12.90 – VI R 59/85, BFHE 164, 226; zum Versicherungsschutz beim Unternehmer BFH GS 19.10.70, BStBl II 71, 177 sowie BFH 30.8.07 – IV R 14/06, DStR 07, 1902; freiwillige Beiträge zu ausländischer SozV BFH 18.5.04 – VI R 11/01, DStRE 04, 866 mit Anm *MIT* und BFH 1.3.05 – IX B 235/02, BFH/NV 05, 1332; Beihilfen in Krankheitsfällen BFH 18.5.04 – VI R 128/99, DStRE 04, 1321 und übernommener Krankenversicherungsschutz BFH 18.7.07 – VI B 125/06, DStRE 07, 1356). Dagegen wird in der **Entrichtung des ArbGebAnteils** des GesamtSozVBeitrags überwiegend nicht die Zahlung von Arbeitslohn gesehen und dementsprechend der Steuerbefreiung des § 3 Nr 62 EStG keine konstitutive, sondern nur eine deklaratorische Bedeutung beigemessen (BFH 6.6.02 – VI R 178/97, BStBl II 03, 34 mwN zur Literatur; anders zum ArbNAnteil BFH 11.9.07 – VI B 146/05, BFH/NV 07, 2283 und BFH 16.1.07 – IX R 69/04, DStRE 07, 948 und zu Pflichtbeiträgen zum Anwaltsversorgungswerk BFH 17.3.04 – IV B 185/02, BFH/NV 04, 1245 bzw Arztversorgungswerk BFH 6.3.06 – X B 5/05, BFH/NV 06, 1091; BFH 20.5.10 – VI B 111/09, BFH/NV 10, 1445). Die Annahme, die ArbGebAnteile seien bereits nicht steuerbar, 14 ist systematisch nicht haltbar (*Thomas* BetrAV 5/2008, 490 ff, 497), wie die Fälle zeigen, in denen die Voraussetzungen des § 3 Nr 62 EStG nicht eingreifen (→ Rn 16 sowie zur Steuerfreiheit bei Beitragspflicht auf Grund eines allgemeinverbindlichen Tarifvertrages BFH 13.9.07 – VI R 16/06, DStR 07, 2008). Stellt sich nachträglich heraus, dass keine Beitragspflicht bestand und werden die ursprünglich entrichteten Beiträge als freiwillige stehengelassen, soll darin eine Rückzahlung der vermeintlichen Pflichtbeiträge an den ArbGeb und eine – jetzt einen neuen Lohnzufluss bewirkende – Beitragsübernahme seitens des ArGeb liegen (BFH 13.6.12 – VI R 92/10, DStR 12, 1965). Tatsächlich ist nichts hin- und hergeflossen. Vielmehr gelten Beiträge, die irrtümlich als Pflichtbeiträge entrichtet wurden, als freiwillige Beiträge, wenn sie nicht zurückgefordert werden (→ Rn 37).

15 **2. Arbeitslohn. a) Fehlgeschlagene Zahlungen.** Werden Beiträge in der rechtsirrigen Annahme entrichtet, es bestehe Versicherungspflicht, so werden diese Zahlungen dann nicht als Arbeitslohn angesehen, wenn die Beiträge später erstattet werden (BFH 27.3.92 – VI R 35/89, DStR 92, 1014 zu Beiträgen für eine nicht sozialversicherungspflichtige beherrschende Gesellschafter-Geschäftsführerin einer GmbH). In späteren Entscheidungen wurde nicht die ursprüngliche (irrige) Behandlung korrigiert, sondern im Jahr der Rückzahlung negative Einnahmen angenommen (→ *Arbeitsentgelt* Rn 33 f und 74). Zu den Voraussetzungen, unter denen bestandskräftige Bescheide verfahrensrechtlich geändert werden können vgl BFH 28.5.98 – X R 7/96, BStBl II 99, 95.

16 **b) Inkongruenz zum Sozialrecht.** Der Kreis derjenigen Personen, für die SozVBeiträge abzuführen sind, deckt sich nicht mit dem der ArbN im steuerrechtlichen Sinne. Bspw sind Vorstandsmitglieder einer AG steuerrechtlich ArbN, nicht jedoch sozialrechtlich. Vergleichbares gilt für den Gesellschafter-Geschäftsführer einer GmbH mit „beherrschender“ Stellung (*Uckermann/Drees* DStR 19, 561; → *Geschäftsführer* Rn 41). Umgekehrt kann für einen Kommanditisten sozialrechtlich Beitragspflicht bestehen, obwohl er steuerlich Mitunternehmer und nicht ArbN ist (BFH 23.4.96 – VIII R 53/94, DStR 96, 1358). Werden in derartigen Fällen SozVBeiträge ganz oder teilweise vom ArbGeb bzw dem Unternehmen getragen, wird steuerlich Arbeitslohn bzw Gewinnverwendung angenommen, für die die Steuerbefreiung des § 3 Nr 62 EStG nicht eingreift. Bspw ist der ArbGebZuschuss zur Lebensversicherung eines Vorstandsmitglieds einer AG nicht befreiter Arbeitslohn (BFH 9.10.92 – VI R 47/91, DStR 93, 50; FG BaWü 15.2.2000 – 1 K 38/96, EFG 2000, 542), wobei das Nichteingreifen der Befreiung von Verfassungs wegen nicht zu beanstanden ist (BVerfG 25.6.92, HFR 93, 35). Beiträge zugunsten eines beherrschenden Gesellschafter-Geschäftsführers sind ebenfalls nicht befreiter Arbeitslohn (BFH 10.10.02 – VI R 95/99, BStBl II 02, 886; FG SchlHol 12.5.99 – III 1146/94, DStRE 2000, 281; FG NdS 15.10.92, EFG 93, 412 mwN; *Rößler* DB 87, 1866; *Bergmann* Inf 03, 754; *Schlegel* in FS Küttner 2006, 31). ArbGebBeiträge auf eine vermeintliche Beitragspflicht werden als steuerfrei behandelt, wenn die Einschätzung der Einzugsstelle nicht offensichtlich fehlerhaft ist (BFH 21.1.10 – VI R 52/08, DStR 10, 974). Richtigerweise ist hinsichtlich der Steuerbefreiung des § 3 Nr 62 EStG die sozialrechtliche Vorfrage, ob gesetzliche Beitragspflicht besteht vom FG abschließend zu prüfen, sofern nicht durch ein Statusverfahren Bindungswirkung eingetreten ist (BFH 2.12.05 – VI R 16/03, DStR 06, 365; FG SachsAnh 30.7.08 – 2 K 1957/03, DStRE 09, 1417; zum Rentenbescheid als Grundlagenbescheid für die Steuer BFH 27.5.09 – X R 34/06, BFH/NV 09, 1826). Aufwendungen eines Geschäftsführers zur Klärung seines SozVrechtlichen Status sollen auch dann Werbungskosten sein, wenn Ziel des Verfahrens die Erstattung von Beiträgen zur RV und zur ArblV ist, die Aufwendungen also nicht der Erwerbung, Sicherung oder Erhaltung von Einkünften dienen, sondern im Zusammenhang mit persönlichem Versicherungsaufwand stehen (BFH 6.5.10 – VI R 25/09, DStR 10, 1471).

17 **c) Übernahme der Arbeitnehmerbeiträge. aa) Bruttolohnvereinbarung.** Sieht man in der Entrichtung des GesamtSozVBeitrages wegen seiner Verwendung zu Versicherungszwecken des ArbN einen Lohnzufluss, so betrifft dieser im Normalfall der Bruttolohnvereinbarung den ArbNAnteil nicht zusätzlich, da dieser vom Bruttolohn einbehalten, also mit Mitteln des ArbN entrichtet wird. Dadurch, dass der gesamte Bruttolohn – also auch die von diesem einzubehaltende LSt bzw ArbNAnteile zur SozV – stpfl Arbeitslohn darstellt,

wird der ArbNAnteil aus versteuertem Einkommen des ArbN finanziert, was auch seinen Sonderausgabenabzug rechtfertigt. Der ArbGebAnteil ist im Rahmen des § 3 Nr 62 EStG steuerfrei. Letzteres gilt auch in den Fällen, in denen der ArbGeb kraft Gesetzes den Gesamtbeitrag allein zu tragen hat (zB bei Geringverdienern → *Rentenversicherungsbeiträge* Rn 18 ff). Entgegen BFH 5.9.06 – VI R 38/04 (DStRE 06, 1381; Nichtanwendungserlass BMF 13.2.07, BStBl I 07, 270) ist die Beitragsübernahme zur freiwilligen Versicherung in der gesetzlichen RV durch den ArbGeb auch dann Lohn, wenn Versicherungsleistungen auf beamtenrechtliche Versorgungsbezüge angerechnet werden (*Thomas* BetrAV 5/2008, 490 ff, 493 f). Dem folgt jedenfalls im Ergebnis jetzt auch die Rspr (BFH 7.5.09 – VI 16/07, DStR 09, 1526), ohne die obige Entscheidung ausdrücklich aufzugeben. Ungeachtet obiger Einordnung sind Beiträge zur gesetzlichen UV deswegen kein Arbeitslohn, weil diese betriebsbedingte Schadensfolgen abdeckt und die zivilrechtliche Schadensersatzpflicht des Unternehmens ablöst, in erster Linie also ArbGebRisiken versichert. Daher kann die UV typisierend als Versicherung des ArbGeb eingeordnet und der Umstand vernachlässigt werden, dass der ArbN auch Leistungen aus der UV erhält, für die der ArbGeb nicht ersatzpflichtig gewesen wäre.

**bb) Nettolohnvereinbarung.** Sie beinhaltet die Verpflichtung des ArbGeb, die sonst vom ArbN aus versteuertem Einkommen zu tragenden Abgaben (Steuern bzw SozVBeiträge) zusätzlich zu übernehmen. Diese Übernahme stellt wiederum Arbeitslohn dar, weshalb Steuern auf übernommene Steuern und SozVBeiträge abzuführen sind (zu negativen Einnahmen bei entsprechenden Rückzahlungen an den ArbGeb BFH 30.7.09 – VI R 29/06, DStR 09, 2140). Der Nettolohnvereinbarung wird gleichbehandelt die aufgedeckte einvernehmliche **Beitragshinterziehung:** Die nachentrichteten Beiträge stellen wiederum eine Lohnzuwendung dar, die ihrerseits dem LStAbzug unterliegt (BFH 21.2.92 – VI R 41/88, DStR 92, 787; dazu kritisch *Spriegel/Seipl* DStR 95, 1169). 18

**cc) Beitragslastverschiebung.** Ist der Abzug von SozVBeiträgen irrtümlich unterblieben und wird er aufgrund einer Außenprüfung nachgeholt, so kann der ArbGeb für länger als drei Lohn- und Gehaltszahlungen zurückliegende Zeiträume den ArbNAnteil nicht mehr beanspruchen (§ 28g SGB IV), muss den GesamtSozVBeitrag also aus eigenen Mitteln tragen. Für diesen Fall der Beitragslastverschiebung ist der BFH nach zwischenzeitlicher Änderung (dazu Personalbuch 2007 *Sozialversicherungsbeiträge* Rz 19) zu seiner ursprünglichen Rspr zurückgekehrt, dass Gegenstand des Lohnzuflusses die nachentrichteten ArbNBeiträge und nicht die Beitragslastverschiebung ist (BFH 13.9.07 – VI R 54/03, DStR 07, 2058). Mit letzterer werden nämlich die Versicherungskosten des ArbN noch nicht beglichen. Am Lohncharakter der Beitragszahlungen ändert nichts, dass der ArbGeb der Einzugstelle gegenüber alleiniger Beitragsschuldner ist, dass es sich um eine öffentlich-rechtliche Verpflichtung handelt und dass die Beitragsentrichtung eine mittelbare Lohnzahlung (über Dritte) darstellt: Auch andere kraft Gesetzes geschuldete Leistungen – zB aufgrund einer Kündigungsschutzklage – oder auf öffentlichem Recht beruhende Verpflichtungen – zB das Gehalt bei Beamten, die Lohnfortzahlung im Krankheitsfalle – sind Arbeitslohn. Maßgebend ist insofern nicht der Schuldgrund, sondern der Verwendungszweck (zur weiteren Begründung *Thomas* BetrAV 5/2008, 490 ff, 495 ff). 19

Die alleinige Schuldnerschaft des ArbGeb schließt bei Zahlungen an Dritte, die dem ArbN Ansprüche einräumen, die Arbeitslohneigenschaft nicht aus, wie das Beispiel Direktversicherung belegt. Stellte man auf den Zeitpunkt der Beitragslastverschiebung und nicht den der Beitragsentrichtung ab, käme man zu einem anderen Lohnzuflusszeitpunkt, nämlich dem der Beitragsentstehung, der regelmäßig bereits in verjährter Zeit liegt. Unbeachtlich ist schließlich, ob die Nachentrichtung von SozVBeiträgen pauschal mit einem Summenbescheid erfolgt und deshalb nicht den Leistungskonten einzelner ArbN zugeordnet werden kann (FG Nbg 22.9.87, EFG 88, 21, gegenüber FG Hbg 15.6.81, EFG 82, 100). Im Übrigen ist fraglich, ob bei Beitragsnachentrichtungen für Jahre mit Schwarzlohnzahlungen diese Jahre nicht in die Beitragszeiten des betreffenden ArbN eingehen müssen. 20

## C. Sozialversicherungsrecht

*Schlegel*

### Übersicht



21 **1. Begriff und Funktion.** SozVBeiträge sind die Beiträge zur gesetzlichen KV, PflegeV, RV, ArblV und UV. SozVBeiträge sind das Hauptfinanzierungsinstrument der Versicherungsträger. Staatliche Zuschüsse und sonstige Einnahmen spielen – außer in der landwirtschaftlichen SozV und der RV – nur eine untergeordnete Rolle. Die Beiträge sind so zu bemessen, dass sie zusammen mit den anderen Einnahmen die gesetzlich vorgeschriebenen und zugelassenen Aufgaben der Versicherungsträger decken und sicherstellen, dass die gesetzlich vorgesehenen oder zugelassenen Betriebsmittel und Rücklagen bereitgehalten werden können (§§ 20, 21 SGB IV). Zu differenzieren ist im Folgenden zwischen **Gesamtsozialversicherungsbeiträgen,** dh den von versicherungspflichtig Beschäftigten aus dem Arbeitsentgelt zu entrichtenden Beiträgen zur gesetzlichen KV, RV und ArblV (§ 28d SGB IV) sowie **sonstigen Beiträgen.** Zu den Umlagen hinsichtlich Entgeltfortzahlung und Zuschüssen zum Mutterschaftsgeld (sog **U 1 und U 2**) → *Kleinbetrieb* Rn 27, 28. Die Beiträge zur RV, PflegeV, KV und zur ArblV werden in den Stichworten *Krankenversicherungsbeiträge, Rentenversicherungsbeiträge, Pflegeversicherungsbeiträge* und *Arbeitslosenversicherungsbeiträge* ausführlich erörtert, während nachfolgend die Beiträge zur UV im vorliegenden – allgemeine Grundsätze darstellenden – Stichwort → *Sozialversicherungsbeiträge* Rn 63 ff sowie beim Stichwort → *Unfallversicherung* Rn 19 ff behandelt werden.

22 **2. Entstehen der Beitragsansprüche.** Im Grundsatz (§ 22 Abs 1 SGB IV) entstehen Beitragsansprüche, sobald ihre im Gesetz oder aufgrund eines Gesetzes bestimmten Voraussetzungen vorliegen. Die Vorschrift soll insbes klarstellen, dass es zur Entstehung der Beitragsansprüche keiner Konkretisierung der Beitragsschuld durch Einzelbescheid (Beitragsbescheid) der Einzugsstelle bzw des Versicherungsträgers bedarf (BR-Drs 300/75 S 33 zu § 23 des Entwurfs – § 22 SGB IV). Bei der **Zusammenrechnung geringfügiger Beschäftigungen** tritt Versicherungspflicht allerdings erst mit dem Tag ein, an dem die Einzugsstelle oder ein Träger der RV die Versicherungspflicht festgestellt hat (Einzelheiten § 8 Abs 2 Satz 3 SGB IV); somit beginnt in diesem **Ausnahmefall** auch erst ab diesem Feststellungszeitpunkt die Beitragspflicht.

23 Der Beitragsanspruch entsteht nicht erst mit der Fälligkeit des Arbeitsentgelts, da auch der Anspruch auf das Arbeitsentgelt – der alleiniger Anknüpfungspunkt der Beitragspflicht ist – bereits mit der Erbringung der Leistung entsteht, unabhängig davon, wann das Arbeits-

entgelt fällig wird. Die Nichtzahlung des Arbeitsentgelts steht der Entstehung des Beitragsanspruches nicht entgegen; das Entstehen des Beitragsanspruches ist damit – von Einmalzahlungen abgesehen – unabhängig vom Lohnzufluss (sog **Entstehungstheorie,** BSG 26.11.85 – 12 RK 51/83, SozR 4100 § 168 Nr 19; BSG 21.5.96 – 12 RK 64/94, SozR 3–2500 § 226 Nr 2; zum Ganzen → *Lohnzufluss* Rn 19 ff). Bei Einmalzahlungen entsteht der Beitragsanspruch erst mit deren Auszahlung (§ 22 Abs 1 Satz 2 SGB IV).

**3. Fälligkeit der Sozialversicherungsbeiträge. a) Fälligkeit der Beiträge aus dem Arbeitsentgelt und Arbeitseinkommen.** Die aus dem Arbeitsentgelt oder -einkommen zu bemessenden Beiträge sind in voraussichtlicher Höhe der Beitragsschuld spätestens am **drittletzten Bankarbeitstag des Monats fällig,** in dem die Beschäftigung oder Tätigkeit, mit der das Arbeitsentgelt oder Arbeitseinkommen erzielt wird, ausgeübt worden ist oder als ausgeübt gilt (§ 23 Abs 1 Satz 2 SGB IV); ein verbleibender **Restbeitrag** wird zum drittletzten Bankarbeitstag des Folgemonats fällig. Daraus folgt, dass parallel mit der Berechnung des Lohnes und Gehaltes zum Monatsende auch der GesamtSozVBeitrag in voraussichtlicher Höhe berechnet (und gezahlt) werden soll. 24

Kommt es wegen variabler Lohnbestandteile oder Mitarbeiterwechsel regelmäßig zu Änderungerungen der Beitragsberechnung , kann der ArbGeb die Beiträge in Höhe des Vormonats zahlen; für den verbleibenden Restbetrag bleibt es bei der Fälligkeit zum drittletzten Bankarbeitstag des Folgemonats (§ 23 Abs 1 Satz 3 SGB IV). 25

**b) Sonstige Beiträge.** Diese werden gem § 23 Abs 1 Satz 4 SGB IV spätestens am Fünfzehnten des Monats fällig, der auf den Monat folgt, für den sie zu entrichten sind. Ausnahmen: Beiträge der UV werden am 15. des Monats fällig, der dem Monat folgt, in dem der Beitragsbescheid dem Zahlungspflichtigen bekanntgegeben worden ist. Entsprechendes gilt für Beitragsvorschüsse, wenn der Bescheid hierüber keinen anderen Fälligkeitstermin bestimmt (§ 23 Abs 3 SGB IV). Zu Fälligkeit bei **Statusfeststellungsverfahren** § 7a Abs 6 Satz 2 SGB IV. Zur Fälligkeit der Beiträge bei Verwendung eines **Haushaltsschecks** § 23 Abs 2a SGB IV. 26

**c) Vollständigkeit der Beitragserhebung, Stundung und Erlass.** Beiträge sind nach § 76 Abs 1 SGB IV rechtzeitig und vollständig zu erheben. Hieran sind die Träger der SozV strikt gebunden und Ausnahmen nur nach Maßgabe des § 76 SGB IV rechtmäßig. Allerdings erwächst dem einzelnen Versicherten aus § 76 SGB IV kein subjektiv-öffentliches Recht auf eine vollständige Beitragserhebung und ein Einschreiten der SozVTräger gegen andere Versicherte (BSG 24.2.05 – B 12 KR 15/04 B). Unter welcher Voraussetzung Stundungen – Niederschlagung und Erlass möglich sind, regelt § 76 Abs 2 SGB IV. Mit dem ab 1.8.13 in Kraft getretenen § 256a SGB V gibt es für die nach § 5 Abs 1 Nr 13 Versicherten eine Spezialvorschrift zu § 76 SGB IV hinsichtlich Erlass von Beitragsrückständen und hierauf zu entrichtender Säumniszuschläge, → *Krankenversicherungsbeiträge* Rn 16a ff. 27

**d) Rechtsfolgen der Nichtzahlung bei Fälligkeit.** Auf Beiträge und Beitragsvorschüsse, die der Zahlungspflichtige nach Ablauf des Fälligkeitstages nicht bezahlt hat, ist ein Säumniszuschlag zu erheben ist (§ 24 SGB IV). Der Säumniszuschlag beträgt für jeden angefangenen Monat der Säumnis 1 vH des rückständigen, auf 50 € nach unten abgerundeten Betrages. Bei einem Beitragsrückstand von unter 100 € ist der Säumniszuschlag nicht zu erheben, wenn dieser gesondert schriftlich anzufordern wäre (Einzelheiten → *Säumniszuschlag* Rn 14 ff). Werden vom ArbGeb die vom ArbN zu tragenden Beitragsanteile (ArbNAnteile) zur SozV oder zur BA vorenthalten, macht sich der ArbGeb ggf nach **§ 266a StGB** strafbar (zum Schutzgut dieser Vorschrift BSG 22.2.96 – 12 RK 42/94, SozR 3–2400 § 28n Nr 1; zur Strafbarkeit eines GmbH-Geschäftsführers nach § 266a StGB *Lüke/Mulansky* ZIP 98, 673 ff; BGH 18.4.05 – II ZR 61/03, JZ 05, 1105: § 266a StGB als Schutzgesetz iSv § 823 Abs 2 BGB). Zur Strafbarkeit nach § 266a StGB bei Vorliegen einer **Entsendebescheinigung** BGH 7.3.07 – 1 StR 301/06, NJW 07, 1370). Bei der Frage, ob Beitragspflicht besteht, gilt für die Träger der SozVers wie auch die Sozialgerichte der Amtsermittlungsgrundsatz. Für die Träger und Sozialgerichte besteht **keine Bindung an Entscheidungen von Strafgerichten.** Sie dürfen deren Einschätzung zum Vorliegen einer abhängigen Beschäftigung oder Tätigkeit weder vorschnell übernehmen noch im Hinblick auf ergangene Strafurteile von einer eigenen Beweiserhebung und Beweiswürdigung absehen (BSG 23.5.17 – B 12 KR 9/16 R, NZS 2017, 780, Rn 26). 28

29 **4. Verjährung** der Beitragsansprüche tritt in vier Jahren nach Ablauf des Kj ein, in dem die Beiträge fällig geworden sind. Ansprüche auf vorsätzlich vorenthaltene Beiträge verjähren in 30 Jahren nach Ablauf des Kj, in dem sie fällig geworden sind (§ 25 Abs 1 SGB IV). Ob die kurze oder die lange Verjährungsfrist gilt, hängt davon ab, ob der ArbGeb gutgläubig war (dh die Beiträge nicht vorsätzlich vorenthalten hat) oder ob er bösgläubig war (dh die Beiträge vorsätzlich vorenthalten hat). War er bei Fälligkeit der Beiträge gutgläubig und ist er es bis zum Ablauf der dann geltenden vierjährigen Verjährungsfrist geblieben, gilt die kurze Verjährungsfrist. War er hingegen schon bei Fälligkeit der Beiträge bösgläubig, gilt die lange 30-jährige Verjährungsfrist.

30 **a) Lange Verjährungsfrist.** Für das Eingreifen der 30-jährigen Verjährungsfrist reicht es aus, wenn der Schuldner die Beiträge mit **bedingtem Vorsatz** vorenthalten hat, er also seine Beitragspflicht für möglich gehalten, die Nichtabführung der Beiträge aber billigend in Kauf genommen hat. **Zum Vorsatz** muss das Vorliegen des inneren (subjektiven) Tatbestandes festgestellt, dh anhand der konkreten Umstände des Einzelfalles und bezogen auf den betreffenden Beitragsschuldner durch Sachverhaltsaufklärung individuell ermittelt werden. Die Feststellungslast (Beweislast) für den subjektiven Tatbestand trifft im Zweifel den Versicherungsträger, der sich auf die für ihn günstige lange Verjährungsfrist beruft.

31 Allgemein geltende Aussagen zum Vorliegen des **subjektiven Tatbestandes** sind insoweit ausgeschlossen. Jedoch wird Vorsatz regelmäßig vorliegen, wenn für das gesamte typische Arbeitsentgelt (zB bei „Schwarzarbeit") überhaupt keine Beiträge entrichtet werden. Vorsatz liegt auch noch nahe, wenn Beiträge für verbreitete „Nebenleistungen" zum Arbeitsentgelt nicht gezahlt werden und zwischen steuerrechtlicher und beitragsrechtlicher Behandlung eine bekannte oder ohne weiteres erkennbare Übereinstimmung besteht (BSG 18.11.15 – B 12 R 7/14 R, BeckRS 2016, 41976). Demgegenüber muss der Vorsatz bei wenig verbreiteten Nebenleistungen, bei denen die Steuer- und die Beitragspflicht in komplizierten Vorschriften geregelt sind und nicht voll übereinstimmen, eingehend geprüft und festgestellt werden. Fehler bei der Beitragsentrichtung dürften in diesen Fällen nicht selten nur auf fahrlässiger Rechtsunkenntnis beruhen, zumal wenn es sich um kleine Betriebe handelt, bei denen der ArbGeb die Beitragsberechnung ohne Fachpersonal selbst vornimmt. Zum Vorsatz aber gehört auch in diesen Fällen, dass es der ArbGeb zumindest für möglich hält, dass bestimmte Zuwendungen an die ArbN dem Grunde nach beitragspflichtiges Arbeitsentgelt und, sofern noch nicht geschehen, Beiträge und die Umlage zu zahlen sind. Hingegen braucht die genaue Beitragshöhe nicht vom Vorsatz umfasst zu sein (BSG 30.3.2000 – B 12 KR 14/99 R, SozR 3–2400 § 25 Nr 7; 26.1.05 – B 12 KR 3/04 R, SozR 4–2400 § 14 Nr 7 Rz 24 ff). Entscheidet sich der in seiner Liquidität eingeschränkte Beitragsschuldner in Kenntnis der Beitragspflicht für die teilweise Erfüllung von Ansprüchen der ArbN und gegen eine Zahlung fälliger Beiträge, sind die Beiträge vorsätzlich iSd § 25 Abs 1 S 2 SGB 4 vorenthalten (BSG 21.3.07 – B 11a AL 15/06 R, SozR 4–2400 § 25 Nr 1).

32 **b) Hemmung und Unterbrechung.** Für die Hemmung, die Ablaufhemmung, den Neubeginn und die Wirkung der Verjährung gelten die Vorschriften des BGB sinngemäß (§ 25 Abs 2 Satz 1 SGB IV). Die Verjährung wird gehemmt, wenn ein Verwaltungsakt zur Durchsetzung des Beitragsanspruches erlassen wird (§ 52 Abs 1 SGB X). Die Hemmung beginnt nach § 25 Abs 2 S 4 und 5 SGB IV mit dem Tag des **Beginns der Prüfung beim ArbGeb;** kommt es aus Gründen, die die prüfende Stelle nicht zu vertreten hat, zu einem späteren Beginn der Prüfung, tritt die Hemmung mit dem von dem Versicherungsträger in seiner Prüfungsankündigung ursprünglich bestimmten Tag ein. Dabei reicht es nicht aus, dass die Prüfstelle ankündigt, sie beabsichtige „zum Jahresende" eine Betriebsprüfung. Erforderlich ist die Angabe eines konkreten Datums, denn die ArbGeb-Prüfung nach § 28p SGB IV erfolgt grundsätzlich nach vorheriger Ankündigung durch die Versicherungsträger bei Einhaltung konkreter Vorlauffristen (vgl § 7 Abs 1 S 1 Beitragsverfahrensverordnung <BVV>, dazu vgl BSG 4.9.18 – B 12 R – 4/17 R, BeckRS 2018, 30350). Die Hemmung endet mit Eintritt der Unanfechtbarkeit des Verwaltungsaktes (dazu gilt die 30-jährige Verjährung, § 52 Abs 2 SGB X) oder sechs Monate nach seiner anderweitigen Erledigung (§ 52 Abs 1 Satz 2 SGB X). In der RV unterbricht bereits ein „Beitragsverfahren" die Verjährungsfrist (§ 198 SGB VI); dazu reicht nach BSG bereits in darauf bezogenes in die Sphäre des Betroffenen hineinwirkendes tatsächliche Tätigwerden der Behörde (zB Übersendung von Fragebögen zu Ermittlung des Sachverhalts), ohne dass der Betroffenen davon

förmlich Kenntnis erlangen muss (BSG 27.7.2011 – B 12 R 19/09 R SozR 4–2600 § 198 Nr 1).

Für die Dauer einer Prüfung beim ArbGeb ist die Verjährung gehemmt. Die Hemmung beginnt mit dem Tag des Beginns der Prüfung und endet mit Bekanntgabe des Beitragsbescheides, spätestens nach Ablauf von sechs Monaten nach Abschluss der Prüfung (§ 25 Abs 2 Sätze 3 ff SGB IV; *Außenprüfung*). 33

**5. Verwirkung von Beitragsforderungen** setzt ein besonderes „Verwirkungsverhalten" des Versicherungsträgers voraus, das ein Vertrauen des Beitragspflichtigen darauf schafft, ohne Versicherungsschutz keine Beiträge mehr bezahlen zu müssen. Dies wurde von der Rspr in Fällen angenommen, in denen der Versicherungsträger den Versicherungsschutz zunächst zu Unrecht verneint hatte (BSG 4.6.91 – 12 RK 52/90, SozR 3–200 § 381 Nr 2) oder er sich durch eine Meldung hätte gedrängt fühlen müssen, den Versicherten auf den bestehenden Versicherungsschutz hinzuweisen (BSG 17.12.80 – 12 RK 34/80, SozR 2200 § 381 Nr 44). Kann die Unkenntnis des Versicherten vom Versicherungsschutz jedoch dem Versicherungsträger nicht angelastet werden, und wird das Versicherungsverhältnis erst nachträglich festgestellt, hindert dies den Versicherungsträger nicht daran, auch für die Vergangenheit auf seiner Beitragsforderung zu bestehen. Diese für SozVBeiträge entwickelten Grundsätze gelten auch für die Umlage nach dem AAG (früher: LFZG) für Entgeltfortzahlung (BSG 12.3.96 – 1 RK 11/94, SozR 3–7860 § 14 Nr 3) und die Umlage im Rahmen des Mutterschutzes. 34

**6. Die Erstattung zu Unrecht entrichteter Beiträge** ist in § 26 SGB IV geregelt. 35
**a) Voraussetzungen.** Die Beitragserstattung erfolgt an diejenigen, die die Beiträge zu tragen hatten. Die Erstattung ist ausgeschlossen, wenn der Versicherungsträger bis zur Geltendmachung des Erstattungsanspruches aufgrund dieser Beiträge oder für den Zeitraum, für den die Beiträge entrichtet worden sind, Leistungen erbracht hat (§ 26 Abs 2 und 3 SGB IV, sog Verfallklausel). Diese Regelung gilt uneingeschränkt für die SozV. Für den Bereich der Arbeitsförderung wird § 26 SGB IV durch § 351 Abs 1 SGB III modifiziert: Danach ist die Beitragserstattung (lediglich) um den Betrag derjenigen Leistungen zu mindern, der in der irrtümlichen Annahme von Versicherungspflicht gezahlt worden ist.

Die Beitragserstattung setzt voraus, dass die jeweiligen Beiträge (Pflichtbeiträge, freiwillige Beiträge, Nachversicherungsbeiträge, Höherversicherungsbeiträge) nach materiellem Recht nicht oder nicht in der gezahlten Höhe entrichtet werden durften. Erfolgte die Beitragsentrichtung aufgrund eines bestandskräftigen (rechtswidrigen, aber nicht nichtigen) Verwaltungsaktes/Bescheides, ist zunächst dieser Verwaltungsakt gem §§ 44 ff SGB X zu beseitigen; solange dieser Bescheid nicht „beseitigt" ist, besteht für die Beitragsentrichtung ein Rechtsgrund, so dass kein Tatbestand zu Unrecht erfolgter Beitragsentrichtung vorliegt (BSG 27.1.00 – B 12 KR 10/99 R, SozR 3–2400 § 28h Nr 1 S 44 mwN). 36

Pflichtbeiträge zur RV, die wegen Fehlens der Versicherungspflicht zu Unrecht entrichtet wurden, gelten, wenn sie von den Einzugsstellen nicht mehr beanstandet werden dürfen, als zu Recht entrichtete Pflichtbeiträge (§ 26 Abs 1 SGB IV). Pflichtbeiträge zur RV, die in der irrtümlichen Annahme der Versicherungspflicht entrichtet sind, rechtzeitig (§ 26 Abs 1 Satz 1 SGB IV) beanstandet, aber vom Versicherten nicht zurückgefordert werden, gelten als freiwillige Beiträge (§ 202 SGB VI). Im Übrigen richtet sich die Beitragserstattung auch für diese Beiträge nach § 26 Abs 2 SGB IV. Leistungserbringung schließt den Erstattungsanspruch aus, sofern die Leistung aufgrund der Beiträge erbracht wurde oder noch zu erbringen ist (vgl jedoch § 351 Abs 1 Satz 1 SGB III für die ArblV). Zur Verzinsung und Verjährung des Beitragserstattungsanspruchs vgl § 27 SGB IV, zur Verrechnung und Aufrechnung des Erstattungsanspruchs vgl § 28 SGB IV (→ *Aufrechnung* Rn 29 ff). Die BA ist jedoch gehindert, sich gegenüber dem Anspruch auf Erstattung zu Unrecht entrichteter Beiträge auf Verjährung zu berufen, wenn sie zuvor einen Anspruch auf AlGeld wegen der in der Vergangenheit zu Unrecht angenommenen Versicherungspflicht abgelehnt und dabei den Berechtigten nicht umfassend und vollständig über die Notwendigkeit einer entsprechenden schriftlichen Antragstellung sowie deren Modalitäten belehrt hat (BSG 12.12.07 – B 12 AL 1/06 R, SozR 4200 § 27 Nr 3). 37

**b) Erstattungsverfahren.** An sich setzt die Beitragserstattung voraus, dass der für die Erstattung zuständige Träger eine entsprechende Entscheidung trifft und die zu Unrecht 38 entrichteten Beiträge an den ArbGeb und an den ArbN erstattet, je nachdem, wer die Beiträge getragen hat (§ 26 Abs 3 SGB IV). Dieses Verfahren ist umständlich und verwaltungsintensiv. Für den Bereich der GesamtSozVBeiträge praktizieren die Versicherungsträger ein **Beitragsverrechnungsverfahren**, dessen Einzelheiten, insbesondere Ablauf und Zuständigkeit etc in den „Gemeinsamen Grundsätzen zur Verrechnung und Erstattung zu Unrecht gezahlter Beiträge zur KV, PflegeV, RV und ArblV“ vom 26.3.03 beschrieben sind.

39 **7. Beitragsentrichtung im Arbeitsverhältnis.** Die Verantwortung für die Beitragsentrichtung liegt weitestgehend beim ArbGeb.

**a) Gesamtsozialversicherungsbeiträge** sind vom ArbGeb als Schuldner der Beiträge an die Einzugsstelle (§ 28h Abs 1 SGB IV) zu zahlen (§ 28e Abs 1 SGB IV). ArbGeb ist bei jeder Person grds die juristische Person, nicht die einzelnen Gesellschaften oder die vertretungsberechtigten Organe (Vorstand, Geschäftsführer etc). Die Beiträge zur gesetzlichen KV, PflegeV und RV und für einen kraft Gesetzes versicherten Beschäftigten oder Hausgewerbetreibenden sowie die Beiträge zur BA werden als GesamtSozVBeitrag gezahlt (§ 28d SGB IV). Zu beachten ist, dass die gesetzliche KV, PflegeV und RV von einem einheitlichen Beitrag ausgehen, der von ArbGeb und ArbN jeweils zur Hälfte zu tragen ist (→ *Krankenversicherungsbeiträge* Rn 39; → *Rentenversicherungsbeiträge* Rn 17, 18 Beitragstragung). Dies gilt auch für den Bereich der Arbeitsförderung (§ 346 SGB III). Der Beitrag des ArbGeb bemisst sich nach der Summe der beitragspflichtigen Entgelte aller bei ihm beschäftigten ArbN. Lediglich für den Einzug des GesamtSozVBeitrages wird der ArbGebBeitrag auf die einzelnen ArbN aufgeteilt. Nur ausnahmsweise ist der ArbN zahlungspflichtig, nämlich dann, wenn der ArbGeb ein ausländischer Staat, eine über- oder zwischenstaatliche Organisation oder eine Person ist, die nicht der inländischen Gerichtsbarkeit untersteht und die Zahlungspflicht nach § 28e Abs 1 SGB IV nicht erfüllt (§ 28m Abs 1 und 2 SGB IV; → Rn 51). – **Besonderheiten** bestehen seit 1.4.03 im Bereich der sog **Gleitzone für Arbeitsentgelte zwischen 450,01 € und 850 € (bzw seit 1.7.19 sog Übergangsbereich von 450,01 € bis 1300 €);** dort trägt der ArbGeb die Hälfte des auf das Arbeitsentgelt entfallenden Beitrags, während der ArbNAnteil von rund 4 vH bei 450,01 € langsam wächst und bei 1300 € etwa die Hälfte des GesamtSozVBeitrags erreicht (Einzelheiten dazu *Minijob*).

40 **Haftung für Beitragsschulden Dritter** bei der **Arbeitnehmerüberlassung** sieht § 28e Abs 2 SGB IV vor: Für die Erfüllung der Zahlungspflicht des ArbGeb haftet bei einem wirksamen ArbNÜberlassungsvertrag der Entleiher wie ein selbstschuldnerischer Bürge, soweit ihm ArbN gegen Vergütung zur Arbeitsleistung überlassen worden sind. Dagegen besteht bei der unerlaubten ArbNÜberlassung eine originäre Beitragsschuld des Entleihers, denn gem § 10 Abs 1 Satz 1 AÜG wird in diesem Fall ein Arbeitsverhältnis zwischen dem Entleiher und dem ArbN fingiert. Zahlt der Verleiher gleichwohl Lohn, hat er auch die hierauf entfallenden GesamtSozVBeiträge zu entrichten (§ 28e Abs 2 Satz 3 SGB IV); Verleiher und Entleiher haften in diesem Falle als Gesamtschuldner, da der Verleiher (trotz der Fiktion des § 10 AÜG) für die Zahlungspflicht bezüglich der GesamtSozVBeiträge neben dem Entleiher gem § 28e Abs 2 Satz 4 SGB IV als ArbGeb gilt.

41 Die Gesellschafter einer GmbH, deren Eintragung scheitert, haften für rückständige Beiträge unbeschränkt im Verhältnis ihrer Anteile nur der Gesellschaft (Innenhaftung), nicht jedoch der Einzugsstelle (Außenhaftung). Eine unbeschränkte anteilige Außenhaftung besteht jedoch bei Vermögenslosigkeit der **Vor-GmbH.** Eine unbeschränkte volle Außenhaftung besteht, wenn sich die Vor-GmbH als unechte Vorgesellschaft erweist, weil die Eintragungsabsicht aufgegeben worden ist, ohne dass die Gesellschafter ihre geschäftliche Tätigkeit sofort eingestellt hätten (BSG 8.12.99 – B 12 KR 10/98 R, SozR 3–2400 § 28e Nr 1). Entsprechendes gilt für sonstige Kapitalgesellschaften, die nicht zur Eintragung gelangen (zu Genossenschaft BSG 8.12.99 – B 12 KR 18/99 R, SozR 3–2400 § 28e Nr 2).

42 **Reeder** haften gem § 28e Abs 3 SGB IV für die Zahlungspflicht des ArbGeb (falls der Reeder nicht ohnehin ArbGeb ist) von in § 176 Nrn 1–3 SGB V genannten Personen neben dem ArbGeb als Gesamtschuldner. Zur Haftung des **Auftraggebers im Baugewerbe,** vgl § 28e Abs 3a SGB IV, und zur Haftung von Auftraggebern in der **Fleischwirtschaft** sowie in der Kurier-, Express- und **Paketbranche** *(Arbeitgeberhaftung)*.

43 **Sonstige Beiträge,** die der ArbN im Hinblick auf Versorgungsbezüge, anderweitiges Arbeitseinkommen (zB aus einer selbstständigen Tätigkeit) oder aus dem Rentenzahlbetrag

zu tragen hat, sind nicht vom ArbGeb abzuführen. Insoweit besteht auch keine subsidiäre Beitragshaftung des ArbGeb. Für die vom ArbN zu tragenden, nicht auf das Arbeitsentgelt entfallenden Beiträge gilt § 28e Abs 1 SGB IV nicht (zur Zahlungspflicht in diesen Fällen *Krankenversicherungsbeiträge (Rentenversicherungsbeiträge)*.

**b) Aufgaben des Arbeitgebers** sind zunächst die Meldepflichten (s *Meldepflichten Arbeitgeber*) und Aufzeichnungspflichten (§ 28 f SGB IV; s *Aufzeichnungspflichten*). Der ArbGeb hat eigenständig zu prüfen, ob und in welcher Höhe für einen ArbN GesamtSozVBeiträge zu entrichten sind. Fällige Beiträge sind von ihm selbstständig – ohne besondere Aufforderung durch die Einzugsstelle und ohne vorherigen Erlass eines Beitragsbescheides – an diese zu zahlen. In Zweifelsfällen hat sich der ArbGeb an die Einzugsstelle zu wenden, die dann im Einzelfall über die Versicherungs- und Beitragspflicht entscheidet (§ 28h Abs 2 SGB IV). In diesem Fall sowie wenn der ArbGeb seinen Pflichten nicht von sich aus nachkommt, ergeht ausnahmsweise ein Verwaltungsakt (Beitragsbescheid) der Einzugsstelle. 44

**Gesamtsozialversicherungsbeiträge** entrichtet der ArbGeb nicht für jeden seiner ArbN gesondert, vielmehr in einer Summe für sämtliche ArbN. Allerdings müssen Lohnunterlagen für jeden Beschäftigten getrennt nach Kj geführt und aufbewahrt werden. Bei der Beitragszahlung selbst wird ein Einzelnachweis für den einzelnen ArbN nicht verlangt. Die (insgesamt) zu zahlenden Beiträge sind im Beitragsnachweis nach Beitragsgruppen aufzugliedern und jeweils in einer Summe anzugeben. Die Pflicht zur Beitragszahlung erstreckt sich auch auf die vom ArbN zu tragenden Beitragsanteile und den Beitrag des ArbN zur ArblV. 45

**c) Beitragsnachweis durch den Arbeitgeber.** Beitragsnachweise sind vom ArbGeb bei der Einzugsstelle rechtzeitig einzureichen (§ 28 f Abs 2 Satz 1 SGB IV). Es handelt sich hierbei um **Selbstberechnungserklärungen.** Einzelheiten hierzu regeln die §§ 1, 2 BeitragsverfahrensVO (BVV, zuvor § 3 BüVO). 46

**aa) Mittelbare Beitragsberechnungspflichten** des ArbGeb zieht die in § 28 f Abs 2 SGB IV vorgeschriebene Beitragsnachweispflicht deshalb nach sich, weil der ArbGeb Beiträge nicht nachweisen kann, ohne sie zuvor errechnet zu haben. 47

**bb) Inhalt des Beitragsnachweises** sind die nach §§ 8, 9 BeitragsverfahrensVO (BVV, früher §§ 3, 4 BüVO) aufzulistenden Beiträge und Umlagen: dh, der ArbGeb hat die Summen der von ihm anzufügenden Beiträge zur KV, PflegeV, RV und ArblV und Umlagen nach dem AAG für Krankheitsaufwendungen und Mutterschaftsaufwendungen für jeden Lohn- und Gehaltsabrechnungszeitraum gesondert zusammenzustellen; eine Aufteilung erfolgt nur nach verschiedenen Beitragsgruppen, nicht aber auf die einzelnen Beschäftigten. 48

**cc) Vordruck.** Für den Beitragsnachweis nach § 28 f Abs 3 SGB IV ist der **Datensatz** nach § 28b Abs 2 Satz 1 SGB IV zu verwenden und durch gesicherte und verschlüsselte Datenübertragung aus systemgeprüften Programmen oder mittels maschinell erstellter Ausfüllhilfen zu übermitteln (§ 1 Satz 2 DEÜV; → *Meldepflichten Arbeitgeber* Rn 18 ff). Der Beitragsnachweis ist an die zuständige Annahmestelle zu übermitteln; das ist diejenige Stelle, die im Zulassungsbescheid des vom ArbGeb zur Datenübermittlung verwendeten Programms genannt wird (§ 23 iVm § 26 DEÜV). 49

**dd) Rechtzeitigkeit** des Beitragsnachweises liegt vor, wenn er der Beitragseinzugsstelle spätestens zwei Tage vor Fälligkeit der Beiträge übermittelt wird (§ 28 f Abs 3 SGB IV).Weshalb der maßgebliche Vorlagetermin nicht eingehalten wird, insbes, ob den ArbGeb hierfür ein Verschulden trifft, ist unerheblich. Die Schätzung bleibt maßgeblich, bis der Nachweis ordnungsgemäß eingereicht wird (§ 28 f Abs 2 SGB IV). 50

**ee) Vollstreckungsgrundlage** für Geldforderungen ist nach dem Verwaltungsvollstreckungsgesetz regelmäßig das Vorliegen eines Verwaltungsaktes/Leistungsbescheides (§ 3 Abs 2 VwVG). Gem § 28 f Abs 3 Satz 3 SGB IV gilt der Beitragsnachweis für die Vollstreckung als Leistungsbescheid der Einzugsstelle, dh die Vollstreckung kann unmittelbar nach Vorliegen des Beitragsnachweises eingeleitet werden. 51

**ff) Arbeitgeber mit zentraler Lohn- und Gehaltsabrechnung** und Arbeitsstätten in den Bezirken mehrerer Orts- oder Innungskrankenkassen können beim jeweiligen Bundesverband beantragen, dass der Beitragsnachweis bei der beauftragten Stelle eingereicht wird (§ 28 f Abs 4 SGB IV). 52

**d) Pflichten des Arbeitnehmers** bestehen insbesondere darin, dass er den Beitragsabzug von seinem Lohn/Gehalt dulden muss, denn gem § 28g Sätze 1 und 2 SGB IV hat 53 der ArbGeb gegen den ArbN einen Anspruch auf den vom Beschäftigten zu tragenden Teil des GesamtSozVBeitrages (Satz 1), den er nur im Wege des Abzugs vom Arbeitsentgelt (rechtstechnisch also durch Aufrechnung) geltend machen kann (Satz 2; Einzelheiten *Lohnabzugsverfahren*). Im Übrigen ist der ArbN verpflichtet, dem ArbGeb die zur Durchführung des Meldeverfahrens und der Beitragsentrichtung erforderlichen Tatsachen mitzuteilen und erforderlichenfalls Unterlagen vorzulegen (§ 28o SGB IV).

54 **e) Beitragsentrichtungspflichten des Arbeitnehmers.** Der ArbN ist nur ausnahmsweise zur Zahlung der GesamtSozVBeiträge verpflichtet. Gem § 28 m SBG IV hat der ArbN den GesamtSozVBeitrag zu zahlen, wenn sein ArbGeb ein ausländischer Staat, eine über- oder zwischenstaatliche Organisation oder eine Person ist, die nicht der inländischen Gerichtsbarkeit untersteht und die Zahlungspflichten nach § 28e SGB IV nicht erfüllt. Die Zahlungspflicht erstreckt sich auch auf den Beitragsanteil des ArbGeb bzw auf den eigenen Beitrag des ArbGeb in der ArblV. Dies bedeutet, dass der ArbN insoweit auch eine den ArbGeb treffende Verbindlichkeit erfüllt; gem § 28 m Abs 4 SGB IV erwächst dem ArbN deshalb ein Anspruch gegen den ArbGeb zur Erstattung des auf den ArbGeb entfallenden Beitragsanteils. Der ArbN zahlt hier auf fremde Schuld, denn § 28 m SGB IV beseitigt die primäre Zahlungspflicht seines ArbGeb nicht.

55 **f) Beitragseinzugsstellen** sind die Krankenkassen (§ 28h Abs 1 Satz 1 SGB IV, § 4 SGB V). Zuständige Einzugsstelle für den GesamtSozVBeitrag ist die Krankenkasse, von der die KV durchgeführt wird (§ 28i Abs 1 Satz 1 SGB IV). Für Beschäftigte, die bei keiner Krankenkasse versichert sind vgl § 28i Abs 1 Satz 2 SGB IV. Beitragseinzugsstelle für **geringfügig Beschäftigte** ist die DRV Knappschaft/Bahn/See (§ 28i Satz 5 SGB IV).

56 **g) Bescheide über Versicherungs- und Beitragspflicht.** In Zweifelsfällen, auf Antrag des ArbN oder des ArbGeb oder wenn der ArbGeb seinen Nachweis- und Beitragszahlungspflichten nicht von sich aus nachkommt, erlässt die Beitragseinzugsstelle Verwaltungsakte (Bescheide) über die Versicherungs- und Beitragspflicht oder die konkrete Beitragshöhe. Die Beitragseinzugsstelle erlässt auch den Widerspruchsbescheid (§ 28h Abs 2 SGB IV; zur Regelungsbefugnis im Verhältnis zu anderen Hoheitsträgern BSG 25.1.95 – 12 RK 72/93, SozR 3–1500 § 54 Nr 22).

57 Die Beitragseinzugsstelle hat über die Versicherungspflicht und die Beitragspflicht in den einzelnen Zweigen der SozV sowie zur BA stets **personenbezogene Feststellungen** zu treffen; dies gilt auch dann, wenn die Versicherungs- oder Beitragspflicht für ganze Personengruppen, Kolonnen oder Abteilungen etc eines ArbGeb streitig ist. Die Einzugsstelle ist verpflichtet, vor Erlass eines **Beitragsbescheides** die von der Versicherungs- und Beitragspflicht betroffenen Personen mit Hilfe des ArbGeb festzustellen, sie anzuhören und sodann für jede einzelne Person die versicherungs- und beitragsrechtliche Prüfung gesondert vorzunehmen. Der Mangel der personellen Bestimmtheit des Verwaltungsaktes kann in einem späteren Sozialgerichtsprozess nicht durch ein „Nachschieben von Gründen" oder eine Beiladung der genannten Personen behoben oder deswegen hingenommen werden, weil die Beteiligten einen „Musterprozess" führen wollen (BSG 23.5.95 – 12 KK 63/93, SozR 3–2400 § 28h Nr 3). Eine personenbezogene Feststellung erfordert neben einer Angabe der Personalien der betreffenden Personen die Zeiträume, für die Versicherungspflicht besteht und Beiträge erhoben werden, und zwar getrennt nach Versicherungszweigen und Beitragsgruppen; es muss gewährleistet sein, dass die auch der Höhe nach bestimmten Beiträge den einzelnen ArbN individuell zugeordnet werden können.

58 Ein **Summenbescheid** ohne personenbezogene Feststellungen, dessen Grundlage die Summe des vom ArbGeb gezahlten Arbeitsentgelts ist, ist nur rechtmäßig, wenn auf Grund **nicht ordnungsgemäßer Aufzeichnungen** personenbezogene Feststellungen nicht oder mit einem nicht vertretbaren Aufwand getroffen werden können (zu den Voraussetzungen § 28 f Abs 2 SGB IV; dazu *Lohnkonto*). Kann der Träger der RV bei einer Außenprüfung die Höhe des Arbeitsentgelts mangels ordnungsgemäßer Aufzeichnungen nicht oder nur mit unverhältnismäßigem Aufwand ermitteln, ist zudem eine **Schätzung der Arbeitsentgelte** zulässig (§ 27 f Abs 2 Satz 4 SGB IV). Gleiches gilt bei der **Nichtvorlage ordnungsgemäß geführter Aufzeichnungen** (zB Verweigerung der Herausgabe von Lohnaufzeichnungen, vgl BSG 4.9.18 – B 12 R 4/17 R, BeckRS 2018, 30350). Wird aufgrund einer **Außenprüfung** der Erlass entsprechender Bescheide über die Versicherungspflicht oder die Beitragshöhe erforderlich, sind hierzu die RVTräger verpflichtet und befugt (§ 28p Abs 1 Satz 5

SGB IV). Der Erlass eines Summenbescheides setzt keine Ermessensentscheidung voraus (BSG 7.2.02 – B 12 KR 12/01 R, NZS 2002, 593). Hat ein ArbGeb zunächst gegen Meldevorschriften verstoßen und wurde deshalb ein Summenbescheid erlassen, wird dieser nicht dadurch rechtswidrig, dass der ArbGeb im Gerichtsverfahren behauptet, eine personenbezogene Beitragsfeststellung sei immer noch möglich und nachholbar; in einem solchen Fall ist es Sache des ArbGeb, auch zu seinem späteren Zeitpunkt seinen **Aufzeichnungs- und Melde- und Beitragspflichten** nachzukommen und bei der beklagten Prüfbehörde einen entsprechenden Antrag auf teilweise **Widerruf des angefochtenen Summenbescheides** gem § 28 f Abs 2 Satz 5 SGB IV zu stellen (BSG Beschl v 4.4.18 – B 12 R 38/17 B, BeckRS 2018, 9311).

**h) Zwangsweise Durchsetzung.** Eine zwangsweise Durchsetzung des Beitragseinzugs 59
ist möglich im Wege der Aufrechnung seitens der Einzugsstelle nach Maßgabe des § 51 Abs 2 SGB I (s *Aufrechnung*) oder der Vollstreckung nach § 66 SGB X. Letztere kann erfolgen durch Vollstreckung nach dem Verwaltungsvollstreckungsgesetz des Bundes (§ 66 Abs 1 SGB X) oder aus einem Verwaltungsakt in entsprechender Anwendung der ZPO (§ 66 Abs 4 SGB X). Der Beitragsnachweis des ArbGeb gilt für die Vollstreckung als Leistungsbescheid der Einzugsstelle (§ 28 f Abs 3 Satz 3 SGB IV), so dass bereits aufgrund des Beitragsnachweises vollstreckt werden kann, ohne dass es eines weiteren Beitragsbescheides der Einzugsstelle bedarf.

**8. Besonderheiten bei in privaten Haushalten Beschäftigten.** Aufwendungen für 60
Personen, die rentenversicherungspflichtig in einem **hauswirtschaftlichen Beschäftigungsverhältnis** stehen (sog „Dienstmädchen“ oder Haushaltsangestellte), können nach § 10 Abs 1 Nr 8 EStG als Sonderausgaben begrenzt steuerlich abgesetzt werden. Art 25 JStG 1997 enthält hierzu korrespondierende Sondervorschriften für das Beitragsrecht und das sozialversicherungsrechtliche Meldewesen. Zweck dieser Sondervorschriften ist es, den Abschluss sozialversicherungspflichtiger Beschäftigungsverhältnisse in Privathaushalten auch durch Maßnahmen der Verfahrensvereinfachung im SozVRecht zu fördern (BR-Drs 390/96 S 90 zu Art 23). Weitere Einzelheiten s *Hauswirtschaftliches Beschäftigungsverhältnis*.

**9. Beitragsentrichtung in der Unfallversicherung. a) Umlageverfahren.** Die Mit- 61
tel für die Aufgaben der BG werden durch Beiträge der Unternehmer aufgebracht (§ 150 SGB VII). Die ArbN selbst werden zur Beitragszahlung oder Beitragstragung nicht herangezogen. Dies wird damit gerechtfertigt, dass durch die alleinige Beitragspflicht der Unternehmer ihre Haftpflicht gegenüber den ArbN abgelöst wird (§§ 104, 105 SGB VII). Die Beiträge müssen den Bedarf des abgelaufenen Geschäftsjahres einschließlich des zur Ansammlung der Rücklage Nötigen decken. Sie dürfen darüber hinaus nur zur Beschaffung der Betriebsmittel erhoben werden (§ 152 SGB VII), dh, es gilt grds das Prinzip der nachträglichen Bedarfsdeckung **(Umlageverfahren),** was freilich die Erhebung von Vorschüssen nach § 164 SGB VII auf die Umlage nicht ausschließt.

**b) Berechnungsgrundlagen** für die Beiträge der Unternehmer sind der Finanzbedarf 62
der BG (sog Umlagesoll), die Arbeitsentgelte der Versicherten sowie die Gefahrklassen (§ 153 Abs 1 SGB VII). Die Satzung kann bestimmen, dass ein einheitlicher Mindestbeitrag erhoben wird (§ 161 SGB VII).

Das **Umlagesoll** bezeichnet denjenigen Betrag, den der Versicherungsträger auf die 63
Unternehmen umlegen darf und muss. Die Umlage muss den Bedarf des abgelaufenen Kj einschließlich der zur Ansammlung der Rücklage (§ 172 SGB VII) nötigen Beträge decken. Darüber hinaus dürfen Beiträge nur zur Zuführung zu den Betriebsmitteln (§ 171 SGB VII) erhoben werden (§ 152 Abs 1 SGB VII).

Die **Arbeitsentgelte** der Beschäftigten werden nur bis zur Höhe des Höchstjahresarbeits- 64
verdienstes (§ 85 Abs 2 SGB VII) zugrunde gelegt; zulässig ist es auch, durch Satzung für ArbN die das 18. Lebensjahr vollendet haben, Mindestjahresarbeitsverdienste (§ 85 SGB VII) festzusetzen (§ 153 SGB VII). Die Satzung kann auch bestimmen, dass die Beiträge nicht nach den Arbeitsentgelten, sondern nach der **Zahl der Versicherten** unter Berücksichtigung der Gefährdungsrisiken berechnet werden (§ 155 SGB VII; zur Kombination Mindestbeitrag/Zahl der ArbN vgl BSG 27.1.94 – 2 RU 4/93, SozR 3–2200 § 581 Nr 4). Alternativ kommt auch die satzungsrechtlich festgelegte Beitragsbemessung nach der **Zahl der geleisteten Arbeitsstunden** in Betracht (§ 156 SGB VII).

65 Der **Gefahrtarif** als Ausdruck des Unfallrisikos im Betrieb wird von der Vertreterversammlung nach dem Grad der Unfallgefahr gebildet; die Gefahrklassen werden aus dem Verhältnis der (von der BG) gezahlten Leistungen zu den Arbeitsentgelten berechnet (§ 157 SGB VII). Die UVTräger veranlagen die Unternehmen für die Tarifzeit nach dem Gefahrtarif zu den Gefahrklassen. Der Gefahrtarif hat eine Geltungsdauer von höchstens sechs Kj (§ 157 Abs 5 SGB VII). Treten im Unternehmen Veränderungen auf, hat der Unternehmer dies der BG mitzuteilen; er kann dadurch eine Veränderung der Veranlagung zum Gefahrtarif erreichen (§§ 159, 160 SGB VII).

66 § 162 Abs 1 SGB VII schreibt zwingend vor, dass die gewerblichen BG unter Berücksichtigung der anzuzeigenden Versicherungsfälle **Zuschläge** aufzuerlegen oder **Nachlässe** zu bewilligen haben. Deren Höhe richtet sich nach der Zahl, der Schwere, den Aufwendungen für die Versicherungsfälle oder nach mehreren dieser Merkmale. Wegeunfälle (§ 8 Abs 2 Nr 1 bis 4 SGB VII) bleiben bei Nachlässen und Zuschlägen – da vom Unternehmer nicht beherrschbar – außer Betracht. Anders als nach den zuvor geltenden Vorschriften der RVO kann die Satzung auch vorsehen, dass Versicherungsfälle auf Betriebswegen in gleicher Weise wie Wegeunfälle vom Nachlass- und Zuschlagverfahren ausgenommen werden (§ 162 Abs 1 Satz 2 Hs 2 SGB VII; BT-Drs 13/2204 S 112 zu § 162 des Entwurfs).

67 Unter Berücksichtigung der Anstrengungen der Unternehmen zur Verhütung von Arbeitsunfällen, Berufskrankheiten und zur arbeitsbedingten Gesundheitsfürsorge können die UVTräger des Weiteren – außer für gewerbsmäßige Bauarbeiten – auch **Prämien** gewähren (§ 162 Abs 2 und 3 SGB VII; BSG 9.12.93 – 2 RU 44/92, SozR 3–2200 § 725 Nr 2).

68 **c)** Die **Beitragserhebung (Umlageverfahren im engeren Sinne)** ist in den §§ 165–170 SGB VII geregelt. Zur Ermittlung der Umlage haben die Unternehmer innerhalb von sechs Wochen nach Ablauf eines Kj die Arbeitsentgelte der Versicherten und die geleisteten Arbeitsstunden in der vom UVTräger geforderten Aufteilung zu melden (§ 165 Abs 1 SGB VII). Kommt der Unternehmer dieser Pflicht zum sog **Lohnnachweis** nicht (rechtzeitig) nach, kann der UVTräger eine Schätzung vornehmen; gleiches gilt, wenn die Angaben überhaupt nicht vorgenommen werden, falsch oder unvollständig sind (§ 165 Abs 3 SGB VII). Der Lohnnachweis ist durch geeignete Unterlagen zu dokumentieren, die fünf Jahre lang aufzubewahren sind (§ 165 Abs 4 SGB VII).

69 Der **konkrete Beitrag** ergibt sich aus den zu berücksichtigenden Arbeitsentgelten, den Gefahrklassen und dem Beitragsfuß. Der Beitragsfuß wird durch Division des Umlagesolls durch die Beitragseinheiten (Arbeitsentgelte × Gefahrklassen) berechnet, wobei die Einzelheiten durch Satzungsrecht zu regeln sind (§ 167 SGB VII).

70 Der Beitrag wird durch **schriftlichen Beitragsbescheid** festgesetzt (§ 168 Abs 1 SGB VII). Die Satzung kann auch vorsehen, dass der Unternehmer den Beitrag selbst zu berechnen hat (§ 168 Abs 3 SGB VII). Der Beitragsbescheid darf mit Wirkung für die Vergangenheit zuungunsten des Beitragspflichtigen nur in den Ausnahmefällen des § 168 Abs 2 SGB VII aufgehoben werden. Zum neuen Recht der ArbGebMeldung und zur Betriebsprüfung → *Meldepflichten Arbeitgeber* Rn 45 ff.

71 **10. Anhang.** Aktuelle Werte/Rechengrößen der SozV/Beitragssätze:

| | **2019 in €** | | **2020 in €** | |
|---|---|---|---|---|
| | **alte Bl** | **neue Bl** | **alte Bl** | **neue Bl** |
| **a) Bezugsgröße (§ 18 SGB IV)** | | | | |
| **jährlich** | **37.380** | **34.440** | **38.220** | **36.120** |
| **monatlich** | **3.115** | **2.870** | **3.185** | **3.010** |
| **b) „Geringfügigkeitsgrenze" bei geringfügiger Beschäftigung iSd § 8 Abs 1 Nr 1 SGB IV; *(Geringfügige Beschäftigung)*** | | | | |
| **monatlich** | **450** | **450** | **450** | **450** |
| **c) Beitragssätze** | | | | |
| allgemeine RV | 18,6 vH | 18,6 vH | 18,6 vH | 18,7 vH |
| knappschaftliche RV | 24,7 vH | 24,7 vH | 24,7 vH | 24,7 vH |
| ArblV | 2,5 vH | 2,5 vH | 2,4 vH | 2,4 vH |
| Pflegeversicherung | 3,05 vH | 3,05 vH | 3,05 vH | 3,05 vH |

# Sperrzeit

## A. Arbeitsrecht

*Kreitner*

Von den verschiedenen Sperrzeittatbeständen des § 159 SGB III (→ Rn 8 ff) ist arbeitsrechtlich insbes die einvernehmliche Auflösung des Arbeitsverhältnisses im Wege eines Aufhebungsvertrages von Bedeutung. Hier stellt sich die Frage, ob und ggf in welchem Umfang auf Grundlage der ArbGebSeitigen Fürsorgepflicht (→ *Fürsorgepflicht* Rn 15) **Hinweis- und Aufklärungspflichten des Arbeitgebers** bezüglich der möglichen Verhängung einer Sperrzeit gegenüber dem ausscheidenden ArbN bestehen. Weitere Rechtsunsicherheit ist durch § 1a KSchG entstanden (*Giesen* NJW 04, 185). Auf der Grundlage der Rspr des BSG zum Lösungsbegriff und zum Aufhebungsvertrag wird man ein Vorgehen der Arbeitsvertragsparteien nach § 1a KSchG als sperrzeitunschädlich ansehen müssen, da nur so der Normzweck der Vorschrift zum Tragen kommen kann (→ Rn 11). Die Rspr geht bislang von einer eher restriktiven Handhabung derartiger Hinweispflichten des ArbGeb, jedenfalls im Bereich des früheren § 119 AFG (jetzt § 159 SGB III), aus. Danach muss sich der ArbN regelmäßig selbst über die sozialversicherungsrechtlichen Folgen einer Vertragsauflösung informieren. Gesteigerte Hinweispflichten könnten den ArbGeb allerdings vor allem dann treffen, wenn die zur Beendigung des Arbeitsverhältnisses führende Vereinbarung auf seine Initiative hin und in seinem Interesse zustande kommt (BAG 16.11.05 – 7 AZR 86/05, NZA 06, 535; → *Aufhebungsvertrag* Rn 14). 1

Davon unabhängig empfiehlt es sich, im Rahmen von Aufhebungsverträgen regelmäßig einen Hinweis auf eine mögliche Sperrzeitverhängung in den Vertragswortlaut mitaufzunehmen, um damit mögliche Schadensersatzansprüche des ArbN von vornherein auszuschließen. Das Gleiche gilt für die Meldepflicht des gekündigten ArbN gem § 38 SGB III. Gem § 159 Abs 1 Satz 2 Nr 7, Abs 6 SGB III führt die verspätete Arbeitslosmeldung für den ArbN zu einer einwöchigen Sperrzeit (→ Rn 23; dazu *Rolfs* DB 06, 1009). Schadensersatzansprüche gegen den ArbGeb wegen eines unterbliebenen diesbezüglichen Hinweises werden von den Gerichten zu Recht abgelehnt (BAG 29.9.05 – 8 AZR 571/04, NZA 05, 1406; LAG SchlHol 15.6.05 – 3 Sa 63/05, NZA-RR 05, 552). Die Erklärung eines Belehrungsverzichts seitens des ArbN mittels einer Klausel des Aufhebungsvertrages, wie im Schrifttum teilweise vorgeschlagen (*Nägele* BB 92, 1274), birgt demgegenüber weitere Risiken um die Wirksamkeit eines solchen Verzichts. 2

Hinzuweisen ist auf die Möglichkeit der Normierung einer derartigen Hinweispflicht durch die Betriebspartner auf kollektivrechtlicher Basis. Insbes Sozialpläne bieten hierfür eine Veranlassung. Gleichermaßen können allerdings auch entsprechende Hinweise auf die möglichen Sperrzeittatbestände in einen Sozialplan aufgenommen werden, um auf diese Weise den ArbGeb von eventuellen weiteren Hinweisverpflichtungen im konkreten Einzelfall zu befreien. 3

## B. Lohnsteuerrecht

*Seidel*

Für das LStRecht hat die Sperrzeit keine Bedeutung. 5

## C. Sozialversicherungsrecht

*Voelzke*

### Übersicht

6 **I. Allgemeines.** Die Sperrzeit (§ 159 SGB III) ist ein Institut des Rechts der ArblV, durch das sich die Versichertengemeinschaft gegen **Risikofälle** wehrt, deren Eintritt der Versicherte selbst zu vertreten hat oder an deren Behebung er unbegründet nicht mithilft. Die Sperrzeit ist damit nach ihrer Zielrichtung weder ein Zwangsmittel noch Strafe, sondern ein Ausgleich für ein besonderes Risiko in der Person des Versicherten (BVerfG 13.6.83, NJW 84, 912). Die Sperrzeit wirkt sich durch das Ruhen des Anspruchs für eine begrenzte Zeit auf den Bezug von AlGeld aus. Zudem kann der Eintritt einer Sperrzeit zu einer Minderung der Anspruchsdauer und zu einem Erlöschen des Anspruchs führen.

7 **II. Der Sperrzeittatbestand. 1. Fallgruppen.** Im Rahmen des Tatbestandes des § 159 Abs 1 Satz 2 SGB III können alternativ die dort aufgeführten Fallgruppen den Eintritt einer Sperrzeit auslösen. Die unterschiedlichen Fallgruppen beziehen sich auf Beschäftigungs- und Ausbildungsverhältnisse (BSG 13.3.90 – 11 RAr 69/88, NZA 90, 956), von der Agentur für Arbeit angebotene Stellen und von der Agentur für Arbeit geförderte Maßnahmen der beruflichen Bildung. Ferner sind auch bestimmte versicherungsrechtliche Nebenpflichten mit der Sperrzeitsanktion belegt.

8 **a) Sperrzeit wegen Arbeitsaufgabe.** Die Lösung des Beschäftigungsverhältnisses bewirkt nach § 159 Abs 1 Satz 2 Nr 1 SGB III das Eintreten einer Sperrzeit, wenn die Herbeiführung der Arbeitslosigkeit auf einer Kündigung des ArbN, der einvernehmlichen Auflösung des Beschäftigungsverhältnisses oder der Kündigung durch den ArbGeb wegen vertragswidrigen Verhaltens des ArbN beruht. Das Herbeiführen der Arbeitslosigkeit muss vom ArbN wegen Vorsatzes oder grober Fahrlässigkeit zu vertreten sein.

9 **aa) Kündigung des Arbeitnehmers.** Bei einer Kündigung des Beschäftigungsverhältnisses durch den ArbN ist die Herbeiführung der Arbeitslosigkeit diesem idR ohne weiteres zuzurechnen. Etwas anderes gilt ausnahmsweise dann, wenn das Arbeitsverhältnis ohnehin unwirksam gewesen ist.

10 **bb) Aufhebungsvertrag.** Die Beendigung des Beschäftigungsverhältnisses durch eine vertragliche Vereinbarung steht einer Kündigung durch den ArbN gleich (vgl zu den aktuellen Dienstanweisungen der BA *Fuhlrott* NZA 17, 225). Da auf die **Beendigung des Beschäftigungsverhältnisses** abzustellen ist, kommt es nicht darauf an, ob die Auflösungsvereinbarung zivilrechtlich wirksam zustande gekommen ist. Unerheblich ist deshalb zB, ob die von § 623 BGB geforderte Schriftform eingehalten worden ist (*Schweiger* NZS 01, 521). Eine Auflösungsvereinbarung kann auch darin gesehen werden, dass der ArbGeb ohne Einhaltung der ordentlichen Kündigungsfrist kündigt, nachdem der ArbN zuvor ausdrücklich auf die Einhaltung der Kündigungsfrist verzichtet hatte. Der ArbN löst das Beschäftigungsverhältnis auch, wenn er eine entsprechende Vereinbarung im Rahmen eines arbeitsgerichtlichen Vergleichs schließt (BSG 17.10.07 – B 11a AL 51/06 R, DB 08, 1048). Das bloße Schweigen auf die Kündigung ist hingegen nicht als Auflösungsvereinbarung zu werten.

Allerdings kann, wie das BSG im Urt vom 9.11.95 – 11 RAr 27/95 (BB 96, 1510) zu einem tariflich unkündbaren ArbN, der auf die Kündigung des ArbGeb mit finanziellen Vergünstigungen unter Verzicht auf eine Kündigungsschutzklage ausschied, klargestellt hat, auch ohne eine ausdrückliche Erklärung im Einzelfall ein auf den Abschluss eines Aufhebungsvertrages gerichtetes **schlüssiges Verhalten** des ArbN vorliegen (*Sauer* NZS 96, 416; *Hümmerich* NZA 97, 409). Bei der Erforschung des Willens der Arbeitsvertragsparteien sind die kündigungsrechtliche Stellung des ArbN, die Modalitäten des Ausscheidens (Zahlung einer Abfindung usw) und die Interessenlage der Beteiligten von Bedeutung. Der Widerspruch des ArbN gegen einen Betriebsübergang ist nicht als Lösung des Arbeitsverhältnisses zu bewerten (BSG 8.7.09 – B 11 AL 17/08 R, NJW 10, 2459).

Das BSG hat ferner entschieden, dass der ArbN das Beschäftigungsverhältnis durch den Abschluss eines **Abwicklungsvertrages** löst, wenn er durch Vereinbarung mit dem ArbGeb innerhalb der Frist für die Erhebung der Kündigungsschutzklage gegen Zusage einer Vergünstigung auf die Ausübung seines Kündigungsrechts verzichtet (BSG 18.12.03 – B 11 AL 35/00 R, NZA 04, 661; s zu dieser Entscheidung *Bauer/Krieger* NZA 04, 640; *Heuchemer/Insam* BB 04, 1679; *Kliemt* ArbRB 04, 212; *Steinau-Steinrück/Hurek* ZIP 04, 1486; *Boecken/Hümmerich* DB 04, 2046; *Becker* jPR-SozR 25/2004; *Gitter* SGb 04, 760; *Wank* EWiR § 144 SGB III 1/04, 1149). Unerheblich ist hierbei, ob die Arbeitsvertragsparteien bereits vor Abschluss des „Abwicklungsvertrages" eine konkrete Absprache über das spätere Vorgehen getroffen haben.

Nach dem durch das Gesetz zu Reformen am Arbeitsmarkt eingefügten § 1a KSchG 11
erwirbt der ArbN unter der Voraussetzung einen **Anspruch auf eine Abfindung,** dass der ArbGeb eine betriebsbedingte Kündigung ausspricht und der ArbN bis zum Ablauf der Frist des § 4 Satz 1 KSchG keine Klage auf Feststellung erhebt, dass das Arbeitsverhältnis durch die Kündigung nicht aufgelöst ist. Der Anspruch auf die Abfindung setzt nach § 1a Satz 2 KSchG den Hinweis des ArbGeb in der Kündigungserklärung voraus, dass die Kündigung auf dringende betriebliche Gründe gestützt ist und der ArbN bei Verstreichenlassen der Klagefrist die Abfindung beanspruchen kann. Der Gesetzgeber hat zwar die Folgen eines Vorgehens nach § 1a KSchG in der ArblV nicht eindeutig geregelt, jedoch tritt eine Sperrzeit aufgrund der gesicherten Rspr des BSG in diesen Fällen nicht ein, wonach die Passivität des ArbN keiner Lösung des Beschäftigungsverhältnisses gleichgestellt werden kann (ebenso *Preis* DB 04, 76; *Giesen/Besgen* NJW 04, 189; *Hanau* ZIP 04, 1177; *Rolfs* ZIP 04, 341).

Keine Lösung des Beschäftigungsverhältnisses liegt vor, wenn der ArbN eine (rechtswidrige) **Arbeitgeberkündigung hinnimmt.** Weder das bloße Schweigen hierauf noch die Nichteinreichung der Kündigungsschutzklage erfüllen den Lösungstatbestand (*Schlegel/Voelzke/Schmitz* SGB III, § 159 Rn 18.

**cc) Kündigung des Arbeitgebers.** Eine Kündigung des ArbGeb ist im Rahmen des 12
Sperrzeittatbestandes nur beachtlich, wenn sie auf Arbeitsvertragsverletzungen des ArbN beruht (sog verhaltensbedingte Kündigung). In den Fällen einer vom ArbGeb ausgesprochenen **Änderungskündigung** tritt keine Sperrzeit ein. Nach der Rspr des BSG löst zudem nur eine rechtmäßige Kündigung eine Sperrzeit aus. Damit sind die Gründe für die Kündigung, selbst wenn diese bereits Gegenstand eines Kündigungsschutzprozesses waren, im sozialgerichtlichen Verfahren nochmals zu überprüfen. Hierbei kommt es nicht darauf an, mit welcher Begründung der ArbGeb gekündigt hat. Entscheidend ist, ob das Verhalten des ArbN die Kündigung rechtfertigte. Ergibt sich bei den Ermittlungen vAw, dass das vertragswidrige Verhalten des Arbeitslosen eine ordentliche, nicht jedoch die vom ArbGeb ausgesprochene fristlose Kündigung rechtfertigt, so tritt die Sperrzeit jedenfalls nicht vor Ablauf der ordentlichen Kündigungsfrist ein (BSG 25.4.90 – 7 RAr 106/89, NZA 90, 791). Ein vertragswidriges Verhalten liegt vor, wenn der ArbN gegen seine Verpflichtungen aus dem Arbeitsvertrag verstößt. Bei einer privaten Trunkenheitsfahrt eines Berufskraftfahrers, die zu einem Verlust des Arbeitsplatzes führt, stellt das BSG darauf ab, ob der ArbN nach der konkreten Gestaltung gegen arbeitsvertragliche Pflichten verstoßen hat (BSG 6.3.03 – B 11 AL 69/02 R, SozR 4–4300 § 144 Nr 2). Ein zur Sperrzeit führendes arbeitsvertragswidriges Verhalten kann auch vorliegen, wenn bei einem Berufskraftfahrer der Verlust des Führerscheins auf Verkehrsverstößen beruht, die aufgrund der engen Zeitvorgaben vom ArbGeb billigend in Kauf genommen worden sind (Sächs LSG 15.8.14 – L 3 AL 113/10, BeckRS 2013, 73587).

Soweit die Verletzung **vertraglicher Nebenpflichten** streitig ist, ist zu prüfen, ob diese noch im Zusammenhang mit der arbeitsvertraglichen Treuepflicht stehen (zu weitgehend etwa LSG SchlHol 4.6.82 – L 1 Ar 57/81, *Breithaupt* 83, 263 zu ehewidrigen Beziehungen des ArbN zur Ehefrau des ArbGeb). Zweifelhaft ist auch, ob die Unterstützung einer verfassungsfeindlichen Partei den Eintritt einer Sperrzeit rechtfertigen kann (→ *Meinungsfreiheit* Rn 13–17).

**dd) Kausalität.** Die Lösung des Arbeitsverhältnisses muss in den genannten Alternativen 13
die Arbeitslosigkeit **ursächlich** herbeiführen. Hieran fehlt es insbes dann, wenn das Arbeitsverhältnis ohnehin wegen einer **Befristung** ausgelaufen wäre. Der Kausalzusammenhang beurteilt sich nach der im SozR herrschenden Ursachenlehre der wesentlichen Bedingung

(BSG 28.6.91 – 11 RAr 81/90, NZA 92, 285 verneint den Ursachenzusammenhang bei Kündigung durch ArbN, wenn bei pflichtgemäßer Vermittlung die Arbeitslosigkeit nicht eingetreten wäre). Löst der ArbN ein bereits vom ArbGeb gekündigtes Beschäftigungsverhältnis bereits mit Wirkung zu einem früheren Zeitpunkt, so kann er den Eintritt einer Sperrzeit nicht dadurch vermeiden, dass er AlGeld nur für die Zeit beansprucht, in der er ohnehin wegen der Kündigung arbeitslos geworden wäre (BSG 5.8.99 – B 7 AL 14/99 R, SozR 3–4100 § 119 Nr 17). Problematisch ist, wie der Ursachenzusammenhang zu beurteilen ist, wenn der ArbN mit dem ArbGeb einen Aufhebungsvertrag zur Vermeidung einer ihm ansonsten drohenden betriebsbedingten Kündigung schließt, wenn hierbei die maßgebende Kündigungsfrist eingehalten wird. Nach der Rspr des BSG kommt es für die Beurteilung des Kausalverlaufs allein auf den tatsächlichen Geschehensablauf an, so dass hypothetische Kausalverläufe keine Anerkennung finden. Allerdings wird der Umstand, dass der ArbN einer ansonsten unabwendbaren ArbGebKündigung zuvorkommen will, regelmäßig einen wichtigen Grund für die Lösung des Beschäftigungsverhältnisses bilden, da der ArbN keine Nachteile im Hinblick auf sein weiteres berufliches Fortkommen hinnehmen muss.

Die Arbeitslosigkeit wird nicht iS einer wesentlichen Bedingung durch arbeitsvertragswidriges Verhalten des ArbN herbeigeführt, wenn nach einer Verletzung des Arbeitsvertrages ein **befristetes Arbeitsverhältnis** zunächst als unbefristetes Arbeitsverhältnis fortgesetzt wird (BSG 15.12.05 – B 7a AL 46/05 R, SozR 4–4300 § 144 Nr 12 zu einer ArbGebKündigung nach Verlust der Fahrerlaubnis).

14 **ee) Verschulden.** Der Schuldvorwurf **(Vorsatz** oder **grobe Fahrlässigkeit)** bezieht sich auf den Eintritt der Arbeitslosigkeit. Konnte der Arbeitslose davon ausgehen, dass er nach Beendigung des Arbeitsverhältnisses sofort ein neues Arbeitsverhältnis eingehen werde, so ist ein Verschulden zu verneinen. Das BSG fordert insoweit einen sicheren Anschlussarbeitsplatz oder konkrete Anhaltspunkte hierfür, während bloße Hoffnungen oder Erwartungen nicht ausreichen (BSG 12.11.81 – 7 RAr 21/81, SozR 4100 § 119 Nr 17). Löst der ArbN sein bisheriges Arbeitsverhältnis zugunsten eines befristeten Arbeitsverhältnisses, so führt er seine Arbeitslosigkeit nicht grob fahrlässig herbei, wenn er bereits bei Aufgabe des unbefristeten Arbeitsverhältnisses Anhaltspunkte für die Übernahme in ein unbefristetes Arbeitsverhältnis hat. In den verbleibenden Fällen billigt die Rspr des BSG dem ArbN einen wichtigen Grund zu, wenn mit dem Wechsel in ein anderes Berufsfeld eine Erweiterung der beruflichen Einsatzmöglichkeiten verbunden ist (BSG 12.7.06 – B 11a AL 55/05 R, SozR 4–4300 § 144 Nr 14).

15 **b) Sperrzeit wegen Arbeitsablehnung.** Das Eintreten einer Sperrzeit kommt nach § 159 Abs 1 Satz 2 Nr 2 SGB III in Betracht, wenn der Arbeitslose eine von der Agentur für Arbeit unter Benennung des ArbGeb und der Art der Tätigkeit angebotene Arbeit nicht angenommen oder nicht angetreten hat. Die Obliegenheit, eine von der Agentur für Arbeit angebotene Arbeit anzunehmen, besteht für ArbN bereits, sobald sie bei der Agentur für Arbeit als arbeitssuchend gemeldet sind.

Eine Sperrzeit tritt nach § 159 Abs 1 Satz 2 Nr 2 SGB III auch ein, wenn der Arbeitslose die Anbahnung eines Beschäftigungsverhältnisses, insbesondere das **Zustandekommen eines Vorstellungsgesprächs,** durch sein Verhalten verhindert. Es entspricht den Absichten des Gesetzgebers, mit der weiten Fassung dieses Sperrzeittatbestandes bereits das Verhalten des Arbeitslosen im Vorfeld einer möglichen Arbeitsaufnahme zu erfassen. Bei der Ablehnung mehrerer dem Arbeitslosen unterbreiteter Arbeitsangebote tritt nur eine Sperrzeit wegen Arbeitsaufgabe ein, wenn sich die Ablehnung aufgrund des engen zeitlichen Zusammenhangs als einheitlicher Lebensvorgang darstellt (BSG 3.5.18 – B 11 AL 2/17 R, NZA-RR 19, 42).

16 Lediglich von der Agentur für Arbeit angebotene Tätigkeiten vermögen es, eine Sperrzeit auszulösen, so dass das Scheitern **eigener Bemühungen** in jedem Fall sanktionslos bleibt. Auch Arbeitsangebote privater Arbeitsvermittler sind nicht geeignet, die Sperrzeitfolgen herbeizuführen.

Zusätzlich erfordert dieser Sperrzeittatbestand eine Belehrung über die **Rechtsfolgen** der Weigerung. Die Rechtsfolgenbelehrung muss auf die individuelle leistungsrechtliche Situation (zB hinsichtlich der konkret in Betracht kommenden Sperrzeitdauer) abgestimmt sein (BSG 27.6.19 – B 11 AL 14/18 R, BeckRS 2019, 18175).

Die Sperrzeit wegen der Ablehnung eines Arbeitsangebotes tritt nur ein, wenn die Voraussetzungen für den AlGeldAnspruch vorliegen, während Vermittlungsbemühungen **außerhalb des Leistungsbezugs** ohne Bedeutung sind. Tritt der Arbeitslose statt der ihm von der Agentur für Arbeit angebotenen Stelle eine andere Arbeitsstelle an, die er voraussichtlich nicht nur für kürzere Zeit ausüben kann, so tritt eine Sperrzeit nicht ein. Die Agentur für Arbeit trägt die Feststellungslast für die Voraussetzungen einer Sperrzeit wegen unberechtigter Arbeitsablehnung.

Die **Ablehnung** des Arbeitsangebotes kann ausdrücklich oder durch schlüssiges Verhalten **17** gegenüber der Agentur für Arbeit oder gegenüber dem ArbGeb erfolgen. Die Sperrzeit wegen Arbeitsablehnung setzt ein vorwerfbares, jedoch kein grob fahrlässiges oder vorsätzliches Verhalten voraus (BSG 14.7.04 – B 11 AL 67/03 R, SozR 4–4300 § 144 Nr 8). Nutzt der ArbN ein von der Arbeitsvermittlung nachgewiesenes Stellenangebot nicht durch eine Vorstellung beim ArbGeb, so liegt darin bereits eine Nichtannahme der angebotenen Arbeit.

Hauptfall der **schlüssigen Ablehnung** des Angebotes ist ein Verhalten des Arbeitslosen, durch das er gezielt die Rücknahme des Arbeitsangebotes durch den ArbGeb bewirkt (sog Vereiteln der Arbeitsaufnahme). Ob eine Ablehnung durch schlüssiges Verhalten zu bejahen ist, kann nur anhand der Umstände des Einzelfalls beurteilt werden (*Hauck/Noftz/Valgolio* SGB III, § 159 Rz 251 ff). Von einer Vereitelung des Zustandekommens des Arbeitsverhältnisses ist zB nicht auszugehen, wenn der ArbN gegenüber dem ArbGeb realistische Lohn- oder Gehaltsvorstellungen äußert. Eine (wahrheitsgemäße) negative Darstellung der eigenen Fähigkeiten führt zwar nicht zur Gleichstellung eines Bewerbungsschreibens mit einer Nichtbewerbung (BSG 9.12.03 – B 7 AL 106/02 R, SGb 04, 372; s hierzu auch *Wenner* SozSich 04, 68). Jedoch ist ein Bewerbungsschreiben einer Nichtbewerbung gleichzusetzen, wenn ein ArbGeb bereits wegen des objektiven Inhalts bzw der Form eine Bewerbung als von vornherein unbeachtlich oder offensichtlich unernst gemeint behandeln muss (BSG 5.9.06 – B 7a AL 14/05 R, SozR 4–4300 § 144 Nr 15).

Auch der zutreffende Hinweis auf das Bestehen **gesundheitlicher Beeinträchtigungen** **18** rechtfertigt den Eintritt einer Sperrzeit wegen Arbeitsablehnung nicht. Ist der ArbN somit nicht daran gehindert, seine berechtigten Wünsche und Vorstellungen vorzutragen, so kann ein Vereiteln bei allen Handlungen des ArbN angenommen werden, die allein darauf abzielen, das Zustandekommen eines Arbeitsverhältnisses zu verhindern. Dies ist zu bejahen, wenn der ArbN bei der Vorstellung unangemessene Forderungen erhebt und feststeht, dass der ArbGeb zu der Eingehung eines Beschäftigungsverhältnisses unter den fraglichen Bedingungen nicht bereit sein wird. Eine schlüssige Ablehnung des Angebotes liegt ebenfalls vor, wenn der ArbN auf negative Umstände oder Eigenschaften hinweist, denen der konkrete Bezug zur in Aussicht genommenen Beschäftigung fehlt. Schließlich wird auch der Hinweis auf einen bevorstehenden Arbeitsantritt bei einem anderen ArbGeb das Eintreten einer Sperrzeit rechtfertigen, wenn eine feste Zusage nicht vorliegt.

Eine Sperrzeit tritt grds auch ein, wenn der Arbeitslose ein Vermittlungsangebot der BA ablehnt und zuvor bereits ein Arbeitsangebot des ArbGeb abgelehnt hatte (BSG 3.5.01 – B 11 A 2 80/00 R, SozR 3–4100 § 119 Nr 21). Der Ablehnung der von der Agentur für Arbeit angebotenen Arbeit steht es gleich, wenn der ArbN durch den tatsächlichen **Nichtantritt der Arbeit** das Invollzugsetzen des bereits vereinbarten Arbeitsverhältnisses verhindert.

Die Voraussetzungen für eine Sperrzeit wegen Arbeitsablehnung sind nur erfüllt, wenn **19** die Agentur für Arbeit zuvor den gesetzlich vorgeschriebenen **Aufklärungs- und Belehrungspflichten** nachgekommen ist. Die von der Agentur für Arbeit angebotene Arbeit muss ausreichend beschrieben sein. Das Angebot muss zumindest den Namen und die Anschrift des ArbGeb enthalten sowie die Art der angebotenen Tätigkeit benennen. Erforderlich sind auch Angaben über unübliche Arbeitsbedingungen oder Arbeitszeiten, damit der ArbN sich bereits in der Phase der Arbeitsvermittlung über zulässige Ablehnungsgründe schlüssig werden kann. Auf die unzureichende Konkretisierung des Arbeitsangebotes kann sich der Arbeitslose nicht berufen, wenn er sich durch Rücksprache mit dem ArbGeb die erforderlichen Kenntnisse verschafft hat. Zusätzlich muss die Agentur für Arbeit den Arbeitslosen über die Rechtsfolgen der Ablehnung eines Arbeitsangebotes belehren. Die Rechtsfolgenbelehrung darf sich nicht auf eine formelhafte Wiederholung des Gesetzestextes beschränken (BSG 13.5.87 – 7 RAr 90/85, SozR 4100 § 119 Nr 31).

20 **c) Unzureichende Eigenbemühungen.** Nach § 159 Abs 1 Satz 2 Nr 3 SGB III (idF des Dritten Gesetzes für moderne Dienstleistungen am Arbeitsmarkt) tritt eine Sperrzeit bei unzureichenden Eigenbemühungen ein, wenn der Arbeitslose trotz Belehrung über die Rechtsfolgen die von der Agentur für Arbeit geforderter Eigenbemühungen nicht nachweist. Dieser Sperrzeittatbestand soll die vom Arbeitslosen erwarteten Aktivitäten zur Beendigung der Arbeitslosigkeit konkretisieren. Eine Sperrzeit setzt voraus, dass die Agentur für Arbeit dem Arbeitslosen genau mitteilt, welche Aktivitäten sie erwartet. Eine Sperrzeit wegen unzureichender Eigenbemühungen tritt auch ein, wenn der Leistungsberechtigte die durch Eingliederungsvereinbarung wirksam konkretisierten Eigenbemühungen im Einzelfall vornimmt, aber nicht fristgerecht nachweist (BSG 4.4.17 – B 11 AL 19/16 R, SozR 4–4300 § 144 Nr 25). Es kommen insbes eigeninitiative **Bewerbungen** des Arbeitslosen in Betracht. Die Verletzung von in einer Eingliederungsvereinbarung festgelegten Obliegenheiten zu Eigenbemühungen bildet keine Grundlage für den Eintritt einer Sperrzeit, wenn in der Vereinbarung keine Zusage einer angemessenen Gegenleistung durch die Agentur für Arbeit enthalten ist (BSG 4.4.17 – B 11 AL 5/16 R, NZS 17, 707).

21 **d) Ablehnung oder Abbruch einer beruflichen Eingliederungsmaßnahme.** Nach § 159 Abs 1 Satz 2 Nr 4 SGB III tritt eine Sperrzeit ein, wenn sich der Arbeitslose trotz Belehrung über die Rechtsfolgen weigert, an einer Maßnahme nach § 45 SGB III oder einer Maßnahme zur beruflichen Ausbildung oder Weiterbildung oder einer Maßnahme zur beruflichen Eingliederung Behinderter **teilzunehmen.** Bei dem Angebot einer Trainingsmaßnahme handelt es sich selbst nicht schon um einen anfechtbaren Verwaltungsakt (BSG 19.1.05 – B 11a/11 AL 39/04 R, SGb 05, 594 mit Anm *Köhler*). Das Eintreten einer Sperrzeit dürfte ausgeschlossen sein, wenn über die Förderung keine schriftliche Zusage (§ 34 SGB X) erteilt wurde (BSG 11.1.90 – 7 RAr 46/89, SozR 3–4100 § 119 Nr 1). Sperrzeitbedroht ist nur die Ablehnung der Teilnahme an zumutbaren Bildungsmaßnahmen.

Den Tatbestand des § 159 Abs 1 Satz 2 Nr 5 SGB III hat erfüllt, wer die Teilnahme an einer der genannten Maßnahmen **abgebrochen** oder durch maßnahmewidriges Verhalten Anlass für seinen Ausschluss gegeben hat. Die Sperrzeit tritt wegen Ausschlusses aus einer Bildungsmaßnahme nur ein, wenn das maßnahmewidrige Verhalten subjektiv vorwerfbar war, der Ausschluss aus der Maßnahme vorhersehbar und rechtmäßig war und die Agentur für Arbeit eine ordnungsgemäße Belehrung erteilt hat (BSG 16.9.99 – B 7 AL 32/98 R, SozR 3–4100 § 119 Nr 19; vgl zu diesem Sperrzeittatbestand auch *Hauck/Noftz/Valgolio* SGB III, § 159 Rz 347 ff).

**e) Ablehnung oder Abbruch einer Integrationsmaßnahme.** Versicherungswidriges Verhalten liegt nach § 159 Abs 1 Satz 2 Nr 6 SGB III vor, wenn der Arbeitslose sich nach einer Aufforderung der Agentur für Arbeit weigert, trotz Belehrung über die Rechtsfolgen an einem **Integrationskurs** nach § 43 AufenthG oder an einem Kurs der **berufsbezogenen Deutschsprachförderung** nach § 45a AufenthG teilzunehmen, der jeweils für die dauerhafte berufliche Eingliederung notwendig ist.

Der Weigerung des Arbeitslosen, ab einer derartigen Maßnahme teilzunehmen, steht es gleich, wenn er die Teilnahme an einem derartigen Kurs **abbricht** oder durch maßnahmewidriges Verhalten Anlass für den **Ausschluss** aus einem dieser Kurse gibt (§ 159 Abs 1 Satz 2 Nr 7 SGB III).

22 **f) Meldeversäumnis.** Das Nichtbefolgen einer Meldeaufforderung der zuständigen Agentur für Arbeit führt nach Maßgabe des § 159 Abs 1 Satz 2 Nr 8 SGB III zu Rechtsnachteilen für den Arbeitslosen. Ein versicherungswidriges Verhalten liegt insoweit vor, wenn der Arbeitslose einer Aufforderung der Agentur für Arbeit, sich zu melden oder zu einem ärztlichen oder psychologischen Untersuchungstermin zu erscheinen (§ 309 SGB III), trotz Belehrung über die Rechtsfolgen nicht nachkommt. Ein versicherungswidriges Verhalten ist auch zu bejahen, wenn sich der Arbeitslose aus Versehen einen Tag später bei der Agentur für Arbeit meldet (BSG 25.8.11 – B 11 AL 30/10 R, NZA-RR 12, 216).

23 **g) Frühzeitige Meldung.** Die Verletzung der Verpflichtung zur frühzeitigen Arbeitssuche nach § 38 Abs 1 SGB III (Näheres: *Arbeitslosengeld*) führt zum Eintritt der Sperrzeit bei verspäteter Arbeitsuchendmeldung (§ 159 Abs 1 Satz 2 Nr 9 SGB III). Die Voraussetzungen dieser Obliegenheit zur frühzeitigen Meldung sind in § 38 Abs 1 SGB III geregelt. Danach sind Personen, deren Arbeits- oder außerbetriebliches Ausbildungsverhältnis endet, verpflichtet, sich spätestens **drei Monate** vor dessen Beendigung persönlich bei der Agentur

für Arbeit arbeitsuchend zu melden. Soweit zwischen der Kenntnis des Beendigungszeitpunkts und der Beendigung weniger als drei Monate liegen, muss die Meldung binnen **drei Tagen** nach Kenntnis des Beendigungszeitpunkts erfolgen. Die Obliegenheit zur frühzeitigen Meldung besteht auch bei von vornherein befristeten Arbeitsverhältnisses (BSG 20.10.05 – B 7a AL 50/05 R, SozR 4–4300 § 37b Nr 2). Die BA muss den ArbN nicht auf die Notwendigkeit einer frühzeitigen Arbeitsuchendmeldung hinweisen. Einem fehlenden Hinweis kann aber bei der Prüfung Bedeutung zukommen, ob sich der ArbN schuldhaft zu spät arbeitsuchend gemeldet hat (BSG 28.8.07 – B 7/7a AL 56/06 R, SozR 4–4300 § 37b Nr 5).

Die Meldepflicht besteht nach § 38 Abs 1 Satz 4 SGB III unabhängig davon, ob der **Fortbestand** des Arbeits- oder Ausbildungsverhältnisses gerichtlich geltend gemacht wird oder vom ArbGeb in Aussicht gestellt wird. Der ArbN kann sich nicht darauf berufen, die Kündigung sei offensichtlich rechtswidrig gewesen. Eine Arbeitsuchendmeldung ist entbehrlich, wenn der ArbN nahtlos in ein anderes Arbeitsverhältnis wechselt (*Rolfs* DB 06, 1010).

Eine Ausnahme von der Meldepflicht besteht nach § 38 Abs 1 Satz 5 SGB III für Auszubildende im Rahmen eines **betrieblichen Ausbildungsverhältnisses.** Auch für Sozialarbeiter im Anerkennungsjahr besteht keine Verpflichtung zur frühzeitigen Arbeitsuchendmeldung (Hess LSG 16.12.16 – L 7 AL 35/15 R, NZA 17, 895).

Der ArbN erfüllt seine Meldepflicht, wenn er sich **persönlich** zur zuständigen Agentur für Arbeit begibt und sich dort arbeitsuchend meldet. Um die Erfüllung der Meldepflicht zu dokumentieren, sollte der ArbN eine schriftliche Bestätigung über die erfolgte Meldung einfordern. Nach § 38 Abs 1 Satz 3 SGB III wird die Meldeobliegenheit des ArbN auch durch eine fernmündliche Meldung gewahrt, wenn die persönliche Meinung nach terminlicher Vereinbarung nachgeholt wird.

Bei einer Verletzung der Meldepflicht tritt eine Sperrzeit bei verspäteter Arbeitsuchendmeldung nach § 159 Abs 1 Satz 2 Nr 9 SGB III ein. Der Ruhenszeitraum der Sperrzeit bei verspäteter Arbeitsuchendmeldung beträgt **eine Woche.** Die Rechtsfolgen dieses Sperrzeittatbestandes treten nicht ein, wenn der ArbN die Obliegenheit unverschuldet nicht kennt (BSG 25.5.05 – B 11a/11 AL 81/04 R, SozR 4–4300 § 140 Nr 1). Die Sperrzeit beginnt grds mit dem Ende des Beschäftigungsverhältnisses (*Rolfs* DB 06, 1011).

**2. Wichtiger Grund.** Eine Sperrzeit tritt nicht ein, wenn dem Arbeitslosen für sein Verhalten ein wichtiger Grund zur Seite steht (§ 159 Abs 1 Satz 1 SGB III). Eine Sperrzeit soll nach der Vorstellung des Gesetzgebers nur eintreten, wenn dem ArbN unter Berücksichtigung aller **Umstände des Einzelfalls** und unter Abwägung seiner Interessen mit den Interessen der Versichertengemeinschaft ein anderes Verhalten zugemutet werden kann (BT-Drs V/4110 S 21). Kein wichtiger Grund ist anzuerkennen, wenn der ArbN durch eine Vorverlagerung des Beschäftigungsendes günstigere Rechtsfolgen für seinen AlGeld-Anspruch herbeiführen will (BSG 14.9.10 – B 7 AL 33/09 R, NZS 11, 713). Die Voraussetzungen für die Annahme eines wichtigen Grundes müssen objektiv vorliegen. Nicht entscheidend ist es, ob der Arbeitslose den wichtigen Grund gekannt und als Beweggrund berücksichtigt hat. Der wichtige Grund muss sich mit dem Zeitpunkt der Auflösung des Arbeitsverhältnisses decken (BSG 12.11.81 – 7 RAr 21/81, SozR 4100 § 119 Nr 17). Die **objektive Beweislast** für das Vorliegen der Tatsachen, die einen wichtigen Grund begründen, trägt grds die Agentur für Arbeit. Von diesem Grundsatz gilt nach § 159 Abs 1 Satz 3 SGB III eine Ausnahme, wenn die maßgebenden Tatsachen in der Sphäre oder im Verantwortungsbereich des Arbeitslosen liegen. Liegt die letztgenannte Voraussetzung vor, so muss der Arbeitslose die entsprechenden Tatsachen darlegen und nachweisen. 24

Der Annahme eines wichtigen Grundes steht es seitens des ArbN entgegen, wenn er seine **Obliegenheit,** den Versicherungsfall der Arbeitslosigkeit zu vermeiden, verletzt. So kann sich bei einer Beendigung des Beschäftigungsverhältnisses von vornherein derjenige nicht auf einen wichtigen Grund berufen, der die Arbeitsvermittlung der die Agentur für Arbeit nicht rechtzeitig einschaltet oder sich nicht selbst um eine neue Beschäftigung bemüht (BSG 26.3.98 – B 11 AL 49/97 R, SozR 3–4100 § 119 Nr 14). Dieser Grundsatz gilt unabhängig vom Grund für die Arbeitsaufgabe (KassHB SGB III/*Voelzke* § 12 Rz 345; einschränkend BSG 17.10.02 – B 7 AL 136/01 R, SozR 4300 § 144 Nr 12; BSG 27.5.03 – B 7 AL 4/02 25

R, SozR 4–4300 § 144 Nr 3). Auf der anderen Seite tritt eine Sperrzeit nicht ein, wenn die Agentur für Arbeit vor der Kündigung eines bestehenden Arbeitsverhältnisses Vermittlungsbemühungen verweigert, obwohl die realistische Möglichkeit einer Vermittlung bestand (BSG 29.4.98 – B 7 AL 56/97 R, SozR 3–4100 § 119 Nr 15). Kein wichtiger Grund ist anzuerkennen, wenn die Beendigung des Beschäftigungsverhältnisses zur Erhaltung eines längeren Leistungsanspruchs bei Gesetzesänderung erfolgt (BSG 14.9.10 – B 7 AL 33/09 R, NZS 11, 713).

26 Bei der Auslegung des unbestimmten Rechtsbegriffs ist das Grundrecht des Art 12 GG zu berücksichtigen. Insbes bei Ausbildungsverhältnissen ist ein wichtiger Grund immer dort anzuerkennen, wo das Grundrecht auf **freie Wahl des Berufes** in seinem Kernbereich berührt wird (BSG 13.3.90 – 11 RAr 69/88, NZA 90, 956). Mit Rücksicht auf die durch Art 12 GG geschützte Berufswahlfreiheit hat der Arbeitslose einen wichtigen Grund für die Lösung eines unbefristeten Arbeitsverhältnisses zur Aufnahme eines befristeten Arbeitsverhältnisses, wenn mit dem Wechsel in ein anderes Berufsfeld eine Erweiterung der beruflichen Einsatzmöglichkeiten einhergeht (BSG 12.7.06 – B 11a AL 55/05 R, NJW 06, 3517 mit Anm *Ricken*). Bei der Prüfung des Vorliegens eines wichtigen Grundes ist zwischen den Tatbeständen des § 159 Abs 1 Satz 2 Nr 1 und 2 SGB III zu unterscheiden. Während eine **unzumutbare Beschäftigung** den ArbN zur Ablehnung eines Arbeitsangebotes berechtigen, ist dieser bei einem bestehenden Beschäftigungsverhältnis darauf zu verweisen, die Vermittlungsbemühungen der Agentur für Arbeit ohne die Herbeiführung von Arbeitslosigkeit in Anspruch zu nehmen (BSG 9.12.82 – 7 RAr 31/82, SozR 4100 § 119 Nr 21). Das Verlangen des ArbGeb nach einer **Probearbeit** führt bei einer Arbeitsablehnung nicht zur Annahme eines wichtigen Grundes, wenn sie der Feststellung der Eignung des Arbeitslosen dient und das Maß des Zumutbaren nicht überschritten wird (BSG 13.3.97 – 11 RAr 25/96, SozR 3–4100 § 119 Nr 11 zur Anfertigung eines Probestücks durch einen Zahntechniker).

27 Als wichtiger Grund sind bei der Sperrzeit wegen Arbeitsaufgabe nicht nur Umstände anzuerkennen, die den ArbN arbeitsrechtlich zur **fristlosen Kündigung** berechtigen, sondern es sind alle Gründe zu berücksichtigen, die für den ArbN eine weitere Fortsetzung des Beschäftigungsverhältnisses unzumutbar erscheinen lassen. Ein wichtiger Grund kann vorliegen, wenn der ArbN von seinem ArbGeb „gemobbt" wird und es deshalb zu Gesundheitsstörungen kommt (BSG 21.10.03 – B 7 AL 92/02 R, SozR 4–4300 § 144 Nr 4). Ferner liegt ein wichtiger Grund vor, wenn ein Facharbeiter vom ArbGeb nur noch mit ungelernten Arbeiten beschäftigt werden kann und dies im Hinblick auf sein Alter und die Dauer der Betriebszugehörigkeit nicht zumutbar ist (BSG 13.8.86 – 7 RAr 1/86, NZA 87, 180). Allerdings begründen Umstände aus dem Beschäftigungsverhältnis nur dann einen wichtigen Grund für dessen Lösung, wenn zu deren Beseitigung ein zumutbarer Versuch unternommen worden ist (BSG 6.2.03 – B 7 AL 72/01 R, SozR 4–4100 § 119 Nr 1).

Das BSG erkennt unter engen Voraussetzungen das Vorliegen eines wichtigen Grundes auch dann an, wenn bei kurzfristigem **erheblichem Personalabbau** ein Ausscheiden aus dem Arbeitsverhältnis zur Erhaltung des Arbeitsplatzes für einen jüngeren ArbN führt (BSG 29.11.89 – 7 RAr 86/88, NZA 90, 628; → *Massenentlassung* Rn 60 ff). Dem ArbN steht bei einer Arbeitslosigkeit nach einer Altersteilzeitvereinbarung ein wichtiger Grund zur Seite, wenn prognostisch von einem Ausscheiden aus dem Erwerbsleben nach der Freistellung der Altersteilzeit auszugehen war (BSG 21.7.09 – B 7 AL 6/08 R, NZA-RR 10, 323). In den Fällen des Abschlusses einer Altersteilzeitvereinbarung entfällt der wichtige Grund auch nicht dadurch, dass der ArbN entgegen seiner ursprünglichen Absicht keine Altersrente mit Abschlägen beantragt (BSG 12.9.17 – B 11 AL 25/16 R, NZS 18, 533; zur Feststellung der Absicht anhand der Begleitumstände BSG 12.1017 – B 11 AL 17/16 R, SozR 4–4300 § 159 Nr 4). Schließlich tritt eine Sperrzeit nicht ein, wenn die Mitwirkung des ArbN an der Beendigung des Beschäftigungsverhältnisses während der Insolvenz des ArbGeb erfolgt (*Pohlmann-Weide/Ahrendt* ZIP 08, 589).

28 Ein wichtiger Grund für die Lösung des Beschäftigungsverhältnisses durch Abschluss eines **Aufhebungsvertrags** kann für den ArbN bestehen, wenn der ArbGeb eine fristgemäße, sozial gerechtfertigte Kündigung androht oder ausspricht und der ArbN nicht durch sein Verhalten Anlass für die Kündigung gegeben hat (BSG 25.4.02 – B 11 AL 65/01 R, AP Nr 1 zu § 128 SGB III). Es reicht jedoch grundsätzlich nicht aus, dass der ArbN die vom

ArbGeb angedrohte Kündigung subjektiv für rechtmäßig halten darf. Entscheidend ist vielmehr, ob zum Zeitpunkt des Abschlusses eines Aufhebungsvertrags objektiv ein Recht zur Kündigung durch den ArbGeb bestand. Ein leitender Angestellter kann sich weitergehend auf einen wichtigen Grund bei Abschluss eines Aufhebungsvertrages berufen, wenn der ArbGeb ohne Abschluss des Aufhebungsvertrages die fristgerechte Kündigung und für den Fall ihrer Sozialwidrigkeit die Auflösung des Arbeitsverhältnisses auf Antrag des ArbGeb gem § 9 Abs 1 Satz 2 KSchG iVm § 14 Abs 2 Satz 2 KSchG androht (BSG 17.11.05 – B 11a/11 AL 69/04 R, SozR 4–4300 § 144 Nr 11; zu dieser Entscheidung *Gagel* SGb 06, 264). Der weitergehenden Forderung, dem ArbN nur zum Teil das Risiko der Rechtmäßigkeit der drohenden Kündigung aufzubürden (vgl *Preis/Schneider* NZA 06, 1297), ist die Rspr nicht gefolgt. Ist die drohende Kündigung objektiv rechtmäßig, so bedarf es der Feststellung weiterer Umstände nicht (BSG 12.7.06 – B 11a AL 47/05 R, NJW 06, 3514).

Für alle Fälle der **einvernehmlichen Beendigung des Beschäftigungsverhältnisses gegen Abfindungszahlung** hat das BSG im Anschluss an Vorschläge aus der Literatur (*Voelzke* NZ 05, 287; *Peters-Lange* NZA 05, 741) entschieden, dass ein wichtiger Grund auch anzunehmen ist, wenn eine Auflösung wegen betriebsbedingter Gründe vereinbart wird und die in § 1a Abs 2 KschG geregelte Höhe nicht überschritten wird (BSG 2.5.12 – B 11 AL 6/11 R, NZS 2012, 874). Wird die genannte Abfindungshöhe überschritten, bleibt es bei der bisherigen Rspr, wonach ein wichtiger Grund nur anerkannt wird, wenn die (angedrohte) Kündigung objektiv rechtmäßig ist. Das gilt auch für einen ordentlich unkündbaren Arbeitnehmer, wenn ihm eine außerordentliche betriebsbedingte Kündigung droht (BSG 2.5.12 – B 11 AL 6/11 R, NZS 2012, 874). Eine Grenze soll nach Auffassung des BSG in den Fällen einer Gesetzesumgehung (zB offenkundige Rechtswidrigkeit der beabsichtigten Kündigung) liegen (BSG vom 12.7.06 – B 11a AL 47/05 R, NJW 2006, 3514). 29

Dem Arbeitslosen steht für die Ablehnung eines Arbeitsangebots ein wichtiger Grund zur Seite, wenn das Angebot objektiv **nicht zumutbar** ist. Letzteres ist nicht allein deshalb anzunehmen, weil dem ArbN ein Leiharbeitsverhältnis angeboten wird (BSG 8.11.01 – B 11 AL 31/01 R, SozR 3–4300 § 144 Nr 7). Zu beachten ist in diesem Zusammenhang, dass die aktuelle Zumutbarkeitsregelung (§ 140 SGB III) auf einen sog Berufsschutz weitgehend verzichtet.

Zur Beurteilung der **Zumutbarkeit** einer Beschäftigung enthält § 140 Abs 1 SGB III den Grundsatz, dass der Arbeitslose alle seiner Arbeitsfähigkeit entsprechenden Beschäftigungen auszuüben hat. Der Zumutbarkeit einer Beschäftigung steht es nach ausdrücklicher gesetzlicher Anordnung nicht entgegen, dass sie befristet ist, vorübergehend eine getrennte Haushaltsführung erfordert oder nicht zum Kreis der Beschäftigungen gehört, für die der ArbN ausgebildet ist oder die er bisher ausgeübt hat (§ 140 Abs 5 SGB III). Der Zumutbarkeit können jedoch allgemeine oder personenbezogene Gründe entgegenstehen. Aus **allgemeinen Gründen** ist nach § 140 Abs 2 SGB III eine Beschäftigung insbes nicht zumutbar, wenn die Beschäftigung gegen gesetzliche, tarifliche oder in Betriebsvereinbarungen festgelegte Bestimmungen über Arbeitsbedingungen oder gegen Bestimmungen des Arbeitsschutzes verstößt. 30

Nach § 140 Abs 3 SGB III ist eine Beschäftigung aus **personenbezogenen** Gründen nicht zumutbar, wenn das daraus erzielbare **Arbeitsentgelt** nicht in einem angemessenen Verhältnis zu den bisherigen Einkünften steht. Der Schutz vor einem beruflichen Abstieg wird in der ArblV folglich nur noch mittelbar insoweit gewährleistet, als sich die bisherige berufliche Stellung in dem im Bemessungszeitraum erzielten Arbeitsentgelt widergespiegelt hat. Zumutbar ist jede Beschäftigung, deren Arbeitsentgelt in den ersten drei Monaten der Arbeitslosigkeit nicht mehr als 20 vH und in den folgenden drei Monaten 30 vH unter dem Arbeitsentgelt liegt, das der Bemessung des AlGeldes zugrunde liegt. Bereits ab dem siebten Monat der Arbeitslosigkeit soll die Aufnahme jeder Beschäftigung zumutbar sein, soweit das Nettogehalt nicht nach Abzug der mit der Beschäftigung zusammenhängenden Aufwendungen niedriger als das AlGeld ist. 31

Als unverhältnismäßig lang und damit unzumutbar gelten im Regelfall bei einer Arbeitszeit von mehr als sechs Stunden **Pendelzeiten** zwischen der Wohnung und der Arbeitsstätte von mehr als zweieinhalb Stunden. Bei einer Arbeitszeit von sechs Stunden und weniger gelten Pendelzeiten von mehr als zwei Stunden als unverhältnismäßig lang (§ 140 Abs 4 SGB III). Zusätzliche Anforderungen ergeben sich aus § 140 Abs 4 Satz 4 und 5 SGB III. 32

Danach ist grds auch ein **Umzug** zur Aufnahme einer Beschäftigung zumutbar. Dies gilt in den ersten drei Monaten der Arbeitslosigkeit nicht, wenn die Aufnahme einer Beschäftigung innerhalb des Pendelbereichs erwartet werden kann. Dem Umzug darf der Arbeitslose einen wichtigen Grund (familiäre Bindungen usw) entgegensetzen.

33 Bei der Auslegung des unbestimmten Rechtsbegriffs „wichtiger Grund" sind auch die **persönlichen Verhältnisse** des ArbN zu berücksichtigen. Einen wichtigen Grund hat das BSG bei einem Umzug und einer Lösung des Beschäftigungsverhältnisses zum Zwecke der Aufrechterhaltung einer eheähnlichen Gemeinschaft bejaht (BSG 17.10.02 – 7 AL 96/00 R, SozR 3–4100 § 119 Nr 26). Keinen wichtigen Grund kann ein Arbeitsloser für sein Verhalten heranführen, wenn er die nichteheliche Lebensgemeinschaft durch den Ortswechsel erst begründen will (BSG 5.11.98 – B 11 AL 5/98 R, SozR 3–4100 § 119 Nr 16). Unabhängig von den Voraussetzungen eines wichtigen Grundes zwecks Aufrechterhaltung der eheähnlichen Gemeinschaft tritt eine Sperrzeit nicht ein, wenn eine Frau ihren Arbeitsplatz aufgibt, um zu ihrem zukünftigen Ehemann zu ziehen, die Eheschließung in absehbarer Zeit beabsichtigt ist und der Umzug zum Wohl ihres Kindes auf den Schuljahreswechsel vorgezogen wird (BSG 17.11.05 – B 11a/11 AL 49/04 R, SozR 4–4300 § 144 Nr 10). Der ArbN kann sich ferner auf einen wichtigen Grund berufen, wenn durch den Zuzug zum Partner eine Erziehungsgemeinschaft erstmals hergestellt werden soll (BSG 17.10.07 – B 11a/7a AL 52/06 R, SozR 4–4300 § 144 Nr 16).

34 Bei der Aufgabe eines Arbeitsverhältnisses bzw der Ablehnung eines Arbeitsangebotes aus **Gewissensgründen** erfolgt eine Güterabwägung zwischen der in Anspruch genommenen Grundrechtsposition (Gewicht der Beeinträchtigung) und den Interessen der Solidargemeinschaft (Umfang der ausgeschlossenen Tätigkeiten; BSG 23.6.82 – 7 RAr 89/81, NJW 83, 701). Entsprechende Abwägungen sind auch bei anderen Grundrechtskollisionen anzustellen (→ *Meinungsfreiheit* Rn 13–17 und → *Gewissensfreiheit* Rn 16–18).

35 **III. Dauer der Sperrzeit. 1. Beginn der Sperrzeit.** Zu den Rechtsfolgen der Sperrzeit gehört, dass sie ein Ruhen des Leistungsanspruchs bewirkt. Das Ruhen beginnt grds an dem Tag nach dem Ereignis, das die Sperrzeit begründet und läuft kalendermäßig ab (zu Problemen beim Beginn der Sperrzeit *Legde* SGb 03, 617). Die Sperrzeit wegen Arbeitsaufgabe beginnt bereits mit der durch die Lösung des Beschäftigungsverhältnisses herbeigeführten **Beschäftigungslosigkeit** und nicht erst mit der Beendigung des Arbeitsverhältnisses (BSG 25.4.02 – B 11 AL 65/01 R, SozR 3–4300 § 144 Nr 8; hierzu *Heuchemer/Insam* BB 04, 1562). Die weiteren Merkmale der Arbeitslosigkeit (Verfügbarkeit, Beschäftigungssuche) brauchen nicht vorliegen. Der Ruhenszeitraum einer Sperrzeit bei verspäteter Arbeitssuchendmeldung beginnt ebenfalls mit dem Eintritt der Beschäftigungslosigkeit (BSG 13.3.18 – B 11 AL 12/17 R, NZS 18, 658). Fällt der Beginn des Ruhenszeitraums in eine bereits laufende Sperrzeit, so beginnt sie mit dem Ende der ersten Sperrzeit (§ 159 Abs 2 SGB III).

36 **2. Umfang der Sperrzeit. a) Dauer der Sperrzeit wegen Arbeitsaufgabe.** Die Dauer der Sperrzeit wegen Arbeitsaufgabe umfasst einen Zeitraum von zwölf Wochen (Regeldauer).

37 Die Sperrzeit umfasst 6 Wochen, wenn die Regeldauer nach den für den Eintritt der Sperrzeit maßgebenden Tatsachen eine **besondere Härte** bedeutet (§ 159 Abs 3 Satz 2 Nr 2b) SGB III). Eine besondere Härte liegt ua vor, wenn der Eintritt einer Sperrzeit von 12 Wochen als unverhältnismäßig anzusehen ist (BSG 21.7.88 – 7 RAr 41/86, SozR 4100 § 119 Nr 31). Eine besondere Härte kann auch angenommen werden, soweit die Voraussetzungen für das Vorliegen eines wichtigen Grundes (noch) nicht vorlagen oder der Arbeitslose sich über dessen Voraussetzungen in einem entschuldbaren Irrtum befunden hat. Unverschuldet ist ein Irrtum nur dann, wenn er auf der Auskunft einer hiermit vertrauten Stelle – regelmäßig einer Dienststelle der BA – beruht (BSG 13.3.97 – 11 RAr 25/96, SozR 3–4100 § 119 Nr 11). Eine besondere Härte kann vorliegen, wenn der ArbN bei der AA vorspricht und von aus seiner Sicht unerträglichen Arbeitsbedingungen berichtet, er jedoch nicht auf den möglichen Eintritt einer Sperrzeit wegen Arbeitsaufgabe hingewiesen wird (Bay LSG 11.6.15 – L 10 AL 43/14, NZS 15, 677).

38 Nach § 159 Abs 3 Satz 2 SGB III verkürzt sich die Sperrzeit wegen Arbeitsaufgabe mit Rücksicht auf die **Restdauer des Beschäftigungsverhältnisses** auf drei Wochen, wenn das

Arbeitsverhältnis innerhalb von sechs Wochen nach dem Ereignis, das die Sperrzeit begründet, ohne eine Sperrzeit geendet hätte. Eine Verkürzung der Sperrzeit auf sechs Wochen tritt ein, wenn das Arbeitsverhältnis innerhalb von zwölf Wochen beendet worden wäre.

**b) Dauer der Sperrzeiten nach § 159 Abs 1 Satz 2 Nr 2–9 SGB III.** Bei den Sperrzeiten wegen Verletzung von versicherungsrechtlichen Obliegenheiten nach Eintritt des Versicherungsfalls beträgt die Regeldauer nach Maßgabe des § 159 Abs 4–6 zwischen einer und zwölf Wochen. Die Regelungen differenzieren ua in Abhängigkeit von der Dauer des Beschäftigungsverhältnisses oder der beruflichen Eingliederungsmaßnahme zwischen Sperrzeiten mit einer Dauer von drei, sechs oder zwölf Wochen. Wesentlich ist, dass bei einem **ersten Verstoß** gegen versicherungsrechtliche Obliegenheiten eine Sperrzeit von drei Wochen, im **Wiederholungsfall** von sechs Wochen und erst bei **dritten und folgenden Verstößen** eine Sperrzeit mit einer Dauer von zwölf Wochen eintritt. Hierbei erfordert der Eintritt einer Sperrzeit mit einer längeren Dauer einer Umsetzung der vorherigen (kürzeren) Sperrzeit durch Verwaltungsakt (BSG 27.6.19 – B 11 AL 17/18 R, NZS 19, 827). Durch die Abstufung soll der Druck auf den Arbeitslosen bei fehlender Eingliederungsbereitschaft stetig erhöht werden (hierzu BT-Drs 15/25 S 31). Die Dauer einer Sperrzeit bei unzureichenden Eigenbemühungen beträgt zwei Wochen (§ 159 Abs 5 SGB III). Eine Sperrzeit bei Meldeversäumnis oder bei verspäteter Arbeitsuchendmeldung führt nach § 159 Abs 6 SGB III zu einem Ruhen des Anspruchs für eine Woche. 39

**IV. Rechtsfolgen. 1. Ruhen und Verkürzung der Bezugsdauer.** Während der Dauer der Sperrzeit ruht der Anspruch auf AlGeld. Erkrankt der Arbeitslose während der Sperrzeit, so ruht auch sein Anspruch auf Krankengeld (§ 49 Nr 3 SGB V). Die Dauer des AlGeld-Anspruchs wird außerdem um die Dauer der Sperrzeit verkürzt, es sei denn, es ist in den Fällen des Abbruchs einer Eingliederungsmaßnahme oder der Arbeitsaufgabe zwischen dem die Sperrzeit begründenden Ereignis und der Entstehung des Anspruches mehr als ein Jahr verstrichen (§ 148 Abs 2 Satz 2 SGB III). Sinnvoll kann das Abwarten der Jahresfrist bei langen Ansprüchen auf AlGeld sein bzw wenn das Jahr (teilweise) durch Beschäftigungen ausgefüllt wird. Ist die Antragstellung nach Ablauf eines Jahres für den Antragsteller günstiger und ist dies nach den Umständen des Falles für die Agentur für Arbeit erkennbar, so muss die Agentur für Arbeit den Arbeitslosen auf diese Gestaltungsmöglichkeit hinweisen (BSG 5.8.99 – B 7 AL 38/98 R, SozR 3–4100 § 110 Nr 2). Die Dauer des Anspruches auf AlGeld wird um **ein Viertel** der Anspruchsdauer gemindert, die dem Arbeitslosen an sich nach der Arbeitsaufgabe zusteht, wenn der Sperrzeittatbestand der Arbeitsaufgabe erfüllt ist und die Sperrzeit eine Dauer von zwölf Wochen hat. 40

**2. Erlöschen des Leistungsanspruches.** Nach § 161 Abs 1 Nr 2 SGB III erlischt der Anspruch auf AlGeld, wenn der Arbeitslose Anlass für den Eintritt von Sperrzeiten mit einer Dauer von insgesamt mindestens 21 Wochen gegeben hat. Nach geltendem Recht können folglich auch Sperrzeiten unterhalb der Regeldauer zum Erlöschen des Leistungsanspruchs beitragen. Weitere Voraussetzung für diese gravierende Sperrzeitfolge ist eine vorherige Bescheiderteilung und Rechtsfolgenbelehrung durch die Agentur für Arbeit (BSG 13.5.87 – 7 RAr 90/85, SozR 4100 § 119 Nr 31). Ein einheitlicher Anspruch liegt vor, solange der Anspruch nicht verbraucht oder durch weitere Beschäftigungen ein neuer Anspruch entstanden ist. Hingegen sind im Rahmen früherer Ansprüche entstandene Sperrzeiten unbeachtlich. Abweichend hiervon sind bei der Prüfung, ob der Anspruch auf AlGeld erloschen ist, auch Sperrzeiten zu berücksichtigen, die in einem Zeitraum von zwölf Monaten vor der Entstehung des Anspruchs eingetreten sind und nicht bereits zum Erlöschen des Anspruchs geführt haben. Damit werden auch die Sperrzeiten wegen Arbeitsaufgabe zu „Zählsperrzeiten“. 41

**3. Sozialversicherungsschutz.** Der Arbeitslose ist gem § 5 Abs 1 Nr 2 SGB V während des ersten Monats einer Sperrzeit in der KV nicht pflichtversichert. Er hat allerdings während des ersten Monats einer Sperrzeit nach § 19 Abs 2 SGB V einen Anspruch auf die Sachleistungen der KV. Ab Beginn des zweiten Monats bis zur zwölften Woche einer Sperrzeit besteht auch ohne Leistungsbezug Versicherungspflicht in der KV. Krankengeld kann nach § 49 Abs 1 Nr 3 SGB V während der gesamten Dauer einer Sperrzeit nicht beansprucht werden. In der RV wird der einen vollen Kalendermonat umfassende Zeitraum einer Sperrzeit nicht als Anrechnungszeit berücksichtigt (BSG 24.3.88 – 5/5b RJ 84/86, BB 88, 1964). 42

# Stellenbeschreibung

## A. Arbeitsrecht

*Poeche*

1 **1. Abgrenzung.** Stellenbeschreibung und Arbeitsplatzbeschreibung werden begrifflich in der Praxis oft synonym verwandt; richtig ist es, zwischen ihr und der konkret auf den Einzelarbeitsplatz und die auf seinen Inhaber abgestellte Arbeitsplatzbeschreibung zu unterscheiden (→ *Arbeitsplatzbeschreibung* Rn 1). Eine Stellenbeschreibung dient der Dokumentation der Tätigkeit des Stelleninhabers. Sie besitzt organisatorische (welche Aufgaben auf welchen Arbeitsplätzen im Betrieb wahrgenommen werden, in welchem hierarchischen Zusammenhang die Stelle angesiedelt ist etc) sowie arbeitsrechtliche (zB hinsichtlich des Direktionsrechts) Bedeutung (BAG 21.3.12 – 4 AZR 292/10, NZA-RR 12, 604).

2 **2. Als Mittel der Personalplanung** legen Stellenbeschreibungen unabhängig von der Person des Stelleninhabers die vom ArbGeb vorgesehene Funktion einer bestimmten Stelle innerhalb des betrieblichen Ablaufs fest (*Kleinebrink* DB 17, 1713). Sie definieren den Aufgabenbereich und die sich daraus ergebenden einzelnen Aufgaben, beinhalten die Kompetenzen des Stelleninhabers, seine Einordnung in Über- und Unterordnungsverhältnisse und beschreiben, welche Tätigkeiten iE zu verrichten sind (BAG 14.1.14 – 1 ABR 49/12, BeckRS 2014, 69268; 31.1.84 – 1 ABR 63/81, DB 84, 1199). Auf der Grundlage der Stellenbeschreibung kann ermittelt werden, welche Kenntnisse, Erfahrungen und Eigenschaften der jeweilige Stelleninhaber aufweisen muss. Sie dient damit auch der Erstellung des Anforderungsprofils.

3 Sie füllen den **Stellenplan** aus, der die Gesamtheit der im Betrieb benötigten Stellen und des zu beschäftigenden Personals ausweist. Sie sind enger als **Funktionsbeschreibungen,** die eine Bestandsaufnahme für Gruppen von Stelleninhabern mit vergleichbarer Tätigkeit enthalten (BAG 14.1.86 – 1 ABR 82/83, NZA 86, 531).

4 **3. Mittel zur Vertragsgestaltung** werden Stellenbeschreibungen dann, wenn der ArbGeb sie in den jeweiligen Arbeitsvertrag einbezieht. Das kann durch ausdrückliche Bezugnahme im Arbeitsvertrag, ihre Aushändigung bei Zuweisung des Arbeitsplatzes oder ggf auch stillschweigend durch entsprechende generelle Handhabung im Betrieb geschehen. Unter diesen Voraussetzungen besteht ein Anspruch des ArbN, entsprechend der Stellenbeschreibung auch tatsächlich beschäftigt zu werden (LAG RhPf 21.10.13 – 5 Sa 252/13, BeckRS 2014, 65485). Ebenso wie eine *Arbeitsplatzbeschreibung* oder eine Stellenausschreibung erfüllt der ArbGeb des öffentlichen Dienstes im Anwendungsbereich des öffentlichen Tarifrechts mit einer Stellenbeschreibung seine Pflicht zu einer kurzen Charakterisierung oder Beschreibung der vom ArbN zu leistenden Tätigkeit iSv § 2 Abs 1 S 2 Nr 5 NachwG (BAG 8.6.05 – 4 AZR 406/04, ZTR 05, 582). Veröffentlicht er die Stellenbeschreibung, bleibt er für die Dauer des Auswahlverfahrens an das damit bekannt gegebene Anforderungsprofil gebunden, so dass sie für die im Rahmen von Entschädigungsansprüchen relevante Frage, ob dem Bewerber die fachliche Eignung offensichtlich fehlt, maßgeblich ist (BAG 16.2.12 – 8 AZR 697/10, NZA 12, 667).

Die Stellenbeschreibung kann Konsequenzen für die **tarifliche Eingruppierung** haben. So kommt sie als Grundlage für eine Tätigkeitsbewertung in Betracht, soweit sie die tatsächlich ausgeübten einzelnen Tätigkeiten und Arbeitsvorgänge des Stelleninhabers ausreichend differenziert wiedergibt (BAG 21.3.12 – 4 AZR 292/10, NZA-RR 12, 604; etwas einschränkend jetzt BAG 18.3.15 – 4 AZR 49/13, NZA-RR 15, 479; vgl auch *Pletke* ArbRAktuell 19, 266). Sofern die Entgeltgruppen allerdings bestimmte Fachkenntnisse und Fertigkeiten, die Erbringung selbstständiger Leistungen, Eigenverantwortlichkeit oder besondere Anforderungen an analytische Fähigkeiten voraussetzen, ist die Stellenbeschreibung nur dann bedeutsam, wenn sie sich auf das tarifliche Tätigkeitsmerkmal oder auf einzelne Tatbestandsmerkmale hieraus bezieht, dh im Rahmen der Stellenbeschreibung muss erkennbar auf die tariflichen Merkmale abgestellt werden (BAG 6.11.11 – 4 AZR 773/09, BeckRS 2012, 68995). Selbst, wenn die Parteien im Rechtsstreit den Inhalt der vorgelegten Stellenbeschreibung nicht in Frage stellen, ist diese für die Eingruppierung daher nur dann von

Belang, wenn sie die tatsächlich auszuübende Tätigkeit sowie die Gesamt- oder Teiltätigkeiten ausreichend wiedergibt. Ist dies nicht der Fall, kann das ArbG die dort aufgeführten Tätigkeiten nicht in seine Feststellungen übernehmen (BAG 24.8.16 – 4 AZR 251/15, NZA 16, 1472).

Die Stellenbeschreibung kann – zumindest im öffentlichen Dienst und wenn sie dem ArbN ausgehändigt wird – einen Nachweis iSd **NachwG** darstellen (BAG 8.6.05 – 4 AZR 406/04, BeckRS 2005, 42789).

Zur Beschreibung der Tätigkeiten eines ArbN im **Arbeitszeugnis** kann auf eine Stellebeschreibung zurückgegriffen werden. Jedenfalls kann sich der ArbN im Zeugnisberichtigungsprozess auf eine von dem ArbGeb erstellte Stellenausschreibung beziehen, der ArbGeb hat dann darzulegen, welche Tätigkeiten der ArbN tatsächlich gar nicht ausgeübt haben soll (LAG SchlHol 7.11.17 – 1 Sa 29/17, BeckRS 2017, 142446).

**4. Mitbestimmungsrechte des Betriebsrats** bestehen bei der Erarbeitung von Stellen- 5
beschreibungen ohne Bezug zu anderen betrieblichen Maßnahmen nicht (BAG 14.1.14 – 1 ABR 49/12, BeckRS 2014, 69268; 31.1.84 – 1 ABR 63/81, DB 84, 1199). Die Stellenbeschreibung ist Teil der Personalplanung, über die der BRat nach § 92 Abs 1 S 1 BetrVG nur zu unterrichten ist. Der ArbGeb ist frei in seiner Entscheidung, ob, für welche betrieblichen Aufgabenbereiche und mit welchem Inhalt er Stellenbeschreibungen erstellt. Die Anfertigung von reinen Aufgabenbeschreibungen, die Grundlage für die Mitarbeiterbeurteilung sind, ist hingegen nach § 94 Abs 2 BetrVG mitbestimmungspflichtig (BAG 14.1.14 – 1 ABR 49/12, BeckRS 2014, 69268). Ein Mitbestimmungsrecht kommt auch in Betracht, wenn die Stellenbeschreibungen gleichzeitig der Entgeltfindung iSd § 87 Abs 1 Nr 10 BetrVG dienen. Die Unterrichtungspflicht des ArbGeb bei personellen Einzelmaßnahmen gem § 99 Abs 1 BetrVG, also Einstellungen, Ein- und Umgruppierungen sowie Versetzungen, umfasst regelmäßig die Vorlage bestehender Stellenbeschreibungen an den BRat. Zur Beteiligung des BRat bei Stellenausschreibungen → *Ausschreibung* Rn 7–16.

## B. Lohnsteuerrecht *Seidel*

Lohnsteuerrechtlich ist die Stellenbeschreibung unerheblich, da es auf den tatsächlich 6
gezahlten Arbeitslohn ankommt (→ *Arbeitsplatzbeschreibung* Rn 6 und → *Eingruppierung* Rn 30).

## C. Sozialversicherungsrecht *Voelzke*

Die Stellenbeschreibung als abstrakte Vorgabe des ArbGeb an eine bestimmte Stelle hat 7
im SozVRecht keine unmittelbaren Auswirkungen. Erforderlich wird eine hinreichende Beschreibung des zu besetzenden Arbeitsplatzes, wenn der ArbGeb ein **Vermittlungsgesuch** an die BA im Rahmen der von ihr nach den §§ 35 ff SGB III durchzuführenden Vermittlungstätigkeit stellt, damit sich die BA über die angebotene Stelle im Klaren ist. Eine bestimmte Form ist für das Vermittlungsgesuch und die Beschreibung der zu besetzenden Stelle nicht vorgeschrieben.

# Stellensuche

## A. Arbeitsrecht *Kania*

**1. Freizeitanspruch zur Stellensuche.** Nach § 629 BGB hat der ArbN gegenüber 1
seinem ArbGeb bei Beendigung des Arbeitsverhältnisses einen Anspruch auf Gewährung von Freizeit zur Stellensuche. Dieser Anspruch ist Ausfluss der dem Arbeitsverhältnis innewohnenden Fürsorgepflicht des ArbGeb. Er ermöglicht dem ArbN, sich noch während des auslaufenden Arbeitsverhältnisses nach einem neuen Arbeitsplatz umzusehen und dabei Verdienstausfallzeiten zu vermeiden. Der Freizeitanspruch ist **unabdingbar.** Flankiert wird der Anspruch durch die ArbGebPflichten aus § 2 Abs 2 Nr 3 SGB III.

**2. Voraussetzungen des Freizeitanspruchs. a) Dauerndes Dienstverhältnis.** § 629 2
BGB gilt für alle dauernden Dienst- und Arbeitsverhältnisse. Dauernd ist ein Arbeitsver-

hältnis dann, wenn der Vertrag auf unbestimmte oder auch bestimmte, längere Zeit abgeschlossen ist oder wenn das Arbeitsverhältnis tatsächlich bereits längere Zeit bestanden hat (*Schaub/Linck* § 25 Rn 15). Einzubeziehen sind **Ausbildungsverhältnisse** (→ *Ausbildungsverhältnis* Rn 7), da § 10 Abs 2 BBiG die für den Arbeitsvertrag geltenden Rechtsvorschriften grds auf den Berufsausbildungsvertrag für anwendbar erklärt. Der Anspruch besteht auch während der **Probezeit,** soweit das Arbeitsverhältnis auf Dauer angelegt war; kein Anspruch besteht dagegen bei Probe- und Aushilfsarbeitsverhältnissen (*Schaub/Linck* § 25 Rn 15), soweit sich nicht aus der konkreten Vereinbarung, etwa einer ungewöhnlich langen Dauer, eine andere Wertung ergibt (→ *Aushilfskräfte* Rn 3 ff; → *Probearbeitsverhältnis* Rn 1 ff). Teilzeitbeschäftigte ArbN sind wegen § 4 Abs 1 TzBfG gleichfalls zur Stellensuche freizustellen, sofern diese nur während der Arbeitszeit erfolgen kann.

3 **b) Kündigung.** Weitere Voraussetzung des § 629 BGB ist die Kündigung **durch ArbGeb oder ArbN,** wobei es grds nicht auf die Art der Kündigung und das Vorliegen eines Kündigungsgrundes ankommt. Eine wirksame außerordentliche fristlose Kündigung macht allerdings den Freizeitanspruch hinfällig. Bei einer Änderungskündigung darf der ArbN das Änderungsangebot nicht – auch nicht unter Vorbehalt der sozialen Rechtfertigung – annehmen. § 629 BGB ist entspr anzuwenden auf **Aufhebungsverträge** mit Auslauffrist (→ *Aufhebungsvertrag* Rn 1 ff) und bei **befristeten Arbeitsverhältnissen** (→ *Befristetes Arbeitsverhältnis* Rn 2). Mangels einer Kündigungsfrist in diesen Fällen besteht der Freistellungsanspruch ab dem Zeitpunkt, der bei einer Kündigung zum Vertragsende den Beginn der Kündigungsfrist darstellen würde. Darüber hinaus soll ebenfalls ein Freizeitanspruch bestehen, wenn der ArbGeb Entlassungen aus dringenden betrieblichen Gründen angekündigt oder Bewerbungen empfohlen hat (*Schaub/Linck* § 25 Rn 18).

4 **c) Freizeitverlangen.** Erforderlich ist das **rechtzeitige Ersuchen des Arbeitnehmers** um Freizeitgewährung, um eine Störung des Betriebsablaufs zu vermeiden. Dem ArbGeb muss es daher möglich sein, die notwenigen betrieblichen Vorkehrungen in Hinblick auf den Ausfall des ArbN zu treffen (LAG Düsseldorf 11.1.73 – 3 Sa 521/72, DB 73, 676). Der ArbGeb ist nicht verpflichtet, dem ArbN ohne plausible Angaben zur Region oder dem Ort der jeweiligen Bewerbung sowie über den dafür zu erwartenden Zeitaufwand Freizeit zu gewähren. Den potentiellen ArbGeb braucht der ArbN dagegen nicht zu offenbaren (LAG Hess 28.11.2012 – 18 Sa 695/12, BeckRS 2013, 67417). Der ArbN darf sich die Freizeit grds nicht eigenmächtig nehmen (LAG Düsseldorf 4.12.64, BB 65, 372; LAG BaWü 11.4.67, DB 67, 1048); der ArbGeb dagegen darf die erbetene Freizeit nicht aus unsachlichen Gründen verweigern. Insbes darf der ArbGeb den ArbN nicht auf noch offenstehende Urlaubstage verweisen (BAG 26.10.56, DB 57, 192). Umgekehrt kann ein ArbN, dem bis zum Ablauf der Kündigungsfrist Urlaub gewährt wurde, nicht nach Beendigung des Arbeitsverhältnisses nachträglich Urlaubsabgeltung für in diese Zeit fallende Stellensuche verlangen (LAG Düsseldorf 11.1.73 – 3 Sa 521/72, DB 73, 676).

5 **3. Umfang der Freizeitgewährung.** Der ArbN hat Anspruch auf **angemessene Dienstbefreiung** in Bezug auf Häufigkeit, Länge, Anzahl und Zeitpunkt (*Schaub/Linck* § 25 Rn 22). Die Festlegung der Dienstbefreiung ist eine einseitige Leistungsbestimmung des ArbGeb iSd § 315 BGB, die dieser nach billigem Ermessen zu treffen hat. Hierbei sind Bedeutung und Stellung des ArbN einerseits und Geschäftsgang und Betriebsablauf des ArbGeb andererseits zu berücksichtigen. **Anzahl und Dauer** hängen jedoch in erster Linie davon ab, welche Maßnahmen im Einzelfall für eine erfolgreiche Stellensuche erforderlich sind; hierzu zählen zB Eignungstests und medizinische Untersuchungen beim möglichen ArbGeb (ArbG Essen 31.8.61 – 4 Ca 1516/61, BB 62, 560), Vorsprachen bei der BA oder einer gewerblichen Arbeitsvermittlung. Der Begriff der Angemessenheit kann durch TV, Betriebsvereinbarung oder Einzelvertrag konkretisiert werden.

6 **4. Durchsetzung des Freizeitanspruchs.** Mit dem Freizeitverlangen wird der Freistellungsanspruch fällig. Verweigert der ArbGeb die Freizeitgewährung unberechtigt, folgt daraus noch kein Selbstbeurlaubungsrecht. Der ArbN kann **einstweiligen Rechtsschutz** gem §§ 935 ff ZPO erwirken, nach § 280 BGB **Schadenersatz** wegen Nichterfüllung des Freistellungsanspruchs verlangen oder nach erfolgloser Abmahnung **fristlos kündigen.** Ein nach überwiegender Auffassung dem ArbN als Druckmittel zur Erlangung der gewünschten Freizeit zugestandenes **Zurückbehaltungsrecht** an der Arbeitsleistung (§ 273 BGB)

kommt nur so lange in Betracht, wie die Freistellung durch den ArbGeb noch gewährt werden kann (also in der Zeitspanne zwischen Verlangen und gewünschtem Termin) und darf nicht unmittelbar zur Befriedigung des Freistellungsanspruchs selbst führen (*Schaub/Linck* § 25 Rn 24; ErfK/*Müller-Glöge* § 629 Rn 8 mwN; aA LAG BaWü 11.4.67 – 7 Sa 15/67, DB 67, 1048, wonach sich der ArbN selbst Urlaub nehmen kann, indem er seine Arbeitsleistung gem § 320 BGB zurückhält; ebenso LAG Düsseldorf 15.3.67 – 3 Sa 40/67, DB 67, 1227). Da die Ausübung des Zurückbehaltungsrechts zugleich den Vergütungsanspruch entfallen lässt und der ArbN gehalten wäre, diesen als Schadensersatz einzuklagen, ist diese Möglichkeit von praktisch geringer Bedeutung. Überdies trägt der ArbN das Risiko, das Zurückbehaltungsrecht unrechtmäßig ausgeübt zu haben und daher seinerseits dem ArbGeb zum Schadensersatz nach §§ 280 Abs 1 und 3, 283 BGB verpflichtet zu sein.

**5. Vergütung der Vorstellungszeit.** Die Vergütung während der Freistellung zur Stellensuche richtet sich als Fall des persönlichen Leistungshindernisses nach **§ 616 BGB.** Soweit ein Anspruch auf Freizeitgewährung besteht, hat der ArbGeb die vereinbarte Vergütung gem § 616 BGB **für eine verhältnismäßig nicht erhebliche Zeit** fortzuzahlen (BAG 11.6.57, DB 57, 722; 13.11.69, DB 70, 211). Der Gehaltsfortzahlungsanspruch muss daher nicht die gesamte Freistellungszeit erfassen, sondern kann in dem Umfang entfallen, in dem die angemessene Dienstbefreiung iSd § 629 BGB die Erheblichkeitsgrenze des § 616 BGB überschreitet. Allerdings ist der **Vergütungsanspruch** abdingbar; einzel- wie tarifvertragliche Klauseln können eine Vergütung nur der geleisteten Arbeit vorsehen. Dieselben Grundsätze gelten auch für die Vergütungspflicht der Zeit, die zur Meldung bei der Agentur für Arbeit gem § 38 SGB III benötigt wird (*Sibben* DB 03, 826). **7**

Beschränkt der ArbGeb die Fälle bezahlter Freistellung im Arbeitsvertrag oder ist eine Vergütung von vornherein gänzlich ausgeschlossen, wird teilweise vorgeschlagen, dass der ArbN den Verdienstausfall im Rahmen der Vorstellungskosten beim neuen ArbGeb geltend machen kann (ErfK/*Müller-Glöge* § 629 Rn 15). Dem steht allerdings der Grundsatz der Unentgeltlichkeit iSd § 662 BGB entgegen. Nach den hier zur Anwendung kommenden Grundsätzen des Auftragsrechts (§§ 662, 670 BGB) kann weder der Ausgleich für die aufgewandte eigene Arbeitsleistung, noch der unter Umständen entgangene Verdienst oder die Abgeltung eines hierfür genommenen Urlaubstags beansprucht werden (ArbG Marburg 22.7.69 – 69 Ca 280/69, DB 69, 2041). Der **Ersatz der Vorstellungskosten** im Übrigen (Fahrt-, Verpflegungs- und Unterbringungskosten) ist regelmäßig Sache des neuen ArbGeb. Hierzu → *Bewerbung* Rn 2 ff. Zur Arbeitsvermittlung durch die BA → Rn 10 ff. Zur Einschaltung privater Arbeitsvermittler → *Arbeitsvermittlung (private)* Rn 1 ff. Vgl auch → *Bewerbung* Rn 4 ff. **8**

## B. Lohnsteuerrecht

*Thomas*

LStrechtlich gelten die zum Stichwort → *Bewerbung* Rn 16 ff dargelegten Grundsätze. **9**

## C. Sozialversicherungsrecht

*Voelzke*

**1. Allgemeines.** Zur Stellensuche kann der Arbeitssuchende die **Arbeitsvermittlung** der BA in Anspruch nehmen. Aufgabe der Arbeitsvermittlung ist es, Arbeitssuchende mit ArbGeb zur Begründung von Arbeitsverhältnissen oder Ausbildungssuchende mit ArbGeb zur Begründung eines Ausbildungsverhältnisses zusammenzuführen (§ 35 Abs 1 SGB III). Es besteht ein individueller Anspruch jedes Anspruchsberechtigten auf Vermittlung durch die zuständige Agentur für Arbeit (*Schlegel/Voelzke/Neunaber,* SGB III, § 35 Rz 29). Arbeitsvermittlung durch die Jobcenter einschließlich der sie unterstützenden Leistungen steht auch Leistungsberechtigten iSd SGB II zur Verfügung (*Hauck/Noftz/Voelzke* SGB II, § 16 Rz 88). Die Arbeitsvermittlung ist nicht auf arbeitslose Leistungsempfänger oder ArbN beschränkt, sondern steht auch Schülern, Beamten, Rentnern usw zur Verfügung, wenn sie eine abhängige Beschäftigung anstreben. Die BA ist als Betreiberin des Internetportals Jobbörse berechtigt, Angebote privater Vermittler zu löschen, wenn diese vom Arbeitsuchenden die Zahlung eines erfolgsunabhängigen pauschalen Aufwendungsersatzes verlangen (BSG 6.12.12 – B 11 AL 25/11 R, SozR 4–4300 § 43 Nr 1). **10**

11 § 37 Abs 2 SGB III regelt die Modalitäten der **Eingliederungsvereinbarung,** die die Agentur für Arbeit mit dem Arbeitslosen zu treffen hat. In der Eingliederungsvereinbarung sollen die zur beruflichen Eingliederung erforderlichen Leistungen und die eigenen Bemühungen des Arbeitslosen festgehalten werden. Als Bemühungen des Arbeitslosen kommen ua Bewerbungen bei ArbGeb in Betracht. Enthält die Eingliederungsvereinbarung keine angemessene Gegenleistung seitens der Arbeitsagentur für angemessene Bewerbungsaktivitäten, fehlt es regelmäßig an der Grundlage für eine Sperrzeitentscheidung (BSG 4.4.17 – B 11 AL 5/16 R, NZS 17, 707). Der Arbeitslose erhält eine Ausfertigung der Eingliederungsvereinbarung, die allerdings kein neues Rechtsverhältnis zwischen der Agentur für Arbeit und Arbeitslosen begründen soll (BT-Drs 14/6944 S 31). Die Eingliederungsvereinbarung wird fortlaufend geänderten Verhältnissen angepasst und ist spätestens nach sechs Monaten, bei arbeitslosen und ausbildungssuchenden Jugendlichen nach drei Monaten, zu überprüfen.

12 Die Ablehnung der vermittlerischen Betreuung durch eine bestimmte Vermittlungseinrichtung der BA kann als **Verwaltungsakt** der Kontrolle durch die Gerichte der Sozialgerichtsbarkeit unterliegen (BSG 25.7.85 – 7 RAr 33/84, BB 86, 1366). Der Zugang zur Arbeitsvermittlung von Arbeitssuchenden mit Berufsabschluss darf nicht durch ein Vorauswahlverfahren vollständig verwehrt werden (BSG 12.10.17 – B 11 AL 24/16 R, SozR 4–4300 § 35 Nr 4; hierzu *Bittner* NZS 18, 930). Die Einstellung der Arbeits- oder Ausbildungsvermittlung stellt keinen überprüfungsfähigen VA dar, wenn eine Bekanntgabe der Maßnahme an den Adressaten fehlt (LSG NRW 5.6.14 – L 9 AL 288/12, BeckRS 2014, 70579; hierzu *Bieback* jurisPR 26/2014 Anm 4). Ein Anspruch auf Vermittlung besteht nicht, wenn die Vermittlung den Zielsetzungen des SGB III oder der Werteordnung des GG widerspricht (BSG 6.5.09 – B 11 AL 11/08 R, NJW 10, 1627). Infolge der Abschaffung des Vermittlungsmonopols der BA können auch private Arbeitsvermittler Vermittlungsdienstleistungen anbieten (→ *Arbeitsvermittlung (private)* Rn 14 ff).

13 Die Vermittlungstätigkeit der Agenturen für Arbeit können Ausbildungssuchende, Arbeitssuchende und ArbGeb beanspruchen. Die Suche nach einer **selbstständigen Tätigkeit** wird nicht der Vermittlungspflicht unterstellt; die Vermittlung in eine selbstständige Tätigkeit ist der BA andererseits jedoch nicht generell verboten (BSG 11.5.99 – B 11 AL 45/98 R, SozR 3–4300 § 36 Nr 1). Das Gesetz enthält für die Vermittlungstätigkeit insofern eine Erleichterung, als die AA nicht verpflichtet ist, das Vorliegen eines Arbeitsverhältnisses bei der Vermittlung zu prüfen (§ 36 Abs 4 Satz 1 SGB III). Außerdem ist die AA nach § 36 Abs 4 Satz 2 SGB III sogar berechtigt, auf Angebote zur Aufnahme einer selbstständigen Tätigkeit hinzuweisen. Ein Rechtsanspruch hierauf besteht für Stellensuchende jedoch nicht (BT-Drs 16/4578 S 19).

14 **2. Vermittlungsgrundsätze.** Die Vermittlungstätigkeit der BA hat dem Grundsatz der **Individualität** zu folgen, der besagt, dass die besonderen Verhältnisse der freien Arbeitsplätze, die Eignung der Arbeitssuchenden und deren persönliche Verhältnisse zu berücksichtigen sind (§ 35 Abs 2 SGB III).

Der Grundsatz der **Unparteilichkeit** der Arbeitsvermittlung verbietet es der BA, einzelne ArbGeb gegenüber anderen ArbGeb und einzelne ArbN gegenüber anderen ArbN zu benachteiligen oder zu bevorzugen. Zur Durchsetzung der Verpflichtung ist es der BA untersagt, Arbeits- und Ratsuchende nach ihrer Zugehörigkeit zu einer politischen, gewerkschaftlichen oder ähnlichen Einrichtung oder zu einer Religions- oder Weltanschauungsgemeinschaft zu fragen (zu den Ausnahmen: s § 41 SGB III). Ist vom ArbGeb oder den Gewerkschaften eine Anzeige über den Ausbruch eines Arbeitskampfes erstattet worden, so hat die BA nach einem entsprechenden Hinweis nur auf das ausdrückliche Verlangen des Arbeitssuchenden und des ArbGeb zu vermitteln (§ 36 Abs 3 SGB III).

15 Der Grundsatz der **Unentgeltlichkeit** (§ 42 Abs 1 SGB III) schließt nicht nur ein Entgelt als Gegenleistung für die Arbeitsvermittlung selbst aus, sondern erfasst auch die der BA in Zusammenhang mit der Vermittlung entstehenden Kosten. Gebühren können lediglich ausnahmsweise vom ArbGeb nach Maßgabe des § 42 Abs 2 SGB III erhoben werden.

16 Die **Vertraulichkeit** der Arbeitsvermittlung (§§ 40, 41 SGB III) gewährleistet es, dass die Einschränkungen der an sich bestehenden Geheimhaltungspflichten (§ 35 Abs 1 SGB I) auf das Maß begrenzt werden, wie dies für eine ordnungsgemäße Arbeitsvermittlung erforderlich ist. Der Antrag des Arbeitssuchenden auf Einsicht in die schriftlichen Vermitt-

lungsvorgänge der BA ist nicht im Klagewege verfolgbar, da es sich lediglich um eine Verfahrenshandlung im Rahmen der Geltendmachung eines Auskunftsanspruches gegen die BA handelt (BSG 10.12.92 – 11 RAr 71/91, BB 93, 1443). Die Ergebnisse von Untersuchungen oder Begutachtungen dürfen nur mit Zustimmung des Arbeitssuchenden mitgeteilt werden.

Die BA soll gem § 36 Abs 1 SGB III nicht vermitteln, wenn ein Ausbildungs- oder Arbeitsverhältnis begründet werden soll, das gegen ein **Gesetz oder die guten Sitten** verstößt (zur Verneinung eines Anspruchs auf Vermittlung von Prostituierten s BSG 6.5.09 – B 11 AL 11/08 R, NJW 10, 1627). Die Vorschrift umfasst auch das Verbot, am Zustandekommen von Arbeitsverhältnissen zu tarifwidrigen Bedingungen mitzuwirken (BT-Drs 13/4941 S 160). § 36 Abs 2 Satz 1 SGB III verbietet der Agentur für Arbeit grds diskriminierende Einschränkungen, die ein ArbGeb hinsichtlich Geschlecht, Alter, Gesundheitszustand oder Staatsangehörigkeit für eine Vermittlung vornimmt. Derartige Einschränkungen dürfen von der Agentur für Arbeit nur berücksichtigt werden, wenn diese bei der Art der auszuübenden Tätigkeit unerlässlich sind. Einschränkungen, die der ArbGeb für eine Vermittlung aus Gründen der Rasse oder wegen der ethischen Herkunft, der Religion oder Weltanschauung, einer Behinderung oder der sexuellen Identität des Ausbildungssuchenden oder Arbeitssuchenden vornimmt, dürfen vom ArbGeb nur berücksichtigt werden, soweit diese nach dem Allgemeinen Gleichbehandlungsgesetz zulässig sind (§ 36 Abs 2 Satz 2 SGB III).

# Sterbegeld

## A. Arbeitsrecht *Griese*

1 Arbeitsrechtlich besteht für den ArbGeb keine **gesetzliche Pflicht,** an die Hinterbliebenen eines verstorbenen ArbN Sterbegeld zu zahlen. Der ArbGeb kann sich jedoch hierzu vertraglich, auch durch vertragliche Einheitsregelung, Gesamtzusage oder *Betriebliche Übung* verpflichten. Anspruchsgrundlagen können ferner der Gleichbehandlungsgrundsatz sowie Betriebsvereinbarung und Tarifvertrag sein. Typischerweise verpflichtet sich der ArbGeb nur zur Sterbegeldzahlung an den Ehegatten oder die unterhaltsberechtigten Kinder. Bspw sieht § 10 des allgemein verbindlichen Rahmentarifvertrages für das Baugewerbe (BRTV-Bau) eine nach Betriebszugehörigkeit gestaffelte Sterbegeldzahlung an den Ehegatten oder die vom ArbN tatsächlich unterhaltenen Unterhaltsberechtigten vor. Im öffentlichen Dienst regelt zB § 23 Abs 3 TVöD die Sterbegeldzahlung an den dort bezeichneten Personenkreis (ua Abkömmlinge, dh Kinder, ggf Enkel usw).

Zulässig ist eine tarifliche Regelung, die den Kreis der Empfänger begrenzt auf unterhaltsberechtigte Kinder, die mit dem Verstorbenen **in einem Haushalt lebten** und für die er das Sorgerecht hatte (BAG 20.8.02 – 3 AZR 463/01, NZA 03, 1044).

Die Höhe der Sterbegeldzahlung muss in der jeweiligen Rechtsgrundlage geregelt sein. Üblicherweise besteht sie darin, dass die Vergütung für eine begrenzte Zeit fortgezahlt wird. Im Fall der **Altersteilzeit** richtet sich die Höhe nach den Teilzeitbezügen (BAG 12.5.05 – 6 AZR 311/04, NZA 06, 50).

2 Der ArbGeb kann stattdessen die Familie des ArbN für den Todesfall des ArbN dadurch absichern, dass er zugunsten des ArbN eine **Lebensversicherung** abschließt. Für einen diesbezüglichen Anspruch des ArbN ist ebenfalls eine **Rechtsgrundlage erforderlich.** Die Anrechnung der Leistung der Lebensversicherung auf eine vergleichbare vom ArbGeb finanzierte Leistung, zB die *Betriebliche Altersversorgung*, bedarf ebenfalls einer Rechtsgrundlage (BAG 10.8.93 – 3 AZR 185/93, NZA 94, 515).

3 Unabhängig hiervon können die ArbN eines Betriebes für die Hinterbliebenen eines ArbN eine Sterbegeldsammlung durchführen. Auch der BRat oder einzelne BRatMitglieder können eine solche Sammlung initiieren, ohne gegen das **betriebsverfassungsrechtliche Umlageverbot** zu verstoßen (ErfK/*Eisemann* § 41 Rz 3). Dieses würde erst tangiert, wenn der BRat eigene Mittel auf Dauer ansammeln würde. Sterbegeldbezüge sind **unpfändbar** nach § 850a Nr 6 ZPO.

**B. Lohnsteuerrecht** *Seidel*

4 **1. Allgemeines.** Das Sterbegeld ist für die lohnsteuerrechtliche Behandlung abzugrenzen von dem für den Sterbemonat geschuldeten Arbeitslohn und den als Arbeitslohn zu behandelnden laufenden Hinterbliebenengeldern (→ *Arbeitsentgelt* Rn 35). Bei dem Sterbegeld handelt es sich um einmalige Zahlungen im Zusammenhang mit dem Tod des ArbN. Im Folgenden wird die lohnsteuerrechtliche Behandlung der Zahlungen an die Erben bzw Hinterbliebenen des ArbN insgesamt dargestellt.

5 **2. Laufender Arbeitslohn. a) Arbeitsentgelt.** Arbeitsrechtlich kann das Arbeitsentgelt für den gesamten Sterbemonat oder nur bis zum Todestag geschuldet sein. Zahlt der ArbGeb diesen Betrag an die **Erben oder Hinterbliebenen** aus, so kann er den LStAbzug grds nicht mehr nach den ELStAM (→ *Lohnsteuerabzugsmerkmale* Rn 8 ff) des Verstorbenen vornehmen. Da steuerrechtlich die Erben ArbN werden (§ 1 Abs 1 Satz 2 LStDV; → *Arbeitnehmer (Begriff)* Rn 29), haben sie dem ArbGeb zum Zwecke des Abrufs der ELStAM mitzuteilen, ob es sich um Einnahmen aus einem zweiten oder weiteren Dienstverhältnis handelt (§ 39e Abs 4 Nr 2 EStG; → *Lohnsteuerabzugsmerkmale* Rn 9, 19). Aus Vereinfachungsgründen kann der ArbGeb bei laufendem Arbeitslohn den Steuerabzug noch nach den ELStAM des Verstorbenen vornehmen; die LStBescheinigung hat er aber für den Erben auszustellen und zu übermitteln (LStR 19.9 Abs 1 S 2).

6 Da diese Leistungen des ArbGeb **keine Versorgungsbezüge** iSd § 19 Abs 2 EStG darstellen (→ Rn 8), kommt eine Berücksichtigung des Versorgungsfreibetrages und des Zuschlags hierzu (→ Rn 8) nicht in Betracht (LStR 19.8 Abs 1 Nr 1 S 2).

7 Zahlt der ArbGeb den Arbeitslohn bei **mehreren Erben** nur an einen Erben aus, so ist der LStAbzug (abgesehen von der genannten Vereinfachungsregelung) lediglich nach dessen Besteuerungsmerkmalen vorzunehmen (LStR 19.9 Abs 2 S 1). Zur Verteilung der auf die weiteren Erben entfallenden Teilbeträge → Rn 10.

8 **b) Witwen- und Hinterbliebenengeld.** Laufenden Arbeitslohn mit der Folge des LStAbzugs durch den ArbGeb nach den ELStAM (§§ 39 Abs 1, 39e Abs 1 EStG) bzw der Bescheinigung für den LStAbzug (§ 39e Abs 8, § 39 Abs 3 EStG) des Empfängers stellt auch die laufende Zahlung von Witwen- und Hinterbliebenengeldern iSd § 19 Abs 1 Nr 2 EStG durch den ArbGeb des Verstorbenen dar. Deren Besteuerung wird allerdings wegen der Behandlung als Versorgungsbezüge iSd § 19 Abs 2 EStG durch Gewährung des **Versorgungsfreibetrages** und des Zuschlags hierzu abgemildert (→ *Altersgrenze* Rn 19). Dies gilt auch für die Zeit nach dem Sterbetag geleistete Zahlungen des ArbGeb an den/die Erben, wenn die arbeitsrechtlichen Vereinbarungen nur eine Lohnzahlung bis zum Todestag bzw für den Sterbemonat nur die Zahlung von Hinterbliebenenbezügen vorsehen oder keine vertraglichen Abmachungen über die Arbeitslohnbemessung bei Beendigung des Dienstverhältnisses im Laufe des Lohnzahlungszeitraums bestehen (FG Hbg 27.6.91, EFG 92, 265; LStR 19.9 Abs 3 Nr 2 S 2–5).

9 **3. Sterbegeld. a) Steuerpflichtiger Arbeitslohn.** Zahlungen im öffentlichen Dienst an Hinterbliebene von Beamten iHd zweifachen Betrages der Dienstbezüge oder des Ruhegeldes nach § 18 Abs 1, Abs 2 Nr 1 und Abs 3 Beamtenversorgungsgesetz sowie entsprechende Bezüge im privaten Dienst als Einmalbetrag (Sterbegeld) gehören zu den **steuerbegünstigten Versorgungsbezügen** iSd § 19 Abs 2 EStG (LStR 19.8 Abs 1 Nr 1 S 1). Die Besteuerung erfolgt als sonstiger Bezug (→ *Sonstige Bezüge* Rn 2 ff) nach den ELStAM des Empfängers, wobei der Versorgungsfreibetrag und der Zuschlag hierzu (→ Rn 8) abzuziehen sind (LStR 19.9 Abs 3 Nr 3 Sätze 1 und 2; → *Lohnsteuerberechnung* Rn 12–15). Dies gilt auch für die Zahlung von Sterbegeld nach § 23 Abs 3 TVöD iHd Vergütung für die restlichen Tage des Sterbemonats sowie zwei weiterer Monatsvergütungen unter Abzug der über den Sterbetag hinaus bereits gezahlten Bezüge in einer Summe (*HMW/Sterbegeld* Rz 4, 5).

10 Zahlt der ArbGeb das Sterbegeld an einen von **mehreren Erben** aus, so berührt die Weitergabe von Teilbeträgen durch den empfangenden Erben den LStAbzug durch den ArbGeb nicht. Dies ist im Rahmen der EStVeranlagung der betreffenden Erben zu berücksichtigen. Die verteilten Beträge stellen dabei negative Einnahmen bei dem zahlenden Erben im Kj der Weitergabe dar. Da es sich aber um Versorgungsbezüge handelt, ist für die

Berechnung der negativen Einnahmen zunächst vom Bruttobetrag der weitergegebenen Beträge auszugehen; dieser ist um den Unterschied zwischen dem beim LStAbzug berücksichtigten Freibeträgen für Versorgungsbezüge und dem auf den verbleibenden Anteil des Zahlungsempfängers entfallenden Freibeträgen für Versorgungsbezüge zu kürzen (s hierzu LStR 19.9 Abs 2). Bei den weiteren Erben sind die erhaltenen Teilbeträge, ggf vermindert um den entsprechenden Versorgungsfreibetrag ebenfalls als Einnahmen aus nichtselbstständiger Arbeit im Rahmen der EStVeranlagung zu erfassen (§ 46 Abs 2 Nr 1 EStG).

**b) Steuerfrei** sind Sterbegelder aus einer **Sterbegeldversicherung** oder von einer 11 **Sterbekasse.** Die Beiträge hierfür sind als Sonderausgaben abzugsfähig (BMF 22.8.02, BStBl I 02, 827, zuletzt geändert durch BMF 29.9.17, BStBl I 17, 1314). Nach § 3 Nr 1a EStG war auch das Sterbegeld aus einer KV (→ Rn 14) bzw ist das Sterbegeld aus der gesetzlichen UV (→ Rn 15) steuerfrei. Beihilfen in Todesfällen nach den Beihilfevorschriften bzw -grundsätzen des Bundes und der Länder an Beamte sowie ArbN von Körperschaften, Anstalten und Stiftungen des öffentlichen Rechts sind nach § 3 Nr 11 EStG steuerfrei (LStR 3.11 Abs 1 Nr 1 und 2). Dies gilt auch für ArbN der in LStR 3.11 Abs 1 Nr 3 und 4 genannten Betriebe (→ *Beihilfeleistungen* Rn 12).

**4. Sammlungen von Kollegen** des Verstorbenen, die zu Geld- oder Sachleistungen an 12 die Hinterbliebenen führen, sind steuerlich unbeachtlich (Ausnahme s unten). Dies gilt auch dann, wenn sich die Arbeitskollegen – ungeachtet der arbeitsrechtlichen Zulässigkeit – mit einem diesbezüglichen Abzug vom Arbeitslohn einverstanden erklärt haben. Ein Abzug der „Spende" als Werbungskosten beim ArbN kommt mE nicht in Betracht, denn diese Aufwendungen berühren die private Lebensführung, da sie auf den zwischenmenschlichen Beziehungen zwischen den Kollegen beruhen (→ *Werbungskosten* Rn 15). Ein Spendenabzug gem § 10b EStG scheidet ebenfalls aus, da Hinterbliebene nicht zu dem gem § 49 EStDV begünstigten Personenkreis gehören.

Bei den Empfängern der Sammlung liegt kein Arbeitslohn in Form von Versorgungs- 13 leistungen vor (→ Rn 9, 10), da es sich hier nicht um Einnahmen aus dem Dienstverhältnis handelt. Allerdings kann sich bei zweckgebundenen Aufwendungen (zB Zuschuss zu den Beerdigungskosten) eine steuerliche Auswirkung insoweit ergeben, als steuerlich als außergewöhnliche Belastung gem § 33 EStG geltend gemachte Beerdigungskosten um diesen Betrag zu kürzen sind (zum Abzug von Beerdigungskosten Schmidt/*Loschelder* § 33 Rz 35: Beerdigungskosten).

## C. Sozialversicherungsrecht *Ruppelt*

**1. Leistungen der gesetzlichen Krankenversicherung.** Sterbegeld aus der gesetzli- 14 chen KV gibt es seit 2004 nicht mehr.

**2. Unfallversicherungsrecht.** Beruht der Tod auf den Folgen eines Arbeitsunfalls oder 15 einer Berufskrankheit, haben die Hinterbliebenen iSv § 64 Abs 1 SGB VII (Witwen, Witwer, Kinder, Stiefkinder, Pflegekinder, Enkel, Geschwister, frühere Ehegatten und Verwandte der aufsteigenden Linie) Anspruch auf **Sterbegeld** und ggf auf **Überführungskosten.** Das Sterbegeld beträgt ein Siebtel der im Zeitpunkt des Todes geltenden Bezugsgröße nach § 18 Abs 1 SGB IV (Durchschnittsentgelt der gesetzlichen RV im vorvergangenen Kj) und ist damit vom individuellen JAV des Versicherten unabhängig. Es dient pauschal dem Ersatz der Bestattungskosten. Überführungskosten sind alle Kosten des Transports einer Leiche vom Sterbeort zum Ort der Familienwohnung. Am Sterbeort muss sich der Versicherte aus Gründen aufgehalten haben, die in Zusammenhang mit der versicherten Tätigkeit oder den Folgen des Versicherungsfalls stehen, ansonsten besteht kein Anspruch auf Überführungskosten. Tod auf Urlaubsreise erfüllt die Voraussetzungen nicht. Sterbe- und Überführungsgeld werden an denjenigen Hinterbliebenen gezahlt, der die Bestattungs- und ggf die Überführungskosten tatsächlich trägt oder getragen hat (§ 64 Abs 3 SGB VII).

Sind Hinterbliebene nicht vorhanden oder haben diese die Kosten der Beisetzung tatsächlich nicht übernommen, werden die nachgewiesen entstandenen **Bestattungskosten** maximal bis zur Höhe des Sterbegeldes nach § 64 Abs 4 SGB VII an denjenigen gezahlt, der diese Kosten trägt oder getragen hat (LSG Hess 11.3.19 – L 9 U 79/17, BeckRS 2019, 6622).

# Steuerfreie Einnahmen

## A. Arbeitsrecht *Griese*

1 Die Steuerpflicht oder Steuerfreiheit von Entgeltbestandteilen berührt die **arbeitsrechtlichen Ansprüche** zwischen ArbGeb und ArbN **grundsätzlich nicht.** Bei den auf die Vergütung entfallenden Steuern handelt es sich um öffentlich-rechtliche Abgaben, die der ArbGeb von der arbeitsrechtlich geschuldeten Vergütung einzubehalten und an das FA abzuführen hat. Unterlaufen dem ArbGeb hierbei vorwerfbare, also zumindest leicht fahrlässige Fehler, kann dies zur **Haftung nach § 280 BGB** führen (BAG 30.4.08 – 5 AZR 725/07 NZA 08, 884; BAG 16.6.04 – 5 AZR 521/03 NZA 04,1274). Der ArbGeb wird einen Fahrlässigkeitsvorwurf am besten vermeiden können, wenn er darlegen und beweisen kann, dass er eine Auskunft (→ *Anrufungsauskunft* Rn 1 ff) eingeholt und befolgt hat (BAG 11.10.89 – 5 AZR 585/88, NZA 90, 309).

**Wenn die Steuerpflicht bzw Steuerfreiheit von bestimmten Vergütungsbestandteilen gesetzlich geändert wird, zB bestimmte Zuschläge nunmehr stpfl oder umgekehrt steuerfrei werden, beeinflusst dies die arbeitsrechtliche Position der Arbeitsvertragsparteien nicht.** Das hat zur Konsequenz, dass ein ArbN, der bisher steuerfrei Entgeltbestandteile bezogen hat, die nunmehr stpfl werden (zB ab 1999 Jubiläumszuwendungen oder zB *Abfindungen* ab 2006), diese Entgeltbestandteile nicht mehr ungekürzt, sondern vermindert um die hierauf entfallende Steuer beanspruchen kann.

Sind durch Tarifvertrag Jubiläumsleistungen unter Ausschöpfung der vor 1999 geltenden Steuerfreibeträge zugesagt worden, kann daraus keine Nettozusage abgeleitet werden, so dass für Jubiläumsfälle ab 1999 nur eine Bruttozahlung der tariflich festgelegten Beträge verlangt werden kann (BAG 27.2.19 – 10 AZR 74/18, NJOZ 19, 807).

Ein Personalratsmitglied hat kein kein Recht auf Ausgleich einer Nettolohndifferenz, wenn Zulagen, die im Fall der Arbeitsleistung steuer- und abgabenfrei waren, durch Freistellung von der Arbeit für Personalratstätigkeit nunmehr abgabepflichtig werden (BAG 15.1.97 – 7 AZR 873/95, NZA 97, 897). Auch besteht kein Anspruch, zu solchen Zeiten beschäftigt zu werden, in denen das Entgelt steuerfrei ist, zB Beschäftigung an Sonn- und Feiertagen, so dass der ArbGeb diesbezügliche Steuernachteile nicht ausgleichen muss (BAG 19.10.2000 – 8 AZR 20/00, NZA 01, 598).

2 Eine **Erhöhung** dieses Vergütungsbestandteils aufgrund der nunmehr eingetretenen Steuerpflicht **kann** der ArbN vom ArbGeb grds **nicht verlangen.** Denn jeglicher Vergütungszahlung liegt grds eine *Bruttolohnvereinbarung* zugrunde, die beinhaltet, dass die **jeweils gesetzlich vorgeschriebenen Abzüge** abzuführen sind. Etwas anderes gilt allerdings dann, wenn die Parteien bezogen auf die ursprünglich steuerfreien Einnahmen ausdrücklich eine ***Nettolohnvereinbarung*** getroffen haben. Eine Nettolohnvereinbarung kann nicht allein aus der Tatsache geschlossen werden, dass die Parteien aufgrund der früheren gesetzlichen Regelung von der Steuerfreiheit der Einnahmen ausgegangen sind, denn nur daraus kann nicht der Wille des ArbGeb geschlossen werden, etwaige zukünftige, durch gesetzgeberische Änderungen eingeführte Steuerlasten mitübernehmen zu wollen. Deshalb ist ein ArbGeb ohne besondere Vereinbarung auch nicht verpflichtet, eine steuerliche Mehrbelastung zu übernehmen, die aus der Gewährung eines an sich steuerfreien Aufstockungsbetrags für einen ArbN in Altersteilzeit im Hinblick auf den steuerlichen Progressionsvorbehalt entsteht (BAG 26.5.02 – 9 AZR 155/01, ArbuR 02, 475).

3 Werden umgekehrt bestimmte Vergütungsbestandteile durch **gesetzliche Änderung steuerfrei,** hat der ArbN **nunmehr Anspruch auf die ungekürzte Auszahlung** dieser Vergütungsbestandteile. Der ArbGeb ist **nicht berechtigt, diese zu kürzen, weil es sich nunmehr um steuerfreie Einnahmen handelt.** Haben die Parteien allerdings eine ***Nettolohnvereinbarung*** getroffen, kommt eine gesetzliche Steuerreduzierung allein dem ArbGeb zugute, ohne dass der ArbN Nachforderungen stellen könnte (LAG Köln 6.9.90 – 10 Sa 574/90, DB 91, 1229 [LS]).

**B. Lohnsteuerrecht** *Seidel*

**1. Allgemeines.** Steuerfreie Einnahmen führt das EStG in § 3 auf, wobei nicht alle die ArbN betreffen. Die Vorschrift enthält auch Zuwendungen, die schon nach der Definition des Arbeitslohns nicht zu den im Rahmen der Besteuerung anzusetzenden Einnahmen gehören (zB § 3 Nr 50 EStG Auslagenersatz und durchlaufende Gelder; → *Aufwendungsersatz* Rn 23 ff, 31). Dieser Katalog ist nicht abschließend. Daneben sind Steuerbefreiungen noch in den §§ 3 Nr 39, 3b und 19 EStG, anderen Gesetzen (zB WoPG; 5. VermBG; → *Mitarbeiterbeteiligung* Rn 37) sowie in DBA oder sonstigen zwischenstaatlichen Vereinbarungen enthalten (zB für Stationierungsstreitkräfte und internationale Vereinigungen; Zusammenstellung steuerlicher Vorrechte und Befreiungen aufgrund zwischenstaatlicher Vereinbarungen s BMF 18.3.13, BStBl I 13, 404; EStH 3.0). 5

Verwaltungsregelungen zur Vereinfachung des Besteuerungsverfahrens (zB in den LStR) enthalten keine Steuerbefreiungen im eigentlichen Sinne, sondern verneinen regelmäßig in bestimmten Fällen das Vorliegen von Arbeitslohn (zB LStR 19.6: Aufmerksamkeiten). Erst wenn definitionsgemäß Arbeitslohn vorliegt (→ *Arbeitsentgelt* Rn 30 ff; LStR 19.3), ist zu unterscheiden zwischen stpfl, steuerfreiem und steuerbegünstigtem Arbeitslohn. Grds ist davon auszugehen, dass als Arbeitslohn anzusehende Einnahmen nur dann steuerfrei sind, wenn dies in einer Rechtsnorm ausdrücklich geregelt ist. Die im folgenden ABC aufgeführten Zuwendungen enthalten wegen der Übersichtlichkeit nicht nur steuerfreie bzw teilweise steuerfreie Einnahmen, sondern auch nicht steuerbare Einnahmen des ArbN. 6

Zu beachten ist, dass bestimmte steuerfreie Einnahmen, insbes die Lohnersatzleistungen dem **Progressionsvorbehalt** unterliegen (§ 32b Abs 1 EStG; → *Lohnersatzleistungen* Rn 5 ff). Soweit Ausgaben mit steuerfreien Einnahmen in unmittelbarem wirtschaftlichen Zusammenhang stehen, kommt ein Abzug als Werbungskosten nicht in Betracht (§ 3c EStG). Ist eine ausschließliche Zuordnung nicht möglich, ist ggf eine Aufteilung in einen abziehbaren und nicht abziehbaren Teil nach dem Verhältnis der steuerfreien Einnahmen zu den Gesamteinnahmen vorzunehmen (BFH 11.2.93, BStBl II 93, 450; BFH 6.4.16 – I R 61/14, BStBl II 16, 1599 Rn 20). Bei steuerbegünstigten Einnahmen wird der Arbeitslohn teilweise durch Freibeträge (teilweise steuerbefreite Einnahmen; zB Freibeträge für Versorgungsbezüge gem § 19 Abs 2 EStG, → *Altersgrenze* Rn 19 oder → *Altersentlastungsbetrag* Rn 6 ff) bzw durch einen ermäßigten Steuersatz im Rahmen der außerordentlichen Einkünfte (→ *Außerordentliche Einkünfte* Rn 5 ff, 13 ff; *HMW*/Arbeitslohn Rz 160–166) steuerlich begünstigt. 7

**2. ABC** (*Schmidt/Heinicke* § 3; zu Einnahmen, die schon begrifflich keinen Arbeitslohn darstellen, → *Arbeitsentgelt* Rn 36 ff). 8

**Abfindungen** → *Abfindung* Rn 41 ff.

**Aids.** Leistungen an durch Blut- oder Blutprodukte HIV-Infizierte oder an AIDS erkrankte Personen durch das Programm Humanitäre Soforthilfe sind gem § 3 Nr 69 EStG steuerfrei.

**Aktienüberlassung** → *Mitarbeiterbeteiligung* Rn 29, 32, 37.

**Altersteilzeit** → *Altersteilzeit* Rn 26 ff.

**Altersvorsorgezulage** → *Altersvorsorgevermögen* Rn 2.

**Annehmlichkeiten.** Dieser früher verwendete Begriff wurde aufgegeben; s jetzt Stichwörter → *Arbeitsentgelt* Rn 46, → *Fürsorgepflicht* Rn 22, → *Sozialeinrichtungen* Rn 21, 22 und → *Betriebsveranstaltung* Rn 2 ff. Zu den Aufmerksamkeiten → Rn 11.

**Anpassungsbeihilfen** aus öffentlichen Mitteln an Bergleute sowie ArbN der Eisen- und Stahlindustrie aus Anlass von Stilllegungs-, Einschränkungs-, Umstellungs- oder Rationalisierungsmaßnahmen sind gem § 3 Nr 60 EStG steuerfrei.

**Arbeitgeberzuschüsse** Zinsvorteile und Zukunftssicherungsleistungen → Rn 27. 9

**Arbeitnehmersparzulage** → *Vermögenswirksame Leistungen* Rn 30–35.

**Arbeitsförderungsleistungen.** Leistungen an ArbN, Arbeitsuchende, Aus- und Fortzubildende nach dem SGB III (früher AFG) und entsprechenden öffentlichen Programmen sind steuerfrei (§ 3 Nr 2 EStG; LStR 3.2). Dies gilt regelmäßig nicht für Leistungen an den ArbGeb (Betriebseinnahmen). Zu den einzelnen Arbeitsförderungsleistungen s Stichwörter → *Arbeitsförderung* Rn 8, → *Arbeitslosengeld* Rn 4–10, → *Arbeitslosengeld II* Rn 5,

→ *Lohnkostenzuschuss* Rn 6, → *Insolvenz des Arbeitgebers* Rn 34, → *Kurzarbeit* Rn 27, → *Umschulung* Rn 13 ff, Unterhaltsgeld → *Arbeitslosengeld* Rn 10 und → *Wintergeld* Rn 5 ff. Zur Rückzahlung der teilweise oa Leistungen → *Erstattungsanspruch der Agentur für Arbeit* Rn 11 ff. Steuerfrei sind auch die Arbeitslosenhilfe und -beihilfe nach dem Soldatenversorgungsgesetz (§ 3 Nr 2a EStG).

**Arbeitskleidung** → *Arbeitskleidung* Rn 24.

10 **Arbeitslosengeld** → *Arbeitslosengeld* Rn 4, → *Arbeitslosengeld II* Rn 5 und Arbeitsförderungsleistungen → Rn 9.

**Arbeitsmittel** → *Arbeitsmittel* Rn 7 ff.

**Arbeitsplatzschutzgesetz.** Leistungen nach § 14a Abs 4 und § 14b dieses Gesetzes sind steuerfrei (§ 3 Nr 47 EStG).

**Arbeitssicherstellung.** Ausgleichsbeträge für die Minderung des Nettoeinkommens bei Verpflichtung im Verteidigungsfall sind steuerfrei (§ 17 Abs 1 Arbeitssicherstellungsgesetz).

**Arbeitszimmer** → *Arbeitszimmer* Rn 4 ff.

**Asylbewerberleistungsgesetz.** Die Leistungen sind nach § 3 Nr 11 EStG steuerfrei (OFD Frankfurt 23.1.98, FR 98, 582).

11 **Aufmerksamkeiten** (LStR 19.6; → *Arbeitsentgelt* Rn 50). Darunter sind Sachleistungen des ArbGeb zu verstehen, die auch im gesellschaftlichen Verkehr üblicherweise ausgetauscht werden und zu keiner ins Gewicht fallenden Bereicherung des ArbN führen. Während Geldzuwendungen stets Arbeitslohn sind, können Sachzuwendungen anlässlich besonderer persönlicher Ereignisse, zB Blumen, Genussmittel, Bücher oder Schallplatten steuerfrei bleiben, sofern der Wert nicht mehr als 40 € beträgt. Bei Übersteigen ist allerdings der gesamte Wert stpfl Arbeitslohn (LStR 19.6 Abs 1). Als Aufmerksamkeiten gehören auch Getränke und Genussmittel, die der ArbGeb den ArbN zum Verzehr im Betrieb unentgeltlich oder verbilligt überlässt, nicht zum Arbeitslohn. Dasselbe gilt für Speisen und Getränke, die der ArbGeb den ArbN anlässlich und während einer betrieblichen Besprechung zum Verzehr im Betrieb unentgeltlich oder verbilligt überlässt, wenn deren Wert 60 € nicht übersteigt (LStR 19.6 Abs 2). Dagegen gehört die Bewirtung von ArbN zum Arbeitslohn, wenn sie im weitesten Sinne als Gegenleistung für das Zurverfügungstellen der individuellen Arbeitskraft der ArbN anzusehen ist (→ *Betriebsveranstaltung* Rn 2 ff und → *Bewirtungsaufwendungen* Rn 7 ff). Diese Regelungen gelten nunmehr auch für Zuwendungen **an Dritte,** zB Kunden (OFD Frankfurt 10.10.12 – S 2297b A – 1 St 222, BeckVerw 265114).

**Aufwandsentschädigung** → *Aufwandsentschädigung* Rn 3 ff. Zur Aufwandsentschädigung ehrenamtlicher Mitglieder kommunaler Volksvertretungen s FinMin Sachsen-Anhalt 9.11.10 – 42-S-2121–10, BeckVerw 244338; für Entschädigungen an Zensus-Erhebungsbeauftragte s OFD Münster 23.2.12, ESt Kurzinfo5/12, BeckVerw 258191; für Betreuer nach § 1835a BGB s BFH 17.10.12 – VIII R 57/09, BStBl II 13, 799 und OFD NRW 2.9.13 – Kurzinfo ESt 14/2013. Zur Zahlung einer Aufwandsentschädigung an einen ehrenamtlich tätigen Vorstand einer Standesorganisation s Thüringer FG 13.9.17, EFG 18, 543.

**Aufwendungsersatz** → *Aufwendungsersatz* Rn 23 ff.

**Ausbilder** → *Ausbilder* Rn 12 ff sowie → *Aufwandsentschädigung* Rn 12 ff und → *Nebentätigkeit* Rn 22.

**Ausbildungsförderung** → *Ausbildungskosten* Rn 21 ff, → *Beihilfeleistungen* Rn 5, 10 ff und → *Berufsausbildungsförderung* Rn 4 ff.

12 **Auslagenersatz.** Erhält der ArbN vom ArbGeb Beträge, die Auslagen des ArbN für den ArbGeb ersetzen sollen, sind diese gem § 3 Nr 50 EStG steuerfrei. Eigentlich stellen sie gar keinen Arbeitslohn dar. Der Ersatz von Werbungskosten (→ *Werbungskosten* Rn 2 ff) und Kosten der privaten Lebensführung des ArbN ist nicht nach § 3 Nr 50 EStG steuerfrei (LStR 3.50 Abs 1; → *Aufwendungsersatz* Rn 23 ff, 31). Pauschaler Auslagenersatz führt stets zu Arbeitslohn. Von einer Besteuerung kann ausnahmsweise abgesehen werden, wenn er regelmäßig wiederkehrt und der ArbN die entstandenen Aufwendungen für 12 Monate im Einzelnen nachweist. Der pauschale Auslagenersatz bleibt dann solange steuerfrei, bis sich die Verhältnisse wesentlich ändern (LStR 3.50 Abs 2). Für den Auslagenersatz für das **elektrische Aufladen eines Dienstwagens** hat das BMF für die Zeit

vom **1.1.17 bis 31.12.20 Pauschalen** festgelegt (BMF 26.10.17, BStBl I 17, 1439). Zur Pauschalierung der LSt → *Lohnsteuerpauschalisierung* Rn 60.

**Auslandstätigkeit** → *Auslandstätigkeit* Rn 42 ff.

**Auslösung** → *Auslösung* Rn 9.

**Aussperrung** → *Arbeitskampf (Vergütung)* Rn 26.

**Bahncard** → *Arbeitsentgelt* Rn 75.

**Beamtenpension.** Kapitalabfindungen → *Abfindung* Rn 48.

**Behinderte** → *Behinderte* Rn 70 ff.

**Beihilfeleistungen** → *Beihilfeleistungen* Rn 3 ff.

**Belegschaftsaktien** → *Mitarbeiterbeteiligung* Rn 29, 32, 37. 13

**Bergbau** Anpassungsbeihilfen → Rn 8. Bergmannsprämien für Untertagearbeit sind steuerfrei (§ 3 Nr 46 EStG).

**Betriebliche Altersversorgung** → *Betriebliche Altersversorgung* Rn 101 ff sowie Direktversicherung → Rn 14 und Pensionsfonds → Rn 20.

**Bundesfreiwilligendienst.** Das Taschengeld und vergleichbare Geldleistungen sind nach § 3 Nr 5 f EStG nunmehr ebenso steuerfrei wie schon bisher die Geld- und Sachbezüge sowie die Heilfürsorge an Soldaten und Zivildienstleistende nach dem Wehrsoldgesetz bzw dem Zivildienstgesetz.

**Bundesgrenzschutz.** Steuerfrei sind der Geldwert der überlassenen Dienstkleidung, die entsprechenden Beihilfen, unentgeltliche Verpflegung und Verpflegungszuschüsse im Einsatz sowie der Geldwert der freien ärztlichen Behandlung auch für Angehörige (§ 3 Nr 4 EStG).

**Bundespräsident.** Gewährt der Bundespräsident aus öffentlichen Mitteln Zuwendungen 14
aus sittlichen oder sozialen Gründen an besonders verdiente Personen oder ihre Hinterbliebenen, sind diese steuerfrei (§ 3 Nr 20 EStG).

**Bundeswehr** Bundesgrenzschutz → Rn 13 und Stichwort → *Übergangsgeld/Überbrückungsgeld* Rn 9. Geld- und Sachbezüge der Wehrpflichtigen und Zivildienstleistenden sowie die freie Heilfürsorge sind steuerfrei (§ 3 Nr 5 EStG; LStR 3.5).

**Dienstreise.** Zu Reisekostenvergütungen des ArbGeb → *Dienstreise* Rn 18, 48, 54.

**Dienstwagen** → *Dienstwagen* Rn 17 ff.

**Dienstwohnung** → *Dienstwohnung* Rn 20 ff.

**Diplomatenbezüge** der diplomatischen Vertreter fremder Staaten sowie der ihnen zugewiesenen Beamten, soweit sie nicht die deutsche Staatsangehörigkeit besitzen, oder ständig im Inland ansässig sind, sind steuerfrei (§ 3 Nr 29 EStG).

**Direktversicherung** → *Betriebliche Altersversorgung* Rn 107 ff, → *Lohnsteuerpauschalierung* Rn 44 und unten → Rn 20: Pensionsfonds.

**Doppelbesteuerungsabkommen** → *Auslandstätigkeit* Rn 42 ff.

**Doppelte Haushaltsführung.** Zu entsprechenden Vergütungen des ArbGeb → *Doppelte Haushaltsführung* Rn 36, 37. 15

**Durchlaufende Gelder** sind Beträge, die der ArbN erhält, um sie für den ArbGeb auszugeben (§ 3 Nr 50 EStG). Das oben zum Auslagenersatz Dargestellte gilt entsprechend.

**Ehrenamtliche Tätigkeit** → *Ehrenamtliche Tätigkeit* Rn 11 ff.

**Ehrenbezüge**, wie der Ehrensold für Künstler und Zuwendungen aus der Deutschen Künstlerhilfe sind gem § 3 Nr 43 EStG steuerfrei.

**Eigenheim- und Kinderzulage** nach dem EigZulG (§ 16) ist steuerfrei.

**Ein-Euro-Job.** Die Einnahmen (1–2 €/Std) sind als Mehraufwandsentschädigung nach § 3 Nr 2b EStG steuerfrei und unterliegen nicht dem Progressionsvorbehalt (OFD Koblenz 29.11.04 – S 2342, DStZ 05, 89).

**Eingliederungshilfe** (vorher -geld) für Aus- und Übersiedler ist nach § 3 Nr 2 EStG steuerfrei.

**Eingliederungszuschuss** → *Lohnkostenzuschuss* Rn 5 und oben Arbeitsförderungsleistungen.

**Einsatzwechseltätigkeit** → *Einsatzwechseltätigkeit* Rn 5 ff.

**Einstellungszuschuss** s Personalbuch 2009 und Arbeitsförderungsleistungen → Rn 9.

**Elektrofahrzeuge.** Zusätzlich zum ohnehin geschuldeten Arbeitslohn vom ArbGeb gewährte Vorteile für das elektrische Aufladen eines (Hybrid)Elektrofahrzeugs iSv § 6 Abs 1 Nr 4 S 2 HS 2 EStG an einer ortsfesten betrieblichen Einrichtung des ArbGeb bzw verbundenen Unternehmens (§ 15 AktG) und die zur privaten Nutzung überlassene betriebliche Ladevorrichtung sind steuerfrei. Die mit Gesetz vom 7.11.16 (BGBl I 16, 2498) eingefügte Neuregelung gilt ab 1.1.17 bis 31.12.20 und nicht für den Fall einer Entgeltumwandlung. Dies bestimmt sich nach R 3.33 Abs 5 LStR 2015. Zu den begünstigten Fahrzeugen rechnen auch **Elektrofahrräder,** wenn sie verkehrsrechtlich als Kfz einzuordnen sind. Wird der geldwerte Vorteil aus der privaten Nutzung eines Dienstwagen zu privaten Fahrten typisierend nach der sog 1%-Regelung ermittelt (§ 8 Abs 2 S 2 EStG) ist der geldwerte Vorteil für den verbilligt oder unentgeltlich gestellten Ladestrom bereits abgegolten. Wird die Fahrtenbuchmethode angewendet (§ 8 Abs 2 S 4 EStG) bleiben die Kosten für den verbilligten oder unentgeltlich gestellten Ladestrom in entsprechender Anwendung von R 8.1 Abs 9 Nr 2 S 8 HS 2 LStR 2015 für die Ermittlung der Gesamtkosten außer Ansatz. Die steuerfreien Vorteile sind nicht im Lohnkonto aufzuzeichnen. Für Zwecke der Reisekosten kann der ArbN anstelle der tatsächlichen Kosten die gesetzlich festgelegten pauschalen Kilometersätze (§ 9 Abs 1 S 3 Nr 4a S 2 EStG) auch dann ansetzen, wenn er steuerfreie Vorteile nach § 3 Nr 46 EStG erhält. Vergleiche iE BMF 14.12.16, BStBl I 16, 1446 idF vom 26.10.17, BStBl I 17, 1439, auch zum **Begriff** des (Hybrid)Elektrofahrzeugs sowie BMF 4.4.18, BStBl I 18, 592. Zur Pauschalierungsmöglichkeit nach § 40 Abs 2 S 1 Nr 6 EStG → *Lohnsteuerpauschalierung* Rn 39; zur steuerlichen Behandlung der Überlassung von (Elektro)Fahrrädern s gleichlautende Erlasse 13.3.19, BStBl I 19, 216.

**Elterngeld** → *Elterngeld* Rn 6 ff.

**Entlassungsentschädigung** → *Abfindung* Rn 42 ff, → *Außerordentliche Einkünfte* Rn 5 ff und → *Übergangsgeld/Überbrückungsgeld* Rn 8 ff.

**Entschädigungen.** Stichworte → *Abfindung* Rn 42 ff, → *Arbeitskleidung* Rn 24, 25, → *Aufwandsentschädigung* Rn 3 ff, → *Übergangsgeld/Überbrückungsgeld* Rn 8 ff sowie unten Werkzeuggeld → Rn 26.

**Entwicklungshelfer.** Bestimmte Leistungen nach dem Entwicklungshelfergesetz (§ 4 Abs 1 Nr 2, § 7 Abs 3, §§ 9, 10 Abs 1, §§ 13, 15) sind steuerfrei (§ 3 Nr 61 EStG).

**Erfinder** → *Arbeitnehmererfindung* Rn 29, 30.

**Erholungsbeihilfen** → *Beihilfeleistungen* Rn 5.

16 **Erwerbsminderung** → *Erwerbsminderung* Rn 8 ff. Bezüge, die aufgrund gesetzlicher Vorschriften aus öffentlichen Mitteln versorgungshalber an Wehr- oder Zivildienstbeschädigte oder ihre Hinterbliebenen, an Kriegsbeschädigte, Kriegshinterbliebene und ihnen gleichgestellte Personen gezahlt werden, sind nach § 3 Nr 6 EStG steuerfrei, soweit es sich nicht um Bezüge handelt, die aufgrund der Dienstzeit gewährt werden. Eine Auflistung der entsprechenden gesetzlichen Vorschriften enthält LStR 3.6. Zu steuerlichen Vergünstigungen → *Behinderte* Rn 70 ff.

**Essenszuschuss** → *Essenszuschuss* Rn 7 ff.

**EU.** Steuerliche Behandlung von Organisationen der EU gezahltes Tagegeld für in ihrem Bereich verwendete Beamte s BMF 12.4.06, BStBl I 06, 340.

**Fahrtkostenersatz** → *Fahrtätigkeit* Rn 15, → *Arbeitnehmerbeförderung* Rn 7 ff.

**Fahrten Wohnung – erste Tätigkeitsstätte.** Zusätzliche Leistungen des ArbGeb für diese Fahrten mit öffentlichen Verkehrsmitteln im Linienverkehr sind ab 2004 nicht mehr steuerfrei (→ *Arbeitnehmerbeförderung* Rn 15). Für Sachbezüge in Form einer unentgeltlichen oder verbilligten Beförderung bzw von Fahrtkostenzuschüssen ist jedoch unter gewissen Voraussetzungen eine pauschale Besteuerung nach § 40a Abs 2 Satz 2 EStG möglich (→ *Lohnsteuerpauschalierung* Rn 38 f sowie BFH 19.9.12 – VI R 55/11, BStBl II 13, 398: nur falls freiwillige Leistung und BMF 22.5.13, BStBl I 13, 728.

**Fehlgeldentschädigung** → *Fehlgeldentschädigung* Rn 28.

17 **Feiertagslohn** → *Sonn- und Feiertagsarbeit* Rn 17 ff.

**Feuerwehr** Bundesgrenzschutz → Rn 13.

**Fortbildung** → *Fortbildung* Rn 34, 35.

**Fürsorgepflicht** → *Fürsorgepflicht* Rn 22.

**Geburtsbeihilfen** → *Beihilfeleistungen* Rn 6.

**Geburtstagsfeier.** Übliche Sachleistungen des ArbGeb bei einem Empfang anlässlich eines runden Geburtstags des ArbN sind kein Arbeitslohn, wenn es sich um eine betriebliche Veranstaltung des ArbGeb handelt (LStR 19.3 Abs 2 Nr 4).

**Gefahrenzulagen.** Nach BFH 15.9.11 – VI R 6/09, DB 11, 2467 ist es nicht von Verfassungswegen geboten, die Befreiung nach § 3b EStG (→ *Sonn- und Feiertagsarbeit* Rn 17 ff) auf Gefahrenzulagen auszudehnen.

**Gelegenheitsgeschenke** Aufmerksamkeiten → Rn 11.

**Geringfügige Beschäftigung** → *Geringfügige Beschäftigung* Rn 20 ff.

**Gesundheitsvorsorge** → *Betriebliche Gesundheitsförderung* Rn 10 ff. Zusätzlich zum geschuldeten Arbeitslohn ab 1.1.08 erbrachte Leistungen des ArbGeb iSd §§ 20, 20a SGB V bis zu 600 € im Kj (§ 3 Nr 34 EStG iVm § 52 Abs 4c EStG) sind steuerfrei.

**Gründungszuschuss** → *Gründungszuschuss* Rn 6 ff.

**Haustrunk** ist seit 1990 stpfl Sachzuwendung. Freibetrag 1080 € (§ 8 Abs 3 EStG); → *Sachbezug* Rn 38.

**Heimarbeit** → *Heimarbeit* Rn 52.

**Heiratsbeihilfen** → *Beihilfeleistungen* Rn 6.

**Hochwasserhilfe** → *Entgeltverzicht* Rn 10 und → *Beihilfeleistungen* Rn 6.

**Hybridelektrofahrzeuge** Elektrofahrzeuge

**Insolvenzgeld** ist gem § 3 Nr 2 EStG steuerfrei (→ *Insolvenz des Arbeitgebers* Rn 34). **18**

**Insolvenzsicherung.** Die Beiträge des ArbGeb an den Träger der Insolvenzsicherung zur Sicherung der Leistungen der betrieblichen Altersversorgung gehören für den ArbN zu den steuerfreien Einnahmen für die Zukunftssicherung (§ 3 Nr 62 EStG; LStR 3.65 Abs 2 Satz 2). Die Beiträge des Trägers der Insolvenzsicherung zugunsten eines Versorgungsberechtigten und seiner Hinterbliebenen an eine Pensionskasse oder Unternehmen der Lebensversicherung sind steuerfrei (§ 3 Nr 65 EStG; LStR 3.65 Abs 1).

**Instrumentengelder** fallen nicht unter Werkzeuggeld (→ Rn 26); BFH 21.8.95, BStBl II 95, 906). Zur Kostenübernahme des ArbGeb zur Instandhaltung musikereigener Instrumente s BFH 28.3.06 – VI R 24/03, BStBl II 06, 473: steuerfreier Auslagenersatz.

**Internetnutzung.** Privatnutzung am Arbeitsplatz ist steuerfrei; im Übrigen → *Internet-/Telefonnutzung* Rn 32 ff.

**Jubiläumszuwendung.** Keine Steuerfreiheit (→ *Einmalzahlungen* Rn 32).

**Kapitalabfindungen** → *Abfindung* Rn 48, 49.

**Kaufkraftausgleich.** Bei Auslandsbediensteten im öffentlichen Dienst bleiben die höheren Auslandsdienstbezüge (Auslandszuschlag, Mietzuschuss, Zulagen) sowie der Kaufkraftzuschlag steuerfrei. Bei ArbN der Privatwirtschaft bleibt nur der Kaufkraftzuschlag iHd Zuschlags im öffentlichen Dienst steuerfrei, wenn sich der ArbN nur zeitlich begrenzt im Ausland aufhält (§ 3 Nr 64 EStG; LStR 3.64; zur Höhe der steuerfreien Zuschläge ab 1.1.20 BMF 13.1.20, BStBl I 20, 176, zuletzt geändert durch BMF 9.10.19, BStBl I 19, 989). Bei privaten ArbN ist der dem Zuschlagssatz entsprechende Abschlagssatz bzgl der Gesamtbezüge LStR 3.64 Abs 5 und LStH 3.64 zu entnehmen.

**Kinderbetreuung** → *Betriebskindergarten* Rn 4 ff, § 3 Nr 33 EStG und BFH 19.9.12 – VI R 54/11, DStR 12, 2427 und BMF, BStBl I 13, 728. **19**

**Kindererziehung.** Leistungen für Kindererziehung an Mütter der Geburtsjahrgänge vor 1921 nach §§ 294 bis 299 SGB VI (→ *Kindervergünstigungen* Rn 51) sind steuerfrei (§ 3 Nr 67 EStG).

**Kindergeld** → *Kindergeld* Rn 4.

**Kindervergünstigungen.** Die vom Träger der Jugendhilfe geleisteten Erstattungen nach § 23 Abs 2 Satz 1 Nr 3 und 4 SGB VIII (Kindertagespflege) und nach § 39 Abs 4 Satz 2 SGB VIII (Bereitschaftspflege) sind steuerfrei (§ 3 Nr 9 EStG); → *Kindervergünstigungen* Rn 5 ff.

**Kinderzuschuss** der gesetzlichen RV ist steuerfrei (§ 3 Nr 1b EStG).

**Knappschaftsversicherungsleistungen** Rentenversicherungsleistungen → Rn 21.

**Krankengeld** → *Krankengeld* Rn 8.

**Krankengeldzuschuss** → *Krankengeldzuschuss* Rn 2.

**Krankentagegeld.** Führen schon die vom ArbGeb erbrachten Aufwendungen für den Versicherungsschutz zu Arbeitslohn, begründen die daraufhin erbrachten Versicherungsleistungen keinen weiteren Arbeitslohn. Daher liegt regelmäßig auch dann kein Arbeitslohn vor, wenn eine Leistung aus einem Versicherungsverhältnis auf eigene – nicht lediglich dem ArbGeb zustehende – Ansprüche des ArbN erbracht und der Versicherungsschutz im Zusammenhang mit dem Arbeitsverhältnis gewährt wird. Dagegen führen an den ArbN erbrachte Leistungen aus einem Versicherungsverhältnis, mit dem sich der ArbGeb zur Finanzierung arbeitsrechtlicher Ansprüche nur rückversichert und selbst alleiniger Anspruchsberechtigter gegenüber dem Versicherer ist, beim ArbN zu Arbeitslohn. Dies gilt unabhängig davon, ob die Auszahlung an den ArbN über den ArbGeb oder auf dessen Weisung direkt durch den Versicherer erfolgt (BFH 15.11.07 – VI R 30/04, BFH/NV 08, 550; BFH 2.12.14 – VIII R 40/11, BStBl II 16, 675 Rn 42 f). Von einer Versicherung gezahlte Krankentagegelder sind auch dann kein Lohn, wenn neben dem ArbN auch der ArbGeb die Versicherungsleistung geltend machen kann (BFH 13.3.06 – VI B 113/05, DStRE 06, 788).

20 **Krankenversicherungsleistungen** sind steuerfrei (§ 3 Nr 1a EStG). Dies gilt auch für Leistungen aus der Krankenhaustagegeldversicherung. Ungeklärt ist das für Leistungen aus der Krankentagegeldversicherung (*Schmidt/Heinicke* § 3 ABC: Krankheitskostenersatz mwN; → *Krankenversicherungsbeiträge* Rn 9).

**Kriegsbeschädigtenrenten** sind steuerfrei (§ 3 Nr 6 EStG; s auch oben Erwerbsminderung).

**Kundenbindungsprogramm.** Bestimmte Sachprämien sind bis 1080 € steuerfrei (§ 3 Nr 38 EStG; s hierzu → *Arbeitsentgelt* Rn 74 und → *Lohnsteuerpauschalierung* Rn 59).

**Kunst** → *Beihilfeleistungen* Rn 13.

**Künstlersozialbeiträge** → *Künstlersozialversicherung* Rn 6.

**Kurzarbeitergeld** → *Kurzarbeit* Rn 27.

**Landwirtschaft.** ArbN, deren Beschäftigung in einem landwirtschaftlichen Unternehmen aufgrund der Stilllegung oder Abgabe des Betriebes endet und die in der gesetzlichen RV versichert sind, erhalten unter bestimmten Voraussetzungen ein laufendes Ausgleichsgeld iHv 65 vH des Bruttoentgelts. Dieses ist bis zum Gesamtbetrag von 18 407 € steuerfrei (§ 3 Nr 27 EStG).

**Leistungen zur Sicherung des Lebensunterhalts und zur Eingliederung in Arbeit** nach dem SGB II (zB AlGeld II, Sozialgeld, § 14 SGB II) sind steuerfrei (§ 3 Nr 2b EStG).

**Lohnersatzleistungen** → *Lohnersatzleistungen* Rn 5 ff.

**Mietvorteile** s LStR 3.59.

**Mietzuschuss** Kaufkraftausgleich → Rn 18.

**Mobilitätshilfen** s Personalbuch 2009 und Arbeitsförderungsleistungen → Rn 9.

**Mutterschaftsgeld** → *Mutterschaftsgeld* Rn 3–5.

**Mutterschaftshilfe** → *Mutterschaftshilfe* Rn 2.

**Nachtarbeit** → *Sonn- und Feiertagsarbeit* Rn 17 ff.

**Nebeneinkünfte** → *Aufwandsentschädigung* Rn 12 ff, → *Nebentätigkeit* Rn 22.

**Outplacementberatung** ist steuerfrei, wenn es sich um dem SGB III entsprechende Qualifikations- und Trainingsmaßnahmen handelt (LStR 19.7 Abs 2 Satz 5; → *Arbeitsvermittlung, private* Rn 11).

**Pensionsfonds, Pensionskasse und Direktversicherung.** Zahlungen des ArbGeb sind bis zu 4 % der Beitragsbemessungsgrenze id RV steuerfrei (§ 3 Nr 63 EStG; → *Betriebliche Altersversorgung* Rn 125 ff), und zwar auch hinsichtlich der im Gesamtversicherungsbeitrag des ArbGeb an eine Pensionskasse enthaltenen Finanzierungsanteile der ArbN (BFH 9.12.10 – VI R 57/08, DStR 11, 512).

21 **Personalrabatte** sind grds Arbeitslohn. 1080 € sind steuerfrei (§ 8 Abs 3 EStG; LStR 8.2 und → *Sachbezug* Rn 38).

**Pflegegeld** des Jugendamtes ist steuerfrei (§ 3 Nr 11 EStG; → *Beihilfeleistungen* Rn 11 Erziehungsbeihilfen).

**Pflegeentgelt** von Angehörigen aus deren Vermögen ist nicht steuerbar (BFH 14.9.99 – IX R 88/95, BStBl II 99, 776).

**Pflegeversicherungsleistungen** → *Pflegeversicherungsleistungen* Rn 2 ff.

**Polizei** Bundesgrenzschutz → Rn 13.

**Reisekostenvergütungen** im Zusammenhang mit Gruppenunfallversicherungen BMF 28.10.09, BStBl I 09, 1275; → *Dienstreise* Rn 18, 56, 57.

**Rentenversicherungsbeiträge** → *Rentenversicherungsbeiträge* Rn 4, 5 und → *Altersteilzeit* Rn 28. Nach § 3 Nr 28 EStG sind auch Zahlungen des ArbGeb zur Übernahme der Beiträge nach § 187a SGB VI (→ *Altersgrenze* Rn 36), soweit sie 50 % nicht übersteigen, steuerfrei (BMF 25.9.01, DStR 01, 1800).

**Rentenversicherungsleistungen.** Steuerfrei sind Sachleistungen, Kinderzuschüsse (§ 3 Nr 1b EStG), KVZuschüsse (§ 3 Nr 14 EStG), Übergangsgeld nach SGB VI (→ *Übergangsgeld/Überbrückungsgeld* Rn 9) und Erziehungsgeld (§ 3 Nr 67 EStG). Zur Stpfl der Renten → *Altersrente* Rn 8 ff.

**Rückzahlung** steuerfreier Einnahmen → *Entgeltrückzahlung* Rn 17 ff sowie → *Erstattungsanspruch der Agentur für Arbeit* Rn 11 ff. 22

**Sachbezug** → *Sachbezug* Rn 3 ff sowie Aufmerksamkeiten → Rn 11, Geburtstagsfeier → Rn 17, Kundenbindungsprogramm → Rn 20 und Personalrabatte → Rn 21.

**Sammelbeförderung** → *Arbeitnehmerbeförderung* Rn 14.

**Schadensersatzleistungen** des ArbGeb → *Arbeitgeberhaftung* Rn 19 ff.

**Schichtzulagen** sind im Rahmen der Sonntags-, Feiertags und Nachtarbeit steuerfrei (→ *Sonn- und Feiertagsarbeit* Rn 17 ff).

**Schmutzzulage** → *Entgeltzuschläge* Rn 13 ff.

**Schwerbehinderte** → *Behinderte* Rn 70 ff.

**Seebeben.** Zu Unterstützungen an ArbN, Arbeitslohnspenden, Zinszuschüssen und -vorteilen bei ArbGebDarlehen, die ArbN gewährt werden, die vom Seebeben im Dezember 04 betroffen sind s BMF 14.1.05, BStBl I 05, 52; DStR 05, 154 und → *Beihilfeleistungen* Rn 7. Zur Spende von Lohn und Gehalt s auch *Kass* DB 05, 414.

**Seuchenentschädigungen** nach dem Infektionsschutzgesetz (vorher BSeuchG) für Lohnausfall sind steuerfrei (§ 3 Nr 25 EStG). 23

**Soldaten** s oben Bundeswehr.

**Sonntagszuschläge** → *Sonn- und Feiertagsarbeit* Rn 17 ff.

**Sozialhilfe** → *Beihilfeleistungen* Rn 13.

**Sozialversicherungsbeiträge** → *Sozialversicherungsbeiträge* Rn 14.

**Stipendien** → *Beihilfeleistungen* Rn 14.

**Streikgelder** → *Arbeitskampf (Vergütung)* Rn 24 ff.

**Sterbegeld** → *Sterbegeld* Rn 11.

**Studienbeihilfen** → *Beihilfeleistungen* Rn 14.

**Teilarbeitslosengeld** → *Arbeitslosengeld* Rn 4.

**Telefonbenutzung** → *Internet-/Telefonnutzung* Rn 32 ff.

**Telekommunikationseinrichtungen.** Privatnutzung am Arbeitsplatz ist steuerfrei, § 3 Nr 45 EStG (→ *Internet-/Telefonnutzung* Rn 32 ff).

**Trennungsgeld** im öffentlichen Dienst ist nach § 3 Nr 13 EStG teilweise steuerfrei, soweit es die als Werbungskosten abziehbaren Aufwendungen nicht übersteigt → *Doppelte Haushaltsführung* Rn 22 ff und → *Verpflegungsmehraufwendungen* Rn 9. 24

**Trinkgeld** → *Trinkgeld* Rn 6 ff.

**Übungsleiter** → *Ehrenamtliche Tätigkeit* Rn 17; → *Nebentätigkeit* Rn 21; steuerfrei nach § 3 Nr 26, 26a iHv 2400 €/720 € jährlich, Zur Berücksichtigung von Verlusten aus einer Übungsleitertätigkeit s FG MeVo 16.6.15 – 3 K 368/14, EFG 19, 422.

**Überbrückungsgeld** → *Übergangsgeld/Überbrückungsgeld* Rn 11; s auch Personalbuch 2016.

**Übergangsgeld** → *Übergangsgeld/Überbrückungsgeld* Rn 8 ff.

**Übertragungswert** der betrieblichen Altersversorgung bei Wechsel des ArbGeb ist steuerfrei (§ 3 Nr 55 EStG; → *Betriebliche Altersversorgung* Rn 139).

**Umlagezahlungen** an die VBL, die dem ArbN einen unmittelbaren und unentziehbaren Rechtsanspruch gegen die VBL verschaffen, führen im Zeitpunkt ihrer Zahlung zu Arbeitslohn und sind daher weder nach § 3 Nr 62 EStG noch nach § 3 Nr 63 EStG steuerfrei (BFH 7.5.09 – VI R 8/07, BFH/NV 09, 1504).

**Umschulung** → *Umschulung* Rn 13 ff.

**Umzugskostenvergütung** → *Umzugskosten* Rn 13 ff.

**Unfallruhegehalt.** Das erhöhte Unfallruhegehalt nach § 37 Beamtenversorgungsgesetz ist nicht nach § 3 Nr 6 EStG steuerfrei (BFH 29.5.08 – VI R 25/07, BFH/NV 08, 1604).

**Unfallversicherungsbeiträge** → *Unfallversicherung* Rn 6 ff.

**Unfallversicherungsleistungen** → *Unfallrente* Rn 7 ff.

**Unterhaltsbeitrag** nach § 38 Beamtenversorgungsgesetz ist nach § 3 Nr 6 EStG steuerfrei (BFH 16.1.98 – VI R 5/96, BStBl II 98, 303).

**Unterhaltsgeld** → *Arbeitslosengeld* Rn 10.

25 **Unterhaltssicherung.** Leistungen nach dem Unterhaltssicherungsgesetz zur Sicherung des Lebensunterhalts der Wehrdienstleistenden und ihrer Angehörigen sind steuerfrei, soweit sie nicht nach § 15 Abs 1 Satz 2 Unterhaltssicherungsgesetz stpfl sind (§ 3 Nr 48 EStG).

**Unterstützungsleistungen** → *Beihilfeleistungen* Rn 8.

**Verbesserungsvorschläge** → *Verbesserungsvorschläge* Rn 12.

**Vermögensbeteiligung** → *Mitarbeiterbeteiligung* Rn 22 ff.

**Vermögenswirksame Leistungen** → *Vermögenswirksame Leistungen* Rn 25 ff.

26 **Verpflegungsmehraufwendungen** → *Verpflegungsmehraufwendungen* Rn 5 ff und → *Aufwendungsersatz* Rn 23 ff, 31.

**Versorgungsbezüge** sind als Arbeitslohn unter Gewährung der Freibeträge für Versorgungsbezüge zu versteuern (→ *Altersgrenze* Rn 17 ff sowie LStR 19.8). Zur Besteuerung der Leistungen aus der RV s oben RVLeistungen → Rn 21 und aus der UV → *Unfallrente* Rn 7 ff.

**Vorruhestand** s nunmehr → *Altersteilzeit* Rn 26 ff.

**Vorsorgeaufwendungen** → *Sonderausgaben* Rn 5 ff.

**Waschgeld** für angestellte Schornsteinfeger ist nicht steuerfrei (FG RhPf 1.12.93, EFG 94, 656).

**Werbungskostenersatz** → *Aufwendungsersatz* Rn 23 ff, 31.

**Werkzeuggeld** ist steuerfrei (§ 3 Nr 30 EStG; → *Entgeltzuschläge* Rn 14).

**Wertguthaben.** Die Übertragung nach § 7 f Abs 1 Satz 1 Nr 2 SGB IV auf die Deutsche Rentenversicherung Bund ist steuerfrei (§ 3 Nr 53 EStG); → *Wertguthaben/Zeitguthaben* Rn 7.

27 **Wintergeld** → *Wintergeld* Rn 4.

**Wohngeld** ist steuerfrei (§ 3 Nr 58 EStG).

**Wohnung.** Die unentgeltliche oder verbilligte Überlassung einer Wohnung an den ArbN stellt einen Sachbezug dar (→ *Dienstwohnung* Rn 25 ff). Mietvorteile, die im Rahmen eines Dienstverhältnisses gewährt werden und auf der Förderung nach dem II. Wohnungsbaugesetz oder dem Wohnungsbaugesetz für das Saarland oder nach dem Wohnraumförderungsgesetz beruhen, sind steuerfrei (§ 3 Nr 59 EStG, BFH 16.2.05 – VI R 58/03, BStBl II 05, 750; BMF 10.10.05, BStBl I 05, 959).

**Wohnungsbauprämie** ist steuerfrei (§ 6 WoPG).

**Zinsvorteile** → *Arbeitgeberdarlehen* Rn 14. Zur Gewährung von Zinsvorteilen oder -zuschüssen durch ArbGeb an hochwassergeschädigte ArbN s Unterstützungsleistungen.

**Zukunftssicherungsleistungen** eines inländischen ArbGeb für einen unbeschränkt stpfl schwedischen ArbN auf vertraglicher Grundlage an niederländische und schwedische Versicherungsunternehmen, sind nicht nach § 3 Nr 62 Satz 1 EStG befreiter Arbeitslohn. Gleiches gilt für Zahlungen an die französische gesetzliche KV (BFH 12.1.11 – I R 49/10, DStR 11, 616). § 3 Nr 62 EStG verstößt nicht gegen EU-Recht (BFH 28.5.09 – VI R 27/06, BStBl II 09, 857); § 3 Nr 56, 62 und 63 EStG, § 2 Abs 2 Nr 3 LStDV sowie LStR 3.62 und → *Betriebliche Altersversorgung* Rn 122, 125 ff. Zu ArbGebZuschüssen zur privaten KV und PflegeV s OFD Koblenz 11.8.11 – S 2221A – St 32 3, BeckVerw 268157. Zu Zukunftssicherungsleistungen an schweizerische Pensionkassen s BFH 24.9.13 – VI R 6/11, BStBl II 16, 650; BFH 26.11.14 – VIII 31/10, BStBl II 16, 653; BFH 26.11.14 – VIII R 38/10, BStBl II 16, 657; BFH 26.11.14 – VIII R 39/10, BStBl II 16, 665; BFH 2.12.14 – VIII R 40/10, BStBl II 16, 675; BFH 16.9.15 – I R 83/11, BStBl II 16, 681; BFH 1.10.15 – X R 43/11, BStBL II 16, 685.

**Zuschläge** nach § 6 Abs 2 Bundesbesoldungsgesetz (Altersteilzeit) sind steuerfrei (§ 3 Nr 28 EStG).

**Zuschuss zum Arbeitsentgelt** nach § 417 SGB III (Entgeltsicherung für ältere ArbN) ist gem § 3 Nr 2 EStG steuerfrei (→ *Arbeitsförderung* Rn 6 ff).

## C. Sozialversicherungsrecht

*Schlegel*

28 **1. Beitragsrecht.** Für Einnahmen, die zusätzlich zu Löhnen und Gehältern gewährt werden, besteht keine Beitragspflicht, wenn und soweit diese kraft Gesetzes (§§ 3, 3b EStG, § 3 LStV) steuerfrei sind. Welche Einnahmen im Einzelnen steuerfrei sind, → Rn 8 ff. Dies ergibt sich aus § 1 Abs 1 Nr 1 SvEV; danach sind einmalige Einnahmen, laufende Zulagen,

Zuschläge, Zuschüsse sowie ähnliche Einnahmen, die zusätzlich zu Löhnen oder Gehältern gewährt werden, nicht dem Arbeitsentgelt zuzurechnen, soweit sie lohnsteuerfrei sind. § 1 Abs 2 SvEV enthält eine Sonderbestimmung für die UV; dort sind dem Arbeitsentgelt auch steuerfreie Zuschläge für Sonntags-, Feiertags- und Nachtarbeit zuzurechnen, es sei denn, es geht darum, das bei einer Hinterbliebenenrente aus der UV zu berücksichtigende Erwerbseinkommen zu ermitteln.

Die Steuerfreiheit muss auf Gesetz oder Rechtsverordnung beruhen; die bloße Verwaltungspraxis, bestimmte Entgeltbestandteile nicht der Besteuerung zu unterwerfen, reicht hierfür selbst dann nicht aus, wenn diese Verwaltungspraxis durch LStR festgelegt ist. 29

**2. Leistungsrecht.** Leistungen der Sozialversicherung (zB Krankengeld) sind ebenfalls nach Maßgabe des § 1 Abs 1 SvEV zu berechnen. Dies bedeutet, dass Einnahmen die im maßgeblichen Bemessungszeitraum erzielt wurden, für die Leistungsberechnung außer Betracht bleiben, wenn und soweit sie steuerfrei sind. 30

**3. Steuerfreie Lohnersatzleistungen.** Krankengeld, AlGeld, AlHilfe und andere steuerfreie Sozialleistungen (§ 3 Nrn 1 bis 2a EStG) sind kein Arbeitsentgelt iSd § 1 SvEV iVm § 14 SGB IV. Ob für diese Lohnersatzleistungen Beiträge zu einzelnen Zweigen der SozV zu entrichten sind, ist den jeweiligen Vorschriften über die Beitragsbemessungsgrundlage zu entnehmen. Eine einheitliche Antwort hierauf ist nicht möglich (→ *Lohnersatzleistungen* Rn 26–34; → *Krankenversicherungsbeiträge* Rn 11 ff; → *Rentenversicherungsbeiträge* Rn 9 ff). 31

## Studentenbeschäftigung

### A. Arbeitsrecht

*Röller*

**1. Begriff.** Studentenbeschäftigung liegt vor, wenn ein Student neben seinem Studium zu Erwerbszwecken einer bezahlten Beschäftigung nachgeht. 1

Durch den Erwerbszweck unterscheidet sich die Studentenbeschäftigung von einem Volontariat oder Praktikum. Näheres → *Praktikant* Rn 1 ff. 2

**2. Arbeitnehmer/Freier Mitarbeiter.** Studenten, die eine weisungsgebundene Tätigkeit in persönlicher Abhängigkeit erbringen, sind ArbN iSd allg ArbNBegriffs (BAG 11.11.08 – 1 ABR 68/08, NZA 09, 450). Die ArbNEigenschaft ist dem Studenten nicht schon deswegen abzusprechen, weil er die Erwerbsarbeit nur nebenbei ausübt. Entscheidendes Kriterium für die Zuordnung des Studenten als ArbN oder Freier Mitarbeiter ist vielmehr der Grad der persönlichen **Abhängigkeit** → *Freie Mitarbeit* Rn 2 ff. 3

Nimmt ein ArbGeb an Arbeitseinsätzen interessierte studentische Hilfskräfte in eine Interessentenliste auf, so kommt dadurch noch kein unbefristetes Arbeitsverhältnis zustande, wenn für den ArbGeb nicht die Verpflichtung besteht, Arbeitseinsätze anzubieten und wenn die studentische Hilfskraft nicht verpflichtet ist, etwaige Arbeitsangebote anzunehmen. Die in einer Rahmenvereinbarung vorgesehene Vertragskonstruktion, nur befristete einsatzbezogene Tagesarbeitsverhältnisse und kein Abrufarbeitsverhältnis iSv § 12 TzBfG zu begründen, kann jedoch im Wege der Befristungskontrolle zu einem unbefristeten Arbeitsverhältnis führen (BAG 16.4.03 – 7 AZR 187/02, NZA 04, 40). 4

Der Student ist **Freier Mitarbeiter,** wenn ihm für die Erledigung seiner Aufgaben zwar Termine gesetzt, die Fristen dabei jedoch so bemessen werden, dass er seine Arbeitszeit innerhalb des vorgegebenen Zeitraums nach eigenen Vorstellungen und Bedürfnissen gestalten kann (BAG 3.5.89, BB 90, 779). So liegt ein freies Dienstverhältnis etwa vor, wenn ein Jurastudent gelegentlich für einen Rechtsanwalt Gutachten erstellt. Ist dagegen der Zeitraum, der dem Studenten zur Bearbeitung eingeräumt wird, so knapp bemessen, dass er keinerlei Dispositionsmöglichkeiten mehr hat oder ist der Student in einen Betrieb integriert und sind ihm feste Zeiten und Orte vorgegeben, an denen er seine Arbeitsleistung zu erbringen hat, so liegt abhängige Arbeit iSd Arbeitsrechts vor und der Student wird im Rahmen eines Arbeitsvertrages beschäftigt (LAG Bln 16.8.83, AP § 611 BGB Abhängigkeit Nr 44; *Delhey/Alfmeier* NZA 91, 257, 258). 5

**3. Anwendung arbeitsrechtlicher Vorschriften.** Auf das Vertragsverhältnis eines Studenten findet in vollem Umfang das Arbeitsrecht Anwendung. 6

7 **a) Befristung.** Die Beschäftigung erfolgt idR befristet. **Ohne Sachgrund** ist in dem durch § 14 Abs 2 TzBfG (bis zu 2 Jahren) und § 2 WissZeitVG (bis zu 6 Jahren) gesetzten Rahmen eine Befristung möglich. Im Arbeitsvertrag ist gem § 2 Abs 3 WissZeitVG anzugeben, dass die Befristung auf den Vorschriften dieses Gesetzes beruht.

8 Die **Befristung mit Sachgrund** ist nach Maßgabe des § 14 Abs 1 TzBfG zulässig. Ein Sachgrund kann vorliegen, wenn der Student dadurch die Möglichkeit erhält, die Erfordernisse des Studiums mit denen des Arbeitsverhältnisses in Einklang zu bringen. Wird diesem Interesse des Studenten aber bereits durch eine entsprechend flexible Ausgestaltung des Arbeitsverhältnisses Rechnung getragen, so kann die Befristung nicht auf den Gesichtspunkt der Anpassung der Erwerbstätigkeit an die Erfordernisse des Studiums gestützt werden. Eine derartige Ausgestaltung entsteht jedoch nicht bereits durch eine Vielzahl befristeter Eintagsarbeitsverhältnisse (BAG 16.4.03 – 7 AZR 187/02, NZA 04, 40; 29.10.98 – 7 AZR 561/97, NZA 99, 990; APS/*Backhaus* § 14 TzBfG Rn 303 ff).

9 **b) Kündigung.** Für die Kündigung eines Arbeitsverhältnisses mit einem Studenten gelten keine Besonderheiten. Der Wegfall der Versicherungsfreiheit ist kein personenbedingter Grund zur Kündigung iSv § 1 Abs 2 KSchG (BAG 18.1.07 – 2 AZR 731/05, NZA 07, 680).

10 **c) Entlohnung.** Der ArbGeb muss Studenten so entlohnen wie jeden ArbN mit der entsprechenden Tätigkeit. Der Student hat Anspruch auf den gesetzlichen Mindestlohn gem § 1 Abs 2 MiLoG. Bei Bestehen bzw Anwendung einer tariflichen Vergütungsordnung ist der Student einzugruppieren (BAG 11.11.08 – 1 ABR 68/07, NZA 09, 450).

11 **d) Elternzeit und Mutterschaftsgeld.** Erfolgt die Beschäftigung im Rahmen eines Arbeitsverhältnisses kann der Student Elternzeit beantragen (ErfK/*Gallner* § 15 BEEG Rn 3). Studentinnen haben gem §§ 200 Abs 1 RVO, 5 Abs 1 Nr 9 SGB V Anspruch auf Mutterschaftsgeld, wenn ihnen wegen der Schutzfristen des MuSchG kein Arbeitsentgelt gezahlt wird (ErfK/*Rolfs* § 200 RVO Rz 5). Sie können, wenn sie ein Pflichtpraktikum absolvieren, seit 1.1.18 auch den gesetzlichen Mutterschutz beanspruchen (§ 1 Abs 2 Nr 8 MuSchG).

12 **4. Betriebsverfassung/Tarifverträge.** Studenten, die als Aushilfskräfte beschäftigt werden, sind ArbN iSd § 5 Abs 1 BetrVG. Sie sind gem § 7 BetrVG wahlberechtigt, wenn sie am Wahltag in einem Arbeitsverhältnis zum Betrieb stehen. Werkstudenten können nur bei hinreichenden sachlichen Gründen aus dem persönlichen Geltungsbereich eines Tarifvertrages heraus genommen werden (BAG 20.1.04 – 9 AZR 291/02, NZA 04, 1058; 30.8.2000 – 4 AZR 563/99, NZA 01, 613). Gem § 12a Abs 1 Nr 1 TVG können Tarifverträge für ArbNÄhnliche Personen auch für Studenten gelten, die als Freie Mitarbeiter beschäftigt werden, da sie vergleichbar schutzbedürftig sind, soweit sie überwiegend für eine Person tätig sind oder ihnen von einer Person durchschnittlich mehr als die Hälfte des Gesamtentgelts für die Erwerbstätigkeit zusteht.

## B. Lohnsteuerrecht

*Weil*

21 Die Vergütung für die Beschäftigung von Studenten, sei es zu deren Ausbildung (→ *Praktikant* Rn 15), sei es als Aushilfskraft oder auf Dauer, ist **stpfl Arbeitsentgelt** (→ *Arbeitsentgelt* Rn 30 ff) und unterliegt grds dem Lohnabzugsverfahren (→ Lohnabzugsverfahren Rn 2 ff) wie bei einem gewöhnlichen ArbN (→ *Arbeitnehmer* (Begriff) Rn 29 ff). Auch die Referenten der Studierendenvertretung einer Universität geltend als ArbN der Studierendenschaft und die von diesen vereinnahmten Aufwandsentschädigungen unterliegen als Arbeitslohn dem Lohnsteuerabzug (FG Düsseldorf 9.6.11 12 K 3963/09 L und BFH 22.7.08 VI R 51/05, DStR 08, 1923). Im Wege der Antragsveranlagung (§ 46 Abs 2 Nr 8 EStG) kann zu viel einbehaltene Lohnsteuer erstattet werden (*Antragsveranlagung*).

Die LSt kann pauschaliert werden (→ *Geringfügige Beschäftigung* Rn 22; → *Aushilfskräfte* Rn 23 ff). Studienbeihilfen und Stipendien können **steuerfrei** sein, wenn sie aus öffentlichen Mitteln oder aus Mitteln einer öffentlichen Stiftung zu Ausbildungszwecken gewährt werden (§ 3 Nr 11 und Nr 44 EStG; → *Berufsausbildungsförderung* Rn 4 ff). Auch Zahlungen, die im Inland studierende **ausländische** Studenten oder Praktikanten für den Unterhalt, für ihr Studium oder ihre Ausbildung von ausländischen Zahlungsträgern erhalten, sind idR im Inland steuerfrei (Art 20 OECD-MA). Zum Stand der DBA am 1.1.16 s BMF

19.1.16, BStBl I 16, 76. Zur Steuerfreiheit eines Stipendiums einer gemeinnützigen EU/EWR-Institution nach § 3 Nr 44 EStG s BFH 15.9.10 X R 33/08, BStBl II 2011, 637. Steuerfrei sind auch Einnahmen aus bestimmten **nebenberuflicher Tätigkeiten** bis 2400 € im Jahr (§ 3 Nr 26 EStG; R 3.26 Abs 2 LStR; → *Nebentätigkeit* Rn 22). Begünstigt sind zB nebenberufliche Tätigkeiten als Übungsleiter, Ausbilder, Erzieher oder Betreuer sowie nebenberufliche künstlerische Tätigkeiten und die nebenberufliche Pflege alter, kranker oder behinderter Menschen (→ *Aufwandsentschädigung* Rn 12, 15).

Zur **Kindergeldberechtigung** für Studenten → *Kinderfreibetrag* Rn 9 ff. Für volljährige Studenten, die zur Berufsausbildung außerhalb des elterlichen Haushalts untergebracht sind und für die die Eltern Anspruch auf Kindergeld oder den Kinderfreibetrag haben, kann der **Ausbildungsfreibetrag** geltend gemacht werden (vgl § 33a Abs 2 EStG, → *Ausbildungsfreibetrag* Rn 2 ff).

## C. Sozialversicherungsrecht

*Schlegel*

### Übersicht



**I. Allgemeines.** Studenten unterliegen in der KV und PflegeV unter bestimmten Voraus- 22
setzungen einer speziell für Studenten angeordneten Pflichtversicherung (sog Krankenversicherung der Studenten – KVdS; umfassend zur KV der Studenten *Felix* NZS 2000, 477). Ebenso sind sie bereits aufgrund ihres Studentenstatus in der UV, nicht aber in der RV pflichtversichert (→ Rn 24 ff).

Üben Studenten neben ihrem Studium eine Beschäftigung aus (sog Studentenbeschäfti- 23
gung), ist zu prüfen, ob sie aufgrund dieser Beschäftigung versicherungs- und beitragspflichtig sind und in welchem Konkurrenzverhältnis diese Pflichtversicherung zu sonstigen Versicherungstatbeständen steht (→ Rn 30 ff).

**II. Versicherungspflicht als Student unabhängig von einer Beschäftigung.** 24
**1. Kranken- und Pflegeversicherung. a) Krankenversicherung der Studenten – KVdS.** Studenten unterliegen in der gesetzlichen KV und der PflegeV bereits aufgrund ihres Studentenstatus der Versicherungs- und Beitragspflicht. Die Versicherung beginnt mit Beginn des Semesters, frühestens mit der Immatrikulation oder dem Tag der Rückmeldung (§ 186 Abs 7 SGB V). Diese **Pflichtversicherung** dauert – von Ausnahmen abgesehen (zB

familiäre Gründe, Erwerb der Studienvoraussetzung auf dem 2. Bildungsweg) – bis zum 14. Fachsemester, längstens bis zur Vollendung des 30. Lebensjahres (§ 5 Abs 1 Nr 9 SGB V, § 20 Abs 1 Satz 2 Nr 9 SGB XI; BSG 30.9.92 – 12 RK 40/91, SozR 3–2500 § 5 Nr 4 = NZS 93, 111).

25 **b) Beitragsbemessung in der KVdS.** Da Studenten als solche idR kein Einkommen haben, werden für die Zwecke der Beitragserhebung bestimmte Einnahmen fingiert: **Bemessungsgrundlage** der in der KVdS zu entrichtenden Beiträge ist der monatliche Bedarfssatz nach dem BAföG (§ 236 Abs 1 SGB V). Diese erhöht sich ggf um Renten (zB Hinterbliebenenrente) oder Versorgungsbezüge, die der Student bezieht (§ 236 Abs 2 SGB V). Der **Beitragssatz** beträgt bundeseinheitlich 7/10 des durchschnittlichen allgemeinen Beitragssatzes (§ 245 Abs 1 SGB V).

26 **c) Subsidiarität der KVdS.** Das Gesetz sieht folgende Ausnahmen von der Versicherungspflicht von Studenten in der KVdS nach § 5 Abs 1 Nr 9 SGB vor: Die beitragspflichtige Versicherungspflicht in der KVdS besteht nicht, sofern der Student nach § 10 SGB V familienversichert ist (**Vorrang einer beitragsfreien Familienversicherung;** zu deren Voraussetzungen → *Familienversicherung* Rn 5 ff) oder der Student aufgrund einer **vorrangigen Pflichtversicherung** nach § 5 Abs 1 Nr 1–8, 11 und 12 SGB V **pflichtversichert** ist, also zB als ArbN, Künstler, Behinderter, Rentenbezieher (§ 5 Abs 7 SGB V).

27 Außerdem können sich Studenten nach § 8 Abs 1 Nr 3 SGB V innerhalb von drei Monaten nach Versicherungsbeginn von der KVdS befreien lassen; diese **Befreiung von der KVdS** ist nicht widerruflich (§ 8 Abs 2 SGB V).

28 **2. Unfallversicherung.** In der gesetzlichen UV sind Studenten kraft Gesetzes bei Unfällen versichert, die mit ihrem Studium zusammenhängen und diesem zuzurechnen sind (§ 2 Abs 1 Nr 8 Buchst a SGB VII). Eine Befreiung von der Versicherungspflicht, für welche die Studenten selbst keine Beiträge zahlen müssen, ist insoweit nicht vorgesehen.

29 **3. Rentenversicherung.** In der gesetzlichen RV besteht – anders als in der KV, PflegeV und UV – keine spezielle Versicherungspflicht für Studenten. Studienzeiten werden allerdings in begrenztem Umfang als sog Anrechnungszeiten berücksichtigt (§ 58 Abs 1 Nr 4 SGB VI; Einzelheiten s *Rentenversicherungsrechtliche Zeiten*).

30 **III. Studentenbeschäftigung. 1. Versicherungspflicht bei entgeltlicher Beschäftigung. a) Grundsatz.** Nach der Systematik des Sozialversicherungsrechts führt jede Arbeit, die in abhängiger Beschäftigung gegen die Zahlung von Entgelt ausgeübt wird, zur Versicherungs- und damit im Grundsatz auch zur Beitragspflicht (vgl zB § 5 Abs 1 Nr 1 SGB V; § 1 Abs 1 Nr 1 SGB VI; § 25 Abs 1 SGB III; § 20 Abs 1 Nr 1 SGB XI). In der UV besteht Versicherungsschutz auch dann, wenn die Beschäftigung unentgeltlich ausgeübt wird.

31 Dies gilt im Grundsatz auch für Studenten, die neben ihrem Studium arbeiten oder einem Ferienjob nachgehen. Studenten unterliegen in einer (entgeltlichen) Beschäftigung der auch für sonstige Beschäftigte geltenden Versicherungs- und Beitragspflicht; allerdings sieht das Gesetz bestimmte Ausnahmen von der Versicherungspflicht in Gestalt allgemeiner oder besondere Tatbestände der Versicherungsfreiheit vor (Geringfügigkeit, Studentenprivileg).

32 **b) Vorrangversicherung.** Greift keiner der nachfolgend dargestellten Befreiungstatbestände ein, geht die Versicherungspflicht des Studenten aufgrund einer Beschäftigung in der **Kranken- und Pflegeversicherung** nach § 5 Abs 1 Nr 1 SGB V, § 20 Abs 1 Nr 1 SGB XI der Pflichtversicherung in der KVdS nach § 5 Abs 1 Nr 9 SGB V, § 20 Abs 1 Nr 9 SGB XI vor (§ 5 Abs 7 SGB V).

Für die **Unfallversicherung** ist jeweils zu differenzieren, ob es um einen Versicherungsschutz aufgrund der Beschäftigung („versicherte Arbeit") oder aufgrund des Studiums („versichertes Studium") geht; ein genereller Vorrang der Beschäftigungsversicherung besteht insoweit nicht.

33 **c) Übersicht über Ausnahmetatbestände.** Allgemeine Ausnahmetatbestände von der Versicherungspflicht greifen bei **geringfügiger Beschäftigung** des Studenten ein (dazu nachfolgend → Rn 35).

34 Ein besonderer Ausnahmetatbestand ist die in der KV und PflegeV (nicht in der RV) geltende Werkstudentenregelung, die auch als **„Werkstudentenprivileg"** bezeichnet wird

(→ Rn 38 ff). Auf diese kommt es regelmäßig erst dann an, wenn die Studentenbeschäftigung nicht bereits wegen Geringfügigkeit iSv § 8 Abs 1 SGB IV versicherungsfrei ist.

**2. Versicherungsfreiheit bei geringfügiger Beschäftigung. a) Kranken-, Pflege-, Renten- und Arbeitslosenversicherung.** Liegt eine nur geringfügige Beschäftigung iSv § 8 SGB IV vor, ist diese in der gesetzlichen KV, RV und ArblV versicherungsfrei (§ 7 SGB V; § 5 Abs 2 SGB VI; § 27 Abs 2 SGB III). 35

Für die gesetzliche **Pflegeversicherung** fehlt es allerdings an einer entsprechenden Vorschrift. Hierbei dürfte es sich jedoch um ein gesetzgeberisches Redaktionsversehen handeln. Die gesetzliche PflegeV soll immer dann eingreifen, wenn Personen in der gesetzlichen KV versichert sind, also tatsächlich Versicherungsschutz genießen. Demgemäß ist für die gesetzliche PflegeV analog § 7 SGB V immer dann Versicherungsfreiheit anzunehmen, wenn diese in der gesetzlichen KV angeordnet ist. 36

**b) Geringfügigkeitstatbestände.** Bei der geringfügigen Beschäftigung ist zwischen zwei Tatbeständen zu differenzieren: Zwischen der sog Entgeltgeringfügigkeit (§ 8 Abs 1 Nr 1 SGB IV) und der sog Zeitgeringfügigkeit (§ 8 Abs 1 Nr 2 SGB IV). Für Studenten kommen beide Tatbestände in Betracht, wobei das entscheidende Abgrenzungskriterium in der Regelmäßigkeit der ausgeübten Beschäftigung zu sehen ist. „Jobbt" der Student nur in den Semesterferien, ist vorrangig Geringfügigkeit nach § 8 Abs 1 Nr 2 SGB IV zu prüfen, während bei regelmäßiger Arbeit neben dem Studium § 8 Abs 1 Nr 1 SGB IV eingreift (Einzelheiten hierzu s *Geringfügige Beschäftigung*). 37

**3. Werkstudentenregelung. a) Anwendungsbereich.** Liegt keine geringfügige Beschäftigung iSd § 8 SGV IV vor, so war nach dem bis 30.9.96 geltenden Recht die Beschäftigung des Studenten in der KV, RV, PflegeV und ArblV dennoch versicherungs- und beitragsfrei, wenn die Beschäftigung die Nebensache, das Studium dagegen die Hauptsache war. Nunmehr ist zwischen der RV einerseits und der KV, ArblV und PflegeV andererseits zu differenzieren. In der KV, ArblV und PflegeV besteht weiterhin Versicherungsfreiheit (Beitragsfreiheit), wenn eine Person während der Dauer ihres Studiums als ordentlich Studierender einer Fachschule oder Hochschule gegen Arbeitsentgelt beschäftigt oder selbstständig tätig ist (§ 6 Abs 1 Nr 3 SGB V; § 27 Abs 4 Nr 2 SGB III). Anderes gilt für die RV: Durch Art 1 Nr 2 des WFG vom 25.9.96 (BGBl I 96, 1461) wurde § 5 Abs 3 SGB VI ab dem Wintersemester 1996 gestrichen, weil es nach erheblicher Kürzung der Anrechnung von Ausbildungszeiten in der RV durchaus sinnvoll sein kann, dass für eine Beschäftigung während des Studiums zum Aufbau einer eigenständigen Altersversorgung Beiträge zur RV entrichtet werden (zur Begründung BT-Drs 13/4610 S 20 zu Art 1 Nr 2). Liegt in der RV Versicherungspflicht vor, treffen den ArbGeb die üblichen Meldepflichten. 38

**b) Versicherungsfreiheit in der Kranken-, Pflege- und Arbeitslosenversicherung.** In der KV, PflegeV und ArblV sind Personen versicherungsfrei, die während der Dauer ihres Studiums als ordentliche Studierende einer Hochschule oder einer der fachlichen Ausbildung dienenden Schule gegen Arbeitsentgelt eine (an sich versicherungspflichtige) Beschäftigung ausüben (§ 6 Abs 1 Nr 3 SGB V; § 27 Abs 4 Satz 1 Nr 2 SGB III). Eine entsprechende Regelung in der RV wurde im Jahre 1996 aufgehoben. 39

**c) Zweck des „Werkstudentenprivilegs".** Bei der Einführung der KVdS im Jahre 1975 wurde überlegt, die seit langem bestehende Werkstudentenregelung mit der Erwägung aufzuheben, dass keines Schutzes durch die KVdS bedarf, wer bereits als Beschäftigter versichert ist (zur Entwicklung *Trenk-Hinterberger* SGb 93, 369). Von einer Aufhebung der Werkstudentenregelung (auch Werkstudentenprivileg genannt) wurde dann aber doch abgesehen und lediglich die Subsidiarität der KVdS gegenüber anderen Versicherungstatbeständen angeordnet (vgl jetzt zB § 5 Abs 7 SGB V). Um einen (ständigen) Wechsel des Versicherungsgrundes während des Studiums (zB Wechsel zwischen Versicherungspflicht aufgrund Arbeit im Semesterferien/KVdS während des Semester) und daran anknüpfenden unterschiedliche Melde- und Beitragspflichten, Zuständigkeiten etc möglichst zu vermeiden, sollte durch den Tatbestand der Versicherungsfreiheit (Werkstudentenregelung) sichergestellt werden, dass eingeschriebene Studenten, die neben ihrem Studium einer versicherungspflichtigen Beschäftigung nachgehen, weiterhin als Studenten und nicht als ArbN versichert sind (BSG 29.9.92 – 12 RK 31/91, SozR 3–2200 § 172 Nr 2 mit Anm *Trenk-Hinterberger* SGb 93, 369). Soweit der Zweck des Werkstudentenprivilegs darin gesehen 40 wird, Studenten die Finanzierung ihres Studiums durch die Beitragsfreiheit ihrer Beschäftigung zu erleichtern, hat die Versicherungsfreiheit durch Anhebung der Geringfügigkeitsgrenze und der Gleitzone an Bedeutung verloren. Das BSG hat daher angeregt, das Werkstudentenprivileg generell zu streichen (BSG 11.11.03 – B 12 KR 24/03 R, BeckRS 2004, 40022).

41 **4. Voraussetzungen der Versicherungsfreiheit als sog Werkstudent. a) Immatrikulation.** Die förmliche Mitgliedschaft in einer Fachhoch- oder Hochschule – ist Grundvoraussetzung der Versicherungsfreiheit. Ausreichend ist es, wenn ein Studium an einer staatlich nicht anerkannter privaten (Fach-)Hochschulen betrieben wird, sofern dieses jedenfalls zu einem berufsqualifizierenden Abschluss führen kann (BSG 15.5.84 – 12 RK 46/81, SozR 2200 § 172 Nr 17).

42 Der **förmliche Status als Student** allein führt aber noch nicht zur Versicherungsfreiheit. Zur **Einschreibung** (Immatrikulation) als Student muss vielmehr hinzutreten, dass das Studium Zeit und Arbeitskraft ganz überwiegend in Anspruch nimmt und der Betreffende damit – trotz Ausübung einer entgeltlichen Beschäftigung – auch seinem Erscheinungsbild nach Student ist (dazu nachfolgend).

43 **b) Studentisches Erscheinungsbild – Allgemeines.** Gesetzliches Leitbild des sog Werkstudentenprivilegs sind nach der Rspr des BSG Studierende, die neben ihrem Studium eine entgeltliche Beschäftigung ausüben, um sich durch Arbeit die zur Durchführung des Studiums und zur Bestreitung ihres Lebensunterhalts erforderlichen Mittel zu verdienen. Die Beschäftigung ist demgemäß nur versicherungsfrei, wenn und solange sie „neben" dem Studium, dh ihm nach Zweck und Dauer untergeordnet, ausgeübt wird, mithin das **Studium die Hauptsache, die Beschäftigung die Nebensache** ist (BSG 10.12.98 – B 12 RK 22/97, SozR 3–2500 § 6 Nr 16 Nachw; kritisch zum Ganzen *Felix* NZS 2000, 477, 482).

Wann dies der Fall ist, kann nicht anhand fester zeitlicher Grenzen entschieden werden, sondern bedarf einer Prüfung anhand des Einzelfalles (BSG 22.2.80 – 12 RK 34/79, SozR 2200 § 172 Nr 14). Allerdings ist in der Rspr des BSG eine **Fallgruppenbildung** festzustellen. Danach ist zwischen Fällen zu differenzieren, in denen nur in den Semesterferien und solchen, in denen auch während des Semesters gearbeitet wird. Diese Varianten können sodann durch Gesichtspunkte überlagert sein, die sich daraus ergeben, dass sich das Studium an eine bisher ausgeübte Berufstätigkeit anschließt oder dieses neben (reduzierter) Berufstätigkeit absolviert wird.

44 **c) Beschäftigung während der Semesterferien.** Eine Erwerbstätigkeit eines Studenten, die während der von Studienanforderungen freien Semesterferien ausgeübt wird, ist idR nicht geeignet, das äußere Erscheinungsbild als Student zu beseitigen, so dass nach der Rspr des BSG in solchen Fällen die Tätigkeit unabhängig von ihrem Umfang versicherungsfrei ist (BSG 23.2.88 – 12 RK 36/87, SozR 2200 § 172 Nr 20 S 45; BSG 22.2.80 – 12 RK 34/79, SozR 2200 § 172 Nr 12 S 26).

45 **d) Erwerbstätigkeit im Semester/Vorlesungszeit.** Eine Erwerbstätigkeit, die während des Semesters ausgeübt wird und durchschnittlich **20 Wochenstunden** überschreitet, beansprucht im Sinne einer widerlegbaren Vermutung den Studenten idR so stark, dass die Beschäftigung als ArbN sein Erscheinungsbild prägt (BSG 23.2.88 – 12 RK 36/87, SozR 2200 § 172 Nr 20; 22.2.80 – 12 RK 34/79, SozR 2200 § 172 Nr 14).

46 Dies gilt allerdings dann nicht, wenn die Gesamtdauer der Erwerbstätigkeit unter dem für ein ordnungsgemäßes Studium notwendigen Zeitaufwand liegt und die einzelnen Zeiten der Erwerbstätigkeit den Erfordernissen des Studiums angepasst sind. Dies ist insbes dann der Fall, wenn die **Erwerbstätigkeit auf die Wochenenden,** in die **Abend- oder Nachtstunden** oder in **sonstige vorlesungsfreie Zeiten** verlegt ist. Die ArbNTätigkeit kann dann selbst bei einer verhältnismäßig langen Dauer deutlich hinter dem Studium zurücktreten.

47 Je mehr allerdings die 20-Stunden-Grenze überschritten wird, desto schwieriger wird es sein, diesen Nachweis zu führen; bei voller Tätigkeit kann er als ausgeschlossen gelten. Dies gilt auch dann, wenn ein Student eine vollschichtige Beschäftigung aufnimmt, die die gesamte vorlesungsfreie Zeit hindurch und noch zwei Wochen in die folgende Vorlesungszeit hinein verrichtet werden soll. Auch in diesem Fall liegt ein wesentliches Anzeichen dafür vor, dass der Betreffende seinem Erscheinungsbild nach versicherungspflichtiger ArbN

ist (BSG 23.2.88 – 12 RK 36/87, SozR 2200 § 172 Nr 20; Hess LSG 27.2.15 – L 9 AL 148/13 Rz 25).

Der Student/Beschäftigte hat darzulegen und im Zweifel zu beweisen, dass die verrichtete Beschäftigung nach Dauer und Lage der Arbeitszeit mit den **objektiven Anforderungen eines ordnungsgemäßen Studiums vereinbar** und das Studium im Verhältnis zur Erwerbstätigkeit die Hauptsache geblieben ist. Das gilt insbes hinsichtlich der Vorlesungszeit, aber auch für die vorlesungsfreie Zeit, in der bei manchen Studiengängen umfangreiche Studienaufgaben zu erledigen sind. Die Feststellungslast für das Vorliegen dieser Umstände trägt derjenige, der sich darauf beruft (BSG 22.2.80 – 12 RK 34/79, SozR 2200 § 172 Nr 14; 23.2.88 – 12 RK 36/87, SozR 2200 § 172 Nr 20). 48

**e) Unterbrechung des Studiums.** Keine Versicherungsfreiheit besteht, wenn während eines längeren Zeitraumes nur gegen Entgelt gearbeitet, aber nicht studiert wird, zB wenn ein Student für ein Semester aus dem Studentenverhältnis ausscheidet, um in dieser Zeit ausschließlich zu arbeiten (BSG 16.7.71 – 3 RK 67/68, SozR Nr 13 zu § 172 RVO; ebenso BSG 29.9.92 – 12 RK 24/92, SozR 3–2500 § 6 Nr 2 für einen Studenten, der von der Hochschule für ein Semester Hausverbot erhielt und beurlaubt worden ist und der während dieses Semester mehr als vier Monate vollständig beschäftigt gewesen ist). Am studentischen Erscheinungsbild fehlt es mE trotz fortbestehender Immatrikulation auch dann, wenn der Student sein Studium abgebrochen hat, sei es, weil er später ein anderes Studium aufnehmen will, sei es, weil er nicht mehr studieren will. 49

**f) Parallele von Studium und Beruf.** Gewisse Besonderheiten bestehen in Fällen, bei denen während des Studiums die **früher verrichtete Beschäftigung weiter ausgeübt** wird. In solchen Fällen kann es sein, dass die Beschäftigung auch das Studium prägt, zumal, wenn das Studium gleichsam eine Weiterqualifizierung darstellt, der Student in dem Betrieb integriert bleibt und dort auch in zeitlicher Hinsicht den Schwerpunkt setzt. Wird die Arbeitszeit jedoch auf 20-Stunden oder weniger reduziert und stellt fortan das Studium die „Hauptsache" dar, sind auch solche Studenten versicherungsfrei (BSG 11.11.03 – B 12 KR 24/03 R, SozR 4–2500 § 6 Nr 3; BSG vom 10.12.98 – B 12 RK 22/97 R, SozR 3–2500 § 6 Nr 16; 21.5.96 – 12 RK 77/94, SozR 3–2500 § 6 Nr 11; zur Beitragspflicht bei Übernahme der Studiengebühren durch den ArbGeb *Giesen* NZA 08, 1284). 50

**Versicherungsfreiheit wurde von der Rechtsprechung weiter verneint** 51

- bei Arbeitnehmern, die ein Studium aufgenommen, ihren Beruf aber weiterhin in vollem Umfang ausgeübt haben (BSG 30.1.63 – 3 RK 81/59, SozR Nr 11 zu § 172 RVO),
- bei einem Abendstudium an einer Bauschule, wenn daneben mehr als eine Halbtagsbeschäftigung ausgeübt wurde (BSG 31.10.67 – 3 RK 77/64, SozR Nr 3 zu § 1228 RVO),
- bei einer Ganztagsbeschäftigung, wenn nur tageweise studiert wurde (BSG 25.11.71 – 5 RK 70/69, SozR Nr 14 zu § 172 RVO),
- bei einem ArbN, der ein Studium aufnahm, sein Arbeitsverhältnis jedoch nicht löste, sondern vom ArbGeb unter Zahlung einer Ausbildungsförderung für die Dauer des Studiums beurlaubt und von ihm während der Semesterferien in seinem Beruf gegen Entgelt beschäftigt wurde (BSG 18.4.75 – 3/2 RK 10/73, SozR 2200 § 172 Nr 2),
- bei einem ArbN, der von seinem ArbGeb für die die Dauer des Studiums unter Fortzahlung des nur unwesentlich gekürzten Gehalts beurlaubt wurde (BSG 12.11.75 – 3/12 RK 13/74, SozR 2200 § 165 Nr 8),
- bei einem ArbN, der von seinem ArbGeb für ein Studium Sonderurlaub unter Zahlung einer Studienförderung erhalten und in den Semesterferien die frühere Beschäftigung wieder ausgeübt hat (BSG 21.5.96 – 12 RK 77/94, SozR 3–2500 § 6 Nr 11),
- für Studenten, die das Examen bestanden haben, sich jedoch in der sog **Freischussphase** befinden (BSG 11.11.03 – B 12 KR 26/03, SozR 4–2500 § 6 Nr 4).

**g) Vorgehensweise in Zweifelsfällen.** Bestehen Zweifel darüber, ob die verrichtete Beschäftigung nach Dauer und Lage der Arbeitszeit mit den objektiven Anforderungen eines ordnungsgemäßen Studiums vereinbar und das Studium im Verhältnis zur Erwerbstätigkeit die Hauptsache geblieben ist, ob also Versicherungs- und Beitragsfreiheit vorliegt, so ist diese Person der Einzugsstelle als ArbN zu melden und sind für sie bis auf weiteres Beiträge abzuführen. Die Beitragseinzugsstelle hat dann auf Antrag oder bei entsprechenden Anhaltspunkten auch von sich aus eine nähere Prüfung des Einzelfalles vorzunehmen und zu 52 entscheiden, ob Versicherungs- und Beitragsfreiheit besteht (BSG 23.2.88 – 12 RK 36/87, SozR 2200 § 172 Nr 20 S 45 ff).

53 **h) Beurteilungszeitpunkt.** Ob ein Student trotz Aufnahme einer Vollbeschäftigung versicherungsfrei bleibt, weil die Beschäftigung – ungeachtet einer fehlenden Befristung im schriftlichen Arbeitsvertrag – auf die Semesterferien beschränkt sein soll, ist in vorausschauender Betrachtung nach den gesamten, bei **Aufnahme der Beschäftigung** vorliegenden Umständen zu beurteilen (BSG 19.2.87 – 12 RK 9/85, SozR 2200 § 172 Nr 19; 23.2.88 – 12 RK 36/87, SozR 2200 § 172 Nr 20 S 45). Abzustellen ist auf die tatsächlichen Umstände. Selbst wenn ein schriftlicher, unbefristeter Vertrag geschlossen wurde, kann hieraus nicht zwingend geschlossen werden, dass dem Erscheinungsbild nach ArbNEigenschaft vorliegt. Umgekehrt lässt sich aus einem schriftlichen, auf die Semesterferien befristeten Arbeitsvertrag nicht ausnahmslos das Erscheinungsbild eines Studenten ableiten, wenn in Wirklichkeit eine längere Beschäftigung beabsichtigt gewesen und uU auch verrichtet worden ist (BSG 19.2.87 – 12 RK 9/85, SozR 2200 § 172 Nr 19 S 40).

54 **5. Abgrenzung. a) Zum Praktikum.** Eine berufspraktische Tätigkeit während eines durch Studien- oder Prüfungsordnungen vorgeschriebenen Praxissemesters ist ebenfalls versicherungsfrei (Einzelheiten *Praktikant*). Dabei kann dahinstehen, ob ein Praktikum als Teil der Berufsausbildung von vornherein als ein die Versicherungspflicht auslösender Tatbestand ausscheidet. Denn jedenfalls ist ein während der Semesterferien abgeleistetes Praktikum versicherungs- und beitragsfrei, weil der Studierende unabhängig davon, ob er in den Semesterferien als Werkstudent oder in anderer Weise tätig wird, seinem Erscheinungsbild nach Student bleibt. Ein Wechsel des Versicherungsgrundes soll während des Studiums möglichst vermieden werden. Dies lässt sich aber nur erreichen, wenn der Student, solange er seinem Erscheinungsbild nach Student bleibt, allein nach den für Studenten geltenden Sondervorschriften behandelt wird.

55 Dies gilt erst recht, wenn der Student nicht eine Beschäftigung neben seinem Studium ausübt, sondern aufgrund der Studienbestimmungen – als Bestandteil des Studiums – eine **berufspraktische** Tätigkeit ableistet. Da sie Bestandteil des Studiums ist, ändert die Ableistung dieser Tätigkeit nichts daran, dass der Betreffende seinem Erscheinungsbild nach Student bleibt (BSG 17.12.80 – 12 RK 10/79, SozR 2200 § 172 Nr 15; 30.1.80 – 12 RK 45/78, SozR 2200 § 172 Nr 12).

56 **b) Zur Schülerbeschäftigung.** Für Schüler gibt es – außer in § 27 Abs 4 Satz 1 Nr 1 SGB III für die ArblV – keine dem § 6 Abs 1 Nr 3 SGB V vergleichbaren Tatbestände versicherungsfreier Beschäftigungen. Ob die Beschäftigung eines Schülers in den KV und PflegeV versicherungsfrei ist, richtet sich deshalb allein nach § 8 SGB IV iVm § 7 SGB V, dh danach, ob die Beschäftigung wegen Geringfügigkeit versicherungsfrei ist (Einzelheiten s *Geringfügige Beschäftigung*). – Zur Frage, wann ein Schüler, der nach dem Abschluss der Schule den Zivildienst antritt, eine die Versicherungspflicht begründende Beschäftigung gemacht hat, BSG 6.4.06 – B 7a AL 2/05 R, SozR 4–4300 § 26 Nr 3.

57 **6. Anspruch des Studenten auf Arbeitslosengeld.** Ein Anspruch auf AlGeld kommt für einen Studenten, der die Anwartschaftszeit erfüllt (hierzu → *Arbeitslosengeld* Rn 27), nur in Betracht, wenn er dem Arbeitsmarkt – trotz seines Studiums – zur Verfügung steht, dh er muss verfügbar sein. Ein Student hat die Vermutung des § 139 Abs 2 SGB III, er könne neben dem Studium nur eine versicherungsfreie Beschäftigung ausüben, widerlegt, wenn er darlegt und nachweist, dass der Ausbildungsgang die Ausübung einer versicherungspflichtigen Beschäftigung bei ordnungsgemäßer Erfüllung der in den Ausbildungs- und Prüfungsbestimmungen vorgeschriebenen Anforderungen zulässt (BSG 14.3.96 – 7 RAr 18/94 SozR 3–4100 § 103a Nr 2; BSG 19.3.92 – 7 RAr 128/90, NZS 92, 33 zur früheren Bestimmung des § 103a Abs 1 AFG).

58 **7. Duale Studiengänge.** Die **Teilnehmer an dualen Studiengängen** sind in der KV und damit auch der PflegeV, der RV und der ArblV seit 1.1.2012 den Beschäftigten gleichgestellt (§ 5 Abs 4a Satz 1 SGB V, § 1 Satz 1 SGB VI, § 25 Abs 1 Satz 2 SGB III). Mit dem 4. SGB IV-ÄndG hat der Gesetzgeber insoweit auf das Urteil des BSG vom 1.12.2009 – B 12 R 4/08 R, SozR 4–2400 § 7 Nr 11 reagiert und – anders als vom BSG entschieden – Versicherungspflicht ausdrücklich angeordnet (BT-Drs 17/6764 S 19 zu Art 2 Nr 2).

# Tarifeinheit

## A. Arbeitsrecht *Griese*

**1. Problemstellung.** Die Frage nach einer möglichen Tarifeinheit stellt sich, wenn **Tarifpluralität** auftritt. Diese ist gegeben, wenn bei **konkurrierenden Tarifverträgen** der ArbGeb hinsichtlich zweier Tarifverträge, der ArbN hingegen nur hinsichtlich eines der beiden konkurrierenden Tarifverträge tarifgebunden ist. Relevant wird diese insbes, wenn unterschiedliche Gewerkschaften in demselben Betrieb Tarifverträge erkämpfen. 1

**2. Frühere Lösung der BAG-Rspr.** Das BAG wollte insoweit in der Vergangenheit den Grundsatz der **Tarifeinheit** anwenden und hat dies mit den tatsächlichen Schwierigkeiten begründet, die entstünden, wenn der ArbGeb im Betrieb mehrere Tarifverträge anwenden müsse (BAG 26.1.94 – 10 AZR 611/92, ArbuR 94, 389). Dazu wurde der Grundsatz postuliert, dass in einem Betrieb nur ein Tarifvertrag gelten könne. Dies war der Tarifvertrag der Mehrheitsgewerkschaft. Der Tarifvertrag der Minderheitsgewerkschaft wurde durch den Tarifvertrag der Mehrheitsgewerkschaft verdrängt und verlor seine rechtliche Wirksamkeit. Arbeitskampfmaßnahmen der Minderheitsgewerkschaft waren unzulässig. Dies überzeugt nicht, weil es dazu führt, dass der tarifgebundene ArbN jeglichen tariflichen Schutz dadurch verliert, dass der Tarifvertrag, an den er über seine Minderheitengewerkschaft, in der er Mitglied ist, gebunden ist, verdrängt werden soll, und der Tarifvertrag, an den er nicht gebunden ist, mangels beiderseitiger Tarifbindung keine Anwendung findet (ebenso SächsLAG 2.11.07 – 7 SaGa 19/07, ArbuR 08, 64; LAG NdS 12.11.99 – 3 Sa 780/99, ArbuR 2000, 357; *Jacobs* NZA 08, 325; *Wendeling-Schröder* ArbuR 2000, 339; *Löwisch/Rieble* § 4 TVG Rz 132 ff; *Bayreuther* NZA 07, 187). 2

Zutreffend wurde darauf hingewiesen, dass das vom BAG postulierte Prinzip der Tarifeinheit mit **Art 9 Abs 3 GG kollidiert** (ErfK/*Franzen* § 4 TVG Rz 71; *Merten* BB 93, 575). **Eine koalitionsgemäße Betätigung in einer Minderheitsgewerkschaft wird damit unmöglich gemacht;** die ArbN werden zur Durchsetzung ihrer Rechte in die Mehrheitsgewerkschaft gezwungen. Ohnehin durchbrochen wurde der Grundsatz der Tarifeinheit für die ArbNEntsendung im Bereich des AEntG (BAG 18.10.06 – 10 AZR 576/05, NZA 07, 1111). Eine gesetzliche Grundlage für das Prinzip der Tarifeinheit gab es nicht; mit Recht wird darauf hingewiesen, dass das BAG das Prinzip der Tarifeinheit „erfunden" habe (*Düwell* FA 11, 2 ff) und es **in wirklichen Konfliktfällen insbes arbeitskampfrechtlicher Art vom BAG niemals angewandt wurde** (*Bayreuther* NZA 13, 1395).

**3. Aufgabe der Rspr zur Tarifeinheit durch das BAG.** Das BAG hat durch Entscheidungen des vierten und des zehnten Senats klargestellt, dass am Postulat der Tarifeinheit nicht festgehalten wird (BAG 23.6.10 – 10 AS 3/10, BeckRS 2010, 144115; BAG 27.1.10 – 4 AZR 549/08, NZA 10, 645). Mit Recht verweist das BAG darauf, dass es für einen Grundsatz der Tarifeinheit **keine ausdrückliche oder gewohnheitsrechtlich anerkannte Rechtsgrundlage** gibt. Angebliche praktische Schwierigkeiten bei der Anwendung unterschiedlicher Tarifverträge auf verschiedene Arbeitsverhältnisse im Betrieb vermögen es nicht zu rechtfertigen, rechtswirksam geschlossene Tarifverträge außer Kraft zu setzen. Erst recht ergibt dies keine Rechtfertigung, in das grundrechtlich nach Art 9 Abs 3 GG geschützte Koalitions- und Arbeitskampfrecht einzugreifen. 3

**4. Rechtspolitische Initiativen.** Nach den klaren und richtigen Entscheidungen des BAG zur Unhaltbarkeit eines Prinzips der Tarifeinheit sind verschiedene Initiativen entwickelt worden, die ein Prinzip der Tarifeinheit durch eine gesetzliche Regelung einführen wollen. 4

**a) Gemeinsamer Entwurf von BDA und DGB.** In einem gemeinsamen Entwurf schlugen BDA und DGB vor, die Tarifeinheit gesetzlich festzuschreiben (RdA 10, 315; mit Recht kritisch *Greiner* NZA 2010, 743). Wenn sich in einem Betrieb die Geltungsbereiche mehrerer Tarifverträge überschneiden, soll nur der Tarifvertrag anwendbar sein, an den die Mehrzahl der Gewerkschaftsmitglieder im Betrieb gebunden ist. Entscheidend ist also, welche Gewerkschaft im Betrieb mehr Mitglieder hat. Über die Gewerkschaftsmitgliedschaft 5 soll ein zum Stillschweigen verpflichteter Notar Beweis erheben. Die Friedenspflicht aus dem Mehrheitstarifvertrag soll sich auf verdrängte Tarifverträge erstrecken.

**b) Professorenentwurf.** Nach einem alternativen Professorenentwurf (*Hanau* DB 2010, 2107) sollte ebenfalls die Tarifeinheit zugunsten des Mehrheitstarifvertrages eingreifen. Die Mehrheitsberechnung wird aber anders vorgenommen, da es nicht auf die Mehrheit im Betrieb, sondern auf die Mehrheit im Überschneidungsbereich ankommen soll, also zum Beispiel bei den Lokführern nicht auf die Mehrheit aller Beschäftigten der Bahn, sondern auf die Mehrheit der Lokführer. Eine Gewerkschaft, die mehr Mitglieder im Überschneidungsbereich hat aber weniger im Gesamtbetrieb, soll erst Arbeitskampfmaßnahmen ergreifen dürfen, wenn die insgesamt größere Gewerkschaft mit ihren Tarifverhandlungen am Ende ist.

6 **5. Tarifeinheitsgesetz vom 3.7.15 (BGBl I, 1130). a) Gesetzesinhalt. Durch das Tarifeinheitsgesetz ist § 4a TVG eingefügt worden.** Dort wird in § 4a Abs 1 TVG das Ziel proklamiert, zur Sicherung der Schutz-, Verteilungs-, Befriedungs- sowie Ordnungsfunktion der Rechtsnormen von Tarifverträgen **im Betrieb Tarifkollisionen vermeiden zu wollen.** Dazu legt § 4a Abs 2 TVG fest, dass bei kollidierenden Tarifverträgen im Betrieb nur der Tarifvertrag derjenigen Gewerkschaft anwendbar sei, die im jeweiligen Betrieb **die meisten in einem Arbeitsverhältnis stehenden Mitglieder hat.**

**Flankiert wird dies durch die Einfügung von § 58 Abs 3 ArbGG. Danach kann im arbeitsgerichtlichen Verfahren über die Zahl der in einem Arbeitsverhältnis stehenden Mitglieder oder das Vertretensein einer** Gewerkschaft in einem Betrieb der Beweis durch Vorlage öffentlicher Urkunden angetreten werden, so dass die Vorlage einer notariellen Urkunde zu Beweiszwecken möglich ist.

7 **b) Bewertung.** In tatsächlicher Hinsicht vermag es nicht zu überzeugen, wenn behauptet wird, durch Tarif- und Gewerkschaftspluralität werde ein Chaos durch sich häufende Arbeitskämpfe entstehen. Die tatsächliche Entwicklung belegt dies nicht (*Düwell* FA 11, 2 ff). Der zum Beleg herangezogenen Lokführerstreik untermauert diese These ebenfalls nicht, weil die Wirkungen eines Lokführerstreiks auf das Wirtschaftsleben, wenn ihn die Mehrheitsgewerkschaft ausgerufen hätte, nicht weniger einschneidend und ggf gemeinwohlschädlich hätte werden können (*Bayreuther* NZA 13, 1395).

Zu berücksichtigen ist zudem, dass schon bisher vielfach in einem Betrieb nicht durchgehend nur ein Tarifvertrag Anwendung fand. So war es oft gerade das Ziel **arbeitgeberseitig betriebener Ausgliederungen,** bestimmte Teile eines Betriebes, etwa die Reinigung oder die Küche, auszugliedern, um in den Anwendungsbereich günstigerer Tarifverträge zu gelangen. Auch die konzerninterne ArbNÜberlassung erfolgte mit dem Ziel, abweichende Tarifregelungen für diesen Teil der Beschäftigten in Kraft zu setzen. Durch diese Aktivitäten ist von dem angeblich geltenden Prinzip der Tarifeinheit in der Praxis ohnehin nicht viel übrig geblieben.

8 **c) Anknüpfung an das Mehrheitsprinzip.** Die Anknüpfung an das **betriebsbezogene Mehrheitssystem** macht das Vorhaben **undurchführbar.** Denn es müsste in einem Tarifgebiet in jedem einzelnen der Vielzahl von betroffenen Betrieben die Mehrheitsgewerkschaft ermittelt werden. So müssten schon bei einer Tarifauseinandersetzung in einem Bundesland über die Arbeitsbedingungen in Krankenhäusern in Hunderten von Krankenhäusern jeweils ermittelt werden, ob jeweils der Marburger Bund oder ver.di die Mehrheit haben (*Preis* jM 15, 369). Keine praktische Lösung wird auch dafür angeboten, welche Folgen es hat, wenn während der Laufzeit des Tarifvertrages die Mehrheit wechselt, oder was für die ArbN in einem Betrieb gilt, für die die Mehrheitsgewerkschaft gar nicht zuständig ist und nichts vereinbart hat (*Bayreuther* NZA 13, 1395).

Anknüpfungspunkt für die Feststellung der Mehrheitsgewerkschaft ist der Betrieb. Dabei wird auf den **Betriebsbegriff des BetrVG** in § 4a Abs 2 Satz 3 TVG Bezug genommen. Das ist schon deshalb erstaunlich, weil der Betrieb im Arbeitskampfrecht und bei Tarifverhandlungen keine Rolle spielt, denn den Betriebsparteien sind Maßnahmen des Arbeitskampfes wie auch Tarifverhandlungen gem § 74 Abs 2 BetrVG verboten. **Besteht ein Unternehmen aus mehreren Betrieben, können die Mehrheitsverhältnisse unterschiedlich sein. Das führt am Ende dazu, dass in einem Unternehmen unterschiedliche Tarifverträge gelten** und provoziert Anpassungsforderungen und Mitgliederwechsel in den Betrieben, in denen der schlechtere Tarifvertrag gilt (*Fischer* NZA 15, 662). So führt § 4a TVG zu Tarifunfrieden und Rechtsunsicherheit (*Greiner* NZA 15, 769; *Richardi* NZA 15, 915).

Die Mehrheitsfeststellung im Betrieb begegnet kaum überwindlichen Schwierigkeiten, wenn die beteiligten Gewerkschaften die Mitgliederzahlen nicht freiwillig offenbaren und diejenigen der Konkurrenzgewerkschaft akzeptieren. Die konkurrierenden Gewerkschaften sind zur Auskunft nicht verpflichtet. **Die Arbeitnehmer des jeweiligen Betriebes darf der Arbeitgeber nicht befragen; eine Fragebogenaktion des Arbeitgebers im Betrieb ist wegen Verstoßes gegen Art 9 Abs 3 GG unzulässig** (BAG 18.11.14 – 1 AZR 257/13, NJW 15, 1548).

Wenig Hilfe bietet die Möglichkeit der notariellen Urkunde gem § 58 Abs 3 ArbGG. Denn der **Notar kann nur von ihm wahrgenommene Tatsachen beurkunden. Dafür dürften Mitgliederlisten nicht ausreichen, denn aus diesen folgt weder, dass die dort Aufgeführten tatsächlich Arbeitnehmer des Betriebs sind, noch, dass sie dauerhaft Mitglieder dieser Gewerkschaft sind** (*Ganz* NZA 15, 1110; BeckOK ArbR/*Poeche* ArbGG § 99 Rn 6; BeckOK ArbR/*Hamacher* ArbGG § 58 Rn 23). Zudem wären vom Notar viele Fragen zu prüfen, die er nur schwerlich feststellen kann, zB, ob im Betrieb tätige LeihArbN, is Ausland entsandte ArbN, beurlaubte ArbN oder außertarifliche Angestellte mitzählen (*Greiner* NZA 15, 769).

**d) Individualrechtliche Folgen.** Will ein ArbN Rechte aus einem Tarifvertrag im 9
Individualprozess einklagen, hat er keine Möglichkeit, die Auskunft der Tarifvertragsparteien oder der konkurrierenden Gewerkschaften zu erzwingen. Von entscheidender Bedeutung ist die Beweislast. Da der Einwand, der Tarifvertrag sei wegen eines vorrangigen Mehrheitstarifvertrages nicht anwendbar, ein Anspruchsausschließungsgrund ist, obliegt dem ArbGeb die Darlegungs- und Beweislast der Mehrheitsverhältnisse. Dies gilt auch, wenn der ArbGeb – ggf im einstweiligen Verfügungsverfahren – einen Arbeitskampf der angeblichen Minderheitsgewerkschaft verhindern will.

Die einzige Möglichkeit, eine Tarifkollision feststellen zu lassen, besteht in dem arbeitsgerichtlichen Beschlussverfahren nach §§ 2a Abs 1 Nr 6 iVm 99 ArbGG. **Solange ein solcher Antrag nicht gestellt ist, muss der Arbeitgeber die konkurrierenden Tarifverträge anwenden** (BVerfG 6.10.15 – 1 BvR 1571/15; NJW 15, 3294; dazu *Fischer* jurisPR-ArbR 44/2015; *Löwisch* NZA 16,997). Auf diese Rechtslage können sich sowohl ArbN in gerichtlichen Individualstreitigkeiten wie auch konkurrierende Koalitionen in Kollektivstreitigkeiten berufen.

Von erheblicher Bedeutung ist, wie mit in der Praxis weit verbreiteten **arbeitsvertraglichen Bezugnahmeklauseln zu verfahren ist, die auf den günstigeren Minderheitstarifvertrag verweisen.** Folgt man § 4a Abs 2 Satz 2 TVG, wonach der Minderheitstarifvertrag nicht anwendbar sein soll, wäre auch die Bezugnahmeklausel insoweit unwirksam (*Fischer* NZA 15, 662). Das aber wäre ein verfassungsrechtlich nicht zu rechtfertigender Eingriff in die arbeitsrechtliche Vertragsfreiheit. Im Übrigen folgt schon aus dem arbeitsrechtlichen ***Günstigkeitsprinzip,*** dass eine **arbeitsvertragliche Bezugnahme auf einen konkret günstigeren Tarifvertrag Vorrang hat gegenüber dem kraft Tarifrecht anwendbaren Tarifvertrag** (*Greiner* NZA 15, 769; BAG 10.12.14 – 4 AZR 503/12, NZA 15, 946).

Bei kollidierenden Tarifverträgen im Betrieb **muss der Arbeitgeber alle Arbeitnehmer unter Beteiligung des BRats nach beiden Tarifverträgen eingruppieren** (BAG 14.4.15 – 1 ABR 66/13, BB 15, 2044). Dies führt nicht nur zu erheblicher zusätzlicher Arbeitsbelastung, sondern auch dazu, dass jeder ArbN sich detailliert ansehen kann, welche Gewerkschaft den für ihn besser geeigneten Tarifvertrag geschlossen hat, und ob ein Gewerkschaftswechsel Sinn macht. Das Postulat der Tarifeinheit führt so zu verschärftem Konkurrenzkampf und Tarifunfrieden im Betrieb. Erhebliche Friktionen ergeben sich, wenn sich durch Betriebsteilübergang die Mehrheitsverhältnisse ändern (*Gräf* NZA 16,327).

**e) Verstoß gegen Art 9 Abs 3 GG.** In **verfassungsrechtlicher Hinsicht** verstößt es 10
gegen das Koalitionsgrundrecht aus Art 9 Abs 3 GG, die Tarifpluralität **auf Kosten der jeweiligen Minderheit lösen zu wollen.** Das Koalitionsgrundrecht steht aber nicht nur der Mehrheitsgewerkschaft zu. Ein solcher Ansatz verhindert, dass Minderheitsgewerkschaf-

ten jemals relevant werden können, weil sie jeder effektiven Interessenwahrnehmung beraubt sind. Das Monopol der jeweiligen Mehrheitsgewerkschaft wird damit zementiert. Die Regelungen sind daher keine zulässige Ausgestaltung des Koalitionsgrundrechts, sondern ein auch vor dem Hintergrund der Rspr des BVerfG **nicht zu rechtfertigender Eingriff** (*Preis* jM 15, 369; *Bepler* Gutachten zum 70. Deutschen Juristentag B 90; *Dieterich* ArbuR 46, 48; *Reichold* NJW 14, 2537; *Bayreuther* DB 10, 2223 u NZA 13, 1395; *Fischer* FA 11, 5 ff). Die Regelungen würden es sogar zulassen, etablierte Minderheitengewerkschaften wie den Marburger Bund, die Pilotenvereinigung Cockpit oder die Gewerkschaft der Lokomotivführer zur Disposition des jeweiligen ArbGeb zu stellen, so dass sich der ArbGeb – verfassungsrechtlich unzulässig – die ihm genehme Gewerkschaft aussuchen kann. Bei mehreren im Betrieb vertretenen Gewerkschaften darf nicht eine „Zwangstarifgemeinschaft" verlangt werden; das wäre eine Verletzung des Art 9 Abs 3 GG (BAG 9.12.09 – 4 AZR 190/08, NZA 10, 712).

**Flankierende Verfahrensregelungen, die die verfassungsrechtlichen Hindernisse überwinden können, sind nicht ersichtlich** (*Bepler* Gutachten zum 70. Deutschen Juristentag B 92).

Eine einstweilige Anordnung gegen das Gesetz hat das BverfG zwar abgelehnt, sondern auf das verfassungsrechtliche Hauptsacheverfahren verwiesen, dabei aber deutlich gemacht, dass das **Gesetz Arbeitskampfmaßnahmen der Minderheitsgewerkschaft nicht entgegenstehen müsse** und – ungewöhnlich genug – sich vorbehalten, bei akuter Gefährdung der Koalitionsfreiheit „von Amts wegen (!)" eine einstweilige Anordnung zu erlassen (BverfG 6.10.15 – 1 BvR 1571/15, NJW 15, 3294; dazu *Fischer* jurisPR-ArbR 44/2015; BVerfG 16.6.16 – 1 BvR 2257/15, NZA 16, 893). Von weitreichender Bedeutung ist zudem die Feststellung des BVerfG, dass die Kollisionsregel des § 4a Abs 2 TVG erst greift, wenn eine der beteiligten Tarifvertragsparteien einen entsprechenden Antrag gestellt und über diesen rechtskräftig entschieden ist (zustimmend *Löwisch* NZA 15, 1369).

11 Mit der Entscheidung im Hauptsacheverfahren hat das BVerfG gegen ein Minderheitsvotum zweier Richter (BVerfG 11.7.17 – 1 BvR 1043/16, NZA 17, 915) das Tarifeinheitsgesetz **überwiegend für mit dem Grundgesetz vereinbart erklärt und hinsichtlich der festgestellten verfassungsrechtlichen Mängel den Gesetzgeber zu einer Nachbesserung bis zum 31.12.2018 aufgefordert.**

Bereits die Auslegung des Tarifeinheitsgesetzes durch das BVerfG enthält gravierende Einschränkungen gegenüber der Intention des Gesetzgebers und zeigt die großen Bedenken gegen die Verfassungsmäßigkeit des Gesetzes auf. So statuiert das BVerfG, dass **das Streikrecht der Minderheitengewerkschaften durch das Tarifeinheitsgesetz unangetastet bleibe.** Damit bleibt der Minderheitsgewerkschaft ein Streik möglich (*Rieble* NZA 17, 1157), obwohl doch eigentlich das Ziel des Gesetzgebers war, Streiks von Minderheitengewerkschaften einzudämmen. Auch die Abwendung der Kollisionsregel nach § 4 Abs 2 TV wie auch die sog. Nachzeichnung nach § 4 Abs 4 TVG dürfen erstreikt werden (s auch *von Steinau-Steinrück/Gooren* NZA 17, 1149). Die Kollisionsregel des § 4 Abs 2 TVG wird inhaltlich (nicht anwendbar auf langfristig angelegte Zusagen) und zeitlich (nicht im Nachwirkungszeitraum) beschränkt. Die arbeitsverfahrensrechtlichen Fragen bleiben offen und sind praktisch nicht zu bewältigen (*Ulrici* NZA 17, 1161).

Nicht zuletzt stellt das BVerfG gleichwohl **verfassungsrechtliche Defizite beim Schutz der Minderheitengewerkschaften** fest, verlangt vom Gesetzgeber Nachbesserungen bis zum 31.12.2018 (dazu *Löwisch* NZA 17, 1423) und verweist nachfolgende Verfassungsbeschwerden aufs Abwarten (BVerfG 10.8.17 – 1 BvR 871/16, NZA 17, 1277; BVerfG 11.7.17 – 1 BvR 1043/16, NZA 17, 915).

Die geforderte gesetzliche Nachbesserung ist im sog Omnibusgesetzesverfahren in Art 4 f des Qualifizierungschanchengesetzes (BGBl I 2018, 2651) versteckt worden. Sie ergänzt § 4a Abs 2 Satz 2 TVG um einen Halbsatz, wonach es bei der Tarifpluralität bleibt, wenn die Interessen der Minderheit beim Zustandekommen des Mehrheitstarifvertrages „nicht ernsthaft und wirksam" berücksichtigt wurden. Damit sind Vorgaben für die Gestaltung des Beteiligungsprozesses (ernsthaft) wie auch des Beteiligungsergebnisses (wirksam) gemacht worden, die von der arbeitsgerichtlichen Rspr zu konkretisieren sein werden. Alles in allem ist aus dem Tarifeinheitsgesetz einen Torso geworden, der in der Praxis unanwendbar ist und es in Anbetracht der gesetzlichen Nachbesserung auch bleiben wird.

### B. Lohnsteuerrecht *Thomas*

Da für die LSt nur der tatsächliche Lohnzufluss maßgebend ist (→ *Tarifvertrag* Rn 36) und nicht dessen Rechtsgrund, kommt es weder darauf an, ob tarifvertragliche Ansprüche bestehen, noch welche von mehreren möglichen Tarifvertragsparteien zum Zuge kommt. **12**

### C. Sozialversicherungsrecht *Voelzke*

Die Aufgabe der Rspr zur Tarifeinheit durch das BAG (→ Rn 3) hatte für das SozVRecht insofern mittelbare Auswirkungen, als die Beitragsansprüche dem Entstehungsprinzip mit der Folge unterstehen (→ *Lohnzufluss* Rn 19 ff), dass Beiträge auch für Arbeitsentgelt nachgefordert werden können, auf das der ArbN einen Anspruch erworben hatte, ohne dass ihm das Entgelt ausgezahlt worden sein muss. **13**

# Tarifvertrag

### A. Arbeitsrecht *Griese*

**Übersicht**



**1. Tarifautonomie als Grundlage des Tarifvertragswesens.** Das Recht, Tarifverträge auszuhandeln und abzuschließen, folgt aus der Tarifautonomie, die verfassungsrechtlich durch das Koalitionsgrundrecht des Art 9 Abs 3 GG verbürgt ist. Der Schutz des Art 9 Abs 3 GG erfasst nicht nur den Kernbereich koalitionsgemäßer Betätigung, sondern erstreckt sich auf **alle koalitionsspezifischen Verhaltensweisen einschließlich des Streikrechts** (BVerfG 10.9.04 – 1 BvR 123/93, NJW 04, 1338). Die Tarifautonomie bezweckt, dass die Ordnung des Arbeitslebens aufbauend auf den gesetzlich festzulegenden Mindeststandards (gegenwärtig zB gesetzlicher Mindesturlaub, Entgeltfortzahlung im Krankheitsfall oder der Möglichkeit der Festsetzung von Mindestarbeitsentgelten) vorrangig autonom durch die Tarifvertragsparteien erfolgt (zu Vorschlägen zur Stärkung der Tarifautonomie s eingehend *Bepler* Gutachten zum 70. Deutschen Juristentag B 9; *Waltermann* NZA 14, 874). Der Gesetzgeber hat insoweit nur sehr beschränkte Eingriffsbefugnisse, er kann nur in verfassungsrechtlich sehr eng gesteckten Grenzen in bestehende Tarifverträge verschlechternd eingreifen oder bestimmte Materien der Zuständigkeit der Tarifvertragsparteien komplett entziehen (BVerfG 2.3.93 – 1 BvR 1213/85, NJW 93, 1379; s ferner *Tarifeinheit*). Die Tarifautonomie einschließlich des Streikrechts gilt gem Art 9 Abs 3 GG für alle Berufe, und damit auch für einzelne Berufsgruppen (Sparten) wie Piloten oder Lokführer (*Löwisch/Rieble* TVG § 4 Rz 139; HessLAG 2.5.03 – 9 Sa Ga 638/03, BB 03, 1229). **1**

Nach **europäischem Recht** sind die **Tarifautonomie und das Recht zu kollektiven Kampfmaßnahmen** ebenfalls **Grundrechte im Sinne allgemeiner Grundsätze des Gemeinschaftsrechts** (EuGH 11.12.07 – C 438/05 – Viking, NZA 08, 124; EuGH 18.12.07 – C 341/05 – Laval, NZA 08, 159).

2 Die staatliche Vorgabe, bei staatlich geförderten Arbeitsbeschaffungsmaßnahmen untertariflich zu bezahlen, ist als Eingriff in die Tarifautonomie nur gerechtfertigt, wenn dies in Zeiten hoher Arbeitslosigkeit der Schaffung zusätzlicher Arbeitsplätze dient (BVerfG 27.4.99 – 1 BvR 2203/93 und 1 BvR 897/95, NJW 99, 3033). Eine Verschiebung der Regelungszuständigkeit in relevantem Umfang auf die Betriebsparteien ist weder verfassungsrechtlich möglich, noch rechtspolitisch sinnvoll, weil es zu zusätzlicher staatlicher Regulierung führen und letztlich staatlicher Entgeltfestsetzung den Weg bereiten würde (*Wank* NJW 96, 2273; *Richardi* Gutachten zum 61. Deutschen Juristentag, NJW-Beilage zu Heft 23/96, S 16) und verstärkt zu unterschiedlichen Wettbewerbsbedingungen bei den Lohnkosten für Unternehmen derselben Branche führen würde. Aus dem Koalitionsgrundrecht folgt, dass eine Gewerkschaft gegen einen tarifgebundenen ArbGeb auf Unterlassung tarifwidriger betrieblicher Regelungen klagen kann (BAG 20.4.99 – 1 ABR 72/98, NZA 99, 887); insoweit ist die Möglichkeit der Verbandsklage eröffnet. Auf der anderen Seite kann ein ArbGeb die tarifliche Unzuständigkeit einer unzuständigen Gewerkschaft feststellen lassen (BAG 13.3.07 – 1 ABR 24/06, NZA 07, 1069).

3 **2. Tarifvertragsparteien.** Tarifvertragsparteien sind nach § 2 TVG Vereinigungen von ArbGeb (auch zB Handwerksinnungen, BAG 6.5.03 – 1 AZR 241/02, NZA 04, 562) oder einzelne ArbGeb auf der einen und Gewerkschaften auf der anderen Seite. Auch die Beschäftigten einer Gewerkschaft können sich aufgrund des Koalitionsgrundrechts zu einer Gewerkschaft zusammenschließen, um Tarifverträge mit der als ArbGeb auftretenden Gewerkschaft abzuschließen (Gewerkschaft in der Gewerkschaft; BAG 17.2.98 – 1 AZR 364/97, NZA 98, 754). Ein Rechtsanspruch auf Abschluss eines Tarifvertrages besteht grundsätzlich nicht (BAG 25.9.13 – 4 AZR 173/12, ZTR 13, 608). Eine **Spitzenorganisation** ist für sich **nicht tariffähig** (BAG 14.12.09 – 1 ABR 19/10, NZA 11, 289).

Eine Arbeitnehmervereinigung muss bestimmte Mindestvoraussetzungen erfüllen, um tariffähig zu sein. Insbesondere muss sie über eine entsprechende Durchsetzungskraft gegenüber der ArbGebSeite und eine ausreichende Organisationsstärke verfügen. An diesem Erfordernis hat sich weder durch das MiLoG noch durch das Gesetz zur Tarifeinheit etwas geändert. Tarifverträge, die die ArbGebSeite mit nicht tariffähigen Arbeitnehmervereinigungen geschlossen hat, sind nichtig (BAG 26.6.18 – 1 ABR 37, 16, NZA 19, 188). Der Abschluss von **Scheintarifverträgen,** insbes mit **Scheingewerkschaften,** birgt für die ArbGeb hohe Risiken (*Park/v Paar/Schüren*, NJW 08, 3670). ArbNVereinigungen, die nicht über **ausreichende Durchsetzungskraft und organisatorische Leistungsfähigkeit** verfügen, wie etwa der Christliche Gewerkschaftsbund für Kunststoffgewerbe- und Holzverarbeitung (BAG 5.10.10 – 1 ABR 88/09), die Tarifgemeinschaft Christliche Gewerkschaften für Zeitarbeit und Personalserviceagenturen – CGZP – (BAG 14.12.10 – 1 ABR 19/10, NJW 11, 1534; Verfassungsbeschwerde erfolglos BVerfG 10.3.14 – 1 BvR 1104/11, NZA 14, 496; BVerfG 25.4.15 – 1 BvR 2314/12, NZA 15, 757; LAG Berlin-Brandenburg 7.12.09 – 23 TaBV 1016/09, BB 10, 1927; BAG 22.5.12 – 1 ABN 27/12, BB 12, 1471), die Gewerkschaft Neue Brief- und Zustelldienste – GNBZ – (LAG Köln 20.5.09 – 9 TaBV 105/08, ArbuR 09, 316) oder die Gewerkschaft medsonet (BAG 11.6.13 – 1 ABR 33/12, NZA 13, 641), sind **nicht tariffähig.** Die Tariffähigkeit kann ferner an mangelnder Gegnerunabhängigkeit scheitern (BAG 31.1.18 – 10 AZR 695/16, NZA 18, 876).

Mit nicht tariffähigen Gewerkschaften geschlossene Tarifverträge erlangen keinerlei Rechtswirksamkeit. Hat der ArbGeb daher beabsichtigt, durch einen Scheintarifvertrag das Gebot des Equal Pay zu unterlaufen, entsteht nach § 10 Abs 4 S 1 AÜG der Anspruch eines ArbN aus § 10 Abs 4 S 1 AÜG iVm § 9 Nr 2 AÜG nicht erst mit einer rechtskräftigen Entscheidung darüber, ob eine Tarifvertragspartei, die Partner des maßgeblich in Bezug genommenen Tarifvertrages war, tariffähig oder tarifzuständig ist, **sondern von Anfang an.** Eine Entscheidung über eine Tariffähigkeit begründet oder beendet eine Tariffähigkeit nicht, sondern stellt sie lediglich fest (LAG Hamm 21.3.12 – 3 Sa 1526/11, s ferner BAG 23.5.12 – 1 AZB 67/11 u BAG 23.5.12 – 1 AZB 58/11, NZA 12, 623). Ein Vertrauensschutz auf das Vorliegen der Tariffähigkeit besteht nicht. In der Konsequenz bedeutet dies, dass die Differenz zur Vergütung der StammArbN nachzuzahlen ist sowie die SozVBeiträge auf der Basis dieser erhöhten Vergütung auf Verlangen des zuständigen SozVTrägers für bis zu 4 Jahren nachzuentrichten ist (SG Berlin 29.8.12 – S 73 KR 1505/10, ArbuR 13, 262). Über Tariffähigkeit und Tarifzuständigkeit kann im Verfahren gem § 9 ArbGG entschieden werden (BAG 26.1.16 – 1 ABR 13/14, NZA 16,842).

**3. Geltungsbereich und Inhalte von Tarifverträgen.** Bei der Festlegung des Geltungsbereichs haben die Tarifvertragsparteien umfangreichen Gestaltungsspielraum, dürfen jedoch nicht gegen Diskriminierungsverbote verstoßen (BAG 27.5.04 – 6 AZR 129/03, NZA 04, 1399 mit Anm *Dieterich* RdA 05, 177; BAG 15.2.11 – 9 AZR 584/09, NZA 11, 1183). Insoweit sind die Tarifvertragsparteien an den **Gleichbehandlungsgrundsatz des Art 3 GG und das AGG gebunden** (BAG 9.12.15 – 4 AZR 684/12, NZA 16, 897). Die Tarifvertragsparteien des **Öffentlichen Dienstes** haben zB dadurch bei Überleitung der Arbeitsverhältnisse auf den TVöD gegen den Gleichheitsgrundsatz und gegen Art 6 GG verstoßen, dass sie ArbN, die sich 2005 in Elternzeit befanden, von der auf die Kinderzulage des öffentlichen Dienstes bezogenen Besitzstandszulage ausnehmen wollten (BAG 18.12.08 – 6 AZR 287/07, NZA 09, 391). § 29 Abschn B Abs 3 BAT-O benachteiligte eingetragene Lebenspartner gleichheitswidrig und war deshalb **gem Art 3 Abs 1 GG** unwirksam, soweit diese Bestimmung ArbN, die Kinder ihres eingetragenen Lebenspartners in ihren Haushalt aufgenommen hatten, den Anspruch auf den kinderbezogenen Entgeltbestandteil im Ortszuschlag verwehrte, während verheiratete ArbN, die das Kind ihres Ehepartners aufnahmen, den Zuschlag erhielten (BAG 18.3.10 – 6 AZR 156/09, NZA 10, 824). 4

Die tarifliche Festlegung einer Altersgrenze von 65 Jahren in TV ist zulässig (BAG 18.6.08 – 7 AZR 116/07, NZA 08, 1302). Die Herausnahme von Werkstudenten aus dem persönlichen Geltungsbereich eines Tarifvertrages kann sachlich gerechtfertigt sein (BAG 30.8.2000 – 4 AZR 563/99, NZA 01, 613), ebenso die unterschiedliche Behandlung von Stammbelegschaft und zusätzlich übernommener Belegschaft (BAG 29.8.01 – 4 AZR 352/00, NZA 02, 863), nicht hingegen die Herausnahme von Teilzeitbeschäftigten (BAG 15.10.03 – 4 AZR 606/02, NZA 04, 551). Bei tariflichen Leistungen darf mithilfe sog einfacher **Differenzierungsklauseln** zwischen Gewerkschaftsmitgliedern und Außenseitern differenziert werden (BAG 18.3.09 – 4 AZR 64/08, NZA 09, 1028), auch hinsichtlich des Zeitpunktes des Eintritts (BVerfG 14.11.18 – 1 BvR 1278/16, NZA 19, 112; BAG 15.4.15 – 4 AZR 796/13, BB 2362; ausführlich zu Differenzierungsklauseln *Kalb* jM 15, 107; *Helm* NZA 15, 1437).

Zu den zulässigen Tarifzielen gehört der Abschluss eines **Tarifsozialplans** (BAG 24.4.07 – 1 AZR 252/06, NZA 07, 987) bei einer Schließung des Betriebes oder eines Betriebsteils unabhängig von dem Recht des BRat, gem §§ 112, 112a BetrVG einen betrieblichen Sozialplan zu erzwingen. Es ist auch zulässig, innerhalb eines Betriebes nur bestimmte ArbNGruppen zu organisieren (Spezialistengewerkschaften) und für diese gesonderte Tarifverträge zu erkämpfen, bspw Lokführer oder Piloten; dem steht das Prinzip der Tarifeinheit nicht entgegen (SächsLAG 2.11.07 – 7 SaGa 19/07, ArbuR 08, 64; s ferner *Jacobs* NZA 08, 325; zu den Grenzen tariflicher Gestaltungsmacht *Otto* FS Konzen S 663).

**4. Beiderseitige Tarifbindung als Voraussetzung der Tarifgeltung.** Ein Tarifvertrag findet nur dann auf das Arbeitsverhältnis Anwendung, wenn sowohl ArbGeb als auch ArbN an den Tarifvertrag gebunden sind. Dies hat seine Ursache in der Rechtsnatur des Tarifvertrages als Vertrag: Eine Bindung kann er nur erzeugen, wenn ArbGeb und ArbN an diesem Vertrag beteiligt sind. § 4 Abs 1 TVG bestimmt insoweit, dass die Inhalts- und Abschlussnormen des **Tarifvertrages nur für die beiderseits Tarifgebundenen unmittelbar und zwingend gelten.** Daraus folgt, dass ein ArbN, der nicht tarifgebunden ist, etwa wegen fehlender Verbandsmitgliedschaft, keinen Anspruch auf das Tarifentgelt hat, auch nicht aufgrund Betrieblicher Übung oder des Gleichbehandlungsgrundsatzes (BAG 3.11.04 – 5 AZR 622/03, NZA 05, 1208). 5

Für die Tarifbindung bestehen verschiedene Möglichkeiten:

**a) Beiderseitige Verbandsmitgliedschaft.** Die wichtigste Form der Tarifbindung ist nach § 3 Abs 1 TVG die beiderseitige Verbandsmitgliedschaft. Dies bedeutet, dass ein Tarifvertrag anwendbar ist, wenn der ArbGeb Mitglied des tarifschließenden ArbGebVerbandes und der ArbN Mitglied der tarifschließenden Gewerkschaft ist. Die Gewerkschaft muss **tariffähig** sein, dh über ausreichende Durchsetzungsfähigkeit und Organisationsstärke verfügen (BAG 26.6.18 – 1 ABR 37, 16, NZA 19, 188). Hinzukommen muss die **fachliche Tarifzuständigkeit** (BAG 29.6.04 – 1 ABR 14/03, NZA 04, 1236). Ist bei einer GmbH Co. KG nur die Komplementär-GmbH Verbandsmitglied, so reicht dies aus, wenn die Mitgliedschaft allein im Interesse und mit Billigung der KG besteht (BAG 4.5.94 – 4 AZR 418/93, DB 94, 2299; zur Geltung von Tarifverträgen für Konzerntöchter BAG 17.10.07 – 4 AZR 1005/06, NZA 08, 713). Beide Arbeitsvertragsparteien müssen jeweils Mitglied der Verbände sein, die den Tarifvertrag geschlossen haben. Handelt es sich um einen **Haus- oder Firmentarifvertrag,** so ist der ArbGeb selbst Tarifvertragspartei, für die Geltung des Tarifvertrages ist dann nur erforderlich, dass der ArbN Mitglied der tarifschließenden Gewerkschaft ist Die Beendigung eines Haustarifvertrages ist, wenn dies im Tarifvertrag selbst so ausdrücklich geregelt ist, ohne Nachwirkung möglich (BAG 14.9.16 – 4 AZR 534/14, NZA 17, 402).

Bei einer Unternehmensverschmelzung tritt der übernehmende Rechtsträger in die Rechte und Pflichten des Firmentarifvertrages ein und wird Partei des geltenden Tarifvertrages (BAG 24.6.98 – 4 AZR 208/97, NJW 99, 812). Der Firmentarifvertrag verdrängt den Verbandstarifvertrag, auch wenn er für den ArbN schlechtere Regelungen enthält (BAG 24.1.01 – 4 AZR 655/99, NZA 01, 788). Durch einen Betriebsübergang wird der Erwerber nicht Partei des Firmentarifvertrages (BAG 20.6.01 – 4 AZR 295/00, NZA 01, 271).

6 Bei **Verbandstarifverträgen** (Flächentarifverträgen) folgt aus § 3 Abs 1 TVG, dass immer dann, wenn der ArbGeb nicht Mitglied des tarifschließenden ArbGebVerbandes ist, keine Tarifbindung besteht. Dies bedeutet, dass die ArbN des Betriebes den Abschluss eines Haus- bzw Firmentarifvertrages fordern und hierfür streiken können. Mit dem Zeitpunkt des Eintritts in den tarifschließenden Verband entsteht die Tarifbindung und damit die Friedenspflicht (BAG 10.12.02 – 1 AZR 96/02, NZA 03, 734).

7 Es ist daher einem zunächst nicht tarifgebundenen ArbGeb, gegen den Arbeitskampfmaßnahmen zwecks Abschluss eines Haus- bzw Firmentarifvertrages gerichtet sind, möglich, durch **Eintritt in den Arbeitgeberverband** die Tarifbindung bezogen auf dieselbe Gewerkschaft und damit insoweit die Friedenspflicht herzustellen (Flucht in den ArbGeb-Verband, zutreffend ArbG Köln 26.6.64, BB 64, 844; *Hanau/Adomeit* Arbeitsrecht Rz 292; *Löwisch/Rieble* § 1 TVG Rz 387). Bis zum Verbandseintritt durchgeführte Arbeitskampfmaßnahmen bleiben freilich rechtmäßig. Dass sich die Rechtslage ab dem Verbandseintritt ändert, zeigt auch der umgekehrte Fall: Der **nichtorganisierte** ArbN hat grds **keinen Anspruch auf die tariflichen Leistungen.**

8 Tritt er der tarifschließenden Gewerkschaft bei, hat er ab dem Zeitpunkt des Beitritts (BAG 22.11.2000 – 4 AZR 688/99, NZA 01, 980) Anspruch auf die Anwendung des Tarifvertrages. Es zählt der Zeitpunkt des Beitritts. Unerheblich ist der Zeitpunkt der Mitteilung, dieser kann nur im Hinblick auf den Ablauf tarifvertraglicher Verfall- (→ *Ausschlussfristen* Rn 1 ff) oder Verjährungsfristen bedeutsam sein.

Hat der ArbN seine **Gewerkschaftsmitgliedschaft** bei der Einstellung wahrheitswidrig **verschwiegen,** hindert dies schon wegen Art 9 Abs 3 Satz 2 GG den ArbN nicht, die Anwendung des Tarifvertrages zu fordern. Auch eine Anfechtung oder Kündigung des Arbeitsverhältnisses aus diesem Grund scheidet aus, da weder ein Fragerecht noch eine Offenbarungspflicht besteht (BAG 18.11.14 – 1 AZR 257/13, NJW 15, 1548; *Griese* Zur Notwendigkeit und Effektivität eines verbesserten datenrechtlichen Persönlichkeitsschutzes im Arbeitsrecht, S 70, 105 ff).

9 **b) Nachbindung.** Der ArbGeb kann sich durch den **Austritt aus dem Arbeitgeberverband von der Tarifbindung nicht befreien,** denn nach § 3 Abs 3 TVG (BAG 4.4.01 – 4 AZR 237/00, NZA 01, 1085) bleibt die Tarifbindung bestehen, bis der Tarifvertrag endet. Will ein ArbGeb aus einem ArbGebVerband austreten, muss er die in der Verbandssatzung vorgesehenen Fristen einhalten (BAG 1.12.04 – 4 AZR 55/04, ArbuR 05, 27), die nicht durch Vereinbarung mit dem ArbGebVerband verkürzt werden können (*Plander* NZA 05, 897). Durch einen vorzeitigen Austritt (Blitzaustritt) kann sich der ArbGeb nicht von einem Tarifvertrag lösen (BAG 20.2.08 – 4 AZR 64/07, NZA 08, 946); es bleibt bei der unmittelbaren und zwingenden Wirkung des Tarifvertrages (BAG 4.6.08 – 4 AZR 419/07, NZA 08, 1366). Nur ausnahmsweise kann ein Austritt aus wichtigem Grund mit sofortiger

Wirkung erfolgen. Ein solcher wichtiger Grund liegt regelmäßig **nicht** vor, wenn der fristlose Austritt deshalb erfolgen soll, um einem unmittelbar bevorstehenden Tarifabschluss und einer darin vorgesehenen Tariflohnerhöhung zu entgehen (LAG Düsseldorf 13.2.96 – 16 (6) Sa 1457/95; ArbuR 96, 361). Eine erhebliche Verschlechterung der wirtschaftlichen Lage reicht in aller Regel nicht als Grund für eine fristlose Tarifvertragskündigung (BAG 18.2.98 – 4 AZR 363/96, NZA 98, 1008). Die Auflösung des ArbGebVerbandes und ein damit verbundener Austritt ändern nichts an der nach § 3 Abs 3 TVG fortwirkenden Tarifbindung (BAG 28.5.97 – 4 AZR 545/95 und 4 AZR 546/95, ArbuR 97, 287), ebenso wenig die Insolvenz des ArbGebVerbandes (BAG 27.6.2000 – 1 ABR 31/99, NZA 01, 334). Auch an einen Verweisungstarifvertag bleibt der ArbGeb trotz Flucht aus dem ArbGebVerband gebunden (LAG SachsAnh 11.5.99 – 8 Sa 695/98, ArbuR 2000, 147; LAG Bln 10.1.2000 – 16 Sa 1752/99, ArbuR 2000, 316).

Die **Nachbindung** nach § 3 Abs 3 TVG besteht **ohne zeitliche Beschränkung.** Erst nach Außerkrafttreten des Tarifvertrages selbst, etwa durch Kündigung der Tarifvertragsparteien zum Ende der Kündigungsfrist, beginnt die Nachwirkung (→ Rn 27). Im Nachbindungszeitraum sind untertarifliche Abmachungen wegen der Fortgeltung des Tarifvertrages rechtsunwirksam. Eine arbeitsvertragliche Vereinbarung, die untertarifliche Abreden enthält und bereits im Stadium der Nachbindung gelten soll, ist grds bereits nach ihrem Regelungswillen keine „andere Abmachung" iSd § 4 Abs 5 TVG (BAG 1.7.09 – 4 AZR 261/08, BB 10, 59). Die Nachbindung endet durch einen abändernden Tarifvertrag (BAG 25.2.09 – 4 AZR 986/07, ZTR 09, 631).

**c) OT-Mitgliedschaften.** Ein Versuch, sich aus der Verbandsbindung zu lösen, sind **OT-Mitgliedschaften** (Mitgliedschaften ohne Tarifbindung; *Kalb* Tagungsbericht der 19. Verbandsversammlung des Deutschen Arbeitsgerichtsverbandes, NZA 96, 863). Danach soll es zwei Arten von Mitgliedschaften in einem ArbGebVerband geben, eine vollwertige mit Tarifbindung und daneben eine Mitgliedschaft ohne Tarifbindung, die nur zur Inanspruchnahme der Serviceleistungen berechtigt. Eine solche Aufspaltung bedeutet eine Umgehung des § 3 Abs 1 TVG ohne die negativen Folgen tragen zu wollen (streitig; zutreffend *Däubler* NZA 96, 225). Zu den nach Art 9 Abs 3 GG verfassungsrechtlich privilegierten Verbänden gehören nur solche, die eine Tarifbindung bejahen (*Wank* NJW 96, 2279). Deshalb ist eine OT-Mitgliedschaft, zwar zulässig, darf aber nicht bezwecken, die **Nachwirkung** von Tarifverträgen auszuschalten (BAG 18.7.06 – 1 ABR 36/05, DB 06, 2185). 10

Eine OT-Mitgliedschaft setzt eine **wirksame Satzung** voraus (BAG 15.12.10 – 4 AZR 256/09, BeckRS 2011, 71242). Die Satzung muss gewährleisten, dass die OT-Mitglieder **keinerlei Einfluss auf Arbeitskämpfe** haben (BAG 22.4.09 – 4 AZR 111/08, NZA 10, 105). Für **Handwerksinnungen ist es unzulässig, in der Satzung die Möglichkeit von OT-Mitgliedschaften vorzusehen,** weil dies gegen die gesetzliche Grundkonzeption der Vollmitgliedschaft in § 58 Handwerksordnung verstößt (BVerwG 23.3.2016 – 10 C 23/14, NZA 2016, 779).

Das Überwechseln in eine OT-Mitgliedschaft muss **rechtzeitig in laufenden Tarifvertragsverhandlungen transparent gemacht werden,** andernfalls bleibt es trotz des Überwechselns in eine OT-Mitgliedschaft bei der unmittelbaren und zwingenden Tarifbindung auch für die neu abgeschlossenen Tarifverträge (BAG 4.6.08 – 4 AZR 419/07, NZA 08, 1366; BAG 26.8.09 – 4 AZR 285/08, NZA 10, 230). Sowohl der Austritt aus dem ArbGebVerband als auch die **OT-Mitgliedschaft** bedeuten, dass sich der ArbGeb nicht mehr den Schutz durch die tarifvertragliche Friedenspflicht erhalten kann, so dass **sofortige Arbeitskampfmaßnahmen** gegen den ArbGeb, der in eine OT-Mitgliedschaft übergewechselt ist, ergriffen werden können (LAG Hessen 17.9.08 – 9 SaGa 1442/08, BB 08, 2296). Die Friedenspflicht endet mit dem Zeitpunkt der Mitgliedschaftsbeendigung (LAG RhPf 20.12.96 – 7 Sa 1247/96, ArbuR 98, 425). Die im Betrieb vertretene Gewerkschaft kann einen Firmentarifvertrag verlangen und diesen durch Streikmaßnahmen erzwingen. Diese Streikmaßnahmen treffen den ArbGeb dann isoliert, ohne verbandliche Solidarität auf ArbGebSeite und ohne die Möglichkeit verbandlicher Abwehrarbeitskampfmaßnahmen (zB Flächenabwehraussperrung).

**d) Tarifbindung bei betrieblichen und betriebsverfassungsrechtlichen Fragen.** 11
Nach § 3 Abs 2 TVG reicht die Tarifbindung des ArbGeb allein aus, soweit ein Tarifvertrag Rechtsnormen über betriebliche und betriebsverfassungsrechtliche Fragen regelt. Dies be-

deutet, dass die Tarifwirkungen auf Außenseiter, also nichtorganisierte ArbN erstreckt werden. Grund für diese gesetzliche Regelung ist, dass bestimmte, kollektiv wirkende Regelwerke aus praktischen oder rechtlichen Gründen nur für alle ArbN des Betriebes einheitlich gelten können (BAG 26.4.90, DB 90, 1919). Beispiele hierfür sind ArbNSchutzvorschriften, betriebliche Ordnungsvorschriften (zB Rauchverbot) oder tarifliche Arbeitsplatzbesetzungsregelungen (BAG 17.6.99 – 2 AZR 456/98, ArbuR 99, 404), Einführung oder Verbot von gleitender Arbeitszeit oder Schichtarbeit (*Wiedemann/Stumpf* § 3 Rz 69).

12 **e) Allgemeinverbindlicherklärung.** Die Tarifbindung kann bei nichtgebundenen Arbeitsvertragsparteien nach § 5 TVG dadurch hergestellt werden, dass der Tarifvertrag durch das Bundesarbeitsministerium bzw die entsprechenden obersten Landesbehörden für allgemeinverbindlich erklärt wird. Die Allgemeinverbindlichkeitserklärung hat die **Wirkung,** dass der Tarifvertrag auch für nichttarifgebundene ArbN und ArbGeb unmittelbar und zwingend gilt. Sie hat im Entgeltbereich die Funktion eines *Mindestlohns.*

Dies setzte nach der bis 2014 geltenden Fassung des § 5 Abs 1 Nr 1 und 2 TVG voraus, dass die tarifgebundenen ArbGeb mindestens 50 % der unter den Geltungsbereich des Tarifvertrages fallenden ArbN beschäftigten und die Allgemeinverbindlichkeitserklärung im öffentlichen Interesse geboten sein musste. Zustimmen musste darüber hinaus der paritätisch besetzte Ausschuss der Spitzenorganisationen der ArbGeb und der ArbN gem § 5 Abs 1 TVG. Von diesen Voraussetzungen konnte nach § 5 Abs 1 Satz 2 TVG abgesehen werden, wenn die Allgemeinverbindlichkeit zur Behebung eines sozialen Notstandes erforderlich erschien. Bei Nichterfüllung der Voraussetzungen war die Allgemeinverbindlicherklärung gerichtlich für unwirksam zu erklären, **wobei Voraussetzung für die Allgemeinverbindlicherklärung nach der von der Unkenntnis der Verwaltungsabläufe zeugenden Rspr des BAG sein soll, dass sich die zuständigen Minister oder Staatssekretäre persönlich mit dem jeweiligen Tarifvertrag befassen** (BAG 25.1.17 – 10 ABR 34/15 AP Nr 37 zu § 5 TVG; BAG 21.9.16 – 10 ABR 33/15, BB 16, 2419). Eine Vollstreckungsabwehrklage gegen die Vollstreckung von Leistungsurteilen, die vor gerichtlicher Feststellung der Unwirksamkeit einer Allgemeinverbindlicherklärung ergangen sind, ist nicht möglich (BAG 30.1.19 – 10 AZR 155/18, NZA 19, 860).

Durch das **Tarifautonomiestärkungsgesetz** v 11.8.14 (BGBl I 1348) sind durch dessen Art 1 der **gesetzliche Mindestlohn** (s dort) eingeführt und durch dessen Art 5 die **Voraussetzungen für die Allgemeinverbindlicherklärung in § 5 TVG erleichtert worden**. Die 50 %-Klausel wurde aufgegeben und ist verfassungsrechtlich auch nicht gefordert (BAG 21.3.18 – 10 ABR 62/16, BB 18, 2231). Das gem § 5 Abs 1 Satz 1 TVG geforderte öffentliche Interesse ist in der Regel gegeben wenn der Tarifvertrag in seinem Geltungsbereich **überwiegende Bedeutung** erlangt hat (§ 5 Abs 1 Nr 1 TVG). Alternativ reicht aus, dass die Absicherung der tarifvertraglichen Normsetzung gegen die Folgen **wirtschaftlicher Fehlentwicklung** eine Allgemeinverbindlicherklärung verlangt (§ 5 Abs 1 Nr 2 TVG). Erforderlich ist des Weiteren ein gemeinsamer Antrag der Tarifvertragsparteien. Bei der Entscheidung über das öffentliche Interesse hat das Bundesarbeitsministerium einen Beurteilungsspielraum (BAG 20.9.17 – 10 ABR 42/16, NZA 18, 186). Verfassungsrechtliche Bedenken gegen diese Regelung bestehen nicht; die Allgemeinverbindlicherklärung von Tarifverträgen des Baugewerbes ist rechtswirksam (BAG 21.3.18 – 10 ABR 62/16, BB 18, 2231), auch der Tarifvertrag über das Sozialkassenverfahren im Baugewerbe (BAG 20.11.18 – 10 ABR 12/18, NZA 19, 628).

Weitere Möglichkeiten der Allgemeinverbindlicherklärung bietet das AEntG (→ *Arbeitnehmerentsendung* Rn 3 u *Mindestlohn*). Die darauf beruhende Erstreckung des **Mindestlohnvertrages** im Baugewerbe auf nicht Tarifgebundene ist verfassungsgemäß (BVerfG 18.7.2000 – 1 BvR 948/00, ArbuR 2000, 353).

13 Die Allgemeinverbindlichkeitserklärung von Tarifverträgen ist mit dem GG vereinbar (BVerfG 10.9.91 – 1 BvR 561/89, NZA 92, 125). Die Allgemeinverbindlichkeitserklärung kann mit Rückwirkung erfolgen, wenn der vorhergehende Tarifvertrag ebenfalls für allgemeinverbindlich erklärt war (BAG 25.9.96 – 4 AZR 209/95, NZA 97, 495). Für Nichtverbandsmitglieder erweist es sich oft als schwierig, den Text des einschlägigen Tarifvertrags zu erhalten. Zu diesem Zweck werden nach § 6 TVG **Tarifregister** geführt. Unterschreitet ein Wettbewerber des ArbGeb einen für allgemeinverbindlich erklärten Tarifvertrag, kann dies einen **Wettbewerbsverstoß** nach § 1 UWG darstellen (BGH 3.12.92 – I ZR 276/90,

DB 93, 631), so dass der ArbGeb den Mitbewerber auf Unterlassung und Schadenersatz in Anspruch nehmen kann. Insbes gilt dies wegen § 4 Nr 11 UWG für tarifvertragliche Arbeitsbedingungen und Entgelte, die über das AEntG gelten, oder für gesetzliche Mindestentgelte, denn diese Vorschriften dienen gerade dazu, im Interesse aller Marktteilnehmer einen Dumpingwettbewerb zu verhindern.

Gesetzlich darf bei öffentlichen Auftragsvergaben vom Auftragnehmer eine **verfassungsrechtlich zulässige Tariftreueerklärung** verlangt werden (BVerfG 11.7.06 – 1 BvL 4/00, NJW 07, 51). Bei aus dem europäischen Ausland entsandten ArbN wird eine solche Tariftreueerklärung nur bei für allgemeinverbindlich erklärten Tarifverträgen Wirkung entfalten (EuGH 3.4.08 – C-346/06 – *Rüffert* NZA 08, 537; *Hanau* NZA 08, 751). Durch landesgesetzliche Regelung kann die öffentliche Auftragsvergabe an die Verpflichtung zur Zahlung eines festgelegten Mindestlohnes durch den Unternehmer und seine Subunternehmer gebunden werden (EuGH 17.11.15 – C – 115/14, NZA 16, 155).

**5. Rechtswirksame Einbeziehung von Tarifverträgen trotz fehlender Tarifbindung.** Liegt keine Tarifbindung vor, so können Tarifnormen gleichwohl auf das Arbeitsverhältnis anwendbar sein, wenn sie wirksam in das Arbeitsverhältnis einbezogen worden sind. 14

**a) Vertragliche Einbeziehung.** Tarifverträge können durch den Einzelarbeitsvertrag (zB BAG 12.6.13 – 4 AZR 970/11, NZA-RR 14,76 für ERA; BAG 25.1.18 – 6 AZR 687/16, NZA-RR 18, 308 für kirchliche TV) einbezogen werden. Die Bezugnahme kann auch durch **arbeitsvertragliche Einheitsregelung** oder durch eine eindeutige Gesamtzusage hergestellt werden, ebenso durch eine eindeutige betriebliche Übung (BAG 19.1.99 – 1 AZR 606/98, NZA 99, 879). **Stillschweigende Bezugnahme** kann an mangelnder Bestimmtheit scheitern. § 2 Abs 1 Nr 10 NachwG verlangt, dass in der Vertragsniederschrift auf die Anwendbarkeit des einbezogenen Tarifvertrages hingewiesen wird, andernfalls kann sich der ArbGeb schadensersatzpflichtig machen (BAG 17.4.02 – 5 AZR 89/01, NZA 02, 1096). Vertraglich kann auch ein **branchenfremder Tarifvertrag** (BAG 25.10.00 – 4 AZR 506/99, NZA 02, 100) in Bezug genommen werden.

Aufgrund der Vertragsfreiheit ist es möglich, **nur Teile des Tarifvertrages** in das Arbeitsverhältnis zu übernehmen, etwa nur Arbeitszeit-, Freistellungs- oder Kündigungsregelungen, nicht aber die tariflichen Vergütungssätze. Die Einbeziehungsmöglichkeit ist in einigen Bestimmungen gesetzlich geregelt, so für die tariflichen Kündigungsfristen in § 622 Abs 3 Satz 2 BGB, für die tariflichen Berechnungsvorschriften für die Krankenvergütung (§ 4 Abs 4 EFZG) oder für tarifliche Urlaubsregelungen in § 13 Abs 1 Satz 2 BUrlG. Die vertragliche Inbezugnahme muss **bestimmt und eindeutig** sein: Es muss erkennbar sein, auf welchen Tarifvertrag und ggf auf welche Bestimmungen im Einzelnen verwiesen werden soll (BAG 30.8.00 – 4 AZR 581/99, NZA 01, 510). Die unbestimmte Klausel „Im Übrigen gelten die tariflichen Bestimmungen." reicht für eine Inbezugnahme nicht aus. Eine Bezugnahmeklausel erfasst idR nicht Haustarifverträge (BAG 11.7.18 – 4 AZR 533/17, NZA 18, 1486). 15

Die Inbezugnahmeklausel in einem **vorformulierten Arbeitsvertrag unterliegt der AGB-Kontrolle** (BAG 9.5.07 – 4 AZR 319/06, DB 08, 874). Ist die Tragweite der Verweisung in einem Formulararbeitsvertrag zweifelhaft, geht dies nach § 305c Abs 2 BGB zu Lasten des ArbGeb (BAG 9.11.05 – 5 AZR 128/05, BB 06, 386). Die Unklarheitenregelung ist allerdings nicht anzuwenden, wenn keine Auslegungszweifel bleiben (BAG 17.1.06 – 9 AZR 41/05, BB 06, 2532 für die Verweisung auf den tariflichen Regelungskomplex „Urlaub"). Soll eine arbeitsvertragliche Inbezugnahmeklausel eine **Gleichstellung** mit den tarifgebundenen ArbN bewirken, ist von der Einbeziehung nicht nur der einschlägige Manteltarifvertrag, sondern auch ein mit derselben Gewerkschaft geschlossener **Sanierungstarifvertrag** erfasst (BAG 14.12.05 – 10 AZR 296/05, NZA 06, 744). Sind von einer Gewerkschaft zwei miteinander konkurrierende Tarifverträge abgeschlossen worden, ist eine vertragliche Inbezugnahmeklausel so auszulegen, dass der auf den konkreten Betrieb zutreffende Tarifvertrag angewandt werden soll (BAG 4.9.96 – 4 AZR 135/95, NZA 97, 271).

**b) Umfang und Reichweite der Inbezugnahme.** Der Umfang der Inbezugnahme ist dann nach den Grundsätzen der Vertragsauslegung zu bestimmen (BAG 13.11.02 – 4 AZR 16

393/01, NZA 03, 1039). Bei der Inbezugnahme ist zwischen **statischer Verweisung** („Es gilt der Tarifvertrag vom …") und **dynamischer Verweisung** („Es gilt der Tarifvertrag/das Tarifwerk in seiner jeweiligen Fassung") zu unterscheiden.

In der Regel ist eine dynamische Verweisung gewollt (BAG 30.8.17 – 4 AZR 443/15, NZA 18, 363; BAG 26.9.07 – 5 AZR 808/06, NZA 08, 179; zur dynamischen Verweisung auf einen Anerkennungstarifvertrag BAG 22.3.17 – 4 AZR 462/16, NZA 17, 585), und zwar eine **unbedingte zeitdynamische Verweisung** (BAG 22.10.08 – 4 AZR 793/07, NZA 09, 323). Die dynamische Verweisung ist im Arbeitsleben verbreitet und üblich und keine überraschende Klausel iSd § 305c Abs 1 BGB (*Wiedemann/Oetker* § 3 TVG Rz 303). Auf arbeitsvertragliche Klauseln, die ein Tarifwerk in Bezug nehmen, ist die Unklarheitenregelung des § 305c Abs 2 BGB idR deshalb nicht anwendbar, weil sich die Frage der Günstigkeit für den ArbN nicht eindeutig beantworten lässt. Eine dynamische Verweisung auf das jeweils gültige Tarifrecht ist in der Regel nach der Rspr des BAG nicht unklar und kein Verstoß gegen das Transparenzgebot des § 307 Abs 1 Satz 2 BGB, weil die im Zeitpunkt der jeweiligen Anwendung geltenden, in Bezug genommenen Regelungen bestimmbar sind (BAG 24.9.08 – 6 AZR 76/07, NZA 09, 154).

Auch ein unwirksamer Tarifvertrag kann vertraglich einbezogen und damit wirksam werden (BAG 30.8.17 – 4 AZR 443/15, NZA 18, 363).

Wird auf einen Tarifvertrag in der jeweils geltenden Fassung Bezug genommen, muss dies bei Verbandswechsel des ArbGeb dahingehend ausgelegt werden, dass die Verweisung auf den von derselben Gewerkschaft geschlossenen neuen für den Betrieb geltenden Tarifvertrag gemeint ist (BAG 4.9.96, NZA 97, 271). Dynamische Bezugnahmeklauseln auf das Tarifwerk in seiner jeweiligen Fassung sollten nach der früheren Rspr (BAG 1.12.04 – 4 AZR 50/04, NZA 05, 478; kritisch zur Rspr *Hanau* NZA 05, 489) für nicht tarifgebundene ArbGeb als **Gleichstellungsabrede** zu interpretieren sein, mit der Folge, dass Tarifänderungen nach Beendigung der Tarifgebundenheit des ArbGeb keine Wirksamkeit im Arbeitsverhältnis entfalten (halbdynamische Wirkung – kein Verstoß gegen EU-Recht, s EuGH 9.3.06 – C 499/04, NZA 06, 376).

17 Das BAG hat eine **Änderung der Rechtsprechung** vollzogen und festgelegt, eine **Bezugnahmeklausel** bei tarifgebundenen ArbGeb für nach dem 1.1.02 geschlossene Arbeitsverträge (Neuverträge) nicht mehr als Gleichstellungsabrede zu interpretieren (BAG 18.4.07 – 4 AZR 652/05, NZA 07, 965; BAG 22.10.08 – 4 AZR 793/07, ArbuR 08, 397; zu den Konsequenzen s *Preis/Greiner* NZA 07, 1073).

Eine Gleichstellungsabrede muss ausdrücklich vereinbart sein (BAG 5.7.17 – 4 AZR 867/16, NZA 18, 47).

Bei vor dem 1.1.02 geschlossenen Verträgen (Altverträge) kann die Gleichstellungswirkung auf einzelne Tarifbestimmungen beschränkt sein (BAG 13.5.15 – 4 AZR 244/14, NZA-RR 16,6). Eine Änderung des Arbeitsvertrages nach dem 1.1.02 unter Aufrechterhaltung der Bezugnahmeklausel ist als Neuvertrag zu werten und führt zur dynamischen Wirkung der Bezugnahme (BAG 27.3.18 – 4 AZR 208/17, NZA 18, 1264). Ein solcher Neuvertrag liegt idR vor, wenn sich ein ArbGeb eine Vertragsänderung ausdrücklich bestätigen lässt (BAG 3.7.19 – 4 AZR 312/18, NZA 19, 1592).

18 Im Fall des **Betriebsübergangs** (→ *Betriebsübergang* Rn 64 zur Tarifgeltung bei Betriebsübergang) ist die Wirkung dynamischer Bezugnahmeklauseln vom **EuGH grundsätzlich anerkannt** (EuGH 27.4.17 – C-68015, C-681/15, NZA 17, 571) und vom BAG umgesetzt worden (BAG 30.8.17 – 4 AZR 95/14, NZA 18, 255). Eine mit einem kirchlichen ArbGeb vereinbarte dynamische Bezugnahme auf eine kirchliche Vergütungsordnung gilt weiter, wenn ein weltlicher ArbGeb den Betrieb übernimmt (BAG 11.7.19 – 6 AZR 40/17, NZA-RR 19, 590).

Bei einem **Branchenwechsel** infolge eines Betriebsübergangs ergibt sich aus einer dynamischen Inbezugnahmeklausel nicht ohne zusätzliche Anhaltspunkte, dass damit auch das Tarifwerk der neuen Branche gelten soll; soweit dies gewollt ist, besteht die Möglichkeit, eine **Tarifwechselklausel** zu vereinbaren (BAG 29.8.07 – 4 AZR 765/06; BAG 17.11.10 – 4 AZR 391/09, NZA 11, 356; BAG 6.7.11 – 4 AZR 706/09, FD-ArbR 2011, 319974). Dabei würde es gegen das Transparenzgebot des § 307 Abs 1 S 2 BGB verstoßen, eine vom Wortlaut her als kleine dynamische Bezugnahmeklausel ausgestaltete Klausel als Tarifwechselklausel zu interpretieren (LAG Köln 29.3.10 – 5 Sa 1322/09, BeckRS 2010, 70864).

**c) Inbezugnahme der Tarifverträge des öffentlichen Dienstes.** Auch im öffentlichen Dienst gelten die Tarifverträge unmittelbar nur für die beiderseits Tarifgebundenen. Fehlt diese, etwa, weil der ArbN kein Gewerkschaftsmitglied ist, ergibt sich die Tarifbindung zumeist aus einer arbeitsvertraglichen Inbezugnahmeklausel. Aufgrund der Vertragsfreiheit ist es möglich, die Anwendbarkeit von Tarifverträgen auf ein Arbeitsverhältnis zu vereinbaren, das nicht zum öffentlichen Dienst gehört. Zu beachten ist, dass im öffentlichen Dienst der BAT in unterschiedlicher Weise ersetzt worden ist, und zwar für die **Beschäftigten des Bundes und der Kommunen durch den ab dem 1.10.05 in Kraft getretenen TVöD und für die Beschäftigten der meisten Länder durch den ab 1.11.06 geltenden TVL,** die sich in einer Reihe von Punkten, zB der ArbNHaftung oder der Entgeltfortzahlung unterscheiden. Ein **einheitliches Tarifrecht im öffentlichen Dienst ist daher nicht mehr gegeben.** Für tarifgebundene Arbeitsverhältnisse des öffentlichen Dienstes gelten die neuen Tarifverträge unmittelbar. Bei nicht tarifgebundenen Arbeitsverhältnissen gilt der jeweils neue Tarifvertrag nur, wenn eine **arbeitsvertragliche Bezugnahme vereinbart worden ist oder anlässlich des Tarifwechsels ergänzend vereinbart wird.** Die häufig in Arbeitsverträgen verwendeten Klauseln „Es gilt der BAT in seiner jeweiligen Fassung" oder „Es gelten die den BAT ergänzenden oder ersetzenden Tarifverträgen" werden dafür oft nicht ausreichen, da oft unklar bleiben wird, ob und auf welchen der neuen Tarifverträge (TVöD oder TVL) verwiesen werden sollte (BAG 10.6.09 – 4 AZR 194/08, ZTR 10, 154). 19

Aus der vertraglichen Einbeziehung des BAT folgt noch nicht, dass auch die Einbeziehung des Tarifvertrages über die Altersteilzeit (TV ATZ) gewollt war (BAG 11.12.12 – 9 AZR 136/11, NZA 13, 1448). Eine Regelungslücke kann bei ausreichenden Anhaltspunkten durch eine ergänzende Vertragsauslegung geschlossen werden (BAG 3.7.13 – 4 AZR 41/12, NZA 14,102; BAG 19.5.10 – 4 AZR 796/08, DB 10, 1888; BAG 7.7.10 – 4 AZR 120/09, NZA-RR 11, 137). Fehlt es an einer wirksamen Verweisungsklausel, gilt der einzelvertraglich vereinbarte BAT statisch, dh in seiner zuletzt geltenden Fassung weiter; an tariflichen Verbesserungen, zB Entgelterhöhungen nimmt der Beschäftigte aber nicht mehr teil (*Hümmerich/Mäßen* NZA 05, 961). Die Wirkung einer arbeitsvertraglichen Bezugnahmeklausel kann durch Gesetz aufgehoben werden, so für den Übergang von Arbeitsverhältnissen von der BA auf Optionskommunen (BAG 11.12.19 – 4 AZR 310/19).

Kollisionen zwischen einem im Arbeitsverhältnis unmittelbar geltendem Tarifvertrag und einem durch arbeitsvertragliche Bezugnahme geltenden Tarifvertrag sind nach dem aus § 4 Abs 3 TVG folgenden Günstigkeitsprinzip aufzulösen (BAG 12.12.18 – 4 AZR 123/18, NZA 19, 543).

**d) Einbeziehung durch Betriebsvereinbarung.** Durch Betriebsvereinbarung können tarifvertragliche Regelungen Gegenstand des Arbeitsvertrages der nichtorganisierten ArbN werden. Die Kompetenz der Betriebspartner ist durch § 77 Abs 3 BetrVG begrenzt: Arbeitsentgelte und sonstige Arbeitsbedingungen, die üblicherweise durch Tarifvertrag geregelt sind, können nicht in einer Betriebsvereinbarung geregelt werden, auch nicht in Form einer Verweisung oder inhaltsgleichen Übernahme (BAG 15.5.18 – 1 ABR 75/16, NZA 18, 1150). Die Sperrwirkung des § 77 Abs 3 BetrVG tritt nicht ein, wenn der Tarifvertrag den Abschluss ergänzender Betriebsvereinbarungen zulässt (Öffnungsklausel). Soweit erzwingbare Mitbestimmungsrechte nach § 87 BetrVG (insbes nach § 87 Abs 1 Nr 10 und 11 BetrVG) bestehen, ist die Sperrwirkung durch § 87 Abs 1 Eingangssatz BetrVG begrenzt. 20

**e) Betriebliche Übung.** Ein Tarifvertrag kann für die nichtorganisierten ArbN kraft betrieblicher Übung gelten (so BAG 19.1.99 – 1 AZR 606/98, NZA 99, 879), da nach langjähriger betrieblicher Praxis ein schutzwürdiges Vertrauen der ArbN darauf entstehen kann, als Außenseiter in den Geltungsbereich des Tarifvertrages einbezogen zu werden. Freilich kann sich die betriebliche Übung immer nur auf konkrete Tarifverträge beziehen, nicht generell darauf, dass jeweils alle Tarifverträge – auch künftig – generell auf Außenseiter angewandt werden. Deshalb kann auch keine Betriebliche Übung auf Übernahme einer **Tariflohnerhöhung** entstehen (BAG 16.1.02 – 5 AZR 715/00, NZA 02, 632). Dass ein ArbGeb in der Vergangenheit regelmäßig die Tariflohnerhöhung übernommen hat, führt nicht zu einem Anspruch bzgl zukünftiger Tariflohnerhöhungen, weil der ArbGeb mit seiner Nichtmitgliedschaft im tarifschließenden ArbGebVerband deutlich macht, dass er sich nicht binden will; aus der Angabe der Vergütung in der Lohnabrechnung („Tariflohn") kann ebenfalls nicht hergeleitet werden, der ArbGeb wolle künftige Tariflohnerhöhungen auf 21

Dauer nachvollziehen (BAG 24.2.16 – 4 AZR 990/13, NZA 16, 557). Ein **neuer Tarifvertrag** gibt dem ArbGeb daher die Möglichkeit, zu prüfen, ob er auch hinsichtlich des neuen Tarifvertrages eine betriebliche Übung entstehen lassen will. Keine betriebliche Übung entsteht, wenn der ArbGeb – irrtümlich – glaubt, aufgrund einer anderen Rechtsgrundlage zur Anwendung des Tarifvertrages verpflichtet zu sein (BAG 11.7.18 – 4 AZR 443/17, NZA 18, 1630).

22 **6. Wirkung des Tarifvertrages. a) Unmittelbare und zwingende Geltung bei Tarifbindung.** Ist Tarifbindung gegeben, **gilt der Tarifvertrag** nach § 4 Abs 1 TVG **unmittelbar und zwingend.** Damit ist eine vertragliche Vereinbarung bei der Vergütung nur über den Tariflohn hinaus möglich, der Tariflohn ist dann Mindestlohn, der zu Gunsten des ArbN durch Individualvertrag überschritten werden kann (→ *Günstigkeitsprinzip* Rn 3). Ein Unterschreiten des Tariflohns ist bei gegebener Tarifbindung grds nicht möglich. Eine hierauf gerichtete Änderungskündigung wäre rechtswidrig iSd § 13 Abs 3 KSchG (BAG 10.2.99 – 2 AZR 422/98, NZA 99, 657).

23 Die **einzige Ausnahme** hiervon bildet § 4 Abs 3 TVG, wonach abweichende Vereinbarungen zulasten des ArbN möglich sind, wenn der Tarifvertrag selbst eine **Öffnungsklausel** enthält, die Abweichungen gestattet. Die untertarifliche Entlohnung muss dann – gestützt auf eine solche Öffnungsklausel – ausdrücklich vereinbart sein. Treffen die Arbeitsvertragsparteien überhaupt keine Vergütungsabrede, gilt nach § 612 Abs 2 BGB die übliche Vergütung als vereinbart, dies ist regelmäßig die tarifliche Vergütung (→ *Arbeitsentgelt* Rn 5). Wirkt der Tarifvertrag lediglich noch gem § 4 Abs 5 TVG nach, entfällt die zwingende Wirkung des Tarifvertrages, so dass für dieses Stadium bis zum Inkrafttreten eines neuen Tarifvertrages eine untertarifliche Entlohnung arbeitsvertraglich vereinbart werden kann. Den Tarifvertragsparteien steht es frei, einen Tarifvertrag durch einen neuen Tarifvertrag sowohl zum Vorteil wie auch zum Nachteil der ArbN abzuändern. Mit rückwirkender Kraft ist das nur möglich, wenn kein Vertrauensschutz der ArbN mehr besteht (BAG 11.10.06 – 4 AZR 486/05, NZA 07, 634).

24 **b) Abweichungen vom Tarifentgelt.** Soweit keine Tarifbindung gegeben ist, etwa weil der ArbGeb oder der ArbN nicht in den tarifschließenden Verbänden organisiert sind und keine Allgemeinverbindlicherklärung sowie kein für eine Branche festgelegtes Mindestentgelt (s *Mindestentgelt*) vorliegt, besteht kein unmittelbarer Anspruch auf das Tarifentgelt, so dass eine untertarifliche Vergütung möglich ist (zur Entlohnung von aus dem Ausland entsandten ArbN *Arbeitnehmerentsendung*).

Gilt ein Tarifvertrag durch einzelvertragliche Bezugnahmeklausel, ist eine Abweichung zu Lasten des ArbN nicht möglich, auch nicht durch eine Betriebsvereinbarung. Es kann auch keine konkludent vereinbarte Betriebsvereinbarungsoffenheit angenommen werden (BAG 11.4.18 – 4 AZR 119/17, NZA 18, 1273).

25 **c) Kein Anspruch auf Gleichbehandlung bei fehlender Tarifbindung.** Aufgrund des Gleichbehandlungsgrundsatzes können Außenseiter die tariflichen Leistungen **nicht beanspruchen,** denn aufgrund des im TVG angelegten und auf Verbandsmitgliedschaft ausgerichteten Tarifvertragssystems ist es sachlich gerechtfertigt, zwischen organisierten ArbN und Außenseitern zu differenzieren (BAG 20.11.96 – 5 AZR 401/95, NJW 97, 2000; *Otto* Einführung in das Arbeitsrecht, 2. Aufl, S 99; *Löwisch/Rieble* § 3 TVG Rz 228; *Hagemeier* § 3 Rz 88). Von großer praktischer Bedeutung ist dieses Problem freilich nicht, da der ArbGeb idR die nichtorganisierten ArbN schon deshalb nicht schlechter behandeln wird, da er den nichtorganisierten ArbN ansonsten einen Anreiz geben würde, in die tarifschließende Gewerkschaft einzutreten. Die Tarifvertragsparteien selbst sind allerdings bei der Ausgestaltung des Tarifvertrages an den Gleichbehandlungsgrundsatz gebunden (BAG 28.3.96 – 6 AZR 501/95, NZA 96, 1280).

26 **d) Ablösung durch Folgetarifverträge.** Die Geltung eines Tarifvertrages endet gem § 3 Abs 3 TVG, wenn – bei fortdauernder Tarifbindung – ein Folgetarifvertrag in Kraft tritt. Der Folgetarifvertrag kann auch **verschlechternde Regelungen** enthalten, beispielsweise als Sanierungstarifvertrag. Verschlechterungen sind sogar rückwirkend möglich, allerdings nur in den Grenzen des Vertrauensschutzes (BAG 4.10.07 – 10 AZR 878/06, NZA 08, 131). Durch Folgetarifverträge kann auch in laufende Betriebsrenten für die Zukunft unter Beachtung des Vertrauensschutzes eingegriffen werden (BAG 27.2.07 – 3 AZR 734/05,

NZA 07, 1371). Ein Tarifvertrag, auch ein Haustarifvertrag, kann **eine einzelvertragliche Inbezugnahme eines günstigeren Tarifvertrages nicht ablösen,** weil die vertraglich vereinbarte für den ArbN günstigere Lösung insoweit Vorrang hat (BAG 22.2.12 – 4 AZR 24/10; BAG 15.4.15 – 4 AZR 587/13, BB 15, 2619).

**7. Nachwirkung von Tarifverträgen.** Nach § 4 Abs 5 TVG gelten die Rechtsnormen 27 eines abgelaufenen Tarifvertrages weiter, bis sie durch eine andere Abmachung ersetzt worden sind. Diese **Nachwirkung** des Tarifvertrages ist verfassungsrechtlich zulässig (BVerfG 3.7.2000 – 1 BvR 945/00, NZA 2000, 947) und zeitlich nicht beschränkt (BAG 15.10.03 – 4 AZR 573/02, NZA 04, 387). Im Nachwirkungszeitraum entfällt die zwingende Wirkung des Tarifvertrages. Dies bedeutet, dass der Tarifvertrag zwar unmittelbar fortgilt, aber durch einzelvertragliche Abmachung unterschritten werden kann (BAG 18.3.92, BB 92, 1213). Die Nachwirkung kann durch den Tarifvertrag selbst **ausgeschlossen** werden (BAG 16.8.90, BB 91, 762). Die Nachwirkung tritt auch dann ein, wenn die Tarifbindung infolge eines Verbandsaustritts weggefallen ist (BAG 13.12.95 – 4 AZR 1062/94, ArbuR 96, 378) oder die Allgemeinverbindlichkeit endet (BAG 25.10.2000 – 4 AZR 212/00, NZA 01, 1146). Die Nachwirkung erstreckt sich nicht auf ArbN, deren Arbeitsverhältnis erst nach regulärem Ablauf des Tarifvertrages beginnt oder die erst nach diesem Zeitpunkt in die tarifschließende Gewerkschaft eintreten (BAG 27.9.17 – 4 AZR 630/15, NZA 18, 177; anders im Nachbindungszeitraum BAG 6.7.11 – 4 AZR 424/09, FD-ArbR 2011, 319973). Die Grundsätze der Nachwirkung gelten entsprechend beim Herauswachsen aus dem fachlichen Geltungsbereich eines Tarifvertrages (BAG 10.12.97 – 4 AZR 247/96, NZA 98, 484; ErfK/*Schaub* § 3 TVG Rz 31).

Bei einer Blankettverweisung in einem nachwirkenden Tarifvertrag beschränkt sich die 28 Nachwirkung auf den Regelungsgehalt, wie er bei Ende der Tarifbindung bestand, spätere Änderungen der Norm, auf die verwiesen wird, nehmen an der Nachwirkung nicht mehr teil (BAG 24.11.99 – 4 AZR 666/98, NZA 2000, 435). Die **Nachwirkung endet,** wenn ein neuer Tarifvertrag in Kraft tritt. Dieser kann Verschlechterungen für die ArbN enthalten; ein Vertrauensschutz auf Fortbestand des bisherigen Tarifniveaus besteht nicht (BAG 2.2.06 – 2 AZR 58/05, BB 06, 1388). Eine **rückwirkende Verschlechterung** ist unter Beachtung des Vertrauensschutzes möglich (BAG 11.10.06 – 4 AZR 486/05, ArbuR 06, 408). Dies gilt auch für tarifvertraglichen Sonderkündigungsschutz (BAG 2.2.06 – 2 AZR 58/05, NZA 06, 868).

Im Nachwirkungszeitraum sind abweichende vertragliche Vereinbarungen gem § 4 Abs 5 TVG zulässig. Sie lösen die nachwirkenden tariflichen Bestimmungen aber nur dann ab, wenn sie konkret und zeitnah vor dem bevorstehenden Ablauf des Tarifvertrages getroffen worden sind und die konkrete Situation ab Beginn des Nachwirkungszeitraums regeln (BAG 1.7.09 – 4 AZR 250/08, NZA-RR 10, 30; BAG 20.5.09 – 4 AZR 230/08; BAG 22.10.08 – 4 AZR 789/07, NZA 09, 265). Die Nachwirkung eines abgelaufenen Tarifvertrages entfällt durch eine andere Abmachung nur, wenn diese denselben Regelungsbereich betrifft (BAG 21.10.09 – 4 AZR 477/08, NZA-RR 10, 477).

**8. Tarifkonkurrenz.** Konkurrieren zwei Tarifverträge dergestalt miteinander, dass ArbN 29 und ArbGeb hinsichtlich beider Tarifverträge tarifgebunden sind, entsteht Tarifkonkurrenz (BAG 22.10.08 – 4 AZR 789/07, NZA 09, 265). Nach dem **Grundsatz der Tarifspezialität** verdrängt der sachnähere Tarifvertrag den konkurrierenden Tarifvertrag. Das gilt auch dann, wenn die Tarifkonkurrenz durch Verschmelzung entsteht (BAG 4.7.07 – 4 AZR 491/06, NZA 08, 307). Die Sachnähe richtet sich insbes nach dem Grundsatz der Spezialität. Es ist zu prüfen, welcher der konkurrierenden Tarifverträge dem Betrieb räumlich, betrieblich, fachlich und persönlich am nächsten steht (BAG 29.11.78, AP Nr 12 zu § 4 TVG Tarifkonkurrenz). Bei Mischbetrieben ist derjenige Tarifvertrag maßgebend, der der überwiegenden Arbeitszeit der ArbN entspricht (BAG 5.9.90 – 4 AZR 59/90, BB 91, 344). Gilt ein Tarifvertrag nur aufgrund einzelvertraglicher Einbeziehung, während der konkurrierende Tarifvertrag kraft Allgemeinverbindlicherklärung Anwendung findet, so geht der für allgemein verbindlich erklärte Tarifvertrag vor (BAG 22.9.93 – 10 AZR 207/92, NZA 94, 667). Gegenteiliges wird angenommen, wenn ein spezieller Firmentarifvertrag mit einem allgemeinverbindlichen Manteltarifvertrag konkurriert, auch soweit Ersterer einzelne ungünstigere Regelungen enthält (BAG 23.3.05 – 4 AZR 203/04, NZA 05, 1003). Gilt gleichzeitig der eine Tarifvertrag kraft beiderseitiger Tarifgebundenheit und der andere kraft arbeitsvertraglicher Inbezugnahme ist ein Günstigkeitsvergleich vorzunehmen (BAG 10.12.14 – 4 AZR, NZA 15, 946). Ein vollwirksamer **Firmentarifvertrag** geht einem Verbandstarifvertrag nach den Regeln der Tarifkonkurrenz vor. Er ist wegen seiner größeren räumlichen, betrieblichen, fachlichen und persönlichen Nähe zum Betrieb stets die **speziellere Regelung** (BAG 15.4.08 – 9 AZR 159/07, NZA-RR 08, 586). Gegenüber einem nachwirkenden Tarifvertrag geht ein kraft beiderseitiger Tarifgebundenheit geltender Tarifvertrag vor (BAG 20.4.05 – 4 AZR 288/04, NZA 05, 1360).

Zur Tarifpluralität → *Tarifeinheit* Rn 1 ff.

**B. Lohnsteuerrecht** *Thomas*

36 Nach dem für das LStRecht maßgebenden Realisierungsprinzip führen noch nicht Ansprüche, sondern erst deren Erfüllung zu einem Lohnzufluss. Das gilt auch für nicht erfüllte tarifvertragliche Ansprüche. Deswegen liegt ein Lohnzufluss nicht vor, soweit der ArbGeb dem ArbN tarifvertraglich zustehende Lohnteile nicht auszahlt, sondern einer Versorgungsrückstellung zuführt (BFH 20.7.05 – VI R 165/01, DStR 05, 1489; ebenso BFH 22.11.06 – X R 29/05, DStRE 07, 820). Macht das Gesetz eine Steuerbefreiung oder die Erfassung mit einem abgeltenden Pauschsteuersatz davon abhängig, dass bestimmte sozialversicherungsrechtliche Entgeltgrenzen nicht überschritten werden, ist für diese allerdings das sozialrechtliche Entstehungsprinzip maßgebend.

37 Dagegen ist der nicht befreite bzw nicht pauschalierbare Lohn nur insoweit zu erfassen, als er tatsächlich zugeflossen ist (BFH 29.5.08 – VI R 47/05, DStRE 08, 1050). Ausgaben des ArbGeb für die Zukunftssicherung des ArbN sind nach § 3 Nr 62 EStG steuerfrei, sofern der ArbGeb dazu kraft Gesetzes oder nach einer auf gesetzlicher Ermächtigung beruhenden Bestimmung verpflichtet ist. Hierzu zählen auch Leistungen, die der ArbGeb auf Grund Allgemeinverbindlicherklärung gem § 5 TVG erbringen muss (BFH 13.9.07 – VI R 16/06, BStBl II 08, 394).

**C. Sozialversicherungsrecht** *Voelzke*

41 **1. Beitragsrecht.** Im Beitragsrecht der SozV gilt das Lohnzuflussprinzip nicht (→ *Lohnzufluss* Rn 19 ff). Lediglich für Einmalzahlungen gilt nach § 22 Abs 1 Satz 2 SGB IV das Zuflussprinzip. Beiträge sind daher grds auch für das tarifvertraglich geschuldete und nicht gezahlte Arbeitsentgelt zu entrichten (zum Entstehungsprinzip *Schlegel/Voelzke/Segelbrecht* SGB IV § 22 Rz 46). Das (tariflich) geschuldete Arbeitsentgelt ist auch für die Beurteilung der Frage maßgebend, ob Versicherungspflicht anzunehmen ist (BSG 14.7.04 – B 12 KR 7/04 R, SozR 4–2400 § 22 Nr 1). Die Geltung des Entstehungsprinzips kann bei untertariflicher Bezahlung zu Beitragsnachforderungen führen (*Schlegel/Voelzke/Segelbrecht* SGB IV § 22 Rz 47 ff; s auch *Equal-pay*). Eine wichtige Ausnahme vom Entstehungsprinzip des SozVRechts folgt aus § 22 Abs 1 Satz 2 SGB IV. Danach gilt für **einmalig gezahltes Arbeitsentgelt** (zum Begriff → *Einmalzahlungen* Rn 36 ff), dass die Beitragsansprüche erst entstehen, sobald das einmalig gezahlte Arbeitsentgelt ausgezahlt ist.

42 **2. Leistungsrecht.** Im Leistungsrecht der ArblV gilt nach § 151 Abs 1 Satz 2 SGB III, dass es hinsichtlich des berücksichtigungsfähigen Arbeitsentgelts nicht auf die Auszahlung vor Eintritt des Versicherungsfalls, sondern auf den Erwerb eines arbeitsrechtlichen Anspruchs ankommt. Eine fehlerhafte tarifliche Einstufung führt damit auch zu einer nachträglichen Korrektur der Bemessung der Lohnersatzleistungen. Unberücksichtigt bleiben rückwirkend begründete Lohnansprüche (zB rückwirkend vereinbarte tarifliche Lohnerhöhungen). Die Berücksichtigung des Arbeitsentgelts erfordert zusätzlich, dass der ArbN das Arbeitsentgelt erzielt hat. Auf den Zeitpunkt des Zuflusses kommt es nicht an. Es kann sich folglich auch um eine zu einem späteren Zeitpunkt vor dem ArbGericht erstrittene Höhergruppierung handeln (*Hauck/Noftz/Valgolio* SGB III § 151 Rn 50). Auf einen Zufluss des Arbeitsentgelts nach Eintritt wird verzichtet, wenn der ArbGeb das Arbeitsentgelt wegen Zahlungsunfähigkeit nicht auszahlt.

43 **3. Arbeitsvermittlung.** Nach § 36 Abs 1 SGB III darf die Agentur für Arbeit nicht vermitteln, wenn ein Ausbildungs- oder Arbeitsverhältnis begründet werden soll, das gegen

ein Gesetz oder die guten Sitten verstößt (BT-Drs 13/4941 S 160). Ein tarifwidriges Arbeitsangebot entspricht nicht den Grundsätzen einer sachgerechten Arbeitsvermittlung. Eine Abweichung des Arbeitsangebots von den normativen Bestimmungen des Tarifvertrages zu Gunsten des Arbeitssuchenden ist unschädlich (*Brand* SGB III, § 36 Rz 5). Im Leistungsrecht der ArblV kann der Arbeitslose ein Arbeitsangebot, das objektiv tarifwidrig ist, mit wichtigem Grund ablehnen; eine Sperrzeit tritt ohne Rücksicht auf die Kenntnis des Arbeitslosen nicht ein (zum Tariflohn BSG 21.7.81 – 7 RAr 2/80, SozR 4100 § 119 Nr 15).

# Teilhabe und Inklusion

## A. Arbeitsrecht

*Poeche*

1 **Vorbemerkung.** Am 26.3.2009 ist das Übereinkommen über die Rechte von Menschen mit Behinderungen (UN-Behindertenrechtskonvention – UN-BRK) in Deutschland in Kraft getreten und hat den Gesetzgeber veranlasst, das Recht der Teilhabe von Menschen mit Behinderungen weiterzuentwickeln und die gesellschaftliche Teilhabe und Selbstbestimmung von Menschen mit Behinderungen zu stärken. Am 23.12.2016 ist dann das Gesetz zur Stärkung der Teilhabe und Selbstbestimmung von Menschen mit Behinderungen (**Bundesteilhabegesetz** – BTHG, BGBl I 2016, 3234) verkündet worden. Ziel des Gesetzes ist im Bereich der Teilhabe am Arbeitsleben ua, die Anreize zur Aufnahme einer Tätigkeit auf dem allgemeinen Arbeitsmarkt zu verbessern, dh die Voraussetzungen für einen „inklusiven Arbeitsmarkt" zu schaffen (BTDrs 18/9522, S 193 f; vgl hierzu *Nebe* SR 19, 61). Hierzu soll zB der Übergang zwischen Werkstätten für Menschen mit Behinderungen und dem ersten Arbeitsmarkt erleichtert werden, indem die Möglichkeit eröffnet wird, entweder in einer Werkstatt für behinderte Menschen oder bei einem anderen Leistungsanbieter zu arbeiten oder eine Beschäftigung auf dem allgemeinen Arbeitsmarkt aufzunehmen. ArbGeb, die einem Menschen mit Behinderung, der Anspruch auf Leistungen im Arbeitsbereich hat, ein sozialversicherungspflichtiges Arbeitsverhältnis anbieten, erhalten bei Abschluss des Arbeitsvertrags Lohnkostenzuschüsse und andere Leistungen (Budget für Arbeit). Weiterhin werden die Rechte der Schwerbehindertenvertretung und die Beteiligungsrechte der Werkstatträte verbessert.

Arbeitsrechtliche Fragen der Teilhabe stellen sich im Wesentlichen bei Leistungen in Einrichtungen der beruflichen Rehabilitation und bei der Beschäftigung in Werkstätten für Behinderte. Rehabilitanden und Beschäftigte in Werkstätten für behinderte Menschen sind „Beschäftigte" iSv §§ 19c, 19d GenDG und § 3 BDSG.

2 **1. Einrichtungen der beruflichen Rehabilitation. a) Einführung.** Angesprochen sind Berufsbildungswerke, Berufsförderungswerke und vergleichbare Einrichtungen (§ 51 SGB IX). Ihre Aufgaben bestimmen sich nach der jeweiligen Satzung. Berufsbildungswerke dienen idR der beruflichen Ausbildung iSv § 1 BBiG von benachteiligten Jugendlichen und jungen Erwachsenen, die regelmäßig von der BA oder SozVTrägern gefördert werden. Von den zwingenden Vorgaben des § 4 Abs 2 BBiG kann unter Berücksichtigung von Art und Schwere der Behinderung abgewichen werden (§ 66 f BBiG). Die Ausbildung vollzieht sich auf der Grundlage eines privatrechtlichen Ausbildungsvertrags, auf den die arbeitsrechtlichen Grundsätze über den Persönlichkeitsschutz, die Haftungsbeschränkung sowie die gesetzlichen Vorschriften über den Arbeitsschutz, den Erholungsurlaub und die Gleichberechtigung von Männern und Frauen entsprechend anzuwenden sind (§ 52 SGB IX). Daher begründet auch der Fortbildungsvertrag einer Rehabilitandin mit einer Einrichtung der beruflichen Rehabilitation kein Berufsausbildungs- oder Umschulungsverhältnis. Streitigkeiten sind vor den ordentlichen Gerichten auszutragen (LAG Köln 18.1.19 – 7 Ta 200/17, BeckRS 2017, 7507).

3 **b) Vergütung.** Die staatliche Finanzierung der Berufsausbildung ist bei der Feststellung des Anspruchs des Auszubildenden auf angemessene Vergütung iSv § 17 Abs 1 Satz 1 BBiG zu berücksichtigen (allgemein → *Ausbildungsverhältnis* Rn 26–29). Eine Unterschreitung um deutlich mehr als 20 % des Tarifniveaus ist nicht zu beanstanden (BAG 22.1.08 – 9 AZR 999/06, NZA-RR 08, 565). Ausreichend kann sein, dass die Vergütung fühlbar zu den

Lebenshaltungskosten des Auszubildenden beitragen kann (BAG 24.10.02 – 6 AZR 626/00, NZA 03, 1203: bejaht bei Zahlung von 35 % der tariflichen Ausbildungsvergütung). Erhält ein Rehabilitand in einem vollständig von der BA finanzierten Ausbildungsverhältnis keine Leistungen der BA (wegen zu hoher Einkünfte der Eltern), so kann ein Vergütungsanspruch sogar insgesamt entfallen (BAG 16.1.03 – 6 AZR 325/01, NZA-RR 03, 607; 15.11.2000 – 5 AZR 296/99, NZA 01, 1248). Die Förderung der BA kann auch eine **Ungleichbehandlung** geförderter und nicht geförderter Auszubildenden rechtfertigen. Erhält der geförderte Jugendliche ausschließlich Leistungen der BA, hat er keinen Anspruch auf Urlaubs- und Weihnachtsgeld, das die anderen Jugendlichen aufgrund Tarifvertrags erhalten (BAG 6.8.89 – 5 AZR 611/88, NZA 90, 105).

4 **c) Betriebsverfassungsrecht.** Nach § 52 SGB IX sind die Rehabilitanden nicht in den Betrieb der Einrichtung eingegliedert und keine ArbN iSv § 5 Abs 1 Satz 1 BetrVG (BAG 13.6.07 – 7 ABR 44/06, NZA-RR 08, 19). Das fehlende aktive und passive Wahlrecht zum **Betriebsrat** entspricht der bisherigen Rspr des BAG (20.3.96 – 7 ABR 46/95, NZA 97, 326), wonach Rehabilitanden deshalb keine ArbN iSd BetrVG sind, weil ihre Ausbildung nicht innerhalb des mit dem Betrieb verfolgten Zwecks erfolgt (Arbeit und Ausbildung werden im Ergebnis nur simuliert). Abweichende frühere Entscheidungen über die Wahlberechtigung sind mit der gesetzlichen Normierung überholt. Rehabilitanden sind wegen ihrer fehlenden ArbNEigenschaft auch nicht zur **Behindertenvertretung** wählbar, wohl aber als im Betrieb beschäftigte Behinderte wahlberechtigt (BAG 27.6.01 – 7 ABR 50/99, NZA 02, 50). Die zu § 24 SchwbG ergangene Entscheidung ist auch auf den insoweit unveränderten § 94 Abs 2 SGB IX aF und § 177 SGB IX nF anzuwenden. In § 52 SGB IX ist überdies die Wahl einer besonderen Vertretung durch die Rehabilitanden vorgesehen. Ungeachtet dieser Vorschrift hat die in der Reha-Einrichtung gebildete *Schwerbehindertenvertretung* auch die Interessen der schwerbehinderten Rehabilitanden wahrzunehmen (BAG 16.4.03 – 7 ABR 27/02, NZA 03, 1106).

Einrichtungen der beruflichen Rehabilitation sind **Tendenzbetriebe** iSv § 118 BetrVG. Auf den sich aus der karitativen oder erzieherischen Zwecksetzung ergebenden Schutz kann der ArbGeb verzichten. In einem solchen Fall sind bei der Berechnung der für die Bildung eines Wirtschaftsausschusses erforderlichen Regelzahl die nach dem früheren § 19 BSHG (Hilfe zur Arbeit) Beschäftigten zu berücksichtigen, wenn ihre Tätigkeit dem arbeitstechnischen Zweck des Betriebs dient (BAG 5.10.2000 – 1 ABR 14/00, NZA 01, 1325).

5 **2. Werkstätten für Behinderte. a) Einführung.** Werkstätten für Behinderte sollen denjenigen, die wegen Art oder Schwere ihrer Behinderung auf dem allgemeinen Arbeitsmarkt nicht, noch nicht oder noch nicht wieder beschäftigt werden können, eine angemessene berufliche Bildung und eine Beschäftigung zu einem leistungsangemessenen Arbeitsentgelt anzubieten (§ 58 Abs 1 SGB IX). Die Förderung vollzieht sich auf drei Ebenen: im Eingangsverfahren, im Berufsbildungsbereich und im Arbeitsbereich (§§ 57, 58 SGB IX). Die Werkstätten stehen allen behinderten Menschen offen, von denen erwartet werden kann, dass sie im Anschluss an eine berufsbildende Maßnahme wenigstens ein Mindestmaß wirtschaftlich verwertbarer Arbeitsleistung erbringen (§ 57 Abs 1 SGB IX). Hiervon zu unterscheiden sind **Inklusionsbetriebe,** früher Integrationsprojekte. Das sind Unternehmen, oder unternehmensinterne oder von öffentlichen ArbGeb geführte Betriebe oder Abteilungen zur Beschäftigung schwerbehinderter Menschen auf dem allgemeinen Arbeitsmarkt (§ 215 SGB IX). Dort gelten keine arbeitsrechtlichen Besonderheiten.

6 **b) Rechtsstellung.** Ob der im Arbeitsbereich Beschäftigte ArbN ist, bestimmt sich danach, ob er geschäftsfähig ist, zu einer kontinuierlichen echten Arbeitsleistung in der Lage ist und Weisungen iSd Weisungsrechts entgegennehmen kann. Er ist danach nicht ArbN, wenn die Beschäftigung nicht vorrangig dem Erwerb, sondern der Betreuung dient (LAG Bln 12.3.90 – 9 TaBV 1/90, NZA 90, 788: idR kein ArbN). Liegt kein Arbeitsverhältnis vor, steht der Behinderte zu der Werkstatt in einem ArbNÄhnlichen Rechtsverhältnis, soweit sich aus dem zugrunde liegenden Sozialleistungsverhältnis nichts anderes ergibt (§ 221 SGB IX). Der Inhalt des ArbNÄhnlichen Rechtsverhältnisses ist durch einen Werkstattvertrag zwischen dem Behinderten und der Werkstatt näher zu regeln. Das KSchG und § 85 SGB IX aF (jetzt § 168 SGB IX) (LAG Düsseldorf 11.11.13 – 9 Sa 469/13, BeckRS 2014, 65910) finden keine Anwendung, allerdings gelten die §§ 622, 626 BGB entspre-

chend. Die Kündigungsmöglichkeit ist jedoch durch § 137 Abs 2 SGB IX aF (jetzt § 220 Abs 2 SGB IX) auf die dort bestimmten Gründe (Wegfall der Werkstattfähigkeit des Beschäftigten und Aufhebung des Leistungsbescheids des Rehabilitationsträgers) beschränkt (LAG Hamm 7.2.13 – 15 Sa 994/12, BeckRS 2013, 69683). Die Kündigung bedarf zur ihrer Wirksamkeit der Schriftform und einer – ebenfalls schriftlichen – Begründung (BAG 17.3.15 – 9 AZR 994/13, NZA 15, 1071).

**c) Arbeitsentgelt.** Nach § 221 SGB IX zahlen die Werkstätten aus ihrem Arbeitsergebnis an die im Arbeitsbereich Beschäftigten ein Arbeitsentgelt, das sich aus einem Grundbetrag (in Höhe des von der BA im Ausbildungsbereich geleisteten Ausbildungsgeldes) und einem angemessenen Steigerungsbetrag zusammensetzt. Dieser Steigerungsbetrag ist nach der individuellen Arbeitsleistung des behinderten Menschen, insbesondere nach Arbeitsmenge und Arbeitsgüte, zu bemessen. Eine Staffelung schon des Grundbetrags nach der individuellen Arbeitsleistung ist unzulässig (BAG 3.3.99 – 5 AZR 162/98, NZA 99, 825 zu § 54b SchwbG). Der Beschäftigte hat keinen Anspruch auf Zahlung des Mindestlohns aus § 1 MiLoG (LAG SchlHol 11.1.16 – 1 Sa 224/15, NZA-RR 16, 291). 7

**d) Betriebsverfassungsrecht** findet nach § 5 Abs 2 Nr 4 BetrVG keine Anwendung auf Personen, deren Beschäftigung nicht in erster Linie ihrem Erwerb dient und die vorwiegend zu ihrer Heilung, Wiedereingewöhnung, sittlichen Besserung oder Erziehung beschäftigt werden. Betriebsverfassungsrechtliche Vorschriften kommen daher nur für die als ArbN beschäftigten Behinderten in Betracht. Teilnehmer an Maßnahmen im Eingangsverfahren und im Berufsbildungsbereich sind schon kraft Gesetzes vom Geltungsbereich ausgenommen; § 52 SGB IX ist entsprechend anzuwenden (→ Rn 4). Alle im Arbeitsbereich beschäftigten behinderten Menschen wirken in den ihre Interessen berührenden Angelegenheiten durch **Werkstatträte** mit (§ 222 SGB IX). 8

Behindertenwerkstätten dienen karitativer Bestimmung und genießen **Tendenzschutz** nach § 118 Abs 1 Nr 1 BetrVG (BAG 22.7.14 – 1 ABR 93/12, BeckRS 2014, 72612); ein Wirtschaftsausschuss ist nicht zu bilden (BAG 7.4.81 – 1 ABR 83/8, DB 81, 2623; BAG 22.7.14 – 1 ABR 93/12, NZA 14, 1417). Für bürgerliche Rechtsstreitigkeiten zwischen Behinderten im Arbeitsbereich und den Werkstätten sowie aus dem Bereich der Werksräte ist das ArbG zuständig (§ 2 Abs 1 Nr 10 ArbGG, § 2a Abs 13a ArbGG; LAG Hamm 7.2.13 – 15 Sa 994/12, BeckRS 2013, 69683).

**3. Neuerungen durch das BTHG.** Mit dem BTHG sind im Bereich der Leistungen zur Teilhabe am Arbeitsleben zwei Neuerungen eingeführt worden. Gem § 60 SGB IX können neben den Werkstätten für Behinderte auch sog **andere Leistungsanbieter** Leistungen nach den §§ 57, 58 SGB IX (Leistungen im Eingangsverfahren und im Berufsbildungsbereich sowie Leistungen im Arbeitsbereich) anbieten. Sie sollen für Menschen mit Behinderungen eine Alternative zur beruflichen Bildung und Beschäftigung in einer Werkstatt für Behinderte darstellen. Grds gelten für die Anbieter dieselben Vorschriften, die auch an Werkstätten für behinderte Menschen gerichtet sind. Der Mensch mit Behinderung hat dieselbe Rechtsstellung, die er auch in einer Werkstatt hätte. Gem § 61 SGB IX wird nun die Gewährung eines **„Budget für Arbeit"** und damit eine weitere Alternative zur Beschäftigung in einer Werkstatt vorgesehen. Menschen mit Behinderungen, die Anspruch auf Leistungen nach § 58 SGB IX haben und die außerhalbe einer Werkstatt für behinderte Menschen eine sozialversicherungspflichtige Beschäftigung mit einer tariflichen oder ortsüblichen Entlohnung aufnehmen, erhalten mit Abschluss des Arbeitsvertrags ein Budget für Arbeit, das einen Lohnkostenzuschuss an den ArbGeb und die Aufwendungen für die erforderliche Anleitung und Begleitung am Arbeitsplatz umfasst. Menschen mit Behinderungen, die das sog Budget für Arbeit erhalten, werden demzufolge aufgrund eines Arbeitsvertrags tätig. Sie sind ArbN. Den Besonderheiten dieses Arbeitsverhältnisses wird allerdings in mancherlei Hinsicht Rechnung getragen werden müssen, zB bei Ausspruch einer personenbedingten Kündigung. 9

## B. Lohnsteuerrecht *Seidel*

**1. Werkstätten für Behinderte und Integrationsunternehmen.** Die Vergütungen der in diesen Einrichtungen (§ 132 ff SGB IX) tätigen Behinderten sind grds Arbeitslohn, der dem LStAbzug unterliegt, es sei denn die Beschäftigung dient überwiegend der Reha 16 und somit therapeutischen und sozialen Zwecken und weniger der Erzielung eines produktiven Arbeitsergebnisses. Das kommt insbes in Betracht, wenn lediglich die Anwesenheit belohnt und die Höhe der Vergütung durch die Arbeitsleistung nicht mitbeeinflusst wird (*HMW*/Beschützende Werkstätten Rz 1). Zu Aufwendungen der Werkstätten für Ferienmaßnahmen s FG Münster 24.11.93, EFG 94, 658.

17 **2. Leistungen. a) Steuerfrei** sind die Leistungen nach dem SGB III (§ 3 Nr 2 EStG), die Leistungen zur Eingliederung Behinderter nach § 29 Abs 1 SGB I und nach §§ 53 ff SGB XII – (§ 3 Nr 11 EStG; → *Beihilfeleistungen* Rn 9–16 und → *Behinderte* Rn 80) sowie die Sachleistungen aus der RV (§ 3 Nr 1b EStG) oder die Leistungen aus der KV, der PflegeV und der gesetzlichen UV (§ 3 Nr 1a EStG).

18 **b) Weitere Leistungen.** Zur steuerlichen Behandlung s jeweils → *Krankengeld* Rn 6–10, → *Übergangsgeld/Überbrückungsgeld* Rn 8–11, → *Altersrente* Rn 8 ff; zur Rente wegen teilweiser oder voller Erwerbsminderung → *Erwerbsminderung* Rn 10; → *Unfallrente* Rn 7–13; zu den Zuschüssen des ArbGeb → *Beihilfeleistungen* Rn 7 Notstandsbeihilfen.

19 **c) Zuschüsse an den Arbeitgeber** (regelmäßig *Lohnkostenzuschüsse* → Rn 39) sind nicht nach den oa Vorschriften steuerbefreit, da sie nicht an Empfänger gezahlt werden, zu deren Förderung sie bestimmt sind (*Frotscher* EStG § 3 Rz 27–27h und → *Lohnkostenzuschuss* Rn 5). Sie sind für den ArbGeb daher stpfl Betriebseinnahmen und bei ihrer Rückzahlung an den Kostenträger Betriebsausgaben. Arbeitslohn, der dem ArbN zufließt, ist auch insoweit dem LStAbzug unterworfen, als er aufgrund eines Lohnkostenzuschusses durch den ArbGeb gezahlt wird.

## C. Sozialversicherungsrecht

*Voelzke*

### Übersicht



25 **I. Allgemeines.** Die Leistungen zur Teilhabe umfassen nach § 4 Abs 1 Nr 3 SGB IX die notwendigen Sozialleistungen, um unabhängig von der Ursache der Behinderung die **Teilhabe am Arbeitsleben** entsprechend den Neigungen und Fähigkeiten dauerhaft zu sichern. Die Leistungen zur Teilhabe am Arbeitsleben sind ein Teilaspekt des in § 1 Satz SGB IX enthaltenen Programmsatzes, wonach Menschen mit Behinderungen oder von Behinderung bedrohte Menschen Leistungen nach dem SGB IX und nach den für die Rehabilitationsträgern geltenden Leistungsgesetzen erhalten, um ihre Selbstbestimmung und ihre volle, wirksame und gleichberechtigte Teilhabe am Leben in der Gesellschaft zu fördern, Benachteiligungen zu vermeiden oder ihnen entgegenzuwirken. Das Leistungsspektrum umfasst neben den Leistungen zur Teilhabe am Arbeitsleben zusätzlich Leistungen zur medizinischen Rehabilitation (→ *Rehabilitation, medizinische* Rn 17 ff), unterhaltssichernde und andere ergänzende Leistungen (→ *Übergangsgeld/Überbrückungsgeld* Rn 16 ff) sowie Leistungen zur Teilhabe an Bildung und Leistungen zur sozialen Teilhabe (§ 5 SGB IX).

26 Das Teilhaberecht ist durch das Bundesteilhabegesetz vom 23.12.16 (BGBl I 16, 3234) zum 1.1.18 umfassend reformiert worden (hierzu *Schneider* WzS 17, 67; *Keil* SGb 17, 447). Ziel der **Neuregelung** ist es, die Lebenssituation von Menschen mit Behinderungen iS von mehr Selbstbestimmung zu verbessern. Hierbei sollen die Anreize zur Aufnahme einer

Tätigkeit auf dem allgemeinen Arbeitsmarkt auf persönlicher und institutioneller Ebene verbessert werden (s zu weiteren Zielsetzungen BT-Drs 18/9522 S 2 f).

Die für alle Leistungsträger **übergreifenden Regelungen** für die Leistungen zur Teilhabe am Arbeitsleben finden sich in den §§ 49 ff SGB IX. Daneben bestehen spezielle Anspruchsgrundlagen im Recht der RV (§§ 9 ff SGB VI), in der ArblV (§§ 112 ff SGB III), in der UV (§ 35 SGB VII) und im sozialen Entschädigungsrecht. Die Anspruchsgrundlagen des SGB III greifen nach § 16 Abs 1 SGB II auch für die Empfänger von AlGeld II (*Hauck/Noftz/Voelzke* SGB II, § 16 Rz 352–400). 27

**II. Zuständigkeiten und Leistungsbereiche.** Die im Einzelfall schwierige Abgrenzung der Zuständigkeiten der einzelnen Leistungsträger (§ 6 SGB IX) erfolgt anhand der spezifischen Voraussetzungen für die Leistungen. Bei unklarer Zuständigkeit sieht § 14 SGB IX ein Zuständigkeitsklärungsverfahren vor. Danach muss der RehaTräger innerhalb von zwei Wochen nach Eingang eines Antrags feststellen, ob er nach dem für ihn geltenden Leistungsgesetz für die Leistung zuständig ist. Wenn die Feststellung ergibt, dass er für die Leistung nicht zuständig ist, leitet er den Antrag unverzüglich dem seiner Meinung nach zuständigen Leistungsträger zu. Ansonsten stellt er unverzüglich den erforderlichen RehaBedarf anhand der Instrumente zur Bedarfsermittlung fest (§ 14 Abs 2 SGB IX) und muss Leistungen nach allen Rechtsgrundlagen erbringen, die in dieser Bedarfssituation für behinderte Menschen vorgesehen sind (BSG 21.8.08 – B 13 R 33/07 R, SozR 4–3250 § 14 Nr 7). Die für den erstgegangenen RehaTräger geltenden Vorschriften sind auch dann heranzuziehen, wenn die Leistungen ihrer Art nach gleich sind, die Leistungshöhe aber unterschiedlich ist (BSG 14.5.14 – B 11 AL 6/13 R, SozR 4–3500 § 14 Nr 1). 28

**1. Unfallversicherung.** Die Träger der gesetzlichen UV erbringen Leistungen zur Teilhabe am Arbeitsleben nur im Zusammenhang mit den Folgen des Eintritts eines für dieses Leistungssystems maßgebenden **Versicherungsfalls** (Arbeitsunfall oder Berufskrankheit). Hier kann die Erforderlichkeit von Leistungen der Berufshilfe schon vor dem Eintritt in das Erwerbsleben gegeben sein. 29

**2. Rentenversicherung.** Die Zuständigkeit der RVTräger für Leistungen zur Teilhabe ist nach § 11 Abs 1 SGB VI grds gegeben, wenn die **Wartezeit** von fünfzehn Jahren erfüllt ist oder eine Rente wegen verminderter Erwerbsfähigkeit bezogen wird. Obwohl nach dem Wortlaut die versicherungsrechtlichen Voraussetzungen bei Antragstellung vorliegen müssen, reicht ihre Erfüllung bei Erteilung des Bescheides aus, da RehaLeistungen nach § 115 Abs 4 Satz 1 SGB VI auch vAw erbracht werden können. Es besteht ein Nachrang gegenüber den Leistungen der UV und des sozialen Entschädigungsrechts (§ 12 Abs 1 Nr 1 SGB VI), aber ein Vorrang gegenüber den Leistungen der BA (§ 22 Abs 2 SGB III; vgl zum Verhältnis RV-ArblV BSG 21.5.80 – 7 RAr 19/79, SozR 4100 § 57 Nr 11). Unerheblich ist, ob der Versicherte nach rentenrechtlichen Kriterien auf den allgemeinen Arbeitsmarkt verweisbar ist (BSG 17.10.06 – B 5 RJ 15/05 R, SozR 4–2600 § 10 Nr 2, NZS 07, 542). 30

Trotz des Vorliegens der persönlichen und versicherungsrechtlichen Voraussetzungen besteht unter den in § 12 SGB VI genannten Voraussetzungen ein **Ausschluss** von Reha-Leistungen durch den RVTräger. Ein derartiger Ausschluss besteht beim Bezug einer Altersrente von wenigstens zwei Dritteln der Vollrente, bei Anspruch auf Beamtenversorgung oder beamtenähnliche Versorgung (vgl zur Zulässigkeit dieses Ausschlussgrundes BSG 29.3.90 – 4 RA 54/89, SozR 3–2200 § 1236 Nr 1), bei Versicherungsfreiheit wegen Erreichens der Altersgrenze sowie für Versicherte im Strafvollzug (§ 12 Abs 1 Nr 2–5 SGB VI). Die RV erbringt ferner für Versicherte keine Leistungen zur Reha, die eine Leistung beziehen, die regelmäßig bis zum Beginn einer Rente wegen Alters gezahlt wird (§ 12 Abs 1 Nr 4a SGB VI). Zu den Leistungen in diesem Sinne gehören das Altersübergangsgeld, das AlGeld bei Vollendung des 58. Lebensjahres und bestimmte Rentenleistungen (zu Einzelheiten *Schlegel/Voelzke/Luthe* SGB VI, § 12 Rn 47 ff). 31

**3. Arbeitslosenversicherung.** Die Zuständigkeit der BA für berufsfördernde Maßnahmen zur Reha wird begründet, sofern, mit Ausnahme des Sozialhilfeträgers, kein anderer Reha-Träger zuständig ist und die nach dem SGB III erforderlichen gesundheitlichen und versicherungsrechtlichen **Voraussetzungen für eine Leistungsgewährung** erfüllt sind. Die Gestellung eines Gebärdendolmetschers im ausbildungsbegleitenden Berufsschulunter- 32 richt fällt als sonstige Hilfe im Rahmen der Leistungen zur Teilhabe am Arbeitsleben in die Zuständigkeit der BA (BSG 4.6.13 – B 11 AL 8/12 R, SozR 4–3250 § 33 Nr 6). Für die Gewährung von Übergangsgeld (→ *Übergangsgeld/Überbrückungsgeld* Rn 16 ff) ist grds das Vorliegen eines Versicherungspflichtverhältnisses von mindestens zwölf Monaten innerhalb von drei Jahren vor Beginn der Maßnahme oder ein Anspruch auf AlGeld erforderlich (§ 120 SGB III). Sind die versicherungsrechtlichen Voraussetzungen für das Übergangsgeld nicht erfüllt, kann Ausbildungsgeld beansprucht werden. Lebt der behinderte Auszubildende mit seinen Eltern in häuslicher Gemeinschaft, ist das Einkommen der Eltern anzurechnen (BSG 14.5.14 – B 11 AL 3/13 R, SozR 4–4300 § 108 Nr 2).

33 In der ArblV sind allgemeine Leistungen (§§ 115 f SGB III) und besondere Leistungen (§ 117 f SGB III) zu erbringen. Bei den berufsfördernden Leistungen zur Teilhabe am Arbeitsleben handelt es sich regelmäßig um **Ermessensleistungen** (§ 112 Abs 1 SGB III). Hierdurch sollen die Agenturen für Arbeit auch arbeitsmarktpolitische Erfordernisse bei der Berufsförderung Behinderter berücksichtigen können (BT-Drs 13/4610 S 28). Ein Rechtsanspruch auf die besonderen Leistungen ergibt sich allerdings, soweit (1.) Art oder Schwere der Behinderung oder die Sicherung der Teilhabe am Arbeitsleben die Teilnahme an einer Maßnahme unerlässlich machen oder (2.) die allgemeinen Leistungen die wegen Art oder Schwere der Behinderung erforderlichen Leistungen nicht oder nicht im erforderlichen Umfang vorsehen (§ 117 Abs 1 Satz 1 SGB III; zur Abgrenzung von allgemeinen und besonderen Leistungen der Rehabilitation BSG 25.3.03 – B 7 AL 8/02 R, SozR 4–4300 § 110 Nr 1). Die besonderen Leistungen sind auf eine möglichst lückenlose Förderung angelegt (*Hauck/Noftz/Siefert* SGB III, § 117 Rz 25).

34 **4. Grundsicherung für Arbeitsuchende.** Für erwerbsfähige Leistungsberechtigte nach dem SGB II ordnet § 16 Abs 1 Satz 3 SGB II die entsprechende Geltung der Vorschriften des SGB III über die Teilhabe am Arbeitsleben an. Die Frage, ob es sich um eine **Pflicht- oder Ermessensleistung** handelt, ist allein anhand der Vorschriften des SGB III zu beantworten (*Hauck/Noftz/Voelzke* SGB II, § 16 Rz 354).

35 Für die **Zuständigkeit** der Träger gilt, dass zwar die BA Rehabilitationsträger für die Leistungen zur Teilhabe ist, jedoch das Jobcenter unter Berücksichtigung des Eingliederungsvorschlags über die Leistungen zur beruflichen Teilhabe entscheidet (§ 6 Abs 3 SGB IX).

36 Für behinderte Leistungsberechtigte, denen ua Leistungen zur Teilhabe am Arbeitsleben nach § 49 SGB IX mit Ausnahme der Leistungen nach § 49 Abs 3 Nr 2 und 4 SGB IX erbracht werden, wird ein **Mehrbedarf** von 35 Prozent des maßgebenden Regelbedarfs anerkannt (§ 21 Abs 4 Satz 1 SGB II). Die bloße Anspruchsberechtigung für eine Teilhabeleistung reicht nicht aus (*Eicher/Luik/Knickrehm/Hahn* SGB II, § 21 Rn 45).

37 **III. Persönliche Leistungsvoraussetzungen.** Leistungen zur Teilhabe am Arbeitsleben können nur Menschen mit Behinderung oder von Behinderung bedrohte Menschen erhalten. Nach § 2 Abs 1 Satz 1 SGB IX sind **Menschen mit Behinderung** Menschen, die körperliche, seelische, geistige oder Sinnesbeeinträchtigungen haben, die sie in Wechselwirkung mit einstellungs- und umweltbedingten Barrieren an der gleichberechtigten Teilhabe an der Gesellschaft mit hoher Wahrscheinlichkeit länger als sechs Monate hindern können. Eine derartige Beeinträchtigung liegt vor, wenn der Körper- oder Gesundheitszustand von dem für das Lebensalter typischen Zustand abweicht. Die ab 1.1.18 geltende Fassung des Behinderungsbegriffs entspricht dem Verständnis der UN-BRK (*Schlegel/Voelzke/Luthe* SGB IX, § 2 Rz 52).

38 Es muss zwischen der Gesundheitsstörung, der Funktionsbeeinträchtigung und der Behinderung jeweils ein **Kausalzusammenhang** bestehen. Eine hieraus resultierende Gefährdung der Erwerbsfähigkeit ist nicht schon bei einem möglichen Eintritt der Minderung zu bejahen, sondern nur bei der konkreten und absehbaren Gefahr einer Ausgliederung aus dem bisherigen Beruf. Deshalb reicht eine vorübergehende Erkrankung nicht aus (BSG 18.2.81 – 1 RA 93/79, SozR 2200 § 1236 Nr 31). Bei der Beurteilung, ob die Erwerbsfähigkeit bedroht oder beeinträchtigt ist, ist ohne zeitliche Beschränkung an die letzte versicherungspflichtige Beschäftigung anzuknüpfen (BSG 12.3.19 – B 13 R 27/17 R, NZS 19, 672). Ist die Fähigkeit zur Erzielung von Erwerbseinkommen im bisherigen Beruf oder am konkreten Arbeitsplatz beeinträchtigt oder gefährdet, so ist für den Leistungsanspruch

unerheblich, ob andere zumutbare Tätigkeiten vorhanden sind, die der Behinderte noch verrichten kann. Bei der Prüfung der Erforderlichkeit der Leistungen sind ausschließlich berufsbedingte Umstände maßgebend (zur Kfz-Hilfe BSG 26.8.92 – 9b RAr 1/92, SozR 3–4100 § 56 Nr 8).

Weitere Leistungsvoraussetzung ist die **Erfolgsaussicht** der angestrebten beruflichen RehaMaßnahme (BSG 27.2.91 – 5 RJ 51/90, NZA 92, 90). Deshalb ist vorrangiges Kriterium für die Auswahl der im Einzelfall zu erbringenden Leistungen die Leistungsfähigkeit des Behinderten. Eine hinreichende Erfolgsaussicht ist nicht gegeben, wenn der Behinderte für die von ihm angestrebte Maßnahme und die beabsichtigte berufliche Tätigkeit nicht geeignet ist bzw eine Aufnahme dieser Tätigkeit im Hinblick auf den für ihn erreichbaren allgemeinen Arbeitsmarkt oder in einer Werkstatt für Behinderte nicht erwartet werden kann. Kann eine positive Prognose nicht gestellt werden, so liegt eine RehaMaßnahme bereits begrifflich nicht vor (BSG 22.9.81 – 1 RJ 12/80, SozR 2200 § 1237a Nr 19). 39

**IV. Leistungen.** Bezüglich der Gewährung von berufsfördernden Leistungen steht den Leistungsträgern ein **Auswahlermessen** zu. Entscheidendes Kriterium für die Ausübung des Ermessens ist das Leistungsvermögen des Behinderten. Die Leistungsfähigkeit soll möglichst voll ausgeschöpft werden, damit der Behinderte eine hohe berufliche Qualifikation erreicht und damit möglichst Arbeitslosigkeit vermieden wird. Eine „optimale" längere Förderung ist vom RehaTräger jedoch nicht allein deshalb zu gewähren, weil dies dem Berufswunsch des Versicherten entspricht (BSG 28.1.93 – 2 RU 10/92, NZS 93, 322). Das Ermessen kann sich durch die erforderliche Berücksichtigung von Eignung und Neigung und bisheriger Tätigkeit des Behinderten verdichten. 40

Der Berechtigte ist von der Leistungsgewährung nicht dadurch ausgeschlossen, dass er in der **Vergangenheit bereits Hilfen zur beruflichen Eingliederung** erhalten hat. Die Förderungsleistungen werden grds für die zur Erreichung des RehaZiels vorgeschriebene oder allgemein übliche Dauer erbracht. Abgeschlossen ist die berufliche Reha erst, wenn die dauerhafte Eingliederung in Beruf und Gesellschaft erreicht ist. 41

**1. Leistungen an behinderte Menschen.** Nach § 49 Abs 1 SGB IX werden die erforderlichen Leistungen zur Teilhabe am Arbeitsleben erbracht, um die **Erwerbsfähigkeit** von Menschen mit Behinderungen oder von Behinderung bedrohten Menschen entsprechend ihrer Leistungsfähigkeit zu erhalten, zu verbessern, herzustellen oder wiederherzustellen und ihre Leistungsfähigkeit möglichst dauerhaft zu sichern. Es fallen alle Hilfen darunter, die zur Erreichung einer möglichst dauerhaften beruflichen Eingliederung erforderlich sind. Die Leistungen können einen beruflichen Aufstieg beinhalten (zB Meisterkurse, Technikerausbildung), während ein wesentlicher beruflicher Abstieg ausgeschlossen ist. Sie sind nicht auf „allgemein übliche" Maßnahmen beschränkt (zur Heilpraktikerausbildung BSG 31.7.80 – 11 RA 59/79 – § 1237a Nr 15). Unverzichtbar ist lediglich ein gewisser institutioneller und organisatorischer Rahmen, so dass für ein Selbststudium keine Förderungsleistungen erbracht werden können (BSG 26.4.89 – 7 RAr 20/88, SozR 4100 § 41 Nr 47). 42

**a) Erhaltung und Erlangung eines Arbeitsplatzes.** Die Leistungen nach § 49 Abs 3 Nr 1 SGB IX zielen auf die **Sicherung** des vorhandenen oder die **Erlangung** eines neuen Arbeitsplatzes ab. Hierbei handelt es sich zB um die Gewährung von Bewerbungskosten, Fahrtkostenbeihilfe, Arbeitsausrüstungen, Reise- und Umzugskosten, Trennungsbeihilfe, Kraftfahrzeughilfe (s hierzu die für alle Leistungsträger geltende KraftfahrzeughilfeVO; ein Zuschuss zur Beschaffung eines Kfz kommt auch in Betracht, wenn ein solches Kfz auf den behinderten Versicherten zugelassen ist, aber vom Ehepartner tatsächlich genutzt wird: BSG 9.12.10 – B 13 R 83/09 R, SozR 4–5765 § 4 Nr 1; zum Leistungskatalog der Kraftfahrzeughilfe gehören nicht die Mietkosten eines PKW-Stellplatzes: BSG 8.2.07 – B 7a AZ 34/06 R, SozR 4–5765 § 9 Nr 1) und technische Arbeitshilfen. Einem Behinderten, der nach einer beruflichen Eingliederung die Nachteile seiner Behinderung überwunden hat, stehen Förderungsmittel für den beruflichen Aufstieg nach RehaRecht nur noch zu, sofern gerade der Aufstieg behinderungsbedingt erschwert ist (BSG 26.8.92 – 9b RAr 21/91, SozR 3–4100 § 56 Nr 7). 43

44 **b) Berufsvorbereitung.** Die Leistungen zur Teilhabe umfassen ferner eine Berufsvorbereitung (§ 49 Abs 3 Nr 2 SGB IX). Die hierfür erforderlichen Hilfen dienen auch der Vermittlung der für die Berufsausbildung erforderlichen Grundkenntnisse (zB eine Blindengrundausbildung, BSG 27.4.89 – 11 RAr 14/87, SozR 4100 § 56 Nr 21). Für den Leistungsumfang gelten die Grundsätze über die eigentliche Berufsbildung entsprechend. Nicht zu den Leistungen zur Berufsvorbereitung gehören Maßnahmen, die ihr Schwergewicht in der sozialen und medizinischen Betreuung bzw in der Entwicklung oder Stabilisierung der Persönlichkeit haben.

45 **c) Unterstützte Beschäftigung.** Die unterstützte Beschäftigung (§ 49 Abs 3 Nr 3 SGB IX; § 55 SGB IX) soll vor allem **Schulabgängern** aus Förderschulen eine Perspektive auf dem allgemeinen Arbeitsmarkt geben. Es sollen diejenigen Personen gefördert werden, für die eine berufsvorbereitende Maßnahme oder Berufsausbildung wegen Art oder Schwere ihrer Behinderung nicht in Betracht kommt, bei denen aber gleichwohl die Prognose gestellt werden kann, dass eine Beschäftigungsaufnahme mit Hilfe der unterstützten Beschäftigung gelingen kann.

46 **d) Berufliche Bildung.** Berufliche Bildungsmaßnahmen können zur **beruflichen Anpassung und Weiterbildung** (§ 49 Abs 3 Nr 4 SGB IX) sowie zur **beruflichen Ausbildung** (§ 49 Abs 3 Nr 5 SGB IX) gefördert werden. Auf Lage und Entwicklung des Arbeitsmarktes ist bei der Auswahl der Bildungsmaßnahme Rücksicht zu nehmen, jedoch kommt diesem Kriterium wegen des Grundsatzes der individuellen Eingliederung des Behinderten nicht die Bedeutung zu, wie dies für die Bildungsförderung nach den §§ 81 ff SGB III anzunehmen ist. Die Bildungsmaßnahmen können auch an einer Fachhochschule, Hochschule oder ähnlichen Bildungsstätte durchgeführt werden.

47 Leistungen der **beruflichen Weiterbildung** sollen bei ganztägigem Unterricht idR nur erbracht werden, wenn die Leistung nicht länger als zwei Jahre dauert (§ 53 Abs 2 SGB IX). Während das BSG in seiner früheren Rspr den Standpunkt eingenommen hatte, dass eine länger als zwei Jahre dauernde Weiterbildungsmaßnahme nicht gefördert werden dürfe, wenn die Eingliederung durch irgendeine kürzere Maßnahme erreicht werden kann, hat es in späteren Entscheidungen unter Hinweis auf die Bedeutung des Grundrechts der Berufsfreiheit zutreffend die Förderungspflicht auch für längere Maßnahmen angenommen, soweit für einzelne Berufe kürzere Ausbildungsgänge nicht bestehen (BSG 28.3.90 – 9b/7 RAr 92/88, NZA 90, 992; bestätigt durch BSG 3.7.91 – 9b/7 RAr 142/89, NZA 92, 333). Es besteht kein Anspruch des Behinderten auf Umschulung in einen Beruf, in dem er nur in einem Teil des Berufsfeldes einsatzfähig ist, wenn eine solche Einschränkung für andere Berufe nicht besteht (BSG 26.8.92 – 9b RAr 3/91, SozR 3–2200 § 556 Nr 2). Anders als bei der Bildungsförderung Nichtbehinderter ist die Förderung von Wiederholungsabschnitten einer Maßnahme nicht begrenzt.

48 Für die berufliche Ausbildung Behinderter werden im Rahmen der beruflichen Reha Förderungsleistungen auch gewährt, wenn die **Ausbildung** wegen Art oder Schwere der Behinderung in einer besonderen Ausbildungsstätte für Behinderte stattfindet und in einem Abschnitt, der zeitlich nicht überwiegt, schulisch durchgeführt wird. Berufliche Ausbildung ist die erste zu einem beruflichen Abschluss führende Bildungsmaßnahme.

49 Kann der behinderte Mensch wegen der Teilnahme an der beruflichen Bildungsmaßnahme keine ganztägige Erwerbstätigkeit ausüben, so hat er bei Erfüllung der versicherungsrechtlichen Voraussetzungen als Unterhaltsleistung Anspruch auf **Übergangsgeld** (→ *Übergangsgeld/Überbrückungsgeld* Rn 16 ff) und auf die mit der mit der Maßnahme zusammenhängenden Kosten. Besteht ein Anspruch auf Übergangsgeld nicht, so gewährt die BA Ausbildungsgeld (§ 122 SGB III; zum Verhältnis von Ausbildungsgeld und Übergangsgeld s BSG 8.6.89 – 7 RAr 122/88, SozR 4100 § 58 Nr 8). Das Einkommen der Eltern ist beim **Ausbildungsgeld** eines behinderten Menschen, der bei keinem Elternteil lebt, nicht anzurechnen (BSG 18.5.10 – B 7 AL 36/08 R, BeckRS 2010, 72794).

50 **2. Arbeitgeber** können Leistungen zur Teihabe am Arbeitsleben zur Eingliederung von behinderten ArbN erhalten (§ 50 SGB IX; vgl zu Eingliederungszuschüssen an ArbGeb *Leschau* RVaktuell 09, 234). Zu den Leistungen für ArbGeb gehören **Ausbildungszuschüsse** zur betrieblichen Ausführung von Arbeitgeberleistungen, **Eingliederungszuschüsse, Zuschüsse für Arbeitshilfen** im Betrieb und die teilweise oder volle **Kostenerstattung**

**für eine befristete Probeschäftigung.** Die Leistungen zur Teilhabe an ArbGeb können unter Bedingungen und Auflagen erbracht werden (Schlegel/Voelzke/*Luik* SGB IX, § 50 Rn 93 ff).

**3. Inklusionsbetriebe.** Bei Inklusionsbetrieben handelt es sich um **rechtlich und wirtschaftlich selbstständige Unternehmen** oder unternehmensinterne oder von öffentlichen Arbeitgebern iS des § 154 Abs 2 SGB IX geführte **Betriebe oder Abteilungen** zur Beschäftigung schwerbehinderter Menschen auf dem allgemeinen Arbeitsmarkt (§§ 215 ff SGB IX; hierzu *Falk* forum Rehabilitations- und Teilhaberecht, Fachbeitrag D51–2016). Finanzielle Leistungen können die Inklusionsbetriebe aus den Mitteln der Ausgleichsabgabe erhalten. 51

**4. Werkstätten für behinderte Menschen.** Zu den berufsfördernden Leistungen der BA gehört die Förderung der Teilnahme an Maßnahmen im **Eingangsverfahren** und im **Berufsbildungsbereich** anerkannter Werkstätten für behinderte Menschen oder anderen Leistungsanbietern nach den §§ 57, 60 und 62 SGB IX (§§ 56 ff und 219 ff SGB IX; zur Abgrenzung zu der Leistungspflicht der Sozialhilfeträger BSG 29.6.90 – 9b/7 RAr 100/89, SozR 3–4100 § 58 Nr 1). Die Leistungen werden im Eingangsverfahren bis zur Dauer von drei Monaten und im Berufsbildungsbereich bis zur Dauer von zwei Jahren erbracht. Die Zwei-Jahres-Grenze schließt es nicht aus, dass eine erneute Förderung des Behinderten im Eingangsverfahren und im Berufsbildungsbereich einer Werkstatt erfolgt (BSG 9.9.93 – 7/9b RAr 28/92, SozR 3–4100 § 58 Nr 5). Förderungsleistungen werden für den Berufsbildungsbereich nur erbracht, wenn der Behinderte werkstattfähig, dh, er nicht außerordentlich pflegebedürftig und gemeinschaftsfähig ist (BSG 10.3.94 – 7 RAr 22/93, SozR 3–4100 § 58 Nr 6). 52

Die Leistungen im **Arbeitsbereich** einer anerkannten Werkstatt für behinderte Menschen sind in § 58 SGB IX beschrieben. Die Ausgestaltung des Arbeitsbereichs muss sich daran ausrichten, dass die Werkstatt als Wirtschaftsbetrieb am Markt teilnimmt.

**5. Antrag.** Leistungen zur Teilhabe am Arbeitsleben werden grds nur auf **Antrag** oder mit **Zustimmung** des behinderten Menschen gewährt (BSG 28.3.90 – 9b/7 RAr 92/88, NZA 90, 992). Für eine selbstbeschaffte berufliche Maßnahme zur Reha besteht kein Anspruch auf Kostenerstattung, wenn der SozVTräger von deren Notwendigkeit erst nachträglich Kenntnis erlangt (BSG 24.2.2000 – B 2 U 12/99 R, SozR 3–2200 § 567 Nr 3). Der Begriff der berufsfördernden Leistungen ist in einem umfassenden Sinne zu verstehen. 53

**V. Persönliches Budget.** Das persönliche Budget soll die Leistungsberechtigten in die Lage versetzen, selbstständig zu entscheiden, **welche Hilfen** sie von welchem Leistungserbringer in Anspruch nehmen. Die gesetzlichen Grundlagen für das persönliche Budget finden sich in § 29 SGB IX. Auch soweit mehrere Träger beteiligt sind, handelt es sich um nur ein Persönliches Budget. Der Anspruch auf das Persönliche Budget richtet sich nur gegen einen Träger (BSG 11.5.11 – B 5 R 54/10 R, SozR 4–3250 § 17 Nr 1). 54

Grundsätzlich werden persönliche Budgets **in Geld** erbracht. Nach § 29 Abs 3 Satz 1 SGB IX soll das Budget bei laufenden Leistungen idR monatlich ausgezahlt werden. In begründeten Fällen sind Gutscheine zu erteilen.

Auf das Persönliche Budget besteht bei Antragstellung ein **Rechtsanspruch.** Ein Leistungsberechtigter ist nach § 29 Abs 1 Satz 6 SGB IX für sechs Monate an seine Entscheidung gebunden, Leistungen in der Form eines Persönlichen Budgets zu erhalten. Bei Vorliegen eines wichtigen Grundes kann das Persönliche Budget sowohl durch den Leistungsträger als auch durch den Leistungsberechtigten gekündigt werden (Schlegel/Voelzke/*O'Sullivan* SGB IX, § 29 Rz 48).

**VI. Unfallversicherungsschutz.** Teilnehmer an den in § 2 Nr 15 SGB VII genannten Rehabilitationsmaßnahmen genießen **Versicherungsschutz** in der gesetzlichen UV. Es unterfallen nur Maßnahmen der in der Vorschrift genannten SozVTräger dem Schutzbereich der Vorschrift. 55

# Teilzeitbeschäftigung

## A. Arbeitsrecht

*Poeche*

### Übersicht



1 **1. Allgemeines.** Mit dem Beschäftigungsförderungsgesetz vom 26.4.85 wurde Teilzeitbeschäftigung erstmals gesetzlich geregelt. Aus arbeitsmarktpolitischen Gründen sollte diese Form der Beschäftigung durch sozial verträglichere Gestaltung aufgewertet werden. Dieser **Zweck** wird auch mit dem zum 1.1.01 in Kraft getretenen **Gesetz über Teilzeitarbeit** und befristete Arbeitsverträge vom 21.12.2000 verfolgt. Zugleich dient das Gesetz der **Umsetzung** der Richtlinie 97/81 EG des Rates vom 15.12.97 zu der Rahmenvereinbarung über Teilzeitarbeit (ABl EG 98 L 14 Seite 9). Teilzeitarbeit soll gefördert und die Diskriminierung von Teilzeitbeschäftigten verhindert werden (§ 1 TzBfG). Seine Bestimmungen sind grds **zwingend** (§ 22 TzBfG). Mit dem am 1.1.19 in Kraft getretenen **Gesetz zur Weiterentwicklung des Teilzeitrechts – Einführung einer Brückenteilzeit** (BGBl I 2018, 2384), wird erstmals ein gesetzlicher Anspruch auf die sog **Brückenteilzeit,** dh die zeitlich begrenzte Verringerung der Arbeitszeit, eingeführt. Daneben sieht das Gesetz noch Änderungen für die Arbeit auf Abruf und die Einführung eines sog Erörterungsanspruchs vor (zur Neuregelung: *Bayreuther* NZA 18, 566; *Thüsing* BB 18, 1076; *Boecken/Hackenbroich* DB 18, 956; *Sievers* TzBfG 6. Aufl Anh 9; *Oberthür* ArbRB 18, 239; *Löwisch* BB 18, 3061).

2 **2. Begriffe. a) Teilzeitbeschäftigt** ist nach der Legaldefinition des § 2 Abs 1 TzBfG ein ArbN, dessen regelmäßige Wochenarbeitszeit kürzer ist als die eines vergleichbaren vollzeitbeschäftigten ArbN. Ist eine regelmäßige Wochenarbeitszeit nicht vereinbart, so liegt

eine Teilzeitbeschäftigung vor, wenn die regelmäßige Arbeitszeit im Durchschnitt eines Jahres unter der eines vergleichbaren vollzeitbeschäftigten ArbN liegt. Vergleichbar ist ein vollzeitbeschäftigter ArbN des Betriebes mit derselben Art des Arbeitsverhältnisses und der gleichen oder einer ähnlichen Tätigkeit. Gibt es im Betrieb keinen vergleichbaren vollzeitbeschäftigten ArbN, so ist der vergleichbare vollzeitbeschäftigte ArbN aufgrund des anwendbaren Tarifvertrags zu bestimmen; in allen anderen Fällen ist darauf abzustellen, wer im jeweiligen Wirtschaftszweig üblicherweise als vergleichbarer vollzeitbeschäftigter ArbN anzusehen ist.

In § 2 Abs 2 TzBfG ist ausdrücklich klargestellt, dass auch ein ArbN, der eine *Geringfügige Beschäftigung* nach § 8 Abs 1 Nr 1 SGB IV ausübt, teilzeitbeschäftigt ist.

**b) Arbeitnehmer** ist eine Teilzeitkraft, wenn die Arbeitsleistung entsprechend der her- 3
kömmlichen Abgrenzung in persönlicher Abhängigkeit vom ArbGeb und nicht aufgrund freien Dienstvertrags erbracht wird (Näheres *Arbeitnehmer (Begriff)* und *Freie Mitarbeit*). ArbN und ArbGeb steht es frei, das ihren Interessen entsprechende **Teilzeitmodell** zu vereinbaren. In Betracht kommen zB Verkürzung der täglichen Arbeitszeit, Beschäftigung an einigen Tagen/Woche, am Wochen- oder Monatsende, Vereinbarung eines Wochen- oder Jahresstundenkontingents, das der ArbGeb nach Bedarf abrufen kann wie auch Arbeitsplatzteilung. Zur *Altersteilzeit* s dort.

**c) Arbeitsrecht.** Auf das Arbeitsverhältnis des TeilzeitArbN sind die allgemeinen arbeits- 4
rechtlichen Bestimmungen anzuwenden. Besonderheiten können sich für das Weisungsrecht des ArbGeb hinsichtlich der **Lage und Verteilung** der Arbeitszeit ergeben.

Der ArbGeb ist regelmäßig berechtigt, die Lage der Arbeitszeit im Rahmen billigen Ermessens festzulegen (§ 106 S 1 GewO). Dieses Recht kommt ihm nur dann nicht zu, wenn die Lage der Arbeitszeit vertraglich fest vereinbart ist (BAG 17.7.07 – 9 AZR 819/09, NZA 08, 118). Allerdings führt allein die Nennung einer bestimmten Arbeitszeit im Vertrag noch nicht zu der Auslegung, dass die Arbeitszeit vertraglich festgelegt und dem Weisungsrecht des ArbGeb entzogen ist. Enthält der Arbeitsvertrag neben der Bestimmung der Arbeitszeit einen Versetzungsvorbehalt, ist regelmäßig nicht von einer Beschränkung auf die im Vertrag genannten Arbeitszeiten auszugehen (so zur Festlegung des Arbeitsorts: BAG 19.1.11 – 10 AZR 738/09, NZA 11, 631). Eine vertragliche Festlegung der Lage der Arbeitszeit ergibt sich auch nicht allein daraus, dass ein ArbN über einen längeren Zeitraum immer zu den gleichen Zeiten arbeitet. Eine Konkretisierung der Leistungspflicht des ArbN setzt nach der Rspr des BAG voraus, dass über den bloßen Zeitablauf hinaus Umstände vorliegen, die ein schutzwürdiges Vertrauen des ArbN auf Beibehaltung des bisherigen Leistungsinhalts für die Zukunft begründen (BAG 21.6.11 – 9 AZR 236/10, BeckRS 2011, 76878).

Will der ArbGeb den ArbN über die vereinbarten Arbeitsstunden hinaus zur Arbeit 5
heranziehen, muss auch dieses Recht vertraglich vereinbart sein (→ *Überstunden* Rn 5). Besonderheiten können sich für **Nebentätigkeiten** ergeben (LAG RhPf 18.8.05 – 4 Sa 553/05, NZA-RR 06, 217). Auch das **Wettbewerbsverbot** im bestehenden Arbeitsverhältnis gilt, vor allem bei geringfügiger Beschäftigung, nur eingeschränkt (→ *Wettbewerb* Rn 6).

**Unverschuldete Verhinderung** des ArbN an der Arbeitsleistung für verhältnismäßig nicht erhebliche Zeit begründet nach § 616 Abs 1 Satz 1 BGB einen Anspruch auf bezahlte Freistellung. Hierzu gehören insbes Arztbesuche ohne gleichzeitige AU. Da Teilzeitbeschäftigte meist ausreichend Zeit zur Verfügung haben, werden Arztbesuche nur in Ausnahmefällen während der Arbeitszeit notwendig sein.

**3. Diskriminierungsverbot. a) Grundsatz.** Nach § 4 Abs 1 Satz 1 TzBfG darf ein 6
teilzeitbeschäftigter ArbN wegen der verringerten Arbeitszeit nicht schlechter behandelt werden als ein vergleichbarer vollzeitbeschäftigter ArbN (umfassend zum Diskriminierungsverbot: *Böhm* ArbRB 15, 240). Eine **Ausnahme** gilt nur dann, wenn sachliche Gründe eine unterschiedliche Behandlung rechtfertigen. Der Umfang der Arbeitszeit scheidet damit als Differenzierungsmerkmal aus (BAG 23.7.19 – 9 AZR 372/18, NZA 19, 1588; 24.9.08 – 6 AZR 657/07, NZA-RR 09, 221). Das Verbot bezieht sich auf alle benachteiligenden Arbeitsbedingungen, damit auf Erklärungen, Vereinbarungen und sonstige Maßnahmen des ArbGeb. Droht erst im Laufe des Vertragsverhältnisses einem teilzeitbeschäftigten ArbN

aufgrund unterschiedlicher Vertragsgestaltungen des ArbGeb bei Voll- und Teilzeitarbeitsverhältnissen eine schlechtere Behandlung, ist der ArbGeb verpflichtet, den Teilzeitbeschäftigten etwa durch das Anbieten einer Vertragsänderung so zu stellen, dass eine schlechtere Behandlung unterbleibt (BAG 14.12.11 – 5 AZR 457/10, NZA 12, 663). Die Vorschrift betrifft auch die **Tarifvertragsparteien** (§ 22 Abs 1 TzBfG, BAG 23.7.19 – 9 AZR 372/18, NZA 19, 1588; 14.3.17 – 9 AZR 7/16, NZA-RR 17, 376; 26.1.17 – 6 AZR 450/15, BeckRS 2017, 103971; 19.10.10 – 6 AZR 305/09, NZA-RR 11, 155).

7 **b) Entgelt.** In § 4 Abs 1 Satz 2 TzBfG ist ausdrücklich bestimmt, dass dem teilzeitbeschäftigten ArbN Arbeitsentgelt oder eine andere teilbare geldwerte Leistung mindestens in dem Umfang zu gewähren ist, der dem Anteil seiner Arbeitszeit an der Arbeitszeit eines vergleichbaren vollzeitbeschäftigten ArbN entspricht. Trotz der Formulierung der Vorschrift, die keine Ausnahme vom „pro-rata-temporis-Grundsatz" zuzulassen scheint, ist eine unterschiedliche Entgeltbemessung dann zulässig, wenn sie durch sachliche Gründe gerechtfertigt ist. In Satz 2 wird lediglich das allgemeine Diskriminierungsverbot des Satzes 1 konkretisiert (BAG 24.9.08 – 10 AZR 634/07, NZA 08, 1422; 5.11.03 – 5 AZR 8/03, ZTR 04, 195). Bei der vergleichenden Betrachtung der unterschiedlichen Vergütung von Voll- und Teilzeitkräften ist auf den Bruttobetrag abzustellen. Dabei ist unerheblich, dass die Teilzeitkraft – etwa im Rahmen einer geringfügigen Beschäftigung – eine Nettovergütung erhält, die nicht niedriger oder sogar höher ist als die vergleichbarer vollzeitbeschäftigter ArbN (LAG Düsseldorf 3.2.11 – 5 Sa 1351/10, BeckRS 2011, 70521; LAG Hamm 29.7.11 – 18 Sa 2049/10, BeckRS 2012, 65169; *Sievers* TzBfG § 4 Rn 45). Näheres zu den sachlichen Gründen s Rechtsprechungs-ABC → Rn 76 ff.

8 **c) Geschlechtsbezogene Diskriminierung.** Wegen des hohen Frauenanteils an der Gruppe der Teilzeitbeschäftigten ist bei ungleicher Behandlung zusätzlich das Verbot der geschlechtsbezogenen **Diskriminierung** zu beachten. Auf der Grundlage von Art 119 EGV (jetzt: 157 AEUV) hat der EG-Rat mit der Lohngleichheitsrichtlinie vom 10.2.75 (75/117) und der Gleichbehandlungsrichtlinie vom 9.2.76 (76/207) die innerstaatliche Gesetzgebung (AGG) und die Rechtsanwendung unmittelbar beeinflusst (→ *Diskriminierung* Rn 33 f).

9 **d) Rechtsfolgen des Verstoßes.** Benachteiligende Arbeitsbedingungen sind wegen Verstoßes gegen ein gesetzliches Verbot iSv § 134 BGB nichtig und damit unbeachtlich (→ *Gleichbehandlung* Rn 16). Der TeilzeitArbN hat gem § 612 Abs 2 BGB Anspruch auf die übliche Vergütung (BAG 24.9.08 – 6 AZR 657/07, NZA-RR 09, 221). Das ist die der Dauer seiner individuellen Arbeitszeit entsprechende Vergütung der Vollzeitbeschäftigten. „Üblich" kann auch eine übertarifliche Vergütung sein (BAG 26.5.93 – 3 AZR 172/92, DB 93, 2288). Bestimmt sich die Vergütung nach einem Tarifvertrag, erfassen tarifvertragliche Ausschlussfristen seinen Anspruch nur bei Tarifbindung oder entsprechender vertraglicher Vereinbarung (BAG 26.9.90 – 5 AZR 112/90, NZA 91, 247; 22.4.09 – 5 AZR 436/08, NZA 09, 837 zum Entgeltanspruch bei Lohnwucher). Auf **Verschulden** des ArbGeb kommt es insoweit nicht an (BAG 15.10.03 – 4 AZR 606/02, NZA 04, 551). Der ArbN verlangt regelmäßig nicht Schadensersatz, sondern Erfüllung seines Anspruchs auf Gleichbehandlung (BAG 28.7.92 – 3 AZR 173/92, DB 93, 169). Der Anspruch ist zeitlich begrenzt. Er beschränkt sich auf die Zeit der tatsächlichen Ungleichbehandlung. Beschäftigt der ArbGeb keine vergleichbaren Vollzeitkräfte mehr, entfällt der Diskriminierungstatbestand. Die vertragliche Entgeltvereinbarung wird wieder wirksam (BAG 17.4.02 – 5 AZR 413/00, NZA 02, 1334).

10 Auf Entgelt gerichtete deliktische **Schadensersatzansprüche** sind nicht ausgeschlossen. Das BAG hat die Vorläufervorschrift des § 4 TzBfG (§ 2 BeschFG) als **Schutzgesetz** iSv § 823 Abs 2 BGB beurteilt (25.4.01 – 5 AZR 368/99, DB 01, 2150, aA *Schiemann/Giebel* in AP Nr 1 § 2 BeschFG; ErfK/*Preis* § 4 TzBfG Rz 6; LAG Niedersachsen 11.5.99 – 16a Sa 2078/98, BeckRS 1999, 30465031). Es wurde angenommen, der diskriminierende ArbGeb handle regelmäßig schuldhaft, weil von jedem ArbGeb das Wissen erwartet werden könne, dass Teilzeitbeschäftigte nicht geringer als Vollzeitbeschäftigte vergütet werden dürften. Damit hat das BAG eine Ausschlussfrist für nicht anwendbar erklärt, die Ansprüche aus unerlaubter Handlung aus ihrem Geltungsbereich herausnahm. Die Darlegungs- und Beweislast für die Umstände, die eine Ungleichbehandlung des teilzeitbeschäftigten ArbN mit vollzeitbeschäftigten ArbN ergeben, trägt der ArbN (*Laux* TzBfG § 4 Rz 228). Die Darle-

gungs- und Beweislast für das objektive Vorliegen eines Rechtfertigungsgrundes trägt der ArbGeb (BAG 16.1.03 – 6 AZR 222/01, NZA 03, 971).

**4. Maßregelungsverbot.** Nach § 5 TzBfG darf der ArbGeb einen ArbN nicht wegen der Inanspruchnahme von Rechten nach diesem Gesetz – zB durch Ausspruch einer Kündigung (BAG 20.12.12 – 2 AZR 867/11, BeckRS 2013, 69657) – benachteiligen. Die Vorschrift soll die Verhandlungsposition des ArbN nach § 8 Abs 2 TzBfG stärken (*Viethen* BArbBl 01, 5). Eine eigenständige Bedeutung kommt der Vorschrift nicht zu. Sie wiederholt lediglich das in § 612a BGB enthaltene Maßregelungsverbot. 11

**5. Förderung von Teilzeitarbeit/Ausschreibung.** § 6 TzBfG ordnet unter der Überschrift „Förderung von Teilzeitarbeit" an, dass der ArbGeb Arbeitnehmern, auch in leitenden Positionen, Teilzeitarbeit nach Maßgabe des Gesetzes zu ermöglichen hat. Zu den Fördermaßnahmen gehört ua die **Ausschreibung von Arbeitsplätzen.** Der ArbGeb hat einen Arbeitsplatz, den er öffentlich oder innerhalb des Betriebes ausschreibt, auch als Teilzeitarbeitsplatz auszuschreiben, wenn sich der Arbeitsplatz hierfür eignet (§ 7 Abs 1 TzBfG). Es ist ein objektiver Maßstab anzulegen. Er ist nicht geeignet, wenn der Teilzeittätigkeit betriebliche Gründe iSd § 8 Abs 4 TzBfG entgegenstehen (*Laux* TzBfG § 7 Rz 22 f). Umgekehrt ist er geeignet, wenn der ihn innehabende ArbN einen Anspruch auf Verringerung der Arbeitszeit hat (*Sievers* TzBfG § 7 Rz 5 f). Soweit der ArbGeb den Arbeitsplatz auch für TeilzeitArbN ausschreibt, ist an der damit attestierten Eignung regelmäßig festzuhalten. 12

Ob der ArbGeb überhaupt Stellen ausschreibt, bleibt ihm vorbehaltlich der **Beteiligungsrechte des Betriebsrats** überlassen (→ *Ausschreibung* Rn 7 ff). Mit § 7 Abs 1 TzBfG, der jedenfalls individualrechtlich nicht sanktionsbewehrt ist (*Schoßer* BB 01, 411; ausführlich *Herbert* DB 02, 2377; zum kollektiven Recht → Rn 74), wird **kein Anspruch auf Einrichtung** eines Teilzeitarbeitsplatzes begründet. Auch bei einer Ausschreibung als Teilzeitarbeitsplatz kann der ArbGeb die Stelle mit einer Vollzeitkraft besetzen (*Richardi/Annuß* BB 2000, 2201).

**6. Erörterung des Arbeitszeitveränderungswunsches; Information über freie Arbeitsplätze.** Mit dem neuen § 7 Abs 3 TzBfG idF des am 1.1.19 in Kraft getretenen **Gesetzes zur Weiterentwicklung des Teilzeitrechts** – Einführung einer Brückenteilzeit (BGBl I 2018, 2384) ist der bisherige Informations- um einen **Erörterungsanspruch** ergänzt worden. Der ArbGeb hat mit dem ArbN dessen Wunsch nach Veränderung von Dauer oder Lage oder von Dauer und Lage seiner vertraglich vereinbarten Arbeitszeit zu erörtern. Eine Verletzung dieser Erörterungspflicht hat keine Folgen. Sie wird daher auch als „zahnloser Programmsatz" bezeichnet (*Bayreuther* NZA 18, 566). 13

Nach § 7 Abs 3 TzBfG idF des Gesetzes zur Weiterentwicklung des Teilzeitrechts – Einführung einer Brückenteilzeit hat der ArbGeb einen ArbN, der ihm den Wunsch nach einer Veränderung von Dauer und Lage seiner vertraglich vereinbarten Arbeitszeit angezeigt hat, über Arbeitsplätze zu informieren, die im Betrieb besetzt werden sollen. Der ArbN ist auch über Arbeitseinsätze **im Unternehmen** zu unterrichten. Die Unterrichtungspflicht ist nicht auf **„entsprechende"** Arbeitsplätze beschränkt. Es handelt sich nach zutreffender Auffassung um eine Dauerverpflichtung, die erst endet, wenn der Arbeitszeitwunsch des ArbN erfüllt ist (ArbG Cottbus 6.3.19 – 3 Ca 608/18). Verletzt der ArbGeb seine Informationspflicht, kann dem ArbN aus §§ 275 Abs 1 und 4, 280 Abs 1 und 3, 283 S 1 BGB ein Schadensersatzanspruch zustehen. Dieser ist von dem Schadensersatzanspruch wegen Verletzung des § 9 TzBfG zu unterscheiden (BAG 27.2.18 – 9 AZR 167/17, NZA 18, 1075).

Der ArbGeb hat nach § 7 Abs 3 TzBfG die ArbNVertretung über Teilzeitarbeit im **Betrieb und Unternehmen** zu informieren, insbes über vorhandene oder geplante Teilzeitarbeitsplätze und über die Umwandlung von Teilzeit- in Vollzeitarbeitsplätze und umgekehrt. Auf Verlangen sind die erforderlichen Unterlagen zur Verfügung zu stellen; § 92 BetrVG bleibt unberührt (s dazu *Personalplanung*). Bei mehreren Betrieben mit BRat ist auch der GBRat zu unterrichten. Die Informationspflicht erfasst auch Teilzeitarbeitsplätze in den betriebsratlosen Betrieben. 14

**7. Aus- und Weiterbildung.** Zu den die Teilzeitarbeit unterstützenden Vorschriften gehört § 10. Der ArbGeb hat dafür Sorge zu tragen, dass auch teilzeitbeschäftigte ArbN an Ausbildungs- und Weiterbildungsmaßnahmen teilnehmen können. Nach der Entwurfsbe- 15 gründung gehören dazu nicht nur Maßnahmen, die die aktuelle Tätigkeit des Teilzeitbeschäftigten betreffen, sondern auch Maßnahmen zur Verbesserung der beruflichen Qualifikation, die seine berufliche Mobilität fördern. Der Wunsch des ArbN, an einer Bildungsmaßnahme teilzunehmen, ist zu berücksichtigen, es sei denn, dass dringende betriebliche Gründe oder Aus- und Weiterbildungswünsche anderer teilzeit- oder vollzeitbeschäftigter ArbN, die unter beruflichen oder sozialen Gesichtspunkten vorrangig sind, entgegenstehen.

Nach allgemeinem Arbeitsrecht besteht regelmäßig **kein Anspruch** des ArbN auf Aus- und Weiterbildung (→ *Fortbildung* Rn 15). Die Vorschrift begründet daher auch keinen entsprechenden Anspruch des TeilzeitArbN. Mit ihr soll sichergestellt werden, dass er jedenfalls dann berücksichtigt wird, wenn der ArbGeb Bildungsmaßnahmen anbietet (*Laux* TzBfG § 10 Rz 21; *Sievers* TzBfG § 10 Rz 1). Zu beachten sind im Übrigen die **Beteiligungsrechte** des BRat nach §§ 96 ff BetrVG (→ *Betriebliche Berufsbildung* Rn 6 ff).

Mit dem Gesetz zur Modernisierung und Stärkung der beruflichen Bildung (Entwurf der BReg v 11.6.19 BT-Drs 19, 10815) soll in § 7a BBiG die Möglichkeit der **Teilzeitberufsausbildung** (bisher § 8 Abs 1 S 2 BBiG) weiter entwickelt und gestärkt werden. Ein „berechtigtes Interesse" an der Teilzeit soll nicht mehr notwendig sein.

16 **8. Zeitlich nicht begrenzte Verringerung der Arbeitszeit. a) Vorbemerkung.** Gesetzliche Ansprüche auf Verringerung der Arbeitszeit für besondere ArbNGruppen enthalten § 15 BEEG (→ *Elternzeit* Rn 23 ff), § 3 Abs 1 PflegeZG sowie § 2 FPfZG (→ *Pflegezeit* Rn 33 ff) und § 164 Abs 5 Satz 3 SGB IX (→ *Behinderte* Rn 29). Tarifliche Ansprüche bestehen ua im Zusammenhang mit der *Altersteilzeit* und mit der Betreuung von Familienangehörigen (§ 11 TVöD/TdL). § 8 TzBfG begründet dagegen einen Anspruch auf Arbeitszeitverringerung für alle ArbN. Die Vorschriften stehen gleichberechtigt nebeneinander (BAG 18.3.03 – 9 AZR 126/02, DB 04, 319 zu § 15b BAT und § 8 TzBfG; BAG 26.6.01 – 9 AZR 244/00, NZA 02, 44 zur Altersteilzeit; 8.5.07 – 9 AZR 1112/06, ZTR 08, 106 zu § 15 BEEG).

17 **b) Überblick zu § 8 TzBfG.** § 8 TzBfG begründet grds für jeden ArbN nach Ablauf einer Wartezeit von sechs Monaten einen zeitlich unbegrenzten **Anspruch auf Verringerung** der vertraglich vereinbarten Arbeitszeit (Abs 1). Der Wunsch nach Herabsetzung und deren Umfang ist fristgebunden geltend zu machen; die gewünschte Verteilung der verbleibenden Arbeitszeit soll mitgeteilt werden (Abs 2). Der ArbGeb hat sodann mit dem ArbN die Angelegenheit mit dem Ziel zu erörtern, die Verringerung zu vereinbaren und die Arbeitszeit einvernehmlich zu verteilen (Abs 3). Soweit betriebliche Gründe nicht entgegenstehen, hat der ArbGeb der Verringerung zuzustimmen und die Arbeitszeit wunschgemäß festzulegen (Abs 4). Seine Entscheidung hat er dem ArbN frist- und formgebunden mitzuteilen (Abs 5 Satz 1). Andernfalls verringert sich die Arbeitszeit in dem vom ArbN gewünschten Umfang (Satz 2). Gleiches gilt für die Verteilung der Arbeitszeit; sie gilt entsprechend den Wünschen des ArbN als festgelegt (Satz 3). Die einvernehmlich oder fiktiv festgelegte Arbeitszeit kann der ArbGeb unter bestimmten Voraussetzungen wieder ändern (Satz 4). Hat der ArbGeb der Verringerung der Arbeitszeit zugestimmt oder sie berechtigt abgelehnt, kann der ArbN frühestens nach Ablauf von zwei Jahren seinen Anspruch erneut geltend machen (Abs 6). Der ArbGeb muss regelmäßig mehr als 15 ArbN ausschließlich der Personen in Berufsbildung beschäftigen (Abs 7).

18 **c) Anspruchsvoraussetzungen.** Anspruchsberechtigt sind alle ArbN einschließlich der in § 6 TzBfG genannten leitenden Personen. Bereits in Teilzeit Beschäftigte sind nicht ausgeschlossen (BAG 13.11.12 – 9 AZR 259/11, NZA 13, 373). Auszubildende können keinen Anspruch aus § 8 TzBfG geltend machen. Hier gilt die Sonderregelung des § 8 Abs 1 S 2 BBiG (*Leinemann/Taubert* BBiG § 8 Rn 27; zur Teilzeitberufsausbildung im öffentlichen Dienst: *Notzon* öAT 15, 199). Das Arbeitsverhältnis muss länger als **sechs Monate** bestanden haben; erst dann kann die Arbeitszeitänderung verlangt werden. Vorausgesetzt wird ein **ununterbrochener Bestand,** auch wenn das im Gesetz nicht ausdrücklich formuliert ist. Die **Wartezeit** berechnet sich nach §§ 188 Abs 2, 187 Abs 2 BGB (Beginn des Arbeitsverhältnisses 1.3.; Geltendmachung des Anspruchs frühestens 1.9.). Die **Beschäftigtenzahl von mindestens 15 Arbeitnehmern** bezieht sich nicht auf den Betrieb, sondern auf den VertragsArbGeb. Das kann sich bei Gemeinschaftsbetrieben auswirken,

wenn die Mindestzahl nur bei einer Addition aller ArbN erreicht wird (aA *Laux* § 8 Rz 117). Teilzeitkräfte zählen voll.

19 **d) Inhalt des Anspruchs. aa) Grundsätze.** Nach der Konzeption des Gesetzes sollen ArbGeb und ArbN die bestehende Arbeitszeitregelung möglichst einvernehmlich ändern. Auslöser der Vertragsverhandlung – „Erörterung" – ist ein Antrag des ArbN iSv § 145 BGB (BAG 15.11.11 – 9 AZR 729/0, BeckRS 2012, 65968), der vom ArbGeb vorbehaltlich entgegen stehender betrieblicher Gründe anzunehmen ist. Es gilt die sog **Vertragslösung** (BAG 18.2.03 – 9 AZR 164/02, NZA 03, 1392). Können sich die Parteien nicht einigen, richtet sich der Anspruch des ArbN auf die **Zustimmung** des ArbGeb. Dabei erfasst § 8 sowohl die Verringerung der vertraglichen Arbeitszeit als auch ihre Verteilung. Der ArbN kann entscheiden, ob er nur Verringerung verlangt oder ob die Arbeitszeit auch neu verteilt werden soll. Macht der ArbN beide Ansprüche geltend, ist im Regelfall davon auszugehen, dass die Arbeitszeit nur dann herabgesetzt werden soll, wenn sie wunschgemäß festgelegt wird (BAG 18.2.03 – 9 AZR 164/02, NZA 03, 1392; 24.6.08 – 9 AZR 514/07, NZA 08, 1289). Eine Neuverteilung ohne gleichzeitige Verringerung kann über § 8 nicht erreicht werden (BAG 23.11.04 – 9 AZR 644/03, NZA 05, 769). Das Verlangen muss sich grds auf einen **unbefristeten Zeitraum** beziehen; eine nur vorübergehende Verringerung der Arbeitszeit kann nicht beansprucht werden (BAG 18.3.03 – 9 AZR 129/02, NZA 03, 1392). Hat ein ArbN ausdrücklich eine nur befristete Verringerung seiner Arbeitszeit verlangt, konnte der ArbGeb bislang über die Annahme dieses Angebots frei entscheiden. § 9a TzBfG sieht mit dem Inkrafttreten des Gesetzes über die Weiterentwicklung des Teilzeitrechts – Einführung einer Brückenteilzeit auch einen Anspruch auf eine zeitlich begrenzte Verringerung der Arbeitszeit vor. Eine nicht frist- oder formgerechte Ablehnung führt nicht zur Zustimmungsfiktion des § 8 Abs 5 Satz 2 TzBfG. Eine Auslegung des Antrags, gewünscht werde (hilfsweise) eine unbefristete Vertragsänderung, kommt regelmäßig nicht in Betracht (BAG 12.9.06 – 9 AZR 686/05, NZA 07, 253). Allerdings können – neben dem gesetzlichen Anspruch aus § 8 Abs 1 TzBfG – durch Tarifvertrag, Betriebsvereinbarung oder Arbeitsvertrag Ansprüche auf eine befristete Reduzierung der Arbeitszeit zugunsten des ArbN begründet werden. Dem steht § 22 TzBfG nicht entgegen (BAG 10.12.14 – 7 AZR 1009/12, NZA 15, 811).

20 **bb) Vertraglich vereinbarte Arbeitszeit.** Der Verringerungsanspruch bezieht sich auf die Regelarbeitszeit, also die Arbeitszeit, die auf Tag/Woche/Monat/Jahr bezogen sein kann. Nicht erfasst wird der Wunsch nach Befreiung von Überstunden. Der **Umfang der Arbeitszeitverringerung** ist gesetzlich nicht beschränkt. Auch geringfügige Kürzungen sind nicht ausgeschlossen (BAG 11.6.13 – 9 AZR 786/11, NZA 13, 1074). Allerdings werden dann oft betriebliche Gründe entgegenstehen, weil der ArbGeb die ausfallende Arbeitszeit nicht ausgleichen kann. Die verlangte Verringerung muss nicht dem bisherigen Arbeitszeitmodell entsprechen. Teilzeit kann daher nach hM grds auch im Blockmodell verlangt werden (*Müller/Becker* BB 19, 1716). Bis zur Grenze des Rechtsmissbrauchs stehen der Umfang der Verringerung und die Verteilung der Arbeitszeit im Belieben des ArbN. Die Tatsachen, die den Rechtsmissbrauch begründen sollen, sind vom ArbGeb darzulegen (BAG 18.8.09 – 9 AZR 517/08, NZA 09, 1207; hier: 4-Tagewoche statt 5-Tagewoche, Verkürzung von 40 auf 36 Wochenstunden). Da nach der gesetzlichen Konzeption grds jede Arbeitszeitregelung, die mit den betrieblichen Interessen konform geht, durchsetzbar ist, sind auch auf den ersten Blick extrem anmutende Arbeitszeitvorstellungen des ArbN nicht ausgeschlossen (LAG Düsseldorf 1.3.02 – 18 (4) Sa 1269/01, NZA-RR 02, 407: Halbierung der Arbeitszeit mit Freistellung für volle Monate im Wechsel mit voller monatlicher Arbeitszeit; BAG 24.6.08 – 9 AZR 313/07, NZA 08, 1309: Flugkapitän mit Verringerung auf 91, 78 vH und Blockfreistellung vom 17.12. bis 15.1. des Folgejahres). Ein Fall des Rechtsmissbrauchs ist anzunehmen, wenn der ArbN sein Recht aus § 8 TzBfG zweckwidrig dazu nutzen will, eine bestimmte Arbeitszeitverteilung zu erreichen, auf die er ohne die geringfügige Arbeitszeitreduzierung keinen Anspruch hätte (BAG 11.6.13 – 9 AZR 786/11, NZA 13, 1074: Verwirklichung eines „Sonderurlaubs" zwischen den Weihnachts- und Neujahrfeiertagen; LAG Köln 18.1.18 – 7 Sa 365/17, BeckRS 2018, 19349: Teilzeit während der Schulsommerferien; dauerhafte Freistellung während des Ferienmonats August: LAG Nürnberg 27.8.19 – 6 Sa 110/19, BeckRS 2019, 26963).

21 **cc) Verteilung der verringerten Arbeitszeit.** Anders als die Dauer der regelmäßigen Arbeitszeit ist deren Verteilung bei Vollzeitbeschäftigten idR nicht vertraglich vereinbart. Sie obliegt dem ArbGeb aufgrund seines Weisungsrechts (→ Rn 6 sowie → *Arbeitszeit* Rn 33). Hieran knüpft § 8 Abs 2 an. Danach „soll" der ArbN mit seinem Verringerungsantrag die gewünschte Verteilung angeben. Der ArbN kann mithin dem ArbGeb überlassen, die Arbeitszeit weiterhin nach billigem Ermessen (§ 106 GewO) festzulegen. Das bietet sich insbesondere dann an, wenn die tägliche/wöchentliche/monatliche Inanspruchnahme der Arbeitsleistung nicht planbar ist und deshalb eine starre Festlegung ohnehin ausscheidet (zB Theater- oder Orchesterdienste). Kommt es dem ArbN auf eine bestimmte zeitliche Lage der verbleibenden Arbeitszeit an, so sollte er allerdings **Verringerung und Verteilung** gleichzeitig verlangen. Stimmt der ArbGeb der allein verlangten Arbeitsverringerung zu, lässt sich ein erst anschließend geäußerter Verteilungswunsch nicht mit § 8 begründen. Es bleibt dann beim *Weisungsrecht* des ArbGeb und dessen Ausübungskontrolle nach § 106 GewO, § 315 BGB.

22 **e) Geltendmachung des Anspruchs. aa) Form und Frist.** Verringerung/Verteilung der Arbeitszeit sind **spätestens drei Monate vor deren geplanten Beginn** geltend zu machen. Die Frist bestimmt sich nach §§ 188 Abs 2, 187 Abs 1 BGB. Zwischen dem Zugang der Erklärung beim ArbGeb (§ 130 BGB) und dem Beginn der Arbeitszeitverkürzung müssen volle drei Monate liegen. Eine Verringerung zum 1.10. ist spätestens am 30.6. mitzuteilen. Der ArbN ist nicht gehindert, sein Änderungsverlangen auch schon früher zu äußern. Häufig bietet sich eine möglichst frühzeitige Erörterung an. Das gilt insbes für ArbN, deren Elternzeit endet und die im Interesse der Kindesbetreuung anschließend mit verkürzter Arbeitszeit tätig sein wollen. Denn die Einstellung einer erforderlichen Ersatzkraft kann auf Schwierigkeiten stoßen, die nicht kurzfristig überwunden werden können. Zum **Inhalt der Geltendmachung** gehört die Angabe des Beginns. Das ist das **konkrete Datum.** Äußerungen wie „alsbald" oder „zum nächst möglichen Termin", genügen nicht. Sie lassen nicht erkennen, ob der ArbN nur einen Wunsch nach Arbeitszeitänderung iSv § 7 TzBfG anzeigt oder den Anspruch nach § 8 TzBfG geltend macht. Allerdings ist zu prüfen, ob der Antrag dahingehend auszulegen ist, dass eine Änderung der Arbeitszeit in genau drei Monaten gewollt ist (*Sievers* TzBfG § 8 Rz 27). Zwingend anzugeben ist außerdem der **Umfang** der gewünschten Verringerung (BAG 16.10.07 – 9 AZR 239/07, NZA 08, 289). Verlangt der ArbN mit dem Verringerungswunsch untrennbar verbunden weitere Änderungen seines Arbeitsvertrags, liegt kein ordnungsgemäßer Antrag iSd § 8 TzBfG vor (LAG Köln 28.8.11 – 2 Sa 181/11, BeckRS 2011, 78100). Generell gilt, dass der Antrag, da er ein Angebot iSd § 145 BGB darstellt, so formuliert sein muss, dass er durch ein schlichtes „Ja" angenommen werden kann. Die Aufforderung, Vertragsverhandlungen aufzunehmen, genügt daher nicht (BAG 15.11.11 – 9 AZR 729/07, BeckRS 2012, 65986).

23 Die Einhaltung der Mindestfrist ist keine **materiell-rechtliche Wirksamkeitsvoraussetzung** (BAG 20.7.04 – 9 AZR 626/03, NZA 04, 1090). Sie soll dem ArbGeb Gelegenheit geben, die verlangte Arbeitszeitverringerung zu prüfen und die Maßnahmen zu treffen, die zu ihrer Umsetzung erforderlich sind. Diesem Anliegen wird auch dann Rechnung getragen, wenn sich lediglich der Termin um die fehlenden Tage verschiebt. Insoweit bedarf der Antrag des ArbN der Auslegung. Soweit der ArbN für den Beginn der Änderung einen festen Termin (Monatsanfang) wünscht, ist dies bei der Auslegung zu berücksichtigen (BAG 20.7.04 – 9 AZR 626/03, NZA 04, 1090).

24 In keinem Fall löst ein zu kurz bemessener Antrag wegen des für den ArbGeb angeordneten streng formalisierten Verfahrens und der an die Nichteinhaltung von Formen und Fristen geknüpften **Fiktionswirkung** aus (BAG 20.7.04 – 9 AZR 626/03, NZA 04, 1090).

25 **bb) Adressat** der Geltendmachung ist der ArbG oder die von ihm zum Empfang von Vertragserklärungen bestimmten Personen, also regelmäßig die Personalabteilung, nicht aber Fachvorgesetzte. Die Erklärung des ArbN konnte bislang **formfrei,** dh auch mündlich erfolgen. Da abweichende Vereinbarungen zu Ungunsten des ArbN nach § 22 TzBfG unzulässig sind, konnte Schriftform weder arbeitsvertraglich noch durch Tarifvertrag bestimmt werden. Mit dem **Gesetz zur Weiterentwicklung des Teilzeitrechts – Einführung einer Brückenteilzeit** soll für das Begehren des ArbN nunmehr die **Textform** (§ 126b BGB) erforderlich sein. Es genügt daher eine Geltendmachung per Email oder Telefax.

**cc) Bindung.** Die Bindung an ein Vertragsangebot bis zum Ablauf der Annahmefrist (§ 145 BGB) gilt für den Antrag auf Verringerung/Verteilung der Arbeitszeit nur unter Vorbehalt. Denn nach der gesetzlichen Konzeption sollen ArbN und ArbGeb den Vertrag einvernehmlich ändern. Das macht nur Sinn, wenn beide Seiten verhandlungsbereit = kompromissfähig sind. Dem dient insbes auch die vorgeschriebene Erörterung. Der ArbN ist deshalb nicht gehindert, abweichende Arbeitszeitvorstellungen des ArbGeb aufzugreifen und seinen zunächst gestellten Antrag insoweit zu modifizieren. Spätestens im Erörterungsgespräch ist die Verteilung der Arbeitszeit zu konkretisieren, soweit sie nicht dem Ermessen des ArbGeb überlassen wird (BAG 23.11.04 – 9 AZR 644/03, NZA 05, 769). Eine weitere zeitliche Zäsur bildet die Ablehnung des ArbGeb. Der ArbN kann ab diesem Zeitpunkt seinen Verteilungswunsch nicht mehr ändern. Der geänderte Verteilungswunsch ist nur durch neuerliche Geltendmachung von Verringerung und Verteilung unter den Voraussetzungen des § 8 Abs 6 TzBfG durchsetzbar (BAG 24.6.08 – 9 AZR 514/07, NZA 08, 1289). 26

**f) Erörterung.** Die wirksame Geltendmachung der Arbeitszeitverringerung begründet nach dem Wortlaut von § 8 Abs 3 TzBfG einen Anspruch des ArbN auf Erörterung (der ArbGeb „hat" …). Gleichwohl handelt es sich dabei um eine **Obliegenheit** des ArbGeb und nicht um einen Anspruch iSv § 194 BGB. Die Erörterung ist nicht selbstständig einklagbar. Verhandelt der ArbGeb überhaupt nicht, bleibt das idR ohne Folgen. Insbes wird nicht das Zustandekommen des vom ArbN verlangten geänderten Arbeitsvertrags fingiert (BAG 8.5.07 – 9 AZR 1112/06, NJW 07, 3661; 18.2.03 – 9 AZR 356/02, NZA 03, 911). Eine solche Rechtsfolge hätte im Gesetz selbst angeordnet werden müssen. Verhandelt der ArbGeb allerdings überhaupt nicht, so kann das Folgen haben. Wendet er etwa ein, die vom ArbN gewünschte Verteilung der Arbeitszeit sei aus bestimmten Gründen nicht durchführbar, so kann der ArbN geltend machen, er hätte bei Kenntnis dieser durchgreifenden Bedenken seinen Antrag modifiziert und seinen (Klage-)Antrag angepasst. 27

**g) Ablehnungsgründe. aa) Einführung.** „Dreh- und Angelpunkt" des Teilzeitanspruchs ist § 8 Abs 4 TzBfG. Danach „hat" der ArbGeb der Verringerung der Wochenarbeitszeit zuzustimmen und ihre Verteilung entsprechend den Wünschen festzulegen, sofern nicht **„betriebliche Gründe"** entgegenstehen. Nicht verlangt werden „dringende" betriebliche Gründe. Das sind solche, die gleichsam zwingend verlangen, die bestehende Arbeitszeitregelung beizubehalten (BAG 18.3.03 – 9 AZR 126/02 zu § 15b BAT, ZTR 04, 143). Betriebliche Gründe iSv § 8 TzBfG brauchen dieses Gewicht nicht zu haben. Aus den im Gesetz genannten Beispielen ergibt sich jedoch, dass nicht jede Abweichung vom praktizierten Arbeitszeitmodell den ArbGeb berechtigt, den Arbeitszeitwunsch des ArbN abzulehnen. Vielmehr wird vorausgesetzt, dass die Änderung der Arbeitszeit zu einer wesentlichen Beeinträchtigung der Organisation, des Arbeitsablaufs oder der Sicherheit im Betrieb führt oder unverhältnismäßige Kosten verursacht. Insoweit genügen „nachvollziehbare, plausible" Gründe. Sie betreffen sowohl die **Verringerung** der Arbeitszeit als auch deren **Verteilung** (BAG 18.2.03 – 9 AZR 164/02, NZA 03, 1392). Die Interessen des ArbN an der Änderung der Arbeitszeit und die Interessen des ArbGeb an deren Beibehaltung sind nicht abzuwägen. Stehen betriebliche Gründe dem Begehren des ArbN entgegen, hat es damit sein Bewenden (BAG 9.12.03 – 9 AZR 16/03, NZA 04, 921). „Betrieblich" besagt aber auch, dass die dem Teilzeitbegehren entgegenstehenden Gründe nicht arbeitsplatz- sondern betriebsbezogen zu bestimmen sind. Es genügt also nicht, wenn der ArbGeb darlegt, der bisherige Arbeitsplatz des ArbN lasse die von ihm gewünschte Verringerung nicht zu (BAG 13.11.12 – 9 AZR 259/11, NZA 13, 373). 28

**bb) Unternehmerische Entscheidung.** Der ArbGeb kann den Antrag des ArbN nicht allein deshalb ablehnen, weil er die unternehmerische Entscheidung getroffen hat, die anfallenden Arbeiten nur mit Vollzeitkräften zu erledigen. Eine solche generelle Entscheidung gegen Teilzeitarbeit ist nur dann als Ablehnungsgrund geeignet, wenn sie durch die objektiv zu erledigenden Arbeiten gerechtfertigt ist. Dabei ist insbes zu berücksichtigen, dass es „den" Arbeitsplatz nicht gibt. Arbeitsplätze entstehen aufgrund organisatorischer Entscheidung, wie die anfallenden Aufgaben verteilt werden sollen (*Hunold* SPA 01, Nr 5). Für die Arbeitsplätze von **Führungskräften** gilt nichts anderes, vgl § 6 TzBfG (BAG 8.5.07 – 9 AZR 1112/06, NJW 07, 3661). Auch deren Arbeit ist nicht grds „unteilbar". Führungskräfte erledigen vielfach Sachaufgaben, die delegiert werden können und damit eine Ver- 29 ringerung der Arbeitszeit zulassen. Ebenso wenig genügt der Wunsch des ArbGeb nur die in einem Tarifvertrag vorgesehenen Teilzeitmodelle anbieten zu wollen als Ablehnungsgrund (LAG Köln 26.10.17 – 7 Sa 295/17, BeckRS 2017, 145355).

30 Frei ist der ArbGeb bei der Festlegung des **Kontingents an Arbeitsstunden,** die er für die Erreichung seiner unternehmerischen Ziele für erforderlich hält. Gemeint sind die Arbeitsstunden, die er vertraglich vereinbart und die er deshalb auch dann bezahlen muss, wenn er sie zB aufgrund Arbeitsmangels nicht benötigt (§ 615 BGB). In diese Grundentscheidung greift § 8 TzBfG nicht ein. Dem ArbN wird gesetzlich allein ermöglicht, im Rahmen der vom ArbGeb vorgegebenen Betriebsstruktur seine Arbeitszeit zu verringern. Lassen sich die ausfallenden Stunden nicht durch die Einstellung einer Ersatzkraft ausgleichen, kann der ArbGeb daher grds nicht darauf verwiesen werden, für die ausfallende Arbeitszeit Überstunden abzubauen und eine **Vollzeitkraft** einzustellen (BAG 9.12.03 – 9 AZR 16/03, NZA 04, 921). IdR braucht er auch nicht auf **Leiharbeit** zurückzugreifen. Arbeitet er allerdings im Tätigkeitsbereich des ArbN regelmäßig mit LeihArbN, besteht erhöhter Begründungsaufwand, weshalb eine solche betriebliche Lösung ausscheiden soll (BAG 9.12.03 – 9 AZR 16/03, NZA 04, 921). Eine Aufstockung von **Überstunden** der bereits Beschäftigten scheidet als Alternative idR aus (BAG 9.12.03 – 9 AZR 16/03, NZA 04, 921). Anderes gilt allenfalls für einen vorübergehenden überschaubaren Zeitraum, falls sich ArbN freiwillig bereit erklären, die ausfallenden Arbeitsstunden zu übernehmen, und die Mehrkosten (etwa Überstundenzuschläge) insgesamt nicht unverhältnismäßig sind. Zur Ermöglichung der gewünschten Arbeitszeitverringerung muss sich der ArbGeb allerdings um eine **Nachbesetzung** bemühen. Welchen Weg er hierfür einschlägt, ist ihm überlassen (innerbetriebliche/öffentliche Ausschreibung, Vermittlungsauftrag BA). Er kann auch untätig bleiben, läuft dann aber Gefahr, im Rechtsstreit nachweisen zu müssen, dass er auch bei zumutbaren Bemühungen keine geeignete **Ersatzkraft** gefunden hätte (BAG 14.10.03 – 9 AZR 636/02, NZA 04, 975). Ein pauschaler Hinweis auf „den bekannten Facharbeitermangel" genügt nicht. Eine Ersatzkraft ist geeignet, wenn sie über die vom ArbGeb üblicherweise bei Einstellungen verlangten Fähigkeiten und Kenntnisse verfügt. Eine Ausschreibung darf dann keine weitergehenden Anforderungen enthalten (BAG 23.11.04 – 9 AZR 644/03, NZA 05, 769; 14.10.03 – 9 AZR 636/02, NZA 04, 975). Die dem ArbGeb zur Verfügung stehende Zeitspanne von zwei Monaten (drei Monate Ankündigung, einen Monat vor Beginn schriftliche Stellungnahme) ist gerade bei der Besetzung qualifizierterer Stellen sehr kurz. ArbN sollten bei zu erwartenden Schwierigkeiten deshalb vorsorglich eine längere Vorlaufzeit wählen. Unbeachtlich ist der Einwand des ArbGeb, mit der Einstellung eines weiteren ArbN würden **Schwellenwerte** überschritten (*Sievers* TzBfG § 8 Rz 115).

31 **cc) „Drei-Stufen-Schema".** Macht der ArbGeb geltend, die dem ArbN übertragenen Aufgaben könnten nicht auf mehrere ArbN verteilt werden, der Arbeitsplatz sei „unteilbar", wendet das BAG in st Rspr ein dreistufiges Prüfschema an (grundlegend BAG 18.2.03 – 9 AZR 164/02, NZA 03, 1392; BAG 13.10.09 – 9 AZR 910/08, NZA 10, 339). Ausgang ist danach die unternehmerische Aufgabenstellung; sie ist grds gerichtlich nicht kontrollierbar. Das gilt auch für das daraus abgeleitete Konzept, mit dem der ArbGeb seine unternehmerischen Ziele umsetzt. Missbrauchs-/Willkürkontrolle sind vorbehalten. Voll überprüfbar ist, ob das Konzept die Arbeitszeitregelung bedingt und ob das betriebliche Arbeitszeitmodell der beantragten Arbeitszeit entgegensteht. Zu klären ist, ob durch eine dem ArbGeb zumutbare Änderung von betrieblichen Abläufen oder des Personaleinsatzes der betrieblich als erforderlich angesehene Arbeitszeitbedarf unter Wahrung des Organisationskonzeptes mit dem individuellen Arbeitszeitwunsch des ArbN zur Deckung gebracht werden kann. Ist das nicht der Fall, ist abschließend das Gewicht der geltend gemachten betrieblichen Gründe zu prüfen. Die Beeinträchtigung der betrieblichen Belange muss wesentlich sein.

32 Die Rspr wird vielfach, vor allem wegen ihrer Kontrolldichte der „unternehmerischen Entscheidung", kritisiert. Die betriebliche Praxis wird mit ihr leben müssen. Für den ArbGeb bedeutet dies, dass die Ablehnung eines Verringerungsantrags gut überlegt sein will. Hat er zB bisher auf den Ausfall eines ArbN flexibel reagiert und dessen Aufgaben vorübergehend auf andere ArbN verteilt, ist im Einzelnen darzulegen, weshalb die Aufgaben nicht auf Dauer anderen ArbN übertragen werden können (BAG 13.10.09 – 9 AZR 910/08, NZA 10, 339 „Art Director"). In der Vergangenheit praktizierte Ausnahmen vom vorgetragenen Arbeitszeitkonzept „Vollzeit" sind zu begründen. Das gilt nicht für Ausfallzeiten, die

der ArbGeb nicht beeinflussen kann (BAG 16.10.07 – 9 AZR 321/06, NZA-RR 08, 210). Eine Änderung des sonst praktizierten Arbeitszeitmodells durch Urlaubs- oder Krankheitsvertretung sind außer Acht zu lassen (BAG 18.3.03 – 9 AZR 126/02, ZTR 04, 143). Auch vorübergehende Abweichungen, mit denen der ArbGeb den besonderen Interessen eines ArbN im Einzelfall Rechnung trägt, sprechen für sich nicht gegen die Ernsthaftigkeit seines Arbeitszeitmodells. Das gilt gleichermaßen für Alternativangebote, mit denen er während der Verhandlungsphase versucht, dem Anliegen des ArbN modifiziert Rechnung zu tragen.

**dd) Einzelne Ablehnungsgründe.** Das vom Träger eines Kindergarten verfolgte **pädagogische Konzept,** das eine möglichst kontinuierliche Betreuung der Kinder an allen Öffnungstagen anstrebt, steht einem Verringerungsanspruch entgegen, wenn die Erzieherin nur noch an zwei Tagen in der Woche arbeiten will (BAG 18.3.03 – 9 AZR 126/02, ZTR 04, 143). Dem steht gleich, wenn die Erzieherin in einem heilpädagogischen Kindergarten ihre tägliche Arbeitszeit verkürzen und die von ihr betreute Gruppe vor Ende der täglichen Öffnungszeiten verlassen will (BAG 19.9.03 – 9 AZR 452/02, ZTR 04, 542). Bei einem **Dienstleistungsunternehmen** kann das Marktangebot, „Kundenbetreuung in einer Hand“ ausreichen (BAG 30.9.03 – 9 AZR 665/02, NZA 04, 382; 16.10.07 – 9 AZR 239/07, NZA 08, 289). Ablehnungsgründe können sich aus der **Arbeitsstruktur** (Gruppen-/Teamarbeit) oder dem **Entgeltsystem** (Gruppenakkord) ergeben. **Schichtarbeit** kann entgegenstehen, wenn der ArbN aus dem Schichtsystem aussteigen will. Ob zB „halbe“ Schichten eingeführt werden können, ist eine Frage des Einzelfalls. Dem Teilzeitbegehren eines LeihAN kann der Verleiher nicht ohne weiteres entgegenhalten, die Arbeitszeitbestimmungen des Überlassungsvertrags mit dem Entleiher stünden einem Verringerungsanspruch entgegen. Der Verleiher muss vielmehr alle nach dem Arbeitsvertrag möglichen Einsätze im gesamten Betrieb prüfen und darf seine Prüfung nicht auf „den Arbeitsplatz“ bei dem Entleiher beschränken (BAG 13.11.12 – 9 AZR 259/11, NZA 13, 373). Auch ein betriebliches Organisationskonzept, welches die gerechte Verteilung von Urlaubs- und Freizeitwünschen beinhaltet, kann dem Verringerungswunsch in Form verblockter Freistellung entgegen gehalten werden (LAG Köln 24.5.17 – 3 Sa 830/16, BeckRS 2017, 131619). 33

Fragen der **Sicherheit** im Betrieb sind ua angesprochen, wenn aufgrund öffentlichrechtlicher Vorschriften eine bestimmte Mindestanwesenheitszeit vorzuhalten ist. In Betracht kommen aber auch besondere Anforderungen, die sich aus der Art der beruflichen Tätigkeit ergeben und die eine möglichst kontinuierliche Beschäftigung verlangen (Pilot). Wann durch die Arbeitszeitverringerung **unverhältnismäßige Kosten** entstehen, hängt von einem Vergleich der bisherigen mit den erwarteten Kosten ab. „Rechnet“ sich der Arbeitsplatz nicht mehr, ist die Grenze mit Sicherheit überschritten. Ein einmaliger Aufwand (Einrichtung des „neuen“ Arbeitsplatzes) ist daher eher hinzunehmen als laufende Kosten. Anschaffung und Unterhaltung eines weiteren Dienstfahrzeugs im Außendienst können daher idR nicht verlangt werden (LAG NdS 18.11.02 – 17 Sa 487/02, ZTR 03, 294). Unverhältnismäßige Kosten können ua durch erforderliche **Fortbildungsmaßnahmen** entstehen, wie sie insbes im Pharmabereich durchgeführt werden, um die Pharmareferenten stets auf dem neuesten Stand zu halten (BAG 21.6.05 – 9 AZR 409/04, NZA 06, 316). 34

Auf die **Umstände des Einzelfalles** kommt es auch an, wenn zu beurteilen ist, ob die Verwirklichung des Arbeitszeitwunsches des ArbN die Belange des ArbGeb **wesentlich beeinträchtigt.** Ein Konzept „Kundenbetreuung in einer Hand“ greift daher dann nicht, wenn der ArbGeb – abgesehen von der Beschäftigung seiner ArbN in Vollzeit – keine weiteren Vorkehrungen trifft, um sein kundenfreundliches Angebot umzusetzen. Das gilt ua dann, wenn etwa die Ladenöffnungszeit 60 Stunden/Woche beträgt, die Arbeitszeit der Vollzeitkraft 37,5 Stunden/Woche und die Vollzeitbeschäftigung (statt der nunmehr gewünschten Arbeitszeit von 25 Stunden/Woche) lediglich eine höhere Wahrscheinlichkeit begründet, dass der Kunde auf „seinen“ Verkaufsberater zukommen kann (BAG 30.9.03 – 9 AZR 665/02, NZA 04, 1474; zur „Kundennähe“ als Ablehnungsgrund *Jordan/Falter/Meyer-Michaelis* BB 16, 1205). Dagegen kann der auf das Stichwort „Dienstleistung“ gestützte Ablehnungsgrund greifen, wenn der ArbN Außentermine (Gremienarbeit) wahrzunehmen hat, deren zeitliche Lage mit der von ihm gewünschten Arbeitszeitverteilung kollidiert (BAG 18.2.03 – 9 AZR 164/02, NZA 03, 1392). 35

**Keine wesentlichen Beeinträchtigungen** sind alle Umstände, die normalerweise mit personellen Veränderungen verbunden sind, also der sächliche und personelle Aufwand, der mit einer Ersatzeinstellung oder der Aufstockung der regelmäßigen Arbeitszeit eines beschäftigten TeilzeitArbN verbunden ist. Die Belastung der Personalabteilung, Kosten für Anzeigen, Bewerbergespräche, Einarbeitung (vgl zu „Einarbeitungskosten" BAG 23.11.04 – 9 AZR 644/03, NZA 05, 769) und hierdurch bedingte Ablaufstörungen genügen nicht. Das gilt regelmäßig auch für die Einarbeitungszeit, da die Ersatzkraft auf unbestimmte Zeit eingestellt wird.

36 **ee) Betriebsverfassungsrecht.** Mitbestimmungsrechte des BRat lassen die Rechte des ArbN aus § 8 TzBfG grds unberührt. Ein Ablehnungsgrund kann sich aber aus einer **Betriebsvereinbarung** über Arbeitszeit (§ 87 Abs 1 Nr 2 BetrVG) ergeben, mit der die gewünschte **Lage der Arbeitszeit** nicht vereinbar ist. Das kollektive Recht ist insoweit vorrangig (BAG 24.6.08 – 9 AZR 313/07, NZA 08, 1309). Auch eine **Regelungsabrede** kann dem Anspruch entgegenstehen (BAG 16.12.08 – 9 AZR 893/07, NZA 09, 565). Allerdings ist zu prüfen, ob für den ArbGeb ein sachlicher Anlass besteht, mit dem BRat über eine Anpassung der Betriebsvereinbarung zu verhandeln (BAG 18.2.03 – 9 AZR 164/02, NZA 03, 1392). Im Einzelfall kann sich bei fehlendem kollektiven Bezug ein Vorrang der ArbNInteressen ergeben (BAG 16.3.04 – 9 AZR 323/03, NZA 04, 1047). Ob eine Betriebsvereinbarung verbindlich festlegen kann, dass ein bestimmtes Teilzeitmodell ArbN in Elternzeit oder bei sozialer Härte vorbehalten wird, hat das BAG offen gelassen. In einer Betriebsvereinbarung kann aber die Bandbreite an Teilzeitmodellen, die § 8 Abs 1 TzBfG vorsieht, nicht wirksam eingeschränkt werden (BAG 20.1.15 – 9 AZR 735/13, NZA 15, 816). Unwirksam ist auch die Festlegung von Quoten in einer Dienst- oder Betriebsvereinbarung (BAG 24.6.08 – 9 AZR 313/07, NZA 08, 1289).

37 **ff) Tarifvertrag.** In § 8 Abs 4 S 3 TzBfG wird den Tarifvertragsparteien die Möglichkeit eröffnet, Ablehnungsgründe durch Tarifvertrag festzulegen. Bezweckt ist damit eine der jeweiligen Branche angepasste Konkretisierung. ArbGeb und ArbN können dann jeweils besser die Erfolgsaussichten von „Antrag und Annahme" abschätzen. So können die Tarifpartner auch Quoten für Teilzeitbeschäftigungen tarifvertraglich bestimmen (BAG 24.6.08 – 9 AZR 313/07, NZA 08, 1309; 21.11.06 – 9 AZR 138/06, BB 07, 1001 zum Bereich der Luftfahrt, dazu *Haußmann* BB 07, 1004; *Sievers* jurisPR-ArbR 23/07 Anm 3). Das BAG hat weiter erkannt, dass Tarifvertragsparteien auf Grund der ihnen grundgesetzlich gewährleisteten Tarifautonomie (Art 9 Abs 3 GG) Ansprüche der ArbN auf befristete Verringerung der Arbeitszeit begründen können (BAG 16.12.14 – 9 AZR 915/13, BeckRS 2015, 67390 zu § 11 TVöD). Wegen des sich ergebenden Spannungsverhältnisses zu § 8 TzBfG hat der Senat (BAG 21.11.06 – 9 AZR 138/06, BB 07, 1001) allerdings weiter entschieden, dass die Sperrfrist des § 8 Abs 6 TzBfG dann nicht eingreift, wenn der ArbGeb den Antrag des ArbN auf unbefristete Verringerung der Arbeitszeit wegen der Erfüllung der tariflichen Quote durch befristete Teilzeitarbeitsverträge abgelehnt hat. Soweit solche Tarifverträge vereinbart werden, können die Ablehnungsgründe im Geltungsbereich des Tarifvertrags auch von nicht tarifgebundenen ArbN und ArbGeb übernommen werden.

38 **h) Entscheidung.** Der ArbGeb hat seine Entscheidung über die Verringerung der Arbeitszeit und ihre Verteilung ArbN **form- und fristgebunden** mitzuteilen (§ 8 Abs 5 Satz 1). Das gilt nach dem Wortlaut des Gesetzes sowohl für Zustimmung als auch für Ablehnung. Die Entscheidung ist dem ArbN **spätestens einen Monat** vor dem gewünschten Beginn der Verringerung mitzuteilen. Je nach der Entscheidung des ArbGeb kann sie sich auf **beide Aspekte** beziehen, also den Umfang der Verringerung und/oder die Verteilung. Hat der ArbGeb betriebliche Gründe nur gegen die gewünschte Lage der Arbeitszeit, so ist das klarzustellen. Die Mitteilung bedarf außerdem der **Schriftform.** Die Ablehnungserklärung ist eine empfangsbedürftige, ggf auszulegende Willenserklärung (BAG 20.1.15 – 9 AZR 860/13, NZA 15, 805). Ob dem ArbN eine vom ArbGeb oder einer hierzu bevollmächtigten Person unterzeichnete Erklärung zugehen muss (§§ 125, 126, 130 BGB, so jetzt BAG 20.1.15 – 9 AZR 860/13, NZA 15, 805) oder ob Textform (§ 126b BGB) genügt, ist streitig (ausführlich ErfK/*Preis* § 8 Rz 17; zur Geltendmachung eines Anspruchs BAG 11.10.2000 – 5 AZR 313/99, NZA 01, 231). Das BAG (27.6.17 – 9 AZR 368/16, BeckRS 2017, 123671) hat nun nochmals bekräftigt, dass die Ablehnung des Verringerungsverlangens unter Einhaltung der Schriftform des § 126 Abs 1 BGB erfolgen muss. Bei einer Vertretung durch einen Dritten sollte daher, soweit dessen Bevollmächtigung nicht unzweifelhaft ist, dem Ablehnungsschreiben vorsorglich eine gesonderte **Vollmachts-**

**urkunde** beigelegt werden (zB bei anwaltlicher Vertretung). Fehlt es an einer rechtzeitigen schriftlichen Erklärung des ArbGeb, so gelten die gewünschte Arbeitszeit und ihre Verteilung als festgelegt. Zur **Frist** gilt, dass zwischen dem Zugang des Schreibens beim ArbN und dem von ihm gewünschten Beginn der Arbeitszeitverringerung ein voller Monat liegen muss (§§ 188 Abs 2, 187 Abs 1 BGB). Der ArbGeb sollte dafür sorgen, dass er die Einhaltung dieser formellen Anforderungen nachweisen kann und deshalb möglichst eine schriftliche Empfangsbestätigung des ArbN einholen. Weitere formelle Anforderungen sind nicht verlangt; insbes ist die Ablehnung anders als nach § 15 Abs 6 BEEG **nicht zu begründen.**

**i) Fiktion.** Die sich im Fall einer fehlenden einvernehmlichen Regelung ergebenden Rechtfolgen sind § 8 Abs 5 Satz 2 und 3 TzBfG zu entnehmen. Keine Besonderheiten bestehen, wenn der ArbGeb seine ablehnende Entscheidung form- und fristgerecht mitgeteilt hat. Ob der ArbN diese Entscheidung akzeptiert oder gerichtliche Hilfe in Anspruch nimmt, ist ihm überlassen. Hat der ArbGeb indessen seine ablehnende Entscheidung nicht form- und fristgerecht geltend gemacht, so verringert sich die Arbeitszeit des ArbN im gewünschten Umfang **kraft Gesetzes.** Diese Fiktion gilt auch hinsichtlich der Verteilung der dann herabgesetzten Arbeitszeit. Hatte der ArbN **keinen Verteilungswunsch** mitgeteilt, verbleibt es insoweit grds beim **Weisungsrecht** des ArbGeb, die Lage der Arbeitszeit einseitig festzulegen (→ *Arbeitszeit* Rn 33). **39**

**j) Änderungsvorbehalt.** Nach § 8 Abs 5 Satz 4 TzBfG kann der ArbGeb die einvernehmlich oder fiktiv verteilte Arbeitszeit, also die **Lage** der Arbeitszeit, nicht deren Dauer, wieder ändern, wenn „das betriebliche Interesse" an der Umgestaltung der Arbeitszeit das Interesse des ArbN an der Beibehaltung erheblich überwiegt und der ArbGeb die Änderung spätestens einen Monat vorher angekündigt hat. „Einvernehmlich" verteilt iSd Vorschrift ist auch die gerichtlich durchgesetzte Arbeitszeit. Die neuerliche Verteilung der Arbeitszeit ist eine rechtsgeschäftsähnliche Erklärung, keine „Teilkündigung". Der BRat braucht nicht nach § 102 BetrVG angehört zu werden. Höchstrichterliche Rspr liegt hierzu noch nicht vor, so dass es ggf sinnvoll sein kann, den BRat zu beteiligen. Der ArbGeb kann die Neuverteilung nur auf Gründe stützen, die nach der erstmaligen Verteilung eingetreten sind. Bei einer durch Urteil erfolgten Verteilung der Arbeitszeit ist er mit den Gründen ausgeschlossen, die in dem Rechtsstreit vorgetragen worden sind oder hätten vorgetragen werden können (LAG Hamm 16.12.04 – 8 Sa 1520/04, NZA-RR 05, 405). Das ergibt sich aus dem Zeitpunkt, der für die Prüfung der vom ArbGeb vorgebrachten Ablehnungsgründe maßgeblich ist. **40**

Das **materiellrechtlich** verlangte erhebliche Überwiegen der Interessen des ArbGeb setzt voraus, dass überhaupt objektiv gewichtige Gründe an einer anderen Verteilung der Arbeitszeit bestehen. Erst in einem zweiten Schritt ist zu prüfen, weshalb der ArbN an der bisherigen Situation festhalten will. Der ArbGeb kann seine Interessen nicht allein deshalb durchsetzen, weil der ArbN nicht mehr als „Freizeitinteressen" anführen kann. **41**

Die Änderungserklärung ist fristgebunden. Der ArbGeb hat eine **Ankündigungsfrist** von einem Monat einzuhalten. Eine bestimmte Form wird nicht verlangt. Allerdings ist eine entsprechende Anwendung von kündigungsrechtlichen Vorschriften, wie etwa des § 623 BGB, zu überlegen (*Laux* TzBfG § 8 Rz 269). **42**

**k) Sperrfrist.** Nach § 8 Abs 6 TzBfG kann der ArbN eine erneute Verringerung der Arbeitszeit frühestens nach Ablauf von zwei Jahren verlangen, nachdem der ArbGeb einer (ordnungsgemäß beantragten, LAG Hessen 24.10.11 – 7 Sa 399/11, BeckRS 2014, 66433) Verringerung zugestimmt oder sie berechtigt abgelehnt hat. Zugestimmt iSd Vorschrift hat auch der ArbGeb, dessen Zustimmung durch gerichtliche Entscheidung nach § 894 ZPO als erteilt gilt. Ob der ArbGeb den Antrag des ArbN „berechtigt" abgelehnt hat, ist nach den zur Zeit der Ablehnung geltenden Umständen zu beurteilen. **Zweck** dieser Regelung ist ersichtlich, in das Arbeitsverhältnis „Ruhe" zu bringen. Arbeitszeitfragen sollen jedenfalls für eine befristete Zeit keine Rolle spielen. Der ArbGeb soll über die Arbeitskraft des ArbN jedenfalls für diese Zeit im Rahmen des vertraglich Vereinbarten verfügen können. Ihm wird insoweit **Planungssicherheit** verschafft. Die Sperrfrist gilt nicht nur für die in der Vorschrift ausdrücklich genannte Verringerung der Arbeitszeit sondern auch für die Verteilung. Vorausgesetzt ist deshalb, dass sich der ArbGeb mit dem Antrag des ArbN sachlich befasst hat, dh die betrieblichen Gründe geprüft hat (BAG 16.10.07 – 9 AZR 239/07, NZA 08, 289). **43**

44 **l) Prozessuales. aa) Verringerung der Arbeitszeit.** Können sich ArbGeb und ArbN über die Änderung des Arbeitsvertrags nicht einigen, kann der ArbN den Anspruch auf Verringerung der Arbeitszeit und deren Verteilung gerichtlich verfolgen. Die zu stellenden Anträge richten sich nach dem Umfang des Streits. Geht es ausschließlich um die Verringerung der Arbeitszeit, ist **Leistungsklage** auf **Zustimmung** des ArbGeb zu der im Klageantrag konkret anzugebenden Dauer der Arbeitszeit zu erheben. Dem **Bestimmtheitsgebot** (§ 253 Abs 2 Nr 2 ZPO) ist idR genügt, wenn die Dauer der verlangten Arbeitszeit nur im Verhältnis zur Arbeitszeit eines Vollzeitbeschäftigten angegeben wird („der Verringerung der Arbeitszeit auf die Hälfte eines Vollzeitbeschäftigten zuzustimmen"). Mit einem solchen Antrag wird zugleich klargestellt, dass der ArbGeb im Rahmen billigen Ermessens (§ 106 GewO) frei ist, die Lage der verringerten Arbeitszeit festzulegen. Ein bestimmtes Datum, zu dem die Verringerung eintreten soll, ist nicht zu nennen. Die Erklärung des ArbGeb gilt erst **mit Rechtskraft** eines stattgebenden Urteils als abgegeben (§ 894 ZPO). Bis dahin ist der ArbN verpflichtet, im vertraglich vereinbarten Umfang zu arbeiten. Mit dem Ausschluss der vorläufigen Vollstreckbarkeit (§ 62 ArbGG) wird im Interesse des ArbGeb ein „Hin und Her" der Beschäftigung je nach dem Ergebnis der Instanzen vermieden. Zur Möglichkeit einstweiligen Rechtsschutzes → Rn 53.

45 **bb) Verteilung der Arbeitszeit.** Die Verteilung der Arbeitszeit ist nach der dem Gesetz zugrunde liegenden Vertragslösung ebenfalls durch **Leistungsklage** zu verfolgen („den ArbGeb zu verurteilen, die Arbeitszeit wie folgt festzulegen" oder auch „... der Verteilung der Arbeitszeit auf ... zuzustimmen"). In jedem Fall handelt es sich um eine Klage auf Abgabe einer Willenserklärung, deren Vollstreckung von der Rechtskraft des statt gebenden Urteils abhängt. Es empfiehlt sich, in der Klagebegründung klarzustellen, ob dem Antrag auf Verringerung nur dann stattgegeben werden soll, wenn die Arbeitszeit wie gewünscht festgelegt wird (BAG 18.2.03 – 9 AZR 164/02, NZA 03, 1392; 23.11.04 – 9 AZR 644/03, NZA 05, 769). Ist streitig, ob sich die Parteien über die Vertragsänderung geeinigt haben oder ob die Fiktion nach § 8 Abs 5 TzBfG eingetreten ist, ist Klage auf **Feststellung** des Inhalts der Arbeitszeitregelung zu erheben. Vorsorglich sollte der ArbN „zweigleisig" vorgehen und zur Vermeidung einer Klageabweisung hilfsweise auf **Zustimmung und Festlegung** klagen. Ein Antrag auf **Beschäftigung nach Maßgabe der „neuen" Arbeitszeit** bis zur Rechtskraft des Urteils ist nicht zu stellen (aA *Mittag* AiB 02, 350). Einen solchen Anspruch begründet § 8 TzBfG nicht. Die Situation des ArbN ist mit der sozialen Situation eines ArbN nach erstinstanzlich gewonnenem Kündigungsschutzprozess nicht vergleichbar (→ *Weiterbeschäftigungsanspruch* Rn 14). Deshalb bietet sich auch die mehrfach empfohlene Leistungsklage auf Beschäftigung mit dem Antrag „den ArbGeb zu verurteilen, den ArbN an den Wochentagen ... von ... bis ... zu beschäftigen", nicht an (aA *Ziemann* ArbRB 02, 30; *Grobys/Bram* NZA 01, 1175). Er trifft den Sachverhalt nicht. Eine Beschäftigung mit der geänderten Arbeitszeit kann der ArbN erst mit Rechtskraft des Urteils verlangen. Etwas anderes gilt, wenn die Fiktionswirkung des § 8 Abs 5 Satz 2 und 3 TzBfG eingetreten ist (*Sievers* TzBfG § 8 Rz 147 ff).

Ausnahmsweise kann der ArbN isoliert auf eine andere Verteilung seiner Arbeitszeit klagen, wenn er außergerichtlich die Verringerung und Neuverteilung nicht miteinander verknüpft hat und der ArbGeb dem Verringerungs-, nicht aber dem Verteilungsantrag zugestimmt hat (BAG 16.12.08 – 9 AZR 893/07, NZA 09, 565).

46 **cc) Beurteilungszeitpunkt.** Die Feststellung über den Eintritt der **Fiktion** oder einer bereits erfolgten Einigung beurteilt sich ausschließlich nach den Tatsachen, die zur Vertragsänderung geführt haben sollen. Denn der ArbN beruft sich dann auf einen in der Vergangenheit abgeschlossenen Sachverhalt. Für die auf **Zustimmung/Festlegung** gerichtete Klage ist umstritten, ob der ArbGeb im Rechtsstreit auch solche Gründe vortragen kann, die erst nach dem Eingang seiner ablehnenden Entscheidung beim ArbN entstanden sind. Geltend gemacht wird, das Bestehen eines Anspruchs bestimme sich nach dem Tatsachenstoff zum Schluss der mündlichen Verhandlung. Deshalb seien alle bis dahin entstandenen Ablehnungsgründe zu berücksichtigen (*Rolfs* TzBfG § 8 Rz 55). Dem ist nicht zuzustimmen. Es ist auf den Zeitpunkt der Ablehnung des Arbeitszeitwunsches durch den ArbGeb abzustellen, wie sich aus der **Sperrfrist des § 8 Abs 6 TzBfG** ergibt (BAG 18.2.03 – 9 AZR 356/02, NZA 03, 911). Danach ist der ArbN nach einer berechtigten Ablehnung für die Dauer von zwei Jahren gehindert, den Antrag zu erneuern. Ob der Antrag **berechtigt**

**abgelehnt** worden ist, kann nur nach den damaligen Verhältnissen beurteilt werden. Die Vorschrift bezweckt den Schutz des ArbGeb. Er soll nicht ständig überprüfen müssen, ob nach wie vor Gründe bestehen, das Teilzeitverlangen des ArbN abzulehnen. Zu berücksichtigen sind alle Umstände, die **objektiv** vorgelegen haben. Hierzu gehören auch die Tatsachen, die beispielhaft der Einschätzung des ArbGeb zugrunde gelegen haben, das bisherige Arbeitszeitvolumen sei beizubehalten, weil mit steigendem Arbeitsanfall gerechnet werde und/oder eine Ersatzkraft sei nicht zu finden. Der spätere Wegfall dieses Grundes ist zu Gunsten des ArbN nur zu berücksichtigen, wenn der Rechtsstreit länger als zwei Jahre dauert und sämtliche Anspruchsvoraussetzungen (einschließlich der neuerlich einzuhaltenden Ankündigungsfrist von drei Monaten) vorliegen. Stellt sich im Rechtsstreit heraus, dass der ArbGeb das Teilzeitverlangen **unberechtigt** abgelehnt hat, kann er spätere Ablehnungsgründe nicht uneingeschränkt geltend machen. Andernfalls würde er besser gestellt als wenn er es berechtigt abgelehnt hätte (BAG 18.2.03 – 9 AZR 356/02, NZA 03, 911). Dagegen kann sich der ArbGeb auf erst später entstandene Ablehnungsgründe dann stützen, wenn er bei unterstellter Zustimmung sich einseitig von der geänderten Arbeitszeitregelung durch Kündigung nach § 2 KSchG oder Ausübung des Korrekturrechts nach § 8 Abs 5 Satz 4 TzBfG lösen könnte.

**dd) Darlegungs- und Beweislast** für die anspruchsbegründenden Tatsachen liegen beim ArbN. Der ArbGeb hat die Tatsachen darzulegen und zu beweisen, aus denen sich die entgegenstehenden betrieblichen Gründe ergeben. 47

**ee) Einstweiliger Rechtsschutz** auf Verringerung der Arbeitszeit und deren Verteilung bis zur Rechtskraft der Hauptsache ist trotz seiner Erfüllungswirkung nach § 940 ZPO nicht grds ausgeschlossen. Das gebietet schon der Anspruch des Einzelnen auf wirksamen Rechtsschutz, kommt aber nur in **Ausnahmefällen** in Betracht Der ArbN muss in seiner Person einen wichtigen Grund haben, der ihm das Abwarten der Entscheidung in der Hauptsache unzumutbar macht und das sofortige Eingreifen des Gerichts verlangt. Die Anspruchsvoraussetzungen des § 8 TzBfG sind glaubhaft zu machen. Die Prozessdauer des Hauptsacheverfahrens allein ist kein hinreichender Grund (→ *Elternzeit* Rn 28). Wegen des Eingriffs in die grds dem ArbGeb zustehende Organisationskompetenz müssen betriebliche Ablehnungsgründe ersichtlich fehlen oder mit hoher Wahrscheinlichkeit nicht gegeben sein. Versäumnisse der öffentlichen Hand, für eine angemessene Betreuung von Kindern zu sorgen, sind nicht zulasten des ArbGeb über den Anspruch des ArbN auf Verringerung seiner Arbeitszeit zu kompensieren. Es ist deshalb glaubhaft zu machen, dass geeignete Betreuungspersonen fehlen und/oder eine persönliche Betreuung erforderlich ist (ähnlich LAG RhPf 12.4.02 – 3 Sa 161/92, NZA 02, 857; LAG Köln 5.3.02 – 10 Ta 50/02, DB 02, 1280 (Ls); ArbG Bonn 10.4.02 – 4 Ga 23/02, NZA-RR 02, 416; aA LAG Bln 20.2.02 – 4 Sa 2243/91, NZA-RR 02, 858: Wahrscheinlichkeit des Obsiegens, ersichtliches Überwiegen der Interessen des ArbN). 48

Der Verfügungsantrag richtet sich nicht auf „Zustimmung des ArbGeb". Maßgeblich ist das Ziel des ArbN. Er will ohne Gefährdung seines Arbeitsverhältnisses verkürzt arbeiten. Dem entspricht ein Antrag, mit dem dem ArbGeb aufgegeben wird, den ArbN zu keinen anderen als zu den verlangten Zeiten zur Arbeit heranzuziehen. Nicht anders sind im Ergebnis auch Anträge/Entscheidungen auszulegen, mit denen dem ArbGeb aufgegeben wird, den ArbN zu den verlangten Arbeitszeiten zu beschäftigen (diesen Antrag empfiehlt *Korinth* ArbRB 18, 384). 49

Bei Streit über das Zustandekommen einer Vertragsänderung (einvernehmlich oder fiktiv) kommt einstweiliger Rechtsschutz allenfalls in Betracht, wenn der ArbN tatsächliche Nachteile für den Bestand des Arbeitsverhältnisses zu befürchten hat. Allein die Feststellung einer Änderung der Arbeitszeiten gemäß der Fiktion des § 8 Abs 5 Satz 2 und 3 TzBfG kann mit Hilfe des einstweiligen Rechtsschutzes nicht verlangt werden (LAG Hamm 8.7.08 – 14 SaGa 25/08, BeckRS 2008, 55457). 50

**9. Zeitlich begrenzte Verringerung der Arbeitszeit, § 9a TzBfG. a) Vorbemerkung.** Mit dem am 1.1.19 in Kraft getretenen **Gesetz zur Weiterentwicklung des Teilzeitrechts – Einführung einer Brückenteilzeit,** (BGBl I 2018, 2384) wird erstmals ein gesetzlicher Anspruch auf die sog **Brückenteilzeit,** dh die zeitlich begrenzte Verringerung der Arbeitszeit, eingeführt. Nach bisheriger Gesetzeslage konnte nur die zeitlich unbe- 51 grenzte Verringerung verlangt werden (hierzu *Sievers* JM 19, 100; *Löwisch* BB 18, 3061; *Oberthür* ArbRB 18,239; *Fröhlich* ArbRB 19, 225; *Merkel/Steinat* DB 18, 3318 – beide mit Checkliste für den ArbGeb; *Plum* MDR 19, 129; mit Bezug zu den kirchlichen Teilzeitregelungen: *Kuhner* ZMV 19, 116).

52 **b) Anspruchsvoraussetzungen.** Anspruchsberechtigt sind alle ArbN, deren Arbeitsverhältnis länger als sechs Monate bestanden hat. Es gelten dieselben Grundsätze wie zu § 8 TzBfG. Im Unterschied zu § 8 TzBfG setzt der Anspruch auf zeitlich begrenzte Arbeitszeitverringerung voraus, dass der ArbGeb in der Regel nicht nur mehr als 15, sondern mehr als 45 ArbN beschäftigt. Zur Berechnung geltend dieselben Grundsätze wie zu § 8 Abs 7 TzBfG. Die notwendige Zahl an ArbN muss im Zeitpunkt der Antragstellung und – im Fall der gerichtlichen Geltendmachung – auch zZ der gerichtlichen Entscheidungsfindung gegeben sein (*Sievers* TzBfG 6. Aufl Anh 9 Rdn 15).

53 **c) Inhalt des Anspruchs.** Der Zeitraum der Arbeitszeitverkürzung muss mindestens ein Jahr und darf höchstens fünf Jahre betragen. Nach Ablauf dieses Zeitraums muss der ArbN zunächst ein Jahr mit der ursprünglich vereinbarten höheren Arbeitszeit arbeiten. Erst danach kann er wieder einen Antrag auf begrenzte oder unbegrenzte Reduzierung der Arbeitszeit stellen, § 9a Abs 5 S 1 TzBfG. Während der Dauer der zeitlich begrenzten Verringerung der Arbeitszeit kann der ArbN außerdem keine weitere Verringerung und keine Verlängerung seiner Arbeitszeit verlangen, § 9a Abs 4 TzBfG. Das Gesetz verweist für die Verringerung und Verteilung der Arbeitszeit auf § 8 Abs 2 bis 5 TzBfG.

54 **d) Geltendmachung des Anspruchs.** Der Anspruch ist in **Textform** für einen im Voraus zu bestimmenden Zeitraum geltend zu machen. Die Ankündigungsfrist des § 8 Abs 2 S 1 TzBfG gilt entsprechend, § 9a Abs 3 TzBfG. An die Geltendmachung knüpft das Verfahren an, das auch für den unbegrenzten Verringerungsanspruch gilt, § 9a Abs 3 iVm § 8 Abs 2 bis 5 TzBfG. Darüber hinaus gilt die Fiktionswirkung des § 8 Abs 5 S 3 und 3 TzBfG.

55 **e) Ablehnungsgründe.** Im Unterschied zu § 8 TzBfG kann der ArbGeb dem Anspruch nicht nur betriebliche Gründe entgegenhalten. Ein ArbGeb, der idR mehr als 45, aber nicht mehr als 200 ArbN beschäftigt, kann noch sog **Überforderungsschutz** geltend machen. Zu den betrieblichen Gründen gilt § 8 Abs 4 TzBfG entsprechend. Allerdings können sich diese auch auf die Befristung der Verringerung beziehen, zB weil eine Vertretungskraft für den Zeitraum nicht gefunden werden kann (*Sievers* TzBfG 6. Aufl Anh 9 Rdn 21). Der gestaffelte Überforderungsschutz für ArbGeb, die bis zu 200 ArbN beschäftigen, sieht vor, dass je nach Anzahl der beschäftigten ArbN der Verringerungsantrag abgelehnt werden kann, wenn zum Zeitpunkt des begehrten Beginns der verringerten Arbeitszeit bereits eine bestimmte Anzahl von ArbN in zeitlich begrenzter Teilzeit beschäftigt werden. Für die im Rahmen des Überforderungsschutzes zu ermittelnde Anzahl der beschäftigten ArbN gelten dieselben Grundsätze wie bei § 8 Abs 7 TzBfG. Str ist, ob hier LeihArbM zu berücksichtigten sind (bejahend *Sievers* TzBfG 6. Aufl Anh 9 Rdn 24 f; verneinend Bayreuther NZA 18, 566). Maßgeblicher Zeitpunkt für die Feststellung der Anzahl der ArbN ist der Zeit des Beginns der begehrten Verringerung, § 9a Abs 2 S 2 TzBfG. Der ArbGeb hat also die Zahl bei seiner Entscheidung zu prognostizieren. Stellen mehrere ArbN zum selben Stichtag einen Verringerungsanspruch hat der ArbGeb eine Auswahl nach billigem Ermessen zu treffen. Maßgeblich sind nur die ArbN, die ihre Arbeitszeit zum Zeitpunkt der begehrten Verringerung der Arbeitszeit ebenfalls nach § 9a Abs 1 TzBfG zeitlich befristet reduziert haben (so ausdrücklich der Regierungsentwurf zum Gesetz, BR-Drs 281/18 v 14.6.18). Unerheblich sind damit gem § 15 BEEG oder nach dem PflegeZG bzw dem FPfZG in Teilzeit Beschäftigte.

56 **10. Arbeitszeitverkürzung und Gegenleistung.** Die Arbeitszeitverringerung wirkt sich notwendig auf die Entgeltansprüche des ArbN gegen den ArbGeb aus. Die mit dem ArbGeb nach § 611 BGB vereinbarte Vergütung vermindert sich im Verhältnis der bisherigen zur nunmehr geschuldeten Arbeitszeit. Eine solche „automatische" Entgeltminderung kommt allerdings nur hinsichtlich der zeitbezogenen Entgeltbestandteile in Betracht. Nicht erfasst werden echte erfolgsabhängige Leistungen wie die Vermittlungsprovision (→ *Arbeitsentgelt* Rn 8), wohl aber Super- oder Bezirksprovisionen, da mit ihnen keine eigene Leistung des ArbN abgegolten wird (BAG 11.4.2000 – 9 AZR 266/99, NZA 01, 153). Bei gewinn-

oder umsatzabhängigen Tantiemen (Näheres *Mitarbeiterbeteiligung*) und sonstigen Zielvereinbarungen beurteilt sich die Entgeltminderung nach den jeweiligen Anspruchsvoraussetzungen (*Gorbys* DB 01, 758; *Kelber/Zeißig* NZA 01, 577).

Eine Vereinbarung ist geboten, wenn es um **nicht teilbare Leistungen** geht wie etwa die Überlassung einer Dienstwohnung oder eines Dienstwagens auch zur Privatnutzung. Dabei kann auf bereits bestehende betriebliche Regelungen für TeilzeitArbN zurückgegriffen werden. Fehlen solche, ist die Vertragslücke durch ergänzende Vertragsauslegung zu schließen. Sie kann je nach den Umständen des Einzelfalls dazu führen, dass der ArbN weiterhin die Sachleistung ohne eigenen Kostenanteil beanspruchen kann oder die Sachleistung zwar weiterhin erhält, deren Wert aber teilweise durch einen eigenen Beitrag auszugleichen hat. Ein entschädigungsloser Wegfall der Sachleistung scheidet regelmäßig aus. Ihr Wert ist vielmehr abzugelten, das Entgelt des ArbN mithin um einen entsprechenden Betrag zu erhöhen (zu Lösungsvorschlägen *Kelber/Leißig* NZA 01, 577). 57

**11. Verlängerung der Arbeitszeit. a) Einführung.** Nach § 9 TzBfG hat der ArbGeb einen teilzeitbeschäftigten ArbN, der ihm den Wunsch nach einer Verlängerung seiner vertraglich vereinbarten Arbeitszeit angezeigt hat, bei der Besetzung eines entsprechend freien Arbeitsplatzes bevorzugt zu berücksichtigen, es sei denn, dass dringende betriebliche Gründe oder Arbeitszeitwünsche anderer teilzeitbeschäftigter ArbN entgegenstehen. ArbN, die bereits vollzeitbeschäftigt sind, haben keinen Anspruch auf Verlängerung ihrer vertraglichen Arbeitszeit. Die regelmäßige Arbeitszeit des Vollzeitbeschäftigten bildet die Obergrenze des Arbeitszeitverlängerungsanspruchs (BAG 21.6.11 – 9 AZR 236/10, BeckRS 2011, 76878). Die Vorschrift begründet bei Vorliegen der gesetzlichen Merkmale einen **Anspruch** auf Abschluss einer geänderten Arbeitszeitregelung (BAG 8.5.07 – 9 AZR 874/06, NZA 07, 1349; 15.8.06 – 9 AZR 8/06, NZA 07, 255). Die Vorschrift dient der Flexibilisierung der Arbeitszeit; ArbN sollen ermutigt werden, ihr Recht auf Verringerung der Arbeitszeit in Anspruch zu nehmen. Gleichwohl sind **anspruchsberechtigt** alle TeilzeitArbN einschließlich derjenigen, die in einem befristeten Arbeitsverhältnis stehen (BAG 16.1.08 – 7 AZR 603/06, NZA 08, 701). Auf eine vorherig nach § 8 TzBfG verringerte Arbeitszeit kommt es nicht an. **Gegenstand** der zu erhöhenden Arbeitszeit ist die „vertraglich" vereinbarte Arbeitszeit; dazu gehört die iSv § 8 Abs 5 TzBfG fiktiv bestimmte Arbeitszeit. Der vom ArbN – nunmehr zwingend in **Textform** – angezeigte **Wunsch** nach einer Verlängerung der Arbeitszeit löst zunächst die Informationspflicht des ArbGeb nach § 7 TzBfG, nicht aber bereits die Verpflichtung des ArbGeb, dem ArbN bei der Besetzung eines freien Arbeitsplatzes einen Antrag gem § 145 BGB auf Abschluss eines Vertrags mit einer erhöhten Arbeitszeit zu unterbreiten, aus (BAG 27.2.18 – 9 AZR 167/17, BeckRS 2018, 7787). Mit der ersten ablehnenden Äußerung des ArbG verliert der Verlängerungswunsch nicht automatisch seine, die Informationspflicht auslösende Wirkung (LAG Köln 6.12.18 – 7 Sa 217/18, BeckRS 2018, 43447, nrkr). Der ArbN kann dann entscheiden, ob er seine Arbeitszeit zu dem vom ArbGeb vorgesehenen Termin und im entsprechenden Umfang erhöhen will. Er muss deutlich machen, dass und welchen konkreten zu besetzenden Arbeitsplatz er beansprucht (Vertragsantrag iSv § 145 BGB; BAG 1.6.11 – 7 ABR 117/09, BeckRS 2011, 76301). Mit dem **Gesetz zur Weiterentwicklung des Teilzeitrechts – Einführung einer Brückenteilzeit** sind auch redaktionelle Änderungen des § 9 TzBfG, die kaum inhaltliche Änderungen bewirken, einhergegangen. Neu sind die Notwendigkeit, den Anspruch in Textform geltend zu machen und Verlagerungen in der Darlegungs- und Beweislast zugunsten des ArbN. 58

**b) Freier Arbeitsplatz.** Vorausgesetzt wird ein zu besetzender freier Arbeitsplatz; der Arbeitsplatz muss „eingerichtet" sein (LAG SchlHol 19.9.11 – 3 Sa 71/11, BeckRS 2011, 78775). Daran fehlt es, wenn die Aufstockung der Arbeitszeit nach dem Willen des ArbN durch den Abbau von Überstunden ermöglicht werden soll (BAG 18.7.17 – 9 AZR 259/16, NZA 17, 1401). Auch kann die Zusammenlegung mehrerer Teilzeitarbeitsplätze grds nicht verlangt werden. Die Organisationsentscheidung des ArbGeb, ausschließlich Teilzeitarbeitsplätze einzurichten, ist allerdings nur geschützt, wenn sie auf arbeitsplatzbezogenen Gründen beruht (BAG 15.8.06 – 9 AZR 8/06, NZA 07, 225; BAG 25.10.94 – 3 AZR 987/93, ArbuR 01, 146). Der Einwand des ArbGeb, er verfüge ausschließlich über Teilzeitarbeitsplätze, ist vorgeschoben und damit unbeachtlich, wenn er den ArbN tatsächlich über 59 mehrere Jahre hin in Vollzeit beschäftigt (LAG Köln 2.4.08 – 7 Sa 864/07, NZA-RR 09, 66). Der Arbeitsplatz ist nicht frei, wenn er endgültig mit einer anderen Person besetzt ist. Der ArbN kann nur noch Schadensersatzansprüche geltend machen (BAG 18.7.17 – 9 AZR 259/16, NZA 17, 1401; LAG Köln 12.8.15 – 11 Sa 115/15, BeckRS 2015, 73341). Der Schadensersatzanspruch hat nicht zum Inhalt, dass der ArbGeb auf diese Weise seine Zustimmung zur angetragenen Vertragsänderung erteilten muss. Er richtet sich vielmehr auf den finanziellen Ausgleich der Nachteile, die der ArbN infolge der Stellenbesetzung in kausal-adäquater Weise erleidet. Der Arbeitsplatz muss außerdem **entsprechend** sein, dh er muss mit dem von dem teilzeitbeschäftigten ArbN bisher eingenommenen Arbeitsplatz nach Arbeitsinhalt und Funktion gleich oder zumindest vergleichbar sein (BAG 16.9.08 – 9 AZR 781/07, NZA 08, 1285). Die Tätigkeiten müssen idR dieselben Anforderungen an die persönliche und fachliche Eignung des ArbN stellen (zur „Gleichwertigkeit" → *Versetzung* Rn 5). Auf die Vertragsbedingungen kommt es nicht an. Der zu besetzende Arbeitsplatz ist deshalb auch dann „entsprechend", wenn der ArbGeb die anfallende gleiche Tätigkeit lediglich anders (im Streitfall: tariffrei) vergüten will (BAG 8.5.07 – 9 AZR 874/06, NZA 07, 1349). Der ArbGeb kann dem Aufstockungsverlangen nicht entgegenhalten, er wolle auf dem entsprechenden freien Dauerarbeitsplatz sachgrundlos befristet beschäftigte ArbN einsetzen (LAG Köln 6.12.18 – 7 Sa 217/18, BeckRS 2018, 43447, nrkr). Ausnahmsweise gilt ein Arbeitsplatz mit **höherwertiger Tätigkeit** als „entsprechend", wenn der ArbGeb Teilzeitarbeit lediglich auf einer niedrigeren Hierarchiestufe zulässt und der ArbN wegen familiär bedingter Verringerung seiner Arbeitszeit seine frühere (höherwertige) Tätigkeit zugunsten seiner jetzigen Stelle aufgegeben hat (BAG 16.9.08 – 9 AZR 781/07, NZA 08, 1285).

60 **c) Eignung.** Der ArbN muss für den zu besetzenden Arbeitsplatz geeignet sein. Erfüllt er nach seinen Fähigkeiten und Kenntnissen das vom ArbGeb aufgestellte Anforderungsprofil, hat er gegenüber einem externen Bewerber Vorrang. Eine erforderliche Einarbeitungszeit ist unbeachtlich, wenn auch der Externe sie benötigt. Bei der Feststellung der Eignung hat der ArbGeb einen **Beurteilungsspielraum.**

61 **d) Ablehnungsgründe.** Der ArbGeb kann die danach grds gebotene Verlängerung der Arbeitszeit aus dringenden betrieblichen Gründen gleichwohl ablehnen. Der Begriff entspricht den Gründen, aus denen die Verringerung der Arbeitszeit eines ArbN in Elternzeit verweigert werden kann. Es muss sich um gleichsam „zwingende" Hindernisse handeln. Das kommt etwa in Betracht, wenn der ArbN auf seinem bisherigen Arbeitsplatz „unverzichtbar" ist. Ein Ablehnungsgrund besteht auch, wenn der ArbGeb verpflichtet ist, den freien Arbeitsplatz einem anderen ArbN zuzuweisen (zB § 78a BetrVG; → *Kündigung, betriebsbedingte* Rn 6). Die Ablehnungsgründe können sich damit regelmäßig nur auf die personelle Auswahl für die Besetzung des freien Arbeitsplatzes beziehen (BAG 8.5.07 – 9 AZR 874/06, NZA 07, 1349). Während der ArbN zeitlich begrenzt nach § 9a TzBfG seine Arbeitszeit reduziert hat, kann er keinen Anspruch nach § 9 TzBfG geltend machen, § 9a Abs 4 TzBfG.

62 **e) Auswahlentscheidung.** Bei der **Auswahl** unter mehreren interessierten und geeigneten TeilzeitArbN kann der ArbGeb nach **billigem Ermessen** entscheiden (§ 315 BGB analog). Seine Entscheidung ist gerichtlich nur eingeschränkt überprüfbar. Die Grundsätze zur sog Konkurrentenklage sind angesichts der ganz unterschiedlichen Zielsetzung (Art 33 Abs 2 GG „Bestenauslese" im öffentlichen Interesse) nicht heranzuziehen. Dem entspricht, dass der ArbGeb nicht verpflichtet ist, ein vorhandenes Stundenvolumen auf bestimmte TeilzeitArbN zu verteilen (BAG 13.2.07 – 9 AZR 575/05, NZA 07, 807: Aufstockung der Unterrichtsstunden in einer Musikschule). Da ein freies Arbeitszeitvolumen, das der ArbGeb zur Erhöhung der Arbeitszeit bereits beschäftigter TeilzeitArbN zur Verfügung stellt, kein freier Arbeitsplatz iSd § 9 TzBfG ist, ist der ArbGeb auch nicht verpflichtet, einen ArbN, der ihm den Wunsch nach Erhöhung seiner Arbeitszeit angezeigt hat, bei gleicher Eignung bevorzugt zu berücksichtigen. Er ist vielmehr in der Auswahl des ArbN frei, dem er die Erhöhung der Arbeitszeit anbietet. Er ist nicht an die Grundsätze billigen Ermessens gebunden (BAG 17.10.17 – 9 AZR 192/17, NZA 18, 174).

63 **f) Rechtsfolgen einer rechtswidrigen Ablehnung.** Die schuldhafte Nichtberücksichtigung begründet einen zeitlich nicht begrenzten Schadensersatzanspruch in Höhe der Vergütungsdifferenz (BAG 16.9.08 – 9 AZR 781/07, NZA 08, 1285). Der ArbN, der die

(rückwirkende) Verurteilung des ArbGeb zum Abschluss des Arbeitsvertrags mit verlängerter Arbeitszeit erreicht hat, hat Anspruch auf das entgangene Entgelt nach den Vorschriften über den Annahmeverzug, § 615 BGB. Hat der ArbGeb den Arbeitsplatz bereits anderweitig unter Verletzung des Anspruchs aus § 9 TzBfG besetzt, kann der übergangene ArbN Schadensersatz nach §§ 275 Abs 1 und 4, 280 BGB verlangen. Nach §§ 251, 252 BGB schuldet der ArbGeb dem ArbN grundsätzlich zeitlich unbegrenzt den entgangenen Verdienst (BAG 16.9.08 – 9 AZR 781/07, NZA 08, 1285). Der Anspruch setzt nach neuerer Rspr des BAG voraus, dass der ArbN dem ArbGeb ein annahmefähiges Angebot unterbreitet hat, den Arbeitsvertrag unter Vereinbarung einer erhöhten Arbeitszeit zu ändern (BAG 27.2.18 – 9 AZR 167/17, NZA 18, 1075). Dies soll selbst dann gelten, wenn der ArbGeb seiner Verpflichtung zur Information nach § 7 Abs 2 TzBfG nicht nachgekommen ist (daher zu Recht kritisch: *Sievers* jurisPR-ArbR 23/2018, Anm 1).

**g) Prozessuales.** Der Verlängerungsanspruch ist durch Leistungsklage, gerichtet auf 64
Zustimmung des ArbGeb zur Arbeitsvertragsänderung, zu erheben. Der Klageantrag kann ein in der Vergangenheit liegendes Datum enthalten. Wird ihm stattgegeben, kann für die Vergangenheit die Differenzvergütung grds nach § 615 BGB geltend gemacht werden (Hess LAG 28.11.14 – 14 Sa 465/12). Sobald der ArbGeb den Arbeitsplatz besetzt hat, kommt eine Verurteilung nicht (mehr) in Betracht (BAG 18.7.17 – 9 AZR 259/16, NZA 17, 1401; 16.9.08 – 9 AZR 781/07, NZA 08, 1285). Die Erfüllung des Anspruchs ist dem ArbGeb unmöglich geworden. Ggf kann der ArbN seinen Anspruch im Wege **einstweiliger Verfügung** sichern (gerichtet auf Nichtbesetzung des Arbeitsplatzes bis zur Entscheidung in der Hauptsache). Die Darlegungs- und Beweislast ist mit dem Gesetz zur Weiterentwicklung des Teilzeitrechts – Einführung einer Brückenteilzeit zugunsten des ArbN verändert worden. Der ArbGeb hat nunmehr die Darlegungs- und Beweislast dafür, dass ein entsprechender freier Arbeitsplatz nicht vorhanden ist und/oder der ArbN nicht mindestens gleich geeignet ist sowie dafür, dass dringende betriebliche Gründe entgegenstehen (*Boecken/Hackenbroich* DB 18, 956).

**12. Kündigungsverbot.** In § 10 ist ausdrücklich bestimmt, dass die Kündigung eines 65
Arbeitsverhältnisses wegen der Verweigerung eines ArbN, von einem Vollzeit- in ein Teilzeitarbeitsverhältnis oder umgekehrt zu wechseln, unwirksam ist. Das Recht zur Kündigung aus anderen Gründen bleibt unberührt. Die Vorschrift entspricht, abgesehen vom anderen Verbotsgrund, dem Kündigungsverbot wegen eines Betriebsübergangs; → *Betriebsübergang* Rn 68 ff.

**13. Arbeit auf Abruf. a) Begriff und Zulässigkeit.** Nach der gesetzlichen Definition 66
des § 12 Abs 1 Satz 1 TzBfG liegt Abrufarbeit vor, wenn der ArbN seine Arbeitsleistung entsprechend dem Arbeitsanfall zu erbringen hat, dh Abrufarbeit muss vereinbart werden. So ist die Vereinbarung einer „Festbeschäftigung mit flexibler Arbeitszeit nach den betrieblichen Erfordernissen" iZ als Vereinbarung einer Arbeit auf Abruf im Teilzeitarbeitsverhältnis zu verstehen (BAG 24.9.14 – 5 AZR 1024/12, BeckRS 2014, 73094). Derartige Arbeitsverträge, die dem ArbGeb eine flexible Anpassung der zur Verfügung stehenden Arbeitskraft an seine betrieblichen Bedürfnisse ermöglichen, sind zulässig, jedoch ggf anhand der §§ 305 ff BGB zu überprüfen. Im Arbeitsvertrag ist eine bestimmte Dauer der **wöchentlichen und täglichen Arbeitszeit** fest zu legen. Diese Festlegung führt zu keiner täglichen/wöchentlichen Abruf- oder Arbeitspflicht. Sie sichert dem ArbN das Entgelt, falls der ArbGeb das Stundenkontingent nicht ausschöpft. Die Arbeit auf Abruf hat mit dem am 1.1.19 in Kraft getretenen **Gesetz zur Weiterentwicklung des Teilzeitrechts – Einführung einer Brückenteilzeit** (BGBl I 2018, 2384; zur Abrufarbeit *Bepler* jurisPR-ArbR 26/2018; *Sievers* TzBfG 6. Aufl, Anh 9 Rdn 62 ff; *Weiss-Bölz/Heinz* AuA 19, 80; mit Formulierungsvorschlägen: *Schiefer* PuR 19, 115) zur besseren Planungs- und Einkommenssicherheit der ArbN Einschränkungen erfahren. Wenn die wöchentliche Arbeitszeit nicht festgelegt ist, gilt künftig eine Arbeitszeit von zwanzig, statt der bislang zehn, Stunden. Der Gesetzgeber verbindet damit die Hoffnung, dass sog Null-Stunden-Verträge in Zukunft deutlich seltener abgeschlossen werden. Mit dem neuen § 12 Abs 2 TzBfG wird die Rspr des BAG aus dem Jahr 2005 aufgegriffen. Das BAG hatte als zulässig beurteilt, wenn neben einer festen **Mindestdauer** der wöchentlichen und täglichen Arbeitszeit vereinbart wird, dass der ArbN darüber hinaus Arbeit je nach **Arbeitsanfall** zu leisten hat (BAG 7.12.05 –

5 AZR 535/04, NZA 06, 423). Wegen der teilweisen Verlagerung des Wirtschaftsrisikos auf den ArbN hatte es im Rahmen der Inhaltskontrolle (§§ 305 ff BGB) den „flexiblen" Anteil auf höchstens 25 % der vereinbarten wöchentlichen Mindestarbeitszeit begrenzt. Damit hatte das BAG die bisherige Diskrepanz der Rspr gelöst, nach der Eingriffe des ArbGeb in die Arbeitszeitdauer stets als Umgehung des Kündigungsschutzes angesehen wurden, während Entgeltminderungen durch einseitige Leistungsbestimmung des ArbGeb bis zu 30 % hingenommen wurden (zB Änderung des Verkaufsbezirks; Widerruf von Zulagen). Der neue § 12 Abs 2 TzBfG sieht nun eine entsprechende Begrenzung des Abrufrahmens vor. Ist für die Dauer der wöchentlichen Arbeitszeit eine Mindestarbeitszeit vereinbart, darf der ArbGeb nur bis zu 25 % der wöchentlichen Arbeitszeit zusätzlich abrufen. Ist dagegen eine Höchstarbeitszeit vereinbart, darf er nur bis zu 20 % der wöchentlichen Arbeitszeit weniger abrufen. Der maßgebliche Referenzzeitraum ist die Arbeitswoche. Nach § 307 BGB unwirksam ist eine Klausel, nach der sich Umfang und Lage der Arbeitszeit nach dem jeweiligen Arbeitsanfall richten, da sie eine wöchentliche Arbeitszeit von 0 bis 48 Stunden zulässt (LAG Düsseldorf 19.8.15 – 7 Sa 233/15, BeckRS 2015, 72691). Zur Abrufarbeit bei witterungsabhängigen Unternehmen BAG 9.7.08 – 5 AZR 810/07, NZA 08, 1407. Von der Abrufarbeit zu unterscheiden sind **Rahmenvereinbarungen** über künftige, erst noch abzuschließende Einzelarbeitsverträge als Tagesaushilfe, wie sie häufig mit Studenten eingegangen werden (→ *Studentenbeschäftigung* Rn 8). Sie begründen kein Abrufarbeitsverhältnis (BAG 31.7.02 – 7 AZR 181/01, BB 03, 525 zur Vorläufervorschrift des § 4 BeschFG).

67 **b) Fehlende Festlegung.** Haben die Parteien keine wöchentliche Arbeitszeit festgelegt, so gilt mit der Neufassung zum 1.1.19 eine Arbeitszeit von zwanzig (bislang: zehn) Wochenstunden als vereinbart. Ist die tägliche Arbeitszeit nicht festgelegt, hat der ArbGeb die Arbeitsleistung des ArbN jeweils für mindestens drei aufeinander folgende Stunden in Anspruch zu nehmen. Nach LAG Köln 7.12.01 – 11 (6) Sa 827/01, NZA-RR 02, 415 soll ein Vollzeitarbeitsverhältnis bestehen, wenn überhaupt keine Mindestarbeitszeit vereinbart ist (Badewärter im Sommerbad).

68 **c) Arbeitspflicht.** Der ArbN ist zur Arbeitsleistung nur verpflichtet, wenn der ArbGeb ihm die Lage seiner Arbeitszeit jeweils mindestens vier Tage im Voraus mitteilt. Die **Mindestbeschäftigung** beträgt drei Stunden. Werden diese Vorgaben nicht eingehalten, behält der ArbN gleichwohl Anspruch auf Vergütung nach den Vorschriften über den *Annahmeverzug* (§§ 293 ff BGB). Er hat Anspruch auf **Feiertagsvergütung,** wenn er ohne den Feiertag mit hoher Wahrscheinlichkeit zur Arbeit herangezogen worden wäre. Deren Berechnung regelt der neue § 12 Abs 5 TzBfG. Die hierfür streitenden tatsächlichen Umstände hat der ArbN vorzutragen; der ArbGeb hat sich zu ihnen konkret zu erklären (BAG 24.10.01 – 5 AZR 245/00, DB 02, 1110). Arbeit auf Abruf kann auch innerhalb eines Schichtsystems geleistet werden. Ob ein Anspruch auf **Schichtzulage** besteht, richtet sich nach den anzuwendenden arbeitsrechtlichen Regelungen (BAG 24.9.08 – 10 AZR 106/08, NZA 08, 1424 bejaht für den Tarifbereich Deutsche Lufthansa). Dass der ArbGeb bei der Aufstellung der Schichtpläne auf die Einsatzwünsche der ArbN Rücksicht nimmt, ist hierfür unerheblich. Die mit Schichtarbeit verbundenen Erschwernisse werden bei Abrufarbeit nicht bereits durch die vereinbarte Vergütung kompensiert.

69 **d) Abweichende Vereinbarungen.** Die Befugnis der **Tarifvertragsparteien** ist eingeschränkt. Der ArbGeb konnte unter Geltung des BeschFG durch Tarifvertrag ohne Vorgabe irgendeiner Mindestbeschäftigung ermächtigt werden, die Arbeitsleistung des ArbN je nach Arbeitsanfall abzurufen (BAG 12.3.92 – 6 AZR 311/90, NZA 92, 938). Das ist nicht mehr zulässig. Der Tarifvertrag muss Regelungen über die tägliche und wöchentliche Arbeitszeit und die Vorankündigungsfrist vorsehen. Im Geltungsbereich des Tarifvertrags können nicht tarifgebundene Arbeitsvertragsparteien die Tarifvorschriften übernehmen.

70 **14. Arbeitsplätze/Job Sharing.** § 13 Abs 1–3 TzBfG regeln den Fall, dass ein ArbGeb mit einem oder mehreren ArbN vereinbart, dass diese sich die Arbeitszeit an einem Arbeitsplatz teilen. Das Weisungsrecht des ArbGeb hinsichtlich der Lage der Arbeitszeit ist dahin eingeschränkt, dass die Arbeitszeitverteilung untereinander Sache der Job-Sharer ist; können sie sich nicht einigen, fällt die Regelungsbefugnis dem ArbGeb zu. Allein die Arbeitsplatzteilung begründet keine Pflicht zur Vertretung des jeweils anderen Job-Sharers. Job-Sharer können nicht generell verpflichtet werden, sich bei Arbeitsausfall wechselseitig zu vertreten.

Es bedarf einer für jeden Vertretungsfall gesonderten Vereinbarung (LAG München 15.9.93 – 5 Sa 976/92, DB 93, 2599) oder der Vereinbarung der Vertretung für den Fall des Vorliegens betrieblicher Gründe und der Zumutbarkeit der Vertretung im Einzelfall (*Laux* TzBfG § 13 Rz 42; *Sievers* TzBfG § 13 Rz 11 ff). Eine Vertretungspflicht kann auch nicht im Wege der Änderungskündigung eingeführt werden (ArbG Bln 28.10.83 – 18 Ca 303/83, BB 84, 404). Sie kann rechtswirksam für Fälle dringenden betrieblichen Bedürfnisses vereinbart werden. Der ArbN ist zur Vertretung nur dann verpflichtet, wenn sie ihm im Einzelfall zumutbar ist.

**Abweichende Tarifregelungen** sind zulässig, wenn der Tarifvertrag Regelungen über die Vertretung enthält, § 13 Abs 4 TzBfG.

**15. Übernahme der Tarifvorschriften des öffentlichen Dienstes.** Soweit die Vorschriften über die Teilzeit abweichende Vereinbarungen durch einen Tarifvertrag zulassen (§ 8 Abs 3 Satz 3 und 4, § 9a Abs 6, § 12 Abs 3 und § 13 Abs 4 TzBfG), gelten die Bestimmungen der Tarifverträge für den öffentlichen Dienst auch zwischen nicht tarifgebundenen ArbGeb und ArbN außerhalb des öffentlichen Dienstes. Voraussetzung ist eine entsprechende arbeitsvertragliche Vereinbarung. Der ArbGeb muss außerdem die Kosten des Betriebes überwiegend mit Zuwendungen iSd Haushaltsrechts decken (§ 22 TzBfG). Eine Privilegierung für kirchliche Arbeitsvertragsrichtlinien ist nicht bestimmt. **71**

**16. Betriebsverfassungsrecht.** Teilzeitbeschäftigte sind ArbN iSv § 5 Abs 1 BetrVG. **72** Sie sind aktiv wahlberechtigt nach § 7 BetrVG und gem § 8 BetrVG nach sechsmonatiger rechtlicher Zugehörigkeit zum Betrieb wählbar (zur Wahlberechtigung von Zeitungszustellern BAG 29.1.92 – 7 ABR 27/91, DB 92, 1429).

**a) Mitbestimmungsrechte des Betriebsrats** bestehen nach § 87 Abs 1 Nr 2 BetrVG **73** bei der Festlegung von Beginn und Ende der täglichen Arbeitszeit einschließlich der Pausen sowie hinsichtlich der Verteilung der Arbeitszeit auf die einzelnen Wochentage. Nicht betroffen ist mithin die mit dem ArbN vereinbarte Dauer der täglichen/wöchentlichen Arbeitszeit. Nach der Rspr des BAG erfasst es aber die Festlegung der Mindestdauer der täglichen Arbeitszeit und einer Höchstzahl von Tagen in der Woche, an denen die Teilzeitbeschäftigten beschäftigt werden sollen, Mindestzahl arbeitsfreier Samstage, Schichtenregelung, Pausenlage und deren Dauer (BAG 13.10.87 – 1 ABR 10/86, DB 88, 341; 28.9.88 – 1 ABR 41/87, NZA 88, 184; ausführlich *Rieble/Gutzeit* NZA 02, 7). Für die einvernehmlich, fiktiv oder gerichtlich erfolgte Arbeitszeitverlagerung gelten grds keine Besonderheiten (*Hanau* NZA 01, 1168; zweifelnd *Schiefer* FA 01, 258).

**b) Beteiligung nach § 99 BetrVG.** Aufstockung und Verringerung der Arbeitszeit sind **74** keine *Versetzung* iSv § 95 BetrVG und unterliegen daher nicht der personellen Mitbestimmung (Näheres: *Mitbestimmung, personelle Angelegenheiten*). In der nach Dauer und Umfang nicht unerhebliche **Aufstockung** der vereinbarten Wochenarbeitszeit liegt dagegen eine **Einstellung,** zu der die Zustimmung des BRat einzuholen ist (BAG 25.1.05 – 1 ABR 59/03, NZA 05, 945; so auch zu § 75 BPersVG BVerwG 23.3.99 – 6 P 10/97, NVwZ-RR 2000, 518). Die Arbeitszeit muss für die Dauer von mehr als einem Monat um mindestens zehn Stunden/Woche erhöht werden (BAG 9.12.08 – 1 ABR 74/07, NZA-RR 09, 260).

Die Frage, ob der BRat seine **Zustimmung** zu einer **Einstellung** verweigern darf, weil **75** der ArbGeb den zu besetzenden Arbeitsplatz trotz Eignung nicht als Teilzeitarbeitsplatz ausgeschrieben hat (Gesetzesverstoß nach § 99 Abs 2 Nr 1 BetrVG), ist streitig (bejahend ua *Meinel/Heyn/Herms* TzBfG § 7 Rz 13; ausführlich *Herbert* DB 02, 2277 mwN; aA *Mengel* in *Annuß/Thüsing* TzBfG § 7 Rz 5; *Ehler* BB 01, 1146; ErfK/*Preis* § 7 TzBfG Rz 4). Solange die Frage nicht gerichtlich geklärt ist, empfiehlt es sich, vorab mit dem BRat die Ausschreibungsmodalitäten abzustimmen. Der BRat kann die Zustimmung zur Einstellung eines ArbN mit einer Wochenarbeitszeit von weniger als 20 Stunden verweigern, wenn ein **Tarifvertrag** die Beschäftigung von ArbN mit einer Arbeitszeit von weniger als 20 Stunden untersagt (BAG 28.1.92 – 1 ABR 45/91, NZA 92, 606).

Dem BRat kann ein Zustimmungsverweigerungsgrund nach § 99 Abs 2 Nr 3 BetrVG zustehen, wenn ein teilzeitbeschäftigter ArbN einen Anspruch auf Verlängerung seiner Arbeiszeit gem § 9 TzBfG bezogen auf den zu besetzenden Arbeitsplatz geltend gemacht hat. Entsprechend hat der ArbGeb den BRat im Rahmen des § 99 BetrVG darüber zu unterrichten, welcher ArbN aufgrund seines Verlängerungswunsches grundsätzlich für die Besetzung in Betracht kommt (BAG 1.6.11 – 7 ABR 117/09, BeckRS 2011, 76301).

**17. Rechtsprechungs-ABC zum Diskriminierungsverbot.**

76 **Abfindung.** Sinn und Zweck der Sozialplanabfindung rechtfertigen es, ihre Höhe entsprechend der persönlichen Arbeitszeit des ArbN bei Beendigung des Arbeitsverhältnisses im Verhältnis zur tariflichen Arbeitszeit zu bemessen (BAG 28.10.92 – 10 AZR 128/92, DB 93, 591).

77 **Akkordverdienst.** Wegen der mit steigender Arbeitszeitbelastung abnehmenden Leistungsfähigkeit des ArbN wird eine degressive Steigerung für zulässig erachtet (vgl *Arbeitsentgelt*).

**Altersfreizeit.** Teilzeitarbeitnehmer dürfen nicht von tariflicher Altersfreizeit ausgenommen werden (BAG 23.7.19 – 9 AZR 372/18, NZA 19, 1588).

78 **Altersversorgung.** Unzulässig ist der ausdrückliche Ausschluss von Teilzeitbeschäftigten oder die Aufstellung von Versorgungsvoraussetzungen, die regelmäßig nur Vollzeitkräfte erfüllen können (unter dem Gesichtspunkt der mittelbaren Diskriminierung: BAG 14.10.86 – 3 AZR 66/83, DB 87, 994 – die hiergegen eingelegte Verfassungsbeschwerde ist zurückgewiesen worden: BVerfG 28.9.92 – 1 BvR 496/87, DB 92, 2511; BAG 14.3.89 – 3 AZR 490/87, DB 89, 2336; 20.11.90 – 3 AZR 613/89, DB 91, 1330; EuGH 1.3.12 – C-393/10, NZA 12, 313). Unzulässig sind die Handhabung der **Zusatzversorgung im öffentlichen Dienst** (BAG 29.7.92 – 3 AZR 172/92, DB 93, 169), auch der Ausschluss von geringfügig Beschäftigten mit Mehrfachbeschäftigung iSv § 8 Abs 2 SGB IV, die zur SozVPflichtigkeit führt (BAG 16.3.93 – 3 AZR 389/92, DB 93, 1983; 16.1.96 – 3 AZR 767/94, DB 96, 939) und die Regelungen im Hamburger Ruhegeldgesetz (BVerfG 27.11.97 – 1 BvL 12/91, NZA 98, 247). Eine Versorgungsordnung, die geringfügig Beschäftigten im Gegensatz zu Vollzeitbeschäftigten keinen Zugang zur betrieblichen Altersversorgung gewährt, verstößt gegen das Benachteiligungsverbot (LAG München 13.1.16 – 10 Sa 544/15, BeckRS 2016, 68611). Wirksam ist eine Regelung, die an die RV anknüpft und nicht versicherungspflichtige ArbN ausnimmt (BAG 12.3.96 – 3 AZR 993/94, NZA 96, 939). Gegenstand des Anspruchs des ArbN ist die Verschaffung der Altersversorgung. Ist eine Nachversicherung aufgrund der Satzung des Versorgungswerks nicht möglich, muss der ArbGeb selbst eintreten (BAG 28.7.92 – 3 AZR 35/92, DB 93, 169). Solange die vorgesehene Wartezeit nicht abgelaufen ist, ist der Anspruch allerdings noch nicht entstanden (BAG 27.2.96 – 3 AZR 886/94, DB 96, 1827). Zur Betriebsrentenbemessung nach Einführung der gesetzlichen Teilrente s *Höfer/Preis* DB 92, 2295. Die Altersversorgung kann entsprechend der tatsächlichen Arbeitszeit gekürzt werden (BAG 25.10.94 – 3 AZR 149/94, NZA 95, 730; 28.5.13 – 3 AZR 266/11, BeckRS 2013, 71596); das gilt auch für Abrufarbeit (LAG Düsseldorf 1.6.95 – 5 Sa 255/95, DB 95, 1870). Da Leistungen der betrieblichen Altersversorgung jedoch nicht nur Entgeltcharakter zukommt, sind im Rahmen des § 4 Abs 1 S 2 TzBfG in der Regel nur Teilzeit- und Vollzeitbeschäftigte mit einer gleich langen Beschäftigungszeit vergleichbar (BAG 19.4.16 – 3 AZR 526/14, NZA 16, 820).

Nicht zu beanstanden ist, auf eine Gesamtversorgung von Teilzeitbeschäftigten die SozVRente auch insoweit anzurechnen, wie sie auf früheren Vollzeitbeschäftigungen beruht (BAG 14.10.98 – 3 AZR 385/97, NZA 99, 874). Auch sog gespaltene Rentenformeln sind im Hinblick auf § 4 Abs 1 S 1 TzBfG nicht zu beanstanden, obwohl bei Teilzeitbeschäftigten das rentenfähige Einkommen typischerweise unterhalb der Beitragsbemessungsgrenze liegt (BAG 1.12.12 – 3 AZR 588/10, NZA 13, 572 und nun ebenso EuGH 13.7.17 – C-354/15, *Kleinsteuber* NZA 17, 1047). EG-Recht verpflichtet nicht zur Aufstockung einer Altersversorgung um Kindererziehungszeiten (EuGH 13.12.94 – C-297/93, BB 95, 880). Bei versicherungsförmiger Versorgung können Gruppen gebildet werden, zB Vollzeit, Teilzeit oberhalb/unterhalb der Hälfte der regelmäßigen Arbeitszeit (BAG 5.10.93 – 3 AZR 695/92, DB 94, 739).

79 **Arbeitgeberdarlehen.** Der Ausschluss von Teilzeitbeschäftigten ist unzulässig (BAG 27.7.94 – 10 AZR 538/93, DB 94, 2348).

**Arbeitszeit.** Kann der ArbGeb den ArbN einseitig zur Arbeitsleistung heranziehen, ist er an das Gleichbehandlungsgebot gebunden (Diensteinteilung von Orchestermusikern). Der benachteiligte ArbN hat im fortbestehenden Arbeitsverhältnis keinen Geldanspruch, sondern Anspruch auf bezahlte Freistellung (BAG 3.12.08 – 5 AZR 469/07, NZA-RR 09, 527).

**Arbeitszeitverkürzung.** Bei Verkürzung der tariflichen regelmäßigen Wochenarbeitszeit der Vollzeitbeschäftigten ist bei gleich bleibender Vergütung der Angestellten oder Zahlung eines Lohnausgleichs für die im Stundenlohn beschäftigten ArbN, Teilzeitbeschäftigten eine Verkürzung ihrer Arbeitszeit anzubieten oder bei gleicher Arbeitszeit die Vergütung im Verhältnis zur Arbeitszeitverkürzung zu erhöhen (BAG 18.12.63 – 4 AZR 89/63, AP Nr 1 zu § 1 TVG Tarifverträge: Lederindustrie). Das gilt auch, wenn vergleichbaren vollbeschäftigten Lehrkräften ein Anspruch auf altersbedingte Pflichtstundenermäßigung zusteht (BAG 3.3.93 – 5 AZR 170/92, DB 93, 2491; 30.9.98 – 5 AZR 18/98, NZA 99, 774). Umgekehrt führt die Anhebung der Pflichtstundenzahl für Vollzeitkräfte zu einer entsprechenden Minderung des Gehaltsanspruchs der Teilzeitbeschäftigten (BAG 17.5.00 – 5 AZR 783/98, NZA 01, 799). Zur Arbeitszeitverkürzung als Belastungsausgleich vgl auch BAG 29.1.92 – 5 AZR 518/90, DB 93, 278. 80

**Beihilfe.** Eine Kürzung ist unzulässig, wenn sich der Leistungszweck am Bedarf des ArbN orientiert (BAG 25.9.97 – 6 AZR 65/96, NZA 98, 151). Anderes gilt, sofern sie als anlassbezogener Zuschuss zum laufenden Arbeitsentgelt gewährt wird (BAG 19.2.98 – 6 AZR 477/96, BB 98, 1644 [LS]). 81

**Bereitschaftsdienst** und **Rufbereitschaft** sind zu leisten (BAG 1.12.94 – 6 AZR 501/94, DB 95, 2482). 82

**Betriebsrat.** Ein **teilzeitbeschäftigtes Betriebsratsmitglied** hat zum Ausgleich für die außerhalb seiner Arbeitszeit erfolgte Teilnahme an einer erforderlichen Schulung (§ 37 Abs 6 BetrVG) Anspruch auf entsprechende bezahlte Arbeitsbefreiung, begrenzt auf die Arbeitszeit eines vollzeitbeschäftigten ArbN (BAG 16.2.05 – 7 ABR 30/04, NZA 05, 936). Das schließt die Bezahlung der Reisezeit ein, es sei denn, An- und Abfahrt hätten auch bei einer Vollzeitbeschäftigung außerhalb der Arbeitszeit gelegen (BAG 10.11.04 – 7 AZR 131/04, NZA 05, 704). Existiert eine § 37 Abs 6 BetrVG entsprechende Vorschrift im kirchlichen Mitarbeitervertretungsrecht nicht und gibt es keine andere Grundlage für einen Ausgleichsanspruch des teilzeitbeschäftigten Mitglieds der Mitarbeitervertretung, so ist die darin liegende Benachteiligung durch sachliche Gründe iSd § 4 Abs 1 S 1 TzBfG gerechtfertigt (BAG 1.6.17 – 6 AZR 495/16, NZA 17, 1212 unter Verweis auf die Einschätzungsprärogative des kirchlichen Gesetzgebers zum sog Ehrenamtsprinzip). Eine Vereinbarung, wonach die zu vergütende wöchentliche Arbeitszeit eines teilzeitbeschäftigten, von der beruflichen Tätigkeit freigestellten Personalratsmitglied wegen des Umfangs der Personalratstätigkeit für die Dauer der Freistellung von 19,25 Stunden auf 30 Stunden pauschal erhöht wird, ist wegen Verstoßes gegen das Begünstigungsverbot in § 8 BPersVG nach § 134 BGB nichtig (BAG 16.2.05 – 7 ABR 95/04, NZA-RR 05, 556). Die Entscheidung gilt auch für die Auslegung des Begünstigungsverbots in § 78 BetrVG. Vgl auch → *Betriebsratsschulung* Rn 23 und → *Betriebsratsfreistellung* Rn 25 ff. 83

**Bewährungsaufstieg.** Längere Bewährungszeiten für Teilzeitkräfte sind nur dann gerechtfertigt, wenn die Bewährungszeit das steigende Erfahrungswissen honoriert und bei ihrem Ablauf Vollzeitbeschäftigte über ein nicht unwesentlich größeres Wissen als Teilzeitbeschäftigte verfügen. Eine generell erhöhte persönliche Qualifikation der Vollzeitbeschäftigten genügt nicht (zu § 23a BAT BAG 2.12.92 – 4 AZR 152/92, DB 93, 586 unter Aufgabe von BAG 14.9.88 – 4 AZR 351/88, DB 89, 1425; zur **Stufenzuordnung** ebenso: BAG 27.3.14 – 6 AZR 571/12, BeckRS 2014, 69697). Vor dem 1.5.85 zurückgelegte Zeiten sind anzurechnen (EuGH 7.2.91 – C-184/89, DB 91, 660; BAG 25.9.91 – 4 AZR 631/90, DB 92, 226). Zum Fallgruppenaufstieg s BAG 9.3.94 – 4 AZR 301/93, DB 94, 2138. 84

**Bildschirmarbeitsplatz.** Zulässig ist die aus arbeitsmedizinischen Gründen erfolgte Beschränkung der Arbeitszeit am Bildschirm von Vollzeitbeschäftigten auf 50 %, der der Teilzeitbeschäftigten auf 75 % (BAG 9.2.89 – 6 AZR 174/87, DB 89, 1424). 85

**Eingruppierung.** TeilzeitArbN, auch geringfügig Beschäftigte iSv § 8 Abs 1 SGB IV, sind in bestehende Tarifentgeltsysteme einzugruppieren (BAG 18.6.91 – 1 ABR 60/90, DB 91, 2140; → *Eingruppierung* Rn 4). Eine Vorbeschäftigung in Teilzeit genügt bei der Stufenzuordnung nach § 40 Nr 5 TV-L, da die Bestimmung einen zeitlichen Mindestumfang der Vorbeschäftigung nicht festlegt (BAG 27.3.14 – 6 AZR 571/12, BeckRS 2014, 69697). 86

87 **Entgeltfortzahlung im Krankheitsfall** wird seit 1.6.94 einheitlich für alle ArbNGruppen durch das EFZG geregelt.

88 **Feiertagsvergütung.** Fällt infolge des Feiertages die Arbeit aus, ist Feiertagsvergütung zu zahlen; ausgefallene Arbeitszeit ist weder vor- noch nachzuholen. Für Arbeiten am Feiertag sind die betriebsüblichen Zuschläge zu zahlen. Vgl → *Entgeltfortzahlung* Rn 23.

89 **Freistellung** können Teilzeitbeschäftigte, deren Arbeitszeit um 12.00 Uhr endet, nicht zusätzlich verlangen, wenn der ArbGeb allen ArbN vor einem besonderen Feiertag ab 12.00 Uhr freigibt (BAG 26.5.93 – 5 AZR 184/92, DB 94, 99). Ein wegen der Lage seiner Arbeitszeit nicht in den „Genuss" von Brückentagen kommender Teilzeitbeschäftigter kann keine Freistellung an anderen Tagen verlangen, da die ungleiche Behandlung nicht auf der Dauer, sondern auf der Lage seiner Arbeitszeit beruht (LAG RhPf 13.1.15 – 6 Sa 484/14, BeckRS 2015, 71773).

**Funktionszulagen** können zeitanteilig gekürzt werden (BAG 17.4.96 – 10 AZR 617/95, NZA 97, 324; 18.3.09 – 10 AZR 338/08, BeckRS 2009, 62106).

90 **Gesundheitsschutz** Bildschirmarbeitsplatz → Rn 85.

91 **Gleitzeit.** Betriebsvereinbarungen, deren persönlicher Geltungsbereich sich auf Vollzeitbeschäftigte beschränkt, können gegen das Verbot mittelbarer Diskriminierung verstoßen, wenn Teilzeitkräfte durch sie tatsächlich von der Teilnahme an der gleitenden Arbeitszeit ferngehalten werden (LAG Frankfurt 10.11.89 – 13 Sa 255/89, DB 91, 918).

92 **Jubiläumszahlung.** Unzulässig war die Regelung des § 39 Abs 1 Unterabsatz 3 Satz 2 BAT aF, wonach nichtvollbeschäftigte ArbN die Leistung zeitanteilig erhalten, obwohl die Höhe der Leistung weder von der Verdiensthöhe, Art und Weise sowie Wertigkeit des Dienstes abhängig und in die zu berücksichtigende Dienstzeit auch Ruhenszeiten einbezogen werden (BAG 22.5.96 – 10 AZR 618/95, DB 96, 1783). Eine betriebliche Regelung, nach der sich die Höhe der Zuwendung auch nach dem Umfang der Tätigkeit während der Betriebszugehörigkeit bemisst, ist dagegen nicht zu beanstanden (BAG 13.12.2000 – 10 AZR 383/99, BeckRS 2000, 30985984).

93 **Kündigungsschutz** greift unabhängig von der Dauer der Arbeitszeit und der tatsächlichen Beschäftigung nach Ablauf der Wartezeit von sechs Monaten ein (§ 1 KSchG). Nimmt ein geringfügig Teilzeitbeschäftigter eine weitere Tätigkeit mit der Folge der SozVPflichtigkeit auf, kann hierauf eine Kündigung regelmäßig nicht gestützt werden (hierzu ArbG Bonn 8.1.93 – 4 Ca 2365/92, DB 93, 1148). Die Wartezeit für eine **tarifliche Unkündbarkeit** darf nicht länger sein als für Vollzeitbeschäftigte (BAG 13.3.97 – 2 AZR 175/96, NZA 97, 842).

**Lehrer.** Eine teilzeitbeschäftigte Lehrkraft, die anlässlich einer ganztägigen Klassenfahrt wie eine Vollzeitkraft arbeitet, hat Anspruch auf entsprechende Arbeitsbefreiung unter Fortzahlung der Vergütung oder auf zusätzliche anteilige Vergütung (BAG 25.5.05 – 5 AZR 566/04, NZA 05, 981). Dagegen hat das BVerwG für beamtete Lehrkräfte einen Anspruch auf zusätzliche Besoldung verneint (BVerwG 23.9.04 – 2 CCR 61/03, DVBl 05, 453). Teilzeitbeschäftigte Lehrer sind verpflichtet, Weisungen zur Teilnahme an Konferenzen Folge zu leisten (LAG Hamm 27.1.11 – 17 Sa 1365/10, BeckRS 2001, 69911).

94 **Lohnerhöhung.** Nichtig ist eine tarifliche Regelung, durch die Teilzeitbeschäftigte von einer Lohnerhöhung ausgenommen sind, auf die vollzeitbeschäftigte ArbN nach Vollendung des 40. Lebensjahres und einer Dienstzeit von 15 Jahren Anspruch haben (BAG 5.11.92 – 6 AZR 420/91, NZA 93, 511 zu § 10 TVArb Bundespost).

95 **Mehrarbeits-/Überstundenzuschläge.** Die bisherige Rspr des BAG, dass tarifliche Regelungen, die den Zuschlag an die Überschreitung der regelmäßigen betrieblichen/tariflichen Arbeitszeit knüpfen, wirksam sind (BAG 20.6.95 – 3 AZR 539/93, DB 96, 685 und 687; 25.7.96 – 6 AZR 138/94, NZA 97, 774; BAG 26.4.17 – 10 AZR 589/15, NZA 17, 1069), ist seit den Entscheidungen des BAG v 23.3.17 (6 AZR 161/16, BeckRS 2017, 115721) und v 19.12.18 (– 10 AZR 231/18, NZA 19, 790) überholt (hierzu *Fink* ArbRB 19, 218; *Reinhardt-Kasperek* DB 19, 1456; *Litschen* öAT 19, 89; *Rambach* ZTR 19, 195; *Bissels/Falter* DB 19, 787). Vielmehr verstößt eine tarifliche Regelung, nach der ein Anspruch auf Mehrarbeitszuschläge erst besteht, wenn die für eine Vollzeittätigkeit maßgebliche Stundenzahl überschritten wird, gegen § 4 Abs 1 TzBfG

96 **Nebenberufliche Tätigkeit** ist kein Grund zur schlechteren Bezahlung (BAG 1.11.95 – 5 AZR 84/94, DB 96, 1285; 9.10.96 – 5 AZR 338/95, NZA 97, 728). Das gilt auch dann,

wenn der ArbN aufgrund seiner früheren hauptberuflichen Tätigkeit Altersruhegeld bezieht (BAG 1.11.95 – 5 AZR 84/94, DB 96, 1287). Verfassungsrechtliche Bedenken sollen allerdings nach BVerfG (18.2.93 – 1 BvR 1594/92, NZA 93, 741) nicht bestehen. Vgl auch → *Nebentätigkeit* Rn 2.

**Nebentätigkeit.** Ihre Ausübung ist nach § 11 BAT (jetzt: § 3 TVöD/TdL) genehmigungspflichtig (BAG 30.5.96 – 6 AZR 537/95, NZA 97, 145). **97**

**Ortszuschlag.** Kürzungen entsprechend der Dauer der Arbeitszeit sind zulässig (BAG 19.10.10 – 6 AZR 305/09, NZA-RR 11, 159); das gilt auch bei Altersteilzeit (BAG 24.6.04 – 6 AZR 389/03, BeckRS 2004, 30342770).

**Pauschalsteuer.** § 40a EStG stellt keinen sachlichen Grund dar, geringfügig Beschäftigte aus einem Tarifvertrag auszunehmen (LAG Düsseldorf 26.4.93 – 4 Sa 980/92, AiB 93, 578). **98**

**Pflegezulage.** Zeitanteilige Zahlung ist zulässig, weil die Zulage die arbeitszeitabhängigen besonderen Anforderungen an die Arbeit abgilt (BAG 10.2.99 – 10 AZR 711/97, NZA 99, 1001). **99**

**Qualifikation.** Nicht zu beanstanden ist es, wenn die unterschiedliche Vergütung an den Nachweis erfolgreich abgeschlossener Prüfungen anknüpft (Musikschullehrer s LAG Hamm 19.12.91 – 17 Sa 1365/91, BB 92, 858). Voraussetzung ist, dass auch der Tarifvertrag entsprechend differenziert (BAG 16.6.93 – 4 AZR 317/92, DB 93, 2288). **100**

**Soziale Lage** rechtfertigt eine Ungleichbehandlung dann, wenn die Leistung des ArbGeb sich an dieser Zweckbestimmung orientiert. Das kann zB der Fall sein bei der Vergabe von Werkswohnungen (→ *Dienstwohnung* Rn 1 ff). **101**

**Sozialpläne** können regeln, dass in Fällen, in denen sich die individuelle Arbeitszeit in der näheren Vergangenheit wesentlich geändert hat, nicht das letzte Entgelt, sondern eine die gesamte Betriebszugehörigkeit einbeziehende Durchschnittsberechnung maßgeblich ist (BAG 22.9.09 – 1 AZR 316/08, BB 10, 614). **102**

**Sozialzulage.** Sollen teilzeitbeschäftigte ArbN eine tarifliche Leistung, die sich allein am Familienstand und der Kinderzahl orientiert, nur anteilig entsprechend ihrer Arbeitszeit erhalten, muss dies ausdrücklich bestimmt sein (BAG 7.10.92 – 10 AZR 51/91, DB 93, 891 zu Tarifvertrag Einzelhandel BaWü).

**Spätarbeits- und Nachtarbeitszuschläge,** die VollzeitArbN erhalten, stehen auch TeilzeitArbN zu; eine entgegenstehende Tarifregelung ist nichtig (BAG 15.12.98 – 3 AZR 239/97, NZA 99, 882; BAG 24.9.03 – 10 AZR 675/02, NZA 04, 611). **103**

**Studenten in Teilzeit.** Nach Hess LAG (10.3.94 – 3 Sa 799/93, BB 94, 2493) ist die Befreiung von der gesetzlichen RV kein Grund zum Ausschluss aus einer betrieblichen Altersversorgung. Zeitzuschläge für Sonn-, Feiertags- und Nachtarbeit sind zu zahlen (ArbG Marburg 2.9.94 – 2 Ca 914/93, DB 95, 1468). Der Ausschluss von tariflichen Leistungen ist verfassungswidrig (BAG 28.3.96 – 6 AZR 501/95, NZA 96, 1280; BAG 12.6.96 – 5 AZR 960/94, NZA 97, 191). **104**

**Übergangsgeld.** Der Ausschluss aller oder einer Gruppe von Teilzeitbeschäftigten ist unzulässig (zu § 62 BAT EuGH 27.6.90 – C-33/89, DB 91, 100). Vgl auch → *Übergangsgeld/Überbrückungsgeld* Rn 1 ff. **105**

**Unkündbarkeit** tritt für Teilzeitbeschäftigte nach derselben Beschäftigungszeit wie für Vollzeitbeschäftigte ein (BAG 13.3.97 – 2 AZR 175/96, NZA 97, 842; BAG 18.9.97 – 2 AZR 592/96, NZA 98, 153). **106**

**Urlaub.** Teilzeitbeschäftigte haben Anspruch auf denselben Erholungsurlaub wie die Vollzeitbeschäftigten. Arbeiten sie nicht an jedem Arbeitstag/Woche sind zur Ermittlung der Urlaubsdauer die Arbeitstage rechnerisch in Beziehung zum Vollzeitarbeitsverhältnis zu setzen: **Beispiel: Vollzeit** 5 Tage, **Teilzeit** 3 Tage; Urlaubstage 30 **Arbeitstage;** 30 : 5 × 3 = 18 Urlaubstage (BAG 14.2.91 – 8 AZR 97/90, DB 91, 1987). Vgl → *Urlaubsdauer* Rn 5 ff. Steht dem Teilzeitbeschäftigten aus der zuvor ausgeübten Vollzeitbeschäftigung noch ein Urlaubsanspruch zu, so darf dieser nach dem Übergang in die Teilzeitbeschäftigung nicht – entsprechend der bisherigen Rspr des BAG (vgl BAG 28.4.98 – 9 AZR 314/97, NZA 99, 156) – verhältnismäßig gekürzt werden (EuGH 13.6.13 – C-415/12, NZA 13, 775). Dies hat das BAG nun bestätigt (10.2.15 – 9 AZR 53/14 (F), NZA 15, 1005). Für den umgekehrten Fall der Erhöhung der Arbeitszeit im Urlaubsjahr hat der EuGH entschieden, dass jeder Zeitabschnitt mit unterschiedlicher Arbeitszeit in Bezug **107**

auf die Entstehung von Urlaubsansprüchen separat zu betrachten ist (EuGH 11.11.15 – C-219/14, NZA 15, 1501).

108 **Urlaubsentgelt** ist für beide ArbNGruppen einheitlich zu berechnen (BAG 24.10.89 – 8 AZR 5/89, DB 90, 1040); → *Urlaubsentgelt* Rn 10, 11. Das BAG hat nun die EuGH-Rspr (22.4.10 – C-486/08, BeckRS 2010, 90469) aufgegriffen, nach der die Verringerung des Beschäftigungsumfangs nicht dazu führen darf, dass der von dem ArbN vor der Verringerung erworbene und nach der Verringerung angetretene Urlaub mit einem reduzierten Urlaubsentgelt vergütet wird und die die tariflichen Regelungen in § 26 und § 21 TV-L wegen mittelbarer Diskriminierung von Teilzeitbeschäftigten für nichtig erklärt, als sie eine solche Rechtsfolge vorsehen (BAG 20.3.18 – 9 AZR 486/17, BeckRS 2018, 11073; ebenso BAG 18.9.18 – 9 AZR 159/18, NZA 19, 262).

109 **Urlaubsgeld** ist entsprechend dem Anteil der Arbeitszeit zu zahlen (BAG 21.1.14 – 9 AZR 134/12, BeckRS 2014, 68294). Sieht ein Tarifvertrag ein pauschales Urlaubsgeld vor, dessen Höhe nicht vom Verdienst des ArbN abhängig ist, so ist das Urlaubsgeld zeitanteilig jedenfalls dann zu zahlen, wenn der Umfang der nebenberuflichen Tätigkeit es ausschließt, dass der ArbN in einem Hauptarbeitsverhältnis die ungekürzte tarifliche Leistung erhält (BAG 15.11.90 – 8 AZR 283/89, DB 91, 865). S → *Urlaubsentgelt* Rn 10.

110 **Verringerung der Arbeitszeit.** Eine Tarifvorschrift ist nichtig, wenn sie nur Vollzeitbeschäftigten und nicht auch Teilzeitbeschäftigten einen Anspruch auf Arbeitszeitverringerung aus familiären Gründen einräumt (BAG 18.3.03 – 9 AZR 126/02, BeckRS 2003, 41756).

111 **Wechselschichtzulage.** Im **öffentlichen Dienst** (§ 8 TVöD/TdL) besteht Anspruch auf die tarifliche Schicht- und Wechselschichtzulage pro rata temporis (BAG 24.9.08 – 10 AZR 634/07, NZA 08, 1422). Zulässig ist, Freischichten, die Vollzeitbeschäftigte wegen der besonderen Belastung durch Wechselschicht erhalten, den nicht ebenso betroffenen Teilzeitmitarbeitern zu verwehren (LAG Köln 10.1.92 – 13 Sa 767/91, DB 92, 692; BAG 11.3.93 – 6 AZR 96, 92, ZTR 94, 211). Unzulässig die anteilige Kürzung gem § 34 Abs 2 BAT (BAG 23.6.93 – 10 AZR 127/92, DB 93, 2188).

112 **Weihnachtsgeld** ist zeitanteilig zu zahlen (BAG 24.5.2000 – 10 AZR 629/99, NZA 01, 216); eine für alle ArbN einheitlich geltende Kürzung durch eine tarifliche Regelung ist insoweit unwirksam.

113 **Wochenenddienst.** Das BAG bejaht die Befugnis des ArbGeb, Teilzeitbeschäftigte zur gleichen Zahl von Wochenenddiensten wie Vollzeitbeschäftigte heranzuziehen. Es hat offen gelassen, ob die wöchentliche Arbeitszeit beider ArbNGruppen im gleichen Verhältnis zu verteilen ist (BAG 1.12.94 – 6 AZR 501/94, NZA 95, 590). Dies hat das LAG BlnBbg (20.8.15 – 26 Sa 2340/14, BeckRS 2015, 73250) nun bejaht und festgestellt, dass eine Benachteiligung wegen der Teilzeitarbeit vorliegt, wenn ein Teilzeitbeschäftigter zur Wochenendarbeit in gleichem Umfang wie ein Vollzeitbeschäftigter herangezogen wird.

## B. Lohnsteuerrecht *Seidel*

114 **1. Allgemeines.** Teilzeitbeschäftigte ArbN unterliegen mit ihrem Arbeitslohn der LSt nach den allgemeinen Vorschriften (→ *Lohnabzugsverfahren* Rn 2 ff; → *Lohnsteuerabzugsmerkmale* Rn 8 ff; → *Lohnsteuerabführung* Rn 2 ff). Zu den Voraussetzungen bei **geringfügiger Beschäftigung** → *Geringfügige Beschäftigung* Rn 20 ff. Bei **kurzfristiger Beschäftigung** ist eine Pauschalierung mit 25 % möglich (→ *Aushilfskräfte* Rn 22 ff). Bei Aushilfen in der **Land- und Forstwirtschaft** beträgt der Pauschsteuersatz 5 % (→ *Aushilfskräfte* Rn 27 ff). Zur Erhebung der KiSt in den Pauschalierungsfällen → *Kirchenlohnsteuer* Rn 17 ff. Die für **kurzfristig und in der Land- und Forstwirtschaft** beschäftigten ArbN geltenden Grundsätze der LStPauschalierung werden im Folgenden dargestellt. Die jeweiligen besonderen Voraussetzungen bei den einzelnen Arten der Teilzeitbeschäftigung sind unter den oben genannten Stichwörtern zu finden. Zum SolZ → *Solidaritätszuschlag* Rn 5. Bei Zahlung einer Vergütung während des Sabbaticals (→ Rn 71, 72); → *Arbeitszeitmodelle* Rn 17.

115 **2. Pauschale Lohnsteuer. a) Pauschalierung.** Sie steht im Ermessen des ArbGeb. Eines besonderen Antrags oder der ausdrücklichen Zustimmung des FA bedarf es nicht. Liegen die gesetzlichen Voraussetzungen vor, hat das FA auch nicht die Möglichkeit, die Pauschalierung insoweit zu untersagen, als die Pauschalsteuer offensichtlich von der nach

den allgemeinen Vorschriften zu erhebenden LSt abweicht. Der ArbGeb muss die Pauschalierung nicht bei allen in Betracht kommenden ArbN durchführen (BFH 20.11.08 – VI R 4/06, Rn 16, DStR 09, 263). **Unerheblich** ist im Steuerrecht, ob der ArbN noch aus einem anderen Dienstverhältnis Bezüge hat (LStR 40a.1 Abs 1 Satz 3). Ist er allerdings bei demselben ArbGeb bereits in einem (ersten) Arbeitsverhältnis tätig, sind die Bezüge zusammenzurechnen und einheitlich der LSt zu unterwerfen. Eine Aufteilung in ein pauschal besteuertes Arbeitsverhältnis und ein dem normalen LStAbzug unterworfenes Arbeitsverhältnis ist nicht zulässig (§ 40a Abs 4 Nr 2 EStG). Zu einer weiteren Ausnahme neben der geringfügigen Beschäftigung (→ *Geringfügige Beschäftigung* Rn 22) → *Mehrfachbeschäftigung* Rn 10.

Der Übergang vom normalen LStAbzug zur LStPauschalierung bei Teilzeitbeschäftigung (§ 40a EStG) oder umgekehrt während eines Kj ist als **Gestaltungsmissbrauch** (§ 42 AO) zu beurteilen, wenn dieser Wechsel allein zum Ziel hat, durch Ausnutzung der mit Lohneinkünften zusammenhängenden Frei- und Pauschbeträge der Besteuerung eines Teils des Lohnes zu entgehen (BFH 26.11.03 – VI R 10/99, BStBl II 04, 195). Die Pauschalierung nach § 40a EStG schließt den **Werbungskostenabzug** der mit diesen Einnahmen zusammenhängenden Aufwendungen beim ArbN aus (LStR 40a.1 Abs 1 Satz 5). Der ArbGeb hat die pauschale LSt als Steuerschuldner zu übernehmen. Der pauschal besteuerte Arbeitslohn und die pauschale LSt bleiben bei der EStVeranlagung (→ *Antragsveranlagung* Rn 2 ff) außer Ansatz. Die pauschale LSt ist weder auf die ESt noch die Jahreslohnsteuer anzurechnen (§ 40a Abs 5 iVm § 40 Abs 3 EStG; → *Lohnsteuerpauschalierung* Rn 5). Unzulässig ist die Pauschalierung, wenn der Arbeitslohn 12 € durchschnittlich je Arbeitsstunde übersteigt (§ 40a Abs 4 Nr 1 EStG). Wird der Arbeitslohn für kürzere Zeiteinheiten als 60 Minuten gezahlt, ist er zur Prüfung der Pauschalierungsgrenze umzurechnen. Die auf den Lohnzahlungszeitraum entfallende LStPauschalierungsschuld entsteht mit Ablauf des Lohnzahlungszeitraums, auflösend bedingt durch eine Überschreitung der Pauschalierungsgrenzen (BFH 21.7.89, BStBl II 89, 1032). Außer Betracht bei der Prüfung der Pauschalierungsgrenzen bleiben pauschal besteuerte Bezüge nach § 40 Abs 2 Satz 2 EStG (Fahrten zwischen Wohnung und Arbeitsstätte; → *Lohnsteuerpauschalierung* Rn 38, 39).

**b) Bemessungsgrundlage** der pauschalen LSt ist stets der ausgezahlte **Nettolohn.** Die Pauschalsteuer ist nicht hinzuzurechnen. Ist der ArbN aber gegenüber dem ArbGeb im Innenverhältnis verpflichtet, die **LSt** zu tragen, was bürgerlichrechtlich zulässig ist, gehören diese vom ArbN übernommenen Beträge zur Bemessungsgrundlage (§ 40 Abs 3 Satz 2 EStG; *Schmidt/Krüger* § 40a Rz 4; *Heuermann/Wagner* Teil H Rz 44). Bei der Prüfung der Lohngrenzen sind **Zukunftssicherungsleistungen** iSd § 40b EStG (→ *Lohnsteuerpauschalierung* Rn 41 ff) und ein- oder mehrmalige Sonderzuwendungen zu berücksichtigen (BFH 13.1.89, BStBl II 89, 1030). **Sonderzahlungen,** zB Weihnachtsgeld oder Urlaubsgeld, sind rechnerisch auf die Lohnzahlungszeiträume zu verteilen, für die sie erbracht werden (BFH 21.7.89, BStBl II 89, 1032). Es ist daher zB bei der Zahlung von Weihnachtsgeld zu berücksichtigen, dass dadurch eine an sich zulässige Pauschalierung der LSt unzulässig werden kann. Die für Teilzeitbeschäftigte entrichteten SozVBeiträge sind nicht Teil des Arbeitslohns iSd § 40a EStG (FG Hbg 16.6.81, EFG 82, 100). Steuerfreie Einnahmen (→ *Steuerfreie Einnahmen* Rn 5 ff) bleiben ebenfalls außer Betracht (LStR 40a.1 Abs 4 Satz 2; aA *Schmidt/Krüger* § 40a Rz 3, soweit es sich in Wirklichkeit um Werbungskostenersatz handelt). Der Altersentlastungsbetrag darf nicht abgezogen werden(LStR 40a.1 Abs 4 Satz 3) **116**

**c)** Für die **Erhebung** der Pauschalsteuer, eines etwaigen Säumniszuschlags und das Mahnverfahren ist die Deutsche RV Knappschaft-Bahn-See zuständig (§ 40a Abs 6 EStG). **117**

**d) Aufzeichnungspflichten** ergeben sich aus § 41 Abs 1 Satz 8 EStG iVm § 4 Abs 2 Nr 8 LStDV (→ *Lohnkonto* Rn 11). Neben dem Namen und der Anschrift genügt es, wenn der ArbGeb für den einzelnen ArbN die Dauer der Beschäftigung sowie den Tag der Zahlung und die Höhe des Arbeitslohns aufzeichnet. Dabei ist als Beschäftigungsdauer jeweils die Zahl der tatsächlich geleisteten Arbeitsstunden in den jeweiligen Lohnzahlungs- und Lohnabrechnungszeiträumen aufzuzeichnen (BFH 10.9.76, BStBl II 77, 17). Diese Aufzeichnungen dienen dem **Nachweis** der Voraussetzungen für die Pauschalierung, sind aber keine materiellrechtliche Voraussetzung hierfür. Die Voraussetzungen können auch auf andere Art nachgewiesen werden (BFH 12.6.86, BStBl II 86, 681). **118**

119 **e) Fehlerhafte Pauschalierung.** Die Nachversteuerung, zB bei Nichtbeachtung der Pauschalierungsgrenzen oder bei fehlendem Nachweis der Voraussetzungen erfolgt nach den allgemeinen Vorschriften, ggf auch im Wege der Schätzung, wobei der ArbGeb, aber auch der ArbN in Anspruch genommen werden kann (→ *Lohnsteuerhaftung* Rn 16–28). Möglicherweise kann auch eine Pauschalierung nach § 40 Abs 1 Nr 1 EStG (Nacherhebung in einer größeren Zahl von Fällen) in Betracht kommen (→ *Lohnsteuerpauschalierung* Rn 19 ff). Für die **Überprüfung** der Einhaltung der lohnsteuerrechtlichen Bestimmungen ist das BetriebsstättenFA zuständig. Das ggf andere WohnsitzFA ist an die Entscheidungen im Pauschalierungsverfahren nicht gebunden und kann daher bei der EStVeranlagung des ArbN die Zulässigkeit der Pauschalierung überprüfen (BFH 13.1.89, BStBl II 89, 1030; BFH 7.10.15 – VI B 49/15, BFH/NV 16, 38).

## C. Sozialversicherungsrecht *Voelzke*

120 **1. Allgemeines.** Das Vorliegen einer Teilzeitbeschäftigung steht der Annahme eines die SozVPflicht begründenden Beschäftigungsverhältnisses (§ 7 SGB IV) nicht entgegen, da dessen Bestand nicht von der Einhaltung einer Mindestarbeitszeit abhängt. Bei Erfüllung der hierfür erforderlichen Voraussetzungen (→ *Arbeitnehmer (Begriff)* Rn 59 ff) steht auch der Teilzeitarbeitende in einem **Beschäftigungsverhältnis.** Die Versicherungspflicht in den einzelnen Zweigen der SozV hängt damit lediglich von deren besonderen Voraussetzungen ab. Allerdings wirkt sich der Umfang der ausgeübten Beschäftigung und des daraus erzielten Entgelts auf den Umfang des versicherten Schutzes aus (zu den Auswirkungen der Teilzeitarbeit auf den Schutz in der SozV *Husmann* SGb 02, 22; *Marschner* DB 04, 1206). Die Grenzen des SozVSchutzes werden für Teilzeitbeschäftigte durch die Tatbestände der geringfügigen Beschäftigung konkretisiert (§ 8 SGB IV; Näheres: *Geringfügige Beschäftigung*). Zu den sozialversicherungsrechtlichen Besonderheiten der unterschiedlichen Arbeitszeitmodelle s *Arbeitszeitmodelle.*

121 **2. Krankenversicherung.** Für die Versicherungspflicht in der KV ist entscheidend, ob eine geringfügige Beschäftigung (→ *Geringfügige Beschäftigung* Rn 26 ff) ausgeübt wird, die gem § 7 SGB V zur Versicherungsfreiheit führt. Zu beachten ist, dass bei der Geringfügigkeitsprüfung mehrere geringfügige Beschäftigungen zusammenzuzählen sind (§ 8 Abs 2 SGB IV). Bei der Zusammenrechnung von Hauptbeschäftigung und geringfügiger Nebenbeschäftigung folgt aus § 8 Abs 2 Satz 1 SGB IV, dass „eine geringfügige Beschäftigung" nach § 8 Abs 1 Nr 1 SGB IV von der Zusammenrechnung mit der Hauptbeschäftigung ausgenommen wird. Im Übrigen gilt, dass die Versicherungspflicht infolge einer Zusammenrechnung von Beschäftigungen nach § 8 Abs 2 Satz 3 SGB IV erst mit der Bekanntgabe der Feststellung durch die Einzugsstelle oder einen Träger der RV eintritt (Näheres: *Geringfügige Beschäftigung*).

122 In bestimmten Fällen führt die Geringfügigkeit der Beschäftigung nicht zur KVFreiheit. Zu nennen sind hier Beschäftigungen im Rahmen einer **betrieblichen Berufsbildung** oder nach dem Jugendfreiwilligendienstegesetz oder dem Bundesfreiwilligendienstgesetz (§ 7 Nrn 1–3 SGB V).

Ausgenommen von der Versicherungsfreiheit ist auch die sog **stufenweise Wiedereingliederung** in das Erwerbsleben (§ 74 SGB V; Näheres: *Hamburger Modell*). Kann ein ArbN nach einer Erkrankung seine bisherige Tätigkeit nach ärztlicher Feststellung nur teilweise verrichten, so bleibt er ohne Rücksicht auf die Höhe des durch die Teilarbeit erzielten Arbeitsentgelts, das auf das Krankengeld angerechnet wird, versichert (KassKomm/*Hess* § 74 SGB V Rz 3; vgl aber auch *Schlegel/Voelzke/Adolf* SGB V, § 74 Rz 16: mangels Weisungsabhängigkeit kein Beschäftigungsverhältnis).

123 Eine Sonderregelung enthält § 8 Abs 1 Nr 3 SGB V für den **Übergang zu einer Teilzeitbeschäftigung.** War der ArbN wegen der Höhe seines Verdienstes mindestens fünf Jahre in der KV versicherungsfrei, so bleibt die Versicherungsfreiheit auf Antrag erhalten, wenn seine Arbeitszeit auf die Hälfte oder weniger als die Hälfte der regelmäßigen Wochenarbeitszeit vergleichbarer Vollbeschäftigter des Betriebes herabgesetzt wird. Entsprechendes gilt, wenn im Anschluss an das bisherige Beschäftigungsverhältnis bei einem anderen ArbGeb ein Beschäftigungsverhältnis aufgenommen wird. Das neue Beschäftigungsverhältnis

muss sich unmittelbar anschließen, jedoch ist eine einmonatige Freistellung ohne Arbeitsentgelt unbeachtlich.

Der bei anderweitiger gesetzlicher KV für geringfügig Beschäftigte vom ArbGeb nach § 249b SGB V zu entrichtende **Pauschalbeitrag** in der KV beträgt 13 vH des Arbeitsentgelts. Geringere Pauschalbeiträge gelten für in Privathaushalten Beschäftigte (Näheres: *Geringfügige Beschäftigung*). 124

Die Sach- und Dienstleistungen der gesetzlichen KV werden unabhängig von der Beitragshöhe gewährt. Hingegen bestimmt sich die Höhe des **Krankengeldes** nach dem der Beitragsberechnung unterliegenden Arbeitsentgelt oder Arbeitseinkommen (§ 47 SGB V; → *Krankengeld* Rn 27 ff). Daher folgt aus einem Übergang zu Teilzeitarbeit im Versicherungsfall auch ein geringeres Krankengeld. Erkrankt der ArbN bei dem Übergang von Voll- zur Teilzeitarbeit und nimmt er die Teilzeitarbeit nicht auf, so wird bei der Berechnung des Krankengeldes das Arbeitsentgelt aus der Vollzeitbeschäftigung berücksichtigt (BSG 25.6.91 – 1/3 RK 6/90, NZA 91, 1000). Bei nicht kontinuierlicher Arbeitsverrichtung und -vergütung kann die Satzung der Krankenkasse abweichende Bestimmungen zur Zahlung und Berechnung des Krankengeldes vorsehen, wenn diese sicherstellen, dass das Krankengeld seine Entgeltersatzfunktion erfüllt (§ 47 Abs 3 SGB V). 125

**3. Rentenversicherung.** Entgeltgeringfügige Beschäftigungen führen in der RV nicht zur Versicherungsfreiheit. Der geringfügig Beschäftigte ist rentenversicherungspflichtig, kann sich jedoch in einem vereinfachten Befreiungsverfahren von der Versicherungspflicht befreien lassen. 126

Der ArbGeb eines von der Versicherungspflicht befreiten geringfügig entlohnten Beschäftigten hat einen **Pauschalbeitrag** zur RV iHv 15 % des Arbeitsverdienstes aus dieser Beschäftigung zu zahlen. Voraussetzung für die Verpflichtung zur Zahlung des Pauschalbeitrages ist, dass der nach § 8 Abs 1 Nr 1 SGB IV geringfügig Beschäftigte in dieser Beschäftigung nach § 8 Abs 1b SGB VI oder nach anderen Vorschriften von der Versicherungspflicht befreit oder nach § 5 Abs 4 SGB VI versicherungsfrei ist (§ 172 Abs 3 Satz 1 SGB VI). Ausnahmen gelten insoweit nach § 172 Abs 3 Satz 2 SGB VI für die Beschäftigung von Studenten (§ 172 Abs 3 SGB VI). 127

**4. Arbeitslosenversicherung.** Für die ArblV bestimmt § 27 Abs 2 Satz 1 SGB III, dass ArbN in einer **geringfügigen Beschäftigung** iSd § 8 SGB IV versicherungsfrei sind. Als Besonderheit des ArblVRecht gilt nach § 27 Abs 2 Satz 2 SGB III, das geringfügige Beschäftigungen und nicht geringfügige Beschäftigung nicht zusammengerechnet werden. Ausgenommen von der Versicherungsfreiheit sind nach § 27 Abs 2 Satz 3 SGB III auch in der ArblV Personen, die im Rahmen betrieblicher Berufsbildung, nach dem Jugendfreiwilligendienstegesetzes oder dem Bundesfreiwilligendienstgesetz, wegen eines Arbeitsausfalls mit Entgeltausfall im Sinne der Vorschriften über das Kurzarbeitergeld, wegen stufenweiser Wiedereingliederung in das Erwerbsleben oder wegen AU usw geringfügig beschäftigt sind. 128

Der zeitliche Umfang einer Beschäftigung ist bei den Voraussetzungen des Anspruchs auf AlGeld insofern von Bedeutung, als die Ausübung einer Beschäftigung von weniger als 15 Stunden die **Beschäftigungslosigkeit** nicht beseitigt und damit dem Anspruch auf AlGeld nicht entgegensteht (§ 138 Abs 3 SGB III). Allerdings wird das aus der kurzzeitigen Beschäftigung erzielte Nebeneinkommen in dem sich aus § 155 SGB III ergebenden Umfang auf das AlGeld angerechnet. 129

Hinsichtlich der **Verfügbarkeit** als Voraussetzung des Anspruchs auf AlGeld enthält § 139 Abs 4 SGB III eine Privilegierung für Teilzeitbeschäftigungen. Danach wird die Verfügbarkeit nicht dadurch ausgeschlossen, dass die leistungsberechtigte Person nur bereit ist, Teilzeitbeschäftigungen auszuüben, soweit diese Beschäftigungen mindestens 15 Stunden wöchentlich umfassen und den üblichen Bedingungen des für sie in Betracht kommenden Arbeitsmarkt entsprechen.

Die **Bemessung** des AlGelds richtet sich nach dem im Bemessungszeitraum (§ 150 SGB III) erzielte Arbeitsentgelt (Bemessungsentgelt: § 151 SGB III). Bei der Bemessung des AlGelds von zuvor freiwillig Weiterversicherten ist das (geringere) Entgelt aus einer während des Elterngeldbezugs aufgenommenen Teilzeitbeschäftigung zu berücksichtigen (BSG 21.6.18 – B 11 AL 8/17 R, SozR 4–4300 § 150 Nr 4).

130 Der soziale Schutz von teilzeitbeschäftigten ArbN wurde durch die Einführung eines **Teilarbeitslosengeldes** (§ 162 SGB III; Näheres: *Arbeitslosengeld*), das bei Wegfall eines von mehreren Teilzeitbeschäftigungsverhältnissen zu gewähren ist, verbessert. Ein Anspruch auf TeilAlGeld kann auch durch zwei Teilzeitbeschäftigungen bei einem ArbGeb begründet werden (zu den Grenzen der Gestaltungsmöglichkeiten BSG 6.2.03 – B 7 AL 12/01 R, SGb 03, 480 mit abl Anm *Valgolio*).

131 **5. Pflegeversicherung.** Aus der KVFreiheit einer geringfügigen Beschäftigung folgt, dass bei Vorliegen der hierfür geltenden Voraussetzungen auch in der PflegeV keine Versicherungspflicht besteht. In der PflegeV sind für versicherungsfreie geringfügig entlohnte Beschäftigungen keine Pauschalbeiträge des ArbGeb zu zahlen.

132 **6. Unfallversicherung.** In der UV unterfallen alle ArbN ohne Rücksicht auf den Umfang der Beschäftigung und die Höhe des Arbeitsentgelts bei der Ausübung von versicherten Tätigkeiten dem Unfallversicherungsschutz (§ 2 Abs 1 Nr 1 SGB VII). Teilzeitarbeitenden ArbN stehen die Sach- und Dienstleistungen der UV wie Vollzeitkräften zu. Die Lohnersatzleistungen und Rentenzahlungen richten sich nach dem zuletzt erzielten Arbeitsentgelt. Die Verletztenrente errechnet sich auf der Grundlage des Gesamtbetrages aller Arbeitsentgelte und Arbeitseinkommen des Verletzten in den zwölf Kalendermonaten vor Eintritt des Arbeitsunfalles (§ 82 SGB VII). Ist die Zugrundelegung dieses Betrages wegen eines vorübergehenden Übergangs zur Teilzeitbeschäftigung in erheblichem Maße unbillig, so kann gem § 87 SGB VII der JAV nach billigem Ermessen festgestellt werden.

# Tendenzbetrieb

## A. Arbeitsrecht

*Kania*

1 **1. Allgemeines.** Eine gesetzliche Konkretisierung des Begriffs Tendenzbetrieb enthält **§ 118 Abs 1 BetrVG**. Die Vorschrift nimmt solche Unternehmen und Betriebe von der Anwendung des Gesetzes teilweise aus, die nicht nur erwerbswirtschaftliche Zwecke, sondern auch durch die Grundrechte aus Art 2 Abs 1, 4, 5 und 9 Abs 3 GG **besonders geschützte Ziele** verfolgen (Tendenzbetriebe). § 118 Abs 1 BetrVG gewährleistet den insoweit gebotenen Schutz der Grundrechtsverwirklichung dadurch, dass dem BRat Beteiligungsrechte nur insoweit eingeräumt werden, als die Eigenart des Unternehmens oder Betriebs nicht entgegensteht. Die Vorschrift stellt eine im Allgemeininteresse getroffene Güterabwägung zwischen dem Sozialstaatsprinzip und den Freiheitsrechten der Tendenzträger dar (BVerfG 15.12.99 – 1 BvR 729/92, NZA 2000, 217).

2 **Zu unterscheiden von** den Tendenzbetrieben iSd § 118 Abs 1 BetrVG sind **Religionsgemeinschaften** und ihre karitativen und erzieherischen Einrichtungen, auf die gem **§ 118 Abs 2 BetrVG** das BetrVG überhaupt keine Anwendung findet. Die Vorschrift beruht auf der verfassungsrechtlichen Garantie in Art 140 GG iVm Art 137 Abs 3 Weimarer Reichsverfassung. Auf die **öffentlich-rechtlich organisierten großen christlichen Kirchen** findet das BetrVG bereits gem **§ 130 BetrVG** keine Anwendung. Keine Religionsgemeinschaft sind die verschiedenen Scientology-Organisationen, da bei diesen die religiösen Lehren nur als Vorwand für die Verfolgung wirtschaftlicher Ziele dienen (BAG 22.3.95, DB 95, 1714). Weltanschauungsgemeinschaften sind in § 118 Abs 2 BetrVG den Religionsgemeinschaften nicht gleichgestellt; eine Erstreckung der Norm auf Weltanschauungsgemeinschaften ist verfassungsrechtlich nicht geboten (LAG Hamm 17.5.02 – 10 TaBV 140/01, NZA-RR 02, 625; ErfK/*Kania* § 118 BetrVG Rz 30; aA *Fitting* § 118 Rz 54).

3 § 118 Abs 2 BetrVG betrifft in erster Linie (privatrechtlich organisierte) nichtchristliche Religions- und Weltanschauungsgemeinschaften sowie privatrechtlich organisierte **selbstständige Einrichtungen der großen Kirchen.** Bei den selbstständigen Einrichtungen, insbes den ausdrücklich genannten karitativen und erzieherischen Einrichtungen, kommt es darauf an, dass eine institutionelle Verbindung zwischen der Religionsgemeinschaft und der Einrichtung besteht, aufgrund derer die Religionsgemeinschaft über ein Mindestmaß an Einflussmöglichkeiten verfügt, um auf Dauer eine Übereinstimmung der religiösen Betätigung der Einrichtung mit ihren Vorstellungen gewährleisten zu können (BAG 5.12.07 – 7

ABR 72/06, NZA 08, 653). Zu den kirchlichen Einrichtungen können danach etwa kirchliche Presseverbände (BAG 24.7.91, DB 92, 1427), Kindergärten (BAG 11.3.86, DB 86, 754), Altersheime, Schulen, Krankenhäuser (BAG 21.11.75, AP Nr 6 zu § 118 BetrVG 72), Jugenddörfer (BAG 30.4.97, NZA 97, 1240) und ggf auch Wohnungsbaugesellschaften (BAG 23.10.02 – 7 ABR 59/01, NZA 04, 334) zählen. Sind derartige Einrichtungen nicht in der erforderlichen Weise mit einer Religionsgemeinschaft verbunden und werden nur iS einer Konfession geführt, so scheidet eine Anwendung von § 118 Abs 2 BetrVG aus; es kann sich dann um Tendenzbetriebe iSd § 118 Abs 1 BetrVG handeln. Allein die Mitgliedschaft einer Einrichtung im diakonischen Werk der evangelischen Kirche reicht für die Anwendung von § 118 Abs 2 BetrVG nicht aus (BAG 5.12.07 – 7 ABR 72/06, NZA 08, 653). Ein bloß konfessionell ausgerichtetes, aber auf Gewinnerzielung angelegtes Krankenhaus genießt Tendenzschutz weder nach Abs 2 noch nach Abs 1 (LAG Hamm 14.3.2000 – 13 TaBV 116/99; NZA-RR 2000, 532; → Rn 9). Zum Mitarbeitervertretungsrecht der Kirchen → *Kirchenarbeitsrecht* Rn 23 ff.

**2. Voraussetzungen des Tendenzschutzes gemäß § 118 Absatz 1 BetrVG. a) Verwirklichung des Tendenzwecks durch Unternehmen und Betriebe.** Der Tendenzschutz gem § 118 Abs 1 BetrVG gilt für Unternehmen und Betriebe, die **unmittelbar und überwiegend** den in Nr 1 und Nr 2 aufgezählten **Zwecken dienen.** Die Unterscheidung zwischen Unternehmen und Betrieb wird relevant, wenn ein Unternehmen über mehrere Betriebe verfügt. Wirkt sich der Tendenzcharakter des Unternehmens auf einen Betrieb nicht aus (zB Hotelbetrieb eines Presseunternehmens), so ergibt sich für diesen Betrieb keine Einschränkung der Beteiligungsrechte gem § 118 Abs 1 BetrVG (BAG 27.7.93 – 1 ABR 8/93, NZA 94, 329). 4

Erforderlich ist die **Unmittelbarkeit** des Dienens. Nur Unternehmen und Betriebe, in denen die ArbN selbst die Tendenz erarbeiten und beeinflussen können, genießen Tendenzschutz. Dagegen genügt es nicht, wenn der Betriebszweck nur nach seiner wirtschaftlichen Tätigkeit geeignet ist, den eigentlichen Tendenzbetrieb zu unterstützen (BAG 23.3.99 – 1 ABR 28/98, NZA 99, 1347; *Fitting* § 118 Rz 13). Allein die Gewinnverwendung eines nur Erwerbszwecke verfolgenden Betriebs für einen anderen tendenzgeschützten Betrieb begründet nicht die Anwendbarkeit des § 118 Abs 1 BetrVG (BAG 8.3.83, DB 83, 1875; OLG Stuttgart 3.5.89, BB 89, 1005). Das Zustellunternehmen eines Verlagskonzerns genießt deshalb keinen Tendenzschutz (BVerfG 29.4.03 – 1 BvR 62/99, NZA 03, 864; LAG Köln 24.9.98 – 10 TaBV 57/97, NZA-RR 99, 194). 5

In **Mischbetrieben,** die teilweise unmittelbar tendenzbezogenen Zwecken dienen, teilweise aber auch tendenzfreie Ziele verfolgen, hängt der Tendenzschutz davon ab, ob die Tätigkeiten **„überwiegend" tendenzbezogen** sind. Dabei kommt es in erster Linie auf quantitativ-numerische Gesichtspunkte an, also auf die Größenordnung der eingesetzten sachlichen und personellen Mittel. Bei personalintensiven Betrieben wird in erster Linie darauf abgestellt, ob über die Hälfte der Arbeitszeit (nicht nur der Tendenzträger) zur Tendenzverwirklichung eingesetzt wird (BAG 15.3.06 – 7 ABR 24/05, NZA 06, 1422; BAG 21.6.89 – 7 ABR 58/87, NZA 90, 402). Im Bereich von Rundfunk und Fernsehen kann das Verhältnis von Wort- bzw Musikbeiträgen zur Werbung maßgeblich sein (BAG 27.7.93 – 1 ABR 8/93, NZA 94, 329). 6

**b) Geistig-ideelle Bestimmungen gemäß § 118 Abs 1 Nr 1 BetrVG.** Tendenzschutz nach Nr. 1 besteht in Unternehmen und Betrieben, die unmittelbar und überwiegend politischen, koalitionspolitischen, konfessionellen, karitativen, erzieherischen, wissenschaftlichen oder künstlerischen Bestimmungen dienen. Zu den Betrieben mit **politischer Zweckbestimmung** zählen neben dem Verwaltungsapparat der politischen Parteien insbes wirtschafts- und sozialpolitische Vereinigungen (Wirtschaftsverbände) und politische Stiftungen (BAG 28.8.03 – 2 ABR 48/02, NZA 04, 501). Die Erfüllung öffentlicher Aufgaben im Auftrag und nach Vorgaben staatlicher Stellen stellt keine politische Bestimmung der (BAG 21.7.98 – 1 ABR 2/98, BB 99, 1116; ausführlich zum Begriff der politischen Bestimmung *Kohte* BB 99, 1110). 7

**Koalitionspolitischen Bestimmungen** dienen Gewerkschaften und ArbGebVerbände mit ihren Verwaltungen. **Konfessionellen Bestimmungen** dienende Betriebe fallen überwiegend schon unter § 118 Abs 2 BetrVG (zur → *Abgrenzung* Rn 2 ff). 8

9 **Karitativen Bestimmungen** dienen etwa Wohlfahrtsverbände, das Deutsche Rote Kreuz, private Krankenhäuser und Altenheime. Jedoch darf der Träger mit seiner Hilfeleistung keine eigennützigen Zwecke iS einer Gewinnerzielungsabsicht verfolgen, wobei Einnahmen bis zur Höhe der Kostendeckung der karitativen Bestimmung nicht entgegenstehen (BAG 15.3.06 – 7 ABR 24/05, NZA 06, 1422; BAG 8.11.88, DB 89, 1295). Die karitative Zielsetzung muss sich in konkreten Handlungen zur Umsetzung des Prinzips der Nächstenliebe gegenüber Hilfsbedürftigen äußern (verneint beim DRK-Blutspendedienst: BAG 22.5.12 – 1 ABR 7/11, BeckRS 2012, 73559). Prägend für die karitative Bestimmung ist zudem die Freiwilligkeit der Hilfeleistung. Daran fehlt es, wenn eine unmittelbare gesetzliche Verpflichtung erfüllt wird. Allerdings lässt die staatliche Verpflichtung zur Krankenversorgung die karitative Bestimmung eines in privater Rechtsform betriebenen Krankenhauses nicht entfallen, selbst wenn alle Anteile in staatlicher Hand sind (BAG 24.5.95 – 7 ABR 48/94, NZA 96, 444). Karitative Einrichtungen der Kirchen fallen unter § 118 Abs 2 BetrVG.

10 Die Verfolgung **erzieherischer Zwecke** setzt voraus, dass auch die Persönlichkeit geformt werden soll (BAG 21.6.89, DB 90, 794). Keinen erzieherischen Bestimmungen dienen deshalb etwa Fahr- oder Sprachschulen, die bloße Kenntnisse vermitteln (BAG 7.4.81, DB 81, 999). Ein Landes-Sportverband dient jedenfalls nicht unmittelbar erzieherischen Bestimmungen (BAG 23.3.99 – 1 ABR 28/98, BB 99, 1873).

11 Zu den **wissenschaftlichen Bestimmungen** dienenden Betrieben gehören alle privatrechtlich organisierten Forschungsinstitute (zB Institute der Max-Planck-Gesellschaft, Meinungsforschungsinstitute).

12 **Künstlerischen Bestimmungen** dienen Theater, Opernhäuser, Orchester, Filmstudios (BAG 3.11.82, DB 83, 830), aber auch Revuen und Zirkus-Unternehmen (strittig: wie hier *Richardi/Thüsing* § 118 Rz 73; aA *Fitting* § 118 Rz 22), uU auch Sportvereine (*Kania* SpuRt 94, 121, 125).

13 **c) Berichterstattung oder Meinungsäußerung gemäß § 118 Abs 1 Nr 2 BetrVG.** Tendenzschutz nach Nr 2 genießen Presseunternehmen, Verlage, Rundfunk- und Fernsehanstalten, auch dann, wenn nur in geringem Umfang Wortbeiträge gesendet werden (BAG 27.7.93 – 1 ABR 8/93, NZA 94, 329). **Herausgeber von Zeitungen und Zeitschriften** werden unabhängig davon erfasst, ob der Inhalt tendenzbezogen ist (BAG 9.12.75, DB 76, 584). Allerdings fällt die ausschließliche oder überwiegende Herausgabe von **Anzeigenblättern,** Formularen, Telefonbüchern usw nicht unter § 118 Abs 1 Nr 2 BetrVG, da weder Berichterstattung noch Meinungsäußerung vorliegen (*Fitting* § 118 Rz 23). Von Nr 2 erfasst werden dagegen im Regelfall **Buch- und Zeitschriftenverlage;** soweit Druckerzeugnisse nicht den Tendenzzweck aus Nr 2 erfüllen, können sie dennoch die Bestimmungen aus Nr. 1 verfolgen (BAG 15.2.89 – 7 ABR 12/87, NZA 90, 240). Keinen Tendenzschutz genießen Unternehmen des reinen Buch- und Zeitschriftenhandels.

14 **3. Einschränkungen der Mitbestimmung. a) Wirtschaftliche Angelegenheiten.** Die Mitbestimmung des BRat in wirtschaftlichen Angelegenheiten gem §§ 106 ff BetrVG ist in § 118 Abs 1 BetrVG für Tendenzbetriebe und Unternehmen ausdrücklich geregelt. Danach finden die §§ 106–110 BetrVG in Tendenzunternehmen keine Anwendung, so dass insbes **kein Wirtschaftsausschuss** zu bilden ist. Die §§ 111–113 BetrVG finden insoweit Anwendung, als sie den Ausgleich oder die Milderung wirtschaftlicher Nachteile für die ArbN infolge von Betriebsänderungen regeln. Ein Mitbestimmungsrecht des BRat besteht danach hinsichtlich der Herbeiführung eines **Sozialplans.** Der ArbGeb braucht dagegen nicht den Abschluss eines **Interessenausgleichs** über eine Betriebsänderung zu versuchen. Der BRat kann folglich nicht die Durchführung einer Betriebsänderung im Wege der einstweiligen Verfügung stoppen (ArbG Frankfurt 26.9.95, BB 96, 1063). Die Einigungsstelle ist offensichtlich unzuständig iSd § 98 ArbGG (aA LAG NdS 11.11.93, AiB 94, 504). Da es sich allerdings um eine Privilegierung des tendenzgeschützten ArbGeb handelt, dürfte ein Verzicht auf die Befreiung von der Interessenausgleichspflicht möglich sein mit der Folge, „Namenslisten“ gem §§ 1 Abs 5 KSchG, 125 InsO vereinbaren zu können (ErfK/*Kania* § 118 BetrVG Rz 18). Für Religionsgemeinschaften iSd § 118 Abs 2 BetrVG, die ja generell nicht dem BetrVG unterliegen, besteht diese Möglichkeit dagegen nicht (LAG NdS 9.12.09 – 17 Sa 850/09, BeckRS 2010, 66116). Nachteilsausgleichsansprüche der einzelnen

ArbN gem § 113 BetrVG sollen nach Meinung des BAG möglich sein, wenn der ArbGeb eine Betriebsänderung durchführt, ohne rechtzeitig seiner Unterrichtungs- und Beratungspflicht im Hinblick auf einen Sozialplan genügt zu haben (BAG 27.10.98 – 1 AZR 766/97, NZA 99, 328), nicht aber bei bloßer Verletzung der Beratungspflicht gem § 17 Abs 2 KSchG (BAG 18.11.03 – 1 AZR 637/02, NZA 04, 741).

**b) Sonstige Beteiligungsrechte.** Die übrigen Vorschriften des BetrVG finden in Tendenzbetrieben keine Anwendung, soweit die Eigenart des Unternehmens oder Betriebs entgegensteht. Im Grundsatz **entfällt** ein Mitbestimmungsrecht nach der Rspr des BAG **unter zwei Voraussetzungen:** Einmal muss es sich um eine **Maßnahme gegenüber einem Tendenzträger** handeln, dh einem ArbN, dessen Tätigkeit durch Bestimmung und Zweck des Tendenzunternehmens iSd § 118 Abs 1 BetrVG inhaltlich geprägt ist. Tendenzträger sind etwa Zeitungsredakteure, Orchestermusiker, Privatschullehrer oder Rechtsschutzsekretäre einer Gewerkschaft (LAG Hess 3.9.96, ArbuR 97, 259). Erforderlich ist, dass der ArbN auf die Tendenzverwirklichung maßgeblichen und verantwortlichen Einfluss nehmen kann; die bloße Mitwirkung bei der Tendenzverfolgung reicht insoweit nicht (BAG 14.9.10 – 1 ABR 29/09, NZA 11, 225; 30.5.06 – 1 ABR 17/05, NZA 06, 1291). Hier stellt die Rspr geringere Anforderungen an eine unternehmerische Betätigung, bei der sich der ArbGeb auf grundrechtlich geschützte Freiheitsrechte berufen kann. So wird zB bei einem Anzeigenredakteur die Tendenzträgereigenschaft aufgrund der Pressefreiheit bereits bejaht, wenn ihm Arbeiten in nicht völlig unbedeutendem Umfang übertragen sind (BAG 20.4.10 – 1 ABR 78/08, NZA 10, 902). Hingegen reicht es bei karitativen Unternehmen nicht, wenn ArbN tendenzbezogene Aufgaben in lediglich geringfügigem Umfang wahrnehmen (insoweit verneint wegen fehlender inhaltlicher Gestaltungsfreiheit bei pädagogischem Mitarbeiter im Wohnheim: BAG 14.9.10 – 1 ABR 29/09, NZA 11, 225, ebenso bei Schulassistenten: BAG 14.5.13 – 1 ABR 10/12, BeckRS 2013, 72623). Zudem muss die konkrete Maßnahme **Tendenzbezug** haben und die Möglichkeit eröffnen, dass die geistig-ideelle Zielsetzung des Unternehmens und deren Verwirklichung durch die Beteiligung des BRat verhindert oder jedenfalls ernstlich beeinträchtigt wird (BAG 14.1.92 – 1 ABR 35/91, NZA 92, 512; umfassend *Kania/Kania* in Dahl/Lukas, Mitbestimmung in sozialen Angelegenheiten, S 486 ff). 15

**Anzuwenden** sind danach im Regelfall die organisatorischen Regelungen sowie die allgemeinen Vorschriften über die Mitbestimmung des BRat und die Beteiligung der ArbN (§§ 1–86 BetrVG). Auch die Vorschriften über die Mitbestimmung in sozialen Angelegenheiten gem §§ 87–91 BetrVG sind grds in Tendenzunternehmen anzuwenden, da es meist um den wertneutralen Arbeitsablauf des Betriebes geht (BAG 13.2.90, BB 90, 1135). Dies soll nach Auffassung des BAG im Regelfall auch für die Mitbestimmung über Beginn und Ende der täglichen **Arbeitszeit** sowie Verteilung der Arbeitszeit auf die einzelnen Wochentage von Redakteuren gelten (BAG 14.1.92 – 1 ABR 35/91, NZA 92, 512; dagegen *Hanau/Kania* Anm zu BAG 14.1.92, EzA Nr 59 zu § 118 BetrVG mwN), nicht aber für Ethikregeln von Redakteuren einer Wirtschaftszeitung (BAG 28.5.02 – 1 ABR 32/01, NZA 03, 166). 16

**Einschränkungen** der Beteiligungsrechte des BRat kommen am ehesten im Rahmen der **personellen Mitbestimmung** in Betracht. So ist der BRat bei Einstellungen und Versetzungen von Tendenzträgern zwar grds gem § 99 Abs 1 BetrVG zu unterrichten, ein Zustimmungsverweigerungsrecht gem § 99 Abs 2 BetrVG steht ihm aber nicht zu, und zwar auch dann nicht, wenn es um die Geltendmachung nicht tendenzbedingter Gründe geht (BAG 27.7.93 – 1 ABR 8/93, NZA 94, 329; BAG 31.1.95, DB 95, 1670; aA LAG Düsseldorf 14.11.90, DB 91, 654). Dabei spricht eine tatsächliche Vermutung für die Tendenzbedingtheit der Einstellung oder Versetzung eines Tendenzträgers (BAG 7.11.75, BB 76, 134). 17

**Keine** Einschränkungen der Beteiligungsrechte des BRat bestehen bei **Ein- und Umgruppierungen,** da es hierbei lediglich um eine Frage der richtigen Rechtsanwendung geht (BAG 7.9.88, DB 89, 983). Vor Ausspruch einer **Kündigung,** auch einer tendenzbedingten, ist der BRat gem § 102 BetrVG anzuhören. Auch die tendenzbezogenen Gründe sind ihm mitzuteilen (BAG 7.11.75, BB 76, 270). Dagegen steht dem BRat ein Widerspruchsrecht gem § 102 Abs 3 BetrVG mit der Folge eines Weiterbeschäftigungsanspruchs gem § 102 Abs 5 BetrVG nur zu, wenn das Arbeitsverhältnis nicht aus tendenzbedingten, 18 sondern aus anderen Gründen ordentlich gekündigt wird (*Fitting* § 118 Rz 39). Auch eine Zustimmungspflicht gem § 103 BetrVG entfällt bei Kündigung eines Tendenzträgers aus tendenzbedingten Gründen (BAG 28.8.03 – 2 ABR 48/02, NZA 04, 501). Scheidet nach dem Gesagten ein gesetzliches Mitbestimmungsrecht des BRat aus, kann sich gleichwohl aus dem einschlägigen **Tarifvertrag** ein Mitbestimmungsrecht ergeben. Nach Auffassung des BAG steht der Tendenzschutz grds einer Erweiterung der Mitbestimmungsrechte des BRat durch TV nicht entgegen (so BAG 31.1.95, DB 95, 1670 zur tariflich erweiterten Mitbestimmung bei der Einstellung).

19 **4. Weitere Ausnahmevorschriften für Tendenzbetriebe.** Auf § 118 Abs 1 BetrVG Bezug genommen wird in **§ 32 Absatz 1 SprAuG.** Danach besteht in Tendenzbetrieben bzw -unternehmen nicht die Verpflichtung des ArbGeb, den Sprecherausschuss einmal pro Jahr über die wirtschaftlichen Angelegenheiten des Betriebs und des Unternehmens zu unterrichten.

20 Von der **Unternehmensmitbestimmung** durch Beteiligung von ArbNVertretern im Aufsichtsrat sind Tendenzbetriebe ausdrücklich ausgenommen (§ 1 Abs 2 Nr 2 DrittelbG; § 1 Abs 4 MitbestG).

21 **5. Kündigungsrechtliche Auswirkungen der Tendenzverfolgung.** Grds findet auch in Tendenzbetrieben der allgemeine und besondere Kündigungsschutz Anwendung. Besonderheiten bestehen insoweit, als eine ordentliche personen- oder verhaltensbedingte Kündigung, je nach den Umständen des Einzelfalls auch eine außerordentliche Kündigung, gerechtfertigt sein kann, wenn ein **Tendenzträger** nachhaltig der Tendenz in einer Weise zuwiderhandelt, die die betrieblichen Interessen berührt (BAG 6.12.79, DB 80, 547). Auch außerdienstliche Verhaltensweisen, die mit der Tendenz des ArbGeb nicht übereinstimmen, können die Kündigung rechtfertigen (*Stahlhacke/Preis/Vossen* Rz 707). Beispiele aus der Rspr sind etwa die ordentliche Kündigung eines Gewerkschaftssekretärs, der Mitglied des KBW ist und für dessen Ziele eintritt (BAG 6.12.79, DB 80, 547), oder die Kündigung eines Zeitungsredakteurs, der innerhalb oder auch außerhalb seines Dienstes Äußerungen tätigt, durch die die publizistische Grundhaltung und Glaubwürdigkeit des Zeitungsunternehmens in Frage gestellt wird (LAG Bln 6.12.82, EzA Nr 11 zu § 1 KSchG Tendenzbetrieb; LAG SachsAnh 9.7.02 – 8 Sa 40/02, NZA-RR 03, 244). Folgerichtig unterliegt auch der Auflösungsantrag gem § 9 KSchG bei Tendenzunternehmen erleichterten Anforderungen; er kann gegenüber Tendenzträgern aus Gründen gerechtfertigt sein, die im „normalen" Arbeitsverhältnis nicht ausreichen würden (BAG 23.10.08 – 2 AZR 483/07, BB 09, 1186).

22 Für rein fachliche **Leistungsmängel** besteht keine kündigungsrechtliche Privilegierung von Tendenzunternehmen. Deshalb kann einem unter dem besonderen Kündigungsschutz gem § 15 KSchG stehenden Orchestermusiker nicht deshalb ordentlich gekündigt werden, weil er durch das Spielen von falschen Tönen gegen die Tendenz der Musikdarbietung verstoßen habe (BAG 3.11.82, DB 83, 830). Zum Kündigungsschutz der Mitarbeiter der Kirchen und ihrer karitativen und erzieherischen Einrichtungen → *Kirchenarbeitsrecht* Rn 6.

## B. Lohnsteuerrecht

*Seidel*

23 Für ArbN, die bei Tendenzbetrieben beschäftigt sind, ergeben sich bei der LSt keine Besonderheiten. Ob es sich tatsächlich um ArbN (zB bei Hilfsorganisationen, Einrichtungen der Religionsgemeinschaften, Theater, Zirkus usw) handelt oder zB um eine ehrenamtliche oder selbstständige Tätigkeit, ist nach den allgemeinen Grundsätzen zu entscheiden (→ *Arbeitnehmer (Begriff)* Rn 30 ff sowie → *Ehrenamtliche Tätigkeit* Rn 1 sowie → Rn 11 ff zur lohnsteuerlichen Behandlung).

## C. Sozialversicherungsrecht

*Schlegel*

24 **Befragungsrecht der Agentur für Arbeit bei Vermittlung in einen Tendenzbetrieb.** Nach § 41 SGB III dürfen Arbeitsuchende und Ausbildungsuchende von der Agentur für Arbeit nach der Zugehörigkeit zu einer Gewerkschaft, Partei, Religionsgemeinschaft oder vergleichbaren Vereinigungen nur gefragt werden, wenn die Vermittlung auf einen Arbeits- oder Ausbildungsplatz in einem Tendenzunternehmen iSv § 118 Abs 1

Satz 1 BetrVG oder bei einer Religionsgemeinschaft oder einer zu ihr gehörenden karitativen oder erzieherischen Einrichtung vorgesehen ist. Außerdem steht das Fragerecht unter der Voraussetzung, dass der Ausbildungssuchende oder Arbeitsuchende bereit ist, auf einen solchen Arbeits- oder Ausbildungsplatz vermittelt zu werden; schließlich muss, wenn es um eine Vermittlung auf einen Ausbildungs- oder Arbeitsplatz in einem Tendenzbetrieb geht, die Art der auszuübenden Tätigkeit die Beschränkung des Fragerechts rechtfertigen (§ 41 SGB III).

Macht der ArbGeb **Einschränkungen bei Stellenangeboten für Arbeitslose gegenüber der Bundesagentur für Arbeit,** muss die BA prüfen, ob sie diese Einschränkungen berücksichtigen darf. Maßstab ist insoweit **§ 36 Abs 2 SGB III** (vgl *Personalauswahl*). Danach darf die Einschränkung hinsichtlich der Zugehörigkeit zu einer Gewerkschaft, Partei oder vergleichbaren Vereinigung nur berücksichtigt werden, wenn 1. der Ausbildungs- oder Arbeitsplatz in einem Tendenzunternehmen oder -betrieb iSd § 118 Abs 1 Satz 1 des BetrVG besteht und 2. die Art der auszuübenden Tätigkeit diese Einschränkung rechtfertigt (Einzelheiten *Rixen* in Eicher/Schlegel SGB III, § 36 Rz 4 ff). 25

Ein wichtiger Grund für den Abschluss eines Aufhebungsvertrages liegt nicht vor, wenn ein ArbN seine aus dem Dienstvertrag mit dem Tendenzbetrieb (zB ein dem Caritasverband angeschlossener ArbGeb) folgende **Loyalitätsobliegenheit,** kirchenfeindliches Verhalten zu unterlassen, durch Veröffentlichung von Artikeln im Internet (zB extreme Herabwürdigung des Papstes) verletzt und ihm der ArbGeb deshalb eine fristlose verhaltensbedingte Kündigung androht (LSG BaWü 21.10.11 – L 12 AL 2879/09 info also 2012, 19).

**Beitragsrechtlich und leistungsrechtlich** unterliegt das in Tendenzbetrieben erarbeitete Arbeitsentgelt **keinen Besonderheiten.** 26

## Treuepflicht

### A. Arbeitsrecht

*Kreitner*

**1. Begriff und Bedeutung.** Ein jedes Arbeitsverhältnis besteht aus den vertraglichen Hauptpflichten und sog Nebenpflichten. Während sich als Hauptpflichten allein die Pflicht des ArbN zur Dienstleistung und die Vergütungspflicht des ArbGeb gegenüberstehen, existieren eine Vielzahl vertraglicher Nebenpflichten beider Vertragsparteien. Zu den bedeutendsten und inhaltlich vielgestaltigsten Nebenpflichten des ArbN zählt die sog Treuepflicht. Sie besagt, dass der ArbN seine Verpflichtungen aus dem Arbeitsverhältnis so zu erfüllen, seine Rechte so wahrzunehmen und die im Zusammenhang mit dem Arbeitsverhältnis stehenden Interessen dergestalt zu wahren hat, wie dies von ihm nach Treu und Glauben billigerweise verlangt werden kann (§ 241 Abs 2 BGB). Wegen des besonderen personellen Charakters des Arbeitsverhältnisses (§ 613 BGB) besteht eine gegenüber anderen Vertragsverhältnissen gesteigerte Treuepflicht. Sie hat generalklauselartigen Charakter, der in einer Vielzahl von Einzelpflichten seine Ausgestaltung findet. 1

**2. Geltungsdauer.** Die Geltungsdauer der arbeitsvertraglichen Treuepflicht ist ähnlich wie bei ihrem Gegenstück auf ArbGebSeite, der *Fürsorgepflicht,* nicht auf das bestehende Arbeitsverhältnis beschränkt. Vielmehr existieren sowohl Treuepflichten im Vertragsanbahnungsverhältnis als insbes auch nachvertragliche Treuepflichten. Sogar im Ruhestandsverhältnis wirkt die Treuepflicht fort mit der Folge, dass ein gravierender Verstoß zur Verwirkung des Ruhegeldanspruchs führen kann (→ *Betriebliche Altersversorgung* Rn 81). 2

**3. Umfang.** Der Umfang der Treuepflicht ist nur in jedem Einzelfall ermittelbar. Maßgebend sind dabei insbes die Stellung des ArbN im Betrieb, die Art der ausgeübten Tätigkeit sowie die Dauer der Betriebszugehörigkeit des jeweiligen ArbN (BAG 9.2.06 – 6 AZR 47/05, NZA 06, 1046). So werden bspw an Angestellte in leitenden Positionen wegen des erhöhten Vertrauens, das sie genießen, besondere Treueanforderungen gestellt. Gleiches gilt wegen der Art ihrer Tätigkeit zB für Reisende und Außendienstmitarbeiter. 3

Allerdings hindert die Treuepflicht den ArbN nicht, seine eigenen Interessen im Arbeitsverhältnis mit berechtigten Mitteln zu fördern, zB berechtigte Beschwerden über Arbeits- 4 umstände, Ansprüche auf Lohnerhöhung oder sonstige Veränderungen der Arbeitsbedingungen. Grds nicht erfasst wird der private Bereich des ArbN.

5 **4. Einzelfälle. a) Leistungstreuepflichten.** Hierunter werden hauptsächlich die Pflichten des ArbN zur Unterlassung von Wettbewerb (BAG 20.9.06 – 10 AZR 439/05, NZA 07, 977; 26.9.07 – 10 AZR 511/06, NZA 07, 1436; LAG RhPf 26.2.16 – 1 Sa 164/15, BeckRS 2016, 68762; 26.1.15 – 2 Sa 367/14, BeckRS 2015, 68012; LAG Hess 10.6.13 – 21 Sa 850/12, BeckRS 2013, 73109) und von Nebentätigkeiten verstanden, soweit damit eine Beeinträchtigung des Hauptarbeitsverhältnisses verbunden ist (BAG 3.12.70, DB 71, 581; 26.8.76, DB 77, 544). Außerdem ist es dem ArbN aus Treuegesichtspunkten untersagt, dem ArbGeb Kunden oder Arbeitskollegen unter unlauterer Ausnutzung der arbeitsvertraglichen Kontakte abzuwerben (BAG 26.9.12 – 10 AZR 370/10, NZA 13, 152; → *Wettbewerb* Rn 3; → *Nebentätigkeit* Rn 6). Im Einzelfall kann ein ArbN aus § 241 Abs 2 BGB zur Vorlage eines erweiterten Führungszeugnisses verpflichtet sein (LAG Hamm 26.1.18 – 10 Sa 1122/17, NZA-RR 18, 460).

6 **b) Anzeigepflichten.** Der ArbN ist zum sorgfältigen Umgang mit den Arbeitsmitteln sowie zur Beachtung der Unfallverhütungs- und Arbeitsschutzvorschriften verpflichtet. Störungen und Schäden, die in seinem Arbeitsbereich auftreten, muss er dem ArbGeb anzeigen. Dies gilt grds auch bereits für drohende Schäden, um auf diese Weise dem ArbGeb die Möglichkeit zur Schadensverhinderung zu geben. Im Einzelfall können sich aus der Treuepflicht auch Mitteilungspflichten ergeben, die über § 5 EFZG hinausgehen (LAG Düsseldorf 30.3.12 – 6 Sa 1358/11, BeckRS 2012, 71540).

7 Im Regelfall besteht keine Verpflichtung bei beobachtetem Fehlverhalten anderer Kollegen, dem ArbGeb hierüber zu berichten. Eine derartige Pflicht kann lediglich in besonders schwerwiegenden Fällen bestehen, dh der ArbN kann wegen der Treuebindung im Einzelfall verpflichtet sein, andere Kollegen „anzuschwärzen“ (BAG 18.6.70, DB 70, 1598; LAG Bln 9.1.89, BB 89, 630 [LS]). Ansonsten ist der ArbN immer nur dann zur Mitteilung verpflichtet, wenn ihm die Überwachung übertragen war oder ihn wenigstens eine sog aktualisierte Überwachungs- und Kontrollpflicht trifft (LAG MeVo 8.7.16 – 2 Sa 190/15, BeckRS 2016, 73741). In keinem Fall besteht eine Pflicht zur Selbstbezichtigung (BGH 23.2.89, DB 89, 1464).

8 In Betracht kommt auch eine **Anzeige** (sog Whistleblowing) betrieblicher Missstände **gegenüber Dritten** (Behörden etc). Hier muss jedoch der ArbN in aller Regel zunächst dem ArbGeb die Möglichkeit geben, Abhilfe zu schaffen, bevor er Betriebsinterna an die Öffentlichkeit bringt. Das Gleiche gilt für Strafanzeigen des ArbN gegen den ArbGeb (→ *Whistleblowing* Rn 1 ff). Ein Anspruch auf Weitergabe von Gerüchten betreffend anderer Mitarbeiter besteht demgegenüber nicht (LAG Köln 12.3.12 – 2 Sa 1053/11, BeckRS 2012, 70782).

Eine gänzlich andersartige Anzeigepflicht besteht bei wiederholt erfolgenden, offenkundigen Überzahlungen durch den ArbGeb. Hier gebietet die arbeitsvertragliche Pflicht zur Rücksichtnahme auf die schutzwürdigen Interessen des ArbGeb eine unverzügliche Offenlegung. Geschieht dies nicht, kommt eine verhaltensbedingte Kündigung auch ohne vorherige Abmahnung in Betracht (LAG Köln 9.12.04 – 6 Sa 943/04, ZTR 05, 375).

9 **c) Loyalitätspflichten.** Ferner treffen den ArbN bestimmte Loyalitätspflichten (LAG Hess 20.1.11 – 5 Sa 342/10, BeckRS 2011, 73348). Dies gilt insbes im Bereich der sog Tendenzbetriebe (→ *Tendenzbetrieb* Rn 1 ff), wo vom ArbN ein erhöhtes Maß an Identifikation mit der Tendenz des Betriebes gefordert wird, verbunden mit einer gleichzeitigen Einschränkung des persönlichen Freiraums. Ein weiteres Beispiel stellt die Tätigkeit im öffentlichen Dienst dar (BAG 1.6.17 – 6 AZR 720/15, NZA 17, 1332: Vereinsgeschäftsführerin betreibt auf intrigante Weise zielgerichtet die Abwahl des Vereinsvorsitzenden; BAG 12.5.11 – 2 AZR 479/09, NZA-RR 12, 43: politische Betätigung für eine verfassungsfeindliche Partei; BAG 6.9.12 – 2 AZR 372/11, NZA-RR 13, 441: Demonstrationsaufruf als verbrämte Aufforderung zu einem gewaltsamen Umsturz; ArbG Mannheim 19.5.15 – 7 Ca 254/14, BeckRS 2015, 68510: Erzieher mit rechtsradikaler Gesinnung).

10 **d) Verschwiegenheitspflicht.** Neben den spezialgesetzlich zB in §§ 4 GeschGehG, 24 Abs 2 ArbNErfG, 79 BetrVG oder § 9 Nr 6 BBiG geregelten Verschwiegenheits- und Geheimhaltungspflichten gilt für die ArbN eine allgemeine Verschwiegenheitspflicht als

Ausprägung der Treuepflicht im einzelnen Arbeitsverhältnis (BAG 25.8.66, BB 66, 1308). Für die Dauer des bestehenden Arbeitsverhältnisses gilt diese Verschwiegenheitspflicht uneingeschränkt. Zwar gilt auch im Arbeitsverhältnis das Grundrecht der freien Meinungsäußerung gem Art 5 Abs 1 GG, jedoch wird dieses Grundrecht begrenzt durch die allgemeinen Gesetze, zu denen auch das Verbot gehört, seinem Vertragspartner Schaden zuzufügen (BAG 28.9.72, DB 72, 2356). Diese Verschwiegenheitspflicht erfasst daher neben sog Geschäftsgeheimnissen (→ *Betriebsgeheimnis* Rn 2 ff) auch solche Tatsachen, die die Person des ArbGeb oder eines Arbeitskollegen in besonderem Maße berühren und die der ArbN aufgrund seiner Tätigkeit im Betrieb erfahren hat.

Auch **im beendeten Arbeitsverhältnis** können Geheimhaltungspflichten fortwirken 11
(Näheres → *Betriebsgeheimnis* Rn 7 ff).

**e) Schmiergeld.** Die Annahme von Schmiergeldern ist dem ArbN grds untersagt. 12
Erlaubt ist lediglich die Annahme üblicher Gelegenheitsgeschenke (Kalender uä) sowie in bestimmten Branchen von Trinkgeldern. Nimmt der ArbN Schmiergelder entgegen, so rechtfertigt dies regelmäßig eine fristlose Kündigung. Der ArbN ist verpflichtet, derartige Schmiergelder abzulehnen und muss den ArbGeb über den Bestechungsversuch informieren (streitig). Hat der ArbN gleichwohl Schmiergelder angenommen, ist er zur Herausgabe an den ArbGeb verpflichtet (Einzelheiten → *Schmiergeld* Rn 8).

**f) Ärztliche Untersuchung.** Schließlich muss der ArbN auf Veranlassung des ArbGeb 13
ärztliche und psychologische Untersuchungen durchführen, soweit dafür ein begründeter Anlass besteht. Die Untersuchungen werden von dem Betriebsarzt oder einem anderen vom ArbN ausgewählten Arzt seines Vertrauens vorgenommen. Der ArbGeb ist nicht berechtigt, einen Arzt zu bestimmen (→ *Gesundheitszeugnis* Rn 9).

**5. Rechtsfolge** der Verletzung der Treuepflicht kann eine ArbGebSeitige ordentliche 14
oder unter Umständen sogar außerordentliche **Kündigung** sein (LAG Köln 19.7.07 – 6 Sa 374/07; LAG RhPf 13.11.07 – 3 Sa 964/06, BeckRS 2008, 51638; LAG BlnBbg 4.2.14 – 19 Sa 322/13, BeckRS 2014, 66255). In weniger schwerwiegenden Fällen ist der ArbGeb wegen der Vertragsverletzung zur Erteilung einer *Abmahnung* berechtigt. Oftmals wird jedoch zunächst eine formlose Ermahnung Folge der Treuepflichtsverletzung sein. Verstößt der ArbN gegen betriebliche Arbeitsschutz- und Arbeitssicherheitsvorkehrungen (zB Sicherheitsschuhe) und führt dies zu einem Betriebsunfall, so ist der ArbGeb nicht zur Entgeltfortzahlung im Krankheitsfall verpflichtet, da regelmäßig eine vom ArbN iSd § 3 Abs 1 EFZG verschuldete AU vorliegen wird (→ *Entgeltfortzahlung* Rn 9).

### B. Lohnsteuerrecht

*Seidel*

Für das LStRecht hat die Treuepflicht des ArbN keine Bedeutung. Zur steuerlichen 15
Behandlung von Schmiergeld (→ Rn 12) → *Schmiergeld* Rn 9, 10 und von Kosten der ärztlichen Untersuchung (→ Rn 13) → *Betriebliche Gesundheitsförderung* Rn 10 ff. Zur Verschwiegenheitspflicht (→ Rn 10, 11) gegenüber dem FA → *Verschwiegenheitspflicht* Rn 18.

### C. Sozialversicherungsrecht

*Ruppelt*

Eine sozialversicherungsrechtliche Treuepflicht besteht nicht, zu wem auch immer. 16

## Trinkgeld

### A. Arbeitsrecht

*Griese*

**1. Begriff.** Das Trinkgeld ist eine Leistung eines Dritten an den ArbN, auf die regel- 1
mäßig kein Rechtsanspruch besteht und die zusätzlich zu den vom ArbGeb geschuldeten Leistungen gezahlt wird (Legaldefinition in **§ 107 Abs 3 Satz 2 GewO**). Der Kunde leistet das Trinkgeld, ohne hierzu rechtlich verpflichtet zu sein, als Belohnung für die erbrachte Dienstleistung und zusätzlich zu dem vom ArbGeb geschuldeten Arbeitsentgelt (zum Trinkgeldbegriff BFH 18.6.15 – VI R 37/14, NZA-RR 15, 155). Ob der ArbN Trinkgelder annehmen darf, richtet sich nach den vertraglichen Absprachen und nach der Verkehrs-

anschauung: In bestimmten Bereichen, etwa dem Taxi-, Gaststätten- oder Friseurgewerbe, entspricht dies der Üblichkeit. In anderen Bereichen, etwa bei Behörden oder dem Technischen Überwachungsverein, ist die **Annahme von Trinkgeldern pflichtwidrig.** In jedem Fall unzulässig ist die Annahme von Schmiergeldern (→ *Schmiergeld* Rn 1). Das Trinkgeld darf nach Umfang und Zweckbestimmung **nicht den Charakter eines Schmiergeldes** haben.

2 **2. Verhältnis zur sonstigen Vergütung.** Nach § 107 Abs 3 Satz 1 GewO kann die Zahlung eines regelmäßigen Arbeitsentgelts nicht für die Fälle ausgeschlossen werden, in denen der ArbN von Dritten ein Trinkgeld erhält. Ein vollständiger Verzicht auf eine Festvergütung wegen einer Trinkgeldoption ist daher untersagt.

Zulässig ist es hingegen, Trinkgeld aufgrund einer **vertraglichen Anrechnungsklausel** mit dem Festbetrag der Vergütung zu verrechnen (*Schöne* NZA 02, 832). Dies unterliegt aber ganz erheblichen Einschränkungen. Der **gesetzliche Mindestlohn gem § 1 MiLoG** pro geleisteter Arbeitsstunde muss unabhängig vom Trinkgeldaufkommen bezahlt werden (*Mindestlohn*). Auch die aus anderen Mindestentgeltvorschriften resultierenden Mindestvergütungen (zB AEntG, § 138 BGB, s *Mindestlohn*) können nicht durch Trinkgeld abgegolten werden. Ebenso kann die **tarifliche Mindestvergütung** weder ganz noch teilweise mit dem zu erwartenden oder erzielten Trinkgeldaufkommen verrechnet werden, sondern muss ungekürzt ausgezahlt werden.

Vorformulierte Anrechnungsklauseln müssen zudem der Transparenzkontrolle gem § 307 Abs 3 Satz 2 iVm § 307 Abs 1 Satz 2 BGB standhalten.

3 **3. Trinkgeld während Krankheit und Urlaub.** Die Einordnung von Trinkgeld als zusätzliche über die Festvergütung hinausgehende Einnahmeoption hat zur Konsequenz, dass im **Urlaubs- oder Krankheitsfall und bei BRatTätigkeit** zum fortzuzahlenden Entgelt nicht das zu erwartende Trinkgeldaufkommen gehört (BAG 28.6.95 – 7 AZR 1001/94, NZA 96, 252).

Entgegengesetzt sind diese Fragen zu entscheiden, wenn das Trinkgeld tarifvertraglich als Vergütungsbestandteil vereinbart ist (*Schmitt* § 4 EFZG Rz 112). Beispiel hierfür ist die im Spielbankenbereich anzutreffende Vergütung der ArbN aus dem gesamten Trinkgeldaufkommen (Tronc-System s dazu BAG 22.10.15 – 2 AZR 550/14, DB 16,1141). Da das Trinkgeld dann Vergütungsbestandteil ist, findet eine Anrechnung auf das tarifliche Mindesteinkommen statt; es muss dann aber auch während einer Krankheit oder des Urlaubs fortgezahlt werden.

4 **4. Verwendung des Trinkgeldaufkommens im Tronc-System.** Wird die Vergütung, wie im Spielbankenbereich, ausschließlich aus dem Trinkgeldaufkommen bestritten, besteht anders als bei sonstigen Trinkgeldern (ErfK/*Preis* § 611 BGB Rz 508) Abführungspflicht (BAG 7.8.91 – 5 AZR 599/90, NZA 92, 308). Folglich muss der Tronc wegen der von den Trinkgeldgebern gewollten Zweckbestimmung des Trinkgeldes ausschließlich für die ArbN verwandt werden. Dies schließt aus, dass der ArbGeb aus dem Tronc Mittel für andere Zwecke, etwa Baukosten, entnimmt. Wegen des Verbots abweichender Vereinbarungen im Sozialrecht gem § 32 SGB I ist es ferner unzulässig, die ArbGebAnteile zur SozV aus dem Tronc zu entnehmen oder dies einzel- oder kollektivvertraglich vorzusehen (im Ergebnis ebenso *Salje* DB 89, 324; aA BAG 3.3.99 – 5 AZR 363/98, NZA 99, 884 für die Regelung in § 6 Abs 2 Spielbankgesetz RhPf). Zulässig, weil für die ArbN bestimmt, ist es hingegen, die Aufwendungen für Urlaub und Krankheit der ArbN dem Tronc zu entnehmen (aA ErfK/*Preis* § 611 BGB Rz 508), ebenso Aufwendungen für Annahmeverzugslohn (BAG 14.8.02 – 7 ABR 29/01, NZA 03, 626). Die Personalaufwendungen für die BRatTätigkeit (§ 40 BetrVG) können aus dem Tronc beglichen werden, nicht hingegen die Sachkosten (BAG 14.8.02 – 7 ABR 29/01, NZA 03, 626). Soweit keine tarifliche Regelung besteht, ist das Mitbestimmungsrecht des BRat bei der Vergütung nach dem Tronc-System zu beachten (BAG 19.12.03 – 1 ABR 44/02, ArbuR 04, 278).

Um **die Entgeltgerechtigkeit aus dem Tronc-System und die Einhaltung der tariflichen Entgeltgruppen zu gewährleisten,** ist es zulässig, ordentliche Änderungskündigungen wegen krankheitsbedingter Leistungsminderung auszusprechen (BAG 22.10.15 – 2 AZR 550/14, DB 16,1141).

Tarifvertraglich zulässig ist es, nur bestimmte ArbNGruppen aus dem Tronc zu bezahlen und anderen ArbNGruppen ein Festgehalt zu gewähren (BAG 6.11.02 – 5 AZR 487/01, NZA 03, 400).

**5. Auskunft über Trinkgeldeinnahmen.** Arbeitsrechtlich ist der ArbN gegenüber dem ArbGeb aus vertraglicher Nebenpflicht nur dann zur Auskunft über die Höhe der erzielten Trinkgeldeinnahmen verpflichtet, **wenn er hieran ein berechtigtes rechtliches Interesse** hat. Dies kann dann angenommen werden, wenn das Trinkgeld vertraglich Vergütungsbestandteil ist oder wenn der ArbGeb die Auskunft zur Ermittlung des LStAbzuges (auch *Lohnsteuerabführung*) benötigt. 5

**B. Lohnsteuerrecht** *Seidel*

**1. Arbeitslohn.** Trinkgelder, die einem ArbN im Rahmen eines Dienstverhältnisses zufließen, sind dem Grunde nach Arbeitslohn (BFH 23.10.92, BStBl II 93, 117; BFH 3.5.07 – VI R 37/05, BStBl II 07, 712 Rn 10), unabhängig davon, ob der ArbGeb oder ein Dritter das Trinkgeld zahlt. Entscheidend ist, dass die Zuwendung ihre Grundlage im Dienstverhältnis hat, wobei ein loser Zusammenhang genügt (BFH 19.4.74, BStBl II 75, 181; BFH 10.3.15 – VI R 6/14, BStBl II 15, 767 Rn 15). Die dem ArbN von Dritten freiwillig – ohne Rechtsanspruch – **zusätzlich** zum Leistungsentgelt gegeben Trinkgelder sind jedoch steuerfrei (§ 3 Nr 51 EStG). Erhält der ArbN keinen Grundlohn, sondern besteht seine Entlohnung ausschließlich in dem vom Dritten freiwillig gezahlten Trinkgeld, ist dieses nicht von der Steuer befreit, da es nicht zusätzlich gezahlt wird. Trinkgelder an Personen, die keine ArbN sind, zB selbstständiger Handwerker, Friseur, Musiker oÄ bleiben aber stpfl und sind dem Leistungsentgelt hinzuzurechnen. 6

**a) Trinkgelder aufgrund Rechtsanspruch** (zB Bedienungszuschlag von 10 oder 15% im Gaststättengewerbe und Metergelder im Transportgewerbe), die sich aus arbeitsrechtlichen Vereinbarungen oder aus einer Vereinbarung des ArbGeb mit dem Trinkgeldgeber ergeben, sind in voller Höhe stpfl Arbeitslohn (LStR 19.3 Abs 1 Satz 2 Nr 5). Dies gilt sowohl für den Tronc von **Spielbankangestellten** (BFH 18.12.08 – VI R 49/06, DStRE 09, 210, die eingelegte Verfassungsbeschwerde wurde nicht zur Entscheidung angenommen (BVerfG 13.10.10 – 2 BvR 1493/09, Beck-online: Erledigte Verfahren Einkommensteuer; → Rn 4), als auch bei freiwilligen Zahlungen der Kunden an die Spielbankassistenten und zwar selbst dann, wenn der ArbGeb als eine Art Treuhänder bei der Aufbewahrung und Verteilung der Gelder eingeschaltet ist (BFH 18.6.15 – VI R 37/14, DStR 15, 2226). Ebenso sind Vergütungen, die ein angestellter Oberarzt für seine Leistungen an den Chefarzt aus einem Chefarzt-Pool erhält und für die ein Rechtsanspruch besteht, nicht als Trinkgelder gem § 3 Nr 51 EStG steuerfrei (FG BaWü 3.2.09 – 6 K 2319/07, EFG 09, 1286). 7

**b) Freiwillige Trinkgelder** an ArbN, die ohne Rechtsgrundlage gezahlt werden (zB Übertrinkgelder bzw Sondertrinkgelder des rechtlich verpflichteten Trinkgeldgebers oder Trinkgelder von Dritten als Anerkennung, zB Friseur, Kellner, Tankwart, Briefträger uÄ), sind steuerfrei (→ Rn 6). Schmiergeld (→ *Schmiergeld* Rn 9), Bestechungsgeld oÄ. Einnahmen sind aber nach wie vor regelmäßig als sonstige Einkünfte iSd § 22 Nr 3 EStG stpfl (*HMW*/Trinkgelder Rz 1). Die sonstigen Einkünfte iSd § 22 EStG als siebter Einkunftsart (§ 2 Abs 1 Nr 7 EStG) dürfen nicht mit den sonstigen Bezügen (→ *Sonstige Bezüge* Rn 2) verwechselt werden. Zur Zahlung von Trinkgeldern an Krankenhauspersonal → *Krankenbehandlung* Rn 5. Zahlt die ehemalige Konzernmutter an ArbN der Konzerntochter 2 zusätzliche Monatsgehälter an Bankangestellte als Anerkennung, handelt es sich nicht um Trinkgelder iSd § 3 Nr 51 EStG (BFH 3.5.07 – VI R 37/05, BStBl II 07, 712). 8

**2. Steuerabzug. a) Trinkgelder aufgrund Rechtsanspruch** unterliegen dem LStAbzug durch den ArbGeb im Rahmen des § 38 Abs 1 EStG wie der übrige laufende Arbeitslohn (→ *Lohnabzugsverfahren* Rn 2 ff und → *Lohnsteuerberechnung* Rn 12–15). Die Ermittlung der Höhe der Einkünfte bereitet im Allgemeinen keine Schwierigkeiten (zB Bedienungszuschlag 10 oder 15%, Metergelder). 9

**b) Freiwillige Trinkgelder.** Nachdem diese Trinkgelder nunmehr steuerfrei sind (§ 3 Nr 51 EStG), ist auch die Aufzeichnungspflicht im Lohnkonto entfallen (§ 4 Abs 2 Nr 4 Satz 1 LStDV). Soweit der ArbN verpflichtet ist, Lohnzahlungen von dritter Seite dem 10

ArbGeb anzuzeigen (→ *Lohnabzugsverfahren* Rn 14 und LStR 38.4) betrifft dies nicht mehr das steuerfreie Trinkgeld.

**C. Sozialversicherungsrecht** *Schlegel*

11 **Beitragsfreiheit von Trinkgeldern.** Trinkgelder, die dem ArbN anlässlich einer Arbeitsleistung von Dritten freiwillig und ohne das ein Rechtsanspruch auf sie besteht, zusätzlich zum Entgelt für die Arbeitsleistung zugewandt werden, erfüllen tatbestandlich an sich die Voraussetzungen des § 14 SGB IV an das Arbeitsentgelt. Denn Arbeitsentgelt sind nicht nur alle Einnahmen, die unmittelbar aus der Beschäftigung erzielt werden, sondern auch solche, die „im Zusammenhang mit ihr erzielt werden." Dies ist beim Trinkgeld der Fall. Trinkgelder wurden in der Begründung des Entwurfs zu § 14 SGB IV ausdrücklich als beispielhafte Einnahme genannt, die „im Zusammenhang" mit der Beschäftigung erzielt wird (BT-Drs 7/4122 S 32). Allerdings sind gem § 1 Abs 1 Satz 1 Nr 1 SvEV einmalige Einnahmen und ähnliche Einnahmen, die zusätzlich zu Löhnen und Gehältern gewährt werden, ausnahmsweise dann nicht dem Arbeitsentgelt zuzurechnen, soweit sie lohnsteuerfrei sind. Dies ist bei Trinkgeldern seit 1.1.02 der Fall (§ 3 Nr 51 EStG). Damit sind Trinkgelder kraft ihrer Steuerfreiheit rechtlich kein Arbeitsentgelt und damit anders als bis Ende 2001 beitragsfrei (*Schlegel/Voelzke* SGB IV, § 14 Rz 78).

## Übergangsgeld/Überbrückungsgeld

### A. Arbeitsrecht

*Poeche*

**1. Begriff.** Als Übergangs- oder Überbrückungsgeld werden Leistungen des ArbGeb an den ArbN aus Anlass des regelmäßig unfreiwilligen Verlustes des Arbeitsplatzes bezeichnet. Die Sonderleistung des ArbGeb dient der finanziellen Sicherung des ArbN für einen Übergangszeitraum und soll den Wechsel auf einen neuen Arbeitsplatz oder in den Ruhestand erleichtern. Übergangsgeld ist deshalb keine **Betriebsrente** und ist damit weder unverfallbar noch insolvenzgeschützt (BAG 18.3.03 – 3 AZR 315/02, DB 04, 1624; zur Abgrenzung: BAG 28.10.08 – 3 AZR 317/07, NZA 09, 844; LAG Köln 2.3.12 – 4 Sa 1115/11, BeckRS 2012, 69436 → *Betriebliche Altersversorgung* Rn 1). Sie bezweckt regelmäßig nicht die Versorgung des ArbN im Alter. Etwas anderes gilt dann, wenn ArbN ein halbes Jahr nach Eintritt in die gesetzliche Altersrente einen sog Übergangszuschuss erhalten, um ihnen den Übertritt in den Ruhestand wirtschaftlich zu erleichtern (BAG 20.3.18 – 3 AZR 373/16, BeckRS 2018, 13280). 1

**2. Anspruchsgrundlage.** Der Anspruch auf Übergangsgeld kann sich aus den üblichen arbeitsrechtlichen Quellen ergeben: Arbeits- oder Tarifvertrag, Betriebsvereinbarung oder Versorgungswerk. Mit **Führungskräften** werden oft nachvertragliche Regelungen getroffen, bei deren Formulierung (und Auslegung) auf die gebotene Abgrenzung zur Karenzentschädigung und zur Versorgungszusage sowie auf eine mögliche Anrechnung von Einkünften aus neuer beruflicher Tätigkeit zu achten ist. Wird das Arbeitsverhältnis vor dem Entstehen des Anspruchs von einem anspruchsbegründenden Tarifvertrag auf einen neuen Tarifvertrag, der diese Leistung nicht enthält, übergeleitet, kann Übergangsgeld auch nicht aus Gründen des **Vertrauensschutzes** verlangt werden (BAG 24.1.08 – 6 AZR 228/07, NZA-RR 08, 436 zum BAT/TVöD). 2

**3. Inhalt.** Der zulässige Inhalt kollektivrechtlicher Vereinbarungen richtet sich nach den allgemein geltenden Bestimmungen. Die Bemessung der **Höhe** der Leistung entsprechend der Dauer des Arbeitsverhältnisses ist nicht zu beanstanden. Abwesenheitszeiten infolge **Eltern- oder Pflegezeit** können die Anspruchshöhe mindern (BAG 10.11.94 – 6 AZR 486/94, NZA 95, 692). Zu einer verbotenen **geschlechtsbezogenen Benachteiligung** wegen des (früher) unterschiedlichen Rentenzugangsalters von Männer und Frauen s BAG 7.11.95 – 3 AZR 1064/94, DB 96, 94 sowie BAG 15.2.11 – 9 AZR 750/09, NZA 11, 740. **Teilzeitbeschäftigte** haben Anspruch auf zeitanteilige Leistung (BAG 30.3.95 – 6 AZR 674/94, ZTR 96, 72). Auch unter Berücksichtigung des Verbots der **Altersdiskriminierung** dürfte der Ausschluss von ArbN mit Anspruch auf Altersrente unbedenklich sein (zum alten Recht BAG 10.7.03 – 6 AZR 289/02, NZA 04, 1239 [Ls]; 16.5.06 – 6 AZR 631/05, AP TV-SozSich § 8 Nr 1; nunmehr ebenso zur neuen Rechtslage BAG 6.10.11 – 6 AZN 815/11, NZA 11, 1431). Auch eine Benachteiligung wegen der Behinderung liegt nicht vor, wenn eine tarifliche Leistung auf die Zeit bis zum Erwerb einer wirtschaftlichen Absicherung durch den Anspruch auf eine vorgezogene Rente aus der gesetzlichen RV beschränkt ist (BAG 6.10.11 – 6 AZN 815/11, NZA 11, 1431; aA aber nun der EuGH 19.9.18 – C-312/17, Bedi, NZA 18, 1272 auf Vorlage des LAG Hamm 28.3.17 – 14 Sa 312/16, NZA-RR 17, 549; Hess LAG 4.9.15 – 14 Sa 1288/14, NZA-RR 16, 122). Auch der Bezug einer Teilrente iSv § 42 SGB VI führt zur Beendigung eines Anspruchs auf Überbrückungsbeihilfe nach dem TV SozSich (BAG 22.9.16 – 6 AZR 397/15, NZA 1, 398). Zur Auslegung einer Betriebsvereinbarung über einen Zuschuss zum **Altersübergangsgeld** BAG 22.2.95 – 10 AZR 500/94, DB 95, 2223; zur Auskunftspflicht des ArbGeb LAG MeVo 22.11.93 – 5 Sa 439/93, NZA 95, 79. Bis zu welchem Zeitpunkt das Übergangsgeld zu zahlen ist, ist durch Auslegung der Rechtsgrundlage zu ermitteln (LAG Hessen 29.10.12 – 16 Sa 483/12, BeckRS 2013, 65745 zum „frühest möglichen Bezug von Altersruhegeld"). Angaben in einem Tarifvertrag zur Beitragspflicht des Übergangsgeldes zu der gesetzlichen KV, PV und RV stellen nur einen rechtlich unverbindlichen Hinweis auf die 3 sozialversicherungsrechtlichen Folgen dar (BAG 15.6.10 – 3 AZR 861/08, BeckRS 2010, 71683).

4 **4. Progressionsvorbehalt.** Überbrückungsleistungen werden vielfach in Höhe eines bestimmten Prozentsatzes vom zuletzt bezogenen Nettogehalt zugesagt. Es stellt sich dann regelmäßig die Frage, welche Partei die sich aus § 32b EStG ergebenden finanziellen Nachteile zu tragen hat (Steuerfreiheit der ArbGebLeistung, aber Berücksichtigung bei dem Steuersatz). Fehlt es an hinreichenden Anhaltspunkten für eine gewollte zusätzliche Belastung des ArbGeb, ist das der ArbN (BAG 8.9.98 – 9 AZR 255/97, NZA 99, 769). Anders zum TV Stationierungsstreitkräfte Soziale Sicherung vom 31.8.71 BAG 20.5.99 – 6 AZR 451/97, NZA 99, 1342. Zur Berücksichtigung fiktiver LSt bei *Grenzgängern* nach diesem TV BAG 10.3.05 – 6 AZR 317/01, DB 05, 2248.

5 **5. Steuerklassenwechsel.** Erhöht der ArbN bei einem nettolohnbezogenen Übergangsgeld durch einen Wechsel der LStKlasse die Bemessungsgrundlage, kann der ArbGeb dem ArbN ggf den Einwand des Rechtsmissbrauchs entgegenhalten. Das ist idR dann der Fall, wenn die Steuerklasse nicht den tatsächlichen Einkommensverhältnissen der Ehegatten im bestehenden Arbeitsverhältnis entspricht (BAG 9.9.03 – 9 AZR 605/02, NZA 04, 496). Allerdings ist die Steuerklassenwahl IV/IV stets zu beachten (BAG 13.6.06 – 9 AZR 423/05, DB 06, 2470). Hierzu → *Lohnsteuerklassen* Rn 3.

6 **6. Rechtsnatur.** Das vom ArbGeb gezahlte Übergangsgeld ist **Arbeitseinkommen** iSd §§ 850c, 850e Nr 2 Buchst a ZPO. Der ArbGeb darf bei Prüfung des Aufrechnungsverbots nach § 394 BGB Übergangsgeld und eine darauf anzurechnende SozVRente zusammenrechnen; ein Zusammenrechnungsbeschluss des Vollstreckungsgerichts ist nicht erforderlich (BAG 30.7.92 – 6 AZR 169/91, BB 93, 2003 zu § 62 BAT). Der Anspruch unterliegt tariflichen Ausschlussfristen (BAG 8.9.99 – 4 AZR 642/98, FA 99, 411; 14.2.77 – 4 AZR 579/75, AP Nr 5 zu § 70 BAT). Zur Anrechnung von Nebenverdienst und einer Militärrente auf eine **Überbrückungsbeihilfe** (TV Stationierungsstreitkräfte s BAG 1.10.98 – 6 AZR 228/97, NZA 99, 495 und BAG 16.7.98 – 6 AZR 672/96, NZA 99, 217). Das rentenersetzende Übergangsgeld gehört zu den „Bezügen aus der gesetzlichen RV" iSv § 71 Abs 2 BAT (BAG 30.9.99 – 6 AZR 130/98, NZA 2000, 547).

7 **7. Arbeitslosengeld.** Nach § 32 SGB I sind Vereinbarungen zwischen ArbGeb und ArbN nichtig, die zum Nachteil des ArbN von den sozialrechtlichen Vorschriften abweichen. Unwirksam ist deshalb die Klausel in einem Aufhebungsvertrag, in der sich der ArbN verpflichtet, keinen Antrag auf AlGeld zu stellen (BAG 22.6.89 – 8 AZR 761/87, EWiR 90, 833). Zulässig war hingegen eine Regelung, die den ArbGeb berechtigt, ein vereinbartes Übergangsgeld um den Betrag zu kürzen, den er nach den früher geltenden § 128 AFG/§ 147a SGB III an die BA zu erstatten hatte. Eine solche Vereinbarung war zwar für den ArbN uU ungünstig, weil der Erstattungsbetrag auch die SozVBeiträge einschließt und der Kürzungsbetrag daher höher war als das dem ArbN zufließende AlGeld. Sie beschränkte den ArbN aber nicht unmittelbar in seiner sozialrechtlichen Position (BAG 25.1.2000 – 9 AZR 144/99, NZA 2000, 886).

## B. Lohnsteuerrecht

*Weil*

8 **1. Arbeitslohn.** Das Übergangsgeld, das der ArbGeb an den ArbN für einen idR unfreiwilligen Verlust des Arbeitsplatzes leistet, gehört grds zum stpfl Arbeitslohn. Es kann auf arbeitsvertraglicher, tarifvertraglicher oder gesetzlicher Grundlage gezahlt werden. Für das aus Anlass einer Entlassung aus dem Dienstverhältnis gezahlte Übergangsgeld kann eine **Tarifermäßigung** gem § 24 Nr 1 Buchst a EStG iVm § 34 Abs 1, 2 EStG in Betracht kommen. Abfindungen und Übergangszahlungen nach der (vorzeitigen) Beendigung des Arbeitsverhältnisses, die sich nach der Höhe des letzten Gehalts bestimmen und den wirtschaftlichen Übergang in den Ruhestand erleichtern sollen, können als **einheitliche** Entschädigung für den durch die vorzeitige Beendigung des Arbeitsverhältnisses entgehenden Arbeitslohn iSd § 24 Nr 1 Buchst a EStG zu beurteilen und mit einem ermäßigten Steuersatz (§ 34 Abs 1, 2 EStG) zu besteuern sein (BFH 29.5.08 – IX R 55/05, BFH/NV 08, 1666; → *Außerordentliche Einkünfte* Rn 2 ff). Für das niederkunftsbedingt gezahlte Übergangsgeld nach § 62 Abs 3 Nr 2b BAT gibt es keine Tarifermäßigung, da es keine Ent-

schädigung für entgangene Einnahmen iSd § 24 Nr 1 Buchst a EStG ist, die entgangene oder entgehende Einnahmen ersetzt sondern die mit der Niederkunft verbundenen Belastungen ausgleichen soll (BFH 21.6.90 – X R 45/86, BFH/NV 91, 88). Auch das Übergangsgeld bei einem zeitlich befristeten Dienstvertrag ist keine Entschädigung für entgehende Einnahmen iSd § 24 Nr 1 EStG, da es weder als Ersatz für entgehende Einnahmen noch als Gegenleistung für die Aufgabe oder Nichtausübung einer Tätigkeit gewährt wird (BFH 18.9.91 – XI R 8/90, BStBl II 92, 34). Die Übergangszahlungen nach BAT bzw TVöD können Versorgungsbezüge sein (§ 19 Abs 1 Nr 2 EStG; R 19.8 Abs 1 Nr 2 LStR), die unter den Voraussetzungen des § 19 Abs 2 EStG in Höhe der **Versorgungsfreibeträge** steuerfrei sind (→ *Altersgrenze* Rn 17 ff).

**2. Steuerfreie Übergangsgelder.** Nach § 3 Nr 1 Buchst c EStG sind das Übergangsgeld nach §§ 20 bis 27 SGB VI und entsprechende Geldleistungen nach §§ 10, 36 bis 39 ALG ausdrücklich steuerbefreit. Auch vergleichbare Leistungen **ausländischer Versicherungsträger** mit Sitz in einem EU/EWR-Staat oder in der Schweiz sind steuerfrei (§ 3 Nr 2 Buchst e EStG, s dazu BFH – X R 331/08 v 24.9.09, BFH/NV 09, 1625). Maßstab hierfür sind der Inhalt der gesetzlichen ausländischen Regelung sowie die Art der Leistung. Der ausländische Rechtsträger muss nach seiner Art und Struktur mit einem inländischen Rechtsträger vergleichbar sein. Außerdem hat die Leistung nach ausländischem Recht der nach inländischem Recht zu entsprechen. Das Übergangsgeld für Behinderte gem §§ 119 ff SGB III wird ebenfalls von der Steuerbefreiung erfasst (§ 3 Nr 2 Buchst a EStG). Zur Sicherstellung der Besteuerung nach der Leistungsfähigkeit unterliegen diese Leistungen dem **Progressionsvorbehalt** und werden in die Steuersatzberechnung aufgenommen (§ 32b Abs 1 Nr 1a, b, k EStG; → *Lohnersatzleistungen* Rn 5 ff). Es findet hierbei vAw eine Steuerveranlagung statt, wenn die steuerfreien Leistungen, die dem Progressionsvorbehalt unterliegen, über 410 € pro Jahr betragen (§ 46 Abs 2 Nr 1 EStG). 9

## C. Sozialversicherungsrecht *Voelzke*

**1. Allgemeines.** Dem Begriff des Übergangsgeldes kommt im SozVRecht eine gegenüber den Leistungen des ArbGeb bei Verlust des Arbeitsplatzes (→ Rn 1 ff) zusätzliche Bedeutung zu. Im SozVRecht ist das Übergangsgeld eine Lohnersatzleistung, die zur Sicherung des Lebensunterhalts im Zusammenhang mit **Leistungen zur Teilhabe** gezahlt wird. 14

**2. Leistungen des Arbeitgebers.** Das vom ArbGeb anlässlich des Ausscheidens aus dem Arbeitsverhältnis an den ArbN gezahlte arbeitsrechtliche Übergangs- oder Überbrückungsgeld gehört beitragsrechtlich **nicht zum Arbeitsentgelt** in der SozV, da es sich zeitlich nicht der versicherungspflichtigen Beschäftigung zuordnen lässt (BSG 6.2.92 – 7 RAr 66/90, SozR 3–4100 § 94 Nr 2). Daher unterliegt es nicht der Beitragspflicht und hat keine Auswirkungen auf die Bemessung der Lohnersatzleistungen. Beitragsfrei ist eine derartige Leistung des ArbGeb auch dann, wenn sie allein dazu dient, Arbeitsentgeltausfälle aufzufangen, die dadurch entstehen, dass der ArbN nach Beendigung des Arbeitsverhältnisses bis zum frühestmöglichen Beginn der Altersrente keinen neuen Arbeitsplatz findet (LSG Sachs 4.2.09 – L 1 KR 132/07, BeckRS 2008, 57438). Die Zahlung des arbeitsrechtlichen Übergangsgeldes kann allerdings das Ruhen des Leistungsanspruches gem § 158 SGB III bewirken (→ *Abfindung* Rn 60 ff). Abweichend von den zu Abfindungen entwickelten Grundsätzen hat das BSG eine „Ausgleichszahlung", die vom ArbGeb zusätzlich zu einer Rente aus der gesetzlichen RV und einer Betriebsrente gezahlt wurde und die eine Verminderung des späteren Rentenanspruchs ausgleichen sollte, als eine Rente der betrieblichen Altersversorgung angesehen und Beitragspflicht nach § 229 Satz 1 Nr 5 SGB V angenommen (BSG 26.3.96 – 12 RK 44/94, NZA 96, 1064; → *Betriebliche Altersversorgung* Rn 207 ff). 15

Nach § 23c SGB IV besteht **Beitragsfreiheit** von Zuschüssen des ArbGeb zu bestimmten Entgeltersatzleistungen (*Krankengeld,* Verletztengeld, Übergangsgeld oder Krankentagegeld). Die Beitragsfreiheit besteht nur, soweit die Zuschüsse zusammen mit den genannten Sozialleistungen das Nettoarbeitsentgelt iSd § 47 SGB V nicht übersteigen (s die Berechnungsbeispiele bei *Schlegel/Voelzke/Segebrecht* SGB IV § 23c Rz 45 ff).

**3. Rehabilitation.** In der SozV gehört das Übergangsgeld zu den unterhaltssichernden Leistungen (§ 5 Nr 3 SGB IX; §§ 65 ff SGB IX) zur Teilhabe. Im Zusammenhang mit 16

Leistungen zur medizinischen Rehabilitation werden von den gesetzlichen Krankenkassen *Krankengeld* und von den Berufsgenossenschaften Verletztengeld geleistet.

Es handelt sich beim Übergangsgeld um eine **Lohnersatzleistung,** die während der Dauer von RehaMaßnahmen in allen Bereichen der sozialen Sicherheit für die Dauer von Leistungen zur Teilhabe am Arbeitsleben und in der gesetzlichen RV für die medizinische Reha gezahlt wird (zur Rechtsentwicklung BSG 26.9.90 – 9b/7 RAr 96/88, NZA 91, 288). Da das Übergangsgeld den Lebensunterhalt des Behinderten während der beruflichen RehaMaßnahme sichern soll, knüpft es in erster Linie an das früher erzielte Arbeitsentgelt oder zuvor bezogene Sozialleistungen an; ausnahmsweise wird ein fiktives Arbeitsentgelt zugrunde gelegt. Das Übergangsgeld kann für einen begrenzten Zeitraum auch ohne aktuelle Teilnahme an einer Maßnahme gezahlt werden.

17 Bei fehlendem Anspruch auf Übergangsgeld gewährt die BA Behinderten für die Teilnahme an beruflichen Ausbildungsmaßnahmen zur Sicherung des Lebensunterhalts **Ausbildungsgeld** (§§ 122–126 SGB III); die Leistungen werden idR unabhängig davon gewährt, ob die erforderlichen Mittel aufgrund eines Unterhaltsanspruches zur Verfügung stehen.

18 **a) Voraussetzungen.** Die Gewährung erfordert neben der Erfüllung der allgemeinen Voraussetzungen für die Teilnahme an RehaMaßnahmen (*Teilhabe und Inklusion* und *Rehabilitation, medizinische*) das Vorliegen der besonderen Leistungsvoraussetzungen des Übergangsgeldes.

19 **aa) Versicherungsrechtliche Voraussetzungen.** In der **Arbeitslosenversicherung** hat die besonderen versicherungsrechtlichen Voraussetzungen derjenige Behinderte erfüllt, der innerhalb der letzten drei Jahre vor Beginn der Teilnahme mindestens **zwölf Monate** in einem Versicherungspflichtverhältnis gestanden hat oder die Voraussetzungen für einen Anspruch auf AlGeld erfüllt und Leistungen beantragt hat (§ 120 SGB III).

20 Die dreijährige Rahmenfrist gilt **nicht** für behinderte Berufsrückkehrer. Auslandstätigkeiten, die für die weitere Berufsausübung oder einen beruflichen Aufstieg nützlich oder üblich sind, verlängern die Rahmenfrist um bis zu zwei Jahre (§ 120 Abs 2 SGB III). Von der Erfüllung der versicherungsrechtlichen Voraussetzungen kann abgesehen werden, wenn der Behinderte innerhalb eines Jahres vor Beginn der Maßnahme einen in § 121 SGB III genannten Berufsausbildungsabschluss erworben hat.

21 In der **Rentenversicherung** gelten die versicherungsrechtlichen Voraussetzungen nicht nur für die Gewährung des Übergangsgeldes, sondern bestimmen über den Zugang zu sämtlichen RehaLeistungen. Die Voraussetzungen hat nach § 11 Abs 1 SGB VI erfüllt, wer bei Antragstellung die Wartezeit von fünfzehn Jahren erfüllt hat oder eine Rente wegen verminderter Erwerbsfähigkeit bezieht. Dem Bezug einer Rente wegen verminderter Erwerbsfähigkeit ist es gleichgestellt, wenn überlebende Ehegatten Anspruch auf die große Witwen- oder Witwerrente wegen verminderter Erwerbsfähigkeit haben (§ 11 Abs 3 SGB VI).

22 Für **medizinische Rehabilitationsleistungen** gelten in der RV die erleichterten Zugangsvoraussetzungen des § 11 Abs 2 SGB VI. Sie sind gegeben, wenn der Versicherte in den letzten zwei Jahren vor der Antragstellung sechs Kalendermonate mit Pflichtbeitragszeiten hat (Nr 1), er innerhalb von zwei Jahren nach Beendigung einer Ausbildung eine versicherte Beschäftigung oder selbstständige Tätigkeit aufgenommen oder ausgeübt hat, AU und Arbeitslosigkeit sind gleichgestellt (Nr 2) oder bei Erfüllung der allgemeinen Wartezeit von fünf Jahren verminderte Erwerbsfähigkeit vorliegt oder zu erwarten ist (Nr 3).

23 In der gesetzlichen **Unfallversicherung** besteht das Erfordernis von versicherungsrechtlichen Vorzeiten nicht. Vielmehr wird die Leistungspflicht der UVTräger allein durch den Eintritt eines Versicherungsfalls ausgelöst (§ 45 SGB VII).

24 **bb) Teilnahme an einer Maßnahme.** Die Gewährung von Übergangsgeld für Leistungen zur Teilhabe am Arbeitsleben setzt die tatsächliche Teilnahme an einer Maßnahme voraus, die nach RehaRecht förderungsfähig ist (*Teilhabe und Inklusion*). Für die Zeit eines unentschuldigten Fernbleibens entfällt der Anspruch auf Übergangsgeld (BSG 21.3.01 – B 5 RJ 34/99 R, SozR 3–2600 § 20 Nr 1).

25 Auch ohne Teilnahme an einer Maßnahme ist Übergangsgeld während einer Übergangszeit zu zahlen, wenn weitere Leistungen zur Teilhabe am Arbeitsleben erforderlich sind und diese aus Gründen, die der Leistungsempfänger nicht zu vertreten hat, nicht unmittelbar anschließend durchgeführt werden (sog **Zwischen- oder Überbrückungsübergangsgeld;** § 71 Abs 1 SGB IX). Das Zwischenübergangsgeld kann zwischen zwei medizinischen

Maßnahmen zur Reha zu gewähren sein, wenn diese im Verhältnis zueinander gesamtplanfähig und -pflichtig sind (BSG 12.6.01 – B 4 RA 80/00 R, SozR 3–2600 § 25 Nr 1). Die Leistungsgewährung nach § 51 Abs 1 SGB IX setzt zudem voraus, dass der Leistungsempfänger ohne Anspruch auf Krankengeld arbeitsunfähig ist oder ihm eine zumutbare Arbeit nicht vermittelt werden kann. Die Erforderlichkeit einer weiteren Bildungsmaßnahme muss grds bereits zum Zeitpunkt des Abschlusses der ersten Maßnahme feststehen (BSG 22.6.89 – 3 RA 24/88, SozR 2200 § 1241e Nr 18). Der Besuch eines Praktikums nach einer schulischen Fachausbildung zur Erlangung einer staatlichen Anerkennung im Beruf (Anerkennungspraktikum), begründet keinen Anspruch auf Übergangsgeld (BSG 29.1.08 – B 5a/5 R 20/06 R, SozR 4–3250 § 33 Nr 1).

Ein Anspruch auf **Leistungsfortzahlung** für längstens sechs Wochen besteht nach § 71 Abs 3 SGB IX, wenn der Leistungsempfänger Leistungen zur Teilhabe am Arbeitsleben allein aus gesundheitlichen Gründen nicht mehr, aber voraussichtlich wieder in Anspruch nehmen kann.

Ferner besteht nach näherer Maßgabe des § 71 Abs 4 SGB IX ein Anspruch auf sog **Anschlussübergangsgeld,** wenn sich der Leistungsempfänger im Anschluss an eine abgeschlossene Leistung zur Teilhabe am Arbeitsleben bei der Agentur für Arbeit arbeitslos meldet und einen Anspruch auf AlGeld nicht geltend machen kann. Der Anspruch erlischt nicht mit der Aufnahme einer neuen Beschäftigung, sondern kann bei erneuter Arbeitslosigkeit innerhalb des Dreimonatszeitraums wieder geltend gemacht werden (BSG 23.2.11 – B 11 AL 15/10 R, NZS 11, 831).

Nach § 71 Abs 5 SGB IX kann Übergangsgeld auch bei einer sich an Leistungen der medizinischen Rehabilitation anschließenden **stufenweisen Eingliederung** nach § 44 SGB IX gewährt werden (*Schlegel/Voelzke/Schlette* SGB IX, § 71 Rz 38 ff).

**cc) Fehlen einer Erwerbstätigkeit.** Der Anspruch auf Übergangsgeld setzt voraus, dass der Behinderte wegen der Leistungen keine ganztägige Erwerbstätigkeit ausüben kann. Dieses Merkmal ist auch erfüllt, wenn im Rahmen der Maßnahme Gelegenheit zur Nacharbeit oder Erholung geboten wird (BSG 30.4.81 – 11 RA 19/80, SozR 2200 § 1241 Nr 17). 26

**b) Höhe und Dauer der Leistung.** Die Berechnung des Übergangsgeldes erfolgt, wenn das Ende des Bemessungszeitraums nicht länger als drei Jahre zurückliegt, grds nach dem gesetzlich festgelegten Prozentsatz des im Bemessungszeitraum erzielten Arbeitsentgelts (§ 66 SGB IX). Überstunden sind in die Berechnung des Regelentgelts einzubeziehen, wenn sie nach dem Inhalt des Arbeitsverhältnisses regelmäßig erbracht wurden (BSG 1.6.94 – 7 RAr 40/93, SozR 3–4100 § 59 Nr 5). Einmalzahlungen sind in die Bemessungsgrundlage einzubeziehen. 27

Liegt der letzte Tag der Erwerbstätigkeit mehr als drei Jahre zurück, ist kein Arbeitsentgelt erzielt worden oder wäre es unbillig hart, von diesem Arbeitsentgelt auszugehen, so wird der Berechnung das tarifliche bzw ortsübliche Arbeitsentgelt zugrunde gelegt, das der Behinderte ohne die Behinderung nach seinen beruflichen Fähigkeiten und seinem Lebensalter erzielen könnte (§ 68 SGB IX). Hierbei bleiben (nur) diejenigen Behinderungen außer Betracht, die den konkreten Rehabilitationsanlass bilden (LSG Nds-Brem 4.6.14 – L 2 R 294/12, BeckRS 2014, 70623).

Zur Sicherung der Kontinuität der Leistungen wird bei mehreren RehaMaßnahmen das Arbeitsentgelt **als Berechnungsgrundlage jeweils übernommen** (§ 69 SGB IX; BSG 26.9.90 – 9b/7 RAr 96/88, NZA 91, 288). Hat bei Zuständigkeit der gesetzlichen UV ein Versicherter Verletztengeld in Höhe zuvor bezogenen AlGeldes bezogen, so ist für die Teilnahme an einer Maßnahme zur Teilhabe am Arbeitsleben Übergangsgeld in derselben Höhe zu zahlen (BSG 13.11.12 – B 2 U 26/11 R, SGb 13, 484).

Das Übergangsgeld wird regelmäßig aus 80 Prozent des erzielten regelmäßigen Arbeitsentgelts errechnet, soweit es der Beitragsberechnung unterliegt (§ 66 Abs 1 Satz 1 SGB IX). Es beträgt nach § 66 Abs 1 Satz 2 SGB IX für Leistungsempfänger, die ein **Kind** haben, ein Stiefkind in ihren Haushalt aufgenommen haben oder die den mit ihnen in häuslicher Gemeinschaft lebenden **Ehegatten** oder Lebenspartner pflegen bzw von diesem gepflegt werden, 75 vH, für die übrigen Teilnehmer 68 vH der maßgebenden Bemessungsgrundlage. Bei einer sich anschließenden Arbeitslosigkeit findet eine Lohnersatzquote von 67 (60) vH Anwendung. 28

Das Übergangsgeld wird, soweit es nicht ausnahmsweise für die Zeit nach Abschluss einer Maßnahme zu zahlen ist, für die Dauer der medizinischen oder berufsfördernden Leistungen 29 erbracht. Die Dauer von Leistungen zur beruflichen Weiterbildung soll bei ganztägigem Unterricht idR nicht länger als **zwei Jahre** betragen (§ 53 Abs 2 SGB IX). Eine Ausnahme hiervon gilt, wenn die berufliche Eingliederung nur durch eine länger dauernde Maßnahme erreicht wird; bei der Auslegung dieser Ausnahmevorschrift ist der Berufswunsch des Teilnehmers zu berücksichtigen (BSG 3.7.91 – 9b/7 RAr 142/89, SozR 3–4100 § 56 Nr 3; s aber auch BSG 28.1.93 – 2 RU 10/92, NZS 93, 322). Eine Teilförderung bei längeren Maßnahmen findet nicht statt.

30 **c) Einkommensanrechnung.** Erwerbseinkommen, dh Arbeitsentgelt und Arbeitseinkommen iSd §§ 14, 15 SGB IV, das während der Bezugszeit des Übergangsgeldes erzielt wird, ist in **voller Höhe** auf das Übergangsgeld anzurechnen (§ 72 Abs 1 Nr 1 SGB IX). Dabei ist das Erwerbseinkommen von ArbN um die gesetzlichen Abzüge (Steuern und Pflichtbeiträge zur SozV) und um einmalig gezahltes Arbeitsentgelt und das sonstiger Leistungsempfänger um 20 vH zu mindern. Bei der Ermittlung der gesetzlichen Abzüge bleiben der später durchgeführte LStAusgleich außer Ansatz, während lohnsteuerfreie Zuschläge nicht zum anrechenbaren Arbeitsentgelt gehören (BSG 16.2.89 – 4 RA 2/88, SozR 2200 § 1241 f Nr 4). Nachträgliche Änderungen des Einkommens bleiben idR unberücksichtigt; abweichend hiervon führen berechtigte Gehaltskürzungen seitens des ArbGeb, gegen die der Versicherte nicht erfolgreich vorgehen kann, ausnahmsweise zu einer Neuberechnung der Leistung (BSG 16.2.84 – 1 RA 35/83, SozR 2200 § 124 f Nr 2).

31 **Leistungen des Arbeitgebers** zum Übergangsgeld sind, soweit sie nicht zusammen mit dem Übergangsgeld das frühere Nettoarbeitsentgelt übersteigen, nicht auf das Übergangsgeld anzurechnen (§ 72 Abs 1 Nr 2 SGB IX). Es muss ein Bezug der ArbGebLeistung zum Übergangsgeld oder der Rehabilitationsmaßnahme bestehen (*Schlegel/Voelzke/Schlette* SGB IX, § 52 Rz 18). Im Übrigen werden Sozialleistungen, die auf eine wirtschaftliche Absicherung des Behinderten abzielen, auf das Übergangsgeld angerechnet.

32 **d) Versicherungsschutz.** Teilnehmer an berufsfördernden Maßnahmen zur Teilhabe am Arbeitsleben sowie an Berufsfindungs- und Arbeitserprobungsmaßnahmen sind in der KV versicherungspflichtig, es sei denn die Maßnahmen werden nach dem BVG erbracht (§ 5 Abs 1 Nr 6 SGB V). Die Versicherungspflicht besteht in der KV unabhängig davon, ob der Leistungsträger auch Übergangsgeld zahlt. Da die jetzige Gesetzesfassung auf die Teilnahme abstellt, ist unerheblich, ob die Maßnahme zu Recht oder zu Unrecht bewilligt worden ist. In der RV besteht während des Bezuges von Übergangsgeld nach § 3 SGB VI Versicherungspflicht, wenn der Leistungsempfänger im letzten Jahr vor Beginn der Leistung zuletzt versicherungspflichtig war; in den übrigen Fällen eröffnet § 4 Abs 3 Satz 1 Nr 1 SGB VI die Möglichkeit, die Versicherungspflicht zu beantragen und Pflichtbeiträge zu zahlen (§ 4 Abs 3a SGB VI). Nach § 26 Abs 2 Nr 1 SGB III besteht Versicherungspflicht in der ArblV, soweit unmittelbar vor Beginn der Übergangsgeldzahlung durch einen Träger der medizinischen Reha Versicherungspflicht bestand oder eine laufende Entgeltersatzleistung der ArblV bezogen wurde. Für erwachsene Teilnehmer an berufsfördernden Leistungen ist keine Versicherungs- und Beitragspflicht zur ArblV angeordnet.

# Überstunden

## A. Arbeitsrecht

*Poeche*

### Übersicht

**1. Einführung.** Überstunden (Überarbeit, Überschicht) leistet der ArbN, der über die für sein Beschäftigungsverhältnis geltende Arbeitszeit hinaus arbeitet (BAG 8.11.89 – 5 AZR 642/88, DB 90, 889). 1

**Tarifverträge** definieren Überstunden idR als Überschreitung der regelmäßigen tariflichen Arbeitszeit; weitgehend hat sich hierfür der Begriff **Mehrarbeit** eingebürgert (§ 3 Abs 5 BRTV; § 4 MTV Groß- und Außenhandel NRW; differenzierend nach Voll- und Teilzeitbeschäftigung § 3 MTV Einzelhandel NRW sowie § 7 Abs 6, 7 TVöD; zu letzterem *Rambach* ZTR 17, 635). Nach § 15 AZO löste die Überschreitung der gesetzlich zulässigen Höchstarbeitszeit zwingend einen Anspruch auf **Mehrarbeitsvergütung** aus; eine vergleichbare Regelung kennt das ArbZG nicht. Auch der Begriff Mehrarbeit wird im ArbZG nicht verwandt. Die gesetzliche Terminologie ist uneinheitlich. In § 4 Abs 1a Satz 1 EFZG und in § 11 Abs 1 BUrlG ist die Rede von Überstunden. Soweit es um Beschränkungen der Arbeitszeit im Interesse des Gesundheitsschutzes in besonderen Lebenslagen geht, wird von Mehrarbeit gesprochen: § 21 Abs 2 JArbSchG, § 4 Abs 1 MuSchG, § 124 SGB IX.

**Sonderleistungen** des ArbN, die über seine geschuldete Arbeit hinausgehen, werden ebenfalls als Mehrarbeit bezeichnet (zB Facharbeiter erhält Aufgaben des Vorarbeiters; Chauffeur übernimmt Gartenarbeit; Buchhalter unterbreitet kaufmännischen Verbesserungsvorschlag).

**Streitpotenzial.** Der Komplex Überstunden/Mehrarbeit ist typischerweise konfliktträchtig. Der ArbGeb ist idR daran interessiert, die Arbeitszeit möglichst kostengünstig auf ArbN seiner Wahl zu verteilen. Der ArbN kann dagegen, etwa aus familiären Gründen, strikt gegen jede Beschäftigung außerhalb seiner nach Tag/Stunde festgelegten Arbeitszeit sein. Gegenläufig kann der ArbN wegen des mit Mehrarbeit verbundenen Mehrverdienstes den Wunsch nach ihrer ständigen Ableistung haben.

**2. Öffentliches Arbeitszeitrecht.** Das ArbZG beschränkt im Interesse des Gesundheitsschutzes die Dauer zulässiger Arbeitszeit. Entgegenstehende Vereinbarungen sind nichtig (§ 134 BGB). Unzulässig angeordnete Arbeitszeit kann der ArbN verweigern (→ *Arbeitszeit* Rn 8). Bei tatsächlicher Leistung hat er Anspruch auf Vergütung nach § 612 Abs 1 BGB (BAG 28.9.05 – 5 AZR 52/05, NZA 06, 149). Den ArbGeb treffen **Aufzeichnungs- und Aufbewahrungspflichten,** wenn der ArbN über acht Stunden werktäglich arbeitet (§§ 3 S 1, 16 Abs 2 ArbZG). Verstöße sind nach § 22 Abs 1 Nr 9 ArbZG bußgeldbewehrt (bis 15 000 Euro). 2

**3. Vorliegen von Überstunden. a) Zeitlich.** Ob der ArbN Überstunden/Mehrarbeit leistet/leisten soll, ist durch einen Vergleich der vom ArbN geschuldeten und im Arbeitsvertrag/Tarifvertrag festgelegten Arbeitszeit mit den von ihm tatsächlich geleisteten oder angeordneten Arbeitsstunden zu ermitteln. Vergleichsmaßstab ist die regelmäßige Arbeitszeit, wie sie für den ArbN aufgrund Tarifvertrags, Betriebsvereinbarung oder Arbeitsvertrags auf Tag/Woche/Monat oder Jahr verteilt ist. Üblicherweise wird die Dauer der geschuldeten Arbeitszeit ausdrücklich festgelegt. Sie kann sich auch aus den Umständen (§§ 133, 157 BGB) ergeben, etwa Vereinbarung einer Vollbeschäftigung. Dann gilt die betriebsübliche Arbeitszeit (BAG 15.5.13 – 10 AZR 325/12, DB 13, 2215; 22.4.09 – 5 AZR 133/08, NZA 10, 120; 25.4.07 – 5 AZR 504/06, NZA 07, 801). Eine Klausel, nach der der ArbN die arbeitszeitrechtlich erlaubte Arbeitszeit schuldet, ist grds zulässig. Es greift dann das öffentlich-rechtliche Arbeitszeitrecht mit dem im ArbZG geregelten Ausgleichszeiträumen ein (BAG 18.4.12 – 5 AZR 195/11, NZA 12, 796; → *Fahrtätigkeit* Rn 4). Zur Vereinbarung einer durchschnittlichen Arbeitszeit und sonstigen Abreden → *Arbeitszeit* Rn 29. Erlaubt ein Tarifvertrag dem ArbGeb die einseitige Erhöhung der regelmäßigen Arbeitszeit, erbringt der ArbN bis zu dem vom ArbGeb festgesetzten Ausmaß keine Überstunden (BAG 3

12.12.90 – 4 AZR 238/90, DB 91, 865: 54-Stunden Arbeitszeit/Woche in Saudi-Arabien); → *Arbeitszeit* Rn 29.

4 **b) Inhaltlich.** Überstunden liegen nicht bereits dann vor, wenn sich der ArbN außerhalb der für ihn geltenden regelmäßigen Arbeitszeit im Betrieb aufhält. Sie müssen mit **„Wissen und Wollen"** des ArbGeb erbracht werden. Der ArbGeb muss deshalb die Anwesenheit des ArbN angeordnet oder in sonstiger Weise zum Ausdruck gebracht haben, dass er die über das übliche Zeitmaß hinausgehende Arbeitsleistung des ArbN billigt oder zumindest duldet (so schon BAG 15.6.61 – 2 AZR 436/60, AP Nr 7 zu § 253 ZPO). Eine für die Anordnung von Überstunden vorgeschriebene **Schriftform** dient idR nur der Beweissicherung. Ihre Nichtbeachtung ist materiellrechtlich folgenlos (LAG Hess 29.10.92 – 13 Sa 1365/91, DB 94, 382).

5 **4. Pflicht zur Leistung von Überstunden.** Der ArbGeb ist nicht allein auf Grund seines Weisungsrechts (§ 106 GewO) berechtigt, Überstunden anzuordnen. Es beschränkt sich auf das Recht, die im Arbeitsvertrag nur dem Rahmen nach umschriebenen Pflichten des ArbN zu konkretisieren (→ *Weisungsrecht* Rn 4). Sein Anordnungsrecht kann sich aus einer der üblichen arbeitsrechtlichen Grundlagen ergeben (vgl zu einigen Beispielen arbeitsvertraglicher „Anordnungsklauseln". *Hunold* DB 14, 361). Die Auslegung eines **Arbeitsvertrags** muss sich am Einzelfall (§§ 133, 157 BGB) orientieren; bei Formularverträgen sind die §§ 305 ff BGB zu beachten (→ *Teilzeitbeschäftigung* Rn 6). Gibt es keine Vereinbarung, die den ArbN zur Ableistung von Überstunden verpflichtet, gebietet die Treuepflicht die Erbringung von Überstunden, wenn sich der ArbGeb in einer Notlage befindet, der anders nicht begegnet werden kann (LAG MeVo 18.12.14 – 5 TaBV 7/14, BeckRS 2015, 67335).

6 **a) Kollektivrechtliche Regelungen.** Die Anordnungsbefugnis des ArbGeb kann sich aus einem anzuwendenden **Tarifvertrag** ergeben; sie wird oft an betriebliche Erfordernisse gebunden („notwendige Überarbeit"). Soweit für sie keine tarifliche Sonderregelung besteht, sind auch Teilzeitbeschäftigte zur weiteren Arbeitsleistung verpflichtet (BAG 12.2.92 – 5 AZR 566/90, ZTR 92, 330 zur *Rufbereitschaft*). Allein der Umstand, dass der Tarifvertrag die Bezahlung von Überstunden regelt, rechtfertigt nicht den Schluss, der ArbGeb könne Überstunden einseitig anordnen. Ist arbeitsvertraglich die Leistung von Überstunden nicht ausdrücklich ausgeschlossen, kann sich die Anordnungsbefugnis des ArbN aus einer **Betriebsvereinbarung** ergeben, mit der die betriebliche Arbeitszeit vorübergehend verlängert wird.

7 **b) Sonderregelungen für bestimmte Arbeitnehmer.** Zum Anspruch schwerbehinderter Menschen auf Freistellung von Mehrarbeit → *Behinderte* Rn 35. Für Jugendliche → *Jugendarbeitsschutz* Rn 18 ff, für werdende und stillende Mütter → *Mutterschutz* Rn 16, für Auszubildende → *Ausbildungsverhältnis* Rn 31 und zu den Ansprüchen der Mitglieder des BRat → *Betriebsratsfreistellung* Rn 34.

8 **5. Anspruch auf Zuweisung von Überstunden.** Soweit der ArbN nicht (ausnahmsweise) einen arbeitsvertraglichen Anspruch auf Zuweisung von Überarbeit hat, liegt die Entscheidung über das **Ob von Überstunden** vorbehaltlich der Mitbestimmungsrechte des BRat (→ Rn 18) beim ArbGeb. Das gilt auch dann, wenn der ArbGeb den ArbN nach jahrelanger Anordnung von Überstunden künftig nur für die Dauer der regelmäßigen Arbeitszeit beschäftigen will. Die betriebliche Organisation als solche unterliegt, von Missbrauchsfällen abgesehen, keiner arbeitsgerichtlichen Kontrolle (BAG 22.4.09 – 5 AZR 133/08, NZA 10, 120). Rechtsmissbrauch ist bereits dann ausgeschlossen, wenn der ArbGeb im Interesse größerer Wirtschaftlichkeit die betriebliche Praxis ändert. Bei der **Verteilung von Überstunden** auf die einzelnen ArbN hat der ArbGeb **billiges Ermessen** zu wahren (§ 106 GewO; → *Weisungsrecht* Rn 17 ff). Zu berücksichtigen sind ua die familiären Aufgaben des ArbN, die einer zusätzlichen Arbeitszeitbelastung entgegenstehen können. Der ArbGeb darf einen ArbN nicht allein deshalb von Überstunden ausnehmen, weil dieser nicht bereit war, auf tarifliche Ansprüche zu verzichten (BAG 7.11.02 – 2 AZR 742/00, NZA 03, 1139: Verstoß gegen das **Maßregelungsverbot**). Der nicht berücksichtigte ArbN hat Anspruch aus *Annahmeverzug.*

9 **6. Vergütung. a) Grundlohn.** Regelmäßig werden Überstunden vereinbarungsgemäß mit dem für die regelmäßige Arbeitsleistung anfallenden Stundenentgelt vergütet (§ 611

BGB). Von einer stillschweigenden Vergütungsabrede iSv § 612 Abs 1 BGB kann ausgegangen werden, wenn im betreffenden Wirtschaftsbereich Tarifverträge gelten, die für vergleichbare Arbeiten die Vergütung von Überstunden vorsehen (nach Auffassung des BAG 17.8.11 – 5 AZR 406/10, NZA 11, 1335 besteht zumindest eine Vergütungserwartung; dazu → *Arbeitsentgelt* Rn 8 ff). Bei Fehlen einer Vergütungsabrede greifen die Grundsätze der **fehlgeschlagenen Vergütungserwartung** ein. Nach § 612 Abs 1 BGB sind Überstunden zu vergüten, wenn sie den Umständen nach nur gegen eine Vergütung zu erwarten sind. Allerdings besteht kein allgemeiner Rechtssatz, nach dem jede Mehrarbeit oder jede dienstliche Anwesenheit außerhalb der regelmäßigen Arbeitszeit zu vergüten ist (st Rspr BAG 17.11.11 – 5 AZR 406/10, NZA 11, 1335; 21.9.11 – 5 AZR 629/10, NZA 12, 145). Es gilt ein **objektiver Maßstab:** Verkehrssitte, Art, Umfang, Dauer oder Dienstleistung und Stellung der Beteiligten zueinander, ohne dass es auf deren persönliche Meinung ankäme. Insbes bei Diensten höherer Art wird ein Entgeltanspruch regelmäßig ausscheiden (angestellter Rechtsanwalt). Gleiches gilt für ArbN mit Führungsaufgaben, die nicht unter das ArbZG fallen (zB Chefärzte, leitende Angestellte → *Arbeitszeit* Rn 4). Die Ungleichbehandlung dieser Personengruppe ist nicht gleichheitswidrig (BAG 31.5.01 – 6 AZR 171/00, ZTR 02, 173 zur *Bereitschaftsdienstvergütung* eines Chefarztes). Ein Entgeltanspruch kann auch fehlen, wenn der ArbN den Umfang seiner zeitlichen Beanspruchung selbst bestimmen kann (LAG Köln 7.9.89 – 10 Sa 488/89, NZA 90, 349: Assistenzarzt in Einzelpraxis) oder wenn er zusätzlich zur Festvergütung für einen Teil seiner Arbeitsaufgaben nicht unerhebliche Provisionen bezieht (BAG 27.6.12 – 5 AZR 530/11, NZA 12, 1147 Anm *Bauer* ArbRAktuell 12, 506) Einen Entgeltanspruch verneint das BAG (22.2.12 – 5 AZR 765/10, NZA 12, 861) idR auch bei Zahlung einer deutlich hervorgehobenen Vergütung (Überschreitung der Beitragsbemessungsgrenze in der RV). Zum Anspruch des **freigestellten Betriebsrats** → *Betriebsratsfreistellung* Rn 23; zum gesetzlichen Anspruch des Auszubildenden → *Ausbildungsverhältnis* Rn 31.

**b) Abgeltungsklauseln.** Oft enthalten Arbeitsverträge Klauseln, nach denen anfallende **10**
Mehrarbeit oder Überstunden mit dem Arbeitsentgelt abgegolten sind (zu Überstundenabgeltungsklauseln: *Reinhardt-Kasperek/Denninger* BB 19, 116). Bei der rechtlichen Prüfung der Zulässigkeit solcher Klauseln nach Maßgabe des AGB-Rechts ist zunächst ihr Inhalt zu ermitteln. So unterliegt eine vom ArbGeb vorformulierte oder verwendete Klausel, die ausschließlich die Vergütung von Arbeitsstunden betrifft und nicht die Befugnis des ArbGeb, Überstunden anzuordnen, nicht der Inhaltskontrolle nach § 307 Abs 1 Satz 1 BGB (BAG 16.5.12 – 5 AZR 331/11, NZA 12, 908 zu einer als unbedenklich beurteilten mündlichen Erklärung des ArbGeb „die ersten 20 Stunden sind mit drin"). Denn die Klausel betrifft unmittelbar das Austauschverhältnis „Arbeit gegen Lohn" und damit eine Hauptleistungspflicht des ArbGeb. Offen gelassen hat das BAG, ob eine kontrollfähige Nebenabrede dann vorliegt, wenn eine Pauschalvergütung von Überstunden mit einer Abrede über den Umfang der Anordnungsbefugnis des ArbGeb kombiniert wird (dafür Schaub/*Linck* § 35 Rz 79). Mit dem Transparenzgebot des § 307 Abs 1 Satz 2 BGB unvereinbar ist dagegen eine Klausel, nach der „erforderliche Überstunden" mit dem monatlichen Entgelt abgegolten seien (BAG 1.9.10 – 5 AZR 517/09, NZA 11, 571; 17.8.11 – 5 AZR 406/10, NZA 11, 1335; BAG 20.4.11 – 5 AZR 200/10, NZA 11, 917 zur Pauschalabgeltung von Reisezeiten; → *Fahrtätigkeit* Rn 5) oder eine Klausel, nach der der ArbN „für Über- und Mehrarbeit keine weitergehende Vergütung" erhält (BAG 22.2.12 – 5 AZR 765/10, NZA 12, 861). Unangemessen benachteiligend ist außerdem eine Klausel, die für eine Vergütung von Überstunden voraussetzt, dass diese ausdrücklich angeordnet sind oder dass sie aus betrieblichen Gründen zwingend notwendig sind und nachträglich und unverzüglich durch den Vorgesetzten schriftlich bestätigt werden (LAG Köln 11.9.15 – 4 Sa 425/15, BeckRS 2016, 65185). Überstunden sind dann nach § 612 Abs 1 BGB zu vergüten (→ Rn 9) ohne Beschränkung der Entgeltpflicht auf Mehrstunden, die über die gesetzlich zulässige Höchstarbeitszeit von 48 Stunden/Woche hinausgeht (BAG 28.9.05 – 5 AZR 52/06, NZA 06, 149). Mit Inkrafttreten des **MiLoG** ist außerdem die Monatsvergütung so hoch zu bemessen, dass unter Berücksichtigung der nach der vertraglichen Abgeltungsklausel pauschal mit abgegoltenen Überstunden der gesetzliche Mindestlohn gezahlt wird (hierzu *Bayreuther* NZA 15, 385; *Preis/Lukes* ArbRB 15, 153; zur Berechnung der Überstundenvergütung nach dem MiLoG: *Pütz* AuR 16, 186).

11 **c) Vereinbarte zusätzliche Pauschalvergütung.** Gelegentlich wird arbeitsvertraglich die Zahlung einer Pauschale für (erwartete) Überstunden festgelegt. Ist auf das Arbeitsverhältnis zwingend ein Tarifvertrag anzuwenden, muss sichergestellt sein, dass der Tariflohn einschließlich aller Zuschläge nicht unterschritten wird. Tariflohnerhöhungen führen idR zur entsprechenden Aufstockung der Pauschalvergütung. Ob bei einem dauerhaften Wegfall möglicher Überstunden die „Geschäftsgrundlage" der Pauschalvereinbarung entfällt, bestimmt sich nach den Umständen des Einzelfalls. Andernfalls bedarf es der *Änderungskündigung* oder der einvernehmlichen Vertragsänderung. Eine Änderungskündigung kann sozial gerechtfertigt sein, wenn der ArbGeb künftig Mehrarbeit verstärkt durch (bezahlte) Freizeit ausgleichen will (BAG 23.11.99 – 2 AZR 547/99, NZA 01, 492).

12 **d) Überstundenzuschläge.** Tarifverträge enthalten anders als Arbeitsverträge idR detaillierte Bestimmungen zu den vom ArbGeb geschuldeten Zuschlägen. Soweit kein Tarifvertrag anzuwenden ist (mangels Tarifbindung oder fehlender Bezugnahme) und der Arbeitsvertrag keine ausdrückliche Regelung enthält, ist durch Auslegung zu ermitteln, ob über den Grundlohn hinaus ein Zuschlag zu zahlen ist. Das bestimmt sich ua nach der betrieblichen Handhabung und der Branchenüblichkeit. Dabei ist uU zwischen übertariflichen Zulagen für Überstunden und außertariflichen Zulagen für Tagesarbeitsstunden zu differenzieren (BAG 7.2.07 – 5 AZR 41/06, NZA 07, 934).

13 **e) Teilzeitbeschäftigung.** Nach den tariflichen Regelungen haben Teilzeitbeschäftigte idR Anspruch auf Überstundenzuschlag erst bei Überschreiten der tariflichen regelmäßigen Arbeitszeit (→ *Teilzeitbeschäftigung* Rn 95; nun aber aA zur Auslegung des TVöD-K BAG 23.3.17 – 6 AZR 161/16, BeckRS 2017, 115721; ebenso aA nunmehr zum MTV Systemgastronomie: BAG 19.12.18 – 10 AZR 231/18, NZA 19, 790; hierzu *Rambach* ZTR 17, 635; 19, 195). Die beiden Entscheidungen des BAG belegen, dass diese Regelungspraxis in Tarifverträgen nunmehr einheitlich als unwirksam erachtet wird.

14 **7. Freizeitausgleich.** Arbeitsvertragliche/tarifliche Vereinbarungen enthalten oft Bestimmungen zur Gewährung von Freizeit für geleistete Überstunden, dh der ArbN ist von seiner Arbeitspflicht durch Reduzierung seiner Sollarbeitszeit freizustellen (BAG 21.3.12 – 6 AZR 560/10, BeckRS 2012, 69639 Anm *Bremeier* öAT 12, 162). Die Regelungen sind vielgestaltig. Teils ist Freizeitausgleich auf Wunsch des ArbN zu gewähren, teils ist die Freizeitgewährung der Entscheidung des ArbGeb überlassen. In einem solchen Fall erfüllt der ArbGeb den Freizeitanspruch mit einer widerruflichen Freistellung; der Anspruch erlischt wegen Erfüllung auch dann, wenn der ArbN in dieser Zeit arbeitsunfähig erkrankt (BAG 19.5.09 – 9 AZR 433/08, NZA 09, 1211). Haben die Parteien ausdrücklich die Abgeltung von Überstunden durch Freizeitausgleich vereinbart, hat der ArbN im bestehenden Arbeitsverhältnis keinen Anspruch auf Überstundenvergütung. Offene Ansprüche auf Freizeitausgleich sind erst bei Beendigung des Arbeitsverhältnisses in Geld abzugelten. Formularklauseln über ihren ersatzlosen Wegfall sind idR unwirksam nach § 307 BGB. Der ArbGeb kann gegenläufig auch nicht einseitig von einer festgelegten Überstundenvergütung zum Freizeitausgleich übergehen (BAG 18.9.01 – 9 AZR 307/00, NZA 02, 268). Ein befristetes Arbeitsverhältnis verlängert sich nicht nach § 625 BGB, wenn der ArbN nach Ablauf der Befristung Freizeit als Überstundenausgleich sowie Urlaub erhält und erst danach wieder die Arbeit aufnimmt (BAG 2.12.98 – 7 AZR 508/97, NJW 99, 1654). Haben die Arbeitsvertragsparteien in einem **gerichtlichen Vergleich** die unwiderrufliche Freistellung des ArbN vereinbart, wird damit nicht zugleich der Anspruch des ArbN auf Freizeitausgleich zum Abbau von Überstunden vereinbart. Hierzu bedarf es einer hinreichend deutlichen Regelung (BAG 21.11.19 – 5 AZR 578/18, PM).

15 **8. Fristen/Verwirkung.** Der Anspruch auf Überstundenvergütung verjährt in der Regelfrist von drei Jahren (§ 195 BGB). Einschlägige Ausschlussfristen sind anzuwenden (BAG 14.9.94 – 5 AZR 407/93, DB 95, 478). Der Anspruch unterliegt wie jeder schuldrechtliche Anspruch der Verwirkung. An dem erforderlichen Umstandsmoment (→ *Verwirkung* Rn 2) fehlt es regelmäßig, wenn der ArbGeb eine unwirksame AGB-Klausel verwendet und der ArbN deshalb seinen Anspruch auf Überstundenvergütung nicht kennt (BAG 22.2.12 – 5 AZR 765/10, NZA 12, 861; BAG 22.2.12 – 5 AZR 765/10, NZA 12, 861).

16 **9. Prozessuales.** Der ArbN hat als Anspruchsteller die **Darlegungs- und Beweislast** für alle Tatsachen (zeitlich und inhaltlich), aus denen sich der erhobene Anspruch auf

Überstundenvergütung ergeben soll (umfassend zur gerichtlichen Geltendmachung von Überstundenvergütung: *Reinfelder* AuR 18, 335). Es gelten dieselben Grundsätze wie für die Behauptung des ArbN, die geschuldete (Normal-)Arbeitszeit verrichtet zu haben (BAG 16.5.12 – 5 AZR 347/11, NZA 12, 939). Danach genügt zunächst der Vortrag, wann der ArbN an welchen Tagen von wann bis wann gearbeitet hat oder sich auf Weisung des ArbGeb zur Arbeit bereitgehalten hat (BAG 21.12.16 – 5 AZR 362/16, NZA-RR 17, 233; 10.4.13 – 5 AZR 122/12, NZA 13, 1100; 18.4.12 – 5 AZR 248/11, NZA 12, 998). Seiner Darlegungslast auf dieser ersten Stufe genügt der ArbN auch, wenn er auf die vom ArbGeb abgezeichneten Arbeitszeitnachweise Bezug nimmt (BAG 26.6.19 – 5 AZR 452/18, BeckRS 2019, 14219). Konkrete Tätigkeitsangaben für jede Überstunde muss der ArbN auf dieser ersten Stufe der Darlegung noch nicht machen (BAG 21.12.16 – 5 AZR 362/16, NZA-RR 17, 233; 10.4.13 –5 AZR 122/12, NZA 13, 1100). Darauf muss der ArbGeb im Rahmen einer gestuften Darlegungslast substanziiert erwidern und im Einzelnen vortragen, welche Arbeiten er dem ArbN zugewiesen hat und an welchen Tagen der ArbN von wann bis wann diesen Weisungen (nicht) nachgekommen ist. Vorgeschriebene Aufzeichnungen wie zB § 21a Abs 7 ArbZG (→ *Fahrtätigkeit* Rn 4) sind auszuwerten (BAG 21.12.16 – 5 AZR 362/16, NZA-RR 17, 233; LAG MeVo 12.3.15 – 5 Sa 192/14, BeckRS 2015, 70046, s hierzu *Müller-Wenner* AuR 17, 476). Verschweigt sich der ArbGeb oder ist sein Vorbringen unsubstanziiert, gelten die vom ArbN vorgetragenen Stunden als zugestanden. Auch kann der ArbGeb den Vortrag des ArbN nicht mit Nichtwissen bestreiten (BAG 21.12.16 – 5 AZR 362/16, NZA-RR 17, 233). Je nach Einlassung des ArbGeb ist vom ArbN vorzutragen, dass die Überstunden vom ArbGeb angeordnet, gebilligt oder geduldet wurden oder jedenfalls zur Erledigung der geschuldeten Arbeit erforderlich waren (st Rspr, ie: BAG 10.4.13 – 5 AZR 122/12, NZA 13, 1100; 25.5.05 – 5 AZR 319/04, NZA 05, 1432 [Ls]). Diese Grundsätze sind allerdings nicht schematisch anzuwenden. Stets sind die betrieblichen Abläufe und die Art der Tätigkeit des ArbN zu berücksichtigen (zB hinsichtlich Dauer der zugewiesenen Touren bei einem Kraftfahrer). Die abgestufte Darlegungs- und Beweislast gilt auch, wenn streitig ist, ob der ArbN Vollarbeit oder (geringer vergüteten) Bereitschaftsdienst geleistet hat (BAG 29.5.02 – 5 AZR 370/01, NZA 03, 120). **Inhaltlich** genügt oft die Darlegung der **Kenntnis** des ArbGeb, dass sich der ArbN außerhalb seiner regelmäßigen Arbeitszeit im Betrieb aufgehalten hat und dass er während dieser Zeit gearbeitet hat. Das LAG BlnBbg (28.6.17 – 15 Sa 66/17, BeckRS 2017, 129570) geht bereits von einer hinreichend substantiiert dargelegten Duldung aus, wenn der ArbGeb behauptet, bei ihm leisteten alle Führungskräfte unentgeltlich Überstunden. Von einer Billigung ist auch auszugehen, wenn der ArbGeb die auf den Zeiterfassungsbögen angegebenen Arbeitszeiten abgezeichnet hat (BAG 26.6.19 – 5 AZR 452/18, BeckRS 2019, 14219). Steht etwa aufgrund unstreitigen Parteivorbringens oder des Sachvortrags des ArbGeb fest, dass Überstunden auf Veranlassung des ArbGeb geleistet wurden, weil die dem ArbN zugewiesene Arbeit nicht ohne die Leistung von Überstunden zu erbringen war, kann aber der ArbN seiner Darlegungs- oder Beweislast für jede einzelne Überstunde nicht in jeder Hinsicht genügen, darf das Gericht den (Mindest-)Umfang geleisteter Überstunden nach § 287 Abs 2 iVm Abs 1 S 1 und S 2 ZPO schätzen (BAG 25.3.15 – 5 AZR 602/13, NZA 15, 1002). Zurückhaltend sollte mit der beliebten Praxis, wegen der geleisteten Arbeitszeiten auf Anlagen zu verweisen, umgegangen werden. Mit der bloßen Bezugnahme auf den Schriftsätzen als Anlagen beigefügte Stundenaufstellungen genügen die Parteien ihrer Darlegungslast nicht. Das Gericht ist nicht verpflichtet, sich die streitigen oder unstreitigen Arbeitszeiten aus den Anlagen selbst zusammen zu suchen (BAG 16.5.12 – 5 AZR 347/11, NZA 12, 939; LAG Sachsen 21.1.16 – 9 Sa 457/15, BeckRS 2016, 111787). Der ArbN kann nach neuester Rspr des BAG aber auch eine **Stufenklage** anhängig machen, auf deren erster Stufe er den **Auskunftsanspruch nach § 21a Abs 7 S 3 ArbZG** geltend macht. Die Aufzeichnungen eignen sich für eine Bezifferung der Vergütung von Überstunden (BAG 28.8.19 – 5 AZR 425/18, NZA 19, 1645). Darüber hinaus gehend wird erwartet, dass infolge des Urteils des EuGH in Sachen CCOO (14.5.19 – C-55/18, NJW 19, 1861) und den Aufzeichnungspflichten des ArbGeb die Darlegungslast des ArbN wesentlich erleichtert wird (s *Heuschmid* NJW 19, 1853; *Sittard/Esser* jm 19, 284: Beweislastumkehr; aA *Richter/Schreynemakers* ArbRB 19, 288).

17 **10. Überstunden und sonstige Leistungspflichten des Arbeitgebers.** Inwieweit in der Vergangenheit geleistete Überstunden spätere Entgeltansprüche erhöhen, richtet sich nach dem jeweiligen Regelungskomplex. Zu verweisen ist auf → *Annahmeverzug* Rn 15, → *Entgeltfortzahlung* Rn 13, → *Mutterschutz* Rn 29, → *Urlaubsentgelt* Rn 3).

18 **11. Mitbestimmungsrechte des Betriebsrats. a) Allgemeines.** Der BRat hat mitzubestimmen bei der vorübergehenden Verlängerung der betriebsüblichen Arbeitszeit (§ 87 Abs 1 Nr 3 BetrVG). Das Mitbestimmungsrecht bezieht sich auf alle im Zusammenhang mit Überstunden anfallenden Fragen, dh ob, in welchem Umfang und wann von welchem ArbN länger gearbeitet werden soll. Ohne Beteiligung des BRat darf der ArbGeb auch keine freiwillig geleisteten Überstunden entgegennehmen (BAG 27.11.90 – 1 ABR 77/89, DB 91, 706). Das Mitbestimmungsrecht besteht nicht bei der Abgeltung der Überstunden (BAG 22.8.17 – 1 ABR 24/16, NZA 18, 115). Der ArbGeb, der die Zustimmung des BRat zur Anordnung von Überstunden nicht erhalten hat, verletzt dessen Beteiligungsrecht, wenn er einen Strohmann zur Erledigung der in Überarbeit zu erbringenden Arbeiten einschaltet (BAG 22.10.91 – 1 ABR 28/91, DB 92, 686). Das Mitbestimmungsrecht bezieht sich auch auf Teilzeitbeschäftigte (BAG 19.2.91 – 1 ABR 31/90, DB 91, 2043). Eine für mehrere Jahre unkündbare Betriebsvereinbarung zu Überstunden verstößt dann nicht gegen § 77 Abs 3 BetrVG (Tarifsperre), wenn die in ihr vorgesehenen Verlängerungen der betriebsüblichen Arbeitszeit als solche jeweils nur vorübergehend sind. Sie beruht auch auf keinem unzulässigen Verzicht des BRat, wenn zwar keine Voraussetzungen für die Anordnung von Überstunden wohl aber detaillierte Regelungen zu deren Umfang und Verteilung im Einzelfall vorgesehen sind (BAG 3.6.02 – 1 AZR 349/02, NZA 03, 1155). Während eines Arbeitskampfes entfallen die Beteiligungsrechte des BRat, die geeignet sind, die Arbeitskampffreiheit des ArbGeb einzuschränken. Es verbleibt ein Anspruch auf Unterrichtung, wenn der ArbGeb Überstunden anordnen will (BAG 10.12.02 – 1 ABR 7/02, NZA 04, 223; LAG Hessen 8.9.16 – 5 TaBV 242/15, BeckRS 2016, 74527). Das Mitbestimmungsrecht ist aber nicht aus arbeitskampfrechtlichen Gründen suspendiert, wenn der ArbGeb Mehrarbeit gegenüber allen dienstplanmäßig eingeteilten ArbN zur Aufarbeitung streikbedingter Arbeitsrückstände nach Beendigung der Arbeitsniederlegung anordnet (BAG 20.3.2018 – 1 ABR 70/16, NZA 18, 1081).

19 **b) Abgrenzung.** Das Mitbestimmungsrecht greift nicht ein bei individuellen Regelungen ohne kollektiven Bezug und endet daher, wenn es um die Gestaltung konkreter Arbeitsverhältnisse geht und wo besondere, nur den einzelnen ArbN betreffende Umstände die Abweichung von der betriebsüblichen Arbeitszeit veranlassen oder inhaltlich bestimmen (BAG 11.11.86 – 1 ABR 17/85, DB 87, 336). Ein kollektiver Tatbestand liegt immer vor, wenn die Regelungsfrage die kollektiven Interessen der ArbN des Betriebes berührt. So bei einem absehbaren zusätzlichen Arbeitsbedarf. Auf die Zahl der von Mehr- oder Überarbeit betroffenen ArbN kommt es dabei nicht an (BAG 11.11.86 – 1 ABR 17/85, DB 87, 336 – ständige Rspr). Im Personalvertretungsrecht gilt nichts anderes (BVerwG 30.6.05 – 6 P 9/04, NZA-RR 05, 665).

20 **c) Eilfälle.** Das Mitbestimmungsrecht besteht grds auch bei eilbedürftigen Maßnahmen. Die Betriebspartner und die Tarifvertragsparteien können aber durch eine Verfahrensregelung den ArbGeb für außergewöhnliche Fälle vorläufig und kurzfristig zur einseitigen Anordnung von Überstunden ermächtigen (BAG 17.11.98 – 1 ABR 12/98, NZA 99, 662).

21 **d) Leiharbeitnehmer.** Ob bei Maßnahmen, die LeihArbN betreffen, der BRat des Verleiherbetriebs oder derjenige des Entleiherbetriebs mitzubestimmen hat, richtet sich danach, ob der VertragsArbGeb oder der Entleiher die mitbestimmungspflichtige Entscheidung trifft. Danach ist zu unterscheiden: Der BRat des Entleiherbetriebs ist zuständig, soweit die dort geltende übliche Arbeitszeit verkürzt oder verlängert wird. Anderes gilt, wenn der ArbN von dem VertragsArbGeb (dem Verleiher) in einen Betrieb entsandt wird, dessen betriebsübliche Arbeitszeit die vom LeihArbN vertraglich geschuldete Arbeitszeit übersteigt. Das Mitbestimmungsrecht steht dann dem im Verleiherbetrieb gebildeten BRat zu (BAG 19.6.01 – 1 ABR 43/00, NZA 01, 1263).

22 **e) Prozessuales/Vollstreckung.** Bei der Formulierung von Anträgen, die dem ArbGeb untersagen sollen, Überstunden ohne den BRat anzuordnen, ist auf die gebotene Bestimmtheit (§ 253 ZPO) zu achten. Das gilt auch für Vergleiche, in denen der ArbGeb eine

entsprechende Verpflichtung eingeht. Nur hinreichend bestimmte Unterlassungstitel sind vollstreckbar (durch Ordnungsgeld nach § 890 ZPO). Ein Unterlassungsantrag ist aber nicht deshalb unbestimmt, weil er durch einen „Notfall" oder durch „Arbeitskampfmaßnahmen" bedingte Maßnahmen von der Unterlassungsanordnung ausnimmt (LAG Köln 3.12.13 – 12 TaBV 65/13, BeckRS 2014, 65325; LAG Hamm 14.10.13 – 13 TaBV 38/13, BeckRS 2013, 74995). Das BAG hat folgenden Vergleich als ausreichend bestimmt beurteilt: „Die ArbGeb verpflichtet sich, es zu unterlassen, für ArbN im Betrieb D Mehrarbeit anzuordnen oder duldend entgegenzunehmen, ohne den BRat ordnungsgemäß zu beteiligen gem § 87 Abs 1 Nr 3 BetrVG" (BAG 25.8.04 – 1 AZB 41/03, AP BetrVG 1972 § 23 Nr 41). Auch der Umstand, dass das Mitbestimmungsrecht hinsichtlich der vom ArbGeb eingesetzten LeihArbN ggf bei deren VertragsArbGeb liegt, macht den Antrag nicht unbestimmt. **Unzulässig** ist die Vollstreckung eines Unterlassungstitels, wenn sich die für seinen Erlass maßgeblichen Verhältnisse grundlegend geändert haben, zB späterer Abschluss einer Betriebsvereinbarung über den nämlichen Regelungsgegenstand (BAG 19.6.12 – 1 ABR 35/11, NZA 12, 1179). Mit dem Vollstreckungsabwehrantrag kann der ArbGeb zugleich die Herausgabe des erfüllten Vollstreckungstitels beanspruchen (§ 767 ZPO, § 85 ArbGG, § 371 BGB analog).

**12. Muster.** S Online-Musterformular *„M43.1 Tarifliche Mehrarbeitsvergütung"*. 23

## B. Lohnsteuerrecht

*Seidel*

Überstundenvergütungen sind grds stpfl Arbeitslohn (§ 2 Abs 2 Nr 6 LStDV). Sie sind nur dann unter bestimmten Voraussetzungen in beschränkter Höhe steuerfrei, wenn es sich auch um Zuschläge für tatsächlich geleistete Sonntags-, Feiertags- und Nachtarbeit handelt (→ *Sonn- und Feiertagsarbeit* Rn 17 ff). Mehrarbeitsvergütungen, die regelmäßig gezahlt werden, sind als laufender Arbeitslohn zu versteuern (LStR 39b.2 Abs 1 Nr 3; → *Lohnsteuerberechnung* Rn 12 ff). Handelt es sich dagegen um eine einmalige Zahlung, kommt eine Besteuerung als sonstiger Bezug in Betracht (→ *Sonstige Bezüge* Rn 2 ff; → *Entgeltzuschläge* Rn 13 ff und → *Einmalzahlungen* Rn 31). Zu Überstundenvergütungen an Gesellschafter-geschäftsführer → *Geschäftsführer* Rn 40. 25

## C. Sozialversicherungsrecht

*Schlegel*

**1. Beitragsrecht.** Bis zur Beitragsbemessungsgrenze unterliegt das Arbeitsentgelt für Überstunden der Beitragspflicht nach den allgemeinen Vorschriften, auch wenn für die Überstunden besondere Zuschläge (sog Mehrarbeitszuschläge) gewährt werden. **Überstundenzuschläge** sind dem Arbeitsentgelt iSd § 14 SGB IV ohne Einschränkung zuzurechnen; eine steuerrechtliche Vorschrift, welche Überstundenzuschläge steuerfrei lässt, existiert nicht. § 1 ArEV kommt deshalb nicht mit beitragsbefreiender Wirkung zur Anwendung; eine Beitragsfreiheit kann sich nur dann ergeben, wenn Überstunden in Zeiten geleistet werden, die zugleich Sonntags-, Feiertags- oder Nachtarbeit iSd § 3b EStG sind (→ Rn 20). 26

**Laufendes Arbeitsentgelt** ist die Überstundenvergütung auch dann, wenn die Zuschläge hierfür erst nach Beendigung des Entgeltabrechnungszeitraums ausgezahlt werden; in diesem Fall ist eine nachträgliche Zuordnung der Überstundenzuschläge zu demjenigen Entgeltabrechnungszeitraum vorzunehmen, für den sie gezahlt und in dem sie erarbeitet wurden. 27

**2. Leistungsrecht.** Im Grundsatz ist davon auszugehen, dass das Arbeitsentgelt iSd § 14 SGB IV, soweit es der Beitragsberechnung unterliegt, auch für die Berechnung von Sozialleistungen in die jeweilige Leistungsbemessungsgrundlage eingeht. Für Überstundenvergütungen, insbes für **Mehrarbeitszuschläge,** sah das AFG allerdings vor, dass ua Mehrarbeitszuschläge außer Betracht bleiben (BSG 18.2.87 – 7 RAr 19/86, SozR 4100 § 112 Nr 29; zu § 112 Abs 1 Satz 2 AFG). 28

Seit Inkrafttreten des SGB III fließen auch diejenigen (beitragspflichtigen) Entgeltbestandteile in die Bemessungsgrundlage für das AlGeld ein, die auf Überstunden beruhen (zum Bemessungsentgelt § 151 Abs 1 SGB III). 29

30 **Krankengeld** wird unter Einbeziehung von Überstunden (Mehrarbeitsstunden) berechnet, wenn bei Eintritt der AU regelmäßig Überstunden geleistet wurden. Darauf, ob der Versicherte, falls er nicht arbeitsunfähig geworden wäre, Überstunden auch künftig geleistet hätte, kommt es nicht an. Die Überstunden sind allerdings nur dann in die Berechnung des Regelentgelts einzubeziehen, wenn sie mindestens während der letzten drei Monate (13 Wochen) ohne längere Unterbrechung geleistet worden sind. War der Versicherte bei Eintritt der AU noch nicht drei Monate beschäftigt, dann kommt es für die Einbeziehung von Überstunden darauf an, ob ein in demselben Betrieb während der ganzen drei Monate tätig gewesener gleichartiger Beschäftigter in dieser Zeit regelmäßig Überstunden geleistet hat (BSG 28.11.79 – 3 RK 103/78, SozR 2200 § 182 Nr 59). Gem § 47 Abs 1 SGB V beträgt das Krankengeld nämlich 70 vH des erzielten „regelmäßigen" Arbeitsentgelts bzw Arbeitseinkommens, soweit es der Beitragsberechnung unterliegt (sog Regelentgelt; Einzelheiten zur Krankengeldberechnung § 47 SGB V). Bei der Frage, welche Arbeitsstunden „regelmäßig" geleistet worden sind, sind als Beobachtungs- oder Bezugszeitraum mindestens die letzten abgerechneten 13 Wochen oder drei Monate zu berücksichtigen, damit ein sicheres Urteil möglich ist und Zufallsergebnisse vermieden werden.

# Umgruppierung

## A. Arbeitsrecht

*Griese*

1 **1. Begriff.** Umgruppierung ist **jede Änderung der Einstufung eines Arbeitnehmers in eine tarifliche oder betriebliche Entgelt- oder Vergütungsgruppenordnung.** Sowohl die Höher- oder Herabgruppierung bei unveränderter Tätigkeit als auch die Änderung der Eingruppierung nach Zuweisung oder Übernahme einer anderen Tätigkeit fallen hierunter. Eine Umgruppierung liegt nicht vor, wenn der ArbGeb mit einem einzelnen Mitarbeiter eine individuell vereinbarte Vergütung durch eine neue Vergütung ersetzen will.

2 Der Begriff Umgruppierung setzt voraus, dass überhaupt eine tarifliche oder betriebliche **Entgelt- oder Vergütungsgruppeneinteilung** besteht, in die der ArbN einzugruppieren war, und dass hinsichtlich der Eingruppierung des ArbN eine Änderung eingetreten ist. Deshalb fehlt es an den Voraussetzungen für eine Umgruppierung, wenn der ArbGeb eine übertarifliche Zulage ändern will, etwa durch Erhöhung oder Anrechnung auf eine Tariflohnerhöhung.

3 **2. Anlass für Umgruppierungen.** Der Anlass für eine Umgruppierung ist irrelevant. Er kann sowohl darin begründet liegen, dass sich die Tätigkeit des ArbN geändert hat, zB durch Versetzung (BAG 11.10.16 – 1 ABR 49/14, NZA 17, 135), Veränderung der Schwerpunkte der Tätigkeit, krankheitsbedingte Leistungsminderung (BAG 22.10.15 – 2 AZR 550/14, NZA 16, 912), Übernahme zusätzlicher Tätigkeiten, Veränderung der Wertigkeit der Tätigkeiten, als auch dadurch, dass sich die für das Arbeitsverhältnis geltende Vergütungsgruppenordnung selbst verändert, zB durch Inkrafttreten eines neuen Lohn- und Gehaltsgruppentarifvertrages (BAG 19.5.10 – 4 AZR 903/08, NZA-RR 11, 56) oder Geltung eines anderen Vergütungstarifvertrages aufgrund eines Betriebsübergangs (→ *Betriebsübergang* Rn 65 ff).

Beruht der Anlass für eine Umgruppierung auf einem **veränderten Tarifvertrag mit veränderten Eingruppierungsmerkmalen,** besteht **kein Vertrauensschutz** dahingehend, dass die tariflichen Regelungen zur Bewertung einer bestimmten Berufstätigkeit stets auf dem Stand bei Abschluss eines Arbeitsvertrages verbleiben, wenn arbeitsvertraglich die Anwendbarkeit der jeweils gültigen Tarifverträge vereinbart ist. Die Zustimmung zum Arbeitsvertragsschluss umfasst grds auch die **tarifautonome Verschlechterung der Arbeitsbedingungen, solange die Tarifvertragsparteien damit nicht andere Verfassungsgrundsätze verletzen** (BAG 19.5.10 – 4 AZR 903/08, BeckRS 2010, 73421).

Auch die **Korrektur einer** nach Ansicht des ArbGeb **fehlerhaften Eingruppierung** ist eine Umgruppierung (BAG 20.3.90 – 1 ABR 20/89, BB 90, 1271). Wächst der ArbN aus einer tariflichen Vergütungsordnung heraus (BAG 26.10.04 – 1 ABR 37/03, NZA 05, 367) oder wird er zum AT-Angestellten befördert (BAG 26.11.03 – 4 ABR 54/02, NZA 04, 1107), liegt ebenfalls eine Umgruppierung vor.

**3. Individualrechtliche Voraussetzung der Umgruppierung.** Die Umgruppierung ist ebenso wie die Eingruppierung Rechtsanwendung. Der ArbN kann daher, wenn er mit der vorgesehenen Umgruppierung nicht einverstanden ist, die Umgruppierungsentscheidung gerichtlich überprüfen lassen. Er kann hierzu mit der **Eingruppierungsfeststellungsklage** (→ *Eingruppierung* Rn 27 ff) die Vergütung nach derjenigen Vergütungsgruppe verlangen, die er für zutreffend hält, und muss die hierfür erforderlichen Tätigkeitsmerkmale darlegen und beweisen. 4

Die Umgruppierungsentscheidung ist zu trennen von einer ggf parallel laufenden personellen Maßnahme, etwa einer mit der Umgruppierung einhergehenden Versetzung. Will ein ArbGeb eine **Versetzung** und eine darauf beruhende Umgruppierung durchführen, müssen zusätzlich die Voraussetzungen für eine Versetzung vorliegen. Umgekehrt liegt in der Zustimmung eines ArbN zu einer Versetzung nicht automatisch der Verzicht, die durch Umgruppierung vorgesehene Vergütungsgruppe gerichtlich überprüfen zu lassen. Bei einer **vorformulierten Versetzungsklausel** muss individualrechtlich gewährleistet sein, dass die Zuweisung eine mindestens gleichwertige Tätigkeit zum Gegenstand haben muss; andernfalls liegt eine unangemessene Benachteiligung iSd § 307 BGB vor (BAG 9.5.06 – 9 AZR 424/05, NZA 07, 145). 5

Besteht die Umgruppierung in einer **Herabgruppierung,** insbes, wenn der ArbGeb eine irrtümlich zu hohe Eingruppierung korrigieren oder auf eine **krankheitsbedingte Leistungsminderung** (BAG 22.10.15 – 2 AZR 550/14, NZA 16,912), reagieren will, so kann die Umgruppierung individualrechtlich nur mit Hilfe einer **Änderungskündigung** vollzogen werden (→ *Eingruppierung* Rn 23). Dies bedeutet, dass der ArbGeb das Arbeitsverhältnis kündigen und zugleich ein neues Arbeitsverhältnis mit der geänderten Vergütungsgruppe anbieten muss. Dem ArbN ist alsdann zu empfehlen, die Änderungskündigung gem § 2 KSchG unter Vorbehalt anzunehmen und die soziale Rechtfertigung der Änderungskündigung ggf gerichtlich prüfen zu lassen (weitere Einzelheiten → *Eingruppierung* Rn 24). Eine wiederholte korrigierende Rückgruppierung trotz unveränderter Tätigkeit und Tarifrechtslage ist regelmäßig unzulässig (BAG 23.8.06 – 4 AZR 417/05, NZA 07, 516). Nicht überzeugend war, dass das BAG für die korrigierende Rückgruppierung im öffentlichen Dienst eine Sonderregelung schaffen und auf die Notwendigkeit einer Änderungskündigung verzichten wollte (BAG 16.10.02 – 4 AZR 447/01, NZA 03, 688). Das BAG hat diese Rspr inzwischen dadurch relativiert, dass bei zulässigen Eingruppierungsermessensentscheidungen keine korrigierende Rückgruppierung erfolgen darf (BAG 5.6.14 – 6 AZR 1008/12, BAGE 148, 217) und im übrigen ein restriktiver Vertrauensschutz besteht (BAG 13.12.17 – 4 AZR 576/18, NZA 18, 601). Beruht eine Umgruppierung auf einem **veränderten Tarifvertrag,** besteht kein Vertrauensschutz dahingehend, dass die tariflichen Regelungen zur Bewertung einer bestimmten Berufstätigkeit stets auf dem Stand bei Abschluss eines Arbeitsvertrages verbleiben, wenn arbeitsvertraglich die Anwendbarkeit der jeweils gültigen Tarifverträge vereinbart ist. Die Zustimmung zum Arbeitsvertragsschluss umfasst grds auch die tarifautonome Verschlechterung der Arbeitsbedingungen, solange die Tarifvertragsparteien damit nicht andere Verfassungsgrundsätze verletzen (BAG 19.5.10 – 4 AZR 903/08, NZA-RR 11, 56). 6

**4. Mitbestimmungsrecht des Betriebsrats.** Kollektivrechtliche Voraussetzung der Umgruppierung ist die Beachtung des Mitbestimmungsrechts des BRats (für Umgruppierung anlässlich des **ERA-TV** BAG 16.3.16 – 4 ABR 32/14, NZA 16, 1286; BAG 12.1.11 – 7 ABR 34/09, NZA 11, 1297). Nach § 99 Abs 1 BetrVG hat der ArbGeb den BRat vor der geplanten Umgruppierung im Einzelnen zu informieren und um Zustimmung zu bitten. Der BRat kann alsdann schriftlich binnen einer Woche die Zustimmung aus den in § 99 Abs 2 BetrVG abschließend aufgeführten Gründen verweigern, andernfalls gilt die Zustimmung gem § 99 Abs 3 BetrVG als erteilt. Ein Nachschieben von Zustimmungsverweigerungsgründen ist ausgeschlossen (BAG 23.1.19 – 4 ABR 56/17, NJOZ 19, 611). Das Mitbeurteilungsrecht des BRat nach § 99 Abs 2 Nr 1 BetrVG erstreckt sich darauf, ob der fachlich zutreffende Tarifvertrag oder die einschlägige Betriebsvereinbarung (BAG 11.10.16 – 1 ABR 49/14, NZA 17, 135) zugrunde gelegt wird. Die Befolgung einer im Betrieb 7 geltenden Vergütungsordnung stellt keinen Nachteil iSv § 99 Abs 2 Nr 4 BetrVG dar (BAG 6.8.02 – 1 ABR 49/01, NZA 03, 386). Haben die Urheber einer Vergütungsordnung mit bindender Wirkung eine Stelle einer bestimmten Vergütungsgruppe zugeordnet, ist daran auch der BRat im Rahmen des Mitbestimmungsverfahrens gebunden (BAG 3.5.06 – 1 ABR 2/05, ArbuR 06, 414). Verweigert der BRat form- und fristgerecht die Zustimmung, muss der ArbGeb **das gerichtliche Zustimmungsersetzungsverfahren nach § 99 Abs 4 BetrVG** betreiben. Für die Erfüllung des Schriftlichkeitsgebots des § 99 Abs 3 Satz 1 BetrVG genügt eine Mitteilung per E-Mail, wenn diese den Erfordernissen der **Textform nach § 126b** BGB entspricht (BAG 10.3.09 – 1 ABR 93/07, DB 09, 1301).

Das Mitbestimmungsrecht des BRat ist identisch mit dem Mitbestimmungsrecht bei der Eingruppierung (Einzelheiten → *Eingruppierung* Rn 8–21).

Kein Zustimmungsverweigerungsgrund gem § 99 Abs 2 Nr 1 BetrVG ist für den BRat gegeben, wenn der ArbGeb den ArbN tarifrechtlich richtig umgruppiert, aber eine übertarifliche Zulage zahlt, weil die Mitbestimmung bei Eingruppierung und Umgruppierung nur auf die nach der jeweils geltenden Vergütungsordnung geschuldete Mindestvergütung abzielt (BAG 21.3.18 – 7 ABR 38/16, NZA 18, 1090).

8 Beachtet der ArbGeb das Mitbestimmungsrecht des BRat nicht, kann der BRat zwar nicht die Aufhebung der Umgruppierung gem § 101 BetrVG verlangen, wohl aber kann er den ArbGeb gerichtlich zwingen, das Mitbestimmungsverfahren ordnungsgemäß durchzuführen, wozu auch die Verpflichtung des ArbGeb gehört, das gerichtliche Zustimmungsersetzungsverfahren nach § 99 Abs 4 BetrVG zu betreiben, wenn der BRat die Zustimmung zur Umgruppierung verweigert hat (BAG 26.10.04 – 1 ABR 37/03, NZA 05, 367). Der Anspruch besteht nicht mehr für abgeschlossene Zeiträume (BAG 11.9.13 – 7 ABR 29/12, NZA 14, 388). Er besteht ferner nicht, **wenn die Tarifvertragsparteien bereits abschließend die Umgruppierungsentscheidung getroffen haben** (BAG 14.4.15 – 1 ABR 66/13, BB 15, 2044).

Aus der **unterbliebenen Mitbestimmung** folgt nicht, dass der ArbGeb verpflichtet wäre, die Vergütung nach der bisherigen Vergütungsgruppe zu zahlen (BAG 14.1.04 – 4 AZR 10/03, NZA 04, 1183 LS).

Kommt es durch eine Vielzahl von Umgruppierungen zu einer Anrechnung von übertariflichen Zulagen auf umgruppierungsbedingte Tarifentgeltsteigerungen, kann ein Mitbestimmungsrecht gem § 87 Abs 1 Nr 10 BetrVG entstehen. Ein solches entfällt, wenn die Anrechnung vollständig und gleichmäßig für alle betroffenen ArbN erfolgen soll, weil dann kein mitbestimmungsrechtlicher Verteilungsspielraum besteht (BAG 24.10.17 – 1 AZR 346/16, NZA 18, 957).

Da die Korrektur einer irrtümlich fehlerhaft erfolgten Eingruppierung ebenfalls eine Umgruppierung ist, muss auch in diesem Fall das Mitbestimmungsrecht des BRat gewahrt werden.

9 Der BRat kann allerdings aus §§ 99, 101 BetrVG **kein Initiativrecht** ableiten. Der BRat kann insoweit nicht stellvertretend für den ArbN vorgehen, der betroffene ArbN muss vielmehr in diesem Fall seine Rechte selbst durchsetzen und ggf die Zahlung der zutreffenden Vergütung durch eine **Eingruppierungsfeststellungsklage** geltend machen.

## B. Lohnsteuerrecht

*Seidel*

10 Für das LStRecht hat die Umgruppierung nur mittelbare Bedeutung, sofern sich dadurch der Arbeitslohn ändert (→ *Eingruppierung* Rn 30).

## C. Sozialversicherungsrecht

*Schlegel*

11 Sozialversicherungsrechtliche Folgen ergeben sich nur aus der Höhe des Arbeitsentgelts, nicht aber aus der Eingruppierung als arbeitsrechtlicher Grundlage für dessen Ermittlung. Wird aufgrund einer Umgruppierung bei fortbestehendem Beschäftigungsverhältnis als Ausgleich für die Verschlechterung von Arbeitsbedingungen eine **Abfindung** gezahlt (zB Rückführung auf tarifliche Einstufung; Umsetzung in einen anderen Betriebsteil oder einen schlechter bezahlten oder geringer qualifizierten Arbeitsplatz), ist diese beitragspflichtiges Arbeitsentgelt (BSG 28.1.99 – B 12 KR 6/98 R, SozR 3–2400 § 14 Nr 16 Abfindung wegen Rückführung auf die tarifliche Einstufung; BSG 28.1.99 – B 12 KR 14/98 R, SozR

3–2400 § 14 Nr 16 Abfindung wegen Rückführung auf die tarifliche Einstufung; BSG 28.1.99 – B 12 KR 14/98 R, SozR 3–2400 § 14 Nr 17 Abfindung wegen Verringerung der Wochenarbeitszeit).

## Umschulung

### A. Arbeitsrecht

*Poeche*

**1. Begriff.** Berufliche Umschulung ist **Teil der Berufsbildung** iSv § 1 Abs 1 BBiG. Sie soll zu einer anderen beruflichen Tätigkeit befähigen (§ 1 Abs 5 BBiG). Als Maßnahme der **Erwachsenenbildung** muss sie nach Inhalt, Art, Ziel und Dauer deren besonderen Bedürfnissen entsprechen (§ 59 BBiG). Die für die Berufsausbildung zuständigen Kammern sind ermächtigt, zum **Nachweis** der durch Umschulung erworbenen Kenntnisse, Fertigkeiten und Erfahrungen Prüfungen durchzuführen und diese inhaltlich und verfahrensmäßig zu regeln (§ 59 BBiG). 1

Durch **Rechtsverordnung** können Inhalt, Ziel und Dauer der Umschulung näher bestimmt werden (§ 58 BBiG). Umschulung kann in allen, auch in nicht anerkannten Ausbildungsberufen durchgeführt werden. Bei Umschulung für einen anerkannten Ausbildungsberuf gelten das anerkannte Berufsbild, der Rahmenplan und die entsprechenden Prüfungsanforderungen. Die Ausbildungszeit wird idR auf zwei Jahre verkürzt. 2

Von der **Berufsausbildung** unterscheidet sich die berufliche Umschulung durch die andere Zielsetzung: Eine zweite Berufsausbildung liegt vor, wenn der ArbN sie im Interesse einer vielseitigeren beruflichen Bildung durchläuft, ohne sein bisheriges Berufsfeld aufgeben zu wollen. Demgegenüber zielt die Umschulung auf die berufliche Neu- oder Umorientierung. Teils wird angenommen, Umschulung setze eine erhebliche zwischenzeitliche berufliche Praxis voraus (BAG 20.2.75 – 5 AZR 240/74, DB 75, 1659). Berufsausbildung und nicht Umschulung ist gegeben, wenn ohne jede zwischenzeitliche berufliche Praxis sich an die erste Berufsausbildung eine zweite anschließt (BAG 29.4.15 – 9 AZR 78/14, BeckRS 2015, 71693; 3.6.87 – 5 AZR 285/86, NZA 88, 66). 3

Die Umschulung kann in allen **Lernorten der Berufsbildung** iSv § 2 BBiG erfolgen. Sie kann auch zum Angebot einer *Beschäftigungsgesellschaft* gehören.

**2. Umschulungsvertrag.** Betriebliche Umschulung kann auf der Grundlage eines isolierten Berufsbildungsvertrages, aber auch im Rahmen eines bereits bestehenden oder neu begründeten Arbeitsverhältnisses durchgeführt werden. Die für das Berufsausbildungsverhältnis geltenden Vorschriften der §§ 10 ff BBiG finden auch über § 26 BBiG keine entsprechende Anwendung. § 26 BBiG gilt nur für Personen, die erstmals Kenntnisse, Fertigkeiten oder Erfahrungen in einer der Berufsausbildung angenäherten Form erwerben wollen (BAG 12.2.13 – 3 AZR 120/11, BeckRS 2013, 68103; 15.3.91 – 2 AZR 516/90, DB 92, 896). Maßgebend sind mithin die getroffenen Vereinbarungen. Die Verwendung des vom Bundesausschuss für Berufsbildung herausgegebenen Mustervertrages für betriebliche Umschulung ist empfehlenswert; er kann den betrieblichen Bedürfnissen angepasst werden. Zu vereinbaren sind Zweck und Dauer der Umschulung, Umfang der Ausbildung und Vergütungspflicht des ArbGeb, Pflichten des Umschülers wie Bemühung um Erwerb der notwendigen Fertigkeiten und Kenntnisse, Teilnahme an Ausbildungsmaßnahmen, regelmäßiges Erscheinen, pflegliche Behandlung der Arbeitsmittel, Beachtung von Arbeitsschutz und UVV usw. Der Umschulungsvertrag steht dem Berufsausbildungsvertrag gleich, so dass ein sich anschließender Arbeitsvertrag nach § 14 Abs 1 Satz 2 Nr 2 TzBfG befristet werden kann (BAG 28.8.96 – 7 AZR 884/95, DB 97, 679). 4

Erfolgt die Umschulung im Rahmen eines Arbeitsvertrages, gelten unter Berücksichtigung der gleichzeitig übernommenen Umschulungsverpflichtung die allgemeinen arbeitsrechtlichen Bestimmungen. Zur Anwendung gelangen idR auch die einschlägigen Tarifverträge mit der Folge, dass der Umschüler entsprechend einzugruppieren ist (LAG Köln 23.1.92 – 5 TaBV 45/91, LAGE Nr 42 zu § 99 BetrVG). Rechte und Pflichten der **außerbetrieblichen Umschulung** zB in einem reinen Ausbildungsbetrieb (sonstige Berufsbildungseinrichtung iSv § 2 Abs 1 Nr 3 BBiG) richten sich ebenfalls nach den getroffenen 5

Vereinbarungen. Auch hierzu hat der Bundesausschuss für Berufsbildung einen Mustervertrag empfohlen. Inhaltlich sind in etwa dieselben Fragen wie bei der betrieblichen Umschulung zu regeln. Höchstrichterlich nicht entschieden ist, ob Umschüler einer außerbetrieblichen Bildungsmaßnahme zum Träger in einem Arbeitsverhältnis stehen. Bejaht wird zumindest das Vorliegen eines Dienstvertrages (BAG 15.3.91 – 2 AZR 516/90, DB 92, 896).

6 **3. Beendigung des Umschulungsvertrags.** Der Vertrag endet mit Zweckerfüllung, also mit erfolgreichem Abschluss der Umschulungsmaßnahme. Ist der Umschulungsvertrag für eine bestimmte Zeit abgeschlossen, endet er mit deren Ablauf (§ 620 BGB). Das ist vorbehaltlich einer anderweitigen vertraglichen Absprache auch dann der Fall, wenn zu diesem Zeitpunkt notwendige Prüfungen noch nicht abgelegt worden sind. Das Recht zur **ordentlichen Kündigung** ist regelmäßig ausgeschlossen (BAG 15.3.91 – 2 AZR 516/90, DB 92, 896; ArbG Chemnitz 3.6.04 – 11 Ca 911/04, NZA-RR 04, 573). Außerordentlich kann bei Vorliegen eines wichtigen Grundes gekündigt werden (§ 626 Abs 1 BGB). Da die Umschulung keine Berufsausbildung iSd §§ 10, 26 BBiG ist, bedarf die Kündigung keiner schriftlichen Begründung. Anzuwenden ist dagegen § 623 BGB, dh Kündigung oder Aufhebungsvertrag müssen **schriftlich** erfolgen, wenn die Umschulung im Rahmen eines Arbeitsverhältnisses durchgeführt wird. Sonstige Umschulungsverträge können dagegen mündlich gekündigt oder einvernehmlich aufgehoben werden; § 623 BGB greift nicht ein (BAG 19.1.06 – 6 AZR 638/04, NJW 06, 2796).

7 Eine Vereinbarung, nach der ein von der BA gefördertes Umschulungsverhältnis bei Wegfall der Förderung enden soll, ist jedenfalls insoweit unwirksam, als sie sich auf die Einstellung der Förderung aus jedem in der Person des Umschülers liegenden Grund bezieht, und zwar ohne Rücksicht darauf, ob er eine außerordentliche Kündigung rechtfertigen könnte (BAG 15.3.91 – 2 AZR 516/90, DB 92, 896). Wird der Umschulungsvertrag zu Unrecht gekündigt, hat der Umschüler Anspruch auf Ersatz des Ausbildungsschadens. Es ist nicht als schadensmitverursachend anzurechnen, wenn er während des länger dauernden Streits über die Wirksamkeit der Kündigung ein Studium aufnimmt (BAG 30.5.75 – 3 AZR 280/74, AP Nr 2 zu § 284 BGB).

8 In Anlehnung an die **Berufsaufgabekündigung** des Auszubildenden (§ 15 Abs 2 Nr 2 BBiG) wird dem Umschüler ein Recht zur außerordentlichen Kündigung zustehen, wenn er sich beruflich anderweitig orientieren will. Zur Wirksamkeit einer für diesen Fall vereinbarten Rückzahlungsklausel → *Rückzahlungsklausel* Rn 5, 17. Zu den möglichen Indizien für eine Übernahmevereinbarung nach erfolgreicher Umschulung BAG 3.11.04 – 5 AZR 648/03, NZA 05, 895 (LS).

9 **4. Anspruch auf Umschulung** kann gegeben sein, wenn dadurch eine sonst gerechtfertigte personen- oder betriebsbedingte Kündigung verhindert wird (§§ 1 Abs 2 Satz 3 KSchG; § 102 Abs 3 Nr 4 BetrVG; hierzu *Kurt* RdA 17, 230). Dabei muss die Umschulung dem ArbGeb zumutbar sein. Daran fehlt es, wenn nicht hinreichend absehbar ist, dass nach der Umschulungsmaßnahme ein freier Arbeitsplatz verfügbar ist, den der betroffene ArbN einnehmen kann (BAG 7.2.91 – 2 AZR 205/90, DB 91, 1730). Streitig ist, wer die Kosten einer danach möglichen Umschulung zu tragen hat und ob der Begriff der Umschulung iSd KSchG gleichbedeutend ist mit dem der beruflichen Umschulung iSv § 1 Abs 5 BBiG (BAG 7.2.91 – 2 AZR 205/90, DB 91, 1730; KR/*Etzel* § 1 KSchG Rz 722 ff). Näheres → *Kündigung, betriebsbedingte* Rn 16. Im öffentlichen Dienst kann der ArbN Anspruch auf **Sonderurlaub** (§ 28 TVöD) zur Teilnahme an einer Umschulung haben (LAG Brem 15.8.2000 – 1 Sa 94/00, ZTR 01, 83). Die Zeit eines solchen Sonderurlaubs gilt nur dann als Beschäftigungszeit (§ 34 Abs 3 TVöD), wenn der ArbGeb vor Antritt des Urlaubs ein dienstliches oder betriebliches Interesse an der Beurlaubung schriftlich anerkannt hat. Fehlt es daran, muss der ArbN seine Rechte noch vor dem Beginn des Sonderurlaubs geltend machen (LAG München 16.4.02 – 6 Sa 457/01, BeckRS 2002, 30795509; bestätigt durch BAG Beschluss nach § 91a ZPO 5.11.03 – 6 AZR 506/02). S auch *Urlaub, unbezahlter.*

10 **5. Status der Umschüler nach dem BetrVG.** ArbN iSv § 5 Abs 1 BetrVG sind ua alle Personen, die auf vertraglicher Grundlage beschäftigt und denen berufliche Kenntnisse und Fähigkeiten vermittelt werden. Hierzu gehören Umschüler in innerbetrieblicher und überbetrieblicher Ausbildung. Der aufgrund eines betrieblichen Umschulungsvertrages beschäf-

tigte Umschüler genießt auch den Schutz des § 78a BetrVG. Ob die Umschulung für einen anerkannten Ausbildungsberuf erfolgt, ist unerheblich (so richtig KR/*Weigand* § 78a Rz 9). Kein Wahlrecht haben Umschüler in außerbetrieblichen Berufsbildungseinrichtungen iSv § 2 Abs 1 Nr 3 BBiG (BAG 21.7.93 – 7 ABR 35/92, DB 94, 842 unter Aufgabe der bisherigen Rspr; dazu auch → *Rehabilitation, berufliche* Rn 4).

**6. Rechtsweg.** ArbN iSd ArbGG sind nach § 5 Abs 1 Satz 1 ArbGG auch die „zu ihrer Berufsausbildung Beschäftigten". Umschüler werden „beschäftigt", wenn sie hinsichtlich des Inhalts, der Zeit und des Ortes ihrer Tätigkeit dem Weisungsrecht des Ausbilders unterworfen sind. Bei den üblichen Umschulungsverträgen ist das regelmäßig der Fall. Das gilt auch für den Umschulungsvertrag zwischen einer Strafgefangenen und einem privatrechtlich organisierten Unternehmer (LAG Hess 3.12.10 – 20 Ca 1675/10, BeckRS 2011, 67825). Die Zuständigkeit der ArbG ist auch dann gegeben, wenn das Umschulungsverhältnis von dritter Seite finanziert wird. Ein eigenes wirtschaftliches Interesse des Ausbilders an der Umschulung ist nicht erforderlich (BAG 24.9.02 – 5 AZB 12/02, AP ArbGG 1979 § 5 Nr 56, insoweit klarstellend zu BAG 24.2.99 – 5 AZB 10/98, NZA 99, 557). 11

**7. Sonstiges.** Bei der Ermittlung der für die Anwendung des KSchG maßgebenden ArbNZahl (§ 23 KSchG) sind die zu ihrer **Berufsbildung Beschäftigten** nicht einzurechnen. Hierzu gehören Umschüler mit gesondertem Berufsbildungsvertrag (BAG 7.9.83 – 7 AZR 101/82, DB 84, 355). Erfolgt die Umschulung im Rahmen eines Arbeitsverhältnisses, ist der Mitarbeiter zu berücksichtigen. **Mitbestimmungsrechte** des BRat bei beruflicher Umschulung bestehen nach §§ 96–98 BetrVG (*Betriebliche Berufsbildung*). Ehemalige BauArbN können Urlaubsabgeltung beanspruchen, wenn sie an einer Umschulung teilnehmen, die auf eine Tätigkeit außerhalb des BRTV abzielt (BAG 18.2.97 – 9 AZR 96/96, NZA 97, 1357). Zum Erstattungsanspruch des BauArbGeb gegen die Urlaubs- und Lohnausgleichskasse der Bauwirtschaft wegen der Ausbildungskosten für einen Umschüler s LAG Hess 10.8.98 – 16 Sa 764/98, NZA-RR 99, 257. Ein Umschüler, der von der BA Unterhaltsgeld bezieht und der mit dem Bildungsträger kein Entgelt und auch kein Arbeitsverhältnis vereinbart hat, hat gegen den Bildungsträger keinen Anspruch auf bezahlten Erholungsurlaub/auf Urlaubsabgeltung (LAG Bln 23.9.02 – 7 Sa 1183/02, BeckRS 2002, 30896591). Wohl ist einem Umschüler ein **qualifiziertes Zeugnis** zu erteilen, entweder nach § 630 BGB (reiner Umschulungsvertrag BAG 12.2.13 – 3 AZR 120/11, BeckRS 2013, 68103) oder nach § 109 GewO (arbeitsvertragliche Umschulung) (LAG Hamburg 13.12.10 – 7 Sa 13/10, BeckRS 2011, 70333). 12

## B. Lohnsteuerrecht

*Weil*

**1. Werbungskosten.** Aufwendungen des ArbN für Umschulungsmaßnahmen, die einen Berufswechsel vorbereiten, sind als **Werbungskosten** abziehbar (R 9.2 Abs 1 LStR, → *Ausbildungskosten* Rn 6 ff). Das kann der Fall sein bei Arbeitsplatzwechsel, Berufswechsel, Wiederaufnahme einer Berufstätigkeit nach Arbeitslosigkeit oder Berufspause. Der Aus- bzw Weiterbildung muss jedoch eine **abgeschlossene erste Berufsausbildung** vorausgegangen sein. Das gilt auch für die Aufwendungen für ein Erststudium, wenn dieses in einem hinreichend konkreten, objektiv feststellbaren Zusammenhang mit späteren stpfl Einnahmen aus nunmehr angestrebten beruflichen Tätigkeit steht. Dabei spielt die Zeitdauer der Umschulungsmaßnahmen grds keine Rolle (BFH 22.6.06 – VI R 71/04, DStRE 06, 1111). Bei einem Studium im 36. Semester neben der Berufstätigkeit fehlt allerdings der konkrete Zusammenhang mit künftigen Einnahmen aus der angestrebten beruflichen Neuorientierung (FG RhPf 8.7.05 – 1 K 1130/05, BeckRS 2005, 26018590). Zum Seniorenstudium → *Ausbildungskosten* Rn 9. Umschulungskosten eines StPfl, der bereits eine Erwerbstätigkeit ausübt, ohne eine Berufsausbildung abgeschlossen zu haben, können als Werbungskosten abzugsfähig sein. Nach § 1 BBiG wird unterschieden zw Berufsausbildung, berufl Fortbildung und berufl Umschulung; die Umschulung wird demnach vom Begriff der Berufsausbildung nicht erfasst. Das spricht dafür Aufwendungen für eine Umschulung jedenfalls dann als WK anzuerkennen sein, wenn der StPfl bereits eine vollzeitige berufl Tätigkeit ausgeübt hat (Schmidt/*Krüger* EStG § 9 Rz 342). Umschulung für eine konkret ins Auge gefasste **Auslandstätigkeit** ist nach BFH 28.7.11 – VI R 5/10, DStR 11, 1745 13 nicht berücksichtigbar (§ 3c EStG; → *Auslandstätigkeit* Rn 44). Zu Voraussetzungen und Umfang der Abzugsfähigkeit gilt das zu → *Fortbildung* Rn 20 ff Ausgeführte entsprechend.

14 **2. Kostentragung durch ArbGeb.** Trägt der (bisherige, künftige) ArbGeb die Kosten der Umschulung, liegt grds **stpfl Arbeitslohn** vor (→ *Werbungskosten* Rn 22). **Kein Arbeitslohn** liegt aber vor bei den dem SGB III entsprechenden Qualifikations- und Trainingsmaßnahmen, die der ArbGeb oder eine zwischengeschaltete Beschäftigungsgesellschaft im Zusammenhang mit Auflösungsvereinbarungen erbringt (R 19.7 Abs 2 Satz 5 LStR). Gleiches gilt, wenn die Umschulung im eigenbetrieblichen Interesse des ArbGeb (→ *Betriebliche Berufsbildung* Rn 20) erfolgt.

15 **3. Zuschüsse,** die zwecks Umschulung geleistet werden, insbes das Unterhaltsgeld aus dem Europäischen Sozialfonds, Weiterbildungskosten nach §§ 81 ff SGB III sowie Weiterbildungskosten nach §§ 81 ff SGB III sind steuerfrei (§ 3 Nr 2 Buchst a EStG); ebenso Leistungen im Rahmen der Ausbildungsförderung, insbes aufgrund des BAföG (§ 3 Nr 11 EStG; → *Berufsausbildungsförderung* Rn 5), sowie Leistungen aus öffentlichen Mitteln an ArbN des Steinkohlen-, Pechkohlen- und Erzbergbaus, des Braunkohlentiefbaus und der Eisen- und Stahlindustrie aus Anlass von Stilllegungs-, Einschränkungs-, Umstellungs- oder Rationalisierungsmaßnahmen (sog Anpassungsbeihilfen; § 3 Nr 60 EStG). Fördermittel aus Programmen der Bundesländer können stpfl sein (FG Thür 7.12.05 – IV 589/02, EFG 06, 1493). Leistungen nach §§ 12, 13 BAföG sind auf die Umschulungskosten nicht anzurechnen, übrige Leistungen (zB Lehrgangskosten nach § 84 SGB III) sind anzurechnen (Einzelheiten R 10.9 EStR; → *Ausbildungskosten* Rn 17).

## C. Sozialversicherungsrecht *Voelzke*

16 **1. Weiterbildungsförderung.** Bei der Förderung von beruflichen Umschulungsmaßnahmen aus Mitteln der ArblV handelt es sich um einen Unterfall der Weiterbildungsförderung (§§ 81 ff SGB III; → *Weiterbildung* Rn 9 ff). Es gelten hinsichtlich der Ausgestaltung der Maßnahmen ua die Anforderung des § 180 SGB III. Nach § 180 Abs 4 Satz 1 SGB III ist die **Dauer** einer Vollzeitmaßnahme, die zu einem Abschluss in einem allgemein anerkannten Ausbildungsberuf führt, angemessen, wenn sie gegenüber einer entsprechenden Berufsausbildung um mindestens ein Drittel der Ausbildungszeit verkürzt ist. Eine Ausnahme hiervon gilt nach § 180 Abs 4 Satz 2 SGB III, wenn eine Verkürzung der Ausbildungszeit aufgrund bundes- oder landesgesetzlicher Regelungen ausgeschlossen ist. In einem derartigen Fall wird die Anerkennung eines Maßnahmeteils von bis zu zwei Dritteln der Maßnahme für die Weiterbildungsförderung ermöglicht, soweit bereits zu Beginn der Maßnahme die Finanzierung für die gesamte Dauer der Maßnahme gesichert ist. Die Regelung zielt insbes auf die Gesundheitsfachberufe, bei denen eine Verkürzung nicht zulässig ist (BT-Drs 14/6944 S 35).

17 **2. Teilhabe am Arbeitsleben.** Beruht die Erforderlichkeit einer beruflichen Umschulung auf Art und Schwere der **Behinderung** des ArbN, so richten sich Voraussetzungen und Umfang der Förderung nach den Vorschriften über die Leistungen zur Teilhabe am Arbeitsleben (*Teilhabe und Inklusion*). Aufgrund des Sachleistungsprinzips in der gesetzlichen UV besteht ein Kostenerstattungsanspruch für selbstbeschaffte Umschulungsmaßnahmen, von denen der Versicherungsträger keine Kenntnis erlangt hat, nicht; zur verfassungsrechtlichen Unbedenklichkeit s BVerfG 16.12.04 – 1 BvR 765/00, SozR 4–2700 § 26 Nr 1.

# Umwandlung

## A. Arbeitsrecht *Kreitner*

1 **1. Gesetzliche Regelung.** Seit dem 1.1.95 ist das gesamte Umwandlungsrecht zusammengefasst im UmwG geregelt (Näheres zur Entstehungsgeschichte des Gesetzes *Bartodziej* ZIP 94, 580).

2 **2. Umwandlungsarten.** Das UmwG benennt vier Arten der Umwandlung (§ 1 Abs 1 UmwG).

**a) Verschmelzung** liegt vor, wenn ein oder mehrere Rechtsträger (Unternehmen) unter Auflösung ohne Abwicklung ihr Vermögen als Ganzes entweder auf einen oder mehrere bestehende Rechtsträger (§ 2 Nr 1 UmwG) oder wenn sie die Vermögen jeweils als Ganzes auf einen von ihnen neu gegründeten Rechtsträger (§ 2 Nr 2 UmwG) übertragen. Dies geschieht jeweils gegen Gewährung von Anteilen oder Mitgliedschaften des übernehmenden oder neuen Rechtsträgers an die Anteilsinhaber der übertragenden Rechtsträger. Bei einer Verschmelzung von Rechtsträgern unter Auflösung ohne Abwicklung im Wege der Aufnahme nach § 2 Nr 1 UmwG erlischt der übertragende Rechtsträger mit der Verschmelzung, § 20 Abs 1 Nr 2 Satz 1 UmwG (BAG 10.11.04 – 7 AZR 101/04, NZA 05, 514). Seit dem 25.4.07 ist in den §§ 122a ff UmwG auch die grenzüberschreitende Verschmelzung geregelt (BGBl I 07, 542; *Müller* ZIP 07, 1081).

**b) Spaltung** sieht das UmwG in drei verschiedenen Varianten vor. Bei der **Aufspaltung** 3
(§ 123 Abs 1 UmwG) erlischt der bisherige Rechtsträger und überträgt sein gesamtes Vermögen auf mindestens zwei bestehende oder neu gegründete Rechtsträger. Bei der **Abspaltung** (§ 123 Abs 2 UmwG) bleibt der übertragende Rechtsträger existent und überträgt lediglich Vermögensteile (idR einzelne Betriebe) auf einen oder mehrere bestehende oder neu gegründete Rechtsträger. Das Gleiche gilt für die **Ausgliederung** (§ 123 Abs 3 UmwG) lediglich mit dem Unterschied, dass die als Gegenleistung gewährten Anteile nicht den Anteilseignern zustehen, sondern unmittelbar in das Vermögen des übertragenden Rechtsträgers selbst gelangen. Erfolgt eine solche Ausgliederung während eines anhängigen Arbeitsgerichtsverfahrens, führt dies zwar nicht zu einem Parteiwechsel kraft Gesetzes, eine gewillkürte Parteiänderung ist aber regelmäßig sachgerecht (LAG Sachs 4.2.2000 – 3 Sa 618/99, NZA-RR 2000, 496). Unter Wahrung der Mitbestimmungsrechte des BRat ist es auch zulässig, vor der eigentlichen Unternehmensaufspaltung einen zuvor einheitlichen Betrieb nach Arbeitsprozessen zu „zerschlagen" und die so entstandenen eigenständigen Betriebe oder Betriebsteile im Wege der Unternehmensaufspaltung auf andere Rechtsträger zu übertragen (LAG Hbg 4.5.16 – 6 Sa 2/16, BeckRS 2016, 72384). Die Eintragung der Spaltung bewirkt gem § 131 Abs 1 Nr 1 UmwG einen teilweisen Vermögensübergang im Wege der partiellen Gesamtrechtsnachfolge. Dies kann auch einen Übergang von Arbeitsverhältnissen beinhalten – soweit nicht bereits § 613a Abs 1 Satz 1 BGB eingreift. Jedenfalls bei einer Aufspaltung des übertragenden Rechtsträgers muss hinzukommen, dass der ArbN dem Übergang seines Arbeitsverhältnisses zustimmt (BAG 19.10.17 – 8 AZR 63/16, NZA 18, 370).

**c) Vermögensübertragung.** Sie kann wie die Verschmelzung als Vollübertragung oder 4
wie die Abspaltung und Ausgliederung als Teilübertragung erfolgen. Der Unterschied zu den erstgenannten Umwandlungsarten besteht lediglich darin, dass die Gegenleistung nicht in der Gewährung von Anteilen besteht (§ 174 UmwG).

**d) Formwechsel** (§ 190 UmwG) ist schließlich nur eine Änderung der Rechtsform des 5
Unternehmens, die keine Auswirkungen auf die rechtliche und wirtschaftliche Identität des Unternehmens hat.

**3. Wirksam** wird die jeweilige Umwandlung erst mit der Eintragung in das zuständige 6
Register (§§ 20 Abs 1, 131 Abs 1, 202 Abs 2 UmwG; zum Sonderfall der Spaltung zur Neugründung *Bayer/Wirth* ZIP 96, 817). Das kann insbes bei sog Kettenumwandlungen zu Folgeproblemen führen (*Hey/Simon* BB 10, 2957). Allgemein besteht nur ein **eingeschränktes Prüfungsrecht** des Registerrichters bezüglich evidenter Gesetzesverstöße (*Kallmeyer* ZIP 94, 1746; *Joost* ZIP 95, 986; *Willemsen* RdA 98, 23; aA *Trittin* AiB 96, 270). Der BRat kann mangels eigener Parteifähigkeit die Nichtigkeit eines Umwandlungsbeschlusses nicht gerichtlich feststellen lassen (OLG Naumburg 6.2.97, DB 97, 466). Wird bei einer Verschmelzung entgegen § 5 Abs 1 Nr 8 UmwG ein Sondervorteil im Verschmelzungsvertrag nicht angegeben und auch entgegen § 6 UmwG nicht notariell beurkundet, kann der Begünstigte die Leistung nicht verlangen (LAG Nbg 26.8.04 – 2 Sa 463/02).

**4. Individualarbeitsrechtliche Regelungen. a) Geltung der §§ 613a Abs 1, 4–6** 7
**BGB.** § 613a BGB erfasst ausschließlich Fälle der Einzelrechtsnachfolge. Das Tatbestandsmerkmal „durch Rechtsgeschäft" sollte insoweit lediglich eine Negativabgrenzung von der Gesamtrechtsnachfolge bewirken. Die sich im Wege der Gesamtrechtsnachfolge vollziehende Umwandlung unterfiel daher nicht dem Anwendungsbereich des § 613a BGB. Vor diesem Hintergrund erscheint die Regelung in **§ 324 UmwG,** wonach § 613a Abs 1, 4–6

BGB „unberührt" bleiben, unverständlich. Gewollt war seitens des Gesetzgebers die Klarstellung, dass diese Vorschriften anwendbar sein sollen, also auch im Umwandlungsfall die Voraussetzungen des § 613a BGB selbstständig zu prüfen sind (BAG 19.10.17 – 8 AZR 63/16, NZA 18, 370; 6.8.02 – 1 AZR 247/01, NZA 03, 449; 25.5.2000 – 8 AZR 416/99, NZA 2000, 1115; LAG SchlHol 5.11.15 – 5 Sa 437/14, BeckRS 2016, 66237; *Bauer/Mengel* ZIP 2000, 1635). Unabhängig hiervon hatte zuvor bereits das BAG § 613a Abs 1 BGB bei einer Verschmelzung angewandt (BAG 5.10.93 – 3 AZR 586/92, NZA 94, 848). Notwendig mit der Anwendbarkeit des § 613a Abs 1 BGB gekoppelt ist der vierte Abs der Vorschrift als bestandsschutzsichernde Komplementärnorm. Diese Normauslegung hat auch weiterhin Bestand, nachdem der Gesetzgeber die Vorschrift in Kenntnis dieser Diskussion aufgrund der zum 1.4.02 erfolgten Ergänzung des § 613a BGB um die Abs 5 und 6 lediglich in der Bezugnahme auf diese Norm entsprechend angepasst, im Übrigen aber unverändert gelassen hat (*Willemsen/Lembke* NJW 02, 1159). Gerade wegen der erforderlichen selbstständigen Prüfung der tatbestandlichen Voraussetzungen bleiben natürlich auch Umwandlungskonstellationen möglich, in denen kein Betriebsübergang vorliegt und daher § 613a BGB nicht einschlägig ist.

8 **b) Widerspruchsrecht.** Das in § 613a Abs 6 BGB gesetzlich normierte Widerspruchsrecht des von einem Betriebsübergang betroffenen ArbN gilt gem § 324 UmwG für Fälle der Umwandlung gleichermaßen (so schon vor dem 1.4.02 BAG 25.5.2000 – 8 AZR 416/99, NZA 2000, 1115; aA *Heinze* ZfA 97, 1). Zu beachten ist lediglich, dass es mangels verbleibenden „Rest"unternehmens bei der Verschmelzung, der Aufspaltung und der Vermögensvollübertragung regelmäßig ins Leere geht (zutreffend *Graef* NZA 06, 1078; *Altenburg/Leister* NZA 05, 15; *Gaul/Otto* DB 02, 634; *Willemsen/Lembke* NJW 02, 1159; vgl aber auch den Sonderfall des ArbG Münster 14.4.2000 – 3 Ga 13/00, NZA-RR 2000, 467). Erlischt der bisherige Rechtsträger, besteht kein Widerspruchsrecht nach § 613a Abs 6 BGB (BAG 21.2.08 – 8 AZR 157/07, NZA 08, 815; aA *Otto/Mückl* BB 11, 1978; *Fandel/Hausch* BB 08, 2402). Insoweit entfällt dann auch die Unterrichtungspflicht nach § 613a Abs 5 BGB. Es bleibt lediglich die kollektivrechtliche Unterrichtungspflicht aus Art 7 Abs 1 der EU-Richtlinie zum Betriebsübergang (*Simon/Weninger* BB 10, 117).

9 Soweit der Widerspruch relevant wird, gelten die allgemeinen Grundsätze (→ *Betriebsübergang* Rn 42 ff). Insbes ergeben sich aus § 323 Abs 1 UmwG keine Besonderheiten bezüglich der Berücksichtigung des Widerspruchsgrundes bei der Sozialauswahl (aA *Herbst* AiB 95, 5). Unabhängig vom umstrittenen Regelungsgehalt des § 323 Abs 1 UmwG (dazu → Rn 11) will dieser jedenfalls nur eine Schlechterstellung des ArbN „aufgrund" der Spaltung oder Teilübertragung verhindern. Die Situation ist damit derjenigen des § 613a Abs 4 Satz 1 BGB („wegen" des Betriebsübergangs) vergleichbar. In beiden Fällen gelten keine Einschränkungen für ArbGebSeitige Maßnahmen, die ihre Ursache letztlich im Widerspruch des ArbN selbst haben. Widersprechende BRatMitglieder scheiden mit dem Betriebsübergang aus dem BRat aus (BAG 25.5.2000 – 8 AZR 416/99, NZA 2000, 1115; → *Betriebsübergang* Rn 68).

10 **c) Unterrichtungspflicht.** Auch die seit dem 1.4.02 in § 613a Abs 5 BGB enthaltene Verpflichtung des bisherigen ArbGeb sowie des Betriebserwerbers, zur Unterrichtung der von einem Betriebsübergang betroffenen ArbN gilt über § 324 UmwG uneingeschränkt auch für alle Umwandlungsfälle. Wegen der Einzelheiten wird auf die Ausführungen bei → *Betriebsübergang* Rn 33–41 verwiesen (speziell zu grenzüberschreitenden Verschmelzungen (*Simon/Hinrichs* NZA 08, 391). Hiervon unabhängig sind die zusätzlichen kollektivrechtlichen Informationspflichten (*Gaul/Otto* DB 02, 634; → Rn 20).

11 **d) Sonderschutz des § 323 Abs 1 UmwG.** Diese Vorschrift schreibt nach ihrem Wortlaut die „kündigungsrechtliche Stellung" eines ArbN, wie sie vor Wirksamwerden einer Spaltung oder Teilübertragung besteht, für einen Zeitraum von zwei Jahren insoweit fest, als aufgrund der Umwandlungsmaßnahme keine Verschlechterungen eintreten dürfen. Nach kontrovers geführter Diskussion im Schrifttum (Näheres s Personalbuch 2009 Umwandlung Rz 11) hat sich das BAG für eine enge Normauslegung entschieden und das in § 323 Abs 1 UmwG enthaltene Kausalitätserfordernis betont. Danach werden nur solche Verschlechterungen erfasst, die sich als unmittelbare Folge einer Umwandlung darstellen. Lediglich zeitlich nachfolgende Entwicklungen bleiben unberührt und können sich ohne weiteres nachteilig für den ArbN auswirken (BAG 22.9.05 – 6 AZR 526/04, NZA 06, 658).

Daher sind bspw für die Sozialauswahl nach § 1 Abs 3 KSchG bei einer innerhalb des Zweijahreszeitraums ausgesprochenen Kündigung allein die aktuellen Verhältnisse im Zeitpunkt der Kündigung maßgeblich und es ist nicht auf die Verhältnisse vor der Spaltung abzustellen (BAG 22.9.05, NZA 06, 658). 12

**e) Gemeinsamer Betrieb.** Die früher in § 322 Abs 1 UmwG enthaltende gesetzliche Vermutung für einen Gemeinschaftsbetrieb in **betriebsverfassungsrechtlicher Hinsicht** ist durch das am 28.7.01 in Kraft getretene BetrVerf-Reformgesetz in die umfassendere Regelung des § 1 Abs 2 BetrVG übernommen worden (→ *Betrieb (Begriff)* Rn 14). In **kündigungsrechtlicher Hinsicht** hat § 322 UmwG lediglich klarstellende Funktion (weitergehend *Trittin* AiB 96, 349). 13

**f) Zuordnung.** Bei dem Übergang von Betriebsteilen iSd § 613a BGB entscheidet die Zuordnung der ArbN oftmals darüber, ob sie von dem Wechsel des Betriebsinhabers betroffen sind. Diese im Rahmen des § 613a BGB im Einzelnen umstrittenen Rechtsfrage (→ *Betriebsübergang* Rn 24 ff) hat in **§ 323 Abs 2 UmwG** für den Interessenausgleich eine besondere Regelung erfahren. Danach kann eine im umwandlungsbedingt vereinbarten Interessenausgleich vorgenommene namentliche Zuordnung von ArbN zu Betriebsteilen durch das ArbG nur auf **grobe Fehlerhaftigkeit** überprüft werden. Dieser offensichtlich an § 125 InsO orientierten Vorschrift kommt aufgrund des gleichzeitig über § 324 UmwG anwendbaren § 613a BGB jedoch nur geringe Bedeutung zu. Da mit der Zuordnung nach § 323 Abs 2 UmwG nicht die gesetzliche Regelung des § 613a BGB außer Kraft gesetzt werden kann (*Lutter/Joost* § 323 Rz 31; *Kreßel* BB 95, 925; *Wlotzke* DB 95, 40; *Bachner* NJW 95, 2881; mit Bedenken *Düwell* NZA 96, 393), ist sie letztlich nur für die problematischen Zuordnungsfälle im Rahmen des § 613a BGB von Bedeutung (*Willemsen* RdA 93, 133: Springer, Overheadfunktionen etc). Deren Zuordnung kann im Interessenausgleich mit der nach § 323 Abs 2 UmwG eingeschränkten gerichtlichen Kontrolle vorgenommen werden, da insoweit § 613a BGB keinen Lösungsmechanismus anbietet (*Kreitner* NZA 90, 429; aA *Mückl/Götte* DB 17, 966, die weiterreichende Gestaltungsmöglichkeiten sehen). Außerdem muss die Zuordnung nach den Kriterien und Vorgaben des § 613a Abs 1 BGB und damit immer zu einer übergangsfähigen wirtschaftlichen Einheit iSd Vorschrift und der Richtlinie 2001/23/EG erfolgen (BAG 19.10.17 – 8 AZR 63/16, NZA 18, 370). 14

**g) Haftung.** Das UmwG enthält im Rahmen des allgemeinen Gläubigerschutzes besondere Haftungsvorschriften, die in ihrem Umfang über die Haftung nach § 613a Abs 2 BGB hinausgehen. § 613a Abs 3 BGB stellt dementsprechend klar, dass § 613a Abs 2 BGB in Fällen des Erlöschens des bisherigen ArbGeb durch Umwandlung nicht gilt. 15

Da der neue Rechtsträger bei **Verschmelzung** und **Vermögensvollübertragung** in vollem Umfang in die Rechtsstellung des übertragenden Rechtsträgers eintritt, haftet er für alle gegenwärtigen und künftigen Ansprüche aus den von der Umwandlung betroffenen Arbeitsverhältnissen. Zusätzlichen Schutz räumt § 22 UmwG in bestimmten Fällen hinsichtlich noch nicht fälliger Ansprüche ein. Ausnahmen gelten insoweit gem § 22 Abs 2 UmwG für insolvenzgeschützte Betriebsrenten und Inhaber unverfallbarer Versorgungsanwartschaften. 16

Bei **Spaltungen** und **Vermögensteilübertragungen** ordnet § 133 Abs 1 UmwG die gesamtschuldnerische Haftung der beteiligten Rechtsträger für solche Ansprüche an, die vor der Umwandlung begründet wurden (LAG SchlHol 25.9.12 – 1 Sa 488/11, BeckRS 2012, 75051). Im Übrigen haften die übernehmenden Rechtsträger gem § 133 Abs 3–5 UmwG für Verbindlichkeiten, die nicht im Spaltungs- und Übernahmevertrag zugewiesen sind, nur, soweit diese vor Ablauf von fünf Jahren nach der Spaltung fällig und daraus Ansprüche gerichtlich geltend gemacht werden. Für Versorgungsverpflichtungen gilt eine Frist von 10 Jahren; § 133 Abs 3 Satz 2 UmwG. Hier hat der Gesetzgeber eine ausdrückliche Abstimmung mit § 613a BGB unterlassen. In § 324 UmwG ist lediglich die Geltung der Abs 1 und 4 des § 613a BGB festgeschrieben worden. Zu Recht wird daher im Schrifttum darauf hingewiesen, dass die Haftungsregeln in § 613a Abs 2 BGB ebenso wie bei der Verschmelzung und der Vollübertragung auch auf diese Fälle keine Anwendung finden (*Düwell* NZA 96, 393; *Langohr-Plato* BetrAV 96, 81; aA wohl *Heinze* ZfA 97, 1). Die Formulierung in § 613a Abs 3 BGB ist daher zumindest missverständlich (kritisch auch *Willemsen* NZA 96, 791). Im Hinblick auf die inhaltlich weiterreichende Haftungsnorm des § 133 UmwG ist dies jedoch letztlich unproblematisch (*Lutter/Joost* § 324 Rz 35). Nicht überzeugend ist die 17 weiterreichende Auffassung von *Kallmeyer* (ZIP 95, 550), der sämtlichen übernehmenden Rechtsträgern auch im Rahmen des § 133 UmwG die einjährige Enthaftung gem § 613a Abs 2 BGB zugutekommen lassen will.

18 Einen haftungsrechtlichen Sonderfall stellt die sog **Betriebsaufspaltung** eines Unternehmens in **Anlage- und Betriebsgesellschaft** dar. Hier greift gem § 134 UmwG unter bestimmten Voraussetzungen eine **Mithaftung der Anlagegesellschaft** ein, die gem § 134 Abs 2 UmwG auch Betriebsrentenansprüche umfasst, soweit diese vor Wirksamwerden der Spaltung begründet wurden. Für **Sozialplanansprüche** kommt dabei zu dem Haftungsdurchgriff auf die Anlagegesellschaft ein Berechnungsdurchgriff bezüglich der Dotierung des Sozialplans hinzu. Dieser ist aber der Höhe nach auf die bei der Spaltung entzogenen Vermögensteile begrenzt (BAG 15.3.11 – 1 ABR 97/09, NZA 11, 1112; *Röger/Tholuck* NZA 12, 294). Gem § 134 Abs 3 UmwG erfolgt eine Enthaftung der Anlagegesellschaft nach 10 Jahren (kritisch insoweit *Bauer/Lingemann* NZA 94, 1057).

19 In diesem Zusammenhang sind auch die möglichen Auswirkungen der Umwandlung auf die **betriebliche Altersversorgung** anzusprechen. Hinsichtlich der im Umwandlungszeitpunkt beschäftigten ArbN ergeben sich aufgrund der gem § 324 UmwG feststehenden Anwendbarkeit des § 613a Abs 1 BGB keine Besonderheiten. Anders ist dies in Bezug auf die bereits ausgeschiedenen Versorgungsanwärter und Ruhegeldempfänger, da nach allgemeiner Ansicht § 613a BGB insoweit keine Anwendung findet (→ *Betriebsübergang* Rn 4). Hier besteht die Möglichkeit, bei Abspaltung zB eines bestimmten Produktionsbereiches dessen Pensionsverpflichtungen gegenüber dem ausgeschiedenen ArbN im Spaltungsplan einer neu gegründeten GmbH zuzuweisen, ohne dass hierbei eine Beteiligung des PSV erforderlich wäre. Allerdings muss die Gesellschaft, auf die die Versorgungsverbindlichkeiten ausgegliedert werden, so ausgestattet werden, dass sie nicht nur die laufenden Betriebsrenten zahlen kann, sondern auch zu den gesetzlich vorgesehenen Anpassungen in der Lage ist (LAG Köln 3.7.09 – 11 Sa 751/08, BeckRS 2009, 75032). Anderenfalls drohen Schadensersatzansprüche (BAG 11.3.08 – 3 AZR 358/06, NZA 09, 790; *Höfer/Küpper* DB 09, 118; *Buddenbrock/Manhart* DB 09, 1237, *Baum/Humpert* BB 09, 950). Mit Wirkung zum 25.4.07 hat der Gesetzgeber in § 133 Abs 3 Satz 2 UmwG die Haftungsdauer für Versorgungsverpflichtungen, die vor dem Wirksamwerden der Spaltung begründet wurden, auf 10 Jahre verdoppelt (BGBl I 07, 542).

20 **5. Betriebsverfassungsrechtliche Regelungen. a) Informationspflicht.** Bei sämtlichen Umwandlungsarten bestehen entsprechende Informationspflichten gegenüber dem BRat (§§ 5 Abs 3, 126 Abs 3, 176, 177, 194 Abs 2 UmwG). Danach muss dem BRat jeweils spätestens einen Monat vor dem Tag der Anteilsinhaberversammlung, die über die Zustimmung zur Umwandlung beschließt, der gesellschaftsrechtliche Umwandlungsvertrag oder sein Entwurf (bzw Spaltungsplan oder Umwandlungsbeschluss) zugeleitet werden (*Blechmann* NZA 05, 1143; zum Umfang der arbeitsrechtlichen Inhalte des Umwandlungsvertrags: OLG Naumburg 17.3.03 – 7 Wx 6/02, BB 03, 2756 [LS]; OLG Düsseldorf 15.5.98 – 3 Wx 156/98, NZA 98, 766; *Joost* ZIP 95, 976; *Engelmeyer* DB 96, 2542; *Boecken* Rz 315 ff; *Willemsen* RdA 98, 23; *Trittin* AiB 98, 595; *Hjort* NJW 99, 750). Der BRat kann lediglich auf die Einhaltung der Monatsfrist, nicht aber auf die Zuleitung des Vertrages insgesamt verzichten (*Pfaff* DB 02, 686). Diese Information ist eine von mehreren Eintragungsvoraussetzungen für die Registereintragung (zB für Verschmelzung § 17 Abs 1 UmwG). Ist kein BRat vorhanden, bedarf es auch nicht einer allgemeinen Information der ArbN. Die Zuleitungspflicht geht dann ins Leere (*Müller* DB 97, 713). Existiert im Unternehmen ein GBRat, ist dieser zuständig. Eine Zuständigkeit des KBRat scheidet nach dem eindeutigen Normwortlaut in § 126 Abs 3 UmwG aus (*Willemsen* RdA 98, 23).

21 **b) Übergangsmandat des Betriebsrats.** Das früher speziell in § 321 UmwG für die Betriebsspaltung geregelte Übergangsmandat des BRat ist mit Normierung des allgemeinen Übergangsmandats durch das BetrVerf-Reformgesetz im Jahr 2001 in § 21a BetrVG gegenstandslos geworden (*Thüsing* DB 02, 738). Damit hat ein langjähriger Meinungsstreit um die analoge Anwendung dieser Sonderregelung sein Ende gefunden (Nachweise in Personalbuch 2001 Umwandlung Rz 21; → *Restmandat/Übergangsmandat* Rn 1 ff; zur privatisierenden Umwandlung *Besgen/Langner* NZA 03, 1239).

**c) Gemeinsamer Betrieb.** Es gilt die in allgemeiner Form für alle Gesamt- und Einzelrechtsnachfolgen in § 1 Abs 2 BetrVG geregelte gesetzliche Vermutung. 22

**d) Fortgeltung von Beteiligungsrechten des Betriebsrats.** § 325 UmwG, der in seinem ersten Abs die Unternehmensmitbestimmung regelt, ermöglicht es den Betriebs- und Tarifpartnern, die Fortgeltung von Beteiligungsrechten des BRat zu vereinbaren, die bei unmittelbarer Anwendung des BetrVG aufgrund der Umwandlung entfallen wären. Gedacht ist hierbei insbes an die Vorschriften der §§ 99 ff, 111 ff BetrVG, deren Anwendung eine Unternehmensgröße von mindestens 20 ArbN voraussetzt. Wird dieser Schwellenwert nach der Spaltung unterschritten, gingen ohne entsprechende Fortgeltungsvereinbarung iSd § 325 Abs 2 UmwG die Beteiligungsrechte des BRat ins Leere. Nicht dispositiv sind ausschließlich die §§ 9 und 27 BetrVG. 23

**e) Tarifverträge und Betriebsvereinbarungen.** Das Schicksal von tariflichen Regelungen und Betriebsvereinbarungen richtet sich gem § 324 UmwG im Umwandlungsfall nach § 613a Abs 1 Satz 2 bis 4 BGB (zu Einzelproblemen *Müller* RdA 96, 287; *Rieble* NZA 03, 62). 24

**Betriebsvereinbarungen** gelten danach immer dann kollektivrechtlich fort, wenn die Betriebsidentität trotz der Umwandlung gewahrt bleibt (BAG 27.7.94, DB 95, 431). Geht die Betriebsidentität verloren, kommt es darauf an, ob die betreffende Materie im aufnehmenden Rechtsträger bereits durch Betriebsvereinbarungen geregelt ist. In diesem Fall kommt es gem § 613a Abs 1 Satz 3 BGB zur Ablösung der alten Betriebsvereinbarung. Anderenfalls greift § 613a Abs 1 Satz 2 BGB mit der dort normierten Transformationswirkung ein. Zu beachten ist dabei, dass gleichwohl die spätere Ablösung der transformierten ehemaligen Betriebsvereinbarung durch eine neue Betriebsvereinbarung ohne Rücksichtnahme auf das vom BAG entwickelte Prinzip der kollektiven Günstigkeit (→ *Günstigkeitsprinzip* Rn 11) möglich ist (*Gaul* NZA 95, 717; *Kreßel* BB 95, 925).

**Gesamtbetriebsvereinbarungen** werden ebenfalls vom Regelungsbereich des § 613a Abs 1 Satz 2 bis 4 BGB erfasst. Für sie gilt das zu den Betriebsvereinbarungen Gesagte entsprechend mit der Maßgabe, dass für die früher unternehmensweit geltende Gesamtbetriebsvereinbarung nunmehr lediglich auf Betriebsebene fortgilt (BAG 18.9.02 – 1 ABR 54/01, NZA 03, 670; aA *Röder/Haußmann* DB 99, 1754: mögliche Fortgeltung als Gesamtbetriebsvereinbarung differenzierend nach Umwandlungsarten; *Trappehl/Nussbaum* BB 11, 2869 zur Verschmelzung). Besonderheiten sind nur in Ausnahmefällen zu beachten, wenn die Gesamtbetriebsvereinbarung ihrem Inhalt nach so eng mit dem bisherigen Unternehmen verknüpft ist (zB Sozialeinrichtung), dass eine Fortgeltung bei dem übernehmenden Rechtsträger ausgeschlossen ist (*Gaul* NZA 95, 717). Für **Konzernbetriebsvereinbarungen** und **Richtlinien** nach dem SprAuG gilt nichts anderes. 25

**Tarifliche Regelungen** gelten ebenfalls nach Maßgabe des § 613a Abs 1 Satz 2–4 BGB fort. Bei **Verbandstarifverträgen** kommt es zunächst darauf an, ob der aufnehmende Rechtsträger Mitglied des tarifschließenden ArbGebVerbandes ist. In diesem Fall bleiben die tariflichen Regelungen kollektivrechtlich bei Bestand (*Däubler* RdA 95, 136). Gehört er einem anderen ArbGebVerband an oder gelten anderweitige tarifliche Regelungen, kommt es gem § 613a Abs 1 Satz 3 BGB zur Ablösung, anderenfalls zur Transformation nach § 613a Abs 1 Satz 2 BGB. Eine Nachwirkung der vor der Umwandlung geltenden tariflichen Bestimmungen analog § 4 Abs 5 TVG (dazu BAG 13.7.94, NZA 95, 479) scheidet wegen § 324 UmwG aus (*Gaul* NZA 95, 717). In **Firmentarifverträge** tritt der Erwerber bei fortbestehender Betriebsidentität bereits nach allgemeinen tariflichen Grundsätzen (§ 3 TVG) ein, so dass § 613a Abs 1 Satz 2 und 3 BGB über § 324 UmwG nicht zum Tragen kommt (*Henssler* FS für *Schaub* 1998, 311; *Kempen/Zachert* § 3 Rz 57; *Däubler* RdA 95, 136; aA *Kreßel* BB 95, 925; differenzierend nach Umwandlungsarten *Gaul* NZA 95, 717). Bei einer Verschmelzung (durch Neugründung oder durch Aufnahme) ergibt sich die Fortgeltung eines Firmentarifvertrags aus § 20 Abs 1 Nr 1 UmwG (BAG 15.6.16 – 4 AZR 805/14, NZA 17, 326; 4.7.07 – 4 AZR 491/06, NZA 08, 307; LAG Köln 27.1.06 – 4 Sa 942/05, BeckRS 2006, 41868 zur vergleichbaren Situation bei einer Verschmelzung von Betriebskrankenkassen nach § 144 Abs 4 SGB V). Damit ist der bislang tariflose Rechtsträger nunmehr tarifgebunden und der Firmentarifvertrag gilt grds auch für die Arbeitsverhältnisse der bei ihm bereits beschäftigten Mitglieder der tarifschließenden Gewerkschaft (BAG 15.6.16 – 4 AZR 805/14, NZA 17, 326). Bei einer Ausgliederung eines Betriebs im Wege 26 der Spaltung nach § 123 Abs 3 Nr 1 UmwG ist aufgrund der damit verbundenen partiellen Gesamtrechtsnachfolge im Spaltungs- und Übernahmevertrag gem § 126 Abs 1 Nr 9 UmwG festzulegen, welcher der beiden Rechtsträger in die Rechtsstellung der Vertragspartei eines Haustarifvertrages eintritt. Fehlt es an einer solchen Regelung, verbleibt der übertragende Rechtsträger in dieser Rechtsstellung (BAG 21.11.12 – 4 AZR 85/11, NZA 13, 512; *Gaul/Otto* BB 14, 500).

**B. Lohnsteuerrecht** *Weil*

27 Bei Umwandlungen kann es zum Wechsel des ArbGeb kommen; s hierzu → *Arbeitgeber* Rn 19 ff; → *Betriebsübergang* Rn 126 ff. Zu Pensionszahlungen eines mittlerweile ausgeschiedenen Gesellschafter-Geschäftsführers nach Umwandlung der Gesellschaftsform BFH 6.3.14 – IV R 14/11, DB 14, 1586. Das Umwandlungssteuergesetz sowie das SEStEG (BGBl I 06, 2782) enthalten keine die LSt betreffenden Vorschriften. Die Haftung für LSt nach § 42d EStG setzt sich nach einer Umwandlung beim Rechtsnachfolger fort (BFH 12.5.95 – VI R 95/94, BStBl II 95, 579; 1.12.95 – VI R 59/95, BStBl II 96, 144; → *Lohnsteuerhaftung* Rn 4 ff, insbes → Rn 43, 44). Bei einer **Betriebsaufspaltung** kann der Verpächter ArbN der Betriebsgesellschaft, bei Verpachtung des Betriebs ArbN des Pächters sein.

**C. Sozialversicherungsrecht** *Schlegel*

28 Zum Begriff der Umwandlung im SozVRecht s die Ausführungen zum → *Betriebsübergang* Rn 1 ff. Soweit das UmwG für die einzelnen Umwandlungsformen eine Übernahme von Rechten und Pflichten oder das Einrücken in Rechtspositionen anderer vorsieht, gilt dies auch für Rechte und Pflichten, die sozialrechtlichen Ursprungs sind. Entsprechendes gilt bei Spaltungen und Vermögensteilübertragungen für die Anordnung der gesamtschuldnerischen Haftung der beteiligten Rechtsträger.

## Umzugskosten

**A. Arbeitsrecht** *Griese*

1 **1. Allgemeines.** Umzugskosten entstehen dem ArbN, wenn er in eine andere Wohnung oder ein anderes Haus umzieht und dadurch seinen Lebensmittelpunkt verlegt. Arbeitsrechtlich bedeutsam ist, inwieweit der ArbGeb zur Kostenerstattung verpflichtet ist und in welchem Umfang Rückzahlungsklauseln vereinbart werden können.

2 **2. Anspruch auf Umzugskostenerstattung.** Grds gehört ein Umzug zum privaten Lebensbereich des ArbN. Ein gesetzlicher Kostenerstattungsanspruch kann daher nicht begründet werden, wenn der ArbN ein **neues Arbeitsverhältnis aufnimmt** und zu diesem Zweck in die Nähe des Betriebs umzieht. Im öffentlichen Dienst sind gesetzliche Erstattungsansprüche bei einer **Verlegung der Dienststelle** vorgesehen (zu den Voraussetzungen BAG 14.6.16 – 9 AZR 409/15, ZTR 16, 569).

3 **a) Vertragliche Kostenzusage.** Möglich ist ferner, einen **vertraglichen** Kostenerstattungsanspruch dadurch zu begründen, dass der ArbGeb dem ArbN die **Kostenübernahme zusagt,** um den ArbN zum Stellenwechsel zu veranlassen. Hieran ist der ArbGeb ebenso gebunden wie an tarifvertragliche oder in Betriebsvereinbarungen enthaltene Kostenübernahmeverpflichtungen. Ist bei einem Umzug ins Ausland eine Kostenzusage für den Umzug erteilt worden, erfasst diese, auch wenn dies nicht ausdrücklich geregelt ist, im Zweifel auch die **Kosten für den Rückumzug** (*Gotthardt* MDR 01, 961). Dies gilt auch dann, wenn der ArbN das Arbeitsverhältnis wegen der Schließung der ausländischen Niederlassung kündigt (BAG 26.7.95 – 5 AZR 216/94, NZA 96, 30). Zur Ausübung eines (tarif-)vertraglich vereinbarten Widerrufsrechts einer Umzugskostenzusage s BAG 6.11.03 – 6 AZR 505/02, NZA 04, 679).

Aus der Zugehörigkeit des Umzugs zum privaten Lebensbereich folgt ferner, dass Umzüge im laufenden Arbeitsverhältnis mangels vertraglicher Absprache nicht erstattungsfähig sind. Dies gilt etwa, wenn der ArbN sich im laufenden Arbeitsverhältnis entschließt, näher an den Betriebsort heranzuziehen oder in eine im gleichen Ort liegende Werkswohnung einzuziehen.

Anders ist es, wenn der ArbGeb den Einzug in die **Werkswohnung,** etwa eine funktionsgebundene Werkmietwohnung (→ *Dienstwohnung* Rn 2 ff), **aus betrieblichem Interesse verlangt.** Ebenso ist es zu beurteilen, wenn der ArbGeb vom ArbN aus betrieblichen Gründen eine **Residenzpflicht** in der Nähe des Betriebes verlangt.

**b) Gesetzlicher Kostenerstattungsanspruch.** Ein gesetzlicher Kostenerstattungsanspruch im laufenden Arbeitsverhältnis kann sich ferner ergeben, wenn der ArbN an einen anderen Ort **versetzt** wird und **aus diesem Grund umzieht.** Rechtsgrundlage für diese Fälle ist **§ 670 BGB** (ErfK/*Preis* § 611a BGB Rz 428; HWK/*Thüsing* § 611 BGB Rz 475), der den Anspruch auf Aufwendungsersatz (s *Aufwendungsersatz*) auch im Arbeitsverhältnis begründet. Voraussetzung des Erstattungsanspruchs ist, dass der Umzug aus betrieblichen Gründen notwendig ist und der ArbN die dafür getätigten Aufwendungen für erforderlich halten darf. Dies gilt auch dann, wenn die Versetzung rechtswidrig war (Hess LAG 10.11.17 – 10 Sa 964/17, BeckRS 2017, 146035). 4

**Die betriebliche Notwendigkeit** des Umzugs ist anzunehmen, wenn der ArbN seinen neuen Arbeitsort nicht mehr zumutbar durch tägliche Hin- und Rückfahrt zur bisherigen Wohnung erreichen kann. Ist daher der neue Arbeitsort nicht wesentlich weiter vom Wohnort entfernt als der alte, entfällt eine Kostenerstattung. Genauso ist zu entscheiden, wenn die Versetzung nicht im betrieblichen Interesse, sondern allein auf Wunsch des ArbN erfolgt (zB Annahme einer Beförderungsstelle; BAG 18.3.92 – 4 AZR 374/91, DB 92, 1891); dann mangelt es an der betrieblichen Notwendigkeit der Versetzung und damit an der des Umzuges. 5

Eine betriebliche Veranlassung ist insbes gegeben, wenn der ArbN aus Anlass einer **Betriebsverlegung** umziehen muss; der ArbGeb ist dann zum Kostenersatz verpflichtet (ErfK/*Preis* § 611 BGB Rz 429). In diesem Fall besteht zudem für den BRat die Möglichkeit, nach § 111 Nr 2 BetrVG Verhandlungen über einen Interessenausgleich und den Abschluss eines Sozialplans zu erzwingen und dadurch Regelungen zur Umzugskostenerstattung zu erreichen. Die Höhe der Umzugskostenerstattung richtet sich danach, was der ArbN den Umständen entsprechend für erforderlich halten darf. Vertragliche Absprachen der Parteien haben insoweit Vorrang. Verbreitet ist die Praxis, hinsichtlich der Höhe der Aufwendungen das für den öffentlichen Dienst geltende BUKG zugrunde zu legen. Ist dies im Betrieb üblich, hat der ArbN aufgrund des Gleichbehandlungsgrundsatzes Anspruch auf die dort vorgesehenen Erstattungsbeträge. 6

**3. Höhe der Umzugskostenerstattung.** Für den **öffentlichen Dienst** legt das BUKG die Höhe der Umzugskostenerstattung fest. Im Übrigen besteht nach § 670 BGB der jeweilige Anspruch in der Höhe der **tatsächlichen Aufwendungen.** ArbGeb und ArbN können die Höhe vertraglich regeln oder pauschalieren. Anhaltspunkt können ansonsten die steuerfrei möglichen Erstattungsansprüche sein (→ Rn 17 ff). Anlässlich eines Betriebsumzuges können auch zusätzliche Leistungen wie ein kostenloser Werkbusverkehr zugesagt werden; eine diesbezügliche Änderungskündigung unterliegt nicht den gleichen strengen Maßstäben wie Änderungskündigungen zur Entgeltabsenkung (BAG 27.3.03 – 2 AZR 74/02, NZA 03, 1029). Zu den Voraussetzungen und Leistungen bei Umzugshindernissen nach BUKG s BAG 13.2.03 – 6 AZR 411/01, NZA 03, 1034 (Schulbesuch eines Kindes). Umzugs- und Trennungsentschädigungen sind Aufwendungsersatz und daher **kein Bezügebestandteil,** der bei der Bemessung von arbeitsentgeltbezogenen Leistungen, zB Altersteilzeitleistungen oder Entgeltfortzahlung zu berücksichtigen wäre (BAG 17.9.13 – 9 AZR 9/12, NZA-RR 14, 271). 7

**4. Rückzahlung von Umzugskostenerstattung.** Der ArbN kann verpflichtet sein, die empfangene Umzugskostenerstattung zurückzuzahlen, wenn er das Arbeitsverhältnis **vorzeitig beendet.** Eine solche Rückzahlungsverpflichtung besteht nicht automatisch, stets setzt sie eine **Rückzahlungsvereinbarung** (→ *Rückzahlungsklausel* Rn 2 ff) voraus. **Einer Rückzahlungsvereinbarung sind jedoch im Hinblick auf Art 12 GG Grenzen gesetzt,** da das Grundrecht des ArbN auf jederzeitige freie Wahl von Beruf und Arbeitsstelle und damit auf die Freiheit, Beruf und Arbeitsstelle zu wechseln, eingeschränkt wird. Die 8

Rspr unterwirft Rückzahlungsklauseln daher Beschränkungen bezüglich des Umfangs, der zeitlichen Dauer und des Geltungsbereichs. Der Umfang der in der Rückzahlungsklausel versprochenen Rückzahlung darf ein Monatsgehalt regelmäßig nicht überschreiten (BAG 24.2.75, AP Nr 50 zu Art 12 GG = BB 75, 702 [LS]). Als maximale zeitliche Bindungsfrist werden drei Jahre angesehen (BAG 18.3.14 – 9 AZR 545/12, NZA 14, 957).

9 Weitere Voraussetzung ist, dass der Wohnsitzwechsel zumindest **auch im Interesse des Arbeitnehmers** lag (BAG 24.2.75, BB 75, 702 [LS] = AP Nr 50 zu Art 12 GG). Liegt der Umzug allein im Interesse des ArbGeb (zB wegen Versetzung, Betriebsverlegung oder Einzug in eine funktionsgebundene Werkmietwohnung), ist eine Rückzahlungsvereinbarung folglich **unzulässig.** In Anlehnung an die Rspr zur Rückzahlung von Ausbildungskosten (BAG 28.5.13 – 3 AZR 103/12, NZA 13, 1419), wird man schließlich verlangen müssen, dass sich der Rückzahlungsbetrag mit fortschreitender Dauer des Arbeitsverhältnisses vermindert. Ohne eine solche Staffelung hält eine Rückzahlungsklausel der verfassungsrechtlich notwendigen **Inhaltskontrolle von Rückzahlungsklauseln** nicht stand. Angemessen ist eine Vereinbarung, nach der der Rückzahlungsbetrag für jeden Monat nach dem Umzug um 1/36 getilgt wird. Eine Vertragsklausel, die eine unzumutbar lange Bindungsfrist enthält, wird nicht auf das zulässige Maß reduziert wird, sondern entfällt komplett (BAG 18.3.14 – 9 AZR 545/12, NZA 14, 957).

10 Von vorneherein unzulässig sind Rückzahlungsklauseln, soweit sie die Rückzahlung auch bei **betriebs- oder personenbedingter Kündigung** des ArbGeb oder bei einer vom ArbGeb veranlassten Eigenkündigung des ArbN vorsehen (BAG 28.5.13 – 3 AZR 103/12, NZA 13, 1419). Ebenso dürfte es bei vorzeitiger Beendigung des Arbeitsverhältnisses durch den ArbGeb sein, die der ArbGeb darauf stützt, der ArbN habe nicht den Vorstellungen im Hinblick auf geplante Verwendungsmöglichkeiten entsprochen, weil der ArbGeb sein Auswahlrisiko nicht durch die Rückzahlungsoption auf den ArbN abwälzen darf (für Fortbildungskosten BAG 24.6.04 – 6 AZR 320/03, NZA 04, 1295 LS). Anders ist es bei verhaltensbedingter ordentlicher oder außerordentlicher ArbGeb Kündigung.

Tarifliche Rückzahlungsklauseln sind an die gleichen Voraussetzungen gebunden. Die Rückzahlungsgrundsätze finden entsprechende Anwendung, wenn andere Gestaltungsformen, zB nichtrückzahlbare Darlehen angewandt werden (ErfK/*Preis* § 611a BGB Rz 435).

## B. Lohnsteuerrecht *Seidel*

12 **1. Allgemeines.** Umzugskosten gehören steuerrechtlich grds zu den nicht abzugsfähigen Kosten der Lebensführung und sind damit als private Aufwendungen steuerlich idR nicht zu berücksichtigen (§ 12 Nr 1 EStG). Ist der Umzug jedoch so gut wie ausschließlich beruflich veranlasst, ist ein Abzug der Aufwendungen als Werbungskosten möglich (§ 9 Abs 1 Satz 1 EStG; LStR 9.9 Abs 1 und LStH 9.9: Berufliche Veranlassung sowie LStR 9.11 Abs 9 und LStH 9.11). **Umzugskostenvergütungen** des ArbGeb für ArbN im öffentlichen Dienst aus öffentlichen Kassen sind steuerfrei (§ 3 Nr 13 EStG; für Postbedienstete iVm § 3 Nr 35 EStG; LStR 3.13 Abs 1 und 4). Die von privaten ArbGeb dem ArbN erstatteten Umzugskosten bleiben steuerfrei, soweit sie als Werbungskosten nach LStR 9.9 und LStH 9.9 anerkannt werden könnten (§ 3 Nr 16 EStG; LStR 3.16 und 9.9 Abs 3). Zur Ungleichbehandlung der ArbN im öffentlichen und im privaten Dienst → *Aufwandsentschädigung* Rn 7–11. Werden Umzugskosten von den ArbN bei der ESt-Veranlagung (→ *Antragsveranlagung* Rn 2 ff) als Werbungskosten geltend gemacht (→ Rn 17 ff), sind ggf Umzugskostenvergütungen des ArbGeb anzurechnen.

13 **2. Umzugskostenvergütungen. a) Umzugskostenvergütungen aus öffentlichen Kassen** sind steuerfrei (§ 3 Nr 13 EStG). Hinsichtlich der strittigen Frage, ob auch der Werbungskostenbegriff erfüllt sein muss, → Rn 21. Soweit es sich um Verpflegungsmehraufwendungen handelt, gilt dies nur bis zur Höhe der Pauschbeträge gem § 4 Abs 5 Satz 1 Nr 5 EStG (§ 3 Nr 13 Satz 2 EStG; *Frotscher* EStG § 3 Rz 99a und → *Verpflegungsmehraufwendungen* Rn 8). Öffentliche Kassen sind die Kassen der inländischen juristischen Personen des öffentlichen Rechts und solche Kassen, die einer Dienstaufsicht und Prüfung des Finanzgebahrens durch die inländische öffentliche Hand unterliegen. Dazu gehören neben den Kassen des Bundes, der Länder und der Gemeinden insbesondere auch die Kassen der öffentlich-rechtlichen Religionsgemeinschaften, die Ortskrankenkassen, Landkrankenkas-

sen, Innungskrankenkassen, Ersatzkassen, die Kasse des Bundeseisenbahnvermögens, der Bundesbank, der öffentlich-rechtlichen Rundfunkanstalten, der Berufsgenossenschaften, der Gemeindeunfallversicherungsverbände, der Träger der gesetzlichen RV, der Knappschaften und der Unterstützungskassen der Postunternehmen (LStH 3.13 iVm LStH 3.11). Hier werden Umzugskostenvergütungen nach dem BUKG bzw entsprechenden Ländergesetzen bzw bei Auslandsumzügen nach der AUV (Anhang 29 III LStR) gezahlt.

Dazu gehören Beförderungsauslagen (§ 6 BUKG), Reisekosten für die zur häuslichen Gemeinschaft gehörenden Personen (§ 7 BUKG), Mietentschädigungen (§ 8 BUKG), andere Auslagen wie Maklergebühren (für Mietwohnungen), Aufwendungen für zusätzlichen Unterricht, Kochherde, Öfen und Heizungsgeräte (§ 9 BUKG), die Pauschvergütung für sonstige Umzugsauslagen (§ 10 BUKG) und die Auslagen nach § 11 BUKG. Bei Auslandsumzügen kommen noch verschiedene zusätzliche Erstattungen in Betracht (→ Rn 29). Zu den einzelnen Aufwendungsarten → Rn 21 ff und Anhang 29 I LStR. 14

**b) Umzugskostenvergütungen von privaten Arbeitgebern** sind insoweit steuerfrei, als der ArbN Werbungskosten gem LStR 9.9 und LStH 9.9 geltend machen könnte (§ 3 Nr 16 EStG; → Rn 17 ff und → *Aufwandsentschädigung* Rn 10). Der ArbN hat dem ArbGeb Unterlagen vorzulegen, aus denen die tatsächlichen Aufwendungen ersichtlich sein müssen. Der ArbGeb hat diese Unterlagen als Belege zum Lohnkonto zu nehmen (LStR 9.9 Abs 3). 15

**c) Rückzahlung der Umzugskostenvergütung** (→ Rn 8). Soweit die Umzugskostenvergütung steuerfrei geblieben ist (→ Rn 13–15), ist die Rückzahlung durch den ArbN steuerlich unbeachtlich. Wurde sie teilweise als stpfl Arbeitslohn behandelt, stellt dies eine Lohnrückzahlung dar (→ *Entgeltrückzahlung* Rn 17 ff). 16

**3. Werbungskosten. a) Berufliche Veranlassung.** Umzugskosten sind nur dann Werbungskosten, wenn ein beruflich veranlasster Wohnungswechsel vorliegt. Dies ist der Fall, wenn durch ihn die Entfernung zwischen Wohnung und Arbeitsstätte erheblich verkürzt wird und die verbleibende Wegezeit im Berufsverkehr als normal angesehen werden kann oder wenn der Umzug im ganz überwiegenden betrieblichen Interesse des ArbGeb durchgeführt wird oder wenn er das Beziehen oder die Aufgabe einer Zweitwohnung bei einer beruflich veranlassten doppelten Haushaltsführung (LStH 2016 9.9 „Berufliche Veranlassung"; → *Doppelte Haushaltsführung* Rn 20–29; zum Nachweis der Werbungskosten in diesem Fall s auch LStR 9.11 Abs 9) betrifft. Eine **erhebliche Verkürzung der Entfernung zwischen Wohnung und Arbeitsstätte** ist anzunehmen, wenn sich die Dauer der täglichen Hin- und Rückfahrt insgesamt wenigstens zeitweise um mindestens 1 Stunde ermäßigt. Eine Verkürzung um 20 Minuten reicht nicht aus, auch wenn der Umzug in eine größere Wohnung erfolgt, die die Einrichtung eines Arbeitszimmers ermöglicht (BFH 10.10.92, BStBl II 93, 610). Bei **Ehegatten** dürfen die Fahrzeitverkürzungen nicht zusammengerechnet (BFH 27.7.95, BStBl II 95, 728) und eine Fahrzeitverkürzung eines Ehegatten nicht gegengerechnet werden (BFH 21.2.06 – IX R 79/01, BStBl II 06, 598). Allerdings sind nur Aufwendungen des Ehegatten abzugsfähig, bei dem die Fahrzeitverkürzung eingetreten ist (FG Köln 28.2.02 – 15 K 4557/99, EFG 02, 965; DStRE 02, 863), anders wenn es sich um eine Abkürzung des Zahlungswegs handelt (BFH 23.5.06 – VI R 56/02, DStRE 06, 1043 zB Miete). Wird der Arbeitsweg wegen günstigerer Verkehrsverhältnisse wesentlich erleichtert, liegt eine berufliche Veranlassung auch dann vor, wenn die Fahrzeitverkürzung unter 1 Stunde beträgt (FG RhPf 25.1.95, EFG 95, 515; s auch FG BaWü 2.4.04 – 8 K 34/00, EFG 04, 1204). Trotz Fahrzeitverkürzung von 1 Stunde fehlt es an der überwiegenden beruflichen Veranlassung, wenn eine größere Wohnung in zeitlichem Zusammenhang mit der Erwartung von Familiennachwuchs bezogen wird (FG Hbg 16.5.2000 – II 432/99, EFG 2000, 924; → Rn 20). Ebenso kann es an der beruflichen Veranlassung fehlen, wenn der ArbN den Arbeitsplatz vergleichsweise selten aufsucht (BFH 7.5.15 – VI R 73/13, BeckRS 2015, 95571). 17

Ein Umzug erfolgt im überwiegenden betrieblichen Interesse insbes beim Bezug oder Räumen einer **Dienstwohnung,** die aus betrieblichen Gründen, zB zur jederzeitigen Einsatzmöglichkeit, bestimmten ArbN vorbehalten ist. Ein Arbeitsplatz- oder Wohnortwechsel muss mit dem Wohnungswechsel nicht verbunden sein. Eine berufliche Veranlassung liegt unter der Voraussetzung der Wegezeitverkürzung oder des betrieblichen Interesses auch vor, 18 wenn der Wohnungswechsel aus Anlass der erstmaligen Aufnahme einer beruflichen Tätigkeit vorgenommen wird. Die Finanzverwaltung lässt für die berufliche Veranlassung einen Wohnungswechsel bei erstmaliger Arbeitsaufnahme genügen (LStH 9.9: Berufliche Veranlassung Nr 3; aA FG Düsseldorf – 7 K 3191/98, EFG 2000, 485; zur Aufnahme einer bezahlten Tätigkeit im Ausland s BFH 20.9.06 – I R 59/05, BStBl II 07, 756; keine Werbungskosten bei den inländischen Einkünften, Berücksichtigung allenfalls beim Progressionsvorbehalt).

19 Ebenso ist die **Verlegung des Familienhausstandes** zur Beendigung einer doppelten Haushaltsführung beruflich veranlasst (BFH 29.4.92, BStBl II 92, 667; zum doppelten Mietaufwand beim gestreckten Familienumzug als Werbungskosten s BFH 13.7.11 – VI R 2/11, DStR 11, 1851). Auch der **Rückumzug ins Inland** im Anschluss an eine befristete Entsendung ist beruflich veranlasst (BFH 4.12.92, BStBl II 93, 722; FG Nds 30.4.12 – 4 K 6/12, EFG 12, 1634). Der Rückumzug ins Ausland nach langjähriger unbefristeter Tätigkeit im Inland – bis zur Pensionsgrenze – ist nicht beruflich veranlasst (BFH 8.11.96, BStBl II 97, 207). Unerheblich sind die privaten Motive für die Auswahl der Wohnung. Auch muss der Umzug nicht ausschließlich beruflich veranlasst sein, es genügt, dass der berufliche Anlass die privaten Beweggründe weit übersteigt, dh die **privaten Beweggründe** dürfen nur eine ganz untergeordnete Rolle spielen. Dies ist auch bei einem Umzug in ein Eigenheim oder eine Eigentumswohnung anzunehmen, wenn genügend Anhaltspunkte vorhanden sind, dass der ArbN in dieselbe oder eine nach Lage und Ausstattung ähnliche Mietwohnung gezogen wäre (BFH 6.11.86, BStBl II 87, 81). IdR sind jedoch Aufwendungen im Zusammenhang mit dem Erwerb oder der Veräußerung eines Eigenheimes, die wegen einer Versetzung durch den ArbGeb anfallen, der privaten Vermögenssphäre zuzuordnen (BFH 24.5.2000 – VI R 147/99, BStBl II 2000, 476; → Rn 30). Dies gilt ausnahmsweise nicht, wenn es weder zum Verkauf noch zum Erwerb des jeweiligen Hauses kommt, weil die geplante Versetzung unterbleibt (BFH 24.5.2000 – VI R 17/96, BStBl II 2000, 584).

20 Steht bei einem Umzug **allerdings** eine arbeitstägliche Fahrzeitverkürzung von mindestens 1 Stunde fest, kommt dem Umstand, dass der Umzug im Zusammenhang mit einer heiratsbedingten Gründung eines gemeinsamen Haushalts oder der Trennung von Eheleuten steht, grds keine Bedeutung zu (BFH 23.3.01 – VI R 175/99, BStBl II 01, 585). Der Umzug in eine **Zwischenwohnung** beendet die berufliche Veranlassung (BFH 21.9.2000 – VI R 79/99, BStBl II 01, 70). Ein teilweiser Abzug als Werbungskosten bei nur teilweiser beruflicher Veranlassung scheidet wegen des Aufteilungsverbots des § 12 Nr 1 EStG aus. Immer dann, wenn die privaten Beweggründe nicht nur von ganz untergeordneter Bedeutung sind, ist von einer privaten Begründung des Umzugs und damit von der Nichtabzugsfähigkeit der Aufwendungen als Werbungskosten auszugehen (BFH 21.2.06 – IX R 108/00, BFH/NV 06, 1273 und *Schmidt/Krüger* § 19 Rz 110: Umzugskosten). Allerdings eröffnet § 35a Abs 2 Satz 1 EStG einen begrenzten Abzug der Aufwendungen für Umzugsdienstleistungen für Privatpersonen. Gemischte Aufwendungen sind aufzuteilen (BMF 10.1.14, BStBl I 14, 75 Rz 19, 31; → *Hauswirtschaftliches Beschäftigungsverhältnis* Rn 28).

21 **b) Abzugsfähige Umzugskosten.** Ohne weitere Prüfung können die tatsächlichen Umzugskosten bis zu der Höhe als Werbungskosten abgezogen werden, die nach dem BUKG als Umzugskostenvergütung höchstens gezahlt werden könnten (→ Rn 22–28 und → *Aufwandsentschädigung* Rn 10 mwN). Der allgemeine Werbungskostenbegriff muss nach der Rspr aber trotzdem erfüllt sein, dh erforderlich ist ein hinreichender Veranlassungszusammenhang (BFH 17.12.02 – VI R 188/98, BStBl II 03, 314; BFH 13.7.11 – VI R 2/11 – BStBl II 12, 104; BFH 19.1.01 – VI B 198/00, BFH/NV 01, 778 dies gilt auch hinsichtlich der Steuerfreiheit von Umzugskostenerstattungen nach § 3 Nr 13 EStG, BFH 12.4.07 – VI R 53/04, BStBl II 07, 536; aA LStR 9.9 Abs 2 Satz 2 bei Einhaltung der umzugskostenrechtlichen Grenzen → Rn 29). Bei Geltendmachung höherer Aufwendungen kommt es darauf an, ob und inwieweit die Aufwendungen Werbungskosten oder **nicht** abziehbare **Kosten der Lebensführung** sind, wie zB die Neuanschaffung von Einrichtungsgegenständen (BFH 17.12.02, BStBl II 03, 314). Soweit Umzugskosten vom ArbGeb steuerfrei erstattet wurden (LStR 9.9 Abs 3 und → Rn 13–15), entfällt der Werbungskostenabzug (§ 3c EStG; → *Aufwendungsersatz* Rn 31 f). Dies gilt auch bei Umzugskostenerstattung nach dem SGB III (→ Rn 35).

**Einzelne Aufwendungen. aa) Beförderungsauslagen** für die Beförderung des Umzugsguts (§ 6 BUKG) entsprechend der Speditionsrechnung. Bei einem durch **private Gründe** veranlassten Umzug sind die durch den Transport von Arbeitsmitteln entstehenden anteiligen Aufwendungen keine Werbungskosten (BFH 21.7.89, BStBl II 89, 972). 22

**bb) Reisekosten** für die Umzugsreise wie bei Dienstreisen sowie für zwei Reisen einer Person oder eine Reise von zwei Personen zum Suchen und Besichtigen der neuen Wohnung. Verpflegungsmehraufwendungen und Übernachtungskosten sind aber nur für höchstens zwei Reise- und Aufenthaltstage pro Reise zu berücksichtigen (§ 7 BUKG). Die abzugsfähigen Beträge richten sich dabei nach dem vergleichbaren Bundesbeamten entsprechend ihrer Reisekostenstufe gewährten Kostenersatz (s Bundesreisekostengesetz). 23

**cc) Mietentschädigungen** für die alte Wohnung bis zu sechs Monaten, wenn wegen der Einhaltung der Kündigungsfrist noch Miete entrichtet werden muss, obwohl der Umziehende bereits in der neuen Wohnung lebt (BFH 1.12.93, BStBl II 94, 323). Mietleistungen für die neue Wohnung bis zu drei Monaten, wenn diese noch nicht genutzt wird und gleichzeitig Miete für die frühere Wohnung gezahlt werden muss. Die bisherige Wohnung im eigenen Haus oder die Eigentumswohnung steht der Mietwohnung gleich. An die Stelle der Miete tritt dann der ortsübliche Mietwert. Die Mietentschädigung kann hier für längstens 1 Jahr gezahlt werden (FG RhPf 16.4.96, EFG 96, 975 und FG Köln 20.11.08 – 10 K 4922/05, EFG 09, 460). Eine Mietentschädigung für die neue Wohnung im eigenen Haus kommt nicht in Betracht (§ 8 BUKG). 24

**dd) Maklergebühren** für die Vermittlung einer Mietwohnung im ortsüblichen Umfang (§ 9 BUKG). Die bei einem Grundstückskauf angefallenen Maklergebühren können nicht als Werbungskosten anerkannt werden, auch nicht iHd Maklergebühren für eine Mietwohnung (BFH 24.5.2000 – VI R 188/97, BStBl II 2000, 586). 25

**ee)** Aufwendungen für den **Zusatzunterricht** von Kindern, wenn dieser durch den Umzug bedingt ist, ab 1.3.18 iHv 1882 €, ab 1.4.19 iHv 2045 € und ab 1.3.20 iHv 2066 € (§ 9 Abs 2 BUKG iVm BMF 21.9.18, BStBl I 18, 1027). 26

**ff)** Auslagen für einen **Kochherd** bis zu 450 DM (= 230,08 €) und bei einer Mietwohnung für Öfen bis zu 320 DM (= 163,61 €)/Zimmer (§ 9 Abs 3 BUKG). 27

**gg) Sonstige Umzugskosten** werden nach § 10 BUKG mit Pauschbeträgen berücksichtigt: Für Verheiratete/Lebenspartner und Gleichgestellte gilt ein Pauschbetrag ab 1.3.18 iHv 1573 €, ab 1.4.19 iHv 1622 € und ab 1.3.20 iHv 1639 €; Ledige ab 1.3.18 iHv 787 €, ab 1.4.19 iHv 811 € und ab 1.3.20 iHv 820 €; der Betrag erhöht sich für jede weitere zu berücksichtigende Person mit Ausnahme des Ehegatten ab 1.3.18 um 347 €, ab 1.4.19 um 357 € und ab 1.3.20 um 361 €; BMF 21.9.18, BStBl I 18, 1027). Der ArbN kann aber bei den Werbungskosten höhere Beträge geltend machen, wenn er diese einzeln nachweist (LStR 9.9 Abs 2 Satz 3 und 4), sie Werbungskosten und keine Kosten der Lebensführung darstellen. Hier kommen zB folgende Aufwendungen in Betracht: Inseratskosten, Trinkgelder, Vorhänge (→ Rn 30), Umschreibung von Ausweisen, Kfz-Ummeldung, Montagearbeiten für Geräte, Schönheitsreparaturen in der alten Wohnung bei entsprechender Verpflichtung. 28

**hh) Auslandsumzüge.** Hier ist zu beachten, dass das Umzugsvolumen einerseits begrenzt ist (§ 6 AUV), Andererseits ergeben sich zusätzliche erstattungsfähige bzw zu berücksichtigende Aufwendungen (AUV Anhang 29 III LStR, → Rn 13), zB für den Transport eines Pkw oder die Beförderung von Haustieren, das Lagern und Unterstellen von Umzugsgut, die Umzugsabwicklungsreise, das Reisegepäck bis zu bestimmten Höchstgrenzen, eine vorübergehende Unterkunft, die Anschaffung von technischen Geräten, wie zB einer Klimagerätes oder eines Notstromerzeugers (§ 7–17 AUV). Die Pauschalbeträge für sonstige Umzugsauslagen sind erhöht (§ 18 AUV). Daneben gibt es zusätzliche Pauschalen für die Anschaffung von Ausstattung und Einrichtung oder von klimagerechter Kleidung (§§ 19–21 AUV) Nach BFH 12.4.07 – VI R 53/04, BStBl II 07, 536 erfüllen die letztgenannten Aufwendungen allerdings nach nicht den Werbungskostenbegriff, da es sich um die Anschaffung bürgerlicher Kleidung und keiner typischen Berufskleidung handelt. Gleichwohl erkennt die FinVerw den Abzug an, wenn die gesetzlich festgelegten Grenzen eingehalten werden (LStR 2016 9.9 Abs 2 Satz 2). Soweit eine Erstattung durch den ArbGeb erfolgt, die steuerfrei ist, soweit keine höheren Beträge als die von der AUV vorgesehenen erstattet werden, entfällt der Werbungskostenabzug (LStR 2016 9.9 Abs 2 Satz 5, Abs 3 Satz 1; → Rn 15) 29

30 **ii) Keine Werbungskosten** sind regelmäßig Abstandszahlungen an den Vormieter für Einrichtungen, verlorene Baukostenzuschüsse, Veräußerungsverluste, Vorfälligkeitsentschädigungen und Maklerkosten bei Verkauf des Eigenheims oder Aufnahmegebühren in einen Sportverein (*HMW*/Umzugskosten Rz 53, 59, 61; BFH 24.5.2000 – VI R 147/99, BStBl II 2000, 476 und BFH 24.5.2000 – VI R 28/97, BStBl II 2000, 474) sowie – entgegen der Auffassung der Finanzverwaltung (→ Rn 21, 28) – Aufwendungen für Vorhänge und Gardinen (FG Saarl 29.8.01 – 1 K 120/00, EFG 01, 1491; BFH 17.12.02 – VI R 188/98, BStBl II 03, 314 bzgl Aufwendungen für die Ausstattung der neuen Wohnung). Gleiches gilt für den in Anlehnung an § 8 Abs 3 BUKG ermittelten Mietausfall, der eine entgangene Einnahme darstellt und daher den Aufwendungsbegriff nicht erfüllt (BFH 19.4.12 – VI R 25/10, DStR 12, 1593).

31 **4. Außergewöhnliche Belastungen.** Eine steuerliche Berücksichtigung von privat veranlassten Umzugskosten – bzw ab 2006 des die Bemessungsgrundlage nach § 35a Abs 2 Satz 1 EStG übersteigenden Betrages (→ Rn 20) – kommt auch als außergewöhnliche Belastung **regelmäßig nicht** in Betracht, da ein Umzug unabhängig von der Art der Kündigung idR kein außergewöhnliches Ereignis iSd § 33 EStG darstellt (FG Düsseldorf 26.11.99 – 18 K 3056/96 E, DStRE 2000, 243). Unerheblich ist auch die Veranlassung durch eine Scheidung oder die Geburt eines Kindes. **Anders** aber, wenn ein persönlicher Wohnungsnotstand vorliegt, zB gesundheitsschädliche oder einsturzgefährdete Räume bzw der Umzug in eine Erdgeschosswohnung wegen eines vollständig gelähmten Kindes erforderlich ist. Krankheit kann als alleiniger Umzugsgrund zu einer Berücksichtigung als außergewöhnliche Belastung führen (*HMW*/Umzugskosten Rz 68). Allerdings sind die Aufwendungen um die zumutbare Eigenbelastung zu kürzen (§ 33 Abs 3 EStG).

## C. Sozialversicherungsrecht *Schlegel*

32 **1. Beitragsrecht.** Zu differenzieren ist zwischen Umzugskosten, die der ArbN letztlich selbst trägt, und solchen, die ihm vom ArbGeb erstattet werden.

**a) Werbungskosten.** Kann der ArbN bei einem nahezu ausschließlich beruflich veranlassten Umzug Werbungskosten auch für Umzugskosten von seinen Einkünften aus nichtselbstständiger Tätigkeit abziehen (§ 9 Abs 1 Satz 1 EStG; Abschn 41 LStR), können diese bei der Berechnung des Arbeitsentgelts iSd § 14 SGB IV nicht vom Bruttolohn abgezogen werden. Insoweit unterscheidet sich die Bemessungsgrundlage für Steuern einerseits und die Beiträge/Leistungen in der SozV andererseits maßgeblich.

33 **b) Erstattung der Umzugskosten durch den Arbeitgeber.** Werden dem ArbN von seinem ArbGeb die Umzugskosten erstattet, sind die Erstattungsbeträge nach Maßgabe von § 3 Nr 16 EStG steuerfrei und insoweit gem § 1 Abs 1 Satz 1 SvEV insoweit nicht dem Arbeitsentgelt iSd § 14 SGB IV zuzurechnen. Eine gesetzliche Begrenzung der Steuerfreiheit findet nach § 3 Nr 13 und 16 EStG, für Umzugskosten nicht statt; jedoch ergibt sich eine mittelbare Begrenzung daraus, dass aus öffentlichen Kassen Umzugskosten nur in bestimmter Höhe gewährt werden. Aus Gründen der Gleichbehandlung sind deshalb auch Umzugskostenerstattungen privater ArbGeb nur in der Höhe steuerfrei, wie Umzugskosten aus öffentlichen Kassen überhaupt gewährt würden.

34 **2. Leistungsrecht.** Umzugskosten können sich auf die Berechnung von Lohnersatzleistungen auswirken und selbst als Sozialleistungen in Betracht kommen.

Lohnersatzleistungen sind idR nicht unter Berücksichtigung/Einbeziehung einer Umzugskostenerstattung zu berechnen: Selbst wenn es sich um eine Erstattung handelt, die nicht steuerfrei ist und damit dem Arbeitsentgelt iSd § 14 SGB IV zugerechnet werden muss, wird regelmäßig eine einmalige Zahlung vorliegen (zu deren Behandlung → *Einmalzahlungen* Rn 8 ff).

35 Zur Erstattung von Umzugskosten in der **Grundsicherung** vgl § 22 Abs 6 SGB II, in der **Sozialhilfe** vgl § 35 Abs 2 SGB XII.

# Unfallrente

## A. Arbeitsrecht

*Poeche*

**1. Allgemeines.** Der Bezug einer Unfallrente aus der gesetzlichen oder einer privaten UV ist für die Rechtsbeziehungen zwischen ArbGeb und ArbN im bestehenden Arbeitsverhältnis regelmäßig ohne Bedeutung. Das Arbeitsverhältnis bestimmt sich nach den getroffenen vertraglichen Vereinbarungen. Eine Lohnminderung kommt wegen der Rentenleistung nicht in Betracht. Ebenso wenig beeinflusst sie im Fall betriebsbedingter Kündigung die soziale Auswahl (→ *Kündigung, betriebsbedingte* Rn 34 ff). 1

**2. Anspruch** auf Zahlung einer Unfallrente unmittelbar gegen den ArbGeb hat der ArbN bei entsprechender arbeitsvertraglicher Vereinbarung. Derartige Absprachen finden sich zB bei der Beschäftigung von sog nicht entsandten deutschen Ortskräften im öffentlichen Dienst, die nicht der gesetzlichen UV unterliegen, denen vom ArbGeb aber entsprechende Leistungen zugesagt worden sind. Der ArbN kann den ArbGeb vor dem für seinen Sitz zuständigen ArbG in Anspruch nehmen. Die Zuständigkeit des SozG scheidet aus, da die Rente trotz der im Einzelfall zu prüfenden sozialrechtlichen Voraussetzungen aufgrund Arbeitsvertrages geschuldet wird. 2

**3. Schadensersatz** in Form einer Rentenzahlung kann der ArbGeb leisten müssen, der schuldhaft die ihn treffenden Melde-, Anzeige- oder Aufklärungspflichten verletzt und es deshalb zum dauernden Anspruchsverlust des ArbN gegen den UVTräger kommt. Hat der ArbGeb für seine ArbN eine **private Gruppenunfallversicherung** abgeschlossen, muss er aufgrund arbeitsvertraglicher Nebenpflicht den von einem Versicherungsfall betroffenen ArbN über die versicherungsrechtlichen Voraussetzungen zur Geltendmachung gegenüber der Versicherung und die hierbei einzuhaltenden Fristen aufklären. Schuldhafte Verletzung der Hinweispflicht begründet Ersatzansprüche des ArbN (BAG 26.7.07 – 8 AZR 707/06, NZA-RR 08, 560). Wegen der Verpflichtung des ArbGeb zur Herausgabe der Versicherungssumme aus einer ohne Einwilligung des ArbN für diesen abgeschlossenen GruppenUV (LAG RhPf 22.2.18 – 2 Sa 302/17, BeckRS 2018, 14621) → *Unfallversicherung* Rn 2 ff. 3

**4. Betriebsrente.** Nach der Rspr des BAG kann eine betriebliche Versorgungsordnung die teilweise Anrechnung der gesetzlichen Unfallrente auf die betriebliche Versorgungsleistung vorsehen. Unfallrenten können angerechnet werden, soweit sie dazu bestimmt sind, unfallbedingte Verdienstminderung auszugleichen. Nicht berücksichtigt werden darf der Teil der Unfallrente, der immaterielle Schäden und sonstige Einbußen ausgleicht. Da die gesetzliche UV nicht zwischen den einzelnen Entschädigungszwecken (unfallbedingter Mehraufwand, immaterielle Schäden, erhöhte Anstrengungen, Verdienstminderungen) unterscheidet, kommt es auf die Anrechnungsregelung der Versorgungsordnung an. Ist sie unbillig oder fehlt es an jeglicher Regelung, ist der Maßstab des BVG heranzuziehen (zusammenfassend BAG 19.3.02 – 3 AZR 220/01, AP BetrAVG § 5 Nr 45; 29.7.03 – 3 AZR 425/02, NZA 05, 712). 4

**Anrechnungsfrei** ist dann der Teil der Verletztenrente, der der Grundrente eines Versorgungsberechtigten nach dem BVG bei vergleichbarer Minderung der Erwerbsfähigkeit entspricht. Das gilt sowohl bei Zusage einer Gesamtversorgung wie auch bei einer Höchstbegrenzungsklausel, die nicht direkt auf der Versorgungslücke zwischen den Leistungen der gesetzlichen RV und den Einkünften des aktiven ArbN aufbaut (BAG 24.3.87 – 3 AZR 344/85, DB 87, 2415). Unbeachtlich ist, dass eine Verletztenrente aufgrund einer Minderung der Erwerbsfähigkeit von 30 % oder weniger gezahlt wird (BAG 23.2.88 – 3 AZR 100/86, DB 88, 1274). 5

Die **teilweise Anrechnung** wird auch nicht dadurch ausgeschlossen, dass sich der Unfallgeschädigte seinen Anspruch auf die Verletztenrente abfinden lässt. Die rechnerische Aufzehrung des Abfindungsbetrages durch die Anrechnung geht auf sein Risiko (BAG 6.6.89 – 3 AZR 668/87, DB 90, 435). Die Berücksichtigung der Unfallrente ist auch dann nicht unbillig, wenn eine Versorgungsordnung mit Rücksicht auf eine Entscheidung des BAG zunächst geändert wurde (hier: Streichung der Klausel über die Teilanrechnung), um nach 6

Änderung der Rspr den ursprünglichen Rechtszustand wiederherzustellen. Es ist nicht zwingend zu berücksichtigen, dass der ArbN während der vorübergehenden, ihm günstigen Regelung tatsächlich gearbeitet hat (BAG 8.10.91 – 3 AZR 47/91, DB 92, 1096). Dagegen kommt eine **volle Anrechnung** in Betracht, wenn der ArbN vom ArbGeb neben der Betriebsrente einen sog Unfallausgleich erhält (BAG 19.3.02 – 3 AZR 220/01, AP BetrVG § 5 Nr 45).

**B. Lohnsteuerrecht** *Weil*

7 Bei den **Leistungen aus einer UV** ist zwischen gesetzlicher UV und freiwilliger UV zu unterscheiden. Zur steuerlichen Behandlung der **Beiträge** und Aufwendungen zur UV s *Unfallversicherung.*

8 **I. Gesetzliche Unfallversicherung. Steuerfreiheit § 3 Nr 1 Buchst a EStG.** Die **Versicherungsleistungen** aufgrund gesetzlicher UV einschließlich satzungsmäßiger UV nach §§ 2–3 SGB VII, sind steuerfrei. Steuerfrei sind auch Leistungen aufgrund freiwilliger Beiträge zB iSd §§ 4–6 SGB VII (*Schmidt/Levedag* § 3 Rn 8). Empfänger der steuerfreien Leistungen können auch Hinterbliebene sein (*Schmidt/Levedag* § 3 Rn 8). Erfasst werden sämtliche Leistungen der gesetzlichen UV zB Leistungen zur Heilbehandlung, Verletztengeld, Übergangsgeld, Leistungen zur Teilhabe am Arbeitsleben sowie am Leben in der Gemeinschaft und ergänzende Leistungen oder die Verletztenrente (→ *Unfallversicherung* Rn 39 ff). Steuerfrei sind auch die **vergleichbaren Leistungen** von **ausländischen** gesetzlichen Versicherungsgesellschaften mit Sitz in einem EU/EWR Staat oder in der Schweiz (§ 3 Nr 2 Buchst e EStG).

9 Der **gesetzliche Schadensersatzanspruch** des ArbN aus unfallbedingten Personenschäden im beruflichen Bereich wird regelmäßig durch Leistungen aus der gesetzlichen UV erfüllt. Diese Leistungen sind nach § 3 Nummer 1 Buchst a EStG steuerfrei (BMF 28.10.09, BStBl I 09, 1275 Tz 2.1.4).

10 **II. Freiwillige Unfallversicherung.** Die Versicherungsleistungen aufgrund freiwilliger UV außerhalb des SGB VII fallen nicht unter § 3 Nr 1 Buchst a EStG. Zur Behandlung der für die freiwillige UV vom ArbGeb geleisteten Beiträge als Arbeitslohn sowie der Abzugsfähigkeit der Beiträge für den ArbN als Werbungskosten oder Sonderausgaben (*Unfallversicherung,* → *Sonderausgaben* Rn 5 ff).

**1. Arbeitslohn (§ 19 EStG).** Die Versicherungsleistungen können im Rahmen der nichtselbstständigen Einkünfte steuerbare Einnahmen sein, wenn sie ausnahmsweise **Einnahmeausfälle** ausgleichen. So sind Leistungen, die der ArbN aus einer von ihm selbst abgeschlossenen UV erhält, Einnahmen aus nichtselbstständiger Arbeit soweit sie dazu dienen, Einnahmeausfälle abzudecken. In dem Fall können die Beiträge als WK (§ 9 EStG) abgezogen werden (Schmidt/*Krüger* § 19 Rn 100 „Unfallversicherung"). Auch Leistungen aus einer Unfallversicherung, die der ArbGeb für seinen ArbN abgeschlossen hat, können als Entschädigungen für entgangene oder entgehende Einnahmen iSd § 24 Abs 1 Nr. 1 Buchst a EStG steuerpflichtiger Arbeitslohn sein (zB Leistungen wegen einer Körperverletzung, soweit sie den Verdienstausfall ersetzen). Entschädigungen iSd § 24 Abs 1 EStG gehören zu den außerordentlichen Einkünften, die ermäßigt besteuert werden (→ *Außerordentliche Einkünfte* Rn 5 ff). Wickelt das Versicherungsunternehmen die Auszahlung der Versicherungsleistung unmittelbar mit dem ArbN ab, hat der ArbGeb LSt nur einzubehalten, wenn er weiß oder erkennen kann, dass derartige Zahlungen erbracht wurden (§ 38 Abs 1 Satz 3 EStG, BMF 28.10.09, BStBl I 09, 1275 Tz 2.1.5).

11 **2. Wiederkehrende Leistungen § 22 Nr 1 EStG.** Werden Versicherungsleistungen, die nicht als Entschädigung für Einnahmeausfälle iSd § 24 EStG zu qualifizieren sind, in Form von Rentenzahlungen als Ersatz für andere steuerbare Einnahmen (zB Berufsunfähigkeitsrente) geleistet, kann der Ertragsanteil der Rentenleistung als wiederkehrende Leistung nach § 22 Nr 1 Satz 3 Buchst a Doppelbuchst bb EStG steuerbar sein (Schmidt/*Levedag* § 3 Rn 8, zur Leibrente iSd § 22 Nr 1 Satz 3 Buchst a Doppelbuchst bb EStG nach einem Unfall BMF 28.10.2009, BStBl I 09, 1275 Tz 2.1.2; zur Steuerpflicht einer Invaliditätsrente aus privater Unfallversicherung BFH 12.4.11, X B 132/10, BFH/NV 11, 1136).

**3. Schadensersatzleistungen.** Bei einem im beruflichen Bereich eingetretenen Unfall gehören die Leistungen aus einer freiwilligen Unfallversicherung des ArbGeb zum Ausgleich zivilrechtlicher Schadensersatzansprüche des ArbN wegen schuldhafter Verletzung arbeitsvertraglicher Fürsorgepflichten nicht zum Arbeitslohn (BMF 28.10.09, BStBl I 09, 1275 Tz 2.1.4). Die im Schadensfall aufgrund des Versicherungsverhältnisses an den ArbN erbrachten Leistungen, die nicht für die Beschäftigung (steuerbare Einkünfte) sondern als Ausgleich für dauernder Nachteile zB für Invalidität, Schmerzensgeld oder Krankheitskosten gewährt werden, sind nicht steuerbar (*Schmidt/Krüger* § 19 Rn 100 „Unfallversicherung"). Deshalb sind Schmerzensgeldrenten nach § 253 Absatz 2 BGB, Schadensersatzrenten zum Ausgleich vermehrter Bedürfnisse (§ 843 Abs 1 2. Alt BGB), Unterhaltsrenten nach § 844 Abs 2 BGB sowie Ersatzansprüche wegen entgangener Dienste nach § 845 BGB auch nicht als wiederkehrende Bezüge nach § 22 Nr 1 EStG steuerbar (BMF 15.7.09, BStBl I 09, 836, *Blümich/Nacke* § 22 Rn 67). Die Rente wegen Wegfalls oder Minderung der Erwerbsfähigkeit nach § 843 Abs 1 1. Alt BGB stellt Ersatz für entgehende Einkünfte dar und ist deshalb steuerbar nach § 24 Nr 1 Buchst a EStG oder nach § 22 Nr 1 EStG (*Blümich/Nacke* § 22 EStG Rn 66). Auch bei Entschädigungen wegen Körperverletzung ist zu unterscheiden zwischen Beträgen, die den Verdienstausfall ersetzen und solchen, die als Ersatz für Arzt- und Heilungskosten und die Mehraufwendungen während der Krankheit, sowie als Ausgleich für immaterielle Einbußen in Form eines Schmerzensgeldes gewährt werden. Nur soweit entgangene oder entgehende Einnahmen auf Grund der verminderten Erwerbsfähigkeit ersetzt werden, ist eine Entschädigung iSd § 24 Nr 1 Buchst a EStG gegeben (BFH 11.10.17 – IX R 11/17, DStR 2018, 241). 12

### C. Sozialversicherungsrecht *Ruppelt*

**Verletztenrente** (Unfallrente) erhält der Versicherte der gesetzlichen UV gem §§ 56 ff SGB VII nach einem Arbeitsunfall vom Träger der gesetzlichen UV, wenn die unfallbedingte Minderung der Erwerbsfähigkeit mindestens 20 vH beträgt und über die 26. Woche nach dem Arbeitsunfall andauert. Entsprechendes gilt für eine anerkannte Berufskrankheit, wenn die gesundheitlichen Folgen dieser Berufskrankheit zu einer Minderung der Erwerbsfähigkeit von mindestens 20 vH führen (iE → *Arbeitsunfall* Rn 31 ff; → *Unfallversicherung* Rn 55 ff; → *Berufskrankheit* Rn 16). 26

## Unfallversicherung

### A. Arbeitsrecht *Poeche*

**1. Gesetzlicher Unfallschutz.** Ansprüche des ArbN auf Leistungen der UV richten sich nach dem SozVRecht. Zu den Ansprüchen des ArbN gegen den ArbGeb → *Arbeitsunfall* Rn 4, 5. Dem ArbN können außerdem Schadensersatzansprüche zustehen, wenn der ArbGeb den Arbeitsunfall/die Berufskrankheit dem SozVTräger entgegen § 193 SGB VII nicht anzeigt und dem ArbN dadurch Nachteile in der UV entstehen. Der ArbGeb hat den ArbN außerdem auf Grund arbeitsvertraglicher **Nebenpflicht** (§ 241 Abs 2 BGB) bei der Durchsetzung von Rechten gegen Dritte zu unterstützen, soweit solche Ansprüche in Betracht kommen (BAG 24.9.09 – 8 AZR 444/08, NZA 10, 337). 1

**2. Vertraglicher Unfallschutz.** Insbes in Arbeitsverträgen leitender Angestellter verpflichtet sich der ArbGeb oft, zugunsten des ArbN eine private UV abzuschließen. Der ArbGeb ist dann arbeitsvertraglich verpflichtet, die zur Erhaltung des Versicherungsschutzes erforderlichen Versicherungsprämien zu entrichten. Für Versicherungsleistungen, die wegen Prämienrückstands entgehen, hat er einzustehen. Im Versicherungsfall ist zu unterscheiden: Ist der ArbN nicht nur versicherte Person, sondern ist er auch Versicherungsnehmer, muss er sich um die Versicherungsleistungen selbst bemühen und hat hierbei alle versicherungsrechtlichen Obliegenheiten in eigener Person zu erfüllen. Einen Rechtsstreit gegen den Versicherer hat er dann auf eigenes Risiko zu führen. Im Todesfall treten die Erben an seine Stelle. Anderes gilt, wenn der ArbGeb Versicherungsnehmer ist. Der ArbN hat dann keinen eigenen Anspruch gegen den Versicherer; er kann einen solchen auch nicht durchsetzen, 2 sondern nur der ArbGeb. Die versicherungsrechtlichen Obliegenheiten, zB die rechtzeitige Unfallmeldung, treffen deshalb den ArbGeb. Da er den Unfallschutz vertraglich zugesagt hat, ist der ArbGeb auch gehalten, die Versicherungsleistungen auf eigenes Risiko einzuklagen. Der ArbN oder seine Erben haben gegen den ArbGeb Anspruch auf Ersatz der entgangenen Versicherungsleistungen, wenn tatsächlich der Versicherungsfall eingetreten war. Das hat das ArbG im Haftungsprozess festzustellen.

3 **3. Gruppenunfallversicherung.** Diese Versicherung ist idR eine Fremdversicherung für fremde Rechnung. Versicherungsnehmer und damit Inhaber aller Ansprüche gegen die Versicherung ist der ArbGeb. Im Innenverhältnis gebührt die Versicherungsleistung aber dem ArbN als geschützter Person (§ 179 Abs 2 iVm §§ 44 ff VVG). Damit soll jeder Anreiz genommen werden, mit der Gesundheit oder dem Leben eines Dritten ohne dessen schriftliche Einwilligung zu spekulieren. Der Abschluss einer GruppenUV für alle ArbN oder bestimmte ArbNGruppen ist arbeitsvertraglich auch dann von Bedeutung, wenn der ArbGeb die Versicherung ohne arbeitsvertragliche Verpflichtung und ohne schriftliches Einverständnis des ArbN (§ 179 Abs 3 VVG) eingeht. Bestehen nach der GruppenUV eigene Ansprüche der ArbN gegen den Versicherer, so hat der ArbGeb die ArbN über die Vereinbarung und die einzuhaltenden Fristen zu unterrichten. Eine Verletzung dieser Hinweispflicht begründet Ersatzansprüche der ArbN (BAG 26.7.07 – 8 AZR 707/06, BeckRS 2007, 47449). Kann nur der ArbGeb die Versicherung in Anspruch nehmen, wird er nicht verpflichtet sein, auf eigenes Risiko die Versicherung zu verklagen. Er muss aber aufgrund arbeitsvertraglicher Nebenpflicht dem ArbN oder seinem Erben jedenfalls Gelegenheit geben, den Eintritt eines Versicherungsfalls und die Erfolgsaussichten einer Klage gegen die Versicherung zu prüfen. Übernimmt der ArbN/Erbe die Prozesskosten (einschließlich Vorschuss), ist der ArbGeb zu der versicherungsrechtlich nur ihm möglichen Klage verpflichtet. Der ArbGeb hat außerdem regelmäßig den **Obliegenheiten nach dem VVG** nachzukommen (LAG Köln 2.3.95 – 10 Sa 1084/94, EWiR 95, 961 mit Anm *Schaub*). Im Rechtsstreit gegen den ArbGeb wegen entgangener Versicherungsleistungen hat der ArbN die Darlegungs- und Beweislast für alle die Einstandspflicht der Versicherung begründenden Tatsachen.

4 **Leistungen aus der Gruppenunfallversicherung** hat der ArbGeb an den ArbN/Erben regelmäßig in vollem Umfang auszukehren (LAG RhPf 22.2.18 – 2 Sa 302/17, BeckRS 2018, 14621). Er ist nicht berechtigt, hiervon die Kosten der Entgeltfortzahlung einzubehalten (BAG 17.6.97 – 9 AZR 839/95, NZA 98, 376). Auf diesen Herausgabeanspruch ist § 16 Baurahmentarifvertrag aF nicht anzuwenden (BAG 21.2.90 – 5 AZR 169/89, NZA 90, 710). Nach Eintritt des Versicherungsfalles kann der ArbGeb auch dann nicht mehr über die Rechte aus dem Versicherungsvertrag verfügen, wenn keine arbeitsvertragliche Pflicht zum Abschluss der UV bestand (LAG Thür 22.5.01 – 7 Sa 806/98).

5 **4. Gruppenunfallversicherung im beendeten Arbeitsverhältnis.** Vereinbaren ArbGeb und ArbN, die Versicherung nach dem Ausscheiden des ArbN fortzuführen und erstattet der frühere ArbN dem ArbGeb die Versicherungsprämien für den wirksam geschlossenen Versicherungsvertrag, ist für die Rechte und Pflichten der Parteien Auftragsrecht (§§ 662 ff BGB) anzuwenden (aA LAG Brem 27.8.98 – 4 Sa 54/98, LAGE § 611 Fürsorgepflicht Nr 25: nachvertragliche Fürsorgepflicht). Die Erstattung der Prämien durch den ArbN ist keine Gegenleistung für die Verschaffung der Versicherung, sondern Ersatz der Aufwendungen des ArbGeb. Der ArbGeb muss deshalb vorsorglich alle Maßnahmen treffen, damit der ehemalige ArbN/Erbe die Versicherungsleistung erhält (zB Versicherungsanzeige). Lehnt die Versicherung ihre Eintrittspflicht ab, hat der ArbGeb auf Weisung des ArbN/Erben auch einen Rechtsstreit gegen die Versicherung zu führen. Die damit verbundenen Prozesskosten trägt der ArbN/Erbe; der ArbGeb kann einen Vorschuss verlangen (§§ 669, 670 BGB).

## B. Lohnsteuerrecht

*Weil*

6 Bei der steuerlichen Behandlung der **Beiträge** für eine UV ist zwischen **gesetzlicher** und **freiwilliger UV** zu unterscheiden. Zur steuerlichen Behandlung der **Versicherungsleistungen** s *Unfallrente*.

**1. Gesetzliche Unfallversicherung** (einschließlich satzungsmäßiger und freiwilliger Versicherung; §§ 2 ff SGB VII). Die **Beiträge** des ArbGeb sind Betriebsausgaben (§ 4 Abs 4 EStG). Die Prämienzahlungen sind beim ArbN **nicht als Arbeitslohn** zu versteuern (§ 3 Nr 62 EStG; → *Sozialversicherungsbeiträge* Rn 17). Die **Versicherungsleistungen** (→ Rn 39 ff) sind beim ArbGeb ohne steuerliche Auswirkung, beim Versicherten steuerfrei (§ 3 Nr 1a EStG; Einzelheiten s *Unfallrente*).

**2. Vom Arbeitgeber freiwillig abgeschlossene Unfallversicherung zugunsten seiner ArbN.** Die Prämienzahlungen sind (unabhängig von der Lohnversteuerung) als Betriebsausgaben abzugsfähig (Schmidt/*Heinicke* § 4 Rn 276). Die Arbeitslohnqualität der Beiträge hängt davon ab, ob sich bei wirtschaftlicher Betrachtung die Beitragszahlung durch den ArbGeb so darstellt, als ob der ArbG dem ArbN die Mittel zur geleisteten Beitragszahlung zur Verfügung gestellt hat. Davon ist auszugehen, wenn dem ArbN gegen die Unfallversicherung ein unentziehbarer Rechtsanspruch auf die Leistung zusteht (BFH 11.12.08 – VI R 9/05, BStBl II 09, 385). 7

**a) Ausübung der Rechte steht ausschließlich dem Arbeitgeber zu. aa) Kein Arbeitslohn im Zeitpunkt der Beitragszahlung.** Handelt es sich bei den vom ArbGeb abgeschlossenen UV seiner ArbN um Versicherungen für fremde Rechnung (§ 179 Abs 1 Satz 2 iVm §§ 43–48 VVG), bei denen die Ausübung der Rechte ausschließlich dem ArbGeb zusteht, so stellen die **Beiträge** im Zeitpunkt der Zahlung durch den ArbGeb keinen Arbeitslohn dar (BMF 28.10.09 – BStBl I 09, 1275 Tz 2.1.1). 8

**bb) Arbeitslohn zum Zeitpunkt der Leistungsgewährung.** Erhält ein ArbN Leistungen aus dem Versicherungsvertrag, führen die bis dahin vom ArbGeb entrichteten auf den Versicherungsschutz des ArbN entfallenden **Beiträge** im Zeitpunkt der Auszahlung oder Weiterleitung der Versicherungsleistung an den ArbN zu **Arbeitslohn** in Form von Barlohn, **begrenzt** auf die dem ArbN ausgezahlte **Versicherungsleistung** (BFH 11.12.08 – VI R 9/05, DStR 09, 319). Das gilt unabhängig davon, ob der Unfall im beruflichen oder außerberuflichen Bereich eingetreten ist und ob es sich um eine Einzelunfallversicherung oder eine Gruppenunfallversicherung handelt. Bei einer **Gruppenunfallversicherung** ist der auf den einzelnen ArbN entfallende Teil der Beiträge ggf zu schätzen (BFH 11.12.08 – VI R 19/06, BFH/NV 09, 905). Da sich der Vorteil der Beitragsgewährung nicht auf den konkreten Versicherungsfall, sondern allgemein auf das Bestehen von Versicherungsschutz des ArbN bezieht, sind zur Ermittlung des Arbeitslohns alle seit Begründung des Dienstverhältnisses entrichteten Beiträge zu berücksichtigen, unabhängig davon, ob es sich um einen oder mehrere Versicherungsverträge handelt. Das gilt auch dann, wenn die Versicherungsverträge zeitlich befristet abgeschlossen wurden, das Versicherungsunternehmen gewechselt wurde oder der Versicherungsschutz für einen bestimmten Zeitraum des Dienstverhältnisses nicht bestanden hat (zeitliche Unterbrechung des Versicherungsschutzes). Bei einem **Wechsel des Arbeitgebers** sind ausschließlich die seit Begründung des neuen Dienstverhältnisses entrichteten Beiträge zu berücksichtigen, auch wenn der bisherige Versicherungsvertrag vom neuen ArbGeb fortgeführt wird. Das gilt auch, wenn ein Wechsel des ArbN innerhalb eines Konzernverbundes zwischen Konzernunternehmen mit einem ArbGebWechsel verbunden ist. Bei einem **Betriebsübergang** nach § 613a BGB liegt **kein neues Dienstverhältnis** vor. Aus **Vereinfachungsgründen** können die auf den Versicherungsschutz des ArbN entfallenden Beiträge unter Berücksichtigung der Beschäftigungsdauer auf Basis des zuletzt vor Eintritt des Versicherungsfalls geleisteten Versicherungsbeitrags hochgerechnet werden. Die bei einer **früheren Versicherungsleistung** als Arbeitslohn berücksichtigten Beiträge sind bei einer späteren Versicherungsleistung nicht erneut als Arbeitslohn zu erfassen. Zur Ermittlung der maßgebenden Beiträge iE s BMF 28.10.09, BStBl I 09, 1275 Tz 2.1.2. Bei den im Zuflusszeitpunkt als Arbeitslohn zu besteuernden Beiträgen kann es sich um eine **Vergütung für eine mehrjährige Tätigkeit iSd § 34 Abs 1, 2 EStG** (→ *Außerordentliche Einkünfte* Rn 17) handeln (BFH 11.12.08 – VI R 9/05, DStR 09, 319). 9

**cc) Auszahlung der Versicherungsleistung in Teilbeträgen.** Erhält ein ArbN die Versicherungsleistungen in mehreren Teilbeträgen oder ratierlich, so fließt dem ArbN solange Arbeitslohn in Form von Barlohn zu, bis die Versicherungsleistungen die Summe der auf den Versicherungsschutz des ArbN entfallenden Beiträge erreicht haben (BMF 28.10.09, BStBl I 09, 1275 Tz 2.1.2). 10

11 **dd) Auszahlung der Versicherungsleistung als Leibrente.** Erhält ein ArbN die Versicherungsleistungen als Leibrente, so sind die geleisteten Beiträge solange als Arbeitslohn in Form von Barlohn zu versteuern, bis der Teil der Versicherungsleistungen, der nicht Ertragsanteil ist (§ 22 Nr 1 Satz 3 Buchst a Doppelbuchst bb EStG ggf iVm § 55 EStDV), die Summe der auf den Versicherungsschutz des ArbN entfallenden Beiträge erreicht hat. Beiträge, die vom ArbGeb nach der ersten Auszahlung oder Weiterleitung von Versicherungsleistungen an den ArbN gezahlt werden, sind hier aus Vereinfachungsgründen jeweils nicht einzubeziehen; diese Beiträge sind dann bei einem ggf später eintretenden Versicherungsfall zu berücksichtigen.

**Beispiel:** Nach einem Unfall wird ab dem Jahr 01 eine Versicherungsleistung als Leibrente iHv jährlich 1000 € ausgezahlt. Der Ertragsanteil beträgt 25 %. An Beiträgen wurden für den ArbN in der Vergangenheit insgesamt 2500 € gezahlt.
Ab dem Jahr 01 sind 250 € (1000 € × 25 % Ertragsanteil) steuerpflichtig nach § 22 Nummer 1 Satz 3 Buchstabe a Doppelbuchst bb EStG (*Unfallrente*).

Darüber hinaus sind in den Jahren 01 bis 03 jeweils ein Betrag von 750 € und im Jahr 04 ein Betrag von 250 € (2500 € – [3 Jahre × 750 €]) stpfl nach § 19 EStG. Ab dem Jahr 05 fließt kein stpfl Arbeitslohn mehr zu; stpfl ist dann nur noch die Leibrente mit dem Ertragsanteil von 25 % (BMF 28.10.09, BStBl I 09, 1275 Tz 2.1.2).

12 **ee) Entschädigungen für entgangene oder entgehende Einnahmen.** Sind die Versicherungsleistungen ausnahmsweise Entschädigungen für entgangene oder entgehende Einnahmen iSd § 24 Nr 1 Buchst a EStG (→ *Außerordentliche Einkünfte* Rn 5 ff), liegen zusätzliche stpfl Einkünfte aus nichtselbstständiger Arbeit (stpfl Arbeitslohn) vor (*Unfallrente*). In diesem Fall sind die geleisteten Beiträge sowie die Versicherungsleistungen als Arbeitslohn zu versteuern.

**Beispiel:** Nach einem Unfall wird eine Versicherungsleistung iHv 10 000 € ausgezahlt. Hiervon sind 8000 € die Entschädigung für entgangene oder entgehende Einnahmen. An Beiträgen wurden in der Vergangenheit 2500 € gezahlt.
Die steuerpflichtigen Leistungen iSd § 24 Nr 1 Buchst a EStG betragen 8000 €. Zusätzlich sind 500 € (= 2500 € – [2500 € × 8000 € : 10 000 €]) zu besteuern (BMF 28.10.09, BStBl I 09, 1275 Tz 2.1.5).

13 **b) Ausübung der Rechte steht unmittelbar dem Arbeitnehmer zu.** Kann der ArbN den Versicherungsanspruch bei einer vom ArbGeb abgeschlossenen UV unmittelbar gegenüber dem Versicherungsunternehmen geltend machen, sind die **Beiträge** bereits **im Zeitpunkt der Zahlung** durch den ArbGeb als **Arbeitslohn** in Form von Barlohn (§ 19 Abs 1 Satz 1 Nr 1 EStG, § 2 Abs 2 Nr 3 Satz 1 LStDV) zu erfassen. Davon ist auch dann auszugehen, wenn zwar der Anspruch durch den Versicherungsnehmer (ArbGeb) geltend gemacht werden kann, vertraglich nach den Versicherungsbedingungen jedoch vorgesehen ist, dass der Versicherer die Versicherungsleistung in jedem Fall an die versicherte Person (ArbN) auszahlt. Die Ausübung der Rechte steht dagegen nicht unmittelbar dem ArbN zu, wenn die Versicherungsleistung mit befreiender Wirkung auch an den ArbGeb gezahlt werden kann; in diesem Fall kann der ArbN die Auskehrung der Versicherungsleistung letztlich nur im Innenverhältnis vom ArbGeb verlangen (BMF 28.10.09, BStBl I 09, 1275 Tz 2.2.1).

14 **c) Steuerfreier Reisekostenersatz (§ 3 Nr 13, 16 EStG).** Steuerfrei sind Beitragsteile zu Versicherungen gegen berufliche Unfälle, die bei Auswärtstätigkeiten (→ *Dienstreise* Rn 12 ff) das berufliche Unfallrisiko abdecken und deshalb zu den steuerfreien Reisekostenerstattungen nach § 3 Nr 13 (ArbN im öffentlichen Dienst) oder § 3 Nr 16 EStG (private ArbG) gehören. Aus Vereinfachungsgründen kann bei der Aufteilung der Beitragsanteile in steuerfreie Reisekostenerstattungen und in steuerpflichtigen Arbeitslohn der auf steuerfreie Reisekostenerstattungen entfallende Anteil auf 40 % geschätzt werden (BMF 28.10.09, BStBl I 09, 1275 Tz 2.1.3).

15 **d) Werbungskostenabzug.** Der ArbN kann die dem LStAbzug unterworfenen Beiträge zu einer Versicherung gegen berufliche Unfälle als Werbungskosten (§ 9 Abs 1 Satz 1 EStG) abziehen.

16 **3. Versicherungen des Arbeitnehmers. a) Versicherung gegen Berufsunfälle.** Aufwendungen des ArbN für eine Versicherung ausschließlich gegen Unfälle, die mit der

beruflichen Tätigkeit in unmittelbarem Zusammenhang stehen (→ *Wegeunfall* Rn 2 ff), sind **Werbungskosten** (§ 9 Abs 1 Satz 1 EStG). Beiträge für einen Insassenunfallschutz für die Strecke Wohnung-Arbeitsstätte sind durch die Entfernungspauschale abgegolten (§ 9 Abs 2 Satz 1 EStG; BMF 31.10.13, BStBl I 13, 1376 unter 4.; FG Nürnberg 4.3.10 – 4 K 1497/08, DStRE 11, 141). Die Abgeltungswirkung erstreckt sich aber nicht auf Sonderausgaben (§ 10 Abs 1 Nr 3a EStG).

**b) Versicherung gegen außerberufliche Unfälle.** Aufwendungen des ArbN für eine 17
Versicherung gegen außerberufliche Unfälle sind Sonderausgaben (§ 10 Abs 1 Nr 3a EStG iVm Abs 4 und 4a EStG; → *Sonderausgaben* Rn 7 ff).

**c) Versicherung gegen alle Unfälle.** Aufwendungen des ArbN für eine UV, die das 18
Unfallrisiko sowohl im beruflichen als auch im außerberuflichen Bereich abdeckt, sind zum einen Teil Werbungskosten und zum anderen Teil Sonderausgaben (BFH 15.10.13 – VI B 20/13, BFH/NV 14, 327). Der Gesamtbeitrag einschließlich Versicherungssteuer für beide Risiken ist entsprechend **aufzuteilen.** Für die Aufteilung sind die Angaben des Versicherungsunternehmens darüber maßgebend, welcher Anteil des Gesamtbeitrags das berufliche Unfallrisiko abdeckt. Fehlen derartige Angaben, ist der Gesamtbeitrag durch Schätzung aufzuteilen. Es bestehen keine Bedenken, wenn die Anteile auf jeweils 50 % des Gesamtbeitrags geschätzt werden (BMF 28.10.09, BStBl I 2009, 1275 Tz 1.3).

**d) Übernahme der Beiträge durch den Arbeitgeber.** Vom ArbGeb übernommene 19
Beiträge des ArbN sind **steuerpflichtiger Arbeitslohn.** Beiträge zu einer UV, die berufliche Unfälle abdeckt, sind als Reisenebenkosten (wie bei den vom ArbG für seine ArbN abgeschlossenen UV) **steuerfrei,** soweit sie Unfälle bei einer Auswärtstätigkeit abdecken (§ 3 Nr 13 und 16 EStG). Zur Aufteilung der Beitragsanteile in steuerfreie Reisekostenerstattung und stpfl Werbungskostenersatz kann in diesen Fällen der auf steuerfreie Reisekostenerstattungen entfallende Anteil mit 40 % geschätzt werden. Der steuerpflichtige Teil der Beiträge, die dem LStAbzug unterworfen worden sind, können vom ArbN als Werbungskosten bei der Veranlagung zur Einkommensteuer geltend gemacht werden (BMF 28.10.2009, BStBl 09, 1275 Tz 1.4).

**4. Lohnsteuerabzug von Beitragsleistungen.** Soweit die vom ArbGeb geleisteten 20
Beiträge zu einer von ihm oder vom ArbN abgeschlossenen Versicherungen dem stpfl Arbeitslohn zuzuordnen sind, sind sie im Zeitpunkt ihres **Zuflusses** dem LStAbzug nach den allgemeinen Regeln zu unterwerfen (→ *Lohnabzugsverfahren* Rn 2 ff). Beiträge für eine Gruppenunfallversicherung können auch gem § 40b Abs 3 EStG pauschaliert werden, sofern der durchschnittliche Beitrag pro ArbN und Kj nicht mehr als 62 € beträgt. Damit wird vermieden, dass die Beiträge des ArbGeb zur Unfallversicherung bei den ArbN als Arbeitslohn versteuert werden (→ *Lohnsteuerpauschalierung* Rn 57). Zur steuerlichen Behandlung der Versicherungsleistungen s *Unfallrente.*

## C. Sozialversicherungsrecht *Ruppelt*

**Übersicht**

26 **1. Allgemeines.** Die Aufgaben der gesetzlichen UV sind die Verhütung von Arbeitsunfällen und Berufskrankheiten (Versicherungsfälle) und der Schadenausgleich nach Eintritt eines Versicherungsfalles. Der Schadenausgleich besteht aus

- Heilbehandlung einschließlich Leistungen der medizinischen Rehabilitation (§§ 27 ff SGB VII),
- Leistungen zur Teilhabe am Arbeitsleben (§ 35 SGB VII),
- Leistungen zur Teilhabe am Leben in der Gemeinschaft und ergänzende Leistungen (§§ 39 ff SGB VII),
- Leistungen bei Pflegebedürftigkeit (§ 44 SGB VII),
- Geldleistungen – Übergangsgeld, Verletztengeld und Renten – (§§ 45 ff SGB VII).

27 **2. SGB VII – Gesetzliche Unfallversicherung.** Das SGB VII hat 1996 die unfallversicherungsrechtlichen Regelungen der RVO ohne wesentliche Änderungen in das SGB übernommen. Hinsichtlich des Schadenausgleichs (Leistungsrecht) gilt das SGB VII auch für Versicherungsfälle (Arbeitsunfälle und Berufskrankheiten), die sich vor dem **1.1.1997** ereignet haben oder eingetreten sind. (§ 214 Abs 1 SGB VII).

28 Das **Unfallversicherungsmodernisierungsgesetz** (UVMG) vom 30.10.08 (BGBl I 08, 2130) führte zu einer umfassenden Organisationsreform der Versicherungsträger sowie zu neuen umfangreichen Meldepflichten. Die Neuordnung der UVTräger der öffentlichen Hand erfolgte durch das Gesetz zur Neuorganisation der bundesunmittelbaren Unfallkassen vom 19.10.13 (BGBl I 13, 3836).

29 **3. Versicherte Tätigkeiten. a) Allgemein.** Die gesetzliche UV gewährt Schadensausgleich für die Folgen von Arbeitsunfällen (auch auf dem Weg von und zur Arbeit) und Berufskrankheiten. Der Kreis der Versicherten besteht aus den kraft Gesetzes (§ 2 SGB VII), Satzung (§ 3 SGB VII) oder freiwilligen Beitritts versicherten Personen (§ 6 SGB VII). Vgl → Rn 37 ff, 46, 47. Träger der allgemeinen (gewerblichen) UV sind die nach Gewerbezweigen gegliederten Berufsgenossenschaften (§ 114 SGB VII). Das System der deutschen UV und die verpflichtende Mitgliedschaft der Unternehmen in den BGen ist europarechtskonform (EuGH 5.3.09 – C 350/07, NJW 09, 1325). Für Beamte, Soldaten und Richter gelten die beamtenrechtlichen Unfallverhütungsvorschriften. Entsprechendes gilt für Rechtsreferendare (LSG NRW 5.2.19 – L 15 U 698/17, BeckRS 2019, 23565).

30 **b) Versicherung kraft Gesetzes.** Es besteht kein abstraktes Versicherungsverhältnis zwischen den Versicherten und den BGen, vielmehr entsteht die Versicherung kraft Gesetzes bei Vorliegen der gesetzlichen Voraussetzungen (Ausnahme: freiwillige Versicherung nach § 6 SGB VII). Der Schutz der gesetzlichen UV hängt also nicht von einer **Anmeldung** oder **Mitgliedschaft** der Beschäftigten oder des Unternehmens in der BG ab und ist auch von der Beitragsentrichtung unabhängig. Als bedeutenste Gruppe sind alle **unselbstständig Beschäftigten** (Arbeiter, Angestellte, Lehrlinge, Volontäre, Praktikanten, Aushilfen sowie andere Personen, die sich in einem persönlichen oder wirtschaftlichen Abhängigkeitsverhältnis zum Unternehmer befinden) kraft Gesetzes unfallversichert, ohne dass es darauf ankommt, ob das Unternehmen bei der BG gemeldet ist, SozVBeiträge entrichtet bzw LSt abgeführt wird oder das Arbeitsverhältnis gegen gesetzliche Vorschriften verstößt (§ 2 Abs 1 Nr 1 SGB VII). Auf Lebensalter, Verwandtschaft oder Staatsangehörigkeit kommt es ebenso wenig an wie auf die vertragliche Vereinbarung eines Arbeitsverhältnisses oder die Gewährung von Entgelt. Entscheidend ist vielmehr, dass der Beschäftigte sich in einem persönlichen oder wirtschaftlichen Abhängigkeitsverhältnis zum Unternehmer (ArbGeb iS des UVRechts) befindet und sich bei Eintritt des Arbeitsunfalls in einer dem Betrieb förderlichen oder dem ausdrücklichen oder mutmaßlichen Willen des Unternehmers entsprechenden Weise betätigt (→ *Arbeitsunfall* Rn 34). Das ist auch bei einem Probearbeitsverhältnis (BSG 14.11.13 – B 2 U 15/12 R, SozR 4–2700 § 2 Nr 27) und bei geringfügiger

Beschäftigung der Fall (LSG BaWü 13.7.17 – L 6 U 3293/16. BeckRS 2017, 123093). Ob ein Beschäftigungsverbot besteht (fehlende Arbeitserlaubnis, Schwarzarbeit, Verbot der Kinder- oder Nachtarbeit oÄ), ist unerheblich. Die Unternehmer haben binnen einer Woche nach Beginn der Unternehmung diesen Beginn dem zuständigen UVTräger nach Maßgabe von § 192 Abs 1 SGB VII mitzuteilen. Die Mitteilungspflicht gilt als erfüllt, wenn eine Anzeige nach den §§ 14, 55c GewO binnen einer Woche gegenüber der zuständigen Stelle erstattet wird (§ 192 Abs 1 Satz 2 SGB VII idF des Dritten Bürokratieentlastungsgesetzes v 22.11.19, BGBl I 2019, 1746). Bei Unsicherheit über die **Zuständigkeit** einer bestimmten BG für das Unternehmen reicht auch die Anmeldung bei einer beliebigen BG aus; diese ist zur Weitergabe der Anmeldung an die zuständige BG verpflichtet.

**4. Absicherung vor betriebsbedingten Schadensfolgen.** Ihre Grundlage findet die gesetzliche UV in der Sicherung des Beschäftigten vor betriebsbedingten Schadensfolgen und der Ablösung der allgemeinen zivilrechtlichen Schadensersatzpflicht des Unternehmers zugunsten eines öffentlich-rechtlichen Entschädigungsanspruchs gegen die BG als Haftungsverband aller in der jeweiligen BG zusammengeschlossenen Unternehmen. Daraus folgt, dass die **zivilrechtlichen Schadensersatzansprüche** des Beschäftigten gegen den Unternehmer oder Betriebsangehörige grds ausgeschlossen sind, soweit es sich um Personenschäden handelt (§§ 104 ff SGB VII; BAG 22.4.04 – 8 AZR 159/03, NJW 04, 3360; 22.4.04 – 8 AZR 159/04, NZS 05, 434). Auch in Zweifelsfällen ist daher stets die Meldung eines Unfalles bei der BG ratsam, um Rechtsnachteile zu vermeiden, die dadurch entstehen können, dass sich erst nach jahrelanger zivilrechtlicher Rechtsverfolgung herausstellt, dass es sich um einen Arbeitsunfall handelt und Ansprüche auf Sozialleistungen nach § 45 Abs 1 SGB I in vier Jahren nach Ablauf des Kj verjähren, in dem sie entstanden sind. Zu den Folgen einer verspäteten Meldung vgl BSG 2.5.01 – B 2 U 19/00 R, BeckRS 2001, 40879. Aus der Ablösung der allgemeinen zivilrechtlichen Schadensersatzpflicht des Unternehmers folgt, dass dieser die **Beiträge** zur gesetzlichen UV – anders als die SozVBeiträge – allein aufzubringen hat (§ 150 Abs 1 Satz 1 SGB VII). Zum **Haftungsprivileg** des Unternehmers und der Betriebsangehörigen sowie den Beschäftigten auf einer gemeinsamen Betriebsstätte → *Betrieb (Begriff)* Rn 35. 31

**5. Beitragserhebung. a) Überblick.** Beiträge erheben die gewerblichen BGen nach dem reinen **Umlageverfahren,** dh die Beiträge decken den Bedarf des abgelaufenen Geschäftsjahres einschließlich der notwendigen Rücklage und der Beschaffung der Betriebsmittel (§§ 152 Abs 1, 153 Abs 1 SGB VII). **Vorschüsse,** die sich am voraussichtlichen Umlagesoll und damit an der voraussichtlichen endgültigen Beitragshöhe orientieren, können erhoben werden (§ 164 SGB VII). Die Höhe der Umlage bestimmt sich allein aus dem Finanzbedarf der BG, der im Wesentlichen durch die Höhe der gesetzlich vorgeschriebenen Leistungen bestimmt wird. Die Bemessung der Beiträge für das einzelne Unternehmen richtet sich nach dem **Gefahrtarif** des Unternehmens, der nach der gewerbespezifischen Unfallgefahr gestaffelt ist, und nach den Arbeitsentgelten der Versicherten des Unternehmens (§§ 157, 153 Abs 2 SGB VII). Nach § 110 Abs 1a SGB VII haben Unternehmer, die **Schwarzarbeit** nach § 1 des Schwarzarbeitsbekämpfungsgesetzes erbringen und dadurch bewirken, dass UVBeiträge nicht, nicht in der richtigen Höhe und nicht rechtzeitig entrichtet werden, haben den UVTrägern die Aufwendungen zu erstatten, die diesen infolge von Versicherungsfällen bei Ausführung der Schwarzarbeit entstanden sind (*Köhler* WzS 15, 76). 32

Der **Gefahrtarif** ist eine Übersicht, in der Gewerbszweige einer BG nach **Gefahrtarifstellen** und **Gefahrklassen** aufgeführt sind und in der festgelegt ist, wie die Mitgliedsunternehmen den Tarifstellen zugeordnet werden. Die Gefahrklassen geben den Grad der Unfallgefahr der in den jeweiligen Gewerbszweigen zusammengeschlossenen Unternehmen wieder (→ Rn 36). Bei der Zusammenfassung der Mitgliedsunternehmen in Gefahrtarifstellen hat die BG einen weiten Entscheidungsspielraum (BSG 11.4.13 – B 2 U 8/12 R, Die Beiträge Beilage 13, 348). 33

Bestimmt sich die **Einstufung** eines Unternehmens in den Gefahrtarif nach der Unfallgefährlichkeit des ganzen Gewerbezweiges, sind Zuschläge und Nachlässe auf den Beitrag nach Zahl, Schwere oder Kosten oder nach mehreren dieser Merkmale der das Unternehmen betreffenden Arbeitsunfälle, mit Ausnahme der Wegeunfälle, zu bemessen (§ 162 Abs 1 34 u 2 SGB VII). Dieses Verfahren ist allen gewerblichen BGen zwingend vorgeschrieben, um einen Anreiz zur Intensivierung der Unfallverhütung in den einzelnen Unternehmen zu schaffen. Den BGen ist weitgehend freie Hand gelassen, wie sie das Beitragsausgleichsverfahren im Einzelnen durch Satzungsbestimmung ausgestalten (BSG 4.12.14 – B 2 U 11/13 R, SozR 4–2700 § 161 Nr 1; BayLSG 23.1.18 – L 3 U 29/15, BeckRS 2018, 12777; LSG BaWü 26.1.18 – L 8 U 1680/17, BeckRS 2018, 2075, Rev anhängig unter Az: B 2 U 4/18 R). Allerdings darf insoweit nicht berücksichtigt werden, ob das Unternehmen die Unfallvorschriften ausreichend beachtet hat. Einbezogen werden alle anzeigepflichtigen Unfälle (§ 193 SGB VII), dies betrifft auch Unfälle freiwillig oder gesetzlich versicherter Unternehmer. Die Anerkennung eines Unfalles als Arbeitsunfall gegenüber dem Versicherten ist für das Unternehmen nicht ohne weiteres bindend und kann daher im Verfahren über den Beitragsbescheid gerügt werden. Nach der einschlägigen Rspr sind allerdings substantiierte tatsächliche bzw rechtliche Einwendungen gegen die Anerkennung als Versicherungsfall zu erheben, was regelhaft nicht gelingen wird (LSG BaWü 30.6.08 – L 1 U 3732/07, BeckRS 2008, 54485).

35 **b)** Die **Arbeitsentgelte der Versicherten** sind neben dem Umlagesoll und der Veranlagung nach dem Gefahrtarif die wichtigste Grundlage der Beitragsberechnung. Die ArbGeb haben gem § 165 Abs 1 SGB VII nach Ablauf eines Kj die Arbeitsentgelte der Versicherten und die geleisteten Arbeitsstunden mit dem Lohnnachweis nach § 99 SGB IV in elektronischer Form zu melden. Die Satzung kann bestimmen, dass die Unternehmer dem UVTräger weitere zur Berechnung der Umlage notwendige Angaben zu machen haben. Bei fehlender, nicht vollständiger oder nicht rechtzeitiger Abgabe ist der UVTräger zur Schätzung der Arbeitsentgelte ermächtigt (§ 165 Abs 3 SGB VII). Meldeverstöße können als Ordnungswidrigkeit verfolgt werden (§ 209 Abs 1 Nr 5 SGB VII). Die **Prüfung der Beitragszahlung** nehmen die Betriebsprüfer der Rentenversicherer vor.

36 **c) Der Gefahrtarif** gibt den für die Beitragsberechnung maßgebenden Grad der Unfallgefahr im Unternehmen an (§ 157 Abs 1 und 2 SGB VII). Wie die fachliche Gliederung der gewerblichen BG dient die Einstufung des Unternehmens in Gefahrklassen einer möglichst gerechten Verteilung der Unfalllast auf die Beitragspflichtigen. Allerdings wäre es mit dem **Versicherungsprinzip** nicht vereinbar, gäbe die Gefahrklasse das Risiko des einzelnen Unternehmers wieder. Es handelt sich deshalb um das durchschnittliche Risiko einer Risikogemeinschaft (Gefahrklasse), der das einzelne Unternehmen zugeordnet wird (BSG 6.5.03 – B 2 U 7/02 R, NZS 04, 161). Der Gefahrtarif begründet autonomes Recht des UVTrägers, ist von der Vertreterversammlung (§ 33 Abs 1 SGB IV) zu erlassen, alle 6 Jahre zu überprüfen und der tatsächlichen Unfallentwicklung anzupassen (§ 157 Abs 3 und 5 SGB VII). Die Veranlagung des Unternehmens zur Gefahrklasse (§ 159 Abs 1 Satz 1 SGB VII) ist durch das Unternehmen anfechtbar, die Genehmigung des Gefahrtarifs durch die Aufsichtsbehörde steht dem nicht entgegen. Für die gerichtliche Auseinandersetzung ist, wie auch für die übrigen Streitigkeiten aus dem UVRecht, der Rechtsweg zu den **Sozialgerichten** eröffnet. Die Frist für die Verjährung des Anspruchs auf Erstattung zu Unrecht entrichteter Beiträge beginnt mit dem Ablauf des Kj der Beitragsentrichtung (BSG 17.12.15 – B 2 U 2/14 R, NZS 16, 469). Zur **Zuständigkeit** der gewerblichen BG für die einzelnen Gewerbezweige → *Unternehmen* Rn 24. Zur Beitragserhebung in der gesetzlichen UV vgl auch → *Sozialversicherungsbeiträge* Rn 61 ff.

37 **6. Weitere versicherte Tätigkeiten.** Die versicherten Tätigkeiten ergeben sich aus Gesetz (§ 2 SGB VII) oder Satzung (§ 3 SGB VII). Darüber hinaus besteht die Möglichkeit der freiwilligen Versicherung (§ 6 SGB VII).

38 **a) Der gewerbliche Unternehmer** ist nicht kraft Gesetzes versichert, da er in keinem Beschäftigungsverhältnis zu seinem Unternehmen steht. Er kann lediglich aufgrund der Satzung der zuständigen BG bzw freiwillig versichert sein (→ Rn 46). Ggf kommt UV-Schutz als Wie-Beschäftigter (→ Rn 45) in Betracht. Werden Unternehmer irrtümlich über einen längeren Zeitraum bei der Beitragsberechnung berücksichtigt, kann uU eine Formalversicherung gegeben sein (BSG 3.4.14 – B 2 U 26/12 R, WzS 14, 262). Ein weiterer Sonderfall ist in § 105 Abs 2 Satz 2 SGB VII geregelt, wenn der zivilrechtliche Anspruch des Unternehmers gegen einen Schädiger wegen des ArbNHaftungsprivilegs ausgeschlossen ist (*Kock* NZS 06, 471; → *Betrieb (Begriff)* Rn 35).

**b) Gesellschafter.** Ob **mitarbeitende Gesellschafter** kraft Gesetzes versichert sind, hängt davon ab, ob sie zu der Gesellschaft, die Unternehmerin des Betriebes ist, in einem persönlichen und wirtschaftlichen Abhängigkeitsverhältnis stehen. Diese Frage hat in erster Linie für den Gesellschafter/Geschäftsführer einer GmbH Bedeutung (→ *Geschäftsführer* Rn 44 ff). Dieser hat sowohl eine gesellschaftsrechtliche als auch eine durch seine Dienstobliegenheiten bestimmte Stellung inne. Unter dem Schutz der gesetzlichen UV steht er nur, wenn das zwischen ihm und der Gesellschaft begründete Dienstverhältnis ein abhängiges Beschäftigungsverhältnis darstellt (vgl iE → *Geschäftsführer* Rn 44 ff; BSG 11.11.15 – B 12 KR 13/14 R, BSGE 120, 59; LSG NRW 6.4.11 – L 17 U 55/09, BeckRS 2012, 65589). **Vorstandsmitglieder einer AG** sind grds nicht gesetzlich unfallversichert. Für diesen Personenkreis kommt lediglich eine freiwillige UV in Betracht (BSG 20.3.18 – B 2 U 13/16 R, NZS 18, 985). 39

**c) Versicherte nach § 2 Abs 1 und Abs 1a SGB VII.** Neben den Beschäftigten üben nach näherer Maßgabe von § 2 Abs 1 Nr 2–17 SGB VII eine den Schutz der gesetzlichen UV begründende Tätigkeit kraft Gesetzes aus: 40

Teilnehmer an **beruflichen Aus- und Fortbildungsmaßnahmen** in Schulungsstätten aller Art. Die Maßnahmen müssen einem aktuellen und konkreten beruflichen Zweck dienen. Unerheblich ist, ob die Maßnahme freiwillig oder verpflichtend durchgeführt wird und ob sie auf eigener Initiative oder Veranlassung Dritter beruht. Versichert sind auch Maßnahmen zur Teilhabe am Arbeitsleben (Abs 1 Nr 2); 41

Personen, die sich **Untersuchungen, Prüfungen** oder ähnlichen Maßnahmen unterziehen, soweit diese Maßnahmen vom Unternehmen oder einer Behörde veranlasst worden sind, zB Untersuchungen aufgrund von Arbeitsschutz- oder Unfallverhütungsvorschriften, Kindergarten- oder Schultauglichkeitsuntersuchungen, Untersuchungen nach dem BSeuchG (Abs 1 Nr 3);

**Behinderte,** die in anerkannten Werkstätten oder in anerkannten Blindenwerkstätten nach § 226 SGB IX bzw bei einem sonstigen Anbieter nach § 60 SGB IX tätig sind oder für diese Einrichtungen in Heimarbeit tätig werden (Abs 1 Nr 4);

Personen, die in der **Landwirtschaft** nach Maßgabe von Abs 1 Nr 5 unternehmerisch tätig sind und deren Familienangehörige iSv § 2 Abs 4 SGB VII (Abs 1 Nr 5);

**Hausgewerbetreibende und Zwischenmeister** sowie ihre mitarbeitenden Ehegatten oder Lebenspartner (Abs 1 Nr 6); Heimarbeiter sind nach Abs 1 Nr 1 unfallversichert;

**Küstenschiffer und Küstenfischer** (Abs 1 Nr 7); 42

**Kinder** während des Besuchs der Tageseinrichtungen (Kindergarten, Kinderhort) iSv Abs 1 Nr 8a (BSG 19.6.18 – B 2 U 2/17 R, NJW 19, 1020 zu den Voraussetzungen bei selbstbeschaffter Tagespflegeperson);

**Schüler** während des Besuchs von allgemein- oder berufsbildenden Schulen und während Betreuungsmaßnahmen vor und nach dem Unterricht einschließlich der Teilnahme an vorschulischen Sprachförderungskursen (Abs 1 Nr 8b);

**Studenten** während des Studiums an Hochschulen (Abs 1 Nr 8c), vgl *Ricken* „Studierende" in der gesetzlichen Unfallversicherung, NZS 13, 890; BSG 13.2.13 – B 2 U 24/11 R, SozR 4–2200 § 539 Nr 2;

Personen, die selbstständig oder unentgeltlich, insbes **ehrenamtlich im Gesundheitswesen** oder in der Wohlfahrtspflege tätig sind (Abs 1 Nr 9);

Personen, die für eine in Abs 1 Nr 10 genannte Einrichtung **ehrenamtlich** tätig sind; das sind Körperschaften, Anstalten und Stiftungen des öffentlichen Rechts und privatrechtliche Organisationen, die im Bildungsbereich engagiert sind sowie öffentlich-rechtliche Religionsgemeinschaften und deren Einrichtungen (zum ehrenamtlichen Mitglied einer universitären Prüfungskommission: BSG 7.9.04 – B 2 U 45/03 R, SozR 4–2700 § 2 Nr 2);

Helfer bei **öffentlichen Diensthandlungen** und **Zeugen** zur Beweiserhebung, wenn eine entsprechende Heranziehung des Helfers oder Zeugen erfolgte (Abs 1 Nr 11);

Personen, die in Unternehmen zur Hilfe bei **Unglücksfällen** (zB THW) oder im **Zivilschutz** unentgeltlich, insbes ehrenamtlich tätig sind oder an Ausbildungsveranstaltungen oder Veranstaltungen zur Nachwuchsförderung dieser Unternehmen teilnehmen (Abs 1 Nr 12);

**Blutspender und Helfer bei Unglücksfällen** oder bei der Verfolgung und Festnahme einer Straftat Verdächtiger sowie Personen, die **Rettungshandlungen** (BSG 27.3.12 – B 2 43

U 7/11 R, SozR 4–2700 § 2 Nr 19) für andere unternehmen, auch als nebenberuflicher Nozarzt (Abs 1 Nr 13); der Versicherungsschutz im Zusammenhang mit der Spende von Blut, körpereigenen Organen oder Gewebe ist in § 12a SGB VII eigenständig geregelt; Personen, die nach den Vorschriften des SGB II oder des SGB III der **Meldepflicht** unterliegen, wenn sie einer besonderen, an sie im Einzelfall gerichteten Aufforderung einer Dienststelle der BA oder einer vergleichbaren Dienststelle nachkommen, diese oder eine andere Stelle aufzusuchen (Abs 1 Nr 14);

**44** Personen, die auf Kosten der Krankenkasse, der RV oder der landwirtschaftlichen Alterskasse **stationär behandelt** werden oder die zur **Vorbereitung von Leistungen zur Teilhabe am Arbeitsleben** auf Aufforderung eines Trägers der gesetzlichen RV oder der BA einen dieser Träger oder eine andere Stelle aufsuchen oder die auf Kosten des UVTrägers an **vorbeugenden Maßnahmen** nach § 3 der Berufskrankheiten-VO teilnehmen (Abs 1 Nr 15);
Personen, die bei der Schaffung **öffentlich geförderten Wohnraums** im Rahmen der Selbsthilfe tätig sind (Abs 1 Nr 16); HessLSG 26.11.13 – L 3 U 70/11, BeckRS 2014, 65299 Rz 22;
**Pflegepersonen** iSv § 19 SGB XI, die einen Pflegebedürftigen mit mindestens Pflegegrad 2 pflegen, bei pflegerischen Maßnahmen und Hilfen bei der Haushaltsführung im Rahmen der PflegeV (Abs 1 Nr 17 iVm § 44 Abs 2a SGB XI). Die allgemeine häusliche Krankenpflege steht **nicht** unter dem Versicherungsschutz der gesetzlichen UV (→ *Pflegezeit* Rn 56);
**Freiwillige des Freiwilligendienstes aller Generationen** nach § 2 Abs 1a SGB VII, wenn sie im öffentlichen Interesse ein unentgeltliches (Aufwandsentschädigung möglich) Ehrenamt bei einem nach § 2 Abs 1a SGB VII geeigneten Träger in dem dort beschriebenen Umfang ausüben;
Personen, die den **Bundesfreiwilligendienst** ableisten, sind nach § 2 Abs 1 Nr 1 SGB VII als Beschäftigte unfallversichert. Ebenso Freiwillige des Freiwilligen sozialen oder ökologischen Jahres (→ *Freiwilligendienste* Rn 16).
Versichert sind auch **Entwicklungshelfer** und Personen, die eine Tätigkeit bei einer zwischenstaatlichen oder überstaatlichen Organisation verrichten, einen entwicklungspolitischen **Freiwilligendienst** oder internationalen **Jugendfreiwilligendienst** iSd einschlägigen Richtlinien leisten (→ *Freiwilligendienste* Rn 18) sowie Deutsche, die bei einer deutschen Auslandsvertretung beschäftigt sind nach Maßgabe von § 2 Abs 3 SGB VII. Für diese Personen gilt das deutsche UVRecht auch für **Tätigkeiten im Ausland.** Grds findet das UVRecht nur Anwendung für Tätigkeiten im Inland (§ 3 SGB IV). Die Ausnahme bilden die Entsendungsfälle (→ *Auslandstätigkeit* Rn 116 ff; BSG 19.12.13 – B 2 U 14/12 R, NZS 14, 303).

**45** **d) Versicherte nach § 2 Abs 2 und 3 SGB VII.** Nach § 2 Abs 2 Satz 1 SGB VII sind gegen Arbeitsunfall Personen versichert, die wie ein nach Abs 1 Nr 1 Versicherter tätig werden **(Wie-Versicherte).** Es handelt sich dabei um fremdnützige Tätigkeiten, die dem Zweck eines Unternehmens dienen, dem ausdrücklichen oder mutmaßlichen Willen des Unternehmers entsprechen, von wirtschaftlicher Bedeutung sind und ihrer Art nach im Allgemeinen von Personen verrichtet werden, die in einem Beschäftigungsverhältnis stehen, zB die private Pannenhilfe zu Gunsten eines liegengebliebenen Kraftfahrers. Die Vorschrift gilt auch für Personen, die während einer aufgrund eines Gesetzes angeordneten **Freiheitsentziehung** oder aufgrund einer strafrichterlichen, staatsanwaltlichen oder jugendbehördlichen Anordnung wie Beschäftigte tätig werden. Zum Versicherungsschutz als „Wie-Beschäftigter“: BSG 19.6.18 – B 2 U 32/17 R, SozR 4–2700 § 2 Nr 43; LSG Hess 26.11.13 – L 3 U 70/11, BeckRS 2014, 65299; LSG BaWü 22.5.14 – L 6 U 5225/13, BeckRS 2014, 350273; LSG NRW 16.9.15 – L 17 U 152 /12, BeckRS 2016, 65863).

**46** **e) Kraft Satzung** kann der Träger der UV die Versicherungspflicht auf Unternehmer und ihre im Unternehmen tätigen Ehegatten und Lebenspartner ausdehnen, soweit sie nicht schon kraft Gesetzes versichert sind (§ 3 Abs 1 SGB VII).

**47** **f) Freiwillig versichern** können sich ua Unternehmer und ihre im Unternehmen tätigen Ehegatten und Lebenspartner, falls sie nicht schon kraft Gesetzes oder Satzung gesetzlich unfallversichert sind (§ 6 SGB VII). **Gewählte Ehrenamtsträger in gemeinnützigen Organisationen** können sich auf schriftlichen Antrag unfallversichern. Einzelheiten bei → *Ehrenamtliche Tätigkeit* Rn 36. Freiwillig versichern können sich auch Personen, die in Verbandsgremien und Kommissionen für **Arbeitgeberorganisationen, Gewerkschaften oder Parteien** tätig sind (§ 6 Abs 1 Nr 4 u 5 SGB VII). Der schriftliche Antrag ist vom Betroffenen zu stellen und wird auch durch Eingang bei einem unzuständigen UVTräger wirksam. Die Beitragserhebung erfolgt nach § 154 Abs 1 SGB VII.

**7. Unfallkausalität** Arbeitsunfälle sind nach § 8 Abs 1 S 1 SGB VII Unfälle von Versicherten infolge einer den Versicherungsschutz nach §§ 2, 3 oder 6 SGB VII begründenden Tätigkeit **(versicherte Tätigkeit).** Ein Arbeitsunfall setzt daher voraus, dass der Verletzte durch eine Verrichtung vor dem fraglichen Unfallereignis den gesetzlichen Tatbestand einer versicherten Tätigkeit erfüllt hat und deshalb Versicherter ist **(innerer bzw sachlicher Zusammenhang).** Zwischen versicherter Tätigkeit und Unfallereignis ist ein Ursachenzusammenhang erforderlich, Fehlt dieser Zusammenhang, weil der Unfall bei der Verfolgung privater oder persönlicher Belange **(eigenwirtschaftliche Tätigkeit)** des Versicherten eingetreten ist, kommen Leistungen der gesetzlichen UV nicht in Betracht (iE zum UVrechtlichen Ursachenzusammenhang → *Arbeitsunfall* Rn 34, → *Berufskrankheit* Rn 11, → *Wegeunfall* Rn 14). 48

**8. Leistungen der gesetzlichen Unfallversicherung.** Nach Eintritt eines Versicherungsfalles haben Versicherte Anspruch auf Heilbehandlung einschließlich Leistungen der medizinischen Rehabilitation, auf Leistungen zur Teilhabe am Arbeitsleben und am Leben in der Gemeinschaft, auf ergänzende Leistungen, auf Leistungen bei Pflegebedürftigkeit sowie auf Geldleistungen (§ 26 Abs 1 SGB VII). Für bleibende Unfallfolgen werden Renten, Beihilfen und Abfindungen gewährt (§§ 56 ff SGB VII). Mehrleistungen kann die Satzung des UVTrägers bei Unfällen infolge selbstloser oder ehrenamtlichen Handelns des Versicherten nach Maßgabe von § 94 SGB VII vorsehen. 49

**a) Die Heilbehandlung** umfasst die ambulante oder stationäre Behandlung sowie die **medizinische Rehabilitation** wegen der Folgen des Arbeitsunfalles einschließlich der medizinischen Nebenleistungen (Heilmittel, Arznei- und Verbandmittel usw). Das berufsgenossenschaftliche Heilverfahren sieht vor, dass der Verletzte möglichst sofort dem von den gewerblichen BG bestellten Durchgangsarzt vorgestellt wird. Der Durchgangsarzt hat im Rahmen seiner Dokumentationspflicht den Verletzten zum Hergang des Unfalls zu befragen. Dieser Unfallschilderung wird wegen der zeitlichen Nähe zum Unfallereignis von Seiten der BG und auch der Gerichte ein **hoher Beweiswert** eingeräumt (LSG BaWü 18.7.13 – L 6 U 283/11, NZS 13, 946). Die berufsgenossenschaftliche Heilbehandlung ist **nicht** an die Leistungsgrenzen der gesetzlichen KV gebunden (§ 34 Abs 1 Satz 1 SGB VII). 50

**b) Verletztengeld** erhalten Verletzte, solange sie infolge des Arbeitsunfalls arbeitsunfähig iSd KV sind, keinen Anspruch auf Übergangsgeld haben und kein Arbeitsentgelt einschließlich Entgeltfortzahlung erhalten, sofern vor Beginn der unfallbedingten AU Anspruch auf Arbeitsentgelt oder Lohnersatzleistung bestand (§ 45 Abs 1 SGB VII). Das Verletztengeld wird (frühestens) von dem Tage an gewährt, an dem die AU ärztlich festgestellt wird. Es fällt mit dem Tage weg, an dem die AU endet oder die Heilbehandlung soweit abgeschlossen ist, dass der Versicherte eine konkrete und zumutbare Berufstätigkeit aufnehmen kann. Das Verletztengeld wird höchstens für 78 Wochen gewährt (§ 46 Abs 3 Satz 2 Nr 3 SGB VII). Die Höhe des Verletztengeldes beträgt 80 vH des Regelentgelts und ist nach den für das Krankengeld maßgebenden Vorschriften zu berechnen (→ *Krankengeld* Rn 27 ff; BSG 5.3.02 – B 2 U 13/01 R, ZfS 02, 242). Das Verletztengeld darf das Nettoarbeitsentgelt nicht übersteigen. Die 90 vH Grenze des Krankengeldes gilt nicht. Einzelheiten sind in § 47 SGB VII geregelt. Bei kraft Satzung und freiwillig Versicherten richten sich die Leistungen nach der Versicherungssumme (§ 154 SGB VII) und der Satzung. Insbes kann der Beginn des Verletztengeldes nach Maßgabe von § 46 Abs 2 SGB VII hinausgeschoben sein. 51

**c) Übergangsgeld** erhält der Verletzte während einer Leistung zur Teilhabe am Arbeitsleben, wenn er wegen der Teilnahme an der Maßnahme gehindert ist, eine Erwerbstätigkeit auszuüben (§ 49 SGB VII). 52

**d) Die Leistungen zur Teilhabe am Arbeitsleben** erbringen die UVTräger nach den Vorschriften der §§ 49–63 SGB IX iVm § 35 SGB VII. § 49 Abs 3 SGB IX enthält einen nicht abschließenden Katalog der möglichen berufsfördernden Leistungen. Dazu gehören 53 nach § 49 Abs 6 SGB IX auch medizinische, psychologische und pädagogische Hilfen, wenn diese erforderlich sind, um die Erwerbsfähigkeit wiederherzustellen.

54 **e) Leistungen zur Teilhabe am Leben in der Gemeinschaft und ergänzende Leistungen.** Neben den in § 64 Abs 1 Nr 2–6 und Abs 2 SGB IX sowie in den §§ 73 u 74 SGB IX genannten Leistungen umfassen die Leistungen zur Teilhabe am Leben in der Gemeinschaft und die ergänzenden Leistungen nach § 39 Abs 1 SGB IX Kraftfahrzeughilfe und sonstige Leistungen zur Erreichung und zur Sicherstellung des Erfolges der Leistungen zur medizinischen Rehabilitation und zur Teilhabe.

55 **9. Verletztenrente** erhält der Versicherte, wenn die **unfallbedingte Minderung der Erwerbsfähigkeit** über die 26. Woche nach dem Arbeitsunfall andauert und die unfallbedingte MdE mindestens 20 vH beträgt (§ 56 Abs 1 S 1 SGB VII). Die MdE richtet sich nach dem Umfang der sich aus der Beeinträchtigung des körperlichen und geistigen Leistungsvermögens ergebenden verminderten Arbeitsmöglichkeiten auf dem gesamten Gebiet des Erwerbslebens. Die Bemessung der MdE hängt damit zum einen von den verbliebenen Beeinträchtigungen des körperlichen und geistigen Leistungsvermögens und zum anderen von dem Umfang der dadurch verschlossenen Arbeitsmöglichkeiten ab. Entscheidend ist nicht der Gesundheitsschaden als solcher, sondern vielmehr der Funktionsverlust unter medizinischen, juristischen, sozialen und wirtschaftlichen Gesichtspunkten. Die Praxis orientiert sich zur Bemessung der MdE für häufig auftretende Unfallfolgen an Regelsätzen und Erfahrungswerten. Kritisch hierzu BSG 20.12.16 – B 2 U 11/15 R, SozR 4–2700 § 56 Nr 4. Die Beachtung dieser Regelsätze ist jedenfalls aus Gleichbehandlungsgründen weiterhin geboten. Die Verletztenrente gleicht den **abstrakten** Schaden des Arbeitsunfalls aus. Auf eine konkrete Minderung des Erwerbseinkommens iSd zivilrechtlichen Schadensbegriffes kommt es nicht an. So erhält auch der Versicherte die ungekürzte Verletztenrente, der nach dem Unfall seinen bisherigen Beruf bei gleichem Entgelt weiter ausübt, wenn durch die gesundheitlichen Folgen des Unfalls jedenfalls ein Verlust an Erwerbsmöglichkeiten auf dem gesamten Gebiet des Erwerbslebens (allgemeiner Arbeitsmarkt) eingetreten ist. Daher ist bei identischen Unfallfolgen die Höhe der MdE bei allen Versicherten grds gleich (BSG 2.5.01 – B 2 U 24/00 R, SozR 3–2200 § 581 Nr 8). Zur Feststellung der unfallbedingten MdE ist von einer Erwerbsfähigkeit des Versicherten vor dem Unfall von 100 vH auszugehen, und zwar grds auch dann, wenn die Erwerbsfähigkeit bereits durch Vorschäden gemindert ist (BSG 18.1.11 – B 2 U 5/10 R, NZS 11, 910). Die Verletztenrenten werden in vollem Umfang auf das ALG II angerechnet. Dies verstößt nicht gegen höherrangiges Recht (BVerfG 16.3.11 – 1 BvR 591/08, NZS 11, 895). **Erhöhungstatbestände** der Verletztenrente ergeben sich aus §§ 57–58 SGB VII (betrifft Schwerverletzte, die infolge des Versicherungsfalls keiner Erwerbstätigkeit mehr nachgehen können bzw Versicherte die infolge des Versicherungsfalls arbeitslos sind und deren Verletztenrente zusammen mit den Leistungen wegen Arbeitslosigkeit die Übergangsgeldhöhe nicht erreicht). **Minderungstatbestände** sind in §§ 59 und 60 SGB II geregelt (Höchstbetrag bei mehreren Verletztenrenten und Kürzung der Verletztenrente bei unfallbedingter Heimpflege auf Kosten des UVTrägers).

56 **a) Rentenbeginn.** Renten an Versicherte beginnen mit dem Tag, der dem Tag folgt, an dem der Anspruch auf Verletztengeld endet (regelmäßig mit Wegfall der unfallbedingten AU) oder an dem der Versicherungsfall eingetreten ist, wenn kein Anspruch auf Verletztengeld (→ Rn 51) entstanden ist (§ 72 Abs 1 SGB VII). Für versicherte **Unternehmer** und für den Unternehmern im Versicherungsschutz Gleichgestellte kann die Satzung des UV-Trägers Besonderheiten bestimmen (§ 72 Abs 3 SGB VII). Besonderheiten gelten auch für landwirtschaftliche Unternehmer und deren mitarbeitende Familienangehörige (§ 80a SGB VII).

57 **b) Rentenhöhe.** Die Höhe der Rente richtet sich nach der Höhe des Gesamtbetrages aller Arbeitsentgelte und Arbeitseinkommen des Verletzten im Jahre vor dem Arbeitsunfall (Jahresarbeitsverdienst iSv § 82 Abs 1 Satz 1 SGB VII) und der durch den Unfall verursachten MdE. Die Berechnung des JAV und die Neuberechnung in Sonderfällen (freiwillig Versicherte, Jugendliche, JAV nach Abschluss der Ausbildung) ist in den §§ 83–91 SGB VII geregelt (BSG 23.7.15 – B 2 U 9/14 R, BSGE 119, 210; 19.12.13 – B 2 U 5/13 R, NZS 14, 386 zur Neuberechnung nach Vollendung des 30. Lebensjahres). Die Rente beträgt bei

einer MdE von 100 vH $^2/_3$ des JAV (Vollrente). Geringere Prozentsätze der unfallbedingten MdE führen zu einer entsprechend geringeren Rente. Die Verletztenrenten werden entsprechend dem Vomhundertsatz angepasst, um den sich die Renten aus der RV verändern (§ 95 Abs 1 Satz 1 SGB VII).

**c) Besondere berufliche Kenntnisse und Erfahrungen.** Eine **Ausnahme** von der abstrakten Schadensberechnung regelt § 56 Abs 2 Satz 3 SGB VII. Bei Bemessung der MdE sind Nachteile zu berücksichtigen, die der Verletzte dadurch erleidet, dass er bestimmte, von ihm erworbene besondere berufliche Kenntnisse und Erfahrungen infolge des Unfalls nicht mehr oder nur in vermindertem Umfang nutzen kann, soweit sie nicht durch sonstige Fähigkeiten, deren Nutzung ihm zugemutet werden kann, ausgeglichen werden. Die Rspr hierzu ist restriktiv und uneinheitlich. Die durch den Unfall erzwungene Aufgabe des Lehr- oder Ausbildungsberufs reicht grds **nicht** aus. 58

In Betracht kommt die Erhöhung der MdE aufgrund der genannten Vorschrift in erster Linie bei künstlerischen und schöpferischen Berufen (Ballett-Tänzer: BSG 2.11.99 – B 2 U 49/98 R, NZS 2000, 312; Jockey: BSG 30.6.09 – B 2 U 3/08 R, *Breithaupt* 10, 31). 59

**d) Mehrere Unfälle** sind nach § 56 Abs 1 Satz 2 SGB VII jeweils mit einer MdE zu bewerten, wenn der einzelne Unfall mindestens eine MdE von 10 vH nach sich zieht. Eine MdE von weniger als 10 vH ist wirtschaftlich und funktionell nicht messbar. Liegen mehrere Unfälle bzw sonstige Schädigungsfälle iSv § 56 Abs 1 Satz 4 SGB VII mit einer MdE von jeweils mindestens 10 vH vor, so erfährt der Grundsatz, dass Rente erst ab einer MdE von 20 vH gezahlt wird, eine Ausnahme: in diesen Fällen ist auch Rente (Stützrente) für eine MdE von unter 20 vH zu zahlen. 60

**e) Verletzungen mehrerer Körperteile** durch **einen** Unfall führen im Gegensatz zur MDE-Bewertung mehrerer Unfälle nicht zu einer Addition der einzelnen MdE-Werte. Vielmehr ist entsprechend den tatsächlichen Auswirkungen eine Gesamt-MdE zu bilden, die im Regelfall niedriger ist als die Addition der Regelsätze (ThürLSG 30.11.17 – L 1 U 98/17, BeckRS 2017, 142137). 61

**f) Hinterbliebene** (auch eingetragene Lebenspartner nach dem Lebenspartnerschaftsgesetz, §§ 63 Abs 1a SGB VII, 33b SGB I) erhalten Leistungen, wenn der Verletzte an den Folgen des Arbeitsunfalls stirbt, wobei der Tod auch noch Jahre nach dem Unfallereignis eintreten kann. Es werden Sterbegeld (→ *Sterbegeld* Rn 15), Überführungskosten und Hinterbliebenenrenten gewährt (§ 63 Abs 1 SGB VII). Voraussetzung ist, dass der Tod durch den Arbeitsunfall verursacht worden ist. Ist dies nach Ausschöpfung aller Ermittlungsmöglichkeiten nicht aufzuklären, geht dies nach allgemeinen Beweisregeln zu Lasten der Hinterbliebenen. Beweiserleichterungen gelten nach § 63 Abs 2 SGB VII für den Tod infolge bestimmter **Berufskrankheiten** (Silikose und Asbestose) mit einer MdE von mindestens 50 vH (BSG 7.2.06 – B 2 U 31/04 R, SozR 4–2700 § 63 Nr 3). Ist ein Versicherter tödlich verunfallt, kann der UVträger die Entnahme einer Blutprobe zur Feststellung von Tatsachen anordnen, die für die Entschädigungspflicht von Bedeutung sind (§ 63 Abs 3 SGB VII). Ist der Tod nicht Folge eines Versicherungsfalles und hatte der Versicherte Anspruch auf eine Verletztenrente von mindestens 50 vH, kommt für Hinterbliebene nach näherer Maßgabe des § 71 SGB VII eine einmalige **Beihilfe** in Höhe von 40 vH des JAV in Betracht (laufende Beihilfe nach den Voraussetzungen des Abs 4). 62

Bis zum Ablauf des dritten Kalendermonats nach Ablauf des Monats, in dem der Ehegatte verstorben ist, erhalten Witwe/Witwer bzw Lebenspartner nach § 65 Abs 2 Nr 1 SGB VII die Rente in Höhe von zwei Dritteln des JAV, wenn der Tod infolge des Versicherungsfalls eingetreten ist. Die Hinterbliebenenrenten der gesetzlichen UV entsprechen in ihren Grundzügen der Hinterbliebenenversorgung der gesetzlichen RV. Die **Kleine Witwen- und Witwerrente** beträgt 30 vH, die **Große Witwen- und Witwerrente** 40 vH des JAV (§ 65 Abs 2 SGB VII). Die Große Witwenrente wird bei Vorliegen der Voraussetzungen des § 65 Abs 2 Nr 3 SGB VII unbefristet gewährt. Die Voraussetzungen entsprechen denjenigen der Renten der gesetzlichen RV (→ *Hinterbliebenenrente* Rn 19). Die **Vollwaisenrente** beträgt 30 vH, die **Halbwaisenrente** 20 vH des JAV (§ 68 Abs 1 SGB VII). Die Waisenrenten werden bis zum 18. Lebensjahr bzw unter den Voraussetzungen des § 67 Abs 3 Satz 1 Nr 2 SGB VII (ua Schul- oder Berufsausbildung) bis zum 27. Lebensjahr gewährt (BayLSG 13.3.14 – L 17 U 269/13, UV-Recht Aktuell 2014, 476 zum Zweitstudium; BSG 7.5.19 – B 2 U 27/17 R, SozR 4–2700 § 67 Nr 1 zur weiteren Schulausbildung nach abgeschlossener Berufsausbildung). Bei Wiederheirat besteht die Möglichkeit der Abfindung der Witwen- und Witwerrente (§ 80 SGB VII).

Die **kleine Witwen- und Witwerrente** ist für **Neuehen** befristet (§§ 65, 80, 218a SGB VII). Die Befristung gilt nur für Ehepaare, die nach dem 31.12.01 geheiratet haben oder bei denen beide Partner nach dem 1.1.62 geboren sind. Die Befristung der kleinen Witwen- und Witwerrente auf 24 Monate gilt nicht, wenn der Tod des Ehegatten vor dem 1.1.02 eingetreten ist oder die Ehe bereits vor dem 1.1.02 geschlossen wurde **und** mindestens ein Ehegatte vor dem 2.1.62 geboren ist (Altehen). Vgl → *Hinterbliebenenrente* Rn 20, 38.

63 Hinsichtlich des rentenunschädlichen **Hinzuverdienstes** gilt für Witwen/Witwerrenten das Prinzip der Einkommensanrechnung unter Berücksichtigung der Freibeträge. Art und Höhe des anrechenbaren Einkommens ergeben sich aus § 65 Abs 3 SGB VII (für Altehen gelten die alten Freibeträge nach § 218a SGB VII).

Die Renten der Hinterbliebenen aus der gesetzlichen UV (etwa an die Witwe und die Waisen) dürfen zusammen 80 vH des JAV nicht übersteigen, ansonsten werden sie bei den Hinterbliebenen nach dem Verhältnis ihrer Höhe gekürzt (§ 70 SGB VII). Die Hinterbliebenenrenten der gesetzlichen UV sollen dadurch insgesamt im angemessenen Verhältnis zum Nettoverdienst des Verstorbenen stehen. Pflegekinder haben nur Anspruch, soweit Witwen und Witwer, frühere Ehegatten oder Waisen den Höchstbetrag nicht ausschöpfen (BSG 28.4.04 – B 2 U 12/03 R, SozR 4–2700 § 70 Nr 1).

64 Die Witwe oder der Witwer haben nach § 65 Abs 6 SGB VII keinen Anspruch auf Rente, wenn die **Ehe** erst **nach** dem **Versicherungsfall** (Arbeitsunfall) geschlossen und der Tod innerhalb des ersten Jahres der Ehe eingetreten ist, es sei denn, dass nach den besonderen Umständen des Falles die Annahme nicht gerechtfertigt ist, dass es der alleinige oder überwiegende Zweck der Heirat war, der Witwe oder dem Witwer eine Versorgung zu verschaffen (BSG 2.2.01 – B 2 U 379/00 B, SozSich 03, 216).

Hat der durch den Arbeitsunfall Verstorbene seine Eltern aus seinem Arbeitsverdienst wesentlich unterhalten und hätten diese ohne den Arbeitsunfall Anspruch auf Unterhalt, ist eine **Elternrente** von 30 vH des JAV für ein Elternpaar (20 vH für einen Elternteil) zu gewähren (§ 69 SGB VII). Zu den Voraussetzungen einer Rente an **frühere Ehegatten** s § 66 SGB VII.

65 **10. Renten der gesetzlichen Rentenversicherung und Leistungen der Unfallversicherung.** Die Anrechnung von Unfallrenten auf Renten der gesetzlichen UV ist in § 93 SGB VI geregelt. Beim **Zusammentreffen** einer Rente aus der gesetzlichen RV mit einer Rente aus der gesetzlichen UV wird die Rente aus der gesetzlichen RV grds insoweit ganz oder teilweise nicht geleistet, als beide Renten den nach § 93 SGB VI zu errechnenden Grenzbetrag übersteigen (BayLSG 4.12.09 – L 1 R 304/09, BeckRS 2010, 68971). Keine Anrechnung erfolgt in den Sonderfällen des § 93 Abs 5 SGB VII (Versicherungsfall der UV nach Rentenbeginn der gesetzlichen RV oder die UV beruht auf eigener Beitragsleistung des Versicherten, was insbes bei freiwilliger Mitgliedschaft und bei Landwirtschaftlichen Unternehmern der Fall sein kann). Zur Anrechnung auf das ALG II → Rn 55.

# Unkündbarkeit

## A. Arbeitsrecht

*Kania*

1 **1. Allgemeines.** Unkündbare ArbN gibt es nicht. Ausgeschlossen werden kann durch einzel- oder tarifvertragliche Regelung nur die ordentliche Kündigung. Das Recht zur **außerordentlichen Kündigung** ist zwingendes Recht. Niemand soll über die Zumutbarkeitsgrenze hinaus an einem Rechtsverhältnis festgehalten werden (BAG 5.2.98 – 2 AZR 227/97, NZA 98, 771; *Stahlhacke/Preis/Vossen* Rn 267). Zur Zulässigkeit der Einschränkung des außerordentlichen Kündigungsrechts → Rn 11, 12. Zur Rechtslage in der Insolvenz des ArbGeb → *Insolvenz des Arbeitgebers* Rn 6 ff.

2 Der **Ausschluss der ordentlichen Kündigung** kann **ausdrücklich oder konkludent** vereinbart werden. Ein konkludenter Ausschluss der ordentlichen Kündigung ist regelmäßig

in einer wirksamen Befristungsabrede zu sehen. Dies ist durch § 15 Abs 3 TzBfG ausdrücklich gesetzlich klargestellt. Allein durch die Zusage einer **Dauerstellung** soll im Regelfall das Recht zur ordentlichen Kündigung nicht ausgeschlossen werden. Die Wirkungsweise einer solchen Vereinbarung richtet sich nach den Umständen des Einzelfalles. Rspr und hM sehen in derartigen Vereinbarungen grds nur eine zeitliche oder inhaltliche Beschränkung der im Prinzip zulässig bleibenden ordentlichen Kündigung (LAG Düsseldorf/Köln 9.5.68, DB 68, 1911; BAG 7.11.68, DB 68, 2287; APS/*Preis*, Grundlagen J Rn 5). Eine so weitgehende Bindung wie der dauerhafte Ausschluss des ordentlichen Kündigungsrechts kann nur dann angenommen werden, wenn sich ein entsprechender Parteiwille eindeutig aus den schriftlichen oder mündlichen Vereinbarungen ergibt (*Stahlhacke/Preis/Vossen* Rn 257). Dies kommt allenfalls bei Zusage einer Lebensstellung in Betracht (*Kania/Kramer* RdA 95, 292).

Liegt ausnahmsweise ein auf Lebenszeit oder für eine längere Zeit als 5 Jahre abgeschlossenes Arbeitsverhältnis vor, so kann es gleichwohl von dem ArbN nach 5 Jahren mit einer Kündigungsfrist von 6 Monaten gekündigt werden (§ 15 Abs 4 TzBfG). **Ausdrückliche Kündigungsausschlüsse** finden sich vor allem in Tarifverträgen, in denen zum Schutz älterer ArbN abhängig von einem bestimmten Lebensalter und/oder einer bestimmten Betriebszugehörigkeit die Möglichkeit der ordentlichen Kündigung ausgeschlossen wird zB in den Tarifverträgen der Metallindustrie und des öffentlichen Dienstes. 3

**2. Wirksamkeit von Kündigungsausschlüssen.** Individual- oder tarifvertragliche Kündigungsausschlüsse, die auf das **Lebensalter und/oder die Betriebszugehörigkeit** abstellen, müssen das Verbot der Altersdiskriminierung des **AGG** beachten. Hierzu enthielt das AGG ursprünglich in § 10 Nr 7 aF eine Sonderregelung, die in bestimmten Grenzen eine Berücksichtigung des Alters bei der Sozialauswahl zuließ. Nach Streichung dieser Regelung ist für die Zulässigkeit auf den allgemeinen Rechtfertigungsgrund aus § 10 Abs 1 Satz 1, 2 AGG abzustellen. Seitdem ist umstritten, ob eine Unkündbarkeitsregelung, die ganz überwiegend an das Alter anknüpft, dem dort entscheidenden Kriterium der Angemessenheit gerecht wird. Das BAG hat jedoch für **tarifliche Unkündbarkeitsklauseln** klargestellt, dass auch nach der Generalklausel der Ausschluss der ordentlichen Kündigung älterer ArbN nicht zu beanstanden ist, solange hierdurch im Rahmen betriebsbedingter Kündigungen der Kündigungsschutz jüngerer ArbN bei der Sozialauswahl nach § 1 Abs 3–5 KSchG nicht grob fehlerhaft gemindert wird und andere soziale Kriterien ihre Relevanz behalten. Das gilt auch dann, wenn die Regelung allein an das Alter anknüpft und das Kriterium der Betriebszugehörigkeit vernachlässigt (BAG 20.6.13 – 2 AZR 295/12, NZA 14, 208). Diese Entscheidung hat in der Metallindustrie Klarheit verschafft. Der dort bestehende tarifliche Sonderkündigungsschutz, der ArbN mit Vollendung des 53. Lebensjahres und nach dreijähriger Betriebszugehörigkeit erfasst, ist danach grds mit dem AGG vereinbar. Die Begünstigung älterer ArbN dient legitimen sozialpolitischen Belangen. Derartige Unkündbarkeitsklauseln bedürfen allerdings der einschränkenden Auslegung, soweit ihre Anwendung unter Berücksichtigung der Kriterien des § 1 Abs 3 KSchG zu einer grob fehlerhaften Sozialauswahl führen würde (→ Rn 20). 4

Ob diese Grundsätze im gleichen Maße auf individualrechtliche Regelungen zu übertragen sind, ist unklar. Angesichts der materiellen Richtigkeitsgewähr tariflicher Regelungen werden bei individualvertraglichen Kündigungsausschlüssen uU strengere Maßstäbe anzuwenden sein. Soweit neben dem Alter zumindest auch eine lange Betriebszugehörigkeit (mindestens 15 Jahre) privilegiert wird, dürften aber auch vertragliche Unkündbarkeitsklauseln einer gerichtlichen Kontrolle standhalten (APS/*Kiel* § 1 KSchG Rn 815; *Willemsen/Schweibert* NJW 06, 2583; *Lingemann/Gotham* NZA 07, 663). 5

Auch im Übrigen müssen Unkündbarkeitsvereinbarungen **höherrangigem Recht** entsprechen. So ist es wegen Verstoßes gegen den Rechtsgedanken des § 622 Abs 6 BGB unzulässig, wenn lediglich die ordentliche Kündigung des Arbeitsverhältnisses durch den ArbN ausgeschlossen wird (LAG Hamm 15.3.89, DB 89, 1191). Der einseitige Ausschluss der Kündigung seitens des ArbGeb ist dagegen zulässig (BAG 25.3.04 – 2 AZR 153/03, BB 04, 2303). In Betriebsvereinbarungen sind Kündigungsausschlüsse grds möglich, solange sie nicht gegen § 77 Abs 3 BetrVG verstoßen (BAG 18.3.10 – 2 AZR 337/08, NZA-RR 11, 18; aA *Rieble* NZA 03, 1243). 6

7 **3. Rechtsfolgen.** Verstößt eine Kündigung gegen eine **tarifvertragliche Bestimmung,** wonach die ordentliche Kündigung des Arbeitsverhältnisses ausgeschlossen ist, so ist diese Kündigung nach § 4 TVG in Verbindung mit § 134 BGB unwirksam. Hinsichtlich **einzelvertraglicher Kündigungsausschlüsse** hat das BAG (8.10.59, DB 60, 1037) die theoretische Möglichkeit bejaht, der Verpflichtung zur Unterlassung einer ordentlichen Kündigung nur schuldrechtliche Wirkung mit der Folge beizumessen, dass die Kündigung zwar wirksam sei, aber Schadensersatzfolgen auslösen könne. Im Regelfall entspricht aber eine solche Deutung eines Kündigungsausschlusses nicht dem Parteiwillen. Jedenfalls bei einem ausdrücklich vereinbarten Kündigungsausschluss ist deshalb davon auszugehen, dass die entsprechende Klausel dingliche Wirkung haben soll und eine dennoch ausgesprochene Kündigung unwirksam ist (BAG 25.3.04 – 2 AZR 153/03, BB 04, 2303; *Stahlhacke/Preis/Vossen* Rn 260).

8 Entscheidend für das **Eingreifen einer Unkündbarkeitsregelung** ist der Zeitpunkt des Zugangs der Kündigung. In diesem Zeitpunkt müssen die jeweiligen Voraussetzungen (Lebensalter, Dauer der Betriebszugehörigkeit) erfüllt sein. Auch eine kurz vor Eintritt der Unkündbarkeit ausgesprochene Kündigung ist grds wirksam, wenn sie zum tariflich oder vertraglich nächstmöglichen Termin ausgesprochen wird. Allerdings liegt eine objektiv funktionswidrige **Umgehung der Unkündbarkeitsregelung** vor, wenn die kurz vor dem Eintritt der Unkündbarkeit erklärte ordentliche Kündigung nicht zum nächstmöglichen Kündigungstermin, sondern erst zu einem späteren Termin wirken soll, und dem ArbGeb für einen derart frühzeitigen Ausspruch der Kündigungserklärung kein sachlich rechtfertigender Grund zur Seite steht (BAG 16.10.87, NZA 88, 877; 20.7.89, ZTR 90, 23).

9 Beim **Betriebsübergang** geht ein einzelvertraglich vereinbarter Kündigungsausschluss gem § 613a Abs 1 Satz 1 BGB und ein tariflicher Kündigungsausschluss gem Satz 2 der Vorschrift auf den Erwerber über. Eine Ablösung durch einen beim Erwerber geltenden Tarifvertrag mit andersgearteter Kündigungsregelung gem § 613a Abs 1 Satz 3 BGB ist grds möglich (LAG Köln 12.10.95 – 5 Ja 749/95, NZA-RR 96, 327). Sind allerdings die Voraussetzungen des Kündigungsausschlusses in der Person des übernommenen ArbN bereits entstanden, wird der Kündigungsausschluss „unverfallbar" und durch einen ablösenden Tarif nicht tangiert (str, insofern aA LAG Köln 12.10.95 – 5 Sa 749/95, NZA-RR 96, 327). Die Scattolon-Entscheidung des EuGH (6.9.11 – C 108/10, NZA 11, 1077) bestätigt diese Wertung.

10 **4. Außerordentliche Kündigung.** Die Möglichkeit der außerordentlichen Kündigung wird regelmäßig durch tarifliche oder einzelvertragliche Kündigungsausschlüsse nicht berührt. Problematisch ist, wie der Ausschluss der ordentlichen Kündigung und die hierdurch idR bedingte langfristige Vertragsbindung bei Ausspruch einer außerordentlichen Kündigung des ArbGeb im Rahmen der einzelfallbezogenen Interessenabwägung zu berücksichtigen sind. Eine für alle in Betracht kommenden Fälle gültige Aussage ist hier nicht möglich. Zu Recht geht das BAG (14.11.84, DB 85, 1398) deshalb davon aus, dass im Einzelfall unter Beachtung des Sinns und Zwecks der jeweiligen Unkündbarkeitsregelung sowie unter Berücksichtigung der Art des Kündigungsgrundes die ordentliche Unkündbarkeit sowohl zugunsten als auch zuungunsten des ArbN zu berücksichtigen sein kann. Da Unkündbarkeitsklauseln den ArbN regelmäßig gerade vor betriebsbedingten Gefährdungen seines Arbeitsplatzes besonders schützen sollen, ist die durch die Unkündbarkeit bedingte langjährige Vertragsbindung grds zugunsten des ArbN zu berücksichtigen (*Stahlhacke/Preis/Vossen* Rn 738).

11 Eine außerordentliche **betriebsbedingte Kündigung** ist deshalb nur ausnahmsweise zulässig, wenn der ArbGeb nicht in der Lage ist, die Dienste des ArbN in Anspruch zu nehmen und über Jahre zur Zahlung des vereinbarten Entgelts verpflichtet bliebe. Schlechte wirtschaftliche Lage oder Insolvenzgefahr allein reichen nicht (BAG 24.1.13 – 2 AZR 453/11, NZA 13, 959). Da die Kündigung unter Wahrung einer sozialen Auslauffrist (→ Rn 14) auszusprechen ist, genügt es, wenn die Beschäftigungsmöglichkeit zum Zeitpunkt des Ablaufs der Auslauffrist (endgültig) entfällt (BAG 13.4.2000 – 2 AZR 259/99, DB 2000, 1819). Dies war nach der älteren Rspr des BAG nur bei einer Betriebs- oder Betriebsteilstillegung anerkannt, wenn eine Versetzung in einen anderen Betrieb des Unternehmens nicht möglich ist (BAG 13.8.92, DB 93, 1424 zur Kündigung eines BRatMitglieds). Später bejahte das BAG die Rechtmäßigkeit einer außerordentlichen Kündigung bei innerbetrieblichen orga-

nisatorischen Maßnahmen, zB der Umstrukturierung zum Zweck der Fremdvergabe von Tätigkeiten (BAG 20.6.13 – 2 AZR 379/12, NZA 14, 139). Durch den Kündigungsausschluss solle nicht mittelbar die unternehmerische Entscheidungsfreiheit beschränkt werden. Aus einem (tariflichen) Kündigungsausschluss folge kein Umstrukturierungsverbot (BAG 18.6.16 – 2 AZR 480/14, NZA 15, 1315). Die bloße Änderung des Anforderungsprofils oder der dauerhafte Wegfall des Arbeitsplatzes allein genügt allerdings nicht zur Rechtfertigung der außerordentlichen Kündigung. Stets muss der ArbGeb alle zumutbaren, eine Weiterbeschäftigung ermöglichenden Mittel ausschöpfen (BAG 20.6.13 – 2 AZR 295/12, NZA 14, 208). Dazu zählt grds nicht das Freikündigen eines anderen Arbeitsplatzes, den der „Unkündbare" nach dem ArbGeb zumutbarer Einarbeitung wahrnehmen kann (BAG 18.5.06 – 2 AZR 207/05, NZA-RR 07, 272; *Breschendorf* BB 07, 661; aA LAG Hamm 22.12.10 – 2 Sa 630/10, BeckRS 2011, 74261). Allerdings können Tarifverträge besondere Bemühungen des ArbGeb fordern, wie zB Rationalisierungsschutzabkommen des öffentlichen und kirchlichen Dienstes. § 1 Abs 5 KSchG („Namensliste") findet auf außerordentliche betriebsbedingte Kündigungen keine Anwendung (BAG 28.5.09 – 2 AZR 844/07, NZA 09, 954).

Vergleichbar ist die Situation bei **personenbedingten Kündigungsgründen,** jedenfalls soweit es um das altersbedingte Nachlassen der Leistungsfähigkeit des ArbN geht (*Stahlhacke/Preis/Vossen* Rz 761). Nur bei dauernder krankheitsbedingter Leistungsunfähigkeit und bei Ausscheiden einer anderweitigen Beschäftigungsmöglichkeit ist ausnahmsweise eine Fortsetzung des Arbeitsverhältnisses für den ArbGeb unzumutbar, so dass eine außerordentliche Kündigung in Betracht kommt (BAG 23.1.14 – 2 AZR 582/13, NZA 14, 962; 16.9.99 – 2 AZR 123/99, NZA 2000, 141; BAG 18.10.2000 – 2 AZR 627/99, NZA 01, 219; BAG 13.5.04 – 2 AZR 36/04, NZA 04, 1271). 12

Anders ist es an sich bei **verhaltensbedingten Kündigungsgründen.** Denn die Vereinbarung der Unkündbarkeit soll den ArbN nicht vor seinem eigenen, selbst verantworteten Verhalten schützen (*Stahlhacke/Preis/Vossen* Rn 764). Faktisch kommt die neuere Rspr des BAG allerdings auch insoweit eher zu einer Privilegierung unkündbarer ArbN, indem zum einen die Prüfung einer befristeten außerordentlichen Kündigung als milderes Mittel verlangt wird und die häufig lange Betriebszugehörigkeit die Anforderungen an den Grund erhöhen (→ Rn 14). 13

Die Zulässigkeit der außerordentlichen Kündigung führt nicht dazu, dass ordentlich unkündbare ArbN aus Gründen **fristlos** gekündigt werden könnten, die bei nicht unkündbaren ArbN nur zu einer fristgerechten Kündigung gereicht hätten. Vielmehr sind die betriebs- und die krankheitsbedingte Kündigung nur mit einer **Auslauffrist** zulässig, die der gesetzlichen oder (tarif-)vertraglichen Kündigungsfrist entspricht, die gelten würde, wenn die ordentliche Kündigung nicht ausgeschlossen wäre (BAG 11.3.99 – 2 AZR 427/98, DB 99,1612; BAG 22.11.12 – 2 AZR 673/11, NZA 13, 730). Grund hierfür ist, dass gesundheits- und betriebsbedingte Gründe grds nur zur ordentlichen fristgerechten Kündigung berechtigen. Wenn nun bei unkündbaren ArbN in engen Grenzen die außerordentliche Kündigung anstelle der ordentlichen Kündigung zugelassen wird, so entstünde bei Einräumen der Möglichkeit einer fristlosen Kündigung ein Wertungswiderspruch; denn einerseits wird der „unkündbare" ArbN als besonders schutzwürdig eingestuft, andererseits würde er hinsichtlich der zu beachtenden Kündigungsfrist schlechter behandelt. Die **fristlose Kündigung eines „unkündbaren" Arbeitnehmers** ist deshalb allenfalls zulässig bei Vorliegen solcher verhaltens- oder personenbedingter Gründe, die auch bei einem nicht unkündbaren ArbN die fristlose Kündigung rechtfertigen würden (BAG 11.3.99 – 2 AZR 427/98, DB 99, 1612; LAG Hamm 22.1.88, DB 88, 715). Allerdings ist auch bei einer verhaltensbedingten Kündigung stets vorrangig zu prüfen, ob nicht als milderes Mittel eine außerordentliche Kündigung mit Auslauffrist in Betracht kommt. Die fristlose Kündigung soll nur möglich sein, wenn nicht einmal eine Weiterbeschäftigung bis zum Ablauf der „fiktiven" Frist zur ordentlichen Beendigung des Arbeitsverhältnisses zumutbar ist (BAG 15.11.01 – 2 AZR 605/00, AP Nr 175 zu § 626 BGB). Bei dieser Abwägung soll allerdings die ordentliche Unkündbarkeit nicht nochmals zu Gunsten des ArbN berücksichtigt werden (BAG 27.4.06 – 2 AZR 386/05, NZA 06, 977). 14

Bei **Ausspruch** der Kündigung muss der Kündigende erkennbar zum Ausdruck bringen, dass er eine außerordentliche Kündigung erklären will (LAG Köln 29.4.94, DB 94, 2632). 15

Geschieht dies nicht, ist es unerheblich, wenn der vorgebrachte Grund auch eine außerordentliche Kündigung gerechtfertigt hätte. Eine ausgeschlossene und damit unzulässige ordentliche Kündigung kann nicht in eine außerordentliche Kündigung umgedeutet werden (BAG 12.9.74, DB 75, 214). Die Umdeutung einer außerordentlichen fristlosen Kündigung in eine außerordentliche Kündigung mit sozialer Auslauffrist ist dagegen möglich. Hinsichtlich der **Betriebsratsanhörung** gem § 102 BetrVG wird die außerordentliche Kündigung mit sozialer Auslauffrist der ordentlichen Kündigung gleich gestellt, so dass die Wochenfrist des § 102 Abs 2 Satz 1 BetrVG zu wahren ist (BAG 18.1.01 – 2 AZR 616/99, NZA 02, 455; BAG 18.10.2000 – 2 AZR 627/99, NZA 01, 219). Dies spricht dafür, auch auf eine Anwendung der Zwei-Wochen-Frist des § 626 Abs 2 BGB zu verzichten (so auch APS/*Vossen*, § 626 BGB Rn 318t). Eine Anwendung des für die ordentliche Kündigung geltenden § 9 Abs 1 Satz 2 KSchG hat das BAG abgelehnt (BAG 30.9.10 – 2 AZR 160/09, NZA 11, 349).

16 **5. Beschränkungen des außerordentlichen Kündigungsrechts.** Das grundlegende Prinzip der Zumutbarkeit verbietet nicht nur einen völligen Ausschluss des Rechts zur ordentlichen Kündigung, sondern markiert auch die Grenze zulässiger Einschränkungen des Rechts zur außerordentlichen Kündigung (BAG 18.12.61, DB 62, 275; 8.8.63, DB 63, 1543; tendenziell auch BAG 17.9.98 – 2 AZR 419/97, DB, 99, 154). Unzumutbar wäre deshalb eine Regelung, nach der eine außerordentliche Kündigung durch den ArbGeb von der **Zustimmung einer dritten Stelle** abhängig gemacht würde, ohne dass die Möglichkeit einer unabhängigen Überprüfung der Versagung der Zustimmung gegeben wäre (BAG 6.11.56, DB 56, 1211). Unbedenklich ist es demgegenüber, auch die außerordentliche Kündigung gem § 102 Abs 6 BetrVG von der **Zustimmung des Betriebsrats** abhängig zu machen, da bei Verweigerung der Zustimmung eine Überprüfung durch die neutrale Einigungsstelle vorgesehen ist.

17 **6. Einbeziehung in die soziale Auswahl.** Nach hM sind solche ArbN, bei denen tarif- oder einzelvertraglich die ordentliche Kündigung wirksam (→ Rn 4 f) ausgeschlossen ist, nicht in die Sozialauswahl im Rahmen einer betriebsbedingten Kündigung einzubeziehen (BAG 20.6.13 – 2 AZR 295/12, NZA 14, 208; LAG NdS 11.6.01 – 5 Sa 1832/00, BB 01, 2379; *Schaub* NZA 87, 223; *Stahlhacke/Preis/Vossen* Rn 783). Dies ist notwendige Konsequenz der Zulassung derartiger „Unkündbarkeitsklauseln", die ansonsten für einen ihrer Hauptanwendungsbereiche, die Fälle der betriebsbedingten Kündigung, weitgehend leerliefen. Den von der Gegenauffassung vorgetragenen Bedenken kann insofern in gewissem Umfang Rechnung getragen werden, als solchen Klauseln, die gerade zum Ausschluss einer konkret anstehenden Sozialauswahl vereinbart werden, wegen Umgehung der Vorschrift die Verbindlichkeit aberkannt wird. Bei den nicht für konkrete Situationen vereinbarten Regelungen eines Tarifvertrages scheidet freilich die Möglichkeit einer Umgehung von vornherein aus. Und auch einzelvertragliche Umgehungsversuche werden selten sein, da das Risiko für den ArbGeb, einen ArbN allein deswegen „unkündbar" zu machen, um ihn bei einer anstehenden betriebsbedingten Kündigung nicht in die Sozialauswahl einbeziehen zu müssen, auf Dauer unkalkulierbar ist.

18 Besonders umstritten ist die Behandlung **betrieblicher Bündnisse für Arbeit.** Bei diesen wird im Regelfall denjenigen ArbN, die befristet auf Teile ihrer Vergütung verzichten, für einen bestimmten Zeitraum zugesagt, nicht betriebsbedingt gekündigt zu werden. Dies bedeutet umgekehrt, dass während des vereinbarten Zeitraums nur solche ArbN betriebsbedingt gekündigt werden können, die nicht zu Lohnzugeständnissen bereit waren. Teilweise wird hier eine Einbeziehung der „Unkündbaren" in die Sozialauswahl gefordert (LAG BB 1.6.10 – 12 Sa 403/10, BeckRS 2011, 67197; LAG BB 15.10.10 – 9 Sa 982/10, BeckRS 2011, 70895). Richtig erscheint es, nach den allg Grundsätzen (→ Rn 17) die Sozialauswahl auf diejenigen zu beschränken, die nicht zu Lohnzugeständnissen bereit waren (LAG BB 20.4.10 – 3 Sa 2323/09, BeckRS 2010, 74481; *Künzel/Fink* NZA 11, 1385; *Lerch/Weinbrenner* NZA 11, 1388).

19 Geht es um eine **außerordentliche betriebsbedingte Kündigung,** stellt sich die Frage, ob bei Vorliegen eines wichtigen Grundes für die Kündigung eines „unkündbaren" ArbN eine Sozialauswahl mit vergleichbaren – kündbarem oder unkündbarem – ArbN zu erfolgen hat. Diese Frage ist zu bejahen, da es einen Wertungswiderspruch darstellen würde, wenn

man bei besonders geschützten ArbN die Kündigungsschranken außer Acht ließe, die für „normale" ArbN gelten (BAG 5.2.98 – 2 AZR 227/97, NZA 98, 771; *Stahlhacke/Preis/Vossen* Rn 783).

Wird durch die Ausklammerung tariflich- oder einzelvertraglich unkündbarer ArbN der Kündigungsschutz jüngerer ArbN grob fehlerhaft gemindert (vgl → Rn 4), muss die Unkündbarkeitsklausel zumindest für diesen Fall als „unwirksam" iSd § 7 Abs 2 AGG eingestuft werden (BAG 20.6.13 – 2 AZR 295/12, NZA 14, 208). Die Sozialauswahl muss deshalb in mindestens 3 Schritten durchgeführt werden (*Bauer/Krieger* § 10 AGG Rn 50): Im ersten Schritt ist eine Sozialauswahl ohne Einbeziehung der altersgesicherten ArbN vorzunehmen. Im zweiten Schritt wird ermittelt, welcher altersgesicherte ArbN sozial am wenigstens schutzwürdig ist, welcher am zweitwenigsten usw. Sodann werden in einem dritten Schritt die Sozialdaten des sozial schutzwürdigsten zu kündigenden ArbN (Schritt 1) mit den Sozialdaten des am wenigsten schutzwürdigen altersgesicherten ArbN (Schritt 2) verglichen. Kommt der Vergleich zu dem Ergebnis, dass die Sozialauswahl bei Nichteinbeziehung des altersgesicherten ArbN grob fehlerhaft wäre, findet ein Austausch statt. 20

### B. Lohnsteuerrecht *Weil*

Die Unkündbarkeit hat für das LStRecht keine unmittelbare Auswirkung; → *Kündigung, allgemein* Rn 82; → *Übergangsgeld/Überbrückungsgeld* Rn 8 ff. 21

### C. Sozialversicherungsrecht *Ruppelt*

Die Unkündbarkeit eines Arbeitsverhältnisses hat auf das SozVVerhältnis keine Auswirkungen. 22

## Unterlassungsanspruch

### A. Arbeitsrecht *Kreitner*

**I. Kollektivarbeitsrecht. 1. Unterlassungsanspruch gemäß § 23 Absatz 3 BetrVG.** Verstößt ein ArbGeb in grober Weise gegen seine betriebsverfassungsrechtlichen Pflichten, so können der BRat bzw eine im Betrieb vertretene Gewerkschaft die Unterlassung dieses Verhaltens verlangen. Nach § 17 Abs 2 AGG gilt dies gleichermaßen für Verstöße des ArbGeb gegen das AGG soweit es nicht um Individualansprüche der betroffenen ArbN geht (*Klumpp* NZA 06, 904; *Besgen/Roloff* NZA 07, 670). § 23 Abs 3 BetrVG bezweckt den Schutz der betriebsverfassungsrechtlichen Ordnung und will jedenfalls ein Mindestmaß an gesetzmäßigem Verhalten seitens des ArbGeb sicherstellen (BAG 20.8.91, DB 91, 1834). Der Unterlassungsanspruch nach § 23 Abs 3 BetrVG ist damit das Pendant zum Anspruch des ArbGeb aus § 23 Abs 1 BetrVG bei einer groben *Amtspflichtverletzung* des BRat. Anders als der nationale BRat hat der EBRat weder einen konkret gesetzlich geregelten, noch einen allgemeinen Unterlassungsanspruch. § 30 EBRG sieht lediglich eine Bußgeldverpflichtung vor und ergibt auch im Wege der richtlinienkonformen Auslegung keinen Unterlassungsanspruch (LAG BaWü 12.10.15 – 9 TaBV 2/15, NZA-RR 16, 358). 1

**a) Antrag und Antragsberechtigung.** Die gerichtliche Geltendmachung eines Unterlassungsanspruchs gegen den ArbGeb erfolgt in zwei Verfahrensstufen. Im Erkenntnisverfahren nach § 23 Abs 3 Satz 1 BetrVG wird der ArbGeb bei Vorliegen der Anspruchsvoraussetzungen zur Unterlassung des mitbestimmungswidrigen Verhaltens verurteilt; im anschließenden Vollstreckungsverfahren (→ Rn 8) erfolgt gem § 23 Abs 3 Sätze 2 und 3 BetrVG die Durchsetzung des Unterlassungsanspruchs mit Hilfe von Zwangsmaßnahmen. 2

Beide Verfahrensarten erfordern einen **Antrag** beim örtlich zuständigen ArbG. Der Antrag muss auf die Unterlassung eines konkret bezeichneten Verhaltens gerichtet sein, wobei nach der Rspr des BAG auch sog Globalanträge (zB Unterlassung der einseitigen Anordnung von Überstunden ohne Zustimmung des BRat) zulässig sind (zuletzt BAG 10.3.92, DB 92, 1734). Andererseits muss der Antrag aber so konkret sein, dass der ArbGeb genau weiß, was er zu unterlassen hat (BAG 14.9.10 – 1 ABR 32/09, NZA 11, 364; *Fiebig* NZA 93, 25). 3

4 **Antragsbefugt** sind allein der BRat und eine im Betrieb vertretene Gewerkschaft. Dies gilt für Letztere unabhängig davon, ob sie materiell-rechtlich Gläubigerin der gerügten Pflichtverletzung ist. Von daher ist es für die Antragsberechtigung der Gewerkschaft unerheblich, ob der BRat ebenfalls ein Interesse an der Verfolgung des geltend gemachten Gesetzesverstoßes hat (ArbG Marburg 7.8.96, DB 96, 1929). Die Gewerkschaft kann den ArbGeb gestützt auf § 23 Abs 3 BetrVG auf die Einhaltung von Betriebsvereinbarungen in Anspruch nehmen (BAG 29.4.04 – 1 ABR 30/02, NZA 04, 670). Der betroffene ArbN kann mögliche Ansprüche nur im Urteilsverfahren gegen den ArbGeb geltend machen. Die Antragsteller im Erkenntnis- und Vollstreckungsverfahren nach § 23 Abs 3 BetrVG müssen nicht identisch sein (*Fitting* § 23 Rz 86). Ein Wechsel des BRat ist für die Geltendmachung des Unterlassungsanspruchs ohne Auswirkung, da der Pflichtverstoß des ArbGeb uneingeschränkt fortwirkt. In eng begrenzten Ausnahmefällen kann dem Unterlassungsanspruch des BRat aus § 23 Abs 3 BetrVG der Einwand des **Rechtsmissbrauchs** entgegenstehen (BAG 12.3.19 – 1 ABR 42/17, NZA 19, 843).

5 **b) Grober Verstoß.** Voraussetzung eines Unterlassungsanspruchs nach § 23 Abs 3 BetrVG ist ein grober Verstoß des ArbGeb gegen seine betriebsverfassungsrechtlichen Pflichten. Diese können sich unmittelbar aus dem BetrVG, aber auch aus anderen Gesetzen, Tarifverträgen oder Betriebsvereinbarungen ergeben. Der Verstoß muss objektiv erheblich sein; der ArbGeb muss also besonders schwerwiegend gegen Sinn und Zweck der jeweiligen Rechtsnorm verstoßen (*Fitting* § 23 Rz 62; GK-BetrVG/*Oetker* § 23 Rz 171). Bereits ein einmaliger Verstoß kann ausreichend sein, wenn er entsprechend gravierend ist. Bei leichteren Verstößen kann die Erheblichkeitsschwelle im Wiederholungsfall überschritten werden. Regelmäßig sind die Umstände des Einzelfalls entscheidend (LAG Köln 19.2.88, DB 89, 1341). Ein grober Verstoß liegt nicht vor, wenn der ArbGeb in einer schwierigen und ungeklärten Rechtsfrage eine vertretbare Rechtsansicht verfolgt (BAG 14.11.89, DB 90, 1093; zuletzt BAG 26.7.05 – 1 ABR 29/04, NZA 05, 1372). Ob ein ausreichend gravierendes Fehlverhalten des ArbGeb gegeben ist, muss im Unterlassungsverfahren selbst geprüft werden. Vorbereitende Feststellungsanträge „zur Beweissicherung" sind unzulässig (BAG 5.10.2000 – 1 ABR 52/99, DB 01, 2056).

6 Nicht erforderlich ist ein schuldhaftes Verhalten des ArbGeb. Allein der objektive Pflichtverstoß ist maßgeblich (BAG 8.8.89, DB 90, 893; 16.7.91, 2492). Nach der Auffassung des 6. Senats des BAG bedarf es ebenfalls nicht der Darlegung einer Wiederholungsgefahr, da allein das frühere Fehlverhalten des ArbGeb maßgeblich für die Sanktionierung nach § 23 Abs 3 BetrVG sei (BAG 18.4.85, DB 85, 2511). Richtigerweise scheidet jedoch bei definitiv fehlender Wiederholungsgefahr ein Unterlassungsanspruch nach § 23 Abs 3 BetrVG aus, denn diese Anspruchsvoraussetzung ist jedem Unterlassungsanspruch immanent (GK-BetrVG/*Oetker* § 23 Rz 179). Allerdings bedarf es insoweit des Entlastungsnachweises des ArbGeb, da ein früherer Verstoß das Bestehen einer Wiederholungsgefahr regelmäßig indiziert. Die bloße Zusicherung eines ArbGeb, der in der Vergangenheit grob gegen die Durchführungspflicht einer Betriebsvereinbarung verstoßen hat, sich in Zukunft betriebsverfassungskonform zu verhalten, beseitigt jedenfalls die Wiederholungsgefahr noch nicht (BAG 23.6.92, DB 92, 2450).

7 In folgenden **Einzelfällen** hat die Rspr einen groben **Pflichtverstoß bejaht:** Nichtweiterleitung der BRatPost an den BRat (ArbG Elmshorn 27.3.91, AiB 91, 269), Verstoß gegen betriebliche Friedenspflicht und Verbot parteipolitischer Betätigung gem § 74 Abs 2 BetrVG (LAG Hamm 27.4.72, DB 72, 1297; LAG NdS 9.3.90, ArbuR 91, 153 [LS]), Verweigerung eines geeigneten BRatBüros (ArbG Osnabrück 19.11.90 – 2 BV 18/90), Verstöße gegen das Behinderungs- und Benachteiligungsverbot des § 78 BetrVG (LAG Hbg 1.9.88, BB 89, 1053), Bekanntgabe von BRatKosten (BAG 12.11.97 – 1 ABR 14/97, NZA 98, 559), willkürliche Ungleichbehandlung einzelner ArbN und Verstöße gegen Persönlichkeitsrecht nach § 75 Abs 2 BetrVG (LAG NdS 24.2.84, ArbuR 85, 99 [LS]; LAG Köln 19.2.88, DB 89, 1341), Verweigerung des Zutritts zum Betrieb gegenüber BRatMitgliedern (LAG Frankfurt 8.2.90, BB 90, 1626 [LS]), Verhinderung einer Betriebsversammlung durch Entfernung der Einladung vom Schwarzen Brett (LAG BaWü 30.4.87 – 13 TaBV 15/86), angekündigte Verweigerung der Entgeltfortzahlung bei Teilnahme an einer Betriebsversammlung (ArbG Darmstadt 27.11.03 – 5 BVGa 39/03, AiB 04, 754), Aushang mit Empfehlung an ArbN, Betriebsversammlung nicht zu besuchen (OLG Stuttgart 9.9.88,

ArbuR 89, 151 [LS]), Aushang, wegen BRatKosten werde der Betrieb geschlossen und die Produktion ins Ausland verlagert (ArbG Leipzig 5.9.02 – 7 BVGa 54/02, NZA-RR 03, 142), wiederholte Unterlassung der Berichte gem §§ 43 Abs 2 und 110 BetrVG, Nichtdurchführung von Betriebsvereinbarungen (LAG Bln 8.11.90, BB 91, 206 [LS]; LAG Hamm 20.11.90, BB 91, 477), verspätete, unvollständige Unterrichtung des Wirtschaftsausschusses (LAG BlnBbg 30.3.12 – 10 TaBV 2362/11, BeckRS 2012, 69525), Abschluss bzw Durchführung der Betriebsvereinbarungen entgegen § 77 Abs 3 BetrVG (BAG 20.8.91, DB 92, 275; ArbG Stuttgart 20.2.98 – 20 BV 21/97, BB 98, 696), Arbeitszeitänderungen ohne Mitwirkung des BRat (BAG 19.2.91, DB 91, 2043; 8.8.89, DB 90, 1191), Überstundenanordnung oder -duldung ohne Mitwirkung des BRat (BAG 27.11.90, DB 91, 706; 22.10.91, NZA 92, 376), einseitige Anordnung dienstplanwidriger Pausen (BAG 7.2.12 – 1 ABR 77/10, NZA-RR 12, 359), Durchführung von personellen Einzelmaßnahmen ohne Mitwirkung des BRat (BAG 19.1.10 – 1 ABR 55/08, NZA 10, 659; 17.3.87, DB 87, 2051), Verweigerung der Hinzuziehung eines BRatMitglieds entgegen § 82 Abs 2 Satz 2 BetrVG zu einem Personalgespräch über den Abschluss eines Aufhebungsvertrages (BAG 16.11.04 – 1 ABR 53/03, NZA 05, 417), generelles Anschreiben von erkrankten ArbN mit Beanstandung des „Fehlzeitverhaltens" (LAG Köln 19.2.88, DB 89, 1341), altersdiskriminierende Stellenausschreibung (BAG 18.8.09 – 1 ABR 47/08, NZA 10, 222; LAG Saarland 11.2.09 – 1 TaBV 73/08, BeckRS 2011, 65201), Verstoß des ArbGeb gegen § 98 Abs 4 BetrVG (BAG 18.3.14 – 1 ABR 77/12, NZA 14, 987).

**c) Vollstreckungsverfahren.** Ist der ArbGeb durch rechtskräftigen gerichtlichen Beschluss verpflichtet worden, ein bestimmtes betriebsverfassungswidriges Verhalten zu unterlassen und handelt er dieser Verpflichtung zuwider, können BRat oder eine im Betrieb vertretene Gewerkschaft das Vollstreckungsverfahren beim ArbG einleiten. Zur Durchsetzung des Beschlusses kann gegen den ArbGeb für jeden Fall der Zuwiderhandlung ein **Ordnungsgeld** bis zu 10 000 € festgesetzt werden. Bei wiederholten Verstößen des ArbGeb ist auf erneuten Antrag eine weitere Ordnungsgeldfestsetzung durch das Gericht, regelmäßig mit höheren Ordnungsgeldsätzen möglich. Die Verhängung von Ordnungshaft ist ausgeschlossen. Voraussetzung für die Festsetzung des Ordnungsgeldes ist die vorherige **Androhung,** die allerdings bereits mit dem Unterlassungsbeschluss im Erkenntnisverfahren verbunden werden kann (BAG 24.4.07 – 1 ABR 47/06, NZA 07, 818). Bei der Androhung muss das Ordnungsgeld der Höhe nach nicht konkret bestimmt werden, es genügt die Bezugnahme auf den gesetzlich zulässigen Rahmen. Das Vollstreckungsverfahren kann nicht durch eine Vereinbarung, wonach sich der ArbGeb verpflichtet, im Fall der Verletzung von Mitbestimmungsrechten an den BRat eine Vertragsstrafe zu zahlen, ersetzt werden. Hierfür fehlt es an der erforderlichen Vermögens- und Rechtsfähigkeit des BRat (BAG 29.9.04 – 1 ABR 30/03, NZA 05, 123). Denkbar wäre allenfalls eine Vereinbarung über die Zahlung an eine betriebliche Sozialeinrichtung (Betriebskindergarten) oder eine betriebsfremde gemeinnützige Einrichtung. 8

Aufgrund des Strafcharakters des Ordnungsgeldes ist für die Verhängung ein **schuldhaftes Verhalten** des ArbGeb erforderlich. Insoweit genügt jedoch jede Fahrlässigkeit (GK-BetrVG/*Oetker* § 23 Rz 211) und das Verschulden des ArbGeb kann auch in einem Organisations-, Auswahl- oder Überwachungsfehler liegen (LAG BlnBbg 14.5.09 – 15 Ta 466/09, BeckRS 2009, 65925; LAG Hess 8.5.09 – 4 Ta 139/08, BeckRS 2011, 71473). Die Verhängung des Ordnungsgeldes erfolgt durch arbeitsgerichtlichen Beschluss ohne mündliche Verhandlung. Dem ArbGeb muss zuvor im Rahmen des Vollstreckungsverfahrens rechtliches Gehör gewährt werden. Erforderlich sind die allgemeinen Zwangsvollstreckungsvoraussetzungen (Titel, Klausel, Zustellung). Der im Erkenntnisverfahren erwirkte gerichtliche Titel kann gem § 197 BGB grds für die Dauer von 30 Jahren als Grundlage für Zwangsvollstreckungsmaßnahmen dienen. Hier ist allerdings zu erwägen, ob nach Sinn und Zweck des § 23 Abs 3 BetrVG kürzere Fristen anzuwenden sind (LAG SchlHol 27.12.01 – 1 TaBV 15c/01, NZA-RR 02, 357: 8 Jahre ist zu lang). 9

Das Ordnungsgeld wird vAw beigetrieben und verfällt der Staatskasse. Gegen die arbeitsgerichtliche Festsetzung des Ordnungsgeldes ist gem §§ 85 Abs 1 ArbGG, 793 ZPO die sofortige Beschwerde binnen zwei Wochen möglich. Die weitere Rechtsbeschwerde kann vom LAG gem §§ 83 Abs 5, 78, 72 Abs 2 ArbGG iVm § 574 Abs 1 Nr 2 ZPO zugelassen werden (BAG 28.2.03 – 1 AZB 53/02, NZA 03, 516). Die Vollstreckung aus einem 10

Unterlassungstitel kann gem § 767 ZPO für unzulässig erklärt werden, wenn der dem Titel zugrunde liegende Unterlassungsanspruch aufgrund nachträglich entstandener Einwendungen weggefallen ist (BAG 19.6.12 – 1 ABR 35/11, NZA 12, 1179: zwischenzeitlicher Abschluss einer Betriebsvereinbarung zur Regelung der Thematik).

11 **d) Einstweilige Verfügung.** Ob der Unterlassungsanspruch nach § 23 Abs 3 BetrVG auch im Eilfall im Wege der einstweiligen Verfügung durchsetzbar ist, ist umstritten (**dafür:** LAG Frankfurt 24.10.89, BB 90, 1348 [LS]; LAG Köln 19.3.04 – 8 TaBV 13/04; ArbG Leipzig 5.9.02 – 7 BVGa 54/02, NZA-RR 03, 142; **dagegen:** LAG Hamm 4.2.77, DB 77, 1514; LAG RhPf 30.4.86, DB 86, 1629; LAG Köln 21.2.89, NZA 89, 863 [LS]). Im Ergebnis sollte man jedenfalls aus Gründen einer effektiven Rechtsschutzgewährung die einstweilige Verfügung zulassen (ebenso *Grambow* BB 17, 1909; GK-BetrVG/*Oetker* § 23 Rz 192; *Fitting* § 23 Rz 76; aA ErfK/*Koch* § 23 Rz 23).

12 Besonderheiten gelten lediglich **im Bereich der wirtschaftlichen Mitbestimmung gem §§ 111 ff BetrVG**. Der BRat kann bei einer geplanten Betriebsänderung (→ *Betriebsänderung* Rn 33) nicht die Durchführung personeller Maßnahmen durch einen im Wege der einstweiligen Verfügung geltend gemachten Unterlassungsanspruch verhindern, da insoweit kein erzwingbares Mitbestimmungsrecht des BRat besteht und § 113 Abs 3 BetrVG eine abschließende Sanktionsregelung enthält (streitig, wie hier: BAG 28.8.91, BB 91, 2306; LAG BlnBbg 12.12.13 – 17 TaBVGa 2058/13, BeckRS 2014, 66466; 19.6.14 – 7 TaBVGa 1219/14, BeckRS 2014, 71664; LAG Hamm 1.4.97, NZA-RR 97, 343; LAG München 22.12.08 – 6 TaBvGa 6/08, BeckRS 2009, 74014; LAG Köln 30.4.04 – 5 Ta 166/04, NZA-RR 05, 199; 15.8.05 – 11 Ta 298/05; 27.5.09 – 2 Ta BVGa 7/09, BeckRS 2009, 66807; LAG SchlHol 13.1.92, DB 92, 1788; LAG RhPf 7.12.17 – 5 TaBVGa 3/17, BeckRS 2017, 140037; LAG BaWü 28.8.85, DB 86, 805; LAG Düsseldorf 19.11.96, DB 97, 1286; LAG München 24.9.03 – 5 TaBv 48/03, NZA-RR 04, 536; LAG Nbg 9.3.09 – 6 Ta BVGa 2/09, BeckRS 2009, 69297; LAG NdS 29.11.02 – 12 TaBv 111/02, BB 03, 1337; ArbG Dresden 30.11.99 – 17 BvGa 8/99, BB 2000, 363 [LS]; ArbG Herne 24.5.91, DB 91, 2296; ArbG Nbg 20.3.96, NZA-RR 96, 411; ArbG Kiel 13.12.96, BB 97, 635; ArbG Minden 25.9.96, BB 97, 635; ArbG Dresden 25.7.97, NZA-RR 98, 125; ArbG Schwerin 13.2.98, NZA-RR 98, 448; ArbG Passau 22.10.02 – 3 BvGa 3/02, BB 03, 744 [LS]; ArbG Marburg 29.12.03 – 2 BVGa 5/03, NZA-RR 04, 199; **aA:** LAG Hamm 17.2.15 – 7 TaBVGa 1/15, NZA-RR 15, 247; 28.6.10 – 13 Ta 372/10, BeckRS 2010, 72270; LAG Thür 18.8.03 – 1 Ta 104/03, LAGE § 111 BetrVG 2001 Nr 1; LAG Hess 19.1.10 – 4 TaBVGa 3/10, NZA-RR 10, 187; LAG Bln 7.9.95, NZA 96, 1284; LAG SchlHol 15.12.10 – 3 TaBVGa 12/10, BeckRS 2011, 68509; 4.3.08 – 2 TaBV 42/07, NZA-RR 08, 414; LAG NdS 4.5.07 – 17 TaBVGa 57/07, BeckRS 2007, 45980; LAG Hess 27.6.07 – 4 TaBVGa 137/07, BeckRS 2007, 47237; ArbG Karlsruhe 22.7.03 – 6 BVGa 2/03, NZA-RR 04, 482. Zum Meinungsstand *Gruber* NZA 11, 1011; *Völksen* RdA 10, 354; *Bauer/Krieger* BB 10, 53; vgl auch *Forst* ZESAR 11, 107 mit europarechtlicher Argumentation; *Eisemann* FS Bepler 2012, S 131, der zur Durchsetzung des Beratungsanspruchs des BRat für eine sog Beratungsverfügung plädiert). Anders kann die Rechtslage demgegenüber im Insolvenzfall sein, wenn der Insolvenzverwalter sowohl einen Interessenausgleich als auch das Verfahren nach § 122 Abs 1 InsO unterlässt und noch innerhalb der 3-Wochen-Frist des § 122 Abs 1 InsO Kündigungen ausspricht (ArbG Kaiserslautern 19.12.96, AiB 97, 179). Vgl zum Unterlassungsanspruch des SE-BRat *Schmeisser/Ladenburger* NZA 18, 761.

13 **e) Verhältnis zu anderen Vorschriften.** Seit langem umstritten ist die Frage, ob neben § 23 Abs 3 BetrVG ein allgemeiner Unterlassungsanspruch existiert. Im Übrigen ist nach neuerer Rspr des BAG § 101 BetrVG keine Sonderregelung, die ein weiteres Unterlassungsverfahren nach § 23 Abs 3 BetrVG ausschließt (BAG 17.3.87, DB 87, 2051). Unstreitig hat der Unterlassungsanspruch keine Auswirkungen auf die Straf- und Bußgeldvorschriften der §§ 119, 121 BetrVG.

14 **2. Allgemeiner Unterlassungsanspruch des Betriebsrats. a) Grundlage.** Im Bereich der **Mitbestimmungsrechte des § 87 BetrVG** ist die Existenz eines allgemeinen Unterlassungsanspruchs unabhängig von den Voraussetzungen des § 23 Abs 3 BetrVG mittlerweile allgemein anerkannt (BAG 3.5.94 – 1 ABR 24/93, NZA 95, 40; 18.7.17 – 1 ABR 15/16, NZA 17, 1542; 22.8.17 – 1 ABR 5/16, BeckRS 2017, 136845). Auch die Instanzge-

richte sprechen sich überwiegend für einen allgemeinen Unterlassungsanspruch des BRat aus (LAG NdS 3.7.17 – 8 TaBV 42/16, NZA-RR 17, 536; LAG Hamm 9.5.17 – 7 TaBV 125/16, BeckRS 2017, 126122; LAG Köln 7.5.08 – 3 TaBV 85/07, BeckRS 2008, 55980; LAG Frankfurt 19.4.88, DB 89, 128; LAG RhPf 30.4.86, DB 86, 1629). Dabei wird die Rechtsgrundlage dieses Unterlassungsanspruchs überwiegend in § 1004 BGB analog § 2 Abs 1 BetrVG, § 78 Satz 1 BetrVG oder unmittelbar in dem jeweils verletzten Mitbestimmungsrecht gesehen. Demgemäß besteht der allgemeine Unterlassungsanspruch auch bei einer Behinderung der Amtstätigkeit des BRat nach § 78 Satz 1 BetrVG (LAG Hess 26.9.11 – 16 TaBV 105/11, NZA-RR 12, 85). Handelt der ArbGeb einer Betriebsvereinbarung zuwider, folgt der Unterlassungsanspruch des BRat aus dem Durchführungsanspruch nach § 77 Abs 1 BetrVG (BAG 29.4.04 – 1 ABR 30/02, NZA 04, 670; LAG Hamm 10.2.12 – 10 TaBV 59/11, BeckRS 2012, 68956). Anders als bei § 23 Abs 3 BetrVG ist für den allgemeinen Unterlassungsanspruch die Wiederholungsgefahr unstreitige Anspruchsvoraussetzung (BAG 29.2.00 – 1 ABR 4/99, NZA 2000, 1066). Demgegenüber hat der BRat gegen den ArbGeb keinen Anspruch auf Unterlassung einer tarifwidrigen Abgeltung von Überstunden, da Letztere kein Mitbestimmungsrecht betrifft (BAG 22.8.17 – 1 ABR 24/16, NZA 18, 115). Ebenso wie der Unterlassungsanspruch aus § 23 Abs 3 BetrVG kann auch der allgemeine Unterlassungsanspruch des BRat aus § 87 Abs 1 BetrVG **rechtsmissbräuchlich** sein. Das gilt bspw für den Fall, dass der BRat selbst zuvor die monatliche Dienstplangestaltung durch aktive Verhinderung einer rechtzeitigen Einigungsstellenerrichtung bewusst blockiert hat (BAG 12.3.19 – 1 ABR 42/17, NZA 19, 843; kritisch *Heuschmidt/Kummert* NZA 19, 1258).

Soweit es um die **Mitbestimmung bei personellen Einzelmaßnahmen** geht, verneint 15
das BAG einen solchen allgemeinen Unterlassungsanspruch (BAG 23.6.09 – 1 ABR 23/08, NZA 09, 1430; LAG RhPf 10.2.12 – 6 TaBV 17/11, BeckRS 2012, 68450; *Hexel/Lüders* NZA 10, 613; *Schöne* SAE 10, 218). Zur Begründung weist es zutreffend insbes auf die Gesetzessystematik, die Reaktionsmöglichkeit des ArbGeb nach § 100 BetrVG sowie die Sanktionsnorm des § 101 BetrVG hin. Davon unabhängig kann ein Verstoß gegen § 99 BetrVG je nach Lage des Einzelfalls natürlich einen groben Pflichtverstoß iSv § 23 Abs 3 BetrVG darstellen (BAG 19.1.10 – 1 ABR 55/08, NZA 10, 659). Demgegenüber hat das BAG zuvor für die Mitbestimmung bei Auswahlrichtlinien nach § 95 BetrVG zuletzt einen Unterlassungsanspruch des BRat bejaht (BAG 26.7.05 – 1 ABR 29/04, NZA 05, 1372).

Der allgemeine Unterlassungsanspruch gibt dem BRat ein effektives Sanktionsmittel mit 16
weitreichenden Wirkungen an die Hand. Zu beachten ist, dass ein gerichtlich titulierter Unterlassungsanspruch dauerhaft mitbestimmungswidriges ArbGebVerhalten zu unterbinden vermag, da bei jedem einzelnen Verstoß unmittelbar eine Sanktionierung im Vollstreckungsverfahren (→ Rn 18) droht. Diese verstärkte Verhandlungsposition des BRat kann künftig zu häufigeren Kompensationsgeschäften (zB Zulageneinführung gegen Zustimmung zu Überstunden) führen. Dies kann in Einzelfällen ein rechtsmissbräuchliches Verhalten des BRat darstellen (*Bauer/Diller* ZIP 95, 95). Jeder Betriebspartner darf seine Rechte nicht dazu ausnützen, Druck auf die Gegenseite auszuüben, um auf diese Weise Ziele zu erreichen, die durch das Recht selbst nicht gedeckt sind. Gleichwohl wird in der Praxis ein Rechtsmissbrauch kaum nachweisbar sein, da der BRat seine Zustimmungsverweigerung nicht mit dem verweigerten Koppelungsgeschäft, sondern anderweitig nachvollziehbar begründen wird (*Küttner/Schmidt* DB 88, 704).

**b) Geltendmachung.** Die gerichtliche Geltendmachung des allgemeinen Unterlas- 17
sungsanspruchs erfolgt allein auf Antrag des BRat. Der Antrag muss das Unterlassungsbegehren konkret bezeichnen und die zu unterlassenden Handlungen genau benennen (BAG 3.6.03 – 1 ABR 19/02, AP Nr 1 zu § 89 BetrVG 1972; 3.5.06 – 1 ABR 14/05, AP Nr 119 zu § 87 BetrVG 1972). Unklarheiten dürfen nicht aus dem Erkenntnis- in das Vollstreckungsverfahren verlagert werden (BAG 27.1.04 – 1 AZR 105/03, AP Nr 35 zu § 64 ArbGG 1979; 28.2.06 – 1 ABR 4/05, BB 06, 2419). Globalanträge sind zulässig, allerdings schon dann insgesamt unbegründet, wenn auch nur ein Sachverhalt umfasst ist, bei dem das begehrte Recht nicht bzw das geleugnete Recht doch besteht (BAG 3.5.94 – 1 ABR 24/93, NZA 95, 40; LAG Köln 15.2.01 – 10 TaBV 74/00, NZA-RR 02, 140). Anders als im Bereich des § 23 Abs 3 BetrVG ist die Zulässigkeit von einstweiligen Verfügungen hier weitgehend unbestritten (*Fitting* § 23 Rz 103). Bejaht man den allgemeinen

Unterlassungsanspruch, ist konsequenterweise bereits bei Nachweis des erstmals drohenden Verstoßes gegen Mitbestimmungsrechte des BRat nach allgemeinen zivilrechtlichen Grundsätzen auch die vorbeugende Unterlassungsklage möglich (zur Differenzierung zwischen vorbeugendem Unterlassungsanspruch und sog Verletzungsunterlassungsanspruch vgl im Einzelnen ArbG Bielefeld 28.2.96, BB 96, 1114). Diese wird wegen der Eilbedürftigkeit regelmäßig im Wege der einstweiligen Verfügung erfolgen (*Pahle* NZA 90, 51; *Bauer/Diller* ZIP 95, 95; kritisch *Konzen* NZA 95, 865).

18 **c) Vollstreckungsverfahren.** Die zwangsweise Durchsetzung des allgemeinen Unterlassungsanspruchs erfolgt gem § 85 Abs 1 ArbGG nach den allgemeinen zivilprozessualen Vorschriften, also den §§ 888, 890 ZPO. Zur Abstimmung mit dem Unterlassungsanspruch nach § 23 Abs 3 BetrVG sollte jedoch der Ordnungsgeldrahmen nicht § 890 ZPO, sondern § 23 Abs 3 Satz 5 BetrVG (10 000 €) entnommen werden (BAG 5.10.10 – 1 ABR 71/09, BeckRS 2011, 65093; LAG Köln 27.7.07 – 4 TaBV 23/07, BeckRS 2007, 47963). Damit entfällt auch die Möglichkeit einer Verhängung von Ordnungshaft.

19 **d) Beseitigungsanspruch.** Der allgemeine Unterlassungsanspruch wird nach der Rspr des BAG jedenfalls im Bereich des § 87 BetrVG durch einen Beseitigungsanspruch ergänzt. Ist durch ein mitbestimmungswidriges Verhalten des ArbGeb eine bestimmte Sachlage eingetreten, so ist der ArbGeb nicht nur verpflichtet, derartige Handlungsweisen zukünftig zu unterlassen, sondern er muss auch den mitbestimmungswidrig entstandenen Zustand beseitigen (BAG 16.6.98 – 1 ABR 68/97, NZA 99, 49; 14.8.02 – 7 ABR 29/01, NZA 03, 626).

20 **3. Allgemeiner Unterlassungsanspruch der Gewerkschaft.** In einer Grundsatzentscheidung vom 20.4.99 (1 ABR 72/98, NZA 99, 887) hat der 1. Senat des BAG auch einen allgemeinen Unterlassungsanspruch der Gewerkschaft gegenüber kollektiven, tarifwidrigen Regelungen auf Betriebsebene bejaht (bestätigt durch BAG 17.5.11 – 1 AZR 473/09, NZA 11, 1169; zustimmend: *Wohlfahrt* NZA 99, 962; *Berg/Platow* DB 99, 2362; *Schmidt* RdA 04, 152; kritisch: *Buchner* NZA 99, 897; *Bauer* NZA 99, 957; *Trappehl/Lambrich* NJW 99, 3217). Danach kann die Gewerkschaft die Unterlassung solcher Regelungen verlangen, deren Durchführung einen Eingriff in die verfassungsrechtlich geschützte kollektive Koalitionsfreiheit darstellt. Dieser Unterlassungsanspruch wird durch die Herausnahme des Arbeitsrechts aus dem neuen UKlaG nicht tangiert (BT-Drs 14/7052 S 292). Der Anspruch ist gem § 2a Abs 1 Nr 1 ArbGG wegen seines kollektiven Bezugs immer dann im Rahmen eines **arbeitsgerichtlichen Beschlussverfahrens** geltend zu machen, wenn es um die Unterlassung von Betriebsvereinbarungen oder Regelungsabreden geht (BAG 7.6.17 – 1 ABR 32/15, NZA 17, 1410; 13.3.01 – 1 AZB 19/00, NZA 01, 1037). Bei arbeitsvertraglichen Einheitsregelungen dürfte mehr für das **Urteilsverfahren** gem § 2 Abs 1 Nr 2 ArbGG sprechen. Zur hinreichenden Bestimmtheit des Unterlassungsantrags ist die namentliche Benennung der hiervon betroffenen ArbN erforderlich, die Mitglieder der antragstellenden Gewerkschaft sind, sofern diese dem ArbGeb bekannt sind (BAG 19.3.03 – 4 AZR 271/02, NZA 03, 1221; kritisch *Kocher* NZA 05, 140; *Schwarze* RdA 05, 159). Der Anspruch besteht grds nur soweit die vorrangigen tariflichen Regelungen unmittelbar und zwingend gelten. Wirkt ein Tarifvertrag lediglich gem § 4 Abs 5 TVG nach, wird das Recht auf koalitionsmäßige Betätigung durch abweichende betriebliche Regelungen nicht mehr beeinträchtigt und es fehlt damit die Grundlage für den Unterlassungsanspruch (BAG 7.6.17 – 1 ABR 32/15, NZA 17, 1410).

21 **Zweck** dieses allgemeinen Unterlassungsanspruchs ist anders als bei dem rein betriebsverfassungsrechtlichen Anspruch aus § 23 Abs 3 BetrVG der Schutz der Koalitionsfreiheit, der immer dann eingreift, wenn Abreden oder Maßnahmen darauf gerichtet sind, die Wirkungen eines Tarifvertrags zu vereiteln oder leerlaufen zu lassen (BAG 20.4.99 – 1 ABR 72/98, NZA 99, 887 in Abgrenzung zu BAG 23.2.88 – 1 ABR 75/86, NZA 89, 229). Wegen seiner verfassungsrechtlichen Grundlegung setzt der Unterlassungsanspruch jedoch zwingend die **normative** und nicht nur arbeitsvertraglich vereinbarte **Tarifgeltung** voraus (BAG 20.4.99, NZA 99, 887). Die Geltendmachung des Unterlassungsanspruchs im Rahmen einer **einstweiligen Verfügung** ist grds möglich (aA *Bauer* NZA 99, 957).

22 **II. Individualarbeitsrecht.** ArbN und ArbGeb haben jeweils gegen den anderen Vertragspartner aufgrund des Arbeitsvertrages einen Anspruch auf Unterlassung vertragswid-

rigen Verhaltens. Bei Verstößen wie zB mangelhafter Arbeitsleistung des ArbN oder verspäteter Lohnzahlung des ArbGeb wird jedoch regelmäßig die Geltendmachung des Erfüllungsanspruchs vorrangiges Ziel sein. Bedeutung auf der Ebene des Einzelarbeitsvertrages haben Unterlassungsansprüche hauptsächlich bei Verlangen nach Unterlassung verbotener Konkurrenztätigkeiten (→ *Wettbewerb* Rn 12 und → *Treuepflicht* Rn 5 ff) sowie bei Verletzungen des Persönlichkeitsrechts des ArbN durch Überwachung und Kontrolle am Arbeitsplatz (→ *Kontrolle des Arbeitnehmers* Rn 15 und → *Personalinformationssystem* Rn 3) oder wegen Veröffentlichung von Videoaufnahmen des ArbN durch den ArbGeb (BAG 11.12.14 – 8 AZR 1010/13, NZA 15, 604). In Betracht kommen auch Ansprüche des ArbGeb wegen Beeinträchtigung seines Eigentums aus § 1004 BGB (zuletzt BAG 15.10.13 – 1 ABR 31/12, NZA 14, 319) sowie von ArbN gegen andere ArbN zB wegen Ehrverletzung oder Beleidigung (LAG Hess 9.5.12 – 18 Sa 1596/11, BeckRS 2012, 71642) oder bei einer tätlichen Auseinandersetzung (LAG RhPf 28.2.12 – 3 SaGa 1/12, BeckRS 2012, 67727).

### B. Lohnsteuerrecht *Weil*

Für das LStRecht hat der Unterlassungsanspruch Bedeutung im Hinblick auf ein → *Wettbewerbsverbot* Rn 48 ff; → *Arbeitgeberhaftung* Rn 17 ff; → *Arbeitnehmerhaftung* Rn 26 ff; → *Betriebsbuße* Rn 11 ff; → *Vertragsstrafe* Rn 22 ff zu Spontanauskünften → *EU-Recht* Rn 30. 23

### C. Sozialversicherungsrecht *Ruppelt*

Es handelt sich um ein betriebsverfassungsrechtliches Rechtsinstitut ohne unmittelbare sozialversicherungsrechtliche Auswirkungen. 24

## Unternehmen

### A. Arbeitsrecht *Röller*

**1. Begriff.** Ein Unternehmen ist eine organisatorische Einheit, innerhalb derer der Unternehmer allein oder in Gemeinschaft mit seinen Mitarbeitern unter Zuhilfenahme von sachlichen und immateriellen Mitteln einen wirtschaftlichen oder ideellen Zweck, der hinter dem arbeitstechnischen Zweck des Betriebes steht, verfolgt (BAG 1.4.87, DB 87, 845, 1643). 1

**2. Rechtsträger des Unternehmens.** Ein Unternehmen setzt einen einheitlichen Rechtsträger voraus (BAG 13.2.07 – 1 AZR 184/06, NZA 07, 825; 23.8.89, DB 90, 1519). Bei Personengesellschaften (OHG, KG) und bei Kapitalgesellschaften (AG, KG auf Aktien, GmbH) ist die Gesellschaft identisch mit dem Unternehmen. Im Gegensatz dazu kann eine natürliche Person mehrere Unternehmen betreiben, wenn die jeweiligen Unternehmen mit den dahinterstehenden wirtschaftlichen oder ideellen Zwecken voneinander abgrenzbar sind (*Fitting* § 1 Rn 146). Eine juristische oder natürliche Person kann zugleich (herrschendes) Unternehmen eines Konzerns sein (BAG 13.10.04 – 7 ABR 56/03, NZA 05, 647). 2

**3. Unternehmen und Betrieb. a) Betrieb.** Dieser entsteht aufgrund einer aus der Organisationsgewalt des Unternehmens abgeleiteten unternehmensorganisatorischen Entscheidung und deren Vollzug. Die Bildung mehrerer unselbstständiger und/oder selbstständiger Betriebe ist eine Frage der Binnenorganisation des Unternehmens kraft unternehmensorganisatorischer Entscheidung des mit dem ArbGeb identischen Unternehmens, ebenso ua die Eingliederung in einen anderen Betrieb, die Zusammenlegung mit einem anderen Betrieb durch Bildung eines neuen einheitlichen Betriebes, die Betriebsaufspaltung, die Betriebsstilllegung und auch die Bildung eines einheitlichen Gemeinschaftsbetriebes gemeinsam mit einem oder mehreren weiteren Unternehmen. Nach gängiger Definition wird unter einem Betrieb die organisatorische Einheit von Arbeitsmitteln verstanden, mit deren Hilfe jemand allein oder in Gemeinschaft mit seinen Mitarbeitern einen bestimmten arbeitstechnischen Zweck fortgesetzt verfolgt, der sich nicht in der Befriedigung von Eigenbedarf erschöpft (BAG 23.11.16 – 7 ABR 3/15, NZA 17, 1003; 13.2.13 – 7 ABR 36/ 3

11, NZA-RR 13, 521). Näheres → *Betrieb (Begriff)* Rn 1 ff. Mehrere Unternehmen können sich zur Führung eines Gemeinschaftsbetriebs verbinden.

4 **b) Unternehmens- und Betriebsverfassung.** Gegenstand der Unternehmensverfassung ist die unternehmerische (wirtschaftliche) Planungs-, Organisations- und Leitungskompetenz im Unternehmen unter Beteiligung der ArbN. Sie ist im MitbestG, im Montan-MitbestG, im MitbestErgänzungsgesetz sowie im DrittelbG geregelt.

Gegenstand der Betriebsverfassung ist demgegenüber die rechtliche Organisation der Zusammenarbeit von ArbGeb und ArbN im Betrieb (GK-BetrVG/*Wiese* Einleitung Rn 39). Dabei geht es in erster Linie um eine angemessene **Beschränkung** des Direktionsrechts des ArbGeb, also um die Beteiligung der ArbN an allen Entscheidungen, welche die konkrete Durchführung der betrieblichen Aufgaben und damit die Begründung, Konkretisierung, Veränderung und Beendigung der arbeitsrechtlichen Rechte und Pflichten der ArbN betreffen. Die Mitbestimmungsrechte des BRat beziehen sich regelmäßig nicht auf die unternehmerische Grundsatzentscheidung, sondern in erster Linie auf die Einzelheiten ihrer Ausgestaltung iS einer angemessenen Berücksichtigung der sozialen und wirtschaftlichen Interessen der ArbN des Betriebes (BVerfG 1.3.79, DB 79, 593).

5 **Überschneidungen** zwischen Unternehmens- und betrieblicher Mitbestimmung können sich – neben der umfassenden Informations- und Beratungspflicht gegenüber dem Wirtschaftsausschuss (§ 106 BetrVG) – bspw bei Zustimmungsgeschäften iSd § 111 Abs 4 Satz 2 AktG ergeben, die zugleich Gegenstand einer Mitbestimmung des BRats sind. Mitbestimmung auf Unternehmens- und Betriebsebene treffen zumindest im Fall der Betriebsänderung (§ 111 BetrVG) mit der Folge des Interessenausgleichs und der Aufstellung eines Sozialplans (§§ 112, 112a BetrVG) zusammen. In Fällen dieser Art vollzieht sich die Mitbestimmung der ArbN in Organen verschiedener Funktionen und in verschiedenen Verfahren. Im Bereich des MitbestG gibt bei Nichteinigung im Aufsichtsrat die Zweitstimme des Vorsitzenden den Ausschlag, während bei Nichteinigung des Vertretungsorgans mit dem BRat in den der zwingenden Mitbestimmung unterliegenden Fragen die Einigungsstelle, notfalls durch die Stimme des unparteiischen Vorsitzenden, entscheidet (§ 76 BetrVG).

6 **4. Mitbestimmung. a) Gesamtbetriebsrat.** Bestehen in einem Unternehmen mehrere BRäte, so ist ein GBRat zu errichten. Die Voraussetzungen der Errichtung, die Mitgliederzahl und das Stimmengewicht sind in § 47 BetrVG geregelt. Der GBRat ist zuständig für die Behandlung von Angelegenheiten, die das Gesamtunternehmen oder mehrere Betriebe betreffen und nicht durch die einzelnen BRat innerhalb ihrer Betriebe geregelt werden können (Einzelheiten → *Gesamtbetriebsrat* Rn 12 ff). Er ist den einzelnen BRat nicht übergeordnet (§ 50 Abs 1 BetrVG).

Der BRat eines Gemeinschaftsbetriebs kann Mitglieder in die bestehenden GBRäte der Trägerunternehmer entsenden. Dies folgt aus § 47 Abs 9 BetrVG.

7 **b) Sprecherausschuss.** Bestehen in einem Unternehmen mehrere Sprecherausschüsse, ist ein Gesamtsprecherausschuss zu errichten (§ 16 Abs 1 SprAuG). Dieser ist zuständig für die Behandlung von Angelegenheiten, die das Unternehmen oder mehrere Betriebe des Unternehmens betreffen und nicht durch die einzelnen Sprecherausschüsse innerhalb ihrer Betriebe behandelt werden können (§ 18 Abs 1 SprAuG). Abweichend von der in § 1 SprAuG geregelten betriebsbezogenen Sprecherausschussbildung kann ein Unternehmenssprecherausschuss in Unternehmen mit mehreren Betrieben gebildet werden, wenn die für die Bildung eines betrieblichen Sprecherausschusses erforderliche Regelzahl von mindestens 10 Leitenden Angestellten nicht im Betrieb, aber im Unternehmen erreicht wird und dies die Mehrheit der Leitenden Angestellten des Unternehmens verlangt (§ 20 SprAuG).

8 **c) Wirtschaftsausschuss.** Beschäftigt ein Unternehmen ständig mehr als 100 ArbN, ist ein Wirtschaftsausschuss zu bilden (§ 106 Abs 1 BetrVG). Der Wirtschaftsausschuss ist ein Hilfsorgan des BRat (BAG 7.4.04 – 7 ABR 41/03, NZA 05, 311). Er wird nach § 107 Abs 2 BetrVG von dem BRat oder GBRat bestellt und hat die Aufgabe, wirtschaftliche Angelegenheiten mit dem Unternehmer zu beraten und den BRat zu unterrichten.

9 **d) Aufsichtsrat.** Gem § 1 DrittelbG muss der Aufsichtsrat einer AG, einer KGaA, einer GmbH, einem VVaG sowie einer Erwerbs- und Wirtschaftsgenossenschaft mit mehr als 500 ArbN zu einem Drittel aus ArbN bestehen. Führen mehrere dem DrittelbG unterliegende Unternehmen einen Gemeinschaftsbetrieb, haben dessen ArbN das aktive Wahlrecht

bei der Wahl der ArbNVertreter in den Aufsichtsrat bei jedem Trägerunternehmen (BAG 13.3.13 – 7 ABR 47/11, NZA 13, 853). Werden in diesen Unternehmen mehr als 2000 ArbN beschäftigt, haben die ArbN eine Mitbestimmung nach Maßgabe des MitbestG.

**e) Unterrichtung der Arbeitnehmer.** In Unternehmen mit idR mehr als 1000 ständig beschäftigten ArbN hat der Unternehmer mindestens vierteljährlich die Belegschaft über die wirtschaftliche Situation und die Entwicklung des Unternehmens schriftlich zu unterrichten (§ 110 BetrVG). 10

**5. Kündigungsschutz. a) Anrechnung der Unternehmenszugehörigkeit.** Gem § 1 Abs 1 KSchG findet das KSchG für die Kündigung des Arbeitsverhältnisses gegenüber einem ArbN Anwendung, wenn dessen Arbeitsverhältnis in demselben Betrieb oder Unternehmen ohne Unterbrechung länger als 6 Monate bestanden hat. 11

**b) Weiterbeschäftigung in einem anderen Betrieb des Unternehmens.** Die Kündigung eines ArbN ist sozial nicht gerechtfertigt, wenn er in einem anderen Betrieb des Unternehmens weiterbeschäftigt werden kann und der BRat oder eine andere nach dem BetrVG insoweit zuständige Vertretung der ArbN aus diesem Grunde der Kündigung innerhalb der Wochenfrist des § 102 Abs 2 Satz 1 BetrVG schriftlich widersprochen hat (§ 1 Abs 2 Satz 2 Nr 1a KSchG). Der ArbGeb ist auch unabhängig von dem Widerspruch des BRat zur Weiterbeschäftigung an einem anderen freien Arbeitsplatz innerhalb eines anderen Betriebes des Unternehmens verpflichtet (BAG 17.5.84, DB 85, 1190). Mit Ausnahme der beiden genannten Bestimmungen ist der Kündigungsschutz betriebs- und nicht unternehmensbezogen (BAG 20.2.14 – 2 AZR 859/11, NZA 14, 1083) → *Kündigungsschutz* Rn 49 ff. 12

**6. Konzern.** Mehrere Unternehmen können einen Konzern bilden (→ *Konzernarbeitsverhältnis* Rn 2). Die einzelnen GBRäte können einen KonzernBRat errichten (§ 54 BetrVG), die einzelnen Gesamtsprecherausschüsse einen Konzernsprecherausschuss (§ 21 SprAuG). Hinsichtlich der unternehmerischen Mitbestimmung gilt für Konzerne § 5 MitbestG. 13

## B. Lohnsteuerrecht *Seidel*

**1. Arbeitgeber.** Dem Unternehmens- bzw Unternehmerbegriff kommt im LStRecht anders als im UStRecht keine eigenständige Bedeutung zu. Für die Erfüllung der lohnsteuerlichen Pflichten (→ *Lohnabzugsverfahren* Rn 2 ff) und die LStHaftung ist entscheidend, wer steuerrechtlich ArbGeb ist. Die Durchführung des Lohnabzugsverfahrens obliegt dann der jeweiligen Betriebsstätte des ArbGeb. Zu Dienstverhältnissen in Konzernunternehmen → *Konzernarbeitsverhältnis* Rn 21 ff. Ggf ist die gesamte gewerbliche und berufliche Tätigkeit des Unternehmers, die mehrere Betriebe umfassen kann, von seiner Privatsphäre abzugrenzen. Auch im Privatbereich kann der Unternehmer, soweit es sich nicht um eine Personen- oder Kapitalgesellschaft handelt, ArbGeb sein, zB bei Beschäftigung einer Hausgehilfin oder Putzfrau in seiner Wohnung. 16

**2. Abgrenzung Arbeitnehmer/Unternehmer.** Im Einzelfall kann die Abgrenzung der ArbNEigenschaft von der selbstständig ausgeübten Tätigkeit (als Unternehmer) Schwierigkeiten bereiten (→ *Arbeitnehmer (Begriff)* Rn 30 ff, 84). Eine natürliche Person kann aber auch nebeneinander sowohl selbstständig als auch nichtselbstständig tätig sein (→ *Arbeitnehmer (Begriff)* Rn 42; zB Eigengeschäfte eines Bankangestellten, BFH 3.7.91, BStBl II 91, 802), jedoch nicht hinsichtlich ein- und derselben Tätigkeit. Hier kann sie nur Unternehmer oder ArbN sein. Selbstständigkeit setzt voraus, dass die Tätigkeit auf eigene Rechnung und Gefahr ausgeübt wird, also das Erfolgsrisiko der eigenen Betätigung getragen wird (Unternehmerrisiko) und die tätige Person Unternehmerinitiative entfalten kann (Schmidt/*Wacker* § 15 Rz 11 mwN). 17

Bei der selbstständigen Tätigkeit unterscheidet das Steuerrecht zwischen der gewerblichen Tätigkeit (§ 2 Abs 1 Nr 2 iVm § 15 EStG) und der selbstständigen Arbeit einschließlich der freiberuflichen Tätigkeit (§ 2 Abs 1 Nr 3 iVm § 18 EStG). Zur Abgrenzung von der nichtselbstständigen Arbeit (ArbN) kommt es allerdings lediglich auf die Unterscheidung selbstständig und nichtselbstständig an (Näheres → *Arbeitnehmer (Begriff)* Rn 30 ff). 18

19 Verpflichtet sich ein Unternehmer gegenüber einem Auftraggeber zur Erledigung bestimmter Aufgaben in dessen Betrieb (zB durch **Werkvertrag**), so können die von dem Unternehmer eingesetzten Mitarbeiter als ArbN unselbstständig oder selbstständig als **Subunternehmer** tätig werden. Dies richtet sich danach, ob die Mitarbeiter in den Betrieb des Unternehmers eingegliedert sind und bei der Ausführung ihrer Arbeitsleistung dessen Weisungen unterstehen. Dies ist für jeden einzelnen Mitarbeiter nach dem **Gesamtbild der Verhältnisse** unter Abwägung sämtlicher für und gegen das Vorliegen von Dienstverhältnissen sprechenden Kriterien zu beurteilen (BFH 18.1.91, BStBl II 91, 409; → *Arbeitnehmer (Begriff)* Rn 38, → *Arbeitnehmerähnliche Selbstständige* Rn 3 und → *Scheinselbstständigkeit* Rn 3, 4. Liegt kein Werkvertrag vor, so kann entweder eine ArbNÜberlassung oder die Überlassung von selbstständig – unternehmerisch – tätigen Mitarbeitern in Betracht kommen. Auch hier richtet sich die Abgrenzung nach den bei → *Arbeitnehmer (Begriff)* Rn 30 ff dargestellten Kriterien. Zu den diesbezüglichen Besonderheiten im Rahmen der ArbN-Überlassung → *Arbeitnehmer (Begriff)* Rn 44 unter Hinweis auf BFH 18.1.91, BStBl II 91, 409.

## C. Sozialversicherungsrecht *Ruppelt*

20 **1. Der Begriff** des Unternehmens kommt sozialversicherungsrechtlich nur im UVRecht Bedeutung zu. In den weiteren Zweigen der SozV sind die Rechtsfolgen mit den Begriffen **Arbeitgeber** (→ *Arbeitgeber* Rn 25 ff), **Beschäftigter** und **Selbstständiger** verknüpft (→ *Arbeitnehmer (Begriff)* Rn 50 ff). **Unternehmer** iSd gesetzlichen UV ist derjenige, dem das Ergebnis des Unternehmens unmittelbar zum Vor- oder Nachteil gereicht (§ 136 Abs 3 Nr 1 SGB VII). Unternehmen ist jede planmäßige, für eine gewisse Dauer bestimmte Vielzahl von Tätigkeiten, gerichtet auf einen einheitlichen Zweck und ausgeübt mit einer gewissen Regelmäßigkeit.

21 **2. Unternehmenszweck.** Der Unternehmensbegriff der gesetzlichen UV (§ 136 Abs 3 SGB VII) setzt nicht die Verfolgung eines wirtschaftlichen Zwecks voraus, auch bei Tätigkeiten im Gesundheitsdienst und in der Wohlfahrtspflege, Hilfe in gemeiner Not und Gefahr und Lebensrettung handelt es sich um Unternehmen iSd gesetzlichen UV. Die Einrichtung einer organisatorischen Betriebseinheit ist nicht erforderlich, ggf reicht eine zielgerichtete Tätigkeit aus (§ 136 Abs 3 Nr 1 SGB VII). Wesentlich ist lediglich, dass mit dem Unternehmen ein **Risiko** übernommen wird, wobei dieses Risiko nicht ausschließlich finanzieller Natur zu sein braucht.

22 Auch bei nicht gewerbsmäßiger Tätigkeit sind solche Risiken denkbar (Gefahr von Gewährleistungspflichten, Schadensereignisse im Haushalt). Die **Risikoübernahme** als Begriffsbestandteil eines Unternehmens dient ua der Abgrenzung zwischen dem idR nicht versicherten Unternehmer, für dessen Rechnung das Unternehmen geht, und dem versicherten Beschäftigten nach § 2 Abs 1 Nr 1 SGB VII, der kein Unternehmensrisiko trägt. Auf dieser Grundlage sind auch Tätigkeiten privater Lebenshaltung und -gestaltung unternehmensfähig, wenn damit ein zielgerichteter Zweck verfolgt wird. Vgl auch → *Betrieb (Begriff)* Rn 31 ff.

23 **3. Zuständigkeit.** Der UVTräger stellt Beginn und Ende seiner Zuständigkeit für ein Unternehmen durch schriftlichen Bescheid gegenüber dem Unternehmen fest (§ 136 Abs 1 Satz 1 SGB VII). Umfasst ein Unternehmen verschiedene Bestandteile (Hauptunternehmen, Nebenunternehmen, Hilfsunternehmen), ist nach näherer Regelung durch § 131 SGB VII der UVTräger zuständig, dem das Hauptunternehmen angehört (BSG 15.11.16 – B 2 U 19/15 R, SozR 4–2700 § 131 Nr 2). Ein Unternehmen entsteht bereits mit den vorbereitenden Arbeiten für das Unternehmen. War die Feststellung der Zuständigkeit für ein Unternehmen von Anfang an unrichtig oder ändert sich die Zuständigkeit für ein Unternehmen, überweist der UVTräger dieses dem zuständigen UVTräger. Die Überweisung erfolgt im Einvernehmen mit dem zuständigen UVTräger; sie ist dem Unternehmer von dem überweisenden UVTräger bekanntzugeben. Die Feststellung der Zuständigkeit war von Anfang an unrichtig, wenn sie den Zuständigkeitsregelungen eindeutig widerspricht. Eine wesentliche Änderung der tatsächlichen Verhältnisse iSd § 48 Abs 1 SGB X, die zu

einer Änderung der Zuständigkeit führt, liegt vor, wenn das Unternehmen grundlegend und auf Dauer umgestaltet worden ist (§ 136 Abs 2 Satz 2 SGB VII).

# Urheberrecht

## A. Arbeitsrecht

*Poeche*

**1. Begriff und Abgrenzung. a) Einführung.** Die gesetzliche Regelung der Rechte und Pflichten des ArbN als Urheber ist anders als das Recht der *Arbeitnehmererfindung* spärlich (*Schwab* NZA-RR 15, 5 und *Wandtke* GRUR 15, 831). Daran hat das zum 1.7.02 in Kraft getretene Gesetz zur Stärkung der vertraglichen Stellung von Urhebern und ausübenden Künstlern (BGBl I 02, 1155) nichts geändert (Näheres zur Entstehungsgeschichte *Ory* AfP 02, 93; zum Europäischen Urheberrecht *Dreier/Flechsig/Reinbothe* ZUM 02, Heft 1). Folgen ergeben sich allenfalls hinsichtlich des Vergütungsanspruchs des ArbNUrhebers. Das Urheberrecht bezweckt vorrangig den Schutz der Persönlichkeit der geistigen Urheber (Schöpfer) von Werken der Literatur, Wissenschaft und Kunst. Erst in zweiter Linie sichert es Art und Weise ihrer Verwertung. Im Arbeitsrecht hat es wegen der Einbeziehung von Computerprogrammen in den Schutzbereich des UrhG an Bedeutung gewonnen. 1

**b) Geschützte Werke** können insbesondere Sprachwerke aus allen Gebieten der Dichtkunst, der Wissenschaft und des täglichen praktischen Lebens sein (Romane, Lehrbücher, Kalender) sowie Reden, Musikwerke, Choreographien und pantomimische Werke, bildende Kunst (Gemälde, Skulpturen), Baukunst und angewandte Kunst (künstlerische Handwerksarbeiten), Lichtbild-, Film- und Fernsehwerke (§ 2 UrhG). Zu den geschützten Werken gehören auch Programme für die Datenverarbeitung (§ 2 Abs 1 Nr 1 UrhG). Vorausgesetzt wird bei allen Werken, dass sie eine **persönliche geistige Schöpfung** darstellen (§ 2 Abs 2 UrhG). Fehlt es daran, kommen Schutzrechte nach §§ 70 ff UrhG in Betracht. Zur Vorenthaltung des Besitzes an Dias, die der ArbN dem ArbGeb zur Katalogfertigung überlassen hatte BAG 8.8.2000 – 9 AZR 428/99, BeckRS 2000, 30786071. Ob eine Schaufensterdekoration urheberrechtlich geschützt sein kann, hat das BAG (12.3.97 – 5 AZR 669/95, NZA 97, 765) offen gelassen. 2

**c) Design.** Am 1.1.2014 ist das DesignG (Gesetz über den rechtlichen Schutz von Design, BGBl I 390), das den Begriff des **„Geschmacksmusters"** durch „Design" ersetzt hat, in Kraft getreten. Gegenstand des Schutzes ist nicht mehr das Muster, sondern das Design. Design wird definiert als die zweidimensionale oder dreidimensionale Erscheinungsform eines ganzen Erzeugnisses oder eines Teils davon, die sich insbes aus den Merkmalen der Linien, Konturen, Farben, der Gestalt, Oberflächenstruktur oder der Werkstoffe des Erzeugnisses selbst oder seiner Verzierung ergibt (§ 1 Nr 1 DesignG). Das Recht auf das eingetragene Design steht dem Entwerfer oder seinem Rechtsnachfolger zu, § 7 Abs 1 DesignG. Dem ArbGeb steht dieses Recht zu, sofern ein ArbN das Design in Ausübung seiner Aufgaben oder nach Weisung des ArbGeb entworfen hat, § 7 Abs 2 DesignG. Sind diese Voraussetzungen erfüllt, erfolgt der Rechtserwerb des ArbGeb originär und kraft Gesetzes. Die Abgrenzung zum **Erfindungsrecht** bestimmt sich nach dem Gegenstand der Leistung des ArbN. Patentrechtlicher Schutz kommt nur bei Lösung technischer Aufgaben in Betracht (→ *Arbeitnehmererfindung* Rn 6). Die Patentierfähigkeit von **Computerprogrammen** ist nicht ausgeschlossen (BGH 23.10.01 – X ZR 72/98, NZA-RR 02, 202 mit Anm *Schricker* EWiR 02, 319; ausführlich *Benecke* NZA 02, 883). 3

**2. Urheberrechte.** Unterschieden wird zwischen den **immateriellen Rechten** und den materiellen Nutzungsrechten. Urheber ist der geistige Schöpfer des Werkes, der in seinen geistigen und persönlichen Beziehungen zum Werk und seiner Nutzung geschützt wird (§§ 7, 11 UrhG). Das Urheber-Persönlichkeitsrecht erfasst insbes das Recht zur Veröffentlichung, zur Anerkennung der Urheberschaft und Benennung (§§ 12–14 UrhG). Es ist nicht übertragbar, wohl aber vererblich (§§ 28–30 UrhG). 4

Die **materiellen Nutzungsrechte** können ganz oder teilweise übertragen werden. Hierzu gehören ua das Recht zur Vervielfältigung, Ausstellung, Verbreitung, Vermietung (§§ 15 ff UrhG). Die Nutzung kann insgesamt oder auch nur für einzelne Nutzungsarten vereinbart werden, als einfaches oder ausschließliches Recht (§ 31 UrhG). Sind bei der Einräumung des Nutzungsrechtes die Nutzungsarten, auf die sich das Recht erstrecken soll, nicht einzeln bezeichnet, so bestimmt sich der Umfang des Nutzungsrechts nach dem mit seiner Einräumung verfolgten Zweck (§ 31 Abs 5 UrhG). Entsprechendes gilt für die Frage, ob ein Nutzungsrecht eingeräumt wird, ob es sich um ein einfaches oder ausschließliches Nutzungsrecht handelt, wie weit Nutzungsrecht und Verbotsrecht reichen und welchen Einschränkungen das Nutzungsrecht unterliegt. Das ist seit 1.7.02 in § 31 Abs 5 Satz 2 UrhG ausdrücklich in Übereinstimmung mit der ganz herrschenden Auffassung klargestellt (BT-Drs 14/6433).

5 **3. Zuordnung.** Zentrale Vorschrift für das Arbeitsvertragsrecht ist § 43 UrhG. Danach sind die §§ 31 ff auch anzuwenden, wenn der Urheber das Werk „in Erfüllung seiner Verpflichtungen aus einem Arbeits- oder Dienstverhältnis geschaffen hat, soweit sich aus dem Inhalt oder Wesen des Arbeits- oder Dienstverhältnisses nichts anderes ergibt". Aus der Verweisung auf die für die Nutzungsverträge des freien Urhebers mit Dritten geltenden Vorschriften folgt nach ganz hM die sog **Zweckübertragungstheorie,** dh der Umfang der übertragenen Rechte bestimmt sich nach dem Zweck des zugrunde liegenden Vertrages (BGH 22.2.74 – I ZR 121/72, DB 74, 1242 – Hummel; zuletzt BAG 12.3.97 – 5 AZR 669/95, NZA 97, 765). Zur AGB-rechtlichen Zulässigkeit von Vereinbarungen mit dem ArbNUrheber: *Ernst* MDR 15, 861.

6 **a) Auftrags- oder Pflichtwerke.** Die Rechtsübertragung, die auch stillschweigend erfolgen kann, wird immer angenommen, wenn der ArbN das Werk im Rahmen seiner unmittelbaren Aufgabenerledigung geschaffen hat. Das Bemühen um eine Lösung der gestellten Aufgabe wie auch das Arbeitsergebnis selbst gehören dann unmittelbar zu seiner arbeitsvertraglich geschuldeten Leistung (BAG 13.9.83 – 3 AZR 371/81, DB 84, 991 – Statikprogramm; LAG München 16.5.85 – 4 Sa 28/86, BeckRS 1986, 30716911). Der ArbGeb wird Inhaber des **Arbeitsergebnisses** mit der Folge, dass er ein umfassendes materielles Nutzungsrecht erwirbt. Die **immateriellen Urheberrechte** verbleiben dagegen in jedem Fall beim ArbN (zB Benennungs- und Zugangsrecht). Dem entspricht § 69b UrhG, der für **Computerprogramme** ausdrücklich bestimmt, dass der ArbGeb alle vermögensrechtlichen Befugnisse erwirbt, wenn der ArbN das Programm in Wahrnehmung seiner Aufgaben oder nach den Anweisungen seines ArbGeb geschaffen hat. Hierfür ist unerheblich, ob der ArbN das Programm in seiner Freizeit oder während der regulären Arbeitszeit geschaffen hat (OLG Köln 25.2.05 – 6 U 132/04, CR 05, 557). Anderes muss ausdrücklich vereinbart sein. Das **materielle Nutzungsrecht** des ArbGeb ist umfassend. Das Werk kann betriebsintern durch eigene Verwendung wie auch extern durch Einräumung von Lizenzen oder Übertragung von Nutzungsrechten verwertet werden. Es ist zeitlich unbeschränkt und endet nicht mit der Beendigung des Arbeitsverhältnisses. Zur Auslegung iS eines einfachen (auf den Betrieb beschränkten) Nutzungsrechts und zur zeitlichen Dauer vgl BAG 21.8.96 – 5 AZR 1011/94, NZA 96, 1342 und BGH 12.5.10 – I ZR 209/07, GRUR 11, 99.

7 **b) Gelegenheitswerke.** Gehört die Erstellung des Werks nicht unmittelbar zum Auftrag des ArbN, kommt ebenfalls eine stillschweigende Nutzungsübertragung an den ArbGeb in Betracht (str, *Schwab* NZA-RR 15, 5). Maßgebend sind die Umstände des Einzelfalls, wobei die Entwicklung des Arbeitsverhältnisses und der Stand der Technik zu berücksichtigen sind. Die Zuordnung der Nutzungsrechte zum ArbGeb hat das BAG für den Fall bejaht, dass der ArbN ein urheberrechtsgeschütztes Werk unter Zuhilfenahme betrieblicher Mittel innerhalb und außerhalb der Arbeitszeit entwickelt, das er dann vorbehaltlos in den Betriebsablauf eingebracht hat (BAG 13.9.83 – 3 AZR 371/81, DB 83, 2038 – Statikprogramm). Im Ergebnis werden alle Programme erfasst, die der ArbN während seiner Arbeitszeit mit Billigung und auf Kosten des ArbGeb erstellt. Das gilt auch, wenn sich aus dem Arbeitsvertrag nicht ergibt, dass der ArbN die Erstellung des Programms schuldet (Kammergericht 28.1.97 – 5 W 6232/96, NZA 97, 718). Anderes gilt, wenn der ArbN vor Beginn des Arbeitsverhältnisses urheberrechtlich geschützte Darstellungen fertigt und unter Hinweis auf sein Urheberrecht verbreitet hat (BGH 10.5.84 – I ZR 85/82, DB 85, 587). Der später begründete Arbeitsvertrag verpflichtet dann nicht zur Überlassung des geschützten Werkes.

**c) Freie Werke.** Mitarbeiter, die außerhalb ihrer Arbeitszeit und ihres Arbeitsverhältnisses ein urheberrechtsgeschütztes Werk schaffen, können dieses frei verwerten und nutzen. Eine Grenze ergibt sich aus dem vom ArbN während des Arbeitsverhältnisses zu beachtenden Wettbewerbsverbot. Ob der ArbN darüber hinaus verpflichtet ist, dem ArbGeb sein Werk anzubieten, ist zweifelhaft. 8

**4. Vergütung. a) Grundsätze.** Der ArbNUrheber kann regelmäßig keine gesonderte Vergütung beanspruchen, wenn der ArbGeb ohnehin Inhaber des Arbeitsergebnisses wird. Seine schöpferische Leistung ist mit dem vereinbarten Entgelt (§ 611 BGB) abgegolten, sog Abgeltungstheorie (BAG 13.9.83 – 3 AZR 371/81, NJW 84, 1579; ausführlich BGH 23.10.01 – X ZR 72/98, NZA-RR 02, 202 – Wetterführungspläne II – auch zur Verfassungsgemäßheit des Ausschlusses von Entgeltansprüchen im Gegensatz zum Recht der *Arbeitnehmererfindung*). AA sind die Verfechter der sog Trennungstheorie (s hierzu MünchArbR/*Bayreuther* § 91 Rn 20). 9

**b) Sonderleistung.** Nach bisherigem Recht war anerkannt, dass sich ein Vergütungsanspruch aus § 36 UrhG aF ergeben konnte, nämlich dann, wenn der ArbGeb aus der wirtschaftlichen Verwertung des Werkes übermäßigen Gewinn erzielte, so dass zwischen Leistung und Gegenleistung ein grobes Missverhältnis bestand (BGH 23.10.01 – X ZR 72/98, NZA-RR 02, 202 – Wetterführungspläne II). Nach § 32 UrhG hat der Urheber nunmehr grds Anspruch auf eine **angemessene Vergütung;** nach § 32a UrhG (sog Fairnessausgleich) kann er unter den dort näher bestimmten Voraussetzungen eine „weitere Beteiligung" beanspruchen. Die Anwendbarkeit dieser Vorschriften auf das ArbNUrheberrecht ist streitig (ablehnend *Ory* AfP 02, 93; MünchArbR/*Bayreuther* § 91 Rn 21 ff; bejahend *Konertz* NZA 17, 614 und LG Stuttgart 26.7.18 – 17 O 1324/17, GRUR-RR 19, 241). Ebenfalls streitig ist die Geltung der mit der jüngsten Reform des UrhG durch das Gesetz zur verbesserten Durchsetzung des Anspruchs der Urheber und ausübenden Künstler auf angemessene Vergütung und zur Regelung von Fragen der Verlegerbeteiligung vom 20.12.2016 (BGBl I 3037) eingeführten Rechte auf Auskunft und Rechnungslegung (§ 32d und § 32e UrhG) im Arbeitsverhältnis (hierzu *Konertz* NZA 17, 614). Gleiches gilt für das neu eingeführte Recht auf Zweitverwertung (§ 40a UrhG, s hierzu ebenfalls *Konertz* NZA 17, 614). 10

Richtigerweise ist jedenfalls § 32a UrhG zu berücksichtigen, der in seiner „Grundstruktur" § 36 UrhG aF entspricht (*Grobys/Foerstl* NZA 02, 1015; *Wimmers/Rode* CR 03, 399). Die Verpflichtung zur Zahlung einer zusätzlichen Vergütung entspricht dem Recht der Verbesserungsvorschläge (→ *Verbesserungsvorschläge* Rn 3). Nach Treu und Glauben besteht aber jedenfalls dann ein Anspruch auf eine zusätzliche Vergütung, wenn die ArbN eine besondere Leistung erbringt, die über die übliche Arbeitsleistung hinaus geht (*Schwab* NZA-RR 15, 5).

**5. Sonstiges.** Zuständig für die Geltendmachung der Urheber-Vergütung sind die ordentlichen Gerichte (§ 104 UrhG; BAG 12.3.97 – 5 AZR 669/95, NZA 97, 765). Das soll auch für die Herausgabe von Druckcodes gelten (LAG BaWü 22.8.06 – 18 Ta 9/06, AE 07, 266). Eine bereits vereinbarte Vergütung ist gem § 104 S 2 UrhG beim ArbG geltend zu machen (LAG Hamm 30.6.08 – 2 Ta 871/07, BB 08, 1897; LAG BaWü 31.5.10 – 3 Ta 5/10 – GRURPrax 10, 376). Die Vergütung muss nicht im Arbeitsvertrag, sie kann auch in einem Tarifvertrag vereinbart sein (BAG 27.3.19 – 5 AZR 71/18, NZA 19, 1228 zum MTV Zeitschriften). Die Vereinbarung muss die Höhe der Vergütung verbindlich regeln, damit die Zuständigkeit der ArbG gegeben ist (OLG Düsseldorf 7.1.16 – I-20 W 84/15, 20 W 84/15, GRUR-RR 16, 311). 11

## B. Lohnsteuerrecht *Seidel*

Da der ArbGeb vom ArbN hier im Gegensatz zur ArbNErfindung nur die Einräumung der Nutzungsrechte verlangen kann, das Recht selbst jedoch beim ArbNUrheber verbleibt, schuldet der ArbGeb idR auch keine besondere Vergütung; diese ist vielmehr im Arbeitslohn enthalten (→ Rn 10) und unterliegt damit dem LStAbzug nach den allgemeinen Vorschriften. Erfolgt jedoch ausnahmsweise eine Zahlung des ArbGeb (→ Rn 10), gelten die unter dem Stichwort → *Arbeitnehmererfindung* Rn 31 dargestellten Grundsätze entsprechend. Gehört die Schaffung schutzfähiger Werke nicht zu den arbeitsvertraglichen Pflichten 12 des ArbN und entwickelt er diese außerhalb des Dienstverhältnisses, so dürfte es sich idR bei einer entgeltlichen Nutzungsüberlassung an den ArbGeb nicht um Arbeitslohn, sondern um Einkünfte aus selbstständiger (freiberuflicher) Tätigkeit handeln (BFH 23.4.03 – IX R 57/99, BFH/NV 03, 1311; zur Einordnung BFH 2.3.11 – II R 5/09, BFH/NV 11, 1147 und → *Arbeitnehmer (Begriff)* Rn 42, 43).

### C. Sozialversicherungsrecht *Schlegel*

13 Werden dem ArbGeb im Rahmen des bestehenden oder abgeänderten Arbeitsvertrages **Nutzungs-/Urheberrechte des Arbeitnehmers** eingeräumt (zum Gegenstand derartiger Rechte → Rn 2, 3) und wird dies bei der Höhe des Arbeitsentgelts berücksichtigt, treten keine beitrags- oder leistungsrechtlichen Besonderheiten auf; die SozV und ArblV knüpfen nämlich an das Arbeitsentgelt iSd § 14 SGB IV an, ohne danach zu fragen, wie sich das Arbeitsentgelt im Einzelnen zusammensetzt.

14 Wird indessen eine **besondere Zahlung** des ArbGeb nach § 36 UrhG vereinbart und diese auch von den Arbeitsvertragsparteien als vom Arbeitsvertrag rechtlich losgelöst behandelt, ist es gerechtfertigt, die Zahlungen des ArbGeb insoweit als Arbeitseinkommen des ArbN iSd § 15 SGB IV zu behandeln; dies hat für den ArbN den Vorteil, dass er Aufwendungen, die für das geschützte Werk erforderlich waren, nach steuerrechtlichen Gewinnermittlungsvorschriften absetzen darf und nur der nach dem EStG ermittelte Gewinn in die Bemessungsgrundlage für eine Beitragszahlung eingeht. Vgl im Übrigen → *Arbeitnehmererfindung* Rn 31 ff; → *Verbesserungsvorschläge* Rn 13 ff.

15 Zur Abgrenzung des Kunstbegriffs in der **Künstlersozialversicherung** gegenüber demjenigen des Steuer- und Urheberrechts BSG 30.1.01 – B 3 KR 1/00 R Rz 17, SozR 3–5425 § 2 Nr 11 mwNachw).

# Urlaubsabgeltung

### A. Arbeitsrecht *Röller*

1 **1. Entstehen des Urlaubsabgeltungsanspruchs. a)** Nach § 7 Abs 4 BUrlG hat der ArbGeb den Urlaubsanspruch des ArbN abzugelten, wenn der Urlaub wegen Beendigung des Arbeitsverhältnisses nicht mehr gewährt werden kann. Handlungen des ArbGeb oder des AbN bedarf es hierfür nicht (BAG 19.8.03 – 9 AZR 619/02, BeckRS 2003, 41889; 5.12.95 – 9 AZR 871/94, NZA 96, 594). § 7 Abs 4 BUrlG erfasst auch den Anspruch auf Abgeltung des sog Ersatzurlaubs, der nach bisheriger Rspr des BAG als Schadensersatzanspruch an die Stelle des ursprünglichen Urlaubsanspruchs tritt (BAG 16.5.17 – 9 AZR 572/16, NZA 17, 1056). S → *Urlaubsanspruch* Rn 13.

**b) Surrogationstheorie.** Nach der früher vom BAG vertretenen Surrogationstheorie war der Abgeltungsanspruch hinsichtlich seiner Entstehung und Fortdauer an dieselben Voraussetzungen gebunden wie der Urlaubsanspruch selbst. War der ArbN über das Urlaubsjahr und den Übertragungszeitraum hinaus arbeitsunfähig erkrankt, fehlte es an einem erfüllbaren Urlaubs- und damit auch Abgeltungsanspruch (BAG 27.5.03 – 9 AZR 366/02, NZA 04, 1064). Der EuGH entschied in der „Schultz-Hoff"-Entscheidung, dass diese Verknüpfung zwischen dem Urlaubsanspruch und dem Abgeltungsanspruch sekundärem Gemeinschaftsrecht widerspricht (EuGH 20.1.09 – C-350/06, NZA 09, 135: → *Urlaubsanspruch* Rn 12 ff). Das BAG gab deshalb die Surrogationstheorie auf. Der Anspruch auf Urlaubsabgeltung entsteht mit Beendigung des Arbeitsverhältnisses als reiner Geldanspruch (BAG 22.9.15 – 9 AZR 170/14, NZA 16, 37; 14.5.13 – 9 AZR 844/11, NZA 13, 1098), wenn ein bis dahin **bestehender Urlaubsanspruch** nicht oder noch nicht voll erfüllt ist, und wird mit diesem Zeitpunkt fällig (§ 7 Abs 4 BUrlG). Für den Abgeltungsanspruch kommt es nicht auf die Art der Beendigung des Arbeitsverhältnisses an. Er entsteht auch dann, wenn das Arbeitsverhältnis wegen Eintritts in den Ruhestand (EuGH 20.7.16 – C 341/15, NZA 16, 1067), Erwerbsminderung, wegen Befristung oder aufgrund verhaltensbedingter, auch außerordentlicher Kündigung des ArbGeb (BAG 20.1.15 – 9 AZR 585/13, NZA-RR 15, 399) endet. Nicht erforderlich ist, dass der ArbN zum Zeitpunkt der

Beendigung des Arbeitsverhältnisses (wieder) arbeitsfähig ist (BAG 22.9.15 – 9 AZR 170/14, NZA 16, 37; 14.5.13 – 9 AZR 844/11, NZA 13, 1098).

**c)** Bei einem **Tod des ArbN** gehört der entstandene Urlaubsabgeltungsanspruch zum Nachlass, der nach § 1922 Abs 1 BGB auf die Erben übergeht (BAG 22.9.15 – 9 AZR 170/14, NZA 16, 37; aA noch BAG 12.3.13 – 9 AZR 532/11, NZA 13, 678). Stirbt der ArbN während des bestehenden Arbeitsverhältnisses, war strittig, ob die Urlaubsansprüche des ArbN erlöschen (so BAG 12.3.13 – 9 AZR 532/11, NZA 13, 678) oder sich in einem Urlaubsabgeltungsanspruch zugunsten der Erben umwandeln (so LAG Köln 14.7.16 – 8 Sa 324/18, BeckRS 2016, 72946; LAG Dü 15.12.15 – 3 Sa 21/15, BeckRS 2016, 67518; jew unter Berufung auf EuGH 12.6.14 – C-118/13, NZA 14, 651; sa Schmidt NZA 14, 701). Das BAG legte diese Frage dem EuGH zur Entscheidung vor (BAG 18.10.16 – 9 AZR 196/16 (A), NZA 17, 207). Der EuGH bestätigte mit Urteil v 6.11.18, dass der Anspruch des ArbN auf bezahlten Jahresurlaub nach dem Unionsrecht nicht mit seinem Tod untergeht und die Erben eine finanzielle Vergütung für den nicht genommenen bezahlten Jahresurlaub verlangen können (EuGH 6.11.18 – C-569/16, C-570/16, BeckRS 2018, 27416). Das BAG hat in mehreren Urteilen vom 22.1.19 die Vorgaben des EuGH umgesetzt. Bei richtlinienkonformer Auslegung der §§ 1, 7 Abs 4 BUrlG steht dem Erben eines im laufenden Arbeitsverhältnis verstorbenen ArbN nach § 1922 Abs 1 BGB iVm § 7 Abs 4 BUrlG ein Anspruch auf Abgeltung des von diesem nicht genommenen gesetzlichen Urlaubs einschl des Zusatzurlaubs für behinderte Menschen gem § 208 Abs 1 SGB IX zu (BAG 22.1.19 – 9 AZR 45/16, NZA 19, 829). 2

**d)** Der **Urlaubsabgeltungsanspruch** nach § 7 Abs 4 BUrlG ist nicht auf den gesetzlichen Mindesturlaub iSd §§ 1, 3 BUrlG beschränkt, sondern **umfasst den gesamten Urlaubsanspruch** des ArbN, der bei Beendigung noch nicht erfüllt ist. Durch einzelvertragliche Vereinbarungen (BAG 18.10.11 – 9 AZR 303/10, NZA 12, 143) oder tarifvertragliche Vorschriften kann zugunsten des ArbN von den gesetzlichen Regelungen abgewichen werden. Hinsichtlich des über den gesetzlichen Urlaubsanspruch hinausgehenden Urlaubs können die Tarifvertragsparteien die Abgeltung an weitere Voraussetzungen knüpfen oder den Anspruch erweitern (BAG 22.1.19, NZA 19, 829; ErfK/*Gallner* § 7 BUrlG Rn 50 mwN). 3

**e)** Im **fortbestehenden Arbeitsverhältnis** ist eine Abgeltung des gesetzlichen Mindesturlaubs **nicht zulässig** (BAG 20.4.12 – 9 AZR 504/10, NZA 12, 982; 14.3.06 – 9 AZR 312/05, NZA 06, 1232); dies gilt auch für Teilurlaubsansprüche. Die Abgeltung von Urlaubsansprüchen, die bei einer Altersteilzeit zum Zeitpunkt des Übergangs in die Freistellungsphase noch nicht erfüllt waren, scheidet nach § 7 Abs 4 BUrlG deshalb aus (BAG 16.5.17 – 9 AZR 572/16, NZA 17, 1056; 15.3.05 – 9 AZR 143/04, NZA 05, 994). Wird entgegen dem Abgeltungsverbot ein noch bestehender gesetzlicher Urlaubsanspruch abgegolten, liegt darin keine Erfüllung des Urlaubsanspruchs. Der ArbG bleibt verpflichtet, den Urlaub zu gewähren. Aus der Zustimmung des ArbN kann der Einwand der rechtsmissbräuchlichen Geltendmachung des Abgeltungsanspruchs allein nicht hergeleitet werden (BAG 21.3.68, ArbuR 68, 154). Die Rückforderung eines bereits ausgezahlten Abgeltungsanspruchs kann gem §§ 814, 817 Satz 2 BGB ausgeschlossen sein. 4

**2. Inhalt des Urlaubsabgeltungsanspruchs.** Der Abgeltungsanspruch ist Ersatz für den nicht verwirklichten Anspruch auf Freistellung von der Arbeitspflicht. Er ist gerichtet auf Zahlung eines Geldbetrags. Die Berechnung der Abgeltung erfolgt nach den Regeln des § 11 BUrlG (→ *Urlaubsentgelt* Rn 3 ff). 5

**3. Pfändbarkeit und Abtretbarkeit.** Der Urlaubsabgeltungsanspruch kann in den Grenzen nach § 850c ZPO **ge- und verpfändet** werden; er ist **abtretbar** (BAG 28.8.01 – 9 AZR 611/99, BB 01, 2378). Im Rahmen der Pfändungsgrenzen kann der ArbGeb gegenüber dem Anspruch auf Urlaubsabgeltung aufrechnen (ErfK/*Gallner* § 7 BUrlG Rn 81). 6

**4. Verzicht.** Nach Beendigung des Arbeitsverhältnisses kann der ArbN auf den ihm zustehenden Urlaubsabgeltungsanspruch, zB durch eine Ausgleichsklausel in einem Vergleich verzichten. Unionsrecht steht dem nicht entgegen (BAG 14.5.13 – 9 AZR 844/11, NZA 13, 1098). Im laufenden Arbeitsverhältnis ist ein Verzicht hingegen nicht möglich. Dies verstößt zumindest in Bezug auf den gesetzlichen Mindesturlaub gegen § 13 Abs 1 Satz 3 BUrlG. 7

8 **5. Verjährung und Ausschlussfristen. a) Verjährung.** Als reiner Geldanspruch verjährt der Abgeltungsanspruch gem §§ 195, 199 BGB in drei Jahren (BAG 19.3.19 – 9 AZR 881/16, NZA 19, 1046; 19.1.16 – 2 AZR 449/15, NZA 16, 1144).

**b) Ausschlussfristen.** Der Urlaubsabgeltungsanspruch, auch der auf Abgeltung des nach lang andauernder AU bestehenden gesetzlichen Mindesturlaubs unterfällt den arbeitsvertraglichen und tariflichen Ausschlussfristen (BAG 22.1.19 – 9 AZR 45/16, NZA 19, 829; 18.9.18 – 9 AZR 162/18, NZA 18, 1619; 20.1.15 – 9 AZR 585/13, NZA-RR 15, 399; ErfK/*Gallner* § 7 BUrlG Rn 86). Art 7 der europäischen Arbeitszeitrichtlinie verlangt nicht, dass die Ausschlussfrist für Urlaubsabgeltungsansprüche den Bezugszeitraum des Urlaubsanspruchs deutlich übersteigt. Eine zweimonatige, selbst eine sechswöchige tarifliche Ausschlussfrist genügt den unionsrechtlichen Anforderungen (BAG 6.5.14 – 9 AZR 758/12, BeckRS 2014, 70814 18.9.12 – 9 AZR 1/11, NZA 13, 216). Ausreichend zur Geltendmachung ist, wenn der Anspruch auf Urlaubsabgeltung dem Grunde nach bezeichnet wird (BAG 16.4.13 – 9 AZR 731/11, NZA 13, 850). In der Erhebung einer Kündigungsschutzklage liegt nicht die schriftliche Geltendmachung des Urlaubsabgeltungsanspruchs iS einer arbeitsvertraglichen Verfallsklausel (BAG 17.10.17 – 9 AZR 80/17, NZA 18, 57).

9 **6. Insolvenz.** Der nach Eröffnung des Insolvenzverfahrens zu erfüllende Urlaubsabgeltungsanspruch gehört zu den Masseverbindlichkeiten iSd § 55 Abs 1 Nr 2 InsO. Dies gilt auch für Urlaubsansprüche, die aus dem Vorjahr stammen und infolge rechtzeitiger Geltendmachung nicht verfallen sind (BAG 24.11.06 – 9 AZR 97/05, NZA 07, 696; 15.2.05 – 9 AZR 78/04, DB 05, 2197).

10 **7. Muster.** S Online-Musterformular *„M43.3 Urlaub"*.

**B. Lohnsteuerrecht** *Seidel*

11 Entschädigungen, die für nicht gewährten Urlaub gezahlt werden, sind **steuerpflichtiger Arbeitslohn** (LStR 19.3 Abs 1 Nr 2). Da sie nicht zum laufenden Arbeitslohn gehören, stellen sie einen **sonstigen Bezug** iSd § 39b Abs 3 EStG dar (→ *Einmalzahlungen* Rn 31 und → *Sonstige Bezüge* Rn 2 ff). Die darauf entfallende LSt ergibt sich aus dem **Unterschiedsbetrag** der JahresLSt auf den voraussichtlichen Jahresarbeitslohn ohne den sonstigen Bezug und der JahresLSt auf den maßgebenden Jahresarbeitslohn unter Einbeziehung des sonstigen Bezugs (§ 39b Abs 3 Sätze 1–8 EStG; zur Berechnung im Einzelnen → *Sonstige Bezüge* Rn 4–9). Urlaubsabgeltungen aus der Urlaubs- und **Lohnausgleichskasse der Bauwirtschaft** für nicht angetretenen Urlaub (Lohnzahlung durch Dritte) sind zwar stpfl, unterliegen aber nicht dem LStAbzug durch den ArbGeb, so dass auf sie die Härteregelung und § 46 Abs 5 EStG anzuwenden ist (BFH 21.2.03 – VI R 74/00, BStBl II 03, 496; s auch 27.11.14 – I R 69/13, BStBl II 15, 793 zu einem in der Schweiz beschäftigten Grenzgänger → *Antragsveranlagung* Rn 7 und → *Altersentlastungsbetrag* Rn 9 mit Beispiel).

Die bei Ende der Beschäftigung gezahlte Urlaubsabgeltung stellt keine steuerbegünstigte Entschädigung dar (→ *Außerordentliche Einkünfte* Rn 5 ff). Unter den Voraussetzungen des § 40 Abs 1 Nr 1 EStG ist eine **Pauschalierung** der LSt möglich, wenn Urlaubsabgeltungen in einer größeren Zahl von Fällen geleistet werden (→ *Lohnsteuerpauschalierung* Rn 14, 16). Zur lohnsteuerlichen Behandlung bei Übergang des Anspruches auf Urlaubsabgeltung an die Agentur für Arbeit (→ Rn 16) → *Erstattungsanspruch der Agentur für Arbeit* Rn 12 (Übergang nach § 115 SGB X – wie AlGeld –).

**C. Sozialversicherungsrecht** *Schlegel*

12 **1. Keine Mitgliedschaft/Versicherungspflicht.** In der SozV und ArblV besteht während der Zeit einer – nach Ausscheiden aus dem Beschäftigungsverhältnis gewährten – Urlaubsabgeltung keine Mitgliedschaft bzw keine Versicherungspflicht (zu einer früheren Rechtslage BT-Drs 10/3923 zu Nr 37 – § 168 AFG; BSG 11.12.86 – 12 RK 19/85, SozR 2200 § 405 Nr 11).

Eine Urlaubsabgeltung begründet für den Zeitraum der Abgeltung keine Versicherungspflicht in der SozV und der ArblV.

13 **2. Beitragsrecht.** Für eine bei Beendigung des Beschäftigungsverhältnisses gewährte Urlaubsabgeltung ist davon auszugehen, dass mit dem Ende des Arbeits-/Beschäftigungs-

verhältnisses zugleich die Beitrags- und Versicherungspflicht endet. Dies gilt für die KV, RV und ArblV gleichermaßen. Soweit eine Urlaubsabgeltung bei Beendigung des Beschäftigungsverhältnisses gezahlt wird, ist sie als **einmalig gezahltes Arbeitsentgelt** zu behandeln (BT-Drs 10/3923 Nr 37 – § 168 AFG; BSG 20.7.88 – 12 RK 1/88, SozR 7910 § 59 Nr 24; 26.1.67 – 3 RK 44/64, SozR Nr 21 zu § 160 RVO; umfassend hierzu insbes BSG 1.4.93 – 1 RK 38/92, SozR 3–2200 § 182 Nr 16). Dh, die Urlaubsabgeltung wird zunächst dem Abrechnungszeitraum zugeordnet, in dem sie gezahlt wird. Übersteigt die Summe von Urlaubsabgeltung und regulärem Monatslohn/-gehalt im Abrechnungszeitraum (Kalendermonat der Auszahlung) die monatliche Beitragsbemessungsgrenze/JAEGrenze, ist die Urlaubsabgeltung, soweit sie diese Grenze übersteigt, nicht etwa beitragsfrei. Vielmehr wird sie auch auf bestimmte zurückliegende Abrechnungszeiträume verteilt (allgemein zum einmalig gezahlten Arbeitsentgelt BSG 27.10.89 – 12 RK 9/88, BSGE 66, 34, 41 = SozR 2200 § 385 Nr 22; Einzelheiten zu diesem Verteilungsmodus → *Einmalzahlungen* Rn 14 ff; aktuelle Beitragsbemessungsgrenze bzw JAEGrenze → *Beitragsbemessungsgrenzen* Rn 8).

**3. Leistungsrecht. a) Arbeitslosenversicherung.** Wird der ArbN nach Beendigung des Arbeitsverhältnisses arbeitslos und hat er wegen Beendigung des Arbeitsverhältnisses eine Urlaubsabgeltung erhalten (1. Alternative) oder zu beanspruchen (2. Alternative) so ruht der Anspruch auf AlGeld für die Zeit des abgegoltenen Anspruchs (§ 157 Abs 2 SGB III), und zwar auch dann, wenn der ArbN von Rechts wegen keinen durchsetzbaren Anspruch auf die Urlaubsabgeltung mehr hätte, weil er arbeitsrechtlich bereits verfallen ist (zum Erlöschen des Anspruchs → Rn 6). Nach der 1. Alternative des § 157 Abs 2 Satz 1 SGB III reicht es für den Eintritt des Ruhenstatbestandes aus, wenn der ArbN, obwohl er keinen Anspruch auf eine Urlaubsabgeltung hat, dennoch eine Urlaubsabgeltung erhalten hat. Dafür, dass auch Leistungen, auf die der ArbN nach urlaubsrechtlichen Vorschriften keinen Rechtsanspruch hat, Urlaubsabgeltungen sein können, spricht schon der Wortlaut der Vorschrift. Das Tatbestandsmerkmal „erhalten hat" wäre neben dem Tatbestandsmerkmal „zu beanspruchen hat" überflüssig, wenn damit nicht eigenständige Sachverhalte erfasst werden sollten, bei denen gerade kein urlaubsrechtlicher Anspruch besteht. Zweck des § 157 Abs 2 SGB III ist es, die Zahlung von AlGeld durch die Versichertengemeinschaft in jenen Fällen zu verhindern, in denen der Arbeitslose auf die Gewährung der Lohnersatzleistung AlGeld nicht angewiesen ist, weil er für sein Arbeitsentgelt bereits ein anderweitiges Surrogat erhält, zu dem auch eine Urlaubsabgeltung zählt (BSG 29.7.93 – 11 RAr 17/92, nv). Dieser Zweck trifft nicht nur für den Fall zu, dass der ArbN eine Urlaubsabgeltung wegen **Beendigung des Arbeitsverhältnisses** erhält, sondern gleichermaßen auch auf den Fall, dass der ArbGeb eine derartige Leistung bereits vor dem Ende des Arbeitsverhältnisses wegen **Beendigung des Beschäftigungsverhältnisses** – möglicherweise – ohne Rechtsgrund bzw freiwillig erbringt und der ArbN diese Leistung annimmt. Denn in beiden Fallgruppen steht dem ArbN Arbeitsentgelt zur Verfügung, mit dem er etwa auch den früher entgangenen Urlaub nachholen kann. Was insoweit für eine nach beendetem Arbeitsverhältnis gezahlte Urlaubsabgeltung gilt, muss auch für eine solche vor dessen Beendigung gelten, weil ansonsten der Zweck der Gesamtregelung, Doppelleistungen umfassend zu vermeiden, verfehlt würde. Aus diesem Grund führt die Zahlung einer Urlaubsabgeltung wegen Beendigung des Beschäftigungsverhältnisses auch dann zum Ruhen des AlGeld-Anspruchs, wenn das Arbeitsverhältnis formal fortbesteht (BSG 23.1.97 – 7 RAr 72/94, SozR 3–4100 § 117 Nr 14). 14

Der Ruhenszeitraum beginnt mit dem Ende des die Urlaubsabgeltung begründenden Arbeitsverhältnisses (§ 157 Abs 2 Satz 2 SGB III). Der Anspruch auf eine Urlaubsabgeltung begründet bei der Insolvenz des ArbGeb **keinen Anspruch auf Insolvenzgeld.** Zwar gehört eine Urlaubsabgeltung zu den Ansprüchen aus dem Beschäftigungsverhältnis, jedoch werden nach § 166 Abs 1 Nr 1 SGB III vom Insolvenzgeld Ansprüche ausgeschlossen, die „wegen der Beendigung des Arbeitsverhältnisses oder für die Zeit nach Beendigung des Arbeitsverhältnisses" zu gewähren sind (BSG 20.2.02 – B 11 AL 71/01 R, SozR 3–4300 § 184 Nr 1). 15

Der sich gem §§ 5, 7 BUrlG ergebende Ruhenszeitraum läuft unabhängig davon ab, ob in dieser Zeit AlGeld beansprucht wird oder nicht; das Ruhen kann auch nicht dadurch vermieden werden, dass der Arbeitslose auf den Abgeltungsanspruch verzichtet. Gem § 157 16

Abs 3 SGB III kann die BA das AlGeld aber trotz Bestehens eines Anspruchs auf Urlaubsabgeltung auszahlen (sog Gleichwohlgewährung), doch geht dann der Anspruch des Arbeitslosen gegen seinen früheren ArbGeb auf die Zahlung der Urlaubsabgeltung gem § 115 SGB X iHd gezahlten Leistung auf die BA über.

17 **b) Krankenversicherung.** Als einmalig gezahltes Arbeitsentgelt kann eine nach Ausscheiden aus dem Beschäftigungsverhältnis gezahlte Urlaubsabgeltung bei der Berechnung der Höhe des Krankengeldes keine Berücksichtigung finden (BSG 1.4.93 – 1 RK 38/92, SozR 3–2200 § 182 Nr 16). Dies ist dahingehend zu verallgemeinern, dass eine Urlaubsabgeltung bei der **Berechnung von Lohnersatzleistungen,** die auf regelmäßig erzieltes Arbeitsentgelt abstellen, niemals berücksichtigt wird. Allerdings bewirkt eine für die Zeit nach Beendigung des Beschäftigungsverhältnisses gewährte Urlaubsabgeltung auch **kein Ruhen des Krankengeldanspruchs** (BSG 30.5.06 – B 1 KR 26/05 R, SozR 4–2500 § 49 Nr 4).

18 **c) Rentenversicherung.** Erhält ein Versicherter Rente wegen verminderter Erwerbsfähigkeit, dürfen bestimmte **Hinzuverdienstgrenzen** nicht überschritten werden (§ 96a SGB VI, → *Rentnerbeschäftigung* Rn 36). Fließen dem ArbN nach einer Freistellung von der Arbeit noch Zahlungen zu, die sich auf Zeiten seiner tatsächlichen Arbeitsleistung beziehen, sind diese nicht rentenschädlich. Dies gilt auch für Einmalzahlungen; einmalig gezahltes Arbeitsentgelt, das nicht aus ein einer während des Rentenbezugs noch bestehenden Beschäftigung stammt, kein rentenschädlicher Hinzuverdienst (BSG 10.7.12 – B 13 R 85/11 R, BeckRS 2012, 75084 für eine Urlaubsabgeltung). Eine Urlaubsabgeltung ist auf eine Rente grds in dem Monat anzurechnen, in dem der Anspruch auf die Urlaubsabgeltung entsteht. Dies gilt sowohl für den gesetzlichen Mindesturlaub als auch für den darüber hinausgehenden arbeitsvertraglich oder tarifvertraglich vereinbarten Mehrurlaub (BSG 26.4.2018 – B 5 R 26/16 R, BeckRS 2018, 19887; BSG 12.3.2019 – B 13 R 35/17 R, BeckRS 2019, 5055).

# Urlaubsanspruch

## A. Arbeitsrecht

*Röller*

### Übersicht

**1. Allgemeines.** Mit dem **BUrlG** v 8.1.63 (BGBl I 63, 2) wird ein **gesetzlicher Mindesturlaubsanspruch** für ArbN begründet. Das Ziel des BUrlG wird mit dem Begriff „Erholungsurlaub" umschrieben. Das BUrlG verpflichtet den ArbGeb zur zeitweisen Freistellung des ArbN von der ihm nach dem Arbeitsvertrag obliegenden Arbeitspflicht unter Fortzahlung der Vergütung, um ihm Gelegenheit zur selbstbestimmten Erholung zu geben (BAG 20.6.2000 – 9 AZR 405/99, NZA 01, 100). Auf ein konkretes Erholungsbedürfnis des ArbN und seine Freizeitgestaltung kommt es für das Entstehen, den Bestand und die Erteilung des Urlaubs in den Grenzen des § 8 BUrlG nicht an (BAG 20.5.08 – 9 AZR 219/07, NZA 08, 1237; ErfK/*Gallner* § 1 BUrlG Rn 5). 1

Die Vorschriften des BUrlG gelten zwingend nur für den gesetzlichen Mindesturlaub und den Zusatzurlaub für schwerbehinderte Menschen (§ 208 SGB IX). Die Arbeits-/Tarifvertragsparteien sind deshalb in der Ausgestaltung des **Mehrurlaubs**, dh den über den gesetzlichen Mindesturlaub hinausgehenden Urlaub nicht an das BUrlG gebunden. Voraussetzung ist jedoch, dass sich aus dem Arbeits-/Tarifvertrag deutliche Anhaltspunkte für einen Regelungswillen ergeben, zwischen gesetzlichem Mindesturlaub und übergesetzlichem Mehrurlaub zu unterscheiden. Anderenfalls ist von einem Gleichlauf für den gesamten Urlaubsanspruch auszugehen (BAG 25.6.19 – 9 AZR 546/17, NZA 19, 1577; 19.2.19 – 9 AZR 541/15, NZA 19, 982; 14.12.17 – 9 AZR 386/16, NZA 17, 655; 20.1.15 – 9 AZR 585/13, NZA-RR 15, 399). Neben dem BUrlG bestehen gesetzliche Urlaubsregelungen für den Bereich Heimarbeit (→ *Heimarbeit* Rn 35) im JArbSchG (→ *Jugendarbeitsschutz* Rn 36) und im Seemannsgesetz (§§ 53 ff SeemG). 2

**2. Inhalt des Urlaubsanspruchs. a) Freistellung und Entgeltzahlung.** Der Urlaubsanspruch war nach der früheren Rspr des BAG ein bedingter **Freistellungsanspruch** des ArbN **gegen den Arbeitgeber,** von den nach dem Arbeitsverhältnis entstehenden Arbeitspflichten befreit zu werden, ohne dass die **Pflicht zur Zahlung des Arbeitsentgelts** berührt wurde. § 1 BUrlG sollte keinen weiteren Anspruch auf Urlaubsentgelt begründen, der neben oder anstatt des Lohnanspruchs zu gewähren wäre (BAG 14.6.06 – 9 AZR 11/05, BeckRS 2006, 43271; 25.1.94 – 9 AZR 312/92, NZA 94, 652). Der EuGH geht anders als früher das BAG für das nationale Recht von einem aus Freistellung und Entgelt zusammengesetzten Einheitsanspruch aus (EuGH 6.11.18 – C-569/16, C-570/16, NZA 18, 1467; 11.11.15 – C-219/14, NZA 15, 1501). Die unterschiedlichen Auffassungen zum Inhalt des Urlaubsanspruchs haben erhebliche Auswirkungen auf zahlreiche urlaubsrechtliche Bestimmungen, von der Entstehung bis zur Erfüllbarkeit des Anspruchs, bei der Beurteilung des Anspruchs auf Urlaubsentgelt bis zur Urlaubsabgeltung. Das BAG geht in neueren Entscheidungen nunmehr davon aus, dass § 1 Abs 1 BUrlG insoweit Art 7 Abs 1 RL 2003/88/EG entspricht (BAG 21.1.19 – 9 AZR 45/16, NZA 19, 829; 20.8.19 – 9 AZR 468/18, NZA 19, 1581). § 1 BUrlG begründet nicht nur einen Freistellungsanspruch, sondern auch einen Anspruch des ArbN auf Bezahlung. 3

**b) Abgrenzung zur Freistellung aus anderen Gründen.** Der Urlaub nach dem BUrlG ist zu unterscheiden von anderen Freistellungsansprüchen des ArbN wie einzelvertraglicher oder tarifvertraglicher **Sonderurlaub,** Bildungsurlaub nach den BildungsurlaubG der Länder, **Mutterschaftsurlaub**, **Erholungsurlaub, Elternzeit** nach dem BEEG, **persönliche Verhinderung** nach § 616 BGB, **Freistellungen** nach dem JArbSchG, PflegeZG, FPfZG sowie dem **Annahmeverzug** nach § 615 BGB. 4

**c) Dauer des Urlaubs.** Der gesetzliche Urlaubsanspruch beträgt 24 Werktage (§ 3 Abs 1 BUrlG). Das BUrlG geht vom Tagesprinzip aus. Der Anspruch auf Arbeitsbefreiung besteht für Tage, nicht für Stunden (BAG 8.5.01 – 9 AZR 240/00, NZA 01, 1254). § 3 Abs 1 BUrlG geht von der Sechstagewoche aus. Bei einer Fünftagewoche führt eine regelmäßige Verteilung der Arbeitszeit auf die Tage Montag bis Freitag zu einem Anspruch auf 20 Tage Urlaub (BAG 8.9.98 – 9 AZR 161/97, NZA 99, 665). Einzelheiten s *Urlaubsdauer.* 5

**d) Unabdingbarkeit.** Der gesetzliche Urlaubsanspruch des ArbN ist nach § 13 Abs 1 Satz 1 BUrlG sowohl für die Arbeits- als auch für die Tarifvertragsparteien unabdingbar und unverzichtbar (BAG 19.6.18 – 9 AZR 615/17, NZA 18, 1480). Davon geht auch das Unionsrecht aus (EuGH 16.3.09 – C-131/04, NZA 06, 481). Auch durch Tarifvertrag kann deshalb nicht geregelt werden, dass es in bestimmten Arbeitsverhältnissen keinen oder keinen bezahlten Urlaub gibt (ErfK/*Gallner* § 13 BUrlG Rn 8). Urlaubsansprüche, die den 6 gesetzlichen Mindesturlaub von vier Wochen übersteigen, können von den Arbeitsvertrags-/Tarifvertragsparteien jedoch grds frei geregelt werden (BAG 14.12.17 – 9 AZR 386/16, NZA 17, 655; 10.12.13 – 9 AZR 279/12, BeckRS 2014, 68897).

7 **e) Übertragung des Urlaubsanspruchs auf Dritte.** Der Urlaubsanspruch kann nicht auf Dritte übertragen werden, wie sich aus § 613 Satz 2 BGB ergibt (ErfK/Gallner § 1 BUrlG Rn 23). Beim Tod des ArbN wandelt sich der Urlaubsanspruch in einen Urlaubsabgeltungsanspruch der Erben um. Einzelheiten → *Urlaubsabgeltung* Rn 3.

8 **3. Entstehen des Urlaubsanspruchs. a) Bestehen eines Arbeitsverhältnisses.** Anspruch auf Urlaub haben alle ArbN, die zu ihrer Berufsausbildung Beschäftigten sowie ArbNÄhnliche Personen (§§ 1, 2 BUrlG). ArbN sind auch die in **Teilzeit** (BAG 14.2.91, DB 91, 1987), **zur Aushilfe** (BAG 19.1.93, DB 93, 1781) und in **Ferienarbeit und in Nebentätigkeit Beschäftigten.** Für den Bereich der Heimarbeit gilt 12 BUrlG (→ *Heimarbeit* Rn 35). **Fremdgeschäftsführer** und **Minderheitsgesellschafter-Geschäftsführer** sind bei europarechtskonformer Auslegung idR ArbN iSv § 1 BUrlG (ErfK/Gallner § 1 BUrlG Rn 15 unter Hinweis auf EuGH 11.11.10 – C-232/09, NZA 11, 143; *Mehrens/Witschen* EuZA 19, 326). Für **Freiwillige** nach dem JFDG und im Rahmen des BFD gelten die Vorschriften des BUrlG entsprechend (§ 13 Satz 1 JFDG, § 13 BFDG).

9 **b) Ruhen des Arbeitsverhältnisses.** Das BAG ging bislang davon aus, dass das Entstehen des Urlaubsanspruchs allein vom rechtlichen Bestand des Arbeitsverhältnisses abhängt. Urlaubsansprüche konnten damit auch im ruhenden Arbeitsverhältnis entstehen. Es leitete dies aus der in § 13 Abs 1 Satz 1 BUrlG angeordneten Unabdingbarkeit des gesetzlichen Mindesturlaubsanspruchs ab (BAG 6.5.14 – 9 AZR 678/12, NZA 14, 959; 7.8.12 – 9 AZR 353/10, NZA 12, 1216). Unerheblich war, ob das Arbeitsverhältnis aufgrund einer gesetzlichen, tarifvertraglichen oder einzelvertraglichen Regelung ruhte. Der EuGH geht hingegen davon aus, dass Zeiten, in denen das Arbeitsverhältnis ruht, bei der Berechnung der Dauer des beanspruchbaren Urlaubs grds nicht berücksichtigt werden müssen. Der Zweck von Art 7 RL 2003/88 besteht darin, es dem ArbN zu ermöglichen, sich zum einen von der Ausübung der ihm nach seinem Arbeitsvertrag obliegenden Aufgaben zu erholen und zum anderen über einen Zeitraum der Entspannung und Freizeit zu verfügen. Dieser Zweck beruht auf der Prämisse, dass der ArbN im Laufe des Bezugszeitraums tatsächlich gearbeitet hat (EuGH 4.10.18 – C-12/17, NZA 18, 1323; 8.11.12 – C-229/11 und C-230/11, NZA 12, 1273). Das BAG scheint sich nun dem EuGH anzunähern. In einem Urteil vom 15.3.19 hat es entschieden, dass für die Berechnung des gesetzlichen Mindesturlaubs Zeiten eines unbezahlten Sonderurlaubs nicht berücksichtigt werden. Befindet sich ein ArbN in einem Kj durchgehend in einem unbezahlten Sonderurlaub, steht ihm mangels einer Arbeitspflicht kein Anspruch auf Erholungsurlaub zu (BAG 19.3.19 – 9 AZR 315/17, BeckRS 2019, 4803). Durch Urteile v 21.5.19 und 19.3.19 hat das BAG seine RsprKorrektur fortgesetzt. Auch bei einem Sonderurlaub, der sich nur auf einen Teil des Kj erstreckt, ist der Urlaubsanspruch für jeden vollen Monat des Sonderurlaubs um 1/12-tel zu kürzen (BAG 21.5.19 – 9 AZR 259/18; NZA 19, 1365, 19.3.19 – 9 AZR 406/17; NZA 19, 1435, sa Mehrens/Witschen EuZA 19, 326). Damit lassen sich auch Freistellungsregelungen im Rahmen von Vorruhestandsvereinbarungen, einer Sabbatical-Vereinbarung oder einer Freistellung im Rahmen eines Langzeitkontos (Wertguthaben im Sinne von § 7b SGB IV) lösen. Eine anteilige Minderung des gesetzlichen Mindesturlaubs kann hingegen nicht automatisch dann eingreifen, wenn spezialgesetzliche Regelungen bestehen, die das Entstehen eines ungekürzten Anspruchs explizit voraussetzen, wie zB § 17 Abs 1 Satz 1 BEEG, § 4 Abs 4 PflegeZG und § 4 Abs 1 ArbPlSchG. Nach diesen Regelungen ist der ArbGeb berechtigt, den Jahresurlaub für jeden vollen Monat des Ruhens während Elternzeit, Pflegezeit oder Wehrdienst um 1/12-tel zu kürzen, wobei das Kürzungsrecht nach der neuen Rechtsprechung des BAG nur bis zur Beendigung des Arbeitsverhältnisses wirksam ausgeübt werden kann (BAG 19.5.15 – 9 AZR 725/13, NZA 15, 989).

10 **c) Altersteilzeit.** Nicht geklärt durch die Rspr war lange die Frage, ob während der Freistellungsphase im Blockmodell Urlaubsansprüche entstehen können (verneinend: LAG Köln 13.12.18 – 7 Sa 269/18, BeckRS 2019, 44360; LAG Dü 13.7.18 – 6 Sa 272/18, NZA-RR 18, 648; bejahend: LAG Nds 18.1.17 – 13 Sa 126/16, NZA-RR 17, 288; ArbG Essen 21.12.15 – 6 Ca 908/15, BeckRS 2016, 73401; *Hamann* RdA 19, 137; *Heither/*

*Witkowski* NZA 18, 909; *Pröpper* DB 18, 1411). Das BAG hat diese Streitfrage durch Urteil v 24.9.19 geklärt. Nach Beendigung des Teilzeitarbeitsverhältnisses im Blockmodell besteht kein Anspruch auf Abgeltung von Urlaub für die Freistellungsphase (BAG 24.9.19 – 9 AZR 481/18, FD-ArbR 2019, 421104).

**4. Befristung des Urlaubsanspruchs. a) Grundsätze.** Der Urlaubsanspruch ist nach § 1 BUrlG auf das Kj und ggf auf den Übertragungszeitraum (§ 7 Abs 3 BUrlG) befristet. Er **erlischt** daher entweder **mit dem Jahresende oder dem Ende des Übertragungszeitraums** am 31. März des folgenden Kj (BAG 7.8.12 – 9 AZR 353/10, NZA 12, 1216; 26.6.69 – 5 AZR 393/68, NJW 69, 1981). Die Befristungsvorschrift des § 7 Abs 3 BUrlG ist grds mit Art 7 Abs 1 und Abs 2 der ArbeitszeitRL 2003/88/EG vereinbar (EuGH 20.1.09 – C-350/06 „Schultz-Hoff", NZA 09, 135). 11

Gesetzliche Abweichungen von der Befristung des Urlaubsanspruchs sind in § 4 Abs 2 ArbPlSchG, § 17 Satz 2 MuSchG sowie in § 17 Abs 2 BEEG geregelt. Die beiden letztgenannten Bestimmungen verlängern nicht den Übertragungszeitraum des § 7 Abs 3 BUrlG. Sie bestimmen abweichend von § 7 Abs 3 BUrlG, dass der Urlaub nicht im laufenden Jahr gewährt und genommen werden muss, sondern auch im Folgejahr genommen werden kann. Dies ist dann das für das Fristenregime des § 7 Abs 3 BUrlG maßgebliche Urlaubsjahr (BAG 15.12.15 – 9 AZR 52/15, NZA 16, 433). 12

Die Befristungsregelung gilt auch für den Mehrurlaub, wenn ein Arbeits-/Tarifvertrag keine vom Gesetz abweichende Regelung enthält (→ Rn 3).

**b) Mitwirkungsobliegenheiten des Arbeitgebers.** Nach der früheren Rspr des BAG musste der ArbN, wollte er das Erlöschen des Urlaubsanspruchs zum Jahresende verhindern, beim ArbGeb die Gewährung von Urlaub beantragen und Wünsche bezüglich der zeitlichen Festlegung äußern. In Verzug geriet der ArbGeb nur bei einer rechtzeitigen Geltendmachung des Urlaubsanspruchs durch den ArbN. Gewährte der ArbGeb den rechtzeitig beantragten Urlaub nicht, verfiel dieser gleichwohl zum Jahresende und wandelte sich in einen Schadensersatzanspruch gem §§ 275 Abs 1 und Abs 4, 280 Abs 1 und Abs 3, 283 Satz 1, 286 Abs 1 Satz 1, 287 Satz 2 und 249 Abs 1 BGB um, der die Gewährung von Ersatzurlaub zum Inhalt hatte und – mit Ausnahme des Fristenregimes – hinsichtlich Inanspruchnahme und Abgeltung den Modalitäten des verfallenen Urlaubs unterlag (BAG 16.5.17 – 9 AZR 572/16, NZA 17, 1056; 12.4.16 – 9 AZR 659/14, NZA-RR 16, 438; 26.6.1986 – 8 AZR 75/83, NZA 87, 98). 13

Mit Beschluss vom 13.12.16 legte das BAG dann dem EuGH die Frage zur Entscheidung vor, ob Art 7 Abs 1 RL 2003/88/EG seiner Rspr entgegensteht (BAG 13.12.16 – 9 AZR 541/15 (A), NZA 17, 207). Der EuGH entschied durch Urteil v 6.11.18, dass Art 7 RL 2003/88/EG und Art 31 Abs 2 GRCh einer nationalen Regelung entgegenstehen, nach der ein ArbN, der im betreffenden Bezugszeitraum keinen Antrag auf Wahrnehmung seines Anspruchs auf bezahlten Jahresurlaub gestellt hat, am Ende des Bezugszeitraums die ihm gemäß diesen Bestimmungen für den Bezugszeitraum zustehenden Urlaubstage und entsprechend seinen Anspruch auf eine finanzielle Vergütung für den bei Beendigung des Arbeitsverhältnisses nicht genommenen Urlaub automatisch verliert (EuGH 6.11.18 – C-684/16, NZA 18, 1474). Durch zwei Entscheidungen v 19.2.19 hat das BAG die Vorgaben des EuGH aus dem Urteil v 6.11.18 umgesetzt (BAG 19.2.19 – 9 AZR 423/16, NZA 19, 977; 19.2.19 – 9 AZR 541/15, NZA 19, 982; sa *Bayreuther* NZA 19, 945; *Mehrens/Witschen* EuZA 19, 326). Der Anspruch auf den gesetzlichen Mindesturlaub (§§ 1, 3 Abs 1 BUrlG) erlischt bei richtlinienkonformer Auslegung von § 7 BUrlG nur dann am Ende des Kj (§ 7 Abs 3 Satz 1 BUrlG) oder eines zulässigen Übertragungszeitraums (§ 7 Abs 3 BUrlG), wenn der ArbGeb den ArbN zuvor in die Lage versetzt hat, seinen Urlaubsanspruch wahrzunehmen, und der ArbN den Urlaub dennoch aus freien Stücken nicht genommen hat. Die Befristung des Urlaubsanspruchs nach § 7 Abs 3 BUrlG setzt grds voraus, dass der ArbGeb seinen aus einem richtlinienkonformen Verständnis von § 7 Abs 1 Satz 1 BUrlG resultierenden Mitwirkungsobliegenheiten bei der Verwirklichung des Urlaubsanspruchs genügt, indem er den ArbN – erforderlichenfalls förmlich – auffordert, seinen Urlaub zu nehmen, und ihm klar und rechtzeitig mitteilt, dass der Urlaub mit Ablauf des Kj oder Übertragungszeitraums verfällt, wenn er ihn nicht beantragt. Seine Mitwirkungsobliegenheiten kann der ArbGeb zum Beispiel zB dadurch erfüllen, dass er dem ArbN 14 zu Beginn des Kj in Textform mitteilt, wie viele Arbeitstage Urlaub ihm im Kj zustehen, ihn auffordert, seinen Jahresurlaub so rechtzeitig zu beantragen, dass er innerhalb des laufenden Urlaubsjahres genommen werden kann, und ihn über die Konsequenzen belehrt, die eintreten, wenn er den Urlaub nicht entsprechend der Aufforderung beantragt. Die Anforderungen an eine „klare" Unterrichtung sind regelmäßig durch den Hinweis erfüllt, dass der Urlaub grds am Ende des Kj verfällt, wenn der ArbN in der Lage war, seinen Urlaub im Kj zu nehmen, er ihn aber nicht beantragt. Nimmt der ArbN in diesem Fall seinen bezahlten Jahresurlaub nicht in Anspruch, obwohl er hierzu in der Lage war, geschieht dies aus freien Stücken und in voller Kenntnis der sich daraus ergebenden Konsequenzen. Art 7 Abs 1 RL 2003/88/EG legt dem ArbGeb jedoch nicht die Pflicht auf, dass er einen ArbN zwingt, seinen Anspruch auf bezahlten Jahresurlaub tatsächlich wahrzunehmen. Soweit der vertragliche Mehrurlaub betroffen ist, sind die Arbeitsvertragsparteien befugt, die Mitwirkungsobliegenheiten des ArbGeb abweichend von den Vorgaben des BUrlG auszugestalten. Für einen solchen Regelungswillen müssen jedoch deutliche Anhaltspunkte vorliegen (BAG 25.6.19 – 9 AZR 546/17, NZA 19, 1577).

**15** Kommt der ArbGeb seinen Mitwirkungsobliegenheiten nicht nach, erlischt der Urlaub nicht zum Ablauf des Kj. Vielmehr wird der Urlaub in das Folgejahr fortgeschrieben und besteht dort als gewöhnlicher Urlaubsanspruch fort. Er unterliegt allen Regelungen, die für den „normalen" Jahresurlaub gelten. Er geht folglich zum Ende des Folgejahres nur dann unter, wenn der ArbGeb den ArbN nunmehr korrekt über Bestand und Verfall des Urlaubs informiert hat. Dies kann dazu führen, dass der Urlaub jedes Jahr aufs Neue übertragen wird und für mehrere Jahre angesammelt werden kann. Dies kann der ArbGeb nur vermeiden, indem er seine Mitwirkungsobliegenheiten für den Urlaub aus zurückliegenden Urlaubsjahren im Urlaubsjahr nachholt (BAG 19.2.19; LAG Köln 9.4.19 – 4 Sa 242/18, NZA-RR 19, 455; Bayreuther, NZA 19, 945). Der fortgeschriebene Urlaubsanspruch verjährt nicht, da er als orginärer Urlaubsanspruch weiterbesteht (*Bayreuther* NZA 19, 945). Das BAG hat in einer Entscheidung vom 19.3.19 offen gelassen, ob Urlaubsansprüche überhaupt der Verjährung unterliegen (BAG 19.3.19 – 9 AZR 881/16, NZA 19, 1046).

**16** **c) Fortbestehende Arbeitsunfähigkeit.** Das BAG ging in ständiger Rspr davon aus, dass der Anspruch auf Urlaub gem § 7 Abs 3 BUrlG spätestens nach Ende der ersten drei Monate, welche auf das vorangegangene Kj folgen, erlischt, wenn der ArbN aus Gründen einer Erkrankung nicht in der Lage ist, den Urlaub anzutreten (BAG 21.6.05 – 9 AZR 200/04, NZA 06, 232; 13.5.82 – 6 AZR 380/80, BAGE 39, 53). Mit der Entscheidung des EuGH v 20.1.09 („Schultz-Hoff") wurde eine RsprÄnderung eingeleitet (EuGH 20.1.09 – C-350/06, NZA 09, 135). Der EuGH traf in seinem Urteil die folgenden Aussagen: Eine nationale Regelung kann grds den Verlust des Urlaubsanspruchs am Ende eines Bezugs- oder Übertragungszeitraums vorsehen. Voraussetzung ist jedoch, dass der ArbN tatsächlich die Möglichkeit hatte, den Anspruch auszuüben. Dies ist nicht der Fall, wenn der ArbN während des Bezugszeitraums oder eines Teils davon krankgeschrieben war und seine AU bis zum Ende seines Arbeitsverhältnisses fortdauert. In einem solchen Fall kann eine nationale Regelung das Erlöschen des Urlaubsanspruchs nicht vorsehen; eine solche Regelung verstößt gegen Art 7 Abs 1 und Abs 2 der ArbeitszeitRL 2003/88/EG.

**17** Das BAG hat die Rspr des EuGH mit seiner Entscheidung v 24.3.09 auf das deutsche Urlaubsrecht übertragen (BAG 24.3.09 – 9 AZR 983/07, NZA 09, 538; bestätigt durch Urteile v 23.3.10 – 9 AZR 128/09, NZA 10, 810 und v 4.5.10 – 9 AZR 183/09, NZA 10, 1011). § 7 Abs 3 und Abs 4 BUrlG sind richtlinienkonform dahingehend auszulegen, dass gesetzliche Urlaubsansprüche nicht erlöschen, wenn der ArbN aufgrund krankheitsbedingter AU gehindert war, den Urlaub im Urlaubsjahr und Übertragungszeitraum zu nehmen. Übergesetzliche Urlaubs- und Urlaubsabgeltungsansprüche können von den (Tarif-)Vertragsparteien frei geregelt werden. Für einen solchen Regelungswillen, der zwischen gesetzlichen und übergesetzlichen Ansprüchen unterscheidet, müssen im Rahmen der Auslegung nach §§ 133, 157 BGB deutliche Anhaltspunkte bestehen (→ Rn 12). Die RsprÄnderung betrifft auch den Teilurlaub und den Zusatzurlaub für behinderte Menschen gem § 125 Abs 1 SGB IX (BAG 23.3.10, NZA 10, 810). Beim Übergang von einer Vollzeit- zu einer Teilzeitbeschäftigung ist zu beachten, dass der in der Zeit der Vollbeschäftigung erworbene Urlaubsanspruch, den der ArbN wegen Erkrankung oder aus anderen Gründen nicht in Anspruch nehmen konnte, nicht reduziert werden darf (EuGH 22.4.10 – C-486/08, NZA

10, 557). Er muss von der finanziellen und der zeitlichen Wertigkeit gleichbleiben (aA BAG 28.4.98 – 9 AZR 314/97, NZA 99, 156). Zu langfristigen Fehlzeiten wegen Beschäftigungsverboten und aufgrund sozialversicherungsrechtlicher Tatbestände s ErfK/*Gallner* § 7 BUrlG Rn 39o.

Das BAG gewährte trotz seiner jahrzehntelangen Rspr **keinen Vertrauensschutz,** da mit Ablauf der Umsetzungsfrist für die ArbeitszeitRL 93/104/EG am 23.11.96, jedenfalls nach Bekanntwerden der Entscheidung des LAG Dü v 2.8.06 (LAG Dü 2.8.06 – 12 Sa 486/06, NZA-RR 06, 628) eine wesentliche Änderung eingetreten sei, durch die die Vertrauensgrundlage entfallen sei (BAG 19.6.12 – 9 AZR 652/10, BeckRS 2012, 73170; 23.3.10). Diese Rspr ist in der Lit auf scharfe Kritik gestoßen (Übersicht bei ErfK/*Gallner* § 7 BUrlG Rn 39k). **18**

Rechtlich ungeklärt blieb die Frage, ob und ggf wie eine **andere zeitliche Begrenzung** als das Kj und den Übertragungszeitraum für den Fortbestand des nicht untergegangenen Urlaubsanspruchs aus den Vorjahren vorgenommen werden kann. Der EuGH hat in der „Schultz-Hoff"-Entscheidung sich zwar mit Art 5 Abs 4 des IAO-Abkommens Nr 132 v 24.6.70 befasst, nicht aber mit der in Art 9 Abs 1 dieses Abk enthaltenen Höchstfrist von 18 Monaten. Wäre diese Höchstgrenze anzuwenden, würde der Urlaubsanspruch spätestens 18 Monate nach Ende des Urlaubsjahres erlöschen. Das LAG Hamm legte diese Frage dem EuGH im Wege des Vorabentscheidungsverfahrens vor (LAG Hamm 15.4.10 – 16 Sa 1176/09, BeckRS 2010, 68282). Durch Urteile v 3.5.12 u 22.11.11 entschied der EuGH, dass Art 7 Abs 1 RL 2003/88/EG einzelstaatlichen Rechtsvorschriften oder Gepflogenheiten wie etwa Tarifverträgen nicht entgegensteht, die die Möglichkeit für einen während mehrerer Bezugsräume in Folge arbeitsunfähiger ArbN, Ansprüche auf bezahlten Jahresurlaub anzusammeln, dadurch einzuschränken, dass sie einen Übertragungszeitraum vorsehen, nach dessen Ablauf der Anspruch erlischt. Ein solcher Übertragungszeitraum müsse die Dauer des Bezugszeitraums jedoch deutlich überschreiten. Ein Zeitraum von 15 Monaten wurde vom EuGH als ausreichend angesehen (EuGH 3.5.12 – C-337/10, BeckRS 2012, 80789; 22.11.11 – C-214/10, NZA 11, 1333). Das BAG legt nunmehr § 7 Abs 3 BUrlG unionsrechtskonform dahingehend aus, dass ArbN, die aus gesundheitlichen Gründen an der Erbringung der Arbeitsleistung gehindert sind, ihre gesetzlichen Urlaubsansprüche nach 15 Monaten nach Ablauf des Urlaubsjahres verlieren (BAG 22.9.15 – 9 AZR 170/14, NZA 16, 37; 12.11.13 – 9 AZR 646/13, DB 14, 431; 11.6.13 – 9 AZR 855/11, BeckRS 2013, 72914; 7.8.12 – 9 AZR 353/10, NZA 12, 1216; aA LAG Dü 23.2.12 – 5 Sa 1370/12, BeckRS 2012, 69216; LAG RhPf 22.6.12 – 9 Sa 52/12, BeckRS 2012, 71451; LAG Nds 16.9.11 – 6 Sa 348/11, BeckRS 2011, 77697, die eine gesetzliche Regelung für erforderlich erachten). **19**

**Arbeits- oder tarifvertragliche Ausschlussfristen** finden auf den wegen dauernder Erkrankung über den Übertragungszeitraum hinaus übertragenen gesetzlichen Urlaub **keine Anwendung** (BAG 19.6.18 – 9 AZR 615/17, NZA 18, 1480). Der ArbN ist deshalb nicht gezwungen, innerhalb der Verfallfrist Urlaub zu beantragen. Der übertragene Urlaub, der im Jahr der Genesung entsteht, unterliegt den allg urlaubsrechtlichen Regelungen zur Gewährung, Befristung und Übertragung (ErfK/*Gallner* § 7 BUrlG Rn 47; *Gaul*/*Bonnani*/*Ludwig* DB 09, 1013). **20**

**5. Übertragung des Urlaubs. a) Allgemeines.** Die Übertragung des Urlaubs am Jahresende auf den bis zum 31. März des Folgejahres dauernden Übertragungszeitraum hängt allein vom Vorliegen der Merkmale in § 7 Abs 3 Satz 2 BUrlG, also davon ab, ob der Urlaub im Kj aus dringenden betrieblichen Gründen oder aus Gründen in der Person des ArbN nicht genommen werden konnte. Für die Übertragung bedarf es keiner weiteren Handlungen von ArbGeb oder ArbN; ein Antrag des ArbN auf Übertragung ist ebenso wenig erforderlich wie eine entsprechende Annahmeerklärung des ArbGeb. Die Übertragung erfolgt **kraft Gesetzes** (BAG 9.8.94 – 9 AZR 346/92, DB 95, 379). Die Ungewissheit, ob das Arbeitsverhältnis im Urlaubsjahr fortbestanden hat, ist kein gesetzlicher Übertragungsgrund (BAG 18.9.01 – 9 AZR 570/00 ZIP 02, 143). Durch Arbeits- oder Tarifvertrag kann die Übertragung des gesetzlichen Urlaubsanspruchs nicht eingeschränkt werden (BAG 5.8.14 – 9 AZR 77/13, NZA 15, 625). **21**

Der nach § 5 Abs 1 BUrlG entstandene **Teilurlaubsanspruch** ist nach § 7 Abs 3 Satz 4 BUrlG auf das ganze nächste Kj zu übertragen, wenn der ArbN dies vor Ablauf des Kj **22** verlangt. Für diesen Übertragungstatbestand bedarf es nicht zusätzlicher betrieblicher oder persönlicher Gründe. Für das Verlangen des ArbN reicht jede Handlung aus, mit der er für den ArbGeb deutlich macht, den Teilurlaub erst im nächsten Jahr nehmen zu wollen. Nicht ausreichend ist, dass der ArbN im Urlaubsjahr darauf verzichtet, einen Urlaubsantrag zu stellen (BAG 29.7.03 – 9 AZR 270/02, NZA 04, 385).

Die eingeschränkte Übertragung des Urlaubsanspruchs gem § 7 Abs 3 Satz 2 bis 4 BUrlG kommt nach der RsprÄnderung des BAG v 19.2.19 nur dann in Betracht, wenn der ArbGeb seinen Mitwirkungsobliegenheiten nachkommt (→ Rn 17). Ist dies nicht der Fall wird der Urlaubsanspruch in das gesamte Folgejahr fortgeschrieben (BAG 19.2.19 – 9 AZR 423/16, NZA 19, 977; 19.2.19 – 9 AZR 541/15, NZA 19, 982).

23 **b) Voraussetzungen für die Übertragung.** Da die Übertragung des Urlaubs Rechtsfolge der Nichtgewährung des Urlaubs durch den ArbGeb ist, kann hinsichtlich des für Urlaubsgewährung und -übertragung gleichermaßen geltenden Merkmals **„dringende betriebliche Belange“** (§ 7 Abs 1 BUrlG) bzw **„dringende betriebliche Gründe“** (§ 7 Abs 3 BUrlG) auf die Ausführungen zur → *Urlaubsgewährung* Rn 13–17 verwiesen werden. Der Übertragungstatbestand **„persönliche Gründe“** nach § 7 Abs 3 Satz 2 zweite Alternative BUrlG wird durch eine **andauernde Erkrankung** des ArbN erfüllt (BAG 5.12.95 – 9 AZR 871/94, NZA 96, 594). Der Urlaubsanspruch wird jedoch nur übertragen, wenn der ArbN wegen der Erkrankung seinen Urlaub bis zum Ablauf des Urlaubsjahres nicht nehmen kann. Das trifft nicht zu, wenn der ArbN vor Ablauf des Urlaubsjahres wieder arbeitsfähig wird und den Urlaub – wenn auch nur teilweise – verwirklichen könnte. Dann kann er vom ArbGeb Urlaub verlangen. Der Urlaub geht nach § 7 Abs 3 Satz 2 BUrlG nur insoweit auf den Übertragungszeitraum über, als er wegen der Erkrankung nicht mehr vollständig erfüllt werden kann. Ansonsten erlischt der erfüllbare Teil mit Ablauf des Kj (BAG 24.11.92, DB 93, 1423). Die „Schultz-Hoff“-Entscheidung des EuGH v 20.1.09 erfordert keine andere Interpretation des Gesetzes (ErfK/*Gallner* § 7 BUrlG Rn 62). In der Person des ArbN liegende Übertragungsgründe sind ferner **mutterschutzrechtliche Beschäftigungsverbote,** nicht hingegen die Ungewissheit über das Ergebnis des Feststellungsverfahrens vor dem Integrationsamt, ob ein ArbN schwerbehinderter Mensch iSd SGB IX ist. Die Vereinbarung von Sonderurlaub begründet keinen Übertragungstatbestand gem § 7 Abs 3 Satz 2 BUrlG (LAG Bln-Bbg 16.3.18 – 9 Sa 1504/17, BeckRS 2018, 1059).

24 **6. Durchsetzung des Urlaubsanspruchs. a) Allgemeines.** Lehnt der ArbGeb den Urlaubsantrag ab, besteht **kein Recht auf Selbstbeurlaubung.** Nach dem BUrlG ist diese ausgeschlossen, auch wenn das Kj vergeht oder das Ende des Übertragungszeitraums bevorsteht (ErfK/*Gallner* § 7 BUrlG Rn 9). Die Selbstbeurlaubung ist eine Vertragsverletzung, die die Kündigung des Arbeitsverhältnisses rechtfertigen kann (BAG 22.1.98 – 2 AZR 19/97, NZA 98, 708). Der ArbN muss deshalb Klage beim ArbG erheben, wenn der ArbGeb seinen Urlaubswunsch ablehnt.

25 **b) Gerichtliche Geltendmachung.** Der ArbN kann die Gewährung von Urlaub sowohl im Wege der Leistungsklage wie der einstweiligen Verfügung (BAG 20.1.94, DB 94, 1042) verlangen. Im Klageantrag kann der gewünschte Zeitraum benannt werden. Die Klage ist jedoch unzulässig, wenn im Zeitpunkt der Klagerhebung der vom klagenden ArbN genannte Urlaubstermin bereits verstrichen ist; sie wird unbegründet, wenn der Urlaubstermin im Laufe des Rechtsstreits verstreicht (BAG 18.12.86, DB 87, 1362). Künftige, noch nicht entstandene Urlaubsansprüche können mit einer Leistungsklage gem § 259 ZPO nicht geltend gemacht werden (BAG 27.6.17 – 9 AZR 120/16, NZA 17, 1215). Möglich ist auch eine Klage auf Urlaubsgewährung ohne eine bestimmte Zeitangabe (ErfK/*Gallner* § 7 BUrlG Rn 30). Da der Urlaub nach § 894 Abs 1 ZPO erst ab Rechtskraft des Urt als erteilt gilt und der Urlaubsanspruch bis dahin in aller Regel wegen Fristablaufs (§ 7 Abs 3 Satz 1 BUrlG) untergeht, ist effektiver Rechtsschutz nur über den Antrag auf Erlass einer einstweiligen Verfügung möglich. Die einstweilige Verfügung ist zu erlassen, wenn anders eine rechtzeitige Durchsetzung des Urlaubsanspruchs nicht gewährleistet ist, auch wenn dadurch der Urlaubsanspruch nicht nur gesichert, sondern befriedigt wird (LAG RhPf 7.3.02 – 7 Ta 226/02; LAG Hbg 15.9.89, LAGE § 7 BUrlG Nr 26; ErfK/*Gallner* § 7 Rn 32; differenzierend LAG Hamm 31.1.95, LAGE § 7 BUrlG Nr 33: Nur in besonderen Ausnahmefällen,

wenn ohne die Einstweilige Verfügung für den ArbN ein wesentlicher Schaden oder ein Verlust des Urlaubsanspruchs eintreten würde).

**7. Ersatzurlaubsanspruch bei erfolgloser Geltendmachung oder fehlender Aufforderung durch den Arbeitgeber.** Wird dem ArbN zustehender Urlaub trotz Geltendmachung nicht gewährt, wandelt sich der im Verzugszeitraum verfallene Urlaubsanspruch nach bisheriger Rspr in einen auf Gewährung von Ersatzurlaub als Naturalrestitution gerichteten Schadensersatzanspruch um (BAG 19.1.16 – 9 AZR 507/14, NZA-RR 16, 235; 14.5.13 – 9 AZR 760/11, BeckRS 2013, 71433; BAG 10.5.05 – 9 AZR 251/04, NZA 05, 1432). Offen ist, ob für einen Schadensersatzanspruch nach der RsprÄnderung des BAG v 19.2.19 (→ Rn 14) noch Raum ist oder ob nicht auch bei einer unberechtigten Urlaubsverweigerung sich der Urlaubsanspruch ohne Weiteres in das nächste Kj fortschreibt (so *Bayreuther* NZA 19, 945). 26

**8. Urlaubsanspruch in nebeneinander bestehenden Arbeitsverhältnissen.** Leistet der ArbN in mehreren Teilzeitarbeitsverhältnissen Arbeit, so entsteht **gegenüber jedem ArbGeb ein eigenständiger Urlaubsanspruch.** Der Regelungsbereich des § 6 Abs 1 BUrlG erfasst keine Doppelarbeitsverhältnisse (BAG 21.2.12 – 9 AZR 487/10, NZA 12, 793; ErfK/*Gallner* § 1 BUrlG Rn 18). Für Entstehen und Bestand der Ansprüche ist dabei ohne Bedeutung, dass der ArbN seine Pflichten im neuen Arbeitsverhältnis nur dadurch erfüllen könnte, dass er von seinem weiteren ArbGeb von der Arbeit freigestellt wird (BAG 28.2.91, DB 91, 1987). 27

**9. Urlaubsanspruch bei aufeinander folgenden Arbeitsverhältnissen.** In jedem Urlaubsjahr erwirbt der ArbN **nur einmal Anspruch auf Urlaub.** Um Doppelansprüche auszuschließen, enthält § 6 Abs 1 BUrlG die Regelung, dass Anspruch auf Urlaub nicht besteht, soweit dem ArbN für das laufende Kj bereits von einem früheren ArbGeb Urlaub gewährt worden ist. 28

**a) Erfüllung des vorherigen Urlaubsanspruchs.** Ist der im früheren Arbeitsverhältnis entstandene Urlaubsanspruch erfüllt worden, ergeben sich keine praktischen Probleme; in dem nachfolgenden Arbeitsverhältnis entsteht kein neuer Urlaubsanspruch. § 6 Abs 1 BUrlG ist ebenfalls anzuwenden, wenn der Urlaub nicht in natura gewährt, sondern gem § 7 Abs 4 BUrlG abgegolten worden ist. Dabei kommt es nicht darauf an, ob die Urlaubsabgeltung zulässiger- oder unzulässigerweise vorgenommen wurde. Der ArbN muss sich die abgegoltenen Urlaubstage auf seinen Urlaub beim nachfolgenden ArbGeb anrechnen lassen (ErfK/*Gallner* § 6 BUrlG Rn 3). Hat der ArbN in beiden Arbeitsverhältnissen nur Teilurlaubsansprüche nach § 5 Abs 1a BUrlG erworben, kommt eine Anrechnung nicht in Betracht, da ausgeschlossen ist, dass der ArbN einen höheren Urlaubsanspruch erwirbt, als nach dem BUrlG vorgesehen. Die Regelung des § 6 Abs 1 BUrlG erfasst nicht den Fall, dass ein ArbN nach einer Kündigung des ArbGeb ein anderweitiges Arbeitsverhältnis eingeht und nachfolgend festgestellt wird, dass die Kündigung unwirksam war. In diesem Fall muss sich der ArbN jedoch in entsprechender Anwendung der §§ 11 Nr 1 KSchG, 615 Satz 2 BGB den ihm vom FolgeArbGeb gewährten Urlaub auf den ihm gegen seinen ArbGeb zustehenden Urlaubsanspruch anrechnen lassen (BAG 21.2.12 – 9 AZR 487/10, NZA 12, 793). 29

**b) Nicht gewährter und nicht abgegoltener Urlaub.** Hat der ArbN weder Urlaub im früheren Arbeitsverhältnis erhalten noch eine Urlaubsabgeltung, entsteht der Urlaubsanspruch im neuen Arbeitsverhältnis ungeschmälert (BAG 16.12.14 – 9 AZR 295/13, NZA 15, 827). Der neue ArbGeb kann den Urlaubsanspruch nicht mit der Begründung verweigern, der ArbN soll seinen Abgeltungsanspruch gegenüber dem alten ArbGeb durchsetzen (BAG 28.2.91, DB 91, 1987). Die Darlegungs- und Beweislast für das Bestehen eines Urlaubsanspruchs trägt der ArbN (BAG 16.12.14, NZA 15, 827). Hat der ArbN seinen Abgeltungsanspruch hingegen durchgesetzt, entfällt nachträglich sein Urlaubsanspruch im neuen Arbeitsverhältnis, soweit dieser noch nicht gewährt worden ist. Wurde der Urlaub im neuen Arbeitsverhältnis bereits gewährt, kann der ArbGeb das Entgelt gem §§ 812 ff BGB zurückverlangen (ErfK/*Gallner* § 6 BUrlG Rn 3). 30

**c) Urlaubsbescheinigung.** Um Doppelurlaubsansprüche bei altem und neuem ArbGeb auszuschließen, hat der ArbGeb bei Beendigung des Arbeitsverhältnisses dem ArbN eine Bescheinigung über gewährten oder abgegoltenen Urlaub auszuhändigen (§ 6 Abs 2 31

BUrlG). Die Urlaubsbescheinigung muss die **Identität** des ArbN, die **Dauer** des Arbeitsverhältnisses im laufenden Kj sowie den im Kj gewährten oder abgegoltenen **Urlaub** enthalten. Dabei ist nicht auf den gesetzlichen Mindesturlaub, sondern auf den tatsächlichen Urlaubsanspruch aufgrund Einzelarbeitsvertrages oder TV abzustellen.

32 Die Urlaubsbescheinigung ist **schriftlich** zu erteilen. Die Verbindung mit einem qualifizierten Zeugnis ist unzulässig, die Verbindung mit einem einfachen Zeugnis zulässig (ErfK/*Gallner* § 6 BUrlG Rz 4). Weigert sich der ArbGeb die Urlaubsbescheinigung zu erteilen, kann der ArbN **Leistungsklage** beim ArbG auf Ausstellung der Urlaubsbescheinigung erheben; es bedarf eines bestimmten Klageantrags, der den Wortlaut der Bescheinigung beinhaltet (MünchArbR/*Düwell* § 80 Rn 20).

33 Der ArbN ist nicht verpflichtet, die Urlaubsbescheinigung beim neuen ArbGeb vorzulegen. Macht der neue ArbGeb geltend, der ArbN fordere Urlaub doppelt, handelt es sich um eine rechtshindernde Einwendung, die er darzulegen und zu beweisen hat. Den ArbN trifft dabei eine prozessuale Mitwirkungspflicht, die er durch Vorlage der Bescheinigung erfüllen kann (ErfK/*Gallner* § 6 BUrlG Rn 6).

34 **10. Urlaubsanspruch in der Insolvenz.** Der Urlaubsanspruch des ArbN wird durch die Eröffnung des Insolvenzverfahrens nicht berührt, weil er auf eine **Handlung des Schuldners** bezogen ist, das Insolvenzverfahren sich aber nur auf Zahlungsverpflichtungen des Schuldners erstreckt. Der Anspruch ist vom Insolvenzverwalter zu erfüllen, weil er mit Rücksicht auf § 113 InsO das Arbeitsverhältnis mit dem ArbN jeweils bis zum Ablauf der gesetzlichen Kündigungsfrist fortsetzen muss (BAG 18.11.03 – 9 AZR 95/03, DB 04, 1267). Die Ansprüche auf Urlaubsentgelt, zusätzliches Urlaubsgeld und Urlaubsabgeltung sind nach §§ 35 ff InsO zu beurteilen.

35 **11. Urlaubsanspruch bei Betriebsübergang.** Steht fest, dass und zu welchem Zeitpunkt ein Betriebsübergang gem § 613a BGB stattgefunden hat (Näheres hierzu → *Betriebsübergang* Rn 16), ergeben sich für den Urlaubsanspruch des ArbN keine Probleme. Der Betriebserwerber tritt mit dem Zeitpunkt des Betriebsübergangs auch urlaubsrechtlich an die Stelle des bisherigen ArbGeb (§ 613a Abs 1 BGB). Setzt der ArbN das Arbeitsverhältnis mit dem neuen Inhaber des Betriebs fort, hat der Betriebserwerber für die Erfüllung bestehender Urlaubsansprüche einzutreten. Dies gilt auch bei einem Betiebsübergang in der Insolvenz (BAG 18.11.03 – 9 AZR 95/03, DB 04, 1267). Eine erneute Geltendmachung des Urlaubsanspruchs ist nicht erforderlich; ebenso wenig ist der Betriebserwerber als neuer ArbGeb berechtigt, den Urlaub neu festzulegen (MünchArbR/*Düwell* § 80 Rn 24). Ein Ausgleich der Urlaubsansprüche nach den Regeln der Gesamtschuld (§ 426 BGB) zwischen Veräußerer und Erwerber kommt nicht in Betracht, weil ein Gesamtschuldverhältnis bezogen auf den Freistellungsanspruch nicht besteht (ErfK/*Gallner* § 1 BUrlG Rn 35).

36 **12. Urlaubsanspruch und Beendigung des Arbeitsverhältnisses.** Der wegen Beendigung des Arbeitsverhältnisses unmöglich werdende Anspruch auf Arbeitsbefreiung wird gem § 7 Abs 4 BUrlG in einen Abgeltungsanspruch umgewandelt; Einzelheiten *Urlaubsabgeltung.*

37 **13. Verjährung und Ausschlussfristen.** Das BAG hat bislang offen gelassen, ob Urlaubsansprüche der Verjährung unterliegen (BAG 19.3.19 – 9 AZR 881/16, NZA 19, 1046). Keine Verjährung kann jedenfalls dann eintreten, wenn der ArbGeb seinen Mitwirkungsobliegenheiten nach § 7 Abs 1 BUrlG nicht nachkommt (BAG 19.2.19 – 9 AZR 423/16, NZA 19, 977; 19.2.19 – 9 AZR 541/15, NZA 19, 982; *Bayreuther,* NZA 19, 945). Individual- oder tarifvertragliche Ausschlussfristen erfassen den gesetzlichen Urlaubsanspruch wegen § 13 BUrlG nicht (BAG 19.6.18 – 9 AZR 615/17, NZA 18, 1480).

## B. Lohnsteuerrecht *Seidel*

39 Arbeitet der ArbN während des Erholungsurlaubs (→ Rn 4 ff), unterliegt der dabei erzielte Verdienst, wenn er Arbeitslohn darstellt, der LSt. Besonderheiten ergeben sich hierbei nicht. Die ArbGebPflichten hat der betreffende ArbGeb zu erfüllen. In den meisten Fällen wird es sich um eine pauschalierungsfähige Aushilfsbeschäftigung handeln, so dass der Abruf von ELStAM nicht erforderlich ist (→ *Teilzeitbeschäftigung* Rn 114 und → *Aushilfs-*

*kräfte* Rn 23 ff). Ansonsten hat der ArbN dem ArbGeb mitzuteilen, dass es sich um ein zweites oder weiteres Dienstverhältnis handelt (§ 39e Abs 4 Nr 2 EStG), für das die Steuerklasse VI anzuwenden ist (→ *Lohnsteuerklassen* Rn 11, 18). Zu Schadensersatzleistungen des ArbN (→ Rn 6) → *Arbeitnehmerhaftung* Rn 27 ff. Zu den Voraussetzungen einer geringfügigen Beschäftigung, die auch neben einer dem allgemeinen LStAbzug unterliegenden Tätigkeit ausgeübt werden kann → *Geringfügige Beschäftigung* Rn 20 ff.

**C. Sozialversicherungsrecht** *Schlegel*

Zu sog Sabbaticals bei Altersteilzeitarbeit → *Altersteilzeit* Rn 24 ff; → *Freistellung von der Arbeit* Rn 36 ff; → *Urlaubsregelungen* Rn 20 ff. **40**

# Urlaubsdauer

**A. Arbeitsrecht** *Röller*

**1. Vollurlaub. a) Allgemeines.** Der gesetzliche Mindesturlaub beträgt jährlich **24 Werktage** (§ 3 Abs 1 BUrlG). Werktage sind alle Tage, die nicht Sonn- oder gesetzliche Feiertage sind, also auch Samstage (§ 3 Abs 2 BUrlG). Schwerbehinderte Menschen haben Anspruch auf einen bezahlten zusätzlichen Urlaub von fünf Arbeitstagen (§ 208 Abs 1 SGB IX). Der gesetzliche Zusatzurlaub erhöht den individuellen (vertraglichen/tarifvertraglichen) Anspruch des ArbN, nicht nur den gesetzlichen Mindesturlaubsanspruch (BAG 24.10.06 – 9 AZR 669/05, NZA 07, 330). Weitere gesetzliche Bestimmungen zur Urlaubsdauer finden sich in §§ 56, 57 SeemG, § 19 JArbSchG und § 17 BEEG. Der gesetzliche Urlaubsanspruch kann weder einzelvertraglich noch tariflich verkürzt werden, jedoch zugunsten des ArbN verlängert werden (§ 13 BUrlG). **1**

**b) Wartezeit.** Der volle Urlaubsanspruch nach § 3 Abs 1 BUrlG wird gem § 4 BUrlG erstmalig nach sechsmonatigem Bestehen des Arbeitsverhältnisses erworben. Die Fristberechnung erfolgt gem §§ 186, 187, 193 BGB. Die Wartezeit endet mit Ablauf des sechsten Monats auch dann, wenn der ArbN arbeitsunfähig ist. Die Wartezeit wird durch die Krankheit nicht verlängert. Dies gilt selbst dann, wenn der ArbN während der gesamten sechs Monate arbeitsunfähig war und keine Arbeitsleistung erbrachte (BAG 18.3.03 – 9 AZR 190/02, BeckRS 2003, 40839). Der ArbN muss die Wartezeit in einem fortlaufenden Arbeitsverhältnis nur einmal erfüllen. In der Folgezeit entsteht sein jährlicher Urlaubsanspruch immer zu Beginn des Urlaubsjahres am 1. Januar (BAG 18.3.03, BeckRS 2003, 40839). Scheidet der ArbN nach erfüllter Wartezeit in der **zweiten Jahreshälfte** aus, behält er seinen **vollen gesetzlichen Jahresurlaubsanspruch** (BAG 19.2.19 – 9 AZR 495/17, NZA 19, 1136; 20.10.15 – 9 AZR 224/14, NZA 16, 159). Eine Zwölftelung des Urlaubsanspruchs wäre nach § 13 Abs 1 Satz 1 iVm § 3 Abs 1 BUrlG unzulässig (BAG 24.10.2000 – 9 AZR 610/99, NZA 01, 663). In Bezug auf den tariflichen Mehrurlaub können die Tarifvertragsparteien eine abweichende Regelung treffen (BAG 18.2.14 – 9 AZR 765/12, BeckRS 2014, 70031). **2**

Scheidet der ArbN aus dem Arbeitsverhältnis aus und beginnt später ein neues Arbeitsverhältnis, muss die Wartezeit neu zurückgelegt werden. Anderes gilt dann, wenn die Arbeitsvertragsparteien bereits vor Beendigung des Arbeitsverhältnisses vereinbaren, ein neues Arbeitsverhältnis zu begründen und nur eine kurzfristige Unterbrechung eintritt. In diesem Fall sind die beiden Arbeitsverhältnisse als Einheit zu betrachten (ErfK/*Gallner* § 4 BUrlG Rn 5). Der Wechsel des Arbeitsplatzes, auch von einem Betrieb in einen anderen Betrieb desselben ArbGeb, führt nicht dazu, dass die Wartezeit neu erfüllt werden muss. Dies gilt auch beim Betriebsübergang nach § 613a Abs 1 BGB. **3**

**c) Grundsätze zur Bestimmung der Urlaubsdauer.** Das BUrlG geht in § 3 Abs 1 vom Tagesprinzip aus. Der Anspruch auf Befreiung von der Arbeitspflicht besteht für Tage, nicht für Stunden (BAG 8.5.01 – 9 AZR 240/00, NZA 01, 1254). Auch eine Befreiung an Teilen eines Tages wie einem halben Tag zu Urlaubszwecken ist deshalb nicht wirksam, solange der ArbN noch Anspruch auf mindestens einen Tag Urlaub hat. Davon zu unterscheiden ist die Erfüllung eines Bruchteils, der sich aus der Berechnung des konkret **4**

geschuldeten Urlaubs ergibt. In diesen Fällen ist an einem Tag Urlaub für einen Teil des Tages zu gewähren (ErfK/*Gallner* § 3 BUrlG Rn 2). Das BUrlG geht von der im Zeitpunkt seiner Verabschiedung selbstverständlichen 6-Tage-Arbeitswoche aus. Daher sind bei der Bestimmung der Urlaubsdauer für die heute als Regel gegebene 5-Tage-Woche Arbeitstage und Werktage zueinander rechnerisch in Beziehung zu setzen (BAG 8.5.01 – 9 AZR 240/00, NZA 01, 1254). Für den ArbN, der an 5 Tagen einer Woche arbeitet, ergibt dies einen **Mindesturlaubsanspruch von 20 Arbeitstagen.** Die Umrechnungsformel gilt in gleicher Weise, wenn die **Arbeitszeit des Arbeitnehmers auf regelmäßig weniger als 5 Arbeitstage in der Woche** verteilt ist (Beispiel: 4-Tage-Woche: Urlaubsanspruch $^{4}/_{6}$ des Vollurlaubs, mithin 16 Arbeitstage).

5 **d) Staffelung des Urlaubs nach Alter und Beschäftigungsjahren.** Eine nach Altersstufen gestaffelte Urlaubsdauer stellt eine Altersdiskriminierung dar und ist gem § 7 Abs 2 AGG iVm § 134 BGB unwirksam (BAG 11.12.18 – 9 AZR 161/18, NZA 19, 634; 12.4.16 – 9 AZR 659/14, NZA-RR 16, 438; 20.3.12 – 9 AZR 529/10, NZA 12, 803). Älteren ArbN können zwar zusätzliche Urlaubstage ohne Verstoß gegen den Gleichbehandlungsgrundsatz gewährt werden (BAG 21.10.14 – 9 AZR 956/12, NZA 15, 297). Notwendig ist jedoch, dass mit zunehmendem Alter ein erhöhtes Erholungsbedürfnis besteht, das durch die konkrete Regelung der Urlaubsansprüche gefördert wird (BAG 27.4.17 – 9 AZ 119/16, NZA 17, 1116). Beruht die altersdiskriminierende Wirkung der Regelung ausschließlich auf einer Altersstaffel, kann der Gleichbehandlungsgrundsatz nur dadurch gewährt werden, dass den Angehörigen der benachteiligten Gruppe dieselben Vorteile gewährt werden wie den Angehörigen der bevorteilten Gruppe. Eine „Anpassung nach unten" scheidet aus (BAG 27.4.17, NZA 17, 1116).

6 **2. Teilurlaub. a) Allgemeines.** Mit § 5 BUrlG wird dem ArbN, dessen Arbeitsverhältnis im Kj beginnt oder endet nur ein geringerer Urlaubsanspruch zugestanden als einem ArbN, dessen Arbeitsverhältnis das ganze Kj besteht. In Abs 1 sind verschiedene Fälle zusammengefasst. Wenn der ArbN im laufenden Urlaubsjahr wegen Nichterfüllung der Wartezeit keinen vollen Urlaubsanspruch erwirbt (§ 5 Abs 1a BUrlG), er vor erfüllter Wartezeit (§ 5 Abs 1b BUrlG) oder nach erfüllter Wartezeit in der ersten Hälfte eines Kj (§ 5 Abs 1c BUrlG) aus dem Arbeitsverhältnis ausscheidet, hat er Anspruch auf **ein Zwölftel** des Jahresurlaubs **für jeden vollen Monat des Bestehens des Arbeitsverhältnisses.** Begonnene Monate werden nicht aufgerundet. Maßgeblich ist der Beschäftigungsmoment, also der Zeitraum, in dem das Arbeitsverhältnis besteht. Für nicht vollendete Monate entsteht kein Teilurlaubsanspruch (BAG 13.10.09 – 9 AZR 763/08, BeckRS 2009, 74898).

Anspruch auf Teilurlaub nach § 5 Abs 1 lit a) BUrlG besteht, wenn bei Beginn des Arbeitsverhältnisses feststeht, dass der ArbN die sechsmonatige Wartezeit nicht mehr erfüllen kann, also in allen Arbeitsverhältnissen, die am 1.7. eines Jahres oder danach beginnen (BAG 17.11.15 – 9 AZR 179/15, NZA 16, 309). Wird das Arbeitsverhältnis mit Wirkung zum 1. Juli eines Jahres begründet, kann der ArbN in diesem Jahr keinen Vollurlaubsanspruch erwerben (BAG 17.11.15 – 9 AZR 179/15, NZA 16, 309). Für ArbN, deren Arbeitsverhältnis vor dem 1.7. begonnen hat, entsteht kein Teilurlaubsanspruch, sondern nach Ablauf der Wartezeit des § 4 BUrlG ein Vollurlaubsanspruch oder, wenn das Ende der Wartezeit nicht erreicht wird, ein Teilurlaubsanspruch aus § 5 Abs 1 lit. b) BUrlG. Ein Anspruch auf Teilurlaub nach § 5 Abs 1 lit. c) BUrlG erwirbt der ArbN, wenn er nach erfüllter Wartezeit in der ersten Hälfte eines Kj aus dem Arbeitsverhältnis ausscheidet.

7 **b) Fälligkeit /Rückforderungsverbot.** Der Anspruch auf Teilurlaub nach § 5 Abs 1 lit a BUrlG wird mit seinem Entstehen fällig. Der ArbN, dessen Arbeitsverhältnis am 1.7. oder später beginnt, kann den Teilurlaub sofort verlangen (ErfK/*Gallner* § 5 BUrlG Rn 7). Der Anspruch auf Teilurlaub nach § 5 Abs 1 lit b BUrlG kann ebenfalls sofort gewährt und genommen werden (ErfK/*Gallner* § 5 BUrlG Rn 12). Der Teilurlaubsanspruch nach § 5 Abs 1 lit c BUrlG ist sofort fällig, da der ArbN die Wartezeit erfüllt hat. Steht die Beendigung des Arbeitsverhältnisses vor dem 1.7. zu Beginn des Kj bereits fest, entsteht der Urlaubsanspruch nur gekürzt. Hat der ArbN Urlaub über den ihm zustehenden Urlaub nach § 5 Abs 1 lit c BUrlG erhalten, kann das ihm gezahlte Urlaubsentgelt vom ArbGeb nicht zurückgefordert werden (§ 5 Abs 3 BUrlG). In einem Tarifvertrag kann zu Ungunsten des

ArbN vereinbart werden, dass Urlaubsentgelt für zuviel gewährten Urlaub zurückgefordert werden darf (BAG 23.1.96 – 9 AZR 554/93, NZA 96, 1101).

**c) Teilurlaubstage.** Ergeben sich bei der Berechnung des Teil- oder des gekürzten Vollurlaubs (§ 5 Abs 1 lit a – lit c BUrlG) **Bruchteile von Urlaubstagen,** die mindestens einen halben Tag ergeben, sind sie gem § 5 Abs 2 BUrlG auf volle Urlaubstage **aufzurunden.** Bruchteile von Urlaubstagen, die weniger als einen halben Urlaubstag betragen, sind weder auf volle Urlaubstage auf- noch auf volle Urlaubstage abzurunden, sofern nicht gesetzliche, tarif- oder arbeitsvertragliche Bestimmungen Abweichendes regeln. Es verbleibt bei dem Anspruch auf den bruchteiligen Urlaubstag (BAG 23.1.18 – 9 AZR 200/17, NZA 18, 653). 8

**3. Zur Berechnung der Urlaubsdauer im Einzelnen. a) Sonn- und Feiertage.** Die gesetzlichen Feiertage und Sonntage gelten gem § 3 Abs 2 BUrlG nicht als Werktage. Sie müssen dennoch bei der Berechnung der Urlaubsdauer berücksichtigt werden, wenn an ihnen regelmäßig gearbeitet wird (BAG 15.1.13 – 9 AZR 430/11, NZA 13, 1091). Dem steht § 3 Abs 2 BUrlG nicht entgegen, da die Regelung lediglich eine Verkürzung des Urlaubsanspruchs durch Einbeziehung von Tagen verhindern soll, an denen keine Arbeitspflicht besteht. Wird der ArbN von seiner Arbeitspflicht durch Urlaub an einem Feiertag befreit, an dem er sonst hätte arbeiten müssen, wird der Tag auf den Urlaub als gewährt angerechnet. 9

**b) Arbeitsfreier Werktag.** Arbeitsfreie Tage, die der ganzen Belegschaft unter Fortzahlung der Vergütung freigegeben werden, sind nicht auf den Urlaubsanspruch anzurechnen, da keine Arbeitspflicht besteht, von der der ArbN durch Urlaubsgewährung befreit werden kann. 10

**c) Wechsel von Vollzeit in Teilzeit oder von Teilzeit in Vollzeit. aa) Wechsel von Vollzeit in Teilzeit.** Das BAG ging ursprünglich davon aus, dass Urlaubstage grds umzurechnen sind, wenn sich die Anzahl der mit Arbeitspflicht belegten Tage verringerte. Eine Diskriminierung von Teilzeitkräften wurde vom BAG verneint (BAG 28.4.98 – 9 AZR 314/97, NZA 99, 156). An dieser Rspr konnte das BAG aufgrund der Rspr des EuGH (EuGH 22.4.10 – C-486/08, NZA 10, 557; 13.6.13 – C-415/12, NZA 13, 775) nicht festhalten. Nach der Rspr des EuGH darf die Verringerung des Beschäftigungsumfangs nicht dazu führen, dass der von einem ArbN vor der Verringerung erworbene und nach der Verringerung angetretene Jahresurlaub mit einem reduzierten Arbeitsentgelt vergütet wird. Unter Aufgabe seiner früheren Rspr geht das BAG deshalb nunmehr davon aus, dass beim Übergang von Vollzeit in Teilzeit die während der Vollzeitbeschäftigung erworbenen Urlaubstage in vollem Umfang aufrechterhalten werden und nicht gekürzt oder nur mit einem geringeren Entgelt vergütet werden können (BAG 20.3.18 – 9 AZR 486/17, NZA 18, 851; 10.2.15 – 9 AZR 53/14, NZA 15, 1005). Der verbleibende, dh der vor der Arbeitszeitreduzierung noch nicht in Anspruch genommene Urlaubsanspruch ist unter Berücksichtigung des bereits gewährten Urlaubs zu berechnen. Dabei ist die Anzahl der zum Zeitpunkt des Wechsels noch nicht genommenen Urlaubstage mit dem Quotienten zu ermitteln, der sich aus der Zahl der Wochenarbeitstage unter dem neuen Zeitregime (Divident) und der Anzahl der Wochenarbeitstage unter dem alten Arbeitszeitregime (Divisor) ergibt (BAG 14.3.17 – 9 AZR 7/16, NZA-RR 17, 376). 11

**bb) Wechsel von Teilzeit in Vollzeit.** Bei einem Wechsel von Teilzeit in Vollzeit ist der Umfang des Urlaubsanspruchs während des Kj zu ändern mit der Folge, dass der gesetzliche Urlaubsanspruch für das betreffende Kj unter Berücksichtigung der einzelnen Zeiträume der Beschäftigung und der auf sie entfallenden Wochentage mit Arbeitspflicht umzurechnen ist. Unter Umständen muss daher die Urlaubsdauer im Kj mehrfach berechnet werden. Bei der Berechnung ist grds auf die für das gesamte Urlaubsjahr arbeitsvertraglich vorgesehene Verteilung der Arbeitszeit auf die Wochentage abzustellen und nicht auf die zum Zeitpunkt der Urlaubsgewährung geltende Arbeitszeitregelung (BAG 19.3.19 – 9 AZR 406/17, BeckRS 2019, 18641). 12

**d) Unregelmäßige Verteilung der Arbeitstage je Woche.** Ist die Arbeitszeit eines vollzeitbeschäftigten ArbN nicht regelmäßig auf eine bestimmte Anzahl von Wochentagen verteilt, sondern bspw mal auf vier, mal auf fünf Tage in der Woche, ist die Berechnung auf das Jahr zu beziehen. Das BAG geht in diesem Fall von einer Arbeitsverpflichtung an 13

260 Tagen in der 5-Tage-Woche (52 × 5) und von 312 Werktagen in der 6-Tage-Woche aus, sofern ein TV keine andere Regelung enthält. Gesetzliche Feiertage lässt es unberücksichtigt (BAG 5.11.02 – 9 AZR 470/01, NZA 03, 1167). Die Umrechnung erfolgt, indem die in § 3 Abs 1 BUrlG genannten 24 Werktage durch die Anzahl der Arbeitstage im Jahr bei einer 6-Tage-Woche geteilt und mit der Anzahl der für den ArbN maßgeblichen Arbeitstage im Jahr multipliziert werden. Die danach maßgebliche Umrechnungsformel lautet: 24 Werktage Urlaub x Anzahl der Tage mit Arbeitspflicht : 312 Werktage. Bei der Ausfüllung der Formel zählen gesetzliche Feiertage als Tage mit Arbeitspflicht. Gleiches gilt für sonstigen Arbeitsausfall im Verlauf des Kj, zB durch Freistellungen für Bildungsveranstaltungen, vorrübergehende Verhinderung nach § 616 BGB, krankheitsbedingte AU nach § 1 EFZG oder Suspendierungen nach §§ 2, 3 PflegeZG. Dies folgt unmittelbar aus § 3 Abs 1 BUrlG. Die Bestimmung gewährt den gesetzlichen Mindesturlaub bei einer 6-Tage-Woche unabhängig vom Arbeitsausfall im Verlaufe eines Kj (BAG 19.3.19 – 9 AZR 406/17, BeckRS 2019, 18641).

14 **e) Elternzeit/Mutterschutz.** Der Erholungsurlaub kann für jeden vollen Urlaubsmonat des Erziehungsurlaubs um $^{1}/_{12}$-tel gekürzt werden; dies gilt nicht, wenn der ArbN während des Erziehungsurlaubs bei seinem ArbGeb Teilzeitarbeit leistet (§ 17 Abs 1 BEEG). Die Kürzungsregelung verstößt weder gegen Art 7 Abs 1 RL 2003/88/EG noch gegen § 5 Nr 2 der überarbeiteten Rahmenvereinbarung über den Elternurlaub v 18.6.09 (BAG 19.3.19 – 9 AZR 495/17, NZA 19, 1136). Hat der ArbN den ihm zustehenden Urlaub vor dem Beginn des Erziehungsurlaubs nicht oder nicht vollständig erhalten, so hat der ArbGeb den Resturlaub nach dem Erziehungsurlaub im laufenden oder im nächsten Urlaubsjahr zu gewähren (§ 17 Abs 2 BEEG). Kann der Resturlaub wegen der Inanspruchnahme eines zweiten Erziehungsurlaubs nicht genommen werden, wird er auf die Zeit nach der weiteren Elternzeit übertragen (20.5.08 – 9 AZR 219/07, NZA 08, 1237). Der ArbGeb ist nicht verpflichtet, dem ArbN vor Antritt des Erziehungsurlaubs mitzuteilen, dass er den Erholungsurlaub anteilig kürzen will (BAG 28.7.92 – 9 AZR 340/91, BB 93, 221). Die Regelung des § 17 Abs 1 Satz 1 BEEG setzt jedoch voraus, dass der Anspruch auf Erholungsurlaub noch besteht. Daran fehlt es, wenn das Arbeitsverhältnis beendet ist und der ArbN Anspruch auf Urlaubsabgeltung hat (BAG 19.3.19; 19.5.15 – 9 AZR 725/13, NZA 15, 98). Nach § 17 MuSchG gelten für den Anspruch auf bezahlten Erholungsurlaub und dessen Dauer die Ausfallzeiten wegen mutterschutzrechtlicher Beschäftigungsverbote als Beschäftigungszeiten. Die Frau, die ihren Urlaub vor Beginn der Beschäftigungsverbote nicht oder nicht vollständig erhalten hat, kann ihren Resturlaub nach Ablauf der Fristen im laufenden oder nächsten Urlaubsjahr beanspruchen (BAG 17.5.11 – 9 AZR 197/10, BeckRS 2011, 75611).

15 **f) Kurzarbeit.** Die Urlaubsansprüche für Kurzarbeiter können angepasst werden (EuGH 8.11.12 – C-229/11, NZA 12, 1273). Der EuGH hat den ArbN in Kurzarbeit als teilzeitbeschäftigten ArbN angesehen und auf die Rahmenvereinbarung über Teilzeit v 6.6.97 im Anhang der RL 97/81/EG hingewiesen. Nach § 4 der Rahmenvereinbarung gilt der pro-rata-temporis-Grundsatz, wo dies angemessen ist.

16 **g) Maßnahmen der medizinischen Vorsorge oder Rehabilitation** dürfen nicht auf den Urlaub angerechnet werden, soweit ein Anspruch auf Fortzahlung des Arbeitsentgelts nach den gesetzlichen Vorschriften über die Entgeltfortzahlung im Krankheitsfalle besteht (§ 10 BUrlG). Dies gilt auch für den Fall, dass zunächst Urlaub gewährt worden ist und danach für diesen Zeitraum ganz oder teilweise eine medizinische Maßnahme bewilligt und durchgeführt wird (ErfK/*Gallner* § 10 BUrlG Rn 10). Der Entgeltfortzahlungsanspruch setzt voraus, dass die Behandlung in einer Einrichtung der medizinischen Vorsorge oder Rehabilitation erfolgt (BAG 25.5.16 – 9 AZR 298/15, NZA 16, 1028). Wird durch Tarifvertrag, Betriebsvereinbarung oder Einzelarbeitsvertrag der Anspruch auf Entgeltfortzahlung erweitert, kann der ArbGeb für die die Entgeltfortzahlungspflicht überschießende Dauer der Maßnahme keinen Urlaub gewähren, weil die AU fortbesteht. Abweichendes kann jedoch von den Arbeitsvertragsparteien, auch nachträglich, vereinbart werden.

17 **h) Arbeitskampf.** Streiktage können auf Urlaub nicht angerechnet werden, wenn der ArbN am Arbeitskampf teilnimmt. Eine Unterbrechung des bereits bewilligten Urlaubs tritt während eines Streiks nicht ein. Der ArbGeb ist zur Fortzahlung des Urlaubsentgelts für die während der Streiktage in Urlaub befindlichen ArbN verpflichtet (BAG 1.10.91 – 1 AZR 147/91, NZA 92, 163).

**4. Unabdingbarkeit.** Gem § 13 Abs 1 BUrlG kann von der Bestimmung des § 3 Abs 1 BUrlG über die Urlaubsdauer weder durch Tarifvertrag noch durch Einzelarbeitsvertrag zu Ungunsten des ArbN abgewichen werden. Tarifverträge sehen regelmäßig einen längeren Urlaub als das Gesetz vor. Die Tariffestigkeit des gesetzlichen Mindesturlaubs ist für die Berechnung des Urlaubs bei einem Ausscheiden in der 2. Jahreshälfte bedeutsam. Im Tarifvertrag kann nicht geregelt werden, dass der zu Beginn des Jahres und nach Ablauf der Wartezeit entstandene Urlaub auch bei einem Ausscheiden in der 2. Jh gezwölftelt wird (BAG 20.1.09 – 9 AZR 650/07, BeckRS 2009, 661156; 24.10.2000 – 9 AZR 610/99, NZA 01, 663). 18

**5. Mitbestimmung des Betriebsrats.** Die Dauer des Urlaubsanspruchs unterliegt gesetzlicher, tariflicher und/oder arbeitsvertraglicher Regelung und ist dem Mitbestimmungsrecht des BRat nicht unterworfen. Die konkrete Berechnung der Urlaubsdauer ist nicht als allgemeiner Urlaubsgrundsatz iSv § 87 Abs 1 Nr 5 BetrVG zu verstehen, auch wenn die Umrechnung des Urlaubs in Arbeitstage infolge einer mitbestimmten Arbeitszeitregelung nach § 87 Abs 1 Nr 2 BetrVG erforderlich geworden ist. § 87 Abs 1 Nr 2 BetrVG räumt dem BRat insoweit nur das Recht ein, die Verteilung der gesetzlich, tariflich oder arbeitsvertraglich vorgegebenen Arbeitszeit auf die einzelnen Wochentage mitzubestimmen. Eine weitergehende Kompetenz des BRat, Auswirkungen dieser Arbeitszeitverteilung auf den Urlaubsanspruch des einzelnen ArbN mitzuregeln, folgt daraus nicht. Urlaubsgrundsätze iSv § 87 Abs 1 Nr 5 BetrVG betreffen nur die kollektive Umsetzung des Urlaubs auf das Urlaubsjahr, zB die nach sozialen Kriterien festzulegenden Richtlinien für die urlaubsmäßige Behandlung bestimmter Personengruppen in der Belegschaft oder die vom ArbGeb bei der Urlaubsgewährung zu berücksichtigenden Verfahren zur Urlaubsverteilung (BAG 14.1.92 – 9 AZR 148/91, DB 92, 1889). 19

## B. Lohnsteuerrecht *Seidel*

Lohnsteuerrechtlich ist die Urlaubsdauer ohne Bedeutung. 24

## C. Sozialversicherungsrecht *Schlegel*

Zum Versicherungsschutz während des Urlaubs → *Urlaubsregelungen* Rn 20 ff; → *Freistellung von der Arbeit* Rn 36 ff. Zu sog Sabbaticals bei Altersteilzeitarbeit → *Altersteilzeit* Rn 24 ff. 25

# Urlaubsentgelt

## A. Arbeitsrecht *Röller*

**1. Allgemeines.** Der ArbN hat nach § 1 BUrlG in jedem Kj gem §§ 1, 3 BUrlG einen Anspruch auf bezahlten Erholungsurlaub. Für die Dauer des Urlaubs behält der ArbN den Anspruch auf die sich nach § 611a Abs 2 BGB iVm dem Arbeitsvertrag oder Tarifvertrag geschuldete Vergütung. § 11 Abs 1 BUrlG ist nicht selbst Anspruchsgrundlage für den Anspruch auf Urlaubsentgelt, sondern nur Berechnungsvorschrift für die Zeit, für die der ArbN vom ArbGeb zu Recht von der Arbeit freigestellt wurde (ErfK/*Gallner* § 11 BUrlG Rn 1). Der EuGH versteht in Auslegung von Art 7 Abs 1 RL 2003/88/EG den Anspruch auf Jahresurlaub und den auf Zahlung des Urlaubsentgelts als „zwei Aspekte eines einzigen Anspruchs" (EuGH 19.11.17 – C-214/16, NZA 17, 1591). Dem ArbN muss während des Urlaubs das gewöhnliche Entgelt weitergezahlt werden (EuGH 6.11.18 – C-569/16, C-570/16, NZA 18, 1467). Das BAG vertritt nunmehr die Auffassung, dass § 1 Abs 1 BUrlG insoweit Art 7 Abs 1 RL 2003/88/EG entspricht (BAG 20.8.19 – 9 AZR 468/18, NZA 19, 1581; 21.1.19 – 9 AZR 45/16, NZA 19, 829). 1

**2. Berechnung des Urlaubsentgelts. a) Allgemeines.** Bei der Berechnung des Urlaubsentgelts ist nach § 11 BUrlG das Entgelt zugrundezulegen, das der ArbN in den letzten 13 Wochen vor dem Urlaubsantritt erzielte. Es muss jedoch sichergestellt sein, dass der ArbN das Entgelt erhält, das er bei Fortführung der Arbeit ohne urlaubsbedingte Abwesen- 2 heit gewöhnlich verdienen würde (BAG 8.11.17 – 5 AZR 11/17, NZA 18, 528; 21.9.10 – 9 AZR 510/09, NZA 11, 805). Das Urlaubsentgelt ist damit ein Produkt aus dem **Geldfaktor,** der anhand der Daten der Vergangenheit errechnet wird, und der in der Zukunft liegenden Zeit **(Zeitfaktor),** die im Urlaub anfallen wird (BAG 8.11.17 – 5 AZR 11/17, NZA 18, 528; 20.9.16 – 9 AZR 429/15, NZA 17, 76; ErfK/*Gallner* § 11 BUrlG Rn 2a). Das tägliche Urlaubsentgelt berechnet sich damit nach dem Geldwert und der Anzahl der am konkreten Urlaubstag angefallenen Stunden (BAG 8.11.17 – 5 AZR 11/17, NZA 18, 528; 10.12.13 – 9 AZR 279/12, BeckRS 2014, 68897).

3 **b) Berechnungsgrundsätze zur Ermittlung des Geldfaktors.** Zunächst ist zu ermitteln, was zum Arbeitsverdienst des ArbN gehört.

4 **aa) Arbeitsverdienst.** Zu berücksichtigen ist die gesamte Vergütung unter Einschluss aller Gehaltsbestandteile, die der ArbN im Referenzzeitraum als **Gegenleistung für seine Tätigkeit** erhalten hat, unabhängig davon, in welchen Zeitabschnitten (Stunden, Tagen, Wochen, Monaten oder Jahren) sie berechnet werden (BAG 20.6.2000 – 9 AZR 437/99, NZA 01, 625). Nach § 11 Abs 1 Satz Hs 2 BUrlG ist der zusätzlich für Überstunden gezahlte Arbeitsverdienst nicht zu berücksichtigen. Die Frage, ob nur der Mehrarbeitszuschlag oder auch die Mehrarbeitsvergütung nicht zu berücksichtigen ist (s hierzu BAG 22.2.2000 – 9 AZR 107/99, NZA 01, 268), ist zumeist ohne praktische Relevanz. Zur Bestimmung des Geldfaktors ist es zwingend erforderlich, das berücksichtigungsfähige Entgelt im Referenzzeitraum durch die gesamte Anzahl von Arbeitsstunden zu teilen, in denen dieses Entgelt erzielt wurde. Wenn das für die Mehrarbeit gezahlte Entgelt (ohne Zuschläge) berücksichtigt und bei der Arbeitszeit die Mehrarbeit ebenso einbezogen wird, ändert sich der Quotient nicht (BAG 27.2.18 – 9 AZR 238/17, BeckRS 2018, 8878). Nach Auffassung des EuGH ist die Überstundenvergütung bei der Ermittlung des Urlaubsentgelts dann zu berücksichtigen, wenn der ArbN zur Leistung von Überstunden arbeitsvertraglich verpflichtet ist und dies gewöhnlich auch tut (EuGH 13.12.18 – C-385/17, NZA 19, 47).

5 Zum Arbeitsverdienst zählen: Der tatsächlich verdiente **Akkordlohn** und **Prämienlohn** (ErfK/*Gallner* § 1 BUrlG Rn 6); Vergütung für **Bereitschaftsdienst** und **Rufbereitschaft** (BAG 20.10.2000 – 9 AZR 634/99, NZA 01, 449); **Nachtzuschläge** und **Zuschläge für Sonn- und Feiertagsarbeiten** (BAG 20.6.2000 – 9 AZR 634/99, NZA 01, 449); **Erschwernis- und Gefahrenzulagen,** sofern sie nicht Aufwendungsersatz sind (ErfK/*Gallner* § 11 BUrlG Rn 9); **Provisionen,** die der ArbN als einzige Vergütung oder neben einem Fixum erhält (BAG 11.4.2000 – 9 AZR 266/99, NZA 01, 153). **Sachbezüge** sind Arbeitsverdienst. Werden sie während des Urlaubs nicht weiter gezahlt, sind sie nach § 11 Abs 1 Satz 4 BUrlG angemessen abzugelten. **Vermögenswirksame Leistungen** zählen zwar nicht zum Arbeitsverdienst iSd § 11 Abs 1 Satz 1 BUrlG. Sie werden wegen der entsprechenden Regelung zur Vermögensbildung der ArbN dennoch unabhängig vom Urlaubsrecht auch im Urlaub gezahlt (ErfK/*Gallner* § 11 BUrlG Rn 13).

6 **Nicht zum Arbeitsverdienst** zählen Zahlungen, die dem ArbN zwar aufgrund seines Arbeitsvertrages und den diesen ergänzenden Regelungen zustehen, mit denen aber nicht die Arbeitsleistung im Berechnungszeitraum abgegolten werden. Sie bleiben nach § 11 Abs 1 BUrlG unberücksichtigt, weil es ansonsten zu einer vom Gesetz nicht gewollten Doppelzahlung kommen würde (BAG 10.12.13 – 9 AZR 279/12, BeckRS 2014, 68897). Nach bisheriger Rspr des BAG sind Weihnachtsgelder, Gratifikationen und andere Zuwendungen, die ein- oder mehrmal im Jahr gezahlt werden, zwar Entgelt, müssen jedoch nicht allein Gegenleistung für die erbrachte Arbeitsleistung sein. Sie werden deshalb nach bisheriger Rspr bei der Berechnung des Urlaubsentgelts nicht berücksichtigt (BAG 23.1.01 – 9 AZR 4/00, NZA 02, 224; 11.4.2000 – 9 AZR 266/99, NZA 01, 153). Dieser Rspr könnte die Rspr des EuGH entgegenstehen (EuGH 22.5.14 – C-539/12, NZA 14, 593; 15.9.11 – C-155/10, NZA 11, 1167). Nach Auffassung des EuGH muss jede Leistung, die zumindest auch Gegenleistung für die Arbeitsleistung ist, aufgrund der Vorgabe in Art 7 Abs 1 RL 2003/88/EG Teil des Urlaubsentgelts sein. Es scheint, dass das BAG sich dieser Auffassung nunmehr anschließt (BAG 30.1.19 – 10 AZR 596/17, BeckRS 2019, 9215). **Trinkgelder,** die das Servicepersonal persönlich vom Gast erhält, zählen nicht zum Arbeitsverdienst (BAG 28.6.95 – 7 AZR 1001/94, NZA 96, 252). **Aufwendungsersatz** ist regelmäßig kein Arbeitsentgelt und erhöht deshalb nicht das Urlaubsentgelt (BAG 12.12.01 – 5 AZR 257/

00, NZA 02, 1338), ebenso nicht Fernauslösungen (BAG 15.6.83 – 5 AZR 598/80, DB 83, 2581).

**bb) Berechnungszeitraum.** Der 13-wöchige Bezugszeitraum ist entsprechend §§ 188 Abs 2, 187 Abs 1 BGB **vom Urlaubsbeginn an** zurückzurechnen. Hat der ArbN **noch keine 13 Wochen** gearbeitet, ist der gesamte Zeitraum vom Beginn des Arbeitsverhältnisses bis zum Urlaubsanfang zugrunde zu legen (ErfK/*Gallner* § 11 UrlG Rn 15). 7

**cc) Ermittlung des Durchschnitts.** Der nach aa) und bb) errechnete Betrag muss auf einen Tagesverdienst umgerechnet werden. Die Formel hierfür lautet, bezogen auf die dem BUrlG zugrunde liegende Arbeitswoche mit sechs Arbeitstagen (Werktagen): Arbeitsverdienst der letzten 13 Wochen vor Urlaubsbeginn , geteilt durch 78 Arbeitstage (Werktage) = Urlaubsentgelt je Urlaubstag (*ErfK/Gallner* § 11 BUrlG Rn 16ff), multipliziert mit der Anzahl der Urlaubstage, ergibt das insgesamt zu zahlende Urlaubsentgelt. Bei der Fünf-Tage-Woche ist der Arbeitsverdienst der letzten 13 Wochen entsprechend durch 65 Arbeitstage zu teilen, um das Urlaubsentgelt für jeden dem ArbN individuell zustehenden Urlaubstag zu ermitteln. Feiertage und bezahlte Krankheitstage fließen in die Berechnung ein (BAG 24.11.92 – 9 AZR 564/91, NZA 93, 750). 8

Bei **flexibel variabler Arbeitszeit** (Beispielsfall: in der Woche fallen wechselnd 3 bis 6 Arbeitstage an) werden vergütet und damit in die Berechnung einbezogen nur die Tage des tatsächlichen Ausfalls, nicht die Tage, an denen der ArbN nicht zur Arbeit verpflichtet ist (ErfK/*Gallner* § 11 BUrlG Rn 18, 20).

**c) Berechnung des Zeitfaktors.** Stimmt die Arbeitszeit der Vergangenheit mit der durch den Urlaub ausgefallenen Arbeitszeit überein, ist eine detaillierte Berechnung nicht notwendig. Fallen sie auseinander, muss der Zeitfaktor gesondert festgestellt werden. Fällt zB während des Urlaubs Über- oder Mehrarbeit an, sind diese Stunden in den Zeitfaktor einzustellen, wenn der ArbN, wäre er nicht in Urlaub gewesen, wie seine Kollegen diese Stunden hätte leisten müssen (BAG 22.2.2000 – 9 AZR 107/99, NZA 01, 268; 9.11.99 – 9 AZR 771/98, NZA 00, 1335). 9

**d) Besondere Berechnungstatbestände. aa) Verdiensterhöhungen.** Sind sie während des Berechnungszeitraums oder des Urlaubs eingetreten, sind sie zu berücksichtigen, wenn sie nicht nur vorübergehend gewährt werden (§ 11 Abs 1 Satz 2 BUrlG). Verdiensterhöhungen können eintreten in Folge Erhöhung des Tariflohns, Verlängerung der Arbeitszeit, beim Übergang von Teilzeit- zur Vollzeitarbeit (BAG 21.5.70 – 5 AZR 421/69, DB 70, 1791, 2084), beim Aufstieg in eine höhere Vergütungsgruppe oder bei Übergang von einem Ausbildungs- in ein Arbeitsverhältnis (BAG 29.11.84 – 6 AZR 238/92, NZA 85, 598). Sofern der ArbGeb die Verdiensterhöhung teilweise oder vollständig auf bisher gewährte übertarifliche Vergütungen wirksam anrechnet, wird nur die verbleibende tatsächliche Erhöhung berücksichtigt (BAG 17.11.98 – 9 AZR 431/97, BB 99, 1224). 10

**bb) Verdienstkürzungen.** Hat der ArbN während des Bezugszeitraums infolge Kurzarbeit, Arbeitsausfällen – bspw Betriebsunterbrechungen wegen Rohstoffmangels oder Maschinenstillstands, die dem Wirtschaftsrisiko des ArbGeb zuzurechnen sind – oder unverschuldeten Arbeitsversäumnisses (Arbeitsausfall, Krankheit) nicht gearbeitet und damit auch keinen Verdienst erhalten, so dürfen diese Verdienstkürzungen bei der Entgeltberechnung nicht berücksichtigt werden (§ 11 Abs 1 Satz 3 BUrlG). Die Ausfalltage sind mit dem Betrag einzubeziehen, den der ArbN bei Fortsetzung der Tätigkeit erhalten hätte. Dem entgegenstehende tarifvertragliche Regelungen sind unwirksam (EuGH 13.12.18 – C-385/17, NZA 19, 47). Wird während des gewährten Urlaubs **Kurzarbeit Null** eingeführt, schuldet der ArbGeb für diesen Zeitraum kein Urlaubsentgelt. Der ArbN erhält Kug von der BA (ErfK/*Gallner* § 11 BUrlG Rn 24). 11

**cc) Urlaubsentgelt eines Betriebsratsmitglieds.** Für die Berechnung sind bei der Ermittlung des durchschnittlichen Arbeitsverdienstes auch die im Referenzzeitraum erfolgten Ausgleichszahlungen nach § 37 Abs 3 Satz 2 Hs 2 BetrVG zu berücksichtigen (BAG 8.11.17 – 5 AZR 11/17, NZA 18, 528; 11.1.95 – 7 AZR 543/94, NZA 95, 105). Bleiben nach einer Tarifbestimmung Verdienstkürzungen bei unverschuldeter Arbeitsversäumnis für die Berechnung der Urlaubsvergütung außer Betracht, greift sie auch für ein BRatMitglied, das sich im maßgeblichen Referenzzeitraum für die Erledigung von BRatTätigkeiten zwar abgemeldet, jedoch nähere Angaben zur Begründung seines Entgeltfortzahlungsanspruchs unterlassen hat (BAG 15.3.95 – 7 AZR 643/94, NZA 95, 961). 12

13 **e) Abweichende Regelungen.** Die **Berechnungsregelung** des § 11 Abs 1 BUrlG enthält die gesetzliche Grenze für die Auslegung des Begriffs „bezahlt" iSv § 1 BUrlG. Die Tarifvertragsparteien sind nicht befugt, für den gesetzlichen Mindesturlaub von der nach § 1 BUrlG fortbestehenden Lohnzahlungspflicht abzuweichen. Daran ändert nichts, dass § 11 in § 13 BUrlG nicht genannt ist (ErfK/*Gallner* § 13 BUrlG Rn 17). Mit Rücksicht auf die in § 1 BUrlG festgeschriebene Lohnfortzahlungspflicht sind tarifliche Regelungen, die von § 11 Abs 1 BUrlG abweichen, nur zulässig, wenn damit gewährleistet ist, dass für den gesetzlichen Mindesturlaub der Lohnanspruch in dem durch § 11 Abs 1 BUrlG gegebenen Rahmen erhalten bleibt. Die Tarifvertragsparteien sind zwar frei, jede von ihnen als angemessen erscheinende Berechnungsmethode für das während des Urlaubs fortzuzahlende Entgelt zu vereinbaren. Die Methode muss aber geeignet sein, ein Urlaubsentgelt sicherzustellen, wie es der ArbN bei Weiterarbeit ohne Freistellung hätte erwarten können (BAG 20.11.18 – 9 AZR 349/18, NZA 19, 722; 21.9.10 – 9 AZR 510/09, NZA 11, 805; 15.12.09 – 9 AZR 887/08, NZA-RR 11, 224).

14 **3. Fälligkeit des Urlaubsentgelts.** Das Urlaubsentgelt ist ohne Rücksicht darauf, wann sonst die Vergütung fällig ist, **vor Antritt des Urlaubs** auszuzahlen (§ 11 Abs 2 BUrlG). Diese Fälligkeitsregel gilt für alle ArbN. In der betrieblichen Praxis wird sie idR missachtet, indem das Urlaubsentgelt nachträglich am Ende des Monats ausgezahlt wird. Meist liegt eine konkludente Vereinbarung der Parteien zugrunde, die wegen § 13 Abs 1 Satz 3 BUrlG unwirksam ist (ErfK/*Gallner* § 11 BUrlG Rn 27). Nur in Tarifverträgen ist eine Abweichung zuungunsten der ArbN möglich.

15 **4. Verjährung und Verfall.** Der Anspruch auf Urlaubsentgelt verjährt als Lohnanspruch des ArbN nach § 195 BGB in drei Jahren. Er unterliegt nach bisheriger Rspr arbeits- und tarifvertraglichen Ausschlussfristen, und zwar auch dann, wenn der Urlaub gewährt wurde (BAG 22.1.02 – 9 AZR 601/00, NZA 02, 1041). Das BAG hat nunmehr offengelassen, ob an dieser Rechtsprechung, jedenfalls im Hinblick auf den gesetzlichen Mindesturlaub angesichts des unionsrechtlichen Verständnisses, dass der Anspruch auf Jahresurlaub und der auf Zahlung des Urlaubsentgelts zwei Aspekte eines einzigen Anspruchs sind, und dem Erfordernis, dass der ArbN während des Urlaubs das gewöhnliche Entgelt weiter beziehen müsse, festgehalten werden kann (BAG 30.1.19 – 5 AZR 43/18, NZA 19, 768).

16 **5. Pfändbarkeit, Abtretung, Vererblichkeit, Unabdingbarkeit.** Urlaubsentgelt ist als Arbeitsentgelt, das auch während des Urlaubs weiter zu zahlen ist, ebenso wie dieses und im gleichen Umfang **pfändbar.** Es gelten die allgemeinen Pfändungsschutzbestimmungen der §§ 850 ff ZPO (BAG 20.6.2000 – 9 AZR 405/99, DB 2000, 2327). Der Urlaubsentgeltanspruch kann abgetreten werden. Mit ihm und gegen ihn kann aufgerechnet werden (BAG 20.11.18 – 9 AZR 349/18, NZA 19, 722). Der entstandene Anspruch auf Urlaubsentgelt ist **vererblich,** soweit er im Zeitpunkt des Todes des ArbN besteht und noch nicht erfüllt ist. Beim Tod des ArbN können die Erben eine finanzielle Vergütung für den vom verstorbenen ArbN nicht genommenen Urlaub verlangen (EuGH 6.11.18 – C-569/16, C-570/16, BeckRS 2018, 27416; → *Urlaubsanspruch* Rn 20). Der Urlaubsentgeltanspruch ist im Umfang des gesetzlichen Urlaubs ebenso wie der Urlaubsanspruch **unabdingbar** und **unverzichtbar.** Der ArbN kann weder vorab, noch nach der Freistellungserklärung, noch nachträglich auf das Urlaubsentgelt verzichten (ErfK/*Gallner* § 11 BUrlG Rn 33).

17 **6. Rückzahlung zu viel erhaltenen Urlaubsentgelts.** § 5 Abs 3 BUrlG enthält eine Sondervorschrift zum Bereicherungsrecht. Hat der ArbN bei einem Ausscheiden innerhalb des Kj bereits mehr Urlaubsentgelt erhalten als ihm zustand, kann dieses nicht nach § 812 BGB zurückgefordert werden. Hat der ArbN den Urlaub bereits angetreten, der ArbGeb aber das Urlaubsentgelt noch nicht gezahlt und tritt nun ein Kürzungstatbestand ein, besteht kein Anspruch auf die (volle) Zahlung. § 5 Abs 3 BUrlG verschafft dem ArbN keinen Anspruch, sondern soll ihn nur vor der Rückzahlung des Urlaubsentgelts nach Inanspruchnahme der Freizeit schützen (ErfK/*Gallner* § 5 BUrlG Rn 18). Von § 5 Abs 3 BUrlG kann durch Tarifvertrag zu Ungunsten des ArbN abgewichen werden (BAG 23.1.96 – 9 AZR 554/93, NZA 96, 1101).

**B. Lohnsteuerrecht** *Seidel*

19 Der während des Urlaubs weitergezahlte Arbeitslohn (Lohnfortzahlung im Urlaub) ist steuerrechtlich wie das während der Beschäftigungszeit gezahlte Entgelt als laufender stpfl Arbeitslohn zu behandeln. Sind im Urlaubsentgelt **Zuschläge** für Sonn-, Feiertags- oder Nachtarbeit enthalten, entfällt eine Steuerfreiheit gem § 3b EStG, da eine tatsächliche Arbeitsleistung zu den begünstigten Zeiten nicht vorliegt (→ *Sonn- und Feiertagsarbeit* Rn 29). Zur Rückzahlung des Urlaubsentgelts (→ Rn 17) → *Entgeltrückzahlung* Rn 17 ff.

**C. Sozialversicherungsrecht** *Schlegel*

20 **1. Beitragsrecht.** Sozialversicherungsrechtlich bestehen für das Urlaubsentgelt, dh für das für die Dauer eines bezahlten Urlaubs gezahlte Entgelt, keine Besonderheiten. (Zur Berechnung des Urlaubsentgelt → *Urlaubsentgelt* Rn 3 ff). Es ist leistungsrechtlich und beitragsrechtlich wie reguläres, **laufend gezahltes Arbeitsentgelt** zu behandeln (BSG 13.5.87 – 7 RAr 7/86, SozR 4100 § 112 Nr 30, S 43). Es unterscheidet sich damit maßgeblich vom zusätzlich zum Urlaubsentgelt gewährten *Urlaubsgeld* und von der *Urlaubsabgeltung,* die den leistungs- und beitragsrechtlichen Vorschriften über einmalig gezahltes Arbeitsentgelt unterliegen.

21 **2. Einzelfälle der Berechnung von Lohnersatzleistungen. a) Unterhaltsgeld.** Das Urlaubsentgelt ist nicht Teil des Entgelts für in der Vergangenheit geleistete Dienste; ihm steht keine Gegenleistung des ArbN in einem bestimmten Zeitraum gegenüber. Es wird stets für den Zeitraum des Urlaubs gewährt. Dementsprechend hat das BSG im Falle einer Bildungsmaßnahme, die während des Urlaubs durchgeführt wurde und für die der ArbN Unterhaltsgeld beanspruchte, das Urlaubsentgelt auf das Unterhaltsgeld als Einkommen aus nicht selbstständiger Arbeit anrechenbar angesehen (BSG 17.12.75 – 7 RAr 88/73 zu § 44 AFG).

22 **b) Insolvenzgeld.** Wird während des bezahlten Urlaubs über das Vermögen des ArbGeb das Konkurs-/Insolvenzverfahren eröffnet, so besteht im Rahmen des § 183 SGB III ein Anspruch auf Insolvenzgeld nur für dasjenige Urlaubsentgelt, welches für Urlaubstage vor der Konkurs-/Insolvenzeröffnung zu zahlen gewesen wäre; auf die Fälligkeit des Anspruchs auf Urlaubsentgelt kommt es insoweit nicht an. Für die Zeit nach Konkurs-/Insolvenzeröffnung ist der Anspruch vom Konkurs-/Insolvenzverwalter zu erfüllen (BSG 1.12.76 – 7 RAr 136/75, SozR 4100 § 141b Nr 2).

23 **c) Krankengeld.** Stellen die Berechnungsvorschriften für Lohnersatzleistungen auf einen bestimmten Bemessungszeitraum ab, wie dies zB bei § 47 Abs 2 SGB V für das Krankengeld der Fall ist (letzter vor Beginn der AU abgerechneter Entgeltabrechnungszeitraum), ist dieser Zeitraum auch maßgeblich, wenn in ihm bezahlter Urlaub gewährt wurde. Dh auch die Zeit, für die Urlaubsentgelt gezahlt wird, zählt zum Abrechnungszeitraum mit der Folge, dass das Urlaubsentgelt in der Höhe, in der es abgerechnet worden ist, als Regellohn in die Berechnung der Lohnersatzleistung eingeht (BSG 30.10.85 – 4a RJ 11/85, SozR 2200 § 1241 Nr 30; 20.1.82 – 3 RK 7/81, SozR 2200 § 182 Nr 79).

24 **d) Arbeitslosengeld.** Gem § 151 Abs 1 SGB III wird für die Berechnung des AlGeld das im Bemessungszeitraum durchschnittlich auf den Tag entfallende Entgelt, das der Erhebung der Beiträge zugrunde liegt, herangezogen. Dem steht Urlaubsentgelt gleich.

# Urlaubsgeld

**A. Arbeitsrecht** *Röller*

1 **1. Begriff.** Urlaubsgeld ist die im BUrlG nicht geregelte, zusätzliche, über das Urlaubsentgelt (§ 11 BUrlG) hinaus für die Dauer des Urlaubs gewährte Leistung des ArbGeb. Sie dient dazu, erhöhte Urlaubsaufwendungen zumindest teilweise abzudecken (BAG 15.11.90, DB 91, 865). In diesem Fall handelt es sich um eine zusätzliche Leistung mit Entgeltcharakter (BAG 1.10.02 – 9 AZR 215/01, NZA 03, 567). Das Urlaubsgeld kann jedoch auch als Sonderzahlung gewährt werden, mit der die Betriebstreue honoriert werden soll. Der

Zweck der Leistung ist durch Auslegung zu ermitteln (BAG 22.7.14 – 9 AZR 981/12, NZA 14, 1136).

2 **2. Rechtsgrundlage.** Anspruch auf Urlaubsgeld besteht **nur aufgrund besonderer Vereinbarung,** also aufgrund TV, Betriebsvereinbarung oder Einzelarbeitsvertrag. Rechtsgrundlage kann auch eine betriebliche Übung sein (BAG 28.3.2000 – 1 AZR 366/99, RdA 01, 404). Die arbeitsvertragliche Bezugnahme auf die Geltung tariflicher Regelungen für den Urlaub des ArbN ist regelmäßig als Bezugnahme auf den gesamten tariflichen Regelungskomplex „Urlaub" zu verstehen. Ein zusätzliches tarifliches Urlaubsgeld wird deshalb von der Bezugnahme erfasst (BAG 17.1.06 – 9 AZR 41/05, NZA 06, 923).

3 **3. Inhalt.** Den Arbeits-, Betriebs- und Tarifvertragsparteien steht es im Rahmen der geltenden Gesetze frei, Inhalt und Umfang der zusätzlichen Leistung zu bestimmen (BAG 22.7.14 – 9 AZR 981/12, NZA 14, 1136; 6.9.94 – 9 AZR 92/93, NZA 95, 232). Einzelvertraglichen Regelungen unterliegen einer AGB-Kontrolle gem §§ 305 ff BGB.

Ist das Urlaubsgeld mit dem Urlaubsentgelt verknüpft, wird es nur geschuldet, wenn auch ein Anspruch auf Urlaubsentgelt besteht. Der Anspruch folgt den für das Urlaubsentgelt geltenden Grundsätzen. Aus der bloßen Bezeichnung als Urlaubsgeld folgt noch keine Abhängigkeit vom Bestand des Urlaubsanspruchs (BAG 19.5.09 – 9 AZR 477/07, BeckRS 2009, 69838). Eine Abhängigkeit zwischen Urlaubsgewährung und Urlaubsgeld besteht zB, wenn ein Urlaubsgeld pro genommenen Urlaubstag gezahlt wird (BAG 22.7.14, – 9 AZR 981/12, NZA 14, 1136; 12.10.10 – 9 AZR 531/09 BeckRS 2011, 68113). Wird Urlaubsgeld als Festbetrag und nicht als prozentualer Zuschlag zum Urlaubsentgelt gezahlt, spricht dies nicht gegen die Akzessorietät (BAG 3.4.01 – 9 AZR 166/00, NZA 02, 678). Ist die Akzessorietät zwischen Urlaubsgeld und genommenen Urlaub zu bejahen, hat das Urlaubsgeld einen von der Arbeitsleistung unabhängigen Charakter. Die Parteien des Arbeitsvertrages können deshalb vereinbaren, dass das Urlaubsgeld nicht zur Auszahlung gelangt, wenn das Arbeitsverhältnis im Auszahlungszeitpunkt gekündigt ist. Eine solche Regelung stellt keine unangemessene Benachteiligung für den ArbN iSv § 307 Abs 1 Satz 2 BGB dar; sie verstößt auch nicht gegen das Transparenzgebot des § 307 Abs 1 Satz 1 BGB (BAG 22.7.14 – 9 AZR 981/12, NZA 14 1136).

Sieht ein Tarifvertrag zusätzliches Urlaubsentgelt für jeden Arbeitstag in einer bestimmten Höhe vor, so erhalten **Teilzeitbeschäftigte** mangels anderweitiger Regelung nur ein im Verhältnis ihrer Arbeitszeit zur tariflichen Arbeitszeit gemindertes Urlaubsgeld (BAG 3.11.65, DB 66, 196; BAG 24.10.89, DB 90, 1040). Ein Tarifvertrag, der dieses ausdrücklich regelt, verstößt nicht gegen das Diskriminierungsgebot (BAG 15.4.03 – 9 AZR 548/01, NZA 04, 494). Auch die Einführung einer Wartezeit von 12 Monaten für das Entstehen des Anspruchs auf ungekürztes Urlaubsgeld ist rechtlich zulässig (BAG 24.10.95, NZA 96, 774). **Schwerbehinderte Menschen** haben Anspruch auf tarifliches Urlaubsgeld für den Zusatzurlaub nur, wenn die Tarifbestimmungen diesen erkennbar als anspruchsbegründend einbeziehen (BAG 23.1.96, NZA 96, 831; 30.7.86, DB 86, 1729, 2684).

4 **4. Fälligkeit, Verfall und Verjährung.** Über die Fälligkeit des Urlaubsgelds kann im Arbeitsvertrag oder im TV eine **Vereinbarung** erfolgen – etwa dahingehend, dass das Urlaubsgeld einmal im Jahr mit der Juniabrechnung gezahlt wird oder am Ende eines jeden Monats, in dem Urlaub genommen wurde, mit der Abrechnung. Fehlt es an einer solchen Vereinbarung, ist das Urlaubsgeld analog § 11 Abs 2 BUrlG **vor dem Antritt des Urlaubs** fällig. Ist das tarifliche Urlaubsgeld mit der Urlaubsvergütung verknüpft, ist es erst dann zu zahlen, wenn auch der Anspruch auf Urlaubsvergütung fällig ist (BAG 19.5.09 – 9 AZR 477/07, NZA 09, 1112). Die Ansprüche auf Gewährung von Urlaub und Abgeltung des gesetzlichen Urlaubs erlöschen nicht, wenn der ArbN bis zum Ende des Urlaubsjahres und/oder des Übertragungszeitraums sowie darüber hinaus arbeitsunfähig erkrankt (BAG 24.3.09 – 9 AZR 983/07, NZA 09, 538; → *Urlaubsanspruch* Rn 13 ff). Auch der Anspruch auf das zusätzliche Urlaubsgeld erlischt in diesem Fall deshalb nicht. Der Anspruch auf Urlaubsgeld unterliegt der kurzen Verjährungsfrist des § 195 BGB sowie den vertraglichen und tarifvertraglichen Ausschlussfristen (BAG 11.4.2000 – 9 AZR 225/99, NZA 01, 512).

5 **5. Pfändbarkeit, Abtretbarkeit und Vererbbarkeit.** Das Urlaubsgeld ist als ein für die Dauer des Urlaubs über das Arbeitseinkommen hinaus gewährter Bezug nach § 850a Nr 2 ZPO **unpfändbar,** soweit es den Rahmen des Üblichen nicht übersteigt (BGH 24.4.12 –

IX ZB 239/10, BeckRS 2012, 10719), und damit nicht abtretbar. Das für unpfändbare Forderungen bestehende Abtretungsverbot nach §§ 412, 400 BGB ist jedoch nicht anzuwenden, wenn der durch die Vorschriften über die Unpfändbarkeit geschützte Zedent den Gegenwert der Forderung bereits vorher erhalten hat. Daher gehen die Ansprüche des ArbN gegen den ArbGeb auf Zahlung von Urlaubsgeld auf die BA über, wenn diese Insolvenzgeld für Urlaub gezahlt hat, der dem ArbN eines Gemeinschuldners vor Insolvenzeröffnung gewährt worden ist (BAG 11.1.90, DB 90, 2377). Der Anspruch auf Urlaubsgeld, der beim Tod des ArbN für bereits gewährten Urlaub noch nicht gewährt war, geht gem § 1922 Abs 1 BGB auf die Erben über.

**6. Mitbestimmungsrecht des Betriebsrats.** Die Zahlung eines zusätzlichen übertariflichen Urlaubsgeldes unterliegt nach § 87 Abs 1 Nr 10 BetrVG der Mitbestimmung des BRat (BAG 13.3.12 – 1 AZR 665/10, BeckRS 2012, 71253; 9.2.89 – 8 AZR 310/87, NZA 89, 765). Die Regelungen einer Betriebsvereinbarung wirken nach Ablauf weder nach § 77 Abs 6 BetrVG noch entsprechend § 4 Abs 5 TVG nach (BAG 9.2.89, NZA 89, 765). 6

**7. Insolvenz.** Tarifliche Urlaubsgeldansprüche sind, soweit sie vom Bestand des Urlaubsanspruchs abhängig sind, Masseforderungen, auch soweit sie aus Kj vor der Insolvenzeröffnung stammen (BAG 15.2.05 – 9 AZR 78/04, NZA 05, 1124). 7

## B. Lohnsteuerrecht *Seidel*

Das zusätzlich zum Urlaubsentgelt gezahlte Urlaubsgeld ist stpfl Arbeitslohn. Da es nicht zum laufenden Arbeitslohn gehört, stellt es einen **sonstigen Bezug** iSd § 39b EStG dar (→ *Einmalzahlungen* Rn 31 und → *Sonstige Bezüge* Rn 2). Die darauf entfallende LSt ergibt sich aus dem Unterschiedsbetrag der JahresLSt auf den voraussichtlichen Jahresarbeitslohn ohne den sonstigen Bezug und der JahresLSt auf den maßgebenden Jahresarbeitslohn unter Einbeziehung des sonstigen Bezugs (§ 39b Abs 3 Sätze 1–8 EStG; zur Berechnung iE → *Sonstige Bezüge* Rn 4–9). 11

Daneben besteht die Möglichkeit einer **Lohnsteuerpauschalierung** gem § 40 Abs 1 Nr 1 EStG (sonstige Bezüge in einer größeren Zahl von Fällen), wobei die Pauschalierungsgrenze von bis zu 1000 € jährlich für alle sonstigen Bezüge eines ArbN zu beachten ist (→ *Lohnsteuerpauschalierung* Rn 17, 18). Zur lohnsteuerlichen Behandlung vom ArbGeb gezahlter Erholungsbeihilfen → *Beihilfeleistungen* Rn 5 und → *Lohnsteuerpauschalierung* Rn 34, 35. 12

## C. Sozialversicherungsrecht *Schlegel*

**1. Beitragsrecht.** Urlaubsgeld, das zusätzlich zu dem für die Dauer des Urlaubs zu zahlenden Entgelt (sog Urlaubsentgelt) gezahlt wird, ist **einmalig gezahltes Arbeitsentgelt.** Dh, es handelt sich um eine Zuwendung, die dem Arbeitsentgelt iSd § 14 SGB IV zuzurechnen ist und nicht für die Arbeit in einem einzelnen Entgeltabrechnungszeitraum gezahlt wird. Nach der seit dem 1.1.84 geltenden Fassung der ArEV ist das Urlaubsgeld als einmalig gezahltes Arbeitsentgelt selbst dann dem Arbeitsentgelt zuzurechnen und damit beitragspflichtig, wenn es vom ArbGeb pauschal versteuert wird (§ 2 Abs 1 Nr 1 ArEV). 16

Unerheblich ist auch, ob es in Form von **fixen Beträgen** oder als **prozentualer Zuschlag** zum Grundgehalt gezahlt wird. Nur dann, wenn das Urlaubsgeld ausnahmsweise in mehreren Teilbeträgen auf das ganze Jahr verteilt kontinuierlich zur Auszahlung gelangt, verliert es seinen Charakter als einmalig gezahltes Arbeitsentgelt. Die Tatsache, dass es sich beim Urlaubsgeld in aller Regel um einmalig gezahltes Arbeitsentgelt handelt, hat zur Folge, dass das Urlaubsgeld zunächst dem Abrechnungszeitraum zugeordnet wird, in dem es gezahlt wird. 17

Übersteigt die Summe von Urlaubsgeld und regulärem Monatslohn/-gehalt im Abrechnungszeitraum (Kalendermonat der Auszahlung) die monatliche Beitragsbemessungsgrenze/JAVGrenze (JAEGrenze), ist das Urlaubsgeld, soweit es diese Grenze übersteigt, nicht etwa beitragsfrei. Vielmehr wird es nach Maßgabe der genannten Vorschriften auf bestimmte zurückliegende Abrechnungszeiträume **verteilt.** Es wird damit beitragstechnisch so behandelt, als wäre eine Zuwendung in mehreren Monatsraten erfolgt (vgl allgemein zum einmalig gezahlten Arbeitsentgelt BSG 27.10.89 – 12 RK 9/88, SozR 2200 § 385 Nr 22; 18

Einzelheiten zu diesem Verteilungsmodus → *Einmalzahlungen* Rn 14 ff; aktuelle Beitragsbemessungsgrenze bzw anteilige JAEGrenze → *Beitragsbemessungsgrenzen* Rn 7).

19 **2. Leistungsrecht.** Zur Frage, bei welchen Lohnersatzleistungen das Urlaubsgeld überhaupt und ggf in welchem Umfang in die Bemessungsgrundlage (Berechnung der Lohnersatzleistung) eingeht, vgl *Einmalzahlungen.*

# Urlaubsgewährung

## A. Arbeitsrecht

*Röller*

1 **I. Gewährung von Erholungsurlaub gem § 7 Abs 1 Satz 1 BUrlG. 1. Begriff.** Urlaubsgewährung ist nach der Rspr des BAG die zeitliche **Festlegung des Urlaubs,** dh seines Beginns und seines Endes, **durch den Arbeitgeber,** mit welcher der ArbN zugleich von der Arbeitspflicht für einen bestimmten zukünftigen Zeitraum freigestellt wird (BAG 17.5.11 – 9 AZR 189/10, NZA 11, 1032; 14.3.06 – 9 AZR 11/05, NZA 06, 1008 LS). Sie ist im Regelfall Erfüllungs-, nicht aber Verpflichtungshandlung. Mit der Freistellungserklärung bringt der ArbGeb regelmäßig zum Ausdruck, dass er bestehende Urlaubsansprüche des ArbN erfüllen, nicht aber, dass er bereits verfallene Urlaubsansprüche neu begründen will (BAG 12.11.13 – 9 AZR 551/12, NZA 14, 383). Um den ArbGeb zur Erfüllung des Urlaubsanspruchs im Urlaubsjahr zu veranlassen, bedarf es eines Leistungsverlangens des ArbN **(Geltendmachung des Urlaubsanspruchs).** Der ArbGeb ist nicht verpflichtet, den ArbN anzuhören oder seine Urlaubswünsche zu erfragen, um den Urlaubszeitraum von sich aus zu bestimmen. Art 7 Abs 1 der RL 2003/88/EG erlegt dem ArbGeb auch nicht die Pflicht auf, den ArbN zu zwingen, seinen Anspruch auf bezahlten Urlaub tatsächlich zu nehmen (BAG 19.2.19 – 9 AZR 541/15, NZA 19, 982; EuGH 6.11.18 – C-684/16, NZA 18, 1474). Den ArbGeb treffen jedoch Mitwirkungsobliegenheiten. Einzelheiten → *Urlaubsanspruch* Rn 13 ff.

Eine wirksame Urlaubsgewährung setzt voraus, dass dem ArbN im Zeitpunkt der Inanspruchnahme des Urlaubs entsprechend dem nicht abdingbaren § 11 Abs 2 BUrlG entweder das Urlaubsentgelt ausgezahlt wird oder ihm jedenfalls ein Anspruch auf Vergütung sicher ist. Die Urlaubserteilung ist nach Treu und Glauben im Regelfall so zu verstehen, dass der ArbGeb damit zugleich streitlos stellt, dass er für den gewährten Urlaub dem Grunde nach zur Zahlung des Urlaubsentgelts nach den gesetzlichen Bestimmungen und etwaigen arbeitsvertraglichen Vereinbarungen verpflichtet ist. Anderenfalls hätte er den Urlaubsanspruch des ArbN nicht wirksam erfüllt (BAG 20.8.19 – 9 AZR 468/18, NZA 19, 1581; 30.1.19 – 9 AZR 43/18, NZA 19, 768; EuGH 29.11.17 – C-214/16, NZA 17, 1591).

2 **2. Festlegung durch Erklärung des Arbeitgebers.** Die zeitliche Festlegung des Urlaubs geschieht durch Erklärung des ArbGeb gegenüber dem ArbN, aus der für den ArbN erkennbar sein muss, dass er in Erfüllung der Pflicht zur Urlaubsgewährung für einen bestimmten Zeitraum von seiner Arbeitspflicht befreit ist; anderenfalls liegt keine Urlaubsgewährung vor (BAG 16.7.13 – 9 AZR 50/12, BeckRS 2013, 72234; 19.5.09 – 9 AZR 433/08, NZA 09, 1211). Fehlt es an der notwendigen Klarheit, ist nicht bestimmbar, ob der ArbGeb Urlaub gewähren oder nur auf die Annahme der Arbeitsleistung verzichten wollte, bleibt der Urlaubsanspruch erhalten (BAG 14.3.06, NZA 06, 1008 LS; ErfK/*Gallner* § 7 BUrlG Rn 7). Eine widerrufliche Freistellung des ArbN von der Arbeitspflicht zum Abbau eines Zeitguthabens ist nicht geeignet, den Urlaubsanspruch zu erfüllen (BAG 19.5.09, NZA 09, 1211). Der ArbGeb ist nicht berechtigt, Fehlzeiten, bspw aufgrund Selbstbeurlaubung, (einseitig) nachträglich als gewährten Erholungsurlaub zu bezeichnen oder auf diesen anzurechnen (BAG 25.10.94, DB 95, 226). Eine **Selbstbeurlaubung** ist nach dem BUrlG **ausgeschlossen.** Dies gilt auch dann, wenn das Urlaubsjahr vergeht, das Ende des Übertragungszeitraums bevorsteht oder das Arbeitsverhältnis gekündigt ist und nur noch die Kündigungsfrist für die Urlaubsgewährung zur Verfügung steht (BAG 25.1.94 – 9 AZR 312/92, NZA 94, 652). Die Selbstbeurlaubung ist eine Vertragsverletzung und kann die Kündigung des Arbeitsverhältnisses rechtfertigen (BAG 22.1.98 – 2 AZR 19/97, NZA 98, 708; LAG Köln 28.6.13 – 4 Sa 8/13, NZA-RR 14, 13).

**3. Zeitliche Festlegung des Urlaubs im ungekündigten Arbeitsverhältnis. a) Festlegung aufgrund der Urlaubswünsche des Arbeitnehmers.** Vor der Urlaubsgewährung ist der fällige Urlaubsanspruch – iS einer Obliegenheit gegen sich selbst – vom ArbN gegenüber dem ArbGeb in Form einer Kundgabe seiner Urlaubswünsche geltend zu machen. Das kann in gesammelter Form durch die Eintragung in eine Urlaubsliste, die der ArbGeb auslegt, geschehen. Das Urlaubsverlangen des ArbN muss nicht notwendig, sollte aber auf eine bestimmte Urlaubszeit gerichtet sein und so rechtzeitig gestellt werden, dass eine verlässliche Urlaubsplanung für den ArbGeb möglich ist. Der Urlaubsanspruch des ArbN ist vom ArbGeb entsprechend der Geltendmachung durch den ArbN alsbald zeitlich festzulegen. 3

**b) Festlegung ohne Urlaubswunsch des Arbeitnehmers.** Meldet der ArbN keine Urlaubswünsche an, kann der ArbGeb den Urlaubszeitraum von sich aus bestimmen. Er ist hierzu jedoch nicht verpflichtet (→ Rn 1). Der ArbGeb kann dabei die Freistellung auch im Vorgriff auf das kommende Urlaubsjahr erklären und dem ArbN damit jahresübergreifend Urlaub gewähren (BAG 17.5.11 – 9 AZR 189/10, NZA 11, 1032). In betriebsratslosen Betrieben kann der ArbGeb den Urlaubsanspruch der ArbN auch durch Anordnung von **Betriebsferien** erfüllen (LAG RhPf 25.9.12 – 10 Ta 149/12, BeckRS 2012, 74686; LAG Dü 20.6.02 – 11 Sa 378/02, BeckRS 2002, 41353). Akzeptiert der ArbN die Leistungshandlung des ArbGeb und geht er in Urlaub, so ist der Anspruch erfüllt (BAG 19.9.2000 – 9 AZR 504/99, DB 2000, 1972). Will der ArbN die Festlegung des Urlaubszeitraums durch den ArbGeb nicht akzeptieren, kann er die nicht ordnungsgemäße Konkretisierung rügen und ein **Annahmeverweigerungsrecht** geltend machen (BAG 6.9.06 – 5 AZR 703/05, NZA 07, 37; ErfK/*Gallner* § 7 BUrlG Rn 11 ff). 4

**c) Urlaubsfestlegung entgegen den Urlaubswünschen des Arbeitnehmers.** Der ArbGeb kann nur bei Vorliegen der sich aus § 7 Abs 1 Hs 2 BUrlG ergebenden Voraussetzungen den Urlaub auf einen anderen als den vom ArbN genannten Termin festlegen oder von seinem Recht Gebrauch machen, die zeitliche Festlegung des Urlaubs ganz oder teilweise zu verweigern **(Leistungsverweigerungsrecht)** (BAG 18.12.86, DB 87, 1362). Gegen die ablehnende Entscheidung des ArbGeb kann der ArbN im Wege der Leistungsklage oder der einstweiligen Verfügung vorgehen. 5

Hat der ArbGeb den alten Urlaubsantrag gem § 7 Abs 1 BUrlG begründet abgelehnt, ist eine erneute Geltendmachung des Urlaubs für die beantragten Urlaubstage zum Erhalt des Urlaubsanspruchs im Kj nicht erforderlich; wohl aber im Übertragungszeitraum für die nach § 7 Abs 3 BUrlG automatisch übertragenen Urlaubstage des abgelehnten Urlaubsantrags. Die Festlegung des Urlaubs in einen Zeitraum, der nicht mit einem Urlaubswunsch des ArbN im Einklang steht, kann nur in Betracht kommen, wenn alle Möglichkeiten der Abstimmung zwischen Urlaubswünschen des ArbN und dem vom ArbGeb berücksichtigten betrieblichen Belangen sowie den Belangen der Belegschaft gescheitert sind. Nur auf diese Weise ist der grds Vorrang der Urlaubswünsche des ArbN bei der Festlegung des Urlaubs gem § 7 Abs 1 BUrlG zu gewährleisten. Bestandteil der Urlaubswünsche des ArbN kann auch die Angabe von Zeiten sein, in denen er keinen Urlaub erteilt haben möchte; ein derartiger negativer Urlaubswunsch ist entsprechend § 7 Abs 1 BUrlG zu berücksichtigen. 6

**d) Gründe für die Nichtberücksichtigung der Urlaubswünsche des Arbeitnehmers** sind: **aa) Dringende betriebliche Belange.** Das BUrlG stellt mit dem Begriff der betrieblichen Belange in erster Linie auf den gesicherten Fortgang des Betriebsablaufs ab. Maßgebend sind danach Umstände der Betriebsorganisation, des technischen Arbeitsablaufs, der Auftragslage sowie die konkrete Bedeutung des ArbN und der von ihm verrichteten Tätigkeit für den Betrieb (BAG 28.7.81 – 1 ABR 79/79, DB 81, 2621; ErfK/*Gallner* § 7 BUrlG Rn 18). Um dringend zu sein, müssen zum Zeitpunkt der Entscheidung schon greifbare Anhaltspunkte für die betrieblichen Belange vorliegen (MünchArbR/*Düwell* § 78 Rn 48). Als dringende betriebliche Belange iSd BUrlG kommen in Betracht: personelle Engpässe in Saison- und Kampagnezeiten (LAG Köln 17.3.95, NZA 95, 1200), plötzlich auftretende Produktionsnachfragen, Abschluss- und Inventurarbeiten, Gefahr des Verderbens von großen Mengen oder hochwertiger Produktionsergebnisse. Rechtswirksam, dh unter Beachtung der zwingenden Mitbestimmungsrechte des BRat aus § 87 Abs 1 Ziff 4 BetrVG, eingeführte **Betriebsferien** unter Schließung des Betriebs begründen dringende betriebliche Belange, hinter denen nach § 7 Abs 1 BUrlG die individuellen Urlaubswünsche der 7

ArbN zurückstehen müssen; für ihre Einführung soll es des Vorliegens dringender betrieblicher Belange nicht bedürfen (BAG 28.7.81 – 1 ABR 79/79, NJW 82, 959; *Fitting* § 87 Rn 197).

8 Liegen dringende betriebliche Belange vor, die dem Urlaubswunsch des einzelnen ArbN entgegenstehen, hat generell – also nicht nur für den Fall der Einführung von Betriebsferien – eine **Abwägung der beiderseitigen Interessen** zu erfolgen (ErfK/*Gallner* § 7 BUrlG Rn 18). Ergibt sich bei Abwägung, dass keine der Interessen überwiegt, gehen die Urlaubswünsche des ArbN vor. Dies kann auch der Fall sein, wenn der ArbGeb den Ablauf seines Betriebs nicht so organisiert hat, dass die Urlaubsansprüche des ArbN nach den gesetzlichen Bestimmungen erfüllt werden können (BAG 20.1.94, DB 94, 1042).

9 **bb) Urlaubswünsche anderer Arbeitnehmer.** Sie können unter sozialen Gesichtspunkten den Vorrang verdienen und damit gem § 7 Abs 1 BUrlG der Berücksichtigung der Urlaubswünsche des ArbN entgegenstehen. Der Begriff „soziale Gesichtspunkte" ist im weitesten Sinne zu verstehen. Als soziale Gesichtspunkte kommen vornehmlich in Betracht: Lebensalter, Dauer der Betriebszugehörigkeit, Alter und Zahl der Kinder unter Berücksichtigung ihrer Schulpflichtigkeit, der Gesundheitszustand, Urlaub anderer Familienangehöriger, bestehendes Erholungsbedürfnis in einer bestimmten Jahreszeit, die Urlaubsregelung in den vergangenen Jahren (ErfK/*Gallner* § 7 BUrlG Rn 19).

10 **e) Festlegung unter Berücksichtigung der Unteilbarkeit des Urlaubs.** Bei der zeitlichen Festlegung des Urlaubs hat der ArbGeb zu beachten, dass Urlaub grds **„zusammenhängend zu gewähren"** ist, es sei denn, dass dringende betriebliche oder in der Person des ArbN liegende Gründe eine Teilung des Urlaubs erforderlich machen (§ 7 Abs 2 BUrlG). Kann der Urlaub aus diesen Gründen nicht zusammenhängend gewährt werden und hat der ArbN Anspruch auf Urlaub von mehr als 12 Werktagen, so muss einer der Urlaubsteile mindestens 12 aufeinanderfolgende Werktage umfassen (§ 7 Abs 2 BUrlG). Wird der Urlaub in kleineren Einheiten gewährt, liegt keine ordnungsgemäße Erfüllung des Urlaubsanspruchs vor (BAG 29.7.65, DB 65, 1524). Der ArbN kann den Urlaub erneut verlangen. Dem erneuten Urlaubsbegehren kann der Einwand des Rechtsmissbrauchs gem § 242 BGB entgegengesetzt werden, wenn der ArbN den ArbGeb arglistig zu der unzusammenhängenden Urlaubsteilung veranlasst hat.

11 **f) Rechtsfolgen der zeitlichen Festlegung.** Mit Festsetzung des Urlaubstermins ist der ArbGeb daran gebunden. Er hat keinen Anspruch gegen den ArbN, den gewährten Urlaub abzubrechen oder zu unterbrechen (BAG 19.1.2010 – 9 AZR 246/09, NZA-RR 10, 473; BAG 20.6.2000 – 9 AZR 405/99, NZA 01, 460). Eine einmal erfolgte zeitliche Festlegung des Urlaubs kann nur im Einvernehmen von ArbGeb und ArbN rückgängig gemacht werden (ErfK/*Gallner* § 7 BUrlG Rn 27). Eine Vereinbarung, in der sich der ArbN trotz Urlaubserteilung – jedenfalls ohne Begrenzung auf unvorhersehbare und zwingende Notwendigkeiten, welche einen anderen Ausweg nicht zulassen – verpflichtet, seinen Urlaub abzubrechen oder zu unterbrechen, verstößt gegen zwingendes Urlaubsrecht (§ 13 BUrlG) und ist rechtsunwirksam (BAG 20.6.2000, NZA 01, 460).

12 **g) Erfüllbarkeit des Freistellungsanspruchs.** Der Urlaubsanspruch muss erfüllbar sein. Für Zeiten, in denen der ArbN nicht zur Arbeitsleistung verpflichtet ist, zB bei **krankheitsbedingter Arbeitsunfähigkeit,** einem **gesetzlichen Beschäftigungsverbot** oder bei Durchführung einer **Rehabilitationsmaßnahme** kann deshalb kein Urlaub gewährt werden (ErfK/*Gallner* § 7 BUrlG Rn 21). Erkrankt der ArbN während des Urlaubs, so werden die durch eine AUBescheinigung nachgewiesenen Tage der AU nicht auf den Urlaubsanspruch angerechnet (§ 9 BUrlG). Der Urlaubsanspruch ist nachzugewähren. Dies gilt auch bei übertragenen Urlaubsansprüchen, wenn nach der Genesung des ArbN der Übertragungszeitraum bereits abgelaufen ist. Der Urlaubsanspruch erlischt ausnahmsweise nicht (ErfK/*Galler* § 9 BUrlG Rn 7). Maßnahmen der medizinischen Vorsorge oder Rehabilitation dürfen nicht auf den Urlaubsanspruch angerechnet werden, soweit ein Entgeltfortzahlungsanspruch besteht (§ 10 BUrlG). Dies setzt voraus, dass die Behandlung in einer Einrichtung der medizinischen Vorsorge oder Rehabilitation erfolgt. Eine Unterbringung in der Einrichtung ist nicht erforderlich (BAG 25.5.16 – 9 AZR 298/15, NZA 16, 1028). Besteht für eine schwangere ArbN ein **tätigkeitsbezogenes Beschäftigungsverbot** nach § 4 MuSchG kann auch bei vorheriger Festlegung des Urlaubszeitraums nicht der für die Erfüllung des Urlaubsanspruchs nach § 362 Abs 1 BGB erforderliche Leistungserfolg ein-

treten (BAG 9.8.16 – 9 AZR 575/15, NZA 16, 1392). Eine Betriebsvereinbarung über **Kurzarbeit,** die die Arbeitszeit auf Null verringert, befreit den ArbN von der Arbeitspflicht, selbst dann, wenn der Urlaub bereits vor Einführung der Kurzarbeit gewährt worden war. In dieser Situation kann die **Erfüllung des Urlaubsanspruchs** zeitlich innerhalb der gesetzlichen oder tariflichen Befristung **nachgefordert werden** (BAG 16.12.08 – 9 AZR 164/08, NZA 09, 689). S → *Urlaubsanspruch* Rn 25. Fraglich ist, ob der ArbGeb in der **Insolvenz** dem ArbN Urlaub gewähren kann. Nach der Rspr des BAG ist dies möglich, nach der vom EuGH vertretenen Einheitstheorie nicht, da der ArbGeb dem ArbN nicht das zum Urlaubsanspruch gehörende Urlaubsentgelt zahlen könnte.

**4. Urlaubsgewährung im gekündigten Arbeitsverhältnis. a) Eigenkündigung des Arbeitnehmers und die Nichterhebung einer Kündigungsschutzklage nach arbeitgeberseitiger Kündigung.** Sie führen zu keinen Problemen, da von beiden Parteien der durch den Kündigungszugang und den Beendigungstermin des Arbeitsverhältnisses gesetzte zeitliche Rahmen akzeptiert wird. War Urlaub für einen Zeitpunkt nach dem Ende des Arbeitsverhältnisses festgelegt, wird diese Festlegung mit der Kündigung unwirksam; der Urlaub kann nur in die Kündigungsfrist gelegt werden (BAG 10.1.74, DB 74, 1023). Der ArbGeb wird dementsprechend den Urlaub in dem vorgegebenen zeitlichen Rahmen unter Beachtung des § 7 Abs 1 BUrlG festlegen bzw neu festlegen. Soweit das nicht möglich ist oder verweigert wird, ist der Urlaub abzugelten (§ 7 Abs 4 BUrlG). 13

**b) Zeitlich vor arbeitgeberseitiger Kündigung festgelegter Urlaub und Kündigungsschutzprozess.** Eine bereits durch den ArbGeb erfolgte Urlaubsfestlegung ist verbindlich; der ArbGeb hat sein Bestimmungsrecht verbraucht und kann sich davon nicht mehr einseitig lösen (BAG 20.6.2000 – 9 AZR 405/99, NZA 01, 460). 14

Ist Urlaub für die Zeit nach Ablauf der Kündigungsfrist erteilt, wird der ArbGeb regelmäßig den Ausspruch der Kündigung mit einer Neufestlegung des Urlaubs in die Kündigungsfrist verbinden. Erfolgt keine Neufestlegung, hat der ArbGeb bei sozial ungerechtfertigter Kündigung für die Urlaubszeit Urlaubsvergütung (Urlaubsentgelt und ggf Urlaubsgeld) und bei sozial gerechtfertigter Kündigung Urlaubsabgeltung zu zahlen. Die (vorsorgliche) Neufestlegung des Urlaubs hat sich an den durch § 7 Abs 1 BUrlG gegebenen Anforderungen auszurichten. Dem ArbN kann gegenüber der neuen zeitlichen Festlegung ein Annahmeverweigerungsrecht ua unter Berufung auf den bereits festgelegten Urlaub zustehen. Die Rechtslage unterscheidet sich insoweit von der nachfolgend erörterten bei noch nicht erfolgter Festlegung des Urlaubs nicht. 15

**c) Noch nicht festgelegter Urlaub bei arbeitgeberseitiger Kündigung und Kündigungsschutzprozess. aa) Urlaubsgewährung in der Kündigungsfrist durch Freistellung unter Anrechnung auf Urlaub.** Der ArbGeb kann den Urlaubsanspruch des ArbN dadurch erfüllen, dass er ihn innerhalb der Kündigungsfrist zur Erfüllung des Anspruchs von der Arbeitsleistung unwiderruflich freistellt (BAG 16.7.13 – 9 AZR 50/12, BeckRS 2013, 72234; 19.5.09 – 9 AZR 433/08, NZA 09, 1211). Nicht erforderlich ist, dass die Freistellungserklärung erkennen lässt, an welchen Tagen der ArbGeb den ArbN zum Zwecke der Gewährung von Erholungsurlaub und an welchen Tagen er ihn zu anderen Zwecken freistellt. Aus der nicht näher bestimmten Urlaubsfestlegung kann der ArbN erkennen, dass der ArbGeb es ihm überlässt, die zeitliche Lage des Urlaubs innerhalb des Freistellungszeitraums festzulegen (BAG 16.7.13, BeckRS 2013, 72234). Eine zeitliche Festlegung des Urlaubszeitraums kann ausnahmsweise notwendig sein, wenn der ArbN hieran ein berechtigtes Interesse hat, zB bei einer vorgesehenen Anrechnung eines Zwischenverdienstes gem § 615 Satz 2 BGB (BAG 14.5.13 – 9 AZR 760/11, BeckRS 2013, 71433). Die Freistellung und damit die Urlaubsgewährung kann jahresübergreifend erfolgen. Voraussetzung hierfür ist jedoch eine entsprechende eindeutige Erklärung des ArbGeb, insb ob er für das nächste Jahr nur den anteiligen oder den vollen Urlaubsanspruch gewähren will. Unklarheiten gehen zu seinen Lasten (BAG 17.5.11 – 9 AZR 189/10, NZA 11, 1032). Behält sich der ArbGeb den Widerruf der Freistellung vor, fehlt die zur Erfüllung des Urlaubsanspruchs notwendige Freistellungserklärung (BAG 19.5.09 – 9 AZR 433/08, NZA 09, 1211; 14.3.06 – 9 AZR 11/05, NZA 06, 1008). Bei Ausspruch einer außerordentlichen Kündigung kann dem ArbN „**vorsorglich** für den Fall, dass die Kündigung unwirksam ist", Urlaub gewährt werden. Dies setzt allerdings voraus, dass der ArbGeb das Urlaubsentgelt vor 16

Antritt des Urlaubs zahlt oder vorbehaltslos zusagt (BAG 19.1.16 – 9 AZR 449/15, NZA 16, 1144; BAG 10.2.15 – 9 AZR 455/13, NZA 15, 998).

17 **bb) Unwirksamkeitsgründe für Urlaubserteilung in die Kündigungsfrist.** Der ArbN braucht die Festlegung des Urlaubs in die Kündigungszeit dann nicht zu akzeptieren, wenn diese für ihn **unzumutbar** ist, zB bei einer festgeplanten Reise (BAG 10.1.74, DB 74, 1023). Darüber hinaus ist eine Festlegung des Urlaubs in die Kündigungsfrist auch dann nicht gerechtfertigt, wenn der ArbN ein besonderes Interesse am Urlaub außerhalb der Kündigungsfrist hat oder er den Urlaub ablehnen kann, wenn er sich bspw auf einen für diese Zeit bereits vorher festgelegten **Bildungsurlaub** eingerichtet (LAG Hbg 12.7.76, DB 76, 1918). Der ArbN muss sich unter Angabe konkreter Gründe gegen die Festlegung des Urlaubs wenden (BAG 6.9.06 – 5 AZR 703/05, NZA 07, 36). Macht der ArbN unter Hinweis auf Unzumutbarkeit der Festlegung des Urlaubs in die Kündigungsfrist oder bei einem besonderen Interesse am Urlaub außerhalb der Kündigungsfrist berechtigt von seinem Annahmeverweigerungsrecht Gebrauch, kann die Freistellungserklärung des ArbGeb nicht die Erfüllung nach § 362 BGB bewirken. Weist der ArbGeb dem ArbN keine Arbeit zu, gerät er gem § 615 BGB in Annahmeverzug. War die Kündigung wirksam, steht dem ArbN ein Urlaubsabgeltungsanspruch nach § 7 Abs 4 BUrlG zu. Bei einer unwirksamen Kündigung hat der ArbGeb nach §§ 280, 283 BGB Schadensersatz in Form von Ersatzurlaub zu gewähren.

**cc) Keine Urlaubsgewährung durch den Arbeitgeber.** Kündigt der ArbGeb und gewährt er dem ArbN trotz einer entsprechenden Aufforderung während des Kündigungsrechtsstreits keinen Urlaub, gerät er im Regelfall auch ohne Mahnung des ArbN in Verzug, wenn die Kündigung unwirksam ist. Der verfallene Urlaubsanspruch wandelt sich in einen auf Gewährung von Ersatzurlaub als Naturalrestitution gerichteten Schadensersatzanspruch um (BAG 6.8.13 – 9 AZR 956/11, NZA 14, 545). S → *Urlaubsanspruch* Rn 13.

18 **5. Mitbestimmung des Betriebsrats.** Gem § 87 Abs 1 Ziff 5 BetrVG hat der BRat bei der Aufstellung allgemeiner Urlaubsgrundsätze und des Urlaubsplans sowie bei Festlegung der zeitlichen Lage des Urlaubs mitzubestimmen (BAG 14.1.92 – 9 AZR 148/91, NZA 92, 759). Der BRat kann mit dem ArbGeb **Betriebsferien** vereinbaren (BAG 2.10.74, DB 75, 157).

19 **II. Gewährung von Schonungsurlaub gemäß § 7 Absatz 1 Satz 2 BUrlG.** Schonungsurlaub ist vom ArbGeb zu gewähren, wenn der ArbN dies im Anschluss an eine Maßnahme der medizinischen Vorsorge oder Reha verlangt. Voraussetzung ist, dass der aus der Reha zurückkehrende ArbN noch bestehende Urlaubsansprüche verwirklichen kann. Ein Anspruch auf Urlaubsgewährung nach § 7 Abs 1 Satz 2 BUrlG besteht nicht, wenn ein enger zeitlicher Zusammenhang mit der Kurmaßnahme nicht mehr gegeben ist.

### B. Lohnsteuerrecht *Seidel*

26 Lohnsteuerrechtlich ist die Urlaubsgewährung ohne Bedeutung (s aber auch → *Urlaub, unbezahlter* Rn 11). Tritt an die Stelle des Urlaubsentgeltanspruchs der Anspruch auf Entgeltfortzahlung im Krankheitsfall, ändert sich lohnsteuerlich nichts, da sowohl das Urlaubsentgelt als auch die Entgeltfortzahlung dem allgemeinen LStAbzug unterliegen (→ *Urlaubsentgelt* Rn 19 und → *Entgeltfortzahlung* Rn 41).

### C. Sozialversicherungsrecht *Schlegel*

31 Zu sog Sabbaticals bei Altersteilzeit → *Altersteilzeit* Rn 24 ff. Zur Beitrags- und Versicherungspflicht während des Urlaubs → *Urlaubsregelungen* Rn 20 ff; → *Freistellung von der Arbeit* Rn 36 ff.

## Urlaubsregelungen

### A. Arbeitsrecht *Röller*

1 **I. Urlaubsregelungen in Bundesgesetzen (ohne BUrlG). 1. Jugendarbeitsschutzgesetz.** Der ArbGeb hat Jugendlichen für jedes Kj einen bezahlten Erholungsurlaub zu

gewähren, dessen Dauer sich nach dem Lebensalter zu Beginn eines Kj richtet (§ 19 JArbSchG; → *Jugendarbeitsschutz* Rn 36).

**2. Seemannsgesetz.** Die Vorschriften des SeemG gelten für alle Besatzungsmitglieder, die auf Kauffahrteischiffen tätig sind, welche nach dem Flaggenrechtsgesetz vom 8.2.51 die Bundesflagge führen (§ 1 SeemG). Das betreffende Urlaubsrecht ist in §§ 53–61 SeemG geregelt. 2

**3. Zusatzurlaub für behinderte Menschen.** Begünstigt werden behinderte Beschäftigte mit einem Grad der Behinderung ab 50 vH (§§ 2 Abs 2 SGB IX). Sie haben Anspruch auf einen bezahlten zusätzlichen Urlaub von fünf Arbeitstagen im Urlaubsjahr gem § 208 SGB IX. Der Anspruch erhöht den individuellen Urlaubsanspruch des ArbN, nicht nur den gesetzlichen Mindestanspruch nach dem BUrlG (BAG 24.10.06 – 9 AZR 669/05, NZA 07, 330; → *Behinderte* Rn 36 ff). 3

**4. Arbeitsplatzschutzgesetz, Zivildienstgesetz.** Das ArbPlSchG enthält für diejenigen ArbN, die zum Grundwehrdienst und zu Wehrübungen eingezogen werden Sonderregelungen für die Gewährung, Übertragung und Abgeltung des Urlaubs sowie eine Kürzungsmöglichkeit für die Zeit des Grundwehrdienstes (§ 4 ArbPlSchG; Zwölftelung). Nach § 78 ZDG gilt § 4 ArbPlSchG für den Zivildienst entsprechend; der Urlaubsanspruch des Dienstpflichtigen ergibt sich aus § 35 Abs 1 ZDG. 4

**5. Eignungsübungsgesetz.** Das Gesetz regelt iVm der Verordnung vom 15.2.56 (BGBl I 56, 71) den Urlaub von ArbN, die an Eignungsübungen teilnehmen. 5

**6. Bundeserziehungsgeldgesetz.** Zu den Auswirkungen der Elternzeit auf den Erholungsurlaub vgl → *Elternzeit* Rn 36 ff. 6

**7. Mutterschutzgesetz.** Urlaubsrechtliche Sonderregelungen enthält § 17 MuSchG (Einzelheiten → *Mutterschutz* Rn 48–51). 7

**8. Ein-Euro-Jobber.** Nach § 16 Abs 3 Satz 2 SGB II ist das BUrlG mit Ausnahme der Regelungen über das Urlaubsentgelt entsprechend anzuwenden. Dies bedeutet, dass der Ein-Euro-Jobber während des Urlaubs Anspruch auf Fortzahlung der Mehraufwandsentschädigung hat, sofern dieser in pauschalierter Form als Arbeitsanreiz gewährt wird. 8

**9. Urlaub im Freiwilligendienst.** Die Teilnehmer haben nach § 13 BFDG, § 13 JFDG Anspruch auf Urlaub nach den Bestimmungen des BUrlG. 9

**II. Landesrechtliche Urlaubsregelungen.** Gem § 15 Abs 2 BUrlG bestehen landesrechtliche Bestimmungen über die **Opfer des Nationalsozialismus** und für solche ArbN, die **geistig und körperlich behindert und in ihrer Erwerbsfähigkeit beschränkt** sind, fort. Es handelt sich um § 2 UrlaubsG Nds, § 3 UrlaubsG RhPf sowie um mehrere Gesetzes- und VO-Vorschriften des Saarlands. Mehrere Bundesländer haben **Bildungsurlaubsgesetze** erlassen (*Bildungsurlaub*) sowie Gesetze auf dem Gebiet des **Sonderurlaubs** für **Jugendleiter** und anderer **Mitarbeiter** in der **Jugendpflege** (Bayern und Sachsen). 10

**III. Tarifvertragliches und vertragliches Urlaubsrecht. 1. Abdingbarkeit.** Vom gesetzlichen Urlaubsrecht kann in Tarifverträgen mit Ausnahme der §§ 1, 2 und 3 Abs 1 BUrlG abgewichen werden (§ 13 Abs 1 Satz 1 BUrlG). Die Vorschriften über den Urlaubsanspruch, den Geltungsbereich des BUrlG sowie die Mindesturlaubsdauer von 24 Werktagen sind deshalb unabänderlich. Nicht tarifgebundene ArbGeb und ArbN können die Anwendungen der tariflichen Regelungen vereinbaren (Satz 2). Die arbeitsvertragliche Bezugnahme auf die Geltung tariflicher Regelungen für den Urlaub des ArbN ist dabei regelmäßig als Bezugnahme auf den gesamten tariflichen Regelungskomplex „Urlaub" zu verstehen. Ein zusätzliches tarifliches Urlaubsgeld wird von der Bezugnahme erfasst (BAG 17.1.06 – 9 AZR 41/05, NZA 06, 923). Die Parteien des Arbeitsvertrages können auch andere als im BUrlG oder in einschlägigen Tarifverträgen enthaltene Urlaubsregelungen vereinbaren (Satz 3). Die Regelungen unterliegen jedoch der Günstigkeitsüberprüfung. Lediglich die Aufteilung des Urlaubs im Kj nach § 7 Abs 2 BUrlG ist ihnen überlassen (ErfK/*Gallner* § 13 BUrlG Rn 21 ff). 11

**2. Günstigere Regelungen.** Die Tarif-/Arbeitsvertragsparteien können von den Bestimmungen der §§ 3 bis 12 BUrlG zugunsten der ArbN abweichen. Dies folgt aus dem 12 allgemeinen Günstigkeitsprinzip (BAG 22.1.02 – 9 AZR 601/00, NZA 02, 1041). Auch von § 3 Abs 1 BUrlG kann zugunsten der ArbN abgewichen werden, obwohl er nach dem Wortlaut des § 13 Abs 1 Satz 1 BUrlG überhaupt nicht abänderbar ist (ErfK/*Gallner* § 13 BUrlG Rn 4).

13 **3. Ungünstigere Regelungen.** Die Tarifvertragsparteien sind gem § 13 Abs 1 BUrlG berechtigt, für die Regelungsbereiche der §§ 3 Abs 2 bis 12 BUrlG ungünstigere Regelungen zu treffen. Diese müssen jedoch eindeutig sein, dh die Abweichung von der gesetzlichen Regelung erkennbar zum Ausdruck bringen (BAG 14.2.17 – 9 AZR 386/16, NZA 17, 655; 5.8.14 – 9 AZR 77/13, NZA 15, 625). Die Abweichung von den gesetzlichen Bestimmungen darf aber nicht dazu führen, dass mittelbar in die unantastbaren Rechte der ArbN aus §§ 1, 2 und 3 Abs 1 BUrlG eingegriffen wird (BAG 17.11.09 – 9 AZR 844/08, NZA 10, 1020).

14 Für den über den gesetzlichen Mindesturlaub hinausgehenden **Tarifurlaub** sind die Tarifvertragsparteien nicht daran gebunden, die Geltendmachung des Urlaubsanspruchs im ganzen Urlaubsjahr oder im Übertragungszeitraum zu ermöglichen; die durch das BUrlG vorgegebenen Bindungen bestehen insoweit nicht. Die Ausgestaltung des tariflichen (Mehr-)Urlaubsanspruchs ist ihnen überlassen (BAG 14.2.17 – 9 AZR 386/16, NZA 17, 655; 15.12.15 – 9 AZR 747/14, BeckRS 2016, 67470; 12.4.11). Weitere Beispiele: Tarifliches **Schriftformerfordernis** für Geltendmachung des übertragenen (tariflichen) Urlaubsanspruchs: BAG 14.6.94, BB 95, 154); **Verlängerung der Wartefrist;** Ausschluss der Übertragung; abweichende Regelungen über die Erkrankung im Urlaub. Weitere Einzelheiten s ErfK/*Gallner* § 13 BUrlG Rn 8 ff.

15 **4. Tarifverträge kraft gesetzlicher Ermächtigung.** Gem § 13 Abs 2 BUrlG kann für das Baugewerbe oder sonstige Wirtschaftszweige, in denen als Folge häufigen Ortswechsels der von den Betrieben zu leistenden Arbeit Arbeitsverhältnisse von kürzerer Dauer als ein Jahr in erheblichem Umfang üblich sind, durch Tarifvertrag auch von den urlaubsrechtlichen Kernvorschriften, dh §§ 1, 2 und 3 Abs 1 BUrlG abgewichen werden, soweit dies zur Sicherung eines zusammenhängenden Jahresurlaubs für alle ArbN erforderlich ist. Von dieser gesetzlichen Ermächtigung haben die Tarifvertragsparteien der Bauwirtschaft Gebrauch gemacht. Die Deutsche Bundesbahn und die Deutsche Bundespost haben die in § 13 Abs 3 BUrlG eingeräumte Möglichkeit genutzt, von der Vorschrift über das Kj als Urlaubsjahr (§ 1 BUrlG) in Tarifverträgen abzuweichen. Als Urlaubsjahr ist die Zeit vom 1. April bis zum 31. März des Folgejahres festgelegt (Bundesbahn: § 25 Angestellten-Tarifvertrag, § 28 LTV; Bundespost: § 43 TVAng, § 23 TVArb).

16 **IV. Mitbestimmungsrechte des Betriebsrats.** Dem BRat steht gem § 87 Abs 1 Nr 4 BetrVG ein Mitbestimmungsrecht bezüglich der Aufstellung **allgemeiner Urlaubsgrundsätze** zu. Darunter fallen bzw Vereinbarungen über die Aufteilung des Urlaubsanspruchs und die Verteilung des Urlaubsanspruchs innerhalb des Kj, die Einführung von Betriebsferien, Auswirkungen von Familienstand und Vorhandensein schulpflichtiger Kinder (ErfK/*Kania* § 87 BetrVG Rn 44). Die **Dauer des Urlaubsanspruchs** unterliegt gesetzlicher, tariflicher und/oder arbeitsvertraglicher Regelung und ist dem Mitbestimmungsrecht des BRat nicht unterworfen. Die konkrete Berechnung der Urlaubsdauer ist nicht als allgemeiner Urlaubsgrundsatz iSv § 87 Abs 1 Nr 5 BetrVG zu verstehen (BAG 14.1.92 – 9 AZR 148/91, NZA 92, 759; → *Urlaubsdauer* Rn 20). Betrieblicher Treueurlaub für langjährige Betriebszugehörigkeit ist eine außertarifliche Leistung des ArbGeb; er kann im Rahmen einer freiwilligen Betriebsvereinbarung geregelt werden. Eine Verrechnung mit einem erhöhten Tarifurlaub ist nicht ohne weiteres möglich; es kommt auf den mit der Regelung verfolgten Zweck an (BAG 5.9.85, DB 86, 811).

## B. Lohnsteuerrecht *Seidel*

18 Lohnsteuerrechtlich sind Urlaubsregelungen ohne Bedeutung.

## C. Sozialversicherungsrecht *Schlegel*

19 Das sozialversicherungsrechtliche Problem der Bildung von längeren Arbeitszeitkonten besteht im Grundsatz darin, dass die Versicherungs- und Beitragspflicht vom **Bestehen**

**eines Beschäftigungsverhältnisses** abhängt, das grds eine **tatsächliche Arbeitsleistung** gegen Entgelt voraussetzt (§ 7 SGB IV iVm § 5 Abs 1 Nr 1 SGB V etc); wird zB während eines ganzen Kalendermonats bei fortbestehendem Arbeitsverhältnis überhaupt nicht gearbeitet, ohne dass sich der ArbGeb in Annahmeverzug befindet oder eine bezahlte Freistellung vorliegt, liegt zwar weiterhin ein Arbeitsverhältnis vor, jedoch fehlt es nach bislang hM an einem Beschäftigungsverhältnis. Verschiedene Arbeitszeitkonten-Modelle und **Urlaubsregelungen** sehen jedoch vor, dass die ArbN in einem bestimmten Zeitraum überhaupt keine Arbeitsleistung erbringen, aber ein Arbeitsentgelt erhalten, das durch die tatsächliche Arbeitsleistung vor oder nach der Freistellungsphase erzielt wird.

Das Gesetz zur sozialrechtlichen Absicherung flexibler Arbeitszeitregelungen trägt diesem Umstand Rechnung. Nach **§ 7 Absatz 1a SGB IV** gilt für die Aufrechterhaltung des Versicherungsschutzes in **Modellen flexibler Arbeitszeitgestaltung** Folgendes: Ist für Zeiten einer Freistellung von der Arbeit (sog Freistellungsphase) Arbeitsentgelt fällig, das mit einer **vor oder nach** diesen Zeiten erbrachten Arbeitsleistung erzielt wird (sog Wertguthaben), besteht auch während der Freistellungsphase eine Beschäftigung gegen Arbeitsentgelt und damit ein Beschäftigungsverhältnis iSv § 7 SGB IV, wenn 20
- die Freistellung aufgrund einer schriftlichen Vereinbarung erfolgt und
- die Höhe des für die Zeit der Freistellung und des für die vorausgegangenen zwölf Kalendermonate fälligen Arbeitsentgelts nicht unangemessen voneinander abweicht.

Nach der Begründung des Gesetzentwurfs ist dabei der Begriff der Freistellung in einem sozialversicherungsrechtlichen Sinne zu verstehen (hierzu BSG 12.11.75 – 3/12 RK 13/74, BSGE 41, 24; 18.4.91 – 7 RAr 106/90, BSGE 68, 236; 28.9.93 – 11 RAr 69/92, SozR 3–4100 § 101 Nr 5, S 11, 13). Die beitrags- und versicherungspflichtige Freistellung kann nach § 7 Abs 1a SGB IV auch mit einer Freistellungsphase, dh mit bezahltem Urlaub, beginnen. 21

Zur **Sicherung des Wertguthabens** vgl *Wertguthaben/Zeitguthaben.* Zu sog Sabbaticals bei AltersteilzeitArbN → *Altersteilzeit* Rn 24 ff. 22

## Urlaub, unbezahlter

### A. Arbeitsrecht *Poeche*

**1. Einführung.** Unbezahlter Urlaub, auch als **Sonderurlaub** bezeichnet (*Schaub/Linck* § 105 Rz 12–16), gehört begrifflich zur Arbeitsbefreiung und zur *Freistellung von der Arbeit.* Von unbezahltem Urlaub wird gesprochen, wenn der ArbGeb den ArbN auf dessen Wunsch für eine idR vorab festgelegte Dauer von der Arbeitspflicht unter Wegfall der Vergütung befreit. Ohne gesonderte ausdrückliche Gestattung kann der ArbGeb unbezahlten Urlaub nicht gewähren (BAG 16.12.04 – 6 AZR 663/03, ZTR 05, 364; → *Freistellung von der Arbeit* Rn 13–15). **Inhaltlich** handelt es sich bei unbezahltem Urlaub um die einvernehmliche vorübergehende **Aufhebung** der beiderseitigen **Hauptpflichten** („Arbeit gegen Lohn") unter Aufrechterhaltung der arbeitsvertraglichen Nebenpflichten. Das Arbeitsverhältnis kommt zum Ruhen (→ *Ruhen des Arbeitsverhältnisses* Rn 7). Eine ausdrückliche Ruhensvereinbarung ist nicht erforderlich. Sie ergibt sich konkludent aus der Vereinbarung des unbezahlten Urlaubs. Der unbezahlte Urlaub endet mit dem vereinbarten Termin. Zum Anspruch auf Abbruch der Freistellung → *Elternzeit* Rn 16 ff. 1

**2. Anspruch auf unbezahlten Urlaub. a) Gesetz.** In einigen Bundesländern (s Aufstellung *Schaub/Linck* § 105 Rz 12 Fn 58) haben **Jugendleiter** Anspruch auf unbezahlte Freistellung zur Teilnahme an Maßnahmen der Jugendpflege (→ *Bildungsurlaub* Rn 4). 2

**b) Kollektives Recht.** Im öffentlichen Dienst kann unbezahlter Urlaub aus **wichtigem Grund** gewährt werden (§ 28 TVöD; hierzu *Bredemeier* öAT 16, 182). Ob ein wichtiger Grund vorliegt, ist aus Sicht der ArbN zu bestimmen; eine Abwägung der beiderseitigen Interessen findet insoweit nicht statt. Sie sind erst bei der Entscheidung des ArbGeb über den von einem wichtigen Grund getragenen Antrag des ArbN auf Sonderurlaub zu berücksichtigen. Bei der Entscheidung hat der ArbGeb billiges Ermessen iSv § 315 BGB zu wahren. Als wichtiger Grund sind anerkannt: **Aufnahme eines Studiums** (BAG 25.1.94 – 3

9 AZR 540/91, NZA 94, 546; 30.10.01 – 9 AZR 426/00, ZTR 02, 337), Wahrnehmung des (Wahl-)amtes als Oberbürgermeister (BAG 8.5.01 – 9 AZR 179/00, NZA 02, 160), Kindesbetreuung (BAG 12.1.89 – 8 AZR 251/88, NZA 89, 848; ArbG Köln 19.7.07 – 22 Ca 2074/07, NZA-RR 08, 49), Begleitung des im Ausland beschäftigten Ehepartners (ArbG Kassel 22.10.08 – 4 Ca 85/08, BeckRS 2009, 50161).

4 Für den Anspruch aufgrund einer **Betriebsvereinbarung** oder eines **Sozialplans** zum Personalabbau gelten die dort festgelegten Bedingungen (zB Anspruchsdauer, Anwachsen von Betriebsrentenanwartschaften).

5 **c) Arbeitsvertrag.** Zum möglichen Inhalt einer arbeitsvertraglichen Regelung und einem Anspruch wegen **Unzumutbarkeit der Arbeitsleistung** → *Freistellung von der Arbeit* Rn 8; → *Leistungsverweigerungsrecht* Rn 6, 10; → *Wehrdienst* Rn 4 sowie → *Ruhen des Arbeitsverhältnisses* Rn 7.

6 **3. Rechtsfolgen.** Der Wegfall des Entgeltanspruchs im ruhenden Arbeitsverhältnis führt idR zum Wegfall von zeitgleichen Lohnersatzleistungen. Für Zeiten der Arbeitsunfähigkeit ist keine Entgeltfortzahlung im Krankheitsfall zu leisten. § 9 BUrlG ist nicht anzuwenden. Die Sechs-Wochen-Frist zur Entgeltfortzahlung beginnt mit dem Tag, an dem der ArbN die Arbeit vereinbarungsgemäß wieder hätte aufnehmen sollen (BAG 15.5.75 – 5 AZR 293/74, BB 75, 1206). Feiertagsvergütung entfällt. Das gilt auch für den Anspruch auf Zuschuss zum **Mutterschaftsgeld** nach § 19 MuSchG (→ *Mutterschutz* Rn 33–38), soweit sich Schutzfrist und unbezahlter Urlaub decken (BAG 25.2.04 – 5 AZR 160/03, NZA 04, 537). Tarifliche **Bewährungszeiten** können gehemmt sein; Tage des unbezahlten Urlaubs sind nicht auf den gesetzlichen Erholungsurlaub anrechenbar (→ *Ruhen des Arbeitsverhältnisses* Rn 15). Dieser entsteht im Übrigen trotz der Inanspruchnahme unbezahlten Sonderurlaubs. Seine Rspr, der Erholungsurlaub könne nicht wegen des unbezahlten Urlaubs anteilig gekürzt werden (BAG 6.5.14 – 9 AZR 678/12, NZA 14, 959; hierzu *Schönhöft/Oelze* NZA 16, 868) hat das BAG nun ausdrücklich aufgeben (BAG 19.3.19 – 9 AZR 315/17, BB 19, 2493). Ein Urlaubsanspruch für die Zeit des unbezahlten Sonderurlaubs besteht daher regelmäßig nicht. Eine anteilige Entgeltminderung kommt je nach der Ausgestaltung der arbeitsvertraglichen Regelung bei **Sonderzahlungen** in Betracht (→ *Einmalzahlungen* Rn 1). IdR gelten Sonderurlaubszeiten nicht als **Beschäftigungszeiten** (zur Nichtberücksichtigung bei der Wartezeit einer *Jubiläumszahlung* LAG Nds 21.10.02 – 11 Sa 1039/02, BeckRS 2003, 41412). Wird (tariflicher) Sonderurlaub zur Kinderbetreuung gewährt, darf dies nicht eine Beeinträchtigung des bis dahin erworbenen tariflichen Besitzstandes zur Folge haben; jedenfalls dann nicht, wenn solche Folgen für in Elternzeit befindliche ArbN nicht vorgesehen sind (BAG 24.5.12 – 6 AZR 586/10, NZA 12, 1304).

Der ArbGeb ist aufgrund der arbeitsrechtlichen Fürsorgepflicht verpflichtet, in die vorzeitige Beendigung des Sonderurlaubs einzuwilligen, wenn ihm die Beschäftigung des ArbN möglich und zumutbar und wenn der Grund für die Bewilligung des Sonderurlaubs weggefallen ist oder schwerwiegende negative Veränderungen in den wirtschaftlichen Verhältnissen des ArbN eingetreten sind (BAG 6.9.94 – 9 AZR 221/93, NZA 95, 953).

7 **4. Nebentätigkeit.** Ein ArbN des öffentlichen Dienstes, der zur Vermeidung versorgungsrechtlicher Nachteile auf Dauer unter Fortfall der Vergütung beurlaubt ist, kann idR vom ArbGeb verlangen, dass ihm die Aufnahme einer beruflichen Tätigkeit genehmigt wird. Das gilt auch dann, wenn er sich im Zuständigkeitsbereich seiner (früheren) Beschäftigungsbehörde betätigen will (BAG 13.3.03 – 6 AZR 585/01, NZA 03, 976).

8 **5. Mitbestimmung.** Der BRat hat nach § 87 Abs 1 Nr 5 BetrVG ua bei der Aufstellung allgemeiner Urlaubsgrundsätze mitzubestimmen. Urlaub iSd Vorschrift ist auch der **unbezahlte Urlaub** (ErfK/*Kania* § 87 BetrVG Rz 43; offen gelassen: BAG 18.6.74 – 1 ABR 25/73, DB 74, 226). Die wegen einer vom ArbN nicht akzeptierten Ablehnung seines Antrags auf unbezahlten Urlaub angerufene Einigungsstelle ist jedenfalls nicht offensichtlich unzuständig (LAG HH 18.7.06 – 3 TaBV 7/06, ArbuR 07, 219).

## B. Lohnsteuerrecht

*Seidel*

11 Da während dieser Zeit kein Entgelt gezahlt wird, ist für den ArbGeb lohnsteuerlich nichts veranlasst. Der ArbN kann im Rahmen seiner EStVeranlagung für das Kj (→ *Antrags-*

*veranlagung* Rn 2 ff) ggf eine teilweise Erstattung der einbehaltenen LSt erlangen, wenn er in demselben Jahr Arbeitslohn bezogen hat oder später noch bezieht, von dem LSt einbehalten worden ist. Dies beruht auf der Ermittlung der LSt für den einzelnen Lohnzahlungszeitraum (zB Monat) aus der JahresLSt, wobei von einem über das ganze Jahr gleich bleibenden Arbeitslohn ausgegangen wird (→ *Lohnsteuertabellen* Rn 2 ff).

**C. Sozialversicherungsrecht** *Ruppelt*

**1. Allgemeines.** Da der ArbN für die Zeit des unbezahlten Urlaubs trotz fortbestehenden Arbeitsverhältnisses **kein Arbeitsentgelt** erhält, entfällt in dieser Zeit auch der Beitrag zu den einzelnen Zweigen der SozV einschließlich der ArbLV. Für alle Zweige der SozV gilt § 7 Abs 3 Satz 1 SGB IV: Eine Beschäftigung gegen Arbeitsentgelt gilt als fortbestehend, solange das Beschäftigungsverhältnis ohne Anspruch auf Arbeitsentgelt fortdauert, jedoch nicht länger als **einen Monat.** Dauert der unbezahlte Urlaub länger als einen Monat, droht daher Verlust des Versicherungsschutzes. Die Fiktion des Fortbestehens des Beschäftigungsverhältnisses für einen Monat gilt nach § 7 Abs 3 Satz 3 SGB IV nicht, wenn Entgeltersatzleistungen bezogen werden oder Elternzeit in Anspruch genommen wird. Gleiches gilt für die Pflegezeit (→ *Pflegezeit* Rn 54 ff). Regelmäßig kommt dann eine spezialgesetzliche Fortsetzung der Versicherung in den einzelnen Zweigen der SozV während des Bezuges der Entgeltersatzleistungen bzw der Inanspruchnahme von Eltern- oder Pflegezeit in Betracht (→ *Arbeitslosenversicherungspflicht* Rn 15; → *Krankenversicherungspflicht* Rn 6). Zu den versicherungsrechtlichen Folgen der **bezahlten Freistellung** (meist vor Beendigung des Beschäftigungsverhältnisses), welche vom unbezahlten Urlaub streng zu unterscheiden ist vgl → *Freistellung von der Arbeit* Rn 42 ff; BSG 24.9.08 – B 12 KR 22/07 R, BB 09, 782. Eine Beschäftigung bleibt nach Maßgabe von § 7 Abs 1a SGB IV auch in Zeiten der Freistellung von der Arbeitsleistung von mehr als einem Monat bestehen, wenn während der Freistellung Arbeitsentgelt aus einem **Wertguthaben** nach § 7b SGB IV fällig ist und das monatlich fällige Arbeitsentgelt in der Zeit der Freistellung nicht unangemessen von dem für die vorausgegangenen zwölf Kalendermonate abweicht, in denen Arbeitsentgelt bezogen wurde. Gleiches gilt, wenn während einer bis zu dreimonatigen Freistellung Arbeitsentgelt aus einer Vereinbarung zur flexiblen Gestaltung der Arbeitszeit fällig ist (Sonderfälle hierzu sind in § 7 Abs 1a Satz 3–7 SGB IV geregelt). 12

**2. Krankenversicherung und soziale Pflegeversicherung. a) Befristung der Pflichtmitgliedschaft.** Ist von vornherein ein längerer unbezahlter Urlaub als für einen Monat verabredet, endet auch in diesem Fall die Pflichtmitgliedschaft mit Ablauf der Monatsfrist (zur freiwilligen Weiterversicherung → Rn 14). Endete die Mitgliedschaft eines Beschäftigten wegen eines längeren unbezahlten Urlaubs, so ist für den erneuten Beginn der Pflichtmitgliedschaft nach Ende des Urlaubs der Wiedereintritt in die Beschäftigung erforderlich. Es müssen die Voraussetzungen, die für den erstmaligen Eintritt der Versicherungspflicht notwendig sind, erneut gegeben sein, nämlich die Beschäftigung gegen Arbeitsentgelt nach § 5 Abs 1 Nr 1 SGB V und der Eintritt in das Beschäftigungsverhältnis nach § 186 Abs 1 SGB V, dh im Regelfall die Aufnahme der Arbeit. 13

**b) Freiwillige Weiterversicherung.** Für Versicherte, deren Versicherungspflicht endet, setzt sich die Versicherung nach § 188 Abs 4 Satz 1 SGB V mit dem Tag nach dem Ausscheiden aus der Versicherungspflicht als beitragspflichtige freiwillige Mitgliedschaft fort, es sei denn, das Mitglied erklärt innerhalb von zwei Wochen nach Hinweis der Krankenkasse über die Austrittsmöglichkeiten seinen Austritt. Der Austritt wird nur wirksam, wenn das Mitglied das Bestehen eines anderweitigen Anspruchs auf Absicherung im Krankheitsfall nachweist (→ *Krankenversicherungspflicht* Rn 3). 14

Zum Anspruch auf **Mutterschaftsgeld** bei Beginn der Schutzfrist im unbezahlten Urlaub s BSG 7.2.04 – B 1 KR 7/02 R, SozR 4–2200 § 200 Nr 1. 15

**3. Gesetzliche Rentenversicherung.** Wegen der Anbindung der Rentenbeiträge an das Arbeitsentgelt können durch unbezahlten Urlaub dem ArbN Nachteile dadurch entstehen, dass geringere Beiträge für die Rentenberechnung zur Verfügung stehen (→ *Rentenanpassung* Rn 6 ff). 16

17 **4. Beitragsrecht.** Vermindert sich das Entgelt im Abrechnungszeitraum durch unbezahlten Urlaub, wird das restliche Entgelt bis zur Beitragsbemessungsgrenze zur Beitragsberechnung herangezogen. Dies kann dazu führen, dass Entgeltteile, für die sonst Beiträge wegen Überschreitens der Beitragsbemessungsgrenze nicht entrichtet werden, wegen des unbezahlten Urlaubs zu berücksichtigen sind (→ *Beitragsbemessungsgrenzen* Rn 16 ff).

# Verbesserungsvorschläge

## A. Arbeitsrecht

*Poeche*

**1. Begriff.** Verbesserungsvorschläge sind Vorschläge, die eine im Betrieb bisher nicht bekannte oder nicht genutzte Lösung eines bestimmten Problems aufzeigen. Sie können sich auf alle betrieblichen Fragen erstrecken, also auf technischem, kaufmännischem wie auch organisatorischem Gebiet liegen. Die gesetzliche Regelung ist unvollkommen. Ansatzweise wird lediglich der qualifizierte technische Verbesserungsvorschlag geregelt (§§ 3, 20 ArbNErfG). Zuordnung und Vergütung richten sich daher nach allgemeinen arbeitsrechtlichen Grundsätzen unter Berücksichtigung kollektiven Rechts, insbes Betriebsvereinbarungen. Die sich im Zusammenhang mit dem betrieblichen Vorschlagswesen ergebenden Fragen werden auch unter dem Begriff „Ideenmanagement" behandelt (*Wollwert* NZA 12, 889; *Brachmann/Menzel* AuA 14, 632, zum modernen Ideenmanagement über eine digitale Unternehmensplattform *Sziedat/Heberling* AiB 11/2017, 32). 1

**2. Qualifizierter technischer Verbesserungsvorschlag. a) Begriff.** Das ArbNErfG knüpft an das geltende Patent- und Gebrauchsmusterrecht an. Dem entspricht § 3 ArbNErfG. Technische Verbesserungsvorschläge iSd ArbNErfG sind Vorschläge für technische Neuerungen, die nicht patent- oder gebrauchsmusterfähig sind. Stattdessen wird eine schöpferische Leistung verlangt, die eine nicht schutzfähige Lehre zum technischen Handeln gibt und den Stand der Technik im Unternehmen bereichert, also (relativ) neu, fortschrittlich und gewerblich verwertbar ist (*Bartenbach/Volz* § 3 Rz 5 ff). 2

**b) Zuordnung.** Der technische Verbesserungsvorschlag begründet anders als patent- oder gebrauchsmusterfähige Neuerungen kein dingliches Recht des ArbN an seinem Arbeitsergebnis. Die „neue Lehre" steht deshalb unmittelbar dem ArbGeb zu, wenn der ArbN arbeitsvertraglich verpflichtet ist, sich um technische Lösungen zu bemühen. Betriebsbezogene Vorschläge hat er dem ArbGeb aufgrund **arbeitsvertraglicher Nebenpflicht** (§ 241 Abs 2 BGB, dazu *Treuepflicht*) anzubieten. Über nicht funktions- oder betriebsbezogene Überlegungen kann er frei verfügen. 3

**c) Vergütung.** Der ArbN erwirbt einen zwingenden Vergütungsanspruch (§ 20 Abs 1 ArbNErfG), wenn sein Verbesserungsvorschlag „qualifiziert" ist. Der ArbGeb muss eine Vorzugsstellung einnehmen, wie sie üblicherweise nur auf Grund eines gewerblichen Schutzrechts vermittelt wird. Verlangt ist eine vergleichbare tatsächliche **monopolähnliche Marktposition.** Daran fehlt es bei einer bloßen Nichtanwendung des (bekannten) Verbesserungsvorschlags durch einen Mitbewerber (BGH 26.11.68 – X ZR 15/67, DB 69, 479). Die Deklaration des Vorschlags als *Betriebsgeheimnis* durch den ArbGeb ist für den Vergütungsanspruch des ArbN ohne Bedeutung. Der Anspruch des ArbN **entsteht** mit der tatsächlichen **Verwertung** des Vorschlags in der betrieblichen Praxis. Prüfung und Erprobung genügen nicht (BAG 30.4.65 – 3 AZR 291/63, AP Nr 1 zu § 20 ArbNErfG). Der ArbGeb verwertet den Vorschlag auch dann, wenn er das zugrunde liegende Know-how veräußert. Ob der ArbGeb den Verbesserungsvorschlag betrieblich umsetzt und damit einen Vergütungsanspruch des ArbN auslöst, liegt bis zur Grenze des Rechtsmissbrauchs ausschließlich in seiner unternehmerischen Entscheidung. Der Vergütungsanspruch erlischt ersatzlos mit der Beendigung der Vorzugsstellung des ArbGeb. Der ArbGeb schuldet eine **angemessene Vergütung.** Zu berücksichtigen sind die wirtschaftliche Verwertbarkeit, Aufgaben und Stellung des ArbN im Betrieb sowie der betriebliche Anteil (§ 20 Abs 1 iVm §§ 9, 12 ArbNErfG). Zur **Durchsetzung** seines Vergütungsanspruchs hat der ArbN gegen den ArbGeb Anspruch auf Auskunft und Rechnungslegung über das Ob und Wie einer Verwertung und den daraus erwachsenen betrieblichen Nutzen. **Mehrere Arbeitnehmer** haben Anspruch auf anteilige Vergütung. **Verjährung,** Verwirkung sowie Ausschlussfristen entsprechen denen der Diensterfindung (→ *Arbeitnehmererfindung* Rn 23). Zur Verjährung des Leistungsbestimmungsanspruchs bei Bildung einer Bewertungskommission → Rn 9. 4

**3. Sonstige Verbesserungsvorschläge.** Andere Verbesserungsvorschläge können sich auf Neuerungen jedweder Art beziehen, auch auf technischem Gebiet liegen. Sie sind 5 notwendig betriebsbezogen und stehen als Arbeitsergebnis des einreichenden ArbN dem ArbGeb zu. Der Vorschlag muss konkret alternative Handlungsmöglichkeiten des ArbGeb aufzeigen; ein allgemeiner Vorschlag, bestehende Organisationsstrukturen zu ändern, genügt nicht (LAG Köln 18.11.09 – 9 Sa 483/09, BeckRS 2010, 67354). **Vergütung** schuldet der ArbGeb dann, wenn der ArbN mit dem Vorschlag eine **Sonderleistung** erbringt. Er muss mithin über seine arbeitsvertraglich geschuldete Arbeitsleistung hinausgehen (BAG 29.1.03 – 5 AZR 703/01, NZA 03, 1168). Voraussetzung ist weiter, dass der Vorschlag auch tatsächlich umgesetzt wird und dem ArbGeb dadurch ein besonderer Vorteil erwächst (BAG 28.4.81 – 1 ABR 53/79, DB 81, 1882). Für die Höhe der Prämie kann auf die Grundsätze zurückgegriffen werden, wie sie für den qualifizierten technischen Vorschlag bestehen (§ 612 Abs 2 BGB; ausführlich dazu *Wollwert* NZA 12, 889). Der Prämienanspruch unterliegt als „Anspruch aus dem Arbeitsverhältnis" einer entsprechend formulierten **Verfallklausel** (BAG 22.1.08 – 9 AZR 416/07, NZA-RR 08, 525).

6 **4. Betriebsverfassung. a) Mitbestimmungsrechte.** Der BRat hat mitzubestimmen bei der Aufstellung von **Grundsätzen** über das **betriebliche Vorschlagswesen** (§ 87 Abs 1 Nr 12 BetrVG; *Schwab* NZA-RR 15, 225; *Brachmann/Menzel* AuA 14, 632). Die Beteiligung des BRat verfolgt mehrere Zwecke. Sichergestellt werden soll die gerechte Bewertung von Vorschlägen, insbes durch ein transparentes Verfahren. Außerdem geht es um die Förderung der aktiven Beteiligung der ArbN am betrieblichen Geschehen. Der Wert eines funktionierenden Vorschlagssystems ist allgemein anerkannt. Dessen Einführung ist nicht von einer Vorentscheidung des ArbGeb abhängig. Der BRat hat vielmehr ein **Initiativrecht,** sobald für eine allgemeine Regelung ein Bedürfnis besteht (BAG 28.4.81 – 1 ABR 53/79, DB 81, 1882). Die mit der Einrichtung eines betrieblichen Vorschlagswesens entstehenden Verwaltungs- und Organisationskosten stehen dem Mitbestimmungsrecht als notwendige Annexregelung nicht entgegen. Es bezieht sich auf die Organisation, die mit dem Vorschlagswesen zu befassenden Personen, die Zusammensetzung eines etwaigen Ausschusses, seiner Aufgaben und Einzelheiten des Verfahrens. Es erstreckt sich weiter auf die Festlegung der prämienberechtigten ArbN und die Grundsätze, nach denen sich die dem ArbN zu zahlende Vergütung richtet.

7 **Mitbestimmungsfrei** ist die Höhe der finanziellen Grundausstattung, der „Prämienetat", wie auch die im Einzelfall zu zahlende **Prämie** (BAG 28.4.81 – 1 ABR 21/78, DB 81, 1882). Der ArbGeb bleibt auch grds frei in seiner Entscheidung, ob ein Verbesserungsvorschlag überhaupt verwertet wird (BAG 16.3.82 – 1 ABR 63/80, DB 82, 1468). Durch freiwillige Betriebsvereinbarung kann zur Steigerung der Motivation der ArbN die Prämierung nicht umgesetzter Vorschläge vereinbart werden. Vorbehaltlich der allgemeinen Mitbestimmung in personellen Fragen ist die Bestellung eines Beauftragten für das betriebliche Vorschlagswesen mitbestimmungsfrei. Die Beteiligung des BRat beschränkt sich auf seine Mitwirkung bei personellen Maßnahmen iSv § 99 BetrVG (BAG 16.3.82 – 1 ABR 63/80, DB 82, 1468). Zum zweckmäßigen Inhalt einer KonzernBRatVereinbarung *Wollwert* NZA 12, 889.

8 **b) Ansprüche aufgrund Betriebsvereinbarung.** Betriebsvereinbarungen über das betriebliche Vorschlagswesen enthalten üblicherweise Formvorschriften und Fristen für das Einreichen von Vorschlägen und deren Behandlung durch den ArbGeb/die zuständige Stelle; sie regeln das Verhältnis bei Mehrfachvorschlägen von ArbN, oft iS einer strikten Priorität des Ersteinreichers und bestimmen im Einzelnen die Bewertungskriterien für die Prämienhöhe (zu Betriebsvereinbarungen mit Muster: *Frahm* ArbRAktuell 18, 305). Die Bereiche, für die Vorschläge eingereicht werden können, sind zu beschreiben, zB Umweltschutz, Organisation usw. Zulässig ist es, bestimmte Sachverhalte auszunehmen, wie zB die Geschäftspolitik (LAG Hamm 4.9.96 – 14 Sa 2236/95, NZA-RR 97, 258). Der nachträgliche Ausschluss eines ArbN aus dem Kreis der Anspruchsberechtigten durch eine (ablösende) spätere Betriebsvereinbarung ist jedenfalls dann unwirksam, wenn der ArbN bereits zuvor einen Verbesserungsvorschlag eingereicht hatte, der vom ArbGeb bearbeitet und später auch verwertet wurde (LAG Frankfurt 18.5.01 – 9 (2) Sa 1130/00, NZA-RR 02, 363).

9 **c) Paritätisch besetzter Bewertungsausschuss.** In Betriebsvereinbarungen zum betrieblichen Vorschlagswesen werden oft nicht nur Grundsätze iSv § 87 Abs 1 Nr 12 BetrVG

aufgestellt, sondern weitergehende Regelungen getroffen. So gehört zu den erzwingbaren „Grundsätzen" zwar die Einrichtung eines Prüfungs- oder Bewertungsausschusses, nicht aber die Bewertung eines Verbesserungsvorschlags und die Festsetzung einer Prämie im Einzelfall. Diese Kompetenz kann dem Gremium nur aufgrund einer freiwilligen Betriebsvereinbarung iSv § 88 BetrVG übertragen werden. Die Betriebspartner können vereinbaren, dass der Ausschuss als **Schiedsgutachter** tätig wird (BAG 16.12.14 – 9 AZR 431/13, NZA-RR 15, 229). Nicht jede Kommission ist als Schiedsgutachter zu beurteilen. Das ist nur dann der Fall, wenn der Bewertungsausschuss für beide Seiten, also für ArbGeb und ArbN, **verbindlich** über das Ob und die Höhe einer Prämie entscheidet. In der betrieblichen Regelung müssen für den ArbN Vergütungsansprüche begründet werden, deren Erfüllung der ArbGeb bei einer positiven Bewertung durch den Ausschuss unmittelbar schuldet. Die Entscheidung des Gremiums ist dann nach den allgemein für Schiedsgutachten geltenden Grundsätzen (§§ 317 ff BGB analog) gerichtlich nur eingeschränkt überprüfbar, nämlich dahin, ob sie offenbar unrichtig, unsachlich, unvernünftig oder willkürlich ist oder in einem grob fehlerhaften Verfahren getroffen wurde (BAG 19.5.15 – 9 AZR 863/13, NZA 15, 1468; 16.12.14 – 9 AZR 431/13, NZA-RR 15, 229; 20.1.04 – 9 AZR 393/03, NZA 04, 994; LAG RhPf 25.2.11 – 9 Sa 559/10, BeckRS 2011, 70832; *Schwab* NZA-RR 15, 225). Der von der Entscheidung der paritätischen Kommission nachteilig Betroffene kann im Fall der groben Unbilligkeit der Entscheidung eine **Gestaltungsklage** auf Leistungsbestimmung entsprechend § 319 Abs 1 S 2 BGB erheben. In der Zahlungsklage als „verdeckte Gestaltungsklage" ist das vorrangige Gestaltungsbegehren enthalten und inzident zu prüfen (BAG 16.12.14 – 9 AZR 431/13, NZA-RR 15, 229). Dabei ist zu beachten, dass der dem Gestaltungsklagerecht zugrundeliegende Leistungsbestimmungsvornahmeanspruch auch der Verjährung unterliegt. Diese beginnt mit Vorlage des Schiedsgutachtens und beträgt nach § 195 BGB drei Jahre (BAG 16.12.14 – 9 AZR 431/13, NZA-RR 15, 229). Zu beachten ist weiterhin, dass arbeitsvertragliche Ansprüche des ArbN (wegen Sonderleistung) durch die Übertragung der Entscheidungskompetenz vom ArbGeb auf die Kommission nicht ausgeschlossen sind (missverständlich BAG 9.5.95 – 9 AZR 580/93 – *Bartenbach/Volz* § 20 Rz 66; *Schwab* AR-Blattei SD 1760 Rz 96 ff).

**5. Prozessuales.** Zuständig für alle Streitigkeiten im Zusammenhang mit Verbesserungs- 10
vorschlägen ist das ArbG (LAG Nbg 27.8.04 – 9 Ta 62/04, AR-Blattei ES 1760 Nr 8). Die Zuständigkeit der ordentlichen Gerichte besteht nach § 39 ArbNErfG nur für ArbNErfindungen und nicht für qualifizierte technische Verbesserungsvorschläge iSv § 20 ArbNErfG. Die Darlegungs- und Beweislast für alle tatsächlichen Voraussetzungen einschließlich der Kausalität seines Vorschlags und der Nutzung sowie wegen der die Prämienhöhe bestimmenden Umstände liegen beim ArbN. Eine Stufenklage, gerichtet auf Auskunft und Zahlung, wird sich oft anbieten. Bei Gruppenvorschlägen soll die Prozessführungsbefugnis unter Ausschluss der übrigen Beteiligten einem der Einreicher wirksam übertragen werden können (LAG Saarl 11.10.95 – 1 Sa 63/95, BB 96, 487). Eine Auskunfts- oder Zahlungsklage vor Ausschöpfung des durch Betriebsvereinbarung vorgeschriebenen Verfahrens soll unzulässig sein (LAG Hess 24.8.10 – 12 Sa 940/09, BeckRS 2011, 67821). Richtigerweise ist die Klage als zZt unbegründet abzuweisen, weil die materiellen Anspruchsvoraussetzungen nicht festgestellt werden können.

**6. Muster.** S Online-Musterformulare *„M25 Erfindungen und qualifizierte technische Ver-* 11
*besserungsvorschläge"*.

**B. Lohnsteuerrecht** *Thomas*

**Arbeitslohn.** Seit 1989 (Wegfall von Steuerfreibeträgen) sind Prämien des ArbGeb für 12
Verbesserungsvorschläge des ArbN stpfl Arbeitslohn, sofern es sich nicht nur um sog Aufmerksamkeiten (ehrende Sachzuwendungen mit einem Wert bis zu 60 €, R 19.6 Abs 1 LStR; → *Arbeitsentgelt* Rn 50) handelt. Anders als bei ArbNErfindungen (→ *Arbeitnehmererfindung* Rn 30), bei deren Freigabe durch den ArbGeb eine Verwertung seitens des ArbN außerhalb des Dienstverhältnisses möglich ist und dementsprechend zu gewerblichen Einkünften (BFH 29.1.70, BStBl II 70, 319) oder solchen aus VuV (§ 21 Abs 1 Nr 3 EStG) führen kann, wird dies bei Verbesserungsvorschlägen in aller Regel nicht möglich sein, also nur Arbeitslohn in Betracht kommen. Arbeitslohn sind auch Losgewinne, die ein ArbGeb

im Rahmen einer Aktion zur Förderung des betrieblichen Vorschlagswesens auslobt (BFH 25.11.93 – VI R 45/93, DStR 94, 317).

**Steuererleichterungen** greifen nunmehr nur noch ein, wenn es sich bei den Prämien um außerordentliche Einkünfte (§ 34 Abs 2 EStG) handelt (dazu BFH 7.5.15 – VI R 44/13, DStR 15, 1865). Dann erfolgt eine Progressionsminderung durch die Fünftelungsregel des § 34 Abs 1 Sätze 2–4 EStG. Diese Erleichterung wird bereits beim LStAbzug berücksichtigt (§ 39b Abs 3 Satz 9 EStG; → *Sonstige Bezüge* Rn 10). Keine Vergütung für eine mehrjährige Tätigkeit iSv § 34 Abs 2 Nr 4 EStG liegt vor, wenn die Prämie für den Verbesserungsvorschlag nicht nach der Tätigkeit des ArbN, sondern nach der Kostenersparnis beim ArbGeb berechnet wird (BFH 31.8.16 – VI R 53/14, DStR 16, 2957). Entsprechendes gilt, wenn der ArbGeb dem ArbN Rechte aus Diensterfindungen abgeltend honoriert (BFH 26.1.05 – VI R 43/00, DStRE 05, 572 mit Anm *MIT*).

## C. Sozialversicherungsrecht *Schlegel*

13 **1. Prämien als beitragspflichtiges Arbeitsentgelt.** Prämien für Verbesserungsvorschläge werden regelmäßig zusätzlich zum Arbeitsentgelt gezahlt. Dies wirft die Frage auf, ob es sich bei diesen Einnahmen um zur Versicherungs- und Beitragspflicht führendes Arbeitsentgelt iSv § 14 SGB IV handelt oder um Einkünfte aus selbstständiger Tätigkeit (§ 15 SGB IV), bei der der ArbN ggf die gesamte Beitragslast selbst zu tragen hat.

14 **a) Einheitliches Beschäftigungsverhältnis.** Das BSG qualifiziert Prämien für Verbesserungsvorschläge als Arbeitsentgelt iSv § 14 SGB IV, sofern diese „im Zusammenhang" mit der (Haupt-)Beschäftigung iS eines sog einheitlichen Beschäftigungsverhältnisses erzielt werden. Ein solches liegt vor, wenn eine selbstständige Tätigkeit mit einer abhängigen Beschäftigung derart verbunden ist, dass sie nur aufgrund der abhängigen Beschäftigung ausgeübt werden kann und insgesamt wie ein Teil der abhängigen Beschäftigung erscheint. Wann dies der Fall ist, lässt sich nicht abstrakt für alle Tätigkeiten bestimmen, sondern ist Wertungsfrage des jeweiligen Einzelfalles (BSG 26.3.98 – B 12 RK 17/97 R, SozR 3–2400 § 14 Nr 15).

15 Sofern ein ArbN in seiner Beschäftigung eine ArbNErfindung, eine patent- oder gebrauchsmusterfähige Erfindung oder einen technischen Verbesserungsvorschlag macht, liegt hinsichtlich dieser selbstständigen Tätigkeit ein einheitliches Beschäftigungsverhältnis selbst dann vor, wenn die Erfindung oder der Verbesserungsvorschlag auch aufgrund der Erfahrungen und Kenntnisse, die während der Beschäftigung gemacht wurden, möglich geworden und dem ArbGeb nützlich sind. Die Tätigkeit bei ArbNErfindungen oder Verbesserungsvorschlägen braucht nicht weitergehend mit der abhängigen Beschäftigung verbunden zu sein, etwa in der Art, dass sie in diese zeitlich, örtlich, organisatorisch und inhaltlich eingebunden ist, um ein einheitliches Beschäftigungsverhältnis anzunehmen. Die aus der Beschäftigung **im Betrieb gewonnenen Kenntnisse für die Entwicklung des Verbesserungsvorschlages** und der Nutzen des Betriebes aus dem Verbesserungsvorschlag sind hinreichend, um die selbstständige Tätigkeit und das abhängige Beschäftigungsverhältnis insgesamt als einheitliches Beschäftigungsverhältnis zu werten.

16 Der enge **Zusammenhang zwischen Beschäftigung und selbstständiger Tätigkeit** bei der Entwicklung eines Verbesserungsvorschlags wird nicht dadurch ausgeschlossen, dass der Vorschlag sich auf ein Produkt bezieht, das vom ArbGeb für einen Dritten vertrieben wird und der Dritte den Vorschlag bei der Herstellung des Produkts verwertet. Dies gilt jedenfalls dann, wenn der ArbGeb vom Hersteller durch besondere vertragliche Bindungen in den Vertrieb einbezogen ist, wie der Vertragshändler eines Fahrzeugherstellers. Hier ist allgemein davon auszugehen, dass das Ergebnis des Verbesserungsvorschlags unter das ArbNErfG fällt.

17 **b) Beitragspflichtige Einnahme.** Seit 1.1.88 sind die Prämien, soweit sie Arbeitsentgelt darstelle (vgl oben) in vollem Umfang beitragspflichtig. Gem § 2 SvEV sind zusätzlich zum Lohn und Gehalt gezahlte Zuschüsse und ähnliche Einnahmen (dazu zählen auch Prämien für Verbesserungsvorschläge) nicht dem Arbeitsentgelt zuzurechnen, soweit sie lohnsteuerfrei sind: letztes ist nicht der Fall.

18 **c) Einmalig gezahltes Arbeitsentgelt.** Ist nicht ohne weiteres erkennbar ist, in welchem Zeitraum die Vorstellungen für den Verbesserungsvorschlag entwickelt wurden, liegt

einmalig gezahltes Arbeitsentgelt vor. (Lässt sich jedoch nachweisen, dass der Verbesserungsvorschlag in einem ganz konkreten Lohnabrechnungszeitraum entwickelt wurde – etwa weil sich in diesem Zeitraum eine konkrete Problemstellung ergab und ihrer Lösung zugeführt wurde –, kann die Prämie als laufend gezahltes Arbeitsentgelt behandelt werden. Dies hat zur Folge, dass sie nicht auf zurückliegende Abrechnungszeiträume verteilt werden kann, wenn sie zusammen mit dem sonstigen Lohn im betreffenden Lohnabrechnungszeitraum die anteilige (zB monatliche) Beitragsbemessungsgrenze überschreitet (→ *Einmalzahlungen* Rn 8 ff).

**d) Zuwendung durch Dritte.** Der Zurechnung einer derartigen Prämie zum Arbeitsentgelt iSv § 14 SGB IV steht auch nicht entgegen, dass die Zuwendung nicht vom ArbGeb selbst, sondern von einem Dritten gewährt wird (zB Zuwendung eines Autoherstellers an Mitarbeiter von Vertragshändlern; BSG 26.10.88, SozR 2100 § 14 Nr 19; BSG 26.3.98 – B 12 RK 17/97 R, SozR 3–2400 § 14 Nr 15). 19

**2. Sachzuwendungen.** Erhält der ArbN vom ArbGeb Sachzuwendungen im Wert von nicht mehr als 80 €, werden diese nach § 3 Abs 3 SvEV wie pauschal versteuerte Waren und Dienstleistungen mit dem Durchschnittsbetrag der pauschal versteuerten Waren und Dienstleistungen dem sonstigen Arbeitsentgelt zugerechnet. Dies gilt allerdings nur dann, wenn der ArbGeb den vom ArbN zu tragenden Teil des gesamten SozVBeitrages übernimmt (→ *Sachbezug* Rn 47). 20

# Verdachtskündigung

## A. Arbeitsrecht

*Schmidt*

**1. Grundsätzliches.** Unter dem Begriff der Verdachtskündigung werden alle Tatbestände zusammengefasst, bei denen die Kündigung nicht auf eine vom Gekündigten begangene schuldhafte Pflichtverletzung selbst, sondern allein darauf gestützt wird, der Gekündigte stehe im Verdacht, die Vertragsverletzung – meist eine Straftat oder einen Vertrauensbruch – begangen zu haben. 1

**a) Verfassung und MRK.** Angesichts der jeweils aus Art 12 Abs 1 S 1 GG folgenden gegensätzlichen Grundrechtspositionen der Arbeitsvertragsparteien bedarf die Verdachtskündigung der besonderen verfassungsrechtlichen Legitimation. Sie beruht auf der Erwägung, dass dem ArbGeb von der Rechtsordnung die Fortsetzung eines Arbeitsverhältnisses unter dem dringenden Verdacht auf ein Verhalten des ArbN, das ihn zur sofortigen Beendigung des Arbeitsverhältnisses berechtigen würde, nicht zugemutet werden kann (BAG 21.11.13 – 2 AZR 797/11, NZA 14, 243). Die in Art 6 Abs 2 MRK verankerte Unschuldsvermutung steht der Verdachtskündigung nicht entgegen. Sie bindet unmittelbar nur den Richter, der über die Begründetheit der Anklage zu entscheiden hat. Bei der Verdachtskündigung geht es nicht um die Verhängung einer Strafe, sondern um die Beendigung eines privatrechtlichen Dauerschuldverhältnisses (BAG 31.1.19 – 2 AZR 426/18, NZA 19, 893).

**b) Dogmatische Einordnung.** Der Verdacht einer Pflichtverletzung stellt gegenüber dem verhaltensbezogenen Vorwurf, der Arbeitnehmer habe die Pflichtverletzung tatsächlich begangen, einen eigenständigen Kündigungsgrund dar. Der Verdacht kann eine ordentliche Kündigung aus Gründen in der Person des ArbN bedingen. Die ordentliche Verdachtskündigung ist stets **personenbedingte** Kündigung (BAG 31.1.19 – 2 AZR 426/18, NZA 19, 893). 2

**c) Ausspruch.** Die Verdachtskündigung kann sowohl als **außerordentliche** als auch als **ordentliche** Kündigung ausgesprochen werden (BAG 10.6.10 – 2 AZR 541/09, NZA 10, 1227; 3.7.03 – 2 AZR 437/02, NZA 04, 307). Will der ArbGeb eine außerordentliche Verdachtskündigung aussprechen, beginnt die zweiwöchige Ausschlussfrist des § 626 Abs 2 BGB in dem Zeitpunkt, in welchem er einen bestimmten Kenntnisstand für ausreichend zu einer solchen Kündigung hält (BAG 5.6.08 – 2 AZR 234/07, NZA-RR 08, 630). Als ordentliche Kündigung ist eine Verdachtskündigung nur sozial gerechtfertigt, wenn Tatsachen vorliegen, die zugleich eine außerordentliche, fristlose Kündigung gerechtfertigt hätten (BAG 18.6.15 – 2 AZR 256/14, NZA 16, 287). Auch die außerordentliche Kündigung 3 eines **Berufsausbildungsverhältnisses** nach § 22 Abs 2 Nr 1 BBiG kann wegen eines dringenden Verdachts einer schwerwiegenden Pflichtverletzung des Auszubildenden gerechtfertigt sein (BAG 12.2.15 – 6 AZR 845/13, NZA 15, 741).

4 **d) Abgrenzung zur Tatkündigung.** Bei der **Verdachtskündigung** ist es allein der Verdacht, der das zur Fortsetzung des Arbeitsverhältnisses notwendige Vertrauen des ArbGeb in die Redlichkeit des ArbN zerstört oder zu einer unerträglichen Belastung des Arbeitsverhältnisses führt (BAG 28.11.07 – 5 AZR 952/06, NZA-RR 08, 344). Bei der **Tatkündigung** ist für den Kündigungsentschluss maßgebend, dass der ArbN nach der Überzeugung des ArbGeb eine strafbare Handlung **tatsächlich begangen** hat und dem ArbGeb **aus diesem Grund** die Fortsetzung des Arbeitsverhältnisses unzumutbar ist (BAG 6.9.07 – 2 AZR 264/06, NZA 08, 636; 10.2.05 – 2 AZR 189/04, NZA 05, 1056). Der Verdacht eines (nicht erwiesenen) strafbaren bzw vertragswidrigen Verhaltens ist ein **eigenständiger Kündigungsgrund** und nicht denknotwendig in dem Vorwurf einer (als sicher hingestellten) Vertragsverletzung selbst enthalten (BAG 6.9.07 – 2 AZR 264/06, NZA 08, 636). Für die Frage, ob eine Verdachtskündigung vorliegt, kommt es deshalb allein darauf an, worauf der ArbGeb die Kündigung stützt (BAG 3.7.03 – 2 AZR 437/02, NZA 04, 307). Auch wenn sich der Vorwurf der Vertragsverletzung nicht beweisen lässt oder nur auf Annahmen beruht, kann der ArbGeb eine Kündigung mit der Begründung aussprechen, der ArbN habe die Tat begangen. Eine solche Kündigung ist keine Verdachtskündigung. Der ArbGeb, der zwar annimmt, der ArbN habe die Vertragsverletzung begangen und meint, dass bei Beweisnot jedenfalls der dringende Verdacht bleibt, muss deutlich machen, wenn er die Kündigung (auch) auf diesen Verdacht stützen will (BAG 3.7.03 – 2 AZR 437/02, NZA 04, 307). Allerdings stehen Verdachtskündigung und Tatkündigung nicht beziehungslos nebeneinander. So ist der ArbGeb, der eine Verdachtskündigung ausgesprochen hat, materiell-rechtlich nicht gehindert, sich im Kündigungsschutzprozess darauf zu berufen, die den Verdacht begründende Pflichtwidrigkeit rechtfertige eine Tatkündigung (BAG 6.12.01 – 2 AZR 496/00, NZA 02, 847). Das Gericht hat im Übrigen von sich aus zu prüfen, ob die unstreitigen und nachgewiesenen Tatsachen zur Rechtfertigung einer Tatkündigung ausreichen (BAG 27.1.11 – 2 AZR 825/09, NZA 11, 798). Es ist nicht erforderlich, dass der ArbGeb sich während des Prozesses darauf berufen hat, er stütze die Kündigung auch auf die erwiesene Tat (BAG 21.11.13 – 2 AZR 797/11, NZA 14, 243). Haben sich im Verlauf des Prozesses die Verdachtsmomente gegen einen ArbN derart verdichtet, dass das Gericht zu der Überzeugung gekommen ist, dieser habe die ihm vorgeworfene Tat begangen, darf es diesen Umstand bei seiner Beurteilung des festgestellten Sachverhalts nicht „vergessen". Im umgekehrten Fall setzt die Wirksamkeit der Kündigung jedenfalls voraus, dass deren formale Voraussetzungen – zB die Anhörung des ArbN – vorliegen.

5 **e) Beteiligung des Betriebsrats.** Der ArbGeb kann den BRat (oder Personalrat, hierzu BAG 23.10.14 – 2 AZR 865/13, NZA 15, 353) von vornherein ausdrücklich in einem Vorgang zur Tat- und zur Verdachtskündigung anhören (BAG 3.4.86 – 2 AZR 324/85, NZA 86, 677). Wurde der BRat nach § 102 BetrVG vor Ausspruch der Kündigung lediglich zu einer beabsichtigten Verdachtskündigung angehört, schließt das die gerichtliche Anerkennung einer nachgewiesenen Pflichtwidrigkeit als Kündigungsgrund nicht aus, wenn dem BRat alle Tatsachen mitgeteilt worden sind, die nicht nur den Verdacht, sondern auch den Tatvorwurf selbst begründen (BAG 21.11.13 – 2 AZR 797/11, NZA 14, 243; 10.6.10 – 2 AZR 541/09, NZA 10, 1227). Dies gilt aber nicht – jedenfalls nicht „automatisch" – für den umgekehrten Fall (BAG 3.4.86 – 2 AZR 324/85, NZA 86, 677). Der BRat kann nicht in allen Fällen und ohne weiteres davon ausgehen, dass der ArbGeb auch nur wegen des bloßen Verdachts vertragswidrigen Verhaltens kündigen will, wenn er nur zu einer Tatkündigung angehört worden ist. Jedenfalls muss der ArbGeb dem BRat zumindest alle Tatsachen mitgeteilt haben (insbes auch die Anhörung des ArbN), welche zusätzlich eine Verdachtskündigung stützen.

6 **2. Voraussetzungen.** Die Verdachtskündigung ist unter eingeschränkten und strengen Voraussetzungen möglich.

**a) Tatsachen für einen dringenden Tatverdacht.** Der Verdacht muss sich aus objektiven, konkreten, im Zeitpunkt der Kündigung vorliegenden Tatsachen schließen lassen, die geeignet sind, das für eine Fortsetzung des Arbeitsverhältnisses erforderliche Vertrauen zu zerstören (BAG 17.3.16 – 2 AZR 110/15, ArbRAktuell 16, 531). Entscheidend ist, ob sie einen verständigen und gerecht abwägenden ArbGeb zur Kündigung veranlassen können (BAG 6.9.07 – 2 AZR 264/06, NZA 08, 636). Bloße, auf mehr oder weniger haltbare Vermutungen gestützte Verdächtigungen des ArbGeb reichen nicht aus (BAG 17.3.16 – 2 AZR 110/15, ArbRAktuell 16, 531). Auch wie der kündigende ArbGeb die vorliegenden Umstände subjektiv wertet, ist unerheblich. Aufgrund der objektiven Tatsachen muss der Tatverdacht dringend vorliegen, also eine große Wahrscheinlichkeit dafür bestehen, dass der ArbN die Pflichtwidrigkeit oder die für das Arbeitsverhältnis relevante Straftat begangen hat (BAG 17.3.16 – 2 AZR 110/15). Das Ergebnis eines **Ermittlungs- und Strafverfahrens** ist nicht bindend (BAG 23.10.14 – 2 AZR 865/13, NZA 15, 651). Entsprechend reicht es für die Dringlichkeit des Verdachts – für sich gesehen – nicht aus, dass Anklage erhoben und das Hauptverfahren eröffnet wurde. Für die Erhebung der Anklage setzt die Strafprozessordnung einen genügenden Anlass, für die Eröffnung des Hauptverfahrens einen hinreichenden, aber noch keinen dringenden Tatverdacht voraus (BAG 27.6.17 – 9 AZR 576/15, ArbR 17, 488; BAG 25.10.12 – 2 AZR 700/11, NZA 13, 371).

**aa) Darlegung und Beweis der verdachtsbegründenen (Hilfs-)Tatsachen im Kündigungsschutzprozess.** Der ArbGeb hat die die Verdachtskündigung rechtfertigenden (Hilfs-)Tatsachen vorzubringen und im Bestreitensfalle zu beweisen. Verlangt wird der Nachweis des Verdachts, der selbst Kündigungsgrund ist. In der Verdachtskündigung liegt keine Absenkung des von § 286 Abs 1 ZPO verlangten Beweismaßes; sie hat vielmehr einen anderen materiell-rechtliche Bezugspunkt der richterlichen Überzeugungsbildung (BAG 31.1.19 – 2 AZR 426/18, NZA 19, 893). Bei einer Tatkündigung muss das Gericht davon überzeugt sein, der ArbN habe eine kündigungsrelevante Pflichtverletzung begangen. Bei einer Verdachtskündigung muss das Gericht mit dem nach § 286 Abs 1 ZPO erforderlichen Grad an Gewissheit zu der Überzeugung gelangen, der ArbN weise aufgrund des Verdachts einer schwerwiegenden Pflichtverletzung einen Eignungsmangel auf. Dazu müssen die den Verdacht begründenden (Indiz-)Tatsachen ihrerseits unstreitig sein oder vom Arbeitgeber „voll" bewiesen werden (BAG 31.1.19 – 2 AZR 426/18, NZA 19, 893). Das Gericht muss die verdachtsbegründenden Tatsachen und Hilfstatsachen (Indizien) vollständig und erschöpfend **würdigen**. Dies ist in den Urteilsgründen ausführlich darzulegen. Formelhafte Wendungen ohne Bezug zu den konkreten Fallumständen reichen nicht (BAG 25.4.18 – 2 AZR 611/17, NZA 18, 1405). 7

Geht die Staatsanwaltschaft davon aus, die Straftat sei einem ArbN nicht beweisbar, hindert das den ArbGeb nicht, einen entspr Beweis zu führen (BAG 5.4.01 – 2 AZR 217/00, NZA 01, 837). Das Gericht darf im Ermittlungs- und Strafverfahren gewonnene Erkenntnisse **verwerten** (etwa durch Beiziehung der Akten). So können etwa die in einem strafrichterlichen Urteil enthaltenen Feststellungen durch das zu derselben Frage erkennende ArbG im Rahmen der freien Beweiswürdigung iSv § 286 Abs 1 ZPO Berücksichtigung finden. Das Strafurteil ist, wenn eine Partei sich zu Beweiszwecken darauf beruft, im Wege des Urkundenbeweises gem §§ 415, 417 ZPO zu verwerten (BAG 23.10.14 – 2 AZR 865/13, NZA 15, 651).

**bb) Sachvortrags- und Beweisverwertungsverbote.** Der prozessualen Verwertbarkeit von Erkenntnissen des ArbGeb oder der von ihm angebotenen Beweismittel können Verwertungsverbote entgegenstehen. Die ZPO oder das ArbGG nennen allerdings selbst für rechtswidrig erlangte Informationen oder Beweismittel kein – ausdrückliches – prozessuales (Tatsachen-)Verwendungs- oder Verwertungsverbot. Auch in der EMRK sind keine entsprechenden Regeln enthalten. Art 6 EMRK garantiert nur allgemein das Recht auf ein faires Verfahren. Die Bestimmungen des BDSG konkretisieren den verfassungsrechtlichen Schutz des aus dem allgemeinen Persönlichkeitsrecht folgenden Rechts auf informationelle Selbstbestimmung. Sie ordnen aber ebenso wie die seit dem 25.5.18 unmittelbar geltenden DS-GVO für sich genommen nicht an, dass unter Missachtung datenschutzrechtlicher Vorschriften gewonnene Erkenntnisse oder Beweismittel im Zivilprozess vom Gericht nicht berücksichtigt werden dürften. Sachvortrags- und Beweisverwertungsverbote folgen damit letztlich aus einer **verfassungskonformen Auslegung des Prozessrechts** (BAG 23.8.18 – 2 AZR 133/18, NZA 18, 1329; BVerfG 11.3.08 – 1 BvR 2074/05 ua, NJW 08, 1505). 8

Das (Sach-)Vortragsverwertungsverbot bezieht sich darauf, bereits unstreitiges Vorbringen in einem Zivilprozess nicht berücksichtigen zu dürfen (und spielt daher keine Rolle, wenn der ArbN den betreffenden Vortrag des ArbGeb ausreichend bestreitet). Das Gericht muss – nur – dann von Amts wegen prüfen, ob ein Verwertungsverbot eingreift, wenn entsprechende Anhaltspunkte dazu Anlass geben und die betreffende Partei nicht (wirksam) darauf verzichtet hat, die – etwaige – Verletzung ihres allgemeinen Persönlichkeitsrechts geltend zu machen (BAG 23.8.18 – 2 AZR 133/18, NZA 18, 1329). Prozessuale Beweiserhebungs- und Beweisverwertungsverbote beziehen sich darauf, dass vom beweisbelasteten ArbGeb angebotenen Beweismittel nicht nachgegangen werden darf und der ArbGeb somit beweisfällig bleibt. Rechtswidrig geschaffene oder erlangte Beweismittel sind aber im Zivilprozess nicht schlechthin unverwertbar. Über die Frage der Verwertbarkeit ist vielmehr immer aufgrund einer Interessen- und Güterabwägung nach den im Einzelfall gegebenen Umständen zu entscheiden (BGH 15.5.18 – VI ZR 233/17, NJW 2018, 2883).

9 Im **Kündigungsrechtsstreit** greift jedenfalls dann kein **Verwertungsverbot** zugunsten des ArbN ein, wenn der ArbGeb die betreffende Erkenntnis oder das fragliche Beweismittel im Einklang mit den einschlägigen datenschutzrechtlichen Vorschriften erlangt und weiterverwandt hat (BAG 31.1.19 – 2 AZR 426/18, NZA 19, 893). Hier lässt sich anhand der Kasuistik der Rspr bspw anführen:

Auf einem Dienstrechner des ArbN gespeicherte und nicht als „privat" gekennzeichnete Dateien setzen für ihre Verwertbarkeit nicht zwingend einen durch Tatsachen begründeten Verdacht einer Pflichtverletzung voraus (BAG 31.1.19 – 2 AZR 426/18, NZA 19, 893). Bei der Verwertung **heimlich beschaffter persönlicher Daten** und hieraus gewonnener Erkenntnisse hat das Gericht aber zu prüfen, ob dies mit dem allgemeinen Persönlichkeitsrecht des Betroffenen vereinbar ist.

**Heimliche Videoaufnahmen** dürfen (nur) herangezogen werden, wenn der konkrete Verdacht einer strafbaren Handlung besteht, weniger einschneidende Mittel zur Aufklärung des Verdachts ausgeschöpft sind, die verdeckte Videoüberwachung praktisch das einzig verbleibende Mittel darstellt und insgesamt nicht unverhältnismäßig ist (BAG 21.6.12 – 2 AZR 153/11, NZA 12, 1025 vgl auch EGMR 17.10.19 – 1847/13 ua –, NZA 20, 25). „Zufallsfunde" bei Videoüberwachungen mögen nicht in jedem Fall deshalb unverwertbar sein, weil sie außerhalb des Beobachtungszwecks liegen; bezogen auf „Zufallserkenntnisse" muss aber das Beweisinteresse des ArbGeb letztlich höher zu gewichten sein als das Interesse des ArbN an der Achtung seines allgemeinen Persönlichkeitsrechts. Das ist nur anzunehmen, wenn das mittels Videodokumentation zu beweisende Verhalten eine strafbare oder schwerwiegende Pflichtverletzung zum Gegenstand hat und die verdeckte Videoüberwachung nicht selbst dann noch unverhältnismäßig ist. Ist dies nicht der Fall, muss die Verwertung des Videomaterials unterbleiben (BAG 21.11.13 – 2 AZR 797/11, NZA 14, 243).

10 Erzeugen **offene Videoaufzeichnungen** einen solchen psychischen Anpassungs- und Leistungsdruck, dass sie als eine der verdeckten Videoüberwachung vergleichbar eingriffsintensive Maßnahme anzusehen sind, ohne dass ein durch konkrete Tatsachen begründeter Verdacht einer schwerwiegenden Pflichtverletzung bestand, liegt eine Unverhältnismäßigkeit der Datenerhebung vor (BAG 28.3.19 – 8 AZR 421/17, NZA 19, 1212). Die Speicherung von Bildsequenzen aus einer zulässigen offenen Videoüberwachung, die vorsätzliche Handlungen eines Arbeitnehmers zulasten des Eigentums des Arbeitgebers zeigen, wird aber nicht durch bloßen Zeitablauf unverhältnismäßig, solange die Rechtsverfolgung durch den Arbeitgeber materiell-rechtlich möglich ist (BAG 23.8.18 – 2 AZR 133/18, NZA 18, 1329). Sie ist nur ganz ausnahmsweise unangemessen und damit nicht verhältnismäßig im engeren Sinn (BAG 28.3.19 – 8 AZR 421/17, NZA 19, 1212).

Eine vom ArbGeb veranlasste verdeckte **Überwachung durch einen Detektiv** zur Aufdeckung eines auf Tatsachen gegründeten konkreten Verdachts einer schwerwiegenden Pflichtverletzung des ArbN kann zulässig sein (BAG 29.6.17 – 2 AZR 597/16, NZA 17, 1179).

Der Einsatz eines **Software-Keyloggers** ist nicht erlaubt, wenn kein auf den ArbN bezogener, durch konkrete Tatsachen begründeter Verdacht einer Straftat oder anderen schwerwiegenden Pflichtverletzung besteht (BAG 27.7.17 – 2 AZR 681/16, DB 17, 2488).

11 **b) Erheblichkeit der Pflichtverletzung.** Die Vertragsverletzung, derer der ArbN verdächtigt wird, muss schwerwiegend sein. Für die arbeitsrechtliche Beurteilung ist es nicht entscheidend, ob das Verhalten, dessen der Arbeitnehmer verdächtigt wird, Straftatbestände erfüllt. Entscheidend sind der Verstoß gegen vertragliche Haupt- oder Nebenpflichten und

der mit ihm verbundene Vertrauensbruch. Auch eine nicht strafbare, gleichwohl erhebliche Verletzung der sich aus dem Arbeitsverhältnis ergebenden Pflichten kann deshalb ein wichtiger Grund iSv § 626 Abs 1 BGB sein (BAG 21.6.12 – 2 AZR 694/11, NZA 13, 199). Der Verdacht einer schwerwiegenden strafbaren Handlung ist auch dann für eine außerordentliche Kündigung ausreichend, wenn der ArbN bereits von seiner Arbeitspflicht freigestellt ist.

**c) Zumutbare Sachverhaltsaufklärung.** Der ArbGeb muss – anders als bei der Tatkündigung (BAG 6.7.15 – 2 AZR 85/15, NZA 16, 161) – alles Zumutbare zur Aufklärung des Sachverhalts getan haben (BAG 12.2.15 – 6 AZR 845/13, NZA 15, 741). Der Umfang seiner Aufklärungs- und Nachforschungspflichten richtet sich nach den Umständen des Einzelfalls. **12**

**aa)** Von besonderer Bedeutung ist in diesem Zusammenhang die **Anhörung des Arbeitnehmers** als Wirksamkeitsvoraussetzung. Der ArbGeb ist verpflichtet, den betroffenen ArbN zu dem gegen ihn gerichteten Verdacht zu hören, ihm also Gelegenheit zur Stellungnahme zu geben. Entscheidend ist, dass der ArbN in einlassungsfähiger Weise mit den ihm vorgeworfenen Verhaltensweisen konfrontiert wird und ausreichende Gelegenheit erhält, dazu Stellung zu nehmen (BAG 23.8.18 – 2 AZR 133/18, NZA 18, 1329). An der Anhörung darf der Anwalt des ArbN teilnehmen (BAG 13.3.08 – 2 AZR 961/06, NZA 08, 809). Der dem ArbN vorgehaltene Verdacht darf sich nicht in einer bloßen Wertung erschöpfen; er muss zumindest soweit konkretisiert sein, dass der ArbN sich darauf substantiiert einlassen kann. Bei der Anhörung handelt sich nicht um eine unzulässige Datenerhebung (zur Rechtslage nach § 32 Abs 1 Satz 2 BDSG vgl BAG 12.2.15 – 6 AZR 845/13, NZA 15, 741).

**13** Der ArbGeb ist grds nicht verpflichtet, den ArbN über den Gesprächsinhalt vorab zu unterrichten (BAG 12.2.15 – 6 AZR 845/13, NZA 15, 741). Die **Ausgestaltung der Anhörung** richtet sich nach den Umständen des Einzelfalls. Sowohl bei der Vorbereitung als auch bei der Durchführung der Anhörung hat der ArbGeb nach § 241 Abs 2 BGB auf die mögliche Unerfahrenheit des ArbN und die daraus resultierende Gefahr einer Überforderung Rücksicht zu nehmen. Der ArbGeb soll daher im Einzelfall verpflichtet sein das Gespräch von sich aus oder auf Wunsch des ArbN abzubrechen und eine erneute Anhörung anzuberaumen, wenn dieser grds zu einer inhaltlichen Auseinandersetzung mit den Verdachtsmomenten bereit ist. Damit erhält der ArbN die ggf erforderliche Vorbereitungszeit, die abhängig von den Umständen des Einzelfalls eine angemessene Dauer aufweisen muss. Eine Unterbrechung der Anhörung soll ebenso geboten sein, wenn der ArbN die Beratung mit einer Vertrauensperson verlangt. Der ArbGeb ist jedoch nicht verpflichtet, den ArbN auf die Möglichkeit hinzuweisen, einen Rechtsanwalt zu kontaktieren (BAG 12.2.15 – 6 AZR 845/13, NZA 15, 741).

Die vorherige – ordnungsgemäße – Anhörung des ArbN ist **Voraussetzung für die Wirksamkeit** einer Verdachtskündigung. Das folgt aus dem Grundsatz der Verhältnismäßigkeit (BAG 25.4.18 – 2 AZR 611/17, DB 18, 2440). Verletzt der ArbGeb schuldhaft die Pflicht zur Anhörung des ArbN, kann er sich im Prozess nicht auf den Verdacht als Kündigungsgrund berufen (BAG 13.3.08 – 2 AZR 961/06, NZA 08, 809). Eine schuldhafte Verletzung der Anhörungspflicht liegt nicht vor, wenn der ArbN nicht bereit ist, sich substantiiert zu den Verdachtsgründen zu äußern (BAG 13.3.08 – 2 AZR 961/06, NZA 08, 809). Der ArbGeb muss ihn dann auch nicht über die Verdachtsmomente näher informieren. Eine solche Anhörung wäre überflüssig. Sie könnte zur Aufklärung des Sachverhalts und zur Willensbildung des ArbGeb nichts beitragen (BAG 20.3.14 – 2 AZR 1037/12, NZA 14, 1015). Dies gilt vor allem, wenn der ArbN vorsätzlich schweigt, kann aber auch in anderen Fällen greifen. Ist etwa der ArbN krankheitsbedingt nicht nur an einem persönlichen Gespräch, sondern längerfristig auch an einer schriftlichen Stellungnahme auf ihm übermittelte Fragen gehindert, muss der ArbGeb nicht notwendig die Zeit abwarten, zu der sich der ArbN wieder äußern kann. Zwar mag die Frist des § 626 Abs 2 BGB noch nicht zu laufen beginnen, solange der ArbGeb entsprechend zuwartet. Wartet er diesen Zeitpunkt aber nicht ab, führt das nicht automatisch dazu, dass ihm eine Verletzung seiner Aufklärungspflicht vorzuwerfen wäre (BAG 20.3.14 – 2 AZR 1037/12, NZA 14, 1015).

**bb)** Da der ArbGeb zur sorgfältigen Ermittlung des Sachverhalts in aller Regel Zeit benötigt, ist im Falle der außerordentlichen Verdachtskündigung die **Ausschlussfrist** des **14**

§ 626 Abs 2 S 1 BGB solange **gehemmt,** bis der ArbGeb ausreichende Kenntnis über die den Verdacht begründenden Tatsachen erlangt hat und ihm eine Entscheidung darüber möglich ist, ob die Fortsetzung des Arbeitsverhältnisses für ihn zumutbar ist. Will er den Verdacht nicht selbst aufklären, darf er – auch mit der außerordentlichen Kündigung – bis zum Abschluss eines Strafverfahrens **warten** (BAG 5.6.08 – 2 AZR 234/07, NZA-RR 08, 630). Hat er sich dazu entschlossen, darf er dann nicht zu einem beliebigen willkürlich gewählten Zeitpunkt außerordentlich kündigen. Er braucht hierfür einen sachlichen Grund. Erst wenn er neue Tatsachen erfahren oder neue Beweismittel erlangt hat und nunmehr ausreichend Erkenntnisse für eine Kündigung zu haben glaubt, kann er dies zum Anlass für den Ausspruch einer neuerlichen Kündigung nehmen (BAG 22.11.12 – 2 AZR 732/11, NZA 13, 665). Regelmäßig ist die Ausschlussfrist danach bis zur Anhörung des ArbN gehemmt (BAG 5.6.08 – 2 AZR 234/07, NZA-RR 08, 630). Hat der ArbN in einem Strafverfahren ein Geständnis abgelegt, beginnt die Ausschlussfrist jedenfalls in dem Zeitpunkt, in welchem der ArbGeb hiervon erfährt. Er kann jedoch die Erhebung der öffentlichen Klage oder die Verurteilung des ArbN auch dann zum Anlass für den Ausspruch einer Verdachtskündigung nehmen, wenn er eine solche schon zuvor erklärt hatte. Die Frist des § 626 Abs 2 BGB beginnt mit ausreichender Kenntnis von der verdachtsverstärkenden Tatsache erneut zu laufen (BAG 22.11.12 – 2 AZR 732/11, NZA 13, 665).

15 **d) Verhältnismäßigkeit.** Die Verdachtskündigung kommt erst in Betracht, wenn der ArbGeb zuvor alles ihm Zumutbare getan hat, um eine Beendigungskündigung zu vermeiden. Der ArbGeb muss daher zunächst prüfen, ob er den ArbN – ggf zu schlechteren Arbeitsbedingungen – auf einem anderen Arbeitsplatz weiterbeschäftigen kann, wo sich der Verdacht nicht mehr in kündigungsrelevanter Weise auswirkt. Ist das möglich, muss er den ArbN dorthin versetzen. Erfordert dies eine Änderungskündigung, muss er dem ArbN ein entsprechendes Änderungsangebot unterbreiten, welches dieser unter dem Vorbehalt der sozialen Rechtfertigung annehmen kann (BAG 19.6.86, DB 86, 2604; Näheres zum Vorrang der Änderungskündigung → *Kündigungsschutz* Rn 70 f).

16 **e) Interessenabwägung.** Sie ist auch bei einer Verdachtskündigung anzustellen. Der Kündigungsgrund kann während des Ruhens eines Arbeitsverhältnisses (BAG 17.2.82 – 7 AZR 663/79) oder einer unwiderruflichen Freistellung des ArbN ein geringeres Gewicht haben (BAG 5.4.01 – 2 AZR 217/00, NZA 01, 837).

17 **3. Beurteilungszeitpunkt.** Wie sonst auch kommt es für die Beurteilung der Wirksamkeit einer Verdachtskündigung auf die Umstände im **Zeitpunkt ihres Zugangs** an (BAG 10.6.10 – 2 AZR 541/09, NZA 10, 1227). In einem Rechtsstreit über die Wirksamkeit einer Verdachtskündigung sind jedoch nicht nur die dem ArbGeb bei Kündigungsausspruch bekannten Tatsachen von Bedeutung. Es sind auch solche später bekannt gewordenen Umstände zu berücksichtigen, die den ursprünglichen Verdacht abschwächen, verstärken oder den Verdacht eines neuen Kündigungsvorwurfs begründen. Dies gilt jedenfalls dann, wenn sie bei Kündigungszugang objektiv bereits vorlagen (BAG 18.6.15 – 2 AZR 256/14, NZA 16, 287). Den Verdacht stärkende oder entkräftende Tatsachen können damit **bis zur letzten mündlichen Verhandlung** in der Tatsacheninstanz vorgetragen werden und sind grds zu berücksichtigen, sofern sie – wenn auch unerkannt – bereits **vor oder bei Zugang** der Kündigung vorlagen (BAG 23.5.13 – 2 AZR 102/12, NZA 13, 1416). Damit kann der ArbGeb ihm nach Ausspruch der Kündigung bekannt gewordene Tatsachen auch noch nach Ablauf der Zweiwochenfrist des § 626 Abs 2 BGB ohne erneute Anhörung des ArbN (BAG 23.5.13 – 2 AZR 102/12, NZA 13, 1416) in den Prozess einführen, allerdings nur, wenn er den BRat nachträglich hierzu noch einmal angehört hat (BAG 18.6.15 – 2 AZR 256/14, NZA 16, 287). Ein nachgeschobener Sachverhalt ist dem ArbGeb bekannt, sobald der Kündigungsberechtigte ihn kennt. Das erfordert in sachlicher Hinsicht – wie im Rahmen von § 626 Abs 2 BGB – eine positive, vollständige Kenntnis der für die Kündigung maßgebenden Tatsachen. Handelt es sich bei dem ArbGeb um eine juristische Person, ist grds die Kenntnis des gesetzlich oder satzungsgemäß für die Kündigung zuständigen Organs maßgeblich. Sind für den ArbGeb mehrere Personen gemeinsam vertretungsberechtigt, genügt grds die Kenntnis schon eines der Gesamtvertreter (BAG 18.6.15 – 2 AZR 256/14, NZA 16, 287). Dem ArbN ist es seinerseits möglich, durch den Vortrag entlastender Tatsachen, auch wenn sie dem ArbGeb nicht bekannt waren, zu verhindern, dass er auf-

grund eines bei Kündigungsausspruch zwar subjektiv, aber nicht objektiv begründeten Verdachts den Arbeitsplatz verliert. Denn das würde der bei der Verdachtskündigung bestehenden Gefahr, einen „Unschuldigen" zu treffen, nicht gerecht (BAG 23.10.14 – 2 AZR 644/13, NZA 15, 429). Eine mangelhafte Aufklärung, die sich mehr um belastende als entlastende Tatsachen bemüht, fällt somit dem ArbGeb im Prozess „auf die Füße".

Geschehnisse aus der Zeit **nach Zugang der Kündigung** bleiben grds unberücksichtigt (BAG 6.11.03 – 2 AZR 631/02, NZA 04, 919). Sie können nicht mehr in den Prozess eingeführt werden. Kommt es etwa während der Kündigungsfrist oder danach zu den Verdacht verstärkenden oder ihn vermindernden Handlungen des gekündigten ArbN, sind sie für den Ausgang des Prozesses unbeachtlich. Dies kann anders sein, wenn sie die Vorgänge, die zur Kündigung geführt haben, in einem neuen Licht erscheinen lassen. Dazu müssen zwischen den neuen Vorgängen und den alten Gründen so enge innere Beziehungen bestehen, dass man sie nicht außer Acht lassen kann, ohne einen einheitlichen Lebensvorgang zu zerreißen. Eine ursprünglich unbegründete Kündigung darf durch die Berücksichtigung späteren Verhaltens jedoch nicht rückwirkend zu einer begründeten werden (BAG 10.6.10 – 2 AZR 541/09, NZA 10, 1227). 18

**4. Nachfolgen.** Stellt sich **nach der Entlassung,** ggf nach dem zu seinen Ungunsten entschiedenen Kündigungsschutzprozess, heraus, dass der ArbN **schuldlos** in Verdacht geraten war, ist der ArbGeb aufgrund nachwirkender Fürsorgepflicht zur **Wiedereinstellung** verpflichtet (BAG 4.6.64 – 2 AZR 310/63, AP BGB § 626 Verdacht strafbarer Handlungen Nr 13). Der bloße Umstand, dass ein gegen den ArbN eingeleitetes staatsanwaltliches Ermittlungsverfahren eingestellt wurde, führt weder zur Unwirksamkeit der Kündigung noch zu einem Wiedereinstellungsanspruch des ArbN (BAG 20.8.97 – 2 AZR 620/96, NZA 97, 1340). Im Übrigen gelten die Grundsätze der Restitutionsklage des § 580 ZPO (BAG 22.1.98 – 2 AZR 455/97, NZA 98, 726). Im Fall eines vom ArbN in einem Nachfolgeprozess geltend gemachten Schadensersatzes wegen einer zu Unrecht ausgesprochenen Verdachtskündigung scheitert dieser Anspruch schon an einem fehlenden Verschulden des ArbGeb, wenn im Kündigungsrechtsstreit die Tatsachengerichte angenommen haben, aufgrund der gegebenen Sachlage seien keine weiteren Ermittlungen der Beklagten erforderlich gewesen, sodass die Verdachtskündigung gerechtfertigt sei (BAG 27.6.17 – 9 AZR 576/15, ArbR 17, 488). 19

Ist eine Verdachtskündigung aus materiellen Gründen rechtskräftig für unwirksam erklärt worden, kann der ArbGeb danach noch eine Kündigung wegen erwiesener Vertragsverletzung – Tatkündigung – aussprechen, wenn sich die Kündigung **nicht als Wiederholungskündigung** (→ *Kündigung, allgemein* Rn 8) darstellt, weil wesentliche neue Tatsachen hinzugekommen sind. Dies gilt selbst dann, wenn das Gericht die ursprüngliche Kündigung nicht nur als Verdachtskündigung, sondern auch als Tatkündigung für unwirksam gehalten hat. Die Rechtskraft der vorangegangenen Entscheidung erfasst die neue Kündigung nicht. Wurden die Kündigungsgründe nicht materiell geprüft, ist eine erneute Verdachts- oder Tatkündigung mit ursprünglichen unveränderten Kündigungsgründen möglich. 20

## B. Lohnsteuerrecht *Weil*

S Ausführungen zu → *Kündigung, allgemein* Rn 82. 25

## C. Sozialversicherungsrecht *Ruppelt*

S Ausführungen zu → *Kündigung, allgemein* Rn 83 ff. 26

# Verdienstbescheinigung

## A. Arbeitsrecht *Poeche*

**1. Begriff und Bedeutung.** Verdienstbescheinigung ist jede schriftliche Erklärung des ArbGeb über die Höhe der dem ArbN als Arbeitsentgelt zustehenden und tatsächlich erbrachten Leistungen. Je nach dem mit ihr verfolgten Zweck enthält sie die Brutto- oder 1

Nettovergütung, Sachleistungen, Einmalzahlungen, etwaige Freibeträge usw. Ihre Verwendungsbreite ist groß. Im privaten Bereich dient sie dem ArbN als Beleg der eigenen finanziellen Leistungsfähigkeit, zB für die Bewilligung eines Kredits oder die Begründung eines Mietverhältnisses, im Schadensersatzrecht und gegenüber dem Gericht als Nachweis eines Verdienstausfalls (Zeugenentschädigung). Zum vielfältigen Einsatz im Bereich des Sozialrechts → Rn 8. Verdienstbescheinigungen sind auch Arbeitspapiere und sonstige Lohnunterlagen, wenn sich aus ihnen die Höhe des Entgelts ergibt (zur Arbeitsbescheinigung → *Arbeitsbescheinigung* Rn 1).

2 **2. Pflicht zur Ausstellung/Inhalt.** Soweit der ArbGeb aufgrund öffentlichen Rechts verpflichtet ist, dem ArbN seinen Verdienst zu bescheinigen, hat der ArbN einen parallelen Anspruch aus arbeitsvertraglicher Nebenpflicht. Der ArbGeb ist darüber hinaus aufgrund seiner Fürsorgepflicht gehalten, dem ArbN auch für den rein privaten Gebrauch eine Verdienstbescheinigung auszustellen; eine nähere Begründung braucht der ArbN nicht abzugeben, es sei denn, es besteht Anlass für eine missbräuchliche Verwendung.

3 Der **Inhalt** der Verdienstbescheinigung richtet sich nach dem Wunsch des ArbN, also Aufnahme des Netto- oder Bruttoeinkommens. Da die Bescheinigung bestimmungsgemäß im Rechtsverkehr gegenüber einem Dritten verwendet wird, ist auf inhaltliche **Richtigkeit und Vollständigkeit** zu achten. Eine bloße Angabe des Arbeitsentgelts ist verfälschend, wenn der ArbN wegen Pfändungen tatsächlich weniger ausgezahlt erhält. Die Bestätigung eines zu hohen wie auch eines zu geringen Verdienstes kann als Beihilfe zum Betrug Strafbarkeit begründen und Schadensersatzpflichten gegenüber dem Dritten auslösen (OLG Koblenz 6.5.08 – 5 U 28/08, NZM 08, 800).

4 **3. Kosten.** Die Kosten einer Verdienstbescheinigung trägt der ArbGeb, wenn seine Pflicht zur Ausstellung im öffentlichen Recht begründet ist. Keine Bedenken bestehen unter dem Gesichtspunkt der Vertragsfreiheit (§ 311 BGB, § 105 GewO), wenn der ArbN für die ausschließlich im privaten Rechtsverkehr benötigten Bescheinigungen die Kosten zu übernehmen hat.

5 **4. Prozessuales.** Der Anspruch kann **klageweise** vor dem **Arbeitsgericht** geltend gemacht werden. Der geforderte Inhalt ist konkret im Klageantrag wiederzugeben. Darlegungs- und Beweislast für die inhaltliche Richtigkeit liegen beim ArbN. Nicht rechtzeitige oder unrichtige Erteilung kann den ArbGeb für den hieraus entstehenden Schaden ersatzpflichtig machen (zB ungünstigere Zinskonditionen bei Bankkredit).

## B. Lohnsteuerrecht *Seidel*

6 Die Verdienstbescheinigung spielt im Steuerrecht keine Rolle. Grundlage für die Besteuerung des ArbN im Rahmen der EStVeranlagung (→ *Antragsveranlagung* Rn 2 ff) ist die LStBescheinigung (→ *Lohnsteuerbescheinigung* Rn 11 ff).

7 Steuerrechtlich ist allenfalls die Vorlage von Verdienstbescheinigungen dritter Personen durch den ArbN beim **Finanzamt** denkbar, wenn der Nachweis von Einkünften anderer Personen bei der Besteuerung des ArbN eine Rolle spielt, zB bei der Geltendmachung von Unterhaltsaufwendungen (§ 33a Abs 1 EStG), Kinderfreibeträgen (§ 32 Abs 4 EStG; → *Kinderfreibetrag* Rn 30 ff), Kindergeld (§ 63 Abs 1 Satz 2 iVm § 32 Abs 4 Satz 2 sowie § 68 Abs 2 EStG; → *Kindergeld* Rn 9) oder Ausbildungsfreibeträgen (§ 33a Abs 2 EStG; → *Ausbildungsfreibetrag* Rn 7). Eine gesetzliche Regelung, wie der Nachweis der eigenen Einkünfte und Bezüge dieser Personen zu erfolgen hat, besteht nicht, so dass auch jeder andere geeignete Nachweis in Betracht kommt. Zur Mitteilungspflicht des ArbN gegenüber dem **Arbeitgeber** nach § 39e Abs 4 Satz 1 Nr 2 EStG → *Lohnsteuerabzugsmerkmale* Rn 19.

## C. Sozialversicherungsrecht *Schlegel*

8 **1. Bedeutung.** Zahlreiche Lohnersatzleistungen sind dem Grunde oder der Höhe nach davon abhängig, welches Arbeitsentgelt, Arbeitseinkommen oder Gesamteinkommen während des Versicherungsfalles oder während des Bemessungszeitraumes vor Eintritt des Versicherungsfalles erzielt wurde. Die Gesetze des SozRechts sehen deshalb vor, dass vom Versicherten (Antragsteller oder Bezieher einer Lohnersatzleistung) oder von seinem Arb-

Geb entsprechende Informationen, insbes auch in Form von Verdienstbescheinigungen, geliefert werden.

**2. Allgemeine Rechtsgrundlagen zur Vorlage von Verdienstbescheinigungen** sind § 60 SGB I und § 98 SGB X. **a) Mitwirkungspflichten des Versicherten** iSv Obliegenheiten sind in **§§ 60 ff SGB I** normiert. Danach hat, wer Sozialleistungen beantragt oder erhält, alle Tatsachen anzugeben, die für die Leistung erheblich sind und auf Verlangen des zuständigen Leistungsträgers der Erteilung erforderlicher Auskünfte durch Dritte zuzustimmen; außerdem sind Beweismittel zu bezeichnen und auf Verlangen des Leistungsträgers Beweisurkunden vorzulegen oder ihrer Vorlage durch Dritte zuzustimmen (§ 60 Abs 1 Nrn 1 und 3 SGB I). Es handelt sich hierbei um eine Konkretisierung der allgemeinen Mitwirkungspflichten der Beteiligten, wie sie ua in § 21 Abs 2 Satz 1 SGB X zur Ermittlung des in einem Verwaltungsverfahren aufzuklärenden Sachverhalts vorgesehen sind. **9**

Zu den genannten Tatsachen gehören je nach dem materiell-rechtlichen Tatbestand (zB vorgezogenes Altersruhegeld, Krankengeld, Kindergeld etc) auch der Verdienst des Antragstellers/Versicherten, seines Ehegatten oder eines unterhaltspflichtigen Verwandten. Als Beweisurkunden kommen ua auch Verdienstbescheinigungen in Betracht. Adressat der Mitwirkungspflicht nach § 60 SGB I ist nur derjenige, der selbst Sozialleistungen erhält oder beantragt hat; die Vorschrift bietet keine Handhabe, die erforderliche Auskunft oder die Vorlage von Urkunden (Verdienstbescheinigung) von Dritten, etwa dem Ehegatten, Verwandten oder auch dem ArbGeb zu verlangen. Von diesen kann die Auskunft verlangt werden, soweit dies spezialgesetzlich vorgesehen ist (→ Rn 12 f), oder wenn der Antragsteller/Leistungsempfänger der Einholung der Auskunft zustimmt. Die Zustimmung beseitigt dann auch datenschutzrechtliche Geheimhaltungspflichten des Dritten. Mitwirkungspflichten der genannten Art (zB Vorlage der Verdienstbescheinigung) können nicht zwangsweise durchgesetzt werden. Insoweit verbietet sich auch der Erlass eines – zwangsweise durchsetzbaren – Auskunftsbescheides (BVerwG 21.1.93 – 5 C 22/90, NZS 93, 417). **10**

**Folge der fehlenden Mitwirkung (Nichtvorlage der Verdienstbescheinigung)** ist vielmehr, dass der Leistungsträger ohne weitere Ermittlungen die Leistung bis zur Nachholung der Mitwirkung ganz oder teilweise versagen oder entziehen kann, soweit die Voraussetzungen der Leistung nicht anderweitig nachgewiesen sind (§ 66 Abs 1 SGB I). Sozialleistungen dürfen wegen fehlender Mitwirkung aber nur versagt oder entzogen werden, nachdem der Leistungsberechtigte auf diese Folge schriftlich hingewiesen worden ist und ihm eine Frist zur Nachholung der Mitwirkungshandlung gesetzt wurde (§ 66 Abs 3 SGB I). **11**

**b) Auskunftspflichten des Arbeitgebers in der Sozialversicherung und Arbeitslosenversicherung** ergeben sich aus **§ 98 SGB X.** Der ArbGeb hat auf Verlangen dem zuständigen Leistungsträger oder – soweit es um den Beitragseinzug geht – der zuständigen Einzugsstelle ua Auskunft über das Arbeitsentgelt zu erteilen, soweit es hierauf in der SozV oder in der ArblV im Einzelfall für die Erbringung von Sozialleistungen ankommt. Eine Pflicht, das Arbeitsentgelt selbst zu bescheinigen, kann § 98 SGB X nicht entnommen werden; vielmehr verpflichtet die Vorschrift den ArbGeb nur dazu, die Geschäftsbücher, Listen oder andere Unterlagen, also auch Lohnunterlagen, aus denen die Angaben über die Beschäftigung hervorgehen, während der Betriebszeit nach seiner Wahl der Einzugsstelle oder dem Leistungsträger entweder in deren oder in seinen eigenen Geschäftsräumen zur Einsicht vorzulegen (§ 98 Abs 1 Satz 3 SGB X). Es ist dann Sache des Leistungsträgers oder der Einzugsstelle, sich entsprechende Aufzeichnungen durch Kopien oder Abschriften zu fertigen. **12**

Die Auskunftspflicht des ArbGeb nach § 98 SGB X ist gegenüber sonstigen Mitwirkungspflichten des Versicherten (ArbN) nicht subsidiär. Vielmehr steht es im pflichtgemäßen Ermessen der Behörde (§ 20 SGB X), über welche Quellen (ArbGeb § 98 SGB X, Versicherter/ArbN §§ 60 f SGB I, Amtshilfe durch sonstige Behörden §§ 3 f SGB X) sie die erforderlichen Informationen bezieht. Im Einzelfall wird es jedoch nahe liegen, zunächst dem Versicherten (ArbN) die Vorlage einer Verdienstbescheinigung aufzugeben. **13**

**3. Spezielle Rechtsgrundlagen für Verdienstbescheinigungen** sind insbes erforderlich, wo § 98 SGB X, der sich allein auf den Bereich der SozV und ArblV bezieht, nicht **14**

anwendbar ist oder es sich um Auskünfte bzw Verdienstbescheinigungen bestimmten Inhalts handelt.

15 **a) Vorausbescheinigungen für Renten wegen Alters.** Da der Rentenberechnung die vom Versicherten erzielten Entgeltpunkte des gesamten Erwerbslebens zugrunde zu legen sind, bedarf es im Hinblick auf die Dauer des Rentenverfahrens einer Vorausbescheinigung über das Arbeitsentgelt, wenn der ArbN nach Ausscheiden aus dem Erwerbsleben unmittelbar eine Rente beziehen will. Nach § 194 SGB VI haben ArbGeb auf Verlangen des Versicherten das voraussichtliche Arbeitsentgelt für die Zeit bis zum Ende der Beschäftigung bis zu drei Monate im Voraus zu bescheinigen, wenn von dem Versicherten für die Zeit danach eine Rente wegen Alters beantragt wird. Bei der Ermittlung des voraussichtlichen Arbeitsentgelts sind voraussehbare beitragspflichtige Einmalzahlungen zu berücksichtigen. Das vorauszubescheinigende Arbeitsentgelt ist nach dem in den letzten sechs Monaten erzielten Arbeitsentgelt zu berechnen, wenn für den vorauszubescheinigenden Zeitraum die Höhe des Arbeitsentgelts nicht voraussehbar ist. Der Gesetzeswortlaut könne es nahelegen, dass für die Berechnung der Rente das vorausbescheinigte Arbeitsentgelt auch dann maßgeblich bleibt, wenn es vom tatsächlichen Arbeitsentgelt, das auch für die Beitragsberechnung maßgeblich ist (§ 194 Abs 2 SGB VI), im Zeitpunkt der Vorausbescheinigung abweicht (§ 70 Abs 4 SGB VI). Das BSG sieht darin jedoch die Gefahr, dass dem Versicherten dauernd eine zu niedrige, weil nicht dem tatsächlichen Beitragsaufkommen entsprechende, Rente gewährt wird. Es hält es deshalb für erforderlich, den Anwendungsbereich dieser Vorschriften teleologisch zu reduzieren: Dies bedeutet, dass der RVTräger die Höhe des Altersruhegeldes zwar auf der Grundlage einer Entgeltvorausbescheinigung endgültig festsetzen darf; weicht das tatsächlich erzielte Entgelt von dem vorausbescheinigten aber ab, ist der RVTräger auf Verlangen verpflichtet, im Übrigen (zB bei zu hoher Vorausbescheinigung) berechtigt, den Zahlbetrag insoweit abzuändern (BSG 16.11.95 – 4 RA 48/93, SozR 3–2200 § 1401 Nr 1).

16 **b) Hinterbliebenenrenten** für Männer und Frauen nach dem Tod ihres versicherten Ehepartners ruhen in Abhängigkeit vom Einkommen des Überlebenden, soweit ein Freibetrag überschritten wird. Die Ruhensvorschrift beruht im Wesentlichen auf der Überlegung, dass die Hinterbliebenenrente Unterhaltsfunktion hat und deshalb ganz oder zum Teil ruhen darf, solange und soweit der überlegende Ehegatte über angemessenes eigenes Einkommen verfügt. Aus diesem Grund hat der rentenberechtigte Hinterbliebene das nach §§ 18a, 18b SGB IV zu berücksichtigende Einkommen nachzuweisen (§ 18c Abs 1 SGB IV).

17 Bezieher von Arbeitsentgelt und diesem vergleichbarem Einkommen können verlangen, dass ihnen der ArbGeb eine Bescheinigung über das von ihnen für das letzte Kj erzielte Arbeitsentgelt oder vergleichbare Einnahmen und den Zeitraum, für den es gezahlt wurde, ausstellt. Der ArbGeb ist zur Ausstellung der Bescheinigung dann nicht verpflichtet, wenn er der SozV das Arbeitsentgelt bereits im Wege der Beitragsentrichtungsvorschriften gemeldet hat; er ist allerdings dann zur Bescheinigung verpflichtet, wenn das tatsächliche Entgelt die Beitragsbemessungsgrenze übersteigt oder die abgegebene Meldung nicht für die RV bestimmt war (§ 18c Abs 2 SGB IV). Im Wesentlichen handelt es sich hierbei um eine Konkretisierung der allgemeinen Mitwirkungspflichten nach § 60 SGB I, die lediglich bestimmt, in welchen Fällen der ArbGeb ausnahmsweise nicht zur Verdienstbescheinigung verpflichtet ist.

18 **c) Ausbildungsförderung.** Nach § 47 Abs 5 BAföG hat der jeweilige ArbGeb auf Verlangen dem Auszubildenden, seinen Eltern, seinem Ehegatten sowie dem Amt für Ausbildungsförderung eine Bescheinigung über den Arbeitslohn und den auf der LStKarte eingetragenen steuerfreien Jahresbetrag auszustellen. Im Übrigen wird § 60 SGB I auch für die Eltern und den Ehegatten des Auszubildenden für anwendbar erklärt (§ 47 Abs 4 BAföG). Näheres → *Ausbildungskosten* Rn 26 ff und → *Ausbildungsverhältnis* Rn 83 ff.

19 **d) Wohngeld.** Wenn und soweit es zur Durchführung des Wohngeldgesetzes (WoGG) erforderlich ist, ist der ArbGeb des Antragsberechtigten verpflichtet, der Wohngeldstelle ua Auskunft über den Arbeitsverdienst zu geben (§ 23 Abs 2 WoGG). Die Verpflichtung trifft auch die ArbGeb sonstiger Personen, nämlich die zum Haushalt des Antragsberechtigten rechnenden Familienmitglieder, sonstige Personen, die mit dem Antragsberechtigten Wohnraum gemeinsam bewohnen und auch den nicht zum Haushalt rechnenden Ehegatten,

früheren Ehegatten, Kinder und die Eltern der Familienmitglieder, wenn es darum geht, das Bestehen eines für den Wohngeldanspruch relevanten Unterhaltsanspruch festzustellen.

**e) Sozialhilfe/Grundsicherung.** Ein Anspruch auf Auskunft, der auch Angaben zum Arbeitsverdienst umfasst, steht dem Sozialhilfeträger gegen den ArbGeb des Hilfesuchenden oder Hilfeempfängers zu. Der Anspruch kann sich auch richten gegen ArbGeb von Personen, die hinsichtlich des Hilfesuchenden oder Hilfeempfängers unterhaltspflichtig oder kostenersatzpflichtig sind (§ 117 SGB XII). Im Grundsicherungsbereich ermöglichen §§ 57, 60 SGB II entsprechende Auskünfte. 20

**f) Kindergeld.** Soweit es für die Durchführung des § 2 BKGG erforderlich ist, ist der ArbGeb – zB des sich in Ausbildung befindlichen Kindes – zur Erteilung einer Verdienstbescheinigung verpflichtet. § 60 Abs 1 SGB I gilt gem § 10 Abs 1 BKGG auch für die bei dem Antragsteller oder Berechtigten berücksichtigten Kinder, für den nicht dauernd getrennt lebenden Ehegatten des Antragstellers oder Berechtigten, für die sonstigen Personen, bei denen die bezeichneten Kinder berücksichtigt werden. Insoweit kann auch von diesen die Vorlage einer Verdienstbescheinigung verlangt werden (§ 10 Abs 2 BKGG). 21

**g) Elterngeld.** § 9 BEEG verpflichtet den ArbGeb, dem ArbN dessen Arbeitslohn, die einbehaltenen Steuern und die Arbeitszeit zu bescheinigen, soweit es im Rahmen des BEEG auf den Nachweis des Einkommens oder die wöchentliche Arbeitszeit ankommt. 22

**h) Arbeitsbescheinigungen nach § 312 SGB III** sind vom ArbGeb nach Beendigung des Beschäftigungsverhältnisses auszustellen. Diese dienen insbes der Berechnung von Al-Geld, AlHilfe und Unterhaltsgeld. Zur unrichtigen Ausstellung *Lindemann/Polzer* DB 15, 2935. 23

**i) Insolvenzverwalter/Insolvenzgeld.** Gem § 314 SGB III hat der Insolvenzverwalter auf Verlangen der Agentur für Arbeit unverzüglich für jeden ArbN, für den ein Anspruch auf Insolvenzgeld in Betracht kommt, die Höhe des Arbeitsentgelts für die letzten der Eröffnung des Konkursverfahrens vorausgehenden drei Monate des Arbeitsverhältnisses sowie die Höhe der gesetzlichen Abzüge und der zur Erfüllung der Ansprüche auf Arbeitsentgelt bewirkten Leistungen zu bescheinigen; er hat auch zu bescheinigen, inwieweit die Ansprüche auf Arbeitsentgelt gepfändet, verpfändet oder abgetreten sind (§§ 314, 316 SGB III; zur Schadensersatzpflicht bei unrichtigen Bescheinigungen s § 321 SGB III). 24

**j) Qualifizierte elektronische Übermittlung von Bescheinigungen für Entgeltersatzleistungen und sonstige Leistungen.** § 107 SGB IV schreibt vor, dass Angaben über das Beschäftigungsverhältnis vom ArbGeb zu bescheinigen sind, soweit sie zur Gewährung von Krankengeld, Verletztengeld, Übergangsgeld, Pflegeunterstützungsgeld oder Mutterschaftsgeld erforderlich sind. Diese Bescheinigungen kann der Leistungsträger im Einzelfall vom ArbGeb elektronisch anfordern; der ArbGeb muss sie dann im Regelfall durch gesicherte und verschlüsselte Datenübertragung aus systemgeprüften Programmen oder mittels maschinell erstellter Ausfüllhilfen übermitteln. Dies gilt nicht, wenn dieses Verfahren im Ausnahmefall nicht wirtschaftlich durchzuführen ist. Gleiches gilt für die Bescheinigungen nach §§ 312, 312a und 313 SGB III (Arbeitsbescheinigungen) und Bescheinigungen für Zwecke der RV nach § 18c und 18e SGB IV und Auskünfte nach § 98 SGB X oder Auskünfte für Leistungen der UV nach dem SGB VII (§ 108 SGG IV). 25

**4. Keine Kostenerstattung für Auskunft.** Der ArbGeb hat keinen Anspruch auf Erstattung der Kosten, die ihm durch ein rechtmäßiges Auskunftsverlangen entstehen. Dies hat das BSG für den Bereich der Grundsicherung ausdrücklich entschieden und es abgelehnt, § 21 SGB X iVm §§ 7, 22 Justizvergütungs- und -entschädigungsgesetz als einschlägige Rechtsgrundlage anzusehen (BSG 4.6.14 – B 14 AS 38/13 R, Rz 27 ff). Mangels ausdrücklicher Rechtsgrundlagen gilt in anderen Sozialleistungsbereichen nichts anderes. 26

# Vergleich

## A. Arbeitsrecht

*Kania*

**1. Außergerichtlicher Vergleich.** Gem § 779 BGB ist der Vergleich ein Vertrag, durch den der Streit oder die Ungewissheit der Parteien über ein Rechtsverhältnis im Wege 1 gegenseitigen Nachgebens beseitigt wird. Der Vergleich kommt zustande durch übereinstimmende Willenserklärungen (§§ 145 ff BGB). Er ist grds formfrei wirksam, allerdings ist die schriftliche Abfassung aus Beweisgründen zu empfehlen. Gesetzliche Schriftform gilt allerdings gem § 623 BGB für Vergleiche, die zur Beendigung des Arbeitsverhältnisses führen (→ *Aufhebungsvertrag* Rn 5).

2 Zur **Wirksamkeit des Vergleichs** ist gem § 779 BGB **gegenseitiges Nachgeben** erforderlich. Dafür genügen auch geringfügige oder nur prozessuale Zugeständnisse irgendwelcher Art; nur einseitiges Nachgeben ist dagegen nicht ausreichend (*Zöller/Stöber* § 794 Rn 3). Der Vergleich braucht sich nicht auf die Regelung des streitigen Rechtsverhältnisses zu beschränken, sondern kann sich auch auf andere Rechtsbeziehungen der Parteien erstrecken (BAG 25.6.81, DB 82, 300) und auch Dritte einbeziehen.

3 **Unwirksam** ist ein Vergleich gem § 779 BGB, wenn der nach dem Inhalt des Vertrages als feststehend zugrundegelegte Sachverhalt der Wirklichkeit nicht entspricht und der Streit oder die Ungewissheit bei Kenntnis der Sachlage nicht entstanden wäre. Daneben gelten die **allgemeinen Nichtigkeits- und Anfechtungsgründe** §§ 119, 123, 134, 138 BGB. Ausgeschlossen ist eine Irrtumsanfechtung allerdings wegen solcher Umstände, die vor dem Vergleich als streitig oder ungewiss angesehen wurden und durch den Vergleich gerade verbindlich festgelegt werden sollten (BGH 24.9.59, NJW 59, 2109; zur Täuschung über die Insolvenz des ArbGeb s BAG 11.7.12 – 2 AZR 42/11, NZA 12, 1316). Zu Widerruf und Rücktritt → *Aufhebungsvertrag* Rn 18, 23.

4 **2. Gerichtlicher Vergleich (Prozessvergleich). a) Allgemeines.** Arbeitsrechtlicher Hauptanwendungsfall des Prozessvergleichs ist der gerichtlich protokollierte Abwicklungsvergleich nach Ausspruch einer Kündigung, durch den die weitaus meisten Kündigungsschutzverfahren beendet werden. Näheres zum Inhalt → *Aufhebungsvertrag* Rn 1 ff.

5 Der Prozessvergleich hat eine **Doppelnatur,** da er sowohl einen privatrechtlichen Vertrag iSd § 779 BGB als auch eine Prozesshandlung darstellt, deren Wirksamkeit sich nach den Grundsätzen des Verfahrensrechts beurteilt (BAG 5.8.82, DB 83, 1370; BGH 14.5.87, NJW 88, 65). Als Prozesshandlung beendet der gerichtliche Vergleich den Rechtsstreit und die Rechtshängigkeit. Ein zuvor ergangenes nicht rechtskräftiges Urt wird wirkungslos, soweit es durch den Vergleich nicht ausdrücklich aufrechterhalten wird (*Zöller/Stöber* § 794 Rn 13). Gem § 794 Abs 1 Nr 1 ZPO ist der Prozessvergleich **Vollstreckungstitel.** Zahlt der ArbGeb bei einem Abfindungsvergleich zur Beendigung eines Kündigungsrechtsstreits die Abfindung nicht, bleibt grds nur die Möglichkeit der Vollstreckung. Zwar ist ein Rücktrittsrecht wegen nicht vertragsgemäßer Erfüllung gem § 323 Abs 1 BGB nicht grds ausgeschlossen (anders noch LAG Köln 5.1.96, NZA-RR 97, 11), setzt aber die Vereinbarung von über das strittige Ausgangsrechtsverhältnis hinausgehenden Leistungspflichten voraus (BAG 27.8.14 – 4 AZR 999/12, NZA 15, 573). Für die Auslegung eines Vergleichs kommt es allein auf den protokollierten Inhalt an; auf andere Umstände, die sich etwa aus den Prozessakten ergeben, kann nicht zurückgegriffen werden (Kammergericht Bln 29.7.88, NJW-RR 88, 1406). Deshalb bedeutet die übliche Vergleichsklausel „Damit ist der Rechtsstreit … (Az) erledigt" auch grds nur, dass der jeweilige Rechtsstreit mit Vergleichsabschluss sein Ende findet. Das Bestehen weiterer Ansprüche aus dem Arbeitsverhältnis, die nicht Gegenstand des Rechtsstreits waren, bleibt dann von dem Vergleich unberührt (LAG Köln 28.10.94, NZA 95, 739).

6 **b) Abschluss des Prozessvergleichs.** Der Vergleich ist grds vor Gericht zu erklären. Er ist in das Sitzungsprotokoll oder eine Schrift, die dem Protokoll als Anlage beigefügt und in ihm als solche bezeichnet ist, aufzunehmen (§ 160 Abs 3 Nr 1, Abs 5 ZPO). Der in einem Anwaltsschriftsatz niedergelegte Vergleich muss deshalb als Anlage mit dem Protokoll fest verbunden werden. Der Vergleich muss den Parteien vorgelesen oder zur Durchsicht vorgelegt und von ihnen genehmigt werden (§ 162 ZPO). Das Protokoll ist vom Vorsitzenden Richter und dem Urkundsbeamten der Geschäftsstelle zu unterzeichnen. Diktiert der Richter den Vergleich in ein Aufnahmegerät, hat der Urkundsbeamte der Geschäftsstelle die Richtigkeit der Übertragung zu überprüfen und durch seine Unterschrift zu bestätigen (§ 163 ZPO). Daneben sieht § 278 Abs 6 ZPO auch die Möglichkeit vor, einen gerichtlichen Vergleich dadurch abzuschließen, dass die Parteien dem Gericht einen schriftlichen Vergleichsvorschlag unterbreiten oder einen schriftlichen Vergleichsvorschlag des Gerichts

durch Schriftsatz gegenüber dem Gericht annehmen. Das Gericht stellt dann das Zustandekommen und den Inhalt des Vergleichs durch Beschluss fest. Die Einhaltung dieser Formalien ist Voraussetzung für die Wirksamkeit als Prozessvergleich. Etwas anderes gilt nach dem Grundsatz von Treu und Glauben nur dann, wenn sich eine Partei mit dem Hinweis auf die Nichtbeachtung bloßer Formvorschriften von einem Vergleich lossagen will, obwohl der Vergleich von beiden Seiten lange Zeit hindurch als wirksam angesehen wurde (BAG 5.8.69, DB 69, 1995). Soll ein außergerichtlich vereinbarter Vergleich noch gerichtlich protokolliert werden, so ist idR anzunehmen, dass der Vergleich erst mit der Protokollierung abgeschlossen ist (BAG 16.1.97 – 2 AZR 35/96, NZA 97, 789). Ein solcher ohne mündliche Verhandlung zu Stande gekommener Vergleich ist kein gerichtlicher Vergleich iSd § 14 Abs 1 S 2 Nr 8 TzBfG (BAG 15.2.12 – 7 AZR 734/10, NZA 12, 919). Ein Vergleich, der nach § 278 Abs 6 ZPO zustande kommt, wahrt die für Aufhebungsverträge und Befristungen erforderliche Schriftform (§§ 623 BGB, 14 Abs 4 TzBfG). Dies folgt aus einer analogen Anwendung des § 127a BGB (BAG 23.11.06 – 6 AZR 394/06, NZA 07, 466).

**c) Mängel des Prozessvergleichs.** Entspr der Doppelnatur des Prozessvergleichs ist zu 7
unterscheiden. Die volle sachlich- und prozessrechtliche Wirkung des Prozessvergleichs tritt nur ein, wenn der Vergleich materiell-rechtlich wirksam und prozessrechtlich ordnungsgemäß ist. Liegen **nur formelle (prozess-rechtliche) Mängel** vor, so hat dies zunächst lediglich zur Folge, dass eine Beendigung des Rechtsstreits nicht eingetreten ist (BAG 14.7.60, DB 61, 920). Der dem unwirksamen Prozessvergleich zugrunde liegende materiell-rechtliche Vergleich kann dagegen durchaus Bestand haben, soweit dies dem mutmaßlichen Parteiwillen entspricht (BGH 24.10.84, NJW 85, 1962). Demgegenüber führen die **Unwirksamkeit des Vergleichs aus materiell-rechtlichen Gründen** oder seine vertragliche Aufhebung zwangsläufig auch zur Unwirksamkeit der Prozesshandlung (BAG 5.8.82, DB 83, 1370).

Ist infolge der Unwirksamkeit des Vergleichs eine Prozessbeendigung nicht eingetreten, 8
so ist der **Prozess fortzusetzen.** Dies gilt auch für einen Streit über die Wirksamkeit des Vergleichs (BAG 5.8.82, DB 83, 1370). Ein neues Verfahren ist nach der Rspr des BAG – abweichend von BGH, BSG und BVerwG – selbst dann nicht einzuleiten, wenn der Vergleich erst nachträglich etwa durch eine vertragliche Aufhebung des Vergleichs unwirksam wird (BAG 5.8.82, DB 83, 1370; offengelassen in BAG 27.8.14 – 4 AZR 999/12, NZA 15, 573). Zur vergleichsweisen Verständigung nach Verfahrensbeendigung s *Fuhlrott/Oltmanns* NZA 19, 129.

**d) Widerrufsvorbehalt.** Häufig werden Vergleiche, insbes wenn ein Gerichtstermin 9
durch den Anwalt ohne seinen Mandanten wahrgenommen wird, widerruflich abgeschlossen. Die Vereinbarung eines Widerrufsvorbehalts stellt im Regelfall eine aufschiebende Bedingung für die Wirksamkeit des Vergleichs dar (BGH 27.10.83, NJW 84, 312). Wenn nichts anderes vereinbart ist, ist der Widerruf im Zweifel **gegenüber dem Vertragspartner** und nicht gegenüber dem Gericht zu erklären. Im Regelfall wird jedoch vereinbart, dass der Widerruf durch **„schriftliche Anzeige an das Gericht"** zu erfolgen hat. In diesem Fall kann der Vergleichswiderruf im Zweifel nur gegenüber dem Gericht und nicht gegenüber dem Prozessgegner erklärt werden (BAG 21.2.91, DB 91, 2680). Die bloße Mitteilung einer Partei gegenüber der anderen, sie sei mit dem Vergleich nicht einverstanden, ersetzt nicht den Widerruf gegenüber dem Gericht und verwehrt dem Vertragspartner nicht nach Treu und Glauben, sich auf die Bestandskraft des Vergleichs zu berufen (BAG 22.1.98 – 2 AZR 367/97, DB 98, 1623).

Die **Widerrufsfrist** beginnt mangels abweichender Vereinbarung gem § 187 Abs 1 BGB 10
am Tag nach dem Vergleichsabschluss und nicht erst mit Zugang des Terminprotokolls (*Zöller/Stöber* § 794 Rn 10c). Bei Ablauf der Frist für den Widerruf an einem Samstag, Sonn- oder Feiertag endet die Frist erst am nächsten Werktag (§ 193 BGB, § 222 Abs 2 ZPO). Hat der Widerruf schriftlich zu erfolgen, ist zu seiner Wirksamkeit die Unterschrift der Partei bzw des Prozessbevollmächtigten erforderlich (BAG 31.5.89, DB 89, 2284). Die Übermittlung an das Gericht per Telefax genügt (*Palandt/Ellenberger* § 126 BGB Rn 12).

Bei **Versäumung der Widerrufsfrist** eines Prozessvergleichs gibt es **keine Wieder-** 11
**einsetzung** in den vorigen Stand, da die Möglichkeit der Wiedereinsetzung iSd §§ 233 ff ZPO nur bei der Versäumung von gesetzlichen Notfristen besteht (§ 223 Abs 3 ZPO). Die Vorschriften über die Wiedereinsetzung sind auch nicht entsprechend anzuwenden; der

Umstand, dass es die Parteien in der Hand haben, die Dauer und die Modalitäten der Widerrufsfrist zu bestimmen, verbietet eine Gleichsetzung mit gesetzlichen Fristen (BAG 10.11.77, DB 78, 1181).

12 **3. Anwaltsvergleich.** Die in § 1044b ZPO vorgesehene Möglichkeit der außergerichtlichen Streitbeilegung durch vollstreckbaren Anwaltsvergleich besteht im arbeitsgerichtlichen Verfahren nicht, da § 101 Abs 3 ArbGG für Arbeitssachen die Vorschriften der ZPO über das schiedsrichterliche Verfahren für unanwendbar erklärt und § 1044b ZPO gerade auf diese Vorschriften verweist (LAG Düsseldorf 4.3.97, NZA 97, 848).

**B. Lohnsteuerrecht** *Seidel*

13 **1. Vergleich im Steuerrecht. a) Ansprüche aus dem Steuerschuldverhältnis.** Im Steuerrecht sind Vergleiche über Ansprüche aus dem Steuerschuldverhältnis ausgeschlossen, da sie der Pflicht der FinBeh widersprächen, entstandene Ansprüche geltend zu machen. Entsprechende Vereinbarungen sind nichtig (*T/K* § 47 AO Rz 20). Nach den Grundsätzen der Gesetzmäßigkeit und der Gleichmäßigkeit der Besteuerung muss die Steuer in der sich aus dem Gesetz ergebenden Höhe festgesetzt werden (§ 85 Satz 1 AO; *T/K* § 85 AO Rz 8 ff). Das schließt Vereinbarungen über einen Steueranspruch aus (BFH 5.10.90, BStBl II 91, 45). Daher gibt es auch im Steuerprozess, der von der Amtsmaxime beherrscht wird, keinen gerichtlichen Vergleich. Zur Frage des Vergleichs im **Erhebungsverfahren** s FG Hbg 15.6.11 – 3 K 135/10, EFG 11, 1790, Rev wurde als unzulässig verworfen BFH 13.9.12 – VII R 42/11, BFH/NV 13, 942.

14 **b) Tatsächliche Verständigung.** Etwas anderes gilt nach der Rspr des BFH aus praktischen Bedürfnissen heraus für Verständigungen über den der Steuerfestsetzung zugrunde zu legenden Sachverhalt (tatsächliche Verständigung). Diese sind unter bestimmten Voraussetzungen zulässig und für die Beteiligten bindend (s ausführlich weiterhin BMF 30.7.08, BStBl I 08, 831). Sie sollen Ungewissheiten und Unklarheiten auf tatsächlichem Gebiet – wie sie vor allem bei **Schätzungen** auftreten – in einvernehmlicher Weise ausräumen. In vielen derartigen Fällen wäre es unangemessen, die Ungewissheiten mit einem unverhältnismäßigen Aufwand an Mitteln und Zeit beseitigen zu wollen und möglicherweise einen zeitraubenden Prozess mit erheblichen Prozessrisiken zu führen (BFH 5.10.90, BStBl II 91, 45; grundlegend BFH 11.12.84, BStBl II 85, 354). Eine tatsächliche Verständigung ist nicht schon deswegen unwirksam, weil sie zu einer nicht vorhersehbaren Besteuerungsfolge führt (BFH 8.10.08 – I R 63/07, BStBl II 09, 121, indirekt bestätigt 28.4.16 – I R 33/14 Rz 24, DStR 16, 1801).

15 Tatsächliche Verständigungen sind immer dann **zulässig,** wenn bestimmte Sachbehandlungen in Frage stehen und deren (endgültige) Klärung für die Festsetzung der Steuer notwendig ist. Der zugrundeliegende Sachverhalt darf dabei nicht, nur schwierig oder nur unter erheblichem und unangemessenem Aufwand aufklärbar sein (BFH 6.2.91, BStBl II 91, 673; bestätigt 3.12.15 – IV R 43/13, BFH/NV 16, 742). Das kann in jedem Stadium des Besteuerungsverfahrens gegeben sein, insbes bei der Ermittlung der Besteuerungsgrundlagen, aber auch noch während des Rechtsbehelfs- oder Rechtsmittelverfahrens, also auch noch im Steuerprozess. Häufig erfolgt eine tatsächliche Verständigung im Rahmen einer **Schlussbesprechung** bei der Außenprüfung (→ *Außenprüfung* Rn 18).

16 **Verbindlich** ist eine tatsächliche Verständigung nur, wenn auf Seiten der FinBeh ein für die Entscheidung über die Steuerfestsetzung zuständiger Amtsträger beteiligt ist, also regelmäßig der Leiter des FA, der zuständige Sachgebietsleiter (bei einer LStAußenprüfung der LStSachgebietsleiter) oder ggf der Rechtsbehelfsstellenleiter, nicht aber der Sachbearbeiter. Darauf kann auch nicht im Rahmen einer Schlussbesprechung bei der Außenprüfung verzichtet werden. Die Teilnahme des Außenprüfers, des Betriebsprüfungssachgebietsleiters oder des Betriebsprüfungsstellenleiters reicht nicht (BFH 5.10.90, BStBl II 91, 45). Soweit teilweise in der Literatur (s Einzelnachweise bei BFH 6.2.91, BStBl II 91, 673) aus grds Erwägungen auch Vereinbarungen über den der Besteuerung zugrunde zu legenden Sachverhalt abgelehnt werden (s zB *T/K* vor § 118 AO Rz 8 ff), ist mE aus dem vom BFH genannten praktischen Bedürfnis der Rspr zu folgen.

17 **c) Keinen Vergleich** stellen die **Stundung** (§ 222 AO), der (Teil-)**Erlass** (§ 227 AO), die abweichende Festsetzung aus Billigkeitsgründen (§ 163 AO) oder das Absehen von der

Festsetzung (§ 156 Abs 2 AO) der Steuer dar. Bei Ablehnung oder Stattgabe entsprechender Anträge des Stpfl handelt es sich um Verwaltungsakte, die aufgrund der entsprechenden gesetzlichen Vorschriften ergehen. Hierbei hat die FinBeh zwar einen sog Ermessensspielraum, dh, dass auch mehrere Entscheidungen richtig sein können; jedoch hat sie ihr Ermessen entsprechend dem Zweck der Ermächtigung auszuüben und die gesetzlichen Grenzen des Ermessens einzuhalten (§ 5 AO). Die FG können insoweit nur prüfen, ob die FinBeh die gesetzlichen Grenzen des Ermessens überschritten oder von dem Ermessen in einer dem Zweck der Ermächtigung nicht entsprechenden Weise Gebrauch gemacht hat (§ 102 FGO), wobei sich dies jeweils nach der betreffenden Vorschrift richtet. Vgl hierzu die einschlägige Kommentarliteratur zu den §§ 156 Abs 2, 163, 222, 227 AO (zB *T/K* oder *HHS*). Zur Behandlung von Ansprüchen aus dem Steuerschuldverhältnis im Insolvenzverfahren (→ *Insolvenz des Arbeitgebers* Rn 22 ff und → *Insolvenz des Arbeitnehmers* Rn 9 ff) s AEAO zu §§ 34 und 251, BMF 31.1.14, BStBl I 14, 290, geändert durch BMF 3.11.14, BStBl I 14, 1393. Zu den Kriterien für die Entscheidung der FinBeh über einen Antrag auf Schuldenbereinigung nach § 305 Abs 1 Nr 1 InsO (→ *Insolvenz des Arbeitnehmers* Rn 3) s BMF 11.1.02, BStBl I 02, 132.

**2. Vergleich Arbeitgeber – Arbeitnehmer.** Kommt es zu einem Vergleich zwischen dem ArbGeb und dem ArbN (§ 779 BGB), zB in einem Kündigungsschutzprozess, so richtet sich die Besteuerung evtl vereinbarter Zahlungen des ArbGeb an den ArbN nach den für diese Art der Zahlungen geltenden Grundsätzen, zB → *Entgeltnachzahlung* Rn 6–9, → *Abfindung* Rn 41 ff, Karenzentschädigung (→ *Wettbewerbsverbot* Rn 48–50). Des Weiteren wird auf die Stichworte → *Änderungskündigung* Rn 43, 44; → *Annahmeverzug* Rn 25, 26 und → *Aufhebungsvertrag* Rn 26–28 verwiesen. Die Aufwendungen für einen Vergleich im Rahmen von zivil- bzw arbeitsgerichtlichen Streitigkeiten sind idR **Werbungskosten** (BFH 9.2.12 – VI R 23/10, BStBl II 12, 829 → *Werbungskosten* Rn 32 „Schadensersatz“). 18

## C. Sozialversicherungsrecht *Schlegel*

**1. Vergleichsverträge hinsichtlich sozialrechtlicher Gegenstände** (zB Sozialleistungen) sind eine besondere Form des öffentlich-rechtlichen Vertrages. 19

**a) Zulässigkeitsvoraussetzungen.** Ein Vergleichsvertrag kann geschlossen werden, wenn durch ihn eine bei verständiger Würdigung des Sachverhalts oder der Rechtslage bestehende Ungewissheit durch gegenseitiges Nachgeben beseitigt wird. Der Abschluss des Vergleichsvertrages steht im pflichtgemäßen Ermessen der Behörde. Zulässig ist der Vergleichsvertrag nur als **subordinationsrechtlicher Vertrag;** dies ergibt sich daraus, dass § 54 Abs 1 SGB X nur auf öffentlich-rechtliche Verträge iSd § 53 Abs 1 Satz 2 SGB X, dh nur auf subordinationsrechtliche Verträge, Bezug nimmt. Dies sind Verträge, die ein Über-/Unterordnungsverhältnis voraussetzen, also anstelle des Erlasses eines Verwaltungsaktes geschlossen werden. 20

**Gegenstand** eines Vergleichsvertrages können auch Sozialleistungen sein, auf die ein Rechtsanspruch besteht (§ 54 Abs 2 SGB X iVm § 53 Abs 2 SGB X); dies ist bei sonstigen öffentlich-rechtlichen Verträgen nicht der Fall; deren Gegenstand können nur Sozialleistungen sein, deren Erbringung im Ermessen des Leistungsträgers steht (§ 53 Abs 2 SGB X). § 53 SGB X ist damit ein Kompromiss zwischen dem Grundsatz der Gesetzmäßigkeit der Verwaltung einschließlich des Gleichbehandlungsgebots einerseits und der Erkenntnis, dass die Durchführung dieses Grundsatzes im Hinblick auf den Abwicklungsaufwand (Geld und Zeit) oft nicht im Verhältnis zu dessen Ergebnis steht. 21

Der Gesetzgeber hat deshalb anerkannt, dass es durchaus sinnvoll sein und im Interesse sowohl der Bürger als auch der Verwaltung liegen kann, wenn sie sich im Wege gegenseitigen Nachgebens einigen, anstatt es bei einer Entscheidung der Behörde durch Verwaltungsakt auf einen zeitraubenden Prozess mit dessen Kostenrisiko und für beide Teile gleichermaßen ungewissem Ausgang ankommen zu lassen (BT-Drs 7/910 S 80). 22

Die **Schriftform** ist eine für den Vergleichsvertrag gem § 56 SGB X notwendige Wirksamkeitsvoraussetzung. Gegenseitiges Nachgeben kann sich sowohl auf materiell-rechtliche als auch verfahrensrechtliche Positionen beziehen; allerdings reicht es mE nicht aus, streitige gegen unstreitige Rechtspositionen „aufzurechnen“. Vielmehr muss sich das Nachgeben auf streitige Teile der Sach- oder Rechtslage beziehen. 23

24 **Amtsermittlungspflichten** werden durch die Möglichkeit des Vergleichsvertrages nicht beseitigt, selbst wenn von Anfang an erhebliche Ermittlungsschwierigkeiten bestehen. Allerdings ist die Behörde nicht verpflichtet, voraussehbar unnütze Ermittlungsversuche zu führen, nur um guten Gewissens auf eingetretene Unklarheiten und Schwierigkeiten bei der weiteren Ermittlung verweisen zu können. Ungewissheit in der Rechtslage liegt dann nicht vor, wenn lediglich die Vereinbarkeit einer Vorschrift mit dem GG in Frage steht, denn die Verwaltung hat das Gesetz grds ohne Prüfung von dessen Verfassungsmäßigkeit anzuwenden.

25 **Zweckmäßigkeit** des Vergleichsvertrages liegt dann vor, wenn damit ein übermäßiger/unverhältnismäßiger Verwaltungsaufwand vermieden werden kann. Wann dies der Fall ist, ist aufgrund einer Zweck-Mittel-Relation festzustellen, in die als maßgebliche Faktoren der voraussichtliche Verwaltungsaufwand und die Tragweite der Entscheidung für die Verwaltung und den Betroffenen einzustellen sind. Ungewissheit muss insbes aufseiten der Behörde vorliegen; eine Ungewissheit nur aufseiten des Bürgers rechtfertigt den Abschluss eines Vergleichsvertrages nicht. Die Ungewissheit seitens der Behörde muss zudem objektivierbar sein.

26 **b) Rechtswirkungen** zeitigt der Vergleichsvertrag insofern, als eine ungewisse Rechtslage durch die getroffene Vereinbarung ersetzt wird und die Regelung für die Vertragspartner verbindlich wird. Der Vertrag bleibt nach hM auch dann rechtswirksam, wenn sich später herausstellen sollte, dass die hinsichtlich der Vergleichslage getroffene Regelung objektiv rechtswidrig war. Dies ist nicht unbedenklich, da die Bindungswirkung des Vergleichsvertrages damit weit über diejenige eines durch den Vergleichsvertrag abgewendeten/ersetzten Verwaltungsaktes hinausgeht (§§ 44 f SGB X).

27 **c) Vergleich über Beitragsforderungen.** Bei Vergleichsverträgen über Gesamt-SozVBeiträge ist regelmäßig die Zustimmung anderer Versicherungsträger erforderlich ist. Nach § 76 Abs 1 SGB IV sind Einnahmen vom Versicherungsträger rechtzeitig und vollständig zu erheben. Die Vorschrift gilt für alle Einnahmen, unabhängig davon, ob sie auf zivilrechtlicher oder öffentlich-rechtlicher Anspruchslage beruhen; erfasst werden insbes auch Beiträge nebst Säumniszuschlägen. Unter den in § 76 Abs 2 SGB IV abschließend genannten Voraussetzungen sind Stundung, Niederschlagung und Erlass der Forderung möglich.

28 Handelt es sich um Ansprüche auf **Gesamtsozialversicherungsbeiträge,** trifft die Einzugsstelle die Entscheidung über die Anträge auf Stundung, Niederschlagung und Erlass (§ 76 Abs 3 Satz 1 SGB IV). Über rückständige Beitragsansprüche darf die Einzugsstelle einen Vergleich nur dann schließen, wenn dies für die Einzugsstelle, die beteiligten Träger der RV und die BA wirtschaftlich und zweckmäßig ist. Einen Vergleich über rückständige Beiträge, deren Höhe die Bezugsgröße insgesamt übersteigt, darf sie nur im Einvernehmen mit den beteiligten Trägern der RV und der BA schließen.

29 Das **Einvernehmen** der Träger der RV und der BA muss schriftlich erteilt werden, da der Vergleich in die Rechte auf vollständige Einnahmeerhebung eingreift. Ein ohne vorliegendes Einvernehmen geschlossener Vergleich wird erst wirksam, wenn der Träger der RV oder die BA schriftlich zustimmt (§ 57 Abs 1 SGB X).

30 **d) Nichtigkeit eines sozialrechtlichen Vergleichsvertrages** liegt zunächst dann vor, wenn sich die Nichtigkeit aus der entsprechenden Anwendung von Vorschriften des BGB (zB §§ 105, 116 Satz 2, 117, 118, 125, 138, 306, 779 BGB) ergibt. Ein Verstoß gegen § 134 BGB scheidet als Nichtigkeitsgrund dagegen aus, wenn lediglich ein Verstoß gegen das Prinzip der Gesetzmäßigkeit der Verwaltung vorliegt. Dieses Prinzip wird beim Vergleichsvertrag gerade relativiert. Ein Vergleichsvertrag ist nach § 58 Abs 2 Nr 3 SGB X ferner dann nichtig, wenn die Voraussetzungen zu seinem Abschluss nicht vorlagen und ein Verwaltungsakt mit entsprechendem Inhalt nicht nur wegen eines Verfahrens- oder Formfehlers iSd § 42 SGB X rechtswidrig wäre. Ist der Vergleichsvertrag nichtig, sind die ohne Rechtsgrund erbrachten Leistungen nach den Grundsätzen der ungerechtfertigten Bereicherung (§ 812 BGB analog) zurückzugewähren.

31 **e) Prozessvergleiche** im SGProzess sind gem § 101 Abs 1 SGG zulässig, wenn und soweit die Beteiligten über den Gegenstand der Klage verfügen können. Der Vergleich ist zur Niederschrift des Gerichts oder des Vorsitzenden oder des beauftragten oder ersuchten Richters zu schließen (Einzelheiten hierzu → Rn 6). Zusätzlich zu den sonstigen Ver-

gleichsvoraussetzungen (§ 54 SGB X) sind jedenfalls die Prozesshandlungsvoraussetzungen (Prozessfähigkeit, Beteiligtenfähigkeit usw) erforderlich, da dem gerichtlichen Vergleich eine Doppelnatur (öffentlich-rechtlicher Vertrag und Prozesshandlung) zukommt. Erforderlich ist, dass der Rechtsstreit anhängig ist. Rechtzeitige oder ordnungsgemäße Klageerhebung ist nicht erforderlich, ebenso wenig richtiger Rechtsweg, sachliche oder örtliche Zuständigkeit des Gerichts. Eine dem Prozessbevollmächtigten erteilte Vollmacht berechtigt auch zum Vergleichsschluss. Eine Einschränkung der Vollmacht mit Wirkung nach außen ist nicht möglich, da § 83 ZPO in § 73 Abs 4 SGG nicht genannt wird. Beendigung des Rechtsstreits tritt ein, ohne dass es eines Einstellungsbeschlusses des Gerichts bedürfte. Enthält der Vergleich keine Kostenregelung, gilt § 195 SGG (jeder trägt seine Kosten selbst). Der Prozessvergleich ist Vollstreckungstitel (§ 199 Abs 1 Nr 2 SGG). Zu den prozessualen Folgen eines Anerkenntnisses BSG 8.9.15 – B 1 KR 1/15 R, NZS 16, 198.

**2. Vergleiche über einen Arbeitsentgeltanspruch.** Schließen die Arbeitsvertragsparteien im Prozess vor dem ArbG einen **Abfindungsvergleich,** kann sich später die beitragsrechtlich erhebliche Frage stellen, ob es sich dabei (ganz oder teilweise) auch um „verdecktes Arbeitsentgelt" (unechte Abfindung) oder nur um einen Entschädigungsanspruch (echte Abfindung) handelt (BSG 21.2.90 – 12 RK 20/88, SozR 3–2400 § 14 Nr 2). Diese Frage ist zu klären und dazu ggf auch der zuständige Richter des ArbG über die Hintergründe des Vergleichs als Zeuge zu vernehmen (BSG 12.2.04 – B 12 KR 32/03 B, BeckRS 2007, 44858). Eine tarifliche Ausschlussklausel greift nicht ein, wenn sich ArbN und ArbGeb zB in einem Kündigungsschutzprozess vergleichsweise auf die Gewährung von Arbeitsentgelt auch für zurückliegende Zeiträume einigen (BAG 22.1.87 – 2 AZR 98/86 – nv). Der Vergleich löst die Beitragspflicht erstmals mit Vergleichsabschluss aus, wenn hierdurch Ansprüche des ArbN konstitutiv begründet werden. Erstreckt sich der Vergleich auf zurückliegende Beschäftigungszeiten, sind die Beiträge für die vereinbarten Entgelte auch auf diese zurückliegenden Zeiträume zu verteilen. 32

Hat die BA vor Vergleichsabschluss an den ArbN für Zeiten AlGeld gezahlt, auf die sich der Vergleich erstreckt, geht der Anspruch des ArbN auf das vergleichsweise vereinbarte Arbeitsentgelt auf die BA über (vgl § 115 SGB X). Zahlt der ArbGeb in diesen Fällen trotz des Forderungsübergangs (§ 157 Abs 3 Satz 1 SGB III iVm § 115 SGB X) mit befreiender Wirkung an den ArbN, hat letzterer der BA das AlGeld insoweit zu erstatten (BSG 22.10.98 – B 7 AL 106/97 R, SozR 3–4100 § 117 Nr 16). 33

Das BSG anerkennt, auch soweit es um Sozialleistungen geht, dass jedenfalls in einem Streit über die Beendigung eines Rechtsverhältnisses nach einer Kündigung weiterhin von der grds **Dispositionsbefugnis** des ArbN über das Ende des Arbeitsverhältnisses auszugehen ist, falls nicht ein Fall des Rechtsmissbrauchs vorliegt (BSG 14.7.94 – 7 RAr 104/93, SozR 3–4100 § 117 Nr 11 Satz 75; ähnlich BAG 15.12.88 – 2 AZR 189/88, nv). 34

# Verjährung

## A. Arbeitsrecht

*Schmidt*

### Übersicht

1 **1. Allgemeines.** Verjährung ist das Recht des Schuldners, nach Ablauf einer gesetzlich festgelegten Frist die Leistung an den Gläubiger zu verweigern, § 214 Abs 1 BGB. Verjährung bedingt kein Erlöschen des Anspruchs; eine verjährte Forderung bleibt erfüllbar. Der Schuldner ist aber ab Verjährungseintritt berechtigt, dauerhaft die Leistung zu verweigern, was dem Anspruch die Durchsetzbarkeit nimmt. Das Recht besteht gegenüber Ansprüchen iSv § 194 Abs 1 BGB. Es wird gerichtlich nur bei einer entsprechenden Geltendmachung geprüft. Erhebt der Schuldner die **Einrede der Verjährung** nicht, bleibt er weiterhin zur Leistung verpflichtet und wird im Prozess verurteilt. Eine bestimmte Art der Erhebung der Einrede ist nicht erforderlich. Bei Zweifeln ist das Gericht im Hinblick auf seine materielle Prozessleitungspflicht nach § 139 ZPO verpflichtet zu klären, ob die Verjährung eingewandt wird. Es darf aber dem Schuldner nicht antragen oder dazu raten, sich auf Verjährung zu berufen (Zöller/*Greger* § 139 Rn 17). Im Revisionsrechtszug kann die Einrede der Verjährung nicht mehr nachgeholt werden (BGH 1.3.51, BGHZ 1, 234). Wer sich auf Verjährung beruft, muss Beginn und Ablauf der Verjährungsfrist beweisen; wer den Anspruch geltend macht, die Voraussetzungen der Hemmung oder des Neubeginns der Verjährungsfrist (Palandt/*Ellenberger* Überbl vor § 194 BGB Rn 24).

2 **2. Folgen.** Dem Schuldner ist es nach § 214 Abs 1 BGB freigestellt, nach Eintritt der Verjährung die Leistung zu verweigern. Es ist ihm auch nicht verwehrt, nach Ablauf der Verjährungsfrist die Ansprüche des Gläubigers teilweise zu befriedigen, sich im Übrigen aber auf die Verjährung zu berufen. Macht er von dieser Möglichkeit Gebrauch, muss er sich bei der Zahlung die Einrede der Verjährung gegenüber weiteren verjährten Ansprüchen nicht vorbehalten (BAG 16.12.14 – 9 AZR 431/13, NZA-RR 2015, 229). Wer eine schon verjährte Forderung erfüllt hat, kann das Geleistete nach § 214 Abs 2 S 1 BGB selbst dann nicht zurückfordern, wenn ihm die Verjährung nicht bekannt war. Das gilt nach § 214 Abs 2 S 2 BGB ebenso bei Sicherheitsleistung und vertragsmäßigem Anerkenntnis. Das Anerkenntnis bedarf – abgesehen von der gesetzlich festgelegten Formfreiheit nach den §§ 782 BGB, 250 HGB – gem § 781 BGB der Schriftform. Wer eine verjährte Forderung schriftlich anerkennt, bleibt nach § 214 Abs 2 S 2 BGB für die nächsten 3 Jahre zu dieser Leistung verpflichtet, weil der Anspruch aus dem Anerkenntnis nach § 195 BGB erst nach Ablauf der regelmäßigen Verjährungsfrist verjährt (BGH 24.6.74, DB 74, 2005). Der Schuldner kann auf die Einrede der Verjährung verzichten (BAG 18.2.15 – 4 AZR 780/13, AP BetrVG 1972 § 77 Nr 107). Ein Anerkenntnis – auch wenn es nicht schriftlich abgegeben ist – kann als Verzicht auf die Einrede der Verjährung verstanden werden. Die Wirksamkeit des Verzichts bestimmt sich nach § 202 BGB. Dessen ungeachtet ist eine Verjährungsverzichtsabrede möglich. Nach der Rspr des BGH wird durch einen vom Schuldner erklärten – ggf befristeten – **Verjährungsverzicht** der Ablauf der Verjährung zwar nicht beeinflusst. Folge des – befristeten – Verzichts ist aber, dass die Befugnis des Schuldners, die Einrede der Verjährung zu erheben, – ggf für den genannten Zeitraum – ausgeschlossen ist (BGH 17.12.15 – IX ZR 61/14, NJW 16, 1171).

3 **3. Verjährungsfristen.** Für Arbeitsverhältnisse sind idR vier Fristen (a bis d) einschlägig:

4 **a)** In **drei Monaten** verjähren bei Kenntnis des ArbGeb von dem Geschäft nach § 61 Abs 2 HGB alle Ansprüche des ArbGeb aus **Wettbewerbsverstößen** des ArbN (BAG 26.9.07 – 10 AZR 511/06, NZA 07, 1436), auch konkurrierende Ansprüche aus unerlaubter Handlung und sittenwidriger vorsätzlicher Schädigung (BAG 11.4.00 – 9 AZR 131/99, NZA 01, 94): ohne Rücksicht auf die Kenntnis des ArbGeb verjähren diese Ansprüche in fünf Jahren, § 61 Abs 2 HS 2 HGB.

5 **b)** In **sechs Monaten** verjähren nach § 548 Abs 1 S 1 BGB die Ersatzansprüche des ArbGeb als Vermieter wegen **Veränderung oder Verschlechterung einer Werkswohnung** sowie nach § 548 Abs 2 BGB die Ansprüche des ArbN als Mieter auf Ersatz von Verwendungen oder Gestattung der Wegnahme einer Einrichtung. Für die Ansprüche des Vermieters beginnt die Verjährung, sobald er die Wohnung zurückerhält – zB durch Aushändigung der Schlüssel – und Mängel bzw Veränderungen feststellen kann; § 548 Abs 1 S 2 BGB. Für die Ansprüche des Mieters beginnt sie nach § 548 Abs 2 BGB mit der rechtlichen (nicht tatsächlichen) Beendigung des Mietverhältnisses. Die mietrechtliche Verjährungsvorschrift ist weit gefasst, denn ihr Zweck besteht darin, die mit der Beendigung eines Gebrauchsüberlassungsverhältnisses verbundenen Ansprüche einer beschleunigten Klä-

rung zuzuführen (BGH 20.6.12 – VIII ZR 12/12, NJW 12, 3031; 29.6.11 – VIII ZR 349/10, NJW 11, 2717). Allerdings ist die Vorschrift auf den Schadenersatzanspruch des ArbGeb gegen den ArbN wegen schuldhafter Beschädigung eines (auch) zum privaten **Gebrauch überlassenen Firmenwagens** nicht entsprechend anzuwenden (noch zu den „alten" Verjährungsfristen BAG 11.4.84, DB 84, 2256).

**c)** In **drei Jahren** verjähren nach der **regelmäßigen Verjährungsfrist** des **§ 195 BGB** 6
die meisten Ansprüche aus einem Arbeitsverhältnis. Hierunter fallen **alle vertraglichen Ansprüche.** In gleicher Zeit verjähren die **gesetzlichen Ansprüche,** insbes aus unerlaubter Handlung einschließlich vorsätzlicher sittenwidriger Schädigung und Amtspflichtverletzung, aus Gefährdungshaftung, ungerechtfertigter Bereicherung und Geschäftsführung ohne Auftrag sowie der Ausgleichsanspruch zwischen Gesamtschuldnern nach § 426 Abs 1 BGB.

Der Regelverjährungsfrist von drei Jahren unterliegen damit Ansprüche 7

- auf **Abfindungen** wegen des Verlustes des Arbeitsplatzes (zum alten Recht BAG 20.1.05 – 2 AZR 627/03, NZA 05, 1207; 15.6.04 – 9 AZR 513/03, NZA 05, 295);
- auf Vergütung wegen **Annahmeverzugs** (BAG 11.10.17 – 5 AZR 694/16, NZA 18, 390);
- auf **Arbeitsentgelt** und sonstige nach dem Arbeitsvertrag als Äquivalent für die Arbeit geschuldete geldwerte Leistungen, wie zB Gewinnanteile, Naturalien, Gratifikationen (BAG 27.1.16 – 4 AZR 468/14, NZA 16, 903; zu einem tarifvertraglichen Anspruch auf Übergangsgeld BAG 15.2.11 – 9 AZR 584/09, NZA-RR 11, 46).
- auf **Auskunft** nach § 13 HS 1 AÜG, wonach der **Leiharbeitnehmer** im Fall der Überlassung von seinem Entleiher Auskunft über die im Betrieb des Entleihers für einen vergleichbaren ArbN des Entleihers geltenden wesentlichen Arbeitsbedingungen einschließlich des Arbeitsentgelts verlangen kann; der Anspruch entsteht im Zeitpunkt der Überlassung und kann vom Leiharbeitnehmer ungeachtet § 13 HS 2 AÜG geltend gemacht werden (BAG 24.4.14 – 8 AZR 1081/12, NZA 14, 1158);
- auf **Auslagenersatz** ohne Rücksicht auf die Anspruchsgrundlage (zum alten Recht BAG 7.5.86 – 4 AZR 556/83, AP BAT § 4 Nr 12);
- auf **Betriebsrente,** soweit es die einzelnen **regelmäßig wiederkehrenden Leistungen** (§ 18a S 2 BetrAVG; BAG 12.6.07 – 3 AZR 186/06, NZA-RR 08, 537) oder ihre Erhöhung wegen unterlassener Anpassung betrifft (zum alten Recht LAG Hamm 19.3.91, DB 91, 1121) und **Vorruhestandsleistungen** (zum alten Recht BAG 14.6.94 – 9 AZR 111/93, NZA 95, 1056);
- auf **Entgeltfortzahlung** wegen AU (zum alten Recht BAG 29.1.75, DB 75, 1464);
- **equal pay**-Anspruch des Leiharbeitnehmers auf gleiches Arbeitsentgelt nach § 8 Abs 1 AÜG (zum vormaligen § 10 Abs 4 AÜG BAG 13.3.13 – 5 AZR 424/12, NZA 13, 785);
- auf **Jahresumsatzprovisionen** (zum alten Recht BAG 10.12.73, DB 74, 538) und **Provision** des Handlungsgehilfen (zum alten Recht BAG 5.9.95, DB 96, 784);
- auf **Karenzentschädigung** (zum alten Recht BAG 3.4.84, DB 84, 2099);
- auf ordnungsgemäße Vornahme einer **Leistungsbestimmung** (BAG 16.12.14 – 9 AZR 431/13, NZA-RR 2015, 229);
- auf **Rückerstattung überzahlter Lohnsteuer** (zum alten Recht BAG 31.3.60, BB 60, 663);
- aus **Rückforderungen** des ArbGeb **wegen versehentlicher Gehaltsüberzahlung** (zum alten Recht BAG 14.3.00 – 9 AZR 855/98, NZA 00, 827);
- auf **Rückzahlung** eines **Arbeitgeberdarlehens** (BAG 19.1.10 – 3 AZR 191/08, NZA 11, 520) oder einer **Zuwendung** (zum alten Recht BAG 15.3.00, DB 00, 1621) oder wegen **überzahlter Versorgungsleistungen** durch eine Unterstützungskasse (BAG 15.10.13 – 3 AZR 355/11, nv);
- auf **Rückzahlung von Vorschüssen,** welche vom ArbGeb zur Auslagendeckung dem ArbN gewährt wurden (zum alten Recht BAG 15.10.65, DB 65, 1917);
- des ArbGeb auf Erstattung wegen **Ruhegeldüberzahlung** aufgrund einer Auskunftspflichtverletzung durch den ArbN (zum alten Recht BAG 27.3.90 – 3 AZR 187/88, NZA 90, 776);
- auf Zahlung einer **„Streikbruchprämie"** aus dem Gesichtspunkt der Gleichbehandlung (BAG 17.9.91 – 1 AZR 26/91, NZA 92, 164);

- auf **Schadensersatz** wegen Nichterfüllung des Arbeitsvertrags;
- auf **Schadensersatz aus § 618 Abs 3 BGB** wegen unterlassener Schutzmaßnahmen (zum alten Recht BAG 31.3.60 – 5 AZR 371/57, BB 60, 663);
- auf **Sozialplanabfindungen** (zum alten Recht BAG 30.10.01 – 1 AZR 65/01, NZA 02, 449);
- ungeklärt bei **Urlaubsansprüchen** (offenlassend BAG 19.3.19 – 9 AZR 881/16, NZA 19, 1046; abl BAG 5.12.95 – 9 AZR 666/94, DB 96, 1421; so auch *Leinemann/Linck* Urlaubsrecht § 7 BUrlG Rn 229; anders LAG Düsseldorf 18.8.10 – 12 Sa 650/10, BB 10, 2564 Rn 27; *Neumann* in Neumann/Fenski/Kühn BUrlG § 13 Rn 78);
- auf **Urlaubsabgeltung,** weil es sich hierbei um einen reinen Geldanspruch handelt, der nicht (mehr) dem Fristenregime des BUrlG unterliegt (vgl für Ausschlussfristen BAG 19.6.12 – 9 AZR 652/10, NZA 12, 1087); der Schadensersatzanspruch auf **Ersatzurlaub** (BAG 19.1.16 – 2 AZR 449/15, NZA 16, 1144);
- aus **fehlgegangener Vergütungserwartung** (zum alten Recht BAG 30.9.71, DB 71, 2320);
- Ansprüche aus **unerlaubter Handlung** – zB Diebstahl am Arbeitsplatz – von dem Zeitpunkt an, in welchem der Anspruchsberechtigte vom Schaden und der Person des Ersatzpflichtigen Kenntnis hat. Ohne Rücksicht auf die Kenntnis verjähren diese Ansprüche nach § 852 Abs 1 BGB in 30 Jahren. Kenntnis hat der Berechtigte, wenn er alle vernünftigerweise in Betracht kommenden Voraussetzungen des Schadensersatzanspruches mit Ausnahme des Schadensbetrages für gegeben halten muss (BAG 9.10.58, DB 60, 980);
- aus **Verschulden bei Vertragsschluss,** die auf das positive Interesse gehen, also darauf gerichtet sind, so gestellt zu werden, als wäre der Vertrag zustande gekommen (zum alten Recht BAG 23.2.83 – 8 AZR 325/81, NJW 83, 1607); und jetzt ebenso für alle nicht auf das positive Interesse gerichteten Ansprüche aus Verschulden bei Vertragsabschluss (zum alten Recht BAG 14.10.70, DB 71, 52; BGH 16.11.67, DB 68, 129);
- auf Ersatz von **Vorstellungskosten;** dies gilt auch, wenn der Bewerber nicht eingestellt wird (zum alten Recht BAG 14.2.77, DB 77, 1193);
- auf das und aus dem **Zeugnis** (zum alten Recht BAG 31.3.60, BB 60, 663);
- auf **Zulagen** für besondere Erschwernisse (zum alten Recht BAG 7.5.86, BB 86, 2056).

8 **d)** In **dreißig Jahren** verjähren:

- nach § 197 Abs 1 Nr 1 BGB **Herausgabeansprüche** aus Eigentum und anderen dinglichen Rechten,
- nach § 197 Abs 1 Nr 3–5 BGB **rechtskräftig festgestellte Ansprüche,** Ansprüche aus vollstreckbaren Vergleichen und vollstreckbaren Urkunden, Ansprüche, welche durch die im Insolvenzverfahren erfolgte Feststellung vollstreckbar geworden sind,
- nach § 199 Abs 2 BGB **Schadensersatzansprüche,** die auf einer Verletzung des Lebens, des Körpers, der Gesundheit oder der Freiheit beruhen,
- nach § 18a S 1 BetrAVG Ansprüche auf Leistungen aus der betrieblichen Altersversorgung **(Rentenstammrecht),** wozu auch die Einhaltung des Durchführungswegs gehört (BAG 12.6.07 – 3 AZR 186/06, NZA-RR 08, 537),
- Ansprüche des ArbN auf **Erteilen einer Versorgungszusage** (BAG 5.2.71 – 3 AZR 28/70, AP BGB § 242 Betriebliche Übung Nr 10).

9 Daneben gelten **Sondervorschriften** für Kauf und Tausch, im Mietrecht, beim Werkvertrag, im Sachenrecht, im Familien- und Erbrecht, im HGB und bei der Haftung der rechtsberatenden Berufe, die das Arbeitsrecht allenfalls am Rande berühren. Besonderheiten gelten auch im **Insolvenzrecht:** Für Forderungen von Insolvenzgläubigern gilt die besondere Verjährungsfrist des § 259b InsO (hierzu BAG 12.9.13, DB 13, 2849). Die Verjährungsregelung des § 146 InsO normiert eine abschließende zeitliche Begrenzung des Anfechtungsrechts (BAG 24.1.13, DB 14, 129).

10 **4. Beginn.** Die **regelmäßige Verjährungsfrist** von 3 Jahren beginnt nach **§ 199 Abs 1 BGB** mit dem Schluss des Jahres, in dem der Anspruch entstanden ist (Nr 1), und der Gläubiger von den den Anspruch begründenden Umständen und der Person des Schuldners Kenntnis erlangt oder ohne grobe Fahrlässigkeit erlangen müsste (Nr 2). Die Verjährung beginnt erneut, wenn der Schuldner gegenüber dem Gläubiger den Anspruch durch Ab-

schlagszahlung, Zinszahlung, Sicherheitsleistung oder in anderer Weise anerkennt (§ 212 Abs 1 Nr 1 BGB).

Mit der **Entstehung** des Anspruchs ist grds seine Fälligkeit gemeint (BT-Drs 14/7052 S 263), weil erst von diesem Zeitpunkt an der Gläubiger nach § 271 Abs 2 BGB mit Erfolg die Leistung fordern und den Ablauf der Verjährungsfrist durch Klageerhebung verhindern kann (BAG 24.6.15 – 5 AZR 462/14, NZA 16, 108). Das Gesetz sieht eine Höchstfrist vor: Nach § 199 Abs 4 BGB verjähren andere als Schadensersatzansprüche ohne Rücksicht auf Kenntnis oder fahrlässige Unkenntnis punktgenau ohne Silvesterregelung in 10 Jahren von ihrer Entstehung an. Bei **Jahresumsatzprovisionen** ist nicht das für den Umsatz maßgebliche, sondern das Folgejahr entscheidend (BAG 10.12.73, DB 74, 538); bei Ansprüchen aus **fehlgegangener Vergütungserwartung** beginnt die Verjährungsfrist am Ende des Jahres zu laufen, an dem hätte abgerechnet werden müssen; wird oder gilt die Vergütung als **gestundet,** beginnt die Verjährung mit dem Wegfall der Stundungsvoraussetzungen (BAG 30.9.71, DB 71, 2320). Bei **vertraglichen Erfüllungsansprüchen** werden Fälligkeit und Kenntnis oder grobfahrlässige Unkenntnis meist zusammenfallen, weil die Voraussetzungen für die Entstehung und der Zeitpunkt der Fälligkeit dieser Ansprüche unter Mitwirkung des Gläubigers vereinbart wurden. Bei Ansprüchen aus **ungerechtfertigter Bereicherung** und Geschäftsführung ohne Auftrag werden Fälligkeit und Kenntnis bzw grob fahrlässige Unkenntnis öfter auseinanderfallen. **Versorgungsverschaffungsansprüche** werden erst mit Eintritt des Versorgungsfalles fällig. Sie können daher vorher nicht verjähren (BAG 18.9.01 – 3 AZR 689/00, NZA 02, 1391). Die Verjährung eines Anspruchs, der von **gerichtlicher Leistungsbestimmung** abhängt, beginnt nicht vor seiner Bestimmung durch Urteil (BGH 24.11.95 – V ZR 174/94, NJW 1996, 1054). Allerdings unterliegt der dem Gestaltungsklagerecht zugrunde liegende Anspruch auf Vornahme der Leistungsbestimmung seinerseits der Verjährung (BAG 16.12.14 – 9 AZR 431/13, NZA-RR 2015, 229). Im Fall des **Betriebsübergangs** laufen Verjährungsfristen weiter, als ob das Arbeitsverhältnis zur selben Partei fortbestünde (BAG 21.8.14 – 8 AZR 655/13, NZA 2015, 94).

Die von § 199 Abs 1 Nr 2 BGB geforderte **Kenntnis** des Gläubigers ist vorhanden, wenn er aufgrund der ihm bekannten Tatsachen gegen eine bestimmte Person eine Klage – und sei es auch nur eine Feststellungsklage – erheben kann, die bei verständiger Würdigung so viel Erfolgsaussicht hat, dass sie dem Gläubiger zumutbar ist (BAG 13.3.13, DB 13, 1496). Grds ist Tatsachen-, nicht Rechtskenntnis entscheidend. Erforderlich ist, dass der Gläubiger um die anspruchsbegründenden Umstände weiß, nicht, dass er den Vorgang rechtlich zutreffend beurteilt (BGH 24.4.14 – III ZR 156/13, NJW 14, 2345; BAG 17.10.17 – 10 AZN 533/17, NZA 17, 1630).

**Schadensersatzansprüche,** die auf einer Verletzung des Lebens, des Körpers, der 11
Gesundheit oder der Freiheit beruhen, verjähren nach **§ 199 Abs 2 BGB** kenntnisunabhängig ohne Rücksicht auf ihre Entstehung in 30 Jahren von dem schadensauslösenden Ereignis – dem Begehen der Handlung oder der Pflichtverletzung – an. Sonstige Schadensersatzansprüche verjähren nach **§ 199 Abs 3 BGB** kenntnisunabhängig 10 Jahre nach ihrer Entstehung, ohne Rücksicht auf ihre Entstehung in 30 Jahren von dem schadensauslösenden Ereignis an.

Die Verjährung von **festgestellten Ansprüchen** des § 197 Abs 1 Nr 3 BGB beginnt 12
nach **§ 201 BGB** mit der Rechtskraft der Entscheidung, der Errichtung des vollstreckbaren Titels oder der Feststellung im Insolvenzverfahren, nicht aber vor ihrer Entstehung.

**5. Neubeginn und Hemmung.** Aus den in den §§ 203 ff angegebenen Gründen ist die 13
Verjährung **gehemmt.** Sie ruht während dieses Zeitraums und läuft nach Wegfall der Hemmung sofort wieder an. Der Zeitraum der Hemmung wird nach § 209 BGB nicht in die Verjährungsfrist eingerechnet. So verlängert sich die Verjährungsfrist im Ergebnis um den Zeitraum der Hemmung. Bei einem **Neubeginn der Verjährung** aus einem der in § 212 BGB genannten Gründe läuft die ursprüngliche Verjährungsfrist sofort (BAG 18.3.97 – 9 AZR 130/96, NZA 97, 1232) wieder in voller Länge erneut von vorne an. Eine **Ablaufhemmung** der Verjährung tritt nach § 210 Abs 1 S 1 BGB bei nicht voll Geschäftsfähigen ohne gesetzlichen Vertreter ein. Die Verjährungsfrist beginnt erst sechs Monate, nachdem sie ihre unbeschränkte Geschäftsfähigkeit erreicht oder der Mangel der Vertretung behoben ist. Da eine in der Geschäftsfähigkeit beschränkte Person aber für Ansprüche aus

dem Arbeitsverhältnis regelmäßig nach § 113 Abs 1 BGB unbeschränkt geschäftsfähig ist, kann es hier kaum jemals zu Ablaufhemmungen kommen.

14 **a) Neubeginn.** Anerkenntnis und gerichtliche oder behördliche **Vollstreckungshandlungen** lösen nach § 212 BGB den Neubeginn einer Verjährung aus. Der Anspruch wird auch durch Abschlagzahlung, Sicherheitsleistung oder Zinszahlung, durch Bitte um Stundung und durch eine Stundungsvereinbarung anerkannt (BAG 8.6.83, DB 84, 138; BGH 27.4.78, NJW 78, 1914). Der Verpflichtete kann letztlich mit jedem dem Gläubiger gegenüber an den Tag gelegten Verhalten die Schuld „in anderer Weise" anerkennen, selbst mit Untätigkeit oder Stillschweigen (BGH 6.4.65, NJW 65, 1430). Er muss nur klar und eindeutig erkennen lassen, dass er sich des Bestehens der Schuld zumindest dem Grunde nach bewusst ist und sein Gläubiger muss angesichts dessen darauf vertrauen dürfen, dass sich der Schuldner nach Ablauf der Verjährungsfrist nicht auf Verjährung berufen wird (BAG 8.6.83, DB 84, 138; BGH 5.12.80, NJW 81, 1955).

15 Bei **teilbaren Verbindlichkeiten** soll das Anerkenntnis einer Teilforderung nur für sie die Verjährung unterbrechen (BGH 5.12.67, VersR 68, 277), bei **wiederkehrenden Leistungen** wirkt die einzelne Leistung als Anerkenntnis des Gesamtanspruchs (BGH 3.10.67, NJW 67, 2353).

16 **b) Hemmung.** Verschiedene Tatbestände führen zu einer Hemmung der Verjährung.

**aa) Verhandlungen.** Die Verjährung wird nach **§ 203 Abs 1 BGB** gehemmt, solange zwischen Schuldner und Gläubiger Verhandlungen über den Anspruch oder die ihn begründenden Umstände schweben und nicht einer von beiden die Fortsetzung der Verhandlungen verweigert, oder die Verhandlungen „einschlafen" (dazu näher ErfK/*Preis* §§ 194–218 BGB Rn 17). Für die Aufnahme von Verhandlungen reichen alle Erklärungen aus, die den Anspruchsinhaber zu der Annahme berechtigen, der Verpflichtete werde hinsichtlich der Befriedigung der Ansprüche Entgegenkommen zeigen (BAG 24.10.01 – 5 AZR 32/00, NZA 02, 209). Die Verjährung tritt nach **§ 203 Abs 2 BGB** frühestens drei Monate nach dem Ende der Hemmung durch Verhandlung ein.

17 **bb) Rechtsverfolgung.** Nach **§ 204 BGB** wird die Verjährung bei einer rechtlichen Verfolgung des Anspruchs gehemmt. Dazu gehört neben der Klageerhebung ua die Zustellung eines Mahnbescheids, die Aufrechnung des Anspruchs im Prozess, die Zustellung der Streitverkündung in dem Prozess, von dessen Ausgang der Anspruch abhängt, das Einreichen bzw Zustellen des Antrags auf Erlass eines Arrestes bzw einer einstweiligen Verfügung.

Die Verjährung wird mit **Zustellung** der Klageschrift bzw des Mahnbescheides gehemmt, §§ 253 Abs 1 ZPO, 204 Abs 1 Nr 1 und Nr 3 BGB. Diese Wirkung tritt nach den §§ 167, 693 ZPO schon mit dem Eingang bei Gericht ein, wenn „demnächst" zugestellt wird. Für die Länge des Zeitraums, binnen dessen eine solche Zustellung bewirkt werden muss, besteht keine absolute zeitliche Obergrenze. Verzögerungen der Zustellung, die durch die Sachbearbeitung des Gerichts verursacht sind, muss sich der Kläger grds nicht zurechnen lassen; dies gilt auch bei mehrmonatigen Verzögerungen (BAG 23.8.12 – 8 AZR 394/11, NZA 13, 227). Bei einem Mahnbescheid ist nach dem Rechtsgedanken des § 691 Abs 2 ZPO regelmäßig davon auszugehen, dass eine Zustellung nur dann nicht mehr als „demnächst" iSd § 167 ZPO anzusehen ist, wenn ein nachlässiges Verhalten der Partei oder ein behebbarer Mangel des Mahnantrags zu einer Verzögerung der Zustellung des Mahnbescheids von mehr als einem Monat führt. Das gilt auch, wenn der Mahnantrag bei einem Gericht des unzutreffenden Rechtswegs eingereicht worden und dann an das zuständige Gericht abgegeben worden ist (BAG 11.10.17 – 5 AZR 694/16, NZA 18, 390).

18 Die Verjährung ist nach **§ 204 Abs 1 Nr 14 BGB** gehemmt, wenn die Bekanntgabe des Antrags auf Gewährung von **Prozesskostenhilfe** veranlasst ist. Dabei ist die Hemmung der Verjährung nicht davon abhängig, dass der Antrag ordnungsgemäß begründet, vollständig und mit den erforderlichen Unterlagen versehen ist (BT-Drs 14/6040 S 116). Wegen der Missbrauchsgefahr tritt die Hemmung nur beim erstmaligen Antrag auf Gewährung von Prozesskostenhilfe ein.

Im Fall der **Insolvenz des ArbGeb** bewirkt die Anzeige der Masseunzulänglichkeit durch den Insolvenzverwalter nach § 208 Abs 1 InsO keine Hemmung der Verjährung nach § 205 BGB. Ebenso scheidet eine entsprechende Anwendung der §§ 205, 206 BGB aus (BGH 14.12.17, BB 18, 193).

Die Hemmung **endet** in den Fällen der Rechtsverfolgung nach **§ 204 Abs 2 S 1 BGB** sechs Monate nach der rechtskräftigen Entscheidung oder anderweitigen Beendigung des eingeleiteten Verfahrens, zB durch Vergleich. Die Hemmung endet nach **§ 204 Abs 2 S 2 BGB** ebenso, wenn eine Partei es nicht betreibt, zB das Ruhen des Verfahrens auf Antrag angeordnet wird (BGH 21.2.83 – VIII ZR 4/82, NJW 83, 2496) oder der Prozess nur auf Antrag einer der Parteien fortgesetzt werden soll (BAG 18.2.72, DB 72, 932). Sie endet auch, wenn das Verfahren nach **§ 54 Abs 5 ArbGG** ruht. Die Hemmung endet nicht, wenn es für die Untätigkeit der Parteien einen triftigen Grund gibt. Das Abwarten auf das Ergebnis eines Musterprozesses gehört nicht zu diesen Gründen. In diesem Fall läuft die Verjährung nur dann nicht, wenn die Parteien ein materiell-rechtliches Stillhalteabkommen abschließen (BAG 22.4.04 – 8 AZR 620/02, NZA 05, 656). Die Hemmung beginnt nach **§ 204 Abs 2 S 3 BGB** erneut, wenn eine Partei das Verfahren weiterbetreibt.

Soweit das Gericht vAw den Prozess fortführen muss, endet die Hemmung der Verjährung **19** auch dann nicht, wenn die Parteien keine Anträge zur Fortsetzung des Verfahrens stellen (BGH 10.7.79, NJW 79, 2307). Ebenso wenig hebt die **Aussetzung** eines Rechtsstreites nach § 148 ZPO die Hemmung der Verjährung auf (BAG 29.3.90, DB 90, 1524). Erfolgte die Aussetzung jedoch bis zur rechtskräftigen Entscheidung eines vorgreiflichen Rechtsstreits, endet die Hemmung der Verjährung mit Rechtskraft dieses Urt (BAG 29.3.90, DB 90, 1524).

**Einzelfälle:** Die **unwirksame** – zB gegen einen Verstorbenen erhobene – Klage hemmt die Verjährung nicht (BGH 13.7.59, NJW 59, 1819). Eine **unzulässige** – zB beim sachlich oder örtlich unzuständigen Gericht erhobene – Klage führt zur Hemmung (BGH 3.7.80, BGHZ 78, 1); dasselbe gilt für den Mahnbescheid (BAG 13.5.87, DB 87, 2313).

Die **Stufenklage** hemmt die Verjährung des Hauptanspruchs (BAG 28.1.86, DB 86, 1931), selbst wenn zunächst nur der Auskunftsantrag gestellt wird (BGH 14.5.75, NJW 75, 1409). Werden jedoch vorbereitende Ansprüche isoliert eingeklagt, wird die Verjährung des Hauptanspruches nicht gehemmt (BAG 28.1.86, DB 86, 1931). Die **Klage auf Rechnungslegung** hemmt daher ebenso wenig die Verjährung der Provisionsansprüche (BAG 30.4.71, DB 71, 1776) wie die Auskunftsklage (BAG 5.9.95, DB 96, 784). Die **Teilklage** hemmt die Verjährung nur iHd eingeklagten Betrages (BGH 22.2.78, NJW 78, 1058), selbst wenn die Geltendmachung des Restes im Prozess vorbehalten wird (RG 24.3.04, RGZ 57, 372; 10.10.07, RGZ 66, 2365). Die Klageerhebung gegenüber einzelnen notwendigen **Streitgenossen** aus materiell-rechtlichen Gründen (§ 62 Abs 1 1. Alt ZPO) führt nicht zur Hemmung der Verjährung gegenüber den anderen notwendigen Streitgenossen (BGH 12.1.96 – V ZR 246/94, AP § 270 Nr 2 ZPO).

Die **Klage auf zukünftige Leistung** hemmt die Verjährung (BGH 5.7.63, VersR 63, **20** 1160) ebenso wie die **Feststellungsklage** (MüKo/*von Feldmann* § 209 Rz 2; offen lassend, unter welchen Voraussetzungen eine Klage auf Feststellung des Bestehens eines **Anspruchs auf equal pay** für eine bestimmte Überlassung „dem Grunde nach" – etwa zur Hemmung der Verjährung – zulässig wäre: BAG 28.5.14 – 5 AZR 794/12, NJW 14, 2607).

Durch Erhebung einer **Kündigungsschutzklage** wird die Verjährung von Zahlungsansprüchen des Arbeitnehmers wegen Annahmeverzugs nicht gehemmt (BAG 11.10.17 – 5 AZR 694/16, NZA 18, 390). Gleiches gilt für eine Restitutionsklage (nach rechtskräftiger Abweisung einer Kündigungsschutzklage). Diese ist darauf gerichtet, das frühere Verfahren in die Lage vor Schluss der mündlichen Verhandlung zurückzuversetzen. Durch die Aufhebung des Urteils tritt die Rechtsklage ein, wie sie auch bestünde, wenn das angefochtene Urteil nie erlassen worden wäre. Die Wirkungen der Restitutionsklage gehen damit im Hinblick auf eine Hemmung der Verjährung nicht über die des Ausgangsverfahrens hinaus (BAG 24.9.14 – 5 AZR 593/12, NZA 15, 35).

**cc) Andere zur Hemmung führende Tatbestände.** Die Verjährung ist nach **§ 205** **21** **BGB** gehemmt, solange der Schuldner aufgrund einer Vereinbarung mit dem Gläubiger vorübergehend zur Verweigerung der Leistung berechtigt ist. Sie ist nach **§ 207 BGB** aus den dort genannten **familiären und ähnlichen Gründen** gehemmt. Nach **§ 206 BGB** ist sie gehemmt, solange der Gläubiger innerhalb der letzten 6 Monate der Verjährungsfrist durch höhere Gewalt an der Rechtsverfolgung gehindert ist.

**6. Unzulässige Rechtsausübung.** Ganz ausnahmsweise kann das Erheben der Verjäh- **22** rungseinrede gegen das Verbot der unzulässigen Rechtsausübung (§ 242 BGB) verstoßen und aus diesem Grund unbeachtlich sein (BGH 15.7.10, DB 10, 1934). So liegt der Fall etwa, wenn der Schuldner seinen Gläubiger – auch unbeabsichtigt (BGH 14.2.78, BGHZ 71, 86; BAG 7.5.86, BB 86, 2056) – von der rechtzeitigen Klageerhebung abgehalten hat oder ihn nach objektiven Maßstäben zu der Annahme veranlasst hat, er werde auch ohne Rechtsstreit eine vollständige Erfüllung seines Anspruchs erreichen. Dies kann man annehmen, wenn der Schuldner durch positives Tun oder durch pflichtwidriges Unterlassen einen entsprechenden Irrtum beim Gläubiger erregt hat (BAG 7.11.07 – 5 AZR 910/06, AP BGB § 196 Nr 23; BAG 7.11.02 – 2 AZR 297/01, NZA 03, 963). Dabei muss das Verhalten für die Fristversäumnis des Gläubigers ursächlich sein (BAG 18.3.97 – 9 AZR 130/96, NZA 97, 1232). Dies geschieht zB durch die Vereinbarung, vorab einen **Musterprozess** zu führen (BAG 29.1.75, DB 75, 1420), durch **Verhandlung** über die Höhe eines Anspruches, nachdem man ihn dem Grunde nach anerkannt hat (BGH 20.11.70, VersR 71, 439), durch den **unwirksamen Verzicht** auf die Einrede (BGH 12.12.78 – VI ZR 159/77, NJW 79, 866) oder schon dadurch, dass der Schuldner nach objektiven Maßstäben den Eindruck erweckt, er werde auf die Einrede der Verjährung verzichten (BAG 4.11.92 – 5 AZR 75/92, nv). Das bloße Ausschöpfen der Verjährungsfrist begründet keinesfalls bereits einen Rechtsmissbrauch (BAG 13.11.14 – 6 AZR 633/13, nv).

23 **Nicht treuwidrig** handelt der Schuldner, der sich auf Verjährung beruft, obwohl der Gläubiger mit Rücksicht auf seine Stellung und sein **Ansehen in der Öffentlichkeit** mit der pünktlichen Erfüllung seiner Ansprüche rechnen musste (BAG 29.7.66, DB 66, 1936). Auch der ArbGeb des öffentlichen Dienstes kann sich zB auf Verjährung berufen (BAG 17.12.64, DB 65, 444). Es gehört ebenso wenig zur **Fürsorgepflicht** des ArbGeb, den Mitarbeiter auf drohende Verjährung seiner Ansprüche hinzuweisen (BAG 7.5.86, BB 86, 2056).

24 Der Einwand unzulässiger Rechtsausübung **entfällt,** sobald der Gläubiger erkennt, dass der Schuldner sich im Widerspruch zu seinem früheren Verhalten doch auf Verjährung berufen will und seinen Anspruch nicht innerhalb angemessener Frist auf eine Weise geltend macht, welche die Verjährung hemmt oder neu beginnen lässt. Die Dauer der **„Überlegungsfrist"** richtet sich nach dem Einzelfall; sie wird idR kurz sein (BAG 24.11.58, DB 59, 291; BGH 20.1.76, NJW 76, 2344) und wenige Wochen nicht übersteigen dürfen (BGH 17.12.59, VersR 60, 515; 14.10.63, VersR 64, 66).

25 **7. Verkürzung, Verlängerung und Ausschluss.** Durch Vereinbarung kann die Verjährung nach § 202 Abs 1 BGB erleichtert, insbes die Verjährungsfrist **abgekürzt** werden. Dies gilt nicht bei Haftung wegen Vorsatzes. Für Ansprüche aus Betriebsvereinbarungen und bindenden Festsetzungen kann die Verjährungsfrist nach den §§ 77 Abs 4 Satz 3 BetrVG und 19 Abs 3 Satz 5 HAG nur dort verkürzt werden. Auch die individualrechtliche Abkürzung der Verjährungsfristen für tarifvertragliche Ansprüche ist bei Tarifgebundenheit nicht zulässig (ErfK/*Preis* §§ 194–218 BGB Rn 26). Im TVG fehlt zwar eine entsprechende ausdrückliche Vorschrift. § 4 Abs 4 TVG soll jedoch allgemein verhindern, dass ArbN durch einzelvertragliche Vereinbarung die Geltendmachung von kollektivrechtlichen Ansprüchen verkürzen. Nach § 202 Abs 2 BGB kann die Verjährung durch Vereinbarung bis zur Dauer von 30 Jahren erschwert, dh **verlängert** werden. So unterliegt etwa die Beitragspflicht der vom Tarifvertrag über das Sozialkassenverfahren im Baugewerbe (VTV) erfassten ArbGeb nach § 25 VTV einer vierjährigen Verjährungsfrist. Diese Verlängerung der Frist gegenüber § 195 BGB ist gem § 202 BGB wirksam (BAG 10.9.14 – 10 AZR 959/13, NZA 14, 1282). Ein **Ausschluss** der Verjährung ist nicht möglich (ErfK/*Preis* §§ 194–218 BGB Rn 26).

## B. Lohnsteuerrecht

*Seidel*

31 **1. Allgemeines.** Die Verjährung im Steuerrecht führt, anders als im bürgerlichen Recht, das lediglich eine Einrede (Leistungsverweigerungsrecht, § 214 BGB) gewährt, zum **Erlöschen der Ansprüche** aus dem Steuerschuldverhältnis (§ 47 AO) und ist daher – anders als im Arbeitsrecht (→ Rn 1) – vAw zu prüfen. Dies betrifft auch Ansprüche des Stpfl auf Erstattung von Steuern, Steuervergütungen, Haftungsbeträgen und steuerlichen Nebenleistungen (§ 37 Abs 1 AO). Die Verjährungsvorschriften gelten auch für andere Ansprüche im Verhältnis zwischen ArbGeb/ArbN und dem FA. So

**a)** für gesonderte Feststellungen von Besteuerungsgrundlagen, wie die Bildung der ELStAM gem § 39 Abs 1, 4 EStG (zB Steuerklasse, Zahl der Kinderfreibeträge; → *Lohnsteuer-*

*abzugsmerkmale* Rn 10, 25), die Eintragung von Freibeträgen im Rahmen der LStErmäßigung (→ *Lohnsteuerermäßigung* Rn 5 ff), die Ausstellung von Bescheinigungen für erweitert unbeschränkt Stpfl oder auf Antrag als unbeschränkt stpfl zu behandelnde ArbN durch das FA (§ 39 Abs 3 und § 39e Abs 8 EStG; → *Lohnsteuerberechnung* Rn 17);

**b)** für die Festsetzung von Haftungsschulden mit Haftungsbescheid (§ 191 Abs 3 AO; → *Lohnsteuerhaftung* Rn 47 ff);

**c)** für die Festsetzung von steuerlichen Nebenleistungen, wenn dies besonders vorgesehen ist (zB Zinsen; § 239 AO: 1 Jahr);

**d)** für ArbNSparzulagen (§ 14 Abs 2, 4 5. VermBG; → *Vermögenswirksame Leistungen* Rn 42);

**e)** für Wohnungsbauprämien (§ 8 Abs 1 WoPG);

**f)** für Bergmannsprämien (§ 5a Abs 1 Bergmannsprämiengesetz; s auch *HMW*/Verjährung Rz 1). Die Festsetzungsfrist ist **nicht wiedereinsetzungsfähig** (BFH 19.8.99 – III R 57/98, BStBl II 2000, 330; allgemein zur Wiedereinsetzung in den vorigen Stand → *Ausschlussfrist* Rn 39). Eine Änderung des Bescheides bzw Festsetzung ist regelmäßig auch **nicht** unter dem Gesichtspunkt von **Treu und Glauben** möglich (BFH 8.9.15 – V B 5/15, BFH/NV 15, 7 und 22.1.13 – IX R 1/12, BStBl II 13, 663).

Von der Verjährung zu unterscheiden sind die Verwirkung (→ *Verwirkung* Rn 14 ff) und die Ausschlussfrist (→ *Ausschlussfrist* Rn 38 ff). Bei der Verjährung selbst ist im Steuerrecht die **Festsetzungsverjährung** (§§ 169–171 AO), die das Recht auf Festsetzung der Steuern betrifft, von der **Zahlungsverjährung** (§§ 228–232 AO), die den Zahlungsanspruch betrifft, abzugrenzen. 32

**2. Festsetzungsverjährung. a) Allgemein.** Sie bewirkt, dass nach Ablauf der Festsetzungsfrist kein Steuer- bzw Nachforderungsbescheid oder ein sonstiger der Festsetzungsverjährung unterliegender Bescheid mehr ergehen, aufgehoben oder geändert werden darf (§ 169 Abs 1 Satz 1 AO). Für **Haftungsbescheide** gilt dies nur für deren (erstmaligen) Erlass (§ 191 Abs 3 Satz 1 AO), nicht aber für deren Aufhebung oder Änderung (BFH 12.8.97 – VII R 107/96, BStBl II 98, 131). Trotz Verjährung ergehende Bescheide sind rechtswidrig und auf einen Rechtsbehelf hin aufzuheben. Wird der Bescheid nicht angefochten, kann er vollstreckt werden. Die Festsetzungsfrist ist gewahrt, wenn der Bescheid innerhalb der Festsetzungsfrist den Bereich der für die Steuerfestsetzung zuständigen Behörde verlassen hat (§ 169 Abs 1 Satz 3 Nr 1 AO). Durch die Festsetzungsverjährung erlischt auch der Vorbehalt der Nachprüfung (§§ 164, 168 AO) bei den LStAnmeldungen (*HMW*/Verjährung Rz 6). 33

**b)** Die **Festsetzungsfrist beträgt** im Normalfall **vier Jahre** (§ 169 Abs 2 Satz 1 Nr 2 AO). Sie verlängert sich auf **fünf** Jahre bei leichtfertiger Steuerverkürzung und auf **zehn** Jahre bei Steuerhinterziehung. Bei besonders schwerer Steuerhinterziehung (§ 370 Abs 3 Satz 2 Nr 1–5 AO) beträgt auch die Verfolgungsverjährung 10 Jahre (§ 376 Abs 1 AO). Das Gleiche gilt, wenn die Tat von einem Erfüllungsgehilfen (Vertreter, Bevollmächtigten, beauftragten Mitarbeiter) des Stpfl oder des ArbGeb begangen wird. Anders nur, wenn der Stpfl oder der ArbGeb nachweist, dass er durch die Tat keinen Vermögensvorteil erlangt hat und sie auch nicht darauf beruht, dass er die erforderlichen Vorkehrungen zur Verhinderung von Steuerverkürzungen unterlassen hat (§ 169 Abs 2 Sätze 2 und 3 AO; *HMW*/Verjährung Rz 12). Bei Gesamtschuldnern verlängert sich die Festsetzungsfrist nach hM nur gegenüber dem Gesamtschuldner, der die Tat begangen hat (aA *T/K* § 169 AO Rz 23). Auch im Fall der Zusammenveranlagung von **Ehegatten** zur ESt, ist die Frage, ob Festsetzungsverjährung eingetreten ist, jeweils gesondert zu prüfen (BFH 17.11.15 – VIII R 68/13, BStBl II 16, 571). 34

**c)** Die **Festsetzungsfrist beginnt** grds mit Ablauf des Kj, in dem die Steuer entstanden ist (§ 170 Abs 1 AO), bei Haftungsbescheiden mit Ablauf des Kj, in dem der Tatbestand verwirklicht worden ist, an den das Gesetz die Haftungsfolge knüpft (§ 191 Abs 3 Satz 3 AO), also bei der LStHaftung mit Ablauf des Kj, in dem einer der Haftungstatbestände des § 42d Abs 1, 6, 7 und 9 EStG verwirklicht worden ist (→ *Lohnsteuerhaftung* Rn 8–13; → *Arbeitnehmerüberlassung/Zeitarbeit* Rn 72, 74; → *Lohnabzugsverfahren* Rn 18). Maßgebend ist dabei die LStAnmeldung und nicht die EStErklärung des betreffenden ArbN, denn für die Haftung ist auf die LStSchuld und nicht auf die individuelle EStSchuld des ArbN 35 abzustellen (BFH 6.3.08 – VI R 5/05, BStBl II 08, 597, s auch BFH 17.3.16 – VI R 3/15, BFH/NV 16, 994 Rz 15). Ist gesetzlich die Abgabe einer Steuererklärung oder Steueranmeldung vorgeschrieben (zB EStErklärung § 56 EStDV; LStAnmeldung § 41a EStG), beginnt die Frist erst mit Ablauf des Kj, in dem die Steuerfestsetzung oder die Steueranmeldung beim FA eingereicht wird **(Anlaufhemmung),** spätestens jedoch mit Ablauf des dritten Kj, das auf das Kj folgt, in dem die Steuer entstanden ist; dies gilt auch für Anzeigen, die aufgrund gesetzlicher Vorschriften zu erstatten sind (§ 170 Abs 2 Nr 1 AO). Die Festsetzungsfrist für Steuerfestsetzungen gegen den ArbN wird durch die Abgabe der LStAnmeldung durch den ArbGeb nicht beeinflusst (*HMW*/Verjährung Rz 15). Bei einer antragsgebundenen Steuerfestsetzung (→ *Antragsveranlagung* Rn 3) beginnt die Festsetzungsfrist mit Ablauf des Kj, in dem die Steuererklärung eingereicht wird. Die Frist für die Aufhebung oder Änderung einer auf Antrag vorzunehmenden Festsetzung beginnt nicht vor Ablauf des Kj, in dem der Antrag gestellt wird (§ 170 Abs 3 AO; BFH 20.1.16 – VI R 14/15, BStBl 16, 380). Die zusätzliche Anlaufhemmung greift nicht (BFH 14.4.11 – VI R 53/10, BStBl II 11, 746; BFH 17.7.14 VI 3/13, BFH/NV 14, 1739; → *Antragsveranlagung* Rn 4).

36 **d) Ablaufhemmung** ist von der Anlaufhemmung zu unterscheiden. Während bei der Anlaufhemmung der Fristbeginn hinausgeschoben wird (→ Rn 35), wird bei der Ablaufhemmung das Ende der Frist um den Zeitraum der Hemmung hinausgeschoben (§ 171 AO). Wird zB vor Ablauf der Festsetzungsfrist ein Antrag auf Steuerfestsetzung oder auf Aufhebung oder Änderung einer Steuerfestsetzung gestellt, so läuft die Festsetzungsfrist „insoweit" nicht ab, bevor über den Antrag unanfechtbar entschieden worden ist. Dies gilt auch, wenn ein vor Ablauf der Frist erlassener Steuerbescheid angefochten wird, auch wenn der **Rechtsbehelf** erst nach Ablauf der Festsetzungsfrist eingelegt worden ist (§ 171 Abs 3 AO). Das Wort „insoweit" bedeutet eine betragsmäßige Reichweite des Antrags (*T/K* § 171 AO Rz 15). Wird ein Haftungsbescheid mit Einspruch oder Klage angefochten, läuft die Festsetzungsfrist nicht ab, bevor über den Rechtsbehelf unanfechtbar entschieden worden ist. Wird der Bescheid aufgehoben, endet die Hemmung erst, wenn der neue Bescheid unanfechtbar geworden ist. Dies gilt jedoch nur bei gerichtlicher Kassation des Erstbescheides, nicht wenn das FA den Erstbescheid aufgehoben hat (§§ 191 Abs 3, 171 Abs 3a AO; BFH 5.10.04 – VII R 77/03, BStBl II 05, 122). Hebt das FA jedoch in einem Verwaltungsakt den angefochtenen Bescheid unter gleichzeitigem Erlass eines neuen Bescheides auf, ist der neue Bescheid noch innerhalb der nach § 171 Abs 3a Satz 1 AO gehemmten Festsetzungsfrist ergangen (BFH 5.1.05 – VII R 18/03, BStBl II 05, 323; s auch AEAO § 171 Nr 2a, BMF 31.1.14, BStBl I 14, 290).

37 Ist die Steuer, für die gehaftet wird, noch nicht festgesetzt, so endet die Festsetzungsfrist für den **Haftungsbescheid** nicht vor Ablauf der für die Steuerfestsetzung geltenden Frist; ist die Steuer bereits festgesetzt, so endet sie nicht vor Ablauf von zwei Jahren nach Bekanntgabe der Steuerfestsetzung (§ 191 Abs 3 Satz 4 iVm § 171 Abs 10 AO). Kann die Steuer gegenüber dem ArbN wegen Ablaufs der Festsetzungsfrist nicht mehr festgesetzt werden, dann darf auch der ArbGeb oder eine sonst in Betracht kommende Person (→ *Lohnsteuerhaftung* Rn 29 ff) nicht mehr in Anspruch genommen werden (BFH 17.3.16 – VI R 3/15, BFH/NV 16, 994). Dies gilt auch, wenn dem ArbN die Steuer erlassen worden oder eine gegen den Steuerschuldner (ArbN) festgesetzte Steuer verjährt ist (Zahlungsverjährung, → Rn 40 ff). Ausnahme: wenn die Haftung darauf beruht, dass der Haftungsschuldner Steuerhinterziehung oder Steuerhehlerei begangen hat (§ 191 Abs 5 AO).

38 **e) (Lohnsteuer-)Außenprüfung** hemmt den Ablauf der Festsetzungsverjährung für die Steuern, auf die sich die Prüfung (tatsächlich) erstreckt bzw im Fall der Hinausschiebung nach der Prüfungsanordnung erstrecken sollte, wenn vor Ablauf der Frist mit der Prüfung begonnen oder sie auf Antrag des ArbGeb hinausgeschoben worden ist, solange bis die aufgrund der Außenprüfung ergangenen Steuerbescheide unanfechtbar geworden sind oder nach Bekanntgabe der Mitteilung über die Ergebnislosigkeit der Prüfung (§ 202 Abs 1 Satz 3 AO) drei Monate verstrichen sind (→ *Außenprüfung* Rn 20). Das gilt **nicht, wenn** die Prüfung **unmittelbar nach** ihrem **Beginn** für die Dauer von mehr als sechs Monaten aus von der Finanzbehörde zu vertretenden Gründen **unterbrochen** wird.

39 Die Festsetzungsfrist für die Auswertung der Prüfungsfeststellungen endet spätestens, wenn seit Ablauf des Kj der Schlussbesprechung bzw der letzten Ermittlungshandlungen die

oa Fristen (regelmäßig vier Jahre) verstrichen sind (§ 171 Abs 4 AO). Die Vorschrift betrifft bei der LStAußenprüfung gegen den ArbGeb gerichtete Pauschalierungs- bzw Nachforderungsbescheide (→ *Lohnsteuerpauschalierung* Rn 6) sowie Haftungsbescheide (→ *Lohnsteuerhaftung* Rn 48–62). Die verjährungshemmende Wirkung von Ermittlungsmaßnahmen tritt aber nicht gegenüber Handlungsunfähigen ein (BFH 16.4.97, BStBl II 97, 595). Zu beachten ist, dass eine LStAußenprüfung beim ArbGeb die Festsetzungsfrist in Bezug auf den EStAnspruch gegen den ArbN nicht hemmt, da der ArbN allenfalls in sachlicher, nicht aber in personeller Hinsicht von der LStAußenprüfung betroffen wird (BFH 17.3.16 – VI R 3/15, BFH/NV 16, 994; s auch LStH 42d.1: Allgemeines zur ArbGebHaftung). Dies gilt auch für LStNachforderungsbescheide (→ *Lohnsteuernachforderung* Rn 14, 15) gegenüber dem ArbN (BFH 9.3.90, BStBl II 90, 608).

**3. Zahlungsverjährung** bringt festgesetzte Ansprüche aus dem Steuerschuldverhältnis zum Erlöschen (§ 47 AO). Zum Unterschied zur Festsetzungsverjährung, die bestimmt, wie lange noch ein Steuer- oder Haftungsbescheid ergehen, aufgehoben oder geändert werden darf, betrifft die Zahlungsverjährung die sich aufgrund der Festsetzung bzw Änderungen oder Aufhebungen ergebenden Zahlungsansprüche des FA oder Erstattungsansprüche des ArbGeb oder ArbN gegen das FA. **40**

Die Frist beträgt einheitlich **fünf Jahre** (§ 228 Satz 2 AO). Sie beginnt mit Ablauf des Kj, in dem die Ansprüche erstmals fällig geworden sind, jedoch nicht vor Ablauf des Kj, in dem die Festsetzung, Aufhebung oder Änderung der Festsetzung wirksam geworden ist; die LStAnmeldung steht der Steuerfestsetzung gleich (§ 229 Abs 1 AO), dh, bei Abgabe der LStAnmeldung November 18 im Januar 19 beginnt die Frist für die Zahlungsverjährung erst am 31.12.19 (zur Fälligkeit der angemeldeten Beträge → *Lohnsteuerabführung* Rn 3). Die Fälligkeit (§ 220 AO) ergibt sich idR aus dem Bescheid, durch den die Steuer festgesetzt wird. Steuererstattungsansprüche werden mit der Bekanntgabe des Bescheids fällig, durch den sie festgestellt werden (§ 220 Abs 2 Satz 2 AO). Ergeht ein Haftungsbescheid ohne Zahlungsaufforderung, so beginnt die Verjährung mit Ablauf des Kj, in dem der Haftungsbescheid wirksam wird (§ 229 Abs 2 AO). **41**

Anders als bei der Festsetzungsverjährung, bei der es nur eine Ablaufhemmung gibt, kennt das Steuerrecht bei der Zahlungsverjährung eine **Unterbrechung,** dh, dass mit dem Ablauf des Kj, in dem die Unterbrechung endet, eine neue fünfjährige Verjährungsfrist beginnt (§ 231 Abs 3 AO), wobei eine Unterbrechung nur in Höhe des Betrages eintritt, auf den sich die Unterbrechungshandlung bezieht (§ 231 Abs 4 AO). **42**

**Unterbrechungshandlungen** stellen ua die Zahlungsaufforderung, die Stundung, die Aussetzung der Vollziehung, Vollstreckungsmaßnahmen, die Anmeldung im Insolvenzverfahren sowie die Aufnahme in einen Insolvenzplan oder einen gerichtlichen Schuldenbereinigungsplan, die Einbeziehung in ein Verfahren, das die Restschuldbefreiung zum Ziel hat (→ *Insolvenz des Arbeitgebers* Rn 2) und die Wohnsitzermittlung dar (§ 231 Abs 1 AO). Die Unterbrechungshandlungen müssen sich stets gegen die Person richten, die in Anspruch genommen werden soll (*HMW*/Verjährung Rz 43). Die verjährungsunterbrechende Wirkung ist jedoch nicht davon abhängig, dass der Zahlungspflichtige davon erfährt. Maßgebend ist allein der Entschluss des FA, den Zahlungsanspruch durchzusetzen und ein über den innerdienstlichen Bereich hinausgehendes Tätigwerden, zB durch eine EMA-Anfrage (BFH 17.9.14 – VII R 8/13, BFH/NV 15, 4). Ist die Verjährung durch eine Zahlungsaufforderung unterbrochen, steht es ebenfalls nicht in der Macht des FA, dies durch eine Erklärung als „erledigt" rückgängig zu machen (BFH 28.11.06 – VII R 3/06, BStBl II 09, 575). Wird gegen die FinBeh ein Anspruch geltend gemacht, so endet die hierdurch eingetretene Unterbrechung nicht, bevor über den Anspruch rechtskräftig entschieden worden ist (§ 231 Abs 2 Satz 2 AO). **43**

Die Zahlungsverjährung beträgt auch bei zur **Insolvenztabelle** festgestellten Ansprüchen aus dem Steuerschuldverhältnis 5 und nicht 30 Jahre (BFH 26.4.88, BStBl II 88, 865; s auch *T/K* § 231 AO Rz 28). **44**

## C. Sozialversicherungsrecht *Voelzke*

**1. Allgemeines.** Im SozVRecht sind unterschiedliche Regelungen über die Verjährung von Ansprüchen auf Sozialleistungen (§ 45 SGB I), von Ansprüchen auf Beiträge zur SozV **45**

(§ 25 SGB IV) und von Erstattungs- und Rückerstattungsansprüchen (§§ 50 Abs 4, 113 SGB X; 27 Abs 2, 3 SGB IV) zu unterscheiden. Für durch Verwaltungsakt festgestellte Ansprüche von Leistungsträgern ist zusätzlich der Unterbrechungstatbestand des § 52 SGB X zu beachten. Den Verjährungsvorschriften des SozVRechts ist gemeinsam, dass das privatrechtliche Rechtsinstitut der Verjährung nur insoweit durch Sondervorschriften abgewandelt wird, als dies in den unterschiedlichen Rechtsbereichen erforderlich ist, im Übrigen aber auf die Vorschriften des BGB verwiesen wird. IdR verjähren sozialrechtliche Ansprüche in **vier Jahren** nach Ablauf des Kj, in dem der Anspruch entstanden ist. Die Bestimmungen des SozVRechts folgen dem allgemein für Verjährungsregelungen maßgebenden Zweck, im Interesse des Rechtsfriedens seit langem fällige Forderungen undurchsetzbar zu machen, wenn die Verjährung nicht durch Maßnahmen des Gläubigers unterbrochen oder gehemmt wurde.

46 **2. Leistungsrecht.** Ansprüche auf Sozialleistungen (Geld-, Sach- und Dienstleistungen iSd § 11 SGB I) verjähren gem § 45 Abs 1 SGB I in **vier Jahren** nach Ablauf des Kj, in dem sie entstanden sind. Hiervon nicht erfasst wird das sog **Stammrecht** auf die Leistung, so dass lediglich die auf einen zurückliegenden Zeitraum entfallende Einzelleistung der Verjährung unterliegt, nicht hingegen der Anspruch auf die aus dem Stammrecht erwachsenden künftigen Leistungen (*Schlegel/Voelzke/Groth* SGB I, § 45 Rz 19). Die Verjährungsvorschrift des § 45 SGB I greift auch ein, wenn Ansprüche auf Sozialleistungen durch Verwaltungsakt bindend festgestellt worden sind (BSG 22.6.94 – 10 RKg 32/93, NZS 95, 47). Auch die Erstattung von Beiträgen an den Träger einer Reha-Einrichtung unterliegt der vierjährigen Verjährung von Leistungsansprüchen (BSG 6.8.14 – B 11 AL 7/13 R, SozR 4–1200 § 45 Nr 8).

Der **Beginn** der Verjährung (= Entstehung des Anspruchs) erfolgt erst zu dem Zeitpunkt, in dem die Möglichkeit zur sofortigen Geltendmachung beim Leistungsträger eröffnet ist (zB ist die Feststellung der Vaterschaft für den Kindergeldanspruch erforderlich: BSG 22.9.93 – 10 RKg 6/93, SozR 3–5870 § 9 Nr 2).

Für die **Hemmung, Ablaufhemmung, Neubeginn** und **Wirkung** der Verjährung gelten nach § 45 Abs 2 SGB I die Vorschriften des Bürgerlichen Rechts sinngemäß. Der schriftliche Antrag auf die Sozialleistung und die Erhebung des Widerspruchs werden in § 45 Abs 3 SGB I als besondere Unterbrechungstatbestände genannt. Die Hemmung der Verjährung endet in den genannten Fällen mit der Bekanntgabe der Entscheidung über den Antrag oder den Widerspruch. Die Wirkung des Leistungsantrags endet nicht dadurch, dass der Antragsteller seinen Antrag trotz einer Aufforderung der Verwaltung nicht ergänzt (BSG 24.9.92 – 9a RV 22/91, SozR 3–1200 § 45 Nr 1). Nach Beendigung der Unterbrechungstatbestände beginnt eine neue vierjährige Frist zu laufen.

47 Die Verjährung des Leistungsanspruchs ist nur auf **Einrede** des Leistungsträgers hin zu beachten. Die Ausübung des Einrederechts steht im Ermessen des Leistungsträgers (vgl zu den Gesichtspunkten der Ermessensausübung *Schlegel/Voelzke/Groth* SGB I, § 45 Rz 44). Die Berufung auf den Eintritt der Verjährung wird dem Leistungsträger nicht schon dadurch verwehrt, dass die Nichtzahlung laufender Leistungen eindeutig auf einen Fehler der Verwaltung zurückzuführen ist (BSG 13.12.84 – 9a RV 60/83, SozR 1200 § 45 Nr 5). Sie kann allerdings im Einzelfall rechtsmissbräuchlich sein, wenn der Leistungsträger durch sein Verhalten den Eintritt der Verjährung wesentlich mitverursacht hat (s aber auch KassKomm/*Seewald* § 45 SGB I Rz 35). Der Leistungsträger muss bei vAw vorzunehmenden Leistungserhöhungen in jedem Falle bei der Ausübung des Ermessens berücksichtigen, ob und in welchem Umfang er mit Hilfe der Einrede der Verjährung die Nachzahlung verweigert (BSG 5.5.93 – 9/9a RV 12/92, SozR 3–1200 § 45 Nr 2).

48 **3. Beitragsrecht.** Ansprüche auf Beiträge zur SozV verjähren nach § 25 Abs 1 Satz 1 SGB IV regelmäßig in vier Jahren nach Ablauf des Kj, in dem sie fällig geworden sind (vgl das Berechnungsbeispiel bei *Schlegel/Voelzke/Segebrecht* SGB IV § 25 Rz 43). Wurden die Beiträge **vorsätzlich vorenthalten,** so verjähren sie in 30 Jahren nach Ablauf des Kj, in dem sie fällig geworden sind (§ 25 Abs 1 Satz 2 SGB IV). Diese Verjährungsfrist gilt bei vorsätzlicher Vorenthaltung der Beiträge auch für Ansprüche auf Nebenleistungen (Säumniszuschläge, Verzugszinsen, Mahngebühren, Kosten der Vollstreckung; BSG 8.4.92 – 10 RAr 5/91, SozR 3–2400 § 25 Nr 4). Die 30-jährige Verjährungsfrist kommt auch zur Anwendung, wenn sich der in seiner Liquidität eingeschränkte ArbGeb in Kenntnis der

Beitragspflicht für die teilweise Erfüllung von Ansprüchen der ArbN und gegen eine Zahlung fälliger Beiträge entscheidet (BSG 21.3.07 – B 11a AL 15/06 R, BeckRS 2007, 45544). Das BSG konnte in dieser Entscheidung offenlassen, ob auch die vollständige Zahlungsunfähigkeit den Vorsatz nicht ausschließt. Die 30-jährige Verjährungsfrist läuft auch, wenn der Vorsatz zu ihrer Vorenthaltung bei Fälligkeit der Beiträge noch nicht vorlag, der Vorsatz aber noch vor Ablauf der vierjährigen Verjährungsfrist eingetreten ist (BSG 30.3.2000 – B 12 KR 14/99 R, SozR 3–2400 § 25 Nr 7). Der ArbGeb muss sich das Handeln von Betriebsangehörigen oder anderen mit der Beitragsentrichtung betrauten Personen zurechnen lassen (KassKomm/*Zieglmeier* § 25 SGB IV Rz 45). Die Verjährungsregelung des § 25 SGB IV findet nicht nur auf Beitragsforderungen von Versicherungsträgern gegen ArbGeb und Versicherte Anwendung, sondern auch auf die Ansprüche der ArbGeb gegen die ArbN auf die ArbNAnteile an den Beiträgen (BSG 25.10.90 – 12 RK 27/89, NZA 91, 493). Ob die Erhebung der Verjährungseinrede gegenüber den Beitragsansprüchen der Einzugsstelle rechtsmissbräuchlich ist, richtet sich ausschließlich nach den Umständen des Gläubiger-Schuldner-Verhältnis der Einzugsstelle zum ArbGeb (BSG 13.8.96 – 12 RK 76/94, SozR 3–2400 § 25 Nr 6).

Für die **Hemmung,** die **Ablaufhemmung,** den **Neubeginn** und die **Wirkung** der **49** Verjährung von Beitragsansprüchen gelten die Vorschriften des BGB entsprechend (§ 25 Abs 2 SGB IV). Ferner ist die Verjährung nach § 25 Abs 2 Satz 2 SGB IV für die Dauer einer Prüfung beim ArbGeb gehemmt. Die Hemmung der Verjährung beginnt mit dem Tag des Beginns der Prüfung und endet mit der Bekanntgabe des Beitragsbescheides, spätestens nach Ablauf von sechs Kalendermonaten nach Ablauf der Prüfung. Ein die Verjährung unterbrechendes Beitragsverfahren liegt nach der sehr weiten Rspr des BSG bereits in jedem in die Sphäre des Betroffenen hineinwirkenden tatsächlichen Tätigwerden der Behörde, ohne dass es einer förmlichen Kenntnisverschaffung des Betroffenen bedürfte (BSG 27.7.11 – B 12 R 19/09 R, SozR 4–2600 § 198 Nr 1).

Wird ein Beitragsbescheid erteilt, so ist der **Unterbrechungstatbestand** des § 52 Abs 1 SGB X (Erlass eines Verwaltungsaktes) zu beachten. Die Unterbrechung dauert bis zur Unanfechtbarkeit des Verwaltungsaktes oder bis zur anderweitigen Erledigung des Verwaltungsverfahrens. Die Klage eines ArbN gegen den Versicherungsträger wegen der Feststellung seiner Versicherungspflicht unterbricht die Verjährung der Beitragsforderung gegen den ArbGeb nicht. Wurde der ArbGeb zum Rechtsstreit beigeladen, so tritt die Unterbrechung allerdings ein, wenn die Einzugsstelle den Beitragsanspruch binnen sechs Monaten nach rechtskräftiger Feststellung der Versicherungspflicht gegen den ArbGeb geltend macht (BSG 21.2.90 – 12 RK 55/88, NZA 91, 33). Etwas anderes gilt hier wegen der Sonderregelung des § 198 SGB VI hinsichtlich der Verjährung von RVBeiträgen. Beitragsverfahren und Verfahren über einen Rentenanspruch unterbrechen auch die Verjährung des Anspruchs auf Zahlung der RVBeiträge gem § 25 Abs 1 SGB IV.

Ungeklärt ist bislang, ob die Verjährung **von Amts wegen** oder nur auf **Einrede** des **50** Beitragsschuldners zu beachten ist. Die Versicherungsträger haben bisher von sich aus verjährte Beitragsforderungen nicht geltend gemacht. Das BSG hat allein mit Rücksicht auf diese Verwaltungspraxis in einem Einzelfall angenommen, dass die Verjährung vAw zu beachten sei, gleichzeitig aber bereits auf die Gegenauffassung hingewiesen, der wegen des eindeutigen Verweises auf die sinngemäße Anwendung der Vorschriften des BGB (§ 25 Abs 2 SGB IV iVm § 222 Abs 1 BGB) der Vorzug zu geben ist (BSG 25.10.90 – 12 RK 27/89, NZA 91, 493). In Zweifelsfällen sollte deshalb die Einrede der Verjährung ausdrücklich erhoben werden.

**4. Erstattungs- und Rückerstattungsansprüche.** Auch für die Rückabwicklung von **51** Ansprüchen aus dem Sozialrechts- oder Beitragsverhältnis gelten besondere Verjährungsregelungen. Die Erstattung **zu Unrecht erbrachter Leistungen** unterliegt der Verjährung nach § 50 Abs 4 SGB X. Hiernach verjähren Erstattungsansprüche der Verwaltung gegen den Leistungsempfänger nach Ablauf von vier Jahren.

Anknüpfungspunkt für den Beginn der Verjährungsfrist ist die Unanfechtbarkeit des Fest- **52** stellungsbescheides über die Erstattungsforderung, während der Zeitpunkt der Überzahlung nur hinsichtlich der Ausschlussfristen für die Aufhebung des Bewilligungsbescheides gem §§ 45, 48 SGB X maßgeblich ist.

53 Ansprüche auf Erstattung von zu **Unrecht entrichteten Beiträgen** verjähren nach § 27 Abs 2 SGB IV in vier Jahren nach Ablauf des Kj, in dem die Beiträge entrichtet worden sind. Der Anspruch auf Erstattung zu Unrecht entrichteter Beiträge entsteht und verjährt nicht, solange dem Berechtigten gegenüber das Bestehen von Versicherungspflicht festgestellt ist (BSG 13.9.06 – B 12 AL 1/05 R, SozR 4–2400 § 27 Nr 2). Die Frist für die Erstattung zu Unrecht entrichteter SozVBeiträge beginnt auch dann mit dem Kalenderjahr der Beitragsentrichtung, wenn der Anspruch erst später entstehen sollte (BSG 31.3.15 – B 12 AL 4/13 R, BeckRS 2015, 69521). Erhebt ein Versicherungsträger gegen einen Beitragserstattungsanspruch die Einrede der Verjährung, kann vom ArbGeb nicht mit Erfolg geltend gemacht werden, er habe von der Versicherungsfreiheit des ArbN nichts gewusst (LSG BaWü 26.7.95 – L 3 Az 642/94, Die Beiträge 96, 620; *Schlegel/Voelzke/Waßer* SGB IV, § 27 Rz 51). Dem Anspruch auf Beitragserstattung kann der Versicherungsträger die Einrede der Verjährung auch dann entgegenhalten, wenn eine zuvor durchgeführte Betriebsprüfung beim ArbGeb nicht zu Beanstandungen geführt hat (BSG 29.7.03 – B 12 AL 1/02 R, SozR 4–2400 § 27 Nr 1). Die Behörde kann sich jedoch nicht auf Verjährung berufen, wenn sie bei der Ablehnung eines Leistungsantrags wegen in der Vergangenheit zu Unrecht angenommener Versicherungspflicht nicht umfassend und vollständig über die Notwendigkeit einer schriftlichen Antragstellung belehrt hat (BSG 12.12.07 – B 12 AL 1/06 R, SozR 4–2400 § 27 Nr 3). § 27 SGB IV findet bei der Erstattung rechtmäßig entrichteter Beiträge keine Anwendung (BSG 24.3.83 – 1 RJ 92/81, SozR 2100 § 27 Nr 2). Unerheblich ist, für welche Zeiträume die Beiträge entrichtet wurden. Wird die Rechtswirksamkeit der RVBeiträge vom Versicherungsträger beanstandet, so beginnt die Verjährung erst mit dem Ablauf des Kj der Beanstandung (§ 27 Abs 2 Satz 2 SGB IV). Die Vorschrift findet auf die Beanstandung von Beiträgen zur KV und ArblV keine Anwendung (BSG 25.4.91 – 12 RK 31/90, SozR 3–2400 § 27 Nr 1).

Als besonderen Unterbrechungstatbestand nennt § 27 Abs 3 SGB IV den schriftlichen **Antrag auf die Erstattung** und den **Widerspruch.** Die hierdurch herbeigeführte Hemmung der Verjährungsfrist endet sechs Monate nach Bekanntgabe der Entscheidung über den Antrag oder den Widerspruch. Der Eintritt der Verjährung ist nur auf die Einrede des Versicherungsträgers hin zu beachten, über deren Gebrauch er nach pflichtgemäßem Ermessen zu entscheiden hat.

## Vermittlungsbudget

### A. Arbeitsrecht

*Poeche*

1 Das in § 44 SGB III geregelte **Vermittlungsbudget** ermöglicht der Agentur für Arbeit, Ausbildungssuchende, von Arbeitslosigkeit bedrohte Arbeitssuchende und Arbeitslose (und seit dem 1.8.19 auch Ausländer, deren Erwerbstätigkeit – noch – nicht erlaub ist, bei denen aber ein rechtmäßiger und dauerhafter Aufenthalt zu erwarten ist) insbes von den oft hohen **Bewerbungskosten** zu entlasten. Diese werden allerdings nur übernommen, soweit der ArbGeb gleichartige Leistungen nicht oder voraussichtlich nicht erbringen wird.

### B. Lohnsteuerrecht

*Weil*

5 Leistungen, die im Rahmen des Vermittlungsbudgets gewährt werden, sind **steuerfrei** (§ 3 Nr 2 Buchst a EStG: „übrige Leistungen nach dem SGB III"). Sie unterliegen nicht dem Progressionsvorbehalt (§ 32b Nr 1 EStG), weil sie dort nicht genannt werden. Aufwendungen in diesem Zusammenhang, zB Fahrtkosten zur BA, sind steuerlich nicht abzugsfähig (§ 3c EStG). Soweit Leistungen aus dem Vermittlungsbudget nicht gewährt werden, können vorweggenommene oder vergebliche Werbungskosten vorliegen (→ *Bewerbung* Rn 16; → *Werbungskosten* Rn 9).

### C. Sozialversicherungsrecht

*Voelzke*

10 **1. Einordnung.** Beim Vermittlungsbudget (§ 44 SGB III) handelt es sich um ein **Förderungsinstrument,** das die BA in die Lage versetzen soll, die berufliche Eingliederung

von ArbN flexibel, bedarfsgerecht und unbürokratisch zu unterstützen (BT-Drs 16/10810, 38). Bei der Anwendung des § 44 SGB III soll das Augenmerk darauf gerichtet werden, welche Vermittlungshemmnisse bestehen und ausgeräumt werden müssen. Leistungen des Vermittlungsbudgets können nach § 16 Abs 1 Satz 2 SGB II iVm § 44 SGB III auch SGB II-Berechtigte erhalten (*Hauck/Noftz/Voelzke* SGB II, § 16 Rz 105 ff).

**2. Voraussetzungen.** Aus dem Vermittlungsbudget werden Leistungen gewährt, die im Zusammenhang mit der Anbahnung oder Aufnahme einer versicherungspflichtigen Beschäftigung erforderlich werden (§ 44 Abs 1 Satz 1 SGB III). Es muss eine nach den §§ 25 ff SGB III **versicherungspflichtige Beschäftigung** angestrebt werden, für die kein Tatbestand der Versicherungsfreiheit eingreift (→ *Arbeitslosenversicherungspflicht* Rn 3 ff). Ausgeschlossen sind danach insbes Förderleistungen, die die Anbahnung oder Aufnahme einer geringfügigen Beschäftigung unterstützen sollen. Auch die Aufnahme einer Tätigkeit im Rahmen des Bundesfreiwilligendienstes ist nicht förderungsfähig (BSG 12.12.17 – B 11 AL 26/16 R, NZS 18, 510). Hingegen ist die Leistungsgewährung unabhängig davon, ob die spätere Arbeitsaufnahme auf Initiative des Grundsicherungsträgers zustande kommt. Ausreichend ist, dass die Förderungsleistungen für die berufliche Eingliederung notwendig sind, wobei an die Notwendigkeit nicht zu hohe Anforderungen zu stellen sind. Bei der Beurteilung des Merkmals der Notwendigkeit steht der BA kein Beurteilungsspielraum zu (KSW/*Mutschler* § 44 SGB III Rz 9). 11

Die zu fördernde **Anbahnung eines Arbeitsverhältnisses** erfasst alle Aktivitäten im Vorfeld der eigentlichen Arbeitsaufnahme. Ein konkreter Bezug zu einem Arbeitsplatzangebot ist nicht erforderlich. Ausreichend ist, dass die Vermittlungssituation allgemein verbessert wird (zB durch die Übernahme der Kosten für einen Friseurbesuch). Nicht erfasst werden hingegen Leistungen, die der Vermittlung spezifischer beruflicher Kenntnisse dienen, weil hierfür spezielle Förderinstrumente vorgesehen sind (*Weiterbildung*). Leistungen aus dem Vermittlungsbudget dürfen auch nicht zur Aufrechterhaltung eines Beschäftigungsverhältnisses oder mit dem Ziel einer dauerhaften Eingliederung gewährt werden (*Hauck/Noftz/Rademacker* SGB III, § 44 Rz 25). 12

Gefördert werden können auch unterstützende Leistungen, die im Zusammenhang mit der **Aufnahme** einer versicherungspflichtigen Beschäftigung stehen. Die Förderung ist nicht auf den Zeitpunkt des Vertragsschlusses beschränkt, sondern erfasst wird auch der Zeitraum vor oder nach der Beschäftigungsaufnahme, wenn bei wertender Betrachtung ein ursächlicher Zusammenhang zur Beschäftigungsaufnahme besteht (*Hauck/Noftz/Voelzke* SGB II, § 16 Rz 111). Die Förderung der Beschäftigungsaufnahme setzt eine Konkretisierung der in Aussicht genommenen Beschäftigung voraus (KSW/*Mutschler* § 44 SGB III Rz 8).

Voraussetzung für eine Gewährung von Leistungen aus dem Vermittlungsbudget ist zudem, dass der Betroffene **ausbildungsuchend, von Arbeitslosigkeit bedroht oder arbeitslos** ist. Von Arbeitslosigkeit bedroht sind nach § 17 SGB III Personen, die versicherungspflichtig beschäftigt sind, alsbald mit der Beendigung der Beschäftigung rechnen müssen und voraussichtlich nach Beendigung der Beschäftigung arbeitslos werden. Für den begünstigten Personenkreis wird darauf verzichtet, dass bereits ein aktueller Leistungsbezug vorliegt. 13

Die Gewährung von Leistungen aus dem Vermittlungsbudget ist ausgeschlossen, wenn der **Arbeitgeber gleichartige Leistungen** erbringt oder erbringen wird. Eine Gewährung von Leistungen kommt aufgrund dieses Ausschlussgrundes nicht in Betracht, wenn der ArbGeb den ArbN zu einer persönlichen Vorstellung auffordert, weil die damit verbundenen Aufwendungen vom ArbGeb zu tragen sind (→ *Bewerbung* Rn 4).

**3. Leistungen.** Die nach § 44 SGB III zu gewährenden Leistungen sind ihrer Art nach nicht auf bestimmte Leistungsgruppen beschränkt. Vielmehr gehört es gerade zu den mit der Einführung des Vermittlungsbudgets verfolgten Zielen, eine flexible Unterstützung aller **sinnvollen Hilfen und Unterstützungen** zu ermöglichen, um Hemmnisse bei der Vermittlung zu beseitigen. 14

Gleichwohl umfasst die Förderung auch weiterhin den Katalog des bisherigen Rechts von vermittlungsunterstützenden Hilfen. Der begünstigte Personenkreis kann folglich in Anlehnung an das frühere Recht aus dem Vermittlungsbudget im Zusammenhang mit einer

**Bewerbung** die Erstattung von Bewerbungs- und Reisekosten sowie nach einer **Arbeitsaufnahme** Übergangshilfe, Ausrüstungsbeihilfe, Reisekostenbeihilfe, Fahrkostenbeihilfe, Trennungskostenbeihilfe und Umzugskostenbeihilfe erhalten (vgl zu den möglichen Leistungen *Schlegel/Voelzke/Herbst* SGB III § 44 Rz 206). Schließlich kann mit den Mitteln des Vermittlungsbudgets zB eine finanzielle Unterstützung des ArbN während einer Probebeschäftigung geleistet werden.

15 **4. Förderung im Ausland.** § 44 Abs 2 SGB III eröffnet eine Förderung der Anbahnung oder Aufnahme einer Beschäftigung innerhalb der EU, des EWR oder in der Schweiz. Eine Förderung kann nur erfolgen, wenn die Beschäftigung einen **Mindestumfang von 15 Wochenstunden** hat. Außerdem muss die Beschäftigung im Ausland der Versicherungspflicht unterliegen. Die Gesetzesbegründung geht davon aus, dass die Förderung einer Vermittlung ins Ausland nur in Betracht kommt, wenn eine Bewerbung auf dem inländischen Arbeitsmarkt chancenlos wäre (BT-Drs 16/10810, 38). Allerdings hat diese einschränkende Sicht keinen Niederschlag im Wortlaut der Norm gefunden. Deshalb kann lediglich der ggf erhöhte Kostenaufwand bei der Ermessensentscheidung über eine Förderung Berücksichtigung finden.

16 **5. Ermessen.** Die BA entscheidet über das Ob und den Umfang der Förderung nach ihrem **pflichtgemäßen Ermessen.** Es stellt grds keinen Ermessensfehler dar, wenn die Förderung auf Fälle konzentriert wird, bei denen sich eine Arbeitsaufnahme bereits konkretisiert hat. Im Hinblick auf den durch das Gesetz eingeräumten weiten Gestaltungsspielraum wird eine Ermessensreduzierung auf Null nur in besonders gelagerten Ausnahmefällen in Betracht kommen.

§ 44 Abs 3 Satz 1 SGB III stellt klar, dass die BA **Pauschalen** festlegen kann. Durch die Festlegung von Pauschalen kann für typische Fallgestaltungen eine gleichmäßige Behandlung der Fälle innerhalb des Bezirks der AA gewährleistet werden.

17 **6. Antrag.** Leistungen aus dem Vermittlungsbudget werden als Leistungen der Arbeitsförderung auf Antrag erbracht. Sie können grds nur erbracht werden, wenn sie **vor Eintritt des leistungsbegründenden Ereignisses** beantragt werden (§ 324 Abs 1 Satz 1 SGB III). Eine verspätete Antragstellung kann die BA nach § 324 Abs 1 Satz 2 SGB III zur Vermeidung unbilliger Härten zulassen. Abzustellen ist hierbei insbes auf die Gründe, die zur verspäteten Antragstellung geführt haben (*Hauck/Noftz/Radüge* SGB III, § 324 Rz 14).

## Vermögenswirksame Leistungen

### A. Arbeitsrecht

*Röller*

1 **1. Allgemeines. Vermögenswirksame Leistungen** sind **Geldleistungen, die der Arbeitgeber für den Arbeitnehmer oder** für **dessen Angehörige** in einer der in § 2 Abs 1 VermBG genannten Anlageformen **anlegt.** Bei der Anlage zugunsten seiner Angehörigen werden die Angehörigen selbst Vertragspartei des Anlageinstituts oder Unternehmens, an welches der ArbGeb die vermögenswirksam anzulegenden Beträge zahlt; der ArbN schließt keinen Vertrag mit dem Anlageinstitut oder Unternehmen zugunsten der Angehörigen gem §§ 328 ff BGB.

2 Die vermögenswirksam anzulegenden Geldleistungen müssen nicht zwingend aus dem Vermögen des ArbGeb stammen. Vielmehr kann auch der ArbN vermögenswirksame Leistungen aufbringen, indem er einen Teil des Arbeitslohnes vermögenswirksam anlegt (§ 11 Abs 1, 2 5. VermBG). Nach § 2 Abs 6 5. VermBG sind vermögenswirksame Leistungen arbeitsrechtlich **Bestandteil des Lohns oder Gehalts** (BAG 19.9.12 – 5 AZR 628/11, NZA 13, 330).

3 **2. Begünstigter Personenkreis.** Begünstigt werden ArbN einschließlich der zu ihrer Berufsausbildung beschäftigten Personen (§ 1 Abs 2 5. VermBG). Als ArbN gelten auch die in Heimarbeit beschäftigten Personen. Vermögenswirksame Leistungen können auch für die in § 3 5. VermBG genannten Angehörigen des ArbN erbracht werden.

Die **Rechtswirksamkeit des Arbeitsvertrages** ist für die Gewährung vermögenswirksamer Leistungen unbeachtlich, soweit der ArbN den Vertrag tatsächlich in Vollzug gesetzt, dh die Arbeit angetreten hat. Auch ein **faktisches Arbeitsverhältnis,** das nur für die Zukunft aufgelöst werden kann, ist Grundlage für einen Anspruch auf vermögenswirksame Leistungen gegen den ArbGeb. Nach § 1 Abs 4 5. VermBG gehören zu dem Kreis der anspruchsberechtigten Personen ferner Beamte, Richter, Berufssoldaten und Soldaten auf Zeit.

Nicht anspruchsberechtigt sind gem § 1 Abs 3 5. VermBG Mitglieder eines Organs, 4
welches zur gesetzlichen Vertretung einer juristischen Person berufen ist, sowie Personen, die nach Gesetz, Satzung oder Gesellschaftsvertrag zur Vertretung einer Personengesamtheit berufen sind. Das VermBG gilt für Organmitglieder jedoch dann, wenn sie mit einem Dritten einen Arbeitsvertrag geschlossen haben und deshalb ArbN iSd § 1 Abs 1 VermBG sind.

**3. Arten vermögenswirksamer Leistungen.** Das 5. VermBG kennt insgesamt acht 5
Gruppen von vermögenswirksamen Leistungen. Es handelt sich um Geldleistungen, die der ArbGeb für den ArbN als Sparbeträge des ArbN auf Grund eines Sparvertrags über Wertpapiere oder andere Vermögensbeteiligungen anlegt (§ 2 5. VermBG).

**4. Vereinbarung vermögenswirksamer Leistungen. a) Leistungen aus dem Ver- 6
mögen des Arbeitgebers.** Eine Verpflichtung des ArbGeb zu einer Vereinbarung über die Gewährung vermögenswirksamer Leistungen aus dem Vermögen des ArbGeb kann sich gem § 10 Abs 1 5. VermBG aus Verträgen mit ArbN, aus Betriebsvereinbarungen oder aus Tarifverträgen sowie aus bindenden Festsetzungen (§ 19 HAG) ergeben. Für Beamte, Richter, Berufssoldaten und Soldaten auf Zeit werden zusätzliche vermögenswirksame Leistungen aufgrund eines Gesetzes erbracht.

**aa) Tarifvertragliche Regelung.** Der ArbGeb kann auf tarifvertraglich vereinbarte ver- 7
mögenswirksame Leistungen die betrieblichen Sozialleistungen anrechnen, die dem ArbN im Kalenderjahr bisher schon als vermögenswirksame Leistungen erbracht worden sind (§ 10 Abs 5 5. VermBG).

Die Wahlfreiheit des ArbN zwischen sämtlichen zulagebegünstigten und nichtzulagebegünstigten Anlagearten kann durch Tarifvertrag eingeschränkt werden. Die staatliche Förderung bleibt auch dann bestehen, wenn durch Tarifvertrag die Anlage auf betriebliche wie außerbetriebliche Beteiligungen und auf den Wohnungsbau beschränkt wird. Die mögliche Gestaltung derartiger überbetrieblicher Beteiligungsfonds ist offen.

**bb) Betriebsvereinbarung.** Eine Betriebsvereinbarung über die Einführung zusätzlich 8
zum Lohn/Gehalt zu zahlender vermögenswirksamer Leistungen (§ 10 Abs 1 5. VermBG) sowie zur Insolvenzsicherung vermögenswirksamer Anlagen im eigenen Unternehmen kann gem § 88 Nr 3 BetrVG freiwillig geschlossen, aber nicht vom BRat über die Einigungsstelle erzwungen werden. Eine Betriebsvereinbarung ist auch dann zulässig, soweit vermögenswirksame Leistungen tarifüblich sind (*Schaub/Linck* § 80 Rn 30, *Fitting* § 88 Rn 25; aA GK-BetrVG/Wiese § 88 Rn 33).

**b) Leistungen aus dem Vermögen des Arbeitnehmers.** Der ArbN kann gem § 11 9
Abs 1 VermBG einen Teil des Arbeitslohns vermögenswirksam anlegen. Auf **schriftliches Verlangen** des ArbN ist der ArbGeb zum Abschluss eines Vertrages über vermögenswirksame Leistungen verpflichtet. Dieses Recht hat der ArbN auch, wenn der ArbGeb bereits zusätzlich zum Lohn vermögenswirksame Leistungen zahlt, diese aber nicht den zulagenberechtigenden Höchstbetrag erreichen. Der ArbN hat in dem Verlangen **schriftlich** anzugeben, in welcher Höhe das Arbeitsentgelt vermögenswirksam angelegt werden soll und ob ein einmaliger Betrag oder monatliche Raten festgelegt werden sollen. Dabei muss der ArbGeb dem Verlangen nur nachkommen, wenn der Höhe nach gleich bleibende Beträge von mindestens 13 € oder vierteljährlich, der Höhe nach gleich bleibende Beträge von mindestens 39 € angelegt werden sollen oder nur einmal im Kj ein Betrag in Höhe von 39 € vermögenswirksam angelegt werden soll (§ 11 Abs 3 Satz 1 5. VermBG). Bei der Anlage in monatlichen Beträgen während des Kj kann der ArbN die Art der vermögenswirksamen Anlage und das Unternehmen oder Institut, bei dem sie erfolgen soll, nur mit Zustimmung des ArbGeb wechseln (§ 11 Abs 3 Satz 2 5. VermBG). Minderjährige können die Erklärung nur im Rahmen des § 113 BGB selbst abgeben (*Schaub/Linck* § 80 Rn 35).

Der ArbGeb kann gem § 11 Abs 4 Satz 1 VermBG einen Termin im Kj bestimmen, zu 10
dem die ArbN die Anlage des Arbeitslohns verlangen können. Die Terminbestimmung unterliegt gem § 11 Abs 4 Satz 2 5. VermBG der zwingenden Mitbestimmung des BRat. In

jedem Kj ist der vom ArbGeb benannte Termin in geeigneter Form bekannt zu machen (§ 11 Abs 4 Satz 3 5. VermBG). Zu einem anderen als dem vom ArbGeb festgelegten Termin kann der ArbN die einmalige Anlage nur unter bestimmten Voraussetzungen verlangen. Wenn der ArbN sich für zwei Anlageformen (Bausparen bis zum Höchstbetrag von 470 € sowie Aktien- und Investmentsparen bis 400 €) entscheidet, ist der ArbGeb auf Wunsch des ArbN verpflichtet, beide Konten zu bedienen.

11 **5. Insolvenzsicherung.** Der ArbGeb hat vor der Anlage vermögenswirksamer Leistungen im eigenen Unternehmen in Zusammenarbeit mit dem ArbN Vorkehrungen zu treffen, die die Absicherung der angelegten vermögenswirksamen Leistungen bei einer während der Dauer der Sperrfrist eintretenden Zahlungsunfähigkeit des ArbGeb dienen (§ 2 Abs 5a 5. VermBG). Vorkehrungen des ArbGeb gegen Insolvenz sind nicht Voraussetzung für den Anspruch des ArbN auf die ArbNSparzulage. Unberührt bleibt die Verbürgung der Darlehensforderung gegen den ArbGeb durch ein Kreditinstitut oder die privatrechtliche Sicherung durch ein Versicherungsunternehmen nach Maßgabe des § 2 Abs 1a 5. VermBG.

12 **6. Einzelfragen. a) Verzug des Arbeitgebers.** Der ArbGeb ist verpflichtet, für einen ArbN als vermögenswirksame Leistung die Beiträge abzuführen. Kommt er mit dieser Beitragszahlung in Verzug, so muss er den Schaden ersetzen, der dem ArbN durch eine vorzeitige Kündigung des Vertrages von Seiten des Vertragspartners entsteht (LAG Frankfurt 15.2.84, NZA 84, 230). Dieser Schadensersatzanspruch steht nach den Grundsätzen des Vertrags mit Schutzwirkung zugunsten Dritter auch den Bezugsberechtigten des Vertrages zu (BAG 5.3.81, DB 81, 2546).

13 **b) Urlaubsvergütung.** Tarifliche Sonderzahlungen und vermögenswirksame Leistungen sind in die Berechnung des Durchschnittslohns nach § 11 Abs 1 BUrlG nicht einzubeziehen. Vermögenswirksame Leistungen werden ohne Bezug zum Umfang der tatsächlich erbrachten Arbeitsleistung im jeweiligen Abrechnungszeitraum gezahlt (BAG 17.1.91, DB 91, 1937).

14 **c) Mutterschutz.** Vermögenswirksame Leistungen sind arbeitsrechtlich Bestandteil des Lohns oder Gehalts und fließen deshalb in die Berechnung des Zuschusses des ArbGeb zum Mutterschutzlohn ein (BAG 15.8.84, BB 84, 2193).

15 **d) Elternzeit.** Während der Elternzeit ist der ArbGeb nicht zur Fortzahlung der vermögenswirksamen Leistungen verpflichtet, sofern sich nicht aus dem Inhalt der Rechtsgrundlage für die Genehmigung der vermögenswirksamen Leistungen ergibt, dass die Leistung unabhängig von der Gegenleistung Arbeit geschuldet wird.

16 **e) Mindestlohn.** Vermögenswirksame Leistungen dürfen nicht auf den Mindestlohn angerechnet werden (BAG 16.4.14 – 4 AZR 802/11, NZA 14, 1277; Lemke NZA 15, 70).

17 **7. Pfändung vermögenswirksamer Leistungen.** Nach § 2 Abs 7 Satz 2 5. VermBG ist der Anspruch auf vermögenswirksame Leistungen nicht übertragbar und damit nach § 851 ZPO nicht pfändbar, unabhängig davon, ob er aufgrund Tarifvertrages, einer Betriebsvereinbarung oder eines Einzelvertrages besteht. Der Anspruch auf die ArbNSparzulage gilt nach § 13 Abs 3, 5 5. VermBG zwar nicht als Arbeitseinkommen, ist aber bei der Berechnung des pfändbaren Einkommens zu berücksichtigen (MünchArbR/*Krause* § 61 Rn 21).

18 **8. Arbeitnehmer-Sparzulage.** Durch das 5. VermBG sollen einkommensschwächere Bevölkerungskreise gefördert werden. Es werden deshalb Sparzulagen gewährt, für die jedoch **Einkommensgrenzen** gelten. Einzelheiten → Rn 30 ff.

## B. Lohnsteuerrecht

*Seidel*

**Übersicht**

**1. Allgemeines.** Zur steuerlichen Förderung von Vermögensbeteiligungen der ArbN durch das Mitarbeiterkapitalbeteiligungsgesetz → *Mitarbeiterbeteiligung* Rn 21 ff. Die Förderung durch ArbNSparzulagen ist seit 1990 auf Vermögensbeteiligungen sowie Anlagen zum Wohnungsbau beschränkt. Dargestellt wird im Folgenden die Rechtslage ab 1.1.09. Zur Rechtlage vor dem 1.1.09 s Personalbuch 2009. Seit 1.1.09 beträgt die ArbNSparzulage 9% bzw 20% für bestimmte Anlagen (→ Rn 26, 30, 33) (§§ 13 Abs 2, 17 Abs 7 5. VermBG). Seit 1994 wird die ArbNSparzulage durch das FA jährlich festgesetzt, die Auszahlung erfolgt jedoch erst nach Ablauf der Sperrfrist durch die Zentralstelle der Länder beim Technischen FA Bln (ZPS ZANS) BMF 29.11.17, BStBl I 17, 1626, Abschn 15, 17 (→ Rn 42). Zum Begriff, dem begünstigten Personenkreis und der Begründung (Vereinbarung) der vermögenswirksamen Leistungen nach dem 5. VermBG → Rn 1 ff, 4–6, 10 ff. Der arbeitsrechtliche ArbNBegriff ist auch im Rahmen der steuerlichen Förderung maßgebend, wobei das VermBG für unbeschränkt und beschränkt stpfl ArbN gilt (→ *Lohnsteuerberechnung* Rn 7 ff, 18 ff und BMF 29.11.17, BStBl I 17, 1626, Abschn 1). 25

Die begünstigten **Anlageformen** ergeben sich aus § 2 Abs 1 Nr 1–5, Abs 2–4 iVm §§ 4–75. VermBG (s für die Anlage vermögenswirksamer Leistungen bis 31.12.08 Personalbuch 2009; BMF 29.11.17, BStBl 17, 1626; Abschn 4–11; → Rn 8). Die Vermögensbeteiligungen gem § 2 Abs 1 Nr 1 Buchst a, b und d bis l und Abs 2–5 5. VermBG werden auch im Rahmen des § 3 Nr 39 Satz 1 EStG begünstigt (→ *Mitarbeiterbeteiligung* Rn 28). Durch die Verweisung in § 3 Nr 39 Satz 1 EStG wird die weitgehende Identität des Anlagekatalogs sichergestellt. Neu ist die Förderung des Erwerbs von Anteilen an einem Mitarbeiter-Sondervermögen (§ 2 Abs 1 Nr 1 Buchst d 5. VermBG (s dazu → *Mitarbeiterbeteiligung* Rn 23, 26 und 29 ff). Als staatlich geförderte Vertragsformen stehen für Anlagen nach § 2 Abs 1 Nr 1 5. VermBG der Sparvertrag über Wertpapiere und andere Vermögensbeteiligungen zur Verfügung (§ 4 5. VermBG). Anlagen nach § 2 Abs 1 Nr 1a f 5. VermBG werden auch in der Form von Wertpapierkaufverträgen (§ 2 Abs 1 Nr 2 iVm § 5 5. VermBG), Anlagen nach § 2 Abs 1 Nr 1g–l 5. VermBG in der Form von Beteiligungsverträgen bzw Beteiligungskaufverträgen (§ 2 Abs 1 Nr 3 iVm §§ 6, 7 5. VermBG) gefördert (BMF 29.11.17, BStBl I 17, 1626, Abschn 5–7; → *Mitarbeiterbeteiligung* Rn 29 ff). Weiter sind begünstigt Aufwendungen des ArbN nach dem WoPG, ohne dass die Voraussetzungen einer Prämienbegünstigung vorliegen (§ 2 Abs 1 Nr 4 5. VermBG) sowie Aufwendungen des ArbN im Zusammenhang mit dem Wohnungsbau (§ 2 Abs 1 Nr 5a–d 5. VermBG; *HMW/* Vermögensbildung der Arbeitnehmern Rz 55–59). Die Anlagearten nach § 2 Abs 1 Nr 6–8 5. VermBG stehen zwar als Anlageformen noch zur Verfügung, werden jedoch nicht mehr gefördert (→ Rn 35). Die Verwaltungsregelungen zum VermBG sind nicht in den LStR enthalten, sondern in gesonderten Schreiben des BMF: Anlagen vor dem 1.1.09 s Personalbuch 2009; Anlagen ab dem 1.1.09 BMF 29.11.17, BStBl I 17, 1626. Eine tabellarische Übersicht über die Anlagenformen mit Rechtsgrundlagen findet sich bei *HMW*/Vermögensbildung der Arbeitnehmer Rz 48 (BeckPersHB/Bd II StW IV: Vermögensbildungsgesetz). 26

**2. Arbeitslohn.** Vermögenswirksame Leistungen sind stpfl Arbeitslohn (§ 2 Abs 6 5. VermBG), unabhängig davon, ob sie vom ArbGeb zusätzlich erbracht werden (§ 10 5. VermBG) oder auf Verlangen des ArbN ein Vertrag über die vermögenswirksame Anlage von Teilen des Arbeitslohns abgeschlossen wird (§ 11 5. VermBG). Vermögenswirksam angelegt werden können nur Teile des Arbeitslohns im steuerrechtlichen Sinne, der **noch nicht zugeflossen** ist (→ *Arbeitsentgelt* Rn 30 ff); eine **Umwandlung** von zugeflossenem Arbeitslohn ist **nur bei Grenzgängern** möglich. Dazu gehört auch pauschal besteuerter (→ *Lohnsteuerpauschalierung* Rn 14–27, → *Geringfügige Beschäftigung* Rn 21, 22 und → *Teil-* 27 *zeitbeschäftigung* Rn 115 ff) oder steuerfreier Arbeitslohn, nicht aber die steuerfreien Lohnersatzleistungen (→ *Lohnersatzleistungen* Rn 5 ff; BMF 29.11.17, BStBl I 17, 1626, Abschn 12 Abs 3). Eine tabellarische Übersicht über die anlegbaren Beiträge (Leistungen) enthält *HMW*/Vermögensbildung der Arbeitnehmer Rz 88. Laufende vermögenswirksame Leistungen sind dem Lohnzahlungszeitraum zuzurechnen, dem auch der übrige laufende Arbeitslohn zuzurechnen ist. Vermögenswirksame Leistungen zählen nicht zu den Altersvorsorgebeiträgen. Auf die Förderung mittels einer ArbNSparzulage kommt es dabei nicht an (§ 82 Abs 4 Nr 1 EStG; BMF 29.11.17, BStBl I 17, 1626, Abschn 2 Abs 5; → *Altersvorsorgevermögen* Rn 6 ff).

28 Bei der Leistung von Abschlagszahlungen auf den Arbeitslohn stellen die bei der Lohnabrechnung ausgezahlten Beträge dann Arbeitslohn des abgelaufenen Kj dar, wenn der Lohnabrechnungszeitraum fünf Wochen nicht übersteigt, er noch im abgelaufenen Kj endet und die Lohnabrechnung selbst innerhalb von drei Wochen nach Ablauf des Lohnabrechnungszeitraums erfolgt (§ 39b Abs 5 EStG; LStR 39b.5 Abs 5; → *Lohnsteuerberechnung* Rn 12). In diesen Fällen sind daher vermögenswirksame Leistungen – entsprechend dem Arbeitslohn – dem abgelaufenen Kj zuzurechnen (BMF 29.11.17, BStBl I 17, 1626, Abschn 3 Abs 1).

29 Sind vermögenswirksame Leistungen sonstige Bezüge (→ *Sonstige Bezüge* Rn 2), sind sie dem Kj des Zuflusses beim ArbN zuzurechnen (§ 38a Abs 1 Satz 3 EStG; LStR 39b.6; BMF 29.11.17, BStBl I 17, 1626, Abschnitt 3 Abs 1 Satz 1). Die Zurechnung vermögenswirksamer Leistungen zum abgelaufenen Kj ist unabhängig vom Zeitpunkt des Eingangs beim Anlageinstitut (BMF 29.11.17, BStBl I 17, 1626, Abschnitt 3 Abs 1 Satz 2). Diese zeitliche Zuordnung hat auf den Beginn der Sperrfrist keinen Einfluss. Die Sperrfrist für auf Sparverträge über Wertpapiere oder andere Vermögensbeteiligungen (§ 4 5. VermBG) angelegte vermögenswirksame Leistungen beginnt stets am 1.1. des Kj, in dem die einmalige oder die erste laufende vermögenswirksame Leistung beim Kreditinstitut oder der Kapitalverwaltungsgesellschaft eingeht (BMF 29.11.17, BStBl I 17, 1626, Abs 2).

30 **3. Arbeitnehmersparzulage. a) Allgemeines.** Die ArbNSparzulage stellt keine stpfl Einnahme dar (§ 13 Abs 3 5. VermBG). Der Anspruch entsteht mit Ablauf des Kj, in dem die vermögenswirksamen Leistungen angelegt worden sind. Zur Doppelförderung von Vermögensbeteiligungen durch eine ArbNSparzulage und den Freibetrag nach § 3 Nr 39 EStG → *Mitarbeiterbeteiligung* Rn 23, 26. Der ArbGeb kann die vermögenswirksamen Leistungen als Betriebsausgabe (Arbeitslohn) abziehen. Eine darüber hinausgehende Vergünstigung besteht nicht.

31 **b) Voraussetzungen.** Die Zulagebegünstigung vermögenswirksamer Leistungen setzt die freie Wahl des ArbN voraus, in welcher der Anlageformen (→ Rn 26) und bei welchem Unternehmen, Institut oder Gläubiger (§ 12 5. VermBG) der ArbGeb die vermögenswirksamen Leistungen anlegen soll; dies bedeutet, dass ihm die Verwendung weder vom ArbGeb, noch in einer Betriebsvereinbarung, noch in einem Tarifvertrag vorgeschrieben werden darf (§ 12 Satz 1 5. VermBG; BMF 29.11.17, BStBl I 17, 1626, Abschn 12 Abs 6; → *Mitarbeiterbeteiligung* Rn 27). Allerdings kann nach § 12 Satz 2 5. VermBG durch Tarifvertrag die Anlage in nicht zulagebegünstigte Kontensparverträge und Kapitallebensversicherungsverträge (§ 2 Abs 1 Nr 6 und 7 5. VermBG; → Rn 35) ausgeschlossen werden. Um die ArbNSparzulage zu erhalten, darf das zu versteuernde Einkommen (§ 2 Abs 5 EStG) des ArbN im Anlagejahr für Anlagen in betriebliche und außerbetriebliche Beteiligungen (→ Rn 30) 20 000 € bzw bei (tatsächlicher) Zusammenveranlagung 40 000 € nicht übersteigen (§ 13 Abs 1 Satz 1 Nr 1 5. VermBG. Für die Anlagen zum Wohnungsbau (→ Rn 26) bleibt es bei den bisherigen Einkommensgrenzen von 17 900 € bzw 35 800 €. Eine Erhöhung dieser Beträge für ArbN mit Kindern besteht nicht. Allerdings ist bei der Ermittlung des zu versteuernden Einkommens stets der Kinderfreibetrag zu berücksichtigen, auch wenn es gem § 31 EStG beim Kindergeld verbleibt (BMF 29.11.17, BStBl I 17, 1626, Abschn 15 Abs 5 Satz 6). Bei **Lebenspartnern** bleibt die vor Inkrafttreten des Amtshilferichtlinie-Umsetzungsgesetzes erfolgte Festsetzung der ArbN-Sparzulage auch dann unverändert, wenn eine rückwirkend durchzuführende Zusammenveranlagung für das betreffende Sparjahr zusammengenommen zur Überschreitung der Einkommensgrenze führt (BMF 29.11.17, BStBl I 17, 1626, Abschnitt 15 Abs 5 Satz 5; → Rn 40).

Da für beschränkt stpfl ArbN ein zu versteuerndes Einkommen nicht festgestellt wird, erhalten diese die ArbNSparzulage ohne Rücksicht auf die Höhe des Einkommens (Ausnahme: ArbN mit Wohnsitz in den Mitgliedsstaaten der EU oder des EWR, die Staatsangehörige eines dieser Staaten sind und gem § 50 Abs 5 Nr 2 EStG eine Veranlagung beantragen; soweit die EU- und EWR-Staatsangehörigen als unbeschränkt stpfl gelten, ist die Grenze ohnehin zu beachten. Näheres → *Antragsveranlagung* Rn 2, → *Lohnsteuerberechnung* Rn 8 f, 22 und → *Grenzgänger* Rn 16 ff). Die angelegten Beträge bleiben jedoch auch bei Überschreiten der Einkommensgrenze vermögenswirksame Leistungen, es entfällt nur der Anspruch auf die Sparzulage. Dies gilt auch, wenn später, zB durch eine Außenprüfung, festgestellt wird, dass die Einkommensgrenze überschritten ist. Zur Rückforderung → Rn 64, 65. 32

**c) Sparzulage.** Diese beträgt **20 % höchstens 400 €** für Anlagen in betriebliche und außerbetriebliche Beteiligungen (§ 13 Abs 2 iVm § 2 Abs 1 Nr 1–3, Abs 2–4 5. VermBG) und **9 % höchstens 470 €** für Anlagen zum Wohnungsbau in Form von Aufwendungen nach dem WoPG bzw zur unmittelbaren Verwendung zum Wohnungsbau (§ 13 Abs 2 iVm § 2 Abs 1 Nr 4 und 5 5. VermBG; s zu den einzelnen Anlagen im Rahmen eines Bauvorhabens *HMW*/Vermögensbildung der Arbeitnehmer Rz 55–59). Die Höchstbeträge gelten auch dann, wenn der ArbN aus mehreren Dienstverhältnissen vermögenswirksame Leistungen erhält. Beide Zulagen können nebeneinander in Anspruch genommen werden. Zum Erhalt der höchstmöglichen Zulage von 870 € sind allerdings 2 Anlageverträge erforderlich (BMF 29.11.17, BStBl I 17, 1626, Abschn 16 Abs 1). 33

Bei **Bausparbeiträgen** muss der ArbN, sofern er die Einkommensgrenze einhält, wählen, ob er die Sparzulage oder die Wohnungsbauprämie iHv 8,8 % der prämienbegünstigten Aufwendungen (Höchstbetrag 512 €, bei Verheirateten 1024 €) in Anspruch nimmt. Allerdings kann er, wenn er neben vermögenswirksamen Leistungen iHv bis zu 470 € (→ Rn 34) weiter bis zu 512 € Bausparbeiträge leistet, für diese die Wohnungsbauprämie erhalten (§ 1 Nr 1 WoPG), sofern er die Einkommensgrenzen einhält (→ Rn 31). Ein lediger ArbN kann daher neben den ArbNSparzulagen von 43 € (9 % von 470 €, aufgerundet) und 80 € (20 % von 400 €) noch 45,10 € Wohnungsbauprämie (8,8 % von 512 €) im Jahr erhalten. Für alle Personen, die die Einkommensgrenzen für die Wohnungsbauprämie überschreiten entfällt eine Förderung (§ 2a WoPG: 25 600 €/51 200 €; → Rn 31). Zur Förderung einer selbstgenutzten Wohnimmobilie im Rahmen der Altersvorsorge (Wohn-Riester) → *Altersvorsorgevermögen* Rn 22 ff. 34

**d) Keine Arbeitnehmersparzulage** wird für vermögenswirksame Leistungen gewährt, die aufgrund von Kontensparverträgen gem § 8 5. VermBG oder Kapitalversicherungsverträgen gem § 9 5. VermBG geleistet werden. Die Übergangsfristen sind mittlerweile abgelaufen (Personalbuch 2009). Als Anlageform für vermögenswirksame Leistungen stehen sie jedoch nach wie vor zur Verfügung. Dies gilt auch für Aufwendungen des ArbN zur Erfüllung von Verpflichtungen aus einer gekündigten Mitgliedschaft in einer Genossenschaft oder GmbH (§ 2 Abs 1 Nr 8 5. VermBG). 35

**4. Aufzeichnungs- und Bescheinigungspflichten. a) Arbeitgeber.** Vermögenswirksame Leistungen sind bei der Überweisung an das Anlageinstitut unter Angabe der Kontonummer oder Vertragsnummer des ArbN besonders kenntlich zu machen (§ 3 Abs 2 Sätze 1 und 2 5. VermBG; BMF 29.11.17, BStBl I 17, 1626, Abschn 13). Die Verpflichtung des ArbGeb zur Aufzeichnung zulagebegünstigter vermögenswirksamer Leistungen im Lohnkonto und zur Aufbewahrung von Urkunden, Belegen und Bestätigungen über die Anlage ist ab 1994 ebenso entfallen wie die Bescheinigung der vermögenswirksamen Leistungen in der LStBescheinigung. 36

**b) Anlageunternehmen.** Nach § 15 Abs 1 5. VermBG sind die vermögenswirksamen Leistungen zur Beantragung der ArbNSparzulage auf Verlangen des ArbN von den Anlageunternehmen nach Ablauf des Kj, in dem die vermögenswirksamen Leistungen angelegt worden sind, unter Angabe des Endes der für die Anlageform vorgeschriebenen Sperrfrist nach dem 5. VermBG bzw der im WoPG oder der in der WoPDV genannten Sperr- und Rückzahlungsfristen zu bescheinigen, so dass den **Arbeitgeber** diese Bescheinigungspflicht nur dann trifft, wenn die vermögenswirksamen Leistungen bei ihm angelegt sind. Das Anlageunternehmen hat die vermögenswirksamen Leistungen als solche und die Art ihrer Anlage zu kennzeichnen (§ 3 Abs 2 Satz 3 5. VermBG; Vordruckmuster **2019** für das 37

WoPG: BMF 26.7.19, BStBl I 19, 838). Die Bescheinigung der vermögenswirksamen Leistungen erfolgt in der **elektronischen Vermögensbildungsbescheinigung,** in der vom jeweiligen Kreditinstitut, bei dem vermögenswirksame Leistungen angelegt werden der Institutsschlüssel und die Vertragsnummer des ArbN anzugeben sind (§ 5 Abs 1 Satz 1 VermBDV). Der Institutsschlüssel ist bei der Zentralstelle der Länder vom Anlageunternehmen anzufordern (§ 5 Abs 2 Satz 2 VermBDV). Als Ende der Sperrfrist hat der ArbGeb oder das Unternehmen bei vermögenswirksamen Leistungen aufgrund von Wertpapier- oder Beteiligungs- bzw Beteiligungskaufverträgen (§§ 5–7 5. VermBG), die noch nicht zum Erwerb oder der Begründung von Vermögensbeteiligungen verwendet worden sind, den 31.12. des sechsten Kj nach dem Kj anzugeben, dem die vermögenswirksamen Leistungen zuzuordnen sind (§ 5 Abs 3 VermBDV, § 5 Abs 2 VermBDV idF ab 1.1.2013). Der Zeitpunkt der vorzeitigen unschädlichen Verfügung oder Zuteilung des Bausparvertrags (→ Rn 51–56) ist vom Kreditinstitut, der Kapitalanlagegesellschaft oder dem Versicherungsunternehmen als Ende der Sperrfrist anzugeben, wenn dies auf bei ihnen angelegte vermögenswirksame Leistungen zutrifft (§ 5 Abs 4 VermBDV, § 5 Abs 3 VermBDV idF ab 1.1.2013), da dann das FA die ArbNSparzulage bei der Festsetzung auszahlen kann (→ Rn 41). Liegt dagegen in diesen Fällen eine vorzeitige schädliche Verfügung vor (→ Rn 43–50), darf eine Bescheinigung nicht erteilt werden (§ 5 Abs 5 VermBDV) bzw die elektronische Vermögensbildungsbescheinigung (§ 5 Abs 4 VermBDV idF ab 1.1.2013; → Rn 38). Eine **Anlagebestätigung** gegenüber dem ArbGeb ist nur noch bei Anlagen im Zusammenhang mit dem Wohnungsbau (§ 2 Abs 1 Nr 5 5. VermBG) vorgesehen, wenn der ArbGeb die vermögenswirksamen Leistungen direkt an den ArbN überweisen soll (§ 3 Abs 3 5. VermBG). Allerdings hat das Anlageunternehmen dem ArbGeb immer mitzuteilen, wenn eine vermögenswirksame Anlage nach den Vorschriften des 5. VermBG nicht möglich ist (§ 3 Abs 2 Satz 4 5. VermBG). Zur Bescheinigung der vermögenswirksamen Leistungen s generell BMF 29.11.17, BStBl I 17, 1626, Abschn 14, ergänzt durch das BMF 17.4.18, BStBl I 18, 630.

**38** § 15 Abs 1 5. VermBG idF ab 1.1.2013 sieht vor, dass das Anlageunternehmen zur Beantragung der ArbNSparzulage bei Einwilligung des ArbN spätestens bis zum 28. 2. des der Anlage der vermögenswirksamen Leistungen folgenden Kj die Daten im Rahmen einer **elektronischen Vermögensbildungsbescheinigung** nach amtlich vorgeschriebenem Datensatz übermittelt und den ArbN über den Inhalt unterrichtet (§ 15 Abs 1 Satz 7 5. VermBG). Anzugeben sind dabei neben den bisherigen Angaben auch der Name, Vorname und das Geburtsdatum sowie die Anschrift und Identifikationsnummer (§ 139b AO) des ArbN. Diese Umstellung soll nach dem Gesamtkonzept der Bundesregierung ein weiterer Schritt zur papierlosen Steuererklärung sein. Die Regelung lehnt sich an diejenigen des § 10 Abs 2, 2a und § 10a Abs 2a, 5 EStG an. Um dem Recht des ArbN auf informationelle Selbstbestimmung weiterhin Rechnung zu tragen, wird die Zulässigkeit der elektronischen Übermittlung – statt des derzeit erforderlichen Antrags – an die Einwilligung des ArbN gebunden, die spätestens bis zum Ablauf des zweiten Kj, das auf das Kj der Anlage der vermögenswirksamen Leistungen folgt, zu erteilen ist. Besonderheiten ergeben sich bei der erstmaligen Erteilung der **Einwilligung** (§ 15 Abs 1 Sätze 2, 8 5. VermBG). Der ArbN hat dem Mitteilungspflichtigen dabei die Identifikationsnummer mitzuteilen. Andernfalls kann trotz Einwilligung eine Übermittlung nicht erfolgen. Ein **Nachweis in anderer Weise** ist ebenfalls **nicht mehr möglich.** Die Einwilligung wird auch für die Folgejahre fingiert wenn der ArbN von der übermittelnden Stelle darüber informiert wurde, dass eine Einwilligung angenommen wird und die Datenübermittlung erfolgt, wenn der ArbN dem nicht innerhalb von vier Wochen widerspricht. Ein **Widerruf** der Einwilligung ist möglich. Er muss der übermittelnden Stelle vor Beginn des Kj, in dem die Einwilligung nicht mehr gelten soll, vorliegen (§ 15 Abs 1 Sätze 3–6 5. VermBG idF ab 1.1.2013). Das Verfahren ist erstmals für vermögenswirksame Leistungen anzuwenden, die nach dem 31.12.16 angelegt werden. Die **erstmalige Übermittlung** für die in **2017** angelegten vermögenswirksamen Leistungen hat bis **spätestens 28.2.18** zu erfolgen (§ 15 Abs 1 S 1 5. VermBG iVm § 93c AO idF des Gesetzes v 18.7.16, BGBl I 16, 1679). Für die nach dem 31.12.16 angelegten vermögenswirksamen Leistungen sind damit keine Papierbescheinigungen mehr auszustellen. Die Datensatzbeschreibung für die elektronische Übermittlung erfolgt im Laufe des Jahres 2017 auf der Internetseite http://www.lsteuer.de (BMF 16.12.16, BStBl I 16, 1435).

**c) Insolvenzversicherung.** Bei der Anlage vermögenswirksamer Leistungen im Unternehmen des **ArbGeb** ist dieser verpflichtet, zusammen mit dem ArbN Vorkehrungen zur Absicherung des Anlagebetrages bei Zahlungsunfähigkeit des ArbGeb zu treffen (§ 2 Abs 5a 5. VermBG). Vorkehrungen des ArbGeb gegen Insolvenz sind jedoch nicht Voraussetzung für den Sparzulageanspruch des ArbN (BMF 29.11.17, BStBl I 17, 1626, Abschn 8). Die Regelung betrifft grundsätzlich alle zugelassenen Formen von Kapitalbeteiligungen der ArbN am arbeitgebenen Unternehmen; **Ausnahmen** s BMF 29.11.17, BStBl I 17, 1626, Abschnitt 8 Abs 1 Satz 3). 39

**5. Festsetzungsverfahren.** Die ArbNSparzulage wird erst mit Ablauf der jeweiligen Sperrfrist (→ Rn 9) fällig, bei Bausparverträgen mit deren Zuteilung oder generell in den Fällen unschädlicher Verfügung (§ 14 Abs 4 5. VermBG; → Rn 48 ff). Bei vermögenswirksamen Leistungen, die zum ersten Erwerb von Anteilen an Bau- und Wohnungsbaugenossenschaften oder unmittelbar zum Wohnungsbau verwendet werden (§ 2 Abs 1 Nr 4 und 5 5. VermBG), besteht keine Sperrfrist. Die Auszahlung erfolgt hier jährlich durch das FA. Dies gilt auch, wenn keine Sperrfristen mehr bestehen oder eine vorzeitige unschädliche Verfügung (→ Rn 48–55) vorliegt. Ansonsten sind die von dem FA festgesetzten, noch nicht fälligen Sparzulagen sowie Änderungen der Festsetzungen der Zentralstelle der Länder mitzuteilen (§ 6 Abs 2 VermBDV). Die bei der Zentralstelle aufgezeichneten Sparzulagen werden dann bei Fälligkeit vAw an die Kreditinstitute, Unternehmen oder ArbGeb, bei denen die vermögenswirksamen Leistungen angelegt sind, zugunsten der ArbN überwiesen (§ 7 Abs 2 VermBDV). Zur Festsetzung und Auszahlung der ArbNSparzulage s BMF 29.11.17, BStBl I 17, 1626, Abschn 15 und 17 und für Lebenspartner → Rn 31. 40

Der **Antrag** auf Festsetzung ist im Vordruck für die EStVeranlagung zu stellen (zur Verwendung des vereinfachten Vordrucks → *Antragsveranlagung* Rn 3). Dies gilt auch dann, wenn der ArbN keinen Antrag auf Veranlagung stellt oder auch nicht vAw zur ESt zu veranlagen ist (→ *Antragsveranlagung* Rn 3 ff). Bei beschränkt stpfl ArbN ist der Antrag auf besonderem, amtlich vorgeschriebenem Vordruck zu stellen. Dies gilt mE nicht für ArbN, die auf Antrag zur ESt veranlagt werden (→ Rn 32). Zuständig ist das BetriebsstättenFA, da diese ArbN im Inland weder einen Wohnsitz noch ihren gewöhnlichen Aufenthalt haben. Eine Festsetzung erfolgt nur, wenn der ArbN einwilligt, dass die erforderlichen Daten mittels elektronischer Vermögensbildungsbescheinigung übermittelt werden (§ 14 Abs 4 5. VermBG; BMF 29.11.17, BStBl I 17, 1626, Abschn 15 Abs 1–3a). Die bisherige zweijährige Antragsfrist ist in Anlehnung an den Wegfall der Zweijahresfrist für den Antrag auf EStVeranlagung in § 46 Abs 2 Nr 8 EStG entfallen. Es gilt damit die Vierjahresfrist des § 169 Abs 2 Satz 1 Nr 2 AO (§ 14 Abs 4 Satz 2 iVm § 14 Abs 2 5. VermBG, BMF, 23.7.14, BStBl I 14, 1175, Abschnitt 15 Abs 7). § 14 Abs 5 Satz 1 5. VermBG idF ab 1.1.2013 normiert zu Gunsten des ArbN eine an § 35b GewStG angelehnte **Nachholung der Festsetzung** der ArbN-Sparzulage von Amts wegen für den Fall der vorherigen Ablehnung wegen Überschreitung der Einkommensgrenzen, wenn sich aus einer geänderten ESt-Festsetzung erstmals ergibt, dass diese nicht überschritten werden. Hat der ArbN die Zulage im Hinblick auf eine Überschreitung der Einkommensgrenzen bisher nicht beantragt, bleibt es bei der Verlängerung der Antragsfrist mit einer dem § 171 Abs 10 AO nachgebildeten Anlaufhemmung, wenn infolge eine nachträglichen Änderung des zu versteuernden Einkommens erstmals ein Anspruch auf ArbNSparzulage entsteht bzw bei Änderung eines Anspruchs auf WoP (§ 14 Abs 5 und 6 5. VermBG). Ihm ist derzeit noch die Bescheinigung des Anlageinstituts beizufügen (→ Rn 37 f). Die Sparzulage wird auf volle € aufgerundet (BMF, 29.11.17, BStBl I 17, 1626, Abschn 15 Abs 8–10). Zur Frage der Aufhebung von Bescheiden über die Ablehnung der Festsetzung einer ArbNSparzulage wegen Über- bzw Unterschreitens der Einkommensgrenze aufgrund eines geänderten ESt-Bescheids bzw zur Frage der erstmaligen Festsetzung in diesem Fall sowie zur Frage der **Festsetzungsverjährung** auch im Zusammenhang mit einer beantragten Wohnungsbauprämie s auch BMF 29.11.17, BStBl I 17, 1626, Abschnitt 15 Abs 7–9. 41

**6. Wegfall der Zulagebegünstigung. a) Zulageschädliche Verfügungen.** Der Anspruch auf die ArbNSparzulage entfällt rückwirkend, wenn die Sperrfristen (→ Rn 9) der jeweiligen Anlagen durch folgende Handlungen nicht eingehalten werden (§ 13 Abs 5 Satz 1 5. VermBG; BMF 29.11.17, BStBl I 17, 1626, Abschn 18): 42

(1) Soweit bei Anlagen aufgrund von Sparverträgen über Wertpapiere oder andere Vermögensbeteiligungen (§ 4 5. VermBG) vor Ablauf der siebenjährigen Sperrfrist zulagebegünstigte vermögenswirksame Leistungen zurückgezahlt werden, die Festlegung unterblieben ist oder aufgehoben wird (→ Rn 61) oder über die Vermögensbeteiligung verfügt wird. Die Zulagebegünstigung entfällt auch für Spitzenbeträge, die beim zulageunschädlichen Austausch von Wertpapieren übrig bleiben, wenn die 150 €-Grenze überschritten wird;

43 (2) wenn bei Anlagen aufgrund von Wertpapierkaufverträgen (§ 5 5. VermBG) die Wertpapiere, mit deren Kaufpreis die vermögenswirksamen Leistungen eines Kj verrechnet worden sind, nicht spätestens bis zum Ablauf des folgenden Kj erworben werden oder wenn die Festlegung unterblieben ist oder soweit vor Ablauf der sechsjährigen Sperrfrist die Festlegung aufgehoben wird oder über die Wertpapiere verfügt wird;

44 (3) wenn bei Anlagen aufgrund von Beteiligungsverträgen (§ 6 5. VermBG) oder Beteiligungskaufverträgen (§ 7 5. VermBG) der ArbN die nichtverbrieften Vermögensbeteiligungen, für deren Begründung oder Erwerb die vermögenswirksamen Leistungen eines Kj verrechnet oder überwiesen worden sind, nicht spätestens bis zum Ablauf des folgenden Kj erhält oder soweit vor Ablauf der sechsjährigen Sperrfrist über die Rechte verfügt wird. Handelt es sich um Aufwendungen für den ersten Erwerb von Anteilen an Bau- und Wohnungsgenossenschaften, verringert sich bei Verletzung der Sperrfrist die Zulagebegünstigung von 20 % auf 9 %;

45 (4) soweit bei Anlagen nach dem WoPG (§ 2 Abs 1 Nr 4 5. VermBG) Bausparkassenbeiträge bei einer Begünstigung nach dem WoPG vor Ablauf von sieben Jahren, seit Vertragsabschluss zurückgezahlt, die Bausparsumme ausgezahlt oder Ansprüche aus dem Bausparvertrag abgetreten oder beliehen werden (§ 2 Abs 3 Satz 1 WoPG – dies gilt für Bausparverträge unabhängig vom Vertragsbeginn, § 13 Abs 5 Satz 2 5. VermBG, § 7 Abs 1 Nr 2 5. VermBDV) oder soweit Beiträge aufgrund von Wohnungsbausparverträgen vor Ablauf der Festlegungsfrist zurückgezahlt (§ 9 WoPDV) oder nach Ablauf der jeweiligen Festlegungsfrist nicht zweckentsprechend verwendet werden (§ 10 WoPDV) oder soweit Beiträge aufgrund von Baufinanzierungsverträgen zurückgezahlt (§ 15 Abs 4 WoPDV) oder nicht fristgerecht zweckentsprechend verwendet werden (§ 16 WoPDV). Gleichzeitig ist durch § 13 Abs 5 Satz 3 5. VermBG klargestellt, dass nach Ablauf der Sperrfrist über die Bausparguthaben ohne Auswirkungen auf die festgesetzten oder bereits ausgezahlten ArbNSparzulagen frei verfügt werden kann, während für den Erhalt der Prämienbegünstigung nach dem WoPG bei Verträgen ab dem 1.1.09 eine wohnungswirtschaftliche Verwendung zwingend ist (BMF 29.11.17, BStBl I 17, 1626, Abschn 18 Abs 1 Nr 4; § 2 Abs 2 WoPG).

46 Im Übrigen liegt eine sparzulageschädliche Verfügung erst in der Rückzahlung von Beträgen, aber noch nicht bei der Kündigung eines Vertrags vor. Dabei ist eine Rücknahme der Kündigung vor Rückzahlung ohne Auswirkung auf die festgesetzte Sparzulage. Dagegen ist die Abtretung selbst bereits eine schädliche Verfügung (BMF 29.11.17, BStBl I 17, 1626, Abschn 18 Abs 1, Satz 2).

47 **Kein Wegfall** der Zulagebegünstigung tritt ein, wenn die Sperrfrist nicht eingehalten wird, weil der ArbN das Umtausch- oder Abfindungsangebot eines Wertpapier-Emittenten angenommen hat oder Wertpapiere dem Aussteller nach Auslosung oder Kündigung durch den Aussteller zur Einlösung vorgelegt worden sind, die mit den vermögenswirksamen Leistungen erworbenen oder begründeten Wertpapiere oder Rechte iSd § 2 Abs 1 Nr 1, Abs 2–4 5. VermBG (→ *Mitarbeiterbeteiligung* Rn 29) ohne Mitwirkung des ArbN wertlos geworden sind oder der ArbN über nach § 2 Abs 1 Nr 4 5. VermBG angelegte vermögenswirksame Leistungen nach Maßgabe des § 4 Abs 4 Nr 4 5. VermBG (Weiterbildungszwecke → Rn 52) iHv mindestens 30 € verfügt (§ 13 Abs 5 Satz 3 iVm § 17 Abs 9 5. VermBG). Wertlosigkeit ist anzunehmen, wenn der ArbN höchstens 33 % der angelegten vermögenswirksamen Leistungen zurück erhält. Bei Übersteigen dieser Grenze bleibt die Zulagebegünstigung erhalten, wenn der ArbN die erhaltenen Beträge oder damit erworbene Vermögensbeteiligungen bei einem Kreditinstitut oder einer Kapitalanlagegesellschaft für den Rest der Sperrfrist festlegt (BMF 29.11.17, BStBl I 17, 1626, Abschn 18 Abs 2).

48 Bei Anteilen an neu aufgelegten richtlinienkonformen Sondervermögen und gemischten Sondervermögen (→ *Mitarbeiterbeteiligung* Rn 30) **entfällt** die Zulagebegünstigung, wenn sich aus dem 1. Rechenschaftsbericht oder 1. Halbjahresbericht ergibt, dass die angenom-

menen Verhältnisse nicht vorgelegen haben (BMF 29.11.17, BStBl I 17, 1626, Abschn 18 Abs 3).

**b) Zulageunschädliche Verfügungen.** Bei Anlage vermögenswirksamer Leistungen aufgrund von Sparverträgen über Wertpapiere und andere Vermögensbeteiligungen (§ 4 5. VermBG), von Wertpapierkaufverträgen (§ 5 5. VermBG), von Beteiligungsverträgen (§ 6 5. VermBG) oder Beteiligungskaufverträgen (§ 7 5. VermBG) unterbleibt gem § 4 Abs 4 5. VermBG eine Rückforderung, wenn **49**

(1) der ArbN oder sein von ihm nicht dauernd getrennt lebender Ehegatte oder Lebenspartner (§ 26 Abs 1 Satz 1 EStG) nach Vertragsschluss gestorben oder völlig erwerbsunfähig geworden ist (GdB mindestens 95; BMF 29.11.17, BStBl I 17, 1626, Abschn 19 Abs 1 Nr 1); **50**

(2) der ArbN nach Vertragsschluss, aber vor der vorzeitigen Verfügung geheiratet hat und im Zeitpunkt der vorzeitigen Verfügung mindestens zwei Jahre seit Beginn der Sperrfrist vergangen sind; **51**

(3) der ArbN nach Vertragsschluss arbeitslos geworden ist und die Arbeitslosigkeit mindestens ein Jahr lang ununterbrochen bestanden hat und im Zeitpunkt der vorzeitigen Verfügung noch besteht (BMF 29.11.17, BStBl I 17, 1626, Abschn 19 Abs 1 Nr 2 auch zu den Personen, die als arbeitslos anzusehen sind); **52**

(4) der ArbN den Erlös innerhalb der folgenden drei Monate unmittelbar für die eigene Weiterbildung oder für die seines von ihm nicht dauernd getrennt lebenden Ehegatten oder Lebenspartners einsetzt und die Maßnahme außerhalb des Betriebs, dem er oder der Ehegatte oder der Lebenspartner angehört, durchgeführt wird und Kenntnisse und Fähigkeiten vermittelt werden, die dem beruflichen Fortkommen dienen und über erwerbsplatzbezogene Anpassungsfortbildungen hinausgehen; für vermögenswirksame Leistungen, die der ArbGeb für den ArbN nach § 2 Abs 1 Nr 1a, b, f–l 5. VermBG angelegt hat und die Rechte am Unternehmen des ArbGeb begründen sowie bei nach § 2 Abs 2 5. VermBG gleichgestellten Anlagen gilt dies nur bei Zustimmung des ArbGeb bzw des herrschenden Unternehmens (§ 18 Abs 1 AktG); **53**

(5) der ArbN nach Vertragsschluss unter Aufgabe der nichtselbstständigen Tätigkeit eine selbstständige Tätigkeit aufgenommen hat oder **54**

(6) festgelegte Wertpapiere veräußert werden und der Erlös bis zum Ablauf des Kalendermonats, der dem Kalendermonat der Veräußerung folgt, zum Erwerb von Wertpapieren aufgrund eines Sparvertrages (§ 4 Abs 1 5. VermBG) wiederverwendet wird. Der nicht wiederverwendete Erlös gilt als rechtzeitig wiederverwendet, wenn er am Ende des Kalendermonats 150 € nicht übersteigt. **55**

Bei Anlagen nach dem WoPG gelten die Nrn (1) bis (3) entsprechend. Zu den weiteren zulageunschädlichen Verfügungen von Anlagen nach dem WoPG s BMF 29.11.17, BStBl I 17, 1626, Abschn 19 Abs 2. Für vor 1994 angelegte vermögenswirksame Leistungen bei ab 1994 nicht mehr begünstigten Vermögensbeteiligungen (→ Rn 25, 35) gelten die Sperrfristen ab 1994 nicht mehr (§ 17 Abs 5 5. VermBG). **56**

**c) Nachweise.** Die Voraussetzungen der Nrn (1) bis (6) sind dem FA bzw Kreditinstitut, der Kapitalanlagegesellschaft oder dem Versicherungsunternehmen in bestimmter Form nachzuweisen, im Fall der Heirat durch Vorlage der **Heiratsurkunde** bzw im Fall der Begründung einer Lebenspartnerschaft durch Vorlage der **Lebenspartnerschaftsurkunde,** im Fall des Todes durch Vorlage der **Sterbeurkunde** oder des Erbscheins. Zum Nachweis in den übrigen Fällen s BMF 29.11.17, BStBl I 17, 1626, Abschn 20. **57**

**7. Anzeigepflichten** (§ 8 VermBDV). **a) Allgemeines.** Der ArbGeb, das Unternehmen, die Kapitalanlagegesellschaft oder das Kreditinstitut, bei dem die vermögenswirksamen Leistungen angelegt sind, haben der Zentralstelle der Länder (ZPS ZANS) gegenüber mittels eines amtlich vorgeschriebenen Vordrucks oder Datensatzes verschiedene Anzeigepflichten zu erfüllen (BMF 29.11.17, BStBl I 17, 1626, Abschn 21 Abs 1; Vordruckmuster **ab 2020** s BMF 23.9.19, BStBl I 19, 925). Zur Verfahrensbeschreibung für die Verarbeitung der Wohnungsbauprämie vgl BMF 16.12.19, BeckVerw 461749. Das Kreditinstitut, die Kapitalanlagegesellschaft oder das Versicherungsunternehmen hat dabei in den unten genannten Fällen (→ Rn 58, 59) zu kennzeichnen, ob eine unschädliche, vollständig oder teilweise schädliche vorzeitige Verfügung vorliegt, wobei in den Anzeigen über eine teilweise schäd- **58**

liche Verfügung der Gesamtbetrag (Ermittlung nach § 8 Abs 2 Sätze 3–5 VermBDV), über den schädlich vorzeitig verfügt worden ist und die in den einzelnen Kj angelegten vermögenswirksamen Leistungen anzugeben sind (§ 8 Abs 2 VermBDV). Die Zentralstelle sperrt in diesen Fällen die Auszahlung und informiert das zuständige FA (§ 8 Abs 4 VermBDV). Um dem jeweils Verpflichteten die Erfüllung seiner Anzeigepflichten zu ermöglichen, bestehen nach **§ 2 VermBDV** verschiedene **Mitteilungspflichten** des ArbGeb, des Kreditinstituts oder des Unternehmens. Insbes hat der ArbGeb dem Kreditinstitut mitzuteilen, wann über von ihm verwahrte Wertpapiere oder an seinem Unternehmen bestehende nichtverbriefte Vermögensbeteiligungen vor Ablauf der Sperrfrist verfügt worden ist (§ 2 Abs 3 Satz 2 VermBDV). Das Ende der Sperrfrist hat er dem vom ArbN benannten Kreditinstitut mitzuteilen, wenn bei ihm vermögenswirksame Leistungen aufgrund eines Wertpapierkaufvertrags angelegt worden sind (§ 2 Abs 4 Satz 1 VermBDV). Zu den Mitteilungspflichten des Kreditinstituts oder Unternehmens s § 2 Abs 2, Abs 3 Satz 1, Abs 4 Satz 2 VermBDV. Zur Haftung → Rn 64. Anzuzeigen haben:

59 **b)** Das **Kreditinstitut,** die **Kapitalanlagegesellschaft** oder das **Versicherungsunternehmen,** das bei einer Anlage nach § 2 Abs 1 Nr 1 iVm § 4 5. VermBG oder § 2 Abs 1 Nr 4 5. VermBG, eine elektronische Vermögensbildungsbescheinigung übermittelt hat, wenn vor Ablauf der jeweiligen Sperrfrist (→ Rn 40–47 und → Rn 9)
- vermögenswirksame Leistungen zurückgezahlt werden (§ 8 Abs 1 Nr 1a VermBDV,
- über Ansprüche aus einem der genannten Verträge durch Rückzahlung, Abtretung, Beleihung oder in anderer Weise verfügt wird,
- die Festlegung erworbener Wertpapiere aufgehoben oder über solche Wertpapiere verfügt wird,
- der Bausparvertrag zugeteilt oder die Bausparsumme ausgezahlt wird oder

(§ 8 Abs 1 Nr 1 VermBDV).

60 **c)** Das **Kreditinstitut oder** die **Kapitalanlagegesellschaft,** bei einer Anlage nach § 4 5. VermBG, wenn Spitzenbeträge iSd § 4 Abs 3 oder Abs 4 Nr 6 5. VermBG von mehr als 150 € nicht rechtzeitig verwendet oder wiederverwendet worden sind (§ 8 Abs 1 Nr 2 5. VermBDV) bzw dem vom **ArbGeb oder dem Unternehmen** in den Fällen des § 2 Abs 3 Nr 1 und 2 VermBDV **mitgeteilt** worden ist, dass über verbriefte oder nichtverbriefte Vermögensbeteiligungen vor Ablauf der Sperrfrist verfügt worden ist (§ 8 Abs 1 Nr 3 VermBDV).

61 **d)** Das **Beteiligungsunternehmen oder** der **Arbeitgeber, bei dem** eine **nichtverbriefte Vermögensbeteiligung** nach § 2 Abs 1 Nr 1g–l 5. VermBG aufgrund Vertrags nach §§ 6 und 7 5. VermBG mit vermögenswirksamen Leistungen **begründet oder erworben** worden ist, wenn vor Ablauf der Sperrfrist über die Vermögensbeteiligung verfügt wird oder der ArbN die Vermögensbeteiligung nicht bis zum Ablauf des Kj erhalten hat, das auf das Kj der vermögenswirksamen Leistungen folgt (§ 8 Abs 1 Nr 4 VermBDV).

62 **e)** Der **Arbeitgeber,** der **Wertpapiere,** die aufgrund eines Wertpapierkaufvertrages (§ 5 5. VermBG) mit vermögenswirksamen Leistungen erworben wurden, **verwahrt** oder von einem Dritten verwahren lässt (§ 4 Abs 3 Satz 1 Nr 1 oder 2 VermBDV), wenn vor Ablauf der Sperrfrist (→ Rn 41) die Festlegung aufgehoben oder über die Wertpapiere verfügt wird oder der ArbN die Verwahrungsbescheinigung (bei Verwahrung durch ein Kreditinstitut oder eine Kapitalanlagegesellschaft, § 4 Abs 3 Satz 1 Nr 3 VermBDV) dem ArbGeb nicht innerhalb von drei Monaten vorlegt (§ 8 Abs 1 Nr 5 VermBDV). Ferner der ArbGeb, bei dem vermögenswirksame Leistungen aufgrund eines Wertpapierkaufvertrages (§ 5 5. VermBG) angelegt werden, wenn der ArbN mit den vermögenswirksamen Leistungen eines Kj nicht bis zum Ablauf des folgenden Kj die Wertpapiere erworben hat oder ihm vom Kreditinstitut oder der Kapitalanlagegesellschaft mitgeteilt worden ist, dass über die Wertpapiere vor Ablauf der Sperrfrist vorzeitig verfügt worden ist (§ 8 Abs 1 Nr 6 VermBDV).

63 **8. Rückforderung.** Das Wohnsitz- bzw ausnahmsweise das BetriebsstättenFA haben zu Unrecht ausgezahlte ArbNSparzulagen aufgrund einer Anzeige des Unternehmens, des Kreditinstituts oder des ArbGeb (→ Rn 60–63) oder aufgrund einer Außenprüfung (→ Rn 64) zurückzufordern. Eine **Änderung** des Bescheides über die Festsetzung der ArbNSparzulage (→ Rn 39 f) ist allerdings nur erforderlich, wenn die Zulage noch nicht

ausgezahlt ist. Ist die ArbNSparzulage bereits ausgezahlt, geschieht dies durch besonderen Bescheid (§ 9 VermBDV; BMF 29.11.17, BStBl I 17, 1626, Abschn 22; *HMW*/Vermögensbildung der Arbeitnehmer Rz 132). Es bedarf dann keiner Aufhebung oder Änderung des ursprünglichen Festsetzungsbescheids. Das gilt auch, wenn die ArbNSparzulage aufgrund einer Änderung der Besteuerungsgrundlagen (zB Änderung des EStBescheids), die zur Über- oder Unterschreitung der Einkommensgrenze des § 13 5. VermBG führt, zurückzufordern ist. Die für Steuerbescheide geltenden Vorschriften finden entsprechende Anwendung (§ 14 Abs 2 5. VermBG). Gleiches gilt für die Verjährung sowie die Straf- und Bußgeldvorschriften (§ 14 Abs 3 5. VermBG).

Im Rahmen einer **Außenprüfung** kann bei dem Unternehmen oder Kreditinstitut, bei 64 dem die vermögenswirksamen Leistungen angelegt worden sind, die Einhaltung sämtlicher Pflichten nach dem 5. VermBG und der VermBDV, zB die Erfüllung der Anzeigepflichten überprüft werden (§ 15 Abs 5 5. VermBG; s BMF 29.11.17, BStBl I 17, 1626, Abschn 23). Der ArbGeb, das Unternehmen oder das Kreditinstitut **haften** für die ArbNSparzulage, die zu Unrecht gezahlt worden ist und nicht zurückgefordert oder einbehalten werden kann, weil sie ihre Pflichten nach dem 5. VermBG oder der VermBDV verletzt haben (§ 15 Abs 3 5. VermBG). Das BetriebsstättenFA hat den vorstehend Genannten auf deren Anfrage **Auskunft** darüber zu erteilen, wie im einzelnen Fall die Vorschriften über vermögenswirksame Leistungen anzuwenden sind (§ 15 Abs 4 5. VermBG). Verfahren sie entsprechend, so entfällt eine Haftung (→ *Anrufungsauskunft* Rn 5 ff). Bei **Streitigkeiten** über die aufgrund des 5. VermBG ergehenden Verwaltungsakte der FinBeh ist der Einspruch beim FA (§ 348 AO) und anschließend die Klage zu den FG gegeben (§ 14 Abs 8 5. VermBG).

## C. Sozialversicherungsrecht *Schlegel*

**1. Beitragsrecht. a) Vermögenswirksame Leistung.** Nach der ausdrücklichen Rege- 66 lung in § 2 Abs 6 des 5. VermBG idF vom 19.1.89 (BGBl I 89, 137) sind vermögenswirksame Leistungen nicht nur stpfl Einnahmen iSd EStG, sondern auch Einkommen, Verdienst oder Entgelt (Arbeitsentgelt) iSd § 14 SGB IV (BSG 18.2.81 – 1 RA 113/79, SozR 2200 § 1262 Nr 19, S 51 mwN; 9.2.93 – 12 RK 26/90; SozR 3–2200 § 165 Nr 9).

Unerheblich ist, dass die vermögenswirksame Leistung zunächst fest angelegt werden muss 67 und nicht sogleich für den Lebensunterhalt des ArbN zur Verfügung steht (BSG 18.2.81 – 1 RA 113/79, SozR 2200 § 1262 Nr 19, 53).

**b) Arbeitnehmersparzulagen** sind demgegenüber kraft der ausdrücklichen Regelung 68 in § 13 Abs 3 des 5. VermBG weder Einkommen iSd EStG noch Entgelt (Arbeitsentgelt) iSd SozV.

**2. Leistungsrecht. a) Lohnersatzleistungen.** Bei der Berechnung von Lohnersatzleis- 69 tungen sind vermögenswirksame Leistungen in das für die Ermittlung des Regellohns bzw der Bemessungsgrundlage maßgebliche Arbeitsentgelt/Bemessungsentgelt einzubeziehen (so zB für das Verletztengeld BSG 23.11.71 – 7/2 RU 225/68, BSGE 33, 205; 25.6.85 – 9a RV 29/84, SozR 3100 § 20 Nr 4, 13). In der **Grundsicherung** kann die im Rahmen der vermögenswirksamen Leistungen erbrachte Eigenleistung können nicht vom zu berücksichtigenden Einkommen abgesetzt werden, da die Leistungen nach SGB II nicht zur Vermögensbildung beitragen dürfen (BSG 27.2.08 – B 14/7b AS 32/06 R, BSGE 100, 83).

**b) Verzicht.** Der Verzicht auf die vermögenswirksame Leistung ist bei der Feststellung 70 der Höhe des Arbeitsentgelts bzw der Bruttobezüge als rechtswirksam anzusehen. Der ArbN oder Auszubildende kann dadurch uU vermeiden, bestimmte Verdienstgrenzen zu überschreiten, bei denen Sozialleistungen nicht mehr gewährt werden. So wurde es etwa als zulässig angesehen, dass ein Auszubildender auf die vermögenswirksame Leistung verzichtete, damit seine Bruttobezüge unterhalb der maßgeblichen Verdienstgrenze lagen. Wäre dieser Betrag überschritten worden, hätte kein Anspruch mehr auf Halbwaisenrente bestanden. Das BSG sieht darin keinen unzulässigen Vertrag zulasten des Sozialleistungsträgers (BSG 27.11.86 – 5a RKn 26/85, SozR 2200 § 1267 Nr 33; zu den Grenzen der Zulässigkeit eines derartigen Erlassvertrages BSG 27.11.86 – 5a RKnU 6/85, SozR 2200 § 583 Nr 5).

# Verpflegungsmehraufwendungen

## A. Arbeitsrecht *Griese*

1 Verpflegungsmehraufwendungen, auch solche, die zusätzlich durch besondere Umstände der Arbeit in Bezug auf Zeit, Ort und Art und Weise der Arbeitsleistung anfallen, gehören grds zum **persönlichen Lebensbedarf** des ArbN, der von der Vergütung zu bestreiten ist.

Ein gesetzlicher Anspruch des ArbN gegen den ArbGeb auf Kostenerstattung kann sich jedoch aus § 670 BGB unter dem Gesichtspunkt des Aufwendungsersatzes (→ *Aufwendungsersatz* Rn 1 ff) ergeben.

Voraussetzung ist, dass die Aufwendungen im **betrieblichen Interesse** liegen und der ArbN sie für erforderlich halten durfte. Dies ist etwa der Fall bei Verpflegungsmehraufwendungen aus Anlass einer ***Dienstreise*** oder wenn der ArbN im betrieblichen Interesse Kunden bewirtet und hierfür Aufwendungen tätigt (→ *Bewirtungsaufwendungen* Rn 1 ff).

2 Der ArbGeb kann sich durch Betriebsvereinbarung oder Arbeitsvertrag zur Erstattung der Verpflegungsmehraufwendungen verpflichten. Ebenso kann ein solcher Anspruch aus betrieblicher Übung entstehen (→ *Betriebliche Übung* Rn 8). Davon kann sich der ArbGeb im Fall der Betriebsvereinbarung nur durch Kündigung der Betriebsvereinbarung, ansonsten nur durch *Änderungskündigung,* befreien. Die Vereinbarung eines Widerrufsrechts ist bei Anknüpfung an triftige Gründe einfacher möglich als bei unmittelbaren Entgeltbestandteilen (BAG 12.1.05 – 5 AZR 364/04, NZA 05, 465 zu Fahrtkostenzuschüssen).

3 Schließlich können Tarifverträge die Erstattungspflicht für Verpflegungsmehraufwendungen vorsehen. Beispiel hierfür ist § 7 Nr 3.2 des für allgemeinverbindlich erklärten Bundesrahmentarifvertrages für das Baugewerbe (BRTV-Bau), der bestimmt, dass dem ArbN bei einer Arbeit auf einer Bau- oder Arbeitsstelle außerhalb des Betriebs und bei einer ausschließlich berufsbedingten Abwesenheit von mehr als zehn Stunden von der Wohnung ein Verpflegungszuschuss arbeitstäglich zu zahlen ist, sofern kein weitergehender Auslösungsanspruch besteht (BAG 10.3.93 – 4 AZR 205/92, NZA 93, 754). Bei der Deutschen Bahn AG steht nach dem Zulagentarifvertrag nur dem Streckenlokomotivführer, nicht dem Lokrangierführer die Pauschale für den Verpflegungs-Mehraufwand zu (BAG 29.9.04 – 10 AZR 89/04, NZA 04, 72 LS).

Ist tarifvertraglich eine **Verpflegungspauschale** für Einsatzwechseltätigkeit vorgesehen, kommt es nicht auf die Zahl oder Dauer der einzelnen Einsätze an (BAG 30.1.02 – 10 AZR 441/01, NZA 02, 815); Voraussetzung hierfür ist, dass der konkrete Einsatzort tatsächlich ständig wechselt, was bei einer Tätigkeit an verschiedenen Stellen innerhalb eines Forstreviers nicht der Fall ist (BAG 20.3.12 – 9 AZR 518/10, ZTR 12, 390).

4 Bei fehlender Vereinbarung über die Abgeltung von Verpflegungsmehraufwendungen kann je nach Branchenüblichkeit (zB Lkw-Fahrer, s dazu BFH 29.8.18 – VI R 10/16 m Anm *v Geserich* juris PR-SteuerR 35/2019 Anm 1) § 612 Abs 2 BGB als Anspruchsgrundlage in Betracht kommen. Die steuerlichen Pauschalen können dabei die zutreffende Grundlage für eine Schätzung gem § 287 ZPO der tatsächlich entstandenen Aufwendungen sein (LAG RLP 17.5.17 – 7 Sa 410/15, BeckRS 2017, 130810).

Da die Zahlung von Verpflegungsmehraufwendungen nicht Gegenleistung für die erbrachte Arbeit ist, sondern zusätzlichen Aufwand des ArbN abdeckt, darf dies zB weder bei der Berechnung des gesetzlichen Mindestlohns (LAG BaWü 27.8.12 – 9 Sa 187/11, AuA 12, 724) noch bei der Prozesskostenhilfe als Einkommen angerechnet werden (LAG Hamm 8.9.14 – 14 Ta 352/14, BeckRS 15, 68332). Soweit sich Verpflegungsmehraufwendungen im Rahmen des Üblichen halten, sind sie gem § 850a Nr 3 ZPO **unpfändbar.** Bestehen Ansprüche auf Verpflegungsmehraufwendungen, darf der ArbGeb **nicht unzulässigen Druck auf die Arbeitnehmer dahingehend ausüben, auf solche Ansprüche zu verzichten** (BAG 16.10.12 – 9 AZR 183/11, NZA 13, 42).

## B. Lohnsteuerrecht *Thomas*

**1. Kosten der Lebensführung. a) Grundsatz.** Die Verpflegung als Aufwendungen für die Lebensführung (§ 12 Nr 1 EStG) führt grds nicht zu Werbungskosten. Umgekehrt bewirkt die Übernahme derartiger Aufwendungen durch den ArbGeb grds Arbeitslohn. Abweichendes gilt aber, wenn die Kostentragung durch den ArbGeb nicht als Entlohnung, sondern aus betriebsfunktionalen Gründen erfolgt (vgl → *Arbeitsentgelt* Rn 50; → *Dienstreise* Rn 43). Ob eine Bewirtung noch als notwendige Begleiterscheinung der Arbeit angesehen werden kann, wenn sie nicht zwischen, sondern nach außerordentlichen Arbeitseinsätzen erfolgt (so FG Hbg 24.7.02 – VI 226/99, DStRE 02, 1497), erscheint fraglich. Ebenfalls zweifelhaft ist, ob die unentgeltliche Verpflegung auf einem Kreuzfahrtschiff notwendige Begleiterscheinung der Arbeit ist (so wohl BFH 21.1.10 – VI R 51/08, DStR 10, 640; zu Einzelheiten → *Arbeitsentgelt* Rn 37). 5

**b) Aufteilung.** Führt die Schwere der Arbeit zu einem erhöhten Kalorienbedarf (mehr, gehaltvollere, andere Verpflegung), liegen trotzdem Aufwendungen für die Lebensführung (§ 12 Nr 1 EStG) vor, bei denen auch der beruflich veranlasste Mehraufwand nicht als Werbungskosten berücksichtigt werden kann. Hieran hat sich durch die Aufgabe des Aufteilungsverbots (BFH 21.9.09 – GrS 1/06, DStR 10, 101) nichts geändert (*Pezzer* DStR 10, 93; *Schwenke* FR 11, 1051). Diätaufwendungen sind auch nicht als außergewöhnliche Belastung zu berücksichtigen (§ 33 Abs 2 Satz 3 EStG). Abgrenzbare Folgekosten einer Berufskrankheit können aber Werbungskosten sein (→ *Berufskrankheit* Rn 5 ff). 6

**c) Einzelnachweis.** Dieser wird durch § 9 Abs 4a Satz 1 EStG ausdrücklich ausgeschlossen. Deswegen können Aufwendungen für die Verpflegung nicht neben den Verpflegungspauschalen berücksichtigt werden (BFH 17.2.09 – VIII R 21/08, DStRE 09, 771 zum Personalkostenaufwand für die Kantine einer Lotsenbrüderschaft). Dies verstößt nicht gegen das Leistungsfähigkeitsprinzip (aA *Strohner/Mainzer* FR 95, 679); vielmehr werden gleichheitswidrige Vorteile und Missbräuche vermieden. 7

**2. Verpflegungspauschalen.** Nach § 9 Abs 4a Satz 2 EStG werden bei auswärtiger beruflicher Tätigkeit sowie bei doppelter Haushaltsführung gleich hohe Pauschbeträge berücksichtigt. Nach Umstellung von einer drei- auf eine zweistufige Staffelung werden bei mehr als 8 Stunden Abwesenheit 14 € und bei mindestens 24 Stunden Abwesenheit 28 € gewährt (→ *Dienstreise* Rn 28 ff). Da die Unterscheidung zwischen Dienstreise, Fahr- und Einsatzwechseltätigkeit entfallen ist, kommt es nur noch auf die Abwesenheit von der Wohnung und der ersten Tätigkeitsstätte an. Soweit der ArbGeb Verpflegungspauschalen bei Auswärtstätigkeit – nicht aber bei doppelter Haushaltsführung – steuerfrei gewähren kann, kann er zusätzlich einen gleichhohen Betrag mit einem Pauschsteuersatz von 25 vH abgeltend zuwenden (§ 40 Abs 2 Nr 4 EStG). 8

## C. Sozialversicherungsrecht *Schlegel*

Kostenersatz für Verpflegungsmehraufwendungen, die zusätzlich zum Arbeitsentgelt gezahlt werden, sind dem Arbeitsentgelt zuzurechnen. Mangels einer Vorschrift, die den Kostenersatz insoweit steuerfrei stellt (→ Rn 5 ff), findet § 1 SvEV keine Anwendung. 9

**Pauschalversteuerte Zuwendungen – § 1 Abs 1 Satz 1 Nr 2–4 SvEV.** Es gibt keine Vorschrift und keinen allg Rechtsgrundsatz des Inhalts, dass sämtliche pauschalversteuerten Zuwendungen des ArbGeb an den ArbN nicht dem Arbeitsentgelt zuzurechnen sind. § 2 Abs 1 Satz 1 Nr 2–4 SvEV ordnet dies nur für einzelne Fälle der Pauschalbesteuerung an: Soweit der ArbGeb für sonstige Bezüge iSv § 40 Abs 1 Satz 1 Nr 1 EStG, Einnahmen nach § 40 Abs 2 EStG oder Beiträge und Zuwendungen nach § 40b EStG die LSt mit einem Pauschsteuersatz erheben kann (rechtliches Können) und er die LSt nach den §§ 39b, 39c oder 39d EStG erhebt (tatsächliches Verhalten), sind die dem ArbN dadurch entstehenden geldwerten Vorteile nicht dem Arbeitsentgelt zuzurechnen. 10

Soweit der ArbGeb für Einnahmen nach § 40 Abs 2 EStG die LSt mit dem Pauschsteuersatz erheben kann und er die LSt nach den §§ 39b, 39c oder 39d EStG erhebt, sind die dem ArbN dadurch entstehenden geldwerten Vorteile nicht dem Arbeitsentgelt zuzurechnen. Die **Pauschalierungsmöglichkeit** und damit die negative Fiktion des § 1 Abs 1 Satz 1 SvEV („kein Arbeitsentgelt") gilt auch bei **Vergütungen für Verpflegungsmehr-** 11

**aufwendungen** bei Dienstreisen, Einsatzwechseltätigkeit und Fahrtätigkeit (§ 40 Abs 2 Satz 1 Nr 4 EStG; vgl dazu *Einsatzwechseltätigkeit*, Bay LSG 29.4.14 – L 3 U 619/11, nv). In diesen Fällen ist die LStPauschalierung bis zum Doppelten der in § 4 Abs 5 Satz 1 Sätze 2–4 EStG angesetzten Werte zulässig (→ *Dienstreise* Rn 49 ff; → *Einsatzwechseltätigkeit* Rn 25 ff; → *Fahrtätigkeit* Rn 14). Bei durchgeführter Pauschalbesteuerung liegt insoweit auch kein Arbeitslohn vor. Zahlt der ArbGeb höhere Beträge, unterliegen diese insoweit den Bestimmungen über das Arbeitsentgelt und damit regelmäßig auch der Beitragspflicht.

12 Zur Behandlung von Verpflegungsmehraufwendungen im Bereich der **Grundsicherung** vgl BSG 11.12.12 – B 4 AS 29/12 R, nv.

## Verschwiegenheitspflicht

### A. Arbeitsrecht *Kania*

1 **1. Rechtsgrundlagen.** Eine Pflicht des ArbN, über Betriebsinterna zu schweigen, folgt bereits ohne besondere Abrede als vertragliche Nebenpflicht aus dem Arbeitsvertrag nach § 241 Abs 2 BGB und kann sich zudem aus §§ 2, 4 GeschGehG ergeben. Das neue **Gesetz zum Schutz von Geschäftsgeheimnissen (GeschGehG)** ist zum 26.4.19 in Umsetzung der EU-Geheimnisschutzrichtlinie (RL 2016/943) in Kraft getreten. Es tritt an die Stelle der bisherigen §§ 17–19 UWG und bringt im Vergleich zur alten Regelung wesentliche Änderungen mit sich: § 2 Nr 1 GeschGehG sieht erstmals eine **Legaldefinition des Geschäftsgeheimnisses** vor; dabei wird die frühere sprachliche Trennung zwischen Geschäfts- und Betriebsgeheimnis aufgegeben. Neu ist, dass nach der Begriffsbestimmung Geheimnisse nur dann dem gesetzlichen Schutz unterstellt sind, wenn diese – anders als früher nach dem UWG – tatsächlich Gegenstand angemessener Geheimhaltungsmaßnahmen durch ihren Inhaber sind. Damit setzt das GeschGehG die Vorgabe der GeheimnisschutzRL um und verpflichtet Unternehmen, aktiv Maßnahmen zu ergreifen, wenn sie ihre Geschäftsgeheimnisse umfangreich schützen wollen (ausführlich dazu → Rn 3 ff). Während der Schutz des GeschGehG auf Geschäftsgeheimnisse begrenzt ist, denen ein wirtschaftlicher Wert immanent ist, erfasst die **arbeitsvertragliche Verschwiegenheitspflicht** auch darüber hinausgehende schützenswerte (subjektive) ArbGebInteressen (BAG 8.5.14 – 2 AZR 249/13, NZA 14, 1258; MünchArbR/*Reichold* § 48 Rn 32). Insoweit lässt § 1 Abs 3 Nr 4 GeschGehG weitergehende Rechte und Pflichten aus dem Arbeitsverhältnis unberührt (dazu → Rn 7). Weitere spezialgesetzliche Regelungen, deren Adressaten ArbN sein können, finden sich zB in § 13 S 2 Nr 6 BBiG, § 24 Abs 2 ArbNErfG, § 5 S 2 BDSG, für Betriebsräte in § 79 Abs 1 BetrVG. Der Geheimnisschutz kann ferner durch TV geregelt sein (zB § 3 Abs 1 TVöD). Im Einzelnen → *Betriebsgeheimnis* Rn 2 ff; *Preis/Seiwerth* RdA 19, 351.

2 **2. Gegenstand der Verschwiegenheitspflicht. a) Ohne besondere Vereinbarung.** Aufgrund seiner dem **Arbeitsvertrag immanenten Schutz- und Rücksichtnahmepflicht** ist der ArbN gehalten, auf die geschäftlichen Interessen des ArbGeb Rücksicht zu nehmen und auch ohne ausdrückliche Vereinbarung über Betriebsinterna Stillschweigen zu bewahren. Erfasst werden von dieser Rücksichtspflicht damit zunächst **Geschäftsgeheimnisse im eigentlichen Sinn;** insoweit wird die vertragliche Geheimhaltungspflicht durch die gesetzliche Pflicht zur Wahrung von Geschäftsgeheimnissen nach §§ 2, 4 GeschGehG ergänzt. Das **Geschäftsgeheimnis** iSd § 2 GeschGehG entspricht im Grundsatz dem bisherigen Begriffspaar Geschäfts- und Betriebsgeheimnis, wobei im UWG Betriebsgeheimnisse als Tatsachen technisch-personeller Art und Geschäftsgeheimnisse als Tatsachen kaufmännischer Natur umschrieben wurden. Beides fällt unter Geltung des GeschGehG nun unter den Begriff Geschäftsgeheimnis. Beispiele sind etwa Tatsachen aus dem technischen Bereich (Produktionseinrichtungen und -verfahren, technisches Know-how – auch wenn es nicht patentfähig ist, Computersoftware), dem Absatzbereich (Preis- und Kundenlisten), dem Lieferantenbereich (Warenbezugsquellen, Kreditwürdigkeit), dem Rechnungswesen (Bilanzen, Kalkulationen) und aus dem Personalbereich.

Geschützt sind allein **geheime Informationen**. Hierzu bestimmt § 2 Nr 1 lit a) GeschGehG, dass diese „weder insgesamt noch in der genauen Anordnung und Zusammensetzung ihrer Bestandteile den Personen in den Kreisen, die üblicherweise mit dieser Art von Informationen umgehen, allgemein bekannt oder ohne Weiteres zugänglich" sein dürfen. Damit darf die Information, wie schon unter der Geltung des UWG, nur **einem eng begrenzten Personenkreis bekannt** und **nicht offenkundig** sein; insoweit kann auf die hierzu ergangene Rspr zugrückgegriffen werden. Offenkundigkeit ist nicht erst dann gegeben, wenn die Tatsache der Öffentlichkeit bekannt ist, sondern bereits dann, wenn sie ohne größere Schwierigkeiten von jedermann in Erfahrung gebracht werden kann (BAG 16.3.82 – 3 AZR 83/79, DB 82, 2247). Zur Offenkundigkeit führt zB die Veröffentlichung in einer Fachzeitschrift oder dem Internet oder der Umstand, dass das Unternehmensgeheimnis dem Stand der Technik entspricht (§ 3 Abs 1 und 2 PatG). Eine Tatsache ist aber schon dann nicht mehr offenkundig, wenn sie nur ein Fachmann mit Anstrengungen mittleren Schwierigkeitsgrades ermitteln kann und die sinnvolle Verwendung zahlreicher Details der Tatsache nicht ohne besondere Kenntnisse und erst nach entsprechenden Denkprozessen möglich ist (BAG 16.3.82 – 3 AZR 83/79, DB 82, 2247). Allgemein bekannte und übliche Verfahren oder Tatsachen können auch nicht vom ArbGeb zum Unternehmensgeheimnis erhoben werden. 3

Schützenswerte Informationen müssen nach dem GeschGehG einen **wirtschaftlichen Wert** haben. Maßgeblich sind wie bislang schon spürbare Auswirkungen auf die Wettbewerbsfähigkeit des Unternehmens (MünchArbR/*Reichold* § 48 Rn 36). Zudem verlangt § 2 Nr 1b GeschGehG **angemessene Geheimhaltungsmaßnahmen.** Ohne konstitutive Sicherungsmaßnahmen wird der ArbGeb keinen Rechtsschutz nach dem GeschGehG für sich in Anspruch nehmen können. Im Streitfall treffen ihn hierfür die Darlegungs- und Beweislast. Neben organisatorischen und technischen Sicherungsmaßnahmen stehen hier die arbeitsvertraglichen Verschwiegenheitsklauseln als Geheimhaltungsmaßnahmen im Verhältnis zum einzelnen ArbN im Fokus. Allerdings dürften angesichts der per se bestehenden arbeitsvertraglichen Nebenpflicht für spätere arbeitsrechtliche Sanktionen, wie etwa die Kündigung, grds nicht zusätzliche Geheimhaltungsvereinbarungen geboten sein. Diese dienen in erster Linie der effektiven Sicherung des zivil- und strafrechtlichen Geheimnisschutzes (*Holthausen* NZA 19, 1377). Letztlich kommt es auf die Art des Geschäftsgeheimnisses im Einzelnen und auf seine konkrete Nutzung an (vgl Gesetzesbegründung BT-Drs 19/4724, 24 f), wobei auch Fragen des Datenschutzes und der Unternehmenscompliance zu berücksichtigen sind. Hierzu → *Betriebsgeheimnis* Rn 2 ff, → *Datenschutz* Rn 5, → *Compliance* Rn 1 ff. 4

Der ArbGeb muss ein **berechtigtes Interesse an der Geheimhaltung** haben. Dieses Kriterium dient der Interessenabwägung nach dem Verhältnismäßigkeitsprinzip und kann mit Blick auf den strafrechtlichen Charakter der § 23 GeschGehG zur Vermeidung von Willkür nur objektiv beurteilt werden. Nicht einheitlich beantwortet wird die Frage, ob der ArbGeb ein berechtigtes Interesse an der Wahrung von auf rechts- oder sittenwidrigem Verhalten beruhenden Geheimnissen haben kann. Grds ist das ArbGebInteresse an der Geheimhaltung von illegal (zB durch Verstöße gegen das Wettbewerbsrecht, das Steuer- und Sozialversicherungsrecht oder gegen Arbeitsschutz- und Umweltschutzregeln) erworbenen Geheimnissen mit rechtsstaatlichen Grundsätzen unvereinbar und daher nicht schutzwürdig. Bei einem von Amts wegen eingeleiteten Ermittlungsverfahren führt die den ArbGeb wahrheitsgemäß schwer belastende Zeugenaussage des ArbN nicht zu einem Kündigungsgrund, wissentlich oder leichtfertig gemachte falsche Angaben dagegen schon (BVerfG 2.7.01 – 1 BvR 2049/00, NZA 01, 888; Preis/*Rolfs,* Der Arbeitsvertrag II V 20 Rn 22 ff). Zu einem möglichen Anzeigerecht des ArbN → *Whistleblowing* Rn 1 ff. 5

Weitergehend im Rahmen der arbeitsvertraglichen Nebenpflicht geschützt sind auch **sonstige Betriebsinterna**, die nicht dem gesetzlichen Geheimnisschutz unterfallen. So ist der ArbN gem §§ 242, 241 Abs 2 BGB verpflichtet, über sämtliche Angelegenheiten Stillschweigen zu bewahren, die ihm im Zusammenhang mit seiner Stellung im Betrieb bekannt geworden sind, insbes über Tatsachen, die sich auf die Person des ArbGeb, Kollegen oder auch Drittunternehmen beziehen und an deren Geheimhaltung der ArbGeb ein berechtigtes Interesse hat (BAG 8.5.14 – 2 AZR 249/13, NZA 14, 1258). Es können daher auch Tatsachen oder bestimmte Informationen, die mangels Betriebsbezogenheit oder wirtschaftlichen Interesses keine Unternehmensgeheimnisse darstellen, sich aber auf **persönliche Umstände oder Verhaltensweisen des ArbGeb** beziehen oder von diesem **aus-** 6

**drücklich als vertraulich bezeichnet** werden, ein schutzwürdiges Geheimnis darstellen (Preis/*Rolfs,* Der Arbeitsvertrag II V 20 Rn 31). Die Vertraulichkeit kann sich ohne ausdrücklichen Hinweis auch aus der Natur der Sache ergeben. So unterliegen Angaben über die Vermögensverhältnisse des ArbGeb, die diesen in seiner Kreditwürdigkeit beeinträchtigen oder sonst in seinem Ruf schädigen können, der Verschwiegenheit.

Der ArbN darf sich ohne Einverständnis des ArbGeb **betriebliche Unterlagen und Daten** nicht aneignen oder diese für betriebsfremde Zwecke vervielfältigen (BAG 8.5.14 – 2 AZR 249/13, NZA 14, 1258). Dies hat das GeschGehG jetzt in § 4 Abs 1 Nr 1 ausdrücklich formuliert. Jedoch ist dem ArbN die Erlangung von Geschäftsgeheimnissen im regelhaften Verlauf der Tätigkeit erlaubt, soweit er sich diese nicht durch unbefugten Zugang verschafft hat, wie zB durch unbefugtes Kopieren. Von praktischer Bedeutung sind eher die Nutzungs- und Offenlegungsverbote aus § 4 Abs 2 Nr 2 und 3 GeschGeh. Die dort in Bezug genommene Verpflichtung zur Nutzungsbeschränkung kann sich aus der arbeitsvertraglichen Nebenpflicht oder aus gesonderten rechtsgeschäftlichen Vereinbarungen ergeben, die die Schweigepflicht erweitern (ErfK/*Preis* § 611a BGB Rn 718).

7 **b) Vertragliche Erweiterung der Schweigepflicht.** Eine einzelvertragliche Erweiterung der Schweigepflicht ist nur innerhalb der allgemeinen Grenzen der §§ 134, 138, 242, 305 BGB möglich. Sog **All-Klauseln,** durch die sich der ArbN zur Geheimhaltung aller ihm bekannt gewordener geschäftlicher bzw betrieblicher Tatsachen verpflichtet, binden den ArbN unverhältnismäßig und gehen über das anzuerkennende berechtigte ArbGebInteresse hinaus; sie sind daher gem § 138 Abs 1 BGB nichtig (LAG Hamm 5.10.88 – 15 Sa 1403/88, DB 89, 783). Als Formularklausel stellt eine solche pauschale Abrede eine **unangemessene Benachteiligung** dar und genügt zudem nicht dem Bestimmtheitsgebot des § 307 Abs 1 S 2 BGB. Die allgemeine Verschwiegenheitspflicht (→ Rn 2 ff) bleibt hiervon unberührt.

8 Für Verschwiegenheitsklauseln bzgl des Inhalts des Arbeitsvertrages, insbes über **Lohn- und Gehaltsdaten,** wird ein berechtigtes Geheimhaltungsinteresse des ArbGeb grds dann anerkannt, wenn durch eine Veröffentlichung der Daten seine Wettbewerbsfähigkeit betroffen ist (BAG 26.2.87 – 6 ABR 46/84, NZA 88, 63) oder die Offenbarung des Gehaltes gegenüber den Arbeitskollegen den Betriebsfrieden stört (LAG Düsseldorf 9.7.75 – 6 Sa 185/75, DB 76, 1112). Etwas anderes gilt aber dann, wenn der ArbN dadurch gehindert ist, Verstöße gegen eigene Grundrechte oder den Gleichbehandlungsgrundsatz gelten zu machen (LAG MeVo 21.10.09 – 2 Sa 183/09, ArbuR 10, 343; MünchArbR/*Reichold* § 48 Rn 45) oder wenn der ArbN zur Offenbarung seines Einkommens gegenüber Behörden verpflichtet bzw zur Erlangung sozialer Leistungen angewiesen ist oder die Angaben für eine anderweitige Stellensuche erforderlich sind (Preis/*Rolfs*, Der Arbeitsvertrag II V 20 Rn 36 ff).

9 **3. Zeitlicher Geltungsbereich. a) Dauer des Arbeitsverhältnisses.** Die Verschwiegenheitspflicht beginnt grds mit Abschluss des Arbeitsvertrages und bindet den ArbN während der gesamten Dauer des Arbeitsverhältnisses. Eine Schweigepflicht im Stadium der Vertragsanbahnung besteht, soweit ein besonderes Vertrauensverhältnis nach Maßgabe des § 311 Abs 2 BGB begründet wurde. Die arbeitsvertragliche Verschwiegenheitspflicht besteht generell bis zur rechtlichen Beendigung des Arbeitsverhältnisses, also auch dann, wenn der ArbN vorher freigestellt wird oder die Hauptpflichten ruhen (MünchArbR/*Reichold* § 48 Rn 43).

10 **b) Nachvertragliche Verschwiegenheitspflicht. aa) Nachwirkende arbeitsvertragliche Treuepflichten.** Umstritten ist, ob und in welchem Umfang eine Verschwiegenheitspflicht auch nach der Beendigung des Arbeitsverhältnisses besteht. Nach **überwiegender Ansicht** müssen berechtigte Geschäftsgeheimnisse prinzipiell auch weiterhin gewahrt werden, ohne dass es einer besonderen Abrede bedarf. Die in der Praxis üblichen Klauseln haben idR nur deklaratorischen Charakter. Die Grenze ist dort, wo der ArbN durch die Wahrung solcher Verschwiegenheitspflichten in seiner Berufsausübung nach Art 12 GG unzumutbar beschränkt wird. In dem Fall ist ein weitergehender Schutz nur durch Vereinbarung eines nachvertraglichen Wettbewerbsverbots zu erreichen (ErfK/*Preis* § 611 BGB Rn 718). Die **Gegenansicht** nimmt nicht ohne weiteres eine Verschwiegenheitspflicht nach Vertragsende an, da mit Beendigung des Arbeitsverhältnisses die beiderseitigen Rechte und Pflichten aus dem Vertrag für die Zukunft erlöschen. Eine dahingehende Pflicht könne sich nur auf einzelne, konkret bezeichnete Geheimnisse beziehen (Schaub/*Linck* § 53 Rn 53; HWK/*Thüsing* § 611 BGB Rn 351). Der **BGH** verneint sogar grds eine nach-

vertragliche Wirkung der Schweigepflicht. Der aus einem Beschäftigungsverhältnis ausgeschiedene ArbN sei generell in der Weitergabe und Verwertung der dort redlich erlangten Geschäftsgeheimnisse frei, sofern er keinem Wettbewerbsverbot unterliege. Die nachvertragliche Verschwiegenheitspflicht ende mit der rechtlichen Beendigung des Arbeitsverhältnisses und könne nicht zur Rechtsgrundlage für weitergehende Schweigepflichten gemacht werden (BGH 3.5.01 – I ZR 153/99, WM 01, 1824).

Richtigerweise ist hier zu **differenzieren:** Grds ist der aus einem Beschäftigungsverhältnis ausgeschiedene ArbN **auch weiterhin zur Verschwiegenheit** über Geschäftsgeheimnisse seines ArbGeb verpflichtet und darf geheimzuhaltende Tatsachen nicht durch **Weitergabe an Dritte** verwerten. Hieraus folgt nach der BAG-Rspr aber kein weitergehendes Verbot, mit seinem ehemaligen ArbGeb in **Wettbewerb** zu treten. Wegen der durch Art 12 GG gewährleisteten Berufsausübungsfreiheit findet die nachvertragliche Schweigepflicht nämlich dort ihre Grenzen, wo sie einem nachvertraglichen Wettbewerbsverbot gleichkommt. Daher verletzt ein ehemaliger ArbN die nachwirkende Verschwiegenheitspflicht nicht, wenn er sein über viele Jahre im Arbeitsverhältnis **erworbenes Erfahrungswissen zu eigenem Nutzen,** also für die eigene berufliche Tätigkeit, verwendet. Er darf berufliche Kenntnisse und Erfahrungswissen sogar für seine Beschäftigung im Dienst eines Wettbewerbers nutzen, denn die nachvertragliche Verschwiegenheitspflicht ist auf das Verbot einer Verwertung durch Weitergabe begrenzt, erfasst aber nicht die Frage des Wettbewerbs gegenüber dem ehemaligen ArbGeb (BAG 19.5.98 – 9 AZR 394/97, NZA 99, 200; BAG 15.6.93 – 9 AZR 558/91, NZA 94, 502; Preis/*Rolfs,* Der Arbeitsvertrag II V 20 Rn 51 ff). Auch das neue GeschGehG führt hier in seiner Schutzpflichtdimension zu keiner weitergehenden Beschränkung, soweit die genutzten Informationen auf der Gedächtnisleistung beruhen (ErfK/*Preis* § 611 BGB Rn 718). Eine konkurrierende Tätigkeit kann also nur durch die Vereinbarung eines nachvertraglichen Wettbewerbsverbots verhindert werden. Vgl → *Wettbewerbsverbot* Rn 1 ff. 11

**bb) Geheimhaltungsabreden.** Nach der Rspr des BAG sind vertragliche Geheimhaltungsabreden zulässig, die nicht nur die vorgenannten nachwirkenden Verschwiegenheitspflichten explizit niederlegen, sondern auch **weitergehende Geheimhaltungspflichten begründen.** Hierdurch kann die Verwertung des erworbenen Erfahrungswissens zu eigenem Nutzen weiter beschränkt werden. Allerdings gelten auch hier die vorgenannten Grundsätze zur Beschränkung der Berufsausübungsfreiheit: Je weiter die Verwertungsverbote das Tätigkeitsfeld des ausgeschiedenen ArbN beschränken, desto eher ist von einem Wettbewerbsverbot iSd §§ 74 ff HGB auszugehen, das dann wegen fehlender Karenzentschädigung gem § 74 Abs 2 HGB nichtig sein kann. Klauseln, die sich unterschiedslos auf alle Geschäftsvorgänge beziehen (→ Rn 7), verwehren dem ArbN faktisch jede berufliche Verwertung seiner erworbenen Kenntnisse und überschreiten daher die Grenze zum entschädigungspflichtigen Wettbewerbsverbot. Dagegen können **einzelne, konkret bezeichnete Geschäftsgeheimnisse** vertraglich wirksam einem weitergehenden Verwertungsverbot ohne Entschädigungspflicht unterstellt werden (BAG 19.5.98 – 9 AZR 394/97, NZA 99, 200). Die Vorgaben des BAG für die wirksame Vereinbarung sind aber nicht einheitlich, sondern beruhen letztlich auf einer Einzelfallabwägung: So scheitert etwa nach der „Thrombosol-Entscheidung" des BAG das berufliche Fortkommen eines ausgeschiedenen ArbN regelmäßig nicht daran, dass es ihm verwehrt ist, seinen künftigen beruflichen Erfolg gerade auf die Preisgabe oder **Verwertung bestimmter Geschäftsgeheimnisse** zu gründen. Auch die Tatsache, dass keine Entschädigung für das nachvertragliche Schweigen vereinbart wird, stellt noch keine Umgehung der für nachvertragliche Wettbewerbsverbote geltenden Vorschriften dar (BAG 16.3.82 – 3 AZR 83/79, BB 82, 1792). Dagegen bewertet das BAG die Vertragsabrede eines im Weinhandel tätigen Außendienstmitarbeiters, **Kundennamen** auch nach Vertragsende in keiner Weise zu verwenden, als **Wettbewerbsverbot iSd § 74 Abs 1 Satz 1 HGB:** Bezieht sich die Wettbewerbsabrede zeitlich unbeschränkt und im gesamten Bundesgebiet auf einen nicht nur unerheblichen Personenkreis, wird der ArbN in seiner künftigen Berufsausübung in wirtschaftlich nicht nur unbedeutender Weise eingeschränkt (BAG 15.12.87 – 3 AZR 474/86, NZA 88, 502). Bei einem Außendienstmitarbeiter macht die Kenntnis der Kundennamen und -adressen nahezu das gesamte Berufskapital aus, so dass eine derartige Kundenschutzklausel praktisch einer Pflicht zur Unterlassung jeglichen Wettbewerbs gleichkommt. (BAG 19.5.98 – 9 AZR 394/97, NZA 99, 200; dazu *Wertheimer* BB 99, 1600, → *Wettbewerbsverbot* Rn 1 ff). 12

13 **cc) Unlauterer Wettbewerb.** § 6 GeschGehG schafft nun eine Grundlage für **Unterlassungs- und Beseitigungsansprüche**. § 23 GeschGehG enthält **Strafvorschriften** wegen unlauteren Verhaltens des ArbN und ersetzt insoweit § 17 UWG.

14 **4. Anzeigerecht.** Der ArbN verletzt nicht in jedem Fall seine vertragliche Rücksichtnahme- und Verschwiegenheitspflicht, wenn er seinen gesetzwidrig handelnden ArbGeb bei staatlichen Stellen anzeigt oder betriebliche Missstände an die Öffentlichkeit bringt. Auch bislang schon wurde ein von der Rechtsordnung grds gebilligtes Anzeigerecht unter Berücksichtigung der besonderen Pflichtenkollision bei **überwiegendem öffentlichem Interesse** anerkannt. Sofern sich die Anzeige des ArbN nicht als unverhältnismäßige Reaktion auf das Verhalten des ArbGeb darstellte, lag darin kein Grund für eine außerordentliche Kündigung des ArbN. Diese Grundsätze beanspruchen auch unter dem neuen GeschGehG weiterhin Geltung (*Holthausen* NZA 19, 1377). Hier sieht das Gesetz nun ausdrücklich den Schutz sog **Whistleblower** vor. Gem § 5 Nr 2 GeschGehG wird ein Verhalten nicht vom Verbot des § 4 GeschGehG erfasst, wenn dies zum Schutz eines berechtigten Interesses, insbes zur Aufdeckung einer rechtswidrigen Handlung oder sonstigen Fehlverhaltens, erfolgt, wobei die Bewertung der Pflichtverletzung wie bisher eine Abwägung der beteiligten Interessen verlangt. Im Einzelnen → *Whistleblowing* Rn 1 ff. Weiterhin können sich Anzeigerechte bereits nach zahlreichen **öffentlich-rechtlichen Vorschriften** ergeben, nach denen dem ArbN der Schutz der Allgemeinheit übertragen werden kann, zB als Betriebsbeauftragtem für Immissionsschutz (§§ 53 ff BImSchG), für Datenschutz (§ 7 BDSG), für Gewässerschutz (§§ 21a ff WHG). S → *Whistleblowing* Rn 8.

15 **5. Rechtsfolgen.** Bevorstehenden oder anhaltenden Verletzungen der Verschwiegenheitspflicht kann im Wege der **Unterlassungsklage** und durch **einstweilige Verfügung** begegnet werden. Bei bereits eingetretener (schuldhafter) Verletzung der vertraglichen oder gesetzlichen Verschwiegenheitspflicht kann gegen den ArbN ein **Schadensersatzanspruch** gem § 10 GeschGehG, § 823 Abs 1 und 2 bzw § 826 BGB iVm §§ 4, 2 GeschGehG oder aufgrund positiver Vertragsverletzung (§ 280 BGB) bestehen. Die Rechtswegzuständigkeit der ArbG wird durch § 15 GeschGehG nicht berührt (*Francken* NZA 19, 1665). Weiterhin kann eine **verhaltensbedingte,** in schweren Fällen eine **fristlose Kündigung** des ArbN gerechtfertigt sein (BAG 25.4.91 – 2 AZR 624/90, NZA 92, 212; LAG Köln 29.9.82 – 5 Sa 514/82, DB 83, 124). Eine **Strafbarkeit** des ArbN kann sich nach Lauterkeitsrecht aus § 23 GeschGehG, § 203 StGB ergeben.

16 **6. Muster.** S Online-Musterformular *„M9.12 Verschwiegenheitsklausel im Arbeitsvertrag"*.

## B. Lohnsteuerrecht *Seidel*

18 Zur Verschwiegenheitspflicht des FA bzw der Steuerprüfer über Verhältnisse der ArbN bzw des ArbGeb sowie über dessen Betriebs- und Geschäftsgeheimnisse → *Datenschutz* Rn 35 ff (→ *Betriebsgeheimnis* Rn 18). Zu Auskünften des ArbGeb bzw des ArbN gegenüber dem FA → *Datenschutz* Rn 27–34, aber auch → *Auskunftspflichten Arbeitgeber* Rn 26–33, → *Auskunftspflichten Arbeitnehmer* Rn 36–40 sowie → *Lohnsteueraußenprüfung* Rn 9, 10.

Hinsichtlich der Pflicht zur Geheimhaltung der persönlichen Verhältnisse des ArbN oder des ArbGeb → *Persönlichkeitsrecht* Rn 15, 16. Zu den steuerlichen Auswirkungen eines → *Wettbewerbsverbots* Rn 48–50. Bei Schadensersatzleistungen des ArbN (→ Rn 16) dürften idR Werbungskosten vorliegen (→ *Arbeitnehmerhaftung* Rn 27).

## C. Sozialversicherungsrecht *Schlegel*

19 **1. Sozialrechtliche Grenzen der Verschwiegenheitspflicht des Arbeitnehmers im Beitragsrecht.** Grds liegt beim Beschäftigungsverhältnis das gesamte Beitragsverfahren im Wesentlichen in der Hand des ArbGeb. Er ist verpflichtet, von sich aus die GesamtSozVBeiträge zu berechnen und an die Einzugsstelle abzuführen (→ *Sozialversicherungsbeiträge* Rn 36 ff; → *Meldepflichten Arbeitgeber* Rn 3 ff); außerdem ist allein er Adressat der vielfältigen Meldepflichten. Der ArbN ist idR in das Beitragsentrichtungsverfahren nicht in einer aktiven Rolle beteiligt. **Auskunft- und Vorlagepflichten** treffen den ArbN in den Fällen des § 28o SGB IV. Soweit diese Pflichten reichen, steht dem auch eine arbeitsvertragliche Verschwiegenheitspflicht nicht entgegen, da das öffentliche Interesse an der Auskunfts- und

Vorlagepflicht insoweit kraft gesetzlicher Entscheidung Vorrang vor den Interessen des ArbGeb an einer Geheimhaltung hat.

20 Auf Verlangen hat der ArbN den zuständigen Versicherungsträgern unverzüglich Auskünfte über Art und Dauer der Beschäftigung, die hierbei erzielten Arbeitsentgelte, die Identität des ArbGeb und über alle zur Erhebung von Beiträgen notwendigen Tatsachen zu erteilen, sowie über alle für die Prüfung der Meldungen und der Beitragszahlung erforderlichen Unterlagen vorzulegen. Die hierbei gewonnenen Erkenntnisse dürfen freilich nur zu den Zwecken des Beitragsrechts verwendet werden (§ 78 SGB X).

21 **2. Sozialrechtliche Grenzen der Verschwiegenheitspflicht des Arbeitgebers.** Die Verschwiegenheitspflicht des ArbGeb findet dort ihre Grenze, wo dem ArbGeb durch Gesetz ausdrücklich Offenbarungspflichten auferlegt sind. **Auskunftspflichten des Arbeitgebers** ergeben sich insbes aus § 98 SGB X (*Auskunftspflichten Arbeitgeber*). Sie beziehen sich auf Auskünfte aller Art über die Art und Dauer der Beschäftigung, den Beschäftigungsort und das Arbeitsentgelt. Durch diese Begrenzung der Auskünfte über „Art und Dauer der Beschäftigung, Beschäftigungsort und Arbeitsentgelt" wird deutlich, dass sich Auskünfte nach § 98 SGB X nur auf den äußeren Rahmen des Beschäftigungsverhältnisses erstrecken und aufgrund § 98 SGB X keine Auskünfte über Umstände und Tatsachen verlangt werden können, die der ArbGeb nun anlässlich des Beschäftigungsverhältnisses erlangt hat; zB über gesundheitliche Einschränkungen, Leistungseinschränkungen, Arbeitsbereitschaft etc. Die Auskunftspflicht des ArbGeb nach § 98 SGB X steht zudem unter dem Vorbehalt der Verhältnismäßigkeit (§ 98 Abs 2 SGB X iVm § 65 Abs 1 SGB I). Sie kann verweigert werden, wenn bei einer Beantwortung die Gefahr bestünde, dass sich der ArbGeb selbst oder eine ihm nahe stehende Person dadurch strafbar macht oder wegen einer Ordnungswidrigkeit belangt werden kann (zB Beitragshinterziehung). Der ArbGeb kann verlangen, dass der die Auskunft verlangende Versicherungsträger darlegt, inwiefern seine Auskunft für die Erbringung von Sozialleistungen erforderlich ist; dies wiederum bedingt, dass der Versicherungsträger gewisse Daten aus der Sphäre des ArbN gegenüber dem ArbGeb offenbart; dies ist aber unumgänglich, um den ArbGeb nicht der Gefahr auszusetzen, mehr als sozialrechtlich notwendig und damit arbeitsrechtlich zulässig zu offenbaren.

22 Zur Erlangung anderer als der „formalen" Auskünfte nach § 98 SGB X und in allen Zweifelsfällen, ob eine Auskunft noch unter § 98 SGB X fällt, empfiehlt es sich für den Versicherungsträger, sich vom ArbN eine Einwilligung in die Offenbarung der durch das Sozialgeheimnis geschützten Daten geben zu lassen, die sich auch auf die Offenbarungsbefugnis durch den ArbGeb erstreckt (§ 67 Satz 1 Nr 1, Satz 2 SGB X). Soweit es für die Gewährung von Sozialleistungen erforderlich ist, kann mE der Versicherungsträger vom ArbN im Rahmen seiner Mitwirkungspflichten (§ 60 Abs 1 SGB I) verlangen, dass er den ArbGeb insoweit von seiner Verschwiegenheitspflicht entbindet; kommt er dem nicht nach, kann die Leistung bis zur Nachholung dieser Mitwirkungshandlung verweigert werden (§ 65 SGB I).

# Versetzung

## A. Arbeitsrecht

*Poeche*

### Übersicht

1 **I. Vorbemerkung.** Versetzung bedeutet im Arbeitsrecht die einseitige Änderung des Arbeitsplatzes nach Ort, Zeit, Umfang oder Inhalt der Arbeit. Arbeitsvertragsrecht bestimmt, unter welchen Voraussetzungen der ArbGeb berechtigt ist, die Arbeitsbedingungen zu verändern; Betriebsverfassungsrecht regelt, in welchen Fällen der BRat zu beteiligen ist und die Personalmaßnahme seiner Zustimmung bedarf (§§ 95 Abs 3, 99 Abs 1 BetrVG). Mitbestimmungspflichtiger Sachverhalt und arbeitsvertragliche Kompetenz des ArbGeb können auseinanderfallen (→ Rn 28 ff).

2 **II. Versetzung und Arbeitsvertrag. 1. Allgemeines.** Im Arbeitsvertrag sind die Arbeitsbedingungen regelmäßig nur dem Rahmen nach umschrieben. Sie werden durch das *Weisungsrecht* des ArbGeb konkretisiert. Nach § 106 GewO ist der ArbGeb berechtigt, Inhalt, Ort und Zeit der Arbeitsleistung nach billigem Ermessen näher zu bestimmen, soweit seine Befugnisse nicht durch den Einzelvertrag oder durch kollektivrechtliche Vorschriften beschränkt sind. Welche Änderungen der ArbGeb einseitig vornehmen kann, richtet sich nach dem Inhalt des Arbeitsvertrags, der nach den allgemeinen Regeln auszulegen ist (§§ 133, 157 BGB) und dem ggf anzuwendenden Tarifvertrag (*Weisungsrecht;* zur Versetzung und Zuordnungsentscheidung vor einem Betriebsübergang: *Elking* NZA 14, 295). Das **Weisungsrecht** kann vertraglich durch **Versetzungsklauseln** „ausgestaltet" oder „erweitert" werden, so der übliche Sprachgebrauch. Solche Änderungsklauseln wurden früher unter dem Aspekt „Umgehung des Kündigungsschutzes/Eingriff in den Kernbereich des Arbeitsverhältnisses" geprüft. Seit 1.1.02 unterliegen sie, soweit sie vom ArbGeb vorformuliert oder von ihm zur Verwendung bestimmt sind, der **AGB-Kontrolle** nach §§ 305 ff BGB (Inhaltskontrolle); die Versetzungsanordnung selbst wird der Billigkeitsprüfung nach § 106 GewO, § 315 BGB unterzogen (Ausübungskontrolle). Die Versetzung erfolgt durch **einseitige rechtsgeschäftsähnliche Erklärung,** mit der die bisherigen Arbeitsbedingungen unmittelbar geändert werden, sowie durch **tatsächliche Einweisung** in die neue Tätigkeit. Keine Versetzung liegt daher vor, wenn dem ArbN lediglich die bisherige Arbeit ohne gleichzeitige Zuweisung einer neuen Tätigkeit entzogen wird (Näheres *Freistellung von der Arbeit*). Kann der ArbGeb die geänderten Arbeitsbedingungen nicht im Wege des Weisungsrechts durchsetzen, ist er auf das Einverständnis des ArbN angewiesen; es verbleibt ansonsten die Möglichkeit einer **Änderungskündigung** iSv § 2 KSchG. Zur Vorrangigkeit der Versetzung → *Änderungskündigung* Rn 6. Zum mutterschutzrechtlichen Umsetzungsrecht → *Mutterschutz* Rn 23 f.

Allein auf Grund **langjähriger Beschäftigung** des ArbN auf einem bestimmten Arbeitsplatz tritt noch **keine Konkretisierung** ein, dh der ArbGeb kann auf Grund der im Arbeitsvertrag enthaltenen Versetzungsklausel dem ArbN weiterhin eine andere Tätigkeit zuweisen (BAG 13.3.07 – 9 AZR 433/06, AP BGB § 307 Nr 26; BAG 17.8.11 – 10 AZR 202/10, NZA 12, 265).

Der öffentliche ArbGeb kann sich in der Ausübung seines Ermessens **selbst binden,** vor allem durch entsprechende Verwaltungsvorschriften oder auch mündliche Erklärungen (BAG 24.10.18 – 10 AZR 19/18, NZA 19, 619).

3 **2. Einbeziehungs- und Inhaltskontrolle.** Versetzungsklauseln werden als sog Überraschungsklauseln nach § 305c BGB schon nicht Inhalt des Arbeitsvertrags, wenn sie nach den Umständen, insbes nach dem äußeren Erscheinungsbild so ungewöhnlich sind, dass der ArbN mit ihnen nicht zu rechnen brauchte. Das Überraschungsmoment kann sich ua aus der Unterbringung an unerwarteter Stelle unter einer irreführenden Überschrift und ohne drucktechnische Hervorhebung ergeben (BAG 15.2.07 – 6 AZR 286/06, NZA 07, 614),

auch aus den außervertraglich vom ArbGeb geweckten begründeten Erwartungen des ArbN (BAG 8.8.07 – 7 AZR 605/06, DB 08, 133). § 308 Nr 4 BGB ist nicht anzuwenden. Die Vorschrift betrifft nur das Recht des Verwenders (ArbGeb), seine eigene Leistung zu ändern (BAG 11.4.06 – 9 AZR 557/05, NZA 06, 1149).

Unter Berücksichtigung der im Arbeitsrecht geltenden Besonderheiten (§ 310 Abs 4 Satz 2 BGB) bestehen gegen die **Angemessenheit** einer Versetzungsklausel, mit der dem ArbN andere **Aufgaben** zugewiesen werden können, grds keine Bedenken. Sie tragen dem Bedürfnis nach einer möglichst unkomplizierten Anpassung der Arbeitsbedingungen an geänderte, idR nicht vorhersehbare und oft nicht zu beeinflussende Rahmenbedingungen Rechnung. Der ArbN erhält für die von ihm erwartete Flexibilität eine gewisse „Gegenleistung" in Form einer stärkeren Sicherung seines Arbeitsverhältnisses im Fall betriebsbedingter Kündigung (BAG 11.4.06 – 9 AZR 557/05, NZA 06, 1149; *Dzida/Schramm* BB 07, 1221).

Eine vorformulierte Versetzungsklausel ist nach § 307 Abs 1 Satz 1 BGB **unangemessen,** wenn der ArbGeb durch die einseitige Gestaltung eigene Interessen auf Kosten des ArbN durchzusetzen versucht, ohne dessen Belange hinreichend zu berücksichtigen. Eine unangemessene Behandlung liegt nach § 307 Abs 1 Satz 2 BGB ua dann vor, wenn die Klausel mit wesentlichen Grundgedanken der Regelung, von der abgewichen wird, nicht zu vereinbaren ist. Eine Klausel, die materiell der Regelung in § 106 Satz 1 GewO entspricht, ist daher mangels einer „abweichenden" Regelung nicht auf ihre Angemessenheit hin zu kontrollieren (BAG 13.6.12 – 10 AZR 296/11, NZA 12, 1154; 25.8.10 – 10 AZR 275/09, NZA 10, 1355; 13.4.10 – 9 AZR 36/09, BeckRS 2010, 72775). Sie unterliegt aber der Unklarheitenregelung des § 305 Abs 2 BGB sowie der Transparenzkontrolle nach § 307 Abs 1 Satz 2 BGB. Uneingeschränkt kontrollfähig ist eine Klausel, mit der sich der ArbGeb nicht nur die Konkretisierung der Arbeitspflichten vorbehält, sondern weitergehend eine Änderung der vertraglichen Tätigkeit als solcher und sich damit ein über § 106 GewO hinausgehendes Recht zur Vertragsänderung vorbehält (BAG 25.8.10 – 10 AZR 275/09, NZA 10, 1355). Dabei müssen die in Betracht kommenden Tätigkeiten zwar nicht festgelegt werden. Die Klausel muss aber gewährleisten, dass die „neue" Tätigkeit mit der arbeitsvertraglich vereinbarten Tätigkeit inhaltlich **gleichwertig** ist (BAG 25.8.10 – 10 AZR 275/09, NZA 10, 1355). Dem ist nicht genügt, wenn der ArbGeb dem als Personalsachbearbeiter eingestellten ArbN „falls erforderlich" und „nach Abstimmung der beiderseitigen Interessen" andere Tätigkeiten übertragen kann (BAG 9.5.06 – 9 AZR 424/05, NZA 07, 145). Eine solche Regelung ist mit den wesentlichen Grundgedanken des **Inhaltsschutzes** von Arbeitsverträgen (§ 2 KSchG) unvereinbar. Das gilt auch für die ähnliche Klausel „Soweit betrieblich erforderlich, kann der ArbN auch in anderen Betriebsabteilungen mit anderen Tätigkeiten beschäftigt werden" (LAG Köln 24.1.08 – 6 Sa 1281/07, BeckRS 2008, 52521, dazu *Bissels* jurisPR-ArbR 30/2008 Anm 3). Mangels erkennbarer Beschränkung auf gleichwertige Tätigkeiten wird teils die Klausel „Tätigkeit entsprechend der Vorbildung und Fähigkeiten des ArbN" beanstandet (LAG Köln 9.1.07 – 9 Sa 1099/06, NZA-RR 07, 343; LAG BaWü 24.2.16 – 2 Sa 51/15, BeckRS 2016, 68744; aA LAG Hamm 17.3.16 – 17 Sa 1660/15, BeckRS 2016, 68957; LAG Hamburg 23.10.13 – 6 Sa 29/13, BeckRS 2014, 65060). Das erscheint nicht richtig, weil mit dem Begriff „entsprechend" die Brücke zur bisherigen Tätigkeit geschlagen wird. So hat das BAG eine Klausel zugelassen, die den ArbGeb berechtigt, den ArbN entsprechend seinen Fähigkeiten mit einer anderen im Interesse des Unternehmens liegenden Tätigkeit zu betrauen (BAG 13.3.07 – 9 AZR 433/06, AP BGB § 307 Nr 26; BAG 3.12.08 – 5 AZR 62/08, AP BGB § 307 Nr 42). 4

Ist fraglich, ob der ArbGeb den ArbN an einen anderen Ort versetzen kann, ist zunächst der Arbeitsvertrag auszulegen, um festzustellen, ob ein bestimmter Tätigkeitsort vertraglich festgelegt wurde und welchen Inhalt ein vereinbarter Versetzungsvorbehalt hat (BAG 25.8.10 – 10 AZR 275/09, NZA 10, 1355; 19.1.11 – 10 AZR 738/09, NZA 2011, 631). Ergibt die Auslegung, dass der Vertrag eine nähere Festlegung enthält, so unterliegt diese keiner Angemessenheitskontrolle. Die Bestimmung eines Orts der Arbeitsleistung in Kombination mit einer im Arbeitsvertrag durch Versetzungsvorbehalt geregelten Einsatzmöglichkeit im gesamten Unternehmen verhindert regelmäßig die vertragliche Beschränkung auf den im Vertrag genannten Ort der Arbeitsleistung. Es wird lediglich klargestellt, dass § 106 5

S 1 GewO gelten und eine Versetzungsbefugnis an andere Arbeitsorte bestehen soll (BAG 28.8.13 – 10 AZR 537/12, BeckRS 2013, 74858). Der Umfang des Weisungsrechts ergibt sich dann aus § 106 GewO. Auf die Zulässigkeit eines darüber hinaus vereinbarten Versetzungsvorbehalts kommt es dann nicht an (BAG 13.6.12 – 10 AZR 296/11, BeckRS 2012, 72435; aA LAG Baden-Württemberg 10.12.10 – 18 Sa 33/10, BeckRS 2011, 68407: Fehlt eine Regelung zum Arbeitsort, gilt der Betriebsort als vertraglich festgelegter Arbeitsort. Ohne Versetzungsvorbehalt kann einseitig kein anderer Ort zugewiesen werden.). Wird der ArbN während der Elternzeit für den ArbGeb tätig, kommt es auf die für die Elternzeit getroffenen Vereinbarungen an (Hess LAG 15.2.11 – 13 SaGa 1934/10, BeckRS 2011, 69883). Die von einem bundesweit tätigen Unternehmen verwendete Klausel, die zum Einsatz an einem anderen Ort berechtigt, ist nicht deshalb intransparent, weil weder eine maximaler Entfernungsradius noch eine angemessene Ankündigungsfrist vereinbart sind (BAG 13.4.10 – 9 AZR 36/08, BeckRS 2010, 72775). Offengelassen hat das BAG in dieser Entscheidung die Zulässigkeit einer Konzernversetzung (→ *Konzernarbeitsverhältnis* Rn 4). Die Festlegung einer bestimmten Dienststelle in einem der im **öffentlichen Dienst** verwendeten Musterverträge schließt idR eine Versetzung an einen anderen Dienstort nicht aus (BAG 26.6.02 – 6 AZR 50/00, BeckRS 2002, 30796199; 21.1.04 – 6 AZR 583/02, ZTR 04, 298; zur Versetzung iSd § 4 TVöD/TV-L: *Salomon-Hengst* öAT 16, 178).

6 Der **Versetzungsgrund** muss in der Änderungsklausel nicht ausdrücklich umschrieben werden. Das **Transparenzgebot** (§ 307 Abs 1 Satz 2 BGB) wird durch das Fehlen dieser Angaben nicht verletzt (BAG 11.4.06 – 9 AZR 557/05, NZA 06, 1149). Denn die in Betracht kommenden unbestimmten Rechtsbegriffe (persönliche, verhaltensbedingte oder betriebsbedingte Gründe oder „aus wichtigem Grund“) sind ihrerseits auslegungsbedürftig.

7 **3. Tarifliche Versetzungsklauseln.** Tarifverträge sind nach § 310 Abs 4 Satz 1 BGB von der AGB-Kontrolle ausgenommen und nur auf ihre Vereinbarkeit mit höherrangigem Recht zu überprüfen, insbes darauf, ob der dem ArbGeb erlaubte Eingriff in den Arbeitsvertrag mit den grundrechtlichen Wertentscheidungen zugunsten des ArbN vereinbar ist (Art 2, 12 GG). Vor diesem Hintergrund wird eine Tarifnorm, die dem ArbGeb gestattet, den ArbN gegen seinen Willen rationalisierungsbedingt zu einem Beschäftigungsbetrieb zu versetzen, wegen der damit verbundenen grundsätzlichen Umgestaltung des Arbeitsverhältnisses teils als rechtsunwirksam beurteilt (LAG BlnBbg 8.5.08 – 14 Sa 1677/05, BeckRS 2011, 65302; s auch *Beschäftigungsgesellschaft*). Ebenfalls unwirksam ist die Verpflichtung des ArbN, sich auf einen Arbeitsplatz eines externen ArbGeb mit der Folge der Beendigung des Arbeitsverhältnisses vermitteln zu lassen. Gleiches gilt für die Verpflichtung des ArbN, sich an einen externen ArbGeb verleihen zu lassen, da er dem Direktionsrecht dieses anderen ArbGeb unterstellt wird (LAG Hamm 24.2.14 – 8 Sa 1161/13, BeckRS 2014, 69291). Im Übrigen ist eine Tarifnorm idR rechtswirksam, wenn sie nach Anlass und Umfang gerichtlich kontrollierbare Voraussetzungen aufstellt und die Rechtsfolgen festlegt (BAG 23.9.04 – 6 AZR 442/03, NZA 05, 475). Die Versetzung auf einen geringer vergüteten Arbeitsplatz ist dann nicht ausgeschlossen. Nach dem Tarifrecht des **öffentlichen Dienstes** ist Versetzung die Zuweisung einer auf Dauer bestimmten Beschäftigung bei einer anderen Dienststelle oder einem anderen Betrieb desselben ArbGeb unter Fortsetzung des bestehenden Arbeitsverhältnisses (§ 4 TVöD/TdL). Soweit ein Tarifvertrag vorsieht, dass der ArbN vor einer Versetzung anzuhören ist, führt eine fehlende oder unvollständige **Anhörung** nicht zur Unwirksamkeit der Maßnahme, denn im Rahmen der gerichtlichen Überprüfung der Versetzung kommt es nicht auf die Erwägungen des ArbGeb, sondern darauf an, ob das Ergebnis den rechtlichen Anforderungen genügt (BAG 18.10.17 – 10 AZR 330/16, NZA 17, 1452).

8 **4. Folgen für das Entgelt.** Grds bestehen keine Bedenken gegen Vereinbarungen, die den wechselnden Einsatz des ArbN für Akkord- und Zeitlohnarbeiten vorsehen und die jeweils entsprechende Lohnart. Oft wird allerdings der Durchschnittsverdienst gezahlt (zum Akkordausgleich im Baugewerbe BAG 27.1.88 – 4 AZR 501/87, DB 88, 1119). Fehlt es an einer vertraglichen Vereinbarung über die Arbeit im Zeit- und Leistungslohn, stellt sich die Zuweisung des anderen Arbeitsplatzes wegen der grds anderen Anforderungen an die Arbeitsweise des ArbN als unwirksame Versetzung dar mit der Folge, dass dem ArbN

jedenfalls aus Annahmeverzug seine bisherige Vergütung fortzuzahlen ist (BAG 6.2.85 – 4 AZR 155/83, DB 85, 1481).

**5. Ausübungskontrolle.** Hält sich die Versetzung im Rahmen des vertraglich Zulässigen, ist sie nur wirksam, wenn sie **billigem Ermessen** entspricht (§ 106 GewO, § 315 BGB). Hierfür muss der ArbGeb die wesentlichen Umstände des Einzelfalls abwägen und die beiderseitigen Interessen berücksichtigen. Auf schutzwürdige familiäre Belange (zB Kindesbetreuung) hat er Rücksicht zu nehmen, soweit nicht betriebliche Gründe oder ebenfalls schutzwürdige Belange anderer ArbN entgegenstehen (BAG 23.9.04 – 6 AZR 567/03, NZA 05, 359). Bei der Ausübungskontrolle ist auch zu berücksichtigen, ob und ggf welches konkrete unternehmerische Konzept die Versetzung bedingt haben soll (BAG 19.1.11 – 10 AZR 738/09, BeckRS 2011, 71146). Beruht die Weisung auf einer unternehmerischen Entscheidung, so kommt ihr nach Auffassung des BAG (30.11.16 – 10 AZR 11/16, NZA 17, 1394; 28.8.13 – 10 AZR 537/12, BeckRS 2013, 74858) besonderes Gewicht zu. Erfordert die Versetzungsentscheidung eine personale Auswahl, sind die für die soziale Auswahl bei Kündigung geltenden Regeln nicht anzuwenden (BAG 17.8.11 – 10 AZR 202/10, NZA 12, 265). Die nach § 106 GewO, § 315 BGB erforderliche Leistungsbestimmung ist aber gegenüber demjenigen ArbN zu treffen, dessen Interessen weniger schutzwürdig sind (BAG 10.7.13 – 10 AZR 915/12, NZA 13, 1142). Vor einer verhaltensbedingten Versetzung ist der ArbN regelmäßig nicht **abzumahnen** (BAG 24.10.18 – 10 AZR 19/18, BeckRS 2018, 31270). Der Wegfall von bisher anfallenden **Erschwerniszulagen** macht die Versetzung nicht für sich unzulässig (BAG 15.10.92 – 6 AZR 342/91, DB 93, 2600). Die wirtschaftlichen Auswirkungen der Versetzung sind aber ein im Rahmen der Interessenabwägung grds zu berücksichtigender Gesichtspunkt (LAG Hessen 10.10.12 – 2 Sa 1225/11, BeckRS 2013, 67418 zum Wegfall von Zuschlägen). Das gilt auch bei der verhaltensbedingten Versetzung eines BRatMitglied von Wechselschicht in Tagschicht und einem versetzungsbedingten Zulagenwegfall von mehr als 500 Euro (LAG Bln 24.9.04 – 6 Sa 116/04, NZA-RR 05, 197). Bei einer Änderung des **Arbeitsorts** ist nicht auf die sozialrechtlichen Regeln über die Zumutbarkeit einer Beschäftigung abzustellen; das BAG lehnt die Aufstellung fester Grenzen hier zu Recht ab und verweist auf die Gegebenheiten des Einzelfalls (BAG 17.8.11 – 10 AZR 202/10, NZA 12, 265). In derselben Entscheidung hat das BAG ausdrücklich auf die Verpflichtung des ArbGeb zur Prüfung von alternativen Beschäftigungsmöglichkeiten, auf die sich der ArbN berufen hat, hingewiesen. Die Durchführung eines **betrieblichen Eingliederungsmanagements** ist keine formelle Wirksamkeitsvoraussetzung für eine Versetzung, auch wenn sie im Hinblick auf den Gesundheitszustand des ArbN ausgesprochen wird (BAG 18.10.17 – 10 AZR 47/17, NZA 18, 162). 9

Im Rahmen der Ausübungskontrolle ist auch zu überprüfen, ob der zugewiesene Arbeitsplatz von der Versetzungsklausel gedeckt ist (BAG 23.2.10 – 9 AZR 3/09, BeckRS 2010, 66666: verneint für die Versetzung einer Redakteurin in eine „Service- und Entwicklungsredaktion"). Zu überprüfen ist weiter, ob die in der Klausel vorausgesetzte Gleichwertigkeit des Arbeitsplatzes erfüllt ist (LAG BlnBbg 22.2.08 – 8 Sa 2094/07, AfP 08, 425). Für die Gleichwertigkeit von Tätigkeiten trägt der ArbGeb die Darlegungs- und Beweislast (LAG Köln 22.2.17 – 11 Sa 156/16, BeckRS 2017, 122516). Das bestimmt sich ua nach dem Inhalt der bisher übertragenen Aufgaben und dem darauf bezogenen Anforderungsprofil, also den verlangten Fähigkeiten und Kenntnissen des ArbN, der Einordnung des Arbeitsplatzes in die betriebliche Hierarchie und die Frage, in welchem Umfang dem ArbN Vorgesetztenfunktionen übertragen sind (LAG Köln 22.12.04 – 7 Sa 839/04, BB 05, 2196). Bei der **Ausübungskontrolle** ist allein auf die Verhältnisse zum **Zeitpunkt** der Ausübung des Direktionsrechts abzustellen, wobei es nicht darauf ankommt, wann die insoweit erheblichen Gesichtspunkte in das Verfahren eingeführt worden sind (BAG 30.11.16 – 10 AZR 11/16, NZA 17, 1394; 10.7.13 – 10 AZR 915/12, NZA 13, 1142; LAG MeVo 8.3.11 – 5 Sa 269/10, BeckRS 2011, 77695). Es können daher nur diejenigen Umstände einbezogen werden, die zum Zeitpunkt der Erteilung der Weisung bereits vorlagen (LAG Düsseldorf 2.10.17 – 3 Sa 669/16, BeckRS 2018, 144862).

**6. Rechtsfolgen der Versetzung.** Bei einer wirksamen Versetzung ist die nunmehr vom ArbN geschuldete Tätigkeit unmittelbar geändert. Nimmt er die Arbeit nicht auf, verliert er den Anspruch auf Entgelt. Der ArbGeb ist überdies berechtigt, auf das unent- 10 schuldigte Fehlen des ArbN mit den üblichen arbeitsrechtlichen Mitteln (Abmahnung/Kündigung) zu reagieren. Einer **unwirksamen Versetzung** braucht der ArbN nicht nachzukommen. Er behält den Entgeltanspruch aus *Annahmeverzug* und hat einen Anspruch auf Beschäftigung in seiner bisherigen Tätigkeit am bisherigen Ort, auch dann, wenn Inhalt, Ort und Zeit der Arbeitsleistung im Arbeitsvertrag nicht abschließend festgelegt sind (BAG 25.8.10 – 10 AZR 275/09, NZA 10, 1355). Bei unklarer Rechtslage riskiert er seinen Arbeitsplatz, wenn er die ihm zugewiesene Arbeit nicht aufnimmt und sich seine rechtliche Einschätzung als falsch erweist. Nach BAG 22.2.12 – 5 AZR 249/11, NZA 12, 858, sollte der ArbN an „nur" unbillige Weisungen allerdings vorläufig, dh bis zu einer rechtskräftigen Entscheidung nach § 315 Abs 2 S 2 BGB gebunden sein, Die Entscheidung ist stark kritisiert worden (s nur *Boemke* jurisPR-ArbR 30/2012 Anm 1 und *Preis* NZA 15, 1; *Busemann* ZTR 15, 63; *Schauß* ArbRAktuell 16, 518; LAG Düsseldorf 16.4.16 – 12 Sa 1153/15, BeckRS 2016, 69496; LAG Hamm 17.3.16 – 17 Sa 1660/15, BeckRS 2016, 68957). Der 10. Senat hat nun, nachdem auch der 5. Senat auf seine Anfrage von dieser Rspr Abstand genommen hat (BAG 14.6.17 – 10 AZR 330/16 (A), BeckRS 2017, 122787 und BAG 14.9.17 – 5 AS 7/17, BeckRS 2017, 126645), diese Rspr ausdrücklich aufgegeben und entschieden, dass ein ArbN nicht, auch nicht vorläufig, an Weisungen des ArbGeb gebunden ist, die die Grenzen billigen Ermessens nicht wahren (BAG 18.10.17 – 10 AZR 330/17, NZA 17, 1452 mit Anm *Lüthge/Kummer* BB 18, 181). Zur Frage der Kostenübernahme bei einer örtlichen Versetzung *Novara/Römgens* NZA 16, 686. Ist die (örtliche) Versetzungsanordnung rechtswidrig, so kann der ArbN einen Schadensersatzanspruch, etwa auf Erstattung der Kosten für eine Zweitwohnung, geltend machen (LAG Hessen 10.11.17 – 10 Sa 964/17, BeckRS 2017, 146035).

11 **7. Anspruch auf Versetzung.** Ein solcher Anspruch kommt in Betracht, wenn sich der ArbGeb selbst vertraglich gebunden hat (zB Zusage eines höherwertigen Arbeitsplatzes nach Fristablauf; Absolvieren eines Trainee-Programms). Anspruchsbegründend kann auch die **Fürsorgepflicht** (arbeitsvertragliche Nebenpflicht iSv § 241 BGB) sein, wenn der ArbN aus in seiner Person liegenden Gründen nicht in der Lage ist, die geschuldete Arbeitsleistung zu erbringen, und dem ArbGeb die Übertragung anderer Aufgaben zumutbar ist (BAG 19.5.10 – 5 AZR 162/09, NZA 10, 1119 zur Zuweisung eines leidensgerechten Arbeitsplatzes; zu Gewissensgründen → *Weisungsrecht* Rn 9; BAG 18.12.86 – 2 AZR 34/86, DB 87, 1359: Beschäftigungsanspruch bei vorübergehendem Führerscheinentzug).

Ein Anspruch kann sich auch aus kollektiven Normen ergeben (zB Rationalisierungsschutz-Tarifvertrag; Rangfolge der ArbN bei Fortbildungsmaßnahmen, die einen beruflichen Aufstieg ermöglichen: BAG 28.9.83, AP Nr 2 zu § 1 TVG Seniorität). Zum Versetzungsanspruch behinderter Menschen s → *Behinderte* Rn 28 f.

12 Auf betrieblicher Ebene finden sich vergleichbare Ansprüche in **Betriebsvereinbarungen** aus Anlass der Einführung neuer Technologien, wenn sich der Einzelne den neuen Aufgaben nicht gewachsen zeigt. Allerdings soll sich die Regelungsbefugnis der Betriebspartner auf freiwillige Betriebsvereinbarungen beschränken und eine Versetzungspflicht nicht Gegenstand des Spruchs der Einigungsstelle über den Sozialplan sein können (BAG 17.9.91 – 1 ABR 23/91, DB 92, 229). Aus dem Verbot der Benachteiligung von **Betriebsratsmitgliedern** ergibt sich ein Anspruch auf Teilhabe an der beruflichen Entwicklung vergleichbarer ArbN, damit auch auf Übertragung höherwertiger Tätigkeiten (§ 37 Abs 4 BetrVG). Ein solcher Anspruch eines freigestellten BRatMitglied oder Personalratsmitglied setzt eine fiktive Nachzeichnung des beruflichen Werdegangs voraus, den das Mitglied ohne die Tätigkeit für die ArbNVertretung genommen hätte (BAG 27.6.01 – 7 AZR 496/99, ZTR 01, 576). Im **öffentlichen Dienst** kann sich ein Anspruch auf **Beförderung** aus Art 33 Abs 2 GG, ggf iVm den Landesgleichstellungsgesetzen ergeben. Ist die Beförderungsstelle bereits besetzt, beschränkt sich der Anspruch in diesen Fällen auf Geldersatz (BAG 2.12.97 – 9 AZR 668/96 und 445/96, NZA 98, 882, 884). Aus der Rspr zu Art 33 Abs 2 GG: BAG 21.1.03 – 9 AZR 72/02, ZTR 03, 463; 21.1.03 – 9 AZR 307/02, NZA 03, 1036; 5.11.02 – 9 AZR 451/01, NZA 03, 798.

13 Ein möglicher Arbeitsplatzwechsel ist außerdem im **Kündigungsrecht** von Bedeutung. Dazu ausführlich → *Kündigung, betriebsbedingte* Rn 12–18, → *Kündigung, personenbedingte* Rn 26, 30; zu Versetzungsklauseln und soziale Auswahl → *Kündigung, betriebsbedingte*

Rn 30. Eine Versetzungspflicht des ArbGeb kann sich aus einem begründeten Verlangen des BRat nach § 104 Satz 1 BetrVG ergeben (→ *Betriebsstörung* Rn 8).

**8. Prozessuales.** Der ArbN kann die Rechtmäßigkeit der Versetzung gerichtlich überprüfen lassen. Er hat die Wahl zwischen der **Feststellungsklage** (§ 256 ZPO) und der **Leistungsklage,** gerichtet auf Beschäftigung zu den bisherigen Arbeitsbedingungen (BAG 25.8.10 – 10 AZR 275/09, NZA 10, 1355). Hier ist die Wirksamkeit der Versetzung als Vorfrage zu beurteilen. Beide Anträge nebeneinander können daher auch nur im Eventualverhältnis gestellt werden (LAG Baden-Württemberg 10.12.10 – 18 Sa 33/10, BeckRS 2011, 68407). Wird der Beschäftigungsantrag lediglich mit der Formulierung „zu unveränderten arbeitsvertraglichen Bedingungen" gestellt, ist er zu unbestimmt (LAG Düsseldorf 16.4.16 – 12 Sa 1153/15, BeckRS 2016, 69496). Vorsicht ist auch geboten bei der **Formulierung von Klaganträgen** und ihrer Begründung, wenn der ArbGeb dem ArbN einzelne Aufgaben entzogen hat und der ArbN sich gegen dieses Maßnahmebündel wendet. Ein Antrag, mit dem die Unwirksamkeit mehrerer organisatorischer Maßnahmen des ArbGeb gerichtlich geltend gemacht wird, ist zwar hinreichend bestimmt (§ 253 ZPO), der ArbN läuft aber Gefahr, dass die Klage als unbegründet beurteilt wird, wenn der ArbN keinen vertraglichen Anspruch auf Übertragung aller Aufgaben hat (BAG 24.1.01 – 5 AZR 411/99, BeckRS 2001, 3081088). 14

Der Anspruch auf vertragsgemäße Beschäftigung kann durch **einstweilige Verfügung** verfolgt werden, soweit die allgemeinen Voraussetzungen erfüllt sind (§§ 935, 940 ZPO). Der Antrag kann auf Unterlassung der Weisung oder auf eine Beschäftigung zu den bisherigen Bedingungen gerichtet sein. Der Zeitablauf allein stellt noch keinen Verfügungsgrund dar (LAG Düsseldorf 1.6.05 – 12 Sa 352/05, MDR 05, 1419; aA LAG Hamm 6.11.07 – 14 SaGa 39/07, EzA-SD 08 Nr 4, 11 [Ls]). Er wird nur selten gegeben sein, nämlich dann, wenn die Versetzung offensichtlich rechtswidrig ist oder wenn mit ihr ein Reputationsverlust oder der unwiederbringliche Verlust von speziellen Fachkenntnissen verbunden ist (Hess LAG 8.10.10 – 3 SaGa 496/10, BeckRS 2011, 67826). Die Klage ist nicht fristgebunden; § 4 KSchG ist nicht, auch nicht entsprechend, anwendbar. Allerdings läuft der ArbN, der widerspruchslos die neue Arbeit aufnimmt, Gefahr, dass sein Verhalten als stillschweigendes Einverständnis gewertet wird (BAG 19.6.86 – 2 AZR 565/85, DB 86, 2604, LAG BaWü 20.7.05 – 9 (6) Sa 120/03, NZA-RR 06, 162). Der Beschäftigungsanspruch unterliegt außerdem der **Verwirkung.** Jahrelange Untätigkeit erfüllt das Zeitmoment. Teils wird ein Zuwarten von mehreren Monaten bereits als ausreichend angesehen. Das BAG hat 22/24 Monate als „zu lang" beurteilt (12.12.06 – 9 AZR 747/06, 748/06, NZA 07, 396). Prüfzeitpunkt ist der Zeitpunkt, zu dem der ArbGeb die Versetzung angeordnet hat (BAG 23.9.05 – 6 AZR 567/03, NZA 05, 359). Darlegungs- und Beweislast für die tatsächlichen Voraussetzungen, die die Versetzung rechtfertigen sollen, liegen beim ArbGeb (BAG 13.3.07 – 9 AZR 433/06, NZA-RR 08, 504).

**III. Betriebsverfassung. 1. Einführung.** Nach § 99 Abs 1 BetrVG hat der ArbGeb den BRat ua bei Versetzungen zu beteiligen (Näheres zum Verfahren → *Mitbestimmung, personelle Angelegenheiten* Rn 6 ff). Die Beteiligung des BRat verfolgt einen **doppelten Zweck.** Es geht um den Schutz des betroffenen ArbN vor unberechtigten Nachteilen, aber auch um den Schutz der Belegschaft, deren Interessen durch personelle Veränderungen beeinträchtigt werden. Vorausgesetzt wird eine Beschäftigtenzahl von mindestens zwanzig wahlberechtigten ArbN im **Unternehmen.** Die Vorschrift ist im **Gemeinschaftsbetrieb** analog anzuwenden, wenn die beteiligten Unternehmen jeweils für sich weniger als zwanzig ArbN beschäftigen, in dem von ihnen geführten Gemeinschaftsbetrieb die Mindestzahl aber erreicht wird (BAG 29.9.04 – 1 ABR 39/03, NZA 05, 420). Einschränkungen des Beteiligungsrechts kommen bei einem *Tendenzbetrieb* und im Arbeitskampf (BAG 13.12.11 – 1 ABR 2/10, NZA 12, 571; LAG SchlHol 29.5.13 – 6 TaBV 30/12, BeckRS 2013, 70693; 28.5.13 – 1 TaBV 31/12, BeckRS 2013, 69856) in Betracht. 15

**2. Betriebsverfassungsrechtlicher Begriff.** § 95 Abs 3 BetrVG definiert die betriebsverfassungsrechtliche Versetzung als „**Zuweisung** eines **anderen Arbeitsbereichs,** die voraussichtlich die Dauer von einem Monat übersteigt oder die mit einer **erheblichen Änderung der Umstände** verbunden ist, unter denen die Arbeit zu leisten ist". Zwei Voraussetzungen müssen damit erfüllt sein: Es muss ein anderer Arbeitsbereich übertragen 16 werden, und die Umstände der Arbeit müssen sich erheblich ändern. Die erhebliche Änderung wird unwiderleglich vermutet, wenn die Versetzung die Dauer von einem Monat voraussichtlich übersteigt.

17 **a) Arbeitsbereich.** Maßgebend sind die Aufgabe und die Verantwortung des ArbN, die Art seiner Tätigkeit und deren Einordnung in den Arbeitsablauf des Betriebs (§ 81 Abs 1 und 2 BetrVG). Der Begriff wird somit räumlich-funktional verstanden. Arbeitsbereich ist der konkrete Arbeitsplatz und seine Beziehungen zur betrieblichen Umgebung in räumlicher, technischer und organisatorischer Hinsicht. Dem ArbN wird ein anderer Arbeitsbereich zugewiesen, wenn sich das **Gesamtbild** seiner bisherigen Tätigkeit so verändert, dass sich die neue Tätigkeit vom Standpunkt eines mit den betrieblichen Verhältnissen vertrauten Beobachters als eine „andere" darstellt (st Rspr BAG 13.3.07 – 1 ABR 22/06, NZA-RR 07, 581; 28.8.07 – 1 ABR 70/06, NZA 08, 188; 17.6.08 – 1 ABR 38/07, EzA-SD 08, Nr 23, 14 [Ls]). Bei der Beurteilung sind alle Faktoren zu berücksichtigen, die den Arbeitsbereich kennzeichnen sowie der den einzelnen ArbN erfassende Schutzzweck des § 99 BetrVG. Mitbestimmungsrechtlich irrelevant sind Veränderungen, die sich im **normalen Schwankungsbereich** der täglichen Arbeit und der technischen Entwicklung bewegen (neue Maschinen, geänderter Arbeitsablauf, personelle Zusammensetzung). Bestimmt der ArbGeb den ArbN nicht zu einer anderen Tätigkeit, besteht kein Mitbestimmungsrecht. Die Arbeitsleistung im neuen Arbeitsbereich muss dem ArbGeb zuzurechnen sein, der ArbN muss also auch im neuen Tätigkeitsbereich für diesen tätig werden und die Arbeitsleistung im neuen Arbeitsbereich die dem ArbGeb geschuldete Arbeitsleistung sein (BAG 17.2.15 – 1 ABR 45/13, BeckRS 2015, 68235 zur Beendigung eines Einsatzes wegen der Kündigung des zugrunde liegenden Personalgestellungsvertrags). Die nicht vertragsgerechte Beschäftigung infolge des Wegfalls des Arbeitsplatzes ist keine Versetzung, solange keine Zuweisung eines anderen Arbeitsbereichs erfolgt (LAG SchlHol 7.7.16 – 5 TaBV 53/15, BeckRS 2016, 73948).

18 **b) Arbeitsinhalt.** Zu vergleichen sind die bisher tatsächlich ausgeübten Tätigkeiten und die Tätigkeit, die der ArbN künftig tatsächlich verrichten soll. Eine tarifliche Tätigkeitsbeschreibung ist insoweit nicht aussagekräftig (BAG 13.3.07 – 1 ABR 22/06, NZA-RR 07, 581). Nicht genügen zB eine andere Art der Erledigung der sonst unveränderten Arbeitsaufgabe (BAG 10.4.84 – 1 ABR 67/82, DB 84, 2198: Erfassung von Fließtexten über Bildschirmtextverarbeitung statt Kugelkopfschreibmaschine) oder nur geringfügige Änderungen (BAG 28.4.93 – 10 AZR 38/92, DB 94, 151: Wegfall einer zu schlachtenden Tierart). Der vom ArbGeb angeordnete Wechsel von einem vierachsigen Sattelschlepper im Fernverkehr auf einen dreiachsigen Lkw im Nahverkehr kann eine Versetzung darstellen (BAG 26.5.88 – 1 ABR 18/87, DB 88, 2158). Eine Versetzung bejaht hat das BAG ua bei Zuweisung einer ausschließlichen Auslieferungstätigkeit anstelle einer Arbeit im zahntechnischen Atelier (23.9.04 – 1 ABR 39/03, NZA 05, 420) sowie dann, wenn ein bisher auch mit organisatorischen Lageraufgaben betrauter Staplerfahrer nur noch für innerbetriebliche Transporte mit einem kleineren LKW eingesetzt wird (26.10.04 – 1 ABR 45/03, NZA 05, 94). Nach dem **objektiven Bild** richtet sich auch, ob eine nur teilweise Entziehung von Aufgaben oder deren zusätzliche Übertragung die Beteiligung des BRat erfordern (zusammenfassend BAG 11.9.01 – 1 ABR 2/01, EzA BetrVG 1972 § 95 Nr 34). Wegen der besonderen Verantwortung des Datenschutzbeauftragten ist der BRat bei seiner Bestellung auch dann zu beteiligen, wenn seine Arbeitszeit mit dieser Aufgabe nur zu etwa 20% ausgefüllt wird (LAG München 16.11.78 – 8 TaBV 6/78, DB 79, 1561; BAG 22.3.94 – 1 ABR 51/93, DB 94, 1678). Verschiebt sich der Anteil qualifizierter Tätigkeiten innerhalb des Aufgabenbereichs des ArbN, erscheint es gerechtfertigt, jedenfalls solche Schwankungen als erheblich zu bewerten, die mehr als die Hälfte der regelmäßigen Arbeitszeit betragen oder zu einem höheren Tarifentgelt führen. Je nach den Umständen kann die Zuweisung eines neuen Verkaufsgebiets bei einem Angestellten im Außendienst mitbestimmungspflichtig sein (LAG Köln 24.10.89 – 4 TaBV 35/89, NZA 90, 534 [LS]). Gleiches gilt, wenn einem Autoverkäufer, der bisher als sog Gebietsverkäufer und mit einem zeitlichen Anteil von 25% als Ladenverkäufer eingesetzt war, der Ladendienst entzogen wird (BAG 2.4.96 – 1 AZR 743/95, DB 96, 1880).

19 **c) Betriebliche Organisation.** Auf den ArbN bezogene organisatorische Änderungen (zB Abteilungs- oder Stationswechsel, Zuordnung zu einer anderen Arbeitsgruppe) sind als

Versetzung zu qualifizieren, wenn für den ArbN aufgrund der neuen Zuordnung ein spürbar anderes „Arbeitsregime" gilt. Maßgebend sind die Umstände des Einzelfalls, insbes die organisatorische Eigenständigkeit der „neuen" Abteilung, Art und Weise der dort zu erledigenden Aufgaben, Kompetenzen des Vorgesetzten uÄ (bejaht für Stationswechsel in einem Altenpflegeheim BAG 29.2.2000 – 1 ABR 5/99, NZA 2000, 1357; verneint für Abteilungswechsel in Textilkaufhaus BAG 17.6.08 – 1 ABR 38/07, EzA-SD 08, Nr 23, 14 [Ls]; verneint für Wechsel von Tag- in den Nachtdienst eines Dialysezentrums BAG 23.11.93 – 1 ABR 38/93, NZA 94, 718). Die Zuordnung seiner Beschäftigungseinheit zu einer anderen Leitungs- oder Kostenstelle allein genügt nicht (BAG 10.4.84 – 1 ABR 67/82, NZA 84, 233). Allerdings liegt nach neuerer Rspr des BAG eine Versetzung im betriebsverfassungsrechtlichen Sinne vor, wenn der Arbeitsplatz des ArbN wegfällt und er von einer anderen betrieblichen Einheit „betreut" wird, in welcher er gehalten ist, sich aktiv an der Vermittlung auf einen neuen Arbeitsplatz zu beteiligen und befristete Projekteinsätze wahrzunehmen (BAG 9.4.19 – 1 ABR 25/17, BeckRS 2019, 12116).

**d) Kurzzeitige Zuweisung anderer Tätigkeiten.** Beläuft sich die voraussichtliche Dauer der personellen Maßnahme auf nicht mehr als einen Monat, besteht das Mitbestimmungsrecht des BRat nur, wenn sich die **Arbeitsumstände** „erheblich" ändern. Zu vergleichen sind die bisherigen und die neuen Arbeitsbedingungen (BAG 13.3.07 – 1 ABR 22/06, NZA-RR 07, 581). Es geht um die äußeren Umstände, unter denen die Arbeit zu verrichten ist. Dazu zählen etwa die zeitliche Lage der Arbeit, die Ausstattung des Arbeitsplatzes mit technischen Hilfsmitteln und Faktoren wie Lärm, Schmutz, Hitze, Kälte oder Nässe (BAG 11.12.07 – 1 ABR 73/06, NZA-RR 08, 353). Eine relevante Änderung hat das BAG beispielhaft für den auf wenige Tage beschränkten Einsatz eines Flugkapitäns als Copilot verneint: 11.12.07 – 1 ABR 73/06, NZA-RR 08, 353. Auch die Teilnahme an einem während der üblichen Arbeitszeit auf dem Betriebsgelände stattfindenden „Workshop" ist idR nicht mit einer erheblichen Änderung der äußeren Arbeitsumstände verbunden (BAG 28.8.07 – 1 ABR 70/06, NZA 08, 188; dazu *Hunold* NZA 08, 342; *Matthes* jurisPR-ArbR 2008/10 Anm 3). 20

**3. Ort der Arbeitsleistung. a) Allgemeines.** Die mit einem **Ortswechsel** verbundene Zuweisung von Arbeit ist immer dann zustimmungspflichtig, wenn sie voraussichtlich die Dauer eines Monats überschreitet. Bleibt sie zeitlich dahinter zurück, kommt es auf die Umstände an, unter denen die Arbeit zu leisten ist. Zu berücksichtigen sind Anfahrtsweg und -zeit, Arbeitszeitverkürzungen, Beanspruchungsgrad uä (BAG 18.10.88 – 1 ABR 33/87, DB 89, 530: Vorübergehender Einsatz bei Filialeröffnung). Unerheblich ist, ob der ArbN bei seiner Auswärtsbeschäftigung in einen anderen Betrieb eingegliedert wird. Auch **Dienstreisen** können deshalb der Zustimmungspflicht unterliegen (BAG 1.8.89 – 1 ABR 51/88, DB 90, 382: Entsendung eines Croupiers zur Spieldemonstration bei einer Messe). Allein aus dem Erfordernis einer auswärtigen Übernachtung kann nicht allgemein auf eine „erhebliche Änderung der Arbeitsumstände" geschlossen werden (BAG 21.9.99 – 1 ABR 40/98, NZA 2000, 781). Ist dem ArbN ein fester Arbeitsplatz im Betrieb zugewiesen und wird er nur gelegentlich bei auswärtigen Betrieben eingesetzt, ist der BRat zu beteiligen (BAG 8.8.89 – 1 ABR 63/88, NZA 90, 198). 21

**b) Ausnahme.** Nicht als Versetzung gilt die Zuweisung des Arbeitsortes, wenn der ständig wechselnde Arbeitsplatz für das Arbeitsverhältnis typisch ist (§ 95 Abs 3 Satz 2 BetrVG). Das gilt für Bau- und Montagearbeiter, Revisoren, Reisende, Springer, Mitarbeiter von Messegesellschaften mit Betreuungsaufgaben. Vorausgesetzt wird, dass der ArbN auch tatsächlich wechselnd eingesetzt wird (zum Gesamthafenbetrieb BAG 2.11.93 – 1 ABR 36/93, DB 94, 985). Nicht erfasst werden auch betriebliche Umsetzungen, die im Rahmen der Berufsausbildung ausbildungsbedingt turnusmäßig erfolgen (BAG 3.12.85 – 1 ABR 58/83, DB 86, 915). 22

**c)** Die **Verlagerung ganzer Betriebe** oder eines räumlich gesonderten Betriebsteils innerhalb einer politischen Gemeinde um wenige Kilometer ohne Änderung der innerbetrieblichen Umgebung des Arbeitsplatzes oder der Organisation stellt für die davon betroffenen ArbN keine mitbestimmungspflichtige Versetzung dar (BAG 27.6.06 – 1 ABR 35/05, BB 06, 2647). Wie eine Verlagerung bei Überschreiten der Gemeindegrenzen oder bei größeren Entfernungen zu beurteilen ist, hat das BAG offen gelassen. Auch dann dürften 23

§§ 95 Abs 3, 99 BetrVG nicht eingreifen. Denn der „Arbeitsbereich" verändert sich nicht; die ArbN werden nicht individuell betroffen, wie es für § 99 BetrVG typisch ist. Angesprochen sind vielmehr die Beteiligungsrechte des BRat bei **Betriebsveränderungen** nach §§ 111 f BetrVG (LAG Bln 22.11.91 – 6 TaBV 3/91, BB 92, 854).

24 **d) Betriebsübergreifende Versetzung.** Bei einer Versetzung in einen anderen Betrieb ist der örtliche BRat, nicht der GBRat zu beteiligen (BAG 26.1.93 – 1 AZR 303/92, DB 93, 1475). Das Beteiligungsrecht des örtlichen BRat nach § 99 BetrVG entfällt, wenn der ArbN auf Dauer in einen **anderen Betrieb** des Unternehmens wechseln soll und die Versetzung auf seinen Wunsch hin erfolgt oder sie seinen Wünschen und seiner freien Entscheidung entspricht (BAG 20.9.90 – 1 ABR 37/90, DB 91, 335). Fehlt es am Einverständnis des ArbN, ist sowohl die Zustimmung des BRat des abgebenden Betriebs als auch die Zustimmung des BRat des aufnehmenden Betriebs erforderlich, für den sich die Personalmaßnahme als **Einstellung** darstellt (Näheres s dort). Das Beteiligungsrecht entfällt, wenn der abgebende Betrieb stillgelegt worden ist (BAG 8.12.09 – 1 ABR 41/09, NZA 10, 665). Entspricht die Versetzung dem **Wunsch** des ArbN, kann der abgebende BRat die Zustimmung nicht wegen dessen ungerechtfertigter Benachteiligung verweigern (BAG 2.4.96 – 1 ABR 39/95, NZA 97, 219). Widerspricht der BRat des aufnehmenden Betriebs der Einstellung, kann der ArbN Anspruch gegen den ArbGeb auf Einleitung des Zustimmungsersetzungsverfahrens haben (BAG 3.12.02 – 9 AZR 481/01, NZA 03, 1215 bejaht beim Beschäftigungsanspruch schwerbehinderter Menschen; BAG 16.3.10 – 3 AZR 31/09, NZA 10, 1028 verneint für die Zuweisung eines höherwertigen Arbeitsplatzes nach absolvierter Qualifizierung).

25 **4. Entbindung von der Arbeitspflicht.** Keine Versetzung stellt eine bloße **Freistellung** des ArbN dar (BAG 17.2.15 – 1 ABR 45/13, BeckRS 2015, 68235). Das gilt etwa dann, wenn dem ArbN die Arbeitsaufnahme bei einem anderen ArbGeb ermöglicht werden soll. Vorausgesetzt wird in einem solchen Fall, dass es dem ArbN überlassen bleibt, ob er die andere Tätigkeit aufnimmt oder nicht. **Zuweisung** von Arbeit und keine Freistellung liegt deshalb vor, wenn der ArbN auf Initiative des ArbGeb die Arbeit bei einem Dritten aufnimmt, der mit dem ArbGeb unternehmens- oder konzernrechtlich verbunden ist und er mit seiner Arbeit bei dem Dritten gleichzeitig seine Arbeitspflicht gegenüber seinem ArbGeb erfüllt (BAG 19.2.91 – 1 ABR 36/90, DB 91, 1627). Eine mitbestimmungspflichtige Versetzung liegt auch dann nicht vor, wenn dem ArbN nur die bisherigen Arbeitsaufgaben entzogen werden, zB durch Freistellung während der Kündigungsfrist (BAG 28.3.2000 – 1 ABR 17/99, NZA 2000, 1355). Etwas anderes gilt aber dann, wenn der einem HR-Placement zugeordnete ArbN verpflichtet ist, als Springer, Aushilfe oder Leiharbeitnehmer tätig zu werden (LAG Düsseldorf 18.10.17 – 12 TaBV 34/17, BeckRS 2017, 134510; aA LAG Hessen 13.12.16 – 4 TaBV 133/16, BeckRS 2016, 124245: nur etwaige Projekteinsätze).

26 **5. Änderungen der Lage der Arbeitszeit.** Bloße Veränderungen in der Lage der Arbeitszeit sind regelmäßig keine Versetzung iSv § 95 Abs 3 BetrVG. Die Umsetzung von Normal- in Wechselschicht ist mitbestimmungspflichtig nach § 87 Abs 1 Nr 2 BetrVG, nicht aber nach § 99 BetrVG (BAG 19.2.91 – 1 ABR 21/90, DB 91, 1469). Das gilt auch für die Umsetzung von Tag- in Nachtschicht (BAG 23.11.93 – 1 ABR 38/93, DB 94, 735). Dementsprechend ist auch die Verlängerung oder Verkürzung der Wochenarbeitszeit keine zustimmungspflichtige Versetzung. Das gilt auch bei Teilzeitkräften mit variabler Arbeitszeit (BAG 16.7.91 – 1 ABR 71/90, DB 92, 145). Bei Arbeitszeiterhöhungen kommen Mitbestimmungsrechte unter dem Aspekt *Einstellung* in Betracht.

27 **6. Beschlussunfähigkeit des Betriebsrats.** Der ArbGeb ist wegen der ihm nach § 100 BetrVG ermöglichten einstweiligen Befugnis zur Gestaltung personeller Maßnahmen auch dann nicht berechtigt, eine Versetzung ohne Beteiligung des BRat durchzuführen, wenn der gebildete BRat seine Beteiligungsrechte nicht wahrnehmen kann (BAG 19.1.10 – 1 ABR 55/08, NZA 10, 659).

28 **7. Zum Zustimmungsverfahren** wird auf das Stichwort *Mitbestimmung, personelle Angelegenheiten* verwiesen. Unterlässt der ArbGeb bei kurzfristen Versetzungen, bei denen ein Verfahren nach § 101 BetrVG idR verspätet wäre, regelmäßig die fristgerechte Unterrichtung des BRat, hat dieser aus § 23 Abs 3 BetrVG einen Anspruch auf Unterlassung der

personellen Maßnahmen (LAG RhPf 4.11.10 – 5 TaBV 21/10, BeckRS 2011, 72882). Gegen betriebsverfassungswidrig durchgeführte Versetzungen kommt eine einstweilige Verfügung regelmäßig nicht in Betracht, da die Rechte des BRat in § 101 BetrVG abschließend geregelt sind (LAG RhPf 26.1.11 – 7 TaBVGa 4/10, BeckRS 2011, 72914). Etwas anderes gilt, wenn der ArbGeb ein BRatMitglied ohne Zustimmung des BRat versetzt. Hiergegen kann sich der BRat mit einem Antrag auf Erlass einer einstweiligen Verfügung wehren (LAG Nürnberg 11.10.10 – 7 TaBVGa 7/10, BeckRS 2010, 75520). Der BRat kann grundsätzlich auch kein rechtliches Interesse iSv § 256 Abs 1 ZPO an einer gerichtlichen Feststellung, ihm habe bei einer bereits endgültig durchgeführten Versetzung ein Mitbestimmungsrecht nach § 99 BetrVG zugestanden, geltend machen. Auch in diesem Fall ist er auf § 101 BetrVG zu verweisen (BAG 22.3.16 – 1 ABR 19/14, NZA 16, 909). ArbGeb und BRat können durch freiwillige Betriebsvereinbarung vereinbaren, dass das Mitbestimmungsrecht des BRat bei einer Versetzung nicht auf die gesetzlichen Zustimmungsverweigerungsgründe des § 99 Abs 2 BetrVG beschränkt ist. Sie können den BRat aber nicht von seiner gesetzlichen Verpflichtung zur Nennung konkreter Zustimmungsverweigerungsgründe entbinden (BAG 23.8.16 – 1 ABR 22/14, NZA 17, 194).

**IV. Betriebsverfassungs- und Individualrecht. 1. Generelle Fragen.** Bei der Verwirklichung einer geplanten Versetzung muss der ArbGeb beide Ebenen beachten: Das Einverständnis des BRat erweitert seinen vertraglichen Spielraum nicht; ebenso wenig entbinden ihn eine arbeitsvertragliche Versetzungsbefugnis oder -pflicht noch das Einverständnis des ArbN mit der Versetzung von seiner Pflicht, die Zustimmung des BRat einzuholen (BAG 16.3.10 – 3 AZR 31/09, NZA 10, 1028). Die ordnungsgemäße Beteiligung des BRat ist **Wirksamkeitsvoraussetzung** für die tatsächliche Zuweisung des neuen Arbeitsbereichs. Das gilt für Versetzungen, die der ArbGeb individualrechtlich im Wege des Weisungsrechts anordnen kann (BAG 22.4.10 – 2 AZR 491/09, NZA 10, 2235; 26.1.88 – 1 AZR 531/86, DB 88, 1167) wie auch für Versetzungen im Wege der Änderungskündigung (BAG 30.9.93 – 2 AZR 283/93, DB 94, 637). Die **Änderungskündigung** ist bei fehlender Zustimmung des BRat nicht rechtsunwirksam; der ArbGeb kann jedoch die geänderten Arbeitsbedingungen nicht durchsetzen, solange das Verfahren nach § 99 BetrVG nicht abgeschlossen ist. Der ArbN ist in dem alten Arbeitsbereich weiterzubeschäftigen, der ihm nicht wirksam entzogen worden ist; andernfalls kann er Annahmeverzugslohn beanspruchen (BAG 25.8.10 – 10 AZR 275/09, NZA 10, 1355; 22.4.10 – 2 AZR 491/09, NZA 10, 1235). Der ArbN, der mit seinem Einverständnis versetzt werden soll, hat gegen den ArbGeb grds keinen **Anspruch auf Durchführung des Zustimmungsersetzungsverfahrens** nach § 99 Abs 4 BetrVG aus § 241 Abs 2 BGB, wenn der BRat seine Zustimmung verweigert hat (BAG 21.2.17 – 1 AZR 367/15, NZA 17, 740). Ein solcher Anspruch besteht nur, wenn der ArbGeb sich im Wege der Selbstbindung zur Durchführung des Verfahrens verpflichtet hat, wenn eine kollusive Zusammenarbeit der Betriebsparteien anzunehmen ist und im Fall des § 81 Abs 4 S 1 Nr 1 SGB IX (BAG 21.2.17 – 1 AZR 367/15, NZA 17, 740). 29

**2. Schutz der Betriebsratsmitglieder bei Versetzungen.** Nach § 103 Abs 3 BetrVG sind die Mitglieder des BRat und die anderen in § 103 Abs 1 BetrVG genannten ArbNVertretungen (→ *Kündigungsschutz* Rn 146) vor einer Versetzung geschützt, die zu einem **Verlust des Amtes** oder der Wählbarkeit führt. Eine Versetzung bedarf der **Zustimmung** des abgebenden BRat, es sei denn, der betroffene ArbN ist mit der Versetzung einverstanden. Die Entscheidung des BAG vom 11.7.2000 (1 ABR 39/99, NZA 01, 516), wonach § 103 BetrVG aF auf Versetzungen in einen anderen Betrieb keine (analoge) Anwendung findet, ist damit überholt. **Nachwirkender Versetzungsschutz** besteht für Ersatzmitglieder nicht (ArbG Düsseldorf 26.3.03 – 10 Ca 5399/02, DB 03, 1688). Das vom ArbGeb zu beachtende Verfahren entspricht dem Zustimmungsverfahren bei Kündigungen. In ihm ist zu prüfen, ob die Versetzung auch unter Berücksichtigung der betriebsverfassungsrechtlichen Stellung des betroffenen ArbN aus dringenden betrieblichen Gründen notwendig ist. Gem § 96 Abs 3 S 1 SGB IX genießt auch die **Vertrauensperson der schwerbehinderten Menschen** den Versetzungsschutz des § 103 Abs 3 BetrVG (BAG 27.7.16 – 7 ABR 55/14, NZA 17, 200). Versetzt der ArbGeb ein BRatsmitglied in eine andere betriebliche Einheit mit der Folge des Verlustes des BRatsamtes, ohne dass die Zustimmung des BRat nach § 103 Abs 3 BetrVG 30 vorliegt, kann der BRat grundsätzlich die Aufhebung dieser Versetzung entsprechend § 101 BetrVG auch im Wege einer **einstweiligen Verfügung** verlangen (LAG Nürnberg 31.1.14 – 8 TaBVGa 1/14, BeckRS 2014, 68609). Im Rahmen der Mitwirkung nach § 99 Abs 1 BetrVG bei Versetzungen von BRatMitgliedern stellt ein Verstoß gegen § 37 Abs 5 BetrVG einen Zustimmungsverweigerungsgrund iSd § 99 Abs 2 Nr 1 BetrVG dar (LAG Nürnberg 16.1.19 – 2 TaBV 18/18, BeckRS 2019, 21423).

31 **V. Muster.** S Online-Musterformulare *„M7.2 Versetzung zu einer ausländischen Tochtergesellschaft“* u *„M41.1 Unterrichtung des Betriebsrats über eine beabsichtigte Versetzung nach § 99 BetrVG“.*

**B. Lohnsteuerrecht** *Thomas*

32 Mit einer Versetzung ist – anders als bei einer Abordnung – nicht nur vorübergehend, sondern endgültig ein neuer gleich bleibender Arbeitsplatz verbunden, der nunmehr als Mittelpunkt der dienstlichen Tätigkeit anzusehen ist. Deswegen sind, auch wenn der ArbN später wieder an den bisherigen Arbeitsplatz zurückkehren wird, keine Dienstreisen anzunehmen (BFH 4.5.90, BStBl II 90, 856; vgl aber BFH 8.8.13 – VI R 72, 12 DStR 13, 2558 und BMF 30.9.13 BStBl I 13, 1279 Rz 20). Dagegen können, wenn die Versetzung einen Wohnungswechsel erfordert, Umzugskosten (→ *Umzugskosten* Rn 12 ff) als Werbungskosten abgezogen werden. Demgegenüber ist der Rückumzug nur beruflich veranlasst, wenn der bisherige Lebensmittelpunkt beibehalten wurde (BFH 8.11.96 – VI R 65/94, DStR 97, 322).

Behält der ArbN am bisherigen Beschäftigungsort einen Familienhausstand bei und wohnt er am neuen Beschäftigungsort, entstehen ihm Mehraufwendungen wegen einer Doppelten Haushaltsführung.

**C. Sozialversicherungsrecht** *Ruppelt*

33 Sozialversicherungsrechtlich hat die Versetzung keine unmittelbaren Auswirkungen. Es gelten die allgemeinen Regelungen des SozVRechts.

# Vertragsbruch

**A. Arbeitsrecht** *Griese*

1 **1. Begriff.** Vertragsbruch bezeichnet die schuldhafte Nichterfüllung der Arbeitspflicht durch den ArbN. Er liegt vor, wenn der ArbN vorsätzlich und rechtswidrig die Arbeit nicht aufnimmt oder vor Ablauf der ordentlichen Kündigungsfrist oder der vereinbarten Vertragszeit das Arbeitsverhältnis ohne wichtigen Grund beendet. Häufig ist der Vertragsbruch mit der Tätigkeitsaufnahme bei einem Wettbewerber des ArbGeb verbunden (zB BAG 26.9.12 – 10 AZR 370/10, NZA 13, 331). Kein Vertragsbruch liegt vor, wenn ein ArbN nach einem durch feindliche Übernahme erfolgten Betriebsübergang beim neuen ArbGeb arbeitet (LAG MeVo 20.1.15 – 2 Sa 59/14, BeckRS 2015, 70993).

2 **2. Rechte des Arbeitgebers bei Vertragsbruch. a) Anspruch auf die Arbeitsleistung.** Der ArbGeb hat gegen den vertragsbrüchigen ArbN den Anspruch darauf, dass dieser die vertraglich zugesagte Arbeitsleistung erbringt. Er kann auf Erfüllung des Arbeitsvertrages klagen. Allerdings ist eine entsprechende gerichtliche Entscheidung wegen § 888 Abs 3 ZPO nicht vollstreckbar. Der ArbN kann daher zur Einhaltung des Arbeitsvertrages nicht gezwungen werden, was auch im Zusammenhang damit zu sehen ist, dass Art 12 Abs 2 GG es verbietet, jemanden zur Ableistung bestimmter Arbeiten zu zwingen.

3 Statt des Anspruchs auf Beschäftigung kann mit einem Unterlassungsanspruch ein anderer Zweck verfolgt werden, um ein ähnliches Ziel zu erreichen, etwa wenn die **Unterlassung wettbewerbswidriger Tätigkeit beim konkreten Wettbewerber** verlangt wird. Hier ist die Vollstreckbarkeit nach § 890 ZPO gegeben (BAG 17.10.69 – 3 AZR 442/68, AP Nr 7 zu § 611 BGB Treuepflicht; → *Arbeitspflicht* Rn 22).

**b) Wegfall der Vergütungspflicht.** Für die Zeit, in der der ArbN seine Arbeitspflicht nicht erfüllt, entfällt die Vergütungspflicht. **Gewährte Einmalzahlungen, die zulässigerweise an den Verbleib des Arbeitnehmers bis zu einem festgelegten Stichtag gekoppelt waren, können zurückgefordert werden** (→ *Einmalzahlungen* Rn 10). Der ArbGeb kann darüber hinaus arbeitsrechtliche Sanktionen ergreifen, insbes *Abmahnung* und ggf *Kündigung* (Näheres jeweils dort). 4

**c) Entschädigung.** Gesetzliche Entschädigungsfestlegungen existieren nicht. 5

**d) Schadensersatz.** Der ArbGeb hat allerdings die Möglichkeit, den konkreten, aus dem Vertragsbruch folgenden Schaden vom vertragsbrüchigen ArbN zu verlangen unter Berufung auf §§ 280, 281 BGB oder, wenn er den Vertragsbruch zum Anlass einer außerordentlichen arbeitgeberseitigen Kündigung nimmt, auf § 628 Abs 2 BGB. Dieser Schadensersatzanspruch stößt jedoch in der Praxis auf außerordentliche Hindernisse, da es meist schwierig ist, einen konkreten Schaden und die Ursächlichkeit des Vertragsbruchs hierfür zu beweisen. Der Schadensersatzanspruch ist von vorneherein begrenzt durch den Zeitpunkt, zu dem der ArbN das Arbeitsverhältnis rechtmäßigerweise hätte beenden können, idR also durch den Ablauf der ordentlichen Kündigungsfrist. 6

Für das Ausbildungsverhältnis regelt § 16 Abs 1 Satz 1 BBiG die Schadensersatzpflicht. Löst der Auszubildende schuldhaft das Ausbildungsverhältnis, gehört die Bezahlung eines ersatzweise beschäftigten vollausgebildeten ArbN nicht zum zu ersetzenden Schaden, da Ausbildungs- und Arbeitsverhältnis nicht gleichgesetzt werden können (BAG 17.8.00 – 8 AZR 578/99, NZA 01, 150). 7

Endet das Arbeitsverhältnis durch **Aufhebungsvertrag,** kann ein Schadensersatzanspruch nur in Betracht kommen, wenn der ArbGeb sich Schadensersatzansprüche ausdrücklich vorbehalten hatte. Die Haftung wegen Vertragsbruchs setzt voraus, dass der ArbN trotz Arbeitsfähigkeit und Arbeitsverpflichtung seine Arbeit nicht aufnimmt bzw vorzeitig einstellt. Die Arbeitsverpflichtung entfällt, wenn der ArbN ein Recht zur außerordentlichen Kündigung hat. 8

Die **Pauschalierung von Schadensersatzansprüchen** ist in Formulararbeitsverträgen gem § 309 Nr 5 BGB nur sehr eng begrenzt möglich, insbes muss ausdrücklich vertraglich die Möglichkeit eingeräumt werden, nachzuweisen, dass ein Schaden wesentlich geringer als die Pauschale oder gar nicht angefallen ist. 9

Zu ersetzen ist der durch den Vertragsbruch entstandene Schaden. Haben andere ArbN die Arbeit übernommen, sind die diesbezüglichen Entgeltaufwendungen zwar ersatzfähiger Schaden, hiervon muss jedoch das für den vertragsbrüchigen ArbN ersparte Entgelt wieder abgezogen werden, so dass idR keine Differenz verbleibt. Anders ist es hingegen, wenn **Überstundenzuschläge** infolge des Vertragsbruchs anfallen. 10

Muss der ArbGeb infolge des Vertragsbruchs eine **Konventionalstrafe** entrichten, gehört sie zum zu ersetzenden Schaden. **Inseratskosten** für die Stellenneubesetzung sind grds kein ersatzfähiger Schaden, da diese idR auch bei fristgerechter Beendigung des Arbeitsverhältnisses angefallen wären (BAG 23.3.84 – 7 AZR 37/81, DB 84, 1731). Diesen Gesichtspunkt wird man auch auf **Einarbeitungskosten** anwenden müssen. Ersatzfähig sind also nur die Schäden, die bei ordnungsgemäßer Beendigung des Arbeitsverhältnisses nicht entstanden wären. 11

Bei ausreichenden Anhaltspunkten kann der **Schaden gem § 287 Abs 1 ZPO durch den Tatrichter geschätzt werden** (BAG 26.9.12 – 10 AZR 370/10, NZA 13, 331). 12

Der Schadensersatzanspruch kann wegen **Mitverschuldens des Arbeitgebers** nach § 254 BGB gemindert oder ausgeschlossen sein. Dies kommt insbes in Betracht, wenn der ArbGeb den ArbN anlässlich eines Vertragsbruchs nicht zur Arbeit auffordert und nicht auf die Gefahr eines unverhältnismäßig großen Schadens hinweist. Auch eine formularmäßig vereinbarte Vertragsstrafe kann nicht mehr verlangt werden, wenn der ArbGeb eine unwirksame fristlose Kündigung des ArbN zunächst widerspruchslos hinnimmt, anstatt auf der Einhaltung der Kündigungsfrist zu bestehen (LAG Bln 14.7.89 – 6 Sa 34/89, DB 90, 639).

**3. Finanzielle Absicherung gegen Vertragsbruch. a) Vertragsstrafe.** Durch individuelle Vereinbarung einer **Vertragsstrafe** kann sich der ArbGeb am effektivsten gegen einen Vertragsbruch schützen (→ *Vertragsstrafe* Rn 1 ff). Die pönalisierte Vertragsverletzung muss präzise definiert sein (BAG 14.8.07 – 8 AZR 973/06, DB 08, 66 m Anm von *Bissels* 13 jurisPR-ArbR 4/2008 Rz 1) und der Inhaltskontrolle nach § 307 BGB standhalten (BAG 23.9.10 – 8 AZR 897/08, NJW 11, 408). Soll mit dem Begriff Vertragsbruch auch die vom ArbN schuldhaft veranlasste Beendigung des Arbeitsverhältnisses durch außerordentliche Kündigung des ArbGeb gemeint sein, muss dies besonders vereinbart sein (BAG 18.9.91 – AZR 650/90, NZA 92, 215).

14 **b) Lohnverwirkungsabrede.** Ein vergleichbares Instrument ist die **Lohnverwirkungsabrede** (→ *Entgeltverzicht* Rn 2 u ErfK/*Preis* § 611 BGB Rz 469), die in Formulararbeitsverträgen ebenso wie eine Vertragsstrafe wegen § 309 Nr 6 BGB nur sehr eingeschränkt vereinbart werden kann (BAG 4.3.04 – 8 AZR 196/03, NZA 04, 728). Die **Höhe** muss vertraglich auf das Entgelt für die Zeit zwischen der vorzeitigen Beendigung und dem rechtlich zulässigen Beendigungszeitpunkt begrenzt sein (BAG 18.12.08 – 8 AZR 81/08, DB 09, 2269); eine nachträgliche geltungserhaltende Reduktion ist nicht möglich (BAG 21.4.05 – 8 AZR 425/04, NZA 05, 1053). Diese Grundsätze sind auch anzuwenden, wenn ein **nachträglicher Entfall von *Einmalzahlungen*** vereinbart ist.

## B. Lohnsteuerrecht *Seidel*

15 **1. Lohnsteuerabzug. a) Zahlungen des Arbeitnehmers.** Behält der ArbGeb den Lohn des ArbN wegen Vertragsbruchs ein, entfällt der Lohnzufluss mit der Folge, dass auch keine LSt für den nicht ausgezahlten Teil des Arbeitslohns einzubehalten ist. Rechnet der ArbGeb mit Schadensersatzansprüchen gegen den Anspruch des ArbN auf Arbeitslohn auf, bleibt der LStAbzug für den gesamten Arbeitslohn unberührt (→ *Aufrechnung* Rn 15). Zum Verzicht des ArbGeb auf den Schadensersatzanspruch → *Arbeitnehmerhaftung* Rn 28, → *Lohnzufluss* Rn 8: Forderung und → *Verzicht* Rn 14, 15. Zur lohnsteuerlichen Behandlung von Vertragsstrafen → *Vertragsstrafe* Rn 22 ff.

16 **b) Schadensersatzleistungen des Arbeitgebers** an den ArbN können uU stpfl Arbeitslohn darstellen (→ *Arbeitsentgelt* Rn 54 ff und → *Arbeitgeberhaftung* Rn 19 ff), der als sonstiger Bezug dem LStAbzug unterliegt. Zu Zahlungen des ArbGeb als Vertragsstrafe → *Vertragsstrafe* Rn 22.

17 **2. Werbungskosten.** Ein Werbungskostenabzug des ArbN im Rahmen seiner EStVeranlagung (→ *Antragsveranlagung* Rn 2 ff) kommt in den genannten Fällen (→ Rn 15) nur dann in Betracht, wenn die Leistung des ArbN aus versteuertem Arbeitslohn erbracht wird, also nicht beim Lohneinbehalt. Hat der ArbN dem ArbGeb Schadensersatz wegen Vertragsbruchs zu leisten, dürften meist Werbungskosten (→ *Arbeitnehmerhaftung* Rn 27) vorliegen, da der Anspruch des ArbGeb hier idR durch das Dienstverhältnis veranlasst und ein – auch teilweiser – Zusammenhang mit der allgemeinen Lebensführung ausgeschlossen sein wird. Auf ein Verschulden des ArbN kommt es dabei nicht an (*K/S* § 9 B 700 Schadensersatzleistungen). Zum Werbungskostenabzug von Vertragsstrafen → *Vertragsstrafe* Rn 23, 24.

## C. Sozialversicherungsrecht *Voelzke*

18 **1. Versicherungs- und Beitragspflicht.** In der KV endet die Mitgliedschaft versicherungspflichtiger Beschäftigter mit Ablauf des Tages, an dem das Beschäftigungsverhältnis gegen Arbeitsentgelt endet (§ 190 Abs 2 SGB V). Ende des Beschäftigungsverhältnisses iSd Vorschrift meint nicht die tatsächliche Beendigung der Beschäftigung, sondern das **rechtliche Ende** der Beschäftigung. Endet die Beschäftigung wegen des Ausspruchs einer fristlosen Kündigung im Laufe eines Tages, so endet die Mitgliedschaft erst mit Ablauf des betreffenden Tages (*Schlegel/Voelzke/Felix* SGB V, § 190 Rz 14). Wurde das Beschäftigungsverhältnis vom ArbGeb noch nicht durch Kündigung beendet, so endet die Beschäftigung gegen Arbeitsentgelt nach Ablauf eines weiteren Monats, wenn dem ArbN ein Anspruch auf Arbeitsentgelt nicht mehr zusteht (§ 7 Abs 3 SGB IV). In der RV führen ganze Kalendermonate, die nicht mit rentenrechtlichen Zeiten belegt sind, zu versicherungsrechtlichen Nachteilen. Das Ende der Beschäftigung, aber auch bereits das Ende der Entgeltzahlung und das Ende der Mitgliedschaft in der KV zählen zu den Meldetatbeständen nach § 28a Abs 1 SGB IV (s *Meldepflichten Arbeitgeber*).

19 Da dem ArbN für die Zeit, in der er seine Arbeitspflicht vertragswidrig nicht erfüllt, kein Arbeitsentgeltanspruch mehr zusteht, entfällt auch die **Beitragspflicht;** der Beitrags-

anspruch bleibt hingegen bestehen, wenn das Arbeitsentgelt geschuldet, aber nicht gezahlt wird. Ist das Fortbestehen des Beschäftigungsverhältnisses streitig, so entsteht der Beitragsanspruch mit der rechtskräftigen Beendigung des Kündigungsschutzverfahrens (BSG 25.9.81 – RK 58/80, SozR 2100 § 25 Nr 3). Hat der ArbGeb Arbeitsentgelt rechtsgrundlos überzahlt, so sind die Beiträge nach Maßgabe des § 26 SGB IV zu erstatten (→ *Entgeltrückzahlung* Rn 24 ff). Zur beitragsrechtlichen Behandlung der Vertragsstrafe → *Vertragsstrafe* Rn 25, 26.

**2. Sperrzeit.** Der Vertragsbruch des ArbN als endgültige rechtswidrige Lösung vom Arbeitsvertrag wird in aller Regel die Voraussetzungen des **Sperrzeittatbestandes** nach § 159 Abs 1 Satz 2 Nr 1 SGB III erfüllen und den AlGeldAnspruch des ArbN belasten. Eine Sperrzeit (→ *Sperrzeit* Rn 9 ff) tritt nach dieser Vorschrift ein, wenn der Arbeitslose das Arbeitsverhältnis gelöst oder durch ein vertragswidriges Verhalten Anlass für die Kündigung des ArbGeb gegeben und er dadurch vorsätzlich oder grob fahrlässig seine Arbeitslosigkeit herbeigeführt hat, ohne für sein Verhalten einen wichtigen Grund zu haben. Eine Sperrzeit tritt nicht vor Ablauf der ordentlichen Kündigungsfrist ein, wenn das vertragswidrige Verhalten des ArbN eine ordentliche, nicht aber die vom ArbGeb ausgesprochene fristlose Kündigung rechtfertigt; eine Bindung an die Entscheidung der ArbG hinsichtlich der Bewertung des Verhaltens des ArbN besteht nicht (BSG 25.4.90 – 7 RAr 106/89, NZA 90, 791). 20

## Vertragsstrafe

### A. Arbeitsrecht *Poeche*

**1. Begriff.** Eine Vertragsstrafe liegt nach § 339 BGB vor, wenn der Schuldner, im Arbeitsrecht ist das regelmäßig der ArbN, verspricht, an den ArbGeb als Gläubiger für den Fall der Nichterfüllung oder der nicht gehörigen Erfüllung seiner Verbindlichkeiten eine meist in Geld bestehende Summe zu zahlen. In der betrieblichen Praxis werden Vertragsstrafen oft für den Fall vereinbart, dass der ArbN die Arbeit vertragswidrig nicht aufnimmt, das Arbeitsverhältnis grundlos ohne Einhaltung der vereinbarten Kündigungsfrist auflöst oder der ArbGeb das Arbeitsverhältnis zu Recht aus einem vom ArbN schuldhaft gesetzten wichtigem Grund (§ 626 BGB) außerordentlich kündigt. Regelmäßig finden sie sich außerdem zur Absicherung eines nachvertraglichen Wettbewerbsverbots. 1

**2. Zweck.** Die Vertragsstrafe hat eine doppelte Funktion. Sie ist **Druck- und Sicherungsmittel.** Der ArbN soll angehalten werden, zur Vermeidung finanzieller Lasten den Arbeitsvertrag ordnungsgemäß zu erfüllen. Zugleich erleichtert sich der ArbGeb die Durchsetzung von Schadensersatzansprüchen. Ohne einen Schaden nachweisen zu müssen, kann die Vertragsstrafe als Mindestbetrag verlangt werden. Ein weitergehender Ersatzanspruch ist nicht ausgeschlossen, die Vertragsstrafe hierauf anzurechnen (§ 340 BGB). Als Sicherungsmittel setzt die Vertragsstrafe das Bestehen einer zu sichernden Verbindlichkeit voraus; sie ist **akzessorisch,** wird deshalb auch als „unselbstständiges" Strafversprechen bezeichnet und teilt das rechtliche Schicksal der gesicherten Verbindlichkeit. Bei Nichtigkeit des Arbeitsvertrags oder fehlender Verbindlichkeit entfällt sie ersatzlos (BAG 25.9.08 – 8 AZR 717/07, NZA 09, 370; LAG Frankfurt 5.3.90 – 10/2 Sa 1114/89, DB 91, 709; LAG Nbg 4.11.92 – 3 Sa 367/92, NZA 93, 507). Dementsprechend kann auch ein unverbindliches Wettbewerbsverbot nicht durch eine Vertragsstrafenvereinbarung gesichert werden (ArbG Solingen 20.6.17 – 3 Ca 153/17, BeckRS 2017, 116832). 2

**3. Abgrenzung.** Soll eine Vereinbarung über eine Geldzahlung allein den Schadensnachweis ersparen, liegt eine Abrede über **pauschalierten Schadensersatz** vor, auf die die §§ 339 ff BGB keine Anwendung finden. Im Weg der Auslegung ist jeweils zu ermitteln, welchem Zweck die Abrede dient (LAG Bln 19.5.80 – 9 Sa 19/80, DB 80, 2342). Das **selbstständige Strafversprechen** dient nicht der Sicherung einer Verbindlichkeit. Mit ihm verpflichtet sich der Schuldner nicht zu einem bestimmten Tun oder Unterlassen, sondern verspricht die Strafe für den Fall, dass er „eine Handlung vornimmt oder unterlässt" (§ 343 Abs 2 BGB), zu deren Vornahme oder Unterlassung er rechtlich nicht verpflichtet ist. In 3

Wirkung und Funktion entspricht das selbstständige Strafversprechen der Verpflichtung des ArbN, Sonderleistungen zu erstatten, wenn er das Arbeitsverhältnis vor Ablauf einer bestimmten Zeit kündigt (→ *Rückzahlungsklausel* Rn 14).

4 Von der **Betriebsbuße** unterscheidet sich die Vertragsstrafe durch den fehlenden kollektiven Charakter; gesichert wird nicht die Einhaltung der Ordnung im Betrieb, sondern das individuelle Interesse des ArbGeb an der vertragsgerechten Erbringung der Arbeitsleistung durch den ArbN (BAG 5.2.86 – 5 AZR 564/84, DB 86, 1979; dazu *Thüsing/Bodenstedt* ArbuR 04, 369).

5 **4. Zulässigkeit. a) Vertragsfreiheit.** Vertragsstrafenabreden sind nach dem Grundsatz der Vertragsfreiheit (§ 105 GewO, § 311 Abs 1 BGB) grds zulässig, weil die Vertragsstrafe die Einhaltung der sich aus dem Arbeitsvertrag ergebenden Pflichten des ArbN sichern soll (schon BAG 23.5.84 – 4 AZR 129/82, NZA 84, 165). Dagegen lässt sich nicht einwenden, dass Vertragsstrafen regelmäßig nur zugunsten des ArbGeb vereinbart werden. Sein legitimes Interesse an einem durch die Vertragsstrafe gesicherten pauschalen Ausgleich des vom ArbN durch sein Verhalten verursachten Schadens ist nicht zu verkennen. Der dem ArbGeb entstandene konkrete Schaden ist zwar regelmäßig theoretisch belegbar, sein Nachweis im Allgemeinen aber mit einem unverhältnismäßig großen Ermittlungs- und Darstellungsaufwand verbunden. Der Schutz des ArbN vor einer unberechtigten Vertragslösung und den damit verbundenen finanziellen Einbußen wird demgegenüber weitgehend durch die Bestimmungen des KSchG und sonstige Vorschriften gewährleistet (→ *Annahmeverzug* Rn 1 ff; → *Kündigungsschutz* Rn 1 ff). Die Verpflichtung zur Zahlung einer Vertragsstrafe bedarf einer gesonderten ausdrücklichen **Vereinbarung,** die im Einzelarbeitsvertrag, in einer Betriebsvereinbarung oder im Tarifvertrag enthalten sein kann.

6 **b) Schranken** für die Vereinbarung von Vertragsstrafen ergeben sich deshalb zunächst nur aus höherrangigem Recht. **Gesetzlich** sind Berufsausbildungsverhältnisse betroffen, § 12 Abs 2 BBiG (→ *Ausbildungsverhältnis* Rn 41). **Tarifrecht** steht einzelvertraglich vereinbarten Arbeitsbedingungen und damit auch der Vereinbarung einer Vertragsstrafe nicht entgegen, wenn in der Tarifnorm für das Arbeitsverhältnis nur Mindestbedingungen vorgeschrieben sind (BAG 23.5.84 – 4 AZR 129/82, NZA 84, 165). Im Übrigen gelten die Vorschriften des Tarifvertragsrechts (→ *Günstigkeitsprinzip* Rn 1 ff). Die Betriebspartner können in einer **Betriebsvereinbarung** Vertragsstrafen zulasten des ArbN regeln, solche aber auch grds untersagen. Sieht eine **Betriebsvereinbarung** eine Vertragsstrafe vor, ist sie unwirksam, wenn sie darüber hinausgehende einzelvertragliche Absprachen zulässt, die dem ArbN ungünstiger sind (BAG 6.8.91 – 1 AZR 3/90, DB 92, 146). Fehlt es an entsprechenden Bestimmungen, ist der ArbGeb nicht gehindert, mit dem ArbN im Arbeitsvertrag eine Vertragsstrafe zu vereinbaren und diese dem ArbN gegenüber geltend zu machen. Mitbestimmungsrechte des BRat bestehen insoweit nicht (BAG 17.10.89 – 1 ABR 100/88, NZA 90, 193).

7 **c) Schriftform.** Die Strafabrede ist gesetzlich nur in den Fällen des nachvertraglichen Wettbewerbsverbotes formbedürftig (§§ 74 ff HGB; → *Wettbewerbsverbot* Rn 8). Daneben kommen einzel- oder tarifvertragliche Formvorschriften in Betracht. Zum Nachweis ist eine schriftliche Dokumentation unerlässlich.

In der Praxis werden Strafabreden regelmäßig im schriftlichen Arbeitsvertrag festgehalten. Ist das nicht der Fall, so ist die Abrede jedenfalls in den vom ArbGeb nach § 2 Abs 1 NachwG zu erstellenden **Nachweis** der wesentlichen Arbeitsbedingungen aufzunehmen. Das bedingt der Zusammenhang mit den ebenfalls zu vermerkenden Kündigungsfristen und die finanzielle Belastung des ArbN bei einem Vertragsbruch, die er nach den §§ 339 ff BGB auch dann nicht gänzlich abwehren kann, wenn dem ArbGeb keinerlei Schaden entstanden ist.

8 **5. Inhaltskontrolle.** Vertragsstrafen werden regelmäßig in Formularverträgen vereinbart. Seit 1.1.02 unterliegen sie der für Allgemeine Geschäftsbedingungen geltenden Kontrolle nach §§ 305 ff BGB. Das gilt seit 1.1.03 auch für „Altverträge". Bestehende Vereinbarungen sollten überprüft werden; bei neuen Klauseln ist auf sorgfältige Formulierung und Gestaltung zu achten. Hierbei ist das gesamte „Kontrollinstrumentarium" im Auge zu behalten. Geprüft wird, ob die Klausel Inhalt des Vertrags geworden ist, ob sie klar und bestimmt formuliert ist und ob sie der Angemessenheitskontrolle iSv § 307 BGB standhält („Muster-

klauseln" bei *Haas/Fuhlrott* NZA 10, 1; *Günther/Nolde* NZA 12, 62 sowie *Lingemann/Gottschalk* DStR 11, 774).

9 **a) Überraschungsklauseln.** Nach § 305 Abs 1 BGB werden überraschende Klauseln nicht Bestandteil des Arbeitsvertrags. Das gilt etwa für eine Strafabrede, die unter dem Punkt „Verschiedenes" ohne drucktechnische Hervorhebung versteckt ist (ArbG Brem 30.1.03 – 6 Ca 6124/02, LAGE § 309 BGB 2002 Nr 3) oder die sich ohne besonderen Hinweis unter einer falschen oder missverständlichen Überschrift befindet (BAG 27.4.2000 – 8 AZR 301/99, BeckRS 2009, 56447; BAG 29.11.95 – 5 AZR 44/94, NZA 96, 2117; LAG SchlHol 2.2.05 – 3 Sa 515/04, NZA-RR 05, 351). Das Überraschungsmoment ist desto eher zu bejahen, je belastender die Bestimmung ist (BAG 14.8.07 – 8 AZR 973/06, NZA 08, 170).

10 **b) Kein absolutes Klauselverbot.** Nach § 309 Nr 6 BGB sind Klauseln, die den Schuldner für den Fall der **unberechtigten Lösung vom Vertrag** mit einer Vertragsstrafe belegen, unwirksam. Dieses Verbot gilt im Arbeitsrecht nicht. Vertragsstrafen, mit denen der ArbGeb die Aufnahme der Arbeit oder die Einhaltung der vereinbarten Kündigungsfrist sichern will, sind nicht generell unzulässig (BAG 4.3.04 – 8 AZR 196/03, NZA 04, 727; 18.12.08 – 8 AZR 81/08, NZA-RR 09, 519). Das ergibt sich aus § 310 Abs 4 Satz 2 BGB. Danach sind bei der Anwendung des Rechts der AGB die im **Arbeitsrecht geltenden Besonderheiten** angemessen zu berücksichtigen. Eine arbeitsrechtliche Besonderheit ist § 888 Abs 3 ZPO. Der ArbGeb kann einen (titulierten) Anspruch auf Arbeitsleistung nicht mit Zwangsgeld oder -haft durchsetzen.

11 **c) Transparenzgebot/Bestimmtheitsgebot.** Strafabreden sind **klar** und **bestimmt** zu formulieren (§ 307 Abs 1 Satz 2 BGB). Verlangt wird eine Regelung, deren Inhalt verständlich ist. Sie muss „durchschaubar" sein. Die Vertragsverletzung, die zur Zahlungspflicht führen soll, muss vorhersehbar sein. Unwirksam sind daher Klauseln, die pauschal für „Vertragsverletzungen" vereinbart werden. Das gilt etwa für eine Klausel, nach der die Vertragsstrafe bei einem „schuldhaft vertragswidrigen Verhalten des ArbN, das den ArbGeb zur fristlosen Kündigung des Arbeitsverhältnisses veranlasst" verwirkt. Sie lässt nicht erkennen, welche konkrete Pflichtverletzung gemeint ist. Globale Strafversprechen, die auf die Absicherung aller vertraglichen Pflichten zielen, sind unwirksam (BAG 21.4.05 – 8 AZR 425/05, NZA 05, 1053). Nicht zu beanstanden soll eine an sich unbestimmte Klausel sein, wenn die strafbewehrten Verstöße beispielhaft konkretisiert werden (BAG 18.8.05 – 8 AZR 65/05, NZA 06, 34 mit kritischer Anm Hamann jurisPR ArbR 50/2005 Anm 1; aA LAG München 24.9.09 – 3 Sa 402/09, BeckRS 2009, 74273). Eine Klausel, nach der die Vertragsstrafe verwirkt, sofern der ArbN einen **„Vertragsbruch"** begeht, ist nicht zweifelsfrei (OLG Düsseldorf 18.10.91 – 16 U 173/90, DB 92, 383: zu unbestimmt und deshalb unwirksam; ebenso *Niemann* RdA 13, 92). Das BAG hat sich hierzu unter der Geltung der AGB-Kontrolle noch nicht geäußert, wohl aber zum bisherigen Recht. Im Urt vom 18.9.91 (5 AZR 650/90, NZA 92, 215) hatte es die Klausel zu beurteilen: „Bei Vertragsbruch des Mitarbeiters wird eine Vertragsstrafe in Höhe der gesamten Nettobezüge fällig, auf die der Mitarbeiter bei ordnungsgemäßer Fortsetzung des Arbeitsverhältnisses bis zum nächstzulässigen Kündigungstermin Anspruch gehabt hätte". Es hat angenommen, der Begriff „Vertragsbruch" habe eine feststehende Bedeutung. Er liege vor, wenn der ArbN die Arbeit überhaupt nicht aufnehme oder vor Ablauf der vereinbarten Vertragszeit ohne rechtfertigenden Grund aus dem Arbeitsverhältnis ausscheide (einseitige „faktische" Vertragslösung gegen den Willen des anderen). Es wird abzuwarten sein, ob das BAG hieran festhält. Jedenfalls wird die Vertragsstrafe bei einer solchen Klausel dann nicht verwirkt, wenn der ArbGeb das Arbeitsverhältnis aus einem wichtigen, vom ArbN zu vertretenden Grund außerordentlich kündigt. Nach Auffassung des BAG ist folgende Klausel, mit der die Einhaltung eines **vertraglichen Wettbewerbsverbots** gesichert werden soll, wegen Verstoßes gegen das Transparenzgebot unwirksam: „... kann für jeden Fall der Zuwiderhandlung eine Vertragsstrafe in Höhe von zwei durchschnittlichen Monatseinkommen verlangen. Im Fall einer dauerhaften Verletzung der Verschwiegenheitspflicht oder des Wettbewerbsverbots gilt jeder angebrochene Monat als eine erneute Verletzungshandlung" (BAG 14.8.07 – 8 AZR 973/06, NZA 08, 170; dazu mit Formulierungsvorschlägen *Diller* NZA 08, 574). Bemängelt hat das BAG die fehlende Trennschärfe eines Einzelverstoßes zum Dauerverstoß und die sich daraus für den ArbN ergebende Ungewissheit über die Höhe der verwirkten Vertragsstrafe. Es ist zu erwarten, dass das BAG die Klausel auch dann

beanstanden wird, wenn sie der Sicherung eines **nachvertraglichen Wettbewerbsverbots** dient. Zu einer wirksamen Klausel BAG 28.5.09 – 8 AZR 896/07, NZA 09, 1337. Lässt eine Vertragsstrafenregelung nicht erkennen, welche von mehreren möglichen Strafen durch welche Pflichtverletzung ausgelöst werden kann, genügt die Klausel ebenfalls nicht dem Transparenzgebot und ist unwirksam (so zur Vertragsstrafenregelung im Lizenzspielervertrag der DFL: LAG RhPf 18.11.11 – 6 Sa 460/11, BeckRS 2012, 66021; ebenso *Fröhlich/Strauf* NZA 11, 843). Wird in einem Vertragsstrafeversprechen auf die Beendigung des Vertrags durch den ArbN abgestellt, wird mit der bloßen Einstellung der Arbeitsleistung die Strafe nicht verwirkt. Einer den Anwendungsbereich erweiternden Auslegung der Klausel steht das Bestimmtheitsgebot des § 307 Abs 1 S 2 BGB entgegen (BAG 23.1.14 – 8 AZR 130/13, BeckRS 2014, 69271). Intransparent kann eine Klausel wegen vermeidbarer Unklarheiten auch sein, wenn sie die Vertragsstrafe an die „Lösung des Arbeitsverhältnisses ohne Einhaltung der Kündigungsfrist" knüpft und nicht klarstellt, ob die Strafe nur dann verwirkt ist, wenn dies ohne Vorliegen eines wichtigen Grundes erfolgt (BAG 17.3.16 – 8 AZR 665/14, NZA 16, 945). Bei der Formulierung von Strafabreden ist nicht nur auf die Klarheit der einzelnen Klausel zu achten. Die Klausel muss auch im **Kontext mit den übrigen Regelungen** des Vertrags verständlich sein. So müssen zusammengehörende Regelungen grundsätzlich im Zusammenhang aufgeführt werden oder der Bezug muss in anderer Weise, etwa durch Bezugnahme auf andere Klauseln, deutlich gemacht werden. Finden sich etwa in mehreren Klauseln Regelungen zur Vertragsstrafe hat dies schnell die Intransparenz der Klauseln zur Folge (BAG 24.8.17 – 8 AZR 378/16, NZA 18, 100).

12 **d) Angemessenheitskontrolle.** Unwirksam sind nach der Generalklausel des § 307 Abs 1 Satz 1 und Abs 2 BGB Regelungen, die den ArbN entgegen den Geboten von Treu und Glauben unangemessen belasten. Strafabreden im Formulararbeitsvertrag setzen daher ein **berechtigtes Interesse** des ArbGeb an der Sicherung der Vertragspflichten voraus. Für den Hauptanwendungsfall der **unberechtigten Lösung vom Vertrag** bejaht das BAG grds das Bedürfnis des ArbGeb; eine hierfür vereinbarte Vertragsstrafe benachteiligt den ArbN nicht ohne weiteres unangemessen (BAG 4.3.04 – 8 AZR 196/03, NZA 04, 727). Das gilt auch, wenn die Vertragsstrafe die Einhaltung einer verlängerten Kündigungsfrist des ArbN sichern soll (BAG 28.5.09 – 8 AZR 896/07, NZA 09, 1337; dazu Anm *Salomon* ArbRAktuell 09, 164). Das Interesse des ArbGeb ergibt sich aus ihrer Funktion als **Druck- und Sicherungsmittel.** Sie kann jedoch unzulässig sein, wenn die Vertragsstrafe dem ArbGeb als „Einnahmequelle" dienen soll. Das kommt in Betracht, wenn nicht erkennbar ist, dass der ArbGeb tatsächlich an der Arbeitsleistung des ArbN interessiert ist. Die Unangemessenheit kann sich auch aus der **Höhe der Vertragsstrafe** ergeben. Angemessen ist idR eine Vertragsstrafe, die den Betrag eines **Bruttomonatsgehaltes** nicht übersteigt. Die Orientierung an einem Bruttomonatsgehalt kann unangemessen sein, wenn in das Monatseinkommen eine Aufwandsentschädigung bis zu 40 % des Gesamteinkommens zB wegen eines Auslandsaufenthaltes eingerechnet ist (LAG Hamm 7.5.04 – 7 Sa 85/04, NZA-RR 05, 128). Ein Bruttomonatseinkommen ist nach Auffassung des BAG auch regelmäßig dann „zu hoch" und damit unangemessen, wenn die **Dauer der vereinbarten Kündigungsfrist** dahinter zurückbleibt. Maßgeblich hierfür ist, dass die Kündigungsfrist regelmäßig das wirtschaftliche Interesse des ArbGeb an der Arbeitskraft des ArbN widerspiegelt. Sie bestimmt damit den Umfang eines möglichen Schadens bei ihrer Nichteinhaltung (BAG 17.3.16 – 8 AZR 665/14, NZA 16, 945; 18.8.05 – 8 AZR 65/05, NZA 06, 34; 4.3.04 – 8 AZR 196/03, NZA 04, 727). Das gilt auch bei Vereinbarung einer **Probezeit mit verkürzter Kündigungsfrist** von zwei Wochen und Vereinbarung einer Vertragsstrafe von einem Monatsgehalt entsprechend der Dauer der späteren Kündigungsfrist (BAG 23.9.10 – 8 AZR 897/08, NZA 11, 118). Eine höhere Strafe ist dann nicht unangemessen, wenn das Sanktionsinteresse des ArbGeb typischerweise und generell das Entgeltinteresse der ArbN übersteigt (BAG BAG 24.8.17 – 8 AZR 378/16, NZA 18, 100; 18.12.08 – 8 AZR 81/08, NZA-RR 09, 519). Das kann bei einem ArbN eines kleinen Dienstleistungsunternehmens in herausgehobener Position der Fall sein (LAG SchlHol 28.2.12 – 1 Sa 235b/11, BeckRS 2012, 68731). Vorsorglich sollte die Vertragsstrafe auf die Höhe des „Bruttoentgelts der Kündigungsfrist, höchstens ein Bruttomonatsgehalt" begrenzt werden (vgl den Formulierungsvorschlag bei *Günther/Nolde* NZA 12, 62).

Inwieweit die Verletzung von **arbeitsvertraglichen Nebenpflichten** mit Vertragsstrafe gesichert werden kann, wird noch im Einzelnen zu klären sein. Im Hinblick auf die Möglichkeit der Vereinbarung eines strafbewehrten **nachvertraglichen Wettbewerbsverbots** (§ 74c HGB), bestehen keine Bedenken, Wettbewerb im bestehenden Arbeitsverhältnis zu sanktionieren (BAG 14.8.07 – 8 AZR 973, NZA 08, 170). Im Übrigen wird es für die Angemessenheitskontrolle darauf ankommen, ob das vertragswidrige Verhalten des ArbN „schadensträchtig" ist. Das ist zwar bei der unzulässigen Abwerbung von Mandanten der Fall. Eine Vertragsstrafe von je einem Monatsgehalt pro Einzelfall soll jedoch wegen der „Übersicherung" unangemessen sein (BAG 18.8.05 – 8 AZR 65/05 NZA 06, 34). Gleiches gilt, wenn die Vertragsstrafenregelung unterschiedslos die vollendete Abwerbung von Mitarbeitern, die versuchte und die Beteiligung an der Abwerbung sanktioniert (LAG Hamm 31.7.12 – 10 Sa 904/12, BeckRS 2013, 66790). Weiter ist zu prüfen, ob die früher unter dem Stichwort „Umgehung" behandelten Sachverhalte mit der Vertragsstrafe angemessen gelöst sind. Das betrifft beispielhaft Regelungen der Haftung des ArbN. Sind die hierzu entwickelten Rechtssätze „zwingendes Arbeitsrecht", ergibt sich daraus schon die Unwirksamkeit widersprechender Strafabreden (§ 134 BGB). Unangemessen ist in jedem Fall eine Vertragsstrafe, die auch für den Fall des **nicht schuldhaften Verhaltens** des ArbN vereinbart wird (BGH 18.3.97 – XI ZR 117/96, NJW 97, 1700; BGH 20.3.03 – I ZR 225/00, NJW-RR 03, 1056). Schweigt die Klausel zur Frage des Verschuldens, folgt allein daraus noch nicht ihre Unwirksamkeit (BAG 18.12.08 – 8 AZR 81/08, NZA-RR 09, 519). 13

**Maßgeblicher Zeitpunkt** für die Beurteilung, ob eine Vertragsstrafenabrede wirksam ist, ist der Arbeitsvertragsschluss, dh ihre Wirksamkeit ist zum Zeitpunkt ihrer Vereinbarung und nicht ihrer Verwirkung zu prüfen. Damit ist und bleibt sie auch dann unwirksam, wenn sie zum Zeitpunkt ihrer Verwirkung an sich zulässig wäre (BAG 23.9.10 – 8 AZR 897/08, NZA 11, 89). Weiterhin gilt auch hier der Grundsatz, dass bereits das Stellen inhaltlich unangemessener Allgemeiner Geschäftsbedingungen missbilligt wird, nicht erst deren unangemessenen Gebrauch im konkreten Einzelfall. Unwirksam sind deshalb auch solche Klauseln, die in ihrem Übermaßanteil in zu beanstandender Weise ein Risiko regeln, das sich im Entscheidungsfall nicht realisiert hat (BAG 17.3.16 – 8 AZR 665/14, NZA 16, 945).

**e) Rechtsfolge** einer unangemessenen Regelung ist deren Unwirksamkeit. Eine geltungserhaltende Reduktion, also die Verringerung auf einen noch als angemessen beurteilten Betrag, findet nicht statt (BAG 4.3.04 – 8 AZR 196/03, NZA 04, 727; BGH 23.1.03 – VII ZR 219/01, BGHZ 153, 311). Die Herabsetzung nach § 343 BGB setzt ein wirksames Strafversprechen voraus (BAG 18.12.08 – 8 AZR 81/08, NZA-RR 09, 519). 14

**6. Sonstige inhaltliche Anforderungen.** Die **Höhe** der Vertragsstrafe selbst muss feststehen (BGH 11.5.89 – VII ZR 305/87, DB 89, 1868). Dabei ist es zulässig, dass eine Höchstgrenze bestimmt wird, innerhalb derer der ArbGeb oder ein Dritter die im Einzelfall verwirkte Strafe festlegen kann (*Niemann* RdA 13, 92). Diese Bestimmung kann nicht von vornherein dem Gericht übertragen werden. Die Festsetzung muss billigem Ermessen entsprechen und unterliegt im vollen Umfang der gerichtlichen Kontrolle (§ 315 Abs 3 BGB; BAG 5.2.86 – 5 AZR 564/84, NZA 86, 782). 15

**7. Entstehung und Fälligkeit des Strafanspruches.** Die Strafe verwirkt, wenn der ArbN mit der geschuldeten Verbindlichkeit in Verzug kommt. Gleich ist, ob er sich zu einer Handlung oder einem Unterlassen verpflichtet hat (§ 339 BGB). Voraussetzung ist mithin Verschulden des ArbN. Regelmäßig hat ein Schuldner für Vorsatz und Fahrlässigkeit einzustehen (§ 276 BGB). Die Auslegung der Strafabrede kann im Einzelfall ergeben, dass sich die Verantwortung des ArbN auf Vorsatz beschränkt. Wird die Vertragsstrafe wirksam für den Fall des „Vertragsbruches" versprochen, beinhaltet die Wortwahl, dass der ArbN nur für Vorsatz einzustehen hat. 16

Mit der Verwirkung der Vertragsstrafe wird der Anspruch des ArbGeb **fällig** (§ 271 BGB). Erfüllbar wird der Anspruch erst, wenn er die Vertragsstrafe tatsächlich verlangt (§ 340 Abs 1 BGB). Der ArbN kann sich damit nicht durch vorzeitige Zahlung der Vertragsstrafe von seiner Pflicht, den Arbeitsvertrag zu erfüllen, lösen. Der ArbGeb kann den ArbN im Wege der Klage auf Erfüllung der Arbeitspflicht in Anspruch nehmen; zweckmäßig ist, die Klage mit dem Antrag auf Schadensersatz (iHd Vertragsstrafe) zu verbinden 17

(§ 61 Abs 2 ArbGG). Hat der ArbGeb die Vertragsstrafe einmal verlangt, kann er nicht mehr Erfüllung des Arbeitsvertrages verlangen (§ 340 Abs 1 Satz 2 BGB). Hat der ArbN demgegenüber die Vertragsstrafe für den Fall der sog nicht gehörigen Erfüllung versprochen, können Erfüllung und Vertragsstrafe nebeneinander verlangt werden. Wegen der Besonderheiten zu Vertragsstrafen bei Wettbewerbsverbot → *Wettbewerbsverbot* Rn 41.

18 **8. Herabsetzung der Vertragsstrafe.** Ist die vereinbarte Geldstrafe unverhältnismäßig hoch, kann sie auf Antrag des Schuldners durch Urteil auf den angemessenen Betrag herabgesetzt werden. Nach Entrichtung der Strafe ist die Herabsetzung ausgeschlossen, es sei denn, die Zahlung erfolgte ausdrücklich unter Vorbehalt (§ 343 Abs 1 BGB). Keine Entrichtung liegt vor, wenn der ArbGeb sich durch Aufrechnung befriedigt hat. Der Antrag auf Herabsetzung braucht nicht ausdrücklich gestellt, auch nicht beziffert zu werden. Es genügt jede auf Aufhebung oder Herabsetzung der Vertragsstrafe gerichtete Äußerung des ArbN.

Die **Angemessenheit** der Strafhöhe beurteilt sich nach den Umständen des Einzelfalles. Heranzuziehen ist jedes berechtigte Interesse des ArbGeb, nicht bloß das Vermögensinteresse, damit auch die Funktion der Strafe als Druck- und Sicherungsmittel, Maß und Intensität des Verstoßes, Verschuldensgrad und wirtschaftliche Lage des ArbN (LAG Hamm 14.2.01 – 14 Sa 1829/00, NZA-RR 01, 524). Es handelt sich um eine gesetzlich vorgesehene Kontrolle der Rechtsausübung. Maßgeblich sind daher die Umstände zurzeit der Geltendmachung der Vertragsstrafe, nicht die des Abschlusses. Das Fehlen eines Schadens ist unerheblich. Entscheidend ist, welcher Schaden hätte eintreten können.

Unklar ist, ob § 343 BGB auch bei formularvertraglich vereinbarten Vertragsstrafen Anwendung findet oder ob sich sein Anwendungsbereich auf individualvertragliche Vereinbarungen beschränkt (so LAG Nds 15.8.11 – 7 Sa 1908/10, BeckRS 2011, 77438; aA *Niemann* RdA 13, 92; Diskussionsstand bei *Winter* BB 10, 2757). Eine formularvertragliche Regelung, die eine im Einzelfall unverhältnismäßig hohe Strafe vorsieht, wird idR schon gem § 307 Abs BGB unwirksam sein. Einer Reduzierung der Strafe steht das Verbot der geltungserhaltenden Reduktion entgegen (BAG 4.3.04 – 8 AZR 196/03, NZA 04, 727).

19 **9. Aufrechnung.** Der ArbGeb kann mit seinem Anspruch auf Vertragsstrafe gegen einen Anspruch des ArbN auf Arbeitsentgelt nach § 387 BGB aufrechnen. Zu beachten sind dabei die Aufrechnungs- und Pfändungsverbote nach § 394 BGB iVm §§ 850 ff ZPO. Danach ist die Aufrechnung hinsichtlich der vom Entgelt abzuführenden LSt und SozVBeiträge ausgeschlossen. Diese Entgeltbestandteile sind vom ArbGeb zu errechnen und an das FA und den SozVTräger weiterzuleiten. Gegen den verbleibenden **Nettoanspruch** kann dann unter Berücksichtigung möglicher **Pfändungsfreigrenzen** aufgerechnet werden (→ *Aufrechnung* Rn 5–8).

20 **10. Darlegungs- und Beweislast.** Der ArbGeb hat die anspruchsbegründenden Voraussetzungen darzulegen und zu beweisen. Hierzu gehören die rechtswirksame Vereinbarung der Vertragsstrafe und das Vorliegen des die Strafe auslösenden Sachverhaltes. Das gilt auch dann, wenn die Vertragsstrafe für die Entlassung aufgrund fristloser Kündigung des ArbGeb vereinbart ist. Es genügt dann nicht, dass der ArbN die Kündigung nicht gerichtlich angreift. Die Kündigung gilt dann zwar nach § 7 KSchG als rechtswirksam (→ *Kündigungsschutz* Rn 104). Es steht damit aber nicht fest, ob sie von einem wichtigen Grund iSv § 626 BGB getragen ist (BAG 27.4.2000 – 8 AZR 301/99, BeckRS 2009, 56447).

21 **11. Betriebsverfassungsrecht.** Der ArbGeb kann sich nicht rechtswirksam verpflichten, für den Fall einer Verletzung von Mitbestimmungsrechten an den BRat oder einen Dritten (zB eine gemeinnützige Organisation) eine Vertragsstrafe zu zahlen. Dem BRat fehlt hierfür schon die erforderliche Vermögens- und Rechtsfähigkeit (BAG 29.9.04 – 1 ABR 30/03, NZA 05, 123). Ein „Abkauf" von Mitbestimmungsrechten ist darüber hinaus mit dem betriebsverfassungsrechtlichen Ordnungssystem unvereinbar (BAG 19.1.10 – 1 ABR 62/08, NZA 10, 592). Der Schutz der Betriebsverfassung wird durch die gesetzlichen Sanktionen gewährleistet; die Abführung von Ordnungs- oder Zwangsgeld stellt sicher, dass die Gelder frei von sachfremden Erwägungen verwendet werden. Die Verletzung der zwingenden Mitbestimmung darf für den ArbGeb nicht kalkulierbar werden.

## B. Lohnsteuerrecht *Seidel*

**1. Lohnsteuerabzug.** Die Zahlung einer Vertragsstrafe durch den ArbN an den ArbGeb berührt grds den Zufluss des Arbeitslohns nicht, auch wenn die Vertragsstrafe zB einen Bruttomonatslohn umfasst. Rechnet der ArbGeb mit einer verwirkten Vertragsstrafe auf, ändert dies nichts an seiner Verpflichtung, die LSt für den gesamten Arbeitslohn einzubehalten (→ *Aufrechnung* Rn 15). Verzichtet der ArbGeb auf die Zahlung einer Vertragsstrafe wegen vorzeitiger Auflösung des Dienstverhältnisses durch den ArbN, liegt in diesem Forderungsverzicht Arbeitslohn, unabhängig davon, ob der ArbN diese als Werbungskosten abziehen kann (*K/S* § 19 B 263). Zum Verzicht des ArbGeb auf Schadensersatz → *Arbeitnehmerhaftung* Rn 28 und → *Verzicht* Rn 15. 22

Hat der ArbGeb dem ArbN wegen Verletzung arbeitsvertraglicher Pflichten eine Vertragsstrafe zu zahlen, liegt darin idR stpfl Arbeitslohn, der als sonstiger Bezug (→ *Sonstige Bezüge* Rn 2 ff) dem LStAbzug unterliegt.

**2. Werbungskosten.** Vertragsstrafen kann der ArbN, sofern sie nicht mit steuerfreien Einnahmen zusammenhängen (§ 3c EStG), bei seiner EStVeranlagung (→ *Antragsveranlagung* Rn 2) als Werbungskosten abziehen (*K/S* § 9 B 700: Vertragsstrafen), zB wenn der ArbN eine Vertragsstrafe zu leisten hat, weil er einen vereinbarten Dienstvertrag nicht eingehalten und statt dessen einen Vertrag mit einem anderen ArbGeb abgeschlossen hat, aus dem er Einkünfte aus nichtselbstständiger Arbeit bezieht. Maßgeblich ist der sog Veranlassungszusammenhang, ggf ist eine anteilige Zurechnung erforderlich (BFH 28.2.92, BStBl II 92, 834; BFH 7.12.05 – I R 34/05, BFH/NV 06, 1068: Vertragsstrafe wegen vorzeitiger Auflösung des Arbeitsverhältnisses und 6.4.16 – I R 61/14, DStR 16, 1599 zum Veranlassungszusammenhang; → *Bildungsurlaub* Rn 32 und → *Rückzahlungsklausel* Rn 24 zur Abgrenzung von Ausbildungskosten). Die Vertragsstrafe eines Mediziners im öffentlichen Gesundheitsdienst wegen vorzeitiger Auflösung des Dienstverhältnisses kann evtl als Betriebsausgabe oder Werbungskosten abgezogen werden (BFH 22.6.07 – VI R 5/03, BStBl II 07, 4 und BFH 17.9.09 – BStBl II 10, 198 zu Beteiligungen im Rahmen des Arbeitsverhältnisses). 23

Auch Vertragsstrafen wegen Verletzung des **Wettbewerbsverbots** können Werbungskosten sein (*Schmidt/Krüger* § 19 Rz 110: Vertragsstrafen; → *Wettbewerbsverbot* Rn 50). Eine Lohnrückzahlung (→ *Entgeltrückzahlung* Rn 17 ff) liegt vor, wenn die Vertragsstrafe vereinbarungsgemäß den Arbeitslohn mindern soll, falls der ArbN das Arbeitsverhältnis vorzeitig auflöst. Bei einer Vertragsstrafe handelt es sich ebenso wenig wie bei einer Betriebsbuße (→ *Betriebsbuße* Rn 12) um eine Geldbuße oder Geldstrafe iSd §§ 9 Abs 5 iVm 4 Abs 5 Nr 8 oder 12 Nr 4 EStG, die grds nicht abzugsfähig sind. 24

## C. Sozialversicherungsrecht *Schlegel*

**1. Zahlungspflicht des Arbeitnehmers.** Es steht den Vertragsparteien grds frei zu vereinbaren, wie bei Verwirkung einer Vertragsstrafe zu verfahren ist, ob also der Anspruch auf rückständigen Lohn in Höhe der Vertragsstrafe erlischt oder ob eine selbstständige Forderung entsteht, mit der gegen den Lohnanspruch aufgerechnet werden kann. Die Gestaltung der Abwicklung einer verwirkten Vertragsstrafe hat keinen Einfluss auf den Rechtscharakter der Vertragsstrafe selbst. Ist eine Vertragsstrafe verwirklicht, nachdem der Beitragsanspruch **bezüglich des Arbeitsentgelts** schon entstanden ist, kann sie dessen Bestehen und Höhe nicht mehr beeinflussen. Die **Beitragsforderung** ist eine öffentlich-rechtliche Forderung, die insbes hinsichtlich ihres Entstehens (§ 22 SGB IV) und ihrer Fälligkeit (§ 23 SGB IV) dem öffentlichen Recht unterliegt. Demgegenüber unterliegt der Anspruch des ArbN auf Entgelt dem bürgerlichen Recht, und zwar hinsichtlich des Entstehens dem § 611 Abs 1 BGB und hinsichtlich seiner Fälligkeit dem § 614 BGB. Die genannten öffentlich-rechtlichen Regelungen weichen erheblich von dem zivilrechtlichen ab. Hinzu kommt, dass der Entgeltanspruch wegen der im Zivilrecht bestehenden Vertragsfreiheit weitgehend einzelvertraglichen oder tariflichen Abreden unterliegt, während die Beitragsforderung nicht abdingbar ist. Diese Unterschiede schließen es aus, dass eine verwirkte Vertragsstrafe, die zu einer Lohnkürzung führt, sich auch auf die öffentlich-rechtliche Beitragsforderung auswirkt (BSG 21.5.96 – 12 RK 64/94, SozR 3–2500 § 226 Nr 2). Zwar 25 kann der ArbN die Vertragsstrafe unter bestimmten Voraussetzungen steuerrechtlich als Werbungskosten geltend machen. Das Entstehen von Werbungskosten lässt den Umfang des Bruttoarbeitsentgelts, das für die Berechnung der Beiträge und idR auch der Sozialleistungen maßgeblich ist, aber unberührt. Lediglich dann, wenn nicht auf das Arbeitsentgelt (§ 14 SGB IV), sondern auf das Arbeitseinkommen aus selbstständiger Tätigkeit (§ 15 SGB IV) oder das Gesamteinkommen (§ 16 SGB IV) abzustellen ist, sind Werbungskosten auch sozialversicherungsrechtlich zu berücksichtigen; denn für das Arbeitseinkommen und das Gesamteinkommen nehmen die §§ 15, 16 SGB IV auf das steuerrechtlich ermittelte Einkommen (§ 16 SGB IV) bzw (§ 15 SGB IV) auf den steuerrechtlich ermittelten Gewinn Bezug.

26 **2. Zahlungspflicht des Arbeitgebers aus Vertragsstrafe.** Arbeitsentgelt iSd § 14 SGB IV liegt nur vor, wenn es sich um „Einnahmen aus einer Beschäftigung" handelt. Dies ist nicht der Fall, wenn dem „ArbN" bestimmte Beträge aufgrund einer Vertragsstrafenvereinbarung deshalb zustehen, weil ein beabsichtigtes und vereinbartes Arbeitsverhältnis nicht zustande kommt. Auch innerhalb eines bestehenden Beschäftigungsverhältnisses sind Leistungen aus einem Vertragsstrafenversprechen nicht den ArbGebLeistungen „aus dem Beschäftigungsverhältnis" zuzurechnen. Relevant wird dies etwa bei der Berechnung des Insolvenzgeldes.

27 **Insolvenzgeld** umfasst nach der Rspr des BSG (28.2.85 – 10 RAr 19/83, SozR 4100 § 141b Nr 35) nicht die Nebenforderungen zum Arbeitsentgeltanspruch des ArbN (zB Verzugszinsen, Kosten der Rechtsverfolgung).

## Vertrauensleute

### A. Arbeitsrecht

*Röller*

1 **1. Begriff.** Die Verwendung dieses Begriffes erfolgt in der Literatur uneinheitlich. Als Vertrauensleute werden die **zusätzlichen Vertretungen der ArbN** gem § 3 Abs 1 Nr 5 BetrVG, die **gewerkschaftlichen Vertrauensleute** sowie die **betrieblichen Vertrauensleute** bezeichnet.

2 **2. Zusätzliche betriebsverfassungsrechtliche Vertretungen.** § 3 Abs 1 Nr 5 BetrVG ermöglicht Regelungen zur Bildung zusätzlicher betriebsverfassungsrechtlicher Vertretungen der ArbN, die die Zusammenarbeit des BRat mit den ArbN erleichtern sollen. Sie kommen dort in Betracht, wo der Kontakt zwischen dem BRat und den ArbN des Betriebs infolge der besonderen Verhältnisse des Betriebs nicht oder nicht in ausreichendem Umfang besteht, wie zB im Fall eines unternehmenseinheitlichen BRats eines bundesweit tätigen Unternehmens. Unter einer Vertretung ist eine Repräsentationseinheit zu verstehen. Dies setzt eine Organstruktur voraus (BAG 29.4.15 – 7 ABR 102/12, NZA 15, 1397). Die zusätzlichen Vertreter sollen als Bindeglied und Informationsträger zwischen ArbGeb, ArbN und BRat fungieren. Zusätzliche ArbNVertretungen können für bestimmte Beschäftigungsarten und Arbeitsbereiche, aber auch für bestimmte ArbNGruppen, zB Frauen, ausländische ArbN gewählt werden (*Fitting* § 3 Rn 61).

3 Die zusätzlichen ArbNVertretungen sind nach demokratischen Grundsätzen zu wählen und können nicht durch den BRat ernannt werden (BAG 29.4.15; *Fitting* § 3 Rn 63). Für die Mitglieder der zusätzlichen ArbNVertretungen gelten im Allgemeinen nicht die für den BRat bzw seine Mitglieder maßgeblichen Vorschriften des BetrVG. Sie haben nicht dieselbe persönliche Rechtsstellung wie Mitglieder des BRat (*Fitting* § 3 Rn 64; aA DKK/*Trümmer* § 3 Rn 139). Allerdings dürfen ihre Mitglieder in der Ausübung ihrer Tätigkeit nicht gestört oder behindert werden. Sie dürfen wegen ihrer Tätigkeit nicht benachteiligt oder begünstigt werden (vgl § 78 BetrVG). Hieraus ergibt sich ein **relativer Kündigungsschutz.** Eine Kündigung, die erfolgt, um ihnen die Amtsausübung unmöglich zu machen oder sie zu maßregeln, ist nichtig (ErfK/*Koch* § 3 BetrVG Rn 8). Aus dem **Benachteiligungsverbot** ergibt sich des Weiteren, dass die Mitglieder zusätzlicher ArbNVertretungen bei notwendiger Arbeitsversäumnis keine Lohnminderung erleiden dürfen und dass ihnen

notwendige Aufwendungen der Amtsführung zu ersetzen sind. Grds hat der ArbGeb die Kosten der zusätzlichen Vertreter zu tragen (*Fitting* § 3 Rn 64; *DKK/Trümner* § 3 Rn 25).

**3. Gewerkschaftliche Vertrauensleute.** Es handelt sich um ArbN des Betriebs, die als Bindeglied zwischen Gewerkschaften und Mitgliedern tätig sind (*Fitting* § 2 Rn 87). Ihre Tätigkeit ist rein gewerkschaftlich und nicht betriebsverfassungsrechtlich. Allerdings können BRatMitglieder gleichzeitig gewerkschaftliche Vertrauensleute sein. Das Institut der gewerkschaftlichen Vertrauensleute ist verfassungsrechtlich abgesichert, ebenso die Repräsentantenrolle der Vertrauensleute für die Gewerkschaft gegenüber den sonstigen ArbN (BAG 8.12.78 – 1 AZR 303/77, DB 79, 1043). Die Gewerkschaften haben keinen Anspruch auf Abhaltung der Wahl der Vertrauensleute im Betrieb, da die Wahl nicht dem verfassungsrechtlich garantierten Kernbereich der Koalitionsbetätigung zuzurechnen ist (BAG 8.12.78, GK-BetrVG/*Franzen* § 2 Rn 100; aA *Fitting* § 2 Rn 89; ausführlich *Hannekuhl/Zäh* NZA 06, 1022). 4

Gewerkschaftliche Vertrauensleute dürfen wegen ihrer gewerkschaftlichen Betätigung gegenüber anderen ArbN nicht unterschiedlich behandelt, insbesondere nicht benachteiligt oder gemaßregelt werden (§ 78 BetrVG). In der Praxis existieren **tarifvertragliche Regelungen,** die die Rechtsstellung der gewerkschaftlichen Vertrauensleute regeln und ihnen gewisse Vergünstigungen und Unterstützungen einräumen. Regelungen über den Schutz der gewerkschaftlichen Vertrauensleute werden überwiegend für zulässig gehalten (*Fitting* § 2 Rn 90; *DKK/Berg* § 2 Rn 54; *Hannekuhl/Zäh* NZA 06, 1022 jew mwN; aA *Richardi* § 2 Rn 176). 5

**4. Betriebliche Vertrauensleute.** Ihre Aufgabe besteht in erster Linie darin, die Kommunikation und den Informationsfluss zwischen BRat, ArbN und ArbGeb zu fördern und zu verbessern. Sie werden idR vom BRat bestellt. Es handelt sich nicht um ArbNVertreter, sondern um Hilfspersonen des BRat iSv § 40 Abs 2 BetrVG. Bei seiner Entscheidung, ob er personelle Hilfsmittel benötigt, muss der BRat die berechtigten Interessen der Belegschaft und die Interessen des ArbGeb, insb dessen Interesse an einer Kostenbegrenzung, angemessen berücksichtigen (BAG 29.4.15 – 7 ABR 102/12, NZA 15, 1397). 6

**5. Vertrauensmänner und -frauen.** So werden die Mitglieder der Schwerbehindertenvertretung genannt (§§ 176 ff SGB IX). Sie genießen nach § 179 Abs 3 SGB IX einen Sonderkündigungsschutz entsprechend § 15 KSchG iVm § 103 BetrVG und können nur mit Zustimmung des BRat oder PersRat gekündigt werden. Einer Zustimmung der Schwerbehindertenvertretung bedarf es nicht (BAG 19.7.12 – 2 AZR 989/11, NZA 13, 143; aA Dau/Düwell/Joussen/*Düwell* § 179 Rn 61). 7

## B. Lohnsteuerrecht *Weil*

Für Vertrauensleute gelten die allgemeinen lohnsteuerrechtlichen Regelungen (→ *Arbeitnehmer (Begriff)* Rn 29 ff, → Lohnsteuerabführung Rn 2 ff). 10

Bei nebenberuflich eingesetzten Vertrauensleuten kommt es auf die Vereinbarungen und die tatsächliche Durchführung an, ob ein Arbeitsverhältnis vorliegt (→ *Arbeitnehmer (Begriff)* Rn 29 ff; → *Betriebsbeauftragte* Rn 28; → *Aufwandsentschädigung* Rn 3 ff; → *Nebentätigkeit* Rn 20 ff). Nebenberufliche Vertrauensleute einer Buchgemeinschaft sind keine ArbN des Buchclubs (H 19.0 LStR). Dies kann auch für die nebenberuflich tätigen Vertrauensleute von Versicherungsvereinen gelten. Zu den Voraussetzungen iE vgl BFH 11.3.60 – VI 186/58 U, BeckRS 1960, 21002318 zu Buchgemeinschaften.

## C. Sozialversicherungsrecht *Ruppelt*

Für Vertrauensleute gelten die allgemeinen sozialversicherungsrechtlichen Regelungen (→ *Arbeitnehmer (Begriff)* Rn 50 ff). 11

# Verwirkung

## A. Arbeitsrecht *Schmidt*

**1. Allgemeines.** Verwirkung ist ein Fall der unzulässigen Rechtsausübung, § 242 BGB. Mit ihr wird die illoyal verspätete Geltendmachung von Rechten ausgeschlossen. Sie beruht 1 auf dem Gedanken des Vertrauensschutzes und dient dem Bedürfnis nach Rechtssicherheit und Rechtsklarheit (BAG 21.4.16 – 2 AZR 609/15, NZA 16, 941). Sie ist kraft Gesetzes **ausgeschlossen** bei Ansprüchen auf das **Mindestentgelt** nach den Regelungen des AEntG (§ 9 S 2 AEntG) und den **Mindestlohn** (vgl § 3 S 3 MiLoG); zu kollektivrechtlichen Ansprüchen → Rn 4. Bei der Geltendmachung der vertraglichen Grundlage des Arbeitsverhältnisses bei einer einseitigen Änderung seiner praktischen Durchführung greifen allein die Grundsätze einer – möglicherweise konkludenten – **Vertragsänderung.** Der Einwand der Verwirkung kann in solch einem Fall nicht erhoben werden (offen gelassen BAG 21.4.16 – 2 AZR 609/15, NZA 16, 941).

Die Verwirkung prüft das Gericht – anders als die Verjährung – von Amts wegen. Der Schuldner braucht sich nicht auf sie zu berufen. Die Bejahung oder Verneinung einer Verwirkung ist grds dem Tatrichter vorbehalten, der den ihm zur Begründung vorgetragenen Sachverhalt eigenverantwortlich zu würdigen hat. Das Revisionsgericht prüft (nur), ob der Tatrichter alle erheblichen Gesichtspunkte berücksichtigt hat und die Bewertung dieser Gesichtspunkte von den getroffenen tatsächlichen Feststellungen getragen wird (BAG 3.7.19 – 10 AZR 499/17, BB 19, 2419).

Verwirken können **Ansprüche** oder **Gestaltungsrechte** iSe **materiell-rechtlichen Verwirkung.** Ein Anspruch, der noch nicht besteht, kann nicht verwirken (BAG 10.3.15 – 3 AZR 56/14, NZA-RR 15, 371). Allerdings kann Verwirkung auch gegenüber einem in Wahrheit nicht bestehenden Anspruch eingewandt werden (Palandt/*Grüneberg* BGB § 242 Rn 87). Vorbehaltlich der Umstände des Einzelfalls können materielle Ansprüche und Rechte auch noch nach Rechtshängigkeit verwirken, wobei bei gesetzlichen Konkretisierungen – etwa bei Fristen für die Klageerhebung – für die Annahme einer Verwirkung grds kein Raum ist (BAG 25.11.10 – 2 AZR 323/09, NZA 11, 821). Auch in außerhalb des Prozessrechts normierten Fristenfestlegungen liegt ein gesetzlich konkretisierter Verwirkungstatbestand (für § 626 Abs 2 BGB: BAG 26.9.13 – 2 AZR 741/12, NZA 14, 529).

2 **2. Prozessverwirkung.** Neben einer materiell-rechtlichen Rechtsposition kann die Befugnis verwirken, die Rechtsposition gerichtlich durchzusetzen (**Prozessverwirkung;** BAG 25.11.10 – 2 AZR 323/09, NZA 11, 821). So kann das Recht, eine Klage zu erheben, verwirken mit der Folge, dass eine dennoch erhobene Klage unzulässig ist (BAG 10.10.07 – 7 AZR 448/06, EzAÜG § 10 AÜG Verwirkung Nr 4). Dies kommt jedoch nur unter besonderen Voraussetzungen in Betracht. Durch die Annahme einer prozessualen Verwirkung darf der Weg zu den Gerichten nicht in unzumutbarer, aus Sachgründen nicht zu rechtfertigender Weise erschwert werden. Dies ist im Zusammenhang mit den an das Zeit- und Umstandsmoment zu stellenden Anforderungen zu berücksichtigen (BAG 20.3.18 – 9 AZR 508/17, NZA 18, 931). Bei der Kündigung eines Auszubildenden gilt die Klagefrist des § 4 KSchG nur, wenn kein Ausschuss nach § 111 Abs 2 ArbGG besteht. Der Klageerhebung kann aber der Einwand der Prozessverwirkung entgegengehalten werden. Der Verwirkungstatbestand wird dabei nicht durch die Klagefrist des § 4 KSchG konkretisiert. Der Ausschuss muss nicht innerhalb von drei Wochen nach Zugang der Kündigung angerufen werden (BAG 23.7.15 – 6 AZR 490/14, NZR-RR 15, 628).

3 **3. Voraussetzungen.** Im Gegensatz zur Verjährung reicht für die Annahme der Verwirkung der Zeitablauf allein nicht aus (BAG 21.4.16 – 2 AZR 609/15, NZA 16, 941). Es ist nicht der Zweck der Verwirkung, einen Schuldner, dem gegenüber der Gläubiger längere Zeit sein Recht nicht geltend gemacht hat, von der Pflicht zur Leistung vorzeitig zu befreien. Der Berechtigte muss vielmehr unter Umständen untätig gewesen sein, die den Eindruck erwecken konnten, dass er sein Recht nicht mehr geltend machen wolle, so dass der Verpflichtete sich darauf einstellen durfte, nicht mehr in Anspruch genommen zu werden (BAG 24.5.06 – 7 AZR 201/05, NZA 06, 1364). Ein Recht darf nicht mehr ausgeübt werden, wenn seit der Möglichkeit, es in Anspruch zu nehmen, längere Zeit verstrichen ist – **Zeitmoment** – und besondere Umstände sowohl im Verhalten des Berechtigten als auch des Verpflichteten hinzutreten – **Umstandsmoment** –, die es rechtfertigen, die späte Geltendmachung des Rechts als mit Treu und Glauben unvereinbar und für den Verpflichteten als unzumutbar anzusehen (BAG 21.4.16 – 2 AZR 609/15, NZA 16, 941; zum Zumutbarkeitsmoment BAG 22.2.12 – 4 AZR 579/10, BB 12, 1983). Der Berechtigte muss unter Umständen untätig geblieben sein, die den Eindruck erwecken

konnten, dass er sein Recht nicht mehr geltend machen wolle, so dass der Verpflichtete sich darauf einstellen durfte, nicht mehr in Anspruch genommen zu werden (BAG 21.4.16 – 2 AZR 609/15, NZA 16, 941; BAG 25.4.01 – 5 AZR 497/99, NZA 01, 966). Wann ein Recht oder Anspruch verwirkt, beurteilt sich somit stets nach den **Einzelfallumständen.** Dabei beeinflussen sich Zeit- und Umstandsmoment wechselseitig in dem Sinn, dass beide Elemente bildhaft im Sinn „kommunizierender Röhren" miteinander verbunden sind (BAG 28.6.18 – 8 AZR 100/17). Untätigkeit des Anspruchsberechtigten führt für sich genommen ebenso wenig zur Verwirkung wie das Ausbleiben von Mahnungen (BAG 14.2.07 – 10 AZR 35/06, NZA 07, 690). Das Umstandsmoment fehlt regelmäßig, wenn der Schuldner den Anspruch nicht kennt (BAG 24.5.06 – 7 AZR 201/05, NZA 06, 1364) oder der Verpflichtete davon ausgehen muss, der Berechtigte kenne den ihm zustehenden Anspruch nicht. Dies gilt insbes, wenn die Unkenntnis des Berechtigten auf dem Verhalten des Verpflichteten beruht, weil er etwa als ArbGeb eine unwirksame AGB-Klausel verwandt hat (BAG 22.2.12 – 5 AZR 765/10, NZA 12, 861). Etwaige Beweisschwierigkeiten stellen keinen Gesichtspunkt dar, der – allein oder in Zusammenschau mit weiteren Gesichtspunkten – die Annahme einer Verwirkung rechtfertigt. Auch die bloßen Tatsachen der Beendigung des Arbeitsverhältnisses oder der Insolvenz des ArbGeb stellen für sich genommen kein Umstandsmoment dar, das zur Verwirkung führen könnte (BAG 11.12.14 – 8 AZR 838/13, NZA 15, 808).

Der erforderliche **Zeitablauf** kann umso kürzer sein, je gravierender die Umstände im Verhalten des Berechtigten sind, die es rechtfertigen, die späte Geltendmachung als unzumutbar anzusehen (BAG 3.12.08 – 5 AZR 62/08). Je kürzer allerdings der Zeitablauf, desto seltener werden die Voraussetzungen für eine Verwirkung vorliegen. Das Umstandsmoment tritt dagegen in der Bedeutung zurück, je länger ein Anspruch nicht geltend gemacht wurde. Ist das Zeitmoment erfüllt, kann das Umstandsmoment nicht deshalb verneint werden, weil der Verpflichtete schon vor Ablauf des Zeitmoments disponiert hat (BAG 2.12.99 – 8 AZR 890/98, NZA 00, 540). Fehlt es am Umstandsmoment, kommt es auf das Zumutbarkeitsmoment nicht mehr an (BAG 22.2.12 – 4 AZR 579/10, AP TVG § 1 Bezugnahme auf Tarifvertrag Nr 110).

**4. Kollektivrechtliche Ansprüche.** Ansprüche aus **Tarifvertrag, Betriebsvereinbarung** und **bindenden Festsetzungen** (§ 19 HAG) können gem § 4 Abs 4 S 2 TVG bei Tarifgebundenheit (BAG 14.2.07 – 10 AZR 35/06, NZA 07, 690), gem § 77 Abs 4 S 3 BetrVG (BAG 19.7.16 – 3 AZR 134/15) und gem § 19 Abs 3 S 4 HAG nicht verwirken. Nach sprachlichem Ausdruck und Systematik ist bei § 77 Abs 4 BetrVG und bei § 19 Abs 3 HAG – anders als bei § 4 Abs 4 TVG – klar, dass unter das Verwirkungsverbot nur Rechte der ArbN bzw Beschäftigten, nicht die des ArbGeb fallen (zu Betriebsvereinbarungen *Richardi* § 77 Rn 185). Das **Verwirkungsverbot** schließt es nicht aus, sich aus anderen Gründen auf den Einwand der unzulässigen Rechtsausübung berufen zu können (zum Tarifvertrag *ErfK/Franzen* § 4 TVG Rn 47; *Fitting ua* § 77 Rn 137). Auch die Berufung auf **arglistiges Verhalten** des Schuldners bleibt möglich (BAG 9.8.90 – 2 AZR 579/89, NZA 91, 226). Im Übrigen können Ansprüche aus Tarifvertrag, Betriebsvereinbarung und bindender Festsetzung durch in ihnen vereinbarte Ausschlussfristen erlöschen (→ *Ausschlussfristen* Rn 1 ff). 4

Gilt ein Tarifvertrag ganz oder zum Teil nicht kraft beiderseitiger Tarifgebundenheit, sondern allein aufgrund einzelvertraglicher **Bezugnahme,** können die daraus folgenden Rechte verwirken. Es handelt sich um vertragliche Ansprüche, bei denen § 4 Abs 4 S 2 TVG nicht greift (Schaub/*Linck* § 72 Rn 34).

Sind ein Tarifvertrag oder eine Betriebsvereinbarung – zB wegen ihrer Kündigung – beendet und wirken sie gem §§ 4 Abs 5 TVG und 77 Abs 6 BetrVG nach, können in ihnen enthaltene Rechte für die Dauer der **Nachwirkung** ebenso wenig verwirken (für Tarifvertrag Däubler/*Zwanziger* § 4 Rn 1073, 1061; aA *ErfK/Franzen* § 4 TVG Rn 47). Entscheidend ist, dass die kollektivrechtlich begründeten Normen des Tarifvertrags bzw einer Betriebsvereinbarung auch im Stadium der Nachwirkung unverändert weiter gelten und für das einzelne Arbeitsverhältnis nur durch Vertrag, dh bewusst und gewollt, abbedungen werden können.

**5. Einzelfälle.** Das **Recht auf Abmahnung** kann – auch wenn es hier keine Ausschlussfrist gibt (BAG 15.1.86 – 5 AZR 70/84, NZA 86, 421) – verwirken, wenn der ArbN sich 5 nach einer Verfehlung längere Zeit vertragstreu verhalten hat und aus den Umständen des Einzelfalles folgt, dass auf die alten Verfehlungen nicht mehr zurückgegriffen werden darf. Das **Recht aus Abmahnung** kann verwirken, wenn der Mitarbeiter nach einer Abmahnung längere Zeit vertragstreu ist oder der ArbGeb weitere Pflichtverletzungen unbeanstandet hinnimmt (→ *Abmahnung* Rn 32 ff).

Das Recht des ArbGeb zur außerordentlichen **Kündigung** kann ohne Kenntnis des Kündigungsgrundes nicht verwirken (BAG 1.6.86 – 2 ABR 24/85, NZA 86, 467). Sein Recht zur ordentlichen Kündigung ist verwirkt, wenn er in Kenntnis eines Kündigungsgrundes längere Zeit untätig bleibt, dh die Kündigung nicht ausspricht, obwohl ihm dies möglich und zumutbar wäre (Zeitmoment), und er dadurch beim ArbN das berechtigte Vertrauen erweckt, die Kündigung werde unterbleiben und dieser sich deshalb auf den Fortbestand des Arbeitsverhältnisses einrichtet (Umstandsmoment). Eine gleichwohl aus diesem Grund Kündigung erklärte Kündigung stellt eine unzulässige Rechtsausübung dar und ist nach Treu und Glauben (§ 242 BGB) rechtsunwirksam (BAG 15.12.16 – 2 AZR 42/16, NZA 17, 703). Bisher unentschieden ist, ob es sich um einen eigenständigen Unwirksamkeitsgrund handelt, auf den sich der ArbN gem § 6 S 1 KSchG rechtzeitig berufen muss (BAG 31.1.19 – 2 AZR 426/18, NZA 19, 893).

6 Ansprüche des **Betriebsrats** auf Ersatz von Schulungskosten nach § 40 Abs 1 BetrVG können verwirken, wenn sie mehr als zwei Jahre nicht geltend gemacht werden, BRat-Mitglieder in der Zwischenzeit weitere Schulungen besucht und Zahlungen des ArbGeb hierfür in Anspruch genommen haben, ohne noch einmal auf den streitigen Anspruch hinzuweisen (BAG 14.11.78 – 6 ABR 11/77, DB 79, 800).

Das Recht des ArbN, **Urlaubsabgeltung** zu verlangen, kann grds – bei Vorliegen der Voraussetzungen – verwirken (BAG 19.2.19 – 9 AZR 278/16, nv).

7 **Schadensersatzansprüche** des ArbGeb gegen einen Mitarbeiter wegen vorsätzlicher Schädigung verwirken grds nicht (BAG 18.12.64, DB 65, 786). Der Anspruch auf Erteilung eines **Zeugnisses** kann verwirken. Auch dies hängt von den Umständen des Einzelfalles ab (BAG 16.10.07 – 9 AZR 248/07, NZA 08, 298). **Versorgungsverschaffungsansprüche** werden erst mit Eintritt des Versorgungsfalles fällig. Sie können daher vorher nicht verwirken (BAG 18.9.01 – 3 AZR 689/00, NZA 02, 1391).

8 Das Recht des ArbN, aus der Nichtigkeit eines wegen Drohung angefochtenen **Aufhebungsvertrags** Ansprüche herzuleiten, kann im Blick auf den eigenen Verstoß des ArbGeb nur unter ganz außergewöhnlichen Umständen verwirken (BAG 6.11.97 – 2 AZR 162/97, NZA 98, 374). Ansprüche aus einem **Betriebsübergang,** die auf sein Vorliegen (BAG 18.12.03 – 8 AZR 621/02, NZA 04, 2324) oder Fehlen (LAG Bbg 2.10.01 – 1 Sa 195/01) gestützt werden, können verwirken, wenn der Vertrauensschutz des Verpflichteten das Interesse des Berechtigten derart überwiegt, dass ihm die Erfüllung des Anspruchs nicht mehr zuzumuten ist. Das **Widerspruchsrecht** aus § 613a Abs 6 BGB verwirkt, wenn der ArbN beim Erwerber über das Arbeitsverhältnis durch Eigenkündigung, Abschluss eines Aufhebungsvertrags oder dadurch disponiert, dass er eine vom Erwerber ausgesprochene Kündigung nicht angreift (BAG 24.2.11 – 8 AZR 469/09, NZA 11, 973; → *Betriebsübergang* Rn 39). Allein die widerspruchslose Fortsetzung des Arbeitsverhältnisses mit dem Betriebserwerber ist kein hinreichendes Umstandsmoment für die Verwirkung des Widerspruchsrechts (BAG 20.5.10 – 8 AZR 734/08, NZA 10, 1295). Wurde allerdings der ArbN zwar nicht ordnungsgemäß iSv § 613a Abs 5 BGB unterrichtet, aber im Rahmen dieser von dem bisherigen ArbGeb oder dem neuen Inhaber über den mit dem Betriebsübergang verbundenen Übergang seines Arbeitsverhältnisses unter Mitteilung des Zeitpunkts oder des geplanten Zeitpunkts sowie des Gegenstands des Betriebsübergangs und des Betriebsübernehmers wenigstens in Kenntnis gesetzt und über sein Widerspruchsrecht nach § 613a Abs 6 BGB belehrt, führt die widerspruchslose Weiterarbeit bei dem neuen Inhaber über einen Zeitraum von sieben Jahren regelmäßig zur Verwirkung des Widerspruchsrechts (BAG 24.8.17 – 8 AZR 265/16, NZA 18, 168).

## B. Lohnsteuerrecht

*Seidel*

14 Die Verwirkung ist von der Verjährung zu unterscheiden. Bei Verjährung erlöschen im Steuerrecht die Ansprüche aus dem Steuerschuldverhältnis (§ 47 AO), während bei Ver-

wirkung nur deren **Geltendmachung verhindert** wird (BFH 1.12.15 – VII R 44/14, BFH/NV 16, 881). Die Verwirkung ist ein spezieller Anwendungsbereich des auch im öffentlichen Recht geltenden Grundsatzes von Treu und Glauben (*HMW*/Verwirkung Rz 1). In der Folge darf ein Recht nicht mehr ausgeübt werden darf, wenn seit der Möglichkeit, es geltend zu machen, längere Zeit verstrichen ist und besondere Umstände hinzutreten, die die verspätete Rechtsausübung als Verstoß gegen Treu und Glauben erscheinen lassen.

**Zeitablauf** allein führt **nicht** zur Verwirkung. Hinzu kommen muss ein Vertrauenstatbestand und eine Vertrauensfolge (BFH 8.10.86, BStBl II 87, 12 mwN, bestätigt BFH 20.4.06 – VII B 332/05, BFH/NV 06, 1519), dh durch ein positives Verhalten des Berechtigten, aus dem der andere Teil bei objektiver Beurteilung entnehmen durfte, dass die Untätigkeit endgültig sein soll, muss der Verpflichtete veranlasst worden sein, **Dispositionen** zu treffen, die er sonst nicht getroffen hätte. Die Entscheidung richtet sich nach den besonderen Umständen des Einzelfalls (BFH 14.9.77, BStBl II 78, 168, s auch BFH 27.4.16 – X R 1/15, DStRE 16, 1077). 15

Eine Verwirkung kann die **Geltendmachung von Steuer- und Haftungsansprüchen** durch das FA betreffen, aber auch die Inanspruchnahme von Rechten durch den Stpfl, wobei der Stpfl seine Rechte nach der Rspr ohne Rücksicht auf Dispositionen der Finanzverwaltung (also ohne Vorliegen einer Vertrauensfolge) verliert (aA *T/K* § 4 AO Rz 175). So ist zB die Anfechtung der Erweiterung des Prüfungszeitraums erst einige Monate nach Abschluss der Prüfungsarbeiten verwirkt (FG Münster 28.5.75, EFG 75, 601). Auch **Erstattungsansprüche** des Stpfl können verwirkt werden (s zur Verwirkung auch *T/K* § 4 AO Rz 169 ff). 16

### C. Sozialversicherungsrecht *Voelzke*

**1. Allgemeines.** Der aus Treu und Glauben (§ 242 BGB) herzuleitende Rechtsgrundsatz der Verwirkung von Ansprüchen findet auch im Sozialrecht Anwendung (*Schlegel/Voelzke/Groth* SGB I, § 45 Rz 64) und tritt neben die Regelungen über die Verjährung (→ *Verjährung* Rn 46 ff) von Beitrags – und Leistungsansprüchen. Einheitlich wird als Voraussetzung einer Verwirkung der sehr unterschiedlichen denkbaren Ansprüche aus einem Sozialrechts- oder Beitragsverhältnis gefordert, dass über den reinen Zeitablauf hinaus weitere auf den Inhalt des Anspruchs bezogene Umstände hinzutreten müssen, die der Geltendmachung des Anspruches entgegenstehen. 17

**2. Leistungsrecht.** Soweit im Einzelfall die Verwirkung von **Leistungsansprüchen** des Berechtigten in Betracht kommt, ist zu beachten, dass entsprechend den zur Verjährung entwickelten Grundsätzen lediglich die Verwirkung von Einzelansprüchen, nicht jedoch des Stammrechts selbst erfolgen kann. Ausgeschlossen ist eine Verwirkung von Ansprüchen auf Sozialleistungen, auf die der Berechtigte gem § 46 Abs 2 SGB I nicht verzichten kann. Eine Verwirkung von Leistungsansprüchen kann eintreten, wenn der Versicherte Mitwirkungshandlungen unterlässt, die vernünftigerweise zur Wahrung eines Rechts unternommen werden (LSG Saarl 17.11.94 – L 1 Kn 22/94, *Breithaupt* 95, 420). 18

**3. Beitragsrecht.** Auch eine Verwirkung von **Beitragsansprüchen** ist möglich. Im Zusammenhang mit den Beitragsansprüchen schafft die Verwirkung einen begrenzten Vertrauensschutz zugunsten des Beitragsschuldners (*Schlegel/Voelzke/Segebrecht* SGB IV, § 25 Rz 75). Die Verwirkung als Ausprägung des Grundsatzes von Treu und Glauben (§ 242 BGB) ist für die Nachforderung von Beiträgen zur Sozialversicherung anerkannt. Sie setzt als Unterfall der unzulässigen Rechtsausübung voraus, dass der Berechtigte die Ausübung seines Rechts während eines längeren Zeitraums unterlassen hat und weitere besondere Umstände hinzutreten, die nach den Besonderheiten des Einzelfalls und des in Betracht kommenden Rechtsgebietes das verspätete Geltendmachen des Rechts dem Verpflichteten gegenüber nach Treu und Glauben als illoyal erscheinen lassen (BSG 1.7.14 – B 1 KR 47/12 R, SGb 14, 497). Die Voraussetzungen für die Verwirkung einer Beitragsforderung liegen vor, wenn der Beitragsschuldner infolge eines bestimmten Verhaltens des SozVTrägers (Verwirkungsverhalten) darauf vertrauen durfte, dass dieser das Recht nicht mehr geltend machen werde (Vertrauensgrundlage), der Verpflichtete tatsächlich darauf vertraut hat (Ver- 19 trauenstatbestand) und sich infolgedessen in seinen Vorkehrungen und Maßnahmen so eingerichtet hat (Vertrauensverhalten), dass ihm durch die spätere Durchsetzung der Beitragsforderung ein unzumutbarer Nachteil entstehen würde.

Für die Annahme eines besonderen Grundes, der im Zusammenwirken mit dem Zeitablauf die Missbräuchlichkeit der Geltendmachung der Beitragsforderung begründen kann, reicht es aber zB noch nicht aus, dass im Anschluss an eine **Betriebsprüfung** keine Beiträge nacherhoben werden (KassKomm/*Zieglmeier* § 25 SGB IV Rz 86). Insoweit ist zwar nicht zu fordern, dass ein Verzichtswille des Gläubigers nach außen erkennbar wird, jedoch genügt andererseits alleine eine unrichtige Auskunft nicht für die Annahme eines Verwirkungsverhaltens (BSG 22.8.90 – 10 RAr 18/89, SozR 3–4100 § 186a Nr 3). Der rückwirkenden Erhebung von Säumniszuschlägen steht das Rechtsinstitut der Verwirkung nicht entgegen, wenn auf die Beibehaltung einer Verwaltungspraxis nicht vertraut werden kann (BSG 1.7.2010 – B 13 R 67/09 R, SozR 4–2400 § 24 Nr 5). Ausgeschlossen ist in jedem Falle die Verwirkung von Beitragsansprüchen, bevor sie entstanden und fällig geworden sind (BSG 29.3.93 – 12 RK 62/92, Die Beiträge 93, 503).

20 Der **Beitragserstattungsanspruch** des Versicherten erlischt nicht allein dadurch, dass der Versicherte es unterlässt, beim Versicherungsträger die Auszahlung des Beitragserstattungsanspruchs anzumahnen. Zur schlichten Untätigkeit muss ein zusätzliches Verwirkungsverhalten treten, das ein entsprechendes Vertrauen des Versicherungsträgers begründet, der Versicherte werde seinen Anspruch nicht geltend machen (BSG 29.1.97 – 5 RJ 52/94, SozR 3–2200 § 1303 Nr 6).

# Verzicht

## A. Arbeitsrecht

*Schmidt*

1 **1. Allgemeines.** Auf Rechtspositionen kann prinzipiell verzichtet werden. Im Arbeitsrecht ist die Möglichkeit, auf Ansprüche und Rechte zu verzichten, allerdings eingeschränkt.

2 **2. Verzichtsbeschränkungen Mindestlohn und Mindestentgelt.** Ein Verzicht auf den **Mindestlohn** oder das **Mindestentgelt** ist nur durch gerichtlichen Vergleich zulässig; § 3 S 2 MiLoG und § 9 S 1 AEntG. Ziel ist eine Verhinderung missbräuchlicher Konstruktionen. **„Gerichtlicher Vergleich“** ist nicht der Anwaltsvergleich nach § 796a ZPO. Auch ein nach § 278 Abs 6 S 1 Alt 1, S 2 ZPO geschlossener Vergleich, bei dem das Gericht mit Beschluss das Zustandekommen und den Inhalt eines Vergleichs feststellt, den die Parteien dem Gericht unterbreitet haben, reicht nicht aus. Der „gerichtlicher Vergleich“ iSv § 9 S 1 AEntG bzw § 3 S 2 MiLoG soll einen ausreichenden Schutz des mindestentgelt- oder mindestlohnberechtigten ArbN vor einem ungerechtfertigten Verlust seines Anspruchs sicherstellen (zum MiLoG BT-DS 18/1558 S 42), was eine gewisse gerichtliche „Mitwirkung“ im Sinn einer inhaltlichen Verantwortung für den Vergleich voraussetzt. Die Möglichkeit des Gerichts, auf den Inhalt des Vergleichs unter Berücksichtigung der Schutzinteressen des Arbeitnehmers Einfluss zu nehmen, ist bei § 278 Abs 6 S 1 Alt 1 ZPO aber schon durch die Verfahrensgestaltung begrenzt, soweit das Gericht sich nicht den (interessengerechten) Vergleichsvorschlag einer Partei zu eigen macht und diesen beiden Parteien unterbreitet (BAG 8.6.16 – 7 AZR 339/14, NZA 16, 1485 zum gerichtlichen Vergleich als sachlichen Grund für eine Befristung nach § 14 Abs 1 S 2 Nr 8 TzBfG).

3 **3. Abstrakter Verzicht.** Der Verzicht auf **noch nicht entstandene gesetzliche Rechte** ist grds unwirksam. Oft ist dies ausdrücklich im Gesetz geregelt oder in ihm angelegt – zB § 12 EFZG, § 22 Abs 1 TzBfG, § 13 Abs 1 BUrlG, § 17 Abs 3 S 3 BetrAVG. Die das Arbeitsverhältnis betreffenden Gesetze sind auch im Übrigen weitgehend einseitig zwingend. Von ihnen kann zugunsten, nicht zu Lasten des ArbN abgewichen werden. So kann ein arbeitsvertraglicher abstrakter Verzicht auf Kündigungsschutz auch ohne ausdrückliches gesetzliches Verbot nicht wirksam vereinbart werden (BAG 19.12.74 – 2 AZR 565/73, AP BGB § 620 Bedingung Nr 3); auf die Geltung des KSchG in einem Kleinbetrieb und damit

auf die Ausweitung des Kündigungsschutzes können sich ArbN und ArbGeb jedoch wirksam einigen.

Auch von nicht zwingenden gesetzlichen Vorschriften kann zu Lasten eines ArbN nur abgewichen werden, soweit dies gleichberechtigt ausgehandelt wird. Durch eine vom ArbGeb aufgesetzte Vereinbarung kann von dispositiven gesetzlichen Bestimmungen nach § 307 BGB nicht abgewichen werden, wenn die Vereinbarung von einem im Gesetz enthaltenen Leitbild zu Lasten des ArbN abweicht, ohne dass dessen Belange hinreichend berücksichtigt werden oder ein angemessener Ausgleich gewährt wird (ErfK/*Preis* BGB §§ 305–310 Rn 100). Ein isolierter Verzicht auf Hauptleistungen (Vergütung) ist allerdings nur auf seine Transparenz zu kontrollieren (ErfK/*Preis* BGB §§ 305–310 Rn 100).

Der Verzicht auf **noch nicht entstandene Rechte** aus **Tarifverträgen, Betriebsvereinbarungen** oder **bindenden Festsetzungen** ist in ihrem gesetzlichen Geltungsbereich nach § 134 BGB unwirksam. Denn die Kollektivregelungen wirken nach den §§ 4 Abs 1 TVG, 77 Abs 4 S 1 BetrVG, 19 Abs 3 S 1 HAG unmittelbar und zwingend; Abweichungen sind nur zugunsten der ArbN zulässig. Zu ihren Lasten kann abgewichen werden, soweit Betriebsvereinbarungen, bindende Festsetzungen oder Tarifvertrag dies gestatten – § 4 Abs 3 TVG, § 19 Abs 3 HAG iVm § 4 Abs 3 TVG – oder der Tarifvertrag nicht kraft beiderseitiger Tarifgebundenheit nach § 3 TVG gilt, sondern (nur) kraft einzelvertraglicher Vereinbarung Anwendung findet. So ist zB die Vereinbarung untertariflicher Bezahlung bei Tarifgebundenheit unwirksam; wird ein Tarifvertrag individualrechtlich in Bezug genommen, darf die Vergütungsregelung aus der Bezugnahme herausgenommen und einzelvertraglich eine nicht-tarifliche Bezahlung vereinbart werden. 4

**4. Konkreter Verzicht.** Der Verzicht auf **bereits entstandene Rechte** kann zulässig sein. Auch im Arbeitsverhältnis kann der Gläubiger dem Schuldner grds nach § 397 Abs 1 BGB die Schuld erlassen oder nach § 397 Abs 2 BGB ein negatives Schuldanerkenntnis abgeben und damit die Schuld zum Erlöschen bringen. § 9 Nr 2 AÜG steht dem Verzicht eines Leiharbeitnehmers auf gleiche Bezahlung in einem von ihm veranlassten Aufhebungsvertrag (BAG 24.2.16 – 5 AZR 258/14, NZA 16, 762) oder in einem gerichtlichen Vergleich (BAG 27.5.15 – 5 AZR 137/14, NZA 15, 1125) nicht entgegen. Nach dieser Vorschrift sind Vereinbarungen unwirksam, die für den Leiharbeitnehmer schlechtere als die ihm nach § 8 AÜG zustehenden Arbeitsbedingungen einschließlich des Arbeitsentgelts vorsehen. Ist der Anspruch aber entstanden, bildet er einen Teil des Vermögens des ArbN, über das er – vorbehaltlich besonderer gesetzlicher Regelungen zur Unzulässigkeit eines Verzichts nach § 3 S 2 MiLoG und § 9 S 1 AEntG – frei verfügen kann. 5

Für die Annahme eines Verzichts ist stets der – im Wege der Auslegung zu ermittelnde – Inhalt einer Erklärung oder Vereinbarung entscheidend. So wird man idR nicht davon ausgehen können, dass der ArbN eine schon entstandene Forderung wieder aufgibt, solange sie nicht konkret bezeichnet ist (BAG 7.11.07 – 5 AZR 880/06, NZA 08, 355). Daher ist eine Formulierung, wonach „sämtliche beiderseitige Forderungen abgegolten" sein sollen, nicht dahin zu verstehen, ein ArbN wolle damit auf Ansprüche verzichten. Er bestätigt nur, wechselseitige Ansprüche seien seines Wissens vollständig erfüllt. Er kann die Unrichtigkeit der Erklärung beweisen, indem er seine Ansprüche beweist (BAG 18.11.15 – 5 AZR 814/14, NZA 16, 494).

Eine der AGB-Kontrolle unterliegende Verzichtsklausel kann den ArbN unangemessen benachteiligen (BAG 27.1.16 – 5 AZR 277/14, NZA 16, 679) oder dem Transparenzgebot nicht genügen (BAG 21.6.18 – 6 AZR 38/17, NZA 18, 1413) und damit unwirksam sein.

Auch auf die Ausübung von **Gestaltungsrechten** oder **Rechtspositionen** kann verzichtet werden. So kann etwa der ArbGeb kann auf das Recht zum Ausspruch einer – außerordentlichen oder ordentlichen – **Kündigung** jedenfalls nach dessen Entstehen durch eine entsprechende Willenserklärung einseitig verzichten. Ein solcher Verzicht ist ausdrücklich oder konkludent möglich. Im Ausspruch einer Abmahnung liegt regelmäßig der konkludente Verzicht auf das Recht zur Kündigung aus den in ihr gerügten Gründen (BAG 13.5.15 – 2 AZR 531/14, BB 15, 2682). Ein ausländischer Staat als kündigender ArbGeb kann darauf verzichten, sich auf Immunität zu berufen. Die Annahme eines Immunitätsverzichts unterliegt allerdings strengen Anforderungen (BAG 14.12.17 – 2 AZR 216/17, NZA 18, 739). Im Zusammenhang mit vorgebrachten Beweismitteln für einen Kündigungsgrund kann ein ArbN darauf verzichten, eine darin liegende – etwaige – Verletzung seiner Rechte, insbes seines allgemeinen Persönlichkeitsrechts, geltend zu machen (BAG 23.8.18 – 2 AZR 133/18, NZA 18, 1329).

Möglich ist des Weiteren eine – ggf auf einen bestimmten Zeitraum bezogene – **Verjährungsverzichtserklärung** (→ *Verjährung* Rn 2).

6 Im Übrigen ist bei der Frage der Wirksamkeit eines Verzichts danach zu unterscheiden, ob es sich um einen solchen **während des Arbeitsverhältnisses oder nach dessen Beendigung** handelt. Soweit **Vergütungsansprüche** auf einer einzelvertraglichen Vereinbarung beruhen, kann der ArbN die Erfüllung der nach den §§ 611, 614 BGB fälligen Entgeltzahlung – vorbehaltlich der besonderen Vorschriften über Mindestlohn und Mindestentgelt – grds erlassen, solange der Anspruch nicht durch Abtretung oder Legalzession auf einen Dritten übergegangen ist. Dies gilt ebenso für den über den gesetzlichen Mindesturlaub hinausgehenden **vertraglich vereinbarten Urlaub** (BAG 31.5.90 – 8 AZR 132/89, NZA 90, 935) und dessen Abgeltung. Nach Beendigung des Arbeitsverhältnisses ist der Anspruch auf Abgeltung (auch) des **gesetzlichen Mindesturlaubs** – letztlich wegen der Aufgabe der Surrogatstheorie (BAG 19.6.12 – 9 AZR 652/10, NZA 12, 1087) – verzichtbar (BAG 14.5.13 – 9 AZR 844/11, NZA 13, 1098). Im bestehenden Arbeitsverhältnis kann die **Entgeltfortzahlung** nicht erlassen werden (BAG 28.11.79 – 5 AZR 955/77, NJW 80, 2325). Der entschädigungslose Verzicht auf **unverfallbare Versorgungsanwartschaften** im Zusammenhang mit der Beendigung eines Arbeitsverhältnisses ist nach § 3 BetrAVG unwirksam (BAG 17.6.14 – 3 AZR 412/13, AP BetrAVG § 1 Nr 16). Vor Beendigung des Arbeitsverhältnisses kann der ArbN nicht auf sein **Zeugnis** verzichten (BAG 16.9.74 – 5 AZR 255/74, AP BGB § 630 Nr 9), ob er es danach kann, hat das BAG offengelassen (→ *Zeugnis* Rn 14). Auf den bereits bestehenden Anspruch auf **Nachteilsausgleich** iSv § 113 BetrVG kann der ArbN auch ohne Zustimmung des BRats verzichten (BAG 23.9.03 – 1 AZR 576/02, NZA 04, 440).

7 Der ArbN kann **nach** erfolgter **Kündigung** auch vor Ablauf der Klagefrist des § 4 S 1 KSchG darauf verzichten, eine Kündigungsschutzklage zu erheben (BAG 19.4.07 – 2 AZR 208/06, NZA 07, 1227). Bei Klageverzichtsvereinbarungen, die im unmittelbaren zeitlichen und sachlichen Zusammenhang mit einer Kündigung getroffen werden, handelt es sich jedoch in der Sache um Aufhebungsverträge. Zu ihrer Wirksamkeit bedürfen sie daher nach § 623 BGB der Schriftform. Sie fehlt, wenn der ArbN nur auf dem Kündigungsschreiben seinen Erhalt bestätigt und auf die Klage verzichtet (BAG 19.4.07 – 2 AZR 208/06, NZA 07, 1227). Sie unterliegen daneben der Inhaltskontrolle nach den §§ 305 ff BGB. Der Verzicht auf die Klage im unmittelbaren Anschluss an eine Kündigung ohne Gegenleistung oder angemessene Kompensation in einem vom ArbGeb vorgelegten Formular benachteiligt den ArbN nach § 307 Abs 1 S 1 BGB unangemessen und ist daher unwirksam (BAG 24.9.15 – 2 AZR 347/14, NZA 16, 351; BAG 6.9.07 – 2 AZR 722/06, NZA 08, 219).

Der Verzicht auf rückständiges Entgelt aus Anlass eines **Betriebsübergangs** ist nach § 134 BGB nichtig, wenn er abgeschlossen wird, um eine Folge des Übergangs der Arbeitsverhältnisse nach § 613a Abs 1 BGB – Haftung des Betriebserwerbers – zu umgehen (BAG 19.3.09 – 8 AZR 722/07, NZA 09, 1091). Ein vor dem Betriebsübergang geschlossener Erlassvertrag bewirkt zwar grds das Erlöschen des Anspruchs. Der mit dem Betriebsveräußerer vereinbarte Verzicht auf (Rest-)Entgeltansprüche hebelt aber die zwingenden Rechtsfolgen eines Betriebsübergangs aus (BAG 19.5.05 – 3 AZR 649/03, NZA-RR 06, 373). So wird die Vorschrift umgangen, was den Verzicht unwirksam macht. Dabei kommt es weder auf eine Umgehungsabsicht noch auf eine bewusste Missachtung der zwingenden Rechtsnormen an; entscheidend ist die objektive Funktionswidrigkeit des Rechtsgeschäfts (BAG 19.3.09 – 8 AZR 722/07, NZA 09, 1091). Auf das bei einem Betriebsübergang bestehende **Widerspruchsrecht** nach § 613a Abs 6 BGB kann verzichtet werden; wie bei allen Rechten, die mit dem Bestand des Arbeitsverhältnisses im Zusammenhang stehen, gelten aber strenge Anforderungen. Ein Verzicht muss eindeutig und zweifelsfrei zum Ausdruck gebracht werden (BAG 28.3.19 – 8 AZR 201/18, NZA19, 1279).

8 Verzichtsklausel sind für **Aufhebungsverträge** typisch und nicht überraschend im Sinne des § 305c Abs 1 BGB (BAG 24.2.16 – 5 AZR 258/14, NZA 16, 762). In einem Formularvertrag (→ *Arbeitsvertrag* Rn 24) kann nach § 307 BGB nicht wirksam auf entstandene gesetzliche Rechte oder Ansprüche verzichtet werden, soweit der ArbN hierdurch **unange-**

**messen benachteiligt** wird. Der wirksame Verzicht auf schon entstandene Ansprüche setzt daher vor allem voraus, dass er frei ausgehandelt wurde. Erfolgt er auf der Grundlage einer vom ArbGeb aufgesetzten Vereinbarung, müssen die Belange des ArbN hinreichend berücksichtigt sein oder ein angemessener Ausgleich gewährt werden (BAG 6.9.07 – 2 AZR 722/06, NZA 08, 219). Eine **Inhaltskontrolle** nach § 307 Abs 1 S 1 BGB und § 307 Abs 2 BGB ist selbst dann nicht ausgeschlossen, wenn ein Klageverzicht die Hauptabrede eines eigenständigen Klageverzichts- oder Abwicklungsvertrag darstellt (BAG 25.9.14 – 2 AZR 788/13, NZA 15, 350). Ein formularmäßiger Klageverzicht in einem Aufhebungsvertrag, der zur Vermeidung einer vom ArbGeb angedrohten außerordentlichen Kündigung geschlossen wird, benachteiligt den ArbN unangemessen nach § 307 Abs 1, Abs 2 Nr 1 BGB, wenn ein verständiger ArbGeb die angedrohte Kündigung nicht ernsthaft in Erwägung ziehen durfte, die Drohung also widerrechtlich iSd § 123 BGB ist (BAG 12.3.15 – 6 AZR 82/14, NZA 15, 676). Und selbst ein beiderseitiger Forderungsverzicht in einem auf Wunsch des ArbN geschlossenen, vom ArbGeb formulierten Aufhebungsvertrag benachteiligt den ArbN unangemessen, wenn der ArbGeb dessen Situation entgegen den Geboten von Treu und Glauben zur Durchsetzung eigener Interessen ausgenutzt hat (BAG 24.2.16 – 5 AZR 258/14, NZA 16, 762).

**5.** Der Verzicht auf bereits entstandene Rechte aus **Tarifvertrag, Betriebsvereinbarung** oder **bindender Festsetzung** unterliegt nach den §§ 4 Abs 4 S 2 TVG, 77 Abs 4 S 2 BetrVG, 19 Abs 3 S 3 HAG besonderen Wirksamkeitsvoraussetzungen. Er ist nur in einem von den Tarifvertragsparteien bzw der Obersten Arbeitsbehörde des Landes oder der von ihr bestimmten Stelle gebilligten Vergleich zulässig bzw bedarf der Zustimmung des BRat. Dies gilt unabhängig davon, ob er als Verzicht ausgesprochen oder als Erlassvertrag, Vergleich oder negatives Schuldanerkenntnis vereinbart wird. Ausgleichsquittungen ohne diese Billigung (→ *Ausgleichsquittung* Rn 4) über tarifliche, betriebsverfassungsrechtliche oder Ansprüche aus bindenden Festsetzungen sind damit grds nichtig (BAG 1.7.16 – 3 AZR 134/15, NZA 16, 1475). Bei Verzicht auf tarifliche Ansprüche gilt dies auch dann, wenn dieser erst nach einem Betriebsübergang gegenüber dem Betriebsveräußerer oder dem Betriebserwerber erklärt wird (BAG 12.2.14 – 4 AZR 317/12, NZA 14, 613). Es gilt jedoch das Günstigkeitsprinzip (BAG 12.5.16 – 6 AZR 259/15, NZA 16, 1030). Wirksam ist daher der Verzicht auf Ansprüche aus einem Sozialplan, wenn zweifelsfrei feststellbar ist, dass die Abweichung vom Sozialplan objektiv die für den ArbN günstigere Regelung ist (BAG 27.1.04 – 1 AZR 148/03, NZA 04, 667). Ist ein Anspruch aus Tarifvertrag, Betriebsvereinbarung oder bindender Festsetzung gerichtlich geltend gemacht worden, kann die Klage zurückgenommen werden, da so nur der Prozess beendet wird. Der Klageverzicht nach § 306 ZPO bedarf der Zustimmung der genannten Stellen, weil er materiell-rechtlich wirkt. Eine Vereinbarung, wonach der ArbN seine Klage auf die Leistungen zurückzunehmen hat und keine neue Klage erheben darf, ist unwirksam (BAG 19.11.96 – 3 AZR 461/95, NZA 97, 1117). 9

Auf schon entstandene tarifvertragliche Rechte kann allerdings verzichtet werden, wenn der Tarifvertrag (nur) **kraft einzelvertraglicher Vereinbarung** Anwendung findet und nicht nach § 3 TVG gilt (BAG 20.1.98 – 9 AZR 812/96, NZA 98, 846). § 4 Abs 4 S 1 TVG schützt nur die Wirksamkeit kollektiv-rechtlich begründeter Rechte (BAG 31.5.90 – 8 AZR 132/89, NZA 90, 935). 10

Für die **Zustimmung des BRat** nach § 77 Abs 4 S 2 BetrVG gelten die §§ 182 ff BGB. Sie kann also als Einwilligung oder als Genehmigung und formlos erteilt werden. Der BRat muss aber unmissverständlich zum Ausdruck bringen, dass er mit dem Verzicht einverstanden ist. Es reicht nicht aus, wenn er sich aus der Sache „heraushalten" will (BAG 3.6.97 – 3 AZR 25/96, NZA 98, 382). Die Zustimmung kann grds nur für den einzelnen konkreten Verzicht des Arbeitnehmers erteilt werden (BAG 27.1.04 – 1 AZR 148/03, NZA 04, 667). Erforderlich ist ein **ordnungsgemäßer Beschluss** des BRat gem § 33 BetrVG. Das setzt die Unterrichtung des BRat über die für seine Entscheidung bedeutsamen Umstände voraus. Nur wenn der BRat über den erforderlichen Kenntnisstand verfügt, kann er sachgerecht beurteilen, ob er in dem zu beurteilenden Einzelfall eine Abweichung von der zwingenden Wirkung des sich aus der Betriebsvereinbarung ergebenden Individualanspruchs zulassen soll. Zu den Umständen, die dem BRat bei seiner Beschlussfassung bekannt sein müssen, gehört insbes der Umfang des individuellen Verzichts auf den Anspruch aus der Betriebsvereinbarung (BAG 15.10.13, DB 14, 310). Der einem ArbN angebotene Aufhebungsvertrag kann unter der Bedingung stehen, dass der BRat einem (Teil-)Verzicht auf einen Sozialplanabfindungsanspruch zustimmt (BAG 15.10.13, DB 14, 310).

11 **6. Tatsachenvergleich.** Wirksam ist ein Vergleich über die tatsächlichen Voraussetzungen eines Anspruchs aus Tarifvertrag, Betriebsvereinbarung oder bindender Festsetzung. Um einen solchen Tatsachenvergleich handelt es sich, wenn die Parteien über die Erfüllung der tatsächlichen Anspruchsvoraussetzungen gestritten haben (BAG 25.4.17 – 1 AZR 714/15; 19.7.16 – 3 AZR 134/15 -; zum BetrAVG 23.8.94 – 3 AZR 825/93; zu § 4 Abs 4 S 1 TVG 12.2.14 – 4 AZR 317/12). Verständigen sie sich im Vergleichswege nur über den Anspruch „an sich" in dem Sinn, dass der ArbN bei seiner Forderung (und sei es teilweise) nachgibt, ist die Beilegung von Meinungsverschiedenheiten der Parteien zwangsläufig mit einem (teilweisen) Verzicht auf einen Rechtsanspruch verbunden, der nur nach §§ 4 Abs 4 S 2 TVG, 77 Abs 4 S 2 BetrVG, 19 Abs 3 S 3 HAG möglich ist.

12 **7. Muster.** S Online-Musterformulare *„M43 Verzicht – Tatsachenvergleich"*.

**B. Lohnsteuerrecht** *Weil*

13 **1. Verzicht des Arbeitgebers. a) Dienstleistungsverzicht.** Verzichtet der ArbGeb auf die **Dienstleistung** des ArbN, kommt es für die Besteuerung darauf an, ob trotz des Verzichts der Lohn gezahlt wird. Bejahendenfalls gelten die allgemeinen Grundsätze über die Lohnbesteuerung, verneinendenfalls fällt mangels Zufluss beim ArbN keine Steuer an (→ *Freistellung von der Arbeit* Rn 33 ff). Liegen dem Verzicht private Gründe des ArbGeb zugrunde, zB enge persönliche Beziehungen zum Mitarbeiter, und wird dennoch Lohn bezahlt, ist das Arbeitsverhältnis – ohne Betriebsausgabenabzug – steuerlich nicht anzuerkennen (→ *Arbeitnehmer (Begriff)* Rn 29).

14 **b) Forderungsverzicht.** Verzichtet der ArbGeb gegenüber dem ArbN auf eine **Forderung** (zB Darlehensrückzahlung), liegt beim ArbN iHd Forderungsverzichts **steuerpflichtiger Lohn** vor und andererseits beim ArbGeb entsprechender gewinnmindernder Aufwand (§ 4 Abs 4 EStG), wenn der Verzicht im Arbeitsverhältnis begründet und nicht privat veranlasst ist (BFH 19.2.04 – VI B 146/02, DStRE 04, 560; 30.9.08 – VI R 67/05, DB 09, 98). Zur Gewährung eines zinslosen oder zinsverbilligten **Darlehens** durch den ArbGeb an den ArbN → *Arbeitgeberdarlehen* Rn 12 ff. Der Verzicht auf die Vermittlungsprovision des ArbGeb bei Abschluss von Versicherungsverträgen durch die ArbN stellt bei günstigerem Tarif iHd Begünstigung stpfl Arbeitslohn dar (BFH 30.5.01 – VI R 123/00, BStBl II 02, 230). Der Verzicht auf die Abschlussgebühr bei Abschluss von Bausparverträgen in einem ArbGeb-Verbund ist nicht stets stpfl (BFH 20.5.10 – VI R 41/09, BFH/NV 10, 1729; anders BFH 30.5.01 – VI R 123/00, BStBl II 02, 230). Der Verzicht auf eine Maklercourtage anlässlich des Kaufs einer Eigentumswohnung vom ArbGeb ist nicht stpfl, wenn aufgrund der Marktverhältnisse der ArbN auch sonst die Befreiung von der Maklercourtage erreicht hätte (FG Köln 18.11.99 – 7 K 6035/94, EFG 2000, 177).

15 Verzicht auf eine **Schadensersatzforderung:** Beschädigt ein ArbN auf einer Privatfahrt oder einer beruflichen Fahrt im Zustand der absoluten Fahruntüchtigkeit ein firmeneigenes Kfz, so begründet der Verzicht des ArbGeb auf die ihm zustehende Schadensersatzforderung einen geldwerten stpfl Vorteil des ArbN (§ 8 Abs 2 Satz 1 EStG; R 8.1 Abs 9 Nr 2 Satz 13 LStR; → *Arbeitsentgelt* Rn 40; → *Wegeunfall* Rn 2). Dem Schadensersatzanspruch kann bei beruflicher Veranlassung ein entsprechender Werbungskostenabzug beim ArbN gegenüberstehen (**Beispiel:** Beruflich veranlasste Beschädigung eines Arbeitsmittels). Ist dies der Fall, entfällt wegen Saldierung der geldwerte Vorteil und damit die stpfl Einnahme (so BFH 24.5.07 – VI R 73/05, BStBl II 07, 766). Greift aber hinsichtlich des Werbungskostenabzugs auch § 12 Nr 1 EStG ein (zB alkoholbedingter Verkehrsunfall auf einer Dienstfahrt), mit der Folge, dass der Werbungskostenabzug entfällt, verbleibt der stpfl geldwerte Vorteil. Die Abgeltungswirkung der 1 %-Regelung des § 8 Abs 2 Satz 2 EStG (→ *Dienstwagen* Rn 18) greift hierbei nicht ein (BFH 24.5.07 – VI R 73/05, BStBl II 07, 766). Der Zeitpunkt des Zuflusses ist dann anzunehmen, wenn der ArbGeb aufgrund objektiver Umstände zu erkennen gibt, dass er von einer Inanspruchnahme des ArbN absieht (zB Ausbuchung der

aktivierten Forderung oder endgültige Nichteinbuchung der Forderung und Mitteilung an den ArbN).

**c) Verzicht auf Rückgriffsanspruch.** Verzichtet der ArbGeb auf den Rückgriff gegenüber einem ArbN nach seiner Inanspruchnahme durch die AOK oder durch das FA **aufgrund seiner Haftung** wegen nicht einbehaltener und nicht abgeführter SozVBeiträge oder LSt, so ist der steuerlich wirksame Lohnzufluss beim ArbN als Folge des Verzichts erst im Jahr der Inanspruchnahme des ArbGeb durch die entsprechende Behörde anzusetzen, dh erst im Jahr der Zahlung der Haftungsschuld durch den ArbGeb (BFH 5.3.07 – VI B 41/06, BFH/NV 07, 1122). Soll auch die Besteuerung dieses Vorgangs beim ArbN vermieden werden, ist eine *Nettolohnvereinbarung* (→ Rn 10 ff) hierüber erforderlich. Übernimmt der ArbGeb die ESt/LSt des ArbN, bspw bei einem Auslandseinsatz (→ *Auslandstätigkeit* Rn 42, 47), ist dieser Vorteil als Verzicht des ArbGeb auf Steuererstattung durch den ArbN im Zeitpunkt der Abführung der LSt an das Betriebsstätten-FA zugeflossen (BFH 29.11.2000 – I R 102/99, BStBl II 01, 195, 198). Kein Verzicht des ArbGeb liegt in der sog **Beitragslastenverschiebung** vor (→ *Sozialversicherungsbeiträge* Rn 19). Unterlässt es der ArbGeb, die nach § 41 EStG vorgeschriebenen Aufzeichnungen über Sachzuwendungen zu führen, so liegt hierin kein vorweggenommener Regressverzicht im Zeitpunkt der Zuwendung des lohnsteuerpflichtigen Vorteils. Das bedeutet, dass die Haftungsschuld des ArbGeb mit dem niedrigeren Bruttosteuersatz und nicht mit dem höheren Nettosteuersatz zu berechnen ist (BFH 29.10.93 – VI R 26/92, BStBl II 94, 197; → *Lohnsteuerhaftung* Rn 51, 69). Verzichtet der ArbGeb im Rahmen des für Mitarbeiter aufgelegten Aktienoptionsprogramms auf Rückübertragung eines Teils der vom ArbN gewandelten Aktien, so liegt in dem Verzicht kein erneuter Arbeitslohnzufluss (BFH 30.9.08 – VI R 67/05, DB 09, 98). 16

Verzichtet eine **GmbH** auf Forderungen gegenüber ihrem „beherrschenden Gesellschafter" (hierzu BFH 23.10.85 – I R 247/81, BStBl II 86, 195), so kann in dem Verzicht eine **verdeckte Gewinnausschüttung** liegen (§§ 8 Abs 3 Satz 2 KStG; 20 Abs 1 Nr 1 Satz 2 EStG). 17

**Beispiele:** Verzicht auf höhere Miete (BFH 7.12.88, BStBl II 89, 248); auf Schadensersatz (BFH 26.4.89, BStBl II 89, 673; einschränkend BFH 14.9.94, BStBl II 97, 89); auf Darlehenszinsen (BFH 28.2.90, BStBl II 90, 649); auf Darlehenssicherung (BFH 14.3.90, BStBl II 90, 795); *Streck* KStG § 8 Anm 150 Stichwort Verzicht; Verzicht auf **Darlehensrückzahlung** gegenüber einer dem beherrschenden Gesellschafter nahe stehenden Person (FG BaWü 26.4.94, EFG 94, 901; 18.8.94, EFG 95, 285); Verzicht auf Verzinsung bei Auszahlung einer Gewinntantieme vor Fälligkeit (BFH 17.12.97 – I R 70/97, BStBl II 98, 545).

Bei einem beherrschenden, nicht sozialversicherungspflichtigen Gesellschafter-Geschäftsführer (→ *Geschäftsführer* Rn 39 ff) kann es vorkommen, dass irrigerweise SozVPflicht, zB für einen bestimmten Zeitraum, angenommen wird, und daher der ArbGebAnteil als steuerfrei nach § 3 Nr 62 Satz 1 EStG behandelt wird (→ *Sozialversicherungsbeiträge* Rn 14 ff). Stellt der SozVTräger nachträglich die SozVFreiheit fest, verzichtet die GmbH als ArbGeb daraufhin auf die Rückzahlung der ArbGebBeiträge zur gesetzlichen RV und werden die Beiträge für die freiwillige Versicherung des ArbN in der gesetzlichen RV verwendet **(Umwandlung),** liegt stpfl Arbeitslohn vor (FG Köln 21.11.89 – 13 K 3489/87, EFG 90, 383). Der Zufluss ist bereits in den jeweiligen Kj der früheren Zahlung anzunehmen, da hier durch Umwandlung rückwirkend eine Versicherungsanwartschaft begründet wird. Die freiwillige Versicherung nimmt die Stellung der vermeintlich gesetzlichen Versicherung ein (FG RhPf 18.3.03 – 2 K 3176/00, BeckRS 2003, 26014121). Die ESt-Veranlagungen der früheren Kj sind unter den Voraussetzungen des § 173 Abs 1 Nr 1 AO zu ändern, wobei es sich bei dem nicht steuerfreien ArbGebAnteil auch um Sonderausgaben des ArbN handelt (→ *Sonderausgaben* Rn 5).

**2. Verzicht des Arbeitnehmers. a) Lohnverzicht** → *Entgeltverzicht* Rn 8 ff; Verzicht auf Rentenanpassung → *Rentenanpassung* Rn 2; Verzicht auf Darlehensrückzahlung, auch nach Umwandlung von gestundetem Lohn, → *Arbeitnehmerdarlehen* Rn 11; zum Verzicht auf Wiedereinstellung → Rn 19 und → *Wiedereinstellungsanspruch* Rn 9; zum Verzicht auf betriebliche Altersvorsorge → *Entgeltverzicht* Rn 15, 16; → *Betriebliche Altersversorgung* Rn 185. Der Verzicht auf die Nutzung eines Dienstwagens wirkt wegen des Anscheinsbeweises der Nutzung nicht (BFH 28.8.08 – VI R 52/07, BStBl II 09, 280; → *Dienstwagen* 18

Rn 20). Gleiches gilt für den Verzicht auf Privatnutzung (BFH 27.5.09 – VI B 123/08, BFH/NV 09, 1434). Auf einen Verzicht des ArbN kommt es nicht an, wenn ein gesetzlicher Anspruch nicht besteht oder nachträglich entfallen ist.

19 **b) Verzicht auf günstige Arbeitsbedingungen.** Nimmt der ArbN günstige Arbeitsbedingungen nicht in Anspruch (zB Sozialeinrichtungen, günstige Bezugsbedingungen oder Ähnliches), so ist dies steuerlich ohne Auswirkung. Wird ein ArbNRecht oder eine geldwerte ArbNPosition mit Geld abgegolten (zB Vergütung statt Urlaub, Kapitalabfindung zur Beendigung eines arbeitsgerichtlichen Prozesses, Vergütung statt Freizeitausgleich), so ist die Einnahme aufgrund des Geldzuflusses, der durch das Arbeitsverhältnis veranlasst ist, beim ArbN stpfl Arbeitslohn (BFH 22.9.05 – IX R 55/04, BFH/NV 06, 712). Verzichtet der ArbN auf Urlaub, um an einer Fortbildungsveranstaltung teilzunehmen, die der ArbGeb bezahlt hat, so stellt der Wert der Fortbildungsveranstaltung keine Werbungskosten dar (FG Bbg 11.4.01 – 2 K 1991/99, EFG 01, 886). Eine Abfindung, die für den Verzicht auf eine zugesagte Wiedereinstellung gezahlt wird, ist in vollem Umfang stpfl (BFH 22.4.08 – IX R 83/07, BFH/NV 08, 1473).

20 **c) Verzicht auf Werbungskostenersatz.** Verzichtet der ArbN gegenüber dem ArbGeb auf Ersatz von Werbungskosten (zB Reisekosten, Schadensersatz) oder auch gegenüber Dritten (zB der ArbN macht gegenüber der Versicherung einen beruflich veranlassten Kfz-Schaden nicht geltend, um den Prämienrabatt zu erhalten), so bleibt der Werbungskostenabzug erhalten (FG NdS 26.11.02 – 6 K 302/00, EFG 03, 1196). Etwas anderes gilt, wenn der Verzicht auf privaten, außerhalb des Arbeitsverhältnisses liegenden persönlichen Erwägungen des ArbN beruht (BFH 14.8.70, BStBl II 70, 765 aE; *K/S* § 9 EStG B 76 ff; aA *HHR* § 9 Rz 92; offen gelassen bei *Schmidt/Loschelder* § 9 Rz 75). Der Verzicht auf Beihilfeansprüche zugunsten einer Beitragsermäßigung bei einer Versicherung kann stpfl sein (BFH 28.10.04 – VI B 176/03, BFH/NV 05, 205).

21 Macht der ArbN Abzugsbeträge gegenüber dem FA nicht geltend (bspw um die Veranlagungsgrenzen zu überschreiten, vgl § 46 Abs 2 Nr 1 EStG; → *Antragsveranlagung* Rn 7), so wirkt dieser Verzicht steuerlich nicht, wenn die Abzugsbeträge dem FA amtsbekannt werden. Der Stpfl kann steuerwirksam insoweit nur auf **antragsabhängige** Aufwendungen, zB auf außergewöhnliche Belastungen nach § 33a Abs 1 EStG verzichten (BFH 14.4.93, BStBl II 93, 738). Bei mehreren Pflegepersonen wirkt ein Verzicht auf den Pflegepauschbetrag (§ 33b Abs 6 EStG) nicht (BFH 19.6.08 – III R 34/07, BFH/NV 08, 1827).

22 **d) Abfindung für Wettbewerbsverbot.** Erhält der ArbN anlässlich des Ausscheidens aus dem Unternehmen unter Auferlegung eines **Wettbewerbsverbots** eine Abfindung, dh verzichtet der ArbN gegen Entgelt auf die Ausübung einer bestimmten Tätigkeit, so liegt in der Einnahme eine steuerbegünstigte Entschädigung nach § 24 Nr 1 EStG (BFH 12.6.96 – XI R 43/94, BStBl II 96, 516; iE → *Wettbewerbsverbot* Rn 48 ff; → *Abfindung* Rn 41).

23 **e) Forderungsverzicht eines (Gesellschafter-)Geschäftsführers gegenüber seiner GmbH.** → *Entgeltverzicht* Rn 15; → *Arbeitnehmerdarlehen* Rn 11, 15; → *Betriebliche Altersversorgung* Rn 185 bei Verzicht auf betriebliche Altersversorgung.

24 **3. Verzicht des Finanzamtes.** Ist ein Sachverhalt schwierig oder überhaupt nicht (mehr) aufzuklären, verzichtet das FA also aufgrund tatsächlicher Umstände trotz Amtsermittlungsgrundsatzes (vgl § 88 AO) auf die Aufklärung des letztlich verwirklichten Sachverhalts, so ist eine **tatsächliche Verständigung** zwischen FA und Stpfl über den zugrunde zu legenden, zu besteuernden Sachverhalt zulässig (BFH 1.9.09 – VIII R 78/06, HFR 10, 562; zu den Voraussetzungen im einzelnen → *Vergleich* Rn 13 ff). Eine **Verständigung über Rechtsfragen,** dh ein Verzicht des FA auf die Festsetzung eines nach seiner Ansicht bestehenden Steueranspruchs ist unzulässig, also unwirksam (BFH 11.12.84 – VIII R 131/76, BStBl II 85, 354 unter 3.c aE). Auf die Durchsetzung des festgesetzten Anspruchs kann das FA im Weg des Erlasses verzichten (§ 227 AO; §§ 156, 163 AO). Ist der Verzicht in mangelnden Ressourcen der FinVerw begründet (sog **Vollzugsdefizit;** hierzu *Haunhorst* DStR 10, 2105), führt dies noch nicht zur Rechtswidrigkeit des Handelns der FinVerw. Nur ein normatives Defizit eines widersprüchlich auf Ineffektivität angelegten Gesetzes führt zu einem Verstoß gegen Art 3 GG (BFH 12.5.09 – IX R 45/08, BStBl II 09, 891). Hinsichtlich der Pflichtveranlagung (§ 46 Abs 2 Nr 3a EStG) besteht kein zu beachtendes Vollzugsdefizit (FG Düsseldorf 17.3.10 – 15 K 2978/08 E, EFG 10, 878), ebenso nicht bei der

Rentenbesteuerung (FG BaWü 7.7.11 – 3 K 5640, BeckRS 2011, 96353). Zur Nicht-Geltendmachung von Steueransprüchen bei **Insolvenz** des ArbGeb → *Insolvenz des Arbeitgebers* Rn 30. Zu Ermessungserwägungen im Rahmen der Haftungsinanspruchnahme → *Lohnsteuerhaftung* Rn 16 ff. Zum Verzicht auf Besteuerung auf Grund **DBA-Regelung** (Steuerfreistellung nach § 39b Abs 6 EStG oder nach § 50d Abs 8, 9 EStG) → *Ausländer* Rn 41, → *Auslandstätigkeit* Rn 44, 46; → *Lohnabzugsverfahren* Rn 22. Der Verzicht auf Vorlage von Belegen zum Nachweis steuermindernder Umstände steht im Ermessen des FA (BFH 22.10.09 – VI R 16/08, BFH/NV 10, 201).

### C. Sozialversicherungsrecht *Voelzke*

**1. Leistungsrecht.** Die Entgegennahme von Sozialleistungen steht nach Maßgabe des § 46 Abs 1 SGB I **zur Disposition des Berechtigten.** Die Vorschrift ist auf Ansprüche, die nicht Sozialleistungen sind, also zB auf den Verzicht auf Vergütungsansprüche zur Erlangung von Sozialleistungen, nicht anwendbar. Nicht anwendbar ist § 46 SGB I auf Gestaltungsrechte, zB das Recht zur Wahl einer freiwilligen RV (*Schlegel/Voelzke/Groth* SGB I, § 46 Rz 11). Durch Verzicht erlöschen allein künftig entstehende und fällig werdende Einzelansprüche aus einem Recht (BSG 24.7.03 – B 4 RA 13/03 R, SozR 4–1200 § 46 Nr 1). Auf das Stammrecht kann nicht verzichtet werden. Eine formularmäßige Verzichtserklärung ist nur dann wirksam, wenn sich aus dem Wortlaut der Erklärung und den Begleitumständen klar ergibt, dass und in welchem Umfang bekannte oder mögliche Ansprüche aufgegeben werden (BSG 25.7.95 – 10 RKg 9/94, SozR 3–5870 § 10 Nr 7). 25

Zulässig ist auch ein teilweiser Verzicht auf Sozialleistungen. Der Verzicht handlungsfähiger Minderjähriger bedarf nach § 36 Abs 2 Satz 2 SGB I der Zustimmung der gesetzlichen Vertreter. Unwirksam ist der Verzicht, wenn durch ihn andere Personen oder Leistungsträger belastet oder Rechtsvorschriften umgangen werden (§ 46 Abs 2 SGB I). Ob eine **Umgehung von Rechtsvorschriften** anzunehmen ist, ist anhand des Sinns und Zwecks des Sozialrechtsverhältnisses zu ermitteln (BSG 22.3.12 – B 4 AS 26/10 R, SozR 4–1200 § 46 Nr 3). Hierdurch soll ferner verhindert werden, dass die Lastenverteilung zwischen den Sozialleistungsträgern verändert oder die Unterhaltsfähigkeit verringert bzw die Unterhaltsbedürftigkeit erhöht wird. Nicht zu den geschützten Leistungsträgern gehört der Dienstherr eines Beamten (BSG 27.11.91 – 4 RA 10/91, SozR 3–1200 § 46 Nr 3 zu Auswirkungen auf den Beihilfeanspruch). Hingegen ist der Verzicht auf den Beitragszuschuss (§ 257 SGB V) durch einseitige Erklärung des ArbN gegenüber dem ArbGeb unzulässig (BSG 8.10.98 – B 12 KR 19/97 R, SozR 3–2500 § 257 Nr 5). 26

Stellt ein Leistungsträger auf den Verzicht des Berechtigten die Gewährung der Sozialleistung ein, so kann die Unwirksamkeit vom **anderen Träger** nicht überprüft werden (BSG 12.12.91 – 7 RAr 24/91, SozR 3–4100 § 118 Nr 3). 27

Der Verzicht muss gegenüber dem zuständigen Leistungsträger erklärt werden. Er bedarf der **Schriftform.** Aus dem Wortlaut der Verzichtserklärung und den Begleitumständen muss sich klar ergeben, ob und in welchem Umfang der Berechtigte Ansprüche aufgibt (BSG 25.7.95 – 10 RKg 9/94, SozR 3–5870 § 10 Nr 7). Der Verzicht kann jederzeit mit Wirkung für die Zukunft – ohne Einhaltung der Schriftform – widerrufen werden (§ 46 Abs 1 Hs 2 SGB I). 28

**2. Beitragsrecht.** Wegen der beitragsrechtlichen Folgen eines Verzichts des ArbN auf bereits erarbeitetes Arbeitsentgelt → *Entgeltverzicht* Rn 17 ff. 29

## Vorschuss

### A. Arbeitsrecht *Griese*

**1. Definition.** Vorschüsse sind Vorauszahlungen des ArbGeb auf noch nicht verdientes Entgelt des ArbN. Sie weisen Parallelen zu **Abschlagszahlungen** auf, die ebenfalls auf die Vergütung gezahlt werden. Der Unterschied besteht darin, dass Vorschüsse auf noch nicht fällige Vergütungsansprüche gezahlt werden, während bei Abschlagszahlungen die Vergütung bereits fällig ist, die Abrechnung aber hinausgeschoben wird. Zu unterscheiden ist 1 der Vorschuss ferner vom Darlehen: Für ein solches ist charakteristisch, dass es unabhängig von dem konkret zu erwartenden Arbeitsverdienst gezahlt wird und von einer Kreditvereinbarung getragen wird (→ *Arbeitgeberdarlehen* Rn 1). Von **einem Vorschuss kann nur gesprochen werden, wenn ein Geldbetrag dem Arbeitnehmer tatsächlich zugeflossen ist;** die Verbuchung auf einem beim ArbGeb geführten Sicherheitskonto reicht hierfür nicht aus (BAG NZA 21.1.15 – 10 AZR 84/14, NZA 15, 875 Rn 40).

2 **2. Anspruch auf Vorschuss.** Im Arbeitsverhältnis ist der ArbN nach § 614 BGB **vorleistungspflichtig** für den abzurechnenden Beschäftigungszeitabschnitt, dh meistens für den Kalendermonat. Erst nach Erbringung der Arbeitsleistung und Ablauf des Vergütungszeitabschnitts wird das Entgelt fällig. Eine spätere Fälligkeit kann vereinbart werden, beim **Mindestlohn aber gem § 2 Abs 1 Nr 2 MiLoG maximal auf den letzten Bankarbeitstag des Monats, der auf den Monat folgt, in dem die Arbeitsleistung erbracht wurde.**

Ein originärer gesetzlicher Anspruch auf einen Vorschuss, also die Zahlung der Arbeitsvergütung vor Fälligkeit, besteht nicht. Dies unterscheidet den Vorschuss von der Abschlagszahlung. Diese kann nach Fälligkeit der Vergütung, idR nach Ablauf des Kalendermonats, verlangt werden. Der Anspruch auf eine Abschlagszahlung folgt aus der Entgeltzahlungspflicht bei Fälligkeit gem § 611 BGB. Ausnahmsweise kann auch auf Vorschüsse ein Anspruch aus der Fürsorgepflicht des ArbGeb entstehen, wenn der ArbN in eine anders nicht behebbare finanzielle Notlage geraten ist. Darüber hinaus können Tarifverträge oder Betriebsvereinbarungen Vorschussansprüche vorsehen.

3 Eine Vorschusszahlung muss **ausdrücklich** als solche gekennzeichnet sein. Dem Empfänger gegenüber muss klargestellt sein, dass es sich nicht um eine **endgültige, sondern um eine vorschussweise Zahlung** handelt. Denn ein Vorschuss setzt voraus, dass sich beide Vertragsparteien darüber einig sind, dass es sich um eine vorschussweise Zahlung handelt, die bei Fälligkeit der Forderung verrechnet wird (BAG 12.12.12 – 5 AZR 93/12, AP Nr 129 zu § 615 BGB).

4 Die Belastung mit **Minusstunden auf einem Arbeitszeitkonto** setzt voraus, dass der ArbGeb diese Stunden entlohnt hat und der ArbN zur Nachleistung verpflichtet ist, weil er die in Minusstunden ausgedrückte Arbeitszeit vorschussweise vergütet erhalten hat (BAG 26.1.11 – 5 AZR 819/09, NJW 11, 1693).

5 **3. Abzug von der verdienten Vergütung.** Bei der Abrechnung der verdienten Vergütung für einen konkreten Vergütungszeitraum sind die in diesem Vergütungszeitraum geleisteten Vorschüsse in Abzug zu bringen. Der Vorschuss ist eine **vorweggenommene Vergütungserfüllung.** Deshalb bedarf es zur Verrechnung **keiner Aufrechnung** und keiner Aufrechnungserklärung nach §§ 387, 388 BGB. Dies hat weiter zur Konsequenz, dass § 394 BGB keine Anwendung findet, die Verrechnung also **ohne Rücksicht auf die Pfändungsgrenzen** möglich ist. Dies findet seine Rechtfertigung darin, dass das Existenzminimum für den laufenden Lebensunterhalt in dem Vergütungsmonat durch den Vorschuss bereits mit abgesichert ist, so dass der ArbN nicht verlangen kann, am Monatsende ohne Rücksicht auf den bereits erhaltenen Vorschuss das unpfändbare Existenzminimum ausgezahlt zu bekommen. Freilich gilt dies nur für die **konkret für diese Vergütungsperiode geleisteten Vorschüsse. Bei späterer Verrechnung von in früheren Vergütungszeiträumen geleisteten Vorschüssen sind die Pfändungsfreigrenzen zu beachten.**

Eine **tarifliche Vorschussverrechnungsregelung** in Gestalt einer **Vorschussfiktion** kann festlegen, dass überzahlte Krankenbezüge, die durch die rückwirkende Gewährung einer gesetzlichen Rente entstehen, als Vorschuss auf die Bezüge aus der Rentenversicherung gelten, damit ein **Doppelbezug von Entgeltfortzahlung und Rente vermieden** wird (BAG 11.10.06 – 5 AZR 755/05, DB 07, 1313). Eine solche **Vorschussfiktion** ist auch **bei überzahltem Krankengeldzuschuss nach rückwirkender Bewilligung einer Rente wegen Erwerbsminderung zulässig** (BAG 12.5.16 – 6 AZR 365/15, MDR 16, 1096).

6 Wird nach Vorschusszahlung ein Pfändungs- und Überweisungsbeschluss eines Gläubigers zugestellt, werden die Lohnvorschüsse und noch nicht abgerechnete Lohnabschlagszahlungen auf den **pfändungsfreien Betrag angerechnet.** Dies bedeutet, dass von dem sich aus § 850c ZPO ergebenden pfändungsfreien Betrag (→ *Pfändung* Rn 20 ff) zunächst Entgelt-

vorschüsse und -abschlagszahlungen abgezogen werden müssen. Soweit eine Differenz verbleibt, wird diese von der Entgeltpfändung nicht erfasst. Der pfändbare Teil der Vergütung ist an den Pfändungsgläubiger auszuzahlen. In gleicher Weise ist zu verfahren, wenn nach Vorschuss- bzw Lohnabschlagszahlung eine zeitlich früher erfolgte **Entgeltabtretung** angezeigt wird. Nach Lohnpfändung sowie nach Kenntnis von einer Entgeltabtretung empfiehlt es sich, Vorschüsse und Abschlagszahlungen nur noch in Höhe des voraussichtlich **unpfändbaren Teils** der Vergütung zu leisten. Denn in Höhe des **pfändbaren** Teils der Vergütung geht der Vergütungsanspruch bei Fälligkeit auf den Pfändungs- bzw Abtretungsgläubiger über; der ArbGeb kann insoweit nicht mit befreiender Wirkung an den ArbN leisten, er kann folglich Vorschüsse und Abschlagszahlungen nicht mit dem **pfändbaren Teil** der Vergütungsansprüche verrechnen.

**4. Rückzahlung von nicht verdienten Vorschüssen.** Vorschüsse und Abschlagszahlungen, die von dem später abgerechneten Arbeitsverdienst nicht gedeckt sind, muss der ArbN zurückzahlen (zu Provisionsvorschüssen → *Provision* Rn 28–30). 7

**a) Anspruchsgrundlage.** Die Rückzahlungsverpflichtung folgt primär aus der Vorschussvereinbarung selbst (BAG NZA 21.1.15 – 10 AZR 84/14, NZA 15, 875). Diese beinhaltet, dass der vorschussweise Betrag mit dem Arbeitsverdienst verrechnet und ein etwaiger zulasten des ArbN verbleibender Saldo von diesem ausgeglichen wird. Eine solche Vorschussvereinbarung kann ohne weiteres angenommen werden, wenn sich die Parteien über die **vorschussweise** Gewährung einer Zahlung einig waren, auch in Form einer konkludenten Einigung. Dies wiederum setzt die Kenntnis des Empfängers von dem Vorschusscharakter der Zahlung voraus (→ Rn 3). Die Vorschussrückzahlungsverpflichtung kann sich auch aus einem Tarifvertrag ergeben (BAG 12.5.16 – 6 AZR 365/15, MDR 16, 1096). 8

Aus solchen vertraglichen oder tarifvertraglichen Anspruchsgrundlagen folgt, dass die **Entreicherungsvorschrift des § 818 Absatz 3 BGB nicht anwendbar ist.** Werden Vorschüsse regelmäßig in weit höherem Umfang, als Arbeitslohn zu erwarten ist, gezahlt, um den ArbN am **Stellenwechsel zu hindern,** liegt hierin eine unter dem Blickwinkel des Art 12 GG **unzulässige Kündigungserschwerung,** die den ArbN zur Leistungsverweigerung berechtigen kann.

Der Anspruch auf Rückzahlung von nicht verdienten Vorschüssen und Abschlagszahlungen unterliegt den für das Arbeitsverhältnis jeweils geltenden Ausschlussfristen, soweit solche tarifvertraglich, durch Betriebsvereinbarung oder Arbeitsvertrag gelten, und der Verjährung (drei Jahre gem § 195 BGB). 9

**b) Abrechnung, Darlegungs- und Beweislast.** Vorschüsse sind in der Entgeltabrechnung gem § 108 Abs 1 GewO abzurechnen. Will ein ArbGeb einem Vergütungsanspruch entgegenhalten, dieser sei durch Vorschüsse ganz oder teilweise erfüllt, so muss er die Vorschusszahlung beweisen, denn es handelt sich um den **Einwand vorweggenommener Erfüllung.** Verlangt ein ArbGeb einen Vorschuss zurück, weil dieser nicht verdient worden sei, muss er darlegen und beweisen, dass die **Zahlung als Vorschuss** gewährt worden ist. Er muss ferner darlegen und beweisen, dass der Vorschuss nicht verdient worden ist. 10

## B. Lohnsteuerrecht *Seidel*

**Arbeitslohn** ist grds bei jeder Lohnzahlung zu versteuern (§ 38 Abs 3 EStG), unabhängig davon, ob der Arbeitslohn bereits verdient ist. Deshalb sind auch Vorschüsse auf den Arbeitslohn für später erbrachte Arbeitsleistungen bereits im Zeitpunkt der Auszahlung zu versteuern (*HMW*/Vorauszahlung von Arbeitslohn Rz 1). Vorauszahlungen von Arbeitslohn sind in drei Formen denkbar: Abschlagszahlungen, Vorschüsse und Darlehen. Zur steuerlichen Behandlung der Rückzahlung nicht verdienter Vorschüsse (→ Rn 7) → *Entgeltrückzahlung* Rn 17 ff. 11

**1. Abschlagszahlungen** sind Lohnzahlungen in ungefährer Höhe für den üblichen Lohnzahlungszeitraum. Nach § 39b Abs 5 EStG braucht der ArbGeb die LSt erst bei der Lohnabrechnung einbehalten, wenn er mit kurzen Lohnzahlungszeiträumen (Tag, Woche) arbeitet, die Lohnabrechnung aber für einen längeren Zeitraum (Monat) vornimmt. Voraussetzung ist, dass der Lohnabrechnungszeitraum fünf Wochen nicht übersteigt und die Ab- 12 rechnung innerhalb von drei Wochen nach Ablauf dieses Zeitraums erfolgt. Der Entstehungszeitpunkt der LSt ändert sich dadurch nicht (→ *Lohnzufluss* Rn 5; LStR 39b.5 Abs 5).

13 Stimmen Lohnzahlungszeitraum und Lohnabrechnungszeitraum zusammen, fallen die Abschlagszahlungen nicht unter die Regelung des § 39b Abs 5 EStG, so wenn der ArbGeb zB am 20. des Monats (bei monatlichem Lohnzahlungszeitraum) eine Abschlagszahlung auszahlt, den Rest aber zu Beginn des Folgemonats und dabei für den Vormonat abrechnet (*Schmidt/Krüger* § 39b Rz 22). Wird die Lohnabrechnung für den letzten Abrechnungszeitraum des abgelaufenen Kj erst im nachfolgenden Kj, aber innerhalb von drei Wochen vorgenommen, so handelt es sich um Arbeitslohn und einbehaltene LSt dieses Lohnabrechnungszeitraums. Arbeitslohn und LSt sind deshalb im Lohnkonto (→ *Lohnkonto* Rn 2 ff) und in der LStBescheinigung des abgelaufenen Kj zu erfassen, während die einbehaltene LSt für die Anmeldung und Abführung als LSt des Kalendermonats bzw Kj zu erfassen ist, in dem die Abrechnung tatsächlich vorgenommen wird (LStR 39b.5 Abs 5 Sätze 3 und 4).

14 **Beispiel:** Auf den Arbeitslohn für Dezember werden Abschlagszahlungen geleistet. Die Lohnabrechnung erfolgt am 15. Januar. Die dann einzubehaltende LSt ist spätestens am 10. Februar als LSt des Monats Januar anzumelden und abzuführen. Sie gehört aber zum Arbeitslohn des abgelaufenen Kj und ist in die LStBescheinigung für das abgelaufene Kj aufzunehmen.

15 Endet der verlängerte Lohnabrechnungszeitraum allerdings erst im folgenden Kj, zB am 10. Januar, so ist der Arbeitslohn dem folgenden Kj zuzuordnen (§ 38a Abs 1 Satz 2 EStG). Das BetriebsstättenFA kann anordnen, dass die LSt von den Abschlagszahlungen einzubehalten ist, wenn die Erhebung der LSt sonst nicht gewährleistet ist (§ 39b Abs 5 Satz 3 EStG). Die Regelung für Abschlagszahlungen gilt nicht für sonstige Bezüge (*Schmidt/Krüger* § 39b Rz 22).

16 **2. Vorschüsse** sind Zahlungen von Arbeitslohn, auf den erst in Zukunft ein Anspruch des ArbN besteht. Bei kleineren, bald zu verrechnenden Beträgen wird nicht beanstandet, wenn die LSt erst bei der Verrechnung des Vorschusses einbehalten und abgeführt wird. Werden dagegen größere Beträge im Voraus geleistet, so ist die LSt bei der Zahlung einzubehalten (*Schmidt/Krüger* § 39b Rz 22).

17 **a) Laufenden Arbeitslohn** stellen nach LStR 39b.2 Abs 1 Nr 6 Vorauszahlungen dar, die sich ausschließlich auf Lohnzahlungszeiträume beziehen, die im Kj der Zahlung enden. Die Vorauszahlung ist dann für die Berechnung der LSt den Lohnzahlungszeiträumen zuzurechnen, für die sie geleistet wird (LStR 39b.5 Abs 4). Erhält daher ein ArbN mit dem Aprilgehalt auch die Gehälter für die drei Folgemonate, so ist die LSt nach der Monatstabelle für die einzelnen Monate zu errechnen und von der Gesamtzahlung im April einzubehalten (*HMW*/Vorauszahlung von Arbeitslohn Rz 2/1). LStR 39b.5 Abs 4 Satz 2 lässt auch zu, dass die Vorauszahlungen als sonstige Bezüge behandelt werden, wenn nicht der ArbN eine Besteuerung als laufender Arbeitslohn verlangt, wobei eine Pauschalierung nach § 40 Abs 1 Satz 1 Nr 1 EStG (→ *Lohnsteuerpauschalierung* Rn 15–18) nicht zulässig ist.

18 **b) Sonstige Bezüge** stellen Vorauszahlungen dar, die sich insgesamt oder teilweise auf Lohnzahlungszeiträume beziehen, die in einem anderen Kj als dem der Zahlung enden (LStR 39b.2 Abs 2 Nr 8; → *Sonstige Bezüge* Rn 2 ff). Wird also mit dem Novembergehalt auch das Gehalt für die folgenden drei Monate ausbezahlt, so ist auch das Dezembergehalt als sonstiger Bezug zu behandeln. Dabei gehören auch die Vorauszahlungen für Lohnzahlungszeiträume des späteren Kj zum Jahresarbeitslohn des Kj, in dem sie tatsächlich geleistet wurden (*HMW*/Vorauszahlung von Arbeitslohn Rz 3). Entsprechendes gilt, wenn der Arbeitslohn für Lohnzahlungszeiträume des abgelaufenen Kj später als drei Wochen nach Ablauf des Jahres zufließt.

19 **c)** Bei **Vorauszahlungen für mehrere Jahre** kann eine Tarifbegünstigung gem § 34 Abs 1 iVm Abs 2 Nr 4 EStG in Betracht kommen (BFH 17.7.70, BStBl II 70, 683; → *Außerordentliche Einkünfte* Rn 17 ff).

20 **3. Darlehen** liegen bei Vorauszahlungen des ArbGeb dann vor, wenn entsprechende Vereinbarungen getroffen werden. Bei späterer Verrechnung der Tilgungs- oder Zinsbeträge mit Arbeitslohn ist die LSt vom ungekürzten Arbeitslohn einzubehalten (*Schmidt/Krüger* § 39b Rz 22).

## C. Sozialversicherungsrecht

*Voelzke*

**1. Allgemeines.** Vorschusszahlungen können in den für das SozVRecht bedeutsamen Rechtsverhältnissen in sehr unterschiedlicher Weise Bedeutung gewinnen. Im Verhältnis von ArbN zu ArbGeb ist von Bedeutung, in welcher Weise der dem ArbN gezahlte Lohnvorschuss der Beitragspflicht unterliegt. Im Verhältnis von ArbGeb zur Einzugstelle kann fraglich sein, ob gegen den ArbGeb ein Anspruch auf einen Vorschuss auf den GesamtSozVBeitrag besteht. Schließlich ist im Verhältnis von Leistungsempfänger und SozVTräger zu erörtern, unter welchen Voraussetzungen ein Vorschuss auf Sozialleistungen beansprucht werden kann. 21

**2. Arbeitsentgelt.** Leistet der ArbGeb Vorschüsse auf später geschuldetes Arbeitsentgelt, sind von den Vorschüssen keine Beiträge zu erheben, da das Lohnzuflussprinzip im Beitragsrecht für das laufende Arbeitsentgelt keine Geltung beansprucht (→ *Lohnzufluss* Rn 19 ff). Erst wenn der Vorschuss mit dem erzielten Lohn oder Gehalt verrechnet wird, ist der Beitragsberechnung das volle Arbeitsentgelt zugrunde zu legen. 22

**3. Beitragsvorschuss.** Durch § 28e Abs 5 SGB IV werden die Einzugstellen ermächtigt, durch Satzung zu bestimmen, unter welchen Voraussetzungen vom ArbGeb Vorschüsse auf den GesamtSozVBeitrag verlangt werden können. Der Vorschuss umfasst neben den Beiträgen zur KV auch die Beiträge zur RV, PflegeV und zur BA (§ 28d SGB IV). Die Vorschrift soll die SozVTräger davor schützen, bei erkennbar finanzschwachen ArbGeb Beitragsausfälle zu erleiden. Entsprechend diesem Gesetzeszweck sind geleistete Vorschüsse nicht auf fällig gewordene Beiträge zu verrechnen, sondern bleiben bestehen (KassKomm/*Wehrhahn* § 28e SGB IV Rz 41; *Schlegel/Voelzke/Werner* SGB IV § 28e Rz 122). Vorschüsse dürfen von ArbGeb nicht generell erhoben werden, sondern nur bei Vorliegen besonderer Voraussetzungen, die einen Hinweis auf die mangelnde Liquidität oder die Unzuverlässigkeit des ArbGeb geben. Die Höhe des Vorschusses bestimmt die Einzugsstelle nach ihrem pflichtgemäßen Ermessen. 23

Der UVTräger kann gem § 164 Abs 1 SGB VII zur Sicherung des Beitragsaufkommens Vorschüsse bis zur Höhe des voraussichtlichen Jahresbedarfs erheben. **In der Unfallversicherung** dienen Vorschüsse auf Beiträge wegen des Systems der nachträglichen Bedarfsdeckung der Bestreitung der laufenden Ausgaben. Wegen dieser andersartigen Zielsetzung der Vorschusserhebung wird der Vorschuss bei Beitragsfälligkeit verrechnet, soweit nicht wiederum eine Vorschusszahlung mit Verwaltungsakt des UVTrägers angefordert wird. 24

**4. Leistungen** der SozV können gem § 42 SGB I vorschussweise gezahlt werden, wenn ein fälliger Anspruch dem Grunde nach besteht, jedoch zur Feststellung seiner Höhe noch voraussichtlich längere Zeit erforderlich ist. Die Vorschrift betrifft nur **Geldleistungen;** Vorschüsse auf Dienst- oder Sachleistungen sind nicht vorgesehen. § 42 SGB I greift nicht ein, wenn fraglich ist, ob der Leistungsanspruch dem Grunde nach besteht (zu Ausnahmen *Schlegel/Voelzke/Groth* SGB I § 42 Rz 28). Der Anspruch auf Vorschussgewährung entsteht spätestens nach Ablauf eines Kalendermonats nach Eingang des Antrags. Leistungen, die den Lebensunterhalt sicherstellen sollen, müssen eher bevorschusst werden, als Leistungen, die nur einen Teilausfall ausgleichen sollen. Aus der vorläufigen Natur der Vorschusszahlung ergibt sich, dass die Vorschussgewährung keine Bindungswirkung für die endgültige Entscheidung über die Voraussetzungen der Leistungsgewährung entfaltet (§ 40 Abs 2 SGB I). Die Rückabwicklung richtet sich auch dann nach § 42 Abs 2 SGB I, wenn nachträglich festgestellt wird, dass ein Anspruch auf endgültige Geldleistungen nicht besteht (BSG 26.6.07 – B 2 U 5/06 R, NZA 07, 1270). Einer Aufhebung des Vorschussbescheides unter Gewährung von Vertrauensschutz nach § 45 SGB X bedarf es nicht (BSG 1.7.10 – B 11 AL 19/09 R, NZS 11, 598). 25

Die **Entscheidung** über die Vorschussgewährung steht im Ermessen des Leistungsträgers, bei Vorliegen eines Antrages handelt es sich um eine gebundene Entscheidung. Die Höhe des Vorschusses sollte vom Leistungsträger so bestimmt werden, dass eine zusätzliche Inanspruchnahme subsidiärer Sozialleistungen unterbleiben kann (*Spiolek* BB 97, 1203). Vorschüsse sind auf die zustehende Leistung anzurechnen. Übersteigt die Vorschusszahlung den Leistungsumfang, so steht dem Leistungsträger ein Erstattungsanspruch nach § 42 Abs 2 SGB I zu. 26

27 Von der Vorschussgewährung zu unterscheiden ist der Anspruch auf Gewährung **vorläufiger Leistungen** (§ 43 SGB I). Ein derartiger Anspruch wird gegen den zuerst angegangenen Leistungsträger begründet, wenn sich Sozialleistungsträger nicht über die Zuständigkeit einigen können. Die Regelung ist auf Ermessensleistungen grundsätzlich nicht anwendbar (*Schlegel/Voelzke/Groth* SGB I, § 43 Rz 26).

28 Eine **vorläufige Entscheidung** über Leistungsansprüche ermöglicht für Leistungen des Arbeitsförderungsrechts die Vorschrift des § 328 SGB III. Die Regelung findet Anwendung, wenn Unsicherheit über die Rechtslage besteht, weil ein Verfahren vor dem BVerfG, dem EuGH oder dem BSG anhängig ist oder wenn zur Feststellung der Anspruchsvoraussetzungen längere Zeit erforderlich ist. Im letztgenannten Fall müssen die Anspruchsvoraussetzungen aber aktuell entstanden sein; die Vorschrift dient nicht dazu, erst in der Zukunft entstehende Leistungen vorzufinanzieren. In Abgrenzung zur Vorschussregelung des § 42 SGB I betrifft § 328 SGB III nur Fälle, in denen der Anspruch dem Grunde nach noch nicht feststeht, sondern nur hinreichend **wahrscheinlich** ist. Die Entscheidung über den Erlass der vorläufigen Entscheidung und über die Leistungshöhe steht im pflichtgemäßen Ermessen der BA (zur Ermessensreduzierung vgl *Düe* in Brand, SGB III, § 328 Rz 18). Wird mit der abschließenden Entscheidung eine Leistung nicht oder in geringerer Höhe zuerkannt, so ist sie ohne eine Prüfung des Vertrauensschutzes zu erstatten (§ 328 Abs 3 SGB III).

Für vorläufige Entscheidungen über Geld- und Sachleistungen der **Grundsicherung für Arbeitsuchende** gilt § 41a SGB II. Die Vorschrift ermöglicht den Trägern der Grundsicherung, Leistungen, auf die der Leistungsberechtigte kurzfristig angewiesen ist, ohne abschließende Prüfung der Rechtslage zu bewilligen (*Eicher/Luik/Kemper* SGB II § 41a Rz 1).

## Wahlanfechtung

### A. Arbeitsrecht

*Röller*

**1. Allgemeines.** § 19 BetrVG ermöglicht die Anfechtung rechtsfehlerhafter BRatWahlen, und zwar sowohl des gesamten BRat als auch die Wahl eines einzelnen oder einzelner BRatMitglieder. Die Vorschrift gilt gem § 63 Abs 2 Satz 2 BetrVG auch für die Anfechtung der JAV und gem § 177 Abs 6 Satz 2 SGB IX für die Wahl der Schwerbehindertenvertretung. Für die Anfechtung der Wahl der Bordvertretung und des SeeBRat gelten Sonderregelungen, §§ 115 Abs 2 Nr 9, 116 Abs 2 Nr 8 BetrVG. Von der nur im Wege der Anfechtung der BRatWahl möglichen Geltendmachung der Ungültigkeit der BRatWahl sind die Fälle der Nichtigkeit der BRatWahl und der Eingriffe in das laufende Wahlverfahren zu unterscheiden. 1

**2. Voraussetzungen der Anfechtung. a) Verstoß gegen wesentliche Vorschriften.** 2
Nicht jeder Verstoß gegen das Wahlrecht, die Wählbarkeit oder das Wahlverfahren berechtigt zur Anfechtung der BRatWahl. Diese ist nur dann begründet, wenn gegen wesentliche Vorschriften verstoßen wird, die tragende Grundprinzipien der BRatWahl enthalten. Zwingende Vorschriften stellen regelmäßig wesentliche Vorschriften iSd § 19 BetrVG dar (BAG 12.6.13 – 7 ABR 77/11, BeckRS 2013, 72735; 31.5.2000 – 7 ABR 78/98, DB 2000, 2482). Bloße Ordnungsvorschriften oder Sollbestimmungen rechtfertigen die Anfechtung der Wahl idR nicht (*Fitting* § 19 Rn 10; ErfK/*Koch* § 19 BetrVG Rn 1).

Vorschriften über das **Wahlrecht** sind die Bestimmungen über die Wahlberechtigung nach § 7 BetrVG. Versäumen ArbN rechtzeitig Einspruch gegen die Wählerliste nach § 4 WO beim Wahlvorstand einzulegen, ist die Möglichkeit der Wahlanfechtung nach § 19 BetrVG hierdurch nicht ausgeschlossen (LAG BaWü 16.7.15 – 18 TaBV 1/15, BeckRS 2015, 73144; LAG Hamm 30.6.15 – 7 TaBV 71/14, BeckRS 2015, 71051; offengelassen BAG 27.1.93 – 7 ABR 37/92, NZA 93, 949; aA *Fitting* § 19 Rn 14). Auch die Anfechtung des ArbGeb (BAG 11.3.75 – 1 ABR 77/74, DB 75, 1753) und der im Betrieb vertretenen Gewerkschaft (BAG 29.3.74 – 1 ABR 27/73, DB 74, 1342) hängen nicht davon ab, dass die wahlberechtigten ArbN Einspruch gegen die Wählerliste eingelegt haben.

**Beispiele** für eine begründete Anfechtung: Nichtzulassung von wahlberechtigten ArbN (BAG 15.8.12 – 7 ABR 34/11, BeckRS 2012, 75534; 10.11.04 – 7 ABR 6/04, DB 05, 837); Nichtzulassung von wahlberechtigten LeihArbN (BAG 13.3.13 – 7 ABR 69/11, NZA 13, 789); Zulassung von Nichtwahlberechtigten zur Wahl (BAG 12.2.92 – 7 ABR 42/91, DB 93, 1377); Zulassung von Beamten, die in Betrieben privatisierter Unternehmen tätig sind (BAG 28.3.01 – 7 ABR 21/00, DB 02, 221).

Die Vorschriften über die **Wählbarkeit** sind in § 8 BetrVG enthalten. 3

**Beispiele** für eine begründete Anfechtung: Nichtzulassung wählbarer ArbN (BAG 10.1.12 – 7 ABR 53/11, BeckRS 2013, 65451); Zulassung nicht wählbarer ArbN als Wahlkandidaten (BAG 13.6.07 – 7 ABR 44/06, NZA-RR 08, 19; 28.11.77 – 1 ABR 40/76, DB 78, 450); Zulassung von LeihArbN, die im Entleiherbetrieb nicht wählbar sind (BAG 17.2.10 – 7 ABR 51/08, NZA 10, 832); Nichtzulassung eines fristlos oder fristgerecht gekündigten ArbN, solange die Wirksamkeit der Kündigung nicht feststeht (BAG 10.11.04 – 7 ABR 12/04 DB 05, 1067; 14.5.97 – 7 ABR 26/96, DB 97, 2083; *Fitting* § 19 Rn 16).

Vorschriften über das **Wahlverfahren** enthalten die §§ 9–18 BetrVG und die Vorschriften der **Wahlordnung.** 4

**Beispiele** für eine begründete Anfechtung: Verkennung des Betriebsbegriffs (BAG 16.1.18 – 7 ABR 21/16, NZA 18, 675; 22.11.17 – 7 ABR 40/16, NZA 18, 724; 23.11.16 – 7 ABR 3/15, NZA 17, 1003; 13.3.13 – 7 ABR 70/11, NZA 13, 738); Fehlen oder nicht ordnungsgemäße Bekanntgabe des Wahlausschreibens (BAG 21.1.09 – 7 ABR 65/07, NZA-RR 09, 481; 5.5.04 – 7 ABR 44/03, DB 04, 1947); fehlerhaftes Wahlausschreiben (BAG 13.3.13 – 7 ABR 67/11, BeckRS 2013, 70483); Nichtvorliegen der Voraussetzungen für die Durchführung eines vereinfachten Wahlverfahrens nach § 14a BetrVG (BAG 19.11.03 – 7 ABR 23/03, NZA 04, 395); Wahl einer unrichtigen Anzahl von BRatMitgliedern (BAG 7.5.08 – 7 ABR 17/07, NZA 08, 1142); nachträgliche Änderungen und

Ergänzungen der Wählerliste (BAG 21.3.17 – 7 ABR 19/15, NZA 17, 1075); Erstellung der Wählerliste nicht getrennt nach Geschlechtern (BAG 19.11.03, NZA 04, 395); falsche Ermittlung der Zahl der Mindestsitze für das Geschlecht in der Minderheit (*Fitting* § 19 Rn 20) nicht ausreichende Unterrichtung ausländischer ArbN (BAG 13.10.04 – 7 ABR 5/04, DB 05, 675; keine ordnungsgemäße Überprüfung der Wahlvorschläge durch den Wahlvorstand (BAG 26.10.16 – 7 ABR 4/15, NZA-RR 17, 194; 25.5.05 – 7 ABR 39/04, NZA 06, 116); Verstoß gegen das Öffentlichkeitsgebot (BAG 10.7.13 – 7 ABR 83/11, BeckRS 2013, 72513); fehlerhafter gewerkschaftlicher Wahlvorschlag (BAG 15.5.13 – 7 ABR 40/11, NZA 13, 1095); gravierende Fehler bei der Bestellung des Wahlvorstands (BAG 27.7.11 – 7 ABR 61/10, NZA 12, 345); mehr Stimmzettel als Stimmabgaben (BAG 12.6.13, BeckRS 2013, 72735); nicht fristgerechte Einreichung von Wahlvorschlägen (BAG 16.1.18 – 7 ABR 11/16, NZA 18, 797); weitere Beispiele bei *Fitting* § 19 Rn 22; ErfK/*Koch* § 19 BetrVG Rn 4.

5 **b) Keine rechtzeitige Korrektur und Beeinflussung des Wahlergebnisses.** Der Verstoß gegen wesentliche Vorschriften rechtfertigt die Anfechtung nur dann, wenn er nicht rechtzeitig korrigiert wurde. Grds sind alle Wahlfehler reparabel. Rechtzeitig ist die Berichtigung dann, wenn die Wahl danach noch ordnungsgemäß ablaufen kann (BAG 19.9.85 – 6 ABR 4/85, DB 86, 864; *Fitting* § 19 Rn 23; GK-BetrVG/*Kreutz* § 19 Rn 34). Auch nach Bekanntgabe des Wahlergebnisses kann dieses durch den Wahlvorstand oder den BRat noch berichtigt werden, zB bei Rechenfehlern (*Fitting* § 19 Rn 27 f; GK-BetrVG/*Kreutz* § 19 Rn 38). Nach § 19 Abs 1 letzter Halbsatz BetrVG berechtigen Verstöße gegen wesentliche Wahlvorschriften nur dann nicht zur Anfechtung der Wahl, wenn die Verstöße das Wahlergebnis objektiv weder ändern noch beeinflussen konnten. Entscheidend ist, ob bei einer hypothetischen Betrachtungsweise eine Wahl ohne den Verstoß unter Berücksichtigung der konkreten Umstände zwingend zu demselben Wahlergebnis geführt hätte (BAG 21.3.17 – 7 ABR 19/15, NZA 17, 1075; 12.6.13, BeckRS 2013, 72735; 5.5.04, DB 04, 1947). Die Anfechtung ist deshalb nicht begründet, wenn Nicht-Wahlberechtigte mitgewählt haben, das Wahlergebnis aber bei Streichung ihrer Stimmen nicht anders aussehen würde (BAG 14.9.88 – 7 ABR 93/87, DB 89, 50) oder sich ein Wahlverstoß lediglich auf die Reihenfolge der Ersatzmitglieder auswirkt (BAG 21.2.01 – 7 ABR 41/99, DB 02, 154). Fehler bei der Bestellung des Wahlvorstandes lassen nicht ohne Weiteres den Schluss zu, dass hierdurch das Wahlergebnis nicht geändert oder beeinflusst werden konnte (BAG 31.5.2000 – 7 ABR 78/98, NZA 2000, 1350; aA *Fitting* § 19 Rn 25; GK-BetrVG/*Kreutz* § 19 Rn 48). Lässt sich der Sachverhalt nicht eindeutig dahingehend aufklären, dass der Verstoß keinen Einfluss auf das Wahlergebnis gehabt hat, so ist von einer Beeinflussung des Wahlergebnisses durch den Verstoß auszugehen (BAG 18.7.12 – 7 ABR 21/11, BeckRS 2012, 74488; GK-BetrVG/*Kreutz* § 19 Rn 42).

Stellt sich die Möglichkeit der Berichtigung des Wahlergebnisses erst im Anfechtungsverfahren heraus, hat das ArbG das Wahlergebnis in dem Beschluss zu korrigieren (GK-BetrVG/*Kreutz* § 19 Rn 119; *Fitting* § 19 Rn 28).

6 **c) Anfechtungsberechtigung.** Mindestens **drei wahlberechtigte Arbeitnehmer** müssen die BRatWahl anfechten. Maßgebend für die Feststellung der Anfechtungsberechtigung ist der Tag der Wahl, nicht der Tag der Antragstellung beim ArbG. Der nachträgliche Wegfall der Wahlberechtigung hat keinen Einfluss auf die Anfechtungsbefugnis. Nur wenn sämtliche die Wahl anfechtenden ArbN aus dem Betrieb ausscheiden, führt dies zur Unzulässigkeit des Antrags (BAG 20.2.19 – 7 ABR 40/17, NZA 19, 1147; 23.7.14 – 7 ABR 23/12, NZA 14, 1288). Jeder anfechtende ArbN kann ohne Zustimmung der anderen Beteiligten in der 1. Instanz seinen Antrag zurücknehmen (BAG 12.2.85 – 1 ABR 11/84, DB 85, 1799). Anfechtungsberechtigt ist des Weiteren jede im Betrieb vertretene **Gewerkschaft.** Die Vertretung im Betrieb muss während des gesamten Verfahrens gegeben sein (BAG 21.11.75 – 1 ABR 12/75, NJW 76, 1165). Schließlich ist der **Arbeitgeber,** in dessen Betrieb die BRatWahl durchgeführt worden ist, anfechtungsberechtigt. Ein besonderes rechtliches Interesse braucht er nicht nachzuweisen. In Gemeinschaftsbetrieben sind nur alle beteiligten ArbGeb gemeinsam anfechtungsberechtigt (LAG Dü 12.1.16 – 10 TaBV 88/14, BeckRS 2016, 71048; ErfK/*Koch* § 19 BetrVG Rn 11; *Fitting* § 19 Rn 32). **Kein Anfechtungsrecht** haben der **einzelne Arbeitnehmer,** auch wenn er bei ordnungsgemäßer Durchführung der Wahl gewählt worden wäre (BAG 12.2.85, DB 85, 1799), der **Betriebsrat** oder der **Wahlvorstand** als Organe (BAG 14.11.75 – 1 ABR 61/75, DB 76, 300). Ihre

Mitglieder können jedoch als wahlberechtigte ArbN die Anfechtung betreiben (LAG Brandenburg NZA-RR 99, 418).

Höchstrichterlich nicht geklärt ist bislang die Frage, ob bei einer unzulässigen nachträglichen Änderung oder Ergänzung der Wählerliste der Anfechtungsbefugnis entgegensteht, dass die Anfechtenden keinen Einspruch gegen die Wählerliste eingelegt haben (BAG 21.3.17 – 7 ABR 19/15, NZA 17, 1075).

**d) Anfechtungsfrist.** Die Wahl des BRat kann nur innerhalb einer Frist von **zwei Wochen nach Bekanntgabe des Wahlergebnisses** nach § 18 WO angefochten werden. Die Frist berechnet sich nach den §§ 187 ff BGB. Die Frist endet nach § 188 Abs 2 BGB mit Ablauf des Wochentags, der dem Tag entspricht, an dem das Wahlergebnis zwei Wochen zuvor ausgehängt worden ist. Der Antrag muss einschließlich Begründung spätestens am letzten Tag der Frist beim ArbG eingegangen sein. Nach Ablauf der Frist erlischt das Anfechtungsrecht. Die Wahl wird unanfechtbar, auch wenn das Wahlverfahren an wesentlichen Mängeln gelitten hat. Eine Verlängerung der Frist ist ebenso wenig möglich wie eine Wiedereinsetzung in den vorherigen Stand (*Fitting* § 19 Rn 36; ErfK/*Koch* § 19 BetrVG Rn 9). Innerhalb der Frist muss von dem(n) Anfechtenden eine hinreichende Begründung vorgebracht werden. Erforderlich und ausreichend ist, wenn ein betriebsverfassungsrechtlich erheblicher Grund vorgetragen wird, der möglicherweise die Anfechtung rechtfertigt (BAG 21.3.17 – 7 ABR 19/15, NZA 17, 1075). Ist dies der Fall können weitere Anfechtungsgründe nachgeschoben werden (BAG 21.3.17 – 7 ABR 19/15, NZA 17, 1075). Das ArbG muss, wenn weitere Anfechtungsgründe im Laufe des Verfahrens sichtbar werden, diesen vAw nachgehen (BAG 3.6.69 – 1 ABR 3/69, DB 69, 1707; GK-BetrVG/*Kreutz* § 19 Rn 106). Nach Ablauf der Anfechtungsfrist kann weder eine im Betrieb vertretene Gewerkschaft noch ein anderer Anfechtungsberechtigter dem Verfahren als Antragsteller beitreten und nach Ausscheides eines der drei antragstellenden ArbN das Verfahren fortsetzen (BAG 12.2.85 – 1 ABR 11/84, NZA 85, 786). 7

Nach Ablauf der Anfechtungsfrist gem § 19 BetrVG kann der Mangel der Wählbarkeit eines einzelnen BRatMitglieds gem § 24 Nr 6 BetrVG festgestellt werden. Die Feststellung erfolgt durch richterliche Entscheidung im arbeitsgerichtlichen Beschlussverfahren. Anfechtungsberechtigt sind nur die nach § 19 Abs 2 BetrVG Anfechtungsberechtigten. Der Antrag ist an keine Frist gebunden. Er ist gegen das auszuschließende BRatMitglied zu richten. Die **nachträgliche Feststellung der Nichtwählbarkeit** im Zeitpunkt der Wahl führt dann nicht zum Verlust der Mitgliedschaft im BRat, wenn der Mangel inzwischen nicht mehr vorliegt. War zB das gewählte BRatMitglied im Zeitpunkt der Wahl noch nicht 18 Jahre alt oder noch keine 6 Monate im Betrieb beschäftigt, fehlt ihm die Wählbarkeit. Dieser Mangel wird aber geheilt, wenn der Gewählte das Mindestalter oder die Mindestbeschäftigungszeit erreicht, ohne dass seine Wahl angefochten oder die Nichtwählbarkeit rechtskräftig festgestellt wurde (BAG 7.7.54 – 1 ABR 6/54, AP Nr 1 zu § 24 BetrVG). Die Mitgliedschaft im BRat erlischt kraft Gesetzes mit Rechtskraft des arbeitsgerichtlichen Beschlusses für die Zukunft. 8

**3. Folgen der Anfechtung.** Mit der rechtskräftigen Entscheidung steht die Gültigkeit oder Ungültigkeit der BRatWahl fest. Die erfolgreiche Anfechtung der Wahl hat (im Gegensatz zu deren Nichtigkeit) **keine rückwirkende Kraft,** sondern wirkt nur für die Zukunft (BAG 9.6.11 – 6 AZR 132/10, BeckRS 2011, 74719; 13.3.91 – 7 ABR 5/90, DB 91, 2495). Damit bleiben alle bis zur rechtskräftigen Entscheidung vom BRat vorgenommenen Rechtshandlungen, einschließlich abgeschlossener Betriebsvereinbarungen, gültig (*Fitting* § 19 Rn 50; GK-BetrVG/*Kreutz* § 19 Rn 116). Aus §§ 22, 13 Abs 2 Nr 4 BetrVG folgt, dass der BRat nicht mehr die Geschäfte bis zur Neuwahl führt (GK-BetrVG/*Kreutz* § 19 Rn 124). Die Wahl des BRat muss bei erfolgreicher Anfechtung wiederholt werden. Hierzu ist die Bestellung eines neuen Wahlvorstandes erforderlich. Der BRat, dessen Wahl erfolgreich angefochten worden ist, kann den Wahlvorstand nicht bestellen, auch nicht nach Verkündung des Beschlusses, jedoch vor Ablauf der Rechtsmittelfrist (LAG Köln 2.8.11 – 12 TaBV 12/11, NZA-RR 12, 23; GK-BetrVG/*Kreutz* § 19 Rn 125; ErfK/*Koch* § 19 BetrVG Rn 7; aA *Fitting* § 19 Rn 45; DKK/*Schneider* § 19 Rn 35). Der für die Neuwahl erforderliche Wahlvorstand muss daher vom GBRat, KBRat oder von der Betriebsversammlung nach § 17 BetrVG gewählt werden. Tritt der BRat im Laufe des Wahlanfechtungs- 9 verfahrens zurück, führt er die Geschäfte nach § 22 BetrVG weiter und muss unverzüglich den Wahlvorstand bestellen (*Fitting* § 19 Rn 9; ErfK/*Koch* § 19 BetrVG Rn 7). Bei der erfolgreichen Anfechtung der Wahl einzelner BRatMitglieder treten mit Rechtskraft der Entscheidung nach § 25 BetrVG die Ersatzmitglieder an ihre Stelle. Eine Neuwahl scheidet deshalb aus (GK-BetrVG/*Kreutz* § 19 Rn 130; ErfK/*Koch* § 19 BetrVG Rn 7). Bis zur Rechtskraft des der Anfechtung stattgebenden Beschlusses behalten die BRatMitglieder den besonderen Kündigungsschutz der §§ 15 Abs 1 KSchG, 103 BetrVG. Dieser entfällt jedoch mit Rechtskraft des Beschlusses ebenso wie der nachwirkende Kündigungsschutz nach § 15 Abs 3 KSchG (*Fitting* § 19 Rn 50).

10 **4. Verfahren.** Die Entscheidung über die Wahlanfechtung erfolgt im **arbeitsgerichtlichen Beschlussverfahren** (§§ 2a, 80 ff ArbGG). Neben dem Antragsteller sind nach § 83 Abs 3 BetrVG BRat und ArbGeb zu beteiligen. **Antragsgegner** ist grds der **Betriebsrat.** Der Wahlvorstand ist hingegen nicht Beteiligter (BAG 25.4.06 – 7 ABR 40/05, NZA 06, 1241 LS). Anfechtungsgegner können aber **auch einzelne Betriebsratmitglieder** sein, wenn lediglich deren Wahl angefochten wurde. Wird die Anfechtung darauf gestützt, dass die in einem Hauptbetrieb und einem unselbstständigen Betriebsteil durchgeführten Wahlen unwirksam sind, weil ein gemeinsamer BRat hätte gewählt werden müssen, ist die Wahl beider BRäte anzufechten (BAG 7.12.88 – 7 ABR 10/88, DB 89, 1525). Wird eine Wahlanfechtung darauf gestützt, dass unter Verkennung des Betriebsbegriffs in einem Gemeinschaftsbetrieb ein weiterer BRat für einen unselbstständigen Betriebsteil gewählt worden ist, muss eine nachfolgende BRatWahl im Gemeinschaftsbetrieb ebenfalls angefochten werden (BAG 31.5.2000, DB 00, 2482). Die im Betrieb vertretenen Gewerkschaften sind nicht vAw am Verfahren zu beteiligen, wenn sie von ihrem Anfechtungsrecht keinen Gebrauch gemacht haben (BAG 19.9.85). Das Rechtsschutzinteresse für das Anfechtungsverfahren entfällt mit Ablauf der Amtszeit des BRats, dessen Wahl angefochten wird (BAG 19.12.18 – 7 ABR 79/16, NZA 19, 940; 9.9.15 – 7 ABR 47/13, BeckRS 2016, 65020) sowie bei Durchführung einer Neuwahl mit Bekanntgabe des Wahlergebnisses (BAG 15.2.12 – 7 ABN 59/11, BeckRS 2012, 67380).

11 Die **Streitwertfestsetzung** für ein Wahlanfechtungsverfahren erfolgt als Ermessensentscheidung nach § 23 RVG. Neben den individuellen Besonderheiten des Verfahrens ist die Größe des aufzulösenden BRats zu berücksichtigen. In der Praxis wird eine Staffelung entsprechend § 9 BetrVG nach der Zahl der BRatMitglieder durchgeführt (Übersicht bei BeckOK/Mayer Betriebsratswahl (Anfechtung) Streitwert).

12 **5. Nichtigkeit der Betriebsratswahl.** Ausnahmsweise ist eine BRatWahl dann nichtig, wenn gegen wesentliche Grundsätze der Wahl in so hohem Maße verstoßen worden ist, dass nicht einmal mehr der Anschein einer dem Gesetz entsprechenden Wahl vorliegt (BAG 19.11.03, NZA 04, 395). Es muss ein sowohl offensichtlicher als auch ein besonders grober Verstoß gegen Wahlvorschriften vorliegen. Dieses Kriterium sieht das BAG dann als erfüllt an, wenn die Wahl den Stempel der Nichtigkeit auf der Stirn trägt (BAG 7.12.88, DB 89, 1525). **Beispiele:** Offene Terrorisierung der Belegschaft während des Wahlaktes (BAG 8.3.57, DB 57, 607); Wahl eines BRat für einen Betriebsteil, obwohl ein gemeinsamer BRat mit anderen Betriebsteilen gewählt und nicht angefochten war (BAG 11.4.78 – 6 ABR 22/77, DB 78, 1452); Durchführung einer BRatWahl in einem Betrieb, der offensichtlich nicht dem BetrVG unterliegt (BAG 9.2.82 – 1 ABR 36/80, DB 82, 1414); Wahl eines BRat durch Nicht-ArbN (BAG 16.2.95 – 8 AZR 714/93, DB 95, 1519). Die Häufung von Mängeln, von denen jeder für sich nur die Anfechtbarkeit der Wahl begründet, führt nicht zur Nichtigkeit der Wahl, weder durch eine Addition der Summe der Fehler noch durch eine Gesamtwürdigung der einzelnen Verstöße (BAG 19.11.03).

13 Die **Geltendmachung** der Nichtigkeit einer BRatWahl unterliegt keinen zeitlichen Beschränkungen. Sie kann **zu jeder Zeit** geltend gemacht werden. Die Anfechtung ist nicht an die Frist des § 19 BetrVG gebunden. Jedermann, der an der Feststellung der Nichtigkeit ein Interesse hat, kann sich auf die Nichtigkeit der BRatWahl berufen (BAG 27.4.76, NJW 76, 2229). Deren Feststellung erfordert kein bestimmtes gerichtliches Verfahren. Sie kann zum Gegenstand eines arbeitsgerichtlichen Beschlussverfahrens gemacht werden oder auch als Vorfrage, zB im Rahmen einer Kündigungsschutzklage entschieden werden (BAG 27.4.76, NJW 76, 2229).

Die **Nichtigkeit** einer BRatWahl **wirkt zurück.** Die gerichtliche Feststellung hat nur deklaratorische Bedeutung. Der BRat, dessen Wahl für nichtig erklärt wurde, hat rechtlich nie existiert. Alle von ihm getroffenen Maßnahmen, insbes abgeschlossene Betriebsvereinbarungen und Regelungsabreden sind unwirksam (BAG 29.5.91). Der ArbGeb kann sich auch dann auf die Nichtigkeit für die Vergangenheit berufen, wenn er in Kenntnis der Umstände, die zur Nichtigkeit führten, den BRat längere Zeit als rechtmäßige Vertretung anerkannt und behandelt hat (BAG 27.4.76, NJW 76, 2229; GK-BetrVG/*Kreutz* § 19 Rn 140; aA *DKK/Schneider* § 19 Rn 44; *Fitting* § 19 Rn 8). Mitglieder eines BRat, dessen Wahl für nichtig erklärt wurde, genießen keinen Kündigungsschutz nach § 103 BetrVG (BAG 27.4.76, NJW 76, 2229) und § 15 KSchG (GK-BetrVG/*Kreutz* § 19 Rn 139). Sie haben aber den nachwirkenden Schutz von Wahlbewerbern nach § 15 Abs 3 BetrVG (*Fitting* § 19 Rn 6).

**6. Eingriffe in die laufende Betriebsratswahl.** Gerichtliche Eingriffe in laufende Betriebsratswahlen sind zulässig, da sie das mildere Mittel gegenüber dem Aufschub der Wahl oder deren Nichtigkeit ist. Auch der Erlass einer einstweiligen Verfügung ist möglich. Voraussetzung ist, dass die Wahl mit Sicherheit als nichtig anzusehen wäre; die bloße Anfechtbarkeit der Wahl genügt nicht (BAG 4.5.16 – 7 ABR 42/13, NZA 16, 559; 27.7.11 – 7 ABR 61/10, NZA 12, 345; HessLAG 3.9.18 – 16 TabVGa 86/18, BeckRS 2018, 27170; GK-BetrVG/*Kreutz* § 18 Rn 77; ErfK/*Koch* § 18 BetrVG Rn 7 mwN; aA mit Sicherheit zu erwartende erfolgreiche Wahlanfechtung ausreichend: *Fitting* § 18 Rn 42; *Richardi/Thüsing* § 18 Rn 21). 14

**B. Lohnsteuerrecht** *Seidel*

Die Anfechtung der BRatWahl hat keine lohnsteuerrechtlichen Auswirkungen. 21

**C. Sozialversicherungsrecht** *Schlegel*

Die Anfechtung der BRatswahl hat keine sozialversicherungsrechtlichen Auswirkungen. 26

# Wegeunfall

**A. Arbeitsrecht** *Griese*

Arbeitsrechtlich bedeutsam ist der Wegeunfall für die Frage der Haftung des ArbGeb und von Arbeitskollegen für **Personenschäden** eines geschädigten ArbN (→ *Arbeitgeberhaftung* Rn 2 ff; → *Arbeitnehmerhaftung* Rn 3). Je nachdem, ob der Unfall auf dem versicherten Weg eingetreten ist, greifen **Haftungsausschlüsse nach §§ 104, 105 SGB VII** ein (→ *Arbeitnehmerbeförderung* Rn 1 ff; → *Fahrgemeinschaft* Rn 6; → *Arbeitgeberhaftung* Rn 2 ff). Für erlittene Sachschäden des ArbN kann der ArbGeb bei Verschulden nach § 823 BGB, darüber hinaus auch ohne Verschulden nach den Grundsätzen des Aufwendungsersatzes (→ *Aufwendungsersatz* Rn 6 ff) erstattungspflichtig sein. 1

**B. Lohnsteuerrecht** *Thomas*

**1. Beruflicher Anlass.** Aufwendungen infolge eines Unfalls sind Werbungskosten, wenn sie beruflich veranlasst sind (→ Rn 3). Übernimmt der ArbGeb den dem ArbN entstandenen Schaden, wendet er regelmäßig Arbeitslohn (→ *Arbeitsentgelt* Rn 56 ff) zu, der aber nach § 3 Nr 16 EStG steuerfrei sein kann, wenn der Unfall sich auf einer Dienstreise ereignet hat (BFH 30.11.93 – VI R 21/92, DStR 94, 316). Steuerfrei ersetzbar ist aber nicht der Zeitwert, sondern nur der fiktive Buchwert (die fortgeschriebenen Anschaffungs- bzw Herstellungskosten; BFH 30.6.95 – VI R 26/95, DStR 95, 1427). Deswegen kann es günstiger sein, wenn der ArbGeb nicht Schäden auf Dienstreisen ersetzt, sondern eine Reisegepäckversicherung finanziert (BFH 19.2.93 – VI R 42/92, DStR 93, 1098), weil anfallende Versicherungsleistungen dann nicht zu versteuern sind. Arbeitslohn liegt ebenfalls vor, wenn der ArbN infolge der Beschädigung eines dem ArbGeb gehörenden Gegenstandes ersatzpflichtig wird und der ArbGeb auf das Geltendmachen seines Ersatzanspruchs ver- 2 zichtet (BFH 24.5.07 – VI R 73/05, DStR 07, 1159 mit Anm *Bergkemper* FR 07, 892; *Urban* FR 07, 873: Unfallschaden auf Trunkenheitsfahrt).

3 **a) Berufliche Fahrten. aa) Grundsatz.** Unfallkosten sind regelmäßig Werbungskosten, wenn sie auf einer beruflichen Fahrt anfallen. Berufliche Fahrten sind solche zwischen Wohnung und erster Tätigkeitsstätte, bei Auswärtstätigkeit, Familienheimfahrten, aber auch Fahrten aus Anlass eines beruflichen Umzugs, einer Fortbildungsveranstaltung oder zu einer vom ArbGeb durchgeführten Betriebsveranstaltung (BFH 28.10.94 – VI R 54/94, BFH/NV 95, 668). Keine berufliche Fahrten sind solche zum Kinderhort und zwar auch dann nicht, wenn die Unterbringung des Kindes die Berufstätigkeit erst ermöglicht (BFH 13.3.96 – VI R 94/95, DStR 96, 957). Unfallkosten können auf Fahrten zwischen Wohnung und erster Tätigkeitsstätte nach Auffassung der Verwaltung (BMF 31.10.13, BStBl I 13, 2463 Nr 4; H 9.10 „Unfallschäden" LStR) neben der Entfernungspauschale abgezogen werden. Dem ist die Rspr zu Recht nicht gefolgt (BFH 20.3.14 – VI R 29/13, DStR 14, 1274; *Kettler* DStZ 02, 676). Der Berücksichtigung von Unfallkosten bei Dienstreisen steht nicht entgegen, dass der ArbGeb die laufenden Fahrtkosten steuerfrei (§ 3 Nrn 13, 16 EStG) ersetzt (BFH 10.3.78, BStBl II 78, 381).

4 **bb) Umweg.** Verlässt der ArbN auf einer Dienstreise die beruflich veranlasste Fahrtroute zum Zweck einer privaten Erledigung (Einkauf, Arztbesuch, Sportveranstaltung usw), so ist jedenfalls die Umwegstrecke nicht beruflich veranlasst. Das gilt für die Strecke Wohnung – Arbeitsstätte auch für einen geringfügigen Umweg (BFH 12.1.96 – VI R 69/95, BFH/NV 96, 538). Ob ein Unfall auf einem Umweg zum Tanken deshalb Werbungskosten begründet, weil das Tanken auch berufliche Fahrten ermöglicht (so BFH 11.10.84, BStBl II 85, 10; dazu kritisch *Kalmes* FR 86, 89; *Richter* DStR 86, 27) erscheint zweifelhaft. Kehrt der ArbN anschließend wieder auf die berufliche Fahrtstrecke zurück, ist ein Unfall auf dieser nur dann nicht beruflich veranlasst, wenn Länge und Dauer des Umwegs die Weiterfahrt prägen und als privat erscheinen lassen (zum Unfall beim Wiedereinordnen FG BaWü 26.10.76, EFG 77, 210; beim auswärtigen Wettkampf FG Bln 19.3.87, EFG 87, 400).

5 **cc) Sonderfahrten** zur Vorbereitung beruflicher Fahrten (Kfz wird vor Dienstreise zur Inspektion gebracht: BFH 23.6.78, BStBl II 78, 457) sind ihrerseits nicht beruflich veranlasst (aA aber BFH 4.7.86, BFH/NV 86, 736 zum Abholen einer Monatskarte vom Bahnhof). Die Rückreise vom Urlaubsort wird nicht dadurch zu einer beruflichen Fahrt, dass der Urlaub aus dienstlichen Gründen abgebrochen werden musste (FG BaWü 26.10.76, EFG 77, 206). Anders ist es aber, wenn der Urlaub unterbrochen wird, also neben die ohnehin erforderliche Heimfahrt eine zusätzliche Fahrt mit Rückkehr zum Urlaubsort tritt (BFH 12.1.90 – VI R 29/86, DStR 90, 245; *Neeb* DStZ 90, 556).

6 **Mittägliche Fahrten** zur Essenseinnahme sind nicht deshalb beruflich veranlasst, weil am Arbeitsplatz keine Verpflegungsmöglichkeit besteht (BFH 18.12.92 – VI R 36/92, DStR 93, 720). Nach Einführung der Entfernungspauschale bleiben mittägliche Fahrten schon deswegen außer Ansatz, weil nur der Weg zwischen Wohnung und Arbeitsstätte einmal arbeitstäglich berücksichtigt wird. Der Unfall auf der Fahrt von bzw zu einer Betriebsveranstaltung ist beruflich veranlasst (BFH 28.10.94 – VI R 54/94, BFH/NV 95, 668).

7 **b) Berufliches Schadensereignis.** Schäden an Gegenständen des ArbN können auch dann zu Werbungskosten führen, wenn sie, wie bspw bei einem geparkten Pkw, nicht während einer beruflichen Fahrt, sondern wegen eines berufstypischen Risikos eintreten (BFH 19.3.82 – VI R 25/80, DStR 82, 454: Racheakt gegen Polizeibeamten). Ist der Pkw Arbeitsmittel, soll es grds nicht darauf ankommen, ob das Schadensereignis der Privatsphäre zuzuordnen ist (BFH 9.12.03 – VI R 185/97, DStRE 04, 494; aA *Thomas* DStR 04, 1273). Der Verlust eines auf einer Dienstreise eingesetzten Pkw ist wegen dieser Zweckbindung beruflich veranlasst (BFH 25.5.92 – VI R 171/88, DStR 92, 1583), und zwar unabhängig davon, ob dieses Beförderungsmittel aus dienstlichen Gründen erforderlich oder vom ArbGeb angeordnet war. Zum Verlust anderer Gegenstände (zB persönliche Habe im Pkw) vgl → *Dienstreise* Rn 57 f. Inwieweit der Verlust von Gegenständen, die nicht unmittelbar zu beruflichen Zwecken eingesetzt werden, wegen ihrer Aufbewahrung am Arbeitsplatz (*Woring* DStZ 91, 76) zu Werbungskosten führt, ist noch weitgehend ungeklärt. Ob der einem Selbstständigen anlässlich einer Privatfahrt gestohlene Pkw zu einer Entnahme führt (so

BFH 18.4.07 – XI R 60/04, DStR 07, 1616) ist zweifelhaft (*Weber-Grellet* NWB F 3 S 14869). Wird einem ArbN ein Dienstwagen gestohlen, hat das lohnsteuerlich nur Auswirkungen, wenn er den Diebstahl leichtfertig ermöglicht hat und deshalb Schadensersatz zu leisten ist.

**c) Private Überlagerung.** Der Werbungskostenabzug für Unfallaufwendungen entfällt nicht deswegen, weil vor oder beim Unfall gegen Verkehrsvorschriften verstoßen wurde (BFH 28.11.77, BStBl II 78, 105) oder weil er auf – auch verschuldete – menschliche Unzulänglichkeiten (Übermüdung, Schwächeanfall: BFH 10.3.78, BStBl II 78, 380) zurückzuführen ist. Eine Ausnahme greift lediglich ein, bei alkoholbedingter Fahruntüchtigkeit (BFH 6.4.84, BStBl II 84, 434; aA *Tiedke* FR 78, 493) oder wenn bei einer beruflichen Fahrt Schadensersatzansprüche Dritter beglichen werden müssen, die aus Gefälligkeit – also aus privaten Gründen – mitgenommen wurden (BFH 1.12.05 – IV R 26/04, DStR 06, 126; zur bloßen Gefälligkeit vgl auch BGH 23.7.15 – III ZR 346/14, BeckRS 2015, 13678). 8

**2. Abziehbare Aufwendungen. a) Schadensberechnung.** Lässt der ArbN den Schaden reparieren, sind Reparaturkosten, Werbungskosten, nicht jedoch ein sog merkantiler Minderwert (BFH 27.8.93 – VI R 7/92, DStR 94, 173). Unterbleibt eine Reparatur oder erfolgt sie nur behelfsmäßig, kann ein Wertverlust (Absetzung für außergewöhnliche Abnutzung; § 9 Abs 1 Nr 7 iVm § 7 Abs 1 Satz 5 EStG) als Werbungskosten berücksichtigt werden (BFH 24.11.94 – IV R 25/94, DStR 95, 481). Dabei ist von den fortgeschriebenen Anschaffungskosten (Abzug der bisher möglichen AfA) auszugehen. Das gilt auch für den Fall, dass das Kfz regelmäßig nur zwischen Wohnung und Arbeitsstätte beruflich eingesetzt wird. Teilweise wird hierbei der Zeitwert für maßgebend angesehen (*Schlarb* DStR 84, 333). Wenn bei umfangreicher Reisetätigkeit die tatsächlichen Kosten ermittelt wurden und dabei eine vergleichsweise kurze Nutzungsdauer zugrunde gelegt worden ist (zur zutreffenden AfA vgl BFH 26.7.91, BStBl II 92, 1000 mit Nichtanwendungserlass BMF 3.12.92, BStBl I 92, 734), bestimmt diese auch den verbleibenden „Buchwert". Sonst ist als AfA je Jahr $^1/_8$ der Anschaffungskosten anzusetzen. Deshalb führt ein nach dem 8. Jahr eingetretener Totalschaden auch dann nicht zu Werbungskosten, wenn noch ein beträchtlicher Zeitwert bestanden hatte (FG Münster 13.1.94, EFG 94, 472). Wurde ein Kfz nach mehr als 8 Jahren gebraucht gekauft, wird es auch im 9 oder 10 Jahr noch einen Restnutzungszeitraum haben, was zu einer außerordentlichen AfA führen kann. Maßgebender Abzugszeitpunkt ist das Unfalljahr, auch wenn in diesem mögliche Ersatzansprüche gegen eine Versicherung noch nicht geklärt sind (BFH 13.3.98 – VI R 27/97, DStR 98, 967). 9

Der Wertverlust führt in voller Höhe zu Werbungskosten, unabhängig davon, zu welchen Anteilen das Kfz bisher beruflich bzw privat genutzt worden ist oder genutzt werden wird (BFH 19.3.82, BStBl II 82, 442, 443 aE; vgl aber zur Nutzungsentnahme bei Totalschaden auf einer Privatfahrt BFH 23.1.01 – VIII R 48/98, BStBl II 01, 395 mit Anm *Sydow* NWB/F 3 S 11823). Einen Wertverlust kann der ArbN aber nur dann als Werbungskosten geltend machen, wenn er ihn auch getragen hat, also nicht, wenn der Schaden an einem von dritter Seite gefälligkeitshalber überlassenen Pkw entstanden ist (FG NdS 19.1.94, EFG 94, 785; allgemein zum sog Drittaufwand BFH 23.8.99 – GrS 2/97, BStBl II 99, 782). Dagegen können die dem Dritten erbrachten Schadensersatzleistungen Werbungskosten sein (FG Hess 26.5.93, EFG 93, 647). 10

**b) Unmittelbare Unfallkosten.** Werbungskosten sind – sofern nicht die Abgeltung des § 9 Abs 2 EStG eingreift – neben dem eingetretenen Wertverlust an den eigenen Gegenständen des ArbN die unfallbedingten unmittelbaren Folgekosten (Abschleppen, Gutachter, Prozesskosten usw) und der an Dritte gezahlte Schadensersatz, auch wenn eine Versicherungsleistung infolge Unfallflucht unterbleibt (FG München 22.2.80, EFG 80, 387). Berücksichtigungsfähig ist auch der an anderen Gegenständen als dem unfallbeteiligten Pkw eingetretene Schaden (BFH 10.3.78, BStBl II 78, 381: Garage). Des Weiteren gehören zu den abziehbaren unmittelbaren Unfallaufwendungen die Kosten eines zur Schadensbegleichung aufgenommenen Kredits, nicht dagegen die Kosten eines Kredits zur Anschaffung eines neuen Pkw (BFH 1.10.82, BStBl II 83, 17) und zwar auch dann nicht, wenn der Pkw mit Personalrabatt erworben und insofern versteuert worden ist (FG RhPf 15.3.96, EFG 96, 913). Ebenfalls Unfallkosten sind Zahlungen zur Erhaltung des Schadensfreiheitsrabatts (FG 11

Köln 6.3.81, EFG 81, 623; *kav* FR 78, 319). Dagegen können unfallbedingte Prämienerhöhungen nicht in das Unfalljahr vorgezogen werden. Sie gehören zu den laufenden Kfz-Kosten und gehen in die spätere Berechnung der km-Kosten ein, die dann bei beruflichen Fahrten anzusetzen sind.

## C. Sozialversicherungsrecht *Ruppelt*

13 **1. Allgemeines.** Versicherte Tätigkeit in der gesetzlichen UV ist auch das Zurücklegen der mit der versicherten Tätigkeit zusammenhängenden unmittelbaren Wege nach und von dem Ort der Tätigkeit. Es handelt sich typischerweise um den Weg zwischen Wohnung und Arbeitsstätte, aber auch Wege in Zusammenhang mit einer versicherten Tätigkeit nach §§ 2, 3 und 6 SGB VII sind von der Wegeunfallversicherung nach § 8 Abs 2 Nr 1 SGB VII erfasst. Kein Wegeunfall ist der Unfall, der sich auf einem Betriebsweg ereignet, dh auf einem Weg, der Bestandteil der betrieblichen Tätigkeit ist (Lieferfahrten, Montagereisen, Botenwege usw). Unfälle auf solchen Wegen sind nach § 8 Abs 1 SGB VII in der Beschäftigtenversicherung versichert (BSG 9.11.10 – B 2 U 14/10 R, NZS 11, 784; LSG BaWü 27.3.17 – L 3 U 4821/16, BeckRS 2017, 116622; → *Dienstreise* Rn 64 ff). Leistungsrechtlich ist diese Unterscheidung idR nicht von Bedeutung. Beitragsrechtlich können sich Auswirkungen bei der Aufstellung des Gefahrtarifs und der Berechnung von Beitragszuschlägen und -nachlässen ergeben (→ *Unfallversicherung* Rn 32 ff). Das Haftungsprivileg des Unternehmers gilt nur auf Betriebswegen, nicht bei Wegeunfällen (→ Rn 23). Betriebswege sind auch in häuslichen Arbeitsplätzen versichert. Allerdings beschränkt sich der Versicherungsschutz auf die Bereiche des Hauses, die der Ausübung der versicherten Tätigkeit dienen, zB auf das Arbeitszimmer. (BSG 12.12.06 – B 2 U 1/06 R, SozR 4–2700 § 8 Nr 21). Vgl → *Arbeitszimmer* Rn 32; → *Homeoffice* Rn 45.

14 **2. Unfallkausalität.** Für die Annahme eines versicherten Wegeunfalls reicht es nicht aus, dass auf dem versicherten Weg ein Unfall eingetreten ist. Für einen Arbeits-(Wege-)Unfall muss die (konkrete) Verrichtung des Versicherten zum Zeitpunkt des schädigenden Ereignisses (Unfallereignis) **der versicherten Tätigkeit zuzurechnen** sein (innerer oder sachlicher Zusammenhang). Diese versicherte Verrichtung muss zu einem zeitlich begrenzten von außen auf den Körper des Verletzten wirkenden Ereignis geführt haben (Unfallkausalität) und dadurch einen Gesundheitsschaden (Gesundheitserstschaden) oder den Tod des Versicherten verursacht haben (haftungsbegründende Kausalität). Wie allgemein im Recht der gesetzlichen UV besteht kein Versicherungsschutz, wenn der Weg von der Verfolgung persönlicher oder privater Belange geprägt ist und dessen finale Zweckgerichtetheit mit den betrieblichen Belangen nicht mehr verknüpft ist (→ *Arbeitsunfall* Rn 34). Der erforderliche Zusammenhang zwischen Weg und versicherter Tätigkeit setzt also nicht nur eine zeitliche und räumliche Beziehung zwischen Weg und Tätigkeit voraus, die durch Beginn und Ende der Arbeitszeit sowie die Richtung des Weges nach und von dem Tätigkeitsort begründet wird, es muss zusätzlich der Weg von der **finalen Zweckgerichtetheit** geprägt sein, zur Arbeitsstelle zu gelangen oder von ihr zurückzukehren (BSG 14.11.13 – B 2 U 27/12 R, SozR 4–2700 § 8 Nr 51). Darüber hinaus ist erforderlich, dass die konkrete Verrichtung des Verunfallten zum Zeitpunkt des Unfalls dem unter Versicherungsschutz stehenden Weg zuzurechnen ist. Das ist bspw nicht der Fall, wenn der Versicherte auf dem Weg zur Arbeit nicht betrieblich veranlasste Einkäufe erledigt und dabei verunfallt (BSG 4.9.07 – B 2 U 24/06 R, NZS 08, 488; 18.6.13 – B 2U 10/12 R, SozR 4–2700 § 8 Nr 47 zu den Folgen einer Straftat, die das Opfer auf dem Weg zum Ort der versicherten Tätigkeit erlitten hat; 18.6.13 – B 2 U 7/12 R, SozR 4–2700 § 8 Nr 48 zu Restaurantbesuch und Homeoffice; 17.12.15 – B 2 U 8/14 R, SozR4–2700 § 8 Nr 55). Diese Grundsätze gelten auch für Versicherte, die den Weg von und zur Arbeitsstelle zu Fuß zurücklegen (LSG BaWü 10.3.08 – L 1 U 5527/06, BeckRS 2008, 51893).

15 **3. Umwege,** die den Weg von oder zur Arbeitsstätte oder Wohnung aus eigenwirtschaftlichen Gründen nicht unerheblich verlängern, sind nicht versichert (BSG 5.5.98 – B 2 U 40/97 R, NJW 98, 3292; 7.9.04 – B 2 U 35/03 R, NZS 05, 381). Allerdings ist der Versicherungsschutz nicht auf den kürzesten Weg beschränkt (BSG 11.9.01 – B 2 U 34/00 R, SozR 3–2700 § 8 Nr 9). Der Versicherte muss sich jedoch bei der Wahl des Weges von

vernünftigen und nachvollziehbaren Überlegungen leiten lassen (BayLSG 20.9.18 – L 7 U 26/17, BeckRS 2018, 42740). So ist der verkehrsgünstigste Weg auch dann versichert, wenn er nicht der kürzeste Weg ist (BayLSG 11.9.18 – L 3 U 356/17, BeckRS 2018, 23047). Auch der irrtümliche Umweg ist versichert, wenn nicht völlige Unaufmerksamkeit Grund für den Irrtum ist (BSG 30.10.07 – B 2 U 29/06 R, SozR 4–2700 § 8 Nr 25, zur Unaufmerksamkeit von Schülern auf dem Schulweg). Bei nicht feststellbarem Grund für das Verlassen des üblichen Weges vom oder zum Ort der Tätigkeit besteht kein Versicherungsschutz (BSG 9.12.93 – 2 RU 87/93, SozR 3–2000 § 50 Nr 7).

**4. Abwege** sind nicht versichert. Hierbei handelt es sich um Wege, deren Zielrichtung nicht auf Wohnung oder Arbeitsstätte gerichtet ist (BSG 20.12.16 – B 2 U 16/15 R, SozR 4–2700 § 8 Nr 60 Rn 17; LSG BaWü 27.9.18 – L 6 U 418/18, BeckRS 2018, 24541). An dieser Zielrichtung kann es schon dann fehlen, wenn nach einer Unterbrechung der Fahrt die Zielrichtung (kurzfristig) eine andere ist, um wieder auf den ursprünglichen Weg zurück zu gelangen (BSG 5.7.16 – B 2 U 16/14 R, SozR 4–2700 § 8 Nr 58). Versicherungsschutz kann demgegenüber auf Wegen bestehen, die nicht von der Wohnung aus angetreten werden oder zu ihr zurückführen **(Dritter Ort).** Dies gilt jedoch nur, wenn dieser Weg rechtlich wesentlich von dem Vorhaben geprägt ist, von der versicherten Tätigkeit zurückzukehren bzw diese anzutreten **und** die Länge des Weges in einem angemessenen Verhältnis zu dem üblichen Weg des Versicherten steht (BSG 10.10.06 – B 2 U 20/05 R, SozR 4–2700 § 8 Nr 19; LSGRhPf 7.5.18 – L 2 U 197/17, jurisPR-SozR 4/2019 Anm *Knispel,* Revision anhängig B 2 U 20/18 R). Unfallversicherungsschutz besteht auf dem Weg von einem sog dritten Ort zur versicherten Tätigkeit aber nur dann, wenn der Aufenthalt an dem dritten Ort mindestens zwei Stunden dauert (BSG 5.7.16 – B 2 U 16/14 R, SozR 4–2700 § 8 Nr 58; 29.1.19 – B 2 U 5/18 R, BeckRS 2019, 5457 Rn 17). 16

Die Fahrt zu einer **Tankstelle** oder die Prüfung der Straße auf **Eisglätte** sind als Vorbereitungshandlungen zur Verrichtung einer versicherten Tätigkeit grds unversichert (BSG 4.7.13 – B 2 U 12/12 R, SozR 4–2700 § 8 Nr 49 Rn 16; 23.1.18 – B 2 U 3/16 R, NJW 18, 2149; LSGThür 19.4.2018 – L 1 U 1165/17, BeckRS 2018, 14390, Revision anhängig B 2 U 9/18 R). Etwas anderes gilt, wenn die Abwägung sämtlicher betrieblicher und privatwirtschaftlicher Gesichtspunkte ergibt, dass betriebsbedingte Umstände den Handlungsablauf derart mitbestimmt haben, dass die Fahrt sachlich zu einem Weg von oder zur Arbeitsstätte gehört. Das ist etwa dann der Fall, wenn der Versicherte **außerhalb des normalen Betriebsablaufs** seine Arbeitsstelle aufsuchen und – weil darauf nicht vorbereitet – sein Fahrzeug betanken muss (BSG 24.1.95 – 8 RKnU 1/94, SozR 3–2200 § 548 Nr 23; BayLSG 8.3.17 – L 2 U 458/15, BeckRS 2017, 122940). Eine wesentliche betriebliche Handlungstendenz ist nicht anzunehmen, wenn die Fahrt zur Arbeitsstelle ohne Ansteuern des privaten Zwischenziels nicht zum gleichen Zeitpunkt, sondern erst deutlich später erfolgt wäre (LSGBaWü 29.6.18 – L 8 U 4324/16, BeckRS 2018, 16533). 17

**5. Unterbrechungen** des versicherten Weges aus persönlichen (eigenwirtschaftlichen) Gründen (Einkäufe, Gaststättenbesuche, Tanken usw) sind unversichert, weil diese Unterbrechungen idR die ursprüngliche Handlungstendenz des Versicherten, seinen Arbeitsweg zurückzulegen, aufheben (BSG 4.7.13 – B 2 U 3/13 R, NZS 13, 872; LSGSachs 4.5.17 – L 2 U 124/15, BeckRS 2017, 130765; LSGBaWü 29.6.18 – L 8 U 4324/16, BeckRS 2018, 16533). Unversichert sind auch die Wege, die aufgrund der Unterbrechung zurückgelegt werden. Nach Unterbrechungsende lebt der Versicherungsschutz **auf dem versicherten Weg** wieder auf, es sei denn, die Dauer der Unterbrechung beseitigt den inneren Zusammenhang des anschließenden Wegteils mit der versicherten Tätigkeit. Das ist bei Unterbrechungen von mehr als zwei Stunden Dauer grds der Fall (BSG 27.10.09 – B 2 U 23/08 R, WzS 10, 31). Unterbricht ein Versicherter die Fahrt zu oder von der Arbeitsstätte für eine private Verrichtung, so wird der Versicherungsschutz mit dem **Verlassen des Fahrzeugs** unterbrochen, wenn er bis dahin den versicherten Weg nicht verlassen hat (BSG 4.7.13 – B 2 U 12/12 R, SozR 4–2700 § 8 Nr 49 Rn 18; 7.5.19 – B 2 U 31/17 R, SozR 4 – 2700 § 8 Nr 69). Verlässt der Versicherte für die Unterbrechung mit seinem Fahrzeug den Weg von oder zu der Arbeitsstätte, etwa weil er einen nahegelegenen Parkplatz aufsuchen will, befindet er sich bei diesem Weg auf einem unversicherten Abweg. Wird der Weg von und zur Arbeitsstätte durch eine private Besorgung unterbrochen, setzt der Versicherungs- 18 schutz erst wieder ein, wenn der ursprüngliche Weg wieder aufgenommen wird (BSG 31.8.17 – B 2 U 1/16 R, BeckRS 2017, 138844 Rn 21). Das Abstoppen eines PKW auf der Straße in der Absicht, in eine Parkbucht abzubiegen, um dort eine auf dem (privaten) Mobiltelefon eingegangene SMS zu lesen, stellt eine eigenwirtschaftliche, nicht vom gesetzlichen Unfallversicherungsschutz umfasste Tätigkeit dar (LSG BaWü 19.9.17 – L 9 U 764/16, BeckRS 2017, 142335).

19 **6. Beginn und Ende des versicherten Weges.** Der versicherte Weg zur Arbeitsstätte beginnt mit dem Durchschreiten der Außentür des zu verlassenden Gebäudes, also nicht an der Wohnungstür oder der Grundstücksgrenze (BSG 31.8.17 – B 2U 2/16 R, NJW 18, 1198; LSG BlnBbg 20.9.12 – L 2 U 3/12, BeckRS 2013, 65093; HessLSG 2.2.16 – L 3 U 108/15, VersR 16, 1271). Der Weg endet mit dem Betreten des Betriebsgebäudes; der anschließende Weg zum Arbeitsplatz ist nach § 8 Abs 1 SGB VII versichert. Für den Rückweg gelten sinngemäß die gleichen Grundsätze. Soweit in § 8 Abs 2 SGB VII vom Ort der Tätigkeit die Rede ist, meint dies den Ort, an dem die versicherte Tätigkeit verrichtet werden soll. Bei Montagearbeiten ist dies der Ort der Baustelle. Für andere Arbeiten gilt Entsprechendes. Ausgangs- und Zielpunkt des versicherten Weges ist der häusliche Wirkungsbereich des Versicherten. Ob es sich dabei um eine abgeschlossene Wohnung, ein gemietetes Zimmer oder dergleichen handelt, ist unerheblich. Wesentlich ist lediglich, dass der Versicherte dort den Mittelpunkt seiner häuslichen Lebensverhältnisse hat. S auch → *Fahrten zwischen Wohnung und Arbeitsstätte* Rn 39 f.

20 **7. Besonderheiten bei Kinderbetreuung und Fahrgemeinschaft.** Die Wegeunfallversicherung umfasst auch Um- und Abwege vom Arbeitsweg, die erforderlich sind, um **Kinder von Versicherten** (§ 56 SGB I), die mit ihnen in einem gemeinsamen Haushalt leben, **fremder Obhut** (Verwandte, Tagesmütter, Kinderkrippen- und gärten uä) anzuvertrauen oder von dort abzuholen (§ 8 Abs 2 Nr 2a SGB VII). Die fremde Obhut muss wegen der beruflichen Tätigkeit der Versicherten oder ihrer Ehegatten oder Lebenspartner erforderlich sein. Zumutbare Obhutsmöglichkeiten und -pflichten **im Haushalt** müssen grds genutzt werden (Beispiel: Das Kind wird morgens von der Mutter auf dem Weg zur Arbeit zu den Großeltern gebracht und abends wieder abgeholt. Der Vater kann das Kind wegen eigener Berufstätigkeit nicht beaufsichtigen. Dabei ist der Umweg zu den Großeltern wie der Arbeitsweg versichert). Es sind nur die Um- und Abwege **vom Arbeitsweg** versichert. Wird das Kind ohne Zusammenhang mit dem Arbeitsweg transportiert, ist dieser Weg nicht versichert (BSG 20.3.07 – B 2 U 19/06 R, NZS 08, 154; 12.1.10 – B 2 U 35/08 R, DB 10, 1767). Es muss sich um die Verbringung in fremde Obhut (Aufsicht, Betreuung) handeln, Schulbesuch, musikalische Erziehung oder sportliche Betätigung gehören dazu nicht. In fremde Obhut wird ein Kind nur dann gebracht, wenn es wegen seines Alters oder seines geistig/körperlichen Zustandes auf Aufsicht oder Pflege angewiesen ist. Zu den zahlreichen Einzelfragen s *Krasney* Familienbezogener Unfallversicherungsschutz Beispiele, WzS 13, 67; KassKomm/*Ricke* § 8 SGB VII Rz 222 ff). Versichert sind auch Um- und Abwege vom Arbeitsweg, die erforderlich sind, um mit anderen Beschäftigten eine **Fahrgemeinschaft** zu bilden (§ 8 Abs 2 Nr 2b SGB VII). Der Weg vom **Kindergarten zum Homeoffice** ist nach LSG NdsBrem 26.9.18 – L 16 U 26/16, WzS 19, 51 (Revision anhängig B 2 U 19/18 R) keine nach § 8 Abs 2 Nr 1, § 8 Abs Nr 2a oder § 8 Abs 2 Nr 3 SGB VII versicherte Tätigkeit.

21 **8. Wegeunfälle unter Alkoholeinwirkung im Straßenverkehr** sind nur dann nicht versichert, wenn eine (absolute oder relative) Fahruntüchtigkeit wegen Alkoholeinwirkung festgestellt ist **und** diese Fahruntüchtigkeit, uU neben anderen Mitursachen, die rechtlich allein wesentliche Ursache für den Verkehrsunfall gewesen ist. Das ist der Fall, wenn die unversicherten Wirkursachen (Alkoholeinfluss) das Unfallgeschehen derart geprägt haben, dass sie die versicherte Wirkursache (Straßenverkehr) verdrängen, so dass der Schaden „im Wesentlichen" rechtlich nicht mehr dem Schutzbereich der Wegeunfallversicherung unterfällt (BSG 13.11.12 – B 2 U 19/11 R, NJW 13, 3676 Rz 21, 42 ff). Bei einer Blutalkoholkonzentration, die zu **absoluter Fahruntüchtigkeit** (BAK über 1,1 Promille) führt, trägt der Versicherte die Feststellungslast dafür, dass der Unfall nicht auf der Alkoholeinwirkung, sondern auf betriebsbezogenen Umständen und Wegegefahren beruht. Bei **relativer Fahruntüchtigkeit** (BAK unter 1,1 Promille) infolge Alkoholeinwirkung (auch bei nicht fest-

gestelltem Wert der Blutalkoholkonzentration) entfällt der Versicherungsschutz nur, wenn dem Versicherten alkoholbedingte Fahruntüchtigkeit nachgewiesen werden kann (zB unadäquates Verkehrsverhalten) **und** festgestellt ist, dass die Fahruntüchtigkeit wesentliche Unfallursache gewesen ist (LSG Bln 18.1.01 – L 3 U 121/99, HVBG-info 01, 1999; BayLSG 14.12.11 – L 2 U 566/10, ArbuR 12, 212). Ist nach einer geordneten Prüfung aller fallbezogenen Umstände auf das Gewicht ihres Ursachenbeitrages zu einem Verkehrsunfall nichts anderes mehr ersichtlich, was sich als bessere Erklärung für eine unvorsichtige Fahrweise oder unterlassene Reaktion anbietet, dann bleibt bei einer Blutalkoholkonzentration, die relative Fahruntüchtigkeit verursacht, nur diese als Erklärung für die Veränderung der Fahrfähigkeit übrig. Relative Fahruntüchtigkeit liegt nach **Cannabiskonsum** nur dann vor, wenn ein THC-Wert von mindestens 1 ng/mL festgestellt worden ist (BSG 30.1.07 – B 2 U 23/05 R, BSGE 98, 79). Es gelten dann die Grundsätze der relativen Fahruntüchtigkeit nach Alkoholeinwirkung entsprechend.

**9. Einzelfälle Straßenverkehr.** Der UVSchutz auf dem Weg zur Arbeitsstätte wird nicht dadurch ausgeschlossen, dass der Versicherte aufgrund seiner Fahrweise wegen **fahrlässiger Straßenverkehrsgefährdung** bestraft wird, auch wenn der Unfall auf dieser Verhaltensweise beruht (BSG 19.12.2000 – B 2 U 45/99 R, NJW 01, 3652; 4.6.02 – B 2 U 11/01 R, NZS 03, 46). Das gilt jedenfalls dann, wenn die unfallbringende Handlung trotz des verbotswidrigen Verhaltens noch der versicherten Tätigkeit zugeordnet werden kann. Sekundenschlaf als Ursache des Verkehrsunfalls schließt einen versicherten Wegeunfall nicht aus (LSG SchlHol 26.1.06 – L 1 U 52/05, NZS 06, 376). Bei vorsätzlicher Straßenverkehrsgefährdung können Leistungen nach § 101 Abs 2 Satz 1 SGB V versagt oder entzogen werden (BSG 18.3.08 – B 2 U 1/07 R, SozR 4–2700 § 101 Nr 1). 22

**10. Haftungsprivileg.** Nach § 104 Abs 1 Satz 1 SGB VII sind Unternehmer den in ihrem Unternehmen tätigen gesetzlich Unfallversicherten zum Ersatz von Personenschäden nach zivilrechtlichen Haftungsgrundsätzen verpflichtet, wenn die zuerst genannten den Versicherungsfall vorsätzlich oder auf einem nach § 8 Abs 2 Nr 1–4 SGB VII versicherten Weg (Wegeunfall) herbeigeführt haben. Grund für diese Ausnahme vom Haftungsprivileg ist, dass im allgemeinen Straßenverkehr kein Grund für eine Haftungsfreistellung durch die gesetzliche UV erkennbar ist. Das Haftungsprivileg gilt aber in der Beschäftigtenversicherung auf Betriebswegen (BAG 19.8.04 – 8 AZR 349/03, DB 04, 2592). Vgl → Rn 1 u → *Betrieb (Begriff)* Rn 34. 23

# Weisungsrecht

## A. Arbeitsrecht *Griese*

**1. Begriff.** Der ArbGeb hat nach § 106 Satz 1 GewO das Recht, Inhalt, Ort und Zeit der arbeitsleistung nach billigem Ermessen näher zu bestimmen, soweit diese Arbeitsbedingungen nicht durch Arbeitsvertrag, Bestimmungen einer Betriebsvereinbarung, eines anwendbaren Tarifvertrages oder gesetzliche Vorschriften festgelegt sind. Dieses Weisungsrecht (auch Direktionsrecht genannt) ist das Recht des ArbGeb, die im Arbeitsvertrag nur rahmenmäßig umschriebene Leistungspflicht des ArbN einseitig durch Weisungen konkretisieren zu können. 1

Die dadurch bestehende **Weisungsabhängigkeit** des ArbN ist das **charakteristische Merkmal des Arbeitsverhältnisses.** Durch die **Weisungsabhängigkeit** unterscheidet sich der Arbeitsvertrag von dem Vertragsverhältnis eines freien Mitarbeiters, eines Subunternehmers oder eines in sonstiger Weise selbstständig Tätigen. Die Weisungsabhängigkeit ist die Kehrseite des ArbNSchutzes. Weil der ArbN weisungsabhängig ist, bedarf er des besonderen Schutzes durch den Gesetzgeber. Weisungsabhängig und damit ArbN ist, wer es nicht in der Hand hat, seine Tätigkeit im Wesentlichen frei zu gestalten und seine Arbeitszeit frei zu bestimmen (§ 84 Abs 1 Satz 2 HGB; BAG 20.5.09 – 5 AZR 31/08, NZA-RR 10, 172).

**2. Inhalt des Weisungsrechts.** Das Weisungsrecht des ArbGeb umfasst das Recht des ArbGeb, die Arbeitspflicht durch einseitige Weisungen näher auszugestalten (BAG 2

7.12.2000 – 6 AZR 444/99, NZA 01, 780). Dies betrifft Zeit, Ort und Inhalt und Art und Weise der zu leistenden Arbeit. Das Weisungsrecht unterliegt vielfältigen Begrenzungen, es muss sich im Rahmen des höherrangigen Rechts halten (§ 106 GewO).

3 **a) Inhalt der Arbeitspflicht.** Mit Hilfe des Weisungsrechts ist es dem ArbGeb möglich, die **Arbeitspflicht inhaltlich näher festzulegen.** Dies bezieht sich sowohl auf die einzelnen Tätigkeiten und ihre Reihenfolge als auch auf die Begleitumstände, unter denen die Arbeit zu verrichten ist. Lange Haare bei Polizeibeamten können nicht durch Anordnung untersagt werden (BVerwG 2.3.06 – 2 C 3/05, ArbuR 06, 327). Das Tragen eines islamischen Kopftuchs kann nicht ohne weiteres kraft Weisungsrecht untersagt werden (BAG 10.10.02 – 2 AZR 472/01, NZA 03, 483; BVerfG 30.7.03 – 1 BvR 792/03, NZA 03, 959; EuGH 14.3.17 – C-157/15, NZA 17, 373; Vorlagebeschluß des BAG an den EuGH v 30.1.19 – 10 AZR 299/18, NZA 19, 693), anders bei ausdrücklicher gesetzlicher Regelung (Lehrkräfte an staatlichen Schulen BAG 10.12.09 – 2 AZR 55/09, NZA-RR 10, 383). Wer als Schlagzeuger beschäftigt ist, muss auch ein Geräuscheffektgerät – Regenmacher – bedienen (BAG 27.9.01 – 6 AZR 577/00, NZA 02, 565). Eine Filmschauspielerin muss eine adäquate Änderung ihrer Filmrolle hinnehmen (BAG 13.6.07 – 5 AZR 564/06, NZA 07, 974). Zulässig ist ferner die Weisung, eine elektronische Signaturkarte zu verwenden (BAG 25.9.13 – 10 AZR 270/12, NZA 14,41). Durch Weisungsrecht kann der ArbGeb nicht erzwingen, dass der ArbN an einem **Personalgespräch** teilnimmt, das dem Ziel dient, den ArbN zu einer von ihm bereits abgelehnten Vertragsänderung zu bewegen (BAG 23.6.09 – 2 AZR 606/08, DB 09, 1991). **Während der Dauer einer krankheitsbedingten AU kann der Arbeitgeber den Arbeitnehmer nur in dringenden Ausnahmefällen anweisen, zu einem Personalgespräch in den Betrieb zu kommen.** Es muss hierfür nach der Rspr des BAG (BAG 2.11.16 – 10 AZR 596/15, NJW 17, 906) ein dringender betrieblicher Anlass bestehen, der einen Aufschub der Weisung auf einen Zeitpunkt nach Beendigung der AU nicht gestattet, und die persönliche Anwesenheit des ArbN im Betrieb dringend erforderlich ist und ihm zugemutet werden kann.

Das Weisungsrecht erlaubt, einem ArbN vorübergehend eine höherwertige Tätigkeit zu übertragen (BAG 16.4.15 – 6 AZR 242/14, NZA-RR 15, 439).

4 **b) Arbeitszeit.** In zeitlicher Hinsicht ermöglicht es das Direktionsrecht, die **Arbeitszeit näher auszugestalten.** Dies betrifft Arbeitsbeginn und -ende ebenso wie die Festlegung von Pausen, die Anforderung von Bereitschaftsdienst oder Rufbereitschaft. Vom Weisungsrecht umfasst ist die Festsetzung des Nachtschichtenrhythmus (BAG 23.9.04 – 6 AZR 567/03, NZA 05, 359) oder den Wechsel von Nachtschicht – zu Wechselschichteinsatz (BAG 18.10.17 – 10 AZR 47/17, NZA 18, 162). Es ist zulässig, durch dynamische Verweisungsklausel in einem Arbeitsvertrag den Umfang der Arbeitszeit entsprechend der Arbeitszeit der Beamten zu regeln (BAG 14.3.07 – 5 AZR 630/06, DB 07, 1645). Bei Lehrern ist es zulässig, Präsenzpflichten während der Schulferien anzuordnen (BAG 16.10.07 – 9 AZR 144/07, NZA-RR 08, 214).

5 **c) Arbeitsort.** Kraft des Weisungsrechts ist der ArbGeb schließlich berechtigt, **den Arbeitsort festzulegen.** Das Weisungsrecht umfasst auch die Frage, ob ein Teil der Arbeitszeit außerhalb des Dienstgebäudes oder die gesamte Arbeitszeit innerhalb des Dienstgebäudes absolviert werden muss (BAG 11.10.95 – 5 AZR 802/94, NZA 96, 718). Hierzu gehört ferner, an welcher Dienststelle der ArbN eingesetzt wird (BAG 21.1.04 – 6 AZR 583/02, NZA 05, 61). Der Umfang des Weisungsrechts ist besonders weitgehend, wenn der ArbN keinen von vornherein feststehenden Arbeitsort zugewiesen bekommt (BAG 30.11.16 – 10 AZR 11/16, NZA 17, 1394). Dies trifft etwa zu bei Arbeiten mit wechselnden Einsatzstellen, so bei Monteuren, Bauarbeitern, Mitarbeitern in Reinigungsunternehmen oder Verkaufsmitarbeitern im Außendienst. Hier ist der ArbGeb berechtigt, den Arbeitsort täglich neu festzulegen. Ansonsten gibt das Direktionsrecht die Befugnis, den Arbeitsort im Betrieb durch **Umsetzung** zu verändern.

6 **3. Begrenzungen des Weisungsrechts.** Die Ausübung des Weisungsrechts unterliegt vielfältigen Begrenzungen, es ist die schwächste Rechtsquelle und muss sich im Rahmen des höherrangigen Rechts (Arbeitsvertrag, Betriebsvereinbarung, Tarifvertrag, Gesetz und Verfassung) halten.

**a) Arbeitsvertrag.** Der Arbeitsvertrag bildet eine erste Grenze für die Ausübung des Direktionsrechts. In inhaltlicher Hinsicht ist der Spielraum für die Ausübung des Direktionsrechts umso kleiner, je konkreter die Arbeitsaufgabe im Arbeitsvertrag umschrieben ist. Soweit die Tätigkeit des ArbN nur allgemein bezeichnet ist, zB Kunststoffarbeiter, kann dem ArbN jede Tätigkeit zugewiesen werden, die dem Berufsbild entspricht, nicht aber eine unterwertige Tätigkeit, selbst wenn die Vergütung unverändert bleibt. 7

Ist hingegen eine **detaillierte Tätigkeitsbeschreibung** vertraglich vorgenommen worden, zB Werkstattleiter mit entsprechenden Befugnissen, kann das Tätigkeitsfeld nicht durch Weisungen, zB **Entziehung von Befugnissen** (BAG 2.4.96 – 1 AZR 743/95, NZA 97, 112), ohne Versetzung geändert werden. Zwischenzeitlich übertragene Zusatzaufgaben, zB Fachleiteraufgaben an Gymnasiallehrer, können durch Weisungsrecht auch wieder entzogen werden (BAG 24.10.18 – 10 AZR 19/18, NZA 19, 619). Durch langjährigen vorbehaltlosen Einsatz auf einem bestimmten Arbeitsplatz kann sich die Arbeitspflicht auf diese Tätigkeit **konkretisieren** (stillschweigende vertragliche Änderung), mit der Folge, dass ein anderer Arbeitsplatz nicht in Ausübung des Weisungsrechts zugewiesen werden kann. Der Umstand, dass ein ArbGeb über einen langen Zeitraum hinweg nicht von der tariflich und gesetzlich möglichen Anordnung von Sonn- und Feiertagsarbeit Gebrauch gemacht hat, führt regelmäßig nicht zu einer Konkretisierung, so dass entsprechende Anordnungen möglich bleiben (BAG 15.9.09 – 9 AZR 757/08, NJW 10, 394). 8

Soll dem ArbN ein anderer Arbeitsbereich zugeteilt werden, bedarf dies einer Versetzung (→ *Versetzung* Rn 2, als Beispiel BAG 29.2.2000 – 1 ABR 5/99, NZA 2000, 1357 und ferner *Griese* BB 95, 458). Eine solche ist nur möglich, wenn der Arbeitsvertrag eine **Versetzungsklausel** enthält, etwa die Festlegung, dass der ArbGeb berechtigt ist, dem ArbN andere **zumutbare, gleichwertige Tätigkeiten** zu übertragen. § 308 Nr 4 BGB steht der Wirksamkeit einer Versetzungsklausel nicht entgegen (BAG 11.4.06 – 9 AZR 557/05, NZA 06, 1149). Eine Versetzungsklausel, die die Zuweisung geringerwertiger Tätigkeiten vorsieht, ist als unangemessene Benachteiligung gem § 307 Abs 2 Nr 1 BGB rechtsunwirksam (BAG 26.8.10 – 10 AZR 275/09, NZA 10, 1355). 9

Fehlt eine vertragliche Versetzungsklausel, kann der Inhalt der Arbeitsleistung nur durch eine Änderungskündigung (→ *Änderungskündigung* Rn 1 ff) geändert werden. Der ArbGeb ist an seine Erklärungen bei Ausübung des Direktionsrechts gegenüber dem ArbN gebunden. Überträgt der ArbGeb einem ArbN vorläufig eine höherwertige Tätigkeit und macht er die dauerhafte Übertragung nur von der Bewährung des ArbN abhängig, darf er dem ArbN die höherwertige Tätigkeit nicht aus anderen Gründen wieder entziehen (BAG 17.12.97 – 5 AZR 332/96, NZA 98, 555).

Bei einer **vorformulierten** Versetzungsklausel muss gewährleistet sein, dass die Zuweisung eine mindestens gleichwertige Tätigkeit zum Gegenstand haben muss; andernfalls liegt eine unangemessene Benachteiligung iSd § 307 BGB vor (BAG 9.5.06 – 9 AZR 424/05, NZA 07, 145).

Vorgaben aus Compliance-Richtlinien müssen die rechtlichen Grenzen, insbes aus dem Allgemeinen Persönlichkeitsrecht der ArbN einhalten (→ *Compliance* Rn 14 ff).

In zeitlicher und örtlicher Hinsicht begrenzt der Arbeitsvertrag ebenfalls das Direktionsrecht. Mit seinen Weisungen kann der ArbGeb vertraglich festgelegte Arbeitszeiten nicht abändern. 10

Ist der Einsatzort vertraglich festgelegt, bedarf eine Änderung eines vertraglichen Versetzungsvorbehalts und einer Versetzung (Wechsel des Startflughafens eines Flugbegleiters BAG 21.7.09 – 9 AZR 404/08, NZA 09, 1369).

Es ist zulässig, durch eine Versetzungsklausel im Arbeitsvertrag das Weisungsrecht zu erweitern (BAG 13.3.07 – 9 AZR 433/06, DB 07, 1985). Die in Arbeitsverträgen über die Weiterverwendung von Lehrern aus dem Ostteil Berlins enthaltene Angabe einer bestimmten Schule schließt das Recht des Landes, den Lehrer an eine andere Schule umzusetzen, nicht aus (BAG 29.10.97 – 5 AZR 573/96, NZA 98, 555). Enthält ein Tarifvertrag eine Versetzungsbefugnis, kann diese zwar durch den Arbeitsvertrag abbedungen werden; dazu reicht aber nicht aus, wenn im Arbeitsvertrag die Dienststelle angegeben ist, bei der der ArbN eingestellt wird (BAG 21.1.04 – 4 AZR 583/02, NZA 05, 61).

Die Weisung an eine teilzeitbeschäftigte Mutter während der Elternzeit, statt wie vereinbart 2 Tage pro Woche an ihrem bisherigen Arbeitsort 24 km vom Wohnort in Deutschland entfernt nunmehr 2 Tage pro Woche in London zu arbeiten, ist offensichtlich rechtswidrig und rechtfertigt einen Anspruch auf Unterlassung im Wege der Einstweiligen Verfügung (LAG Hessen 15.2.11 – 13 SaGa 1943/10, BB 11, 820).

11 **b) Begrenzung durch Mitbestimmungsrechte des Betriebsrats.** Der ArbGeb kann von seinem Weisungsrecht nur unter Beachtung der Mitbestimmungsrechte des BRat Gebrauch machen. In inhaltlicher Hinsicht besteht ein weitgehendes Mitbestimmungsrecht nach § 87 Abs 1 Nr 1 BetrVG, wonach der BRat mitzubestimmen hat, soweit Fragen der Ordnung des Betriebes und des Verhaltens der ArbN im Betrieb betroffen sind. Hierunter fallen zwar nicht konkrete, arbeitsbezogene Einzelanweisungen, die der näheren Bestimmung der Arbeitspflicht dienen, wohl aber alle generellen Maßnahmen, die sich auf die Gestaltung des Zusammenlebens und Zusammenwirkens vom ArbN im Betrieb beziehen.

12 So kann der ArbGeb, in dessen Betrieb ein BRat existiert, ein **Rauchverbot im Betrieb** unter Beachtung der Mitbestimmungsrechte des BRat anordnen (→ *Nichtraucherschutz* Rn 4). Ebenfalls mitbestimmungspflichtig nach § 87 Abs 1 Nr 1 BetrVG ist das generelle Verbot von TV-, Video- und DVD-Geräten im Betrieb (LAG Köln 12.4.06 – 7 TaBV 68/05, NZA-RR 07, 80). **Kleiderordnung** und **Bekleidungsvorschriften** unterliegen derselben Mitbestimmungsnorm (BAG 30.9.14 – 1 AZR 1083/12, NZA 15, 121), ferner Benutzungsvorschriften hinsichtlich der Behandlung von Firmeneigentum und Firmeneinrichtungen (BAG 7.2.12 – 1 ABR 63/10, NZA 12,685 – Firmenparkplatz). **Ethikrichtlinien,** die von einem Konzern für alle Betriebe verbindlich gemacht werden sollen und das dienstliche und außerdienstliche Verhalten der ArbN regeln (zB Anzeigepflicht, wenn Arbeitskollegen gegen den Verhaltenskodex verstoßen), unterfallen in jedem Betrieb der Mitbestimmungskompetenz des BRats (BAG 22.7.08 – 1 ABR 40/07, ArbuR 08, 310; *Reinhard* NZA 16, 1233).

13 Weisungen hinsichtlich der Arbeitszeit sind durch die umfassenden Mitbestimmungsrechte des BRat im § 87 Abs 1 Nr 2 und 3 BetrVG beschränkt. Danach hat der BRat mitzubestimmen bei Beginn und Ende der täglichen Arbeitszeit einschließlich der Pausen, bei Verteilung der Arbeitszeit auf die einzelnen Wochentage sowie bei Verkürzung oder Verlängerung der betriebsüblichen Arbeitszeit (→ *Arbeitszeit* Rn 36). Dies bedeutet, dass der ArbGeb Änderungen der Arbeitszeitgestaltung nur mit Zustimmung des BRat, bzw nach einem entsprechenden **Beschluss der Einigungsstelle** nach §§ 87 Abs 2, 76 Abs 5 BetrVG, vornehmen kann.

14 Die Zuweisung eines anderen Arbeitsbereiches für mehr als einen Monat ist nach § 95 Abs 3 BetrVG eine *Versetzung.* Dies gilt sowohl dann, wenn sich der Arbeitsbereich in inhaltlicher Hinsicht ändert, als auch, wenn sich der Arbeitsort ändert, etwa durch Abordnung in eine Filiale, anders, wenn der ArbN nach § 95 Abs 3 Satz 2 BetrVG üblicherweise nicht ständig an einem bestimmten Arbeitsort arbeitet. Ist ein in der Montage eingesetzter ArbN in der Vergangenheit ganz überwiegend an einem Arbeitsplatz eingesetzt worden, ist eine Versetzung auf einen Arbeitsplatz mit ständig wechselnden Einsatzstellen nach §§ 95, 99 BetrVG mitbestimmungspflichtig (LAG Köln 23.6.08 – 5 Sa 412/08, BeckRS 2008, 55737). Jede Versetzung ist mitbestimmungspflichtig nach § 99 BetrVG: Der ArbGeb hat den BRat vor der geplanten Versetzung zu unterrichten und um Zustimmung zu bitten; der BRat kann aus den in § 99 Abs 2 BetrVG abschließend aufgezählten Gründen die Zustimmung verweigern (→ *Versetzung* Rn 12 ff; s dazu *Griese* BB 95, 461). Verweigert der BRat die Zustimmung, ist der ArbGeb im Verhältnis zum ArbN nicht verpflichtet, das Zustimmungsersetzungsverfahren durchzuführen (BAG 16.3.10 – 3 AZR 31/09, NZA 10, 1028).

15 **c) Tarifvertrag.** Die erteilten Weisungen müssen sich ferner im Rahmen der zwischen ArbN und ArbGeb geltenden Tarifverträge halten, die zB Fragen der Arbeitszeit und der Arbeitszeitgestaltung regeln. Zu beachten sind ferner tarifvertragliche Vorgaben bei der Einteilung der Vergütungsgruppen und der Bewertung der einzelnen Tätigkeiten. Die tarifvertragliche Bewertung der einzelnen Tätigkeiten ist Maßstab dafür, welche Tätigkeiten dem ArbN, der in eine bestimmte Vergütungsgruppe eingruppiert ist, übertragen werden dürfen. Der ArbGeb darf dem ArbN kraft seines Direktionsrechts nur Aufgaben zuweisen, die der Vergütungsgruppe des ArbN entsprechen.

16 **d) Gesetzliche Grenzen des Direktionsrechts.** Gesetzes- oder sittenwidrige Weisungen muss der ArbN nicht befolgen. Deshalb ist eine Weisung rechtswidrig und unbeachtlich, die dem ArbN vorgibt, ein verkehrsunsicheres Fahrzeug zu benutzen oder ohne Fahr-

erlaubnis zu fahren (BAG 23.6.88 – 8 AZR 300/85, DB 89, 280) oder den ArbN dazu anhält, die gesetzlich vorgeschriebenen Ruhezeiten zu überschreiten. Gesetzliche Grenzen in diesem Sinne sind auch Unfallverhütungsvorschriften (§ 15 SGB VII) oder die Arbeitszeitgrenzen des ArbZG und des JArbSchG oder die Arbeitsschutznormen aufgrund des ArbSchG. Weisungen und vertragliche Weisungsvorbehalte, die auf eine Umgehung von Gesetzen abzielen, sind nichtig. So kann sich ein ArbGeb nicht im Arbeitsvertrag das Recht vorbehalten, durch einseitige Erklärung den Umfang der Arbeitszeit von der Teilzeit bis zu Vollzeitbeschäftigung und dadurch die Vergütung festlegen zu dürfen. Eine in einem Formulararbeitsvertrag festgelegte Vereinbarung über das Recht des ArbGeb, die Arbeitszeit und damit die Vergütung zu reduzieren, darf maximal 20% der Arbeitszeit erfassen, eine vertragliche Aufstockungsbefugnis demzufolge 25% der bisherigen Arbeitszeit (BAG 7.12.05 – 5 AZR 535/04, NZA 06, 423). Liegt der vertraglichen Aufstockungsbefugnis eine Vereinbarung der Tarifparteien zugrunde, können diese Grenzen auch überschritten werden (BAG 14.8.07 – 9 AZR 58,07, NZA-RR 07, 129).

Auf jede Weisung ist **§ 106 GewO** anwendbar, da es sich bei der Ausübung des Weisungsrechts um eine Leistungsbestimmung durch den Gläubiger handelt. **Diese gesetzliche Schranke des Weisungsrechts** beinhaltet, dass jede Weisung nach **billigem Ermessen,** dh unter Abwägung der Interessen des ArbN einerseits und der betrieblichen Interessen andererseits erfolgen muss. Der ArbGeb muss für seine Weisung berechtigte betriebliche Interessen ins Feld führen können. Bei der Verteilung der Arbeitszeit hat der ArbGeb auf **familiäre Belastungen des Arbeitnehmers** angemessen Rücksicht zu nehmen; soweit die Verteilung der Arbeitszeit durch personelle Auswahlentscheidung zwischen mehreren ArbN erfolgen muss, kann nicht die Anwendung der Grundsätze zur sozialen Auswahl verlangt werden (BAG 23.9.04 – 6 AZR 567/03, NZA 05, 359). Die Zuweisung einer Ersatztätigkeit für eine schwangere Flugbegleiterin, die nicht mehr im Flugdienst eingesetzt werden darf, an einen Arbeitsort, der nur nach mehrstündiger Bahn- oder Flugreise erreicht werden kann, entspricht nicht mehr billigem Ermessen (BAG 21.4.99 – 5 AZR 174/98, NZA 99, 1044). Gegen § 106 GewO verstößt es, während der Anwesenheit des ArbN am Arbeitsplatz aufgrund eines schwankenden Arbeitsbedarfs **unbezahlte Zwangspausen** in beliebigem Umfang festzulegen. Solche Zwangspausen können auch nicht auf die gesetzlich vorgesehenen Pausen nach § 3 ArbZG angerechnet werden, denn diese müssen nach § 3 Satz 1 ArbZG im Voraus feststehen (LAG Köln 4.8.08 – 5 Sa 639/08; LAG Köln 15.6.09 – 5 Sa 179/09, ArbuR 10, 43). Anders ist es, wenn der ArbGeb in vorgegebenem zeitlichen Rahmen die Mindestpausen nach § 4 ArbZG festlegen kann (BAG 25.2.15 – 5 AZR 886/12, NZA 15, 494). 17

Über § 106 GewO und § 275 Abs 3 BGB finden die **verfassungsrechtlich abgesicherten Grundrechte des Arbeitnehmers** bei der Beurteilung der Rechtmäßigkeit von Weisungen Berücksichtigung. Das billige Ermessen nach § 106 GewO gebietet es, die Grundrechte des ArbN bei der Ausübung von Weisungen gebührend in die Interessensabwägung einzubeziehen. So ist eine Weisung, **Streikbrucharbeit** zu leisten, rechtswidrig, weil sie den ArbN in seinem aus Art 9 Abs 3 GG folgenden Koalitionsgrundrecht verletzt. Anders verhält es sich, wenn es sich um die Zuweisung von während des Streiks erforderlich werdenden Notdienstarbeiten handelt. 18

Zu beachten ist weiterhin das aus Art 2 Abs 1 GG folgende **allgemeine Persönlichkeitsrecht.** Besondere Bedeutung hat das Grundrecht der **Gewissensfreiheit** (→ *Gewissensfreiheit*) **des Artikel 4 GG** erlangt. Der Gewissenskonflikt so zu lösen, dass der ArbGeb zunächst versuchen muss, den ArbN an anderer Stelle einzusetzen, um ihm den Gewissenskonflikt zu ersparen. Erst wenn feststeht, dass überhaupt keine Möglichkeit besteht, den ArbN im Rahmen der vereinbarten oder im Rahmen von geänderten Arbeitsbedingungen weiter zu beschäftigen, entspricht die Weisung billigem Ermessen und ist für den ArbN verbindlich, mit der Folge, dass dann der ArbN um seiner Gewissensentscheidung willen bereit sein muss, seinen Arbeitsplatz aufzugeben (BAG 24.2.11 – 2 AZR 636/09, NZA 11, 1087 – Alkoholverkauf durch Moslem). Das BVerwG geht von demselben Ansatz aus, indem es einem Bundeswehrangehörigen, der ein militärisches Softwareprogramm für den US-Krieg im Irak entwickeln sollte, rechtmäßige Gewissensausübung bescheinigt hat, als dieser sich wegen der Völkerrechtswidrigkeit dieses Krieges geweigert hat, diese Arbeiten auszuführen (BVerwG 21.6.05 – 2 WD 12/04, ArbuR 05, 269). Ein Postzusteller kann sich mit 19

Recht auf eine Gewissensentscheidung berufen, wenn er sich weigert, Postwurfsendungen rechtsradikalen Inhalts zuzustellen (LAG Hess 20.12.94, DB 95, 1619). Wegen der durch Art 4 GG geschützten Glaubens- und Bekenntnisfreiheit kann das Tragen eines **Kopftuches** nicht generell ohne konkrete Gründe untersagt werden (BVerfG 18.10.16 – 1 BvR 354/11, NZA 16, 1522).

20 **4. Streitigkeiten über die Reichweite des Weisungsrechts.** Die Ausübung des Direktionsrechts und die Einhaltung der Begrenzungen des Direktionsrechts sind in vollem Umfang gerichtlich nachprüfbar. Ist eine Weisung rechtswidrig, etwa weil sie unter Missachtung des Mitbestimmungsrechts des BRat oder unter Verstoß gegen ein gesetzliches Verbot oder unter Nichtbeachtung der Grundsätze des billigen Ermessens gem § 106 GewO erfolgt, darf der ArbN die Befolgung der Weisung verweigern und behält seinen Entgeltanspruch gem § 615 BGB. Er kann die Rechtswidrigkeit der ArbGebSeitigen Weisung gerichtlich feststellen lassen und in dringenden Fällen dem ArbGeb die Erteilung einer beabsichtigten Weisung vorläufig im Wege der einstweiligen Verfügung untersagen lassen.

21 Ist die Weisung hingegen rechtmäßig, verliert der ArbN seinen Lohnanspruch, da er weder gearbeitet, noch vertragsmäßig nach § 615 BGB seine Arbeitsleistung angeboten hat. Zudem kommt nach einer solchen unberechtigten Verweigerung der Befolgung der Weisung– nach Abmahnung und Fortsetzung der Nichtbefolgung der Weisung – eine fristlose oder verhaltensbedingte fristgerechte Kündigung in Betracht (BAG 19.4.07 – 2 AZR 78/06, AP BGB § 611 Direktionsrecht Nr 77).

Über eine gem § 106 GewO **unbillige Weisung darf sich der ArbN hinwegsetzen, auch bevor die Unbilligkeit gerichtlich festgestellt wird** (BAG 14.6.17 – 10 AZR 330/16, NZA 17, 1452; BAG 14.9.17 – 5 AS 7/17, NZA 17, 1452 unter Aufgabe früherer Rspr; zustimmend *Preis/Rupprecht* NZA 17, 1353).

**B. Lohnsteuerrecht** *Weil*

22 Das Weisungsrecht des ArbGeb dient als Abgrenzungskriterium für das Vorliegen eines lohnsteuerpflichtigen Arbeitsverhältnisses (§ 1 Abs 2 Satz 2 LStDV; → *Arbeitnehmer (Begriff)* Rn 29 ff, insbes → Rn 33).

**C. Sozialversicherungsrecht** *Ruppelt*

23 Das arbeitsrechtliche Weisungsrecht hat keine sozialversicherungsrechtlichen Auswirkungen.

# Weiterbeschäftigungsanspruch

**A. Arbeitsrecht** *Kania*

1 **I. Überblick.** Während des Bestandes des Arbeitsverhältnisses hat der ArbN grds einen Anspruch auf tatsächliche Beschäftigung, der gegen den Willen des ArbN nur unter engen Voraussetzungen entfallen kann. Näheres → *Beschäftigungsanspruch* Rn 1 ff. Dieser Beschäftigungsanspruch besteht nur solange, bis das Arbeitsverhältnis wirksam beendet ist. Ein Schwebezustand entsteht, wenn der ArbN gegen eine vom ArbGeb ausgesprochene Kündigung gerichtlich vorgeht, bzw bei einem befristeten Arbeitsverhältnis die Wirksamkeit der Befristung gerichtlich überprüfen lässt. Hinsichtlich der Frage, inwiefern dem ArbN für den Zeitraum zwischen dem Ablauf der Kündigungsfrist, dem Zugang der fristlosen Kündigung oder dem Zeitablauf des befristeten Arbeitsverhältnisses und der rechtskräftigen Entscheidung des gerichtlichen Verfahrens ein **Weiterbeschäftigungsanspruch** zusteht, ist zu differenzieren zwischen dem Anspruch gem § 102 Abs 5 BetrVG nach Widerspruch des BRat (→ Rn 3) und dem allgemeinen Weiterbeschäftigungsanspruch nach der Entscheidung des GS des BAG vom 27.2.85, NZA 1985, 702; → Rn 11 ff.

2 In einem anderen Sinne wird der Ausdruck „Weiterbeschäftigung" in § 78a Abs 2 BetrVG gebraucht. Die Vorschrift gewährt dem in der Berufsausbildung beschäftigten Mitglied von Betriebsverfassungsorganen, das innerhalb der letzten drei Monate vor Beendigung

des Berufsausbildungsverhältnisses schriftlich die Weiterbeschäftigung verlangt, nicht nur einen Anspruch auf tatsächliche Beschäftigung, sondern fingiert kraft Gesetzes den Abschluss eines Arbeitsverhältnisses auf unbestimmte Zeit. Näheres → *Ausbildungsverhältnis* Rn 77 ff.

**II. Weiterbeschäftigungsanspruch gem § 102 Abs 5 BetrVG. 1. Voraussetzungen.** 3
**a) Ordentliche Kündigung.** Gem § 102 Abs 5 S 1 BetrVG muss der ArbGeb auf Verlangen des ArbN diesen nach Ablauf der Kündigungsfrist bis zum rechtskräftigen Abschluss des Rechtsstreites bei unveränderten Arbeitsbedingungen weiterbeschäftigen, wenn der BRat frist- und ordnungsgemäß einer ordentlichen Kündigung widersprochen hat. Nicht ausgelöst wird die Weiterbeschäftigungspflicht danach bei Ausspruch einer **außerordentlichen Kündigung,** und zwar selbst dann nicht, wenn hilfsweise zugleich ordentlich gekündigt wird (LAG Hamm 18.5.82, DB 82, 1679; *Richardi/Thüsing* § 102 Rz 209; APS/*Koch* § 102 BetrVG Rz 186; aA *Fitting* § 102 Rz 104). Eine Ausnahme besteht nur in dem Fall, dass einem ordentlich unkündbaren ArbN eine befristete außerordentliche Kündigung ausgeprochen wird. In diesem Fall ist § 102 Abs 5 BetrVG entspr anwendbar (BAG 4.2.93, EzA § 626 nF BGB Nr 144; *Kania/Kramer* RdA 95, 296). Im Falle einer **Änderungskündigung** besteht ein Weiterbeschäftigungsanspruch zu den alten Bedingungen nur dann, wenn der ArbN die Änderung ohne Vorbehalt ablehnt und Klage erhebt, da sich die Änderungskündigung insofern in eine Beendigungskündigung gewandelt hat. Kein Weiterbeschäftigungsanspruch zu den alten Bedingungen besteht dagegen, soweit sich der ArbN unter Vorbehalt gem § 2 KSchG mit der Vertragsänderung einverstanden erklärt hat (APS/*Koch* § 102 BetrVG Rn 187). Anders ist es jedoch, wenn mit der Änderungskündigung eine Versetzung iSd § 99 BetrVG einhergeht und die Zustimmung des BRat noch nicht vorliegt. In diesem Fall ist die Wirkung der Änderungskündigung bis zur Zustimmung des BRat gem § 99 BetrVG suspendiert (BAG 22.4.10 – 2 AZR 491/09, NZA 10, 1237), so dass der ArbN Weiterbeschäftigung auf seinem alten Arbeitsplatz verlangen kann (*Griese* BB 95, 458, 463; → *Änderungskündigung* Rn 40).

**b) Widerspruch des Betriebsrats.** Voraussetzung für den Weiterbeschäftigungs- 4
anspruch gem § 102 Abs 5 BetrVG ist weiter, dass der BRat der Kündigung frist- und ordnungsgemäß widersprochen hat. Die **Widerspruchsfrist** beträgt gem § 102 Abs 3, Abs 2 S 1 BetrVG eine Woche. Er muss gem § 33 BetrVG auf einem wirksamen Beschluss des BRat beruhen und schriftlich erfolgen. Ordnungsgemäß ist der Widerspruch nur, wenn er sich auf einen oder mehrere der Gründe in § 102 Abs 3 BetrVG bezieht. Danach kann der BRat einer ordentlichen Kündigung widersprechen, wenn **1.** der ArbGeb bei der Auswahl des zu kündigenden ArbN soziale Gesichtspunkte nicht oder nicht ausreichend berücksichtigt hat, **2.** die Kündigung gegen eine Auswahlrichtlinie nach § 95 BetrVG verstößt, **3.** der zu kündigende ArbN an einem anderen Arbeitsplatz im selben Betrieb oder in einem anderen Betrieb des Unternehmens weiterbeschäftigt werden kann, **4.** die Weiterbeschäftigung des ArbN nach zumutbaren Umschulungs- oder Fortbildungsmaßnahmen möglich ist oder **5.** eine Weiterbeschäftigung des ArbN unter geänderten Vertragsbedingungen möglich ist und der ArbN, sein Einverständnis hiermit erklärt hat. Dabei ist es nicht erforderlich, dass die angegebenen Gründe den Widerspruch auch tatsächlich rechtfertigen. Andererseits genügt es auch nicht, dass der BRat den Gesetzestext nur formelhaft wiederholt (LAG Düsseldorf 5.1.76, DB 76, 1065). Erforderlich ist, dass der Widerspruchsgrund unter Angabe von Tatsachen bezogen auf den konkreten Fall und den betroffenen ArbN konkretisiert wird, so dass für den ArbGeb erkennbar wird, aus welchen konkreten Umständen der BRat der Kündigung widerspricht (LAG München 10.2.94, NZA 94, 997; LAG München 2.3.94, NZA 94, 1000; APS/*Koch* § 102 BetrVG Rn 189). Dementspr ist bei einer Berufung auf eine anderweitige Beschäftigungsmöglichkeit der betreffende Arbeitsplatz in bestimmbarer Weise anzugeben (BAG 17.6.99 – 2 AZR 608/98, NZA 99, 1154). Bei der Rüge fehlerhafter Sozialauswahl muss der BRat ArbN, die zu Unrecht nicht in die Sozialauswahl einbezogen sein sollen, entweder konkret benennen oder anhand abstrakter Merkmale umschreiben (BAG 9.7.03 – 5 AZR 305/02, NZA 03, 1191). Nimmt der BRat seinen Widerspruch zurück, endet die Beschäftigungspflicht nicht (*Fitting* § 102 Rz 99; *Richardi/Thüsing* § 102 Rz 214).

**c) Kündigungsschutzklage.** Der Weiterbeschäftigungsanspruch gem § 102 Abs 5 5
BetrVG entsteht nur, wenn der ArbN nach dem KSchG Klage auf Feststellung erhoben hat,

dass das Arbeitsverhältnis durch die Kündigung nicht aufgelöst ist. Der ArbN muss also dem persönlichen und sachlichen Geltungsbereich des KSchG unterliegen (§§ 1, 23 KSchG). Er muss innerhalb der **Frist des § 4 KSchG** Klage erheben und diese zumindest auch auf die Sozialwidrigkeit iSd § 1 Abs 2 KSchG stützen. Hat der ArbN innerhalb der Drei-Wochen-Frist die Kündigung zunächst nur aus anderen Gründen angegriffen und erfolgt die Rüge der Sozialwidrigkeit gem § 6 KSchG erst später, so entsteht erst ab diesem Zeitpunkt der Weiterbeschäftigungsanspruch. Wird eine verspätete Klage gem § 5 KSchG zugelassen, so entsteht der Weiterbeschäftigungsanspruch erst mit Rechtskraft des Beschlusses über die nachträgliche Zulassung der Klage (*Schaub/Linck* § 125 Rz 4). Der Weiterbeschäftigungsanspruch entfällt, wenn die Klage zurückgenommen wird oder vom ArbN ein Antrag auf Auflösung des Arbeitsverhältnisses gegen Zahlung einer Abfindung gestellt wird (APS/*Koch* § 102 BetrVG Rz 205).

6 **d) Verlangen des Arbeitnehmers.** Der Weiterbeschäftigungsanspruch entsteht nur, wenn der ArbN gegenüber dem ArbGeb erklärt, dass er bis zur rechtskräftigen Entscheidung des Kündigungsrechtsstreites weiterbeschäftigt werden will. Teilweise wird vertreten, dass das Weiterbeschäftigungsverlangen innerhalb der Kündigungsfrist bzw spätestens bei Klageerhebung zu stellen ist (*Stahlhacke/Preis/Vossen* Rz 2235). Das BAG hat mit Urt vom 17.6.99 (2 AZR 608/98, NZA 99, 1154) erwogen, ob das Weiterbeschäftigungsverlangen „spätestens bei Auslauf der Kündigungsfrist" gestellt werden muss. Mit Entscheidung vom 11.5.2000 (2 AZR 54/99, NZA 2000, 1055) hat es auch ein Weiterbeschäftigungsverlangen am ersten Arbeitstag nach Ablauf der Kündigungsfrist gebilligt, weil auch in diesem Fall keine Beschäftigungslücke entstehe. Eine noch spätere Geltendmachung kommt nicht in Betracht; sie wäre nicht mit dem Sinn und Zweck der Vorschrift, eine durchgehende Beschäftigung zu gewährleisten, zu vereinbaren (APS/*Koch* § 102 BetrVG Rz 207).

7 **2. Inhalt und Durchsetzung.** Liegen die Voraussetzungen für § 102 Abs 5 S 1 BetrVG vor, so muss der ArbGeb den ArbN für die Zeit nach Ablauf der Kündigungsfrist bis zum rechtskräftigen Abschluss des Rechtsstreits bei unveränderten Arbeitsbedingungen weiterbeschäftigen. Während der Dauer der Weiterbeschäftigung besteht das ursprüngliche Arbeitsverhältnis fort, und zwar auflösend bedingt durch die rechtskräftige Abweisung der Kündigungsschutzklage (BAG 12.9.85, DB 86, 752; APS/*Koch* § 102 BetrVG Rn 208). Wird dagegen der Kündigungsschutzklage rechtskräftig stattgegeben, so steht damit fest, dass das ursprüngliche Arbeitsverhältnis unbefristet fortbesteht. Der Anspruch umfasst das Recht des ArbN auf tatsächliche Beschäftigung, wovon im Einverständnis mit dem ArbN abgewichen werden kann (BAG 26.5.77, DB 77, 2192). Der ArbN ist nicht schlechter, aber auch nicht besser zu stellen als in einem ungekündigten Arbeitsverhältnis (*Fitting* § 102 Rz 114). Nur soweit arbeitsvertraglich zulässig, sind Versetzungen auf einen gleichwertigen Arbeitsplatz möglich (BAG 27.1.94, DB 94, 2401). Die bisherige **Vergütung** einschließlich aller Neben- und Sonderleistungen ist weiter zu gewähren. Der ArbN hat Anspruch auf Teilnahme an allgemeinen Lohnerhöhungen, allerdings nicht auf erst entstehende Leistungen, die an eine ununterbrochene Betriebszugehörigkeit anknüpfen, wie zB Gratifikationen, Jubiläumsgelder, „Unkündbarkeit" oder Ruhegeld. Diese sind ggf nachzuzahlen, wenn der Kündigungsschutzprozess gewonnen wird (*Fitting* § 102 Rz 114).

8 **Durchsetzen** kann der ArbN den Weiterbeschäftigungsanspruch sowohl durch **Klage** als auch im Wege der **einstweiligen Verfügung** (dazu ausführlich *Reidel* NZA 2000, 454). Der Darlegung eines besonderen Verfügungsgrundes bedarf es nicht. Das nach § 935 ZPO erforderliche besondere Sicherungsinteresse ergibt sich schon aus der Rechtsnatur des Verfügungsanspruchs. § 102 Abs 5 BetrVG will verhindern, dass die Reintegration eines ArbN nach Obsiegen im Kündigungsschutzprozess durch die faktische Ausgliederung während des Rechtsstreits erschwert wird. Damit folgt allein aus dem Bestehen dieses Anspruchs die Aussage, dass jede Zeitspanne der Nichtbeschäftigung eine Gefährdung des Beschäftigungsanspruchs des ArbN bedeutet (strittig, wie hier LAG Hbg 21.5.08 – 4 SaGa 2/08, BB 08, 2636; APS/*Koch* § 102 BetrVG Rz 213 mwN; aA LAG Düsseldorf 25.1.93, DB 93, 1680; LAG München 10.2.94, NZA 94, 997; LAG BaWü 30.8.93, NZA 95, 683). Die Voraussetzungen für das Vorliegen des Weiterbeschäftigungsanspruches sind vom ArbN darzulegen und ggf zu beweisen bzw glaubhaft zu machen (ArbG Hamm 18.1.90, DB 90, 944). Der ArbGeb kann sich nicht im Wege der Einrede auf solche Gründe berufen, die eine

Entbindung von der Weiterbeschäftigungspflicht rechtfertigen könnten, da hierfür das besondere Verfahren nach § 102 Abs 5 S 2 BetrVG vorgesehen ist (ArbG Düsseldorf 27.9.83, DB 84, 618; LAG Düsseldorf/Köln 30.8.77, DB 77, 2382; LAG Hamm 24.1.94, ArbuR 94, 310; LAG München 10.2.94, NZA 94, 997). Die **Vollstreckung** erfolgt gem § 888 ZPO durch Verhängung von Zwangsgeld oder Zwangshaft gegenüber dem ArbGeb (dazu ausführlich *Leydecker/Heider/Fröhlich* BB 09, 2703; *Ahmad/Horcher* NZA 18, 1234). Hat der ArbN erfolgreich die Weiterbeschäftigung erwirkt, muss er einer Aufforderung zur Arbeitsaufnahme durch seinen ArbGeb Folge leisten. Tut er dies nicht, entfällt der Vergütungsanspruch, soweit nicht besondere Umstände die Arbeitsaufnahme unzumutbar erscheinen lassen (BAG 24.9.03 – 5 AZR 500/02, BB 03, 2688).

**3. Entbindung von der Weiterbeschäftigungspflicht.** Aufgrund einer vom ArbGeb beantragten einstweiligen Verfügung im Urteilsverfahren kann der ArbGeb von der Verpflichtung zur Weiterbeschäftigung gem § 102 Abs 5 S 2 BetrVG entbunden werden, wenn **1.** die Klage des ArbN keine hinreichende Aussicht auf Erfolg bietet oder mutwillig erscheint oder **2.** die Weiterbeschäftigung des ArbN zu einer unzumutbaren wirtschaftlichen Belastung des ArbGeb führen würde oder **3.** der Widerspruch des BRat offensichtlich unbegründet war. Die Klage des ArbN hat dann keine hinreichende Aussicht auf Erfolg, wenn sie offensichtlich oder mit erheblicher Wahrscheinlichkeit abgewiesen werden wird. Der ArbGeb hat die entsprechenden Kündigungsgründe darzulegen und glaubhaft zu machen. Haben beide Seiten hinreichende Erfolgsaussichten glaubhaft gemacht, kommt eine Befreiung von der Weiterbeschäftigungspflicht nicht in Betracht (LAG Düsseldorf/Köln 23.5.75, EzA Nr 4 zu § 102 BetrVG 1972 Beschäftigungspflicht). Eine **unzumutbare wirtschaftliche Belastung** nach Nr 2 kommt nur ganz ausnahmsweise in Betracht, wenn die wirtschaftlichen Belastungen für den ArbGeb so schwerwiegend sind, dass sie seine Existenz gefährden (*Schaub/Linck* § 125 Rz 12). Dies ist insbes bei der Stilllegung von Betrieben oder Betriebsabteilungen der Fall (*Fitting* § 102 Rz 119; weitergehend *Willemsen/Hohenstatt* DB 95, 215 ff, die insofern Unmöglichkeit iSd § 275 BGB annehmen, so dass es einer gerichtlichen Entbindung von der Weiterbeschäftigungspflicht nicht bedarf; ähnlich LAG München 8.9.11 – 3 SaGa 21/11, LAGE § 102 BetrVG 2001 Beschäftigungspflicht Nr 5). Schließlich ist der ArbGeb auch dann von der Weiterbeschäftigung zu entbinden, wenn der Widerspruch des BRat **offensichtlich unbegründet** war. Dies ist der Fall, wenn sich die Grundlosigkeit geradezu aufdrängt (*Fitting* § 102 Rz 120). 9

**Beispiele:** Rüge der mangelnden Sozialauswahl bei personen- oder verhaltensbedingter Kündigung (LAG Düsseldorf 2.9.75, DB 75, 1995); Rüge eines Verstoßes gegen Auswahlrichtlinien, obwohl solche überhaupt nicht bestehen; der Arbeitsplatz, auf den der ArbN umgesetzt werden könnte, ist bereits besetzt.

Offensichtlich unbegründet ist ein Widerspruch auch dann, wenn **die tatsächlichen Voraussetzungen für den geltend gemachten Widerspruch offensichtlich nicht gegeben** sind, was vom ArbGeb mit den eingeschränkten Beweismitteln des einstweiligen Verfügungsverfahrens glaubhaft zu machen ist. Zumindest entspr heranzuziehen ist § 102 Abs 5 Satz 2 BetrVG für den Fall, dass bereits kein ordnungsgemäßer Widerspruch vorliegt und deshalb überhaupt kein Weiterbeschäftigungsanspruch entstanden ist (LAG Düsseldorf 15.3.78, DB 78, 1283; APS/*Koch* § 102 BetrVG Rn 224; aA LAG Bln 11.6.74, DB 74, 1629). Wurde ein Antrag des ArbGeb auf Entbindung von der Weiterbeschäftigungspflicht rechtskräftig abgewiesen, so kann er wiederholt werden, wenn er sich auf neue Tatsachen stützt (LAG Köln 19.5.83, DB 83, 2368). Wird einem Antrag des ArbGeb auf Entbindung von der Weiterbeschäftigungspflicht stattgegeben, lässt dies für die Zeit bis zur Entbindungsentscheidung angefallene Vergütungsansprüche unberührt (BAG 7.3.96, DB 96, 1985). 10

**III. Allgemeiner Weiterbeschäftigungsanspruch. 1. Voraussetzungen. a) Ordentliche und außerordentliche Beendigungskündigung.** Die Grundsätze für einen Weiterbeschäftigungsanspruch außerhalb der engen Voraussetzungen des § 102 Abs 5 BetrVG für den Zeitraum zwischen Ablauf der Kündigungsfrist bzw Zugang der außerordentlichen Kündigung und der rechtskräftigen Entscheidung des Kündigungsschutzprozesses hat der GS des BAG in seiner Entscheidung vom 27.2.85, NZA 1985, 702, aufgestellt. Die Entscheidung ist heftig kritisiert worden; die Instanzgerichte folgen ihr zT nicht (LAG NdS 7.2.86, DB 86, 1126; LAG Köln 26.9.86, BB 87, 199). 11

12 Nach dem **Beschluss des Großen Senats vom 27.2.85** bedarf es jeweils einer Wertung, ob der ArbGeb ein überwiegendes Interesse an der Nichtbeschäftigung des ArbN hat oder ob das Interesse des ArbN an seiner Beschäftigung höher zu bewerten ist. Insofern kann der Bestand des Weiterbeschäftigungsanspruches während des Kündigungsrechtsstreites wechseln. Bis zu einem der Kündigungsschutzklage stattgegebenden erstinstanzlichen Urt begründet grds die Ungewissheit über den Ausgang des Kündigungsprozesses ein **schutzwertes Interesse des Arbeitgebers** an der Nichtbeschäftigung des gekündigten ArbN.

13 Hiervon bestehen zwei **Ausnahmen:** Einmal kann ein schutzwertes Interesse des ArbGeb an der Nichtbeschäftigung des ArbN dann nicht anerkannt werden, wenn die **Kündigung offensichtlich unwirksam** ist. Dies ist dann der Fall, wenn sich schon aus dem eigenen Vortrag des ArbGeb ohne Beweiserhebung und ohne dass ein Beurteilungsspielraum gegeben wäre, jedem Kundigen die Unwirksamkeit der Kündigung geradezu aufdrängen muss. Solche Fälle sind im Kündigungsrechtsstreit selten. Offensichtlich unwirksam ist etwa eine Kündigung, die ohne die gesetzlich erforderliche behördliche Zustimmung erfolgt ist (§ 168 SGB IX; § 17 MuSchG). Zum anderen überwiegt das Beschäftigungsinteresse des ArbN dann, wenn es ihm gelingt, ein **besonderes Interesse an der tatsächlichen Beschäftigung** darzulegen, welches die pauschale Interessenabwägung des GS als nicht gerechtfertigt erscheinen lässt. Ein solcher Ausnahmefall kann etwa dann vorliegen, wenn durch die Nichtbeschäftigung die Erlangung oder Erhaltung einer beruflichen Qualifikation ernstlich in Frage gestellt würde (BAG 8.4.88, NZA 88, 741; LAG Bln 22.2.91, BB 91, 1050).

14 Nach einem der Kündigungsschutzklage **stattgebenden Urteil** ändert sich die Interessenlage. Allein die verbleibende Ungewissheit des Prozessausgangs kann nunmehr für sich allein ein überwiegendes Interesse des ArbGeb an der Nichtbeschäftigung nicht mehr begründen; vielmehr müssen jetzt zu der Ungewissheit des Prozessausgangs **zusätzliche Umstände** hinzutreten, aus denen sich im Einzelfall ein überwiegendes Interesse des ArbGeb ergibt, den ArbN nicht zu beschäftigen. Zu denken ist hierbei an solche Umstände, die auch im streitlos bestehenden Arbeitsverhältnis den ArbGeb zur vorläufigen Suspendierung des ArbN berechtigen (zur Suspendierung → *Beschäftigungsanspruch* Rn 4–9). Weiter kann sich ein überwiegendes Interesse des ArbGeb an der Nichtbeschäftigung auch aus der Stellung des gekündigten ArbN im Betrieb und der Art seines Arbeitsbereichs sowie bei wirtschaftlicher Unzumutbarkeit ergeben (BAG GS 27.2.85, DB 85, 2203 ff).

15 **b) Befristung, Änderungs- und Wiederholungskündigung.** Die vom GS im Beschluss vom 27.2.85 entwickelten Grundsätze sind **entsprechend anwendbar,** wenn um die Wirksamkeit einer **Befristung des Arbeitsvertrages** gestritten wird (BAG 13.6.85, NZA 86, 562). Bei Weiterbeschäftigung nach stattgebendem Urteil muss der ArbGeb zur Abwendung der Rechtsfolge aus § 15 Abs 5 TzBfG uU auf die alleinige Erfüllung seiner Rechtspflicht ausdrücklich hinweisen (BAG 22.7.14 – 9 AZR 1066/12, NZA 14, 1330; → Rn 19).

16 Bei Ausspruch einer **Änderungskündigung** ist zu differenzieren: Lehnt der ArbN das Änderungsangebot vorbehaltlos ab, so streiten die Parteien allein um den Fortbestand des Arbeitsverhältnisses mit der Folge, dass der ArbN Weiterbeschäftigung zu den bisherigen Arbeitsbedingungen nach den Grundsätzen des Beschlusses vom 27.2.85 verlangen kann. Nimmt der ArbN dagegen das Änderungsangebot unter Vorbehalt der sozialen Rechtfertigung an, so ist er verpflichtet, zu den geänderten Bedingungen weiterzuarbeiten. Weiterbeschäftigung nach den Grundsätzen der Entscheidung vom 27.2.85 kann der ArbN auch dann nicht verlangen, wenn ein Instanzgericht seiner Änderungsschutzklage stattgegeben hat (BAG 28.5.09 – 2 AZR 844/07, NZA 09, 954; 18.1.90, DB 90, 1773; LAG Düsseldorf 25.1.93, DB 93, 1680; aA ArbG Hamburg 17.9.09 – 17 Ca 179/09, NZA-RR 10, 139). Eine Ausnahme besteht auch, wenn die erforderliche Zustimmung des BRat gem § 99 BetrVG nicht vorliegt (→ Rn 3).

17 Spricht der ArbGeb, nachdem ein Instanzgericht ihn zur Weiterbeschäftigung verurteilt hat, **eine weitere Kündigung aus,** so beendet diese den Weiterbeschäftigungsanspruch, wenn sie auf einen neuen Lebenssachverhalt gestützt ist, der es möglich erscheinen lässt, dass die erneute Kündigung eine andere rechtliche Beurteilung erfährt. Der Weiterbeschäftigungsanspruch entfällt hingegen nicht, wenn die neue Kündigung offensichtlich unwirksam ist oder auf dieselben Gründe gestützt wird wie die erste Kündigung (BAG 19.12.85, DB 86, 1679). Ein Weiterbeschäftigungsanspruch kommt schließlich auch dann in Betracht,

wenn eine Kündigung zwar rechtswirksam ist, der ArbGeb aber erstinstanzlich zur **Wiedereinstellung** (→ Wiedereinstellungsanspruch Rn 1 ff) verurteilt wurde, dh zur Abgabe einer Willenserklärung, gerichtet auf den (rückwirkenden) Abschluss eines Arbeitsvertrags (LAG Berlin-Bbg 26.2.16 – 6 Ta 241/16, NZA-RR 16, 404).

**2. Rechtsnatur und Rückabwicklung des Weiterbeschäftigungsverhältnisses.** 18
**a) Allgemeines.** Zur Rechtsnatur und der davon abhängigen Rückabwicklung des Weiterbeschäftigungsverhältnisses hat der GS in seinem Beschluss vom 27.2.85 keine Stellung genommen. Die Problematik stellt sich, wenn die Kündigungsschutzklage letztinstanzlich abgewiesen wird, das Arbeitsverhältnis durch Urt gem § 9 KSchG aufgelöst oder im Wege des Vergleichs rückwirkend beendet wird. Dann ist danach zu differenzieren, ob das Arbeitsverhältnis in der Zwischenzeit einvernehmlich fortgesetzt wurde oder der ArbN lediglich zur Abwendung der Zwangsvollstreckung weiterbeschäftigt wurde. Wird hingegen letztinstanzlich festgestellt, dass die Kündigung unwirksam ist, so hat das ursprüngliche Arbeitsverhältnis ohne Besonderheiten fortbestanden.

**b) Vereinbarte Weiterbeschäftigung.** ArbGeb und ArbN steht es frei, das ursprüngliche Arbeitsverhältnis für die Dauer des Weiterbeschäftigungsanspruchs einvernehmlich fortzusetzen bzw ein neues, auf den Ausgang des Rechtsstreites bedingtes Arbeitsverhältnis abzuschließen. Die rechtskräftige Entscheidung eines Kündigungsrechtsstreits stellt einen sachlichen Grund für die Bedingung bzw Befristung des Arbeitsverhältnisses iSd §§ 14 Abs 1, 21 TzBfG dar (LAG Köln 5.4.12 – 13 Sa 1360/11, BeckRS 2012, 71361). Ist eine solche Vereinbarung getroffen, so richten sich die Rechte und Pflichten der Parteien regelmäßig nach dem ursprünglichen Arbeitsverhältnis. Allerdings sollte im Hinblick auf § 15 Abs 3 TzBfG eine Kündigungsmöglichkeit ausdrücklich vereinbart werden. Vorsicht ist aus ArbGebSicht im Hinblick auf das Schriftformerfordernis gem § 14 Abs 4 TzBfG geboten, welches dazu führt, dass ohne schriftliche Bedingungs- oder Befristungsabrede getroffene Weiterbeschäftigungsvereinbarungen zu einem Fortbestand des Arbeitsverhältnisses über das Ende des Kündigungsschutzprozesses hinaus führen (BAG 22.10.03 – 7 AZR 113/03, NZA 04, 1275; → Befristetes Arbeitsverhältnis Rn 47). Liegt eine Vereinbarung vor, hat der ArbN Anspruch auf Vergütungsfortzahlung im Krankheitsfall (BAG 15.1.86, NZA 86, 561), auf Gratifikationen und sonstige Nebenleistungen (BAG 4.9.86, DB 87, 1154). Die einvernehmliche (unbefristete) Fortsetzung des Arbeitsverhältnisses **muss nicht ausdrücklich erfolgen,** sondern kann sich aus dem Verhalten der Parteien ergeben. Für eine Fortsetzung des bisherigen Arbeitsverhältnisses spricht etwa, wenn der ArbGeb den ArbN zur Fortsetzung seiner Tätigkeit auffordert (BAG 15.1.86, DB 86, 1393), oder wenn der ArbN von sich aus weiter arbeitet und der ArbGeb vorbehaltlos die Vergütung fortzahlt (BAG 4.9.86, DB 87, 1154). Allein die Verurteilung zur Weiterbeschäftigung bewirkt hingegen nicht, dass das gekündigte Arbeitsverhältnis fortbesteht (BAG 17.1.91, DB 91, 1836). Die Voraussetzungen für das Vorliegen einer Vereinbarung zur einvernehmlichen Fortsetzung des Arbeitsverhältnisses für die Zeit des Weiterbeschäftigungsanspruchs hat der ArbN darzulegen und zu beweisen (BAG 17.1.91, DB 91, 1836). Das bloße Verlangen des ArbN, unter Hinweis auf eine erstinstanzliche ArbGEntscheidung weiter beschäftigt zu werden, führt grds nur zu einer **Prozessbeschäftigung** (zur Abwendung der Zwangsvollstreckung) und nicht zu einer (bedingten) Weiterbeschäftigungsvereinbarung (LAG NdS 27.9.05 – 13 Sa 275/05, NZA-RR 06, 179). Dies gilt auch dann, wenn der ArbGeb, ohne dass ein Weiterbeschäftigungsantrag im Gerichtsverfahren gestellt wurde, einen ArbN zur Erfüllung dieses Anspruchs beschäftigt (BAG 22.7.14 – 9 AZR 1066/12, NZA 14, 1330). 19

**c) Erzwungene Weiterbeschäftigung.** Wird der ArbN nur zur Abwendung der Zwangsvollstreckung weiterbeschäftigt und wird dann letztinstanzlich die Rechtswirksamkeit der Kündigung bestätigt, so steht damit fest, dass die **Weiterbeschäftigung ohne Rechtsgrund** erfolgt ist. Die **Rückabwicklung** hat **nach Bereicherungsrecht** zu erfolgen (ausführlich *Pallasch* BB 93, 2225). Da der ArbGeb die erhaltenen Arbeitsleistungen nicht wieder herausgeben kann, schuldet er **Wertersatz** nach § 818 Abs 2 BGB (BAG 10.3.87, DB 87, 1045; 1.3.90, DB 90, 1287; 12.2.92, DB 92, 2298). Nach der Rspr des BAG richtet sich der Wert der Arbeitsleistung nach der üblichen Vergütung, die **grundsätzlich** durch den **Tariflohn** bestimmt wird, aber auch einzelvertraglich vereinbarte übertarifliche Vergütungsbestandteile umfassen kann (BAG 12.2.92 – 5 AZR 297/90, NZA 93, 20

177). Zahlt der ArbGeb im Falle von Krankheit, Urlaub oder anderen Arbeitsverhinderungen keine Vergütung, so scheidet im Falle der Wirksamkeit der Kündigung ein entsprechender Zahlungsanspruch des ArbN aus, weil der ArbGeb insofern nicht bereichert ist (*Schwerdtner* DB 89, 878). Gezahlter Krankenlohn usw kann als ungerechtfertigte Bereicherung zurückverlangt werden (*Bengelsdorf* SAE 87, 254, 268). Gem § 717 Abs 2 ZPO ist der ArbN dem ArbGeb zum Ersatz des Schadens verpflichtet, der diesem durch die Vollstreckung erwachsen ist. Hierzu zählt nicht das gezahlte Arbeitsentgelt. Als Schaden kommen nur solche Nachteile in Betracht, die der ArbGeb durch die Kündigung hat vermeiden wollen.

21 **3. Durchsetzung des Weiterbeschäftigungsanspruchs.** Der ArbN kann die Weiterbeschäftigungsklage mit der Kündigungsschutzklage im Wege der **Klagehäufung** verbinden oder als **uneigentlichen Hilfsantrag** für den Fall stellen, dass der Kündigungsschutzklage stattgegeben wird (BAG 8.4.88, NZA 88, 741). Der Klageantrag muss **hinreichend bestimmt** sein. Damit das Urt einen vollstreckungsfähigen Inhalt hat, muss die Position, in der der ArbN weiterbeschäftigt werden will, genau umschrieben werden; die übliche Formulierung „Weiterbeschäftigung zu den bisherigen Arbeitsbedingungen" wird teilweise als unzureichend angesehen (LAG Bln 8.1.93, BB 93, 732; LAG RhPf 30.3.87, NZA 87, 827; LAG Köln 7.7.87, LAGE Nr 15 zu § 888 ZPO; LAG Köln 24.10.95, NZA-RR 96, 108). Ausreichend soll es aber nach Auffassung des BAG sein, wenn sich aus dem Titel ergibt, dass der ArbN als „technischer Angestellter" beschäftigt werden soll (BAG 15.4.09 – 3 AZB 93/08, NZA 09, 917). Eine Aussetzung der Klage auf Weiterbeschäftigung bis zur rechtskräftigen Entscheidung der Kündigungsschutzklage kommt regelmäßig nicht in Betracht (*Grunsky* NZA 87, 295). Einer Arbeitsaufforderung seitens des ArbGeb nach erfolgreicher Durchsetzung des Anspruchs hat ein ArbN grds Folge zu leisten (→ Rn 8).

22 Im Wege der **einstweiligen Verfügung** ist eine Durchsetzung des allgemeinen Weiterbeschäftigungsanspruchs **nur im Ausnahmefall** möglich: Vor einem erstinstanzlichen Urt, das der Kündigungsschutzklage stattgibt, kann nach den Grundsätzen des GS im Beschluss vom 27.2.85 ein Verfügungsanspruch nur vorliegen, wenn die Kündigung offensichtlich unwirksam ist oder vom ArbN ein besonderes Beschäftigungsinteresse glaubhaft gemacht wird, welches ausnahmsweise das durch den unsicheren Prozessausgang bedingte Interesse des ArbGeb an der Nichtbeschäftigung überwiegt. Ein solches Interesse wird man nur dann annehmen können, wenn durch die Nichtbeschäftigung die Erlangung oder Erhaltung einer beruflichen Qualifikation ernstlich in Frage gestellt wird (→ Rn 13). Nach Verkündung eines erstinstanzlichen Urt, das der Kündigungsschutzklage stattgibt, kommt eine einstweilige Verfügung überhaupt nicht in Betracht. Hat der ArbN nämlich den Weiterbeschäftigungsanspruch klageweise mit der Kündigungsschutzklage verbunden, so verfügt er nun über einen vollstreckbaren Titel auf Weiterbeschäftigung. Hat der ArbN den Antrag auf Weiterbeschäftigung im Hauptverfahren nicht gestellt, so scheidet eine einstweilige Verfügung aus, weil es der ArbN unterlassen hat, sein Rechte im normalen Erkenntnisverfahren geltend zu machen (LAG Köln – 12 Ta 189/00, NZA-RR 01, 387; LAG Frankfurt 23.3.87, NZA 88, 37; *Stahlhacke/Preis/Vossen* Rz 2237).

23 Die **Zwangsvollstreckung** des Weiterbeschäftigungsanspruchs erfolgt gem § 888 ZPO durch Verhängung von Zwangsgeld oder Zwangshaft (dazu ausführlich *Leydecker/Heider/Fröhlich* BB 09, 2703; *Ahmad/Horcher* NZA 18, 1234). Die Zwangsvollstreckung des Weiterbeschäftigungsanspruchs ist unzulässig, wenn der ArbGeb den Weiterbeschäftigungsanspruch, etwa weil der Arbeitsplatz weggefallen ist, nicht erfüllen kann (LAG Hamm 29.8.84, BB 84, 1750; LAG Bln 6.6.86, DB 86, 2192). Die entspr Unternehmerentscheidung muss der ArbGeb glaubhaft machen (LAG SchlHol 11.12.03 – 2 Ta 257/03, NZA-RR 04, 408).

## B. Lohnsteuerrecht

*Seidel*

24 Bei Weitergewährung der Vergütung im Rahmen der Weiterbeschäftigung gem § 102 Abs 5 BetrVG während der Kündigungsschutzklage (→ Rn 3–10) ergeben sich lohnsteuerlich keine Besonderheiten. Das ursprüngliche Arbeitsverhältnis besteht fort, der **Arbeitslohn** ist wie bisher dem LStAbzug zu unterwerfen. Dies gilt auch im Rahmen des allgemeinen Weiterbeschäftigungsanspruchs bei einvernehmlich fortgesetztem Arbeitsverhältnis (→ Rn 19).

25 Wird der ArbN nur zur Abwendung der Zwangsvollstreckung weiterbeschäftigt und hat wegen der Bestätigung der Kündigung eine Rückabwicklung zu erfolgen (→ Rn 20), ändert dies nichts am bis dahin vorgenommenen LStAbzug des weiterhin zugeflossenen Arbeitslohns. Die Umstellung auf eine andere Rechtsgrundlage (Wertersatz nach Bereicherungsrecht) für das „Behaltendürfen" der empfangenen Geldleistungen ist für die LSt unbeachtlich. Soweit zum Zeitpunkt der Bestätigung der Kündigung noch Zahlungen des ArbGeb offen sind und diese von vornherein auf § 818 Abs 2 BGB gestützt werden (→ Rn 20), stellt auch der dem ArbN zufließende „Wertersatz" für die von ihm ohne Rechtsgrund erbrachten Leistungen weiterhin Arbeitslohn dar, der dem LStAbzug unterliegt, denn steuerrechtlich macht es keinen Unterschied, ob die Wirkungen des aufgelösten Arbeitsvertrags zwangsweise oder freiwillig weiterbestehen (→ *Faktisches Arbeitsverhältnis* Rn 11).

**C. Sozialversicherungsrecht** *Schlegel*

26 **1. Beitrags- und Versicherungspflicht bei erfülltem Weiterbeschäftigungsanspruch.** Das Beitrags- und Leistungsrecht der SozV knüpft nicht daran an, ob ein wirksames Arbeitsverhältnis vorliegt und Leistung und Gegenleistung gerade zur Erfüllung eines wirksamen Arbeitsvertrages erbracht werden. Beschäftigung wird in § 7 Abs 1 SGB IV nämlich als die „nichtselbstständige Arbeit, insbes in einem Arbeitsverhältnis" definiert.

27 Sozialversicherungsrechtlicher Anknüpfungspunkt ist damit nicht ausschließlich ein wirksames Arbeitsverhältnis; ein Beschäftigungsverhältnis iSd § 7 SGB IV liegt auch vor, wenn ein Arbeitsvertrag – wirksam oder unwirksam – gekündigt wurde, und die Beschäftigung nunmehr auf der Grundlage eines Weiterbeschäftigungsanspruchs erfolgt; insoweit ist es sozialrechtlich auch unerheblich, ob sich der Weiterbeschäftigungsanspruch aus § 102 Abs 5 BetrVG oder aus den vom BAG entwickelten Grundsätzen zum Allgemeinen Weiterbeschäftigungsanspruchs ergibt. Das zur Beschäftigung führende Rechtsverhältnis (Beschäftigungsverhältnis) gründet hier ausnahmsweise nicht auf dem Arbeitsvertrag, sondern auf Gesetz bzw Richterrecht. Selbst wenn nachträglich durch letztinstanzliches Gerichtsurteil festgestellt wird, dass der Weiterbeschäftigungsanspruch rechtlich nicht bestand, ändert dies nichts daran, dass in der Zeit, in der aufgrund des vermeintlichen Anspruchs eine Beschäftigung stattfand, Beitrags- und Versicherungspflicht in der SozV und ArblV bestand.

28 **2. Nicht erfüllter Weiterbeschäftigungsanspruch.** Besteht ein Anspruch des ArbN auf Weiterbeschäftigung, lehnt der ArbGeb jedoch die Arbeitsleistung des ArbN ab, so besteht ausnahmsweise auch ohne tatsächliche Arbeitsleistung Beitrags- und Versicherungspflicht. Voraussetzung hierfür ist, dass sich der ArbGeb im Annahmeverzug befindet; Annahmeverzug tritt insoweit auch dann ein, wenn der ArbGeb die vom ArbN im Hinblick auf einen Weiterbeschäftigungsanspruch angebotene Arbeit ablehnt (Einzelheiten → *Annahmeverzug* Rn 27; *Freistellung von der Arbeit*).

29 **3. Höhe des Arbeitsentgelts.** Die Höhe des Arbeitsentgelts bestimmt sowohl die Höhe der für den ArbN zu entrichtenden GesamtSozVBeiträge als auch den Umfang der vom ArbN zu beanspruchenden Leistungen (zB Krankengeld, AlGeld etc). Arbeitsentgelt iSd § 14 SGB IV ist auch der vom ArbGeb nach § 818 Abs 2 BGB im Falle einer erzwungenen Weiterbeschäftigung zu zahlende Wertersatz, da es sich auch hierbei um eine „Einnahme" des ArbN aus dem – wenn auch erzwungenen – Beschäftigungsverhältnis handelt. Für die Pflicht zur Zahlung der Beiträge kommt es zudem nicht darauf an, ob der Wertersatz tatsächlich zur Auszahlung gelangt (§ 22 SGB IV; Einzelheiten → *Lohnzufluss* Rn 21 ff); der Beitragstatbestand wird bereits durch die tatsächliche Arbeitsleistung – oder bei Annahmeverzug durch das Anbieten der Arbeit – und den Anspruch auf Gewährung eines Wertersatzes hierfür ausgelöst.

# Weiterbildung

**A. Arbeitsrecht** *Poeche*

1 **Begriff.** Weiterbildung umfasst begrifflich die unterschiedlichsten Formen von Bildungsmaßnahmen, die keine Erst- oder Grundausbildung vermitteln. Angesprochen sind sowohl

die beruflich qualifizierende Fortbildung und Umschulung iSd BBiG wie auch die Vermittlung staatsbürgerlicher und kultureller Kenntnisse.

2 **Anwendungsbereich.** Landesgesetzlich wird dem ArbN teils ein Anspruch gegen den ArbGeb auf bezahlten Bildungsurlaub (→ *Bildungsurlaub* Rn 2) gewährt. Er dient der ArbN-Weiterbildung, wobei zwischen beruflicher, politischer und allgemeiner unterschieden wird. In der betrieblichen Praxis werden unter dem Begriff „Weiterbildung" alle Bildungsmaßnahmen zusammengefasst, die mit Ausnahme der Berufsausbildung und Umschulung der Verbreiterung oder Vertiefung des Wissens des ArbN dienen. Er entspricht begrifflich den „sonstigen Bildungsmaßnahmen" iSv § 98 Abs 6 BetrVG (→ *Betriebliche Berufsbildung* Rn 13).

**Förderung.** Die BA fördert ua nach §§ 81 f SGB III die berufliche Weiterbildung; zwischen Fortbildung und Umschulung wird nicht mehr unterschieden. Allein die Förderung durch die BA rechtfertigt die Befristung eines Arbeitsverhältnisses zur „Aus- und Weiterbildung" nicht. Verlangt wird eine systematische Wissensvermittlung, die der ArbN auch anderweitig verwerten kann (BAG 22.4.09 – 7 AZR 96/08, NZA 09, 1099).

3 **Arztrecht.** Im Bereich der ärztlichen Ausbildung außerhalb der Hochschule wird nach dem „Gesetz über befristete Arbeitsverträge mit Ärzten in der Weiterbildung" die Befristung des Arbeitsvertrages mit einem Arzt sachlich gerechtfertigt, wenn die Beschäftigung des Arztes seiner Weiterbildung zum Facharzt oder dem Erwerb einer Anerkennung für einen Schwerpunkt oder dem Erwerb einer Zusatzbezeichnung, eines Fachkundenachweises oder einer Bescheinigung über eine fakultative Weiterbildung dient (hierzu BAG 14.6.17 – 7 AZR 597/15, BeckRS 2017, 128880; 24.4.96 – 7 AZR 428/95, DB 96, 2338). Die beabsichtigte Weiterbildung muss der im Rahmen des befristeten Arbeitsverhältnisses ausgeübten Beschäftigung des Arztes ihr Gepräge geben (BAG 14.6.17 – 7 AZR 597/15, BeckRS 2017, 128880). Zur Weiterbildung in einer Kassenarztpraxis *Künzl* NZA 08, 1101.

4 **Hochschule.** Nach früherem Hochschulrahmenrecht konnte das wissenschaftliche/künstlerische/ärztliche Personal unter dem Aspekt „Weiterbildung" bis zu einer bestimmten Höchstgrenze befristet eingestellt werden (Promotion, Habilitation, qualifizierende Berufsvorbereitung). Seit 23.2.2002 waren Befristungen sachgrundlos zulässig (§ 57 f HRG). Die §§ 57a ff HRG waren nach der Entscheidung des BVerfG nichtig (27.7.04 – 2 BvF 2/02, BVerfGE 111, 226); damit war auch § 57 f HRG nicht mehr anwendbar. Die Vorschrift ist (verfassungsrechtlich nicht zu beanstanden) rückwirkend wieder in Kraft gesetzt worden (BAG 21.6.06 – 7 AZR 234/05, AP HRG § 57a Nr 5). Nach dem 17.4.2007 gilt das Wissenschaftszeitvertragsgesetz (WissZeitVG, BGBl I 07, 506) vom 12.4.2007 mit Übergangsregelungen für die §§ 57a–f HRG in § 7 WissZeitVG. Zum persönlichen Geltungsbereich des WissZeitVG BAG 1.6.11 – 7 AZR 827/09, NZA 11, 1280.

5 **Rechtsweg.** Für eine Klage auf Zulassung zu einer von der öffentlichen Hand eingerichteten berufsbegleitenden Weiterbildung und Prüfung von Lehrern für ein bestimmtes Lehramt ist auch dann das VG zuständig, wenn der Lehrer bereits angestellter Lehrer des Landes ist (BAG 22.9.99 – 5 AZB 27/99, NZA 2000, 55).

## B. Lohnsteuerrecht

*Weil*

6 **Steuerliche Einordnung**. Die **berufliche** Weiterbildung (→ Rn 1) ist steuerlich wie die Fortbildung zu behandeln (R 19.7 Abs 1 LStR; → *Fortbildung* Rn 20 ff). Die Aufwendungen sind als (ggf vorweggenommene) Werbungkosten abziehbar, wenn nicht der Ausschluss nach § 9 Abs 6 EStG greift (→ *Ausbildungskosten* Rn 6 ff). Soweit staatsbürgerliche u kulturelle Kenntnisse vermittelt werden, sind die Aufwendungen nicht abzugsfähig (→ *Ausbildungskosten* Rn 9).

**Kostentragung durch den Arbeitgeber.** Liegt eine vom ArbGeb finanzierte Weiterbildung der ArbN im überwiegend **eigenbetrieblichen Interesse des Arbeitgebers,** stellt die Weiterbildung keinen Lohn dar (zB FG Münster 9.8.16 – 13 K 3218/13 L, BB 16, 2453: Übernahme von Aufwendungen zur nach den Berufskraftfahrer-QualifikationsG erforderlichen Weiterbildung). Die Finanzverwaltung geht neuerdings im Zweifel von eigenbetrieblichem Interesse des ArbGeb aus, also kein Lohn (R 19.7 Abs 2 LStR; → *Fortbildung* Rn 30 ff; → *Betriebliche Berufsbildung* Rn 19 ff). Anderenfalls ist stpfl Lohn anzunehmen

(→ *Fortbildung* Rn 36). Der dem ArbN weitergezahlte Lohn unterliegt dem LStAbzug nach den allgemeinen Vorschriften (→ *Lohnabzugsverfahren* Rn 2 ff).

**Kostentragung durch den Arbeitnehmer.** Bei Eigenfinanzierung der Weiterbildung durch den ArbN führt Weiterbildung im ausgeübten Beruf zu **Werbungskosten** (R 9.2 LStR; → *Fortbildung* Rn 22 ff). Erforderlich ist, den beruflichen Verwendungsbezug im Einzelnen zu konkretisieren, zB Fachliteratur oder Arbeitszimmer während des Erziehungsurlaubs (BFH 22.7.03 – VI R 137/99, BFH/NV 03, 1380), Programm und Stundennachweis bei teils privat, teils beruflichen Auslandsreisen (BFH 21.4.10 – VI R 66/04, BStBl II 10, 685; Einzelheiten → *Ausbildungskosten* Rn 6; → *Fortbildung* Rn 20). Bei einem **Seniorenstudium** wird die berufliche Veranlassung meist fehlen, so dass die Aufwendungen nicht abzugsfähig sind (§ 12 Nr 1 EStG; BFH 10.2.05 – VI B 33/04, BFH/NV 05, 1056). Zur Behandlung von Fördermitteln und Zuschüssen, auch im Rahmen des Hartz-Modells → *Ausbildungskosten* Rn 17.

Der Begriff der **Weiterbildung gem §§ 81 ff SGB III** hat steuerlich keine eigenständige 7
Bedeutung. Zur Anrechnung von Leistungen nach § 81 ff SGB III; §§ 12, 13 BAföG (→ Rn 22 ff) s R 10. 9. EStR; → *Ausbildungskosten* Rn 17, → *Umschulung* Rn 15. Weitere Einzelheiten → *Ausbildungskosten* Rn 6 ff; → *Fortbildung* Rn 20 ff; → *Freistellung von der Arbeit* Rn 33 ff; → *Betriebliche Berufsbildung* Rn 19 ff; → *Bildungsurlaub* Rn 31 ff; → *Umschulung* Rn 13 ff; → *Arbeitszimmer* Rn 25, → *Auslandsreise* Rn 19 ff.

## C. Sozialversicherungsrecht

*Voelzke*

### Übersicht



**I. Allgemeines.** Voraussetzungen und Umfang der **Förderung der beruflichen Wei-** 8
**terbildung** durch die BA sind in §§ 81 ff SGB III geregelt. Nach diesen Vorschriften richtet sich die Förderung der beruflichen Weiterbildung aufgrund des Verweises in § 16 Abs 1 S 2 Nr 4 SGB II auch für Empfänger von AlGeld II durch die Jobcenter (zu Einzelheiten *Hauck/Noftz/Voelzke* SGB II, § 16 Rn 198 ff). Beruht die Erforderlichkeit der beruflichen Weiterbildung nicht auf arbeitsmarktbedingten Gründen, sondern auf einer körperlichen, geistigen oder seelischen Behinderung des ArbN, so richtet sich die Förderung nach den Vorschriften über die Gewährung berufsfördernder Leistungen zur Reha (*Teilhabe und Inklusion*).

Während der Teilnahme an einer nach § 81 SGB III geförderten Maßnahme der beruflichen Weiterbildung kann der ArbN **Arbeitslosengeld bei beruflicher Weiterbildung** (§ 144 SGB III) beziehen. Im Übrigen besteht für Empfänger von AlGeld die Möglichkeit, auch während einer nicht von der Agentur für Arbeit geförderten Maßnahme weiterhin Leistungen zu beziehen.

Außerhalb der Förderung von Weiterbildungsmaßnahmen gilt nach § 139 Abs 3 SGB III für die Voraussetzungen eines Anspruchs auf AlGeld bei Arbeitslosigkeit, dass die **Verfügbarkeit** nicht ausgeschlossen ist, wenn die Agentur für Arbeit der Teilnahme an einer Weiterbildungsmaßnahme zustimmt und der Leistungsberechtigte seine Bereitschaft erklärt, die Maßnahme abzubrechen, sobald eine berufliche Eingliederung in Betracht kommt und zu diesem Zweck die Möglichkeit zum Abbruch mit dem Träger der Maßnahme vereinbart hat. Es muss sich inhaltlich um eine Maßnahme der beruflichen Weiterbildung handeln, während die Zulassung des Bildungsträgers nicht erforderlich ist (*Hauck/Noftz/Valgolio* SGB III § 139 Rz 85).

9 **II. Förderung der beruflichen Weiterbildung.** Die Teilnahme an Weiterbildungsmaßnahmen kann nach den Regelungen des SGB III und des SGB II gefördert werden, wenn die hierfür in den §§ 81 ff SGB III vorgesehenen Voraussetzungen erfüllt sind und der Leistungsträger sein Ermessen zugunsten des ArbN ausgeübt hat. Das Förderungsrecht ist durch das Qualifizierungschancengesetz vom 18.12.18 (BGBl I 18, 2651) deutlich ausgeweitet worden. Mit den gesetzlichen Neuregelungen reagiert der Gesetzgeber auf den Strukturwandel am Arbeitsmarkt. Hierzu wird ua der Zugang zur beruflichen Weiterbildung dadurch erweitert, dass die Weiterbildungsförderung für beschäftigte ArbN unabhängig von Ausbildung, Lebensalter und Betriebsgröße ermöglicht wird (zu weiteren Zielen des Gesetzes s BT-Drs 19/4948 S 2).

**1. Abgrenzungsfragen** ergeben sich in erster Linie zur beruflichen **Erstausbildung,** die nach den §§ 56 ff SGB III zu fördern ist (→ *Berufsausbildungsförderung* Rn 10 ff). Als berufliche Ausbildung wertet das BSG nur die erste zu einem beruflichen Abschluss führende Bildungsmaßnahme, während alle **späteren Schritte** der beruflichen Bildung nur entweder Fortbildung oder Umschulung (Weiterbildung) sein können. Bei beruflichen Weiterbildungsmaßnahmen werden bereits vorhandene berufliche Kenntnisse und Fertigkeiten auf weitergehende Ziele hin entwickelt (BSG 23.5.90 – 9b/11 RAr 145/88, SozR 3–4100 § 41 Nr 1) oder spielen für die angestrebte berufliche Tätigkeit nur eine untergeordnete Rolle, weil ein Beruf mit neuem Inhalt erlernt wird. Ausgeschlossen sind Maßnahmen, in denen überwiegend Wissen vermittelt wird, das dem Bildungsziel allgemeinbildender Schulen oder berufsqualifizierender Studiengänge entspricht. Ebenso nach dem SGB III nicht förderungsfähig sind Maßnahmen, in denen überwiegend nicht berufsbezogene oder Inhalte vermittelt werden, die zur Vorbereitung einer selbstständigen Tätigkeit dienen.

10 Der Begriff der beruflichen Weiterbildung setzt in Abgrenzung zur Erstausbildung inhaltlich voraus, dass der Teilnehmer vor Beginn der Maßnahme eine abgeschlossene Berufsausbildung oder eine angemessene Berufserfahrung erlangt hat. Die beruflichen Vorkenntnisse müssen auf dem **Arbeitsmarkt verwertbar** sein, ohne dass es eines förmlichen Berufsabschlusses bedürfte. Die Abgrenzung von Aus- und Weiterbildung ist ausschließlich unter Berücksichtigung des Charakters der Maßnahme nach objektiven Kriterien vorzunehmen (BSG 29.1.08 – B 7/7a AL 68/06 R, SozR 4–4300 § 60 Nr 1). Eine einheitliche Maßnahme der beruflichen Ausbildung liegt vor, wenn der weiterführende Abschnitt einer Stufenausbildung sich unmittelbar an die Grundausbildung anschließt (BSG 31.3.92 – 9b RAr 19/20, SozR 3–4100 § 40 Nr 6 zur Stufenausbildung Nachrichtengerätemechaniker/Funkelektroniker).

11 **2. Voraussetzungen.** Die Förderung der beruflichen Weiterbildung für ArbN durch Übernahme der Weiterbildungskosten und Leistung von AlGeld bei beruflicher Weiterbildung setzt nach § 81 Abs 1 SGB III voraus, dass die Weiterbildung notwendig ist, um sie bei Arbeitslosigkeit beruflich einzugliedern, eine ihnen drohende Arbeitslosigkeit abzuwenden oder weil bei ihnen wegen fehlenden Berufsabschlusses die Notwendigkeit der Weiterbildung anerkannt ist (Nr 1), die Agentur für Arbeit sie vor Beginn der Teilnahme beraten hat (Nr 2) und die Maßnahme und der Träger der Maßnahme für die Förderung zugelassen sind (Nr 3).

12 **a) Notwendigkeit.** Die Notwendigkeit der Förderung erfordert die Erfüllung der in § 81 Abs 1 Satz 1 Nr 1, Abs 1a und 2 SGB III genannten Voraussetzungen. Die Weiterbildung ist notwendig, um ArbN bei **Arbeitslosigkeit** beruflich einzugliedern, wenn der Arbeitslose ansonsten bei vorausschauender Betrachtung ohne die Weiterbildungsmaßnahme nicht vermittelt werden kann. Als angemessenen Zeitraum hat die frühere Rspr jedenfalls noch einen Zeitraum von sechs Monaten angesehen (BSG 9.11.89 – 11 RAr 83/88, SozR 4100 § 42 Nr 12). Der Zeitraum dürfte nach der derzeitigen Rechtslage eher kürzer zu bemessen sein, denn dem Arbeitslosen wird zB nach § 140 Abs 4 Satz 1 SGB III angesonnen, eine auswärtige Beschäftigung bereits dann aufzunehmen, wenn nicht zu erwarten ist, dass der Arbeitslose innerhalb der ersten drei Monate der Arbeitslosigkeit eine Beschäftigung innerhalb des zumutbaren Pendelbereichs aufnimmt.

Die Notwendigkeit der Teilnahme kann sich auch daraus ergeben, dass eine Weiterbildungsmaßnahme geeignet ist, **drohende Arbeitslosigkeit** abzuwenden. Von Arbeitslosigkeit bedroht sind nach § 17 SGB III ArbN, wenn sie alsbald mit der Beendigung einer versicherungspflichtigen Beschäftigung rechnen müssen und voraussichtlich nach Beendigung der Beschäftigung arbeitslos werden. Bestehen keine konkreten Aussichten auf einen Anschlussarbeitsplatz, so ist grds von einem voraussichtlichen Eintritt von Arbeitslosigkeit auszugehen (*Hauck/Noftz/Timme* SGB III, § 17 Rz 9). 13

Die Notwendigkeit einer beruflichen Weiterbildung im Hinblick auf den beabsichtigten Übergang von einer **Teilzeitbeschäftigung** auf eine Vollzeitbeschäftigung ist insbes gegeben, wenn durch die Erhöhung der Arbeitszeit die Übernahme andersartiger betrieblicher Aufgaben erforderlich wird. 14

Die Notwendigkeit der Weiterbildung wird nach § 81 Abs 1a SGB III (idF des Gesetzes vom 18.12.18 (BGBl I 18, 2651) bei arbeitslosen ArbN auch anerkannt, wenn durch den Erwerb **erweiterter beruflicher Kompetenzen** die individuelle Beschäftigungsfähigkeit verbessert wird und sie nach Lage und Entwicklung des Arbeitsmarktes zweckmäßig ist. Hierdurch soll den Agenturen für Arbeit ermöglicht werden, nicht nur zwingende qualifikatorische Anpassungen zu fördern, sondern darüber hinaus zusätzliche und ergänzende berufliche Qualifikationen zu erlangen (BT-Drs 19/4948 S 25).

Unter welchen Voraussetzungen davon auszugehen ist, dass die Notwendigkeit der Weiterbildung auf einen **fehlenden Berufsabschluss** zurückzuführen ist, wird in § 81 Abs 2 SGB III konkretisiert. Danach wird die Notwendigkeit der Weiterbildung auch anerkannt, wenn der ArbN zwar über einen Berufsabschluss verfügt, er jedoch aufgrund einer mehr als vier Jahre ausgeübten Beschäftigung in an- oder ungelernter Tätigkeit eine entsprechende Beschäftigung voraussichtlich nicht mehr ausüben kann (§ 81 Abs 2 Nr 1 SGB III). 15

Das Gesetz vom 18.12.18 (BGBl I 18, 2651) hat § 81 Abs 2 Nr 2 SGB III in der Weise erweitert, dass auch die Weiterbildung in einen **Engpassberuf** zur Notwendigkeit der angestrebten Maßnahme führt. Hierdurch soll der Zugang zu Berufen mit Fachkräftemangel und damit verbunden überdurchschnittlich guten Eingliederungsquoten für ArbN erleichtert werden (BT-Drs 19/6146 zu Nr 1 Buchst a). Dadurch wird der Zugang zur beruflichen Weiterbildung in Berufen mit einem Fachkräftemangel und überdurchschnittlichen Eingliederungsquoten eröffnet (*Hauck/Noftz/Hengelhaupt* § 81 Rz 149).

Im Übrigen kommt es darauf an, ob der ArbN über einen Berufsabschluss verfügt, für den nach bundes- oder landesrechtlichen Regelungen eine **Ausbildungsdauer von mindestens zwei Jahren** festgelegt ist (§ 81 Abs 2 Nr 2 SGB III). ArbN ohne Berufsabschluss, die noch keine drei Jahre beruflich tätig gewesen sind, können nur gefördert werden, wenn eine berufliche Ausbildung oder eine berufsvorbereitende Bildungsmaßnahme aus in der Person des ArbN liegenden Gründen nicht möglich oder nicht zumutbar ist.

**b) Beratung.** Das Erfordernis einer Beratung durch die Agentur für Arbeit vor Beginn der Teilnahme soll sicherstellen, dass zunächst in einem Beratungsgespräch die im Einzelfall geeignete Bildungsmaßnahme erörtert wird (BT-Drs 13/4941 S 168). Die vorherige Beratung gehört zu den Förderungsvoraussetzungen. Die Beratung hat vor Beginn der **Teilnahme,** nicht vor Beginn der Maßnahme zu erfolgen. Daher kann – nach entsprechender Beratung – auch noch der Einstieg in eine laufende Maßnahme erfolgen (*Hauck/Noftz/Hengelhaupt* SGB III § 81 Rz 156). 16

**c) Zulassung.** Eine Förderung ist nach § 81 Abs 1 Satz 1 Nr 3 SGB III davon abhängig, dass die Maßnahme und der Träger für die Förderung zugelassen ist. Die Entscheidung der BA über die Zulassung ist ein Verwaltungsakt (BSG 5.6.03 – B 11 AL 59/02 R, SozR 4–4300 § 86 Nr 1). Bildungsträger und Bildungsmaßnahmen werden einem Zertifizierungsverfahren unterworfen. Die Prüfung der träger- und maßnahmebezogenen Voraussetzungen erfolgt durch eine **externe fachkundige Stelle,** deren Fachkunde durch eine Akkreditierung einer Stelle auf Bundesebene festgestellt wird. Dadurch soll der Wettbewerb zwischen den Bildungsträgern gestärkt werden (BT-Drs 15/25 S 30). 17

Die **trägerbezogenen Anforderungen** der Zulassung sind in §§ 176 ff SGB III geregelt. 18

Auch die einzelne Bildungsmaßnahme unterliegt der Prüfung und Zulassung durch eine externe Zertifizierungsagentur. Die **maßnahmebezogenen Anforderungen** der Zulassung sind in § 179 SGB III aufgeführt. Für Klagen eines Maßnahmeträgers gegen eine 19

Zertifizierungsstelle auf Zulassung einer Maßnahme ist die Sozialgerichtsbarkeit zuständig (BSG 3.8.11 – B 11 SF 1/10 R, BeckRS 2011, 75364).

20 **3. Bildungsgutschein.** Bei Vorliegen der Voraussetzungen für eine Weiterbildungsförderung erteilt die BA einen Bildungsgutschein (§ 81 Abs 4 SGB III). Mit dem Bildungsgutschein wird dem ArbN das Vorliegen der Voraussetzungen für eine Förderung bescheinigt. Es handelt sich um einen **Verwaltungsakt,** der von der Agentur für Arbeit nur unter Beachtung der Vorschriften über die Durchbrechung der Bestandskraft von Verwaltungsakten (§§ 45 ff SGB X; § 330 SGB III) wieder zurückgenommen werden kann. Der Bildungsgutschein kann durch die Agentur für Arbeit zeitlich befristet sowie regional und auf bestimmte Bildungsziele beschränkt werden.

21 Mit dem Bildungsgutschein kann der ArbN ohne weitere Einschaltung der Agentur für Arbeit eine zugelassene Maßnahme bei einem zugelassenen Träger frei auswählen und besuchen. Er ist hierbei nicht verpflichtet, die kostengünstigste Maßnahme zu wählen (*Schlegel/Voelzke/Reichel* SGB III, § 81 Rz 104). Der von dem Gutscheininhaber ausgewählte und zugelassene Bildungsträger rechnet die **Lehrgangskosten unmittelbar mit der Agentur für Arbeit** ab. Die Abrechnung setzt allerdings voraus, dass der Träger der Agentur für Arbeit den Bildungsgutschein vor Beginn der Maßnahme vorlegt.

22 **4. Leistungen. a) Arbeitslosengeld** bei beruflicher Weiterbildung können ArbN erhalten, die die Voraussetzungen eines Anspruchs auf AlGeld bei Arbeitslosigkeit (→ *Arbeitslosengeld* Rn 13 ff; *Söhngen* SGb 05, 561) allein wegen einer nach § 81 SGB III **geförderten beruflichen Weiterbildung** nicht erfüllen (§ 144 SGB III). Der Anspruch besteht nur während der Dauer der Teilnahme an einer geförderten Weiterbildungsmaßnahme. Das AlGeld bei beruflicher Weiterbildung kann bei einem engen zeitlichen und organisatorischen Zusammenhang auch im Zeitraum zwischen der Maßnahme und einer anschließenden Prüfung beansprucht werden (BSG 3.5.18 – B 11 AL 6/17 R, BeckRS 2018, 19604). Eine Arbeitslosigkeit bei Eintritt in die Maßnahme wird nicht vorausgesetzt, wenn die Voraussetzungen des § 144 Abs 2 SGB III vorliegen.

Außerhalb von geförderten Maßnahmen kann der ArbN während der Teilnahme an beruflichen Bildungsmaßnahmen AlGeld bei Arbeitslosigkeit bei einer **Zustimmung** durch die BA gewährt werden (§ 139 Abs 3 SGB III). Die Leistungsgewährung erfordert die Bereitschaft des Leistungsberechtigten, die Maßnahme abzubrechen, sobald eine berufliche Eingliederung in Betracht kommt. Ferner kann ein solcher Anspruch bei fortbestehender Teilverfügbarkeit bestehen (BSG 27.6.19 – B 11 AL 8/18 R, BeckRS 2019, 18618).

Für die Minderung der **Anspruchsdauer** gilt für das AlGeld bei beruflicher Weiterbildung eine privilegierende Regelung. Nach § 148 Abs 1 Nr 7 SGB III gilt, dass die Dauer des Anspruchs auf AlGeld sich jeweils um einen Tag für jeweils zwei Tage mindert, für die ein Anspruch auf AlGeld bei beruflicher Weiterbildung erfüllt worden ist.

23 **b) Weiterbildungskosten.** Übernommen werden können Lehrgangskosten, Fahrkosten, Kosten für auswärtige Unterbringung und Verpflegung sowie Kinderbetreuungskosten, soweit sie durch die Weiterbildung unmittelbar entstehen (§ 83 Abs 1 SGB III). Hierbei handelt es sich nach dem Willen des Gesetzgebers um einen abschließenden Leistungskatalog (BT-Drs 13/4941 S 168). Das Merkmal der **Unmittelbarkeit** erfordert eine enge kausale Verknüpfung zwischen der Teilnahme an der Weiterbildungsmaßnahme und der jeweiligen Kostenart. Dies schließt es allerdings nicht aus, dass auch außerhalb des eigentlichen Lehrgangs entstehende Kosten übernommen werden können. Ausgeschlossen ist hingegen die Erstattung von Kosten, die auch ohne die Teilnahme an der Weiterbildungsmaßnahme entstanden wären Leistungen können unmittelbar an den Träger ausgezahlt werden, soweit sie unmittelbar beim Träger entstehen (zB Lehrgangskosten; § 83 Abs 2 SGB III).

24 **aa)** Als **Lehrgangskosten** können nach § 84 SGB III Lehrgangsgebühren einschließlich der Kosten für erforderliche Lernmittel, Arbeitskleidung, Prüfungsstücke und der Prüfungsgebühren für gesetzlich geregelte und allgemein anerkannte Zwischen- oder Abschlussprüfungen übernommen werden. Die Übernahme von Kosten für trägerinterne Prüfungen und Zertifikate ist hingegen ausgeschlossen (BT-Drs 13/4941 S 169). Ferner ist die Möglichkeit vorgesehen, Kosten einer vor Beginn der Bildungsmaßnahme vorgeschriebenen Eignungsuntersuchung (zB im Bereich der Gesundheitsberufe, der Verkehrsberufe oder im Hotel- und Gaststättengewerbe) zu übernehmen.

**bb)** Zu den **Fahrtkosten,** die von der Agentur für Arbeit übernommen werden können, gehören die Pendelfahrten zwischen Wohnung und Bildungsstätte sowie bei auswärtiger Unterbringung die Kosten für die An- und Abreise und monatliche Familienheimfahrten (§ 85 SGB III). Hinsichtlich der Höhe der Fahrkosten werden die Kosten für die Benutzung eines regelmäßig verkehrenden öffentlichen Verkehrsmittels zugrunde gelegt. Hinsichtlich der Kosten für eine ggf erforderliche **auswärtige Unterbringung und Verpflegung** können die gesetzlich festgelegten Höchstbeträge erbracht werden (§ 86 SGB III). 25

**cc) Kinderbetreuungskosten** können nach § 87 SGB III in Höhe von 130 € monatlich je Kind übernommen werden. Hinsichtlich der Übernahme von Kinderbetreuungskosten ist nicht entscheidend, ob diese auch ohne eine Teilnahme entstanden wären.

**c) Prämien.** Für ArbN, die an einer geförderten Weiterbildung teilnehmen, die zu einem Abschluss in einem gesetzlich geregelten **Ausbildungsberuf** führt, für den eine Mindestdauer von mindestens zwei Jahren vorgesehen ist, haben Anspruch auf eine Prämie nach Bestehen der **Zwischenprüfung** in Höhe von 1000 Euro und nach Bestehen der Abschlussprüfung in Höhe von 1500 Euro. Durch die Prämienzahlung sollen Lernbereitschaft und Durchhaltevermögen der Teilnehmer gestärkt werden (BT-Drucks 18/8042 S 27). Eine derartige Prämienzahlung ist nach § 131a SGB III übergangsweise eröffnet, wenn die Maßnahme vor Ablauf des 31.12.20 beginnt. 26

**5. Förderung beschäftigter Arbeitnehmer.** Das Qualifizierungschancengesetz vom 18.12.18 (BGBl I 18, 2651) hat die Weiterbildungsförderung beschäftigter ArbN erheblich erweitert. Eine Förderung ist nach § 82 Abs 1 Satz 1 SGB III ohne Rücksicht auf das Alter des ArbN eröffnet, wenn Fertigkeiten, Kenntnisse und Fähigkeiten vermittelt werden, die über ausschließlich arbeitsplatzbezogene kurzfristige Anpassungsfortbildungen hinausgehen (Nr 1), der Erwerb des Berufsabschlusses, für den nach bundes- oder landesrechtlichen Vorschriften eine Ausbildungsdauer von mindestens zwei Jahren festgelegt ist, in der Regel mindestens vier Jahre zurückliegt (Nr 2), der ArbN in den letzten vier Jahren vor der Antragstellung nicht an einer nach § 82 SGB III geförderten beruflichen Weiterbildung teilgenommen hat (Nr 3), die Maßnahme außerhalb des Betriebes oder von einem zugelassenen Träger im Betrieb, dem er angehört, durchgeführt wird und mehr als 160 Stunden dauert (Nr 4) und die Maßnahme und der Träger der Maßnahme für die Förderung zugelassen sind (Nr 5). Die Förderung ist darauf gerichtet, ArbN, die durch Technologien ersetzt werden können oder in sonstiger Weise vom **Strukturwandel** betroffen sind, eine Anpassung und Fortentwicklung ihrer beruflichen Kompetenzen zu ermöglichen, um den genannten Herausforderungen besser begegnen zu können (§ 81 Abs 1 Satz 2 SGB III). 27

Die Förderung umfasst neben der vollen oder teilweisen Übernahme der Weiterbildungskosten auch **Zuschüsse zum Arbeitsentgelt,** wenn die Voraussetzungen des § 81 Abs 3 SGB III vorliegen. Bei der im Ermessen der Agentur für Arbeit stehenden Entscheidung über die Förderung hat diese die unterschiedlichen Betriebsgrößen angemessen zu berücksichtigen (*Hauck/Noftz/Bindig* § 82 Rz 40).

**III. Sozialversicherungspflicht.** Für berufliche Weiterbildungsmaßnahmen außerhalb einer Förderung durch Sozialleistungsträger gelten hinsichtlich des sozialen Schutzes der Teilnehmer die nachfolgenden Grundsätze. Wegen der Vielfalt der beruflichen und berufsfördernden Bildungsmaßnahmen haben die Spitzenverbände der SozVTräger eine Übersicht zur versicherungsrechtlichen Beurteilung der Ausbildungsgänge erstellt, die nach Versicherungspflicht/Beitragspflicht, Beitragsbemessungsgrundlage, Tragung der Beiträge und ArbGeb(-Funktion)/Beitragszahlung/Meldepflicht unterscheidet. Zu beachten ist, dass in der KV, PflegeV, RV und ArblV Versicherungsfreiheit wegen Geringfügigkeit der Beschäftigung nicht besteht, wenn die Weiterbildung im Rahmen betrieblicher Berufsbildung erfolgt. 28

**1. Krankenversicherung.** Entscheidend ist hier, ob neben der Bildungsmaßnahme eine Beschäftigung **gegen Arbeitsentgelt** ausgeübt wird, oder ob die Weiterbildung im Rahmen eines Beschäftigungsverhältnisses erfolgt, das die Versicherungspflicht in der gesetzlichen KV begründet (→ *Krankenversicherungspflicht* Rn 5 ff). Wegen des Verweises in § 20 Abs 1 SGB XI gelten die Ausführungen für die Versicherungspflicht in der sozialen **Pflegeversicherung** entsprechend (→ *Pflegeversicherungspflicht* Rn 9 ff). Zu beachten ist, dass nach § 7 Abs 2 SGB IV der Begriff der Beschäftigung dadurch erweitert wird, dass ihm auch der Erwerb beruflicher Kenntnisse, Fertigkeiten und Erfahrungen im Rahmen betrieblicher 29

Berufsbildung zugerechnet werden (→ *Betriebliche Berufsbildung* Rn 24). Entspricht eine Umschulungsmaßnahme nach Inhalt, Dauer und Abschluss im Wesentlichen einer erstmaligen Berufsausbildung iSd § 1 Abs 2 BBiG, so besteht Versicherungspflicht nach § 5 Abs 1 Nr 1 SGB V als ein „zur Berufsausbildung Beschäftigter" (BSG 26.5.85 – 12 RK 12/84, SozR 2200 § 165 Nr 82).

30 Bei einer **Unentgeltlichkeit** der betrieblichen Bildungsmaßnahme kann Versicherungspflicht nach § 5 Abs 1 Nr 10 SGB V vorliegen (→ *Praktikant* Rn 23 ff).

Endet die Mitgliedschaft Versicherungspflichtiger vor Beginn der Weiterbildungsmaßnahme, so hat das ausgeschiedene Mitglied nach § 19 Abs 2 SGB V Anspruch auf die Leistungen der KV für längstens einen Monat. In den übrigen Fällen ist bei Vorliegen der Voraussetzungen des § 9 Abs 1 SGB V (insbes bei einer **Weiterversicherungsberechtigung** nach § 9 Abs 1 Nr 1) ein freiwilliger Beitritt zugelassen, der der zuständigen Krankenkasse innerhalb der für alle Tatbestände einheitlichen Ausschlussfrist von drei Monaten anzuzeigen ist (§ 9 Abs 2 SGB V).

31 **2. Rentenversicherung.** Auch in der gesetzlichen RV hängt die Versicherungspflicht außerhalb des Leistungsbezugs in erster Linie davon ab, ob der Bildungswillige zeitgleich gegen Arbeitsentgelt beschäftigt ist (§ 1 Satz 1 Nr 1 SGB VI; hierzu → *Rentenversicherungspflicht* Rn 5 ff). Ebenso wie in der gesetzlichen KV können betriebliche Bildungsmaßnahmen die Voraussetzungen einer Beschäftigung zur Berufsausbildung iSd § 1 Satz 1 Nr 1 SGB VI erfüllen, wenn die materiellen Kriterien für eine Berufsausbildung nach dem BBiG vorliegen. Diesen Anforderungen genügt eine Umschulung nicht, wenn sie in einer verselbstständigten, nicht in einem Betrieb angegliederten Bildungseinrichtung als Dienstleistung gegen Vergütung durchgeführt wird (BSG 12.10.2000 – B 12 KR 7/00 R, DStR 01, 1315). Allerdings stehen gegenüber der letztgenannten Entscheidung Auszubildende, die im Rahmen eines Berufsausbildungsvertrages nach dem BBiG in einer außerbetrieblichen Einrichtung ausgebildet werden, den Beschäftigten zur Berufsausbildung gleich (§ 1 Satz 1 Nr 3a SGB VI idF des Job-AQTIV-Gesetzes). In den verbleibenden Fällen kann eine freiwillige Versicherung nach der weiten Regelung des § 7 SGB VI erfolgen.

32 **3. Arbeitslosenversicherung.** Zum versicherungspflichtigen Personenkreis in der ArblV gehören Personen, die an einer beruflichen Weiterbildung teilnehmen, bei Vorliegen eines die Versicherungspflicht begründenden Beschäftigungsverhältnisses oder bei Bejahung der Voraussetzungen einer Berufsausbildung (§ 25 Abs 1 SGB III; → *Arbeitslosenversicherungspflicht* Rn 5 ff). Auch hier gilt die Vorschrift des § 7 Abs 2 SGB IV, nach der der Erwerb beruflicher Kenntnisse, Fertigkeiten und Erfahrungen im Rahmen betrieblicher Berufsbildung als Beschäftigung gilt.

Darüber hinaus eröffnet § 28a Abs 1 S 1 Nr 5 SGB III für ArbN, die sich beruflich weiterbilden, eine **Antragspflichtversicherung,** wenn ein beruflicher Aufstieg ermöglicht, ein beruflicher Abschluss vermittelt oder zu einer anderen beruflichen Tätigkeit befähigt wird.

33 **4. Unfallversicherung.** In der gesetzlichen UV sind Teilnehmer an betrieblichen Bildungsmaßnahmen nach § 2 Abs 1 Nr 1 SGB VII als Beschäftigte versichert (§ 7 Abs 2 SGB IV). Ferner sind nach § 2 Abs 1 Nr 2 SGB VII **Lernende während der beruflichen Aus- und Fortbildung** in Betriebsstätten, Lehrwerkstätten, Schulungskursen und ähnlichen Einrichtungen versichert. Die Vorschrift wird von der Rspr weit ausgelegt und ist nicht auf bestimmte Ausbildungsformen oder Ausbildungsstätten beschränkt. Der Versicherungspflicht unterfallen die Vermittlung berufsbezogener Kenntnisse jeder Art, auch wenn diese nicht in einen gesetzlich geregelten Beruf, sondern in eine auf dem Arbeitsmarkt atypische Tätigkeit einmünden. Zu den Lernenden gehören berufliche Umschüler (auch bei Gewährung berufsfördernder Leistungen zur Reha, BSG 20.1.87 – 2 RU 12/86, SozR 2200 § 539 Nr 118).

34 Nicht der Versicherungspflicht unterfallen hingegen **Weiterbildungsbemühungen im häuslichen Bereich,** die nicht einer Aufsicht unterstehen und die eine nicht wesentlich berufsbezogene Erweiterung der Allgemeinbildung beinhalten. Liegt ein wesentlicher Zusammenhang der Weiterbildung mit dem Beschäftigungsverhältnis vor, so ist der Versicherungsschutz gem § 2 Abs 1 Nr 1 SGB VII vorrangig.

**IV. Beitragspflicht.** Nach § 14 Abs 1 Satz 1 SGB IV sind Arbeitsentgelt alle laufenden oder einmaligen Einnahmen aus einer Beschäftigung, gleichgültig ob ein Rechtsanspruch auf die Einnahmen besteht, unter welcher Bezeichnung oder in welcher Form sie geleistet wurden und ob sie unmittelbar aus der Beschäftigung oder im Zusammenhang mit ihr erzielt werden (→ *Arbeitsentgelt* Rn 85 ff). Wenn **zusätzliche Aufwendungen** lohnsteuerfrei nach den Regelungen des Einkommenssteuerrechts sind, bleiben sie auch in der SozV beitragsfrei. 35

Werden Fort- und Weiterbildungskosten vom ArbGeb getragen oder übernommen, bleiben diese beitragsfrei, soweit die Leistungen überwiegend im **eigenbetrieblichen Interesse** des ArbGeb erbracht werden und deshalb nicht zu stpfl Arbeitslohn führen. Hierbei kommt der steuerrechtlichen Definition des eigenbetrieblichen Interesses nach der Rspr des BFH maßgebliche Bedeutung zu. Von einem überwiegenden Interesse des ArbGeb ist auszugehen, wenn durch die Fort- oder Weiterbildungsmaßnahme die Einsatzfähigkeit der ArbN erhöht wird (Besprechungsergebnis der Spitzenorganisationen der SozVTräger vom 20./21.11.13). 36

# Werbungskosten

## A. Arbeitsrecht

*Griese*

Werbungskosten sind die **steuerlich absetzbaren Aufwendungen,** die dem ArbN aus der Ausübung seiner Tätigkeit entstehen (Definition in § 9 Abs 1 Satz 1 EStG). Im Verhältnis zum ArbGeb hat grds der ArbN die Werbungskosten zu tragen; nur dann kann er sie als tatsächlich entstandene und nicht anderweitig getragene Aufwendungen gegenüber dem FA geltend machen. Im Einzelfall kann der ArbGeb gesetzlich gem § 670 BGB (s *Aufwendungsersatz*) tarifvertraglich (zB Fahrtkosten zwischen Wohnung und Arbeitsort, BAG 14.6.16 – 9 AZR 409/15) oder vertraglich verpflichtet sein, Werbungskosten ganz oder teilweise zu übernehmen, s zB *Aufwendungsersatz, Arbeitskleidung, Auslösung, Umzugskosten, Verpflegungsmehraufwendungen.* 1

## B. Lohnsteuerrecht

*Seidel*

### Übersicht



**1. Allgemeines.** Werbungskosten sind Aufwendungen, die bei den Überschusseinkünften (Überschuss der Einnahmen über die Werbungskosten; § 2 Abs 2 Nr 2 EStG), dh bei Einkünften aus nichtselbstständiger Arbeit, aus Kapitalvermögen, aus VuV und sonstigen Einkünften (§ 2 Abs 1 Nr 4–7 EStG) zur Ermittlung dieser Einkünfte von den Einnahmen abgezogen werden können. Die Definition für alle betroffenen Einkunftsarten ist in § 9 Abs 1 Satz 1 EStG enthalten. Danach sind Werbungskosten Aufwendungen zur Erwerbung, Sicherung und Erhaltung der Einnahmen. Für die **Werbungskosten bei den Einkünften aus nichtselbstständiger Arbeit** (Arbeitslohn; → *Arbeitnehmer (Begriff)* Rn 30) bedeutet dies, dass es sich dabei um Aufwendungen des ArbN handeln muss, die er zum Erwerb, zur Sicherung und Erhaltung seines Arbeitslohns tätigt. Regelmäßig kann er die Werbungskosten endgültig nur im Rahmen seiner ESt-Veranlagung (→ *Antragsveranlagung* Rn 2 ff) gegenüber dem FA geltend machen. Für die den Abzug der Werbungskosten dem Grunde und der Höhe nach begründenden Tatsachen trägt der Stpfl die objektive Feststellungslast (grundlegend BFH 7.7.83 – VII R 43/80, BStBl II 83, 760, bestätigt 13.4.10 – VIII 27/08, BFH/NV 10, 2038; *Schmidt/Loschelder* § 9 Rz 186). Im Fall von Auslandssachverhalten ist 2 der Abzug von Werbungskosten zur Verhinderung einer Steuerhinterziehung zusätzlich an die Erfüllung besonderer Mitwirkungs- und Nachweispflichten geknüpft (vgl § 90 AO und § 1 Steuerhinterziehungsbekämpfungsverordnung).

3 Unter bestimmten Voraussetzungen ist eine vorläufige Berücksichtigung der **voraussichtlichen Werbungskosten** als Freibetrag bereits im LStAbzugsverfahren durch den ArbGeb möglich. Der ArbN muss hierfür ua die Bildung entsprechender Lohnsteuerabzugsmerkmale beantragen und dem ArbGeb den entsprechenden Freibetrag zum Abruf mitteilen. Der ArbGeb muss die ELStAM abrufen (§§ 39 Abs 1 und 4 Nr 2; 39a Abs 1 Nr 1; 39e Abs 1 Satz 2 und Abs 4 EStG) s hierzu → *Lohnsteuerermäßigung* Rn 5 ff, → *Lohnsteuerabzugsmerkmale* Rn 10, 12). Bei ArbN, die als unbeschränkt stpfl behandelt werden, erfolgt die Eintragung auf der nach §§ 39 Abs 3 Satz 1, 4, Abs 2 Satz 2 EStG auszustellenden Bescheinigung, sofern mangels Ausstellung einer Identifikationsnummer noch keine ELStAM gebildet werden (§ 39 Abs 1 Satz 1 EStG; → *Lohnsteuerabzugsmerkmale* Rn 26). Bei **beschränkt steuerpflichtigen Arbeitnehmern** ist die ESt zwar idR durch den LStAbzug abgegolten (§ 50 Abs 2 Satz 1 EStG). Allerdings ist auch insoweit die Bildung von ELStAM möglich, die ggf vom Betriebsstätten-FA nach § 39 Abs 3 EStG zu bescheinigen sind. Deren Werbungskosten können in diesem Fall berücksichtigt werden, soweit sie den bei der LStErmittlung abgezogenen ArbNPauschbetrag iHv 920 € übersteigen und mit inländischen Einkünften in wirtschaftlichem Zusammenhang stehen (§ 50 Abs 1 Satz 1, Abs 2 Satz 2 Nr 4 EStG und → *Antragsveranlagung* Rn 2). Der **Arbeitgeber** ist mit den Werbungskosten insoweit befasst, als er in bestimmten Fällen steuerfreien Werbungskostenersatz leisten kann (→ Rn 22 ff). Zum Werbungskostenabzug im Zusammenhang mit pauschal besteuertem Arbeitslohn nach § 40a EStG → *Teilzeitbeschäftigung* Rn 116 und → *Geringfügige Beschäftigung* Rn 23.

4 **2. Inhalt des Werbungskostenbegriffs.** Zu den Werbungskosten bei den Einkünften aus nichtselbstständiger Arbeit (Arbeitslohn) gehören alle Aufwendungen, die durch den Beruf veranlasst sind (LStR 9.1 Abs 1 Satz 1).

5 **a) Aufwendungen** sind Ausgaben, die in Geld oder Geldeswert bestehen und durch ihr Abfließen eine Vermögensminderung bewirken. Bei Aufnahme eines **Darlehens** sind dies die mit der Darlehensvaluta getätigten Aufwendungen. Neben Aufwendungen, die sich sofort verbrauchen (zB Fahrtkosten), können auch Aufwendungen, die sich in der Zeit verbrauchen (Anschaffungs- bzw Herstellungskosten) Werbungskosten sein. Letztere sind nur zeitanteilig zum Abzug zugelassen (§ 9 Abs 1 Nr 7 EStG: AfA), es sei denn die Anschaffungskosten liegen unter 410 € (ausschließlich USt). Der sofortige Abzug als Werbungskosten ist dann in vollem Umfang möglich (§ 9 Abs 1 Satz 3 Nr 7 Satz 2 iVm § 6 Abs 2 Sätze 1–3 EStG; LStR 9.12; sog geringwertige Wirtschaftsgüter).

Werbungskosten liegen auch vor, wenn mit der Zahlung ein **Rückforderungsanspruch** entsteht oder dem ArbN ein **Ersatzanspruch** zusteht. Allerdings hat er dann bei Ersatz der Aufwendungen diesen Betrag bei den Werbungskosten abzuziehen (→ Rn 22 ff). Erfolgt der Ersatz erst, nachdem die Werbungskosten bei der EStVeranlagung des ArbN bereits berücksichtigt worden sind, sind sie im Kj des Ersatzes als Einnahmen aus nichtselbstständiger Arbeit zu erfassen.

6 **Keine Werbungskosten,** sondern negative Einnahmen, die den Werbungskostenpauschbetrag nicht verbrauchen, stellen Lohnrückzahlungen dar (→ *Entgeltrückzahlung* Rn 18). **Entgangene Einnahmen** sind ebenso wenig Werbungskosten wie ersparte **Aufwendungen** oder die **eigene Arbeitskraft** (*Schmidt/Loschelder* § 9 Rz 3 mwN). Sind die Aufwendungen höher als die Einnahmen, führt der Werbungskostenüberschuss zu einem **Verlust** aus nichtselbstständiger Arbeit, der bei der EStVeranlagung mit Einkünften aus anderen Einkunftsarten in bestimmten Grenzen ausgeglichen werden kann (§ 2 Abs 3 EStG). Ein Verlustrücktrag auf das unmittelbar vorangegangene Jahr und ein Verlustvortrag sind möglich (§ 10d EStG). Die Abzugsfähigkeit von sog **Drittaufwand,** dh wenn die Aufwendungen von einem Dritten für den ArbN, ohne hierzu verpflichtet zu sein und ohne entsprechende Gegenleistung, getragen worden sind (*Schmidt/Loschelder* § 9 Rz 71, 72 mwN), hat der GrS des BFH grundsätzlich verneint (grundlegend Beschlüsse vom 23.8.99 – GrS 1/97, 2/97, 3/97, BStBl II 99, 778, 782 und 787, aufgegriffen für den betrieblichen Bereich BFH 9.3.16 – X R 46/14, DStR 16, 1014). Ein Abzug ist jedoch **ausnahmsweise** in den Fällen des sog

abgekürzten Vertrags- bzw Zahlungswegs möglich (BFH 15.1.08 – IX R 45/07, BStBl II 08, 572; weiterhin BMF 7.7.08, BStBl I 08, 717). Zum Abzug von Aufwendungen für das häusliche Arbeitszimmer des ArbNEhegatten, wenn das Haus oder die Wohnung im Miteigentum der Ehegatten steht, → *Arbeitszimmer* Rn 20.

**b) Berufliche Veranlassung/Zusammenhang mit Arbeitslohn.** Die Aufwendungen 7 müssen objektiv in Zusammenhang mit der Berufstätigkeit stehen und subjektiv zur Förderung der Berufstätigkeit geleistet werden. Ein Zusammenhang mit dem Beruf ist gegeben, wenn die Aufwendungen in einem **wirtschaftlichen Zusammenhang** mit der auf Einnahmeerzielung gerichteten Tätigkeit des ArbN stehen (LStH 9.1: Berufliche Veranlassung; Zusammenhang mit dem Beruf s auch BFH 28.8.08 – VI R 44/04, BStBl II 09, 106). Im Rahmen des objektiven Zusammenhangs bestimmt der ArbN grds selbst, welche Aufwendungen er im beruflichen Interesse machen will. Unerheblich ist, ob die Aufwendungen objektiv für den Beruf notwendig, erforderlich, üblich oder zweckmäßig sind. IdR genügt, dass der ArbN die Aufwendungen für beruflich geeignet halten konnte (*HMW*/Werbungskosten Rz 27; → Rn 11 ff und → Rn 15 ff).

Die subjektive Förderung ist kein unbedingt notwendiges Merkmal des Werbungskosten- 8 begriffs, denn auch **unfreiwillig oder zwangsweise** entstandene Aufwendungen können Werbungskosten sein (zB Verlust des Pkw eines Polizisten infolge eines Racheakts: grundlegend BFH 19.3.82, BStBl II 82, 442; s aber auch BFH 28.1.94, BStBl II 94, 355). Zum Werbungskostenabzug bei Diebstahlsverlusten s FG Köln 10.10.94, EFG 95, 428; bei Schäden oder Diebstahl während einer Dienstreise → *Dienstreise* Rn 55 ff. Für den Werbungskostenabzug ist es grds unschädlich, dass Aufwendungen **schuldhaft** verursacht wurden. Bei Unfallschäden hat der BFH aber einen Abzug dann verneint, wenn der Unfall alkoholbedingt war (BFH 6.4.84, BStBl II 84, 434). Seit **2007** sind, Kfz-Schäden oder Diebstähle, die auf dem Weg von und zur Arbeit bzw während der Arbeitszeit passieren mit der Entfernungspauschale abgegolten und daher **nicht mehr als Werbungskosten** absetzbar. Eine **Ausnahme** besteht nur für Unfallkosten (→ Rn 34; § 9 Abs 2 Satz 1 EStG; zur Berechnung vgl BFH 21.8.12 – VIII 33/09, BStBl II 13, 171; → *Fahrten zwischen Wohnung und Arbeitsstätte* Rn 22). Schadensersatzleistungen aufgrund strafbarer Handlungen sind, auch wenn die berufliche Tätigkeit zur Begehung der Straftat genutzt wird, idR dem privaten Bereich zuzurechnen (FG Hbg 21.11.2000 – II 296/98, EFG 01, 559, Nichtzulassungsbeschwerde erfolglos: BFH 24.7.02 – XI B 30/01, BFH/NV 03, 53). Zu Schadensersatzleistungen s aber auch → *Arbeitnehmerhaftung* Rn 27. Hängen die Aufwendungen wirtschaftlich mit steuerfreiem Arbeitslohn zusammen, können sie nicht als Werbungskosten abgezogen werden (§ 3c EStG), ggf ist eine Aufteilung erforderlich (BFH 26.3.02 – VI R 45/00, BStBl II 02, 827 und → *Steuerfreie Einnahmen* Rn 7; s aber LStR 3.26 Abs 9 zur Aufwandsentschädigung nach § 3 Nr 26 EStG; → *Aufwandsentschädigung* Rn 16, 17).

Nicht erforderlich für den Abzug von Aufwendungen ist, dass im selben Zeitraum 9 **Arbeitslohn zufließt.** Auch **vorweggenommene, vergebliche oder nachträgliche Werbungskosten** sind abzugsfähig (*Schmidt/Loschelder* § 9 Rz 35 ff). Daher sind auch Aufwendungen zur Erzielung künftigen Arbeitslohns, wenn die Absicht der Einnahmeerzielung einleuchtend dargetan werden kann, Werbungskosten (zB Bewerbungs- und Vorstellungskosten bei einem – neuen – ArbGeb), auch wenn diese Aufwendungen letztendlich vergeblich sind (zB Nichtzustandekommen des Arbeitsvertrags). Der ArbN hat nachzuweisen, dass er bereits die Absicht hatte, stpfl Einnahmen (Arbeitslohn) zu erzielen (BFH 18.4.96, BStBl II 96, 482: Lehrgangskosten eines Arbeitslosen, BStBl II 96, 529: Meisterlehrgang, 30.9.08 – VI R 4/07, BStBl II 09, 111: Verkehrsflugzeugführerschein, bestätigt 15.5.13 – IX R 5/11, BStBl II 14, 143 Rn 14 sowie FG BaWü 6.3.07 – 4 K 280/06, EFG 07, 832: Outplacementberatung). Die Aufwendungen müssen in einem hinreichend konkreten, objektiv feststellbaren Zusammenhang mit späteren Einnahmen stehen (Vorlagebeschluss an das BVerfG BFH 17.7.14 VI R 8/12, DStR 14, 2216 Rn 67; Az BVerfG 2 BvL 24/14 → *Ausbildungskosten* Rn 6; grundlegend BFH 4.12.02 – VI R 120/01, BStBl II 03, 403; BFH 22.7.03 – VI R 137/99, BStBl II 04, 888 bei Weiterbildung im nicht ausgeübten Beruf). Nach Auffassung des FG Düsseldorf kommt ein Werbungskostenabzug für ein häusliches Arbeitszimmer in Zeiten der Nichtbeschäftigung nicht in Betracht, wenn bei der angestrebten weiteren Tätigkeit (wegen Vorhandensein eines betrieblichen Arbeitsplatzes) der Werbungskostenabzug ausgeschlossen wäre (FG Düsseldorf 14.10.04 – 10 K 4057/04E,

DStRE 05, 865; s aber auch FG Nbg 2.9.01 – VI 241/98, DStRE 01, 683; BFH 23.5.06 – VI R 21/03, BStBl II 06, 600).

Auch bei vergeblichen oder erfolglosen Aufwendungen ist für den Werbungskostenabzug erforderlich, dass sie mit einer bestimmten Einkunftsart in einer klar erkennbaren Verbindung stehen und auf die Vorbereitung und Aufnahme der stpfl Tätigkeit gerichtet sind. Nachträgliche Werbungskosten können vorliegen, wenn der ArbN nach Beendigung des Dienstverhältnisses noch damit zusammenhängende Aufwendungen leisten muss (zB Schadensersatz und Haftung; → *Arbeitnehmerhaftung* Rn 27 und *Schmidt/Loschelder* § 9 Rz 40, 41).

**10** Soweit es sich um Aufwendungen für eine **erstmalige Berufsausbildung** und für ein **Erststudium** handelt, ist ein Abzug als Werbungskosten **nur** unter der Voraussetzung zulässig, dass die Ausbildung bzw das Studium im Rahmen eines Dienstverhältnisses stattfindet. Eine Erstausbildung liegt vor, wenn die geordnete Ausbildung bei vollzeitiger Ausbildung mindestens 12 Monate dauert und mit einer Abschlussprüfung durchgeführt wird (§ 9 Abs 6 EStG). Ansonsten kommt eine Abzug lediglich als Sonderausgaben (→ Rn 20) nach § 10 Abs 1 Nr 6 von bis zu 6000 € in Betracht s iE → *Ausbildungskosten* Rn 6 ff, auch zur Frage der Verfassungswidrigkeit der Regelung und *Sonderausgaben* Rn 17).

**11** Aufwendungen des ArbN, die in **Zusammenhang mit einer anderen Einkunftsart** stehen (zB bei selbstständiger → *Nebentätigkeit* Rn 20 ff), können nicht als Werbungskosten bei den Einkünften aus nichtselbstständiger Arbeit abgezogen werden, sondern sind bei der betreffenden Einkunftsart (als Betriebsausgaben) zu berücksichtigen (FG Düsseldorf 30.11.93, EFG 94, 514). Ggf ist eine schätzungsweise Aufteilung vorzunehmen, wenn die Ausgaben durch beide Tätigkeiten veranlasst sind. Können jedoch Verluste aus einer nebenberuflich ausgeübten Tätigkeit mangels Gewinnerzielungsabsicht nicht den Einkünften aus selbstständiger Arbeit zugeordnet werden, stellen die nebenberuflichen Verluste Werbungskosten bei den Einkünften aus nichtselbstständiger Arbeit dar, wenn die Nebentätigkeit erhebliche Vorteile für den Hauptberuf bringt und private Gründe für die Ausübung der Nebentätigkeit fehlen oder von ganz untergeordneter Bedeutung sind (BFH 22.7.93, BStBl II 94, 510).

**Keine Werbungskosten** stellen die Aufwendungen für Fahrten Wohnung- und erster Tätigkeitsstätte dar. Der Gesetzgeber lässt jedoch in einem bestimmten Umfang den Abzug **wie Werbungskosten** zu § 9 Abs 1 Satz 3 Nr 4 Abs 2 EStG mit der Maßgabe, dass die 20 km-Grenze aufgrund der Rspr des BVerfG entfallen ist; → *Fahrten zwischen Wohnung und Arbeitsstätte* Rn 4 ff). Aufwendungen für **Kinderbetreuung** sind nur noch im Rahmen des § 10 Abs 1 Nr 5 EStG iHv zwei Dritteln der Aufwendungen, höchstens 4000 € je Kind, als Sonderausgaben abziehbar → *Kindervergünstigungen* Rn 12 ff)

**12** **c) Nicht abzugsfähige Aufwendungen.** Die Nichtabzugsfähigkeit von Betriebsausgaben gem § 4 Abs 5 EStG gilt hinsichtlich bestimmter Aufwendungen auch für den Werbungskostenbereich (§ 9 Abs 5 EStG). Dabei handelt es sich um Aufwendungen, die zwar durch die Einkünfteerzielung veranlasst sind, aber kraft Gesetzes für nicht abziehbar erklärt worden sind. Dies gilt insbes für **Geschenke** an Kunden des ArbGeb oder des ArbN, wenn der Wert 35 €/Kj übersteigt (§ 4 Abs 5 Nr 1 EStG). Zu Bewirtungsaufwendungen (§ 4 Abs 5 Nr 2 EStG) → *Bewirtungsaufwendungen* Rn 15 ff und zu Verpflegungsmehraufwendungen (§ 4 Abs 5 Nr 5 EStG) → *Verpflegungsmehraufwendungen* Rn 5 ff. Auch die Aufwendungen für ein **Arbeitszimmer** bleiben auch nach dem Beschluss des BVerfG v 6.7.10 – 2 BvL 13/09 (DStR 10, 1563) grds vom Werbungskostenabzug ausgeschlossen (§ 4 Abs 5 Nr 6b EStG), es sei denn für die betriebliche oder berufliche Tätigkeit steht kein anderer Arbeitsplatz zur Verfügung. In diesem Fall kann der Stpfl Aufwendungen iHv maximal 1250 € als Werbungskosten abziehen. Ein unbegrenzter Abzug ist nur möglich, wenn das Arbeitszimmer den Mittelpunkt der gesamten betrieblichen und beruflichen Betätigung bildet, vgl im Einzelnen → *Arbeitszimmer* Rn 6 ff. Zu **Schmiergeld** (§ 4 Abs 5 Nr 10 EStG) → *Schmiergeld* Rn 10.

**13** Ferner sind Werbungskosten, die die Lebensführung des ArbN oder anderer Personen (in untergeordnetem Maße) berühren, insoweit nicht abziehbar, als sie nach der allgemeinen Verkehrsauffassung als **unangemessen** anzusehen sind (§ 9 Abs 5 iVm § 4 Abs 5 Nr 7 EStG). Dieses Abzugsverbot wird vor dem Hintergrund, dass die grundsätzliche Entscheidung, welche beruflichen Aufwendungen der ArbN tätigt (→ Rn 7) nur wenige Ausnahmefälle betreffen; die Werbungskosten müssen erhebliches Gewicht haben und die Grenze der Angemessenheit erheblich überschreiten, wie zB Aufwendungen für die Nutzung eines Privatflugzeuges zu einer Dienstreise (LStR 9.1 Abs 1 Satz 3). Vorher ist allerdings noch zu prüfen, ob es sich überhaupt um Werbungskosten und nicht weit überwiegend um Lebensführungskosten handelt. Zum Abzugsverbot gemischter Aufwendungen → Rn 15.

Nicht abzugsfähig sind auch **Geldbußen, Ordnungsgelder, Verwarnungsgelder** sowie **Leistungen** zur Erfüllung von Auflagen und Weisungen in einem berufsgerichtlichen Verfahren, soweit diese nicht lediglich der Schadenswiedergutmachung dienen (BFH 22.7.08 – VI R 47/06, BB 08, 2598). Das Abzugsverbot für Geldbußen gilt nicht, soweit der durch den Gesetzesverstoß erlangte wirtschaftliche Vorteil abgeschöpft wird und dabei die darauf entfallende ESt nicht abgezogen wird (§ 4 Abs 5 Nr 8 EStG). **Hinterziehungszinsen** (§ 235 AO) können ebenfalls nicht abgezogen werden (§ 4 Abs 5 Nr 8a EStG). Verwarnungsgelder, die der ArbGeb aus überwiegend eigenbetrieblichem Interesse übernimmt, stellen keinen Arbeitslohn dar (BFH 14.11.13 – VI R 36/12, BStBl II 14, 278 Übernahme von Verwarnungsgeldern wegen Verletzung des Halteverbots bei einem Fahrer im Paketzustelldienst regelmäßig nicht im eigenbetrieblichen Interesse; BFH 16.9.14 – VIII R 21/11, DStR 15, 1590 Rn 23 bezüglich einer Auflage nach § 153a StPO). 14

Aufwendungen zur **Förderung staatspolitischer Zwecke** sind nicht als Werbungskosten (§ 4 Abs 6 EStG), sondern nur im Rahmen von § 10b Abs 2 EStG als Sonderausgaben abzugsfähig. § 12 Nr 4 EStG enthält ein Abzugsverbot für **Geldstrafen** sowie **Rechtsfolgen vermögensrechtlicher Art,** bei denen der Strafcharakter überwiegt und für **Leistungen** zur Erfüllung von Auflagen oder Weisungen, soweit diese nicht lediglich der Schadenswiedergutmachung dienen. 15

**d) Abgrenzungsfragen. aa) Lebenshaltungskosten.** Nicht als Werbungskosten abzugsfähig sind Aufwendungen, die der Lebensführung des ArbN (Haushaltsführung und Unterhalt) dienen. Darunter fallen auch Aufwendungen, die sich aufgrund der wirtschaftlichen oder gesellschaftlichen Stellung des Stpfl ergeben, selbst wenn sie der Förderung des Berufs dienen (§ 12 Nr 1 EStG). Entgegen seiner bisherigen Rspr sieht der Große Senat des BFH allerdings in § 12 Nr 1 Satz 2 EStG **kein Aufteilungs- und Abzugsverbot** mehr normiert (grundlegend Beschluss v 21.9.09 – GrS 1/06, DStR 10, 101). Vielmehr gebietet das Leistungsfähigkeitsprinzip die Berücksichtigung des beruflichen Anteils durch Aufteilung, notfalls durch Schätzung. Es kommt damit maßgeblich auf den Veranlassungszusammenhang (→ Rn 7 ff) an. Das auslösende Moment für die Aufwendungen ist aufgrund einer wertenden Beurteilung nach den Umständen des Einzelfalls zu ermitteln. Ergibt diese Prüfung, dass die Aufwendungen nicht oder in nur unbedeutendem Maße auf privaten, der Lebensführung des Stpfl zuzurechnenden Umständen beruhen (in der Praxis 10–15 %), so sind sie als Betriebsausgaben oder Werbungskosten grds abzuziehen. Beruhen die Aufwendungen hingegen nicht oder in nur unbedeutendem Maße auf beruflichen Umständen, so sind sie nicht abziehbar. Diese Anforderungen, die nach der bisherigen Rspr nur die Frage betrafen, ob der Abzug der Aufwendungen insgesamt in Betracht kam, gelten nunmehr nach der geänderten Auslegung des § 12 Nr 1 Satz 2 EStG auch für die Frage, ob ein Teil der Aufwendungen als beruflich veranlasst anerkannt werden kann. Dabei kommt es bei der Anschaffung von Gegenständen (Wirtschaftsgütern), die sowohl beruflich als auch privat genutzt werden können, auf die tatsächliche Verwendung im Einzelfall an, wobei allerdings dem objektiven Charakter eine Indizwirkung zukommt (*HMW*/Werbungskosten Rz 16; BFH 15.3.93, BStBl II 93, 348). 16

Aufwendungen für Ernährung, Kleidung und Wohnung sowie Repräsentationsaufwendungen sind idR Kosten der Lebensführung. Besteht hier ein Zusammenhang mit dem Beruf, ist zu prüfen, in welchem Umfang die Aufwendungen beruflich veranlasst sind (LStR 9.1 Abs 2; s hierzu im Einzelnen auch → *Arbeitskleidung* Rn 16 ff, → *Auslandsreise* Rn 7 ff, → *Dienstreise* Rn 12 ff, → *Doppelte Haushaltsführung* Rn 4 ff und → *Verpflegungsmehraufwendungen* Rn 5 ff). 17

Bestehen nach Ausschöpfung der im Einzelfall angezeigten Ermittlungsmaßnahmen des FA und der gebotenen Mitwirkung des Stpfl weiterhin gewichtige **Zweifel,** dass den als Betriebsausgaben oder Werbungskosten geltend gemachten Aufwendungen eine berufliche Veranlassung zugrunde liegt, so kommt für die strittigen Aufwendungen schon aus diesem Grund ein Abzug insgesamt nicht in Betracht. Bestehen keine Zweifel daran, dass ein abgrenzbarer Teil der Aufwendungen beruflich veranlasst ist, bereitet seine **Quantifizierung** aber Schwierigkeiten, so ist dieser Anteil unter Berücksichtigung aller maßgeblichen Umstände zu schätzen. Der Stpfl sollte also aus Gründen der Beweisvorsorge entsprechende Aufzeichnungen fertigen bzw Unterlagen aufbewahren.

**18** Da **Repräsentationsaufwendungen** im Allgemeinen die zwischenmenschlichen Beziehungen zu Kollegen und Untergebenen betreffen oder aus der gesellschaftlichen Stellung der Person resultieren (Repräsentationspflichten von Persönlichkeiten des öffentlichen Lebens, sind Aufwendungen zur Pflege dieser Beziehungen grds dem privaten Bereich zuzuordnen (zB Geburtstags- und Beförderungsfeiern; BFH 8.3.90, BFH/NV 91, 436 und 4.12.92, BStBl II 93, 350, s aber BFH 28.1.03 – VI R 48/99, BFH/NV 03, 712: **betriebliche** Feier anlässlich eines runden Geburtstags des ArbN; ein Dienstjubiläum ist dagegen grds ein berufsbezogenes Ereignis, sodass die Aufwendungen für eine betriebsinterne Feier nahezu ausschließlich beruflich veranlasst sein können, BFH 20.1.16 – VI R 24/15, BFH/NV 16, 1340). Zu den Ausnahmen s LStR 19.3 Abs 2 Nr 4 und → *Betriebsveranstaltung* Rn 12. Dies gilt auch für Geschenke eines Behördenleiters anlässlich der Teilnahme an einer persönlichen Feier eines anderen Behördenleiters (BFH 1.7.94, BStBl II 95, 273). Anders aber bei der Einladung von Mitarbeitern zur Belohnung für deren Arbeitsleistung durch einen leitenden Angestellten mit weitgehend erfolgsabhängigen Bezügen (BFH 23.3.84, BStBl II 84, 557; BFH 24.5.07 – VI R 78/04, BStBl II 07, 721).

**19** Zu den aufgrund der bisherigen Rspr bereits entschiedenen Einzelfällen der Aufteilung, wie zB den **Verpflegungsmehraufwand** bei Dienstreisen, s Personalbuch 2009 Rz 18. Für **gemischt veranlasste Reisen** hält der GrS grds eine Aufteilung nach Zeitanteilen für sachgerecht, wenn nicht das unterschiedliche Gewicht der Veranlassungsbeiträge im Einzelfall einen anderen Aufteilungsmaßstab erfordert oder von einer Aufteilung ganz abzusehen ist, so zB wenn der Stpfl einen beruflichen Termin auf Weisung des ArbGeb wahrnimmt und diesen mit einem vorangehenden oder nachfolgenden Privataufenthalt verbindet. Danach ließen sich theoretisch auch **Aufwendungen etwa für bürgerliche Kleidung,** eine **Brille** oder eine **Armbanduhr** bei feststehender Arbeitszeit durchaus entsprechend aufteilen. Derartige Aufwendungen sind aber, wenn sie nach den Vorschriften über das steuerliche Existenzminimum, als Sonderausgaben oder außergewöhnliche Belastungen zu berücksichtigen sind, grds dem Anwendungsbereich des § 9 EStG entzogen, um eine doppelte Berücksichtigung zu vermeiden. Im Übrigen dürfte es sich regelmäßig weit überwiegend um Kosten der Lebensführung handeln, sodass eine Aufteilung schon dem Grunde nach nicht in Betracht kommt (BFH 21.9.09 – GrS 1/06, DStR 10, 101 sowie 21.4.10 – VI R 66/04, BStBl II 10, 685, VI R 5/07, BStBl II 10, 687 und 9.12.10, BFH/NV 11, 893: Aufwendungen eines Pfarrers für eine Pilgerwallfahrt und eine Tertiatskursfahrt; FG RhPf 23.4.12 – 5 K 2514/10, BeckRS 2012, 95150: Fahren eines Lehrers zu Orchesterproben).

**20** **bb) Sonderausgaben.** Eine Abgrenzung ist vor allem hinsichtlich der Aufwendungen für Ausbildung (grundsätzlich Sonderausgaben § 10 Abs 1 Nr 7 EStG) und Fortbildung (Werbungskosten, § 9 Abs 6 und § 4 Abs 9 EStG) erforderlich (→ Rn 10). Im Einzelnen → *Ausbildungskosten* Rn 6–10, → *Ausbildungsverhältnis* Rn 86 ff und → *Fortbildung* Rn 20 ff, aber auch BFH-Urt vom 4.12.02 – VI R 120/01, BStBl II 03, 403 und vom 17.12.02 – VI R 137/01, BStBl II 03, 407 (Änderung der Rspr) und BFH 13.10.03 – VI R 71/02, BStBl II 04, 890 (Aufwendungen für erstmalige, von der Agentur für Arbeit unterstützte Berufsausbildung als Werbungskosten – abzgl Kostenerstattung nach §§ 79, 89 SGB III). Die ESt-Veranlagungen ergehen in allen Fällen der Abziehbarkeit der Aufwendungen für eine Berufsausbildung oder ein Studium als Betriebsausgaben oder Werbungskosten auch ab 2015 vorläufig. Für die Zeit vor 2015 s auch Personalbuch 2015. Die Sonderausgaben sind in den §§ 10 bis 10c EStG abschließend aufgeführt, wobei die in § 10 Abs 1 EStG aufgezählten Aufwendungen nur Sonderausgaben sind, wenn sie nicht schon Werbungskosten sind (§ 10 Abs 1 1. Hs EStG).

**21** **e) Werbungskostenpauschbeträge.** Neben dem allgemeinen Werbungskostenpauschbetrag iHv 1000 € nach § 9a Satz 1 Nr 1a EStG **(Arbeitnehmerpauschbetrag)** – bei Versorgungsbezügen beträgt der Pauschbetrag 102 € (§ 9a Satz 1 Nr 1b EStG; zum Ausgleich durch den sukzessive sich mindernden Zuschlag zum Versorgungsfreibetrag → *Altersgrenze* Rn 19 ff) –, den jeder Stpfl mit Einnahmen aus nichtselbstständiger Arbeit auch dann erhält, wenn feststeht, dass keine oder nur geringe Werbungskosten angefallen sind, und der bereits beim LStAbzug automatisch berücksichtigt wird, kommen im Rahmen der einzelnen Werbungskostenarten noch eine Reihe von Pauschbeträgen und Pauschalen in Betracht. Hierzu wird auf das Stichwort → *Pauschbeträge* Rn 12 ff und die jeweiligen Werbungskosten betreffende Stichwörter (→ Rn 24 ff) verwiesen. Erzielt ein Stpfl neben Einnahmen aus nichtselbstständiger Arbeit noch Gewinneinkünfte, sind die durch diese Tätigkeiten gleichzeitig veranlassten Aufwendungen den jeweiligen Einkunftsarten, ggf nach einer im Schätzungswege vorzunehmenden Auflistung als Werbungskosten oder Betriebsausgaben zuzuordnen (BFH 10.6.08 – VIII R 76/05, BStBl II 08, 937). Zur Aufteilung des ArbNPauschbetrags auf laufenden und steuerbegünstigten Arbeitslohn (Entschädigung) → *Außerordentliche Einkünfte* Rn 21. Bei Vorliegen in- und ausländischer Einkünfte aus nichtselbstständiger Arbeit im Rahmen der Berücksichtigung des Progressionsvorbehalts nach § 32b Abs 2 Nr 2 EStG ist der ArbNPauschbetrag bei den steuerfreien ausländischen Einkünften abzuziehen, soweit er nicht bei der Ermittlung der inländischen Einkünfte aus nichtselbstständiger Arbeit abziehbar ist (§ 32b Abs 2 Nr 2 Satz 2 Buchst a EStG). Im Übrigen können Werbungkosten nur insoweit abgezogen werden, als sie zusammen mit den bei den inländischen Einkünften aus nichtselbstständiger Arbeit abziehbaren Werbungskosten den Pauschbetrag übersteigen (§ 32b Abs 2 Nr 2 Satz 2 Buchst b EStG; → *Ausländer* Rn 41).

**f) Werbungskostenersatz.** Unter bestimmten Voraussetzungen kann der ArbGeb in bestimmten Fällen steuerfreien Werbungskostenersatz leisten. Dies gilt für Reisekosten- und Umzugskostenvergütung, Trennungsgelder bzw Erstattung von Mehraufwendungen wegen doppelter Haushaltsführung (§ 3 Nr 13 und 16 EStG; → *Dienstreise* Rn 48 ff; → *Doppelte Haushaltsführung* Rn 30, 31; → *Umzugskosten* Rn 13–15), Ersatz von Werkzeuggeld (§ 3 Nr 30 EStG; → *Arbeitsmittel* Rn 8), Überlassung typischer Berufskleidung (§ 3 Nr 31 EStG; → *Arbeitskleidung* Rn 24), kostenloser oder verbilligter Sammelbeförderung (§ 3 Nr 32 EStG; → *Arbeitnehmerbeförderung* Rn 13) sowie bei Fort- oder Weiterbildungskosten, wenn diese im ganz überwiegenden betrieblichen Interesse des ArbGeb liegen (LStR 19.7; → *Fortbildung* Rn 30 ff). Insoweit wird daher auf die Ausführungen unter den genannten Stichwörtern verwiesen (→ *Aufwendungsersatz* Rn 23 ff und → *Auslösung* Rn 9). 22

Hiervon abzugrenzen sind der Auslagenersatz sowie durchlaufende Gelder (→ *Steuerfreie Einnahmen* Rn 12, 15: Auslagenersatz und Durchlaufende Gelder). Soweit dem ArbN an sich abzugsfähige Werbungskosten ersetzt werden, hat er den ersetzten Betrag anzurechnen (→ Rn 5). Verzichtet der ArbN auf die Geltendmachung eines Anspruchs auf Ersatz von Werbungskosten, steht dies dem Werbungskostenabzug nicht entgegen. Gleiches gilt, wenn der ArbGeb entsprechend der reisekostenrechtlichen Bestimmungen von seinem Einbehaltungsrecht Gebrauch macht oder die Vergütung kürzt (BFH 24.3.11 – VI R 11/10, DB 11, 1310). Nimmt der ArbN die Kostenerstattung jedoch in Anspruch, hat er bei Übernachtungen im Ausland keinen Anspruch auf den Differenzbetrag zwischen den vom ArbGeb vollständig erstatteten tatsächlichen Kosten und den höheren Übernachtungspauschalen nach den LStR als Werbungskosten (BFH 8.7.10 – VI R 24/09, DStR 10, 2347). 23

**3. Einzelne Werbungskosten.** Die Aufzählung der Werbungskosten in § 9 Abs 1 Satz 3 Nr 1–7 EStG ist nicht abschließend. Weitere Werbungskosten können sich aufgrund des allgemeinen Werbungskostenbegriffs des § 9 Abs 1 Satz 1 EStG ergeben. Auf die Darstellungen bei folgenden Stichwörtern wird verwiesen: 24
→ *Aktienoptionen* Rn 21 ff, → *Arbeitnehmerbeförderung* Rn 13 ff, → *Arbeitnehmerhaftung* Rn 27, → *Arbeitskleidung* Rn 17 ff, → *Arbeitsmittel* Rn 11 ff, → *Arbeitszimmer* Rn 13 ff, → *Aufwendungsersatz* Rn 31 f, → *Ausbildungskosten* Rn 6 ff, → *Ausbildungsverhältnis* Rn 86 ff, → *Auslandsreise* Rn 7 ff, → *Auslösung* Rn 9, → *Behinderte* Rn 78, → *Berufskrankheit* Rn 7–10, → *Betriebsbuße* Rn 12, → *Bewerbung* Rn 16–18, → *Bewirtungsaufwendungen* Rn 15–17, → *Bildungsurlaub* Rn 32, → *Dienstreise* Rn 12 ff, → *Dienstwagen* Rn 32, → *Dienstwohnung* Rn 23, 24, → *Doppelte Haushaltsführung* Rn 22 ff, → *Einsatzwechseltätigkeit* Rn 5 ff, → *Entgeltrückzahlung* Rn 18, → *Fahrgemeinschaft* Rn 11, → *Fahrtätigkeit* Rn 12 ff, → *Fahrten zwischen Wohnung und Arbeitsstätte* Rn 4 ff, → *Fortbildung* Rn 20 ff, → *Geschäftsführer* Rn 43, → *Heimarbeit* Rn 52, → *Internet-/Telefonnutzung* Rn 35, → *Kindervergünstigungen* Rn 12 f, → *Lohnersatzleistungen* Rn 18, → *Pauschbeträge* Rn 12 ff,

→ *Rechtsanwaltskosten* Rn 22 ff, → *Schmiergeld* Rn 10, → *Umschulung* Rn 13, → *Umzugskosten* Rn 17–30, → *Unfallversicherung* Rn 10–13, → *Vergleich* Rn 18, → *Verpflegungsmehraufwendungen* Rn 5 ff, → *Versetzung* Rn 32, → *Vertragsbruch* Rn 17, → *Vertragsstrafe* Rn 23, → *Wegeunfall* Rn 2 ff.

**Ergänzungen:**

25 **Arbeitnehmerentsendung.** Für den Werbungskostenabzug von Reisekosten durch den ArbGeb bei der zeitlich befristeten Entsendung von ArbN an ein verbundenes Unternehmen muss danach unterschieden werden, ob das bisherige Beschäftigungsverhältnis ruht oder unverändert fortgeführt wird (OFD Rheinland 12.7.10 – ESt Nr 34/2010, DB 10, 1856; → *Arbeitnehmerentsendung* Rn 15 ff).

**Berufsverbände.** Nach § 9 Abs 1 Satz 3 Nr 3 EStG sind auch Beiträge zu Berufsständen und sonstigen Berufsverbänden, deren Zweck nicht auf einen wirtschaftlichen Geschäftsbetrieb gerichtet ist, Werbungskosten. Zu Ausgaben bei Veranstaltungen von Berufsverbänden s LStR 9.3.

**Beteiligung.** Zu Aufwendungen aus der Bürgschaftsinanspruchnahme des ArbN einer GmbH bei geplanter, aber nicht verwirklichter Beteiligung s Bürgschaft. Zum Verlust geleisteter Einlagezahlungen s FG Niedersachsen 23.2.2011 – 9 K 45/08, BB 11, 1174); → Rn 7.

26 **Bürgschaft.** Aufwendungen des ArbN aus einer zugunsten des ArbGeb übernommenen Bürgschaft können Werbungskosten sein, wenn bereits bei der Übernahme (nicht erst bei der Inanspruchnahme) ein Zusammenhang mit dem Beruf besteht, zB im Hinblick auf seine künftige berufliche Tätigkeit. Dies gilt auch, wenn der ArbN die Bürgschaft sowohl im Hinblick auf die Sicherung des Arbeitsplatzes, als auch im Hinblick auf eine zukünftige Gesellschafterstellung übernommen hat (BFH 16.11.11 – VI R 97/10, BStBl II 12, 343; bei mittelbarer Beteiligung stellt die Beteiligungshöhe ein Indiz für einen Veranlassungszusammenhang dar. Je höher die Beteiligung des ArbN umso mehr spricht dies für einen Zusammenhang mit den Einkünften aus Kapitalvermögen mit der Folge, dass ein Zusammenhang mit dem Arbeitsverhältnis zu verneinen ist: BFH 3.9.15 – VI R 58/13, BStBl II 16, 305; vgl. zur Frage des Veranlassungszusammenhangs auch BFH 8.7.15 – VI R 77/14, BStBl II 16, 60: Bei Aufwendungen im Hinblick auf eine künftige Tätigkeit muss diese schon hinreichend konkret feststehen, um einen Veranlassungszusammenhang begründen zu können.; *Schmidt/Krüger* § 19 Rz 110: Bürgschaft). Bei Gesellschafter-Geschäftsführern → *Geschäftsführer* Rn 43.

27 **Darlehen.** Der Verlust einer Darlehensforderung gegenüber dem ArbGeb kann zu Werbungskosten führen, wenn das Darlehen zur Arbeitsplatzsicherung gegeben worden ist (BFH 10.4.14 – VI R 57/13, BStBl II 14, 850 zum Verlust einer aus einer Gehaltsumwandlung entstandenen Darlehensforderung). Während dies früher nur für unverzinsliche oder niedrig verzinsliche Darlehen galt, hat der BFH unter Aufgabe seiner bisherigen Rspr entschieden, dass dies auch dann gilt, wenn das Darlehen normal verzinslich war (s zuletzt BFH 7.2.08 – VI R 75/06, BStBl II 10, 48; BFH 25.11.10 – VI R 34/08, BStBl II 12, 24: Darlehensgewährung aus im Gesellschaftsverhältnis liegenden Gründen und BFH 7.5.15 – VI R 55/14, DStZ 15, 810: Darlehensgewährung durch einen zum alleinigen Gesellschafter in einem Verwandtschaftsverhältnis stehenden ArbN; Schmidt/*Krüger* § 19 Rz 110: Darlehen und → *Arbeitnehmerdarlehen* Rn 11 ff). Allerdings darf kein freiwilliger Verzicht auf die Darlehensforderung vorliegen; der Verlust muss auf einem unvermeidbaren, unfreiwilligen Ereignis beruhen (BFH 2.9.94, BFH/NV 95, 208). Außerdem müssen die Darlehenshöhe und die Lohnbezüge in einem angemessenen Verhältnis zueinanderstehen (FG RhPf 30.5.96, EFG 96, 648: 300 000 DM zu 45 000 DM nicht angemessen, bestätigt durch BFH 7.2.97 – VI R 33/96, BFH/NV 97, 400). Bei Gesellschaftergeschäftsführern → *Geschäftsführer* Rn 43.

28 **Doktorprüfung.** Zu Aufwendungen im Zusammenhang mit der **Promotion** s nunmehr BFH 4.11.03 – VI R 96/01, BStBl II 04, 891: vorab entstandene Werbungskosten bei berufsbezogenem Veranlassungszusammenhang (BFH 4.11.03 – VI R 28/03 BFH/NV 04, 928, bestätigt BFH 18.6.09 – VI R 14/07, BStBl II 10, 816 und → *Fortbildung* Rn 25 sowie *Lohwasser/Vater* StuB 04, 305). Unabhängig davon gehören die Aufwendungen zur Vorbereitung auf die Promotion zu den Berufsausbildungskosten iSd § 32 Abs 4 Nr 2a EStG (BFH 16.3.04 – VIII R 65/03, BFH/NV 04, 1522; → *Kinderfreibetrag* Rn 19).

Eine **Gehaltsminderung** durch Umwandlung von Barlohn in Sachlohn (Überlassung eines Dienstwagens gegen Barlohnminderung) stellt unerheblich davon, dass die Gehaltsminderung idR höher ist als der aufgrund besonderer Bewertungsvorschriften für steuerliche Zwecke festzusetzende Sachbezugswert, keine Werbungskosten dar (OFD Münster 24.8.10 – akt Kurzinfo ESt 39/2003, DB 10, 2025).

**(Hybrid)Elektrofahrzeuge.** Zu Reisekosten bei dienstlichen Fahrten → *Steuerfreie Einnahmen* Rn 15.

**Kinderbetreuungskosten** können nur noch als Sonderausgaben berücksichtigt werden (→ Rn 11, → *Kindervergünstigungen* Rn 12 ff). Eigene Fahrtaufwendungen der Eltern für den **Schulweg** der Kinder sind auch dann weder als Werbungskosten noch als außergewöhnliche Belastungen abzugsfähig, wenn eine Anbindung an das öffentliche Nahverkehrsnetz nicht besteht (FG RhPf 22.6.2011 – 2 K 1885/10, BeckRS 2011, 96449).

**Kontoführungsgebühren** sind insoweit Werbungskosten, als sie auf die Gutschrift des 29 Arbeitslohns und berufliche Überweisungen entfallen. Die FinBeh erkennen ohne Nachweis 16 €/Kj an.

**Krankheitskosten** können dann betrieblich oder beruflich veranlasst sein, wenn es sich um die Behandlung einer typischen Berufskrankheit handelt oder ein Zusammenhang zwischen der Erkrankung und der beruflichen Tätigkeit feststeht (BFH 11.7.13 – VI R 37/12, BStBl II 13, 815).

**Prozesskosten** sind **Werbungskosten,** wenn der Rechtsstreit um die Zahlung von 30 Arbeitslohn, Kündigung oder Fortbestehen des Dienstverhältnisses geht bzw soweit Aufwendungen, die Gegenstand eines finanzgerichtlichen Verfahrens waren, als Werbungskosten zu beurteilen sind. Ein Abzug als Werbungskosten kommt hingegen nicht in Betracht, wenn lediglich ein Zusammenhang mit Sonderausgaben, Veranlagungs- oder Tariffragen besteht (BFH 13.4.10 – VIII R 27/08, BFH/NV 10, 2038). Soweit sie den ArbN endgültig belasten, sind auch Prozesskosten, die wegen seiner dienstlichen Tätigkeit oder wegen eines auf einer Dienstreise verschuldeten Unfalls entstehen, Werbungskosten. Zu Strafverteidigungskosten s unten (*Heuermann/Wagner* Teil F Rz 1: Prozesskosten sowie → *Rechtsanwaltskosten* Rn 22 ff; zu Geldstrafen s aber → Rn 14). Mit Urteil vom BFH 18.6.15 – VI R 17/14, BStBl II 15, 800 hält der BFH Aufwendungen für **Zivilprozesskosten** weder aufgrund des staatliche Gewaltmonopols noch aufgrund der Rechtspflicht zur Bezahlung der Kosten eines bereits eingeleiteten Prozesses für zwangsläufig entstanden, so dass ein Abzug als **außergewöhnliche Belastung** (§ 33 EStG) grundsätzlich **nicht** möglich ist. Entscheidend ist, ob das Ereignis, das die Führung eines Zivilprozesses adäquat verursacht, für den Stpfl zwangsläufig ist, woran es bei einem Zivilprozess im Allgemeinen fehlt. Der BFH hat damit seine frühere Rechtsprechung in BFH 12.5.11 – VI R 42/10, BStBl II 11, 1015 (Personalbuch 2016) aufgegeben (bestätigt 19.8.15 – VI R 34/12, BFH/NV 16, 22 und 15.6.16 – VI R 29/15, BFH/NV 16, 1550 sowie 15.6.16 – VI R 25/14, BFH/NV 16, 1547; BFH 20.1.16 – VI R 14/13, BFH/NV 16, 1142: zu Gerichtskosten im Rahmen eines Vergleichs mit dem Ziel entgangenen Verdienstausfall zu ersetzen). Seit dem **Veranlagungszeitraum** 2013 sind Prozesskosten **nicht mehr** als außergewöhnliche Belastung zu berücksichtigen, und zwar unabhängig davon, ob der Stpfl Kläger oder Beklagter ist, es sei denn, der Stpfl liefe ohne den Rechtsstreit Gefahr, seine Existenzgrundlage zu verlieren oder seine lebensnotwendigen Bedürfnisse nicht mehr im üblichen Rahmen befriedigen zu können (§ 33 Abs 2 Satz 4 EStG). und dies gilt auch für den **Verwaltungsgerichtsprozess** (FG Düsseldorf 14.1.13 – 11 K 1633/12, EFG 13, 701; die Rev Az BFH VI R 9/13 wurde zurückgenommen).

**Rechtsschutzversicherung.** Die Beiträge sind dann Werbungskosten, wenn die Ver- 31 sicherung im Zusammenhang mit der Berufstätigkeit des ArbN abgeschlossen worden ist. Dies ist idR der Fall, wenn die Kosten, von denen der Versicherte befreit wird, andernfalls Werbungskosten darstellen würden (→ Rn 30 Prozesskosten). Hinsichtlich einer Kfz-Rechtsschutzversicherung gilt das unten zu den Zinsen für Kredite zum Erwerb eines Kfz Dargestellte entsprechend. Prämien für eine kombinierte Familien- und Verkehrsrechtsschutzversicherung können in Aufwendungen für die Lebensführung und Werbungskosten aufgeteilt werden, wenn der Versicherer bescheinigt, welcher Anteil der Gesamtprämie auf den die berufliche Sphäre betreffenden Versicherungsschutz entfällt (BFH 31.1.97 – VI R 97/94, BFH/NV 97, 346). Ein Abzug einer Rechtsschutzversicherung als Sonderausgabe kommt nicht in Betracht (EStH 10.5: Rechtsschutzversicherung; → *Rechtsanwaltskosten* Rn 23).

**Rentenversicherungsbeiträge.** Nach dem 1.1.05 geleistete RVBeiträge stellen auch im Hinblick auf die Rentenbesteuerung nach dem AltEinkG keine vorweggenommenen Werbungskosten bei den sonstigen Einkünften dar, sondern sind weiterhin nur als Sonderausgaben abzugsfähig (BFH 1.2.06 – X B 166/05, BStBl II 06, 420).

32 **Schadensersatz.** Nach dem BFH ist bei Aufwendungen für aus dem Arbeitsverhältnis folgende zivil- und arbeitsgerichtliche Streitigkeiten regelmäßig ein den Werbungskostenabzug rechtfertigender hinreichend konkreter Veranlassungszusammenhang zu den Lohneinkünften zu vermuten. Dies gilt grundsätzlich auch, wenn sich ArbGeb und ArbN über solche streitigen Ansprüche im Rahmen eines arbeitsgerichtlichen Vergleichs einigen (BFH 9.2.12 – VI R 23/10, BStBl II 12, 829; aA FG Sachsen 29.2.12 – 8 K 959/06, BeckRS 2012, 95854, die NZB Az BFH VI B 61/12 wurde als unzulässig verworfen).

**Sicherheitseinrichtungen** für sicherheitsgefährdete ArbN sind keine Werbungskosten. Dagegen führen Aufwendungen des ArbGeb hierfür unter bestimmten Voraussetzungen nicht zu stpfl Arbeitslohn (BMF 30.6.97, BStBl I 97, 696); s aber BFH 5.4.06 – IX R 109/00, BStBl II 06, 541; → *Fürsorgepflicht* Rn 23).

**Statusfeststellungsverfahren.** Aufwendungen im Zusammenhang mit dem Anfrageverfahren nach § 7a SGB IV (Statusfeststellungsverfahren) sind durch das Arbeitsverhältnis veranlasste Werbungskosten (BFH 6.5.10 – VI R 25/09, BStBl II 2010, 851).

33 **Steuerberatungskosten** sind bei nicht abzugsfähigen Steuern (LSt, ESt) nur noch Werbungskosten, soweit sie bei der Ermittlung der Einkünfte anfallen. Dazu gehört auch nach der Aufgabe des Abzugs- und Aufteilungsverbots durch den Großen Senat des BFH (→ Rn 15) in keinem Fall das Ausfüllen der Anlage zur ESt-Erklärung und der übrigen ESt-Erklärung (BFH 18.5.11 – X B 124/10, BFH/NV 11, 1838 und BMF 21.12.07, DStR 08, 50). Seit 2006 ist auch der Sonderausgabenabzug entfallen s BMF v 21.12.07, BStBl I 2008, 256; OFD Koblenz v 5.3.08 – S 2350 A – St 32 3, DB 08, 986. Nach dem Urteil des BFH vom 4.2.10 – X R 10/08 (BStBl II 10, 617) ist die Abschaffung der Abzugsfähigkeit privater Steuerberaterkosten verfassungsgemäß. Auch ein Abzug als dauernde Last oder außergewöhnliche Belastung scheidet aus. Werden die Kosten bei einer Nettolohnvereinbarung vom ArbGeb übernommen, stellen sie Arbeitslohn dar (→ *Nettolohnvereinbarung* Rn 17).

**Strafverteidigungskosten** sind Erwerbsaufwendungen, wenn der strafrechtliche Vorwurf, gegen den sich der Stpfl zur Wehr setzt, durch sein berufliches Verhalten und nicht durch Handlungen ohne Berufsbezug veranlasst war (BFH 17.8.11 – VI R 75/10, BFH/NV 11, 2040 und 16.4.13 – IX R 5/12, BStBl II 13, 806; FG Rheinland-Pfalz 15.4.10 – 4 K 2699/06, EFG 10, 149; FG Hbg 17.12.10 – 6 K 126/10, DStRE 12, 271 zu Strafverteidigungskosten eines Piloten). Da sie, was ihren Abzug als Werbungskosten betrifft, bei einem Strafverfahren nicht zwangsläufig entstanden sein müssen, sind die aufgrund einer Honorarvereinbarung geleisteten Aufwendungen beim Werbungskostenabzug anders als bei den außergewöhnlichen Belastungen der Höhe nach nicht zu begrenzen (BFH 18.10.07 – VI R 42/04, BStBl II 08, 223). Ein Abzug als außergewöhnliche Belastungen ist generell ausgeschlossen, und zwar für die Zeit vor 2012 weil strafbare Handlungen nicht zwangsläufig sind, für die Zeit ab 2013 nach § 33 Abs 2 Satz 4 EStG (→ Rn 30; *Schmidt/Loschelder* § 33 Rn 35 „Prozesskosten").

34 **Studienreise.** Auf die Darstellung unter dem Stichwort → *Auslandsreise* Rn 19 ff wird verwiesen.

**Unfallkosten** sind trotz der Neufassung des § 9 Abs 2 in Gegensatz zu den übrigen Kosten im Zusammenhang mit den Fahrten Wohnung – erste Tätigkeitsstätte (→ Rn 8) ab VZ 14 weiterhin neben der Entfernungspauschale zu berücksichtigen (BMF 3.1.13, BStBl I 13, 215 Tz 4). Sie sind bei unterbliebener Reparatur aber nur begrenzt abziehbar (BFH 21.8.12 – VIII R 33/09, DStR 12, 2423).

**Versorgungsausgleich.** Ausgleichszahlungen, die ein zum Versorgungsausgleich verpflichteter Ehegatte aufgrund einer Vereinbarung nach § 1587o BGB an den anderen Ehegatten leistet, um eine Kürzung seiner Versorgungsbezüge zu vermeiden, stellen Werbungskosten dar. Dies gilt auch für Zinsen zur Finanzierung der Zahlungen (BFH 17.6.10 – VI R 33/08, BFH/NV 10, 2051). Leistungen für den schuldrechtlichen Versorgungsausgleich sind gem § 10 Abs 1a Nr 4 EStG als Sonderausgaben abzugsfähig, soweit die ihnen zugrunde liegenden Einnahmen beim Ausgleichsverpflichteten der Besteuerung unterliegen.

**Zinsen** sind gem § 9 Abs 1 Satz 3 Nr 1 EStG abzugsfähig, soweit sie für Kredite gezahlt 35
werden, die der Anschaffung von Arbeitsmitteln (→ *Arbeitsmittel* Rn 11 ff; → *Arbeitszimmer* Rn 19) dienen. Darlehenszinsen für Kredite zum Erwerb eines Kfz, das zu Dienstfahrten, Fahrten Wohnung – Arbeitsstätte oder zu Fahrten im Rahmen der doppelten Haushaltsführung benutzt wird, sind nicht abzugsfähig, wenn die Kosten für diese Fahrten mit den jeweiligen Kilometerpauschbeträgen angesetzt werden (→ *Dienstreise* Rn 32; → *Doppelte Haushaltsführung* Rn 22 ff und → *Fahrten zwischen Wohnung und Arbeitsstätte* Rn 36). Weist der ArbN jedoch im Rahmen der Reisekosten oder der Einsatzwechseltätigkeit die tatsächlichen Aufwendungen für die Fahrtkosten mit dem privaten Pkw nach, sind auch die anteiligen Zinsen für das Anschaffungsdarlehen zu berücksichtigen (LStR 9.5 Abs 1 Satz 4 und LStH 9.5: Einzelnachweis). Erwirbt ein ArbN Aktien mit Kredit, um Vorstandsmitglied oder leitender Angestellter einer AG zu bleiben, sind die entsprechenden Zinsen keine Werbungskosten bei den Einkünften aus nichtselbstständiger Arbeit, sondern bei den Einkünften aus Kapitalvermögen. Zum Abzug von Nachzahlungszinsen zur ESt (§ 233a AO) s BFH 2.9.08 – VIII R 2/07, BFH/NV 09, 264). Dies ist trotz der Besteuerung von Erstattungszinsen verfassungsmäßig (BFH 15.4.15 – VIII R 30/13, BeckRS 2015, 95778; Verfassungsbeschwerde anhängig Az BVerfG 2 BvR 1711/15).

## C. Sozialversicherungsrecht

*Schlegel*

**1. Allgemeines.** Eine generelle Aussage darüber, wann Werbungskosten bei der Ermitt- 36
lung sozialrechtlich beachtlicher Einnahmen abzugsfähig sind und wann sich ein Werbungskostenabzug verbietet, lässt sich nicht treffen. Es kommt insoweit stets auf den Sachzusammenhang an.

**2. Unbeachtlichkeit von Werbungskosten beim Arbeitsentgelt in der Sozialver- 37
sicherung.** Beitragsrechtlich und leistungsrechtlich spielen Werbungskosten im Rahmen eines Beschäftigungsverhältnisses keine Rolle, soweit Anknüpfungspunkt hierfür das Arbeitsentgelt iSd § 14 SGB IV ist. Dieses ist der Bemessungsgrundlage für die Beiträge und Leistungen als Bruttoarbeitsentgelt grds vor Abzug der Werbungskosten zugrunde zu legen. Zur Berücksichtigung der Werbungskosten bei der Anrechnung von Nebeneinkommen auf das AlGeld vgl § 155 Abs 1 SGB III.

**3. Begrenzte Beachtlichkeit von Werbungskosten beim Arbeitseinkommen.** So- 38
weit das SozVRecht – anders als beim Arbeitsentgelt – an die Begriffe Arbeitseinkommen (§ 15 SGB IV) und Gesamteinkommen (§ 16 SGB IV) anknüpft, ist auch ein Werbungskostenabzug beachtlich, soweit dadurch nicht eine ungerechtfertigte Bevorzugung gegenüber ArbN entsteht, die in einer vergleichbaren Situation bei dem für sie maßgeblichen Arbeitsentgelt keinen Werbungskostenabzug vornehmen können.

**4. Werbungskostenabzug beim Gesamteinkommen.** Unbeschränkt zulässig ist der 39
Werbungskostenabzug, soweit es auf das Gesamteinkommen iSd § 16 SGB IV ankommt. Auf das Gesamteinkommen kommt es allerdings nur für im Rahmen der Familienversicherung Angehöriger an (§ 10 SGB V). Entscheidend ist, ob Werbungskosten steuerlich absetzbar sind. Denn nach § 16 SGB IV ist Gesamteinkommen die Summe der Einkünfte iSd EStRechts, wobei § 2 EStG die Einkünfte bei der Land- und Forstwirtschaft, beim Gewerbebetrieb und der selbstständigen Arbeit als den Gewinn, bei den übrigen Einkunftsarten als den „Überschuss der Einnahmen über die Werbungskosten" definiert (BSG 22.7.81 – 3 RK 7/80, SozR 2200 § 205 Nr 43; BSG 22.5.03 – B 12 KR 13/02 R, SozR 4–2500 § 10 Nr 2: zum Abzug des Sparer-Freibetrags). Insoweit wird die Bezugnahme auf das Steuerrecht und dessen Beachtlichkeit im Rahmen des § 16 SGB IV mE auch nicht durch die beispielhafte Aufzählung in § 16, 2. Hs SGB IV, Gesamteinkommen ist („es umfasst insbesondere das Arbeitsentgelt und das Arbeitseinkommen"), relativiert. Dort, wo der Gesetzgeber die Anwendung der steuerrechtlichen Vorschriften nicht will, ist es ihm unbenommen, einen eigenen Begriff der maßgeblichen Einkünfte zu verwenden, wie dies zB bei § 240 SGB V für die Bemessungsgrundlage der KVBeiträge freiwillig versicherter Selbst-

ständiger geschehen ist. In diesem Zusammenhang hat das BSG entschieden, dass Schuldzinsen/Werbungskosten iSv § 9 Abs 1 S 3 Nr 1 S 1 EStG von den Einnahmen des Versicherten aus Vermietung und Verpachtung abzusetzen sind (BSG 29.9.99 – B 12 KR 12/98 R, SozR 3–2500 § 240 Nr 31).

# Werkvertrag

## A. Arbeitsrecht

*Röller*

1 **1. Aktuelle politische Diskussion.** Werkverträge haben in den letzten Jahren in der Wirtschaft zunehmende Bedeutung gewonnen. Um die Rentabilität zu steigern, verringern viele Unternehmen ihre Fertigungstiefe und verlagern bestimmte Tätigkeiten an externe Dienstleister durch Abschluss von Werkverträgen. Hierzu kommt die zunehmende Regulierung der ArbNÜberlassung/Zeitarbeit durch gesetzliche Neuregelungen des AÜG sowie den Abschluss von verschiedenen Tarifverträgen, die den Einsatz von LeihArbN für viele Unternehmen unattraktiv gemacht haben. Dieser Trend hat zu einer politischen Diskussion über den Einsatz von Werkverträgen geführt. Der Koalitionsvertrag zwischen CDU, CSU und SPD v 16.12.13 enthielt verschiedene Maßnahmen zur Verhinderung des Missbrauchs von Werkverträgen und zur Weiterentwicklung der ArbNÜberlassung. Nach langen politischen Diskussionen ist am 1.4.17 das Gesetz zur Änderung des AÜG und anderer Gesetze in Kraft getreten (BT-Drs 18/9293; BT-Drs 18/10064). Mit dem Gesetz soll die Leiharbeit auf ihre Kernfunktion hin orientiert und dem Missbrauch von Werksvertragsgestaltungen entgegen gewirkt werden (Einzelheiten s *Wank* RdA 17, 100; *Henssler* RdA 17, 83; *Deinert* RdA 17, 65; *Zieglmeier* DStR 16, 2858; *Neighbour/Schröder* BB 16, 2869; *Olbertz/Groth* GWR 16, 371; *Baeck/Winzer/Hils* NZG 16, 415; *Tuengerthal/Andorfer* BB 16, 1909; *Giesen* ZRP 16, 130).

2 **2. Abgrenzung Werkvertrag/Arbeitnehmerüberlassung. a) Allgemeines.** Arbeitsrechtlich ist die Abgrenzung zwischen Werkvertrag und ArbNÜberlassung von erheblicher Bedeutung, weil der Werkvertrag nicht unter den Geltungsbereich des AÜG fällt. War unklar, ob ein Unternehmen im Rahmen eigener unternehmerischer Tätigkeit seine ArbN beim Vertragspartner einsetzte (Werksvertrag) oder ob ArbNÜberlassung vorlag, hatte man sich vor dem 1.4.17 damit beholfen, dass das Unternehmen sich eine ArbNÜberlassungserlaubnis (Vorratserlaubnis) beschaffte. Diese verdeckte ArbNÜberlassung war rechtlich zulässig und führte nicht zur Begründung eines Arbeitsverhältnisses zwischen Entleiher und ArbN, wenn entgegen der Bezeichnung des Vertrages zwischen Verleiher und Entleiher in Wahrheit ArbNÜberlassung vorlag (BAG 12.7.16 – 9 AZR 352/15, BeckRS 2016, 72463). Der **Scheinwerkvertrag** führt seit 1.4.17 zur Begründung eines Arbeitsverhältnisses zwischen Entleiher und LeihArbN gem §§ 9 Abs 1 Nr 1a, 10 Abs 1 AÜG. Gem § 1 Abs 1 S 5, S 6 AÜG müssen nämlich im Vertrag zwischen Verleiher und Entleiher die ArbNÜberlassung als solche und die Person des LeihArbN konkret bezeichnet werden. Ansonsten ist der Vertrag unwirksam. Der Einsatz von Werkverträgen dürfte deshalb rechtlich problematischer sein als in der Vergangenheit bei der sog Fallschirm-Lösung (Vorratserlaubnis). Sozialversicherungsrechtlich kommt bei einem Scheinwerkvertrag eine Haftung des Entleihers für den Gesamtsozialversicherungsbeitrag in Betracht (ErfK/*Wank* Einl AÜG Rn 36 ff). Steuerrechtlich spielt die Abgrenzung für den Vorsteuerabzug und die Umsatzsteuerpflicht eine Rolle.

3 **b) Gesetzliche Definition des Begriffs der Arbeitnehmerüberlassung.** § 1 Abs 1 S 1, S 2 AÜG enthält seit 1.4.17 erstmals eine gesetzliche Definition des ArbNÜberlassungsbegriffs. Der Gesetzgeber wollte mit den Bestimmungen Bezug nehmen auf die in der Rspr entwickelten Abgrenzungskriterien. Bei der ArbNÜberlassung werden dem Entleiher die Arbeitskräfte zur Verfügung gestellt, damit dieser sie nach seinen Vorstellungen und Zielen in seinem Betrieb wie eigene ArbN einsetzen kann. Die Arbeitskräfte sind voll in den Betrieb des Entleihers eingegliedert und führen ihre Arbeiten allein nach dessen Weisungen aus (BAG 15.4.14 – 3 AZR 395/11, BeckRS 2014, 70025; 21.11.13 – 6 AZR 23/12, NZA-RR 14, 263; 25.9.13 – 10 AZR 282/12, NZA 13, 1348; 18.1.12 – 7 AZR

723/10, NZA-RR 12, 455). Die ArbNÜberlassung ist damit durch eine spezifische Ausgestaltung der Vertragsbeziehungen zwischen Verleiher und Entleiher einerseits (dem ArbN-Überlassungsvertrag) und zwischen Verleiher und ArbN andererseits (dem Leiharbeitsvertrag) sowie durch das Fehlen einer arbeitsvertraglichen Beziehung zwischen ArbN und Entleiher gekennzeichnet.

**c) Werkvertrag.** Von der ArbNÜberlassung zu unterscheiden ist die Tätigkeit eines 4 ArbN bei einem Dritten auf Grund eines Werkvertrags. In diesen Fällen wird der Unternehmer für einen anderen – den Auftraggeber – tätig. Er organisiert die zur Erreichung eines wirtschaftlichen Erfolgs notwendigen Handlungen nach eigenen betrieblichen Voraussetzungen und bleibt für die Erfüllung der in dem Vertrag vorgesehenen Dienste oder für die Herstellung des geschuldeten Werks gegenüber dem Auftraggeber verantwortlich. Die zur Ausführung des Werkvertrags eingesetzten ArbN unterliegen den Weisungen des Unternehmers und sind dessen Erfüllungsgehilfen (BAG 27.6.17 – 9 AZR 133/16, ArbRAktuell 18, 285; 29.9.16 – 9 AZR 735/15, NZA 17, 49).

**d) Abgrenzungskriterien.** Für die Abgrenzung zwischen ArbNÜberlassung und Werk- 5 vertrag entscheidend sind die **Eingliederung in den Beschäftigungsbetrieb** und das **Weisungsrecht** des Dritten/Entleihers. Liegen diese Voraussetzungen vor, handelt es sich um ArbNÜberlassung und nicht um einen Werkvertrag. Zur Abgrenzung *Wank* RdA 17, 100; *Henssler* RdA 17, 83; *Deinert* RdA 17, 65; *Becker/Tuengerthal* BB 16, 2229; *Greiner* RdA 14, 262; *Schüren/Hamann* § 1 Rn 115 ff; ErfK/*Wank* § 1 AÜG Rn 12 ff; *Reiserer* DB 13, 2026.

**aa) Eingliederung in den Beschäftigungsbetrieb.** Indizien für eine Eingliederung in 6 den Beschäftigungsbetrieb sind die Zusammenarbeit mit ArbN des Dritten, die Übernahme von Tätigkeiten, die in der Vergangenheit ArbN des Dritten ausgeführt haben, die Stellung von Material sowie von Arbeitskleidung durch den Dritten; Fremdkräfte werden namentlich in Telefon-, Anwesenheits- oder Urlaubslisten geführt, nehmen Vergünstigungen wahr, zB ermäßigtes Kantinenessen, Rabatte (LAG Hamm 24.7.13 – 3 Sa 1749/12 BeckRS 2013, 72125; *Schindele* ArbRAktuell 15, 363; ErfK/*Wank* § 1 AÜG Rn 14; *Schüren/Hamann* § 1 Rn 115 ff; *Reiserer* DB 13, 2026).

**bb) Weisungsrecht.** Abzugrenzen ist das Weisungsrecht des Werkbestellers gem § 645 7 Abs 1 Satz 1 BGB von dem arbeitsrechtlichen Weisungsrecht, das heißt der Ausübung des Direktionsrechts nach § 106 GewO. Diese Angrenzung bereitet häufig Probleme. Gem § 645 Abs 1 S 1 BGB kann der Werkbesteller/Auftraggeber dem Werkunternehmer selbst oder dessen Erfüllungsgehilfen Anweisungen für die Ausübung des Werks erteilen. Das Weisungsrecht ist damit sachbezogen und ergebnisorientiert. Das arbeitsrechtliche Weisungsrecht ist demgegenüber personenbezogen, ablauf- und verfahrensorientiert (BAG 27.6.17 – 9 AZR 133/16, ArbRAktuell 18, 285). Intensive Leistungsvorgaben, entweder im Vertrag selbst, oder durch spätere anweisende Leistungsbestimmungen, sind deshalb kein Indiz für ArbNÜberlassung. Aus ihnen kann keine Eingliederung der die Leistung erbringenden Personen in den Betrieb des Werkbestellers oder dessen Organisation abgeleitet werden (BAG 18.1.12 – 7 AZR 723/10, NZA-RR 12, 455; BAG 13.5.92 – 7 AZR 284/91, NZA 93, 357; 13.12.05 – 1 ABR 51/04, NZA 06, 1369). Auch die begleitende Qualitätskontrolle durch den Einsatzbetrieb ist keine Arbeitsanweisung, sondern dient allein der Qualitätssicherung im Werkvertrag (BAG 18.1.12, NZA-RR 12, 455; BAG 31.3.93 – 7 AZR 338/92, NZA 93, 1078; 5.5.92 – 1 ABR 78/91, NZA 92, 1044). Wird aber die Tätigkeit durch den Besteller geplant und organisiert und wird der Werkunternehmer in einen arbeitsteiligen Prozess in einer Weise eingegliedert, die eine eigenverantwortliche Erstellung des Werks faktisch ausschließt, liegt ArbNÜberlassung vor (BAG 25.9.13 – 7 AZR 180/03, BeckRS 2003, 41607). Für ArbNÜberlassung spricht, wenn der Werkvertragsunternehmer nicht über die betrieblichen oder personellen Voraussetzungen verfügt, die Tätigkeit der von ihm zur Erfüllung vertraglicher Pflichten im Betrieb eingesetzten ArbN vor Ort zu organisieren und ihnen Weisungen zu erteilen, insb auch nicht in der Lage ist, die von den eingesetzten ArbN durchgeführten Arbeiten zu kontrollieren (BAG 9.11.04 – 7 AZR 217/94, NZA 95, 572). Die Nutzung von Einrichtungen oder Arbeitsmaterial des Einsatzbetriebes ist unschädlich. Ein Unternehmer muss einen Dienst- oder Werkvertrag nicht notwendig mit einem technischen Mitteln erfüllen. Maßgeblich ist vielmehr, dass die Weisungsbefugnis bei dem Einsatz des Mitarbeiters beim Werkunternehmer verbleibt (BAG

27.6.17, ArbRAktuell 18, 285; 18.1.12, NZA-RR 12, 455). Teilw wird in der Lit gefordert, der Dienstleister müsse ein spezifisches Unternehmerrisiko tragen, beim Werkvertrag also insbes zur Gewährleistung verpflichtet sein (*Schüren/Hamann* § 1 Rn 139; *Ulber* Einl Rn 41, 55 ff). Das BAG betrachtet eine vertragliche Gewährleistungspflicht lediglich als positives Indiz für einen Werkvertrag (BAG 6.8.97 – 7 AZR 663/96 BeckRS 1997, 30770062; zustimmend *Rieble* ZfA 13, 137).

8 **e) Unerheblichkeit der Vertragsbezeichnung.** Über die rechtliche Einordnung des Vertrages entscheidet der Geschäftsinhalt und nicht die von den Parteien gewünschte Rechtsfolge oder eine Bezeichnung, die dem tatsächlichen Geschäftsinhalt nicht entspricht. Das Eingreifen zwingender Schutzvorschriften des AÜG können die Vertragsparteien nicht dadurch vermeiden, dass sie einen vom Geschäftsinhalt abweichenden Vertragstyp wählen. Der Geschäftsinhalt kann sich sowohl aus den ausdrücklichen Vereinbarungen der Vertragsparteien als auch aus der praktischen Durchführung des Vertrags ergeben (BAG 27.6.17, ArbRAktuell 18, 285; 20.9.16 – 9 AZR 735/15, BeckRS 2016, 74690). Widersprechen sich beide, so ist die tatsächliche Durchführung des Vertrags maßgebend, weil sich aus der praktischen Handhabung der Vertragsbeziehungen am ehesten Rückschlüsse darauf ziehen lassen, von welchen Rechten und Pflichten die Vertragsparteien ausgegangen sind, was sie also wirklich gewollt haben. Der so ermittelte wirkliche Wille der Vertragsparteien bestimmt den Geschäftsinhalt und damit den Vertragstyp (BAG 18.1.12 – 7 AZR 723/10, NZA-RR 12, 455; 10.10.07 – 7 AZR 487/06, AP AÜG § 10 Nr 20). Die tatsächliche Durchführung eines Vertrages ist bei einem Widerspruch zum Vertragsinhalt nur dann maßgebend, wenn sie von dem Willen der am Abschluss der vertraglichen Vereinbarung beteiligten Parteien nicht umfasst war (BAG 20.9.16). Legen die Parteien die zu erledigende Aufgabe und den Umfang der Arbeiten konkret fest, kann dies für das Vorliegen eines Werkvertrages sprechen. Fehlt es an einem abgrenzbaren, dem Auftragnehmer zurechenbaren und abnahmefähigen Werk oder enthält der Vertrag keine Vorgaben für die Durchführung der Dienstleistung, kommt ein Werkvertrag kaum in Betracht (BAG 13.12.16 – 1 ABR 59/14, NZA 17, 525; 25.9.13 – 10 AZR 282/12, NZA 13, 1348). Einzelne Vorgänge in der Vertragsabwicklung sind zur Feststellung eines vom Vertragswortlaut abweichenden Geschäftsinhalts nur geeignet, wenn es sich dabei nicht um untypische Einzelfälle, sondern um beispielhafte Erscheinungsformen einer durchgehend geübten Vertragspraxis handelt (BAG 6.8.03 – 7 AZR 180/03, BeckRS 2003, 41607).

9 **3. Mitbestimmungsrechte des Betriebsrats.** Liegt ein echter Werkvertrag vor und keine verdeckte ArbNÜberlassung, besteht kein Mitbestimmungsrecht des BRat des Betriebs des Auftraggebers gem § 99 BetrVG. Beim Einsatz von Personen, die als Dienst- oder Werknehmer oder deren Erfüllungsgehilfen im Betrieb des Auftraggebers tätig werden, liegt keine Einstellung iSv § 99 Abs 1 Satz 1 BetrVG vor (BAG 13.12.16 – 1 ABR 59/14, NZA 17, 525; 8.11.16 – 1 ABR 57/14, NZA-RR 17, 134; 13.5.14 – 1 ABR 50/12, NZA 14, 1149). Es fehlt in diesen Fällen an der für die Ausübung des Mitbestimmungsrechts erforderlichen Eingliederung in die Arbeitsorganisation des aufnehmenden Betriebs. Die Mitbestimmungsrechte des § 87 Abs 1 BetrVG stehen dem im Betrieb des Vertragsarbeitgebers gebildeten BRat zu (BAG 25.1.16 – 1 ABR 68/13, NZA 16, 498; kritisch *Hamann/Rudnick* NZA 16, 1368).

10 Mit dem Gesetz zur Änderung des AÜG und anderer Gesetze wurde das Unterrichtungsrecht des BRat erweitert. Gem § 80 Abs 2 S 1 BetrVG besteht das Unterrichtungsrecht auch bezüglich Personen, die nicht in einem Arbeitsverhältnis zum ArbGeb stehen, dh auch auf im Rahmen eines Werkvertrages eingesetzte ArbN. Es umfasst insb den zeitlichen Umfang des Einsatzes, den Arbeitsort und die Arbeitsaufgaben. Der BRat kann gem § 80 Abs 2 Satz 3 BetrVG die Vorlage der Verträge über den Einsatz dieser Personen verlangen (Einzelheiten *Hützen/Maiß* ArbRAktuell 17, 299). Dieses Recht war dem BRat durch die Rspr des BAG auch bereits zuvor zugestanden worden (BAG 31.1.89 – 1 ABR 72/87, NZA 89, 932). Der ArbGeb ist nach wie vor nicht verpflichtet, von sich aus dem BRat diese Unterlagen zu überlassen (BAG 9.7.91 – 1 ABR 45/90, NZA 92, 275). Dem BRat steht auch ein Recht auf Unterrichtung über Arbeitsunfälle zu, welche Beschäftigte eines anderen Unternehmens im Zusammenhang mit der Nutzung der betrieblichen Infrastruktur des ArbGeb erleiden (BAG 12.3.19 – 1 ABR 48/17, NZA 19, 850).

Die Unterrichtungspflicht des ArbGeb über seine Personalplanung umfasst gem § 92 Abs 1 BetrVG seit 1.4.17 auch Personen, die nicht in einem Arbeitsverhältnis zum ArbGeb stehen. 11

**B. Lohnsteuerrecht** *Seidel*

**1. Allgemeines.** Problematisch ist in diesem Zusammenhang die Frage der steuerlichen Haftung nach § 42d Abs 6 EStG. Während diese Haftung im Rahmen eines Werk- bzw Dienstvertrags nicht greift, ist sie im Anwendungsbereich der ArbNÜberlassung nach dem AÜG anwendbar. Es ist daher für die Haftungsfrage relevant, ob es sich um einen echten Werk-/Dienstvertrag handelt oder eine „unechte" ArbNÜberlassung vorliegt (HMW/*Arbeitnehmerüberlassung* Rz 45). 15

**2. Abgrenzung.** Für die rechtliche Würdigung eines Sachverhalts mit drittbezogener Tätigkeit als Werk- oder Dienstvertrag und die Abgrenzung zur ArbNÜberlassung ist entscheidend auf das **Gesamtbild der Verhältnisse** abzustellen, Die Bezeichnung des Rechtsgeschäfts als Werk-/Dienstvertrag ist nicht entscheidend. Beim **Werkvertrag** verpflichtet sich der Unternehmer gegenüber dem Besteller zur Herstellung eines Werks. Gegenstand des Vertrags ist damit **vorrangig** die **Herstellung/Veränderung** einer Sache bzw ein durch eine Arbeits- oder Dienstleistung herbeizuführender **Erfolg.** Die Überlassung der ArbN (Erfüllungsgehilfen) ist als Nebenleistung untergeordnet. Die ArbNÜberlassung unterscheidet sich hingegen dadurch, dass nur die Arbeitskraft einer bestimmten Anzahl von ArbN mit einer bestimmten Qualifikation zur Verfügung gestellt wird. **Untypisch** für einen Werkvertrag ist es daher, wenn der angebliche Besteller festlegen darf, welche Qualifikation die angeblichen Erfüllungsgehilfen haben bzw diese beim Besteller erst eingearbeitet werden müssen. Entsprechendes gilt, wenn der Unternehmer nicht über die betrieblichen/personellen Voraussetzungen verfügt, die von ihm eingesetzten ArbN vor Ort zu organisieren und ihnen Weisungen zu erteilen, sie also ähnlich wie Stammarbeitskräfte in den Betrieb des Entleihers eingegliedert sind (BFH 18.1.91 – VI R 122/87, BStBl II 91, 409 mwN auch zur vergleichbaren Problematik bei **Subunternehmerverträgen** und 24.3.99 – I R 64/98, BStBl II 00, 41; HMW/*Arbeitnehmerüberlassung* Rz 45 ff). Nach R 42d.2 Abs 3 Satz 3 LStR spricht für eine ArbNÜberlassung, wenn 16

- der Inhaber der Drittfirma im Wesentlichen das Weisungsrecht des ArbG wahrnimmt;
- der mit dem Einsatz des ArbN verfolgte Leistungszweck mit dem Betriebszweck der Drittfirma übereinstimmt;
- das zu verwendende Werkzeug im Wesentlichen von der Drittfirma gestellt wird (Ausnahme: Sicherheitsvorschriften ordnen dies an);
- die mit anderen Vertragstypen (insbes Werkvertrag) verbundenen Haftungsrisiken ausgeschlossen oder beschränkt wurden;
- die Vergütung der Arbeit des eingesetzten ArbN gegenüber dem entsendenden ArbG auf der Grundlage von Zeiteinheiten erfolgt (Vergütung von Überstunden).

Zur Abgrenzung im Einzelnen s auch die Ausführungen bei → *Arbeitnehmerüberlassung/Zeitarbeit* Rn 6 ff.

**3. Rechtsfolge.** Handelt es sich um einen echten Werk-/Dienstvertrag bzw. Subunternehmervertrag, verbleibt es bei der ArbGebEigenschaft des Unternehmers. Ihn und nicht den Besteller treffen die lohsteuerlichen Pflichten und die Frage der LSt-Haftung nach § 42d EStG. Handelt es sich hingegen um eine verdeckte ArbNÜberlassung, treffen die lohnsteuerlichen Pflichten und die Haftung den Entleiher, es sei denn, er irrt sich schuldlos über die ArbNÜberlassung (§ 42d Abs 6 S 3 EStG; → *Arbeitnehmerüberlassung* Rn 76; HMW/*Arbeitnehmerüberlassung* Rz 36, 43, 57; *Schmidt/Krüger* § 38 Rz 4, § 42d Rz 71). 17

**C. Sozialversicherungsrecht** *Voelzke*

**1. Beschäftigungsverhältnis.** Der Einsatz von externen Werkvertragskräften zur Erledigung von Arbeiten im Betrieb gehört aufgrund der damit verbundenen Flexibilität und wirtschaftlichen Effizienz zu den hergebrachten Instrumentarien der Erledigung der Aufgaben von Unternehmen. Aus der Sicht des SozVRechts problematisch sind allerdings diejenigen Konstellationen, bei denen eine Person in Form eines Werkvertrages angestellt 20 wird, tatsächlich aber wie ein ArbN im Betrieb tätig wird. In derartigen Fällen ist zu fragen, ob nicht die Voraussetzungen des § 7 SGB IV für das Vorliegen eines Beschäftigungsverhältnisses vorliegen (→ *Arbeitnehmer (Begriff)* Rn 50 ff). Hierbei ist zwischen der Vergabe an Leistungen an eine Fremdfirma, die einen Fall der verdeckten ArbNÜberlassung darstellen kann, und dem Einsatz von natürlichen Personen in Form von Werkverträgen zu unterscheiden.

21 **2. Verdeckte Arbeitnehmerüberlassung.** Während bei der ArbNÜberlassung dem Entleiher vom Verleiher Arbeitskräfte zur Verfügung gestellt werden, werden bei einem Tätigwerden im Rahmen eines Werk- oder Dienstvertrages die zur Erreichung des wirtschaftlichen Ziels erforderlichen Handlungen nach eigenen betrieblichen Gegebenheiten organisiert (zur Abgrenzung von ArbNÜberlassung und Werkvertrag nach der AÜG-Reform *Kainer/Schweipert* NZA 17, 13; *Tuengerthal* BB 16, 2875). Zur praktisch bedeutsamen Abgrenzung zwischen ArbNÜberlassung und der Einsetzung von ArbN durch einen Subunternehmer zur Ausführung von Werkverträgen hat das BSG entschieden, dass in erster Linie auf den **Vertragsgegenstand** abzustellen ist (BSG 11.2.88 – 7 RAr 5/86, NZA 88, 748). Widerspricht allerdings die praktische Vertragsabwicklung der schriftlichen Vereinbarung, ist die praktische Durchführung maßgebend (*Reiserer* DB 13, 2029). Während Gegenstand eines Werkvertrages die Herstellung oder die Veränderung einer Sache oder ein anderer herbeizuführender Erfolg ist, ist der ArbNÜberlassungsvertrag auf die entgeltliche Zurverfügungstellung von ArbN zur Arbeitsleistung bei einem Dritten gerichtet. Maßgebend ist der tatsächliche Geschäftsinhalt (*Schlegel/Voelzke/Werner* SGB IV § 28e Rz 64).

22 In tatsächlicher Hinsicht haben die ArbN eines Unternehmers oder Subunternehmers nach dessen Weisungen zu handeln und bilden **organisatorisch eine selbstständige Einheit;** hingegen steht dem Entleiher bei der ArbNÜberlassung ein unmittelbares Weisungsrecht gegenüber den LeihArbN zu, die vollständig in seinen Betrieb eingegliedert sind. Hinweise für das Vorliegen eines Werkvertrages sind gegeben, wenn sich die Zahlung nicht an der Zahl der geleisteten Arbeitsstunden ausrichtet, der Subunternehmer Arbeitskleidung und Arbeitsgerät für seine ArbN anschafft und er für durch seine ArbN verursachte Schäden aufkommt.

23 Für die ebenfalls problematische Abgrenzung von ArbNÜberlassung zu **Dienstverträgen** gilt, dass nur dann von einem Dienstvertrag ausgegangen werden kann, wenn die geschuldete Tätigkeit vom dienstleistenden Unternehmer oder von seinem Erfüllungsgehilfen unter eigener Verantwortung und nach eigenem Plan ausgeführt wird. Die Voraussetzungen für das Vorliegen eines Dienstvertrages sind deshalb nur zu bejahen, wenn die Erfüllungsgehilfen in Bezug auf die Ausführung der zu erbringenden Dienstleistung im Wesentlichen frei von Weisungen des ArbGebRepräsentanten des Drittbetriebes sind und ihre Arbeitszeit selbst bestimmen können (BSG 23.6.82 – 7 RAr 98/80, SozR 4100 § 13 Nr 6). Die BA geht davon aus, dass zB im Rahmen eines Bewachungsvertrages eine Integration in die Betriebsorganisation des Drittbetriebes nicht erforderlich sei und deshalb ein Dienstvertrag angenommen werden könne.

24 Liegt ein Fall der verdeckten ArbNÜberlassung vor, ist der Verleiher der ArbGeb. Im Übrigen wird die **Haftung** des Entleihers nach § 28e Abs 2 SGB IV SGB IV begründet (hierzu etwa LSG RhPf 28.5.14 – L 4 R 148/13, NZS 14, 704; hierzu *Thengerthal/Geißer* BB 14, 2874; Näheres: *Arbeitnehmerüberlassung/Zeitarbeit*). Eine Haftung des Entleihers kommt auch bei einer Überlassungserlaubnis in sog Missbrauchsfällen in Betracht (*Giese/Scheuer* BB 15, 1461; *Hamann/Rudnik* NZA 15, 449).

25 **3. Werkunternehmer.** Wird eine natürliche Person unter der Bezeichnung Werkunternehmer für einen Betrieb tätig, so sind für die SozVersPflicht die Grundsätze der Abgrenzung von abhängiger Beschäftigung (§ 7 SGB IV) und selbstständiger Tätigkeit heranzuziehen (→ *Arbeitnehmer (Begriff)* Rn 59 ff). Unabhängig von der Bezeichnung des Rechtsverhältnisses kann eine sozverspflichtige Beschäftigung zu bejahen sein, wenn bei einer Gesamtschau die persönliche Abhängigkeit des „Scheinwerkunternehmers" überwiegt (eingehend zur Abgrenzung *Becker* DB 15, 2267; *Dieckmann* NZS 13, 648; *Giese/Scheuer* BB 15, 1461). Das BSG hat sich den vom BAG entwickelten Grundsätzen zur Abgrenzung von Werk- und Arbeitsvertrag ausdrücklich angeschlossen (BSG 31.3.17 – B 12 KR 16/14 R, NZS 2017, 784).

Ausgangspunkt der Abgrenzung ist das **Vertragsverhältnis** der Beteiligten, soweit es im Rahmen des Zulässigen vollzogen wird. Die Bezeichnung eines Vertragsverhältnisses als Werkvertrag führt also nicht allein zur Verneinung eines Beschäftigungsverhältnisses, wenn die praktizierte Rechtsbeziehung eine andere Sprache spricht. Entscheidend ist das Gesamtbild der jeweiligen Arbeitsleistung, wie es sich unter Berücksichtigung der Verkehrsauffassung ergibt. 26

Hinsichtlich der Feststellung der **Weisungsgebundenheit** als maßgebendes Abgrenzungskriterium ist zu berücksichtigen, dass es einerseits typisch für den Werkvertrag ist, dass der Werkunternehmer eigenverantwortlich tätig wird, andererseits jedoch immerhin ein Anweisungsrecht des Bestellers nach § 645 BGB besteht. Dieses Weisungsrecht betrifft zwar insbes die Beschaffenheit des herzustellenden Werkes. Erfolgt der Einsatz des Werkunternehmers auf dem Betriebsgelände des Beststellers, ist diesem darüber hinaus aber auch in gewissem Umfang ein Weisungsrecht hinsichtlich personeller Angelegenheiten zuzugestehen (*Dieckmann* NZS 13, 649). Solange der Werkunternehmer seine Arbeitskraft weitgehend selbst steuern kann, liegt eine selbstständige Tätigkeit vor (ErfK/*Rolfs* § 7 SGB IV Rz 9). 27

Die persönliche Abhängigkeit des Werkunternehmers kann ferner aus der **Eingliederung in die Arbeitsorganisation** des ArbGeb folgen (→ *Arbeitnehmer (Begriff)* Rn 75 ff). Eine derartige Eingliederung ist regelmäßig zu bejahen, wenn der angebliche Werkunternehmer ausschließlich im Betrieb des ArbGeb tätig wird und auch die eigentlichen Arbeitsprozesse überwacht werden. Ein starkes Indiz hierfür ist etwa gegeben, wenn für den Werkunternehmer die innerbetrieblichen Arbeitszeiten bzw bestimmte Dienstpläne Anwendung finden (BSG 28.9.11 – B 12 R 17/09 R, USK 2011–125). 28

Unterscheidet sich die Tätigkeit des angeblichen Werkunternehmers inhaltlich nicht von der anderer ArbN, so fehlt es an einem abgrenzbaren Arbeitsbereich und zugleich an dem erforderlichen **Arbeitsergebnis.** Da der Werkunternehmer für die Erstellung des eigenen Werkes verantwortlich ist, kommt eine selbstständige Tätigkeit regelmäßig nicht in Betracht, wenn Nachbesserungen durch den ArbGeb vergütet werden. 29

# Wertguthaben/Zeitguthaben

## A. Arbeitsrecht

*Poeche*

**1. Allgemeines.** Im Sozialrecht spricht man von „Wertguthaben", „Zeitwertkonten", „Langzeitkonten" oder „Lebensarbeitszeitkonten", wenn der ArbN für Zeiten, in denen er von seiner Arbeitspflicht vertraglich freigestellt ist, Anspruch auf Arbeitsentgelt hat, das er sich vor oder nach der Freistellung erarbeitet hat (§§ 7b, 7c SGB IV). Er steht dann trotz Freistellung in einem sozialversicherungspflichtigen Beschäftigungsverhältnis. Im Arbeitsrecht ist der Begriff nicht gebräuchlich. Arbeitsrechtlich geht es um **Arbeitszeitguthaben.** Sie entstehen, wenn die vom ArbN geleistete Arbeitszeit nicht unmittelbar vergütet, sondern einem Arbeitszeitkonto gutgeschrieben wird und dienen der flexiblen Ausgestaltung der täglichen oder wöchentlichen Arbeitszeit. Die sozialrechtlichen Vorschriften begründen keinen Anspruch des ArbN auf Vereinbarung eines Arbeitszeitmodells mit Arbeitszeitkonto oder auf „Gutschrift" von Entgeltansprüchen, sie setzen vielmehr eine – schriftliche – „Wertguthabenvereinbarung" voraus (LAG RhPf 15.4.10 – 10 Sa 755/09, BeckRS 2010, 70227; *Böhm* ArbRB 15, 19; zur Wertguthabenvereinbarung: *Peiter/Westphal* BB 11, 1781), die im Arbeitsvertrag, in einer BV oder einem TV getroffen werden kann. Gegenstand dieser Vereinbarung ist die Ansparung von Arbeitsentgelt des ArbN in einem vom ArbGeb geführten Wertguthaben, welches dann im Falle einer Freistellung, zB bei Pflegezeit, Elternzeit, Teilzeit, wieder ausgezahlt wird (*Birk* AiB 12, 2014, 43). Die Vorschriften des § 2 Abs 1 und 2 MiLoG über die Fälligkeit des Mindestlohnes gelten nach § 2 Abs 3 MiLoG ausdrücklich nicht für Wertguthabensvereinbarungen iSd SGB IV. 1

**2. Flexible Arbeitszeit.** Die zunehmende Flexibilisierung der Arbeitszeit, hier insbes die Umsetzung tariflich zulässiger Vereinbarungen über die Einrichtung von Arbeitszeitkonten, führt zur **Entkoppelung** von Arbeitsleistung und Arbeitsentgelt: Der ArbN erhält 2 auf der Grundlage einer Soll-Arbeitszeit ein monatliches Entgelt, das ohne Rücksicht auf die tatsächlich geleisteten Arbeitsstunden gezahlt wird. Über- und Unterschreitungen des täglichen, wöchentlichen, monatlichen oder jährlichen Solls werden durch Vor- oder Nacharbeit ausgeglichen. Dabei steht es den Arbeitsvertragsparteien vorbehaltlich der Mitbestimmungsrechte des BRat nach § 87 Abs 1 Nr 3 BetrVG und unter Beachtung des Tarifvorbehalts nach § 77 Abs 3 BetrVG grds frei, die Modalitäten festzulegen. Wegen der Einzelheiten wird auf das Stichwort → *Arbeitszeit* Rn 38–47 verwiesen. Entstehende (vorübergehende) Arbeitszeitguthaben sind keine Wertguthaben iSv § 7b SGB IV (→ Rn 15). Zur unterschiedlichen Gestaltung von Sabbaticals: *Karst/Rihn* BB 16, 2549. Zur Verwendung der Konten im Rahmen eines Personalabbaus: *Reinhard* ArbRB 17, 57.

3 **3. Altersteilzeit.** Altersteilzeitvereinbarungen, wie sie oft aufgrund eines Tarifvertrags geschlossen werden, führen zwangsläufig zu Arbeitszeitguthaben, wenn Altersteilzeit in Form des Blockmodells geleistet wird. Denn der ArbN arbeitet in diesem Fall zunächst unverändert mit der ursprünglich vereinbarten individuellen Arbeitszeit weiter (Arbeitsphase), während er als Entgelt lediglich die Hälfte der ihm zustehenden Vergütung zuzüglich der im Altersteilzeitarbeitsvertrag vereinbarten Ausgleichszahlungen des ArbGeb erhält (→ *Altersteilzeit* Rn 4). Mit dieser Vorleistung erwirbt der ArbN einen Anspruch auf bezahlte Freistellung. Das angesparte Arbeitszeitguthaben wird während der **Freistellungsphase** aufgezehrt. Näheres zur Abwicklung in sog Störfällen einschließlich Insolvenz → *Altersteilzeit* Rn 14 und 15.

4 **4. Betriebliche Altersversorgung.** Arbeitszeitguthaben können außerdem zum Erwerb einer Anwartschaft auf betriebliche Altersversorgung verwendet werden. Hierfür ist der Wert der Arbeitszeit zu ermitteln und das Entgelt entsprechend dem so ermittelten Wert in die Versorgungsanwartschaft nach Maßgabe von § 1 Abs 2 BetrVAG umzuwandeln (*Tacke* AuA 2000, 474). Näheres s *Betriebliche Altersversorgung.*

5 **5. Arbeitszeitverringerung nach § 8 TzBfG.** Nach § 7c Abs 1 Nr 1c SGB IV kann ein Wertguthaben (= Arbeitszeitguthaben) für Zeiten verwendet werden, in denen der ArbN nach § 8 TzBfG eine Verringerung seiner Arbeitszeit verlangen kann; § 8 TzBfG gilt mit der Maßgabe, dass die Verringerung der Arbeitszeit auf die Dauer der Entnahme aus dem Wertguthaben befristet werden kann. Ob damit der allgemeine Verringerungsanspruch, der sich nach der st Rspr des BAG (→ *Teilzeitbeschäftigung* Rn 24) – bislang, dh bis zur Einführung der sog Brückenteilezeit – ausschließlich auf eine **unbefristete Herabsetzung** der vertraglich vereinbarten Arbeitszeit richtet, modifiziert wird und der ArbN beim Bestehen eines Guthabens eine befristete Verringerung seiner Arbeitszeit beanspruchen kann, ist nicht zweifelsfrei (für eine Modifizierung des § 8 TzBfG ErfK/*Rolfs* SGB IV § 7c Rz 1 mwN). Ein „Übergriff" des Sozialrechts in das Arbeitsrecht ist zwar nicht ausgeschlossen, aber doch eher fernliegend. Denkbar ist auch, dass der Gesetzgeber den Arbeitsvertragsparteien lediglich einen breiteren Gestaltungsspielraum eingeräumt hat und zur Förderung der Flexibilisierung des Arbeitsmarkts durch die gestattete Verwendung des Wertguthabens einen Anreiz gibt, eine Verringerung der Arbeitszeit zu vereinbaren. Der Streit wird sich mit der Einführung der sog Brückenteilzeit erübrigt haben. § 7 Abs 1 Nr 1 Buchst c SGB IV ist dahingehend geändert worden, dass er die Inanspruchnahme des Wertguthabens sowohl für die zeitlich begrenzte als auch für die zeitlich unbegrenzte Teilzeitarbeit gestattet.

6 **6. Insolvenz.** Der bei einem Arbeitszeitguthaben in Arbeitszeit ausgedrückte Geldanspruch des ArbN ist insolvenzrechtlich nicht anders geschützt als andere Entgeltansprüche. An diesem Befund ändert die sozialrechtliche Verpflichtung des ArbGeb zur Insolvenzsicherung von Wertguthaben nichts. Einen besseren Schutz gewährleistet der mit dem Gesetz zur **Verbesserung der Rahmenbedingungen** für die Absicherung flexibler **Arbeitszeitregelungen** (Flexi II-Gesetz, BGBl 2008, 2940) eingeführte § 7e SGB IV. ArbN sollen flexible Arbeitszeitregelungen kündigen und Schadensersatz verlangen können, wenn der ArbGeb Langzeitkonten nicht gegen Zahlungsunfähigkeit absichert (§ 7e Abs 7 SGB IV). Eine weitere Änderung besteht in der Einführung einer begrenzten Mitnahmemöglichkeit von Langzeitkonten beim Wechsel des Arbeitsplatzes (§ 7f SGB IV). Die Insolvenzsicherung ist bei Abschluss des Arbeitsvertrags nachzuweisen. Im Übrigen gilt allgemeines Insolvenzrecht. Stellt der ArbGeb Gelder auf einem besonderen Bankkonto

bereit, um mit ihnen Arbeitszeitguthaben zu bezahlen, besteht kein Anspruch auf Aussonderung (§ 47 InsO), wenn der ArbGeb selbst Inhaber des Kontos ist (BAG 24.9.03 – 10 AZR 640/02, NZA 04, 980).

**B. Lohnsteuerrecht** *Seidel*

Zur lohn- und einkommensteuerlichen Behandlung im Einzelnen s weiterhin BMF 17.6.09, BStBl I 09, 1286. Vereinbaren ArbGeb und ArbN, künftig fällig werdenden Arbeitslohn ganz oder teilweise betragsmäßig auf einem Konto gutzuschreiben, um ihn in Zeiten der Arbeitsfreistellung auszuzahlen, führt **weder** die **Vereinbarung noch** die **Wertgutschrift** auf dem Arbeitszeitkonto zum **Zufluss** von Arbeitslohn. Entgegen der im BMF-Schreiben vertretenen Auffassung (Tz A IV 2b) liegt ein Zufluss nach einer Entscheidung des Hessischen FG vom 19.1.12 – 1 K 250/11, EFG 12, 1243 selbst dann nicht vor, wenn das Konto in Geld geführt wird oder ein Insolvenzsicherungsmodell besteht. Die gegen das Urteil eingelegte Rev beim BFH mit dem Az VI R 25/12 wurde mangels rechtzeitiger Begründung als unzulässig verworfen (Beschluss vom 8.11.12, BStBl II 13, 235). Erst die Auszahlung des Guthabens führt zum Zufluss von Arbeitslohn, denn im LStRecht wird der Zufluss des Arbeitslohnes besteuert, unabhängig davon, ob und wie lange der ArbN im Lohnzahlungszeitraum gearbeitet hat (→ Rn 2 und → Rn 14). Dies gilt auch, wenn das Wertguthaben nach einem ArbGebWechsel vom neuen ArbGeb ausgezahlt wird (→ Rn 33). Gutschriften auf einem Wertguthabenkonto zur **Finanzierung eines vorzeitigen Ruhestandes** sind ebenfalls kein gegenwärtig zufließender Arbeitslohn (BFH 22.2.18 – VI R 17/16, BStBl II 19, 496). 7

Die Übertragung des Wertguthabens auf die Deutsche Rentenversicherung Bund ist steuerfrei (§ 3 Nr 53 EStG). Damit gehen jedoch auch die Pflichten eines ArbGeb auf sie über. Sie hat daher von späteren Leistungen, die zu den **Einkünften aus nichtselbständiger Arbeit,** die LSt einzubehalten (§ 38 Abs 3 Satz 3 EStG; → *Lohnabzugsverfahren* Rn 19). Zuschüsse des ArbGeb zum Aufbau eines Wertguthabens führen in der Ansparphase ebenfalls nicht zu einem Lohnzufluss (*Wellisch/Quast* DStR 07, 54). Zur Zahlung von Arbeitslohn in der **Freistellungsphase** bzw zur Auszahlung von Zeitguthaben bei Beendigung des Dienstverhältnisses → *Arbeitszeitmodelle* Rn 17 und → *Freistellung von der Arbeit* Rn 33.

Ggf kommt eine Tarifermäßigung als Vergütung für **mehrjährige Tätigkeit** in Betracht (→ *Außerordentliche Einkünfte* Rn 17). Zur Besteuerung der Leistungen des ArbGeb bei Altersteilzeit (→ Rn 3) → *Altersteilzeit* Rn 26 ff. Hinsichtlich der Verwendung des Werts von Arbeitszeitguthaben im Rahmen der betrieblichen Altersversorgung durch **Gehaltsumwandlung** (bis 13.11.08 → Rn 40, 41) → *Betriebliche Altersversorgung* Rn 124 (zur Vermeidung steuer- und sozialversicherungsrechtlicher Nachteile im „Störfall" s *Wellisch/Meyer/Quast* DStR 05, 2145; zum eventuellen Vorliegen einer **verdeckten Gewinnausschüttung** → *Geschäftsführer* Rn 46). Die Ausbuchung der Beträge aus dem Arbeitszeitkonto führte in diesen Fällen nicht zum Lohnzufluss. Der Zeitpunkt des Zuflusses der umgewandelten Beträge richtet sich nach dem Durchführungsweg der zugesagten betrieblichen Altersversorgung. Die Sicherung von Wertguthaben allein (→ Rn 25 ff) führt noch nicht zu deren Zufluss beim ArbN. Bei Schadensersatzleistungen des ArbGeb im Rahmen seiner Haftung (→ Rn 31) → *Arbeitgeberhaftung* Rn 20. Die **Verzinsung** von Arbeitszeitguthaben aufgrund kollektiver arbeitsrechtlicher Vereinbarungen führt nicht zu Einkünften aus Kapitalvermögen, sondern zu Arbeitslohn (FG Köln 16.12.03 – 13 K 2681/03, EFG 04, 654; BMF 17.6.09, BStBl I 09, 1286, Tz B II).

Zur Lohn-/einkommensteuerlichen Behandlung und den Voraussetzungen für die steuerliche Anerkennung von **Zeitwertkonten-Modellen bei Organen von Körperschaften** s BMF 8.8.19, BStBl I 19, 874.

## C. Sozialversicherungsrecht

*Schlegel*

### Übersicht



11 **1. Sicherung flexibler Arbeitszeitgestaltung durch Wertguthaben – Gesetzeszweck. a) Sozialversicherungsrechtlicher Ausgangspunkt.** In der KV, PflegeV, RV und ArblV wird für die Begründung der Versicherungspflicht verlangt, dass 1. eine **Beschäftigung** vorliegt und diese 2. **gegen Entgelt** ausgeübt wird. Beschäftigung ist die nichtselbstständige Arbeit, insbes in einem Arbeitsverhältnis (§ 7 Abs 1 Satz 1 SGB IV). Beschäftigung setzt im Grundsatz eine tatsächliche Arbeitsleistung voraus. Daraus folgt: Wird während eines ganzen Kalendermonats bei fortbestehendem Arbeitsverhältnis überhaupt nicht gearbeitet und damit auch kein Arbeitsentgelt erarbeitet, liegt zwar weiterhin ein Arbeitsverhältnis vor, jedoch fehlt es an einem entgeltlichen Beschäftigungsverhältnis. Ausnahmen von diesem Grundsatz sind nur in engen Grenzen zugelassen, so zB bei Annahmeverzug des ArbGeb oder in Fällen bezahlter Freistellung (→ *Freistellung von der Arbeit* Rn 42 ff; neuerdings so auch BSG, Urteil vom 24.9.08 – B 12 KR 22/07 R, NJW 09, 1775).

12 **b) Versicherungspflicht begründende Wertguthaben.** Die genannte sozialversicherungsrechtliche Grundkonstruktion der Versicherungspflicht hätte nach früherer Dogmatik ohne Weiteres zur Beendigung der Versicherungspflicht geführt, wenn zwar zB aus einem angesparten Arbeitszeitkonto weiterhin Arbeitsentgelt gezahlt, aber für mehr als einen Kalendermonat nicht mehr gearbeitet wird. Dies wurde erstmals bei den Gesetzgebungsarbeiten zum AltTZG 1996 als Problem für das Ansparen von Arbeitszeitkonten erkannt. Für die **Altersteilzeit** wurde daher im AltTZG 1996 eine spezielle Regelung geschaffen,

damit der Versicherungsschutz auch in einer Periode aufrechterhalten bleibt, in der der ArbN nicht arbeitet, sondern ein „angespartes" Arbeitszeitkonto größeren Umfangs abfeiert (BT-Drs 13/4336 S 17 zu § 2 Abs 2; BT-Drs 13/4877 S 29 zu § 2 Abs 2). Das geschilderte Problem trat jedoch nicht nur bei der Altersteilzeitarbeit auf, sondern überall dort, wo größere Arbeitszeitkonten gebildet werden. Dem trug erstmals die am 1.1.98 in Kraft getretene Vorschrift des § 7 Abs 1a SGB IV Rechnung, die eine Regelung zur Verbesserung des SozVSchutzes für sämtliche Arbeitszeitkonten-Modelle traf.

Diese Regelung des sog **Flexi-Gesetzes** vom 6.4.1998 (BGBl I 688) ermöglicht es seither, zur sozialrechtlichen Absicherung flexibler Arbeitszeitregelungen geleistete Arbeitszeit in einem besonderen Wertguthaben (oder Zeitguthaben) anzusammeln und zu einem späteren Zeitpunkt zur kurz-, mittel- oder langfristigen Freistellung von der Arbeit einzusetzen, wobei die Beiträge grds auch erst zum Zeitpunkt der (idR sukzessiven) Auszahlung des angesparten Wertguthabens zu entrichten sind. 13

**2. Voraussetzungen der Versicherungspflicht in Freistellungsphasen. a) Entgeltzahlung aus angespartem Wertguthaben während der Freistellung.** Eine Beschäftigung besteht nach § 7 Abs 1a SGB IV auch in Zeiten der Freistellung von der Arbeitsleistung von mehr als einem Monat, wenn 1. während der Freistellung Arbeitsentgelt aus einem Wertguthaben nach **§ 7b SGB IV** fällig wird und 2. das monatliche Arbeitsentgelt nicht unangemessen von dem für die vorausgegangenen zwölf Kalendermonate abweicht, in denen Arbeitsentgelt bezogen wurde. 14

**b) Normalfall der Freistellung mit „Entlohnung" aus einem Wertguthaben.** Auf Grund der zum 1.1.1998 in Kraft getretenen Vorschrift des § 7 Abs 1a SGB IV besteht eine Beschäftigung auch in Zeiten der Freistellung von der Arbeitsleistung von mehr als einem Monat, wenn 15

1. während der Freistellung Arbeitsentgelt aus einem Wertguthaben nach § 7b SGB IV fällig wird und
2. das monatlich fällig werdende Arbeitsentgelt in der Zeit der Freistellung nicht unangemessen von dem für die vorausgegangenen zwölf Kalendermonate abweicht, in denen Arbeitsentgelt bezogen wurde.

Erforderlich ist nach § 7 Abs 1a SGB IV, dass das Arbeitsentgelt aus einem Wertguthaben iSd § 7b SGB IV entnommen wird. Wertguthaben iSd § 7b SGB IV dürfen nicht das Ziel flexibler Gestaltung der werktäglichen oder wöchentlichen Arbeitszeit oder den Ausgleich betrieblicher Produktions- und Arbeitszeitzyklen verfolgen; vielmehr muss es um größere Freistellungsphasen im Interesse gerade des ArbN gehen. Arbeitsentgelt oder ein Arbeitszeitguthaben aus einer Vereinbarung zwischen ArbGeb und ArbN zur flexiblen Gestaltung der werktäglichen oder wöchentlichen Arbeitszeit oder zum Ausgleich betrieblicher Produktions- und Arbeitszeitzyklen führte bis Ende 2011 nicht zum Vorliegen entgeltlicher Beschäftigung nach § 7 Abs 1a Satz 1 SGB IV und damit auch nicht zur Versicherungspflicht, so dass bei einer solchen Freistellung eines ArbN das Beschäftigungsverhältnis nach Ablauf eines Monats endet (§ 7 Abs 3 Satz 1 SGB IV).

**c) Freistellung mit Wertguthaben zwecks flexibler Gestaltung der werktäglichen oder wöchentlichen Arbeitszeit oder zum Ausgleich betrieblicher Produktions- und Arbeitszeitzyklen („Flexibilisierungskonten"). aa) Versicherungspflicht während Freistellung.** Mit dem 4. SGB IV-ÄndG wurde ab 1.1.2012 angeordnet, dass eine Beschäftigung in Zeiten einer bis zu 3-monatigen Freistellung von der Arbeit auch dann besteht, wenn das Arbeitsentgelt in dieser Zeit nicht aus einem „richtigen Wertguthaben" iSd § 7b SGB IV, sondern aus einer Vereinbarung zur flexiblen Gestaltung der werktäglichen oder wöchentlichen Arbeitszeit oder zum Ausgleich betrieblicher Produktions- und Arbeitszeitzyklen stammt (§ 7 Abs 1a Satz 2 SGB IV). Damit soll dem Umstand Rechnung getragen werden, dass in der Wirtschafts- und Finanzkrise ab 2008/2009 viele Unternehmen zur Vermeidung von Entlassungen und Sozialplankosten unterschiedliche Maßnahmen zur Sicherung von Beschäftigung ergriffen haben. Dabei wurden häufig bestehende, nicht zweckgebundene Arbeitszeitguthaben abgebaut oder es wurden bestehende Kontenvereinbarungen genutzt, um mit **Minussalden** Entlassungen zu vermeiden (vgl Vorschlag des Bundesrates BT-Drucks 17/6764 S 35 zu Art 1; Bericht des Ausschusses für Arbeit und Soziales, BT-Drs 17/7991 S 18). 16

**bb) Beitragsrecht.** Dienen Arbeitszeitkonten zB in Betrieben des Gartenbaus oder sonstiger Saisonbetriebe der **Verstetigung des Arbeitslohns** durch Ausgleich witterungs- und jahreszeitlich bedingter Schwankungen, liegt kein Wertguthaben iSd § 7b SGB IV vor. So hatten zB im Fall BSG 10.12.2019 – B 12 R 9/18 R die Arbeitsvertragsparteien **Jahresarbeitszeitvereinbarungen** geschlossen; danach wurden geleistete Arbeitsstunden auf einem Arbeitszeitkonto eingestellt und mit einem Arbeitszeitsoll laufend saldiert. Die Abrechnung und Auszahlung des Arbeitsentgelts erfolgte als verstetigter Monatslohn auf der Grundlage einer fiktiven durchschnittlichen geschuldeten Stundenzahl. Die erbrachte Mehrarbeit wurde bei konstantem Lohn grundsätzlich allein durch entsprechenden Freizeitausgleich kompensiert.

Kommt es bei einem solchen **Arbeitszeitmodell** – etwa wegen Beendigung des Beschäftigungsverhältnisses – zur Zahlung von Arbeitsentgelt für die angesparte Mehrarbeit, ist ein Bezug zu der in einzelnen Abrechnungszeiträumen der Vergangenheit fraglich oder jedenfalls im Regelfall nur unter erheblichem Aufwand herzustellen. Die exakte Zuordnung der Auszahlung zu der frühere konkret geleisteten Arbeit würde das Ziel der Vereinfachung und Praktikabilität vereiteln. Eine spezialgesetzliche Regelung sieht das Gesetz bei „Flexibilisierungskonten" – anders als § 23 Abs 2 Satz 1 SGB IV für Langzeitkonten (dazu → Rn 38) – nicht vor. Das BSG hält es in solchen Fällen für gerechtfertigt, Zahlungen in den für Einmalzahlungen geltenden beitragsrechtlichen Vorschriften zu unterwerfen. Nach § 22 Abs 1 Satz 2 Alt 2 SGB IV entstehen Beitragsansprüche auch bei Arbeitsentgelt, das „aus Arbeitszeitguthaben abgeleiteten Entgeltguthaben errechnet wird", erst, sobald dieses ausgezahlt worden ist. Das Gesetz unterscheidet nicht ausdrücklich danach, ob das Arbeitszeitkonto in Zeit oder in Geld geführt wird. Wenn Beitragsansprüche auf Entgelte aus Arbeitszeitkonten unabhängig davon, ob diese in Zeit oder Entgelt geführt werden, jedenfalls hinsichtlich ihres Entstehungszeitpunktes gleichbehandelt werden, gilt auch hinsichtlich der übrigen Regelungen über die Verbeitragung nichts anderes. Bei Auszahlungen von Guthaben aus Arbeitszeitkonten, die keine Wertguthabenvereinbarungen darstellen, gelten somit die **Maßstäbe der Verbeitragung von Einmalzahlungen** (BSG 10.12.2019 – B 12 R 9/18 R).

17 **d) Inhalt der Vereinbarung über Wertguthaben nach § 7b SGB IV „Langzeit-Wertguthaben". (aa)** Der Aufbau des Wertguthabens muss auf Grund einer **schriftlichen Vereinbarung** erfolgen (zum Rechtsweg zu den Gerichten der Sozialgerichtsbarkeit bei beantragter Verurteilung des ArbGeb zur Entrichtung der Arbeitgeberanteile am Gesamtsozialversicherungsbeitrag LSG NRW 16.10.14 – L 5 SV 20/14 B, nv).

**(bb)** Die Vereinbarung muss von vornherein das **Ziel** einer **Freistellung von der Arbeit gegen Zahlung von Arbeitsentgelt aus dem Wertguthaben** verfolgen.

**(cc)** Die Vereinbarung muss die **Einbringung von Arbeitsentgelt in das Wertguthaben mit dem Ziel regeln,** es für Zeiten der Freistellung von der Arbeitsleistung oder der Verringerung der vertraglich vereinbarten Zeit zu entnehmen.

Welche **Verwendungszwecke** insoweit in Betracht kommen, regelt § 7c SGB IV nur beispielhaft. Danach können Wertguthaben sowohl für gesetzlich geregelte sowie für arbeitsvertraglich geregelte Freistellungsphasen verwendet werden; der Verwendungszweck unterliegt der Privatautonomie der Vertragspartner, ohne an die **beispielhafte Aufzählung in § 7c SGB IV** gebunden zu sein. Bereits vor 2009 getroffene Vereinbarungen behalten ihre Gültigkeit, auch wenn sie von § 7c SGB IV abweichen sollten (vgl Übergangsregelung des § 116 SGB IV).

18 Als gesetzlich geregelte Fälle der vollständigen oder teilweisen Freistellung von der Arbeitsleistung kommen insbesondere Freistellungen für Langzeitpflege iSd § 3 PflegezeitG, Freistellungen nach § 15 des Bundeselterngeld- und Elternzeitgesetzes oder nach § 8 Teilzeit- und Befristungsgesetz in Betracht. Als typischen Fall einer vertraglichen Freistellung nennt § 7c Abs 1 Nr 2 SGB IV die Fälle der Freistellung für die Zeiten, die dem Bezug einer Altersrente vorausgehen oder in denen der Beschäftigte an beruflichen Qualifizierungsmaßnahmen teilnimmt.

Nach § 7c Abs 2 SGB IV ist es möglich, dass die Arbeitsvertragsparteien eine **Vereinbarung über eine Beschränkung der möglichen Verwendungszwecke** des Wertguthabens treffen.

19 **(dd)** Die Vereinbarung muss vorsehen, dass das aus dem Wertguthaben fließende fällige **Arbeitsentgelt aus einer Arbeitsleistung erzielt** wird. Dabei wird es sich im **Regelfall**

um Arbeitsentgelt handeln, das mit einer vor der Freistellung von der Arbeit oder – bei nur teilweiser Freistellung – mit vor der Verringerung der Arbeitszeit erbrachten Arbeitsleistung erzielt (erarbeitet) wurde. Wertguthaben iS von § 7 Abs 1a SGB IV können auch in Zeiten erzielt werden, in denen eine versicherungspflichtige Beschäftigung bei **Freistellung des Arbeitnehmers von der Arbeitspflicht** und Fortzahlung von Entgelt bestanden hat (BSG 24.9.08 – B 12 KR 27/07 R, NZA-RR 09, 269).

Das Gesetz lässt es jedoch auch zu, dass der ArbN mit einer Freistellungsphase beginnt, er also aus einem (fiktiven) Wertguthaben bereits Arbeitsentgelt in der vorangestellten Freistellungsphase erhält, das er sich nach Beendigung der Freistellung in der Arbeitsphase erst noch erarbeiten muss.

Nach dem Wortlaut der Vorschrift ist es nicht zwingend erforderlich, dass es sich um die Einbringung laufenden **Arbeitsentgelts** in das Wertguthaben handelt, der ArbN also etwa 40 Stunden in der Woche arbeitet, und am Monatsende nur die Hälfte des Arbeitsentgelts an den ArbN ausgezahlt wird, die andere Hälfte aber in das Wertguthaben fließt. Vielmehr kommen für den Aufbau eines Wertguthabens mE auch **Einmalzahlungen** wie Weihnachtsgeld, Gratifikationen oder sonstige Entgeltbestandteile in Betracht, die sich der ArbN nicht sofort auszahlen lässt, sondern sie vereinbarungsgemäß für eine spätere Freistellung anspart.

**(ee)** Seit 2009 können Wertguthaben auch gebildet werden, wenn es sich um eine vor der Freistellung ausgeübte geringfügige Beschäftigung gehandelt hat (BT-Drs 16/10289 S 13 f Art 1 Nr 2). **20**

**Missbrauchsfälle** können durch die Klausel des § 7 Abs 1a Nr 2 SGB IV ausgeschlossen werden. Danach darf das monatlich fällige Arbeitsentgelt in der Freistellungsphase nicht unangemessen von dem für die vorausgegangenen zwölf Kalendermonate abweichen, in denen Arbeitsentgelt bezogen wurde. Eine unangemessene Abweichung liegt mE vor, wenn Abweichungen in der Höhe des Arbeitsentgelts vor und ab der Freistellung eine Statusänderung bewirken würden (zB Über- oder Unterschreitung der Geringfügigkeitsgrenze).

Weiter ist in der Vereinbarung nach § 7b SGB IV bei Überschreiten bestimmter Bagatellgrenzen auch zu regeln, welche Vorkehrungen der ArbGeb im Rahmen des **Insolvenzschutzes** zu treffen hat (→ Rn 25 f).

**3. Führung und Verwaltung des Wertguthabens. a) Arbeitsentgeltguthaben.** Das Wertguthaben ist als Arbeitsentgeltguthaben einschließlich der darauf entfallenden **Gesamtsozialversicherungsbeiträge** zu führen. Arbeits**zeit**guthaben sind in Arbeits**entgelt**guthaben umzurechnen (§ 7d Abs 1 SGB IV). Maßgeblich ist das **Bruttoarbeitsentgelt** im Zeitpunkt, in dem es in das Wertguthaben eingebracht wird. GesamtSozVBeiträge sind aus dem Wertguthaben erst zu zahlen, wenn das Wertguthaben aufgelöst bzw das Guthaben sukzessive ausgezahlt wird, und zwar zu den dann maßgeblichen Beitragssätzen. **21**

Das bedeutet: Wird das Wertguthaben zB dadurch aufgebaut, dass der ArbN regelmäßig auf die Auszahlung eines bestimmten Anteils des erarbeiteten Arbeitsentgelts verzichtet, um diese Entgeltanteile in das Wertguthaben einzuspeisen, gehen 1. das anteilige Bruttoarbeitsentgelt sowie 2. die im Zeitpunkt der Arbeitsleistung aus diesem Teil des Arbeitsentgelts an sich zu zahlenden GesamtSozVBeiträge in das Wertguthaben sein. In der Begründung des Gesetzentwurfs heißt es, im Wertguthaben seien zu weit mehr als der Hälfte seines Umfangs öffentliche Mittel, nämlich abzuführende GesamtSozVBeiträge enthalten. Der genaue Anteil dieser Beiträge könne erst bei Entnahme von Arbeitsentgelt bzw im Störfall errechnet werden (BT-Drs 16/10289 S 16 zu § 7d Abs 3).

Zur beitragstechnischen Behandlung der Wertguthaben im Lohnkonto des ArbGeb § 23b SGB IV, § 8 Beitragsverfahrensordnung und → Rn 43.

**b) Jährlicher „Kontoauszug“.** Der ArbGeb ist (vergleichbar § 4a Abs 1 BetrVAG) verpflichtet, den Beschäftigten mindestens einmal jährlich in Textform über die Höhe seines im Wertguthaben enthaltenen Arbeitsentgeltguthabens zu unterrichten (§ 7d Abs 2 SGB IV). Der „Kontoauszug“ ist sinnvollerweise mit der Information über den getätigten Insolvenzschutz zu verbinden (§ 7e Abs 4 SGB IV). **22**

**c) Anlage von Wertguthaben.** Das Gesetz will die privat verantwortete **spekulative Anlage von Wertguthaben** weitestgehend ausschließen (§ 7d Abs 3 SGB IV, BT-Drs 16/10289 S 16 zu § 7d Abs 3). Für die Anlage von Wertguthaben gelten daher die über die **23**

Anlage der Mittel von Versicherungsträgern (§§ 80 ff SGB IV) entsprechend. Dh sie sind so anzulegen und zu verwalten, dass ein Verlust ausgeschlossen erscheint und ein angemessener Ertrag erzielt wird. Auf das Erfordernis (jederzeitiger) ausreichender Liquidität (§ 80 Abs 1 SGB IV) kann mE insoweit verzichtet werden. Ebenso wie die Mittel der Versicherungsträger getrennt von den Mitteln Dritter zu verwalten sind (§ 80 Abs 2 SGB IV), bedarf es auch für Wertguthaben einer **strikten Trennung von der Verwaltung sonstiger Mittel** des ArbGeb. Dies wird seit 1.1.09 dadurch erreicht, dass das Wertguthaben von einem **Treuhänder** oder einer vergleichbaren Stelle zu führen ist (§ 7e Abs 2 SGB IV, dazu unten 4.).

24 Wertguthaben dürfen gem § 7d Abs 3 SGB IV nur bis zu einer Höhe von 20 vH in **Aktien** oder **Aktienfonds** angelegt werden. Zudem muss ein Rückfluss zum Zeitpunkt der Inanspruchnahme des Wertguthabens mindestens iHd angelegten Betrages gewährleistet sein (nachgebildet § 217 SGB VI). Ein **höherer Anlageanteil in Aktien** oder Aktienfonds ist nur zulässig, wenn dies in einem Tarifvertrag oder auf Grund eines Tarifvertrages in einer Betriebsvereinbarung vereinbart ist. Gleiches gilt, wenn das Wertguthaben nach der Wertguthabensvereinbarung ausschließlich für Freistellungen nach § 7c Abs 1 Nr 2 Buchst a) SGB IV, also für Freistellungen kurz vor Erreichen der Altersgrenze und als Überbrückung bis zum Bezug einer Rente verwendet werden soll.

Wem die **Rendite aus einer Wertguthaben-Anlage** zusteht, können die Vertragsparteien regeln (BT-Drs 16/10289 S 15 zu § 7d Abs 1). Sie sollten mE eine derartige Regelung in der Vereinbarung über das Wertguthaben treffen. Geschieht dies nicht, steht der Ertrag mE demjenigen zu, der die entsprechende Anlage unter seinem Namen getätigt hat; dies wird regelmäßig der ArbGeb sein.

25 **4. Insolvenzschutz des Wertguthabens – § 7e SGB IV. a) Unabdingbare Pflicht zur Vereinbarung einer geeigneten Insolvenzsicherung.** Zur Sicherung des Arbeitsentgelts, das mit einer vor oder nach der Freistellung erbrachten Arbeitsleistung erzielt wird (sog Wertguthaben), verlangt das Gesetz den Insolvenzschutz des Guthabens, und zwar einschließlich der darauf entfallenden **Gesamtsozialversicherungsbeiträge.** Die Vertragsparteien müssen insoweit im Rahmen der Vereinbarung nach § 7b SGB IV Regelungen über die vom ArbGeb zu treffenden Vorkehrungen vereinbaren, um das Wertguthaben gegen das Risiko der Insolvenz des ArbGeb vollständig abzusichern. Hierbei handelt es sich um eine zwingende gesetzliche Pflicht, die beide Vertragsparteien trifft. Ausgenommen sind nur Bund, Länder und Gemeinden, über deren Vermögen die Eröffnung eines Insolvenzverfahrens nicht zulässig ist (§ 7e Abs 9 SGB IV); insoweit geht das Gesetz davon aus, dass die Wertguthaben auch ohne spezielle Insolvenzsicherung „sicher" sind.

26 **b) Bagatellgrenze.** Eines Insolvenzschutzes bedarf es allerdings nur, soweit ein Anspruch auf Insolvenzgeld nach dem SGB III nicht besteht (§ 7e Abs 1 Satz 1 Nr 1 SGB IV) und das Wertguthaben des Beschäftigten einschließlich des darauf entfallenden GesamtSozVBeitrages einen Betrag iHd monatlichen Bezugsgröße übersteigt (§ 7e Abs 1 Satz 1 Nr 2 SGB IV); durch Tarifvertrag können hiervon abweichende Sicherungsschwellen vereinbart werden.

27 **c) Art des Insolvenzschutzes.** Im Gesetz ist **kein Positivkatalog** denkbarer Sicherungsformen vorgesehen. Aus der Gesetzesbegründung wird jedoch erkennbar, dass ein Wertguthaben so gesichert sein muss, dass es im Falle der Insolvenz des ArbGeb nicht in die Masse fällt und der ArbN sich mit der Quote eines einfachen Insolvenzgläubigers zufrieden geben muss.

Immerhin schreibt § 7e Abs 2 SGB IV vor, dass Wertguthaben unter Ausschluss der Rückführung **durch einen Dritten zu führen** sind. Dieser muss im Fall der Insolvenz des ArbGeb für die Erfüllung der Ansprüche aus dem Wertguthaben für den ArbGeb einstehen. Beispielhaft nennt das Gesetz das **Treuhandmodell:** Danach erfolgt die unmittelbare Übertragung des Wertguthabens in das Vermögen eines Treuhänders und die Anlage des Wertguthabens auf einem offenen Treuhandkonto. Möglich sind auch Sicherungen in Form einer Versicherung oder ein schuldrechtliches Verpfändungs- oder Bürgschaftsmodell (§ 7e Abs 2 Satz 2 SGB IV). Zu weiteren Modellen *Schietinger* SozSich 08, 380 ff.

**Ungeeignete Vorkehrungen** sind bilanztechnische Rückstellungen sowie zwischen Konzernunternehmen (§ 18 AktG) begründete Einstandspflichten, insbesondere Bürgschaften, Patronatserklärungen oder Schuldbeitritte (§ 7e Abs 3 SGB iVm nachgebildet § 8a Abs 1 AltTZG).

**d) Unterrichtungsnachweispflichten des Arbeitgebers.** Der ArbGeb hat die Beschäftigten unverzüglich über seine Vorkehrungen zum Insolvenzschutz schriftlich zu unterrichten, wenn das Wertguthaben den Betrag der Bezugsgröße übersteigt (§ 7e Abs 4 SGB IV). 28

**e) Vom Arbeitnehmer einleitbare Sanktionen.** Der Beschäftigte kann die Vereinbarung über das Wertguthaben mit sofortiger Wirkung kündigen und Auflösung des Wertguthabens nach Maßgabe des § 23b Abs 2 SGB IV verlangen, wenn der ArbGeb auf schriftliche Aufforderung des ArbN seinen Pflichten zur Sicherung des Wertguthabens oder Unterrichtung des ArbN nicht innerhalb von zwei Monaten nach Aufforderung nachkommt. 29

**f) Prüfung durch Rentenversicherungsträger – Sanktionen.** Die RVTräger sind verpflichtet, bei **Betriebsprüfungen** nach § 28p SGB IV auch auf die Einhaltung des Insolvenzschutzes zu achten. Stellen sie insoweit Mängel fest (Details § 7e Abs 6 SGB IV), wird durch Verwaltungsakt der im Wertguthaben enthaltene und vom ArbGeb zu zahlende GesamtSozVBeitrag „ausgewiesen", dh dessen Höhe festgestellt und die Zahlung angeordnet. Der ArbGeb ist zur sofortigen Zahlung des GesamtSozVBeitrages verpflichtet. Diese Pflicht entfällt, wenn der ArbGeb der Prüfbehörde innerhalb von zwei Monaten nach der Feststellung nachweist, dass er seinen Verpflichtungen nachkommt. Dafür ist es mE erforderlich, dass der ArbGeb zuvor **Widerspruch** einlegt und anzeigt hat, dass er seiner Nachweispflicht nachkommen will. Andernfalls wird der Verwaltungsakt mE bestandskräftig. 30

Erfolgt der Nachweis nicht fristgemäß, ist die Vereinbarung nach § 7b SGB IV über das Wertguthaben als von Anfang an unwirksam anzusehen und das Wertguthaben aufzulösen (§ 7e Abs 6 SGB IV).

**g) Schadensersatzpflicht des Arbeitgebers bei unzureichender Insolvenzsicherung.** Kommt es wegen eines nicht geeigneten oder nicht ausreichenden Insolvenzschutzes zu einer Verringerung oder zum Verlust des Wertguthabens, haftet der ArbGeb für den entstandenen Schaden. Ist ArbGeb eine juristische Person oder eine Gesellschaft ohne Rechtspersönlichkeit, haften auch die **organschaftlichen Vertreter** gesamtschuldnerisch für den Schaden (§ 7e Abs 7 SGB IV). Damit dürfte nunmehr hinreichend klargestellt sein, dass es sich bei den Vorschriften über den Insolvenzschutz von Wertguthaben entgegen der schon bisher nicht überzeugenden gegenteiligen Rspr des BAG (zB Urteil vom 16.8.05 – 9 AZR 470/04, BAG 21.11.06 – 9 AZR 206/06 mit ablehnender Anmerkung *Schlegel* in jurisPR SozR 7/20007 Anm 3) um Schutzgesetze iSv **§ 823 Abs 2 BGB** handelt. 31

**5. Portabilität – Übertragung von Wertguthaben.** Bis Ende 2008 war nicht geregelt, was mit Wertguthaben geschieht, die bei einem Wechsel des ArbGeb noch nicht aufgezehrt waren. Mit Wirkung ab 1.1.09 wurde erstmals die Möglichkeit geschaffen, ein bei Beendigung des Beschäftigungsverhältnisses aufgebautes Wertguthaben zu erhalten und nicht als Störfall auflösen zu müssen. Dabei sind zwei Fälle möglich: die Übertragung des Wertguthabens auf den neuen ArbGeb, wenn dieser damit einverstanden ist (→ Rn 33) sowie die Übertragung auf die DRVBund (→ Rn 34). In beiden Fällen sind nach der Übertragung die mit dem Wertguthaben verbundenen Pflichten vom neuen ArbGeb bzw der DRVBund zu erfüllen (§ 7 f Abs 1 Satz 2 SGB IV). Für eine im Zusammenhang mit der Übertragung von Wertguthaben auf die DRVBund nach dem SGB IV stehende Streitigkeit zwischen ArbN und Arbgeb ist der Rechtsweg vor die Gerichte der Sozialgerichtsbarkeit eröffnet (BSG 10.12.2015 – B 12 SF 1/14 R, BeckRS 2016, 66285). 32

**a) Übertragung auf den neuen Arbeitgeber mit dessen Zustimmung.** Der ArbN kann bei Beendigung seines Beschäftigungsverhältnisses vom bisherigen ArbGeb durch schriftliche Aufforderung verlangen, dass dieser das Wertguthaben auf den neuen ArbGeb überträgt. Voraussetzung hierfür ist, dass der neue ArbGeb mit dem Beschäftigten eine Wertguthabenvereinbarung nach § 7b SGB IV abgeschlossen hat und der Übertragung zustimmt (§ 7 f Abs 1 Satz 1 Nr 1 SGB IV). Die rechtsgeschäftliche Übertragung erfolgt nach den insoweit für die Rechtsübertragung nach BGB maßgeblichen Bestimmungen (zB Abtretung; Schuldübernahme etc). Für die neuen Vertragspartner besteht die Möglichkeit, die Wertguthabensvereinbarung dem neuen Beschäftigungsverhältnis anzupassen oder es bei den alten Modalitäten zu belassen. 33

**b) Übertragung auf die Deutsche Rentenversicherung Bund.** Stimmt der neue ArbGeb einer Übernahme des Wertguthabens nicht zu oder tritt der ArbN nicht mehr in 34 ein neues Beschäftigungsverhältnis ein, gilt Folgendes: Der ArbN kann bei Beendigung seines Beschäftigungsverhältnisses vom bisherigen ArbGeb durch schriftliche Aufforderung verlangen, dass dieser das Wertguthaben auf die Deutsche Rentenversicherung Bund (DRVBund) überträgt, wenn das Wertguthaben einschließlich GesamtSozVBeiträge einen Betrag iHd **6-fachen der monatlichen Bezugsgröße** übersteigt (§ 7 f Abs 1 Satz 1 Nr 2 SGB IV). Wird der Wert vom 6-fachen der Bezugsgröße nicht erreicht, bleibt nur die Auflösung des Wertguthabens als Störfall.

Die **Rückübertragung** des Wertguthabens ist ausgeschlossen. Findet der ArbN später einen neuen ArbGeb, der bereit wäre, das Wertguthaben zu übernehmen, hilft ihm dies nichts. Das Wertguthaben bleibt bei der DRB und der ArbN muss mit dem neuen ArbGeb ggf eine neue Wertguthabenvereinbarung abschließen.

Die DRVBund verwaltet Wertguthaben getrennt von ihrem sonstigen Vermögen treuhänderisch und hat dabei die §§ 80 ff SGB IV zu beachten. Ihr Verwaltungsaufwand insoweit ist aus den Wertguthaben zu bestreiten (§ 7 f Abs 3 SGB IV).

35 Eine strikte Bindung des ArbN an früher vereinbarte **Verwendungszwecke** besteht gegenüber der DRVBund nicht; vielmehr kann der ArbN das Wertguthaben auch außerhalb eines Arbeitsverhältnisses für die in § 7c Abs 1 Nr 2 Buchst a) SGB IV genannten Zeiten in Anspruch nehmen (Überbrückung bis zur Rente; § 7 f Abs 2 SGB IV).

Der Beschäftigte bestimmt gegenüber der DRVBund, in welchem Umfang er zur Freistellung Teile seines Wertguthabens in Anspruch nehmen will. Um trotz dieses **Bestimmungsrechts des Beschäftigten** zu vermeiden, dass er mit Minimalbeträgen möglicherweise längere Zeiten der Erwerbslosigkeit überbrücken will, ist die Entnahme an die nicht unangemessenen Abweichung des Entgelts in § 7 Abs 1a Satz 1 SGB IV gekoppelt.

36 **6. Fälligkeit der Beiträge aus Wertguthaben. a) In der Arbeitsphase gezahltes Entgelt.** Der GesamtSozVBeitrag aus dem Arbeitsentgelt wird im Regelfall nach § 23 Abs 1 Satz 2 SGB IV spätestens am drittletzten Bankarbeitstag des Monats fällig, in dem die Beschäftigung, mit der das Entgelt erzielt wird, ausgeübt worden ist. Diese Vorschrift wird für Wertguthaben modifiziert, da ansonsten auch das Wertguthaben am drittletzten Bankarbeitstag fällig würde.

Die Beiträge zur SozV sind bei Vereinbarung eines Wertguthabens zunächst gem § 23 Abs 1 Satz 2 SGB IV aus dem „fälligen Arbeitsentgelt" zu zahlen: In Zeiten der tatsächlichen Arbeitsleistung sind Beiträge aber nur aus dem an den ArbN zu zahlenden Arbeitsentgelt, nicht auch aus den in der Arbeitsphase sukzessiv in das Wertguthaben eingebrachte Arbeitsentgeltanteilen zu zahlen, denn insoweit ist das Arbeitsentgelt noch nicht fällig.

37 **b) Planmäßig ausgezahltes Wertguthaben.** Hinsichtlich eines Wertguthabens werden die GesamtSozVBeiträge erst fällig, wenn das Wertguthaben aufgelöst wird und damit entsprechende „angesparte" Arbeitsentgeltbestandteile fällig werden. Beiträge sind dann jeweils aus der dem ArbN zustehenden Rate des Wertguthabens zu zahlen (§ 23b Abs 1 SGB IV). In das Wertguthaben fließen auch Arbeitsentgelte über der **Beitragsbemessungsgrenze** ein (BT-Drs 14/4375 S 44). Wird das Wertguthaben planmäßig aufgelöst, sind auch diejenigen Entgeltbestandteile beitragspflichtig, die im jeweiligen Abrechnungszeitraum der Arbeitsphase über den Beitragsbemessungsgrenzen der KV und RV lagen (BSG 20.3.13 – B 12 KR 7/11 R, Rz 25 f, NJOZ 2014, 345). Da Entgeltbestandteile etc., die in ein Wertguthaben einfliesen, erst im Zeitpunkt der Auszahlung in der Freistellungsphase als erzielt gelten und erst dann fällig werden, wird eine doppelte Beitragsbelastung vermieden. Allerdings kann der Fall eintreten, dass bei Aufteilung des Arbeitsentgelts in sofort auszuzahlende und in ein Wertguthaben einzuzahlende Anteile insgesamt höhere GesamtSozVBeiträge zu zahlen sind, als wenn nur laufendes Arbeitsentgelt gezahlt worden wäre; denn durch die Vereinbarung eines Wertguthabens können hohe, über der BBG liegende Arbeitsentgelte „gestreckt", dh auf größere Zeiträume verteilt werden, so dass das Arbeitsentgelt insgesamt in der Zeit der Ansparphase und der Auflösung des Wertguthabens zB insgesamt unter der BBG liegen. Das nehmen die Arbeitsvertragsparteien hin, wenn sie sich zur Vereinbarung eines Wertguthabens entschließen.

38 **c) Auszahlung des Wertguthabens im Störfall.** Anderes gilt im Störfall, dh wenn das Wertguthaben zB wegen Erwerbsunfähigkeit oder Tod des ArbN in oder vor Beginn der Freistellungsphase nicht mehr planmäßig aufgelöst werden kann. In diesem Fall ist ohne

Berücksichtigung der Beitragsbemessungsgrenze als Arbeitsentgelt die Summe der Arbeitsentgelte maßgebend, die ohne Berücksichtigung der Vereinbarung nach § 7 Abs 1a SGB IV im Zeitpunkt der tatsächlichen Arbeitsleistung beitragspflichtig gewesen wäre, höchstens der Betrag des Wertguthabens im Zeitpunkt des Störfalls (§ 23 Abs 2 Satz 1 SGB IV). Dh: Bei nicht zweckentsprechender Verwendung von Wertguthaben sind nur die Teile des Wertguthabens beitragspflichtig, die bereits zum Zeitpunkt der Arbeitsleistung beitragspflichtig gewesen wären, wenn sie nicht in ein Wertguthaben übertragen worden wären.

Das Verfahren und die Art und Weise der Ermittlung dieser Wertguthaben soll den ArbGeb überlassen bleiben. Sie können zB nur ein Konto für die Gesamtsumme der Wertguthaben führen, in den sowohl beitragspflichtige als auch über die Beitragsbemessungsgrenze liegende Entgelte verbucht werden (dazu BT-Drs 15/1199 S 20 zu Art 1 Nr 3 Buchst b).

§ 23b Abs 3 SGB IV regelt die Vorgehensweise, wenn ein Wertguthaben wegen **Arbeitslosigkeit** nicht zweckentsprechend verwendet werden kann (BR-Drs 15/1199 in Art 1 Nr 3 Buchst c).

**d) Rentenwirksamkeit im Störfall.** Für Arbeitsentgelt, das im Störfall nach § 23b 39 SGB IV nachträglich zu Beiträgen herangezogen wird, werden nach Maßgabe des § 70 Abs 3 SGB VI **Entgeltpunkte** ermittelt. Die aus dem Wertguthaben zu entrichtenden Beiträge werden somit auch nach Eintritt des Störfalls und damit des Leistungsfalls noch bei einer Rente wegen Minderung der Erwerbsfähigkeit oder einer Hinterbliebenenrente berücksichtigt. Die Auflösung des Wertguthabens ist für den Versicherten also in aller Regel günstig. Dennoch wird im Fall einer **Rente wegen verminderter Erwerbsfähigkeit** ein bei der DRVBund geführtes Wertguthaben nicht aufgelöst, wenn der Versicherte der Auflösung ausdrücklich widerspricht (§ 23b Abs 2 Satz 10 SGB IV). Ein aus einer vorzeitig beendeten vertraglich vereinbarten Altersteilzeit ausgezahltes Wertguthaben wird bei einer Rente wegen verminderter Erwerbsfähigkeit nicht als **Hinzuverdienst** berücksichtigt, wenn im Zeitpunkt des Entstehens des Rentenanspruchs die Freistellungsphase der Altersteilzeit bereits begonnen hatte und insoweit die Beschäftigung nicht mehr fortbesteht (LSG Berlin-Brandenburg 18.2.15 – L 16 R 458/14, nv).

**7. Ausschluss der künftigen Verwendung eines Wertguthabens für Zwecke der betrieblichen Altersversorgung. a) Altes Recht.** Nach § 23 Abs 3a SGB IV aF konnte ein angespartes Wertguthaben für Zwecke der betrieblichen Altersversorgung verwendet werden, wenn eine entsprechende Vereinbarung über ein Wertguthaben bereits bei ihrem Abschluss diese Verwendungsmöglichkeit für einen der folgenden Störfälle vorsah: Nichtverwendung des Wertguthabens für Zeiten der Freistellung, wegen Beendigung der Beschäftigung auf Grund verminderter Erwerbsfähigkeit, wegen Erreichens einer Altersgrenze, zu der eine Rente wegen Alters beansprucht werden kann, und wegen Todes des Beschäftigten. 40

In all diesen Fällen galt das für Zwecke der betrieblichen Altersversorgung verwendete Wertguthaben nicht als beitragspflichtiges Arbeitsentgelt, wurde also **nicht zu Gesamtsozialversicherungsbeiträgen herangezogen** (Ausnahmen § 23 Abs 3a 2. Hs SGB IV aF).

**b) Neues Recht.** Die Möglichkeit, angesparte Wertguthaben für Zwecke der betrieb- 41 lichen Altersversorgung zu verwenden, wurde wegen heftiger Kritik hieran (BT-Drs 16/10901 S 14 zu Art 1 Buchst c; dazu Küttner 22. Auflage) aufgehoben. Sie besteht nur noch übergangsweise für Vereinbarungen, die bis zum **13.11.2008** geschlossen worden sind. Für Vereinbarungen über Wertguthaben, die nach diesem **Stichtag** geschlossen wurden, gilt § 23a SGB IV nicht mehr (§ 23 Abs 3a letzter Satz SGB IV aF).

**8. Führung eines Wertguthabens im Lohnkonto.** Der ArbGeb muss das Wertgutha- 42 ben einschließlich der Änderungen (Zu- und Abgänge), den Abrechnungsmonat der ersten Gutschrift sowie den Abrechnungsmonat für jede Änderung in die Lohnunterlage aufnehmen (§ 8 Abs 1 Satz 1 Nr 7 BVV, zuvor § 2 Abs 1 Nr 4b BÜVO).

Die unterschiedliche Behandlung des Wertguthabens im Normalfall seiner Auszahlung und im Störfall macht es erforderlich, für das Wertguthaben in den Lohnunterlagen zwei Konten zu führen; ein Konto, auf dem das Wertguthaben ohne Berücksichtigung der Beitragsbemessungsgrenzen ausgewiesen ist („reguläre Aufzeichnungen des Wertguthabens"), und ein weiteres Konto, das den beitragspflichtigen Teil des Wertguthabens für den potentiellen Störfall ausweist („besondere Aufzeichnungen über das beitragspflichtige Wertguthaben").

Da in der KV und PflegeV einerseits und der RV und ArblV andererseits unterschiedliche Beitragsbemessungsgrenzen gelten, muss im Lohnkonto hinsichtlich des beitragspflichtigen Wertguthabens auch insoweit nochmals unterschieden werden (BT-Drs 14/4375 S 44, S 49 zu Nr 9 Buchst b).

43 **9. Meldepflichten.** Nach § 28a Abs 1 Nr 19 SGB IV muss der ArbGeb melden, wenn Arbeitsentgelt in Störfällen nach § 23b Abs 2 und 3 SGB IV gezahlt wird. Die Meldung muss den Kalendermonat und das Jahr der nicht zweckentsprechenden Verwendung des Arbeitsentgelts enthalten (§ 28a Abs 3 Nr 4 SGB IV). Im Lohnkonto muss die Art des Insolvenzschutzes ausgewiesen werden (§ 8 Abs 1 Nr 7 Beitragsverfahrensordnung).

44 **10. Altersteilzeit.** Für das Altersteilzeitgesetz findet der für den Insolvenzschutz von Wertguthaben maßgebliche § 7e SGB IV keine Anwendung (§ 8a Abs 1 AltTZG). Vielmehr bleibt es insoweit bei den Spezialvorschriften des § 8a SGB IV, die § 7e SGB IV als lex specialis vorgehen (BT-Drs 16/10289 S 20 zu Art 2).

# Wettbewerb

## A. Arbeitsrecht

*Poeche*

1 **1. Allgemeines.** Eine ausdrückliche gesetzliche Regelung des Wettbewerbs im bestehenden Arbeitsverhältnis besteht nur für Handlungsgehilfen, damit für den ArbN, der in einem Handelsgewerbe zur Leistung kaufmännischer Dienste gegen Entgelt angestellt ist (§ 59 HGB). Dieser darf „ohne Einwilligung des Prinzipals weder ein Handelsgewerbe betreiben noch in dem Handelszweig des Prinzipals für eigene oder fremde Rechnung Geschäfte machen" (§ 60 Abs 1 HGB). Diese partielle Regelung entspricht nach einhelliger Ansicht nicht den Anforderungen des Arbeits- und Wirtschaftslebens. ArbNStellung und Konkurrenz schließen sich vom Ansatz her in jedem Arbeitsverhältnis aus: Wer seine Existenz durch abhängige Arbeit sichert, darf nicht gleichzeitig die wirtschaftlichen Möglichkeiten seines ArbGeb gefährden, Arbeitsplätze zur Verfügung zu stellen. Das Wettbewerbsverbot für Handlungsgehilfen gilt deshalb als Ausprägung eines allgemeinen Rechtsgedankens für alle ArbN (BAG 26.9.07 – 10 AZR 511/06, NZA 07, 1431). Geschützt sind damit auch ArbGeb, die kein Handelsgewerbe betreiben.

2 **Adressat des Verbots** sind neben den kaufmännischen und technischen Angestellten ArbN in freien Berufen wie Steuerberater und Rechtsanwälte, Arbeiter in Handwerk und Produktion, LeihArbN im Verhältnis zum Entleiher (LAG Bln 9.2.81 – 9 Sa 83/80, DB 81, 1095). Es gilt auch für Auszubildende iSd § 10 BBiG, da es nicht auf den Vertragsinhalt und die geschuldete Leistung ankommt, sondern auf das interessenwidrige wettbewerbliche Verhalten (BAG 20.9.06 – 10 AZR 439/05, NZA 07, 977). Die §§ 60, 61 HGB finden generell entsprechende Anwendung.

3 **2. Inhalt und Umfang des Wettbewerbsverbots. a) Grundsätze.** Richtschnur sind Geschäfts- und Marktbereich des ArbGeb. Soweit nach dem Wortlaut des § 60 Abs 2 HGB das Betreiben jeglichen Handelsgewerbes untersagt wird, ist das richtigerweise verfassungskonform (Art 12 GG) auf die Branche des ArbGeb zu beschränken (BAG 25.5.70 – 3 AZR 384/69, DB 70, 1788). Ob verbotener Wettbewerb oder eine erlaubte *Nebentätigkeit* vorliegt, beurteilt sich nach wirtschaftlicher Betrachtung (LAG Hamm 21.6.04 – 7 Sa 590/03, BB 05, 164 [LS]). Untersagt sind alle Betätigungen, die die Interessen des ArbGeb gefährden können. Dem ArbGeb soll sein Marktbereich voll und ohne Gefahr der nachteiligen, zweifelhaften oder zwielichtigen Beeinflussung durch den ArbN offen stehen. Es kommt mithin nicht darauf an, ob der ArbGeb den vom ArbN für einen Wettbewerber betreuten Sektor oder Kunden erreicht (BAG 16.1.13 – 10 AZR 560/11, NZA 13; 748; 16.6.76 – 3 AZR 73/75, DB 77, 308). Für die Annahme einer Wettbewerbssituation reicht es aus, dass der konkrete Bedarf des Kunden befriedigt und damit das vom ArbN (dem Wettbewerber) angebotene Produkt den ArbGeb vom Markt verdrängt (LAG Hamm 19.3.01 – 16 Sa 322/01, BuW 01, 924 [LS]). Auch, wenn der ArbN in einem Bereich aktiv wird, der

weniger als 1 % des Gesamtumsatzes des ArbGeb ausmacht, kann ein Tätigwerden in dessen Handelszweig gegeben sein (LAG Nds 17.11.15 – 11 Sa 389/15, BeckRS 2016, 66158).

**b) Betätigungsformen.** Es genügt die durch Tatsachen gesicherte abstrakte Gefahr. Auf die vom ArbN gewählte **Rechtsform** kommt es nicht an. **Verboten** sind Betreiben eines Handelsgewerbes in eigenem oder fremdem Namen, Beteiligung als persönlich haftender Gesellschafter einer Personengesellschaft, Angebot von Leistungen oder Diensten aufgrund Werk- oder Dienstvertrag. Kapitalbeteiligungen als Kommanditist oder Gesellschafter einer Konkurrenzfirma werden regelmäßig erfasst (LAG Hamm 12.8.19 – 18 SaGa 45/19, BeckRS 2019, 20177), zumindest dann, wenn sie auf maßgeblichen Einfluss auf die Geschäftsführung abzielen oder sich als nicht unerhebliche Unterstützung der finanziellen Ausstattung darstellen (LAG SchlHol 12.4.17 – 3 Sa 202/16, BeckRS 2017, 113281; LAG Köln 29.4.94 – 13 Sa 1029/93, BB 95, 679 [LS]). Das gilt auch bei Darlehensgewährung und Beteiligung als stiller Gesellschafter. Dem ArbN ist damit auch untersagt, seine Kenntnisse und Fähigkeiten sowie etwaige Kundenkontakte zugunsten eines Wettbewerbers einzusetzen und diesen dadurch zu fördern (BAG 30.5.18 – 10 AZR 780/16, BeckRS 2018, 80817). Nicht relevant sind bloße Hilfstätigkeiten ohne Wettbewerbsbezug. Es genügt auch nicht, wenn der ArbN dem ArbGeb als Verhandlungspartner (Kunde oder Lieferant) gegenübertritt und dabei pflichtwidrig über Firmenvermögen verfügt (BAG 3.5.83 – 3 AZR 62/81, DB 83, 2527). Sofern nicht ein ohnehin verbotenes **Strohmanngeschäft** vorliegt, kann nicht verlangt werden, dass der ArbN auf ihm nahe stehende Personen Einfluss nimmt, um sie zur Wettbewerbsenthaltung zu bringen. Allerdings ist dem ArbN jegliche familiäre Mitarbeit untersagt. 4

**c) Geschäftsänderung.** Da das Wettbewerbsverbot den gesamten Unternehmensbereich des ArbGeb erfasst, wird er auch dann geschützt, wenn er sein Betätigungsfeld erweitert. Eine bisher erlaubte Tätigkeit des ArbN kann daher zu untersagtem Wettbewerb werden; er genießt insoweit keinen Vertrauensschutz. Eine andere Frage ist, ob der ArbN im Einzelfall einen Anspruch auf Einwilligung des ArbGeb in seine wettbewerbliche Betätigung hat. Das kann in Betracht kommen, wenn eine konkrete Interessengefährdung des ArbGeb ausgeschlossen erscheint. 5

**d) Berechtigtes Interesse.** Der Umfang des Wettbewerbsverbots ist für die Gruppe der „sonstigen ArbN" dann einzuschränken, wenn der ArbGeb **kein berechtigtes Interesse** am Unterlassen der Konkurrenz hat. Sind die Interessen des ArbGeb nicht gefährdet oder beeinträchtigt, liegt keine wettbewerbswidrige Handlung vor (LAG MeVo 19.4.17 – 3 SaGa 7/16, BeckRS 2017, 109059). Hierunter fallen Nebentätigkeiten des ArbN, wenn sie der Natur der Sache nach die Stellung des ArbGeb am Markt nicht beeinträchtigen können (Reinigungskraft mit mehreren Putzstellen in der Gastronomie, Zeitschriftenverteiler für mehrere Verlage, Buchhalter im Automobilwerk erledigt Buchhaltungsarbeiten für Kfz-Werkstatt, Kantinenkellner arbeitet in Ausflugslokal). Das BAG hat offengelassen, ob das Wettbewerbsverbot auch für einfache (Neben-)Tätigkeiten gilt, die allenfalls zu einer untergeordneten wirtschaftlichen Unterstützung des Konkurrenzunternehmens führen können und im Übrigen schutzwürdige Interessen des ArbGeb nicht berühren (Zeitungszustellerin trägt Zeitschriften für ein anderes Unternehmen aus, das mit dem ArbGeb im Briefzustelldienst konkurriert, BAG 24.3.10 – 10 AZR 66/09, NZA 10, 693). Richtigerweise greift in solchen Fällen das Wettbewerbsverbot nicht ein, wobei insbes zu berücksichtigen ist, dass Teilzeitkräfte, vor allem Geringverdiener, oft auf mehrere Arbeitsstellen zur Existenzsicherung angewiesen sind. Auch der BGH anerkennt insoweit, dass das in einem Handelsvertretervertrag vereinbarte Recht zur außerordentlichen Kündigung im Einzelfall dahin ausgelegt werden kann, dass geringfügige Verstöße erst nach vorheriger Abmahnung zulässig sein sollen (BGH 10.11.10 – VIII ZR 327/09, NJW 11, 608). 6

Gerade im Handwerk ist dagegen das Wettbewerbsverbot ernst zu nehmen. Auch in ihrer Freizeit dürfen Kfz-Mechaniker oder Friseurin ihr Handwerk nicht als „Nachbarschaftshilfe" ausüben, sondern müssen zuvor das Einverständnis des ArbGeb einholen (→ *Schwarzarbeit* Rn 4). Anders kann es bei sporadischen, unentgeltlichen Freundschaftsdiensten liegen (LAG SchlHol 3.12.02 – 5 Sa 2996/02, LAGE § 60 HGB Nr 9). Maßgebend sind die Umstände des Einzelfalls.

**e) Vorbereitungshandlungen** für eine künftige konkurrierende Tätigkeit als ArbN oder Selbstständiger sind grds gestattet, es sei denn, der ArbN ist durch ein nachvertragliches 7

Wettbewerbsverbot gebunden. Das ergibt sich schon aus § 629 BGB, wonach der ArbN Anspruch auf Freistellung zur Arbeitssuche hat. Er kann mithin selbstverständlich Einstellungsgespräche führen, sich über seinen neuen Arbeitsplatz informieren, den neuen Arbeitsvertrag abschließen, behördliche Erlaubnisse erwirken, die er ggf für die neue Tätigkeit benötigt. Die für die Aufnahme einer **selbstständigen Tätigkeit** erforderlichen formalen und organisatorischen Maßnahmen dürfen getroffen werden: Gründung und Anmeldung von Gesellschaft oder Gewerbe, Anmietung von Räumen, Einholung von Angeboten und Preisen, Lizenzerwerb, Personaleinstellungen uÄ (*Hoß* ArbRB 02, 87). Dabei kann der ArbN seine Planung an dem beim ArbGeb erworbenen Wissen ausrichten. Nicht erlaubt sind das aktive Eindringen in den Kunden- oder Lieferantenkreis des ArbGeb, das Abwerben von ArbN sowie allgemein Vorbereitungshandlungen, die der Aufnahme einer nach Wettbewerbsrecht unzulässigen Betätigung (UWG, MarkG) dienen (LAG Köln 22.6.01 – 11 Sa 22/01, MDR 02, 100). Zu der im Einzelfall schwierigen Abgrenzung LAG Köln 12.4.05 – 9 Sa 1518/04, NZA-RR 05, 595 (Registrierung einer Internetdomain für ein noch zu gründendes Konkurrenzunternehmen) sowie LAG Köln 25.2.04 – 4 Sa 131/03, AuA 04, Nr 9, 46; OLG Celle 9.2.05 – 9 U 178/04, GmbHR 05, 541 mit abl Anm *Moll* und LAG Köln 7.2.17 – 12 Sa 745/16, NZA-RR 17, 335 zu Angaben in sozialen Netzwerken

8 Unzulässig ist die sog **Aufbauhilfe,** dh die Unterstützung des neuen ArbGeb durch Rat und Tat dann, wenn dieser bereits am Markt tätig ist (einschränkend BAG 12.5.72 – 3 AZR 401/71, DB 72, 1831). Ob der ArbN bereits auf seine bevorstehende Geschäftseröffnung durch Inserat hinweisen darf, ist zweifelhaft (*Grunsky* Wettbewerbsverbote für Arbeitnehmer, 2. Aufl, I 3d). Richtigerweise ist das zu bejahen. Der ArbN müsste andererseits eine mit dem Arbeitsentgelt nicht abgegoltene erweiterte Übergangsphase hinnehmen, ehe er aus seiner Selbstständigkeit Einnahmen erzielen kann (Beispiel: Eröffnung eines Handwerksbetriebs). Verboten ist die **Abwerbung** von Kunden oder Kollegen (zur Vorlage einer Visitenkarte des neuen ArbGeb: BAG 19.12.18 – 10 AZR 233/18, NZA 19, 571). Zwar gehört die Abwerbung zum „Wesen des Wettbewerbs", so dass wettbewerbswidriges Verhalten iSv § 1 UWG erst vorliegt, wenn besondere Umstände hinzutreten. Das rechtliche Bestehen eines Arbeitsverhältnisses begründet solche besonderen Umstände. Abwerbungen vor Beendigung des Arbeitsverhältnisses sind daher sowohl vertrags- als auch wettbewerbswidrig (BAG 19.12.18 – 10 AZR 233/18, NZA 19, 571 zum Abwerben von Kollegen durch Vorlage von Musterkündigungen und Hinweis auf die bevorstehende Selbständigkeit; BGH 22.4.04 – I ZR 303/01, NJW 04, 2384 „Verabschiedungsschreiben"; *Beyerlein* EWiR 04, 1105; *Fischer* FA 05, 135).

9 **3. Einwilligung des Arbeitgebers.** Erlaubt ist jede wettbewerbliche Tätigkeit, mit der der ArbGeb einverstanden ist. Nach § 60 Abs 2 HGB wird unwiderleglich die Einwilligung vermutet, wenn der ArbGeb bei Abschluss des Arbeitsvertrages positive Kenntnis vom Handelsgewerbe des ArbN hat und er trotzdem nicht ausdrücklich dessen Aufgabe vereinbart. Nach der Interessenlage gilt für sonstige ArbN, die zB eine ständige konkurrierende Nebentätigkeit ausüben, nichts anderes. Nicht ausreichend ist die Kenntnis des ArbGeb von gelegentlichen Geschäften oder gelegentlicher Betätigung. Die – spätere – Einwilligung kann ausdrücklich oder stillschweigend erfolgen. Sie ist regelmäßig unwiderruflich. Aus den Umständen des Einzelfalls kann sich ein Vorbehalt des ArbGeb ergeben; der Widerruf kann dann nur nach billigem Ermessen ausgeübt werden (§ 315 BGB). **Darlegungs-** und Beweislast für die Einwilligung liegen bei dem ArbN; etwaige Zweifel gehen zu seinen Lasten (BAG 16.1.13 – 10 AZR 560/11, NZA 13, 748; 12.5.72 – 3 AZR 401/71, DB 72, 1831). Eine bereits ausgeübte konkurrierende Tätigkeit ist bei Abschluss des Arbeitsvertrags zu **offenbaren** (LAG RhPf 23.1.08 – 8 Sa 592/07, BeckRS 2008, 53634; → *Auskunftspflichten Arbeitnehmer* Rn 4).

10 **4. Dauer des Wettbewerbsverbots.** Die Bindung des ArbN besteht während der gesamten rechtlichen Dauer des Arbeitsverhältnisses (BAG 25.4.91 – 2 AZR 624/90, DB 92, 479). Auf seine tatsächliche Durchführung kommt es nicht an. Es tritt deshalb auch dann in Kraft, wenn der ArbN vertragsbrüchig seine Arbeit nicht zum vereinbarten Termin aufnimmt. Nach der Rspr des BAG kann der ArbN bei einer unwiderruflichen **Freistellung** unter dem Vorbehalt der Anrechnung anderweitigen Verdienstes regelmäßig davon ausgehen, er könne seine Arbeitskraft frei verwerten und trotz des noch bestehenden

Arbeitsverhältnisses bereits konkurrierend tätig werden. Einen abweichenden Willen habe der ArbGeb in der Freistellungserklärung zum Ausdruck zu bringen. Das sei etwa dann der Fall, wenn nach der Erklärung des ArbGeb Zwischenverdienst (§ 615 Satz 2 BGB) nicht angerechnet werde (BAG 6.9.06 – 5 AZR 703/05, NZA 07, 36 mit zu Recht kritischer Anm *Bayreuther* AP BGB § 615 Nr 118). Zeiten des Ruhens (Elternzeit, Wehrdienst, unbezahlter Urlaub) lassen das Wettbewerbsverbot unberührt. Zur Aufnahme einer Tätigkeit bei einem Dritten während der → *Elternzeit* Rn 15 ff. Das Wettbewerbsverbot besteht auch im faktischen Arbeitsverhältnis (→ *Faktisches Arbeitsverhältnis* Rn 3).

**5. Kündigungsschutzprozess.** Der außerordentlich oder ordentlich gekündigte ArbN kann durch Verstreichenlassen der Klagefrist des § 4 KSchG die Kündigung hinnehmen. Vorbehaltlich eines nachvertraglichen *Wettbewerbsverbots* kann er dann unbesorgt Wettbewerb betreiben. Obgleich der ArbGeb mit der Kündigung zum Ausdruck bringt, er gehe von der rechtlichen Beendigung des Arbeitsverhältnisses aus, gilt das nicht, wenn der ArbN die Kündigung angreift. Ob sie das Arbeitsverhältnis rechtlich beendet hat, wird erst durch das ArbG entschieden, möglicherweise geraume Zeit nach der Kündigung. Der ArbN gerät damit in eine Zwangslage. Oft lassen sich berufliche Erfahrung und Kenntnisse nur innerhalb derselben Branche angemessen verwerten, dh die konkurrierende Tätigkeit ist für den ArbN zur Sicherung der weiteren Existenz notwendig. Ein Zuwarten auf die rechtskräftige Entscheidung, deren Inhalt ungewiss ist, kann berufliche Chancen vernichten. Mit Aufnahme der Tätigkeit setzt er sich andererseits der Gefahr einer (weiteren) außerordentlichen Kündigung aus, die auf die Verletzung des Wettbewerbsverbots gestützt wird. Nach § 615 BGB, § 11 KSchG muss der ArbN, der im Rechtsstreit obsiegt und deshalb Anspruch auf Nachzahlung der Vergütung hat, sich hierauf den Verdienst anrechnen lassen, den er böswillig nicht erzielt hat (→ *Annahmeverzug* Rn 15 ff). Der ArbN muss mithin damit rechnen, dass ihm die Nichtaufnahme der ihm bekannten anderweitigen Verdienstmöglichkeit anspruchsmindernd entgegengehalten wird. 11

Das BAG löst diesen Konflikt mit einer auf den **Einzelfall** abstellenden Interessenbewertung: 1.) Objektiv verletzt der ArbN mit Aufnahme einer konkurrierenden Tätigkeit während des Rechtsstreits das Wettbewerbsverbot. 2.) Das Unterlassen einer wettbewerblichen Tätigkeit ist nicht böswillig. 3.) Etwas anderes gilt nur, wenn der ArbGeb ausdrücklich oder konkludent zu erkennen gibt, dass er mit der konkurrierenden Tätigkeit einverstanden oder sie ihm gleichgültig ist. 4.) Auf die Verletzung des Wettbewerbsverbots kann eine neue außerordentliche Kündigung nur bei Verschulden des ArbN gestützt werden. 5.) Verschulden ist idR nicht gegeben, wenn der ArbN erkennbar mit der neuen beruflichen Tätigkeit nur eine Übergangslösung für die Zeit des Rechtsstreits anstrebt. 6.) Verschulden liegt vor, wenn der ArbN ein eigenes Geschäft und damit eine auf Dauer angelegte Tätigkeit aufnimmt, die Konkurrenztätigkeit erst durch eine frühere – unwirksame – Kündigung ausgelöst wurde und dem ArbGeb durch die Konkurrenztätigkeit nicht unmittelbar ein Schaden zugefügt worden ist (BAG 23.10.14 – 2 AZR 644/13, NZA 15, 429; 28.1.10 – 2 AZR 1008/08, NZA-RR 10, 461, krit zur Rspr *Nägele* NZA 16, 271). Dem entspricht die Rspr des BGH zum Handelsvertreter (BGH 12.3.03 – VIII ZR 197/02, NJW-RR 03, 981).

Danach kommt der Einzelfallwürdigung besondere Bedeutung bei: Grad der Vorwerfbarkeit, zeitlicher Zusammenhang mit dem beendeten Arbeitsverhältnis, Art und Umfang der Konkurrenz (vgl auch LAG SchlHol 26.6.12 – 1 Sa 443/11, NZA-RR 12, 515; 19.12.06 – 5 Sa 288/06, NZA-RR 07, 240). Verboten ist in jedem Fall die Vermittlung von Konkurrenzgeschäften oder das aktive Abwerben von Kunden (BAG 28.1.10 – 2 AZR 1008/08, NZA-RR 10, 461; Anm *Bauer* GWR 10, 383; ausführlich *Leuchten* NZA 11, 391).

**6. Rechtsfolgen eines Wettbewerbsverstoßes. a) Kündigung, Unterlassen.** Unerlaubter Wettbewerb kann den ArbGeb zur ordentlichen, auch zur außerordentlichen **Kündigung** berechtigen (LAG RhPf 12.1.06 – 11 Sa 476/05, AuA 06, 228; LAG Sachs 27.2.04 – 2 Sa 764/03, BeckRS 2004, 30474438; LAG Köln 25.2.04 – 4 Sa 1311/03, AuA 04, 46. Eine Verdachtskündigung ist nicht ausgeschlossen (LAG Köln 17.8.01 – 11 (7) Sa 484/00, MDR 02, 590). Er kann aber auch an dem Vertrag festhalten und den ArbN auf **Unterlassung** aus § 241 Abs 2 BGB iVm § 60 HGB. in Anspruch nehmen (auch im 12 einstweiligen Rechtsschutz, vgl LAG Hamm 12.8.19 – 18 SaGa 45/19, BeckRS 2019, 20177). Daran kann insbes dann ein Interesse bestehen, wenn der ArbN nicht durch ein nachvertragliches Wettbewerbsverbot (→ *Wettbewerbsverbot* Rn 1) gebunden ist. Eine vereinbarte **Vertragsstrafe** verwirkt (s *Vertragsstrafe*).

13 **b) Schadensersatz.** Maßgeblich sind §§ 61 Abs 1 Satz 1 HGB, 280, 249 ff BGB und auch § 287 ZPO (ausführlich zur Schadensschätzung BAG 30.5.18 – 10 AZR 780/16, NZA 18, 1425; 16.1.13 – 10 AZR 560/11, NZA 13, 748; LAG RhPf 24.1.19 – 5 Sa 226/18, BeckRS 2019, 6752). Darzulegen und zu beweisen sind Konkurrenz des ArbN und der hierdurch kausal entstandene Schaden. Gefordert ist der Nachweis, dass der ArbGeb ohne den Wettbewerbsverstoß des ArbN das Geschäft oder die Geschäfte selbst getätigt hätte. Zu ersetzen ist auch der entgangene Gewinn, also die Verdienstspanne des ArbGeb. Ein darüber hinausgehender Gewinn des ArbN kann nicht abgeschöpft werden. Ermittlungskosten etwa wegen Einschaltung eines Detektivs sind zu erstatten, wenn der konkrete Verdacht wettbewerblicher Tätigkeit besteht und der überwachte ArbN mithilfe der Detektei überführt wird. Erstattungsfähig sind nur Überwachungsmaßnahmen, die ein vernünftiger, wirtschaftlich denkender ArbGeb unter Berücksichtigung des Einzelfalls als zur Schadensbeseitigung oder -verhütung erforderlich halten durfte (BAG 28.10.10. – 8 AZR 547/09, NZA-RR 11, 231). Ist dem ArbGeb eine Bezifferung seines Schadens nicht möglich, kann er im Wege der Stufenklage vom ArbN **Auskunft** verlangen. Das setzt voraus, dass ein Schadenseintritt **wahrscheinlich** ist. Die Auskunftspflicht erstreckt sich auf alle Umstände, die der ArbGeb benötigt, um seinen Schaden zu berechnen. Im Wettbewerbsrecht ist anerkannt, dass wegen der oft schwierigen Schadensermittlung trotz einer möglichen Stufenklage auf **Feststellung** der Schadensersatzpflicht geklagt werden kann (BGH 17.5.01 – I ZR 189/99, NJW-RR 02, 834). Für die arbeitsgerichtliche Verfolgung eines Schadensersatzanspruchs des ArbGeb gilt nichts anderes (LAG Bln 4.11.05 – 6 Sa 1454/05, BB 06, 948).

14 **c) Eintrittsrecht.** Anstelle des Schadensersatzes kann der ArbGeb die Herausgabe dessen verlangen, was der ArbN durch den Abschluss des von ihm getätigten Geschäfts erlangt hat (§ 61 Abs 1 Hs 2 HBG). Das vom ArbN für eigene oder fremde Rechnung gemachte Geschäft gilt als das des ArbGeb mit der Folge, dass der ArbN die von Dritten bezogenen Leistungen an den ArbGeb auszukehren hat. Erfasst werden der gezogene Gewinn (nach Abzug der Aufwendungen, vgl LAG Sachs 27.2.04 – 3 Sa 764/03, BeckRS 2004, 30474438), Geld- und Sachleistungen; ggf sind die Vergütungsansprüche abzutreten. Das Eintrittsrecht soll dem ArbGeb die Kompensation seines regelmäßig nur schwer nachzuweisenden effektiven Schadens erleichtern. Weitere Ersatzansprüche sind deshalb ebenso ausgeschlossen wie solche, die zu einer wesentlichen inhaltlichen Umstellung des Geschäfts führen. Besteht die wettbewerbswidrige Handlung des ArbN in der Übernahme eines Gesellschafteranteils, kann daher weder ein gesellschaftsrechtlicher Gewinnanteil verlangt werden noch die Vergütung für die Tätigkeit als solche (BAG 15.2.62 – 5 AZR 79/61, DB 62, 1014). **Kein Geschäft** iSv § 61 HGB ist dementsprechend auch der Abschluss eines Arbeitsvertrags mit einem Wettbewerber; das mit diesem vereinbarte Festgehalt ist nicht herauszugeben (BAG 17.10.12 – 10 AZR 809/11, NZA 13, 207).

Die Wahl des ArbGeb ist unwiderruflich und muss bei Kettengeschäften, dh innerlich zusammenhängenden Abschlüssen, einheitlich ausgeübt werden. Zur Erleichterung der Wahl kann er den ArbN auf Auskunft und Rechnungslegung über Inhalt und Durchführung der Geschäfte in Anspruch nehmen.

15 **7. Verjährung.** Die Ansprüche des ArbGeb aus Wettbewerbsverstößen verjähren in **drei Monaten** („Haftungsfalle“ für RA, *Diller* Anm AP HGB § 61 Nr 4) von dem Zeitpunkt ab, zu dem er oder sein Vertreter Kenntnis von dem Abschluss des Geschäfts erlangt hat, sonst in fünf Jahren (§ 61 Abs 2 HGB). Nicht erforderlich ist, dass der ArbGeb über den näheren Inhalt und die Einzelheiten des Geschäfts informiert ist. Die kurze Frist bezieht sich auch bei fortdauerndem Wettbewerbsverstoß auf das einzelne Geschäft. Sie gilt ebenfalls für **konkurrierende Ansprüche,** etwa aus positiver Forderungsverletzung, Eigengeschäftsführung ohne Auftrag sowie aus unerlaubter Handlung nach § 823 BGB oder wegen einer sittenwidrigen vorsätzlichen Schädigung nach § 826 BGB (BAG 30.5.18 – 10 AZR 780/16, BeckRS 2018, 80817: offengelassen für Ansprüche aus § 823 Abs 2 BGB iVm § 266 StGB; 11.4.2000 – 9 AZR 131/99, NZA 2000, 94). Die Frist wird durch eine auf Auskunft und

Zahlung gerichtete Stufenklage unterbrochen; die Frist läuft dann erneut ab Auskunftserteilung und eidesstattlicher Versicherung. Etwaige Mängel der Auskunft sind unbeachtlich (BAG 28.1.86 – 3 AZR 449/84, DB 86, 1931). Die Verjährungsfrist gilt einheitlich für **alle** ArbN (BAG 26.9.07 – 10 AZR 511/06, NZA 07, 1436).

**8. Prozessuales.** Zum Unterlassungsanspruch → *Vertragsbruch* Rn 4; zur Feststellungsklage nach Beendigung des Arbeitsverhältnisses s BAG 22.9.92 – 9 AZR 404/90, DB 93, 100; LAG Hamm 4.12.06 – 2 Ta 804/06, NZA-RR 07, 151 zum Rechtsweg für eine einstweilige Verfügung auf Unterlassung von Wettbewerbsverstößen nach Beendigung des Arbeitsverhältnisses. Oft sind an Wettbewerbsverstößen sowohl ArbN als auch NichtArbN beteiligt. Nach Auffassung des BAG können diese in Wettbewerbssachen wegen § 13 Abs 1 UWG nicht gemeinsam vor dem ArbG verklagt werden; eine **Zusammenhangsklage** iSv § 2 Abs 3 ArbGG soll wegen der ausschließlichen Zuständigkeit der LG gegen die NichtArbN nicht erhoben werden können (BAG 10.8.10 – 5 AZB 3/10, NZA 10, 1069). Das erscheint nicht richtig. § 13 UWG regelt nicht den Rechtsweg, sondern die sachliche Zuständigkeit des LG im Verhältnis zum AmtsG (*Brexl* GRUR-Praxis 10, 398). 16

## B. Lohnsteuerrecht

*Thomas*

**Arbeitslohn.** Zuwendungen an ArbN, die im Rahmen eines Wettbewerbs zur Förderung betrieblicher Ziele gewährt werden, können Arbeitslohn sein. Wer seinem ArbGeb verbotswidrig Konkurrenz macht bzw unerlaubt Nebentätigkeiten (→ *Nebentätigkeit* Rn 20 ff) nachgeht, hat daraus erzielte Einkünfte aus gewerblicher, selbstständiger oder nichtselbstständiger Tätigkeit unabhängig von der Haupttätigkeit zu versteuern. Zu Ersatzansprüchen des ArbGeb vgl → *Wettbewerbsverbot* Rn 50. 17

**1. Zuwendungen des Arbeitgebers.** Das betriebliche Ziel kann bspw in der Umsatzförderung (Verkaufswettbewerb), in der Förderung des Sicherheitsbewusstseins (Unfallverhütungsprämien: BFH 11.3.88, BStBl II 88, 726), geringer krankheitsbedingter Ausfälle (BFH 15.12.77, BStBl II 78, 239), von Verbesserungsvorschlägen (→ *Verbesserungsvorschläge* Rn 11, 12) usw liegen. Bei Leistungen Dritter ist Arbeitslohn aber nur anzunehmen, wenn ein Verhalten gefördert wird, das aufgrund des Arbeitsvertrages bereits dem ArbGeb gegenüber geschuldet wird (→ *Sachbezug* Rn 5, 6). Bspw wurde Arbeitslohn verneint bei Prämien, die eine BG den ArbN ihrer Mitglieder auf deren Vorschlag für besondere Verdienste bei der Unfallverhütung zugewendet hat (BFH 22.3.63, BStBl III 63, 306).

Der Unterschied gegenüber einer vom ArbGeb gewährten **Unfallverhütungsprämie** 18
liegt darin, dass hier Belohnungen für Unfallhilfe außerhalb bzw über das Dienstverhältnis hinaus und auch an andere Personen als ArbN gezahlt worden sind. Eine abweichende Beurteilung wäre dagegen möglich, wenn die BG Prämien an einen Angehörigen der Betriebsfeuerwehr leistete, zu dessen dienstlichen Obliegenheiten notfalls auch gehörte, sich selbst zu gefährden (*Offerhaus* DStJG Bd 9, 125). Übernimmt der ArbGeb aus Wettbewerbsgründen Verwarnungsgelder, die gegen seine ArbN im Dienst festgesetzt werden, wird diese Zuwendung als Lohn (und nicht im eigenbetrieblichen Interesse erbracht) beurteilt (BFH 14.11.13 – VI R 36/12, DStR 14, 136, Änderung der Rspr).

**2. Sachzuwendungen.** Arbeitslohn ist auch anzunehmen, wenn der ArbGeb besondere 19
berufliche Leistungen nicht in Geld, sondern bspw mittels einer Incentivereise prämiert. Werden mit der Reise neben der Entlohnungsabsicht weitere betriebliche Ziele verfolgt, etwa solche betrieblicher Fortbildung (→ *Betriebliche Berufsbildung* Rn 21), ist eine Gesamtbewertung vorzunehmen. Ergeben die Umstände des Falles, wie zB das Auswahlverfahren der Teilnehmer, die Ausstattung der Reise usw, dass wesentliches Ziel eine Sonderentlohnung war, so ist der gesamte Wert der Reise als Arbeitslohn zu erfassen, andernfalls sind einzelne Teilbereiche aussonderbar (→ *Incentivereisen* Rn 10).

**3. Losgewinne.** Der Arbeitslohncharakter scheitert auch nicht daran, dass aus Anlass 20
eines Wettbewerbs ausgeworfene Sonderentgelte nach einem Zufallsprinzip auf die in Betracht kommenden ArbN aufgeteilt werden. Dabei ist regelmäßig noch nicht die Gewinnchance als solche, sondern erst der erzielte Gewinn Arbeitslohn (BFH 23.7.99 – VI B 116/99, DStR 99, 1524; *Thomas* DStZ 99, 710). In Übereinstimmung hiermit ist bei Selbstständigen der Gewinn aus einer Wettbewerbsauslosung Betriebseinnahme (BFH 2.9.08

– X R 25/07, DStR 08, 2359; anders aber, wenn das Entgelt für Lose mit einer bereits versteuerten Provision verrechnet wird, BFH 2.9.08 – X R 8/06, DStR 08, 2358; *Förster* DStR 09, 249; zum Ausschluss von Betriebsausgaben bei Geschenken iSv § 4 Abs 5 Nr 1 EStG vgl FG Köln 26.9.13 – 13 K 3908/09, DStRE 15, 65). Zu sonstigen Preisen und Auszeichnungen vgl → *Arbeitsentgelt* Rn 68.

21 Allerdings kann bereits in der Verschaffung einer **Gewinnaussicht** Arbeitslohn liegen (dann aber nicht mehr im Gewinn selbst), wenn es sich bei der Verlosung nicht um eine betriebsinterne Angelegenheit handelt, sondern ein marktgängiger Vorteil dadurch verschafft wird, dass zB übertragbare Lose eines Lotterieunternehmens vor der Ziehung an bestimmte ArbN verteilt werden. Wird über einen betrieblichen Wettbewerb die Teilnahmemöglichkeit an einem außerbetrieblichen Gewinnspiel eröffnet (zB „Wer wird Millionär"), liegt Arbeitslohn insoweit vor, als diese Teilnahmemöglichkeit sonst bezahlt werden muss. Die sich ergebenden weiteren Chancen haben mit dem Arbeitsverhältnis nichts mehr zu tun und führen deshalb nicht zu Lohn (*Voßkuhl/Thulfaut* NWB F 6 S 4379). Kein Arbeitslohn ist lediglich dann anzunehmen, wenn mit der Losverteilung kein Entlohnungselement verbunden ist, wie das bspw der Fall sein kann, wenn im Rahmen einer *Betriebsveranstaltung* alle Anwesenden an einer Verlosung teilnehmen (FG Düsseldorf 12.11.65, EFG 66, 137). Das Preisgeld aus der Fernsehshow „Big Brother" ist als sonstige Einkünfte nach § 22 Nr 3 EStG zu erfassen (BFH 24.4.12 – IX R 6/10, DStRE 12, 871 mit Anm *Heuermann* BFH/PR 12, 268; *Theisen* BB Heft 12/2012 M1; *Ismer* FR 12, 1057; FR 13, 66; kritisch *Binnewies* DStR 12, 1586; *Binnewies* FR 12, 931; *Gebhardt* FR 13, 65; zur Fernsehshow „Die Farm" FG Münster 15.1.14 – 4 K 1215/12 E, DStRE 15, 1111); zum Fernsehformat „Zuhause im Glück" FG Köln 28.2.19 – 1 V 2304/18, DStRE 19, 739). Preisgelder aus Turnierpokerspielen werden den Einkünften aus Gewerbebetrieb zugeordnet (BFH 16.9.15 – XR 43/12, DStR 15, 2651 mit Anm *Meier* FR 16, 359; *Nöcker* FR 16, 140).

### C. Sozialversicherungsrecht *Schlegel*

23 **Zuwendungen in Geld oder Geldeswert** (zB Sachbezüge, Dienstleistungen etc) sind Arbeitsentgelt, selbst wenn der ArbGeb diese an den ArbN im Rahmen eines Wettbewerbs ausgelobt hat, sofern der Wettbewerb betrieblichen Zielen dient und zumindest die Teilnahme an dem Wettbewerb davon abhängt, dass der ArbN für seinen ArbGeb Arbeit leistet, die Zuwendung letztlich also aufgrund der Beschäftigung des ArbN erfolgt. Wann dies der Fall ist, ist im Beitrags- und Leistungsrecht der SozV nicht anders zu beurteilen als im Steuerrecht. Insoweit kann auf die Ausführungen zum Steuerrecht Bezug genommen werden (→ Rn 16 ff). Steht fest, dass eine in einem Wettbewerb **ausgelobte Zuwendung** Ausfluss des Beschäftigungsverhältnisses ist, muss im Einzelfall geklärt werden, ob die Zuwendung in die Betrags- und Leistungsbemessung miteinzubeziehen ist; dies ist dann idR nicht der Fall, wenn und soweit die Zuwendung steuerfrei ist (§ 14 SGB IV iVm § 1 Abs 1 Nr 1 SvEV).

# Wettbewerbsverbot

### A. Arbeitsrecht *Poeche*

**Übersicht**

**1. Allgemeines.** Mit dem Ende des Arbeitsverhältnisses endet gleichzeitig die Pflicht des ArbN zur Wettbewerbsenthaltung. Auch nachvertragliche Treue- und Verschwiegenheitspflichten setzen keine Schranken, die über die allgemeinen Gesetze (§§ 1 UWG; §§ 823, 826 BGB) hinausgehen (LAG Köln 18.1.12 – 9 Ta 407/11, BeckRS 2012, 68079 Anm *Wissmann* ArbRAktuell 12, 256). Der ArbN kann daher in den Kundenkreis des ArbGeb eindringen und hierbei Erfahrungswissen einschließlich der Kenntnis von Betriebs- und Geschäftsgeheimnissen einsetzen. Untersagt ist lediglich, hierfür rechtswidrig beschaffte Informationsträger zu benutzen (so auch BGH 23.2.12 – 1 ZR 136/10, GRUR 12, 1048 zur Auslegung von § 17 UWG). Gestattet ist jede Form der Konkurrenz, auch wenn sie die unternehmerischen Interessen des ArbGeb hart trifft (BAG 19.5.98 – 9 AZR 394/97, NZA 99, 200). 1

Hiergegen kann sich der ArbGeb bis zur Höchstgrenze von zwei Jahren nur durch Vereinbarung eines **nachvertraglichen Wettbewerbsverbots** sichern. Zum Schutz des ArbN, der nicht unter dem Druck des Arbeitsverhältnisses unüberlegt Bindungen eingehen soll, müssen zwingende **Formvorschriften** und **Mindestbedingungen** eingehalten werden.

Es gilt der **Grundsatz der bezahlten Karenz.** Ohne finanziellen Ausgleich ist eine spätere Konkurrenz des ArbN nicht zu verhindern. Der ArbGeb sollte deshalb vor Abschluss einer Wettbewerbsabrede sorgfältig prüfen, ob der Umfang der geschäftsinternen Kenntnisse des ArbN den geldlichen Aufwand rechtfertigt. Versuche, durch besondere Vertragsformulierungen die Karenzentschädigung zu umgehen, bleiben bei gerichtlicher Kontrolle regelmäßig ohne Erfolg. Eine weitergehende entschädigungslose Bindung kann auch nicht durch die Verschwiegenheitspflicht begründet werden (→ *Verschwiegenheitspflicht* Rn 10 ff und → *Betriebsgeheimnis* Rn 7 ff). Ebenso wenig genügt es, dass die Versorgungszusage des ArbN aus Anlass seines vorzeitigen Ausscheidens erheblich aufgestockt wird (BAG 15.6.93 – 9 AZR 558/91, DB 94, 887, auch zur berechtigten Verwertung beruflicher Kenntnisse und Erfahrungswissens und zum Widerruf einer Ruhegeldzusage).

**2. Persönlicher Anwendungsbereich. a) Arbeitnehmer.** Mit Wirkung zum 1.1.03 ist der bisher auf gewerbliche ArbN beschränkte Geltungsbereich der GewO erweitert worden. Nach § 6 Abs 2 GewO sind die Bestimmungen des Abschn I des Titels VII auf **alle Arbeitnehmer** anzuwenden. Hierzu gehört § 110 GewO. Danach können ArbGeb und ArbN die berufliche Tätigkeit des ArbN für die Zeit nach Beendigung des Arbeitsverhältnisses durch Vereinbarung beschränken (Wettbewerbsverbot). Die §§ 74 bis 75 f HGB sind entsprechend anzuwenden. Der Gesetzgeber hat damit die bisher bestehende Rechtszersplitterung beseitigt. In der Sache bringt diese Änderung nichts wesentlich Neues. Die entsprechende Anwendung der handelsrechtlichen Vorschriften auf alle ArbN war bereits allgemein anerkannt. Der Gesetzgeber hat sich auf die Einführung des § 110 GewO beschränkt, obwohl die §§ 74 ff HGB selbst dringend sprachlich und inhaltlich überarbeitet werden müssten. 2

3 **b) Nichtarbeitnehmer.** Entsprechende Anwendung finden die §§ 74 ff HGB auf **arbeitnehmerähnliche Personen** (BAG 21.1.97 – 9 AZR 778/95, NZA 97, 1284; LAG Köln 2.6.99 – 2 Sa 138/99, NZA-RR 2000, 19) und auf wirtschaftlich abhängige freie Mitarbeiter (BGH 10.4.03 – III RZ 196/02, NJW 03, 1864; LAG Köln 23.1.04 – 4 Sa 988/03, ArbuR 04, 397 [LS]). Zur Rechtslage bei Handelsvertretern und angestellten GmbH-Geschäftsführern → *Wettbewerbsverbot* Rn 44, 45. Wegen der Besonderheiten im **Berufsausbildungsverhältnis** → *Berufsausbildungsverhältnis* Rn 37.

4 **3. Sachlicher Anwendungsbereich.** Nach § 110 GewO betrifft die Wettbewerbsabrede die „berufliche" Tätigkeit des ArbN, nach § 74 HGB geht es um die „gewerbliche" Tätigkeit. Inhaltlich besteht kein Unterschied. Erfasst werden alle Vereinbarungen, die den ArbN nach Beendigung des Arbeitsverhältnisses in der freien Verwertung seiner Arbeitskraft beschränken. Hierzu gehört auch das Verbot, berufliches Erfahrungswissen zu verwerten oder Verschwiegenheit zu wahren (BAG 19.5.98 – 9 AZR 394/97, NZA 99, 200; 15.12.87 – 3 AZR 43/86, NZA 88, 502; *Freckmann/Schmoll* BB 17, 1780; → *Betriebsgeheimnis* Rn 7). Die in freien Berufen üblichen sog allgemeinen **Mandantenschutzklauseln,** mit denen dem ArbN untersagt wird, ehemalige Mandanten seines ArbGeb zu beraten, unterliegen ebenfalls den §§ 74 ff HGB (BAG 27.9.88 – 3 AZR 59/87, NZA 89, 467). Das Standesrecht beschränkt die Wettbewerbsfreiheit des (ehemaligen) ArbN nicht; es verbietet lediglich die gezielte Abwerbung von Mandanten. Zum Charakter sog Cooling-Off-Klauseln als nachvertragliche Wettbewerbsverbote: *Diller* NZA 18, 692.

5 Grds zulässig sind dagegen sog **Mandantenübernahmeklauseln.** Eine solche Klausel verbietet dem ArbN nicht, ehemalige Mandanten des ArbGeb zu betreuen. Er schuldet nicht das für Wettbewerbsverbote typische Unterlassen. Vielmehr verpflichtet er sich, an den ArbGeb einen Teil des aus diesen Mandaten erzielten Honorars abzuführen. Derartige Klauseln sind entschädigungslos wirksam, wenn sie dem Schutz eines berechtigten geschäftlichen Interesses des ArbGeb dienen und das berufliche Fortkommen des ArbN nicht unbillig erschweren. Andernfalls sind sie als **verdeckte Mandantenschutzklausel** unwirksam (BAG 7.8.02 – 10 AZR 586/01, NZA 02, 1282). Die Mandatsübernahme muss sich für den konkurrierenden früheren ArbN noch wirtschaftlich lohnen. Das BAG hat den Satz von 20 vH nicht beanstandet; je nach den Umständen des Einzelfalls dürfte eine höhere prozentuale Beteiligung des früheren ArbGeb nicht ausgeschlossen sein. Die **Bindungsfrist** darf dagegen zwei Jahre nicht überschreiten. Eine geltungserhaltende Reduktion einer zu lang bemessenen Bindungsfrist kommt nicht in Betracht, da die mit Blick auf die Abführungspflicht erfolgte Mandatsablehnung nicht rückgängig gemacht werden kann (LAG Köln 24.8.07 – 11 Sa 241/07, NZA-RR 08, 10; kritisch zur Wirksamkeit von Mandantenübernahmeklauseln *Meier* NZA 13, 253). Diese Grundsätze gelten auch, wenn eine Mandantenübernahmeklausel ohne Karenzentschädigung die Honorarabführung auch bei nachfolgender Tätigkeit als ArbN vorsieht und die Konditionen so gestaltet sind, dass sich die Bearbeitung der Mandate wirtschaftlich nicht lohnt, zB weil die Honorarabführung ohne Rücksicht auf die Höhe des Arbeitsentgelts zu erfolgen hat (BAG 11.12.13 – 10 AZR 286/13, NZA 14, 433).

6 **4. Rechtsnatur.** Die Wettbewerbsabrede ist ein gegenseitiger Vertrag, auf den die §§ 320 ff BGB anzuwenden sind: Der ArbN schuldet Karenz, der ArbGeb schuldet die hierfür vereinbarte Entschädigung (BAG 7.7.15 – 10 AZR 260/14, NZA 15, 1253). Die wechselseitige Abhängigkeit dieser Leistungen berechtigt den ArbN allerdings nicht, bei Zahlungsverzug des ArbGeb Wettbewerb zu betreiben. Zahlungsverzug des ArbGeb begründet für den ArbN das Recht zum **Rücktritt** nach § 323 Abs 1 BGB (BAG 31.1.18 – 10 AZR 392/17, NZA 18, 578). Der Rücktritt vom nachvertraglichen Wettbewerbsverbot entfaltet ex-nunc-Wirkung. Wettbewerb berechtigt den ArbGeb nach § 323 Abs 3 BGB zur **Abmahnung.** Wegen der weiteren Ansprüche → Rn 41 f.

7 Die **Unwirksamkeit des Arbeitsvertrags** (zB wegen fehlender Geschäftsfähigkeit oder Anfechtung nach §§ 119, 123 BGB; s *Faktisches Arbeitsverhältnis*) oder seine Beendigung vor Arbeitsbeginn lassen das Wettbewerbsverbot dann unberührt, wenn der ArbN seine Tätigkeit aufgenommen hat oder während seiner Einweisung und Vorbereitung auf die künftige Tätigkeit wettbewerbsrelevante Kenntnisse erworben hat (BAG 3.2.87 – 3 AZR 523/85, NZA 87, 2417; 26.5.92 – 9 AZR 27/91, NZA 92, 976); → Rn 28. Zum Lossagerecht des

ArbGeb bei wirksamer Anfechtung LAG Mü 19.12.07 – 11 Sa 294/07, LAGE HGB § 74 Nr 22; → Rn 24.

**5. Formelle Wirksamkeitsvoraussetzungen. a) Schriftform.** Die Wettbewerbsabrede bedarf der **Schriftform** iSd § 126 BGB, dh der Originalunterschriften von ArbGeb und ArbN oder notariell beglaubigter Handzeichen. Sie kann im Arbeitsvertrag enthalten sein; eine gesonderte Urkunde braucht nicht erstellt zu werden. Unzureichend ist die Übersendung von bloßen Bestätigungs- oder Anstellungsschreiben. Eine nicht unterzeichnete Wettbewerbsklausel genügt dem Formerfordernis, wenn sie mit dem Arbeitsvertrag fest verbunden ist (Gesamturkunde) und im unterschriebenen Arbeitsvertrag auf sie verwiesen wird (BAG 30.10.84 – 3 AZR 213/82, DB 85, 709). Elektronische Form oder Textform (§§ 126a, 126b BGB) genügen nicht. Formunwirksam ist die in einem **befristeten Arbeitsvertrag** festgelegte Wettbewerbsabrede, wenn der Arbeitsvertrag nach Fristablauf nur aufgrund mündlicher Erklärungen verlängert wird (LAG Hamm 14.2.07 – 14 Sa 141/07, LAGE HGB § 74 Nr 21). Nichtig ist ein schriftlich vereinbartes entschädigungsloses Wettbewerbsverbot, wenn der ArbGeb lediglich mündlich eine Karenzentschädigung zusagt; ausnahmsweise kann ihm nach Treu und Glauben verwehrt sein, sich auf die Nichtigkeit zu berufen (LAG Düsseldorf 4.12.09 – 9 Sa 717/09, BeckRS 2010, 67734 zust *Diller* ArbRAktuell 10, 276). Lässt sich der ArbGeb bei der Unterschriftsleistung vertreten, genügt es, wenn der **Vertreter** seinen rechtsgeschäftlichen Vertretungswillen in der Urkunde, wenn auch unvollkommen, ausdrückt; der Zusatz „iV" ist dann nicht erforderlich (LAG Hamm 19.2.08 – 14 SaGa 5/08, BeckRS 2009, 53985). Die Unterzeichnung mit dem gesetzlich vorgeschriebenen Vertretungszusatz „ppa" (§§ 51, 53 HGB) kann geboten sein (LAG Hamm 10.1.05 – 7 Sa 1480/04, NZA-RR 05, 428). Die Schriftform ist gewahrt, wenn der ArbN seine Unterschrift nicht in das dafür vorgesehene Feld setzt, sondern in der darunterliegenden Zeile, in der der Erhalt der Vertragsurkunde bestätigt wird (LAG München 26.8.10 – 4 Sa 433/10, BB 10, 3029 m krit Anm *Fülbier*). Sie ist nicht gewahrt, wenn der schriftliche Arbeitsvertrag mit dem Wettbewerbsverbot gekündigt und sodann aufgrund mündlicher Vereinbarung fortgesetzt wird (LAG Hamm 16.2.16 – 14 Sa 1473/15, BeckRS 2016, 69103). 8

**b) Aushändigung.** Der ArbGeb muss die unterzeichnete Urkunde dem ArbN aushändigen. Er ist zu deren Annahme verpflichtet. Verweigert der ArbN die Entgegennahme, muss er sich in entsprechender Anwendung des § 162 BGB (Vereitelung des Bedingungseintritts) so behandeln lassen, als sei ihm die Urkunde ausgehändigt worden. Verzögert der ArbGeb die Aushändigung, entfällt die Annahmepflicht. Eine spätere Annahme heilt den Mangel (LAG Nbg 21.7.94 – 5 Sa 391/94, NZA 95, 532). Dem ArbGeb ist dringend anzuraten, die Aushändigung der unterschriebenen Urkunde in geeigneter Weise beweisbar zu dokumentieren, auch wenn die Aushändigung weder **Wirksamkeitsvoraussetzung** iSv § 74 Abs 1 HGB noch eine Formvorschrift iSv § 125 Satz 1 BGB darstellt (BAG 23.11.04 – 9 AZR 595/03, NZA 05, 411). Die (nach der Behauptung des ArbGeb) unterbliebene Aushändigung führt nur dazu, dass er sich auf die Wettbewerbsabrede nicht berufen kann. Dagegen ist dem ArbN unbenommen, bei Karenz die vereinbarte Entschädigung zu verlangen. 9

**c) Inhalt der Urkunde.** Die schriftliche Urkunde muss die „vereinbarten Bestimmungen" (§ 74 Abs 1 HGB) enthalten, dh es ist zu konkretisieren, welchen sachlichen, zeitlichen und örtlichen Beschränkungen der ArbN nach Beendigung des Arbeitsverhältnisses unterliegen soll. Der Gegenstand des Wettbewerbsverbots wird mit der Verweisung auf den Tätigkeitsbereich des ArbGeb regelmäßig hinreichend klar umschrieben. Es ist nicht erforderlich, die von ihm hergestellten oder produzierten Waren im Einzelnen aufzulisten (LAG NdS 8.12.05 – 7 Sa 1871/05, NZA-RR 06, 426). Zwingend aufzunehmen ist ferner die Verpflichtung des ArbGeb zur Zahlung einer Karenzentschädigung (§ 74 Abs 2 HGB). Es genügt, wenn hierfür auf §§ 74 ff HGB verwiesen wird (BAG 28.6.06 – 10 AZR 407/05, NZA 06, 1157). 10

**6. Inhaltliche Anforderungen. a) Vorbemerkung.** Die §§ 74 ff HGB unterscheiden zwischen nichtigen und unverbindlichen Wettbewerbsabreden. **Nichtigkeit** führt zur Unwirksamkeit der Abrede schlechthin. Weder der ArbGeb noch der ArbN sind gebunden. **Unverbindlichkeit** führt dagegen dazu, dass sich der ArbGeb auf die abweichende Abrede nicht berufen kann (§ 75d HGB). Der ArbN hat ein **Wahlrecht,** ob er gegen Zahlung der 11

Karenzentschädigung Wettbewerb unterlässt oder ob er entschädigungslos Wettbewerb betreibt. Verbindlich ist ein Wettbewerbsverbot nur, soweit es einem berechtigten geschäftlichen Interesse des ArbGeb dient und nicht zu einer unbilligen Erschwernis des beruflichen Fortkommens des ArbN führt (§ 74a HGB). Die gesetzliche Regelung beruht ua auf der Erwägung, dass sich zZt des Vertragsschlusses idR nicht prognostizieren lässt, ob sich das Wettbewerbsverbot für den ArbN als „Fluch oder Segen" (*Bauer/Diller* Wettbewerbsverbote 5. Aufl Rz 37e) herausstellt. Das kann erst bei der Beendigung des Arbeitsverhältnisses beurteilt werden. Der ArbGeb sollte daher im eigenen Interesse nicht nur vor Beginn des Arbeitsverhältnisses, sondern auch während seines Laufs prüfen, ob ein Wettbewerbsverbot (noch) Sinn macht. Zur Rechtsfolge eines teilweise unverbindlichen Wettbewerbsverbots nach § 74a Abs 1 HGB → Rn 15.

12 **b) AGB-Kontrolle.** Für die Kontrolle nach §§ 305 ff BGB bei vom ArbGeb vorformulierten Wettbewerbsklauseln ergibt sich aus der Rechtsnatur der Abrede als gegenseitigem Vertrag, dass die vereinbarte Reichweite des Wettbewerbsverbots als solche keiner **Angemessenheitskontrolle** nach § 307 Abs 1 Satz 1 und Abs 2 BGB unterliegt, weil sie die vom ArbN geschuldete Hauptleistung „Karenz" betrifft (LAG BaWü 30.1.08 – 10 Sa 60/07, NZA-RR 08, 508; LAG Hamm 14.4.03 – 7 Sa 1881/02, NZA-RR 03, 513). Eine inhaltliche Kontrolle erfolgt allein nach den Kriterien des § 74a HGB, der als gesetzlich geregelter Fall einer geltungserhaltenden Reduktion bezeichnet werden kann (LAG RhPf 3.8.12 – 9 SaGa 6/12, NZA-RR 13, 15; ausführlich zur AGB-Kontrolle *Straube* BB 13, 117). Uneingeschränkt anwendbar sind die Bestimmungen über **überraschende Klauseln** (§ 305c Abs 1 BGB), **mehrdeutige Klauseln** (§ 305c Abs 2 BGB) oder **intransparente Klauseln** (§ 307 Abs 1 Satz 2 BGB; dazu BAG 28.6.06 – 10 AZR 407/05, NZA 06, 1157). Weder überraschend noch intransparent ist die Klausel: „Das Wettbewerbsverbot wird wirksam mit Ablauf des zweiten Vertragsjahres der Laufzeit dieses Vertrags" (BAG 13.7.05 – 10 AZR 532/04, AP HGB § 74 Nr 78). Das gilt auch für die üblichen Umschreibungen der Reichweite des Verbots wie etwa Tätigkeit für mit dem neuen ArbGeb „verbundene Unternehmen" (konzernrechtlich zu verstehen) oder das Verbot direkten und „indirekten Wettbewerbs" (meint ua den Einsatz eines Strohmanns). Vgl hierzu instruktiv und ausführlich LAG Hamm 1.12.09 – 14 SaGa 59/09, BeckRS 2010, 67131 zust *Diller* ArbRAktuell 10, 176. Ein Wettbewerbsverbot, das sich auf jede denkbare Form der Unterstützung eines Konkurrenzunternehmens bezieht („mit Rat und Tat irgendwie zu unterstützen") ist nicht intransparent, da die umfassende Reichweite des Verbots ohne weiteres erkennbar ist (BAG 7.7.15 – 10 AZR 260/14, NZA 15, 1253). Es umfasst auch die Belassung eines zinslosen Darlehens, welches der ArbN dem Unternehmen zur Gründung noch während des bestehenden Arbeitsverhältnisses gewährt hat. Gegen die Wirksamkeit einer **Vertragsstrafe** zur Sicherung der Karenz des ArbN bestehen keine Bedenken (→ Rn 41 und → *Vertragsstrafe* Rn 19).

13 **c) Nichtigkeitsgründe.** Nichtig sind Wettbewerbsabreden, bei denen der ArbN das Karenzversprechen auf Ehrenwort oder unter einer ähnlichen Versicherung abgibt, wenn sich ein Dritter an Stelle des ArbN verpflichtet, dass dieser keine Konkurrenz betreiben wird und Vereinbarungen mit Minderjährigen, bei denen auch eine Zustimmung der Sorgeberechtigten unerheblich ist (§ 74a Abs 2 HGB). Das **Fehlen** jeder Entschädigungszusage steht der Nichtigkeit gleich, auch wenn das Gesetz in § 74 Abs 2 HGB vorsieht, dass das Verbot ohne eine der Höhe nach ausreichende Entschädigungszusage „unverbindlich" ist (BAG 22.3.17 – 10 AZR 448/15, NZA 17, 845; 15.1.14 – 10 AZR 243/13, NZA 14, 536; 18.1.00 – 9 AZR 929/98, BeckRS 2010, 71640; 3.5.94 – 9 AZR 606/92, DB 95, 50 LAG Bln 8.5.03 – 16 Sa 261/03, LAGReport 03, 253). Der ArbN kann auch dann keine Entschädigung verlangen, wenn er sich des Wettbewerbs enthält. Häufig ist allerdings unklar, ob die Regelung eine Entschädigungszusage enthält oder nicht (hierzu *Diller* NZA 14, 1184). Enthält das Verbot keine Karenzentschädigung, so kann die Folge der Nichtigkeit auch nicht durch eine in den Allgemeinen Geschäftsbedingungen enthaltene sog salvatorische Klausel beseitigt oder geheilt werden (BAG 22.3.17 – 10 AZR 448/15, NZA 17, 845 mit Anm *Naber* NZA 17, 1170).

14 **d) Unverbindlichkeit.** Unverbindlich sind Wettbewerbsverbote, die zwar schriftlich vereinbart wurden und dem Grunde nach einen Anspruch auf Karenzentschädigung vorsehen, aber zuungunsten des ArbN von den gesetzlichen Vorgaben abweichen, zB weil die

Karenzentschädigung nicht (eindeutig) die gesetzliche Mindesthöhe erreicht oder weil die Vereinbarung zu weit gefasst ist.

**aa) Karenzentschädigung.** Als Gegenleistung zur Wettbewerbsenthaltung des ArbN muss sich der ArbGeb verpflichten, an den ArbN für die Dauer des Wettbewerbsverbots, die mit höchstens **zwei Jahren** vereinbart werden darf, eine **Entschädigung** zu zahlen. Diese muss **mindestens** für jedes Jahr des Verbots **die Hälfte der** vom ArbN **zuletzt bezogenen vertragsgemäßen Leistungen** erreichen (§ 74 Abs 2 HGB, zur Berechnung → Rn 29). Die Zahlungsverpflichtung des ArbGeb muss unmissverständlich sein. Die Angabe eines bestimmten Betrages verbietet sich idR wegen der steigenden Gehaltsentwicklung. Üblich, aber auch ausreichend ist die Bezugnahme auf die §§ 74 ff HGB. Regelmäßig unschädlich ist, wenn versehentlich die §§ 77 ff HGB genannt werden (BAG 31.7.02 – 10 AZR 513/01, NZA 03, 100). Auch unter Geltung der AGB-Kontrolle enthält die Bezugnahme im Zweifel die Zusage einer Entschädigung in der gesetzlichen Mindesthöhe (BAG 26.6.06 – 10 AZR 407/05, NZA 06, 1157). Vor „besonderen" Formulierungen ist zu warnen. Jede Abweichung zu Ungunsten des ArbN macht das Wettbewerbsverbot unverbindlich. Das gilt zB, wenn der ArbN neben einem Festgehalt variable Entgeltbestandteile oder Einmalzahlungen erhält, in der Abrede aber nur das Festgehalt genannt wird. Unverbindlich ist auch eine Zusage, nach der sich die Karenzentschädigung nach „dem Durchschnitt des letzten Jahres" bemisst und nicht nach dem letzten Beschäftigungsmonat (LAG Hamm 23.3.10 – 14 SaGa 68/09, NZA-RR 10, 315). Zu beachten ist, dass der ArbN bei einem Wettbewerbsverbot, das wegen zu geringer Entschädigungszusage unverbindlich ist, keinen Anspruch auf den gesetzlichen Mindestsatz hat, wenn er sich für Karenz entscheidet; § 74 Abs 2 HGB ist keine Anspruchsgrundlage (BAG 7.2.69 – 3 AZR 138/68 DB 70, 63; zu Unrecht zweifelnd BAG 9.1.90 – 3 AZR 110/88, AP Nr 59 zu § 74 HGB; LAG Hamm 20.12.01 – 16 Sa 414/01, BuW 02, 704 [LS]). Bei Einhaltung des Wettbewerbsverbots kann der ArbN nur die vertraglich vereinbarte Entschädigung beanspruchen. Stellt eine Wettbewerbsabrede die Höhe der Karenzentschädigung in das Ermessen des ArbGeb, ist sie nicht nichtig, sondern unverbindlich. Das ArbG kann sich bei der Bestimmung der Höhe gem § 315 Abs 3 BGB an § 74 Abs 2 HGB orientieren, wenn die Leistungsbestimmung des ArbGeb unbillig niedrig ist (BAG 15.1.14 – 10 AZR 243/13, NZA 14, 536).

**bb) „Überschießendes" Wettbewerbsverbot.** Die Wettbewerbsabrede ist insoweit 15
„unverbindlich", als sie keinem **berechtigten geschäftlichen Interesse** des ArbGeb dient (§ 74a Abs 1 Satz 1 HGB). Anders als die gesetzliche Formulierung „unverbindlich" nahelegt, hat der ArbN bei einem nur teilweisen verbindlichen Wettbewerbsverbot **kein Wahlrecht.** Soweit es von einem berechtigten geschäftlichen Interesse des ArbGeb gedeckt ist, muss der ArbN Karenz halten und hat dann Anspruch auf die (volle) zugesagte Karenzentschädigung; die Einhaltung des unverbindlichen Teils ist nicht erforderlich. Das überschießende Wettbewerbsverbot wird „automatisch" auf den wirksamen Teil zurückgeführt (BAG 21.4.10 – 10 AZR 288/09, NJW 10, 2378; zust *Diller* ArbRAktuell 10, 218; ausführlich *v Hoyningen-Huene* AP HGB § 74a Nr 6). Das geschäftliche Interesse ist berechtigt, wenn ein **konkreter Bezug** zwischen der bisherigen Tätigkeit und dem Gegenstand des Wettbewerbsverbots besteht. Die wirtschaftlichen Interessen des ArbGeb müssen gerade durch eine Verwertung der vom ArbN im Unternehmen gesammelten Kenntnisse und Erfahrungen gefährdet sein. Nicht berechtigt ist der Wunsch, sich eine qualifizierte Fachkraft zu erhalten oder den ArbN für die Konkurrenz zu blockieren (BAG 1.8.95 – 9 AZR 884/93, DB 96, 481; hierzu und zu kurzen nachvertraglichen Wettbewerbsverboten *Gallini/Gleich* BB 19, 1652). Das Wettbewerbsverbot muss entweder dem Schutz von Betriebsgeheimnissen dienen oder den Einbruch eines ausgeschiedenen Mitarbeiters in den Kunden- oder Lieferantenkreis unter Ausnutzung besonderer Kenntnisse oder persönlicher Kontakte verhindern sollen. Das bloße Interesse, Konkurrenz einzuschränken, genügt nicht. Die Reichweite des Verbots muss sowohl sachlich als auch örtlich und zeitlich von einem berechtigten geschäftlichen Interesse des ArbGeb gedeckt sein (BAG 21.4.13 – 10 AZR 288/09, NJW 10, 2378). Soweit die Betätigung des ArbN auf einer anderen Handelsebene überhaupt der Wettbewerbsabrede unterfällt, besteht idR kein hierauf gerichteter Unterlassungsanspruch des ArbGeb (BAG 21.4.10 – 10 AZR 288/09, NJW 10, 2378: Fachhandel/Endverbraucher). Im Einzelfall kann ein berechtigtes geschäftliches Interesse des ArbGeb daran bestehen, dass sich der ausgeschiedene Mitarbeiter nicht in erheblichem wirtschaftli-

chem Umfang – etwa durch Gewährung eines zinslosen Darlehens – an einem Konkurrenzunternehmen beteiligt und so mittelbar in Wettbewerb zum ArbGeb tritt (BAG 7.7.15 – 10 AZR 260/14, NZA 15, 1253).

16 **cc) Unbillige Erschwernis des Fortkommens des Arbeitnehmers.** Die Verbindlichkeit des Wettbewerbsverbots wird durch die Interessen des ArbN begrenzt. Sein Fortkommen darf nicht unbillig erschwert werden (§ 74a Satz 2 HGB). Abzustellen ist auf Ort, Zeit und Gegenstand der verlangten Karenz sowie auf die Höhe der Entschädigungsleistung des ArbGeb. Zur Auslegung vgl LAG Hamm 10.1.02 – 16 Sa 1217/01, BuW 02, 660 [LS]. Je nach Sachlage kann das Verbot in begrenztem Umfang verbindlich, im Übrigen unverbindlich sein bis hin zum gänzlichen Wegfall (Beispiel: Bundesweit tätiges Einzelhandelsunternehmen kann den ArbN nicht für den gesamten Einzelhandel sperren, sondern nur für vergleichbare Unternehmen). Durch Zahlung einer höheren Entschädigung kann der ArbGeb seinen Interessen Vorrang verschaffen.

17 **dd) Zweijahreszeitraum.** Wird das Wettbewerbsverbot für eine **längere Zeit** als zwei Jahre abgeschlossen, wird es mit Ablauf der gesetzlichen Höchstdauer für den ArbN unverbindlich (§ 74 Abs 1 Satz 3 HGB).

18 **e) Umgehungstatbestände.** Unverbindlich mit der Folge des Wahlrechts des ArbN sind sog **bedingte Wettbewerbsverbote.** Hierunter fallen alle Abreden, die darauf abzielen, dass es letztlich der Entscheidung des ArbGeb überlassen bleibt, ob der ArbN Wettbewerb unterlassen muss oder nicht. Hierzu zählen aber auch alle anderen Klauseln, die den Eintritt des Wettbewerbsverbots von Bedingungen abhängig machen, die gesetzlich nicht oder nicht in dieser Form vorgesehen sind. Beispiele unzulässiger Klauseln: „Bei Beendigung des Arbeitsverhältnisses ist Herr A verpflichtet, auf Verlangen der ArbGeb Karenz zu halten/ohne vorherige Zustimmung keine konkurrierende Tätigkeit aufzunehmen" (BAG 16.12.86 – 3 AZR 73/86, DB 87, 2047); „… ist es ohne schriftliche Zustimmung nicht gestattet …" (BAG 4.6.85 – 3 AZR 265/83, DB 86, 1476). In Fortführung dieser Rspr hat das BAG eine Klausel für unverbindlich erklärt, die den ArbGeb vor Beendigung des Arbeitsverhältnisses berechtigte, den örtlichen/sachlichen Umfang des Verbots im Einzelnen festzulegen (BAG 5.9.95 – 9 AZR 718/13, DB 96, 784). „… die Firma X ist ohne Zustimmung des ArbN berechtigt, vor oder nach Beendigung des Arbeitsvertrages auf die Wettbewerbsabrede zu verzichten" (BAG 19.1.78 – 3AZR 573/77, DB 78, 543). „Für den Fall, dass der ArbN ordentlich kündigt oder eine fristlose Entlassung verschuldet …" (BAG 10.12.85 – 3 AZR 242/84, DB 86, 1829). Unverbindlich ist auch eine Klausel, mit der sich der ArbGeb vorbehält, vor Beendigung des Arbeitsverhältnisses den örtlichen/sachlichen Umfang des Wettbewerbsverbots festzulegen, auch dann, wenn er zur Zahlung der Entschädigung verpflichtet bleibt (LAG Düsseldorf 10.2.93 – 4 Sa 1669/92, LAGE Nr 7 zu § 74 HGB; aA LAG Düsseldorf 3.8.93 – 8 Sa 787/93, BB 93, 2382).

19 **f) Vorvertrag.** Ein Vorvertrag, durch den sich der ArbN verpflichtet, auf Verlangen des ArbGeb eine bestimmte Wettbewerbsvereinbarung zu schließen, unterliegt denselben Formvorschriften wie die Wettbewerbsabrede selbst (BAG 19.12.18 – 10 AZR 130/18, NZA 19, 383; LAG RhPf 16.2.17 – 5 Sa 425/16, BeckRS 2017, 107364). Der Vertrag muss außerdem hinreichend bestimmt den Inhalt des vereinbarenden Wettbewerbsverbots erkennen lassen. Er dürfte ferner nur zulässig sein, wenn auch der ArbN deren Abschluss verlangen kann oder der ArbGeb binnen einer bestimmten Frist nach Aufnahme des Arbeitsverhältnisses sich erklären muss. Das BAG hat dies offen gelassen. Der Vorvertrag ist jedenfalls dann unzulässig, wenn die Option des ArbGeb nicht auf den Zeitpunkt bis zum Ausspruch einer Kündigung oder bis zum Abschluss eines Auflösungsvertrags beschränkt wird. Ist ihm auch noch nach Erklärung einer Kündigung des Arbeitsverhältnisses das Recht eingeräumt, den Abschluss eines Wettbewerbsverbots zu verlangen, stellt dies eine unbillige Erschwerung des Fortkommens des betroffenen ArbN iSd § 74a Abs 1 S 2 HGB dar. Ein dem widersprechender Vorvertrag ist unverbindlich: Der ArbN kann zwischen Karenz und Wettbewerb wählen (BAG 19.12.18 – 10 AZR 130/18, NZA 19, 383; BAG 14.7.10 – 10 AZR 291/09, NZA 11, 413).

20 **7. Ausübung des Wahlrechts.** Der ArbN muss sich bei Beginn der Karenzzeit, also mit der rechtlichen Beendigung des Arbeitsverhältnisses, endgültig und für den gesamten Karenzzeitraum entscheiden, ob er sich auf die Unverbindlichkeit des Wettbewerbsverbots

berufen will (BAG 14.7.10 – 10 AZR 291/09, NZA 11, 413; aA LAG Hamm 4.2.12 – 14 Sa 1385/11, BeckRS 2012, 69997). Die Wahl braucht nicht ausdrücklich erklärt zu werden. Vielmehr genügt es, wenn sich der ArbN endgültig für das Wettbewerbsverbot entscheidet und seiner Unterlassungsverpflichtung nachkommt. Den Interessen des ArbGeb wird dadurch Rechnung getragen, dass er den ArbN unter Bestimmung einer angemessenen Frist (2–3 Wochen) zur Ausübung des Wahlrechts auffordern kann. Mit Ablauf der Frist geht das Wahlrecht auf ihn über (BAG 22.5.90 – 3 AZR 647/88, DB 91, 709).

**8. Wegfall des Wettbewerbsverbots. a) Verzicht des Arbeitgebers.** Bis zur rechtlichen Beendigung des Arbeitsverhältnisses kann der ArbGeb durch **schriftliche Erklärung** auf die Karenz des ArbN **verzichten.** Das Wettbewerbsverbot entfällt mit sofortiger Wirkung. Der ArbN kann konkurrierend tätig werden; mit Ablauf eines Jahres ab Zugang der Erklärung wird der ArbGeb von der Verpflichtung zur Zahlung der Karenzentschädigung befreit (§ 75a HGB). Der ArbGeb kann damit auf geänderte wirtschaftliche Verhältnisse reagieren und die Folgen eines für ihn uninteressant gewordenen Wettbewerbsverbots abfedern. Bei einem Verzicht, der mehr als ein Jahr vor Beendigung des Arbeitsverhältnisses liegt, wird mithin keine Karenzentschädigung fällig (BAG 31.7.02 – 10 AZR 513/01, BB 03, 106), wohl aber trotz konkurrierender Tätigkeit innerhalb der Jahresfrist (BAG 25.10.07 – 6 AZR 662/06, NJW 08, 1466). Die Verzichtserklärung kann mit der **Kündigung** verbunden werden; eine vertragliche Erweiterung des Verzichtsrechts ist unwirksam (BAG 17.2.87 – 3 AZR 59/86, DB 87, 1444). Eine auch unwiderrufliche Freistellung des ArbN für die Dauer der Kündigungsfrist kann idR nicht als Verzicht des ArbGeb auf das nachvertragliche Wettbewerbsverbot verstanden werden (LAG Köln 17.3.11 – 6 Sa 1413/10, NZA-RR 11, 513). So werden etwa Vertriebsmitarbeiter, ungeachtet welche Seite die Kündigung erklärt hat, regelmäßig sofort freigestellt, um weitere Kundenkontakte zu verhindern. Zur Auslegung einer Freistellungserklärung des ArbGeb als Gestattung einer konkurrierenden Tätigkeit im bestehenden Arbeitsvertrag → *Wettbewerb* Rn 10. 21

Bei einer **fristlosen Kündigung** muss der Verzicht spätestens zusammen mit der Kündigung ausgesprochen werden, da das Arbeitsverhältnis sofort beendet wird (BAG 31.7.02 – 10 AZR 513/01, BB 03, 106). Der Verzicht muss gegenüber dem ArbN abgegeben werden, ein Verzicht gegenüber der BA genügt nicht. Behält sich der ArbGeb vor, auf das Wettbewerbsverbot „ganz oder teilweise" unter entsprechendem Wegfall der Karenzentschädigung zu verzichten, liegt ein **bedingtes Wettbewerbsverbot** vor, das für den ArbN das Wahlrecht begründet (BAG 31.7.02 – 10 AZR 558/01, NZA 05, 100). Kein Verzicht liegt in einer Kündigung des ArbGeb des Wettbewerbsverbots zum Ablauf der Jahresfrist (LAG Hamm 11.7.03 – 7 Sa 674/03, LAGReport 04, 187). Wegen Verstoßes gegen **Treu und Glauben** kann ein **Verzicht unwirksam** sein, wenn der ArbN auf Befragen des ArbGeb oder aufgrund entsprechender vertraglicher (unwirksamer) Auskunftspflicht seine künftigen beruflichen Pläne offenbart und der ArbGeb daraufhin wegen fehlender Wettbewerbsschädlichkeit verzichtet (BAG 29.11.68 – 3 AZR 402/67, DB 69, 352).

**b) Außerordentliche Kündigung des Arbeitnehmers.** Endet das Arbeitsverhältnis aufgrund einer wirksamen fristlosen Kündigung des ArbN (§ 626 BGB), kann er binnen eines Monats **schriftlich** erklären, er halte sich an das Wettbewerbsverbot für **nicht gebunden** (§ 75 Abs 1 HGB). Mit Zugang der Erklärung beim ArbGeb entfallen Wettbewerbsverbot und Entschädigungsleistung. Das Wahlrecht kann nur einheitlich für die gesamte Laufzeit des Verbots ausgeübt werden. 22

**c) Ordentliche Kündigung des Arbeitgebers.** Diese löst für den ArbN das **Recht zur Lossage** aus, wenn er für die Beendigung des Arbeitsverhältnisses in seiner Person keinen erheblichen Anlass gegeben hat (§ 75 Abs 2 HGB). Eine Kündigung, die auf personen- oder verhaltensbedingte Gründe gestützt wird und sich iSv § 1 Abs 1 KSchG als sozial gerechtfertigt erweist, schließt die Wahlmöglichkeit regelmäßig aus. Unerheblich ist die formale Einkleidung der Kündigung. Erklärt der ArbGeb zur Schonung des ArbN eine „betriebsbedingte" Kündigung, verbleibt es bei der vollen Bindung des ArbN an das Wettbewerbsverbot, wenn der ArbGeb bei Aushändigung der Kündigung den wahren Hintergrund offen legt. Das Wahlrecht ist **nicht abdingbar.** Der ArbGeb kann es nur vermeiden, indem er sich bei der Kündigung bereit erklärt, dem ArbN für die Dauer der Beschränkung die vollen zuletzt vom ArbN bezogenen vertragsgemäßen Leistungen zu gewähren. Eine 23

Vereinbarung, wonach das Wettbewerbsverbot von vornherein nicht für den Fall der ordentlichen Kündigung des ArbGeb gelten soll, ist für den ArbN unverbindlich (BAG 14.7.81 – 3 AZR 515/78, DB 82, 906). Entsprechendes gilt für eine Vereinbarung, nach der das Wettbewerbsverbot nur nach einer vom ArbN ausgelösten Beendigung des Arbeitsverhältnisses gelten soll (LAG SchlHol 24.1.18 – 3 Sa 339/17, BeckRS 2018, 5587). Der ArbN verliert sein Lossagerecht auch nicht, wenn der ArbGeb die Kündigung **zurücknimmt** und der ArbN daraufhin die Kündigungsschutzklage nicht weiter verfolgt (LAG Nbg 23.9.92 – 4 (2) Sa 417/91, BB 93, 1013).

24 **d)** Die **rechtswirksame außerordentliche Kündigung des Arbeitgebers** begründet für ihn in entsprechender Anwendung von § 75 Abs 1 HGB dieselben Rechte wie die außerordentliche Kündigung des ArbN für diesen: ihm steht das **Lossagerecht** zu. § 75 Abs 3 HGB, wonach der ArbN entschädigungslos Wettbewerb zu unterlassen hat, ist wegen Verstoßes gegen den Gleichheitssatz verfassungswidrig (BAG 7.7.15 – 10 AZR 260/14, NZA 15, 1253; 23.2.77 – 3 AZR 620/75, DB 77, 1143). Einer erneuten ausdrücklichen schriftlichen Erklärung des ArbGeb bedarf es dann nicht, wenn der ArbGeb bereits zuvor ordentlich gekündigt und bei dieser Gelegenheit auf das Wettbewerbsverbot gem § 75a HGB verzichtet hatte (BAG 17.2.87 – 3 AZR 59/86, DB 87, 1444). Das gilt auch, wenn der ArbGeb fristlos gekündigt hatte, anschließend auf das Wettbewerbsverbot verzichtet und vorsorglich erneut außerordentlich kündigt (BAG 19.5.98 – 9 AZR 327/96, NZA 99, 37). S auch *Fröhlich* ArbRB 14, 144.

25 **e) Aufhebungsvertrag.** Das Wettbewerbsverbot kann jederzeit durch Aufhebungsvertrag beseitigt werden. Haben die Parteien arbeitsvertraglich Schriftform vereinbart, ist eine mündliche Aufhebung wirksam, wenn sie „die Maßgeblichkeit der mündlichen Vereinbarung übereinstimmend gewollt haben" (st Rspr BAG 20.5.08 – 9 AZR 382/07, NZA 08, 1233, zur mündlichen Aufhebung bei einer sog doppelten Schriftformklausel LAG Köln 21.8.13 – 11 Sa 171/13, BeckRS 2013, 73936). Darlegungs- und Beweislast trägt die Partei, die sich auf die Änderung beruft. Schwierigkeiten werfen immer wieder **Erledigungs- oder Ausgleichklauseln** auf, die Arbeitsvertragsparteien bei oder zur Beendigung des **Arbeitsverhältnisses** im Aufhebungsvertrag vereinbaren. An sich dürften solche Klauseln ein nachvertragliches Wettbewerbsverbot nicht ohne besondere Anhaltspunkte erfassen. Denn es betrifft typischerweise die nachvertragliche Zeit; die Beendigung des Arbeitsverhältnisses wird denknotwendig vorausgesetzt. Anders die Rspr des BAG. Anerkannt hat es zwar, dass die auf einer Abgangsbescheinigung erteilte **Ausgleichsquittung,** mit der der ArbN bescheinigt, das Arbeitsverhältnis sei beendet und er habe keine weiteren Ansprüche aus dem Arbeitsverhältnis, seine Rechte aus dem Wettbewerbsverbot regelmäßig unberührt lässt (BAG 7.11.07 – 5 AZR 880/06, NZA 08, 355). Eine in einem gerichtlichen oder außergerichtlichen Vergleich zur Beendigung des Arbeitsverhältnisses umfassend formulierte **Erledigungsklausel** soll aber wegen der von den Parteien gewollten Gesamtbereinigung des Arbeitsverhältnisses „im Zweifel" auch Wettbewerbsverbote erfassen; solche Klauseln seien „weit" auszulegen (BAG 22.10.08 – 10 AZR 617/07, NZA 09, 139; 24.6.09 – 10 AZR 707/08, NJW 09, 3529). Die Rspr birgt die Gefahr, dass die gegenläufigen Interessen der Arbeitsvertragsparteien nicht genügend berücksichtigt werden (*Bauer* BB 04, 1274). Zur Aufhebung eines unverbindlichen Wettbewerbsverbots BAG 7.9.04 – 9 AZR 612/03, DB 05, 779 [LS]. Die Wichtigkeit der sorgfältigen Formulierung einer Ausgleichsklausel zeigt die Entscheidung des BAG v 8.3.06 (10 AZR 349/05, NZA 06, 854). Dort hatten die Parteien über die Wirksamkeit des Wettbewerbsverbots nicht gestritten und der ArbGeb die vereinbarte Karenzentschädigung monatlich bezahlt. In einem über andere Ansprüche geführten Rechtsstreit verglichen sich die Parteien. Die Erledigungsklausel sollte „alle finanziellen Ansprüche" erfassen; nach der vom BAG bestätigten Auslegung des LAG ließ diese Klausel das Wettbewerbsverbot unberührt. Zur Vermeidung von Missverständnissen und künftigen Auseinandersetzungen sollte das Wettbewerbsverbot in dem Vergleich positiv oder negativ angesprochen werden (LAG Köln 17.1.11 – 6 Sa 1413/10, NZA-RR 11, 513 mit Anm *Gromann*). Ein vorheriger (anwaltlicher) Blick in die Vertragsunterlagen ist unverzichtbar. Zu einem unzulänglich ausgehandelten Aufhebungsvertrag s auch BAG 17.10.12 – 10 AZR 809/11, BeckRS 2012, 338930 mAnm *Diller,* ArbR Aktuell 12, 556: Fortzahlung der Vergütung bei vorbehaltsloser Freistellung trotz konkurrierender Tätigkeit des ArbN.

**f) Rücktritt.** Das Wettbewerbsverbot erlischt mit rechtswirksamem Rücktritt vom Vertrag. Näheres → Rn 6. 26

**g) Insolvenz des Arbeitgebers** und gleichzeitige Stilllegung des Betriebes entbindet den ArbN ebenfalls vom Wettbewerbsverbot. Anders bei Fortführung des Betriebes. Der Insolvenzverwalter hat dann gem § 103 InsO die Wahl zwischen Erfüllung und Ablehnung. Fordert er die Einhaltung des Wettbewerbsverbots, kann der ArbN seinerseits dann fristlos kündigen, wenn die volle Erfüllung seines Anspruchs auf Karenzentschädigung nicht sicher ist. 27

**9. Pflichten des Arbeitnehmers aus der Wettbewerbsabrede.** Mit Beendigung des Arbeitsverhältnisses tritt die Wettbewerbsabrede in Kraft. Der ArbN ist verpflichtet, in dem vertraglich festgelegten Umfang Wettbewerb zu unterlassen. Nicht vorausgesetzt ist, dass das Arbeitsverhältnis rechtswirksam begründet worden war; auch ein tatsächlich vollzogenes **faktisches Arbeitsverhältnis** löst im Zweifel wegen der vom ArbN im Betrieb erworbenen internen Kenntnisse und Erfahrungen, die er woanders einbringen und für den ArbGeb schädigend verwerten kann, das Wettbewerbsverbot aus (BAG 3.2.87 – 3 AZR 523/85, DB 87, 2417). Nach der **erkennbaren Interessenlage des Arbeitgebers** bestimmen sich die Rechtsfolgen auch dann, wenn ein ArbN sein Arbeitsverhältnis vertragsbrüchig nicht antritt oder wenn der ArbGeb vor Dienstaufnahme unter gleichzeitiger Freistellung kündigt. So erlangt ein tätigkeitsbezogenes Wettbewerbsverbot regelmäßig keine Geltung, wenn das Arbeitsverhältnis nicht aktualisiert wird (BAG 26.5.92 – 9 AZR 27/91, DB 92, 2300). 28

Anders liegt es, wenn der ArbN **vor Arbeitsantritt** bereits intensiv in seine neuen Aufgaben eingewiesen wurde und dabei gerade diejenigen Informationen über geschäftliche und betriebliche Angelegenheiten erhielt, die durch das Wettbewerbsverbot geschützt werden sollten (BAG 3.2.87 – 3 AZR 523/85, DB 87, 2417). Zulässig ist es, das Wirksamwerden des Wettbewerbsverbots vom erfolgreichen Abschluss der **Probezeit** abhängig zu machen (BAG 28.6.06 – 10 AZR 407/05, NZA 06, 1157). Wird es dagegen bereits vom ersten Tag an und ausdrücklich auch für die Probezeit vereinbart, kommt es ggf auf eine ergänzende Vertragsauslegung an, wenn es zu keiner Zusammenarbeit kommt (BAG 19.5.83 – 2 AZR 171/81, DB 84, 298). 29

**10. Pflichten des Arbeitgebers aus der Wettbewerbsabrede.** Solange der ArbN seine Pflicht zur Wettbewerbsunterlassung erfüllt (BAG 10.9.85 – 3 AZR 490/83, NZA 86, 134), ist der ArbGeb zur Zahlung der vereinbarten **Karenzentschädigung** verpflichtet. Diese ist am Schluss jeden Monats fällig (§ 74b HGB). Sie ist Arbeitseinkommen und unterliegt dem Pfändungsschutz (§ 850 Abs 3a ZPO). Mit Ausnahme der Verbüßung einer Freiheitsstrafe, die die Karenzentschädigung entfallen lässt (§ 74c Abs 1 Satz 3 HGB), ist der Grund, der den ArbN zur Einhaltung des Wettbewerbsverbots veranlasst, unerheblich: Eintritt in den Ruhestand (BAG 3.7.90 – 3 AZR 96/89, DB 91, 1125), Aufnahme eines Studiums (BAG 13.2.96 – 9 AZR 931/94, NZA 96, 1039), Sprachlehrgang und Berufstätigkeit in England (BAG 20.1.67 – 3 AZR 253/66, DB 67, 779), andauernde AU (BAG 23.11.04 – 9 AZR 595/03, NZA 05, 411). Grenzen können sich insoweit lediglich aus der Anrechnung von böswillig unterlassenem anderweitigem Erwerb ergeben (→ Rn 35). 30

**11. Karenzentschädigung. a) Bemessungsgrundlage.** Der gesetzliche **Mindestsatz** liegt bei der **Hälfte** der zuletzt bezogenen **vertragsgemäßen Leistungen** und muss für jedes Jahr des Verbots erreicht werden (§ 74 Abs 2 HGB). Zu den anzusetzenden Leistungen gehören alle Einkommensbestandteile, also neben der letzten regelmäßigen Monatsvergütung auch alle Einmalzahlungen freiwilliger oder verpflichteter Art wie Urlaubs- und Weihnachtsgeld, Jubiläumszuwendung, Leistungszulagen, Sachbezüge sind umzurechnen. Streitig ist der Ansatz eines zur privaten Nutzung überlassenen **Dienstwagens.** Richtigerweise ist das der lohnsteuerrechtliche Wert (→ *Dienstwagen* Rn 12, 13). Wechselnde Bezüge wie Provisionen oder Tantiemen, Gewinnbeteiligung sind nach dem Durchschnitt der letzten drei Jahre zu errechnen, bei kürzerer Beschäftigungsdauer gilt diese (§ 74b Abs 2 HGB). Gleiches gilt für die Ermittlung des Werts von **Aktienoptionen**, welche der ArbN in den letzten 36 Monaten vor Beendigung des Arbeitsverhältnisses erhalten hat (LAG Hessen 31.5.17 – 18 Sa 768/16, BeckRS 2017, 123014). Unerheblich sind Fälligkeit oder Auszahlungsdatum. Entscheidend ist der Bezugszeitraum, für den die Leistung erbracht wird (BAG 9.1.90 – 3 AZR 110/88, DB 90, 941). Maßstab ist jeweils die **Bruttovergütung.** 31

Die im letzten Monat des Arbeitsverhältnisses bezogene vertragsgemäße Vergütung soll auch dann maßgeblich sein, wenn der ArbN **Elternteilzeit** gem § 15 Abs 6 BEEG in Anspruch genommen hat und das Arbeitsverhältnis aufgrund eigener Kündigung während der Elternzeit endet (BAG 22.10.08 – 10 AZR 360/08, NZA 09, 962). Das Urteil vermag nicht in jeder Hinsicht zu überzeugen. Das BAG spart die Besonderheiten der Elternteilzeit aus. So hätte der ArbN, wenn er nicht bei seinem ArbGeb, sondern bei einem Dritten in Teilzeit gearbeitet hätte, Anspruch auf die volle Karenzentschädigung. Eine solche unterschiedliche Behandlung eines an sich gleichen Sachverhalts erscheint bedenklich (*Baeck/Winzer* NZG 09, 336). Auch die Vereinbarkeit mit EU-Recht ist nicht zweifelsfrei (EuGH 22.10.09 – C 116/08, NZA 10, 29). **Außer Ansatz** bleiben ArbGebAnteile zur gesetzlichen KV und RV, der Zuschuss zur privaten KV (§ 205 SGB V) und vom ArbGeb ausgezahlte Beiträge zu einer ersetzenden Lebensversicherung (BAG 21.7.81 – 3 AZR 666/78, DB 82, 1227). Als Sonderleistung werden nicht berücksichtigt Erfindervergütungen oder Prämien für einen Verbesserungsvorschlag sowie Auslagenersatz (§ 74b Abs 3 HGB). Zur Berechnung der Karenzentschädigung nach einem Altersteilzeitverhältnis: *Heilmann/Koch* NZA 18, 339.

32 **b) Anrechnung anderweitigen Erwerbs.** Einkünfte aus selbstständiger oder unselbstständiger Tätigkeit, die der ArbN durch die Verwertung seiner **Arbeitskraft** erzielt, sind auf die Karenzentschädigung anzurechnen (§ 74c Abs 1 HGB), nicht also Zinsgewinne aus Kapitaleinlagen oder bereits während des Arbeitsverhältnisses erzielte Nebeneinnahmen (BAG 19.4.67 – 3 AZR 314/66, DB 67, 1415). Ansonsten gilt, dass alle die Einkommensbestandteile, die die Höhe der Karenzentschädigung bestimmen, auch den Umfang der anrechenbaren Leistungen abgrenzen (BAG 9.1.90 – 3 AZR 110/88, DB 90, 941). Hat der ArbN beim ArbGeb nur in Teilzeit gearbeitet, erzielt er sein Einkommen nunmehr aus einer Vollzeitbeschäftigung, ist der Erwerb nur zeitanteilig zu berücksichtigen (LAG Köln 2.10.86 – 10 Sa 647/86, LAGE Nr 1 zu § 74c HGB).

33 **Arbeitslosengeld** ist als Lohnersatzleistung wie anderweitiger Verdienst im Rahmen des § 74c Abs 1 HGB anzusetzen (offengelassen in BAG 14.9.11 – 10 AZR 198/10, BeckRS 2011, 79050; verneinend LAG Düsseldorf 21.9.15 – 9 Sa 152/15, BeckRS 2015, 73316; LAG Köln 30.1.14 – 13 Sa 744/13, NZS 14, 396); darüber hinaus ist eine Kürzung der Karenzentschädigung um das AlGeld nicht zulässig, auch nicht wenn der ArbGeb es gem § 128a AFG aF an die Agentur für Arbeit zu erstatten hatte (LAG München 14.8.07 – 4 Sa 189/07 im Anschluss an BAG 22.5.90 – 3 AZR 373/88, DB 91, 451). Eine Hochrechnung auf ein „BruttoAlGeld" findet nicht statt (BAG 14.9.11 – 10 AZR 198/10, BeckRS 2011, 79050; kritisch *Diller* BB 08, 1680). Bei anderen **Sozialleistungen** kommt es darauf an, ob sie den Übergang des ArbN in eine (neue) berufliche Tätigkeit unterstützen. Das BAG hat deshalb das nach § 57 SGB III aF gezahlte Überbrückungsgeld als Einkommen behandelt, das der ArbN aus der Verwertung seiner Arbeitskraft erzielt (BAG 18.11.05 – 10 AZR 152/05, NJW 06, 3227). Das wird auch für den Gründungszuschuss nach § 57 SGB III nF gelten. Rentenersetzende Leistungen (§ 20 SGB VI) sind nicht anzusetzen (BAG 7.11.89 – 3 AZR 796/87, DB 89, 889) (s *Arbeitslosengeld*). **Renten** aus der **gesetzlichen Rentenversicherung** unterliegen als im Berufsleben erdiente Versicherungsleistung nicht der Anrechnung (BAG 30.10.84 – 3 AZR 213/82, DB 85, 709).

34 Höchstrichterlich nicht entschieden ist die Anrechnung einer **Betriebsrente,** im Ergebnis aber zu verneinen: Karenzentschädigung ist die Gegenleistung für die Wettbewerbsenthaltung, die auch bei einem Ruheständler nicht sinnentleert ist; die Betriebsrente ist Gegenleistung für erbrachte Arbeit. Eine ausdrückliche Anrechnungsklausel kann in der **Versorgungszusage** bestimmt werden (BAG 26.2.85 – 3 AZR 162/84, DB 85, 2053). Jegliche Anrechnung kann vertraglich ausgeschlossen werden. Hierfür spricht, wenn dem ArbN zu Beginn der Karenzzeit die Entschädigung für deren gesamte Dauer auf ein Mal ausgezahlt wird (LAG Hamm 19.2.92 – 15 Sa 1728/91, DB 92, 1784).

35 **c) Böswilliges Unterlassen** anderweitigen Erwerbs steht dem tatsächlichen Erwerb gleich und führt mithin zur Anrechnung (§ 74c Satz 1 HGB). Böswillig handelt der ArbN, der eine ihm mögliche und den gesamten Umständen nach zumutbare Tätigkeit nicht aufnimmt (→ *Annahmeverzug* Rn 20). Regelmäßig steht es dem ArbN frei, sich für eine selbstständige oder unselbstständige Tätigkeit auch dann zu entscheiden, wenn sie geringer bezahlt wird. Er kann sich durch Fortbildung oder Studium qualifizieren (LAG Köln 4.5.04 – 1 Sa 1240/03, BeckRS 2004, 42102): Angestellter Rechtsanwalt erwirbt „Master of

Law"). Auch die Aufnahme eines gegenüber dem bisherigen Berufsbild fachfremden Studiums ist unschädlich (BAG 13.2.96 – 9 AZR 931/94, DB 96, 1527). Das Verhalten des ArbN muss nachvollziehbar sein; es gilt der **„Redlichkeitsmaßstab"** des § 242 BGB (BAG 13.11.75 – 3 AZR 38/75, DB 76, 439). Der ArbGeb kann den Anspruch des ArbN auf Karenzentschädigung nicht dadurch beseitigen, dass er dem Ruheständler die Weiterbeschäftigung anbietet (BAG 3.7.90 – 3 AZR 96/89, DB 91, 1125).

**d) Berechnung.** Aus den zu berücksichtigenden Entgeltbestandteilen ist der Jahresgesamtverdienst zu errechnen und zur Ermittlung des auszuzahlenden **Monatsbezugs** durch zwölf zu teilen. Dem ist bei unselbstständiger Tätigkeit des ArbN, der also über feste regelmäßige Einnahmen verfügt, der monatlich anzurechnende Betrag gegenüberzustellen. Das gilt auch bei der Anrechnung von Sozialleistungen (BAG 18.11.05 – 10 AZR 152/05, NJW 06, 3227). Eine Jahresabschlussermittlung findet nicht statt. Anders liegt es bei unregelmäßigen Einkünften, bei denen ein Gesamtvergleich anzustellen ist. 36

**e) Verdienstgrenze.** Eine effektive Kürzung der Karenzentschädigung setzt ein, wenn die Gesamtheit der anrechenbaren Leistungen unter Hinzurechnung der Karenzentschädigung den Betrag der zuletzt bezogenen Leistungen um mehr als zehn vH übersteigt. Die Grenze erhöht sich auf fünfundzwanzig vH, wenn das Wettbewerbsverbot den ArbN zu einer **Verlegung seines Wohnsitzes** zwingt (§ 74 Abs 1 Satz 2 HGB). Das Wettbewerbsverbot muss ursächlich für den Umzug des ArbN sein. Daran fehlt es, wenn im bisherigen Wohnumfeld ohnehin keine Arbeitsstelle vorhanden ist, die für den ArbN in Betracht gekommen wäre (BAG 10.9.85 – 3 AZR 31/84, NZA 86, 329). Ein **Zwang** zur Wohnsitzverlegung besteht, wenn der durch das Wettbewerbsverbot behinderte ArbN eine neue Arbeitsstelle außerhalb seines Wohnortes antritt, weil er nur dort eine Tätigkeit ausüben kann, die nach Art, Vergütung und Aufstiegschancen seiner bisherigen Tätigkeit nahekommt (BAG 23.2.99 – 9 AZR 739, NZA 99, 936). Der ArbN braucht nicht nachzuweisen, dass er von einem örtlichen Wettbewerber angestellt worden wäre (BAG 8.11.94 – 9 AZR 4/93, NZA 95, 631). 37

**f) Verfallklausel.** Der Anspruch auf Karenzentschädigung wird von tariflichen und vertraglichen Ausschlussfristen, die alle Ansprüche aus dem Arbeitsverhältnis einbeziehen und auf den jeweiligen Fälligkeitstermin abstellen, erfasst (BAG 17.6.97 – 9 AZR 801/95, NZA 98, 258; LAG Nürnberg 21.2.07 – 6 Sa 576/04, NZA-RR 07, 428). Anderes gilt, wenn die Ausschlussfrist erst mit der Beendigung des Arbeitsverhältnisses beginnt, da die Karenzentschädigung erst am Ende des anschließenden Monats fällig wird (BAG 24.4.70 – 3 AZR 328/69, DB 70, 1790). Bei der Anwendung arbeitsvertraglich vereinbarten Klauseln ist auf die **AGB-Kontrolle** zu achten (Näheres *Ausschlussfristen*). Soweit nichts anderes vereinbart ist, muss der Anspruch für jeden Monat fristgerecht geltend gemacht werden. Unerheblich ist, ob die Entschädigung dem Grunde nach unstreitig ist (BAG 22.6.05 – 10 AZR 459/04, NZA 05, 1319). 38

**g) Insolvenz des Arbeitgebers.** Lehnt der Insolvenzverwalter die Erfüllung der Wettbewerbsabrede gem § 103 InsO ab, erwirbt der ArbN wegen des Verlustes der Karenzentschädigung einen Schadensersatzanspruch wegen Nichterfüllung des Vertrages als einfache Insolvenzforderung nach § 38 InsO (BGH 8.10.09 – IX ZR 61/06, NZI 09, 894). Dessen Höhe ist ggf nach § 45 InsO zu schätzen. Wird der ArbN am Wettbewerbsverbot festgehalten, kann er die Karenzentschädigung als Masseverbindlichkeit nach § 55 Abs 1 Nr 2 InsO verlangen. 39

**12. Auskunftsanspruch.** Der ArbGeb kann zur Feststellung des Ob und der Höhe seiner Zahlungspflicht vom ArbN Auskunft über seinen Erwerb verlangen (§ 74c Abs 2 HGB). Standespflichten zur Verschwiegenheit zB des Steuerberaters stehen nicht entgegen (BAG 27.9.88 – 3AZR 59/87, DB 89, 1089). Regelmäßig sind die Angaben auf Verlangen des ArbGeb zu belegen. Bezieht der ArbN Einkünfte aus selbstständiger Tätigkeit, genügt grds die Einsicht in den EStBescheid, deren Vorlage der ArbGeb ebenfalls grds verlangen kann (BAG 27.2.19 – 10 AZR 340/18, BeckRS 2019, 9214). Bilanz sowie Gewinn- und Verlustrechnung brauchen dann nicht vorgelegt zu werden (BAG 25.2.75 – 3 AZR 148/74, DB 75, 936). Etwas anderes gilt, wenn von vorneherein klar ist, dass die dem EStBescheid zugrunde liegenden Angaben unglaubhaft sind (BAG 27.2.19 – 10 AZR 340/18, BeckRS 2019, 9214). Der **Arbeitnehmer** ist **vorleistungspflichtig,** so dass eine Verurteilung Zug 40 um Zug ausscheidet. Bis zur Auskunftserteilung kann der ArbGeb die Karenzentschädigung zurückhalten (BAG 12.1.78 – 3 AZR 57/76, DB 78, 1039). Dies gilt aber nur, so lange von einer Nichterfüllung der Leistungspflicht ausgegangen werden kann. Ist die Auskunft „lediglich" lückenhaft, kommt nur eine Verpflichtung des ArbN zur Ableistung einer eidesstattlichen Versicherung in Betracht (LAG SchlHol 15.3.18 – 5 Sa 38/17, NZA-RR 18, 525). Das bezieht sich nicht auf das Auskunftsverlangen des ArbGeb zur Vorbereitung von Ersatzansprüchen (LAG Hamm 5.1.95 – 16 Sa 2094/94, DB 95, 1871).

41 **13. Rechtsfolgen des Wettbewerbsverstoßes.** Der ArbGeb wird von der Verpflichtung zur Zahlung der Karenzentschädigung nach § 320 Abs 1 S 1 BGB befreit, so lange der ArbN seiner Verpflichtung zur Unterlassung von Wettbewerb nicht nachkommt. Der ArbN verliert gem § 326 Abs 1 S 1, 1. Hs BGB seinen Anspruch auf Zahlung der Karenzentschädigung (BAG 7.7.15 – 10 AZR 260/14, NZA 15, 1253). Eine für die Dauer des Verstoßes gezahlte Entschädigung hat der ArbN zurückzuzahlen (§ 812 BGB). Eine vereinbarte **Vertragsstrafe** verwirkt. Im Übrigen greifen die vertraglichen Ansprüche nach §§ 320 BGB ein (→ Rn 5). Außerdem kommen **Schadensersatzansprüche** des ArbGeb nach allgemeinem Recht (§§ 280, 249 ff BGB) in Betracht. Die Beweislastregelung in § 619a BGB ist nicht anzuwenden, denn der ArbN verletzt seine Pflicht „aus der Wettbewerbsabrede" und nicht „aus dem Arbeitsvertrag" (→ *Arbeitnehmerhaftung* Rn 22). Zur Vorbereitung des Schadensersatzanspruchs kann der ArbGeb vom ArbN **Auskunft** über die zur Schadensberechnung erforderlichen Tatsachen verlangen (zB Namen der betreuten Mandanten; → *Wettbewerb* Rn 13). Die Ansprüche verjähren nach § 199 Abs 1 BGB in drei Jahren, unter den Voraussetzungen des § 199 Abs 3 BGB in zehn Jahren, spätestens in dreißig Jahren ab Anspruchsentstehung. Die Dreimonatsfrist des § 61 Abs 2 HGB gilt nur für Wettbewerb im bestehenden Arbeitsverhältnis (→ *Wettbewerb* Rn 15). Eine tarifliche oder einzelvertragliche **Ausschlussfrist** ist anzuwenden.

42 **14. Vertragsstrafe.** Die Pflicht zur Zahlung der Karenzentschädigung „rechnet" sich für den ArbGeb regelmäßig nur, wenn die Einhaltung des Wettbewerbsverbots zugleich durch *Vertragsstrafe* gesichert wird. Deren Zulässigkeit war nach bisherigem Recht deshalb allgemein anerkannt. Vertragsstrafen können auch nach der Überführung des AGB-Gesetz in die §§ 305 ff BGB formularmäßig zur Absicherung eines nachvertraglichen Wettbewerbsverbots vereinbart werden. Die Verletzung der Karenz durch den ArbN ist keine „Lösung" vom Vertrag iSd § 309 Nr 6 BGB. Die Vertragsstrafe ist zudem in § 75c HGB ausdrücklich vorgesehen. Die Vorschrift gehört zu den nach § 310 Abs 4 Satz 2 BGB zu berücksichtigenden „Besonderheiten des Arbeitsrechts" (*Diller* NZA 05, 250). Die Vertragsstrafe **verwirkt** mit dem Wettbewerbsverstoß. Im Übrigen gelten die allgemein für Vertragsstrafen geltenden Regelungen. Insbes ist zu beachten, dass die Vertragsstrafe ein wirksames Wettbewerbsverbot voraussetzt. Sie ist daher unwirksam, wenn die Vereinbarung über das Wettbewerbsverbot keine Karenzentschädigung vorsieht (LAG München 4.10.12 – 11 Sa 515/12; → *Vertragsstrafe* Rn 2).

Zur Vermeidung von Auslegungsproblemen und wegen der bei Formularverträgen gebotenen AGB-Kontrolle ist auf eine klare Festlegung ihrer Voraussetzungen zu achten (Einzelverstoß; Dauerverstoß; Anfall pro Monat usw). Eine empfindliche Höhe kann auch für Einzelverstöße vereinbart werden, wenn sie die schutzwerten Belange des ArbGeb stark beeinträchtigen (→ *Vertragsstrafe* Rn 21).

43 **15. Prozessuales.** Die **Verbindlichkeit** einer Wettbewerbsabrede kann oft erst beurteilt werden, wenn über den Zeitpunkt der Beendigung des Arbeitsverhältnisses und die vom ArbN ins Auge gefasste künftige Betätigung Klarheit bestehen. Das für eine Klage auf Feststellung ihrer Verbindlichkeit oder Unverbindlichkeit erforderliche **Feststellungsinteresse** (§ 256 Abs 1 ZPO) besteht daher idR erst mit der **Beendigung** des Arbeitsverhältnisses (ausführlich LAG Hamm 14.4.03 – 7 Sa 1881/02, NZA-RR 03, 513). Zuständig ist das ArbG gem § 2 Abs 1 Nr 3c ArbGG. Seine Zuständigkeit kommt auch für die Feststellung der Unwirksamkeit eines gesellschaftsrechtlichen Wettbewerbsverbots in Betracht, wenn der ArbN Minderheitsgesellschafter (im Streitfall unter 1 %) ist (BAG 18.8.97 – 9 AZB 15/97, NZA 97, 1362). Klage und Durchsetzung der Ansprüche auf Karenzentschädigung richten sich nach dem allgemein für Geldforderungen geltenden Recht. **Örtlich zuständig** ist das ArbG, das für die Erfüllungsansprüche im bestehenden Arbeitsverhältnis

zuständig ist/war (*Bengelsdorf* DB 92, 1340). Das gilt für beide Arbeitsvertragsparteien. Zuständig ist daher idR das ArbG am Sitz des ArbGeb, bei Außendienstmitarbeitern ggf dessen Wohnsitzgericht. Im Rechtsstreit auf **Schadensersatz** muss der ArbGeb die für eine gerichtliche Schätzung nach § 287 Abs 1 ZPO erforderlichen Tatsachen (greifbare Anhaltspunkte) über das Ob und die Höhe des behaupteten Schadens vortragen, andernfalls ist die Klage unbegründet (BAG 26.9.12 – 10 AZR 370/10, BeckRS 2012, 76152). Das BAG hat offen gelassen, ob Ansprüche auf Karenzentschädigung im Wege der **Klage auf zukünftige Leistung** gem § 259 ZPO verlangt werden können. Bejahendenfalls müssten in einem solchen Klageantrag die für den Anspruch maßgebenden Bedingungen, insbes die Einhaltung des Wettbewerbsverbots und das Fehlen eines die Anrechnungsgrenze übersteigenden Erwerbs, ihren Niederschlag finden (BAG 22.3.17 – 10 AZR 448/15, NZA 17, 845).

Der **Arbeitgeber** kann sich gegen unerlaubte Konkurrenz des ArbN durch **Unterlassungsklage** zur Wehr setzen. Wegen der Dringlichkeit wird oft einstweiliger Rechtsschutz erforderlich. Ein Verfügungsgrund liegt idR bereits dann vor, wenn der ArbN einmal Wettbewerb betrieben hat. Der Verstoß indiziert die Wiederholungsgefahr (LAG Nds 8.12.05 – 7 Sa 1871/05, NZA-RR 06, 426; ArbG Mönchengladbach 5.6.08 – 4 Ga 24/08, AE 08, 190). Für den **Klageantrag** gilt das Bestimmtheitsgebot (§ 253 ZPO). Verlangt der ArbGeb, der ArbN solle die Abwerbung von Kunden unterlassen, sind diese namentlich so zu präzisieren, dass das Vollstreckungsgericht ohne umfängliche Aufklärung des Sachverhalts einen Verstoß gegen das titulierte Gebot feststellen kann (LAG Köln 18.1.12 – 9 Ta 407/11, BeckRS 2012, 68079 Anm *Wissmann* ArbRAktuell 12, 256). Die **Zwangsvollstreckung** erfolgt nach § 890 ZPO durch Verhängung von Ordnungsgeld. Nach Ablauf der Karenzzeit kann kein Ordnungsgeld mehr festgesetzt werden (OLG Düsseldorf 16.7.91 – 6 W 41/91, DB 92, 1084).

**16. Betriebsübergang** iSd § 613a BGB wie auch die Betriebsnachfolge im Wege des Erbfalls leiten im bestehenden Arbeitsverhältnis die Rechte und Pflichten aus einer Wettbewerbsabrede auf den Betriebsnachfolger. Streitig und höchstrichterlich nicht entschieden ist der Fall der Betriebsveräußerung nach Beendigung des Arbeitsverhältnisses. Die Betriebsbezogenheit der vereinbarten Karenz spricht zwar für eine partielle analoge Anwendung des § 613a BGB, kommt aber letztlich nicht in Betracht (LAG Köln 8.7.11 – 10 Sa 398/11, BeckRS 2011, 76976 zust *Hermann* ArbRAktuell 11, 76976; ebenso *Gaul/Ludwig* NZA 13, 489 und *Fuhlrott/Fabritius* BB 13, 1592). Eine analoge Anwendung setzt voraus, dass die Sachverhalte weitgehend deckungsgleich sind und die Interessen des ArbN und der beiden ArbGeb (!) zuverlässig beurteilt werden können. Gerade daran fehlt es. Deshalb wird vielfach empfohlen, den Übergang der Abrede vertraglich zu vereinbaren. § 309 Nr 10 BGB (Verbot des Wechsels des Vertragspartners bei Dienstverträgen) ist nicht einschlägig. Das Wettbewerbsverbot selbst ist kein Dienstvertrag. Zumindest greift § 310 Abs 4 Satz 2 BGB ein. Die Beschränkung des § 613a BGB auf bestehende Arbeitsverhältnisse gehört zu den zu berücksichtigenden Besonderheiten des Arbeitsrechts. 44

**17. Handelsvertreter.** Für Handelsvertreter besteht eine den arbeitsrechtlichen Vorschriften ähnliche Regelung (§ 90a HGB). Nachvertragliche Wettbewerbsabreden bedürfen der Schriftform und der Aushändigung der Urkunde. Die mit höchstens zwei Jahren mögliche Karenz darf sich nur auf den dem Handelsvertreter zugewiesenen Bezirk oder Kundenkreis und nur auf die Gegenstände erstrecken, hinsichtlich deren sich der Handelsvertreter um die Vermittlung oder den Abschluss von Geschäften zu bemühen hat. Eine **angemessene Entschädigung** ist zu zahlen. Eine das gesamte Bundesgebiet erfassende Klausel kann wegen Sittenwidrigkeit nichtig sein (vgl Bezirksgericht Dresden 9.7.91 – 3 U 26/91, DB 91, 1620). Zur Unwirksamkeit einer vorformulierten Vertragsstrafe s OLG München 13.12.95 – 7 U 5432/95, DB 96, 422. 45

**18. Organmitglieder.** Für die Organe juristischer Personen, insbes angestellte GmbH-Geschäftsführer, gilt der Grundsatz der bezahlten Karenz nicht, auch nicht bei sozialer Abhängigkeit (vgl zur Problematik *Dzida/Lang* ArbRB 19, 189; *Lembke* NZA-RR 19, 65; *Niklas* ArbRAktuell 19, 459; *Naber* NZA 13, 870; *Müller* GmbHR 14, 964). Die §§ 74 ff HGB sind nicht anzuwenden. Eine **Kontrolle** wird über den Maßstab der **Sittenwidrigkeit** (§ 138 BGB; s OLG München 2.8.18 – 7 U 2107/18, NZA-RR 19, 82) erreicht. Das entschädigungslose Wettbewerbsverbot ist zulässig, wenn es dem Schutz eines berechtigten 46

Interesses des Gesellschaftsunternehmens dient und nach Ort, Zeit und Gegenstand die Berufsausübung und wirtschaftliche Betätigung des Organs nicht unbillig erschwert (st Rspr BGH 7.7.08 – II ZR 81/07, WM 08, 1744; grundlegend 26.3.84 – II ZR 229/83, DB 84, 1717). Soweit eine Entschädigung gezahlt wird, wie es bei angestellten GmbH-Geschäftsführern regelmäßig der Fall ist, werden je nach Interessenlage die für ArbN geltenden Vorschriften entsprechend herangezogen (BGH 17.2.92 – II ZR 140/91, DB 92, 936: Verzicht des Dienstherrn auf die Karenz analog § 75a HGB). **Anderweitiger Erwerb** iSv § 74c HGB ist nur bei entsprechender Abrede oder gesetzlicher Anordnung anzurechnen (BGH 15.4.91 – II ZR 214/89, DB 91, 1508). Da überhaupt keine Karenzentschädigung vereinbart werden muss, ist eine Regelung, die den Wegfall der grds vereinbarten Entschädigung bei fristloser Kündigung der Gesellschaft vorsieht, unbedenklich. Bei etwaiger Unwirksamkeit der Wettbewerbsabrede besteht kein Wahlrecht des Organs (BGH 7.7.08 – II ZR 81/07, WM 08, 1744).

## B. Lohnsteuerrecht *Thomas*

48 **Steuerliche Auswirkungen** ergeben sich, wenn ein Entgelt gezahlt wird für das Einhalten **(Karenzentschädigung)** oder das Nichteinhalten **(Vertragsstrafe)** eines Wettbewerbsverbotes. **Arbeitslohn** liegt vor, wenn der ArbN vom ArbGeb für das Nichtausüben der nichtselbstständigen Tätigkeit eine Entschädigung erhält (§ 2 Abs 2 Nr 4 LStDV; BFH 13.2.87, BStBl II 87, 386). Dagegen ist kein Arbeitslohn gegeben bei Zahlungen von Dritten, die gegen die Interessen des ArbGeb gerichtet sind (BFH 26.1.00 – IX R 87/95, DStRE 00, 688 zu Bestechungsgeldern). Sofern eine Karenzentschädigung Arbeitslohn darstellt, ist sie – regelmäßig als sonstiger Bezug (→ *Sonstige Bezüge* Rn 2) – der LSt zu unterwerfen, auch wenn sie ins Ausland überwiesen wird (FG Hbg 21.1.75, EFG 75, 242). Umgekehrt unterliegt die Karenzentschädigung durch die inländische Muttergesellschaft des bisherigen ausländischen ArbGeb für unterbleibenden Wettbewerb im Ausland nicht dem LStAbzug (FG BaWü 22.9.83, EFG 84, 183); ein Fall der Entsendung (§ 38 Abs 1 Satz 2 EStG) liegt nicht vor.

49 Zur Progressionsminderung auf eine Karenzentschädigung durch die Fünftelungsregel des § 34 Abs 1 Sätze 2 und 3 EStG wird auf das Stichwort → *Außerordentliche Einkünfte* Rn 2 und 10 verwiesen. Wird im Zusammenhang mit der Beendigung eines Arbeitsverhältnisses ein Entgelt für ein umfassendes Wettbewerbsverbot gezahlt, liegt eine begünstigte Entschädigung auch dann vor, wenn ungewiss ist, zu welcher Einkunftsart die Tätigkeit geführt hätte, auf deren Ausübung verzichtet worden ist (BFH 12.6.96 – XI R 43/94, DStR 96, 1357; *Hutter* DStZ 96, 641).

50 **Werbungskosten** können vorliegen, wenn der ArbN eine *Vertragsstrafe* entrichtet (zum gekauften Bundesligaspiel: FG Münster 2.7.81, EFG 82, 181; bestätigt BFH 10.10.86 – VI R 102/82 ohne Gründe; → *Schmiergeld* Rn 10). Bei einer Gehaltskürzung durch den ArbGeb wegen der Verletzung arbeitsvertraglicher Nebenpflichten – zB verbotwidriges Arbeiten bei einem Dritten – unterliegt lediglich der gekürzte Lohn dem LStAbzug, wenn vereinbarungsgemäß der vertragliche Arbeitslohn gemindert wird, während Werbungskosten anzunehmen sind, wenn die Vertragsstrafe aus dem ungekürzt ausgezahlten Arbeitslohn entrichtet wird. Bei welchen Einkünften Werbungskosten anzusetzen sind, ist danach zu beurteilen, zur Erzielung welcher Einnahmen (beim ArbGeb oder bei einem Dritten) der ArbN die Vertragsstrafe auf sich nehmen musste (BFH 7.12.05 – I R 34/05, BFH/NV 06, 1068 und 22.6.06 – VI R 5/03, DStRE 06, 1371).

## C. Sozialversicherungsrecht *Voelzke*

51 **1. Beitragsfreiheit einer Karenzentschädigung.** Hat der ArbN gegen den ArbGeb aufgrund einer Wettbewerbsabrede eine Karenzentschädigung zu beanspruchen, unterliegt diese in der SozV und ArblV **nicht der Beitragspflicht**. Karenzentschädigungen sind nämlich kein Arbeitsentgelt iSd § 14 SGB IV. Zwar gehören zum Arbeitsentgelt auch Einnahmen, die nicht unmittelbar aus einer Beschäftigung, sondern nur im „Zusammenhang mit ihr" erzielt werden (§ 14 Abs 1 SGB IV), doch müssen sich auch solche Einnahmen zeitlich der versicherungspflichtigen Beschäftigung zuordnen lassen, dh auf die Zeit

der Beschäftigung und Versicherungspflicht entfallen. Dies ist bei Karenzentschädigungen nicht der Fall; sie sind deshalb wie Abfindungen zu behandeln (*Schlegel/Voelzke/Werner* SGB IV, § 14 Rz 93).

Während mit einer Abfindung, die sich nicht als verdeckte Nachzahlung von während der Beschäftigung erzieltem Entgelt darstellt, der Zweck verfolgt wird, den ArbN dafür zu entschädigen, dass er seine bisherige Beschäftigung nicht fortsetzen kann, also eine Entschädigung für den Wegfall künftiger Verdienstmöglichkeiten bei seinem bisherigen ArbGeb darstellt (→ *Abfindung* Rn 65 ff), will eine Karenzentschädigung Ersatz dafür leisten, dass **künftige Beschäftigungsmöglichkeiten** sogar bei anderen ArbGeb auf dem von der Wettbewerbsabrede erfassten Bereich entfallen. Wie die Abfindung lässt sich auch die Karenzentschädigung nicht mehr früheren Beschäftigungszeiten zuordnen (für die Abfindung BSG 21.2.90 – 12 RK 20/88, NZA 90, 751). 52

**2. Arbeitslosenversicherung.** Wettbewerbsabreden sind im ArblVRecht nur relevant, sofern es sich um nachvertraglich wirksame Wettbewerbsabreden handelt. Wettbewerbsabreden schränken die Wiedereingliederung eines ArbN auf dem **allgemeinen Arbeitsmarkt** nicht allein im Interesse des bisherigen ArbGeb ein (so aber BT-Drs 9/799 S 45 zu Nr 41; 9/846, S 46, zu Nr 1). Sie dienen jedoch unzweifelhaft dem Schutz der berechtigten Interessen des ArbGeb (§ 74a Abs 1 Satz 1 HGB). 53

**Arbeitslosengeldansprüche** werden durch die Wettbewerbsabrede nicht ausgeschlossen. Anspruch auf AlGeld hat nach § 138 Abs 5 Nr 1 SGB III nur, wer eine versicherungspflichtige, mindestens 15 Stunden wöchentlich umfassende Beschäftigung unter den üblichen Bedingungen des Arbeitsmarktes aufnehmen kann und darf. Die Arbeitsfähigkeit ist gegeben, wenn der ArbN durch nichts daran gehindert wird, ohne Verzug eine zumutbare Beschäftigung aufzunehmen (Näheres: *Arbeitslosengeld*). 54

Das rechtliche „Dürfen" in diesem Sinne wird durch die lediglich vertragliche Bindung des Wettbewerbsverbotes nicht beseitigt; dh, die **Arbeitsfähigkeit** wird durch das dem ArbN auferlegte vertragliche Verbot, seine beruflichen Erfahrungen nicht mehr in dem vom Wettbewerbsverbot erfassten Bereich zu nutzen, nicht aufgehoben. Der ArbN ist nur seinem früheren ArbGeb gegenüber verpflichtet, im Übrigen aber – ggf unter Verletzung des Wettbewerbsverbots – nicht gehindert, eine Beschäftigung aufzunehmen. Vertragliche Bindungen stehen dem Dürfen im Hinblick auf die Relativität schuldrechtlicher Verpflichtungen nicht entgegen, wenn der Arbeitslose bereit ist, sich unter Inkaufnahme der voraussichtlichen Folgen der Vertragsverletzung über die Bindung hinwegzusetzen (BSG 5.2.98 – B 11 AL 55/97 R, SGb 99, 85). 55

Ob der ArbN seine **Arbeitsbereitschaft** (subjektive Verfügbarkeit) gegenüber der Arbeitsfähigkeit in leistungserheblichem Umfang einschränkt, weil er sich nicht über die vertraglichen Bindungen hinwegsetzt, ist eine Frage des Einzelfalls (*Hauck/Noftz/Valgolio* SGB III, § 138 Rz 274 ff).

# Whistleblowing

## A. Arbeitsrecht

*Kania*

**1. Begriff und Rechtsgrundlagen.** Unter Whistleblowing versteht man im weitesten Sinne das an die Öffentlichkeit bringen von tatsächlichen oder behaupteten Missständen oder Fehlverhalten in Unternehmen (zB illegales Handeln, Korruption, Verstöße gegen Steuer-, Sozialversicherungsrecht, Arbeitsschutz- und Umweltschutzregeln) durch kritische Äußerungen, Beschwerden oder Anzeigen eines dort abhängig Beschäftigten (*Eufinger*, NZA 17, 619). Wendet sich der Hinweisgeber dabei unter Umgehung der unternehmensüblichen, etablierten Berichts- oder Informationswege an Kollegen, Vorgesetzte, die Geschäftsleitung, den BRat oder andere Stellen im Unternehmen, spricht man vom **sog „internen" Whistleblowing;** die Unterrichtung von Strafverfolgungs- und Aufsichtsbehörden, Medien oder anderen öffentlichen Stellen wird als **„externes" Whistleblowing** bezeichnet. Die ursprünglich aus der angloamerikanischen Wirtschaftspraxis stammende Thematik des Whistleblowings hat sich dort bereits in der Compliance-Kultur 1 etabliert. Auch im deutschen Recht sind arbeitsrechtliche Sanktionen als Antwort auf die Anzeige eines unternehmensangehörigen ArbN seit Jahrzehnten Gegenstand der arbeitsgerichtlichen Rspr (mit Rspr-Übersicht: *Fuhlrott/Oltmanns* DB 17, 2354). Lange existierten keine allgemeinverbindlichen Regelungen, sondern nur vereinzelte Vorschriften vor allem im Beamtenrecht (§ 67 Abs 2 Nr 3 BBG, § 37 Abs 2 Nr 3 BeamtStG). Das zum 26.4.19 in Kraft getretene **Gesetz zum Schutz von Geschäftsgeheimnissen** (GeschGehG) setzt nun die Vorgaben der europäischen GeheimnisschutzRL 2016/943/EU um und sieht in § 5 Nr 2 ausdrücklich den **Schutz von Hinweisgebern** vor, indem es Ausnahmen von den in § 4 GeschGehG verbotenen Handlungen des Geheimnisverrats zulässt. Nach der weit formulierten Ausnahmevorschrift ist ua die Offenlegung eines Geheimnisses zur Aufdeckung einer rechtswidrigen Handlung oder eines beruflichen oder sonstigen Fehlverhaltens erlaubt, wenn dies zum Schutz des allgemeinen öffentlichen Interesses geeignet ist. Allerdings wird als Ausfluss der Loyalitätspflicht des ArbN auch künftig ein externes Whistleblowing wohl nachrangig sein, da das GeschGehG gem § 1 Abs 3 Nr 4 ausdrücklich die Rechte und Pflichten aus dem Arbeitsverhältnis unberührt lässt. Bereits vor Inkrafttreten des GeschGehG wurde ein von der Rechtsordnung nach Art 2 Abs 1 iVm Art 20 Abs 3 GG grds gebilligtes Anzeigerecht nur unter Berücksichtigung der besonderen Pflichtenkollision bei überwiegendem öffentlichem Interesse anerkannt. Die von der Rspr hierzu entwickelten Grundsätze (→ Rn 2 ff), insbes die Maßgeblichkeit des Grundsatzes der Verhältnismäßigkeit, beanspruchen auch nach Inkrafttreten des neuen GeschGehG weiterhin Geltung (Erfk/*Preis* § 611a BGB Rn 717). Des Weiteren hat der EU-Gesetzgeber am 7.10.19 die **Richtlinie zum Schutz von Personen, die Verstöße gegen das Unionsrecht melden** (sog Whistleblower-Richtlinie) (ua für die Bereiche Geldwäsche, Finanzdienstleistungen, Produktsicherheit und öffentliches Auftragswesen) verabschiedet, die allerdings noch von den Mitgliedstaaten bis zum 17.12.21 in nationales Recht umgesetzt werden muss.

2 **2. „Externes" Whistleblowing. a) Verletzung vertraglicher Treuepflicht.** Durch die außenwirksame Anzeige von Missständen entsteht ein Konflikt zwischen dem Interesse des ArbGeb am Schutz seines guten Rufs, seiner geschäftlichen Interessen und an der Geheimhaltung innerbetrieblicher Abläufe und Daten und der daraus folgenden arbeitsvertraglichen Loyalitätspflicht des ArbN einerseits und dem berechtigten Anliegen des ArbN anderseits, durch Einschaltung der Öffentlichkeit eine Korrektur der Missstände zu erreichen und die Öffentlichkeit bei einer erheblichen Beeinträchtigung des Allgemeinwohls zu informieren. Eine **Abwägung dieser Interessen** ist vor allem im Rahmen des **Kündigungsschutzes** von Bedeutung und zwar bei der Frage, ob die gegen den ArbGeb gerichtete Anzeige des ArbN einen rechtswidrigen Verstoß gegen die arbeitsvertragliche Treuepflicht darstellt und damit einen wichtigen Kündigungsgrund iSd § 626 Abs 1 BGB. Eine Bewertung ist abhängig von den Umständen des Einzelfalls, wobei auch das vorausgegangene Verhalten der Parteien, das Motiv der Anzeige und die Qualität der möglicherweise gefährdeten Rechtsgüter mit einfließen (LAG Köln 2.2.12 – 6 Sa 304/11, NZA-RR 12, 298; *Müller* NZA 02, 424). Darüber hinaus birgt externes Whistleblowing auch die Gefahr der Verwirklichung der Strafnorm des § 23 GeschGehG, die 17 UWG ersetzt (→ *Verschwiegenheitspflicht* Rn 1 ff).

3 **b) Anzeigerecht.** Während man früher solche Anzeigen einhellig für einen Verstoß gegen die arbeitsvertragliche Treuepflicht hielt und damit für einen Kündigungsgrund (BAG 5.2.59 – 2 AZR 60/56, DB 59, 980; LAG BaWü 20.10.1976 – 6 Sa 51/76, EzA § 1 KSchG 1969 Verhaltensbedingte Kündigung Nr 8), hat sich bereits vor Inkrafttreten des § 5 GeschGehG eine deutlich liberalere Handhabung durchgesetzt. So darf das **rechtsstaatlich motivierte Handeln** des ArbN im Regelfall **nicht zur fristlosen Kündigung** berechtigen (BAG 7.12.06 – 2 AZR 400/05, NZA 07, 502; BAG 3.7.02 – 2 AZR 235/02, NZA 05, 193). Auch die europäischen Menschenrechte sind als Primärrecht bei der Auslegung zu berücksichtigen. So hat der Europäische Gerichtshof für Menschenrechte (EGMR) in der Kündigung infolge einer gegen den ArbGeb – zwecks Offenlegung betrieblicher Missstände – erstatteten Strafanzeige eine Verletzung der Freiheit auf Meinungsäußerung (Art 10 EMRK) gesehen. Dieses Grundrecht hätten die deutschen Gerichte auch im Verhältnis zwischen Privatpersonen zu schützen (EGMR 21.7.11 – 28274/08, NZA 11, 1269). Zuvor

hatten die Instanzgerichte die Kündigung einer Altenpflegerin für wirksam erklärt, die ihren ArbGeb wegen der auf Personalmangel beruhenden Mängel in der Pflege angezeigt hatte.

Andererseits ergibt sich aus der **vertraglichen Rücksichtnahmepflicht** des ArbN (§ 241 Abs 2 BGB), dass dem ArbN die Ausübung des bestehenden staatsbürgerlichen Rechts auf Anzeigenerstattung nur bei berechtigtem Interesse zusteht und dass die Anzeige **keine unverhältnismäßige oder vorschnelle Reaktion** auf bekannt gewordene Informationen darstellen und zur Schädigung des ArbGeb führen darf, zB wenn die mit der Einleitung eines Strafverfahrens verbundene negative öffentliche Publizität den ArbGeb in seiner Existenzgrundlage gefährdet (BAG 3.7.03 – 2 AZR 235/02, NZA 04, 427). So hat das LAG Köln (5.7.12 – 6 Sa 71/12, BeckRS 2012, 75713) in der vorschnellen Anzeige des ArbGeb beim Jugendamt durch Hausangestellte wegen Verwahrlosung der Kinder einen Kündigungsgrund gesehen. Werden wissentlich **unwahre oder leichtfertig falsche Angaben** gemacht oder erschöpft sich die zugrundeliegende Motivation in der Absicht, den ArbGeb zu schädigen, wahrt der ArbN kein berechtigtes Interesse und handelt insoweit rechtsmissbräuchlich (LAG Düsseldorf 17.1.02 – 11 Sa 1422/01, DB 02, 1612; LAG Köln 2.2.12 – 6 Sa 304/11, NZA-RR 12, 298; BAG 3.7.03 – 2 AZR 235/02, NZA 04, 427). Leichtfertiges Handeln genügt vor allem dann, wenn die **erhobenen Vorwürfe schwerwiegend** sind (LAG Hamm 28.11.03 – 10 Sa 1036/03, NZA-RR 04, 475); allerdings kann der Grad der Vorwerfbarkeit geringer sein, wenn der anzeigende ArbN vom Wahrheitsgehalt seiner Anschuldigungen überzeugt war (BAG 11.7.13 – 2 AZR 994/12, NZA 14, 250). Gleichwohl kann auch eine vor Erstattung der Anzeige eingeholte anwaltliche Beratung nicht in jedem Fall den Vorwurf leichtfertigen Verhaltens entkräften (BAG 15.12.16 – AZR 42/16, NZA 17, 703). 4

Unverhältnismäßig kann eine Anzeige vor allem dann sein, wenn sich der ArbN nicht zuvor um **innerbetriebliche Abhilfe** bemüht hat. Stehen etwa interne Hinweisgebersysteme zur Verfügung und ist deren Inanspruchnahme zumutbar, ist das bei der Interessenabwägung zu Gunsten des ArbGeb zu berücksichtigen. Hierfür spricht, dass auch die vorhandenen gesetzlichen Anzeigerechte regelmäßig subsidiär ausgestaltet sind, zB im Arbeitsschutz § 17 Abs 2 ArbSchG (BAG 7.12.06 – 2 AZR 400/05, NZA 07, 502; *Preis* Der Arbeitsvertrag II V 20 Rn 26 ff; *Schaub/Linck* § 53 Rn 16; → Rn 8). Einen generellen Vorrang des innerbetrieblichen Abhilfeversuchs hat das BAG jedoch abgelehnt (BAG 3.7.02 – 2 AZR 235/02, NZA 05, 193). Eine **innerbetriebliche Anzeige** ist dem ArbN etwa dann **unzumutbar,** wenn es sich nicht lediglich um ein Bagatelldelikt handelt oder wenn sich der ArbN ansonsten selbst der Strafverfolgung aussetzen würde (§ 138 StGB). Gleiches gilt, wenn die Erfolgsaussichten eines innerbetrieblichen Klärungsversuchs als gering einzustufen sind, zB bei ordnungswidrigen Handlungen oder Straftaten, die der ArbGeb selbst begangen hat, oder solchen, die sich gegen den ArbN selbst richten. Auch wenn der ArbGeb vom ArbN die Mitwirkung an einer rechtswidrigen Handlung verlangt oder zur Beteiligung an einer Straftat auffordert, muss dieser sich nicht auf eine innerbetriebliche Klärung verweisen lassen. **Beispiele:** Misst der ArbGeb zuvor geäußerten Beschwerden des ArbN über die Fahrtüchtigkeit seines LKW keinerlei Bedeutung bei, so darf dieser sein Fahrzeug von der Polizei untersuchen lassen (LAG Köln 23.2.1996 – 11 Sa 976/95, BB 96, 2411). Zeigt eine Mitarbeiterin der Lebensmittelabteilung eines Kaufhauses dem behördlichen Kontrolldienst die erneute Verwendung des Hackfleischs vom Vortag an, kann dies nicht zur Kündigung berechtigen (LAG BaWü 3.2.87 – 7 Sa 95/86, NZA 87, 756); ebenso wenig die Strafanzeige gegen den ArbGeb wegen Veruntreuung, wenn es bereits zu Verzögerungen bei der Auszahlung der Vergütung gekommen ist und es sich bei dem Vorwurf nicht bloß um ein Bagatelldelikt handelt (BAG 7.12.06 – AZR 400/05, NZA 07, 502). 5

Verletzt dagegen nicht der ArbGeb oder sein gesetzlicher Vertreter die gesetzlichen Pflichten, sondern ein Mitarbeiter, ist ein **innerbetrieblicher Hinweis regelmäßig zumutbar.** Grds kann der ArbGeb erwarten, dass der ArbN ihm unbekannte bzw nicht grob fahrlässig unbekannt gebliebene **Missstände im Betrieb** oder das **Fehlverhalten von Mitarbeitern** anzeigt (BAG 3.7.03 – 2 AZR 235/02, NZA 04, 427). Zum sog „internen“ Whistleblowing → Rn 9. 6

**c) Staatsbürgerpflicht.** Bei einem von Amts wegen eingeleiteten Ermittlungsverfahren erfüllt der ArbN mit seiner Aussage bei Polizei und Staatsanwaltschaft regelmäßig eine ihm von der Rechtsordnung auferlegte allgemeine Staatsbürgerpflicht, nämlich die Zeugen- 7 pflicht. Daher führt die den ArbGeb wahrheitsgemäß schwer **belastende Zeugenaussage** des ArbN nicht zu einem Kündigungsgrund, wissentlich oder leichtfertig gemachte falsche Angaben dagegen schon. Der Ausgang des Strafverfahrens hingegen ist nicht maßgeblich für die Bewertung der Anzeige im Zusammenhang mit der ausgesprochenen Kündigung (BVerfG 2.7.01 – 1 BvR 2049/00, NZA 01, 888; Preis/*Rolfs*, Der Arbeitsvertrag II V 20 Rn 22 ff).

8 **d) Gesetzliche Anzeige- und Beschwerderechte.** Ergänzt wird das ungeschriebene Anzeigerecht durch einzelne gesetzliche Regelungen: Nach **§ 17 Abs 2 ArbSchG** steht den Beschäftigten ein Anzeige- und Beschwerderecht bei Verstößen gegen Vorschriften über den betrieblichen Arbeits- und Gesundheitsschutz zu. Zumindest für den Anwendungsbereich des § 17 ArbSchG ist auch weiterhin davon auszugehen, dass eine Anzeige ohne den im Wortlaut geforderten vorherigen innerbetrieblichen Abhilfeversuch einen kündigungsrelevanten Verstoß gegen die arbeitsvertragliche Rücksichtnahmepflicht jedenfalls dann darstellt, wenn dem ArbGeb das gesetzwidrige Verhalten in seinem Betrieb bisher nicht bekannt bzw. nicht grob fahrlässig unbekannt geblieben ist (APS/*Greiner* § 17 ArbSchG Rn 9a; *Wiebauer* NZA 15, 22). Allgemeine Beschwerderechte enthalten § 13 Abs 1 AGG und §§ 84, 85 BetrVG. Die Einleitung eines innerbetrieblichen **Beschwerdeverfahrens nach §§ 84, 85 BetrVG** setzt eine eigene Betroffenheit des ArbN für die Beschwerdebefugnis voraus. Darüber hinaus kann nach zahlreichen **öffentlich-rechtlichen Vorschriften** dem ArbN der Schutz der Allgemeinheit übertragen werden, zB als Betriebsbeauftragtem für Immissionsschutz (§§ 53 ff BImSchG), für Gewässerschutz (§§ 21a ff WHG), für den Datenschutz (zB Art 39 DSGVO, § 7 BDSG). § 21 GefStoffV verpflichtet bei Vorliegen der gesetzlichen Voraussetzungen zur Anzeige an die zuständige Überwachungsbehörde, zB bei Überschreitung bestimmter Grenzwerte von gefährlichen Stoffen. Schließlich sind in einigen Tarifverträgen, insbes im Bereich des Arbeitsschutzes, externe Anzeigerechte vorgesehen (zB in der Druckindustrie).

9 **3. „Internes" Whistleblowing.** Auch das innerbetriebliche **„Anschwärzen" von Kollegen oder Vorgesetzten** kann eine erhebliche Pflichtverletzung und damit einen Kündigungsgrund darstellen, wenn hierdurch der Betriebsfrieden gestört wird. Gleiches kann gelten, wenn sich der Hinweisgeber bei der Anzeige von Fehlverhalten oder Missständen **unter Umgehung der unternehmensüblichen Berichts- oder Informationswege** an Kollegen, Vorgesetzte, die Geschäftsleitung, den BRat oder andere Stellen im Unternehmen wendet. Jedoch kommt eine pflichtwidrige **Störung des Betriebsfriedens und der betrieblichen Ordnung** nur insoweit in Betracht, wie der ArbN nicht bereits seinerseits berechtigt oder sogar verpflichtet ist, dem ArbGeb betriebliche Missstände zu melden, um Schäden vom Betrieb, dem ArbGeb oder anderen ArbN abzuwenden. Derartige Pflichten bestehen für den eigenen Arbeitsbereich, können aber auch nebenvertraglich oder aufgrund besonderer Vereinbarung bestehen (→ Rn 11 ff). Weitergehende Anzeigepflichten werden nach überwiegender Auffassung verneint, um einem Denunziantentum im Betrieb vorzubeugen. Entspr wird nach älterer Rspr die **Kündigung eines Denunzianten** als gerechtfertigt gesehen (BAG 21.10.1965 – 2 AZR 2/65, AP Nr 5 zu § 1 KSchG verhaltensbedingte Kündigung). Mit der neuerlichen Einführung interner Meldeverfahren als sanktionsfreie innerbetriebliche Hinweismöglichkeit zur Umsetzung von Compliance- bzw Ethikrichtlinien (→ Rn 12) wird eine differenziertere Beurteilung notwendig. Durch die Einführung solcher sog „Whistleblowersysteme" wird nämlich die Treue- und Verschwiegenheitspflicht des ArbN dahingehend konkretisiert, dass eine gegen den Hinweisgeber ausgesprochene Kündigung nach erlaubter und gewünschter Nutzung des Systems sich als unzulässige Rechtsausübung darstellt (*Simonet* RdA 13, 238).

10 In jedem Fall muss aber gelten: Behauptet ein ArbN über seinen Vorgesetzten oder Arbeitskollegen **bewusst oder grob fahrlässig unwahre oder ehrenrührige Tatsachen** und wird hierdurch der Betriebsfrieden gestört, die Arbeitsatmosphäre beeinträchtigt oder die Arbeitsleistung erschwert, stellt dies einen Verstoß gegen die betriebliche Ordnung dar. Ein derartiger konkreter Verstoß kann ein **wichtiger Kündigungsgrund** sein (BAG 17.3.88 – 2 AZR 576/87, NJW 89, 546; LAG Sachs 21.1.11 – 3 Sa 181/10, NZA-RR 11, 290). Die Bewertung kann keine andere sein, wenn der ArbN hierfür die eigens im Betrieb zur Verfügung gestellten Meldewege, wie zB die Telefonhotline, nutzt. Etwas anderes kann

gelten, wenn sich der ArbN in einem privaten Gespräch unter Kollegen unwahr und ehrenrührig über seinen ArbGeb, den Vorgesetzten oder andere Arbeitskollegen äußert. Musste der ArbN angesichts der Vertraulichkeit der Unterhaltung nicht damit rechnen, dass seine Äußerungen dem ArbGeb mitgeteilt werden, liegt kein wichtiger Kündigungsgrund vor (BAG 10.12.09 – 2 AZR 534/ 08, NZA 10, 698).

**4. Whistleblowersysteme und Meldepflichten. a) Allgemeine Anzeigepflichten.** 11
Grds besteht für jeden ArbN im **Zusammenhang mit der eigenen Arbeitspflicht** die Verpflichtung, erkennbar drohende Schäden oder Störungen dem ArbGeb oder seinem Vorgesetzten unverzüglich anzuzeigen (BAG 7.12.06 – 2 AZR 400/05, NZA 07, 502; MünchArbR/*Reichold* § 49 Rn 8). Soweit dies nicht bereits Gegenstand der Vertragspflicht ist (zB übertragene Aufsichtspflichten), besteht diese Pflicht auf jeden Fall für den eigenen Arbeitsbereich; außerhalb des eigenen Arbeitsbereichs kann sich eine Schutzpflicht aus § 241 Abs 2 BGB als vertragliche Nebenpflicht ergeben. Drohen die Störungen oder Schäden durch einen Arbeitskollegen (zB Diebstahl, Unterschlagung, Verletzung von Sicherheitsvorschriften) und betreffen sie weder den eigenen Arbeitsbereich noch besteht eine vertraglich überantwortete Überwachungs- und Kontrollpflicht, kann eine Anzeigepflicht nur bei Gefahr von Personenschäden oder sonstiger erheblicher Sachschäden bejaht werden. Es besteht **keine allgemeine Pflicht,** den **ArbN namentlich zu benennen,** dh zu „verpfeifen" (→ *Anzeigepflichten Arbeitnehmer* Rn 2).

**b) Whistleblowing-Klauseln.** Eine weitergehende Anzeigepflicht kann sich für die 12
ArbN allerdings aus sog internen Whistleblowing-Klauseln ergeben. Durch unternehmensinterne **Compliance- oder Ethikrichtlinien** kann den Mitarbeitern ein bestimmtes Verhalten aufgeben werden, verbunden mit der Verpflichtung, Verstöße gegen die Bestimmungen der Verhaltensrichtlinie nach einem festgelegten Verfahren zu melden. Mit der Einführung solcher **interner Meldeverfahren** (sog Whistleblowing-Systeme) stellt die Unternehmensführung sicher, dass sie von allen die Compliance betreffenden Informationen Kenntnis erhält, insbes über **Verhaltensweisen von Mitarbeitern,** die nicht im Einklang mit dem Gesetz oder unternehmensinternen Verhaltensregeln stehen. Zum einen wird hierdurch präventiv ein Gang an die Öffentlichkeit vermieden. Auf der anderen Seite schafft die Einführung eines solchen Systems für den redlichen Hinweisgeber nicht nur eine sanktionsfreie innerbetriebliche Hinweismöglichkeit, sondern auch Rechtssicherheit über die Konsequenzen seines Handelns und damit Vorteile. Die **Einrichtung eines unternehmensinternen Beschwerdewesens** wirft allerdings neben der Frage nach der Zulässigkeit einer derartigen Konkretisierung der Treue- und Verschwiegenheitspflicht der ArbN auch eine Reihe betriebsverfassungs- sowie datenschutzrechtlicher Fragen auf. Allein der Umstand, dass ausländische Vorschriften für das herrschende Unternehmen die Einführung von Ethik-Richtlinien vorsehen, schließt weder Mitbestimmungsrechte nach dem BetrVG aus, noch lässt dies die Frage nach der Rechtmäßigkeit der Richtlinien entfallen (BAG 22.7.08 – 1 ABR 40/07, NZA 08, 1248 „Honeywell"; LAG Düsseldorf 14.11.05 – 10 TaBV 46/05, NZA-RR 06, 81 „Wal-Mart"; zur Implementierung eines Whistleblowing-Systems: *Steffen/Stöhr* RdA 17, 43; s → *Compliance* Rn 6; zum arbeitgeberseitigen Umgang mit Whistleblower-Hinweisen: *Eufinger* DB 18, 891).

**c) Zulässigkeit qualifizierter Meldepflichten.** Üblicherweise legen Ethikrichtlinien 13
und Regelwerke zur Anzeige von Missständen fest, wer und welche Informationen Zugang in das Whistleblowing-System erhalten, und wie die Informationen gesammelt und verarbeitet werden, zB durch anonyme Telefon-Hotlines, Ombudsleute, Beratungs- und Mediationseinrichtungen (*Mahnhold* NZA 08, 737). Im Allgemeinen sind solche Regelungen unproblematisch, die eine bloß unverbindliche Meldeerwartung formulieren; sie gehen regelmäßig nicht über die bestehenden gesetzlichen Beschwerderechte aus §§ 84 ff BetrVG, § 13 AGG hinaus. Wird dagegen die **Nutzung des Systems** und eine Pflicht zur Anzeige für die ArbN **verbindlich festgelegt,** kann dies eventuell nicht mehr vom **Weisungs- bzw Direktionsrecht** des ArbGeb gedeckt sein. Denn eine Statuierung von Hinweispflichten (als arbeitsvertragliche Nebenpflicht) durch einseitige Leistungsbestimmung darf nur im Rahmen billigen Ermessens nach § 106 Satz 1 GewO erfolgen, wobei eine an den Grundrechten der Beteiligten orientierte Interessenabwägung vorzunehmen ist. Insoweit kann nämlich für die Klauseln von Ethikrichtlinien kein anderer Abwägungsmaßstab für die

grundrechtlich geschützten Positionen angenommen werden als im Rahmen der allgemeinen Schutz- und Anzeigepflichten aus §§ 242, 241 Abs 2 BGB. Daher kann eine grds Pflicht zum Denunziantentum gegenüber den Kollegen mangels Verhältnismäßigkeit nicht begründet werden, ebenso wenig die Pflicht zur Selbstbezichtigung. Es besteht keine arbeitsvertragliche Nebenpflicht, dem ArbGeb Tatsachenmaterial zu liefern, mit dem er seine eigene Kündigung schlüssig macht (BAG 23.10.08 – 2 AZR 483/07, NZA-RR 09, 362). **Weitergehende Pflichten** können **einzelvertraglich oder durch BV** statuiert werden. Aber auch dann ist die Angemessenheit der Regelung erforderlich (§ 75 BetrVG, § 307 Abs 1 und 2 BGB). Insbes ist der Angezeigte vor wahrheitswidrigen und ehrverletzenden Anzeigen zu schützen (*Mahnhold* NZA 08, 737). Auch darf durch die Ermöglichung anonymer Anzeigen der Denunzierung von Kollegen kein Vorschub geleistet werden.

14 Weiterhin dürfen sich die Meldepflichten nicht auf sämtliche in den Ethikrichtlinien vorgesehene Verhaltenspflichten beziehen, sondern nur auf solche, die in **unmittelbarem Zusammenhang mit den betrieblichen Schutzpflichten** stehen. Verstöße gegen allgemeine zivilrechtliche Pflichten, das Unternehmensimage oder sogar Verstöße von Mitarbeitern gegen die Benachteiligungsverbote des AGG dürfen, soweit nicht die Grenze zu strafbarem Fehlverhalten überschritten ist, nicht zur Anzeige verpflichten; hier überwiegt die negative Meinungsfreiheit bzw das Recht auf informationelle Selbstbestimmung (*Mahnhold* NZA 08, 737).

15 **d) Betriebsverfassungsrechtliche Bedeutung.** Stellt der ArbGeb für die ArbN **Verhaltens- und Meldepflichten** auf und macht er insbes die Nutzung des Whistleblower-Systems verbindlich, so regelt er das Ordnungsverhalten und löst damit die **Mitbestimmung des BRat** gem § 87 Abs 1 Nr 1 BetrVG aus. Dagegen sind Hinweise auf mögliche arbeitsrechtliche Sanktionen bei Pflichtverletzungen, wie zB Abmahnung und Kündigung, wegen der bestehenden abschließenden gesetzlichen Regelungen mitbestimmungsfrei. Gleiches gilt für Diskriminierungsverbote und ihre Sanktionen nach dem AGG. Das BAG hat in der „Honeywell-Entscheidung" (BAG 22.7.08 – 1 ABR 40/07, NZA 08, 1248) hierzu ausgeführt, dass die Mitbestimmungspflicht hinsichtlich einzelner Whistleblower-Regelungen nicht notwendig zu einem Mitbestimmungsrecht des BRat an der Einführung der Ethikrichtlinien insgesamt führe; es bestehe insoweit **keine Klammerwirkung** hinsichtlich aller sonstiger Verhaltensrichtlinien. Ein vom ArbGeb aufgestellter Verhaltenskodex könne vielmehr mitbestimmungspflichtige und mitbestimmungsfreie Teile enthalten und sei für jede Regelung separat zu beurteilen. Kein Mitbestimmungsrecht bestehe bei Regelungen, mit denen lediglich die geschuldete Arbeitsleistung konkretisiert werden solle, oder bei der Verlautbarung der „Unternehmensphilosophie" und Unternehmenszielen. Somit besteht für den ArbGeb nicht die Notwendigkeit, zwecks Vermeidung der Klammerwirkung für alle sonstigen Regelungen der Ethik-Richtlinie, die Whistleblower-Klauseln in einer separaten Betriebsvereinbarung zu regeln (wie vom LAG Hessen 18.1.07 – 5 TaBV 31/06, BeckRS 2007, 42207 vertreten).

16 Ermöglichen **IT-basierte Hinweissysteme** die Erfassung und Auswertung von Informationen und Daten über mögliche Straftaten oder andere Normverstöße durch Unternehmensangehörige, besteht ein Mitbestimmungsrecht des BRat bereits nach § 87 Abs 1 Nr 6 BetrVG. Diese Voraussetzungen liegen bei der Bereitstellung von Telefonhotlines, unternehmensinternen Vertrauenspersonen oder externen Ombudsleuten im Gegensatz zu den IT-basierten Varianten grds nicht vor; etwas anderes gilt allerdings, wenn die Telefon- bzw IP-Nummern erfasst oder Telefonate aufgezeichnet werden.

17 **e) Persönlichkeitsrecht und Datenschutz.** Der Umgang mit den personenbezogenen Daten kann den bezichtigten ArbN in seinem **Persönlichkeitsrecht** beeinträchtigen. Das Hinweisgebersystem muss das berechtigte Interesse des von der Meldung betroffenen ArbN vor Verleumdung schützen. Dies gilt umso mehr bei Aufnahme anonymer Hinweise durch Telefonhotlines. Lassen die Hinweise einen Personenbezug erkennen, ist der Anwendungsbereich des **Datenschutzrechts** eröffnet. Die Rechtmäßigkeit der Datenverarbeitung bei der Nutzung von Hinweisgebersystemen muss sich an der neuen Datenschutz-GrundVO (DSGVO) messen lassen. Dient das Hinweisgebersystem dazu, Straftaten oder schwerwiegende Pflichtverletzungen der Mitarbeiter aufzudecken, wird eine entspr Verarbeitung personenbezogener Daten nach wie vor zulässig sein und sich nunmehr auf den Erlaubnistatbestand des Art 6 Abs 1 lit f) DSGVO und auf § 26 Abs 1 S 2 BDSG zur Wahrung eines

überwiegenden berechtigten ArbGebInteresses stützen lassen. Darüber hinaus erscheint eine Rechtfertigung zweifelhaft, da sich die Implementierung weitreichender Meldepflichten derzeit nicht auf eine gesetzliche Verpflichtung iSd Art 6 Abs 1 lit c) DSGVO stützen kann und rein vertraglich begründete Meldepflichten nicht ausreichen. Eine Verpflichtung nach ausländischem Recht ist – wie Art 6 Abs 3 DSGVO jetzt klarstellt – insoweit nicht maßgeblich (*Düwell/Brink* NZA 17, 1081; zu den rechtlichen Rahmenbedingungen: *Groß/Platzer* NZA 17, 1097). Die datenschutzrechtliche Zulässigkeit kann aber mittels Einwilligung der ArbN erreicht werden (Art 6 Abs 1 lit a) DSGVO, § 26 Abs 2 BDSG). Hier stellt sich allerdings ein Transparenzproblem (§ 307 BGB), da eine Präzisierung der später erfassten Daten kaum möglich ist (umfassend: *Thüsing* Arbeitnehmerdatenschutz und Compliance, §§ 78 ff, 136 ff; → *Datenschutz* Rn 1 ff). Auf der anderen Seite hat der EU-Gesetzgeber mit Art 15 DSGVO einen Auskunftsanspruch geschaffen, nach dem die **bezichtigte Person Auskunft** über die zu ihrer Person gespeicherten Daten verlangen kann, und zwar einschließlich ihrer Herkunft. Dies kann zur **Offenlegung der Identität eines Whistleblowers** selbst dann führen, wenn diesem vom ArbGeb Anonymität zugesichert wurde (LAG BaWÜ 20.12.18 – 17 Sa 11/18, NZA-RR 19, 242).

## B. Lohnsteuerrecht

*Seidel*

Lohnsteuerlich gelten keine Besonderheiten. Hinsichtlich der Frage der Verwertung von internen betrieblichen Daten → *Betriebsgeheimnis* Rn 18 und → *Datenschutz* Rn 27 ff sowie → *Betriebsbuße* Rn 11 f und → *Werbungskosten* Rn 32 „Schadensersatz"; für die Frage der Benutzung des dienstlichen Computers/Telefons s zudem die Ausführungen bei → *Internet-/Telefonnutzung* Rn 32 ff. 20

## C. Sozialversicherungsrecht

*Schlegel*

Ein als Whistleblowing zu klassifizierendes Verhalten eines ArbN kann im Zusammenhang mit einer darauf gestützten Auflösung des Arbeitsverhältnisses Bedeutung erlangen. Wird der ArbN arbeitslos, ruht seinen Anspruch auf AlGeld, wenn sich der ArbN durch das als Whistleblowing bezeichnetes Verhalten versicherungswidrig verhalten hat, ohne dafür einen wichtigen Grund zu haben. Versicherungswidrigkeit liegt vor, wenn der ArbN das Beschäftigungsverhältnis gelöst oder durch ein arbeitsvertragswidriges Verhalten Anlass für die Lösung des Beschäftigungsverhältnisses gegeben und dadurch vorsätzlich oder grob fahrlässig die Arbeitslosigkeit herbeigeführt hat (zur *Sperrzeit* § 159 SGB III). 25

# Wiedereinstellungsanspruch

## A. Arbeitsrecht

*Kania*

**1. Allgemeines.** Eine Pflicht des ArbGeb zur Wiedereinstellung eines ArbN nach Beendigung des Arbeitsverhältnisses kann sich zunächst aus einer entsprechenden **individual- oder kollektivvertraglichen Absprache** ergeben (BAG 23.2.2000 – 7 AZR 891/98, NZA 2000, 894; BAG 24.1.96 – 7 AZR 602/95, NZA 96, 823). Üblich sind solche Absprachen etwa bei Arbeitsverhältnissen in Saison- oder Kampagnebetrieben (→ Rn 10 sowie → *Saisonarbeit* Rn 3). Wiedereinstellungsansprüche im Zusammenhang mit **Betriebsänderungen** iSd § 111 BetrVG können auch durch Spruch der Einigungsstelle begründet werden. Es handelt sich insofern um zulässigen Inhalt eines Sozialplans, da anders als bei Kündigungsausschlüssen (dazu BAG 17.9.91 – 1 ABR 23/91, NZA 92, 227) nicht die Entstehung wirtschaftlicher Nachteile verhindert, sondern entstandene wirtschaftliche Nachteile durch die vorrangige Berücksichtigung bei der Wiedereinstellung abgemildert werden (ErfK/*Kania* §§ 112, 112a BetrVG Rn 1). Vorausgesetzt wird eine Wiedereinstellungsvereinbarung in § 173 Abs 2 SGB IX. Danach gilt der besondere Kündigungsschutz für Schwerbehinderte nicht bei Entlassungen aus Witterungsgründen, sofern die Wiedereinstellung des Schwerbehinderten bei Wiederaufnahme der Arbeit gewährleistet ist. Stets ist bei vom ArbGeb in Aussicht gestellten Wiedereinstellungen zu prüfen, ob einer ent- 1 sprechenden Erklärung der notwendige rechtsgeschäftliche Verpflichtungswille zugrunde liegt (LAG Hess 18.11.96 – 10 Sa 2082/95, NZA-RR 97, 369).

2 Darüber hinaus ist von der Rspr auch **ohne entsprechende Vereinbarung** in Ausnahmefällen eine Rechtspflicht des ArbGeb, einen entlassenen ArbN wieder einzustellen, anerkannt. Methodisch wird der Anspruch etwa aus der Fürsorgepflicht, dem Verbot des venire contra factum proprium, dem Grundsatz von Treu- und Glauben, dem Gleichbehandlungsgrundsatz, Art 12 GG oder dem Schutzzweck des § 1 KSchG hergeleitet (ausführlich BAG 28.6.2000 – 7 AZR 904/98, NZA 2000, 1097 mwN; *Preis* Prinzipien des Kündigungsrechts bei Arbeitsverhältnissen, S 349 ff; *Schrader/Straube* NZA-RR 03, 337). **Voraussetzung** nach der Rspr ist allerdings die **Anwendbarkeit des KSchG:** Nur dann, wenn eine Kündigung der sozialen Rechtfertigung gem § 1 KSchG unterliegt, kann sich bei nachträglichem Wegfall des Kündigungsgrundes eine vertragliche Nebenpflicht zum Abschluss eines Arbeitsvertrags ergeben. Ausschlussgrund sind daher die Nichterfüllung der Wartezeit bzw der Schwellenwerte aus §§ 1 Abs 1, 23 Abs 1 Satz 2 KSchG (BAG 19.10.17 – 8 AZR 845/15, NZA 18, 436; LAG Hamm 26.8.03 – 5 (11) Sa 589/03, NZA-RR 04, 76). Zudem muss sich die **Prognose** nach Zugang der Kündigungserklärung, aber grds noch vor Ablauf der Kündigungsfrist als **unzutreffend erweisen** (BAG 6.8.97 – 7 AZR 557/96, NZA 98, 254; BAG 15.12.11 – 8 AZR 197/11, NZA-RR 13, 179). Ferner darf der ArbGeb noch **keine anderweitigen Dispositionen** mit Rücksicht auf die Wirksamkeit der Kündigung getroffen haben und die Fortsetzung des Arbeitsverhältnisses muss ihm **zumutbar** sein (BAG 27.2.97 – 2 AZR 160/96, NZA 97, 757; BAG 25.10.07 – 8 AZR 989/06, NZA 08, 357; → Rn 9; zu den Besonderheiten bei insolvenzbedingter Kündigung → Rn 8). Diese Rspr zum Wiedereinstellungsanspruch kann nicht auf Prognosefehler bei wirksam befristeten Arbeitsverhältnissen übertragen werden (BAG 20.2.02 – 7 AZR 600/00, NZA 02, 897).

3 Der Anspruch des ArbN ist auf den **Abschluss eines neuen Arbeitsvertrags** und Fortsetzung des Arbeitsverhältnisses zu unveränderten Arbeitsbedingungen gerichtet. Der ArbGeb ist zur Abgabe der entspr Willenserklärungen (Annahme des Angebots des ArbN) zu verurteilen. Hier kommt auch eine **rückwirkende Verurteilung** in Betracht (BAG 25.10.07 – 8 AZR 989/06, NZA 08, 357). **Prozessual geltend** zu machen ist ein Wiedereinstellungsanspruch unverzüglich nach Kenntnis der tatsächlichen Umstände, die den Anspruch rechtfertigen. Der Anspruch verfällt regelmäßig in Anlehnung an die Frist des § 613a Abs 6 BGB einen Monat nach Kenntnis, da der Zweck des Bestandsschutzes längere Phasen vermeidbarer Ungewissheit über das Zustandekommen bzw die Fortführung eines Arbeitsverhältnisses nicht rechtfertigt (BAG 25.10.07 – 8 AZR 989/06, NZA 08, 357; BAG 21.8.08 – 8 AZR 201/07, NZA 09, 29).

4 **2. Fallgruppen. a) Betriebsbedingte Kündigung.** Die betriebsbedingte Kündigung kann nach ständiger Rspr auf die Prognose gestützt werden, dass zum Ablauf der Kündigungsfrist der Arbeitsplatz des ArbN entfällt und eine anderweitige Beschäftigungsmöglichkeit nicht besteht (→ *Kündigung, betriebsbedingte* Rn 21). Erweist sich die Prognose nach Ausspruch der Kündigung als falsch, etwa weil ein neuer Auftrag erteilt wird oder sich ein Betriebserwerber für den von Schließung bedrohten Betrieb findet, ändert dies nichts an der Wirksamkeit der ausgesprochenen Kündigung (BAG 27.2.97 – 2 AZR 160/96, NZA 97, 757). Nach der Rspr des BAG kann sich hier aus den unter → Rn 2 genannten Rechtsgrundsätzen ein Wiedereinstellungsanspruch ergeben (BAG 27.2.97 – 2 AZR 160/96, NZA 97, 757; BAG 6.8.97 – 7 AZR 557/96, NZA 98, 254). Ein zwischenzeitlich geschlossener Abfindungsvergleich kann ggf wegen Wegfalls der Geschäftsgrundlage dahingehend angepasst werden, dass der ArbN wieder einzustellen ist (BAG 4.12.97 – 2 AZR 140/97, NZA 98, 701). Dies ist allerdings nur dann der Fall, wenn einer Partei das Festhalten an dem Vergleich unzumutbar ist (BAG 28.6.2000 – 7 AZR 904/98, NZA 2000, 1097). Der Wiedereinstellungsanspruch ist grds auf den Zeitraum **bis zum Ablauf der Kündigungsfrist** beschränkt; ändern sich die eine betriebsbedingte Kündigung rechtfertigenden Umstände erst nach Ablauf der Kündigungsfrist, scheidet ein Wiedereinstellungsanspruch grds aus (BAG 15.12.11 – 8 AZR 197/11, NZA-RR 13, 179; BAG 28.6.2000 – 7 AZR 904/98, NZA 2000, 1097; s aber → Rn 7). Das gilt auch dann, wenn zu diesem Zeitpunkt noch ein Kündigungsschutzverfahren anhängig ist (BAG 6.8.97 – 7 AZR 557/96, NZA 98, 254).

Auch bei Wegfall des Kündigungsgrundes vor Ablauf der Kündigungsfrist ist ein Wiedereinstellungsanspruch nicht automatisch zu bejahen. Ein Anspruch auf unveränderte Fortsetzung des Arbeitsverhältnisses besteht nur, wenn unter Berücksichtigung der Umstände des Einzelfalls **die schutzwerten Interessen des Arbeitnehmers die des Arbeitgebers überwiegen.** Dies ist dann nicht der Fall, wenn der ArbGeb in gutem Glauben an die Wirksamkeit der Kündigung Dispositionen getroffen hat. Als Beispiel nennt das BAG, dass sich bei einer im Kündigungszeitpunkt beabsichtigten Betriebsstilllegung nach Ausspruch der Kündigung ein potentieller Betriebsübernehmer meldet, der die Übernahme und Fortführung des Betriebes von Rationalisierungsmaßnahmen oder Änderungen der Arbeitsbedingungen abhängig macht. In diesem Falle könne es dem ArbGeb nicht zugemutet werden, das einmal gekündigte Arbeitsverhältnis wieder zu den alten Bedingungen fortzusetzen, da ohne die Rationalisierung oder Anpassung der Arbeitsbedingungen es letztlich bei der Betriebsstilllegung bleiben würde (BAG 27.2.97 – 2 AZR 160/96, NZA 97, 757). Auch die zwischenzeitliche Neubesetzung eines Arbeitsplatzes kann einem Wiedereinstellungsanspruch entgegenstehen, wenn sie nicht treuwidrig gerade mit dem Ziel erfolgt ist, den Wiedereinstellungsanspruch zu vereiteln (BAG 28.6.2000 – 7 AZR 904/98, NZA 2000, 1097; BAG 25.10.2007 – 8 AZR 989/06, NZA 08, 357). 5

Zusätzlich entsteht ein Problem der **Auswahl der wieder einzustellenden Arbeitnehmer,** wenn der Grund der betriebsbedingten Kündigung nur für einen Teil der gekündigten ArbN entfällt, etwa bei einer Teilbetriebsübernahme. Nach Auffassung des BAG (15.3.84 – 2 AZR 24/83, DB 84, 2354) kommt zwar eine unmittelbare Anwendung von § 1 Abs 3 KSchG nicht in Betracht; wohl aber sollen die sozialen Belange der betroffenen ArbN zumindest nach § 315 BGB mit zu berücksichtigen sein (BAG 4.12.97 – 2 AZR 140/96, DB 98, 85; BAG 2.12.99 – 2 AZR 757/98, NZA 2000, 531). Berücksichtigt man, dass nach § 1 Abs 3 KSchG eine Herausnahme der „Leistungsträger" aus der Sozialauswahl möglich ist, ist in der Sache kaum ein Unterschied zwischen der Heranziehung von § 1 Abs 3 KSchG und § 315 BGB auszumachen (*Beckschulze* DB 98, 417). 6

**b) Sonderfall: Betriebsübergang.** Der Betriebsübergang kann zu einem Wiedereinstellungsanspruch **beim Veräußerer** führen (mit anschließender Überleitung des Arbeitsverhältnisses auf den Erwerber gem § 613a BGB (BAG 25.10.07 – 8 AZR 989/06, NZA 08, 357), wenn wegen einer Übernahme des Betriebs oder eines Teilbetriebs noch innerhalb der Kündigungsfrist der Grund für eine ausgesprochene betriebsbedingte Kündigung entfällt (→ Rn 4). Daneben ist vom 8. Senat des BAG ausnahmsweise die Möglichkeit eines Wiedereinstellungsanspruchs **beim Erwerber** anerkannt, falls es erst nach Ablauf der Kündigungsfrist zu einem Betriebsübergang iSd § 613a BGB kommt (BAG 15.12.11 – 8 AZR 197/11, NZA-RR 13, 179; 12.11.98 – 8 AZR 265/97, DB 99, 485). Begrifflich ist dies, da es um eine erstmalige Tätigkeit für den Erwerber geht, eher ein **Einstellungsanspruch** als ein Wiedereinstellungsanspruch. Diese Möglichkeit besteht aufgrund der Rspr des EuGH (seit EuGH 11.3.97 – C-13/95, DB 97, 628 „Ayse Süzen") zum Betriebsübergang im Dienstleistungsgewerbe, wonach es bei der Übernahme eines „nach Zahl und Sachkunde wesentlichen Teils des Personals" zur Fortsetzung einer wirtschaftlichen Einheit und damit zur Anwendung des § 613a BGB kommen kann (→ *Betriebsübergang* Rn 10). Dadurch kann es bei Auftragswechsel und Fortsetzung der Tätigkeit mit einem Teil der Belegschaft des früheren Auftragnehmers zum Eingreifen von § 613a BGB kommen. Der „unwesentliche" nicht vom neuen Auftragnehmer übernommene Teil des Personals soll dann einen Anspruch auf Einstellung zur Wahrung seiner Rechte aus § 613a BGB haben. Gleichfalls kann ein Anspruch beim Betriebserwerber bestehen, wenn während des Laufs der Kündigungsfrist der Betriebsübergang zwar beschlossen, aber noch nicht vollzogen ist (BAG 15.12.11 – 8 AZR 197/11, NZA-RR 13, 179). 7

In der **Insolvenz** besteht kein Einstellungsanspruch beim Betriebserwerber (BAG 13.5.04 – 8 AZR 198/03, DB 04, 2107; BAG 10.12.98 – 8 AZR 324/97, NZA 99, 422). Zudem spricht viel dafür, dass ein Einstellungsanspruch ausscheidet, wenn trotz Betriebsübergangs dem Erwerber nach Maßgabe seines neuen Unternehmenskonzeptes eine Weiterbeschäftigung unmöglich ist. Wenn nicht alle die Fortsetzung ihres Arbeitsverhältnisses begehrenden ArbN weiterbeschäftigt werden können, hat der Erwerber eine billige Auswahlentscheidung nach §§ 315, 242 BGB anhand betrieblicher Belange und sozialer Aspekte unter den ArbN mit einem Fortsetzungsanspruch zu treffen (*Meyer* BB 2000, 1032 ff). 8

9 **c) Personen- und verhaltensbedingte Kündigung.** Da letztlich jede Kündigung zukunfts- bzw prognosebezogen ist (→ *Kündigungsschutz* Rn 81), kann auch bei der personen- oder verhaltensbedingten Kündigung im Falle einer Veränderung der Prognosegrundlage nach Zugang der Kündigung und vor Ablauf der Kündigungsfrist ein Wiedereinstellungsanspruch entstehen. Denkbar ist dies insbes bei der krankheitsbedingten Kündigung (BAG 27.6.01 – 7 AZR 662/99, NZA 01, 1135; aA LAG Bln 18.6.02 – 12 Sa 2413/01, NZA-RR 03, 66) und bei der Verdachtskündigung (BAG 20.8.97 – 2 AZR 620/96, NZA 97, 1340). Bei der Verdachtskündigung reicht allerdings allein die Einstellung eines Ermittlungsverfahrens nach § 170 Abs 2 S 1 StPO nicht aus, da die Einstellungsverfügung lediglich eine vorläufige Beurteilung durch die staatlichen Ermittlungsbehörden ohne Bindungswirkung für die ArbG darstellt (BAG 20.8.97 – 2 AZR 620/96, NZA 97, 1340). Nach der Logik der Rspr muss ein Wiedereinstellungsanspruch aber auch bei der „normalen" verhaltensbedingten Kündigung in Betracht kommen, etwa wenn einem ArbN wegen Leistungsdefiziten gekündigt wurde und dieser in der Kündigungsfrist durch entsprechende Fortbildungs- oder Trainingsmaßnahmen seine Fähigkeiten und Kenntnisse so erweitert, dass die reklamierten Leistungsdefizite nicht mehr zu befürchten sind (*Nägele* BB 98, 1686). Damit erhält der ArbN auch nach Ausspruch der Kündigung noch eine letzte Chance zur Besserung oder Genesung, allerdings wiederum **begrenzt durch Dispositionen,** die der ArbGeb zwischenzeitlich im guten Glauben an die Wirksamkeit der Kündigung getroffen hat, etwa mit Freistellung in der Kündigungsfrist und Neubesetzung des Arbeitsplatzes bei krankheits- oder verhaltensbedingter Kündigung (BAG 27.2.97 – 2 AZR 116/96, NZA 97, 757). Zudem genügt es nicht, nur die der Kündigung zugrundeliegende Prognose zu erschüttern; vielmehr muss der ArbN eine positive Prognose darlegen und ggf beweisen (BAG 17.6.99 – 2 AZR 639/98, NZA 99, 1328 für die krankheitsbedingte Kündigung).

10 **d) Saison- und Kampagnebetriebe.** Im Grundsatz besteht keine Pflicht des ArbGeb, entlassene ArbN bei Beginn der nächsten Saison oder Kampagne wieder einzustellen (BAG 15.3.84, NZA 84, 226; *Reinfeld* AR-Blattei SD Saisonarbeit Rn 84; offengelassen in BAG 7.3.96, DB 96, 1523). Etwas anderes kann sich jedoch bei Vorliegen besonderer Umstände ergeben, etwa wenn der ArbGeb ganz regelmäßig alle am Ende des vorigen Beschäftigungsabschnitts ohne Vorbehalt entlassenen ArbN wieder einstellt, und zwar derart, dass die ArbN nach Treu und Glauben, wie der ArbGeb weiß, mit der Wiedereinstellung fest rechnen und der ArbGeb auch weder bei einer früheren noch bei der letzten Entlassung irgendeinen Vorbehalt gemacht hat (BAG 29.1.87 – 2 AZR 109/86, NZA 87, 627; *von Hoyningen-Huene/Linck* § 22 Rn 11).

## B. Lohnsteuerrecht *Weil*

16 Aufwendungen zur **Durchsetzung des Wiedereinstellungsanspruchs** können Werbungskosten (→ *Werbungskosten* Rn 2 ff) sein. **Schadensersatz,** der einem Stpfl infolge einer schuldhaft verweigerten Wiedereinstellung zufließt, ist eine Entschädigung iSd § 24 Nr 1 Buchst a EStG, die bei zusammengeballtem Zufluss tarifbegünstigt zu besteuern ist (BFH 6.7.05 – XI 46/04, BStBl II 06, 55; → *Abfindung* Rn 41). Auch Schadensersatzleistungen aus Amtshaftung für die durch eine rechtswidrige Abberufung als Vorstand entstandenen Verdienst- und Betriebsrentenausfälle können Entschädigungen iSd § 24 Nr 1 Buchst a EStG sein und der ermäßigten Besteuerung nach § 34 Abs 1, Abs. 2 Nr 2 EStG unterliegen (BFH 12.7.16 IX R 33/15, BStBl II 17, 158; → *Außerordentliche Einkünfte* Rn 5 ff). Eine Abfindung, die für den Verzicht auf eine zugesagte Wiedereinstellung gezahlt wird, gehört auch zu den nach § 34 Abs 1, 2 EStG begünstigten Entschädigungen (BFH 22.4.08 – IX R 83/07, BFH/NV 08, 1473).

## C. Sozialversicherungsrecht *Schlegel*

21 **Ruhen des Anspruchs auf Arbeitslosengeld bei Bestehen eines Wiedereinstellungsanspruchs** tritt nur dann ein, wenn der ArbN durch Nichtgeltendmachung dieses Anspruchs den Sperrzeittatbestand des § 159 Abs 1 Nr 2 SGB III erfüllt. Dies wird in aller Regel nicht der Fall sein. Zwar mag es unter Abwägung der Interessen der Solidargemeinschaft einerseits und dem Recht des einzelnen auf freie Wahl des Arbeitsplatzes unbillig erscheinen, die BA zur Zahlung von AlGeld zu verpflichten, obwohl der Arbeitslose

Anspruch auf einen bestimmten Arbeitsplatz hat und den Zustand der Arbeitslosigkeit gleichsam mutwillig aufrechterhält. Indessen ist zu respektieren, dass § 159 SGB III keine Generalklausel, sondern Sperrzeittatbestände in Form eines enumerativen Katalogs enthält. Dieser ist nicht beliebig erweiterbar und greift zB auch dann nicht ein, wenn der Arbeitslose eine von ihm selbst ausfindig gemachte und ihm zumutbare Arbeitsstelle „platzen" lässt. Das BSG hat im Urteil vom 5.2.98 – B 11 AL 55/97 R, BeckRS 1998, 30007582 die Frage, ob ein Widereinstellungsanspruch gegen den früheren Arbeitgeber für einen späteren Zeitpunkt Einfluss auf die aktuelle Verfügbarkeit haben könnte, mit der Begründung verneint. Das BSG hat dies damit begründet, dass eine in Zukunft liegende vertragliche Bindung dem Dürfen iS des § 138 Abs 5 Nr 1 SGB III (= § 103 Abs 1 Satz 1 AFG aF) im Hinblick auf die Relativität schuldrechtlicher Verpflichtungen nicht entgegensteht, wenn der Arbeitslose bereit ist, sich unter Inkaufnahme der voraussichtlichen Folgen der Vertragsverletzung über diese Bindungen hinwegzusetzen.

Allerdings ist es der BA nicht verwehrt, den Arbeitslosen bei der Arbeitslosmeldung nach dem Bestehen eines evtl Wiedereinstellungsanspruch zu fragen; dieselbe Frage kann auch dem früheren ArbGeb gestellt und ggf der betreffende Arbeitsplatz dem Arbeitslosen von der BA angeboten werden, selbst wenn der ArbGeb dies nicht wünscht oder ablehnt. Nimmt der Arbeitslose dieses Arbeitsangebot in einem solchen Fall nicht an, ohne hierfür einen wichtigen (zB gesundheitlichen) Grund zu haben, ist der **Sperrzeittatbestand** verwirklicht. 22

# Wintergeld

## A. Arbeitsrecht

*Poeche*

**1. Allgemeines.** Wintergeld in Form von Zuschuss-Wintergeld und Mehraufwandswintergeld wird von der BA als ergänzende Leistung gewährt (§ 102 SGB III). Zu den sozialrechtlichen Voraussetzungen → Rn 8 ff. Obwohl das Wintergeld dem ArbN zukommen soll, kann er die Leistung nicht persönlich bei der BA beantragen. Antragsberechtigt sind der ArbGeb und der BRat. Der ArbGeb hat auf die Vermögensinteressen des ArbN Rücksicht zu nehmen (§ 241 Abs 2 BGB) und deshalb dafür zu sorgen, dass der ArbN in den Genuss des Wintergeldes kommt. Das Wintergeld ist form- und fristgerecht zu beantragen und die erforderlichen Nachweise sind beizubringen. Eine schuldhafte Verletzung der **arbeitsvertraglichen Nebenpflicht** begründet Ersatzansprüche des ArbN gegen den ArbGeb in Höhe der ausgefallenen Leistungen (LAG Hess 15.1.90 – 16 (S) Sa 854/89, NZA 91, 288). 1

**2. Rechtsnatur/Ausschlussfristen.** Das Wintergeld ist als Sozialleistung der BA **kein Arbeitsentgelt** iSv § 611 BGB. Es ist bei der Bemessung arbeitsrechtlicher Ansprüche wie der Entgeltfortzahlung im Krankheitsfall (§ 3 EFZG) oder des Urlaubsentgelts (§ 11 BUrlG) außer Ansatz zu lassen. Der ArbGeb ist lediglich „Zahlstelle" des durchlaufenden Postens „Wintergeld". Gleichwohl handelt es sich bei dem Anspruch des ArbN gegen den ArbGeb auf (Aus-)Zahlung von Wintergeld oder auf Schadensersatz um Ansprüche aus dem Arbeitsverhältnis. Eine einzel- oder tarifvertragliche **Ausschlussfrist** ist daher anzuwenden. Ist das Wintergeld nicht in der monatlichen Lohnabrechnung ausgewiesen, beginnt die Frist regelmäßig mit Ablauf der dem ArbGeb zur Verfügung stehenden Antrags- und Nachweisfrist. 2

Die Ausschlussfristen gelten auch für **Rückzahlungsansprüche** des ArbGeb, die im Zusammenhang mit der Zahlung von Wintergeld entstehen. Solche Zahlungen erfolgen für den ArbN erkennbar regelmäßig allein im Hinblick auf die erwartete Förderung durch die BA. Hat der ArbGeb daher das Wintergeld vor der endgültigen Bewilligung der Sozialleistung an den ArbN ausgezahlt, so wird sein Rückgewähranspruch frühestens mit Zugang des Ablehnungsbescheides fällig und nicht bereits mit dem Zeitpunkt der Überzahlung (LAG Hess 27.6.00 – 9 Sa 487/00, NJOZ 01, 765).

**3. Erstattungsanspruch des Arbeitgebers.** Im Gerüstbauerhandwerk erwirbt der ArbN während eines vorübergehenden Auslandseinsatzes einen Anspruch auf Übergangsgeld, wenn die Arbeit in der Schlechtwetterzeit für mindestens eine Stunde ausfällt. Die 3

Sozialkasse ist dem ArbGeb tariflich zur Erstattung auch ohne Vorlage eines Bewilligungsbescheids der BA über Zuschuss-Wintergeld verpflichtet, soweit der ArbGeb Grund und Ausmaß des Arbeitsausfalles auf andere Art nachweist (BAG 20.1.10 – 10 AZR 927/08, BeckRS 2010, 67753).

4 **4. Finanzierung des Zuschuss-Wintergeldes.** In einigen Tarifbereichen (*Fleddermann* ArbRAktuell 11, 151) besteht der gesetzlich bestimmte ArbNAnteil an der Umlage (→ Rn 12) in der „Einbringung" von Urlaubstagen (im Dachdeckergewerbe sind es zwei Urlaubstage). Die Einbringung erfüllt den tariflichen Urlaubsanspruch. Der ArbGeb schuldet deshalb für diese Tage weder Urlaubsentgelt noch ein hiervon abhängiges zusätzliches Urlaubsgeld (BAG 12.10.10 – 9 AZR 531/09, NJOZ 11, 1453). Offengelassen hat der Senat, ob der gesetzliche Mindesturlaub eingebracht werden kann.

## B. Lohnsteuerrecht *Weil*

5 Das Wintergeld, das als Mehraufwands-Wintergeld oder als Zuschuss-Wintergeld (§ 102 Abs 2 und 3 SGB III, → Rn 9 u 10), geleistet wird, gehört zu den übrigen Leistungen nach dem SGB III iSd § 3 Nr 2 Buchst a EStG und ist **steuerfrei** (R 3.2 Abs 3 LStR). Zulagen des ArbGeb zB Baustellenzulagen wegen ungünstiger Unterkunft sind stpfl Arbeitslohn (§ 2 Abs 2 Nr 7 LStDV). Das Wintergeld unterliegt nicht dem Progressionsvorbehalt nach § 32b EStG (LfSt Bayern 9.5.2007 BeckVerw 093379; → *Lohnersatzleistungen* Rn 10).

6 **Rückzahlungen** des Wintergelds durch den ArbN sind steuerlich unbeachtlich. Die **Umlage** für das Wintergeld (§§ 354 ff SGB III, → Rn 12) stellt beim ArbGeb Betriebsausgaben dar. Der **Arbeitnehmer-Anteil** an der Umlage gehört zu den abzugsfähigen Werbungskosten. Der Arbeitnehmeranteil der Umlage dient primär dem Erhalt des gegenwärtigen Arbeitsplatzes und der ununterbrochenen Beschäftigung. Der Arbeitnehmer hat seinen Anteil an der Umlage unabhängig davon zu zahlen, ob er später tatsächlich steuerfreie Leistungen erhält (BT-Drs 16/429 S 12). Ein Abzugsverbot nach § 3c EStG besteht deshalb nicht (LfS Bayern 9.5.07, BeckVerw 093379).

7 Die **Winterbeihilfe,** die von der **Urlaubs- und Lohnausgleichskasse der Bauwirtschaft** gezahlt wird, ist **steuerpflichtig,** jedoch ohne laufenden LStAbzug, da der Empfänger im Zeitpunkt der Zahlung in keinem Dienstverhältnis steht. Sie ist in die Jahressteuerveranlagung mit einzubeziehen. Hierzu hat die Urlaubs- und Lohnausgleichskasse eine Bescheinigung über die Höhe der Winterbeihilfe auszustellen (OFD Hannover 8.4.04 – S 2360 – 30 – StH 212, LSt-Kartei NdS § 38 EStG Nr 3). Das Gleiche gilt für vom ArbGeb gezahlten Lohnausgleich und **Bauzuschlag.** Zahlung von Wintergeld an Waldarbeiter der staatlichen Forstbetriebe bei witterungsbedingter Unterbrechung des Arbeitsverhältnisses, das nach den Manteltarifverträgen der Länder bezahlt wird, unterliegt als Arbeitslohn (→ *Sonstige Bezüge* Rn 2 ff) dem LStAbzug.

## C. Sozialversicherungsrecht *Voelzke*

8 **1. Allgemeines.** Beim Wintergeld handelt es sich nach § 102 SGB III um eine **ergänzende Leistung zum Saison-Kurzarbeitergeld** (Näheres: *Kurzarbeit*). Es ist zwischen dem Zuschuss-Wintergeld und dem Mehraufwands-Wintergeld zu unterscheiden. Die Aufbringung der Mittel erfolgt durch eine Umlage.

Der **persönliche Anwendungsbereich** der Vorschrift erstreckt sich auf gewerbliche ArbN, die durch die Winterbeschäftigungs-Verordnung (zuletzt geändert durch VO vom 24.6.13, BGBl I 13, 1681) iVm den Regelungen der Baubetriebe-Verordnung (zuletzt geändert durch VO vom 20.12.11, BGBl I 11, 2854) einbezogen werden. Eine grds Beschränkung auf versicherungspflichtige Beschäftigungsverhältnisse besteht insofern nicht (*Schlegel/Voelzke/Müller-Grune* SGB III, § 102 Rz 24).

9 **2. Zuschuss-Wintergeld.** Das Zuschuss-Wintergeld wird nach § 102 Abs 2 SGB III in Höhe von bis zu 2,50 Euro **je ausgefallener Arbeitsstunde** gezahlt, wenn zu deren Ausgleich Arbeitszeitguthaben aufgelöst und die Inanspruchnahme von Saison-Kurzarbeitergeld vermieden wird. Mit dem Zuschuss-Wintergeld soll ein stärkerer Anreiz zur Nutzung von Arbeitszeitkonten gesetzt werden. Das Zuschuss-Wintergeld ist grds ab der 1. Ausfall-

stunde zahlbar. Eine bestimmte Mindestzahl von Ausfallstunden ist nicht erforderlich (*Hauck/Noftz/Scholz* SGB III, § 102 Rz 14).

**3. Mehraufwands-Wintergeld.** Das Mehraufwands-Wintergeld wird nach § 102 Abs 3 SGB III in Höhe von 1,00 Euro für jede in der Zeit vom 15. Dezember bis zum letzten Kalendertag des Monats Februar **geleistete berücksichtigungsfähige Arbeitsstunde** an ArbN gewährt, die auf einem witterungsabhängigen Arbeitsplatz beschäftigt sind. Zu berücksichtigen sind nur im Inland tatsächlich geleistete Arbeitsstunden (BSG 17.3.16 – B 11 AL 3/15 R, NZS 16, 667; zu dieser Entscheidung Bieback jurisPR-SozR 21/2016 Anm 2). Das Mehraufwands-Wintergeld wird der Höhe nach insofern begrenzt, als im Monat Dezember bis zu 90 und in den Monaten Januar und Februar jeweils bis zu 180 Arbeitsstunden berücksichtigungsfähig sind. Diese Leistung soll witterungsbedingte Mehraufwendungen kompensieren. Ein Mehraufwand ist nur dann durch zwingende Witterungsgründe verursacht, wenn die Tätigkeit an dem Arbeitsplatz von entsprechenden Einwirkungen betroffen ist (*Hauck/Noftz/Scholz* SGB III, § 102 Rz 16). **10**

**4. Verfahren.** Das vom ArbGeb zu betreibende Verfahren folgt den Anforderungen beim Kurzarbeitergeld (Näheres: *Kurzarbeit*). Das Wintergeld ist (zusammen mit dem Saison-Kurzarbeitergeld und den weiteren ergänzenden Leistungen) vom ArbGeb schriftlich unter Beifügung einer Stellungnahme der Betriebsvertretung zu beantragen (§ 323 Abs 2 SGB III). Es gilt nach Maßgabe des § 325 Abs 3 SGB III eine Ausschlussfrist von drei Monaten, die mit Ablauf des Monats beginnt, in dem die Tage liegen, für die die Leistungen beantragt werden. **11**

**5. Umlage.** Die Mittel für die ergänzenden Leistungen einschließlich des Wintergelds werden durch Umlage aufgebracht (§ 354 SGB III). Das Umlageverfahren ist durch die **Winterbeschäftigungs-Verordnung** für gewerbliche ArbN von Betrieben des Baugewerbes, des Gerüstbauerhandwerks, des Dachdeckerhandwerks und des Garten- und Landschaftsbaus näher geregelt. Die Umlagehöhe und die Verteilung der Anteile ergeben sich für die einzelnen Gewerbezweige jeweils aus § 3 der Verordnung. **12**

# Zeugnis

## A. Arbeitsrecht

*Poeche*

### Übersicht



**1. Allgemeines.** Jeder ArbN hat bei Beendigung des Arbeitsverhältnisses Anspruch auf ein schriftliches Arbeitszeugnis. Das Zeugnis hat eine doppelte Funktion: 1. Es dient dem **beruflichen Fortkommen** des ArbN. Ihm wird ermöglicht, bei Bewerbungen um einen Arbeitsplatz seinen beruflichen Werdegang, persönliche und fachliche Befähigungen und Eignungen nachzuweisen. Die freie Wahl des Arbeitsplatzes wird erleichtert. 2. **Dritten,** Arbeitskräfte suchenden ArbGeb, gibt das Zeugnis Auswahlkriterien für die Stellenbesetzung an die Hand. 1

**Rechtsgrundlage.** Der Anspruch folgt für alle ArbN einheitlich § 109 GewO. Der Zeugnisanspruch des Auszubildenden ist in § 16 BBiG geregelt. Für Umschüler iSd § 1 Abs BBiG folgt der Anspruch aus § 630 BGB, sofern die Umschulung nicht im Rahmen eines Arbeitsverhältnisses, sondern auf der Grundlage eines (isolierten) Berufsbildungsvertrages durchgeführt wird. Wird die Umschulung im Rahmen eines Arbeitsverhältnisses durchgeführt, ergibt sich der Anspruch ebenfalls aus § 109 GewO (BAG 12.2.13 – 3 AZR 120/11, BeckRS 2013, 68103). 2

**Zeugnisarten.** Gesetzlich wird zwischen dem einfachen und dem qualifizierten Zeugnis unterschieden. Das einfache Zeugnis gibt Art und Dauer der Beschäftigung des ArbN wieder; das qualifizierte Zeugnis enthält darüber hinaus Angaben zu Leistung und Verhalten des ArbN im Arbeitsverhältnis, vgl § 109 Abs 1 GewO. Begrifflich wird außerdem nach dem Zeitpunkt differenziert, zu dem das Zeugnis erstellt wird. Das ist zunächst das gesetzlich allein geregelte **Endzeugnis,** das wegen der Beendigung des Arbeitsverhältnisses erteilt wird. Daneben gibt es das **Zwischenzeugnis,** das während des ungekündigten Arbeitsverhältnisses – regelmäßig aus besonderem Anlass – erteilt wird und das **vorläufige Zeugnis** (das häufig auch als Zwischenzeugnis bezeichnet wird). Dieses wird wegen einer bevorstehenden Beendigung des Arbeitsverhältnisses ausgestellt. 3

Vom Arbeitszeugnis iSv § 109 GewO sind **Bescheinigungen** zu unterscheiden, die ein Beschäftigter als Nachweis gegenüber Dritten benötigt (zB Student über die Absolvierung eines betrieblichen Praktikums; früher die nach dem Arztrecht erforderliche Bescheinigung über die Tätigkeit als Arzt im Praktikum [AiP]). Die sich aus einer vermeintlich inhaltlich falschen Bescheinigung ergebenden Ansprüche richten sich nach dem jeweiligen Sachzusammenhang. Für die „Berichtigungsklage" eines AiP hat das BAG das Rechtsschutzinteresse verneint, weil die für die Zulassung zum Arztberuf zuständige Behörde über die Zulassung selbstständig und ohne Bindung an die Bescheinigung zu entscheiden hatte (BAG 9.5.06 – 9 AZR 182/05, NZA 06, 1296).

**2. Anspruchsinhaber.** Anspruch auf ein Arbeitszeugnis haben alle ArbN, vorausgesetzt wird allein ein Arbeitsverhältnis im allgemeinen arbeitsrechtlichen Sinn. Art und Umfang der geschuldeten Arbeit sind unerheblich. Gleichgültig ist, ob die Arbeit in Vollzeit oder Teilzeit, im Haupt- oder Nebenberuf geschuldet ist oder ob das Arbeitsverhältnis bereits 4 während der Probezeit beendet wird. Leitende Angestellte sind (selbstverständlich) ebenfalls anspruchsberechtigt. Der Anspruch besteht auch im sog Faktischen Arbeitsverhältnis.

Nach § 630 aF setzte der Anspruch ein dauerndes Arbeitsverhältnis voraus. Gemeint war damit ein auf eine gewisse Mindestzeit angelegtes Arbeitsverhältnis. Eine solche Einschränkung, die in der Praxis ohnehin wenig Bedeutung hatte, enthält § 109 GewO nicht. Ein Zeugnis ist deshalb auch für befristete Arbeitsverhältnisse von nur kurzer Dauer, im Extremfall auch für ein Eintagesarbeitsverhältnis zu erteilen. Andernfalls wird der Zweck von Arbeitszeugnissen nicht erreicht. Der ArbN wird nicht in die Lage versetzt, seinen Berufsweg möglichst lückenlos nachzuweisen. Leistung und Verhalten werden sich allerdings insbesondere bei qualifizierteren Tätigkeiten erst nach einer gewissen Zeit beurteilen lassen. Deshalb kann es ausnahmsweise genügen, wenn der ArbGeb zum Ausdruck bringt, wegen der Kürze der Zeit müsse er von einer (zuverlässigen) Leistungsbeurteilung absehen. Er hat dann aber jedenfalls anzugeben, er habe nichts Negatives anzumerken. Erteilt der ArbGeb bei nur kurzer Beschäftigung (sechs Wochen) ein qualifiziertes Zeugnis, dann muss dieses vollständig sein, also Leistungs- und Verhaltensbeurteilung enthalten (LAG Köln 30.3.01 – 4 Sa 1485/00, SPA 19/01). Diese Art der Zeugniserteilung ist dem ArbGeb nicht wegen Verstoßes gegen die Wahrheitspflicht „unzumutbar" (*Geyer* FA 02, 334). Der ArbGeb soll nichts „Unwahres" bescheinigen, sondern lediglich seine in der Kürze der Zeit gemachten Beobachtungen schriftlich niederlegen.

5 **Nichtarbeitnehmer** haben bei Beendigung eines „dauernden" Dienstverhältnisses Anspruch auf ein Dienstzeugnis nach § 630 Satz 1 BGB. Hierzu gehören ua Arbeitnehmerähnliche Personen und Heimarbeiter, Einfirmenvertreter (§ 92a HGB) und der sog kleine Handelsvertreter iSv § 84 Abs 2 HGB. Anerkannt ist auch der Zeugnisanspruch von Organvertretern ohne oder mit nur unwesentlichen Geschäftsanteilen, die keinen Einfluss auf die Gesellschafterbeschlüsse eröffnen (Kammergericht Bln 6.11.78 – 2 U 2290/78, BB 79, 988).

6 **3. Schuldner des Zeugnisanspruchs** ist der ArbGeb. Er kann sich durch einen Betriebsangehörigen, nicht durch einen freien Rechtsanwalt, vertreten lassen. Ein von einem leitenden Angestellten im eigenen Namen für den ArbN erstelltes **„Referenzzeugnis"** stellt keine Anspruchserfüllung dar. Im Falle der **Arbeitnehmerüberlassung** schuldet der Verleiher das Zeugnis, wobei er zur inhaltlichen Darstellung ggf auf Auskünfte des Entleihers zurückgreifen muss.

7 Bei **Insolvenz** des ArbGeb wird unterschieden: War der ArbN bereits vor Insolvenzeröffnung aus dem Arbeitsverhältnis ausgeschieden, bleibt der ArbGeb grds Schuldner des Zeugnisanspruchs. Diese Pflicht geht auch nicht auf einen vorläufigen Insolvenzverwalter ohne Verfügungsbefugnis iSv § 22 InsO über. Der Rechtsstreit wird nicht nach § 240 ZPO unterbrochen (LAG Nbg 5.12.02 – 2 Ta 137/02, NZA-RR 03, 463). Erlangt dagegen ein vorläufiger Insolvenzverwalter in vollem Umfang die Verfügungsbefugnis über das Arbeitsverhältnis oder wird das Arbeitsverhältnis nach Verfahrenseröffnung beendet, hat der Insolvenzverwalter das Zeugnis zu erstellen (BAG 23.6.04 – 10 AZR 495/03, NZA 04, 1392). Hierfür kommt es nicht darauf an, ob und wie lange er den ArbN beschäftigt hat oder ob er aufgrund eigener Kenntnisse den ArbN beurteilen kann. Der ArbGeb hat ihm nach § 97 InsO die erforderlichen Auskünfte zu erteilen.

8 Erben eines **verstorbenen Arbeitgebers** haben dem ArbN ein Zeugnis zu erstellen, soweit es ihnen aufgrund vorhandener betrieblicher Unterlagen oder von Auskünften anderer ArbN möglich ist (BAG 30.1.91 – 5 AZR 32/90, DB 91, 1626). Zeugnisse für die bei den **Stationierungskräften** beschäftigten ArbN hat die von den Streitkräften bestellte Dienststelle auszustellen; der Rechtsstreit wird gegen die BRD als Prozessstandschafter geführt (BAG 29.1.86 – 4 AZR 479/84, DB 86, 1340). Die Geschäftsführer einer GmbH bleiben auch nach Löschung der Firma verpflichtet (BAG 9.7.81 – 2 AZR 329/79, DB 82, 182). Bei Beendigung des Arbeitsverhältnisses nach einem **Betriebsübergang** schuldet der Erwerber die Erteilung des Zeugnisses, und zwar unabhängig davon, wie lange es nach dem Übergang fortgesetzt wurde (BAG 16.10.07 – 9 AZR 248/07, NZA 08, 298; iE *Jüchser* NZA 12, 244). Der Betriebsveräußerer ist dem Erwerber ggf zur Auskunft verpflichtet.

9 **4. Fälligkeit des Zeugnisanspruchs.** Der ArbGeb schuldet das Zeugnis „bei Beendigung". Das BAG hat nun allerdings klargestellt, dass der Zeugnisanspruch zwar zu diesem

Zeitpunkt entsteht und auch fällig wird, jedoch für den ArbGeb erst erfüllbar ist, wenn der ArbN sein Wahlrecht – einfaches oder qualifiziertes Zeugnis – ausgeübt hat. Demzufolge hat er – anders als noch in den Vorauflagen angenommen und anders als im Berufsausbildungsverhältnis nach § 16 BBiG – vorher auch kein einfaches Zeugnis zu erteilen (BAG 12.2.13 – 3 AZR 120/11, BeckRS 2013, 68103; ebenso ErfK/*Müller-Glöge* GewO § 109 Rz 7). Sein Wahlrecht zugunsten eines qualifizierten Zeugnisses hat der ArbN jedoch schon dann ausgeübt, wenn er überhaupt um ein Zeugnis bittet oder in sonstiger Weise zum Ausdruck bringt, er erwarte ein Zeugnis. Nach allgemeinem Sprachgebrauch ist „Zeugnis" das qualifizierte Zeugnis, während das sog einfache Zeugnis umgangssprachlich eher als „Bescheinigung" verstanden wird. Der Zeugnisanspruch wird nicht erst „mit" oder „nach" Beendigung fällig, sondern bereits dann, wenn aufgrund fristgerechter Kündigung, Ablauf einer Befristung oder aufgrund eines Aufhebungsvertrages die Beendigung des Arbeitsverhältnisses absehbar ist. Nur dann wird der ArbN in die Lage versetzt, das Zeugnis bestimmungsgemäß als **Bewerbungsunterlage** bei der Suche nach einem neuen Arbeitsplatz zu nutzen. Richtigerweise kann der ArbN daher das Zeugnis bei Ausspruch der Kündigung oder Abschluss des Aufhebungsvertrages verlangen, bei Befristungen angemessene Zeit vor Beendigung (*Schaub/Linck* § 147 Rz 7).

Der ArbGeb ist regelmäßig berechtigt, ein vor Beendigung des Arbeitsverhältnisses ausgestelltes Zeugnis als „vorläufiges" zu kennzeichnen. Die für seinen Inhalt maßgeblichen Umstände können sich bis zum tatsächlichen Ausscheiden noch ändern. Das vorläufige Zeugnis ist sodann gegen das Endzeugnis auszutauschen. Im Fall **fristloser Kündigung** ist das Zeugnis vom ArbGeb unverzüglich, dh ohne schuldhaftes Zögern iSv § 121 BGB, zu erteilen. Streit der Parteien über die rechtliche Beendigung des Arbeitsverhältnisses schiebt die Verpflichtung des ArbGeb nicht hinaus, die Erhebung der Kündigungsschutzklage befreit ihn nicht von der Verpflichtung, dem ArbN ein Endzeugnis zu erteilen (BAG 27.2.87 – 5 AZR 710/85, DB 87, 1845; → *Arbeitspapiere* Rn 6 ff). 10

Ein **Zwischenzeugnis** ist nach allgemeiner Meinung auf Wunsch der ArbN jedenfalls aufgrund arbeitsvertraglicher Nebenpflicht dann zu erteilen, wenn ein berechtigtes Interesse vorliegt. Als Grund werden zB anerkannt eine vom ArbGeb in Aussicht gestellte Kündigung, eigener Stellenwechsel, Änderungen im Arbeitsbereich wie Versetzung, Wechsel der Vorgesetzten (BAG 1.10.98 – 6 AZR 176/97, NZA 99, 894) oder Insolvenz, Bewerbungen, Fort- und Weiterbildung, längere Arbeitsunterbrechung infolge Elternzeit, Wehr- oder Zivildienst, Vorlage bei Gerichten, Behörden, Kreditanträge (→ *Verdienstbescheinigung* Rn 2). Im Fall der **Betriebsnachfolge** iSv § 613a BGB ist auf Wunsch des ArbN wegen der oft für ihn nicht vorhersehbaren Auswirkungen des ArbGebWechsels ein Zwischenzeugnis zu erteilen (vgl hierzu *Jüchser* NZA 12, 244), trotz des Erlöschens des alten Arbeitsverhältnisses kein Endzeugnis. Der Anspruch kann sowohl gegen den alten als auch gegen den neuen ArbGeb geltend gemacht werden. Der damit bei einer Vielzahl von Arbeitsverhältnissen ggf erforderliche erhebliche ArbGebAufwand ist unbeachtlich. Richtigerweise kann der ArbN auch ohne Darlegung eines besonderen Grundes ein Zwischenzeugnis verlangen. Er muss die Möglichkeit haben, seine Chancen auf dem Arbeitsmarkt realistisch einzuschätzen und einen beruflichen Wechsel vorzubereiten. Der Zwang zur Offenbarung seines anerkannt berechtigten Interesses gefährdet ggf ohne Not das bestehende Arbeitsverhältnis; die freie Wahl des Arbeitsplatzes (Art 12 GG) wird nicht voll gewährleistet (RGRK/*Eisemann* § 630 BGB Rz 23; aA ErfK/*Müller-Glöge* § 109 GewO Rz 50). Der Anspruch auf ein Zwischenzeugnis kann ebenso wie der Anspruch auf das Endzeugnis (LAG Köln 8.2.2000 – 13 Sa 1050/99, NZA-RR 01, 130) verwirken. Nach Auffassung des LAG Hamm (13.2.07 – 19 Sa 1589/06, NZA-RR 07, 486) hat der ArbN während des Laufs eines Kündigungsschutzprozesses ein Wahlrecht, ob er ein Endzeugnis oder ein Zwischenzeugnis verlangt. 11

Bestimmt ein **Tarifvertrag,** dass ein Zwischenzeugnis aus „triftigen Gründen" zu erteilen ist (zB § 35 Abs 2 TVöD), muss es auch geeignet sein, den mit ihm angestrebten Erfolg zu fördern (BAG 21.1.93 – 6 AZR 171/92, DB 93, 2134 zu § 61 Abs 2 BAT: Verneint als Beweismittel im Eingruppierungsprozess; BAG 1.10.98 – 6 AZR 176/97, NZA 99, 894: Bejaht bei Vorgesetztenwechsel). 12

Wegen des dem Auszubildenden nach § 16 BBiG zu erteilenden Ausbildungszeugnisses → *Ausbildungsverhältnis* Rn 66–68 und zur Vergleichbarkeit mit dienstlichen Beurteilungen 13

OVG Bremen 5.10.18 – 2 B 141/18, BeckRS 2018, 27242 und VGH Hess 27.1.94 – 1 TG 2485/93, DB 94, 2140.

14 **5. Ort der Zeugniserteilung, Fristen.** Wie alle anderen Arbeitspapiere ist das Zeugnis eine Holschuld iSd § 269 Abs 2 BGB. Der ArbN hat daher das Zeugnis beim ArbGeb abzuholen (BAG 8.3.95 – 5 AZR 848/93, NZA 95, 671). Wer ohne Abholversuch ein Zeugnis einklagt, hat daher idR die Kosten des Rechtsstreits zu tragen (LAG Bln-Bbg 6.2.13 – 10 Ta 31/13, BeckRS 2013, 66712). Hält der ArbGeb das rechtzeitig verlangte Zeugnis nicht bis spätestens zum letzten Tag des Ablaufs der Kündigungsfrist mit den anderen Arbeitspapieren bereit, hat er es auf seine Gefahr und Kosten dem ArbN zu übersenden (LAG Köln 26.4.10 – 2 Ta 24/10, BeckRS 2010, 70863; → *Arbeitspapiere* Rn 9). Nach § 242 BGB kann der ArbGeb im Einzelfall verpflichtet sein, dem ArbN das Zeugnis nachzuschicken, zB wenn die Abholung mit unverhältnismäßigen Kosten verbunden ist (BAG 8.3.95 – 5 AZR 848/93, NZA 95, 671). Der ArbGeb ist auch gehalten, dem ArbN mitzuteilen, dass er das Zeugnis erstellt und bereit gelegt hat. Der ArbN braucht nicht „auf gut Glück" bei dem ArbGeb persönlich vorstellig zu werden (LAG Hessen 19.6.17 – 10 Ta 172/17, BeckRS 2017, 115904). Die Einrede des nichterfüllten Vertrages oder ein sonstiges Zurückbehaltungsrecht bestehen nicht. Der Zeugnisanspruch ist **unabdingbar,** ein vor Beendigung des Arbeitsverhältnisses erklärter **Verzicht** des ArbN unwirksam (LAG Köln 17.6.10 – 7 Ta 352/09, BeckRS 2010, 71321). Ob der ArbN nach Beendigung des Arbeitsverhältnisses rechtswirksam auf ein Zeugnis verzichten kann, ist höchstrichterlich nicht entschieden. Allgemein gehaltene Ausgleichsklauseln in einem Vergleich zur Beendigung eines Kündigungsprozesses enthalten jedenfalls regelmäßig keinen Verzicht (BAG 16.9.74 – 5 AZR 255/74, DB 75, 155).

15 Das BAG bejaht die Geltung **tariflicher Ausschlussfristen** (23.2.83 – 5 AZR 515/80, DB 83, 2043 zu § 70 BAT; LAG RhPf 19.12.18 – 7 Sa 208/18, BeckRS 2018, 38087; LAG Hamm 10.4.02 – 3 Sa 1598/01, LAG Report 02, 267: auch einzelvertragliche Ausschlussklausel; → *Ausschlussfrist* Rn 10 ff). Zur Ausgleichsquittung LAG Köln 17.6.94 – 4 Sa 185/94, LAGE Nr 22 zu § 630 BGB; LAG Düsseldorf 23.5.95 – 3 Sa 253/95, NZA-RR 96, 42. Nach Auffassung des BAG (16.9.74 – 5 AZR 255/74, NZA 75, 407) erfasst eine allgemein gehaltene **Ausgleichsklausel** regelmäßig nicht den Zeugnisanspruch (aA jetzt LAG BlnBbg 6.12.11 – 3 Sa 1300/11, BeckRS 2012, 65741). Soweit prozessual zulässig, kann der ArbN, der das erteilte Zeugnis fristgerecht bemängelt hat, im Rechtsstreit auch nach Fristablauf weitere Ergänzungen oder Änderungen verlangen (BAG 4.10.05 – 9 AZR 507/04, NZA 06, 436). Die **Verjährungsfrist** beträgt 3 Jahre (§ 195 BGB), eine vorherige **Verwirkung** (zu Zeit- und Umstandsmoment → *Verwirkung* Rn 2) ist nicht ausgeschlossen (BAG 17.2.88 – 5 AZR 638/86, DB 88, 1071: zehn Monate für Berichtigung; LAG Düsseldorf 11.11.94 – 17 Sa 1158/94, DB 95, 1135: elf Monate). Ein einfaches Zeugnis kann solange verlangt werden, wie die Unterlagen über Art und Dauer der Beschäftigung normalerweise im Betrieb aufbewahrt werden. Ein qualifiziertes Zeugnis ist demgegenüber nur dann zu erteilen, wenn der ArbGeb trotz des zeitlichen Abstandes zwischen Beendigung des Arbeitsverhältnisses und dem Verlangen des ArbN Leistung und Führung noch beurteilen kann. Entscheidend sind die Umstände des Einzelfalles (*Schaub/Linck* § 147 Rz 11). Verwirkung kann auch eingreifen, wenn sich der ArbGeb auf eine verspätete Intervention des ArbN zwar auf eine geänderte Tätigkeitsbeschreibung einlässt, die Verbesserung der Leistungsbewertung aber ablehnt.

16 **6. Form und Inhalt** des schriftlich zu erteilenden Zeugnisses bestimmen sich nach seinem Zweck, dem ArbN in seinem beruflichen Fortkommen zu dienen. Wegen seiner Außenwirkung muss es daher, was die äußere Form, Wortwahl, Ausstellungsdatum und Person des Unterzeichners betrifft, den im Geschäftsverkehr üblichen und von Dritten auch erwarteten Gepflogenheiten entsprechen: „Anstand als einklagbare Schuld" (ErfK/*Müller-Glöge* § 109 GewO Rz 1).

17 **a) Äußere Form.** Regelmäßig ist das Zeugnis maschinenschriftlich und auf dem für die Geschäftskorrespondenz üblichen Geschäftspapier zu erstellen (BAG 3.3.93 – 5 AZR 182/92, DB 93, 1624). Verwendet der ArbGeb zulässigerweise einen weißen Bogen für das Zeugnis, sind volle Firmenbezeichnung, Rechtsform und derzeitige Anschrift anzuführen. Das auf einem Geschäftsbogen vorhandene Adressfeld darf nicht ausgefüllt sein, da dies als

Hinweis darauf gewertet werden kann, dass das Zeugnis nicht zeitnah und damit erst nach einem Streit erteilt worden sein könnte (Hess LAG 21.10.14 – 12 Ta 375/14, BeckRS 2015, 70674). Eine saubere Kopie mit Originalunterschrift des ArbGeb oder seines Vertreters reicht aus (LAG Brem 23.6.89 – 4 Sa 320/88, BB 89, 1825). Äußere Mängel wie Flecken, Durchstreichungen, Textverbesserungen oÄ braucht der ArbN nicht hinzunehmen. Schreibfehler sind grds zu berichtigen (Hess LAG 21.10.14 – 12 Ta 375/14, BeckRS 2015, 70674). Ausrufungs- oder Fragezeichen und Gänsefüßchen sind ebenso unzulässig wie Unterstreichungen oder teilweise Hervorhebungen durch Fettschrift. Nach § 109 Abs 2 GewO muss das Zeugnis „klar und verständlich" formuliert sein und darf keine Merkmale oder Formulierungen enthalten, die den Zweck haben, eine andere als aus der äußeren Form oder aus dem Wortlaut ersichtlichen Aussage über den ArbN zu treffen. Allerdings sind an die äußere Form auch keine übertriebenen Anforderungen zu stellen. Im Rahmen des Gebots der Zeugnisklarheit ist der ArbGeb auch in der äußeren Gestaltung des Zeugnistextes frei. Er darf daher zB Silbentrennungen vornehmen (LAG BaWü 27.11.14 – 3 Sa 21/14, BeckRS 2015, 66785) oder lediglich stichwortartig die dem ArbN übertragenen Aufgaben aufzählen, denn dies ist gerade in kleineren Betrieben und im Handwerk nicht unüblich (LAG MeVo 2.4.19 – 2 Sa 187/18, NZA-RR 19, 519). Die Zeugnissprache ist Deutsch. Etwas anderes kann gelten, wenn eine Fremdsprache das Arbeitsverhältnis maßgeblich prägt, wie immer häufiger die englische Sprache (hierzu und zu den Unterschieden zu den im englischen Sprachraum Üblichkeiten: *Kursawe* ArbR 2010, 641). Unbedenklich ist, wenn der ArbGeb dem ArbN das Zeugnis übersendet und es deshalb faltet, um den Bogen in einen Briefumschlag üblicher Größe unterzubringen. Das Zeugnis muss aber kopierfähig sein, dh auf den Ablichtungen dürfen sich die „Knicke" nicht durch Schwärzungen abzeichnen (BAG 21.9.99 – 9 AZR 893/98, NZA 2000, 257; LAG RhPf 9.11.17 – 5 Sa 314/17, BeckRS 2017, 140033). Der ArbGeb kann das Zeugnis auch mit einem Heftgerät tackern. Hierin ist kein „Geheimzeichen" zu sehen. Gleiches gilt, wenn der Abstand vor dem Schlussabsatz etwas größer ist als im übrigen Dokument (LAG Köln 18.7.18 – 7 Ta 49/18, BeckRS 2018, 22990) oder das Zeugnis gelocht ist (LAG Nürnberg 11.7.19 – 3 Sa 58/19, BeckRS 2019, 26243). Es komm hierbei auf die Sicht des objektiven Empfängers an und nicht auf vereinzelt geäußerte Rechtsansichten, selbst wenn sie im Internet zu „Geheimcodes" kursieren (BAG 15.11.11 – 9 AZR 386/10, NZA 12, 448; LAG RhPf 9.11.17 – 5 Sa 314/17, BeckRS 2017, 140033, *Pues* DB 19, 2520). Zur Frage der Zulässigkeit tabellarischer Arbeitszeugnisse: *Plitt/Brand* DB 18, 1986; *Pues* DB 19, 2520.

**b) Personelle Angaben.** Die **Person** des ArbN ist mit Vor- und Familiennamen, ggf Geburtsnamen, genau zu bezeichnen. Anschrift und Geburtsdatum sollten nur mit seinem Einverständnis aufgenommen werden. Zur Identifikation sind diese Daten regelmäßig nicht erforderlich. Ein erworbener akademischer Grad ist korrekt zu verwenden. Ist dem Absolventen einer Hochschule der Titel „Dipl. Ing." verliehen worden, darf dem idR nicht der Zusatz „FH" hinzugefügt werden (BAG 8.2.84 – 5 AZR 501/81, DB 84, 1783). Die Anrede ist „Herr" und „Frau", es sei denn, die Mitarbeiterin wünscht ausdrücklich die Bezeichnung „Fräulein". 18

**c) Ausstellungsdatum.** Das Zeugnis muss ein Ausstellungsdatum tragen. Regelmäßig ist das der Tag der tatsächlichen Erstellung. Vor- oder Rückdatierungen sollen grds unzulässig sein. Das ist in dieser Form nicht richtig. Es ist nicht zu beanstanden, wenn der ArbGeb im Hinblick auf die bevorstehende Beendigung des Arbeitsverhältnisses von der Erteilung eines vorläufigen Zeugnisses absieht und sofort ein Endzeugnis mit dem Datum des letzten Arbeitstages aushändigt. 19

**Rückdatierungen** sind erforderlich, wenn der ArbGeb das vom ArbN verlangte Zeugnis nicht zeitnah erstellt. Dann ist das Datum aufzunehmen, das bei rechtzeitiger Erfüllung gegolten hätte. Dies gilt auch, wenn der ArbGeb das bereits erteilte Zeugnis wegen formeller oder inhaltlicher Mängel von sich aus oder aufgrund eines Vergleichs oder Urteils berichtigt. In diesen Fällen ist das **ursprüngliche Ausstellungsdatum** zu nennen. Darin liegt kein Verstoß gegen die Wahrheitspflicht, vielmehr bedingt der Zweck des Zeugnisses diese Datierung. Andernfalls hätte es der ArbGeb in der Hand, durch Verzögerung der Zeugniserteilung einen lange nach Beendigung des Arbeitsverhältnisses liegenden Zeitpunkt zu erreichen, der bei Dritten den Gedanken an eine Auseinandersetzung über die Beendi- 20 gung des Arbeitsverhältnisses oder den Zeugnisinhalt nahelegt. Die Bewerbungschancen des ArbN können dadurch ungerechtfertigt beeinträchtigt werden (BAG 9.9.92 – 5 AZR 509/91, DB 93, 644; ErfK/*Müller-Glöge* § 109 GewO Rz 12; RGRK/*Eisemann* § 630 Rz 26).

21 **d) Unterschrift.** Jedes Zeugnis schließt mit der **eigenhändigen Unterschrift** des ArbGeb oder des für ihn handelnden Vertreters. Eine Vertretung nur in der Unterschrift ist unzulässig (BAG 21.9.99 – 9 AZR 893/98, NZA 2000, 257). Faksimile, fotokopierte Unterschrift, E-Mail oder Telefax genügen nicht (LAG Hamm 28.3.2000 – 4 Sa 1588, 99, MDR 2000, 1198 [LS]). Dementsprechend untersagen § 630 Satz 2 BGB, § 109 Abs 3 GewO ausdrücklich die elektronische Form. Nicht ordnungsgemäß ist auch eine Unterschrift, die nach ihrer äußeren Gestaltung den Eindruck erweckt, der ArbGeb distanziere sich vom Inhalt (LAG BaWü 3.8.05 – 4 Ta 153/05, NZA-RR 06, 13), etwa indem er seine Unterschrift quer zum Zeugnistext setzt (LAG Hamm 27.7.16 – 4 Ta 118/16, BeckRS 2016, 71826). Die Unterzeichnung hat so zu erfolgen, wie der Unterzeichner auch im Übrigen wichtige Dokumente unterschreibt. Er darf keine Unterschrift wählen, die hiervon abweicht (LAG Hamm 27.7.16 – 4 Ta 118/16, BeckRS 2016, 72826). Das Vertretungsverhältnis und die Stellung des Unterzeichners im Betrieb sind zu kennzeichnen. Beim qualifizierten Zeugnis muss der Unterzeichner erkennbar ranghöher sein (BAG 16.11.95 – 8 AZR 983/94, ArbuR 96, 195). Diese Vorgesetztenstellung muss sich unmittelbar aus dem Zeugnis ergeben (und nicht etwa aus dem Handelsregister!). Wird einem ArbN mit Prokura im Zeugnis bescheinigt, er sei der „Geschäftsleitung" unterstellt gewesen, so ist das Zeugnis daher von einem ihrer Mitglieder zu unterzeichnen. Gehört ein Prokurist zur Geschäftsleitung und fertigt dieser das Zeugnis, ist auf eben diese Stellung im Unternehmen hinzuweisen. Der Zusatz „ppa" genügt nicht (BAG 26.6.01 – 9 AZR 932/00, NZA 02, 33). Bei leitenden Angestellten wird idR das gesetzliche Vertretungsorgan des ArbGeb zu unterschreiben haben. Vergleichbares kann für die Unterzeichnung durch die unmittelbaren Vorgesetzten bei Vorzimmerkräften dann gelten, wenn das Arbeitsverhältnis von besonderem Vertrauen geprägt war (LAG Düsseldorf 5.3.69, DB 69, 534; *Weuster* BB 92, 58 ff). Zum Krankenhausarzt LAG Hamm 21.12.93 – 4 Sa 880/93, BB 95, 154. Die vom BAG für die Privatwirtschaft entwickelten Rechtssätze gelten grds auch im **öffentlichen Dienst.** Regelmäßig ist das Zeugnis vom Behördenleiter oder seinem Stellvertreter auszustellen. Im Übrigen darf die Zeichnungsbefugnis nur auf einen ranghöheren Vorgesetzten übertragen werden. Jedenfalls bei einem wissenschaftlichen Mitarbeiter genügt daher nicht, wenn der Leiter des Verwaltungsreferats mit der Ausstellung des Zeugnisses beauftragt wird. Das Zeugnis ist von einem der vorgesetzten Wissenschaftler (mit-) zu unterzeichnen (BAG 4.10.05 – 9 AZR 507/04, NZA 06, 436). Bei dem Leiter des Redaktionsbüros einer juristischen Fachzeitschrift reicht hingegen die Unterschrift des Verlagsgeschäftsführers aus. Die Unterschrift des wissenschaftlichen Schriftleiters ist nicht notwendig (LAG Hamm 14.1.10 – 16 Sa 1195/10, BeckRS 2010, 67652).

22 **7. Einfaches Zeugnis.** Art und Dauer der Beschäftigung sind beim einfachen Zeugnis darzustellen. Die Tätigkeiten des ArbN sind so vollständig und genau zu beschreiben, dass sich künftige ArbGeb ein klares Bild machen können. Der berufliche Weg, die übertragenen Aufgaben sind im Einzelnen nachzuzeichnen, wobei besondere Befugnisse, Spezialtätigkeiten oder Sonderaufgaben zu erwähnen sind. Unwesentliches darf verschwiegen werden, nicht aber Aufgaben und Tätigkeiten, die ein Urteil über Kenntnisse und Leistungsfähigkeit des ArbN erlauben und ihn für einen künftigen ArbGeb interessant erscheinen lassen (BAG 12.8.76 – 3 AZR 720/75, DB 76, 2211). Ist dem ArbN nicht für die gesamte Dauer des Arbeitsverhältnisses Prokura erteilt, soll es nicht zu beanstanden sein, wenn im Zeugnis die konkreten Daten genannt werden (LAG BaWü 19.6.92 – 15 Sa 19/92, DB 93, 1040 mit kritischer Anm *Pfleger*). Der Widerruf der Prokura gehört jedenfalls dann nicht in das Zeugnis, wenn sie im Zusammenhang mit der für einen späteren Zeitpunkt vereinbarten Beendigung des Arbeitsverhältnisses erfolgt (BAG 26.6.01 – 9 AZR 932/00, NZA 02, 33). Nimmt der ArbN verschiedene Funktionen nacheinander oder nebeneinander wahr, sind diese insgesamt zu erwähnen. Ein Anspruch auf getrennte Zeugnisse besteht nicht; eine entsprechende Zusage des ArbGeb ist unwirksam. Etwas anderes gilt nur bei der im Anschluss an die Ausbildung fortgesetzte Beschäftigung. Nach der ausdrücklichen Vorschrift

des § 16 BBiG ist bei Beendigung des Ausbildungsverhältnisses das Ausbildungszeugnis zu erstellen, ohne dass es auf die Weiterbeschäftigung ankommt (einschränkend LAG Hamm 27.2.97 – 4 Sa 1691/96, NZA-RR 98, 151).

Die anzugebende **Dauer** richtet sich nach dem rechtlichen Bestand des Arbeitsverhältnisses. Hat der ArbN eine fristlose Kündigung nicht angegriffen, ist das tatsächliche Ende der Beschäftigung aufzunehmen. Unterbrechungen durch Urlaub oder Krankheit, Wehrübung, Bildungsurlaub usw sind nicht aufzunehmen. Erhebliche Ausfallzeiten etwa durch Elternzeit können erwähnt werden, wenn sie im Verhältnis zur Dauer der tatsächlichen Beschäftigung ins Gewicht fallen und es nach der Art der geschuldeten Arbeit auf Erfahrungswissen besonders ankommt. Maßgeblich sind die Umstände des Einzelfalles (BAG 10.5.05 – 9 AZR 261/04, NZA 05, 1237; für die Erwähnung einer langjährigen Freistellung als Betriebsrat: LAG Köln 6.12.12 – 7 Sa 583/12, BeckRS 2013, 73873; langjährige Krankheit: Hess LAG 2.2.15 – 16 Sa 1387/14, NZA-RR 16, 179; hierzu auch *Schulte* PuR 16, 153). Da es auf den rechtlichen Bestand des Arbeitsverhältnisses ankommt, sind Zeiten erzwungener bzw zur Abwendung der Zwangsvollstreckung erfolgter Beschäftigung nach einem letztlich erfolglosen Kündigungsschutzverfahren nicht zu bescheinigen (BAG 14.6.16 – 9 AZR 8/15, BeckRS 2016, 70057). 23

Der **Grund des Ausscheidens** ist beim einfachen Zeugnis schon nach dem ausdrücklichen Gesetzeswortlaut nur auf Wunsch des ArbN aufzunehmen. Bei nur kurzer Dauer der tatsächlichen Beschäftigung, die eine Leistungsbeurteilung durch den ArbGeb noch nicht zulässt, oder sonst fehlendem Kündigungsschutz besteht regelmäßig ein Interesse des ArbN an der Angabe des Beendigungsgrundes, wenn dieser in der Sphäre des ArbGeb liegt. 24

**8. Qualifiziertes Zeugnis.** Es betrifft über Art und Dauer der Beschäftigung hinaus **Leistung und Verhalten.** Es gelten die Gebote der **Zeugniswahrheit** und – so sieht es § 109 Abs 2 GewO ausdrücklich vor – der **Zeugnisklarheit** (iE BAG 15.11.11 – 9 AZR 386/10, BeckRS 2012, 67197). Der ArbN kann nicht verlangen, dass die Beurteilung auf Leistung oder Verhalten oder bestimmte Zeiträume beschränkt wird (Grundsatz der Einheitlichkeit des Zeugnisses, vgl *Heyink* PuR 18, 175). Das Zeugnis soll ein Gesamtbild ergeben (LAG Frankfurt 14.9.84 – 13 Sa 64/84, DB 85, 820). Eingehend zu Aufbau und üblichem Inhalt eines Zeugnisses LAG Hamm 1.12.94 – 4 Sa 1631/94, LAGE Nr 28 zu § 630 BGB. 25

Die Beurteilung der **Leistung** muss sich an der Tätigkeitsbeschreibung, also an der Arbeitsaufgabe und ihren Anforderungen orientieren. Körperliches und geistiges Leistungsvermögen, Fachkenntnisse, Arbeitsqualität und -güte, Arbeits- und Verantwortungsbereitschaft kennzeichnen die Leistung wie etwa auch Verhandlungsgeschick, Ausdrucksvermögen, Durchsetzungsfähigkeit und Entscheidungsbereitschaft.

Das in § 109 Abs 1 GewO genannte **Verhalten** des ArbN entspricht dem bisherigen Begriff „Führung". Gemeint ist das Sozialverhalten gegenüber Vorgesetzten, Kollegen und Dritten wie auch gegenüber nachgeordneten Mitarbeitern sowie Beachtung der betrieblichen Ordnung (vgl LAG Hamm 12.7.94 – 4 Sa 192/94 und 4 Sa 564/94, LAGE Nr 26, 27 zu § 630 BGB). Außerdienstliches Verhalten ist im Zeugnis grds nicht zu erwähnen. Es kann dann zur Beurteilung herangezogen werden, wenn es sich dienstlich auswirkt (Trunk- oder Drogensucht; BAG 29.1.86 – 4 AZR 479/84, DB 86, 1340: Unbefugte Nutzung eines Dienstfahrzeugs zu einer Privatfahrt in fahruntüchtigem Zustand). Ein Anspruch auf eine bestimmte Reihenfolge (Vorgesetzte vor Kollegen) besteht nach LAG Schl-Hol (11.12.13 – 1 Ta 207/13, BeckRS 2014, 66285) nicht. 26

Das Zeugnis muss **alle wesentlichen Tatsachen** und Bewertungen enthalten, die für die Beurteilung des ArbN von Bedeutung und für einen zukünftigen ArbGeb von Interesse sind. Einmalige Vorfälle oder Umstände, die für den ArbN, sein Verhalten und Leistung nicht charakteristisch sind – seien sie vorteilhaft oder nachteilig – gehören nicht in das Zeugnis. Weder Wortwahl noch Satzstellung oder Auslassungen dürfen nach dem Gebot der Zeugnisklarheit dazu führen, dass bei Dritten der Wahrheit nicht entsprechende Vorstellungen entstehen. In diesem Rahmen ist der ArbGeb frei in der Formulierung des Zeugnisses (BAG 21.6.05 – 9 AZR 352/04, NZA 06, 104). Bei der Beurteilung, ob das Zeugnis dem Gebot der Klarheit entspricht, ist nicht auf die Vorstellung des Verfassers, sondern auf den objektiven Empfängerhorizont des Zeugnislesers abzustellen (BAG 15.11.11 – 9 AZR 27

386/10, BeckRS 2012, 67197). Dieser wird – wie klagende ArbN häufig annehmen – regelmäßig nicht durch sog Übersetzungslisten im Internet oder die Literatur vorgegeben (BAG 15.11.11 – 9 AZR 386/10, NZA 12, 448; ebenso *Gäntgen* RdA 12, 371, der allerdings auf die wachsende Bedeutung derartiger Listen hinweist). Zur „Übersetzung“ bestimmter Formulierungen: *Novak* ArbRAktuell 15, 434.

**28** Dem ArbGeb steht ein **Beurteilungsspielraum** zu, welche positiven und negativen Leistungen und Eigenschaften des ArbN er betont oder vernachlässigt und wie er das Zeugnis formuliert (BAG 15.11.11 – 9 AZR 386/10, BeckRS 2012, 67197). Maßstab ist der eines wohlwollenden verständigen ArbGeb, der seiner Bewertung Tatsachen, nicht Vermutungen oder Verdächtigungen zugrunde legt. Ungünstiges braucht nicht verschwiegen zu werden (Nichtbestehen einer Prüfung). Ein Strafverfahren wegen sittlicher Verfehlung eines Heimerziehers darf nicht verschwiegen werden (BAG 5.8.76 – 3 AZR 491/75, BB 77, 297; anders wenn die mögliche Straftat in keinem Zusammenhang mit der übertragenen Tätigkeit steht ArbG Düsseldorf 15.12.03 – 7 Ca 9224/08, NZA-RR 04, 294). Wird branchenüblich die Erwähnung bestimmter Eigenschaften erwartet (zB Ehrlichkeit bei Kassierern), sind diese zu erwähnen (LAG Hamm 29.7.05 – 4 Ta 594/04, jurisPR-Arb 1/2006 Anm 4; LAG Hamm 31.1.19 – 11 Sa 795/18, juris: Verkaufsstellenverwalter). Ob in einer Branche oder für eine bestimmte Berufsgruppe üblicherweise eine bestimmte Eigenschaft des ArbN im Zeugnis bescheinigt wird, andernfalls das Zeugnis lückenhaft erscheint („beredtes Schweigen“), ist eine Tatfrage (zB Stressbelastbarkeit bei einem Tageszeitungsredakteur) und deshalb vom Tatsachengericht aufzuklären (BAG 12.8.08 – 9 AZR 632/07, BeckRS 2008, 37445; zum – verneinten – Zeugnisbrauch, im Zeugnis einer Assistenzkraft eines Rechtsanwalts die „selbständige Arbeitsweise“ zu erwähnen: LAG Düsseldorf 29.11.17 – 12 Sa 936/16, BB 18, 180). Ein sog Zeugnisbrauch kann nur dann festgestellt werden, wenn der Brauch auf einer gleichmäßigen, einheitlichen und freiwilligen tatsächlichen Übung der beteiligten Verkehrskreise beruht (LAG Düsseldorf 29.11.17 – 12 Sa 936/16, BB 18, 180).

Die Gerichte können sich hier zB der sog Steckbriefe bedienen, die die Bundesagentur für Arbeit für einige Berufe erstellt hat (so *Gäntgen* RdA 16, 147 unter Hinweis auf www.berufenet.arbeitsagentur.de). Auch „beredtes Schweigen“ ist unzulässig (BAG 20.2.01 – 9 AZR 44/00, NZA 01, 843). Eine geringfügige Verfehlung steht wohl der Bescheinigung der „Ehrlichkeit“ allein noch nicht entgegen. Bei Kraftfahrern spielt zB die Unfallfreiheit eine Rolle. Ein auf Veranlassung des ArbGeb gegen den ArbN eingeleitetes Ermittlungsverfahren wegen Diebstahls in der Anwaltskanzlei des ArbGeb gehört nicht in das Zeugnis. Sollte der ArbN verurteilt werden, hat der ArbGeb Anspruch auf Herausgabe des alten Zeugnisses Zug um Zug gegen Erteilung eines neuen Zeugnisses (LAG Düsseldorf 3.5.05 – 3 Sa 359/05, DB 05, 1799).

**29** Angaben zum **Gesundheitszustand** des ArbN gehören nicht in das Zeugnis. Ob etwas anderes gilt, wenn das Arbeitsverhältnis hierdurch grds beeinflusst wird, erscheint nicht zweifelsfrei (so aber ArbG Hagen 16.4.69 – 2 Ca 1160/68, DB 69, 886: Krampfanfälle; LAG Chemnitz 30.1.96 – 5 Sa 996/95, NZA-RR 97, 47 bei einem krankheitsbedingten Ausfall von rd 50 %).

**30** **Mitgliedschaft im Betriebsrat** oder gewerkschaftliche Betätigung sind nur auf Wunsch des ArbN aufzunehmen, andernfalls müssen auch mittelbare Aussagen, die ein derartiges Engagement des ArbN nahelegen, unterbleiben (LAG Nürnberg 11.10.18 – 5 Sa 100/18, NZA-RR 19, 304; ArbG Ludwigshafen 18.3.87 – 2 Ca 281/87, DB 87, 1364; LAG Hamm 12.4.76 – 9 Sa 29/76, DB 76, 1112). Ob langjährige Freistellung des ArbN für die BRat-Tätigkeit etwas anderes bedingt, ist eine Frage des Einzelfalles (BAG 19.8.92 – 7 AZR 262/91, DB 93, 1525; LAG Hess 19.11.93 – 9 Sa 111/93, DB 94, 1044; LAG Köln 6.12.12 – 7 Sa 583/12, BeckRS 2013, 73873).

**31** Das Zeugnis schließt regelmäßig mit einer **Schlussnote.** An sich erscheint das nicht geboten, wenn ein differenziertes Zeugnis erteilt wird, das auf die einzelnen Anforderungen eingeht und zu Qualität der Arbeitsleistung und das Verhalten konkrete Aussagen trifft. Indessen kann an der Zeugnispraxis nicht vorbei gegangen werden (BAG 14.10.03 – 9 AZR 12/03, NZA 04, 843; *Hunold* NZA-RR 01, 113 und LAG Hamm 22.5.02 – 3 Sa 251/02, LAGReport 02, 264). So hat sich insbes die sog Zufriedenheitsskala eingebürgert:

| | |
|---|---|
| Er/sie hat die ihm/ihr übertragenen Aufgaben stets zu unserer vollsten Zufriedenheit erledigt/zu unserer vollen Zufriedenheit erledigt und unseren Erwartungen in jeder Hinsicht entsprochen | bescheinigt eine durchweg sehr gute Leistung (BAG 18.11.14 – 9 AZR 584/13, NZA 15, 435) |
| stets zu unserer vollen Zufriedenheit erledigt | bescheinigt eine gute Leistung (BAG 18.11.14 – 9 AZR 584/13, NZA 15, 435; 14.10.03 – 9 AZR 12/03, NZA 05, 843; LAG Düsseldorf, 26.2.85 – 8 Sa 1873/84, DB 85, 2692) |
| zu unserer vollen Zufriedenheit erledigt/stets zu unserer Zufriedenheit erledigt | bescheinigt eine Durchschnittsleistung (BAG 18.11.14 – 9 AZR 584/13, NZA 15, 435; 14.10.03 – 9 AZR 12/03, NZA 05, 843; LAG Brem 9.11.2000 – 4 Sa 101/00, NZA-RR 01, 287); eine gut durchschnittliche Leistung (LAG Köln 18.5.95 – 5 Sa 41/95, LAGE Nr 23 zu § 630 BGB) |
| zu unserer Zufriedenheit erledigt | unterdurchschnittliche, noch ausreichende Leistung (so richtig LAG Köln 2.7.99 – 11 Sa 255/99, NZA 2000, 235; LAG Frankfurt 10.9.87 – 12/13 Sa 1766/86, DB 88, 1071; anders: BAG 12.8.76 – 3 AZR 720/75, DB 76, 2211: befriedigende Leistung) |
| im Großen und Ganzen zu unserer Zufriedenheit erledigt | bringt eine mangelhafte Leistung zum Ausdruck |
| er/sie hat sich bemüht, die übertragene Arbeit zu unserer Zufriedenheit zu erledigen/führte die übertragene Aufgabe mit großem Fleiß und Interesse durch | bescheinigt völlig ungenügende Leistungen (BAG 24.3.77 – 3 AZR 232/76, DB 77, 1369; LAG Hamm 16.3.89 – 12 (13) Sa 1149/88, BB 89, 1486). |

An dieses Schema ist der ArbGeb nicht gebunden. Ihm steht frei, das Beurteilungssystem 32
zu wählen. Aus dem Zeugnis muss sich aber deutlich ergeben, wie der ArbGeb Leistung/Verhalten der ArbN einstuft. Das Zeugnis muss in sich stimmig, dh **schlüssig** sein. Schlussnote und Einzelbeurteilungen müssen sich decken. Eine Gesamtnote, der ArbN habe „immer zu unserer vollen Zufriedenheit" gearbeitet, ist zu berichtigen, wenn die Einzelleistungen ausnahmslos mit „sehr gut" und die Tätigkeit des ArbN als „sehr erfolgreich" bewertet wurden (BAG 23.9.92 – 5 AZR 573/91, EzA § 630 BGB Nr 16).

**Grund und Art der Beendigung** sind nur auf Wunsch des ArbN aufzunehmen. 33
Arbeitsvertragsbruch des ArbN oder fristlose Kündigung des ArbGeb als solche sind nicht zu erwähnen (LAG Hamm 24.9.85 – 13 Sa 833/85, NZA 86, 99; LAG Köln 8.11.89 – 5 Sa 799/89, BB 90, 856; aA ArbG Düsseldorf 1.10.87 – 9 Ca 2774/87, DB 88, 508). Haben sich die Arbeitsvertragsparteien im Anschluss an eine verhaltensbedingte Kündigung auf einen Abfindungsvergleich geeinigt, widerspricht die Angabe im Zeugnis, die Beendigung sei auf Veranlassung des ArbGeb erfolgt, dem Wohlwollensgebot (LAG Berlin 25.1.07 – 5 Sa 1442/06, NZA-RR 07, 373). Andererseits kann der ArbN, dessen Arbeitsverhältnis durch einen vom ArbGeb veranlassten Aufhebungsvertrag beendet wurde, nicht die Formulierung verlangen, das Arbeitsverhältnis sei auf seinen Wunsch hin beendet worden (LAG RhlPf 2.7.12 – 5 Sa 186/12, BeckRS 2012, 74975; entsprechend nach Ausspruch einer betriebsbedingten Kündigung: LAG Hamm 14.2.18 – 2 Sa 1255/17, BeckRS 2018, 10099). Der ArbGeb genügt hier der Wahrheitspflicht, wenn er als Beendigungsgrund „im gegenseitigen Einvernehmen" angibt. Der der Beendigung zugrunde liegende Sachverhalt als solcher kann bei der Verhaltensbeurteilung berücksichtigt werden.

**Schlussformel.** Es hat sich weitgehend eingebürgert, das qualifizierte Zeugnis mit 34
Formulierungen abzuschließen, in denen dem ArbN für seine Arbeit gedankt wird und der ArbGeb gute Wünsche für den weiteren Berufsweg ausdrückt. Gelegentlich wird das Aus-

scheiden des ArbN auch bedauert (vgl zur Häufigkeit derartiger Schlussformeln und zum Zusammenhang mit bestimmten „Noten“: *Düwell/Dahl* NZA 11, 958). Solche Formeln sind geeignet, ein Zeugnis abzurunden; ihr Fehlen wird daher auch als negativ beurteilt. Werden sie verwendet, so dürfen sie dem sonstigen Zeugnisinhalt nicht widersprechen (ErfK/*Müller-Glöge* § 109 GewO Rz 46; LAG BaWü 3.2.11 – 21 Sa 74/10, BeckRS 2011, 70793). Gleichwohl besteht nach st Rspr des BAG kein Rechtsanspruch auf die Aufnahme von Schlusssätzen (BAG 20.2.01 – 9 AZR 44/00, NZA 01, 843; BAG 11.12.12 – 9 AZR 227/11, NZA 13, 324; aA sofern konkrete Anhaltspunkte vorliegen, der ArbGeb wolle den ArbN mit der Verweigerung der Schlussformel schädigen: LAG MeVo 2.4.19 – 2 Sa 187/18, NZA-RR 19, 519). Ist der ArbN danach mit einer vom ArbGeb verwendeten Schlussformel nicht einverstanden, kann er nicht deren Ergänzung oder Umformulierung, sondern nur deren Streichung verlangen. Das Zeugnis ist „sachlich“ zu formulieren. Der Hinweis auf eine Üblichkeit von „Dankes- und Zukunftsformel“, von der nur bei „triftigen“ Gründen des ArbGeb oder „tiefgreifender Verärgerung“ abgewichen werden dürfe, überzeugt nicht (so ArbG Bln 7.3.03 – 88 Ca 604/03, AR-Blattei ES 1850 Nr 45; *Schleßmann* S 171 für die Zukunftswünsche; ebenfalls anders *Düwell/Dahl* NZA 11, 958). Bestehen solche Gründe des ArbGeb, so sind sie im Zeugnis selbst zu formulieren. Andernfalls mutiert die (unterlassene) Schlussformel zu einem (verbotenen) „Geheimzeichen“. Ist das erteilte Zeugnis „gut“, besteht kein Grund, den ArbGeb zu verpflichten, die Richtigkeit seiner Beurteilung durch eine subjektiv gefärbte Schlussformel zu bekräftigen. Abzulehnen ist auch die Differenzierung des LAG Düsseldorf (3.11.10 – 12 Sa 974/10, NZA-RR 11, 123; 25.1.07 – 12 Sa 505/08, PflR 08, 460 sowie *Düwell/Dahl* NZA 11, 958; noch abl *Dahl* jurisPR-ArbR 43/2008 Anm 2). Danach soll bei einer nur durchschnittlichen Gesamtbeurteilung keine Gruß- und Dankesformel geschuldet sein. Nach LAG Nürnberg (23.7.15 – 1 Sa 55/15) genügt in einem durchschnittlichen Zeugnis eine Schlussformel, in der Dank und gute Wünsche zum Ausdruck gebracht werden. Der Ausdruck des Bedauerns soll dem nicht hinzugefügt werden müssen.

35 **Bindung an ein Zwischenzeugnis.** Der ArbGeb ist trotz seiner grundsätzlichen Formulierungshoheit und seines Beurteilungsspielraums inhaltlich an ein erteiltes Zwischenzeugnis gebunden, soweit die zu beurteilenden Zeiträume identisch sind. Schließt sich nach der Erteilung des Zwischenzeugnisses ein weiterer im Endzeugnis zu beurteilender Zeitraum an, darf der ArbGeb vom Inhalt des Zwischenzeugnisses nur abweichen, wenn die späteren Leistungen und das spätere Verhalten des ArbN das rechtfertigen. Diese Grundsätze gelten auch bei einem Betriebsübergang (BAG 16.10.07 – 9 AZR 248/07, NZA 08, 298). Der ArbGeb ist in gleicher Weise an den Inhalt eines Zeugnisses gebunden, mit dem er den Zeugnisanspruch des ArbN erfüllen wollte. Die Beurteilung ist in das „neue“ Zeugnis zu übernehmen. Der ArbGeb ist nicht berechtigt, den ArbN nunmehr schlechter zu beurteilen, es sei denn, ihm sind nachträglich Umstände bekannt geworden, die das Verhalten des ArbN in einem anderen Licht erscheinen lassen (BAG 21.6.05 – 9 AZR 352/04, NZA 06, 104). Hingegen ist der ArbGeb nicht an ein Zeugnis, welches er für eine Aus- und Fortbildung erteilt hat, gebunden (LAG Hamm 14.1.11 – 7 Sa 1615/10, BeckRS 2011, 71491). Detailliert zur Bindungswirkung: *Höser* NZA-RR 12, 281.

36 **9. Wechsel der Zeugnisart.** Streitig ist, ob ein ArbN, der zunächst nur ein einfaches Zeugnis verlangt hat, zu einem späteren Zeitpunkt ein qualifiziertes Zeugnis beanspruchen kann. Streitig ist auch der gegenläufige Fall, dass nämlich nach wunschgemäßer Erteilung eines qualifizierten Zeugnisses ein einfaches Zeugnis begehrt wird. Im Ergebnis bestehen unter dem Gesichtspunkt der nachwirkenden Fürsorgepflicht (§ 241 BGB) des ArbGeb keine Bedenken gegen die Erteilung eines Zweitzeugnisses, wenn dies dem beruflichen Fortkommen des ArbN förderlich ist (RGRK/*Eisemann* § 630 BGB Rz 49; aA LAG Sachs 26.3.03 – 2 Sa 875/02, LAGReport 04, 187). Eine neue Ausfertigung des Zeugnisses ist dem ArbN zur Verfügung zu stellen, wenn er das ursprünglich erteilte Zeugnis nicht mehr verwenden kann, weil es etwa verloren gegangen oder beschädigt worden ist und dem ArbGeb die **Ersatzausstellung** zuzumuten ist (LAG Hessen 7.2.11 – 16 Sa 1195/10, BeckRS 2011, 68914).

37 **10. Änderung des Zeugnisses.** ArbGeb und ArbN können ein berechtigtes Interesse an der Änderung eines bereits erteilten Zeugnisses haben.

**a) Widerruf.** Hat sich der ArbGeb bei der Ausstellung über schwerwiegende Umstände geirrt, weil ihm nachträglich Tatsachen bekannt werden, die eine andere Beurteilung rechtfertigen würden und für einen zukünftigen Arbeitgeber von ausschlaggebender Bedeutung bei der Einstellungsentscheidung sein könnten und ist das Zeugnis deshalb unrichtig, kann er Zug um Zug gegen Erteilung eines neuen die Herausgabe des alten Zeugnisses verlangen. Ein Widerruf kann auch in Betracht kommen, wenn der ArbN das Zeugnis auf unredliche, gegen Treu und Glauben verstoßende Weise erlangt hat (LAG SchlHol 17.10.17 – 1 Sa 228/17, NZA-RR 18, 69). Zur Abwehr von Schadensersatzansprüchen Dritter, die auf die Richtigkeit des Zeugnisses vertrauen, kann er mittelbar zum Widerruf gezwungen sein (→ Rn 43). Der ArbN ist bei einem berechtigten Widerruf aus der Rücksichtnahmepflicht gem § 241 Abs 2 BGB verpflichtet, das Zeugnis wieder zurück zu geben (LAG SchlHol 17.10.17 – 1 Sa 228/17, NZA-RR 18, 69). 38

Ein Widerruf entfällt, wenn der ArbGeb durch Vergleich oder Urteil zu einer bestimmten Formulierung verpflichtet war. Er muss dann zunächst den Rechtstitel im Wege der Vollstreckungsgegenklage aufheben lassen. Bewusst falsche Ausstellung des Zeugnisses führt zum Verlust des Widerrufsrechts (BAG 8.2.72 – 1 AZR 189/71, DB 72, 931: Bindung des ArbGeb an eine vorbehaltlose positive Beurteilung bei der Geltendmachung von Schadensersatzansprüchen; BAG 3.3.93 – 5 AZR 182/92, DB 93, 1624). Die Beweislast für die Unrichtigkeit des Zeugnisses trägt der ArbGeb.

**b) Berichtigung** kann der ArbN verlangen, wenn das ihm erteilte Zeugnis nach Form und Inhalt den Bestimmungen nicht entspricht. Zum Streit, ob der ArbN damit seinen Erfüllungsanspruch verfolgt, oder ob der Anspruch eigenständig auf die *Fürsorgepflicht* oder positive Forderungsverletzung des ArbGeb zurückzuführen ist, vgl RGRK/*Eisemann* § 630 BGB Rz 77; ErfK/*Müller-Glöge* § 109 GewO Rz 67. Das BAG geht in ständiger Rspr vom Erfüllungsanspruch aus (14.10.03 – 9 AZR 12/01, NZA 04, 843; 15.11.11 – 9 AZR 386/10, BeckRS 2012, 67197). Hat der ArbGeb auf Wunsch des ArbN das ursprüngliche Zeugnis durch ein „neues" Zeugnis ersetzt, ist der ArbN zur Herausgabe des zunächst erteilten Zeugnisses verpflichtet (LAG München 11.11.08 – 8 Sa 298/08, PflR 09, 385). 39

**11. Prozessuales. a) Klage.** Der ArbN kann seinen Anspruch auf Ersterteilung oder „Berichtigung" durch Klage verfolgen; unter den Voraussetzungen der §§ 935, 940 ZPO auch im Wege der einstweiligen Verfügung (Hess LAG 17.2.14 – 16 SaGa 61/14, BeckRS 2014, 68627 mit Ausführungen zum Verfügungsgrund, LAG Köln 5.5.03 – 12 Ta 133/03, LAGE § 630 BGB 2002 Nr 1). Hat der ArbGeb überhaupt kein Zeugnis erteilt, richtet sich der Klageantrag auf die Erstellung des einfachen oder qualifizierten Zeugnisses. Auch wenn der ArbN den ArbGeb wegen der Erteilung des Zeugnisses in Verzug gesetzt hat, ist er nicht berechtigt, ein selbst formuliertes Zeugnis einzuklagen. Eine solche Klage ist von vornherein unbegründet (so richtig ErfK/*Müller-Glöge* § 109 GewO Rz 73; aA LAG Hamm 28.3.2000 – 4 Sa 1578/99, BuW 01, 220 [LS]). Als Rechtsfolge des Verzugs kommen allein Schadenersatzansprüche in Betracht. Geht es um die Korrektur eines erteilten Zeugnisses, ist im **Klageantrag** im Einzelnen anzugeben, was in welcher Form geändert werden soll (BAG 14.2.17 – 9 AZB 49/16, BeckRS 2017, 103516; LAG Düsseldorf 26.2.85 – 8 Sa 1873/84, DB 85, 2692; LAG Hamm 1.12.94 – 4 Sa 1631/94, LAGE Nr 28 zu § 630 BGB). Die einzelnen Änderungsbegehren sind – was häufig unterlassen wird – jeweils zu begründen. Das Zeugnis ist insgesamt neu zu formulieren, wenn sonst die Gefahr von Sinnentstellungen und Widersprüchlichkeiten droht. Der **Streitwert** beläuft sich idR auf ein Bruttomonatsentgelt. Der Streitwert für ein Zwischenzeugnis ist idR auf ein halbes Bruttomonatsgehalt festzusetzen (LAG Köln 23.11.11 – 11 Ta 265/11, NZA-RR 12, 95). Da ein qualifiziertes Zeugnis nur „auf Verlangen" auszustellen ist, läuft der ArbN Gefahr, dass ihm für eine entsprechende Klage **Prozesskostenhilfe** mangels Rechtsschutzbedürfnisses verweigert wird, wenn er ohne vorprozessuale Aufforderung Klage erhebt (LAG Hamm 16.12.04 – 4 Ta 335/04, LAGReport 05, 124; nach *Horcher* ArbR 16, 317 handelt es sich um eine Frage der Mutwilligkeit iSd § 114 ZPO). Ein Rechtsschutzbedürfnis für die Klage besteht nach LAG Köln (16.5.13 – 7 Ta 98/13, NZA-RR 13, 493) nur, wenn der ArbGeb sich weigert, das Zeugnis zu erteilen oder die Erteilung unangemessen verzögert. Auch ist zunächst die Beiordnung eines Rechtsanwalts gem § 121 Abs 2 ZPO nicht erforderlich, wenn der ArbN 40 lediglich die Erteilung eines Zeugnisses einklagt (LAG RhlPf 5.11.12 – 3 Ta 193/12, BeckRS 2012, 75817).

41 **b) Darlegungs- und Beweislast** für die dem verlangten Zeugnis zugrunde liegenden Tatsachen richten sich grds nach den allgemeinen Regeln. Der ArbN hat die anspruchsbegründenden Voraussetzungen darzulegen und zu beweisen, der ArbGeb die Tatsachen, die dem Anspruch entgegenstehen. Macht der ArbN lediglich seinen Anspruch auf Erteilung eines (qualifizierten) Zeugnisses geltend, sind das nur die in § 109 GewO genannten Merkmale: Bestand eines Arbeitsverhältnisses, dessen Beendigung und das Verlangen nach einem qualifizierten Zeugnis. Es ist dann Sache des ArbGeb, das Erlöschen dieses Anspruchs darzulegen/zu beweisen. Macht er geltend, der Anspruch sei erfüllt (§ 362 BGB), genügt es, wenn er die Aushändigung eines Zeugnisses an den ArbN belegt, das formell und materiell den gesetzlichen Anforderungen entspricht.

Bei Streit über den Inhalt eines danach ordnungsgemäßen Zeugnisses ist zu differenzieren. Geht es um die Beschreibung der dem ArbN übertragenen Aufgaben oder die Dauer des Arbeitsverhältnisses, obliegt ihm der Beweis. Behauptet er, bestimmte Eigenschaften und Fähigkeiten seien entgegen einem Zeugnisbrauch nicht erwähnt worden, so muss er zunächst schlüssig darlegen, dass es einen solchen Brauch gibt (*Gäntgen* RdA 16, 147). Denn § 109 GewO begründet nur den Zeugnisanspruch als solchen, enthält aber keine Aussage über den konkreten Zeugnisinhalt. Die anspruchsbegründenden Tatsachen für ein Zeugnis mit eben diesem Inhalt hat deshalb der ArbN darzulegen/zu beweisen. Das gilt grds auch dann, wenn die Parteien über die Leistungs- oder Verhaltensbeurteilung streiten. Auch insoweit ist zunächst der Anspruchsinhalt zu klären und erst in einem zweiten Schritt festzustellen, ob der ArbGeb diesen konkreten Anspruch erfüllt hat (so ausdrücklich BAG 14.10.03 – 9 AZR 12/03, NZA 04, 843). Bei Streit über die „Richtigkeit" einer erteilten Schlussnote, kommt es darauf an, ob der ArbN durchschnittlich oder unterdurchschnittlich beurteilt worden ist. Dem ArbGeb obliegt, eine unterdurchschnittliche Beurteilung zu rechtfertigen (so schon BAG 24.3.77 – 3 AZR 232/76, AP BGB § 630 Nr 12). Verlangt der ArbN eine überdurchschnittliche Beurteilung, hat er die hierfür erforderlichen Tatsachen vorzutragen (BAG 18.11.14 – 9 AZR 584/13, NZA 15, 435 mit krit Anm *Kolbe* NZA 15, 582; 14.10.03 – 9 AZR 12/03, NZA 04, 843; aA mit Blick darauf, dass zu mehr als 86% „gute" oder „sehr gute" Zeugnisse erteilt werden: ArbG Berlin 26.10.12 – 28 Ca 18230/11, BeckRS 2012, 23564 sowie das Berufungsurteil LAG BlnBbg 21.3.13 – 18 Sa 2133/12, BeckRS 2013, 70587. Das BAG hat dem in der Entscheidung vom 18.11.14 eine Absage erteilt und an den bisherigen Grundsätzen zur Darlegungs- und Beweislast festgehalten). Bei der Würdigung des beiderseitigen Sachvortrags hat das Gericht den Beurteilungsspielraum des ArbGeb zu berücksichtigen. Hat der ArbGeb die Arbeitsleistung während des Arbeitsverhältnisses nicht beanstandet, muss sie deshalb noch nicht als sehr gute Leistung bewertet werden (LAG Düsseldorf 26.2.85 – 8 Sa 1873/84, DB 85, 2692). Regelmäßig wird in diesen Fällen eine durchschnittliche Leistung bescheinigt werden.

42 **c) Zwangsvollstreckung.** Der titulierte Anspruch auf Erteilung eines qualifizierten Zeugnisses ist nach § 888 ZPO (unvertretbare Handlung) zu vollstrecken (BAG 23.6.04 – 10 AZR 495/03, NZA 04, 1392). Schuldner bleibt der im Titel genannte bisherige ArbGeb, auch wenn über sein Vermögen später das Insolvenzverfahren eröffnet worden ist (LAG Düsseldorf 7.11.03 – 16 Ta 571/03, NZA-RR 04, 206; LAG Köln 19.5.08 – 11 Ta 119/08, JurBüro 08, 496). Der Anspruch ist erst erfüllt, wenn dem ArbN ein Zeugnis erteilt wird, das den formellen Anforderungen entspricht. Das setzt zumindest voraus, dass Vor- und Nachname richtig geschrieben sind (LAG Hess 23.9.08 – 12 Ta 250/08, BeckRS 2008, 57217; zu den weiteren Voraussetzungen: LAG Hamm 4.8.10 – 1 Ta 310/10, BeckRS 10, 72056). Auch müssen inhaltliche Mindestanforderungen erfüllt sein. Dies ist nicht der Fall, wenn es polemisch, grob unsachlich oder ironisch formuliert ist (LAG Köln 14.2.17 – 12 Ta 17/17, BeckRS 2017, 104733) oder wenn sich wegen auffälliger Nachlässigkeiten der Eindruck aufdrängt, der Aussteller wolle sich vom übrigen Inhalt des Zeugnisses distanzieren (Hess LAG 10.8.18 – 8 Ta 246/18, BeckRS 2018, 26463). Die Beweislast für die Erfüllung des Zeugnisanspruchs vor Einleitung des Zwangsvollstreckungsverfahrens trägt der ArbGeb (LAG RhPf 15.3.11 – 10 Ta 45/11, BeckRS 2011, 71728). Die inhaltliche „Richtigkeit" des erteilten Zeugnisses kann dagegen nicht im Vollstreckungsverfahren überprüft werden (LAG Hess 22.10.08 – 12 Ta 325/08, BeckRS 2008, 58098). Vollstreckungsfähig ist der

Zeugnistitel nur, soweit der Zeugnisinhalt im Urteil oder Vergleich wörtlich aufgenommen ist (LAG Köln 4.7.13 – 4 Ta 155/13, BeckRS 2013, 70596). Verständigen sich also ArbN und ArbGeb im Rechtsstreit auf die Erteilung eines qualifizierten Arbeitszeugnisses mit einem genau festgelegten Wortlaut, so muss das erteilte Zeugnis genau diesem Wortlaut entsprechend. Andernfalls kann der ArbN ein Zwangsgeld beantragen (LAG SchlHol 25.7.17 – 1 Ta 78/17, BeckRS 2017, 125618; ähnlich LAG Köln 12.9.17 – 9 Ta 184/17, BeckRS 2017, 128057). Der titulierte Anspruch ist nicht erfüllt, wenn in dem erteilten Zeugnis das Wort „und" mehrmals abgekürzt und ein anderes Ausstellungsdatum angegeben (LAG Köln 12.9.17 – 9 Ta 184/17, BeckRS 2017, 128057) oder in einem Absatz das Tempus geändert wurde (LAG SchlHol 25.7.17 – 1 Ta 78/17, BeckRS 2017, 125618). Eine der üblichen Formulierungen, der ArbGeb habe ein „wohlwollendes" Zeugnis auszustellen, das dem beruflichen Fortkommen des ArbN nicht hinderlich sei, ist damit mangels Festlegung einer bestimmten Gesamtnote nicht vollstreckungsfähig (LAG Hamm 4.8.10 – 1 Ta 310/10, BeckRS 2010, 72056; LAG Hess 17.3.03 – 16 Ta 82/03, NZA-RR 04, 382) und verpflichtet nur zur Erteilung des qualifizierten Zeugnisses. Ein Anspruch auf einen bestimmten Inhalt ist damit nicht verbunden (LAG Köln 3.9.13 – 11 Ta 202/13, BeckRS 2013, 72727). Dieser Vergleichstext soll (so zutreffend LAG Köln 11.12.13 – 11 Sa 511/13, BeckRS 2014, 69742; LAG Hamm 8.9.11 – 8 Sa 509/11, NZA 12, 71) jedoch einen über die gesetzlichen Anforderungen hinausgehenden Anspruch auf Aufnahme einer sog Abschlussformel begründen. Entsprechendes soll gelten, wenn der ArbGeb laut Vergleich das Zeugnis nach einem Entwurf des ArbN erteilen soll, von diesem nur aus wichtigem Grund abweichen darf und er dem Entwurf des ArbN, der eine Schlussformel vorsieht, keinen solchen Grund entgegenhält (LAG Rheinland-Pfalz 11.9.14 – 3 Sa 127/14, BeckRS 2015, 66243). Auch die vergleichsweise eingegangene Verpflichtung, ein Zeugnis entsprechend der Schulnote „gut" zu erteilen, ist nicht bestimmt genug und daher nicht vollstreckbar (Hess LAG 28.1.19 – 8 Ta 396/18, BeckRS 2019, 1413; 10.8.18 – 8 Ta 246/18, BeckRS 2018, 26463; LAG Nürnberg 3.5.16 – 2 Ta 50/16, BeckRS 2016, 70973; LAG Hessen 17.11.16 – 8 Ta 456/16, BeckRS 2016, 116554). Dem ArbGeb wird damit ein weiter Gestaltungsspielraum eingeräumt, was zur Unbestimmtheit führt (BAG 14.2.17 – 9 AZB 49/16, BeckRS 2017, 103516). Die im Prozessvergleich enthaltene Vereinbarung, das Zeugnis solle mit der üblichen Dankens- und Bedauernsformel enden, ist nicht hinreichend bestimmt, da der ArbGeb dies auf verschiedene Weise zum Ausdruck bringen kann (Hess LAG 10.8.18 – 8 Ta 246/18, BeckRS 2018, 26463; aA LAG BlnBbg 5.4.18 – 9 Ta 1625/17, BB 18, 331). Ein Titel, der zur Aufnahme einer **Schlussformel,** „in der der ArbGeb sein Bedauern über das Ausscheiden des ArbN verbunden mit dem Dank für seine Tätigkeit und guten Wünschen für die Zukunft" zum Ausdruck bringt, verpflichtet, ist hingegen vollstreckbar (LAG BlnBbg 23.5.19 – 7 Ta 780/19, BeckRS 2019, 18422).

Die häufig in Prozessvergleichen vereinbarte Verpflichtung des ArbGeb, ein **Zeugnis nach einem Entwurf des ArbN** zu erteilen, ist hinreichend bestimmt und vollstreckungsfähig (BAG 9.9.11 – 3 AZB 35/11, BeckRS 2011, 77049; aA LAG Düsseldorf 10.6.11 – 13 Ta 203/11, BeckRS 2011, 74965). Die Formulierungshoheit wird auf den ArbN übertragen, sein Entwurf muss jedoch auch den Grundsätzen der Zeugniswahrheit und Zeugnisklarheit genügen. Das Vollstreckungsgericht hat zu prüfen, ob das erteilte Zeugnis dem Entwurf des ArbN „entspricht". Der ArbGeb darf bei Schreib- oder grammatikalischen oder groben inhaltlichen Fehlern abweichen (LAG Köln 29.10.14 – 3 Sa 459/14, BeckRS 2015, 65691; LAG Köln 2.1.09 – 9 Ta 530/08, BeckRS 2009, 51883; ähnlich LAG Hamm 4.8.10 – 1 Ta 196/10, BeckRS 2010, 72055). Sind Umstände nachvollziehbar vorgetragen, dass das verlangte Zeugnis nicht der Wahrheit entspricht, ist der Zwangsgeldantrag zurückzuweisen. Der ArbN kann dann nur Berichtigung in einem neuen Erkenntnisverfahren geltend machen (BAG 9.9.11 – 3 AZB 35/11, BeckRS 2011, 77049). Allerdings hat der ArbGeb nun seine „Einwendung" gegen den vom ArbN entworfenen Zeugnistext nach den Grundsätzen der abgestuften Darlegungs- und Beweislast darzulegen und zu beweisen (LAG Hamm 18.2.16 – 18 Sa 1577/15, BeckRS 2016, 68959).

**12. Haftung des Arbeitgebers.** Der ArbGeb ist dem ArbN für ein schuldhaft verspätet 43
(vgl zu den Voraussetzungen des Verzugs BAG 12.2.13 – 3 AZR 120/11, BeckRS 2013, 68103 sowie ausführlich *Anton-Dyck/Böhm* ArbRB 13, 344), unrichtig oder überhaupt nicht

ausgestelltes Zeugnis schadensersatzpflichtig. Der zu ersetzende Schaden besteht regelmäßig in dem Verdienstausfall, den der ArbN dadurch erleidet, dass er wegen des fehlenden oder unrichtig erteilten Zeugnisses keine neue Arbeitsstelle findet oder nur zu schlechteren Arbeitsbedingungen eingestellt wird. Darlegungs- und Beweislast für die Ursächlichkeit der Pflichtverletzung für den geltend gemachten Schaden treffen den ArbN (LAG Hess 30.7.03 – 2 Sa 159/03, PERSONAL 04 Nr 4, 62; LAG Düsseldorf 23.7.03 – 12 Sa 232/03, LAGReport 04, 14). Ihm kommen die Beweiserleichterungen der §§ 252 Satz 2 BGB, 287 ZPO zugute: Es genügt der Nachweis von Tatsachen, die den Schadenseintritt wahrscheinlich machen. Ein allgemeiner Erfahrungssatz, dass das Fehlen eines Zeugnisses für erfolglose Bewerbungen ursächlich ist, besteht nicht (BAG 24.3.77 – 3 AZR 232/76, DB 77, 1369).

**Haftung** gegenüber einem **neuem Arbeitgeber** kommt wegen vorsätzlicher, sittenwidriger Schädigung (§ 826 BGB) in Betracht, wenn der ArbGeb in dem Zeugnis wissentlich unwahre Angaben gemacht hat, er das Bewusstsein der Möglichkeit schädlicher Folgen hatte und diese billigend in Kauf genommen hat. Bedingter Vorsatz ist ausreichend. Nach der Rspr des BGH haftet der ArbGeb auch schuldrechtlich mit der Folge, dass ihm Verschulden eines Beauftragten gem § 278 BGB ohne Entlastungsmöglichkeit zugerechnet wird. Der ArbGeb gehe mit der Zeugniserteilung eine vertragsähnliche Sonderbeziehung ein, indem er eine nach Treu und Glauben unerlässliche Mindestgewähr für die Richtigkeit des Zeugnisses übernehme. Daraus ergebe sich gleichzeitig eine Berichtigungspflicht, wenn das unbewusst falsch ausgestellte Zeugnis tatsächlich grob unrichtig und ihm deshalb die Unterrichtung des neuen ArbGeb zuzumuten sei. Vorausgesetzt wird, dass die Unrichtigkeit des Zeugnisses einen die Verlässlichkeit des ArbN im Kern berührenden Punkt betrifft und der Zeugnisaussteller die Unrichtigkeit des Zeugnisses klar erkennt (BGH 15.5.79 – VI ZR 230/76, DB 79, 2378). Eine Haftung kommt zB in Betracht, wenn dem ArbN „äußerste Zuverlässigkeit in einer treu erfüllten Vertrauensstellung" bescheinigt wird, obwohl er 70 000 DM entwendet hatte (OLG München 30.3.2000 – 1 U 6245/99, OLGR München 2000, 337).

44 **13. Muster.** S Online-Musterformulare *„M45 Zeugnis"*.

**B. Lohnsteuerrecht** *Seidel*

45 Lohnsteuerrechtlich hat das Arbeitszeugnis keine Bedeutung. Schadensersatzleistungen des (früheren) ArbGeb für Verdienstausfall an den ArbN (→ Rn 43) sind regelmäßig stpfl Arbeitslohn (→ *Arbeitgeberhaftung* Rn 20).

**C. Sozialversicherungsrecht** *Ruppelt*

46 Wie im LStRecht hat das Arbeitszeugnis auch im SozVRecht keine Bedeutung. Zum Gesundheitszeugnis → *Gesundheitszeugnis* Rn 16.

## Zielvereinbarung

**A. Arbeitsrecht** *Griese*

1 **1. Begriff und Bedeutung.** Zielvereinbarungen sind Absprachen zwischen ArbGeb und ArbN über betriebliche Ziele, die in einer bestimmten Zeitperiode, meist innerhalb eines Jahres, erreicht werden sollen. Sie haben sich in den letzten Jahren als Instrument der Personalführung entwickelt und zunehmende Verbreitung gefunden. Erscheinungsformen sind die Einzelzielvereinbarung wie auch die Gruppenzielvereinbarung zwischen dem ArbGeb und einer Gruppe von ArbN. Von erheblicher Bedeutung ist, ob es sich um nichtentgeltbezogene oder entgeltbezogene Zielvereinbarungen handelt.

2 Bei **entgeltbezogenen** Zielvereinbarungen wird das Erreichen der Ziele ein (Jahres-) Bonus vereinbart, der nach dem Grad der Zielerreichung gestaffelt sein kann (*Deich* in *Preis* Innovative Arbeitsformen, S 582). Mit dieser Variante wird ein **leistungsorientierter Vergütungsbestandteil** (s auch *Leistungsorientierte Vergütung*) für solche Arbeitsverhältnisse implementiert, in denen die Arbeitsleistung nicht unmittelbar an den Arbeitsergebnissen

gemessen werden kann, wie dies bei Akkord und Provision der Fall ist. Daher werden Zielvereinbarungen vor allem bei Fach- und Führungskräften eingesetzt, um Leistungsanreize zu geben und eine höhere Identifikation mit den Unternehmenszielen zu erreichen.

Zu unterscheiden sind Zielvereinbarungen von **Zielvorgaben,** weil bei Zielvorgaben der ArbGeb einseitig von seinem *Weisungsrecht* Gebrauch macht und dessen Grenzen beachten muss. 3

**2. Stufen und Elemente der Zielvereinbarung.** Die Zielvereinbarung besteht aus mehreren Stufen. Die erste Stufe ist ein Rahmenvertrag zur Zielvereinbarung (als Beispiel *Kornbichler* in Beck'sches Formularbuch Arbeitsrecht, S 126). In ihm wird festgelegt, in welchem Verfahren die konkreten (Jahres-)Ziele bestimmt werden, wie die Zielerreichung festgestellt wird und welche Boni bei Zielerreichung gezahlt werden. Aus dem Charakter als Vereinbarung folgt, dass der ArbGeb den Abschluss eines solchen Rahmenvertrages zur Zielvereinbarung nicht erzwingen kann; er hat keinen Anspruch auf Vertragsabschluss. 4

Die zweite Stufe ist die – meist jahresbezogene – Zielfestlegung, zu der der ArbGeb verpflichtet ist (andernfalls Schadensersatzpflicht BAG 12.5.2000 – 10 AZR 390/09, NZA 10, 1009).

Die dritte Stufe ist die Feststellung des Zielerreichungsgrades.

**3. Rahmenvertrag zur Zielvereinbarung. a) Abschluss.** Der Rahmenvertrag wird bei laufenden Arbeitsverhältnissen als ergänzender Vertrag geschlossen. Es empfiehlt sich schon wegen des NachwG die schriftliche Form, da andernfalls Beweisnachteile die Folge sein können (LAG Hess 29.1.02 – 7 Sa 836/01, AiB 02, 575). Täuschung oder widerrechtliche Drohung bei Vertragsabschluss führen zur Anfechtbarkeit nach § 123 BGB. 5

In der Rahmenvereinbarung kann bei entgeltbezogener Zielvereinbarung die jeweilige Bonuszahlung nicht unter Freiwilligkeitsvorbehalt gestellt werden, weil das dem Charakter als leistungsbezogenes Vergütungselement entgegenstünde und widersprüchlich wäre (BAG 24.10.07 – 10 AZR 825/06, NZA 08, 40). 6

Rahmenvereinbarungen sind ferner in Tarifverträgen und Betriebsvereinbarungen möglich; zu beachten ist, dass für den ArbN günstigere (Vergütungs-)Regelungen aber vorgehen. 7

**b) Gesetzliche Grenzen.** Da der ArbGeb das Wirtschaftsrisiko trägt und dies nicht über die Vergütung auf den ArbN überwälzen darf, kann eine Rahmenvertragsregelung nicht den Teil der Vergütung zur Disposition stellen, der zur **Unterschreitung des gesetzlichen Mindestlohnes** (s dort) oder zur Vermeidung des Lohnwuchers gem **§ 138 BGB** auf jeden Fall geschuldet wird (*Brors* RdA 04, → *Arbeitsentgelt* Rn 21). Dieses Minimum kann nicht Gegenstand von Zielvereinbarungen sein. Soweit die Rahmenvereinbarung in vorformulierten Vertragsbindungen des ArbGeb enthalten ist – was allermeist der Fall sein wird, **finden die Vorschriften der §§ 305 ff BGB über die Rechtskontrolle Allgemeiner Geschäftsbedingungen Anwendung.** Diese gelten gem § 310 Abs 3 Nr 2 BGB auch, wenn sie nur einmal verwendet werden sollten, und der ArbN auf den Inhalt aufgrund der Vorformulierung keinen Einfluss nehmen konnte. Keine unangemessene Benachteiligung iSv § 307 Abs 1 Satz 1 BGB liegt vor, wenn der Anspruch auf die **Bonuszahlung** daran gebunden wird, dass das Arbeitsverhältnis am Ende des Geschäftsjahres noch besteht (BAG 6.5.09 – 10 AZR 443/08, NZA 09, 783; LAG Köln 8.2.10 – 5 Sa 1204/09, BeckRS 2010, 68826). 8

Konsequenz ist ua die Transparenz- und Unklarheitenregel der §§ 307 Abs 1 Satz 2, 305c Abs 2 BGB, die dem ArbGeb das Risiko mangelnder Transparenz und Klarheit zuweist. Ebenso unterliegen **Stichtagsregelungen** der Inhaltskontrolle nach § 307 BGB (BAG 24.10.07 – 10 AZR 825/06, NZA 08, 40; *Horcher* BB 07, 2065). Bei einem in Aussicht gestellten Bonus, der erbrachte Leistungen honorieren soll, ist ein **Freiwilligkeitsvorbehalt,** mit dem sich der ArbGeb das Recht vorbehält, auch dann frei über das „Ob" einer Bonusgewährung zu entscheiden, wenn er durch Abschluss einer Zielvereinbarung ein variables Vergütungssystem für ein Geschäftsjahr anwendet, unwirksam gem § 307 Abs 1, Abs 2 Nr 1 und Nr 2 BGB (BAG 19.3.14 – 10 AZR 622/13, NZA 14,595). 9

Für **Führungskräfte** kann in Allgemeinen Geschäftsbedingungen ohne Verstoß gegen § 307 Abs 1 Satz 2 BGB vereinbart werden, dass der ArbGeb jährlich ein Zieleinkommen und die tatsächliche Höhe der variablen Vergütung nach billigem Ermessen (§ 315 BGB) unter Beachtung bestimmter Faktoren und der Erreichung vereinbarter Ziele bestimmt, ohne dass das Verhältnis der verschiedenen Faktoren untereinander schon bestimmt sein muss (BAG 14.11.12 – 10 AZR 783/11, NZA 13,1156).

Zu beachten ist ferner § 308 Nr 4 BGB, der das Recht des ArbGeb, einseitig die versprochene Leistung für die Zukunft zu ändern, ganz erheblich beschränkt. Bezüglich des Widerrufs von übertariflichen Zulagen hat das BAG (BAG 24.1.17 – 1 AZR 774/14, NZA 17, 777; BAG 12.1.05 – 5 AZR 364/04, NZA 05, 465) eine einseitige ArbGebÄnderung durch **vertraglich festgelegten Widerrufsvorbehalt** nur zugelassen, wenn der Tariflohn nicht unterschritten und nicht mehr als 25 % der Gesamtvergütung betroffen sind. Zwar gilt dies unmittelbar nur für nachträgliche Leistungsänderungen und nicht die von vorneherein verabredete Vergütungsvariabilität. Aufgrund des Ansatzes der AGB-Rechtskontrolle und der vergleichbaren Interessenlage lassen sich hieraus aber Wertungskriterien für den Vergütungsspielraum, der für Zielvereinbarungen offen steht, gewinnen.

Für Mitarbeiter von **Banken sind bei der Festsetzung von variablen Vergütungsbestandteilen die Grenzen des § 25a KWG und der auf dieser Basis erlassenen Institutsvergütungsverordnung** (v 25.7.17, BGBl I 2017, 3042) zu beachten (dazu *Annuß* NZA Beilage 2014 Nr 4, 121; *Jochum* NZA 17, 1371).

10 **c) Tarifliche Grenzen.** Soweit Tarifbindung besteht, kann ein Rahmenvertrag zur Zielvereinbarung nicht in das tariflich zustehende Entgelt eingreifen, oder dieses zusätzlich von der Erfüllung von Zielen oder Leistungsmerkmalen abhängig machen.

11 **4. Beendigung des Rahmenvertrages zur Zielvereinbarung.** Die Befristung des Rahmenvertrages ist möglich, bedarf aber eines sachlichen Grundes (BAG 14.1.04 – 7 AZR 213/04, NZA 04, 719). Andernfalls würde der Änderungskündigungsschutz des § 2 KSchG umgangen. Als Befristungsgrund kommen zB die Erprobung eines Bonussystems oder die unsichere wirtschaftliche Lage in Betracht (*Lindemann/Simon* BB 02, 1807). Weitergehende Befristungsmöglichkeiten kommen in Betracht, wenn mit der Rahmenvereinbarung ein zusätzliches, additives Vergütungselement eingeführt wird, das die vertraglich bereits bestehende Vergütung nicht antastet (*Kornbichler* in Beck'sches Formularbuch Arbeitsrecht, S 138).

12 Ein **Änderungs- und/oder Widerrufsvorbehalt** kann für zukünftige Zeiträume vereinbart werden, wobei die Vorgaben der Rspr (BAG 12.5.05 – 5 AZR 364/04, NZA 05, 465), wonach dies an vorher vertraglich festgelegte triftige Gründe geknüpft werden muss, nicht mehr als ca 25–30 % der Gesamtvergütung erfassen und nicht zur Unterschreitung des tarifüblichen Entgelts führen darf, zu beachten sind.

13 **5. Jährliche Zielfestsetzung.** Dem Charakter der Zielvereinbarung entspricht es, wenn das jeweilige Jahresziel durch Vereinbarung festgelegt wird. Möglich ist auch, für den Nichteinigungsfall ein Vermittlungsverfahren und die Entscheidung durch eine betriebliche Instanz vorzusehen. Der Rahmenvertrag kann dem ArbGeb die Befugnis einräumen, Ziele festzulegen. **Der ArbGeb ist dabei an die Grundsätze billigen Ermessens gem § 315 BGB gebunden;** seine Entscheidung ist gerichtlich überprüfbar.

14 Unterbleibt die Zielvereinbarung im gesamten Kj aus Gründen, die der ArbGeb zu vertreten hat, kann der ArbN Schadensersatz nach § 280 BGB verlangen, über dessen Höhe das Gericht unter Würdigung aller Umstände nach freier Überzeugung entscheidet. Auf den Rechtsgedanken des § 162 Abs 1 BGB muss insoweit nicht zurückgegriffen werden (BAG 12.5.10 – 10 AZR 390/09, NZA 10, 1009). An dem für einen **Schadensersatzanspruch nach § 280 BGB** wegen unterlassener Zielvereinbarung erforderlichen Verschulden des ArbGeb kann es fehlen, wenn dieser dem ArbN Ziele vorgeschlagen hat, die bei einer vernünftigen Zukunftsprognose hätten erreicht werden können (BAG 10.12.08 – 10 AZR 889/07, NZA 09, 256). Soll eine Zielvereinbarung nach dem geschlossenen Vertrag jeweils bis zum Abschluss einer Folgevereinbarung fortgelten, bleibt es gleichwohl bei der Verpflichtung des ArbGeb, für **jedes Jahr ein neues Angebot** zu unterbreiten und über eine neue Zielvereinbarung zu verhandeln (BAG 12.5.10 – 10 AZR 390/09, NZA 10, 1009).

Bei der Bemessung ist mit dem **Prognoseprinzip** zu arbeiten; bei wirksamer Kündigung des Arbeitsverhältnisses während des Jahres ist eine anteilige Berechnung vorzunehmen (*Behrens/Rinsdorf* NZA 06, 830). Zulässig ist es aber, eine Bonuszahlung an den Bestand des Arbeitsverhältnisses am Ende des Geschäftsjahres zu knüpfen und an die Erreichung nicht aufteilbarer Jahresziele zu binden (BAG 6.5.09 – 10 AZR 443/08, NZA 09, 783). Ist in einem Formulararbeitsvertrag festgelegt, dass 80 % der Regeltantieme als monatliche Vorauszahlung geleistet werden, so kann der ArbN jedenfalls diesen Betrag verlangen, wenn der ArbGeb versäumt hat, mit dem ArbN für ein Kj die zu erreichenden Ziele festzulegen (LAG Köln 3.4.06 – 14 (9) Sa 6/06, BeckRS 2006, 42876).

**6. Zielfeststellung.** Die Kompetenz zur Zielfeststellung kann unterschiedlich geregelt sein. Die Arbeitsvertragsparteien können sich auf eine einvernehmliche Feststellungskompetenz verständigen. Die Kompetenz kann ebenso dem ArbGeb eingeräumt werden. Im Streitfall kann eine betriebliche Instanz zur Festlegung bestimmt werden. Die gerichtliche Nachprüfbarkeit kann aber nicht gänzlich ausgeschlossen werden. **Bei sog weichen Zielen, die sich nicht eindeutig quantifizieren lassen, besteht aber ein erheblicher Beurteilungsspielraum.** Bei der Zielerreichung für den Anspruch auf einen **Bonus** darf, wenn dies bei der Zusage vorbehalten worden ist, im Rahmen des Leistungsbestimmungsrechts nach § 315 BGB das betriebliche Gesamtergebnis berücksichtigt werden (BAG 12.10.11 – 10 AZR 756/10, BeckRS 2012, 66983). Bei der Leistungsbestimmung dürfen **außergewöhnliche Umstände als Versagungsgrund berücksichtigt werden,** etwa wenn ein ArbGeb nur durch umfangreiche staatliche Leistungen vor der Insolvenz bewahrt wurde (Bankenrettung BAG 29.8.12 – 10 AZR 385/11, NZA 13, 148). Hat ein ArbGeb nach § 315 BGB über einen Bonusanspruch zu entscheiden, der gleichermaßen auf der Ertragslage des Unternehmens wie auf der Leistung des ArbN beruht, kommt, wenn der ArbN die festgelegten Ziele erreicht hat, **eine Festsetzung auf „Null" gleichwohl bei außerordentlich schlechter Ertragslage in Betracht** (BAG 19.3.14 – 10 AZR 622/13, NZA 14, 595). 15

Die Höhe der Zahlung kann bei einer Aktiengesellschaft an die prozentuale Höhe der Dividendenausschüttung gekoppelt werde. Bei effektiven Kapitalerhöhungen kann der Verwässerungsschutz, der gem § 216 Abs 3 Satz 1 AktG nur für nominelle Kapitalerhöhungen gilt, nicht in analoger Anwendung dieser Vorschrift beansprucht werden (BAG 27.6.18 – 10 AZR 295/17, DB 18, 1969).

Bei der Bewertung von individuellem Leistungsverhalten können nicht die Grundsätze der Betrieblichen Übung angewandt werden (BAG 17.4.13 – 10 AZR 251/12, NJOZ 13,1705).

Soll die Entscheidung vereinbarungsgemäß nach **billigem Ermessen** erfolgen und verstößt die Entscheidung des ArbGeb hiergegen, ist sie gem **§ 315 Abs 3 BGB unverbindlich und muß vom Gericht festgesetzt werden** (BAG 3.8.16 – 10 AZR 710/14, BB 16, 3004). Der Anspruch auf Ausübung des Bestimmungsrechts muss gegenüber dem ArbGeb innerhalb vereinbarter Verfallfristen geltend gemacht werden (BAG 17.4.19 – 5 AZR 331/18, NZA 19, 1050). Die tatrichterlichen Erwägungen bei der Anwendung des billigen Ermessens können vom Revisionsgericht nur sehr eingeschränkt überprüft werden (BAG 24.10.18 – 10 AZR 285/16, NZA 19, 387).

**7. Störungen bei Zielerreichung.** Charakteristisch für Zielvereinbarungen ist, dass die Zielerreichung und damit auch ein eventueller Bonus ungewiss ist. **Deshalb kann ein Anspruch nicht daraus hergeleitet werden, dass unvorhersehbare Störungen aufgetreten sind, die die Zielvereinbarung unmöglich gemacht haben.** Umgekehrt kann der ArbGeb regelmäßig über das Entfallen eines Leistungsbonus hinaus keine weiteren für den ArbN nachteiligen Folgen (zB Abmahnung) aus nicht realisierten Zielen herleiten. Wird die Zielerreichung infolge des Verhaltens des ArbGeb erschwert oder unmöglich, wird man die Wertung des Provisionsrechts aus § 87a Abs 3 Satz 2 HGB anwenden können; bei vom ArbGeb zu vertretenden Umständen (zB Einstellung der Produktionsparte, für deren Erfolg ein Zielbonus vereinbart wurde) wird der Zielbonus so geschuldet, als sei die Beeinträchtigung seitens des ArbGeb nicht eingetreten LAG Düsseldorf 21.10.09 – 7 (6) Sa 1033/06, BB 10, 1224). 16

Ist die Zielerreichung wegen **Arbeitsunfähigkeit** beeinträchtigt oder unterblieben, muss danach unterschieden werden, ob für diese Zeiten Entgeltfortzahlung geschuldet wird oder nicht. Soweit der ArbN die Zielerreichung wegen Ausfallzeiten ohne Entgeltfortzahlungsanspruch verfehlt, kann er keine Ansprüche geltend machen. Soweit dies auf Zeiten mit Entgeltfortzahlungsansprüchen beruht, kann der ArbN aufgrund des zwingenden Charakters der *Entgeltfortzahlung* (→ *Entgeltfortzahlung* Rn 46 und § 12 EFZG) verlangen, so gestellt zu 17 werden, als sei er nicht arbeitsunfähig krank gewesen. Soweit der Zielbonus nicht zum laufenden Arbeitsentgelt gehört, sondern zB als jährliche Sonderzahlung ausgestaltet ist, kann gem § 4a EFZG eine Kürzung für jeden krankheitsbedingten Fehltag um maximal ein Viertel des arbeitstäglichen Entgelts vereinbart werden (→ *Anwesenheitsprämie* Rn 11 ff; aA *Däubler* ZIP 04, 2214). Während der **Mutterschutzfristen nach §§ 3 Abs 2 und 6 Abs 1 MuSchG** ist die zugesagte Leistung ungeschmälert zu zahlen; die Mutterschutzfristen dürfen nicht aus einer Berechnungsgrundlage herausgerechnet und zum Nachteil der ArbN berücksichtigt werden, auch nicht durch tarifvertragliche Regelung (BAG 2.8.06 – 10 AZR 425/05, NZA 06, 1411).

An ein **Betriebsratsmitglied** ist wegen § 37 Abs 2 BetrVG das fiktive Arbeitsentgelt weiterzuzahlen, das ihm zugestanden hätte, wenn keine Betriebsratstätigkeit geleistet, sondern gearbeitet worden wäre. Bei einem umsatzabhängigen Jahresbonus muss daher der **hypothetische Zielerreichungsgrad** ermittelt werden, den das Betriebsratsmitglied ohne die Arbeitsbefreiung erreicht hätte. (BAG 29.4.2015 – 7 AZR 123/13, NZA 15, 1328).

18 **8. Entzug des Zielerreichungsbonus.** Ist der Zielerreichungsbonus verdient, kann er nicht über eine Freiwilligkeits- oder Widerrufsklausel nachträglich in Frage gestellt werden. Auch Minderungen wegen Schlechtleistungen an anderer Stelle sind nicht möglich. In der Insolvenz wird ein Bonus regelmäßig als zeitanteilige Leistung zu beurteilen sein, so dass der Teilanspruch für Zeiträume vor der Insolvenzeröffnung als Insolvenzforderung und der Teilanspruch nach Insolvenzeröffnung als Masseforderung einzuordnen sein wird (BAG 14.11.12 – 10 AZR 793/11, NZA 13, 273).

19 **9. Mitbestimmung des Betriebsrates.** Nach § 80 Abs 2 BetrVG hat der BRat das Recht auf Auskunft und umfassende Information über getroffene Zielvereinbarungen (BAG 21.10.03 – 1 ABR 39/02, NZA 04, 936). Dazu gehört das Recht, sich Unterlagen vorlegen zu lassen, mithin die entsprechenden Vereinbarungen und Festlegungen einsehen zu können. Bei der Mitbestimmungspflicht ist zwischen nichtentgeltbezogenen und entgeltbezogenen Zielvereinbarungen zu differenzieren. Bei nichtentgeltbezogenen Zielvereinbarungen kann sich ein Mitbestimmungsrecht aus § 87 Abs 1 Nr 6 BetrVG ergeben, wenn die aus den Vereinbarungen folgenden Daten automatisiert verarbeitet werden; darüber hinaus aus § 87 Abs 1 Nr 1 BetrVG (Ordnung des Betriebs und des Verhaltens der ArbN im Betrieb), wenn im Zusammenhang mit Zielvereinbarungen Verhaltenspflichten der ArbN, zB Teilnahme an Zielvereinbarungsgesprächen, Dokumentationspflichten festgelegt werden.

20 Bei entgeltbezogenen Zielvereinbarungen folgt das Mitbestimmungsrecht aus § 87 Abs 1 Nrn 10, 11 BetrVG, weil sowohl Fragen der betrieblichen Lohngestaltung betroffen sind, als auch, soweit der ArbN mit seinem Beitrag das Ergebnis beeinflussen kann, ein leistungsbezogener Entgeltbestandteil vorliegt (*Däubler* NZA 05, 793 ff, 796).

### B. Lohnsteuerrecht *Seidel*

26 Erhält der ArbN einen Bonus für die Zielerreichung (→ Rn 2) wird hinsichtlich der lohnsteuerlichen Behandlung auf → *Einmalzahlungen* Rn 31 ff verwiesen. Dies gilt auch, wenn der Zielbonus trotz Nichterreichens der Zielvereinbarung gezahlt wird, weil der ArbGeb das Nichtzustandekommen der Zielvereinbarung zu vertreten hat (→ Rn 16).

### C. Sozialversicherungsrecht *Ruppelt*

31 Zielvereinbarungen zwischen ArbGeb und ArbN haben keine direkten Auswirkungen auf das SozVVerhältnis. Zur beitragsrechtlichen Behandlung von Prämienzahlungen → *Einmalzahlungen* Rn 36 ff.

## Zurückbehaltungsrecht

### A. Arbeitsrecht *Griese*

1 **1. Begriff und Bedeutung.** Das Zurückbehaltungsrecht ist ein Instrument der Vertragsparteien, durch Zurückhaltung von eigenen Leistungen die Gegenseite zur Vertragserfüllung

anzuhalten. Im Arbeitsverhältnis können sowohl ArbN als auch ArbGeb das Zurückbehaltungsrecht nutzen, um damit die eigene Rechtsposition zu sichern. Zurückbehaltungsrechte bedürfen einer gesetzlichen Grundlage. Die wichtigste Norm ist für ArbGeb wie für ArbN das **Zurückbehaltungsrecht gem § 273 BGB.** Nach § 273 BGB hat der Schuldner das Recht, seine Leistung zu verweigern, bis sein Gläubiger die ihm obliegende und fällige Leistung erbracht hat.

**2. Allgemeine Voraussetzungen des Zurückbehaltungsrechts.** Die Ausübung eines Zurückbehaltungsrechts setzt voraus, dass die wechselseitigen Ansprüche aus demselben Arbeitsrechtsverhältnis stammen. Das Zurückbehaltungsrecht muss, um Rechtswirkungen entfalten zu können, **geltend gemacht** werden. Dem Gläubiger muss deutlich gemacht werden, aufgrund welcher konkret nachprüfbarer Gegenforderung die Leistung vorläufig nicht erbracht wird (BAG 19.1.16 – 2 AZR 449/15, NZA 16, 1144). Die **Geltendmachung muss entweder durch ausdrückliche Erklärung oder durch schlüssiges Verhalten** deutlich werden. 2

**3. Zurückbehaltungsrechte des ArbGeb.** Der ArbGeb kann Teile der Vergütung zurückhalten, um berechtigte Ansprüche durchzusetzen. 3

Erbringt der ArbN die geschuldete Arbeitsleistung nicht, zB unentschuldigtes Fehlen, Arbeitsverweigerung, kann der ArbGeb die für diese Zeitabschnitte vorgesehenen Entgelte zurückhalten.

Soweit die Leistungen im **Gegenseitigkeitsverhältnis** stehen, ist allerdings nicht das Zurückbehaltungsrecht nach § 273 BGB, sondern die Einrede des nicht erfüllten Vertrages nach § 320 BGB der richtige dogmatische Anknüpfungspunkt (HWK/*Krause* § 614 BGB Rz 13; *Otto* AR-Blattei SD 1880 „Zurückbehaltungsrecht" Rz 47 ff).

**Schlecht- oder Minderleistungen des Arbeitnehmers berechtigen aber nicht zur Entgeltkürzung oder Zurückbehaltung eines Teils der Vergütung,** weil das Dienstvertragsrecht anders als zB das Kaufvertragsrecht keinen Minderungsanspruch bei Schlechtleistung vorsieht. Der ArbGeb kann stattdessen bei schuldhafter Schlechtleistung mit der Aufrechnung mit Schadensersatzansprüchen sowie mit Ermahnung, Abmahnung und Kündigung reagieren (BAG 18.7.07 – 5 AZN 610/07, BB 07, 1903).

Mit dem Zurückbehaltungsrecht an angemessenen Teilen des Entgelts kann der ArbGeb insbesondere durchsetzen:

– die Herausgabe von Firmeneigentum,
– die Herausgabe von Betriebs- und Geschäftsunterlagen (BAG 14.12.11 – 10 AZR 283/10, DB 12, 1098),
– die Erfüllung von berechtigten Auskunftsverlangen (BAG 15.1.14 – 10 AZR 243/13, DB 14, 1086),
– die Sicherung von Schadensersatzansprüchen aus schuldhafter ***Arbeitnehmerhaftung.*** 4

**Aufgrund § 394 BGB ist ein Zurückbehaltungsrecht** des ArbGeb hinsichtlich des **unpfändbaren Teils der Vergütung** ausgeschlossen.

Soweit der ArbGeb andere Leistungen als das Entgelt zurückhalten will, wird sich oft aus der Natur der Leistungsverpflichtung ein Ausschluss des Zurückbehaltungsrechts ergeben. So besteht für den ArbGeb **kein Zurückbehaltungsrecht an den Arbeitspapieren, zB der Jahreslohnsteuerbescheinigung** des ArbN.

**4. Zurückbehaltungsrechte des Arbeitnehmers. a) Rückständiges Entgelt.** Der ArbN kann seine Arbeitsleistung zurückhalten, um rückständige und bereits fällig gewordene Entgeltansprüche zu realisieren. Ein Anwendungsfall ist auch gegeben, wenn der ArbGeb sich in *Annahmeverzug* befindet (→ *Annahmeverzug* Rn 12 ff) und den ArbN zur Wiederaufnahme der Arbeit auffordert, ohne das rückständige Entgelt nachzuzahlen. Insoweit kann der ArbN, soweit es sich nicht um sehr geringfügige Rückstände handelt, ein Zurückbehaltungsrecht geltend machen (BAG 8.5.14 – 6 AZR 246/12, NZA 14, 860). 5

Dem Zurückbehaltungsrecht kann der ArbGeb nicht entgegenhalten, der ArbN müsse zunächst Krankengeld in Anspruch nehmen (LAG Köln 20.1.10 – 9 Sa 991/09, ArbuR 10, 269).

**Altmasseverbindlichkeiten begründen kein Zurückbehaltungsrecht gegenüber dem Insolvenzverwalter** (BAG 8.5.14 – 6 AZR 246/12, NZA 14, 860).

Der Verweis des Insolvenzverwalters auf möglicherweise entstehende Ansprüche auf Insolvenzgeld ist hingegen nicht ausreichend (BAG 25.10.84 – 2 AZR 417/83, NZA 85, 355).

6 **b) Zurückbehaltungsrecht wegen Verletzung von Arbeitsschutzvorschriften.** Die Verletzung von Arbeitsschutzvorschriften kann zur Ausübung des Zurückbehaltungsrechts berechtigen. Dies folgt aus § 618 BGB iVm den jeweiligen Arbeitsschutzvorschriften (BAG 19.2.97 – 5 AZR 982/94, NZA 97, 821). Es kann zB bei der Überschreitung von Schadstoffkonzentrationen oder fehlenden Schutzmaßnahmen bei Gefahrstoffen oder fehlender Sicherheitsausrüstung zum Tragen kommen.

Auch bei einem asbestbelasteten Arbeitsplatz kann der ArbN das Recht haben, ein Zurückbehaltungsrecht auszuüben (BAG 8.5.96 – 5 AZR 315/95, NZA 97, 86).

7 **c) Abwehr von Belästigungen. § 14 AGG** normiert ein eigenständiges *Leistungsverweigerungsrecht* für den Fall, dass der ArbGeb Belästigungen oder sexuelle Belästigungen am Arbeitsplatz nicht durch geeignete Maßnahmen unterbindet (*Diskriminierung).*

8 **d) Unterlassen von *Mobbing*.** Gegen mangelndes Einschreiten des ArbGeb gegen betriebliches *Mobbing* kann sich der ArbN mit dem Zurückbehaltungsrecht an seiner Arbeitsleistung zur Wehr setzen (BAG 13.1.07 – 9 AZR 557/06, NZA 07, 1166). Dies setzt aber konkrete nachprüfbare Mobbing-Vorwürfe voraus; der pauschale Vortrag einer Mobbing-Situation reicht hierfür nicht (BAG 13.3.08 – 2 AZR 88/07, NZA 08,223).

9 **e) Weitere Zurückbehaltungsrechte.** Die Abwehr schwerer Verstöße gegen den Arbeitnehmerdatenschutz (s *Datenschutz*) oder gegen die allgemeinen **Persönlichkeitsrechte** des ArbN kann mit einem Zurückbehaltungsrecht realisiert werden (BAG 19.1.16 – 2 AZR 449/15, NZA 16, 1144; *Forst* ArbuR 10, 107).

Ein Zurückbehaltungsrecht des ArbN ist ferner möglich, wenn der ArbGeb die Pflicht aus dem **NachwG,** einen schriftlichen Nachweis über den geschlossenen Arbeitsvertrag zu erstellen und auszuhändigen, verweigert (*Preis* NZA 97, 12).

Zur Verweigerung der Arbeitsleistung aufgrund von gegen gesetzliche Vorschriften verstoßenden Weisungen und Arbeitsbedingungen → *Arbeitsstoffe, gefährliche* Rn 2 ff, → *Leistungsverweigerungsrecht* Rn 3 ff und → *Weisungsrecht* Rn 16 ff,

Ein Zurückbehaltungsrecht kann bei Nichteinhaltung der personellen Mitbestimmungsrechte des BRat gem § 99 BetrVG in Betracht kommen, etwa wenn die **für eine Versetzung** des ArbN erforderliche Zustimmung des BRat nicht vorliegt (BAG 22.4.10 – 2 AZR 491/09, NZA 10, 1235).

10 **5. Ausschluss und Begrenzungen des Zurückbehaltungsrechts.** Durch Formulararbeitsverträgen oder sonstigen Allgemeinen Geschäftsbedingungen können **Leistungsverweigerungsrechte wegen § 309 Nr 2 BGB nicht ausgeschlossen werden** (HWK/*Krause* § 614 BGB Rz 12).

Kein Zurückbehaltungsrecht kann aus der fehlenden Zustimmung des BRat zur Einstellung geltend gemacht werden, soweit der BRat kein Verfahren nach § 101 BetrVG betreibt (BAG 5.4.01 – 2 AZR 580/99, NZA 01, 893).

Die Ausübung des Zurückbehaltungsrechts unterliegt ferner dem Grundsatz von Treu und Glauben. Deshalb darf zwischen zurückgehaltener Leistung und Gegenanspruch **kein grobes Missverhältnis** bestehen. So ist die Weigerung, weiter zu arbeiten, weil nur ein geringfügiger Entgeltrückstand besteht, vom Zurückbehaltungsrecht nicht gedeckt. Zu berücksichtigen ist, dass der ArbN für seinen Lebensunterhalt auf vollständige und pünktliche Entgeltzahlung angewiesen ist (LAG Thür 19.1.99 – 5 Sa 895/97, ArbuR 99, 402), so dass die **Geringfügigkeitsgrenze oft überschritten** sein wird.

11 **6. Rechtswirkungen.** Das Zurückbehaltungsrecht gibt dem Schuldner eine aufschiebende Einrede. Im Prozess führt es nach § 274 BGB zu der Konsequenz, dass eine Zug-um-Zug-Verurteilung auszusprechen ist. Übt der ArbN **rechtmäßig** ein Zurückbehaltungsrecht an seiner Arbeitsleistung aus, schuldet der ArbGeb gem §§ 615, 298 BGB die Vergütung trotz Nichtleistung der Arbeit aus **Annahmeverzug** (BAG 8.5.14 – 6 AZR 246/12, NZA 14, 860; → *Annahmeverzug* Rn 14). Bei einem berechtigten Zurückbehaltungsrecht darf der ArbGeb weder mit einer außerordentlichen noch ordentlichen Kündigung reagieren (BAG 19.1.16 – 2 AZR 449/15, NZA 16, 1144). Besteht zwischen Leistung und Gegenleistung kein synallagmatisches Verhältnis, kann der vom Zurückbehaltungsrecht Betroffene das

Zurückbehaltungsrecht durch **Sicherheitsleistung außer Kraft** setzen (§ 273 Abs 3 BGB). Diese Möglichkeit besteht bei im Gegenseitigkeitsverhältnis stehenden Leistungen nicht, da § 320 Abs 1 Satz 3 BGB die Anwendung des § 273 Abs 3 BGB ausschließt.

**Prozessual kann ein Zurückbehaltungsrecht auch im Wege der Feststellungsklage** geltend gemacht werden (BAG 23.1.07 – 9 AZR 557/06, NZA 07, 1166).

## B. Lohnsteuerrecht

*Seidel*

Zur steuerlichen Behandlung der Nachzahlung zurückgehaltener Bezüge → *Entgeltnachzahlung* Rn 6–9. Zu den lohnsteuerlichen Auswirkungen bei Aufrechnung und Annahmeverzug s jeweils bei → *Aufrechnung* Rn 15 ff, bzw bei → *Annahmeverzug* Rn 25, 26. **12**

Die Zurückbehaltung von Steuern aus Gründen der Gewissensfreiheit (→ *Gewissensfreiheit* Rn 14) wegen bestimmter Mittelverwendung kommt nicht in Betracht. LStAbzugsbeträge können nicht zugunsten des ArbN gestundet werden (§ 222 Satz 3 AO). § 222 Satz 4 AO schließt auch die Stundung des LStHaftungsanspruchs gegen den ArbGeb aus, soweit er die LSt einbehalten hat (→ *Lohnsteuerhaftung* Rn 4–28, 37). **13**

## C. Sozialversicherungsrecht

*Schlegel*

Wie im LStRecht besteht im SozVRecht aus Gründen der *Gewissensfreiheit* kein Zurückbehaltungsrecht. **14**

Im Leistungsbereich räumt § 66 SGB I Sozialleistungsträgern der Sache nach ein Zurückbehaltungsrecht ein, wenn derjenige, der eine Sozialleistuns beantragt oder erhält, seinen Mitwirkungspflichten nach § 60 SGB I (Angabe von Tatsachen), § 62 SGB I (Untersuchungen) nicht nachkommt und dadurch die Aufklärung des Sachverhalts erheblich erschwert wird (BSG 16.12.2014 – B 9 SB 3/13 R, Sa R 4–1200 § 66 Nr 7 zur Mitwirkung bei der Feststellung des Grades der Behinderung).

## Sachverzeichnis

Die fettgedruckten Zahlen bezeichnen die Ordnungsnummern der Hauptstichworte – die mageren Zahlen beziehen sich auf die Randnummern